D0782501

Concordance to the Septuagint

Edwin Hatch (1835–1889) graduated from Pembroke College, Oxford. In addition to serving as a minister, professor, and theologian, he was a Grinfield Lecturer on the Septuagint at Oxford. Among the many books and articles to his credit are *Essays in Biblical Greek* and *The Influence of Greek Ideas and Usages upon the Christian Church.*

Henry A. Redpath (1848–1908) was a minister and biblical scholar. He graduated from Oxford University, where he later served as a Grinfield Lecturer on the Septuagint. In addition to completing the *Concordance to the Septuagint,* he authored several books and articles.

Takamitsu Muraoka, professor of Hebrew at Leiden University, is an internationally recognized Septuagint scholar. Among his publications are *A Greek-Hebrew/Aramaic Index to I Esdras* and *A Greek-English Lexicon of the Septuagint (Twelve Prophets).* In addition, he revised and translated Paul Joüon's *Grammar of Biblical Hebrew.* His Ph.D. degree is from the Hebrew University in Jerusalem.

A Concordance to the Septuagint

And the Other Greek Versions of the Old Testament (Including the Apocryphal Books)

Second Edition

Edwin Hatch
and
Henry A. Redpath

Assisted by Other Scholars

"Introductory Essay"
by Robert A. Kraft and Emanuel Tov

"Hebrew/Aramaic Index to the Septuagint"
by Takamitsu Muraoka

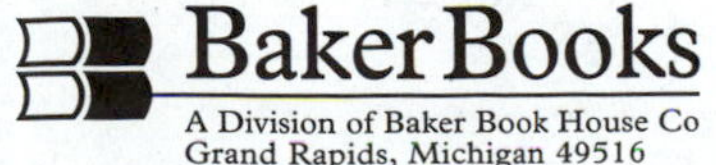

A Division of Baker Book House Co
Grand Rapids, Michigan 49516

First edition published 1897–1906 by the Clarendon Press
Reprinted 1983, 1984, 1987, 1989, 1991 by Baker Book House Company

Second edition ©1998 by Baker Book House Company
"Introductory Essay" ©1998 by Robert A. Kraft and Emanuel Tov
"Hebrew/Aramaic Index to the Septuagint" ©1998 by Takamitsu Muraoka

Published by Baker Books
a division of Baker Book House Company
P.O. Box 6287, Grand Rapids, MI 49516-6287

Printed in the United States of America

All rights reserved. No part of this publication may be reproduced, stored in a retrieval system, or transmitted in any form or by any means—for example, electronic, photocopy, recording—without the prior written permission of the publisher. The only exception is brief quotations in printed reviews.

Library of Congress Cataloging-in-Publication Data

Hatch, Edwin, 1835–1889.
A concordance to the Septuagint and the other Greek versions of the Old Testament : (including the apocryphal books) / Edwin Hatch and Henry A. Redpath assisted by other scholars ; introductory essay by Robert A. Kraft and Emanuel Tov. — 2nd ed.
p. cm.
ISBN 0-8010-2141-3 (cloth)
1. Bible. O.T.—Concordances, Greek. 2. Bible. O.T. Greek—Versions—Septuagint—Concordances. 3. Hebrew language—Dictionaries—Greek, Biblical. I. Redpath, Henry A. (Henry Adeney), 1848–1908. II. Title.
BS1122.H3 1998
221.4′8—dc21 98-9860

For information about academic books, resources for Christian leaders, and all new releases available from Baker Book House, visit our web site:

http://www.bakerbooks.com

Contents

93491

Publisher's Note

For over one hundred years the *Concordance to the Septuagint* prepared by Edwin Hatch and Henry A. Redpath has been an indispensable tool for biblical and Septuagintal scholars. This revision of the 1897 edition enhances its usefulness and includes several new features.

One of the most useful and significant additions is the new Hebrew/Aramaic index prepared by Takamitsu Muraoka, which replaces Hatch and Redpath's appendix 4. This new index identifies all of the Greek words used to translate each Hebrew and Aramaic word. Since the original index listed only page and column references, Muraoka's index will allow for more efficient research.

A new introductory essay by Robert A. Kraft and Emanuel Tov places Hatch and Redpath's work in its historical context and demonstrates its abiding value. The authors also provide suggestions for using the concordance. Their essay supplements the original preface by Redpath (retained, with some modification, in this edition).

The addenda et corrigenda, originally listed in three separate locations, are now brought together into one place and identified in the text of the concordance with symbols that alert the user to consult the list. In addition, a comprehensive listing of abbreviations used throughout the concordance has been compiled as an aid to the user.

These features have been added with the hope that the usefulness of this new edition will exceed that of the original and that your study of the Septuagint will be enhanced by this time-honored tool.

Preface

The design and plan of the present work are wholly due to Edwin Hatch. For some few years before his lamented death he had gathered round him a small band of scholars, of whom the present editor was one, to prepare material for it under his direction. At the time of his death nearly half was in manuscript, though to a great extent unrevised. A few sheets were actually in print, and at the request of the delegates of the Clarendon Press the present editor undertook the revision of what already existed and the completion of the work.

It is designed to be a complete concordance to the Septuagint version of the Old Testament, to the Greek text of the apocryphal books, and to the remains of the other versions that formed part of Origen's Hexapla. References for proper names, personal pronouns, and a few of the commonest words are alone omitted.

The texts of the Septuagint version on which the concordance is based are Codex Alexandrinus (A), Codex Vaticanus (B), Codex Sinaiticus (S), and the Sixtine edition of 1587 (R) (reprinted at the Clarendon Press in 1875), with corrections of its obvious mistakes and blunders. For a large part of the text the autotype and facsimile editions of the three manuscripts were independently collated for the purposes of the concordance; but the great accuracy of Nestle's supplement to Tischendorf's edition, which appeared while this collation was in progress, made further labor in that direction unnecessary. The collation of Nestle was used for the remainder of the text, while the volumes of the new Cambridge Septuagint by H. B. Swete have also been consulted and utilized as they have appeared, with the sanction of the syndics of the Cambridge University Press.

It is hoped that no word has been omitted that occurs in any one of these four texts, but it has not been thought necessary to include all the variants in either orthography or grammatical forms. That a word occurs in only a particular text or group of texts is indicated by prefixing to the quotation one or more of the letters ABSR; that a particular text or group of texts differs in regard to a particular word is indicated by adding one or more of the above letters in square brackets with the variant after that word. For example, at IV Ki. 15.3 under the keyword ἀγαθός, A τὸ ἀγαθὸν [B εὐθὲς] ἐν ὀφθαλμοῖς κ. indicates that the word ἀγαθὸν in this passage occurs in only Codex Alexandrinus (A) and that Codex Vaticanus (B) substitutes εὐθὲς for ἀγαθὸν. In most cases only variants that affect the word treated are noted. Where no letter is prefixed it may be generally assumed that the first reading is that of B. Unless it is otherwise specified, inasmuch as R is based upon B where B still exists, B and R are assumed to agree, and for the sake of brevity R is omitted. Where no variant is mentioned it may be understood that the four texts, or such of them as contain the passage, agree, or that the variants are unimportant.

In regard to the numeration of the chapters and verses, the Sixtine edition of 1587 had divisions into chapters only. The division into verses is subsequent to that edition and has so largely varied that it may be doubted whether any two editions agree. In the absence of any recognized standard, the choice lay between an enormous multiplication of references and an adherence to a single edition; the latter alternative was adopted, and the numeration is that of the Clarendon Press reprint of 1875. Where, as especially in the Psalms and Jeremiah, the numeration of the Hebrew differs from that of the Greek, a double reference is usually given, the first to the Greek, the second in parentheses to the Hebrew; but it has not been thought necessary to note every such discrepancy of numeration, especially in the verses of the Psalms.

The object aimed at in the quotations for each word has been to give, as far as possible, enough of the context to show (1) the grammatical construction of the word and (2) the words with which it is ordinarily associated. But to have combined in each quotation all its points either of grammatical interest or of analogy with other passages would have made the work inordinately long, and consequently it will frequently be found that the quotations under a single word are made on different principles in order to illustrate different points relating to it.

In regard to the other versions of the Hexapla, it must be noted (1) that a large proportion of the surviving fragments consists of single words and (2) that the proportion of the whole translations that remains is insufficient to enable a complete syntax of the several writers to be constructed. It has not, therefore, been thought desirable to give the quotations at length. And since Frederick Field's edition of the fragments is likely, for the present, to be that which scholars will ordinarily use, that edition has been strictly followed, in regard both to the text and to the numeration of chapters and verses. It has not, however, been thought advisable to include Field's conjectural retranslations from the Syriac.

As far as possible, and without making the assumption that the Greek is a word-for-word translation of the Hebrew, the concordance gives the Hebrew equivalent of every Greek word in each passage in which it occurs. For economy of space, instead of printing the Hebrew equivalents at length in each case, a numbered list of all the equivalents of a given word is printed at the head of each article, and a reference number is printed after each quotation. The Hebrew words follow the arrangement of Mühlau and Volck's 1883 edition of Gesenius's dictionary and are almost invariably after the first few pages printed in alphabetic order. Where the Kethiv has a different word or a different form of a word from that in the Qere, a second reference is given and marked with an asterisk (e.g., 1d, 2a*). The absence of a reference number after a quotation implies that the passage does not exist in Hebrew (quotations from the Old Testament where this occurs are distinguished by the symbol – at the end of the quotation). The presence of an obelus (†) instead of a number implies that the identification of the Greek and Hebrew is doubtful or at least that a student should examine the passage for himself. There are many passages in which the Masoretic Text differs from that implied in the Septuagint version, and there are others in which that version is rather a paraphrase than an exact translation. There are consequently many passages in which opinions may properly differ as to the identification of the Greek and the Hebrew. It must be understood in regard to such cases that the aim of the present work, from which philological discussions are necessarily excluded, is rather to give a tenable view than to pronounce a final judgment. Suggestions were made to the present editor from more than one quarter, that, where the variant reading followed by the Septuagint version was obvious, such readings should also be noted in the list of Hebrew equivalents at the head of each article, but it has been found impossible to do this without altering the scope of the whole work. On the other hand, Hebrew words may occasionally be found in this concordance, of which the connection with the Greek is not very obvious. Such cases may well be pardoned on the ground that it is better to err by inserting too many references than by rejecting some that after all upon further investigation may be found to have considerable importance with regard to the matter in hand. In the cases of the figures referring to the Hexapla, the obelus (†) attached to some of them implies that the word is a variant.

The greater part of the above statement is gathered from the "Preliminary Notice" to this work that Edwin Hatch published at Oxford on 10 October 1888. It remains to be said that the present editor is unable to fulfill the promise made in that notice that the names of the scholars who worked under Hatch's direction should be given from time to time as the several parts of the work appeared. Unfortunately no complete list can be found of those who worked with him, and therefore all that can be said is that the thanks of all who use this work are due to many, some well-known, some less-known, scholars who have contributed to it. The present editor himself can scarcely value highly enough all that he learnt while working with Edwin Hatch, and since the entire responsibility for the work has devolved upon him, he has found invariably, on the part of all interested in it, a kindly readiness to assist him that he can never forget. Any notices of omissions or errata in the work he will be particularly grateful for, so that if possible they may be set right in the future.

Henry A. Redpath
Sparsholt Vicarage
1 January 1897

From the 1906 Preface

The issue of the second fascicle of the supplemental volume of the "Oxford Concordance to the Septuagint" brings to an end labors that have extended over a considerable part of the lifetime of the surviving editor. . . . In concluding this labor of love, which has occupied a considerable portion of many years, the editor cannot but express his warmest thanks to all those who have encouraged and stimulated him in this part of his undertaking. To the staff of the Clarendon Press he is also indebted for the great care with which they have striven to attain as great accuracy as possible in a work in which errors are very liable to occur.

Henry A. Redpath
May 1906

Introductory Essay

Robert A. Kraft (University of Pennsylvania)
and
Emanuel Tov (Hebrew University)

A century ago, in 1897, the two volumes of the main body of the "Oxford Concordance to the Septuagint," as it was then known, were published as a set five years after the individual fascicles began to appear. The original editor, Edwin Hatch, had died in 1889; in 1906 his successor, Henry A. Redpath, completed the project by issuing a third volume that included a list of additions and errata to the main body[1] as well as four appendixes: (1) a concordance of proper names, (2) a concordance of the recently discovered Hebrew text of Ben Sira, (3) a concordance of the newly published Hexaplaric materials, and (4) a comprehensive (if awkward to use) reverse Hebrew-to-Greek index. Unmodified reprints were issued by Akademische Druck und Verlagsanstalt (Graz, Austria) in 1954 and five times by Baker Book House between 1983 and 1991.

History of Earlier Concordances of the Greek Jewish Scriptures

This Oxford Concordance, or "Hatch-Redpath" (HR) as it has come to be known, was hardly a new concept or endeavor. Concordances of various sorts had been available for a long time as a backbone of study and research, primarily to assist in locating words or subjects in the main text of a standard edition, with the "dictionary" forms of the words usually arranged in alphabetic or some other accessible order (see Rouse and Rouse 1974 on early concordances to the Latin Bible; Gregory 1909 in general). It is unknown when the first concordance of the Greek Jewish Scriptures was created—a Basilian monk named Euthalius of Rhodes is credited with a handwritten concordance to the entire Greek Bible around the year 1300.[2] In the era of the printing press, however, several notable productions have fulfilled this function and sometimes more. They have also generated a significant amount of debate about how best to construct a concordance.

The first printed concordance that attempted systematically to incorporate information from the LXX/OG and associated materials was published in 1607, after seven years of preparatory work, by Conrad Kircher, a much traveled Lutheran pastor born in Augsburg.[3] Some critics (especially Trommius) called the title of Kircher's work deceptive, since the material was not arranged primarily as a "concordance to the Greek Old Testament" with the Greek words governing the format, but alphabetically in accord with the supposed Hebrew roots. Thus, in some sense it was basically a Hebrew-Greek concordance listing under each Hebrew headword each apparent Greek equivalent along with the passages attesting it, including, occasionally, information from the Hexapla. Latin translations were included with both the Hebrew and the Greek headwords.

Critics struggled to find any consistent rationale for the exact order of the Hebrew entries (e.g., אָבִיב, אָבַד, and several other Hebrew words stand between אֵב = "root" and אָב = "father" in the opening columns) and the order in which the Greek equivalents were presented. An alphabetically arranged index was provided to make it possible for users to locate the Greek words, but the value of this index was severely compromised by its indicating only the column numbers, to which the user then had to turn to determine what Hebrew was being represented and where. Greek words found in the Apocrypha, which had no preserved Hebrew basis and thus were not covered by the body of the concordance, were included in the index (but without Latin translation) along with the specific passages in which they occurred. As a pioneering effort, Kircher's work boldly aimed at comprehensiveness, as indicated by its lengthy title, which listed its various features and functions: organization according to Hebrew headwords; lexicons for Hebrew-Latin, Hebrew-Greek, and Greek-Hebrew equivalents; materials from Aquila, Symmachus, and Theodotion as well as LXX/OG; Greek and Hebrew homonyms and synonyms; Greek explanation of Hebrew variations, and Hebrew of Greek; usefulness for New Testament studies as well as Old Testament. As Trommius and others would later point out, however, problems both with the organization and the details compromised the reliability of Kircher's contribution.

Several attempts to improve on Kircher's concordance are reported from the following decades of the seventeenth

1. The locations of corrections are noted in the body of the concordance in the present reprint.

2. So Sixtus Senensis, *Bibliotheca Sancta* (1566) 4.286; according to Gregory 1909: 206, this manuscript was reported to have been at Rome, "but is unknown" to him.

3. It is probably significant that the first published New Testament concordance was also by an Augsburg native: Xystus Betuleius (Sixtus Birken) in 1546 (Bindseil 1870: 689, 693).

century. One is attributed to Henry Savile, although that identification is questioned by Redpath (1896: 72) on the grounds that it is dated to "a time when Savile had been long dead"—but at least two literary figures by that name flourished in the seventeenth century, the first and more famous of whom died around 1622, but the other not until 1687. In any event, Redpath calls the "Savile" compilation "a mere work of scissors and paste for the greater part. Two copies of Kircher were cut up and distributed in alphabetical order according to the Greek words, and the Hebrew equivalents were inserted either in MS or from the headings of Kircher's articles." Redpath notes that this work was preserved in the Bodleian Library at Oxford (pressmark Auct. E.I.2,3), and that a "specimen" was edited by Jean Gagnier and printed and published in 1714 by Oxford University Press.

A similar concordance was completed in 1647 by Ambrose Aungier, chancellor of St. Patrick's Cathedral in Dublin. This was in the possession of Trinity College, Dublin, when Redpath wrote his article. Redpath did not actually see the manuscript, but on the basis of information he had received describes it (1896: 72) as "in many parts an abridged transcript of Kircher," but following the Greek order of words, like Savile.

Le Long (1723: 1.456) notes some other by-products from Kircher's efforts (none of which we have seen):

1. *Epitome Concordantiarum Graecarum Kircheri* produced by Arnold Bootius.
2. A two-volume work with the title *Concordantiae Graecae Veteris Testamenti Hebraicis vocibus respondentes, sive Conradi Kircheri Concordantiae inversae.* The editor is not identified (Bindseil 1870 suspects that this may be a muddled reference to Trommius). According to Le Long, this work is found in codexes 3046–47 in the Bodleian Library.
3. *Concordantiae librorum Veteris Testamenti Apocryphorum Graeco-Danicae, Kircherianis perfectiores*, edited by Francisco Michaele Vogelius prior to 1699.

Perhaps the most impressive and comprehensive effort at publishing a concordance of the Greek Jewish Scriptures came from the hand of Abraham van der Trommen, or Trom(m), or Trommius as he calls himself in the volume under examination. Trommius was a Protestant pastor from Groningen in the Netherlands who had studied Hebrew with the younger Johann Buxtorf in Basel and had also traveled to France and England during his career. In 1692 he produced a Belgian (i.e., Flemish) concordance to the Bible. In 1718, at age eighty-four and following sixteen years of effort, he issued his Greek concordance. He died the following year.

Trommius is understandably critical of aspects of Kircher's work and even includes in his lengthy title (typical for those times) the description "with words following the order of the Greek verbal elements, contrary to the approach taken in Kircher's work"! In his preface, Trommius takes issue with Kircher on three main points (as well as on several lesser matters): (1) the failure to organize the materials alphabetically with the Greek as the basis, (2) the numerous erroneous quotations, probably caused by the manner in which Kircher worked (he first recorded where a Greek word occurred and only later filled in the actual context), and (3) the confused and confusing attempt to organize by Hebrew roots. That Trommius was not opposed in principle to some sort of lexical grouping is shown by his own juxtaposition of related Greek words (e.g., the same structural block contains ἀγαπάω, ἠγαπημένος, ἀγάπη, ἀγαπητός, etc.). But the presentation of the Hebrew and Aramaic equivalents to the Greek headwords and of the invaluable Hebrew-Greek reverse index (130 pages of detailed listings, not just page/column references) is strictly alphabetic.

In addition, Trommius discusses briefly the following procedural points:

1. For his main Greek text, he uses the 1597 Frankfurt edition of Andrew Wechel, including its occasional appended scholia and its chapter and verse divisions (as did Kircher).
2. Other editions have been consulted, such as London 1653 (with its scholia), Cambridge 1665, Amsterdam 1683, and the recent 1709 edition by Franciscus Halma and Lambert Bos (with its numerous scholia); a 33-page appendix prepared by Lambert Bos lists differences in chapter and verse locators between the Wechel text and the London edition of the Vatican text (Codex B).
3. Other ancient Greek versions and variations are also included, such as Aquila, Symmachus, and Theodotion (so also Kircher), while Montfaucon's Greek lexicon to the Hexapla constitutes a second appendix (70 pages).
4. A special notation is used to mark passages in which information from Greek scholia and similar older sources has been inserted because the actual LXX/OG text lacks any equivalent for the Hebrew (Greek "omissions"; Kircher also includes such material).
5. Hebrew words not represented in the Greek are not included (except as noted in #4); for Greek words that have no Hebrew or Aramaic equivalent, an appropriate notation is also provided.
6. Transliterated Hebrew words and place names are treated variously.

7. Partial and periphrastic renderings in the Greek present special problems for which there is no single solution.
8. Passages in which the Greek does not fully render what is in the Hebrew also present special problems.
9. Proper names are not included (so also Kircher), unless they are actually translated (not simply transliterated) by the Greek.
10. Indeclinables, prepositions, and conjunctions are not included (so also Kircher).
11. Words found in the Apocrypha are included and appropriately designated (see also Kircher's Greek-Hebrew index).
12. Latin meanings for Hebrew and Greek words are included (as in Kircher; Trommius occasionally included Flemish definitions!), but basically the dictionary order of Hebrew and Greek words is followed (unlike Kircher).

Redpath's summary comparing the works of Trommius and Kircher is worth excerpting (1896: 73–74):

> Trommius gives many more quotations from the Hexapla than Kircher did. He does not quote the transliterated words, and omits passages which are paraphrastic or do not give the meaning of the Hebrew. Proper names are, as a rule, omitted, and both Concordances omit indeclinable words and pronouns. The apocryphal quotations are by no means complete. A certain number of passages are given by both compilers, derived from scholia and other sources, but not actually to be found in the present text of the LXX. These are marked with a § by Trommius [and similarly identified by Kircher].

Redpath continues (p. 74), with marked understatement:

> Though the book is by no means perfect, it is in some respects an advance upon Kircher. Trommius generally notices the Hebrew conjugations and also inserts conjectures as to what the Hebrew reading of the LXX was. But the work is disfigured by a considerable number of misprints and misplacements of passages in succession. This was probably due to a slip of the MS being misplaced, as we gather from these mistakes that each slip contained about six or seven lines of MS. . . . So far as a rough calculation can settle the point, there would seem to be four quotations in Trommius for every three in Kircher.

An interesting historical sidelight is that Jean Gagnier, who had migrated from Paris to England and received an Oxford appointment in 1717, defended the approach of Kircher over against Trommius. Already in 1718, the year that Trommius's concordance appeared, Gagnier published an essay to vindicate Kircher and criticize the work of Trommius. Doubtless this had something to do with Gagnier's plan to publish more of the "Savile" material, of which a "specimen" appeared in 1714. Redpath concludes on the basis of correspondence from that period that "many thought . . . that Gagnier had transgressed all the bounds of moderation in his *Vindiciae*, and the dispute about the rival merits of the two Concordances died away" (1896: 76).

In addition to Gagnier-Savile and Trommius, Le Long (1723: 1.456, with reference to Alexander Helledius, *Praesens status Ecclesiae Graecae* [1714], p. 7) mentions reports from the same general period (around 1700) that for thirty years a person named Sugdor (i.e., George Sugdures, who studied at Rome and later taught in Constantinople according to Gregory) had been working on a Greek concordance for the entire Christian Bible (Old and New Testaments), although it does not seem to have ever been published. Nor after all these years is there yet such a concordance from Western scholarship!

The appearance of these basically bilingual concordances helped spur progress in lexicography and vice versa. The rather unmethodological efforts of John Williams to introduce the main Hebrew equivalents as found in Trommius into a concordance of the Greek New Testament (1767) may be noted in passing, if only because Bindseil (1870; see also Tov 1978) listed it as an addendum to his discussion of LXX/OG concordances.[4] Despite its ambiguous title, Williams's work is not a concordance of the Greek Jewish Scriptures. It does, however, show how lexicographic interests were served by the tools that generated Greek-Hebrew equivalents.

More promising for our purposes is the line of development laid out in Johann Christian Biel's posthumous *Novus thesaurus philologicus* that appeared in 1779–80. This work should be discussed together with its successor, Johann Friedrich Schleusner's *Novus thesaurus philologico-criticus* (1820–21), since the two works are, in general, virtually identical in title, structure, and general content. Indeed, following his own introductory comments, Schleusner reprints the preface that E. H. Mutzenbecher contributed to Biel.

To be sure, the works of Biel and Schleusner are not concordances in the usual sense, nor do they attempt to list all biblical occurrences of each Greek headword, but they do

4. Bindseil knew Williams's work only third-hand and clearly was not acquainted with its actual contents.

organize the material in Greek alphabetic order, and each entry includes the Hebrew or Aramaic equivalents and sample references. Basic to these efforts is the concordance produced by Trommius. Where Biel and Schleusner make marked progress is in annotating and analyzing the presumed equivalents, including those drawn from Aquila, Symmachus, and Theodotion. They also give much more attention to identifying where the Greek translator may have had a different Hebrew text or may have read the text in what seems to us an unusual manner. Although Biel and the first edition of Schleusner do not include a Hebrew index, one was supplied (Hebrew words in alphabetic order, together with the page numbers where they occur) in Schleusner's second edition, published in Glasgow (1822) and London (1829). Even today, the materials in these antiquated volumes provide valuable information to be used alongside our improved reprints and new tools—both print and electronic.[5] Indeed, current electronic capabilities can combine the features of lexicon and concordance (as well as grammatical matters) into a single multipurpose tool.

What motivated Schleusner to produce his work so soon (at least from our vantage point) after the appearance of Biel's work? Doubtless there were a variety of factors, but an important event in LXX/OG study had occurred in the interim—the appearance, in stages, of Holmes and Parsons's major collation of Greek variants from the numerous available manuscripts of the LXX/OG (Oxford, 1795–1827). It was a period of renewed interest in and access to these materials, and Schleusner represents a high point of such activities. A similar proliferation of textual activity provided the context for the appearance of the Hatch-Redpath concordance, surrounded as it was by a flow of new discoveries and attendant text-critical work that remains unfinished (the "larger Cambridge Septuagint") or in progress (the Göttingen Septuagint).

One last item remains to be noticed before we reach the Oxford concordance. The Bagster product by "G.M." (i.e., George Morrish) attempted to incorporate a wider range of text-critical information into its utilitarian format (1887). Redpath gives a handy thumbnail sketch of this relatively thin volume, which gives biblical chapter and verse locations but not the actual Greek (or even English) context (1896: 76):

> Pronouns and prepositions are omitted. It contains no proper names. No Hebrew equivalents are given except under θεός and κύριος, and then they are given in English characters. No references to the Apocrypha are inserted. In some of the longer and commoner words only references are given to passages where there is a various reading. The various readings are given at the foot of each article. The Appendix also contains words from the twelve Uncials of Holmes and Parsons, but "no attempt has been made to give *all* the references where a word occurs." It is impossible in any satisfactory way to compare the number of entries with that in previous Concordances. It is an extremely useful and handy book as far as it goes, but something more is still felt to be desired in the way of a complete setting forth of the Hebrew equivalents and of Hexaplaric references, and also of the Greek of the Apocrypha.

This comment brings us, finally, to the appearance of the Hatch-Redpath Oxford Concordance of a century ago.

The Hatch-Redpath Concordance

Surprisingly, the brief preface to HR (dated 1897) makes no reference at all to the history of concordance work as we have tried to lay it out here, and as Redpath himself presented it elsewhere (1896). While HR is in many ways a vast improvement over its predecessors, there are aspects that might have been even more useful if the older discussions and quibbles had been weighed more carefully, especially those between Trommius and Kircher. The most obvious failure of HR to profit from this history is its Hebrew-Greek reverse index, which basically mimics Kircher's Greek-Hebrew index in format (criticized by Trommius and others for providing only column locations) and ignores the considerable improvement introduced by Trommius (with also a side glance to Schleusner's reverse index). The attempts to rectify this problem by various scholars in various formats are laudable: Dos Santos (1973, handwritten expansions of HR's page/column numbers) and Muraoka (handwritten manuscript privately circulated in the early 1970s, now published in the present volume) come most readily to mind, along with the "Greek Lexicon of Hebrew Words," a project still in progress (Athens, 1968–). In hindsight a reprint of the reverse index by Trommius (which includes Latin glosses and indications of the number of occurrences for each equivalence) would probably have served scholarship well in the intervening century!

As we have noted, HR appeared at a time of great ferment in biblical studies, with a wealth of new textual and lexicographic materials becoming available, and old perspectives and theories giving way to newer insights (see Jellicoe 1968 for details). Swete's "manual edition" of the LXX/OG in three volumes—the "smaller Cambridge Septuagint" (1887–94)—was under way, and with its focus on

5. For some suggested refinements, see Kraft, "Towards a Lexicon of Jewish Translation Greek" (in Kraft 1972: 157–78).

the "great uncials" B, A, and S provided a convenient companion to HR. Frederick Field's Oxford edition of the Hexaplaric materials had appeared in 1875, and a burst of new energy relating to these materials was inspired by the Cairo Geniza discoveries a few years later. Meanwhile, Paul de Lagarde was preparing in Göttingen his influential, if partly misdirected, reconstruction of the text of the "Lucianic" recension/revision (1883) and the larger project of which it was a part (carried forward by his pupil and successor Alfred Rahlfs).

In such a rich and productive scholarly context, HR was greatly appreciated and praised—and with good reason—although in some areas the need for even better tools was already apparent. Rudolph Smend, for example, was able to improve on the treatment of the materials from Sirach almost immediately (1907), illustrating how much of a moving target our editors faced a century ago. The new collections and collations of text-critical materials—by projects in Göttingen, Cambridge, and elsewhere—too quickly exposed the limitations of HR in terms of its value for coping with the textual richness of the LXX/OG and related traditions. Indeed, even apart from what was about to happen with the appearance of the "larger Cambridge Septuagint" and its wealth of variant readings (edited by Alan E. Brooke, Norman McLean, and Henry St. J. Thackeray; 1906–40), HR did not do justice to the text-critical data that had already been long available in the Holmes and Parsons edition (1795–1827) and even earlier.

For example, even Trommius included some Greek entries that were subsequently absent from HR, such as the Aldine edition's προσεκχέω in Ex. 29.16 and συναλάλαγμα in Jb. 39.25; Codex 87's πλησιοχῶραι in Da. Th. 11.24; and the Göttingen Septuagint's ἐξανάστασις in Ge. 7.4 (for which HR 82b lists only ἀνάστημα, the reading of manuscripts A and M and some other sources [manuscripts B and S are not preserved in this section]). Particularly regrettable is the absence of readings from important minuscules such as the Lucianic group (bo(r)c_2e_2) in the historical books and Esther. Furthermore, HR does not include emendations; for example, on the basis of Je. 34.4 [= 34.5 Rahlfs = 27.5 MT] and 31.25 [Göttingen/Rahlfs = 48.25 MT], the Göttingen Septuagint—but not HR 538c—adopts ἐπίχειρα in Je. 29.11 [= 30.4 Rahlfs = 49.10 MT] instead of διὰ χεῖρα (found in all manuscripts; in all three places ἐπίχειρα represents זְרֹעַ). It is unfair, of course, to hold HR responsible for any such particulars that were not known a century ago, but its practice of neglecting variants and emendations is justifiably criticized.

The careful work by scholars like Max Margolis (1905, 1906) on the special problems presented by translation literature reminded researchers of the need for a more sophisticated approach to word groupings in Greek and Hebrew, methods pioneered already by Kircher (for Hebrew roots) and Trommius (for interrelated Greek words) and expanded by Biel and Schleusner. The failure of HR to provide information on such word groups is well illustrated by the equivalence הוֹאַלְנוּ ≈ κατεμείναμεν in Jo. 7.7 (HR 739a), which should be examined within the larger context of comparing the word group μένω, περιμένω, ὑπομένω, and προσμένω with the word group חוּל/חִיל, הוֹחִיל, and יָחַל elsewhere in the LXX/OG. The approach advocated and to some extent pioneered by Margolis has been facilitated by the 1972 list compiled by Xavier Jacques—a valuable supplement to the mechanically alphabetic approach of HR. Jacques gathers together all the words in a single word-group that occur in the LXX/OG; for example, under the entry κλῆρος we find:

ἀκληρεῖν
ἀποκληροῦν
ἔγκληρος
ἐπικληροῦν
εὔκληρος
κατακληροδοτεῖν
κατακληρονομεῖν
κατακληροῦσθαι
κληροδοσία
κληροδοτεῖν
κληρονομεῖν
κληρονομία
κληρονόμος
κλῆρος
κληροῦν
κληρουργία
κληρουχεῖν
κληρουχία
κληρωτί
ὁλοκληρία
ὁλόκληρος
συγκατακληρονομεῖν
συγκληρονομεῖν

Jacques also indicates in which part(s) of the LXX/OG the entry-word occurs: Torah, historical books, poetic and sapiential books, prophetic books.

Especially frustrating is the approach taken in HR to the identification of Hebrew-Greek translational equivalents. In the academically conservative British environment from which HR derives, there was a focus on what Tov calls "formal" equivalents—the word or words that occupy the same locations in the parallel texts—rather than on the "presumed" (conjectured) equivalents, although Trommius already had included references to presumed equivalents, added in parentheses after the formal equivalents (see, e.g., δοῦλος, κάλλος, καταδολεσχέω, καταδουλόω). But even in its low-risk setting, HR is frustratingly inconsistent—as the preface states:

> There are . . . many passages in which opinions may properly differ as to the identification of the Greek and the Hebrew. It must be understood in regard to such cases that the aim of the present work, from which philological discussions are necessarily excluded [see,

e.g., Biel and Schleusner], is rather to give a tenable view than to pronounce a final judgment.

The preface goes on to say that the editors have resisted including conjectured Hebrew equivalents even when the "variant [Hebrew] reading followed by the Septuagint version was obvious." When it comes to coding the entries linking the Hebrew list to the individual Greek occurrences, "the absence of a reference number after a quotation implies that the passage does not exist in Hebrew [thus –]. . . . The presence of an obelus (†) instead of a number implies that the identification of the Greek and Hebrew is doubtful" and merits closer examination.

Thus, in practice, many equivalents that could be described unambiguously on a formal level are nevertheless denoted † (or sometimes ?) because the editors suspected, with good reason, that the presumed equivalent differed from the formal equivalent. For example, συνετέλεσεν in De. 31.1 is denoted † (HR 1319c), even though its formal equivalent is fairly obviously הָלַךְ. Although δοῦλοι in I Ki. 13.3 clearly reflects עֲבָדִים instead of its formal equivalent עִבְרִים in MT, it is misleadingly denoted † (HR 346b). Likewise, καταδουλόω in Ge. 47.21 reflects הֶעֱבִיד, as elsewhere in the LXX/OG, but it is indicated as † (HR 731a) because the formal MT equivalent reads הֶעֱבִיר. Αἰνεῖν in Je. 38.5 [Göttingen/Rahlfs = 31.5 MT] represents הָלַל, as elsewhere in the LXX/OG, but is indicated as † (HR 33c) because MT reads חָלַל. On the other hand, no such † indication is found when ἀσθενέω in Ma. 3.11 is listed (HR 172a) as an equivalent of שָׁכַל pi. (MT תְשַׁכֵּל), though its presumed equivalent would be כָּשַׁל pi. (thus passim in the LXX/OG). Similarly, HR 1257c indicates that σαλεύω in IV Ki. 17.20 reflects the formal equivalent עָנָה pi. of the MT, though its presumed equivalent would be נוּעַ pi. (thus passim in the LXX/OG). Instances could be multiplied. Such inconsistent employment of the † sign is not only misleading but also reduces the usefulness of the concordance.

An obvious example of the side effects of this situation is that by eliminating reference to any formal Hebrew equivalents that may exist for Greek entries the frequent use of the † sign in the body of the concordance makes the reverse index even less useful because it cannot include any Hebrew entries for Greek words thus marked. For example, in the reverse index the formal equivalence of צוּר and κτίστης (II Ki. 22.32) is not mentioned because HR 796a flags this with †. Similarly, there can be no entries in the reverse index for frequently occurring Greek words (conjunctions, prepositions, numerals, pronouns) for which Hebrew equivalents are not included in HR. Nor does the reverse index mention Hebrew words when they happen to occur in combinations that are listed elsewhere in the concordance. Accordingly, the reverse index often provides incomplete information (see, e.g., לִפְנֵי, כִּי, אִם, אַחֲרֵי).

In addition, but for different reasons, the HR concordance does not list any Hebrew equivalents for words occurring in Aquila, Symmachus, Theodotion, and other Hexaplaric sources (here also Trommius retains its usefulness; see also Biel and Schleusner). Thus HR is less useful for studying those sections of the LXX/OG traditions that represent a translation approach similar to or identical with what we identify as Aquila or Theodotion[6] or for research on individual equivalents in cases where the Hexaplaric materials may provide important clues to recovering the presumed Hebrew. For example, in I Ki. 9.25 the proposed presumed equivalence of διέστρωσαν ≈ רָבַד qal (where MT has דָּבַר pi.) finds support in Pr. 7.16, where Aquila and Theodotion are credited with rendering רָבַד with περιστρώννυμι (see HR 1127a).[7] This sort of information is difficult to discover from the data in HR.

Ironically, the notation of equivalents is different in HR's appendix 1, which lists the proper names of the LXX/OG, probably because the editors (mainly Redpath at this point) thought that the presumed equivalents of proper names could be determined more easily than those of common nouns. In some instances, equivalents in proper names are described as "aliter [otherwise] in Heb.," while in others the formal equivalents are given and yet others indicate the presumed equivalents. For example, Ἑβραῖοι in I Ki. 17.8 is listed by HR *53a* as an equivalent of the MT's עֲבָדִים and not of the presumed עִבְרִים. But Σύρος is often represented by אֲרָם even where MT reads אֱדֹם or אָדוֹם (HR *148b*).

As with the sign †, many question marks in HR's notation are superfluous, for the formal equivalent can be indicated easily. Several examples will suffice:

III Ki. 6.7	MT	אֶבֶן־שְׁלֵמָה מַסָּע נִבְנָה
	OG	λίθοις ἀκροτόμοις ἀργοῖς ᾠκοδομήθη

In this phrase, the first, second, and fourth Greek words are presented in HR with their Hebrew equivalents. The third word, however, is marked ? (HR 153a).

Is. 23.17[16]	MT	וְשָׁבָה לְאֶתְנַנָּה
	OG	ἀποκαταστ(αθ)ήσεται εἰς τὸ ἀρχαῖον

The first Greek word is given with its Hebrew equivalent, but the last receives the ? code (HR 163a).

6. For recent relevant discussions of this situation and of literal and free translation techniques, see Tov 1997: 17–29; note also Reider and Turner 1966.

7. For other examples, see Margolis 1910: 306.

I Ki. 20.30 MT בֹּחֵר אַתָּה לְבֶן־יִשַׁי
OG μέτοχος εἶ σὺ τῷ υἱῷ Ιεσσαι

Μέτοχος ("sharing in, partner"), the formal equivalent of the MT's בָּחַר ("to choose"), here reflects חָבַר ("to unite, join"), as in five other places in the LXX/OG. HR 918a therefore decided to add a question mark to the formal equivalence.

Likewise, in dealing with words that are transposed in the Greek translation HR often deviates from its system of listing equivalents. In accordance with the overall layout, HR often records the inverted words in the arbitrary order of formal equivalence. For example, the inverted translation of De. 33.8 תֻּמֶּיךָ וְאוּרֶיךָ || δήλους αὐτοῦ καὶ ἀλήθειαν αὐτοῦ is recorded according to its formal equivalents (HR 53a, 295b).[8] The inverted Greek text of De. 11.1 is treated similarly. Usually, however, HR inverts the notation with reference to the Greek words and thus records them as if they reflected a Hebrew text different from MT. Thus for Ge. 30.43 וַעֲבָדִים שְׁפָחוֹת || παῖδες καὶ παιδίσκαι, the formal equivalents are abandoned in favor of the presumed (HR 1048b, 1049b).[9]

As is to be expected in a work of the scope of HR, many equations are erroneous or doubtful. A few examples may be mentioned:

1. In Ge. 4.21, HR 730b incorrectly lists the equivalent of καταδεικνύναι as only תֹּפֵשׂ rather than כָּל־תֹּפֵשׂ אֲבִי (where the Greek translation condensed the three words into one).
2. In Ge. 49.24, HR 751b records κατισχύειν as the equivalent of אֶבֶן even though from a formal point of view the Greek verb reflects both רֹעֶה and אֶבֶן.
3. Ἀθῳοῦν ("to hold guiltless") in Je. 15.15 is recorded as reflecting נָקָה ni. (as elsewhere in the LXX/OG), although the MT reads נָקַם ni. ("to take vengeance").

A few remaining minor problems deserve brief notice:

- HR fails to group the evidence in the most useful manner (e.g., by juxtaposing translation units that show similar approaches or by providing references to related word groups, synonyms, or antonyms; see Jacques 1972 and Margolis 1910) and even to provide significant statistics about translational equivalents (how often does Greek *x* represent Hebrew *y* and vice versa, and in which writings? see Dos Santos 1973 and Muraoka's index, printed as appendix 4 below).
- HR provides minimal grammatical and syntactical information.
- Most transliterated common nouns are listed in the main concordance, some in appendix 1, and others in both!

Some of the problems with the reverse index noted above, and elsewhere by Tov and others, are solved in the present edition by Muraoka's expanded treatment.

Moving into the Future

With the advent of the computer, a new age of possibility has dawned for such tools as the textual concordance. If one has a standard computer with software for accessing reliable electronic texts, the sort of simple searches that are made possible by a traditional concordance could be performed on the fly, at least in theory. Nearly a quarter century ago, the Thesaurus Linguae Graecae (TLG) project at the University of California in Irvine encoded the entire Rahlfs edition of the LXX/OG for computer access. A few years later, the Stuttgart edition of Biblia Hebraica was similarly encoded, and the Computer Assisted Tools for Septuagint/Scriptural Study (CATSS) project created parallel Hebrew-Greek files to permit bidirectional bilingual searching of a sort that conventional concordance users could perform only with difficulty. Gradually, morphological analysis for both the Hebrew and the Greek materials has been added, which not only makes it possible to find all forms of particular dictionary entries in either language, but also facilitates searching for specific grammatical and syntactical features that have never been systematically noted in traditional concordances (see GRAMCORD and similar computer projects). A project to encode the textual variants in the Greek witnesses is well under way by CATSS, with the hope that a similar project on the Hebrew side will soon follow. The ability to link such data with itself and with other resources is becoming increasingly possible both on and off the Internet (see, e.g., Marquis 1991).

Why, then, reprint an improved Hatch-Redpath in traditional hard-copy form? The most obvious reason is that the ideal technology is still suffering growing pains and is not available to the majority of people who would like to make use of reliable research tools such as this proven concordance. Problems of displaying and printing Hebrew and Greek fonts continue to frustrate many electronophiles who want the flexibility of moving between basic electronic resources (e.g., text editions, textual variants, other ancient versions and their variants, linguistic analysis, dictionaries,

8. For a discussion of these renderings, see A. Toeg, "A Textual Note on 1 Samuel xiv 41," *Vetus Testamentum* 19 (1969) 496.

9. See further Tov 1997: chap. 5 §A3.

modern translations, images of manuscripts) on the one hand and new configurations and applications (e.g., for selective extraction, reorganization, and insertion into research reports) on the other. It is true that the development of the Internet and its World Wide Web has overcome some of the older problems such as the need for differently formatted data delivery systems for different machines (the old IBM/DOS versus Apple problem), but accessing the wealth of materials on the Internet is not yet a simple matter possible from each and every individual study, or even from every library and computer lab for that matter. Tools are being created and will be created to solve these problems, but whether and to what extent they will ever replace the time-honored book at one's elbow remains to be seen. In the meantime, we rejoice that an old friend in new clothing and with some newly acquired capabilities will continue to respond to our basic needs.

When Swete first issued his classic *Introduction to the Old Testament in Greek* in 1900, he had little to say about concordances beyond mentioning that the Oxford Concordance had recently appeared and was a great asset (p. 290). Jellicoe's attempted update is only slightly more informative (1968: 335–36): "Despite its being too narrowly based and other shortcomings of which the surviving editor was fully conscious [see Redpath's note prefacing the list of addenda et corrigenda], it has remained, with the supplements of 1900 and 1906 . . . , the standard work." Jellicoe concludes (pp. 336–37) that "it would still be premature to contemplate a complete revision of the Concordance. As it stands it remains, in the hands of the discerning, a most serviceable instrument. A further supplement would be the only practicable measure, and even this should await the publication of the remainder of the relevant materials from Qumran." Probably, given the developing state of affairs and its promises for future research, no "complete revision" in Jellicoe's sense will ever be needed. But during the often frustrating transition period, we can be comforted and assisted by having this revived HR at our sides.

Pertinent Literature

Abercrombie, John R., William Adler, Robert A. Kraft, and Emanuel Tov. *Computer Assisted Tools for Septuagint Studies (CATSS)*, vol. 1: *Ruth*. Septuagint and Cognate Studies 20. Atlanta: Scholars Press, 1986.

Biel, Johann Christian. *Novus Thesaurus Philologicus, sive Lexicon in LXX et alios Interpretes et Scriptores Apocryphos Veteris Testamenti*. Posthumously edited by E. H. Mutzenbecher. 3 vols. The Hague: J. A. Bouvink, 1779–80.

Bindseil, Henricus Ernestus. "Über die Concordanzen." *Theologische Studien und Kritiken* 43 (1870) 670–720. [An abbreviated presentation of Bindseil's more detailed treatment (not seen) in the prologue to the anthology entitled *Concordantiarum Homericarum specimen cum Prolegomenis in quibus praesertim Concordantiae biblicae recensentur earumque origo et progressus declarantur. . . .* (Halle: Hendelius, 1867); one of Bindseil's main sources is Le Long.]

CATSS: Computer Assisted Tools for Septuagint/Scriptural Studies Project, a joint project of the Hebrew University and the University of Pennsylvania, with assistance from various other institutions, under the direction of Robert A. Kraft and Emanuel Tov. [For individual volumes, see items by Abercrombie et al. and Tov; for further information, access the web site at URL **http://ccat.sas.upenn.edu/rs/catss**]

Dos Santos, Elmar Camilo. *An Expanded Hebrew Index for the Hatch-Redpath Concordance to the Septuagint*. Jerusalem: Dugith, [1973].

Gagnier, Jean. *Vindiciae Kircherianae, sive adimadversiones in novas Abrahami Trommii concordantias graecas versionis vulgo dictae LXX interpretum. . . .* Oxford: Theatro Sheldoniano, 1718. [Not seen.]

Göttsburger, J. "Berichtigung zur LXX Konkordanz von Hatch-Redpath." *Biblische Zeitschrift* 3 (1905) 39. [A brief note on אֵל ≈ ἄγγελος (Is. 9.5; Jb. 20.15) and פָּלָא ni. ≈ μέγας (Jb. 42.3) and a correction for HP 528 col. 3 on Ps. 139[140].8 (not 7).]

———. "Zu Εἰρήνη bei Hatch-Redpath." *Biblische Zeitschrift* 4 (1906) 246. [Focuses on Is. 29.24; 32.4.]

GRAMCORD: Computerized Grammatical Concordance project from the GramCord Institute in Vancouver, Wash., under the direction of Paul Miller. [Initially developed for the New Testament but more recently expanded to include Jewish Scriptures in Hebrew and in Greek; for further information, access the web site at URL **http://www.gramcord.org**]

Gregory, Caspar R. "Concordances." Vol. 3 / pp. 205–10 in the *New Schaff-Herzog Encyclopedia of Religious Knowledge*. New York: Funk & Wagnalls, 1909. [For a similar treatment in French, see Mangenot 1912; both Gregory and Mangenot are heavily indebted to Bindseil.]

Hanhart, Robert. "Jüdische Tradition und christliche Interpretation—zur Geschichte der Septuagintaforschung in Göttingen." Pp. 280–97 in *Kerygma und Logos: Festschrift Carl Andresen*. Edited by A. M. Ritter. Göttingen: Vandenhoeck & Ruprecht, 1979. [An analysis of Schleusner's lexicon.]

Jacques, Xavier. *List of Septuagint Words Sharing Common Elements*. Subsidia Biblica 1. Rome: Biblical Institute Press, 1972. [Published simultaneously by the same publisher in a French edition: *Index des mots apparentés dans la Septante*.]

Jarick, John. *A Comprehensive Bilingual Concordance of the Hebrew and Greek Texts of the Book of Ecclesiastes*. CATSS—Basic Tools 3 / Septuagint and Cognate Studies 36. Atlanta: Scholars Press, 1993.

Jellicoe, Sidney. *The Septuagint and Modern Study*. Oxford: Clarendon, 1968. Reprinted Winona Lake, Ind.: Eisenbrauns, 1978.

Kircher, Conrad [Konrad]. *Concordantiae Veteris Testamenti Graecae, Ebraeis Vocibus Respondentes πολύχρηστοι. simul enim et Lexicon Ebraicolatinum, Ebraicograecum, Graecoebraicum: genuinam vocabulorum significationem, ex Septuaginta duorum, ut vulgo volunt, interpretum (vel istis, pro tempore, deficientibus, ex Aquilae nonnunquam, vel Symmachi, vel Theodotionis) translatione petitam: homonymiam ac synonymiam Graecam & Ebraeam: quin & Ebraismorum variorum explanationem Graecam: Graecismorum elocutionem Ebraeam: & sic διασάφησιν Veteris & Novi Testamenti, collatione linguarum utrobique facta, suavissima συμφωνίᾳ, lectoribus exhibent.* 2 vols. Frankfurt am Main: Claudium Marnium & Heredes Iohannis Aubrii, 1607.

Kraft, Robert A. (ed.). *Septuagintal Lexicography.* Septuagint and Cognate Studies 1. Missoula, Mont.: Society of Biblical Literature, 1972.

Le Long, Jacob. *Bibliotheca Sacra in Binos Syllabos Distincta, quorum prior qui jam tertio auctior prodit, omnes sive Textus sacri sive Versionum ejusdem quavis Lingua expressarum Editiones; nec non praestantiores MSS. Codices, cum Notis historicis & criticis exhibet. Posterior vero continet omnia eorum opera quovis idiomate conscripta, qui huc usque in sacram Scripturam quidpiam ediderunt simul collecta tum ordine Auctorum alphabetico disposita; tum serie sacrorum Librorum. Huic coronidis loco subjiciuntur grammaticae et lexica linguarum, Praesertim Orientalium, quae ad illustrandas sacras paginas aliquid adjumenti conferre possunt.* Edited by P. N. Desmolets with preface by C. F. Boerner. 2 vols. Paris: Montalant, 1723. [Reprinted from the 1709 Leipzig edition.]

Lust, Johann. "J. F. Schleusner and the Lexicon of the Septuagint." *Zeitschrift für die Alttestamentliche Wissenschaft* 102 (1990) 256–62.

Mangenot, E. "Concordances de la Bible." Vol. 2C / pp. 901–2 in *Dictionnaire de la Bible.* Edited by F. Vigouroux. Paris: Letouzey & Ane, 1912 [1899]. [For a similar treatment in English, see Gregory 1909; both Mangenot and Gregory are heavily indebted to Bindseil.]

Margolis, Max L. "Complete Induction for the Identification of the Vocabulary in the Greek Versions of the Old Testament with Its Semitic Equivalents: Its Necessity and the Means of Obtaining It." *Journal of the American Oriental Society* 30 (1910) 301–12. [Reprinted in Kraft 1972: 80–91.]

———. "Entwurf zu einer revidierten Ausgabe der hebräisch-aramäischen Äquivalente in der Oxforder Concordance to the Septuagint and the Other Greek Versions of the Old Testament." *Zeitschrift für die Alttestamentliche Wissenschaft* 25 (1905) 311–19. [English translation in Kraft 1972: 52–64.]

———. "Καίειν (einschliesslich der Komposita und Derivata) und seine hebräisch-aramäischen Äquivalente im Gräzismus des A. T." *Zeitschrift für die Alttestamentliche Wissenschaft* 26 (1906) 85–90. [English translation in Kraft 1972: 65–69.]

———. "Λαμβάνειν (Including Compounds and Derivatives) and Its Hebrew-Aramaic Equivalents in Old Testament Greek." *American Journal of Semitic Languages* 22 (1906) 110–19. [Reprinted in Kraft 1972: 70–79.]

Marquis, Galen. "The CATSS-Base: Computer Assisted Tools for Septuagint Study for All—Transcript of a Demonstration." Pp. 165–203 in *VII Congress of the International Organization for Septuagint and Cognate Studies, Leuven 1989.* Edited by Claude E. Cox. Septuagint and Cognate Studies 31. Atlanta: Scholars Press, 1991. [A report on his CATSS-based computer software for linking and searching the CATSS materials; for further information, contact **galen@hum.huji.ac.il**]

Martin, Raymond A. *Syntactical and Critical Concordance to the Greek Text of Baruch and the Epistle of Jeremiah.* The Computer Bible 12. Wooster, Ohio: Biblical Research Associates, 1977.

——— and S. Scorza. *Syntactical Concordance to the Correlated Greek and Hebrew Texts of Ruth: The Septuagint Series.* The Computer Bible 30. Wooster, Ohio: Biblical Research Associates, 1988–89.

Morrish, George. *A Handy Concordance of the Septuagint, Giving Various Readings from Codices Vaticanus, Alexandrinus, Sinaiticus, and Ephraemi with an Appendix of Words from Origen's Hexapla, etc., Not Found in the Above Manuscripts.* London: Bagster, 1887. Reprinted frequently in the 1970s and 1980s at Grand Rapids: Zondervan. [The word *Handy* in the original title is variously included in the reprints.]

Muraoka, Takamitsu. *A Greek-English Lexicon of the Septuagint (Twelve Prophets).* Louvain: Peeters, 1993.

———. *A Greek-Hebrew/Aramaic Index to I Esdras.* Septuagint and Cognate Studies 16. Chico, Calif.: Scholars Press, 1984.

Redpath, Henry A. "Concordances to the Old Testament in Greek." *Expositor* 5.3 (1896) 69–77. [Reviews the earlier works of Kircher, Savile-Gagnier, Aungier, Trommius, and Morrish.]

Reider, Joseph, and Nigel Turner. *An Index to Aquila.* Vetus Testamentum Supplement 12. Leiden: Brill, 1966.

Rosenerch. "Vocabulary of the LXX." [Published as a lexicon in 1624; cited by Redpath 1896: 77; not seen.]

Rosenmüller, Ernst Friedrich Karl [Carl]. *Handbuch für die Literatur der biblischen Kritik und Exegese,* vol. 1, pp. 449–55. Göttingen: Vandenhoeck & Ruprecht, 1797. [First of a four-volume series, to 1800; not seen.]

Rouse, R. H., and M. A. Rouse. "The Verbal Concordance to the Scriptures." *Archivum Fratrum Praedicatorum* 44 (1974) 5–30. [Deals almost exclusively with early concordances to the Latin Bible: "The history of the Greek and the Hebrew concordances . . . needs more careful investigation" (p. 5 n. 1).]

Schleusner, Johann Friedrich. *Novus thesaurus philologico-criticus, sive lexicon in LXX et reliquos interpretes graecos ac scriptores apocryphos Veteris Testamenti.* Leipzig: Weidmann, 1820–21. Second edition Glasgow: Duncan, 1822 and London: Duncan, 1829. Reprinted Turnhout: Brepols, 1994.

Simotas, N. Αἱ ἀμετάφραστοι λέξεις ἐν τῷ κειμένῳ τῶν Ο'. Saloniki, 1969. [Lists and analyzes transliterated proper names and common nouns found in LXX/OG; based on HR, thus incomplete.]

Smend, Rudolf. *Griechisch-syrisch-hebräischer Index zur Weisheit des Jesus Sirach.* Berlin: Reimer, 1907. [See the Vorrede on pp. iii–xiii.]

Swete, Henry Barclay. *An Introduction to the Old Testament in Greek.* Cambridge: Cambridge University Press, 1902. Second edition supplemented and edited by Richard Rusden Ottley; Cambridge: Cambridge University Press, 1914. Reprinted New York: Ktav, 1968 and Peabody, Mass.: Hendrickson, 1989.

TLG: Thesaurus Linguae Graecae, a computerized text project at the University of California in Irvine, under the direction of Theodore Brunner. [For further information, access the web site at URL **http://www.uci.edu:80/~tlg**]

Tov, Emanuel. *A Computerized Data Base for Septuagint Studies: The Parallel Aligned Text of the Greek and Hebrew Bible.* CATSS 2 / Journal of Northwest Semitic Languages, Supplement(ary) Series 1. Stellenbosch, 1986.

———. "The Use of Concordances in the Reconstruction of the *Vorlage* of the LXX." *Catholic Biblical Quarterly* 40 (1978) 29–36. Revised as excursus 1 (pp. 142–54) to chapter 3 in Tov's *Text-Critical Use of the Septuagint in Biblical Research* (Jerusalem: Simor, 1981) [= pp. 90–99 in the second, revised and enlarged 1997 edition].

Trommius, Abraham. *Concordantiae Graecae Versionis Vulgo Dictae LXX Interpretum, Cujus voces secundum ordinem elementorum sermonis Graeci digestae recensentur, contra atque in Opere Kircheriano factum fuerat. Leguntur hic praeterea Voces Graecae pro Hebraicis redditae; Ab antiquis omnibus Veteris Testamenti Interpretibus, quorum nonnisis fragmenta extant, Aquila, Symmacho, Theodotione & aliis, quorum maximam partem nuper in lucem edidit Domnus Bernardus de Montfaucon.* 2 vols. Amsterdam/Utrecht: Sumptibus Societatis, 1718.

Abbreviations and Symbols

General

(including Latin instructions in the "Addenda et Corrigenda")

ab ult.	from the bottom
acc.	accusative
act.	active
ad fin.	at the end
ad init.	to the beginning
adj.	adjective
adv.	adverb
ante	before
bis	twice
c.	with
cf.	compare
cod.	codex, manuscript
conj.	conjunction
dat.	dative
del., dele	delete, strike out
gen.	genitive
i.q.	the same as
inf.	infinitive
ins.	insert
interj.	interjection
leg.	read
n.	noun
n.pr.	proper name
neg.	negative
pass.	passive
penult.	second to last
pl.	plural
post	after
prep.	preposition
pro	for, in the place of
ptc.	participle
sub	under
sub voc.	under the word
subj.	subject
subscr.	subscription
subst.	substantive
suf.	suffix
ter	thrice
ult.	last
v., vel	or
v., vid.	see

Hebrew Stems

(as arranged in appendix 4)

qal	qal
ni.	niphal
pi.	piel
pu.	pual
pilp.	pilpel
pulp.	pulpal
poal	poal
poel	poel
polel	polel
palel	palel
palal	palal
pealal	pealal
polal	polal
pulal	pulal
hi.	hiphil
ho.	hophal
hithp.	hithpael
hishtaphel	hishtaphel
hothp.	hothpael
nith.	nithpael
hithpal.	hithpalel
hithpalp.	hithpalpel
hithpo.	hithpoel
hithpolel	hithpolel
tiph.	tiphel

Aramaic Stems

(as arranged in appendix 4)

pe.	peal
peil	peil
pa.	pael
poel	poel
polel	polel
aph.	aphel
haph.	haphel
hoph.	hophal
shaph.	shaphel
ithpe.	ithpeel
ithpa.	ithpaal
ithpo.	ithpoal
hithpe.	hithpeel
ishtaph.	ishtaphal

Symbols

The original editors of the concordance did not clearly delineate how they identified the Greek translation and the underlying Hebrew text. The following chart, based on information provided by Bernard A. Taylor, summarizes the various symbols and conventions used to indicate this relationship (see also Redpath's preface):

where the underlying Hebrew is . . .	it is identified with a/an . . .	for example
clear	number	3a
the Kethiv	asterisk	3a*
less than certain but deemed a possible source of the translation	question mark	3a?
not apparent (as in a paraphrase) or deemed too tentative	obelus	†
not related to the Greek	dash	–

The following symbols are also used in the concordance. Note that the obelus serves double duty, indicating the relationship of the Greek translation to its underlying Hebrew (noted in left column) and a Hexaplaric textual variant (noted below).

- † textual variant in the Hexapla
- + Greek represents both Hebrew words referred to by the figures
- = equivalent to, equals
- ׳י יהוה (Yahweh)
- ● correction on pages xxiii–xxvi
- ▶ additional entry on pages xxiii–xxvi
- ■ correction on page xxvii

For symbols and typographic conventions used in the "Hebrew/Aramaic Index to the Septuagint," see the introduction to appendix 4 (pp. *217–20*).

Books of the Septuagint

Ge.	Genesis
Ex.	Exodus
Le.	Leviticus
Nu.	Numbers
De.	Deuteronomy
Jo.	Joshua
Jd.	Judges
Ru.	Ruth
I Ki.	1 Samuel
II Ki.	2 Samuel
III Ki.	1 Kings
IV Ki.	2 Kings
I Ch.	1 Chronicles
II Ch.	2 Chronicles
I Es.	1 Esdras
II Es.	Ezra
Ne.	Nehemiah
To.	Tobit
Ju.	Judith
Es.	Esther
Jb.	Job
Ps.	Psalms
Pr.	Proverbs
Ec.	Ecclesiastes
Ca.	Canticles/Song of Songs
Wi.	Wisdom of Solomon
Si.	Sirach (Ecclesiasticus)
Ho.	Hosea
Am.	Amos
Mi.	Micah
Jl.	Joel
Ob.	Obadiah
Jn.	Jonah
Na.	Nahum
Hb.	Habakkuk
Ze.	Zephaniah
Hg.	Haggai
Za.	Zechariah
Ma.	Malachi
Is.	Isaiah
Je.	Jeremiah
Ba.	Baruch
La.	Lamentations
Ep. Je.	Letter of Jeremiah
Ez.	Ezekiel
Da. LXX	Daniel Old Greek
Da. TH	Daniel Theodotion
I Ma.	1 Maccabees
II Ma.	2 Maccabees
III Ma.	3 Maccabees
IV Ma.	4 Maccabees

Greek Codexes and Texts

Descriptions of the Septuagint codexes (except Codex 248) can be found in H. B. Swete's edition of the Septuagint. The different hands in the codexes are indicated, as far as possible, by the usual symbols, except that in the concordance proper, $S^2 = S^{c.a}$ (i.e., $\aleph^{c.a}$).

A	Codex Alexandrinus
B	Codex Vaticanus
C	Codex Ephraemi Syri rescriptus Parisiensis
D	Codex Cottonianus
E	Codex Bodleianus
F	Codex Ambrosianus
Luc.	Lucianic text edited by P. de Lagarde
O	Fragmenta rescripta Dublinensia
P.	additional quotations of Hexaplaric fragments from J. B. Pitra's *Spicilegium Solesmense*, vol. 3
Q	Codex Marchalianus
R	(1) in concordance = the 1587 Sixtine edition (reprinted by Clarendon Press, 1875) (2) in appendixes = Psalterium Graeco-Latinum Veronense
S	Codex Sinaiticus
Sw.	additional quotations of Hexaplaric fragments in H. B. Swete's edition of the Septuagint
Syr.	Codex Syro-Hexaplaris Ambrosianus
T	Psalterium Turicense
U	Fragmenta papyracea Londinensia
V	Codex Venetus
Z	Fragmenta rescripta Isaiae prophetae
Γ	Codex rescriptus Cryptoferratensis
Δ	Fragmenta rescripta Bodleiana
87	Codex Chisianus LXXviralis libri Danielis
248	Codex Vaticanus Graecus 346

Latin Codexes and Texts

Comp.	De Pascha Computus in the appendix to W. R. von Hartel's *Cyprian*
Lu.	Lucifer, edited by W. R. von Hartel
Lucc.	Lucca Codex of the *Genealogiae Totius Bibliotecae* (P. de Lagarde, *Septuagintastudien*, part 2)
Lugd.	Codex Lugdunensis, edited by U. Robert
Mon.	Codex Monacensis, edited by L. Ziegler
Qued(*l*).	Quedlinburg fragments (see S. R. Driver, *Notes on the Hebrew Text of the Books of Samuel*, p. liii)
Ver.	Vercellone's *Variae Lectiones Vulgatae Latinae*
Vind.	Palimpsestus Vindobonensis, edited by J. Belsheim
Weingart.	Fragmenta Weingartensia, edited by E. Ranke
Wirc(*eb*).	Codices Wirceburgenses, edited by E. Ranke

Hexaplaric and Other Versions

Al.	unknown source(s)
Aq.	Aquila
Heb.	ὁ Ἑβραῖος (Origen's Hebrew text)
Quint.	Quinta (Origen's fifth column in Psalms)
Sam(ar).	Samaritan version
Sext.	Sexta (Origen's sixth column in Psalms)
Sm.	Symmachus
Th., TH	Theodotion

Addenda et Corrigenda

The extent of the additions and corrections to be made in the earlier parts of this work must be forgiven, when it is remembered that, by the aid of photography and careful editing, the exact texts of the three chief manuscripts of the Septuagint are known much more certainly than they were when the compilation of this work was first taken in hand. Even now, owing to the various modes of notation that prevailed, the editor is afraid that in the first part of the work S^3 may still be found quoted as the authority for a reading that ought to be ascribed S^2. He feels it necessary to repeat here the statement made in the preface that, as a rule, variant readings are quoted only if they have to do with the word under treatment.

Upon the appearance of volume 3 of H. B. Swete's edition of the Septuagint (Cambridge University Press, 1894), any fresh cases of occurrences of particular words in the Hexaplaric fragments quoted in that volume were at once noted in the parts of the concordance that still remained unprinted (and indicated by the abbreviation Sw. after the reference). They were further supplemented by citations from J. B. Pitra's *Spicilegium Solesmense*, vol. 3, pp. 555–78 (marked by the abbreviation P.). In order to make this work more complete, corresponding lists of Hexaplaric words and passages for the earlier parts of the concordance are printed at the end of the following list of corrections.

The surviving editor cannot bring this great and important work to a conclusion without stating how much he owes to the care and accuracy of the officials of Cambridge University Press, without whose cordial cooperation such accuracy as he has succeeded in attaining could not have been secured.

Henry A. Redpath

P. 1. col. 1, l. 3. *post* ᾶ ᾶ *add.* [**A** οἴμμοι]
post l. 6 *ins.*

ἀάρ. (1) אַחַר
Ne. 7. 33. ἄνδρες Ναβία ἀ. [**AS** *al.*] (1)
— 34. ἄνδρες Ἠλὰμ ἀ. (1)

ἀβάκ.
1 Ch. 4. 21. γενέσεις οἰκιῶν ἐφρὰθ ἀ. [**A** *al.*] †
l. 27. *post* ἀβάτῳ *add.* [**A** ἀβ. κ. ἀπ.]; *post* **S** *add.* [6]
post l. 58 *ins.*

ἀββούς. (1) הַבָּץ
1 Ch. 4. 21. **A** γενέσεις οἰκιῶν ἐβδὰθ ἀ. [**B** *al.*] (1)

P. 4, col. 3, l. 77. *dele* עָלֵז *c.*
l. 79. *dele* (8) שָׂמַח
P. 5, col. 1, ll. 6, 40. *pro* 4 *c leg.* 4 *b*
P. 6, col. 2, l. 1. *post* 12. *ins.* **A S**
l. 10. *post* ἀγαπᾷ *add.* [**S**^{1} ἀπατᾷ]
P. 7, col. 1, l. 7 *ab ult. pro* **B** *leg.* **B**^{3}
l. 6 *ab ult. post* **A** *ins.* **B**^{1}
col. 2, *post* l. 7 *ins.*
12. 4. **AB** παντὸς ἀ. [**R** ἁγίου] οὐχ ἅψεται †
col. 3, *post* l. 48 *ins.*
5. 16. **B** τοῦ ἀκοῦσαι συρισμοῦ ἀγγέλων [**R** ἀγελῶν, **A** *al.*] †
l. 49. *for* 5. *leg.* —
P. 8, col. 1, l. 11. *pro* ἀποστέλλει *leg.* ἀποστελεῖ
P. 9, col. 2, l. 36. *leg.* ἄξομεν αὐτὰ σχεδίαις . . . σὺ ἄξεις [**A** συνάξεις] αὐτὰ εἰς Ἰερ. (1 *b*, 18)
col. 2, l. 56. *dele* (26) *et* l. 57 *ins.* (26)

P. 10, col. 2, l. 39. *leg.* **A R** ὥστε . . . ἄξαι [**S** ἄγξαι]
l. 61. *leg.*
Jd. 5. 16. **R** τοῦ ἀκοῦσαι συρισμοῦ ἀγελῶν [**B** ἀγγ., **A** *al.*] (2)
l. 66. *pro* ὡς *leg.* **A S R** ὡς; *post* ἀγέλαις *ins.* [**B** -ας]
P. 11, col. 3, l. 45. *ad fin. add.* [**A**^{1} σάββατον]
P. 12, col. 2, l. 42. *leg.* **R** παντὸς ἁ. [**AB** ἀγγίου] οὐχ ἅψεται (15)
P. 15, col. 1, l. 1. *post* Da. *leg.* TH.
col. 2, l. 49. *ante* ἐλθεῖν *ins.* **A**
P. 16, col. 1, *sub* ἄγνοια, *ins.* (6) חֲבוּלָה
l. 67. *pro* αἱ *leg.* αἱ δὲ
col. 2, l. 4. *ins.* (6)
ll. 39, 40. *ins.* (1)
col. 3, l. 4. *leg.* **A R** τοῦ σίτου οὗ [**B** ὃ]
P. 17, col. 1, *post* l. 3. *add.*
Hg. 2. 13 (12). **S**^{1} ἐὰν λάβῃ ἄνθρωπος κρέας ἅ. [**A B S**^{2} ἅγιον] †
col. 2, l. 29. *pro* Js. *leg.* Jo.
l. 35. *ante* ἐπὶ *leg.* **R**; *post* **A** *ins.* **B**
col. 3, l. 1. *post* **A** *add.* **B**
l. 29 *ab ult. post* **A** *add.* **S**^{2}
l. 27 *ab ult. post* **B** *add.* **S**^{1}
P. 18 col. 2, *post* l. 24 *ins.*
IV Ma. 19. 17. **S** ὥστε μου τὸν λογισμὸν ἄγξαι [**A R** ἄγξαι]
l. 25. *dele* IV Ma.
col. 3, l. 16. *pro* אֵל *leg.* בְּאֵל
P. 19, col. 3, *post* l. 29 *ins.*
To. 5. 20. **AB** μὴ λόγον ἔχε, ἀδελφή [**S** *om.*]
l. 30. *pro* To. 5. *leg.* —
P. 22, col. 1, l. 1. *ante* καὶ *ins.* **R**; *post* **A** *ins.* **B**

P. 23, col. 3, ll. 34, 31 *ab ult. post* JE. *ins.* 9. 4 (3):
P. 24, col. 1, *post* l. 6 *ins.*

ἀδηρώθ.
IV Ki. 11. 8. **A** ὁ εἰσπορευόμ. εἰς τὰς ἀ. [**B** *al.*] †
— 15. **B**^{2} ἔσωθεν τῶν ἀ. [**AB**^{1}**R** *al.*] †
col. 2, l. 58. *ad fin. ins.* —
col. 3, l. 45. *pro* 3†, *leg.* 3 +
l. 47. *add.* [**A** ἦν. ἠδ.]
l. 63. *pro* 23 *leg.* 24
P. 25, col. 3, l. 35. *post* ἀδικίαν *add.* καὶ ἀσέβειαν [**S**^{1} ἀσ. καὶ ἀδ.]
P 26, col. 1, *post* l. 15 *ins.*
— 12. **A** ἐγκεκρυμμένη ἡ ἀ. [**B** ἁμαρτία] αὐ. (35)
dele l. 31
l. 32. *pro* — *read* Ze. 8. *Post* ἀπαιτήσει *ins.* [**A** *om.* οὐκ . . . ἀπ.]
l. 52. *dele* ?
post l. 16 *ab ult. ins.*
34 (27). 16. **S** ἀδικίᾳ [**A B** -κα] αὐτοὶ προφητεύουσιν (34)
P. 28, col. 1, l. 12. *pro* עֲנִי *leg.* עָנִי
post l. 8 *ab ult. ins.*
— 16, 18, 20, 23. **A**^{2} λέγει ἀ. [**B** *om.*] κύριος (1)
col. 2, ll. 40, 48; P. 29, col. 3, l. 56; P. 30, col. 3, l. 19. *pro* Ju. *leg.* Jd.
P. 31, col. 2, *post* l. 3 *ins.*

αἰλαμμώ. (1) אֵילָם
Ez. 40. 36. **B**^{3} καὶ τὰ αἰλεῦ καὶ τὰ αἰ. [**A** -ώθ, **B**^{1} **R** -ών] (1)
l. 15. *pro* **B** -ων *leg.* **B**^{1} -ών, **B**^{3} -ώ

P. 32, col. 3, l. *penult. pro* αἰ *leg.* αἱ.
P. 33, col. 1, *post* l. 11 *ab ult. ins.*
[**Th.** III Ki. 1. 9.]
post l. 10 *ab ult. ins.*

αἰνακείμ, *vid.* **ἀννακείμ.**

l. 9 *ab ult. post* בָּרַךְ *ins.* pi.
col. 2, l. 64. *post* **6** *add. a*
P. 34, col. 1, l. 3 *ab ult. ad init. add.* Is. 62. 7:
col. 3. *sub voc.* αἴρειν *post* אָמַן *add.* ni.; *post* אָסַף *add. a.* qal. *b.* ni.; *post* שָׁחַח *add.* hi.; *post* אָבַד *add.* pi.; *post* שָׁבַת *add.* hi.
P. 35, col. 2, l. 25. *pro* **A** *leg.* **R**; *ante* **B** *ins.* **A**
post l. 46 *ins.*
21. 10. τρία αἴρω [? αἱρῶ] ἐγὼ ἐπὶ σέ (11)
col. 3, l. 17. *post* **2** *add. a*
ll. 23, 48, 49. *post* **2** *add. b*
l. 59. *post* ἀρθήσονται *add.* . . . καὶ [S^1 *add.* αὐτὰ αἰρόμενα] ἀγαθὸν οὐκ ἔστιν ἐν αὐτοῖς; *post* **14** *b add.*, [–]
P. 36, col. 3, *post* l. 21 *ins.*
IV Ma. 5. 27. S^2 τῇ αἰσχίστῃ [A S^1 R ἐχθίστῃ] ἡμῶν μιαροφαγίᾳ
l. 22. *dele* IV Ma.
sub voc. **αἰσχύνειν** *add.* (11) נָשָׂא פָנִים
l. 25 *ab ult. pro* **8** *leg.* **11**
P. 37, col. 1, l. 4 *ab ult. ins.* 48 (31). 1:
P. 38, col. 1, *post* l. 12 *ins.*
Ca. 5. 1. **S** ἡ νύμφη αἰτεῖται τὸν πατέρα –
ll. 23, 24, 25, 27. *pro* **5** *leg.* **4**
P. 40, col. 2, l. 12. *dele* **S**; *post* al. *leg.* [**S** τὸν al.]
l. 14 *ab ult. pro* 4. **A R** *leg.* 4 (**A B**), 29.
P. 41, col. 2, *post* l. 13 *ab ult. leg.*
13. 15. S^1 κίνδυνος ἐν αἰῶνι βασάνῳ κείμενος [A S^2 R *al.*]
P. 42, col. 2, l. 2. *post* αἰωνίῳ *add.* [S^1 -νι]
P. 49, col. 1, l. 10 *ab ult. post* μου *add.* [B^1 *add.* καὶ ἤκουσα]; *post* **8** *a add.*, [–]
col. 2, l. 50. *post* ἀκούσητε *add.* [B^2 ἀκούητε]
P. 50, col. 1, *post* **ἀκουστός.** *ins.* (1)
P. 51, col. 1, ll. 38, 39. *leg.* S^1 μὴ γίνου ταχὺς ἐν ἀκροάσει [A B S^2 γλώσσῃ] σου
P. 52, col. 3. *ins.* **ἄλεκτος.**
III Ma. 4. 2. τοῖς δὲ Ἰουδ. ἄ. πένθος ἦν
P. 53, col. 3, *post* l. 26 *ins.*
39 (32). 41. ἐν πίστει καὶ ἐν πάσῃ [S^1 ἀληθείᾳ] καρδίᾳ –
P. 54, col. 2, l. 26 *ab ult. ante* **R** *ins. cod.* ἄλεκτον,
P. 55, col. 1, l. 27 *ab ult. post* 11* *ins.*: 14. 7†
P. 57, col. 3, l. 37. *pro* **S** *leg.* S^1; *ante* **R** *ins.* S^2 -ωνται,
P. 60, col. 3, l. 14. *post* ἀμήσῃ *add.* [S^1 -σει]
P. 63, col. 3, l. 18 *ab ult. post* ἁμαρτίας (1°) *add.* [A^1 -αις]
P. 66, col. 1, *post* l. 25 *ins.*

ἀμμαδαρώθ.

Jd. 5. 22. **A** ἀ. δυνατῶν αὐτοῦ [**B** *al.*] †
P. 69, col. 1, l. 43. *post* 13†: *add.* 31. 23†:
col. 2, l. 21 *ab ult. ante* **16.** *ins.* **15.** 32†:
l. 20 *ab ult. post* 10 *add.*, 14†
l. 16 *ab ult. post* Jb. *add.* 7. 21 (κἄν): 9. 21 (κἄν):
l. 15 *ab ult. ante* **37.** *ins.* **23.** 8 (κἄν):
l. 12. *ante* Ec. *ins.* Pr. 9. 12 (κἄν):
l. 10. *ante* Ho. *ins.* 33. 13 (κἄν), 20 (κἄν):
col. 3, l. 15. *pro* **41** *leg.* **14**
P. 73, col. 3, l. 40. *dele* [**S** ἐβ.]
P. 76, col. 1, l. 16 *ab ult. leg.* **S R** ἠναγκασμένη [**A** -ην]
P. 79, col. 1, *post* l. 20 *ab ult. leg.*
9. 12. S^2 ἀνέλαβον αὐτὸν ἐπὶ τὸν τροχόν [A S^1 R *al.*]
col. 2, *post* l. 17 *ab ult. leg.*
Is. 44. 19. **A S** οὐδὲ ἀνελογίσατο [? ἂν ἐλ.] ἐν τῇ ψυχῇ αὐ. [**B** *al.*] –

P. 81, col. 3, *post* l. 23 *add.*
Jd. 5. 8. **A** σκέπη νεανίδων σειρομαστῶν ἀνήφθη καὶ σειρομάστης [**B** *al.*] †
l. 24. *dele* Jd.
P. 82, col. 2. *sub* **ἀναστρέφειν** *add.* (12) *pass.* פָּנָה
post l. 26 *ab ult. add.*
— 47. B^2 οὗ ἀνεστράφη [A B^1 R ἂν ἐστράφη] ἐσώζετο (12)
P. 85, col. 2, *post* l. 5 *ab ult. add.*

ἀναφθέγγεσθαι.

[**Sm.** Jb. 39. 35 (40. 5).]
P. 87, col. 2, l. 40. *leg.* S^2 διεξήεσαν ἀνερευνώμενοι [A S^1 R *al.*]
col. 3, l. 22. *leg.* S^1 R ἀνευράμενοι θαρραλέως τὴν πηγήν [A S^2 *al.*]
P. 94, col. 1, l. 25 *ab ult. post* ἄνδρα *ins.* [**S** -ας]
P. 95, col. 1, l. 9 *ab ult. post* ἀνδρός *add.* [**A** ἀνάνδρος, ? ἂν ἀνδρός]
P. 96, col. 2, l. 16. *dele* [**A** ἐπ' ἄνθρακα ὀχυρός]
P. 97, col. 1, l. 14 *ab ult. pro* **2** *leg.* **2, 1**
P. 98, col. 3, l. 6. *pro* ἐ. (1°) *leg.* ἀ.
P. 102, col. 1, l. *penult. post* 14. *add.* 3,
col. 3. *sub voc.* **ἀνιστᾶν** *pro* נָשָׂא *leg.* נָשָׂא
P. 104, col. 2, l. 30 *ab ult. post* ἀναστήσουσι *add.* [S^1 -σονται, S^2 -σωσιν]
P. 105, col. 2, *post* l. 11 *add.*
IV Ma. 11. 14. **A** τῇ δὲ ἀ. [**S R** διαν.] ἡλικιώτης
P. 108, col. 2, l. 19 *ab ult. add.* (3) כְּסִיל
l. 18 *ab ult. leg.* **A S** ἀφρων καὶ ἄνους [**B** ἄν. κ. ἄφ.] ἀπολοῦνται (1 [3])
P. 111, col. 1, *post* l. 27 *ab ult. add.*
— 22. οὐκ ἔσται ὁ ἀνοίγων [S^2 ἀντιλέγων] †
P. 112, col. 3, l. 35. *ins.* III Ki. 14. 15 (ἀπὸ ἀ.):
P. 113, col. 1, *post* l. 13 *ab ult. ins.*
Si. 25. 8. ὃς οὐκ ἐδούλευσεν ἀναξίῳ [S^1 ἀξ.] αὐτοῦ
l. 12 *ab ult. dele* Si.
P. 119, col. 1, *post* l. 21 *ab ult. ins.*
— 29. **A** καθ' ἅπαν [**R** κατὰ πάντα] ἄχρηστος
col. 2, *post* l. 32 *ins.*
Pr. 15. 9. διώκοντας δὲ δικαιοσύνην ἀγαπᾷ [S^1 ἀπατᾷ] †
l. 33. *dele* Pr.
col. 3, *post* l. 31 *ab ult. ins.*
9. 4 (3). τὴν γὰρ ῥάβδον τῶν ἀπαιτούντων [S^2 ἀπειθούντων] διεσκέδασεν †
P. 120, col. 2, *sub voc.* **ἄπειρος** *add.* (3) שׁוּחָה
l. 10. *post* ἀβάτῳ *add.* [**A** ἀβ. κ. ἀπ.]; *post* **2** *add.* [**3**]
P. 123, col. 1, l. 49. *post* 19 *add.*, 19†; *post* 14 (2°) *add.* †
P. 124, col. 1, l. 25. *post* ἐγεννήθη *add.* †
col. 3, l. 30 *ab ult. post* (35), *add.* (35)†,
l. 12 *ab ult. post* 21††, *add.* 28†,
P. 134, col. 2, *post* l. 5 *ins.*
IV Ma. 6. 15. S^2 ἀποκρινόμενος [A S^1 R ὑποκρ.] τῶν υἱέων ἀπογεύεσθαι
col. 3, l. 4. *post* 5. *in.* **B S**
P. 138, col. 1, l. 24 *ab ult. post* ἀπολλύοντες *add.* [**A S** διασκορπίζοντες] καὶ διασκορπίζοντες [**A** ἀπολλύοντες, **S** ἀπολλύντες] τὰ πρόβατα
col. 3, l. 23. *post* ἀπολογουμένων *add.* [**S** -ου]
P. 140, col. 1. *sub* **ἀπορία** *leg.* (4) בָּרַר (5) ἀ. στενή
P. 141, col. 2, *post* l. 51 *ins.*
[**Sm.** Jb. 24. 13.]
P. 147, col. 3, l. 25. *post* ἀποστρέψεις *ins.* [S^1 -φεις]
l. 45. *post* ἀπέστρεψαν *ins.* [S^1 -εν]
P. 151, col. 1, l. 38. *post* δύνασθε *add.* [? θ. ἀψεσθε]
P. 154, col. 2, l. 12. *post* **17.** *add.* **R**
l. 14. *post* ἀργυρίου *add.* [**A B** *om.*]

P. 155, col. 3, l. 7 *ab ult. leg.* **A R** ἡ θανατηφόρος ἀρέσκει [**S** -σαι] καρτερία
P. 156, col. 1, l. 7 *ab ult. post* **8.** *leg.* **S R**; *post* ἀρετῆς *leg.* [**A** -ὴν]
col. 2, l. 20. *ins.* (-θενβ.)
l. 21. *post* **13.** *add.* S^2 R; *post* ἀρθρέμβολα *add.* [S^1 -ας, **A** -ους]
P. 159, col. 3, l. 14. *post* ἀροτριάσει *add.* [S^1 -ᾷ εἰς]
P. 161, col. 1, *post* l. 23 *ab ult. leg.*
II Ki. 15. 34. τότε καὶ ἀρτίως [B^3 ἄρτι ὡς] καὶ νῦν (1)
l. 22. *pro* II Ki. 15. *leg.* —
P. 163, col. 2, l. 2. *pro* ἔτη. *leg.* ἔτη
col. 3, l. 28 *ab ult. dele* A^1
P. 164, col. 3, l. 27. *pro* **13** *leg.* **12**
P. 165, col. 1, l. 25. *dele* A^1
P. 169, col. 3, l. 43. *post* ἀσέβειαν *leg.* [S^1 ἀσ. καὶ ἀδ.]
P. 170, col. 3, l. 20. *ante* A^2 *ins.* A^1 S^1 εὐσ.,
P. 171, col. 1, *post* l. 20 *ins.*
— 12. **B** αἱ δὲ ῥίζαι τῶν ἀσεβῶν [**B S** εὐσ.] ἐν ὀχυρώμασι †
P. 172, col. 2, l. 4 *ab ult. pro* ἀνθενόψ. *leg.* ἀσθενόψ.
P. 175, col. 2, l. 11 *ab ult. leg.* A^2 R ἀτελέστατον [A^1 ἀτεν.] ἐβεβαίωσεν ὅρκον
post l. 10 *ab ult. ins.*

ἀτενής.

III Ma. 5. 42. A^1 ἀτενέστατον βεβαίως ὅρκον [A^2 R *al.*]
P. 179, col. 2, l. 12. *post* δοχὴν *add.* [S^2 *al.*]
l. 13. *post* αὐτά *add.* [S^2 *al.*]
P. 182, col. 1, l. 8 *ab ult. post* **A** *add.* B^2
l. 7 *ab ult. post* ἀφανισμοῦ *add.* [B^2 -ῷ]
P. 183, col. 2, l. 39. *post* ἐν ἀ. *add.*, S^1 εἰς ἀ. αὐ.
P. 187, col. 2. **ἀφφουσώθ, ἀφφουσιών** mutato ordine
sub **ἄφωνος** *add.*
[**Sm.** Ps. 100 (101). 8.]
P. 189, col. 1, l. 26 *ab ult. leg.* **A R** ἐν βάθει βόθρου [**B** θορύβου]
l. 25 *ab ult. dele* **A R,** [**B**
l. 24 *ab ult. dele* θορύβου]
P. 190, col. 2, *post* l. 21 *ab ult. ins.*
Pr. 25. 20. S^1 λύπη ἀνδρὸς βάπτει [A B S^2 βλάπτει] καρδίαν †
P. 191, col. 3, *post* l. 11 *ins.*

βαρχαβώθ.

I Ki. 4. 21. **B** Οὐαὶ β. [**A R** *al.*] †
P. 192, col. 1, l. 14. *post* **56.** *add.* **S R**; *post* μεγάλης *add.* [**A** -ου]
col. 2, l. 31 *ab ult. post* 1. *add.* (2. 46)
l. 30 *ab ult. pro* — *leg.* (4 *f*)
col. 3, l. 23. *pro* α] *leg.*]α
l. 25. *pro* β] *leg.*]β
P. 208, col. 2, *post* l. 11 *ab ult. ins.*
— 3. ἀσθενήσουσιν οἱ ἀσεβεῖς [S^1 βασιλεῖς] †
P. 209, col. 1, l. 35 *ab ult. post* βασιλεῖς *leg.* [S^1 -λέως]
col. 2, *post* l. 43 *leg.*
— 10. S^1 εἰς οἶκον τοῦ βασ. –
P. 212, col. 1, l. 13 *ab ult. post* βασιλεῦ *leg.* [B^1 -εὺς]
col. 2, l. 11. *post* **18.** *leg.* **S R**
col. 3, *post* l. 44 *ins.*
— 68. καὶ ἐλυπήθη [S^1 *add.* ὁ βασ.]
P. 214, col. 1, *post* l. 29 *ab ult. ins.*
16. 5. S^1 ἰδοὺ δύναμις πολλὴ . . . β. [**A** πεζικοί, S^2 R πεζική]
P. 215, col. 1, *post* l. 39 *add.*

βατός.

Je. 30 (49). 17. ἔσται ἡ Ἰδουμ. εἰς ἄβατον [S^1 βατόν] †
P. 222, col. 2, *post* l. 8 *ab ult. ins.*
30. 2. τοῦ βοηθηθῆναι [S^1 βοηθῆναι] ὑπὸ Φ. †
col. 3, *post* l. 35 *ins.*
5. 33. S^1 ἐβόησαν ταῖς σάλπιγξιν
l. 36. *pro* 5. *leg.* —

P. 229, col. 1, l. 6. *pro* βοῦνον *leg.* βουνόν
l. 36. *pro* 5. *leg.* —
P. 233, col. 1, l. 19 *ab ult. post* τὸ *ins.* [B *om.*]
col. 2, l. 21 *ab ult. pro* A *leg.* B
col. 3, l. 10. *pro* μέλει *leg.* μέλι
P. 234, col. 1, *post* l. 6 *ab ult. ins.*
Je. 31 (48). 23. ἐπ' οἶκον Μαών [S^{1} Μαώθ, S^{3} γάμον, ? Γάμων] †
col. 2, l. 15. *pro* Ταρβ. *leg.* Τασβ.
l. 15 *ab ult. post* ἔχουσα *add.* [S^{1} *om.*]
col. 3, l. 4. *pro* ἐκ *leg.* ἀπὸ
P. 235, col. 1, l. 2. *post* Ge. *add.* 18. 13 (ἆρά γε) :
col. 2, l. 13. *ante* B *ins.* A ; *dele* A
l. 35. *pro* αὐτὸν *leg.* αὐτοῦ
l. 39. *pro* S^{2} *leg.* S^{4}
col. 3, l. 1. *ante* -δη *ins.* B^{2}
P. 236, col. 1, l. 7 *ab ult. pro* Αἰχμὰν *leg.* 'Αχιμὰν
P. 238, col. 1, l. 15. *pro* 'Εσρώμ [A -ών] *leg.* 'Εσρ.
P. 239, col. 1, l. 14. *post* 4. *add.* B^{2} R
l. 24 *ab ult. post* γ. *add.* [B^{1} τὸν καρπὸν]
col. 2, l. 46. *post* υἱὸς *add.* τοῦ
col. 3, l. 15. *dele* S^{2}
P. 240, col. 3, l. 19. *post* **φωνεῖν** *add. a.* אוֹב *b.*
P. 241, col. 3, l. 50. *pro* τῃ *leg.* τῇ
P. 242, col. 3, l. 49. *pro* ἤλθον *leg.* ἦλθον
l. 11 *ab ult. post* 1. *leg.* A R ; *post* γῆς [B ἐξ]
P. 243, col. 3, l. 9 *ab ult. post* ἐν *add* τῇ [A *om.*]
P. 244, col. 1, l. 4. *dele* R
l. 11. *post* 35. *add.* R ; *post* ὤμοσα [AB *al.*]
l. 29. *post* A *add* B^{2}
l. 30. *pro* B *leg.* B^{1}
P. 245, col. 3, l. 45. *ad fin. leg.* 2 *c*
P. 251, col. 2, l. 16. *pro* 18 ? *leg.* 18 *a v.* 18 *b* ?
col. 3, *post* l. 26 *ins.*
— 6. A θυσία κυρίῳ ἐν γῇ [B S *om.*] B. –
P. 253, col. 1, *post* l. 8 *ab ult. ins.*
— 17. A S ἐν γῇ B. [B *al.*] †
P. 256, col. 2, l. 3 *ab ult. pro* כון *leg.* כּוּן
col. 3, l. 17 *ab ult. add.* (99) **ἔξοικος γίγνεσθαι** אָבַד
P. 259, col. 1, l. 1. *pro* De. *leg.* Jo.
col. 2, l. 50. *pro* ἐν] *leg.*]ἐν
P. 260, col. 1, l. 10. *post* 7. *leg.* A R
l. 11. *post* 11. *leg.* A R
P. 262, col. 2, l. 38. *pro* † *leg.* (99)
P. 263, col. 3, l. 18 *ab ult. pro* γένεσθε *leg.* γίνεσθε
P. 264, col. 1, l. 13 *ab ult. post* ἐγενόμεθα *leg.* [S -άμ.]
col. 2, l. 40. *post* γενηθῇς *leg.* [A^{1} ἐγεν.]
P. 269, col. 2, l. 32 *ab ult. post* 5. *ins.* B S
P. 278, col. 1, l. 16. *post* γρηγορήσω *ins.* [S^{1} ἐγρ.]
P. 286, col. 1. *sub voc.* **δεικνύειν** *pro* רָאָה *leg.* רָאָה
P. 288, col. 3, *post* l. 15 *ab ult. ins.* III Ma. 1. 20†.
l. 14 *ab ult. ad fin. add.* 8. 65 :
P. 289, col. 2, l. 5 *ab ult. post* δ. *ins.* [S^{2} τὰς δ.]
col. 3, l. 21. *post* **δεκτός** *add.* , *cf.* **εἰσδεκτός**
P. 291, col. 1, l. 43. *post* δεξιὰ *add.* [S^{1} -ὰν]
P. 292, col. 1, l. 46. *ins. f.* אָסִיר
col. 2, *post* l. 13 *ins.*
Za. 9. 11. A ἐξαπέστειλας τοὺς δ. [B S -μίους] σου (1 *f*)
post l. 28 *ins.*
III Ma. 3. 25. ἐν δ. [? ἐνδ.] σιδηροῖς πάντοθεν κατακεκλεισμένους
col. 3, *post* l. 10 *ab ult. ins.*
IV Ma. 2. 24. S^{4} δεσπότης ἐστὶν ὁ λογισμός [A B S^{1} *al.*]
l. 9 *ab ult. dele* IV Ma.
P. 293, col. 3, l. 40. *post* δ. *ins.* [B^{3} τοῦ δ.]
P. 294, col. 3, l. 31. *post* ἐκτενῶ *ins.* [A *add.* τὴν μαχοὺς ἐὰν δευτερώσητε ἐκτενῶ τὴν]
l. 32. *post* 1 *a ins.* , [—]
P. 297, col. 3, l. 46. *post* 18††, *ins.* 29†, ; l. 61. *post* 39††, *ins.* 39†††,

P. 305, col. 2, l. 4. *post* 10. *ins.* A R ; *post* διέλυσε *ins.* [S -νεν]
P. 307, col. 3, l. 35. *post* 6. *ins.* S R ; *post* διεπέρασαν *ins.* [A -εν]
P. 310, col. 2, l. 53. *ante* S *ins.* A
post l. 3 *ab ult. ins.*
— 15. διασπερῶ [B^{1} -σκορπιῶ ?] σε ἐν ταῖς χώραις (4 *b*)
P. 326, col. 1, l. 13. *post* ἔδωκαν *ins.* [A^{1} B^{2} -α]
P. 333, col. 3, l. 35. *post* δικαιοσύνῃ *leg.* [A S δ. κ. ἐν κρ.] (10 *c* [7])
P. 336, col. 3, l. 16 *ab ult. post* 20, *ins.* 31†,
P. 337, col. 3, l. 4. *post* 12. *ins.* 20†,
P. 352, col. 3, l. 17. *dele* [S^{1} -ιν] ; l. 18 *ins.* [S^{1} -ιν]
P. 354, col. 3, l. 17. *pro* ἠδ. *leg.* ἠδύνατο
P. 360. *sub voc.* ἐάν *ins.* †† *post* Ge. 24. 41 : 30. 33* :
31. 52 : 44. 30 : Ex. 21. 18, 29, 33,
36 : 22. 17 (16) : Le. 13. 4, 21, 23,
26, 28, 53 : 14. 21 : 22. 13 : 26. 21 :
Nu. 19. 13, 20* : 30. 11 : De. 14.
24 : 18. 22* : 21. 18 : 30. 17 : I Ki.
12. 14 : Ps. 88 (89). 30, 31 : Ez. 33.
6 : I Ma. 2. 40.
post Ex. 22. 14 (13) *ins.* ††† ; *post* Lev. 17. 3*, ~~*ins.*~~ 4* †† *bis*, 9* †† ; *post* Nu. 5. 12, *ins.* 13 (*ind.* †)††, 13††, 14††, ; *ante* Nu. 30. 13 *ins.* 12 ††, ; *post* De. 25. 5 *ins.* (*ind.* †)†† ; *post* I Ki. 6. 9†† (*sine verbo*) *ins.* , 11††† ; *post* II Es. 7. 21 (*ind.*)*†, *add.* 26* ††, : *post* 26** † *quater add.* : 10. 8* †† ; *post* Ne. 13. 21, *add.* 21† ; *post* Is. 1. *add.* 12 (?)†, ; *post* Je. 51 (44). 26, *add.* 27†, ; *post* Da. TH. 4. 14*, *add.* 22*†,
P. 361, col. 2, l. 49. *pro* ἑβδομάδων [S *om.*] *leg.* [S *om.*] ἑβδομάδων
P. 365, col. 1. *sub voc.* **ἐγκαλεῖν** *ins.* (4) קָרָא ni.
col. 1, *post* l. 12 *ins.*
Is. 63. 19. A οὐδὲ ἐνεκλήθη [B S ἐκλ.] τὸ ὄν. σου (4)
P. 367, col. 2. *sub voc.* **ἐγρηγορεῖν** *ins.* (2) שָׁקַד
col. 2, *post* l. 21 *ins.*
Je. 38 (31). 28. γρηγορήσω [S^{1} ἐγρ.] ἐπ' αὐτούς (2)
col. 3, *post* l. 24 *ab ult. ins.* II Es. 7. 21†.
P. 369, col. 3, l. 19 *ab ult. post* A *add.* S
P. 373, col. 1. *sub voc.* **ἔθος** *ins.*
Is. 66. 8. B^{1} ἢ καὶ ἐτέχθη ἔθος [A B^{2} S ἔθνος] εἰσάπαξ †
I Ma. 10. 42. A ὡς ἐν τοῖς πρώτοις ἔ. [? ἔτεσιν]
col. 1, l. 16 *ab ult. post* 35‡‡ *add.* , 44**†
col. 2, l. 27 *ab ult. pro* 16† *read* 16
sub vocc. **εἰ δὲ μή** *add.* IV Ma. 5. 3.
P. 374, col. 1, *sub vocc.* **εἰ μή** *add.* Jb. 2. 5† : IV Ma. 5. 18† : **Sm.** I Ki. 2. 2†† : *post* Ps. 59 (60). 12†† *add. bis* : *sub* TH. *dele* I Ki. 2. 2†† :
P. 375, col. 3. *sub voc.* **εἰδέναι** *add.*
Je. 49 (42). 18. S οὐ μὴ εἰδῆτε [A B ἴδητε] οὐκέτι τὸν τόπον τ. (7)
I Ma. 10. 56. ὅπως ἴδωμεν [S^{2} εἰδῶμεν] ἀλλήλους
P. 379, col. 3, l. 20 *ab ult. post* 9 *bis add.* , 24†
P. 380, col. 1, l. 3. *post* 2 : *add.* 21 (22). 3 :
P. 381, col. 1, l. 16 *ab ult. post* 2 *ins.* , 7†
col. 2, l. 13. *post* 3 : *ins.* 54 (55). 22 :
col. 3, l. 4 *ab ult. post* 5, *ins.* 7,
P. 382, col. 1, l. 14. *post* 7 : *add.* 20. 38 :
P. 383, col. 2, l. 24. *post* 26, *ins.* 34†,
P. 396, col. 3, *post* l. 13 *ab ult. add.*
— 10 (2. 1). οὐ ἐρρέθη αὐτοῖς (1 *b*)
P. 398, col. 1, l. 46. *pro* -ον *leg.* -αν
col. 2, l. 4. *ante* S^{1} *leg.* A^{1} -εν,
P. 399, col. 2, l. *ult.*, col. 3, ll. 4, 5. *post* εἰπεῖν *ins.* [B^{1} εἶπαί]
P. 403, col. 1, l. 14 *ab ult. post* 20 *ins.* †

P. 405, col. 2, l. 28. *post* 16, *ins.* 16†,
l. 43. *post* 6, *ins.* 10†,
P. 406, col. 1, l. 15. *post* 10, *ins.* 12†,
P. 407, col. 1, l. 8. *post* (38. 25) *ins.* , 5 (38. 28)†
col. 2, l. 44. *post* (3) *add.* , 5 (6)
l. 59. *post* 16. *add.* 6†,
P. 408, col. 1, *dele* ll. 10, 9 *ab ult.*
l. 8 *ab ult. pro* — *leg.* 42 (35).
P. 412, col. 2, l. 12. *pro* εἰσελθεῖν [B ἐάσει ἐλ.] *leg.* [B ἐάσει] εἰσελθεῖν
P. 415, col. 3, l. 19 *ab ult. ante* 18 *ins.* 14†,
P. 416, col. 2, l. 11. *dele* 1†.
l. 63. *ante* 44 *ins.* 43†,
l. 5 *ult. dele* , 21 (ἐξ ὄπισθεν)
P. 418, col. 1, ll. 5, 27. *post* 3 *ins.* ‡‡ †
P. 426, col. 2, l. 8 *ab ult. post* 14. *ins.* R ; *post* A *ins.* B
col. 3, *post* l. 27 *ins.*
32 (25). 30. A ἐκεῖ [B S ἥκει] ὄλεθρος †
P. 430, col. 1, *post* l. 39 *ab ult. ins.*
66. 5. καὶ ἐκεῖνοι [A κάκ.] αἰσχυνθήσονται (6 *c*)
P. 433, col. 2, *post* l. 14 *ab ult. ins.*
[Al. Nu. 16. 3 (?).]
P. 435, col. 1, l. 29 *ab ult. leg.* R ἐξελατόμησαν [A B ἐλ.]
P. 438, col. 1, l. 10. *pro* ἐκλύσῃς *leg.* ἐκλύσεις
P. 441, col. 1, l. 27. *pro* A *leg.* A^{2} ; *ante* B *leg.* A^{1}
l. 33. *ante* B *leg.* A^{1} ; *pro* A *leg.* A^{2}
col. 3, l. 17 *ab ult. post* ἐκστρέφετε *ins.* [A ἐκτρ.]
P. 442, col. 2, *post* l. 38 *ins.*
13. 2. ἐκτενῶ τὴν μαχούς (16 *a* ?)
col. 3, l. 8 *ab ult. post* ἐκτεμεῖν *add.* [S^{1} -τέμνειν]
P. 444, col. 1, *post* l. 19 *ins.*
Ez. 13. 20. A ἃς ὑμεῖς ἐκτρέφετε [B ἐκστρ.]
P. 447, col. 1, l. 1. *pro* -αλ *leg.* -αλ.
P. 449, col. 1, l. 31 *ab ult. pro* יָבָה *leg.* יָבַח
P. 452, col. 2, l. 1. *post* ἔλεος *add.* [S^{1} -ον]
l. 16 *ab ult. post* 24 *add.* , 30
P. 453, col. 2, *post* l. 7 *add.*
IV Ma. 9. 28. S^{1} εἵλκυσαν [A S^{2} R *om.*] ἀπὸ τῶν τενόντων
l. 8. *dele* IV Ma.
P. 461, col. 3, l. 35 *ab ult. post* 34†, *ins.* 35†,
P. 462, col. 1, l. 19 *ab ult. pro* 1†, 1 *leg.* 1 *bis*
P. 465, col. 2, l. 2. *post* 5, *leg.* 6†,
l. 12. *post* 49 (42). *leg.* 3†,
col. 3, l. 15 *ab ult. post* 44 *leg.* , 45†(?)
P. 466, col. 1, l. 38. *post* 23, *leg.* 25†,
l. 61. *post* 7. *leg.* 7,
P. 471, col. 3, l. 32 *ab ult. leg.* S R ἐνέδυσαν [A -εν]
P. 475, col. 1, *post* l. 7 *ab ult. ins.*
I Ki. 2. 9. οὐκ ἐνισχύει [? ἐν ἰσχύϊ] δυνατὸς ἀνήρ †
P. 476, col. 1, l. 17. *ante* τὰς *ins.* S^{1}
l. 18. *ante* A *ins.* S^{2} -ποιούμ.,
col. 3, *post* l. 11. *ab ult. add.*
6.10 (11). ἡνίκα ἔγνω ὅτι ἐνετάγη τὸ δόγμα (2 *b*)
P. 482, col. 1, l. 13 *ab ult. post* (19)† *ins.* , 27 (28)†
P. 483, col. 1, l. 5. *ad fin. add.* 12. 24† :
P. 484, col. 1, *post* l. 24 *add.*
42 (35). 2. A ἐξάξεις [B S^{2} ἄξεις, S^{1} ἕξεις] αὐτούς (2)
l. 24. *pro* 42 (35). *leg.* —
P. 488, col. 1, l. 23. *pro* S *leg.* S^{1} ; *post* -ατο *leg.* , S^{2} -αντο
col. 2, l. 9. *ad fin. pro* — *leg.* †
P. 495, col. 3 ; P. 496, col. 2
ἐξιλάσκειν, **ἐξίλασις** ; **ἐξίλασις**, **ἐξιλάσκειν** mutato ordine
P. 495, col. 3, l. 8 *ab ult. post* ἐξιλάσωμαι *ins.* [A -σομαι]
P. 505, col. 1, l. 35. *for* -άγεις *leg.* -άξεις
P. 509, col. 1, l. 52. *post* 30 *ins.* †
col. 2, l. 6. *ante* 50. *ins.* 46. 30 : †

P. 511, col. 3, l. 14. *ante* 16. *ins.* 15. 8:
P. 512, col. 2, l. 19. *post* 2. *ins.* 4†,
P. 513, col. 1, l. *ult. post* 23 *ins.*: 14. 29†
col. 2, l. 50. *post* 18, *ins.* 20†,
col. 3, l. 27 *ab ult. post* 8 *ins. bis*
P. 514, col. 3, l. 49. *post* 1†, *ins.* 2 (ἐπὶ τάδε)†,
P. 515, col. 1, l. 10. *post* 31† *ins.* , 32†
col. 2, l. 17. *post* 20 *ins.* , 20†
P. 516, col. 2, *post* l. 26 *add.*
Za. 8. 23. S καὶ ἐπιβάλωνται [A B -λάβ.] τοῦ κρασπέδου †
P. 517, col. 2, l. 48. *ad fin. ins.* [A *al.*]
P. 521, col. 2, l. 20. *ante* A *ins.* ? -q,
P. 522, col. 1, l. 10. *pro* ἐπικαλεσαμ. *leg.* ἐπικαλουμ.
P. 523, col. 1. *ins.* ἐπικατισχύειν. (1) חָזַק
Jo. 17. 13. A B^3 ἐπικατίσχυσαν [B^1 R ἐπεὶ κατ.] οἱ υἱοὶ Ἰσρ. (1)
P. 525, col. 1, l. 13. *post* 41. *add.* S^1 R
l. 14. *ante* S^2 *ins.* A -αι,
l. 55. *dele* S
l. 56. *post* ἐπιληπτεύεσθε *ins.* , S *add.* ἐπιληπτεύσασθε
P. 526, col. 3. *ad fin. ins.*
ἐπιπολαίως.
III Ma. 2. 31. ἔνιοι μὲν ἐπὶ πόλεως [? ἐπιπολαίως] . . . στυγοῦντες
P. 529, col. 3. *dele* l. 3 *ab ult.*
P. 534, col. 1. *ins.*
ἐπιστρωννύειν.
IV Ma. 9. 19. πῦρ ἐπέστρωσαν [?, A -έτρ., S ὑπ.]
col. 2. *ins.* ἐπισυντηρεῖν.
I Ma. 10. 26. AS ἐπισυνετηρήσατε [R ἐπεὶ σ.] τὰς πρὸς ἡμᾶς συνθήκας
col. 3, *dele* l. 13 *ab ult.*
P. 546, col. 2, *post* l. 36 *add.*
— 34. S^1 ἔρημος ἔσται (7)
P. 554, col. 1. *sub* ἔσθειν *add.* (8) לָחַם
col. 2, *post* l. 15 *add.*
— 15. πᾶς ὃς ἂν φάγῃ ζύμην (1 *a*)
P. 556, col. 1, *post* l. 53 *ins.*
9. 5. ἔλθατε φάγετε τῶν ἐμῶν ἄρτων (8)
P. 561, col. 1, *post* l. 32 *ins.*
8. 13. ὁ δὲ ἔ. [R Ἡλιόδωρος] . . . ἔλεγεν
l. 33. *pro* 8. *leg.* —
post l. 45 *ins.*
III Ma. 2. 25. R διὰ δὲ τῶν προαποδεδειγμένων συμποτῶν καὶ ἑταίρων [A ἑτέρων]
l. 46. *dele* III Ma.
P. 563, col. 1, *post* l. 4 *ab ult. ins.*
— 16. B οὐκ ἔσονται ἔ. [AR οὐκέτι ἔσ.] τῷ οἴκῳ Ἰσρ. (11)
col. 2, *post* l. 20 *ins.*
48. 14. ἅγιόν ἐστι [B^3 ἔτι] τῷ κ. —
P. 567, col. 2, l. 12 *ab ult. post* ἔ. *add.* [S^1 ἔπη]
P. 568, col. 1, *post* l. 12 *add.*
— 8. ὁ τράγος τῶν αἰγῶν [B^1 ἐτῶν] †
l. 40. *post* ἔ. *add.* [*cod.* ἔθ.]
col. 2, *post* l. 12 *ab ult. ins.*
— 25. εὐαγγελία [? -έλια] ἐν τῷ στόματι αὐ. (1)
col. 3, l. 34. *post* εὐαγγέλια *ins.* [? -ία]
P. 569, col. 1. *add.* εὐγενναΐζειν.
II Ma. 10. 13. μήτε εὐγενῆ τὴν ἐξουσίαν εὐγενναΐσας [Sw., A εὐγεννασίας]
col. 1, l. 31. *ante* R *ins.* ? -αΐσας,
col. 2, l. 15. *post* εὐδόκησας *ins.* [? -ήσας]

P. 575, col. 1, *post* l. 9 *add.*
IV Ma. 13. 5. A^1 τὴν τῆς εὐ. [A^2 S R -γιστίας] παθοκράτειαν
l. 22. *post* εὐ. *ins.* [A^1 -γίας]
P. 579, col. 2, *post* l. 32 *ab ult. add.*
IV Ma. 3. 13. A εὑράμενοι θαρραλέως τὴν πηγὴν [S R *al.*]
P. 580, col. 3, *post* l. 9 *add.*
— 14. S^1 μήτηρ καὶ εὐσεβοῦς στρατιᾶς [A S^2 R *al.*]
P. 584, col. 2, l. 11. *dele* A; *ante* S *ins.* A -όμενοι,
P. 585, col. 1, l. 17 *ab ult.* *pro* שְׂמָאלִי *leg.* שְׂמָאלִי
P. 586, col. 2, *post* l. 5 *add.* ἐφνιδίως, *vid. sub* αἰφν.
l. 28. *post* τοῦ *ins.* [A^1 *om.* τ. ἐ. τ.]
P. 588, col. 2, *post* l. 16 *add.*
42 (35). 2. ἄξεις [A ἐξάξ., S ἕξεις] αὐτούς †
P. 591, col. 3, l. 27 *ab ult. post* ἐχθίστῃ *ins.* [S^2 αἰσχίστῃ]
P. 594, col. 2, l. 50. *pro* ἐζήλωσαν *leg.* A R ἐζήλωσαν [B -εν]
P. 602, col. 1, l. 22 *ab ult. post* (36)† *ins. bis*
P. 617, col. 3, *post* l. 25 *add.*
— 27. A καὶ ἐμαλακίσθην ἡμέρας [B *om.*] (9)
P. 620, col. 1, *post* l. 15 *add.*
I Ki. 30. 24. οὐχ ἧττον ὑμῶν εἰσι —
P. 621, col. 1, l. 12. *post* θαασούρ, *add.*, θαασσούρ
P. 625, col. 1, l. 43. *post* 12. 5: *add.* 14. 14:
col. 3, l. 51. *post* ἐθανάτου *ins.* [S^2 -ουν]
P. 640, col. 3, l. 31 *ab ult. dele* S R, [B κυρίῳ]
P. 645, col. 1, *post* l. 12 *ab ult. ins.*
44 (37). 17. εἰ ἔστιν ὁ λόγος παρὰ κυρίου [S^1 λ. θεοῦ]
P. 647, col. 3, l. 8. *pro* S *leg.* S^2 τὸν θ., S^1
P. 650, col. 3, l. 47; P. 653, col. 3, l. 14. *post* 14. *ins.* A R; *post* βέβρωκα *add.* [B *al.*]
P. 654, col. 2, l. 8. *pro* 23 *leg.* 19 *et dele* ἡ ταφὴ αὐτῶν
P. 657, col. 3, l. 37. *pro* [AR *al.*] αὐ. *leg.* αὐ. [AR *al.*]
P. 664, col. 2, *post* l. 16 *ab ult. add.*
8. 32. ἀπὸ τῆς θύρας [B^1 θυσίας] τῆς σκηνῆς τοῦ μαρτ. †
P. 665, col. 1, l. 6. *post* 24, *ins.* 25,
P. 668, col. 1, l. 3. *dele* B^2, *post* θυσιαστήριον *add.* [B^2 -α]
P. 673, col. 1, l. 15 *ab ult. post* ἴδωμεν *ins.* [S^2 εἴδ.]
P. 682, col. 1, l. 5. *pro* S^3 *leg.* S^2
P. 686, col. 2, l. 46. *post* (31. 7) *ins.* *
l. 9 *ab ult. post* 63* *ins. bis*
col. 3, l. 6. *post* 13 *ins.* *
P. 688, col. 2, l. 36. *post* 13. *leg.* A R; *post* ἴ. *add.* [S^1 -ίων ἵππων]
l. 65. *post* ἰσαστήρ *ins.* (-άστερος)
col. 3. *add.* ἰσοπολίτις (?).
IV Ma. 13. 9. S^2 οἱ τῆς ἰ. καμίνου κατεφρόνησαν [A S^1 R *al.*]
P. 692, col. 2, ll. 37, 50. *post* Je. *add.* 7. 2:
l. 46. *ante* Ez. *ins.* Je. 7. 2:
col. 3, l. 29. *pro* כָּרַע *leg.* כָּרַע
P. 694, col. 1, l. 36. *pro* -αὶ *leg.* -ὰ
l. 55. *post* ἰ. *ins.* [S^4 -ότερος]
P. 699, col. 3, l. 18. *post* 37 *ins.* (38)
P. 701, col. 2, l. 19 *ab ult. post* 32: *ins.* 38 (45). 7:
l. 16 *ab ult. post* 4 *ins.*: Je 38 (45). 7
l. 12 *ab ult. post* 17 *ins.*: 38 (45). 7
P. 708, col. 1, l. 46. *post* κεφάζ *ins.* (? καὶ φάζ)
P. 711, col. 2, l. 1. *post* 12. *ins.* A R; *post* κ. [S *al.*]
P. 716, col. 3, l. 16. *post* 12. *ins.* A; *post* χαρίζῃ *add* καλάς [S R *om.*]
P. 717, col. 2, l. 14. *pro* R *leg.* B
l. 5 *ab ult. post* τὸ *ins.* δὲ; *post* A *ins.* S

P. 720, col. 2, l. 48. *post* αὐτῶν *ins.* κακὰ
P. 721, col. 2, l. 11. *pro* αὐτοὺς *leg.* αὐτὰς
l. 10 *ab ult. pro* εὐνοίας *leg.* ἐννοίας
P. 722, col. 2, l. 2 *ab ult. pro* ψυχῇ *leg. al.*
P. 726, col. 3, l. 37 *ab ult. post* 50, *ins.* 51,
l. 15 *ab ult. post* 13, *ins.* 14†,
l. 11 *ab ult. post* 3. *ins.* 4†,
P. 733, col. 3, l. 18. *post* A *ins.* B^2
l. 23. *pro* S *leg.* ?
P. 734, col. 3, l. 4 *ab ult. ad fin. add.* [S^2 -ας]
P. 735, col. 1, *post* l. 6 *add.*
Je. 13. 4. κατάκρυψον [S^1 -κυψον] αὐτὸ ἐκεῖ †
P. 746, col. 1, l. 21 *ab ult. post* 4. *ins.* R; *post* καταστροφάς *add.* [A *al.*]
P. 749, col. 1, l. 22. *post* (19) *ins.*: 25. 4†
P. 757, col. 3. *ins.*
κεβλαάμ. (1) קְבָל־עָם
IV Ki. 15. 10. ἐπάταξαν αὐτὸν κ. [A κατέναντι τοῦ λαοῦ] (1)
P. 758, col. 2, *post* l. 25 *ab ult. ins.*
[Sm. II Ki. 19. 24 (25).]
P. 763, col. 2, l. 9 *ab ult. post om add.* .]
P. 765, col. 2, *post* l. *ult. add.*
7. 4. A ἐκίνησεν [S R ἐνίκησε] τοὺς πολιορκοῦντας
— 14. S τὴν πολυκέφαλον στρέβλαν ἐκίνησεν [A R ἠκύρωσεν]
P. 767, col. 3, l. *ult. pro* -ὴν *leg.* -ήν
P. 780, col. 3, *post* l. 22 *ins. subscr.* A γένεσις κόσμου [B *al.*] —
P. 784, col. 2, l. 7 *ab ult. post* κραυγῆς *ins.* [A -ῆ]
P. 785, col. 1, l. 27. *post* 11. *ins.* A S R; *post* κρέας [B κρέα]
post l. 53 *add.*
I Ma. 7. 17. σάρκας [S^1 κρέας] ὁσίων σου . . . ἐξέχεαν
P. 787, col. 2, l. 25. *post* 24. *ins.* S R; *post* κρ. *add.* [A τὴν ῥῖνα]
P. 793, col. 1, l. 26. *for* בַּסֵּתֶר *leg.* בַּסֵּתֶר
P. 823, col. 2, *dele* l. 40
l. 41. *post* 10. *ins.* S R; *post* κ. [B θεῷ]
P. 839, col. 2, l. 3. *pro* ἐξέλεξαν *leg.* ἐξέλειξαν
P. 853, col. 1. *ins.* λαμώθ.
Ez. 27. 16. B λ. . . . ἔδωκαν τὴν ἀγοράν σου [A R *al.*] †
P. 891, col. 3, l. 15 *ab ult. post* μαγωζός *ins.* (-ουζ.)
P. 892, col. 2, *post* l. 7 *ab ult. add.*
14. 21. A ἐλεῶν δὲ πτωχοὺς μακάριος ἔσται [B S *al.*]
col. 3, l. 33. *pro add. leg.* μακάριος
P. 893, col. 1, l. 10 *ab ult. post* μακροημερεύσητε *ins.* [B^2 -εύητε]
P. 895, col. 2, l. 17. *post* 15. *ins.* R; *post* μανδραγόρας *ins.* [A -ους]
P. 906, col. 3, l. 4 *ab ult. post* μέγας *ins.* [A^1 -α]
P. 919, col. 2, l. 4. *post* 9. *ins.* 4†,
col. 3, l. 26. *post* 10 *bis*, *ins.* 29*,
P. 925, col. 2, l. 28. *ad fin. add.* [S^1 μήτηρ καὶ εὐσεβοῦς στρατιᾶς]
P. 1017, col. 1, l. 26 *ab ult. pro* σοι *leg.* σοί
P. 1027, col. 3, l. 21. *post* 4 *ins.*: 13. 8
P. 1207, col. 2, *post* l. 13 *ab ult. add.*
προκουρία, *vid. sub* πρωτοκουρά
P. 1235, col. 3, l. 19. *post* πρωτοκυρία *add.* ,προκυρία
P. 1248, col. 1. *ins.*
ῥαμμώθ (ῥαμόθ). (1) רָאמוֹת
Ez. 27. 16. A R ῥ. [B λαμὼθ] . . . ἔδωκαν τὴν ἀγοράν σου (1)
P. *199*, col. 1, l. 9, *for* ארצ, הארצ *read* ארץ, הארץ

P. 6, col. 1, l. 2. *post* 1 *ins.* (15) col. 2, l. 6 *ab ult. post* 23 *ins.* (25) P. 7, col. 2, l. 54. *post* 7 *ins.* (12) P. 8, col. 2, l. 58. *post* 6 *ins.* (11) l. 59. *post* 14 *ins.* (19) col. 3, l. 9. *post* 19 *ins.* (2. 2) ll. 10, 11. *post* 3 *ins.* (7) l. 30. *dele* – P. 9, col. 2, l. 16. *post* 28 *ins.* (5. 8) col. 3, l. 15. *post* 20 *ins.* 25 P. 10, col. 3, l. 18. *post* 34 *ins.* (38). l. 19. *post* 37 *ins.* (41) l. 43. *post* 18 *ins.* (12) l. 45. *post* 27 *ins.* (21) P. 11, col. 1, ll. 8, 9. *post* 38 *ins.* (17. 3) col. 2, l. 9. *post* 3 *ins.* (4) l. 71. *post* 32 *ins.* (36) P. 12, col. 1, l. 32, *post* 23 *ins.* (29) l. 33. *post* 26 *ins.* (30) l. 35. *post* 31 *ins.* (35) ll. 36, 37. *post* 34 *ins.* (38) l. 39. *post* 39 *ins.* (43) col. 2, l. 16. *post* 16 *ins.* (9) l. 17. *post* 17 *ins.* (10) l. 18. *post* 25 *ins.* (18) l. 19. *post* 26 *ins.* (19) l. 20. *post* 27 *ins.* (20) l. 21. *post* 29 *ins.* (22) l. 22. *post* 30 *ins.* (23) P. 13, col. 1, l. 41. *post* 49 *ins.* (34) P. 14, col. 1, l. 1. *post* 12 *ins.* (12. 1) l. 6. *post* 3 *ins.* (4) l. 21. *post* 12 *ins.* (16) *post* 13 *ins.* (17) col. 2, l. 39. *post* 2 *ins.* (7) P. 15, col. 2, l. 17 *ab ult. post* 20 *ins.* (25) P. 16, col. 2, l. 15. *post* 17 *ins.* (22) P. 17, col. 1, l. 17 *ab ult. post* 13 *ins.* (9) col. 2, l. 18. *post* 21 *ins.* (18) col. 3, l. 29 *ab ult. post* 17 *ins.* (22) l. 14 *ab ult. post* 12 *ins.* (14) l. 12 *ab ult. post* 18 *ins.* (20) P. 19, col. 1, l. 37. *post* 31 *ins.* (16) col. 3, l. 34. *post* 1 *ins.* (3) P. 20, col. 1, ll. 25, 26. *post* 17 *ins.* (6. 1) col. 3, l. 6 *ab ult. post* 5 *ins.* (1). l. *ult. post* 37 *ins.* (41) P. 21, col. 3, l. *ult. post* 39 *ins.* (24) P. 22, col. 1, l. 1. *post* 44 *ins.* (29) l. 2. *post* 48 *ins.* (33) col. 2, l. 20 *ab ult. post* 2 *ins.* (3. 34) l. 21 *ab ult. post* 14 *ins.* (8) l. 22 *ab ult. post* 19 *ins.* (13) P. 23, col. 1, l. 34. *post* 1 *ins.* (3) P. 24, col. 3, l. 33. *post* 2 *ins.* (5. 21) l. 34. *post* 4 *ins.* (5. 23) P. 25, col. 1, l. 23 *ab ult. post* 4 *ins.* (5. 23) P. 26, col. 1, l. 26. *post* 3 *ins.* (4) col. 2, l. 41. *post* 23 *ins.* (28) l. 42. *post* 24 *ins.* (29) l. 43. *post* 25 *ins.* (30) l. 45. *post* 27 *ins.* (32) l. 47. *post* 29 *ins.* (34) P. 27, col. 1, l. 4 *ab ult. post* 3 *ins.* (8) l. 3 *ab ult. post* 4 *ins.* (9) col. 2, l. 23. *post* 3 *ins.* (5. 23) l. 24. *post* 4 *ins.* (5. 24) P. 28, col. 1, l. 39. *post* 3 *ins.* (4) l. *ult. post* 9 *ins.* (14) P. 30, col. 2, l. 5 *ab ult. post* 3 *ins.* (4) col. 3, l. 26. *pro* 23 (38) *leg.* 38 (23). P. 31, col. 3, l. 31. *post* 27 *ins.* (20) l. 32. *post* 30 *ins.* (23) P. 32, col. 3, l. 4. *post* 30 *ins.* (3. 3) l. 5. *post* 31 *ins.* (3. 4) l. 6. *post* 3 *ins.* (4) l. 26 *ab ult. post* 32 *ins.* (37) P. 35, col. 2, l. 12. *post* 28 *ins.* (5. 8) l. 14. *post* 9 *ins.* (23) l. 15. *post* 15 *ins.* (30) l. 55. *post* 17 *ins.* (11) col. 3, l. 11. *post* 18 *ins.* (2. 1) l. 12. *post* 21 *ins.* (2. 4) l. 13. *post* 2. 1 *ins.* (5) P. 36, col. 2, l. 14. *post* 12 *ins.* (16) l. 35. *post* 18 *ins.* (23) P. 38, col. 2, l. 2 *ab ult. post* 4 *ins.* (3. 36) col. 3, l. 34. *post* 3 *ins.* (4) P. 39, col. 3, l. 19. *post* 29 *ins.* (26).

(Sw.)

ἀγαλλιᾶσθαι, Th. Is. 41. 16; **ἄγειν**, Aq. Da. 9. 24; **ἅγιος**, Aq., Sm. Is. 30. 12: Ez. 45. 4: Da. 5. 11; Th. Is. 30. 12: 41. 16: Ez. 44. 8: 45. 4: Da. 5. 11; **ἀγρός**, Th. Je. 17. 3; **ἀδελφή**, Aq., Sm. Je. 3. 8; Th. Ez. 23. 33; **ᾅδης**, Aq., Sm., Th. Is. 38. 18; **ἀθετεῖν**, Sm. Da. 3. 28 (95); **αἰλαμμώθ**, Th. Ez. 40. 31; **αἰνεῖν**, Aq., Sm., Th. Is. 38. 18; **αἴρειν**, Aq. Da. 2. 35; **αἰσχύνειν**, Aq. Je. 48 (31). 1; **αἰχμαλωτεύειν**, Th. Ez. 12. 3; **αἰών**, Aq. Is. 42. 14; Th. Je. 17. 4; **αἰώνιος**, Aq. Da. 9. 24; **ἀκαθαρσία**, Th. Ez. 24. 13 (2°); **ἀκούειν**, Aq., Th. Je. 5. 15; Sm. Ez. 34. 9; **ἀκρόασις**, Aq. Is. 21. 7; **ἁλίσκειν**, Aq. Je. 48 (31). 1; **ἀλλά**, Sm. Da. 2. 10; **ἄλλος**, Sm. Ez. 3. 26; **ἀλλόφυλος**, Aq. Je. 47 (29). 4; **ἄλσος**, Th. Je. 17. 2; **ἅλων**, Aq. Da. 2. 35; **ἅμα**, Th. Is. 43. 26; **ἁμαρτάνειν**, Aq., Sm., Th. Is. 43. 27; **ἁμαρτία**, Aq., Sm., Th. Is. 43. 24; **ἀμφιάζειν**, Sm. Ez. 23. 12; **ἄν**, Th. Je. 17. 2; **ἀνὰ μέσον**, Sm., Th. Is. 22. 11; **ἀνάβασις**, Th. Ez. 40. 31; **ἀναβιβάζειν**, Th. Je. 17. 4; **ἀναγγέλλειν**, Th. Is. 21. 6; **ἀναλίσκειν**, Sm. Da. 11. 16; **ἀναξυρίς**, Sm., Th. Da. 3. 27 (94) (?); **ἀναπλοῦν**, Sm. Is. 25. 11; **ἀνδριάς**, Sm. Da. 3. 14; **ἀνέντροπος**, Sm. Ez. 7. 24; **ἀνήρ**, Th. Je. 26 (33). 22; **ἄνθρωπος**, Aq., Th. Je. 33 (40). 12: Ez. 21. 2 (7): 27. 2: 33. 12; Sm. Je. 33 (40). 12: Ez. 21. 2 (7): 27. 2; **ἀνιστάναι**, Th. Is. 26. 14; **ἀνοίγειν**, Aq., Th. Je. 5. 16; Sm. Is. 22. 22 *bis*; **ἀνταποδιδόναι**, Aq., Sm. Is. 65. 6; **ἀντί**, Sm. Ez. 36. 3; **ἀξιοῦν**, Sm. Je. 37 (44). 20; **ἄοικος**, Sm. Is. 41. 29 (?); **ἀπαράκλητος**, Sm. Da. 3. 22; **ἀπερίτμητος**, Th. Ez. 28. 10; **ἀπό**, Aq. Is. 42. 14: Je. 52. 16: Da. 2. 35; Sm. Da. 2. 1; Th. Je. 17. 4; Heb. Ez. 32. 6; **ἀποκαλύπτειν**, Aq. Is. 16. 3: Da. 10. 1; Th. Is. 3. 17: Je. 14. 3; **ἀποκλείειν**, Sm. Is. 22. 22; **ἀποκρυβή**, Sm. Is. 16. 4; **ἀποκρύπτειν**, Aq. Is. 31. 7; **ἀπομοχθοῦν**, Aq. Is. 7. 13; **ἀποστέλλειν**, Aq. Ez. 2. 4; Th. Je. 29 (36). 20: Ez. 5. 16; **ἀποστρέφειν**, Sm. Je. 15. 7; **ἀρχιμάγειρος**, Aq. Je. 52. 16; **ἄρχων**, Aq. Je. 52. 25; Sm. Da. 3. 2: 11. 5; Th. Je. 51 (28). 57; **ἀσέβεια**, Th. Ez. 37. 23; **ἀστραπή**, Aq. Ez. 1. 14; **αὐλός**, Aq. Is. 5. 12; **ἀφιέναι**, Th. Je. 17. 4; **ἀφιστάναι**, Sm. Da. 2. 1; **ἄχνη**, Aq. Da. 2. 35; **βάλανος**, Th. Je. 49. 31 (30. 9); **βαρεῖσθαι**, Aq., Th. Is. 1. 4; **βασιλεία**, Aq. Je. 1. 15; Sm. Da. 11. 2; Th. Je. 1. 15: Ez. 16. 13; **βασιλεύς**, Aq. Je. 25. 9, 25 (32. 11) (2°): Da. 3. 12: 11. 2; Sm. Je. 25. 9: Da. 1. 8: 2. 10, 15, 25: 3. 22, 30 (97): 11. 5; Th. Je. 25. 9, 20 (32. 6) (2°): 26 (33). 22; **βασιλικός**, Sm. Da. 3. 28 (95); **βάσις**, Sm. Da. 10. 11; **βδέλυγμα**, Th. Ez. 30. 13; **βιβλίον**, Aq. Is. 29. 18: Da. 1. 4; **βόσκειν**, Th. Is. 11. 9; **βουλή**, Aq. Da. 2. 30; **βουνός**, Th. Je. 17. 2; **βοῦς**, Th. Is. 11. 7; **βραχιάριον**, Sm. Is. 3. 20; **βραχίων**, Sm. Da. 11. 6; **βραχύς**, Sm. Is. 29. 17; **γαβδαρηνός**, Sm. Da. 3. 2; **γάζα**, Aq. Ez. 27. 24; **γενεά**, Aq. Da. 3. 33 (100) *bis*; Sm. Da. 3. 33 (100); **γῆ**, Aq. Je. 52. 16; Sm. Da. 11. 2; Th. Je. 17. 4: Ez. 30. 13; **γίγνεσθαι**, Aq. Is. 5. 12; Sm. Is. 16. 4: Da. 2. 29; **γιγνώσκειν**, Aq. Da. 2. 30; Sm. Je. 42 (49). 22: Ez. 20. 26: Da. 2. 3; Th. Je. 17. 4: Ez. 20. 26; **γνώμη**, Aq. Da. 3. 12; **γνῶσις**, Sm. Da. 3. 2; **δασύς**, Th. Je. 17. 2; **δέκα**, Aq., Sm., Th. Ez. 45. 12; **δένδρον**, Th. Ez. 6. 13; **δή**, Aq. Je. 32 (39). 8; **δηλοῦν**, Sm. Da. 2. 25; **διά**, I. c. gen. Sm. Da. 1. 8: 11. 16; **διά**, III. c. acc. Aq. Is. 30. 12††: Ez. 21. 2 (7)††; Sm. Is. 30. 12††: Ez. 21. 2 (7)††: Da. 3. 22**; Th. Is. 30. 12††: Je. 23. 37†: Ez. 21. 2 (7)††; **διακόπτειν**, Aq. Is. 28. 21; **διαπορεῖν**, Sm. Da. 2. 3; **διαφθείρειν**, Th. Ez. 5. 16; **διαφυλάσσειν**, Th. Ez. 33. 7; **διδάσκαλος**, Aq. Da. 2. 14; **διδόναι**, Th. Je. 17. 3, 4: 39 (46). 7: Ez. 30. 13; **διεγείρειν**, Aq., Sm. Da. 11. 2; **δικαιοσύνη**, Aq. Da. 9. 24; **δικαίωμα**, Th. Ez. 11. 12; **δίκτυον**, Th. Je. 5. 26; **διοίκησις**, Sm. Da. 3. 12; **δοῦλος**, Aq., Sm., Th. Je. 25. 9: 43 (50). 10; **δύναμις**, Aq., Th. Je. 28 (35). 2, 14; Sm. Is. 22. 14; **δυνατός**, Aq., Th. Je. 51 (28). 57; **δῶρον**, Aq., Sm., Da. 2. 46; **ἐγκόμβωμα**, Sm. Is. 3. 20; **ἔγκοπος**, Th. Is. 43. 24; **ἔθνος**, Sm. Da. 11. 23; **εἰδέναι**, Sm. Je. 42 (49). 22; **εἶδος**, Th. Ez 8. 2 (2°); **εἴδωλον**, Aq., Sm., Th. Ez. 18. 15; **εἰκών**, Th. Ez. 8. 5; **εἶναι** (**εἰμί**), Aq., Th. Je. 33 (40). 12; Sm. Je. 33 (40). 12: Da. 3. 22; **εἶναι** (**εἶ**), Sm. Da. 9. 23; Th. Da. 3. 55; **εἶναι** (**ἐστί**), Sm., Th. Is. 52. 5; **εἶναι** (**ἦν**), Aq. Ez. 43. 13; Sm. Da. 2. 31; **εἶναι** (**ἔσται**), Sm. Is. 22. 22 *bis*; **εἰπεῖν**, Aq. Je. 3. 19: 37 (44). 17; Sm. Is. 22. 14: Je. 3. 19: 37 (44). 17: Ez. 13. 11: Da. 2. 15, 19; Th. Je. 3. 19; **εἰρήνη**, Th. Is. 26. 12; **εἰς**, Aq. Je. 3. 17: 28 (35). 8 *bis*: Ez. 40. 40: Da. 3. 11; Sm. Is. 25. 11: 34. 10 (2°): Je. 25. 18 (32. 4) (2°); Th. Je. 3. 17: 10. 9: 26 (33). 22 (2°): 28 (35). 8 *bis*: 30 (37). 11 (4°): 39 (46). 7 (2°): Ez. 12. 3: 16. 13; **εἷς**, Sm. Da. 2. 31; Th. Ez. 10. 9 *bis*: 40. 12; **εἰσέρχεσθαι**, Sm. Da. 2. 24; **εἴσοδος**, Aq., Sm., Th. Ez. 43. 11; **εἰσπορεύεσθαι**, Th. Ez. 8. 5; **ἐκ**, Aq. Da. 2. 41; Sm. Da. 2. 24, 41: 3. 33 (97); Th. Je. 41 (48). 16: 49. 32 (30. 10): Ez. 12. 3; **ἐκβάλλειν**, Th. Ez. 31. 11; **ἐκεῖθεν**, Th. Je. 26 (33). 23; **ἐκζεῖν**, Aq., Sm. Ez. 24. 13; **ἐκκαίειν**, Th. Je. 17. 4; **ἔκστασις**, Sm., Th. Is. 11. 14; **ἐκτινάσσειν**, Aq. Je. 22. 28; **ἐκτρέπειν**, Th. Je. 23. 36; **ἐκτρέφειν**, Sm. Is. 33. 18; **ἐλεγμός**, Th. Ez. 25. 17; **ἐλεύθερος**, Aq. Je. 34 (41). 11; **ἐλπίς**, Th. Is. 26. 3; **ἐμβολίζειν**, Aq. Ez. 16. 16; **ἐμπορία**, Th. Ez. 27. 24; **ἐν**, Aq. Is. 61. 10 (2°): Je. 25. 7: 27 (34). 6: 48 (31). 27: Da. 11. 2; Sm. Is. 25. 11††: La. 1. 12: Da. 2. 3, 29: 3. 21, 30 (97), 33 (100): 4. 1: 10. 16 *bis*: 11. 2 *bis*, 23; Th. Is. 41. 16 *bis*: Je. 17. 3 (2°, 3°), 4 *ter*: 25. 7: 26 (46). 14: 27 (34). 6: 38 (45). 6: 48 (31). 27: Ez. 1. 12: 11. 12: 20. 31: 22. 20: 24. 13: 25. 17: 27. 24 (4°): 30. 7††, 13: 31. 3: 37. 23 *bis*; **ἐνδύειν**, Th. Ez. 23. 12; **ἐνισχύειν**, Sm. Da. 11. 2; **ἔννοια**, Aq. Da. 2. 30; **ἐνσκιρροῦν**, Aq. Is. 27. 1; **ἐντολή**, Sm. Je. 35 (42). 18; **ἐνύπνιον**, Sm. Da. 2. 3; **ἐνώπιον**, Th. Ez. 12. 3; **ἕξ**, Aq., Sm. Ez. 41. 3; **ἐξαίρειν**, Aq. Je. 50 (27). 36; **ἐξαπλοῦν**, Sm. Is. 25. 11; **ἐξαποστέλλειν**, Aq. Je. 34 (41). 11; Th. Je. 26 (33). 22; **ἐξιλασμός**, Aq. Is. 43. 3; **ἐξουδενοῦν**, Aq. Je. 22. 28; **ἐξουσία**, Sm. Da. 2. 15; **ἐξουσιάζειν**, Sm. Da. 3. 2; **ἐξουσιαστής**, Sm. Da. 2. 10; **ἐξώτερος**, Heb. Ez. 47. 11; **ἐπί**, I. c. gen. Sm. Da. 2. 29, 48*: 3. 2; Th. Je. 17. 2 *bis*: Da. 10. 11; **ἐπί**, III. c. acc. Aq. Je. 23. 15, 34 *bis*: 44 (51). 1: 50 (27). 36: Da. 2. 1: 3. 12 *bis*: 11. 24; Sm. Je. 23. 34 *bis*: 44 (51). 1: Da. 3. 12, 28 (95): 11. 5; Th. Je. 23. 15, 34 *bis*: 44 (51). 1: Ez. 5. 16: 26. 3; **ἐπιβάτης**, Th. Is. 22. 6; **ἐπιβλέπειν**, Aq. Ez. 10. 11; **ἐπιθυμητός**, Sm. Da. 10. 3; **ἐπικρατεῖν**, Sm. Da. 11. 5; **ἐπιλέγειν**, Sm. Is. 7. 16; **ἐπίλυσις**, Sm. Da. 2. 25; **ἐπιστρέφειν**, Aq. Je. 34 (41). 11; Th. Ez. 18. 32; **ἐπιτρέπειν**, Sm. Da. 2. 15; **ἔργον**, Aq. Je. 25. 7: Da. 3. 12; Th. Je. 25. 7; **ἔρχεσθαι**, Sm. Da. 11. 10 *bis*; **ἐρωτᾶν**, Sm. Da. 2. 10, 18; **ἔσχατος**, Sm. Is. 34. 10 *bis*; **ἕτερος**, Th. Ez. 12. 3; **ἑτοιμάζειν**, Th. Ez. 21. 20 (25) **εὐκατάσκευος**, Sm. Ez. 23. 12; **εὐλογεῖν**, Aq., Sm., Th. Is. 38. 18; **εὐτρεπής**, Th. Is. 52. 7; **εὐτρεπίζειν**, Sm. Is. 52. 7; **εὐωδία**, Aq. Da. 2. 46; **ἔχειν**, Th. Ez. 10. 9; **ἐχθρός**, Th. Je. 17. 4; **ἕως**, Aq. Da. 11. 10; Th. Je. 17. 4; **ζέμα**, Aq., Sm., Th. Ez. 24. 13; **ζέμμα**, Th. Ez. 24. 13; **ζῆλος**, Th. Ez. 8. 5; **ἤ**, Sm. Da. 2. 10 *bis*; **ἡγεῖσθαι**, Th. Je. 51 (28). 57; **ἧλος**, Al. Je. 52. 17; **ἡμέρα**, Sm. Je. 25. 18 (32. 4): La. 1. 12; **ἡνίκα**, Th. Je. 17. 2*; **ἡσυχῇ**, Sm. Da. 11. 23; **ἡσυχία**, Sm. Da. 4. 1; **ἦχος**, Th. Is. 25. 5; **θαβδαρηνός**, Sm. Da. 3. 2; **θαβθαῖος**, Sm. Da. 3. 2; **θαδδάρ**, Th. Is. 41. 19; **θάλασσα**, Aq., Sm., Th. Ez. 47. 20; Heb. Ez. 47. 11; **θάνατος**, Aq. Is. 38. 18: Je. 28 (35). 8; Sm. Is. 38. 18; Th. Is. 38. 18: Je. 28 (35). 8: Ez. 28. 10; **θεός**, Aq. Is. 24. 16: 61. 10: Je. 28 (35). 2, 14; Sm. Is. 24. 16; Th. Is. 24. 16: Je. 23. 37: 28 (35). 2, 14; **θερινός**, Aq. Da. 2. 35; **θησαυρός**, Th. Je. 17. 3; **θυΐσκη**, Al. Je. 52. 18; **θυμιατήριον**, Aq. Je. 52. 17; Th. Je. 52. 17, 19; **θυμός**, Sm. La. 1. 12; Th. Is. 10. 4: Je. 17. 4: 47 (29). 3: Ez. 22. 20: 25. 17; **θύρα**, Aq., Sm. Ez. 41. 3 (2°); **θυσιαστήριον**, Th. Je. 17. 2: Ez. 8. 5; **ἰᾶσθαι**, Heb. Ez. 47. 11; **ἰδού**, Th. Is. 42. 9: Ez. 26. 3; **ἵνα**, Aq. Da. 2. 30; **ἵνα τί**, Sm. Ez. 20. 26: Da. 1. 8*; Th. Ez. 20. 26; **ἰξευτής**, Th. Je. 5. 26; **ἰός**, Aq. Ez. 24. 12 (3°); Th. Ez. 24. 12; **ἱστάναι**, Aq., Th. Ez. 8. 11; Sm. Da. 11. 6; **ἰσχύς**, Aq. Da. 11. 2; Sm. Da. 11. 6; Th. Je. 17. 3; **ἰχώρ**, Heb. Ez. 32. 6; **καθώς**, Sm. Is. 25. 11; **καίειν**, Th. Je. 17. 4; **κακία**, Th. Ez. 6. 11; **κακός**, Aq., Th. Je. 28 (35). 8; **κακοῦν**, Aq., Th. Je. 25. 7; **κάμινος**, Aq. Da. 3. 11; **καρδία**, Aq. Da. 2. 30; **καροῦσθαι**, Sm.

Da. 10. 9; **καρπός** (*fructus*), Aq., Sm. Is. 57. 19; **κατά**, II. c. acc. Aq. Da. 11. 2; Sm. Je. 25. 18 (32. 4); Th. Je. 38 (45). 12; **καταδουλοῦν**, Th. Je. 17. 4; **κατακλύζειν**, Sm. Da. 11. 10; **καταλείπειν**, Aq. Je. 52. 16; **καταμαρτυρεῖν**, Th. Da. Su. 43; **καταπαύειν**, Aq. Is. 38. 12; Th. Ez. 30. 13; **κατάρα**, Sm. Je. 25. 18 (32. 4); **καταστρέφειν**, Aq. Da. 1. 10; **κατευθύνειν**, Th. Ez. 16. 13; **κατισχύειν**, Sm. Da. 11. 5; **κενός**, Aq., Sm., Th. Je. 4. 23; **κεντεῖν**, Sm. Ez. 21. 20 (25); **κέρασμα**, Sm. Je. 48 (31). 12; **κεφαλίς**, Aq. Je. 36 (43). 2; **κιθάρα**, Aq. Is. 5. 12; **κίνδυνος**, Th. Je. 48 (31). 5; **κινεῖν**, Aq. Da. 10. 10; **κλείειν**, **κλείς**, Sm. Is. 22. 22; **κληρονομία**, Th. Je. 17. 4; **κλονεῖν**, Sm. Is. 7. 2; **κοίτη**, Sm. Da. 2. 29; **κόλπωμα**, Aq. Ez. 43. 13; **κολυμβᾶν**, Sm. Is. 25. 11; **κραταίωμα**, Aq. Da. 11. 10; **κραυγή**, Sm. Je. 8. 19; **κρίμα**, Th. Ez. 11. 12; **κρυφῇ**, Aq. Da. 10. 7; **κτῆνος**, Sm., Th. Je. 33 (40). 12; **κτίζειν**, Aq., Sm. Is. 57. 19; **κύκλος**, Th. Ez. 40. 30; **κυριεύειν**, Aq. Da. 2. 38; **κύριος**, Aq. Is. 24. 16: 36. 20: Je. 3. 17: 21. 13: 23. 24, 32 *bis*: 25. 7, 9; Sm. Is. 13. 5 (2°): 21. 8: 22. 14: 24. 16: 36. 20: 65. 13 (2°): Je. 8. 17: 21. 13: 23. 2, 11, 24, 32 *bis*: 25. 9: Ez. 20. 26: 34. 9; Th. Is. 24. 16: 36. 20: 41. 16: 65. 13 (2°): Je. 3. 17: 21. 13: 23. 24, 32: 25. 7, 9: Ez. 20. 26: 21. 3 (8) *bis*; **λαλεῖν**, Aq., Th. Je. 5. 15; Sm. Da. 2. 19; **λαός**, Aq., Sm. Is. 63. 11: Ez. 37. 12; Th. Is. 63. 11: Je. 23. 27: 39 (46). 8 (2°): Ez. 37. 12; **λέγειν**, Aq. Is. 30. 12: Je. 28 (35). 2: Sm. Is. 30. 12: Je. 23. 17; Th. Is. 30. 12: Je. 17. 4: 28 (35). 2: 48 (31). 44: Ez. 21. 3 (8); **λεῖψις**, Th. Je. 30 (37). 11; **λιμός**, Th. Ez. 5. 16; **λινοῦς**, Sm. Da. 10. 5; **λόγος**, Aq., Th. Je. 25. 2; Sm. Je. 25. 2: 34. 9; **λούειν**, Sm. Is. 25. 11; **λυτροῦν**, Aq., Sm., Th. Je. 15. 21; **μαντεῖον**, Aq. Je. 50 (27). 36; **ματαιότης**, Sm. Is. 41. 29 (?); **μάχαιρα**, Aq. Je. 50 (27). 36; **μέγας**, Sm. Da. 2. 10, 31; Th. Ez. 38. 13; **μελετᾶν**, Aq. Je. 48 (31). 31; **μέλος**, Sm. Da. 10. 16; **μέριμνα**, Sm. Da. 2. 29; **μέρος**, Th. Je. 49. 32 (30. 10); **μέσος**, Aq. Da. 3. 11; **μετά**, I. c. gen. Aq. Je. 21. 2; Sm. Ez. 34. 30; **μετά**, III. c. acc. Th. Je. 41 (48). 16; **μεταναστεύειν**, Aq., Th. Je. 48 (31). 27; **μετέωρος**, Th. Je. 17. 2; **μετρητής**, Th. Ez. 45. 14; **μή**, Aq., Sm. Je. 33 (40). 12; Th. Je. 15. 15: 33 (40). 12; **μήτηρ**, Aq., Sm., Th. Je. 27 (50). 12; **μιμνήσκεσθαι**, Th. Je. 17. 2; **μόνος**, Th. Je. 17. 4; **μυλών**, Th. Je. 39 (46). 7; **νάβλα**, Aq. Is. 5. 12; **ναός**, Aq., Th. Ez. 40. 6: Da. 1. 4; **νῆσος**, Aq. Je. 25. 20 (32. 6); **νῖκος**, Th. Is. 34. 10 *bis*; **νόμος**, Th. Ez. 43. 12; **νότος**, Sm. Da. 11. 5; Th. Ez. 40. 28.

(P.)

ἀδικία, Aq., Th. Ez. 4. 6; **ἀδύνατος**, Aq. Ps. 20 (21). 12: Jl. 3 (4). 10; Th. Jl. 3 (4). 10; **ἀδωναί**, Aq., Sm., Th. Ez. 28. 25; **ἀθετεῖν**, Th. Ez. 2. 2; **αἰλάμ**, Th. Ez. 40. 15; **αἰχμαλωτίζειν**, Aq. Dt. 32. 24; **ἀκονᾶν**, Aq. Dt. 32. 41; **ἀκούειν**, Aq., Sm., Th. Mi. 6. 1; **ἀλίζειν**, Aq., Th. Ez. 16. 4; **ἀλλά**, Sm. Jb. 24. 17; **ἅλς**, Aq., Th. Ez. 16. 4; **ἅμα**, Sm. Ps. 32 (33). 15; **ἁμαρτωλός**, Aq. Ps. 7. 10; **ἀμυγδάλη**, Al. Ex. 25. 30; **ἄν**, Sm. Ps. 34 (35). 25; **ἀναλαμβάνειν**, Th. Ez. 8. 3; **ἀνάπνοια** (?), Aq. Jb. 41. 8; **ἄνεμος**, Aq., Sm., Th. Ps. 17 (18). 11; **ἀνεντρέπειν**, Sm. Ez. 7. 24; **ἀνήρ**, Aq. Ex. 2. 10: Ez. 11. 15; Sm., Th. Ez. 11. 15; **ἄνθραξ**, Th. Ez. 24. 11; **ἄνθρωπος**, Aq., Sm. Jb. 15. 14: 25. 6; **ἀνομία**, Th. Ez. 44. 10; **ἄοικος**, Aq., Th. Jb. 39. 6; **ἀπαγγέλλειν**, Aq. Ps. 70 (71). 17; Th. Jb. 12. 3; **ἀπό**, Aq. Jb. 41. 12: Ez. 32. 6 (2°): 45. 4; Sm. Ez. 32. 6 (2°): 45. 4; Th. Ps. 20 (21). 12 (*ἀπ' ἔννοιαν*) (*sic*): Ez. 32. 6 (2°): 45. 4; **ἀποδεκατοῦν**, Th. Ge. 27. 22; **ἀπόκρυφος**, Aq. Ex. 8. 7; **ἀπολλύειν**, Aq., Sm. Jb. 6. 9; **ἀπολούειν**, Sm. Ex. 2. 3; **ἀπόσκομμα** (?), Aq. Ez. 20. 7; **ἀποστρέφειν**, Th. Ez. 7. 24; **ἄρρωστος**, Th. Ez. 34. 5; **ἄρχων**, Aq., Th. Ez. 7. 27; **ἀσεβής**, Sm. Jb. 18. 5; **ἀσπίς** (*scutum*), Sm. Jo. 8. 2; **ἀσχημόνησις**, Th. Ps. 43 (44). 16; **ἄτιμος**, Sm. Ps. 61 (62). 11; **αὐλή**, Sm., Th. Ez. 40. 16; **βασιλεύς**, Quint., Sext. Ps. 43 (44). 5; **βεβηλοῦν**, Aq., Sm., Th. Ez. 23. 38; **βεσέκ**, Th. Ez. 1. 14; **βόλβιτον**, Aq., Th. Ez. 4. 14; **βορέας**, Aq., Sm., Th. Ez. 44. 3; **βούλευμα**, Aq. Ps. 1. 2; **βουλή**, Aq., Sm. Ps. 20 (21). 12; **βουνός**, Aq., Sm., Th. Mi. 6. 1; **γάλα**, Aq. Ge. 18. 8; **γε**, Aq. Ex. 8. 7*; **γεννᾶν**, Sext. Ps. 86 (87). 6; **γῆ**, Aq. Ez. 45. 4: Mi. 6. 5; Sm. Ps. 73 (74). 20: Ez. 45. 4: Mi. 6. 5; Th. Le. 18. 28: Jb. 8. 17: Ez. 30. 23: 45. 4: Mi. 6. 5; **γίγνεσθαι**, Aq., Sm. Ez. 16. 23; Th. Ez. 16. 23: Mi. 7. 1; **γνῶσις**, Sm. Jb. 33. 4; **δαίμων**, Aq., Th. Jb. 17. 6; **δέκατος**, Aq. Ez. 45. 20; Sm., Th. Ge. 27. 22: Ez. 45. 20; **δεκατοῦν**, Sm. Ge. 27. 22; **δένδρον**, Aq. Ge. 21. 33; **δεξιός**, Aq., Th. Ez. 4. 6; **διά**, III. c. acc. Sm. Ps. 34 (35). 24; **διαίρεσις**, Quint. Ps. 45 (46). 5; **διαλογίζεσθαι**, Sm. Ps. 20 (21). 12; **διαμένειν**, Th. Ps. 101 (102). 29; **διασκορπίζειν**, Aq. Ps. 21 (22). 15; **διαστέλλειν**, Aq., Sm., Th. Ez. 3. 20; **διαφθείρειν**, Sm. Ez. 25. 15; **διδόναι**, Th. Ez. 34. 26; **δίκαιος**, Quint. Ps. 7. 10; **δικαίωσις**, Sm. Ps. 34 (35). 27; **δικρασία**, Sm. Ps. 34 (35). 24; **δρυμός**, Aq., Sm., Th. Ps. 49 (50). 10; **δύειν**, Th. Jb. 8. 17; **δύνασθαι**, Aq., Sm., Th. Ps. 20 (21). 12; **δυναστεύειν**, Th. Jb. 15. 20; **ἐάν**, Sm. Jb. 6. 9; **ἔθνος**, Heb. Ez. 32. 27; **εἶδος**, Aq. Ez. 1. 16 *bis*; **εἶναι** (**εἶ**), Quint., Sext. Ps. 43 (44). 5; **εἶναι** (**ἐστί**), Aq., Sm. Jb. 15. 14; Th. Jb. 38. 28; **εἶναι** (**ἔσται**), Aq. Jb. 8. 17: Mi. 1. 2; Th. Mi. 1. 2; **εἰπεῖν**, Aq., Sm. Ez. 13. 10; **εἰς**, Aq., Sm. Ez. 41. 3; Th. Ez. 10. 1; **εἰσέρχεσθαι**, Aq., Sm. Ps. 44 (45). 15; **ἐκ**, Aq. Mi. 6. 5; Sm. Ex. 5. 19: Mi. 6. 5; Th. Ez. 23. 42: 28. 16: Mi. 6. 5; **ἕκαστος**, Aq., Sm., Th. Ez. 18. 30; **ἐκεῖ**, Sm. Ez. 8. 1; Heb. Ex. 3. 4; **ἐκεῖθεν**, Aq. Ge. 12. 5; **ἐκκλίνειν**, Aq. Jb. 13. 20, 21; **ἐκπετάζειν**, Aq. Ps. 43 (44). 21; **ἐκτείνειν**, Th. Ez. 8. 3; **ἐκτορεύειν**, Al. Ex. 25. 30; **ἐκχεῖν**, Aq., Sm. Ps. 34 (35). 3; **ἐλαιώδης**, Aq. Ge. 18. 8; **ἐλπίς**, Th. Ps. 140 (141). 8; **ἐμφύσημα**, Aq. Le. 13. 7; **ἐν**, Aq. Jb. 13. 20, 21; Sm. Jb. 24. 17: Ez. 24. 11; Th. Jb. 15. 20: Ez. 3. 14: 24. 11: 28. 6††; Al. Ex. 8. 7; **ἐνδελεχῶς**, Aq. Ps. 73 (74). 23; **ἔνδοθεν**, Sm. Ps. 44 (45). 14; **ἐννοεῖν**, Aq. Dt. 32. 29; **ἔννοια**, Aq., Th. Ps. 20 (21). 12; **ἐνοικεῖν**, Aq., Al. Le. 18. 28; **ἔνταλμα**, Aq. Ps. 18 (19). 8; **ἐξαίρειν**, Aq. Le. 18. 28; **ἐξαμυγδαλίζειν**, Aq. Ex. 25. 30; **ἐξαπλοῦν**, Sm. Ps. 43 (44). 21; **ἐξεγείρειν**, Aq., Sext. Ps. 43 (44). 27; **ἐξερευνᾶν**, Aq. Ps. 63 (64). 7; Th. Ps. 63 (64). 7 (2°); **ἐξέρχεσθαι**, Aq. Jb. 41. 12; **ἔξοδος**, Sm. Ps. 120 (121). 8; **ἐπακούειν**, Sm. Ps. 137 (138). 4; **ἐπανιστάναι**, Th. Mi. 7. 6; **ἐπί**, II. c. dat. Aq. Ps. 39 (40). 13; Th. Jb. 8. 17: Ps. 140 (141). 8; **ἐπί**, III. c. acc. Sm. Jb. 25. 3; Th. Ez. 24. 11: 26. 2: 40. 15; Al. Ge. 41. 2; **ἐπιγινώσκειν**, Th. Ez. 5. 12; **ἐπιδεῖν** (*videre*), Sm. Ps. 34 (35). 21; **ἐπινίκιος**, Sm. Ps. 30 (31). 1: 35 (36). 1; **ἔργασμα** (?), Aq. Ps. 45 (46). 9; **ἐρημιαῖος** (-**μειος**), Aq., Al. Ex. 8. 7; **ἔρημος**, Th. Ez. 23. 42; **ἔρχεσθαι**, Sm., Th. Ez. 37. 9; **ἔσωθεν**, Th. Ez. 40. 15; **ἔτι**, Sm. Jb. 15. 12; Th. Ps. 44 (45). 7; **ἑτοιμάζειν**, Th. Ez. 21. 19 (24): 28. 14; **εὔδηλος**, Sm. Jb. 25. 3; **εὔλαλος**, Sm. Ex. 2. 10; **εὐλογεῖν**, Aq., Sm., Th. Ps. 128 (129). 8; **εὐμενιᾶν** (?), Th. Ps. 102 (103). 3; **ἐφορᾶν**, Sm., Th. Mi. 7. 10; **ἑωσφόρος**, Aq. Jb. 38. 12; **ζῆλος**, Th. Ez. 8. 4; **ζωή**, Sm. Jb. 24. 22; **ἥλιος**, Th. Ez. 8. 16; **ἡμέρα**, Aq. Ps. 138 (139). 16: Ez. 45. 20 *bis*; Sm. Ez. 45. 20 *bis*; Th. Ez. 2. 2: 45. 20 *bis*; **θέλειν**, Sm. Jb. 40. 1; **θεός**, Aq. Ps. 8. 6; Quint. Ps. 42 (43). 5: 43 (44). 5; Sext. Ps. 43 (44). 5; **θεραφίν**, Sm. Ge. 31. 24; **θορυβεῖν**, Sm. Ps. 2. 1; **θραῦμα**, Sm. Ps. 88 (89). 11; **θυσία**, Aq., Sm., Th. Ps. 105 (106). 9; **θυσιαστήριον**, Th. Ez. 8. 4; **ἰᾶσθαι**, Th. Ez. 34. 5; **ἰδεῖν**, Th. Ez. 12. 3; **ἰδού**, Aq., Sm., Th. Ez. 25. 8; **ἱμάτιον**, Aq. Ge. 14. 24; **ἵνα**, Aq. Jb. 6. 9*; Sm. Jb. 6. 9*: Ez. 20. 26; Th. Ez. 20. 26; **ἰός**, Sm. Ez. 24. 12; **ἱστάναι**, Aq. Ps. 101 (102). 29; Th. Ez. 24. 11; **ἰσχυρός**. Quint., Sext. Ps. 103 (104). 16; **ἴχνος**, Sm. Ps. 88 (89). 50; **καθίζειν**, Aq., Th. Ps. 46 (47). 9; **καίειν**, Th. Ez. 39. 9; **κακός**, Aq. Ps. 7. 10; **κάκωσις**, Sm. Ex. 5. 19; **καλεῖν**, Heb. Ex. 3. 4; **κάμπτειν**, Th. Ps. 21 (22). 28; **κάρσος**, Aq. Ge. 15. 12; **κατάγειν**, Sm., Th. Jl. 3 (4). 2; **κατακρίνειν**, Al. Jb. 10. 2; **καταλύειν**, Th. Ez. 26. 17; **κατασπεύδειν**, Th. Ex. 5. 7; **κατευθύνειν**, Aq., Sm., Quint., Sext. Ps. 7. 10; Th. Ez. 16. 13; **κατισχυρεύεσθαι**, Th. Jb. 15. 25; **κίδαρις**, Aq., Th. Ez. 44. 18; **κινεῖν**, Aq. Jb. 27. 14; **κληρονομία**, Th. Ez. 46. 17; **κόρος**, Sm. Ps. 17 (18). 14; **κρίνειν**, Sm. Jb. 10. 2; **κύκλος**, Aq. Ez. 5. 12; Sm. Ez. 29. 9: 40. 16; Th. Ez. 40. 15, 16, 30; **κύλισμα**, Th. Ez. 10. 13; **κύριος**, Aq. Ps. 18 (19). 8: 22 (23). 6: Ez. 46. 12: Mi. 1. 2; Sm. Ps. 18 (19). 8: 22 (23). 6: Ez. 46. 12; Th. Ps. 18 (19). 8: 22 (23). 6: Ez. 26. 21: 46. 12: Mi. 1. 2; Quint., Sext. Ps. 103 (104). 16; **κώμη**, Sm. Jb. 14. 9; **λαλεῖν**, Aq. Ps. 1. 2; **λαμβάνειν**, Aq. Ex. 18. 8: Ez. 4. 6; Th. Ez. 4. 6, 10; Quint. Ps. 74 (75). 6; **λέγειν**, Aq., Sm. Ez. 28. 25; Th. Ez. 26. 21: 28. 25; **λινοῦς**, Aq., Th. Ez. 44. 18; **λιπαρός**, Aq. Ps. 21 (22). 13; **λογίζεσθαι**, Aq., Th. Ps. 20 (21). 12; **λοιμός** (*subst.*), Aq., Th. Ez. 30. 10; **μαγωζός**, Th. Ez. 27. 24; **μᾶλλον**, Aq., Th. Jb. 25. 6; **μάχαιρα**, Aq., Sm., Th. Ez. 28. 23; **μέγας**, Aq., Sm., Th. Ez. 47. 20; **μεθιστάναι**, Th. Jb. 13. 20, 21; **μέσος**, Sm. Ez. 24. 11; Th. Ez. 10. 1: 24. 11: 28. 16; **μετά**, III. c. acc. Th. Jl. 2. 2; **μεταβάλλειν**, Sm. Ps. 113 (114). 8; **μετέωρος**, Aq., Th. Ez. 3. 14; **μή**, Sm. Am. 5. 11; **μή τις**, Th. Jb. 38. 28; **μηδέ**, Th. Ez. 3. 9; Quint. Ps. 74 (75). 6; **μηκέτι**, Sm. Jb. 10. 2; **μῆκος**, Th. Ez. 40. 30; **μήν** (*mensis*), Aq., Th. Jb. 39. 2: Ez. 45. 20; Sm. Ez. 45. 20; **μογίλαλος**, Aq. Ex. 2. 10; **μονομάχης** (?), Aq. Ps. 21 (22). 21; **μόρφωμα**, Aq. Ge. 31. 24; **νεκρός**, Aq., Sm., Th. Ps. 105 (106). 9; **νήπιος**, Aq. Ps. 18 (19). 8; **νομίζειν**, Aq., Sm. Jb. 15. 14; **ξηραίνειν**, Sm. Jb. 8. 12; **πάρα**, III. c. acc. Aq., Sm. Ps. 8. 6; **σκέπαστρον**, Sm. Jb. 24. 17; **ὑπέρ**, I. c. gen. Sm. Jb. 40. 1: Ps. 31 (32). 3; Quint. Ps. 38 (39). 1; **ὑπερεισχεῖν** (?), Aq., Th. Jl. 2. 24.

A

ἆ, ἀά. (1) אֲהָהּ

Jd. 6. 22. ἆ ἆ (1)
● 11. 35. ἆ ἆ (1)
[Aq. Ps. 38. 16: Ez. 4. 14: 6. 11.]
[Th. Jd. 6. 22.]
[Hebr. Je. 1. 6.]

▶ **ἀβαμά, ἀββαμά.** בָּמָה ,הַבָּמָה

Ez. 20. 29 *bis*

ἀβαρκηνείν. Cf. βαρκηνίμ.

B. Jd. 8. 7.

ἀβασάνιστος.

[Sm. Jb. 21. 13.]

ἀβασίλευτος. (1) מֶלֶךְ אַיִן

Pr. 24. 62 (30. 27). ἀβασίλευτόν ἐστιν ἡ ἀκρίς (1)

ἄβατος. (1) אֵיתָן (2) אָלָה (3) גְּזֵרָה (4) עִי (5) עָיֵף (6) עֲרָבָה (7) שׁוֹאָה (8) שׁוּחָה (9) *a.* שַׁמָּה *b.* שְׁמָמָה (10) תֹּהוּ (11) תֵּל

Le. 16. 22. λήψεται ... τὰς ἀδικίας αὐτῶν εἰς γῆν ἄ. (3)
Esth. 8. 13 (45). οὐ μόνον ἀνθρώποις ἄβατος
Jb. 38. 27. τοῦ χορτάσαι ἄβατον καὶ ἀοίκητον (7)
Ps. 62 (63). 1. ἐν γῇ ἐρήμῳ καὶ ἀ. καὶ ἀνύδρῳ (5)
106 (107). 40. ἐν ἀβάτῳ καὶ οὐχ ὁδῷ (10)
Wi. 5. 7. διωδεύσαμεν [A ὡδεύσ.] ἐρήμους ἀ.
11. 2. ἐν ἀβάτοις ἔπηξαν σκηνάς
Am. 5. 24. δικαιοσύνη ὡς χειμάρρους ἄ. (1)
● Je. 2. 6. ἐν γῇ ἀπείρῳ καὶ ἀβάτῳ (8)
6. 8. μὴ ποιήσω σε ἄβατον γῆν (9 *b*)
12. 10. ἔδωκαν τὴν μερίδα ... εἰς ἔρημον ἄ. (9 *b*)
28 (51). 43. ὡς [A S *om.*] γῆ ἄνυδρος καὶ ἄ. (6)
29 (49). 13. εἰς ἄβατον καὶ εἰς ὀνειδισμόν (9 *a*)
— 17. ἔσται ἡ Ἰδουμαία εἰς ἄβατον (9 *a*)
30 (49). 2. ἔσονται εἰς ἄβατον καὶ εἰς ἀπώλειαν (11)
— 11 (49. 33). ἄ. ἕως αἰῶνος (9 *b*)
31 (48). 9. αἱ πόλεις αὐτῆς εἰς ἄβατον ἔσονται (9 *a*)
32. 4 (25. 18). εἰς ἐρήμωσιν καὶ εἰς ἄβατον (9 *a*)
— 24 (25. 38). ἐγενήθη ἡ γῆ αὐτῶν εἰς ἄβατον (9 *a*)
33 (26). 18. εἰς ἄβατον [A ὡς ὀπωροφυλάκιον] ἔσται (4)
39 (32). 43. ἄ. ἔσται ἀπὸ ἀνθρώπων [A S -που] (9 *b*)
41 (34). 22. A εἰς ἄβατον [B S ἐρήμους] ἀπὸ κατοικούντων (9 *b*)
49 (42). 18. εἰς ἄβατον καὶ [S¹ εἰς Αἴγυπτον] ὑποχείριοι (2)
51 (44). 6. εἰς ἐρήμωσιν καὶ εἰς ἄβατον (9 *b*)
— 22. ἡ γῆ ὑμῶν εἰς ἐρήμωσιν καὶ εἰς ἄβατον (9 *a*)
Ba. 2. 4. εἰς ὀνειδισμὸν καὶ ἄβατον [A εἰς ἄ.]
— 23. εἰς ἄβατον ἀπὸ ἐνοικούντων
III Ma. 3. 29. ἄ. καὶ πυριφλεγὴς γινέσθω
5. 43. τὸν ἄ. αὐτῶν ἡμῖν ναόν
[Aq. Ps. 77 (78). 17: Is. 41. 18: 53. 2: Je. 50 (27). 12.]
[Sm. Is. 35. 1, 6: 40. 3: 41. 19: 51. 3: Je. 17. 6: 50 (27). 12.]
[Th. Je. 50 (27). 12.]

ἀβατοῦν. (1) שָׁמֵם hi.

Je. 29 (49). 20. ἐὰν μὴ ἀβατωθῇ ἐπ' αὐτοὺς [A. -τῇ] κατάλυσις (1)

▶ **ἀβδή.** (1) עַבְדֵי

II Es. 2. 55. B ἀβδὴ Σελ. [AR δούλων Σαλωμών] (1)
— 58. AR ἀβδὴ [B ἀσεδὴ] Σελμά (1)

ἀβέβαιος.

[Sm. Ps. 77 (78). 8.]

ἀβεβαιότης.

[Sm. Jb. 4. 18.]

ἀβεδδηρίν, ἀβεδηρίν. הַדְּבָרִים

I Ch. 4. 22.

ἀβειρά, ἀβειρρά, ἀβιρά. הַבִּירָה

Ne. 1. 1.

ἀβλαβής.

Wi. 18. 3. ἀβλαβῆ φιλοτίμου ξενιτείας [S¹ φιλοτιμίας]
19. 6. ἵνα οἱ σοὶ παῖδες φυλαχθῶσιν ἀ.

ἄβλαστος (?). (1) תָּם

Ge. 25. 27. A Ἰακὼβ δὲ ἦν ἄνθρωπος ἄ. [R ἄπλ.] (1)

ἀβοηθησία.

Si. 51. 10. ἐν καιρῷ ὑπερηφάνων [B -νιῶν] ἀβοηθησίας

ἀβοήθητος. (1) אֵין אֱיָל

Ps. 87 (88). 4. ἐγενήθην ὡς [A S ὡσεὶ] ἄνθρωπος ἀ. (1)
Wi. 12. 6. αὐθέντας γονεῖς ψυχῶν ἀβοηθήτων
II Ma. 3 28. ἔφερον ἀβοήθητον ἑαυτῷ καθεστῶτα

ἀβουλεύτως.

I Ma. 5. 67. ἐξελθεῖν εἰς πόλεμον ἀ.

ἀβουλία. (1) אִוֶּלֶת (2) הַוָּה

Pr. 11. 6. A τῇ δὲ ἀ. [B ἀπωλείᾳ, S² ἀσεβείᾳ, αὐτῶν] ἁλίσκονται (2)
14. 17. ὀξύθυμος πράσσει μετὰ ἀβουλίας (1)
Ba. 3. 28. ἀπώλοντο διὰ τὴν ἀ. αὐτῶν
[Sm. Jb. 12. 17.]

ἅβρα. (1) אָמָה (2) נַעֲרָה

Ge. 24. 61. Ῥεβέκκα καὶ αἱ ἅ. αὐτῆς (2)
Ex. 2. 5. αἱ ἅ. αὐτῆς παρεπορεύοντο (2)
— 5. ἀποστείλασα τὴν ἅ. (1)
Jth. 8. 10. τὴν ἅ. αὐτῆς τὴν ἐφεστῶσαν πᾶσι
— 33. ἐξελεύσομαι ἐγὼ μετὰ τῆς ἅ. μου
10. 2. καὶ ἐκάλεσε τὴν ἅ. αὐτῆς
— 5. ἔδωκε τῇ ἅ. αὐτῆς ἀσκοπυτίνην [S ἀσκὸν] οἴνου
— 17. παρέζευξαν αὐτῇ καὶ τῇ ἅ. αὐτῆς
13. 9. παρέδωκε τῇ ἅ. αὐτῆς τὴν κεφαλὴν Ὀλοφέρνου
16. 23. ἀφῆκε τὴν ἅ. αὐτῆς ἐλευθέραν
Es. 2. 9. ἐχρήσατο αὐτῇ καλῶς καὶ ταῖς ἅ. αὐτῆς (2)
4. 4. αἱ ἅ. καὶ οἱ εὐνοῦχοι τῆς βασιλίσσης (2)
— 16. κἀγὼ δὲ καὶ αἱ ἅ. μου ἀσιτήσομεν (2)
5. 1. παρέλαβε τὰς [A S *om.*] δύο ἅ.
— 1. ἐπὶ τὴν κεφαλὴν τῆς ἅ. τῆς προπορευομένης

ἀβρααμίθιος.

IV Ma. 18. 1. S ὦ τῶν ἀ. σπερμάτων ἀπόγονοι

ἀβρααμῖτις.

IV Ma. 18. 20. τοὺς ἑπτὰ παῖδας τῆς ἀ.

ἀβραμιαῖος, ἀβρααμιαῖος.

IV Ma. 9. 21. A ὁ μεγαλόφρων καὶ ἀ. [S Ἀβραὰμ υἱὸς] νεανίας οὐκ ἐστέναξεν
18. 1. A ὦ τῶν ἀ. σπερμάτων ἀπόγονοι
— 23. οἱ ἀ. [S ἀβρααμιαῖοι] παῖδες σὺν τῇ ἀθλοφόρῳ μητρί

ἀβρήχ.

[Sm. Ge. 41. 43.]

ἁβρός.

[Sm. I Ki. 15. 32.]

ἀβροχεία, ἀβροχία. (1) בַּצֹּרֶת

Si. 32 (35). 20. ὡς νεφέλαι ὑετοῦ ἐν καιρῷ ἀβροχίας
Je. 14. 1. πρὸς Ἱερεμίαν περὶ τῆς ἀ. (1)
17. 8. ἐν ἐνιαυτῷ ἀβροχίας οὐ φοβηθήσεται (1)
[Aq. Jer. 14. 1.]

ἄβρωτος.

Pr. 24. 23 (29. 27). ἄβρωτα εἶναι νεοσσοῖς ἀετῶν.

ἄβυσσος. (1) תְּהוֹם (2) *a.* צוּלָה *b.* מְצוּלָה (3) רַחַב

Ge. 1. 2. σκότος ἐπάνω τῆς ἀ. (1)
Ge. 7. 11. αἱ πηγαὶ τῆς ἀ. (1)
8. 2. αἱ πηγαὶ τῆς ἀ. (1)
Dt. 8. 7. πηγαὶ ἀβύσσων ἐκπορευόμεναι (1)
33. 13. ἀπὸ ἀβύσσων πηγῶν κάτωθεν (1)
Jb. 28. 14. ἄβυσσος εἶπεν οὐκ ἔνεστιν [A S ἔστιν] (1)
36. 16. ἄβυσσος κατάχυσις ὑποκάτω αὐτῆς (3)
38. 16. ἐν δὲ ἴχνεσιν ἀβύσσου περιεπάτησας (1)
41. 22. ἀναζεῖ τὴν ἄ. ὥσπερ χαλκεῖον (2 *b*)
— 23. τὸν δὲ τάρταρον τῆς ἀ. ὥσπερ αἰχμάλωτον (1)
— 23. ἐλογίσατο ἄβυσσον εἰς περίπατον †
Ps. 32 (33). 7. τιθεὶς ἐν θησαύροις ἀβύσσους (1)
35 (36). 6. τὰ κρίματά σου ὡσεὶ [A S *om.*] ἄβυσσος πολλή (1)
41 (42). 7. ἄβυσσος ἄβυσσον ἐπικαλεῖται (1, 1)
70 (71). 20. ἐκ τῶν ἀ. τῆς γῆς πάλιν (1)
— 21. B ἐκ τῶν ἀ. [R *add.* τῆς γῆς] -
76 (77). 16. ἐταράχθησαν ἄβυσσοι (1)
77 (78). 15. ἐπότισεν αὐτοὺς ὡς ἐν ἀ. πολλῇ (1)
103 (104). 6. ἄβυσσος ὡς ἱμάτιον τὸ περιβόλ. (1)
105 (106). 9. ὡδήγησεν αὐτοὺς ἐν ἀβύσσῳ ὡς ἐν ἐρήμῳ (1)
106 (107). 26. καταβαίνουσιν ἕως τῶν ἀ. (1)
134 (135). 6. ἐν πάσαις [A S¹ *om.*] ταῖς ἀ. (1)
148. 7. δράκοντες καὶ πᾶσαι ἄ. (1)
Pr. 3. 20. ἐν αἰσθήσει ἄβυσσοι ἐρράγησαν (1)
8. 23. ἐθεμελίωσέ με ... πρὸ τοῦ τὰς ἀ. ποιῆσαι (1)
Wi. 10. 19. ἐκ βάθους [S¹ θάμβους] ἀβύσσου [S *om.*] ἀνέβρασεν
Si. 1. 3. ἄβυσσον καὶ σοφίαν τίς ἐξιχνιάσει
16. 18. ἄβυσσος καὶ γῆ [S ἡ γῆ] σαλευθήσονται
24. 5. ἐν βάθει ἀβύσσων περιεπάτησα
— 29. ἡ βουλὴ αὐτῆς [A -οῦ] ἀπὸ ἀβύσσου μεγ.
42. 18. ἄβυσσον καὶ καρδίαν ἐξίχνευσε
43. 23. λογισμῷ αὐτοῦ ἐκόπασεν ἄβυσσον [S² -ος]
Am. 7. 4. καὶ κατέφαγε τὴν ἀ. τὴν πολλήν (1)
Jn. 2. 6. ἄβυσσος ἐκύκλωσέ με ἐσχάτη (1)
Hb. 3. 10. ἔδωκεν ἡ ἀ. φωνὴν αὐτῆς (1)
Is. 44. 27. ὁ λέγων τῇ ἀ. ἐρημωθήσῃ (2 *a*)
51. 10. ὕδωρ ἀβύσσου πλῆθος (1)
63. 13. ἤγαγεν αὐτοὺς δι' [A S διὰ τῆς] ἀ. (1)
Ez. 26. 19. ἐν τῷ ἀναγαγεῖν με ἐπὶ σε τὴν ἀ. (1)
31. 4. ἡ ἀ. ὕψωσεν αὐτόν (1)
— 15. ἐπένθησεν [A ἐπέστησα ἐπ'] αὐτὸν ἡ ἀ. [A τὴν ἀ.] (1)
Da. LXX. 3 (55). ὁ βλέπων ἀβύσσους
Da. TH. 3 (55). ὁ ἐπιβλέπων ἀβύσσους
[Aq. Ge. 1. 2: Ex. 15. 5: Jb. 38. 16: Ps. 103 (104). 6: Pr. 8. 27, 28: Ez. 31. 15.]
[Sm. Ex. 15. 5: Ps. 41 (42). 8 (*bis*): Pr. 8. 28: Ez. 31. 15.]
[Th. Ge. 1. 2: Ex. 15. 5: Jb. 28. 14: 41. 24: Ps. 103 (104). 6: Pr. 8. 27: Ez. 31. 15: Jn. 2. 4.]
[Al. Ge. 49. 25: Hb. 3. 10, 13, 15.]
[Hebr. Jb. 38. 30.]

ἄγ.

[Hebr. Ps. 117 (118). 27.]

ἀγάγειν (?). Cf. ἄγειν.

Pr. 18. 2. A ἀγάγεται [B S ἄγεται] ἀφροσύνῃ

ἀγαζείρ.

[Th. Jo. 10. 33.]

ἀγάθ. (1) חִתָּה

Je. 31 (48). 1. B καὶ ἀ. [A S ἡττήθη] (1)

ἀγαθοποιεῖν. (1) יָטַב hi.

Nu. 10. 32. τὰ ἀγαθὰ ἐκ. ὅσα ἂν ἀγαθοποιήσῃ (1)
Jd. 17. 13. A νῦν ἔγνων ὅτι ἠγαθοποίησέν με [B ἀγαθυνεῖ μοι] (1)
To. 12. 13. B οὐκ ἔλαθές με ἀγαθοποιῶν [A ἀγαθὸν ποιῶν]
Ze. 1. 12. οὐ μὴ ἀγαθοποιήσῃ κύριος (1)

● = correction on page xxiii ▶ = additional entry on page xxiii

I Ma. 11. 33. ἐκρίναμεν ἀγαθοποιῆσαι [S ἀγαθὸν ποιῆσαι]
II Ma. 1. 2. καὶ ἀγαθοποιήσαι ὑμῖν ὁ θεός
[Al. Ps. 124 (125). 4.]

ἀγαθοποιός.

Si. 42. 14. κρείσσων πονηρία ἀνδρὸς ἢ ἀ. γυνή

ἀγαθός, (ἀγαθώτερος). (1) בִּין ni. (2) בָּמָה (3) דָּשֵׁן (4) *a.* טָב *b.* טוֹבָה ,טוֹב *c.* טוּב *d.* יָטַב qal. *e.* hi. *f.* מֵיטָב (5) יָפֶה (6) יָשָׁר (7) נָכֹחַ (8) תִּקְוָה (9) שָׁלֵם (10) כּוּן ni. (11) **οὐκ ἀγαθός,** עִקְּשׁוּת (12) **ἀγαθὸν ποιεῖν,** גָּמַל (13) **ἀγαθὸς τῷ εἴδει** [A ἰδεῖν] תֹּאַר

Ge. 24. 10. ἀπὸ πάντων τῶν ἀ. τοῦ κυρίου (4 *c*)
45. 18. δώσω ὑμῖν πάντων τῶν ἀ. Αἰγύπτ. (4 *c*)
— 20. τὰ γὰρ πάντα ἀ. Αἰγύπτου ὑμῖν (4 *c*)
— 23. αἴροντας ἀπὸ πάντων τῶν ἀ. Αἰγύπτ. (4 *c*)
50. 20. ἐβουλεύσατο περὶ ἐμοῦ εἰς ἀγαθά (4 *b*)
Ex. 3. 8. εἰς γῆν ἀγαθὴν καὶ πολλήν (4 *b*)
18. 9. ἐπὶ πᾶσι τοῖς ἀ. οἷς ἐποίησεν αὐτοῖς κ. (4 *b*)
20. 12. ἐπὶ τῆς γῆς τῆς ἀ. ἧς κύριος . . . δίδωσί σοι –
Nu. 10. 32. τὰ ἀ. ἐκεῖνα ὅσα ἂν ἀγαθοποιήσῃ κ. (4 *b*)
14. 7. ἡ γῆ . . . ἀγαθή ἐστι σφόδρα σφόδρα (4 *b*)
— 23. ὅσοι οὐκ οἴδασιν ἀγαθὸν οὐδὲ [A ἢ] κακόν –
32. 11. οἱ ἐπιστάμενοι τὸ ἀ. καὶ τὸ κακόν –
De. 1. 25. ἀ. ἡ γῆ ἣν κύριος ὁ θεὸς ἡμῶν δίδωσιν (4 *b*)
— 35. B τὴν ἀ. ταύτην γῆν [A τὴν γ. τὴν ἀ. τ.] (4 *b*)
— 39. ὅστις οὐκ οἶδε σήμερον ἀγαθὸν ἢ κακόν (4 *b*)
3. 25. τὴν γῆν τὴν ἀ. ταύτην τὴν οὖσαν πέραν (4 *b*)
— 25. τὸ ὄρος τοῦτο τὸ ἀ. καὶ τὸν Ἀντιλίβανον (4 *b*)
4. 22. κληρονομήσετε τὴν γῆν τὴν ἀ. ταύτην (4 *b*)
6. 11. οἰκίας πλήρεις πάντων ἀγαθῶν (4 *c*)
— 18. τὴν γῆν τὴν ἀ. ἣν ὤμοσε κύριος (4 *b*)
8. 1. A κληρονομήσητε τὴν γῆν τὴν ἀ. [B *om.* τὴν ἀ.] –
— 7. εἰσάξει σε εἰς γῆν ἀ. [A τὴν γ. τὴν ἀ.] (4 *b*)
— 10. ἐπὶ τῆς γῆς τῆς ἀ. ἧς ἔδωκέν σοι (4 *b*)
9. 4. κληρονομῆσαι τὴν γῆν τὴν ἀ. ταύτην –
— 6. δίδωσί σοι τὴν γῆν τὴν ἀ. ταύτην κληρ. (4 *b*)
11. 17. τῆς γῆς τῆς ἀ. ἧς ἔδωκεν ὁ κύριος (4 *b*)
26. 11. εὐφρανθήσῃ ἐν [A ἐπὶ] πᾶσι τοῖς ἀ. (4 *b*)
28. 11. πληθυνεῖ σε κ. ὁ θεός σου εἰς ἀγαθά (4 *b*)
— 12. τὸν θησαυρὸν αὐτοῦ τὸν ἀ. τὸν οὐρανόν [A -ιον] (4 *b*)
— 47. ἐν εὐφροσύνῃ καὶ ἀ. διανοίᾳ [A καρδίᾳ] (4 *c*)
30. 9. εὐφρανθῆναι ἐπὶ σοὶ [A σὲ] εἰς ἀγαθά (4 *b*)
— 15. τὴν ζωὴν καὶ τὸν θάν. τὸ ἀ. καὶ τὸ κακόν (4 *b*)
31. 20, 21. εἰς τὴν γῆν τὴν ἀ. ἣν ὤμοσα –
Jos. 23. 13, 15. ἀπὸ τῆς γῆς τῆς ἀ. ταύτης (4 *b*)
Jd. 8. 32. A ἀπέθανε Γ. . . . ἐν πολείᾳ ἀγαθῇ [B πόλει αὐτοῦ] (4 *b*)
— 35. κατὰ πάντα τὰ ἀ. ἃ [A πᾶσαν τὴν ἀγαθωσύνην ἣν] ἐποίησε (4 *b*)
9. 2. τί τὸ ἀ. ὑμῖν κυριεῦσαι . . . ἢ [A *al.*] (4 *b*)
— 11. τὰ γεννήματά μου τὰ ἀ. [A τὸ γ. μ. τὸ ἀ.] (4 *b*)
10. 15. κατὰ πᾶν τὸ ἀ. ἐν ὀφθαλμοῖς [A *al.*] (4 *b*)
11. 25. μὴ ἐν ἀγαθῷ ἀγαθώτερος σὺ ὑπὲρ B. [A *al.*] (4 *b*, 4 *b*)
15. 2. μὴ οὐχὶ ἡ ἀδελφὴ . . . ἀγαθωτέρα ὑπὲρ αὐτήν [A *al.*] (4 *b*)
17. 6. A τὸ ἀ. [B εὐθὲς] ἐν ὀφθαλμοῖς αὐτοῦ (6)
18. 9. τὴν γῆν καὶ ἰδοὺ ἀγαθὴ σφόδρα (4 *b*)
— 19. μὴ ἀγαθὸν [A βέλτιον] εἶναί σε ἱερέα . . . ἢ (4 *b*)
19. 24. ποιήσατε αὐταῖς τὸ ἀ. ἐν ὀφθαλμοῖς ὑμῶν (4 *b*)
Ru. 2. 22. ἀγαθόν, θυγάτηρ, ὅτι ἐπορεύθης (4 *b*)
3. 13. ἐὰν ἀγχιστεύσῃ σε, ἀγαθόν (4 *b*)
4. 15. ἥ ἐστιν ἀγαθή σοι ὑπὲρ ἑπτὰ υἱούς (4 *b*)
I Ki. 1. 8. οὐκ ἀ. ἐγώ σοι ὑπὲρ δέκα τέκνα (4 *b*)
— 23. ποίει τὸ ἀ. ἐν ὀφθαλμοῖς σου (4 *b*)
2. 24. οὐκ ἀγαθὴ ἡ ἀκοὴ ἣν ἐγὼ ἀκούω (4 *b*)
— 24. οὐκ ἀγαθαὶ αἱ ἀκοαὶ ἃς ἐγὼ ἀκούω (4 *b*?)
— 26. ἀγαθὸν [A *add.* καὶ] μετὰ κ. καὶ μετά (4 *b*)
3. 18. κύριος αὐτὸς τὸ ἀ. ἐνώπιον αὐτοῦ ποιήσει (4 *b*)
8. 14. τοὺς ἐλαιῶνας ὑμῶν τοὺς ἀ. λήψεται (4 *b*)
— 16. τὰ βουκόλια ὑμῶν καὶ [A *om.*] τὰ ἀ. (4 *b*)
9. 2. ἀνὴρ ἀ. καὶ οὐκ ἦν . . . ἀγαθὸς ὑπέρ (4 *b*, 4 *b*)
— 10. ἀ. τὸ ῥῆμα, δεῦρο καὶ πορευθῶμεν (4 *b*)
11. 10. καὶ ποιήσετε ἡμῖν τὸ ἀ. ἐνώπιον ὑμῶν (4 *b*)
12. 23. B τὴν ὁδὸν τὴν ἀ. καὶ τὴν εὐθεῖαν (4 *b*)
14. 36. πᾶν τὸ ἀ. ἐνώπιόν σου ποίει (4 *b*)
— 40. τὸ ἀ. ἐνώπιόν σου ποίει (4 *b*)

I Ki. 15. 9. τὰ ἀ. τῶν ποιμνίων . . . καὶ πάντων τῶν ἀ. (4 *f*, 4 *b*)
— 22. ἰδοὺ ἀκοὴ ὑπὲρ θυσίαν ἀγαθήν (4 *b*)
— 28. τῷ πλησίον σου τῷ ἀ. ὑπὲρ σέ (4 *b*)
16. 12. καὶ ἀγαθὸς ὁράσει κυρίῳ (4 *b*)
— 12. χρῖσον τὸν Δαυὶδ ὅτι οὗτός ἐστιν ἀ.
— 16. καὶ ἀγαθόν σοι ἔσται καὶ ἀναπαύσει σε (4 *b*)
— 18. καὶ ἀνὴρ ἀ. τῷ εἴδει [A ἰδεῖν] (13)
— 23. καὶ ἀνέψυχε Σαοὺλ καὶ ἀγαθὸν αὐτῷ (4 *b*)
19. 4. ἐλάλησεν Ἰωνάθαν περὶ Δαυὶδ ἀγαθά (4 *b*)
— 4. τὰ ποιήματα αὐτοῦ ἀγαθὰ [A *add.* σοι] σφόδρα (4 *b*)
20. 12. ἀγαθὸν ᾖ [A ἐὰν ἦν ἀγαθὸν] περὶ Δ. (4 *b*)
24. 5. ποιήσεις αὐτῷ ὡς ἀγαθὸν ἐν ὀφθαλμοῖς σου (4 *d*)
— 18. ὅτι σὺ ἀνταπέδωκάς μοι ἀγαθά (4 *b*)
— 19. ἃ ἐποίησάς μοι ἀγαθά (4 *b*)
— 20. ἐκπέμψαι [A -ει] αὐτὸν ἐν ὁδῷ ἀ. (4 *b*)
— 20. B κύριος ἀνταποτίσει [R ἀποτ.] αὐτῷ ἀγαθά [A *al.*] (4 *b*)
25. 3. ἡ γυνὴ αὐτοῦ ἀγαθὴ συνέσει [A τῇ σ.] καὶ ἀγαθὴ [A καλὴ] τῷ εἴδει σφόδρα (4 *b*, 5)
— 8. ὅτι ἐφ' ἡμέραν ἀγαθὴν ἥκομεν (4 *b*)
— 15. καὶ οἱ ἄνδρες ἀγαθοὶ ἡμῖν σφόδρα (4 *b*)
— 21. ἀνταπέδωκέ μοι πονηρὰ ἀντὶ ἀγαθῶν (4 *b*)
— 30. ὅσα ἐλάλησεν ἀγαθὰ ἐπὶ σέ (4 *b*)
— 36. καὶ ἡ καρδία Νάβαλ ἀγαθὴ ἐπ' αὐτόν (4 *b*)
26. 16. οὐκ ἀγαθὸν τὸ ῥῆμα τοῦτο ὃ πεποίηκας (4 *b*)
27. 1. οὐκ ἔστι μοι ἀγαθὸν ἐὰν μὴ σωθῶ εἰς γῆν (4 *b*)
29. 6. ὅτι εὐθὴς σὺ καὶ ἀ. ἐν ὀφθαλμοῖς μου (4 *b*)
— 6. ἐν ὀφθ. τῶν σατρ. [A *add.* οὐκ] ἀ. σύ (4 *b*)
— 9. οἶδα ὅτι ἀ. σὺ ἐν ὀφθαλμοῖς μου (4 *b*)
— 10. ὅτι ἀ. σὺ ἐνώπιόν μου
II Ki. 2. 6. ποιήσω μεθ' ὑμῶν τὸ ἀ. τοῦτο (4 *b*)
3. 36. A ὅσα ἐποίησεν ὁ βασ. . . . ἀγαθόν [B *om.*] (4 *b*)
7. 28. ἐλάλησας ὑπὲρ τοῦ δ. σου τὰ ἀ. ταῦτα (4 *b*)
10. 12. κύριος ποιήσει τὸ ἀ. ἐν ὀφθαλμοῖς αὐτοῦ (4 *b*)
13. 22. οὐκ ἐλάλησεν . . . ἀπὸ πονηροῦ ἕως ἀγαθοῦ (4 *b*)
14. 17. τοῦ ἀκούειν τὸ ἀ. καὶ τὸ πονηρόν (4 *b*)
— 32. ἀγαθόν μοι ἦν εἶναι [A τοῦ ἔτι εἶναί με] (4 *b*)
15. 3. ἰδοὺ οἱ λόγοι σου ἀ. καὶ εὔκολοι (4 *b*)
— 26. ποιείτω μοι κατὰ τὸ ἀ. ἐν ὀφθαλμοῖς (4 *b*)
16. 12. ἐπιστρέψει μοι ἀγαθὰ ἀντὶ τῆς κατάρας (4 *b*)
17. 7. οὐκ ἀγαθὴ αὕτη ἡ βουλὴ ἣν ἐβουλεύσατο (4 *b*)
— 14. ἀ. ἡ βουλὴ Χουσὶ . . . ὑπὲρ τὴν βουλὴν Ἀχειτ. τὴν ἀ. [AR *om.* τὴν ἀ.] (4 *b*, –)
— 14. AR τὴν βουλὴν Ἀχιτόφελ τὴν ἀ. (4 *b*)
18. 3. καὶ νῦν ἀγαθὸν ὅτι ἔσῃ ἡμῖν . . . βοήθεια (4 *b*)
— 27. ἀνὴρ ἀ. οὗτος καί γε εἰς εὐαγγελίαν ἀ. ἐλεύσεται (4 *b*, 4 *b*)
19. 27. καὶ ποίησον τὸ ἀ. ἐν ὀφθαλμοῖς σου (4 *b*)
— 35. γνώσομαι ἀνὰ μέσον ἀγαθοῦ καὶ κακοῦ (4 *b*)
— 37. ποίησον αὐτῷ τὸ ἀ. ἐν ὀφθαλμοῖς σου (4 *b*)
— 38. ποιήσω αὐτῷ τὸ ἀ. ἐν ὀφθαλμοῖς σου (4 *b*)
24. 22. ἀνενεγκάτω . . . τὸ ἀ. ἐν ὀφθαλμοῖς αὐτοῦ (4 *b*)
III Ki. 1. 42. εἴσελθε . . . καὶ ἀγαθὰ εὐαγγέλισαι (4 *b*)
2. 32. ἀνθρώποις τοῖς δικαίοις καὶ ἀ. ὑπὲρ αὐτόν (4 *b*)
3. 1 (2. 38). ἀ. τὸ ῥῆμα ὃ ἐλάλησας κύριέ μου (4 *b*)
— 1 (2. 42). A ἀ. τὸ ῥῆμα ὃ ἤκουσα (4 *b*)
— 9. τοῦ συνιεῖν ἀνὰ μέσον ἀγαθοῦ καὶ κακοῦ (4 *b*)
8. 36. δηλώσεις αὐτοῖς τὴν ὁδὸν τὴν ἀ. (4 *b*)
— 56. τοῖς λόγοις αὐτοῦ τοῖς ἀ. οἷς ἐλάλησεν (4 *b*)
— 66. ἀ. ἡ καρδία ἐπὶ τοῖς [A πᾶσι τοῖς] ἀ. (4 *b*)
10. 7. προστέθεικας ἀγαθά [A σοφίαν καὶ ἀ.] (4 *b*)
12. 7. λαλήσεις αὐτοῖς λόγους ἀ. (4 *b*)
14. 15. A τῆς χθονὸς τῆς ἀ. ταύτης ἧς ἔδωκεν (4 *b*)
20 (21). 2. δώσω σοι ἀμπελῶνα ἄλλον ἀ. ὑπέρ (4 *b*)
IV Ki. 2. 19. ἡ κατοίκησις τῆς πόλεως ἀγαθή (4 *b*)
3. 19. πᾶν ξύλον ἀ. καταβαλεῖτε (4 *b*)
— 19. πᾶσαν μερίδα ἀ. ἀχρειώσετε ἐν λίθοις (4 *b*)
— 25. πᾶσαν μερίδα ἀ. ἔρριψαν ἀνὴρ τὸν λίθον (4 *b*)
— 25. πᾶν ξύλον ἀ. κατέβαλον (4 *b*)
5. 12. οὐχὶ ἀγαθὸς [A -θοὶ] Αβ. καὶ Φαρ. . . . ὑπέρ (4 *b*)
8. 9. ἔλαβεν μαναὰ . . . καὶ πάντα τὰ ἀ. Δαμ. (4 *c*)
10. 3. τὸν ἀ. καὶ τὸν εὐθῆ ἐν τοῖς υἱοῖς τοῦ κ. (4 *b*)
— 5. τὸ ἀ. ἐν ὀφθαλμοῖς σου ποιήσομεν (4 *b*)
15. 3. A τὸ ἀ. [B εὐθὲς] ἐν ὀφθαλμοῖς κ. (6)
20. 3. τὸ ἀ. ἐν ὀφθαλμοῖς [A ἐνώπιόν] σου (4 *b*)
— 13. ἔδειξεν αὐτοῖς . . . τὸ ἔλαιον τὸ ἀ. (4 *b*)
— 19. ἀ. ὁ λόγος κυρίου ὃν ἐλάλησεν (4 *b*)
25. 28. καὶ ἐλάλησε μετ' αὐτοῦ ἀγαθά (4 *b*)
I Ch. 4. 40. καὶ εὗρον νομὰς πλείονας καὶ ἀ. (4 *b*)
13. 2. εἰ ἐφ' ὑμῖν ἀγαθὸν . . . ἀποστείλωμεν (4 *b*)
16. 34. ἐξομολογεῖσθε τῷ κυρίῳ ὅτι ἀγαθόν (4 *b*)
17. 26. ἐλάλησας ἐπὶ τὸν δοῦλόν σου τὰ ἀ. ταῦτα (4 *b*)

I Ch. 19. 13. A τὸ ἀ. ἐν ὀφθαλμοῖς αὐτοῦ [BS *om.* ἐν ὀ. αὐ.] ποιήσει (4 *b*)
21. 23. ποιησάτω . . . τὸ ἀ. ἐναντίον αὐτοῦ (4 *b*)
28. 8. κληρονομήσητε τὴν γῆν τὴν ἀ. (4 *b*)
29. 19. δὸς καρδίαν ἀ. ποιεῖν τὰς ἐντολάς σου (9)
II Ch. 5. 13. ἐξομολογεῖσθε τῷ κυρίῳ ὅτι ἀγαθόν (4 *b*)
6. 27. ὅτι δηλώσεις αὐτοῖς τὴν ὁδὸν τὴν ἀ. (4 *b*)
— 41. οἱ υἱοί σου εὐφρανθήτωσαν ἐν ἀγαθοῖς (4 *b*)
7. 3. καὶ ᾔνουν τῷ κυρίῳ ὅτι ἀγαθόν (4 *b*)
— 10. ἀ. καρδίᾳ ἐπὶ τοῖς ἀ. οἷς ἐποίησε κ. (4 *b*, 4 *b*)
10. 7. ἐὰν . . . γένῃ εἰς ἀγαθὸν τῷ λαῷ τούτῳ . . . καὶ λαλήσῃς αὐτοῖς λόγους ἀγαθούς (4 *b*, 4 *b*)
12. 12. καὶ γὰρ ἐν Ἰούδᾳ ἦσαν λόγοι ἀ. (4 *b*)
18. 7. οὐκ ἔστι προφητεύων περὶ ἐμοῦ εἰς ἀγαθά (4 *b*)
— 12. ἐλάλησαν . . . ἐν στόματι ἑνὶ ἀγαθὰ περί (4 *b*)
— 12. καὶ λαλήσεις ἀγαθά (4 *b*)
— 17. οὐ προφ. περὶ ἐμοῦ ἀγαθὰ ἀλλ' ἢ κακά (4 *b*)
19. 3. ἀλλ' ἢ λόγοι ἀ. ηὑρέθησαν ἐν σοί (4 *b*)
— 11. καὶ ἔσται κύριος μετὰ τοῦ ἀ. (4 *b*)
21. 13. τοὺς ἀδελφούς σου . . . τοὺς ἀ. ὑπὲρ σέ (4 *b*)
30. 19. κύριος ἀ. [A ὁ ἀ.] ἐξιλάσθω ὑπέρ (4 *b*)
— 22. τῶν συνιόντων σύνεσιν ἀ. τῷ κυρίῳ (4 *b*)
I Es. 8. 85. ἵνα ἰσχύσαντες φάγητε τὰ ἀ. τῆς γῆς
II Es. 3. 11. ἐν αἴνῳ καὶ ἀνθομ. τῷ κ. ὅτι ἀγαθόν (4 *b*)
5. 17. καὶ νῦν εἰ ἐπὶ τὸν βασιλέα ἀγαθόν (4 *a*)
7. 9. ὅτι χεὶρ θεοῦ αὐτοῦ ἦν ἀγαθὴ ἐπ' αὐτόν (4 *b*)
— 28. ὡς χεὶρ θεοῦ [A κυρίου] ἡ ἀγαθὴ ἐπ' ἐμέ –
8. 18. ὡς χεὶρ θεοῦ ἡμῶν ἀγαθὴ ἐφ' ἡμᾶς (4 *b*)
— 22. ἐπὶ π. τοὺς ζητοῦντας αὐτὸν εἰς ἀγαθόν (4 *b*)
— 27. σκεύη χαλκοῦ στίλβοντος ἀγαθοῦ (4 *b*)
9. 12. οὐκ ἐκζητήσετε εἰρήνην αὐτῶν καὶ ἀγαθόν (4 *b*)
— 12. καὶ φάγητε τὰ ἀ. τῆς γῆς (4 *c*)
Ne. 2. 5. εἰ ἐπὶ τὸν βασιλέα ἀγαθόν (4 *b*)
— 7. εἰ ἐπὶ τὸν βασιλέα ἀγαθόν (4 *b*)
— 8. ἔδωκέ μοι ὁ βασιλεὺς ὡς χεὶρ θεοῦ ἡ ἀ. (4 *b*)
— 10. ζητῆσαι ἀγαθὸν τοῖς υἱοῖς Ἰσραήλ (4 *b*)
— 18. τὴν χεῖρα τοῦ θεοῦ ἥ ἐστιν ἀγαθὴ ἐπ' ἐμέ (4 *b*)
— 18. ἐκραταιώθησαν αἱ χεῖρες αὐτῶν εἰς ἀγαθόν (4 *b*)
5. 9. οὐκ ἀ. ὁ [B *om.*] λόγος ὃν ὑμεῖς ποιεῖτε (4 *b*)
— 19. μνήσθητί μου, ὁ θεὸς, εἰς ἀγαθὸν πάντα (4 *b*)
9. 13. προστάγματα καὶ ἐντολὰς ἀ. (4 *b*)
— 20. τὸ πνεῦμά σου τὸ ἀ. ἔδωκας συνετίσαι (4 *b*)
— 25. οἰκίας πλήρεις πάντων ἀ. (4 *c*)
— 36. R καὶ τὰ ἀ. αὐτῆς (4 *c*)
To. 4. 9. θέμα γὰρ ἀγαθὸν θησαυρίζεις σεαυτῷ
— 11. δῶρον γὰρ ἀγαθόν ἐστιν ἐλεημοσύνη
— 19. αὐτὸς ὁ κύριος δίδωσι πάντα τὰ ἀ. [S δώσει κ. αὐτοῖς βουλὴν ἀ.]
— 21. S ὑπάρχει σοι πολλὰ ἀ.
— 21. S ποιήσῃς τὰ ἀ. [AB τὸ ἀρεστόν]
5. 13. σὺ τυγχάνεις . . . ἐκ τῆς καλῆς καὶ ἀ. γενεᾶς
— 13. S οἱ ἀδελφοί σου ἄνθρωποι ἀ. [A B *al.*]
— 13. S ἐκ ῥίζης ἀ. [A μεγάλης, B καλῆς] εἶ
— 21. S ἄγγελος γὰρ ἀ. συμπορεύσεται
7. 7. ὁ τοῦ καλοῦ καὶ ἀ. ἀνθρώπου υἱός
9. 6. S καλὲ καὶ ἀγαθὲ ἀνδρὸς καλοῦ καὶ ἀ.
10. 13. S ἀκούσαιμί σου ἀ. ἀκοήν [AB ἀκ. καλήν]
12. 6. ἀγαθὸν τὸ εὐλογεῖν τὸν θεόν [S ἀγαθὰ τοῦ εὐλογεῖν]
— 7. BS ἀγαθὸν ποιήσατε καὶ κακὸν οὐχ εὑρήσει ὑμᾶς
— 8. ἀγαθὸν προσευχὴ μετὰ νηστείας [S ἀληθείας]
— 8. ἀγαθὸν τὸ ὀλίγον μετὰ δικαιοσύνης ἤ
12. 13. A οὐκ ἔλαθές με ἀγαθὸν ποιῶν [BS ἀγαθοπ.]
13. 10. A ἐξομολογοῦ τῷ ἀ. [BS τῷ κ. ἀγαθῶς]
14. 2. S ἔζησα ἐν ἀγαθοῖς
— 4. σκορπισθήσονται ἀπὸ τῆς ἀ. γῆς
Jth. 3. 4. ὡς ἔστιν ἀγαθὸν ἐν ὀφθαλμοῖς σου
4. 15. εἰς ἀγαθὸν ἐπισκέψασθαι πᾶν οἶκον Ἰσραήλ
5. 17. ἦν τὰ ἀ. μετ' αὐτῶν
8. 28. ἀγαθῇ [AS ἐν ἀ.] καρδίᾳ ἐλάλησας
— 29. καθότι ἀ. ἐστι τὸ πλάσμα τῆς καρδίας σου
11. 8. ὅτι σὺ μόνος ἀ. ἐν πάσῃ βασιλείᾳ
— 23. καὶ ἀγαθὴ ἐν τοῖς λόγοις σου
13. 20. τοῦ ἐπισκέψασθαί σε ἐν ἀγαθοῖς
15. 8. τοῦ θεάσασθαι τὰ ἀ. ἃ ἐποίησε κύριος
— 10. ἐποίησας [A εὐποί-] τὰ ἀ. μετὰ Ἰσραήλ
Es. 5. 8; 7. 3. S^3 ἐπὶ τὸν βασιλέα ἀγαθόν (4 *b*)
7. 9. S^3 τῷ λαλήσαντι ἀγαθά [ABS *om.*] (4 *b*)
8. 5. S^3 καὶ ἀγαθή εἰμι ἐν ὀφθ. αὐτοῦ (4 *b*)
9. 19. ἄγουσι . . . ἡμέραν ἀ. μετ' εὐφροσύνης (4 *b*)
— 19. ἡμέραν [B *om.*] εὐφροσύνης [B -ην] ἀγαθὴν ἄγ. –
— 21. στῆσαι τὰς ἡμέρας ταύτας ἀ. –

Es. 9. 22. AB καὶ ἀπὸ ὀδύνης [A πένθους] εἰς ἀ. ἡμέραν (4 b)
— 22. ἄγειν ὅλον [A om.] ἀγαθὰς [A αὐτὰς] ἡμέρας γάμων –
Jb. 2. 10. εἰ τὰ ἀ. ἐδεξάμεθα ἐκ χειρὸς κυρίου (4 b)
7. 7. οὐκ ἔτι ἐπανελεύσεται . . . ἰδεῖν ἀγαθόν (4 b)
17. 15. ἢ τὰ ἀ. μου ὄψομαι [A add. ἔτι] (8)
20. 20. A οὐδὲ ἀνθήσει αὐτοῦ τὰ ἀ. (4 c?)
— 21. οὐκ ἀνθήσει αὐτοῦ τὰ ἀ. (4 c)
21. 13. συνετέλεσαν δὲ ἐν ἀγαθοῖς τὸν βίον (4 b)
— 16. ἐν χερσὶ γὰρ ἦν αὐτῶν τὰ ἀ. (4 c)
— 25. οὐ φαγὼν οὐδὲν ἀγαθόν (4 b)
22. 18. ἐνέπλησε τοὺς οἴκους αὐτῶν ἀγαθῶν (4 b)
— 21. ὁ καρπός σου ἔσται ἐν ἀγαθοῖς (4 b)
30. 4. ἐνδεεῖς παντὸς [A om.] ἀγαθοῦ –
— 26. ἐγὼ δὲ ἐπέχων ἀγαθοῖς [A ἐν ἀ.] (4 b)
36. 11. συντελέσουσι τὰς ἡμ. αὐτῶν ἐν ἀγαθοῖς (4 b)
42. 8. A οὐ γὰρ ἐλαλήσατε κατὰ τοῦ θερ. μου Ἰὼβ οὐδὲν ἀ. [B S om. οὐδ. ἀ.] (10)
Ps. 4. 6. τίς δείξει ἡμῖν τὰ ἀ. (4 b)
15 (16). 2. ASR τῶν ἀ. μου οὐ χρείαν ἔχεις (4 b)
24 (25). 13. ἡ ψυχὴ αὐτοῦ ἐν ἀγαθοῖς αὐλισθ. (4 b)
26 (27). 13. τοῦ ἰδεῖν τὰ ἀ. κυρίου (4 c)
33 (34). 10. οὐκ ἐλαττωθήσονται παντὸς ἀγαθοῦ (4 b)
— 12. ἀγαπῶν ἡμέρας ἰδεῖν ἀγαθάς (4 b)
— 14. ἔκκλινον ἀπὸ κακοῦ καὶ ποίησον ἀγαθόν (4 b)
34 (35). 12. A ἀνταπεδίδοσάν μοι πονηρὰ ἀντὶ ἀγαθῶν [B S καλῶν] (4 b)
35 (36). 4. παρέστη πάσῃ ὁδῷ οὐκ ἀγαθῇ (4 b)
36 (37). 27. ποίησον ἀγαθόν (4 b)
37 (38). 20. οἱ ἀνταποδιδόντες [A S^2 add. μοι] κακὰ ἀντὶ ἀγαθῶν (4 b)
38 (39). 2. ἐσίγησα ἐξ ἀγαθῶν (4 b)
44 (45). 1. ἐξηρεύξατο ἡ κ. μου λόγον ἀγαθόν (4 b)
52 (53). 1. οὐκ ἔστι [B add. ὁ] ποιῶν ἀγαθόν (4 b)
— 3. οὐκ ἔστι ποιῶν ἀ. [S χρηστότητα] (4 b)
53 (54). 6. ἐξομολογήσομαι . . . ὅτι ἀγαθόν (4 b)
64 (65). 4. ἐν τοῖς ἀ. τοῦ οἴκου σου (4 c)
72. (73). 1. ὡς ἀγαθὸς ὁ θεὸς τῷ Ἰσραήλ (4 b)
— 28. τὸ προσκολλᾶσθαι τῷ κυρίῳ [S R θεῷ] ἀγαθόν ἐστι (4 b)
83 (84). 11. κύριος οὐχ ὑστερήσει [S^2 στερήσει] τὰ ἀ. (4 b)
85 (86). 17. ποίησον μετ' ἐμοῦ σημεῖον εἰς ἀγαθόν (4 b)
91 (92). 1. ἀγαθὸν τὸ ἐξομολογεῖσθαι τῷ κυρίῳ (4 b)
102 (103). 5. τὸν ἐμπιπλῶντα ἐν ἀγαθοῖς τὴν ἐπ. (4 b)
106 (107). 9. ψυχὴν . . . πεινῶσαν ἐνέπλησεν ἀγαθῶν (4 b)
108 (109). 5. ἔθεντο . . . κακὰ ἀντὶ ἀγαθῶν (4 b)
110 (111). 10. σύνεσις δὲ ἀγαθὴ πᾶσι (4 b)
117 (118). 1. ἐξομ. τῷ κυρίῳ ὅτι ἀγαθός (4 b)
— 2. εἰπάτω δὴ οἶκος Ἰσραὴλ ὅτι ἀ. –
— 3. εἰπάτω δὴ οἶκος Ἀαρὼν ὅτι ἀ. –
— 4. R εἰπάτωσαν . . . οἱ φοβούμενοι τὸν κύριον ὅτι ἀ. [AS om. ὅτι ἀ.] –
— 8. ἀγαθὸν πεποιθέναι ἐπὶ κύριον (4 b)
— 9. ἀγαθὸν ἐλπίζειν ἐπὶ κύριον (4 b)
— 29. ἐξομολογεῖσθε τῷ κυρίῳ ὅτι ἀ. (4 b)
118 (119). 71. ἀγαθόν μοι ὅτι ἐταπείν. (4 b)
— 72. ἀγαθόν [R -ός] μοι ὁ νόμος (4 b)
— 122. ἔκδεξαι [R ἔνδ.] . . . εἰς ἀγαθόν [S -θά] (4 b)
121 (122). 9. ἐξεζήτησα ἀγαθά σοι (4 b)
124 (125). 4. τοῖς ἀ. καὶ τοῖς εὐθέσι τῇ κ. (4 b)
127 (128). 5. ἴδοις τὰ ἀ. Ἱερουσαλήμ (4 c)
134 (135). 3. αἰνεῖτε τὸν κ. ὅτι ἀγαθὸς κ. (4 b)
135 (136). 1. R ἐξομολογεῖσθε τῷ κυρίῳ ὅτι ἀγαθός [A S^1 χρηστός] (4 b)
142 (143). 10. R τὸ πνεῦμά σου τὸ ἀ. [A B S^1 ἅγιον] (4 b)
146 (147). 1. ὅτι ἀγαθὸν [S -ὸς] ψαλμός (4 b)
Pr. 1. 7. σύνεσις δὲ ἀγαθὴ πᾶσι τοῖς ποιοῦσιν –
2. 9. πάντας ἄξονας [A αὔξονας] ἀγαθούς (4 b)
— 20. εἰ γὰρ ἐπορεύοντο τρίβους ἀ. (4 b)
4. 2. δῶρον γὰρ ἀγαθὸν δωροῦμαι ὑμῖν (4 b)
5. 1. ἵνα φυλάξῃς ἔννοιαν ἀγαθήν †
6. 11. ἡ ἔνδεια ὥσπερ ἀ. δρομεύς †
— 12. πορεύεται ὁδοὺς οὐκ ἀγαθάς (11)
8. 21. τοὺς θησαυροὺς αὐτῶν ἐμπλήσω ἀγαθῶν –
9. 10. τὸ γὰρ γνῶναι νόμον διανοίας ἐστὶν ἀγαθῆς –
11. 10. ἐν ἀγαθοῖς δικαίων κατώρθωσε πόλις (4 c)
— 17. τῇ ψυχῇ αὐτοῦ ἀγαθὸν ποιεῖ ἀνὴρ ἐλεήμων (12)
— 23. ἐπιθυμία δικαίων πᾶσα ἀγαθή (4 b)
— 27. τεκταινόμενος ἀγαθὰ ζητεῖ χάριν ἀγαθήν (4 b)
12. 14. ψυχὴ ἀνδρὸς πλησθήσεται ἀγαθῶν (4 b)
— 25. ἀγγελία δὲ ἀγαθὴ εὐφραίνει αὐτόν (4 b)
13. 2. ἀπὸ καρπῶν [A -οῦ] δικ. φάγεται ἀγαθός (4 b)

Pr. 13. 12. B δένδρον γὰρ ζωῆς ἐπιθυμία ἀγαθή [A κακή, S^1 om.] †
— 13. υἱῷ δολίῳ οὐδὲν ἔσται ἀγαθόν –
— 15. σύνεσις ἀγαθὴ δίδωσι χάριν, τὸ δὲ γνῶναι νόμον διανοίας ἐστὶν ἀγαθῆς (4 b), †
— 21. τοὺς δὲ δικαίους καταλήψεται ἀγαθά (4 b)
— 22. ἀγαθὸς ἀνὴρ κληρονομήσει υἱοὺς υἱῶν (4 b)
14. 14. ἀπὸ δὲ τῶν διανοημάτων αὐτοῦ ἀνὴρ ἀ. (4 b)
— 19. ὀλισθήσουσι κακοὶ ἔναντι ἀγαθῶν (4 b)
— 22. ἀλήθειαν τεκταίνουσιν ἀγαθοί (4 b)?
— 22. ἐλεημ. δὲ καὶ πίστεις παρὰ τέκτοσιν ἀ. (4 b)
— 33. ἐν καρδίᾳ ἀγαθῇ ἀνδρὸς σοφία (1)
15. 3. σκοπεύουσι κακούς τε καὶ ἀ. (4 b)
— 15. οἱ δὲ ἀ. ἡσυχάζουσι διὰ παντός (4 b)
16. 2 (15. 30.) φήμη δὲ ἀγαθὴ πιαίνει ὀστᾶ (4 b)
— 5. ἀρχὴ ὁδοῦ ἀγαθῆς τὸ ποιεῖν τὰ δίκαια –
— 17. ὁ δεχόμ. παιδείαν ἐν [S ἐπ'] ἀγαθοῖς ἔσται –
— 20. συνετὸς ἐν πράγμασιν εὑρετὴς ἀγαθῶν (4 b)
— 29. ἀπάγει αὐτοὺς ὁδοὺς οὐκ ἀγαθάς (4 b)
17. 1. οἶκος πλήρης [B om.] πολλῶν ἀγαθῶν καὶ ἀδίκων θυμάτων –
— 13. ὃς ἀποδίδωσι κακὰ ἀντὶ ἀγαθῶν (4 b)
— 20. ὁ δὲ σκληροκάρδιος οὐ συναντᾷ ἀγαθοῖς (4 b)
18. 22. ὃς εὗρε γυναῖκα ἀ. εὗρε χάριτας (4 b?)
— 22. ὃς ἐκβάλλει γυναῖκα ἀ. ἐκβάλλει τὰ ἀ. –
19. 7. ἔννοια ἀγαθὴ τοῖς εἰδόσιν αὐτὴν ἐγγιεῖ –
— 8. ὃς δὲ φυλάσσει φρόνησιν εὑρήσει ἀγαθά (4 b)
22. 1. ὑπὲρ δὲ ἀργύριον καὶ χρυσίον χάρις ἀγαθή (4 b)
— 21. γνῶσιν ἀγαθὴν [A ἀληθῆ] ὑπακούειν †
24. 7. σοφία καὶ ἔννοια ἀγαθὴ ἐν πύλαις σοφῶν †
— 13. φάγε μέλι, υἱέ, ἀγαθὸν γὰρ κηρίον (4 b)
— 40 (25). AS^2 ἥξει εὐλογία ἀ. [B om.] (4 b)
— 41 (26). B ἀποκρινόμενα λόγους ἀ. [AS^2 σοφούς] (7)
— 49 (34). ἥξει . . . ὥσπερ ἀγαθὸς δρομεύς †
— 58 (30. 23). μισητὴ γυνὴ ἐὰν τύχῃ ἀνδρὸς ἀ. †
25. 22. ὁ δὲ κύριος ἀνταποδώσει σοι ἀγαθά –
— 25. οὕτως ἀγγελία ἀγαθὴ ἐκ γῆς μακρόθεν (4 b)
28. 10. διελεύσονται [S add. εἰς] ἀγαθά (4 b)
— 21. ὃς οὐκ αἰσχύνεται πρόσωπα δικαίων οὐκ ἀγαθός (4 b)
31. 12. ἐνεργεῖ γὰρ τῷ ἀνδρὶ ἀγαθά [A ἀγαθὸν καὶ οὐ κακόν] (4 b)
Ec. 2. 1. καὶ ἴδε ἐν ἀγαθῷ (4 b)
— 3. ἕως οὗ ἴδω ποῖον τὸ ἀ. (4 b)
— 24. οὐκ ἔστιν ἀγαθὸν ἀνθρώπῳ [S ἐν ἀ.] (4 b)
— 24. ὃ δείξει τῇ ψυχῇ αὐτοῦ ἀγαθὸν ἐν μόχθῳ (4 b)
— 26. τῷ ἀνθρώπῳ τῷ ἀ. πρὸ προσώπου αὐτοῦ (4 b)
— 26. τοῦ δοῦναι τῷ ἀ. πρὸ προσώπου τοῦ θεοῦ (4 b)
3. 12. οὐκ ἔστιν ἀγαθὸν ἐν αὐτοῖς (4 b)
— 12. τοῦ ποιεῖν [S^1 πιεῖν] ἀγαθὸν ἐν ζωῇ αὐτοῦ (4 b)
— 13. ἴδῃ ἀγαθὸν ἐν παντὶ μόχθῳ αὐτοῦ (4 b)
— 22. οὐκ ἔστιν ἀγαθὸν εἰ μὴ ὃ εὐφρανθήσεται (4 b)
4. 3. ἀγαθὸς ὑπὲρ τοὺς δύο τούτους (4 b)
— 6. ἀγαθὸν πλήρωμα δρακὸς ἀναπαύσεως (4 b)
— 9. ἀγαθοὶ οἱ [B om.] δύο ὑπὲρ τὸν ἕνα οἷς ἐστὶν αὐτοῖς μισθὸς ἀγαθὸς ἐν μόχθῳ (4 b, 4 b)
— 13. ἀγαθὸς παῖς πένης καὶ σοφὸς ὑπὲρ βασ. (4 b)
5. 4. ἀγαθὸν τὸ μὴ εὔξασθαί σε ἢ τὸ εὔξασθαι (4 b)
— 17. ἰδοὺ εἶδον ἐγὼ ἀγαθόν (4 b)
6. 3. ἀγαθὸν ὑπὲρ αὐτὸν τὸ ἔκτρωμα (4 b)
— 9. ἀγαθὸν ὅραμα ὀφθαλμῶν ὑπὲρ πορευόμ. (4 b)
7. 1 (6. 12). τίς οἶδεν ἀγαθὸν [AS^2 τί ἀγαθὸν] τῷ ἀνθρώπῳ (4 b)
— 2 (1). ἀγαθὸν ὄνομα ὑπὲρ ἔλαιον ἀγαθόν (4 b)
— 3 (2). ἀγαθὸν πορευθῆναι εἰς οἶκον πένθους (4 b)
— 3 (2). ὁ ζῶν δώσει ἀγαθὸν εἰς καρδίαν αὐτοῦ
— 4 (3). ἀγαθὸν [S -θὸς] θυμὸς ὑπὲρ γέλωτα (4 b)
— 6 (5). ἀγαθὸν τὸ ἀκοῦσαι ἐπιτίμησιν σοφοῦ (4 b)
— 9 (8). ἀγαθὴ ἐσχάτη λόγων ὑπὲρ ἀρχὴν αὐτοῦ, ἀγαθὸν μακρόθυμος ὑπέρ (4 b, 4 b)
— 11 (10). αἱ ἡμέραι αἱ πρότεραι ἦσαν ἀ. ὑπέρ (4 b)
— 12 (11). ἀγαθὴ σοφία μετὰ κληρονομίας (4 b)
— 15 (14). ζῆθι ἐν ἀγαθῷ [S^1 ἀγαθωσύνῃ] (4 b)
— 19 (18). ἀγαθὸν τὸ ἀντέχεσθαί σε ἐν τούτῳ (4 b)
— 21 (20). ὃς ποιήσει ἀγαθὸν καὶ οὐχ ἁμαρτ. (4 b)
— 27 (26). ἀγαθὸς πρὸ προσώπου τοῦ θεοῦ (4 b)
8. 12. ἐστὶν [AS^2 ἔσται] ἀγαθὸν τοῖς φοβουμ. (4 b)
— 13. ἀγαθὸν οὐκ ἔσται τῷ ἀσεβεῖ (4 b)
— 15. οὐκ ἔστιν ἀγαθὸν τῷ ἀνθρώπῳ ὑπὸ τόν (4 b)
9. 2. τῷ ἀ. καὶ τῷ κακῷ (4 b)
— 2. ὡς ὁ ἀ. ὡς ὁ ἁμαρτάνων (4 b)
— 4. ὁ κύων ὁ ζῶν αὐτὸς ἀγαθὸς ὑπὲρ τὸν λέ. (4 b)
— 7. πίε ἐν καρδίᾳ ἀ. οἶνόν σου (4 b)
— 16. ἀγαθὴ σοφία ὑπὲρ δύναμιν (4 b)
— 18. ἀγαθὴ σοφία ὑπὲρ σκεύη πολέμου (4 b)

Ec. 11. 6. ἐὰν τὰ δύο ἐπὶ τὸ αὐτὸ, ἀγαθά [A -θόν] (4 b)
— 7. ἀγαθὸν τοῖς ὀφθαλμοῖς τοῦ βλέπειν σύν (4 b)
12. 14. ἐὰν ἀγαθὸν καὶ ἐὰν πονηρόν (4 b)
Ca. 1. 2. ἀγαθοὶ μαστοί σου ὑπὲρ οἶνον (4 b)
7. 9. ὡς οἶνος ὁ [A om.] ἀ. (4 b)
Wi. 2. 6. ἀπολαύσωμεν τῶν ὄντων ἀ.
3. 15. ἀγαθῶν γὰρ πόνων καρπὸς [B^1 ὁ κ.] εὐκλεής
7. 11. ἦλθε δέ μοι τὰ ἀ. ὁμοῦ πάντα
8. 9. ἔσται μοι σύμβουλος ἀγαθῶν
— 15. ἐν πλήθει φανοῦμαι ἀ.
— 18. ἐν φιλίᾳ αὐτῆς τέρψις ἀ.
— 19. ψυχῆς τε ἔλαχον ἀγαθῆς
— 20. μᾶλλον δὲ ἀ. ὢν ἦλθον εἰς σῶμα ἀμίαντον
12. 21. συνθήκας ἔδωκας ἀγαθῶν ὑποσχέσεων
13. 1. ἐκ τῶν ὁρωμένων ἀ. οὐκ ἴσχυσαν εἰδέναι
14. 26. θόρυβος ἀγαθῶν
18. 9. ὅσιοι [A om.] παῖδες ἀγαθῶν
— 9. τῶν αὐτῶν ὁμοίως καὶ ἀ. καὶ κινδύνων
Si. 2. 9. ἐλπίσατε εἰς ἀγαθά
6. 11. ἐν τοῖς ἀ. σου ἔσται ὡς σύ
— 19. ἀνάμενε τοὺς ἀ. καρποὺς αὐτῆς
7. 13. ὁ γὰρ ἐνδελεχισμὸς αὐτοῦ οὐκ εἰς ἀγαθόν
— 19. μὴ ἀστόχει γυναικὸς σοφῆς καὶ ἀ.
— 21. B οἰκέτην ἀ. [ASR συνετὸν] ἀγαπάτω
11. 12. ἐπέβλεψαν [S^1 -ψεν] αὐτῷ εἰς ἀγαθά
— 14. ἀγαθὰ καὶ κακὰ . . . παρὰ κυρίου ἐστί
— 19. φάγομαι ἐκ τῶν ἀ. μου
— 23. τίνα ἀπὸ τοῦ νῦν ἔσται μου τὰ [S^1 μοι] ἀ.
— 25. ἐν ἡμέρᾳ ἀγαθῶν [A -θῇ] ἀμνησία κακῶν
— 25. ἐν ἡμέρᾳ κακῶν οὐ μνησθήσεται ἀγαθῶν
— 31. τὰ γὰρ ἀ. εἰς κακὰ μεταστρέφων
12. 1. ἔσται χάρις τοῖς ἀ. σου
— 3. οὐκ ἔστιν [AS ἔσται] ἀγαθὰ τῷ ἐνδελεχίζοντι εἰς κακά
— 5. κακὰ εὑρήσεις [A -ήσουσιν] ἐν πᾶσιν ἀ.
— 7. δὸς τῷ ἀ.
— 8. οὐκ ἐκδικηθήσεται [A οὐκ ἐμβληθήσεται, S^2 οὐ γνωσθήσεται] ἐν ἀγαθοῖς ὁ φίλος
— 9. ἐν ἀγαθοῖς ἀνδρὸς οἱ ἐχθροὶ αὐτοῦ ἐν λύπῃ
13. 24. ἀγαθὸς ὁ [A ἐστιν ὁ] πλοῦτος
— 25. ἐὰν [AS ἐάν τε] εἰς ἀγαθὰ ἐάν τε εἰς κακά
— 26. ἴχνος καρδίας ἐν ἀγαθοῖς πρόσωπον ἱλαρόν
14. 4. ἐν τοῖς ἀ. αὐτοῦ τρυφήσουσιν [S^2 ἐντρ.]
— 5. ὁ πονηρὸς ἑαυτῷ τίνι ἀγαθὸς ἔσται
— 14. μὴ ἀφυστερήσῃς ἀπὸ ἀ. [A om. ἀπὸ ἀ.] ἡμέρας
— 14. μερὶς ἐπιθυμίας ἀγαθῆς μή σε παρελ.
— 25. καταλύσει ἐν καταλύματι ἀγαθῶν
16. 29. ἐνέπλησεν αὐτὴν τῶν ἀ. αὐτοῦ
17. 7. ἀγαθὰ καὶ κακὰ ὑπέδειξεν αὐτοῖς
18. 8. τί τὸ ἀ. αὐτοῦ καὶ τί τὸ κακὸν αὐτοῦ
— 15. ἐν ἀγαθοῖς μὴ δῷς μῶμον
— 17. οὐκ ἰδοὺ λόγος ὑπὲρ δόμα ἀγαθόν
20. 16. οὐκ ἔστι χάρις τοῖς ἀ. μου
22. 23. ἵνα ἐν [A ἐπὶ] τοῖς ἀ. αὐτοῦ ὁμοῦ πλησθῇς [S εὐφρανθῇς, A εὐφρ. σύ]
26. 1. γυναικὸς ἀ. μακάριος ὁ ἀνήρ
— 3. γυνὴ ἀ. μερὶς ἀ.
— 4. πλουσίου δὲ καὶ πτωχοῦ καρδία ἀ.
— 16. κάλλος ἀγαθῆς γυναικὸς ἐν κόσμῳ οἰκίας
29. 14. ἀνὴρ ἀ. ἐγγυήσεται τὸν πλησίον
— 16. ἀγαθὰ ἐγγύου ἀνατρέψει ἁμαρτωλός
30. 18. ἀ. ἐκκεχυμένα ἐπὶ στόματι κεκλεισμένῳ
32 (35). 8. ἐν ἀ. ὀφθαλμῷ δόξασον τὸν κύριον
— 10. ἐν ἀ. ὀφθαλμῷ καθ' εὕρεμα [S αἵρεμα]
33. 13 (30. 25). λαμπρὰ καρδία καὶ ἀ.
34 (31). 11. στερεωθήσεται τὰ ἀ. αὐτοῦ
35 (32). 13. μεθύσκοντά σε ἀπὸ τῶν ἀ. αὐτοῦ
36 (33). 14. ἀπέναντι τοῦ κακοῦ τὸ ἀ.
37. 18. τέσσαρα μέρη ἀνατέλλει, ἀγαθὸν καὶ κακόν
39. 4. ἀγαθὰ γὰρ καὶ κακὰ ἐν [A om.] ἀνθρώποις ἐπείρασε
— 25. ἀγαθὰ τοῖς ἀ. ἔκτισται ἀπ' ἀρχῆς
— 27. ταῦτα πάντα τοῖς εὐσεβέσιν εἰς ἀγαθά
— 33. τὰ ἔργα κυρίου πάντα ἀ.
41. 11. ὄνομα δὲ ἁμαρτωλῶν [S^2 om.] οὐκ ἀγαθόν
— 13. ἀγαθῆς ζωῆς ἀριθμὸς ἡμερῶν καὶ ἀ. ὄνομα εἰς αἰῶνα διαμένει
42. 25. ἓν τοῦ ἑνὸς ἐστερέωσε τὰ ἀ.
44. 11. μετὰ τοῦ σπέρματος αὐτῶν διαμενεῖ ἀ. κληρονομία
45. 26. ἵνα μὴ ἀφανισθῇ τὰ ἀ. αὐτῶν
51. 18. ἐζήλωσα τὸ ἀ.
— 21. ἐκτησάμην ἀ. κτῆμα
Ho. 3. 5. ἐκστήσονται ἐπὶ τῷ κ. καὶ ἐπὶ τοῖς ἀ. (4 c)
8. 3. ὅτι Ἰσραὴλ ἀπεστρέψατο ἀγαθά (4 b)

Ho. 10. 1. ἐπλήθυνε τὰ θυσιαστήρια κατὰ τὰ ἀ. τῆς γῆς αὐτοῦ (4 b)
14. 3. ὅπως μὴ λάβητε ἀδικίαν καὶ λάβητε ἀγαθά (4 b)
Am. 9. 4. εἰς κακὰ καὶ οὐκ εἰς ἀγαθά (4 b)
Mi. 1. 12. τίς ἤρξατο εἰς ἀγαθὰ κατοικούσῃ ὀδ. (4 b)
7. 4. καὶ ἐξελοῦμαι τὰ ἀ. αὐτῶν ὡς σὴς ἐκτρώγων (4 b)
Za. 1. 17. ἔτι διαχυθήσονται πόλεις ἐν ἀγαθοῖς (4 b)
8. 19. εἰς χαρὰν καὶ εὐ. καὶ εἰς ἑορτὰς ἀγαθάς (4 b)
9. 17. εἴ τι ἀγαθὸν αὐτοῦ, κ. εἴ τι καλὸν αὐτοῦ (4 c)
Is. 1. 20. τὰ ἀγαθὰ τῆς γῆς φάγεσθε (4 c)
7. 15. ἐκλέξασθαι [AS[2] ἐκλέξεται] τὸ ἀ. (4 b)
— 16. πρὶν ἢ γνῶναι τὸ παιδίον ἀγαθὸν ἢ κακόν (4 b ?)
— 16. B ἐκλέξασθαι [A S[2] τοῦ ἐκ.] τὸ ἀ. (4 b)
39. 8. ἀ. ὁ [B om.] λόγος κυρίου (4 b)
52. 7. ὡς εὐαγγελιζόμενος ἀγαθά (4 b)
55. 2. φάγεσθε ἀγαθὰ καὶ ἐντρυφήσει ἐν ἀγαθοῖς ἡ ψυχὴ ὑμῶν (4 b, 3)
— 3. ζήσεται ἐν ἀγαθοῖς ἡ ψυχὴ ὑμῶν –
58. 14. ἀναβιβάσει σε ἐπὶ τὰ ἀ. τῆς γῆς (2)
63. 7. κύριος κριτὴς ἀ. τῷ οἴκῳ Ἰσραήλ (4 c)
Je. 2. 7. τοὺς καρποὺς αὐτοῦ καὶ τὰ ἀ. αὐτοῦ (4 c)
5. 25. ἀπέστησαν [A ἐξαπ-] τὰ ἀ. ἀφ' ὑμῶν (4 b)
6. 16. ποία ἐστὶν ἡ ὁδὸς ἡ ἀ. (4 b)
8. 15. συνήχθημεν εἰς εἰρήνην καὶ οὐκ ἦν ἀγαθά (4 b)
10. 5. ἀγαθὸν οὐκ ἔστιν ἐν αὐτοῖς (4 e)
14. 11. μὴ προσεύχου περὶ τοῦ λαοῦ τούτου εἰς ἀγαθά (4 b)
— 19. ὑπεμείναμεν εἰς εἰρήνην, καὶ οὐκ ἦν ἀγαθά (4 b)
15. 11. εἰς ἀγαθὰ πρὸς τὸν ἐχθρόν (4 b)
17. 6. οὐκ ὄψεται ὅταν ἔλθῃ τὰ ἀ. (4 b)
18. 10. μετανοήσω περὶ τῶν ἀ. (4 b)
— 20. εἰ ἀνταποδίδοται ἀντὶ ἀγαθῶν κακά (4 b)
— 20. τοῦ λαλῆσαι ὑπὲρ αὐτῶν ἀγαθά (4 b)
21. 10. εἰς κακὰ καὶ οὐκ εἰς ἀγαθά (4 b)
24. 5. οὓς ἐξαπέσταλκα [A -κας] . . . εἰς ἀγαθά (4 b)
— 6. στηριῶ τοὺς ὀφθαλμούς μου . . . εἰς ἀγαθά (4 b)
— 6. ἀποκαταστήσω αὐτοὺς . . . εἰς ἀγαθά –
27 (50). 12. ἐνετράπη [BS om.] . . . ἐπ' ἀγαθά †
36 (29). 32. τοῦ ἰδεῖν τὰ ἀ. ἃ ἐγὼ ποιήσω ὑμῖν (4 b)
38 (31). 12. ἥξουσιν ἐπ' ἀγαθὰ κυρίου (4 c)
— 14. ὁ λαός μου τῶν ἀ. μου ἐμπλησθήσεται (4 c)
39 (32). 39. εἰς ἀγαθὸν αὐτοῖς καὶ τοῖς τέκνοις (4 b)
— 42. ἐπάξω ἐπ' αὐτοὺς πάντα τὰ ἀ. (4 b)
40 (33). 9. ἀκούσονται πάντα τὰ ἀ. (4 b)
— 9. πικρανθήσονται περὶ πάντων τῶν ἀ. (4 b)
46 (39). 16. εἰς κακὰ καὶ οὐκ εἰς ἀγαθά (4 b)
47 (40). 5. εἰς ἅπαντα τὰ ἀ. ἐν ὀφθαλμοῖς σου (6)
49 (42). 6. ἐὰν ἀγαθὸν καὶ ἐὰν κακόν (4 b)
La. 3. 17. ἐπελαθόμην ἀγαθά (4 b)
— 25. ἀ. κύριος τοῖς ὑπομένουσιν αὐτὸν, ψυχῇ ἣ ζητήσει αὐτὸν ἀγαθόν (4 b, 4 b)
— 27. ἀγαθὸν ἀνδρὶ ὅταν ἄρῃ ζυγὸν ἐν νεότητι (4 b)
— 38. οὐκ ἐξελεύσεται τὰ κακὰ καὶ τὸ ἀ. (4 b)
4. 1. ἀλλοιωθήσεται τὸ ἀργύριον τὸ ἀ. (4 b)
Ep. Jer. 34. οὔτε ἐὰν κακὸν . . . οὔτε ἐὰν ἀγαθόν
Ez. 34. 14. ἐν [A om.] νομῇ ἀγαθῇ βοσκήσω (4 b)
— 14. ἐκεῖ ἀναπαύσονται ἐν τρυφῇ ἀγαθῇ (4 b)
36. 31. τὰ ἐπιτηδεύματα ὑμῶν τὰ μὴ ἀ. (4 b)
Da. LXX. 4. 9. ὁ καρπὸς αὐτοῦ πολὺς καὶ ἀ. –
Da. TH. 1. 15. ὡράθησαν αἱ ἰδέαι αὐτῶν ἀγαθαί (4 b)
I Ma. 4. 45. ἔπεσεν αὐτοῖς βουλὴ ἀ.
10. 19. A ὅτι ἀνὴρ ἀ. [S δυνατὸς] ἰσχύι . . . εἰ
— 27. ἀνταποδώσομεν ὑμῖν ἀγαθὰ ἀνθ' ὧν ποιεῖτε
— 55. ἀ. ἡμέρα ἐν ᾗ ἀνέστρεψας εἰς γῆν πατέρων
11. 33. S ἐκρίναμεν ἀγαθὸν ποιῆσαι [A ἀγαθοποιῆσαι]
14. 4. ἐζήτησεν ἀγαθὰ τῷ ἔθνει αὐτοῦ
— 9. πάντες περὶ ἀγαθῶν ἐκοινολογοῦντο
16. 17. ἀπέδωκε [A ἀνταπέδ-] κακὰ ἀντὶ ἀγαθῶν
II Ma. 1. 1. οἱ ἀδελφοὶ . . . εἰρήνην ἀγαθήν
5. 4. ἐπ' ἀγαθῷ . . . γενέσθαι [A γεγενῆσθαι]
7. 20. A ἡ μήτηρ ἀ. [R θαυμαστὴ] καὶ μνήμης ἀγαθῆς ἀξία
11. 6. ἀ. ἄγγελον ἀποστεῖλαι πρὸς σωτηρίαν
— 19. παραίτιος ὑμῖν [A om.] ἀγαθῶν γενέσθαι
13. 15. μετὰ νεανίσκων ἀρίστων κεκριμένων
15. 11. τὴν ἐν τοῖς ἀ. λόγοις παράκλησιν
— 12. Ὀνίαν . . . ἄνδρα καλὸν καὶ ἀ.
— 23. ἀπόστειλον ἄγγελον ἀγαθὸν ἔμπροσθεν
IV Ma. 1. 21. S περὶ . . . τὸν πόνον ἀγαθῶν [A παθῶν]
2. 23. βασιλεύσει βασιλείαν σώφρονά τε καὶ δικαίαν καὶ ἀγαθήν
4. 1. πρὸς Ὀνίαν . . . καλὸν καὶ ἀγαθὸν ἄνδρα
12. 11. παρὰ τοῦ θεοῦ λαβὼν τὰ ἀ. καὶ τὴν βασιλείαν
[Aq. Ge. 1. 31: 15. 15: 25. 8: 47. 6: Ex. 2. 2: De. 5. 33 (30): Jd. 8. 32: II Ki. 3. 36: III Ki. 14. 15: Jb. 10. 3: Ps. 24 (25). 8: 26 (27). 13: 30 (31). 20: 38 (39). 3: 103 (104). 28: 105 (106). 1: 118 (119). 68: 127 (128). 2: 132 (133). 2: 146 (147). 1: Pr. 8. 19: 11. 27: 12. 2: Is. 7. 15: 38. 3: 39. 2: 41. 7: 52. 7: 65. 2: Je. 6. 20: 12. 6: 15. 11: 22. 15: 26 (33). 14: 33 (40). 9: 40 (47). 4: Ez. 18. 18.]
[Sm. Ge. 25. 8: 47. 6: De. 5. 33 (30): Jd. 8. 32: Jb. 9. 25: 30. 26: Ps. 15. 2: 22 (23). 6: 24 (25). 8: 30 (31). 20: 34 (35). 12: 38 (39). 3: 44 (45). 2: 51 (52). 11: 72 (73). 1: 84 (85). 13: 103 (104). 28: 105 (106). 1: 111 (112). 5: 118 (119). 68, 122: 146 (147). 1: Pr. 11. 16: 21. 17: Ec. 4. 8, 9: 9. 18: 11. 9: 12. 14: Ca. 7. 6: Is. 7. 15: 38. 3: 52. 7: 65. 2: Je. 7. 3: 12. 6: 15. 11: Ez. 18. 18.]
[Th. Ge. 47. 6: De. 5. 33 (30): Jd. 8. 32: II Ki. 3. 36: III Ki. 2. 42: Jb. 9. 25: Ps. 34 (35). 12: 84 (85). 13: 105 (106). 1: 118 (119). 68: Is. 38. 3: 41. 7: 65. 2: Je. 22. 15: 33 (40). 14: Ez. 18. 18.]
[Syr. Ge. 45. 18.]
[Hebr. Ge. 47. 6.]
[Al. De. 6. 18: Jb. 10. 3: 13. 9: Ps. 127 (128). 5: 132 (133). 1: Pr. 18. 22: 28. 10.]
[Quint. Ps. 22 (23). 6: 24 (25). 8.]

ἀγαθοσύνη. Cf. ἀγαθωσύνη.

ἀγαθότης.

Wi. 1. 1. φρονήσατε περὶ τοῦ κυρίου ἐν ἀγαθότητι
7. 26. εἰκὼν τῆς ἀ. αὐτοῦ
12. 22. ἵνα σου τὴν ἀ. μεριμνῶμεν κρίνοντες
Si. 45. 23. ἐν ἀγαθότητι προθυμίας ψυχῆς αὐτοῦ

ἀγαθοῦν. (1) *a.* טוֹבָה *b.* טוֹב, יָטַב hi.

I Ki. 25. 31. καὶ ἀγαθῶσαι κύριος τῷ κυρίῳ μου καὶ μνησθήσῃ τῆς δούλης σου ἀγαθῶσαι αὐτῇ [A -τήν] (1 b, –)
Si. 49. 9. ἀγαθῶσαι τοὺς εὐθύνοντας ὁδούς
Je. 39 (32). 41. ἐπισκέψομαι τοῦ [S αὐτοὺς] ἀγαθῶσαι αὐτούς (1 b)
51 (44). 27. τοῦ κακῶσαι αὐτοὺς καὶ οὐκ ἀγαθῶσαι [A -θῦναι] (1 a)

ἀγαθύνειν. (1) טְאֵב (2) יָטַב, טוֹב *a.* qal. *b.* hi. *c.* יְטַב (3) טוֹבָה

Jd. 16. 25. ὅτε ἠγαθύνθη ἡ καρδία αὐτῶν (2 a)
17. 13. νῦν ἔγνων ὅτι ἀγαθυνεῖ μοι [A ἠγαθοποίησέν με] κ. (2 b)
18. 20. καὶ ἠγαθύνθη ἡ καρδία τοῦ ἱερέως (2 a)
19. 6. ἀγαθυνθήσεται [A -θήτω] ἡ καρδία σου (2 a)
— 9. ἀγαθυνθήσεται [A -θήτω] ἡ καρδία σου (2 a)
— 22. αὐτοὶ δὲ ἀγαθύνοντες καρδίαν [A αὐτῶν δὲ ἀγαθυνθέντων τῇ καρδίᾳ] (2 b)
Ru. 3. 7. καὶ ἠγαθύνθη ἡ καρδία αὐτοῦ (2 a)
— 10. ὅτι ἠγάθυνας τὸ ἔλεός σου τὸ ἔσχατον ὑπὲρ τὸ πρ. (2 b)
I Ki. 2. 32. A ἐν πᾶσιν οἷς ἀγαθυνεῖ τ. Ἰσραήλ (2 b)
II Ki. 13. 28. ὡς ἂν ἀγαθυνθῇ ἡ καρδία Ἀμνών (2 a)
III Ki. 1. 47. ἀγαθύναι ὁ θ. τὸ ὄνομα Σ. ὑπέρ (2 b)
IV Ki. 9. 30. καὶ ἠγάθυνε τὴν κεφαλὴν αὐτῆς (2 b)
10. 30. ἀνθ' ὧν ὅσα ἠγάθυνας ποιῆσαι τὸ εὐ. (2 b)
II Es. 7. 18. εἴ τι ἐπὶ σὲ . . . ἀγαθυνθῇ (2 c)
Ne. 2. 5. εἰ ἀγαθυνθήσεται ὁ παῖς σου ἐν. σου (2 a)
— 6. καὶ ἠγαθύνθη ἐνώπιον τοῦ βασιλέως (2 a)
Ps. 35 (36). 3. συνιέναι τοῦ ἀγαθῦναι (2 b)
48 (49). 18. ὅταν ἀγαθύνῃς αὐτῷ (2 b)
50 (51). 18. ἀγάθυνον κύριε [S om.] ἐν τῇ εὐδοκίᾳ σου τὴν Σ. (2 b)
124 (125). 4. ἀγάθυνον, κύριε, τοῖς ἀγαθοῖς (2 b)
Ec. 7. 4 (3). ἐν κακίᾳ προσώπου ἀγαθυνθήσεται καρδία [B om.] (2 a)
11. 9. ἀγαθυνάτω σε ἡ καρδία σου ἐν ἡμέραις (2 b)
Je. 51 (44). 27. A τοῦ κακῶσαι αὐτοὺς καὶ οὐκ ἀγαθῦναι [BS -θῶσαι] (3)
Da. TH. 6. 23. ὁ βασ. πολὺ ἠγαθύνθη ἐπ' αὐ. (1)
I Ma. 1. 12. καὶ ἠγαθύνθη ὁ λόγος ἐν ὀφθαλμοῖς
[Aq. Ge. 4. 7: De. 5. 28 (25): Ps. 32 (33). 3: 50 (51). 20: Pr. 30. 29: Je. 7. 3: Mi. 2. 7.]
[Sm. Ge. 4. 7 (*bis*): Pr. 17. 22.]
[Th. Ex. 1. 20: De. 5. 28 (25): I Ki. 2. 32: Pr. 30. 29.]

ἀγαθῶς. (1) *a.* טוֹב *b.* יָטַב hi.

I Ki. 20. 7. ἐὰν τάδε εἴπῃ ἀ., εἰρήνη τῷ δούλῳ (1 a)
IV Ki. 11. 18. τὰς εἰκόνας αὐτοῦ συνέτριψαν ἀ. (1 b)
To. 13. 10. ἐξομολογοῦ τῷ κυρίῳ ἀ. [A ἐξομ. τῷ ἀγαθῷ]
[Th. Ge. 4. 7 (*bis*): I Ki. 16. 17.]

ἀγαθωσύνη. [ἀγαθοσύνη.] (1) *a.* טוּב *b.* טוֹב *c.* טוֹבָה

Jd. 8. 35. A κατὰ πᾶσαν τὴν ἀ. [B πάντα τὰ ἀγαθά] (1 c)
9. 16. B εἰ ἀγαθωσύνην [A καθὼς] ἐποιήσατε (1 c)
II Ch. 24. 16. ἐποίησεν ἀγαθωσύνην μετά (1 c)
Ne. 9. 25. ἐτρύφησαν ἐν ἀ. σου τῇ μεγάλῃ (1 a)
— 35. ἐν ἀ. σου τῇ πολλῇ (1 a)
13. 31. μνήσθητί μου . . . εἰς ἀγαθωσύνην (1 c)
Ps. 37 (38). 20. S[2] ἐπεὶ κατεδίωκον ἀγαθωσύνην [A B δικαιοσύνην] (1 b)
51 (52). 3. ἠγάπησας κακίαν ὑπὲρ ἀγαθωσύνην (1 b)
Ec. 4. 8. στερίσκω τὴν ψ. μου ἀπὸ ἀγαθωσύνης (1 c)
5. 10. ἐν πλήθει ἀγαθωσύνης ἐπληθύνθησαν (1 c)
— 17. τοῦ ἰδεῖν ἀγαθωσύνην ἐν παντὶ μόχθῳ (1 c)
6. 3. οὐ πλησθήσεται [AS οὐκ ἐμπλήσθησεται] ἀπὸ τῆς [AS om.] ἀ. (1 c)
— 6. καὶ ἀγαθωσύνην οὐκ εἶδε (1 c)
7. 15 (14). ἐν ἡμέρᾳ ἀγαθωσύνης (1 c)
— 15 (14). S[1] ζῆθι ἐν ἀγαθωσύνῃ [A B S[2] ἀγαθῷ] (1 b)
9. 18. ἁμαρτάνων εἷς ἀπολέσει ἀγαθωσύνην πολλήν (1 c)
[Aq. Ps. 15 (16). 2: 24 (25). 7: 34 (35). 12: 37 (38). 21: 67 (68). 11: 118 (119). 65: Ec. 5. 10.]
[Sm. Ps. 24 (25). 7: 26 (27). 13: 37 (38). 21: 67 (68). 11: Is. 63. 7.]
[Th. Ps. 37 (38). 21: 67 (68). 11: 103 (104). 28.]
[Al. De. 28. 47: Ps. 144 (145). 7.]
[Quint. Sext. Ps. 30 (31). 20.]

ἀγαλλίαμα. (1) גָּאוֹן (2) *a.* גִּיל *b.* גִּילָה (3) תְּהִלָּה (4) *a.* רֹן *b.* רִנָּה (5) *a.* מָשׂוֹשׂ *b.* שָׂשׂוֹן (6) שִׂמְחָה (7) ἀγαλλίαμα εὑρίσκειν גִּיל

To. 13. 11. B S γενεαὶ γενεῶν δώσουσί σοι ἀ.
— 18. S ᾠδὰς ἀγαλλιάματος [AB om.]
Jth. 12. 14. ἔσται μοι τοῦτο ἀ. ἕως ἡμέρας θαν.
Esth. 4. 17. πάντα τόπον κόσμου ἀγαλλιάματος αὐτῆς [A ἀγ. αὐ. κ.]
8. 16. S[3] ἀγαλλίαμα καὶ τιμή (5 a)
Ps. 31 (32). 7. τὸ ἀγαλλίαμά μου λύτρωσαί με (4 a)
47 (48). 2. εὐρίζων ἀγαλλιάματι πάσης τῆς γῆς [A πάσῃ τῇ γῇ] (5 b)
118 (119). 111. ἀγαλλίαμα τῆς καρδίας μου (5 a)
Pr. 11. 10. A B S[2] ἐν ἀπωλείᾳ ἀσεβῶν ἀγαλλίαμα (4 b)
Si. 1. 11. φόβος κυρίου . . . στέφανος ἀγαλλιάματος
6. 31. στέφανον ἀγαλλιάματος περιθήσεις σεαυτῷ
15. 6. εὐφροσύνην καὶ στέφανον ἀγαλλιάματος
30. 22. ἀγαλλίαμα ἀνδρὸς μακροημέρευσις [S[1] μεγαλοημερεύσεις]
34 (31). 28 ἀγαλλίαμα καρδίας καὶ εὐφροσύνη ψ.
Is. 16. 10. ἀρθήσεται εὐφροσύνη καὶ ἀ. (2 a)
22. 13. ἐποιήσαντο εὐφροσύνην καὶ ἀ. (6)
35. 10. αἴνεσις καὶ ἀ. καὶ εὐφροσύνη καταλήψ. (5 a ?, 6 ?)
51. 3. εὐφροσύνην καὶ ἀ. εὑρήσουσιν ἐν αὐτῇ (6)
— 11. μετ' εὐφροσύνης καὶ ἀγαλλιάματος αἰ. (6)
— 11. A ἐπὶ γὰρ τῆς κεφαλῆς αὐτῶν ἀγ. [S ἀγαλλίασις, B om.] (5 a)
60. 15. θήσω σε ἀ. αἰώνιον (1)
61. 11. ἀνατελεῖ . . . ἀ. ἐναντίον πάντων (3)
65. 17. εὐφροσύνην καὶ ἀ. εὑρήσουσιν ἐν αὐτῇ (7)
— 18. ἐγὼ ποιῶ Ἱερουσαλὴμ ἀ. (2 b)
Ba. 4. 34. περιελῶ αὐτῆς τὸ ἀ. [A ἄγαλμα] τῆς πολυοχλίας
[Sm. Is. 51. 11: 60. 15: Ez. 24. 25.]
[Th. Pr. 11. 10: Is. 60. 15: 61. 3: Ez. 24. 25.]
[Al. Jb. 3. 7: Is. 61. 7.]

ἀγαλλιᾶσθαι. (1) גִּיל (2) הָלַל hithpa. ● (3) זָכַר hi. (4) *a.* עָלַז *b.* עָלַץ *c.* עָלַס (5) צָהַל (6) רָנַן *a.* qal. *b.* pi. *c.* hi. ● (7) שׂוּשׂ (8) שָׂמַח

II Ki. 1. 20. μήποτε ἀγαλλιάσωνται θυγατέρες τῶν ἀπεριτμήτων (4 a)

I Ch. 16. 31. ἀγαλλιάσθω ἡ γῆ (1)
To. 13. 7. ἀγαλλιάσεται τὴν μεγαλωσύνην αὐτοῦ
— 13. ἀγαλλίασαι ἐπὶ τοῖς υἱοῖς τῶν δικ.
Ps. 2. 11. ἀγαλλιᾶσθε αὐτῷ ἐν τρόμῳ (1)
5. 11. εἰς αἰῶνα ἀγαλλιάσονται (6 b)
● 9. 2. εὐφρανθήσομαι καὶ ἀγαλλιάσομαι ἐν σοί (4 c)
— 14. ἀγαλλιάσομαι [S² ἀγαλλιασόμεθα] ἐπὶ [A ἐν] τῷ σωτηρίῳ σου (1)
12 (13). 4. οἱ θλίβοντές με ἀγαλλιάσονται (1)
— 5. ἀγαλλιάσεται ἡ καρδία μου ἐν [AS ἐπὶ] τῷ σωτηρίῳ σου (1)
13 (14). 7. ἀγαλλιάσθω [AS ἀγαλλιάσεται] Ἰ. (1)
15 (16). 9. ἠγαλλιάσατο ἡ γλῶσσά μου (1)
18 (19). 5. ἀγαλλιάσεται ὡς γίγας (7)
19 (20). 5. ἀγαλλιασόμεθα ἐν [A ἐπὶ] τῷ σωτ. (6 b)
— 7. S¹ ἐν ὀνόματι κυρίου [A om.] θεοῦ ἡμῶν ἀγαλλιασόμεθα [AB μεγαλυνθησόμεθα, S² ἐπικαλεσόμ.] (3)
20 (21). 1. ἐπὶ τῷ σωτηρίῳ σου ἀγαλλιάσεται (1)
30 (31). 7. ἀγαλλιάσομαι καὶ εὐφρανθήσομαι (1)
31 (32). 11. ἀγαλλιᾶσθε δίκαιοι (1)
32 (33). 1. ἀγαλλιᾶσθε δίκαιοι (6 b)
34 (35). 9. ἡ δὲ ψυχή μου ἀγαλλιάσεται ἐπὶ [S¹ ἐν] τῷ κυρίῳ (1)
— 27. ἀγαλλιάσαιντο καὶ εὐφρανθείησαν [A add. ἐπὶ σοί] (6 b)
39 (40). 16. ἀγαλλιάσαιντο καὶ εὐφρανθείησαν ἐπὶ σοί (7)
47 (48). 11. ἀγαλλιάσθωσαν αἱ θυγατέρες (1)
50 (51). 8. ἀγαλλιάσονται ὀστᾶ τεταπεινωμ. (1)
— 14. ἀγαλλιάσεται ἡ γλῶσσά μου τὴν δικ. (6 b)
52 (53). 6. ἀγαλλιάσεται Ἰακώβ (1)
58 (59). 16. ἀγαλλιάσομαι τὸ πρωῒ τὸ ἔλεός σου (6 b)
59 (60). 6. ἀγαλλιάσομαι καὶ διαμεριῶ (4 a)
62 (63). 7. ἐν τῇ σκέπῃ τῶν πτ. σου ἀγαλλιάσομαι (6 b)
66 (67). 4. εὐφρανθήτωσαν καὶ ἀγαλλιάσθωσαν ἔθνη (6 b)
● 67 (68). 3. ἀγαλλιάσθωσαν ἐνώπιον τοῦ θ. (4 c)
— 4. BS² ἀγαλλιᾶσθε ἐνώπιον αὐτοῦ (4 a)
69 (70). 4. ἀγαλλιάσθωσαν . . . ἐπὶ σοί (7)
70 (71). 23. ἀγαλλιάσονται τὰ χείλη μου (6 b)
74 (75). 9. ἐγὼ δὲ ἀγαλλιάσομαι [S¹ ἀ. κυρίῳ] εἰς τὸν αἰ. †
80 (81). 1. ἀγαλλιᾶσθε τῷ θεῷ τῷ βοηθῷ (6 c)
83 (84). 1. ἡ καρδ. μου καὶ ἡ σ. μου ἠγαλλιάσαντο ἐπὶ θεόν (6 b)
88 (89). 12. ἐν [ABS om.] τῷ ὀνόματί σου ἀγαλλιάσονται (6 b)
— 16. ἐν τῷ ὀνόματί σου ἀγαλλιάσονται (1)
89 (90). 14. ἠγαλλιασάμεθα καὶ εὐφράνθημεν (6 b)
91 (92). 4. ἐν τοῖς ἔργοις τῶν χ. σου ἀγαλλιάσομαι (6 b)
94 (95). 1. ἀγαλλιασόμεθα [BS -σώμεθα] τῷ κυρίῳ (6 b)
95 (96). 11. ἀγαλλιάσθω ἡ γῆ (1)
— 13. ἀγαλλιάσονται πάντα τὰ ξύλα (6 b)
96 (97). 1. ἀγαλλιάσθω [BS¹ -άσεται] ἡ γῆ (1)
— 8. ἠγαλλιάσαντο αἱ θυγατέρες τῆς Ἰουδαίας (1)
97 (98). 4. ᾄσατε καὶ ἀγαλλιᾶσθε καὶ ψάλατε (6 b)
— 8. τὰ ὄρη ἀγαλλιάσονται (6 b)
117 (118). 24. ἀγαλλιασώμεθα καὶ εὐφρανθῶμεν ἐν αὐτῇ (1)
118 (119). 162. ἀγαλλιάσομαι ἐγὼ ἐπὶ τὰ λόγιά σου (7)
131 (132). 9. οἱ ὅσιοί σου [A add. ἀγαλλιάσει] ἀγαλλιάσονται (6 b)
— 16. οἱ ὅσιοι αὐτῆς ἀγαλλιάσει ἀγαλλιάσονται (6 b)
144 (145). 7. τῇ δικαιοσύνῃ σου ἀγαλλιάσονται [A ὑψωθήσονται] (6 b)
149. 2. υἱοὶ Σιὼν ἀγαλλιάσθωσαν ἐπὶ τῷ βασ. (1)
— 5. ἀγαλλιάσονται ἐπὶ τῶν κοιτῶν αὐτῶν (6 b)
Ca. 1. 4. ἀγαλλιασώμεθα καὶ εὐφρανθῶμεν ἐν σοί (1)
Si. 30. 3. ἔναντι φίλων ἐπ' αὐτῷ ἀγαλλιάσεται
Hb. 3. 18. ἐν [A ἐπὶ] τῷ κυρίῳ ἀγαλλιάσομαι (4 a)
Is. 12. 6. ἀγαλλιᾶσθε καὶ εὐφραίνεσθε (5)
25. 9. ἠγαλλιώμεθα καὶ εὐφρανθησόμεθα (1)
29. 19. ἀγαλλιάσονται πτωχοί †
35. 1. ἀγαλλιάσθω ἔρημος (1)
— 2. ἀγαλλιάσεται τὰ ἔρημα τοῦ Ἰορδάνου (1)
41. 17. ἀγαλλιάσονται οἱ πτωχοί (2)
49. 13. ἀγαλλιάσθω ἡ γῆ (1)
61. 10. ἀγαλλιάσθω ἡ ψυχή μου ἐπὶ τῷ κυρίῳ (1)
65. 14. ἀγαλλιάσονται ἐν εὐφροσύνῃ (6 a)
Is. 65. 19. ἀγαλλιάσομαι ἐπὶ [S¹ ἐν] Ἰερουσαλήμ (1)
Je. 30 (49). 4. ἀγαλλιᾶσθε [AS ἀγαλλιάσῃ] ἐν τοῖς πεδίοις (2)
La. 2. 19. ἀγαλλίασαι ἐν [S om.] νυκτί (6 a)
III Ma. 2. 17. μηδὲ ἀγαλλιάσωνται ἐν ὑπερηφανίᾳ γλώσσης

[Aq. Pr. 24. 17: Is. 29. 19: 41. 16: 49. 13: Je. 11. 15: 31 (38). 7, 12: 51 (28). 39.]
[Sm. Ps. 47 (48). 12: Pr. 11. 10: 24. 17: Is. 5. 14: 26. 19: 29. 19: 35. 2: 41. 16: 52. 9: 61. 10: Je. 31 (38). 7, 12: 50 (27). 11.]
[Th. De. 32. 43: Ps. 47 (48). 12: Pr. 24. 17: Is. 5. 14: 29. 19: 52. 8: 61. 7, 10: Je. 31 (38). 12.]

ἀγαλλίασις. (1) גִּיל (2) תְּרוּעָה (3) *a.* רִנָּה *b.* רָנַן pi. *c.* רְנָנָה (4) שָׂשׂוֹן

To. 13. 1. AB Τωβὶτ ἔγραψε προσευχὴν εἰς ἀγαλλίασιν [S om.]
— 11. A δώσουσιν ἀγαλλίασιν [BS σοι ἀγαλλίαμα]
Jb. 8. 21. A τὰ δὲ χείλη αὐτῶν ἀγαλλιάσεως [BS ἐξομολογήσεως] (2)
Ps. 29 (30). 5. αὐλισθήσεται . . . εἰς τὸ πρωῒ ἀγαλλίασις (3 a)
41 (42). 4. ἐν φωνῇ ἀγαλλιάσεως (3 a)
44 (45). 7. ἔχρισέ σε ὁ θεὸς . . . ἔλαιον ἀγαλλιάσεως (4)
— 15. ἐν εὐφροσύνῃ καὶ ἀγαλλιάσει (1)
46 (47). 1. ἀλαλάξατε τῷ θ. ἐν φωνῇ ἀγαλλιάσεως (3 a)
50 (51). 8. ἀκουτιεῖς με ἀγαλλίασιν (4)
— 12. ἀπόδος μοι τὴν ἀ. τοῦ σωτηρίου σου (4)
62 (63). 5. χείλη ἀγαλλιάσεως αἰνέσει τὸ ὄνομά σου [S² στόμα μου] (3 c)
64 (65). 12. ἀγαλλίασιν οἱ βουνοὶ περιζώσονται (1)
99 (100). 2. εἰσέλθατε ἐνώπιον αὐτοῦ ἐν ἀγαλλιάσει (3 c)
104 (105). 43. ἐξήγαγε τὸν λαὸν αὐτοῦ ἐν ἀ. (4)
106 (107). 22. ἐξαγγειλάτωσαν τὰ ἔργα αὐτοῦ ἐν ἀγαλλιάσει (3 a)
117 (118). 15. φωνὴ ἀγαλλιάσεως καὶ σωτηρίας (3 a)
125 (126). 2. τότε ἐπλήσθη . . . ἡ γλῶσσα ἡμῶν ἀγαλλιάσεως (3 a)
— 5. ἐν ἀγαλλιάσει θεριοῦσι (3 a)
— 6. ἐρχόμενοι δὲ ἥξουσιν ἐν ἀγαλλιάσει (3 a)
131 (132). 9. A οἱ ὅσιοί σου ἀγαλλιάσει [SR om.] ἀγαλλιάσονται –
— 16. οἱ ὅσιοι αὐτῆς ἀγαλλιάσει ἀγαλλιάσονται (3 b)
Is. 51. 11. S ἐπὶ κεφαλῆς γὰρ [A γ. τῆς κ.] αὐτῶν ἀγαλλίασις [A -αμα, B om.] (4 ?)

[Aq. Jb. 8. 21.]
[Sm. Is. 54. 1: 61. 3, 10.]
[Th. Jb. 8. 21: Is. 61. 10.]
[Hebr. Jb. 20. 5.]
[Al. Is. 51. 11.]

ἄγαλμα. (1) אַט (2) פְּסִילִים

Is. 19. 3. τοὺς θεοὺς αὐτῶν καὶ τὰ ἀ. αὐτῶν (1)
21. 9. πέπτωκε Βαβυλὼν καὶ πάντα τὰ ἀ. αὐτῆς (2)
Ba. 4. 34. A τὸ ἄ. [B ἀγαλλίαμα] τῆς πολυοχλίας
II Ma. 2. 2. βλέποντες ἀγάλματα χρυσᾶ

[Aq. Ez. 12. 14.]

ἄγαμος.

IV Ma. 16. 9. ὦ τῶν ἐμῶν παίδων οἱ μὲν ἄγαμοι

ἄγαν.

III Ma. 4. 11. πρὸς παραδειγματισμὸν ἄ. εὐκαιροτάτῳ καθεστῶτι

ἀγανακτεῖν.

Wi. 5. 22. ἀγανακτήσει κατ' αὐτῶν ὕδωρ θαλάσσης
12. 27. ἐφ' οἷς γὰρ αὐτοὶ πάσχοντες ἠγανάκτουν
Da. Th. Bel 28. ἠγανάκτησαν λίαν
IV Ma. 4. 21. ἀγανακτήσασα ἡ θεία δίκη αὐτόν

ἀγανάκτησις.

Es. 8. 13. S¹ μετ' ἐπιεικεστέρας ἀ. [AB ἀπαντήσεως]

ἀγανώθ.

[Th. Is. 22. 24.]

ἀγαπᾶν. (1) אָהֵב *a.* qal. *b.* ni. *c.* אַהֲבָה (2) בּוֹא hi. (3) זָכַר hi. (4) חָטָא (5) חָפֵץ (6) יְדִידוּת (7) יָדִיד (8) יָחִיד (9) יְשֻׁרוּן (10) מָשׂוֹשׂ (11) סוּת hi. (12) עָשָׂה (13) פָּתָה pi. (14) קָנָה (15) רָחַם *a.* qal. *b.* pi. *c.* pu. (16) רָצָה (17) שָׁמַר (18) שָׁעַע pilp. (19) שַׁעֲשֻׁעִים

Ge. 22. 2. τὸν ἀγαπητὸν ὃν ἠγάπησας (1 a)
24. 67. καὶ ἠγάπησεν αὐτήν (1 a)
25. 28. ἠγάπησε δὲ Ἰσαὰκ τὸν Ἠσαῦ (1 a)
— 28. Ῥεβέκκα δὲ ἠγάπα τὸν Ἰακώβ (1 a)
29. 18. ἠγάπησε δὲ Ἰακὼβ τὴν Ῥαχήλ (1 a)
— 20. R παρὰ τὸ ἀγαπᾶν αὐτὸν αὐτήν (1 a)
— 30. ἠγάπησεν δὲ Ῥαχὴλ μᾶλλον ἢ Λ. (1 a)
— 32. R νῦν οὖν [A om.] ἀγαπήσει με ὁ ἀνήρ μου (1 a)
34. 3. ἠγάπησε τὴν παρθένον (1 a)
37. 3. Ἰακὼβ δὲ ἠγάπα τὸν Ἰωσὴφ παρά (1 a)
44. 20. ὁ δὲ πατὴρ αὐτὸν ἠγάπησεν (1 a)
Ex. 20. 6. ποιῶν ἔλεος . . . τοῖς ἀγαπῶσί με (1 a)
21. 5. ἠγάπηκα τὸν κύριόν μου (1 a)
Le. 19. 18. ἀγαπήσεις τὸν πλησίον σου ὡς σεαυτόν (1 a)
— 34. ἀγαπήσεις αὐτὸν ὡς σεαυτόν (1 a)
De. 4. 37. διὰ τὸ ἀγαπῆσαι αὐτὸν τοὺς πατέρας (1 a)
5. 10. ποιῶν ἔλεος εἰς χιλιάδας τοῖς ἀγαπῶσί με (1 a)
6. 5. ἀγαπήσεις κύριον τὸν θεόν σου ἐξ ὅλης (1 a)
7. 8. παρὰ τὸ ἀγαπᾶν κύριον ὑμᾶς (1 a)
— 9. ὁ φυλάσσων . . . τὸ [B¹R om.] ἔλεος τοῖς ἀγαπῶσιν αὐτόν (1 a)
— 13. καὶ ἀγαπήσει σε [B¹ σε κύριος] –
10. 12. καὶ ἀγαπᾶν αὐτόν (1 a)
— 15. τοὺς πατέρας ὑμῶν προείλατο κ. ἀγαπᾶν (1 a)
— 18. ἀγαπᾷ τὸν προσήλυτον [A -ᾶν τ. πλησίον] δοῦναι αὐτῷ ἄρτον (1 a)
— 19. ἀγαπήσετε τὸν προσήλυτον (1 a)
11. 1. ἀγαπήσεις κύριον τὸν θεόν σου (1 a)
— 13. ἀγαπᾶν κ. τὸν θεόν σου καὶ λατρεύειν (1 a)
— 22. ἀγαπᾶν κ. τὸν θεὸν ἡμῶν (1 a)
13. 3. εἰδέναι εἰ ἀγαπᾶτε [A add. κύριον] τὸν θεόν (1 a)
15. 16. ὅτι ἠγάπηκέ [A -σέ] σε καὶ τὴν οἰκίαν (1 a)
19. 9. ἀγαπᾶν κύριον τὸν θεόν σου (1 a)
21. 15. μία αὐτῶν ἠγαπημένη καὶ μία αὐτῶν μισουμ. (1 a)
— 15. τέκωσιν αὐτῷ ἡ ἠγαπημένη καὶ ἡ μισουμ. (1 a)
— 16. πρωτοτοκεῦσαι τῷ υἱῷ [A τὸν υἱόν] τῆς ἠγαπημένης (1 a)
23. 5. ὅτι ἠγάπησέ σε κύριος ὁ θεός σου (1 a)
30. 6. ἀγαπᾶν κύριον τὸν θ. σου ἐξ ὅλης τῆς κ. (1 a)
— 16, 20. ἀγαπᾶν κύριον τὸν θεόν σου (1 a)
32. 15. ἀπελάκτισεν ὁ ἠγαπημένος (9)
33. 5. ἔσται ἐν τῷ ἠγαπημένῳ ἄρχων [A om.] (9)
— 12. ἠγαπημένος ὑπὸ κυρίου κατασκηνώσει (7)
— 26. οὐκ ἔστιν ὥσπερ ὁ θεὸς τοῦ ἠγαπημένου (9)
Jo. 22. 5. ἀγαπᾶν κύριον τὸν θεὸν ἡμῶν [A ὑμῶν] (1 a)
23. 11. φυλάξασθε σφόδρα τοῦ ἀγαπᾶν κ. τὸν θ. (1 a)
Jd. 5. 31. οἱ ἀγαπῶντες αὐτὸν ὡς ἔξοδος [A καθὼς ἡ ἀνατολὴ τοῦ] ἡλίου (1 a)
14. 16. μεμίσηκάς με καὶ οὐκ ἠγάπησάς [A -κάς] με (1 a)
16. 4. ἠγάπησε γυναῖκα ἐν Ἀλ. [A ἐπὶ τοῦ χειμάρρου Σ.] (1 a)
— 15. πῶς λέγεις [A ἐρεῖς] ἠγάπηκά σε (1 a)
Ru. 4. 15. ἡ νύμφη [A add. σου] ἡ ἀγαπήσασά σε ἔτεκεν αὐτόν (1 a)
I Ki. 1. 5. τὴν Ἄνναν ἠγάπα Ἐλκ. ὑπὲρ ταύτην (1 a)
16. 21. καὶ ἠγάπησεν αὐτὸν σφόδρα (1 a)
18. 1. A ἠγάπησεν αὐτὸν Ἰω. κατὰ τὴν ψυχήν (1 a)
— 3. A ἐν τῷ ἀγαπᾶν αὐτὸν κατὰ τὴν ψυχήν (1 a)
— 16. πᾶς Ἰσραὴλ καὶ Ἰούδας ἠγάπα τὸν Δαυίδ (1 a)
— 20. ἠγάπησε Μελχὸλ . . . τὸν Δαυίδ (1 a)
— 22. πάντες οἱ παῖδες αὐτοῦ ἀγαπῶσί σε (1 a)
— 28. καὶ πᾶς Ἰσραὴλ ἠγάπα αὐτόν (1 a)
20. 17. A ἐν τῷ ἠγαπηκέναι αὐτόν (1 a)
— 17. ὅτι ἠγάπησε [A -κε] ψυχὴν ἀγαπῶντος (1 a, c)
II Ki. 1. 23. Σαοὺλ καὶ Ἰωνάθαν οἱ ἠγαπημένοι (1 b)
7. 18. τίς εἰμι ἐγὼ . . . ὅτι ἠγάπηκάς [R -σάς] με (2)
12. 24. καὶ κύριος ἠγάπησεν αὐτόν (1 a)
13. 1. ἠγάπησεν αὐτὴν Ἀμνὼν υἱὸς Δαυίδ (1 a)
— 4. Θημὰρ τὴν ἀδ. . . . ἐγὼ ἀγαπῶ (1 a)
— 15. ὑπὲρ τὴν ἀγάπην ἣν ἠγάπησεν αὐτήν (1 a)
— 21. ἠγάπα αὐτὸν ὅτι πρωτότοκος αὐτοῦ ἦν –
19. 6. τοῦ ἀγαπᾶν τοὺς μισοῦντάς σε καὶ μισεῖν τοὺς ἀγαπῶντάς σε (1 a, 1 a)

● = correction on page xxiii

III Ki. 3. 3. καὶ ἠγάπησε Σαλωμὼν τὸν κ. (1 a)
■ 5. 1. ὅτι ἀγαπῶν ἦν Χιρὰμ τὸν Δαυίδ (1 a)
10. 9. διὰ τὸ ἀγαπᾶν κύριον τὸν Ἰσρ. στῆσαι (1 a)
11. 2. εἰς αὐτοὺς ἐκολλήθη Σαλ. τοῦ ἀγαπῆσαι (1 a)
I Ch. 17. 16. ὅτι ἠγάπησάς με ἕως αἰῶνος (2)
29. 17. καὶ δικαιοσύνην ἀγαπᾷς (16)
II Ch. 2. 11. ἐν τῷ ἀγαπῆσαι κύριον τὸν λαόν (1 a)
9. 8. ἐν τῷ ἀγαπῆσαι κύριον . . . τὸν Ἰσραήλ (1 a)
11. 21. ἠγάπησε Ῥοβοὰμ τὴν Μααχὰ . . . ὑπέρ (1 a)
18. 2. ἠγάπα αὐτὸν τοῦ συναναβῆναι μετ' αὐτοῦ (11)
20. 7. σπέρματι Ἀβρ. τῷ ἠγαπημένῳ σου (1 a)
I Es. 4. 18. A οὐχὶ ἀγαπῶσι [B καὶ ἴδωσι] γυναῖκα
— 25. πλεῖον ἀγαπᾷ ἄνθρωπος τὴν ἰδίαν γυναῖκα
Ne. 1. 5. τοῖς ἀγαπῶσιν αὐτὸν καὶ τοῖς φυλάσσ. (1 a)
13. 26. καὶ ἀγαπώμενος τῷ [A om.] θεῷ ἦν (1 a)
To. 4. 13. νῦν, παιδίον, ἀγάπα τοὺς ἀδελφούς σου
6. 17. S λίαν ἠγάπησεν αὐτήν [AB al.]
10. 13. S ἀδελφὲ ἠγαπημένε [AB ἀγαπητέ]
13. 10. ἀγαπῆσαι ἐν σοὶ τοὺς ταλαιπώρους
— 12. εὐλογημένοι ἔσονται πάντες οἱ ἀγαπῶντές σε [S aliter]
— 14. μακάριοι οἱ ἀγαπῶντές σε
14. 7. οἱ ἀγαπῶντες κύριον τὸν θεὸν ἐν ἀληθείᾳ [S ἐπ' ἀληθείας]
Ju. 9. 4. εἰς διαίρεσιν υἱῶν ἠγαπημένων ὑπὸ σοῦ
Es. 6. 9. τὸν ἄνθρωπον ὃν ὁ βασιλεὺς ἀγαπᾷ (5)
Jb. 19. 19. οὓς δὴ [S δὲ, A καὶ οὓς] ἠγαπήκειν [A -πων] ἐπανέστησάν μοι (1 a)
Ps. 4. 2. ἱνατί ἀγαπᾶτε ματαιότητα [A -ας] (1 a)
5. 11. πάντες οἱ ἀγαπῶντες τὸ ὄνομά σου (1 a)
10 (11). 6. ὁ δὲ ἀγαπῶν ἀδικίαν [A S³ τὴν ἀ.] μισεῖ τὴν ἑαυτοῦ ψυχήν (1 a)
— 8. δικαιοσύνας [S¹ -ην] ἠγάπησεν (1 a)
17 (18). 1. ἀγαπήσω σε κύριε (15 a)
25 (26). 8. ἠγάπησα εὐπρέπειαν οἴκου σου (1 a)
28 (29). 6. ὁ ἠγαπημένος ὡς υἱὸς μονοκερώτων †
30 (31). 23. ἀγαπήσατε τὸν κ. πάντες οἱ ὅσιοι αὐτοῦ (1 a)
32 (33). 5. ἀγαπᾷ ἐλεημοσύνην καὶ κρίσιν (1 a)
33 (34). 12. ἀγαπῶν ἡμέρας ἰδεῖν ἀγαθάς (1 a)
36 (37). 28. κύριος ἀγαπᾷ κρίσιν (1 a)
39 (40). 16. οἱ ἀγαπῶντες τὸ σωτήριόν σου (1 a)
44 (45). 7. ἠγάπησας δικαιοσύνην (1 a)
46 (47). 4. τὴν καλλονὴν Ἰακὼβ ἣν ἠγάπησε (1 a)
50 (51). 6. ἰδοὺ γὰρ ἀλήθειαν ἠγάπησας (5)
51 (52). 3. ἠγάπησας κακίαν ὑπὲρ ἀγ. (1 a)
— 4. BS² ἠγάπησας πάντα τὰ [S¹ om.] ῥήματα καταπ. (1 a)
68 (69). 36. B οἱ ἀγαπῶντες τὸ ὄνομα αὐτοῦ [S σου] (1 a)
69 (70). 4. οἱ ἀγαπῶντες τὸ σωτήριόν σου (1 a?)
77 (78). 36. ἠγάπησαν αὐτὸν ἐν τῷ στόματι αὐτῶν (13)
— 68. τὸ ὄρος τὸ [S¹ om.] Σιὼν ὃ [B om.] ἠγάπησε (1 a)
83 (84). 11. ἔλεον καὶ ἀλήθειαν ἀγαπᾷ κύριος †
86 (87). 2. ἀγαπᾷ κύριος τὰς πύλας Σιών (1 a)
93 (94). 19. αἱ παρακλήσεις σου ἠγάπησαν [A S² ηὔφραναν] τὴν ψυχήν [S¹ καρδίαν] (18)
96 (97). 10. οἱ ἀγαπῶντες τὸν κύριον μισεῖτε πονηρόν [A S² -ά] (1 a)
98 (99). 4. ABS² τιμὴ βασιλέως κρίσιν ἀγαπᾷ (1 a)
108 (109). 4. ἀντὶ τοῦ ἀγαπᾶν με ἐνδιέβ. (1 c)
— 17. ἠγάπησε κατάραν καὶ ἥξει αὐτῷ (1 a)
114 (116). 1. ἠγάπησα ὅτι εἰσακούσεται κύριος (1 a)
118 (119). 47. ἐν ταῖς ἐντολαῖς σου αἷς ἠγάπησα [S -σας] σφόδρα (1 a)
— 48. τὰς ἐντολάς σου ἃς ἠγάπησα [S -σας, A add. σφόδρα] (1 a)
— 97. ὡς ἠγάπησα τὸν νόμον σου (1 a)
— 113. τὸν δὲ [S¹ καὶ τὸν] νόμον σου ἠγάπησα (1 a)
— 119. διὰ τοῦτο ἠγάπησα τὰ μαρτύρια (1 a)
— 127. διὰ τοῦτο ἠγάπησα τὰς ἐντολάς (1 a)
— 132. κατὰ τὸ κρίμα τῶν ἀγαπώντων τὸ ὄν. (1 a)
— 140. ὁ δοῦλός σου ἠγάπησεν αὐτό (1 a)
— 159. τὰς ἐντολάς σου ἠγάπησα, κύριε (1 a)
— 163. τὸν δὲ νόμον σου ἠγάπησα (1 a)
— 165. SR εἰρήνη πολλὴ τοῖς ἀγαπῶσι τὸν νόμον [A τὸ ὄνομά] σου (1 a)
— 166. τὰς ἐντολάς σου ἠγάπησα (12)
— 167. καὶ ἠγάπησεν αὐτὰ σφόδρα (1 a)
121 (122). 6. εὐθηνία τοῖς ἀγαπῶσί σε (1 a)
144 (145). 20. φυλάσσει κύριος πάντας τοὺς ἀγαπῶντας αὐτόν (1 a)
145 (146). 9. κύριος ἀγαπᾷ δικαίους (1 a)

● Pr. 3. 12. ὃν γὰρ ἀγαπᾷ κύριος παιδεύει [B ἐλέγχει] (1 a)
4. 3. υἱὸς . . . ἀγαπώμενος ἐν προσώπῳ μητρός (8)
8. 17. ἐγὼ τοὺς ἐμὲ φιλοῦντας ἀγαπῶ (1 a)
— 21. ἵνα μερίσω τοῖς ἐμὲ ἀγαπῶσιν ὕπαρξιν (1 a)
— 36. οἱ μισοῦντές με ἀγαπῶσι θάνατον (1 a)
9. 8. ἔλεγχε σοφόν, καὶ ἀγαπήσει σε (1 a)
12. 1. ὁ ἀγαπῶν παιδείαν ἀγαπᾷ αἴσθησιν (1 a, 1 a)
13. 24. ὁ δὲ ἀγαπῶν ἐπιμελῶς παιδεύει (1 a)
● 15. 9. διώκοντας δὲ δικαιοσύνην ἀγαπᾷ (1 a)
— 12. οὐκ ἀγαπήσει ἀπαίδευτος τοὺς ἐλέγχ. (1 a)
16. 3 (15. 32). ὁ δὲ τηρῶν ἐλέγχους ἀγαπᾷ ψυχὴν αὐτοῦ (14)
— 13. λόγους δὲ ὀρθοὺς ἀγαπᾷ (1 a)
— 17. ἀγαπῶν δὲ ζωὴν αὐτοῦ φείσεται στόματος αὐτοῦ –
19. 8. ὁ κτώμενος φρόνησιν ἀγαπᾷ ἑαυτόν (1 a)
20. 13. μὴ ἀγάπα καταλαλεῖν (1 a)
21. 17. ἀνὴρ ἐνδεὴς ἀγαπᾷ εὐφροσύνην (1 a)
22. 11. ἀγαπᾷ κύριος ὁσίας καρδίας (1 a)
— 14. οὐκ ἀγαπᾷ τοῦ ἀποστρέψαι ἀπ' αὐτῶν –
24. 50 (30. 15). τρεῖς θυγατέρες ἦσαν ἀγαπήσει ἀγαπώμεναι †
28. 4. οἱ δὲ ἀγαπῶντες τὸν νόμον περιβάλλουσιν (17)
— 13. ὁ δὲ ἐξηγούμενος ἐλέγχους ἀγαπηθήσεται (15 c)
— 17. παίδευε υἱόν καὶ ἀγαπήσει σε –
Ec. 5. 9. ἀγαπῶν ἀργύριον οὐ πλησθήσεται ἀργυρίου καὶ τίς ἠγάπησεν ἐν πλήθει (1 a, 1 a)
9. 9. μετὰ γυναικὸς ἧς ἠγάπησας (1 a)
Ca. 1. 3. διὰ τοῦτο νεάνιδες ἠγάπησάν σε (1 a)
— 4. ἀγαπήσομεν μαστούς σου ὑπὲρ οἶνον (3)
— 4. εὐθύτης ἠγάπησέ σε [S bis] (1 a)
— 7. ἀπάγγειλόν μοι ὃν ἠγάπησεν ἡ ψυχή μου (1 a)
3. 1. ἐζήτησα ὃν ἠγάπησεν ἡ ψυχή μου (1 a)
— 2. ζητήσω ὃν ἠγάπησεν ἡ ψυχή μου (1 a)
— 3. μὴ ὃν ἠγάπησεν ἡ ψυχή μου ἴδετε (1 a)
— 4. εὗρον ὃν ἠγάπησεν ἡ ψυχή μου (1 a)
Wi. 1. 1. ἀγαπήσατε δικαιοσύνην, οἱ κρίνοντες τὴν γῆν
4. 10. εὐάρεστος τῷ [A B² om.] θεῷ γενόμενος ἠγαπήθη
6. 12. εὐχερῶς θεωρεῖται ὑπὸ τῶν ἀγαπώντων αὐτήν
7. 10. ὑπὲρ ὑγίειαν καὶ εὐμορφίαν ἠγάπησα αὐτήν
— 28. οὐδὲν γὰρ ἀγαπᾷ ὁ θεός
8. 3. ὁ πάντων δεσπότης ἠγάπησεν αὐτήν
— 7. καὶ εἰ δικαιοσύνην ἀγαπᾷ τις
11. 24. ἀγαπᾷς γὰρ τὰ ὄντα πάντα
16. 26. οἱ υἱοί σου οὓς ἠγάπησας
Si. 1. 10. ἐχορήγησεν αὐτὴν τοῖς ἀγαπῶσιν αὐτόν
2. 15. οἱ ἀγαπῶντες αὐτὸν συντηρήσουσι
— 16. οἱ ἀγαπῶντες αὐτὸν ἐμπλησθήσονται
3. 17. ὑπὸ ἀνθρώπου δεκτοῦ ἀγαπηθήσῃ
— 26. ὁ ἀγαπῶν κίνδυνον ἐν αὐτῷ ἐμπεσεῖται [A S ἀπολεῖται]
4. 10. ἀγαπήσει σε μᾶλλον ἢ [R ἡ] μήτηρ σου
— 12. ὁ ἀγαπῶν αὐτὴν ἀγαπᾷ ζωήν
— 14. τοὺς ἀγαπῶντας αὐτὴν ἀγαπᾷ ὁ κύριος
6. 33. ἐὰν ἀγαπήσῃς ἀκούειν ἐκδέξῃ
7. 21. οἰκέτην συνετὸν [B ἀγαθὸν] ἀγαπάτω σου ἡ ψυχή
— 30. ἐν ὅλῃ δυνάμει ἀγάπησον τὸν ποιήσαντά σε
— 35. ἐκ γὰρ τῶν τοιούτων ἀγαπηθήσῃ
13. 15. πᾶν ζῷον ἀγαπᾷ τὸ ὅμοιον αὐτῷ
24. 11. ἐν πόλει ἠγαπημένῃ ὁμοίως με κατέπαυσε
30. 1. ὁ ἀγαπῶν τὸν υἱὸν αὐτοῦ ἐνδελεχήσει μάστιγας αὐτῷ
— 23. ἀγάπα [S² ἀπάτα] τὴν ψυχήν σου
31 (34). 16. οἱ ὀφθαλμοὶ κυρίου ἐπὶ τοὺς ἀγαπῶντας αὐτόν
34 (31). 5. ὁ ἀγαπῶν χρυσίον οὐ δικαιωθήσεται
40. 20. S. ὑπὲρ ἀμφότερα ἀγαπήσεις σοφίαν [AB ἀγάπησις σοφίας]
45. 1. ἠγαπημένον ὑπὸ [S ἀπὸ] θεοῦ καὶ ἀνθρώπων
46. 13. ἠγαπημένος ὑπὸ κυρίου αὐτοῦ Σαμουήλ
47. 8. ἠγάπησε τὸν ποιήσαντα αὐτόν
— 16. ἠγαπήθης ἐν τῇ εἰρήνῃ σου
— 22. σπέρμα [A τὸ σπ.] τοῦ ἀγαπήσαντος αὐτόν
■ Ho. 2. 23. B καὶ ἀγαπήσω τὴν οὐκ ἠγαπημένην [A aliter] (15 b, c)
3. 1. ἀγάπησον γυναῖκα ἀγαπῶσαν πονηρά (1 a, 1 a)
— 1. καθὼς ἀγαπᾷ ὁ θεὸς τοὺς υἱοὺς Ἰ. (1 a)
4. 18. ἠγάπησαν ἀτιμίαν ἐκ φρυάγματος (1 a)
8. 9. δῶρα ἠγάπησαν [A -εν] †

Ho. 8. 11. ἐγένοντο αὐτῷ θυσιαστήρια ἠγαπημένα [A τὰ ἠ.] (4)
— 12. θυσιαστήρια τὰ ἠγαπημένα †
9. 1. ἠγάπησας δόματα ἐπὶ πάντα ἅλωνα (1 a)
— 10. ἐγένοντο οἱ ἐβδελυγμένοι ὡς οἱ ἠγαπημένοι [A ἠγ. ὡς ἐβ.] (1 a)
— 15. οὐ μὴ προσθήσω τοῦ ἀγαπῆσαι αὐτούς (1 a)
10. 11. Ἐ. δάμαλις δεδιδαγμένη ἀγαπᾶν νεῖκος (1 a)
11. 1. καὶ ἐγὼ ἠγάπησα [A -κα] αὐτόν (1 a)
12. 7. καταδυναστεύειν ἠγάπησε (1 a)
14. 5. ἀγαπήσω αὐτοὺς ὁμολόγως (1 a)
Am. 4. 5. ταῦτα ἠγάπησαν οἱ υἱοὶ Ἰ. (1 a)
5. 15. καὶ ἠγαπήκαμεν [R -σαμεν] τὰ καλά (1 a)
Mi. 6. 8. τοῦ ποιεῖν κρίμα καὶ ἀγαπᾶν ἔλεον [A -ος] (1 a)
Za. 8. 17. ὅρκον ψευδῆ μὴ ἀγαπᾶτε (1 a)
— 19. τὴν ἀλήθειαν κ. τὴν εἰρήνην ἀγαπήσατε (1 a)
10. 6. ὅτι ἠγάπησα [A -κα] αὐτούς (15 b)
Ma. 1. 2. ἠγάπησα ὑμᾶς, λέγει κ. καὶ εἴπατε, ἐν τίνι ἠγάπησας ἡμᾶς (1 a, 1 a)
— 2. καὶ ἠγάπησα τὸν Ἰακώβ (1 a)
2. 11. τὰ ἅγια κυρίου, ἐν οἷς ἠγάπησε (1 a)
Is. 1. 23. οἱ ἄρχοντές σου . . . ἀγαπῶντες δῶρα (1 a)
3. 25. ὁ υἱός σου ὁ κάλλιστος ὃν ἀγαπᾷς –
5. 1. ᾄσω δὴ τῷ ἠγαπημένῳ ᾆσμα (7)
— 1. ἀμπελὼν ἐγενήθη τῷ ἠγαπημένῳ (7)
— 7. νεόφυτον ἠγαπημένον (19)
41. 8. σπέρμα Ἀβραὰμ ὃν ἠγάπησα (1 a)
43. 4. ἐγώ σε ἠγάπησα (1 a)
44. 2. ὁ ἠγαπημένος Ἰσραήλ (9)
48. 14. ἀγαπῶν σε ἐποίησα [A add. ταῦτα] τὸ θ. (1 a)
51. 2. εὐλόγησα αὐτὸν καὶ ἠγάπησα αὐτόν –
56. 6. ἀγαπᾶν τὸ ὄνομα κυρίου (1 a)
57. 9. ἠγάπησας τοὺς κοιμωμένους μετὰ σοῦ (1 a)
60. 10. διὰ ἔλεον [A -ος] ἠγάπησά σε (15 b)
61. 8. κύριος ὁ ἀγαπῶν δικαιοσύνην (1 a)
63. 9. διὰ τὸ ἀ. αὐτοὺς καὶ φείδεσθαι αὐτῶν (1 c)
66. 10. B πάντες οἱ ἀγαπῶντες αὐτήν [A ἐνοικοῦντες ἐν αὐτῇ, S² κατοικ. ἐν αὐ.] (1 a)
Je. 2. 25. ἠγαπήκει ἀλλοτρίους (1 a)
5. 31. ὁ λαός μου ἠγάπησεν [A λ. ἠγάπησαν] οὕτως (1 a)
8. 2. ἃ ἠγάπησαν καὶ οἷς ἐδούλευσαν (1 a)
11. 15. ἡ [S¹ om.] ἠγαπημένη ἐν τῷ οἴκῳ μου (7)
12. 7. ἔδωκα τὴν ἠγαπημένην ψυχήν μου (6)
14. 10. ἠγάπησαν κινεῖν πόδας αὐτῶν (1 a)
30 (49). 25. κώμην ἠγάπησαν (10)
38 (31). 3. ἀγάπησιν αἰώνιον [A -νίαν] ἠγάπησά σε (1 a)
Ba. 3. 37. Ἰσραὴλ τῷ ἠγαπημένῳ ὑπ' [A om.] αὐτοῦ
La. 1. 2. ἀπὸ πάντων τῶν ἀγαπώντων αὐτήν (1 a)
Ez. 16. 37. καὶ πάντας οὓς ἠγάπησας (1 a)
Da. LXX. 3 (35). διὰ Ἀβραὰμ τὸν ἠγαπημένον ὑπὸ σοῦ
4. 25. τούτους τοὺς λόγους ἀγάπησον –
9. 4. τοῖς ἀγαπῶσί σε καὶ τοῖς φυλάσσουσι (1 a)
Bel 37. ὁ μὴ ἐγκαταλείπων τοὺς ἀγαπῶντας αὐτόν
Da. TH. 3. (35). διὰ Ἀβ. τὸν ἠγαπημένον ὑπὸ σοῦ
9. 4. τοῖς ἀγαπῶσί σε καὶ τοῖς φυλάσσουσι (1 a)
Bel 38. οὐκ ἐγκατέλειπες τοὺς ἀγαπῶντάς σε
I Ma. 4. 33. κατάβαλε αὐτοὺς ῥομφαίᾳ ἀγαπώντων σε
6. 11. ἀγαπώμενος ἤμην ἐν τῇ ἐξουσίᾳ μου
III Ma. 2. 10. ἀγαπῶν τὸν οἶκον τοῦ Ἰσραήλ
6. 11. ἐπὶ τῇ τῶν ἠγαπημένων σου ἀπωλείᾳ
IV Ma. 13. 24. μᾶλλον ἑαυτοὺς ἠγάπων [A ἐπ' αὐτοὺς ἤγαγον]
15. 3. τὴν εὐσέβειαν μᾶλλον ἠγάπησε [S -σας]

[**Aq.** III Ki. 5. 1 (15): Ps. 10 (11). 5: 44 (45). 9: 54 (55). 23: 98 (99). 4: 121 (122). 6 (?): Pr. 1. 22: 18. 21: Ec. 3. 8: Is. 1. 23: 48. 14: 56. 10: 57. 8: Je. 11. 15: Ho. 11. 1.]
[**Sm.** Ps. 51 (52). 6: 54 (55). 23: 67 (68). 13: 98 (99). 4: 121 (122). 6: Pr. 18. 21: Ca. 1. 4: Is. 1. 23: 5. 1: 48. 14: 56. 10: 57. 8: Je. 11. 15: Ho. 11. 1.]
[**Th.** Ps. 44 (45). 1: 83 (84). 12: Is. 1. 23: 57. 8: Da. (14. 37): Ho. 11. 1.]
[**Quint.** Ps. 54 (55). 23: 118 (119). 163.]
[**Sext.** Ps. 54 (55). 23.]
[**Al.** Pr. 12. 1: Ec. 5. 9: Ca. 3. 1.]

ἀγάπη. (1) אַהֲבָה

II Ki. 1. 26. A ὑπὲρ ἀγάπην [B ἀγάπησιν] γυναικῶν (1)
13. 15. ὑπὲρ τὴν ἀ. ἣν ἠγάπησεν αὐτήν (1)
Ec. 9. 1. καί γε ἀγάπην [S ἀγάπη] καί γε μῖσος (1)
— 6. καί γε ἀγάπη [S ἀπάτη] αὐτῶν, καί γε μῖσος (1)

Ca. 2. 4. τάξατε ἐπ' ἐμὲ ἀγάπην (1)
— 5. τετρωμένη ἀγάπης ἐγώ (1)
— 7. ἐὰν ἐγείρητε καὶ ἐξεγείρητε τὴν ἀ. (1)
3. 5. ἐὰν ἐγείρητε καὶ ἐξεγείρητε τὴν ἀ. (1)
— 10. ἀγάπην ἀπὸ θυγατέρων Ἱερουσαλήμ (1)
5. 8. τετρωμένη ἀγάπης [S^1 ἀγάπης τετρωμένης] (1)
7. 6. τί ἡδύνθης ἀγάπη ἐν τρυφαῖς σου (1)
8. 4. ἐὰν [A S τί] ἐγείρητε καὶ ἐὰν [A S^2 τί, B^1 S^1 om.] ἐξεγ. τὴν ἀ. (1)
— 6. ὅτι κραταιὰ ὡς θάνατος ἀ. (1)
— 7. ὕδωρ πολὺ οὐ δυνήσεται σβέσαι τὴν ἀ. (1)
— 7. ἐὰν δῷ ἀνὴρ πάντα τὸν βίον αὐτοῦ ἐν τῇ ἀ. (1)
Wi. 3. 9. οἱ πιστοὶ ἐν ἀγάπῃ προσμενοῦσιν αὐτῷ
6. 18. φροντὶς δὲ παιδείας ἀγάπη [S^1 ἐπιθυμία], ἀγάπη δὲ τήρησις νόμων αὐτῆς
Si. 48. 11. S^1 οἱ ἐν ἀγάπῃ [A B ἀγαπήσει, S^2 ἀγαπήσει σου] κεκοσμημένοι
Je. 2. 2. καὶ ἀγάπης τελειώσεώς [S τελειότητός] σου [B αὐτοῦ] (1)
[Aq. Pr. 7. 18: 10. 12: 15. 17: Ca. 2. 4.]
[Sm. Ps. 32 (33). 5: Pr. 10. 12: 15. 17: Ca. 2. 4: 8. 6, 7: Ez. 16. 8.]
[Th. Pr. 7. 18: 15. 17.]
[Al. Ca. 7. 12.]

ἀγάπησις. (1) אַהֲבָה (2) חָבִיב
II Ki. 1. 26. ἐθαυμαστώθη ἡ ἀ. σου ἐμοὶ ὑπὲρ ἀγάπησιν [A ἀγάπην] γυναικῶν (1, 1)
Ps. 108 (109). 5. μῖσος ἀντὶ τῆς ἀ. μου (1)
Pr. 24. 50 (30. 15). τρεῖς θυγατέρες ἦσαν ἀγαπήσει ἀγαπώμεναι †
Si. 40. 20. A B ὑπὲρ ἀμφότερα ἀγάπησις σοφίας [S -ήσεις σοφίαν]
48. 11. A B οἱ ἐν ἀγαπήσει [S^1 ἀγάπῃ, S^2 ἀγαπήσει σου] κεκοσμημένοι
Ho. 11. 4. ἐξέτεινα αὐτοὺς ἐν δεσμοῖς ἀγαπήσεως (1)
Hb. 3. 4. ἔθετο ἀ. κραταιὰν ἰσχύος αὐτοῦ (2)
Ze. 3. 17. καινιεῖ σε ἐν τῇ ἀ. [S^1 εὐφροσύνῃ] αὐτοῦ (1)
Je. 2. 33. τοῦ ζητῆσαι ἀγάπησιν (1)
38 (31). 3. ἀγάπησιν αἰώνιον [A -νίαν] ἠγάπησά σε (1)

ἀγαπητός. (1) דּוֹד (2) יָדִיד (3) יָחִיד (4) יַקִּיר (5) אָהֵב pi.
Ge. 22. 2. τὸν υἱόν σου τὸν ἀ. ὃν ἠγάπησας (3)
— 12. τοῦ υἱοῦ σου τοῦ ἀ. (3)
— 16. τοῦ υἱοῦ σου τοῦ ἀ. (3)
Jd. 11. 34. A αὕτη μονογενὴς αὐτῷ ἀγαπητή [B αὐ. ἦν μ. αὐ.] (3)
To. 3. 10. S μία σοι ὑπῆρχεν θυγάτηρ ἀ.
10. 13. ἀδελφὲ ἀγαπητέ [S ἠγαπημένε]
Ps. 44 (45). tit. ᾠδὴ ὑπὲρ τοῦ ἀ. (2)
59 (60). 5. ὅπως ἂν ῥυσθῶσιν οἱ ἀ. σου (2)
67 (68). 12. B ὁ βασιλεὺς τῶν δυνάμεων τοῦ ἀ. τοῦ ἀ. [S om. τοῦ ἀ. alterum] †
83 (84). 1. ὡς ἀγαπητὰ τὰ σκηνώματά σου (2)
107 (108). 6. ὅπως ἂν ῥυσθῶσιν οἱ ἀ. σου (2)
126 (127). 2. ὅταν δῷ τοῖς ἀ. αὐτοῦ ὕπνον (2)
Si. 15. 13. οὐκ ἔστιν ἀγαπητὸν τοῖς φοβουμένοις
Am. 8. 10. καὶ θήσομαι αὐτὸν ὡς πένθος ἀγαπητοῦ (3)
Za. 12. 10. κοπετὸν ὡς ἐπ' ἀγαπητῷ [A -όν] (3)
13. 6. ἃς ἐπλήγην ἐν τῷ οἴκῳ τῷ ἀ. [A τοῦ ἀ.] μου (5)
Is. 5. 1. ᾄσω δὴ τῷ ἠγαπημένῳ ᾆσμα τοῦ ἀ. (1)
26. 17. οὕτως ἐγενήθημεν τῷ ἀ. σου †
Je. 6. 26. πένθος ἀγαπητοῦ ποίησαι σεαυτῇ (3)
38 (31). 20. υἱὸς ἀ. Ἐφραίμ (4)
Ba. 4. 16. ἀπήγαγον [A ἤγ-] τοὺς ἀ. τῆς χήρας
Da. LXX. Su. 63. οἱ νεώτεροι ἀ. Ἰακὼβ ἐν τῇ ἁπλότητι
[Aq. Is. 41. 8: Je. 12. 7.]
[Sm. II Ki. 12. 25: Ps. 44 (45). 1: 67 (68). 13: Ca. 1. 13: 2. 3, 8: 7. 9 (10): Is. 5. 1: Je. 12. 7.]
[Quint. Ca. 2. 2.]
[Al. Ca. 7. 6 (7).]

ἀγαυρίαμα. (1) תְּהִלָּה (2) זִכָּרוֹן
● Jb. 13. 12. B ἀποβήσεται δὲ ὑμῶν [S -ἰν] τὸ
● ἀγαυρίαμα [A S γαυρίαμα] (1)
Is. 62. 7. A B S^1 ἐὰν . . . ποιήσῃ Ἱερουσαλὴμ ἀ. [R γαυρ.] ἐπὶ τῆς γῆς (2)
Je. 31 (48). 2. A B S ἀ. [R γαυρ.] ἐν Ἐσεβὼν —
Ba. 4. 34. τὸ ἀ. αὐτῆς [A add. ἔσται] εἰς πένθος
[Th. Is. 60. 15.]

ἀγαυριᾶν.
Jb. 3. 14. A B S οἱ ἠγαυριῶντο [R ἐγ.] ἐπὶ ξίφεσιν †
[Aq. Ps. 27 (28). 7: Is. 13. 3: 66. 12.]

ἀγγεῖον. (1) בּוֹר (2) כִּכָּר (3) כְּלִי (4) נֵבֶל
Ge. 42. 25. ἐμπλῆσαι τὰ ἀ. αὐτῶν σίτου (3)
43. 11. λάβετε ἀπὸ τῶν καρπῶν τῆς γῆς ἐν τοῖς ἀ. (3)
Le. 11. 34. πᾶν ποτὸν ὃ πίνεται ἐν παντὶ ἀ. (3)
▶ 14. 5. σφάξουσι . . . εἰς ἀ. ὀστράκινον (3)
Nu. 4. 9. πάντα τὰ ἀ. τοῦ ἐλαίου [A add. αὐτῆς] (3)
5. 17. ὕδωρ καθαρὸν ζῶν ἐν ἀ. ὀστρακίνῳ (3)
I Ki. 9. 7. ὅτι οἱ [A om.] ἄρτοι ἐκλελοίπασιν ἐκ τῶν ἀ. (3)
10. 3. ἕνα αἴροντα τρία ἀ. ἄρτων (2)
25. 18. διακοσίους ἄρτους καὶ δύο ἀγγεῖα οἴνου (4)
Ju. 7. 20. πάντα τὰ ἀ. αὐτῶν τῶν ὑδάτων
10. 5. περιεδίπλωσε πάντα τὰ ἀ. αὐτῆς
Pr. 5. 15. πῖνε ὕδατα ἀπὸ σῶν ἀγγείων (1)
Si. 21. 14. ἔγκατα μωροῦ ὡς ἀ. συντετριμμένον
Is. 30. 14. σύντριμμα ἀγγείου ὀστρακίνου (4)
Je. 14. 3. ἀπέστρεψαν τὰ ἀ. αὐτῶν κενά (3)
18. 4. ἔπεσε [S διέπ-] τὸ ἀ. ὃ αὐτὸς ἐποίει (3)
— 4. ἐποίησεν αὐτὸ ἀ. ἕτερον (3)
31 (48). 11. οὐκ ἐνέχεεν ἐξ ἀγγείου εἰς ἀ. (3, 3)
— 38. ὡς ἀ. οὗ οὐκ ἔστι χρεία αὐτοῦ (3)
39 (32). 14. θήσεις [S καταθ-] αὐτὸ [A S om.] εἰς ἀ. ὀστράκινον (3)
47 (40). 10. βάλετε εἰς τὰ ἀ. ὑμῶν (3)
La. 4. 2. ἐλογίσθησαν εἰς ἀγγεῖα ὀστράκινα (4)
I Ma. 6. 53. R βρώματα δὲ οὐκ ἦν ἐν τοῖς ἀ. [A S ἁγίοις]
[Aq. De. 26. 2: Je. 40 (47). 10.]
[Sm. IV Ki. 21. 16: Je. 40 (47). 10.]
[Th. Je. 13. 12: 40 (47). 10.]

ἀγγελία. (1) דָּבָר (2) טַעַם (3) שְׁמוּעָה (4) שֵׁמַע
I Ki. 4. 19. ἤκουσε τὴν ἀ. ὅτι ἐλήφθη ἡ κιβωτός (3)
II Ki. 4. 4. ἐν τῷ ἐλθεῖν τὴν ἀ. Σαοὺλ καὶ Ἰωνάθαν (3)
IV Ki. 19. 7. ἀκούσεται ἀγγελίαν [A. -ας] (3)
Pr. 12. 25. ἀ. δὲ ἀγαθὴ εὐφραίνει [A S^1 -ανεῖ] αὐτόν (1)
25. 25. οὕτως ἀ. ἀγαθὴ ἐκ γῆς μακρόθεν (3)
26. 16. τοῦ ἐν πλησμονῇ ἀποκομίζοντος ἀγγελίαν (2)
Wi. 1. 13. A οὐδὲ τέρπεται ἐπ' ἀγγελείᾳ [B S ἀπωλείᾳ] ζώντων
5. 9. ὡς ἀ. παρατρέχουσα
Na. 3. 19. πάντες οἱ ἀκούοντες [A S^3 -σαντες] τὴν ἀ. σου (4)
Is. 28. 9. τίνι ἀνηγγείλαμεν ἀγγελίαν (3)
37. 7. ἀκούσας ἀγγελίαν ἀποστραφήσεται (3)
Je. 31 (48). 34. ἔδωκαν . . . ἀγγελίαν σαλασία [A Ἀγγελία Σαλισία, S^3 ἀ. εἰς Σαλισά] †
Ez. 7. 26. ἀγγελία ἐπὶ ἀγγελίαν ἔσται (3, 3)
■ 21. 7. ἐπὶ τῇ ἀ. διότι [A ὅτι] ἔρχεται (3)
[Aq. Ps. 72 (73). 28: Ob. 1.]
[Sm. Ob. 1.]
[Th. Ob. 1.]
[Al. Ps. 111 (112). 7.]

ἀγγέλλειν. (1) נָגַד hi.
II Ki. 15. 13. A παρεγένετο ἀγγέλλων [B ὁ ἀπαγγ., R ἀπαγγ.] πρὸς Δαυίδ (1)
18. 11. A τῷ ἀνδρὶ τῷ ἀγγέλλοντι [B ἀναγγ-] αὐτῷ [B om.] (1)
Si. 43. 2. S^2 ἥλιος ἐν ὀπτασίᾳ ἀγγέλλων [A B διαγγ.]
Je. 4. 15. φωνὴ ἀγγέλλοντος [A S ἀναγγ-] ἐκ Δὰν ἥξει (1)
Da. TH. Su. 40. R οὐκ ἠθέλησεν ἀγγεῖλαι [B ἀναγγ., A ἀπαγγ.]

ἄγγελος. (1) אַבִּיר (2) אֵל (3) *a.* אֱלָה *b.* אֱלוֹהַּ (4) אֱנוֹשׁ (5) *a.* בֵּן *b.* בֶּן אֱלֹהִים (6) חֶרֶב (7) מַלְאָךְ (8) מַלְאָכוּת (9) עֶבֶד (10) עֶבְרָה (11) עִיר (12) צִיר (13) שַׂר (14) יַד (15) מַלְאַךְ
Ge. 6. 2. A οἱ ἄ. [R υἱοὶ] τοῦ θεοῦ (5 *a*)
16. 7. R εὗρε δὲ αὐτὴν ἄ. κυρίου (7)
— 8. R εἶπεν αὐτῇ ἄ. κυρίου —
— 9. R εἶπε δὲ αὐτῇ ὁ ἄ. κυρίου (7)
— 10. εἶπεν αὐτῇ ὁ ἄ. κυρίου (7)
— 11. εἶπεν αὐτῇ ὁ ἄ. κυρίου (7)
Ge. 19. 1. ἦλθον δὲ οἱ δύο ἄ. εἰς Σόδομα (7)
— 15. A^2R ἐσπούδαζον οἱ ἄ. [A^1 ἄνδρες?] τὸν Λώτ (7)
— 16. ἐκράτησαν οἱ ἄ. τῆς χειρός (4)
21. 17. ἐκάλεσεν ἄ. θεοῦ τὴν Ἄγαρ (7)
22. 11. ἐκάλεσεν αὐτὸν ἄ. κυρίου (7)
— 15. ἐκάλεσεν ἄ. κυρίου τὸν Ἀβρ. (7)
24. 7. αὐτὸς ἀποστελεῖ τὸν ἄ. αὐτοῦ (7)
— 40. ἐξαποστελεῖ τὸν ἄ. αὐτοῦ (7)
28. 12. οἱ ἄ. τοῦ θεοῦ ἀνέβαινον (7)
31. 11. εἶπέ μοι ὁ ἄ. τοῦ θεοῦ καθ' ὕπνον (7)
32. 1. συνήντησαν αὐτῷ οἱ ἄ. τοῦ θεοῦ (7)
— 3. ἀπέστειλε δὲ Ἰακὼβ ἀγγέλους (7)
— 6. ἀνέστρεψαν οἱ ἄ. πρὸς Ἰακώβ (7)
48. 16. ὁ ἄ. ὁ ῥυόμενός με ἐκ πάντων τῶν κακῶν (7)
Ex. 3. 2. ὤφθη δὲ αὐτῷ ἄ. κυρίου (7)
4. 24. συνήντησεν αὐτῷ ἄ. κυρίου —
14. 19. ὁ ἄ. τοῦ θεοῦ ὁ προπορευόμενος (7)
23. 20. ἀποστέλλω τὸν ἄ. μου πρὸ προσώπου (7)
— 23. πορεύσεται γὰρ ὁ ἄ. μου ἡγούμενός σου [B^1 ὑμῶν] (7)
32. 34. ὁ ἄ. μου προπορεύσεται πρὸ προσώπου (7)
33. 2. συναποστελῶ τὸν ἄ. μου πρὸ προσώπου σου [A πρότερόν σου] (7)
Nu. 20. 14. ἀπέστειλε Μωυσῆς ἀγγέλους ἐκ K. (7)
— 16. ἀποστείλας ἄγγελον ἐξήγαγεν ἡμᾶς (7)
22. 10. A ἀπέστειλεν ἀγγέλους [B αὐτούς] —
— 22. ἀνέστη ὁ ἄ. τοῦ θεοῦ ἐνδιαβάλλειν [R διαβαλεῖν] αὐτόν (7)
— 23. ἰδοῦσα ἡ ὄνος τὸν ἄ. τοῦ θεοῦ ἀνθεστηκ. (7)
— 24. ἔστη ὁ ἄ. τοῦ θεοῦ ἐν ταῖς αὔλαξι (7)
— 25. ἰδοῦσα ἡ ὄνος τὸν ἄ. τοῦ θεοῦ (7)
— 26. καὶ προσέθετο ὁ ἄ. τοῦ θεοῦ (7)
— 27. ἰδοῦσα ἡ ὄνος τὸν ἄ. τοῦ θεοῦ (7)
— 31. ὁρᾷ τὸν ἄ. κυρίου [A τοῦ θεοῦ] ἀνθεστηκ. (7)
— 32. εἶπεν [A λέγει] αὐτῷ ὁ ἄ. τοῦ θεοῦ (7)
— 34. εἶπε Βαλαὰμ τῷ ἄ. κυρίου (7)
— 35. εἶπεν ὁ ἄ. τοῦ θεοῦ πρὸς Βαλαάμ (7)
24. 12. τοῖς ἀ. σου οὓς [A οἷς] ἀπέστειλας (7)
De. 32. 8. A^2B κατὰ ἀριθμὸν ἀγγέλων θεοῦ (5 *a*)
— 43. πάντες ἄγγελοι θεοῦ [A B υἱοὶ] —
— 43. A B πάντες ἄγγελοι [R υἱοὶ] θεοῦ —
33. 2. ἐκ δεξιῶν αὐτοῦ ἄγγελοι μετ' αὐτοῦ †
Jo. 7. 22. καὶ ἀπέστειλεν Ἰησοῦς ἀγγέλους (7)
Jd. 2. 1. καὶ ἀνέβη ἄ. κυρίου ἀπὸ Γαλγάλ (7)
— 4. ὡς ἐλάλησεν ὁ ἄ. κυρίου τοὺς λόγους τούτους (7)
▶ 4. 8. ἐν ᾗ εὐοδοῖ κύριος τὸν ἄ. μετ' ἐμοῦ —
● 5. 22. εἶπεν ἄ. κυρίου [A ὁ ἄ.] (7)
6. 11. ἦλθεν ἄ. κυρίου (7)
— 12. καὶ ὤφθη αὐτῷ ὁ ἄ. [A εὗρεν αὐτὸν ἄ.] κ. (7)
— 14. ἐπέστρεψε [A ἐπέβλεψε] πρὸς αὐτὸν ὁ ἄ. κυρίου —
— 16. εἶπε πρὸς αὐτὸν ὁ ἄ. κυρίου —
— 20. εἶπε πρὸς αὐτὸν ὁ ἄ. τοῦ θεοῦ [A ἄ. κυρίου] (7)
— 21. ἐξέτεινεν ὁ ἄ. κυρίου τὸ ἄκρον τῆς ῥάβδου (7)
— 21. ὁ ἄ. κυρίου ἐπορεύθη ἀπ' [A ἀπῆλθεν ἐξ] ὀφθαλμῶν αὐτοῦ (7)
— 22. εἶδε Γεδεὼν ὅτι ἄ. κυρίου οὗτος [A om.] (7)
— 22. ὅτι εἶδον τὸν [B om.] ἄ. κυρίου πρόσωπ. (7)
— 35. ἀγγέλους ἐξαπέστειλεν εἰς π. [A ἐν π.] (7)
— 35. A ἐξαπέστειλεν ἀγγέλους [B om. ἐξ. ἀ.] ἐν Ἀσήρ (7)
7. 24. ἀγγέλους ἀπέστειλε [A ἐξαπ-] Γεδεών (7)
9. 31. ἀπέστειλεν ἀγγέλους πρὸς Ἀβ. (7)
11. 12. ἀπέστειλεν Ἰεφθάε ἀγγέλους πρὸς βασ. (7)
— 13. εἶπε βασ. υἱῶν Ἀμμὼν πρὸς τοὺς ἀ. (7)
— 13. A καὶ ἀπέστρεψαν οἱ ἄ. πρὸς Ἰεφθάε —
— 14. καὶ ἀπέστειλεν [A ἀπ. Ἰ.] ἀγγέλους (7)
— 17. ἀπέστειλεν [A ἐξαπ-] Ἰ. ἀγγέλους (7)
— 19. ἀπέστειλεν Ἰσραὴλ ἀγγέλους πρὸς Σηὼν (7)
13. 3. καὶ ὤφθη ἄ. κυρίου πρὸς τὴν γυναῖκα (7)
— 6. ὡς εἶδος [A ὅρασις] ἀγγέλου θεοῦ [A τοῦ θ.] (7)
— 9. ἦλθεν [A παρεγένετο] ὁ ἄ. τοῦ θ. ἔτι (7)
— 11. καὶ εἶπεν ὁ ἄ. ἐγώ —
— 13. καὶ εἶπεν ὁ ἄ. κυρίου πρὸς Μανωέ (7)
— 15. καὶ εἶπε Μανωὲ πρὸς τὸν ἄ. κυρίου (7)
— 16. καὶ εἶπεν ὁ ἄ. κυρίου πρὸς Μανωέ (7)
— 16. οὐκ ἔγνω Μανωὲ ὅτι ἄ. κ. αὐτός [A ἐστίν] (7)
— 17. καὶ εἶπε Μανωὲ πρὸς τὸν ἄ. κυρίου (7)
— 18. καὶ εἶπεν αὐτῷ ὁ ἄ. κυρίου (7)
— 20. καὶ ἀνέβη ὁ ἄ. κυρίου ἐν τῇ φλογί (7)
— 21. οὐ προσέθηκεν ἔτι ὁ ἄ. κυρίου ὀφθῆναι (7)
— 21. ἔγνω Μανωὲ ὅτι ἄ. κυρίου οὗτος [A ἐστί] (7)

● = correction on page xxiii ▶ = additional entry on page xxiii ■ = correction on page xxvii

I Ki. 6. 21. ἀποστέλλουσιν ἀγγέλους πρὸς τοὺς κατοικ. (7)
11. 3. ἀποστελοῦμεν ἀγγέλους εἰς πᾶν ὅριον Ἰσρ. (7)
— 4. ἔρχονται οἱ ἄ. εἰς Γαβαὰ [A -αθὰ] πρὸς Σαούλ (7)
— 7. ἀπέστειλεν εἰς πᾶν . . . ἐν χειρὶ ἀγγέλων (7)
— 9. καὶ εἶπε τοῖς ἀ. τοῖς ἐρχομένοις (7)
— 9. καὶ ἦλθον [A -αν] οἱ ἄ. εἰς τὴν πόλιν (7)
16. 19. ἀπέστειλε Σαοὺλ [A om.] ἀγγέλους (7)
19. 11. ἀπέστειλε Σαοὺλ ἀγγέλους εἰς οἶκον Δ. (7)
● — 14. ἀπέστειλε [A ἀποστέλλει] Σ. ἀγγέλους λαβεῖν τὸν Δ. (7)
— 16. ἔρχονται οἱ ἄ. καὶ ἰδοὺ τὰ κενοτάφια (7)
— 20. ἀπέστειλε Σ. ἀγγέλους λαβεῖν τὸν Δ. (7)
— 20. ἐγενήθη ἐπὶ τοὺς ἀ. τοῦ Σ. πνεῦμα θεοῦ (7)
— 21. καὶ ἀπέστειλεν ἀ. ἑτέρους (7)
— 21. προσέθετο Σαοὺλ ἀποστεῖλαι ἀ. τρίτους (7)
23. 27. καὶ πρὸς Σαοὺλ ἦλθεν ἄ. λέγων (7)
25. 14. ἰδοὺ Δαυὶδ ἀπέστειλεν ἀγγέλους (7)
29. 9. A ἀγαθὸς σὺ ἐν ὀφθαλμοῖς μου καθὼς ἄ. θεοῦ [B om. κ. ἄ. θ.] (7)
II Ki. 2. 5. ἀπέστειλε Δαυὶδ ἀγγέλους (7)
3. 12. ἀπέστειλεν Ἀβεννὴρ ἀγγέλους πρὸς Δ. (7)
— 14. ἐξαπέστειλε [A ἀπέσ-] . . . ἀγγέλους (7)
— 26. ἀπέστειλεν ἀγγέλους ὀπίσω Ἀβεννήρ [R πρὸς Ἀ. ὀ.] (7)
5. 11. ἀπέστειλε Χειρὰμ βασ. Τύρου ἀγγέλους (7)
11. 4. ἀπέστειλε Δαυὶδ ἀγγέλους (7)
— 19. καὶ ἐνετείλατο τῷ ἀ. λέγων (7)
— 21. ἐπορεύθη ὁ ἄ. Ἰωὰβ πρὸς τὸν βασιλέα (7)
— 22. καὶ εἶπε πρὸς τὸν ἄ. -
— 23. καὶ εἶπεν ὁ ἄ. πρὸς Δαυίδ (7)
— 25. καὶ εἶπε Δαυὶδ πρὸς τὸν ἄ. (7)
12. 27. ἀπέστειλεν Ἰωὰβ ἀγγέλους πρὸς Δαυίδ (7)
14. 17. καθὼς ἄ. θεοῦ [A τοῦ θ.] οὕτως ὁ κύριός μου (7)
— 20. καθὼς σοφία ἀγγέλου τοῦ θεοῦ (7)
19. 27. ὁ βασιλεὺς . . . ὡς ἄ. τοῦ θεοῦ (7)
24. 16. ἐξέτεινεν ὁ ἄ. τοῦ θεοῦ [A om.] τὴν χεῖρα αὐτοῦ (7)
— 16. εἶπε τῷ ἀ. τῷ διαφθείροντι ἐν τῷ λαῷ (7)
— 16. ὁ ἄ. κυρίου ἦν παρὰ τῇ [B τῷ] ἅλῳ Ὀρνά (7)
— 17. ἐν τῷ ἰδεῖν αὐτὸν τὸν ἄ. τὸν τύπτοντα (7)
III Ki. 13. 18. ἄ. λελάληκε πρός με ἐν ῥήματι (7)
19. 2. A ἀπέστειλεν Ἰ. ἄγγελον [B om.] πρὸς Ἠ. (7)
— 7. ἐπέστρεψεν ὁ ἄ. κυρίου ἐκ δευτέρου (7)
21 (20). 2. A ἀπέστειλεν ἀγγέλους [B om.] (7)
— 5. καὶ ἀνέστρεψαν οἱ ἄ. (7)
— 9. καὶ εἶπε τοῖς ἀ. υἱοῦ Ἄδερ (7)
22. 13. ὁ ἄ. ὁ πορευθεὶς καλέσαι τὸν Μιχαίαν (7)
IV Ki. 1. 2. καὶ ἀπέστειλεν ἀγγέλους (7)
— 3. ἄ. κυρίου ἐκάλεσεν Ἠλιοὺ τὸν Θεσβίτην (7)
— 3. εἰς συνάντησιν τῶν ἀ. Ὀχοζίου (7)
— 5. καὶ ἐπεστράφησαν οἱ ἄ. πρὸς αὐτόν (7)
— 15. ἐλάλησεν ἄ. κυρίου πρὸς Ἠλιού (7)
— 16. ἀπέστειλας [A ἐξαπ.] ἀγγέλους (7)
5. 10. ἀπέστειλεν Ἐλισαιὲ ἄγγελον πρὸς αὐτόν (7)
6. 32. πρὶν ἐλθεῖν τὸν ἄ. πρὸς αὐτόν (7)
— 32. ὡς ἂν ἔλθῃ ὁ ἄ. ἀποκλείσατε τὴν θύραν (7)
— 33. καὶ ἰδοὺ ἄ. [A ὁ ἄ.] κατέβη πρὸς αὐτόν (7)
7. 15. ἐπέστρεψαν οἱ ἄ. καὶ ἀνήγγειλαν τῷ βασ. (7)
— 17. ἐν τῷ καταβῆναι τὸν ἄ. πρὸς αὐτόν †
9. 18. ἦλθεν ὁ ἄ. ἕως αὐτῶν καὶ οὐκ ἀνέστρεψε (7)
10. 8. καὶ ἦλθεν ὁ ἄ. καὶ ἀπήγγειλε λέγων (7)
14. 8. τότε ἀπέστειλεν Ἀ. ἀγγέλους πρὸς Ἰ. (7)
16. 7. καὶ ἀπέστειλεν Ἄχαζ ἀγγέλους (7)
17. 4. ὅτι ἀπέστειλεν ἀγγέλους πρὸς Σηγώρ (7)
18. 14. ἀπέστειλεν Ἐζεκίας . . . ἀγγέλους -
19. 9. ἀπέστειλεν ἀγγέλους πρὸς Ἐζεκ. λέγων (7)
— 14. ἔλαβεν . . . ἐκ χειρὸς τῶν [A om.] ἀ. (7)
— 23. ἐν χειρὶ ἀγγέλων σου ὠνείδισας κύριον (7)
— 35. ἐξῆλθεν ἄ. κυρίου (7)
I Ch. 14. 1. ἀπέστειλε Χειρὰμ βασ. Τύρου ἀγγέλους πρὸς Δ. (7)
19. 2. ἀπέστειλεν ἀγγέλους Δαυὶδ τοῦ παρακαλέσαι (7)
— 16. καὶ ἀπέστειλεν [B S^{2} -αν] ἀγγέλους (7)
21. 12. ἄ. κυρίου ἐξολοθρεύων ἐν πάσῃ κληρον. (7)
— 15. ἀπέστειλεν ὁ θεὸς ἄγγελον εἰς Ἱερ. (7)
— 15. καὶ εἶπε τῷ ἀ. τῷ ἐξολοθρεύοντι (7)
— 15. καὶ ὁ ἄ. κυρίου ἑστὼς ἐν τῷ ἅλῳ Ὀρνά (7)
— 16. εἶδε τὸν ἄ. κυρίου ἑστῶτα (7)
— 18. ἄ. κυρίου εἶπε τῷ Γὰδ τοῦ [A^{2} τῷ] εἰπεῖν πρὸς Δ. (7)
— 27. εἶπε κύριος πρὸς τὸν ἄ. (7)
I Ch. 21. 30. ἀπὸ προσώπου τῆς ῥομφαίας ἀγγέλου [A -ος] κυρίου (7)
II Ch. 18. 12. ὁ ἄ. ὁ πορευθεὶς τοῦ καλέσαι (7)
32. 21. ἀπέστειλε κύριος ἄγγελον (7)
35. 21. καὶ ἀπέστειλε πρὸς αὐτὸν ἀγγέλους λέγων (7)
36. 15. ὀρθρίζων καὶ ἀποστέλλων τοὺς ἀ. αὐτοῦ (7 ?)
— 16. ἦσαν μυκτηρίζοντες τοὺς [A om.] ἀ. αὐτοῦ (7)
I Es. 1. 50. ἀπέστειλεν ὁ θεὸς . . . διὰ τοῦ ἀ. αὐτοῦ
— 51. ἐμυκτήρισαν [A ἐξεμυκτήριζον] ἐν τοῖς ἀ. αὐτοῦ
Ne. 6. 3. ἀπέστειλα ἐπ' [S^{1} πρὸς] αὐτοὺς ἀγγέλους
Tb. 5. 4. εὗρε Ῥαφαὴλ [A τὸν Ῥ.], ὃς ἦν ἄγγελος [S Ῥ. τὸν ἄ.]
— 4. S ἄγγελος τοῦ θεοῦ ἐστιν
— 6. καὶ εἶπεν αὐτῷ ὁ ἄ. [S om.]
— 16. ὁ ἄ. αὐτοῦ συμπορευθήτω [S συνοδεῦσαι] ὑμῖν
— 21. ἄ. γὰρ ἀγαθὸς συμπορεύσεται [B -εύεται, S συνελεύσεται] αὐτῷ
6. 1. S καὶ ὁ ἄ. μετ' αὐτοῦ
— 3. ὁ δὲ ἄ. εἶπεν αὐτῷ [S καὶ ὁ ἄ. τῷ παιδαρίῳ εἶ.]
— 4. καὶ εἶπεν αὐτῷ ὁ ἄ.
— 5. ὡς εἶπεν αὐτῷ ὁ ἄ. [S *aliter*]
— 6. εἶπε τὸ παιδάριον τῷ ἀ. [S ἠρώτησε τὸ π. τὸν ἄ. καὶ εἶ. αὐτῷ]
— 10. εἶπεν ὁ ἄ. [S λέγει Ῥαφαὴλ] τῷ παιδαρίῳ
— 13. τότε εἶπε τὸ παιδάριον τῷ ἀ. [S ἀποκριθεὶς Τ. εἶπεν τῷ Ῥ.]
— 15. εἶπε δὲ αὐτῷ ὁ ἄ. [S καὶ λέγει αὐ.]
8. 3. ἔδησεν αὐτὸ ὁ ἄ. [S ἐπέδησεν παραχρῆμα]
— 15. AB εὐλογείτωσάν σε . . . πάντες οἱ ἄ. σου [S om.]
10. 9. S ἀποστέλλω ἀγγέλους [AB *al.*]
11. 14. εὐλογημένοι πάντες οἱ ἅγιοί σου ἄ. [S π. ἄ. οἱ ἄ. αὐτοῦ]
— 14. S εὐλογητοὶ πάντες οἱ ἄ.
12. 5. ἐκάλεσε τὸν ἄ. [S ἐκ. αὐτόν]
— 15. εἷς ἐκ [S om.] τῶν ἑπτὰ ἁγίων [S om.] ἀ.
— 22. ὡς ὤφθη αὐτοῖς ὁ [S om.] ἄ. κυρίου [S θεοῦ]
Ju. 1. 11. ἀνέστρεψαν [AS ἀπ.] τοὺς ἀ. αὐ. κενούς
3. 1. ἀπέστειλαν πρὸς αὐτὸν ἀγγέλους
Es. 5. 2. εἶδόν σε, κύριε, ὡς ἄγγελον θεοῦ
Jb. 1. 6. ἦλθον οἱ ἄ. τοῦ θεοῦ (5 *a*)
— 14. ἰδοὺ ἄγγελος ἦλθε πρὸς Ἰώβ (7)
— 16. ἦλθεν ἕτερος ἄ. -
— 17. ἦλθεν [A ἔρχεται] ἕτερος ἄ. -
— 18. ἄλλος [S ἕτερος] ἄ. ἔρχεται -
2. 1. ἦλθον οἱ ἄ. τοῦ θεοῦ (5 *a*)
4. 18. κατὰ δὲ ἀγγέλων αὐτοῦ σκολιόν τι ἐπενόησε (7)
5. 1. εἴ τινα ἀγγέλων ἁγίων ὄψῃ -
9. 7. B S κατὰ δὲ ἀγγέλων αὐτοῦ σκολιόν τι ἐπεν. -
20. 15. ἐξελκύσει αὐτὸν ἄγγελος [A ἄ. θανάτου] (2)
33. 23. ἐὰν ὦσι χίλιοι ἄ. θανατηφόροι (7)
36. 14. ἡ δὲ ζωὴ αὐτῶν τιτρωσκομένη ὑπὸ ἀγγέλων †
38. 7. ᾔνεσάν με . . . πάντες ἄ. μου (5 *b*)
■ 40. 6. ἀπόστειλον δὲ ἀγγέλους ὀργῇ (10)
■ — 14. ἐγκαταπαίζεσθαι ὑπὸ τῶν ἀ. αὐτοῦ (6)
41. 24. ἐγκαταπαίζεσθαι ὑπὸ τῶν ἀ. μου -
Ps. 8. 5. ἠλάττωσας αὐτὸν βραχύ τι παρ' ἀγγέλους (3 *b*)
33 (34). 7. παρεμβαλεῖ ἄγγελος [S^{2} ὁ ἄ.] κυρίου (7)
34 (35). 5. ἄγγελος [S *add.* ὁ] κυρίου ἐκθλίβων αὐτούς (7)
— 6. ἀ. κυρίου καταδιώκων αὐτούς (7)
77 (78). 25. ἄρτον ἀγγέλων ἔφαγεν ἄνθρωπος (1)
— 49. ἐξαπέστειλεν . . . ἀποστολὴν δι' ἀ. πονηρῶν (7)
90 (91). 11. τοῖς ἀ. αὐτοῦ ἐντελεῖται περὶ σοῦ (7)
96 (97). 7. προσκυνήσατε αὐτῷ πάντες οἱ [R om.] ἄ. αὐτοῦ (3 *b*)
102 (103). 20. εὐλογεῖτε τὸν κύριον πάντες οἱ [R om.] ἄ. αὐτοῦ (7)
103 (104). 4. ὁ ποιῶν τοὺς ἀ. αὐτοῦ πνεύματα (7)
137 (138). 1. ἐναντίον ἀγγέλων ψαλῶ σοι (3 *b*)
148. 2. αἰνεῖτε αὐτὸν πάντες οἱ [S om.] ἄ. αὐτοῦ (7)
151. 4. αὐτὸς ἐξαπέστειλε τὸν ἄ. αὐτοῦ
Pr. 13. 17. ἄ. δὲ σοφὸς [S^{1} πιστὸς] ῥύσεται (12)
16. 14. θυμὸς βασιλέως ἄγγελος θανάτου (7)
17. 11. ἄγγελον ἀνελεήμονα ἐκπέμψει αὐτῷ (7)
25. 13. οὕτως ἄ. πιστὸς τοὺς ἀποστείλαντας (12)
26. 6. ὁ ἀποστείλας δι' ἀ. ἄφρονος λόγον (14)
Wi. 16. 20. ἀγγέλων τροφὴν ἐψώμισας τὸν λαόν σου
Si. 48. 21. ἐξέτριψεν αὐτοὺς ὁ ἄ. αὐτοῦ
Ho. 12. 4. καὶ ἐνίσχυσε μετὰ ἀγγέλου (7)
Hg. 1. 13. καὶ εἶπεν Ἀ. ἄγγελος κυρίου ἐν ἀγγέλοις κ. [AS^{2} *om.* ἐν ἀ. κ.] τῷ λαῷ (7, 8)
Za. 1. 9. εἶπε πρὸς μὲ ὁ ἄ. ὁ λαλῶν ἐν ἐμοί (7)
— 11. καὶ ἀπεκρίθησαν τῷ ἀ. κυρίου (7)
— 12. καὶ ἀπεκρίθη ὁ ἄ. κυρίου (7)
— 13. καὶ ἀπεκρίθη . . . τῷ ἀ. τῷ λαλοῦντι (7)
— 14. καὶ εἶπε πρὸς μὲ ὁ ἄ. ὁ λαλῶν ἐν ἐμοί (7)
— 17. καὶ εἶπε πρὸς μὲ ὁ ἄ. ὁ λαλῶν ἐν ἐμοί -
■ — 19. καὶ εἶπα πρὸς τὸν ἄ. τὸν λαλοῦντα ἐν ἐμοί (7)
■ 2. 3. καὶ ἰδοὺ ὁ ἄ. ὁ λαλῶν ἐν ἐμοὶ εἱστήκει (7)
■ — 3. καὶ ἄ. ἕτερος ἐξεπορεύετο εἰς συνάντησιν [A ἀπ.] (7)
3. 1. ἑστῶτα πρὸ προσώπου ἀγγέλου κυρίου (7)
— 4. εἱστήκει πρὸ προσώπου τοῦ ἀ. (7)
— 7. ὁ ἄ. κυρίου εἱστήκει καὶ διεμαρτύρατο ὁ ἄ. κ. πρὸς Ἰ. (7)
4. 1. καὶ ἐπέστρεψεν ὁ ἄ. ὁ λαλῶν ἐν ἐμοί (7)
— 4. καὶ εἶπα [BS -ον] πρὸς τὸν ἄ. τὸν λαλοῦντα ἐν ἐμοί (7)
— 5. καὶ ἀπεκρίθη ὁ ἄ. ὁ λαλῶν ἐν ἐμοί (7)
5. 5. καὶ ἐξῆλθεν ὁ ἄ. ὁ λαλῶν ἐν ἐμοί (7)
— 10. καὶ εἶπα πρὸς τὸν ἄ. τὸν λαλοῦντα ἐν ἐμοί (7)
6. 4. καὶ εἶπα πρὸς τὸν ἄ. τὸν λαλοῦντα ἐν ἐμοί (7)
— 5. καὶ ἀπεκρίθη ὁ ἄ. ὁ λαλῶν ἐν ἐμοί (7)
12. 8. ὡς ἄ. κυρίου ἐνώπιον αὐτῶν (7)
Ma. 1. 1. λῆμμα λόγου . . . ἐν χειρὶ ἀγγέλου αὐ. (7)
2. 7. διότι ἄ. κυρίου παντοκράτορός ἐστιν (7)
3. 1. ἰδοὺ ἐξαποστέλλω [AS^{3} ἐγὼ ἐ.] τὸν ἄ. μου (7)
— 1. ὁ ἄ. τῆς διαθήκης, ὃν ὑμεῖς θέλετε (7)
■ — *subscr.* AS προφήτης ἄ. Μαλαχίας
Is. 9. 6. μεγάλης βουλῆς ἄγγελος -
18. 2. πορεύσονται γὰρ ἄγγελοι κοῦφοι (7)
30. 4. ἐν Τάνει ἀρχηγοὶ ἄγγελοι πονηροί (7)
33. 7. ἄγγελοι [AS ἄ. γὰρ] ἀποσταλήσονται (7)
37. 9. ἀπέστειλεν ἀγγέλους πρὸς Ἐζεκίαν (7)
— 14. ἔλαβεν Ἐζεκίας τὸ βιβλίον παρὰ τῶν ἀ. (7)
— 24. δι' ἀγγέλων ὠνείδισας κύριον (9)
— 36. ἐξῆλθεν ἄ. κυρίου (7)
44. 26. τὴν βουλὴν τῶν ἀ. αὐτοῦ ἀληθεύων (7)
63. 9. οὐ πρέσβυς [A -βεις] οὐδὲ ἄ. ἀλλ' αὐτὸς [AS^{1} *add.* κύριος] ἔσωσεν αὐτούς (7)
Je. 29 (49). 14. ἀγγέλους εἰς ἔθνη ἀπέστειλε (12)
34 (27). 3. ἐν χερσὶν ἀγγέλων αὐτῶν τῶν ἐρχ. (7)
Ep. Je. 7. ὁ γὰρ ἄ. μου μεθ' ὑμῶν ἐστιν
Ez. 17. 15. τοῦ ἐξαποστέλλειν ἀγγέλους ἑαυτοῦ (7)
23. 16. ἐξαπέστειλεν ἀγγέλους πρὸς αὐτούς (7)
— 40. οἷς ἀγγέλους ἐξαπέστειλον [A -εστέλλοσαν, B -ελλον] πρὸς αὐτούς (7)
30. 9. ἄγγελοι σπεύδοντες ἀφανίσαι τὴν Αἰθιοπ. (7)
Da. LXX. Su. 42. καὶ ἰδοὺ ἄ. κυρίου
42. ἔδωκεν ὁ ἄ. . . . πνεῦμα συνέσεως νεωτέρῳ
55. ὁ γὰρ ἄ. κυρίου σχίσει σου τὴν ψυχήν
59. νῦν ὁ ἄ. κυρίου τὴν ῥομφαίαν ἔστηκεν ἔχων
62. τότε ὁ ἄ. κυρίου ἔρριψε πῦρ
2. 11. εἰ μή τις ἄ. οὗ οὐκ ἔστι κατοικητήριον (3 *a*)
3. (49). ἄ. δὲ κυρίου συγκατέβη
— (58). εὐλογεῖτε ἄγγελοι κυρίου τὸν κύριον
— 25 (92). ὁμοίωμα ἀγγέλου θεοῦ (3 *a*)
— 28 (95). ὃς ἀπέστειλε τὸν ἄ. αὐτοῦ (15)
4. 10. καὶ ἰδοὺ ἄ. ἀπεστάλη ἐν ἰσχύϊ (11)
— 19. ὑπὲρ τὰ πρὸς τὸν ἄγ. καὶ τοὺς ἀ. αὐτοῦ -
— 20. ὅτι ἄ. ἐν ἰσχύϊ ἀπεστάλη παρὰ τοῦ κ. (11)
— 21. ὁ ὕψιστος καὶ οἱ ἄ. αὐτοῦ ἐπὶ σέ -
— 29. οἱ ἄ. διώξονταί σε ἐπὶ ἔτη ἑπτά -
— 32. ἄ. εἷς ἐκάλεσέ με ἐκ τοῦ οὐρανοῦ -
10. 21. ἀλλ' ἢ Μιχαὴλ ὁ ἄ. (13)
12. 1. παρελεύσεται Μιχαὴλ ὁ ἄ. ὁ μέγας (13)
Bel 33. ἐλάλησεν ἄ. κυρίου πρὸς Ἀμβακούμ
— 35. ἐπιλαβόμενος αὐτοῦ ὁ ἄ. κυρίου τοῦ Ἀμβακ.
— 38. ὁ δὲ ἄ. κυρίου κατέστησε τὸν Ἀμβακούμ
Da. TH. Su. 55. ἄγγελος τοῦ θεοῦ λαβών
59. μένει γὰρ ὁ ἄ. τοῦ θεοῦ
3. (49). ὁ δὲ ἄ. κυρίου κατέβη
— (58). εὐλογεῖτε ἄγγελοι κυρίου
— 28 (95). ὃς ἀπέστειλε τὸν ἄ. αὐτοῦ (15)
6. 22. ὁ θεός μου ἀπέστειλε τὸν ἄ. αὐτοῦ (15)
Bel 34. εἶπεν ἄγγελος κυρίου
36. ἐπελάβετο ὁ ἄ. κυρίου [A om.] τῆς κορυφῆς [A χειρὸς] αὐτοῦ
39. ὁ δὲ ἄ. τοῦ θεοῦ ἀπεκατέστησε τὸν Ἀ.
I Ma. 1. 44. ἀπέστειλεν . . . βιβλία ἐν χειρὶ ἀγγέλων
5. 14. καὶ ἰδοὺ ἄ. ἕτεροι παρεγένοντο ἐκ τῆς Γαλ.
7. 10. ἀπέστειλεν ἀγγέλους πρὸς Ἰούδαν
— 41. ἐξῆλθεν ἄ. [S ὁ ἄ.] σου [R *add.* κύριε]
II Ma. 11. 6. ἀγαθὸν ἄ. ἀποστεῖλαι πρὸς σωτηρίαν τῷ Ἰσρ.

● = correction on page xxiii ■ = correction on page xxvii

II Ma. 15. 22. σύ, δέσποτα, ἀπέστειλας τὸν ἄ. σου
— 23. ἀπόστειλον ἄγγελον ἀγαθὸν ἔμπροσθεν ἡμῶν
III Ma. 6. 18. δύο φοβεροειδεῖς ἄ. κατέβησαν
IV Ma. 4. 10. οὐρανόθεν ἔφιπποι προυφάνησαν ἄγγελοι
7. 11. τὸν ἐμπυριστὴν [S om.] ἐνίκησεν ἄγγελον [S^1 τὸν ἄ.]
[Aq. III Ki. 19. 2: 20 (21). 2: Jb. 1. 14: Ps. 90 (91). 11: Pr. 13. 17: Is. 33. 7.]
[Sm. III Ki. 19. 2: 20 (21). 2: Jb. 4. 18: Ps. 77 (78). 49: 90 (91). 11: Pr. 13. 17: Is. 14. 32: 33. 7: 42. 19: Je. 27 (34). 3: Ob. 1.]
[Th. Jb. 41. 25: Pr. 13. 17: Is. 33. 7: 63. 9: Da. 3. (58): Hg. 1. 13.]
[Al. Nu. 22. 20: 23. 4: I Ch. 21. 20: Pr. 13. 17.]

ἄγγος. (1) כְּלוּב (2) כְּלִי
De. 23. 24. εἰς δὲ ἄ. οὐκ ἐμβαλῆς [A^2 ἐκβαλεῖς] (2)
III Ki. 17. 10. λάβε δή μοι [B om.] ὀλίγον ὕδωρ εἰς ἄ. (2)
Am. 8. 1. καὶ ἰδοὺ ἄγγος ἰξευτοῦ (1)
— 2. καὶ εἶπα ἄγγος ἰξευτοῦ (1)
Je. 19. 11. συντρίβεται ἄ. ὀστράκινον (2)
Ez. 4. 9. ἐμβαλεῖς αὐτὰ εἰς ἄ. ἓν ὀστράκινον (2)
[Aq. I Ki. 26. 11.]
[Al. Le. 11. 33.]

ἀγγρίζειν.
[Sm. Pr. 15. 18.]

ἀγεθθίθ.
[Heb. Ps. 8. 1.]

ἄγειν. (1) בּוֹא a. qal. b. hi. c. ho. (2) גָּלָה a. qal. b. ni. c. pi. d. hi. e. ho. (3) הָלַךְ a. qal. b. hi. (4) חָבַר hithp. (5) ἡσυχίαν ἄγειν חָרַשׁ hi. (6) יָאַל hi. (7) יָבַל ho. (8) יָנָה ni. (9) יָרַד hi. (10) יָצָא a. qal. b. ho. (11) לָקַח a. qal. b. ni. c. pu. (12) מִנְהָג (13) מָשַׁךְ a. qal. b. pu. (14) נָהַג a. qal. b. pi. (15) נָהַל pi. (16) נָחָה hi. (17) נָתַן (18) עָלָה hi. (19) עָשָׂה a. qal. b. ni. (20) עָשַׁק (21) פָּשַׁק pi. (22) קָרָא (23) תָּאַר (24) אֲתָה aph. (25) עָמַד hi. (26) אָסַף ni.
Ge. 2. 19. ἤγαγεν αὐτὰ πρὸς τὸν Ἀδάμ (1 b)
— 22. ἤγαγεν αὐτὴν πρὸς τὸν Ἀ. (1 b)
38. 25. αὐτὴ δὲ ἀγομένη ἀπέστειλε (10 b)
42. 20. R τὸν ἀδελφὸν ὑμῶν . . . ἀγάγετε [A καταγάγετε] πρός με (1 b)
— 34. ἀγάγετε πρός με τὸν ἀδελφὸν ὑμῶν (1 b)
— 37. ἐὰν μὴ ἀγάγω αὐτὸν πρὸς σέ (1 b)
43. 7. ἀγάγετε τὸν ἀδελφὸν ὑμῶν (9)
— 9. ἐὰν μὴ ἀγάγω αὐτὸν πρὸς σέ (1 b)
— 29. ὃν εἴπατε πρός με ἀγαγεῖν –
44. 32. ἐὰν μὴ ἀγάγω αὐτὸν πρὸς σέ (1 b)
46. 7. τὸ σπέρμα αὐτοῦ ἤγαγεν εἰς Αἴ. (1 b)
— 32. πάντα τὰ αὐτῶν ἀγηόχασιν (1 b)
47. 17. ἤγαγον δὲ τὰ κτήνη (1 b)
Ex. 3. 1. ἤγαγε [A ἦγεν] τὰ πρόβατα ὑπὸ τὴν ἔρημον (14 a)
14. 25. ἤγαγεν [A ἦγεν] αὐτοὺς μετὰ βίας (14 b)
15. 22. ἤγαγεν αὐτοὺς εἰς τὴν ἔρημον Σούρ (10 a)
22. 13. ἄξει αὐτὸν ἐπὶ τὴν θήραν (1 b)
Le. 13. 2. ἀχθήσεται πρὸς Ἀαρὼν τὸν ἱερέα (1 c)
24. 11. ἤγαγον αὐτὸν [B^1 αὐτοὺς] πρὸς Μωυσῆν (1 b)
26. 13. καὶ ἤγαγον ὑμᾶς μετὰ παρρησίας (3 b)
Nu. 5. 15. ἄξει ὁ ἄνθρωπος τὴν γυναῖκα αὐτοῦ (1 b)
11. 16. ἄξεις αὐτοὺς πρὸς [A εἰς] τὴν σκηνήν (11 a)
14. 13. B^1 ἤγαγες [A B^2 ἀνήγαγες] . . . τὸν λαὸν τοῦτον ἐξ αὐτῶν (18)
31. 12. ἤγαγον πρὸς Μωυσῆν . . . τὴν αἰχμ. (1 b)
32. 17. ἕως ἂν ἀγάγωμεν αὐτούς (1 b)
Dt. 8. 2. τὴν ὁδὸν ἣν ἤγαγέ σε κ. ὁ θεός σου (3 b)
— 15. τοῦ ἀγαγόντος σε διὰ τῆς ἐρήμου (3 b)
29. 5. ἤγαγεν ὑμᾶς τεσσαράκοντα ἔτη (3 b)
32. 12. κύριος μόνος ἦγεν αὐτούς (16)
Jo. 15. 9. ἄξει [A ἐξάξει] τὸ ὅριον εἰς Βαάλ (23)
24. 8. ἤγαγεν ἡμᾶς [A ὑμᾶς] εἰς γῆν Ἀμορραίων (1 b)
Jd. 1. 7. καὶ ἄγουσιν αὐτὸν εἰς Ἱερουσαλήμ (1 b)
18. 3. A τίς ἤγαγέν [B ἤνεγκέ] σε ὧδε (1 b)
19. 6. ἄγε δὴ [A ἀρξάμενος] αὐλίσθητι (6)
Jd. 21. 12. A καὶ ἦγον [B ἤνεγκαν] αὐτὰς εἰς τὴν παρ. (1 b)
I Ki. 15. 20. καὶ ἤγαγον τὸν Ἀγὰγ βασιλέα Ἀμαλήκ (1 b)
19. 15. ἀγάγετε αὐτὸν ἐπὶ τῆς κλίνης πρός μέ (18)
30. 11. ἄγουσιν αὐτὸν πρὸς Δαυὶδ ἐν ἀγρῷ [R om. ἐν ἀ.] (11 a)
II Ki. 2. 3. A οὓς ἂν ἤγαγεν [? ἀνήγαγεν] Δαυίδ (18)
3. 13. ἐὰν μὴ ἀγάγῃς τὴν Μελχὸλ θυγατέρα (1 b)
— 23. AB Ἰ. καὶ πᾶσα ἡ στρατιὰ αὐτοῦ ἤχθησαν [R ἦλθοσαν] (1 a)
6. 3. ἦγαν [A -ον] τὴν ἅμαξαν (14 a)
14. 10. καὶ ἄξεις αὐτὸν πρὸς ἐμέ (1 b)
— 23. καὶ ἤγαγε τὸν Ἀβεσσαλὼμ εἰς Ἱερ. (1 b)
III Ki. 3. 1 (2. 40). καὶ ἤγαγε τοὺς δούλους (1 b)
■ 4. 28. A τὰς κριθὰς . . . ἦγον [B ἦρον] (1)
14. 10. A ἐγὼ ἄγω κακίαν πρὸς σὲ εἰς οἶκον Ἱερ. (1 b)
IV Ki. 4. 24. ἄγε πορεύου μὴ ἐπίσχῃς (14 a)
6. 19. ἄξω [A ἀπάξω] ὑμᾶς πρὸς τὸν ἄνδρα (3 b)
9. 20. ὁ ἄγων ἦγε τὸν Ἰοὺ υἱὸν Ναμεσσί (12, 12)
— 28. B καὶ ἤγαγον αὐτὸν εἰς Ἱερουσαλήμ –
17. 24. καὶ ἤγαγε βασιλεὺς Ἀσσυρ. ἐκ Βαβ. (1 b)
— 28. A ἤγαγον ἕνα τῶν ἱερέων ὧν ἤγαγον [B ἀπῴκισαν] (1 a, 2 d)
19. 25. A ἔπλασα αὐτὴν καὶ ἤγαγον [B αὐ. συνήγαγον] (1 b)
23. 30. καὶ ἤγαγον αὐτὸν εἰς Ἱερουσαλήμ (1 b)
24. 16. ἤγαγεν αὐτοὺς . . . μετοικεσίαν εἰς Βαβ. (1 b)
25. 6. ἤγαγον αὐτὸν πρὸς βασ. [A τὸν β.] Βαβ. (18)
— 7. ἤγαγεν εἰς Βαβ. (1 b)
— 20. R ἤγαγεν [A B ἀπήγαγεν] αὐτούς (3 b)
I Ch. 5. 26. καὶ ἤγαγεν αὐτοὺς εἰς Χαάχ (1 b)
13. 7. Ὀζὰ καὶ οἱ ἀδ. αὐτοῦ ἦγον τὴν ἅμαξαν (14 a)
20. 1. ἤγαγεν Ἰ. πᾶσαν τὴν δύναμιν τῆς στρ. (14 a)
29. 19. τοῦ ἐπὶ τέλος ἀγαγεῖν τὴν κατ. (19 a)
● II Ch. 2. 16. ἄξεις [A συνάξεις] αὐτὰ εἰς Ἱερ. (18)
16. 6. A ἤγαγεν [B ἔλαβε] πάντα τὸν Ἰ. (11 a)
22. 9. καὶ ἤγαγον αὐτὸν πρὸς Ἰηού (1 b)
28. 5. AR καὶ ἤγαγεν εἰς Δαμασκόν (1 b)
33. 11. ἤγαγε κύριος ἐπ' αὐτοὺς τοὺς ἄρχοντας (1 b)
— 11. καὶ ἤγαγον εἰς Βαβυλῶνα (3 b)
35. 24. καὶ ἤγαγον αὐτὸν εἰς Ἱερουσαλήμ (3 b)
36. 17. καὶ ἤγαγεν ἐπ' αὐτοὺς βασιλέα Χ. (18)
I Es. 1. 1. καὶ ἤγαγεν Ἰωσίας τὸ πάσχα ἐν Ἱερ. –
— 17. συνετελέσθη . . . ἀχθῆναι τὸ πάσχα
— 19. ἠγάγοσαν [A ἤγαγον] οἱ υἱοὶ Ἰ. τὸ πάσχα
— 20. καὶ οὐκ ἤχθη τὸ πάσχα τοιοῦτο ἐν τῷ Ἰσραήλ
— 21. οἱ βασιλεῖς τοῦ Ἰσρ. οὐκ ἠγάγοσαν πάσχα
— 21. οἷον ἤγαγεν Ἰωσίας καὶ οἱ ἱερεῖς
— 22. ὀκτωκαιδεκάτῳ ἔτει . . . ἤχθη τὸ πάσχα τοῦτο
5. 51. ἠγάγοσαν τὴν τῆς σκηνοπηγίας ἑορτήν
7. 10. ἠγάγοσαν οἱ υἱοὶ Ἰσραὴλ . . . τὸ πάσχα
— 14. ἠγάγοσαν τὴν ἑορτὴν τῶν ἀζύμων ἑπτὰ ἡμέρας
8. 47. AR καὶ ἤγαγον [A -εν] ἡμῖν κατὰ τὴν κρ.
● 9. 17. καὶ ἤχθη ἐπὶ πέρας τὰ κατὰ τοὺς ἄνδρας (26)
● Ne. 12. 28. S^1 ἤχθησαν [AB συνήχθησαν] οἱ υἱοί
To. 2. 2. ἄγαγε [S om.] ὃν ἂν εὕρῃς τῶν [S πτωχὸν τῶν] ἀδελφῶν ἡμῶν ἐνδεῆ
— 2. S καὶ ἄγαγε αὐτόν
5. 9. S καὶ ἀγαγεῖν αὐτόν
7. 1. S ἤγαγεν αὐτοὺς εἰς τὸν οἶκον [AB al.]
— 17. S ἤγαγεν [AB εἰσήγ.] αὐτὴν ἐκεῖ
8. 19. S ἤγαγεν βόας δύο
9. 2. αὐτὸν ἄγε μοι εἰς τὸν γάμον [S *aliter*]
11. 17. εὐλογητὸς ὁ θεὸς [S θ. σου] ὃς ἤγαγέ σε πρὸς ἡμᾶς
— 19. ἤχθη ὁ γάμος Τωβία μετ' εὐφροσύνης [S *aliter*]
12. 3. ὅτι με ἀγήοχέ σοι ὑγιῆ [S ὑγιαίνοντα]
14. 10. ὡς ἐκ τοῦ φωτὸς ἤγαγεν αὐτὸν εἰς τὸ σκότος [S *aliter*]
— 15. S τὴν αἰχμαλ. αὐτῆς ἀγομένην εἰς Μηδ.
Ju. 2. 9. ἄξω τὴν αἰχμαλωσίαν αὐτῶν ἐπὶ τὰ ἄκρα
5. 14. ἤγαγεν αὐτοὺς εἰς ὁδὸν τοῦ Σινά
6. 11. ἤγαγον αὐτὸν [S om.] ἔξω τῆς παρεμβολῆς εἰς τὸ π.
10. 17. ἤγαγον αὐτὰς ἐπὶ τὴν σκηνὴν Ὀλοφέρνου
11. 19. ἄξω σε διὰ μέσου τῆς Ἰουδαίας
— 19. ἄξεις αὐτοὺς ὡς πρόβατα
12. 5. ἠγάγοσαν αὐτὴν οἱ θεράποντες . . . εἰς τὴν σκηνήν
Es. 1. 18. A τὰ τῷ βασιλεῖ ἀχθέντα [B S λεχθέντα] ὑπ' αὐτῆς †
2. 8. ἤχθη Ἐσθὴρ πρὸς Γ. τὸν φύλακα (11 b)
3. 13. πῶς ἂν ἀχθείη τοῦτο ἐπὶ πέρας
Es. 6. 14. S^3 ἀγαγεῖν [ABS om.] τὸν Ἀμάν (1 b)
8. 13. ἡμέραν μετὰ πάσης εὐωχίας ἄγετε
9. 17. ἦγον αὐτὴν ἡμέραν ἀναπαύσεως (19 a)
— 18. ἦγον δὲ καὶ τὴν πεντ. μετὰ χαρᾶς (19 a)
— 19. ἄγουσι τὴν τεσσ. . . . ἡμέραν ἀγαθήν (19 a)
— 19. ABS ἡμέραν [B om.] εὐφροσύνης [B -ην] ἀγαθὴν ἄγουσι [A om.] –
— 21. ἄγειν τε τὴν τεσσαρεσκαιδεκάτην (19 a)
— 22. ἄγειν ὅλον [A om.] ἀγαθὰς [A αὐτὰς] ἡμέρας γάμων (19 a)
— 28. αἱ δὲ ἡμέραι αὗται . . . ἀχθήσονται εἰς [A om.] τὸν ἅπ. χρόνον (19 b)
Jb. 38. 20. εἰ ἀγάγοις με εἰς ὅρια αὐτῶν (11 a)
— 32. ἐπὶ κόμης αὐτοῦ ἄξεις [A καὶ ἄ.] αὐτά (16)
■ 40. 20. ἄξεις δὲ δράκοντα ἐν ἀγκίστρῳ (13 a)
Ps. 42 (43). 3. αὐτά με ὡδήγησαν καὶ ἤγαγόν με (1 b)
44 (45). 15. ἀχθήσονται εἰς ναὸν βασιλέως (1 a)
77 (78). 52. ἤγαγεν [S ἀνήγ.] αὐτούς (14 b)
Pr. 1. 20. σοφία . . . ἐν δὲ πλατείαις παρρησίαν ἄγει (17)
7. 22. ὥσπερ δὲ βοῦς ἐπὶ σφαγὴν ἄγεται (1 a)
11. 12. ἀνὴρ δὲ φρόνιμος ἡσυχίαν ἄγει (5)
13. 12. τοῦ ἐπαγγελλομένου καὶ εἰς ἐλπίδα ἄγοντος (13 b ?)
18. 2. μᾶλλον γὰρ ἄγεται [A ἀγάγεται] ἀφροσύνῃ
— 6. χείλη ἄφρονος ἄγουσιν αὐτὸν εἰς κακά (1 a)
24. 11. ῥῦσαι ἀγομένους εἰς θάνατον (11 a)
Ec. 3. 22. τίς ἄξει αὐτὸν τοῦ ἰδεῖν (1 b)
11. 9. ἐπὶ πᾶσι τούτοις ἄξει σε ὁ θεὸς ἐν κρίσει (1 b)
12. 14. τὸ ποίημα ὁ θεὸς ἄξει ἐν κρίσει (1 b)
Wi. 8. 2. ἐζήτησα νύμφην ἀγαγέσθαι ἐμαυτῷ
— 9. ταύτην ἀγαγέσθαι πρὸς συμβίωσιν
— 18. S ὅπως ἀγάγω [AB λάβω] αὐτὴν εἰς ἐμαυτόν
14. 23. ἐμμανεῖς . . . κώμους ἄγοντες
Si. prol. 25. πρὸς [S^2 εἰς] τὸ ἐπὶ πέρας ἄγοντα [AS^2 ἀγαγόντα] τὸ βιβλίον ἐκδόσθαι
30. 24. πρὸ καιροῦ γῆρας [S^2 -ους] ἄγει μέριμνα [S -αν]
— 39 (33, 31). ἄγε αὐτὸν ὡς σεαυτόν [AS ἀδελφόν]
Am. 7. 11, 17. αἰχμάλ. ἀχθήσεται ἀπὸ τῆς γῆς (2 a)
Mi. 1. 15. ἕως τοὺς κληρονόμους ἀγάγωσι (1 b)
Na. 2. 7. αἱ δοῦλαι αὐτῆς ἤγοντο καθὼς περ. (14 b)
Za. 3. 9. ἐγὼ ἄγω [S^3 ἐπάγω] τὸν δοῦλόν μου Ἀ. (1 b)
Is. 9. 6. ἄξω γὰρ [AS ἐγὼ γὰρ ἄ.] εἰρήνην –
11. 6. παιδίον μικρὸν ἄξει αὐτούς (14 a)
13. 3. ἐγὼ ἄγω αὐτούς –
— 3. ABS καὶ ἐγὼ ἄγω αὐτούς (22)
16. 4. μὴ ἀχθῇς [A B^2 S ἀπ' ἀρχῆς] παροικήσ. (2 c)
20. 4. ἄξει βασιλεὺς Ἀσσυρίων τὴν αἰχμ. (14 a)
23. 1. ἧκται αἰχμάλωτος (2 b)
31. 2. σοφῶς [ABS σοφὸς] ἦγεν ἐπ' αὐτοὺς κακά (1 b)
42. 16. ἄξω τυφλοὺς ἐν ὁδῷ (3 b)
43. 5. ἀπὸ ἀνατολῶν ἄξω τὸ σπέρμα σου (1 b)
— 6. ἐρῶ τῷ Βορρᾷ, ἄγε (17)
— 6. ἄγε τοὺς υἱούς μου ἀπὸ τῆς [AS γῆς] π. (1 b)
— 9. ἀγαγέτωσαν τοὺς μάρτυρας αὐτῶν (17)
46. 2. αὐτοὶ δὲ αἰχμάλωτοι ἤχθησαν (3 a)
— 11. ἐλάλησα καὶ ἤγαγον (1 b)
— 11. ἤγαγον αὐτὸν καὶ εὐόδωσα τὴν ὁδὸν αὐτοῦ –
48. 15. ἤγαγον αὐτὸν καὶ εὐόδωσα τὴν ὁδὸν αὐτοῦ (1 b)
— 21. δι' ἐρήμου ἄξει αὐτούς (3 b)
49. 10. διὰ πηγῶν ὑδάτων ἄξει αὐτούς (15)
— 22. ἄξουσι τοὺς υἱούς σου ἐν κόλπῳ (1 b)
52. 4. εἰς Ἀσσυρίους βίᾳ ἤχθησαν (20)
53. 7. ὡς πρόβατον ἐπὶ σφαγὴν ἤχθη (7)
— 8. S^1 ἡ κρίσις αὐτοῦ ἤχθη [A B ἤρθη] (11 c)
— 8. ἀπὸ τῶν ἀνομιῶν τοῦ λαοῦ μου ἤχθη εἰς θάνατον –
60. 9. ἀγαγεῖν τὰ τέκνα σου μακρόθεν (1 b)
— 11. βασιλεῖς αὐτῶν ἀγομένους (14 a)
63. 12. ὁ ἀγαγὼν τῇ δεξιᾷ Μωσῆν (3 b)
— 13. ἤγαγεν αὐτοὺς δι' [AS διὰ τῆς] ἀβύσσου (3 b)
— 14. ἤγαγες τὸν λαόν σου ποιῆσαι σεαυτῷ ὄν. δόξης (14 b)
66. 20. ἄξουσι τοὺς ἀδελφοὺς ὑμῶν ἐκ πάντων (1 b)
Je. 2. 7. ἤγαγον [S εἰσήγ-] ὑμᾶς εἰς τὸν Κάρ. (1 b)
11. 19. ὡς ἀρνίον ἄκακον ἀγόμενον [S^1 -ος] τοῦ θύεσθαι (7)
19. 1. ἄξεις ἀπὸ τῶν πρεσβυτέρων τοῦ λαοῦ –
20. 5. ἄξουσιν αὐτοὺς εἰς Βαβυλῶνα (1 b)
24. 1. ἤγαγεν αὐτοὺς εἰς Βαβυλῶνα (1 b)
25. 9. ἄξω αὐτοὺς εἰς τὴν γῆν ταύτην (1 b)
29 (49). 8. ἤγαγον ἐπ' αὐτὸν ἐν χρόνῳ (1 b)
38 (31). 8. ἐγὼ ἄγω αὐτοὺς ἀπὸ βορρᾶ (1 b)

Je. 42 (35). 2. ἄξεις [A εἰσάξ-] αὐτοὺς εἰς οἶκον (1 *b*)
— 3. A ἤγαγον [B S ἐξήγ-] τὸν Ἰεχονίαν (11 *a*)
47 (40). 1. ἀποικίας Ἰούδα τῶν ἠγμένων [A ἀπαγομένων] εἰς Βαβυλῶνα (2 *e*)
48 (41). 12. ἤγαγον ἅπαν τὸ στρατόπεδον (11 *a*)
50 (43). 10. ἄξω Ναβουχοδονόσορ (11 *a*)
51 (44). 2. S τὰ κακὰ ἃ ἤγαγον [AB ἐπήγ-] ἐπὶ Ἱερουσαλὴμ (1 *b*)
52. 9. ἤγαγον αὐτὸν πρὸς τὸν βασιλέα Βαβ. (18)
— 11. ἤγαγεν αὐτὸν βασιλεὺς Βαβυλῶνος (1 *b*)
— 26. ἤγαγεν αὐτοὺς πρὸς βασιλέα [A τὸν β.] Βαβυλῶνος (3 *b*)
Ba. 1. 9. ἤγαγεν αὐτὸν [A εἰσήγ. αὐτοὺς] εἰς Β.
2. 2. AR τοῦ ἀγαγεῖν ἐφ' ἡμᾶς κακὰ μεγάλα
4. 16. A ἤγαγον [B ἀπήγ-] τοὺς ἀγαπητοὺς τῆς χήρας
5. 6. πεζοὶ ἀγόμενοι ὑπὸ ἐχθρῶν
La. 1. 4. αἱ παρθένοι αὐτῆς ἀγόμεναι (8)
Ep. Je. 1. πρὸς τοὺς ἀχθησομένους αἰχμαλώτους
— 2. ἀχθήσεσθε εἰς Βαβυλῶνα αἰχμάλωτοι
Ez. 7. 24. A ἄξω πονηροὺς ἐθνῶν (1 *b*)
8. 3. ἤγαγέ με εἰς Ἱερουσαλὴμ ἐν ὁράσει θεοῦ (1 *b*)
11. 1. ἤγαγέ με ἐπὶ τὴν πύλην τοῦ οἴκου κυρίου (1 *b*)
— 24. ἤγαγέ με εἰς γῆν Χαλδαίων (1 *b*)
12. 13. ἄξω αὐτὸν εἰς Βαβυλῶνα (1 *b*)
16. 25. A ἤγαγες [B διήγ-] τὰ σκέλη σου παντὶ παρόδῳ (21)
— 40. ἄξουσιν ἐπί σε ὄχλους (18)
17. 12. ἄξῃ [AB -ει] αὐτοὺς πρὸς ἑαυτὸν [R αὐτοὺς] εἰς Βαβυλῶνα (1 *b*)
— 21. A ἄξω αὐτὸν εἰς Βαβυλῶνα (1 *b*)
19. 4. ἤγαγον αὐτὸν ἐν κημῷ εἰς γῆν Αἰγύπτου (1 *b*)
20. 10. ἤγαγον αὐτοὺς εἰς τὴν ἔρημον (1 *b*)
— 35. ἄξω ὑμᾶς εἰς τὴν ἔρημον τῶν λαῶν (1 *b*)
22. 4. ἤγαγες καιρὸν ἐτῶν σου (1 *a*)
27. 26. ἦγόν σε οἱ κωπηλάται σου (1 *b*)
28. 16. ἤγαγέ σε τὸ Χερουβ ἐκ μέσου [A ἐμμέσῳ] λίθων †
30. 18. AB αἱ θυγατέρες αὐτῆς αἰχμάλωτοι ἀχθήσονται [R ἀρθ-] (3 *a*)
● 31. 4. τοὺς ποταμοὺς αὐτῆς ἤγαγε [A *bis*] (3 *a*)
32. 9. ἡνίκα ἂν ἄγω [A ἀγάγω] αἰχμαλωσίαν σου (1 *b*)
38. 17. B τοῦ ἀγαγεῖν [AR ἀναγ-] σε ἐπ' αὐτούς (1 *b*)
40. 2. ἤγαγέ με ἐν ὁράσει θεοῦ εἰς τὴν γῆν (1 *b*)
— 19. ἤγαγέ [A εἰσήγ-] με ἐπὶ βορρᾶν –
— 24. ἤγαγέ [A εἰσήγ-] με κατὰ νότον (3 *b*)
43. 1. ἤγαγέ με ἐπὶ τὴν πύλην τὴν βλέπουσαν (3 *b*)
47. 6. ἤγαγέ [A ἀπήγαγέν] με (3 *b*)
Da. LXX. 1. 3. ἀγαγεῖν αὐτῷ ἐκ τῶν υἱῶν τῶν μεγιστάνων (1 *b*)
3. 13. προσέταξεν ἀγαγεῖν τὸν Σ. Μ. Ἀ. (24)
— 13. οἱ ἄνθρωποι ἤχθησαν πρὸς τὸν βασιλέα (24)
11. 6. εἰς συντέλειαν ἐνιαυτῶν ἄξει αὐτούς (4)
Bel 9. ἤγαγον δὲ τὸν βασιλέα εἰς τὸ εἰδωλεῖον
Da. TH. 3. 13. εἶπεν ἀγαγεῖν τὸν Σ. Μ. Ἀ. (24)
— 13. ἤχθησαν ἐνώπιον τοῦ βασιλέως (24)
5. 3. A ἤχθησαν [B ἠνέχθησαν] τὰ σκεύη (24)
— 13. ἧς ἤγαγεν ὁ βασιλεὺς ὁ πατήρ μου (24)
6. 16. ἤγαγον τὸν Δανιὴλ καὶ ἐνέβαλον (24)
— 24. ἠγάγοσαν [A ἤγαγον] τοὺς ἄνδρας (25)
9. 24. τοῦ ἀγαγεῖν δικαιοσύνην αἰώνιον (1 *b*)
11. 13. ἄξει [A ἄξει] ὄχλον πολύν (25)
I Ma. 4. 59. ἵνα ἄγωνται αἱ [A *om.*] ἡμέραι ἐγκ. [S τοῦ ἐ.]
5. 23. ἤγαγεν εἰς τὴν Ἰουδ. μετ' εὐφροσύνης μεγ.
6. 15. τοῦ ἀγαγεῖν Ἀντίοχον τὸν υἱὸν αὐτοῦ
7. 2. AS ἀγαγεῖν [R ἄγειν] αὐτοὺς αὐτῷ
— 48. ἤγαγον τὴν ἡμέραν ἐκείνην ἡμέραν εὐφρ.
— 49. τοῦ ἄγειν [A ἀγαγεῖν] κατ' ἐνιαυτὸν τὴν ἡμ.
8. 2. καὶ ἤγαγον αὐτοὺς ὑπὸ φόρον
9. 26. καὶ ἦγον αὐτοὺς πρὸς Βακχίδην
— 37. ἄγουσι τὴν νύμφην ἀπὸ Ναδαβάθ
— 58. νῦν οὖν ἄξομεν [S ἄναξον] τὸν Βακχίδην
13. 52. τοῦ ἄγειν τὴν ἡμέραν ταύτην
14. 3. καὶ ἤγαγεν αὐτὸν πρὸς Ἀρσάκην
II Ma. 1. 9. ἵνα ἄγητε τὰς ἡμέρας τῆς σκηνοπηγίας
— 18. μέλλοντες οὖν [A *om.*] ἄγειν . . . τὸν καθαρισμὸν τοῦ ἱεροῦ
— 18. ἵνα καὶ αὐτοὶ ἄγητε τῆς [A *om.*] σκηνοπηγίας
— 19. ὅτε εἰς τὴν Περσικὴν ἤγοντο οἱ πατέρες
2. 12. ὁ Σαλωμὼν τὰς [A *om.*] ὀκτὼ ἡμέρας ἤγαγεν
— 16. μέλλοντες οὖν ἄγειν τὸν καθαρισμόν
— 16. ἄγοντες [A ἄγειν] τὰς ἡμέρας
4. 12. ὑπὸ πέτασον ἦγεν [A ἤγαγεν]
— 18. ἀγομένου δὲ πενταετηρικοῦ ἀγῶνος ἐν Τύρῳ

II Ma. 6. 7. ἤγοντο [A ἦγον] δὲ μετὰ πικρᾶς ἀνάγκης
— 8. ψήφισμα δὲ ἐξέπεσεν . . . ἄγειν καὶ σπλαγχ.
— 11. λεληθότως ἄγειν τὴν ἑβδομάδα
— 29. τῶν δὲ ἀγόντων τὴν . . . εὐμένειαν
7. 7. τὸν δεύτερον ἦγον ἐπὶ τὸν ἐμπαιγμόν
— 18. μετὰ δὲ τοῦτον ἦγον τὸν ἕκτον
— 27. καὶ ἀγαγοῦσαν εἰς τὴν ἡλικίαν ταύτην
8. 33. ἐπινίκια δὲ ἄγοντες ἐν τῇ πατρίδι
— 34. ἐμπόρους ἐπὶ τὴν πρᾶσιν τῶν Ἰουδ. ἀγαγών
10. 6. μετ' εὐφροσύνης ἦγον ἡμέρας ὀκτώ
— 8. κατ' ἐνιαυτὸν ἄγειν τάσδε τὰς [A τὰς δεκάτας] ἡμέρας
12. 2. καὶ τὰ τῆς [A καὶ τὰς] ἡσυχίας ἄγειν
— 4. A ἀχθέντας [R ἐπισυναχ.] αὐτοὺς ἐβύθισαν
— 12. ἐπεχώρησεν [A ὑπεχ-] εἰρήνην ἄξειν
— 35. λαβόμενος τῆς χλ. ἦγεν αὐτὸν εὐρώστως
— 38. ἀναλαβὼν τὸ στράτ. ἦγεν [A διῆγεν]
13. 4. προσαπολέσαι ἀγαγόντας αὐτόν [A *om.*]
15. 3. ὁ προστεταχὼς ἄγειν τὴν τῶν σαββ. ἡμ.
III Ma. 2. 28. εἰς . . . οἰκετικὴν διάθεσιν ἀχθῆναι
3. 14. κατὰ λόγον ἐπ' ἄριστον [A ἐπὶ] τέλος ἀχθείσης
4. 5. ἤγετο γεραιῶν πλῆθος πολιᾷ [A γέρων πλήρης πολιᾶς]
— 6. ἀκαλύπτως ἀγόμεναι
— 9. κατήχθησαν . . . ἀγόμενοι σιδηρ. ἀνάγκαις
— 11. τούτων ἐπὶ τὴν λεγομένην σχεδίαν ἀχθέντων
5. 19. τὸ προσταγὲν ἐπὶ τέλος ἠγηοχέναι
— 45. τὰ θηρία . . . εἰς κατάστημα μανιῶδες ἀγηοχώς
6. 30. ἐν εὐφροσύνῃ πάσῃ σωτήρια ἄγειν [A ἀγαγεῖν]
— 36. τὰς προειρημένας ἡμέρας ἄ. ἔστησαν εὐφροσύνους
7. 15. ἤγαγον εὐφροσύνην μετὰ χαρᾶς
— 19. ἔστησαν καὶ ταύτας ἄ. τὰς ἡμέρας
IV Ma. 6. 24. ἐπὶ τὸ πῦρ αὐτὸν ἤγαγον [S ἀνῆγον]
8. 2. ἐκέλευσεν ἄλλους ἐκ τῆς ἡλικίας τῶν Ἑβραίων ἀγαγεῖν
— 3. παρῆσαν ἀγόμενοι μετὰ γεραιᾶς μητρὸς ἑπτὰ ἀδελφοί
● 9. 17. ὥστε μου τὸν λογισμὸν ἆξαι
— 26. ἦγον οἱ δορυφόροι τὸν καθ' ἡλικίαν τοῦ προτέρου [S πρεσβυτέρου] δεύτερον
10. 1. ὁ τρίτος ἤγετο
— 7. εὐθέως ἦγον ἐπὶ τὸν τροχόν
11. 13. ὁ ἕκτος ἤγετο μειρακίσκος
13. 24. A μᾶλλον ἐπ' αὐτοὺς ἤγαγον [SR ἑαυτοὺς ἠγάπων]
18. 20. ἀγαγὼν ἐπὶ τὸν καταπέλτην

[**Aq.** II Ki. 7. 18: Ps. 42 (43). 3: 104 (105). 40: Is. 66. 4.]
[**Sm.** II Ki. 7. 18: 10. 16: IV Ki. 9. 20: Ps. 42 (43). 3: 73 (74). 2: 77 (78). 71: Ec. 3. 22: Is. 51. 20: Ez. 30. 11: Mi. 1. 15.]
[**Th.** IV Ki. 9. 20: Jb. 38. 32: Ps. 42 (43). 3: 39 (46). 7: Ez. 7. 24: Da. 9. 24.]
[**Al.** Ge. 41. 14: Jb. 29. 5.]
[**Quint.** Ps. 42 (43). 3.]

ἀγελαῖος.

II Ma. 14. 23. τοὺς δὲ συναχθέντας ἀ. ὄχλους ἀπέλυσε

ἀγέλη. (1) גְּדֵרָה (2) עֵדֶר (3) שִׁפְעָה

● Ju. 5. 16. B τοῦ ἀκοῦσαι συρισμοῦ ἀγελῶν [A *aliter*] (2)
I Ki. 17. 34. καὶ ἐλάμβανε πρόβατον ἐκ τῆς ἀ. (2)
24. 4. εἰς τὰς ἀ. τῶν ποιμνίων τὰς ἐπὶ τῆς ὁδοῦ (1)
Pr. 27. 23. ἐπιστήσεις καρδίαν σου ταῖς ἀ. (2)
● Ca. 1. 7. ὡς περιβαλλομένη ἐπ' ἀγέλαις ἑταίρων (2)
4. 1. τρίχωμά σου ὡς ἀγέλαι τῶν αἰγῶν (2)
— 2. ὀδόντες σου ὡς ἀγέλαι τῶν κεκαρμένων (2)
6. 4. τρίχωμά σου ὡς ἀγέλαι τῶν αἰγῶν (2)
— 5. ὀδόντες σου ὡς ἀγέλαι τῶν κεκαρμένων (2)
Is. 60. 6. ἥξουσί σοι ἀγέλαι καμήλων (3)
IV Ma. 5. 4. εἷς πρῶτος ἐκ τῆς ἀ. Ἑβραῖος [S *om.*]

[**Aq.** Ca. 6. 5 (6): Is. 32. 14.]
[**Sm.** Ca. 6. 5 (6): Is. 40. 11: Je. 6. 3: 31 (38). 24.]

ἀγεληδόν.

II Ma. 3. 18. οἱ δὲ ἐκ τῶν οἰκιῶν ἀ. ἐξεπήδων
14. 14. συνέμισγον ἀ. τῷ Νικάνορι

ἀγερωχία.

Wi. 2. 9. μηδεὶς ἡμῶν ἄμοιρος ἔστω τῆς ἡμετέρας ἀ.
II Ma. 9. 7. οὐδαμῶς τῆς ἀ. ἔληγεν
III Ma. 2. 3. τοὺς ὕβρει καὶ ἀγερωχίᾳ πράσσοντάς τι

ἀγέρωχος.

III Ma. 1. 25. ἐπειρῶντο τὸν ἀ. αὐτοῦ νοῦν ἐξιστάνειν

ἁγιάζειν. (1) בָּרַר hithp. (2) כָּפַר *a.* pi. *b.* pu. (3) מִקְדָּשׁ (4) נָזִיר (5) נָזַר hi. (6) קָדוֹשׁ (7) קָדַשׁ *a.* qal. *b.* ni. *c.* pi. *d.* pu. *e.* hi. *f.* hithp. (8) קֹדֶשׁ

Ge. 2. 3. ἡγίασεν αὐτήν (7 *c*)
Ex. 13. 2. ἁγίασόν μοι πᾶν πρωτότοκον πρωτογενές (7 *c*)
— 12. A[2] τὰ ἀρσενικὰ ἁγιάσεις [B *om.*] τῷ κ. –
— 12. τὰ ἀρσενικὰ ἁγιάσεις τῷ κυρίῳ –
19. 14. καὶ ἡγίασεν αὐτούς (7 *c*)
— 22. οἱ ἱερεῖς . . . ἁγιασθήτωσαν (7 *f*)
— 23. ἀφόρισαι τὸ ὄρος καὶ ἁγίασαι αὐτό (7 *c*)
20. 8. μνήσθητι τὴν ἡμ. τῶν σαββ. ἁ. αὐτήν (7 *c*)
— 11. καὶ ἡγίασεν αὐτήν (7 *c*)
■ 28. 34. ὅσα ἂν ἁγιάσωσιν οἱ υἱοὶ Ἰσραὴλ παντός (7 *e*)
■ — 37. καὶ ἁγιάσεις αὐτούς (7 *c*)
29. 1. ἁγιάσεις [A ἁγιάσαι] αὐτοὺς ὥστε ἱερ. (7 *c*)
— 21. ἁγιασθήσεται αὐτὸς καὶ ἡ στολὴ αὐτοῦ (7 *a*)
— 27. ἁγιάσεις τὸ στηθύνιον ἀφόρισμα (7 *c*)
— 33. ἔδονται αὐτὰ ἐν οἷς ἡγιάσθησαν ἐν αὐτοῖς (2 *b*)
— 33. τελειῶσαι τὰς χεῖρας αὐτῶν [A *add.* καὶ] ἁγιάσαι αὐτούς (7 *c*)
— 36. καθαριεῖς τὸ θυσ. ἐν τῷ ἁγιάζειν σε ἐπ' αὐτῷ (2 *a*)
— 36. καὶ χρίσεις αὐτὸ ὥστε ἁγιάσαι αὐτό (7 *c*)
— 37. καθαριεῖς τὸ θυσ. καὶ ἁγιάσεις αὐτό (7 *c*)
— 37. πᾶς ὁ ἁπτόμ. τοῦ θυσ. ἁγιασθήσεται (7 *a*)
— 43. ἁγιασθήσομαι ἐν δόξῃ μου (7 *b*)
— 44. ἁγιάσω τὴν σκηνὴν τοῦ μαρτυρίου (7 *c*)
— 44. Ἀ. καὶ τοὺς υἱοὺς αὐτοῦ ἁγιάσω ἱερατεύειν μοι (7 *c*)
30. 29. καὶ ἁγιάσεις αὐτά (7 *c*)
— 29. πᾶς ὁ ἁπτόμενος αὐτῶν ἁγιασθήσεται (7 *a*)
— 30. καὶ ἁγιάσεις αὐτοὺς ἱερατεύειν μοι (7 *c*)
31. 13. ἐγὼ κύριος ὁ ἁγιάζων ὑμᾶς (7 *c*)
40. 6. B πάντα τὰ αὐτῆς ἁγιάσεις κύκλῳ –
— 9. καὶ ἁγιάσεις αὐτήν (7 *c*)
— 10. ἁγιάσεις τὸ θυσιαστήριον (7 *c*)
— 13. χρίσεις αὐτὸν καὶ ἁγιάσεις αὐτόν (7 *c*)
■ Le. 6. 18. πᾶς ὃς ἐὰν ἅψηται αὐτῶν ἁγιασθήσεται (7 *a*)
■ — 27. πᾶς ὁ ἁπτόμενος τῶν κρεῶν αὐτῆς ἁγιασθήσεται (7 *a*)
8. 11. καὶ ἡγίασεν αὐτό (7 *c*?)
— 11. καὶ ἡγίασεν αὐτά (7 *c*)
— 11. καὶ ἡγίασεν αὐτήν –
— 12. καὶ ἡγίασεν αὐτόν (7 *c*)
— 15. καὶ ἡγίασεν αὐτό (7 *c*)
— 30. B[2] καὶ ἡγίασεν Ἀαρὼν καὶ τὰς στολάς (7 *c*)
10. 3. ἐν τοῖς ἐγγίζουσί μοι ἁγιασθήσομαι (7 *b*)
11. 44. ἁγιασθήσεσθε καὶ ἅγιοι ἔσεσθε (7 *f*)
16. 4. χιτῶνα λινοῦν ἡγιασμένον ἐνδύσεται (8)
— 19. ἁγιάσει αὐτὸ ἀπὸ τῶν ἀκαθαρσιῶν (7 *c*)
20. 3. τὸ ὄνομα τῶν ἡγιασμένων μοι (8)
— 8. ἐγὼ κ. [A *add.* ὁ θεὸς ὑμῶν] ὁ ἁγιάζων (7 *c*)
21. 8. AB καὶ ἁγιάσει [R -σεις] αὐτόν (7 *c*)
— 8. ἅγιος ἐγὼ κύριος ὁ ἁγιάζων αὐτούς (7 *c*)
— 12. τὸ ἡγιασμένον τοῦ θεοῦ αὐτοῦ (3)
— 15. ἐγὼ κύριος ὁ ἁγιάζων αὐτόν (7 *c*)
— 23. ὅτι ἐγώ εἰμι κύριος ὁ ἁγιάζων αὐτούς (7 *c*)
22. 2. ὅσα αὐτοὶ ἁγιάζουσί μοι (7 *e*)
— 3. τὰ ἅγια ὅσα ἂν ἁγιάζωσιν οἱ υἱοὶ Ἰσρ. (7 *e*)
— 9. ἐγὼ κύριος ὁ θεὸς ὁ ἁγιάζων αὐτούς (7 *c*)
— 16. ὅτι ἐγὼ κύριος ὁ ἁγιάζων αὐτούς (7 *c*)
— 32. ἁγιασθήσομαι ἐν μέσῳ τῶν υἱῶν Ἰσραήλ (7 *b*)
— 32. ἐγὼ κύριος ὁ ἁγιάζων ὑμᾶς (7 *c*)
25. 10. AB[1] ἁγιάσατε [B[2] -ετε] τὸ ἔτος (7 *c*)
— 11. οὐ τρυγήσετε τὰ ἡγιασμένα αὐτῆς (4)
27. 14. ὃς ἂν ἁγιάσῃ τὴν οἰκίαν αὐτοῦ (7 *e*)
— 15. ἐὰν δὲ ὁ ἁγιάσας αὐτὴν λυτρῶται (7 *e*)
— 16. ἐὰν δὲ . . . ἁγιάσῃ ἄνθρωπος τῷ κ. (7 *e*)
— 17. ἐὰν δὲ . . . ἁγιάσῃ τὸν ἀγρὸν αὐτοῦ (7 *e*)
— 18. ἐὰν δὲ ἔσχατον . . . ἁγιάσῃ τὸν ἀγρόν (7 *e*)
— 19. ἐὰν δὲ λυτρῶται τὸν ἀγρὸν ὁ ἁγιάσας [B[1] ἀγοράσας] αὐτ. (7 *e*)
— 22. ἐὰν δὲ . . . ἁγιάσῃ τῷ κυρίῳ (7 *e*)
Nu. 3. 13. ἡγίασα [A -σας] ἐμοὶ πᾶν πρωτ. (7 *e*)
5. 9. πᾶσα ἀπαρχὴ κατὰ [A καὶ] πάντα τὰ ἁγιαζόμενα (8)
— 10. ἑκάστου [B[1] -ῳ] τὰ ἡγιασμένα αὐτοῦ ἔσται (8)

● = correction on page xxiii ■ = correction on page xxvii

Nu. 6. 11. ἁγιάσει τὴν κεφαλὴν αὐτοῦ (7 c)
— 11. B S ᾗ ἡγιάσθη κυρίῳ [S τῷ κ., A ἡγίασεν κ.] (5)
7. 1. ἔχρισεν αὐτὴν καὶ ἡγίασεν αὐτήν (7 c)
— 1. ἔχρισεν αὐτὰ καὶ ἡγίασεν αὐτά (7 c)
8. 17. ἡγίασα αὐτοὺς ἐμοί (7 e)
16. 16. ἁγίασον τὴν συναγωγήν σου —
■ — 38. ἡγίασαν τὰ πυρεῖα τῶν ἁμαρτωλῶν (7 a)
■ — 38. ὅτι προσην. ἔναντι κ. καὶ ἡγιάσθησαν (7 a)
18. 8. τῶν ἀπ. ἀπὸ πάντων τῶν ἡγιασμένων μοι (8)
— 9. ἀπὸ τῶν ἡγιασμένων ἁγίων τῶν καρπ. (8)
— 29. ἀπὸ πάντων τῶν ἀπαρχῶν τὸ ἡγιασμένον (3)
20. 12. οὐκ ἐπιστεύσατε ἁγιάσαι με (7 e)
— 13. καὶ ἡγιάσθη ἐν αὐτοῖς (7 b)
27. 14. ἐν τῷ ἀντιπ. τὴν συν. [A *add.* τοῦ] ἁγιάσαι με οὐχ ἡγιάσατέ με ἐπὶ τῷ ὕδατι (7 e, –)
Dt. 5. 12. φύλαξαι τὴν ἡμ. τῶν σαββ. ἁγιάζειν (7 c)
— 15. φυλάσσεσθαι τὴν ἡμ. τῶν σαββ. καὶ ἁγιάζειν –
15. 19. τὰ ἀρσενικὰ ἁγιάσεις κυρίῳ τῷ θεῷ σου (7 e)
22. 9. ἵνα μὴ ἁγιασθῇ τὸ γένημα καὶ τὸ σπέρμα (7 a)
32. 51. διότι οὐχ ἡγιάσατέ με ἐν τοῖς υἱοῖς Ἰσρ. (7 c)
33. 3. πάντες οἱ ἡγιασμένοι ὑπὸ τὰς χεῖράς σου (6)
Jo. 7. 13. ἀναστὰς ἁγίασον τὸν λαὸν καὶ εἰπὸν ἁγιασθῆναι (7 c, 7 f)
Jd. 13. 5. A ἡγιασμένον ναζιραῖον ἔσται τῷ θεῷ –
17. 3. ἁγιάζουσα [A ἁγιασμῷ] ἡγίασα [B -κα] τὸ ἀργ. τῷ κ. (7 e, 7 e)
I Ki. 7. 1. τὸν Ἐλ. . . . ἡγίασαν [A ἠνάγκασαν] (7 c)
— 16. ἐν πᾶσι τοῖς ἡγιασμένοις τούτοις †
16. 5. ἁγιάσθητε καὶ εὐφράνθητε μετ' ἐμοῦ (7 f)
— 5. καὶ ἡγίασε τὸν Ἰεσσαὶ καὶ τοὺς υἱούς (7 c)
21. 5. διότι ἁγιασθήσεται σήμερον (7 a)
II Ki. 8. 11. ταῦτα ἡγίασεν ὁ βασ. τῷ κυρίῳ (7 e)
— 11. οὗ ἡγίασεν ἐκ πασῶν τῶν πολ. (7 e)
11. 4. αὕτη ἁγιαζομένη ἀπὸ ἀκαθαρσίας αὐτῆς (7 f)
III Ki. 8. 8. ὑπερεῖχον τὰ ἡγιασμένα †
— 8. ἐνεβλέποντο αἱ κεφαλαὶ τῶν ἡγιασμένων †
— 64. ἡγίασεν ὁ βασιλεὺς τὸ μέσον τῆς αὐλῆς (7 c)
9. 3. ἡγίακα [A -σα] τὸν οἶκον τοῦτον ὃν ᾠκοδ. (7 e)
— 7. τὸν οἶκον τοῦτον ὃν ἡγίασα τῷ ὀνόματί μου [A σου] (7 e)
IV Ki. 10. 20. ἁγιάσατε ἱερείαν τῷ Βάαλ (7 c)
12. 18. πάντα τὰ ἅγια ὅσα ἡγίασεν Ἰωσ. (7 e)
I Ch. 18. 11. καὶ ταῦτα ἡγίασε Δαυὶδ τῷ κυρίῳ (7 e)
23. 13. διεστάλη Ἀαρὼν τοῦ ἁγιασθῆναι ἅγια ἁγίων (7 e)
26. 26. τῶν θησαυρῶν τῶν ἁγίων οὓς ἡγίασε Δ. (7 e)
— 27. ἡγίασεν ἀπ' αὐτῶν τοῦ μὴ καθυστερ. (7 e)
— 28. πᾶν ὃ ἡγίασαν [B -σεν] διὰ χειρὸς Σ. (7 e)
II Ch. 2. 4. ἁγιάσαι αὐτὸν αὐτῷ τοῦ θυμιᾶν (7 e)
5. 11. πάντες οἱ ἱερεῖς οἱ εὑρεθέντες ἡγιάσθησαν (7 f)
7. 7. ἡγίασε Σαλωμὼν τὸ μέσον τῆς αὐλῆς (7 c)
— 16. ἐξελεξάμην καὶ ἡγίακα τὸν οἶκον τοῦτον (7 e)
— 20. τὸν οἶκον τοῦτον ὃν ἡγίασα τῷ ὀνόμ. μου (7 e)
26. 18. τοῖς ἱερεῦσιν υἱοῖς [A τοῖς υἱ.] Ἀ. τοῖς ἡγιασμένοις θῦσαι [A θυμιᾶσαι] (7 d)
29. 33. οἱ ἡγιασμένοι μόσχοι ἑξακόσιοι (8)
30. 8. τὸ ἁγίασμα αὐτοῦ ὃ ἡγίασεν εἰς τὸν αἰῶνα (7 e)
31. 6. καὶ ἡγίασαν τῷ κυρίῳ θεῷ αὐτῶν (7 d)
— 18. A ὅτι ἐν πίστει ἡγίασαν τὸν [B ἥγνισαν τὸ] ἅγιον (7 f)
35. 3. τοῦ ἁγιασθῆναι αὐτοὺς τῷ κυρίῳ (6)
I Es. 1. 3. ἁγιάσαι ἑαυτοὺς τῷ κυρίῳ
— 49. τὸ ἱερὸν τοῦ κ. τὸ ἁγιαζόμενον [A -ασθέν]
5. 52. ἑορτῶν πασῶν ἡγιασμένων
II Es. 3. 5. εἰς πάσας ἑορτὰς κυρίῳ [B *om.*, R τῷ κ.] τὰς ἡγιασμένας (7 d)
Ne. 3. 1. ἡγίασαν αὐτὴν καὶ ἔστησαν θύρας (7 c)
— 1. ἡγίασαν ἕως πύργου Ἀναμεήλ (7 c)
12. 47. ἁγιάζοντες τοῖς Λευίταις καὶ οἱ Λευῖται ἁγιάζοντες τοῖς υἱοῖς Ἀαρών (7 e, 7 e)
13. 22. ἁγιάζειν τὴν ἡμέραν τοῦ σαββάτου (7 c)
Tb. 1. 4. ἡγιάσθη ὁ ναὸς τῆς κατασκηνώσεως
Ju. 4. 3. ἐκ τῆς βεβηλώσεως ἡγιασμένα ἦν
6. 19. ἐπὶ τὸ πρόσωπον τῶν ἡγιασμένων σοι
9. 13. κατὰ τῆς διαθήκης σου καὶ οἴκου ἡγιασμένου
11. 13. διεφύλαξαν ἁγιάσαντες τοῖς ἱερεῦσι
Ps. 45 (46). 4. ἡγίασε τὸ σκήνωμα αὐτοῦ ὁ ὕψιστος (6)
Pr. 20. 25. παγὶς ἀνδρὶ ταχύ τι τῶν ἰδίων ἁγιάσαι (8)
Si. 14. 16. S^2 ἁγίασον [A ἀπότισον, S^1 ἀπαίτησον, B ἀπάτησον] τὴν ψυχήν σου
32 (35). 9. ἐν εὐφροσύνῃ ἁγίασον δεκάτην
33 (36). 4. ὥσπερ ἐνώπιον αὐτῶν ἡγιάσθης [S^1 ἐθαυμάσθης] ἐν ἡμῖν

Si. 36 (33). 9. ἀπ' αὐτῶν ἀνύψωσε καὶ ἡγίασε
— 12. ἐξ αὐτῶν ἡγίασε καὶ πρὸς αὐτὸν ἤγγισεν
45. 4. ἐν πίστει . . . αὐτοῦ [A αὐτὸν] ἡγίασεν
49. 7. αὐτὸς ἐν μήτρᾳ ἡγιάσθη προφήτης
Am. 2. 12. ἐποτίζετε τοὺς ἡγιασμένους οἶνον (4)
Jl. 1. 14. ἁγιάσατε νηστείαν, κηρύξατε θεραπείαν (7 c)
2. 15. ἁγιάσατε νηστείαν, κηρύξατε θεραπείαν (7 c)
— 16. ἁγιάσατε ἐκκλησίαν (7 c)
■ 3. 9. ἁγιάσατε πόλεμον, ἐξεγείρατε τοὺς μαχητάς (7 c)
Ze. 1. 7. ἡγίακε [A -σεν] τοὺς κλητοὺς αὐτοῦ (7 e)
Hg. 2. 13. ἐὰν λάβῃ ἄνθρωπος κρέας ἅγ. . . . εἰ [S^2 *om.*] ἁγιασθήσεται (7 a)
Is. 8. 13. κύριον αὐτὸν ἁγιάσατε (7 e)
10. 17. ἁγιάσει αὐτὸν [A -ὁ] ἐν πυρὶ καιομένῳ (6)
13. 3. A B S ἡγιασμένοι εἰσίν (7 d)
29. 23. ἁγιάσουσι τὸ ὄνομά μου καὶ ἁγ. τὸν ἅγιον Ἰακώβ (7 e, 7 e)
49. 7. ἁγιάσατε τὸν φαυλίζοντα τὴν ψυχήν (6)
Je. 1. 5. πρὸ τοῦ σε ἐξελθεῖν ἐκ μήτρας ἡγίακά σε (7 e)
17. 22. ἁγιάσατε τὴν ἡμέραν τῶν σαββάτων (7 c)
— 24. A B S^2 ἁ. τὴν ἡμέραν τῶν σαββάτων (7 c)
— 27. τοῦ ἁ. τὴν ἡμέραν τῶν σαββάτων (7 c)
28 (51). 27. ἁγιάσατε ἐπ' αὐτὴν [S^1 -ῇ] ἔθνη (7 c)
Ez. 20. 12. ἐγὼ κύριος ὁ ἁγιάζων αὐτούς (7 c)
— 20. τὰ σάββατά μου ἁγιάζετε (7 c)
— 41. ἁγιασθήσομαι ἐν ὑμῖν κατ' ὀφθαλμούς (7 b)
28. 22. ἁγιασθήσομαι ἐν σοί (7 b)
— 25. ἁγιασθήσομαι ἐν αὐτοῖς (7 b)
36. 23. ἁγιάσω τὸ ὄνομά μου τὸ μέγα [A ἅγιον] (7 c)
— 23. ἐν τῷ ἁγιασθῆναί με ἐν ὑμῖν (7 b)
37. 28. ἐγώ εἰμι κύριος ὁ ἁγιάζων αὐτούς (7 c)
38. 16. ἐν τῷ ἁγιασθῆναί με ἐν σοί (7 b)
— 23. μεγαλυνθήσομαι καὶ ἁγιασθήσομαι (7 f)
39. 27. ἁγιασθήσομαι ἐν αὐτοῖς (7 b)
44. 19. οὐ μὴ ἁγιάσωσι τὸν λαὸν ἐν ταῖς στολαῖς (7 c)
— 24. τὰ σάββατά μου ἁγιάσουσι (7 c)
46. 20. τοῦ ἁγιάζειν τὸν λαόν (7 c)
47. 11. A οὐ μὴ ἁγιάσωσιν [B ὑγ.] †
48. 11. τοῖς ἡγιασμένοις υἱοῖς Σαδδούκ (7 d)
Da. LXX. 4. 19. τοῦ λαοῦ τοῦ ἡγιασμένου –
12. 10. ἕως ἂν πειρασθῶσι καὶ ἁγιασθῶσι (1 ?)
Da. TH. 12. 7. A διασκορπισμὸν λαοῦ ἡγιασμ. (8)
— 10. καὶ ἁγιασθῶσι [B^1 *om.* κ. ἁ.] πολλοί (1 ?)
I Ma. 4. 48. καὶ τὰς αὐλὰς ἡγίασαν [A -σεν]
II Ma. 1. 25. ὁ ποιήσας τοὺς πατέρας ἐκλεκτοὺς καὶ ἁγιάσας αὐτούς
III Ma. 2. 9. ἁγιάσας [A ἡγ.] τὸν τόπον τοῦτον εἰς ὄνομά σοι [A σὸν ὄ.]
— 16. ἡγίασας τὸν τόπον τοῦτον
6. 3. ἔπιδε . . . ἐπὶ ἡγιασμένου τέκνα Ἰακὼβ, μερίδος ἡγιασμένης σου λαόν
IV Ma. 17. 19. πάντες οἱ ἡγιασμένοι ὑπὸ τὰς χεῖρας
— 20. οὗτοι ἁγιασθέντες διὰ θεὸν [S *om.*] τετίμηνται

[Aq. Ex. 19. 10: 29. 1: Le. 8. 10: 24. 9 (*ter*): 27. 26: De. 12. 26: III Ki. 6. 16 (*bis*): Ps. 3. 5: 5. 8: 27 (28). 2: 28 (29). 2: 29 (30). 5: 32 (33). 21: 59 (60). 8: 67 (68). 6: 73 (74). 3: 76 (77). 14: 86 (87). 1: 109 (110). 3: 150. 1: Pr. 20. 25: Is. 13. 3: 23. 18: 30. 29: 66. 17: Je. 6. 4: Da. 9. 24 (*bis*).]
[Sm. Ex. 19. 10: 29. 1: Le. 27. 26: Nu. 18. 9: Is. 8. 13: 29. 23 (*bis*): 30. 29: 66. 17.]
[Th. Ex. 19. 10: 29. 1: Le. 27. 26: Is. 30. 29: 66. 17.]
[Hebr. Ex. 40. 11 (9).]
[Al. Ps. 133 (134). 2: Je. 22. 7.]

ἁγίασμα. (1) מָעוֹן (2) מִקְדָּשׁ (3) נָזִיר (4) נָזַר ni. (5) נֵזֶר (6) עֹז (7) קֹדֶשׁ

Ex. 15. 17. ἁ., κύριε, [B^1 *om.* ἁ. κ.] ὃ ἡτοίμασαν (2)
25. 7. καὶ ποιήσεις μοι ἁ. (2)
■ 28. 32. ἐκτύπωμα σφραγῖδος, Ἁ. κυρίου (7)
36. 6. ἐπιθήσεις τὸ πέταλον τὸ ἁ. ἐπὶ τὴν μίτραν (7)
— 34. ἁ. γάρ ἐστι (7)
30. 32. ἅγιόν ἐστι καὶ ἁ. ἔσται ὑμῖν (7)
— 37. ἁ. ἔσται ὑμῖν κυρίῳ (7)
36. 39 (39. 30). γράμματα ἐκτετυπωμένα [A τὰ γρ. ἐντ.] σφραγῖδος, Ἁ. κυρίῳ (7)
Le. 16. 4. A ἁ. ἐστιν [B ἱμάτια ἁγιά ἐστι] (7)
25. 5. τὴν σταφυλὴν τοῦ ἁ. σου οὐκ ἐκτρυγήσεις (3)
I Ch. 22. 19. οἰκοδομήσατε ἁγίασμα τῷ [A κυρίῳ τῷ] θ. (2)
28. 10. οἰκοδομῆσαι αὐτῷ οἶκον εἰς ἁ. (2)
II Ch. 20. 8. ᾠκοδόμησαν ἐν αὐτῇ ἁ. τῷ ὀνόματι (2)
26. 18. ἔξελθε ἐκ τοῦ ἁ. ὅτι ἀπέστης ἀπὸ κ. (2)
30. 8. εἰσέλθετε [A B -ατε] εἰς τὸ ἁ. αὐτοῦ (2)

II Ch. 36. 15. φειδόμενος . . . τοῦ ἁ. αὐτοῦ (1)
— 17. ἀπέκτεινε . . . ἐν οἴκῳ ἁγιάσματος αὐτοῦ (2)
I Es. 8. 78. ἐν τῷ τόπῳ ἁγιάσματός [A τοῦ ἁ.] σου
II Es. 9. 8. ἐν τόπῳ ἁγιάσματος αὐτοῦ (7)
Ju. 5. 19. κατέσχον τὴν Ἱερουσαλὴμ οὗ τὸ ἁ. αὐτῶν
Ps. 77 (78). 54. εἰσήγαγεν αὐτοὺς εἰς ὄρος ἁγιάσματος αὐτοῦ (7)
— 69. ᾠκοδόμησεν ὡς μονοκερώτων [S^2 -ος] τὸ ἁ. αὐτοῦ (2)
88 (89). 39. ἐβεβήλωσας εἰς τὴν γῆν τὸ ἁ. αὐτοῦ (5)
92 (93). 5. τῷ οἴκῳ σου πρέπει ἁγίασμα, κύριε (7)
95 (96). 6. ἁγιωσύνη καὶ μεγαλ. ἐν τῷ ἁ. αὐτοῦ (2)
113 (114). 2. ἐγενήθη Ἰουδαία ἁγίασμα αὐτοῦ (7)
131 (132). 8. ἀνάστηθι, κύριε . . . σὺ καὶ ἡ κιβωτὸς τοῦ ἁ. σου (6)
— 18. ἐπὶ δὲ αὐτὸν ἐξανθήσει τὸ ἁ. μου (5)
Si. 36. 18 (13). οἰκτείρησον πόλιν ἁγιάσματός σου
45. 12. ἐκτύπωμα σφραγῖδος ἁγιάσματος
47. 10. ἀπὸ πρωΐ [A S πρωΐας] ἠχεῖν τὸ ἁ.
— 13. ἵνα . . . ἑτοιμάσῃ ἁγίασμα εἰς τὸν αἰῶνα
49. 6. ἐνεπύρισαν ἐκλεκτὴν πόλιν ἁγιάσματος
50. 11. ἐδόξασε περιβολὴν ἁγιάσματος
Am. 7. 13. ὅτι ἁγίασμα βασιλέως ἐστί (2)
Za. 7. 3. εἰσελήλυθεν ὧδε ἐν τῷ μηνὶ τῷ π. τὸ ἁ. (4)
Is. 8. 14. ἔσται σοι εἰς ἁ. (2)
63. 19. A οἱ ὑπεναντίοι ἡμῶν κατεπ. τὸ ἁ. μου (2)
Je. 17. 12. θρόνος δόξης ὑψωμένος, ἁ. ἡμῶν (2)
38 (31). 40. ἁ. τῷ κυρίῳ καὶ οὐκέτι οὐ μὴ ἐκλίπῃ (7)
La. 1. 10. ἔθνη εἰσελθόντα εἰς τὸ ἁ. αὐτῆς (2)
2. 7. ἀπετίναξεν ἁ. αὐτοῦ (2)
— 20. ἀποκτενεῖς ἐν ἁγιάσματι κυρίου ἱερέα (2)
Ez. 11. 16. ἔσομαι αὐτοῖς εἰς ἁγίασμα μικρόν (2)
20. 40. τὰς ἀπαρχὰς . . . ἐν πᾶσι τοῖς ἁ. ὑμῶν (7)
45. 2. ἔσται ἐκ τούτου ἁγιάσματα [A εἰς ἁγίασμα] (7)
— 3. ἐν αὐτῇ ἔσται τὸ ἁ. [B ἔσται ἅγια] τῶν ἁγίων (2 ?, 7 ?)
48. 21. ἔσται . . . τὸ ἁ. τοῦ οἴκου ἐν μέσῳ αὐτῆς (2)
Da. TH. 9. 17. ἐπὶ τὸ ἁ. σου τὸ ἔρημον (2)
11. 31. τὸ ἁ. τῆς δυναστείας [A δυνάμεως] (2)
I Ma. 1. 21. εἰσῆλθον εἰς τὸ ἁ. ἐν ὑπερηφανείᾳ
— 36. ἐγένετο εἰς ἔνεδρον τῷ ἁ.
— 37. ἐξέχεαν αἷμα ἀθῷον κύκλῳ τοῦ ἁ. καὶ ἐμόλυναν τὸ ἁ. ●
— 39. τὸ ἁ. αὐτῆς ἠρημώθη ὡς ἔρημος
— 43. A^2 ἐβεβήλωσαν τὸ ἁ. [S R σάββατον]
— 45. κωλῦσαι . . . σπονδὴν ἐκ τοῦ ἁ.
— 46. καὶ μιᾶναι ἁ. καὶ ἁγίους
2. 7. τὸ ἁ. ἐν χειρὶ ἀλλοτρίων
3. 45. καὶ τὸ ἁ. καταπατούμενον
4. 38. καὶ ἴδον τὸ ἁ. [A *add.* ἡμῶν] ἠρημωμένον
5. 1. ἐνεκαινίσθη τὸ ἁ. ὡς τὸ πρότερον
6. 7. τὸ ἁ. καθὼς τὸ πρότερον ἐκύκλωσαν τείχεσιν
— 26. τοῦ καταλαβέσθαι αὐτὴν καὶ τὸ ἁ.
— 51. παρενέβαλεν ἐπὶ τὸ ἁ. ἡμέρας πολλάς

[Aq. Ps. 23 (24). 3: 77 (78). 69: Je. 51 (28). 51: Ez. 21. 2 (7).]
[Sm. Nu. 18. 1: Ps. 67 (68). 36: 72 (73). 17: 77 (78). 69: Is. 8. 14: 64. 11 (10): Je. 51 (28). 51: Ez. 21. 2 (7): 48. 10.]
[Th. Ps. 23 (24). 3: Je. 51 (28). 51: Ez. 21. 2 (7): Da. 12. 7.]
[Al. Le. 16. 33: 21. 12: Is. 63. 18.]

ἁγιασμός. (1) מִקְדָּשׁ (2) מַרְגּוֹעַ (3) נָזִיר (4) קָדַשׁ hi. (5) קֹדֶשׁ

Jd. 17. 3. A ἁγιασμῷ [B ἁγιάζουσα] ἡγίασα [B -κα] τὸ ἀργύριον (4)
Si. 7. 31. δὸς τὴν μερίδα αὐτῷ . . . θυσίαν ἁγιασμοῦ
17. 10. ὄνομα ἁγιασμοῦ αἰνέσουσιν
Am. 2. 11. ἔλαβον . . . ἐκ τῶν νεανίσκων ὑμῶν εἰς ἁ. (3)
Je. 6. 16. A ἁγιασμὸν [B S ἁγνισ-] ταῖς ψυχαῖς ὑμῶν (2)
Ez. 22. 8. B ἁγιασμὸν ἐξουδένουν [A R τὰ ἅγιά μου ἐξουθ-] (5)
45. 4. εἰς οἴκους ἀφωρισμένους τῷ ἁ. αὐτῶν (1)
II Ma. 2. 17. ἀποδοὺς . . . καὶ τὸ ἱεράτευμα καὶ τὸν ἁ.
14. 36. ἅγιε παντὸς ἁγιασμοῦ κύριε
III Ma. 2. 18. κατεπατήσαμεν τὸν οἶκον τοῦ ἁ.

[Aq. De. 33. 2: Ez. 9. 6.]
[Sm. Ex. 15. 11: Ps. 29 (30). 5: 76 (77). 14: 131 (132). 18: Ez. 9. 6: 28. 18.]
[Th. Ez. 9. 6.]
[Quint. Ps. 88 (89). 36.]

● = correction on page xxiii ■ = correction on page xxvii

ἁγιαστήριον. (1) מִקְדָּשׁ (2) נָאָה

Le. 12. 4. εἰς τὸ ἁ. οὐκ εἰσελεύσεται (1)
Ps. 72 (73). 17. ἕως εἰσέλθω εἰς τὸ ἁ. τοῦ θεοῦ (1)
73 (74). 7. ἐνεπύρισαν ἐν πυρὶ τὸ ἁ. σου (1)
82 (83). 12. **A S** κληρονομήσωμεν ἑαυτοῖς τὸ ἁ. [**B** θυσιαστήριον] τοῦ θεοῦ (2)

ἁγιαστία.

IV Ma. 7. 9. τὴν ἁγ. σεμνολογήσας

ἅγιος. (1) אֱלוֹהַּ (2) ἡ στολὴ ἡ ἁ. בַּד (3) בָּרַר hi. (4) זְבוּל (5) טָהוֹר (6) מִקְדָּשׁ (7) נָזִיר (8) נֵזֶר (9) צָבָא (10) צוּר (11) צָפַן (12) קָדוֹשׁ (13) קַדִּישׁ (14) קָדַשׁ *a.* pi. *b.* hi. *c.* hithp. (15) קֹדֶשׁ (16) שָׁגַב ni. (17) אָרוֹן (18) טוֹב (19) מָקוֹם (20) גָּדוֹל (21) יַתִּיר

Ex. 3. 5. ὁ γὰρ τόπος . . . γῆ ἁγία ἐστί (15)
12. 16. ἡ ἡμέρα ἡ πρώτη κληθήσεται [**A** κεκλήσεται] ἁγία (15)
— 16. καὶ ἡ ἡμέρα ἡ ἑβδόμη κλητὴ ἁ. ἔσται (15)
15. 11. δεδοξασμένος ἐν ἁγίοις (15)
— 13. εἰς κατάλυμα ἅγιόν σου (15)
16. 23. σάββατα ἀνάπαυσις ἁγία τῷ κυρίῳ (15)
19. 6. βασίλειον ἱεράτευμα καὶ ἔθνος ἅ. (12)
22. 31. καὶ ἄνδρες ἅ. ἔσεσθέ μοι (15)
23. 22. βασίλειον ἱεράτευμα καὶ ἔθνος ἅ. –
26. 33. ἀνὰ μέσον τοῦ ἁ. καὶ ἀνὰ μέσον τοῦ ἁ. τῶν ἁ. (15 *ter*)
— 34. ἐν τῷ ἁ. τῶν ἁ. (15, 15)
28. 2. στολὴν ἁγίαν Ἀαρὼν τῷ ἀδελφῷ σου (15)
— 3. τὴν στολὴν τὴν ἁ. Ἀαρὼν εἰς τὸ ἅ. (–, 14 *a*)
— 4. στολὰς ἁγίας Ἀαρὼν καὶ τοῖς υἱοῖς αὐτοῦ (15)
■— 23. εἰσιόντι εἰς τὸ ἅ. (15)
■— 26. ὅταν εἰσπορεύηται εἰς τὸ ἅ. ἔναντι [**B** -τίον] κ. –
■— 31. εἰσιόντι εἰς τὸ ἅ. ἔναντι [**B** -τίον] κυρίου (15)
■— 34. ἐξαρεῖ Ἀαρὼν τὰ ἁμαρτήματα τῶν ἁ. (15)
■— 34. ἁγιάσωσιν . . . παντὸς δόματος τῶν ἁ. αὐτῶν (15)
■— 39. πρὸς τὸ θυσιαστήριον τοῦ ἁ. (15)
29. 29. **B** ἡ στολὴ τοῦ ἁ. ἥ ἐστιν Ἀαρών [**A** ἡ στ. Ἀ. ἣ ἔσται τοῦ ἁ.] (15)
— 30. λειτουργεῖν ἐν τοῖς ἁ. (15)
— 31. ἑψήσεις τὰ κρέα ἐν τόπῳ ἁ. (12)
— 33. ἔστι γὰρ ἅγια (15)
— 37. ἔσται τὸ θυσιαστήριον ἅγιον τοῦ ἁ. (15, 15)
30. 10. ἅγιον τῶν ἁ. ἐστὶ κυρίῳ [**A** τῷ κ.] (15, 15)
— 13. κατὰ τὸ δίδραχμον [**A** -μα] τὸ ἅ. (15)
— 24. ἴρεως πεντακοσίους σίκλους τοῦ ἁ. (15)
— 25. ἔλαιον [**A**[1] *om.*] χρίσμα ἅ. (15)
— 25. ἔλαιον χρίσμα ἅ. ἔσται (15)
— 29. καὶ ἔσται ἅγια τῶν ἁ. (15)
— 31. ἔλαιον ἄλειμμα χρίσεως ἅγιον ἔσται τοῦτο ὑμῖν εἰς τὰς γενεὰς ὑμῶν (15)
— 32. ἅγιόν ἐστι καὶ ἁγίασμα ἔσται ὑμῖν (15)
— 35. καθαρὸν ἔργον ἅ. (15)
— 36. ἅγιον τῶν ἁ. ἔσται ὑμῖν θυμίαμα (15, 15)
31. 11. τὸ θυμίαμα τῆς συνθέσεως τοῦ ἁ. (15)
— 14. ἅγιον τοῦτό ἐστι κυρίῳ [**B** -ου] ὑμῖν [**A** ἅ. ἔσται ὑ.] (15)
— 15. ἀνάπαυσις ἁ. τῷ κυρίῳ (15)
35. 2. **A B** ἅγιον [**R** ἅγια] σάββατα (15)
— 18. τὰς στολὰς τὰς ἁ. Ἀαρών (15)
— 18. **A** λειτουργοῦσιν [**B** -γήσουσιν] ἐν αὐταῖς ἐν τῷ ἁ. [**B** *om.* ἐν τ. ἁ.] (15 ?)
— 21. εἰς πάσας τὰς στολὰς τοῦ ἁ. (15)
— 23. **A** καὶ δέρματα ἅ. †
— 35. ποιῆσαι τὰ ἔργα τοῦ ἁ. †
36. 1. ποιεῖν πάντα τὰ ἔργα κατὰ τὰ ἅ. καθήκοντα [**A** τὰ κ.] (15)
— 3. εἰς πάντα τὰ ἔργα τοῦ ἁ. (15)
— 4. οἱ ποιοῦντες τὰ ἔργα τοῦ ἁ. (15)
— 6. εἰς τὰς ἀπαρχὰς τοῦ ἁ. (15)
— 8 (39. 1). τὰς στολὰς τῶν ἁ. (15)
— 38 (39. 30). ἀφόρισμα τοῦ ἁ. (15)
38. 25 (37. 29). τὸ ἔλαιον τῆς χρίσεως [**A** τοῦ χρίσματος] τὸ ἅ. (15)
39. 1 (38. 24). κατὰ πᾶσαν τὴν ἐργασίαν τῶν ἁ. (15)
— 1 (38. 24). κατὰ τὸν σίκλον τὸν ἅ. (15)
— 3 (38. 26). κατὰ τὸν σίκλον τὸν ἅ. (15)
— 13 (1). ὥστε λειτουργεῖν ἐν αὐταῖς ἐν τῷ ἁ. (15)

Ex. 39. 19 (41). **A**[2]**B** τὰς στολὰς τοῦ ἁ. (15)
40. 9. ἁγιάσεις αὐτὴν . . . καὶ ἔσται ἁγία (15)
— 10. ἔσται τὸ θυσ. [**B**[1] *om.*] ἅγιον τῶν ἁ. (15, 15)
— 13. ἐνδύσεις Ἀαρὼν τὰς στολὰς τὰς ἁ. (15)
Le. 2. 3. ἅγιον τῶν ἁγίων ἀπὸ τῶν θυσιῶν κυρίου (15, 15)
— 10. ἅγια τῶν ἁγίων ἀπὸ τῶν καρπ. (15, 15)
4. 6. κατὰ τὸ καταπέτασμα τὸ ἅ. (15)
— 17. κατενώπιον [**A** ἐνώπ.] τοῦ καταπετάσματος τοῦ ἁ. –
5. 15. ἁμάρτῃ ἀκουσίως ἀπὸ τῶν ἁ. κυρίου (15)
— 15. τιμῆς ἀργυρίου σίκλων τῷ σίκλῳ [**A** τοῦ σ.] τῶν ἁ. (15)
— 16. ὃ [**A B**[1] *om.*] ἥμαρτεν ἀπὸ τῶν ἁ. ἀποτίσει (15)
■ 6. 16. ἄζυμα βρωθήσεται ἐν τόπῳ ἁ. (12)
■— 17. ἅγια ἁγίων ἐστίν [**A B**[1] *om.*] (15, 15)
■— 25. ἅγια ἁγίων ἐστίν (15, 15)
■— 26. ἐν τόπῳ ἁ. βρωθήσεται (12)
■— 27. πλυθήσεται ἐν τόπῳ ἁ. (12)
■— 29. ἅγια ἁγίων ἐστὶ κυρίου [**R** -ῳ] (15, 15)
■— 30. ἐξιλάσασθαι ἐν τῷ [**A** τόπῳ] ἁ. (15)
— 31 (7. 1). ἅγια ἁγίων ἐστίν (15, 15)
— 36 (7. 6). ἐν τόπῳ ἁ. ἔδονται αὐτά. ἅγια ἁγίων ἐστίν (12, 15, 15)
8. 9. τὸ πέταλον τὸ χρυσοῦν τὸ καθηγιασμένον ἅγιον (15)
— 31. ἑψήσατε τὰ κρέα . . . ἐν τόπῳ ἁ. –
10. 4. ἐκ προσώπου τῶν ἁ. ἔξω τῆς παρεμβολῆς (15)
— 10. διαστεῖλαι ἀνὰ μέσον τῶν ἁ. καὶ τῶν βεβήλων (15)
— 12. ἅγια ἁγίων ἐστί (15, 15)
— 13. φάγεσθε αὐτὴν ἐν τόπῳ ἁ. (12)
— 14. φάγεσθε ἐν τόπῳ ἁ. (5)
— 17. διατί οὐκ ἐφάγετε . . . ἐν τόπῳ ἁ.; ὅτι γὰρ ἅγια ἁγίων ἐστί (15 *ter*)
— 18. οὐ γὰρ εἰσήχθη τοῦ αἵματος εἰς τὸ ἅ. (15)
— 18. φάγεσθε αὐτὸ ἐν τόπῳ ἁ. (15)
11. 44. ἁγιασθ. καὶ ἅγιοι ἔσεσθε ὅτι ἅ. εἰμι ἐγώ (12, 12)
— 45. ἔσεσθε ἅγιοι ὅτι ἅ. εἰμι ἐγὼ κύριος (12, 12)
● 12. 4. παντὸς ἁ. οὐχ ἅψεται (15)
14. 13. σφάξουσι τὸν ἀμνὸν . . . ἐν τόπῳ ἁ. (15)
— 13. ἅγια ἁγίων ἐστί (15, 15)
16. 2. μὴ εἰσπορευέσθω πᾶσαν ὥραν εἰς τὸ ἅ. (15)
— 3. οὕτως εἰσελεύσεται Ἀαρὼν εἰς τὸ ἅ. (15)
— 4. **B** ἱμάτια ἅ. ἐστι [**A** ἁγίασμά ἐστιν] (15)
— 16. ἐξιλάσεται τὸ ἅ. ἀπὸ τῶν ἀκαθαρσιῶν (15)
— 17. εἰσπορευομένου αὐτοῦ ἐξιλάσασθαι ἐν τῷ ἁ. (15)
— 20. συντελέσει ἐξιλασκόμενος τὸ ἅ. (15)
— 23. εἰσπορευομένου αὐτοῦ εἰς τὸ ἅ. (15)
— 24. λούσεται τὸ σῶμα αὐτοῦ ὕδατι ἐν τόπῳ ἁ. (12)
— 27. ὧν τὸ αἷμα εἰσηνέχθη ἐξιλάσ. ἐν τῷ ἁ. (15)
— 32. τὴν στολὴν τὴν λινῆν, στολὴν ἁ. (15)
— 33. ἐξιλάσεται τὸ ἅ. τοῦ ἁγίου (6, 15)
18. 21. οὐ βεβηλώσεις τὸ ὄνομα τὸ ἅ. (1)
19. 2. ἅγιοι ἔσεσθε ὅτι ἅ. ἐγὼ κ. ὁ θεὸς ὑμῶν (12, 12)
— 8. ὅτι τὰ ἅ. κυρίου ἐβεβήλωσε (15)
— 12. **R** τὸ ὄνομα τὸ ἅ. [**A B** *om.*] τοῦ θεοῦ –
— 24. πᾶς ὁ καρπὸς αὐτοῦ ἅ. αἰνετὸς τῷ κ. (15)
— 30. ἀπὸ τῶν ἁ. μου φοβηθήσεσθε (6)
20. 3. ἵνα μιάνῃ τὰ ἅ. μου (6)
— 7. ἔσεσθε ἅγιοι ὅτι ἅ. [**A** ἅ. εἰμι] ἐγὼ κ. ὁ θεὸς ὑμῶν (12, –)
— 26. ἔσεσθέ μοι ἅγιοι ὅτι ἐγὼ ἅ. εἰμι [**B**[1] *om.*] (12, 12)
21. 6. ἅγιοι ἔσονται τῷ θεῷ αὐτῶν (12)
— 6. δῶρα . . . προσφέρουσι καὶ ἔσονται ἅγιοι (15)
— 7. ἅ. ἐστι κυρίῳ τῷ [**A** *om.*] θεῷ αὐτοῦ (12)
— 8. ἅ. ἔσται ὅτι ἅ. ἐγὼ κύριος ὁ ἁγιάζων (12, 12)
— 12. ἐκ τῶν ἁ. οὐκ ἐξελεύσεται (6)
— 12. τὸ ἅ. ἔλαιον τὸ χριστὸν τοῦ θεοῦ ἐπ' αὐτῷ (8)
— 22. τὰ δῶρα τοῦ θεοῦ τὰ ἅ. τῶν ἁ. καὶ ἀπὸ τῶν ἁ. φάγεται (15 *ter*)
— 23. οὐ βεβηλώσει τὸ ἅ. τοῦ θεοῦ αὐτοῦ (6)
22. 2. ἀπὸ τῶν ἁ. τῶν [**A** *om.*] υἱῶν Ἰσραήλ (15)
— 2. οὐ βεβηλώσουσι τὸ ὄνομα τὸ ἅ. μου (15)
— 3. πᾶς ἄνθρωπος ὃς ἂν προσέλθῃ . . . πρὸς τὰ ἅ. (15)
— 4. τῶν ἁ. οὐκ ἔδεται ἕως ἂν καθαρισθῇ (15)
— 6. οὐκ ἔδεται ἀπὸ τῶν ἁ. (15)
— 7. καὶ τότε φάγεται τῶν ἁ. (15)
— 10. πᾶς ἀλλογενὴς οὐ φάγεται ἅγια· πάροικος ἱερέως ἢ μισθωτὸς οὐ φάγεται ἅγια (15, 15)

Le. 22. 12. **R** αὐτὴ τῶν ἀπαρχῶν ἁγίου [**A** τῶν ἁ., **B** τοῦ ἁ.] οὐ φάγεται (15)
— 14. ἄνθρωπος ὃς ἂν φάγῃ ἅγια κατ' ἄγνοιαν (15)
— 14. δώσει τῷ ἱερεῖ τὸ ἅ. (15)
— 15. οὐ βεβηλώσουσι τὰ ἅ. τῶν υἱῶν Ἰσραήλ (15)
— 16. ἐν τῷ ἐσθίειν αὐτοὺς τὰ ἅ. αὐτῶν (15)
— 32. οὐ βεβηλώσετε τὸ ὄνομα τοῦ ἁ. (15)
23. 2. αἱ ἑορταὶ κ. ἃς καλέσετε αὐτὰς κλητὰς ἁ. (15)
— 3. κλητὴ ἁγία τῷ κυρίῳ (15)
— 4. **A B**[1] καὶ αὗται ἁγίας καλέσατε αὐτάς [**B**[2]**R** κληταὶ ἅ. ἃς καλέσετε αὐ.] (15)
— 7. ἡ ἡμέρα ἡ πρώτη κλητὴ ἁ. ἔσται ὑμῖν (15)
— 8. ἡ ἡμέρα ἡ ἑβδόμη κλητὴ ἁ. ἔσται ὑμῖν (15)
— 20. ἅγια ἔσονται τῷ κυρίῳ (15)
— 21. ἁγία ἔσται ὑμῖν (15)
— 24. κλητὴ ἁγία ἔσται ὑμῖν (15)
— 27. κλητὴ ἁγία ἔσται ὑμῖν (15)
— 35. ἡ ἡμέρα ἡ πρώτη κλητὴ ἁγία (15)
— 36. ἡ ἡμέρα ἡ ὀγδόη κλητὴ ἁγία ἔσται ὑμῖν (15)
— 37. ἑορταὶ κ. [**A** τῷ κ.] ἃς καλέσετε κλητὰς ἁ. (15)
24. 9. φάγονται αὐτὰ ἐν τόπῳ ἁ., ἔστι γὰρ ἅγια τῶν ἁ. τοῦτο αὐτῶν [**A** -ῷ] (12, 15, 15)
25. 12. ἅγιον ἔσται ὑμῖν (15)
26. 2. ἀπὸ τῶν ἁ. μου φοβηθήσεσθε (6)
— 31. ἐξερημώσω τὰ ἅ. ὑμῶν (6)
27. 3. δίδραχμα ἀργυρίου τῷ σταθμῷ τῷ ἁ. (15)
— 9. ἔσται ἅγιον (15)
— 10. ἔσται αὐτὸ καὶ τὸ ἄλλαγμα ἅγια [**A** ἅγιον] (15)
— 14. ὃς ἂν ἁγιάσῃ τὴν οἰκίαν αὐτοῦ ἁ. τῷ κ. (15)
— 21. ἔσται ὁ ἀγρὸς . . . ἅγιος τῷ κυρίῳ (15)
— 23. τὴν τιμὴν . . . ἅγιον [**R** -αν] τῷ κυρίῳ (15)
— 25. πᾶσα τιμὴ ἔσται σταθμίοις ἁ. (15)
— 28. πᾶν ἀνάθεμα ἅγιον ἁγίων ἔσται τῷ κ. (15, 15)
— 30. πᾶσα δεκάτη . . . ἅγιον τῷ κ. (15)
— 32. τὸ δέκατον ἔσται ἅγιον τῷ κ. (15)
— 33. τὸ ἄλλαγμα αὐτοῦ ἔσται ἅγιον (15)
Nu. 3. 28. φυλάσσοντες τὰς φυλακὰς τῶν ἁ. (15)
— 31. τὰ σκεύη τοῦ ἁ. (15)
— 32. φυλάσσειν τὰς φυλακὰς τῶν ἁ. (15)
— 38. φυλάσσοντες τὰς φυλακὰς τοῦ ἁ. (6)
— 47. κατὰ τὸ δίδραχμον τὸ ἅ. λήψῃ (15)
— 50. κατὰ τὸν σίκλον τὸν ἅ. (15)
4. 4. ἅγιον τῶν ἁ. (15, 15)
— 12. ὅσα λειτουργοῦσιν ἐν αὐτοῖς ἐν τοῖς ἁ. (15)
— 15. καλύπτοντες τὰ ἅ. καὶ πάντα τὰ σκεύη τὰ ἅ. [**B**[1] *om.* καὶ . . . ἅ.] (15, 15)
— 15. οὐχ ἅψονται τῶν ἁ. ἵνα μὴ ἀποθάνωσι (15)
— 16. ὅσα ἐστὶν ἐν αὐτῇ ἐν τῷ ἁ. (15)
— 19. πρὸς τὰ ἅ. τῶν ἁ. (15, 15)
— 20. ἰδεῖν ἐξάπινα τὰ ἅ. [**A** τὸ ἅ.] (15)
6. 6. **A B S** ἅ. ἔσται τρέφων κόμην τρίχα κεφαλῆς (12)
— 8. πάσας τὰς ἡμέρας τῆς εὐχῆς αὐτοῦ ἅ. ἔσται κ. (12)
— 20. ἅγιον ἔσται τῷ ἱερεῖ (15)
7. 9. ὅτι τὰ λειτουργήματα τοῦ ἁ. ἔχουσιν (15)
— 13, 19, 25, 31, 37, 43, 49, 55, 61, 67, 73, 79. κατὰ τὸν σίκλον τὸν ἅ. (15)
— 85. **A B** ἐν [**R** σίκλοι ἐν] τῷ σίκλῳ τῷ ἁ. [**B** τῶν ἁ.] (15)
— 86. **A** ἡ θυΐσκη ἐν τῷ σίκλῳ τῶν ἁ. (15)
8. 19. προσεγγίζων πρὸς τὰ ἅ. [**A** *aliter*] (15)
10. 21. οἱ υἱοὶ Καὰθ αἴροντες τὰ ἅ. (6)
15. 40. ἔσεσθε ἅγιοι τῷ θεῷ ὑμῶν (12)
16. 3. πᾶσα ἡ συναγωγὴ πάντες ἅγιοι (12)
— 5. ἔγνω ὁ θεὸς τοὺς ὄντας αὐτ. καὶ τοὺς ἁ. (12)
— 7. ἔσται ὁ ἀνὴρ . . . οὗτος ἅ. (12)
18. 1. λήψεσθε τὰς ἁμαρτίας [**B** ἀπαρχὰς] τῶν ἁ. (6)
— 3. πρὸς τὰ σκεύη τὰ ἅ. . . . οὐ προσελεύσ. (15)
— 5. φυλάξεσθε [**A** -ξετε] τὰς φυλακὰς τῶν ἁ. (15)
— 9. ἀπὸ τῶν ἡγιασμένων ἁ. τῶν καρπωμάτων (15)
— 9. ὅσα ἀποδιδόασί μοι ἀπὸ πάντων τῶν ἁ. (15)
— 10. ἐν τῷ ἁ. τῶν ἁ. φάγεσθε αὐτά (15, 15)
— 10. ἅγια ἔσται σοι (15)
— 16. κατὰ τὸν σίκλον τὸν ἅ. (15)
— 17. ἅγιά ἐστι (15)
— 19. πᾶν ἀφαίρεμα τῶν ἁ. ὅσα ἐὰν ἀφέλωσιν (15)
— 32. τὰ ἅ. τῶν υἱῶν Ἰσραὴλ οὐ βεβηλώσετε (15)
19. 20. ὅτι τὰ ἅ. κυρίου ἐμίανεν (6)
28. 7. ἐν τῷ ἁ. σπείσεις σπονδὴν σίκερα κυρίῳ (15)
— 18. ἡ ἡμέρα ἡ πρώτη ἐπίκλητος ἁγία ἔσται (15)
— 25. ἡ [**R** *om.*] ἡμέρα ἡ ἑβδόμη κλητὴ ἁγία ἔσται ὑμῖν (15)
— 26. ἐπίκλητος ἁγία ἔσται ὑμῖν (15)
29. 1. μιᾷ τοῦ μηνὸς ἐπίκλητος ἁγία ἔσται ὑμῖν (15)
— 7, 12. ἐπίκλητος ἁγία ἔσται ὑμῖν (15)

Nu. 31. 6. τὰ σκεύη τὰ ἅ. (15)
35. 25. ὃν ἔχρισαν αὐτὸν τῷ ἐλαίῳ τῷ ἁ. (15)
Dt. 7. 6. ὅτι λαὸς ἅ. εἶ κυρίῳ τῷ θεῷ σου (12)
12. 26. πλὴν τὰ ἅ. σου ἐὰν [A ἃ ἂν] γένηταί σοι (15)
14. 2, 21. ὅτι λαὸς ἅ. εἶ κυρίῳ τῷ θεῷ σου (12)
23. 14. ἔσται ἡ παρεμβολή σου ἁγία (12)
26. 13. ἐξεκάθαρα τὰ ἅ. [A *add.* μου] (15)
— 15. ἐκ τοῦ οἴκου τοῦ ἁ. σου ἐκ τοῦ οὐρανοῦ (15)
— 19. εἶναί σε λαὸν ἅγιον κυρίῳ τῷ θεῷ σου (12)
28. 9. ἀναστῆσαι σε κύριος [A κ. ὁ θεός σου] ἑαυτῷ λαὸν ἅ. (12)
Jo. 5. 15. ὁ γὰρ τόπος . . . ἅ. ἐστι (15)
6. 18. πᾶν ἀργύριον . . . ἅγιον ἔσται τῷ κυρίῳ (15)
24. 15. λατρεύσομεν κυρίῳ ὅτι ἅγιός ἐστι –
— 19. ὅτι θεὸς [R ὁ θ.] ἅ. ἐστι (12)
Jd. 13. 7. θεοῦ ἅγιον ἔσται [A ναζειραῖον θεοῦ ἐστιν] τὸ παιδ. (7)
16. 17. ἅγιος [A ναζειραῖος] θεοῦ ἐγώ εἰμι (7)
I Ki. 2. 2. οὐκ ἔστιν ἅ. ὡς κύριος (12)
— 2. οὐκ ἔστιν ἅ. πλήν σου [A *aliter*] (10?)
— 10. κύριος ἅ. –
6. 20. ἐνώπιον κυρίου τοῦ θεοῦ [B *om.* κ. τ. θ.] τοῦ ἁ. τούτου (12)
21. 4. ἄρτοι ἅ. εἰσιν [A ἄρτος ἅ. ἐστιν] (15)
III Ki. 6. 16. ἐκ [A ἔσωθεν] τοῦ δαβὶρ εἰς τὸ ἅ. τῶν ἁ. (15, 15)
7. 50. τῶν θυρῶν τοῦ οἴκου τοῦ ἐσωτάτου ἁγίου τῶν [A *om.*] ἁ. (15, 15)
— 51. τὰ ἅ. Δαυὶδ τοῦ πατρὸς αὐτοῦ καὶ πάντα τὰ ἅ. Σαλ. (15, –)
8. 4. τὰ σκεύη τὰ ἅ. (15)
— 6. εἰς τὸ δαβὶρ τοῦ οἴκου εἰς τὰ ἅ. τῶν ἁ. (15, 15)
— 7. τὴν κιβωτὸν καὶ ἐπὶ τὰ ἅ. αὐτῆς ἐπάνωθεν (2)
— 8. ἐκ τῶν ἁ. εἰς πρόσωπον τοῦ δαβίρ (15)
— 10. ὡς ἐξῆλθον οἱ ἱερεῖς ἐκ τοῦ ἁ. (15)
IV Ki. 4. 9. ἄνθρωπος τοῦ θεοῦ ἅ. οὗτος (12)
12. 4. πᾶν τὸ ἀργύριον τῶν ἁ. (15)
— 18. πάντα τὰ ἅ. ὅσα ἡγίασεν Ἰωσαφὰτ καὶ Ἰωράμ . . . καὶ τὰ ἅ. αὐτοῦ (15, 15)
19. 22. εἰς τὸν ἅ. τοῦ Ἰσραήλ (12)
■ I Ch. 6. 49. εἰς πᾶσαν ἐργασίαν ἅγια [A -αν] τῶν ἁ. (15, 15)
9. 29. ἐπὶ πάντα τὰ σκεύη τὰ ἅ. (15)
16. 10. αἰνεῖτε ἐν ὀνόματι ἁγίῳ αὐτοῦ (15)
— 29. προσκυνήσατε κ. [A τῷ κ.] ἐν αὐλαῖς ἁ. αὐτοῦ (15)
— 35. τοῦ αἰνεῖν τὸ ὄνομα τὸ ἅ. σου (15)
22. 19. καὶ σκεύη τὰ ἅ. τοῦ θεοῦ (15)
23. 13. τοῦ ἁγιασθῆναι ἅγια ἁγίων (15, 15)
— 28. ἐπὶ τὸν καθαρισμὸν τῶν πάντων ἁ. (15)
— 32. R καὶ τὴν φυλακὴν τοῦ ἁ. (15)
24. 5. ἄρχοντες τῶν ἁ. καὶ ἄρχοντες κυρίου (15)
26. 26. ἐπὶ πάντων τῶν θησαυρῶν τῶν ἁ. (15)
— 28. ἐπὶ πάντων τῶν ἁ. τοῦ θεοῦ [A *om.*] (14 *b*)
28. 12. τῶν ἀποθηκῶν τῶν ἁ. (15)
29. 3. ἡτοίμακα εἰς τὸν [A *om.*] οἶκον τῶν ἁ. (15)
— 16. οἰκοδομηθῆναι οἶκον τῷ ὀνόματι τῷ ἁ. σου (15)
II Ch. 3. 8. καὶ ἐποίησε τὸν οἶκον τοῦ ἁ. τῶν ἁ. (15, 15)
— 10. καὶ ἐποίησεν ἐν τῷ οἴκῳ τῷ ἁ. τῶν ἁ. Χερουβίμ (15, 15)
4. 22. ἡ θύρα τοῦ οἴκου ἡ ἐσωτέρα εἰς τὰ ἅ. τῶν ἁ. (15, 15)
5. 1. εἰσήνεγκε Σαλωμὼν τὰ ἅ. Δαυὶδ τοῦ πατρός (15)
— 5. πάντα τὰ σκεύη τὰ ἅ. τὰ ἐν τῇ σκηνῇ (15)
— 7. εἰς τὸ δαβὶρ τοῦ οἴκου εἰς τὰ ἅ. τῶν ἁ. (15, 15)
— 9. ἐβλέποντο . . . ἐκ τῶν ἁ. εἰς πρόσωπον τοῦ δαβίρ (17)
— 11. ἐν τῷ ἐξελθεῖν τοὺς ἱερεῖς ἐκ τῶν ἁ. (15)
6. 2. οἶκον τῷ ὀνόματί σου ἅγιόν σοι (4)
8. 11. ἅγιός [B ἀγρός] ἐστιν οὗ εἰσῆλθεν ἐκεῖ (15)
15. 18. εἰσήνεγκε τὰ ἅ. Δαυὶδ τοῦ πατρὸς αὐτοῦ καὶ τὰ ἅ. οἴκου κυρίου τοῦ [R *om.* κ. τ.] θεοῦ (15, 15)
20. 21. B καὶ αἰνεῖν τὰ ἅ. (15)
23. 6. αὐτοὶ εἰσελεύσονται ὅτι ἅγιοί εἰσι (15)
24. 7. καὶ γὰρ τὰ ἅ. οἴκου κυρίου ἐποίησαν ταῖς [A τοῖς] Βααλίμ (15)
29. 5. καὶ ἐκβάλετε τὴν ἀκαθαρσίαν ἐκ τῶν ἁ. (15)
— 7. ὁλοκαυτώματα οὐ προσήνεγκαν ἐν [A *om.*] τῷ ἁ. (15)
— 21. περὶ τῆς βασιλείας καὶ περὶ τῶν ἁ. (6)
30. 19. καὶ οὐ κατὰ τὴν ἁγνείαν τῶν ἁ. (15)
— 24. καὶ τὰ ἅ. τῶν ἱερέων εἰς πλῆθος (14 *c*)
— 27. εἰς τὸ κατοικητήριον τὸ ἅ. αὐτοῦ (15)
31. 14. τὰς ἀπ. κυρίου [B -ῳ] καὶ τὰ ἅ. τῶν ἁ. (15, 15)
II Ch. 31. 18. ἐν πίστει ἥγνισαν τὸ [A ἡγίασαν τὸν] ἅ. (15)
35. 3. ἔθηκαν τὴν κιβωτὸν τὴν ἁ. εἰς τὸν οἶκον (15)
— 6. A τὰ ἅ. [B *om.*] ἑτοιμάσατε τοῖς ἀδ. (14 *c*)
— 13. καὶ τὰ ἅ. ἥψησαν ἐν τοῖς χαλκείοις (15)
— 15. κινεῖσθαι ἀπὸ τῆς λειτουργίας ἁγίων [R τῶν ἁ.] –
I Es. 1. 3. ἐν τῇ θέσει τῆς ἁ. κιβωτοῦ τοῦ κυρίου
— 5. στάντες ἐν τῷ ἁ. [A ἱερῷ] κατὰ τὴν μεριδ.
— 53. περὶ κύκλῳ τοῦ ἁ. αὐτῶν [B *om.*] ἱεροῦ
2. 8. B ἐξήνεγκε τὰ ἅ. [AR ἱερὰ] σκεύη
5. 40. μὴ μετέχειν τῶν ἁ. [A αὐτούς]
7. 5. AR συνετελέσθη ὁ οἶκος ὁ ἅ. [B *om.* ὁ ἅ.]
8. 58. καὶ ὑμεῖς ἅγιοι ἐστὲ τῷ κυρίῳ
— 58. τὰ σκεύη τὰ [A *om.*] ἅ. καὶ τὸ χρυσίον
— 70. ἐπεμίγη τὸ σπέρμα τὸ ἅ. εἰς τὰ ἀλλογενῆ
9. 49. ἡ ἡμέρα αὕτη ἐστὶν ἁγία τῷ κυρίῳ
— 51. ἁγία γὰρ ἡ ἡμέρα τῷ κυρίῳ
— 53. ἡ ἡμέρα αὕτη ἁ., μὴ λυπεῖσθε
II Es. 2. 63. τοῦ μὴ φαγεῖν ἀπὸ τοῦ ἁ. τῶν ἁ. (15, 15)
8. 28. ὑμεῖς ἅγιοι τῷ κ. [A κ. θεῷ] καὶ τὰ σκεύη ἅ. (15, 15)
9. 2. παρήχθη σπέρμα τὸ ἅ. ἐν λαοῖς τῶν γαιῶν (15)
Ne. 7. 65. ἵνα μὴ φάγωσιν ἀπὸ τοῦ ἁ. τῶν ἁ. (15, 15)
8. 9. ἡμέρα ἁ. ἐστὶ κυρίῳ τῷ θεῷ ἡμῶν (12)
— 10. ὅτι ἁ. ἐστὶν ἡ ἡμέρα τῷ κυρίῳ ἡμῶν (12)
— 11. σιωπᾶτε ὅτι ἡμέρα [B ἡ ἡ.] ἁ. (12)
9. 14. τὸ σάββατόν σου τὸ ἅ. ἐγνώρισας αὐτοῖς (15)
10. 31. ἐν σαββάτῳ καὶ ἐν ἡμέρᾳ ἁ. (15)
— 33. καὶ εἰς τὰ ἅ. καὶ τὰ περὶ ἁμαρτίας (15)
— 39. καὶ ἐκεῖ σκεύη τὰ ἅ. (6)
11. 1. καθίσαι ἐν Ἱερουσαλὴμ πόλει τῇ ἁ. (15)
— 18. πάντες οἱ Λ. ἐν τῇ πόλει τῇ ἁ. (15)
Tb. 2. 1. ἥ ἐστιν ἁγία ἑπτὰ [S *om.*] ἑβδομάδων
3. 11. τὸ ὄνομά σου τὸ ἅ. καὶ ἔντιμον [S *om.* τὸ ἅ. καὶ ἔ.]
8. 5. εὐλογητὸν τὸ ὄνομά σου τὸ ἅ. [S *om.* τὸ ἅ.]
— 15. ἐν [A *om.*] πάσῃ εὐλογίᾳ καθαρᾷ καὶ ἁ. [B *om.* κ. κ. ἁ.]
— 15. A B εὐλογείτωσάν σε οἱ ἅ. σου
11. 14. πάντες οἱ ἅ. σου ἄγγελοι [S ἅ. οἱ ἅ. αὐτοῦ]
12. 12. τὸ μνημόσυνον τῆς προσευχῆς ὑμῶν ἐνώπιον τοῦ ἁ.
— 15. εἷς [S *om.*] ἐκ τῶν ἑπτὰ ἁ. [S *om.*] ἀγγέλων
— 15. οἳ προσαναφέρουσι τὰς προσευχὰς τῶν ἁ. [S οἳ παρεστήκασιν]
— 15. καὶ εἰσπορεύονται ἐνώπιον τῆς δόξης τοῦ ἁ. [S δ. κυρίου]
13. 9. Ἱεροσόλυμα πόλις ἁγίου [A -ία]
— 11. S πρὸς τὸ ὄνομα τὸ ἅ. σου [AB *al.*]
— 18. S εὐλογήσουσι τὸ ὄνομα τὸ ἅ.
Ju. 4. 12. τὰ ἅ. εἰς βεβήλωσιν καὶ ὀνειδισμόν
— 13. κατὰ πρόσωπον τῶν ἁ. κυρίου
8. 21. προνομευθήσεται τὰ ἅ. ἡμῶν
— 24. τὰ ἅ. καὶ ὁ οἶκος καὶ τὸ θυσιαστήριον
9. 8. ἐβουλεύσαντο γὰρ βεβηλῶσαι τὰ ἅ. σου
16. 20. ἦν ὁ λαὸς εὐφραινόμενος . . . κατὰ πρόσωπον τῶν ἁ.
Es. 8. 13. S τὴν ἁ. [AB βασιλείαν]
Jb. 5. 1. εἴ τινα ἀγγέλων ἁγίων ὄψῃ (12)
6. 10. οὐ γὰρ ἐψευσάμην ῥήματα ἅγια [A ἐν ῥήματι ἁγίου] θεοῦ μου (12)
15. 15. εἰ κατὰ ἁγίων οὐ πιστεύει (12*)
Ps. 2. 6. Σιὼν ὄρος τὸ ἅ. αὐτοῦ (15)
3. 4. ἐπήκουσέ [A εἰσήκ.] μου ἐξ ὄρους ἁ. (15)
5. 7. προσκυνήσω πρὸς ναὸν ἅ. σου (15)
10 (11). 5. κύριος ἐν ναῷ ἁ. αὐτοῦ (15)
14 (15). 1. τίς κατασκηνώσει ἐν τῷ [A S^{2} *om.*] ὄρει τῷ [S^{2} *om.*] ἁ. σου (15)
15 (16). 3. τοῖς ἁ. τοῖς ἐν τῇ γῇ αὐτοῦ (12)
17 (18). 6. ἤκουσεν ἐκ ναοῦ ἁ. αὐτοῦ φωνῆς μου –
19 (20). 2. ἐξαποστεῖλαι σοι βοήθειαν ἐξ ἁγίου (15)
— 6. ἐπακούσεται αὐτοῦ ἐξ οὐρανοῦ ἁ. αὐτοῦ (15)
21 (22). 3. σὺ δὲ ἐν ἁγίοις [R -ῳ] κατοικεῖς (12)
23 (24). 3. τίς στήσεται ἐν τόπῳ ἁγίῳ αὐτοῦ (15)
26 (27). 4. A ἐπισκέπτεσθαι τὸν ναὸν τὸν ἅ. [B S *om.* τὸν ἅ.] αὐτοῦ –
27 (28). 2. ἐν τῷ αἴρειν με [S^{1} *om.*] χεῖράς μου εἰς [A S^{2} πρὸς] ναὸν ἅ. σου (15)
28 (29). 2. προσκυνήσατε τῷ κ. ἐν αὐλῇ ἁ. (15)
32 (33). 21. ἐν τῷ ὀνόματι τῷ ἁ. αὐτοῦ ἠλπίσ. (15)
33 (34). 9. φοβήθητε τὸν κ. πάντες [S^{1} *om.*] οἱ ἅ. αὐτοῦ (12)
42 (43). 3. ἤγαγόν με εἰς ὄρος ἅγιόν σου (15)
46 (47). 8. ὁ θεὸς κάθηται ἐπὶ θρόνου ἁ. αὐτοῦ (15)
47 (48). 1. ἐν πόλει τοῦ θεοῦ ἡμῶν ἐν [B S^{1} *om.*] ὄρει ἁ. αὐτοῦ (15)
Ps. 50 (51). 11. τὸ πνεῦμα τὸ ἅ. σου μὴ ἀντ. (15)
55 (56). *tit.* τοῦ λαοῦ τοῦ ἀπὸ τῶν ἁ. μεμακρ. †
59 (60). 6. ὁ θεὸς ἐλάλησεν ἐν τῷ ἁ. αὐτοῦ (15)
62 (63). 2. οὕτως ἐν τῷ ἁ. ὤφθην σοι (15)
64 (65). 5. ἅγιος ὁ ναός σου (12)
67 (68). 5. ὁ θεὸς ἐν τόπῳ ἁ. αὐτοῦ (15)
— 17. ἐν Σινὰ ἐν τῷ ἁ. (15)
— 24. τοῦ θεοῦ μου τοῦ βασ. τοῦ ἐν τῷ ἁ. (15)
— 35. S θαυμαστὸς ὁ θεὸς ἐν τοῖς ἁ. [B ὁσίοις] αὐτοῦ (6)
70 (71). 22. ὁ ἅ. τοῦ Ἰσραήλ (12)
73 (74). 3. ὅσα [B^{2} S ὅσας] ἐπονηρεύσατο ὁ ἐχθρὸς ἐν τοῖς ἁ. [S^{2} τῷ ἁ.] σου (15)
76 (77). 13. ὁ θεὸς ἐν τῷ ἁ. ἡ ὁδός σου (15)
77 (78). 41. τὸν ἅ. τοῦ Ἰσραὴλ παρώξυναν (12)
78 (79). 1. ἐμίαναν τὸν ναὸν τὸν ἅ. σου (15)
82 (83). 3. ἐβουλεύσαντο κατὰ τῶν ἁ. σου (11)
86 (87). 1. οἱ θεμέλιοι αὐτοῦ ἐν τοῖς ὄρεσι τοῖς ἁ. (15)
88 (89). 5. τὴν ἀλήθειάν σου ἐν ἐκκλησίᾳ ἁγίων (12)
— 7. ὁ θεὸς ἐνδοξαζόμενος ἐν βουλῇ ἁγίων (12)
— 18. τοῦ ἁ. Ἰσραὴλ βασιλέως ἡμῶν (12)
— 20. ἐν ἐλαίῳ [R ἐλέει] ἁγίῳ [AS^{2} *add.* μου] (15)
— 35. ἅπαξ ὤμοσα ἐν τῷ ἁ. μου (15)
95 (96). 9. ἐν αὐλῇ ἁ. αὐτοῦ (15)
97 (98). 1. ἔσωσεν αὐτῷ . . . ὁ βραχίων ὁ ἅ. αὐτοῦ (15)
98 (99). 3. ὅτι φοβερὸν καὶ ἅ. ἐστι (12)
— 5. ὅτι ἅγιός [A -όν] ἐστι [B S^{1} *om.*] (12)
— 9. προσκυνεῖτε εἰς ὄρος ἅ. αὐτοῦ ὅτι ἅ. κύριος ὁ θεὸς ἡμῶν (15, 12)
101 (102). 19. ἐξέκυψεν ἐξ ὕψους ἁγίου αὐτοῦ (15)
102 (103). 1. τὸ ὄνομα τὸ ἅ. αὐτοῦ (15)
104 (105). 3. ἐν τῷ ὀνόματι τῷ ἁ. αὐτοῦ (15)
— 42. ἐμνήσθη τοῦ λόγου τοῦ ἁ. αὐτοῦ (15)
105 (106). 16. Ἀαρὼν [AS τὸν Ἀ.] τὸν ἅ. κυρίου (12)
— 47. ἐξομολογήσασθαι τῷ ὀνόματί σου τῷ ἁ. (15)
107 (108). 7. ὁ θεὸς ἐλάλησεν ἐν τῷ ἁ. αὐτ. (15)
109 (110). 3. ἐν ταῖς λαμπρότησι τῶν ἁ. σου (15)
110 (111). 9. ἅγιον καὶ φοβερὸν τὸ ὄνομα αὐτ. (12)
133 (134). 2. ἐπάρατε τὰς χεῖρας ὑμῶν εἰς τὰ ἅ. (15)
137 (138). 2. προσκυνήσω πρὸς ναὸν ἅγιόν σου (15)
— 2. τὸ ὄνομα τὸ ἅ. σου –
142 (143). 10. A B S^{1} τὸ πνεῦμά σου τὸ ἅγιον [R ἀγαθὸν] ὁδηγήσει με (18)
144 (145). 21. εὐλογείτω . . . τὸ ὄνομα τὸ ἅ. αὐτοῦ (15)
150. 1. αἰνεῖτε τὸν θεὸν ἐν τοῖς ἁ. αὐτοῦ (15)
Pr. 9. 10. βουλὴ [S^{1} -ημα] ἁγίων σύνεσις (12)
24. 26 (30. 3). γνῶσιν ἁγίων [A^{2} ἀνθρώπων] ἔγνωκα (12)
Ec. 8. 10. εἰς τάφους εἰσαχθέντας, καὶ ἐκ τοῦ ἁ. (12)
Wi. 1. 5. ἅγιον γὰρ πνεῦμα παιδείας [A σοφίας]
5. 5. ἐν ἁγίοις ὁ κλῆρος αὐτοῦ ἐστιν
7. 22. πνεῦμα νοερόν, ἅγιον
9. 8. οἰκοδομῆσαι ναὸν ἐν ὄρει ἁγίῳ σου
— 8. μίμημα σκηνῆς ἁγίας
— 10. ἐξαπόστειλον αὐτὴν ἐξ ἁ. οὐρανῶν
— 17. ἔπεμψας τὸ ἅ. σου πνεῦμα
10. 10. ἔδωκεν αὐτῷ γνῶσιν ἁγίων
— 20. ὕμνησαν, κύριε, τὸ ὄνομα τὸ ἅ. σου
11. 1. ἐν χειρὶ προφήτου ἁγίου [A προφητῶν ἁγίων]
12. 3. τοὺς παλ. οἰκήτορας τῆς ἁ. σου γῆς
17. 2. καταδυναστεύειν ἔθνος ἅγιον
18. 9. κινδύνων μεταλήψεσθαι τοὺς ἁ.
Si. 4. 14. οἱ λατρεύοντες αὐτῇ λειτουργήσουσιν ἁγίῳ
7. 31. ἀπαρχὴν ἁγίων [B *om.*]
16. 9. S^{2} ἐπὶ πλήθει ἁγίων οὐ παρεκλήθη
23. 9. ὀνομασίᾳ τοῦ ἁ. [A S^{2} ὑψίστου] μὴ συνεθ.
24. 10. ἐν σκηνῇ ἁ. ἐνώπιον αὐτοῦ
26. 17. λύχνος ἐκλάμπων ἐπὶ λυχνίας ἁ.
42. 17. οὐκ ἐνεποίησε τοῖς ἁ. κύριος [S -ίου]
43. 10. ἐν λόγοις ἁγίου [B -ίοις] στήσονται
45. 2. ὡμοίωσεν αὐτὸν δόξῃ [A S ἐν δ.] ἁγίων
— 6. Ἀαρὼν ὕψωσεν [S ἀνύψ.] ἅγιον ὅμοιον αὐτῷ
— 10. στολῇ [S στήλῃ] ἁγίᾳ χρυσῷ καὶ ὑακίνθῳ
— 15. ἔχρισεν αὐτὸν ἐν ἐλαίῳ ἁ.
— 24. προστάτην ἁγίων καὶ λαῷ [S^{2} λαοῦ] αὐτοῦ
47. 8. ἔδωκεν ἐξομολόγησιν ἁγίῳ ὑψίστῳ
— 10. ἐν τῷ αἰνεῖν αὐτοὺς τὸ ἅ. ὄνομα αὐτοῦ [S σου]
48. 12. A ἐπλήσθη πνεύματος ἁ. [B S ἐνεπλήσθη πν. αὐτοῦ]
— 20. καὶ ὁ ἅ. ἐξ οὐρανοῦ ταχὺ ἐπήκουσεν αὐτῶν
49. 12. ἀνύψωσαν λαὸν [A ναὸν] ἅγιον κυρίῳ
50. 11. ἐν ἀναβάσει θυσιαστηρίου ἁγίου
Ho. 11. 9. θεὸς ἐγώ εἰμι καὶ οὐκ ἄνθρωπος ἐν σοὶ ἅγιος (12)

■ = correction on page xxvii

■ Ho. 11. 12. καὶ λαὸς ἅγιος κεκλήσεται [A κληθήσ.] θεοῦ (12)
Am. 4. 2. ὀμνύει κύριος κατὰ τῶν ἁγίων αὐτοῦ (15)
Mi. 1. 2. κύριος ἐξ οἴκου ἁγίου αὐτοῦ (15)
Jl. 2. 1. κηρύξατε ἐν ὄρει ἁγίῳ μου (15)
■ 3. 17. ὁ κατασκηνῶν ἐν Σ. ὄρει [B S ἐν ὄ.] ἁγίῳ μου καὶ ἔσται Ἰ. ἁγία (15, 15)
Ob. 1. 16. ὃν τρόπον ἔπιες ἐπὶ τὸ ὄρος τὸ ἅ. μου (15)
— 17. ἔσται σωτηρία [A S[3] ἡ σ.] καὶ ἔσται ἅγιον (15)
Jn. 2. 5. τοῦ ἐπιβλ. πρὸς ναὸν [B S τὸν ν.] τὸν ἅ. σου (15)
— 8. ἔλθοι πρὸς σὲ ... εἰς ναὸν ἅ. [R τὸν ἅ.] σου (15)
Hb. 1. 12. οὐχὶ σὺ ἀπ' ἀρχῆς κ. ὁ θ. ὁ ἅγιός μου (12)
2. 20. ὁ δὲ κύριος ἐν ναῷ ἁγίῳ αὐτοῦ (15)
3. 3. ὁ θεὸς ἐκ Θ. ἥξει καὶ ὁ ἅ. ἐξ ὄρους Φ. (12)
Ze. 3. 4. οἱ ἱερεῖς αὐτῆς βεβηλοῦσι τὰ ἅ. [S[1] om. τὰ ἅ.] (15)
— 11. ἐπὶ τὸ ὄρος τὸ ἅγιόν μου (15)
Hg. 2. 13. ἐὰν λάβῃ ἄνθρωπος κρέας ἅγιον (15)
■ Za. 2. 12. τὴν μερίδα αὐτοῦ ἐπὶ τὴν ἁ. (15)
■ — 13. ἐξεγήγερται ἐκ νεφελῶν ἁγίων αὐτοῦ (15)
8. 3. τὸ ὄρος κυρίου παντοκρ. ὄρος [S[1] om.] ἅ. (15)
9. 16. λίθοι ἅ. κυλίονται ἐπὶ τῆς [R om.] γῆς αὐτοῦ (8)
14. 5. ἥξει κ. ὁ θεός μου κ. πάντες οἱ ἅ. μετ' αὐτοῦ (12)
— 20. ἔσται τὸ ἐπὶ τὸν χαλινὸν τοῦ ἵππ. ἅγιον τῷ κ. (15)
— 21. καὶ ἔσται πᾶς λέβης ... ἅγιος τῷ κ. (15)
Ma. 2. 11. ἐβεβήλωσεν Ἰούδας τὰ ἅ. κυρίου (15)
Is. 1. 4. παρωργίσατε τὸν ἅ. τοῦ Ἰσραήλ (12)
4. 3. ἅγιοι κληθήσονται πάντες (12)
5. 16. ὁ θεὸς ὁ ἅ. δοξασθήσεται (12)
— 19. ἡ βουλὴ τοῦ ἁ. Ἰσραήλ [A om.] (12)
— 24. τὸ λόγιον τοῦ ἁγίου [A om.] Ἰσραὴλ παρώξυναν (12)
6. 3. ἅ. ἅ. ἅ. κύριος σαβαώθ (12 ter)
10. 20. πεποιθότες ἐπὶ τὸν θεὸν τὸν ἅ. τοῦ Ἰσραήλ (12)
11. 9. ἀπολέσαι οὐδένα ἐπὶ τὸ ὄρος τὸ ἅ. μου (15)
12. 6. ὑψώθη ὁ ἅ. τοῦ Ἰσραήλ (12)
14. 27. ἃ γὰρ ὁ θεὸς ὁ ἅ. βεβούλευται (9)
17. 7. εἰς τὸν ἅ. τοῦ Ἰσραὴλ ἐμβλέψονται (12)
— 8. S πεποιθότες ἐπὶ τὸν ἅ. τοῦ Ἰσραήλ –
23. 18. καὶ ὁ μισθὸς ἅγιον κυρίῳ (15)
26. 21. κύριος ἀπὸ τοῦ ἁ. ἐπάγει τὴν ὀργήν (19)
27. 1. ἐπάξει ὁ θ. [S[1] ἐπ. κύριος] τὴν μάχαιραν τὴν ἁ. †
— 13. προσκυνήσουσι τῷ κ. ἐπὶ τὸ ὄρος τὸ ἅ. (15)
29. 23. ἁγιάσουσι τὸν ἅ. Ἰακώβ (12)
30. 12. λέγει [A S add. κύριος] ὁ ἅ. τοῦ Ἰσραήλ (12)
— 15. κύριος [A S om.] ὁ ἅ. τοῦ [A om.] Ἰσραήλ (12)
— 19. λαὸς ἅ. ἐν Σιὼν οἰκήσει –
— 29. εἰσπορεύεσθαι εἰς τὰ ἅ. μου †
31. 1. πεποιθότες ἐπὶ τὸν ἅ. τοῦ Ἰσραήλ (12)
33. 5. ἅ. ὁ θεὸς ὁ κατοικῶν ἐν ὑψηλῷ [A S -οῖς] (16)
35. 8. ὁδὸς ἁγία κληθήσεται (15)
37. 23. πρὸς [A S εἰς] τὸν ἅ. τοῦ Ἰσραήλ (12)
40. 25. εἶπεν ὁ ἅ. (12)
41. 17. εὐφρανθήσῃ ἐν τοῖς ἁ. (12)
— 20. ὁ ἅ. τοῦ Ἰσραὴλ κατέδειξεν (12)
43. 3. ὁ θεός σου ὁ ἅ. Ἰσραήλ (12)
— 14. ὁ λυτρούμενος ὑμᾶς ὁ ἅ. Ἰσραήλ (12)
— 15. ἐγὼ κύριος ὁ θεὸς ὁ ἅ. ὑμῶν (12)
— 28. ἐμίαναν οἱ ἄρχοντες τὰ ἅ. μου (15)
44. 28. τὸν οἶκον τὸν ἅ. μου θεμελιώσω –
45. 11. ὁ θεὸς ὁ ἅ. Ἰσραήλ (12)
47. 4. ὄνομα αὐτῷ ἅ. Ἰσραήλ (12)
48. 2. τῷ ὀνόματι τῆς πόλεως τῆς ἁ. (15)
— 17. ὁ ῥυσάμενός σε [A S add. ὁ] ἅ. Ἰσραήλ (12)
49. 7. πιστός ἐστιν ὁ ἅ. Ἰσραήλ (12)
52. 1. Ἱερουσαλὴμ πόλις ἡ [A om.] ἁγία (15)
— 10. τὸν βραχίονα τὸν ἅ. αὐτοῦ (15)
54. 17. S[1] ὑμεῖς ἔσεσθέ μου ἅγιοι [AB μοι δίκαιοι] †
55. 5. τοῦ θεοῦ σου τοῦ ἁ. Ἰσραήλ (12)
56. 7. εἰσάξω αὐτοὺς εἰς τὸ ὄρος τὸ ἅ. μου (15)
57. 13. κληρονομήσουσι τὸ ὄρος τὸ ἅ. μου (15)
— 15. ἅ. ἐν ἁγίοις ὄνομα αὐτῷ (12, –)
— 15. ἐν ἁγίοις ἀναπαυόμενος (12)
58. 13. ἐν τῇ ἡμέρᾳ τῇ ἁ. (15)
— 13. τὰ σάββατα τρυφερὰ ἅγια τῷ θεῷ (12)
60. 9. διὰ τὸ ὄνομα κυρίου τὸ ἅ. καὶ διὰ τὸ [S[1] om.] τὸν ἅγιον τοῦ Ἰσραήλ (1, 12)
— 13. δοξάσαι τὸν τόπον τὸν ἅ. μου (6)
— 14. πόλις κυρίου Σιὼν ἁγίου Ἰσραήλ (12)
62. 9. ἐν ταῖς ἐπαύλεσι ταῖς ἁ. μου [A σου] (15)

Is. 62. 12. καλέσει αὐτὸν Λαὸν ἅγιον (15)
63. 10. παρώξυναν τὸ πνεῦμα τὸ ἅ. αὐτοῦ [A om.] (15)
— 11. ὁ θεὶς ἐν αὐτοῖς τὸ πνεῦμα τὸ ἅ. (15)
— 15. ἴδε ἐκ τοῦ οἴκου τοῦ ἁ. σου (15)
— 18. τοῦ ὄρους τοῦ ἁ. σου (15)
64. 10. πόλις τοῦ ἁ. σου, ἐγενήθη ἔρημος (15)
— 11. ὁ οἶκος τὸ ἅγιον ἡμῶν καὶ ἡ δόξα (15)
65. 9. κληρονομήσει τὸ ὄρος τὸ ἅ. μου –
— 11. ἐπιλανθανόμενοι τὸ ὄρος τὸ ἅ. μου (15)
— 25. οὐδὲ [AS οὐδὲ μὴ] λυμανοῦνται ἐπὶ τῷ ὄρει τῷ ἁ. μου (15)
66. 20. εἰς τὴν ἁ. πόλιν Ἱερουσαλήμ (15)
Je. 2. 2. ἐξακολουθῆσαί σε τῷ ἁ. Ἰσραήλ †
— 3. ἅ. [R ὁ ἅ.] Ἰσραὴλ τῷ κυρίῳ (15)
3. 16. κιβωτὸς διαθήκης ἁγίου Ἰσραήλ –
— 21. ἐπελάθοντο θεοῦ ἁγίου αὐτῶν (1)
4. 11. οὐκ εἰς καθαρὸν οὐδ' εἰς ἅγιον (3)
11. 15. μὴ εὐχαὶ καὶ κρέα ἅ. ἀφελοῦσιν (15)
27 (50). 29. θεὸν ἅ. τοῦ Ἰσραήλ (12)
28 (51). 5. ἐπλήσθη ἀδικίας ἀπὸ τῶν ἁ. Ἰσρ. (12)
— 51. εἰσῆλθον ἀλλογενεῖς εἰς τὰ ἅ. ἡμῶν (6)
32 (25). 30. ἀπὸ τοῦ ἁ. αὐτοῦ δώσει φωνήν (15)
38 (31). 23. ἐπὶ δίκαιον ὄρος τὸ ἅ. αὐτοῦ (15)
Ba. 2. 16. κάτιδε ἐκ τοῦ οἴκου τοῦ ἁ. σου
4. 22. ἦλθε μοι χαρὰ παρὰ τοῦ ἁ.
— 37. συνηγμένοι ... τῷ ῥήματι τοῦ ἁ.
5. 2. A τῆς δόξης τοῦ ἁ. [B αἰωνίου]
— 5. ἴδε συνηγμένα τὰ τέκνα σου ... τῷ ῥήματι τοῦ ἁ.
La. 4. 1. ἐξεχύθησαν λίθοι ἅγιοι (15)
Ez. 5. 11. ἀνθ' ὧν τὰ ἅ. μου ἐμίανας (6)
7. 24. μιανθήσεται τὰ ἅ. αὐτῶν (6)
8. 6. τοῦ ἀπέχεσθαι ἀπὸ τῶν ἁ. μου (6)
9. 6. ἀπὸ τῶν ἁ. μου ἄρξασθε (6)
10. 6. τῷ ἀνδρὶ τῷ ἐνδεδυκότι τὴν στολὴν τὴν ἁ. (2)
— 7. τοῦ ἐνδεδυκότος τὴν στολὴν τὴν ἁ. (2)
20. 39. καὶ τὸ ὄνομά μου τὸ ἅ. οὐ βεβηλώσετε (15)
— 40. ἐπὶ τοῦ ὄρους τοῦ ἁ. μου (15)
■ 21. 2. ἐπίβλεψον ἐπὶ τὰ ἅ. αὐτῶν (6)
22. 8. τὰ ἅ. μου ἐξουθένουν [B ἁγιασμὸν ἐξουδ.] (15)
— 26. ἐβεβήλουν τὰ ἅ. μου· ἀνὰ μέσον ἁγίου καὶ βεβήλου οὐ διέστελλον (15, 15)
23. 38. τὰ ἅ. μου ἐμίαινον (6)
— 39. εἰσεπορεύοντο εἰς τὰ ἅ. μου (6)
24. 21. ἐγὼ βεβηλῶ τὰ ἅ. μου (6)
25. 3. ἀνθ' ὧν ἐπεχάρητε ἐπὶ τὰ ἅ. μου (6)
28. 14. ἔθηκά σε ἐν ὄρει ἁγίῳ θεοῦ (15)
36. 20. ἐβεβήλωσαν τὸ ὄνομά μου τὸ ἅ. (15)
— 21. ἐφεισάμην αὐτῶν διὰ τὸ ὄνομά μου τὸ ἅ. (15)
— 22. ἀλλ' ἢ διὰ τὸ ὄνομά μου τὸ ἅ. (15)
— 23. A ἁγιάσω τὸ ὄνομά μου τὸ ἅ. [B μέγα] (20)
— 37. ὡς πρόβατα ἅγια (15)
37. 26. θήσω τὰ ἅ. μου ἐν μέσῳ αὐτῶν (6)
— 28. ἐν τῷ εἶναι τὰ ἅ. μου ἐν μέσῳ αὐτῶν (6)
39. 7. τὸ ὄνομά μου τὸ ἅ. γνωσθήσεται (15)
— 7. οὐ βεβηλωθήσεται τὸ ὄνομά μου τὸ ἅ. (15)
— 7. ἐγώ εἰμι κύριος (A κ. κύριος ὁ) ἅγιος ἐν [A om.] Ἰσρ. (12)
— 25. ζηλώσω διὰ τὸ ὄνομα τὸ ἅ. μου (15)
41. 4. τοῦτο τὸ ἅ. τῶν ἁ. (15, 15)
— 21. καὶ τὸ ἅ. καὶ ὁ ναός †
— 21. κατὰ πρόσωπον τῶν ἁ. ὅρασις (15)
— 23. δύο θυρώματα τῷ ἁ. (15)
— 25. φοίνικες κατὰ τὴν γλυφὴν τῶν ἁ. †
42. 13. αἱ ἐξέδραι τοῦ ἁ. ... τὰ ἅ. τῶν ἁ. (15 ter)
— 13. B καὶ ἐκεῖ θήσουσι τὰ ἅ. τῶν ἁ. (15, 15)
— 13. διότι ὁ τόπος ἅγιος [A ἅ. ἐστιν) (12)
— 14. οὐκ ἐξελεύσονται ἐκ τοῦ ἁ. εἰς τὴν αὐλήν (15)
— 14. ὅπως διὰ παντὸς ἅγιοι ὦσιν οἱ προσ. –
— 14. διότι ἁγιά ἐστι (15)
— 20. τοῦ διαστέλλειν ἀνὰ μέσον τῶν ἁ. (15)
43. 7. τὸ ὄνομα τὸ ἅ. μου (15)
— 8. ἐβεβήλωσαν τὸ ὄνομα τὸ ἅ. μου (15)
— 12. πάντα τὰ ὅρια αὐτοῦ κυκλόθεν ἅγια ἁγίων [A add. εἰσίν] (15, 15)
— 21. ἐν τῷ ἀποκ. τοῦ οἴκου ἔξωθεν τῶν ἁ. (6)
44. 1. κατὰ τὴν ὁδὸν τῆς πύλης τῶν ἁ. (6)
— 5. ἐν πᾶσι τοῖς ἁ. (6)
— 7. τοῦ γίνεσθαι [A γεν.] ἐν τοῖς ἁ. μου (6)
— 8. A οὐκ ἐφυλάξατε τὴν φυλακὴν τῶν ἁ. μου (15)
— 8. τοῦ φυλάσσειν φυλακὰς ἐν τοῖς ἁ. μου (6)
— 9. οὐκ εἰσελεύσεται εἰς τὰ ἅ. μου (6)
— 11. ἔσονται ἐν τοῖς ἁ. μου λειτουργοῦντες (6)
— 13. πρὸς τὰ ἅ. υἱῶν τοῦ [A om.) Ἰσραὴλ, οὐδὲ πρὸς τὰ ἅ. τῶν ἁ. μου (15 ter)
— 15. ἐφυλάξαντο τὰς φυλακὰς τῶν ἁ. μου (6)

Ez. 44. 16. οὗτοι εἰσελεύσονται εἰς τὰ ἅ. μου (6)
— 19. θήσουσιν αὐτὰς ἐν ταῖς ἐξέδραις τῶν ἁ. (15)
— 23. διδάξουσιν ἀνὰ μέσον ἁγίου καὶ βεβήλου (15)
— 27. τοῦ λειτουργεῖν ἐν τῷ ἁ. (15)
45. 1. ἀφοριεῖτε ἀπαρχὴν τῷ κυρίῳ ἅγιον (15)
— 1. ἅγιον ἔσται ἐν πᾶσι τοῖς ὁρίοις αὐτοῦ (15)
— 3. ἐν αὐτῇ ἔσται ἅγια [A τὸ ἁγίασμα] τῶν ἁ. (15)
— 4. ἅγιον [B om.] ἀπὸ τῆς γῆς ἔσται τοῖς ἱερεῦσι τοῖς λειτ. ἐν τῷ ἁ. (15, 6)
— 6. ὃν τρόπον ἡ [A καὶ ἡ] ἀπαρχὴ τῶν ἁ. (15)
— 7. ἀπὸ τούτου εἰς τὰς ἀπαρχὰς τῶν ἁ. (15)
— 7. κατὰ πρόσωπον τῶν ἀπαρχῶν τῶν ἁ. (15)
— 18. τοῦ ἐξιλάσασθαι τὸ ἅ. (6)
46. 19. εἰς τὴν ἐξέδραν τῶν ἁ. τῶν ἱερέων (15)
47. 12. τὰ ὕδατα αὐτῶν ἐκ τῶν ἁ. ταῦτα ἐκπ. (6)
48. 9. ἔσται τὸ ἅ. ἐν μέσῳ αὐτῶν (6)
— 10. τούτων ἔσται ἡ ἀπαρχὴ τῶν ἁ. (15)
— 10. τὸ ὄρος τῶν ἁ. ἔσται ἐν μέσῳ αὐτοῦ (6)
— 12. A ἡ ἀπαρχὴ δεδομένη ἐκ τῶν ἀπαρχῶν τῶν ἁ. [B τῆς γῆς] ἅγιον ἁγίων ἀπὸ τῶν ἀπαρχῶν [B ὁρίων] (†, 15, 15)
— 14. ἅγιόν ἐστι τῷ κυρίῳ (15)
— 18. τὸ ἐχόμενον τῶν ἀπαρχῶν τῶν ἁ. (15)
— 18. ἔσονται αἱ ἀπαρχαὶ τοῦ ἁ. (15)
— 20. τὴν ἀπαρχὴν [B ἀρχὴν] τοῦ ἁ. (15)
— 21. ἀπὸ τῶν ἀπαρχῶν τοῦ ἁ. [A τῶν ἁ.] (15)
— 21. ἔσται ἡ ἀπαρχὴ τῶν ἁ. (15)
Da. LXX. 3 (28). τὴν πόλιν σου τὴν ἁ.
— (35). διὰ ... Ἰσραὴλ τὸν ἅ. σου
— (52). εὐλογημένον τὸ ὄνομα τῆς δόξης σου τὸ ἅ.
— (53). εὐλογημένος εἶ ἐν τῷ ναῷ τῆς ἁ. δόξης σου
4. 19. ὑπὲρ τὰ πρὸς τὸν ἅ. καὶ τοὺς ἀγγέλους –
— 32. δούλευσον τῷ θεῷ τοῦ οὐρανοῦ τῷ ἁ. –
— 34. πάντας τοὺς ἁ. αὐτοῦ αἰνῶ –
5. 12. καὶ πνεῦμα ἅ. ἐν αὐτῷ ἐστί (13)
6. 3. καὶ πνεῦμα ἅ. ἐν αὐτῷ (21)
7. 8. ἐποίει πόλεμον πρὸς τοὺς ἁ. –
— 18. παραλήψονται τὴν βασιλείαν ἅγιοι ὑψίστου (13)
— 21. πόλεμον συνιστάμενον πρὸς τοὺς ἁ. (13)
— 22. τὴν κρίσιν ἔδωκε τοῖς ἁ. τοῦ ὑψίστου (13)
— 22. τὸ βασίλειον κατέσχον οἱ ἅ. (13)
— 25. τοὺς ἁ. τοῦ ὑψίστου κατατρίψει (13)
— 27. ἔδωκε λαῷ ἁγίῳ ὑψίστου βασιλεῦσαι (13)
8. 11. καὶ τὸ ἅ. ἐρημωθήσεται (6)
— 13. καὶ ἤκουον ἑτέρου ἁ. λαλοῦντος (12)
— 13. καὶ εἶπεν ὁ ἕτερος ἅ. τῷ φελμουνί (12)
— 13. καὶ τὰ ἅ. ἐρημωθήσεται εἰς καταπάτημα (15)
— 14. καὶ καθαρισθήσεται τὸ ἅ. (15)
— 24. φθερεῖ δυνάστας καὶ δῆμον ἁγίων (12)
— 25. ἐπὶ τοὺς ἁ. τὸ διανόημα αὐτοῦ –
9. 16. τῆς πόλεως σου Ἱερουσ. ὄρους τοῦ ἁ. σου (15)
— 17. ἐπὶ τὸ ὄρος τὸ ἅ. σου τὸ ἔρημον (6)
— 20. ὑπὲρ τοῦ ὄρους τοῦ ἁ. τοῦ θεοῦ ἡμῶν (15)
— 24. καὶ εὐφρᾶναι ἅγιον ἁγίων (15, 15)
— 26. φθερεῖ τὴν πόλιν καὶ τὸ ἅ. μετὰ τοῦ χριστοῦ (15)
11. 28. ἡ καρδία αὐτοῦ ἐπὶ τὴν διαθήκην τοῦ ἁ. (15)
— 30. ὀργισθήσεται ἐπὶ τὴν διαθήκην τοῦ ἁ. (15)
— 30. ἐγκατέλιπον τὴν διαθήκην τοῦ ἁ. (15)
— 31. μιανοῦσι τὸ ἅ. τοῦ φόβου (6)
— 45. τοῦ ὄρους τῆς θελήσεως τοῦ ἁ. (15)
12. 7. ἡ συντέλεια χειρῶν ἀφέσεως λαοῦ ἁ. (15)
Da. TH. Su. 45. ἐξήγειρεν ὁ θεὸς τὸ πνεῦμα τὸ ἅ.
3 (28). καὶ ἐπὶ τὴν πόλιν τὴν ἁ.
— (35). διὰ ... Ἰσραὴλ τὸν ἅ. σου
— (52). τὸ ὄνομα τῆς δόξης σου τὸ ἅ.
— (53). ἐν τῷ ναῷ τῆς ἁ. δόξης σου
4. 5. ὃς πνεῦμα θεοῦ ἅγιον ἐν ἑαυτῷ ἔχει (13)
— 6. πνεῦμα θεοῦ ἅγιον ἐν σοί [A ἐν ἑαυτῷ ἔχει] (13)
— 10. ἅγιος ἀπ' οὐρανοῦ κατέβη (13)
— 14. ῥῆμα [A λόγος] ἁγίων τὸ ἐπερώτημα (13)
— 15. πνεῦμα θεοῦ ἅγιον ἐν σοί (13)
— 20. καὶ ἅγιον καταβαίνοντα ἀπὸ τοῦ οὐρανοῦ (13)
5. 11. A ἐν ᾧ πνεῦμα θεοῦ ἅγιον [B om.] (13)
7. 18. παραλήψονται τὴν βασ. ἅγιοι ὑψίστου (13)
— 21. τὸ κέρας ... ἐποίει πόλεμον μετὰ τῶν ἁ. (13)
— 22. τὸ κρίμα ἔδωκεν ἁγίοις ὑψίστου (13)
— 22. τὴν βασιλείαν κατέσχον οἱ ἅ. (13)
— 25. τοὺς ἁ. ὑψίστου παλαιώσει (13)
— 27. ἐδόθη ἁγίοις ὑψίστου (13)
8. 11. καὶ τὸ ἅ. ἐρημωθήσεται (6)
— 13. B ἤκουσα ἑνὸς ἁγίου [A om.] λαλ. (12)
— 13. εἶπεν εἷς ἅ. τῷ φελμουνί [A -ωνί] (12)

■ = correction on page xxvii

●Da. 8. 13. τὸ ἅ. καὶ ἡ δύναμις συμπατηθήσεται (15)
— 14. καθαρισθήσεται τὸ ἅ. (15)
— 24. διαφθερεῖ ἰσχυροὺς καὶ λαὸν ἅγιον (12)
9. 16. ὄρους ἁγίου σου (15)
— 20. τοῦ ὄρους τοῦ ἁ. [A *add.* τοῦ θεοῦ μου] (15)
— 24. ἐπὶ τὴν πόλιν τὴν ἁ. [A *add.* σου] (15)
— 24. καὶ τοῦ χρῖσαι ἅγιον ἁγίων (15)
— 26. τὴν πόλιν καὶ τὸ ἅ. διαφθερεῖ (15)
11. 28. ἡ καρδία αὐτοῦ ἐπὶ διαθήκην ἁγίαν (15)
— 30. θυμωθήσεται ἐπὶ διαθήκην ἁγίαν (15)
— 30. συνήσει ἐπὶ τοὺς καταλ. διαθήκην ἁγίαν (15)
— 45. εἰς ὄρος σαβαεὶν [A σαβεὶν] ἅγιον (15)
I Ma. 1. 15. ἀπέστησαν ἀπὸ διαθήκης ἁ.
— 46. καὶ μιᾶναι ἁγίασμα καὶ ἁγίους
— 63. καὶ μὴ βεβηλώσωσι [A -σουσιν] διαθήκην ἁ.
2. 7. τὸ σύντριμμα τῆς πολέως τῆς [S *om.*] ἁ.
— 12. τὰ ἅ. ἡμῶν καὶ ἡ καλλονὴ ἡμῶν
— 54. διαθήκην [S κλῆρον διαθήκης] ἱερωσύνης ἁγίας [SR αἰωνίας]
3. 43. πολεμήσωμεν [S -ομεν] περὶ . . . τῶν ἁ.
— 51. τὰ ἅ. σου καταπεπάτηται [S -ηνται]
— 58. ἐξᾶραι ἡμᾶς καὶ τὰ ἅ. ἡμῶν
— 59. ἐπὶ τὰ κακὰ τοῦ ἔθνους ἡμῶν καὶ τῶν ἁ.
4. 36. ἀναβῶμεν καθαρίσαι τὰ ἅ.
— 41. ἕως [R *add.* ἂν] καθαρίσῃ τὰ ἅ.
— 43. καὶ ἐκαθάρισαν τὰ ἅ.
— 48. ᾠκοδόμησαν τὰ ἅ. καὶ τὰ ἐντὸς τοῦ οἴκου
— 49. σκεύη ἅ. [A τὰ σκ. τὰ ἅ.] καινά
6. 18. ἦσαν συγκλείοντες τὸν Ἰσρ. κύκλῳ τῶν ἁ.
— 53. AS βρώματα δὲ οὐκ ἦν ἐν τοῖς ἁ. [R ἀγγείοις]
— 54. ὑπελείφθησαν ἐν τοῖς ἁ. ἄνδρες ὀλίγοι
7. 33. ἐξῆλθον ἀπὸ τῶν ἱερέων ἐκ τῶν ἁ.
— 42. κακῶς ἐλάλησεν ἐπὶ τὰ ἅ. σου
9. 54. τὸ τεῖχος τῆς αὐλῆς τῶν ἁ. τῆς ἐσωτέρας
10. 21. ἐνεδύσατο Ἰωνάθαν τὴν ἁ. στολήν
— 31. Ἱερουσ. ἤτω [S ἡ Ἱ. ἔστω] ἁγία
— 39. δόμα τοῖς ἁ. τοῖς ἐν Ἱερ. εἰς τὴν προσήκουσαν [A προκαθήκ- S καθήκ-] δαπάνην τοῖς ἁ.
— 42. ἀπὸ τῶν χρειῶν [A *add.* ὡς ἐν τοῖς πρώτοις ἔτεσι] τοῦ ἁ.
— 44. τοῦ ἐπικαινισθῆναι τὰ ἔργα τῶν ἁ.
11. 37. τεθήτω ἐν τῷ ὄρει τῷ ἁ.
12. 9. τὰ βιβλία τὰ ἅ. τὰ ἐν ταῖς χερσὶν ἡμῶν
13. 3. περὶ [S χάριν] τῶν νόμων καὶ τῶν ἁ.
— 6. ἐκδικήσω περὶ τοῦ ἔθνους μου καὶ περὶ τῶν ἁ.
14. 15. AR τὰ ἅ. ἐδόξασε
— 15. ἐπλήθυνε [S *om.*] τὰ [S καὶ τὰ] σκεύη τῶν ἁ.
— 29. ὅπως σταθῇ τὰ ἅ. αὐτῶν
— 32. ἐκτεῖναι χεῖρας [A τὰς χ.] ἐπὶ τὰ ἅ. αὐτῶν
— 36. ἐμίαινον κύκλῳ τῶν ἁ.
— 42. ὅπως μέλοι [AS -ῃ] αὐτῷ περὶ τῶν ἁ.
— 43. ὅπως μέλοι [AS -ῃ] αὐτῷ περὶ τῶν ἁ.
— 48. ἐν περιβόλῳ τῶν ἁ.
15. 7. Ἱερουσαλὴμ δὲ καὶ τὰ ἅ. εἶναι ἐλεύθερα
II Ma. 1. 7. ἀπὸ τῆς ἁ. γῆς καὶ τῆς βασιλείας
— 12. τοὺς παραταξαμένους [A -τασσομ.] ἐν τῇ ἁ. πόλει
— 29. εἰς τὸν τόπον τὸν ἅ. σου
2. 18. ἐπισυνάξει . . . εἰς τὸν ἅ. τόπον
3. 1. τῆς ἁ. τοίνυν [A *om.*] πόλεως κατοικουμένης
5. 15. εἰς τὸ πάσης τῆς γῆς ἁγιώτατον ἱερόν
— 25. ἕως τῆς ἁ. ἡμέρας τοῦ σαββάτου
6. 23. τῆς ἁ. καὶ θεοκτίστου νομοθεσίας
— 28. ὑπὲρ τῶν σεμνῶν καὶ ἁ. νόμων
— 30. τῷ κυρίῳ τῷ τὴν ἁ. γνῶσιν ἔχοντι
8. 17. τὴν ἀνόμως εἰς τὸν ἅ. τόπον . . . ὕβριν
9. 14. τὴν μὲν ἁ. πόλιν . . . ἐλευθέραν ἀναδεῖξαι
— 16. ὃν δὲ πρότερον ἐσκύλευσεν ἅγιον νεών
13. 10. τοῦ νόμου καὶ πατρίδος καὶ ἱεροῦ ἁ.
14. 3. οὐδὲ πρὸς ἅγιον [A τὸ ἅ.] θυσιαστήριον
— 31. ἐπὶ τὸ μέγιστον καὶ ἅ. ἱερόν
— 36. ἅγιε παντὸς ἁγιασμοῦ κύριε
15. 14. περὶ τοῦ λαοῦ καὶ τῆς ἁ. πόλεως
— 16. λάβε τὴν ἁ. ῥομφαίαν δῶρον παρὰ τοῦ θεοῦ
— 17. τὴν πόλιν καὶ τὰ ἅ. καὶ τὸ ἱερόν
— 24. παραγενόμενοι [A -γειν.] ἐπὶ τὸν ἅ. σου λαόν
— 32. ἐκτείνας ἐπὶ τὸν ἅ. τοῦ παντοκράτορος οἶκον
III Ma. 1. 16. τῶν δὲ ἱερέων ἐν ταῖς ἁ. [A πάσαις ταῖς] ἐσθήσεσι προπεσόντων
2. 2. ἅγιε ἐν ἁγίοις, μόναρχε, παντοκράτωρ
— 6. καταδουλωσάμενον τὸν λαόν σου τὸν ἅ. Ἰσραήλ
— 13. ἰδοὺ δὴ [A δὲ] νῦν ἅγιε βασιλεῦ
— 14. τὸν ἐπὶ τῆς γῆς ἀναδεδειγμένον . . . ἅ. τόπον
— 21. πρὸ πάντων [A προπάτωρ] ἅγιος ἐν ἁγίοις
5. 13. τὸν ἅ. ᾔνουν θεὸν αὐτῶν
6. 1. ἐπικαλεῖσθαι τὸν ἅ. θεόν
III Ma. 6. 5. μετεωρισθέντα ἐπὶ τὴν ἁ. σου πόλιν . . . ἔθραυσας
— 9. A τοῖς ἁ. [R ἀπὸ] Ἰσραὴλ γένους
— 18. ἐπιφάνας τὸ ἅ. αὐτοῦ πρόσωπον
— 29. τὸν ἅ. σωτῆρα θεὸν αὐτῶν εὐλόγουν
7. 10. τὸν ἅ. θεὸν αὐθαιρέτως παραβεβηκότας
— 16. A ἁγίῳ [R αἰωνίῳ] σωτῆρι τοῦ Ἰσραήλ
[**Aq.** Ex. 29. 6 : I Ki. 21. 6 (7) : Ps. 42 (43). 3 : 70 (71). 22 : 88 (89). 8 : Ec. 8. 10 : Is. 6. 13 : 29. 19 : 41. 14, 16 : 60. 9 : Je. 50 (27). 29 : 51 (28). 5 : Ez. 20. 40 : Da. 9. 26.]
[**Sm.** Le. 24. 9 (*ter*) : Nu. 18. 9 : De. 33. 2 : Jd. 5. 21 : I Ki. 21. 6 (7) : III Ki. 6. 16 (*bis*) : IV Ki. 11. 12 : Jb. 15. 15 : Ps. 3. 5 : 5. 8 : 21 (22). 4 : 28 (29). 2 : 32 (33). 21 : 42 (43). 3 : 45 (46). 5 : 67 (68). 6 : 73 (74). 2, 3 : 88 (89). 8 : 109 (110). 3 : 150. 1 : Ec. 8. 10 : Is. 1. 4 : 6. 13 : 10. 17 : 29. 19 : 30. 11 : 41. 14, 16 : 43. 15 : 60. 9 : 65. 5 : Ez. 20. 40 : Da. 9. 24 : 11. 45 : Jn. 2. 5.]
[**Th.** Ex. 31. 10 : Le. 24. 9 (*ter*) : I Ki. 21. 6 (7) : III Ki. 6. 16, 16 : Ps. 42 (43). 3 : 73 (74). 3 : 88. (89). 6 : 109 (110). 3 : Is. 6. 13 : 29. 19 : 41. 14 : 58. 13 : 60. 9 : Ez. 20. 40 : Da. 3. (35) : 4. 6 : 8. 13 : 9. 24, 26 : 11. 30, 45 : Jn. 2. 5.]
[**Al.** Ex. 35. 19 : 36. 1 : Le. 5. 15 : 6. 30 (23) : 16. 16, 33 : 22. 13 : Nu. 16. 3 : 18. 9, 9 : II Ch. 31. 6 : Je. 25. 30 (32. 16) : Za. 2. 13 (17).]
[**Quint.** Ps. 28 (29). 2 : 42 (43). 3 : 73 (74). 3 : 109 (110). 3.]

ἁγιότης.
II Ma. 15. 2. ὑπὸ τοῦ πάντα ἐφορῶντος μεθ' ἁγιότητος
[**Sext.** Ps. 28 (29). 2.]

ἁγιστεία.
IV Ma. 7. 9. τὴν ἁ. [R ἁγιαστίαν] σεμνολογήσας

ἁγίως.
[**Sm.** Ps. 133 (134). 2.]

ἁγιωσύνη. (1) הוֹד (2) עֹז (3) קֹדֶשׁ
Ps. 29 (30). 4. ἐξομολογεῖσθε τῇ μνήμῃ τῆς ἁ. αὐτοῦ (3)
95 (96). 6. ἁγιωσύνη καὶ μεγαλοπρέπεια (2)
96 (97). 12. ἐξομολογεῖσθε τῇ μνήμῃ τῆς ἁ. αὐτοῦ (3)
144 (145). 5. τὴν μεγαλοπρέπειαν τῆς δόξης [A *add.* σου] τῆς ἁ. σου (1)
II Ma. 3. 12. τοὺς πεπιστευκότας τῇ τοῦ τόπου ἁ.
[**Sm.** Ps. 96 (97). 12 : Am. 4. 2.]

ἀγκαινισμός (? ἐγκ-). (1) חֲנֻכָּה
●Da. Th. 3. 2. ἐλθεῖν εἰς τὸν ἀ. [B τὰ ἐγκαίνια] τῆς εἰκόνος (1)

ἀγκάλη. (1) אָצֵל (2) חֵיק
III Ki. 3. 20. ἔλαβε τὸν υἱόν μου ἐκ τῶν ἀ. μου (1)
Es. 5. 1. ἀνέλαβεν αὐτὴν ἐπὶ τὰς ἀ. αὐτοῦ
Pr. 5. 20. ἀγκάλαις τῆς μὴ ἰδίας [A ταῖς μὴ ἰδίαις] (2)
IV Ma. 13. 21. συντρέφονται ἐν ἀγκάλαις μαστῶν [AS ἐναγκαλισμάτων] φιλάδελφοι ψυχαί
[**Aq. Sm. Th.** Is. 49. 22.]

ἀγκαλίς.
Jb. 24. 19. ἀγκαλίδα γὰρ ὀρφανῶν [A -οῦ] ἥρπασαν †

ἄγκιστρον. (1) חָח (2) חַכָּה (3) חֵרֶם
IV Ki. 19. 28. θήσω τὰ ἄ. μου ἐν τοῖς μυκτῆρσί σου (1)
■Jb. 40. 20. ἄξεις δὲ δράκοντα ἐν ἀγκίστρῳ (2)
Hb. 1. 15. συντέλειαν ἐν ἀγκίστρῳ ἀνέσπασε (2)
Is. 19. 8. οἱ βάλλοντες ἄ. εἰς τὸν ποταμόν (2)
Ez. 32. 3. ἀνάξω σε ἐν τῷ ἀ. μου (3)
[**Aq.** III Ki. 7. 40 (26) : IV Ki. 25. 14.]
[**Sm.** III Ki. 7. 40 (26).]

ἀγκύλη. (1) וָו (2) לֻלָאוֹת
Ex. 26. 4. ποιήσεις αὐταῖς ἀ. ὑακινθίνας (2)
— 5. πεντήκοντα [A π. δὲ] ἀγκύλας . . . τῇ αὐλαίᾳ τῇ μιᾷ καὶ πεντ. ἀγκύλας ποιήσεις (2, 2)
— 10. ποιήσεις ἀγκύλας πεντήκοντα (2)
— 10. πεντήκοντα ἀγκύλας ποιήσεις (2)
— 11. συνάψεις τοὺς κρίκους ἐκ τῶν ἀ. (2)
37. 15 (38. 17). αἱ ἀ. αὐτῶν ἀργυραῖ (1)
— 17 (38. 19). αἱ [B *om.*] ἀ. αὐτῶν ἀργυραῖ (1)
38. 18 (36. 34). ἐποίησε τὰς ἀ. χρυσᾶς ?
— 20 (36. 36). ἀγκύλας . . . ἀργυρᾶς (1)
Ex. 39. 6 (38. 28). εἰς τὰς ἀ. τοῖς στύλοις [A τῶν στύλων] (1)

ἀγκύλος.
I Ma. 5. 3. A ἔλαβε τὰ ἀ. [SR σκῦλα] αὐτῶν

ἄγκυρα.
[**Sm.** Je. 52. 18.]

ἀγκών. (1) אַצִּיל (2) יָד (3) קָנֶה
II Ch. 9. 18. ἀγκῶνες ἔνθεν καὶ ἔνθεν ἐπὶ τοῦ θρόνου (2)
— 18. δύο λέοντες ἑστηκότες παρὰ τοὺς ἀ. (2)
Jb. 31. 22. ὁ δὲ βραχίων μου ἀπὸ τοῦ ἀ. [A ἀ. μου] συντριβείη (3)
Si. 41. 19. ἀπὸ πήξεως ἀγκῶνος ἐπ' ἄρτοις [B ἄρτους]
Ez. 13. 18. προσκεφάλαια ὑπὸ [A ἐπὶ] πάντα ἀγκῶνα χειρός (1)
IV Ma. 10. 6. τοὺς ἀ. περιέκλων
[**Sm.** Is. 41. 9 : Ez. 13. 18.]
[**Th.** Je. 38 (45). 12.]

ἀγκωνίσκος. (1) יָד
Ex. 26. 17. δύο ἀγκωνίσκους τῷ στύλῳ τῷ ἑνί (1)

ἀγλάϊσμα.
[**Sm.** Ps. 47 (48). 3 : 88 (89). 18 : Pr. 19. 11.]

ἀγλαϊσμός.
[**Sm.** Jb. 39. 13 : Ps. 44 (45). 9.]

ἁγνεία. (1) טָהֳרָה (2) נָזִיר (3) נֵזֶר
Nu. 6. 2. εὐχὴν ἀφαγνίσασθαι ἁγνείαν κυρίῳ (2)
— 21. κατὰ νόμον [A τὸν ν.] ἁγνείας (3)
II Ch. 30. 19. καὶ οὐ κατὰ τὴν ἁ. τῶν ἁγίων (1)
I Ma. 14. 36. ἐποίουν [A -ουσαν] πληγὴν μεγάλην ἐν τῇ ἁ.
II Ma. 4. 13. A διὰ τὴν . . . ὑπερβάλλουσαν ἁ. [R ἀναγνείαν]

ἁγνιασμός. (1) טָהֵר pi.
Nu. 8. 7. A οὕτω ποιήσεις τὸν ἁ. [B ἁγνισμόν] (1)

ἁγνίζειν. (1) חָטָא hithp. (2) טָהֵר *a.* pi. *b.* hithp. (3) נָזַר hi. (4) קָדַשׁ *a.* pi. *b.* hi. *c.* hithp. (5) קֹדֶשׁ
Ex. 19. 10. ἅγνισον αὐτοὺς σήμερον καὶ αὔριον (4 *a*)
Nu. 6. 3. ἁγνισθήσεται ἀπὸ οἴνου [R *om.* ἀπὸ οἴ.] (3)
8. 21. ἡγνίσαντο οἱ Λευῖται (1)
11. 18. ἁγνίσασθε εἰς αὔριον (4 *c*)
19. 12. οὗτος ἁγνισθήσεται τῇ ἡμέρᾳ τῇ τρίτῃ (1)
31. 19. ἁγνισθήσεται τῇ ἡμέρᾳ τῇ τρίτῃ (1)
— 23. τῷ ὕδατι τοῦ ἁγνισμοῦ ἁγνισθήσεται (1)
Jo. 3. 5. ἁγνίσασθε εἰς αὔριον [A τὴν αὔ.] (4 *c*)
I Ki. 21. 5. πάντα τὰ παιδάρια [R -δία] ἡγνισμένα (5)
I Ch. 15. 12. ἁγνίσθητε ὑμεῖς καὶ οἱ ἀδελφοί (4 *c*)
— 14. καὶ ἡγνίσθησαν οἱ ἱερεῖς [S^{1} ἀρχι.] (4 *c*)
II Ch. 29. 5. νῦν ἁγνίσθητε καὶ ἁγνίσατε τὸν οἶκον κυρίου (4 *c*, 4 *a*)
— 15. ἡγνίσθησαν κατὰ τὴν ἐντολὴν τοῦ βασ. (4 *c*)
— 16. εἰσῆλθον οἱ ἱερεῖς . . . ἁγνίσαι (2 *a*)
— 17. AB ἤρξαντο [R -ατο] . . . ἁγνίσαι (4 *a*)
— 17. ἥγνισαν τὸν οἶκον κυρίου ἐν ἡμ. ὀκτώ (4 *a*)
— 18. ἡγνίσαμεν πάντα τὰ ἐν οἴκῳ κυρίου (2 *a*)
— 19. AB πάντα τὰ σκεύη . . . ἡγνίκαμεν [R -σαμεν] (4 *b*)
— 34. ἕως οὗ ἡγνίσθησαν οἱ ἱερεῖς (4 *c*)
— 34. οἱ Λευ. προθύμως ἥγνισαν [A -σθησαν] (4 *c*)
30. 3. ὅτι οἱ ἱερεῖς οὐχ ἡγνίσθησαν ἱκανοί (4 *c*)
— 15. AB^{2} οἱ ἱερ. καὶ οἱ Λ. . . . ἡγνίσθησαν [R -ισαν] (4 *c*)
— 17. πλῆθος τῆς ἐκκλησίας οὐχ ἡγνίσθη (4 *c*)
— 17. τῷ μὴ δυναμένῳ ἁγνισθῆναι τῷ κυρίῳ (4 *b*)
— 18. πλεῖστον [A τὸ πλ.] τοῦ λαοῦ . . . οὐχ ἥγνισαν (2 *b*)
31. 18. ὅτι ἐν πίστει ἥγνισαν τὸ [A ἡγίασαν τὸν] ἅγιον (4 *c*)
I Es. 7. 10. ὅτε [A ὅτι] ἡγνίσθησαν οἱ ἱερεῖς καὶ οἱ Λευῖται ἅμα καὶ πάντες οἱ υἱοὶ τῆς αἰχ. ὅτι ἡγνίσθησαν ὅτι οἱ Λευῖται ἅμα πάντες ἡγνίσθησαν
Is. 66. 17. οἱ ἁγνιζόμενοι καὶ καθαριζόμενοι (4 *c*)
Je. 12. 3. ἅγνισον αὐτοὺς εἰς ἡμέραν σφαγῆς (4 *b*)
II Ma. 1. 33. ἥγνισαν τὰ τῆς θυσίας [A τὰς θ.]
12. 38. κατὰ τὸν ἐθισμὸν ἁγνισθέντες

● = correction on page xxiii ■ = correction on page xxvii

ἅγνισμα. (1) חַטָּאת
Nu. 19. 9. ὕδωρ ῥαντισμοῦ ἅ. ἐστι (1)

ἁγνισμός. (1) חַטָּאת (2) טָהֵר pi. (3) מַרְגּוֹעַ (4) נִדָּה (5) נֵזֶר
Nu. 6. 5. πάσας τὰς ἡμέρας τοῦ ἁ. [A τῆς εὐχῆς τοῦ ἁ. αὐτοῦ] (5)
8. 7. οὕτω ποιήσεις αὐτοῖς [A *om.*] τὸν ἁ. (2)
— 7. περιρρανεῖς αὐτοὺς ὕδωρ ἁγνισμοῦ (1)
19. 17. ἀπὸ τῆς σποδιᾶς τῆς κατακ. τοῦ ἁ. (1)
31. 23. τῷ ὕδατι τοῦ ἁ. ἁγνισθήσεται (4)
Je. 6. 16. εὑρήσετε ἁγνισμὸν [A ἁγιασμόν] (3)
[**Th.** Is. 28. 12.]

ἀγνοεῖν. (1) אָשַׁם (2) יָאַל ni. (3) סָכַל ni. (4) רָשַׁע (5) שָׁגַג (6) שָׁגָה
Ge. 20. 4. ἔθνος ἀγνοοῦν καὶ δίκαιον –
Le. 4. 13. ἐὰν δὲ πᾶσα . . . ἀγνοήσῃ ἀκουσίως (6)
5. 18. περὶ τῆς ἀγνοίας αὐτοῦ ἧς ἠγνόησε (5)
Nu. 12. 11. ἠγνοήσαμεν καθʼ ὅτι ἡμάρτομεν (2)
I Ki. 14. 24. Σ. ἠγνόησεν ἄγνοιαν μεγάλην –
26. 21. ἠγνόηκα [A -σα] πολλὰ σφόδρα (6)
II Ch. 16. 9. ἠγνόηκας ἐπὶ τούτῳ (3)
Wi. 5. 12. ὡς ἀγνοῆσαι τὴν δίοδον [S¹ ὁδὸν] αὐτοῦ
7. 12. ἠγνόουν δὲ αὐτὴν γένετιν [B S γένεσιν] εἶναι
12. 10. οὐκ ἀγνοῶν ὅτι πονηρὰ ἡ γένεσις αὐτῶν
14. 18. τοὺς ἀγνοοῦντας ἡ . . . προετρέψατο φιλοτιμία
15. 11. ἠγνόησε τὸν πλάσαντα [A ποιήσαντα] αὐτόν
18. 19. ἵνα μὴ ἀγνοοῦντες διʼ ὃ κακῶς πάσχουσιν
19. 14. τοὺς ἀγνοοῦντας οὐκ ἐδέχοντο παρόντας
Si. 5. 15. ἐν μεγάλῳ καὶ ἐν μικρῷ μὴ ἀγνόει
Ho. 4. 15. σὺ δὲ Ἰσραὴλ μὴ ἀγνόει (1)
Ez. 45. 20. λήψῃ [B *om.*] παρʼ ἑκάστου ἀγνοοῦντος [B ἀπόμοιραν] (6)
Da. LXX. 9. 15. ἡμάρτομεν, ἠγνοήκαμεν (4)
II Ma. 11. 31. οὐδεὶς . . . παρενοχληθήσεται περὶ τῶν ἠγνοημένων
III Ma. 3. 9. τηλικοῦτο σύστημα μηδὲν ἠγνοηκὼς [A -ός]
IV Ma. 10. 2. ἢ ἀγνοεῖτε
13. 19. οὐκ ἀγνοεῖτε τὰ τῆς ἀδελφότητος [A ἀνθρωπότ.] φίλτρα
[**Aq.** I Ki. 26. 21 : Is. 28. 7.]
[**Sm.** Ez. 45. 20.]
[**Th.** Ez. 34. 6 : 45. 20.]
[**Al.** Nu. 6. 9.]

ἀγνόημα. (1) מִשְׁגֶּה
Ge. 43. 12. μή ποτε ἀ. ἐστι (1)
To. 3. 3. ταῖς ἁμαρτίαις μου καὶ τοῖς ἀ. μου
Ju. 5. 20. εἰ μέν ἐστιν ἀ. ἐν τῷ λαῷ τούτῳ
Si. 23. 2. ἵνα ἐπὶ τοῖς ἀ. μου μὴ φείσωνται
51. 19. τὰ ἀ. αὐτῆς ἐπένθησα
I Ma. 13. 39. ἀφίεμεν δὲ [A δὲ ὑμῖν] ἀγνοήματα
[**Aq.** Jb. 19. 4 : Hb. 3. 1.]
[**Sm.** Jb. 19. 4 : Ps. 18 (19). 13 : Hb. 3. 1.]
[**Th.** Jb. 19. 4.]
[**Quint.** Hb. 3. 1.]

ἀγνοηματίζειν.
[**Aq.** Ps. 118 (119). 10.]

ἄγνοια. (1) אָשָׁם (2) אַשְׁמָה (3) עָוֹן ● (4) פֶּשַׁע (5) שְׁגָגָה
Ge. 26. 10. B ἐπήγαγες ἂν [A *om.*] ἐφʼ ἡμᾶς ἄγνοιαν (1)
Le. 5. 18. περὶ τῆς ἀ. αὐτοῦ ἧς ἠγνόησε (5)
22. 14. ὃς ἂν φάγῃ ἅγια κατʼ ἄγνοιαν (5)
I Ki. 14. 24. καὶ Σαοὺλ ἠγνόησεν ἄγνοιαν μεγάλην –
II Ch. 28. 13. ἐπὶ ταῖς ἁμαρτ. ἡμῶν καὶ ἐπὶ τὴν ἀ. (2)
● I Es. 8. 75. αἱ ἄ. ἡμῶν ὑπερήνεγκαν ἕως τοῦ οὐρανοῦ
9. 20. εἰς ἐξιλασμὸν κριοὺς ὑπὲρ τῆς ἀ. αὐτῶν
Ps. 24 (25). 7. ἀγνοίας μου [BS¹ *om.*] μὴ μνησθῇς (4)
Ec. 5. 5. μὴ εἴπῃς . . . ὅτι ἀ. ἐστιν (5)
Wi. 14. 22. μεγάλῳ ζῶντες ἀγνοίας πολέμῳ
17. 13. τὴν ἄ. τῆς παρεχούσης τὴν βάσ. αἰτίας
Si. 23. 3. ὅπως μὴ πληθύνωσιν αἱ ἄ. μου
28. 7. καὶ πάριδε ἄγνοιαν
30. 11. R μὴ παρίδῃς τὰς ἀ. αὐτοῦ
Ez. 40. 39. καὶ τὰ [B *om.*] ὑπὲρ ἀγνοίας (1)
42. 13. τὰ περὶ ἁμαρτίας καὶ τὰ περὶ ἀγνοίας (1)
44. 29. τὰ ὑπὲρ ἀγνοίας οὗτοι φάγονται (1)
46. 20. τὰ ὑπὲρ ἀγνοίας [A τῆς ἀ.] (1)
Da. LXX. 4. 31. περὶ τῶν ἀ. μου τοῦ θεοῦ ἐδεή. –
— 32. αἱ ἁμαρτίαι μου καὶ αἱ ἄ. μου –
Da. LXX. 4. 32. ἐδεήθην περὶ τῶν ἀ. μου τοῦ θεοῦ τῶν θ. –
6. 5. οὐδεμίαν ἁμαρτίαν οὐδὲ ἄ. ηὕρισκον –
● — 22. οὔτε ἄ. οὔτε ἁμαρτία εὑρέθη ἐν ἐμοί –
9. 16. καὶ ἐν ταῖς ἀ. τῶν πατέρων ἡμῶν (3)
II Ma. 4. 40. A οὐδὲν δὲ ἧττον καὶ τὴν ἄ. [R. ἄνοιαν]
IV Ma. 1. 5. λήθης καὶ ἀγνοίας οὐ δεσπόζει
2. 24. A R λήθης καὶ ἀγνοίας οὐ κρατεῖ
[**Aq.** Le. 4. 2, 22 : 5. 15 : Ps. 18 (19). 13.]
[**Sm.** Le. 4. 2, 22 : Ec. 10. 5.]
[**Al.** Le. 4. 27.]

ἄγνος. (1) עֲרָבָה
Le. 23. 40. λήψεσθε . . . ἄγνου κλάδους ἐκ χειμάρρου (1)
■ Jb. 40. 17. A καὶ κλῶνες ἄγνου [B S ἀγροῦ] (1)

ἁγνός. (1) זַךְ (2) זָכָה pi. (3) טָהוֹר
Ps. 11 (12). 6. τὰ λόγια κυρίου λόγια ἁγνά (3)
18 (19). 9. ὁ φόβος κυρίου ἁγνός (3)
Pr. 15. 26. ἁγνῶν δὲ ῥήσεις σεμναί (3)
19. 13. οὐχ ἁγναὶ εὐχαὶ ἀπὸ μισθώματος ἑταίρας †
20. 9. τίς καυχήσεται ἁγνὴν ἔχειν τὴν καρδίαν (2)
21. 8. ἁγνὰ γὰρ καὶ ὀρθὰ τὰ ἔργα αὐτοῦ (1)
II Ma. 13. 8. οὗ τὸ πῦρ ἁγνὸν ἦν καὶ ἡ σποδός
IV Ma. 5. 37. ἁγνόν με οἱ πατέρες προσδέξονται
18. 7. ἐγὼ ἐγενήθην παρθένος ἁγνή
— 8. οὐδὲ ἐλυμήνατό μου τὰ ἁ. τῆς παρθενίας
— 23. ψυχὰς ἁ. καὶ ἀθανάτους [S ἀθλοφόρους] ἀπειληφότες
[**Aq.** Ps. 11 (12). 2.]
[**Sm.** Pr. 15. 26 : 22. 11.]
[**Al.** Ps. 36 (37). 28 : 49 (50). 5 : 51 (52). 11 : 78 (79). 2 : 84 (85). 9 : 85 (86). 2 : 96 (97). 10 : 115. 6 (116. 15).]

ἄγνους.
Wi. 15. 5. A ποθεῖ τε νεκρᾶς εἰκόνος εἶδος ἄγνουν [B S ἄπνουν]

ἀγνωμονεῖν.
[**Aq.** I Ki. 13. 13.]

● **ἀγνωσία.** בְּלִי־דַעַת
● Jb. 35. 16. ἐν ἀγνωσίᾳ ῥήματα βαρύνει
Wi. 13. 1. οἷς παρῆν θεοῦ ἀ.
III Ma. 5. 27. κατὰ πᾶν [A πάντα] ἀγνωσίᾳ κεκρατημένος
[**Th.** Jb. 35. 16.]

ἄγνωστος.
Wi. 11. 18. ἢ νεοκτίστους [A -ίστου] θυμοῦ πλήρεις [S θυμοὺς πλήρης] θῆρας ἀγνώστους [S¹ θρασυγνώστους]
18. 3. ὁδηγὸν μὲν ἀγνώστου ὁδοιπορίας
II Ma. 1. 19. ὥστε πᾶσιν ἄγνωστον εἶναι τὸν τόπον
2. 7. εἶπεν ὅτι καὶ ἄγνωστος ὁ τόπος ἔσται
[**Al.** Ps. 50 (51). 8.]

ἄγονος. (1) גַּלְמוּד (2) עָקָר (3) שָׁכַל pi.
Ex. 23. 26. οὐκ ἔσται ἄ. οὐδὲ στεῖρα (3)
De. 7. 14. οὐκ ἔσται ἐν ὑμῖν ἄγονος οὐδὲ στεῖρα (2)
Jb. 30. 3. ἐν ἐνδείᾳ καὶ λιμῷ ἄγονος (1)
[**Aq.** Ge. 15. 2.]

ἀγορά. (1) עִזָּבוֹן (2) שׁוּק
I Es. 2. 18. οἰκοδομοῦσι [B¹ οἰκοῦσιν] τάς τε ἀ. αὐτῆς
To. 2. 3. ἔρριπται ἐν τῇ ἀ.
Ec. 12. 4. κλείσουσι θύρας ἐν ἀγορᾷ (2)
— 5. ἐκύκλωσαν [S² κυκλώσουσιν] ἐν ἀγορᾷ (2)
Ca. 3. 2. ἐν ταῖς ἀ. καὶ ἐν ταῖς πλατείαις (2)
Ez. 27. 12. ἀργύριον καὶ χρ. . . . ἔδωκαν τὴν ἀ. σου (1)
— 14. ἵππεις ἔδωκαν ἀγοράν [R τὴν ἀ.] σου (1)
— 16. στακτὴν καὶ ποικ. . . . ἔδωκαν τὴν ἀ. σου (1)
— 18. οἶνον εἰς τὴν ἀ. σου ἔδωκαν (1)
— 22. χρυσίον [R -σὸν] ἔδωκαν τὴν ἀ. σου (1)
II Ma. 10. 2. τοὺς δὲ κατὰ τὴν ἀ. βωμοὺς . . . καθεῖλον
[**Aq.** Pr. 7. 8.]
[**Sm.** Jb. 18. 17 : Je. 27. 19.]
[**Th.** Pr. 7. 8 : Ez. 27. 27, 33.]
[**Al.** Ca. 8. 1.]

ἀγοράζειν. (1) חָלַק hi. (2) לָקַח (3) לָקַח בִּמְחִיר (4) קָנָה (5) שָׁבַר
Ge. 41. 57. ἦλθον εἰς Αἰγ. ἀ. πρὸς Ἰωσήφ (5)
42. 5. ἦλθον δὲ οἱ υἱοὶ Ἰσραὴλ ἀ. (5)
— 7. ἐκ γῆς Χαναὰν ἀγοράσαι βρώματα (5)
43. 4. ἀγοράσομέν [A -σωμέν] σοι βρώματα (5)
— 22. ἀγοράσαι βρώματα (5)
44. 25. ἀγοράσατε ἡμῖν μικρὰ βρώματα (5)
● 47. 14. τοῦ σίτου οὗ ἠγόραζον (5)
Le. 27. 19. B¹ ὁ ἀγοράσας [A B² ἁγιάσας] †
De. 2. 6. ἀργυρίου βρώματα ἀγοράσατε παρʼ [A ἀπʼ] αὐτῶν (5)
I Ch. 21. 24. ἀγοράζων ἀγοράζω ἐν ἀργυρίῳ ἀξ. (4, 4)
II Ch. 1. 16. ἠγόραζον καὶ ἐνέβαινον [A ἀν.] (3)
34. 11. ἀγοράσαι λίθους τετραπέδους καὶ ξύλα (4)
Ne. 10. 31. οὐκ ἀγορῶμεν παρʼ αὐτῶν (2)
To. 1. 13. S ἠγόραζον αὐτῷ πάντα τὰ πρὸς τὴν χρῆσιν [A B *aliter*]
— 14. S ἠγόραζον αὐτῷ ἐκεῖθεν
Si. 20. 12. ἔστιν ἀγοράζων [A ὁ ἀγ.] πολλὰ ὀλίγου
37. 11. μετὰ ἀγοράζοντος περὶ πράσεως
Is. 24. 2. ἔσται ὁ ἀγοράζων ὡς ὁ πωλῶν (4)
55. 1. βαδίσαντες ἀγοράσατε (5)
Je. 44 (37). 12. τοῦ ἀγοράσαι ἐκεῖθεν ἐν μέσῳ (1)
Ba. 1. 10. ἀγοράσατε τοῦ ἀργυρίου ὁλοκαυτώματα
Ep. Je. 25. ἐκ πάσης τιμῆς ἠγορασμένα ἐστίν
I Ma. 12. 36. A S²R ὅπως μήτε ἀγοράζωσι μήτε πωλῶσι
13. 49. ἐκωλύοντο . . . ἀγοράζειν καὶ πωλεῖν
[**Aq.** Is. 55. 1.]
[**Sm.** Is. 55. 1.]
[**Th.** Jb. 40. 25 (30) : Is. 55. 1.]
[**Al.** Ge. 42. 2 : 47. 19.]

ἀγορανομία.
II Ma. 3. 4. A τῆς κατὰ τὴν πόλιν ἀγορανομίας [R παρανομίας]

ἀγορασμός. (1) מַקָּחוֹת (2) שֶׁבֶר
Ge. 42. 19. ἀπαγάγετε τὸν ἀ. τῆς σιτοδοσίας ὑμῶν (2)
— 33. τὸν δὲ ἀ. τῆς σιτοδοσίας –
Ne. 10. 31. οἱ φέροντες τοὺς ἀ. (1)
Pr. 23. 20. συμβολαῖς κρεῶν τε [B S¹ *om.*] ἀγορασμοῖς †
Si. 27. 2. ἀνὰ μέσον πράσεως καὶ ἀγορασμοῦ
II Ma. 8. 11. ἐπʼ ἀγορασμὸν Ἰουδ. σωμάτων
— 25. τῶν παραγεγονότων ἐπὶ τὸν ἀ.

ἀγοραστής.
To. 1. 13. ἤμην αὐτοῦ ἀγοραστής [S *aliter*]

ἀγούρ.
[**Aq.** Is. 38. 14 : Je. 8. 7.]
[**Sm.** Je. 8. 7.]
[**Th.** Is. 38. 14.]

ἀγρεύειν. (1) נָאָה (2) לָכַד (3) לָקַח ni. (4) צוּד (5) שָׁחַט
Jb. 10. 16. ἀγρεύομαι γὰρ ὥσπερ λέων εἰς σφαγήν (1?)
Pr. 5. 22. παρανομίαι ἄνδρα ἀγρεύουσι (2)
6. 25. μηδὲ ἀγρευθῇς σοῖς ὀφθαλμοῖς (3)
— 26. γυνὴ δὲ ἀνδρῶν τιμίας ψυχὰς ἀγρεύει (4)
Ho. 5. 2. ὃ οἱ ἀγρεύοντες τὴν θήραν κατέπηξαν (5)
[**Sm.** Ps. 139 (140). 12 : Am. 1. 11.]
[**Al.** Pr. 3. 26.]

ἀγριαίνειν. (1) מָרַר hithpalp.
Da. Th. 11. 11. ἀγριανθήσεται βασ. τοῦ νότου (1)

ἀγριοβάλανος.
[**Aq. Th.** Is. 44. 14.]

ἀγριομυρίκη. (1) עַרְעָר
Je. 17. 6. ὡς ἡ ἀ. ἡ [S¹ ὡς ἀ.] ἐν τῇ ἐρήμῳ (1)
[**Aq.** Je. 17. 6.]

ἄγριος. (1) אֶרֶץ (2) בַּר (3) ψώρα ἀ. גָּרָב (4) φρύγανα ἄ. חָרוּל (5) ὄνος ἄ. פֶּרֶא (6) שָׂדֶה
Ex. 23. 11. τὰ ἄ. θηρία [A τὰ θ. τὰ ἄ.] (6)
Le. 21. 20. ψώρα ἀ. ἢ λειχήν (3)
26. 22. τὰ θηρία τὰ ἄ. τῆς γῆς (6)
De. 7. 22. πληθυνθῇ ἐπὶ σὲ τὰ θηρία τὰ ἄ. (6)
28. 27. πατάξαι σε κύριος . . . ψώρᾳ ἀ. (3)
Jo. 23. 5. ἀποστελεῖ αὐτοῖς τὰ θηρία τὰ ἄ. –
IV Ki. 4. 39. συνέλεξεν ἀπʼ αὐ. τολύπην ἀ. [A *om.*] (6)
Jb. 5. 22. ἀπὸ δὲ θηρίων ἀ. [A ἀ. τῆς γῆς] (1)
— 23. θῆρες γὰρ ἄγριοι εἰρηνεύσουσί σοι (6)
6. 5. μὴ διὰ κενῆς κεκράξεται ὄνος ἄγριος (5)
30. 7. οἱ ὑπὸ φρύγανα ἄγρια διητῶντο (4)
39. 5. τίς δέ ἐστιν ὁ ἀφεὶς ὄνον ἄ. ἐλεύθερον (5)

● = correction on page xxiii ■ = correction on page xxvii

Ps. 79 (80). 13. A R μονιὸς [B S¹ ὄνος] ἄγριος κατενεμήσατο αὐτήν (6)
▶Wi. 14. 1. ἄγρια μέλλων διοδεύειν κύματα
Is. 32. 14. εὐφροσύνη ὄνων ἀγρίων (5)
56. 9. πάντα τὰ θηρία τὰ ἄ. (6)
Je. 14. 6. ὄνοι ἄγριοι [S ὄναγροι] ἔστησαν ἐπὶ νάπας (5)
31 (48). 6. ὥσπερ ὄνος ἄ. ἐν ἐρήμῳ †
Da. LXX. 2. 38. ἀπὸ ἀνθρώπων καὶ θηρίων ἀ. (2)
Da. TH. 4. 9. κατεσκήνουν τὰ θηρία τὰ ἄ. (2)
— 18. κατῴκουν τὰ θηρία τὰ ἄ. (2)
— 20. μετὰ θηρίων ἀ. ἡ μερὶς αὐτοῦ (2)
— 22. μετὰ θηρίων ἀ. ἔσται ἡ κατοικία σου (2)
— 29. μετὰ θηρίων ἀ. ἡ [A ἔσται ἡ] κατοικία σου (2)
II Ma. 11. 9. θῆρας τοὺς ἀγριωτάτους
14. 30. R ἀπάντησιν ἀγριωτέραν [A ἀγροικότερον]
III Ma. 5. 31. θηρσὶν ἀγρίοις ἐσκεύασαν ἂν [A om.] δαψιλῆ θοῖναν
7. 5. νόμου Σκυθῶν ἀγριοτέραν . . . ὠμότητα
IV Ma. 16. 3. οὐχ οὕτως οἱ περὶ Δανιὴλ λέοντες ἦσαν ἄγριοι
[Aq. Ge. 16. 12: IV Ki. 4. 39.]
[Sm. IV Ki. 4. 39 (*bis*): Jb. 30. 4, 7: Ps. 79 (80). 14.]
[Th. Quint. Hebr. IV Ki. 4. 39.]

ἀγριότης.
II Ma. 15. 21. τήν τε τῶν θηρίων [A *add.* ἐπὶ μέρος εὔκαιρον] ἀγριότητα
[Sm. Jb. 39. 4.]

ἀγριοῦν.
III Ma. 5. 2. ἀγριωθέντας τῇ τοῦ πόματος ἀφθόνῳ χορηγίᾳ

ἀγρίως.
II Ma. 15. 2. μηδαμῶς οὕτως ἀ. καὶ βαρβάρως ἀπολέσῃς

ἄγροικος. (1) אִישׁ שָׂדֶה (2) פֶּרֶא
Ge. 16. 12. οὗτος ἔσται ἄ. ἄνθρωπος (2)
25. 27. ἦν Ἠσαῦ ἄνθρωπος . . . ἄ. (1)
II Ma. 14. 30. A ἀπάντησιν ἀγροικότερον [R ἀγριωτέραν]

ἀγρός. (1) אֶרֶץ (2) יַעַר (3) מִדְבָּר (4) מַחֲנֶה (5) בַּר (6) קָצִיר (7) שָׂדֶה
Ge. 2. 5. πᾶν χλωρὸν ἀγροῦ (7)
— 5. πάντα χόρτον ἀγροῦ (7)
— 19. πάντα τὰ θηρία τοῦ ἀ. (7)
— 20. πᾶσι τοῖς θηρίοις τοῦ ἀ. (7)
3. 18. τὸν χόρτον τοῦ ἀ. (7)
23. 9. R τὸ ὂν ἐν μέρει [A μερίδι] τοῦ ἀ. αὐτοῦ (7)
— 11. τὸν ἀ. καὶ τὸ σπήλαιον (7)
— 13. τὸ ἀργύριον τοῦ ἀ. (7)
— 17. ἔστη ὁ ἀ. Ἐφρών (7)
— 17. ὁ ἀ. καὶ τὸ σπήλαιον (7)
— 17. πᾶν δένδρον ὃ ἦν ἐν τῷ ἀ. (7)
— 19. ἐν τῷ σπηλαίῳ τοῦ ἀ. (7)
— 20. ἐκυρώθη ὁ ἀ. καὶ τὸ σπ. (7)
25. 9. εἰς τὸν ἀ. Ἐφρών (7)
— 10. τὸν ἀ. καὶ τὸ σπήλαιον (7)
27. 27. ὡς ὀσμὴ ἀ. πλήρους (7)
30. 14. εὗρε μῆλα μανδρ. ἐν τῷ ἀγρῷ (7)
— 16. εἰσῆλθε δὲ Ἰακὼβ ἐξ ἀγροῦ (7)
33. 19. ἐκτήσατο τὴν μερίδα τοῦ ἀ. (7)
39. 5. ἐν τῷ οἴκῳ καὶ ἐν τῷ ἀ. (7)
49. 29. ὅ ἐστιν ἐν τῷ ἀ. Ἐφρών (7)
— 32. ἐν κτήσει τοῦ ἀ. καὶ τοῦ σπηλαίου (7)
■Ex. 8. 13. ἐκ τῶν ἐπαύλεων καὶ ἐκ τῶν ἀ. (7)
20. 17. οὔτε τὸν ἀ. αὐτοῦ –
22. 5. ἐὰν δὲ καταβοσκήσῃ τις ἀγρὸν ἢ ἀμπελῶνα (7)
— 5. καταβοσκῆσαι ἀγρὸν ἕτερον (7)
— 5. ἀποτίσει ἐκ τοῦ ἀ. αὐτοῦ –
— 5. ἐὰν δὲ πάντα τὸν ἀ. καταβοσκήσῃ –
— 5. τὰ βέλτιστα τοῦ ἀ. αὐτοῦ . . . ἀποτίσει (7)
23. 16. ὧν ἐὰν σπείρῃς ἐν τῷ ἀ. σου (7)
— 16. τῶν ἔργων σου τῶν ἐκ τοῦ ἀ. σου (7)
Le. 19. 9. τὸν θερισμὸν ὑμῶν [A B¹ *om.* τὸν θ. ὑ.] τοῦ ἀ. σου (7)
23. 22. τὸ λοιπὸν τοῦ θερισμοῦ τοῦ ἀ. σου (7)
25. 3. ἓξ ἔτη σπερεῖς τὸν ἀ. σου (7)
— 4. τὸν ἀ. σου οὐ σπερεῖς (7)
— 5. τὰ αὐτόματα ἀναβαίνοντα τοῦ ἀ. σου (6)
— 31. πρὸς τὸν ἀ. τῆς γῆς (7)
— 34. οἱ ἀ. ἀφωρισμένοι ταῖς πόλεσιν αὐτῶν (7)
Le. 26. 20. τὸ ξύλον τοῦ ἀ. ὑμῶν οὐ δώσει τὸν καρπόν (1)
27. 16. ἀπὸ τοῦ ἀ. τῆς κατασχέσεως αὐτοῦ (7)
— 17, 18. ἐὰν δὲ . . . ἁγιάσῃ τὸν ἀ. αὐτοῦ (7)
— 19. ἐὰν δὲ λυτρῶται τὸν ἀ. (7)
— 20. ἐὰν δὲ μὴ λυτρῶται τὸν ἀ. καὶ ἀποδῶται τὸν ἀ. ἀνθρώπῳ ἑτέρῳ (7, 7)
— 21. ἀλλ' ἔσται ὁ ἀ. . . . ἅγιος τῷ κυρίῳ (7)
— 22. ἐὰν δὲ ἀπὸ τοῦ ἀ. οὗ κέκτηται ὃς οὐκ ἔστιν ἀπὸ τοῦ ἀ. τῆς κατασχέσεως (7, 7)
— 24. ἀποδοθήσεται ὁ ἀ. τῷ ἀνθρώπῳ (7)
— 28. ἀπὸ ἀγροῦ κατασχέσεως αὐτοῦ (7)
Nu. 16. 14. ἔδωκας ἡμῖν κλῆρον ἀγροῦ (7)
20. 17. οὐ διελευσόμεθα δι' ἀγρῶν (7)
21. 21. οὐκ ἐκκλινοῦμεν οὔτε εἰς ἀγρὸν οὔτε εἰς ἀμπελ. (7)
23. 14. παρέλαβεν αὐτὸν εἰς ἀγροῦ σκοπιάν (7)
■Dt. 5. 21. οὔτε τὸν ἀ. αὐτοῦ (7)
11. 15. ἐν τοῖς ἀ. σου [A *add.* καὶ ἐν] τοῖς κτήνεσι (7)
14. 22. τὸ γέννημα τοῦ ἀ. σου ἐνιαυτὸν κατ' ἐν. (7)
20. 19. τὸ ξύλον τὸ ἐν τῷ ἀ. [A δρυμῷ] (7)
22. 27. ὅτι ἐν τῷ ἀ. εὗρεν αὐτήν (7)
24. 19. ἐὰν δὲ [A *om.*] ἀμήσῃς ἀμητὸν [A ἀ. σου] ἐν τῷ ἀ. σου καὶ ἐπιλάθῃ δράγμα ἐν τῷ ἀ. σου (7, 7)
28. 3. εὐλογημένος σὺ ἐν ἀγρῷ (7)
— 16. ἐπικατάρατος σὺ ἐν ἀγρῷ (7)
32. 13. ἐψώμισεν αὐτοὺς γεννήματα ἀγρῶν (7)
●Js. 15. 18. αἰτήσομαι τὸν πατέρα μου ἀγρόν (7)
19. 6. καὶ οἱ ἀ. αὐτῶν †
21. 12. καὶ τοὺς ἀγροὺς τῆς πόλεως (7)
24. 32. ἐν τῇ μερίδι τοῦ ἀ. οὗ ἐκτήσατο Ἰακώβ (7)
Jd. 1. 14. τοῦ αἰτῆσαι . . . ἀγρόν [A τὸν ἀ.] (7)
5. 4. ἐν τῷ ἀπαίρειν σε ἐξ ἀγροῦ Ἐδώμ (7)
●— 18. ἐπὶ ὕψη ἀγροῦ ἦλθον [A *om.*] (7)
9. 27. ἐξῆλθον [A ἦλθον] εἰς ἀγρόν (7)
— 32. καὶ ἐνέδρευσον ἐν τῷ ἀ. (7)
— 42. ἐξῆλθεν ὁ λαὸς εἰς τὸν ἀ. [A τὸ πεδίον] (7)
— 43. καὶ ἐνέδρευσεν ἐν ἀγρῷ [A αὐτῷ] (7)
— 44. ἐπὶ πάντας τοὺς ἐν τῷ ἀ. (7)
13. 9. αὕτη ἐκάθητο ἐν ἀγρῷ [A αὐτῆς καθημένης ἐν τῷ ἀ.] (7)
19. 16. ἤρχετο ἐξ ἔργων αὐτοῦ ἐξ ἀγροῦ [A εἰσῆλθεν ἀπὸ τῶν ἔ. αὐ. ἐκ τοῦ ἀ.] (7)
20. 31. εἰς Γαβαὰ ἐν ἀγρῷ [A τῷ ἀ.] (7)
Ru. 1. 1. τοῦ παροικῆσαι ἐν ἀγρῷ Μωάβ (7)
— 2. καὶ ἦλθοσαν εἰς ἀγρὸν Μωὰβ καὶ ἦσαν ἐκεῖ (7)
— 6. ἀπέστρεψαν [A ἐπ-] ἐξ ἀγροῦ Μ. ὅτι ἤκουσαν ἐν ἀγρῷ Μ. (7, 7)
— 22. ἐπιστρέφουσα ἐξ ἀγροῦ Μωάβ (7)
2. 2. πορευθῶ δὴ εἰς ἀγρόν (7)
— 3. συνέλεξεν ἐν τῷ ἀ. κατόπισθε [A ὀπ.] τῶν θεριζόντων (7)
— 3. περιέπεσε περιπτώματι τῇ μερίδι τοῦ ἀ. Β. (7)
— 6. ἡ ἀποστραφεῖσα . . . ἐξ ἀγροῦ Μωάβ (7)
— 7. ἕως ἑσπέρας οὐ κατέπαυσεν ἐν τῷ ἀ. μικρόν †
— 8. μὴ πορευθῇς ἐν ἀγρῷ συλλέξαι ἑτέρῳ (7)
— 9. οἱ ὀφθαλμοί σου εἰς τὸν ἀ. οὗ ἐὰν θερίζωσι (7)
— 17. καὶ συνέλεξεν ἐν τῷ ἀ. ἕως ἑσπέρας (7)
— 22. οὐκ ἀπαντήσονταί σοι ἐν ἀ. ἑτέρῳ (7)
4. 3. τὴν μερίδα τοῦ ἀ. ἥ [A ἥτις] ἐστι τοῦ ἀδελφοῦ (7)
— 3. τῇ ἐπιστρεφούσῃ ἐξ ἀγροῦ Μωάβ (7)
— 5. ἐν ἡμέρᾳ τοῦ κτήσασθαί σε τὸν ἀ. (7)
I Ki. 4. 2. ἐπλήγησαν ἐν τῇ παρατάξει ἐν ἀγρῷ (7)
6. 1. ἦν ἡ κιβωτὸς [A κ. κυρίου] ἐν ἀγρῷ τῶν ἀλλ. (7)
— 14. εἰσῆλθεν εἰς ἀγρὸν Ὡσηὲ [A Ἰησοῦ] (7)
— 18. τοῦ ἐν ἀγρῷ Ὡσηὲ [A Ἰησοῦ] τοῦ Βαιθ. (7)
8. 14. τοὺς ἀ. ὑμῶν καὶ τοὺς ἀμπελῶνας (7)
11. 5. Σαοὺλ ἤρχετο μετὰ τὸ πρωὶ ἐξ ἀγροῦ (7)
13. 17. B ἐξῆλθε διαφθείρων ἐξ ἀγροῦ ἀλλοφ. (4)
14. 15. ἐγενήθη ἔκστασις ἐν τῇ παρ. καὶ ἐν ἀγρῷ (7)
— 25. δρυμὸς ἦν μελισ. κατὰ πρόσωπον τοῦ ἀ. (7)
19. 3. ἐχόμενος τοῦ πατρός μου ἐν ἀγρῷ (7)
20. 11. πορεύου καὶ μένε εἰς ἀγρόν (7)
— 11. καὶ ἐκπορεύονται ἀμφότεροι εἰς ἀγρόν (7)
— 12. καὶ οὐ μὴ ἀποστείλω πρὸς σὲ εἰς ἀγρόν –
— 24. καὶ κρύπτεται Δαυὶδ ἐν ἀγρῷ [A τῷ ἀ.] (7)
— 35. ἐξῆλθεν Ἰωνάθαν εἰς ἀγρὸν καθὼς ἐτάξατο (7)
22. 7. εἰ . . . δώσει ὁ υἱὸς Ἰεσσαὶ ἀγροὺς καὶ ἀμπ. (7)
25. 16. ἐν τῷ εἶναι ἡμᾶς ἐν ἀγρῷ ὡς τεῖχος ἦσαν (7)
27. 5. ἐν μιᾷ τῶν πόλεων τῶν κατ' ἀγρόν (7)
— 7. ἐν ἀγρῷ [B ὁδῷ] τῶν ἀλλοφύλων (7)
— 11. ἃς ἐκάθητο Δαυὶδ ἐν ἀγρῷ τῶν ἀλλοφ. (7)
30. 11. εὑρίσκουσιν ἄνδρα Αἰγύπτιον ἐν ἀγρῷ (7)
●I Ki. 30. 11. A ἄγουσιν αὐτὸν πρὸς Δαυὶδ ἐν ἀγρῷ –
II Ki. 1. 21. καὶ ἀγροὶ ἀπαρχῶν (7)
2. 18. ὡσεὶ μία δορκὰς ἐν ἀγρῷ (7)
9. 7. ἀποκαταστήσω σοι πάντα ἀγρὸν Σαούλ (7)
10. 8. μόνοι ἐν ἀγρῷ (7)
11. 11. ἐπὶ πρόσωπον τοῦ ἀ. παρεμβάλλουσι (7)
— 23. ἐξῆλθαν ἐφ' [A πρὸς] ἡμᾶς εἰς τὸν ἀ. (7)
14. 6. ἐμαχέσαντο ἀμφότεροι ἐν τῷ ἀ. (7)
— 30. ἡ [A εἰ] μερὶς ἐν ἀγρῷ τοῦ Ἰωάβ –
17. 8. ὡς ἄρκος ἠτεκνωμένη ἐν ἀγρῷ (7)
19. 29. σὺ καὶ Σιβὰ διελεῖσθε τὸν ἀ. (7)
20. 12. ἐκ τῆς τρίβου εἰς ἀγρόν (7)
21. 10. τὰ θηρία τοῦ ἀ. νυκτός (7)
23. 11. ἦν ἐκεῖ μερὶς τοῦ ἀ. πλήρης φακοῦ (7)
III Ki. 2. 26. ἀπότρεχε σὺ εἰς Ἀναθὼθ εἰς ἀγρόν σου (7)
12. 24. B [cf. A 14. 11] τὸν τεθνηκότα ἐν τῷ ἀ. καταφάγ. (7 ?)
14. 11. A τὸν τεθνηκότα ἐν τῷ ἀ. καταφάγονται (7)
IV Ki. 4. 39. ἐξῆλθεν εἰς τὸν ἀ. συλλέξαι ἀριώθ (7)
— 39. εὗρεν ἄμπελον ἐν τῷ ἀ. (7)
7. 12. καὶ ἐκρύβησαν ἐν τῷ ἀ. λέγοντες (7)
8. 3. περὶ τοῦ οἴκου ἑαυτῆς καὶ περὶ τῶν ἀ. ἑαυτῆς (7)
— 5. περὶ τοῦ οἴκου ἑαυτῆς καὶ περὶ τῶν ἀ. ἑαυτῆς (7)
— 6. πάντα [B *om.*] τὰ γεννήματα τοῦ ἀ. (7)
9. 25. ῥίψαι [R -ον] αὐτὸν ἐν τῇ μερίδι ἀγροῦ [A τοῦ ἀ.] Ναβ. (7)
— 37. ὡς κοπρία ἐπὶ προσώπου τοῦ ἀ. (7)
14. 9. τὰ θηρία τοῦ ἀ. τὰ [A *om.*] ἐν τῷ Λιβάνῳ (7)
18. 17. ἥ ἐστιν ἐν τῇ ὁδῷ τοῦ ἀ. τοῦ γναφέως (7)
19. 26. χόρτος ἀγροῦ ἢ χλωρὰ βοτάνη (7)
I Ch. 11. 13. καὶ ἦν μερὶς τοῦ ἀ. πλήρης κριθῶν (7)
16. 32. ξύλον ἀγροῦ καὶ πάντα τὰ ἐν αὐτῷ (7)
27. 25. τῶν θησαυρῶν τῶν ἐν ἀγρῷ (7)
II Ch. 25. 18. τὰ θηρία τοῦ ἀ. τὰ ἐν τῷ Λιβάνῳ (7)
31. 5. καὶ πᾶν γέννημα ἀγροῦ (7)
Ne. 5. 3, 4, 5. ἀγροὶ ἡμῶν καὶ ἀμπελῶνες ἡμῶν (7)
— 11. ἀγροὺς αὐτῶν καὶ [B *om.*] ἀμπελῶνας αὐτῶν (7)
— 16. ἀγρὸν οὐκ ἐκτησάμην (7)
11. 25. πρὸς τὰς ἐπαύλεις ἐν ἀγρῷ αὐτῶν (7)
— 30. ἐπαύλεις αὐτῶν Λαχὶς καὶ οἱ [B *om.*] ἀ. αὐτῆς (7)
12. 28. καὶ ἀπὸ ἀγρῶν (7)
13. 10. ἐφύγοσαν ἀνὴρ εἰς ἀγρὸν αὐτοῦ (7)
Ju. 2. 27. ἐνέπρησε πάντας τοὺς ἀ. αὐτῶν
8. 3. ἔθαψαν αὐτὸν . . . ἐν τῷ ἀ.
— 7. ὑπελείπετο αὐτῇ . . . καὶ κτήνη καὶ ἀγρούς
11. 7. τὰ θηρία τοῦ ἀ. καὶ τὰ κτήνη
Jb. 5. 23. A μετὰ τῶν λίθων τοῦ ἀ. ἡ διαθήκη σου, καὶ τὰ θηρία τοῦ ἀ. εἰρηνεύσει σοι (7, 7)
— 25. τὰ δὲ τέκνα σου ἔσται ὥσπερ τὸ παμβότανον τοῦ ἀ. (1)
24. 5. ὥσπερ ὄνοι ἐν ἀγρῷ (3)
— 6. ἀγρὸν πρὸ ὥρας οὐκ αὐτῶν ὄντα (7)
39. 15. θηρία ἀγροῦ καταπατήσει (7)
■●40. 17. καὶ κλῶνες ἀγροῦ [A ἄγνου] †
Ps. 49 (50). 10. A S² ἐμά ἐστι πάντα τὰ θηρία τοῦ ἀ. [B δρυμοῦ] (2)
— 11. ὡραιότης ἀγροῦ μετ' ἐμοῦ ἐστιν (7)
102 (103). 15. ὡσεὶ ἄνθος τοῦ ἀ. (7)
103 (104). 11. πάντα τὰ θηρία τοῦ ἀ. (7)
106 (107). 37. ἔσπειραν ἀγρούς (7)
Pr. 24. 42 (27). παρασκευάζου εἰς τὸν ἀγρόν (7)
Ec. 5. 8. βασιλεὺς τοῦ [S¹ *om.*] ἀ. εἰργασμένου (7)
Ca. 2. 7. ἐν ἰσχύσεσι [A S ταῖς ἰσχ.] τοῦ ἀ. (7)
3. 5. ἐν ταῖς ἰσχύσεσι τοῦ ἀ. (7)
5. 8. ἐν ταῖς ἰσχύσεσι τοῦ ἀ. –
7. 11. ἀδελφιδέ μου, ἐξέλθωμεν εἰς ἀγρόν (7)
8. 4. ἐν ταῖς ἰσχύσεσι τοῦ ἀ. –
Si. 39. 13. B ἐπὶ ῥεύματος ἀγροῦ [A S ὑγροῦ]
■Ho. 2. 12. τὰ θηρία τοῦ ἀ. καὶ τὰ πετεινὰ τοῦ οὐρ. (7)
■— 18. μετὰ τῶν θηρίων τοῦ ἀ. (7)
4. 3. σὺν τοῖς θηρ. τοῦ ἀ. καὶ σὺν τοῖς ἑρπετοῖς τῆς γῆς (7)
10. 4. ὡς ἄγρωστις κρίμα ἐπὶ χέρσον ἀγροῦ (7)
12. 11. ὡς χελῶναι ἐπὶ χέρσον ἀγροῦ (7)
13. 8. θηρία ἀγροῦ διασπάσει αὐτούς (7)
Mi. 1. 6. εἰς [A ὡς] ὀπωροφυλάκιον ἀγροῦ (7)
2. 2. καὶ ἐπεθύμουν ἀγρούς (7)
— 4. οἱ ἀ. ὑμῶν [B ἡ.] διεμερίσθησαν [A διεμετρήθησαν] (7)
3. 12. ὡς ἀγρὸς ἀροτριαθήσεται (7)
Jl. 1. 11. ἀπόλωλε τρυγητὸς ἐξ ἀγροῦ (7)

Jl. 1. 12. πάντα τὰ ξύλα τοῦ ἀ. ἐξηράνθησαν [S^{3} -θη] (7)
— 19. φλὸξ ἀνῆψε πάντα τὰ ξύλα τοῦ ἀ. (7)
Za. 10. 1. δώσει αὐτοῖς ἑκάστῳ βοτάνην ἐν ἀγρῷ (7)
Ma. 3. 11. ἡ ἄμπελος ἡ ἐν τῷ [A *om.*] ἀ. (7)
Is. 5. 8. ἀγρὸν πρὸς ἀγρὸν ἐγγίζοντες (7, 7)
7. 3. τῆς ἄνω ὁδοῦ ἀγροῦ [A τοῦ ἀ.] τοῦ γναφ. (7)
27. 4. φυλάσσειν καλάμην ἐν ἀγρῷ †
32. 12. ἀπὸ [A περὶ] ἀγροῦ ἐπιθυμήματος (7)
33. 12. ὡς ἄκανθα ἐν ἀγρῷ ἐρριμμένη †
36. 2. ἐν τῇ ὁδῷ τοῦ ἀγροῦ τοῦ γναφέως (7)
43. 20. εὐλογήσουσί με τὰ θηρία τοῦ ἀ. (7)
55. 12. τὰ ξύλα τοῦ ἀ. ἐπικροτήσει τοῖς κλάδοις (7)
Je. 4. 17. ὡς φυλάσσοντες ἀγρὸν ἐγένοντο (7)
6. 12. ἀγροὶ καὶ αἱ γυναῖκες αὐτῶν ἐπὶ τὸ αὐτό (7)
— 25. μὴ ἐκπορεύεσθε εἰς ἀγρόν (7)
7. 20. ἐπὶ πᾶν ξύλον τοῦ ἀ. αὐτῶν (7)
8. 7. τρυγὼν καὶ χελιδὼν ἀγροῦ –
— 10. δώσω . . . τοὺς ἀ. αὐτῶν τοῖς κληρονόμοις (7)
12. 4. πᾶς ὁ [A *om.*] χόρτος τοῦ ἀ. [A *om.* τ. ἀ.] (7)
— 9. συναγάγετε πάντα τὰ θηρία τοῦ ἀ. (7)
13. 27. ἐν τοῖς ἀ. ἑώρακα τὰ βδελύγματά σου (7)
14. 5. ἔλαφοι ἐν ἀγρῷ ἔτεκον (7)
33 (26). 18. Σιὼν ὡς ἀ. ἀροτριαθήσεται (7)
34 (27). 6. τὰ θηρία τοῦ ἀ. ἐργάζεσθαι αὐτῷ (7)
39 (32). 7. κτῆσαι σεαυτῷ τὸν ἀ. μου (7)
— 8. κτῆσαι σεαυτῷ [B *om.*] τὸν ἀ. μου (7)
— 9. ἐκτησάμην τὸν ἀ. Ἀναμεήλ (7)
— 15. ἔτι κτισθήσονται [A S^{3} κτηθ-] ἀγροί (7)
— 25. κτῆσαι σεαυτῷ τὸν [A S *om.*] ἀ. ἀργυρίου (7)
— 43. κτηθήσονται ἔτι ἀγροὶ ἐν τῇ γῇ (7)
— 44. κτήσονται ἀγροὺς ἐν ἀργυρίῳ (7)
42 (35). 9. ἀμπελῶν καὶ ἀ. [S -ῶνας καὶ ἀγρούς] (7)
47 (40). 7. οἱ ἡγεμόνες τῆς δυνάμεως τῆς ἐν ἀγρῷ (7)
— 13. οἱ ἡγεμόνες τῆς δυνάμεως οἱ ἐν τοῖς ἀ. (7)
48 (41). 8. εἰσὶν ἡμῖν θησαυροὶ ἐν ἀγρῷ (7)
La. 4. 9. ἐκκεκεντημένοι ἀπὸ γεννημάτων ἀγρῶν (7)
Ez. 16. 7. καθὼς ἡ ἀνατολὴ τοῦ ἀ. δέδωκά σε (7)
17. 24. A πάντα τὰ ξύλα τοῦ ἀ. [B πεδίου] (7)
29. 5. A τοῖς θηρίοις τοῦ ἀ. [B τῆς γῆς] (1)
31. 13. πάντα τὰ θηρία τοῦ ἀ. (7)
33. 27. τοῖς θηρίοις τοῦ ἀ. δοθήσονται εἰς κατάβρ. –
34. 5. εἰς κατάβρωμα πᾶσι τοῖς θηρίοις τοῦ ἀ. (7)
— 8. A εἰς κατ. πᾶσι τοῖς θ. τοῦ ἀ. [B πεδίου] (7)
36. 30. πληθυνῶ . . . τὰ γεννήματα τοῦ ἀ. (7)
39. 17. A πρὸς πάντα τὰ θηρία τοῦ ἀ. [B πεδίου] (7)
Dan. TH. 2. 38. θηρία τε ἀγροῦ καὶ πετεινὰ οὐρανοῦ [A τοῦ οὐ.] (5)
I Ma. 16. 10. τοὺς πύργους τοὺς ἐν τοῖς ἀ. [A τῷ ἀ.] Ἀζώτου

[Aq. III Ki. 14. 11: Ca. 3. 5: Je. 14. 18: 28 (35). 14: Ez. 17. 24: 20. 46 (21. 2): 31. 4.]
[Sm. Ge. 24. 63: Ex. 22. 31 (30): Ps. 95 (96). 12: Pr. 24. 27: Ca. 3. 5: Is. 37. 27: 56. 9: Je. 14. 18: 28 (35). 14: Ez. 17. 24: 31. 4.]
[Th. Ex. 22. 31 (30): Jd. 19. 16: Ca. 3. 5: Is. 16. 8: 37. 27: Je. 14. 5: 28 (35). 14: Ez. 17. 24: 20. 46 (21. 2): 31. 4.]
[Al. Ge. 49. 30 (*bis*): 50. 13 (*bis*): Le. 14. 7: 19. 9: 27. 21: I Ki. 9. 26: Jb. 5. 23.]
[Quint. Ps. 131 (132). 6: Pr. 24. 27: Ca. 8. 1: Ez. 32. 4.]

ἀγροτέκτων.

[Al. Le. 11. 19.]

ἀγρυπνεῖν. (1) עוּר (2) שָׁקַד

II Ki. 12. 21. ἐνήστευες καὶ ἔκλαιες καὶ ἠγρύπνεις –
I Es. 8. 59. ἀγρυπνεῖτε καὶ φυλάσσετε
II Es. 8. 29. ἀγρυπνεῖτε καὶ τηρεῖτε (2)
Jb. 21. 32. ἐπὶ σωρῶν [A S -ῷ] ἠγρύπνησεν (2)
Ps. 101 (102). 7. ἠγρύπνησα καὶ ἐγενήθην ὡσεὶ στ. (2)
126 (127). 1. εἰς μάτην ἠγρύπνησεν ὁ φυλάσσων (2)
Pr. 8. 34. ἀγρυπνῶν ἐπ' ἐμαῖς θύραις καθ' ἡμέραν (2)
Ca. 5. 2. ἡ καρδία μου ἀγρυπνεῖ (1)
Wi. 6. 15. ὁ ἀγρυπνήσας δι' αὐτὴν τάχεως ἀμέριμνος
Si. 36 (33). 16. κἀγὼ ἔσχατος ἠγρύπνησα
Dan. LXX. 9. 14. ἠγρύπνησε κύριος ὁ θεὸς ἐπὶ τὰ κακά (2)

[Sm. Is. 29. 20.]

ἀγρυπνία.

Si. prol. 24. πολλὴν γὰρ [A *om.*] ἀ. καὶ ἐπιστήμην
34 (31). 1. ἀγρυπνία πλούτου ἐκτήκει σάρκας
— 2. μέριμνα ἀγρυπνίας ἀπαιτήσει νυσταγμόν
— 20. πόνος ἀγρυπνίας . . . μετὰ ἀνδρὸς ἀπλήστου
38. 26. ἡ ἀ. αὐτοῦ εἰς χορτάσματα δαμάλεων
Si. 38. 27. ἡ ἀ. αὐτοῦ τελέσαι [S^{2} συντ.] ἔργον
— 28. ἡ ἀ. αὐτοῦ κοσμῆσαι ἐπὶ συντελείας
— 30. ἡ ἀ. αὐτοῦ καθαρίσαι κάμινον
42. 9. θυγάτηρ πατρὶ ἀπόκρυφος ἀγρυπνία
II Ma. 2. 26. ἱδρῶτος δὲ καὶ ἀγρυπνίας τὸ πρᾶγμα

ἄγρωστις. (1) עֵשֶׂב (2) רֹאשׁ (3) ἄ. ξηρά (4) שָׁמִיר וָשַׁיִת (5) שְׁרֵמָה (4) דֶּשֶׁא

Dt. 32. 2. ὡσεὶ ὄμβρος ἐπ' ἄγρωστιν (5)
Ho. 10. 4. ἀνατελεῖ ὡς ἄγρωστις κρίμα ἐπὶ χέρσον ἀγροῦ (2)
Mi. 5. 7. ὡς ἄρνες ἐπὶ ἄγρωστιν (1)
Is. 9. 18. ὡς ἄγρωστις ξηρὰ βρωθήσεται (3)
— 37. 27. ὡς χόρτος . . . ἐπὶ δωμάτων καὶ ὡς ἄ. (4? 5?)

ἀγυιά.

III Ma. 1. 20. αἱ μὲν κατ' οἴκους αἱ δὲ κατὰ τὰς ἀ.
4. 3. τίνες ἀγυιαὶ κοπετοῦ

ἀγύμναστος.

[Al. I Ki. 17. 39.]

ἀγύναιος. (1) אַלְמָנָה

Jb. 24. 21. A B S^{1} ἀγύναιον [S^{2}R γύν.] οὐκ ἠλέησε (1)

ἄγχειν. (1) בָּלַם

▶Ps. 31 (32). 9. τὰς σιαγόνας αὐτῶν ἄγξαι [A -εις] (1)
●IV Ma. 10. 7. κατὰ μηδένα τρόπον ἰσχύοντες [S -σαντες] αὐτὸν ἄγξαι
11. 11. καὶ τὸ σῶμα ἀγχόμενος

[Aq. Sm. Pr. 7. 21.]

ἀγχιστεία. (1) גָּאַל (2) גְּאֻלָּה

Ru. 4. 6. ἀγχίστευσον σεαυτῷ τὴν ἀ. μου (2)
— 7. καὶ τοῦτο τὸ δικαίωμα . . . ἐπὶ τὴν ἀ. (2)
— 7. ἐδίδου τῷ πλησ. αὐτοῦ . . . τὴν ἀ. αὐτοῦ –
— 8. κτῆσαι σεαυτῷ τὴν ἀ. μου –
Ne. 13. 29. ἐπὶ ἀγχιστείᾳ τῆς ἱερατείας (1)

[Aq. Ez. 11. 15.]
[Th. Is. 63. 4.]

ἀγχιστεύειν. (1) גָּאַל *a.* qal. *b.* pu. (2) יָרַשׁ

Le. 25. 25. A B^{1} ὁ ἀγχιστεύων ἐγγίζων ἔγγιστα αὐτοῦ [B^{2}R ὁ ἀ. ὁ ἐγγίζων αὐτῷ] (1 *a*)
— 26. ἐὰν δὲ μὴ ᾖ τινι ὁ ἀγχιστεύων (1 *a*)
Nu. 5. 8. ἐὰν δὲ μὴ ᾖ τῷ ἀνθρώπῳ ὁ [A *om.*] ἀγχιστεύων (1 *a*)
35. 12. ἀπὸ ἀγχιστεύοντος τὸ αἷμα (1 *a*)
— 19. ὁ ἀγχιστεύων τὸ αἷμα οὗτος ἀποκτενεῖ (1 *a*)
— 21. ὁ ἀγχιστεύων τὸ αἷμα ἀποκτενεῖ [A πατάξει] (1 *a*)
— 24. ἀνὰ μέσον τοῦ ἀγχιστεύοντος τὸ αἷμα (1 *a*)
— 25. A B^{2} R ἀπὸ τοῦ ἀγχιστεύοντος τὸ αἷμα (1 *a*)
— 27. εὕρῃ αὐτὸν ὁ ἀγχιστεύων τὸ αἷμα (1 *a*)
— 27. φονεύσῃ ὁ ἀγχιστεύων τὸ αἷμα (1 *a*)
36. 8. πᾶσα θυγάτηρ ἀγχιστεύουσα κληρονομίαν (2)
— 8. ἵνα ἀγχιστεύσωσιν οἱ υἱοὶ Ἰσρ. (2)
Dt. 19. 6. διώξας ὁ ἀγχιστεύων τοῦ αἵματος (1 *a*)
— 12. εἰς χεῖρας τῶν ἀγχιστευόντων [A τῷ ἀγχιστεύοντι] τοῦ αἵματος (1 *a*)
Jo. 20. 3. ὑπὸ [A ἀπὸ] τοῦ ἀγχιστεύοντος τὸ αἷ. (1 *a*)
— 5. A διώξεται ὁ ἀγχιστεύων τὸ αἷμα (1 *a*)
— 9. ἐν χειρὶ [A ἐκ χειρὸς] τοῦ ἀγχιστεύοντος τὸ αἷμα (1 *a*)
Ru. 2. 20. ἐκ τῶν ἀγχιστευόντων ἡμᾶς [R -ῖν] (1 *a*)
3. 13. ἐὰν ἀγχιστεύσῃ σε, ἀγαθόν, ἀγχιστευέτω· ἐὰν δὲ μὴ βούληται ἀγχιστεῦσαί σε, ἀγχιστεύσω σε ἐγώ (1 *a quater*)
4. 4. εἰ ἀγχιστεύεις ἀγχίστευε· εἰ δὲ μὴ ἀγχιστεύεις (1 *a ter*)
— 4. οὐκ ἔστι πάρεξ σοῦ τοῦ ἀγχιστεῦσαι (1 *a*)
— 4. ἐγώ εἰμι, ἀγχιστεύω (1 *a*)
— 6. οὐ δυνήσομαι ἀγχιστεῦσαι ἐμαυτῷ 1 *a*)
— 6. ἀγχίστευσον σεαυτῷ τὴν ἀγχιστείαν μου, ὅτι οὐ δυνήσομαι ἀγχιστεῦσαι (1 *a*, 1 *a*)
— 7. τῷ πλ. αὐτοῦ τῷ ἀγχιστεύοντι [A *om.*] –
II Es. 2. 62. ἠγχιστεύθησαν ἀπὸ τῆς ἱερατείας (1 *b*)
Ne. 7. 64. ἠγχιστεύθησαν ἀπὸ τῆς ἱερατείας (1 *b*)

[Aq. Ge. 48. 16: Ps. 118 (119). 154: Is. 35. 9: 47. 4: 52. 3: 54. 5: 59. 20: 62. 12: 63. 16.]
[Sm. Is. 35. 9: 59. 20.]
[Th. Jb. 3. 5.]

ἀγχιστεύς. (1) גָּאַל

Ru. 3. 9. ὅτι ἀ. εἶ σύ (1)
Ru. 3. 12. A B καὶ ὅτι [R νῦν ὁ] ἀληθῶς ἀ. ἐγώ εἰμι (1)
— 12. καί γέ ἐστιν ἀ. ἐγγίων ὑπὲρ ἐμέ (1)
4. 1. R καὶ ἰδοὺ ὁ ἀ. [A B ἀγχιστευτής] (1)
— 3. καὶ εἶπε Βοὸς τῷ ἀ. [A *om.*] (1)
— 6. καὶ εἶπεν ὁ ἀ. (1)
— 8. καὶ εἶπεν ὁ ἀ. τῷ Βοός (1)
— 14. κύριος ὃς οὐ κατέλυσέ σοι σήμερον τὸν ἀ. (1)
II Ki. 14. 11. πληθυνθῆναι [A πληθῦναι] ἀγχιστέα τοῦ αἵματος (1)
III Ki. 16. 11. A καὶ ἀγχιστεῖς αὐτοῦ καὶ ἑταῖρον (1)

[Aq. Pr. 23. 11: Is. 41. 14: 54. 5, 8: 60. 16.]
[Sm. Pr. 23. 11: Is. 59. 20.]
[Th. Jb. 19. 25: Pr. 23. 11: Is. 41. 14: 59. 20.]

●**ἀγχιστευτής.** (1) גָּאַל

Ru. 4. 1. A B καὶ ἰδοὺ ὁ ἀ. [R ἀγχιστεὺς] παρεπορεύετο (1)

ἀγχόνη.

[Aq. Jb. 7. 15.]

ἀγωγή.

Es. 2. 20. οὐ μετήλλαξε [A οὐκ ἤλλαξε] τὴν ἀ. αὐτῆς –
10. 3. διηγεῖτο [A S ἡγ-] τὴν ἀ. παντὶ τῷ ἔθνει †
II Ma. 4. 16. ὧν ἐζήλουν τὰς ἀ.
6. 8. ὑποτιθεμένων τὴν αὐτὴν ἀ. κατὰ τῶν Ἰουδ.
11. 24. τὴν ἑαυτῶν ἀ. αἱρετίζοντας
III Ma. 4. 10. ἀγωγὴν ἐπιβούλων ἐν παντί

[Sm. Th. IV Ki. 9. 20 (*bis*).]

ἀγωγός.

Si. 48. 17. S^{2} εἰσήγαγεν εἰς μέσον αὐτῶν [A -ῆς] τὸν ἀ. [A ὕδωρ, B S^{1} τὸν Γώγ]

[Sm. Is. 30. 25.]

ἀγών. (1) ἀγῶνα παρέχειν לָאָה hi.

Es. 4. 17. ἐν ἀγῶνι θανάτου κατειλημμένη
Wi. 4. 2. τὸν τῶν ἀμιάντων ἄθλων ἀ. νικήσασα
10. 12. ἀγῶνα ἰσχυρὸν ἐβράβευσεν αὐτῷ
Is. 7. 13. μὴ μικρὸν ὑμῖν ἀγῶνα παρέχειν ἀνθρώποις καὶ πῶς κυρίῳ παρέχετε ἀγῶνα (1, 1)
II Ma. 4. 18. ἀγομένου δὲ πενταετηρικοῦ ἀ. ἐν Τύρῳ
10. 28. καθηγεμόνα τῶν ἀ. ταττόμενοι τὸν θυμόν
14. 18. ἐν τοῖς ὑπὲρ [A περὶ] τῆς πατρίδος ἀγῶσιν
— 43. μὴ κατευθικτήσας διὰ τὴν τοῦ ἀ. σπουδήν
15. 9. τοὺς ἀ. οὓς ἦσαν ἐκτετελεκότες
— 18. R ὁ . . . κείμενος αὐτοῖς ἀγών [A *om.*]
IV Ma. 11. 20. ὦ ἱεροπρεποῦς ἀγῶνος
13. 15. μέγας γὰρ ψυχῆς ἀ. καὶ κίνδυνος
15. 29. τοῦ διὰ σπλάγχνων ἀγῶνος ἀθλοφόρε
16. 16. γενναῖος ὁ [S *om.*] ἀ.
17. 11. ἦν ἀ. θεῖος ὁ δι' αὐτῶν γεγενημένος

[Th. Is. 7. 13 (*bis*).]

ἀγωνία.

II Ma. 3. 14. ἦν δὲ οὐ μικρὰ καθ' ὅλην τὴν πόλιν ἀ.
— 16. ἐνέφαινε τὴν κατὰ ψυχὴν ἀγωνίαν
15. 19. ἦν δὲ . . . οὐ πάρεργος ἀ.

ἀγωνιᾶν. (1) יָרֵא

Es. 5. 1. ἀγωνιάσας ἀνεπήδησεν ἀπὸ τοῦ θρόνου (1)
Da. LXX. 1. 10. ἀγωνιῶ τὸν κύριόν μου (1)
II Ma. 3. 21. A τοῦ μεγάλως ἀγωνιῶντος [R διαγ-] ἀρχιερέως

[Sm. Je. 38 (45). 19.]
[Al. I Ki. 4. 13.]

ἀγωνίζεσθαι. (1) שׂוּם בַּל (2) שָׂדַר ithp.

Si. 4. 28. ἕως τοῦ [A S *om.*] θανάτου ἀγώνισαι περὶ τῆς ἀλ.
Da. TH. 6. 14. ἠγωνίσατο τοῦ ἐξελέσθαι αὐτόν (1)
— 14. A B^{2}R ἦν ἀγωνιζόμενος τοῦ [A *om.*] ἐξελ. αὐτόν (2)
I Ma. 7. 21. ἠγωνίσατο Ἄλκιμος περὶ τῆς ἀρχιερωσύνης [S ἱερωσύνης]
II Ma. 8. 16. ἀγωνίσασθαι δὲ γενναίως
13. 14. ἀγωνίσασθαι μέχρι θανάτου περὶ νόμων
15. 27. ταῖς μὲν χερσὶν ἀγωνιζόμενοι
IV Ma. 17. 14. οἱ δὲ ἀδελφοὶ [S ἑπτὰ ἀ.] ἠγωνίζοντο

ἀγωνιστής.

IV Ma. 12. 15. τοὺς τῆς ἀρετῆς ἀ. ἀναιτίως ἀποκτείνας

● = correction on page xxiii ▶ = additional entry on page xxiii

ἀδαμά.
[Aq. Th. Ez. 20. 38.]

ἀδαμάντινος. (1) אֲנָךְ
Am. 7. 7. καὶ ἰδοὺ ἑστηκὼς [A ἀνὴρ ἑ.] ἐπὶ τείχους ἀ. (1)
IV Ma. 16. 13. ὥσπερ ἀδαμάντινον ἔχουσα τὸν νοῦν
[Aq. Sm. Th. Je. 17. 1.]

ἀδάμας. (1) אֲנָךְ
Am. 7. 7. ἐν τῇ χειρὶ αὐτοῦ ἀδάμας (1)
— 8. τί σὺ ὁρᾷς, Ἀ.; καὶ εἶπα, ἀδάμαντα (1)
— 8. ἐντάσσω ἀδάμαντα ἐν μέσῳ [A εἰς μέσον] λαοῦ (1)
[Sm. Am. 7. 7.]

ἀδάμαστος.
Si. 30. 8. ἵππος ἀ. ἀποβαίνει [A S ἐκβ.] σκληρός
IV Ma. 15. 13. καὶ μητέρων ἀδάμαστα πάθη
[Sm. Je. 31 (38). 18.]

ἀδδώδ.
[Hebr. Is. 26. 4.]

ἀδεής.
[Sm. Pr. 19. 25.]

ἄδεια.
Wi. 12. 11. ἐφ' οἷς ἡμάρτανον ἄδειαν ἐδίδους
II Ma. 11. 31. ὑπάρξει δεξιὰ μετὰ τῆς ἀ.
III Ma. 7. 12. ἔδωκεν αὐτοῖς ἄδειαν πάντων
[Aq. Is. 61. 1.]

ᾄδειν. (1) זָמַר (2) פָּצַח (3) שִׁיר
a. qal. *b.* pil. *c.* ho. (4) שִׁיר (subst.)
(5) שָׁרַת pi. (6) תּוֹדָה
Ex. 15. 1. τότε ᾖσε Μωυσῆς . . . τὴν ᾠδὴν ταύτην (3 *a*)
— 1, 21. ᾄσωμεν τῷ κυρίῳ (3 *a*)
Nu. 21. 17. τότε ᾖσεν Ἰσραὴλ τὸ ᾆσμα τοῦτο (3 *a*)
Jd. 5. 1. ᾖσαν [A -εν] Δεββώρα καὶ Βαράκ (3 *a*)
— 3. B ᾄσομαι ἐγώ εἰμι τῷ κυρίῳ [A B ἐγὼ τῷ κ. ᾄ.] (3 *a*)
II Ki. 19. 35. φωνὴν ᾀδόντων καὶ ᾀδουσῶν (3 *a*, 3 *a*)
■ I Ch. 6. 31. ἐπὶ χεῖρας ᾀδόντων ἐν οἴκῳ κυρίου (4)
15. 27. ὁ ἄρχων τῶν ᾠδῶν τῶν ᾀδόντων (3 *b*)
16. 9. ᾄσατε αὐτῷ καὶ ὑμνήσατε αὐτῷ [S -όν] (3 *a*)
— 23. ᾄσατε τῷ κυρίῳ πᾶσα ἡ γῆ (3 *a*)
25. 7. δεδιδαγμένοι ᾄδειν κυρίῳ πᾶς συνιών (4)
II Ch. 23. 13. οἱ ᾄδοντες ἐν τοῖς ὀργάνοις ᾠδοί (3 *b*)
29. 27. ἤρξαντο ᾄδειν κυρίῳ [A τῷ κ.] (4)
— 28. οἱ ψαλτῳδοὶ ᾄδοντες (3 *b*)
II Es. 2. 41. οἱ ᾄδοντες υἱοὶ Ἀσάφ (3 *b*)
— 65. καὶ οὗτοι ᾄδοντες καὶ ᾄδουσαι [B ᾠδαί] (3 *b*, 3 *b*)
— 70: 7. 7. οἱ ᾄδοντες καὶ οἱ πυλωροί (3 *b*)
7. 24. ᾄδουσι, πυλωροῖς, Ναθινὶμ (1)
8. 17. τοῦ ἐνέγκαι ἡμῖν ᾄδοντας εἰς οἶκον θεοῦ (5)
10. 24. καὶ ἀπὸ τῶν ᾀδόντων [S^{3} ᾠδῶν] (3 *b*)
Ne. 7. 1. οἱ πυλωροὶ καὶ οἱ ᾄδοντες (3 *b*)
— 44. οἱ ᾄδοντες υἱοὶ [S οἱ υἱ.] Ἀσάφ (3 *b*)
— 67. καὶ ᾄδοντες καὶ ᾄδουσαι (3 *b*, 3 *b*)
— 73. καὶ οἱ πυλωροὶ καὶ οἱ ᾄδοντες (3 *b*)
10. 28. οἱ Λευῖται, οἱ πυλωροί, οἱ ᾄδοντες (3 *b*)
— 39. καὶ οἱ πυλωροὶ καὶ οἱ ᾄδοντες (3 *b*)
11. 22. τῶν ᾀδόντων ἀπέναντι ἔργου (3 *b*)
12. 28. συνήχθησαν [S^{1} ἤχθ.] οἱ υἱοὶ τῶν ᾀδόντων (3 *b*)
— 29. ἐπαύλεις ᾠκοδόμησαν . . . οἱ ᾄδοντες (3 *b*)
— 42. ἠκούσθησαν οἱ ᾄδοντες (3 *b*)
— 45. καὶ τοὺς ᾄδοντας καὶ τοὺς πυλωρούς (3 *b*)
— 46. Ἀσὰφ ἀπ' ἀρχῆς πρῶτος τῶν ᾀδόντων (3 *b*)
— 47. μερίδας τῶν ᾀδόντων καὶ τῶν πυλωρῶν (3 *b*)
13. 5. τῶν Λευιτῶν καὶ τῶν ᾀδόντων (3 *b*)
— 10. καὶ οἱ ᾄδοντες ποιοῦντες τὸ ἔργον (3 *b*)
Ju. 16. 2. ᾄσατε τῷ κυρίῳ μου [B om.] ἐν κυμβάλοις
Ps. 7. *tit.* ψαλμὸς τῷ Δ. ὃν ᾖσε τῷ κυρίῳ (3 *a*)
12 (13). 6. ᾄσω τῷ κυρίῳ τῷ εὐεργετήσαντί με (3 *a*)
20 (21). 13. ᾄσομεν καὶ ψαλοῦμεν τὰς δυν. (3 *a*)
26 (27). 6. ᾄσομαι [S ᾄσω] καὶ ψαλῶ τῷ κ. (3 *a*)
32 (33). 3. ᾄσατε αὐτῷ ᾆσμα καινόν (3 *a*)
56 (57). 7. ἑτοίμη ἡ καρδία μου, ᾄσομαι (3 *a*)
58 (59). 16. ἐγὼ δὲ ᾄσομαι τῇ δυνάμει [S^{2} τὴν δύναμίν] σου (3 *a*)
67 (68). 4. ᾄσατε τῷ θεῷ (3 *a*)
— 32. αἱ βασιλεῖαι τῆς γῆς ᾄσατε τῷ θεῷ [S^{1} κυρίῳ] (3 *a*)
Ps. 88 (89). 1. τὰ ἐλέη σου, κύριε, εἰς τὸν αἰῶνα ᾄσομαι (3 *a*)
95 (96). 1. ᾄσατε τῷ κυρίῳ ᾆσμα καινόν, ᾄσατε τῷ κ. πᾶσα ἡ γῆ, ᾄσατε τῷ κ. (3 *a ter*)
97 (98). 1. ᾄσατε τῷ κυρίῳ ᾆσμα καινόν (3 *a*)
— 4. ᾄσατε καὶ ἀγαλλιᾶσθε καὶ ψάλατε (2)
100 (101). 1. ἔλεος καὶ κρίσιν ᾄσομαί σοι (3 *a*)
103 (104). 33. ᾄσω τῷ κυρίῳ ἐν τῇ ζωῇ μου (3 *a*)
104 (105). 2. ᾄσατε αὐτῷ καὶ ψάλατε αὐτῷ (3 *a*)
105 (106). 12. S^{2} ᾖσαν [A B S^{1} ᾔνεσαν] τὴν αἴνεσιν αὐτοῦ (3 *a*)
107 (108). 1. ᾄσομαι καὶ ψαλῶ ἐν τῇ δόξῃ (3 *a*)
136 (137). 3. ᾄσατε [S^{1} ὑμνήσατε] ἡμῖν ἐκ τῶν ᾠδῶν Σιών (3 *a*)
— 4. πῶς ᾄσωμεν τὴν ᾠδὴν κυρίου (3 *a*)
137 (138). 5. ᾀσάτωσαν ἐν ταῖς ὁδοῖς κυρίου (3 *a*)
143 (144). 9. ᾠδὴν καινὴν ᾄσομαί σοι (3 *a*)
149. 1. ᾄσατε τῷ κυρίῳ ᾆσμα καινόν (3 *a*)
Ec. 2. 8. ἐποίησά μοι ᾄδοντας καὶ ᾀδούσας (3 *a*, 3 *a*)
Ho. 7. 2. ὅπως συνᾴδωσιν ὡς ᾄδοντες [A -ουσιν ὡς συνᾴδ.] τῇ καρδίᾳ αὐτῶν –
Is. 5. 1. ᾄσω δὴ τῷ ἠγαπημένῳ ᾆσμα (3 *a*)
23. 16. πολλὰ ᾆσον ἵνα σου μνεία γένηται (4)
26. 1. ᾄσονται τὸ ᾆσμα τοῦτο (3 *c*)
Je. 20. 13. ᾄσατε τῷ κυρίῳ (3 *a*)
37 (30). 19. ἐξελεύσονται ἀπ' αὐτῶν ᾄδοντες (6)
[Aq. Ps. 26 (27). 6: 86 (87). 7: 88 (89). 2: Is. 26. 1.]
[Sm. Ps. 9. 3: 26 (27). 6: 29 (30). 5, 13: 65 (66). 4: 88 (89). 2: 137 (138). 1: Pr. 25. 20: Is. 5. 1.]
[Th. Jd. 5. 1: Ps. 29 (30). 13.]
[Al. Ps. 137 (138). 1, 5.]

ἄδειπνος. (1) טְוָת
Da. Th. 6. 18. ὁ βασιλεὺς . . . ἐκοιμήθη ἄ. (1)

ἀδελφή. (1) אָחוֹת (2) ἀ. τῆς γυναικός חָתָן
Ge. 4. 22. ἀ. δὲ Θόβελ (1)
12. 13. ἀ. αὐτοῦ εἰμι (1)
— 19. ἀ. μού ἐστιν (1)
20. 2. ἀ. μού ἐστιν (1)
— 5. ἀ. μού ἐστι (1)
— 12. ἀ. μού ἐστιν ἐκ πατρός (1)
24. 30. R ἐν ταῖς χερσὶ [A ἐπὶ τὰς χεῖρας] τῆς ἀ. (1)
— 30. Ῥεβέκκας τῆς ἀ. αὐτοῦ (1)
— 59. Ῥεβέκκαν τὴν ἀ. αὐτῶν (1)
— 60. A Ῥ. τὴν ἀ. αὐτῶν [R om. τ. ἀ. αὐ.] –
— 60. ἀ. ἡμῶν εἶ (1)
25. 20. ἀδελφὴν Λάβαν τοῦ Σύρου (1)
26. 7. ἀ. μού ἐστιν (1)
— 9. ἀ. μού ἐστιν (1)
28. 9. R ἀδελφὴν Ναβεώθ [A Ναβαιώθ] (1)
29. 13. τοῦ υἱοῦ τῆς ἀ. αὐτοῦ (1)
30. 1. ἐζήλωσε Ῥαχὴλ τὴν ἀ. αὐτῆς (1)
— 8. συναναστράφην τῇ ἀ. μου (1)
— 14. R τῇ Λείᾳ τῇ ἀδελφῇ αὐτῆς –
34. 13. ὅτι ἐμίαναν Δεῖναν τὴν ἀ. αὐτῶν (1)
— 14. δοῦναι τὴν ἀ. ἡμῶν ἀνθρώπῳ (1)
— 27. Δεῖναν τὴν ἀ. αὐτῶν (1)
— 31. R ὡσεὶ πόρνῃ χρήσονται [A χρήσωνται] τῇ ἀ. ἡμῶν (1)
36. 3. ἀδελφὴν Ναβαιώθ (1)
— 22. ἀ. δὲ Λωτὰν Θαμνά (1)
46. 17. R Σάρα [A Σάαρ] ἀ. αὐτῶν (1)
Ex. 2. 4. κατεσκόπευεν ἡ ἀ. αὐτοῦ μακρόθεν (1)
— 7. εἶπεν ἡ ἀ. αὐτοῦ τῇ θυγατρὶ Φ. (1)
6. 20. Μαριὰμ τὴν ἀ. αὐτῶν –
— 23. τὴν Ἐλισ. . . . ἀ. Ναασσών (1)
15. 20. Μαριὰμ ἡ προφῆτις ἡ ἀ. Ἀαρών (1)
Le. 18. 9. ἀσχημοσύνην τῆς ἀ. σου ἐκ πατρός σου (1)
— 11. ὁμοπατρία ἀ. σού ἐστιν (1)
— 12. ἀσχημοσύνην ἀδελφῆς πατρός σου (1)
— 13. B ἀσχημοσύνην ἀδελφῆς μητρός σου (1)
— 18. γυναῖκα ἐπ' ἀδελφῇ αὐτῆς οὐ λήψῃ (1)
20. 17. ὃς ἂν λάβῃ τὴν ἀ. αὐτοῦ ἐκ πατρὸς αὐτοῦ (1)
— 17. ἀσχημοσύνην ἀδελφῆς αὐτοῦ ἀπεκάλυψεν (1)
— 19. ἀσχημοσύνην ἀδελφῆς πατρός σου καὶ ἀδελφῆς μητρός σου (1, 1)
21. 3. ἐπ' ἀδελφῷ καὶ ἐπ' ἀδελφῇ παρθένῳ (1)
Nu. 6. 7. ἐπ' ἀδελφῷ καὶ ἐπ' ἀδελφῇ οὐ μιανθ. (1)
25. 18. θυγατέρα . . . ἀ. [A τὴν ἀ.] αὐτῶν (1)
26. 59. Μαριὰμ τὴν ἀ. αὐτῶν (1)
De. 27. 22. μετὰ ἀδελφῆς ἐκ [B om.] πατρός (1)
— 23. B ὁ κοιμώμενος μετὰ ἀδελφῆς γυναικός (2 ?)
Jo. 2. 13. A καὶ τὰς ἀ. μου (1)
Jd. 15. 2. ἡ ἀ. αὐτῆς ἡ νεωτέρα [B ν. αὐτῆς] (1)
II Ki. 13. 1. ἀ. καλὴ τῷ εἴδει σφόδρα (1)
— 2. διὰ Θημὰρ τὴν ἀ. αὐτοῦ (1)
— 4. Θημὰρ τὴν ἀ. Ἀβεσ. τοῦ ἀδελφοῦ μου (1)
— 5. ἐλθέτω δὴ Θημὰρ ἡ ἀ. μου (1)
— 6. ἐλθέτω δὴ Θημὰρ ἡ ἀ. μου (1)
— 11. κοιμήθητι μετ' ἐμοῦ ἀδελφή μου (1)
— 20. καὶ νῦν ἀδελφή μου κώφευσον (1)
— 22. οὗ ἐταπείνωσε Θημὰρ τὴν ἀ. αὐτοῦ (1)
— 32. ἧς ἐταπείνωσε Θημὰρ τὴν ἀ. αὐτοῦ (1)
17. 25. R θυγατέρα Νάας ἀδελφὴν [A B ἀδελφοῦ] Σαρ. (1)
III Ki. 11. 19. ἀδελφὴν τῆς γυναικὸς αὐτοῦ ἀδελφὴν Θεκεμίνας (1, 1)
— 20. ἔτεκεν αὐτῷ ἡ ἀ. Θεκεμίνας τῷ Ἅδερ (1)
12. 24. B τὴν Ἀνὼ ἀ. Θεκεμίνας τὴν πρεσ. —
IV Ki. 11. 2. B ἀδελφὴ [A υἱὸν] Ὀχοζίου (1)
I Ch. 1. 39. ἀ. δὲ Λωτὰν Θαμνά [B *al.*] (1)
2. 16. καὶ ἀ. Σαρουΐα (1)
3. 9. καὶ Θήμαρ ἀ. [A ἡ ἀ.] αὐτῶν (1)
— 19. Σαλωμεθὶ ἀδελφὴ αὐτῶν (1)
4. 3. καὶ ὄνομα ἀδελφῆς αὐτῶν Ἐσηλεββών (1)
— 19. γυναικὸς τῆς Ἰδουΐας ἀδελφῆς Ναχ. (1)
7. 15. καὶ ὄνομα ἀδελφῆς αὐτοῦ Μοωχά (1)
— 18. ἡ [B om.] ἀ. αὐτοῦ ἡ Μαλεχέθ (1)
— 30. A Σαραὶ ἡ ἀ. [B ἀδελφοὶ] αὐτῶν (1)
— 33. καὶ τὴν Σωλὰ ἀ. αὐτῶν (1)
▶ II Ch. 22. 11. Ἰωσαβεὲθ . . . ἀδελφὴ Ὀχοζίου (1)
● To. 5. 20. S μὴ φοβοῦ περὶ αὐτῶν ἀδελφή
6. 17. S ἐστὶν αὐτῷ ἀδελφή
7. 8. S ὅπως δῷ μοι Σ. τὴν ἀ. μου [A B *al.*]
— 12. S κομίζου τὴν ἀ. σου [A B κ. αὐτήν]
— 12. S ἀδελφή σου δέδοταί σοι [A B om.]
— 16. ἀδελφή, ἑτοίμασον
8. 4. ἀνάστηθι, ἀδελφή
— 7. ἐγὼ λαμβάνω τὴν ἀ. μου ταύτην
— 21. S παρά σου . . . ἡμεῖς καὶ τῆς ἀ. σου
10. 6. S ἀδελφὴ [A B om.] ὑγιαίνει
— 6. S ἀδελφὴ ἤδη πάρεσται
— 13. S ἐγώ σου μήτηρ καὶ Σάρρα ἀ.
Jb. 1. 4. καὶ τὰς τρεῖς ἀ. αὐτῶν (1)
17. 14. μητέρα δέ μου καὶ ἀδελφὴν σαπρίαν (1)
42. 11. ἤκουσαν δὲ . . . αἱ ἀ. αὐτοῦ πάντα (1)
Pr. 7. 4. εἰπὸν τὴν σοφίαν σὴν ἀ. εἶναι (1)
Ca. 4. 9. ἐκαρδίωσας ἡμᾶς, ἀ. μου νύμφη (1)
— 10. ἀ. μου νύμφη (1)
— 12. κῆπος κεκλεισμένος ἀδελφή μου (1)
5. 1. ἀ. μου νύμφη (1)
— 2. ἡ πλησίον μου, ἀ. μου, περιστερά μου (1)
8. 8. ἀ. ἡμῶν [B^{1} S^{1} ἡμῖν] μικρὰ καὶ μαστοὺς οὐκ ἔχει· τί ποιήσωμεν τῇ ἀ. ἡμῶν (1, 1)
■ Ho. 2. 1. εἴπατε . . . τῇ ἀ. ὑμῶν, Ἠλεημένη (1)
Ez. 16. 45. ἀδελφοὶ τῶν ἀ. σου [A αἱ ἀ. σου τῶν ἀ.] αἱ ἀπωσάμεναι τοὺς ἄνδρας (1, 1)
— 46. ἡ ἀ. ὑμῶν ἡ πρεσβυτέρα Σαμάρεια αὐτή (1)
— 46. ἡ ἀ. σου ἡ νεωτέρα σου . . . Σόδομα (1)
— 48. A εἰ πεποίηκε Σόδομα ἡ ἀ. σου [B om. ἡ ἀ. σου] αὐτή (1)
— 49. τοῦτο τὸ ἀνόμημα Σοδόμων τῆς ἀ. σου (1)
— 51. ἐδικαίωσας τὰς ἀ. σου ἐν πάσαις (1)
— 52. ἐν ᾗ ἔφθειρας [A διέφθ.] τὰς ἀ. σου (1)
— 52. ἐν τῷ δικαιῶσαί σε τὰς ἀ. σου (1)
— 55. ἡ ἀ. σου Σόδομα καὶ αἱ θυγατέρες αὐτῆς (1)
— 56. εἰ μὴ ἦν Σόδομα ἡ ἀ. σου εἰς ἀκοήν (1)
— 61. τὰς ἀ. σου τὰς πρεσβυτέρας σου (1)
22. 11. A ἕκαστος τὴν ἀ. [B νύμφην] αὐτοῦ ἐμίαινεν ἐν ἀσεβείᾳ, καὶ ἕκαστος τὴν ἀ. αὐτοῦ . . . ἐταπείνουν ἐν σοί (†, 1)
23. 4. Ὀολιβὰ [A Ὀλ.] ἡ ἀ. αὐτῆς (1)
— 11. εἶδεν ἡ ἀ. αὐτῆς Ὀολιβά [A ἡ Ὀλ.] (1)
— 11. ὑπὲρ τὴν πορνείαν τῆς ἀ. αὐτῆς (1)
— 18. ὃν τρόπον ἀπέστη ἡ ψυχή μου ἀπὸ τῆς ἀ. αὐτῆς (1)
— 31. ἐν τῇ ὁδῷ τῆς ἀ. σου ἐπορεύθης (1)
— 32. τὸ ποτήριον τῆς ἀ. σου πίεσαι τὸ βαθύ (1)
— 33. ποτήριον ἀδελφῆς σου Σαμ. [B^{1} om.] (1)
44. 25. ἐπὶ ἀδελφῇ αὐτοῦ ᾗ οὐ γέγονεν ἀνδρί (1)
Da. LXX. Su. 61. καθὼς ἐπονηρεύσαντο κατὰ τῆς ἀ.
III Ma. 1. 1. τὴν ἀ. Ἀρσινόην συμπαραλαβών
[Aq. Ge. 20. 2: Pr. 7. 4: Je. 3. 7, 10.]
[Sm. Pr. 7. 4: Je. 3. 7.]
[Th. Pr. 7. 4: Je. 3. 7, 10.]
[Al. Le. 18. 14.]
[Quint. Ca. 8. 8.]

● = correction on page xxiii ▶ = additional entry on page xxiii ■ = correction on page xxvii

ἀδελφιδός. (1) אָח (2) דּוֹד

Ca. 1. 13. ἀπόδεσμος τῆς στακτῆς ἀδελφιδός μου (2)
— 14. A S R βότρυς τῆς κύπρου ἀδελφιδός μου (2)
— 16. εἶ καλὸς, ἀδελφιδός [A S ὁ ἀ.] μου (2)
2. 3. οὕτως ἀδελφιδός μου ἀνὰ μέσον τῶν υἱῶν (2)
— 8. φωνὴ ἀδελφιδοῦ μου (2)
— 9. ὅμοιός ἐστιν ἀ. μου τῇ δορκάδι (2)
— 10. ἀποκρίνεται ἀ. μου (2)
— 16. ἀδελφιδός μου ἐμοὶ, κἀγὼ αὐτῷ (2)
— 17. ὁμοιώθητι σὺ, ἀδελφιδέ μου [B om.] (2)
5. 1. καταβήτω ἀ. μου εἰς κῆπον αὐτοῦ [A μου] (2)
— 2. φωνὴ ἀδελφιδοῦ μου κρούει ἐπὶ τὴν θύραν (2)
— 4. ἀ. μου ἀπέστειλε χεῖρα αὐτοῦ (2)
— 5. ἀνέστην ἐγὼ ἀνοῖξαι τῷ ἀ. μου (2)
— 5. ἤνοιξα ἐγὼ τῷ ἀ. μου (2)
— 6. ἀ. μου παρῆλθε (2)
— 8. ἐὰν εὕρητε τὸν ἀ. [S[1] ἀδελφόν] μου (2)
— 9. τί ἀδελφιδός σου [S[1] μου] ἀπὸ ἀδελφιδοῦ [S[1] ἀ. μου] (2, 2)
— 9. τί ἀδελφιδός σου ἀπὸ ἀδελφιδοῦ (2, 2)
— 10. S ἡ νύμφη σημαίνει τὸν ἀ. (2)
— 10. ἀ. μου λευκὸς καὶ πυρρός (2)
— 16. οὗτος ἀ. μου καὶ οὗτος πλησίον μου (2)
■ — 17. ποῦ ἀπῆλθεν ὁ ἀ. σου [S bis] (2)
■ — 17. ποῦ ἀπέβλεψεν ὁ ἀ. σου (2)
6. 1. ἀ. [B ἀδελφός] μου κατέβη εἰς κῆπον (2)
— 2. ἐγὼ τῷ ἀ. μου, καὶ ἀ. [A S ὁ ἀ.] μου ἐμοί (2, 2)
7. 9. πορευόμενος τῷ ἀ. μου εἰς εὐθύτητα (2)
— 10. ἐγὼ τῷ ἀ. μου (2)
— 11. ἐλθὲ, ἀδελφιδέ μου (2)
— 13. ἀδελφιδέ μου, ἐτήρησά σοι (2)
8. 1. τίς δῴη σε, ἀδελφιδέ [B S -ιδόν] μου (1)
— 5. ἐπιστηριζομένη ἐπὶ τὸν ἀ. αὐτῆς (2)
— 14. φύγε, ἀδελφιδέ μου [S[1] om.] (2)
[Al. Ca. 5. 1.]

ἀδελφιδοῦς. (1) אָח

Ge. 14. 14. R ὁ ἀ. [A ἀδελφὸς] αὐτοῦ (1)
— 16. R τὸν ἀ. αὐτοῦ (1)

ἀδελφικῶς.

IV Ma. 13. 9. ἀ. ἀποθάνωμεν [A -οιμεν]

ἀδελφοκτόνος.

Wi. 10. 3. ἀδελφοκτόνοις συναπώλετο θυμοῖς

ἀδελφοπρεπῶς.

IV Ma. 10. 12. τούτου θανόντος ἀ.

ἀδελφός. (1) אָח (2) אִישׁ (3) דּוֹד (4) ἀδελφὸς τοῦ πατρός דּוֹד (5) τοῦ ἀ. τοῦ πατρὸς θυγάτηρ דּוֹדָה (6) ἀδελφὸς τοῦ ἀνδρός יָבָם (7) τοῦ ἀ. γυνή יְבֵמֶת (8) כֹּהֵן (9) רֵעַ (10) אַח (11) ἀ. τοῦ ἀνδρός יִבֵּם pi.

Ge. 4. 2. τὸν ἀ. αὐτοῦ τὸν Ἄβελ (1)
— 8. πρὸς Ἄβελ τὸν ἀ. αὐτοῦ (1)
— 8. ἐπὶ Ἄβελ τὸν ἀ. αὐτοῦ (1)
— 9. Ἄβελ ὁ ἀ. σου (1)
— 9. μὴ φύλαξ τοῦ ἀ. μού εἰμι (1)
— 10. φωνὴ αἵματος τοῦ ἀ. σου (1)
— 11. τὸ αἷμα τοῦ ἀ. σου (1)
— 21. ὄνομα τῷ ἀ. αὐτοῦ (1)
9. 5. ἐκ χειρὸς ἀνθρώπου ἀδελφοῦ (1)
— 22. ἀνήγγειλε τοῖς δυσὶν ἀ. αὐτοῦ (1)
— 25. οἰκέτης ἔσται τοῖς ἀ. αὐτοῦ (1)
10. 21. ἀ. Ἰάφεθ (1)
— 25. ὄνομα τῷ ἀ. αὐτοῦ (1)
12. 5. υἱὸν τοῦ ἀ. αὐτοῦ (1)
13. 8. ἄνθρωποι ἀ. ἐσμεν ἡμεῖς (1)
— 11. διεχωρίσθησαν ἕκαστος ἀπὸ τοῦ ἀ. αὐτ. (1)
14. 12. R τὸν [A om.] υἱὸν τοῦ ἀ. Ἄβραμ (1)
— 13. τοῦ ἀ. Ἐσχὼλ καὶ τοῦ ἀ. Αὐνάν (1, 1)
— 14. A ὁ ἀ. [R ἀδελφιδοῦς] αὐτοῦ (1)
16. 12. κατὰ πρόσωπον πάντων τῶν ἀ. αὐτοῦ (1)
19. 7. μηδαμῶς, ἀδελφοί (1)
20. 5. ἀ. μού ἐστιν (1)
— 13. ἀ. μού ἐστιν (1)
— 16. δέδωκα . . . τῷ ἀ. σου (1)
22. 20. τέτοκε . . . υἱοὺς . . . τῷ ἀ. σου (1)
— 21. τὸν Βαὺξ ἀ. αὐτοῦ (1)
— 23. τῷ ἀ. Ἀβραάμ (1)
Ge. 24. 15. ἀδελφοῦ δὲ Ἀβραάμ (1)
— 27. εἰς οἶκον τοῦ ἀ. τοῦ κυρίου μου (1)
— 29. τῇ δὲ Ῥεβέκκᾳ ἀ. ἦν (1)
— 48. τὴν θυγατέρα τοῦ ἀ. τοῦ κυρίου μου (1)
— 53. δῶρα ἔδωκε τῷ ἀ. αὐτῆς (1)
— 55. οἱ ἀ. αὐτῆς καὶ ἡ μήτηρ (1)
25. 18. κατὰ πρόσωπον πάντων τῶν ἀ. αὐτοῦ (1)
— 26. ἐξῆλθεν ὁ ἀ. αὐτοῦ (1)
27. 6. πρὸς Ἡσαῦ τὸν ἀ. σου (1)
— 11. Ἡσαῦ ὁ ἀ. μου (1)
— 23. Ἡσαῦ τοῦ ἀ. αὐτοῦ (1)
— 29. γίνου κύριος τοῦ ἀ. σου (1)
— 30. Ἡσαῦ ὁ ἀ. αὐτοῦ (1)
— 35. ἐλθὼν ὁ ἀ. σου μετὰ δόλου (1)
— 37. πάντας τοὺς ἀ. αὐτοῦ (1)
— 40. τῷ ἀ. σου δουλεύσεις (1)
— 41. Ἰακὼβ τὸν ἀ. μου (1)
— 42. Ἡσαῦ ὁ ἀ. σου (1)
— 43. πρὸς Λάβαν τὸν ἀ. μου (1)
— 44. τὴν ὀργὴν τοῦ ἀ. σου (1)
28. 2. Λάβαν τοῦ ἀ. τῆς μητρός σου (1)
— 5. R ἀδελφὸν [A add. δὲ] Ῥεβέκκας (1)
29. 1. ἀδελφὸν δὲ Ῥεβέκκας —
— 4. ἀδελφοὶ, πόθεν ἐστὲ ὑμεῖς (1)
— 10. Λάβαν ἀδελφοῦ τῆς μητρὸς αὐτοῦ (1)
— 10. R Λάβαν τοῦ ἀ. τῆς μητρὸς αὐτοῦ (1)
— 10. Λάβαν τοῦ ἀ. τῆς μητρὸς αὐτοῦ (1)
— 12. ἀ. τοῦ πατρὸς αὐτῆς (1)
— 15. ὅτι γὰρ ἀ. μου εἶ (1)
31. 23. πάντας [R om.] τοὺς ἀ. αὐτοῦ (1)
— 25. ἔστησε τοὺς ἀ. αὐτοῦ ἐν τῷ ὄρει (1)
— 32. οὐ ζήσεται ἐναντίον τῶν ἀ. ἡμῶν (1)
— 37. R ἐνώπιον [A ἐναντίον] τῶν ἀ. σου καὶ τῶν ἀ. μου (1, 1)
— 46. εἶπε δὲ Ἰακὼβ τοῖς ἀ. αὐτοῦ (1)
— 54. ἐκάλεσε τοὺς ἀ. αὐτοῦ (1)
32. 3. πρὸς Ἡσαῦ τὸν ἀ. αὐτοῦ (1)
— 6. πρὸς τὸν ἀ. σου Ἡσαῦ (1)
— 11. ἐκ χειρὸς τοῦ ἀ. μου (1)
— 13. ἐξαπέστειλεν Ἡσαῦ τῷ ἀ. αὐτοῦ (1)
— 17. Ἡσαῦ ὁ ἀ. μου (1)
33. 1. καὶ ἰδοὺ Ἡσαῦ ὁ ἀ. αὐτοῦ ἐρχόμενος —
— 3. R ἕως τοῦ ἐγγίσαι τῷ ἀ. [A τοῦ ἀ.] αὐτοῦ (1)
— 9. ἔστι μοι πολλὰ, ἀδελφέ (1)
34. 11. καὶ πρὸς τοὺς ἀ. αὐτῆς (1)
— 14. Συμεὼν καὶ Λευὶ οἱ ἀ. Δείνας —
— 25. Συμεὼν καὶ Λευὶ ἀδελφοὶ Δείνας (1)
35. 1. ἀπὸ προσώπου Ἡσαῦ τοῦ ἀ. σου (1)
— 7. ἀπὸ προσώπου Ἡσαῦ τοῦ ἀ. αὐτοῦ (1)
36. 6. ἀπὸ προσώπου Ἰακὼβ τοῦ ἀ. αὐτοῦ (1)
37. 2. μετὰ τῶν ἀ. αὐτοῦ (1)
— 4. ἰδόντες δὲ οἱ ἀ. αὐτοῦ (1)
— 5. ἀπήγγειλεν αὐτὸ τοῖς ἀ. αὐτοῦ (1)
— 8. εἶπαν δὲ αὐτῷ οἱ ἀ. αὐτοῦ [A om.] (1)
— 9. τῷ πατρὶ αὐτοῦ καὶ τοῖς ἀ. αὐτοῦ (1)
— 10. ἐγώ τε καὶ ἡ μήτηρ σου καὶ οἱ ἀ. σου (1)
— 11. ἐζήλωσαν δὲ αὐτὸν οἱ ἀ. αὐτοῦ (1)
— 12. ἐπορεύθησαν δὲ οἱ ἀ. αὐτοῦ (1)
— 13. οὐχὶ οἱ ἀ. σου ποιμαίνουσιν (1)
— 14. εἰ ὑγιαίνουσιν οἱ ἀ. σου (1)
— 16. τοὺς ἀ. μου ζητῶ (1)
— 17. κατόπισθε τῶν ἀ. αὐτοῦ (1)
— 19. ἕκαστος πρὸς τὸν ἀ. αὐτοῦ (1)
— 23. ἡνίκα ἦλθεν Ἰ. πρὸς τοὺς ἀ. αὐτοῦ (1)
— 26. εἶπε δὲ Ἰούδας πρὸς τοὺς ἀ. αὐτοῦ (1)
— 26. ἐὰν ἀποκτείνωμεν τὸν ἀ. ἡμῶν (1)
— 27. ἀ. ἡμῶν καὶ σὰρξ ἡμῶν ἐστιν (1)
— 27. ἤκουσαν δὲ οἱ ἀ. αὐτοῦ (1)
— 30. R ἐπέστρεψε [A ἀν-] πρὸς τοὺς ἀ. αὐτοῦ (1)
38. 1. κατέβη Ἰούδας ἀπὸ τῶν ἀ. αὐτοῦ (1)
— 8. εἴσελθε πρὸς τὴν γυναῖκα τοῦ ἀ. σου (1)
— 8. ἀνάστησον σπέρμα τῷ ἀ. σου (1)
— 9. εἰσήρχετο πρὸς τὴν γυναῖκα τοῦ ἀ. αὐτοῦ (1)
— 9. τοῦ μὴ δοῦναι σπέρμα τῷ ἀ. αὐτοῦ (1)
— 11. ὥσπερ καὶ [A om.] οἱ ἀ. αὐτοῦ (1)
— 29. εὐθὺς ἐξῆλθεν ὁ ἀ. αὐτοῦ (1)
— 30. μετὰ τοῦτο [A[2] τοῦτον] ἐξῆλθεν ὁ ἀ. αὐτοῦ (1)
42. 3. οἱ ἀ. Ἰωσὴφ οἱ δέκα (1)
— 4. τὸν δὲ Βεν. τὸν ἀ. Ἰωσὴφ οὐκ ἀπέστειλε μετὰ τῶν ἀ. αὐτοῦ (1, 1)
— 6. ἐλθόντες δὲ οἱ ἀ. Ἰωσήφ (1)
— 7. ἰδὼν δὲ Ἰ. τοὺς ἀ. αὐτοῦ ἐπέγνω (1)
— 8. ἐπέγνω δὲ Ἰ. τοὺς ἀ. αὐτοῦ (1)
— 13. δώδεκά ἐσμεν οἱ παῖδές σου ἀδελφοί (1)
Ge. 42. 15. ὁ ἀ. ὑμῶν ὁ νεώτερος (1)
— 16. καὶ λάβετε τὸν ἀ. ὑμῶν (1)
— 19. ἀ. ὑμῶν κατασχεθήτω εἷς (1)
— 20. τὸν ἀ. ὑμῶν τὸν νεώτερον (1)
— 21. R εἶπεν ἕκαστος πρὸς τὸν ἀ. αὐτοῦ, ναὶ, ἐν ἁμαρτίαις [A -τίᾳ] γάρ ἐσμεν περὶ τοῦ ἀ. ἡμῶν (1, 1)
— 28. καὶ εἶπε τοῖς ἀ. αὐτοῦ (1)
— 32. δώδεκα ἀ. ἐσμεν (1)
— 33. ἀ. ἕνα ἄφετε ὧδε (1)
— 34. τὸν ἀ. ὑμῶν τὸν νεώτερον (1)
— 34. τὸν ἀ. ὑμῶν ἀποδώσω ὑμῖν (1)
— 38. ὁ ἀ. αὐτοῦ ἀπέθανε (1)
43. 3. ὁ ἀ. ὑμῶν ὁ νεώτερος (1)
— 4. τὸν ἀ. ἡμῶν (1)
— 5. τὸν ἀ. ἡμῶν —
— 5. ὁ ἀ. ὑμῶν ὁ νεώτερος (1)
— 6. ὅτι [A εἰ] ἐστὶν ὑμῖν ἀ. (1)
— 7. εἰ ἔστιν ὑμῖν ἀ. (1)
— 7. ἀγάγετε τὸν ἀ. ὑμῶν (1)
— 13. τὸν ἀ. ὑμῶν λάβετε (1)
— 14. τὸν ἀ. ὑμῶν τὸν ἕνα (1)
— 16. τὸν ἀ. αὐτοῦ τὸν ὁμομήτριον —
— 29. τὸν ἀ. αὐτοῦ τὸν ὁμομήτριον (1)
— 29. ὁ ἀ. ὑμῶν ὁ νεώτερος (1)
— 30. συνεστρέφετο γὰρ . . . ἐπὶ τῷ ἀ. αὐτοῦ (1)
— 33. ἕκαστος πρὸς τὸν ἀ. αὐτοῦ (9)
44. 14. Ἰούδας καὶ οἱ ἀ. αὐτοῦ (1)
— 19. εἰ ἔχετε πατέρα ἢ ἀδελφόν (1)
— 20. καὶ ὁ ἀ. αὐτοῦ ἀπέθανεν (1)
— 23. ὁ ἀ. ὑμῶν ὁ νεώτερος (1)
— 26. ὁ ἀ. ἡμῶν ὁ νεώτερος (1)
— 26. A τοῦ ἀ. [R add. ἡμῶν] τοῦ νεωτέρου (1)
— 33. A ἀναβήτω μετὰ τῶν ἀ. [R add. αὐτοῦ] (1)
45. 1. R ἡνίκα ἀνεγνωρίζετο [A add. Ἰωσὴφ] τοῖς ἀ. αὐτοῦ (1)
— 3. εἶπε δὲ Ἰωσὴφ πρὸς τοὺς ἀ. αὐτοῦ (1)
— 3. A[2] ἐγώ εἰμι Ἰωσὴφ ὁ ἀ. ὑμῶν —
— 3. A[2] R οὐκ ἠδύναντο οἱ ἀ. ἀποκριθῆναι αὐτῷ (1)
— 4. R εἶπε δὲ Ἰωσὴφ πρὸς τοὺς ἀ. αὐτοῦ (1)
— 4. ἐγώ εἰμι Ἰωσὴφ ὁ ἀ. ὑμῶν (1)
— 12. οἱ ὀφθαλμοὶ Βενιαμὶν τοῦ ἀ. μου (1)
— 14. ἐπὶ τὸν τράχηλον Βεν. τοῦ ἀ. αὐτοῦ (1)
— 15. καταφιλήσας πάντας τοὺς ἀ. αὐτοῦ (1)
— 15. ἐλάλησαν οἱ ἀ. αὐτοῦ πρὸς αὐτόν (1)
— 16. ἥκασιν οἱ ἀ. Ἰωσήφ (1)
— 17. εἰπὸν τοῖς ἀ. σου (1)
— 24. ἐξαπέστειλε δὲ τοὺς ἀ. αὐτοῦ (1)
46. 20. Ἐφραὶμ ἀδελφοῦ Μανασσῆ —
— 31. εἶπε δὲ Ἰωσὴφ πρὸς τοὺς ἀ. αὐτοῦ (1)
— 31. οἱ ἀ. μου καὶ ὁ οἶκος τοῦ πατρός μου (1)
47. 1. ὁ πατήρ μου [B om.] καὶ οἱ ἀ. μου [B om.] (1)
— 2. ἀπὸ δὲ τῶν ἀ. αὐτοῦ [B om.] (1)
— 3. εἶπε Φαραὼ τοῖς ἀ. Ἰωσήφ (1)
— 5. ὁ πατήρ σου καὶ οἱ ἀ. σου ἥκασι (1)
— 6. τὸν πατέρα σου καὶ τοὺς ἀ. σου (1)
— 11. τὸν πατέρα καὶ τοὺς ἀ. αὐτοῦ (1)
— 12. καὶ τοῖς ἀ. [A add. αὐτοῦ] (1)
48. 6. ἐπὶ τῷ ὀνόματι τῶν ἀ. αὐτῶν (1)
— 19. ὁ ἀ. αὐτοῦ ὁ νεώτερος (1)
— 22. ἐξαίρετον ὑπὲρ τοὺς ἀ. σου (1)
49. 5. Συμεὼν καὶ Λευὶ ἀδελφοί (1)
— 8. σὲ αἰνέσαισαν οἱ ἀ. σου (1)
— 26. ἐπὶ κορυφῆς ὧν ἡγήσατο ἀδελφῶν (1)
50. 8. οἱ ἀ. αὐτοῦ καὶ πᾶσα ἡ οἰκία ἡ πατρική (1)
— 14. αὐτὸς καὶ οἱ ἀ. αὐτοῦ (1)
— 15. ἰδόντες δὲ οἱ ἀ. Ἰωσήφ (1)
— 22. αὐτὸς καὶ οἱ ἀ. αὐτοῦ —
— 24. εἶπεν Ἰωσὴφ τοῖς ἀ. αὐτοῦ (1)
Ex. 1. 6. Ἰωσὴφ καὶ πάντες οἱ ἀ. αὐτοῦ (1)
2. 11. πρὸς τοὺς ἀ. αὐτοῦ τοὺς υἱοὺς Ἰσραήλ (1)
— 11. τῶν ἑαυτοῦ ἀ. τῶν υἱῶν Ἰσραήλ (1)
4. 14. Ἀαρὼν ὁ ἀ. σου ὁ Λευίτης (1)
— 18. ἀποστρέψω πρὸς τοὺς ἀ. μου (1)
6. 20. θυγατέρα τοῦ ἀ. τοῦ πατρὸς αὐτοῦ (5)
7. 1. Ἀαρὼν ὁ ἀ. σου ἔσται σου προφήτης (1)
— 2. ὁ δὲ Ἀαρὼν ὁ ἀ. σου λαλήσει (1)
— 7. Ἀαρὼν δὲ ὁ ἀ. αὐτοῦ —
— 9. ἐρεῖς Ἀαρὼν τῷ ἀ. σου —
— 19. εἰπὸν Ἀαρὼν τῷ ἀ. σου —
■ 8. 5. εἰπὸν Ἀαρὼν τῷ ἀ. σου —
10. 23. οὐκ εἶδεν οὐδεὶς τὸν ἀ. αὐτοῦ (1)
22. 25. ἐκδανείσῃς τῷ ἀ. τῷ πενιχρῷ †
28. 1. τόν τε Ἀαρὼν τὸν ἀ. σου καὶ τοὺς υἱούς (1)
— 2. στολὴν ἁγίαν Ἀαρὼν τῷ ἀ. σου (1)
■ — 37. Ἀαρὼν τὸν ἀ. σου καὶ τοὺς υἱοὺς αὐτοῦ (1)

■ = correction on page xxvii

Ex. 29. 5. ἐνδύσεις [A add. αὐτὰ] Ἀαρὼν τὸν ἀ. σου –
32. 27. ἀποκτείνατε ἕκαστος τὸν ἀ. αὐτοῦ (1)
— 29. ἐν τῷ υἱῷ ἢ [A καὶ] ἐν [B om.] τῷ ἀ. (1)
Le. 10. 4. υἱοὺς τοῦ ἀ. τοῦ πατρὸς Ἀαρὼν (4)
— 4. ἄρατε τοὺς ἀ. ὑμῶν (1)
— 6. οἱ [R οἱ δὲ] ἀ. ὑμῶν πᾶς ὁ [A om.] οἶκος Ἰ. (1)
16. 2. λάλησον πρὸς Ἀαρὼν τὸν ἀ. σου (1)
18. 14. ἀσχημοσύνην ἀδελφοῦ τοῦ πατρός σου (1)
— 16. ἀσχημοσύνην γυναικὸς ἀδελφοῦ σου (1)
— 16. ἀσχημοσύνη [A γυνὴ γὰρ] ἀδελφοῦ σου (1)
19. 17. οὐ μισήσεις τὸν ἀ. σου τῇ διανοίᾳ σου (1)
20. 21. τὴν γυναῖκα τοῦ ἀ. αὐτοῦ (1)
— 21. ἀσχημοσύνην τοῦ [B¹ om.] ἀ. αὐτοῦ (1)
21. 3. ἐπ' ἀδελφῷ καὶ ἐπ' ἀδελφῇ παρθένῳ (1)
— 10. ὁ ἱερεὺς ὁ μέγας ἀπὸ τῶν ἀ. αὐτοῦ (1)
25. 25. ἐὰν δὲ πένηται ὁ ἀ. σου ὁ μετὰ σοῦ (1)
— 25. λυτρώσεται τὴν πρᾶσιν τοῦ ἀ. αὐτοῦ (1)
— 35. ἐὰν δὲ πένηται ὁ ἀ. σου [R add. ὁ μετὰ σοῦ] (1)
— 35. καὶ ζήσεται ὁ ἀ. σου μετὰ σοῦ –
— 36. καὶ ζήσεται ὁ ἀ. σου μετὰ σοῦ (1)
— 39. ἐὰν δὲ ταπεινωθῇ ὁ ἀ. σου παρὰ σοί (1)
— 46. τῶν ἀ. ὑμῶν τῶν υἱῶν Ἰσραὴλ ἕκαστος τὸν ἀ. αὐτοῦ οὐ κατατενεῖ (1, 1)
— 47. ἀπορηθεὶς ὁ ἀ. σου πραθῇ τῷ προσηλύτῳ (1)
— 48. εἷς τῶν ἀ. αὐτοῦ [B¹ σου] λυτρώσεται (1)
— 49. ἀ. πατρὸς αὐτοῦ [A om.] ἢ υἱὸς ἀδελφοῦ πατρός (4, 4)
26. 37. ὑπερόψεται ὁ ἀ. τὸν ἀ. ὡσεὶ ἐν πολέμῳ (2,1)
Nu. 1. 49. A² ἐν μέσῳ τῶν ἀ. αὐ. [B om. τ. ἀ. αὐ.] τῶν υἱῶν –
3. 9. A δώσεις τοὺς Λευίτας Ἀαρὼν τῷ ἀ. σου [B om. τ. ἀ. σ.] –
6. 7. ἐπ' ἀδελφῷ καὶ ἐπ' ἀδελφῇ οὐ μιανθήσεται (1)
8. 26. λειτουργήσει ὁ ἀ. αὐτοῦ ἐν τῇ σκηνῇ (1)
16. 10. πάντας τοὺς ἀ. σου υἱοὺς Λευὶ μετὰ σοῦ (1)
18. 2. τοὺς ἀ. σου, φυλὴν Λευί (1)
— 6. ἐγὼ εἴληφα τοὺς ἀ. ὑμῶν τοὺς Λευίτας (1)
20. 3. ἐν τῇ ἀπωλείᾳ τῶν ἀ. ἡμῶν (1)
— 8. σὺ καὶ Ἀαρὼν ὁ ἀ. σου (1)
— 14. τάδε λέγει ὁ ἀ. σου Ἰσραήλ (1)
— 25. A λάβε τὸν Ἀαρὼν τὸν ἀ. σου [B om. τὸν ἀ. σου] –
25. 6. ἄνθρωπος . . . προσήγαγε τὸν ἀ. αὐτοῦ (1)
27. 3. κατάσχεσιν ἐν μέσῳ [A add. τῶν] ἀ. πατρὸς ἡμῶν (1)
— 6. ἐν μέσῳ ἀδελφῶν πατρὸς αὐτῶν (1)
— 9. δώσετε τὴν κληρονομίαν τῷ ἀ. αὐτοῦ (1)
— 10. ἐὰν δὲ μὴ ὦσιν αὐτῷ ἀδελφοί, δώσετε τὴν κληρ. τῷ ἀ. τοῦ πατρὸς αὐτοῦ (1, 1)
— 11. ἐὰν δὲ μὴ ὦσιν ἀδελφοὶ τοῦ πατρὸς αὐτοῦ (1)
— 13. καθὰ προσετέθη Ἀαρὼν ὁ ἀ. σου (1)
32. 6. οἱ ἀ. ὑμῶν πορεύονται εἰς πόλεμον (1)
36. 2. τὴν κληρονομίαν Σαλπαὰδ τοῦ ἀ. ἡμῶν (1)
Dt. 1. 16. διακούετε ἀνὰ μέσον τῶν ἀ. ὑμῶν (1)
— 16. καὶ ἀνὰ μέσον ἀδελφοῦ [A τοῦ ἀ. αὐτοῦ] (1)
— 28. οἱ ἀ. ὑμῶν ἀπέστησαν τὴν καρδίαν (1)
2. 4. διὰ τῶν ὁρίων τῶν ἀ. ὑμῶν υἱῶν Ἡσαῦ (1)
— 8. τοὺς ἀ. ἡμῶν [B ὑμῶν] υἱοὺς Ἡσαῦ (1)
3. 18. πρὸ προσώπου τῶν ἀ. ὑμῶν υἱῶν Ἰσραὴλ (1)
— 20. ἕως ἂν καταπαύσῃ κ. . . . τοὺς ἀ. ὑμῶν (1)
10. 9. μερὶς καὶ κλῆρος ἐν τοῖς ἀ. αὐτῶν (1)
13. 6. ὁ ἀ. σου ἐκ πατρός σου ἢ ἐκ μητρός σου (1)
15. 2. τὸν ἀ. σου οὐκ ἀπαιτήσεις (1)
— 3. τῷ δὲ ἀ. [B τοῦ ἀ.] σου ἄφεσιν ποιήσεις (1)
— 7. ἐνδεὴς ἐκ [B om.] τῶν ἀ. σου (1)
— 7. ἀπὸ τοῦ ἀ. σου τοῦ ἐπιδεομένου (1)
— 9. τῷ ἀ. σου τῷ ἐπιδεομένῳ (1)
— 11. τῷ ἀ. σου τῷ πένητι (1)
— 12. ἐὰν δὲ πραθῇ σοι ὁ ἀ. σου ὁ Ἑβραῖος (1)
17. 15. ἐκ τῶν ἀ. σου καταστήσεις . . . ἄρχοντα (1)
— 15. ὅτι οὐκ ἀ. σού ἐστι (1)
— 20. ἵνα μὴ ὑψωθῇ ἡ καρδία . . . ἀπὸ τῶν ἀ. (1)
18. 2. κλῆρος δὲ οὐκ ἔσται αὐτοῖς [A -ῷ] ἐν τοῖς ἀ. (1)
— 7. ὥσπερ πάντες οἱ ἀ. αὐτοῦ οἱ Λευῖται (1)
— 15. προφήτην ἐκ τῶν ἀ. σου ὡς ἐμὲ ἀναστήσει (1)
— 18. προφήτην ἀναστήσω αὐτοῖς ἐκ [A add. μέσου] τῶν ἀ. (1)
19. 18. ἀντέστη κατὰ τοῦ ἀ. αὐτοῦ (1)
— 19. B ἐπονηρεύσατο ποιῆσαι κατὰ τοῦ ἀ. αὐτοῦ [A ἐπ. τῷ πλησίον π.] (1)
20. 8. τὴν καρδίαν [A add. αὐτοῦ καὶ] τοῦ ἀ. (1)
22. 1. τὸν μόσχον τοῦ ἀ. σου ἢ τὸ πρόβατον (1)
— 1. ἀποστροφῇ ἀποστρέψεις αὐτὰ τῷ ἀ. σου (1)
— 2. ἐὰν δὲ μὴ ἐγγίζῃ ὁ ἀ. σου πρὸς σέ (1)

Dt. 22. 2. ἕως ἂν ζητήσῃ αὐτὰ ὁ ἀ. σου (1)
— 3. κατὰ πᾶσαν ἀπώλειαν τοῦ ἀ. σου (1)
— 4. τὸν ὄνον τοῦ ἀ. σου ἢ τὸν μόσχον αὐτοῦ (1)
23. 7. οὐ βδελύξῃ Ἰδουμαῖον ὅτι ἀ. σού ἐστιν (1)
— 19. οὐκ ἐκτοκιεῖς τῷ ἀ. σου τόκον ἀργυρίου (1)
— 20. τῷ δὲ ἀ. σου οὐκ ἐκτοκιεῖς (1)
24. 7. ἐκ [B om.] τῶν ἀ. αὐτοῦ τῶν υἱῶν Ἰσραὴλ (1)
— 14. πένητος καὶ ἐνδεοῦς ἐκ τῶν ἀ. σου (1)
25. 3. ἀσχημονήσει ὁ ἀ. σου ἐναντίον σου (1)
— 5. ἐὰν δὲ κατοικῶσιν ἀδελφοὶ ἐπὶ τὸ αὐτό (1)
— 5. ὁ ἀ. τοῦ ἀνδρὸς αὐτῆς εἰσελεύσεται (6)
— 7. λαβεῖν τὴν γυναῖκα τοῦ ἀ. αὐτοῦ (7)
— 7. οὐ θέλει ὁ ἀ. τοῦ ἀνδρός μου ἀναστῆσαι τὸ ὄνομα τοῦ ἀ. [A om.] αὐτοῦ (6, 1)
— 7. οὐκ ἠθέλησεν ὁ ἀ. τοῦ ἀνδρός μου (11)
— 9. προσελθοῦσα ἡ γυνὴ τοῦ ἀ. αὐτοῦ (7)
— 9. ὃς οὐκ οἰκοδομήσει τὸν οἶκον τοῦ ἀ. αὐτοῦ (1)
— 11. ἄνθρωπος μετὰ τοῦ ἀ. αὐτοῦ (1)
28. 54. βασκανεῖ . . . τὸν ἀ. αὐτοῦ [B om.] (1)
32. 50. ὃν τρόπον ἀπέθανεν Ἀαρὼν ὁ ἀ. σου (1)
33. 9. τοὺς ἀ. αὐτοῦ οὐκ ἐπέγνω [A ἔγνω] (1)
— 16. δοξασθεὶς ἐπ' [A ἐν] ἀδελφοῖς (1)
— 24. ἔσται δεκτὸς τοῖς ἀ. αὐτοῦ (1)
Jo. 1. 14. πρότεροι [A -ον] τῶν ἀ. ὑμῶν (1)
— 15. ἕως ἂν καταπαύσῃ κ. . . . τοὺς ἀ. ὑμῶν (1)
2. 13. τοὺς ἀ. μου [A add. καὶ τὰς ἀδελφάς μου] (1)
— 18. τοὺς ἀ. σου καὶ πάντα τὸν οἶκον τοῦ π. (1)
6. 22. τὴν μητέρα αὐτῆς καὶ τοὺς ἀ. αὐτῆς (1)
14. 8. οἱ ἀ. μου [A om.] οἱ ἀναβάντες [A συνανα.] (1)
15. 17. Γοθονιὴλ υἱὸς Κενὲζ ἀδελφοῦ Χάλεβ (1)
17. 4. κληρονομίαν ἐν μέσῳ τῶν ἀ. ἡμῶν (1)
— 4. κλῆρος ἐν τοῖς ἀ. τοῦ πατρὸς αὐτῶν (1)
— 6. κλῆρον ἐν μέσῳ τῶν ἀ. αὐτῶν †
22. 3. οὐκ ἐγκαταλελοίπατε τοὺς ἀ. ὑμῶν [A ἡ.] (1)
— 4. κατέπαυσε κ. ὁ θεὸς ἡμῶν τοὺς ἀ. ἡμῶν (1)
— 7. ἔδωκεν Ἰησοῦς μετὰ τῶν ἀ. αὐτοῦ [A -ῶν] (1)
— 8. διείλαντο τὴν προνομὴν . . . μετὰ τῶν ἀ. (1)
Ju. 1. 3. εἶπεν Ἰ. τῷ Συμεὼν ἀ. [A πρὸς Σ. τὸν ἀ.] (1)
— 13. υἱὸς Κενὲζ ἀδελφοῦ [A -φὸς] Χάλεβ (1)
— 17. ἐπορεύθη Ἰ. μετὰ Συμεὼν τοῦ ἀ. αὐτοῦ (1)
3. 9. υἱὸν Κενὲζ ἀδελφοῦ Χάλεβ (1)
5. 14. A ἐν κοιλάδι ἀδελφοῦ σου Βενιαμεὶν [B al.] †
8. 19. ἀδελφοί μου καὶ υἱοὶ τῆς μητρός μου (1)
9. 1. πρὸς ἀδελφοὺς [A τοὺς ἀ. τῆς] μητρός (1)
— 3. ἐλάλησαν περὶ αὐτοῦ οἱ ἀ. τῆς μητρὸς αὐτοῦ (1)
— 3. ὅτι εἶπαν ἀδελφὸς ἡμῶν ἐστί (1)
— 5. ἀπέκτεινε τοὺς ἀ. αὐτοῦ υἱοὺς Ἱεροβάαλ (1)
— 18. ὅτι ἀ. ὑμῶν ἐστι (1)
— 21. ἀπὸ προσ. Ἀβ. ἀδελφοῦ [A τοῦ ἀ.] αὐτοῦ (1)
— 24. τοῦ θεῖναι [A ἐπιθ.] ἐπὶ Ἀβ. τὸν ἀ. αὐτῶν (1)
— 24. ἀποκτεῖναι [A ἀπ. αὐτοὺς] τοὺς ἀ. αὐτοῦ (1)
— 26. ἦλθε Γαλαὰδ [B Γααλ] . . . καὶ οἱ ἀ. αὐτοῦ (1)
— 31. οἱ ἀ. αὐτοῦ ἔρχονται [A παραγεγόνασιν] (1)
— 41. ἐξέβαλε Ζ. τὸν Γ. καὶ τοὺς ἀ. αὐτοῦ (1)
— 56. ἀποκτεῖναι τοὺς ἑβδομήκοντα ἀ. αὐτοῦ (1)
11. 3. ἀπὸ [A ἐκ] προσώπου τῶν [B om.] ἀ. αὐτοῦ (1)
14. 3. μὴ οὐκ εἰσὶ θυγατέρες [A ἔστιν ἀπὸ τῶν θυγ.] τῶν ἀ. σου (1)
16. 31. οἱ ἀ. αὐτοῦ καὶ ὁ [A πᾶς ὁ] οἶκος τοῦ π. (1)
18. 8. πρὸς τοὺς ἀ. αὐτῶν (1)
— 8. εἶπον τοῖς ἀ. [A ἔλεγον αὐτοῖς οἱ ἀ.] (1)
— 14. εἶπαν πρὸς τοὺς ἀ. αὐτῶν (1)
19. 23. μὴ [A μηδαμῶς], ἀδελφοί (1)
20. 13. τῆς φωνῆς τῶν ἀ. αὐτῶν (1)
— 23. πρὸς υἱοὺς Βενιαμὶν ἀδελφοὺς ἡμῶν [A μετὰ Βενιαμεὶν τοῦ ἀ. μου] (1)
— 28. πρὸς υἱοὺς Βεν. ἀδελφοὺς ἡμῶν [A μετὰ υἱῶν Βεν. τοῦ ἀ. μου] (1)
21. 6. πρὸς Βεν. ἀδελφὸν [A περὶ Β. τοῦ ἀ.] αὐτῶν (1)
— 22. ὅταν ἔλθωσιν οἱ πατέρες αὐτῶν ἢ οἱ ἀ. (1)
Ru. 4. 3. ἣ [A ἥτις] ἐστι τοῦ ἀ. ἡμῶν τοῦ Ἐ. (1)
— 10. οὐκ ἐξολοθρ. . . . ἐκ τῶν ἀ. αὐτοῦ (1)
I Ki. 14. 3. B υἱὸς Ἀχιτὼβ ἀδελφοῦ Ἰωχαβὴδ (1)
16. 13. ἔχρισεν αὐτὸν ἐν μέσῳ τῶν ἀ. αὐτοῦ (1)
17. 17. A λάβε δὴ τοῖς ἀ. σου οἰφεὶ τούτου (1)
— 17. A καὶ δὸς τοῖς ἀ. σου (1)
— 18. A καὶ τοὺς ἀ. σου ἐπισκέψῃ εἰς εἰρήνην (1)
— 22. A καὶ ἠρώτησεν τοὺς ἀ. αὐτοῦ εἰς εἰρήνην (1)
— 28. A Ἐλιὰβ ὁ ἀ. αὐτοῦ ὁ μείζων (1)
20. 29. ἐνετείλαντο πρὸς μὲ οἱ ἀ. [A ὁ ἀ.] μου (1)

I Ki. 20. 29. ὄψομαι τοὺς ἀ. μου (1)
22. 1. ἀκούουσιν οἱ ἀ. αὐτοῦ (1)
26. 6. πρὸς Ἀβεσσὰ υἱὸν Σαρουίας ἀδελφὸν Ἰωὰβ (1)
30. 23. A οὐ ποιήσετε οὕτως, ἀδελφοί μου (1)
II Ki. 1. 26. ἀλγῶ ἐπὶ σοὶ ἀδελφέ μου Ἰωνάθαν (1)
2. 23. ἐπίστρεφε πρὸς Ἰωὰβ τὸν ἀ. σου (1)
— 26. ἀπὸ ὄπισθε τῶν ἀ. (1)
— 27. ἕκαστος κατόπισθε τοῦ ἀ. αὐτοῦ (1)
3. 8. καὶ περὶ ἀδελφῶν καὶ περὶ [A B¹ om.] γνωρίμων (1)
— 27. ἐν τῷ αἵματι Ἀσαὴλ τοῦ ἀ. Ἰωὰβ (1)
— 30. καὶ Ἀβεσσὰ [A Ἀσαὶ] ὁ ἀ. αὐτοῦ (1)
— 30. ἀνθ' ὧν ἐθανάτωσε τὸν Ἀσ. τὸν ἀ. αὐτῶν (1)
4. 6. Ῥηχὰβ καὶ Βαανὰ οἱ ἀ. (1)
— 9. τῷ Ῥηχὰβ καὶ τῷ Βαανὰ ἀδελφῷ αὐτοῦ (1)
6. 3. Ὀζὰ καὶ οἱ ἀ. αὐτοῦ (1)
— 4. καὶ οἱ ἀ. αὐτοῦ (1)
10. 10. ἐν χειρὶ Ἀβεσσὰ τοῦ ἀ. αὐτοῦ (1)
13. 3. υἱὸς Σαμαὰ τοῦ ἀ. Δαυίδ (1)
— 4. Θημὰρ τὴν ἀδελφὴν Ἀβεσσαλὼμ τοῦ ἀ. μου (1)
— 7. πορεύθητι δὴ εἰς τὸν οἶκον τοῦ [A Ἀμ. τοῦ] ἀ. σου (1)
— 8. εἰς τὸν οἶκον Ἀμ. ἀδελφοῦ αὐτῆς (1)
— 10. εἰσήνεγκε τῷ Ἀμνὼν ἀ. αὐτῆς (1)
— 12. μή, ἀδελφέ μου, μὴ ταπεινώσῃς με (1)
— 20. εἶπε πρὸς αὐτὴν Ἀβεσσαλὼμ ὁ ἀ. αὐτῆς (1)
— 20. μὴ Ἀμνὼν ὁ ἀ. σου [A μου] ἐγένετο μετὰ σοῦ (1)
— 20. κώφευσον ὅτι ἀδελφός σου ἐστί (1)
— 20. ἐν οἴκῳ [R τῷ οἰ.] Ἀβεσσαλὼμ τοῦ ἀ. αὐτῆς (1)
— 26. πορευθήτω δὴ μεθ' ἡμῶν Ἀμνὼν ὁ ἀ. μου (1)
— 32. υἱὸς Σαμαὰ ἀδελφοῦ Δαυίδ (1)
14. 6. ἔπαισεν ὁ εἷς τὸν ἕνα ἀ. αὐτοῦ –
— 7. δὸς τὸν παίσαντα τὸν ἀ. αὐτοῦ (1)
— 7. ἀντὶ τῆς ψυχῆς τοῦ ἀ. αὐτοῦ (1)
15. 20. ἐπίστρεψον τοὺς ἀ. σου μετὰ σοῦ (1)
— 34. διεληλύθασιν οἱ ἀ. σου –
17. 25. A B θυγατέρα Νάας ἀδελφοῦ [R -φὴν] Σαρουίας †
18. 2. Ἀβεσσὰ υἱοῦ Σαρουίας ἀδελφοῦ Ἰωὰβ (1)
19. 12. ἀδελφοί μου [B μοι] ὑμεῖς, ὀστᾶ μου (1)
— 41. τί ὅτι ἔκλεψάν σε οἱ ἀ. ἡμῶν ἀνὴρ Ἰούδα (1)
20. 9. εἰ [A om.] ὑγιαίνεις [R add. σὺ] ἀδελφέ (1)
— 10. καὶ Ἰωὰβ καὶ Ἀβεσσαὶ ὁ ἀ. αὐτοῦ (1)
21. 21. Ἰωνάθαν υἱὸς Σεμεεὶ ἀδελφοῦ Δαυίδ (1)
23. 18. Ἀβεσσὰ ἀδελφὸς [R ὁ ἀ.] Ἰωὰβ υἱὸς Σαρ. (1)
— 24. Ἀσαὴλ ἀδελφὸς Ἰωάβ (1)
III Ki. 1. 9. πάντας [B om.] τοὺς ἀ. αὐτοῦ (1)
— 10. τὸν Σαλωμὼν ἀ. [A τὸν ἀ.] αὐτοῦ οὐκ ἐκάλεσε (1)
2. 7. ἀπὸ προσώπου Ἀβεσσαλὼμ τοῦ ἀ. σοῦ (1)
— 14. καὶ ἐγενήθη [R -νετο] τῷ ἀ. μου (1)
— 21. δοθήτω . . . τῷ Ἀδωνίᾳ τῷ ἀ. σου (1)
— 22. οὗτος ἀ. μου ὁ μέγας ὑπὲρ ἐμέ (1)
9. 13. τί αἱ πόλεις αὗται ἃς ἔδωκάς μοι ἀδελφέ (1)
12. 24. μετὰ τῶν ἀ. ὑμῶν υἱῶν Ἰσραήλ (1)
— 24. B πρὸς τοὺς ἀ. ὑμῶν υἱοὺς Ἰσρ. (1?)
13. 30. καὶ ἐκόψαντο [A -ατο] αὐτὸν οὐαὶ ἀδελφέ (1)
16. 22. ἀπέθανε Θαμνὶ καὶ Ἰωρὰμ ὁ ἀ. αὐτοῦ –
21 (20). 32. εἰ ἔτι ζῇ ἀ. [B ὁ ἀ.] μού ἐστι (1)
— 33. ἀδελφός σου υἱὸς Ἄδερ [A add. λέγει] (1)
IV Ki. 1. 18 (3. 2). πλὴν οὐχ ὡς οἱ ἀ. αὐτοῦ †
— 18. A ἐβασίλευσεν Ἰ. ἀ. αὐτοῦ ἀντ' αὐτοῦ –
7. 6. καὶ εἶπεν ἀνὴρ πρὸς τὸν ἀ. αὐτοῦ (1)
9. 2. ἀναστήσεις αὐτὸν ἐκ μέσου τῶν ἀ. αὐτοῦ (1)
10. 13. Ἰοὺ εὗρε τοὺς ἀ. Ὀχοζίου (1)
— 13. οἱ ἀ. Ὀχοζίου ἡμεῖς (1)
11. 2. R τὸν Ἰωὰς υἱὸν ἀδελφοῦ αὐτῆς [A υἱὸν Ἀζία] †
13. 13. B μετὰ τῶν ἀ. [A βασιλέων] Ἰσρ. †
23. 9. ἔφαγον ἄζυμα ἐν μέσῳ τῶν ἀ. αὐτῶν (1)
I Ch. 1. 19. A καὶ ὄνομα τῷ ἀ. αὐτοῦ Ἰεκτάν (1)
2. 25. καὶ Ἀσὰν [A -ομ] ἀ. αὐτοῦ †
— 42. καὶ υἱοὶ Χαλὲβ ἀδελφοῦ Ἰεραμεήλ (1)
4. 8. καὶ γεννήσεις ἀδελφοῦ Ῥηχὰβ υἱοῦ Ἰαρὶν †
— 9. καὶ ἦν Ἰγαβὴς ἔνδοξος ὑπὲρ τοὺς ἀ. αὐτοῦ (1)
— 12. πόλεως Ναὰς ἀδελφοῦ Ἐσελὼμ τοῦ Κενεζί –
— 27. τοῖς ἀ. αὐτῶν οὐκ ἦσαν υἱοὶ πολλοί (1)
5. 2. ὅτι Ἰ. δυνατὸς ἰσχύϊ καὶ ἐν τοῖς ἀ. αὐτοῦ (1)
— 7. καὶ ἀδελφοὶ [A οἱ ἀ.] αὐτοῦ τῇ πατρίδι (1)
— 13. καὶ οἱ ἀ. αὐτῶν κατ' οἴκους πατριῶν αὐτῶν (1)
— 14. R υἱοῦ Βοὺζ ἀδελφοῦ υἱοῦ Ἀβδιήλ (1)
■ 6. 39. καὶ ἀ. αὐτοῦ Ἀσὰφ ὁ ἑστηκὼς ἐν δεξιᾷ (1)

■ = correction on page xxvii

■●I Ch. 6. 44. καὶ υἱοὶ Μεραρὶ οἱ ἀ. [A ἀδελφοῦ] αὐτῶν (1)
■ — 48. καὶ ἀδελφοὶ [B οἱ ἀ.] αὐτῶν κατ' οἴκους πατριῶν αὐτῶν (1)
7. 5. ἀδελφοὶ [A οἱ ἀ.] αὐτῶν εἰς πάσας πατριὰς Ἰσσάχαρ (1)
— 16. A R καὶ ὄνομα ἀδελφοῦ αὐτοῦ (1)
— 22. ἦλθον ἀδελφοὶ [A οἱ ἀ.] αὐτοῦ [B -τῶν] (1)
— 30. ἀδελφοὶ [A ἡ ἀδελφὴ] αὐτῶν †
— 35. καὶ Βανηελὰμ ἀδελφοῦ αὐτοῦ (1)
8. 14. καὶ ἀδελφὸς [A οἱ ἀ.] αὐτοῦ Σ. †
— 31. καὶ Γεδοὺρ καὶ ἀ. αὐτοῦ †
— 32. κατέναντι τῶν ἀ. αὐτῶν κατῴκησαν . . . μετὰ τῶν ἀ. αὐτῶν (1, 1)
— 39. καὶ υἱοὶ Ἀσὴλ ἀδελφοῦ [A τοῦ ἀ.] αὐτοῦ (1)
9. 6. Ἰεὴλ καὶ ἀδελφοὶ αὐτῶν (1)
— 9. καὶ ἀδελφοὶ αὐτῶν κατὰ γενέσεις αὐτῶν (1)
— 13. καὶ ἀδελφοὶ [A οἱ ἀ.] αὐτῶν ἄρχοντες οἴκων πατριῶν (1)
— 17. καὶ ἀδελφοὶ αὐτῶν (1)
— 19. καὶ οἱ ἀ. αὐτοῦ εἰς οἶκον πατρὸς αὐτοῦ (1)
— 25. καὶ ἀδελφοὶ αὐτῶν ἐν ταῖς αὐλαῖς αὐτῶν (1)
— 32. Βαναίας ὁ Κααθίτης ἐκ τῶν ἀ. αὐτῶν (1)
— 37. καὶ Γεδοὺρ καὶ ἀδελφός [A -φοί] †
— 38. ἐν μέσῳ τῶν ἀ. αὐτῶν κατῴκησαν (1)
— 38. A B S[2] ἐν μέσῳ [A μετὰ] τῶν ἀ. αὐτῶν (1)
11. 20. Ἀβισὰ ἀ. [A ὁ ἀ.] Ἰωάβ (1)
— 26. Ἀσαὴλ ἀ. Ἰωάβ (1)
— 38. A Ἰωὴλ ἀδελφὸς [B S υἱὸς] Νάθαν (1)
— 45. Ἰω. ὁ ἀ. αὐτοῦ ὁ Θωσ. (1)
12. 2. ἐκ τῶν ἀ. [B ἐν τοῖς ἀ.] Σαούλ (1)
— 29. τῶν υἱῶν Βενιαμὶν τῶν ἀ. Σαούλ (1)
— 32. καὶ πάντες ἀ. αὐτῶν [S om.] μετ' αὐτῶν (1)
— 39. ὅτι ἡτοίμασαν [A ἡ. αὐτοῖς] οἱ ἀ. αὐτῶν (1)
13. 2. πρὸς τοὺς ἀ. ἡμῶν τοὺς ὑπολελειμμένους (1)
— 7. καὶ Ὀζὰ καὶ οἱ ἀ. αὐτοῦ ἦγον τὴν ἅμαξαν †
15. 5. A[2] B S Οὐριὴλ ὁ ἄρχων καὶ οἱ ἀ. αὐτοῦ (1)
— 6. A[2] B S Ἀσαία ὁ ἄρχων καὶ οἱ ἀ. αὐτοῦ (1)
— 7. Ἰωὴλ ὁ ἄρχων καὶ οἱ ἀ. αὐτοῦ (1)
— 8. Σεμεῒ ὁ ἄρχων καὶ οἱ ἀ. αὐτοῦ (1)
— 9. Ἐλιὴλ ὁ ἄρχων καὶ οἱ ἀ. αὐτοῦ (1)
— 10. Ἀμιναδὰβ ὁ ἄρχων καὶ οἱ ἀ. αὐτοῦ (1)
— 12. ἁγνίσθητε ὑμεῖς καὶ οἱ ἀ. ὑμῶν (1)
— 16. στήσατε τοὺς ἀ. αὐτῶν τοὺς ψαλτῳδούς (1)
— 17. ἐκ τῶν ἀ. αὐτοῦ Ἀσὰφ υἱὸς Βαραχία (1)
— 17. ἐκ τῶν υἱῶν Μεραρὶ ἀδελφῶν αὐτοῦ Αἰθάν (1)
— 18. οἱ [B S om.] ἀ. αὐτῶν οἱ δεύτεροι (1)
16. 7. ἐν χειρὶ Ἀσὰφ καὶ τῶν ἀ. αὐτοῦ (1)
— 37. τὸν Ἀσὰφ καὶ τοὺς ἀ. αὐτοῦ (1)
— 38. Ἀβδεδὸμ καὶ οἱ ἀ. αὐτοῦ (1)
— 39. τὸν Σαδὼκ τὸν ἱερέα καὶ τοὺς ἀ. αὐτοῦ (1)
19. 11. ἐν χειρὶ Ἀβεσσὰ ἀδελφοῦ [S τοῦ ἀ.] αὐτοῦ (1)
— 15. ἀπὸ προσώπου Ἰωὰβ τοῦ ἀ. αὐτοῦ (1)
20. 5. τὸν Λαχμὶ ἀδελφὸν Γολιάθ (1)
— 7. υἱὸς Σαμ. ἀδελφοῦ [A B υἱὸς ἀ.] Δαυίδ (1)
23. 22. ἔλαβον αὐτὰς υἱοὶ Κὶς ἀδελφοὶ αὐτῶν (1)
— 32. τὰς φυλακὰς υἱῶν Ἀαρὼν ἀδελφῶν αὐτῶν (1)
24. 25. ἀδελφὸς [A -οῖς] Μιχὰ Ἰσία (1)
— 31. καθὼς οἱ ἀ. αὐτῶν υἱοὶ Ἀαρών (1)
— 31. καθὼς οἱ ἀ. αὐτοῦ οἱ νεώτεροι (1)
25. 7. μετὰ τοὺς ἀ. [A τῶν ἀ.] αὐτῶν (1)
— 9. υἱῶν αὐτοῦ καὶ ἀδελφῶν αὐτοῦ –
— 9. ἀδελφοὶ αὐτοῦ καὶ υἱοὶ αὐτοῦ δέκα δύο (1)
— 10. υἱοὶ αὐτοῦ καὶ ἀδελφοὶ αὐτοῦ δέκα δύο [A δώδεκα] (1)
ita 11, 12, 13, 14, 15, 16, 17, 18, 19, 20, 21, 22, 23, 24, 25, 26, 27, 28, 29, 30, 31.
26. 8. αὐτοὶ καὶ οἱ ἀ. αὐτῶν καὶ οἱ υἱοὶ αὐτῶν (1)
— 9. υἱοὶ καὶ ἀδελφοὶ δέκα καὶ ὀκτὼ δυνατοί (1)
— 11. πάντες οὗτοι υἱοὶ καὶ ἀδελφοὶ τῷ Ὀσᾷ (1)
— 12. καθὼς οἱ ἀ. αὐτῶν λειτουργεῖν (1)
— 20. καὶ οἱ Λευῖται ἀ. αὐτῶν ἐπὶ τῶν θησ. †
— 22. οἱ ἀ. ἐπὶ τῶν θησαυρῶν οἴκου κυρίου (1)
— 25. καὶ τῷ ἀ. αὐτοῦ Ἐλιέζερ [A τῷ Ἐ.] (1)
— 26. αὐτὸς Σαλωμὼθ καὶ οἱ ἀ. αὐτοῦ (1)
— 28. διὰ χειρὸς Σαλωμὼθ καὶ τῶν ἀ. αὐτοῦ (1)
— 30. καὶ οἱ ἀ. αὐτοῦ υἱοὶ [B οἱ] δυνατοί (1)
— 32. καὶ οἱ ἀ. αὐτοῦ υἱοὶ δυνατοί [B οἱ δ.] (1)
27. 7. Ἀσαὴλ ὁ ἀ. Ἰωὰβ καὶ Ζαβαδίας ὁ [R om.] υἱὸς αὐτοῦ καὶ οἱ ἀ. (1, †)
— 18. Ἐλιὰβ τῶν ἀ. Δαυίδ (1)
28. 2. ἀκούσατέ μου, ἀδελφοί μου [A B om.] (1)
II Ch. 5. 12. τοῖς υἱοῖς αὐτοῦ καὶ τοῖς ἀ. αὐτοῦ (1)
11. 4. καὶ οὐ πολεμήσετε [R -σεσθε] πρὸς τοὺς ἀ. ὑμῶν (1)
— 22. εἰς ἡγούμενον ἐν τοῖς ἀ. αὐτοῦ (1)

II Ch. 19. 10. τῶν ἀ. ὑμῶν τῶν [A om.] κατοικούντων (1)
— 10. ἐφ' ὑμᾶς ὀργὴ καὶ ἐπὶ τοὺς ἀ. ὑμῶν (1)
21. 2. καὶ αὐτῷ ἀδελφοὶ υἱοὶ Ἰωσαφὰτ ἕξ (1)
— 4. ἀπέκτεινε πάντας τοὺς ἀ. αὐτοῦ ἐν ῥομφαίᾳ (1)
— 13. καὶ τοὺς ἀ. σου . . . ἀπέκτεινας (1)
22. 8. τοὺς ἀ. Ὀχοζίου λειτουργ. [A om. Ὀ. λ.] (1)
— 11. B τοῦ ἱερέως ἀδελφοί –
28. 8. ᾐχμαλ. οἱ υἱοὶ Ἰσρ. ἀπὸ τῶν ἀ. αὐτῶν (1)
— 11. ἀποστρέψατε τὴν αἰχμ. . . . τῶν ἀ. ὑμῶν (1)
— 15. πρὸς τοὺς ἀ. αὐτῶν (1)
29. 15. καὶ συνήγαγον τοὺς ἀ. αὐτῶν (1)
— 34. οἱ ἀ. αὐτῶν οἱ Λευῖται (1)
30. 7. καθὼς οἱ πατέρες ὑμῶν καὶ οἱ ἀ. ὑμῶν (1)
— 9. οἱ ἀ. ὑμῶν καὶ τὰ τέκνα ὑμῶν (1)
31. 12. Σεμεῒ ὁ ἀ. αὐτοῦ διαδεχόμενος (1)
— 13. διὰ Χωνενίου καὶ Σεμεῒ τοῦ ἀ. αὐτοῦ (1)
— 15. δοῦναι τοῖς ἀ. αὐτῶν κατὰ τὰς ἐφημερίας (1)
35. 5. τοῖς ἀ. ὑμῶν υἱοῖς [A τοῖς υἱ.] τοῦ λαοῦ (1)
— 6. καὶ [A add. τὰ ἅγια] ἑτοιμάσατε τοῖς ἀ. ὑμῶν (1)
— 9. Ναθαναὴλ ἀδελφὸς [A ὁ ἀ.] αὐτοῦ (1)
— 14. καὶ τοῖς ἀ. αὐτῶν υἱοῖς Ἀαρών (8)
— 15. οἱ ἀ. αὐτῶν οἱ Λευῖται (1)
36. 4. τὸν Ἰωάχαζ ἀ. αὐτοῦ ἔλαβε Φαραώ (1)
— 10. ἐβασίλευσε Σεδεκίαν [A τὸν Σ.] ἀ. τοῦ πατρὸς αὐτοῦ (1)
I Es. 1. 5. τῶν ἔμπροσθεν τῶν ἀ. ὑμῶν υἱῶν Ἰσραήλ
— 6. τὰς θυσίας ἑτοιμάσατε τοῖς ἀ. ὑμῶν
— 9. καὶ Ναθαναὴλ ὁ ἀ.
— 13, 14. τοῖς ἱερεῦσιν ἀ. αὐτῶν υἱοῖς Ἀαρών
— 16. οἱ γὰρ ἀ. αὐτῶν οἱ Λευῖται ἡτοίμασαν αὐτοῖς
— 37. Ἰωακὶμ τὸν ἀ. αὐτοῦ
— 38. Ζαράκην δὲ τὸν ἀ. αὐτοῦ
3. 22. φιλιάζειν φίλοις καὶ ἀδελφοῖς
4. 61. καὶ ἀπήγγειλε τοῖς ἀ. αὐτοῦ πᾶσι
5. 3. καὶ πάντες οἱ ἀ. αὐτῶν παίζοντες
— 48. καὶ οἱ ἀ. αὐτοῦ οἱ ἱερεῖς
— 48. καὶ οἱ τούτου ἀ.
— 56. καὶ οἱ ἀ. αὐτῶν καὶ οἱ ἱερεῖς
— 58. καὶ οἱ υἱοὶ καὶ οἱ ἀ. καὶ Καδμιὴλ ὁ ἀ.
— 58. σὺν τοῖς υἱοῖς καὶ ἀ.
7. 12. καὶ τοῖς ἀ. αὐτῶν τοῖς ἱερεῦσι καὶ ἑαυτοῖς
8. 16. ὅσα ἐὰν βούλῃ μετὰ τῶν ἀ. σου ποιῆσαι
— 46. Λοδδαίῳ καὶ τοῖς ἀ. αὐτοῦ
— 47. καὶ τοὺς υἱοὺς αὐτοῦ [B om.] καὶ τοὺς ἀ.
— 48. A R καὶ Ὠσαίαν ἀδελφόν
— 54. ἐκ τῶν ἀ. αὐτῶν ἄνδρας δέκα [R δώδ.]
— 77. σὺν τοῖς ἀ. ἡμῶν καὶ [B om.] σὺν τοῖς βασ.
9. 19. ἐκ τῶν υἱῶν Ἰησοῦ . . . καὶ τῶν ἀ. αὐτοῦ [A om.]
II Es. 3. 2. καὶ οἱ ἀ. αὐτοῦ ἱερεῖς [B om.] (1)
— 2. A R καὶ οἱ ἀ. αὐτοῦ [A -ῶν] (1)
— 8. οἱ κατάλοιποι τῶν ἀ. αὐτῶν [B om.] (1)
— 9. καὶ οἱ υἱοὶ αὐτοῦ καὶ οἱ ἀ. αὐτοῦ (1)
— 9. καὶ ἀδελφοὶ αὐτῶν οἱ Λευῖται (1)
6. 20. καὶ τοῖς ἀ. αὐτῶν τοῖς ἱερεῦσι (1)
7. 18. εἴ τι ἐπὶ σὲ καὶ τοὺς ἀ. σου ἀγαθυνθῇ (10)
8. 17. λαλῆσαι πρὸς τοὺς ἀ. αὐτῶν τῶν Ἀθανείμ (1)
— 18. οἱ υἱοὶ αὐτοῦ καὶ ἀ. αὐτοῦ δέκα ὀκτώ (1)
— 19. ἀδελφοὶ αὐτοῦ καὶ υἱοὶ αὐτοῦ εἴκοσι (1)
— 24. μετ' αὐτῶν ἀπὸ ἀδελφῶν αὐτῶν δέκα [B δώδ.] (1)
10. 18. καὶ ἀδελφοὶ αὐτοῦ Μα. καὶ Ἐλ. καὶ Ἰαρ. (1)
Ne. 1. 2. ἦλθεν Ἀνανὶ εἷς ἀπὸ ἀ. μου (1)
3. 1. καὶ οἱ ἀ. αὐτοῦ οἱ ἱερεῖς (1)
— 18. μετ' αὐτὸν ἐκράτησαν ἀδελφοὶ αὐτῶν (1)
■ 4. 2. καὶ εἶπεν ἐνώπιον τῶν ἀ. αὐτοῦ (1)
■ — 14. παρατάξασθε περὶ τῶν ἀ. ὑμῶν (1)
■ — 19. σκορπιζόμεθα . . . ἀνὴρ ἀπὸ τοῦ ἀ. αὐτοῦ (1)
5. 1. πρὸς τοὺς ἀ. αὐτῶν τοὺς Ἰουδαίους (1)
— 5. ὡς σὰρξ ἀδελφῶν ἡμῶν σὰρξ ἡμῶν (1)
— 7. ἀπαιτήσει ἀνὴρ [B S ὁ ἀ.] τὸν ἀ. αὐτοῦ (1)
— 8. τοὺς ἀ. ἡμῶν τοὺς Ἰουδαίους τοὺς πωλουμένους (1)
— 8. καὶ ὑμεῖς πωλεῖτε τοὺς ἀ. ὑμῶν (1)
— 10. καὶ οἱ ἀ. μου καὶ οἱ γνωστοί μου (1)
— 14. ἐγὼ καὶ οἱ ἀ. μου βίαν αὐτῶν οὐκ ἔφαγον (1)
7. 2. ἐνετειλάμην τῷ Ἀνανίᾳ ἀ. μου (1)
10. 10. Καδμιὴλ καὶ οἱ ἀ. αὐτοῦ (1)
— 29. ἐνίσχυον ἐπὶ τοὺς ἀ. αὐτῶν (1)
11. 12. ἀδελφοὶ αὐτῶν ποιοῦντες τὸ ἔργον (1)
— 13. R ἀδελφοὶ αὐτοῦ ἄρχοντες πατριῶν (1)
— 14. ἀδελφοὶ αὐτοῦ δυνατοὶ παρατάξεως (1)
— 17. S[3] δεύτερος ἐκ τῶν ἀ. ἑαυτοῦ (1)
— 19. καὶ οἱ ἀ. αὐτῶν (1)
12. 7. ἄρχοντες τῶν ἱερέων καὶ ἀδελφοὶ αὐτῶν (1)

Ne. 12. 8. S[3] καὶ οἱ ἀ. αὐτοῦ (1)
— 8. καὶ οἱ ἀ. αὐτῶν εἰς τὰς ἐφημερίας (1)
— 12. ἀδελφοὶ αὐτοῦ οἱ ἱερεῖς †
— 24. B S υἱοὶ Καδμιὴλ καὶ οἱ [A R om.] ἀ. αὐτῶν (1)
— 36. καὶ ἀδελφοὶ αὐτοῦ Σαμαΐα καὶ Ὀζιήλ (1)
13. 13. μερίζειν τοῖς ἀ. αὐτῶν (1)
To. 1. 3. τοῖς ἀ. καὶ τῷ ἔθνει [A S ἐ. μου]
— 5. S πάντες οἱ ἀ. μου [A B al.]
— 10. πάντες οἱ ἀ. μου καὶ οἱ ἐκ τοῦ γεν. μου
— 14. παρεθέμην . . . τῷ ἀ. Γαβρία
— 16. ἐλεημοσύνας πολλὰς ἐποίουν τοῖς ἀ. μου
— 21. τὸν Ἀναὴλ υἱὸν [A S τὸν υἱ.] τοῦ ἀδελφοῦ μου
2. 2. ὃν ἂν εὕρῃς τῶν ἀ. ἡμῶν ἐνδεῆ [S εὑ. πτωχόν]
— 3. S ζητῆσαί τινα πτωχὸν τῶν ἀ. ἡμῶν
— 10. S πάντες οἱ ἀ. μου ἐλυποῦντο
3. 15. οὐδὲ ἀδελφὸς ἐγγύς [S αὐτῷ ἐ.]
4. 12. ἔλαβον γυναῖκας ἐκ τῶν ἀ. αὐτῶν
— 13. νῦν παιδίον ἀγάπα τοὺς ἀ. σου
— 13. μὴ ὑπερηφανεύου . . . . ἀπὸ τῶν ἀ. σου
5. 5. S ἐκ τῶν υἱῶν Ἰσρ. τῶν ἀ. σου
— 6. παρὰ Γαβαὴλ τὸν ἀ. ἡμῶν ηὐλίσθην
— 8. S ἄνθρωπον εὗρον τῶν ἀ. ἡμῶν [A B al.]
— 9. S δώσω σοι τὸν μισθόν σου ἀδελφέ
— 10. ἀδελφέ, ἐκ ποίας φυλῆς . . . . εἶ σύ
— 10. S ὑπόδειξόν μοι, ἀδελφέ [A B om.]
— 11. S τίνος εἶ, ἀδελφέ [A B al.]
— 12. βούλομαι, ἀδελφέ, ἐπιγνῶναι τὸ γένος σου
— 12. Ἀνανίου τοῦ μεγάλου τῶν ἀ. σου
— 13. ὑγιαίνων ἔλθοις ἀδελφέ
— 13. S μή μοι πικρανθῇς, ἀδελφέ [A B al.]
— 13. τυγχάνεις ἀδελφός μου [S ὢν καὶ] ἐκ τῆς καλῆς γενεᾶς
— 13. ἐν τῇ πλάνῃ τῶν ἀ. ἡμῶν [S aliter]
— 13. ἐκ ῥίζης καλῆς εἶ, ἀδελφέ [S aliter]
— 15. S εὐλογία σοι γένοιτο, ἀδελφέ
— 16. S ἔξελθε μετὰ τοῦ ἀ. σου
6. 6. Ἀζαρία ἀδελφέ
— 10. ἀδελφέ, σήμερον αὐλισθησόμεθα παρὰ Ῥ.
— 12. S ἄκουσόν μου, ἀδελφέ [A B om.]
— 12. S ἄκουσόν μου ἀδελφέ
— 13. Ἀζαρία ἀδελφέ
— 15. νῦν ἄκουσόν μου, ἀδελφέ
— 17. S ἔσονταί σοι ὡς ἀδελφοί
7. 1. S Ἀζαρία ἀδελφέ, ἀπάγαγέ με
— 1. S πρὸς Ῥαγ. τὸν ἀ. ἡμῶν
— 1. S χαίρετε πολλὰ ἀδελφοί
— 2. S ὡς ὅμοιος . . . Τ. τῷ ἀ. [A B ἀνεψιῷ μου]
— 3. πόθεν ἐστέ, ἀδελφοί
— 4. γινώσκετε Τωβὶτ τὸν ἀ. ἡμῶν
— 7. S ἐπὶ τὸν τράχηλον Τ. τοῦ ἀ. αὐτοῦ
— 8. Ἀζαρία ἀδελφέ
— 10. S πλήν σου ἀδελφέ
— 11. S ἑπτὰ ἀνδράσι τῶν ἀ. ἡμ. [A B om. τ. ἀ. ἡ.]
— 12. σὺ δὲ ἀδελφὸς εἶ αὐτῆς
9. 2. Ἀζαρία ἀδελφέ
10. 6. S καὶ εἷς τῶν ἀ. ἡμῶν
— 13. ἀδελφὲ ἀγαπητέ [S ἠγαπημένε]
11. 2. οὐ γινώσκεις ἀδελφέ [S om.]
— 17. χαρὰ πᾶσι τοῖς ἐν Νινευῇ ἀ. αὐτοῦ [S om.]
14. 4. ὅτι οἱ ἀ. ἡμῶν ἐν τῇ γῇ σκορπισθ. [S aliter]
— 7. ποιοῦντες ἔλεος τοῖς ἀ. ἡμῶν [S aliter]
Ju. 7. 30. θαρσεῖτε, ἀδελφοί, διακαρτερήσωμεν
8. 14. μηδαμῶς, ἀδελφοί, μὴ παροργίζετε
— 21. A[2] B S τὸν φόνον τῶν ἀ. ἡμῶν
— 24. καὶ νῦν, ἀδελφοί, ἐπιδειξώμεθα τοῖς ἀ. ἡμῶν
— 26. Λάβαν τοῦ ἀ. τῆς μητρὸς αὐτοῦ
14. 1. ἀκούσατε δή μου, ἀδελφοί
Es. 2. 7. θυγάτηρ Ἀμιν. ἀδελφοῦ πατρὸς αὐτοῦ (4)
— 15. A B S[2] θυγατρὸς Ἀμιν. ἀδελφοῦ πατρὸς Μαρδ. (4)
5. 1. ἐγὼ ὁ ἀ. σου, θάρσει
Jb. 1. 13. τοῦ ἀ. αὐτῶν τοῦ πρεσβυτέρου (1)
— 18. παρὰ τῷ [A τῷ υἱῷ σου τῷ] ἀ. αὐτῶν τῷ πρεσβυτέρῳ (1)
19. 13. ἀπ' ἐμοῦ ἀδελφοί μου ἀπέστησαν (1)
22. 6. ἠνεχύραζες δὲ τοὺς ἀ. σου διὰ κενῆς (1)
30. 29. ἀδελφὸς γέγονα σειρήνων (1)
31. 1. S[1] διαθήκην ἔθέμην τοῖς ἀ. [A B S[2] ὀφθαλμοῖς] μου †
41. 8. ἀνὴρ τῷ ἀ. αὐτοῦ προσκολληθήσεται (1)
42. 11. ἤκουσαν δὲ πάντες οἱ ἀ. αὐτοῦ (1)
— 15. κληρονομίαν ἐν τοῖς ἀ. (1)
Ps. 21 (22). 22. διηγήσομαι τὸ ὄνομά σου τοῖς ἀ. μου (1)
34 (35). 14. ὡς πλησίον ὡς ἀδελφὸν ἡμέτερον (1)
48 (49). 7. ἀδελφὸς οὐ λυτροῦται [A -ῶται] (1)

● = correction on page xxiii ■ = correction on page xxvii

Ps. 49 (50). 20. κατὰ τοῦ ἀ. σου κατελάλεις (1)
68 (69). 8. ἀπηλλοτριωμένος ἐγεν. τοῖς ἀ. μου (1)
121 (122). 8. ἕνεκα τῶν ἀ. μου καὶ τῶν πλησίον μου (1)
132 (133). 1. τὸ κατοικεῖν ἀδελφοὺς ἐπὶ τὸ αὐτό (1)
151. 1. μικρὸς ἤμην ἐν τοῖς ἀ. μου –
— 5. οἱ [A οἱ δὲ] ἀ. μου καλοὶ καὶ μεγάλοι –
Pr. 6. 19. ἐπιπέμπει κρίσεις ἀνὰ μέσον ἀδελφῶν (1)
17. 2. ἐν δὲ ἀδελφοῖς διελεῖται μέρη (1)
— 17. ἀδελφοὶ δὲ ἐν ἀνάγκαις χρήσιμοι (1)
18. 9. ἀδελφός ἐστι τοῦ λυμαιν. ἑαυτόν (1)
— 19. ἀδελφὸς ὑπὸ ἀδελφοῦ βοηθούμενος (1, –)
19. 7. πᾶς ὃς ἀδελφὸν πτωχὸν μισεῖ (1)
27. 10. εἰς δὲ τὸν οἶκον τοῦ ἀ. σου (1)
— 10. κρείσσων φίλος ἐγγὺς ἢ ἀδελφὸς μακρὰν οἰκῶν (1)
Ec. 4. 8. καί γε ἀδελφὸς οὐκ ἔστιν αὐτῷ (1)
Ca. 5. 1. πίετε καὶ μεθύσθητε ἀδελφοί (3)
— 8. S[1] ἐὰν εὕρητε τὸν ἀ. [A B ἀδελφιδόν] μου (3)
6. 1. B ἀ. [ASR ἀδελφιδός] μου κατέβη εἰς κῆπον (3)
Wi. 10. 10. φυγάδα ὀργῆς ἀδελφοῦ δίκαιον
Si. 7. 12. μὴ ἀροτρία ψεῦδος ἐπ' ἀδελφῷ σου
— 18. μὴ ἀλλάξῃς . . . ἀ. γνήσιον ἐν χρυσίῳ Σ.
10. 20. ἐν μέσῳ ἀδελφῶν . . . ἔντιμος
25. 1. ὁμόνοια ἀδελφῶν
29. 10. ἀπόλεσον ἀργύριον δι' ἀδελφὸν καὶ φίλον
— 27. ἐπεξένωταί μοι ὁ ἀ.
30. 28 (33. 19). ἀδελφῷ καὶ φίλῳ μὴ δῷς ἐξουσίαν
— 39 (33. 30). A S ἄγε αὐτὸν ὡς ἀδελφόν [B σεαυτόν]
40. 24. ἀδελφοὶ καὶ βοήθεια εἰς καιρὸν θλίψεως
45. 6. ἀδελφὸν αὐτοῦ ἐκ φυλῆς Λευί
49. 15. ἀνήρ, ἡγούμενος ἀδελφῶν
50. 12. κυκλόθεν αὐτοῦ στέφανος ἀδελφῶν
■Ho. 2. 1. εἴπατε τῷ ἀ. ὑμῶν, Λαός μου (1)
12. 3. ἐν τῇ κοιλίᾳ ἐπτέρνισε τὸν ἀ. αὐτοῦ (1)
13. 15. οὗτος ἀνὰ μέσον ἀδελφῶν διαστελεῖ (1)
Am. 1. 9. οὐκ ἐμνήσθησαν διαθήκης ἀδελφῶν (1)
— 11. τοῦ διῶξαι . . . τὸν [A ἕκαστος τὸν] ἀ. (1)
Mi. 5. 3. οἱ ἐπίλοιποι τῶν ἀ. αὐτῶν ἐπιστρέψ. (1)
Jl. 2. 8. ἕκαστος ἀπὸ τοῦ ἀ. αὐτοῦ οὐκ ἀφέξεται (1)
Ob. 10. τὴν ἀσέβειαν ἀδελφοῦ [A S[2] τὴν εἰς τὸν ἀ.] (1)
— 12. καὶ μὴ ἐπίδῃς ἡμέραν ἀδελφοῦ σου (1)
Hg. 2. 23. ἕκαστος ἐν ῥομφαίᾳ πρὸς τὸν ἀ. (1)
Za. 7. 9. οἰκτιρμὸν ποιεῖτε ἕκαστος πρὸς τὸν ἀ. (1)
— 10. κακίαν ἕκαστος τοῦ ἀ. αὐτοῦ μὴ μνησικ. (1)
Ma. 1. 2. οὐκ ἀδελφὸς ἦν 'Η. τοῦ 'I. (1)
2. 10. τί ὅτι ἐγκατελίπετε ἕκαστος τὸν ἀ. αὐτοῦ (1)
Is. 3. 6. ἐπιλήψεται ἄνθρωπος τοῦ ἀ. αὐτοῦ (1)
7. 3. A ὁ καταλειφθεὶς Ἰασοὺβ ὁ ἀ. [BS υἱός] σου †
9. 19. ἄνθρωπος τὸν ἀ. αὐτοῦ οὐκ ἐλεήσει (1)
— 20. A τὰς σάρκας τοῦ βραχίονος τοῦ ἀ. αὐτοῦ –
19. 2. πολεμήσει ἄνθρωπος τὸν ἀ. αὐτοῦ (1)
41. 6. τῷ ἀ. βοηθῆσαι (1)
66. 5. εἴπατε ἀδελφοὶ ἡμῶν τοῖς μισοῦσιν (1)
— 20. ἄξουσι τοὺς ἀ. ὑμῶν ἐκ πάντων τῶν ἐθνῶν (1)
Je. 7. 15. καθὼς ἀπέρριψα τοὺς ἀ. ὑμῶν (1)
9. 4. ἐπ' ἀδελφοῖς αὐτῶν μὴ πεποίθατε, ὅτι πᾶς ἀ. πτέρνῃ πτερνιεῖ (1, 1)
12. 6. οἱ ἀ. σου καὶ ὁ οἶκος τοῦ πατρός σου (1)
13. 14. διασκορπιῶ αὐτοὺς ἄνδρα καὶ τὸν ἀ. αὐτοῦ (1)
22. 18. οὐ μὴ κόψωνται αὐτόν, Ὦ [AS[3] οὐαὶ] ἀδελφέ (1)
23. 35. ἕκαστος πρὸς τὸν ἀ. αὐτοῦ (1)
29 (49). 10. ὤλοντο διὰ χεῖρα ἀδελφοῦ αὐτοῦ (1)
32 (25). 26. ἕκαστον πρὸς τὸν ἀ. αὐτοῦ (1)
38 (31). 34. οὐ μὴ διδάξωσιν ἕκαστος τὸν ἀ. [B S πολίτην] αὐτοῦ καὶ ἕκαστος τὸν ἀ. [A πλησίον] αὐτοῦ (9, 1)
39 (32). 7. Ἀναμεὴλ υἱὸς Σ. ἀδελφοῦ πατρός σου (4)
— 8. Ἀναμ. υἱὸς Σ. ἀδελφοῦ πατρός μου (4)
— 9, 12. Ἀναμεὴλ υἱοῦ ἀδελφοῦ πατρός μου (4)
41 (34). 14. ἀποστελεῖς τὸν ἀ. σου τὸν Ἑβραῖον (1)
— 17. A S[3] ἕκαστος πρὸς τὸν ἀ. αὐτοῦ (1)
42 (35). 3. τὸν Ἰεχονίαν . . . καὶ τοὺς ἀ. αὐτοῦ (1)
48 (41). 8. οὐκ ἀν. αὐτοὺς ἐν μέσῳ τῶν ἀ. αὐτῶν (1)
Ez. 4. 17. ἀφανισθ. ἄνθρωπος καὶ ἀδελφὸς αὐτοῦ (1)
11. 15. οἱ ἀ. σου καὶ οἱ ἄνδρες τῆς αἰχμαλ. σου (1)
24. 23. παρακαλέσετε ἕκαστος τὸν ἀ. αὐτοῦ (1)
33. 30. λαλοῦσιν [A ἐλάλουν] ἄνθρ. τῷ ἀ. αὐτοῦ (1)
38. 21. μάχαιρα ἀνθρώπου ἐπὶ τὸν ἀ. αὐτοῦ (1)
44. 25. ἐπὶ ἀδελφῷ [A ἀ. αὐτοῦ] καὶ ἐπὶ ἀδελφῇ (1)
47. 14. ἕκαστος καθὼς ὁ ἀ. αὐτοῦ (1)
Da. LXX. Su. 7. γυναῖκα ἀδελφοῦ αὐτῶν
I Ma. 2. 17. ἐστηριγμένος ἐν [S om.] υἱοῖς καὶ ἀδελφοῖς

I Ma. 2. 20. οἱ υἱοί μου καὶ οἱ ἀ. μου
— 40. ἐὰν πάντες ποιήσωμεν ὡς οἱ ἀ. ἡμῶν
— 41. καθὼς [S ὡς] ἀπέθανον οἱ ἀ. ἡμῶν
— 65. καὶ ἰδοὺ Συμεὼν ὁ ἀ. ὑμῶν
3. 2. ἐβοήθουν αὐτῷ πάντες οἱ ἀ. αὐτοῦ
— 25. ὁ φόβος Ἰούδα καὶ τῶν ἀ. αὐτοῦ
— 42. καὶ εἶδεν Ἰούδας καὶ οἱ ἀ. αὐτοῦ
4. 36. εἶπε δὲ Ἰούδας καὶ οἱ ἀ. αὐτοῦ
— 59. καὶ ἔστησεν Ἰούδας καὶ οἱ ἀ. αὐτοῦ
5. 10. γράμματα πρὸς Ἰούδαν καὶ τοὺς ἀ. αὐτοῦ
— 13. πάντες οἱ ἀ. ἡμῶν οἱ ὄντες [S[1] om.]
— 16. τοῖς ἀ. αὐτῶν τοῖς οὖσιν ἐν θλίψει
— 17. καὶ εἶπεν Ἰούδας Σίμωνι τῷ ἀ. αὐτοῦ
— 17. τοὺς ἀ. σου [S om.] τοὺς [A om.] ἐν τῇ Γ.
— 17. ἐγὼ δὲ καὶ Ἰωνάθαν ὁ ἀ. μου
— 24. καὶ Ἰωνάθαν ὁ [S[1] om.] ἀ. αὐτοῦ
— 25. τὰ συμβάντα τοῖς ἀ. αὐτῶν ἐν τῇ Γαλ.
— 32. πολεμήσατε σήμερον ὑπὲρ τῶν ἀ. ὑμῶν
— 55. καὶ Σίμων ὁ ἀ. αὐτοῦ ἐν τῇ Γαλιλαίᾳ
— 61. οὐκ ἤκουσαν Ἰούδα [A -δου] καὶ τῶν ἀ. αὐτοῦ
— 63. ὁ ἀνὴρ Ἰούδας καὶ οἱ ἀ. αὐτοῦ
— 65. ἐξῆλθεν Ἰούδας καὶ οἱ ἀ. αὐτοῦ [S[1] om.]
6. 22. ἕως πότε οὐ . . . ἐκδικήσεις τοὺς ἀ. ἡμῶν
7. 6. ἀπώλεσεν Ἰούδας καὶ οἱ ἀ. αὐτοῦ
— 10. ἀγγέλους πρὸς Ἰούδαν καὶ τοὺς [A πρὸς τοὺς] ἀ.
— 27. ἀπέστειλε πρὸς Ἰούδαν καὶ τοὺς ἀ. αὐτοῦ
8. 20. Ἰούδας [R add. ὁ] Μακκαβ. καὶ οἱ ἀ. αὐτοῦ
9. 9. ἐπιστρέψωμεν μετὰ τῶν ἀ. [S καὶ οἱ ἀ.]
— 10. ἀποθάνωμεν . . . χάριν τῶν ἀ. ἡμῶν
— 19. ἦραν . . . Ἰούδαν τὸν ἀ. αὐτῶν
— 29. ἀφ' οὗ ὁ ἀ. σου Ἰούδας τετελεύτηκε
— 31. ἀνέστη ἀντὶ Ἰούδου τοῦ ἀ. αὐτοῦ
— 33. Ἰωνάθαν καὶ Σίμων ὁ ἀ. αὐτοῦ
— 35. ἀπέστειλεν Ἰωνάθαν [A S om.] τὸν ἀ. αὐτοῦ
— 37. Ἰωνάθαν καὶ Σίμωνι τῷ ἀ. αὐτοῦ
— 38. ἐμνήσθησαν [S[1] add. τοῦ αἵματος] Ἰ. τοῦ ἀ.
— 39. οἱ φίλοι αὐτοῦ καὶ οἱ ἀ.
— 42. τὴν ἐκδίκησιν αἵματος ἀδελφοῦ αὐτῶν
— 44. A εἶπεν Ἰωνάθαν τοῖς ἀ. [S R παρ'] αὐτοῦ
— 65. ἀπέλιπεν Ἰωνάθαν Σίμωνα τὸν ἀ. αὐτοῦ
— 66. ἐπάταξεν Ὀδομηρὰ καὶ τοὺς ἀ. αὐτοῦ
10. 5. πρὸς αὐτὸν καὶ εἰς τοὺς ἀ. αὐτοῦ
— 15. ἃς ἐποίησεν αὐτὸς καὶ οἱ ἀ. αὐτοῦ
— 18. βασιλεὺς Ἀλέξ. τῷ ἀ. Ἰωνάθαν χαίρειν
— 74. συνήντησεν αὐτῷ Σίμων ὁ ἀ. αὐτοῦ
11. 30. βασιλεὺς Δημήτριος Ἰων. τῷ ἀ. χαίρειν
— 59 Σίμωνα τὸν ἀ. αὐτοῦ κατέστησε στρατηγόν
— 64 τὸν δὲ ἀ. αὐτοῦ Σίμωνα κατέλιπεν
12. 6. Σπαρτιάταις τοῖς ἀ. χαίρειν
— 7. ὅτι ἐστὲ ἀδελφοὶ ἡμῶν
— 11. ὡς δέον ἐστὶ . . . μνημονεύειν ἀδελφῶν
— 21. εὑρέθη ἐν γραφῇ . . . ὅτι εἰσὶν ἀδελφοί
13. 3. ἐγὼ καὶ οἱ ἀ. μου καὶ ὁ οἶκος τοῦ πατρός
— 4. ἀπώλοντο οἱ ἀ. μου πάντες χάριν τοῦ Ἰσρ.
— 5. οὐ γάρ εἰμι κρείσσων τῶν ἀ. μου
— 8. σὺ εἶ ἡμῶν ἡγούμενος ἀντὶ . . . τοῦ ἀ. σου
— 14. ἀνέστη Σίμων ἀντὶ Ἰων. τοῦ ἀ. αὐτοῦ
— 15. οὗ ὤφειλεν Ἰωνάθαν ὁ [A om.] ἀ. σου
— 25. ἔλαβε τὰ ὀστᾶ Ἰωνάθαν τοῦ ἀ. αὐτοῦ
— 27. τὸν τάφον τοῦ πατρὸς αὐτοῦ καὶ τῶν ἀ. αὐτοῦ
— 28. τῇ μητρὶ καὶ τοῖς [A om.] τέσσαρσιν [S[1] om.] ἀ.
14. 17. ὅτι Σίμων ὁ ἀ. αὐτοῦ γέγονεν ἀντ' αὐτοῦ
— 18. πρὸς Ἰούδαν καὶ Ἰωνάθαν τοὺς ἀ. αὐτοῦ
— 20. τῷ λοιπῷ δήμῳ τῶν Ἰουδ. ἀδελφοῖς χαίρειν
— 26. αὐτὸς καὶ οἱ ἀ. αὐτοῦ καὶ ὁ οἶκος τοῦ πατρός
— 29. Σίμων δὲ ὁ υἱὸς Ματτ. . . . καὶ οἱ ἀ. αὐτοῦ
— 40. φίλοι καὶ σύμμαχοι καὶ ἀ.
16. 1. ἀπήγγειλε Σίμωνι τῷ ἀ. [A S[2] R πατρὶ] αὐτοῦ
— 2. ἐγὼ καὶ οἱ ἀ. μου καὶ ὁ οἶκος τοῦ πατρός
— 3. γίνεσθε ἀντ' ἐμοῦ καὶ τοῦ ἀ. μου
— 9. ἐτραυματίσθη Ἰούδας ὁ ἀ. Ἰωάννου
— 14. S Ἰούδας ἀδελφὸς [A R οἱ υἱοὶ] αὐτοῦ
— 21. ὁ πατὴρ αὐτοῦ καὶ οἱ ἀ. αὐτοῦ
II Ma. 1. 1. τοῖς ἀ. τοῖς κατ' Αἴγυπτον Ἰουδαίοις
— 1. οἱ ἀ. οἱ ἐν Ἱεροσολύμοις Ἰουδαῖοι
2. 19. Ἰούδαν τὸν Μακκ. καὶ τοὺς τούτου ἀ.
4. 7. ὑπενόθευσεν Ἰάσων ὁ ἀ. Ὀνίου
— 23. Μενέλαον τὸν τοῦ προσημαινομένου Σίμ. ἀ.
— 26. ὁ μὲν Ἰάσων ὁ τὸν ἴδιον ἀ. ὑπονοθεύσας
— 29. ἀπέλιπε . . . διάδοχον Λυσ. τὸν ἑαυτοῦ ἀ.
7. 1. ἑπτὰ ἀδελφοὺς μετὰ τῆς μητρός
— 4. τῶν λοιπῶν ἀ. καὶ τῆς μητρὸς συνορώντων
— 29. τῶν ἀ. [A add. σου] ἄξιος γενόμενος
— 29. ἵνα ἐν τῷ ἐλέει σὺν τοῖς ἀ. σου

II Ma. 7. 36. οἱ μὲν γὰρ νῦν ἡμέτεροι ἀ. . . . πεπτώκασι
— 37. ἐγὼ δὲ καθάπερ οἱ ἀ. μου [A om.] . . . προδίδωμι
— 38. ἐν ἐμοὶ δὲ καὶ τοῖς ἀ. μου στῆναι [A στῆσαι]
8. 22. τοὺς [A om.] ἀ. αὐτοῦ προηγουμένους
10. 21. ὡς ἀργυρίου πεπράκασι τοὺς ἀ.
— 37. τὸν τούτου ἀ. Χαιρέαν
11. 7. ἐπιβοηθεῖν τοῖς ἀ. αὐτῶν
— 22. Ἀντίοχος τῷ ἀ. Λυσίᾳ χαίρειν
12. 6. παρεγένετο ἐπὶ τοὺς μιαιφόνους τῶν ἀ.
— 24. διὰ τὸ πλειόνων μὲν γονεῖς ὧν δὲ ἀδελφούς
— 25. ἀπέλυσαν αὐτὸν ἕνεκα τῆς τῶν ἀ. σωτηρίας
14. 17. Σίμων δὲ ὁ ἀ. Ἰούδα συμβεβληκὼς ἦν
15. 18. ἔτι δὲ ἀδελφῶν καὶ συγγενῶν
III Ma. 4. 12. τὴν ἀκλεᾶ τῶν ἀ. ταλαιπωρίαν
IV Ma. 1. 8. Ἐλεαζάρου τε καὶ ἑπτὰ ἀδελφῶν
4. 16. τὸν ἀ. αὐτοῦ κατέστησεν ἀρχιερέα
8. 3. μετὰ γεραιᾶς μητρὸς ἑπτὰ ἀδελφοί
— 5. τὸ πλῆθος τοσούτων ἀ. ὑπερτιμῶν
— 19. ἄνδρες ἀδελφοί
9. 22. μιμήσασθέ με, ἀδελφοί
10. 13. μὴ μανῇς καὶ σὺ τοῖς ἀ. σου τὴν αὐτὴν μανίαν
— 15. μὰ τὸν μακάριον τῶν ἀ. μου θάνατον
— 16. ἀ. εἰμι τῶν προβασανισθέντων
11. 14. τῇ μὲν ἡλικίᾳ τῶν ἀ. μού [S om.] εἰμι νεώτερος
— 20. εἰς γυμνασίαν πόνων ἀδελφοὶ τοσοῦτοι κληθέντες
— 22. τεθνήξομαι κἀγὼ μετὰ τῶν ἀ. μου
12. 2. δεινῶς ὑπὸ τῶν ἀ. αὐτοῦ κακισθείς
— 4. τῆς μὲν τῶν ἀ. σου ἀπονοίας τὸ [S om.] τέλος ὁρᾷς
— 17. οὐκ ἀπαυτομολῶ τῆς τῶν ἀ. μου [S τῶν παίδων] ἀριστείας [A μαρτυρίας]
13. 1. τῶν . . . πόνων ὑπερεφρόνησαν οἱ ἑπτὰ ἀ.
— 9. ἀδελφικῶς ἀποθάνωμεν ἀδελφοὶ περὶ τοῦ νόμου
— 11. θάρρει, ἀδελφέ
— 18. ἑνὶ ἑκάστῳ τῶν ἀποσπωμένων αὐτῶν ἀ. ἔλεγον οἱ περιλειπόμενοι, Μὴ καταισχύνῃς ἡμᾶς, ἀδελφέ, μηδὲ ψεύσῃ τοὺς προαποθανόντας ἡμῶν ἀ. [A om. ἡ. ἀ.]
— 20. τὸν ἴσον ἀδελφοὶ κατοικήσαντες χρόνον
— 23. οἱ ἑπτὰ ἀ. συμπαθέστερον ἔσχον τὴν . . . ὁμ.
— 27. ἀνέσχοντο διὰ τὴν εὐσέβειαν τοὺς ἀ.
14. 1. τῶν [A S om.] τῆς τῶν ἀ. φιλαδελφίας παθῶν
— 3. περὶ τῆς εὐσεβείας [S ἱερᾶς] τῶν ἑπτὰ ἀ.
— 7. ὦ παναγία συμφώνων ἀ. ἑβδομάς
17. 14. οἱ δὲ ἀ. [S ἑπτὰ ἀ.] ἠγωνίζοντο
● [Aq. Ge. 37. 14 : 50. 17 : Nu. 8. 26 : De. 33. 16 : Pr. 18. 19 : Ca. 8. 1 : Is. 41. 6 : 66. 5 : Je. 34 (41). 9 : Ez. 11. 15 : 18. 18.]
● [Sm. Ge. 20. 13 : 37. 14 : Nu. 8. 26 : De. 33. 16 : Ps. 34 (35). 14 : Is. 66. 5 : Je. 34 (41). 9 : Ez. 11. 15 : 18. 18 : Ob. 10.]
[Th. Nu. 8. 26 : I Ki. 20. 41 : IV Ki. 1. 17 : Jb. 41. 9 : Is. 66. 5 : Je. 29 (36). 16 : Ez. 11. 15 : 18. 18.]
[Hebr. Ge. 49. 5, 8.]
[Sam. Le. 20. 11, 20.]
[Al. Le. 7. 10 : 26. 37 : Nu. 25. 6 : II Ki. 3. 8 : Jb. 6. 15 : Ps. 48 (49). 8.]

ἀδελφότης.

I Ma. 12. 10. τὴν πρὸς ὑμᾶς ἀ. καὶ φιλίαν
— 17. περὶ τῆς ἀνανεώσεως καὶ τῆς ἀ. ἡμῶν
IV Ma. 9. 23. μήδε ἐξομόσησθέ μου τὴν τῆς εὐψυχίας ἀ.
10. 3. οὐκ ἐξόμνυμαι τὴν εὐγενῆ τῆς ἀ. συγγένειαν
— 15. οὐκ ἀρνήσομαι τὴν εὐγενῆ ἀ.
13. 19. οὐκ ἀγνοεῖτε τὰ τῆς ἀ. [A ἀνθρωπότητος] φίλτρα
— 27. τὰ τῆς ἀ. αὐτοῖς φίλτρα συναυξόντων

ἀδεῶς.

III Ma. 2. 32. ἀ. ἐπειρῶντο ἑαυτοὺς ῥύσασθαι

ἀδηλοποιεῖν.

[Sm. Jb. 9. 5.]

ἄδηλος. (1) בַּטֻּחוֹת

Ps. 50 (51). 6. τὰ ἄ. καὶ τὰ κρύφια τῆς σοφίας σου ἐδήλωσάς μοι (1)
II Ma. 7. 34. φρυαττόμενος ἀδήλοις ἐλπίσιν
III Ma. 1. 17. ἄδηλον τιθέμενοι τὸ γινόμενον
2. 5. ἀδήλους [R διαδ.] ταῖς κακίαις γενομένους
4. 4. λογιζομένους τὴν ἄ. τοῦ βίου καταστροφήν
[Sm. Ec. 9. 1, 2.]

● = correction on page xxiii ■ = correction on page xxvii

ἀδημονεῖν.

[**Aq.** Jb. 18. 20.]
[**Sm.** Ps. 60 (61). 3 : 115. 2 (116. 11) : Ec. 7. 17 (16) : Ez. 3. 15.]

ἀδημονία.

[**Sm.** Ez. 7. 27 : 12. 19 : 23. 33.]

▶ **ᾅδης.** (1) *a.* אַבְנֵי־בוֹר *b.* יוֹרְדֵי־בוֹר (2) דּוּמָה (3) מָוֶת (4) מוּת hi. (5) צַלְמָוֶת (6) שְׁאוֹל

Ge. 37. 35. *καταβήσομαι . . . πενθῶν εἰς ᾅδου* (6)
42. 38. *κατάξετέ μου τὸ γῆρας . . . εἰς ᾅδου* (6)
44. 29. *κατάξετέ μου τὸ γῆρας . . . εἰς ᾅδου* (6)
— 31. R *κατάξουσιν . . . εἰς ᾅδου* (6)
Nu. 16. 30. *καταβήσονται ζῶντες εἰς ᾅδου* (6)
— 33. *κατέβησαν . . . ζῶντα εἰς ᾅδου* (6)
Dt. 32. 22. *καυθήσεται ἕως ᾅδου κάτω* (6)
I Ki. 2. 6. *κατάγει εἰς ᾅδου καὶ ἀνάγει* (6)
III Ki. 2. 6. *κατάξεις τὴν πολιὰν αὐτοῦ . . . εἰς ᾅδου* (6)
— 9. *κατάξεις τὴν πολιὰν αὐτοῦ . . . εἰς ᾅδου* (6)
3. 1 (2. 9). *κατάξεις τὴν πολιὰν αὐτοῦ . . . εἰς ᾅδου* (6)
To. 3. 10. *τὸ γῆρας αὐτοῦ* [S *τοῦ πατρός μου*] *κατάξω . . . εἰς ᾅδου*
4. 19. S *ἕως ᾅδου κατωτάτω* [A B *al.*]
13. 2. *κατάγει εἰς ᾅδην* [S *ἕως ᾅδου*] *καὶ ἀνάγει*
Es. 3. 13. *βιαίως εἰς* [A S^2 *om.*] *τὸν ᾅ. κατελθόντες*
Jb. 7. 9. *ἐὰν γὰρ ἄνθρωπος καταβῇ εἰς ᾅδην* (6)
11. 8. *βαθύτερα δὲ* [A *ἢ β.*] *τῶν ἐν ᾅδου* (6)
14. 13. *εἰ γὰρ ὄφελον ἐν ᾅδῃ με ἐφύλαξας* [A *φυλάξεις*] (6)
17. 13. *ᾅδης μου ὁ οἶκος* (6)
— 16. *ἢ μετ' ἐμοῦ εἰς ᾅδην* [A *τὸν ᾅ.*] *καταβήσονται* (6)
21. 13. *ἐν δὲ ἀναπαύσει ᾅδου ἐκοιμήθησαν* (6)
26. 6. *γυμνὸς ὁ ᾅ. ἐνώπιον αὐτοῦ* (6)
33. 22. *ἡ δὲ ζωὴ αὐτοῦ ἐν ᾅδῃ* [A *τῷ ᾅ.*] (4)
38. 17. *πυλωροὶ δὲ ᾅδου ἰδόντες σε ἔπτηξαν* (5)
Ps. 6. 5. *ἐν δὲ τῷ ᾅδῃ τίς ἐξομολογήσεταί σοι* (6)
9. 17. *ἀποστραφήτωσαν οἱ ἁμαρτωλοὶ εἰς τὸν ᾅ.* (6)
15 (16). 10. B *οὐκ ἐγκαταλείψεις τὴν ψυχήν μου εἰς ᾅδην* [A *ᾅδου*, S^1 *τὸν ᾅδην*] (6)
17 (18). 5. *ὠδῖνες ᾅδου περιεκύκλωσάν με* (6)
29 (30). 3. *ἀνήγαγες ἐξ ᾅδου τὴν ψυχήν μου* (6)
30 (31). 17. *καταχθείησαν εἰς ᾅδου* (6)
48 (49). 14. *ὡς πρόβατα ἐν ᾅδῃ ἔθεντο* [S *-ετο*] (6)
— 14. *ἡ βοήθεια αὐτῶν παλαιωθήσεται* [S^1 *ἐπαλαιώθη*] *ἐν τῷ ᾅδῃ* (6)
— 15. *λυτρώσεται τὴν ψυχήν μου ἐκ χειρὸς ᾅδου* (6)
54 (55). 15. *καταβήτωσαν εἰς ᾅδου ζῶντες* (6)
85 (86). 13. *ἐρρύσω τὴν ψυχήν μου ἐξ ᾅδου κατωτάτου* (6)
87 (88). 3. *ἡ ζωή μου τῷ ᾅδῃ ἤγγισε* (6)
88 (89). 48. *ῥύσεται τὴν ψυχὴν αὐτοῦ ἐκ χειρὸς ᾅδου* (6)
93 (94). 17. *παρὰ βραχὺ παρῴκησε τῷ ᾅ. ἡ ψυχή μου* (2)
113. 25 (115. 17). *οὐδὲ πάντες οἱ καταβαίνοντες εἰς ᾅδου* (2)
114 (116). 3. *κίνδυνοι ᾅδου εὕροσάν με* (6)
138 (139). 8. *ἐὰν καταβῶ εἰς τὸν ᾅ. πάρει* (6)
140 (141). 7. *διεσκορπίσθη τὰ ὀστᾶ . . . παρὰ τὸν ᾅ.* (6)
Pr. 1. 12. *καταπίωμεν δὲ αὐτὸν ὥσπερ ᾅδης ζῶντα* (6)
2. 18. *ἔθετο . . . παρὰ τῷ ᾅ. μετὰ τῶν γηγενῶν* –
5. 5. *οἱ πόδες κατάγουσι . . . εἰς τὸν ᾅδην* (6)
7. 27. *ὁδοὶ ᾅδου ὁ οἶκος αὐτῆς* (6)
9. 18. *ἐπὶ πέταυρον ᾅδου συναντᾷ* (6)
14. 12. *ἔρχεται εἰς πυθμένα ᾅδου* (3)
15. 11. *ᾅδης καὶ ἀπώλεια φανερὰ παρὰ τῷ κυρίῳ* (6)
— 24. *ἵνα ἐκκλίνας ἐκ τοῦ ᾅ. σωθῇ* (6)
16. 25. *βλέπει εἰς πυθμένα ᾅδου* (3)
24. 51 (30. 16). *ᾅδης* [A^1 *ἄρης*] *καὶ ἔρως γυναικὸς* (6)
27. 20. *ᾅδης καὶ ἀπώλεια οὐκ ἐμπίμπλανται* (6)
Ec. 9. 10. *οὐκ ἔστι . . . σοφία ἐν ᾅδῃ* (6)
Ca. 8. 6. *σκληρὸς* [A *-όν*] *ὡς ᾅδης ζῆλος* (6)
Wi. 1. 14. *οὔτε ᾅδου βασίλειον ἐπὶ γῆς* [A *τῆς γῆς*]
2. 1. *οὐκ ἐγνώσθη ὁ ἀναλύσας ἐξ ᾅδου*
16. 13. *κατάγεις εἰς πύλας ᾅδου*
17. 14. *ἐξ ἀδυνάτου ᾅδου μυχῶν*
Si. 9. 12. *ἕως ᾅδου οὐ μὴ δικαιωθῶσι*
14. 12. *διαθήκη ᾅδου οὐχ ὑπεδείχθη σοι*
— 16. *οὐκ ἔστιν ἐν ᾅδου* [A *ᾅδῃ*] *ζητῆσαι*
Si. 17. 27. *ὑψίστῳ τίς αἰνέσει ἐν ᾅδου* [B *ᾅδους*, S^1 *ᾅδῃ*]
21. 10. *ἐπ' ἐσχάτῳ* [A *-των*, S *-του*] *αὐτῆς βόθρος ᾅδου*
28. 21. *λυσιτελὴς μᾶλλον ὁ ᾅ. αὐτῆς*
41. 4. *οὐκ ἔστιν ἐν ᾅδου ἐλεγμὸς ζωῆς*
48. 5. *ὁ ἐγείρας νεκρὸν . . . ἐξ ᾅδου*
51. 5. *ἐκ βάθους κοιλίας ᾅδου*
— 6. *ἡ ζωή μου ἦν σύνεγγυς ᾅδου*
Ho. 13. 14. *ἐκ χειρὸς ᾅδου ῥύσομαι* [A *ῥ. αὐτούς*] (6)
— 14. *ποῦ τὸ κέντρον σου, ᾅδη* (6)
Am. 9. 2. *ἐὰν κατακρυβῶσιν* [A *κατορυγῶσιν*] *εἰς ᾅδου* (6)
Jn. 2. 3. *εἰσήκουσέ μου ἐκ κοιλίας ᾅδου κραυγῆς μου* (6)
Hb. 2. 5. *ὃς ἐπλάτυνε καθὼς ᾅδης* [A S *ὁ ᾅ.*] *τὴν ψυχήν* (6)
Is. 5. 14. *ἐπλάτυνεν ὁ ᾅ. τὴν ψυχὴν αὐτοῦ* (6)
14. 9. *ὁ ᾅ. κάτωθεν ἐπικράνθη* (6)
— 11. *κατέβη δὲ* [B *om.*] *εἰς ᾅδου ἡ δόξα σου* (6)
— 15. *νῦν δὲ εἰς ᾅδην* [A S *ᾅδου*] *καταβήσῃ* (6)
— 19. *καταβαινόντων εἰς ᾅδου* (1 *a*)
28. 15. *ἐποιήσαμεν διαθήκην μετὰ τοῦ ᾅ.* (3)
— 18. *ἡ ἐλπὶς ὑμῶν ἡ πρὸς τὸν ᾅ.* (6)
38. 10. *ἐν πύλαις ᾅδου καταλείψω τὰ ἔτη* (6)
— 18. *οὐ γὰρ οἱ ἐν ᾅδου αἰνέσουσί σε . . . οὐδὲ ἐλπιοῦσιν οἱ* [S^1 *om.*] *ἐν ᾅδου τὴν ἐλεημοσύνην σου* (6, 1 *b*)
57. 9. *ἐταπεινώθης ἕως ᾅδου* (6)
Je. 41 (34). 5. *ἕως ᾅδου κόψονται* [A *κλαύσονται*] *σε* –
Ba. 2. 17. *οὐχ οἱ τεθνηκότες* [A *-νεῶτες*] *ἐν τῷ ᾅ.*
3. 11. *προσελογίσθης μετὰ τῶν εἰς ᾅδου*
— 19. *ἠφανίσθησαν καὶ εἰς ᾅδου κατέβησαν*
Ez. 31. 15. *ἐν ᾗ ἡμέρᾳ κατέβη εἰς ᾅδου* (6)
— 16. *κατεβίβαζον αὐτὸν εἰς ᾅδου* (6)
— 17. *κατέβησαν μετ' αὐτοῦ εἰς ᾅδου* (6)
32. 27. *οἳ κατέβησαν εἰς ᾅδου* (6)
Da. LXX. TH. 3. (88). *ὅτι ἐξείλατο ἡμᾶς ἐξ ᾅδου*
II Ma. 6. 23. *ταχέως λέγων προπέμπειν εἰς τὸν ᾅ.*
III Ma. 4. 8. *παρὰ πόδας ἤδη τὸν ᾅδην ὁρῶντες κείμενον*
5. 42. *τούτους μὲν ἀνυπερθέτως πέμψειν εἰς ᾅδην*
— 51. *ἤδη πρὸς πύλαις ᾅδου καθεστῶτας*
6. 31. *οἱ πρὶν* [A *τὸ πρὶν*] *ἐπονείδιστοι καὶ πλησίον τοῦ ᾅ.*

[**Aq.** Ps. 30 (31). 18 : 87 (88). 4 : 140 (141). 7 : Pr. 9. 18 : 18. 14 : Is. 7. 11 : 57. 9.]
[**Sm.** Jb. 21. 13 : Ps. 30 (31). 18 : 48 (49). 15 : 87 (88). 4 : 140 (141). 7 : Pr. 9. 18 : 18. 14 : Is. 7. 11 : 57. 9 : 60. 2.]
[**Th.** Ps. 6. 6 : Pr. 9. 18 : 18. 14 : Is. 7. 11 : 57. 9.]
[**Quint.** Ps. 140 (141). 7.]
[**Al.** Is. 38. 18.]

ἀδιάκριτος.

● Pr. 25. 1. *αἱ παιδεῖαι* [A S^2 *παροιμίαι*] *Σαλωμῶντος αἱ ἀ.*
[**Sm.** Ge. 1. 2.]

ἀδιαλείπτως.

I Ma. 12. 11. *ἐν παντὶ καιρῷ ἀ.*
II Ma. 3. 26. *ἐμαστίγουν αὐτὸν ἀ.*
9. 4. *τὸν ἁρματηλάτην ἀ. ἐλαύνοντα*
13. 12. *ἐφ' ἡμέρας τρεῖς ἀ.*
15. 7. *ἦν ἀ. πεποιθὼς μετὰ πάσης ἐλπίδος*
III Ma. 6. 33. *συμπόσιον βαρὺ συναγαγὼν ἀ.*
[**Sm.** Jb. 16. 8 : Ps. 73 (74). 23.]

ἀδιάλυτος. (1) לֹא־יִקָּרֵעַ

Ex. 36. 31 (39. 23). *ὤαν ἔχον κύκλῳ τὸ περιστόμιον ἀ.* [A *διάλ.*] (1)

ἀδιανόητος.

[**Sm.** Je. 5. 21.]

ἀδιάπνευστος.

[**Sm.** Jb. 32. 19.]

ἀδιάπτωτος.

Wi. 3. 15. *ἀ. ἡ ῥίζα τῆς φρονήσεως*

ἀδιάστρεπτος.

Si. 26. 10. S *ἐπὶ θυγατρὶ ἀ.* [A R *ἀδιατρ.* B *ἀδιατρέπτως*]
42. 11. S *ἐπὶ θυγατρὶ ἀ.* [A B *ἀδιατρ.*]

ἀδιάστροφος.

III Ma. 3. 3. *εὔνοιαν καὶ πίστιν ἀδιάστροφον*

ἀδιάτρεπτος.

Si. 26. 10. A R *ἐπὶ θυγατρὶ ἀ.* [B *-τως*, S *-στρέπτῳ*]
42. 11. *ἐπὶ θυγατρὶ ἀ.* [S *ἀδιαστρ.*]

ἀδιατρέπτως.

Si. 26. 10. B *ἐπὶ θυγατρὶ ἀ.* [A R *-τῳ*, S *-στρέπτῳ*]

ἀδιάφορος.

Si. 7. 18. *μὴ ἀλλάξῃς φίλον ἕνεκεν* [A S *om.*] *ἀδιαφόρου*
27. 1. *χάριν ἀδιαφόρου* [S^1 *διαφ.*] *πολλοὶ ἥμαρτον*
42. 5. *περὶ ἀδιαφόρου* [A S *διαφ.*] *πράσεως*

ἀδίδακτος.

[**Aq.** Je. 31 (38). 18.]

ἀδιεξέταστος.

Si. 21. 18. *γνῶσις ἀσυνέτου* [S^1 *συν.*] *ἀ. λόγοι*

ἀδικεῖν. (1) בָּצַע (2) דָּכָא pi. (3) חָטָא (4) חָמַס (5) *a.* חָמֵץ *b.* חָמוֹץ (6) יָנָה hi. (7) יָרִיב (8) מָעַל (9) מְשׁוּבָה (10) נָכָה hi. (11) עָוָה *a.* qal. *b.* ni. *c.* hi. (12) עָלָה (13) עָרִיץ (14) עָשַׁק hithp. (15) עָשַׁק *a.* qal. *b.* pu. *c.* עָשׁוֹק (16) פָּשַׁע (17) רָעַע (18) רָשַׁע hi. (19) רָשָׁע (20) שָׁקַר *a.* qal. *b.* pi. (21) יָד הָיָה (22) עָוַת pi. (23) בַּעַל (24) מָרַד

Ge. 16. 5. *ἀδικοῦμαι ἐκ σοῦ* (4)
21. 23. *ὄμοσον . . . μὴ ἀδικήσειν με* (20 *a*)
26. 20. *ἠδίκησαν γὰρ αὐτόν* (14)
42. 22. *μὴ ἀδικήσητε τὸ παιδάριον* (3)
Ex. 2. 13. *λέγει τῷ ἀδικοῦντι* (19)
5. 16. *ἀδικήσεις οὖν τὸν λαόν σου* (3)
■ Le. 6. 2. *ἢ ἠδίκησέ τι τὸν πλησίον* (15 *a*)
■ — 4. *ἢ* [A *om.*] *τὸ ἀδίκημα ὃ ἠδίκησεν* (15 *a*)
19. 13. *οὐκ ἀδικήσεις τὸν πλησίον* (15 *a*)
De. 28. 29. *ἔσῃ τότε ἀδικούμενος καὶ διαρπαζόμενος* (15 *a*)
— 33. *ἔσῃ ἀδικούμενος καὶ τεθραυσμένος* (15 *a*)
Jo. 2. 20. *ἐὰν δέ τις ἡμᾶς ἀδικήσῃ* (21)
I Ki. 12. 4. *οὐκ ἠδίκησας ἡμᾶς καὶ οὐ κατεδυνάστευσας* (15 *a*)
II Ki. 19. 19. *ὅσα ἠδίκησεν ὁ παῖς σου ἐν τῇ ἡμέρᾳ* (11 *c*)
● 24. 17. *ἰδοὺ ἐγώ εἰμι ἠδίκησα* [B^2 *ἡμάρτηκα*] (3†, 11 *c*)
● III Ki. 8. 47. *λέγοντες ἡμάρτομεν ἠδικήσαμεν ἠνομήσαμεν* (11 *c*)
II Ch. 6. 37. *ἡμάρτομεν ἠδικήσαμεν ἠνομήσαμεν* (11 *c*)
26. 16. *ἠδίκησεν ἐν κυρίῳ θεῷ αὐτοῦ* (8)
II Es. 10. 13. *ἐπληθύναμεν τοῦ ἀδικῆσαι ἐν τῷ ῥήματι τούτῳ* (16)
To. 6. 14. S *αὐτὴν οὐκ ἀδικεῖ*
— 14. A B *ὃ οὐκ ἀδικεῖ οὐδένα πλὴν τῶν προσαγόντων αὐτῇ*
Ju. 11. 4. *οὐ γάρ ἐστιν ὃς ἀδικήσει σε*
Es. 1. 16. *οὐ τὸν βασιλέα μόνον ἠδίκησεν* [A *ἠτίμασεν*] *Ἀστίν* (11 *a*)
4. 1. *αἴρεται ἔθνος μηδὲν ἠδικηκός* –
Jb. 8. 3. *μὴ ὁ κύριος ἀδικήσει κρίνων* (22)
10. 3. *ἦ καλόν σοι* [A *σοι ἐστὶν*] *ἐὰν ἀδικήσω* [A *ἀσεβήσω*] (15 *a*)
● Ps. 9. 23 (10. 3). *ὁ ἀδικῶν ἐνευλογεῖται* (1)
34 (35). 1. *δίκασον κύριε τοὺς ἀδικοῦντάς με* (7)
43 (44). 17. *οὐκ ἠδικήσαμεν ἐν διαθήκῃ σου* (20 *b*)
61 (62). 9. *ψευδεῖς . . . ἐν ζυγοῖς τοῦ ἀδικῆσαι* (12)
70 (71). 4. *ἐκ χειρὸς παρανομοῦντος καὶ ἀδικοῦντος* (5 *a*)
88 (89). 33. *οὐδὲ μὴ* [A *οὐδ' οὐ μὴ*] *ἀδικήσω ἐν τῇ ἀληθείᾳ μου* (20 *b*)
102 (103). 6. *ποιῶν . . . κρίμα πᾶσι τοῖς ἀδικουμένοις* (15 *a*)
104 (105). 14. *οὐκ ἀφῆκεν ἄνθρωπον ἀδικῆσαι αὐτούς* (15 *a*)
105 (106). 6. *ἡμάρτομεν . . . ἠνομήσαμεν ἠδικήσαμεν* (18)
118 (119). 121. *μὴ παραδῷς με τοῖς ἀδικοῦσί με* (15 *a*)

● = correction on page xxiii ▶ = additional entry on page xxiii ■ = correction on page xxvii

Ps.145(146). 7. ποιοῦντα κρίματα τοῖς ἀδικουμένοις (15 a)
Pr. 1. 32. ἀνθ' ὧν γὰρ ἠδίκουν νηπίους (9)
17. 8. S οὐ δ' ἂν ἐπιστρέψῃ ἀδικηθήσεται [A B εὐοδωθήσεται] †
24. 44 (29). τίσομαι δὲ αὐτὸν ἅ με ἠδίκησεν (23)
Wi. 14. 29. κακῶς ὀμόσαντες ἀδικηθῆναι οὐ προσδέχονται
Si. 4. 9. ἐξελοῦ ἀδικούμενον ἐκ χειρὸς ἀδικοῦντος
13. 3. πλούσιος ἠδίκησε . . . πτωχὸς ἠδίκηται
32 (35). 13. δέησιν ἠδικημένου εἰσακούσεται
33 (36). 9. A[1] ?B οἱ ἀδικοῦντες [S R κακοῦντες] τὸν λαόν σου
Hb. 1. 2. βοήσομαι πρὸς σὲ ἀδικούμενος (4)
Is. 1. 17. ῥύσασθε ἀδικούμενον (5 b)
3. 15. τί ὑμεῖς ἀδικεῖτε τὸν λαόν μου (2)
10. 20. πεποιθότες ὦσιν ἐπὶ τοὺς ἀδικήσαντας αὐτούς (10)
17. 8. S πεποιθότες ὦσιν ἐπὶ τοῖς ἀδικήσασιν αὐτοὺς [A B om. ἐ. τ. ἀ. αὐ.] –
21. 3. ἠδίκησα τοῦ [A S τὸ] μὴ ἀκοῦσαι (11 b)
23. 12. ἀ. τὴν θυγατέρα Σιδῶνος [A B[2] S Σιών] (15 b)
25. 3. πόλεις ἀνθρώπων ἀδικουμένων (13)
— 4. πνεῦμα ἀνθρώπων ἀδικουμένων (13)
51. 23. εἰς τὰς χεῖρας τῶν ἀδικησάντων σε (6)
65. 25. οὐκ ἀδικήσουσιν οὐδὲ [A S οὐδὲ μὴ] λυμανοῦνται (17)
Je. 3. 21. ἠδίκησαν ἐν ταῖς ὁδοῖς αὐτῶν (11 c)
9. 5. ἠδίκησαν καὶ οὐ διέλιπον τοῦ ἐπιστρέψαι (11 c)
21. 12. ἐξέλεσθε . . . ἐκ χειρὸς ἀδικοῦντος αὐτόν (15 a)
22. 3. ἐξαιρεῖσθε . . . ἐκ χειρὸς ἀδικοῦντος αὐτόν (15 c)
44 (37). 18. τί ἠδίκησά σε καὶ τοὺς παῖδάς σου (3)
Ba. 2. 12. ἡμάρτομεν ἠσεβήσαμεν ἠδικήσαμεν
Ep. Je. 18. ὥσπερ τινὶ ἠδικηκότι βασιλέα
— 54. A οὐδὲ μὴ ῥύσωνται ἀδικούμενον [B ἀδίκημα]
Ez. 17. 21. A τὴν ἀδικίαν αὐτοῦ ἣν ἠδίκησεν ἐν ἐμοί (8)
39. 26. τὴν ἀδικίαν ἣν ἠδίκησαν (8)
Da. LXX. 9. 5. ἡμάρτομεν ἠδικήσαμεν ἠσεβήσαμεν (11 a)
— TH. 9. 5. ἡμάρτομεν ἠδικήσαμεν ἠνομήσαμεν [A ἡμ. ἠν. ἠσεβήσαμεν ἠδ.] (11 a [24])
I Ma. 7. 14. καὶ οὐκ ἀδικήσει ἡμᾶς
II Ma. 3. 12. ἀδικηθῆναι δὲ [A ἀδικῆσαί τε] τοὺς πεπιστευκότας
14. 28. μηδὲν τἀνδρὸς ἠδικηκότος
III Ma. 3. 8. οἱ . . . Ἕλληνες οὐδὲν ἠδικημένοι

[Aq. Pr. 8. 36 : 11. 6.]
[Sm. Jb. 19. 7 : Pr. 8. 36 : 11. 6 : 16. 10 : 28. 24 : Is. 59. 13.]
[Th. Pr. 11. 6.]
[Al. Ge. 31. 50 : Le. 5. 15 : 6. 2 (5. 21).]

ἀδίκημα. (1) חָמָס (2) מִשְׁפָּט (3) עַוְלָה (4) עָוֹן (5) עֹשֶׁק (6) פֶּשַׁע (7) *a.* רַע *b.* רָעָה

Ge. 31. 36. τί τὸ ἀ. μου (6)
Ex. 22. 9. κατὰ πᾶν ῥητὸν ἀδίκημα (6)
■ Le. 6. 4. ἢ [A om.] τὸ ἀ. ὃ ἠδίκησεν (5)
16. 16. ἐξιλάσεται τὸ ἅγιον . . . ἀπὸ τῶν ἀ. αὐτῶν (6)
I Ki. 20. 1. τί τὸ ἀ. μου καὶ τί ἡμάρτηκα (4)
26. 18. τί εὑρέθη ἐν ἐμοὶ ἀ. (7 b)
II Ki. 22. 49. ἐξ ἀνδρὸς ἀδικημάτων ῥύσῃ με (1)
Pr. 17. 9. ὃς κρύπτει ἀδικήματα ζητεῖ φιλίαν (6)
Si. 10. 6. ἐπὶ παντὶ ἀ. μὴ μηνιάσῃς [S -νίσῃς] τῷ πλησίον
28. 2. ἄφες ἀδίκημα [S -ματα] τῷ πλησίον σου
Ze. 3. 15. περιεῖλε κύριος τὰ ἀ. σου (2)
Is. 56. 2. A S μὴ ποιεῖν ἀ. [B ἄδικα] (7 a)
59. 12. τὰ ἀ. ἡμῶν ἔγνωμεν (4)
Je. 16. 17. οὐκ ἐκρύβη τὰ ἀ. αὐτῶν (4)
22. 17. εἰς ἀδικήματα [B -μα] καὶ εἰς φόνον (5)
Ep. Je. 54. οὐδὲ μὴ ῥύσωνται ἀ. [A ἀδικούμενον]
Ez. 14. 10. κατὰ τὸ ἀ. τοῦ ἐπερωτῶντος· καὶ κατὰ τὸ ἀ. ὁμοίως τῷ προφήτῃ ἔσται (4, 4)
28. 15. ἕως [A ἑ. ἡμέρας] εὑρέθη τὰ ἀ. [A ἀ. σου] ἐν σοί (3)
IV Ma. 11. 3. περὶ πλειόνων ἀ. ὀφειλήσῃς [S om.] . . . τιμωρίαν [S δώσεις τ.]

[Aq. Je. 51 (28). 35.]
[Sm. Pr. 19. 11 : Je. 51 (28). 35.]
[Al. Ex. 22. 9 (8).]

ἀδικία. (1) אָוֶן (2) אָשָׁם (3) בֵּית־הַמֶּרִי (4) בֶּצַע (5) הַוָּה (6) זָמַם (7) זַעַם (8) חָמָס (9) מַעַל (10) מִרְמָה (11) מַעֲשֶׂה (12) מֻטֶּה (13) עָוָה hi. (14) עַוָּה (15) עַוָּיָא (16) עָוֶל (17) עַוָּל (18) עוֹלָה (19) עַוְלָה (20) עֹשֶׁק (21) עָוֹן (22) עָנִי (23) עֵשֶׂק (24) מַעֲשַׁקּוֹת (25) עָתָק (26) פֶּרֶק (27) פֶּשַׁע (28) קֶשֶׁר (29) רִיב (30) רַע (31) רָעָה (32) רָשָׁע (33) רֶשַׁע (34) שֶׁקֶר (35) חַטָּאת (36) גָּאוֹן

Ge. 6. 11, 13. ἐπλήσθη ἡ γῆ ἀδικίας (8)
26. 20. τὸ ὄνομα τοῦ φρέατος [A φρ. ἐκείνου] Ἀδικία (23)
44. 16. ὁ θεὸς δὲ εὗρε τὴν ἀ. τῶν παίδων σου (21)
49. 5. συνετέλεσαν ἀδικίαν ἐξ αἱρέσεως αὐτῶν (8)
50. 17. ἄφες αὐτοῖς τὴν ἀ. (27)
— 17. δέξαι τὴν ἀ. τῶν θεραπόντων τοῦ θεοῦ (27)
Ex. 34. 7. ἀφαιρῶν ἀνομίας καὶ ἀ. καὶ ἁμαρτίας (27)
Le. 16. 21. ἐξαγορεύσει ἐπ' αὐτοῦ . . . πάσας τὰς ἀ. αὐτῶν (27)
— 22. λήψεται ὁ χίμαρος ἐφ' ἑαυτῷ τὰς ἀ. αὐτῶν (21)
18. 25. ἀνταπέδωκα ἀδικίαν αὐτοῖς [A αὐτῶν] (21)
Nu. 14. 18. ἀφαιρῶν ἀνομίας καὶ ἀδικίας (27)
De. 19. 15. κατὰ πᾶσαν ἀ. καὶ κατὰ πᾶν ἁμάρτημα (21)
32. 4. θεὸς πιστὸς καὶ οὐκ ἔστιν ἀ. (16)
Ju. 9. 24. τοῦ ἐπαγαγεῖν τὴν ἀ. τῶν ἑβδομ. υἱῶν (8)
I Ki. 3. 13. ἐκδικῶ ἐγὼ τὸν οἶκον . . . ἐν ἀδικίαις υἱῶν αὐτοῦ (21)
— 14. εἰ ἐξιλασθήσεται ἀδικία οἴκου Ἠλί (21)
14. 41. ἢ ἐν ἐμοὶ ἢ ἐν Ἰωνάθαν τῷ υἱῷ μου ἡ ἀ. –
20. 8. καὶ εἰ ἔστιν ἀ. [A om.] ἐν τῷ δούλῳ σου (21)
25. 24. ἐν ἐμοί, κύριέ μου, ἡ ἀδικία μου (21)
28. 10. εἰ ἀπαντήσεταί σοι ἀ. ἐν τῷ λόγῳ τούτῳ (21)
II Ki. 3. 8. ἐπιζητεῖς ἐπ' ἐμὲ ὑπὲρ ἀδικίας γυναικός (21)
— 34. ἐνώπιον υἱῶν ἀδικίας ἔπεσας (19)
7. 10. οὐ προσθήσει [A πρ. ἔτι, B πρ. οὐκέτι] υἱὸς ἀδικίας τοῦ ταπεινῶσαι (19)
— 14. ἐὰν ἔλθῃ ἡ [B om.] ἀ. αὐτοῦ (13)
14. 32. εἰ δέ ἐστιν ἐν [A om.] ἐμοὶ ἀ. (21)
21. 1. ἐπὶ Σαοὺλ καὶ ἐπὶ τὸν οἶκον αὐτοῦ ἀ. –
III Ki. 2. 32. τὸ αἷμα τῆς ἀ. αὐτοῦ –
8. 50. ἵλεως ἔσῃ ταῖς ἀ. αὐτῶν αἷς ἥμαρτόν σοι †
17. 18. τοῦ ἀναμνῆσαι ἀδικίας [A τὰς ἀ.] μου (21)
IV Ki. 17. 4. εὗρε βασιλεὺς Ἀσσυρίων ἐν τῷ Ὡσηὲ ἀδικίαν (28)
I Ch. 17. 9. A B S οὐ προσθήσει ἀ. [R υἱὸς ἀδικίας] τοῦ ταπεινῶσαι αὐτόν (19)
II Ch. 19. 7. οὐκ ἔστι μετὰ κυρίου θεοῦ ἡμῶν ἀ. (19)
I Es. 4. 37. καὶ ἐν τῇ ἀ. αὐτῶν ἀπολοῦνται
To. 4. 5. μὴ πορευθῇς ταῖς ὁδοῖς τῆς ἀ.
12. 8. τὸ ὀλίγον μετὰ δικαιοσύνης ἢ πολὺ μετὰ ἀδικίας
— 8. S μᾶλλον ἢ πλοῦτος μετὰ ἀδικίας
— 10. S οἱ ποιοῦντες . . . ἀδικίαν [A B al.]
13. 5. μαστιγώσει ἡμᾶς ἐν [S ἐπὶ] ταῖς ἀ. ἡμῶν
14. 7. S οἱ ποιοῦντες . . . τὴν ἀ.
— 10. S πολλὴ ἀ. ἐν αὐτῇ
— 11. S τί ποιεῖ ἀδικία
Ju. 5. 17. θεὸς [S ὁ θ.] μισῶν ἀδικίαν μετ' αὐτῶν ἐστίν
6. 5. ὃς ἐλάλησας . . . ἐν ἡμέρᾳ ἀδικίας σου
7. 24. ὅτι ἐποιήσατε ἐν ἡμῖν ἀ. μεγάλην
Jb. 11. 14. ἀδικία δὲ ἐν διαίτῃ σου μὴ αὐλισθήτω (19)
15. 16. πίνων ἀδικίας ἴσα ποτῷ (19)
33. 17. ἀποστρέψαι ἄνθρωπον ἀπὸ [A ἐξ] ἀδικίας [A ἀ. αὐτοῦ], τὸ δὲ σῶμα αὐτοῦ ἀπὸ ἀδικίας [B S om.] πτώματος ἐρρύσατο (11, †)
34. 6. βίαιον τὸ βέλος μου ἄνευ ἀδικίας (27)
— 32. εἰ ἀδικίαν εἰργασάμην [A B S[1] ἠργ.] (16)
36. 10. ἐπιστραφήσονται ἐξ [S[1] om.] ἀδικίας [S[1] ακακίας] (1)
Jb. 36. 18. δώρων ὧν ἐδέχοντο ἐπ' ἀδικίαις [A -ίας] †
— 33. κύριος [A[1] -ίου] κτῆσις [A -σεις] καὶ περὶ ἀδικίας †
Ps. 7. 3. εἰ ἔστιν ἀδικία ἐν χερσί μου (16)
— 14. ἰδοὺ ὠδίνησεν ἀδικίαν [B ἀνομίαν] (1)
— 14. B συνέλαβε πόνον καὶ ἔτεκεν ἀδικίαν [A S R ἀνομίαν] (34)
— 16. ἐπὶ κορυφὴν αὐτοῦ ἡ ἀ. αὐτοῦ καταβήσεται (8)
10 (11). 6. ὁ δὲ ἀγαπῶν [A S[3] add. τὴν] ἀδικίαν μισεῖ τὴν ἑαυτοῦ ψυχήν (8)
13 (14). 4. B πάντες οἱ ἐργαζόμενοι τὴν ἀ. [A S R ἀνομίαν] (1)
16 (17). 3. οὐχ εὑρέθη ἐν ἐμοὶ ἀ. (6)
26 (27). 12. ἐψεύσατο ἡ ἀδικία ἑαυτῇ [A -τῆς] (8)
27 (28). 3. μετὰ [S add. ἀνδρῶν] ἐργαζομένων ἀδικίαν [A τὴν ἀδικίαν, S[1] τὴν ἀνομίαν] μὴ συναπολέσῃς με (1)
44 (45). 7. A ἐμίσησας ἀδικίαν [B S ἀνομίαν] (33)
51 (52). 1. ἀδικίαν ἐλογίσατο ἡ γλῶσσά σου (5)
— 3. ἠγάπησας . . . ἀδικίαν ὑπὲρ τὸ λαλῆσαι δικαιοσύνην (34)
54 (55). 10. πόνος [S κόπος] ἐν μέσῳ αὐτῆς καὶ ἀδικία (5)
57 (58). 2. ἀδικίαν αἱ χεῖρες ὑμῶν συμπλέκουσιν (8)
61 (62). 10. μὴ ἐλπίζετε ἐπ' ἀδικίαν (20)
63 (64). 2. ἐσκέπασάς με . . . ἀπὸ πλήθους ἐργαζομένων ἀδικίαν [S[1] τὴν ἀ.] (1)
65 (66). 18. ἀδικίαν εἰ ἐθεώρουν ἐν καρδίᾳ μου [B om.] (1)
71 (72). 14. ἐξ ἀδικίας λυτρώσεται τὰς ψυχὰς αὐτῶν (8)
● 72 (73). 6. περιεβάλοντο ἀδικίαν (8 ?)
— 7. ἐξελεύσεται ὡς ἐκ στέατος ἡ ἀ. αὐτῶν †
— 8. ἀδικίαν εἰς τὸ ὕψος ἐλάλησαν (20)
74 (75). 5. μὴ λαλεῖτε κατὰ τοῦ θεοῦ ἀδικίαν (25)
81 (82). 2. ἕως πότε κρίνετε ἀδικίαν (16)
88 (89). 32. A S ἐπισκέψομαι . . . ἐν μάστιξι τὰς ἀ. [B ἁμαρτίας] αὐτῶν (21)
91 (92). 15. οὐκ ἔστιν ἀδικία ἐν αὐτῷ (19*)
93 (94). 4. φθέγξονται καὶ λαλήσουσιν ἀδικίαν (25)
100 (101). 8. πάντας τοὺς ἐργαζομένους τὴν ἀ. [A S ἀνομίαν] (1)
118 (119). 29. ὁδὸν ἀδικίας ἀπόστησον ἀπ' ἐμοῦ (34)
— 69. ἐπληθύνθη ἐπ' ἐμὲ ἀδικία ὑπερηφάνων (34)
— 104. διὰ τοῦτο ἐμίσησα πᾶσαν ὁδὸν ἀδικίας (34)
— 163. ἀδικίαν ἐμίσησα καὶ ἐβδελυξάμην (34)
139 (140). 2. οἵτινες ἐλογίσαντο ἀδικίας [A S[2] -αν] ἐν καρδίᾳ (31)
143 (144). 8, 11. ἡ δεξιὰ αὐτῶν δεξιὰ ἀδικίας (34)
Pr. 8. 13. φόβος κυρίου μισεῖ ἀδικίαν [S[1] . . . καὶ ἀ.] (30 [36])
11. 5. A B S[2] ἀσέβεια περιπίπτει ἀδικίᾳ (32)
15. 29 (16. 8). κρείσσων . . . ἢ πολλὰ γενήματα μετὰ ἀδικίας †
21. 9. κρεῖσσον . . . ἢ ἐν κεκονιαμένοις μετὰ ἀδικίας †
28. 16. ὁ δὲ μισῶν ἀδικίαν μακρὸν χρόνον ζήσεται (4)
Wi. 1. 5. ἐλεγχθήσεται ἐπελθούσης ἀδικίας
11. 15. ἀντὶ δὲ λογισμῶν ἀσυνέτων ἀδικίας αὐτῶν
Si. 7. 3. μὴ σπεῖρε ἐπ' αὔλακας ἀδικίας
— 6. μὴ οὐκ ἐξισχύσεις [A S ἰσχ.] ἐξᾶραι ἀδικίας
10. 7. ἐξ ἀμφοτέρων πλημμελήσει ἀδικία [B ἄδικα]
— 8. μετάγεται διὰ ἀδικίας καὶ ὕβρεις
14. 9. ἀδικία πονηρὰ ἀναξηραίνει ψυχήν
17. 20. οὐκ ἐκρύβησαν αἱ ἀ. αὐτῶν ἀπ' αὐτοῦ
— 26. ἀπόστρεφε ἀπὸ ἀδικίας
20. 28. ὁ ἀρέσκων μεγιστᾶσιν ἐξιλάσεται ἀδικίαν [A -ίας]
27. 10. ἁμαρτίαι [A S -ία] ἐργαζομένους ἀδικίαν [S[1] -ία, A B ἄδικα]
32 (35). 3. ἐξιλασμὸς ἀποστῆναι ἀπὸ ἀδικίας
40. 12. πᾶν δῶρον καὶ ἀδικία ἐξαλειφθήσεται
41. 18. B S ἀπὸ κοινωνοῦ καὶ φίλου περὶ ἀδικίας
Ho. 4. 8. ἐν ταῖς ἀ. αὐτῶν λήψονται τὰς ψυχὰς αὐτῶν (21)
— 15. A B[2] μὴ ἀναβαίνετε εἰς τὸν οἶκον τῆς ἀ. [B[1] *Ων] (1)

● = correction on page xxiii ■ = correction on page xxvii

Ho. 5. 5. ἀσθενήσουσιν ἐν ταῖς ἀ. αὐτῶν (21)
7. 1. ἀποκαλυφθήσεται ἡ ἀ. 'Ε. καὶ ἡ κακία Σ. (21)
8. 13. μνησθήσεται τὰς ἀ. αὐτῶν (21)
9. 7. ὑπὸ τοῦ πλήθους τῶν ἀ. σου ἐπληθύνθη μανία [A μνεία] σου (21)
— 9. μνησθήσεται ἀδικίας αὐτῶν (21)
10. 9. πόλεμος ἐπὶ τὰ [A om.] τέκνα ἀδικίας (19)
— 10. ἐν τῷ παιδεύεσθαι αὐτοὺς ἐν ταῖς δυσὶν ἀ. αὐτῶν (21*)
— 13. τὰς ἀ. αὐτῆς ἐτρυγήσατε (19)
— 15. ἀπὸ προσώπου ἀδικίας [A om.] κακιῶν ὑμῶν (31)
12. 7. X. ἐν χειρὶ αὐτοῦ ζυγὸς ἀδικίας (10)
— 8. δι' ἀδικίας ἃς ἥμαρτεν (21)
▶13. 12. συστροφὴν ἀδικίας 'Ε. (21)
14. 2. διότι ἠσθένησαν [A -σας] ἐν ταῖς ἀ. σου (21)
— 3. ὅπως μὴ λάβητε ἀδικίαν (21)
Am. 3. 10. οἱ θησαυρίζοντες ἀδικίαν καὶ ταλαιπωρίαν (8)
Mi. 3. 10. οἱ οἰκοδομοῦντες . . . 'Ιερουσ. ἐν ἀδικίαις (19)
6. 10. καὶ [A om.] μετὰ ὕβρεως ἀδικία (7)
7. 18. A ἐξαίρων ἀδικίας [B ἀνομίας] (21)
— 19. καταδύσει τὰς ἀ. ἡμῶν (21)
■Jl. 3. 19. ἐξ ἀδικιῶν υἱῶν 'I. (8)
Jn. 3. 8. ἀπέστρεψαν [S^{3} ἀν.] . . . ἀπὸ τῆς ἀ. τῆς ἐν χερσὶν αὐτῶν (8)
Na. 3. 1. ὦ πόλις αἱμάτων . . . ἀδικίας πλήρης (26)
Hb. 2. 12. ἑτοιμάζων πόλιν ἐν ἀδικίαις (19)
●Ze. 3. 5. A καὶ οὐκ εἰς νῖκος ἀδικίαν –
● — 5. οὐκ ἔγνω ἀδικίαν ἐν ἀπαιτήσει καὶ οὐκ εἰς νεῖκος ἀδικίαν (17, –)
— 13. οὐ ποιήσουσιν ἀδικίαν (19)
Za. 3. 10. ψηλαφήσω πᾶσαν τὴν ἀ. τῆς γῆς ἐκείνης (21)
5. 6. αὕτη ἡ ἀ. αὐτῶν ἐν πάσῃ τῇ γῇ †
Ma. 2. 6. ἀ. οὐχ εὑρέθη ἐν χείλεσιν αὐτοῦ (19)
— 6. πολλοὺς ἐπέστρεψεν ἀπὸ ἀ. (21)
3. 7. οὐκ ἀπέχεσθε ἀπὸ τῶν ἀ. τῶν πατέρων ὑμῶν †
Is. 33. 15. μισῶν ἀνομίαν καὶ ἀδικίαν . . . ἵνα μὴ ἴδῃ ἀδικίαν (24, 30)
43. 24. προέστης μου [A S -ην σου] καὶ ἐν ταῖς ἀ. σου (21)
— 25. A οὐ μὴ μνησθήσομαι τὰς ἀ. σου [B S om. τὰς ἀ. σου] –
57. 1. ἀπὸ γὰρ προσώπου ἀδικίας ἦρται ὁ δίκαιος (31)
58. 6. λῦε πάντα σύνδεσμον ἀδικίας (33)
59. 3. ἡ γλῶσσα ὑμῶν ἀδικίαν μελετᾷ (19)
60. 18. οὐκ ἀκουσθήσεται ἔτι ἀ. ἐν τῇ γῇ σου (8)
●61. 8. μισῶν ἁρπάγματα ἐξ ἀδικίας (18 ?)
Je. 2. 22. κεκηλίδωσαι ἐν ταῖς ἀ. σου (21)
3. 13. γνῶθι τὴν ἀ. σου (21)
11. 10. ἐπεστράφησαν ἐπὶ τὰς ἀ. τῶν πατέρων [S προτέρων] (21)
13. 22. διὰ τὸ πλῆθος τῆς ἀ. [A κακίας] σου (21)
14. 6. A οὐκ ἦν χόρτος ἀπὸ λαοῦ ἀδικίας [B S om. ἀπὸ λ. ἀ.] –
— 10. μνησθήσεται τῆς ἀ. [A S τῶν ἀ.] αὐτῶν (21)
— 20. ἔγνωμεν . . . ἀδικίας πατέρων ἡμῶν (21)
16. 10. τίς ἡ ἀ. ἡμῶν (21)
— 18. A S ἀνταποδώσω διπλᾶς [B διὰ πάσας] τὰς ἀ. [B κακίας] αὐτῶν (21)
18. 23. μὴ ἀθῳώσῃς τὰς ἀ. αὐτῶν (21)
27 (50). 20. ζητήσουσι τὴν ἀ. 'Ισραήλ (21)
28 (51). 5. ἡ γῆ αὐτῶν ἐπλήσθη ἀδικίας (2)
— 6. μὴ ἀπορριφῆτε ἐν τῇ ἀ. αὐτῆς (21)
— 24. ἀνταποδώσω τῇ Βαβυλῶνι [A -ωνίᾳ] . . . πάσας τὰς ἀ. [B S κακίας] αὐτῶν (31)
▶37 (30). 14. ἐπὶ πᾶσαν ἀ. σου ἐπλήθυναν (21)
— 15. ἐπὶ πλῆθος ἀδικιῶν [A -ίας, S δικαίων] σου (21)
38 (31). 34. ἵλεως ἔσομαι ταῖς ἀ. αὐτῶν (21)
40 (33). 8. καθαριῶ αὐτοὺς ἀπὸ πασῶν τῶν ἀ. αὐτῶν (21)
43 (36). 3. ἵλεως ἔσομαι ταῖς ἀ. αὐτῶν (21)
Ba. 3. 5. μὴ μνησθῇς ἀδικιῶν πατέρων ἡμῶν
— 7. ἀπεστρέψαμεν ἀπὸ καρδίας [A B^{2} ἐπὶ καρδίαν] ἡμῶν πᾶσαν ἀ.
— 8. κατὰ πάσας τὰς [A om.] ἀ. πατέρων ἡμῶν
La. 2. 14. οὐκ ἀπεκάλυψαν ἐπὶ τὴν ἀ. σου (21)
3. 58. A ἐδίκασας, κύριε, τὰς ἀ. [B δίκας] τῆς ψυχῆς μου (29)
4. 13. ἐξ . . . ἀδικιῶν ἱερέων αὐτῆς (21)
La. 4. 22. A ἐπεσκέψατο ἀδικίαν [B ἀνομίας] σου (21)
Ez. 3. 18. ὁ ἄνομος ἐκεῖνος τῇ ἀ. αὐτοῦ ἀποθανεῖται (21)
— 19. ὁ ἄνομος ἐκεῖνος ἐν τῇ ἀ. αὐτοῦ ἀποθανεῖται (21)
4. 4. θήσεις τὰς ἀ. τοῦ οἴκου 'Ισραὴλ ἐπ' αὐτοῦ (21)
— 4. λήψῃ τὰς ἀ. αὐτῶν (21)
— 5. A B καὶ ἐγὼ δέδωκά σοι τὰς δύο [R om.] ἀ. αὐτῶν (21)
— 5. λήψῃ τὰς ἀ. τοῦ οἴκου 'Ισραήλ (21)
— 6. λήψῃ τὰς ἀ. τοῦ οἴκου 'Ιούδα (21)
— 17. ἐντακήσονται [A B^{1} τακ.] ἐν ταῖς ἀ. αὐτῶν (21)
7. 16. πάντας ἀποκτενῶ, ἕκαστον ἐν ταῖς ἀ. αὐτοῦ (21)
— 19. βάσανος τῶν ἀ. αὐτῶν ἐγένετο (21)
9. 9. ἀδικία τοῦ οἴκου 'Ισραὴλ . . . μεμεγάλυνται σφόδρα σφόδρα (21)
— 9. ἡ πόλις ἐπλήσθη ἀδικίας (12)
12. 2. ἐν μέσῳ τῶν ἀ. αὐτῶν σὺ κατοικεῖς (3)
14. 3. τὴν κόλασιν τῶν ἀ. αὐτῶν ἔθηκαν (21)
— 4, 7. καὶ τὴν κόλασιν τῆς ἀ. αὐτοῦ τάξῃ (21)
— 10. λήψονται [A^{2} λήμψομαι] τὴν ἀ. αὐτῶν [A -οῦ] (21)
17. 21. A διακριθήσομαι μετ' αὐτοῦ ἐκεῖ τὴν ἀ. αὐτοῦ (9)
18. 8. ἐξ ἀδικίας ἀποστρέψει τὴν χεῖρα αὐτοῦ (16)
— 17. ἀπὸ ἀδικίας ἀπέστρεψε τὴν χεῖρα αὐτοῦ (22)
— 17. οὐ τελευτήσει ἐν ἀδικίαις πατρὸς αὐτοῦ (21)
— 18. ἀποθανεῖται ἐν τῇ ἀ. αὐτοῦ (21)
— 19. οὐκ ἔλαβε τὴν ἀ. ὁ υἱὸς τοῦ πατρός [A υἱὸς π. αὐτοῦ] (21)
— 20. ὁ δὲ υἱὸς οὐ λήψεται τὴν ἀ. τοῦ πατρὸς [A π. αὐτοῦ], οὐδὲ ὁ πατὴρ λήψεται τὴν ἀ. τοῦ υἱοῦ [A υἱ. αὐτοῦ] (21, 21)
— 22. A πᾶσαι αἱ ἀ. ἃς [B πάντα τὰ παραπτώματα αὐτοῦ ὅσα] ἐποίησεν (27)
— 24. καὶ ποιῆσαι [A -ήσῃ] ἀδικίαν (16)
— 30. οὐκ ἔσονται ὑμῖν εἰς κόλασιν ἀδικίας (21)
■21. 23. ἀναμιμνήσκων ἀδικίας αὐτοῦ μνησθῆναι (21)
■— 24. ἀνθ' ὧν ἀνεμνήσατε τὰς ἀ. ὑμῶν (21)
■— 25. οὗ ἥκει ἡ ἡμέρα ἐν καιρῷ ἀδικίας πέρας (21)
■— 27. ἀδικίαν ἀδικίαν ἀδικίαν [A om.] θήσομαι αὐτήν (14 ter)
■— 29. ἥκει [A ὧν ἥ.] ἡ ἡμέρα ἐν καιρῷ ἀδικίας πέρας (21)
22. 7. ἀνεστρέφοντο ἐν ἀδικίαις ἐν σοί (20)
— 25. A δῶρα ἐλάμβανον ἐν ἀδικίᾳ [B καὶ τιμὰς λαμβάνοντες] –
— 29. λαὸν [A τὸν λ.] τῆς γῆς ἐκπιεζοῦντες ἀδικίᾳ [A ἐν ἀ.] (20)
24. 23. ἐντακήσεσθε ἐν ταῖς ἀ. ὑμῶν (21)
28. 18. διὰ τὸ πλῆθος . . . τῶν [A om.] ἀ. τῆς ἐμπορίας σου (16)
33. 13. A καὶ ἐὰν [B om.] ποιήσῃ ἀδικίαν [B ἀνομίαν] (16)
— 13. ἐν τῇ ἀ. αὐτοῦ ᾗ ἐποίησεν, ἐν αὐτῇ ἀποθανεῖται (16)
35. 5. ἐν καιρῷ ἀδικίας ἐπ' ἐσχάτων [B -ῳ] (21)
39. 26. λήψονται [A λήμψομαι] . . . τὴν ἀ. ἣν ἠδίκησαν (9)
44. 11. λήψονται ἀδικίαν [A τὴν ἀ.] αὐτῶν (21)
— 12. ἐγένετο τῷ οἴκῳ [A om.] 'Ισραὴλ εἰς κόλασιν ἀδικίας (21)
45. 9. ἀδικίαν καὶ ταλαιπωρίαν ἀφέλεσθε (8)
Da. LXX. 4. 24. πάσας τὰς ἀ. σου ἐν ἐλεημοσύναις λύτρωσαι (15)
9. 24. τὰς ἀ. σπανίσαι καὶ ἀπαλεῖψαι τὰς ἀ. (35, 21)
12. 4. καὶ πλησθῇ ἡ γῆ ἀδικίας †
Da. TH. 4. 24. λύτρωσαι καὶ τὰς ἀ. [A ἀ. σου] ἐν οἰκτιρμοῖς (15)
9. 13. ἀποστρέψαι ἀπὸ τῶν ἀ. ἡμῶν (21)
— 16. ἐν ταῖς ἀ. ἡμῶν καὶ τῶν πατέρων ἡμῶν (21)
— 24. B ἀπαλεῖψαι τὰς ἀ. [A ἀνομίας] (21)
— 24. καὶ τοῦ ἐξιλάσασθαι ἀδικίας –
I Ma. 9. 23. ἀνέτειλαν πάντες οἱ ἐργαζόμενοι τὴν ἀ.
II Ma. 10. 12. διὰ τὴν γεγονυῖαν εἰς [A πρὸς] αὐτοὺς ἀδικίαν
III Ma. 2. 4. τοὺς ἔμπροσθεν ἀδικίαν ποιήσαντας . . . διέφθειρας
[**Aq.** GE. 49. 5: JB. 19. 7: PS. 26 (27). 12: 73 (74). 20: 88 (89). 51: PR. 4. 17: 10. 6: 11. 6: JE. 8. 8: EZ. 7. 11: 8. 17: 21. 27 (32) *ter*.]
[**Sm.** JB. 34. 10: 36. 33: PS. 27 (28). 3: 31 (32). 5: 35 (36). 3, 13: 38 (39). 12: 40 (41). 7: 50 (51). 7: 52 (53). 2: 54 (55). 10: 55 (56). 8: 63 (64). 3: 65 (66). 18: 72 (73). 6: 88 (89). 23: 89 (90). 8: 91 (92). 16: 93 (94). 16: 140 (141). 4: PR. 4. 17: 10. 6: 11. 6: 13. 6: 22. 8: 29. 6: IS. 29. 20: 31. 2: 32. 6: 53. 8: 59. 20: 66. 3: JE. 4. 14: 20. 8: EZ. 4. 17: 8. 17: 12. 19: 21. 27 (32) *ter*: HO. 4. 15: AM. 1. 5: 3. 2.]
[**Th.** JO. 7. 2: JB. 21. 19: 34. 6: 36. 33: PR. 11. 6: 22. 8: IS. 32. 6: 58. 1: 59. 6, 7, 20: 66. 3: JE. 21. 12: EZ. 8. 17: 21. 27 (32) *ter*: DA. 9. 24 *bis*: HO. 4. 15: 13. 12.]
[**Al.** LE. 5. 15: 6. 2 (5. 21).]
[**Quint.** AM. 1. 5.]
[**Sext.** PS. 26 (27). 12: JE. 12. 9.]

ἄδικος. (1) אָוֶן (2) דָּבָר (3) חָמָס (4) לְזוּת (5) מִרְמָה (6) נְבָלָה (7) עֲוִיל (8) עָוֶל (9) עַוָּל (10) עַוְלָה (11) תַּהְפֻּכָה (12) עֹשֶׁק (13) רְמִיָּה (14) רַע (15) רָשַׁע hi. (16) רָשָׁע (17) שֹׁד (18) שֶׁקֶר (19) תֹּהוּ

Ge. 19. 8. R μὴ ποιήσητε ἄδικον [A ποιήσ. μηδὲν ἄ.] (2)
Ex. 23. 1. οὐ συγκαταθήσῃ μετὰ τοῦ ἀ. γενέσθαι μάρτυς ἄ. (16, 3)
— 7. ἀπὸ παντὸς ῥήματος ἀ. ἀποστήσῃ (18)
Le. 19. 12. οὐκ ὀμεῖσθε τῷ ὀνόματί μου ἐπ' ἀδίκῳ (18)
— 15, 35. οὐ ποιήσετε ἄδικον ἐν κρίσει (8)
De. 19. 16. ἐὰν δὲ καταστῇ μάρτυς ἄ. κατὰ ἀνθρώπου (3)
— 18. καὶ ἰδοὺ μάρτυς ἄ. ἐμαρτύρησεν ἄδικα (18, 18)
25. 16. βδέλυγμα κυρίῳ . . . πᾶς ποιῶν ἄδικον [A^{1} om. π. π. ἄ.] (8)
I Ki. 25. 21. ἴσως εἰς ἄδικον πεφύλακα πάντα τὰ αὐτοῦ (18)
II Ki. 18. 13. μὴ ποιῆσαι ἐν τῇ ψυχῇ αὐτοῦ ἄδικον (18)
22. 3. ἐξ ἀδίκου σώσεις με (3)
IV Ki. 9. 12. ἄδικον, ἀπάγγειλον δὴ ἡμῖν (18)
I Es. 4. 36. οὐκ ἔστι μετ' αὐτοῦ ἄδικον οὐδέν
— 37. ἄ. ὁ οἶνος, ἄ. ὁ βασιλεύς, ἄ. αἱ γυναῖκες, ἄ. πάντες οἱ υἱοὶ τῶν ἀνθρώπων καὶ ἄ. πάντα τὰ ἔργα αὐτῶν
— 39. ἀπὸ πάντων τῶν ἀ. καὶ [A om.] πονηρῶν
— 40. οὐκ ἔστιν ἐν τῇ κρίσει αὐτῆς οὐδὲν ἄ.
Jb. 5. 16. ἀδίκου δὲ στόμα ἐμφραχθείη (10)
— 22. ἀδίκων καὶ ἀνόμων καταγελάσῃ (17)
6. 29. καθίσατε δὴ καὶ μὴ εἴῃ ἄδικον (10)
— 30. οὐ γάρ ἐστιν ἐν γλώσσῃ μου ἄδικον (10)
9. 35. οὐ γὰρ οὕτω [A om., S^{1} αὐτῷ] συνεπίσταμαι ἐμαυτῷ ἄδικον [B S^{1} om. ἐμ. ἄ.] –
13. 4. ὑμεῖς δὲ [A γὰρ] ἐστὲ ἰατροὶ ἄ. (18)
16. 12. παρέδωκε . . . εἰς χεῖρας ἀδίκων [A B S^{1} -ου] (7)
— 18. ἄδικον δὲ [A γὰρ] οὐδὲν ἦν ἐν χερσί μου (3)
18. 21. οὗτοί εἰσιν οἱ [A om.] οἶκοι ἀδίκων (9)
22. 23. πόρρω ἐποίησας . . . ἄδικον [A τὸ ἄ. S^{1} κακόν] (10)
24. 20. συντριβείη δὲ πᾶς ἄ. ἴσα ξύλῳ ἀνιάτῳ (10)
27. 4. οὐ μὴ λαλήσει τὸ στόμα μου ἄδικα [B S μὴ λαλήσειν τὰ χείλη μου ἄνομα] οὐδὲ ἡ ψυχή μου μελετήσει ἄδικα [A ἄνομα] (10, 13)
29. 17. συνέτριψα δὲ μύλας ἀδίκων (9)
31. 3. οὐαὶ [A οὐαὶ καὶ] ἀπώλεια τῷ ἀ. (9)
36. 4. καὶ οὐκ ἄδικα ῥήματα ἀδίκως συνιεῖς (18)
— 21. B S^{1} φύλαξαι μὴ πράξῃς ἄδικα [S^{2} R ἄτοπα, A ἄνομα] (1)
— 23. ἔπραξεν ἄδικα (10)
Ps. 17 (18). 48. ἀπὸ ἀνδρὸς ἀ. ῥύσῃ [A S^{2} ῥῦσαί] με (3)
24 (25). 19. μῖσος ἄδικον ἐμίσησάν με (3)
26 (27). 12. ἐπανέστησάν μοι μάρτυρες ἄδικοι (18)
34 (35). 11. ἀναστάντες μάρτυρες ἄ. (3)
42 (43). 1. ἀπὸ ἀνθρώπου ἀδίκου καὶ δολίου (5)
62 (63). 11. ἐνεφράγη στόμα λαλούντων ἄδικα (18)
100 (101). 7. λαλῶν ἄδικα οὐ κατεύθυνεν (18)
118 (119). 118. ἄδικον τὸ ἐνθύμημα αὐτῶν (18)
— 128. πᾶσαν ὁδὸν ἄδικον ἐμίσησα (18)
119 (120). 2. ῥῦσαι τὴν ψυχήν μου ἀπὸ χειλέων ἀ. (18)

● = correction on page xxiii ▶ = additional entry on page xxiii ■ = correction on page xxvii

Ps. 138 (139). 4. οὐκ ἔστι λόγος ἄδικος [S² δόλος] ἐν γλώσσῃ μου –
139 (140). 1. ἀπὸ ἀνδρὸς ἀδίκου ῥῦσαί με (3)
— 4. ἀπὸ ἀνθρώπων ἀδίκων ἐξελοῦ με [A -ου ἀ. ῥῦσαί με] (3)
— 11. ἄνδρα ἄδικον κακὰ θηρεύσει (3)
Pr. 4. 24. ἄδικα χείλη μακρὰν ἀπὸ σοῦ ἄπωσαι (4)
6. 17. ὀφθαλμὸς ὑβριστοῦ, γλῶσσα ἄδικος (18)
— 19. ἐκκαίει ψευδῆ μάρτυς ἄδικος (18)
10. 31. γλῶσσα δὲ ἀδίκου ἐξολεῖται (11)
11. 18. ἀσεβὴς ποιεῖ ἔργα ἄδικα (18)
12. 17. ὁ δὲ μάρτυς τῶν ἀ. δόλιος (18)
— 19. μάρτυς δὲ ταχὺς γλῶσσαν ἔχει ἄδικον (18)
— 21. οὐκ ἀρέσει τῷ δικαίῳ οὐδὲν ἄ. (1)
13. 5. λόγον ἄδικον μισεῖ δίκαιος (18)
— 23. ἄδικοι δὲ ἀπολοῦνται συντόμως †
14. 5. ἐκκαίει δὲ ψευδῆ μάρτυς ἄδικος (18)
15. 26. βδέλυγμα κυρίῳ λογισμὸς ἄδικος (14)
16. 33. εἰς κόλπους ἐπέρχεται πάντα τοῖς ἀ. [S¹ δικαίοις] †
17. 1. A S οἶκος πλήρης [B om.] πολλῶν ἀγαθῶν καὶ ἀ. θυμάτων –
— 15. ὃς δίκαιον κρίνει τὸν ἄ., ἄδικον δὲ τὸν δίκαιον (16, 15)
19. 6. A πᾶς δὲ κακὸς γίνεται ἄδικος [B S δὲ ὁ κ. γ. ὄνειδος] ἀνδρί †
29. 12. BS βασιλέως ἐπακούοντος [A R ὑπακ-] λόγον ἄδικον (18)
— 27. βδέλυγμα δίκαιος ἀνὴρ ἀνδρὶ [B¹ om.] ἀ. (8)
Wi. 1. 8. φθεγγόμενος ἄδικα οὐδεὶς μὴ λάθῃ
3. 19. γενεᾶς γὰρ ἀδίκου χαλεπὰ τὰ τέλη
4. 16. πολυετὲς γῆρας ἀδίκου
10. 3. ἀποστὰς δὲ ἀπ' αὐτῆς ἄδικος
12. 12. ἔκδικος κατὰ ἀδίκων ἀνθρώπων
— 23. τοὺς ἐν ἀφροσύνῃ [S -ύναις] ζωῆς βιώσαντας ἀ. [A S² ἀδίκως]
14. 30. A¹ αὐτοὺς μετελεύσεται τὰ ἄδικα [B S δίκαια]
— 31. δίκη ἐπεξέρχεται ἀεὶ τὴν τῶν ἀ. παράβασιν
16. 19. ἀδίκου γῆς γεννήματα
— 24. εἰς κόλασιν κατὰ τῶν ἀ.
Si. 1. 21. οὐ δυνήσεται θυμὸς ἄδικος δικαιωθῆναι
5. 8. μὴ ἔπεχε ἐπὶ χρήμασιν ἀδίκοις
7. 2. ἀπόστηθι ἀπὸ ἀδίκου
10. 7. ἐξ ἀμφοτέρων πλημμελήσει ἄδικα [A S ἀδικία]
17. 14. προσέχετε ἀπὸ παντὸς ἀ.
19. 25. ἔστι πανουργία ἀκριβὴς καὶ αὕτη ἄδικος
27. 10. οὕτως ἁμαρτίαι [A S -ία] ἐργαζομένους ἄδικα [S¹ -κία, S² -κίαν]
31 (34). 18. θυσιάζων ἐξ ἀδίκου
32 (35). 12. μὴ ἔπεχε θυσίᾳ ἀδίκῳ
— 18. καὶ σκῆπτρα ἀδίκων [A δικαίων] συντρίψῃ
40. 13. χρήματα ἀδίκων ὡς ποταμὸς ξηρανθήσεται
51. 6. διαβολὴ [A S -ῆς] γλώσσης ἀδίκου
Am. 8. 5. ποιῆσαι ζυγὸν ἄδικον (5)
Ze. 3. 5. ὁ δὲ κ. . . . οὐ μὴ ποιήσῃ ἄδικον (10)
Ma. 3. 18. A καὶ ἀνὰ μέσον ἀδίκου [B S ἀνόμου] (16)
Is. 9. 17. πᾶν στόμα λαλεῖ ἄδικα (6)
29. 21. R ἐπλαγίασαν ἐπ' [ABS ἐν] ἀδίκοις δίκαιον (19)
32. 7. καταφθεῖραι ταπεινοὺς ἐν λόγοις ἀδίκοις (18)
54. 14. ἀπέχου ἀπὸ ἀδίκου (12)
56. 2. διατηρῶν . . . μὴ ποιεῖν ἄδικα [A S -κημα] (14)
57. 20. οἱ δὲ ἄ. [A S add. οὕτως] κλυδωνισθήσονται (16)
58. 6. πᾶσαν συγγραφὴν ἄδικον διάσπα –
59. 13. ἐλαλήσαμεν ἄδικα καὶ ἠπειθήσαμεν (12)
— 13. ἐμελετήσαμεν . . . λόγους ἀδίκους (18)
Je. 5. 31. οἱ προφῆται προφητεύουσιν ἄδικα (18)
7. 9. ὀμνύετε ἐπ' ἀδίκῳ (18)
34 (27). 14. ἄδικα αὐτοὶ προφητεύουσιν ὑμῖν (18)
— 14. προφητεύουσι . . . ἐπ' ἀδίκῳ (18)
— 14. οἱ προφητεύοντες ὑμῖν ἐπ' ἀδίκῳ ψευδῆ –
— 16. ἄδικα αὐτοὶ προφητεύουσιν ὑμῖν (18)
35 (28). 15. πεποιθέναι ἐποίησας τὸν λαὸν τοῦτον ἐπ' ἀδίκῳ (18)
36 (29). 9. ἄδικα αὐτοὶ προφητεύουσιν ὑμῖν (18)
— 31. πεποιθέναι ἐποίησεν ὑμᾶς ἐπ' ἀδίκοις [A S -κῳ] (18)
■ Ez. 21. 3. ἐξολοθρεύσω ἐκ σου ἄδικον καὶ ἄνομον †
■ — 4. B ἐξολοθρεύσω ἐκ σου ἄδικον καὶ ἄνομον †
33. 15. τοῦ μὴ ποιῆσαι ἄδικον (8)
Da. LXX. 3. (32). βασιλεῖ ἀ. καὶ πονηροτάτῳ παρὰ πᾶσαν τὴν γῆν
Da. TH. Sus. 53. κρίνων κρίσεις ἀδίκους
3. (32). βασιλεῖ ἀ. καὶ πονηροτάτῳ
II Ma. 4. 35. ἐδυσφόρουν ἐπὶ τῷ τοῦ ἀνδρὸς ἀδίκῳ φόνῳ
— 40. κατήρξατο χειρῶν ἀδίκων
— 48. ταχέως οὖν τὴν ἄ. ζημίαν ὑπέσχον
III Ma. 6. 27. ἐκλύσατε ἄδικα δεσμά
IV Ma. 5. 8. ἄδικον [A δι' ἄ.] ἀποστρέφεσθαι τὰς τῆς φύσεως χάριτας
[Aq. Ps. 10 (11). 5: Je. 6. 6: 8. 8: 29 (36). 23.]
[Sm. II Ki. 3. 34: Jb. 8. 3: 21. 27: 40. 3 (8): Ps. 26 (27). 12, 12: Pr. 10. 18: 25. 14: Is. 58. 9.]
[Th. Jb. 36. 4: Ps. 30 (31). 19: 118 (119). 118: Is. 41. 29: 58. 9: Je. 8. 10: 29 (36). 21, 23.]
[Quint. Ps. 30 (31). 19: 118 (119). 118.]
[Sext. Ps. 30 (31). 19.]
[Al. Pr. 17. 4: 21. 18.]

ἀδίκως. (1) בְּלִי־לְבוּשׁ (2) חִנָּם (3) כָּזָב (4) צַדִּיק (5) רַע (6) רָשָׁע (7) שֶׁקֶר

■ Le. 6. 3. καὶ ὀμόσῃ ἀ. περὶ ἑνός (7)
■ — 4. οὗ ὤμοσε περὶ αὐτοῦ ἀ. (7)
Jb. 20. 15. πλοῦτος ἀ. συναγόμενος ἐξεμεθήσεται –
24. 10. γυμνοὺς δὲ [A om.] ἐκοίμισαν ἀ. (1)
— 11. ἐν στενοῖς (A S² σκοτεινοῖς) ἀ. ἐνήδρευσαν †
36. 4. καὶ οὐκ ἄδικα ῥήματα ἀ. συνιεῖς (7)
Ps. 34 (35). 19. A οἱ ἐχθραίνοντές μοι ἀ. [B S ματαίως] (7)
37 (38). 19. ἐπληθύνθησαν οἱ μισοῦντές με (A om.) ἀ. (7)
68 (69). 4. ἐκραταιώθησαν οἱ ἐχθροί μου οἱ ἐκδιώκοντές [S δι.] με ἀ. (7)
118 (119). 78. αἰσχυνθήτωσαν ὑπερήφανοι ὅτι ἀ. ἠνόμησαν εἰς ἐμέ (7)
— 86. ἀ. κατεδίωξάν με (7)
Pr. 1. 12. κρύψωμεν δὲ εἰς γῆν ἄνδρα δίκαιον ἀ. (2)
— 17. οὐ γὰρ ἀ. ἐκτείνεται δίκτυα πτερωτοῖς (2)
11. 21. χειρὶ χεῖρας ἐμβαλὼν ἀ. οὐκ ἀτιμώρητος ἔσται (5)
16. 5. χειρὶ δὲ χεῖρας ἐμβαλὼν ἀ. –
17. 23. λαμβάνοντος δῶρα ἐν κόλποις [A S -ῳ] ἀ. οὐ κατευοδοῦνται ὁδοί (6)
19. 5. ὁ δὲ ἐγκαλῶν ἀ. οὐ διαφεύξεται (3)
— 24. ὁ ἐγκρύπτων εἰς τὸν κόλπον αὐτοῦ χεῖρας ἀ. †
Wi. 12. 13. ἵνα δείξῃς ὅτι οὐκ ἀ. ἔκρινας
— 23. τοὺς ἐν ἀφροσύνῃ [S -ύναις] ζωῆς βιώσαντας ἀ. [B S¹ ἀδίκους]
14. 28. ἢ προφητεύουσι ψευδῆ, ἢ ζῶσιν ἀ.
— 30. ἀ. ὤμοσαν ἐν δόλῳ
Is. 49. 24. ἐὰν αἰχμαλωτεύσῃ τις ἀ. (4 ?)
Ez. 13. 22. διεστρέφετε [A διαστρ.] καρδίαν δικαίου ἀ. [B om.] (7)
II Ma. 8. 16. τῶν ἀ. παραγινομένων ἐπ' αὐτοὺς ἐθνῶν
III Ma. 6. 3. ἔπιδε ἐπὶ . . . λαὸν ἐν ξένῃ γῇ ξένον ἀ. ἀπολλύμενον

ἀδόκητος.

Wi. 18. 17. φόβοι δὲ ἐπέστησαν ἀ.

ἀδόκιμος. (1) סִיג

Pr. 25. 4. τύπτε [A κρύπτε] ἀδόκιμον ἀργύριον (1)
Is. 1. 22. τὸ ἀργύριον ὑμῶν ἀ. (1)

ἀδολεσχεῖν. (1) *a.* שׂוּחַ *b.* שִׂיחַ

Ge. 24. 63. ἐξῆλθεν Ἰσαὰκ ἀδολεσχῆσαι (1 a)
Ps. 68 (69). 12. κατ' ἐμοῦ ἠδολέσχουν οἱ καθήμενοι ἐν πύλῃ [S² -αις] (1 b)
76 (77). 3. ἠδολέσχησα καὶ ὠλιγοψύχησε τὸ πνεῦμά μου (1 b)
— 6. μετὰ τῆς καρδίας μου ἠδολέσχουν (1 b)
— 12. ἐν τοῖς ἐπιτηδεύμασί σου ἀδολεσχήσω (1 b)
118 (119). 15. ἐν ταῖς ἐντολαῖς σου ἀδολεσχήσω (1 b)
— 23. ὁ δὲ δοῦλός σου ἠδολέσχει ἐν τοῖς δικαιώμασί σου (1 b)
— 27. ἀδολεσχήσω ἐν τοῖς θαυμασίοις σου (1 b)
— 48. ἠδολέσχουν ἐν τοῖς δικαιώμασί σου (1 b)
— 78. ἐγὼ δὲ ἀδολεσχήσω ἐν ταῖς ἐντολαῖς σου (1 b)
Si. 7. 14. μὴ ἀδολέσχει ἐν πλήθει πρεσβυτέρων
35 (32). 9. ἑτέρου λέγοντος μὴ πολλὰ ἀδολέσχει
[Sm. La. 2. 19.]
[Quint. Ps. 118 (119). 23.]

ἀδολεσχία. (1) שִׂיחַ

I Ki. 1. 16. ἐκ πλήθους ἀδολεσχίας μου (1)
III Ki. 18. 27. ὅτι ἀ. αὐτῷ ἐστι (1)
IV Ki. 9. 11. ὑμεῖς οἴδατε τὸν ἄνδρα καὶ τὴν ἀ. αὐτοῦ (1)
Ps. 54 (55). 2. ἐλυπήθην ἐν τῇ ἀ. μου (1)
118 (119). 85. διηγήσαντό μοι παράνομοι ἀδολεσχίας †
[Th. Jb. 7. 13: 9. 27.]
[Quint. Am. 4. 13.]

ἀδόλως.

Wi. 7. 13. ἀ. τε [S δὲ] ἔμαθον

ἀδοξεῖν. (1) מִשְׁחַת

Is. 52. 14. ἀδοξήσει ἀπὸ ἀνθρώπων τὸ εἶδός σου (1)

ἀδοξία.

Si. 3. 11. ὄνειδος τέκνοις μήτηρ ἐν ἀδοξίᾳ.

ἄδοξος.

Si. 10. 31. καὶ ὁ ἄ. ἐν πλούτῳ
I Ma. 2. 8. R ἐγένετο ὁ ναὸς αὐτῆς ὡς ἀνὴρ ἄ. [A S ἔνδοξος]

ἀδρανής.

Wi. 13. 19. τὸ ἀδρανέστατον [S¹ -ὲς] ταῖς χερσίν

ἀδρανία.

Wi. 13. 19. S τὸ ἀδρανέστατον ταῖς χερσὶν ἀδρανίαν ἐπικαλεῖται [A B εὐδράνειαν αἰτεῖται]

ἁδρός. (1) אִישׁ (2) גָּדוֹל (3) דַּל (4) רְאֵם (5) שַׂר

II Ki. 15. 18. B πάντες οἱ ἁ. καὶ πάντες οἱ μαχηταί –
III Ki. 1. 9. ἐκάλεσε . . . πάντας [B om.] τοὺς ἁ. [A ἄνδρας] Ἰούδα (1)
IV Ki. 10. 6. οὗτοι ἁδροὶ τῆς πόλεως ἐξέτρεφον αὐτούς (2)
— 11. ἐπάταξεν Ἰοὺ . . . πάντας τοὺς ἁ. αὐτοῦ (2)
Jb. 29. 9. ἁδροὶ δὲ ἐπαύσαντο λαλοῦντες (5)
34. 19. οὐδὲ οἶδε τιμὴν θέσθαι ἁδροῖς [A οὐκ ἔδωκεν δὲ τιμὴν θέσθαι ἀνδρῶν] (3)
Is. 34. 7. συμπεσοῦνται οἱ [S¹ om.] ἁδροὶ μετ' αὐτῶν (4)
Je. 5. 5. πορεύσομαι πρὸς τοὺς ἁ. (2)

ἁδρύνειν. (1) גָּדַל *a.* qal. *b.* pu.

Ex. 2. 10. ἁδρυνθέντος δὲ τοῦ παιδίου (1 a)
Ju. 11. 2. καὶ ἡδρύνθησαν οἱ υἱοὶ τῆς γυναικός (1 a)
13. 24. καὶ ἡδρύνθη [A ηὐξήθη] τὸ παιδάριον (1 a)
Ru. 1. 13. ἕως οὗ ἁδρυνθῶσιν (1 a)
II Ki. 12. 3. καὶ ἡδρύνθη μετ' αὐτοῦ (1 a)
IV Ki. 4. 18. καὶ ἡδρύνθη τὸ παιδάριον (1 a)
Ps. 143 (144). 11. A B S¹ ὡς νεόφυτα ἡδρυμμένα [S² R ἱδρυμένα] (1 b)
I Ma. 8. 14. ὥστε ἁδρυνθῆναι ἐν αὐτῇ [S¹ om., S² ἐπ' αὐ.]
[Aq. Jb. 34. 19.]
[Th. Da. 8. 11.]

ἀδυναμεῖν.

Si. prol. 15. δοκῶμεν τῶν . . . πεφιλοπονημένων τισὶ τῶν λέξεων ἀδυναμεῖν [B¹ S¹ om.]

ἀδυναμία. (1) שָׁאוֹן

Am. 2. 2. καὶ ἀποθανεῖται ἐν ἀδυναμίᾳ M. (1)
III Ma. 2. 13. παρείμεθα ἐν ἀδυναμίαις

ἀδυνατεῖν. (1) בָּצַר ni. (2) בָּרָא (3) כָּשַׁל (4) מוּט (5) פָּלָא ni. (6) אָנַס

Ge. 18. 14. R μὴ ἀδυνατήσει [A -ατεῖ] παρὰ τῷ θ. ῥῆμα (5)
Le. 25. 35. A B ἐὰν δὲ . . . ἀδυνατήσῃ ταῖς χερσὶ παρὰ σοῦ [R σοί] (4)
Dt. 17. 8. ἐὰν δὲ ἀδυνατήσῃ ἀπὸ σοῦ ῥῆμα ἐν κρίσει (5)
II Ch. 14. 11. οὐκ ἀδυνατεῖ παρὰ σοὶ σώζειν ἐν πολλοῖς –
Jb. 4. 4. γόνασί τε [A δὲ] ἀδυνατοῦσι θάρσος περιέθηκας (2)
10. 13. ἀδυνατεῖ δέ σοι οὐθέν –
42. 2. ἀδυνατεῖ δέ σοι οὐδέν (1)

■ = correction on page xxvii

Wi. 12. 9. οὐκ ἀδυνατῶν . . . ὑποχειρίους δοῦναι [S διδόναι]
13. 16. ἀδυνατεῖ ἑαυτῷ βοηθῆσαι
Za. 8. 6. εἰ ἀδυνατήσει ἐνώπιον τῶν καταλοίπων . . . μὴ καὶ ἐνώπ. ἐμοῦ ἀδυνατήσει (5, 5)
Is. 8. 15. ἀδυνατήσουσιν ἐν αὐτοῖς πολλοί (3)
Da. TH. 4. 6. πᾶν μυστήριον οὐκ ἀδυνατεῖ σε (6)
[**Aq.** JE. 32 (39). 17.]
[**Sm.** I KI. 30. 10 : PR. 30. 18.]
[**Al.** LE. 14. 32.]

ἀδύνατος. (1) אֶבְיוֹן (2) אַבִּיר (3) דַּל
● (4) חַלָּשׁ (5) עָנִי (6) קְשֵׁה יוֹם (7) פָּלָא ni.

To. 2. 10. S ἤμην ἀδύνατος τοῖς ὀφθαλμοῖς
5. 9. S ἄνθρωπος ἀ. τοῖς ὀφθαλμοῖς
Jb. 5. 15. ἀδύνατος δὲ ἐξέλθοι ἐκ χειρὸς δυνάστου (1)
— 16. εἴη δὲ ἀδυνάτῳ ἐλπίς (3)
20. 19. πολλῶν γὰρ ἀδυνατῶν [B S^{1} δυνατῶν] οἴκους (3)
24. 4. ἐξέκλιναν [A -ον δὲ] ἀδυνάτους ἐξ ὁδοῦ (1)
— 6. ἀδύνατοι [A S^{2} ἀ. δὲ] ἀμπελῶνας . . . εἰργάσαντο –
— 21. θυμῷ δὲ κατέστρεψεν ἀδυνάτους (2 ?)
29. 16. ἐγὼ ἤμην πατὴρ ἀδυνάτων (1)
30. 25. ἐγὼ δὲ ἐπὶ παντὶ ἀδυνάτῳ ἔκλαυσα (6)
31. 16. ἀδύνατοι δὲ χρείαν . . . οὐκ ἀπέτυχον (3)
— 20. ἀδύνατοι δὲ εἰ μὴ εὐλόγησάν [A -γουν] με (1)
— 34. εἰ δὲ καὶ εἴασα ἀδύνατον ἐξελθεῖν –
34. 20. ἐχρήσαντο γὰρ παρανόμως, ἐκκλεινομένων ἀδυνάτων [A ἀνόμοις ἐκκλειομένοις καὶ ἀδυνάτοις] (2 ?)
36. 15. ἔθλιψαν ἀσθενῆ καὶ ἀδύνατον (5)
— 19. ἐν ἀνάγκῃ ὄντων [S^{1} ὧν τῶν] ἀδυνάτων –
Pr. 24. 53 (30. 18). τρία δέ ἐστιν ἀδύνατά μοι νοῆσαι (7)
Wi. 16. 15. τὴν δὲ σὴν χεῖρα φυγεῖν ἀδύνατόν ἐστιν
17. 14. τὴν ἀ. ὄντως νύκτα καὶ ἐξ ἀδυνάτου ᾅδου μυχῶν ἐπελθοῦσαν
■Jl. 3. 10. ὁ ἀδύνατος [S^{1} δυνατὸς] λεγέτω, ὅτι ἰσχύω ἐγώ (4)
Ep. Je. 28. οὔτε πτωχῷ οὔτε ἀδυνάτῳ
54. οὐδὲ μὴ ῥύσωνται . . . ἀδύνατοι ὄντες
II Ma. 4. 6. ἀδύνατον εἶναι τυχεῖν εἰρήνης
14. 10. ἀδύνατον εἰρήνης τυχεῖν τὰ πράγματα
III Ma. 4. 18. ὡς ἀδυνάτου καθεστῶτος πᾶσι τοῖς ἐπ' Αἴγ. στρατηγοῖς
IV Ma. 11. 26. ἀ. ἡ βία σου
[**Sm.** Ps. 20 (21). 12 : EC. 1. 8 : Is. 40. 29.]

ἄδυτον. (1) עֹפֶל

II Ch. 33. 14. A καὶ περιεκύκλωσεν τὸ ἄ. (1)
[**Al.** II CH. 33. 14.]

ἀδωναί. (1) אֲדֹנָי

I Ki. 1. 11. ἀ. κύριε [A καὶ] 'Ελωὲ σαβ. –
Ez. 5. 5, 7, 8. A τάδε λέγει ἀ. [B *om.*] κύριος (1)
— 11. A ζῶ ἐγώ, λέγει ἀ. [B *om.*] κύριος (1)
6. 3. A ἀκούσατε λόγον ἀ. [B *om.*] κυρίου· τάδε λέγει ἀ. [B *om.*] κύριος (1, 1)
— 11; 7. 2. A τάδε λέγει ἀ. [B *om.*] κύριος (1)
8. 1. A ἐγένετο ἐπ' ἐμὲ χεὶρ ἀ. [B *om.*] κυρίου (1)
9. 8. A οἴμμοι ἀ. [B *om.*] κύριε (1)
11. 7. A τάδε λέγει ἀ. [B *om.*] κύριος (1)
— 8. A λέγει ἀ. [B *om.*] κύριος (1)
— 13. A οἴμμοι ἀ. [B *om.*] κύριε (1)
— 16, 17. A τάδε λέγει ἀ. [B *om.*] κύριος (1)
— 21. A λέγει ἀ. [B *om.*] κύριος (1)
12. 19, 23. A τάδε λέγει ἀ. [B *om.*] κύριος (1)
— 25, 28. A λέγει ἀ. [B *om.*] κύριος (1)
13. 3, 8. A τάδε λέγει ἀ. [B *om.*] κύριος (1)
— 8. A λέγει ἀ. [B *om.*] κύριος (1)
— 9. A γνώσονται ὅτι ἐγώ εἰμι ἀ. [B γ. διότι ἐγὼ] κύριος (1)
— 13. A τάδε λέγει ἀ. [B *om.*] κύριος (1)
— 16. A λέγει ἀ. [B *om.*] κύριος (1)
— 18; 14. 4. A τάδε λέγει ἀ. [B *om.*] κύριος (1)
▶ 14. 11, 14. A λέγει ἀ. [B *om.*] κύριος (1)
— 21; 15. 6. A τάδε λέγει ἀ. [B *om.*] κύριος (1)
16. 8, 14. A λέγει ἀ. [B *om.*] κύριος (1)
— 36, 59. A τάδε λέγει ἀ. [B *om.*] κύριος (1)
18. 3. A ζῶ ἐγώ, λέγει ἀ. [B *om.*] κύριος (1)
— 9, 30, 32; 20. 4, 27, 33, 44. A λέγει ἀ. [B *om.*] κύριος (1)
■21. 9. A τάδε λέγει ἀ. [B *om.*] κύριος –
Ez. 23. 32, 35, 46; 24. 3, 6, 9. A τάδε λέγει ἀ. [B *om.*] κύριος (1)
24. 14. A λέγει ἀ. [B *om.*] κύριος (1)
— 20. A τάδε λέγει ἀ. κύριος [B λόγος κυρίου ἐγένετο πρός με] (1)
25. 3, 8, 12, 13, 15, 16; 26. 3, 7. A τάδε λεγει ἀ. [B *om.*] κύριος (1)
26. 15. A τάδε λέγει ἀ. [B *om.*] κύριος (1)
27. 3. A τάδε λέγει ἀ. κύριος [B *om.* ἀ. κ.] κύριος (1)
29. 19, 20; 30. 10, 13. A τάδε λέγει ἀ. [B κύριος] κύριος (1)
31. 10, 15; 32. 3, 11. A τάδε λέγει ἀ. [B *om.*] κύριος (1)
32 14. A λέγει ἀ. [B *om.*] κύριος (1)
33. 11. A λέγει ἀ. [B τάδε λέγει] κύριος (1)
— 25. A οὕτως εἶπεν ἀ. κύριος (1)
34. 10. A τάδε λέγει ἀ. [B κύριος] κύριος (1)
36. 6. A τάδε λέγει ἀ. [B *om.*] κύριος (1)
— 13, 14. A λέγει ἀ. [B κύριος] κύριος (1)
— 22. A τάδε λέγει ἀ. [B *om.*] κύριος (1)
— 23. A λέγει ἀ. κύριος (1)
— 32. B^{2} λέγει ἀ. [B^{1} κύριος κ. A κ. ὁ θ.] (1)
— 33. τάδε λέγει ἀ. κύριος [A λέγει κ. ὁ θεός] (1)
— 37. τάδε λέγει ἀ. κύριος [A τ. λ. κύριος κ. ὁ θεός] (1)
37. 12, 19. A τάδε λέγει ἀ. [B *om.*] κύριος (1)
— 21. A τάδε λέγει ἀ. κύριος ὁ θεός [B τ. λ. κύριος κ.] (1)
38. 3. A τάδε λέγει ἀ. [B κύριος] κύριος (1)
— 17. A τάδε λέγει ἀ. κύριος ὁ θεός [B τ. λ. κύριος κ.] (1)
46. 16. A τάδε λέγει ἀ. κύριος [B λ. κ. θεός] (1)
[**Aq.** EZ. 7. 5 : 18. 23.]
[**Sm.** EZ. 7. 5 : 18. 23.]
[**Th.** EZ. 2. 4 : 7. 5 : 18. 23 : AM. 7. 7.]
[**Heb.** PS. 117 (118). 25 *bis*, 26 : PR. 8. 22 : IS. 26. 4 : EZEK. 2. 5.]

ἀδωναΐέ. (1) אֲדֹנָי

●Ju. 13. 8. κύριε ἀ. [A *om.*] (1)
16. 28. ἀ. [A κύριε] κύριε (1)

ἀδωνί.

[**Heb.** III KI. 22. 6 : IV KI. 19. 23.]

ἀδωρηέμ, ἀδωρήν. (1) אֲדֹרַיִם

Ne. 3. 5. A καὶ ἀδωρήν [B S ἀδωρηέμ] (1)

ἀεί, αἰεί. (1) מֵעוֹלָם (2) תָּמִיד (3) καθὼς ἀ. כְּפַעַם בְּפַעַם

●Ju. 16. 20. A ποιήσω καθὼς ἀεὶ [B ὡς ἅπαξ καὶ ἅπαξ] (3)
I Es. 1. 32. A R ἐξεδόθη τοῦτο γενέσθαι ἀεί [B αἰεί]
Es. 3. 13. μετὰ ἠπιότητος ἀεὶ διεξάγων
8. 13. τοῦ τὰ πάντα κατοπτεύοντος ἀεὶ θ.
— 13. διακρίνοντες ἀ. μετ' ἐπιεικεστέρας ἀπαντήσεως [S ἀγανακτ.]
Ps. 94 (95). 10. ἀ. πλανῶνται τῇ καρδίᾳ –
Wi. 14. 31. ἡ . . . δίκη ἐπεξέρχεται ἀ. τὴν . . . παράβασιν
17. 11. ἀ. δὲ προσείληφε [S^{2} προείλ.] τὰ χαλεπά
Is. 42. 14. μὴ καὶ ἀ. σιωπήσομαι (1)
51. 13. ἐφόβου ἀ. πάσας τὰς ἡμέρας (2)
II Ma. 14. 15. ἀ. δὲ μετ' ἐπιφανείας
III Ma. 3. 21. μετόχους τῶν ἀ. ἱερέων καταστῆσαι
— 29. ἄχρηστος φανήσεται εἰς τὸν ἀ. χρόνον
7. 23. εὐλογητὸς ὁ ῥύστης 'Ισραὴλ εἰς τοὺς ἀ. χρόνους
[**Aq.** PS. 3. 3, 5 : 4. 5 : 7. 6 : 9. 17 : 19 (20). 4 : 20 (21). 3 : 38 (39). 6 : 58 (59). 14 : 74 (75). 4 : 75 (76). 4, 10 : 86 (87). 6.]
[**Sm.** JB. 19. 11 : PS. 42 (43). 5 : 51 (52). 7 : 138 (139). 18 : PR. 29. 14 : EC. 9. 4 : MI. 7. 18.]
[**Th.** PS. 9. 17.]
[**Al.** PS. 9. 17 : 138 (139). 18.]
[**Quint.** PS. 74 (75). 4 : 75 (76). 4, 10.]

ἄελλα.

[**Al.** HB. 2. 15.]

ἀέναος, ἀέννaος. (1) חַי (2) עוֹלָם

Ge. 49. 26. ἐπ' εὐλογίαις θινῶν ἀενάων (2)
Dt. 33. 15. ἀπὸ κορυφῆς βουνῶν ἀενάων (2)
— 27. ὑπὸ ἰσχὺν βραχιόνων ἀενάων (2)
Jb. 19. 25. ἀ. ἐστιν ὁ ἐκλύειν με μέλλων (1)
Wi. 11. 6. ἀντὶ μὲν πηγῆς ἀ. ποταμοῦ
Ba. 5. 7. συνέταξε γὰρ ὁ θεὸς ταπεινοῦσθαι . . . θῖνας ἀενάους
II Ma. 7. 36. ἀενάου ζωῆς ὑπὸ διαθήκην θεοῦ πεπτώκασι

ἀεργός. (1) עָצֵל (2) רְמִיָּה

Pr. 13. 4. ἐν ἐπιθυμίαις ἐστὶ πᾶς ἀεργός (1)
15. 19. ὁδοὶ ἀεργῶν ἐστρωμέναι ἀκάνθαις (1)
19. 15. ψυχὴ δὲ ἀεργοῦ πεινάσει (2)

ἀερινός. (1) חוּר

Es. 8. 15. S^{3} στολὴν ὑακινθίνην ἀ. [A B S *om.* ὑ. ἀ.] (1)
[**Aq.** ES. 1. 6.]

ἀετός. (1) *a.* נֶשֶׁר *b.* נְשַׁר

Ex. 19. 4. ἀνέλαβον ὑμᾶς ὡσεὶ ἐπὶ πτερύγων ἀετῶν (1 *a*)
Le. 11. 13. ταῦτα ἃ [A *om.*] βδελύξεσθε . . . τὸν ἀ. (1 *a*)
Dt. 14. 13. ταῦτα οὐ φάγεσθε . . . τὸν ἀ. (1 *a*)
28. 49. ὡσεὶ ὅρμημα ἀετοῦ (1 *a*)
32. 11. ὡς ἀ. σκεπάσαι νοσσιὰν αὐτοῦ (1 *a*)
II Ki. 1. 23. ὑπὲρ ἀετοὺς κοῦφοι (1 *a*)
Jb. 9. 26. ἢ ἀετοῦ πετομένου ζητοῦντος βοράν (1 *a*)
39. 27. ἐπὶ δὲ σῷ προστάγματι ὑψοῦται ἀετός (1 *a*)
Ps. 102 (103). 5. ἀνακαινισθήσεται ὡς ἀετοῦ ἡ νεότης σου (1 *a*)
Pr. 23. 5. κατεσκεύασται γὰρ αὐτῷ πτέρυγες ὥσπερ ἀετοῦ (1 *a*)
24. 23 (29. 27). ἄβρωτα εἶναι νεοσσοῖς ἀετῶν –
— 52 (30. 17). καταφάγοισαν αὐτὸν νεοσσοὶ ἀετῶν (1 *a*)
— 54 (30. 19). ἴχνη ἀετοῦ πετομένου (1 *a*)
Ho. 8. 1. ὡς ἀετὸς ἐπ' οἶκον κ. (1 *a*)
Mi. 1. 16. ἐμπλάτυνον τὴν χηρείαν σου ὡς ἀετός (1 *a*)
Ob. 1. 4. ἐὰν μετεωρισθῇς ὡς ἀετός (1 *a*)
Hb. 1. 8. ὡς ἀ. πρόθυμος εἰς τὸ φαγεῖν (1 *a*)
Is. 40. 31. πτεροφυήσουσιν ὡς ἀετοί (1 *a*)
Je. 4. 13. κουφότεροι ἀετῶν οἱ ἵπποι αὐτοῦ (1 *a*)
29 (49). 16. ὕψωσεν [A ἐὰν ὑψώσεις] ὥσπερ ἀ. νοσσιὰν αὐτοῦ [A σου] (1 *a*)
— 22. ὥσπερ ἀ. ὄψεται (1 *a*)
La. 4. 19. κοῦφοι ἐγένοντο . . . ὑπὲρ ἀετοὺς οὐρανοῦ (1 *a*)
Ez. 1. 10. πρόσωπον ἀετοῦ τοῖς τέσσαρσι (1 *a*)
10. 14. A τὸ τέταρτον πρόσωπον ἀετοῦ (1 *a*)
17. 3. ἀετὸς [A ὁ ἀ.] ὁ μέγας ὁ μεγαλοπτέρυγος (1 *a*)
— 7. ἐγένετο ἀετὸς ἕτερος μέγας μεγαλοπτέρυγος (1 *a*)
Da. LXX. 4. 31. αἱ τρίχες μου ἐγένοντο ὡς πτέρυγες ἀετοῦ (1 *b*)
7. 4. ἔχουσα πτερὰ ὡσεὶ ἀετοῦ (1 *b*)
Da. TH. 7. 4. καὶ πτερὰ αὐτῆς ὡς ἀετοῦ [B -ῇ ὡσεὶ ἀ.] (1 *b*)
[**Sm.** JB. 9. 26.]
[**Th.** JE. 48 (31). 40 : EZ. 10. 14.]

ἀζαρά.

[**Th.** EZ. 43. 14 : 45. 19.]

ἀζυμίτης.

[**Al.** LE. 7. 13.]

ἄζυμος. (1) מַצָּה

Ge. 19. 3. ἀζύμους ἔπεψεν αὐτοῖς (1)
Ex. 12. 8. ἄζυμα ἐπὶ πικρίδων ἔδονται (1)
— 15. ἑπτὰ ἡμέρας ἄζυμα ἔδεσθε (1)
— 18. ἔδεσθε ἄζυμα (1)
— 20. ἔδεσθε ἄζυμα (1)
— 39. ἔπεψαν τὸ σταῖς . . . ἐγκρυφίας ἀζύμους (1)
13. 6. ἓξ ἡμέρας ἔδεσθε ἄζυμα (1)
— 7. ἄζυμα ἔδεσθε ἑπτὰ [A τὰς ἑπτὰ] ἡμέρας (1)
23. 15. τὴν ἑορτὴν τῶν ἀ. φυλάξασθε [A -εσθε] ποιεῖν [A *om.*] (1, 1)
— 15. ἑπτὰ ἡμέρας ἔδεσθε ἄζυμα (1)
29. 2. ἄρτους ἀ. πεφυραμένους ἐν ἐλαίῳ (1)
— 2. B λάγανα ἄ. κεχρισμένα ἐν ἐλαίῳ (1)
— 23. λάγανον ἓν ἀπὸ τοῦ κανοῦ τῶν ἀ. (1)
34. 18. τὴν ἑορτὴν τῶν ἀ. φυλάξῃ (1)
— 18. ἑπτὰ ἡμέρας φαγῇ ἄζυμα (1)
Le. 2. 4. ἄρτους ἀζύμους πεφυραμένους ἐν ἐλαίῳ καὶ λάγανα ἄ. διακεχρισμένα ἐν ἐλαίῳ (1, 1)
— 5. ἄζυμά ἐστι [A ἔσται] (1)
6. 16 (9). ἄζυμα βρωθήσεται ἐν τόπῳ ἁγίῳ (1)

● = correction on page xxiii ▶ = additional entry on page xxiii ■ = correction on page xxvii

Le. 7. 2 (12). λάγανα ἄ. διακεχρισμένα ἐν ἐλαίῳ (1)
8. 2. τὸ κανοῦν τῶν ἀ. (1)
— 25. ἄρτον ἕνα ἄ. (1)
10. 12. φάγεσθε ἄζυμα παρὰ τὸ θυσιαστήριον [A τοῦ θ.] (1)
23. 6. ἑορτὴ τῶν ἀ. τῷ κυρίῳ ἑπτὰ ἡμέρας ἄζυμα ἔδεσθε (1, 1)
Nu. 6. 15. κανοῦν ἀζύμων σεμιδάλεως (1)
— 15. λάγανα ἄ. κεχρισμένα ἐν ἐλαίῳ (1)
— 17. ἐπὶ τῷ κανῷ τῶν ἀ. (1)
— 19. ἄρτον ἕνα ἄ. ἀπὸ τοῦ κανοῦ καὶ λάγανον ἄ. ἕν (1, 1)
9. 11. ἐπ' ἀζύμων καὶ πικρίδων φάγονται αὐτό (1)
28. 17. B ἑπτὰ ἡμέρας ἄζυμα ἔδεσθε (1)
Dt. 16. 3. ἑπτὰ ἡμέρας φαγῇ ἐπ' αὐτοῦ ἄζυμα (1)
— 8. ἐξ ἡμέρας φαγῇ ἄζυμα (1)
— 16. ἐν τῇ ἑορτῇ τῶν ἀ. (1)
Jo. 5. 10. ἀπὸ τοῦ σίτου τῆς γῆς ἄζυμα καὶ νέα (1)
Ju. 6. 19. οἰφὶ ἀλεύρου ἄζυμα (1)
— 20. λάβε τὰ κρέα καὶ τὰ ἄ. [A τοὺς ἄρτους τοὺς ἀ.] (1)
— 21. ἥψατο τῶν κρεῶν καὶ τῶν ἀ. (1)
— 21. καὶ κατέφαγε τὰ κρέα καὶ τοὺς ἀ. (1)
I Ki. 28. 24. ἔπεψεν ἄζυμα (1)
IV Ki. 23. 9. ὅτι εἰ μὴ ἔφαγον ἄζυμα (1)
I Ch. 23. 29. λειτουργεῖν . . . εἰς τὰ λάγανα τὰ ἄ. (1)
II Ch. 8. 13. ἐν τῇ ἑορτῇ τῶν ἀ. (1)
30. 13. τοῦ ποιῆσαι τὴν ἑορτὴν τῶν ἀ. (1)
— 21. ἐποίησαν . . . τὴν ἑορτὴν τῶν ἀ. (1)
— 22. συνετέλεσαν τὴν ἑορτὴν τῶν ἀ. –
35. 17. ἐποίησαν . . . τὴν ἑορτὴν τῶν ἀ. ἑπτὰ ἡμέρας (1)
I Es. 1. 10. οἱ ἱερεῖς καὶ οἱ Λευῖται ἔχοντες τὰ ἄ.
— 19. τὸ πάσχα καὶ τὴν ἑορτὴν τῶν ἀ.
7. 14. ἠγάγοσαν τὴν ἑορτὴν τῶν ἀ. ἑπτὰ ἡμέρας
II Es. 6. 22. ἐποίησαν τὴν ἑορτὴν τῶν ἀ. ἑπτὰ ἡμέρας (1)
Ez. 45. 21. ἑπτὰ ἡμέρας ἄζυμα ἔδεσθε (1)
[Aq. Sm. Th. Ex. 29. 2.]
[Th. Jd. 6. 20.]

ἀηδής.
[Sm. Ge. 48. 17: I Ki. 29. 7.]

ἀηδία. (1) שִׂיחַ
Pr. 23. 29. τίνι δὲ ἀηδίαι καὶ λέσχαι (1)
[Aq. Is. 41. 12: Je. 15. 10.]
[Sm. Pr. 20. 3: Je. 15. 10.]

ἀήρ. (1) שַׁחַק
II Ki. 22. 12. ἐπάχυνεν ἐν νεφέλαις ἀέρος [A -ων] (1)
Ps. 17 (18). 11. σκοτεινὸν ὕδωρ ἐν νεφέλαις ἀέρων (1)
Wi. 2. 3. τὸ πνεῦμα διαχ. ὡς χαῦνος ἀ.
— 7. μὴ παροδ. ἡμᾶς ἄνθος ἀέρος [A ἔαρος]
5. 11. ὡς ὀρνέου διϊπτάντος [A B² S διαπτ.] ἀέρα
— 12. τμηθεὶς ὁ ἀ. εὐθέως εἰς ἑαυτὸν ἀνελ.
7. 3. ἔσπασα τὸν κοινὸν ἀ.
13. 2. ἢ πνεῦμα ἢ ταχινὸν ἀέρα
15. 15. ῥῖνες εἰς συνολκὴν ἀέρος
17. 10. τὸν μηδαμόθεν φευκτὸν ἀ. προσιδεῖν
II Ma. 5. 2. διὰ τοῦ ἀ. [A τῶν ἀ.] τρέχοντας ἱππεῖς
[Aq. Th. Jb. 35. 11.]

ἀήττητος.
[Sm. Ps. 88 (89). 8, 14, 18.]

ἀθανασία.
Wi. 3. 4. ἡ ἐλπὶς αὐτῶν ἀθανασίας πλήρης
4. 1. ἀ. γάρ ἐστιν ἐν μνήμῃ αὐτῆς
8. 13. ἕξω δι' αὐτὴν ἀθανασίαν
— 17. ἐστὶν ἀ. ἐν [S¹ om.] συγγενείᾳ σοφίας
15. 3. εἰδέναι σου τὸ κράτος ῥίζα ἀθανασίας
IV Ma. 14. 5. ὥσπερ ἐπ' ἀθανασίας ὁδὸν τρέχοντες
16. 13. εἰς ἀθανασίαν ἀνατίκτουσα τὸν τῶν υἱ. ἀρ.
[Aq. Ps. 47 (48). 15.]

ἀθάνατος.
Wi. 1. 15. δικαιοσύνη γὰρ ἀ. ἐστιν
Si. 17. 30. οὐκ ἀθάνατος [A add. ὁ] υἱὸς ἀνθρώπου
51. 9. ἀπὸ ἀθανάτου [B S ὑπὲρ θανάτου] ῥύσεως ἐδεήθην
IV Ma. 7. 3. ἔπλευσεν ἐπὶ τὸν τῆς ἀ. νίκης λιμένα
14. 6. ὑπὸ ψυχῆς ἀθανάτου τῆς εὐσεβείας
18. 23. ψυχὰς ἁγνὰς καὶ ἀ. [S ἀθλοφόρους] ἀπειληφότες

ἀθεΐα.
I Ma. 16. 17. A ἐποίησεν ἀ. [S R ἀθεσίαν] μεγάλην
[Sm. Ho. 4. 15.]

ἀθεῖν. (1) בָּגַד
Is. 24. 16. S οἱ ἀθοῦντες [A B ἀθετοῦντες] τὸν νόμον (1)

ἀθέμιτος.
II Ma. 6. 5. τοῖς ἀποδ. ἀπὸ τῶν νόμων ἀθεμίτοις
7. 1. ἀπὸ τῶν ἀ. ὑείων κρεῶν ἐφάπτεσθαι
10. 34. ἐβλασφήμουν καὶ λόγους ἀ. προΐοντο
III Ma. 5. 20. ἐπὶ τὸν τῶν ἀ. Ἰουδαίων ἀφανισμόν
[Quint. Ho. 6. 9.]

ἀθερσασθά, ἀθερσαά, ἀθερσαθά, ἀρτασασθά. (1) הַתִּרְשָׁתָא
II Es. 2. 63. R καὶ εἶπεν ἀθερσασθὰ [A ἀθερσαθά, B ἀθερσαὰ] αὐτοῖς (1)
Ne. 7. 65. R καὶ εἶπεν ἀθερσασθά [A S ἀθερσαθὰ αὐτοῖς, B ἀσερσαθά] (1)
— 70. A ἔδωκαν εἰς τὸ ἔργον τῷ ἀθερσαθά [B S¹ τῷ Νεεμίᾳ] (1)

ἀθεσία. (1) בָּגוֹד (2) חָמָס (3) מַעַל
Je. 3. 7. S εἶδε τὴν ἀ. [A B ἀσυνθεσίαν] αὐτῆς (1)
20. 8. ἀθεσίαν καὶ ταλαιπωρίαν ἐπικαλέσομαι (2)
Da. Th. 9. 7. B ἐν ἀθεσίᾳ [A ἀθετήσει] αὐτῶν (3)
I Ma. 16. 17. ἐποίησεν ἀθεσίαν [A ἀθεΐαν] μεγάλην
II Ma. 15. 10. παρεπιδεικνὺς τὴν τῶν ἐθνῶν ἀθεσίαν
[Aq. Ge. 50. 17: Ps. 24 (25). 7: 31 (32). 1, 5: Pr. 19. 11: Is. 53. 5: 58. 1: 59. 20: Ez. 7. 11: Da. 9. 24.]
[Sm. Ps. 31 (32). 1: 38 (39). 9.]
[Th. Is. 24. 16: 53. 8.]

ἄθεσμος.
III Ma. 5. 12. τῆς ἀ. προθέσεως πολὺ διεσφαλμένος
6. 26. R ἀθέσμοις [A -ως] περιέβαλεν αἰκίαις

ἀθέσμως.
III Ma. 6. 26. A οὕτως ἀ. [R ἀθέσμοις] περιέβαλεν αἰκίαις

ἀθετεῖν. (1) בָּגַד (2) בִּקֵּשׁ pi. (3) חָמַס (4) מוּר hi. (5) מָעַל (6) מָצָא ni. (7) מָרַד (8) נָאַץ pi. (9) נוּא hi. (10) סוּר hi. (11) עָמַר hithp. (12) פָּשַׁע (13) שָׁנָה pi. (14) שׁוּב מִן (15) שָׁמַע (16) שִׁקֵּר pi. (17) שְׂנָא pa.
Ex. 21. 8. ὅτι ἠθέτησεν ἐν αὐτῇ (1)
De. 21. 14. οὐκ ἀθετήσεις αὐτήν (11)
Ju. 9. 23. ἠθέτησαν ἄνδρες Σ. (1)
I Ki. 2. 17. ὅτι ἠθέτουν τὴν θυσίαν κυρίου (8)
13. 3. B ἠθετήκασιν οἱ δοῦλοι (15)
III Ki. 8. 50. τὰ ἀθετήματα αὐτῶν ἃ ἠθέτησάν σοι (12)
12. 19. ἠθέτησεν Ἰσραὴλ εἰς τὸν οἶκον Δαυίδ (12)
IV Ki. 1. 1. ἠθέτησε Μωὰβ ἐν Ἰσραήλ (12)
3. 5. ἠθέτησε βασ. Μωὰβ ἐν βασιλεῖ Ἰσραήλ (12)
— 7. βασιλεὺς Μωὰβ ἠθέτησεν ἐν ἐμοί (12)
8. 20, 22. ἠθέτησεν Ἐδὼμ ὑποκάτωθεν χειρὸς Ἰ. (12)
— 22. ἠθέτησε Λοβνὰ ἐν τῷ καιρῷ ἐκείνῳ (12)
18. 7. ἠθέτησεν ἐν τῷ βασιλεῖ Ἀσσυρίων (7)
— 20. τίνι πεποιθὼς ἠθέτησας ἐν ἐμοί (7)
24. 1. ἐπέστρεψε καὶ ἠθέτησεν ἐν [A om.] αὐτῷ (7)
— 20. ἠθέτησε Σεδεκίας ἐν τῷ βασιλεῖ Βαβ. (7)
I Ch. 2. 7. ὃς ἠθέτησεν εἰς τὸ ἀνάθεμα (5)
5. 25. καὶ ἠθέτησαν ἐν θεῷ πατέρων αὐτῶν (5)
II Ch. 10. 19. ἠθέτησεν Ἰσραὴλ ἐν τῷ οἴκῳ Δαυίδ (12)
36. 13. ἀθετῆσαι ἃ ὥρκισεν αὐτὸν κατὰ τοῦ θ. (7)
— 14. τοῦ ἀθετῆσαι ἀθετήματα βδελ. ἐθνῶν (5)
Ne. 1. 8. S¹ ἐὰν ἀθετήσητε [A B ἀσυνθ.] (5)
Ju. 14. 18. ἠθέτησαν οἱ δοῦλοι
16. 6. κύριος παντοκρ. ἠθέτησεν αὐτούς
Es. 2. 15. οὐδὲν ἠθέτησεν (2)
Ps. 14 (15). 4. ὀμνύων τῷ πλ. αὐτοῦ καὶ οὐκ ἀθετῶν (4)
32 (33). 10. ἀθετεῖ δὲ λογισμοὺς λαῶν καὶ ἀθετεῖ βουλὰς ἀρχόντων [S¹ om. καὶ . . . ἀρχ.] (9, –)
77 (78). 57. S² καὶ ἠθέτησαν [B ἠσυνθέτησαν] (1)
88 (89). 34. τὰ ἐκπορευόμενα . . . οὐ μὴ ἀθετήσω (13)
131 (132). 11. καὶ οὐ μὴ ἀθετήσει αὐτήν (14)
Pr. 11. 3. A ὑποσκελισμὸς ἀθετούντων (1)
Wi. 5. 1. τῶν ἀθετούντων τοὺς πόνους αὐτοῦ
Is. 1. 2. αὐτοὶ δέ με ἠθέτησαν (12)
21. 2. ὁ ἀθετῶν ἀθετεῖ (1, 1)
24. 16. οὐαὶ τοῖς ἀθετοῦσιν, οἱ ἀθετοῦντες [S ἀθοῦντες] τὸν νόμον (1, 1)
27. 4. διὰ τὴν πολ. ταύτην ἠθέτηκα αὐτήν †
31. 2. ὁ λόγος αὐτοῦ οὐ μὴ ἀθετηθῇ (10)
33. 1. ὁ ἀθετῶν ὑμᾶς [A ὑμῖν] οὐκ ἀθετεῖ· ἁλώσονται οἱ ἀθετοῦντες (1 ter)
48. 8. ἀθετῶν ἀθετήσεις (1, 1)
63. 8. τέκνα οὐ μὴ ἀθετήσωσι (16)
Je. 3. 20. ὡς ἀθετεῖ γυνὴ εἰς τὸν συνόντα αὐτῇ, οὕτως ἠθέτησεν εἰς ἐμὲ ὁ οἶκος Ἰσραήλ (1, 1)
5. 11. ἀθετῶν ἠθέτησεν εἰς ἐμέ (1, 1)
9. 2. πάντες μοιχῶνται σύνοδος ἀθετούντων (1)
12. 1. οἱ ἀθετοῦντες ἀθετήματα [A -ήσει] (1)
— 6. οὗτοι [A om.] ἠθέτησάν σε (1)
15. 16. ὑπὸ τῶν ἀθετούντων τοὺς λόγους σου (6)
La. 1. 2. ἠθέτησαν ἐν αὐτῇ [S ἠ. αὐτήν] (1)
Ez. 2. 3. A ἠθέτησαν ἐν ἐμοί (12)
22. 26. οἱ ἱερεῖς αὐτῆς ἠθέτησαν νόμον μου (3)
39. 23. ἀνθ' ὧν ἠθέτησαν εἰς ἐμέ (5)
Da. LXX. 3. 28 (95). τὴν γὰρ προσταγὴν τοῦ β. ἠθέτησαν (17)
Da. Th. 9. 7. ᾗ ἠθέτησαν [A ἠ. σε] (5)
I Ma. 6. 62. ἠθέτησε τὸν ὁρκισμόν [S¹ ὁρισμόν]
11. 36. οὐκ ἀθετήσεται οὐδὲ ἓν τούτων
14. 44. οὐκ ἐξέσται . . . ἀθετῆσαί τι τούτων
— 45. ὃς δ' ἂν . . . ἀθετήσῃ τι τούτων
15. 27. ἠθέτησε πάντα ὅσα συνέθετο αὐτῷ
II Ma. 13. 25. ἀθετοῦσι τὰς διαστάλσεις
14. 28. εἰ τὰ διεσταλμένα ἀθετήσει [A ἀθέτησιν]
[Aq. Ps. 24 (25). 3: Pr. 18. 19: Is. 24. 16 *bis*.]
[Sm. Ps. 24 (25). 3: 36 (37). 38: 118 (119). 158: Is. 21. 2 *bis*: 24. 16 *bis*: 33. 1 *quater*: 53. 12.]
[Th. Pr. 11. 3: Is. 24. 16: Ez. 2. 3: Ze. 3. 1.]
[Quint. Ps. 118 (119). 158.]

ἀθέτημα. (1) בֶּגֶד (2) מַעַל (3) פֶּשַׁע
III Ki. 8. 50. κατὰ πάντα τὰ ἀ. ἃ ἠθέτησάν σοι (3)
II Ch. 36. 14. τοῦ ἀθετῆσαι ἀθετήματα βδελ. ἐθνῶν (2)
Je. 12. 1. πάντες οἱ ἀθετοῦντες ἀθετήματα [A -ήσει] (1)

ἀθέτησις. (1) בֶּגֶד (2) פֶּשַׁע (3) רָעָה (4) מַעַל
I Ki. 24. 12. οὐδὲ ἀσέβεια καὶ ἀ. [A ἀ. οὐδὲ ἀσ.] (2, [3])
Je. 12. 1. A οἱ ἀθετοῦντες ἀθετήσει [B -ήματα, S -ημα] (1)
Da. Th. 9. 7. A ἐν ἀθετήσει [B ἀθεσίᾳ] αὐτῶν (4)
II Ma. 14. 28. A εἰ τὰ διεσταλμένα ἀθέτησιν [R ἀθετήσει]

ἀθετίζειν. (1) בָּגַד
● Ju. 9. 23. R ἠθέτισαν [A B ἠθέτησαν] ἄνδρες Σ. (1)

ἀθεώρητος.
Wi. 17. 19. σκιρτώντων ζῴων δρόμος ἀ.

ἄθικτος.
[Sm. Le. 8. 9: 21. 12.]

ἀθλητής.
IV Ma. 6. 10. καθάπερ γενναῖος ἀ. τυπτόμενος
17. 15. τοὺς ἑαυτῆς ἀ. στεφανοῦσα
— 16. τοὺς τῆς θείας νομοθεσίας ἀ.

ἄθλιος.
III Ma. 5. 37. ποσάκις σοι δεῖ . . . ἀθλιώτατε
— 49. τὸ τέλος τῆς ἀθλιωτάτης προσδοκίας

ἆθλον.
Wi. 4. 2. τὸν τῶν ἀμιάντων ἀ. ἀγῶνα
IV Ma. 9. 8. τὰ τῆς ἀρετῆς ἀ. οἴσομεν [S ἕξομεν]

ἀθλοθετεῖν [A ἀθλοτεῖν].
IV Ma. 17. 12. ἠθλοθέτει γὰρ τότε ἀρετή

ἀθλοφόρος.
IV Ma. 15. 29. τοῦ διὰ σπλάγχνων ἀγῶνος ἀθλοφόρε
18. 23. οἱ ἀβραμιαῖοι παῖδες σὺν τῇ ἀ. μητρί
— 23. S ψυχὰς ἁγνὰς καὶ ἀ. [A R ἀθανάτους]

● = correction on page xxiii

ἀθουκιείμ (A), **ἀθουκιείν** (B). (1) עַתִּיקִים
I Ch. 4. 22. καὶ ἀπέστρεψεν αὐτοὺς ἀβεδηρὶν ἀ. (1)

ἀθροίζειν. (1) נָגַר hi. (2) קָבַץ *a.* qal. *b.* ni. *c.* pi. (3) קָהַל ni.
Ge. 49. 2. A ἀθροίσθητε [B συνάχθητε] καὶ ἀκούσατε (2*b*)
Nu. 20. 2. ἠθροίσθησαν [A συνηθρ-] ἐπὶ Μωυσῆν (3)
I Ki. 7. 5. ἀθροίσατε παντα Ἰσραὴλ εἰς Μασσ. (2*a*)
IV Ki. 6. 24. ἤθροισεν . . . πᾶσαν τὴν παρεμβολήν (2*a*)
I Ch. 16. 35. R καὶ ἄθροισον ἡμᾶς (2*c*)
Je. 18. 21. ἄθροισον αὐτοὺς εἰς χεῖρας μαχαίρας (1)
Ez. 36. 24. ἀθροίσω ὑμᾶς ἐκ πασῶν τῶν γαιῶν (2*c*)
I Ma. 3. 13. ἤθροισεν Ἰ. ἄθροισμα καὶ ἐκκλησίαν
— 44. A ἠθροίσθησαν [S -θη, R συνηθροίσθη] ἡ συναγωγή
9. 28. ἠθροίσθησαν πάντες οἱ φίλοι Ἰούδου
11. 1. ὁ βασιλεὺς Αἰγ. ἤθροισε δυνάμεις πολλάς
— 60. ἠθροίσθησαν πρὸς αὐτὸν πᾶσαι αἱ δυν.
13. 2. ἤθροισε τὸν λαόν
14. 30. A R ἤθροισεν Ἰων. τὸ ἔθνος αὐτῶν
III Ma. 1. 20. εἰς τὸ παν. ἱερὸν ἠθροίζοντο
6. 25. ἕκαστον ἀλόγως ἤθροισεν ἐνθάδε
[**Aq.** Is. 13. 14 : 34. 15 : 54. 7.]
[**Sm.** Jd. 4. 7 : Ps. 34 (35). 15 : 40 (41). 7 : 46 (47). 10 : Ec. 2. 8, 26 : Is. 24. 22 : 34. 15 : 54. 7 : Ez. 20. 34 : 22. 21.]
[**Th.** Is. 34. 15 : Je. 12. 3 : 29. 14 : Ez. 20. 34.]
[**Al.** Ge. 49. 2.]

ἄθροισμα.
I Ma. 3. 13. ἤθροισεν Ἰούδας ἄ. καὶ ἐκκλησίαν

ἀθροισμός.
[**Aq.** Ps. 29 (30). 6.]
[**Sm.** Ps. 30 (31). 14 : Is. 24. 22.]

ἀθρόος.
III Ma. 5. 14. ἀθρόους τοὺς κλητοὺς ἰδών
[**Aq.** Jb. 20. 5 : Ps. 34 (35). 20.]

ἀθρόως.
[**Aq.** Ps. 6. 11.]

ἀθυμεῖν (ἀθυμοῦν). (1) אֶבְיוֹן (2) חָרָה (3) כָּעַס hi. (4) רָעַם hi. (5) רַגָּז
De. 28. 65. A καρδίαν ἀθυμοῦσαν [B ἑτέραν ἀπειθοῦσαν] (5)
I Ki. 1. 6. ἠθύμει διὰ τοῦτο (4)
— 7. ἠθύμει καὶ ἔκλαιε καὶ οὐκ ἤσθιε (3)
15. 11. ἠθύμησε Σαμουὴλ καὶ ἐβόησε πρὸς κ. (2)
II Ki. 6. 8. ἠθύμησε [A -ωσε] Δαυὶδ ὑπὲρ οὗ διέκ. (2)
I Ch. 13. 11. ἠθύμησε Δαυὶδ ὅτι διέκοψε κύριος (2)
Ju. 7. 22. ἠθύμησεν τὰ νήπια αὐτῶν
Si. 35 (32). 11. A καὶ μὴ ἀθύμει [B S ῥαθ-]
Is. 25. 4. τοῖς ἀθυμήσασι δι' ἔνδειαν (1)
Je. 30. 12 (49. 23). S[1] ἠθυμώθησαν [A B ἐθ.] †
I Ma. 4. 27. συνεχύθη καὶ ἠθύμει
[**Sm.** Jb. 30. 28 : Ps. 101 (102). 1.]
[**Al.** Nu. 22. 3.]

ἀθυμία. (1) זַלְעָפָה (2) כַּעַס
I Ki. 1. 6. κατὰ τὴν ἀ. τῆς θλίψεως αὐτῆς (2)
— 16. A ἐκ πλήθους ἀδολεσχίας μου καὶ ἀθυμίας [B *om.* κ. ἀ.] (2)
Ps. 118 (119). 53. ἀθυμία κατέσχε με (1)
II Ma. 10. 13. R ὑπ' ἀθυμίας [A *om.*] φαρμακεύσας ἑαυτόν
[**Sm.** Ez. 7. 25 : 23. 33.]

ἀθυμοῦν, see **ἀθυμεῖν.**

ἄθυτος. (1) פִּגּוּל
Le. 19. 7. ἄθυτόν ἐστιν, οὐ δεχθήσεται (1)

ἀθῷος. (1) מִלְחָמָה (2) נָקָה *a.* ni. *b.* pi. (3) נָקִי (4) נִקָּיוֹן (5) תָּמִים (6) תָּמַם hithp.
Ge. 24. 41. R τότε ἀ. ἔσῃ ἀπὸ [A ἐκ] τῆς ἀρᾶς μου (2*a*)
— 41. ἔσῃ ἀ. ἀπὸ τοῦ ὁρκισμοῦ μου (3)
Ex. 21. 19. ἀ. ἔσται ὁ πατάξας (2*a*)
— 28. ὁ δὲ κύριος τοῦ ταύρου ἀ. ἔσται (3)
23. 7. ἀθῷον καὶ δίκαιον οὐκ ἀποκτενεῖς (3)
Nu. 5. 19. ἀθῷα ἴσθι ἀπὸ τοῦ ὕδατος τοῦ ἐλεγμοῦ (2*a*)
Nu. 5. 28. ἀθῷα ἔσται καὶ ἐκσπερματιεῖ σπέρμα (2*a*)
— 31. ἀθῷος ἔσται ὁ ἄνθρωπος ἀπὸ ἁμαρτίας (2*a*)
32. 22. ἔσεσθε ἀθῷοι ἔναντι κ. (3)
De. 24. 5. ἀ. ἔσται ἐν τῇ οἰκίᾳ αὐτοῦ (3)
27. 25. πατάξαι ψυχὴν αἵματος ἀθῴου (3)
Jo. 2. 17. ἀθῷοί ἐσμεν τῷ ὅρκῳ σου τούτῳ (3)
— 19. ἡμεῖς δὲ ἀθῷοι τῷ ὅρκῳ σου τούτῳ (3)
— 20. ἐσόμεθα ἀθῷοι τῷ ὅρκῳ σου τούτῳ (3)
Ju. 15. 3. A ἀ. εἰμι [B ἀθῴωμαι καὶ] τὸ ἅπαξ ἀπὸ ἀλλ. (2*a*)
I Ki. 19. 5. ἁμαρτάνεις εἰς αἷμα ἀ. θανατῶσαι (3)
25. 26. τοῦ μὴ ἐλθεῖν εἰς αἷμα ἀ. –
— 31. ἐκχέαι αἷμα ἀ. δωρεάν –
II Ki. 3. 28. ἀ. εἰμι . . . ἀπὸ κυρίου (3)
14. 9. ὁ βασιλεὺς καὶ ὁ θρόνος αὐτοῦ ἀθῷος (3)
III Ki. 2. 5. A ἔδωκεν αἷμα ἀ. (1)
IV Ki. 21. 16. αἷμα ἀ. ἐξέχεε Μαν. πολὺ σφόδρα (3)
24. 4. αἷμα ἀ. ἐξέχεε καὶ ἔπλησε τὴν Ἱερουσαλὴμ αἵματος ἀ. (3, 3)
II Ch. 36. 5. A R καὶ ἐν αἵματι ἀ. ᾧ ἐξέχεεν Ἰ. καὶ ἔπλησε [B ἐνέπλ.] τὴν Ἱερ. αἵματος ἀ. –, –
Es. 8. 13. μετόχους αἱμάτων ἀ. [A μεταγνοῦσα μετὰ τῶν ἀ.]
Jb. 9. 28. οὐκ ἀθῷόν με ἐάσεις (2*b*)
10. 14. ἀπὸ δὲ ἀνομίας οὐκ ἀθῷόν με πεποίηκας [A ἐάσεις] (2*b*)
12. 5. μηδεὶς πεποιθέτω πονηρὸς ὢν ἀθῷος ἔσεσθαι †
22. 30. ῥύσεται ἀθῷον (3)
Ps. 9. 29 (10. 8). ἐγκάθηται . . . ἀποκτεῖναι ἀθῷον (3)
14 (15). 5. δῶρα ἐπ' ἀθῴοις οὐκ ἔλαβεν (3)
17 (18). 25. μετὰ ἀνδρὸς ἀ. ἀθῷος ἔσῃ (5, 6)
23 (24). 4. ἀθῷος χερσὶ καὶ καθαρὸς τῇ καρδίᾳ (3)
25 (26). 6. νίψομαι ἐν ἀθῴοις τὰς χεῖράς μου (4)
72 (73). 13. ἐνιψάμην ἐν ἀθῴοις τὰς χεῖράς μου (4)
93 (94). 21. αἷμα ἀθῷον καταδικάσονται (3)
105 (106). 38. ἐξέχεαν αἷμα ἀθῷον (3)
Si. 7. 8. ἐν γὰρ τῇ μιᾷ οὐκ ἀθῷος ἔσῃ
11. 10. S οὐκ ἀθῷος ἔσῃ [A B ἀθῳωθήσῃ]
Na. 1. 3. ἀθῷον [A S[2] -ῶν] οὐκ ἀθῳώσει κ. (2*b*)
Je. 2. 34. εὑρέθησαν αἵματα ψυχῶν ἀθῴων (3)
— 35. εἶπας, ἀθῷός εἰμι (2*a*)
7. 6. αἷμα ἀθῷον μὴ ἐκχέητε (3)
19. 4. ἔπλησαν τὸν τόπον τ. αἱμάτων ἀθῴων (3)
22. 3. αἷμα ἀθῷον μὴ ἐκχέητε (3)
— 17. εἰς τὸ αἷμα τὸ ἀ. τοῦ ἐκχέειν αὐτό (3)
26 (46). 28. ἀθῷον [S -ῳῶν] οὐκ ἀθῳώσω σε (2*b*)
33 (26). 15. αἷμα ἀθῷον δίδοτε ἐφ' ὑμᾶς (3)
Da. LXX. Sus. 53. τὸν μὲν ἀ. κατέκρινας
53. λέγοντος, ἀθῷον καὶ δίκαιον οὐκ ἀποκτενεῖς
Da. TH. Sus. 46. ἀ. [A καθαρὸς] ἐγὼ ἀπὸ τοῦ αἵμ. ταύτης
53. τοὺς μὲν ἀ. κατακρίνων
53. ἀθῷον καὶ δίκαιον οὐκ ἀποκτενεῖς
I Ma. 1. 37. ἐξέχεαν αἷμα ἀ.
II Ma. 1. 8. ἐξέχεαν αἷμα ἀ.
7. 19. σὺ δὲ μὴ νομίσῃς ἀθῷος ἔσεσθαι
[**Aq.** Dt. 19. 10 : Jb. 27. 17 : Pr. 1. 11 : 6. 17.]
[**Th.** Jd. 15. 3 : Jb. 27. 17 : Da. (13). 53.]

ἀθῳότης.
[**Aq.** Ps. 25 (26). 6.]

ἀθῳοῦν. (1) כִּפֶּר pi. (2) נָקָה *a.* qal. *b.* ni. *c.* pi.
Ju. 15. 3. ἠθῴωμαι καὶ τὸ ἅπαξ ἀπὸ ἀλλοφ. [A *al.*] (2*b*)
I Ki. 26. 9. τίς ἐποίσει χεῖρα . . . καὶ ἀθῳωθήσεται (2*b*)
III Ki. 2. 9. καὶ οὐ μὴ ἀθῳώσῃς αὐτόν (2*c*)
3. 1 (2. 9). καὶ νῦν μὴ ἀθῳώσῃς αὐτόν (2*c*)
Pr. 6. 29. ὁ εἰσελθὼν πρὸς γ. ὕπ. οὐκ ἀθῳωθήσεται (2*b*)
16. 5. χεῖρας ἐμβαλὼν ἀδ. οὐκ ἀθῳωθήσεται (2*b*)
17. 5. ὁ δὲ ἐπιχαίρων ἀπολ. οὐκ ἀθῳωθήσεται (2*b*)
Wi. 1. 6. οὐκ ἀθῳώσει βλάσφημον
Si. 11. 10. A B οὐκ ἀθῳωθήσῃ [S[1] ἀθῷος ἔσῃ]
12. 12. B[2] ἐν γὰρ μιᾷ οὐκ ἀθῳωθήσῃ
16. 11. θαυμαστὸν τοῦτο εἰ ἀθῳωθήσεται
■ Jl. 3. 21. καὶ οὐ μὴ ἀθῳώσω (2*c*)
Na. 1. 3. A S[2] ἀθῳῶν [B -ῷον] οὐκ ἀθῳώσει κύριος (2*c*, 2*c*)
Je. 15. 15. ἀθῴωσόν με ἀπὸ [S ἐκ] τῶν καταδιωκ. (2*b*)
18. 23. μὴ ἀθῳώσῃς τὰς ἀδικίας αὐτῶν (1)
Je. 26 (46). 28. S ἀθῳῶν [A B -ῷον] οὐκ ἀθῳώσω σε (2*c*, 2*c*)
29 (49). 12. σὺ ἀθῳωμένη οὐ μὴ ἀθῳωθῇς (2*a*, 2*b*)
[**Aq.** Dt. 5. 11 : Jb. 10. 14 : Pr. 19. 5 : 28. 20 : Ho. 8. 5.]
[**Sm.** Pr. 19. 5.]
[**Th.** Jb. 10. 14 : Pr. 19. 5 : Je. 30 (37). 11 *bis* : 49. 12 (29. 13).]
[**Al.** Nu. 5. 28 : Pr. 28. 20.]

αἴγαγρος.
[**Al.** Dt. 14. 5.]

αἴγειος. (1) עֵז
Ex. 25. 5; 35. 6. καὶ τρίχας αἰ. (1)
35. 26. ἔνησαν τὰς τρίχας τὰς αἰ. [A ἁγίας] (1)
Nu. 31. 20. πᾶσαν ἐργασίαν ἐξ αἰγείας (1)
[**Aq.** **Th.** Ex. 35. 23.]
[**Al.** Ex. 26. 7.]

αἰγιαλός. (1) חוֹף
● Ju. 5. 17. A παρῴκησεν παρ' αἰγιαλὸν θαλασσῶν (1)
Si. 24. 14. ὡς φοῖνιξ ἀνυψώθην ἐν αἰγιαλοῖς [S[2] *al.*]

αἰγίδιον. (1) גְּדִי
I Ki. 10. 3. ἕνα αἴροντα τρία αἰγίδια (1)

αἰδεῖσθαι. (1) נָכַר hi.
Ju. 9. 3. ᾗ ᾐδέσατο τὴν ἀπάτην αὐτῶν [A[1] S *om.*]
■ Pr. 24. 23 (38). B αἰδεῖσθαι [A αἴδεσθαι] πρόσωπον ἐν κρίσει (1)
I Ma. 4. 8. S τὸ ὅρμημα αὐτῶν μὴ αἰδεσθῆτε [A R δειλωθῆτε]
II Ma. 4. 34. οὐκ αἰδεσθεὶς τὸ δίκαιον
IV Ma. 5. 6. αἰδοῦμαι γάρ σου τὴν ἡλικίαν
12. 11. οὐκ ᾐδέσθης . . . κατακτεῖναι
— 13. οὐκ ᾐδέσθης . . . γλωττοτομῆσαι

αἴδεσθαι. (1) נָכַר hi.
Pr. 24. 23 (38). A αἴδεσθαι [B -εῖσθαι] πρόσωπον (1)

αἰδέσιμος.
[**Sm.** Is. 9. 15 (14).]

αἰδήμων.
II Ma. 15. 12. αἰδήμονα μὲν τὴν ἀπάντησιν
IV Ma. 8. 3. ἑπτὰ ἀδελφοὶ, καλοί τε καὶ αἰδήμονες

ἀΐδιος.
Wi. 7. 26. ἀπαύγασμα γάρ ἐστι φωτὸς ἀϊδίου
IV Ma. 10. 15. S τὸν ἀ. [A R ἀοίδιμον] τῶν εὐσεβῶν βίον

αἰδοῖον. (1) זִרְמָה
Ez. 23. 20. αἰδοῖα ἵππων τὰ αἰ. αὐτῶν (1, 1)

αἰδώς.
III Ma. 1. 19. τὴν ἁρμόζουσαν αἰδῶ παραλείπουσαι
4. 5. ἁπάσης αἰδοῦς ἄνευ
[**Al.** Lev. 18. 7 : 20. 11.]

αἰθάλη. (1) פִּיחַ
Ex. 9. 8. πλήρεις τὰς χεῖρας αἰθάλης καμιναίας (1)
— 10. ἔλαβε [A ἔλαβον] τὴν αἰ. τῆς καμιναίας (1)
[**Aq.** Is. 33. 11.]

αἰθῆ.
III Ki. 1. 9. μετὰ αἰ. [A παρὰ τὸν λίθον] τοῦ Ζ. †

αἰθήρ.
[**Sm.** Dt. 33. 26 : Jb. 36. 28 : 37. 18, 21 : Ps. 35 (36). 6 : 76 (77). 18 : 88 (89). 7 : Pr. 8. 28 : Je. 51 (28). 9.]

αἰθρίζειν. (1) בִּנְיָן
Ez. 41. 12. B τὸ αἰθρίζον [A R διορίζον] κατὰ πρόσ. (1 ?)

αἴθριος. (1) מִפְתָּן (2) פָּנִים
I Es. 9. 11. καὶ οὐκ ἰσχύσομεν στῆναι αἴθριοι
Jb. 2. 9. κάθησαι διανυκτερεύων αἴθριος –
Ez. 9. 3; 10. 4. εἰς τὸ αἴ. τοῦ οἴκου (1)
10. 18. ἀπὸ τοῦ αἰ. [B *om.* τοῦ αἰ.] τοῦ οἴκου (1)
40. 14. τὸ αἴ. τοῦ αἰλὰμ τῆς πύλης –
— 15. τὸ αἴ. τῆς πύλης ἔξωθεν εἰς τὸ αἴ. αἰλὰμ [A τῆς πύλης τοῦ αἰλ.] τῆς πύλ. ἐσ. (2, 2)
— 19. ἀπὸ τοῦ αἰ. τῆς πύλης τῆς ἐξωτέρας

● = correction on page xxiii ■ = correction on page xxvii

ἔσωθεν ἐπὶ τὸ αἰ. τῆς πύλης τῆς βλ. ἔξω (2, 2)
Ez. 47. 1. ὑποκάτωθεν τοῦ αἰ. [A αἰ. τοῦ οἴκου] (1)
[Th. Ez. 9. 3.]

αἰϊούμ.

[Hebr. Ps. 35 (36). 10.]

αἰκία.

II Ma. 7. 42. τὰς ὑπερβαλλούσας αἰ.
III Ma. 4. 14. στρεβλωθέντας ταῖς παρηγγελμέναις αἰ.
6. 26. ἀθέσμοις [A -ως] περιέβαλεν αἰκίαις

αἰκίζεσθαι.

II Ma. 7. 1. μάστιξι καὶ νευραῖς αἰκιζομένους
— 13. ἐβασάνιζον αἰκιζόμενοι
— 15. τὸν πέμπτον προσάγοντες ᾐκίζοντο
8. 28. τοῖς ᾐκισμένοις . . . μερίσαντες
— 30. ἰσομοίρους ἑαυτοὺς καὶ τοῖς ᾐκισμένοις
III Ma. 5. 42. ἐν γόνασι καὶ ποσὶ θηρίων ᾐκισμένους
IV Ma. 1. 11. θαυμασθέντες . . . ὑπὸ τῶν αἰκισαμένων
6. 16. διὰ τῆς συμβουλίας αἰκισθείς

αἰκισμός.

II Ma. 8. 17. τὸν τῆς ἐμπεπαιγμένης πόλεως αἰ.
IV Ma. 6. 9. διεκαρτέρει τοὺς αἰ.
7. 4. αἰκισμοῖς τε καὶ στρέβλαις πυρπολ.
14. 1. ἐπὶ τὸν αἰ. ἐποτρύνοντες
15. 19. τοὺς ὀφθαλμοὺς . . . ὁρῶντας τὸν αὐτὸν αἰ.

αἰλ. (1) אַיִל

Ez. 40. 48. διεμέτρησε τὸ αἰλ τοῦ αἰλάμ [A διεμ. τὸ αἰλάμ] (1)
41. 3. διεμέτρησε τὸ αἰλ [A αἰλὰμ] τοῦ θυρώματος (1)
[Th. Ez. 41. 3.]

αἰλάμ, αἰλαμμείν. (1) *a.* אוּלָם *b.* אֵלָם (2) אַיִל (3) אֵילָם (4) סַף

III Ki. 6. 3. καὶ τὸ αἰ. κατὰ πρόσωπον τοῦ ναοῦ (1 *a*)
— 36. B τὸ καταπ. τῆς αὐλῆς τοῦ αἰ. τοῦ οἴκου –
7. 15. τῷ [B τὸ] αἰ. τοῦ οἴκου –
— 21. ἔστησε τοὺς στύλους τοῦ αἰ. τοῦ ναοῦ (1 *b*)
— 19. ἔργον κρίνου κατὰ τὸ αἰ. (1 *a*)
— 6. καὶ τὸ αἰ. τῶν στύλων (1 *a*)
— 6. αἰ. ἐπὶ πρόσωπον αὐτῶν (1 *a*)
— 6. ἐπὶ πρόσωπον αὐτῆς τοῖς αἰλαμμείν –
— 7. τὸ αἰ. τῶν θρόνων οὗ κρινεῖ ἐκεῖ αἰ. τοῦ κριτηρίου (1 *a*, 1 *b*)
— 8. κατὰ τὸ αἰ. τοῦτο (1 *a*)
— 12. A τοῦ αἰ. τοῦ οἴκου τοῦ κατὰ πρ. τοῦ ναοῦ (1 *b*)
II Ch. 3. 4. καὶ αἰ. κατὰ πρόσωπον τοῦ οἴκου (1 *a*)
Ez. 8. 16. ἀνὰ μέσον τῶν αἰ. (1 *a*)
40. 6. τὸ αἰ. τῆς πύλης (4)
— 7. τὸ αἰ. ἀνὰ μέσον τοῦ θεηλάθ [A θεε] – ?
— 7. καὶ τὸ αἰ. πηχέων πέντε (1 *a* ?)
— 9. καὶ τὸ αἰ. τοῦ πυλῶνος πλησίον τοῦ αἰ. τῆς πύλης (1 *b*, –)
— 9. A διεμέτρησεν τὸ αἰ. τῆς πύλης (1 *b*)
— 9. καὶ τὰ [A τὸ] αἰ. τῆς πύλης ἔσωθεν (1 *b*)
— 10. μέτρον ἐν τοῖς [A τῷ] αἰ. ἔνθεν καὶ ἔνθεν (2)
— 14. τὸ αἴθριον τοῦ αἰ. τῆς πύλης (2)
— 15. τὸ αἴθριον αἰ. [A τῆς πύλης τοῦ αἰ.] τῆς π. (1 *b*)
— 16. B ἐπὶ τὰ αἰ. [A *om.* ἐ. τ. αἰ.] ἔσωθεν τῆς π. (2)
— 16. ὡσαύτως τοῖς αἰ. θυρίδας κύκλῳ ἔσωθεν, καὶ ἐπὶ τὸ αἰ. φοίνικες (3, 2)
— 22. B[1] καὶ τὰ αἰ. [A R αἰλαμμών] (3)
— 25. καθὼς αἱ θυρίδες τοῦ αἰ. †
— 30. πήχεις εἴκοσι πέντε τοῦ αἰ. [A *om.* τοῦ αἰ.] (3)
— 39. A ἐν δὲ τῷ αἰ. τῆς πύλης (1 *b*)
— 40. τοῦ αἰ. τῆς πύλης δύο τράπεζαι (1 *b*)
— 48. εἰσήγαγέ με εἰς τὸ αἰ. τοῦ οἴκου· καὶ διεμέτρησε τὸ αἰλ τοῦ αἰ. [A διεμ. τὸ αἰ.] (1 *b*, 1 *b*)
— 48. καὶ ἐπωμίδες τῆς θύρας τοῦ αἰ. –
— 49. τὸ μῆκος τοῦ αἰ. (1 *b*)
— 49. στῦλοι ἦσαν ἐπὶ τὸ [A τὰ] αἰ. (2)
41. 1. διεμέτρησε τὸ αἰ. (2)
— 1. τὸ εὖρος τοῦ αἰ. ἔνθεν †
— 3. διεμέτρησε τὸ αἰ. [B αἰλ] τοῦ θυρώματος (2)
— 15. αἱ γωνίαι καὶ τὸ αἰ. τὸ ἐξώτερον (1 *b*)
— 25. κατὰ πρόσωπον τοῦ αἰ. ἔξωθεν (1 *a*)
— 26. εἰς τὰ ὀροφώματα τοῦ αἰ. (1 *a*)
Ez. 44. 3. κατὰ τὴν ὁδὸν αἰ. τῆς πύλης (1 *a*)
46. 2, 8. κατὰ τὴν ὁδὸν τοῦ αἰ. τῆς πύλης (1 *a*)
[Aq. Th. Ez. 8. 16.]

▶ **αἰλαμμώθ.** (1) אֵילָם (2) אַיִל

Ez. 40. 24. καὶ τὰ αἰλεῦ [B ἐλεῦ] καὶ τὰ αἰ. [B -ών] (1)
— 25. καὶ τὰ αἰ. [B -ὼν] κυκλόθεν (1)
— 26. καὶ αἰ. [B -ὼν] ἔσωθεν (1)
— 30. καὶ τὰ αἰ. [B -ών] (1)
— 30. καὶ τὰ [B τῷ] αἰ. [B -ὼν] κύκλῳ (1)
— 31. A καὶ αἰ. κύκλῳ (1)
— 33. καὶ τὰ αἰ. [B -ών] (1)
— 33. καὶ αἰ. [B -ὼν] κύκλῳ (1)
— 34. αἰ. [B -ὼν] εἰς τὴν αὐλὴν τὴν ἐσωτέραν (1)
● — 36. καὶ τὰ αἰλεῦ καὶ τὰ αἰ. [B -ών] (1)
— 36. καὶ τὸ [B τῷ] αἰ. [B -ὼν] αὐτῆς –
— 37. καὶ [B καὶ τὰ] αἰ. [B -ὼν] εἰς τὴν αὐλήν (2)
— 38. καὶ τὰ αἰ. [B -ὼν] αὐτῆς (2)

αἰλαμμών. (1) *a.* אֵילָם *b.* אֵלָם (2) אַיִל

Ez. 40. 21. καὶ τὰ [A τὸ] αἰ. καὶ τοὺς φοίνικας (1 *b*)
— 22. καὶ τὰ αἰ. καὶ οἱ φοίνικες αὐτῆς (1 *a*)
— 22. καὶ τὰ αἰ. ἔσωθεν (1 *a*)
— 24. καὶ τὰ αἰλεῦ [B ἐλεῦ] καὶ τὰ αἰ. [A -ώθ] (1 *a*)
— 25. καὶ τὰ αἰ. [A -ὼθ] κυκλόθεν (1 *a*)
— 26. καὶ αἰ. [A -ὼθ] ἔσωθεν (1 *a*)
— 30. καὶ τὰ αἰ. [A -ώθ] (1 *b*)
— 30. καὶ τῷ [A τὰ] αἰλαμμὼν [A -ὼθ] κύκλῳ (1 *b*)
— 31. καὶ αἰ. [B *om.* καὶ αἰ.] εἰς τὴν αὐλήν (1 *a*)
— 33. καὶ τὰ αἰ. [A -ώθ] (1 *b*)
— 33. καὶ αἰ. [A -ὼθ] κύκλῳ (1 *b*)
— 34. αἰ. [A -ὼθ] εἰς τὴν αὐλὴν τὴν ἐσωτέραν (1 *b*)
— 36. καὶ τὰ αἰλεῦ καὶ τὰ αἰ. [A -ώθ] (1 *b*)
— 36. καὶ τὸ [B τῷ] αἰ. [A -ὼθ] αὐτῆς –
— 37. καὶ τὰ [A *om.*] αἰ. [A -ὼθ] εἰς τὴν αὐλήν (2)
— 38. καὶ τὰ αἰ. [A -ὼθ] αὐτῆς (2)

αἰλεού. (1) אַיִל

Ez. 40. 21. καὶ τὰ αἰ. [B αἰλεῦ] καὶ τὰ [A τὸ] αἰλαμμών (1)

αἰλεῦ. (1) אַיִל

Ez. 40. 9. καὶ τὰ [A τὸ] αἰ. (1)
— 21. καὶ τὰ αἰ. [A αἰλεοὺ] καὶ τὰ [A τὸ] αἰλαμμών (1)
— 24. A καὶ τὰ αἰ. [B ἐλεῦ] (1)
— 26. εἰς ἔνθεν καὶ εἰς ἔνθεν ἐπὶ τὰ αἰ. (1)
— 29. καὶ τὰ θεὲ καὶ τὰ αἰ. (1)
— 31. καὶ φοίνικες τῷ αἰ. (1)
— 33. καὶ τὰ θεὲ καὶ τὰ αἰ. (1)
— 34. φοίνικες ἐπὶ τοῦ αἰ. ἔνθεν καὶ ἔνθεν (1)
— 36. καὶ τὰ θεὲ καὶ τὰ αἰ. (1)
— 37. φοίνικες τῷ αἰ. ἔνθεν καὶ ἔνθεν (1)

αἴλουρος.

Ep. Je. 22. ὡσαύτως δὲ καὶ οἱ αἰ.

αἷμα. (1) דָּם (2) נֵצַח (3) רוּחַ

Ge. 4. 10. φωνὴ αἵματος τοῦ ἀδελφοῦ σου (1)
— 11. τὸ αἷ. τοῦ ἀδελφοῦ σου (1)
9. 4. κρέας ἐν αἷ. ψυχῆς (1)
— 5. τὸ ὑμέτερον αἷ. τῶν ψυχῶν ὑμῶν (1)
— 6. ὁ ἐκχέων αἷ. ἀνθρώπου ἀντὶ τοῦ αἷ. αὐτοῦ (1, 1)
37. 22. μὴ ἐκχέητε αἷ. (1)
— 26. καὶ κρύψωμεν τὸ αἷ. αὐτοῦ (1)
— 31. R ἐμόλυναν τὸν χιτῶνα τῷ [A *om.*] αἷ. (1)
42. 22. καὶ ἰδοὺ τὸ αἷ. αὐτοῦ ἐκζητεῖται (1)
49. 11. ἐν αἵματι σταφυλῆς (1)
Ex. 4. 9. ἔσται τὸ ὕδωρ . . . αἷμα ἐπὶ τοῦ ξηροῦ (1)
— 25, 26. ἔστη τὸ αἷ. τῆς περιτομῆς τοῦ παιδίου (1)
7. 17. καὶ μεταβαλεῖ εἰς αἷ. (1)
— 19. καὶ ἔσται αἷ. καὶ ἐγένετο αἷ. (1, 1)
— 20. μετέβαλε πᾶν τὸ ὕδωρ . . . εἰς αἷ. (1)
— 21. καὶ ἦν τὸ αἷ. ἐν πάσῃ γῇ Αἰγ. (1)
12. 7. λήψονται ἀπὸ τοῦ αἷ. (1)
— 13. ἔσται τὸ αἷ. ὑμῖν ἐν σημείῳ (1)
— 13. καὶ ὄψομαι τὸ αἷ. καὶ σκεπάσω ὑμᾶς (1)
— 22. ἀπὸ τοῦ αἷ. τοῦ παρὰ τὴν θύραν (1)
— 22. ἀπὸ τοῦ αἷ. ὅ ἐστι παρὰ τὴν θύραν (1)
— 23. ὄψεται τὸ αἷ. ἐπὶ τῆς φλιᾶς (1)
23. 18. οὐ θύσεις [A θυμιάσεις] . . . αἷ. θυμιάμ. (1)
24. 6. λαβὼν δὲ M. τὸ ἥμισυ τοῦ αἷ. (1)
— 6. τὸ δὲ ἥμισυ τοῦ αἷ. προσέχεε (1)
— 8. λαβὼν δὲ M. τὸ αἷ. (1)
— 8. ἰδοὺ τὸ αἷ. τῆς διαθήκης (1)
29. 12. λήψῃ ἀπὸ τοῦ αἷ. τοῦ μόσχου (1)
Ex. 29. 12. τὸ δὲ λοιπὸν πᾶν [A *om.*] αἷ. ἐκχεεῖς (1)
— 16. λαβὼν τὸ αἷ. προσχεεῖς πρὸς τὸ θυσ. (1)
— 20. λήψῃ τοῦ αἷ. αὐτοῦ (1)
— 21. λήψῃ ἀπὸ τοῦ αἷ. (1)
— 21. τὸ δὲ αἷ. τοῦ κριοῦ προσχεεῖς –
30. 10. ἀπὸ τοῦ αἷ. τοῦ καθαρισμοῦ (1)
34. 25. οὐ σφάξεις ἐπὶ ζύμῃ αἷ. (1)
Le. 1. 5. προσοίσουσιν . . . τὸ αἷ. καὶ προσχεοῦσι τὸ αἷ. (1, 1)
— 11. προσχεοῦσιν . . . τὸ αἷ. αὐτοῦ (1)
— 15. στραγγιεῖ τὸ αἷ. πρὸς τὴν βάσιν (1)
3. 2, 8, 13. προσχεοῦσιν . . . τὸ αἷ. ἐπὶ τὸ θυσ. (1)
— 17. πᾶν στέαρ καὶ πᾶν αἷ. οὐκ ἔδεσθε (1)
4. 5. λαβὼν . . . ἀπὸ τοῦ αἷ. τοῦ μόσχου (1)
— 6. βάψει ὁ ἱερεὺς τὸν δάκτυλον εἰς τὸ αἷ. καὶ προσρανεῖ ἀπὸ τοῦ αἷ. (1, 1)
— 7. ἐπιθήσει . . . ἀπὸ τοῦ αἷ. τοῦ μόσχου (1)
— 7. πᾶν τὸ αἷ. τοῦ μόσχου ἐκχεεῖ (1)
— 16. εἰσοίσει . . . ἀπὸ τοῦ αἷ. τοῦ μόσχου (1)
— 17. βάψει . . . ἀπὸ τοῦ αἷ. τοῦ μόσχου (1)
— 18. ἀπὸ τοῦ αἷ. ἐπιθήσει ὁ ἱερεύς (1)
— 18. τὸ πᾶν αἷ. ἐκχεεῖ πρὸς τὴν βάσιν (1)
— 25. ἐπιθήσει . . . ἀπὸ τοῦ αἷ. τοῦ τῆς ἁμαρτίας (1)
— 25. τὸ πᾶν αἷ. αὐτοῦ ἐκχεεῖ παρὰ τὴν βάσιν (1)
— 30. λήψεται ὁ ἱερεὺς ἀπὸ τοῦ αἷ. αὐτῆς (1)
— 30. πᾶν τὸ αἷ. αὐτῆς ἐκχεεῖ παρὰ τὴν βάσιν (1)
— 34. λαβὼν . . . ἀπὸ τοῦ αἷ. τοῦ τῆς ἁμαρτίας (1)
— 34. πᾶν αὐτοῦ τὸ αἷ. ἐκχεεῖ (1)
5. 9. ῥανεῖ ἀπὸ τοῦ αἷ. τοῦ περὶ τῆς ἁμαρτίας (1)
— 9. τὸ δὲ κατάλοιπον τοῦ αἷ. καταστραγγιεῖ (1)
■ 6. 27. ᾧ ἐὰν ἐπιρραντισθῇ ἀπὸ τοῦ αἷ. αὐτῆς (1)
■ — 30. ὧν ἐὰν εἰσενεχθῇ ἀπὸ τοῦ αἷ. αὐτῶν (1)
— 32 (7. 2). τὸ αἷ. προσχεεῖ ἐπὶ τὴν βάσιν (1)
7. 4 (14). τῷ προσχέοντι τὸ αἷ. τοῦ σωτηρίου (1)
— 16 (26). πᾶν αἷ. οὐκ ἔδεσθε (1)
— 17 (27). πᾶσα ψυχὴ ἣ ἂν φάγῃ αἷ. (1)
— 23 (33). ὁ προσφέρων τὸ αἷ. τοῦ σωτηρίου (1)
8. 15. ἔλαβε Μωυσῆς ἀπὸ τοῦ αἷ. (1)
— 15. τὸ αἷ. ἐξέχεεν ἐπὶ τὴν βάσιν (1)
— 18. προσέχεε M. τὸ αἷ. ἐπὶ τὸ θυσ. (1)
— 22. ἔλαβε Μωυσῆς ἀπὸ τοῦ αἷ. αὐτοῦ (1)
— 23. ἐπέθηκε M. ἀπὸ τοῦ αἷ. ἐπὶ τοὺς λοβούς (1)
— 23. προσέχεε M. τὸ αἷ. ἐπὶ τὸ θυσ. (1)
— 29. ἀπὸ τοῦ αἷ. τοῦ ἐπὶ τοῦ θυσιαστηρίου (1)
9. 9. προσήνεγκαν οἱ υἱοὶ 'A. τὸ αἷ. πρὸς αὐτὸν καὶ ἔβαψε τὸν δάκτυλον εἰς τὸ αἷ. (1, 1)
— 9. καὶ τὸ αἷ. ἐξέχεεν ἐπὶ τὴν βάσιν (1)
— 12, 18. προσήν. οἱ υἱοὶ 'A. τὸ αἷ. πρὸς αὐτόν (1)
10. 18. οὐ γὰρ εἰσήχθη τοῦ αἷ. αὐτοῦ (1)
12. 4. ἐν αἷ. [A ἱματίῳ] ἀκαθάρτῳ αὐτῆς (1)
— 5. ἐν αἷ. ἀκαθάρτῳ αὐτῆς (1)
— 7. ἀπὸ τῆς πηγῆς τοῦ αἷ. αὐτῆς (1)
14. 6. βάψει αὐτὰ . . . εἰς τὸ αἷ. τοῦ ὀρνιθίου (1)
— 14. ἀπὸ τοῦ αἷ. τοῦ τῆς πλημμελείας (1)
— 17. ἐπὶ τὸν τόπον τοῦ αἷ. τοῦ τῆς πλημμ. (1)
— 25. λήψεται . . . ἀπὸ τοῦ αἷ. τοῦ τῆς πλημμ. (1)
— 28. ἐπὶ τὸν τόπον τοῦ αἷ. τοῦ τῆς πλημμ. (1)
— 51. βάψει αὐτὸ εἰς τὸ αἷ. τοῦ ὀρνιθίου (1)
— 52. ἀφαγνιεῖ . . . ἐν τῷ αἷ. τοῦ ὀρνιθίου (1)
15. 19. γυνὴ ἥτις ἐὰν ᾖ ῥέουσα αἵματι (1)
— 25. γυνὴ ἐὰν ῥέῃ ῥύσει αἵματος (1)
16. 14. λήψεται ἀπὸ τοῦ αἷ. τοῦ μόσχου (1)
— 14. ῥανεῖ ἑπτάκις ἀπὸ τοῦ αἷ. (1)
— 15. εἰσοίσει [A οἴσουσιν] ἀπὸ τοῦ αἷ. αὐτοῦ (1)
— 15. ποιήσει τὸ αἷ. αὐτοῦ ὃν τρόπον ἐποίησε τὸ αἷ. τοῦ μόσχου, καὶ ῥανεῖ τὸ αἷ. αὐτοῦ (1, 1, †)
— 18. λήψεται ἀπὸ τοῦ αἷ. τοῦ μόσχου καὶ ἀπὸ τοῦ αἷ. τοῦ χιμάρου (1, 1)
— 19. ῥανεῖ ἐπ' αὐτοῦ ἀπὸ τοῦ αἷ. (1)
— 27. ὧν τὸ αἷ. εἰσηνέχθη ἐξιλάσασθαι (1)
17. 4. λογισθήσεται τῷ ἀνθρώπῳ ἐκείνῳ αἷ. (1)
— 4. αἷ. ἐξέχεεν (1)
— 6. προσχεεῖ ὁ ἱερεὺς τὸ αἷ. ἐπὶ τὸ θυσ. (1)
— 10. ὃς ἂν φάγῃ πᾶν αἷ. (1)
— 10. ἐπὶ τὴν ψυχὴν τὴν ἔσθουσαν τὸ αἷ. (1)
— 11. ἡ γὰρ ψυχὴ πάσης σαρκὸς αἷ. αὐτοῦ ἐστί (1)
— 11. τὸ γὰρ αἷ. αὐτοῦ ἀντὶ τῆς ψυχῆς (1)
— 12. πᾶσα ψυχὴ ἐξ ὑμῶν οὐ φάγεται αἷ. καὶ ὁ προσήλυτος . . . οὐ φάγεται αἷ. (1, 1)
— 13. καὶ ἐκχεεῖ τὸ αἷ. [A *add.* αὐτοῦ] (1)
— 14. ἡ γὰρ ψυχὴ πάσης σαρκὸς αἷ. αὐτοῦ ἐστί (1)
— 14. αἷ. πάσης σαρκὸς οὐ φάγεσθε ὅτι ἡ ψυχὴ πάσης σαρκὸς αἷ. αὐτοῦ ἐστί (1, 1)
19. 16. οὐκ ἐπιστήσῃ ἐφ' αἷμα [A αἵματι] (1)
20. 18. ἀπεκάλυψε τὴν ῥύσιν τοῦ αἷ. αὐτῆς (1)

● = correction on page xxiii ▶ = additional entry on page xxiii ■ = correction on page xxvii

Nu. 18. 17. τὸ αἷ. αὐτῶν προσχεεῖς πρὸς τὸ θυσ. (1)
19. 4. λήψεται Ἐλεάζαρ ἀπὸ τοῦ αἷ. αὐτῆς (1)
— 4. ῥανεῖ . . . ἀπὸ τοῦ αἷ. αὐτῆς (1)
— 5. τὸ αἷ. αὐτῆς σὺν τῇ κόπρῳ αὐτῆς (1)
23. 24. αἷ. τραυματιῶν πίεται (1)
35. 12. ἀπὸ ἀγχιστεύοντος τὸ αἷ. –
— 19, 21. ὁ ἀγχιστεύων τὸ αἷ. (1)
— 24. ἀνὰ μέσον τοῦ ἀγχιστεύοντος τὸ αἷ. (1)
— 25. ἀπὸ τοῦ ἀγχιστεύοντος τὸ αἷ. (1)
— 27. εὕρῃ αὐτὸν ὁ ἀγχιστεύων τὸ αἷ. (1)
— 27. φονεύσῃ ὁ ἀγχιστεύων τὸ αἷ. τὸν φον. (1)
— 33. τὸ γὰρ αἷ. τοῦτο φονοκτονεῖ τὴν γῆν (1)
— 33. οὐκ ἐξιλασθήσεται ἡ γῆ ἀπὸ τοῦ αἷ. τοῦ ἐκχυθ. ἐπ' αὐτῆς ἀλλ' ἐπὶ τοῦ αἷ. τοῦ ἐκχέοντος (1, 1)
De. 12. 16. πλὴν τὸ αἷ. οὐ φάγεσθε (1)
— 23. τοῦ μὴ φαγεῖν αἷ. ὅτι αἷ. [A τὸ γὰρ αἷ.] αὐτοῦ ψυχή (1, 1)
— 27. A B τὸ δὲ αἷ. τῶν θυσιῶν σου προσχεεῖς (1)
15. 23. πλὴν αἷ. οὐ φάγεσθε [A τὸ αἷ. οὐ φαγῇ] (1)
17. 8. ἐν κρίσει ἀνὰ μέσον αἷ. αἵματος (1, 1)
19. 6. διώξας ὁ ἀγχιστεύων τοῦ αἷ. (1)
— 10. οὐκ ἐκχυθήσεται αἷ. ἀναίτιον (1)
— 10. οὐκ ἔσται ἐν σοὶ αἵματι ἔνοχος (1)
— 12. εἰς χεῖρας τῶν ἀγχιστευόντων τοῦ αἷ. (1)
— 13. καθαριεῖς τὸ αἷ. τὸ ἀναίτιον ἐξ Ἰσρ. (1)
21. 7. αἱ χεῖρες ἡμ. οὐκ ἐξέχεαν τὸ αἷ. τοῦτο (1)
— 8. ἵνα μὴ γέν. αἷ. ἀναίτιον ἐν τῷ λαῷ σου (1)
— 8. ἐξιλασθήσεται αὐτοῖς τὸ αἷ. (1)
— 9. ἐξαρεῖς τὸ αἷ. τὸ ἀναίτιον ἐξ ὑμῶν (1)
27. 25. πατάξαι ψυχὴν αἵματος ἀθῴου (1)
32. 14. αἷ. σταφυλῆς ἔπιεν οἶνον (1)
— 42. μεθύσω τὰ βέλη μου ἀφ' αἵματος (1)
— 42. ἀφ' αἵματος [B om.] τραυματιῶν (1)
— 43. τὸ αἷ. τῶν υἱῶν αὐτοῦ ἐκδικᾶται (1)
Jo. 20. 3. τοῦ ἀγχιστεύοντος τὸ αἷ. (1)
— 5. A ὁ ἀγχιστεύων τὸ αἷ. (1)
— 9. τοῦ ἀγχιστεύοντος τὸ αἷμα (1)
Ju. 9. 24. τὰ αἷ. [A τὸ αἷ.] αὐτῶν τοῦ θεῖναι (1)
I Ki. 14. 32. καὶ ἤσθιεν ὁ λαὸς σὺν τῷ αἷ. (1)
— 33. ἡμάρτ. ὁ λαὸς τῷ κ. φαγὼν σὺν τῷ αἷ. (1)
— 34. οὐ μὴ ἁμάρτ. τῷ κ. τοῦ ἐσθίειν σὺν τῷ αἷ. (1)
19. 5. καὶ ἱνατί ἁμαρτάνεις εἰς αἷ. ἀθῷον (1)
25. 26. τοῦ μὴ ἐλθεῖν εἰς αἷ. ἀθῷον (1)
— 31. ἐκχέαι αἷ. ἀθῷον δωρεάν (1)
— 33. μὴ ἐλθεῖν εἰς αἵματα (1)
26. 20. μὴ πέσοι τὸ αἷ. μου ἐπὶ τὴν γῆν (1)
II Ki. 1. 16. τὸ αἷ. σου ἐπὶ τὴν κεφαλήν σου (1)
— 22. ἀφ' αἵματος τραυματιῶν (1)
3. 27. καὶ ἀπέθανεν ἐν τῷ αἷ. Ἀσαήλ (1)
— 28. ἀθῷός εἰμι . . . ἀπὸ τῶν αἷ. Ἀβεννήρ (1)
4. 11. ἐκζητήσω τὸ αἷ. αὐτοῦ ἐκ χειρὸς ὑμῶν (1)
14. 11. πληθυνθῆναι ἀγχιστέα τοῦ αἷ. (1)
16. 7. ἔξελθε ἀνὴρ αἱμάτων (1)
— 8. πάντα τὰ αἷ. τοῦ οἴκου (1)
— 8. ὅτι ἀνὴρ αἱμάτων σύ (1)
20. 12. Ἀμεσσαϊ πεφυρμένος ἐν τῷ αἷ. (1)
21. 1. διὰ τὸ αὐτὸν θανάτῳ αἱμάτων [B al.] (1)
— 2. ὅτι ἀλλ' ἢ ἐκ τοῦ αἷ. [B ἐλλείμματος] †
23. 17. εἰ αἷ. τῶν ἀνδρῶν τῶν πορευθέντων (1)
III Ki. 2. 5. ἔταξε τὰ αἷ. πολέμου (1)
— 5. A B ἔδωκεν αἷ. ἀθῷον (1)
— 9. κατάξεις τὴν π. αὐτοῦ ἐν αἵματι εἰς ᾅδου (1)
— 31. ἐξαρεῖς σήμερον τὸ αἷ. (1)
— 32. ἀπέστρεψε κ. τὸ αἷ. τῆς ἀδικίας αὐτοῦ (1)
— 32. ὁ πατήρ μου Δ. οὐκ ἔγνω τὸ αἷ. αὐτῶν –
— 33. ἐπεστράφη τὰ αἷ. αὐτῶν εἰς κεφ. αὐτοῦ (1)
3. 1 (2. 9). κατάξεις τὴν π. αὐτοῦ ἐν αἷμ. εἰς ᾅδου (1)
— 1 (2. 37). τὸ αἷμά σου ἔσται ἐπὶ τὴν κεφ. σου (1)
18. 28. ἕως ἐκχύσεως αἵματος ἐπ' αὐτούς (1)
20 (21). 19. ᾧ ἔλειξαν αἱ ὕες καὶ οἱ κύνες τὸ αἷ. Ναβουθαὶ ἐκεῖ λείξουσιν οἱ κύνες [A om.] τὸ αἷ. σου καὶ αἱ πόρναι λούσονται ἐν τῷ αἷ. σου (1, 1, –)
22. 35. ἀπέχυνε τὸ αἷ. ἐκ τῆς πληγῆς –
— 35. ἐξεπορεύετο τὸ αἷ. τῆς [A ἐκ τῆς] τροπῆς (1)
— 38. ἀπένιψαν τὸ αἷ. [A ἅρμα] ἐπὶ τὴν κρ. †
— 38. ἐξέλιξαν αἱ ὕες καὶ οἱ κύνες τὸ αἷ. καὶ αἱ πόρναι ἐλούσαντο ἐν τῷ αἷ. (1, –)
IV Ki. 3. 22, 23. εἶδε . . . τὰ ὕδατα πυρρὰ ὡσεὶ αἷ. καὶ εἶπον αἷ. τοῦτο τῆς ῥομφαίας (1, 1)
9. 7. ἐκδικήσεις τὰ αἷ. τῶν δούλων μου τῶν προφητῶν καὶ τὰ αἷ. πάντων τῶν δούλων κυρίου (1, 1)

IV Ki. 9. 26. εἰ μὴ τὰ αἷ. N. καὶ τὰ αἷ. τῶν υἱῶν αὐτοῦ (1, 1)
— 33. ἐρραντίσθη τοῦ αἵματος αὐτῆς (1)
16. 13. προσέχεε τὸ αἷ. τῶν εἰρηνικῶν (1)
— 15. πᾶν αἷ. ὁλοκαυτώσεως καὶ πᾶν αἷ. θυσίας (1, 1)
21. 16. καί γε αἷ. ἀθῷον ἐξέχεε Μανασσῆς (1)
24. 4. καί γε αἷ. ἀθῷον ἐξέχεε καὶ ἔπλησε τὴν Ἱερουσαλὴμ αἷ. ἀθῴου (1, 1)
I Ch. 11. 19. εἰ αἷ. ἀνδρῶν τούτων πίομαι (1)
22. 8. αἷ. εἰς πλῆθος ἐξέχεας (1)
— 8. ὅτι αἷ. πολλὰ ἐξέχεας (1)
28. 3. καὶ αἷ. [A αἵματα] ἐξέχεας (1)
II Ch. 19. 10. ἀνὰ μέσον αἷμα αἵματος [A ἀνὰ μέσον αἵματος ἅμα] (1, 1)
24. 25. ἐπέθεντο αὐτῷ . . . ἐν αἵμασιν υἱοῦ Ἰωδ. (1)
29. 22. ἐδέξαντο οἱ ἱερεῖς τὸ αἷ. (1)
— 22. προσέχεαν τὸ αἷ. ἐπὶ τὸ θυσ. (1)
— 22. A B περιέχεον τὸ αἷ. τῷ θυσ. (1)
— 24. ἐξιλάσαντο τὸ αἷ. αὐτῶν πρὸς τὸ θυσ. (1)
30. 16. οἱ ἱερεῖς ἐδέχοντο τὰ αἷ. (1)
35. 11. προσέχεαν οἱ ἱερεῖς τὸ αἷ. –
36. 5. ἐν αἵματι ἀθῴῳ ᾧ ἐξέχεεν Ἰωακίμ –
— 5. ἔπλησε [B ἐνέπλ.] τὴν Ἱερ. αἵματος ἀθῴου –
Ju. 6. 4. μεθυσθήσεται ἐν τῷ αἷ. αὐτῶν
8. 21. τὴν βεβ. αὐτῶν ἐκ τοῦ αἷ. [B στόματος]
9. 3. ἔδωκας . . . τὴν στρωμνὴν . . . εἰς αἷ.
— 4. ἐβδελύξαντο μίασμα αἵματος αὐτῶν
Es. 4. 17. S[1] μὴ ἀφανίσῃς τὸ αἷ. [A B στόμα]
7. 3. S[1] δοθήτω . . . τῷ αἷ. [A B αἰτήματι] †
8. 13. μετόχους αἱμάτων ἀθῴων [A S aliter]
— 13. ἀλλότριος τοῦ τῶν Περσῶν αἷ.
Jb. 6. 4. ὁ θυμὸς αὐτῶν ἐκπίνει μου τὸ αἷ. (3)
16. 19. ἐφ' αἵματι τῆς [A om.] σαρκός μου (1)
39. 30. νεοσσοὶ δὲ αὐτοῦ φύρονται ἐν αἵματι (1)
Ps. 5. 6. ἄνδρα αἱμάτων καὶ δόλιον (1)
9. 12. ἐκζητῶν τὰ αἷ. αὐτῶν (1)
13 (14). 3. B S ὀξεῖς οἱ πόδες αὐτῶν ἐκχέαι αἷμα –
15 (16). 4. τὰς συναγωγὰς αὐτῶν ἐξ αἱμάτων (1)
25 (26). 9. μετὰ ἀνδρῶν αἱμάτων (1)
29 (30). 9. τίς ὠφέλεια ἐν τῷ αἷ. μου (1)
49 (50). 13. μὴ . . . αἷμα τράγων πίομαι (1)
50 (51). 14. ῥῦσαί με ἐξ αἱμάτων (1)
54 (55). 23. ἄνδρες αἱμάτων καὶ δολιότητος (1)
57 (58). 10. νίψεται ἐν τῷ αἷ. τοῦ ἁμαρτωλοῦ (1)
58 (59). 2. ἐξ ἀνδρῶν αἱμάτων σῶσόν με (1)
67 (68). 23. ὅπως ἂν βαφῇ ὁ ποῦς σου ἐν αἵματι (1)
77 (78). 44. μετέστρεψεν εἰς αἷμα τοὺς ποταμούς (1)
78 (79). 3. ἐξέχεαν τὸ αἷ. αὐτῶν ὡς ὕδωρ (1)
— 10. ἡ ἐκδίκησις τοῦ αἷ. τῶν δούλων σου (1)
93 (94). 21. αἷμα ἀθῷον καταδικάσονται (1)
104 (105). 29. μετέστρεψε τὰ ὕδατα αὐτῶν εἰς αἷ. (1)
105 (106). 38. ἐξέχεαν αἷ. ἀθῷον, αἷ. υἱῶν αὐτῶν (1, 1)
— 39. ἐφονοκτονήθη ἡ γῆ ἐν τοῖς αἷ. (1)
138 (139). 19. ἄνδρες αἱμάτων ἐκκλίνατε ἀπ' ἐμοῦ (1)
Pr. 1. 11. κοινώνησον αἵματος (1)
— 17. A S[2] ταχινοὶ [S[2] add. εἰσί] τοῦ ἐκχέαι αἷ. (1)
6. 17. χεῖρες ἐκχέουσαι αἷμα δικαίου [A S[2] -ον] (1)
21. 3. μᾶλλον ἢ θυσιῶν αἷμα –
24. 68 (30. 33). ἐξελεύσεται αἷμα (1)
29. 10. ἄνδρες αἱμάτων μέτοχοι (1) ■
Ec. 5. 5. A[1] μὴ δῷς τὸ αἷ. [A B στόμα] †
Wi. 7. 2. παγεὶς ἐν αἵματι ἐκ σπέρματος ἀνδρός
11. 6. αἵματι λυθρώδει ταραχθέντες [A S -έντος]
12. 6. αἵματος ἐκ μέσου μυσταθείας σου [A S[2] μύστας θιάσου]
14. 25. πάντα δὲ . . . ἔχει [S[2] om.] αἷμα καὶ φόνος
Si. 8. 16. ὡς οὐδὲν ἐν ὀφθαλμοῖς αὐτοῦ αἷμα
11. 32. ἄνθρ. ἁμαρτωλὸς εἰς αἷμα ἐνεδρεύει
12. 16. οὐκ ἐμπλησθήσεται ἀφ' αἵματος
14. 18. γενεὰ σαρκὸς καὶ αἵματος
17. 31. πονηρὸς [A B[2] -ὸν] ἐνθυμηθήσεται σάρκα [A B[2] σὰρξ] καὶ αἷ.
22. 24. οὕτως πρὸ αἱμάτων λοιδορίαι
27. 15. ἔκχυσις αἵματος μάχη ὑπερηφάνων
28. 11. μάχη κατασπεύδουσα ἐκχέει αἷμα
30. 39 (33. 30). ἐν αἵματι ἐκτήσω αὐτόν
31 (34). 21. ἄνθρωπος αἱμάτων
— 22. καὶ ἐκχέων αἷμα
39. 26. αἷμα σταφυλῆς καὶ ἔλαιον
40. 9. θάνατος καὶ αἷμα καὶ ἔρις
50. 15. ἔσπεισεν ἐξ αἵματος σταφυλῆς
Ho. 1. 4. ἐκδικήσω τὸ αἷ. τοῦ Ἰεζραέλ (1)
4. 2. αἵματα ἐφ' αἵμασι μίσγουσι (1, 1)
12. 14. τὸ αἷ. αὐτοῦ ἐπ' αὐτὸν ἐκχυθήσεται (1) ●
Am. 2. 4. A τὰ αἷ. [B μάταια] αὐτῶν †

Mi. 3. 10. οἱ οἰκοδομοῦντες Σιὼν [A om.] ἐν αἵμασι (1)
7. 2. πάντες εἰς αἵματα δικάζονται (1)
■ Jl. 2. 30. αἷμα καὶ πῦρ καὶ ἀτμίδα καπνοῦ (1)
■ — 31. καὶ ἡ σελήνη εἰς αἷμα (1)
■ 3. 19. ἀνθ' ὧν ἐξέχεαν αἷ. δίκαιον ἐν τῇ γῇ (1)
— 21. ἐκζητήσω [A ἐκδικήσω] τὸ αἷ. αὐτῶν (1)
Jn. 1. 14. A B S[2] καὶ μὴ δῷς ἐφ' ἡμᾶς αἷ. δίκαιον (1)
Na. 3. 1. ὦ πόλις αἱμάτων (1)
Hb. 2. 8. δι' αἵματα ἀνθρώπων (1)
— 12. οὐαὶ ὁ οἰκοδομῶν πόλιν ἐν αἵμασι (1)
— 17. δι' αἵματα ἀνθρώπων (1)
Ze. 1. 17. ἐκχεεῖ τὸ αἷ. αὐτῶν ὡς χοῦν. (1)
Za. 9. 7. ἐξαρῶ τὸ αἷ. αὐτῶν ἐκ στόματος αὐτῶν (1)
— 11. ἐν αἵματι διαθήκης σου (1)
— 15. A ἐκπίονται τὸ αἷ. αὐτῶν [B S ἐκπ. αὐτούς] †
Is. 1. 11. αἷμα ταύρων καὶ τράγων οὐ βούλομαι (1)
— 15. αἱ χεῖρες ὑμῶν αἵματος πλήρεις (1)
4. 4. τὸ αἷ. [S[1] αἷ. Ἱερουσαλὴμ] ἐκκαθαριεῖ (1)
14. 20. ἱμάτιον ἐν αἵματι πεφυρμένον †
15. 9. τὸ ὕδωρ τὸ Δειμὼν πλησθήσεται αἵματος (1)
26. 21. ἀνακαλύψει ἡ γῆ τὸ αἷ. [A στόμα] αὐτῆς (1)
33. 15. ἵνα μὴ ἀκούσῃ κρίσιν αἵματος (1)
34. 3. βραχήσεται τὰ ὄρη ἀπὸ τοῦ αἷ. αὐτῶν (1)
— 6. ἡ μάχαιρα κυρίου ἐνεπλήσθη αἵματος (1)
— 6. B ἀπὸ αἵματος τράγων καὶ ἀμνῶν (1)
— 7. μεθυσθήσεται ἡ γῆ ἀπὸ τοῦ αἷ. (1)
49. 26. πίονται ὡς οἶνον νέον τὸ αἷ. αὐτῶν (1)
59. 3. αἱ χεῖρες ὑμῶν μεμολυσμέναι [A S -λυμμ.] αἵματι (1)
— 7. ταχινοὶ ἐκχέαι αἷ. (1)
63. 3. κατήγαγον τὸ αἷ. [S τὰ ἱμάτια] αὐτῶν (2)
— 6. κατήγαγον τὸ αἷ. αὐτῶν εἰς γῆν (2)
66. 3. ὁ ἀναφέρων σεμίδαλιν ὡς αἷ. ὕειον (1)
Je. 2. 34. εὑρέθησαν αἵματα ψυχῶν ἀθῴων (1)
7. 6. αἷ. ἀθῷον μὴ ἐκχέητε (1)
19. 4. ἔπλησαν τὸν τόπον τ. αἱμάτων ἀθῴων (1)
22. 3. αἷ. ἀθῷον μὴ ἐκχέητε (1)
— 17. εἰς τὸ αἷ. τὸ ἀθῷον τοῦ ἐκχέειν αὐτό (1)
26 (46). 10. μεθυσθήσεται ἀπὸ τοῦ αἷ. αὐτῶν (1)
28 (51). 35. τὸ αἷ. μου ἐπὶ τοὺς κατοικοῦντας X. (1)
31 (48). 10. ἐξαίρων μάχαιραν αὐτοῦ ἀφ' αἵματος (1)
33 (26). 15. αἷμα ἀθῷον δίδοτε ἐφ' ὑμᾶς (1)
La. 4. 13. τῶν ἐκχεόντων αἷ. δίκαιον (1)
— 14. ἐμολύνθησαν ἐν αἵματι (1)
Ez. 3. 18, 20. τὸ αἷμα αὐτοῦ . . . ἐκζητήσω (1)
5. 17. θάνατος καὶ αἷμα διελεύσονται ἐπὶ σέ (1)
14. 19. ἐκχεῶ τὸν θυμόν μου ἐπ' αὐτὴν ἐν αἵματι (1)
16. 6. ἴδον σε πεφυρμένην ἐν τῷ αἷ. σου (1)
— 6. ἐκ τοῦ αἷ. σου ζωή [A ἡ ζ. σου] (1)
— 9. ἀπέπλυνα τὸ αἷ. σου ἀπὸ σοῦ (1)
— 22. πεφυρμένη ἐν τῷ αἷ. σου ἔζησας (1)
— 36. ἐν τοῖς αἷ. τῶν τέκνων σου (1)
— 38. A καὶ ἐκχεούσης αἷμα (1)
— 38. καὶ θήσω [A -σομαί] σε ἐν [A ἐν τῷ] αἵματί σου καὶ δώσω σε εἰς αἷμα [B om. σου καὶ δ. σε εἰς αἷμα] θυμοῦ καὶ ζήλου [A -ους] (–, 1)
18. 10. υἱὸν λοιμὸν, ἐκχέοντα αἷμα (1)
— 13. τὸ αἷ. αὐτοῦ ἐπ' αὐτὸν ἔσται (1)
■ 21. 32. τὸ αἷ. σου ἔσται ἐν μέσῳ τῆς γῆς σου (1)
22. 2. εἰ [A οὐ] κρινεῖς τὴν πόλιν τῶν αἷ. (1)
— 3. ὦ πόλις ἐκχέουσα αἵματα ἐν μέσῳ αὐτῆς (1)
— 3. τοῦ μιαίνειν αὐτὴν ἐν τοῖς αἷ. αὐτῶν (1)
— 6. ὅπως ἐκχέωσιν αἷμα (1)
— 9. ὅπως ἐκχέωσιν ἐν σοὶ αἷμα (1)
— 12. ὅπως ἐκχέωσιν αἷμα (1)
— 13. ἐπὶ τοῖς αἷ. σου τοῖς γεγενημένοις (1)
— 27. τοῦ ἐκχέαι αἷμα (1)
23. 36. αἷμα ἐν χερσὶν αὐτῶν (1)
— 45. ἐκδικήσει μοιχαλίδος καὶ ἐκδ. αἵματος (1)
— 45. αἷμα [A αἵματα] ἐν χερσὶν αὐτῶν (1)
24. 6. ὦ πόλις αἱμάτων (1)
— 7. αἷμα [B -ατα] αὐτῆς ἐν μέσῳ αὐτῆς ἐστιν (1)
— 8. δέδωκα τὸ αἷ. αὐτῆς ἐπὶ λεωπετρίαν (1)
— 9. A οὐαὶ πόλις τῶν αἷ. (1)
— 14. ἐγὼ κρινῶ σε κατὰ τὰ αἷ. σου –
— 17. στεναγμὸς αἵματος †
28. 23. αἷ. καὶ θάνατος ἐν ταῖς πλατείαις σου (1)
32. 5. ἐμπλήσω ἀπὸ τοῦ αἷ. σου †
33. 2. A ἐπαγάγω κρῖμα αἵματος [B ἐπάγω ῥομφαίαν] †
— 4. τὸ αἷ. αὐτοῦ ἐπὶ τῆς κεφαλῆς [A τὴν κ.] (1)
— 5. τὸ αἷ. αὐτοῦ ἐπ' αὐτοῦ [A -ὸν] ἔσται (1)
— 6. τὸ αἷ . . . ἐκζητήσω (1)
— 8. τὸ αἷ. . . . ἐκζητήσω (1)

● = correction on page xxiv ■ = correction on page xxvii

Ez. 33. 25. A ἐπὶ τῷ αἱ. φάγεσθε (1)
— 25. A καὶ αἷμα ἐκχεῖτε (1)
35. 6. εἰ μὴν εἰς αἱ. ἥμαρτες, καὶ αἱ. σε διώξεται (1, 1)
36. 18. A περὶ τοῦ αἱ. οὗ ἐξέχεαν ἐν τῇ γῇ (1)
38. 22. κρινῶ αὐτὸν θανάτῳ καὶ αἵματι (1)
39. 17. φάγεσθε κρέα καὶ πίεσθε αἷμα (1)
— 18. αἷμα ἀρχόντων τῆς γῆς πίεσθε (1)
— 19. πίεσθε αἷμα εἰς μέθην (1)
43. 18. προσχέειν πρὸς αὐτὸ [A τὸ] αἷμα (1)
— 20. λήψονται ἐκ τοῦ αἱ. αὐτοῦ (1)
44. 7. σάρκας καὶ αἷμα (1)
— 15. θυσίαν, στέαρ καὶ αἷμα (1)
— 24. ἐπὶ κρίσιν αἵματος –
45. 19. λήψεται ὁ ἱερεὺς ἀπὸ τοῦ αἱ. (1)
Da. LXX. Su. 62. ἐσώθη αἱ. ἀναίτιον
Da. TH. Su. 46. ἀθῷος [A καθαρὸς] ἐγὼ ἀπὸ τοῦ αἱ. ταύτης
— 62. ἐσώθη αἱ. ἀναίτιον
I Ma. 1. 37. ἐξέχεαν αἱ. ἀθῷον
6. 34. αἱ. σταφυλῆς καὶ μόρων
7. 17. αἵματα [S^1 αἷμα] αὐτῶν ἐξέχεαν
9. 38. S^1 ἐμνήσθησαν τοῦ αἱ. [A R om.] Ἰω.
— 42. τὴν ἐκδίκησιν αἵματος ἀδελφοῦ αὐτῶν
II Ma. 1. 8. καὶ ἐξέχεαν αἱ. ἀθῷον
8. 3. τῶν καταβοώντων πρὸς αὐτὸν αἱ.
12. 16. κατάρρυτον αἵματι [A καταρρεῖν τὸ αἱ.]
14. 18. τὴν κρίσιν δι' αἱμάτων ποιήσασθαι
— 45. φερομένων κρουνηδὸν τῶν αἱ.
IV Ma. 3. 15. λογισθὲν ἰσοδύναμον τὸ ποτὸν αἵματι
6. 6. κατερρεῖτο τῷ αἱ.
— 29. καθάρσιον αὐτῶν ποίησον τὸ ἐμὸν αἱ.
7. 8. ἱερουργοῦντας [A S al.] τὸν νόμον ἰδίῳ αἵματι
9. 20. ἐμολύνετο πάντοθεν αἵματι ὁ τροχός
10. 8. σταγόνας αἵματος ἀπορρεούσας
13. 20. ἀπὸ τοῦ αὐτοῦ αἱ. αὐξηθέντες
17. 22. διὰ τοῦ αἱ. τῶν εὐσεβῶν ἐκείνων

[**Aq.** Ex. 4. 25, 26: Ps. 15 (16). 4: 54 (55). 24: 71 (72). 14: Pr. 1. 11: 12. 6: 30. 33: Is. 59. 7: Ezk. 9. 9: 23. 45: 24. 9: 32. 6: 36. 18: Hos. 6. 8: Hab. 2. 17.]
[**Sm.** Ex. 4. 25, 26: Lev. 17. 14: I Ki. 25. 31: Jb. 39. 30: Ps. 29 (30). 10: 57 (58). 11: 67 (68). 24: 71 (72). 14: 77 (78). 44: Pr. 1. 11: 12. 6: Is. 9. 5 (4): 34. 6: 59. 7: Lam. 4. 14: Ezk. 9. 9: 19. 10: 23. 45: 32. 6: 35. 6 *bis*: Hos. 6. 8.]
[**Th.** Ex. 4. 25, 26: 29. 20: Pr. 1. 11: 12. 6: 30. 33: Ezk. 9. 9: 19. 10: 23. 45: 24. 9: 32. 6: 33. 25 *bis*: 35. 6 *bis*: 36. 18: Hos. 6. 8.]
[**Hebr.** Ex. 4. 25, 26: Dt. 32. 43.]
[**Al.** Lev. 17. 11: 18. 12: 19. 26: 20. 9: Nu. 35. 33.]

αἱμάσσειν.

Si. 42. 5. οἰκέτῃ πονηρῷ πλευρὰν αἱμάξαι

αἱμοβόρος.

IV Ma. 10. 17. ὁ αἱ. καὶ φονώδης καὶ παμμιαρ. Ἀντίοχος

αἱμορροεῖν. (1) דָּוֶה

Le. 15. 33. τῇ αἱμορροούσῃ ἐν τῇ ἀφέδρῳ αὐτῆς (1)

αἱμόρροια.

[**Al.** Le. 21. 7 (?).]

αἱμωδιᾶν. (1) קָהָה

Je. 38 (31). 29. οἱ ὀδόντες τῶν τέκνων ᾑμωδίασαν (1)
— 30. αἱμωδιάσουσιν οἱ ὀδόντες αὐτοῦ (1)
Ez. 18. 4. A αἱμωδιάσουσιν οἱ ὀδόντες αὐτοῦ –
[**Sm.** Ez. 18. 2.]

ἀΐν, αἰνά. (1) עַיִן

Ne. 2. 14. A παρῆλθον ἐπὶ πύλην τοῦ ἀΐν [B S αἰνά] (1)
▶ [**Al.** Ex. 29. 40.]
▶

● **αἰνεῖν.** (1) בָּרַךְ (2) הָלַל *a.* pi. *b.* pu. *c.* hithp. (3) יָדָה hi. (4) עָיַן (5) רוּעַ hi. (6) *a.* שָׁבַח pi. *b.* שְׁבַח pa. (7) שִׁיר (8) הֲדָרָה

Ge. 49. 8. σὲ αἰνέσαισαν οἱ ἀδελφοί σου (3)
Ju. 16. 24. A ᾔνεσαν τοὺς θεοὺς [B S ὕμνησαν τὸν θεόν] (2 *a*)
I Ch. 16. 4. ἐξομολογεῖσθαι καὶ αἰνεῖν κύριον (2 *a*)
— 7. ἔταξε Δ. ἐν ἀρχῇ τοῦ αἰνεῖν τὸν κύριον (3)
I Ch. 16. 10. αἰνεῖτε ἐν ὀνόματι ἁγίῳ αὐτοῦ (2 *c*)
— 35. τοῦ αἰνεῖν τὸ ὄνομα τὸ ἅγιόν σου (3)
— 36. ᾔνεσαν τῷ κυρίῳ (2 *a*)
— 41. ἐπ' ὀνόματος τοῦ αἰνεῖν τὸν κ. (3)
23. 5. αἰνοῦντες τῷ κ. ἐν τοῖς ὀργάνοις οἷς ἐποίησε τοῦ αἰνεῖν τῷ κυρίῳ (2 *a*, 2 *a*)
— 30. τοῦ αἰνεῖν ἐξομολογεῖσθαι [R καὶ ἐ.] (3)
29. 13. αἰνοῦμεν τὸ ὄνομα τῆς καυχήσεώς σου (2 *a*)
II Ch. 5. 13. τοῦ ἐξομολογεῖσθαι καὶ αἰνεῖν τῷ κ. (3)
6. 26. καὶ αἰνέσουσι τὸ ὄνομά σου (3)
7. 3. προσεκύνησαν καὶ ᾔνουν τῷ κ. (3)
8. 14. τοῦ αἰνεῖν καὶ λειτουργεῖν (2 *a*)
20. 19. αἰνεῖν κυρίῳ θεῷ Ἰσρ. ἐν φωνῇ μεγάλῃ (2 *a*)
— 21. ψαλτῳδοὺς καὶ αἰνοῦντας ἐξομολογεῖσθαι καὶ αἰνεῖν τὰ ἅγια [A *om.* καὶ . . . ἅγ.] (2 *a*, 8)
23. 12. ἐξομολογουμένων καὶ αἰνούντων τὸν β. (2 *a*)
31. 2. αἰνεῖν καὶ ἐξομολογεῖσθαι καὶ λειτ. (3)
II Es. 3. 10. τοῦ αἰνεῖν τὸν κύριον (2 *a*)
— 11. ἐσήμαινε φωνῇ μεγάλῃ αἰνεῖν τῷ κ. (2 *a*)
Ne. 5. 13. καὶ ᾔνεσαν τὸν κύριον (2 *a*)
12. 24. εἰς ὑμνεῖν [R ὕμνον] καὶ [B *om.*] αἰνεῖν [A S εἰς αἱ. καὶ ὑ.] (3 *vel* 2 *a*)
— 36. αἰνεῖν ἐν ᾠδαῖς Δαυὶδ ἀνθρώπου τοῦ θ. –
— 37. τοῦ αἰνεῖν κατέναντι αὐτῶν (4)
To. 13. 11. A αἰνέσουσίν σοι
— 18. A καὶ αἰνέσουσι [B αἴνεσιν] λέγοντες
Ju. 13. 14. αἰνεῖτε τὸν θεὸν [A κύριον], αἰνεῖτε· αἰνεῖτε τὸν θεόν [A κύρ.] [S *aliter*]
Es. 4. 17. μὴ ἀφανίσῃς στόμα [S^1 τὸ αἷμα] αἰνούντων σοι
— 17. ἐμφράξαι στόμα αἰνούντων [A ὑμνούντων] σοι
Jo. 33. 30. ἵνα ἡ ζωή [A S^2 ψυχή] μου ἐν φωτὶ αἰνῇ αὐτόν †
35. 14. εἰ δύνασαι αὐτὸν αἰνέσαι ὡς ἔστι †
38. 7. ᾔνεσάν με φωνῇ [A ἐν φ.] μεγάλῃ (5)
Ps. 17 (18). 3. αἰνῶν ἐπικαλέσομαι κύριον (2 *b*)
21 (22). 23. οἱ φοβούμενοι κύριον αἰνέσατε αὐτόν (2 *a*)
— 26. αἰνέσουσι κύριον οἱ ἐκζητοῦντες αὐτόν (2 *a*)
34 (35). 18. ἐν λαῷ βαρεῖ αἰνέσω σε (2 *a*)
55 (56). 10. ἐπὶ τῷ θεῷ αἰνέσω ῥῆμα, ἐπὶ τῷ κυρίῳ [B θεῷ] αἰνέσω λόγον (2 *a*, 2 *a*)
62 (63). 5. χείλη ἀγαλλιάσεως αἰνέσει τὸ ὄνομά σου (2 *a*)
68 (69). 30. αἰνέσω τὸ ὄνομα τοῦ θεοῦ (2 *a*)
— 34. αἰνεσάτωσαν αὐτὸν οἱ οὐρ. καὶ ἡ γῆ (2 *a*)
73 (74). 21. πτωχὸς καὶ πένης αἰνέσουσι τὸ ὄν. σου (2 *a*)
83 (84). 4. εἰς τοὺς αἰῶνας τῶν αἱ. αἰνέσουσί σε (2 *a*)
99 (100). 4. αἰνεῖτε τὸ ὄνομα αὐτοῦ (1)
101 (102). 18. λαὸς ὁ κτιζόμενος αἰνέσει τὸν κ. (2 *a*)
105 (106). 12. ᾔνεσαν (S^2 ᾖσαν) τὴν αἴνεσιν αὐτοῦ (7)
106 (107). 32. ἐν καθέδρᾳ πρεσβυτέρων αἰνεσάτωσαν αὐτόν (2 *a*)
108 (109). 30. ἐν μέσῳ πολλῶν αἰνέσω αὐτόν (2 *a*)
112 (113). 1. αἰνεῖτε παῖδες κύριον, αἰνεῖτε τὸ ὄνομα κυρίου (2 *a*, 2 *a*)
— 3. S^1 αἰνεῖτε [A R αἰνετὸν] τὸ ὄνομα κυρίου (2 *b*)
113. 25 (115. 17). οὐχ οἱ νεκροὶ αἰνέσουσί σε (2 *a*)
116 (117). 1. αἰνεῖτε τὸν κ. πάντα τὰ ἔθνη (2 *a*)
● — 1. S^1 αἰνεσάτωσαν [A ἐπαιν.] αὐτόν (6)
118 (119). 164. ἑπτάκις τῆς ἡμέρας ᾔνεσά σοι (2 *a*)
— 175. ζήσεται ἡ ψυχή μου καὶ αἰνέσει σε (2 *a*)
134 (135). 1. αἰνεῖτε τὸ ὄνομα κυρίου, αἰνεῖτε δοῦλοι κύριον (2 *a*, 2 *a*)
— 3. αἰνεῖτε τὸν κ. ὅτι ἀγαθὸς κ. (2 *a*)
144 (145). 2. αἰνέσω τὸ ὄνομά σου (2 *a*)
— 4. A^1 αἰνέσει [A^2 B S ἐπαιν.] τὰ ἔργα σου (6 *a*)
145 (146). 1. αἴνει ἡ ψυχή μου τὸν κύριον (2 *a*)
— 2. αἰνέσω κύριον ἐν ζωῇ μου (2 *a*)
146 (147). 1. αἰνεῖτε τὸν κύριον (2 *a*)
147. 1 (12). αἴνει τὸν θεόν σου Σιών (2 *a*)
148. 1. αἰνεῖτε τὸν κύριον ἐκ τῶν οὐρανῶν, αἰνεῖτε αὐτὸν ἐν τοῖς ὑψίστοις (2 *a*, 2 *a*)
— 2. αἰνεῖτε αὐτὸν πάντες οἱ ἄγγελοι αὐτοῦ, αἰνεῖτε αὐτὸν πᾶσαι αἱ δυνάμεις αὐτοῦ (2 *a*, 2 *a*)
— 3. αἰνεῖτε αὐτὸν ἥλιος καὶ σελήνη, αἰνεῖτε αὐτὸν πάντα τὰ ἄστρα (2 *a*, 2 *a*)
— 4. αἰνεῖτε αὐτὸν οἱ οὐρανοὶ τῶν οὐρανῶν (2 *a*)
— 4. αἰνεσάτωσαν τὸ ὄνομα κυρίου (2 *a*)
— 7. αἰνεῖτε τὸν κύριον ἐκ τῆς γῆς (2 *a*)
— 12. αἰνεσάτωσαν τὸ ὄνομα κ. (2 *a*)
Ps. 149. 3. αἰνεσάτωσαν τὸ ὄν. αὐτοῦ ἐν χορῷ (2 *a*)
150. 1. αἰνεῖτε τὸν θεὸν ἐν τοῖς ἁγίοις αὐτοῦ (2 *a*)
— 1. αἰνεῖτε αὐτὸν ἐν στερεώματι δυνάμ. (2 *a*)
— 2. αἰνεῖτε αὐτὸν ἐπὶ ταῖς δυναστ. αὐτοῦ (2 *a*)
— 2. αἰνεῖτε αὐτὸν κατὰ τὸ πλῆθος τῆς μεγ. (2 *a*)
— 3. αἰνεῖτε αὐτὸν ἐν ἤχῳ σάλπιγγος (2 *a*)
— 3. αἰνεῖτε αὐτὸν ἐν ψαλτηρίῳ καὶ κιθ. (2 *a*)
— 4. αἰνεῖτε αὐτὸν ἐν τυμπάνῳ καὶ χορῷ (2 *a*)
— 4. αἰνεῖτε αὐτὸν ἐν χορδαῖς καὶ ὀργάνῳ (2 *a*)
— 5. αἰνεῖτε αὐτὸν ἐν κυμβάλοις εὐήχοις (2 *a*)
— 5. αἰνεῖτε αὐτὸν ἐν κυμβάλοις ἀλαλ. (2 *a*)
— 6. πᾶσα πνοὴ αἰνεσάτω τὸν κύριον (2 *a*)
Pr. 31. 28. ὁ ἀνὴρ αὐτῆς ᾔνεσεν αὐτήν (2 *a*)
— 30. φόβον δὲ κυρίου αὕτη αἰνείτω (2 *c*)
— 31. αἰνείσθω ἐν πύλαις ὁ ἀνὴρ αὐτῆς (2 *a*)
Ca. 6. 8. παλλακαὶ καὶ [S *om.*] αἰνέσουσιν αὐτήν (2 *a*)
Wi. 10. 20. τήν τε ὑπέρμαχόν σου χεῖρα ᾔνεσαν
19. 9. διεσκίρτησαν αἰνοῦντές σε, κύριε
Si. 11. 2. μὴ αἰνέσῃς ἄνδρα ἐν κάλλει αὐτοῦ
17. 10. ὄνομα ἁγιασμοῦ αἰνέσουσιν
— 27. ὑψίστῳ τίς αἰνέσει ἐν ᾅδου
— 28. ζῶν καὶ ὑγιὴς αἰνέσει τὸν κύριον
21. 15. αἰνέσει αὐτὸν καὶ ἐπ' αὐτὸν προσθ.
24. 1. ἡ σοφία αἰνέσει ψυχὴν αὐτῆς
30. 2. S^2 αἰνεθήσεται [A B S^1 ὀνήσεται] ἐπ' αὐτῷ
39. 9. αἰνέσουσι τὴν σύνεσιν αὐτοῦ πολλοί
— 14. αἰνέσατε ᾆσμα
44. 1. αἰνέσωμεν δὴ ἄνδρας ἐνδόξους
47. 6. ᾔνεσεν αὐτὸν ἐν εὐλογίαις κυρίου
— 10. ἐν τῷ αἰνεῖν αὐτοὺς τὸ ἅγιον ὄν. αὐτοῦ
50. 18. ᾔνεσαν οἱ ψαλμῳδοὶ ἐν φωναῖς αὐτῶν
51. 1. αἰνέσω σε [A *om.*] θεὸν τὸν σωτῆρά μου
— 6. B ᾔνεσεν [A S R ἤγγισεν] ἕως θανάτου
— 11. αἰνέσω τὸ ὄνομά σου ἐνδελεχῶς
— 12. ἐξομολογήσ. καὶ αἰνέσω σοι [S^2 σε]
— 22. ἐν αὐτῇ αἰνέσω αὐτόν
Jl. 2. 26. αἰνέσετε τὸ ὄνομα κυρίου τοῦ θ. (2 *a*)
Is. 38. 18. οὐ γὰρ οἱ ἐν ᾅδου αἰνέσουσί σε (3)
62. 9. φάγονται αὐτὰ καὶ αἰνέσουσι κύριον (2 *a*)
Je. 4. 2. ἐν αὐτῷ αἰνέσουσι τῷ θεῷ (2 *c*)
20. 13. αἰνέσατε αὐτῷ (2 *a*)
38 (31). 5. φυτεύσατε καὶ αἰνέσατε †
— 7. ἀκουστὰ ποιήσατε καὶ αἰνέσατε (2 *a*)
Ba. 2. 32. αἰνέσουσί με ἐν γῇ ἀποικισμοῦ αὐτῶν
3. 6. αἰνέσομέν σε
— 7. αἰνέσομέν σε ἐν τῇ ἀποικίᾳ ἡμῶν
Da. LXX. 2. 23. σοί, κύριε . . . ἐξομολογοῦμαι καὶ αἰνῶ (6 *b*)
4. 34. τῷ ὑψίστῳ ἀνθομολογοῦμαι καὶ αἰνῶ –
— 34. τῷ κτίσαντι . . . ἐξομολογοῦμαι καὶ αἰνῶ –
— 34. πάντας τοὺς ἁγίους αὐτοῦ αἰνῶ –
— 34. κυρίῳ τῷ θεῷ τοῦ οὐρανοῦ αἰνεῖτε –
5. 23. ᾔνέσατε πάντα τὰ εἴδωλα τὰ χειρ. (6 *b*)
— 23. οὐκ εὐλόγησας αὐτὸν οὐδὲ ᾔνεσας αὐτῷ –
Da. TH. Su. 63. ᾔνεσαν [A ᾔ. τὸν θ.] περὶ τῆς θυγ.
2. 23. σοὶ ὁ θεὸς . . . ἐξομολογοῦμαι καὶ αἰνῶ (6 *b*)
4. 31. τῷ ζῶντι . . . ᾔνεσα καὶ ἐδόξασα (6 *b*)
— 34. αἰνῶ καὶ ὑπερυψῶ καὶ δοξάζω τὸν βασ. (6 *b*)
5. 4. ᾔνεσαν τοὺς θεοὺς τοὺς χρυσοῦς (6 *b*)
— 23. τοὺς θεοὺς τοὺς χρυσοῦς . . . ᾔνεσας (6 *b*)
I Ma. 4. 33. αἰνεσάτωσάν σε πάντες . . . ἐν ὕμνοις
III Ma. 2. 8. ᾔνεσάν σε τὸν παντοκράτορα
5. 13. τὸν ἅγιον ᾔνουν θεὸν αὐτῶν
— 35. τὸν ἐπιφανῆ θεὸν . . . ᾔνουν
6. 32. τὸν σωτῆρα καὶ τερατ. αἰνοῦντες θεόν

[**Aq.** Jb. 39. 13: Ps. 32 (33). 1: 34 (35). 18: 66 (67). 5: 88 (89). 13: 89 (90). 14: 95 (96). 12: 97 (98). 4: 131 (132). 16: Is. 16. 10: 26. 19: 35. 6: 52. 9: Je. 20. 13.]
[**Sm.** Ps. 9. 24 (10. 3): 34 (35). 18: 86 (87). 7: 89 (90). 14: 147. 1 (12): Pr. 31. 31: Is. 35. 2: 52. 8: 55. 6: Je. 20. 13.]
[**Th.** Ps. 89 (90). 14: 146 (147). 1: Da. 5. 23.]
[**Hebr.** De. 32. 43.]
[**Al.** Is. 38. 18.]

αἴνεσις. (1) *a.* יָדָה hi. *b.* תּוֹדָה (2) *a.* הָלַל pi. *b.* תְּהִלָּה (3) *a.* זִמְרָה *b.* זִמְרָת (4) מְלָאכָה (5) רִנָּה (6) שִׂמְחָה (7) שָׂשׂוֹן (8) גְּמוּל

Le. 7. 2 (12). ἐὰν μὲν περὶ αἰνέσεως προσφέρῃ (1 *b*)
— 2 (12). προσοίσει ἐπὶ τῆς θυσίας τῆς αἱ. (1 *b*)
— 3 (13). ἐπὶ θυσίᾳ αἰνέσεως σωτηρίου (1 *b*)
— 5 (15). τὰ κρέα θυσίας αἰνέσεως σωτηρίου (1 *b*)

I Ch. 16. 35. καὶ καυχᾶσθαι ἐν ταῖς αἰ. σου (2 b)
25. 3. ἀνακρ. ἐξομολόγησιν καὶ αἴνεσιν τῷ κ. (2 a)
II Ch. 20. 22. τῆς αἰ. αὐτοῦ τῆς ἐξομολογήσεως (5)
29. 31. φέρετε θυσίας καὶ [R om.] αἰνέσεως (1 b)
— 31. B ἀνήνεγκεν . . . θυσίας καὶ αἰνέσεως [R -εις] (1 b)
33. 16. θυσίαν σωτηρίου καὶ αἰνέσεως (1 b)
II Es. 10. 11. δότε αἴνεσιν τῷ κυρίῳ [B S om.] θεῷ (1 b)
Ne. 9. 5. ὑψώσουσιν ἐπὶ πάσῃ εὐλογίᾳ καὶ αἰνέσει (2 b)
12. 31. S²R ἔστησαν δύο περὶ αἰνέσεως μεγάλους (1 b)
— 37. S³ καὶ περὶ αἰνέσεως ἡ δευτ. ἐπορεύετο (1 b)
— 39. S³ ἔστησαν αἱ δύο τῆς αἰ. (?) (1 b)
— 46. καὶ ὕμνον καὶ αἴνεσιν τῷ θεῷ (1 a)
To. 13. 18. ἐροῦσι . . . ἀλληλουΐα καὶ αἴνεσιν [A αἰνέσουσι] λέγοντες
Ju. 15. 14. ὑπερεφώνει πᾶς ὁ λαὸς τὴν αἴ. ταύτην
Ps. 9. 14. ὅπως ἂν ἐξαγγείλω πάσας τὰς αἰ. σου (2 b)
25 (26). 7. τοῦ ἀκοῦσαι φωνὴν αἰνέσεως (1 b)
26 (27). 6. S² θυσίαν αἰνέσεως καὶ [A B om. αἰ. καὶ] ἀλ. –
32 (33). 1. τοῖς εὐθέσι πρέπει αἴ. [A ἡ αἴ.] (2 b)
33 (34). 1. ἡ αἴ. αὐτοῦ ἐν τῷ στόματί μου (2 b)
47 (48). 10. οὕτως καὶ ἡ αἴ. σου (2 b)
49 (50). 14. θῦσον τῷ θεῷ θυσίαν αἰνέσεως (1 b)
— 23. θυσία αἰνέσεως δοξάσει με (1 b)
50 (51). 15. τὸ στόμα μου ἀναγγελεῖ τὴν αἴ. σου (2 b)
55 (56). 12. αἱ εὐχαὶ ἃς ἀποδώσω αἰνέσεώς σου (1 b)
65 (66). 2. δότε δόξαν αἰνέσει αὐτοῦ (2 b)
— 8. ἀκουτίσατε τὴν φωνὴν τῆς αἰ. αὐτοῦ (2 b)
68 (69). 30. μεγαλυνῶ αὐτὸν ἐν αἰνέσει (1 b)
70 (71). 8. πληρωθήτω τὸ στόμα μου αἰνέσεως (2 b)
— 14. προσθήσω ἐπὶ πᾶσαν τὴν αἴ. σου (2 b)
72 (73). 28. τοῦ ἐξαγγεῖλαι πάσας τὰς αἰ. σου (4)
77 (78). 4. τὰς αἰ. κυρίου καὶ τὰς δυναστείας (2 b)
78 (79). 13. ἐξαγγελοῦμεν τὴν αἴ. σου (2 b)
101 (102). 21. τοῦ ἀναγγεῖλαι . . . τὴν αἴ. αὐτοῦ ἐν Ἱερ. (2 b)
102 (103). 2. B πάσας τὰς αἰ. [A ἀνταποδόσεις S ἀποδόσεις] αὐτοῦ (8)
105 (106). 2. ἀκουστὰς ποιήσει πάσας τὰς αἰ. αὐτοῦ (2 b)
— 12. ᾔνεσαν [S² ᾖσαν] τὴν αἴ. αὐτοῦ (2 b)
— 47. τοῦ ἐγκαυχᾶσθαι ἐν τῇ αἰ. σου (2 b)
106 (107). 22. θυσάτωσαν αὐτῷ θυσίαν αἰνέσεως (1 b)
108 (109). 1. τὴν αἴ. μου μὴ παρασιωπήσῃς (2 b)
110 (111). 10. ἡ αἴ. αὐτοῦ μένει (2 b)
115. 8 (116. 17). σοὶ θύσω θυσίαν αἰνέσεως (1 b)
144 (145). *tit.* B αἴνεσις [A S -σεως] τοῦ Δαυίδ (2 b)
— 21. αἴνεσιν κυρίου λαλήσει τὸ στόμα μου (2 b)
146 (147). 1. τῷ θεῷ ἡμῶν ἡδυνθείη αἴνεσις (2 b)
149. 1. ἡ αἴ. αὐτοῦ ἐν ἐκκλησίᾳ ὁσίων (2 b)
Si. 24. *tit.* αἴνεσις σοφίας
32 (35). 2. θυσιάζων [S¹ θυσία] αἰνέσεως
39. 15. ἐξομολογήσασθε ἐν αἰνέσει αὐτοῦ
51. 29. μὴ αἰσχυνθ. ἐν αἰνέσει [S² τῇ αἰ.] αὐτοῦ
Jn. 2. 10. μετὰ φωνῆς αἰνέσεως καὶ ἐξομολογήσεως (1 b)
Hb. 3. 3. αἰνέσεως αὐτοῦ πλήρης ἡ γῆ (2 b)
Is. 12. 2. ἡ δόξα μου καὶ ἡ αἴ. μου κύριος (3 b)
35. 10. αἰ. καὶ ἀγαλλίαμα καὶ εὐφροσύνη (7)
42. 21. ἵνα δικαιωθῇ καὶ μεγαλύνῃ αἴνεσιν †
51. 3. ἐξομολόγησιν καὶ φωνὴν αἰνέσεως (3 a)
— 11. [A *add.* ἀγαλλίαμα S -σις καὶ] αἴνεσις καὶ εὐφροσ. (6 *vel* 7)
Je. 17. 26. φέροντες αἴνεσιν εἰς οἶκον κυρίου (1 b)
40 (33). 9. ἔσται εἰς εὐφροσύνην καὶ αἴνεσιν (2 b)
— 11. A εἰσοίσουσι δῶρα αἰνέσεως [B S om.] (1 b)
Da. LXX. 5. 1. τῷ θεῷ τῷ ὑψ. οὐκ ἔδωκεν αἴνεσιν –
I Ma. 4. 56. θυσίαν σωτηρίου καὶ αἰνέσεως
13. 51. μετὰ αἰνέσεως καὶ βαΐων
III Ma. 2. 20. δὸς αἰνέσεις ἐν στόματι τῶν καταπ.

[**Aq.** Ps. 16 (17). 1 : 31 (32). 7 : 41 (42). 5 : 49 (50). 23 : 99 (100). 2 : 125 (126). 2 : 131 (132). 16 : Is. 49. 13 : 54. 1 : Hb. 3. 3.]
[**Sm.** Jb. 35. 10 : Ps. 49 (50). 23 : 55 (56). 13 : Is. 60. 18 : 62. 7 : Je. 17. 26.]
● [**Th.** Jb. 35. 10 : Ps. 108 (109). 1 : 144 (145). 1 : Hb. 3. 3.]
[**Quint.** Ps. 99 (100). 1 : 125 (126). 2.]
[**Al.** Le. 5. 13 : 22. 29 : Is. 63. 7 : Hb. 3. 3.]

αἰνετός. (1) *a.* הִלּוּלִים *b.* הָלַל pi. *c.* pu.

Le. 19. 24. πᾶς ὁ καρπὸς αὐτοῦ ἅγιος αἰ. τῷ κυρίῳ (1 a)
II Ki. 14. 25. οὐκ ἦν ἀνὴρ [A *add.* καλὸς] ἐν παντὶ Ἰσραὴλ αἰ. σφόδρα (1 b)
22. 4. αἰνετὸν ἐπικαλέσομαι κύριον (1 c)
I Ch. 16. 25. ὅτι μέγας κύριος καὶ αἰ. σφόδρα (1 c)
Ps. 47 (48). 1 : 95 (96). 4. μέγας κ. καὶ αἰνετὸς σφόδρα (1 c)
112 (113). 3. αἰνετὸν [S¹ αἰνεῖτε] τὸ ὄνομα κυρίου (1 c)
144 (145). 3. μέγας ὁ κ. καὶ αἰ. σφόδρα (1 c)
Da. LXX. 3. (26). αἰ. καὶ δεδοξασμένον τὸ ὄνομά σου
— (52). αἰ. καὶ ὑπερυψούμενος εἰς τοὺς αἰῶνας
— (55). αἰ. καὶ δεδοξασμένος εἰς τοὺς αἰῶνας
Da. TH. 3. (26). καὶ αἰνετὸς [A -ὸν] καὶ δεδ. τὸ ὄν.
— (52). αἰ. καὶ ὑπερυψούμενος εἰς τοὺς αἰῶνας
— (55). αἰ. [A ὑπεραιν.] καὶ ὑπερυψούμενος
[**Th.** Da. 5. 23.]

αἴνιγμα. (1) חִידָה (2) שַׁמָּה

Nu. 12. 8. ἐν εἴδει καὶ οὐ δι' αἰνιγμάτων (1)
De. 28. 37. ἐν αἰνίγματι καὶ παραβολῇ (2)
III Ki. 10. 1. πειράσαι αὐτὸν ἐν αἰνίγμασι (1)
II Ch. 9. 1. τοῦ πειράσαι Σαλωμὼν ἐν αἰνίγμασιν (1)
Pr. 1. 6. ῥήσεις τε σοφῶν καὶ αἰνίγματα (1)
Wi. 8. 8. ἐπίσταται . . . λύσεις αἰνιγμάτων
Si. 39. 3. ἐν αἰνίγμασι παραβολῶν ἀναστραφήσεται
47. 15. ἐνέπλησας ἐν παραβολαῖς αἰνιγμάτων
Da. LXX. 8. 23. βασιλεὺς . . . διανοούμενος αἰνίγματα (1)

[**Aq.** Ps. 48 (49). 5 : 77 (78). 2.]
[**Sm.** Ez. 17. 2.]

αἰνιγματιστής. (1) מָשָׁל

Nu. 21. 27. διὰ τοῦτο ἐροῦσιν οἱ αἰ. (1)

αἰνίττεσθαι.

[**Sm.** Ez. 17. 2.]

αἰνοποιεῖν.

[**Aq.** De. 32. 43 : Ps. 31 (32). 11 : 64 (65). 9 : 80 (81). 2.]

αἶνος. (1) הָלַל pi. (2) עֹז

II Ch. 23. 13. ᾠδοὶ καὶ ὑμνοῦντες αἶνον (1)
II Es. 3. 11. ἐν αἴνῳ καὶ ἀνθομολογήσει τῷ κ. (1)
Ne. 11. 17. S³ ἀρχηγὸς τοῦ αἴ. τοῦ Ἰούδα †
Ju. 16. 2. B S ψαλμὸν καὶ αἶνον [A R ψ. καινόν]
Jb. 15. 27. A αἶνος δὲ αὐτοῦ ὕβρις –
Ps. 8. 2. ἐκ στόματος νηπίων . . . κατηρτίσω αἶνον (2)
90 (91). *tit.*, 92 (93). *tit.*, 94 (95). *tit.* αἶνος ᾠδῆς τῷ Δαυίδ –
Wi. 18. 9. πατέρων ἤδη προαναμελπόντων [A S² -μέλποντες] αἴνους
Si. 15. 9. οὐχ ὡραῖος αἶ. ἐν στόματι ἁμαρτωλοῦ
— 10. ἐν γὰρ σοφίᾳ ῥηθήσεται αἶ.
III Ma. 7. 16. ἐν αἴνοις καὶ παμμελέσιν ὕμνοις

[**Aq.** Ps. 29 (30). 5, 6.]
[**Sm.** Jb. 37. 22 : Ps. 70 (71). 8.]

αἴξ. (1) עֵז (2) שָׂעִיר

Ge. 15. 9. αἶγα τριετίζουσαν (1)
30. 32. R πᾶν διάλευκον καὶ ῥαντὸν [A διάραντον καὶ λευκὸν] ἐν ταῖς αἰ. (1)
— 33. ῥαντὸν καὶ διάλευκον ἐν ταῖς αἰ. (1)
— 35. πάσας τὰς αἰ. τὰς ῥαντὰς καὶ τὰς διαλεύκους (1)
31. 10, 12. ἐπὶ τὰ πρόβατα καὶ τὰς αἰ. –
— 38. τὰ πρόβατά σου καὶ αἱ αἰ. σου (1)
32. 14. αἶγας διακοσίας (1)
37. 31. ἔσφαξαν ἔριφον αἰγῶν (1)
38. 17. ἔριφον αἰγῶν ἐκ τῶν προβάτων (1)
— 20. τὸν ἔριφον ἐξ αἰγῶν (1)
Le. 3. 12. ἐὰν δὲ ἀπὸ τῶν αἰ. τὸ δῶρον αὐτοῦ (1)
4. 23. χίμαρον ἐξ αἰγῶν ἄρσεν ἄμωμον (1)
— 28. χίμαιραν ἐξ αἰγῶν θήλειαν ἄμωμον (1)
5. 6. χίμαιραν ἐξ αἰγῶν (1)
7. 13 (23). πᾶν στέαρ . . . αἰγῶν οὐκ ἔδεσθε (1)
9. 3. χίμαρον ἐξ αἰγῶν (1)
16. 5. δύο χιμάρους ἐξ αἰγῶν περὶ ἁμαρτίας (1)
17. 3. μόσχον ἢ πρόβατον ἢ αἶγα (1)
22. 19. ἐκ τῶν προβάτων καὶ ἐκ τῶν αἰ. (1)
— 27. μόσχον ἢ πρόβατον ἢ αἶγα (1)
Le. 23. 19. ποιήσουσι χίμαρον ἐξ αἰγῶν ἕνα (1)
Nu. 7. 16, 22, 28, 34, 40, 46, 52, 58, 64, 70, 76, 82. χίμαρον ἐξ αἰγῶν ἕνα περὶ ἁμαρτίας (1)
— 87. χίμαροι ἐξ αἰγῶν δώδεκα (1)
15. 11. ἐκ τῶν προβάτων ἢ ἐκ τῶν αἰ. (1)
— 24. χίμαρον ἐξ αἰγῶν ἕνα περὶ ἁμαρτίας (1)
— 27. αἶγα μίαν ἐνιαυσίαν περὶ ἁμαρτίας (1)
18. 17. πρωτότοκα αἰγῶν οὐ λυτρώσῃ (1)
28. 15. χίμαρον ἐξ αἰγῶν ἕνα περὶ ἁμαρτίας (1)
— 22. χίμαρον ἐξ αἰγῶν ἕνα περὶ ἁ. [A *om.* π. ἁ.] –
— 29; 29. 5, 11, 16, 19, 25. χίμαρον ἐξ αἰγῶν ἕνα περὶ ἁμαρτίας (1)
29. 22, 28, 31, 34, 38. χίμαρον ἐξ αἰγῶν ἕνα περὶ ἁμαρτίας –
31. 28. B ἀπὸ τῶν αἰ. [A R ὄνων] †
De. 14. 4. χίμαρον ἐξ αἰγῶν (1)
Ju. 6. 19. ἐποίησεν ἔριφον αἰγῶν (1)
13. 15. ποιήσωμεν . . . ἔριφον αἰγῶν (1)
— 19. ἔλαβε Μανωὲ τὸν ἔριφον τῶν αἰ. (1)
14. 6. ὡσεὶ συντρίψει [A διασπάσαι] ἔριφον αἰγῶν [B om.] –
15. 1. ἐπεσκέψατο . . . ἐν ἐρίφῳ [A φέρων ἔριφον] αἰγῶν (1)
I Ki. 16. 20. ἔριφον αἰγῶν [A ἐξ αἰ.] ἕνα (1)
19. 13. ἧπαρ τῶν αἰ. ἔθετο πρὸς κεφαλῆς αὐτοῦ (1)
— 16. ἧπαρ τῶν αἰ. πρὸς κεφαλῆς αὐτοῦ (1)
25. 2. ποίμνια τρισχίλια καὶ αἰ. χίλιαι (1)
III Ki. 21 (20). 27. παρενέβαλεν . . . ὡσεὶ δύο ποίμνια αἰγῶν (1)
II Ch. 29. 21. χιμάρους αἰγῶν ἑπτά (1)
31. 6. καὶ ἐπιδέκατα αἰγῶν †
35. 7. ἐρίφους ἀπὸ τῶν τέκνων τῶν αἰ. [B ἁγίων] (1)
II Es. 6. 17. χιμάρους αἰγῶν περὶ ἁμαρτίας . . . δώδεκα (1)
To. 2. 12. S¹ ἔριφον ἐξ αἰγῶν
Ju. 2. 17. πρόβατα καὶ βόας καὶ αἶγας
Ca. 4. 1 : 6. 4. τρίχωμά σου ὡς ἀγέλαι τῶν αἰ. (1)
Ez. 43. 22. ἐρίφους δύο αἰγῶν [A ἀπὸ αἰ.] ἀμώμους (1)
45. 23. ὑπὲρ ἁμαρτίας ἔριφον αἰγῶν καθ' ἡμέραν (1)
Da. LXX. 8. 5. τράγος αἰγῶν ἤρχετο ἀπὸ δυσμῶν (1)
— 8. ὁ τράγος τῶν αἰ. κατίσχυσε σφόδρα (1)
— 21. ὁ τράγος τῶν αἰ. βασιλεὺς τῶν Ἑλλ. (2)
Da. TH. 8. 5. τράγος αἰγῶν ἤρχετο ἀπὸ λιβός (1)
— 8. ὁ τράγος τῶν αἰ. ἐμεγαλύνθη ἕως σφόδρα (1)
— 21. ὁ τράγος τῶν αἰ. βασιλεὺς Ἑλλήνων (2)
[**Aq.** Je. 31. 12.]

αἰπόλιον.

Pr. 24. 66 (30. 31). τράγος ἡγούμενος αἰπολίου –

αἰπόλος. (1) בּוֹקֵר

Am. 7. 14. ἀλλ' ἢ αἰπόλος ἤμην (1)

● **αἴρειν.** (1) אָמַן (2) אָסַף (3) אָפֵס
(4) בּוֹא *a.* qal. *b.* hi. (5) נָזַר (6) חָתָה
(7) טוּל hi. (8) לָקַח (9) מִישׁ (10) נוּף hi.
(11) נָטָה (12) *a.* נָטַל *b.* נְטַל (13) נָסַע
a. qal. *b.* hi. (14) נָשָׂא *a.* qal. *b.* ni.
c. pi. *d.* מַשָּׂא (15) סוּר *a.* hi. *b.* ho.
(16) עָדַר (17) עָמַס (18) עָרַךְ (19) פָּרַר
● (20) רוּם hi. (21) שָׁחַת (22) אָבַד
(23) מָאַס (24) פָּרַשׂ (25) הָלַךְ
● (26) עָדָה (27) שָׁבַת (28) יָשַׁט hi.

Ge. 35. 2. ἄρατε τοὺς θεοὺς τοὺς ἀλλοτρίους (15 a)
40. 16. αἴρειν ἐπὶ τῆς κεφαλῆς μου –
43. 34. A ἦραν δὲ μερίδα [R -ίδας] παρ' αὐτοῦ (14 a)
44. 1. ὅσα ἐὰν δύνωνται ἆραι (14 a)
45. 23. δέκα ὄνους αἴροντας ἀπὸ πάντων (14 a)
— 23. δέκα ἡμιόνους αἰρούσας ἄρτους (14 a)
46. 5. ἃς ἀπέστειλεν Ἰωσὴφ ἆραι αὐτόν (14 a)
47. 30. καὶ ἀρεῖς με ἐξ Αἰγύπτου (14 a)
Ex. 25. 13. αἴρειν τὴν κιβωτὸν ἐν αὐτοῖς (14 a)
— 26. ὥστε αἴρειν ἐν αὐτοῖς τὴν τράπεζαν (14 a)
— 27. καὶ ἀρθήσεται ἐν αὐτοῖς ἡ τράπεζα (14 b)
27. 7. ἐν τῷ αἴρειν αὐτό (14 a)
30. 4. ὥστε αἴρειν αὐτὸ ἐν αὐταῖς (14 a)
38. 4 (37. 5). ὥστε αἴρειν αὐτὴν ἐν αὐτοῖς (14 a)
— 10 (37. 14). ὥστε αἴρειν τοῖς διωστῆρσιν ἐν αὐτοῖς (14 a)
— 24 (7). ὥστε αἴρειν ἐν αὐτοῖς τὸ θυσιαστ. (14 a)

● = correction on page xxiv

Le. 10. 4. ἄρατε τοὺς ἀδ. ὑμῶν ἐκ προσώπου (14 *a*)
— 5. ἦραν . . . ἔξω τῆς παρεμβολῆς (14 *a*)
11. 25, 28. ὁ αἴρων τῶν θνησιμαίων αὐτῶν (14 *a*)
— 40. A^{2} B ὁ αἴρων ἀπὸ θνησιμαίων αὐτῶν (14 *a*)
15. 10. ὁ αἴρων αὐτὰ πλυνεῖ τὰ ἱμάτια αὐτοῦ (14 *a*)
Nu. 1. 50. αὐτοὶ ἀροῦσιν τὴν σκηνήν (14 *a*)
2. 17. ἀρθήσεται ἡ σκηνὴ τοῦ μαρτυρίου (13 *a*)
4. 15. εἰσελεύσονται υἱοὶ Καὰθ αἴρειν (14 *a*)
— 15. ταῦτα ἀροῦσιν οἱ υἱοὶ Καάθ (14 *d*)
— 24. λειτουργεῖν καὶ αἴρειν (14 *d*)
— 25. ἀρεῖ τὰς δέρρεις [B^{2} σκεύη] τῆς σκηνῆς (14 *a*)
— 31. τὰ φυλάγματα τῶν αἰρομ. ὑπ᾽ αὐτῶν (14 *d*)
— 32. τῆς φυλακῆς τῶν αἰρομένων ὑπ᾽ αὐτῶν (14 *d*)
— 47. τὰ ἔργα τὰ αἰρόμενα ἐν τῇ σκηνῇ (14 *d*)
— 49. ἐπὶ ὧν αἴρουσιν αὐτοί (14 *d*)
7. 9. ἐπ᾽ ὤμων ἀροῦσι (14 *a*)
10. 17. οἱ [A B *om.*] αἴροντες τὴν σκηνήν (14 *a*)
— 21. οἱ υἱοὶ Καὰθ αἴροντες τὰ ἅγια (14 *a*)
11. 12. ὡσεὶ ἄραι τιθηνὸς τὸν θηλάζοντα (14 *a*)
13. 24. ἦραν αὐτὸν ἐπ᾽ ἀναφορεῦσι (14 *a*)
De. 10. 8. αἴρειν τὴν κιβωτὸν τῆς διαθήκης κ. (14 *a*)
31. 9, 25. τοῖς αἴρουσι τὴν κιβωτὸν τῆς διαθ. (14 *a*)
32. 40. ἀρῶ εἰς τὸν οὐρανὸν τὴν χεῖρά μου (14 *a*)
Jo. 3. 3. τοὺς Λευίτας αἴροντας αὐτήν (14 *a*)
— 6. ἄρατε τὴν κιβωτὸν τῆς διαθήκης κυρίου (14 *a*)
— 6. ἦραν οἱ ἱερεῖς τὴν κιβωτὸν τῆς διαθ. (14 *a*)
— 8. τοῖς ἱερεῦσι τοῖς αἴρουσι τὴν κιβ. (14 *a*)
— 13. τῶν ἱερέων τῶν αἰρόντων τὴν κιβωτόν (14 *a*)
— 14. οἱ δὲ ἱερεῖς ᾖροσαν [A ἦραν] τὴν κιβ. (14 *a*)
— 15. οἱ ἱερεῖς οἱ αἴροντες τὴν κιβωτόν (14 *a*)
— 15. τῶν ἱερέων τῶν αἰρόντων τὴν κιβ. (14 *a*)
— 17. οἱ ἱερεῖς οἱ αἴροντες τὴν κιβωτόν (14 *a*)
4. 5. ἀράτω ἐπὶ τῶν ὤμων αὐτοῦ –
— 9. τῶν ἱερέων τῶν αἰρόντων τὴν κιβ. (14 *a*)
— 10. οἱ ἱερεῖς οἱ αἴροντες τὴν κιβωτόν (14 *a*)
— 16. τοῖς ἱερεῦσι τοῖς αἴρουσι τὴν κιβ. (14 *a*)
— 18. οἱ ἱερεῖς οἱ αἴροντες τὴν κιβωτόν (14 *a*)
6. 11. ἦραν οἱ ἱερεῖς τὴν κιβωτόν (14 *a*)
— 12. A οἱ ἱερεῖς οἱ ἑπτὰ αἴροντες [B οἱ φέροντες] τὰς ἑπτὰ σάλπιγγας (14 *a*)
8. 33. οἱ ἱερεῖς καὶ [A *om.*] οἱ Λ. ἦραν τὴν κιβ. (14 *a*)
Ju. 3. 18. A τοὺς αἴροντας [B φέροντας] τὰ δῶρα (14 *a*)
8. 28. ἆραι κεφαλὴν αὐτῶν (14 *a*)
9. 48. B ἦρε καὶ ἔθηκεν ἐπὶ ὤμων αὐ. [A *al.*] (14 *a*)
— 49. A ἦραν καὶ ἐπορεύθησαν [B *al.*] –
— 54. τὸ παιδ. τὸ αἶρον [A τὸν αἴροντα] τὰ σκεύη (14 *a*)
19. 17. ἦρε τοὺς ὀφθαλμοὺς αὐτοῦ [A *al.*] (14 *a*)
21. 2. ἦραν [A ἐπῆραν τὴν] φωνὴν αὐτῶν (14 *a*)
Ru. 2. 18. καὶ ἦρε καὶ εἰσῆλθεν εἰς τὴν πόλιν (14 *a*)
I Ki. 2. 28. θυμιᾶν θυμίαμα καὶ αἴρειν ἐφούδ (14 *a*)
4. 4. αἴρουσιν ἐκεῖθεν τὴν κιβωτὸν κυρίου (14 *a*)
6. 13. ἦραν ὀφθαλμοὺς αὐτῶν καὶ εἶδον κιβ. (14 *a*)
10. 3. ἕνα αἴροντα τρία αἰγίδια καὶ ἕνα αἴροντα τρία ἀγγεῖα ἄρτων καὶ ἕνα αἴροντα ἀσκὸν οἴνου (14 *a*, 14 *a*, 14 *a*)
11. 4. ἦραν πᾶς ὁ λαὸς τὴν φωνὴν αὐτῶν (14 *a*)
14. 1. B τῷ παιδαρίῳ τῷ αἴροντι τὰ σκεύη αὐτοῦ (14 *a*)
— 3. B ἱερεὺς τοῦ θ. ἐν Σ. αἴρων ἐφούδ (14 *a*)
— 6. B τὸ παιδάριον τὸ αἶρον τὰ σκεύη αὐτοῦ (14 *a*)
— 7. B εἶπεν αὐτῷ ὁ αἴρων τὰ σκεύη αὐτοῦ (14 *a*)
— 12 *bis*. πρὸς τὸν αἴροντα τὰ σκεύη αὐτοῦ (14 *a*)
— 13. ὁ αἴρων τὰ σκεύη αὐτοῦ μετ᾽ αὐτοῦ (14 *a*)
— 13, 14, 17. ὁ αἴρων τὰ σκεύη αὐτοῦ (14 *a*)
— 18. B ὅτι αὐτὸς ἦρε τὸ ἐφούδ [A *al.*] †
15. 25. καὶ νῦν ἆρον δὴ τὸ ἁμάρτημά μου (14 *a*)
16. 21. ἐγενήθη αὐτῷ αἴρων τὰ [A *om.*] σκεύη αὐτοῦ (14 *a*)
17. 7. ὁ αἴρων τὰ ὅπλα αὐτοῦ προεπορεύετο (14 *a*)
— 41. A ἀνὴρ ὁ αἴρων τὸν θυραιόν (14 *a*)
18. 11. A ἦρεν Σαοὺλ τὸ δόρυ (7)
22. 18. πάντας αἴροντας ἐφούδ [A *add.* λίνον] (14 *a*)
24. 17. καὶ ἦρε Σαοὺλ τὴν φωνὴν αὐτοῦ (14 *a*)
25. 28. ἆρον δὴ τὸ ἀνόμημα τῆς δούλης σου (14 *a*)
30. 4. ἦρε Δ. καὶ οἱ ἄ. αὐτοῦ τὴν φωνὴν αὐτῶν (14 *a*)
31. 4. εἶπε Σ. πρὸς τὸν αἴροντα τὰ σκεύη (14 *a*)
— 4. οὐκ ἐβούλετο ὁ αἴρων τὰ σκεύη αὐτοῦ (14 *a*)
— 5. εἶδεν ὁ αἴρων τὰ σκεύη αὐτοῦ (14 *a*)
— 6. καὶ ὁ αἴρων τὰ σκεύη αὐτοῦ (14 *a*)
II Ki. 2. 22. πῶς ἀρῶ τὸ πρόσωπόν μου (14 *a*)
— 32. αἴρουσι τὸν Ἀσαὴλ καὶ θάπτουσιν αὐ. (14 *a*)
3. 32. καὶ ἦρεν ὁ βασιλεὺς τὴν φωνὴν αὐτοῦ (14 *a*)
4. 4. ἦρεν αὐτὸν ἡ τιθηνὸς αὐτοῦ καὶ ἔφυγε (14 *a*)
6. 3. ἦρεν αὐτὴν εἰς οἶκον Ἀμιναδάβ (14 *a*)

II Ki. 6. 4. A ἦραν αὐτὴν ἀπὸ οἴκου Ἀμιναδάβ (14 *a*)
— 13. ἦσαν . . . αἴροντες τὴν κιβωτὸν ἑπτὰ χοροί (14 *a*)
13. 34. ἦρε . . . τοὺς ὀφθαλμοὺς αὐτοῦ (14 *a*)
15. 24. αἴροντες τὴν κιβωτὸν διαθήκης κ. (14 *a*)
18. 15. δέκα παιδάρια αἴροντα τὰ σκεύη Ἰωάβ (14 *a*)
19. 42. ἢ δόμα ἔδωκεν ἢ ἄρσιν ἦρεν ἡμῖν (14 *c*)
23. 37. Γελωρὲ ὁ Βηθ. αἴρων τὰ σκεύη Ἰωάβ (14 *a*)
24. 12. τρία ἐγώ εἰμι αἴρω ἐπὶ σέ (12 *a*)
III Ki. 2. 26. ὅτι ἦρας τὴν κιβωτόν (14 *a*)
3. 1 (5. 15). B ἑβδ. χιλιάδες αἴροντες ἄρσιν (14 *a*)
■ 4. 28. τὰς κριθὰς . . . ἦρον [A ἦγον] εἰς τὸν τόπον (4 *b*)
■ 5. 9. ἐκτινάξω αὐτὰ ἐκεῖ [A *om.*] καὶ σὺ ἀρεῖς (14 *a*)
■ — 15. ἑβδομήκοντα χιλιάδες αἴροντες ἄρσιν (14 *a*)
6. 1 [B], 5. 17 [A]. καὶ αἴρουσιν [B^{2} ἵνα αἴρωσι] λίθους (13 *b*)
8. 3. καὶ ἦραν οἱ ἱερεῖς τὴν κιβωτόν (14 *a*)
10. 2. κάμηλοι αἴρουσαι ἡδύσματα (14 *a*)
— 11. ἡ ναῦς X. ἡ αἴρουσα τὸ χρυσίον (14 *a*)
13. 29. B ἦρεν ὁ προφήτης τὸ σῶμα τοῦ ἀνθρ. (14 *a*)
14. 28. ᾖρον αὐτὰ οἱ παρατρέχοντες (14 *a*)
15. 22. αἴρουσι τοὺς λίθους τῆς Ῥαμά (14 *a*)
18. 12. πνεῦμα κυρίου ἀρεῖ σε εἰς τὴν γῆν (14 *a*)
● IV Ki. 2. 16. A μή ποτε ἦρεν [B εὗρεν] αὐτὸν πνεῦμα κ. (14 *a*)
4. 4. καὶ τὸ πληρωθὲν ἀρεῖς (13 *b*)
— 19. ἆρον αὐτὸν πρὸς τὴν μητέρα αὐτοῦ (14 *a*)
— 20. R καὶ ἦρεν αὐτὸν πρὸς τὴν μητέρα αὐτοῦ (14 *a*)
5. 23. καὶ ἦραν ἔμπροσθεν αὐτοῦ (14 *a*)
7. 8. καὶ ἦραν ἐκεῖθεν ἀργύριον (14 *a*)
9. 26. ἄρας δὴ ῥίψον αὐτὸν ἐν τῇ μερίδι (14 *a*)
14. 20. καὶ ἦραν αὐτὸν ἐφ᾽ ἵππων (14 *a*)
19. 22. καὶ ἦρας εἰς ὕψος τοὺς ὀφθαλμούς σου (14 *a*)
23. 16. ἦρε τοὺς ὀφθ. αὐτοῦ ἐπὶ τὸν τάφον –
25. 13. ἦραν τὸν χαλκὸν αὐτῶν εἰς Βαβ. (14 *a*)
I Ch. 5. 18. ἄνδρες αἴροντες ἀσπίδας (14 *a*)
10. 4. εἶπε Σαοὺλ τῷ αἴροντι τὰ σκεύη αὐτοῦ (14 *a*)
— 4, 5. ὁ αἴρων τὰ σκεύη αὐτοῦ (14 *a*)
11. 39. αἴρων σκεύη υἱῷ Σαρουΐα (14 *a*)
12. 8. ἄνδρες . . . αἴροντες θυρεοὺς καὶ δόρατα (18)
15. 2. οὐκ ἔστιν ἆραι τὴν κιβωτὸν τοῦ θεοῦ (14 *a*)
— 2. A R αἴρειν τὴν κιβωτὸν κυρίου (14 *a*)
— 26. αἴροντας τὴν κιβωτὸν τῆς διαθήκης (14 *a*)
▶ — 27. αἴροντες τὴν κιβωτὸν διαθήκης (14 *a*)
23. 26. οὐκ ἦσαν αἴροντες τὴν σκηνήν (14 *a*)
II Ch. 9. 1. καὶ κάμηλοι αἴρουσαι ἀρώματα (14 *a*)
14. 8. αἰρόντων θυρεοὺς καὶ δόρατα (14 *a*)
35. 3. οὐκ ἔστιν ὑμῖν ἆραι [A ἐπᾶραι] ἐπ᾽ ὤμων οὐθέν (14 *d*)
I Es. 1. 4. οὐκ ἔσται ὑμῖν ἆραι ἐπ᾽ ὤμων αὐτήν
4. 58. ἄρας τὸ πρόσωπον εἰς τὸν οὐρανόν
9. 47. καὶ ἄραντες ἄνω τὰς χεῖρας
■ Ne. 4. 17. οἱ αἴροντες ἐν τοῖς ἀρτῆρσιν (14 *a*)
13. 19. ὥστε μὴ αἴρειν βαστάγματα (4 *a*)
Ju. 11. 2. οὐκ ἂν ἦρα τὸ δόρυ μου ἐπ᾽ αὐτούς
Es. 4. 1. αἴρεται ἔθνος μηδὲν ἠδικηκός –
5. 1. καὶ ἄρας [A ἦρεν, S^{1} *om.*] τὸ πρόσωπον αὐτοῦ ●
— 2. καὶ ἄρας τὴν χρυσῆν ῥάβδον (28)
9. 28. S^{1} ἀρθήσονται [A B ἀχθήσονται] εἰς τὸν ἀπ. χρόνον †
Jb. 6. 3. τὰς δὲ ὀδύνας μου ἆραι ἐν ζυγῷ (14 *a*)
15. 25. ἦρκε χεῖρας ἐναντίον τοῦ κ. (11)
21. 3. ἄρατέ [A βαστάσατέ] με (14 *a*)
Ps. 10 (11). 1. B πῶς ἀρεῖτε [A S ἐρεῖτε] τῇ ψυχῇ [A τὴν ψυχήν] μου †
23 (24). 7, 9. ἄρατε πύλας οἱ ἄρχοντες ὑμῶν (14 *a*)
24 (25). 1. πρὸς σὲ, κύριε, ἦρα τὴν ψυχήν μου (14 *a*)
27 (28). 2. ἐν τῷ αἴρειν με [S^{1} *om.*] χεῖράς μου (14 *a*)
62 (63). 4. ἐν τῷ ὀν. σου ἀρῶ τὰς χεῖράς μου (14 *a*)
82 (83). 2. οἱ μισοῦντές σε ἦραν κεφαλήν (14 *a*)
85 (86). 4. πρὸς σὲ, κυρίε, ἦρα τὴν ψυχήν μου (14 *a*)
90 (91). 12. ἐπὶ χειρῶν ἀροῦσί σε (14 *a*)
92 (93). 3. A S^{2} ἀροῦσιν οἱ ποταμοὶ ἐπιτρίψεις (14 *a*)
95 (96). 8. ἄρατε θυσίας καὶ εἰσπορεύεσθε (14 *a*)
118 (119). 48. ἦρα τὰς χεῖράς μου πρὸς τὰς ἐντολάς (14 *a*)
120 (121). 1. ἦρα τοὺς ὀφθ. μου εἰς τὰ ὄρη (14 *a*)
122 (123). 1. πρὸς σὲ ἦρα τοὺς ὀφθαλμούς μου (14 *a*)
125 (126). 6. A S^{1} αἴροντες [B βάλλοντες] τὰ σπέρματα αὐτῶν (14 *a*)
— 6. αἴροντες τὰ δράγματα αὐτῶν (14 *a*)
142 (143). 8. πρὸς σὲ ἦρα τὴν ψυχήν μου (14 *a*)
151. 4. ἦρέ με ἐκ τῶν προβάτων τοῦ πατρός

Ps. 151. 7. ἦρα ὄνειδος ἐξ υἱῶν Ἰσραήλ
Pr. 1. 12. ἄρωμεν αὐτοῦ τὴν μνήμην ἐκ γῆς †
Ca. 5. 7. ἦραν τὸ θέριστρόν μου ἀπ᾽ ἐμοῦ (14 *a*)
Si. 13. 2 βάρος ὑπὲρ σὲ μὴ ἄρῃς
20. 11. ἀπὸ ταπεινώσεως ἦρε κεφαλήν
38. 7. ἦρε τὸν [A πᾶν] πόνον αὐτοῦ
Mi. 2. 1. οὐκ ἦραν πρὸς τὸν θεὸν τὰς χεῖρας †
— 3. ἐξ ὧν οὐ μὴ ἄρητε τοὺς τραχήλους ὑμῶν (9)
4. 3. A οὐ μὴ ἄρῃ [B ἀντάρῃ] . . . ῥομφαίαν (14 *a*)
Jn. 1. 12. ἄρατέ με καὶ ἐμβάλετέ με εἰς τὴν θάλ. (14 *a*)
■ Za. 1. 18. ἦρα τοὺς ὀφθαλμούς μου καὶ ἴδον (14 *a*)
■ — 21. οὐδεὶς αὐτῶν ἦρε κεφαλήν (14 *a*)
■ 2. 1; 5. 1, 9; 6. 1. ἦρα τοὺς ὀφθαλμούς μου (14 *a*)
Is. 5. 23. τὸ δίκαιον τοῦ δικαίου αἴροντες (15 *a*)
— 26. ἀρεῖ σύσσημον ἐν τοῖς ἔθνεσι (14 *a*)
8. 8. ἄνθρωπον ὃς δυνήσεται κεφαλὴν ἆραι †
● 10. 14. ὡς καταλελειμμένα ᾠὰ ἀρῶ (2)
— 15. ὡς ἄν τις ἄρῃ ῥάβδον ἢ ξύλον (10 *et* 20)
11. 12. ἀρεῖ σημεῖον εἰς τὰ ἔθνη (14 *a*)
13. 2. ἐπ᾽ ὄρους πεδινοῦ ἄρατε σημεῖον (14 *a*)
15. 9. ἀρῶ τὸ σπέρμα Μωάβ †
16. 4. ἤρθη ἡ συμμαχία σου (3)
● — 10. ἀρθήσεται εὐφροσύνη (2)
17. 1. Δαμασκὸς ἀρθήσεται ἀπὸ πόλεων (15 *b*)
18. 3. ὡσεὶ σημεῖον ἀπὸ ὄρους ἀρθῇ [S ἀρθήσεται] (14 *a*)
26. 10. ἀρθήτω ὁ ἀσεβής †
— 14. ἦρας [B^{1} S^{1} ἦρες] πᾶν ἄρσεν αὐτῶν (22)
30. 14. ὄστρακον ἐν ᾧ πῦρ ἀρεῖς [S^{1} *om.*] (6)
32. 13. ἐκ πάσης οἰκίας εὐφροσύνη ἀρθήσεται –
33. 8. ἡ πρὸς τούτους διαθήκη αἴρεται (19 ?, 23 ?)
— 23. οὐκ ἀρεῖ σημεῖον (24 ?)
37. 23. οὐκ ἦρας εἰς ὕψος τοὺς ὀφθαλμούς σου (14 *a*)
45. 20. οἱ αἴροντες τὸ ξύλον γλύμμα αὐτῶν (14 *a*)
46. 1. αἴρετε [A ἔδεται] αὐτὰ καταδεδεμένα (14 *a*)
— 3. οἱ αἰρόμενοι ἐκ κοιλίας (17)
— 7. αἴρουσιν αὐτὸ ἐπὶ τοῦ ὤμου [A S τῶν ὤ.] (14 *a*)
48. 14. τοῦ ἆραι σπέρμα Χαλδαίων †
49. 18. ἆρον κύκλῳ τοὺς ὀφθαλμούς σου (14 *a*)
— 22. αἴρω εἰς τὰ ἔθνη τὴν χεῖρά μου καὶ εἰς τὰς νήσους ἀρῶ σύσσημόν μου (14 *a*, 20)
— 22. τὰς θυγατέρας σου ἐπ᾽ ὤμων ἀροῦσι (14 *a*)
51. 6. ἄρατε εἰς τὸν οὐρανὸν τοὺς ὀφθαλμοὺς ὑμῶν (14 *a*)
— 13. ἐβουλεύσατο τοῦ ἆραί [A ἀρέσαι] σε (21)
53. 8. ἡ κρίσις αὐτοῦ ἤρθη [S^{1} ἤχθη] (8)
— 8. αἴρεται ἀπὸ τῆς γῆς ἡ ζωὴ αὐτοῦ (5)
● 57. 1. ἄνδρες δίκαιοι αἴρονται (2)
● — 1. ἀπὸ προσώπου ἀδικίας ἦρται ὁ δίκαιος (2)
— 2. ἦρται ἐκ τοῦ μέσου †
— 14. ἄρατε σκῶλα ἀπὸ τῆς ὁδοῦ τοῦ λαοῦ μου (20)
58. 13. οὐκ ἀρεῖς τὸν πόδα σου ἐπ᾽ ἔργῳ †
59. 15. ἡ ἀλήθεια ἦρται (16)
60. 4. ἆρον κύκλῳ τοὺς ὀφθαλμούς σου (14 *a*)
— 4. αἱ θυγατ. σου ἐπ᾽ ὤμων ἀρθήσονται (1)
66. 12. τὰ παιδία αὐτῶν ἐπ᾽ ὤμων ἀρθήσονται (14 *b*)
Je. 3. 2. ἆρον εἰς εὐθεῖαν τοὺς ὀφθαλμούς σου (14 *a*)
6. 1. ὑπὲρ Βαιθαχαρμὰ ἄρατε σημεῖον (14 *a*)
● 10. 5. αἰρόμενα ἀρθήσονται (14 *a*, 14 *b*)
17. 21. μὴ αἴρετε βαστάγματα (14 *a*)
— 27. τοῦ μὴ αἴρειν βαστάγματα (14 *a*)
28 (51). 12. ἐπὶ τειχέων Βαβ. ἄρατε σημεῖον (14 *a*)
— 27. ἄρατε σημεῖον ἐπὶ τῆς γῆς (14 *a*)
— 27. βασιλεῖς ἄρατε [A -λείαις Ἀραρὲθ] παρ᾽ ἐμοῦ †
38 (31). 24. ἅμα γεωργῷ καὶ ἀρθήσεται ἐν ποιμνίῳ (13 *a*)
50 (43). 10. ἀρεῖ τὰ ὅπλα ἐπ᾽ αὐτούς (11)
Ba. 4. 26. ἤρθησαν ὡς ποίμνιον ἡρπασμένον ὑπὸ [A ἀπὸ] ἐχθρῶν
5. 6. αἰρομένους μετὰ δόξης
La. 2. 19. ἆρον ἆρον [B S *om.*] . . . χεῖράς (14 *a*, –)
3. 27. ὅταν ἄρῃ ζυγὸν ἐν νεότητι αὐτοῦ (14 *a*)
— 28. σιωπήσεται ὅτι ἦρεν ἐφ᾽ ἑαυτῷ (12 *a*)
Ep. Je. 4. θεοὺς . . . ἐπ᾽ ὤμοις αἰρομένους
— 26. A ἄνευ ποδῶν ἐπ᾽ ὤμοις αἴρονται [B φέρονται]
Ez. 12. 12. ἐπ᾽ ὤμων ἀρθήσεται (14 *a*)
20. 28. ἣν [A εἰς ἣν] ἦρα τὴν χεῖρά μου (14 *a*)
— 42. εἰς ἣν ἦρα τὴν χεῖρά μου (14 *a*)
23. 27. οὐ μὴ ἄρῃς τοὺς ὀφθ. σου ἐπ᾽ αὐτούς (14 *a*)
30. 18. R αἰχμάλωτοι ἀρθήσονται [A B ἀχθ.] (25)
36. 7. ἐγὼ ἀρῶ [A αἴρω] τὴν χεῖρά μου (14 *a*)
44. 12. ἦρα τὴν χεῖρά μου ἐπ᾽ αὐτούς (14 *a*)
47. 14. εἰς ἣν ἦρα τὴν χεῖρά μου (14 *a*)
Da. LXX. 6. 17. ὅπως μὴ ἀπ᾽ αὐτῶν ἀρθῇ ὁ Δανιήλ †

Da. LXX. 7. 4. ἤρθη ἀπὸ τῆς γῆς (12 *b*)
— 14. ἐξουσία αἰώνιος ἥτις οὐ μὴ ἀρθῇ (26)
8. 13. ἡ θυσία ἡ ἀρθεῖσα –
9. 27. ἀρθήσεται ἡ θυσία καὶ ἡ σπονδή (27)
10. 5. καὶ ἦρα τοὺς ὀφθαλμούς μου καὶ εἶδον (14 *a*)
Da. TH. 7. 18. βασιλεῖαι . . . αἳ ἀρθήσονται –
8. 3. καὶ ἦρα τοὺς ὀφθαλμούς μου καὶ ἴδον (14 *a*)
— 13. ἡ θυσία ἡ ἀρθεῖσα –
9. 27. ἀρθήσεταί μου θυσία καὶ σπονδή (27)
10. 5. ἦρα τοὺς ὀφθαλμούς μου καὶ ἴδον (14 *a*)
I Ma. 3. 29. τοῦ ἆραι τὰ νόμιμα
— 35. ἆραι τὸ μνημόσυνον . . . ἀπὸ τοῦ τόπου
4. 12. καὶ ἦραν οἱ ἀλλ. τοὺς ὀφθαλμοὺς αὐτῶν
— 30. τοῦ αἴροντος τὰ σκεύη αὐτοῦ
— 43. ἦραν τοὺς λίθους τοῦ μιασμοῦ
5. 2. ἐβουλεύσαντο τοῦ ἆραι τὸ γένος Ἰακώβ
— 30. ἦραν τοὺς ὀφθαλμοὺς αὐτῶν καὶ ἰδού
— 30. αἴροντες κλίμακας καὶ μηχανάς
8. 18. τοῦ ἆραι τὸν ζυγὸν ἀπ' [**A** *om.*] αὐτῶν
9. 19. ἦραν . . . τὸν ἀδελφὸν αὐτῶν καὶ ἔθαψαν
— 39. ἦραν τοὺς ὀφθαλμοὺς αὐτῶν καὶ ἴδον
13. 17. μήποτε ἔχθραν ἄρῃ μεγάλην πρὸς τὸν λ.
— 41. ἤρθη ὁ ζυγὸς τῶν ἐθνῶν ἀπὸ τοῦ Ἰσραήλ
16. 13. ἐβουλεύετο δόλῳ . . . ἆραι αὐτούς
— 19. ἀπέστειλεν . . . ἆραι τὸν Ἰωάννην
II Ma. 15. 5. ὁ προστάσσων αἴρειν ὅπλα

[**Aq.** Ge. 11. 2: 19. 21: 33. 1: 39. 7: 50. 17: Nu. 14. 33: De. 1. 9, 31: 10. 17: I Ki. 25. 35: II Ki. 6. 13: Jb. 5. 5: 10. 15: 27. 1: Ps. 23 (24). 7: 27 (28). 2: 31 (32). 1, 5: 80 (81). 3: 82 (83). 3: 88 (89). 51: 90 (91). 12: 138 (139). 20: Pr. 18. 10: 19. 18: Is. 10. 24: 41. 16: 42. 11: 53. 12: Je. 31 (38). 19, 24: 49. 29 (30. 7): Ez. 12. 6: 32. 25.]
[**Sm.** II Ki. 5. 6: 14. 14: Jb. 5. 5: Ps. 50 (51). 13: 57 (58). 10: 77 (78). 26: Pr. 18. 10: Is. 33. 24: 51. 22: Je. 49. 29 (30. 7): Ez. 32. 25.]
[**Th.** Ex. 37. 14, 15: Nu. 14. 33: Pr. 18. 10: Is. 2. 4: Ez. 12. 6: 32. 25: 33. 25: Da. 9. 27: Am. 5. 26.]
[**Al.** Ge. 44. 1: Le. 14. 3: 20. 19: IV Ki. 9. 25: Ps. 9. 26 (10. 5): 120 (121). 1: Je. 33 (40). 6.]

αἱρεῖν. (1) אָמַר hi. (2) בָּחַר (3) חָפֵץ (4) חָשַׁק (5) נָטָה (6) סוּר hi.

De. 26. 17. τὸν θεὸν εἵλου σήμερον εἶναί σου θεόν (1)
— 18. κύριος εἵλατό σε σήμερον (1)
Jo. 24. 15. **A** ἕλεσθε [**B** ἐκλέξασθε] ὑμῖν αὐτοῖς (2)
I Ki. 19. 2. Ἰωνάθαν ὁ υἱὸς Σαοὺλ ᾑρεῖτο τὸν Δαυὶδ σφόδρα (3)
II Ki. 15. 15. κατὰ πάντα ὅσα αἱρεῖται ὁ κύριος ἡμῶν ὁ βασιλεύς (2)
I Ch. 21. 10. τρία αἱρῶ ἐγὼ ἐπὶ σέ (5)
Jb. 34. 4. κρίσιν ἑλώμεθα ἑαυτοῖς (2)
Si. 27. 25. **A** πληγὴ δολία ἑλεῖ [**B S** διελεῖ] τραύματα
Is. 38. 17. εἵλου γάρ μου τὴν ψυχήν (4)
Je. 8. 3. εἵλοντο τὸν θάνατον ἢ τὴν ζωήν (2)
Ez. 26. 16. **A**[2] ἑλοῦσιν [**A**[1] καθελ. **B** ἀφελοῦνται] τὰς μίτρας (6)
II Ma. 11. 25. αἱρούμενοι οὖν καὶ τοῦτο τὸ ἔθνος

[**Aq.** Jb. 7. 15: Je. 8. 3.]
[**Sm.** IV Ki. 18. 10: Ps. 118 (119). 173: Je. 16. 19.]
[**Th.** Je. 8. 3.]
[**Al.** Pr. 6. 25.]

αἵρεμα.

Si. 32 (35). 10. **S** καθ' αἵρεμα [**A B** εὕρεμα] χειρός

αἵρεσις. (1) נְדָבָה

Ge. 49. 5. συνετέλεσαν ἀδικίαν ἐξ αἱ. αὐτῶν †
Le. 22. 18. ἢ κατὰ πᾶσαν αἱ. αὐτῶν (1)
— 21. κατὰ αἵρεσιν ἢ [**A** *om.*] ἐν ταῖς ἑορταῖς (1)
Ne. 12. 40. **S**[3] αἱ δύο τῆς αἱ. –
I Ma. 8. 30. ποιήσονται ἐξ αἱρέσεως αὐτῶν

αἱρετίζειν. (1) אָוָה pi. (2) בָּחַר (3) זָבַל (4) חָמַל (5) חָפֵץ (6) נָשָׂא (7) סוּר

Ge. 30. 20. αἱρετιεῖ με ὁ ἀνήρ μου (3)
Nu. 14. 8. **A B** εἰ αἱρετίζει [**B** ἐρεθίζει] ἡμᾶς (5)
Ju. 5. 8. **A** ᾑρέτισαν [**B** ἐξελέξαντο] θεοὺς καινούς (2)
I Ki. 25. 35. καὶ ᾑρέτισα τὸ πρόσωπόν σου (6)
I Ch. 28. 4. καὶ ἐν Ἰούδᾳ ᾑρέτικε τὸ βασίλειον (2)
— 6. ὅτι ᾑρέτικα ἐν αὐτῷ εἶναί μου υἱόν (2)
— 10. ᾑρέτικέ σε οἰκοδομῆσαι αὐτῷ οἶκον (2)
29. 1. εἰς ὃν ᾑρέτικεν ἐν αὐτῷ κύριος (2)
II Ch. 29. 11. ἐν ὑμῖν ᾑρέτικε κύριος [**B** *om.*] (2)
I Es. 4. 19. πάντες αὐτὴν αἱρετίζουσι μᾶλλον ἢ τὸ χρ.
8. 10. τοὺς βουλομένους ἐκ τοῦ ἔθνους . . . αἱρετίζοντας
Ju. 11. 1. ὅστις ᾑρέτικε δουλεύειν βασιλεῖ Ναβ.
Ps. 24 (25). 12. ἐν ὁδῷ ᾗ ᾑρετίσατο (2)
118 (119). 30. ὁδὸν ἀληθείας ᾑρετισάμην (2)
— 173. τὰς ἐντολάς σου ᾑρετισάμην (2)
131 (132). 13. ᾑρετίσατο αὐτὴν εἰς κατοικίαν (1)
— 14. κατοικήσω ὅτι ᾑρετισάμην αὐτήν (1)
Ho. 4. 18. ᾑρέτισε Χαναναίους (7?)
Hg. 2. 24. διότι σὲ ᾑρέτισα (2)
Za. 1. 17. καὶ αἱρετιεῖ τὴν Ἰερουσαλήμ (2)
■ 2. 12. καὶ αἱρετιεῖ ἔτι τὴν Ἰερουσαλήμ (2)
Ma. 3. 17. αἱρετιῶ αὐτοὺς ὃν τρόπον αἱρετίζει ἄνθρωπος τὸν υἱόν (4, 4)
Ez. 20. 5. ἀφ' ἧς ἡμέρας ᾑρέτισα τὸν οἶκον Ἰσρ. (2)
I Ma. 2. 19. ᾑρετίσαντο ἐν ταῖς ἐντολαῖς αὐτοῦ
9. 30. σὲ ᾑρετισάμεθα σήμερον τοῦ εἶναι
II Ma. 11. 24. τὴν ἑαυτῶν ἀγωγὴν αἱρετίζοντας

[**Th.** Ju. 5. 8.]

αἱρετίς.

Wi. 8. 4. καὶ αἱρετὶς τῶν ἔργων αὐτοῦ

αἱρετός. (1) בָּחַר ni. (2) טוֹב

Pr. 16. 16. νοσσιαὶ σοφίας αἱρετώτεραι χρυσίου (2)
— 16. νοσσιαὶ δὲ φρ. αἱρετώτεραι ὑπὲρ ἀργ. (1)
22. 1. αἱρετώτερον ὄνομα καλὸν ἢ πλοῦτος (1)
Si. 11. 31. ἐν τοῖς αἱ. [**A** ἑτέροις] ἐπιθήσει μῶμον
20. 25. αἱρετὸν κλέπτης ἢ [**A** *om.*] ὁ [**A B**[1] *om.*] ἐνδ.
Da. TH. Su. 23. αἱρετόν [**R** -τώτερόν] μοί ἐστιν
II Ma. 7. 14. αἱρετὸν . . . προσδοκᾶν ἐλπίδας

[**Th.** Da. (13). 23.]

αἰσθάνεσθαι. (1) בִּין (2) חָפֵז (3) יָדַע

Jb. 23. 5. αἰσθοίμην δὲ τίνα μοι ἀπαγγελεῖ (1)
■ 40. 18. οὐ μὴ αἰσθηθῇ [**A** -ηται] (2)
Pr. 17. 10. ἄφρων δὲ μαστιγωθεὶς οὐκ αἰσθάνεται †
24. 14. αἰσθήσῃ σοφίαν [**A** -ας] τῇ σῇ ψυχῇ (3)
Wi. 11. 13. ᾔσθοντο τοῦ κυρίου [**S**[2] σου, κύριε]
Is. 33. 11. νῦν αἰσθηθήσεσθε [**A S**[2] αἰσχυνθήσεσθε] †
49. 26. αἰσθανθήσεται πᾶσα σάρξ (3)
Ep. Je. 21. οὐκ αἰσθάνονται μεμελανωμένοι τὸ πρ.
— 24. οὐδὲ γὰρ ὅτε ἐχωνεύοντο ᾐσθάνοντο
— 41. ὡς δυνατοῦ ὄντος αὐτοῦ αἰσθέσθαι
— 49. πῶς οὖν οὐκ ἔστιν αἰσθέσθαι
IV Ma. 8. 4. ᾔσθετο ἐπ' αὐτοῖς
11. 7. εἴπερ ᾐσθάνου ἀνθρώπους ποθῶν

[**Sm.** Jb. 23. 8.]
[**Quint.** Hos. 7. 9.]

αἴσθεσθαι.

Ca. 5. 2. **S** ἡ νύμφη αἴσθεται τὸν νυμφίον κρ. –

αἴσθησις. (1) *a.* יָדַע *b.* דַּעַת (2) חָכְמָה

Ex. 28. 3. πνεύματος [**R** *add.* σοφίας καὶ] αἰσθήσεως (2)
I Es. 1. 24. **A** ἐλύπησαν αὐτὸν ἐν αἰσθήσει [**B** *om.* ἐν αἰ.]
Ju. 16. 17. κλαύσονται ἐν αἰσθήσει ἕως αἰῶνος
Pr. 1. 4. παιδὶ δὲ νέῳ αἴσθησιν (1 *b*)
— 7. εὐσέβ. δὲ εἰς θ. ἀρχὴ [**A** ἀρετὴ] αἰσθήσεως (1 *b*)
— 22. ἀσεβεῖς γενόμενοι ἐμίσησαν αἴσθησιν (1 *b*)
2. 3. **A B**[2] τὴν δὲ αἰ. ζητήσῃς μεγάλῃ τῇ φωνῇ
— 10. ἡ δὲ αἰ. τῇ σῇ ψυχῇ καλὴ εἶναι δόξῃ (1 *b*)
3. 20. ἐν αἰσθήσει ἄβυσσοι ἐρράγησαν (1 *b*)
5. 2. αἴσθησις [**A S**[2] -σιν] δὲ ἐμῶν χειλέων (1 *b*)
8. 11. **A B**[2] ἀνταναιρεῖσθε αἴσθησιν [**B**[2] -σει] χρυσίου –
10. 14. σοφοὶ κρύψουσιν αἴσθησιν (1 *b*)
11. 9. αἴσθησις δὲ δικαίων εὔοδος (1 *b*)
12. 1. ὁ ἀγαπῶν παιδείαν ἀγαπᾷ αἴσθησιν (1 *b*)
— 23. ἀνὴρ συνετὸς θρόνος αἰσθήσεως (1 *b*)
14. 6. αἴσθησις δὲ παρὰ φρονίμοις εὐχερής (1 *b*)
— 7. ὅπλα δὲ αἰσθήσεως χείλη σοφά (1 *a*)
— 18. οἱ δὲ πανοῦργοι κρατήσ. αἰσθήσεως (1 *b*)
15. 7. χείλη σοφῶν δέδεται αἰσθήσει (1 *b*)
— 14. καρδία ὀρθὴ ζητεῖ αἴσθησιν (1 *b*)
18. 15. καρδία φρονίμου κτᾶται αἴσθησιν (1 *b*)
19. 25. ἐὰν δὲ ἐλέγχῃς . . . νοήσει αἴσθησιν (1 *b*)
22. 12. οἱ δὲ ὀφθ. κυρίου διατηροῦσιν αἴσθησιν (1 *b*)
23. 12. ἑτοίμασον λόγοις αἰσθήσεως (1 *b*)
24. 4. μετὰ αἰσθήσεως ἐμπίμπλανται ταμιεῖα (1 *b*)
Si. 22. 19. νύσσων καρδίαν ἐκφαίνει αἴσθησιν
Ep. Je. 42. αἴσθησιν γὰρ οὐκ ἔχουσιν
III Ma. 1. 16. **A** (?) ἐν πάσαις ταῖς αἰ. [**R** ταῖς ἁγίαις ἐσθήσεσι]

[**Sm.** Pr. 1. 4.]
[**Al.** Pr. 8. 10.]

αἰσθητήριον. (1) קִיר

Je. 4. 19. τὰ αἰ. τῆς καρδίας μου μαιμάσσει ἡ ψ. (1)
IV Ma. 2. 22. νοῦν διὰ τῶν αἰ. ἐνεθρόνισε

αἰσθητικός. (1) יָדַע (2) καρδία αἰ. קִנְאָה

Pr. 14. 10. καρδία ἀνδρὸς αἰσθητική (1)
— 30. σῆς δὲ ὀστέων καρδία αἰσθητική (2)

αἰσχρός. (1) *a.* רַע *b.* רֹעַ

Ge. 41. 3. βόες . . . αἰσχραὶ τῷ εἴδει (1 *a*)
— 4. αἱ ἑπτὰ βόες αἱ αἰ. (1 *a*)
— 19. βόες . . . αἰσχραὶ τῷ εἴδει (1 *a*)
— 19. οἵας οὐκ εἶδον τοιαύτας . . . αἰσχροτέρας (1 *b*)
— 20. αἱ ἑπτὰ βόες αἱ αἰ. (1 *a*)
— 21. αἱ ὄψεις αὐτῶν αἰσχραί (1 *a*)
Ju. 12. 12. ἰδοὺ γὰρ αἰσχρὸν τῷ προσώπῳ ἡμῶν
Es. 8. 13. **A** θηρίοις . . . αἴσχιστος [**B S** ἔχθιστος]
III Ma. 3. 27. αἰσχίστοις [**A** ἐχθίσταις] βασάνοις ἀποτυμπανισθ.
▶● IV Ma. 6. 20. αἰσχρὸν εἰ ἐπιβιώσομεν ὀλίγον χρόνον
16. 17. αἰσχρὸν τὸν μὲν γέροντα τ. ὑπομένειν

[**Sm.** II Ki. 10. 5: Je. 6. 15.]

αἰσχρῶς.

Pr. 15. 10. τελευτῶσιν αἰ.
II Ma. 11. 12. αἰ. φεύγων διεσώθη

αἰσχύνειν. (1) בָּאַשׁ *a.* ni. *b.* hi. *c.* hithp. (2) בּוֹשׁ *a.* qal. *b.* hi. *c.* hithp. *d.* pil. *e.* בֹּשֶׁת (3) חָפֵר *a.* qal. *b.* hi. (4) חָרַשׁ (5) כָּלַם ni. (6) כָּנַע ni. (7) נָכַר hi. (8) נָשָׂא (9) חֲרָדָה (10) עֶרְיָה

Ge. 2. 25. οὐκ ᾐσχύνοντο (2 *c*)
Ju. 3. 25. ὑπέμειναν ἕως ᾐσχύνοντο [**A** προσέμ. αἰσχυνόμενοι] (2 *a*)
5. 28. **B** διότι ᾐσχύνθη ἅρμα αὐτοῦ [**A** *aliter*] (2 *d*)
I Ki. 13. 4. **B** ᾐσχύνθησαν Ἰσρ. ἐν τοῖς ἀλλοφύλοις (1 *a*)
27. 12. ᾔσχυνται αἰσχυνόμενος ἐν τῷ λαῷ (1 *b*, 1 *b*)
II Ki. 16. 21. **A** ᾔσχυνας [**B** κατῄσχυνας] τὸν πατέρα σου (1 *a*)
19. 3. οἱ αἰσχυνόμενοι ἐν τῷ αὐτοὺς φεύγειν (5)
IV Ki. 2. 17. παρεβιάσαντο αὐτὸν ἕως οὗ ᾐσχύνετο (2 *a*)
I Ch. 19. 6. εἶδον . . . ὅτι ᾐσχύνθη λαὸς Δαυίδ (1 *c*)
II Ch. 12. 6. ᾐσχύνθησαν οἱ ἄρχοντες Ἰσραήλ [**A** Ἰούδα] (6)
I Es. 8. 74. κύριε, ᾔσχυμμαι ἐντέτραμμαι κατὰ πρ.
II Es. 8. 22. ᾐσχύνθην αἰτήσασθαι παρὰ τοῦ βασιλέως (2 *a*)
9. 6. ᾐσχύνθην καὶ ἐνετράπην τοῦ ὑψ. (2 *a*)
To. 14. 10. **S** καὶ οὐκ αἰσχύνονται
Jb. 6. 19. **A** οἱ διορῶντες αἰσχύνθητε [**B** *om.*] (2 *a*)
19. 3. οὐκ αἰσχυνόμενοί με ἐπίκεισθέ μοι (2 *a*)
● 32. 21. ἄνθρωπον γὰρ οὐ μὴ αἰσχυνθῶ (8)
34. 19. ὃς οὐκ αἰσχυνθῇ [**B S** ἐπαισχ.] πρόσωπον (8)
Ps. 6. 10. αἰσχυνθείησαν καὶ ταραχθείησαν
— 10. αἰσχυνθείησαν [**A S**[2] καταισχ.] σφόδρα (2 *a*)
24 (25). 3. αἰσχυνθήτωσαν [**A B**[2] *add.* πάντες] οἱ ἀν. (2 *a*)
30 (31). 17. αἰσχυνθείησαν οἱ [**A S**[2] *om.*] ἀσ. (2 *a*)
34 (35). 4. αἰσχυνθείησαν [**A S** -ήτωσαν] (2 *a*)
— 26. αἰσχυνθείησαν καὶ ἐντραπείησαν (2 *a*)
68 (69). 6. μὴ αἰσχυνθείησαν ἐπ' ἐμοί [**R** ἐμέ] (2 *a*)
69 (70). 2. αἰσχυνθείησαν καὶ ἐντραπείησαν (2 *a*)
— 3. ἀποστραφείησαν παρ. αἰσχυνόμενοι (2 *e*)
70 (71). 13. αἰσχυνθήτωσαν . . . οἱ ἐνδιαβ. (2 *a*)
— 24. ὅταν αἰσχυνθῶσι καὶ ἐντραπῶσιν (2 *a*)
82 (83). 17. αἰσχυνθήτωσαν καὶ ταραχθήτωσαν (2 *a*)
85 (86). 17. ἰδέτωσαν . . . καὶ αἰσχυνθήτωσαν (2 *a*)
96 (97). 7. αἰσχυνθήτωσαν πάντες οἱ προσκυν. (2 *a*)
108 (109). 28. οἱ ἐπανιστ. μοι αἰσχυνθήτωσαν (2 *a*)
118 (119). 6. οὐ μὴ αἰσχυνθῶ [**A S**[1] ἐπαισχ.] (2 *a*)
— 46. ἐλάλουν . . . καὶ οὐκ ᾐσχυνόμην (2 *a*)
— 78. αἰσχυνθήτωσαν ὑπερήφανοι (2 *a*)
— 80. ὅπως ἂν μὴ αἰσχυνθῶ (2 *a*)
128 (129). 5. αἰσχυνθήτωσαν καὶ ἀποστραφήτωσαν (2 *a*)
Pr. 1. 22. ἄκακοι . . . οὐκ αἰσχυνθήσονται –

● = correction on page xxiv ▶ = additional entry on page xxiv ■ = correction on page xxvii

Pr. 13. 5. ἀσεβὴς δὲ αἰσχύνεται (1 *b*)
20. 4. ὀκνηρὸς οὐκ αἰσχύνεται [S οὐ καταισχ.] (4)
22. 26. αἰσχυνόμενος πρόσωπον †
28. 21. ὃς οὐκ αἰσχύνεται πρόσωπα δικαίων (7)
29. 15. παῖς δὲ πλαν. αἰσχύνει γονεῖς αὐτοῦ (2 *b*)
— 25. φοβηθέντες καὶ αἰσχυνθέντες ἀνθρώπους (9)
Ec. 10. 17. οἱ ἄρχοντες . . . οὐκ αἰσχυνθήσονται †
Wi. 13. 17. οὐκ αἰσχύνεται τῷ ἀψύχῳ προσλαλῶν
Si. 4. 20. περὶ τῆς ψυχῆς σου μὴ αἰσχυνθῇς
— 26. μὴ αἰσχυνθῇς ὁμολογῆσαι ἐφ' ἁμ.
13. 7. αἰσχυνεῖ σε ἐν τοῖς βρώμασιν αὐτοῦ
21. 22. ἄνθρωπος δὲ . . . αἰσχυνθήσεται ἀπὸ προσώπου
22. 25. φίλον σκεπάσαι οὐκ αἰσχυνθήσομαι [S^{1} οὐ καται.]
24. 22. ὁ ὑπ. μου οὐκ αἰσχυνθήσεται [S^{1} οὐ καταισχ.]
41. 17. αἰσχύνεσθε ἀπὸ πατρὸς καὶ μητρός
42. 1. μὴ περὶ τούτων αἰσχυνθῇς
51. 18. καὶ οὐ μὴ αἰσχυνθῶ
— 29. μὴ αἰσχυνθείητε ἐν αἰνέσει αὐτοῦ
Ho. 10. 6. αἰσχυνθήσεται Ἰσρ. ἐν τῇ βουλῇ αὐτοῦ (2 *a*)
Jl. 1. 12. ᾔσχυναν χαρὰν οἱ υἱοὶ τῶν ἀνθρώπων (2 *b*)
Za. 9. 5. ᾐσχύνθη ἐπὶ τῷ παραπτώματι αὐτῆς (2 *b*)
Is. 1. 29. αἰσχυνθήσονται ἀπὸ τῶν εἰδώλων [A καται. ἐπὶ τοῖς εἰ.] (2 *a*)
— 29. ᾐσχύνθησαν [A ἐπαισχυνθήσονται] ἐπὶ τοῖς κήποις (3 *a*)
20. 5. αἰσχυνθήσονται . . . ἐπὶ τοῖς Αἰ. (2 *a*)
23. 4. αἰσχύνθητι Σιδών (2 *a*)
24. 9. ᾐσχύνθησαν, οὐκ ἔπιον οἶνον †
— 23. S αἰσχυνθήσεται ὁ ἥλιος (2 *a*)
26. 11. γνόντες δὲ αἰσχυνθήσονται (2 *a*)
29. 22. οὐ νῦν αἰσχυνθήσεται Ἰακώβ (2 *a*)
33. 9. ᾐσχύνθη ὁ Λίβανος (3 *b*)
— 11. A S^{2} νῦν αἰσχυνθήσεσθε [B αἰσθηθήσεσθε] †
41. 11. αἰσχυνθήσονται καὶ ἐντραπήσονται (2 *a*)
42. 17. αἰσχύνθητε αἰσχύνην (2 *a*)
44. 10. αἰσχυνθήσονται [A S^{1} *add.* πάντες] οἱ πλ. (2 *a*)
— 11. ἐντραπήτωσαν καὶ αἰσχυνθήτωσαν ἅμα (2 *a*)
45. 16. αἰσχυνθήσονται καὶ ἐντραπήσονται (2 *a*)
— 17. οὐκ αἰσχυνθήσονται οὐδὲ μὴ ἐντραπῶσιν (2 *a*)
— 25. αἰσχυνθήσονται πάντες (2 *a*)
49. 23. οὐκ αἰσχυνθήσονται οἱ ὑπομένοντες (2 *a*)
50. 7. ἔγνων ὅτι οὐ μὴ αἰσχυνθῶ [S^{1} καται.] (2 *a*)
65. 13. ὑμεῖς δὲ αἰσχυνθήσεσθε (2 *a*)
66. 5. ἐκεῖνοι αἰσχυνθήσονται (2 *a*)
Je. 2. 26. αἰσχυνθήσονται οἱ υἱοὶ Ἰσραήλ (2 *b*)
6. 15. A S οὐδ' ὡς καταισχυνόμενοι ᾐσχύνθησαν [B κατησ.] (2 *a*, 2 *a*)
8. 9. ᾐσχύνθησαν σοφοί (2 *b*)
12. 13. αἰσχύνθητε [A *add.* αἰσχύνην] ἀπὸ καυχ. (2 *a*)
14. 4. ᾐσχύνθησαν οἱ γεωργοί (2 *a*)
17. 13. S^{1} οἱ καταλ. σε αἰσχυνθήτωσαν [A B καταισχ.] (2 *a*)
20. 11. ᾐσχύνθησαν σφόδρα (2 *a*)
22. 22. αἰσχυνθήσῃ καὶ ἀτιμωθήσῃ (2 *a*)
27 (50). 12. ᾐσχύνθη ἡ μήτηρ ὑμῶν σφόδρα (2 *a*)
28 (51). 51. ᾐσχύνθημεν ὅτι ἠκούσαμεν ὀνειδ. (2 *a*)
31 (48) 1. ᾐσχύνθη ἀμάθ [S *om.*] (2 *b*)
— 39. ᾐσχύνθη καὶ ἐγένετο Μ. εἰς γέλωτα (2 *a*)
Ba. 4. 15. οὐκ ᾐσχύνθησαν πρεσβύτην
Ep. Je. 27. αἰσχύνονται καὶ οἱ θεραπ. αὐτά
Ez. 16. 52. καὶ σὺ αἰσχύνθητι (2 *a*)
— 63. ὅπως μνησθῇς καὶ αἰσχυνθῇς (2 *a*)
23. 29. ἔσῃ γυμνὴ καὶ αἰσχύνουσα [A ἀσχημονοῦσα] (10)
36. 32. αἰσχύνθητε καὶ ἐντράπητε ἐκ τῶν ὁδ. (2 *a*)
Da. TH. Su. 11. ᾐσχύνοντο ἀναγγεῖλαι [A ἀπ.] τὴν ἐπιθ.
I Ma. 4. 31. αἰσχυνθήτωσαν ἐπὶ τῇ δυνάμει
IV Ma. 9. 2. αἰσχυνόμεθα τοὺς προγόνους εἰκότως

[**Aq.** Ps. 21 (22). 17: 24 (25). 2, 3, 25: 52 (53). 6: Is. 26. 11: 37. 27: 42. 17: 54. 4: Je. 6. 15: 31 (38). 19: Ez. 32. 30.]
[**Sm.** Is. 24. 23: 26. 11: 42. 17: 49. 23: 54. 4: Ez. 32. 30.]
● [**Th.** Is. 26. 11: 37. 27: 44. 9, 11: 54. 4: Je. 8. 12: 14. 3, 4: 50 (27). 2 *bis*: Ez. 32. 30.]
[**Al.** Pr. 24. 23.]

αἰσχύνη. (1) *a.* בּוֹשׁ *b.* בּוֹשָׁה *c.* בֹּשֶׁת (2) דֵּרָאוֹן (3) הֲדָרָה (4) חֶרְפָּה (5) כְּלִמָּה (6) מַעַר (7) עֶרְוָה (8) בַּעַל (9) הַוָּה

I Ki. 20. 30. εἰς αἰσχύνην σου καὶ εἰς αἰσχύνην ἀποκαλύψεως (1 *c*, 1 *c*)
II Ki. 23. 7. B θήσονται [A R καυθήσεται] αἰσχύνην [A -η] αὐτῶν †
III Ki. 18. 19. τοὺς [A *om.*] προφήτας τῆς αἰ. (8)
— 25. εἶπεν Ἠλιοὺ τοῖς προφήταις τῆς αἰ. (8)
IV Ki. 8. 11. καὶ ἔθηκεν ἕως αἰσχύνης (1 *a*)
II Ch. 32. 21. μετὰ αἰσχύνης προσώπου [A τὸ πρόσωπον μετὰ αἰ.] (1 *c*)
I Es. 8. 74. καὶ προνομὴν μετὰ αἰσχύνης
II Es. 9. 7. ἐν διαρπ. καὶ ἐν αἰσχύνῃ προσώπου ἡμῶν (1 *c*)
Ju. 9. 2. ἐγύμνωσαν μηρὸν εἰς αἰσχύνην
13. 16. εἰς μίασμα καὶ αἰσχύνην
14. 18. ἐποίησεν αἰσχύνην μία γυνὴ τῶν Ἑβρ.
Jb. 6. 20. αἰσχύνην [A αἰ. οἱ ὁρῶντες] ὀφειλήσουσιν (1 *a*)
8. 22. οἱ δὲ ἐχθροὶ . . . ἐνδύσονται αἰσχύνην (1 *c*)
Ps. 34 (35). 26. ἐνδυσάσθωσαν αἰσχύνην (1 *c*)
39 (40). 15. κομισάσθωσαν παραχρ. αἰσχύνην αὐτῶν (1 *c*)
43 (44). 16. ἡ αἰ. τοῦ προσώπου μου ἐκάλυψέ με (1 *c*)
68 (69). 19. τὸν ὀνειδισμόν μου καὶ τὴν αἰ. μου (1 *c*)
70 (71). 13. περιβαλέσθωσαν αἰσχύνην (4)
88 (89). 45. κατέχεας αὐτοῦ αἰσχύνην (1 *b*)
108 (109). 29. περιβαλ. ὡς διπλοΐδα αἰσχύνην αὐτῶν (1 *c*)
131 (132). 18. τοὺς ἐχθροὺς αὐτοῦ ἐνδύσω αἰσχύνην (1 *c*)
Pr. 9. 13. γυνὴ . . . ἣ οὐκ ἐπίσταται αἰσχύνην †
19. 13. αἰσχύνη πατρὶ υἱὸς ἄφρων (9)
26. 11. ἔστιν αἰ. ἐπάγουσα ἁμαρτίαν καὶ ἔστιν αἰ. δόξα καὶ χάρις –, –
Si. 4. 21. ἔστι γὰρ αἰ. ἐπάγουσα ἁμαρτίαν καὶ ἔστιν αἰ. δόξα καὶ χάρις
5. 14. ἐπὶ γὰρ τῷ κλέπτῃ ἐστὶν αἰ.
6. 1. A S R αἰσχύνην [B -ύνη] . . . κληρονομήσει
20. 22. ἀπολλύων τὴν ψυχὴν αὐτοῦ δι' αἰσχύνην
— 23. χάριν αἰσχύνης ἐπαγγελλόμενος φίλῳ
— 26. ἡ αἰ. αὐτοῦ μετ' αὐτοῦ ἐνδελεχῶς
22. 3. αἰ. πατρὸς ἐν γεννήσει ἀπαιδεύτου
25. 22. ὀργὴ καὶ ἀναίδεια καὶ αἰσχύνη
29. 14. ὁ ἀπολωλεκὼς αἰσχύνην καταλείψει [A S ἐγκ.]
41. 16. πᾶσαν αἰ. διαφυλάξαι [S^{2} ἀποκαλύψαι]
Ho. 9. 10. ἀπηλλοτριώθησαν εἰς αἰσχύνην (1 *c*)
Mi. 7. 10. περιβαλεῖται αἰσχύνην ἡ λέγουσα (1 *b*)
Ob. 1. 10. καλύψει σε αἰσχύνη (1 *b*)
Na. 3. 5. δείξω . . . τὴν αἰσχύνην [A ἀσχημοσύνην] σου (6)
Hb. 2. 10. ἐβουλεύσω αἰσχύνην τῷ οἴκῳ σου (1 *c*)
Is. 3. 9. ἡ αἰ. τοῦ προσώπου αὐτῶν ἀντέστη (3)
19. 9. αἰ. λήψεται τοὺς ἐργαζομένους τὸ λ. (1 *a*)
20. 4. ἀνακεκαλυμμένους τὴν αἰ. Αἰγύπτου (7)
30. 3. σκέπη Φαραὼ εἰς αἰσχύνην (1 *c*)
— 5. εἰς αἰσχύνην καὶ ὄνειδος (1 *c*)
— 6. A S ἀλλὰ εἰς αἰσχύνην καὶ ὄνειδος –
42. 17. αἰσχύνθητε αἰσχύνην (1 *c*)
45. 16. πορεύσονται ἐν αἰσχύνῃ (5)
47. 3. ἀνακαλυφθήσεται ἡ αἰ. σου (7)
— 10. ἡ πορνεία σου σοὶ αἰ. †
50. 6. ἀπὸ αἰσχύνης ἐμπτυσμάτων (5)
54. 4. αἰσχύνην αἰώνιον ἐπιλήσῃ (1 *c*)
Je. 2. 26. ὡς αἰ. κλέπτου ὅταν ἁλῷ (1 *c*)
3. 24. ἡ δὲ αἰ. κατηνάλωσε τοὺς μόχθους (1 *c*)
— 25. ἐκοιμήθημεν ἐν τῇ αἰ. ἡμῶν (1 *c*)
12. 13. A αἰσχύνθητε αἰσχύνην [B S *om.*] ἀπὸ κ. –
20. 18. διετέλεσαν ἐν αἰσχύνῃ αἱ ἡμ. μου (1 *c*)
38 (31). 19. ἐστέναξα ἐφ' ἡμέρας [S -ραις] αἰσχύνης (1 *a*)
Ba. 1. 15. ἡμῖν δὲ αἰ. τῶν προσώπων
2. 6. τοῖς πατράσιν ἡμῶν ἡ αἰ. τῶν προσώπων
Ez. 7. 18. ἐπὶ πᾶν πρόσωπον αἰσχύνη ἐπ' αὐτούς (1 *b*)
16. 36. ἀποκαλυφθήσεται ἡ αἰ. σου (7)
— 38. ὄψονται πᾶσαν τὴν αἰ. σου (7)
22. 10. αἰσχύνην πατρὸς ἀπεκάλυψαν ἐν σοί (7)
23. 10. ἀπεκάλυψαν τὴν αἰ. [A ἀσχημοσύνην] (7)
— 18. ἀπεκάλυψεν αἰσχύνην [A τὴν ἀσχημοσύνην] (7)
— 29. ἀποκαλυφθήσεται αἰσχύνη [A ἡ αἰ. σου] (7)
Da. LXX. 3. (33). αἰ. καὶ ὄνειδος ἐγενήθη τῶν δούλων σου
— (40). οὐκ ἔστιν αἰ. τοῖς πεποιθόσιν ἐπὶ σοί
Da. LXX. 9. 7, 8. ἡμῖν ἡ αἰ. τοῦ προσώπου (1 *c*)
12. 2. οἱ δὲ εἰς διασπορὰν καὶ αἰ. αἰώνιον (2)
Da. TH. 3. (33). αἰσχύνη καὶ ὄνειδος ἐγενήθη
— (40). οὐκ ἔσται αἰ. τοῖς πεποιθόσιν ἐπὶ σοί
9. 7, 8. καὶ ἡμῖν ἡ αἰ. τοῦ προσώπου (1 *c*)
12. 2. καὶ εἰς αἰσχύνην αἰώνιον (2)
I Ma. 1. 28. πᾶς ὁ οἶκος Ἰακ. ἐνεδύσατο αἰσχύνην
II Ma. 5. 7. τῆς ἐπιβουλῆς αἰσχύνην λαβών
III Ma. 6. 34. κατεστέναξαν αἰσχύνην

[**Aq.** De. 25. 11: Pr. 10. 5: Je. 6. 15: 11. 13: Ez. 32. 24.]
[**Sm.** Is. 42. 17: Ez. 16. 63: 32. 24.]
[**Th.** Pr. 13. 3: Is. 61. 7: Je. 8. 12: 11. 13.]

αἰσχυντηρός.

Si. 26. 15. χάρις ἐπὶ χάριτι γυνὴ αἰ.
35 (32). 10. πρὸ αἰσχυντηροῦ προελεύσεται χάρις
42. 1. αἰσχυντηρὸς ἀληθινῶς [S καὶ ἀληθινός]

αἰτεῖν. (1) אָמַר הָבוּ (2) נָתַן (3) שָׁאַל *a.* qal. *b.* ni. *c.* שְׁאֵל (4) בְּעָא

Ex. 3. 22. αἰτήσει γυνὴ παρὰ γείτονος (3 *a*)
11. 2. αἰτησάτω ἕκαστος παρὰ τοῦ πλησίον (3 *a*)
12. 35. ᾔτησαν παρὰ τῶν Αἰγυπτίων σκεύη (3 *a*)
22. 14. ἐὰν δὲ αἰτήσῃ τις παρὰ τοῦ πλησίον (3 *a*)
De. 10. 12. τί κ. ὁ θεός σου αἰτεῖται παρὰ σοῦ (3 *a*)
18. 16. κατὰ πάντα ὅσα ᾐτήσω παρὰ κυρίου (3 *a*)
Jo. 14. 12. καὶ νῦν αἰτοῦμαί σε τὸ ὄρος τοῦτο (2 ?)
15. 18. αἰτήσομαι τὸν πατέρα μου ἀγρόν (3 *a*)
19. 50: 21. 40. τὴν πόλιν ἣν ᾐτήσατο (3 *a*, –)
Ju. 1. 14. τοῦ αἰτῆσαι παρὰ τοῦ π. αὐτῆς ἀγρόν (3 *a*)
5. 25. ὕδωρ ᾔτησεν [A *add.* αὐτήν] (3 *a*)
8. 24. αἰτήσομαι παρ' ὑμῶν αἴτημα [A αἴτησιν] (3 *a*)
— 26. τῶν ἐνωτίων τῶν χρ. ὧν ᾔτησε [A -σατο] (3 *a*)
I Ki. 1. 17. δῴη σοι πᾶν αἴτημά σου ὃ ᾐτήσω (3 *a*)
— 20. ὅτι παρὰ κυρίου . . . ᾐτησάμην αὐτόν (3 *a*)
— 27. τὸ αἴτημά μου ὃ ᾐτησάμην παρ' αὐτοῦ (3 *a*)
8. 10. τοὺς αἰτοῦντας παρ' αὐτοῦ βασιλέα (3 *a*)
12. 13. A ὁ βασιλεὺς . . . ὃν ᾐτήσασθε [B *om.* ὃν ᾐ.] (3 *a*)
— 17. αἰτήσαντες ἑαυτοῖς βασιλέα (3 *a*)
— 19. αἰτήσαντες ἑαυτοῖς βασιλέα (3 *a*)
II Ki. 3. 13. λόγον ἕνα ἐγὼ αἰτοῦμαι παρὰ σοῦ (3 *a*)
12. 20. ᾔτησεν ἄρτον φαγεῖν (3 *a*)
III Ki. 2. 15. αἴτησιν μίαν ἐγὼ αἰτοῦμαι παρὰ σοῦ (3 *a*)
— 20. αἴτησιν μίαν μ. ἐγὼ αἰτοῦμαι παρὰ σοῦ (3 *a*)
— 20. αἴτησαι μῆτερ ἐμὴ καὶ οὐκ ἀποστρέψω σε (3 *a*)
— 22. καὶ ἱνατί σὺ ᾔτησαι τὴν Ἀβισὰγ τῷ Ἀδων. καὶ αἴτησαι αὐτῷ τὴν βασιλείαν (3 *a*, 3 *a*)
3. 5. αἴτησαί τι αἴτημα σεαυτῷ (3 *a*)
— 10. ὅτι ᾐτήσατο Σαλωμὼν τὸ ῥῆμα τοῦτο (3 *a*)
— 11. ἀνθ' ὧν ᾐτήσω παρ' ἐμοῦ τὸ ῥῆμα τοῦτο καὶ οὐκ ᾐτήσω σαυτῷ ἡμέρας πολλὰς καὶ οὐκ ᾐτήσω πλοῦτον οὐδὲ ᾐτήσω ψυχὰς ἐχθρῶν σου ἀλλ' ᾐτήσω σαυτῷ τοῦ συνίειν (3 *a*, *ubique*)
— 13. καὶ ἃ οὐκ ᾐτήσω δέδωκά σοι (3 *a*)
10. 13. ἔδωκε . . . ὅσα ᾐτήσατο (3 *a*)
12. 24. B αἴτησαί τι αἴτημα καὶ δώσω σοι –
19. 4. ᾐτήσατο τὴν ψυχὴν αὐτοῦ ἀποθανεῖν (3 *a*)
IV Ki. 2. 9. αἴτησαι τί [A με τί] ποιήσω σοι (3 *a*)
— 10. ἐσκλήρυνας τοῦ αἰτήσασθαι [A *add.* σε] (3 *a*)
4. 3. αἴτησον [R -σαι] σεαυτῇ σκεύη (3 *a*)
— 28. μὴ ᾐτησάμην υἱὸν παρὰ τοῦ κυρίου μου (3 *a*)
I Ch. 4. 10. ἐπήγαγεν ὁ θεὸς πάντα ὅσα ᾐτήσατο (3 *a*)
II Ch. 1. 7. αἴτησαι τί σοι δῶ (3 *a*)
— 11. καὶ οὐκ ᾐτήσω πλοῦτον χρημάτων (3 *a*)
— 11. ἡμέρας π. οὐκ ᾐτήσω καὶ ᾔτησας σεαυτῷ (3 *a*, 3 *a*)
9. 12. πάντα τὰ θελήματα αὐτῆς ἃ ᾔτησεν (3 *a*)
11. 23. καὶ ᾐτήσατο πλῆθος γυναικῶν (3 *a*)
I Es. 4. 42. αἴτησαι ὃ θέλεις πλείω τῶν γεγραμμένων
— 46. ὅ σε ἀξιῶ, κύριε βασιλεῦ, καὶ ὃ αἰτοῦμαί σε
6. 12. τὴν ὀνοματογραφίαν ᾐτοῦμεν αὐτούς
8. 51. A R αἰτῆσαι τὸν βασιλέα πεζούς τε καὶ ἱππεῖς
II Es. 6. 9. ἔστω διδόμενον . . . ὃ ἐὰν αἰτήσωσιν †
7. 21. πᾶν ὃ ἂν αἰτήσῃ ὑμᾶς Ἔσδρας ὁ ἱερεύς (3 *c*)
8. 22. αἰτήσασθαι παρὰ τοῦ βασιλέως δύναμιν (3 *a*)
Ne. 13. 6. ᾐτησάμην παρὰ τοῦ βασιλέως [B^{2} ᾐτ. τὸν βασιλέα] (3 *b*)
To. 4. 2. ἐγὼ ᾐτησάμην θάνατον
— 19. παρ' αὐτοῦ αἴτησον ὅπως αἱ ὁδοί σου
Es. 8. 13. S^{1} οὐ μόνον . . . αἰτοῦσιν [A B ζῆτ.] κακοποιεῖν

● = correction on page xxiv

Es. 8. 13. παραλογισμοῖς αἰτησάμενος εἰς ἀπώλειαν
Jo. 6. 22. μήτι ὑμᾶς ᾔτησα (1)
— 25. οὐ γὰρ παρ' ὑμῶν ἰσχὺν αἰτοῦμαι †
Ps. 2. 8. αἴτησαι παρ' ἐμοῦ καὶ δώσω σοι ἔθνη (3 a)
20 (21). 4. ζωὴν ᾐτήσατό σε (3 a)
26 (27). 4. μίαν ᾐτησάμην παρὰ κ. (3 a)
39 (40). 6. B ὁλοκαύτωμα . . . οὐκ ᾔτησας [A S ἐζήτησας] (3 a)
77 (78). 18. τοῦ αἰτῆσαι βρώματα ταῖς ψυχαῖς (3 a)
104 (105). 40. ᾔτησαν καὶ ἦλθεν ὀρτυγομήτρα (3 a)
Pr. 24. 30 (30. 7). δύο αἰτοῦμαι παρὰ σοῦ (3 a)
▶ Ec. 2. 10. πᾶν ὃ ᾔτησαν οἱ ὀφθαλμοί μου (3 a)
Wi. 13. 19. A B εὐδράνειαν αἰτεῖται [S¹ ἀδρανίαν ἐπικαλεῖται]
19. 11. ᾐτήσαντο ἐδέσματα τρυφῆς
Mi. 7. 3. ὁ ἄρχων αἰτεῖ (3 a)
Za. 10. 1. αἰτεῖσθε παρὰ κυρίου ὑετὸν καθ' ὥραν (3 a)
Is. 7. 11. αἴτησαι σεαυτῷ σημεῖον (3 a)
— 12. εἶπεν Ἄχαζ, οὐ μὴ αἰτήσω (3 a)
58. 2. αἰτοῦσί με νῦν κρίσιν δικαίαν (3 a)
La. 4. 4. νήπια ᾔτησαν ἄρτον (3 a)
Da. TH. 2. 49. Δανιὴλ ᾐτήσατο παρὰ τοῦ βασιλέως ● (5)
● 6. 7. ὃς ἂν αἰτήσῃ [A αἰτήσηται] αἴτημα (5)
● — 12. ὃς ἂν αἰτήσῃ [A αἰτήσηται] (5)
— 13. αἰτεῖ [A αἰτεῖται] . . . τὰ αἰτήματα αὐτοῦ ● (5)
I Ma. 3. 44. τοῦ προσεύξασθαι καὶ αἰτῆσαι ἔλεον
15. 35. περὶ δὲ Ἰόππης καὶ Γαζάρων ὧν αἰτεῖς
II Ma. 7. 10. τὴν γλῶσσαν αἰτηθεὶς ταχέως προέβαλε
III Ma. 6. 37. τὴν ἀπόλυσιν αὐτῶν εἰς τὰ ἴδια αἰτούμενοι
IV Ma. 5. 14. λόγον ᾔτησεν ὁ Ἐλεάζαρος
[Aq. I Ki. 20. 6, 6.]
[Sm. Pr. 20. 4: Is. 7. 11.]
[Th. I Ki. 20. 6 *bis*: 25. 21: Is. 7. 11.]
[Al. Ju. 1. 14: IV Ki. 2. 10.]

αἴτημα. (1) מָה אֶתֵּן (2) *a.* שְׁאֵלָה *b.* שֵׁלָה *c.* מִשְׁאָלָה (3) בָּעוּ

Ju. 8. 24. αἰτήσομαι παρ' ὑμῶν αἰ. [A αἴτησιν] (2 a)
I Ki. 1. 17. πᾶν αἴ. σου ὃ ᾐτήσω παρ' αὐτοῦ (2 b)
— 27. τὸ αἴ. μου ὃ ᾐτησάμην παρ' αὐτοῦ (2 a)
III Ki. 3. 5. αἴτησαί τι αἴ. σεαυτῷ (1)
12. 24. B αἴτησαί τι αἴ. καὶ δώσω σοι –
Es. 5. 6. S³ τί τὸ αἴτημά σου (2 a)
— 7. τὸ αἴ. μου καὶ τὸ ἀξίωμα (2 a)
— 8. S³ δοῦναι τὸ αἴτημά μου (2 a)
7. 2. καὶ τί τὸ αἴ. σου καὶ τί τὸ ἀξίωμά σου (2 a)
— 3. δοθήτω ἡ ψυχὴ τῷ αἰ. μου (2 a)
Ps. 19 (20). 5. πληρώσαι κύριος πάντα τὰ αἰ. σου (2 c)
36 (37). 4. δώσει [A δῴη] σοι τὰ αἰ. τῆς καρδίας σου (2 c)
105 (106). 15. ἔδωκεν αὐτοῖς τὸ αἴ. αὐτῶν (2 a)
Da. TH. 6. 7. ὃς ἂν αἰτήσῃ [A αἰτήσηται] αἴ. (3)
— 12. ὃς ἂν αἰτήσῃ [A αἰτήσηται] . . . αἴ. –
— 13. αἰτεῖ [A αἰτεῖται] . . . τὰ αἰ. αὐτοῦ (3)

αἴτησις. (1) שְׁאֵלָה

Jd. 8. 24. A αἰτήσ. παρ' ὑμῶν αἴτησιν [B αἴτημα] (1)
III Ki. 2. 15. αἴ. μίαν ἐγὼ αἰτοῦμαι παρὰ σοῦ (1)
— 20. αἴ. μίαν μικρὰν ἐγὼ αἰτοῦμαι παρὰ σοῦ (1)
Jo. 6. 8. εἰ γὰρ δῴη καὶ ἔλθοι μου ἡ αἴ. (1)

αἰτία. (1) עָוֹן (2) עֵשֶׂק

Ge. 4. 13. μείζων ἡ αἰ. μου (1)
I Ki. 9. 7. A ἐκλελοίπασιν ἐκ τῶν αἰ. [B ἀγγίων] †
I Ch. 14. 14, 15. B S τῶν αἰ. [A R ἀπίων] †
I Es. 2. 23. δι' ἣν αἰ. καὶ ἡ πόλις αὕτη ἠρημώθη
Jb. 18. 14. σχοίη δὲ αὐτὸν ἀνάγκη αἰτίᾳ [A καὶ αἰ.] βασιλικῇ †
Pr. 28. 17. ἄνδρα τὸν ἐν αἰτίᾳ φόνου ὁ ἐγγυώμενος (2)
Wi. 14. 27. παντὸς ἀρχὴ κακοῦ καὶ αἰτία
17. 13. τῆς παρεχούσης τὴν βάσανον αἰ.
18. 18. δι' ἣν ἔθνησκεν αἰτίαν
Da. TH. Su. 14. τὴν αἰ. ὡμολόγησαν τὴν ἐπιθυμίαν αὐ.
I Ma. 9. 10. μὴ καταλίπωμεν αἰτίαν τῇ δόξῃ ἡμῶν
II Ma. 4. 28. δι' ἣν αἰ. οἱ δύο . . . προσεκλήθησαν
— 35. δι' ἣν αἰ. . . . ἐδείαζον
— 42. δι' ἣν αἰ. . . . τραυματίας ἐποίησαν
— 49. δι' ἣν αἰ. καὶ Τύριοι . . . ἐχορήγησαν
8. 26. δι' ἣν αἰ. οὐκ ἐμακροθύμησαν
12. 40. διὰ τήνδε τὴν αἰ. τούσδε πεπτωκέναι
III Ma. 1. 13. ἐπυνθάνετο διὰ τίνα αἰ. . . . οὐθεὶς ἐκώλυσε
III Ma. 1. 15. γενομένου δέ φησι τούτου διά τινα αἰ.
3. 4. δι' ἣν αἰ. . . . ἀπεχθεῖς ἐφαίνοντο
5. 18. τίνος ἕνεκεν αἰτίας ἐλάθησαν οἱ Ἰουδ.
7. 7. πάσης καθ' ὁντινοῦν αἰτίας τρόπον
IV Ma. 1. 16. θείων καὶ ἀνθρ. πρ. καὶ τῶν τούτων αἰ.
[Al. Ge. 32. 29 (30).]

αἰτιᾶσθαι. (1) זָעַף

Pr. 18. 22 (19. 3). τὸν δὲ θ. αἰτιᾶται τῇ καρδίᾳ αὐτοῦ (1)
Si. 29. 5. καὶ τὸν καιρὸν αἰτιάσεται
IV Ma. 2. 19. Ἰακὼβ τοὺς περὶ Συμ. καὶ Λ. αἰτιᾶται

αἴτιος. (1) סָבַב

I Ki. 22. 22. αἴ. τῶν ψυχῶν οἴκου τοῦ πατρός σου (1)
Da. LXX. Bel 41. τοὺς αἰ. τῆς ἀπωλείας αὐτοῦ
Da. TH. Su. 53. ἀπολύων δὲ τοὺς αἰ.
Bel 42. τοὺς δὲ αἰ. τῆς ἀπωλείας αὐτοῦ
II Ma. 4. 47. τὸν μὲν τῆς ὅλης κακίας αἴτιον
13. 4. τοῦτον αἴτιον εἶναι πάντων τῶν κακῶν
IV Ma. 1. 11. αἴτιοι κατέστησαν τοῦ καταλυθῆναι
[Th. Da. 13. 53.]

αἰφνίδιος.

Wi. 17. 15. αἰ. γὰρ αὐτοῖς καὶ ἀπροσδόκητος φόβος
II Ma. 14. 17. διὰ τὴν αἰ. τῶν ἀντιπάλων ἀφασίαν
III Ma. 3. 24. αἰφνιδίου μετέπειτα ταραχῆς
[Sm. Ps. 63 (64). 8: Ez. 26. 16.]

αἰφνιδίως.

II Ma. 5. 5. αἰ. ἐπὶ τὴν πόλιν συνετελέσατο ἐπίθεσιν
14. 22. μήποτε ἐκ τῶν πολεμίων αἰ. κακουργία γένηται
[Sm. Ps. 54 (55). 16.]

αἰχμαλωσία. (1) *a.* גּוֹלָה *b.* גָּלָה *c.* גָּלוּת (2) *a.* שְׁבוּת *b.* שְׁבִית *c.* שְׁבִי *d.* שִׁבְיָה (3) *a.* שִׁיבָה *b.* שׁוּב (4) מִשְׁכָּן (5) שֶׁבֶר

Nu. 21. 1. κατεπρονόμευσαν ἐξ αὐτῶν αἰχμαλωσίαν (2 c)
31. 12. ἤγαγον . . . τὴν αἰ. καὶ τὰ σκῦλα (2 c)
— 19. ὑμεῖς καὶ ἡ αἰ. ὑμῶν (2 c)
— 26. τὸ κεφάλαιον τῶν σκύλων τῆς αἰ. (2 c)
Dt. 21. 13. περιελεῖς τὰ ἱμάτια τῆς αἰ. ἀπ' αὐτῆς (2 c)
28. 41. ἀπελεύσονται γὰρ ἐν αἰχμαλωσίᾳ (2 c)
32. 42. ἀφ' αἵματος τραυμ. καὶ αἰχμαλωσίας (2 d)
Ju. 5. 12. αἰχμαλώτισον [A -τευσον] αἰχμαλωσίαν σου (2 c)
IV Ki. 24. 14. αἰχμαλωσίας δέκα χιλιάδας αἰχμαλωτίσας –
II Ch. 6. 37. καὶ δεηθῶσί σου ἐν τῇ αἰ. αὐτῶν (2 c)
28. 5. ᾐχμαλ. ἐξ αὐτῶν αἰχμαλωσίαν πολλὴν (2 d)
— 11. ἀποστρέψατε τὴν αἰ. . . . τῶν ἀδελφῶν ὑμῶν (2 d)
— 13. οὐ μὴ εἰσαγάγητε τὴν αἰ. ὧδε πρὸς ἡμᾶς (2 d)
— 14. ἀφῆκαν οἱ πολ. τὴν αἰ. καὶ τὰ σκῦλα (2 d)
— 15. καὶ ἀντελάβοντο τῆς αἰ. (2 d)
— 17. ᾐχμαλώτισαν [A -τευσαν] αἰχμαλωσίαν (2 c)
29. 9. αἱ γυναῖκες ὑμῶν ἐν αἰχμαλωσίᾳ (2 c)
I Es. 2. 15. ἀνηνέχθη . . . ἅμα τοῖς ἐκ τῆς αἰ.
5. 7. οἱ ἀναβάντες ἐκ τῆς αἰ. τῆς παροικίας
— 56. οἱ παραγενόμενοι ἐκ τῆς αἰ. εἰς Ἱερ.
— 67. ὅτι οἱ ἐκ τῆς αἰ. οἰκοδομοῦσι τὸν ναὸν
6. 5. ἐπισκοπῆς γενομένης ἐπὶ τὴν αἰ.
— 8. τῆς αἰ. τοὺς πρεσβυτέρους τῶν Ἰουδ.
— 28. τοῖς ἐκ τῆς αἰ. τῆς Ἰουδαίας [A τῶν Ἰ.]
7. 6. καὶ οἱ λοιποὶ οἱ ἐκ τῆς αἰ.
— 10. οἱ υἱοὶ Ἰσραὴλ τῶν ἐκ τῆς αἰ.
— 11. καὶ πάντες οἱ υἱοὶ τῆς αἰ.
— 12. πᾶσι τοῖς υἱοῖς τῆς αἰ.
— 13. οἱ υἱοὶ Ἰσραὴλ οἱ ἐκ τῆς αἰ.
8. 65. οἱ δὲ παραγενόμενοι ἐκ τῆς αἰ.
— 77. A R εἰς [B *om.*] ῥομφαίαν καὶ αἰχμαλωσίαν
9. 3. πᾶσι τοῖς ἐκ τῆς αἰ.
— 4. ἀπὸ τοῦ πλήθους τῆς αἰ.
— 15. ἐποίησαν κατὰ πάντα ταῦτα οἱ ἐκ τῆς αἰ.
II Es. 2. 1. A R ἀπὸ [B ἐκ] τῆς αἰ. τῆς ἀποικίας (2 c)
3. 8. οἱ ἐρχόμενοι ἀπὸ τῆς αἰ. εἰς Ἱερουσ. (2 c)
5. 5. A R ἐπὶ τὴν αἰ. [B αἰχμάλωσιν] Ἰούδα †
8. 35. οἱ ἐλθόντες ἐκ [A ἀπὸ] τῆς αἰ. (2 c)
9. 7. ἐν ῥομφαίᾳ καὶ ἐν αἰχμαλωσίᾳ (2 c)
Ne. 1. 2. οἳ κατελείφθησαν ἀπὸ τῆς αἰ. (2 c)
— 3. οἱ καταλειφθέντες [A *om.*] ἀπὸ τῆς αἰ. (2 c)
■ 4. εἰς μυκτηρισμὸν ἐν γῇ αἰχμαλωσίας (2 d)
7. 6. ἀπὸ τῆς αἰχμαλωσίας τῆς ἀποικίας (2 c)
Ne. 8. 17. οἱ ἐπιστρέψαντες ἀπὸ τῆς αἰ. (2 c)
To. 1. 3. S τοῖς πορευθεῖσι . . . ἐν τῇ αἰ. [A B *al.*]
3. 4. ἔδωκας ἡμᾶς εἰς . . . αἰχμαλωσίαν
— 15 : 13. 6. ἐν τῇ γῇ τῆς αἰ. μου
14. 5. μετὰ ταῦτα ἐπιστρέψουσιν ἐκ τῶν αἰ.
— 15. S εἶδε τὴν αἰ. αὐτῆς
Ju. 2. 9. ἄξω τὴν αἰ. αὐτῶν ἐπὶ τὰ ἄκρα πάσης
4. 3. προσφάτως ἦσαν ἀναβεβηκότες ἐκ τῆς αἰ.
8. 22. τὸν φόνον τῶν ἀδ. ἡμῶν καὶ τὴν αἰ. τῆς γῆς
9. 4. ἔδωκας . . . θυγατέρας εἰς αἰχμαλωσίαν
Es. 1. 1. ἣν δὲ ἐκ τῆς αἰ. ἧς ᾐχμαλώτευσε Ναβ.
Ps. 13 (14). 7. ἐν τῷ ἐπιστρέψαι κύριον τὴν αἰ. (2 a)
52 (53). 6. ἐν τῷ ἀποστρέψαι [B² S ἐπιστ.] κύριον [S² τὸν θεὸν] τὴν αἰ. (2 a)
67 (68). 18. ᾐχμαλώτευσας αἰχμαλωσίαν (2 c)
77 (78). 48. S¹ παρέδωκεν εἰς αἰχμαλωσίαν [B ἐν χαλάζῃ, S² εἰς χάλαζαν] τὰ κτήνη †
— 61. παρέδωκεν εἰς αἰ. τὴν ἰσχὺν αὐτῶν (2 c)
84 (85). 1. ἀπέστρεψας [A ἐπέστ.] τὴν αἰ. Ἰακώβ (2 a*, b)
95 (96). *tit.* μετὰ τὴν αἰ. –
125 (126). 1. ἐν τῷ ἐπιστρέψαι κύριον τὴν αἰ. Σιών (3 a)
— 4. ἐπίστρεψον κύριε τὴν αἰ. ἡμῶν (2 a*, b)
Ho. 6. 12. ἐν τῷ ἐπιστρ. με τὴν αἰ. τοῦ λαοῦ μου (2 a)
Am. 1. 6. αἰχμαλωτεῦσαι αὐτοὺς αἰχμαλωσίαν (1 c)
— 9. συνέκλεισαν αἰχμαλωσίαν τοῦ Σ. (1 c)
— 15. πορεύσονται οἱ βασιλεῖς αὐτῆς ἐν αἰ. (1 a)
4. 10. μετὰ αἰχμαλωσίας ἵππων σου (2 c)
9. 4. ἐὰν πορευθῶσιν ἐν αἰ. (2 c)
— 14. ἐπιστρέψω τὴν αἰ. τοῦ λαοῦ μου Ἰ. (2 a)
■ Jl. 3. 1. ὅταν ἐπιστρέψω τὴν αἰ. Ἰούδα (2 a)
— 8. ἀποδώσονται αὐτοὺς εἰς αἰχμαλωσίαν †
Hb. 1. 9. συνάξει ὡς ἄμμον αἰχμαλωσίαν (2 c)
Ze. 2. 7. ἀπέστρεψεν [S¹ ἐπ.] τὴν αἰ. αὐτῶν (2 a*, b)
3. 20. ἐν τῷ ἐπιστρέφειν με τὴν αἰ. ὑμῶν (2 a)
Za. 6. 10. λάβε τὰ ἐκ τῆς αἰ. παρὰ τῶν ἀρχόντων (1 a)
14. 2. ἐξελεύσεται τὸ ἥμισυ τῆς πόλεως ἐν αἰ. (1 a)
Is. 1. 27. σωθήσεται ἡ αἰ. αὐτῆς (3 b)
20. 4. ἄξει βασιλεὺς Ἀσσ. τὴν αἰ. Αἰγύπτου (2 c)
45. 13. τὴν αἰ. τοῦ λαοῦ μου ἐπιστρέψει (1 c)
Je. 1. 3. ἕως τῆς αἰ. Ἱερουσαλὴμ (1 b)
15. 2. ὅσοι εἰς αἰχμαλωσίαν, εἰς αἰχμαλωσίαν (2 c, 2 c)
20. 6. πορεύσεσθε ἐν αἰχμαλωσίᾳ (2 c)
22. 22. ἐν αἰχμαλωσίᾳ ἐξελεύσονται (2 c)
25. 18 (49. 39). ἀποστρέψω τὴν αἰ. Αἰλάμ (2 b*, a)
26 (46). 27. τὸ σπέρμα σου ἐκ τῆς αἰ. αὐτῶν (2 c)
37 (30). 18. A ἐγὼ ἀποστρέψω τὴν αἰ. [B S ἀποικίαν] Ἰακὼβ (2 a)
— 18. B S τὴν αἰ. [A ἀποικίαν] αὐτοῦ ἐλεήσω (4)
38 (31). 19. ὕστερον αἰχμαλωσίας μου μετενόησα (3 b)
— 23. ὅταν ἀποστρέψω τὴν αἰ. αὐτοῦ (2 a)
Ba. 4. 10. εἶδον τὴν αἰ. [A *add.* τοῦ λαοῦ] τῶν υἱ.
— 14. μνήσθητε τὴν αἰ. τῶν υἱῶν μου
— 24. ἑωράκασιν . . . τὴν ὑμετέραν αἰ.
La. 1. 5, 18. ἐπορεύθησαν ἐν αἰχμαλωσίᾳ (2 c)
2. 14. τοῦ ἐπιστρέψαι αἰχμαλωσίαν σου (2 b*, a)
— 21. ἐπορεύθησαν ἐν αἰχμαλωσίᾳ –
Ez. 1. 1. ἐγὼ ἤμην ἐν μέσῳ τῆς αἰ. (1 a)
— 2. τῆς αἰ. τοῦ βασιλέως Ἰωακείμ (1 c)
3. 11. εἴσελθε εἰς τὴν αἰ. (1 a)
— 15. εἰσῆλθον εἰς τὴν αἰ. μετέωρος (1 a)
11. 15. οἱ ἀδ. σου καὶ οἱ ἄνδρες τῆς αἰ. σου †
— 24. ἤγαγέ με . . . εἰς τὴν αἰ. ἐν ὁράσει (1 a)
— 25. ἐλάλησα πρὸς τὴν αἰ. πάντας τοὺς λ. (1 a)
12. 3. ποίησον σεαυτῷ σκεύη αἰχμαλωσίας (1 a)
— 4. τὰ σκεύη σου σκεύη αἰχμαλωσίας (1 a)
— 7. σκεύη ἐξήνεγκα [A ἐξ. ὡς σκ.] αἰχμαλωσίας (1 a)
— 11. ἐν αἰχμαλωσίᾳ πορεύσονται (2 c)
25. 3. ἐπορεύθησαν ἐν αἰχμαλωσίᾳ (1 a)
29. 14. ἀποστρέψω τὴν αἰ. τῶν Αἰγυπτίων (2 a)
30. 17. B αἱ γυναῖκες ἐν αἰχμαλωσίᾳ πορεύσονται [A *al.*] (2 c)
32. 9. ἡνίκα ἂν ἄγω αἰχμαλωσίαν σου εἰς τὰ ἔ. (5)
33. 21. πέμπτῃ τοῦ μηνὸς τῆς αἰ. ἡμῶν (1 c)
39. 25. ἀποστρέψω [A ἀναστρ. τὴν] αἰχμαλωσίαν (2 b*, a)
40. 1. ἐν τῷ . . . ἔτει τῆς αἰ. ἡμῶν (1 c)
Da. LXX. 2. 25. ἐκ τῆς αἰ. τῶν υἱῶν τῆς Ἰουδ. (1 c)
5. 11. ὃς ἦν ἐκ τῆς αἰ. τῆς Ἰουδαίας –

● = correction on page xxiv ▶ = additional entry on page xxiv ■ = correction on page xxvii

Da. LXX. 8. 11. ἕως ὁ ἀρχιστράτηγος ῥύσεται τὴν αἰ. –
11. 8. ἐν αἰχμαλωσίᾳ ἀποίσουσιν εἰς Αἴγ. (2 c)
— 33. ἐν αἰχμαλωσίᾳ καὶ ἐν προνομῇ ἡμερῶν (2 c)
Da. TH. 1. 3. ἀπὸ τῶν υἱῶν τῆς αἰ. Ἰσραὴλ –
2. 25. ἐκ τῶν υἱῶν τῆς αἰ. τῆς Ἰουδαίας (1 c)
5. 13: 6. 13. ὁ ἀπὸ τῶν υἱῶν τῆς αἰ. τῆς Ἰουδαίας (1 c)
8. 11. ἕως οὗ ὁ ἀρχιστράτηγος ῥύσηται τὴν αἰ. –
11. 8. μετὰ αἰχμαλωσίας οἴσει εἰς Αἴγ. (2 c)
— 33. ἀσθενήσουσιν . . . ἐν αἰχμαλωσίᾳ (2 c)
I Ma. 9. 70. ἀποδοῦναι αὐτοῖς τὴν αἰ.
— 72. τὴν αἰ. ἣν ᾐχμαλώτευσε
14. 7. συνήγαγεν αἰχμαλωσίαν πολλὴν
II Ma. 8. 10. ἐκ τῆς τῶν Ἰουδαίων αἰ.
— 36. φόρον ἀπὸ τῆς τῶν ἐν Ἱεροσ. αἰ.
[**Aq.** Je. 30 (37). 16: 49. 6 (30. 6): Ez. 12. 7: 16. 53: Am. 1. 6.]
[**Sm.** Is. 10. 4: 20. 4: 49. 24: Je. 30 (37). 16: Ez. 12. 7: Am. 1. 6.]
[**Th.** Je. 29 (36). 14: 30 (37). 10: 48 (31). 46, 47: 49. 6 (30. 6): Ez. 12. 7: Da. 8. 11 (?): Am. 1. 6.]
[**Al.** Ps. 125 (126). 1.]

αἰχμάλωσις.

II Es. 5. 5. B ἐπὶ τὴν αἰ. [A R αἰχμαλωσίαν] †

αἰχμαλωτεύειν. (1) גָּלָה *a.* qal. *b.* hi. *c.* ho. (2) לָקַח (3) נָהַג (4) שָׁבָה *a.* qal. *b.* ni. *c.* שְׁבִי

Ge. 14. 14. ὅτι ᾐχμαλώτευται [A -τεύθη] Λώτ (4 b)
34. 29. τὰς γυναῖκας αὐτῶν ᾐχμαλώτευσαν (4 a)
Nu. 24. 22. Ἀσσύριοι αἰχμαλωτεύσουσί σε (4 a)
Ju. 5. 12. A αἰχμαλώτευσον [B -τισον] αἰχμαλωσίαν σου (4 a)
I Ki. 30. 2. A ᾐχμαλώτευσεν καὶ τὰς γυναῖκας (4 a)
— 2. οὐκ ἐθανάτωσαν . . . ἀλλ' ᾐχμαλώτευσαν (3)
— 3. οἱ υἱοὶ αὐτῶν . . . ᾐχμαλωτευμένοι (4 b)
— 5. αἱ γυναῖκες Δαυὶδ ᾐχμαλωτεύθησαν (4 b)
III Ki. 8. 50. ἐνώπιον αἰχμαλωτευόντων αὐτούς (4 a)
IV Ki. 5. 2. ᾐχμαλώτευσαν ἐκ γῆς Ἰσρ. νεάνιδα (4 a)
6. 22. εἰ μὴ οὓς ᾐχμαλώτευσας (4 a)
I Ch. 5. 21. ᾐχμαλώτευσαν τὴν ἀποσκευὴν αὐτῶν (4 a)
II Ch. 6. 36. R αἰχμαλωτεύσουσιν αὐτοὺς [A B *om.*] οἱ αἰχμαλωτεύοντες (4 a, 4 a)
— 38. ἐν γῇ αἰχμαλωτευσάντων αὐτούς [R *add.* ὅπου ᾐχμαλώτευσαν αὐτούς] (4 c, 4 a)
28. 5. ᾐχμαλώτευσεν ἐξ αὐτῶν αἰχμ. πολλὴν (4 a)
— 8. A ᾐχμαλώτευσαν [B -τισαν] οἱ υἱοὶ Ἰσρ. (4 a)
— 11. τὴν αἰχμαλωσίαν ἣν ᾐχμαλωτεύσατε (4 a)
— 17. A ᾐχμαλώτευσαν [B -τισαν] αἰχμαλωσίαν (4 a)
I Es. 6. 16. τὸν λαὸν ᾐχμαλώτευσαν εἰς Βαβυλῶνα
To. 1. 2. ὃς ᾐχμαλωτεύθη ἐν ἡμέραις Ἐνεμεσσάρου
14. 15. A τὴν ἀπ. N. ἣν ᾐχμαλώτευσεν [B -τισε]
Ju. 5. 18. ᾐχμαλωτεύθησαν εἰς γῆν οὐκ ἰδίαν
Es. 1. 1. ἐκ τῆς αἰχμαλωσίας ἧς ᾐχμαλώτευσε Ναβ.
2. 6. ἣν [A ὃν] ᾐχμαλώτευσε Ναβ. (1 c)
Jb. 1. 15. οἱ αἰχμαλωτεύοντες ᾐχμαλώτευσαν αὐτάς (†, 2)
— 17. καὶ ᾐχμαλώτευσαν αὐτάς (2)
Ps. 67 (68). 18. ᾐχμαλώτευσας αἰχμαλωσίαν (4 a)
105 (106). 46. R ἐναντίον πάντων τῶν αἰχμαλωτευσάντων [A S -τισάντων] (4 a)
136 (137). 3. οἱ αἰχμαλωτεύσαντες [A -εύοντες] ἡμᾶς (4 a)
Am. 1. 5. αἰχμαλωτευθήσεται [A -τισθήσεται] λαὸς Σ. (1 a)
— 6. τοῦ αἰχμαλωτεῦσαι αὐτοὺς αἰχμαλωσίαν (1 b)
5. 5. αἰχμαλωτευομένη αἰχμαλωτευθήσεται (1 a, 1 a)
Mi. 1. 16. ὅτι ᾐχμαλωτεύθησαν ἀπὸ σοῦ (1 a)
Ob. 1. 11. αἰχμαλωτευόντων ἀλλογενῶν δύναμιν (4 a)
Is. 14. 2. αἰχμάλ. οἱ αἰχμαλωτεύσαντες αὐτούς (4 a)
49. 24. ἐὰν αἰχμαλωτεύσῃ τις ἀδίκως (4 c)
— 25. ἐάν τις αἰχμαλωτεύσῃ γίγαντα (4 c)
Je. 27 (50). 33. πάντες οἱ αἰχμαλωτεύσαντες αὐτούς (4 a)
Ez. 6. 9. οὗ ᾐχμαλωτεύθησαν ἐκεῖ (4 b)
12. 3. αἰχμαλωτευθήσῃ ἐκ τοῦ τόπου [A οἴκου] (1 a)
39. 23. ᾐχμαλωτεύθησαν οἶκος Ἰσραήλ (1 a)
I Ma. 1. 32. ᾐχμαλώτευσαν [S -τισαν] τὰς γυναῖκας
5. 13. S² ᾐχμαλωτεύκασι [A S¹ R -τίκασι] τὰς γ.
8. 10. R ᾐχμαλώτευσαν [A S -τισαν] τὰς γυν.
9. 72. τὴν αἰχμαλωσίαν ἣν ᾐχμαλώτευσε
[**Aq.** Je. 41 (48). 10.]

αἰχμαλωτίζειν. (1) גָּלָה (2) שָׁבָה (3) הָלַךְ בַּשְּׁבִי

Ju. 5. 12. αἰχμαλώτισον [A -τευσον] αἰχμαλ. (2)
III Ki. 8. 46. αἰχμαλωτιοῦσιν [A *add.* αὐτοὺς] οἱ αἰχμαλωτίζοντες [A *add.* αὐτοὺς] εἰς γῆν μακράν (2, 2)
IV Ki. 24. 14. αἰχμαλωσίας δέκα χιλ. αἰχμαλωτίσας (1)
II Ch. 28. 8. ᾐχμαλώτισαν [A -τευσαν] οἱ υἱοὶ Ἰσρ. (2)
— 17. ᾐχμαλώτισαν [A -τευσαν] αἰχμαλωσίαν (2)
30. 9. ἐν. πάντων αἰχμαλωτισάντων αὐτούς (2)
To. 1. 9. S μετὰ τὸ αἰχμαλωτισθῆναι εἰς Ἀσσ.
— 10. ὅτε ᾐχμαλωτίσθημεν εἰς Νινευὴ
7. 3. S τῶν αἰχμαλωτισθ. [A B -ώτων] ἐν [B ἐκ] N.
14. 4. S αἰχμαλωτισθήσονται ἐκ τῆς γῆς [A B *al.*]
— 15. τὴν ἀπώλειαν N. ἣν ᾐχμαλώτισε [A -τευσε]
Ju. 16. 9. τὸ κάλλος αὐτῆς ᾐχμαλώτισε ψυχὴν αὐ.
Ps. 70 (71). *tit.* τῶν πρώτων αἰχμαλωτισθέντων –
105 (106). 46. A S τῶν αἰχμαλωτισάντων [R -ευσάντων] αὐτούς (2)
Am. 1. 5. A αἰχμαλωτισθήσεται [B -τευθ.] λαὸς Σ. (1)
La. 1. *tit.* μετὰ τὸ αἰχμαλωτισθῆναι τὸν Ἰσραήλ –
Ez. 12. 3. A καὶ αἰχμαλωτίσθητι (1)
30. 17. A αἱ πόλεις αἰχμαλωτισθήσονται [B *al.*] (3)
I Ma. 1. 32. S ᾐχμαλώτισαν [A R -τευσαν] τὰς γυναῖκας
5. 13. ᾐχμαλωτίκασι [S² -τεύκασι] τὰς γυν.
8. 10. A S ᾐχμαλώτισαν [R -τευσαν] τὰς γυν.
10. 33. πᾶσαν ψυχὴν Ἰ. τὴν αἰχμαλωτισθεῖσαν
15. 40. ἤρξατο . . . αἰχμαλωτίζειν τὸν λαόν
[**Aq.** Is. 49. 24.]
[**Sm.** Je. 49. 4 (30. 4).]
[**Th.** Is. 49. 24.]

αἰχμαλωτίς. (1) *a.* שָׁבָה *b.* שְׁבִי

Ge. 31. 26. τὰς θυγατέρας μου ὡς αἰχμαλωτίδας (1 a)
Ex. 12. 29. ἕως πρωτοτόκου τῆς αἰ. τῆς ἐν τῷ λάκκῳ (1 b)
[**Al.** Ex. 11. 5.]

αἰχμαλώτισσα (?) (1) גָּלָה

IV Ki. 24. 14. B² δέκα χιλιάδας αἰχμαλωτίσσας [A B¹ -ίσας] (1)

αἰχμάλωτος. (1) *a.* גּוֹלָה *b.* גָּלָה qal. *c.* ni. *d.* ho. (2) שָׁבָה *a.* qal. *b.* ni. *c.* שְׁבִי *d.* שְׁבִית (3) שׁוֹלָל

Ex. 22. 10, 14. ἢ αἰχμάλωτον γένηται (2 b, –)
Nu. 21. 29. αἱ θυγατέρες αὐτῶν αἰ. τῷ βασιλεῖ (2 d)
To. 2. 2. S ἐκ N. τῶν αἰ.
7. 3. ἐκ τῶν υἱῶν N. τῶν αἰ. ἐκ [A τῶν ἐν] Νιν.
13. 10. εὐφράναι ἐν σοὶ τοὺς αἰ. [A τοὺς ἐκεῖ αἰ.]
Es. 2. 6. ὃς ἦν αἰ. ἐξ Ἱερουσαλὴμ (1 d)
Jb. 12. 17. διάγων βουλευτὰς [A *add.* γῆς] αἰχμαλώτους (3)
— 19. ἐξαποστέλλων ἱερεῖς αἰχμαλώτους (3)
41. 23. τὸν δὲ τάρταρον . . . ὥσπερ αἰχμάλωτον †
Am. 6. 7. αἰχμάλωτοι ἔσονται ἀπ' ἀρχῆς δυναστῶν (1 b)
7. 11, 17. ὁ δὲ Ἰ. αἰχμάλωτος ἀχθήσεται (1 b)
Na. 3. 10. εἰς μετοικ. πορεύσεται αἰχμάλωτος (2 c)
Is. 5. 13. αἰ. ὁ λαός μου ἐγενήθη (1 b)
14. 2. ἔσονται αἰ. οἱ αἰχμαλωτεύσαντες (2 a)
23. 1. ἧκται αἰ. (1 c)
46. 2. αὐτοὶ δὲ αἰχμάλωτοι ἤχθησαν (2 c)
52. 2. ἡ αἰ. θυγάτηρ Σιών (2 c)
61. 1. κηρύξαι αἰχμαλώτοις ἄφεσιν (2 a)
Ep. Je. 1. πρὸς τοὺς ἀχθησομένους αἰχμαλώτους
— 2. ἀχθήσεσθε εἰς Βαβυλῶνα αἰχμάλωτοι
Ez. 12. 4. ὡς ἐκπορεύεται αἰχμάλωτος (1 a)
30. 18. αἱ θυγ. αὐτῆς αἰχμάλωτοι ἀχθήσονται [R ἀρθ.] (2 c)
I Ma. 2. 9. τὰ σκεύη . . . αἰχμάλωτα ἀπήχθη
[**Th.** Je. 48 (31). 46.]

αἰχμή.

[**Sm.** Ju. 3. 22: I Ki. 17. 7.]

αἰών. (1) אַחֲרוֹן (2) הָלְאָה (3) *a.* נֵצַח *b.* נֶצַח (4) עַד (5) *a.* עוֹלָם *b.* עֵילוֹם *c.* עֹלָם *d.* עָלַם (6) קֶדֶם (7) תָּמִיד (8) הֲלֹם (9) עוֹד

Ge. 3. 22. καὶ ζήσεται εἰς τὸν αἰ. (5 c)
6. 3. οὐ μὴ καταμείνῃ . . . εἰς τὸν αἰ. (5 c)
— 4. οἱ γίγαντες οἱ ἀπ' αἰ. (5 a)
13. 15. R ἕως αἰῶνος [A τοῦ αἰ.] (5 a)
— 17. εἰς τὸν αἰ. –
Ex. 12. 24. νόμιμον [A *add.* αἰώνιον] σεαυτῷ . . . ἕως αἰῶνος (5 a)
14. 13. εἰς τὸν αἰ. χρόνον (5 a)
15. 18. βασιλεύων τὸν αἰ. καὶ ἐπ' αἰῶνα καὶ ἔτι (–, 5 c)
19. 9. καὶ σοὶ πιστεύσωσιν εἰς τὸν αἰ. (5 a)
21. 6. δουλεύσει αὐτῷ εἰς τὸν αἰ. (5 c)
29. 9. ἔσται αὐτοῖς ἱερατεία μοι εἰς τὸν αἰ. (5 a)
32. 13. καθέξουσιν αὐτὴν εἰς τὸν αἰ. (5 c)
40. 15. εἰς τὸν αἰ. εἰς τὰς γενεὰς αὐτῶν (5 a)
Le. 3. 17. νόμιμον εἰς τὸν αἰ. εἰς τὰς γενεὰς ὑμῶν (5 a)
25. 46. ἔσονται ὑμῖν κατόχιμοι εἰς τὸν αἰ. (5 c)
■Dt. 5. 29. ἵνα εὖ ᾖ αὐτοῖς . . . δι' αἰῶνος (5 c)
12. 25. A καὶ τοῖς υἱ. σου μετὰ σὲ εἰς τὸν αἰ. [B *om.* εἰς τ. αἰ.] –
— 28. ἵνα εὖ σοι γένηται . . . δι' αἰῶνος (5 a)
13. 16. ἔσται ἀοίκητος εἰς τὸν αἰ. (5 a)
15. 17. ἔσται σοι οἰκέτης εἰς τὸν αἰ. (5 a)
23. 3. καὶ ἕως εἰς τὸν αἰ. (5 a)
— 6. πάσας τὰς ἡμέρας σου εἰς τὸν αἰ. (5 a)
28. 46. ἕως τοῦ [A *om.*] αἰ. (5 a)
29. 29. εἰς τὸν αἰ. (5 a)
32. 7. μνήσθητε ἡμέρας αἰῶνος (5 a)
— 40. ζῶ ἐγὼ εἰς τὸν αἰ. (5 c)
Jo. 4. 7. ἕως τοῦ αἰ. (5 a)
8. 28. ἀοίκητον εἰς τὸν αἰ. ἔθηκεν αὐτήν (5 a)
14. 9. καὶ τοῖς τέκνοις σου εἰς τὸν αἰ. (5 a)
Ju. 2. 1. εἰς τὸν αἰ. (5 a)
I Ki. 1. 22. καὶ καθήσεται ἕως αἰῶνος ἐκεῖ (5 a)
2. 30: 3. 13, 14. ἕως αἰῶνος (5 a)
13. 13. B ἡτοίμασε κύριος τὴν βασιλείαν σου . . . ἕως αἰῶνος (5 a)
20. 15. οὐκ ἐξαρεῖς ἔλεός σου . . . ἕως τοῦ αἰ. (5 a)
— 23, 42. ἕως αἰῶνος (5 a)
27. 12. δοῦλος εἰς τὸν αἰ. (5 a)
II Ki. 3. 28. ἀθῷός εἰμι . . . ἀπὸ κυρίου καὶ ἕως αἰῶνος (5 a)
7. 13. ἀνορθώσω τὸν θρόνον αὐτοῦ εἰς τὸν αἰ. (5 a)
— 16. ἕως αἰῶνος (5 a)
— 16. ὁ θρόνος . . . ἀνωρθωμένος εἰς τὸν αἰ. (5 a)
— 24. ἡτοίμασας . . . ἕως αἰῶνος (5 a)
— 25. πίστωσον ἕως τοῦ [A *om.*] αἰ. (5 a)
— 26. A ἕως αἰῶνος (5 a)
— 26. ἕως αἰῶνος (5 a ?)
— 29 *bis.* εἰς τὸν αἰ. (5 a)
12. 10. οὐκ ἀποστήσεται ῥομφαία . . . ἕως αἰῶνος (5 a)
22. 51. τῷ Δαυὶδ καὶ τῷ σπέρματι αὐτοῦ ἕως αἰῶνος (5 a)
III Ki. 1. 31. ζήτω . . . εἰς τὸν αἰ. (5 c)
2. 33. εἰς κεφαλὴν τοῦ σπέρματος αὐτοῦ εἰς τὸν αἰ. (5 c)
— 33. γένοιτο εἰρήνη ἕως αἰῶνος (5 a)
3. 1 (2. 45). ἕτοιμος ἐνώπιον κυρίου εἰς τὸν αἰ. (5 a)
8. 13. A ἕδρασμα τῆς καθέδρας σου αἰῶνος (5 a)
9. 3. τοῦ θέσθαι τὸ ὄνομά μου ἐκεῖ εἰς τὸν αἰ. (5 a)
— 3. B εἰς τὸν αἰ. –
— 5. ἀναστήσω τὸν θρόνον . . . εἰς τὸν αἰ. (5 c)
10. 9. τὸν Ἰσραὴλ στῆσαι εἰς τὸν αἰ. (5 c)
IV Ki. 5. 27. καὶ ἐν τῷ σπέρ. σου εἰς τὸν αἰ. (5 a)
21. 7. θήσω τὸ ὄνομά μου [A *add.* ἐκεῖ] εἰς τὸν αἰ. (5 a)
I Ch. 15. 2. λειτουργεῖν αὐτῷ ἕως αἰ. (5 a)
16. 15. εἰς αἰῶνα (5 a)
— 34. ὅτι εἰς τὸν αἰ. τὸ ἔλεος αὐτοῦ (5 a)
— 36. ἀπὸ τοῦ αἰ. (5 a)
— 36. A R καὶ ἕως τοῦ αἰ. (5 c)
— 41. εἰς τὸν αἰ. τὸ ἔλεος αὐτοῦ (5 a)
17. 12, 14 *bis.* ἕως αἰῶνος (5 a)
— 16. ὅτι ἠγάπησάς με ἕως αἰῶνος (8)
— 22, 23. ἕως αἰῶνος (5 a)
— 24. R ἕως αἰῶνος (5 a)
— 27 *bis.* εἰς τὸν αἰ. (5 a)
22. 10. ἀνορθώσω θρόνον . . . ἕως αἰῶνος (5 a)
23. 13 *bis*, 25. ἕως αἰῶνος (5 a)
28. 4. εἶναι βασιλέα ἐπὶ Ἰσραὴλ εἰς τὸν αἰ. (5 a)
— 7, 8. ἕως αἰῶνος (5 a)
29. 10. ἀπὸ τοῦ αἰ. καὶ ἕως τοῦ αἰ. (5 a, 5 a)
— 18. εἰς τὸν αἰ. (5 a)
II Ch. 2. 4. εἰς τὸν αἰ. τοῦτο ἐπὶ τὸν Ἰσραήλ (5 a)

■ = correction on page xxvii

II Ch. 5. 13. εἰς τὸν αἰ. τὸ ἔλεος αὐτοῦ (5 a)
6. 2. εἰς τοὺς αἰ. (5 a)
7. 3, 6. ὅτι εἰς τὸν αἰ. τὸ ἔλεος αὐτοῦ (5 a)
— 16. ἕως [A ἐπ'] αἰῶνος (5 a)
9. 8. εἰς αἰῶνα [A τὸν αἰ.] (5 a)
13. 5. εἰς τὸν αἰ. (5 a)
20. 7, 21 : 30. 8 : 33. 4. εἰς τὸν αἰ. (5 a)
33. 7. εἰς τὸν αἰ. (5 b)
I Es. 2. 23, 26. ἐξ αἰῶνος
4. 38. μένει καὶ ἰσχύει εἰς τὸν αἰ.
— 38. εἰς τὸν αἰ. τοῦ αἰ.
— 40. καὶ ἡ μεγαλειότης τῶν πάντων αἰ.
5. 61. καὶ ἡ δόξα εἰς τοὺς αἰ.
8. 85. ἕως αἰῶνος [A τοῦ αἰ.]
II Es. 3. 11. εἰς τὸν αἰ. τὸ ἔλεος αὐτοῦ (5 a)
4. 15. ἀπὸ ἡμερῶν [A χρόνων] αἰῶνος (5 d)
— 19. ἀφ' ἡμερῶν αἰῶνος (5 d)
9. 12 *bis*. ἕως αἰῶνος (5 a)
Ne. 2. 3. ὁ βασιλεὺς εἰς τὸν αἰ. [S τοὺς αἰ.] ζήτω (5 a)
9. 5. ἀπὸ τοῦ αἰ. καὶ ἕως τοῦ αἰ. [A *om.* καὶ . . . αἰ.] (5 a, 5 a)
13. 1. ἕως αἰῶνος (5 a)
To. 1. 4. εἰς πάσας τὰς γενεὰς τοῦ αἰ.
3. 2, 9. εἰς τὸν αἰ.
— 11. εἰς τοὺς αἰ.
— 11. εἰς τὸν αἰ.
4. 12. ἀπὸ τοῦ αἰ.
6. 7. S εἰς τὸν αἰ.
— 17. εἰς τὸν αἰ. τοῦ αἰ.
— 17. ἡτοιμασμένη ἦν ἀπὸ τοῦ αἰ.
7. 12. S εἰς τὸν αἰ.
8. 5. εἰς τοὺς [S πάντας τ.] αἰ.
— 5. S εἰς πάντας τοὺς αἰ.
— 15. A S εἰς πάντας [B *om.*] τοὺς αἰ.
— 21. S εἰς τὸν αἰ.
11. 14. A B εἰς τοὺς αἰ.
— 14. S εἰς πάντας τοὺς αἰ.
12. 18 *bis*. εἰς τὸν αἰ.
13. 1. ὁ θεὸς ὁ ζῶν εἰς τοὺς αἰ.
— 4. εἰς πάντας τοὺς αἰ.
— 6, 10. τὸν βασιλέα τῶν αἰ.
— 10. εἰς πάσας τὰς γενεὰς τοῦ αἰ.
— 11. S εἰς τὰς γενεὰς τοῦ αἰ.
— 12. εἰς τὸν αἰ.
— 13. S τὸν κύριον τοῦ αἰ. [A B *al.*]
— 14. εἰς τὸν αἰ.
— 16. S εἰς πάντας τοὺς αἰ.
— 18. ὁ θεὸς ὃς ὕψωσε πάντας [A εἰς π.] τοὺς αἰ.
14. 5. ἕως πληρωθῶσι καιροὶ τοῦ αἰ.
— 7. S τὸν θεὸν τοῦ αἰ. [A B *al.*]
— 7. S οἰκήσουσιν τὸν αἰ.
— 10. S εἰς τὸ σκότος τοῦ αἰ.
— 15. S εἰς τοὺς αἰ. τῶν αἰ.
Ju. 8. 13. ἕως τοῦ αἰ.
13. 19. ἕως αἰῶνος
15. 10. εὐλογημένη γίνου . . . εἰς τὸν αἰ. χρόνον
16. 17. ἕως αἰῶνος
Es. 4. 17. εἰς αἰῶνα
9. 32. εἰς τὸν αἰ. †
10. 3. κατὰ γενεὰς εἰς τὸν αἰ.
Jb. 1. 21. A εἰς τοὺς αἰ. –
3. 18. δι' αἰῶνος [B οἱ αἰώνιοι] οὐκ ἤκουσαν [A ἔτι ἤ.] †
7. 16. οὐ γὰρ εἰς τὸν αἰ. ζήσομαι (5 c)
19. 18. εἰς τὸν αἰ. με ἀπεποιήσαντο [A ἀπείπ.] †
— 23. τεθῆναι δὲ αὐτὰ ἐν βιβλίῳ εἰς τὸν αἰ. (4)
Ps. 5. 11. εἰς αἰῶνα (5 a)
9. 5. εἰς τὸν αἰ. καὶ εἰς τὸν αἰ. τοῦ αἰ. (5 a, 4, –)
— 7. ὁ κύριος εἰς τὸν αἰ. μένει (5 a)
— 18. οὐκ ἀπολεῖται εἰς τὸν αἰ. [A S^2 εἰς τέλος] (4)
— 37 (10. 16). εἰς τὸν αἰ. καὶ εἰς τὸν αἰ. τοῦ αἰ. (5 a, 4, –)
11 (12). 7 : 14 (15). 5. εἰς τὸν αἰ. (5 a)
17 (18). 50. τῷ σπέρματι αὐτοῦ ἕως αἰῶνος (5 a)
18 (19). 9. διαμένων εἰς αἰ. αἰῶνος (4, –)
20 (21). 4. A B^1 εἰς αἰῶνα αἰῶνος [B^2 S^1 εἰς αἰ. καὶ εἰς αἰ. αἰῶνος] (5 a, 4, –)
— 6. A B εἰς αἰ. αἰῶνος [S^1 εἰς τὸν αἰ. καὶ εἰς τὸν αἰ. τοῦ αἰ.] (4, –, –)
21 (22). 26. ζήσονται . . . εἰς αἰ. αἰῶνος (4, –)
24 (25). 2. S^2 εἰς τὸν αἰ. –
— 6. ἀπὸ τοῦ αἰ. (5 a)
27 (28). 9. ἕως τοῦ [S^1 *om.*] αἰ. (5 a)
28 (29). 10. βασιλεὺς εἰς τὸν αἰ. (5 a)
29 (30). 6, 12 : 30 (31). 1 : 32 (33). 11. εἰς τὸν αἰ. (5 a)

Ps. 36 (37). 18. εἰς τὸν [A S^2 *om.*] αἰ. ἔσται (5 a)
— 27. εἰς αἰῶνα αἰῶνος [S^1 *om.*] (5 a, –)
— 28. εἰς τὸν αἰ. (5 a)
— 29. εἰς αἰῶνα αἰῶνος (4, –)
40 (41). 12. A R εἰς τὸν [B *om.*] αἰ. (5 a)
— 13. ἀπὸ τοῦ αἰ. καὶ εἰς τὸν αἰ. (5 a, 5 a)
43 (44). 8 : 44 (45). 2. εἰς τὸν αἰ. (5 a)
44 (45). 6. εἰς αἰ. αἰῶνος [A S τὸν αἰ. τοῦ αἰ.] (5 a, 4)
— 17. εἰς τὸν αἰ. καὶ εἰς τὸν αἰ. τοῦ αἰ. (5 c, 4, –)
47 (48). 8. εἰς τὸν αἰ. (5 a)
— 14. εἰς τὸν αἰ. καὶ εἰς τὸν αἰ. τοῦ αἰ. (5 a, 4, –)
● — 14. A S R εἰς τοὺς αἰ. †
48 (49). 8, 11. εἰς τὸν αἰ. (5 a)
— 19. ἕως αἰῶνος οὐκ ὄψεται φῶς (3 a)
51 (52). 8. εἰς τὸν αἰ. καὶ εἰς τὸν αἰ. τοῦ αἰ. (5 a, 4, –)
— 9. εἰς τὸν αἰ. (5 a)
54 (55). 19. ὁ ὑπάρχων πρὸ τῶν αἰ. (6)
— 22. οὐ δώσει εἰς τὸν αἰ. (5 a)
60 (61). 4. εἰς τοὺς αἰ. (5 a)
— 7. διαμενεῖ εἰς τὸν αἰ. (5 a)
— 8. εἰς τὸν αἰ. τοῦ αἰ. [S^2 εἰς τοὺς αἰ.] (4, –)
65 (66). 7. τῷ δεσπόζοντι . . . τοῦ αἰ. (5 a)
70 (71). 1. μὴ καταισχυνθείην εἰς τὸν αἰ. (5 a)
71 (72). 17. εὐλογημένον εἰς τοὺς αἰ. (5 a)
— 19. S R εἰς τὸν αἰ. καὶ εἰς [B *add.* τὸν] αἰ. τοῦ αἰ. (5 a, –, –)
72 (73). 12, 26. εἰς τὸν αἰ. (5 a)
73 (74). 12. ὁ δὲ θεὸς βασιλεὺς ἡμῶν πρὸ αἰῶνος (6)
74 (75). 9. εἰς τὸν αἰ. (5 d)
76 (77). 7. εἰς τοὺς αἰ. (5 a)
77 (78). 69 : 78 (79). 13 : 80 (81). 15. εἰς τὸν αἰ. (5 a)
82 (83). 17. εἰς τὸν αἰ. τοῦ αἰ. (4, 4)
83 (84). 4. εἰς τοὺς αἰ. τῶν αἰ. (9, –)
84 (85). 5. εἰς τὸν αἰ. [A S^2 τοὺς αἰ.] (5 a)
85 (86). 12. δοξάσω τὸ ὄνομά σου εἰς τὸν αἰ. (5 a)
88 (89). 1, 2. εἰς τὸν αἰ. (5 a)
— 4. ἕως τοῦ αἰ. (5 a)
— 28. εἰς τὸν αἰ. (5 a)
— 29. εἰς τὸν αἰ. τοῦ αἰ. (4, –)
— 36, 37, 52. εἰς τὸν αἰ. (5 a)
89 (90). 2. ἀπὸ τοῦ αἰ. [A S^2 *add.* καὶ] ἕως τοῦ αἰ. (5 a, 5 a)
— 8. ὁ αἰ. ἡμῶν εἰς φωτισμὸν τοῦ προσ. σου †
91 (92). 7. εἰς τὸν αἰ. τοῦ αἰ. (4, 4)
— 8. σὺ δὲ ὕψιστος εἰς τὸν αἰ. (5 d *vel* 5 a)
92 (93). 2. ἀπὸ τοῦ αἰ. σὺ εἶ (5 a)
99 (100). 5. εἰς τὸν αἰ. τὸ ἔλεος αὐτοῦ (5 a)
101 (102). 12. εἰς τὸν αἰ. μένεις (5 a)
— 28. τὸ σπέρμα αὐτῶν εἰς τὸν αἰ. †
102 (103). 9. οὐδὲ εἰς τὸν αἰ. μηνιεῖ (5 a)
— 17. ἀπὸ τοῦ αἰ. καὶ ἕως τοῦ αἰ. (5 a, 5 a)
103 (104). 5. εἰς τὸν αἰ. τοῦ αἰ. (5 a, 4)
— 31. ἡ δόξα κ. εἰς τὸν αἰ. [A S^2 τοὺς αἰ.] (5 a)
104 (105). 8. ἐμνήσθη εἰς τὸν αἰ. (5 a)
105 (106). 1. εἰς τὸν αἰ. τὸ ἔλεος αὐτοῦ (5 a)
— 31. εἰς γενεὰν καὶ γενεὰν ἕως τοῦ αἰ. (5 a)
— 48. ἀπὸ τοῦ αἰ. καὶ ἕως τοῦ αἰ. (5 a, 5 a)
106 (107). 1. εἰς τὸν αἰ. τὸ ἔλεος αὐτοῦ (5 a)
109 (110). 4. σὺ ἱερεὺς εἰς τὸν αἰ. (5 a)
110 (111). 3. μένει εἰς τὸν αἰ. τοῦ αἰ. (4, –)
— 5. μνησθήσεται εἰς τὸν αἰ. (5 a)
— 8. ἐστηριγμέναι εἰς τὸν αἰ. τοῦ αἰ. (4, 5 a)
— 9. ἐνετείλατο εἰς τὸν αἰ. (5 a)
— 10. μένει εἰς τὸν αἰ. τοῦ αἰ. (4, –)
111 (112). 3. μένει εἰς τὸν αἰ. τοῦ αἰ. (4, –)
— 6. εἰς τὸν αἰ. οὐ σαλευθήσεται (5 a)
— 9. μένει εἰς τὸν αἰ. τοῦ αἰ. (4, –)
112 (113). 2. ἀπὸ τοῦ νῦν καὶ ἕως τοῦ αἰ. (5 a)
113. 26 (115. 18). ἀπὸ τοῦ νῦν καὶ ἕως τοῦ αἰ. (5 a)
116 (117). 2. μένει εἰς τὸν αἰ. (5 a)
● 117 (118). 1, 2, 3, 4. A R εἰς τὸν αἰ. τὸ ἔλεος αὐτοῦ (5 a)
118 (119) 44. εἰς τὸν αἰ. καὶ εἰς τὸν αἰ. τοῦ αἰ. (5 a, 4, –)
— 52. ἐμνήσθην . . . ἀπ' αἰῶνος (5 a)
— 89, 93, 98, 111, 112, 142, 144, 152, 160, εἰς τὸν αἰ. (5 a)
120 (121). 8. ἀπὸ τοῦ νῦν καὶ ἕως τοῦ αἰ. (5 a)
124 (125). 1. οὐ σαλευθήσεται εἰς τὸν αἰ. (5 a)
— 2. ἀπὸ τοῦ νῦν καὶ ἕως τοῦ αἰ. (5 a)
130 (131). 3. ἀπὸ τοῦ νῦν καὶ ἕως τοῦ αι. (5 a)
131 (132). 12. ἕως τοῦ [S^1 *om.*] αἰ. (4)
— 14. εἰς αἰῶνα αἰῶνος (4, 4)
132 (133). 3. ζωὴν ἕως τοῦ αἰ. (5 a)

Ps. 134 (135). 13. τὸ ὄνομά σου εἰς τὸν αἰ. (5 a)
135 (136). 1. et in omni hujus Ps. versu, εἰς τὸν αἰ. τὸ ἔλεος αὐτοῦ (5 a)
137 (138). 8. τὸ ἔλεός σου εἰς τὸν αἰ. (5 a)
142 (143). 3. ὡς νεκροὺς αἰῶνος (5 a)
144 (145). 1. εἰς τὸν αἰ. καὶ εἰς τὸν αἰ. τοῦ αἰ. (5 a, 4, –)
— 2. A S R εἰς τὸν αἰ. καὶ εἰς τὸν αἰ. τοῦ αἰ. (5 a, 4, –)
— 13. βασιλεία πάντων τῶν αἰ. (5 d)
— 21. εἰς τὸν αἰ. καὶ εἰς τὸν αἰ. τοῦ αἰ. (5 a, 4, –)
145 (146). 6. τὸν φυλάσσοντα ἀλήθειαν εἰς τὸν αἰ. (5 a)
— 10. βασιλεύσει κύριος εἰς τὸν αἰ. (5 a)
148. 6. εἰς τὸν αἰ. καὶ εἰς τὸν αἰ. τοῦ αἰ. (4, 5 a, –)
Pr. 6. 33. οὐκ ἐξαλειφθήσεται εἰς τὸν αἰ. –
8. 21. μνημονεύσω τὰ ἐξ αἰῶνος –
— 23. πρὸ τοῦ αἰ. ἐθεμελίωσέ με (5 a)
9. 6. ἀπολείπετε ἀφροσύνην ἵνα εἰς τὸν αἰ. βασιλεύσητε [S^2 ἵνα ζήσεσθε] –
10. 25. δίκαιος δὲ ἐκκλίνας σώζεται εἰς τὸν αἰ. (5 a)
— 30. δίκαιος [R *add.* εἰς] τὸν αἰ. οὐκ ἐνδώσει (5 a)
19. 21. ἡ δὲ βουλὴ τοῦ κυρίου εἰς τὸν αἰ. μένει –
27. 24. οὐ [R οὐκ εἰς] τὸν αἰ. ἀνδρὶ κράτος καὶ ἰσχύς (5 a)
Ec. 1. 4. ἡ γῆ εἰς τὸν αἰ. ἕστηκε (5 a)
— 10. ἐν [A *om.*] τοῖς αἰ. τοῖς γενομένοις (5 d)
2. 16. οὐκ ἔστιν μνήμη . . . εἰς τὸν [A B^2 S *om.*] αἰ. (5 a)
3. 11. τὸν αἰ. ἔδωκεν ἐν καρδίᾳ αὐτῶν (5 d)
— 14. αὐτὰ ἔσται εἰς τὸν αἰ. (5 a)
9. 6. οὐκ ἔστιν αὐτοῖς ἔτι εἰς αἰ. (5 a)
12. 5. εἰς οἶκον αἰῶνος αὐτοῦ (5 d)
Wi. 3. 8. βασιλεύσει αὐτῶν κύριος εἰς τοὺς αἰ.
4. 2. ἐν τῷ αἰ. στεφανηφοροῦσα
— 18. εἰς ὕβριν ἐν νεκροῖς δι' [A *om.*] αἰῶνος
5. 15. δίκαιοι δὲ εἰς τὸν αἰ. ζῶσι
6. 21. ἵνα εἰς τὸν αἰ. βασιλεύσητε
12. 10. οὐ μὴ ἀλλαγῇ . . . εἰς τὸν αἰ.
13. 9. ἵνα δύνωνται στοχάσασθαι τὸν αἰ.
14. 6. ἀπέλιπεν αἰῶνι [B^1 S τῷ αἰ.] σπέρμα
— 13. οὔτε εἰς τὸν αἰ. ἔσται
18. 4. τὸ ἄφθαρτον νόμου φῶς τῷ αἰ. δίδοσθαι
Si. 1. 1. μετ' αὐτοῦ ἐστιν εἰς τὸν αἰ.
— 2. ἡμέρας αἰῶνος τίς ἐξαριθμήσει
— 4. σύνεσις φρονήσεως ἐξ αἰῶνος
— 15. θεμέλιον αἰῶνος ἐνόσσευσε
— 18. S^2 ὑγίειαν αἰῶνος [A B S^1 ἰάσεως]
2. 9. εἰς εὐφροσύνην αἰῶνος
7. 36. εἰς τὸν αἰ. οὐχ ἁμαρτήσεις
11. 17. εἰς τὸν αἰ. εὐοδωθήσεται
— 33. μήποτε μῶμον εἰς τὸν αἰ. δῷ σοι
12. 10. μὴ πιστεύσῃς τῷ ἐχθρῷ σοῦ εἰς τὸν αἰ.
14. 17. ἡ γὰρ διαθήκη ἀπ' αἰῶνος
15. 6. A S ὄνομα αἰῶνος [B αἰώνιον]
16. 27. ἐκόσμησεν εἰς αἰῶνα [A τὸν αἰ.] τὰ ἔργα
— 28. ἕως αἰῶνος οὐκ ἀπειθήσουσι τοῦ ῥήμ.
17. 12. διαθήκην αἰῶνος [A αἰώνιον] ἔστησε
18. 1. ὁ ζῶν εἰς τὸν αἰ. ἔκτισε τὰ πάντα κοινῇ
— 10. ἐν [S^1 *om.*] ἡμέρᾳ αἰῶνος
24. 9. πρὸ τοῦ αἰ. ἀπ' ἀρχῆς [A ἀπαρχὴν] ἔκτισέ με καὶ ἕως αἰῶνος [A S -ώνων] οὐ μὴ ἐκλίπω
— 33. εἰς γενεὰς [A S -ὰν] αἰώνων
36. 22 (17). κύριος εἶ ὁ θεὸς τῶν αἰ.
37. 26. τὸ ὄνομα αὐτοῦ ζήσεται εἰς τὸν αἰ.
38. 34. κτίσμα αἰῶνος
39. 9. ἕως τοῦ αἰ. οὐκ ἐξαλειφθήσεται
— 20. ἀπὸ τοῦ αἰ. εἰς [S^1 ἐπὶ] τὸν αἰ. ἐπέβλεψε
40. 12. πίστις εἰς τὸν αἰ. στήσεται
— 17. ἐλεημοσύνη εἰς τὸν αἰ. διαμένει
41. 13. ἀγαθὸν ὄνομα εἰς αἰῶνα διαμένει
42. 19. ἐνέβλεψεν εἰς σημεῖον αἰῶνος
— 21. ἔστι πρὸ τοῦ αἰ. καὶ εἰς τὸν αἰ.
— 23. ζῇ καὶ μένει εἰς τὸν αἰ.
43. 6. ἀνάδειξιν χρόνων καὶ σημεῖον αἰῶνος
— 7. S^1 ἐπὶ συντελείας αἰῶνος [A B *om.*]
44. 2. τὴν μεγαλωσύνην αὐτοῦ ἀπ' αἰῶνος
— 13. ἕως αἰῶνος μενεῖ [S^2 διαμ.] σπέρμα αὐτῶν
— 18. διαθῆκαι αἰῶνος ἐτέθησαν πρὸς αὐτόν
45. 7. A R ἔστησεν αὐτῷ [B S -ὸν] διαθήκην αἰῶνος
— 13. οὐ γέγονε τοιαῦτα ἕως αἰῶνος
— 15. S εἰς διαθήκην αἰῶνος [A B αἰώνιον]
— 24. ἱερωσύνης μεγαλεῖον εἰς τοὺς αἰ.
46. 19. πρὸ καιροῦ κοιμήσεως αἰῶνος
47. 11. ἀνύψωσεν εἰς αἰῶνα τὸ κέρας αὐτοῦ

● = correction on page xxiv

Si. 47. 13. ἵνα . . . ἑτοιμάσῃ ἁγίασμα εἰς τὸν αἰ.
48. 25. ἕως τοῦ αἰ. ὑπέδειξε τὰ ἐσόμενα
49. 12. ἡτοιμασμένον εἰς δόξαν αἰῶνος
50. 23. κατὰ τὰς ἡμέρας τοῦ αἰ.
51. 8. τῆς ἐργασίας σου τῆς ἀπ' αἰῶνος
Ho. 2. 19 (21). μνηστεύσομαί σε ἐμαυτῷ εἰς τὸν αἰ. (5 a)
Am. 9. 11. καθὼς αἱ ἡμέραι τοῦ αἰ. (5 a)
Mi. 4. 5. εἰς τὸν αἰ. καὶ ἐπέκεινα (5 a)
— 7. ἀπὸ τοῦ νῦν ἕως [A καὶ ἕως] εἰς τὸν αἰ. (5 a)
5. 2 (1). ἀπ' ἀρχῆς ἐξ ἡμερῶν αἰῶνος (5 a)
7. 14. καθὼς αἱ ἡμέραι τοῦ αἰῶνος (5 a)
Jl. 2. 2. ὅμοιος αὐτῷ οὐ γέγονεν ἀπὸ τοῦ αἰ. (5 a)
— 26. οὐ μὴ καταισχυνθῇ . . . εἰς τὸν αἰ. (5 a)
— 27. οὐ μὴ καταισχυνθῶσιν ἔτι . . . εἰς τὸν αἰ. (5 a)
3 (4). 20. εἰς τὸν αἰ. κατοικηθήσεται (5 a)
Ob. 1. 10. καὶ ἐξαρθήσῃ εἰς τὸν αἰ. (5 a)
Ze. 2. 9. καὶ ἠφανισμένη εἰς τὸν αἰ. (5 a)
Za. 1. 5. μὴ τὸν αἰ. ζήσονται (5 a)
Ma. 1. 4. λαὸς ἐφ' ὃν παρατέτακται κ. ἕως αἰῶνος (5 a)
3. 4. καθὼς αἱ ἡμέραι τοῦ αἰ. (5 a)
Is. 9. 6 (5). A S² πατὴρ τοῦ μέλλοντος αἰῶνος (4)
— 7 (6). ἀπὸ τοῦ νῦν καὶ εἰς τὸν αἰ. [A add. χρόνον] (5 a)
13. 20. οὐ κατοικηθήσεται εἰς τὸν αἰ. χρόνον (3 b)
14. 20. οὐ μὴ μείνῃς εἰς τὸν αἰ. χρόνον (5 a)
17. 2. καταλελειμμένη εἰς τὸν αἰ. †
18. 7. ἀπὸ τοῦ νῦν καὶ εἰς τὸν αἰ. χρόνον (2)
19. 20. σημεῖον εἰς τὸν αἰ. κυρίῳ †
25. 2. πόλις τὸν αἰ. οὐ μὴ οἰκοδομηθῇ (5 a)
26. 4. ἤλπισαν, κύριε, ἕως τοῦ αἰ. (4)
28. 28. οὐ γὰρ εἰς τὸν αἰ. (3 b)
30. 8. ἕως [A om.] εἰς τὸν αἰ. (5 a)
32. 14. σπήλαια ἕως τοῦ αἰ. (5 a)
— 17. πεποιθότες [A S² add. ἔσονται] ἕως τοῦ αἰ. (5 a)
33. 20. εἰς τὸν αἰ. χρόνον (3 b)
34. 10. οὐ σβεσθήσεται εἰς τὸν αἰ. χρόνον (5 a)
— 17. εἰς τὸν αἰ. χρόνον κληρονομήσετε (5 a)
40. 8. μένει εἰς τὸν αἰ. (5 a)
44. 7. ἀφ' οὗ ἐποίησα ἄνθρωπον εἰς τὸν αἰ. (5 a)
45. 17. οὐδὲ μὴ ἐντραπῶσιν ἕως τοῦ αἰ. (5 a)
46. 9. μνήσθητε τὰ πρότερα ἀπὸ τοῦ αἰ. (5 a)
47. 7. εἰς τὸν αἰ. ἔσομαι ἄρχουσα (5 a)
48. 12. ἐγώ εἰμι εἰς τὸν αἰ. (1)
51. 6. τὸ δὲ σωτήριόν μου εἰς τὸν αἰ. ἔσται (5 a)
— 8. ἡ δὲ δικαιοσύνη μου εἰς τὸν αἰ. ἔσται (5 a)
— 9. ὡς γενεὰ αἰῶνος (5 a)
57. 15. ἐν ὑψηλοῖς κατοικῶν τὸν αἰ. (4)
— 15. S ὁ ὕψιστος εἰς τὸν αἰ. [A B om. εἰς τ. αἰ.] –
— 16. οὐκ εἰς τὸν αἰ. ἐκδικήσω ὑμᾶς (5 a)
59. 21. ἀπὸ τοῦ νῦν καὶ εἰς τὸν αἰ. (5 a)
60. 21. δι' αἰῶνος κληρονομήσουσι τὴν γῆν (5 a)
63. 9. ὕψωσεν αὐτοὺς πάσας τὰς ἡμέρας τοῦ αἰ. (5 a)
64. 4 (3). ἀπὸ τοῦ αἰ. οὐκ ἠκούσαμεν (5 a)
Je. 2. 20. ἀπ' αἰῶνος συνέτριψας τὸν ζυγόν σου (5 a)
3. 5. μὴ διαμενεῖ εἰς τὸν αἰ. (5 a)
— 12. οὐ μηνιῶ ὑμῖν [S ἔτι ὑ.] εἰς τὸν αἰ. (5 a)
7. 7. ἐξ αἰῶνος καὶ ἕως αἰῶνος (5 a, 5 a)
17. 25. κατοικισθήσεται ἡ π. αὕτη εἰς τὸν αἰ. (5 a)
20. 11. αἱ δι' αἰῶνος οὐκ ἐπιλησθήσονται (5 a)
25. 5. ἀπ' αἰῶνος καὶ ἕως [A add. τοῦ] αἰῶνος (5 a, 5 a)
27 (50). 13. A οὐ κατοικηθήσεται εἰς τὸν αἰ. [B S om. εἰς τ. αἰ.] –
— 39. οὐ μὴ κατοικηθῇ οὐκέτι εἰς τὸν αἰ. (3 b)
28 (51). 26. εἰς ἀφανισμὸν ἔσῃ εἰς τὸν αἰ. (5 a)
— 62. ἀφανισμὸς εἰς τὸν αἰ. ἔσται (5 a)
29 (49). 13. ἔσονται ἔρημοι εἰς [A add. τὸν] αἰῶνα (5 a)
30. 11 (49. 33). ἄβατος ἕως αἰῶνος (5 a)
35 (28). 8. πρότεροι ὑμῶν ἀπὸ τοῦ αἰ. (5 a)
38 (31). 40. οὐ μὴ καθαιρεθῇ ἕως τοῦ αἰ. (5 a)
40 (33). 11. εἰς τὸν αἰ. τὸ ἔλεος αὐτοῦ (5 a)
42 (35). 6. οὐ μὴ πίητε οἶνον . . . ἕως αἰῶνος (5 a)
Ba. 3. 3. σὺ καθήμενος τὸν αἰ. καὶ ἡμεῖς ἀπολλύμενοι τὸν αἰ.
— 13. κατῴκεις ἂν ἐν εἰρήνῃ τὸν αἰ. [A add. χρόνον]
— 32. ὁ κατασκευάσας τὴν γῆν εἰς τὸν αἰ. χρόνον
4. 1. ὁ νόμος ὁ ὑπάρχων εἰς τὸν αἰ.
— 23. μετὰ χαρμοσύνης καὶ εὐφροσύνης εἰς τὸν αἰ.
5. 1. ἔνδυσαι τὴν εὐπρέπειαν . . . εἰς τὸν αἰ.
— 4. κληθήσεται γάρ σου τὸ ὄνομα . . . εἰς τὸν αἰ.
La. 3. 6. ὡς νεκροὺς [A ἐν σκοτεινοῖς] αἰῶνος (5 a)
— 31. οὐκ εἰς τὸν αἰ. ἀπώσεται κύριος (5 a)
5. 19. εἰς τὸν αἰ. κατοικήσεις (5 a)

Ez. 25. 15. A τοῦ ἐξαλεῖψαι ἕως αἰῶνος [B ἐνός] (5 a)
26. 20. πρὸς λαὸν αἰῶνος (5 a)
— 21. εἰς τὸν αἰ. (5 a)
27. 36. οὐκέτι ἔσῃ εἰς τὸν αἰ. (5 a)
28. 19. οὐχ ὑπάρξεις ἔτι εἰς τὸν αἰ. (5 a)
32. 27. τῶν γιγάντων τῶν πεπτωκότων ἀπ' αἰῶνος †
37. 25. A οἱ υἱοὶ τῶν υἱῶν αὐτῶν ἕως αἰῶνος (5 a)
— 25. ἄρχων εἰς τὸν αἰ. (5 a)
— 26. εἰς τὸν αἰ. (5 a)
— 28. τὰ ἅγιά μου ἐν μέσῳ αὐτῶν εἰς τὸν αἰ. (5 a)
43. 7. ἐν μέσῳ οἴκου Ἰσραὴλ [A τοῦ οἴ. Ἰ. εἰς] τὸν αἰ. (5 a)
— 9. ἐν μέσῳ αὐτῶν τὸν [A εἰς τὸν] αἰ. (5 a)
Da. LXX. Su. 64. εἰς αἰῶνα αἰῶνος
2. 4. κύριε βασιλεῦ τὸν αἰ. ζῆθι (5 d)
— 20. εὐλογημένον εἰς τὸν αἰ. (5 d)
— 44. ἔσται εἰς τοὺς αἰ. (5 d)
— 44. στήσεται εἰς τὸν αἰ. (5 d)
3. 9. κύριε βασιλεῦ εἰς τὸν αἰ. ζῆθι (5 d)
— (26). δεδοξασμένον τὸ ὄνομά σου εἰς τοὺς αἰ.
— (52). αἰνετὸς καὶ ὑπερυψούμενος εἰς τοὺς αἰ.
— (52). ὑπερυψωμένον εἰς πάντας τοὺς αἰ.
— (53). ὑπερυμνητὸς καὶ ὑπερένδοξος εἰς τοὺς αἰ.
— (54). ὑμνητὸς καὶ ὑπερυψωμένος εἰς τοὺς αἰ.
— (55). αἰνετὸς καὶ δεδοξασμένος εἰς τοὺς αἰ.
— (56). ὑμνητὸς καὶ δεδοξασμένος εἰς τοὺς αἰ.
— (57). ὑμνεῖτε καὶ ὑπερυψοῦτε αὐτὸν εἰς τοὺς αἰ. item vv. (58) ad (73), et vv. (75) ad (88) incl.
— (74). ὑμνείτω καὶ ὑπερυψούτω αὐτὸν εἰς τοὺς αἰ.
— (89). ὅτι εἰς τὸν αἰ. τὸ ἔλεος αὐτοῦ
— (90). ὅτι εἰς τὸν αἰ. τὸ ἔλεος αὐτοῦ καὶ εἰς τὸν αἰ. τῶν αἰ.
4. 34. τὸ βασίλειον αὐτοῦ βασίλειον εἰς τὸν αἰ. –
5. 4. τὸν θεὸν τοῦ αἰ. οὐκ εὐλόγησαν –
6. 26 (27). εἰς γενεὰς γενεῶν ἕως τοῦ αἰ. (5 d)
7. 18. καθέξουσι τὴν βασ. ἕως τοῦ αἰ. τῶν αἰ. (5 d, 5 d)
8. 11. τὰ ὄρη τὰ ἀπ' αἰῶνος ἐρράχθη (7)
12. 3. εἰς τὸν αἰ. τοῦ αἰ. (5 a, 4)
— 7. ὤμοσε τὸν ζῶντα εἰς τὸν αἰ. θεόν (5 a)
Da. TH. 2. 4. βασιλεῦ εἰς τοὺς αἰ. ζῆθι (5 d)
— 20. ἀπὸ τοῦ αἰ. καὶ ἕως τοῦ αἰ. (5 d, 5 d)
— 44. εἰς τοὺς αἰ. [A τὸν αἰ.] οὐ διαφθαρήσ. (5 d)
— 44. ἀναστήσεται εἰς τοὺς αἰ. (5 d)
3. 9. βασιλεῦ, εἰς τοὺς αἰ. ζῆθι (5 d)
— (26), (52), (52), (53), (55), (54), (56), (57), (59), (58), (60), (61), (62), (63), (64), (65), (66), (67 A), (68 A), (71), (72), (69), (70), (73), (74), (75), (76), (78), (77), (79), (80), (81), (82), (83), (84), (85), (86), (87), (88), (89), (90), εἰς τοὺς αἰ.
4. 31. τῷ ζῶντι εἰς τὸν αἰ. [A τοὺς αἰ.] (5 d)
5. 4. A B² τὸν θεὸν τοῦ αἰ. οὐκ ηὐλόγησαν –
— 10. βασιλεῦ εἰς τὸν αἰ. [A τοὺς αἰ.] ζῆθι (5 d)
6. 6 (7), 21 (22). βασιλεῦ εἰς τοὺς αἰ. ζῆθι (5 d)
— 26 (27). θεὸς ζῶν καὶ μένων εἰς τοὺς αἰ. (5 d)
7. 18. καθέξουσιν αὐτὴν ἕως αἰῶνος τῶν αἰ. (5 d, 5 d)
12. 3. εἰς τοὺς αἰ. καὶ ἔτι (5 a)
— 7. ὤμοσεν ἐν τῷ ζῶντι εἰς τὸν αἰ. (5 a)
I Ma. 2. 57. S βασιλείας εἰς αἰῶνα αἰῶνος [A β. αἰωνίας, S εἰς αἰῶνας]
3. 7. ἕως τοῦ αἰ. τὸ μνημόσυνον αὐτοῦ
4. 24. εἰς τὸν αἰ. τὸ ἔλεος αὐτοῦ
8. 23. καλῶς γένοιτο . . . εἰς τὸν αἰ.
10. 30. R καὶ εἰς τὸν αἰ. [A S ἅπαντα] χρόνον
14. 41. ἀρχιερέα εἰς τὸν αἰ. ἕως τοῦ ἀναστῆναι
II Ma. 14. 15. τὸν ἄχρι αἰῶνος συστήσαντα
— 36. διατήρησον εἰς αἰῶνα ἀμίαντον . . . οἶκον
III Ma. 5. 11. τοῦτο δ' ἀπ' αἰῶνος χρόνου κτίσμα καλόν
IV Ma. 9. 23. μή μου τὸν αἰ. λιποτακτήσητε
► 12. 12. αἱ εἰς ὅλον τὸν αἰ. οὐκ ἀνήσουσί σε
17. 18. τὸν μακάριον βιοῦσιν αἰ.
18. 24. ᾧ ἡ δόξα εἰς τοὺς αἰ. τῶν αἰ.

[**Aq.** Le. 24. 9 : III. Ki. 8. 13 (?) : Ps. 20 (21). 5 : 29 (30). 13 : 30 (31). 2 : 44 (45). 7, 18 : 48 (49). 9 : 65 (66). 7 : 88 (89). 2 : 118 (119). 98 : Is. 9. 7 (6). : 26. 4, 4 : 32. 17 : 57. 11 : 63. 16 : 65. 18 : Ez. 37. 25.]
[**Sm.** Le. 24. 9 : Jb. 20. 4 : Ps. 29 (30). 13 : 30 (31). 2 : 36 (37). 27 : 40 (41). 13 : 44 (45). 18 : 48 (49). 9, 12 : 54 (55). 23 : 60 (61). 5 : 76 (77). 6 : 77 (78). 69 : 80 (81). 16 : 88 (89). 2, 5 : 92 (93). 2 : 118 (119). 98 : 124 (125) 1 : Is. 9. 6 (5) : 28. 28 : 32. 17 : 40. 8 : 51. 9 : 61. 4 : 63. 19 : 64. 5 (4), 9 (8) : 65. 18.]
[**Th.** II Ki. 12. 10 : Ps. 20 (21). 5 : 43 (44). 9 : 44 (45). 7, 18 : 118 (119). 98 : Pr. 8. 23 : 29. 14 : Is. 32. 17 : 65. 18 : Je. 5. 15 : Ez. 27. 36 : 37. 25 : Da. 2. 4, 28 : 3. (90) : 7. 18, 18 : 12. 3.]
[**Quint.** Ps. 20 (21). 5 : 48 (49). 9.]
[**Al.** Ps. 144 (145). 1 : Pr. 29. 14 : Hb. 3. 6.]

αἰώνιος. (1) *a.* עוֹלָם *b.* עֲלָם *c.* עֹלָם

Ge. 9. 12. εἰς γενεὰς αἰ. (1 a)
— 16. διαθήκην αἰ. (1 a)
17. 7. εἰς διαθήκην αἰ. (1 a)
— 8. εἰς κατάσχεσιν αἰ. (1 a)
— 13, 19. εἰς διαθήκην αἰ. (1 a)
21. 33. θεὸς αἰ. (1 a)
48. 4. εἰς κατάσχεσιν αἰ. (1 a)
Ex. 3. 15. τοῦτό μού ἐστιν ὄνομα αἰ. (1 c)
12. 14. B νόμιμον αἰ. [A. om. ν. αἰ.] ἑορτάσετε αὐτήν (1 a)
— 17. νόμιμον αἰ. [A add. εἰς τὰς γενεὰς ὑμῶν] (1 a)
— 24. A νόμιμον αἰ. [B om.] ἕως αἰῶνος (1 a)
27. 21. νόμιμον αἰ. εἰς τὰς γενεὰς ὑμῶν (1 a)
28. 39 (43). νόμιμον αἰ. αὐτῷ καὶ τῷ σπέρματι αὐτοῦ (1 a)
29. 28. νόμιμον αἰ. παρὰ τῶν υἱῶν Ἰσρ. (1 a)
30. 21. νόμιμον αἰ. αὐτῷ [A² om.] καὶ ταῖς γενεαῖς (1 a)
31. 17. διαθήκη αἰ. ἐν ἐμοὶ καὶ τοῖς υἱοῖς Ἰσραήλ (1 a)
— 17. σημεῖόν ἐστιν ἐν ἐμοὶ [A om.] αἰώνιον (1 c)
Le. 6. 18 (11). νόμιμον αἰ. εἰς τὰς γενεὰς ὑμῶν (1 a)
— 22 (15). B νόμος αἰ. (1 a)
7. 24 (34). νόμιμον αἰ. παρὰ τῶν υἱῶν Ἰ. (1 a)
— 26 (36). νόμιμον αἰ. εἰς τὰς γενεὰς αὐτῶν (1 a)
10. 9. νόμιμον αἰ. εἰς τὰς γενεὰς ὑμῶν (1 a)
— 13. B νόμιμον αἰ. [AR om.] γάρ σοί ἐστι –
— 15. ἔσται σοι . . . νόμιμον αἰ. (1 a)
16. 29, 31, 34. νόμιμον αἰ. (1 a)
17. 7. νόμιμον αἰ. ἔσται ὑμῖν εἰς τὰς γενεὰς ὑμῶν (1 a)
23. 14, 21, 31, 41. νόμιμον αἰ. εἰς τὰς γενεὰς ὑμῶν (1 a)
24. 3. νόμιμον αἰ. εἰς τὰς γενεὰς ὑμῶν (1 a)
— 8. διαθήκην αἰ. (1 a)
— 9. νόμιμον αἰ. (1 a)
25. 34. κατάσχεσις αἰ. τοῦτο αὐτῶν ἐστίν (1 a)
Nu. 10. 8. ἔσται ὑμῖν νόμιμον αἰ. εἰς τὰς γενεὰς ὑμ. (1 a)
15. 15. νόμος αἰ. εἰς τὰς γενεὰς ὑμῶν (1 a)
18. 8, 11, 19. νόμιμον αἰ. (1 a)
— 19. διαθήκη ἁλὸς αἰωνίου ἐστίν (1 a)
— 23. νόμιμον αἰ. εἰς τὰς γενεὰς αὐτῶν (1 a)
19. 10, 21. νόμιμον αἰ. (1 a)
25. 13. διαθήκη ἱερατείας αἰωνία (1 a)
II Ki. 23. 5. διαθήκην γὰρ αἰώνιον ἔθετό μοι (1 a)
I Ch. 16. 17. ἔστησεν . . . τῷ Ἰσραὴλ διαθήκην αἰώνιον (1 a)
To. 1. 6. καθὼς γέγραπται . . . ἐν προστάγματι αἰ.
3. 6. εἰς τὸν αἰ. τόπον
Ju. 13. 20. ποιῆσαί σοι αὐτὰ ὁ θεὸς εἰς ὕψος αἰ.
Es. 4. 17. εἰς κληρονομίαν αἰώνιον
Jb. 3. 18. οἱ αἰ. [AS δι' αἰῶνος] οὐκ [A οὐκ ἔτι] ἤκουσαν †
10. 21. εἰς γῆν σκότους αἰωνίου †
21. 11. μένουσι δὲ ὡς [A ὥσπερ] πρόβατα αἰώνια †
22. 15. μὴ τρίβον αἰώνιον φυλάξεις (1 a)
33. 12. αἰώνιος γάρ ἐστιν ὁ ἐπάνω βροτῶν †
34. 17. ὄντα αἰώνιον δίκαιον [A εἶναι δ.] †
40. 23 (28). λήψῃ δὲ αὐτὸν δοῦλον αἰ. (1 a)
Ps. 23 (24). 7, 9. ἐπάρθητε πύλαι αἰώνιοι (1 a)
75 (76). 4. ἀπὸ ὀρέων αἰ. †
76 (77). 5. ἔτη αἰ. ἐμνήσθην (1 a)
77 (78). 66. ὄνειδος αἰ. ἔδωκεν αὐτοῖς (1 a)
104 (105). 10. εἰς διαθήκην αἰ. (1 a)
111 (112). 6. εἰς μνημόσυνον αἰ. ἔσται (1 a)
138 (139). 24. ὁδήγησόν με ἐν ὁδῷ αἰ. (1 a)
Pr. 22. 28. μὴ μέταιρε ὅρια αἰώνια (1 a)
23. 10. μὴ μεταθῇς ὅρια αἰώνια (1 a)
Wi. 8. 13. μνήμην αἰ. τοῖς μετ' ἐμὲ ἀπολείψω
10. 14. ἔδωκεν αὐτῷ δόξαν αἰώνιον
17. 2. φυγάδες τῆς αἰ. προνοίας ἔκειντο
Si. 2. 9. S² δόσις αἰ. μετὰ χαρᾶς
15. 6. ὄνομα αἰ. [AS αἰῶνος] κατακληρονομήσει
17. 12. A διαθήκην αἰώνιον [BS αἰῶνος] ἔστησε
30. 17. S² ἀνάπαυσις αἰ.

► = additional entry on page xxiv

Si. 45. 15. ἐγενήθη αὐτῷ εἰς διαθήκην αἰ. [S αἰῶνος]
Mi. 2. 9. ἐγγίσατε ὄρεσιν αἰωνίοις (1 *a*)
Jn. 2. 7. οἱ μοχλοὶ αὐτῆς κάτοχοι αἰώνιοι (1 *a*)
Hb. 3. 6. ἐτάκησαν βουνοὶ αἰώνιοι πορείας αἰωνίας [A αἰωνίους] αὐτοῦ (1 *a*, 1 *a*)
Is. 24. 5. διαθήκην αἰώνιον (1 *a*)
26. 4. ὁ θεὸς ὁ μέγας ὁ αἰ. (1 *a*)
33. 14. τίς ἀναγγελεῖ ὑμῖν τὸν τόπον τὸν αἰ. (1 *a*)
35. 10. εὐφροσύνη αἰ. ὑπὲρ κεφαλῆς αὐτῶν (1 *a*)
40. 28. θεὸς αἰ. ὁ θεός (1 *a*)
45. 17. σώζεται ὑπὸ κυρίου σωτηρίαν αἰ. (1 *a*)
51. 11. μετ' εὐφροσύνης καὶ ἀγαλλιάματος αἰ. (1 *a*)
54. 4. αἰσχύνην αἰ. ἐπιλήσῃ †
— 8. ἐν ἐλέει αἰ. ἐλεήσω [A ἠλέησά] σε (1 *a*)
55. 3. διαθήσομαι ὑμῖν διαθήκην αἰ. (1 *a*)
— 13. εἰς ὄνομα καὶ εἰς σημεῖον αἰ. (1 *a*)
56. 5. ὄνομα αἰ. δώσω αὐτοῖς [A *om.* δ. αὐ.] (1 *a*)
58. 12. οἰκοδομηθήσονταί σου αἱ ἔρημοι αἰ. (1 *a*)
— 12. ἔσται τὰ θεμέλιά σου αἰ. γενεῶν γενεαῖς †
60. 15. θήσω σε ἀγαλλίαμα αἰ. (1 *a*)
— 19. ἔσται σοι κύριος [S *add.* εἰς] φῶς αἰ. (1 *a*)
— 20. ἔσται γάρ σοι κύριος [S[1] κ. ὁ θ.] φῶς αἰ. (1 *a*)
61. 4. οἰκοδομήσουσιν ερήμους αἰ. (1 *a*)
— 4. S[1] καινιοῦσι πόλεις αἰωνίους [AB ἐρήμους] †
— 7. εὐφροσύνη αἰ. ὑπὲρ κεφαλῆς αὐτῶν (1 *a*)
— 8. διαθήκην αἰ. διαθήσομαι αὐτοῖς (1 *a*)
63. 10. ἐμνήσθη ἡμερῶν αἰ. (1 *a*)
— 12. ποιῆσαι ἑαυτῷ ὄνομα αἰ. (1 *a*)
65. 15. S[1] κληθήσεται ὄνομα αἰ. [A B καινόν] †
Je. 5. 22. ὅριον τῇ θαλάσσῃ πρόσταγμα αἰ. (1 *a*)
6. 16. ἐρωτήσατε τρίβους κυρίου αἰωνίους (1 *a*)
18. 15. σχοίνους αἰ. (1 *a*)
— 16. σύριγμα [A σύρρηγμα] αἰώνιον (1 *a*)
20. 17. ἡ μήτρα συλλήψεως αἰωνίας (1 *a*)
23. 40. ὀνειδισμὸν αἰ. καὶ ἀτιμίαν αἰ. (1 *a*, 1 *a*)
25. 9. εἰς συριγμὸν καὶ εἰς ὀνειδισμὸν αἰ. (1 *a*)
— 12. θήσομαι αὐτοὺς εἰς ἀφανισμὸν αἰ. (1 *a*)
27 (50). 5. διαθήκη γὰρ αἰ. οὐκ ἐπιλησθήσεται (1 *a*)
28 (51). 39. ὑπνώσωσιν ὕπνον αἰ. (1 *a*)
38 (31). 3. ἀγάπησιν αἰώνιον ἠγάπησά σε (1 *a*)
39 (32). 40. διαθήσομαι αὐτοῖς διαθήκην αἰ. (1 *a*)
Ba. 2. 35. στήσω αὐτοῖς διαθήκην αἰ.
4. 8. ἐπελάθεσθε τὸν τροφεύσαντα ὑμᾶς θεὸν αἰ.
— 10, 14. ἣν ἐπήγαγεν αὐτοῖς ὁ αἰ.
— 20. κεκράξομαι πρὸς τὸν αἰ. [A *add.* ὕψιστον]
— 22. ἤλπισα ἐπὶ τῷ αἰ. τὴν σωτηρίαν ὑμῶν
— 22. παρὰ τοῦ αἰ. σωτῆρος ὑμῶν
— 24. μετὰ δόξης . . . τοῦ αἰ.
— 29. ἐπάξει ὑμῖν τὴν αἰ. εὐφροσύνην
— 35. πῦρ γὰρ ἐπελεύσεται αὐτῇ παρὰ τοῦ αἰ.
5. 2. τῆς δόξης τοῦ αἰ. [A ἁγίου]
Ez. 16. 60. ἀναστήσω σοι διαθήκην αἰ. (1 *a*)
26. 20. κατοικιῶ σε εἰς βάθη τῆς γῆς ὡς ἔρημον αἰ. (1 *a*)
35. 5. ἀντὶ τοῦ γενέσθαι σε ἔχθραν αἰ. (1 *a*)
— 9. ἐρημίαν αἰ. θήσομαί σε (1 *a*)
36. 2. ἔρημα αἰ. εἰς κατάσχεσιν ἡμῖν (1 *a*)
37. 26. διαθήκη αἰ. ἔσται μετ' αὐτῶν (1 *a*)
46. 15. A πρόσταγμα αἰ. [B *om.*] διὰ παντὸς ποιήσετε (1 *a*)
Da. LXX. Su. 35. κύριε ὁ θεὸς ὁ αἰ.
3. 33 (100). ἡ βασιλεία αὐτοῦ βασιλεία αἰ. (1 *b*)
7. 14. ἐξουσία αἰ. ἥτις οὐ μὴ ἀρθῇ (1 *b*)
— 27. βασιλεῦσαι βασιλείαν αἰ. (1 *b*)
9. 24. καὶ δοθῆναι δικαιοσύνην αἰ. (1 *c*)
12. 2. ἀναστήσονται οἱ μὲν εἰς ζωὴν αἰ. (1 *a*)
— 2. εἰς διασπορὰν καὶ αἰσχύνην αἰ. (1 *a*)
Da. Th. Su. 42. ὁ θεὸς ὁ αἰ.
3. 33 (100). ἡ βασιλεία αὐτοῦ βασιλεία αἰ. (1 *b*)
4. 31 : 7. 14. ἡ ἐξουσία αὐτοῦ ἐξουσία αἰ. (1 *b*)
7. 27. ἡ βασιλεία αὐτοῦ βασιλεία αἰ. (1 *b*)
9. 24. τοῦ ἀγαγεῖν δικαιοσύνην αἰ. (1 *c*)
12. 2. οὗτοι εἰς ζωὴν αἰ. (1 *a*)
— 2. εἰς ὀνειδισμὸν καὶ εἰς αἰσχύνην αἰ. (1 *a*)
I Ma. 2. 51. δόξαν μεγάλην καὶ ὄνομα αἰ.
— 54. διαθήκην ἱερωσύνης αἰωνίας [A ἁγίας]
— 57. A θρόνον βασιλείας αἰ. [S β. εἰς αἰῶνας]
6. 44. περιποιῆσαι ἑαυτῷ ὄνομα αἰ.
13. 29. ἐποίησεν . . . εἰς ὄνομα αἰ.
II Ma. 1. 25. ὁ μόνος δίκαιος καὶ παντοκράτωρ καὶ αἰ.
7. 9. εἰς αἰ. ἀναβίωσιν ζωῆς
III Ma. 6. 12. αἰώνιε, νῦν ἔπιδε
7. 16. τῷ θεῷ τῶν πατέρων αὐτῶν αἰωνίῳ σωτῆρι
IV Ma. 9. 9. αἰώνιον βάσανον
10. 15. τὸν αἰ. τοῦ τυράννου ὄλεθρον
IV Ma. 12. 12. πυκνοτέρῳ καὶ αἰ. πυρί
● 13. 15. ἐν αἰωνίῳ βασάνῳ κείμενος
15. 3. τὴν σώζουσαν εἰς αἰ. ζωὴν κατὰ θεόν

[**Aq.** Ex. 28. 43 : Le. 23. 41 : Ps. 23 (24). 7 : Pr. 10. 25 : Is. 55. 3 : 56. 5 : Je. 10. 10 : 20. 17 : 49. 30 (29. 14) : 51 (28). 57 : Ez. 46. 14.]
[**Sm.** Le. 23. 41 : Dt. 33. 27 : Ps. 23 (24). 7 : 44 (45). 7 : 45 (46). 1 : 110 (111). 5 : Pr. 10. 25 : Ec. 1. 4 : Is. 56. 5 : Je. 6. 16 : 18. 16 : 20. 17 : 49. 30 (29. 14) : 50 (27). 5 : Ez. 25. 15 : Ze. 3. 8.]
[**Th.** Le. 23. 41 : 24. 9 : Jb. 22. 15 : Pr. 10. 25 : Is. 56. 5 : Je. 10. 10 : 51 (28). 57 : Ez. 46. 14 : Da. 9. 24.]
[**Al.** I Ch. 15. 20 : Ps. 11 (12). 8 : Je. 10. 10.]

αἰωνίως.

[**Sm.** Ge. 6. 4 (3) : Ps. 60 (61). 8 : 88 (89). 38 : 148 (149). 6 : Am. 1. 11.]

ἀκαθαίρετος.

[**Sm.** Ps. 150. 1.]

ἀκαθαρσία. (1) *a.* טָמֵא adj. *b.* טָמֵא qal. *c.* pi. *d.* טֻמְאָה *e.* טָמְאָה (2) *a.* נָבֵל pi. *b.* נַבְלוּת (3) נִדָּה (4) עָרְלָה (5) תּוֹעֵבָה

Le. 5. 3. ἧ ἅψηται ἀπὸ ἀκαθαρσίας ἀνθρώπου ἀπὸ πάσης ἀ. αὐτοῦ (1 *d*, 1 *d*)
7. 10 (20). ἡ ἀ. αὐτοῦ ἐπ' αὐτοῦ [R -ῷ] (1 *d*)
— 11 (21). ἧ ἀπὸ ἀκαθαρσίας ἀνθρώπου (1 *d*)
15. 3. οὗτος ὁ νόμος τῆς ἀ. αὐτοῦ –
— 3. αὕτη ἡ ἀ. αὐτοῦ ἐν αὐτῷ (1 *d*)
— 3. ἀ. αὐτοῦ ἐστί (1 *d*)
— 24. καὶ γένηται ἡ ἀ. αὐτῆς ἐπ' αὐτῷ (3)
— 25. πᾶσαι αἱ ἡμέραι ῥύσεως ἀκαθαρσίας αὐτῆς (1 *d*)
— 26. κατὰ τὴν ἀ. τῆς ἀφέδρου (1 *d*)
— 30. ἐξιλάσεται . . . ἀπὸ ῥύσεως ἀκαθαρσίας αὐτῆς (1 *d*)
— 31. ἀπὸ τῶν ἀ. αὐτῶν καὶ οὐκ ἀποθανοῦνται διὰ τὴν ἀ. αὐτῶν [A *om.*] (1 *d*, 1 *d*)
16. 16. ἀπὸ τῶν ἀ. τῶν υἱῶν 'I. (1 *d*)
— 16. ἐν μέσῳ τῆς ἀ. αὐτῶν (1 *d*)
— 19. ἀπὸ τῶν ἀ. τῶν [A *om.*] υἱῶν 'I. (1 *d*)
18. 19. ἐν χωρισμῷ ἀκαθαρσίας αὐτῆς (1 *d*)
19. 23. περικαθαριεῖτε τὴν ἀ. αὐτοῦ (4)
20. 21. ὃς ἐὰν λάβῃ . . . ἀ. ἐστίν (3)
— 25. ἃ ἐγὼ ἀφώρισα ὑμῖν ἐν ἀκαθαρσίᾳ (1 *b*)
22. 3. ἡ ἀ. αὐτοῦ ἐπ' αὐτῷ ᾖ [A *om.*] (1 *d*)
— 4. ὁ ἁπτόμενος πάσης ἀ. ψυχῆς (1 *a*)
— 5. ἐν ᾧ μιανεῖ αὐτὸν κατὰ πᾶσαν ἀ. αὐτοῦ (1 *d*)
Nu. 19. 13. ἔτι ἡ ἀ. αὐτοῦ ἐν αὐτῷ ἐστί (1 *d*)
Jd. 13. 7. A καὶ μὴ φάγῃς πᾶσαν ἀ. [B πᾶν ἀκάθαρτον] (1 *d*)
II Ki. 11. 4. ἁγιαζομένη ἀπὸ ἀκαθαρσίας αὐτῆς (1 *d*)
II Ch. 29. 5. ἐκβάλετε τὴν ἀ. ἐκ τῶν ἁγίων (3)
— 16. πᾶσαν τὴν ἀ. τὴν εὑρεθεῖσαν (1 *d*)
I Es. 1. 42. περὶ αὐτοῦ καὶ τῆς ἀ. αὐτοῦ καὶ δυσσ.
— 49. ὑπὲρ πάσας τὰς ἀ. πάντων τῶν ἐθνῶν
8. 69. οὐκ ἐχώρισαν . . . τὰς [B *om.*] ἀ. αὐτῶν [A *om.*]
— 83. καὶ τῆς ἀ. αὐτῶν ἐνέπλησαν αὐτήν
— 87. ἐπιμιγῆναι τῇ ἀ. τῶν ἐθνῶν τῆς γῆς
II Es. 6. 21. AR ὁ χωριζόμενος τῆς ἀ. [B εἰς ἀ.] ἐθνῶν τῆς γῆς (1 *d*)
9. 11. ὧν ἔπλησαν αὐτὴν . . . ἐν ἀκαθαρσίαις αὐτῶν (1 *d*)
To. 3. 14. S[1] ἀπὸ πάσης ἀ. [A B ἁμαρτίας] ἀνδρός
Pr. 6. 16. συντρίβεται δὲ δι' ἀκαθαρσίαν ψυχῆς (5)
24. 9. ἀκαθαρσία δὲ ἀνδρὶ λοιμῷ ἐμμολυνθήσ. (5)
Wi. 2. 16. ἀπέχ. τῶν ὁδῶν ἡμῶν ὡς ἀπὸ ἀκαθαρσιῶν
Ho. 2. 10 (12). καὶ νῦν ἀποκαλύψω τὴν ἀ. αὐτῆς (2 *b*)
Mi. 2. 10. οὐκ ἔστι σοι αὕτη ἀνάπαυσις ἕνεκεν ἀ. (1 *e*)
Na. 3. 6. βδελυγμὸν κατὰ τὰς ἀ. [S[1] ἁμαρτίας] (2 *a*)
Je. 19. 13. B ἀπὸ τῶν ἀ. αὐτῶν [A S *om.*] (1 *a*)
39 (32). 34. ἐν ἀκαθαρσίαις αὐτῶν (1 *c*)
La. 1. 9. ἀ. αὐτῆς πρὸς ποδῶν αὐτῆς (1 *d*)
Ez. 4. 14. οὐ μεμίανται ἐν ἀκαθαρσίᾳ –
7. 20. δέδωκα αὐτὰ αὐτοῖς εἰς ἀκαθαρσίαν (3)
9. 9. ἐπλήσθη ἀδικίας καὶ ἀκαθαρσίας –
22. 10. ἐν ἀκαθαρσίαις ἀποκαθημένην [A -ης] (1 *a*)
— 15. ἐκλείψει ἡ ἀ. σου ἐκ σοῦ (1 *d*)
24. 11. τακῇ ἐν μέσῳ ἀκαθαρσίας [A αὐτῆς ἡ ἀ.] αὐτῆς (1 *d*)
— 13. A ἐν τῇ ἀ. σου ζέμμα (1 *d*)
— 13. A οὐκ ἐκαθαρίσθης ἀπὸ ἀκαθαρσίας σου (1 *d*)
Ez. 36. 17. A ἐν ταῖς ἀ. αὐτῶν [B *om.* ἐν τ. ἀ.] ἐμίαναν αὐτήν –
— 17. ἐν [B *om.*] ταῖς ἀ. αὐτῶν, καὶ κατὰ τὴν ἀ. τῆς ἀποκαθημένης [A ἀφέδρου] (–, 1 *d*)
— 25. καθαρισθήσεσθε ἀπὸ πασῶν τῶν ἀ. ὑμῶν (1 *d*)
— 29. σώσω ὑμᾶς ἐκ πασῶν τῶν ἀ. ὑμῶν (1 *d*)
39. 24. κατὰ τὰς ἀ. αὐτῶν (1 *d*)
I Ma. 13. 48. ἐξέβαλεν ἐξ αὐτῆς πᾶσαν ἀ.
14. 7. ἐξῆρε τὰς ἀ. ἐξ αὐτῆς
III Ma. 2. 17. μὴ ἐκδικήσῃς ἡμᾶς ἐν τῇ τούτων ἀ.

[**Aq.** Ez. 24. 13 *bis.*]
[**Sm.** Ez. 24. 13.]
[**Th.** Ez. 7. 19 : 24. 13.]

ἀκαθαρτίζειν.

[**Al.** Le. 14. 36.]

ἀκάθαρτος. (1) אָלַח ni. (2) *a.* טָהֵר *b.* טְהָרָה (3) טָמֵא *a.* qal. *b.* ni. *c.* adj. *d.* טֻמְאָה (4) תּוֹעֵבָה

Le. 5. 2. ἥτις ἐὰν ἅψηται παντὸς πράγματος ἀ. (3 *c*)
— 2. ἢ θηριαλώτου ἀ. (3 *c*)
— 2. βδελυγμάτων τῶν ἀ. (3 *c*)
— 2. ἢ τῶν θνησιμαίων κτηνῶν τῶν ἀ. (3 *c*)
7. 9 (19). κρέα ὅσα ἐὰν ἅψηται παντὸς ἀ. (3 *c*)
— 11 (21). ψυχὴ ἢ ἂν ἅψηται παντὸς πράγματος ἀ. (3 *c*)
— 11 (21). ἢ τῶν τετραπόδων τῶν ἀ. ἢ παντὸς βδελύγματος ἀ. (3 *c*, 3 *c*)
10. 10. ἀνὰ μέσον τῶν ἀ. καὶ τῶν καθαρῶν (3 *c*)
11. 4, 5, 6, 7. ἀκάθαρτον τοῦτο ὑμῖν (3 *c*)
— 8. ἀ. ταῦτα ὑμῖν (3 *c*)
— 24. ἀκάθαρτος ἔσται [B[1] *om.*] ἕως ἑσπ. (3 *a*)
— 25. ἀκάθαρτος ἔσται ἕως ἑσπ. (3 *a*)
— 26. ἀκάθαρτα ἔσονται ὑμῖν (3 *c*)
— 26. ἀκάθαρτος ἔσται ἕως ἑσπ. (3 *a*)
— 27. A B[2] ἀκάθαρτα ἔσται [R ἐστιν] ὑμῖν (3 *c*)
— 27, 28. ἀ. ἔσται ἕως ἑσπέρας (3 *a*)
— 28. ἀκάθαρτα ταῦτά ἐστιν ὑμῖν (3 *c*)
— 29. ταῦτα ὑμῖν ἀ. ἀπὸ τῶν ἑρπετῶν (3 *c*)
— 31. ταῦτα ἀ. [A *add.* ἐστιν] ὑμῖν (3 *c*)
— 31. ἀ. ἔσται ἕως ἑσπέρας (3 *a*)
— 32. πᾶν ἐφ' ὃ ἂν ἐπιπέσῃ ἀπ' αὐτῶν . . . ἀ. ἔσται (3 *a*)
— 32. ἀκάθαρτον ἔσται ἕως ἑσπέρας (3 *a*)
— 33. ὅσα ἐὰν ἔνδον ᾖ ἀκάθαρτα ἔσται (3 *a*)
— 34. πᾶν βρῶμα . . . ἀ. ἔσται (3 *a*)
— 34. πᾶν ποτὸν . . . ἀ. ἔσται (3 *a*)
— 35. πᾶν ὃ ἐὰν πέσῃ . . . ἀ. ἔσται (3 *a*)
— 35. ἀ. ταῦτά ἐστι καὶ ἀ. ταῦτα ὑμῖν ἔσονται (3 *c*, 3 *c*)
— 36. ὁ δὲ ἁπτόμενος τῶν θνησιμαίων . . . ἀ. ἔσται (3 *a*)
— 38. ἀκάθαρτόν ἐστιν ὑμῖν (3 *c*)
— 39, 40 *bis.* ἀ. ἔσται ἕως ἑσπέρας (3 *a*)
— 43. οὐκ ἀκάθαρτοι ἔσεσθε ἐν αὐτοῖς (3 *b*)
— 47. ἀνὰ μέσον τῶν ἀ. καὶ ἀνὰ μέσον τῶν καθ. (3 *c*)
12. 2. ἀ. ἔσται ἑπτὰ ἡμέρας· κατὰ τὰς ἡμέρας τοῦ χωρισμοῦ τῆς ἀφέδρου αὐτῆς ἀ. ἔσται (3 *a*, 3 *a*)
— 4. καθήσεται ἐν αἵματι [A ἱματίῳ] ἀ. αὐτῆς (2 *b*)
— 5. ἀ. ἔσται δὶς ἑπτὰ ἡμέρας (3 *a*)
— 5. καθεσθήσεται ἐν αἵματι ἀ. αὐτῆς (2 *b*)
13. 11. ἀφοριεῖ αὐτὸν ὅτι ἀ. ἐστιν (3 *c*)
— 15. μιανεῖ αὐτὸν . . . ὅτι ἀ. ἐστιν (3 *c*)
— 36. οὐκ ἐπισκέψεται ὁ ἱερεὺς . . . ὅτι ἀ. ἐστιν (3 *c*)
— 45. καὶ ἀ. κεκλήσεται (3 *c*)
— 46. ἀ. ὢν ἀ. ἔσται [A ἐστιν] (3 *a*, 3 *c*)
— 51. λέπρα ἔμμονός ἐστιν ἡ ἁφή, ἀ. ἐστι (3 *c*)
— 55. ἀκάθαρτόν ἐστιν, ἐν πυρὶ κατακαυθήσεται (3 *c*)
14. 19. A B τοῦ ἀ. [R *om.*] τοῦ καθαριζομένου –
— 36. οὐ μὴ ἀ. γένηται ὅσα ἐὰν ᾖ ἐν τῇ οἰκίᾳ (3 *a*)
— 40. ἐκβαλοῦσιν αὐτοὺς . . . εἰς τόπον ἀ. (3 *c*)
— 41. ἐκχεοῦσι τὸν χοῦν . . . εἰς τόπον ἀ. (3 *c*)
— 44. λέπρα ἔμμονός ἐστιν ἐν τῇ οἰκίᾳ, ἀ. ἐστι (3 *c*)
— 45. πάντα τὸν χοῦν ἐξοίσουσιν . . . εἰς τόπον ἀ. (3 *c*)
— 46. ἀ. ἔσται ἕως ἑσπέρας (3 *a*)
— 47 *bis.* ἀ. ἔσται ἕως ἑσπέρας –

● = correction on page xxiv

Le. 14. 57. καὶ τοῦ ἐξηγήσασθαι ᾗ ἡμέρᾳ ἀ. (3 c)
15. 2. ἡ ῥύσις αὐτοῦ [A om. ἡ ῥ. αὐ.] ἀ. ἐστι [A ἔσται] (3 c)
— 4. πᾶσα κοίτη . . . ἀ. ἐστι (3 a)
— 4. πᾶν σκεῦος . . . ἀ. ἐστι (3 a)
— 5, 6, 7, 8. ἀ. ἔσται ἕως ἑσπέρας (3 a)
— 9. ἀκάθαρτον ἔσται ἕως ἑσπέρας (3 a)
— 10 *bis*, 11, 16. ἀ. ἔσται ἕως ἑσπέρας (3 a)
— 17. ἀκάθαρτον ἔσται ἕως ἑσπέρας (3 a)
— 18. ἀκάθαρτοι ἔσονται ἕως ἑσπέρας (3 a)
— 19. ἀ. ἔσται ἕως ἑσπέρας (3 a)
— 20 *bis*. πᾶν . . . ἀ. ἔσται (3 a)
— 21, 22, 23. ἀ. ἔσται ἕως ἑσπέρας (3 a)
— 24. ἀ. ἔσται ἑπτὰ ἡμέρας (3 a)
— 24. πᾶσα κοίτη . . . ἀ. ἔσται (3 a)
— 25. γυνὴ . . . ἔσται ἀ. (3 c)
— 26. πᾶν σκεῦος . . . ἀκάθαρτον ἔσται (3 c)
— 27. πᾶς ὁ ἁπτόμενος αὐτῆς ἀ. ἔσται (3 a)
— 27. ἀ. ἔσται ἕως ἑσπέρας (3 a)
17. 15. ἀ. ἔσται [B¹ om.] ἕως ἑσπέρας (3 a)
20. 25. ἀνὰ μέσον τῶν κτηνῶν τῶν ἀ. (3 c)
— 25. ἀνὰ μέσον τῶν πετεινῶν . . . τῶν ἀ. (3 c)
22. 5. ὅστις ἂν ἅψηται παντὸς ἑρπετοῦ ἀ. (3 a)
— 6. ἀ. ἔσται ἕως ἑσπέρας (3 a)
27. 11. ἐὰν δὲ πᾶν κτῆνος ἀ. (3 c)
— 27. τῶν τετραπόδων τῶν ἀ. (3 c)
Nu. 5. 2. ἐξαποστειλάτωσαν . . . πάντα ἀ. ἐπὶ ψυχῇ (3 c)
9. 6. οἱ ἄνδρες οἳ ἦσαν ἀ. ἐπὶ ψυχῇ ἀνθρώπου (3 c)
— 7. ἡμεῖς ἀκάθαρτοι ἐπὶ ψυχῇ ἀνθρώπου (3 c)
— 10. ἄνθρωπος ὃς ἐὰν γένηται ἀ. ἐπὶ ψυχῇ ἀνθρώπου (3 c)
18. 15. τὰ πρωτότοκα τῶν κτηνῶν τῶν ἀ. λυτρώσῃ (3 c)
19. 7. ἀ. ἔσται ὁ ἱερεὺς ἕως ἑσπέρας (3 a)
— 8, 10. ἀ. ἔσται ἕως ἑσπέρας (3 a)
— 11. ἀ. ἔσται ἑπτὰ ἡμέρας [A² *add.* ἕως ἑσπέρας] (3 a)
— 13. ἀ. ἐστιν (3 c)
— 14. ὅσα ἐστὶν ἐν τῇ οἰκίᾳ ἀ. ἔσται ἑπτὰ ἡμέρας (3 a)
— 15. ὅσα οὐκ ἔχει [B² R οὐχὶ] δεσμὸν . . . ἀ. ἐστι (3 c)
— 16. ἑπτὰ ἡμέρας ἀ. ἔσται (3 a)
— 17. λήψονται τῷ ἀ. ἀπὸ τῆς σποδιᾶς (3 c)
— 19. περιρρανεῖ ὁ καθαρὸς ἐπὶ τὸν ἀ. (3 c)
— 19. ἀ. ἔσται ἕως ἑσπέρας (2 a)
— 20. ἀ. ἐστι (3 c)
— 21. ἀ. ἔσται ἕως ἑσπέρας (3 a)
— 22. παντὸς οὗ ἐὰν ἅψηται ὁ ἀ. ἀκάθαρτον ἔσται (3 c, 3 a)
— 22. ἀ. ἔσται ἕως ἑσπέρας (3 a)
De. 12. 15. ὁ ἀ. ἐν σοὶ καὶ ὁ καθαρὸς ἐπὶ τὸ αὐτὸ φάγεται (3 c)
— 22. ὁ ἀ. ἐν σοὶ καὶ ὁ καθαρὸς ὡσαύτως ἔδεται (3 c)
14. 7. ἀκάθαρτα ταῦτα [A om.] ὑμῖν ἐστί (3 c)
— 8. ἀκάθαρτον τοῦτο ὑμῖν (3 c)
— 10. ἀκάθαρτα ὑμῖν ἐστί [A ἀ. ταῦτα ἔσται ὑμῖν] (3 c)
— 19. τὰ ἑρπετὰ τῶν πετεινῶν ἀ. [A *add.* ταῦτά] ἐστιν ὑμῖν (3 c)
15. 22. ὁ ἀ. ἐν σοὶ καὶ ὁ καθαρὸς ὡσαύτως ἔδεται [A φάγεται] (3 c)
26. 14. οὐκ ἐκάρπωσα ἀπ' αὐτῶν εἰς ἀκάθαρτον [B¹ *aliter*] (3 c)
Jd. 13. 4. καὶ μὴ φάγῃς πᾶν ἀ. (3 c)
— 7. καὶ μὴ φάγῃς πᾶν ἀ. [A πᾶσαν ἀκαθαρσίαν] (3 d)
— 14. καὶ πᾶν ἀ. μὴ φαγέτω (3 d)
II Ch. 23. 19. οὐκ εἰσελεύσεται ἀ. εἰς πᾶν πρᾶγμα (3 c)
Jb. 15. 16. ἔα δὲ ἐβδελυγμένος καὶ ἀ. ἀνήρ (1)
Pr. 3. 32. ἀκάθαρτος γὰρ ἔναντι κ. πᾶς παράνομος (4)
16. 5. ἀκάθαρτος παρὰ θεῷ πᾶς ὑψηλοκάρδιος (4)
17. 15. ὃς δίκαιον κρίνει τὸν ἄδικον . . . ἀκάθαρτος (4)
20. 10. ἀκάθαρτα ἐνώπιον κυρίου (4)
21. 15. ὅσιος δὲ ἀκάθαρτος παρὰ κακούργοις †
Ec. 9. 2. καὶ τῷ καθαρῷ καὶ τῷ ἀ. (3 c)
Si. 31 (34). 4. ἀπὸ ἀκαθάρτου τί καθαρισθήσεται
40. 15. ῥίζαι ἀκάθαρτοι ἐπ' ἀκροτόμου πέτρας
51. 5. ἀπὸ γλώσσης ἀ. καὶ λόγου ψευδοῦς
Ho. 8. 13 : 9. 3. ἐν 'Ασσ. ἀκάθαρτα φάγονται (–, 3 c)
Am. 7. 17. ἐν γῇ ἀκαθάρτῳ τελευτήσεις (3 c)
Hg. 2. 14 (13). μεμιασμένος ἀκάθαρτος ἐπὶ ψυχῇ (3 c?)
Za. 13. 2. τοὺς ψευδοπρ. καὶ τὸ πνεῦμα τὸ ἀ. ἐξαρῶ (3 d)
Is. 6. 5 *bis*. ἀκάθαρτα χείλη (3 c)
35. 8. οὐ μὴ παρέλθῃ ἐκεῖ ἀ. οὐδὲ ἔσται ἐκεῖ ὁδὸς ἀ. (3 c, –)
52. 1. ἀπερίτμητος καὶ ἀ. (3 c)
— 11. ἀκαθάρτου μὴ ἅψησθε (3 c)
64. 6 (5). ἐγενήθημεν ὡς ἀκάθαρτοι πάντες ἡμεῖς (3 c)
La. 4. 15. ἀπόστητε [A *add.* ἀπὸ] ἀκαθάρτων (3 c)
Ez. 4. 13. φάγονται οἱ υἱοὶ τοῦ Ἰσραὴλ ἀκάθαρτα (3 c)
22. 5. ἐμπαίξονται ἐν σοὶ ἀκάθαρτος (3 c)
— 26. ἀνὰ μέσον ἀκαθάρτου καὶ τοῦ καθαροῦ (3 c)
24. 14. A R κρινῶ σε, ἡ [B om.] ἀ. –
44. 23. ἀνὰ μέσον ἀκαθάρτου καὶ καθαροῦ (3 c)
I Ma. 1. 48. βδελύξαι τὰς ψυχὰς . . . ἐν παντὶ [S πνεύματι] ἀ.
4. 43. ἦραν τοὺς λίθους τοῦ μιασμοῦ εἰς τόπον ἀ.
[Aq. Je. 6. 10 : Ez. 4. 13.]
[Sm. Is. 6. 5 *bis* : Je. 6. 10 : Ez. 4. 13 : Hos. 4. 14.]
[Th. Ez. 4. 13.]
[Al. Le. 5. 2 *bis* : 21. 7 (?) : 26. 41.]

ἀκάθεκτος.
Jb. 31. 11. A θυμὸς γὰρ ὀργῆς ἀκάθεκτος [B S ἀκατάσχετος] †

ἀκαίριος.
II Ma. 6. 25. A διὰ τὸ μικρὸν καὶ ἀκαίριον [R ἀκαριαῖον] ζῆν

ἄκαιρος.
Si. 20. 19. μῦθος ἄ.
22. 6. μουσικὰ ἐν πένθει ἄκαιρος διήγησις

ἀκαίρως.
Si. 35 (32). 4. καὶ ἀ. μὴ σοφίζου

ἀκακία. (1) *a.* תֹּם *b.* תֹם *c.* תֻּמָּה *d.* תָּמִים
Jb. 2. 3. ἔτι δὲ ἔχεται ἀκακίας (1 c)
27. 5. οὐ γὰρ ἀπαλλάξω μου τὴν ἀ. [S κακίαν] (1 c)
31. 6. οἶδε δὲ ὁ κύριος τὴν ἀ. μου (1 c)
36. 10. S¹ ἐπιστραφήσονται ἀκακίας [A B S² ἐξ ἀδικίας] †
Ps. 7. 8. κατὰ τὴν ἀ. μου (1 b)
25 (26). 1, 11. ἐν ἀ. μου ἐπορεύθην (1 b)
36 (37). 37. φύλασσε ἀκακίαν (1 a)
40 (41). 12. ἐμοῦ δὲ διὰ τὴν ἀ. ἀντελάβου (1 b)
77 (78). 72. ἐν τῇ ἀ. τῆς καρδίας αὐτοῦ (1 b)
83 (84). 11. τοὺς πορευομένους ἐν ἀκακίᾳ (1 d)
100 (101). 2. ἐν ἀκακίᾳ καρδίας μου (1 b)
[Sm. Jb. 39. 35 (40. 5) (?).]

ἄκακος. (1) אַלּוּף (2) פֶּתִי (3) *a.* תָּם *b.* תֹּם *c.* תָּמִים
Jb. 2. 3. ἄνθρωπος ἄ., ἀληθινὸς ἄμεμπτος [A ὅμοιος αὐτῷ, ἄμεμπτος, δίκαιος, ἀλ.] (3 a)
8. 20. οὐ μὴ ἀποποιήσηται τὸν ἄ. (3 a)
36. 5. ὁ κύριος οὐ μὴ ἀποποιήσηται τὸν ἄ. –
Ps. 24 (25). 21. ἄκακοι καὶ εὐθεῖς ἐκολλῶντό μοι (3 b)
Pr. 1. 4. ἵνα δῷ ἀκάκοις πανουργίαν (2)
— 22. ἄκακοι ἔχωνται τῆς δικαιοσύνης (2)
2. 21. A S² ἄκακοι [B S¹ ὅσιοι] δὲ ὑπολειφθήσονται (3 c)
8. 5. νοήσατε ἄκακοι πανουργίαν (2)
13. 7. A δικαιοσύνη φυλάσσει ἀκάκους ὁδῷ (3 b)
14. 15. ἄκακος πιστεύει παντὶ λόγῳ (2)
15. 10. παιδεία ἀκάκου γνωρίζεται †
— 23. S² οὐ μὴ ὑπακούσει ὁ ἄ. [A B S¹ κακός] †
21. 11. πανουργότερος γίνεται ὁ ἄ. [B¹ κακός] (2)
Wi. 4. 12. μεταλλεύει νοῦν ἄ.
Je. 11. 19. ὡς ἀρνίον ἄ. ἀγόμενον τοῦ θύεσθαι (1)
[Al. Pr. 10. 17, 29.]

ἀκάλυπτος. (1) פָּרֻעַ
Le. 13. 45. ἡ κεφαλὴ αὐτοῦ ἀ. [A ἀκατακάλυπτος] (1)
To. 2. 10. τὸ πρόσωπόν μου ἀ. ἦν [S *al.*]
Ep. Je. 31. ὧν αἱ κεφαλαὶ ἀκάλυπτοι εἰσιν

ἀκαλύπτως.
III Ma. 4. 6. ἀ. δὲ ἀγόμεναι

ἀκαμπής.
[Sm. Th. Jb. 27. 13.]

ἄκαν, cf. ἄκανος, ἀκχούχ. (1) חוֹחַ
IV Ki. 14. 9. ὁ ἄ. ὁ ἐν τῷ Λιβάνῳ (1)
— 9. καὶ συνεπάτησαν τὴν [B τὸν] ἄκανα [A -αν] (1)
[Aq. Jb. 31. 40 : Ca. 2. 2 : Is. 34. 13.]
[Sm. Ca. 2. 2 : Is. 34. 13.]
[Th. Is. 34. 13.]

ἄκανθα. (1) בְּאֻשִׁים (2) חֵדֶק (3) חוֹחַ (4) סִיר (5) קוֹץ (6) שַׁיִת
Ge. 3. 18. ἀκάνθας καὶ τριβόλους ἀνατελεῖ σοι (5)
Ex. 22. 6 (5). ἐὰν δὲ ἐξελθὸν πῦρ εὕρῃ ἀκάνθας (5)
Jd. 8. 7, 16. ἐν ταῖς ἀ. τῆς ἐρήμου (5)
II Ki. 23. 6. ὥσπερ ἄ. ἐξωσμένη πάντες οὗτοι (5)
Ps. 31 (32). 4. ἐν τῷ ἐμπαγῆναι [A παγῆναί μοι] ἄκανθαν †
57 (58). 9. πρὸ τοῦ συνιέναι [B¹ S συνεῖναι] τὰς ἀ. ὑμῶν (4)
117 (118). 12. ἐξεκαύθησαν ὡς πῦρ ἐν ἀκάνθαις (5)
Pr. 15. 19. ὁδοὶ ἀεργῶν ἐστρωμέναι ἀκάνθαις (2)
26. 9. ἄκανθαι φύονται ἐν χειρὶ μεθύσου (3)
Ec. 7. 7 (6). ὡς φωνὴ ἀκανθῶν [A S τῶν ἀ.] ὑπὸ τὸν λέβητα (4)
Ca. 2. 2. ὡς κρίνον ἐν μέσῳ ἀκανθῶν (3)
Si. 28. 24. περίφ. τὸ κτῆμά [S στόμα] σου ἀκάνθαις
Ho. 9. 6. ἄκανθαι ἐν τοῖς σκηνώμασιν αὐτῶν (3)
10. 8. ἄκανθαι καὶ τρίβολοι ἀναβήσονται (5)
Is. 5. 2. ἐποίησεν ἀκάνθας (1)
— 4. ἐποίησε δὲ ἀκάνθας (1)
— 6. ἀναβήσονται . . . ὡς εἰς χέρσον ἄκανθαι (6)
7. 23. εἰς χέρσον ἔσονται καὶ εἰς ἄκανθαν (6)
— 24. χέρσος καὶ ἄ. ἔσται πᾶσα ἡ γῆ (6)
— 25. ἀπὸ τῆς χέρσου καὶ ἀκάνθης εἰς βόσκημα (6)
32. 13. ἄ. καὶ χόρτος ἀναβήσεται (5)
33. 12. ἔθνη κατακεκαυμένα ὡς ἄ. (5)
34. 13. A ἀναφύσει . . . ἄ. [B S ἀκάνθινα ξύλα] (4)
Je. 4. 3. μὴ σπείρητε ἐπ' ἀκάνθαις (5)
12. 13. σπείρατε πυροὺς καὶ ἀκάνθας θερίζετε (5)
Ez. 28. 24. σκόλοψ πικρίας καὶ ἄκανθα ὀδύνης (5)
[Aq. Ps. 117 (118). 12 : Is. 34. 13 : Hos. 2. 6 (8).]
[Sm. Ps. 57 (58). 10 : 117 (118). 12 : Pr. 15. 19 : Is. 34. 13.]
[Th. Ju. 8. 16 : Jb. 31. 40 : Is. 5. 2 : 34. 13 : 41. 19 : Ho. 2. 6 (8).]

ἀκάνθινος. (1) סִיר
Is. 34. 13. B S ἀκάνθινα ξύλα [A ἄκανθα] (1)
[Sm. Ex. 25. 22 (23) : 35. 7.]

ἄκανος, cf. ἄκαν.
[Sm. Jb. 31. 40.]

ἄκαπνος.
[Sm. Is. 41. 19.]

ἀκάρδιος. (1) *a.* לֵב־אַיִן *b.* אֵין לֵב *c.* חֲסַר־לֵב
Pr. 10. 13. ῥάβδῳ τύπτει ἄνδρα ἀ. (1 c)
17. 16. κτήσασθαι γὰρ σοφίαν [A -ας] ἀκάρδιος οὐ δυνήσεται (1 a)
Si. 6. 20. οὐκ ἐμμενεῖ ἐν αὐτῇ ἀκάρδιος
Je. 5. 21. λαὸς μωρὸς καὶ ἀ. (1 b)

ἀκαριαῖος.
II Ma. 6. 25. R διὰ τὸ μικρὸν καὶ ἀκαριαῖον [A ἀκαίριον] ζῆν

ἀκαρπία.
Pr. 9. 12. συνάγει δὲ χερσὶν ἀκαρπίαν –

ἄκαρπος. (1) צַלְמָוֶת
Wi. 15. 4. σκιαγράφων πόνος ἄκαρπος
Je. 2. 6. ἐν γῇ ἀνύδρῳ καὶ ἀκάρπῳ (1)
IV Ma. 16. 7. ἄκαρποι τιθηνίαι
[Aq. Jb. 15. 34.]
[Sm. Jb. 15. 34 : Is. 41. 19 : Je. 17. 6 : Ho. 3. 1.]

ἀκατάγνωστος.
II Ma. 4. 47. ἀπελύθησαν ἂν [A om.] ἀκατάγνωστοι

ἀκατακάλυπτος. (1) פָּרֻעַ
Le. 13. 45. A ἡ κεφαλὴ αὐτοῦ ἀ. [B ἀκάλυπτος] (1)

ἀκατάλυτος.
IV Ma. 10. 11. ἀκαταλύτους καρτερήσεις βασάνους

ἀκαταμάχητος.
Wi. 5. 19. λήψεται ἀσπίδα ἀκαταμάχητον ὁσιότητα
[**Sm.** Ca. 8. 6: Ez. 28. 7: 30. 11: 32. 12.]

ἀκαταπάτητος.
Jb. 20. 18. A ὥσπερ στρύχνον [B S[1] στρίφνος, S[2] στρύχνος] . . . ἀκαταπάτητον [B S ἀκατάποτος] †

ἀκατάποτος.
Jb. 20. 18. B S ὥσπερ στρίφνος [A στρύχνον, S[2] στρύχνος] . . . ἀκατάποτος [A ἀκαταπάτητον] †

ἀκατασκεύαστος. (1) בֹּהוּ
Ge. 1. 2. ἡ δὲ γῆ ἦν . . . ἀ. (1)

ἀκαταστασία. (1) מְדֻחֶה
To. 4. 13. ἀπώλεια καὶ ἀ. πολλή
Pr. 26. 28. στόμα δὲ ἄστεγον ποιεῖ ἀκαταστασίας (1)
[**Sm.** Ez. 12. 18, 19.]

ἀκαταστατεῖν. [R ἀκατασταθεῖν]
To. 1. 15. B αἱ ὁδοὶ αὐτοῦ ἠκαταστάτησαν [A κατέστησαν, S ἀπέστησαν]
[**Aq. Th. Hebr.** Ge. 4. 12.]

ἀκατάστατος. (1) סֹעֵר
Is. 54. 11. ἀ. οὐ παρεκλήθης [S ἔσται παρακεκλημένη] (1)
[**Sm.** Ge. 4. 12: La. 4. 14: Ho. 8. 6.]

ἀκατάσχετος.
Jb. 31. 11. θυμὸς γὰρ ὀργῆς ἀκατάσχετος [A ἀκάθεκτος] †
III Ma. 6. 17. ἀκατάσχετον οἰμωγὴν [A πτοὴν] ποιῆσαι

ἀκατέργαστος. (1) גֹּלֶם
Ps. 138 (139). 16. A B S τὸ ἀ. σου εἴδοσαν οἱ ὀφθαλμοί μου [R *al.*] (1)
[**Aq.** Ps. 138 (139). 16.]

ἄκαυστος. (1) לֹא נָפַח pu.
Jb. 20. 26. κατέδεται αὐτὸν πῦρ ἄ. [A ἄσβεστον] (1)

ἀκέραιος.
Es. 8. 13. τὴν τῶν ἐπικρατούντων ἀκέραιον εὐγνωμοσύνην [S[1] ἐπίγνωσιν]
[**Sm.** Ca. 5. 2: 6. 8 (9).]

ἀκηδία. (1) כֵּהֶה (2) תּוּגָה
Ps. 118 (119). 28. ἐνύσταξεν ἡ ψυχή μου ἀπὸ ἀκηδίας (2)
Si. 29. 5. ἀποδώσει λόγους ἀκηδίας
Is. 61. 3. καταστολὴν δόξης ἀντὶ πνεύματος ἀκηδίας (1)
[**Sm.** Ez. 4. 16.]

ἀκηδιᾶν. (1) עָטַף *a.* qal. *b.* hith. (2) כָּרָא ithp.
Ps. 60 (61). 2. ἐν τῷ ἀκηδιάσαι τὴν καρδίαν μου (1 *a*)
101 (102). *tit.* προσευχὴ τῷ πτωχῷ ὅταν ἀκηδιάσῃ (1 *a*)
142 (143). 4. ἠκηδίασεν ἐπ' ἐμὲ τὸ πνεῦμά μου (1 *b*)
Si. 22. 13. B S οὐ μὴ ἀκηδιάσῃς [A κηδ.] ἐν τῇ ἀπ.
Ba. 3. 1. πνεῦμα ἀκηδιῶν κέκραγε πρὸς σέ
Da. LXX. 7. 15. ἀκηδιάσας ἐγὼ Δανιὴλ ἐν τούτοις (2)

ἀκηλίδωτος. (1) שָׁנוּן
Pr. 25. 18. A S[2] τόξευμα ἀ. [B S[1] ἀκιδωτόν] (1)
Wi. 4. 9. ἡλικία γήρως βίος ἀ.
7. 26. ἔσοπτρον ἀ. τῆς τοῦ θεοῦ ἐνεργείας

ἀκιδωτός. (1) שָׁנוּן
Pr. 25. 18. B S μάχαιρα καὶ τόξευμα ἀ. [A ἀκηλίδωτον] (1)

ἀκινάκης.
Ju. 13. 6. καθεῖλε τὸν ἀ. αὐτοῦ ἀπ' αὐτοῦ
16. 9. B S διῆλθεν ὁ ἀ. [A ἀκινάκις] τὸν τράχηλον αὐτοῦ

ἀκινάκις (?).
Ju. 16. 9. A διῆλθεν ἀ. [B S ὁ ἀκινάκης]

ἀκίνητος. (1) לֹא סוּר
Ex. 25. 14 (15). ἔσονται οἱ ἀναφορεῖς ἀκίνητοι (1)
Jb. 39. 26. ἱέραξ ἀναπετάσας τὰς πτέρυγας ἀκίνητος –
III Ma. 6. 19. ἀκινήτοις ἔδησαν πέδαις

ἀκίς. (1) לָטַשׁ
Jb. 16. 11 (10). ἀκίσιν ὀφθαλμῶν ἐνήλατο (1)
[**Aq.** Ez. 29. 4.]

ἀκλεής.
III Ma. 4. 12. τὴν ἀ. τῶν ἀδελφῶν ταλαιπωρίαν

ἀκλεῶς.
III Ma. 6. 34. R ἀ. [A ἀκμαίως] ἐσβεσμένοι

ἀκληρεῖν.
II Ma. 14. 8. τὸ σύμπαν ἡμῶν γένος οὐ μικρῶς ἀκληρεῖ

ἄκλητος. (1) אֲשֶׁר לֹא יִקָּרֵא
Es. 4. 11. ὃς εἰσελεύσεται πρὸς τὸν βασιλέα . . . ἄκλητος (1)

ἀκλινής.
IV Ma. 6. 7. ὀρθὸν εἶχε καὶ ἀκλινῆ τὸν λογισμόν
17. 3. S R ἀ. [A -ῶς] ὑπήνεγκας τὸν . . . σεισμόν
[**Sm.** Jb. 41. 15.]

ἀκλινῶς.
IV Ma. 17. 3. A ἀ. [S R -νῆς] ὑπήνεγκας τὸν . . . σεισμόν

ἀκμάζειν.
IV Ma. 2. 3. νέος γὰρ ὢν καὶ ἀκμάζων πρὸς συνουσιασμόν
[**Sm.** Ez. 23. 3, 21: Za. 11. 8.]
[**Hebr.** Ez. 16. 7.]

ἀκμαῖος.
III Ma. 4. 8. μετὰ ἀκμαίας καὶ νεανικῆς ἡλικίας

ἀκμαίως.
III Ma. 6. 34. A ἀ. [R ἀκλεῶς] ἐσβεσμένοι

ἀκμή.
Es. 5. 1. ἐρυθριῶσα ἀκμῇ [S[1] ὡς ἀ.] κάλλους αὐτῆς
— 1. ἐν ἀκμῇ θυμοῦ ἔβλεψεν [A S[1] *om.*]
II Ma. 1. 7. ἐν τῇ ἀ. τῇ ἐπελθούσῃ ἡμῖν
4. 13. ἀκμή τις [A τοῦ] Ἑλληνισμοῦ
12. 22. ταῖς τῶν ξιφῶν ἀ. ἀναπειρέσθαι
IV Ma. 18. 8. ἔμεινα δὲ χρόνον ἀκμῆς σὺν ἀνδρί
[**Sm.** Ge. 18. 12.]
[**Th. Quint.** Ps. 9. 1.]

ἀκμονευτής.
[**Sm.** Is. 41. 7.]

ἄκμων. (1) פֶּלַח
Jb. 41. 15 (16). ἕστηκε δὲ ὥσπερ ἄκμων ἀνήλατος (1)
Si. 38. 28. χαλκεὺς καθήμενος ἐγγὺς ἄκμονος
[**Th.** Is. 41. 7.]

ἀκοή. (1) שָׁמַע *a.* qal. *b.* hi. *c.* מִשְׁמַעַת *d.* שְׁמוּעָה *e.* שְׁמֻעָה *f.* שֵׁמַע *g.* שֹׁמַע (2) שָׁמַר
Ex. 15. 26. ἐὰν ἀκοῇ ἀκούσῃς τῆς φωνῆς κυρίου (1 *a*)
19. 5. ἐὰν ἀκοῇ ἀκούσητε τῆς ἐμῆς φωνῆς (1 *a*)
22. 23 (22). ἀκοῇ εἰσακούσομαι τῆς φωνῆς αὐτῶν (1 *a*)
23. 1. οὐ παραδέξῃ ἀ. ματαίαν (1 *f*)
— 22. ἐὰν ἀκοῇ ἀκούσητε [A -σῃ] τῆς ἐμῆς φωνῆς (1 *a*?)
— 22. ἐὰν ἀκοῇ ἀκούσητε [A ἐὰν ἀκούσῃς] τῆς φωνῆς μου (1 *a*)
De. 11. 13. ἐὰν δὲ ἀκοῇ ἀκούσητε [B εἰσακ.] (1 *a*)
— 22. ἐὰν ἀκοῇ ἀκούσητε πάσας τὰς ἐντολάς (2)
15. 5. ἐὰν δὲ ἀκοῇ εἰσακούσητε [A -σῃς] (1 *a*)
28. 1. ἐὰν ἀκοῇ ἀκούσῃς [A εἰσακούσητε] (1 *a*)
— 2. ἐὰν ἀκοῇ ἀκούσῃς [A εἰσακούσῃς] τῆς φωνῆς –
I Ki. 2. 24. οὐκ ἀγαθὴ ἡ ἀ. ἣν ἐγὼ ἀκούω (1 *e*)
— 24. οὐκ ἀγαθαὶ αἱ ἀ. ἃς ἐγὼ ἀκούω –
15. 22. ἰδοὺ ἀκοὴ ὑπὲρ θυσίαν ἀγαθήν (1 *a*)
II Ki. 13. 30. ἡ ἀ. ἦλθε πρὸς Δαυίδ (1 *e*)
22. 45. εἰς ἀκοὴν ὠτίου ἤκουσάν [A ὑπήκ.] μου (1 *a*)
23. 23. ἔταξεν αὐτὸν Δαυὶδ πρὸς τὰς ἀ. αὐτοῦ (1 *c*)
III Ki. 2. 28. ἡ ἀ. ἦλθεν ἕως Ἰωάβ (1 *e*)
10. 7. ἐπὶ πᾶσαν τὴν ἀ. ἣν ἤκουσα ἐν τῇ γῇ (1 *d*)
II Ch. 9. 6. προσέθηκας ἐπὶ τὴν ἀ. ἣν ἤκουσα (1 *d*)
To. 10. 13. ἀκούσαιμί σου ἀκοὴν καλήν
Jb. 37. 2. ἄκουε ἀκοὴν ἐν ὀργῇ θυμοῦ κυρίου (1 *a*)
42. 5. ἀκοὴν μὲν ὠτὸς [A ἕως μὲν ὠτὸς ἀκοῆς] ἤκουόν σου (1 *f*)
Ps. 17 (18). 44. εἰς ἀκοὴν ὠτίου ὑπήκουσε [A ἐπήκουσαν] (1 *f*)
111 (112). 7. A S ἀπὸ ἀ. πονηρᾶς οὐ φοβηθήσεται (1 *d*)
Wi. 1. 9. λόγων δὲ αὐτοῦ ἀ. πρὸς κύριον ἥξει
Si. 27. 15. ἀκοὴ μοχθηρά [S[2] πονηρά]
42. 1. ἀπὸ δευτερώσεως καὶ [S *om.*] λόγου ἀκοῆς
43. 24. ἀκοαῖς ὠτίων ἡμῶν θαυμάζομεν
Ho. 7. 12. ἐν τῇ ἀ. τῆς θλίψεως αὐτῶν (1 *f*)
Ob. 1. 1. ἀκοὴν ἤκουσα παρὰ κυρίου (1 *d*)
Na. 1. 12. ἡ ἀ. σου οὐκ ἐνακουσθήσεται ἔτι †
Hb. 3. 2. εἰσακήκοα τὴν ἀ. σου καὶ ἐφοβήθην (1 *f*)
Is. 6. 9. ἀκοῇ ἀκούσετε καὶ οὐ μὴ συνῆτε (1 *a*)
52. 7. εὐαγγελιζομένου ἀκοὴν εἰρήνης (1 *b*)
53. 1. τίς ἐπίστευσε τῇ ἀ. ἡμῶν (1 *e*)
Je. 6. 24. ἠκούσαμεν τὴν ἀ. αὐτῶν (1 *g*)
10. 22. φωνὴ ἀκοῆς ἰδοὺ ἔρχεται (1 *d*)
27. (50). 43. ἤκουσε βασιλεὺς Βαβ. τὴν ἀ. αὐτῶν (1 *f*)
29 (49). 14. ἀκοὴν ἤκουσα παρὰ κυρίου (1 *d*)
30 (49). 23. ἤκουσαν ἀκοὴν πονηράν (1 *e*)
38 (31). 18. ἀκοὴν ἤκουσα Ἐφραὶμ ὀδυρομένου (1 *a*)
44 (37). 5. ἤκουσαν οἱ Χαλδαῖοι τὴν ἀ. αὐτῶν (1 *f*)
Ez. 16. 56. εἰς ἀκοὴν ἐν τῷ στόματί σου (1 *d*)
Da. LXX. 11. 44. ἀκοὴ ταράξει αὐτὸν ἀπὸ ἀνατολῶν (1 *e*)
Da. TH. 11. 44. ἀκοαὶ καὶ σπουδαὶ ταράξουσιν αὐτόν (1 *e*)
II Ma. 15. 39. τέρπει τὰς ἀ. τῶν ἐντυγχανόντων
[**Aq.** Jo. 6. 27: 9. 9 (15): Jb. 37. 2: Is. 37. 7: 55. 2: Ho. 7. 12.]
[**Sm.** Jo. 6. 27: 9. 9 (15): I Ki. 20. 2: Jb. 28. 22: Ps. 76 (77). 2: Is. 11. 3: 28. 19: 37. 7: 55. 2: Je. 36 (43). 20.]
[**Th.** Jo. 9. 9 (15): Jb. 37. 2: Is. 28. 19: 37. 7: 53. 7: 55. 2.]
[**Al.** I Ch. 11. 25.]

ἀκοίμητος.
Wi. 7. 10. ἀ. τὸ ἐκ ταύτης φέγγος

ἀκοινώνητος.
Wi. 14. 21. τὸ ἀ. ὄνομα λίθοις καὶ ξύλοις περιέθ.

ἀκολασία.
IV Ma. 13. 7. τὴν τῶν παθῶν ἐνίκησεν ἀ. [S κόλασιν]

ἀκόλαστος. (1) לִיץ
Pr. 19. 29. ἑτοιμάζονται ἀκολάστοις μάστιγες (1)
20. 1. ἀκόλαστον οἶνος καὶ ὑβριστικὸν μέθη (1)
21. 11. ζημιουμένου ἀκολάστου (1)

ἀκολουθεῖν. (1) אַחַר (2) דָּבַק (3) *a.* הָלַךְ לְרֶגֶל *b.* הָלַךְ (4) פָּנָה
Nu. 22. 20. ἀναστὰς ἀκολούθησον αὐτοῖς (3 *b*)
Ru. 1. 14. Ῥοὺθ δὲ ἠκολούθησεν αὐτῇ (2)
I Ki. 25. 42. καὶ πέντε κοράσια ἠκολούθουν αὐτῇ (3 *a*)
III Ki. 16. 22. A ὁ λαὸς ὁ ἀκολουθῶν τῷ Ζ. [B *al.*] (1)
19. 20. ἀκολουθήσω ὀπίσω σου (3 *b*)
Ju. 2. 3. οἱ οὐκ ἠκολούθησαν τῷ λόγῳ τοῦ στόματος
5. 7. ἀκολουθῆσαι τοῖς θεοῖς τῶν πατέρων αὐτῶν
12. 2. ἐκ τῶν ἠκολουθηκότων μοι χορηγηθήσεται
15. 13. ἠκολούθει πᾶς ἀνὴρ Ἰσραήλ
Si. prol. 2. τῶν ἄλλων τῶν κατ' αὐτοὺς ἠκολουθηκότων
Ho. 2. 5 (7). A ἀκολουθήσω [B πορεύσομαι] ὀπίσω τῶν ἐραστῶν μου (3 *b*)
Is. 45. 14. ὀπίσω σου ἀκολουθήσουσι δεδεμένοι (3 *b*)
Ez. 29. 16. ἐν τῷ ἀκολουθῆσαι αὐτοὺς ὀπίσω αὐτῶν [A τῶν καρδιῶν αὐτῶν] (4)
II Ma. 8. 36. διὰ τὸ ἀκολουθεῖν τοῖς . . . νόμοις
[**Aq.** Ps. 48 (49). 18.]
[**Sm.** Jd. 5. 14: I Ki. 8. 3: 13. 7: 15. 11: II Ki. 2. 21: 3. 16: Jb. 23. 8: 39. 10: Ps. 15 (16). 4: 40 (41). 10: 44 (45). 15: 48 (49). 18: 77 (78). 71: Je. 7. 6: 13. 10: 16. 12: 42 (49). 16: Ez. 12. 14: 13. 3: 29. 16: Ho. 2. 5 (7): 4. 14.]
[**Th.** Ps. 48 (49). 18.]
[**Al.** I Ki. 11. 5: Ps. 44 (45). 15: Hb. 3. 5.]
[**Quint.** Ps. 48 (49). 18.]

ἀκολουθία.
IV Ma. 1. 21. πολλαὶ δὲ καὶ περὶ τὴν ἡδονὴν καὶ τὸν πόνον παθῶν εἰσιν ἀκολουθίαι

ἀκόλουθος.
I Es. 8. 14. καὶ τὰ τούτοις ἀκόλουθα
II Ma. 4. 17. ἀλλὰ ταῦτα ὁ ἀ. καιρὸς δηλώσει
[**Al.** Ps. 67 (68). 26.]

ἀκολούθως.
I Es. 5. 49. ἀ. τοῖς ἐν τῇ Μωυσέως βίβλῳ . . . διηγορευμένοις
— 71. ἀ. οἷς προσέταξεν ἡμῖν Κῦρος
7. 6. ἀ. τοῖς ἐν τῇ Μωυσέως βίβλῳ
— 9. ἀ. τῇ Μωυσέως βίβλῳ
8. 12. ἀ. ᾧ [A ὡς] ἔχει ἐν τῷ [B *om.* ἐν τῷ] νόμῳ κ.
II Ma. 6. 23. ἀ. ἀπεφήνατο ταχέως λέγων

ἀκονᾶν. (1) חַד (2) לָטַשׁ pu. (3) שָׁנַן
Ps. 44 (45). 5. τὰ βέλη σου ἠκονημένα (3)
51 (52). 2. R ὡσεὶ ξυρὸν ἠκονημένον [B S^{1} ἐξηκ.] (2)
63 (64). 3. ἠκόνησαν ὡς ῥομφαίαν τὰς γλώσσας (3)
119 (120). 4. τὰ βέλη τοῦ δυνατοῦ ἠκονημένα (3)
139 (140). 3. ἠκόνησαν γλῶσσαν αὐτῶν ὡσεὶ ὄφεως (3)
Pr. 5. 4. ἠκονημένον μᾶλλον μαχαίρας διστόμου (1)
[**Aq.** Pr. 25. 18: Ez. 21. 11 (16).]
[**Sm.** Ps. 7. 13: 119 (120). 4: Pr. 25. 18.]
[**Th.** Pr. 25. 18.]
[**Al.** Dt. 32. 41.]

ἀκοντίζειν. (1) יָרָה *a.* qal. *b.* hi.
I Ki. 20. 20. τρισσεύσω ταῖς σχίζαις ἀκοντίζων [A θῆρα ἀ.] (1 *b*)
— 36. τὰς σχίζας ἐν αἷς ἐγὼ ἀκοντίζω (1 *b*)
— 36. καὶ αὐτὸς ἠκόντιζε τῇ σχίζῃ (1 *a*)
— 37. τοῦ τόπου τῆς σχίζης οὗ ἠκόντιζεν Ἰ. (1 *a*)
Ps. 75 (76). 9. B^{1} ἠκόντισας [S R ἠκούτισας] κρίσιν †
[**Sm.** Ps. 63 (64). 8.]
[**Al.** Le. 1. 5.]

ἀκόντιον.
[**Sm.** I Ki. 20. 36.]

ἀκοντισμός.
[**Th.** Pr. 25. 18.]

ἀκοντιστής. (1) יָרָה hi.
I Ki. 31. 3. εὑρίσκουσιν αὐτὸν οἱ ἀ. ἄνδρες τοξόται (1)
[**Sm.** I Ki. 31. 3.]

ἀκοπιάστως, ἀκοπιάτως.
Wi. 16. 20. A ἀπ' οὐρανοῦ παρέσχες [B ἔπεμψας] ἀκοπιάστως [B S ἀκοπιάτως]

ἄκοσμος.
Pr. 25. 26. ἄκοσμον δίκαιον πεπτωκέναι ἐνώπιον ἀσεβοῦς –

ἀκόσμως.
II Ma. 9. 1. ἐτύγχανεν Ἀντίοχος ἀναλελυκὼς ἀ.

ἀκούειν. (1) *a.* אָזַן hi. *b.* אֹזֶן (2) יָדַע (3) יָצָא (4) **βαρέως ἀ.** כָּבֵד hi. (5) לָקַח (6) פָּתַח ni. (7) קָשַׁב hi. (8) שָׁמַע, שֵׁמַע *a.* qal. *b.* ni. *c.* hi. *d.* שְׁמוּעָה *e.* שֵׁמַע (9) שָׁמַר (10) עָנָה (11) יָחַל hi. (12) אָבָה (13) רָאָה
Ge. 3. 8. R ἤκουσαν τῆς φωνῆς [A τὴν φ.] (8 *a*)
— 10. R τῆς φωνῆς [A τὴν φ.] σου ἤκουσα (8 *a*)
— 17. ὅτι ἤκουσας τῆς φωνῆς (8 *a*)
4. 23. ἀκούσατέ μου τῆς φωνῆς (8 *a*)
11. 7. ἵνα μὴ ἀκούσωσιν . . . τὴν φωνήν (8 *a*)
14. 14. ἀκούσας δὲ Ἅβραμ (8 *a*)
18. 10. Σάρρα δὲ ἤκουσε πρὸς τῇ θύρᾳ (8 *a*)
21. 6. ὃς γὰρ ἂν ἀκούσῃ (8 *a*)
— 12. ἄκουε τῆς φωνῆς αὐτῆς (8 *a*)
— 26. οὐδὲ ἐγὼ ἤκουσα (8 *a*)
23. 5. ἄκουσον δὲ ἡμῶν (8 *a*)
— 8. ἀκούσατέ μου καὶ λαλήσατε (8 *a*)
— 10. ἀκουόντων τῶν υἱῶν Χέτ (1 *b*)
— 11. καὶ ἄκουσόν μου (8 *a*)
— 13. ἄκουσόν μου (8 *a*)
— 15. ἀκήκοα γάρ (8 *a*)
Ge. 23. 16. R καὶ ἤκουσεν Ἀβραὰμ τοῦ [A τῷ] Ἐ. (8 *a*)
24. 30. ὅτε ἤκουσε τὰ ῥήματα Ῥεβέκκας (8 *a*)
— 52. ἐν τῷ ἀκοῦσαι τὸν παῖδα . . . τῶν ῥημάτων (8 *a*)
27. 5. Ῥεβέκκα δὲ ἤκουσε λαλοῦντος Ἰσ. (8 *a*)
— 6. ἤκουσα τοῦ πατρός σου λαλοῦντος (8 *a*)
— 8. υἱέ μου [A *om.*] ἄκουσόν μου (8 *a*)
— 34. ἐγένετο δὲ ἡνίκα ἤκουσεν Ἡσαῦ (8 *a*)
— 43. ἄκουσόν μου τῆς φωνῆς (8 *a*)
28. 7. ἤκουσεν Ἰακὼβ τοῦ πατρὸς καὶ τῆς μ. (8 *a*)
29. 13. ὡς ἤκουσε Λάβαν τὸ ὄνομα (8 *a*)
— 33. ὅτι ἤκουσε κύριος ὅτι μισοῦμαι (8 *a*)
31. 1. ἤκουσε δὲ Ἰακὼβ τὰ ῥήματα (8 *a*)
34. 5. Ἰακὼβ δὲ ἤκουσεν (8 *a*)
— 7. ὡς δὲ ἤκουσαν (8 *a*)
35. 21. καὶ ἤκουσεν Ἰσραήλ (8 *a*)
37. 6. ἀκούσατε τοῦ ἐνυπνίου τούτου (8 *a*)
— 17. ἤκουσα γὰρ αὐτῶν λεγόντων (8 *a*)
— 21. ἀκούσας δὲ Ῥουβὴν ἐξείλετο αὐτόν (8 *a*)
— 27. ἤκουσαν δὲ οἱ ἀδελφοὶ αὐτοῦ (8 *a*)
39. 15. ἐν δὲ τῷ ἀκοῦσαι αὐτόν (8 *a*)
— 18. ὡς δὲ ἤκουσεν †
— 19. ἐγένετο δὲ ὡς ἤκουσεν ὁ κύριος (8 *a*)
41. 15. ἐγὼ δὲ ἀκήκοα περὶ σοῦ λεγόντων (8 *a*)
— 15. ἀκούσαντά σε ἐνύπνια συγκρῖναι αὐτά (8 *a*)
42. 2. ἰδοὺ ἀκήκοα ὅτι ἐστὶ σῖτος ἐν Αἰγ. (8 *a*)
— 23. οὐκ ᾔδεισαν ὅτι ἀκούει Ἰωσήφ (8 *a*)
43. 25. ἤκουσαν γὰρ ὅτι ἐκεῖ μέλλει ἀριστᾶν (8 *a*)
45. 2. ἤκουσαν δὲ πάντες οἱ Αἰγ. (8 *a*)
47. 4. ἤκουσε Φαραὼ βασιλεὺς Αἰγύπτου –
49. 2. ἀκούσατέ μου [A *om.*] υἱοὶ Ἰακὼβ ἀκούσατε Ἰσραὴλ ἀκούσατε [A *om.*] τοῦ πατρὸς ὑμῶν (8 *a*, 8 *a*, –)
Ex. 2. 15. ἤκουσε δὲ Φαραὼ τὸ ῥῆμα τοῦτο (8 *a*)
3. 8. τῆς κραυγῆς αὐτῶν ἀκήκοα (8 *a*)
15. 14. ἤκουσαν ἔθνη (8 *a*)
— 26. ἐὰν ἀκοῇ ἀκούσῃς τῆς φωνῆς κυρίου (8 *a*)
18. 1. ἤκουσε δὲ Ἰοθὸρ . . . πάντα (8 *a*)
— 19. B νῦν οὖν ἄκουσόν μου (8 *a*)
— 24. ἤκουσε δὲ Μωυσῆς τῆς φωνῆς (8 *a*)
19. 5. ἐὰν ἀκοῇ ἀκούσητε τῆς ἐμῆς φωνῆς (8 *a*)
— 8. ποιήσομεν καὶ ἀκουσόμεθα –
— 9. ἵνα ἀκούσῃ ὁ λαὸς λαλοῦντός μου πρός σε (8 *a*)
23. 13. οὐδὲ μὴ ἀκουσθῇ ἐκ τοῦ στόματος ὑμῶν (8 *b*)
— 22. ἐὰν ἀκοῇ ἀκούσητε [A -σῃ] τῆς ἐμῆς φωνῆς (8 *a*?)
— 22. ἐὰν ἀκοῇ ἀκούσητε [A ἐὰν ἀκούσῃς] τῆς φωνῆς μου (8 *a*)
24. 3. πάντας τοὺς λόγους . . . ποιήσομεν καὶ ἀκουσόμεθα –
— 7. πάντα . . . ποιήσομεν καὶ ἀκουσόμεθα (8 *a*)
32. 17. B^{1} ἀκούσας Ἰησοῦς τῆς φωνῆς [A B^{2} τὴν φωνήν] (8 *a*)
— 18. φωνὴν ἐξαρχόντων οἴνου ἐγὼ ἀκούω (8 *a*)
33. 4. ἀκούσας ὁ λαὸς τὸ ῥῆμα (8 *a*)
Le. 5. 1. ἐὰν δὲ ψυχὴ . . . ἀκούσῃ φωνὴν ὁρκισμοῦ (8 *a*)
10. 20. ἤκουσε Μωυσῆς καὶ ἤρεσεν αὐτῷ (8 *a*)
24. 14. πάντες οἱ ἀκούσαντες (8 *a*)
Nu. 7. 89. ἤκουσε τὴν φωνὴν κυρίου λαλοῦντος (8 *a*)
9. 8. ἀκούσομαι τί ἐντελεῖται κύριος (8 *a*)
11. 1. ἤκουσε κύριος καὶ ἐθυμώθη ὀργῇ (8 *a*)
— 10. ἤκουσε Μωυσῆς κλαιόντων αὐτῶν (8 *a*)
12. 2. καὶ ἤκουσε κύριος (8 *a*)
— 6. ἀκούσατε τῶν λόγων μου (8 *a*)
14. 13. ἀκούσεται Αἴγυπτος ὅτι ἀνήγαγες (8 *a*)
— 14. οἱ κατοικοῦντες . . . ἀκηκόασιν (8 *a*)
— 15. τὰ ἔθνη ὅσοι ἀκηκόασι τὸ ὄνομά σου (8 *a*)
— 27. τὴν γόγγυσιν τῶν υἱῶν Ἰσραὴλ . . . ἀκήκοα (8 *a*)
16. 4. ἀκούσας Μωυσῆς ἔπεσεν ἐπὶ πρόσωπον (8 *a*)
20. 10. ἀκούσατέ μου οἱ ἀπειθεῖς (8 *a*)
21. 1. ἤκουσεν ὁ Χαναν(ε)ὶς βασιλεύς (8 *a*)
22. 36. ἀκούσας Βαλὰκ ὅτι ἥκει Βαλαάμ (8 *a*)
23. 18. ἀνάστηθι Βαλὰκ καὶ ἄκουε (8 *a*)
24. 4. ἀκούων λόγια θεοῦ [A *add.* ἰσχυροῦ] (8 *a*)
— 16. ἀκούων λόγια θεοῦ (8 *a*)
30. 4. καὶ ἀκούσῃ ὁ πατὴρ αὐτῆς τὰς εὐχάς (8 *a*)
— 6. ᾗ ἂν ἡμέρᾳ ἀκούσῃ πάσας τὰς εὐχάς (8 *a*)
— 8. ἀκούσῃ ὁ ἀνὴρ αὐτῆς (8 *a*)
— 8. ᾗ ἂν ἡμέρᾳ ἀκούσῃ (8 *a*)
— 9. ᾗ ἐὰν ἡμέρᾳ ἀκούσῃ (8 *a*)
— 12. ἀκούσῃ ὁ ἀνὴρ αὐτῆς (8 *a*)
— 13. ᾗ ἂν ἡμέρᾳ ἀκούσῃ πάντα (8 *a*)
— 15. ὅτι ἐσιώπησεν αὐτῇ τῇ ἡμέρᾳ ᾗ ἤκουσεν (8 *a*)
— 16. μετὰ τὴν ἡμέραν ἣν ἤκουσε (8 *a*)
33. 40. καὶ ἀκούσας ὁ Χαναν(ε)ίς (8 *a*)
De. 1. 17. A R καὶ ἀκούσομαι αὐτό [B ὑμῶν] (8 *a*)
— 34. ἤκουσε κύριος τὴν φωνὴν τῶν λόγων (8 *a*)
2. 25. ἀκούσαντες τὸ ὄνομά σου (8 *a*)
4. 1. καὶ νῦν Ἰσραὴλ ἄκουε τῶν δικαιωμάτων (8 *a*)
— 6. ὅσοι ἂν ἀκούσωσι πάντα τὰ δικαιώματα (8 *a*)
— 10. ἀκουσάτωσαν τὰ ῥήματά μου (8 *c*)
— 12. φωνὴν ῥημάτων ἣν [A *om.*] ὑμεῖς ἠκούσατε (8 *a*)
— 28. οἳ οὐκ ὄψονται οὐδὲ μὴ ἀκούσωσιν (8 *a*)
— 32. B εἰ ἤκουσται τοιοῦτο (8 *b*)
— 33. εἰ ἀκήκοεν ἔθνος φωνὴν θεοῦ ζῶντος (8 *a*)
— 33. ὃν τρόπον ἀκήκοας σὺ καὶ ἔζησας (8 *a*)
— 36. τὰ ῥήματα αὐτοῦ ἤκουσας (8 *c*)
5. 1. ἄκουε Ἰσραὴλ τὰ δικαιώματα (8 *a*)
— 23 (20). ὡς ἠκούσατε τὴν φωνήν (8 *a*)
— 24 (21). τὴν φωνὴν αὐτοῦ ἠκούσαμεν (8 *a*)
— 25 (22). ἀκοῦσαι τὴν φωνὴν κυρίου τοῦ θεοῦ (8 *a*)
— 26 (23). ἥτις ἤκουσε φωνὴν θεοῦ ζῶντος (8 *a*)
— 27 (24). καὶ ἄκουσον ὅσα ἐὰν εἴπῃ κύριος (8 *a*)
— 27 (24). καὶ ἀκουσόμεθα καὶ ποιήσομεν (8 *a*)
— 28 (25). ἤκουσε κύριος τὴν φωνὴν τῶν λόγων ὑμῶν (8 *a*)
— 28 (25). ἤκουσα τὴν φωνὴν τῶν λόγων τοῦ λαοῦ (8 *a*)
6. 3. ἄκουσον Ἰσραὴλ καὶ φύλαξαι ποιεῖν (8 *a*)
— 4. ἄκουε Ἰσραήλ (8 *a*)
7. 12. A R ἔσται ἡνίκα ἂν [B ἔ. ἐὰν] ἀκούσητε (8 *a*)
8. 20. οὐκ ἠκούσατε τῆς φωνῆς κυρίου τοῦ θ. (8 *a*)
9. 1. ἄκουε Ἰσραήλ (8 *a*)
— 2. οὓς σὺ οἶσθα καὶ σὺ ἀκήκοας (8 *a*)
10. 10. B ἤκουσε [A R εἰσήκ.] κύριος ἐμοῦ (8 *a*)
11. 13. A R ἐὰν δὲ ἀκοῇ ἀκούσητε [B εἰσακ.] (8 *a*)
— 22. ἐὰν ἀκοῇ ἀκούσητε πάσας τὰς ἐντολάς (9)
— 27. ἐὰν ἀκούσητε τὰς ἐντολὰς κυρίου (8 *a*)
— 28. ἐὰν μὴ ἀκούσητε [A εἰσακ.] τὰς ἐντ. (8 *a*)
12. 28. φυλάσσου καὶ ἄκουε (8 *a*)
13. 3 (4). οὐκ ἀκούσεσθε τῶν λόγων τοῦ προφήτου (8 *a*)
— 4 (5). τῆς φωνῆς αὐτοῦ ἀκούσεσθε (8 *a*)
— 11 (12). πᾶς Ἰσραὴλ ἀκούσας φοβηθήσεται (8 *a*)
— 12 (13). ἐὰν δὲ ἀκούσῃς . . . λεγόντων (8 *a*)
— 18 (19). ἐὰν ἀκούσῃς [A εἰσακούσητε] τῆς φωνῆς κ. (8 *a*)
17. 13. πᾶς ὁ λαὸς ἀκούσας φοβηθήσεται (8 *a*)
18. 14. κληδόνων καὶ μαντειῶν ἀκούσονται (8 *a*)
— 15. αὐτοῦ ἀκούσεσθε (8 *a*)
— 16. οὐ προσθήσομεν ἀκοῦσαι τὴν φωνὴν κυρίου (8 *a*)
— 19. ὃς ἐὰν μὴ ἀκούσῃ [A *add.* τῶν λόγων αὐτοῦ] (8 *a*)
19. 9. ἐὰν ἀκούσῃς [A εἰσακούσῃ] ποιεῖν (9)
— 20. οἱ ἐπίλοιποι ἀκούσαντες φοβηθήσονται (8 *a*)
20. 3. ἄκουε Ἰσραήλ (8 *a*)
21. 20. A οὐκ ἀκούει [B ὑπακούει] τῆς φωνῆς ἡμῶν (8 *a*)
— 21. οἱ ἐπίλοιποι ἀκούσαντες φοβηθήσονται (8 *a*)
27. 9. σιώπα καὶ ἄκουε (8 *a*)
28. 1. ἐὰν ἀκοῇ ἀκούσῃς [A εἰσακούσητε] τῆς φ. (8 *a*)
— 2. ἐὰν ἀκοῇ ἀκούσῃς [A εἰσακούσῃς] τῆς φ. (8 *a*)
— 9. ἐὰν ἀκούσῃς [A εἰσακούσῃς] τῆς φωνῆς κ. (9)
— 13. ἐὰν ἀκούσῃς τῆς φωνῆς [A τῶν ἐντολῶν] κ. (8 *a*)
— 45. A ὅτι οὐκ ἤκουσας [B εἰσήκ.] τῆς φ. (8 *a*)
— 49. ἔθνος ὃ [A οὗ] οὐκ ἀκούσῃ τῆς φωνῆς (8 *a*)
29. 4 (3). ὦτα [A τὰ ὦ.] ἀκούειν (8 *a*)
— 19 (18). ἐὰν ἀκ. τὰ ῥήματα τῆς ἀρᾶς ταύτης (8 *a*)
30. 12. καὶ ἀκούσαντες αὐτὴν ποιήσομεν (8 *c*)
— 13. A καὶ ἀκούσαντες αὐτὴν ποιήσομεν [B *al.*] (8 *c*)
31. 12. ἵνα ἀκούσωσι καὶ ἵνα μάθωσι (8 *a*)
— 12. ἀκούσονται ποιεῖν πάντας τοὺς λόγους (9)
— 13. ἀκούσονται καὶ μαθήσονται (8 *a*)
32. 1. ἀκουέτω ἡ [A *om.*] γῆ ῥήματα (8 *a*)
Jo. 1. 17. ὅσα ἠκούσαμεν Μωυσῆ ἀκουσόμεθά σου (8 *a*, 8 *a*)
— 18. ὃς ἐὰν μὴ ἀκούσῃ τῶν ῥημάτων σου (8 *a*)
2. 10. ἀκηκόαμεν γὰρ ὅτι κατεξήρανε κύριος (8 *a*)
— 11. ἀκούσαντες ἡμεῖς ἐξέστημεν (8 *a*)
3. 9. καὶ ἀκούσατε τὸ ῥῆμα κυρίου (8 *a*)
5. 1. καὶ ἐγένετο ὡς ἤκουσαν οἱ βασιλεῖς (8 *a*)
6. 9 (10). μηδὲ ἀκουσάτω μηθεὶς τὴν φωνὴν ὑμῶν (8 *c*)
— 19 (20). ὡς δὲ ἤκουσεν ὁ λαὸς τῶν [A τὴν φωνὴν τῶν] σαλπίγγων (8 *a*)
7. 9. ἀκούσας ὁ Χαναναῖος (8 *a*)
9. 1. ὡς δὲ ἤκουσαν οἱ [A πάντες οἱ] βασιλεῖς τῶν Ἀμορραίων (8 *a*)
— 3. οἱ κατοικοῦντες Γαβαὼν ἤκουσαν πάντα (8 *a*)

Jo. 9. 9. ἀκηκόαμεν γὰρ τὸ ὄνομα αὐτοῦ (8 *a*)
— 11. καὶ ἀκούσαντες [A *om.*] εἶπαν πρὸς ἡμᾶς –
— 16. ἤκουσαν ὅτι ἐγγύθεν αὐτῶν εἰσί (8 *a*)
10. 1. ὡς δὲ ἤκουσεν . . . ὅτι ἔλαβεν Ἰ. (8 *a*)
11. 1. ὡς δὲ ἤκουσεν Ἰαβὶς βασιλεὺς Ἀσώρ (8 *a*)
14. 12. ὅτι σὺ ἀκήκοας τὸ ῥῆμα τοῦτο (8 *a*)
22. 2. ὑμεῖς ἀκηκόατε πάντα ὅσα ἐνετείλατο (9)
— 11. ἤκουσαν οἱ υἱοὶ Ἰσραὴλ λεγόντων (8 *a*)
— 30. ἀκούσας [A -σαντες] Φινεὲς ὁ ἱερεὺς καὶ πάντες (8 *a*)
24. 24. καὶ τῆς φωνῆς αὐτοῦ ἀκουσόμεθα (8 *a*)
— 27. ἀκήκοε πάντα τὰ λεχθέντα αὐτῷ [A *om.*] (8 *a*)
Jd. 3. 4. γνῶναι εἰ ἀκούσονται τὰς ἐντολὰς κυρίου (8 *a*)
5. 3. ἀκούσατε βασιλεῖς (8 *a*)
— 16. B τοῦ ἀκοῦσαι συρισμοῦ ἀγελῶν [A *al.*] (8 *a*)
7. 10. ἀκούσῃ τί λαλήσουσι [A λαλοῦσι] (8 *a*)
— 15. ὡς ἤκουσε Γ. τὴν ἐξήγησιν [A διήγησιν] (8 *a*)
9. 7. ἀκούσατέ μου ἄνδρες Σικίμων καὶ ἀκούσεται ὑμῶν ὁ θεός (8 *a*, 8 *a*)
— 30. ἤκουσε Ζεβοὺλ . . . τοὺς λόγους Γαάλ (8 *a*)
— 46. καὶ ἤκουσαν πάντες οἱ ἄνδρες (8 *a*)
11. 10. κύριος ἔστω [A ἔσται ὁ] ἀκούων (8 *a*)
— 17. καὶ οὐκ ἤκουσε βασιλεὺς [A ὁ β.] Ἐδώμ (8 *a*)
— 28. καὶ οὐκ ἤκουσε [A εἰσήκ.] . . . τῶν λόγων Ἰ. (8 *a*)
14. 13. καὶ ἀκουσόμεθα αὐτό [A σου] (8 *a*)
18. 25. μὴ ἀκουσθήτω δὴ φωνή σου μεθ' ἡμῶν (8 *c*)
19. 25. A οὐκ ἠθέλησαν οἱ ἄνδρες ἀκοῦσαι [B *al.*] (8 *a*)
20. 3. ἤκουσαν οἱ υἱοὶ Βενιαμίν (8 *a*)
— 13. οὐκ εὐδόκησαν οἱ υἱοὶ Βενιαμὶν [A οὐκ ἤκουσαν εἰσακοῦσαι υἱοὶ B.] ἀκοῦσαι τῆς φωνῆς (12, 8 *a*)
Ru. 1. 6. ὅτι ἤκουσαν ἐν ἀγρῷ Μωάβ (8 *a*)
2. 8. οὐκ ἤκουσας θύγατερ (8 *a*)
I Ki. 1. 13. καὶ φωνὴ αὐτῆς οὐκ ἠκούετο (8 *b*)
2. 22. καὶ ἤκουσεν ἃ [A σύμπαντα ἃ] ἐποίουν (8 *a*)
— 23. τὸ ῥῆμα τοῦτο ὃ ἐγὼ ἀκούω (8 *a*)
— 24. οὐκ ἀγαθὴ ἡ ἀκοὴ ἣν ἐγὼ ἀκούω (8 *a*)
— 24. οὐκ ἀγαθαὶ αἱ ἀκοαὶ ἃς ἐγὼ ἀκούω (8 *a*)
— 25. καὶ οὐκ ἤκουον τῆς φωνῆς τοῦ πατρός (8 *a*)
3. 9, 10. ἀκούει ὁ δοῦλός σου (8 *a*)
— 11. παντὸς ἀκούοντος αὐτὰ ἠχήσει . . . τὰ ὦτα αὐτοῦ (8 *a*)
4. 6. ἤκουσαν οἱ ἀλλόφυλοι τῆς [A τὴν φωνὴν τῆς] κραυγῆς (8 *a*)
— 14. καὶ ἤκουσεν Ἡλὶ τὴν φωνὴν τῆς βοῆς (8 *a*)
— 19. καὶ ἤκουσε τὴν ἀγγελίαν ὅτι ἐλήφθη (8 *a*)
7. 7. καὶ ἤκουσαν οἱ ἀλλ. ὅτι συνηθροίσθησαν (8 *a*)
— 7. ἀκούουσιν οἱ υἱοὶ Ἰσρ. καὶ ἐφοβήθησαν (8 *a*)
8. 7. ἄκουε τῆς φωνῆς τοῦ λαοῦ (8 *a*)
— 9. καὶ νῦν ἄκουε τῆς φωνῆς αὐτῶν (8 *a*)
— 19. οὐκ ἐβούλετο ὁ λαὸς ἀκοῦσαι [A τοῦ ἀ.] τοῦ Σαμ. (8 *a*)
— 21. ἤκουσε Σ. πάντας τοὺς λόγους τοῦ λαοῦ (8 *a*)
— 22. ἄκουε τῆς φωνῆς αὐτῶν (8 *a*)
9. 27. καὶ ἄκουσον [A ἀκουστὸν] ῥῆμα θεοῦ (8 *c*)
11. 6. B ὡς ἤκουσε τὰ ῥήματα ταῦτα (8 *a*)
12. 1. ἰδοὺ ἤκουσα φωνῆς ὑμῶν εἰς πάντα (8 *a*)
— 14. καὶ ἀκούσητε τῆς φωνῆς αὐτοῦ (8 *a*)
— 15. ἐὰν δὲ μὴ ἀκούσητε [A εἰσακ.] τῆς φωνῆς (8 *a*)
13. 3. B καὶ ἀκούουσιν οἱ ἀλλόφυλοι (8 *a*)
— 4. B καὶ πᾶς Ἰσραὴλ ἤκουσε λεγόντων (8 *a*)
14. 22. καὶ ἤκουσαν ὅτι πεφεύγασιν οἱ ἀλλόφ. (8 *a*)
— 27. οὐκ ἀκηκόει ἐν τῷ ὁρκίζειν τὸν πατέρα (8 *a*)
15. 1. καὶ νῦν ἄκουε [A ἄκουσον] τῆς φωνῆς (8 *a*)
— 14. καὶ φωνὴ τῶν βοῶν ἣν [A ὧν] ἐγὼ ἀκούω (8 *a*)
— 19. καὶ ἱνατί οὐκ ἤκουσας φωνῆς κ. (8 *a*)
— 20. διὰ τὸ ἀκοῦσαί με τῆς φωνῆς τοῦ λαοῦ (8 *a*)
— 22. ὡς τὸ ἀκοῦσαι φωνῆς κυρίου (8 *a*)
— 24. καὶ ἤκουσα τῆς φωνῆς αὐτῶν (8 *a*)
16. 2. καὶ ἀκούσεται Σαοὺλ καὶ ἀποκτενεῖ με (8 *a*)
17. 11. καὶ ἤκουσε Σ. καὶ πᾶς Ἰσρ. τὰ ῥήματα (8 *a*)
— 23. A καὶ ἤκουσεν Δαυίδ (8 *a*)
— 28. A καὶ ἤκουσεν . . . ἐν τῷ λαλεῖν αὐτόν (8 *a*)
— 31. A καὶ ἠκούσθησαν οἱ λόγοι (8 *b*)
19. 6. καὶ ἤκουσε Σαοὺλ τῆς φωνῆς Ἰωνάθαν (8 *a*)
22. 1. καὶ ἀκούουσιν οἱ ἀδελφοὶ αὐτοῦ (8 *a*)
— 6. καὶ ἤκουσε Σαοὺλ ὅτι ἔγνωσται Δαυίδ (8 *a*)
— 7. ἀκούσατε δὴ υἱοὶ Βενιαμίν (8 *a*)
— 12. ἄκουε δὴ υἱὲ Ἀχιτώβ (8 *a*)

I Ki. 23. 10. ἀκούων ἀκήκοεν ὁ δοῦλός σου (8 *a*, 8 *a*)
— 11. καθὼς ἤκουσεν ὁ δοῦλός σου (8 *a*)
— 25. καὶ ἤκουσε Σαοὺλ καὶ κατεδίωξεν (8 *a*)
24. 10. ἱνατί ἀκούεις τῶν λόγων τοῦ λαοῦ λεγ. (8 *a*)
25. 4. καὶ ἤκουσε Δαυὶδ ἐν τῇ ἐρήμῳ (8 *a*)
— 7. καὶ νῦν ἰδοὺ ἀκήκοα ὅτι κείρουσι (8 *a*)
— 24. ἄκουσον λόγον [R -ων] τῆς δούλης σου (8 *a*)
— 35. βλέπε ἤκουσα τῆς φωνῆς σου (8 *a*)
— 39. καὶ ἤκουσε Δαυίδ [A *add.* ὅτι ἀπέθανεν Νάβαλ] (8 *a*)
26. 19. καὶ νῦν ἀκουσάτω [A *add.* δὴ] ὁ κ. . . . τὸ ῥῆμα (8 *a*)
28. 18. διότι οὐκ ἤκουσας φωνῆς κυρίου (8 *a*)
— 21. ἤκουσεν [A *om.*] ἡ δούλη σου τῆς φωνῆς (8 *a*)
— 21. ἤκουσα τοὺς λόγους οὓς ἐλάλησας (8 *a*)
— 22. ἄκουσον δὴ φωνῆς τῆς δούλης σου (8 *a*)
— 23. ἤκουσε τῆς φωνῆς αὐτῶν καὶ ἀνέστη (8 *a*)
31. 11. ἀκούουσιν [A *add.* περὶ αὐτοῦ] οἱ κατ. (8 *a*)
II Ki. 3. 28. ἤκουσε Δαυὶδ μετὰ ταῦτα καὶ εἶπεν (8 *a*)
4. 1. καὶ ἤκουσε Μεμφ. υἱὸς Σ. ὅτι τέθνηκεν (8 *a*)
5. 17. καὶ ἤκουσαν οἱ ἀλλόφυλοι (8 *a*)
— 18. καὶ ἤκουσε Δαυὶδ καὶ κατέβη (8 *a*)
— 24. ἐν τῷ ἀκοῦσαί σε τὴν φωνὴν τοῦ συγκλ. (8 *a*)
7. 22. ἐν πᾶσιν οἷς ἠκούσαμεν ἐν τοῖς ὠσίν (8 *a*)
8. 9. καὶ ἤκουσε Θοού (8 *a*)
10. 7. ἤκουσε Δαυὶδ καὶ ἀπέστειλε τὸν Ἰ. (8 *a*)
11. 26. καὶ ἤκουσεν ἡ γυνὴ Οὐρίου (8 *a*)
13. 14. οὐκ ἠθέλησεν Ἀ. τοῦ ἀκοῦσαι τῆς φωνῆς (8 *a*)
— 16. οὐκ ἠθέλησεν Ἀ. ἀκοῦσαι τῆς φωνῆς (8 *a*)
— 21. ἤκουσεν ὁ βασιλεὺς Δ. πάντας τοὺς λόγους (8 *a*)
14. 16. ὅτι ἀκούσει ὁ βασιλεύς (8 *a*)
— 17. τοῦ ἀκούειν τὸ ἀγαθὸν καὶ τὸ πονηρόν (8 *a*)
15. 3. ἀκούων οὐκ ἔστι σοι παρὰ τοῦ βασιλέως (8 *a*)
— 10. ἐν τῷ ἀκοῦσαι ὑμᾶς τὴν φωνὴν τῆς κερατ. (8 *a*)
— 35. πᾶν ῥῆμα ὃ ἐὰν ἀκούσῃς ἐξ οἴκου τοῦ βασ. (8 *a*)
— 36. πᾶν ῥῆμα ὃ ἐὰν ἀκούσητε (8 *a*)
16. 21. ἀκούσεται πᾶς Ἰσραήλ (8 *a*)
17. 5. ἀκούσωμεν τί ἐν τῷ στόματι αὐτοῦ (8 *a*)
— 9. καὶ ἀκούσῃ ἀκούων [A ὁ ἀ.] καὶ εἴπῃ (8 *a*, 8 *a*)
18. 5. B πᾶς ὁ λαὸς ἤκουσεν (8 *a*)
19. 2 (3). ἤκουσεν ὁ λαὸς ἐν τῇ ἡμέρᾳ ἐκείνῃ λέγων (8 *a*)
— 35 (36). ἀκούσομαι ἔτι φωνὴν ᾀδόντων καὶ ᾀδ. (8 *a*)
20. 16. ἀκούσατε ἀκούσατε [A *om.*] εἴπατε δὴ πρὸς Ἰ. (8 *a*, 8 *a*)
— 17. ἄκουσον τοὺς λόγους τῆς δούλης σου (8 *a*)
— 17. ἀκούω ἐγώ εἰμι (8 *a*)
22. 45. εἰς ἀκοὴν ὠτίου ἤκουσάν [A ὑπήκ.] μου (8 *b*)
III Ki. 1. 11. οὐκ ἤκουσας ὅτι ἐβασίλευσεν Ἀδωνίας (8 *a*)
— 41. καὶ ἤκουσεν Ἀδωνίας (8 *a*)
— 41. ἤκουσεν Ἰωὰβ τὴν φωνὴν τῆς κερατίνης (8 *a*)
— 45. αὕτη ἡ φωνὴ ἣν ἠκούσατε (8 *a*)
3. 1 (2. 43). A ἀγαθὸν τὸ ῥῆμα ὃ ἤκουσα (8 *a*)
— 9. καρδίαν ἀκούειν καὶ διακρίνειν τὸν λαόν (8 *a*)
— 28. ἤκουσαν πᾶς Ἰσραὴλ τὸ κρίμα τοῦτο (8 *a*)
4. 34 (5. 14). παρεγίνοντο . . . ἀκοῦσαι τῆς σοφίας Σαλ. (8 *a*)
— 34 (5. 14). ὅσοι ἤκουον τῆς σοφίας [A τὴν σοφίαν] (8 *a*)
5. 1 (15). A ἤκουσεν γὰρ ὅτι αὐτὸν ἔχρισαν [B *al.*] (8 *a*)
— 7 (21). καθὼς ἤκουσε Χιρὰμ τῶν λόγων Σαλ. (8 *a*)
— 8 (22). ἀκήκοα περὶ πάντων ὧν ἀπέσταλκας (8 *a*)
6. 7. πᾶν σκεῦος σιδ. οὐκ ἠκούσθη [A ἤκουσται] (8 *b*)
8. 28. ἀκούειν τῆς τέρψεως [R προσευχῆς, A τ. τ. κ. τῆς πρ.] (8 *a*)
— 42. A ὅτι ἀκούσουσι τὸ ὄνομά σου τὸ μέγα (8 *a*)
9. 3. ἤκουσα τῆς φωνῆς τῆς προσευχῆς (8 *a*)
10. 1. βασίλισσα Σαβὰ ἤκουσε τὸ ὄνομα Σαλ. (8 *a*)
— 6. ὁ λόγος ὃν ἤκουσα ἐν τῇ γῇ μου (8 *a*)
— 7. τὴν ἀκοὴν ἣν ἤκουσα ἐν τῇ γῇ μου (8 *a*)
— 8. οἱ ἀκούοντες πᾶσαν τὴν φρόνησίν σου (8 *a*)
— 24. τοῦ ἀκοῦσαι τῆς φρονήσεως αὐτοῦ (8 *a*)
11. 21. καὶ Ἄδερ ἤκουσεν ἐν Αἰγύπτῳ (8 *a*)
— 43. [B], 12. 2. [A] ὡς ἤκουσεν Ἱεροβοάμ (8 *a*)
12. 15. οὐκ ἤκουσεν ὁ βασιλεὺς τοῦ λαοῦ (8 *a*)
— 16. ὅτι οὐκ ἤκουσεν ὁ βασιλεὺς αὐτῶν (8 *a*)
— 20. ὡς ἤκουσε πᾶς [A *om.*] Ἰσραήλ (8 *a*)
— 24. καὶ ἤκουσαν τοῦ λόγου κυρίου (8 *a*)
— 24. B καὶ ἤκουσεν Ἱεροβοὰμ ἐν Αἰγ. –
— 24. B καὶ ἀπῆλθεν ἡ γυνὴ ὡς ἤκουσε –
— 24. B καὶ ἤκουσαν τοῦ λόγου κυρίου –
13. 4. ὡς ἤκουσεν ὁ βασιλεὺς Ἱερ. τῶν λόγων (8 *a*)
— 26. ἤκουσεν ὁ ἐπιστρέψας αὐτόν (8 *a*)

III Ki. 14. 6. A ὡς ἤκουσεν Ἀχ. τὴν φωνὴν ποδῶν αὐτῆς (8 *a*)
15. 20. καὶ ἤκουσεν υἱὸς Ἄδερ τοῦ βασιλέως Ἀσά (8 *a*)
— 21. ὡς ἤκουσε B. (8 *a*)
16. 16. καὶ ἤκουσεν ὁ λαὸς ἐν τῇ παρ. λεγόντων (8 *a*)
17. 22. A καὶ ἤκουσε κύριος ἐν φωνῇ Ἠλία (8 *a*)
19. 13. καὶ ἐγένετο ὡς ἤκουσεν Ἠλιού (8 *a*)
20 (21). 15. καὶ ἐγένετο ὡς ἤκουσεν Ἰεζάβελ (8 *a*)
— 16. καὶ ἐγένετο ὡς ἤκουσεν Ἀχ. ὅτι τέθνηκε (8 *a*)
21 (20). 8. μὴ ἀκούσῃς καὶ μὴ θελήσῃς (8 *a*)
— 25. καὶ ἤκουσε τῆς φωνῆς αὐτοῦ (8 *a*)
— 36. ἀνθ' ὧν οὐκ ἤκουσας τῆς φωνῆς κ. (8 *a*)
22. 19. ἄκουε ῥῆμα κυρίου (8 *a*)
— 28. A καὶ εἶπεν ἀκούσατε λαοὶ πάντες (8 *a*)
IV Ki. 3. 21. πᾶσα Μωὰβ ἤκουσαν (8 *a*)
5. 8. ὡς ἤκουσεν Ἐλισαιέ (8 *a*)
6. 30. ὡς ἤκουσεν ὁ βασιλεὺς Ἰσρ. τοὺς λόγους (8 *a*)
7. 1. ἄκουσον λόγον κυρίου (8 *a*)
9. 13. καὶ ἀκούσαντες ἔσπευσαν –
— 30. καὶ Ἰεζ. ἤκουσε (8 *a*)
11. 13. καὶ ἤκουσε Γοθ. τὴν φωνὴν τῶν τρεχ. (8 *a*)
14. 11. καὶ οὐκ ἤκουσεν Ἀμεσσίας (8 *a*)
16. 9. καὶ ἤκουσεν αὐτοῦ βασιλεὺς Ἀσσυρίων (8 *a*)
17. 14. καὶ οὐκ ἤκουσαν [A *add.* αὐτῶν] (8 *a*)
— 40. A R οὐκ ἀκούσεσθε ἐπὶ [B ἔτι] τῷ κρίματι αὐτῶν (8 *a*)
18. 12. ὅτι οὐκ ἤκουσαν τῆς φωνῆς κ. θεοῦ (8 *a*)
— 12. καὶ οὐκ ἤκουσαν καὶ οὐκ ἐποίησαν (8 *a*)
— 26. ὅτι [B *om.*] ἀκούομεν ἡμεῖς (8 *a*)
— 28. ἀκούσατε τοὺς λόγους τοῦ μεγάλου βασ. (8 *a*)
— 31. μὴ ἀκούετε Ἐζεκίου (8 *a*)
— 32. καὶ μὴ ἀκούετε Ἐζεκίου (8 *a*)
19. 1. καὶ ἐγένετο ὡς ἤκουσεν ὁ βασιλεὺς Ἐζ. (8 *a*)
— 4. ἐν λόγοις οἷς ἤκουσε κύριος ὁ θεός σου (8 *a*)
— 6. τῶν λόγων ὧν ἤκουσας ὧν ἐβλασφήμησαν (8 *a*)
— 7. καὶ ἀκούσεται ἀγγελίαν καὶ ἀποστρ. (8 *a*)
— 8. ὅτι ἤκουσεν ὅτι ἀπῆρεν ἀπὸ Λαχείς (8 *a*)
— 9. ἤκουσε περὶ Θαρ. βασιλέως Αἰθ. λέγων (8 *a*)
— 11. ἰδοὺ σὺ ἤκουσας πάντα ὅσα ἐποίησαν (8 *a*)
— 16. κλῖνον, κύριε, τὸ οὖς σου καὶ ἄκουσον (8 *a*)
— 16. καὶ ἄκουσον τοὺς λόγους Σενναχηρίμ (8 *a*)
— 20. ἃ προσηύξω πρὸς μὲ . . . ἤκουσα (8 *a*)
— 25. A μὴ οὐκ ἤκουσας (8 *a*)
20. 5. ἤκουσα τῆς προσευχῆς σου (8 *a*)
— 12. ὅτι ἤκουσεν ὅτι ἠρρώστησεν Ἐζεκίας (8 *a*)
— 16. ἄκουσον λόγον [A τὸν λ.] κυρίου (8 *a*)
21. 9. καὶ οὐκ ἤκουσαν καὶ ἐπλάνησεν (8 *a*)
— 12. παντὸς ἀκούοντος ἠχήσει ἀμφ. τὰ ὦτα (8 *a*)
22. 11. ὡς ἤκουσεν ὁ βασ. τοὺς λόγους βιβλίου (8 *a*)
— 13. οὐκ ἤκουσαν οἱ πατέρες ἡμῶν τῶν λόγων (8 *a*)
— 19. οἱ λόγοι οὓς ἤκουσας (8 *a*)
— 19. ὡς ἤκουσας ὅσα ἐλάλησα (8 *a*)
— 19. καί γε [A *om.*] ἐγὼ ἤκουσα, λέγει κύριος (8 *a*)
25. 23. ἤκουσαν πάντες οἱ ἄρχ. τῆς δυν. (8 *a*)
I Ch. 10. 11. ἤκουσαν πάντες οἱ κατοικοῦντες Γ. (8 *a*)
14. 8. καὶ ἤκουσαν ἀλλόφυλοι (8 *a*)
— 8. καὶ ἤκουσε Δαυὶδ καὶ ἐξῆλθεν [A καὶ ἐξ. Δ. ὡς ἤκ.] (8 *a*)
— 15. ἐν τῷ ἀκοῦσαί σε τὴν φωνὴν τοῦ συσσ. (8 *a*)
15. 19. ἐν κυμβ. χαλκοῖς τοῦ ἀκουσθῆναι ποιῆσαι (8 *c*)
17. 20. πάντα ὅσα ἠκούσαμεν ἐν ὠσὶν ἡμῶν (8 *a*)
18. 9. καὶ ἤκουσε Θωὰ βασ. Ἡμὰθ ὅτι ἐπάταξε (8 *a*)
19. 8. καὶ ἤκουσε Δαυὶδ καὶ ἀπέστειλε (8 *a*)
28. 2. ἀκούσατέ μου, ἀδελφοὶ καὶ λαός μου (8 *a*)
II Ch. 6. 20. τοῦ ἀκοῦσαι τῆς προσευχῆς (8 *a*)
— 21. καὶ ἀκούσῃ τῆς δεήσεως τοῦ παιδός σου (8 *a*)
— 21. καὶ ἀκούσῃ καὶ ἵλεως ἔσῃ (8 *a*)
— 35. καὶ ἀκούσῃ ἐκ τοῦ οὐρ. τῆς δεήσεως (8 *a*)
— 39. καὶ ἀκούσῃ ἐκ τοῦ οὐρ. ἐξ ἑτοίμου κατ. (8 *a*)
7. 12. ἤκουσα τῆς προσευχῆς σου (8 *a*)
9. 1. βασίλισσα Σαβὰ ἤκουσε τὸ ὄνομα Σαλ. (8 *a*)
— 5. ἀληθινὸς ὁ λόγος ὃν ἤκουσα ἐν τῇ γῇ μου (8 *a*)
— 6. προσέθηκας ἐπὶ τὴν ἀκοὴν ἣν ἤκουσα (8 *a*)
— 7. καὶ ἀκούουσι σοφίαν σου (8 *a*)
— 23. ἀκοῦσαι τῆς σοφίας αὐτοῦ (8 *a*)
10. 2. καὶ ἐγένετο ὡς ἤκουσεν Ἱεροβοάμ (8 *a*)
— 15. καὶ οὐκ ἤκουσεν ὁ βασιλεὺς τοῦ λαοῦ (8 *a*)
— 16. ὅτι οὐκ ἤκουσεν ὁ βασιλεὺς αὐτῶν (8 *a*)
13. 4. ἀκούσατε Ἱερ. καὶ πᾶς Ἰσρ. (8 *a*)
15. 2. A R ἀκουσατέ μου Ἀσὰ καὶ πᾶς Ἰ. (8 *a*)
— 8. ἐν τῷ ἀκοῦσαι τοὺς λόγους τούτους (8 *a*)
16. 4. ἤκουσεν υἱὸς Ἄδερ τοῦ βασ. Ἀσά (8 *a*)

II Ch. 16. 5. ἐν τῷ ἀκοῦσαι Βαασά (8 a)
18. 18. οὐχ οὕτως, ἀκούσατε λόγον κυρίου (8 a)
— 27. ἀκούσατε λαοὶ πάντες (8 a)
20. 9. καὶ ἀκούσῃ καὶ σώσεις (8 a)
— 15. ἀκούσατε πᾶς Ἰούδα καὶ οἱ κατ. (7)
— 20. ἀκούσατέ μου Ἰούδα καὶ οἱ κατ. (8 a)
— 29. ἐν τῷ ἀκοῦσαι αὐτούς (8 a)
23. 12. καὶ ἤκουσε Γοθ. τὴν φωνὴν τοῦ λαοῦ (8 a)
24. 19. ἀπέστειλε . . . καὶ οὐκ ἤκουσαν –
— 19. A διεμαρτ. αὐτοῖς καὶ οὐκ ἤκουσαν [B ὑπήκ.] (1 a)
25. 20. καὶ οὐκ ἤκουσεν Ἀμασίας (8 a)
26. 15. ἠκούσθη ἡ κατασκευὴ αὐτῶν ἕως πόρρω (3)
28. 11. ἀκούσατέ μου καὶ ἀποστρέψατε (8 a)
29. 5. ἀκούσατε, οἱ Λευῖται, νῦν ἁγνίσθητε (8 a)
33. 10. A καὶ οὐκ ἤκουσαν [B ἐπήκουσαν] (7)
34. 19. A R ὡς ἤκουσεν ὁ βασιλεὺς τοὺς λόγους [B *om.*] (8 a)
— 21. B διότι οὐκ ἤκουσαν [A R εἰσήκ.] οἱ πατ. (9)
— 27. τοὺς λόγους οὓς ἤκουσας (8 a)
— 27. ἐν τῷ ἀκοῦσαί σε τοὺς λόγους μου (8 a)
— 27. καὶ ἔκλαυσας . . . καὶ ἐγὼ ἤκουσα (8 a)
35. 22. οὐκ ἤκουσε τῶν λόγων Νεχαώ (8 a)
I Es. 5. 65. ὥστε τὸν λαὸν μὴ ἀκούειν τῶν σαλπίγγων
— 65. ὥστε μακρόθεν ἀκούεσθαι
— 66. καὶ ἀκούσαντες οἱ ἐχθροὶ τῆς φυλῆς
— 69. ὁμοίως γὰρ ὑμῖν ἀκούομεν τοῦ κ. ὑμῶν
8. 71. ἅμα τῷ ἀκοῦσαί με ταῦτα
9. 40. A R ἀκοῦσαι τοῦ νόμου [B τὸν νόμον]
— 50. A R ἐν τῷ ἀκοῦσαι τοῦ νόμου [B τὸν ν.]
II Es. 3. 13. ἠκούετο ἕως ἀπὸ μακρόθεν (8 b)
4. 1. καὶ ἤκουσαν οἱ θλίβοντες Ἰούδα (8 a)
9. 3. ὡς ἤκουσα τὸν λόγον τοῦτον (8 a)
Ne. 1. 4. ἐν τῷ ἀκοῦσαί με τοὺς λόγους τούτους (8 a)
— 6. τοῦ ἀκοῦσαι προσευχὴν δούλου σου (8 a)
2. 10. καὶ ἤκουσε Σαναβαλλάτ (8 a)
— 19. καὶ ἤκουσε Σαναβ. . . . καὶ ἐξεγέλασαν (8 a)
4. 1 (3. 33). καὶ ἐγένετο ἡνίκα ἤκουσε Σαναβ. (8 a)
— 4 (3. 36). ἄκουσον ὁ θεὸς ἡμῶν (8 a)
— 7 (1). καὶ ἐγένετο ὡς ἤκουσε Σαναβ. (8 a)
— 15 (9). ἡνίκα ἤκουσαν [A ἔγνωσαν] (8 a)
— 20 (14). οὗ ἐὰν ἀκούσητε τὴν φωνὴν τῆς κερατ. (8 a)
5. 6. καθὼς ἤκουσα τὴν κραυγὴν αὐτῶν (8 a)
6. 1. καθὼς ἠκούσθη τῷ Σαναβ. (8 b)
— 6. ἐν ἔθνεσιν ἠκούσθη (8 b)
— 16. ἡνίκα ἤκουσαν πάντες οἱ ἐχθροὶ ἡμῶν (8 a)
8. 2. πᾶς ὁ συνιῶν ἀκούειν (8 a)
— 9. ὡς ἤκουσαν τοὺς λόγους τοῦ νόμου (8 a)
9. 9. τὴν κραυγὴν αὐτῶν ἤκουσας (8 a)
— 16. καὶ οὐκ ἤκουσαν τῶν ἐντολῶν σου (8 a)
— 27. καὶ σὺ ἐξ οὐρανοῦ σου [A *om.*] ἤκουσας (8 a)
— 29. καὶ οὐκ ἤκουσαν ἀλλ' . . . ἡμάρτοσαν (8 a)
— 29. τράχ. αὐτῶν ἐσκλήρ. καὶ οὐκ ἤκουσαν (8 a)
12. 42. καὶ ἠκούσθησαν οἱ ᾄδοντες (8 c)
— 43. ἠκούσθη ἡ εὐφροσύνη ἐν Ἱερ. ἀπὸ μακρ. (8 b)
13. 3. ὡς ἤκουσαν τὸν νόμον καὶ ἐχωρίσθησαν (8 a)
— 27. ὑμῶν μὴ ἀκουσόμεθα ποιῆσαι (8 b)
To. 3. 6. ὅτι ὀνειδισμοὺς ψευδεῖς ἤκουσα
— 6. S καὶ μὴ ἀ. ὀνειδισμούς
— 7. S καὶ αὐτὴν ἀκοῦσαι ὀνειδισμούς [A B *al.*]
— 10. ταῦτα ἀκούσασα ἐλυπήθη σφόδρα [S *al.*]
— 10. S καὶ μηκέτι ὀνειδισμοὺς ἀκούσω
— 13. μὴ ἀκοῦσαί με μηκέτι ὀνειδισμόν
— 15. καὶ ἀκοῦσαί με ὀνειδισμόν
5. 9. S φωνὴν ἀνθρώπων ἀκούω
6. 12. νῦν ἄκουσόν μου
— 12. S καὶ νῦν ἄκουσόν μου
— 13. ἀκήκοα ἐγὼ τὸ κοράσιον δεδόσθαι
— 13. S ἤκουσα λεγόντων αὐτῶν
— 15. νῦν ἄκουσόν μου, ἀδελφέ
— 17. ὡς ἤκουσε Τωβίας ταῦτα
7. 7. ἀκούσας ὅτι Τωβὶτ ἀπώλεσε
— 9. S ἤκουσεν Ῥαγ. [A B *al.*]
10. 13. ἀκούσαιμί σου ἀκοὴν καλήν
14. 15. ἤκουσε . . . τὴν ἀπώλειαν Νινευή
Ju. 4. 1. ἤκουσαν οἱ υἱοὶ Ἰσρ. . . . ὅσα ἐποίησεν
— 6. S^1 ἤκουσεν [A B ἔγραψεν] Ἰωακείμ
5. 5. ἀκουσάτω δὴ λόγον ὁ κύριός μου
7. 9. ἀκουσάτω δὴ λόγον ὁ δεσπότης ἡμῶν
8. 1. ἤκουσεν ἐν ἐκείναις ταῖς ἡμέραις Ἰουδίθ
— 9. ἤκουσε τὰ ῥήματα τοῦ λαοῦ τὰ πονηρά
— 9. ἤκουσε πάντας τοὺς λόγους Ἰουδίθ
— 11. ἀκούσατε δή μου, ἄρχοντες
— 32. ἀκούσατέ μου καὶ ποιήσω πρᾶγμα
10. 14. ὡς δὲ ἤκουσαν οἱ ἄνδρες τὰ ῥήματα
Ju. 11. 8. ἠκούσαμεν γὰρ τὴν σοφίαν σου
— 9. ἠκούσαμεν τὰ ῥήματα αὐτοῦ
— 16. ὅσοι ἐὰν ἀκούσωσιν αὐτά
13. 12. ὡς ἤκουσαν οἱ ἄνδρες τῆς πόλ. αὐ. τὴν φωνήν
14. 1. ἀκούσατε δή μου, ἀδελφοί
— 7. οἵτινες ἀκούσαντες τὸ ὄνομά σου ταρ.
— 19. B S ὡς δὲ ἤκουσαν τὰ [A R ταῦτα τὰ] ῥήματα
15. 1. καὶ ὡς ἤκουσαν οἱ ἐν τοῖς σκην. ὄντες
— 5. ὡς δὲ ἤκουσαν οἱ υἱοὶ Ἰσραήλ
Es. 1. 1. ἤκουσέ τε αὐτῶν τοὺς λογισμούς
— 18. ἀκούσασαι τὰ τῷ βασ. λεχθέντα [A ἀχθ.] (8 a)
— 20. ἀκουσθήτω ὁ νόμος [A S^3 λόγος] (8 b)
2. 8. ὅτε ἠκούσθη τὸ τοῦ βασιλέως πρόσταγμα (8 b)
4. 4. ἐταράχθη ἀκούσασα τὸ γεγονός –
— 17. B ἐγὼ ἤκουον ἐκ γενετῆς μου ἐν φυλῇ πατριᾶς [A S *al.*]
7. 9. Ἀμὰν δὲ ἀκούσας διετράπη τῷ προσώπῳ †
Jb. 1. 20. A ἀκούσας ἀναστὰς Ἰὼβ διέρρηξεν [B S *al.*] †
2. 11. ἀκούσαντες δὲ . . . τὰ κακὰ πάντα (8 a)
3. 18. οὐκ ἤκουσαν [A ἔτι ἤ.] φωνὴν φορολ. (8 a)
4. 16. αὖραν καὶ φωνὴν ἤκουον (8 a)
5. 27. ταῦτά ἐστιν ἃ ἀκηκόαμεν (8 a)
13. 1. ἀκήκοέ μου τὸ οὖς (8 a)
— 6. ἀκούσατε ἔλεγχον τοῦ [A S *om.*] στόματός μου (8 a)
— 17. ἀκούσατε, ἀκούσατε τὰ ῥήματά μου (8 a, 8 a)
— 17. ἀναγγελῶ γὰρ ὑμῶν ἀκουόντων (1 b)
15. 8. ἢ σύνταγμα κυρίου ἀκήκοας (8 a)
— 17. ἀναγγελῶ δέ σοι, ἄκουέ μου (8 a)
16. 2. ἀκήκοα τοιαῦτα πολλά (8 a)
20. 3. παιδείαν ἐντροπῆς μου ἀκούσομαι (8 a)
21. 2. ἀκούσατε, ἀκούσατέ μου τῶν λόγων (8 a, 8 a)
26. 14. ἐπὶ ἰκμάδα λόγου ἀκουσόμεθα ἐν αὐτῷ (8 a)
27. 9. A τὴν δέησιν αὐτοῦ ἀκούσῃ ὁ κύριος [B S *al.*] (8 a)
28. 22. ἀκηκόαμεν δὲ αὐτῆς τὸ κλέος (8 a)
29. 10. οἱ δὲ ἀκούσαντες [A ἀ. περὶ ἐμοῦ] ἐμακάρισάν με †
— 11. οὖς ἤκουσε καὶ ἐμακάρισέ με (8 a)
— 21. ἐμοῦ ἀκούσαντες [A πρεσβύτεροι ἀκ.] (8 a)
30. 20. καὶ οὐκ ἀκούεις [A εἰσακ., S εἰσακούσῃ] μου (10)
31. 30. ἀκοῦσαι ἄρα τὸ οὖς μου τὴν κατάραν μου †
— 35. τίς δῴη ἀκούοντά μου (8 a)
32. 10. ἀκούσατέ μου, καὶ ἀναγγελῶ ὑμῖν ἃ οἶδα (8 a)
— 11. ἐρῶ γὰρ [B S^1 *om.* ἐ. γὰρ] ὑμῶν ἀκουόντων –
— 11. A ἰδοὺ ἤκουσα τοὺς λόγους ὑμῶν (11)
33. 1. ἄκουσον, Ἰώβ, τὰ ῥήματά μου (8 a)
— 8. φωνὴν ῥημάτων σου ἀκήκοα (8 a)
— 31. A ἀκούσατέ μου, σοφοί –
— 31. ἐνωτίζου [A πρόσεχε], Ἰώβ, καὶ ἄκουε [A -ουσόν] μου (8 a)
— 33. εἰ μή, σὺ ἄκουσόν μου (8 a)
34. 2. ἀκούσατέ μου, σοφοί (8 a)
— 10. συνετοὶ καρδίας ἀκούσατέ μου (8 a)
— 16. ἄκουε ταῦτα, ἐνωτίζου φωνὴν ῥημάτων (8 a)
— 34. ἀκήκοέ μου τὸ ῥῆμα (8 a)
36. 11. ἐὰν ἀκούσωσι καὶ δουλεύσωσι (8 a)
— 32. B δώσει τροφὴν τῷ ἀκούοντι [A S R ἰσχύοντι] †
37. 2. ἄκουε ἀκοὴν ἐν ὀργῇ θυμοῦ κ. (8 a)
— 4. ἀκούσει φωνὴν αὐτοῦ (8 b)
39. 7. μέμψιν δὲ φορολόγου οὐκ ἀκούων (8 a)
— 34 (40. 4). ἀκούων τοιαῦτα –
42. 4. ἄκουσον δέ μου, κύριε, ἵνα κἀγὼ λαλήσω (8 a)
— 5. ἀκοὴν μὲν ὠτὸς [A ἕως μὲν ὠτὸς ἀκοῆς] ἤκουόν σου (8 a)
— 11. ἤκουσαν . . . πάντα τὰ συμβεβηκότα αὐτῷ –
Ps. 6. 9. A S^2 ἤκουσεν [B εἰσήκ.] κ. τῆς δεήσεως (8 a)
17 (18). 6. ἤκουσεν ἐκ ναοῦ . . . φωνῆς μου (8 a)
18 (19). 3. οὐχὶ ἀκούονται αἱ φωναὶ αὐτῶν (8 b)
25 (26). 7. τοῦ ἀκοῦσαι φωνὴν (R -ῆς) αἰνέσεως (8 c)
29 (30). 10. ἤκουσε κ. καὶ ἠλέησέ με (8 a)
30 (31). 13. ἤκουσα ψόγον πολλῶν παροικούντων (8 a)
33 (34). 2. ἀκουσάτωσαν πραεῖς (8 a)
— 11. δεῦτε τέκνα, ἀκούσατέ μου (8 a)
37 (38). 13. ἐγὼ δὲ ὡσεὶ κωφὸς οὐκ ἤκουον (8 a)
— 14. ἐγενόμην ὡσεὶ ἄνθρωπος οὐκ ἀκούων (8 a)
43 (44). 1. ἐν τοῖς ὠσὶν ἡμῶν ἠκούσαμεν (8 a)
Ps. 44 (45). 10. ἄκουσον θύγατερ καὶ ἴδε (8 a)
47 (48). 8. καθάπερ ἠκούσαμεν (8 a)
48 (49). 1. ἀκούσατε ταῦτα πάντα τὰ ἔθνη (8 a)
49 (50). 7. ἄκουσον λαός μου (8 a)
58 (59). 7. ὅτι τίς ἤκουσε (8 a)
61 (62). 11. δύο ταῦτα ἤκουσα (8 a)
65 (66). 16. δεῦτε ἀκούσατε καὶ διηγήσομαι (8 a)
77 (78). 3. ὅσα ἠκούσαμεν καὶ ἔγνωμεν αὐτά (8 a)
— 21. διὰ τοῦτο ἤκουσε κύριος (8 a)
— 59. ἤκουσεν ὁ θεός [S^1 καὶ ἤ. κύρ.] (8 a)
80 (81). 5. γλῶσσαν ἣν οὐκ ἔγνω ἤκουσεν (8 a)
— 8. ἄκουσον λαός μου (8 a)
— 8. ἐὰν ἀκούσῃς μου (8 a)
— 11. οὐκ ἤκουσεν ὁ λαός μου τῆς φωνῆς (8 a)
— 13. εἰ ὁ λαός μου ἤκουσέ μου (8 a)
84 (85). 8. ἀκούσομαι τί λαλήσει ἐν ἐμοί (8 a)
91 (92). 11. A R ἀκούσεται [B S^1 εἰσακ.] τὸ οὖς μου (8 a)
93 (94). 9. ὁ φυτεύσας τὸ οὖς οὐχὶ ἀκούει (8 a)
94 (95). 7. ἐὰν τῆς φωνῆς αὐτοῦ ἀκούσητε (8 a)
96 (97). 8. ἤκουσε καὶ εὐφράνθη Σιών (8 a)
101 (102). 20. A B S τοῦ ἀκοῦσαι τὸν στεναγμόν [R τοῦ στ.] (8 a)
102 (103). 20. τοῦ ἀκοῦσαι τῆς φωνῆς τῶν λόγων αὐτοῦ (8 a)
113. 14 (115. 6). ὦτα ἔχουσι καὶ οὐκ ἀκούσονται (8 a)
118 (119). 149. τῆς φωνῆς μου ἄκουσον (8 a)
131 (132). 6. ἰδοὺ ἠκούσαμεν αὐτὴν ἐν Ἐφραθά (8 a)
134 (135). 17. A καὶ οὐκ ἀκούσονται [S R ἐνωτισθήσονται] (1 a)
137 (138). 1. S R ὅτι ἤκουσας τὰ ῥήματα τοῦ στόματός μου –
— 4. ἤκουσαν πάντα τὰ ῥήματα τοῦ στόματός σου (8 a)
140 (141). 6. ἀκούσονται τὰ ῥήματά μου (8 a)
Pr. 1. 5. τῶν δὲ γὰρ ἀκούσας (8 a)
— 8. ἄκουε, υἱέ, παιδείαν [A S νόμους] (8 a)
— 33. ὁ δὲ ἐμοῦ ἀκούων κατασκηνώσει (8 a)
4. 1. ἀκούσατε παῖδες παιδείαν πατρός (8 a)
— 10. ἄκουε, υἱέ, καὶ δέξαι ἐμοὺς λόγους (8 a)
5. 7. νῦν οὖν, υἱέ, ἄκουέ μου (8 a)
— 13. οὐκ ἤκουον φωνὴν παιδεύοντός με (8 a)
7. 24 : 8. 32. νῦν οὖν, υἱέ, ἄκουέ μου (8 a)
8. 33. A S^2 ἀκούσατε σοφίαν [S^2 παιδείαν] (8 a)
16. 21. οἱ δὲ γλυκεῖς ἐν λόγῳ πλ. ἀκούσονται (5)
18. 13. ὃς ἀποκρίνεται λόγον πρὶν ἀκοῦσαι (8 a)
19. 20. ἄκουε, υἱέ, παιδείαν πατρός σου (8 a)
20. 12. οὖς ἀκούει καὶ ὀφθαλμὸς ὁρᾷ (8 a)
22. 17. ἄκουε ἐμὸν λόγον (8 a)
23. 19. ἄκουε, υἱέ, καὶ σοφὸς γίνου (8 a)
— 22. ἄκουε, υἱέ, πατρὸς τοῦ γεννήσαντός σε (8 a)
29. 24. ἐὰν δὲ ὅρκου προτεθέντος ἀκούσαντες (8 a)
Ec. 4. 17. ἐγγὺς [S^2 ἔγγισον] τοῦ ἀκούειν ὑπὲρ δόμα (8 a)
7. 6 (5). ἀγαθὸν τὸ ἀκοῦσαι ἐπιτίμησιν σοφοῦ ὑπὲρ ἄνδρα ἀκούοντα ᾆσμα ἀφρόνων (8 a, 8 a)
— 22 (21). ὅπως μὴ ἀκούσῃς τοῦ δ. σου καταρωμένου (8 a)
9. 16. A S λόγοι αὐτοῦ οὐκ εἰσὶν ἀκουόμενοι [B οὐκ εἰσακουόμενοι] (8 b)
— 17. λόγοι σοφῶν ἐν ἀναπαύσει ἀκούονται (8 b)
12. 13. τέλος λόγου, τὸ πᾶν ἄκουε (8 a)
Ca. 2. 8. S ἀκήκοεν τοῦ νυμφίου ἡ νύμφη Φ. –
— 12. φωνὴ τοῦ τρυγόνος ἠκούσθη (8 b)
Wi. 6. 1. ἀκούσατε οὖν, βασιλεῖς
8. 15. φοβηθήσονταί με ἀκούσαντες τύραννοι
11. 13. ἤκουσαν . . . εὐεργετουμένους αὐτούς
15. 15. οὔτε ὦτα ἀκούειν
18. 1. φωνὴν μὲν ἀκούοντες
Si. 3. 1. ἐμοῦ τοῦ πατρὸς ἀκούσατε
6. 23. ἄκουσον, τέκνον
— 33. ἐὰν ἀγαπήσῃς ἀκούειν
— 35. B πᾶσαν διήγησιν θείαν θέλε ἀκούειν [A S ἀκροᾶσθαι]
11. 8. πρὶν ἢ ἀκοῦσαι μὴ ἀποκρίνου
16. 5. ἀκήκοε τὸ οὖς μου [A σου]
— 24. ἄκουσόν μου, τέκνον
17. 13. δόξαν φωνῆς αὐτ. ἤκουσε τὸ οὖς αὐτῶν
19. 9. ἀκήκοε γάρ σου καὶ ἐφυλάξατό σε
— 10. ἀκήκοας λόγον, συναποθανέτω σοι
21. 15. λογὸν σοφὸν ἐὰν ἀκούσῃ ἐπιστήμων
— 15. ἤκουσεν ὁ σπαταλῶν
22. 26. πᾶς ὁ ἀκούων φυλάξεται ἀπ' αὐτοῦ
23. 7. παιδείαν στόματος ἀκούσατε
25. 9. ὁ διηγούμενος εἰς ὦτα ἀκουόντων

Si. 25. 18. ἀκούσας ἀνεστέναξε πικρά
29. 23. S^2 ὀνειδισμὸν οἰκίας σου μὴ ἀκούσῃς
— 25. πρὸς ἐπὶ τούτοις πικρὰ ἀκούσῃ
30. 27 (33. 18). ἀκούσατέ μου, μεγιστᾶνες λαοῦ
34 (31). 22. ἄκουσόν μου, τέκνον
36 (33). 4. ἑτοίμ. λόγον, καὶ οὕτως ἀκουσθήσῃ
48. 7. ἀκούων ἐν Σινᾷ ἐλεγμόν
Ho. 4. 1. ἀκούσατε λόγον κυρίου υἱοὶ Ἰσραήλ (8 a)
5. 1. ἀκούσατε ταῦτα οἱ ἱερεῖς (8 a)
Am. 3. 1. ἀκούσατε τὸν λόγον τοῦτον (8 a)
— 13. ἱερεῖς ἀκούσατε καὶ ἐπιμαρτύρασθε (8 a)
4. 1. ἀκούσατε τὸν λόγον τοῦτον (8 a)
5. 1. ἀκούσατε τὸν λόγον κυρίου τοῦτον (8 a)
— 23. ψαλμὸν ὀργάνων σου οὐκ ἀκούσομαι (8 a)
7. 16. καὶ νῦν ἄκουε λόγον κ. (8 a)
8. 4. ἀκούσατε δὴ ταῦτα οἱ ἐκτρίβοντες (8 a)
— 11. ἀλλὰ λιμὸν τοῦ ἀκοῦσαι λόγον κυρίου (8 a)
Mi. 1. 2. ἀκούσατε λαοὶ λόγους (8 a)
3. 1. ἀκούσατε δὴ ταῦτα αἱ ἀρχαὶ οἴκου Ἰσρ. (8 a)
— 9. ἀκούσατε δὴ ταῦτα οἱ ἡγούμενοι οἴκου Ἰσρ. (8 a)
6. 1. ἀκούσατε δὴ λόγον (8 a)
— 1. καὶ ἀκουσάτωσαν οἱ βουνοὶ φωνήν σου (8 a)
— 2. A ἀκούσατε βουνοὶ [B λαοί, R ὄρη] τὴν κρίσιν τοῦ κ. (8 a)
— 9. ἄκουε, φυλή, καὶ τίς κοσμήσει πόλιν (8 a)
Jl. 1. 2. ἀκούσατε ταῦτα οἱ πρεσβύτεροι (8 a)
Ob. 1. 1. ἀκοὴν ἤκουσα παρὰ κυρίου (8 a)
Jn. 2. 4. ἤκουσας φωνῆς μου (8 a)
Na. 2. 13 (14). καὶ οὐ μὴ ἀκουσθῇ οὐκέτι τὰ ἔργα σου (8 b)
3. 19. πάντες οἱ ἀκούοντες τὴν ἀγγελίαν σου (8 a)
Ze. 2. 8. ἤκουσα ὀνειδισμοὺς Μωάβ (8 a)
Hg. 1. 12. καὶ ἤκουσε Ζορ. . . . τῆς φωνῆς (8 a)
Za. 3. 9 (8). ἄκουε δή, Ἰησοῦ (8 a)
8. 9. ὑμῶν τῶν ἀκουόντων . . . τοὺς λόγους τούτ. (8 a)
— 23. διότι ἀκηκόαμεν ὅτι θεὸς μεθ' ὑμῶν ἐστι (8 a)
Ma. 2. 2. ἐὰν μὴ ἀκούσητε [A ὑπακ.] (8 a)
Is. 1. 2. ἄκουε, οὐρανέ, καὶ ἐνωτίζου, γῆ (8 a)
— 10. ἀκούσατε λόγον κυρίου (8 a)
5. 9. ἠκούσθη γὰρ εἰς τὰ ὦτα κυρίου σαβ. –
6. 8. ἤκουσα τῆς φωνῆς κυρίου (8 a)
— 9. ἀκοῇ ἀκούσετε καὶ οὐ μὴ συνῆτε (8 a)
— 10. τοῖς ὠσὶν αὐτῶν βαρέως ἤκουσαν (4)
— 10. μήποτε . . . τοῖς ὠσὶν ἀκούσωσι (8 a)
7. 13. ἀκούσατε δή, οἶκος Δαυίδ (8 a)
15. 4. ἕως Ἰασσὰ [A S om.] ἠκούσθη ἡ φωνὴ αὐτῶν (8 b)
16. 6. ἠκούσαμεν τὴν ὕβριν Μωάβ (8 a)
21. 3. ἠδίκησα τοῦ [A S τὸ] μὴ ἀκοῦσαι (8 a)
— 10. ἀκούσατε οἱ καταλελειμμένοι †
— 10. ἀκούσατε ἃ ἤκουσα παρὰ κυρίου (†, 8 a)
24. 16. τέρατα ἠκούσαμεν (8 a)
28. 12. οὐκ ἠθέλησαν ἀκούειν (8 a)
— 14. ἀκούσατε λόγον κυρίου (8 a)
— 19. μάθετε ἀκούειν στενοχωρούμενοι (8 d)
— 22. συντετμημένα πράγματα ἤκουσα (8 a)
— 23. ἐνωτίζεσθε καὶ ἀκούετε τῆς φωνῆς μου (8 a)
— 23. προσέχετε καὶ ἀκούετε τοὺς λόγους (8 a)
29. 18. ἀκούσονται . . . κωφοὶ λόγους βιβλίου (8 a)
30. 9. οὐκ ἠβούλοντο ἀ. τὸν νόμον (8 a)
— 15. οὐκ ἠβούλεσθε ἀ. –
— 21. τὰ ὦτά σου ἀκούσονται τοὺς λόγους (8 a)
32. 3. τὰ ὦτα ἀ. δώσουσι (8 a)
— 4. ἡ καρδία . . . προσέξει [B -ήξει] τῷ [A S τοῦ] ἀ. (2)
— 9. ἀκούσατε τῆς φωνῆς μου (8 a)
— 9. A S ἀκούσατε [B εἶσα.] λόγους μου (1 a)
33. 13. ἀκούσονται οἱ πόρρωθεν ἃ ἐποίησα (8 a)
— 15. ἵνα μὴ ἀκούσῃ κρίσιν αἵματος (8 a)
— 19. ὥστε μὴ ἀκοῦσαι λαὸς πεφαυλισμένος (8 a)
— 19. καὶ οὐκ ἔστι τῷ ἀκούοντι σύνεσις –
34. 1. ἀκούσατε ἄρχοντες· ἀκουσάτω ἡ γῆ (8 a vel 7, 8 a)
35. 5. ὦτα κωφῶν ἀκούσονται (6)
36. 11. ἀκούομεν γὰρ ἡμεῖς (8 a)
— 13. ἀκούσατε τοὺς λόγους τοῦ βασιλέως (8 a)
— 16. μὴ ἀκούετε Ἐζεκίου (8 a)
37. 1. ἐγένετο ἐν τῷ ἀκοῦσαι τὸν βασ. Ἐζ. (8 a)
— 4. ὀνειδίζειν λόγους οὓς ἤκουσε κύριος (8 a)
— 6. ἀπὸ τῶν λόγων ὧν ἤκουσας (8 a)
— 7. ἀκούσας ἀγγελίαν ἀποστραφήσεται (8 a)
— 8. ἤκουσεν [A S add. βασιλεὺς Ἀσσ.] (8 a)
— 9. ἀκούσας ἀπέστρεψε (8 a)
— 11. σὺ [A S ἢ] οὐκ ἤκουσας ἃ ἐποίησαν (8 a)

Is. 37. 21. ἤκουσα ἃ προσηύξω πρὸς μέ –
— 26. οὐ ταῦτα ἤκουσας [B S^1 -σα] πάλαι (8 a)
38. 5. ἤκουσα [A S add. τῆς φωνῆς] τῆς προσευχῆς σου (8 a)
39. 1. ἤκουσε γὰρ ὅτι ἐμαλακίσθη (8 a)
— 5. ἄκουσον τὸν λόγον κυρίου σαβαώθ (8 a)
40. 21. οὐκ ἀκούσεσθε (8 a)
— 28. οὐκ ἔγνως εἰ μὴ ἤκουσας (8 a)
41. 26. οὐδὲ ὁ ἀκούων ὑμῶν τοὺς λόγους (8 a)
42. 2. οὐδὲ ἀκουσθήσεται ἔξω ἡ φωνὴ αὐτοῦ (8 c)
— 18. οἱ κωφοὶ ἀκούσατε (8 a)
— 20. ἠνοιγμένα τὰ ὦτα καὶ οὐκ ἠκούσατε (8 a)
— 24. οὐκ ἐβούλοντο . . . ἀκούειν τοῦ νόμου αὐτοῦ [S al.] (8 a)
43. 9. ἀκουσάτωσαν καὶ εἰπάτωσαν ἀληθῆ (8 a)
44. 1. ἄκουσον Ἰακὼβ ὁ παῖς μου (8 a)
— 9. οὐκ ἤκουσαν [A S ἦσαν] τότε οἱ πλάσσοντες (2 ?)
46. 3. ἀκούετέ [A S^2 ἀκούσατέ] μου (8 a)
— 7. A S^1 οὐ μὴ ἀκούσῃ [B εἰσακούσῃ] (10)
— 12. ἀκούσατέ μου οἱ ἀπολωλεκότες (8 a)
47. 8. ἄκουε ταῦτα [A S add. ἡ] τρυφερά (8 a)
48. 1. ἀκούσατε ταῦτα οἶκος Ἰακώβ (8 a)
— 6. ἠκούσατε πάντα (8 a)
— 7. οὐ προτέραις ἡμέραις ἤκουσας αὐτά (8 a)
— 12. ἄκουέ μου Ἰακώβ (8 a)
— 14. συναχθήσονται πάντες καὶ ἀκούσονται (8 a)
— 16. προσαγάγετε πρὸς μὲ καὶ ἀκούσατε ταῦτα (8 a)
— 18. εἰ ἤκουσας τῶν ἐντολῶν μου (7)
49. 1. ἀκούσατέ μου [S add. αἱ] νῆσοι (8 a)
50. 5. προσέθηκέ μοι ὠτίον ἀ. (8 a)
— 10. A ἀκουσάτω [B ὑπακ. S ἐπακ.] τῆς φωνῆς (8 a)
51. 1. ἀκούσατέ μου οἱ διώκοντες τὸ δίκαιον (8 a)
— 4. ἀκούσατέ μου, ἀκούσατέ μου λαός μου (7, –)
— 7. ἀκούσατέ μου οἱ εἰδότες κρίσιν (8 a)
— 21. ἄκουε τεταπεινωμένη (8 a)
52. 15. οἳ οὐκ ἀκηκόασι συνήσουσι (8 a)
55. 2. A S R ἀκούσατέ [S^1 -ασθέ] μου (8 a)
58. 4. ἀκουσθῆναι ἐν κραυγῇ τὴν φωνὴν ὑμῶν (8 c)
60. 18. οὐκ ἀκουσθήσεται ἔτι ἀδικία ἐν τῇ γῇ (8 b)
64. 4 (3). ἀπὸ τοῦ αἰῶνος οὐκ ἠκούσαμεν (8 a)
65. 19. οὐκέτι μὴ ἀκουσθῇ ἐν αὐτῇ φωνή (8 b)
66. 4. ἐλάλησα καὶ οὐκ ἤκουσαν (8 a)
— 5. ἀκούσατε ῥήματα [A S τὸ ῥῆμα] κυρίου (8 a)
— 8. τίς ἤκουσε τοιοῦτο (8 a)
— 19. οἳ οὐκ ἀκηκόασί μου τὸ ὄνομα (8 a)
Je. 2. 4. ἀκούσατε λόγον κυρίου (8 a)
— 31. ἀκούσατε [A add. τὸν] λόγον κυρίου (13)
3. 13. A τῆς δὲ φωνῆς μου οὐκ ἤκουσας [B S ὑπήκουσας] (8 a)
— 21. φωνὴ ἐκ χειλέων ἠκούσθη κλαυθμοῦ (8 b)
— 25. A οὐκ ἠκούσαμεν [B S οὐχ ὑπηκ.] τῆς φωνῆς κυρίου (8 a)
4. 5. ἀκουσθήτω ἐν Ἱερουσαλήμ (8 c)
— 15. ἀκουσθήσεται πόνος ἐξ ὄρους Ἐφραΐμ (8 c)
— 19. φωνὴν σάλπιγγος ἤκουσεν ἡ ψυχή μου (8 a)
— 21. ὄψομαι φεύγοντας ἀκούων φωνὴν σαλπίγγων (8 a)
— 31. φωνὴν ὡς ὠδινούσης ἤκουσα τοῦ στεν. (8 a)
5. 15. οὗ οὐκ ἀκούσει τῆς φωνῆς (8 a)
— 20. ἀκουσθήτω ἐν τῷ οἴκῳ Ἰούδα (8 c)
— 21. ἀκούσατε δὴ ταῦτα, λαὸς μωρός (8 a)
— 21. ὦτα αὐτοῖς καὶ οὐκ ἀκούουσι (8 a)
6. 7. ἀσεβ. καὶ ταλ. ἀκουσθήσεται ἐν αὐτῇ (8 b)
— 10. διαμαρτύρωμαι καὶ ἀκούσεται (8 a)
— 10. οὐ δυνήσονται [A δύνασθε] ἀ. (7)
— 10. A S^2 οὐ μὴ βουληθῶσιν αὐτὸ ἀκοῦσαι [B om.] –
— 17. ἀκούσατε τῆς φωνῆς τῆς σάλπιγγος, καὶ εἶπαν, οὐκ ἀκουσόμεθα (7, 7)
— 18. διὰ τοῦτο ἤκουσαν τὰ ἔθνη (8 a)
— 19. ἄκουε γῆ [A S add. Ἰούδα] (8 a)
— 24. ἠκούσαμεν τὴν ἀκοὴν αὐτῶν (8 a)
7. 1. ἀκούσατε λόγον κυρίου (8 a)
— 13. οὐκ ἠκούσατέ [S εἰσηκ.] μου (8 a)
— 23. ἀκούσατε τῆς φωνῆς μου [S κυρίου] (8 a)
— 24. οὐκ ἤκουσάν [A εἰσηκ.] μου (8 a)
— 26. B S οὐκ ἤκουσάν [A R εἰσήκουσάν] μου (8 a)
— 28. ὃ οὐκ ἤκουσε τῆς φωνῆς κυρίου (8 a)
8. 6. ἐνωτίσασθε δὴ καὶ ἀκούσατε (8 a)
— 16. ἀκουσόμεθα [A -σομαι] φωνὴν ὀξύτητος (8 a)
9. 10 (9). οὐκ ἤκουσαν φωνὴν ὑπάρξεως (8 a)
— 13 (12). οὐκ ἤκουσαν τῆς φωνῆς μου (8 a)
— 19 (18). φωνὴ οἴκτρου ἠκούσθη ἐν Σιών (8 b)

Je. 9. 20 (19). ἀκούσατε δὴ γυναῖκες λόγον θεοῦ [A κυρίου] (8 a)
10. 1. ἀκούσατε τὸν [A S om.] λόγον κυρίου (8 a)
11. 1. ἀκούσατε τοὺς λόγους τῆς διαθήκης (8 a)
— 3. οὐκ ἀκούσεται τῶν λόγων [S τῆς φωνῆς] (8 a)
— 4. ἀκούσατε τῆς φωνῆς μου (8 a)
— 6. ἀκούσατε τοὺς λόγους τῆς διαθήκης ταύτης (8 a)
— 10. A οὐκ ἤθελον ἀκοῦσαι [S ὑπακ. B εἰσακ.] τῶν λόγων μου (8 a)
13. 11. A S^1 οὐκ ἤκουσάν [B εἰσήκ.] μου (8 a)
— 15. ἀκούσατε [S^1 -σασθε] καὶ ἐνωτίσασθε (8 a)
— 17. ἐὰν μὴ ἀκούσητε, κεκρυμμένως κλαύσεται (8 a)
17. 20. ἀκούσατε τὸν [A S om.] λόγον κυρίου (8 a)
— 23. οὐκ ἤκουσαν καὶ οὐκ ἔκλιναν τὸ οὖς αὐτῶν (8 a)
— 23. τοῦ μὴ ἀκοῦσαί [A εἰσακ.] μου (8 a)
— 24. A ἐὰν ἀκούσητέ [B εἰσακ.] μου (8 a)
— 27. R ἐὰν μὴ ἀκούσητέ [A B S εἰσακ.] μου (8 a)
18. 2. ἐκεῖ ἀκούσῃ τοὺς λόγους μου (8 c)
— 10. τοῦ μὴ ἀ. τῆς φωνῆς [A τὴν φ.] μου (8 a)
— 13. τίς ἤκουσε τοιαῦτα φρικτά (8 a)
— 18. ἀκουσόμεθα πάντας τοὺς λόγους αὐτοῦ (7)
19. 3. ἀκούσατε τὸν λόγον [A λόγους, S τοὺς λόγους] κ. (8 a)
— 3. παντὸς ἀκούοντος αὐτὰ ἠχήσει τὰ ὦτα (8 a)
20. 1. ἤκουσε Πασχὼρ υἱὸς Ἐμμήρ (8 a)
— 10. ἤκουσα ψόγον πολλῶν συναθροιζομένων (8 a)
— 16. ἀκουσάτω κραυγῆς (8 a)
21. 11. ἀκούσατε λόγον κυρίου (8 a)
22. 2. ἄκουε λόγον κυρίου (8 a)
— 21. B S εἶπας, Οὐκ ἀκούσομαι (8 a)
— 21. οὐκ ἤκουσας τῆς φωνῆς μου (8 a)
— 29. γῆ, γῆ, ἄκουε λόγον κυρίου (8 a)
23. 16. μὴ ἀκούετε τοὺς λόγους [S τῶν λ.] (8 a)
— 18. τίς ἐνωτίσατο καὶ ἤκουσεν (8 a)
— 22. εἰ ἤκουσαν [S εἰσήκ.] τῶν λόγων μου (8 c)
— 25. ἤκουσα ἃ λαλοῦσιν [B S om.] οἱ προφῆται (8 a)
25. 7. οὐκ ἠκούσατε [S εἰσηκ. A εἰσήκουσαν] (8 a)
26 (46). 12. ἤκουσαν ἔθνη φωνήν σου (8 a)
27 (50). 43. ἤκουσε βασιλεὺς Βαβ. τὴν ἀκοὴν αὐτῶν (8 a)
— 45. ἀκούσατε τὴν βουλὴν κυρίου (8 a)
— 46. κραυγὴ ἐν ἔθνεσιν ἀκουσθήσεται (8 b)
28 (51). 51. ἠκούσαμεν ὀνειδισμὸν ἡμῶν (8 a)
29 (49). 14. ἀκοὴν ἤκουσα παρὰ κυρίου (8 a)
— 20. ἀκούσατε βουλὴν κυρίου (8 a)
— 21. κραυγὴ θαλ. οὐκ [A κρ. σου ἐν θαλ.] ἠκούσθη (8 b)
30 (49). 23. ἤκουσαν ἀκοὴν πονηράν (8 a)
31 (48). 5. κραυγὴν συντρίμματος ἠκούσατε [S -σα] (8 a)
— 29. ἤκουσα ὕβριν Μωάβ (8 a)
33 (26). 3. ἴσως ἀκούσονται (8 a)
— 4. ἐὰν μὴ ἀκούσητέ μου (8 a)
— 5. ἀπέστειλα καὶ οὐκ ἠκούσατέ [A S εἰσηκ-] μου (8 a)
— 7. ἤκουσαν οἱ ἱερεῖς καὶ οἱ ψευδοπρ. (8 a)
— 10. ἤκουσαν οἱ ἄρχοντες Ἰ. τὸν λόγον τοῦτον [A τῶν λ. τ.] (8 a)
— 11. καθὼς ἠκούσατε ἐν τοῖς ὠσὶν ὑμῶν (8 a)
— 12. τοὺς λόγους οὓς ἠκούσατε [S om. οὓς ἠ.] (8 a)
— 13. ἀκούσατε τῆς φωνῆς κυρίου (8 a)
— 21. ἤκουσεν ὁ βασιλεὺς Ἰωακείμ (8 a)
— 21. ἤκουσεν Οὐρίας καὶ εἰσῆλθεν (8 a)
34 (27). 9. μὴ ἀκούετε τῶν ψευδοπροφητῶν ὑμῶν (8 a)
— 16. μὴ ἀκούετε τῶν λόγων τῶν προφητῶν (8 a)
35 (28). 7. ἀκούσατε τὸν λόγον κυρίου (8 a)
36 (29). 8. μὴ ἀκούετε εἰς τὰ ἐνύπνια ὑμῶν (8 a)
37 (30). 5. φωνὴν φόβου [S φ. αὐτοῦ] ἀκούσεσθε (8 a)
38 (31). 7. S ἀκούσατε καὶ [R ἀκουστὰ] ποιήσατε (8 c)
— 10. ἀκούσατε λόγους [S -γον] κυρίου (8 a)
— 15. φωνὴ ἐν Ῥαμᾷ [A S^1 τῇ ὑψηλῇ] ἠκούσθη (8 b)
— 18. ἀκοὴν ἤκουσα Ἐφραὶμ ὀδυρομένου (8 a)
39 (32). 23. οὐκ ἤκουσαν τῆς φωνῆς σου (8 a)
— 33. οὐκ ἤκουσαν [A ἠθέλησαν] ἔτι λαβεῖν (8 a)
40 (33). 9. οἵτινες ἀκούσονται πάντα τὰ ἀγαθά (8 a)
— 10. ἔτι ἀκουσθήσεται ἐν τῷ τόπῳ τούτῳ (8 b)
41 (34). 4. ἄκουσον τὸν λόγον κυρίου (8 a)
— 14. οὐκ ἤκουσάν μου (8 a)
— 17. οὐκ ἠκούσατέ μου τοῦ [A S om.] καλέσαι ἄφεσιν (8 a)
42 (35). 8. ἠκούσαμεν [A εἰσηκ.] τῆς φωνῆς Ἰων. (8 a)

Je.42 (35). 10. ᾠκήσαμεν ἐν σκηναῖς καὶ ἠκούσαμεν (8 a)
— 13. τοῦ [A S om.] ἀ. τοὺς λόγους μου (8 a)
— 14. οὐκ ἠκούσατε [A εἰσηκ.] (8 a)
— 15. A B καὶ οὐκ ἠκούσατε [S R εἰσηκ.] (8 a)
— 16. ὁ δὲ λαὸς οὗτος οὐκ ἤκουσέ μου (8 a)
— 18. ἤκουσαν υἱοὶ Ἰων. . . . τὴν ἐντολήν [S om. τ. ἐ.] (8 a)
43 (36). 3. ἴσως ἀκούσεται . . . πάντα τὰ κακά (8 a)
— 11. ἤκουσε Μιχ. . . . ἅπαντας τοὺς λόγους (8 a)
— 13. οὓς ἤκουσεν ἀναγινώσκοντος B. (8 a)
— 16. ὡς ἤκουσαν πάντας τοὺς λόγους (8 a)
— 24. οἱ ἀκούοντες πάντας τοὺς λόγους (8 a)
— 31. οὐκ ἤκουσαν (8 a)
44 (37). 2. οὐκ ἤκουσαν αὐτὸς καὶ οἱ παῖδες αὐτοῦ (8 a)
— 5. ἤκουσαν οἱ Χαλδαῖοι τὴν ἀκοὴν αὐτοῦ (8 a)
— 14. A S οὐκ ἤκουσεν [B εἰσήκουσεν] αὐτοῦ (8 a)
45 (38). 1. ἤκουσε Σαφανίας υἱὸς Νάθαν (8 a)
— 7. ἤκουσεν Ἀβδεμέλεχ ὁ Αἰθίοψ (8 a)
— 15. ἐὰν συμβουλεύσω σοι, οὐ μὴ ἀκούσῃς μου (8 a)
— 20. ἄκουσον τὸν [A om.] λόγον κυρίου (8 a)
— 25. ἐὰν ἀκούσωσιν οἱ ἄρχοντες (8 a)
— 27. οὐκ ἠκούσθη λόγος κυρίου (8 b)
47 (40). 3. οὐκ ἠκούσατε [A εἰσηκ.] τῆς φωνῆς αὐτοῦ (8 a)
— 7. ἤκουσαν πάντες οἱ ἡγεμόνες (8 a)
— 11. οἱ ἐν πάσῃ τῇ γῇ ἤκουσαν (8 a)
48 (41) 11. ἤκουσεν Ἰωάναν υἱὸς Κάρηε (8 a)
49 (42). 4. ἤκουσα ἰδοὺ ἐγὼ προσεύξομαι (8 a)
— 6. τὴν φωνὴν κυρίου . . . ἀκουσόμεθα (8 a)
— 6. ἀκουσόμεθα τῆς φωνῆς κυρίου (8 a)
— 13. πρὸς τὸ μὴ ἀκοῦσαι φωνῆς κυρίου (8 a)
— 14. φωνὴν σάλπιγγος οὐ μὴ ἀκούσωμεν (8 a)
— 15. ἀκούσατε λόγον [S -γους] κυρίου (8 a)
— 21. B S οὐκ ἠκούσατε [A εἰσηκ.] τῆς φωνῆς κ. (8 a)
50 (43). 4. οὐκ ἤκουσεν Ἰωάναν καὶ πάντες οἱ ἡγεμόνες (8 a)
— 7. οὐκ ἤκουσαν τῆς φωνῆς κυρίου (8 a)
51 (44). 5. A R οὐκ ἤκουσάν μου [B S om.] (8 a)
— 16. οὐκ ἀκουσομέν [A -σόμεθά] σου (8 a)
— 23. οὐκ ἠκούσατε τῆς φωνῆς κυρίου (8 a)
— 24. A S R ἀκούσατε [B add. τὸν] λόγον κυρίου (8 a)
— 26. ἀκούσατε λόγον κυρίου (8 a)
Ba. 1. 18. οὐκ ἠκούσαμεν τῆς φωνῆς κυρίου
— 19. πρὸς τὸ μὴ ἀ. τῆς φωνῆς αὐτοῦ
— 21. οὐκ ἠκούσαμεν τῆς φωνῆς κυρίου
2. 5. πρὸς τὸ μὴ ἀ. τῆς φωνῆς αὐτοῦ
— 10. οὐκ ἠκούσαμεν τῆς φωνῆς αὐτοῦ
— 16. κλῖνον . . . τὸ οὖς σου καὶ ἄκουσον [A εἰσάκ.]
— 22. ἐὰν μὴ ἀκούσητε τῆς φωνῆς κυρίου
— 24. οὐκ ἠκούσαμεν τῆς φωνῆς σου
— 29. ἐὰν μὴ ἀκούσητε τῆς φωνῆς μου
— 30. ὅτι οὐ μὴ ἀκούσωσί [A εἰσακούσωσίν] μου
— 31. δώσω αὐτοῖς καρδίαν καὶ ὦτα ἀκούοντα
3. 2. ἄκουσον, κύριε, καὶ ἐλέησον
— 4. ἄκουσον δὴ τῆς προσευχῆς τῶν τεθνηκότων
— 4. οἳ οὐκ ἤκουσαν τῆς φωνῆς σου
— 9. ἄκουε, Ἰσραήλ, ἐντολὰς ζωῆς
— 22. οὐδὲ ἠκούσθη ἐν Χαναάν
4. 9. ἀκούσατε αἱ πάροικοι Σιών
La. 1. 18. ἀκούσατε δὴ πάντες οἱ λαοί (8 a)
— 21. ἀκούσατε δὴ ὅτι στενάζω ἐγώ (8 a)
— 21. πάντες οἱ ἐχθροί μου ἤκουσαν τὰ κακά μου (8 a)
3. 55. B S φωνήν μου ἤκουσας (8 a)
— 61. ἤκουσας τὸν ὀνειδισμὸν αὐτῶν (8 a)
Ez. 1. 24. ἤκουον τὴν φωνὴν τῶν πτερύγων (8 a)
2. 1. ἤκουσα φωνὴν λαλοῦντος (8 a)
— 2. ἤκουον αὐτοῦ λαλοῦντος πρός με (8 a)
— 4, 7. ἐὰν ἄρα ἀκούσωσιν ἢ πτοηθῶσι (8 a)
— 8. ἄκουε τοῦ λαλοῦντος πρός σε (8 a)
3. 6. ὧν οὐκ ἀκούσῃ τοὺς λόγους (8 a)
— 10. καὶ τοῖς ὠσί σου ἄκουε (8 a)
— 11. ἐὰν ἄρα ἀκούσωσιν (8 a)
● — 12. ἤκουσα κατόπισθέν μου φωνὴν σεισμοῦ (8 a)
— 17. ἀκούσῃ ἐκ στόματός μου λόγον (8 a)
— 27. ὁ ἀκούων ἀκουέτω (8 a, 8 a)
6. 3. ἀκούσατε λόγον κυρίου [A Ἀδωναῒ κ.] (8 a)
9. 5. τούτοις εἶπεν ἀκούοντός μου (1 b)
10. 5. φωνὴ τῶν πτερύγων τῶν Χερ. ἠκούετο (8 b)
— 13. B ἐπεκλήθη Γελγὲλ ἀκούοντός μου [A om. ἀ. μου] (1 b)
12. 2. ὦτα ἔχουσι τοῦ ἀκούειν καὶ οὐκ ἀκούουσι (8 a, 8 a)

Ez. 13. 3. ἀκούσατε λόγον κυρίου (8 a)
16. 35. ἄκουε λόγον κυρίου (8 a)
18. 25. ἀκούσατε δή, πᾶς οἶκος Ἰσραήλ (8 a)
19. 4. ἤκουσαν κατ᾿ αὐτοῦ ἔθνη (8 a)
— 9. ὅπως μὴ ἀκουσθῇ ἡ φωνὴ αὐτοῦ (8 b)
20. 47 (21. 3). ἄκουε λόγον κυρίου (8 a)
25. 3. ἀκούσατε λόγον κυρίου (8 a)
26. 13. ἡ φωνὴ . . . οὐ μὴ ἀκουσθῇ ἔτι (8 b)
33. 4. καὶ ἀκούσῃ ὁ ἀκούσας τὴν φωνὴν τῆς σ. (8 a, 8 a)
— 5. τὴν φωνὴν τῆς σάλπιγγος ἀκούσας (8 a)
— 7. ἀκούσῃ ἐκ στόματός μου λόγον (8 a)
— 30. ἀκούσωμεν τὰ ἐκπορευόμενα παρὰ κ. (8 a)
— 31. καὶ ἀκούουσι τὰ ῥήματά σου (8 a)
— 32. ἀκούσονταί σου τὰ ῥήματα [A ἀκούοντες τὰ ῥ. σου] (8 a)
34. 7. ἀκούσατε λόγον κυρίου (8 a)
— 9. A ἀκούσατε λόγον κυρίου (8 a)
35. 12. ἤκουσα τῆς φωνῆς τῶν βλασφημιῶν (8 a)
— 13. ἐγὼ ἤκουσα (8 a)
36. 1. ἀκούσατε λόγον κυρίου (8 a)
— 4. ὄρη Ἰσραὴλ ἀκούσατε λόγον κυρίου (8 a)
— 15. οὐκ ἀκουσθήσεται οὐκέτι ἐφ᾿ ὑμᾶς ἀτ. (8 c)
37. 4. ἀκούσατε λόγον κυρίου (8 a)
40. 4. ἐν τοῖς ὠσί σου ἄκουε (8 a)
44. 5. τοῖς ὠσί σου ἄκουε πάντα (8 a)
Da. LXX. Su. 52. ἄκουε ἄκουε πεπαλαιωμένε ἡμ. κακῶν
53. πιστευθεὶς ἀκούειν καὶ κρίνειν
3. 5. ὅτ᾿ ἂν ἀκούσητε τῆς φωνῆς τῆς σάλπ. (8 e)
— 7. ὅτι ἤκουσαν . . . τῆς φωνῆς τῆς σαλπ. (8 e)
— 10. ὅτ᾿ ἂν ἀκούσητε τῆς φωνῆς τῆς σάλπ. (8 e)
— 15. ἅμα τῷ ἀκοῦσαι τῆς σάλπιγγος (8 e)
— 24 (91). ἐν τῷ ἀκοῦσαι τὸν βασ. ὑμνούντων –
4. 25. ὡς ἤκουσε τὴν κρίσιν τοῦ ὁράματος –
— 28. φωνὴν ἐκ τοῦ οὐρανοῦ ἤκουσε †
6. 22 (23). σὺ δὲ ἤκουσας ἀνθρώπων πλανώντων –
8. 13. καὶ ἤκουον ἑτέρου ἁγίου λαλοῦντος (8 a)
— 16. ἤκουσα φωνὴν ἀνθρώπου (8 a)
9. 6. οὐκ ἠκούσαμεν τῶν παίδων σου τῶν πρ. (8 a)
— 10. οὐκ ἠκούσαμεν τῆς φωνῆς κ. τοῦ θεοῦ (8 a)
— 11. τοῦ μὴ ἀκοῦσαι τῆς φωνῆς σου (8 a)
— 14. καὶ οὐκ ἠκούσαμεν τῆς φωνῆς αὐτοῦ (8 a)
10. 9. οὐκ ἤκουσα τὴν φωνὴν λαλιᾶς αὐτοῦ (8 a)
12. 7. ἤκουσα τοῦ περιβεβλημένου τὰ βύσσινα (8 a)
— 8. καὶ ἐγὼ ἤκουσα καὶ οὐ διενοήθην (8 a)
Da. TH. Su. 26. ὡς δὲ ἤκουσαν τὴν κραυγήν
3. 5. ᾗ ἂν ὥρᾳ ἀκούσητε φωνῆς σάλπ. (8 e)
— 7. ἐγένετο ὅταν ἤκουον [A ἐγένετο ἤκουσαν] (8 e)
— 10. ὃς ἂν ἀκούσῃ τῆς φωνῆς τῆς σάλπ. (8 e)
● — 15. ὡς ἂν ἀκούσητε τῆς φωνῆς τῆς σάλπ. (8 e)
— (30). τῶν ἐντολῶν σου οὐκ ἠκούσαμεν
— 24 (91). Ναβουχ. ἤκουσε ὑμνούντων αὐτῶν –
4. 6. ἄκουσον τὴν ὅρασιν τοῦ ἐνυπνίου †
5. 14. ἤκουσα περὶ σοῦ ὅτι πνεῦμα θεοῦ ἐν σοί (8 e)
— 16. καὶ ἐγὼ ἤκουσα περὶ σοῦ (8 e)
— 23. B καὶ οἳ οὐκ ἀκούουσι (8 e)
6. 14 (15). ὁ βασιλεὺς ὡς τὸ ῥῆμα ἤκουσε (8 e)
8. 13. ἤκουσα ἑνὸς ἁγίου [A om.] λαλοῦντος (8 a)
— 15. ἤκουσα φωνὴν ἀνδρός (8 a)
9. 11. B τοῦ μὴ ἀκοῦσαι [A εἰσακοῦσαι] τῆς φ. (8 a)
— 18. κλῖνον . . . τὸ οὖς σου καὶ ἄκουσον (8 a)
— 19. κύριε, ἄκουσον [B εἰσάκ. κύριε] (8 a)
10. 9. ἤκουσα τὴν φωνὴν τῶν λόγων (8 a)
— 9. ἐν τῷ ἀκοῦσαί με αὐτοῦ [A φωνήν] (8 a)
— 12. ἠκούσθησαν οἱ λόγοι σου (8 b)
12. 7. ἤκουσα τοῦ ἀνδρὸς τοῦ ἐνδεδυμένου (8 a)
— 8. καὶ ἐγὼ ἤκουσα καὶ οὐ συνῆκα (8 a)
Bel 28. ὡς ἤκουσαν οἱ Βαβυλώνιοι
I Ma. 2. 19. εἰ . . . ἀκούουσιν αὐτοῦ ἀποστῆναι
— 22. τῶν λόγων [S τὸν λόγον, A τὸν νόμον] . . . οὐκ ἀκουσόμεθα
— 65. αὐτοῦ ἀκούετε πάσας τὰς ἡμέρας
3. 13. καὶ ἤκουσε Σήρων . . . ὅτι ἤθροισεν
— 27. ὡς δὲ ἤκουσεν Ἀντίοχος . . . τοὺς λόγους
— 41. ἤκουσαν οἱ ἔμποροι . . . τὸ ὄνομα αὐτῶν
4. 3. καὶ ἤκουσεν Ἰούδας καὶ ἀπῆρεν αὐτός
— 27. ὁ δὲ ἀκούσας [A add. πάντα] συνεχύθη
5. 1. καὶ ἐγένετο ὅτε ἤκουσαν τὰ ἔθνη
— 16. ὡς δὲ ἤκουσεν Ἰ. καὶ ὁ λαὸς τοὺς λόγους
— 56. ἤκουσεν Ἰωσὴφ . . . οἷα ἐποίησαν
— 61. ὅτι οὐκ ἤκουσαν Ἰούδα [A -δου]
— 63. τῶν ἐθνῶν πάντων οὗ ἠκούετο τὸ ὄνομα
6. 1. ἤκουσεν ὅτι ἐστὶν . . . πόλις ἔνδοξος
— 8. καὶ ἐγένετο ὡς ἤκουσεν ὁ β. τοὺς λόγους
— 28. ὠργίσθη ὁ βασιλεὺς ὅτε ἤκουσεν
— 41. πάντες οἱ ἀκούοντες φωνῆς πλήθους αὐτῶν

I Ma. 6. 55. ἤκουσε Λυσίας ὅτι Φίλιππος . . . ἀπέστρεψε
8. 1. ἤκουσεν Ἰούδας τὸ ὄνομα τῶν Ῥωμαίων
— 12. ὅσοι ἤκουον τὸ ὄνομα αὐτῶν ἐφοβοῦντο
— 16. καὶ πάντες ἀκούουσι τοῦ ἑνός
9. 1. ἤκουσε Δημήτριος ὅτι ἔπεσε Νικάνωρ
— 43. καὶ ἤκουσε Βακχίδης καὶ ἦλθε
10. 2. καὶ ἤκουσε Δημήτριος . . . καὶ συνήγαγε
— 8. ὅτε ἤκουσαν ὅτι ἔδωκεν αὐτῷ
— 10. A ἤκουσεν [S R ᾤκησεν] Ἰωνάθαν ἐν Ἱερουσ.
— 15. ἤκουσεν Ἀλέξ. ὁ βασ. τὰς ἐπαγγελίας
— 19. ἀκηκόαμεν περὶ σοῦ
— 22. ἤκουσε Δημήτριος τοὺς λόγους τούτους
— 26. ἠκούσαμεν καὶ ἐχάρημεν
— 46. ὡς δὲ ἤκουσεν Ἰ. καὶ ὁ λαὸς τοὺς λόγους
— 68. καὶ ἤκουσεν Ἀλέξ. . . . καὶ ἐλυπήθη σφόδρα
— 74. ὡς δὲ ἤκουσεν Ἰ. τῶν λόγων Ἀπολλ.
— 77. καὶ ἤκουσεν Ἀπολλώνιος καὶ παρενέβαλε
— 88. καὶ ἐγένετο ὡς ἤκουσεν Ἀ. . . . τοὺς λόγους
11. 15. καὶ ἤκουσεν Ἀλέξανδρος καὶ ἦλθεν
— 22. καὶ ἀκούσας ὠργίσθη· ὡς δὲ ἤκουσεν
— 23. ὡς δὲ ἤκουσεν Ἰωνάθαν ἐκέλευσε
— 63. ἤκουσεν Ἰ. ὅτι παρῆσαν οἱ ἄρχοντες
12. 24. ἤκουσεν Ἰωνάθαν ὅτι ἐπέστρεψαν
— 28. καὶ ἤκουσαν οἱ ὑπεναντίοι
— 34. ἤκουσε γὰρ ὅτι βούλονται
13. 1. καὶ ἤκουσε Σίμων ὅτι συνήγαγε
— 7. ἅμα τῷ [A om. ἅ. τ.] ἀκοῦσαι τῶν λόγων
14. 2. καὶ ἤκουσεν Ἀρσάκης
— 16. ἠκούσθη [A ἤκουσεν] ἐν Ῥώμῃ
— 17. ὡς δὲ ἤκουσαν
— 25. ὡς δὲ ἤκουσεν ὁ δῆμος τῶν λόγων τούτων
— 40. ἤκουσε [A ἠκούσθη] γάρ
— 43. καὶ ὅπως ἀκούηται ὑπὸ πάντων
16. 22. καὶ ἀκούσας ἐξέστη σφόδρα
II Ma. 7. 30. τοῦ δὲ προστάγματος ἀκούω τοῦ νόμου
10. 13. προδότης παρέκαστα ἀκούων
11. 24. ἀκηκοότες τοὺς Ἰ. μὴ συνευδοκοῦντας
14. 15. ἀκούσαντες δὲ τὴν τοῦ Νίκ. ἔφοδον
— 18. ὅμως δὲ ἀκούων ὁ Νικάνωρ
— 37. σφόδρα καλῶς ἀκούων
III Ma. 4. 12. ἀκούσας τοὺς . . . ἐκπορευομένους
5. 35. οἵ τε Ἰ. τὰ παρὰ τοῦ βασιλέως ἀκούσαντες
— 48. βαρυηχῆ θόρυβον ἀκούσαντες οἱ Ἰουδ.
6. 23. ἀκούσας γὰρ τῆς κραυγῆς
IV Ma. 4. 22. ἤκουσέ τε ὅτι . . . μάλιστα χαίροιεν
8. 15. οἱ δὲ ἀκούσαντες ἐπαγωγά
9. 27. τὴν εὐγενῆ γνώμην ἤκουσαν
10. 17. ταῦτα ἀκούσας ὁ αἱμοβόρος
— 18. σιωπώντων ἀκούει ὁ θεός
14. 9. ἀκούοντες τὴν θλῖψιν τῶν νεανιῶν
— 9. ἀκούοντες τὸν παραχρῆμα ἀπειλῆς λόγον
15. 21. φωναὶ τοὺς ἀκούοντας ἐφέλκονται

[**Aq.** Ge. 23. 6 : I Ki. 13. 3 : III Ki. 5. 1 (15) : 17. 22 : IV Ki. 19. 25 : Jb. 34. 16 : 37. 2 : 42. 5 : Ps. 18 (19). 4 : 27 (28). 2, 6 : 29 (30). 11 : 60 (61). 6 : 84 (85). 9 : Ec. 4. 17 : 12. 13 : Is. 7. 13 : 37. 8, 9 : 50. 4 : 55. 2 *bis* : Je. 6. 18 : 7. 2, 27 : 8. 16 : 13. 17 : 22. 21 : 23. 18 : 25. 3, 4 : 27 (34). 17 : 30 (37). 5 : 35 (42). 14 : 38 (45). 27 : Ez. 34. 9.]
[**Sm.** I Ki. 13. 3 : II Ki. 14. 16 : III Ki. 5. 1 (15) : 22. 28 : Jb. 4. 16 : 26. 14 : 34. 16 : 37. 4 : 42. 5 : Ps. 18 (19). 4 : 57 (58). 6 : 58 (59). 8 : 61 (62). 12 : 84 (85). 9 : 140 (141). 6 : Pr. 12. 15 : 19. 20 : Ec. 4. 17 : Is. 6. 10 : 7. 13 : 30. 19 *bis* : 32. 4 : 33. 19 : 37. 8, 9 : 40. 28 : 42. 20 : 49. 1 : 55. 2 *bis* : Je. 7. 2 : 9. 19 : 22. 21 : 23. 18 : 25. 3 : 27 (34). 17 : 38 (45). 27 : 48 (31). 29 : Ez. 20. 39.]
[**Th.** III Ki. 2. 42 : 5. 1 (15) : 22. 28 : Jb. 20. 3 : 31. 35 : 37. 2, 4 : 42. 5 : Ps. 29 (30). 11 : 84 (85). 9 : Ec. 12. 13 : Is. 7. 13 : 37. 8, 9 : 55. 2 *bis* : Je. 7. 2 : 11. 7, 8 : 23. 18 : 25. 3, 4 : 27 (34). 17 : 29 (36). 19 *bis*, 20 : 35 (42). 14, 17 : 37 (44). 20 : Ez. 34. 9 : Da. 3. 24 (91) : 10. 9.]
[**Al.** Ge. 45. 16 : I Ki. 28. 18 : Ps. 48 (49). 2 : Ez. 2. 5.]
[**Quint.** Ps. 30 (31). 23.]
[**Sam.** Ex. 32. 18.]

ἀκουσιάζειν. (1) *a.* נָדַב hithp. *b.* נְדַב ithp. (2) שָׁגַג

Nu. 15. 28. περὶ τῆς ψυχῆς τῆς ἀκουσιασθείσης (2)
Jd. 5. 2. B ἐν τῷ ἀκουσιασθῆναι [R ἑκουσ.] λαόν [A al.] (1 a)
II Es. 7. 16. B τῶν ἀκουσιαζομ. [A R ἑκ.] εἰς οἶκον θεοῦ (1 b)

● = correction on page xxiv

ἀκουσιασμός.
[Th. Hb. 3. 1 (?).]

ἀκούσιος. (1) שְׁגָגָה
Nu. 15. 25. ἀφεθήσεται αὐτοῖς ὅτι ἀκούσιόν ἐστι (1)
— 25. ἤνεγκαν τὸ δῶρον . . . περὶ τῶν ἀ. αὐτῶν (1)
— 26. ὅτι παντὶ τῷ λαῷ ἀκούσιον (1)
Ec. 10. 5. ἀκούσιον ἐξῆλθεν [A ὃ ἐξ.] ἀπὸ προσώπου ἐξουσιάζοντος (1)
IV Ma. 8. 25. οὐδὲ αὐτὸς ὁ νόμος ἀκουσίους ἡμᾶς θανατοῖ
[Aq. Ec. 5. 5.]

ἀκουσίως. (1) בִּבְלִי־דַעַת (2) שְׁגָגָה
Le. 4. 2. ψυχὴ ἐὰν ἁμάρτῃ ἔναντι κυρίου ἀ. (2)
— 13. ἐὰν δὲ πᾶσα συναγωγὴ Ἰσ. ἀγνοήσῃ ἀ. –
— 22. ἐὰν δὲ ὁ ἄρχων ἁμάρτῃ . . . ἀ. (2)
— 27. ἐὰν δὲ ψυχὴ μία ἁμάρτῃ ἀ. (2)
5. 15. ψυχὴ ἣ ἂν . . . ἁμάρτῃ ἀ. (2)
Nu. 15. 24. ἐὰν ἐξ ὀφθαλμῶν τῆς συναγωγῆς γενηθῇ ἀ. (2)
— 27. ἐὰν δὲ ψυχὴ μία ἁμάρτῃ ἀ. (2)
— 28. τῆς ψυχῆς τῆς . . . ἁμαρτούσης ἀ. (2)
— 29. ὃς ἂν ποιήσῃ ἀ. (2)
35. 11. πᾶς ὁ πατάξας ψυχὴν ἀ. (2)
— 15. παντὶ πατάξαντι ψυχὴν ἀ. (2)
De. 19. 4. A ὃς ἂν πατάξῃ τὸν πλ. αὐτοῦ ἀ. [B οὐκ εἰδώς] (1)
Jo. 20. 3. τῷ φονευτῇ τῷ πατάξαντι ψυχὴν ἀ. (2)
— 9. παντὶ παίοντι ψυχὴν ἀ. (2)
Jb. 31. 33. εἰ δὲ καὶ ἁμαρτὼν ἀ. ἔκρυψα τὴν ἁμαρτ. –

ἀκουστής.
Wi. 1. 6. καὶ τῆς γλώσσης ἀκουστής

● **ἀκουστός.** שָׁמַע *a.* qal. *b.* ni. *c.* hi. *d.* שֵׁמַע
Ge. 45. 2. A ἀκουστὸν ἐγένετο εἰς τὸν οἶκον Φ. (1 *a*)
Ex. 28. 31. ἔσται Ἀαρὼν . . . ἀκουστὴ ἡ φωνὴ αὐτοῦ (1 *b*)
De. 4. 36. B ἀκουστὴ ἐγένετο ἡ φωνή [A *al.*] (1 *c*)
30. 13. B ἀκουστὴν ἡμῖν ποιήσῃ αὐτήν [A *al.*] (1 *c*)
Jd. 13. 23. A οὐκ ἂν ἀκουστὰ ἐποίησεν ἡμῖν ταῦτα [B *aliter*] (1 *c*)
I Ki. 9. 27. A καὶ ἀκουστὸν [B ἄκουσον] ῥῆμα θεοῦ (1 *c*)
IV Ki. 7. 6. ἀκουστὴν ἐποίησε . . . φωνὴν ἅρματος (1 *c*)
Ps. 105 (106). 2. ἀκουστὰς ποιήσει π. τὰς αἰνέσεις (1 *c*)
142 (143). 8. ἀκουστὸν ποίησόν μοι τὸ πρωῒ τὸ ἔλεος (1 *c*)
Si. 45. 9. ἀκουστὸν ποιῆσαι ἦχον ἐν ναῷ
46. 17. ἀκουστὴν ἐποίησε τὴν φωνὴν αὐτοῦ
50. 16. ἀ. ἐποίησαν φωνὴν μεγάλην
Is. 18. 3. ὡς σάλπιγγος φωνὴ ἀκουστὸν ἔσται (1 *a*)
23. 5. ὅταν δὲ ἀκουστὸν γένηται [A S^2 *add.* ἐν] Αἰγ. (1 *d*)
30. 30. ἀκουστὴν ποιήσει κύριος [A S ὁ θεὸς] τὴν δόξαν (1 *c*)
45. 21. τίς ἀκουστὰ ἐποίησε ταῦτα (1 *c*)
48. 3. ἀκουστὸν ἐγένετο (1 *c*)
— 5. ἀκουστόν σοι ἐποίησα (1 *c*)
— 6. ἀκουστά σοι ἐποίησα τὰ καινά (1 *c*)
— 20. ἀκουστὸν γενέσθω τοῦτο [S^1 *bis*] (1 *c*)
52. 7. ἀκουστὴν ποιήσω τὴν σωτηρίαν σου (1 *c*)
62. 11. ἐποίησεν ἀκουστὸν ἕως ἐσχάτου τῆς γῆς (1 *c*)
Je. 27 (50). 2. ἀκουστὰ ποιήσατε καὶ μὴ κρύψητε (1 *c*)
38 (31). 7. ἀκουστὰ [S ἀκούσατε καὶ] ποιήσατε (1 *c*)
[Aq. De. 30. 12.]
[Sm. I Ki. 20. 12 : II Ki. 7. 27 : Ps. 25 (26). 7 : 50 (51). 10 : 65 (66). 8 : 75 (76). 9 : Is. 42. 9 : 52. 7 : Je. 31 (38). 7 : Ez. 27. 30.]
[Th. Ju. 13. 23.]
[Sam. Nu. 29. 1.]
[Al. I Ki. 9. 27.]

ἀκουτίζειν. (1) שָׁמַע hi.
Jd. 13. 23. B οὐκ ἂν ἠκούτισεν ἡμᾶς ταῦτα [A *al.*] (1)
Ps. 50 (51). 8. ἀκουτιεῖς με ἀγαλλίασιν (1)
65 (66). 8. ἀκουτίσατε [B^2S^1 -ασθε] τὴν φωνὴν τῆς αἰνέσεως (1)
75 (76). 8. ἐκ τοῦ οὐρανοῦ ἠκούτισας [B^1 ἠκοντ.] κρίσιν (1)
Ca. 2. 14. ἀκούτισόν με τὴν φωνήν σου (1)
8. 13. ὁ καθήμενος ἐν κήποις . . . ἀκούτισόν με (1)
Si. 45. 5. ἠκούτισεν αὐτὸν τῆς φωνῆς αὐτοῦ
Je. 30 (49). 2. ἀκουτιῶ ἐπὶ Ῥ. θόρυβον πολέμων (1)
[Aq. Ps. 25 (26). 7 : Is. 43. 12 : 48. 6 : 52. 7 : Je. 31 (38). 7 : 48 (31). 4 : Ez. 27. 30.]
[Sm. Is. 43. 9, 12.]
[Th. Is. 43. 9, 12 : 48. 6 : Ez. 27. 30.]
[Al. I Ch. 16. 5.]

ἄκρα. (1) מִלּוֹא (2) עִיר (3) רַבָּה
De. 3. 11. ἐν τῇ ἄ. τῶν υἱῶν Ἀμμάν (3)
II Ki. 5. 9. ᾠκοδόμ. αὐτὴν πόλιν κύκλῳ ἀπὸ τῆς ἄ. (1)
III Ki. 3. 1. ᾠκοδόμησε τὴν ἄ. ἔπαλξιν ἐπ' αὐτῆς –
— 1 (9. 24). τότε ᾠκοδόμησε τὴν ἄ. (1)
10. 22 (B), 9. 15 (A). οἰκοδομῆσαι . . . καὶ τὴν ἄ. (1)
11. 27. ὁ βασιλεὺς Σαλ. ᾠκοδόμησε τὴν ἄ. (1)
12. 24. B ᾠκοδόμησε τὴν ἄ. ἐν ταῖς ἄρσεσιν οἴκου –
Si. 43. 19. παγεῖσα γίνεται σκολόπων ἄ.
Is. 22. 9. τὰ κρυπτὰ τῶν οἴκων τῆς ἄ. Δαυίδ (2)
I Ma. 1. 33. ἐγένετο αὐτοῖς εἰς ἄκραν
3. 45. υἱοὶ ἀλλογενῶν ἐν τῇ ἄ.
4. 2. οἱ υἱοὶ τῆς ἄ. ἦσαν αὐτῷ ὁδηγοί
— 41. πολεμεῖν τοὺς ἐν τῇ ἄ.
6. 18. οἱ ἐκ τῆς ἄ. ἦσαν συγκλείοντες
— 24. B περικάθηνται εἰς τὴν ἄ. [A S *al.*]
— 26. παρεμβεβλήκασι σήμερον ἐπὶ τὴν ἄ. ἐν Ἱερ.
— 32. ἀπῆρεν Ἰούδας ἀπὸ τῆς ἄ.
9. 52. ὠχύρωσε τὴν πόλιν . . . καὶ τὴν ἄ.
— 53. ἔθετο αὐτοὺς ἐν τῇ ἄ. ἐν Ἱερουσαλήμ
10. 6. τὰ ὅμηρα τὰ ἐν τῇ ἄ.
— 7. παντὸς τοῦ λαοῦ καὶ τῶν ἐκ τῆς ἄ.
— 9. παρέδωκαν οἱ ἐκ τῆς ἄ. Ἰων. τὰ ὅμηρα
— 32. τὴν ἐξουσίαν τῆς ἄ. τῆς ἐν Ἱερουσαλήμ
11. 20. τοῦ ἐκπολεμῆσαι τὴν ἄ. τὴν ἐν Ἱερ.
— 21. ὅτι Ἰωνάθαν περικάθηται τὴν ἄ.
— 22. R τοῦ μὴ περικαθῆσθαι τῇ ἄ. [A S^1 *om.* τῇ ἄ.]
— 41. τοὺς ἐκ τῆς ἄ. ἐξ Ἱερουσαλήμ
12. 36. ἀνὰ μέσον τῆς ἄ. καὶ τῆς πόλεως
13. 21. οἱ δὲ ἐκ τῆς ἄ. ἀπέστελλον . . . πρεσβευτάς
— 49. οἱ δὲ ἐκ τῆς ἄ. [S *add.* οἱ] ἐν Ἱερουσαλήμ
— 50. ἐκαθάρισε τὴν ἄ. ἀπὸ τῶν μιασμάτων
— 52. τὸ ὄρος τοῦ ἱεροῦ τὸ παρὰ τὴν ἄ.
14. 7. ἐκυρίευσε Γαζαρῶν . . . καὶ τῆς ἄ.
— 36. οἳ ἐποίησαν ἑαυτοῖς ἄκραν
15. 28. κατακρατεῖτε . . . καὶ τῆς ἄ. τῆς [A *om.*] ἐν Ἱερ.
II Ma. 15. 31. μετεπέμψατο τοὺς ἐκ τῆς ἄ.
— 35. ἐξέδησε δὲ τὴν . . . κεφαλὴν [A προτομὴν] ἐκ τῆς ἄ.
IV Ma. 4. 20. ἐπ' αὐτῇ τῇ ἄ. τῆς πατρίδος ἡμῶν
7. 5. ὥσπερ γὰρ πρόκρημνον ἄκραν
14. 16. καὶ δένδρων ὅπας καὶ τὰς τούτων ἄκρας
[Aq. Sm. II Ki. 15. 32 : 16. 1.]
[Al. Jd. 9. 46.]

ἀκρασία.
I Ma. 6. 26. S^1 ἐπὶ τὴν ἀ. [A S^2 R ἄκραν] ἐν Ἱερ.

ἀκρατής.
Pr. 27. 20. οἱ ἀπαίδευτοι ἀκρατεῖς γλώσσῃ –

ἄκρατος. (1) חֵמָה (2) חֶמֶר
Ps. 74 (75). 8. ποτήριον . . . οἴνου ἀκράτου πλήρες κεράσματος (2)
Je. 32 (25). 15. τὸ ποτήριον τοῦ οἴνου τοῦ ἀ. τούτου (1)
III Ma. 5. 2. οἴνῳ πλείονι ἀκράτῳ . . . ποτίσαι
[Sm. Ps. 74 (75). 9.]

ἀκρέμων.
[Aq. Is. 11. 1 : 60. 21.]

ἀκριβάζειν.
Si. 46. 15. ἐν πίστει αὐτοῦ ἠκριβάσθη προφήτης
[Aq. Ge. 49. 10 : Dt. 28. 15 (?) : Jd. 5. 9 : II Ki. 1. 19 : Pr. 8. 15, 27 : Is. 30. 8.]
[Sm. Pr. 8. 15.]
[Th. Ps. 59 (60). 9 : Pr. 8. 15, 27.]
[Al. Le. 10. 11 : 18. 3, 26, 30 : 19. 19 : 20. 23 : Jd. 5. 9.]

ἀκρίβασμα.
[Aq. Ex. 13. 10 (?) : Dt. 6. 17 : Je. 5. 22.]
[Th. Ps. 118 (119). 118 : Je. 33 (40). 25.]
[Al. Le. 19. 30 : Ps. 18 (19). 9 : 35 (36). 7 : 88 (89). 32 : 104 (105). 5.]
[Quint. Ps. 118 (119). 23, 118.]

ἀκριβασμός. (1) חֹק
Jd. 5. 15. A διαιρέσεις Ῥουβὴν μεγάλοι ἀ. καρδίας [B *al.*] (1)
III Ki. 11. 34. A ἐντολάς μου καὶ ἀκριβασμόν (1)
IV Ki. 17. 15. A τοὺς ἀ. αὐτῶν καὶ τὴν συνθήκην (1)
Pr. 8. 29. A S^2 ἐν τῷ τιθέναι αὐτὸν τῇ θαλάσσῃ ἀκριβασμόν (1)
[Aq. Ge. 47. 22 : Ex. 13. 10 (?) : Dt. 4. 14 (?) : III Ki. 11. 34 : IV Ki. 17. 15 (?) : Ps. 2. 7 : 93 (94). 20 : 118 (119). 23, 118 : 147. 8 (19) : Pr. 30. 8.]
[Th. Pr. 8. 29.]

ἀκριβαστής.
[Aq. Jd. 5. 14 : Ps. 59 (60). 9 : Is. 33. 22.]
[Th. Is. 33. 22.]

ἀκρίβεια. (1) יַצִּיב
Wi. 12. 21. μετὰ πόσης [S^2 μετὰ πάσης] ἀ. ἔκρινας
Si. 16. 25. ἐν ἀκριβείᾳ ἀπαγγέλλω ἐπιστήμην
42. 4. περὶ ἀκριβείας ζυγοῦ καὶ σταθμίων
Da. LXX. 7. 16. τὴν ἀ. ἐζήτουν παρ' αὐτοῦ ὑπὲρ πάντων (1)
Da. TH. 7. 16. τὴν ἀ. ἐζήτουν παρ' αὐτοῦ μαθεῖν (1)
— 16. καὶ εἶπέ μοι τὴν ἀ. –
[Aq. Ex. 12. 14 : Le. 23. 41 : Jb. 38. 33 : Je. 31 (38). 35 : Ez. 11. 20.]
[Sm. Jd. 5. 15.]

ἀκριβής. (1) יַצִּיב
Es. 4. 5. ἀπέστειλε μαθεῖν . . . τὸ ἀ. [A *om.*] †
Si. 18. 29. παροιμίας [A^1 ἐν παροιμίαις] ἀκριβεῖς [S^1 -ῶς]
19. 25. ἔστι πανουργία ἀ. καὶ αὕτη ἄδικος
34 (31). 24. ἡ μαρτυρία τῆς πον. αὐτοῦ ἀκριβής
35 (32). 3. λάλησον . . . ἐν ἀ. ἐπιστήμῃ
Da. LXX. 2. 45. ἀ. τὸ ὅραμα (1)
4. 25. ἀ. γάρ μου ὁ λόγος –
6. 12 (13). ἀ. ὁ λόγος καὶ μένει ὁ ὁρισμός (1)

ἀκριβολογία.
[Aq. Jd. 5. 16.]

ἀκριβοῦν.
[Aq. Is. 30. 8 : 49. 16.]
[Al. Le. 18. 3, 4 : 20. 22 : Ps. 110 (111). 2 (?).]

ἀκριβῶς. (1) יָטַב hi. (2) יַצִּיב
De. 19. 18. ἐξετάσωσιν οἱ κριταὶ ἀ. (1)
Wi. 19. 18. ὅπερ ἐστὶν εἰκάσαι . . . ἀ.
Si. 18. 29. S^1 ἀνώμβρησαν παροιμίας [A^1 ἐν παροιμίαις] ἀ. [A B ἀκριβεῖς]
Ez. 39. 14. A ἐκζητήσουσιν ἀ. [B *om.*] –
Da. TH. 7. 19. ἐζήτουν ἀ. περὶ τοῦ θηρίου (2)

ἀκρίς. (1) אַרְבֶּה (2) *a.* גֵּב *b.* גּוֹבַי *c.* גּוֹב (3) חָגָב (4) יֶלֶק
Ex. 10. 4. ἐπάγω . . . ἀκρίδα πολλήν (1)
— 12. ἀναβήτω ἀ. ἐπὶ τὴν γῆν (1)
— 13. ὁ ἄνεμος ὁ νότος ἀνέλαβε τὴν ἀ. (1)
— 14. προτέρα αὐτῆς οὐ γέγονε τοιαύτη ἀ. (1)
— 19. καὶ ἀνέλαβε τὴν ἀ. (1)
— 19. οὐχ ὑπελείφθη ἀ. μία ἐν πάσῃ γῇ Αἰγ. (1)
Le. 11. 22. φάγεσθε . . . τὴν ἀ. καὶ τὰ ὅμοια αὐτῷ (3)
Nu. 13. 34 (33). ἤμεν ἐνώπιον αὐτῶν ὡσεὶ ἀκρίδες (3)
De. 28. 38. κατέδεται αὐτὰ ἡ ἀ. (1)
Jd. 6. 5. παρεγίνοντο καθὼς ἀ. εἰς πλῆθος (1)
7. 12. ὡς ἀ. εἰς πλῆθος (1)
II Ch. 6. 28. ἀ. καὶ βροῦχος ἐὰν γένηται (1)
7. 13. ἐὰν ἐντείλωμαι τῇ ἀ. καταφαγεῖν τὸ ξύλον (3)
Ju. 2. 20. ὡς ἀ. συνεξῆλθον αὐτοῖς
Ps. 77 (78). 46. ἔδωκε . . . τοὺς πόνους αὐτῶν τῇ ἀ. (1)
104 (105). 34. ἦλθεν ἀκρὶς καὶ βροῦχος (1)
108 (109). 23. ἐξετινάχθην ὡσεὶ ἀκρίδες (1)
Pr. 24. 62 (30. 27). ἀβασίλευτόν ἐστιν ἡ ἀ. (1)
Ec. 12. 5. καὶ παχυνθῇ ἡ ἀ. (3)
Wi. 16. 9. ἀκρίδων καὶ μυιῶν ἀπ. δήγματα
Si. 43. 17. ὡς ἀ. καταλύουσα ἡ κατάβασις
Am. 7. 1. καὶ ἰδοὺ ἐπιγονὴ ἀκρίδων ἐρχομένη (2 *b*)
Jl. 1. 4. τὰ κατάλ. τῆς κάμπης κατέφαγεν ἡ ἀ. (1)

● = correction on page xxiv

Jl. 1. 4. τὰ κατάλ. τῆς ἀ. κατέφαγεν ὁ βροῦχος (1)
2. 25. ὧν κατέφαγεν ἡ ἀ. καὶ ὁ βροῦχος (1)
Na. 3. 15. καταφάγεταί σε ὡς ἀκρίς (4)
— 17. ὡς ἀ. ἐπιβεβηκυῖα ἐπὶ φραγμόν (2 c, 2 b)
Is. 33. 4. ἐάν τις συναγάγῃ ἀκρίδας (2 a)
40. 22. οἱ ἐνοικοῦντες ἐν αὐτῇ ὡς ἀκρίδες (3)
Je. 26 (46). 23. πληθύνει ὑπὲρ ἀκρίδα (1)
28 (51). 14. πληρώσω σε ἀνθρώπων ὡσεὶ ἀκρίδων (4)
— 27. A B ὡς ἀκρίδων πλῆθος (4)
[Sm. Ps. 77 (78). 46: Ho. 13. 3.]
[Th. Ho. 13. 3.]
[Al. Ex. 10. 14.]

ἀκριτεί.
[Aq. Je. 17. 11.]

ἀκρίτως.
I Ma. 2. 37. ὅτι ἀ. ἀπόλλυτε ἡμᾶς
15. 33. ἔν τινι καιρῷ ἀ. κατεκρατήθη
[Sm. Ge. 18. 25: Je. 17. 11: Ez. 22. 29: Hb. 2. 15.]

ἀκρόαμα.
Si. 35 (32). 4. ὅπου ἀκρόαμα, μὴ ἐκχέῃς λαλιάν

ἀκροᾶσθαι. (1) קָשַׁב hi.
Wi. 1. 10. οὖς ζηλώσεως ἀκροᾶται τὰ πάντα
Si. 6. 35. A S πᾶσαν διήγησιν . . . ἀκροᾶσθαι [B ἀκούειν]
14. 23. ἐπὶ τῶν θυρωμάτων αὐτῆς ἀκροάσεται
21. 24. ἀκροᾶσθαι παρὰ θύραν
Is. 21. 7. ἀκρόασαι ἀκρόασιν πολλήν (1)
[Aq. Je. 6. 17.]
[Sm. Jb. 32. 11: Ps. 9. 38 (10. 17): 141 (142). 7: Ca. 8. 13: Is. 49. 1.]

ἀκρόασις. (1) עָנָה (2) קֶשֶׁב (3) שְׁמַע
III Ki. 18. 26. καὶ οὐκ ἦν φωνὴ καὶ οὐκ ἦν ἀ. (1)
IV Ki. 4. 31. καὶ οὐκ ἦν φωνὴ καὶ οὐκ ἦν ἀ. (2)
Ec. 1. 8. οὐ πληρωθήσεται [S οὐκ ἐμπλησθ.] οὖς ἀπὸ ἀκροάσεως (3)
● Si. 4. 29. S^1 καὶ παρειμένος ἐν ἀκροάσει [A B τοῖς ἔργοις, S^2 τοῖς λόγοις] σου ●
5. 11. γίνου ταχὺς ἐν ἀκροάσει σου
Is. 21. 7. ἀκρόασαι ἀκρόασιν πολλήν (2)
[Sm. Th. Is. 21. 7.]

ἀκροατής. (1) לָחַשׁ
Si. 3. 29. οὖς ἀκροατοῦ ἐπιθυμία σοφοῦ
Is. 3. 3. ἀφελεῖ . . . συνετὸν ἀκροατήν (1)

ἀκροβυστία. (1) עָרְלָה
Ge. 17. 11, 14. τὴν σάρκα τῆς ἀ. (1)
— 23. περιέτεμε τὰς ἀ. αὐτῶν (1)
— 24, 25. τὴν σάρκα τῆς ἀ. αὐτοῦ (1)
34. 14. ἀνθρώπῳ ὃς ἔχει ἀκροβυστίαν (1)
— 24. τὴν σάρκα τῆς ἀ. αὐτῶν -
Ex. 4. 25. περιέτεμε τὴν ἀ. τοῦ υἱοῦ αὐτῆς (1)
Le. 12. 3. περιτεμεῖ τὴν σάρκα τῆς ἀ. αὐτοῦ (1)
Jo. 5. 3. ἐπὶ τοῦ καλουμένου τόπου βουνὸς τῶν ἀ. (1)
I Ki. 18. 25. ἀλλ' ἢ ἐν ἑκατὸν ἀκροβυστίαις ἀλλοφύλων (1)
— 27. ἀνήνεγκε [A ἤνεγκε] τὰς ἀ. αὐτῶν (1)
II Ki. 3. 14. ἐν ἑκατὸν ἀκροβυστίαις ἀλλοφύλων (1)
Ju. 14. 10. περιετέμετο τὴν σάρκα τῆς ἀ. αὐτοῦ
Je. 9. 25 (24). ἐπὶ πάντας περιτετμημένους ἀκροβυστίας αὐτῶν (1)
I Ma. 1. 15. ἐποίησαν ἑαυτοῖς ἀκροβυστίας [A -αν]
[Aq. Sm. Th. Le. 19. 23.]
[Aq. Dt. 10. 16: Je. 9. 25 (24).]

ἀκροβυστίζειν.
[Aq. Sm. Th. Le. 19. 23.]

ἀκρόβυστος.
[Aq. Ex. 6. 12: Is. 52. 1: Ez. 32. 26, 27, 29.]
[Sm. Th. Ez. 32. 26, 27, 29.]
[Al. Le. 19. 23.]
[Sam. Le. 26. 41.]

ἀκρογωνιαῖος. (1) פִּנָּה
Is. 28. 16. λίθον πολυτελῆ ἐκλεκτὸν ἀ. (1)
[Sm. IV Ki. 25. 17: Ps. 117 (118). 22.]

ἀκρόδρυα. (1) מֶגֶד
To. 1. 7. S καὶ τῶν λοιπῶν ἀ.
Ca. 4. 13. μετὰ καρποῦ ἀκροδρύων (1)
5. 1. φαγέτω καρπὸν ἀκροδρύων αὐτοῦ (1)
7. 13 (14). πάντα ἀ. νέα πρὸς παλαιά (1)
I Ma. 11. 34. ἀπὸ . . . τῶν ἀ. [A ἀκροδύων]

ἀκρόπολις.
II Ma. 4. 12. ὑπ' αὐτὴν τὴν ἀ. γυμνάσιον καθίδρυσε
— 27. Σωστράτου τοῦ τῆς ἀ. ἐπάρχου
5. 5. ὁ Μενέλαος εἰς τὴν ἀ. ἐφυγάδευσεν

ἄκρος. (1) אֶפֶס (2) בֹּהֶן (3) יַרְכָּה (4) כָּנָף (5) סוֹף (6) a. קָצֶה b. קָצָה (7) רֹאשׁ
Ge. 28. 18. ἐπὶ τὸ ἄ. αὐτῆς (7)
47. 21. ἀπ' ἄκρων ὁρίων Αἰγ. ἕως τῶν ἄ. (6 a, 6 a)
— 31. ἐπὶ τὸ ἄ. τῆς ῥάβδου αὐτοῦ (7)
Ex. 29. 20. ἐπὶ τὸ ἄ. τῆς δεξιᾶς χειρός (2 ?)
— 20. καὶ ἐπὶ τὸ ἄ. τοῦ ποδὸς τοῦ δεξιοῦ (2 ?)
— 20. καὶ ἐπὶ τὰ ἄ. τῶν χειρῶν αὐτῶν τῶν δεξιῶν (2)
— 20. καὶ ἐπὶ τὰ ἄ. τῶν ποδῶν αὐτῶν τῶν δ. (2)
34. 2. στήσῃ μοι ἐκεῖ ἐπ' ἄκρου τοῦ ὄρους (7)
36. 27 (39. 19). ἐπ' ἄκρου τοῦ λογείου καὶ [A om.] ἐπὶ τὸ ἄ. τοῦ ὀπισθίου τῆς ἐπωμίδος (6 b, -)
38. 7 (37. 8). ἐπὶ τὸ ἄ. τοῦ ἱλαστηρίου τὸ ἓν καὶ . . . ἐπὶ τὸ ἄ. τοῦ ἱλ. τὸ δεύτερον (6 b, 6 b)
— 16. ἅ ἐστιν ἐπὶ τῶν ἄ. [A add. αὐτῶν] †
— 16. ἐπ' [B^1 ἀπ'] ἄκρου τοῦ λαμπαδίου †
Le. 8. 22. ἐπὶ τὸ ἄ. τῆς χειρὸς τῆς δεξιᾶς (2)
— 22. ἐπὶ τὸ ἄ. τοῦ ποδὸς τοῦ δεξιοῦ (2)
— 23. ἐπὶ τὰ ἄ. τῶν χειρῶν αὐτῶν τῶν δεξιῶν (2)
— 23. καὶ ἐπὶ τὰ ἄ. τῶν ποδῶν αὐτῶν τῶν δ. (2)
14. 14, 17, 25, 28. ἐπὶ τὸ ἄ. τῆς χειρὸς τῆς δεξιᾶς καὶ ἐπὶ τὸ ἄ. τοῦ ποδὸς τοῦ δεξιοῦ (2, 2)
De. 4. 32. ἐπὶ τὸ ἄ. τοῦ οὐρανοῦ ἕως ἄκρου [B^2 R τοῦ ἄ.] τοῦ οὐ. (6 a, 6 a)
13. 7 (8): 28. 64. ἀπ' ἄκρου τῆς γῆς ἕως ἄκρου τῆς γῆς (6 a, 6 a)
30. 4. ἀπ' ἄκρου τοῦ οὐρανοῦ ἕως ἄκρου τοῦ οὐρανοῦ (-, 6 a)
33. 17. ἕως ἀπ' [B ἐπ'] ἄκρου γῆς [A τῆς γ.] (1)
Jo. 19. 33. A ἕως ἄκρου [B Δωδάμ] †
Jd. 1. 6, 7. τὰ ἄ. τῶν χειρῶν αὐτοῦ καὶ τὰ ἄ. τῶν ποδῶν (2, -)
6. 21. τὸ ἄ. τῆς ῥάβδου τῆς ἐν τῇ χειρὶ αὐτοῦ (6 a)
I Ki. 2. 10. αὐτὸς κρινεῖ ἄκρα γῆς (1)
3. 21. ἀπ' ἄκρων τῆς γῆς καὶ [A om.] ἕως ἄκρων -, -
14. 2. B Σαοὺλ ἐκάθητο ἐπ' ἄκρου τοῦ βουνοῦ (6 a)
— 27. ἐξέτεινε τὸ ἄ. τοῦ σκήπτρου αὐτοῦ (6 a)
— 43. ἐγευσάμην ἐν ἄ. τῷ σκήπτρῳ (6 a)
III Ki. 6. 16. ἀπ' ἄκρου τοῦ τοίχου τὸ πλευρὸν τὸ ἓν (3)
I Ch. 14. 15. τῶν ἄ. [A τοῦ ἄ.] τῶν ἀπίων (7)
II Ch. 20. 16. ἐπ' ἄκρου ποταμοῦ [A om.] τῆς ἐρήμου (5)
25. 12. ἔφερον αὐτοὺς ἐπὶ τὸ ἄ. τοῦ κρημνοῦ (7)
— 12. κατεκρήμνιζον αὐτοὺς ἀπὸ τοῦ ἄ. τοῦ κρημνοῦ (7)
Ne. 1. 9. ἐὰν ᾖ ἡ διασπορὰ ὑμῶν ἀπ' ἄκρου τοῦ οὐρ. [S^3 add. ἕως ἄκρου τοῦ οὐρ.] (6 a, -)
Ju. 2. 9. ἐπὶ τὰ ἄ. πάσης τῆς γῆς
11. 21. ἀπ' ἄκρου ἕως ἄκρου τῆς γῆς
Ps. 18 (19). 6. ἀπ' ἄκρου τοῦ οὐρανοῦ (6 a)
— 6. ἕως ἄκρου τοῦ οὐρανοῦ (6 b)
71 (72). 16. ἐπ' ἄκρων τῶν ὀρέων (7)
Pr. 1. 21. ἐπ' ἄκρων δὲ τειχέων κηρύσσεται (7)
8. 2. ἐπὶ γὰρ τῶν ὑψηλῶν ἄκρων ἐστίν (7)
— 26. ἄκρα οἰκούμενα τῆς ὑπ' οὐρανῶν [A S^1 -ον] (7)
17. 24. οἱ δὲ ὀφθαλμοὶ τοῦ ἄφρ. ἐπ' ἄκρα γῆς (6 a)
24. 27 (30. 4). τίς ἐκράτησε τῶν [A R πάντων τ.] ἄ. τῆς γῆς (1)
Si. 44. 21. ἀπὸ ποταμοῦ ἕως ἄκρου γῆς [A S τῆς γ.]
Mi. 5. 4 (3). μεγαλυνθήσονται ἕως ἄκρων τῆς γῆς (1)
Hg. 2. 13 (12). ἐν τῷ ἄ. τοῦ ἱματίου (4)
— 13 (12). τὸ ἄ. τοῦ ἱματίου αὐτοῦ (4)
Is. 2. 2. ἐπ' ἄκρου [A S ἄκρων] τῶν ὀρέων (7)
5. 26. συριεῖ αὐτοὺς [A S αὐτοῖς] ἀπ' ἄκρου τῆς γῆς (6 a)
13. 5. ἀπ' ἄκρου θεμελίου [A^1 om.] τοῦ οὐρανοῦ (6 a)
17. 6. ἐπ' ἄκρου μετεώρου (7)
28. 4. ἐπ' ἄκρου τοῦ ὄρους τοῦ ὑψηλοῦ (7)
Is. 40. 28. ὁ κατασκευάσας τὰ ἄ. τῆς γῆς (6 b)
41. 5. τὰ ἄ. τῆς γῆς ἤγγισαν (6 b)
— 9. ἀπ' ἄκρων τῆς γῆς (6 b)
42. 10. ἀπ' [A ἐπ'] ἄκρου τῆς γῆς (6 a)
— 11. ἀπ' ἄκρου [A S ἄκρων] τῶν ὀρέων (7)
43. 6. ἀπ' ἄκρων [S ἄκρου] τῆς γῆς (6 a)
51. 20. οἱ καθεύδοντες ἐπ' ἄκρου πάσης ἐξόδου (7)
52. 10. πάντα [S^1 τὰ ἔθνη τὰ] ἄκρα τῆς γῆς (1)
Je. 12. 12. ἀπ' ἄκρου τῆς γῆς [A add. καὶ] ἕως ἄκρου τῆς γῆς (6 a, 6 a)
25. 15 (49. 36). τέσσαρας ἀνέμους ἐκ τῶν τεσσάρων ἄ. τοῦ οὐρανοῦ (6 b)
Ez. 17. 4. τὰ ἄ. τῆς ἁπαλότητος ἀπέκνισε (7)
I Ma. 1. 3. διῆλθεν ἕως ἄκρων τῆς γῆς
8. 4. ἀπ' ἄκρου τῆς γῆς
14. 10. ὠνομάσθη . . . ἕως ἄκρου γῆς
IV Ma. 10. 7. σὺν ἄκραις ταῖς τῶν δακτύλων κορυφαῖς
[Aq. Is. 57. 5: Je. 50 (27). 26: Ez. 17. 3: 31. 3, 14.]
[Sm. Ge. 47. 31: Ex. 16. 35: 25. 17 (18): Jo. 15. 21: I Ki. 15. 27: 24. 5: Jb. 37. 3: 38. 13: Is. 37. 24: 56. 11: Je. 25. 31 (32. 17): Ez. 5. 3: 7. 2: 17. 22: Da. 11. 45: Za. 4. 7.]
[Th. Ex. 28. 23, 24, 25, 26: Jd. 7. 11 (?): Is. 37. 24: 56. 11.]
[Al. Ex. 14. 2: 37. 8 (38. 7): Nu. 11. 1: Ps. 134 (135). 7: Am. 4. 13.]

ἀκρότομος. (1) חַלָּמִישׁ (2) שָׁלֵם
De. 8. 15. τοῦ ἐξ. σοι ἐκ πέτρας ἀκροτόμου πηγήν (1)
Jo. 5. 2. μαχαίρας πετρίνας [A om.] ἐκ πέτρας ἀ. -
— 3. μαχαίρας πετρίνας [A π. ἑαυτῷ] ἀ. -
III Ki. 6. 7. λίθοις ἀ. ἀργοῖς ᾠκοδομήθη (2)
Jb. 28. 9. ἐν ἀκροτόμῳ ἐξέτεινε χεῖρα αὐτοῦ (1)
40. 15 (20). ἐπελθὼν δὲ ἐπ' ὄρος ἀ. †
Ps. 113 (114). 8. τοῦ στρέψαντος . . . τὴν ἀ. εἰς πηγάς (1)
Wi. 11. 4. ἐδόθη αὐτοῖς ἐκ πέτρας ἀ. ὕδωρ
Si. 40. 15. ῥίζαι ἀκάθαρτοι ἐπ' ἀ. πέτρας
48. 17. ὤρυξε σιδήρῳ ἀκρότομον
[Aq. Ho. 9. 13.]
[Sm. Jb. 22. 24: Ps. 30 (31). 3: Ho. 9. 13.]
[Th. Ex. 4. 25.]

ἀκροφύλαξ.
IV Ma. 3. 13. λαθόντες τοὺς τῶν πυλῶν ἀ. διεξῄεσαν

ἀκρώμιον.
[Sm. Jb. 31. 22.]

ἀκρωτηριάζειν.
II Ma. 7. 4. περισκυθίσαντας ἀκρωτηριάζειν
IV Ma. 10. 20. τὰ τοῦ σώματος μέλη ἀκρωτηριαζόμεθα

ἀκρωτήριον. (1) כְּרָעַיִם (2) קָצֶה (3) שֵׁן (4) מִזְרִים
Le. 4. 11. σὺν τῇ κεφαλῇ καὶ τοῖς ἀ. (1)
I Ki. 14. 4. B ἀ. πέτρας ἔνθεν καὶ ἀ. πέτρας ἔνθεν [A R al.] (3, 3)
Jb. 37. 9. ἀπὸ δὲ ἀκρωτηρίων ψῦχος (4)
Ez. 25. 9. ἀπὸ πόλεων ἀκρωτηρίων αὐτοῦ (2)
[Sm. I Ki. 7. 12.]
[Th. Jd. 7. 11 (?): Jb. 37. 9.]

ἀκτή.
[Sm. Ge. 2. 15.]
[Th. Ge. 14. 3, 8.]

ἀκτίς.
Wi. 2. 4. διωχθεῖσα ὑπὸ ἀκτίνων ἡλίου
16. 27. ὑπὸ βραχείας ἀκτῖνος ἡλίου
Si. 43. 4. ἐκλάμπων ἀκτῖνας
[Sm. Ez. 1. 14.]

ἀκύμαντος, ἀκύματος.
Es. 3. 13. ἀκυμάντους [A B^1 S^1 (?) ἀκυμάτους] διὰ παντὸς καταστῆσαι βίους

ἄκυρος. (1) סוּר (2) פָּרַע
Pr. 1. 25. ἀκύρους ἐποιεῖτε ἐμὰς βουλάς (2)
5. 7. μὴ ἀκύρους [S^1 μακρύνῃς] ποιήσῃς ἐμοὺς λόγους (1)

ἀκυροῦν.
I Es. 6. 32. παραβῶσι . . . καὶ ἀκυρώσωσι
IV Ma. 2. 1. αἱ τῆς ψυχῆς ἐπιθυμίαι . . . ἀκυροῦνται
— 3. ἠκύρωσε τῷ λογ. τὸν τῶν παθῶν οἶστρον
— 18. τὰ δὲ καὶ ἀκυρῶσαι

● = correction on page xxiv

IV Ma. 5. 18. τὴν ἐπὶ τῇ εὐσεβείᾳ δόξαν ἀκυρῶσαι
7. 14. τὴν πολυκέφαλον στρέβλαν ἠκύρωσεν [S ἐνίκησεν]
17. 2. ἀκυρώσασα τὰς κακὰς ἐπινοίας αὐτοῦ
[**Aq.** Nu. 30. 13 *bis*: Dt. 31. 20: Jb. 5. 12: Ps. 32 (33). 10: 118 (119). 126: Is. 24. 5.]
[**Sm.** Jb. 33. 14.]
[**Quint.** Ps. 32 (33). 10.]

ἀκχούχ, cf. ἄκαν, ἄκανος, **ἀχούχ** (1) חוֹח(הַ)
II Ch. 25. 18. B ὁ ἀ. ὁ [A ὁ ὀχὸζ ὁ, B ὁ ὀχοζεὶ] ἐν τῷ Λιβάνῳ (1)
— 18. B καὶ κατεπάτησαν τὸν ἀ. [A B ἀχούχ] (1)

ἀκώλυτος.
Wi. 7. 22. πνεῦμα νοερόν, . . . ὀξύ, ἀ.

ἀκωλύτως.
[**Sm.** Jb. 34. 31.]

ἄκων.
Jb. 14. 17. ἐπεσημήνω δὲ εἴ τι ἄκων παρέβην –
IV Ma. 11. 12. καλὰς . . . ἄ. . . . χάριτας ἡμῖν χαρίζῃ

ἅλα, *vid.* **ἅλς.**

ἀλάβαστρος, ἀλάβαστρον. (1) צַלַּחַת
IV Ki. 21. 13. B καθὼς ἀπαλείφεται ὁ ἀ. [A τὸ ἀ.] ἀπαλειφόμενος (1)

ἀλαζονεία.
Wi. 5. 8. τί πλοῦτος μετὰ ἀλαζονείας συμβέβλ.
17. 7. τῆς ἐπὶ [S^{1} ἐπιφερομένης] φρονήσει ἀλαζονείας
II Ma. 9. 8. B τὴν ὑπὲρ ἄνθρωπον ἀ. [A -ων ὑπερηφανίαν]
15. 6. B μετὰ πάσης ἀ. [A ἀσφαλείας] ὑψαυχενῶν
IV Ma. 1. 26. κατὰ μὲν τὴν ψυχὴν ἀ.
2. 15. καὶ κενοδοξίας καὶ ἀλαζονείας
8. 19. καὶ ὀλεθροφόρον ἀ.
[**Sm.** Jb. 9. 13: 26. 12: Is. 37. 29: 51. 9: Je. 49. 16 (29. 17).]

ἀλαζονεύεσθαι. (1) הָדַר hithp.
Pr. 25. 6. μὴ ἀλαζονεύου ἐνώπιον βασιλέως (1)
Wi. 2. 16. ἀλαζονεύεται πατέρα θεόν
[**Sm.** Jb. 15. 20.]
[**Al.** Ps. 48 (49). 7.]

ἀλαζοσύνη.
[**Aq.** Je. 49. 16 (29. 17).]

ἀλαζών. (1) יָהִיר (2) שַׁחַץ (3) לִיץ
Jb. 28. 8. υἱοὶ ἀλαζόνων (2)
Pr. 21. 24. θρασὺς καὶ αὐθάδης καὶ ἀλαζών (1?, 3?)
Hb. 2. 5. ἀνὴρ ἀλαζών (1)
[**Th.** Jb. 28. 8.]

ἀλαιμώθ, ἀλεμώθ, ἀλημώθ. (1) עֲלָמוֹת
I Ch. 15. 20. ἐν νάβλαις ἐπὶ ἀ. [A ἀλημώθ, S ἀλεμώθ] (1)

ἀλάλαγμα.
Ps. 43 (44). 12. οὐκ ἦν πλῆθος ἐν τοῖς ἀ. αὐτῶν †
[**Th. Quint.** Ps. 43 (44). 13.]

ἀλαλαγμός. (1) יְלָלָה (2) תְּרוּעָה
Jo. 6. 19 (20). ἠλάλαξε . . . ἀλαλαγμῷ μεγάλῳ καὶ ἰσχυρῷ (2)
I Ki. 4. 6. A τίς ἡ κραυγὴ τοῦ ἀ. [B *om.*] (2)
Ps. 26 (27). 6. ἔθυσα . . . θυσίαν ἀλαλαγμοῦ [S^{2} αἰνέσεως καὶ ἀ.] (2)
32 (33). 3. ψάλατε ἐν ἀλαλαγμῷ (2)
46 (47). 5. ἀνέβη ὁ θεὸς ἐν ἀλαλαγμῷ (2)
88 (89). 15. μακάριος ὁ λαὸς ὁ γινώσκων ἀλαλαγμόν (2)
150. 5. αἰνεῖτε αὐτὸν ἐν κυμβάλοις ἀλαλαγμοῦ (2)
Je. 20. 16. ἀκουσάτω . . . ἀλαλαγμοῦ μεσημβρίας (2)
32 (25). 36. ἀ. τῶν προβάτων καὶ τῶν κριῶν (1)
III Ma. 4. 1. εὐωχία μετὰ ἀλαλαγμῶν καὶ χαρᾶς
[**Aq.** Nu. 10. 6: 23. 21: Jb. 8. 21: 33. 26: Ps. 32 (33). 3: Je. 49. 2 (30. 2).]
[**Th.** Jb. 8. 21.]
[**Al.** II Ki. 6. 15.]

ἀλαλάζειν. (1) יָלַל hi. (2) רוּעַ *a.* qal. *b.* hi. (3) שָׁמַע hi.
Jo. 6. 19 (20). ἠλάλαξε πᾶς ὁ λαὸς ἅμα ἀλαλαγμῷ μεγ. (2 *a*)
Jd. 15. 14. οἱ ἀλλόφυλοι ἠλάλαξαν (2 *b*)
I Ki. 17. 20. A καὶ ἠλάλαξαν ἐν τῷ πολέμῳ (2 *b*)
— 52. ἠλάλαξαν καὶ κατεδίωξαν ὀπίσω αὐτῶν (2 *b*)
Ne. 9. 26. B S^{2} ἠλάλαξαν [A S^{1} ἤλλαξαν] καὶ ἀπέστησαν †
Ju. 14. 9. ἠλάλαξεν ὁ λαὸς φωνῇ μεγάλῃ
16. 11. τότε ἠλάλαξαν οἱ ταπεινοί μου
Ps. 46 (47). 1. ἀλαλάξατε τῷ θ. (2 *b*)
65 (66). 1. ἀλαλάξατε τῷ θεῷ πᾶσα ἡ γῆ (2 *b*)
80 (81). 1. ἀλαλάξατε τῷ θεῷ Ἰακώβ (2 *b*)
94 (95). 1. ἀλαλάξωμεν τῷ θεῷ τῷ σωτῆρι ἡμῶν (2 *b*)
— 2. ἐν ψαλμοῖς ἀλαλάξωμεν αὐτῷ (2 *b*)
97 (98). 4. ἀλαλάξατε τῷ κυρίῳ [B^{1} θεῷ] πᾶσα ἡ γῆ (2 *b*)
— 6. ἀλαλάξατε ἐνώπιον τοῦ βασ. κυρίῳ [A S^{2} -ου] (2 *b*)
99 (100). 1. ἀλαλάξατε τῷ κυρίῳ πᾶσα ἡ γῆ (2 *b*)
Is. 41. 1. S οἱ γὰρ ἄρχοντες ἀλαλάξουσιν [A B ἀλλάξ-] ἰσχύν †
Je. 4. 8. κόπτεσθε καὶ ἀλαλάξατε [A ἀλλάξ.] (1)
29 (47). 2. ἀλαλάξουσιν ἅπαντες [A -ξονται πάντες] (1)
30 (49). 3. A B ἀλάλαξον [B ἄλλαξ.], Ἐσεβών (1)
32 (25). 34. ἀλαλάξατε, ποιμένες (1)
Ez. 27. 30. B ἀλαλάξουσιν [A ἀλλάξονται] ἐπὶ σέ (3)
[**Aq.** Ju. 7. 21: Is. 44. 23.]
[**Sm.** Ju. 7. 21: I Ki. 10. 24: Jb. 39. 25: Is. 44. 23.]
[**Th.** Ju. 7. 21: Is. 26. 19: 44. 23.]
[**Al.** Le. 9. 24: I Ki. 4. 5: I Ch. 16. 32: Za. 9. 9.]
[**Quint.** Ps. 31 (32). 11.]

ἀλαλεῖν.
[**Aq.** Ps. 38 (39). 3, 10.]

ἄλαλος. (1) *a.* אִלֵּם ni. *b.* אִלֵּם
Ps. 30 (31). 18. ἄλαλα γενηθήτω τὰ χείλη τὰ δόλια (1 *a*)
37 (38). 13. ὡσεὶ ἄλαλος οὐκ ἀνοίγων τὸ στόμα (1 *b*)
[**Aq.** Ps. 55 (56). 1: Pr. 31. 8: Ez. 33. 22.]
[**Sm.** Ps. 30 (31). 19: 38 (39). 3, 10: Pr. 31. 8: Is. 56. 10: Ez. 3. 26: Hb. 2. 18.]
[**Th.** Pr. 31. 8: Is. 56. 10.]

ἀλαλοῦν.
[**Aq.** Ps. 30 (31). 19.]

ἅλας, *vid.* **ἅλς.**

ἀλάστωρ.
II Ma. 7. 9. σὺ μὲν ἀ. ἐκ τοῦ παρόντος ἡμᾶς ζῆν
IV Ma. 9. 24. τιμωρήσειε τὸν ἀ. τύραννον
11. 23. μέγαν σοι προσβάλλων καὶ αὐτὸς ἀλάστορα
18. 22. μετελεύσεται τὸν ἀ.

ἀλγεῖν. (1) חִיל *a.* qal. *b.* hi. (2) חָשַׁךְ ni. (3) כָּאַב *a.* qal. *b.* hi. (4) צַר
II Ki. 1. 26. ἀλγῶ ἐπὶ σοί, ἀδελφέ μου Ἰωνάθαν (4)
Jb. 5. 18. αὐτὸς γὰρ ἀλγεῖν ποιεῖ (3 *b*)
14. 22. αἱ σάρκες αὐτοῦ ἤλγησαν (3 *a*)
16. 7. οὐκ ἀλγήσω τὸ τραῦμα (2)
Ps. 68 (69). 29. πτωχὸς καὶ ἀλγῶν εἰμὶ ἐγώ (3 *a*)
Si. 40. 29. S ἀλγήσει [A B ἀλισγήσει] τὴν ψυχὴν αὐτοῦ
Je. 4. 19. τὴν κοιλίαν μου ἀλγῶ (1 *a vel* 1 *b*)
IV Ma. 14. 17. ἀλγοῦντα τῇ στοργῇ

ἀλγηδών. (1) מַכְאוֹב
Ps. 37 (38). 17. ἡ ἀ. μου ἐνώπιόν μου διὰ παντός (1)
II Ma. 6. 30. σκληρὰς . . . κατὰ τὸ σῶμα ἀλγηδόνας
7. 12. ὡς ἐν οὐδενὶ τὰς ἀ. ἐτίθετο
9. 5. ἀνήκεστος τῶν σπλάγχνων ἀ.
— 9. ζῶντος ἐν ὀδύναις καὶ ἀλγηδόσι
— 11. κατὰ στιγμὴν ἐπιτεινόμενος ταῖς ἀ.
IV Ma. 3. 18. τὰς τῶν σωμάτων ἀ. καθ' ὑπερβολὴν οὔσας
6. 7. ἀπὸ τοῦ μὴ φέρειν τὸ σῶμα τὰς ἀ.
— 34. τῶν ἔξωθεν ἀ. ἐπικρατεῖ
— 35. οὐ μόνον τῶν ἀ. ἐπιδείκνυμι κεκρατηκέναι
8. 28. ἦσαν . . . αὐτοκράτορες τῶν ἀ. [A^{2} ἀλγῶν]
9. 28. ὁ δὲ ταύτην βαρέως τὴν ἀ. καρτερῶν
13. 5. τῶν μὲν διὰ πυρὸς ἀ. οὐκ ἐπεστράφησαν
14. 1. τῶν ἀ. περιφρονῆσαι αὐτούς
— 11. γυναικὸς νοῦς πολυτρ. ὑπερεφρόνησεν ἀ.
16. 17. ὑπομένειν τὰς διὰ τὴν εὐσέβειαν ἀ.
[**Aq. Th.** Is. 53. 3.]

ἄλγημα. (1) *a.* כְּאֵב *b.* מַכְאוֹב *c.* מַכְאֹב
Ps. 38 (39). 2. τὸ ἄ. μου ἀνεκαινίσθη (1 *a*)
Ec. 1. 18. προσθήσει ἄλγημα (1 *b*)
2. 23. ἀλγημάτων καὶ θυμοῦ περισπασμός (1 *c*)
[**Aq.** Ps. 31 (32). 10.]
[**Sm.** Je. 15. 18.]

ἀλγηρός. (1) חָלָה ni.
Je. 10. 19. ἀλγηρὰ ἡ πληγή σου (1)
37 (30). 12. ἀλγηρὰ ἡ πληγή σου (1)
— 13. εἰς ἀλγηρὸν ἰατρεύθης †

ἄλγος. (1) *a.* מַכְאוֹב *b.* מַכְאֹב
Ps. 68 (69). 26. ἐπὶ τὸ ἄ. τῶν τραυμάτων μου (1 *a*)
Si. 26. 6. ἄ. καρδίας καὶ πένθος
La. 1. 12. ἴδετε εἰ ἔστιν ἄ. κατὰ τὸ ἄ. μου (1 *a*, 1 *b*)
— 18. ἴδετε τὸ ἄ. μου (1 *b*)
II Ma. 3. 17. τὸ κατὰ καρδίαν ἐνεστὸς ἄ.
IV Ma. 8. 28. A^{2} αὐτοκράτορες τῶν ἀ. [A^{1} S R -γηδόνων]
[**Aq.** Is. 65. 14: Je. 15. 18: 30 (37). 15: 45. 3 (51. 33): 51 (28). 8.]
[**Th.** Is. 65. 14: Je. 30 (37). 15.]

ἀλέ.
[**Hebr.** Ps. 91 (92). 4.]

ἄλειμμα. (1) מִשְׁחָה (2) שֶׁמֶן (3) סוּךְ
Ex. 30. 31. ἔλαιον ἄ. χρίσεως ἅγιον ἔσται τοῦτο (1?, 2?)
Is. 61. 3. ἄ. εὐφροσύνης τοῖς πενθοῦσι (2)
Da. Th. 10. 3. ἄ. οὐκ ἠλειψάμην (3)
[**Aq.** Le. 21. 12.]

ἀλεῖν. (1) טָחַן
Is. 47. 2. ἄλεσον [A ἄλισον] ἄλευρον (1)
[**Hebr.** Jb. 31. 10.]

ἀλείφειν. (1) טוּחַ (2) מָשַׁח (3) סוּךְ *a.* qal. *b.* hi. *c.* אָסוּךְ
Ge. 31. 13. B οὗ [A ᾧ] ἤλειψάς μοι ἐκεῖ στήλην (2)
Ex. 40. 15. ἀλείψεις αὐτοὺς ὃν τρόπον ἤλειψας τὸν π. (2, 2)
Nu. 3. 3. οἱ ἱερεῖς οἱ ἠλειμμένοι (2)
Ru. 3. 3. σὺ δὲ λούσῃ καὶ ἀλείψῃ (3 *a*)
II Ki. 12. 20. ἐλούσατο καὶ ἠλείψατο (3 *b*)
14. 2. καὶ μὴ ἀλείψῃ ἔλαιον (3 *a*)
IV Ki. 4. 2. ἀλλ' ἢ ὃ ἀλείψομαι ἔλαιον (3 *c*)
II Ch. 28. 15. καὶ ἔδωκαν φαγεῖν καὶ ἀλείψασθαι (3 *a*)
Ju. 16. 8. ἠλείψατο τὸ πρόσωπον αὐτῆς
Es. 2. 12. ἀλειφόμεναι ἐν σμυρνίνῳ ἐλαίῳ [A ἀ. σμυρίνινον ἔλ.] –
Mi. 6. 15. κ. οὐ μὴ ἀλείψῃ ἔλαιον (3 *a*)
Ez. 13. 10. αὐτοὶ [A ἄλλοι] ἀλείφουσιν αὐτόν (1)
— 11. εἰπὸν πρὸς τοὺς ἀλείφοντας [A ἀ. αὐτόν] (1)
— 12. ποῦ ἐστιν ἡ ἀλοιφὴ ὑμῶν ἣν ἠλείψατε (1)
— 14. κατασκάψω τὸν τοῖχον ὃν ἠλείψατε (1)
— 15. καὶ ἐπὶ τοὺς ἀλείφοντας αὐτόν (1)
— 15. οὐδὲ οἱ ἀλείφοντες αὐτόν (1)
22. 28. οἱ προφῆται αὐτῆς ἀλείφοντες αὐτούς (1)
Da. LXX. 10. 3. ἔλαιον οὐκ ἠλειψάμην (3 *a*)
Da. Th. 10. 3. ἄλειμμα οὐκ ἠλειψάμην (3 *a*)
[**Aq.** Le. 8. 10: I Ki. 2. 35: II Ki. 1. 21: III Ki. 5. 1 (15): Ps. 27 (28). 8: 44 (45). 9: 83 (84). 10: 88 (89). 39: Is. 61. 1: Da. 9. 24, 26.]
[**Th.** Is. 61. 1.]
[**Al.** Le. 4. 3: 6. 22 (15): 7. 36: 8. 26.]
▶ [**Hebr.** Ez. 22. 28.]

ἀλεκτρυών.
III Ma. 5. 23. ἄρτι δὲ ἀ. ἐκεκράγει ὄρθριος

ἀλέκτωρ. (1) זַרְזִיר
Pr. 24. 66. (30. 31.) ἀλέκτωρ ἐμπεριπατῶν θηλείαις (1?)
[**Aq. Th. Quint.** Pr. 30. 31.]

ἄλευρον. (1) קֶמַח
Nu. 5. 15. τὸ δέκατον τοῦ οἰφὶ ἄ. κρίθινον (1)
Jd. 6. 19. οἰφὶ ἀλεύρου ἄζυμα (1)
I Ki. 28. 24. ἔλαβεν ἄλευρα καὶ ἐφύρασε (1)
II Ki. 17. 28. πυροὺς καὶ κριθὰς καὶ ἄ. καὶ ἄλφιτον (1)
III Ki. 3. 1. [B]; 4. 22. [A]. ἐξήκοντα κόροι ἀλεύρου κεκοπανισμένου (1)
17. 12. ἀλλ' ἢ ὅσον δρὰξ ἀλεύρου ἐν τῇ ὑδρίᾳ (1)
— 14. ἡ ὑδρία τοῦ ἀ. οὐκ ἐκλείψει (1)
— 16. καὶ ἡ ὑδρία τοῦ ἀ. οὐκ ἐξέλιπε (1)
IV Ki. 4. 41. λάβετε ἄ. καὶ ἐμβάλετε (1)

▶ = additional entry on page xxiv

I Ch. 12. 40. ἄλευρα παλάθας σταφίδας οἶνον (1)
Ho. 8. 7. οὐκ ἔχον ἰσχὺν τοῦ ποιῆσαι ἄλευρον (1)
Is. 47. 2. B ἄλεσον [A ἄλισον] ἄ. (1)

ἀληαδαμώθ.
[Hebr. Ps. 48 (49). 12.]

ἀλήθεια. (1) אוֹר (2) *a.* אָמֵן *b.* אֱמוּנָה *c.* אֱמֻנִים *d.* אֱמֶת (3) יַצִּיב (4) *a.* יָשָׁר *b.* מֵישָׁרִים (5) נָכֹחַ (6) קְשׁוֹט (7) תֹּם (8) כּוּן ni.

Ge. 24. 27. R τὴν δικαιοσύνην αὐτοῦ [A *om.*] καὶ τὴν ἀ. (2 *d*)
— 48. ἐν ὁδῷ ἀληθείας (2 *d*)
32. 10 (11). καὶ ἀπὸ πάσης ἀ. (2 *d*)
47. 29. ποιήσεις ἐπ' ἐμὲ ἐλεημοσύνην καὶ ἀ. (2 *d*)
Ex. 28. 26 (30); Le. 8. 8. τὴν δήλωσιν καὶ τὴν ἀ. (7)
De. 22. 20. ἐὰν δὲ ἐπ' ἀληθείας γένηται (2 *d*)
33. 8. δότε Λ. δήλους αὐτ. καὶ ἀλήθειαν αὐτ. (1)
Jo. 2. 14. ποιήσετε εἰς ἐμὲ [A -σατε μετ' ἐμοῦ] ἔλεος καὶ ἀλήθειαν (2 *d*)
Jd. 9. 15. εἰ ἐν ἀληθείᾳ χρίετέ με (2 *d*)
— 16, 19. εἰ ἐν ἀληθείᾳ καὶ τελειότητι ἐποιήσατε (2 *d*)
I Ki. 12. 24. B ἐν ἀληθείᾳ καὶ ἐν ὅλῃ καρδίᾳ (2 *d*)
II Ki. 2. 6. ποιήσαι κ. μεθ' ὑμῶν . . . ἀλήθειαν (2 *d*)
15. 20. κύριος ποιήσει μετὰ σοῦ . . . ἀλήθειαν (2 *d*)
III Ki. 2. 4. πορεύεσθαι ἐνώπιόν μου ἐν ἀληθείᾳ (2 *d*)
3. 6. καθὼς διῆλθεν . . . ἐν ἀληθείᾳ (2 *d*)
22. 16. ὅπως λαλήσῃς πρὸς μὲ ἀλήθειαν (2 *d*)
IV Ki. 19. 17. ἀληθείᾳ, κύριε, ἠρήμωσαν βασ. Ἀσσ. (2 *c*)
20. 3. περιεπάτησα ἐνώπιόν σου ἐν ἀληθείᾳ (2 *d*)
— 19. A μὴ οὐ καὶ ἂν εἰρήνη καὶ ἀ. ἔσται [B *al.*] (2 *d*)
I Ch. 12. 17. παραδοῦναί με . . . οὐκ ἐν ἀληθείᾳ χειρός †
II Ch. 18. 15. μὴ λαλήσῃς πρὸς μὲ πλὴν τὴν ἀ. (2 *d*)
19. 9. οὕτω ποιήσετε ἐν φόβῳ κ. ἐν ἀληθείᾳ (2 *b*)
32. 1. μετὰ . . . τὴν ἀ. ταύτην (2 *d*)
I Es. 3. 12. ὑπὲρ δὲ πάντα νικᾷ ἡ ἀ.
4. 13. ὁ εἴπας [A εἰπὼν] περὶ . . . τῆς ἀ.
— 33. καὶ ἤρξατο λαλεῖν περὶ τῆς ἀ.
— 35. καὶ ἡ ἀ. μεγάλη καὶ ἰσχυροτέρα παρὰ πάντα
— 36. πᾶσα ἡ γῆ ἀλήθειαν καλεῖ
— 37. καὶ οὐκ ἔστιν ἐν αὐτοῖς ἀλήθεια
— 38. ἡ ἀ. μένει καὶ ἰσχύει εἰς τὸν αἰῶνα
— 40. εὐλογητὸς ὁ θεὸς τῆς ἀ.
— 41. μεγάλη ἡ ἀ. καὶ ὑπερισχύει
5. 40. ἐνδεδυμένος τὴν δήλωσιν καὶ τὴν ἀ.
Ne. 9. 13. ἔδωκας αὐτοῖς . . . νόμους ἀληθείας (2 *d*)
— 33. ὅτι ἀλήθειαν ἐποίησας (2 *d*)
To. 1. 3. ὁδοῖς ἀληθείας ἐπορευόμην
3. 2. πᾶσαι αἱ ὁδοί σου ἐλεημοσύναι καὶ ἀλήθεια
— 5. οὐ γὰρ ἐπορεύθημεν ἐν ἀληθείᾳ [S ἀληθινῶς]
4. 6. ποιοῦντός σου τὴν ἀ. [S *al.*]
5. 11. S γνῶναι τὰ κατ' ἀλήθειαν [A B *al.*]
— 13. S τὴν ἀ. ἐβουλόμην γνῶναι [AB *al.*]
7. 10. ὑποδείξω σοι τὴν ἀλήθειαν
8. 7. ἀλλὰ ἐπ' ἀληθείας ἐπίταξον ἐλεῆσαί με
12. 8. S μετὰ ἀληθείας [A B νηστείας] καὶ ἐλ.
— 10. S πᾶσαν τὴν ἀ. ὑμῖν ὑποδείξω
13. 6. ποιῆσαι ἐνώπιον αὐτοῦ ἀλήθειαν
14. 7. S μνημονεύοντες τοῦ θ. ἐν ἀληθείᾳ
— 7. οἱ ἀγαπῶντες κ. τὸν θ. ἐν ἀληθείᾳ [S ἐπ' ἀληθείας]
— 7. S δουλεύσατε τῷ θ. ἐν ἀληθείᾳ
— 7. S ἐν ἀληθείᾳ καὶ ὅλῃ τῇ ἰσχύϊ αὐτῶν
Ju. 5. 5. ἀναγγελῶ σοι τὴν ἀ. περὶ τοῦ λαοῦ
10. 13. τοῦ ἀπαγγεῖλαι ῥήματα ἀληθείας
Es. 8. 13. A τῶν τῆς ἀ. ψευδεῖ παραλογισάμενος [B S *aliter*]
— 13. ταῖς ἀ. ἀλλότριος τοῦ τῶν Περσῶν αἵματος
Jb. 9. 2. ἐπ' ἀληθείας οἶδα ὅτι οὕτως ἐστί (2 *c*)
19. 4. ναὶ δὴ ἐπ' ἀληθείας ἐγὼ ἐπλανήθην (2 *c*)
23. 7. ἀλήθεια γὰρ καὶ ἔλεγχος παρ' αὐτοῦ [A² -ῷ] (4 *a*)
36. 4. δίκαια ἐρῶ ἐπ' ἀληθείας (2 *c*)
Ps. 5. 9. οὐκ ἔστιν ἐν τῷ στόματι αὐτῶν ἀ. (8)
11 (12). 1. ὠλιγώθησαν αἱ ἀ. (2 *a*)
14 (15). 3. λαλῶν ἀ. ἐν καρδίᾳ αὐτοῦ (2 *d*)
24 (25). 5. ὁδήγησόν με ἐπὶ τὴν ἀ. [A S² ἐν τῇ ἀ.] σου (2 *d*)
— 10. πᾶσαι αἱ ὁδοὶ κ. ἔλεος καὶ ἀ. (2 *d*)
25 (26). 3. εὐηρέστησα ἐν τῇ ἀ. σου (2 *d*)
29 (30). 9. μὴ . . . ἀναγγελεῖ τὴν ἀ. σου (2 *d*)
Ps. 30 (31). 5. κύριε ὁ θεὸς τῆς ἀ. (2 *d*)
— 23. ἀληθείας ἐκζητεῖ κ. (2 *a*)
35 (36). 5. ἡ ἀ. σου ἕως τῶν νεφελῶν (2 *b*)
39 (40). 10. οὐκ ἔκρυψα ἐν τῇ καρδίᾳ μου τὴν ἀ. σου (2 *b*)
— 10. οὐκ ἔκρυψα . . . τὴν ἀ. σου (2 *d*)
— 11. τὸ ἔλεός σου καὶ ἡ ἀ. σου (2 *d*)
42 (43). 3. ἐξαπόστειλον . . . τὴν ἀ. σου (2 *d*)
44 (45). 4. ἕνεκεν ἀληθείας καὶ πραΰτητος (2 *d*)
50 (51). 6. ἀλήθειαν ἠγάπησας (2 *d*)
53 (54). 5. ἐν τῇ ἀ. σου ἐξολόθρευσον αὐτούς (2 *d*)
56 (57). 3. ἐξαπέστειλεν ὁ θ. . . . τὴν ἀ. αὐτοῦ (2 *d*)
— 10. ἐμεγαλύνθη . . . ἕως τῶν νεφ. ἡ ἀ. σου (2 *d*)
60 (61). 7. ἀλήθειαν αὐτοῦ τίς ἐκζητήσει αὐτῶν (2 *d*)
68 (69). 13. ἐν ἀληθείᾳ τῆς σωτηρίας σου σῶσόν με (2 *d*)
70 (71). 22. ἐγὼ ἐξομολογήσομαί σοι . . . τὴν ἀ. σου (2 *d*)
83 (84). 11. ἀλήθειαν ἀγαπᾷ κύριος †
84 (85). 10. ἔλεος καὶ ἀλήθεια συνήντησαν (2 *d*)
— 11. ἀλήθεια ἐκ τῆς γῆς ἀνέτειλε (2 *d*)
85 (86). 11. πορεύσομαι [R *add.* ἐν] τῇ ἀ. σου (2 *d*)
87 (88). 11. μὴ διηγήσεταί τις . . . τὴν ἀ. σου (2 *b*)
88 (89). 1. ἀπαγγελῶ τὴν ἀ. σου (2 *b*)
— 2. ἑτοιμασθήσεται ἡ ἀ. σου (2 *b*)
— 5. ἐξομολογήσονται . . . τὴν ἀ. σου (2 *b*)
— 8. ἡ ἀλήθειά σου κύκλῳ σου (2 *b*)
— 14. ἔλεος καὶ ἀλήθεια προπορεύσονται (2 *d*)
— 24. ἡ ἀ. μου καὶ τὸ ἔλεός μου μετ' αὐτοῦ (2 *b*)
— 33. οὐδὲ μὴ ἀδικήσω ἐν τῇ ἀ. μου (2 *b*)
— 49. ἃ ὤμοσας τῷ Δαυὶδ ἐν τῇ ἀ. σου (2 *b*)
90 (91). 4. ὅπλῳ κυκλώσει σε ἡ ἀ. αὐτοῦ (2 *d*)
91 (92). 2. τοῦ ἀναγγέλλειν . . . τὴν ἀ. σου (2 *b*)
95 (96). 13. κρινεῖ . . . λαοὺς ἐν τῇ ἀ. αὐτοῦ (2 *b*)
97 (98). 3. ἐμνήσθη . . . τῆς ἀ. αὐτοῦ τῷ οἴκῳ Ἰσρ. (2 *b*)
99 (100). 5. ἕως γενεᾶς καὶ γενεᾶς ἡ ἀ. αὐτοῦ (2 *b*)
107 (108). 4. ἕως τῶν νεφελῶν ἡ ἀ. σου (2 *b*)
110 (111). 7. ἔργα χειρῶν αὐτοῦ ἀ. καὶ κρίσις (2 *d*)
— 8. πεποιημένα ἐν ἀληθείᾳ (2 *d*)
113. 9 (115. 1). δὸς δόξαν ἐπὶ . . . τῇ ἀ. σου (2 *d*)
116 (117). 2. ἡ ἀ. τοῦ κ. μένει εἰς τὸν αἰῶνα (2 *d*)
118 (119). 30. ὁδὸν ἀληθείας ᾑρετισάμην (2 *d*)
— 43. μὴ περιέλῃς . . . λόγον ἀληθείας (2 *d*)
— 75. ἀληθείᾳ ἐταπείνωσάς με (2 *b*)
— 86. πᾶσαι αἱ ἐντολαί σου ἀλήθεια (2 *b*)
— 90. εἰς γενεὰν καὶ γενεὰν ἡ ἀ. σου (2 *b*)
— 138. ἐνετείλω . . . τὰ μαρτ. σου . . . ἀλήθειαν (2 *b*)
— 142. ὁ νόμος [S¹ λόγος] σου ἀλήθεια (2 *d*)
— 151. πᾶσαι αἱ ὁδοί σου ἀλήθεια [A *om.*] (2 *d*)
— 160. ἀρχὴ τῶν λόγων σου ἀλήθεια (2 *d*)
131 (132). 11. ὤμοσε κύριος τῷ Δαυὶδ ἀλήθειαν (2 *d*)
137 (138). 2. ἐξομολογήσομαι . . . ἐπὶ . . . τῇ ἀ. σου (2 *d*)
142 (143). 1. ἐνώτισαι τὴν δέησίν μου ἐν τῇ ἀ. σου (2 *b*)
144 (145). 18. τοῖς ἐπικαλουμ. αὐτὸν ἐν ἀ. (2 *d*)
145 (146). 6. τὸν φυλάσσοντα ἀλήθειαν (2 *d*)
Pr. 8. 7. ἀλήθειαν μελετήσει ὁ φάρυγξ μου (2 *d*)
11. 18. σπέρμα δὲ δικαίων μισθὸς ἀληθείας (2 *d*)
14. 22. ἀλήθειαν τεκταίνουσιν ἀγαθοί (2 *d*)
20. 28. ἐλεημοσύνη καὶ ἀ. φυλακὴ βασιλεῖ (2 *d*)
22. 21. τοῦ ἀποκρίν. σε λόγους [A -οις] ἀληθείας (2 *d*)
26. 28. γλῶσσα ψευδὴς μισεῖ ἀλήθειαν †
28. 6. πτωχὸς πορευόμ. ἐν ἀληθείᾳ [S¹ *om.* ἐν ἀ.] (7)
29. 14. βασιλέως ἐν ἀλ. κρίνοντος πτωχούς (2 *d*)
Ec. 12. 10. τοῦ εὑρεῖν . . . λόγους ἀληθείας (2 *d*)
Wi. 3. 9. συνήσουσιν ἀλήθειαν
5. 6. ἄρα ἐπλανήθημεν ἀπὸ ὁδοῦ ἀληθείας
6. 22. οὐ μὴ παροδεύσω τὴν ἀ.
Si. 4. 25. μὴ ἀντίλεγε τῇ ἀ.
— 28. ἕως θανάτου ἀγώνισαι περὶ τῆς ἀ.
7. 20. οἰκέτην ἐργαζόμενον ἐν ἀληθείᾳ
27. 9. ἀ. [S ἡ ἀ.] πρὸς τοὺς ἐργαζομ. αὐτ. ἐπανήξει
37. 15. ἵνα εὐθύνῃ ἐν ἀληθείᾳ τὴν ὁδόν σου
41. 19. ἀπὸ ἀληθείας θεοῦ καὶ διαθήκης
45. 10. λογείῳ κρίσεως, δήλοις ἀληθείας
Ho. 4. 1. οὐκ ἔστιν ἀ. οὐδὲ ἔλεος . . . ἐπὶ τῆς γῆς (2 *d*)
Mi. 7. 20. δώσει εἰς ἀλήθειαν τῷ Ἰ. (2 *d*)
Za. 8. 8. ἔσομαι αὐτοῖς εἰς θεὸν ἐν ἀλ. (2 *d*)
— 16. λαλεῖτε ἀλήθειαν (2 *d*)
— 16. ἀλήθειαν [A *om.*] κ. κρίμα εἰρηνικόν (2 *d*)
— 19. τὴν ἀ. καὶ τὴν εἰρήνην ἀγαπήσατε (2 *d*)
Ma. 2. 6. νόμος ἀληθείας ἦν ἐν τῷ στόματι αὐτοῦ (2 *d*)
Is. 1. 21. S¹ Σιὼν πλήρης κρίσεως καὶ ἀλ. [AB *om.* κ. ἀ.] –
10. 20. πεποιθότες ἐπὶ τὸν θεὸν . . . τῇ ἀ. (2 *d*)
11. 5. ἀληθείᾳ εἰλημένος [AS εἰλημμ.] τὰς πλευράς (2 *b*)
16. 5. καθιεῖται ἐπ' αὐτοῦ μετὰ ἀληθείας (2 *d*)
26. 2. λαὸς . . . φυλάσσων ἀλήθειαν (2 *a*)
— 3. ἀντιλαμβανόμενος ἀληθείας †
— 10. ἀλήθειαν οὐ μὴ ποιήσει (5)
37. 18. ἐπ' ἀληθείας γάρ, κύριε [ABS *om.*], ἠρήμωσαν (2 *c*)
38. 3. ἐπορεύθην ἐνώπιόν σου μετὰ ἀληθείας (2 *d*)
42. 3. εἰς ἀλήθειαν ἐξοίσει κρίσιν (2 *d*)
45. 19. ἀναγγέλλων ἀλήθειαν (4 *b*)
46. 13. S¹ ἤγγισα . . . ἀλήθειαν [A B *om.*] †
48. 1. μιμνησκόμενοι οὐ μετὰ ἀληθείας (2 *d*)
59. 14. κατηναλώθη ἐν ταῖς ὁδοῖς αὐτῶν ἡ ἀ. (2 *d*)
— 15. ἡ ἀ. ἦρται (2 *d*)
Je. 4. 2. ζῇ κύριος μετὰ ἀληθείας (2 *d*)
9. 5. ἀλήθειαν οὐ μὴ λαλήσωσι (2 *d*)
14. 13. ἀλήθειαν καὶ εἰρήνην δώσω (2 *d*)
23. 28. διηγησάσθω τὸν λόγον μου ἐπ' ἀληθείας (2 *d*)
▶ 33 (26). 15. ἐν ἀληθείᾳ ἀπέσταλκέ με (2 *d*)
Da. LXX. 2. 5. ἐὰν μὴ ἀπαγγ. μοι ἐπ' ἀληθείας τὸ ἐν. –
— 8. ἐπ' ἀληθείας οἶδα (3)
— 9. ἐὰν μὴ . . . ἀπαγγείλητέ μοι ἐπ' ἀληθείας –
— 47. ἐπ' ἀληθείας [? *Cod.* ἀληθεῖ] ἐστὶν ὁ θ. ὑμῶν (6)
3. (28). κρίματα ἀληθείας ἐποίησας
— (28). ἐν ἀληθείᾳ . . . ἐποίησας πάντα ταῦτα
8. 26. τὸ ὅραμα . . . ηὑρέθη ἐπ' ἀληθείας (2 *d*)
10. 21. ὑποδείξω σοι . . . ἐν ἀπογραφῇ ἀληθείας (2 *d*)
11. 2. καὶ νῦν ἦλθον τὴν ἀ. ὑποδεῖξαί σοι (2 *d*)
Da. TH. 2. 8. ἐπ' ἀληθείας οἶδα ἐγώ (3)
— 47. ἐπ' ἀληθείας ὁ θεὸς ὑμῶν αὐτός ἐστι (6)
3. (27). πᾶσαι αἱ κρίσεις σου ἀλήθεια
— (28). κρίματα ἀληθείας ἐποίησας
— (28). ἐν ἀληθείᾳ καὶ κρίσει ἐπήγαγες
9. 13. τοῦ συνιέναι ἐν πάσῃ ἀ. σου (2 *d*)
10. 21. τὸ ἐντεταγμένον ἐν γραφῇ ἀληθείας (2 *d*)
11. 2. καὶ νῦν ἀλήθειαν ἀναγγελῶ σοι (2 *d*)
I Ma. 7. 18. οὐκ ἔστιν ἐν αὐτοῖς ἀ. καὶ κρίσις
II Ma. 3. 9. εἰ ταῖς ἀ. ταῦτα οὕτως ἔχοντα τυγχάνει
7. 6. ταῖς ἀ. ἐφ' ἡμῖν παρακαλεῖται
III Ma. 4. 16. πεπλανημένῃ πόρρω τῆς ἀ. φρενί
IV Ma. 5. 11. φιλοσοφήσεις τὴν τοῦ συμφέροντος ἀ.
— 18. εἰ καὶ κατὰ ἀλήθειαν μὴ ἦν ὁ νόμος ἡμῶν
6. 18. πρὸς ἀλήθειαν ζήσαντες τὸν . . . βίον
[Aq. Ge. 32. 10 (11): Ps. 24 (25). 5: 42 (43). 3: 60 (61). 8: 85 (86). 11: 90 (91). 4: Pr. 3. 3: Is. 39. 8: 59. 14, 15: 61. 8: Je. 28 (35). 9: 32 (39). 41: 33 (40). 6: 51 (28). 13.]
[Sm. II Ch. 15. 3: Ps. 24 (25). 5: 29 (30). 10: 42 (43). 3: 53 (54). 7: 60 (61). 8: 85 (86). 11: 88 (89). 3: 90 (91). 4 (?): 137 (138). 2: Pr. 3. 3: Is. 38. 18, 19: 39. 8: 59. 15: 61. 8: Je. 9. 5 (4): 28 (35). 9: 32 (39). 41: 33 (40). 6.]
[Th. Ps. 42 (43). 3: 83 (84). 12: Pr. 3. 3: 23. 23: Is. 39. 8: 59. 15: 61. 8: Da. 3. (27).]
[Quint. Ps. 42 (43). 3: 60 (61). 8.]
[Sext. Ps. 60 (61). 8.]

ἀλήθειν. (1) *a.* טָחַן *b.* טַחֲנָה

Nu. 11. 8. ἤληθον αὐτὸ ἐν τῷ μύλῳ (1 *a*)
Jd. 16. 21. καὶ ἦν ἀλήθων ἐν οἴκῳ τοῦ δεσμωτηρίου (1 *a*)
Ec. 12. 3. ἤργησαν αἱ ἀλήθουσαι (1 *a*)
— 4. ἐν ἀσθενείᾳ φωνῆς τῆς ἀληθούσης (1 *b*)

ἀληθεύειν. (1) אֱמֶת (2) יָכַח ni. (3) מִשְׁפָּט (4) שָׁלַם hi.

Ge. 20. 16. καὶ πάντα ἀλήθευσον (2)
42. 16. εἰ ἀληθεύετε ἢ οὔ (1)
Pr. 21. 3. ἀληθεύειν ἀρεστὰ παρὰ θεῷ (3)
Si. 31 (34). 4. καὶ ἀπὸ ψευδοῦς τί ἀληθεύσει
Is. 44. 26. τὴν βουλὴν τῶν ἀγγ. αὐτοῦ ἀληθεύων (4)

ἀληθής. (1) אֱמֶת (2) חָכָם (3) כּוּן ni. (4) צַדִּיק (5) *a.* קֹשֶׁט *b.* קְשׁוֹט (6) תּוּשִׁיָּה (7) רַב (8) טוֹב

Ge. 41. 32. ὅτι ἀ. ἔσται τὸ ῥῆμα τὸ παρὰ τοῦ θ. (3)

▶ = additional entry on page xxiv

De. 13. 14 (15). καὶ ἰδοὺ ἀ. [B -θῶς] σαφῶς ὁ λόγος (1)
Ne. 7. 2. ἀνὴρ ἀ. καὶ φοβούμενος τὸν θεόν (1)
Ju. 11. 10. κατάθου αὐτὸν . . . ὅτι ἐστὶν ἀ.
Es. 1. 20. A ὅτι ἀληθής (7)
Jb. 5. 12. οὐ μὴ ποιήσουσιν . . . ἀληθές (6)
17. 10. A B οὐ γὰρ εὑρίσκω [S² ἐστὶν] ἐν ὑμῖν ἀληθές (2)
42. 7. οὐ γὰρ ἐλαλήσατε . . . ἀ. οὐδέν (3)
— 8. οὐ γὰρ ἐλαλήσατε ἀληθές [A om.] (3)
Pr. 1. 3. νοῆσαί τε δικαιοσύνην ἀληθῆ –
22. 21. A διδάσκω οὖν σε ἀληθῆ λόγον καὶ γνῶσιν ἀ. [B S ἀγαθὴν] ὑπακούειν (5 a, 1)
Wi. 1. 6. τῆς καρδίας αὐτοῦ ἐπίσκοπος ἀ.
2. 17. ἴδωμεν [S εἰδ.] εἰ οἱ λόγοι αὐτοῦ ἀληθεῖς
6. 17. ἡ ἀληθεστάτη παιδείας ἐπιθυμία
12. 27. θεὸν ἐπέγνωσαν ἀληθῆ
15. 1. σὺ δὲ ὁ θεὸς ἡμῶν χρηστὸς καὶ ἀ.
Is. 41. 26. ἐροῦμεν ὅτι ἀληθῆ ἐστιν (4)
43. 9. A S² ἀκουσάτωσαν ἀληθῆ [B S¹ om.] –
— 9. εἰπάτωσαν ἀληθῆ (1)
65. 2. S¹ πορευομένοις ὁδῷ οὐκ ἀ. [A S³ ἀληθινῇ, B καλῇ] (8)
Da. LXX. 2. 47. ἐπ' ἀληθεὶ ἐστὶν ὁ θεὸς ὑμῶν (5 b)
10. 1. καὶ ἀ. τὸ ὅραμα καὶ τὸ πρόσταγμα (1)
Da. TH. 8. 26. A ἡ ὅρασις . . . ἀ. [B ἀληθῶς] (1)
III Ma. 7. 12. ὁ δὲ τἀληθὲς αὐτοὺς λέγειν παραδεξάμενος
IV Ma. 5. 9. κενοδοξῶν περὶ τὸ ἀ. ἔτι κἀμοῦ καταφρονήσεις

[Sm. Pr. 28. 20: Ez. 18. 8.]
[Al. Ps. 50 (51). 12.]

ἀληθινός. (1) *a.* אֱמוּנָה *b.* אָמֵן *c.* אֱמֶת (2) *a.* יָשָׁר *b.* יֹשֶׁר (3) נָקִי (4) שָׁלֵם (5) תָּם (6) קֹשְׁטְ (7) יַצִּיב (8) שָׁלֵם (9) טוֹב

Ex. 34. 6. μακρόθυμος καὶ πολυέλεος καὶ ἀ. (1 c)
Nu. 14. 18. κύριος μακρόθυμος καὶ πολυέλεος καὶ ἀ. –
24. 3. A ὁ ἄνθρωπος ὁ ἀ. [B -ῶς] ὁρῶν (8)
— 15. B ὁ ἄνθρωπος ὁ ἀ. [A R -ῶς] ὁρῶν (8)
De. 25. 15. στάθμιον ἀ. καὶ δίκαιον ἔσται σοι (4)
— 15. A B² R μέτρον ἀ. καὶ δίκαιον ἔσται σοι (4)
32. 4. ἀληθινὰ τὰ ἔργα αὐτοῦ (5)
II Ki. 7. 28. οἱ λόγοι σου ἔσονται ἀληθινοί (1 c)
III Ki. 10. 6. ἀ. ὁ λόγος ὃν ἤκουσα (1 c)
17. 24. καὶ ῥῆμα κυρίου ἐν στόματί σου ἀ. (1 c)
II Ch. 9. 5. ἀ. ὁ λόγος ὃν ἤκουσα ἐν τῇ γῇ μου (1 c)
15. 3. ἡμέραι πολλαὶ τῷ Ἰσραὴλ ἐν οὐ θεῷ ἀ. (1 c)
I Es. 8. 89. κύριε τοῦ Ἰσραήλ, ἀληθινὸς εἶ
To. 3. 2. κρίσιν ἀ. καὶ δικαίαν σὺ κρίνεις [S al.]
— 5. πολλαὶ αἱ κρίσεις σού εἰσι καὶ ἀ.
Jb. 1. 1. ἦν ὁ ἄνθρωπος ἐκεῖνος ἀ. (5 ?)
— 8. ἄνθρωπος ἄμεμπτος [A S² add. δίκαιος] ἀ. (2 a ?)
2. 3. ἄνθρωπος ἄκακος, ἀ., ἄμεμπτος [A ὅμοιος αὐτῷ, ἄμεμπτος, δίκαιος, ἀλ.] (2 a ?)
4. 7. πότε ἀληθινοὶ ὁλόρριζοι ἀπώλοντο (2 a)
— 12. εἰ δέ τι ῥῆμα ἀ. ἐγεγόνει ἐν λόγοις σου †
6. 25. φαῦλα [A φ. ἀνδρὸς] ἀληθινοῦ ῥήματα (2 b)
8. 6. εἰ καθαρὸς εἶ καὶ ἀ. (2 a)
— 21. ἀληθινῶν δὲ στόμα ἐμπλήσει γέλωτος †
17. 8. A B S² θαῦμα ἔσχεν ἀληθινούς (2 a)
27. 17. τὰ δὲ χρήματα . . . ἀληθινοὶ καθέξουσιν (3)
Ps. 18 (19). 9. τὰ κρίματα κυρίου ἀληθινά (1 c)
85 (86). 15. σὺ κύριε ὁ θ. οἰκτίρμων . . . καὶ ἀ. (1 c)
102 (103). 8. A πολυέλεος καὶ ἀ. [B S om. κ. ἀ.] –
Pr. 12. 19. χείλη ἀ. κατορθοῖ μαρτυρίαν (1 c)
Si. 42. 1. S ἔσῃ αἰσχυντηρὸς καὶ ἀ. [A B ἀληθινῶς]
Za. 8. 3. κληθήσεται ἡ Ἰ. πόλις ἀ. (1 c)
Is. 25. 1. βουλὴν ἀρχαίαν ἀληθινήν (1 a)
38. 3. ἐπορεύθην . . . ἐν καρδίᾳ ἀ. (4)
57. 18. ἔδωκα αὐτῷ παράκλησιν ἀληθινήν –
59. 4. οὐδ' ἔστι κρίσις ἀληθινή (1 a)
65. 2. A S³ τοῖς πορευομένοις ὁδῷ ἀ. [B οὐ καλῇ, S¹ ἀληθεῖ] (9)
— 16. εὐλογήσουσι γὰρ τὸν θεὸν τὸν ἀ. (1 b)
— 16. ὀμοῦνται τὸν θεὸν τὸν ἀ. (1 b)
Je. 2. 21. ἄμπελον καρποφόρον πᾶσαν ἀληθινήν (1 c)
Da. LXX. 3. (27). πάντα τὰ ἔργα σου ἀληθινά
— (27). πᾶσαι αἱ κρίσεις σου ἀληθιναί
— (31). πάντα ὅσα ἐποίησας ἐν ἀ. κρίσει ἐποίησας
Da. TH. 2. 45. ἀ. τὸ ἐνύπνιον (7)
3. (27). πάντα τὰ ἔργα σου ἀληθινά

Da. TH. 3. (31). ἐν ἀ. κρίσει ἐποίησας
4. 34. πάντα τὰ ἔργα αὐτοῦ ἀληθινά (6)
6. 12 (13). ἀ. ὁ λόγος (7)
10. 1. ἀ. ὁ λόγος (1 c)
III Ma. 2. 11. καὶ δὴ πιστὸς εἶ καὶ ἀ.
6. 18. ὁ . . . παντοκράτωρ καὶ ἀ. θεός

[Aq. Th. Jo. 2. 12: Je. 10. 10.]
[Sm. Jo. 2. 12: Ps. 30 (31). 6.]
[Al. Je. 10. 10.]

ἀληθινῶς. (1) שָׁתַם

Nu. 24. 3. ὁ ἄνθρωπος ὁ ἀ. [A -νὸς] ὁρῶν (1)
— 15. A R ὁ ἄνθρωπος ὁ ἀ. [B ἀληθινὸς] ὁρῶν (1)
To. 3. 5. S καὶ οὐκ ἐπορεύθημεν ἀ. [A B al.]
14. 6. ἐπιστρέψουσιν ἀ. φοβεῖσθαι κ. τὸν θ.
Si. 42. 1. ἔσῃ αἰσχυντηρὸς ἀ. [S καὶ ἀληθινός]
— 8. ἔσῃ πεπαιδευμένος ἀ.

ἀληθῶς. (1) *a.* אָמֵן *b.* אָמְנָה *c.* אָמְנָם *d.* אֻמְנָם *e.* אֱמֶת (2) אֵפוֹא (3) גַּם (4) יַצִּיב (5) צְדָא

Ge. 18. 13. ἆρά γε ἀ. τέξομαι (1 d)
20. 12. καὶ γὰρ ἀ. ἀδελφή μού ἐστιν (1 b)
Ex. 33. 16. πῶς γνωστὸν ἔσται ἀ. (2)
De. 13. 14 (15). B καὶ ἰδοὺ ἀ. [A R ἀληθὴς] σαφῶς ὁ λόγος (1 e)
17. 4. καὶ ἰδοὺ ἀ. γέγονε τὸ ῥῆμα (1 e)
Jo. 7. 20. ἀ. ἥμαρτον ἐναντίον κυρίου (1 b)
Ru. 3. 12. καὶ ὅτι [R νῦν ὁ] ἀ. ἀγχιστεὺς ἐγώ εἰμι (1 c)
I Ki. 22. 7. εἰ ἀ. πᾶσιν ὑμῖν δώσει . . . ἀγρούς (3)
III Ki. 8. 27. ὅτι εἰ ἀ. κατοικήσει ὁ θ. μετὰ ἀνθρώπων (1 d)
18. 39. ἀ. κ. ὁ θεὸς [A om.] αὐτὸς ὁ θ. –
II Ch. 6. 18. ὅτι εἰ ἀ. κατοικήσει θ. [A ὁ θ.] μετὰ ἀνθρώπων (1 d)
Ps. 57 (58). 1. εἰ ἀ. ἄρα δικαιοσύνην λαλεῖτε (1 d)
Je. 28 (51). 13. ἥκει τὸ πέρας σου ἀ. †
35 (28). 6. ἀ. οὕτω ποιήσαι κύριος (1 a)
Da. LXX. 3. 24 (91). καὶ εἶπον τῷ βασιλεῖ, ἀ. βασιλεῦ (4)
Da. TH. 3. 14. εἰ ἀ. . . . τοῖς θ. μου οὐ λατρεύετε (5)
— 24 (91). εἶπαν τῷ βασιλεῖ, ἀ. βασιλεῦ (4)
8. 26. ἡ ὅρασις τῆς ἑσπέρας . . . ἀ. ἐστί (1 e)
II Ma. 3. 38. διὰ τὸ . . . ἀ. εἶναί τινα θεοῦ δύναμιν
12. 12. ὑπολαβὼν ὡς ἀ. . . . αὐτοὺς χρησίμους
IV Ma. 6. 5. εὐγενὴς ὡς ἀ. Ἐλεάζαρος
11. 23. πολέμιε τῶν ἀ. εὐσεβούντων
17. 11. ἀ. γὰρ ἦν ἀγὼν θεῖος

[Aq. Je. 14. 13.]
[Sm. Is. 40. 7: Ez. 18. 9.]
[Th. Jb. 36. 4: Is. 40. 7.]
[Al. Jo. 2. 4.]

ἄληκτος.

● III Ma. 4. 2. A ἄληκτον [R ἀνήκεστον] πένθος ἦν

ἁλιάετος, ἁλίαιτος, ἁλίετος. (1) עָזְנִיָּה

Le. 11. 14. ταῦτα ἃ βδελύξεσθε . . . τὸν ἁ. (1)
De. 14. 12. ταῦτα οὐ φάγεσθε . . . τὸν ἁ. (1)

ἁλιεύειν. (1) דִּיג

Je. 16. 16. ἁλιεύσουσιν αὐτούς (1)

ἁλιεύς. (1) *a.* דַּיָּג *b.* דַּוָּג *c.* דַּיָּג

Jb. 40. 26 (31). ἐν πλοίοις ἁλιέων κεφαλὴν αὐτοῦ (1 a)
Is. 19. 8. στενάξουσιν οἱ ἁ. (1 c)
Je. 16. 16. ἀποστέλλω τοὺς ἁ. τοὺς πολλούς (1 b*, c)
Ez. 47. 10. στήσονται ἐκεῖ ἁλιεῖς (1 b)

ἁλίζειν. (1) מָלַח *a.* qal. *b.* hoph.

Le. 2. 13. πᾶν δῶρον θυσίας ὑμῶν ἁλὶ ἁλισθήσεται (1 a)
To. 6. 5. S ἀφῆκεν ἐξ αὐτοῦ ἡλισμένον
Is. 47. 2. A ἄλισον [B S ἄλεσον] ἄλευρον †
Ez. 16. 4. οὐδὲ ἁλὶ ἡλίσθης (1 b)

[Aq. Sm. Is. 51. 6.]

ἁλίκμητος.

[Aq. Sm. Th. Is. 30. 24.]

ἅλιμον, ἄλιμον. (1) חֲרֻלִּים (2) מַלּוּחַ (3) רֹתֶם

Jb. 30. 4. οἱ περικυκλοῦντες ἅλιμα ἐπὶ ἠχοῦντι οἵτινες [A ὧν] ἅλιμα ἦν αὐτῶν τὰ σῖτα (2, 3)
Je. 17. 6. κατασκηνώσει ἐν ἁλίμοις (1)

[Aq. Jb. 30. 4.]

ἀλισγεῖν. (1) בָּזָה ni. (2) גָּאַל *a.* pi. *b.* pu. *c.* hith.

Si. 40. 29. ἀλισγήσει [S ἀλγήσει] τὴν [A S om.] ψυχήν
Ma. 1. 7. προσάγοντες . . . ἄρτους ἠλισγημένους κ. εἴπατε, ἐν τίνι ἠλισγήσαμεν αὐτούς; ἐν τῷ λέγειν ὑμᾶς, τράπεζα κυρίου ἠλισγημένη ἐστί (2 b, 2 a, 1)
— 12. τράπεζα κυρίου ἠλισγημένη ἐστί (2 b)
Da. LXX. 1. 8. ὅπως μὴ ἀλισγηθῇ ἐν τῷ δείπνῳ τοῦ βασ. (2 c)
Da. TH. 1. 8 bis. ὡς οὐ μὴ ἀλισγηθῇ (2 c, 2 c)

ἁλίσκειν, ἁλίσκεσθαι. (1) חָלָה pu. (2) חָפַשׂ pu. (3) לָכַד ni. (4) מָצָא ni. (5) נָכָה hoph. (6) פָּקַד (7) רָשַׁע hi. (8) תָּפַשׂ ni.

Ex. 22. 9 (8). ὁ ἁλοὺς διὰ τοῦ θ. ἀποτίσει διπλοῦν (7)
De. 24. 7. ἐὰν δὲ ἁλῷ ἄνθρωπος κλέπτων ψυχήν (4)
Pr. 6. 2. ἁλίσκεται χείλεσιν ἰδίου στόματος (3)
— 30. ἐὰν ἁλῷ τις κλέπτων †
— 31. ἐὰν δὲ ἁλῷ ἀποτίσει ἑπταπλάσια (4)
11. 6. τῇ δὲ ἀπωλείᾳ [S² ἀσεβείᾳ, A ἀβουλίᾳ] αὐτῶν ἁλίσκονται (3)
28. 12. ἐν δὲ τόποις ἀσεβῶν ἁλίσκονται (2)
Si. 9. 4. μήποτε ἁλῷς ἐν τοῖς ἐπιχειρήμασιν
23. 7. ὁ φυλάσσων οὐ μὴ ἁλῷ
27. 26. ὁ ἱστῶν παγίδα ἐν αὐτῇ ἁλώσεται
— 29. παγίδι ἁλώσονται οἱ εὐφραινόμενοι
34 (31). 7. πᾶς ἄφρων ἁλώσεται ἐν αὐτῷ
Za. 14. 2. καὶ ἁλώσεται ἡ πόλις (3)
Is. 8. 15. ἁλώσονται ἄνθρωποι (3)
13. 15. ὃς γὰρ ἂν ἁλῷ ἡττηθήσεται (4)
14. 10. σὺ ἑάλως ὥσπερ καὶ ἡμεῖς (1)
22. 3. οἱ ἁλόντες σκληρῶς δεδεμένοι εἰσί (4)
24. 18. ἁλώσεται ὑπὸ τῆς παγίδος (3)
27. 3. ἁλώσεται γὰρ νυκτός (6)
28. 13. κινδυνεύσουσι καὶ ἁλώσονται (3)
30. 13. τεῖχος . . . πόλεως ὀχυρᾶς [A om.] ἑαλωκυίας †
31. 9. ὁ δὲ φεύγων ἁλώσεται †
33. 1. ἁλώσονται οἱ ἀθετοῦντες †
Je. 2. 26. ὡς αἰσχύνη κλέπτου ὅταν ἁλῷ (4)
8. 9. ἐπτοήθησαν καὶ ἑάλωσαν (3)
27 (50). 2. ἑάλωκε Βαβυλών (3)
— 9. ἐκεῖθεν ἁλώσεται [A -σονται] (3)
— 24. ὡς Βαβυλὼν καὶ ἁλώσῃ (3)
28 (51). 31. ὅτι ἑάλωκεν ἡ πόλις αὐτοῦ (3)
— 41. ἑάλω . . . τὸ καύχημα πάσης τῆς γῆς (3)
— 56. ἑάλωσαν [S¹ -καν] οἱ μαχηταὶ αὐτῆς (3)
Ez. 17. 20. ἁλώσεται ἐν τῇ περιοχῇ αὐτοῦ (8)
21. 24 (19). ἐν τούτοις ἁλώσεσθε [A -θήσεσθε] (8)
33. 21. ἑάλω ἡ πόλις (5)
40. 1. μετὰ τὸ ἁλῶναι [A -ωθῆναι] τὴν πόλιν (5)

[Aq. Ps. 21 (22). 14: 118 (119). 120 (?).]
[Sm. Jb. 22. 16: Pr. 6. 1: Ec. 7. 27 (26).]
[Th. Je. 48 (31). 1.]

ἀλιτήριος.

II Ma. 12. 23. συγκεντῶν τοὺς ἀ.
13. 4. ἐξήγειρε τὸν θυμὸν τοῦ Ἀντ. ἐπὶ τὸν ἀ.
14. 42. ἀποθανεῖν ὑπὲρ τοῖς ἀ. ὑποχείριος γενέσθαι
III Ma. 3. 16. τιμῆσαι τὸ ἱερὸν τῶν ἀ.

ἀλιωτός (?).

[Aq. Jd. 16. 7.]

ἀλκή.

Si. 29. 13. ὑπὲρ δόρυ ἀλκῆς [A S ὁλκ.]
Da. LXX. 11. 4. οὐ κατὰ τὴν ἀ. αὐτοῦ †
II Ma. 12. 28. τὰς τῶν πολεμίων ἀ. [A ὁλκάς]
III Ma. 3. 18. ἀπολειπόμενοι τῆς ἡμετέρας ἀ.
6. 12. σὺ δὲ ὁ πᾶσαν ἀλκὴν . . . ἔχων

ἄλκιμος (?).

I Ma. 7. 20. τὴν χώραν τῶν ἀ. [A S² R τῷ Ἀλκίμῳ]

ἀλλά—(* ἀλλ' ἤ: ** οὐ μὴν ἀλλά, ἀλλὰ μὴν οὐδέ).

Ge. 15 4: 17. 5, 15†: 18. 15: 19. 2* †: 20. 12: 21. 23, 26* †: 23. 15†: 24. 4* †, 38* †: 28. 17*: 32. 28 (29): 34. 31: 35. 10: 38. 23: 40. 14, 15, 23: 42. 12, 34: 44. 26: 45. 1, 8* †: 47. 18*, 30: 48. 19 bis.
Ex. 3. 22†: 5. 7†: 8. 28 (24): 9. 2†: 10. 25: 12. 9*: 16. 8*, 20: 21. 13: 23. 5, 24: 32. 18: 33. 16*.

● = correction on page xxiv

Le. 11. 21 : 21. 2*, 14* : 26. 15, 23 : 27. 21, 29.
Nu. 10. 30 : 13. 29 (28)*, 31 (30), 34 (33) : 14. 9, 14, 21, 23*, 31* : 16. 30* : 18. 15* : 20. 19 : 22. 20 : 23. 13* : 26. 33* : 31. 23* : 35. 33 : 36. 9.
De. 1. 26†, 28 : 4. 12*, 26* : 5. 3* : 7. 5, 8 : 8. 3 : 9. 4†, 5 : 10. 12* : 12. 5*, 14*, 15*, 18* : 16. 6* : 20. 17*†, 19*†, 20 : 21. 17, 23 : 28. 65 : 29. 15 (14), 20 (19)*.
Jo. 1. 18 : 3. 4 : 6. 17 (18) : 7. 3 : 11. 13, 20, 22 : 13. 6 : 14. 4* : 17. 3* : 22. 5, 24, 27, 28 : 23. 8*† : 24. 18, 21.
Jd. 2. 2 : 7. 12, 14*† : 11. 16† : 15. 7†, 13*† : 18. 9† : 19. 28†.
I Ki. 1. 23 : 2. 10*†, 30* : 6. 3, 9 : 8. 7*, 19* : 10. 19* : 12. 12* : 14. 30 : 15. 19, 30 : 16. 6 : 17. 43*† : 18. 25* : 20. 3 : 21. 4 (5)*, 5 (6), 6 (7)* : 29. 9 : 30. 2, 17*, 22*.
II Ki. 10. 3† : 12. 3* : 13. 33*† : 16. 18 : 19. 28 (29)* : 21. 2* : 24. 24†.
III Ki. 3. 11, 22*†, 22, 23*† : 8. 19* : 17. 12*, 13 : 18. 18* : 20 (21). 29† : 22. 8*, 18*, 31*.
IV Ki. 4. 2* : 5. 15*, 17* : 10. 23* : 13. 7* : 14. 6* : 17. 36*, 39* : 19. 18* : 20. 10, 15 : 23. 23*.
I Ch. 2. 34* : 15. 2*† : 22. 12* : 23. 22* : 29. 1*.
II Ch. 1. 4 : 2. 6 (5)* : 8. 8† : 15. 17 : 16. 12 : 17. 4 : 18. 17*, 30* : 19. 3*, 6* : 20. 12*, 15*, 33 : 21. 17* : 25. 2, 4* : 26. 18* : 27. 2 : 28. 21* : 29. 34* : 30. 11, 18 : 32. 25 : 35. 22*.
I Es. 1. 28, 29, 53 : 2. 19, 20 : 4. 6, 39 : 8. 22†, 80 : 9. 11.
II Es. 5. 13 : 10. 13.
Ne. 1. 11 : 9. 29 : 13. 24†.
To. 3. 10† : 4. 14, 19 : 5. 2†, 9†, 14†, 18 : 6. 14† : 7. 11† : 8. 7, 16, 20† : 10. 10† : 12. 13†, 18, 19.
Ju. 1. 11 : 2. 13 : 6. 3, 4 : 7. 10, 25 : 8. 23, 27, 29, 30 : 9. 11 : 10. 16 : 11. 2, 4, 7, 10 : 12. 2 : 13. 14, 20 : 15. 2 : 16. 7.
Es. 1. 16 : 4. 17 *bis* : 5. 12* : 8. 13 *bis*.
Jb. 1. 11, 12 : 2. 5, 9 : 3. 7, 8 : 4. 16* : 5. 3, 7, 8** : 6. 3, 5*, 25 : 9. 23, 35† : 10. 7 : 11. 5 : 12. 5**, 7 : 13. 3**, 15**† : 14. 5†, 22* : 17. 10** : 18. 20 : 21. 17** : 22. 7 : 24. 23 : 27. 7**, 11† : 32. 8, 21** : 33. 1**, 30† : 34. 11, 36** : 36. 10, 21 : 38. 11 : 40. 2 (7), 3 (8)†, 10 (15).
Ps. 1. 2*, 4* : 43 (44). 3 : 51 (52). 7 : 113. 9* (115. 1), 26 (115. 18) : 117 (118). 17 : 118 (119). 85 : 130 (131). 2† : 132 (133). 1*†.
Pr. 1. 25 : 4. 13† : 9. 18 : 20. 22 : 23. 17, 30 : 24. 7 : 25. 10, 10 : 26. 5 : 27. 4 : 29. 19†.
Ec. 5. 10*†, 19†.
Wi. 6. 22 : 8. 16 : 10. 8, 13 : 11. 19, 20 : 12. 8 : 13. 2*, 6 : 14. 22, 31 : 15. 7, 9 *bis*, 12 : 16. 7, 12, 18, 26 : 18. 20, 22 : 19. 15.
Si. prol. 5, 17 : 3. 18† : 12. 2 : 22. 14* : 24. 34 : 25. 10 : 30. 26 (33. 17) : 36 (33.) 1 : 37. 1, 7, 12* : 38. 9, 32†, 34 : 44. 10*.
Ho. 1. 6* : 7. 14*.
Am. 7. 14* : 8. 11.
Mi. 6. 8*.
●Za. 4. 6*† : 8. 11*.
Ma. 2. 9, 16.
Is. 3. 13 : 5. 7, 24, 25 : 7. 8 *bis*, 17 : 8. 6 : 9. 10 (9), 12 (11), 17 (16), 20 (19), 21 (20) : 10. 4, 7, 16, 20 : 11. 4 : 17. 8† : 23. 18 : 26. 18 : 28. 27 : 29. 23 : 30. 5, 6†, 10, 16 : 32. 3 : 35. 10 : 37. 19, 34 : 39. 4 : 41. 18 : 42. 3, 19*†, 19*† : 43. 17, 24 : 44. 10 : 45. 18 : 48. 6 : 49. 10, 15† : 50. 7 : 53. 3 : 55. 9 : 58. 6 : 59. 2 : 60. 18, 19 : 62. 9*† : 63. 9, 16 : 65. 2, 18 : 66. 2*.
Je. 2. 20, 33, 34, 35 : 3. 10 : 7. 23*, 24, 32† : 9. 14 (13), 24 (23)* : 15. 17 : 16. 15 : 19. 6* : 20. 3* : 22. 12*, 17 : 23. 8 : 33 (26). 15* : 38 (31). 30* : 41 (34). 4 : 45 (38). 4*, 6* : 50 (43). 3* : 51 (44). 14*.
Ba. 2. 18 : 3. 5, 32.
Ep. Je. 27, 51.
Ez. 5. 7 : 14. 16*, 18*† : 18. 11, 22† : 31. 14† : 36. 22* : 39. 10* : 44. 10*, 22*, 25* : 46. 9*.
Da. LXX. Su. 51, 57 : 2. 28, 30 : 3. 28 (95)*, (39), (42) : 6. 5(6)*, 7 (8)*, 12(13), 12 (13)† : 9. 18 : 10. 21*.
Da. TH. Su. 57 : 2. 11*†, 28*†, 30 : 3. (39), (42), 28 (95)* : 6. 7 (8)*, 12 (13)* : 9. 18 : 10. 7*, 21*, 21*† : Bel 5.
I Ma. 2. 20† : 3. 19*† : 4. 18 : 5. 42, 46* : 6. 25 : 9. 6*, 9* : 10. 38*, 56 : 11. 42*† : 13. 46 : 15. 27, 33.
II Ma. 1. 20 : 4. 14, 17 : 5. 19 *bis* : 6. 12, 13, 26, 31 : 7. 24, 29 : 8. 15 : 9. 22 : 10. 4 : 11. 9†, 24.
III Ma. 1. 11*, 29 : 2. 16, 26 : 3. 1, 23 : 5. 50** : 6. 15 : 7. 9, 10.
IV Ma. 1. 4, 6 *bis*, 11, 12 : 2. 4, 17 : 3. 1, 2, 3, 4, 5, 11 : 4. 3†, 20†, 24 : 5. 27, 28 : 6. 6, 35 : 7. 18, 19 : 8. 6, 15, 27 : 9. 10, 15, 22 : 10. 13 : 11. 6, 27 : 12. 14 : 13. 3, 27 : 14. 1, 5, 9 *bis*, 20 : 15. 9**, 11, 12, 23, 28 : 16. 2, 4, 11, 13 : 17. 20 : 18. 2, 3.
[**Aq.** Nu. 24. 17 : Dt. 1. 26 : Ps. 1. 2 : Ec. 5. 18 : Je. 42 (49). 14 : Ez. 12. 23 : Ho. 7. 14.]
[**Sm.** Ge. 4. 7 *bis* : 41. 16 : Nu. 24. 17 : Dt. 1. 26 : I Ki. 8. 3 : II Ki. 3. 34 : 5. 2 : 7. 6 : 23. 19 : III Ki. 15. 4 : IV Ki. 16. 3 (?) : Jb. 24. 13, 25 : 37. 11 ; 41. 1 : Ps. 1. 2 : 4. 5 : 18 (19). 5 : 24 (25). 3 : 34 (35). 20 : 36 (37). 25 : 40 (41). 10 : 43 (44). 10 (?) : 48 (49). 9, 19 : 54 (55). 14 : 74 (75). 8 : 76 (77). 7 : 80 (81). 16 : 88 (89). 24 : 138 (139). 11, 12 : Pr. 14. 13 : Ec. 4. 16 : 6. 2 : 7. 22 (21) : 10. 3, 14 : 11. 6 : Is. 1. 6 : 28. 28 : 29. 23 : Je. 10. 19 : 26 (33). 20 : 30 (37). 11 : 32 (39). 4 : 35 (42). 7 : 39 (46). 12 : 42 (49). 14 : 44 (51). 14 : 46 (26). 28 : 51 (28). 26 : Ez. 7. 13 : 16. 61 : 24. 23 : 27. 11 : 33. 11 : 34. 18 : Ho. 7. 14 : Mi. 3. 8 : 6. 14 : Za. 14. 6, 7.]
[**Th.** Dt. 1. 26 : Ju. 15. 7 : I Ki. 1. 5 : Jb. 6. 21 : Is. 28. 28 : Je. 39 (46). 12 : Da. 3. (42).]
[**Al.** Nu. 16. 14 : I Ki. 13. 12 : 21. 5 (6) : Jb. 11. 5 : Ps. 4. 4 : 128 (129). 2.]
[**Quint.** Ps. 1. 2 : Ho. 6. 11 : 8. 10.]
[**Sext.** Ps. 1. 2.]
[**Sam.** Ex. 32. 18.]

ἀλλαγή.

Wi. 7. 18. τροπῶν ἀλλαγὰς καὶ μεταβολὰς καιρῶν
[**Aq.** Ps. 54 (55). 20.]
[**Al.** Jd. 14. 12.]

ἄλλαγμα. (1) כֹּפֶר (2) מְחִיר (3) תְּמוּרָה

Le. 27. 10. ἔσται αὐτὸ καὶ τὸ ἄ. ἅγια [A ἅγιον] (3)
— 33. τὸ ἄ. αὐτοῦ ἔσται ἅγιον (3)
De. 23. 18 (19). οὐ προσοίσεις . . . ἄ. κυνός (2)
II Ki. 24. 24. κτήσομαι . . . ἐν ἀλλάγματι [B ἀναλλ.] (2)
III Ki. 10. 28. ἐλάμβανον ἐκ Θ. ἐν ἀλλάγματι (2)
20. (21). 2. ἄ. [A ἀντάλλαγμα] ἀμπελῶνός σου (2)
Jb. 28. 17. τὸ ἄ. αὐτῆς σκεύη χρυσᾶ (3)
Si. 2. 4. ἐν ἀλλάγμασι ταπεινώσεώς σου
Am. 5. 12. A R λαμβάνοντες ἀλλάγματα [B ἀνταλλ.] (1)
Is. 43. 3. ἐποίησα ἄ. σου Αἴγυπτον (1)
La. 5. 4. ξύλα ἡμῶν ἐν ἀλλάγματι ἦλθεν (2)
[**Aq.** Jb. 14. 14 : Is. 55. 1 : Je. 15. 13.]
[**Sm.** Is. 55. 1.]
[**Th.** Jb. 14. 14 : 28. 17 : Is. 55. 1.]

ἀλλάσσειν. (1) הָפַךְ (2) חָלַף *a.* qal. *b.* pi. *c.* hi. *d.* חֲלִיפָה *e.* חֵלֶף (3) מוּר hi. (4) מָנָה (5) פָּדָה (6) *a.* שְׁנָא aph. *b.* שָׁנָה pi.

Ge. 31. 7. ἤλλαξε τὸν μισθόν μου (2 *c*)
35. 2. ἀλλάξατε τὰς στολὰς ὑμῶν (2 *c*)
41. 14. καὶ ἤλλαξαν τὴν στολὴν αὐτοῦ (2 *b*)
45. 22. A πέντε ἀλλασσούσας [R ἐξαλλ.] στολάς (2 *d*)
Ex. 13. 13. πᾶν διανοῖγον μήτραν ὄνου ἀλλάξεις προβάτῳ· ἐὰν δὲ μὴ ἀλλάξῃς (5, 5)
Le. 27. 10. οὐκ ἀλλάξει αὐτὸ καλὸν πονηρῷ (3)
— 10. ἐὰν δὲ ἀλλάσσων ἀλλάξῃ αὐτό (3, 3)
— 27. ἐὰν δὲ τῶν τετραπ. τῶν ἀκαθ. ἀλλάξει (5)
— 33. οὐκ ἀλλάξεις καλὸν πονηρῷ (3)
— 33. ἐὰν δὲ ἀλλάσσων ἀλλάξῃς [A -εις] αὐτό (3, 3)
Jd. 14. 13. τριάκοντα ἀλλασσομένας [A *om.*] στολάς (2 *d*)
II Ki. 12. 20. ἤλλαξε τὰ ἱμάτια αὐτοῦ (2 *b*)
III Ki. 5. 14 (28). δέκα χιλιάδες ἐν τῷ μηνὶ ἀλλασσόμενοι [A -αι] (2 *d*)
21 (20). 25. ἀλλάξομέν σοι δύναμιν (4)
IV Ki. 5. 5. καὶ δέκα ἀλλασσομένας στολάς (2 *d*)
— 22, 23. καὶ δύο ἀλλασσομένας στολάς (2 *d*)
II Es. 6. 11. ὃς ἀλλάξει τὸ ῥῆμα τοῦτο (6 *a*)
— 12. ἀλλάξαι ἢ ἀφανίσαι τὸν οἶκον τοῦ θ. (6 *a*)
Ne. 9. 26. ἤλλαξαν [B S² ἠλάλ.] καὶ ἀπέστησαν †
Es. 2. 20. A οὐκ ἤλλαξεν [B S οὐ μετήλλ.] τὴν ἀγωγήν –
Ps. 101 (102). 26. S¹ ἀλλάξεις [A B ἑλίξ.] αὐτοὺς καὶ ἀλλαγήσονται (2 *c*, 2 *a*)
Ps. 105 (106). 20. ἠλλάξαντο τὴν δόξαν αὐτῶν (3)
Wi. 4. 11. μὴ κακία ἀλλάξῃ σύνεσιν
12. 10. οὐ μὴ ἀλλαγῇ ὁ λογισμὸς αὐτῶν
Si. 7. 18. μὴ ἀλλάξῃς φίλον
30. 29 (33. 20). μὴ ἀλλάξῃς σεαυτόν
Is. 24. 5. ἤλλαξαν τὰ προστάγματα (2 *a*)
40. 31. ἀλλάξουσιν ἰσχύν (2 *c*)
41. 1. ἀλλάξουσιν [S ἀλαλάξ-] ἰσχύν (2 *c*)
Je. 2. 11. εἰ ἀλλάξονται ἔθνη θεοὺς αὐτῶν (3)
— 11. ὁ δὲ λαός μου ἠλλάξατο τὴν δόξαν αὐ. (3)
4. 8. A κόπτεσθε καὶ ἀλλάξατε [B S ἀλαλάξατε] †
13. 23. εἰ ἀλλάξεται Αἰθίοψ τὸ δέρμα (1)
30 (49). 3. B ἄλλαξον [A S R ἀλάλαξον] Ἐσεβών †
52. 33. B S ἤλλαξαν [A R -ε] τὴν στολήν (6 *b*)
Ez. 27. 30. A ἀλλάξονται ἐπὶ σὲ τὴν κραυγὴν [B ἀλαλάξουσιν ἐπὶ σὲ τῇ φωνῇ] αὐτῶν †
Da. TH. 4. 13. ἑπτὰ καιροὶ ἀλλαγήσ. ἐπ' αὐτόν (2 *e*)
— 22, 29. ἑπτὰ καιροὶ ἀλλαγήσονται ἐπὶ σέ (2 *e*)
I Ma. 1. 49. ἀλλάξαι [S -άξασθαι] πάντα τὰ δικαιώματα
III Ma. 1. 29. θάνατον ἀλλασσομένων ἀντὶ τῆς . . . βεβηλώσεως
[**Aq.** Ge. 31. 7 : Ez. 2. 6 : 17. 12 : 20. 8 : 24. 3.]
[**Sm.** Ge. 31. 7 : Ps. 14 (15). 4 : 54 (55). 20 : 101 (102). 27, 27 : Je. 48 (31). 11.]
[**Th.** Ez. 5. 6.]
[**Al.** Le. 27. 33.]

ἀλλαχῇ.

Wi. 18. 18. ἄλλος ἀ. ῥιφεὶς [A ῥιφθ.] ἡμίθνητος
II Ma. 12. 22. ἄλλος ἀ. φερόμενος

ἀλλαχόθεν.

IV Ma. 1. 7. πολλαχόθεν . . . καὶ ἀ.

ἅλλεσθαι. (1) דִּלֵּג pi. (2) סָלַד pi. (3) צָלַח

Jd. 14. 6, 19 ; 15. 14. ἥλατο [A κατηύθυνεν] ἐπ' αὐτὸν πνεῦμα κ. (3)
I Ki. 10. 2. δύο ἄνδρας . . . ἀλλομένους μεγάλα †
— 10. ἥλατο ἐπ' αὐτὸν πνεῦμα θ. (3)
Jb. 6. 10. ἐφ' ἧς ἐπὶ τειχέων ἡλλόμην (2)
41. 16 (17). θηρίοις . . . ἐπὶ γῆς ἀλλομένοις †
Wi. 5. 21. ἐπὶ σκοπὸν ἁλοῦνται
18. 15. εἰς μέσον τῆς ὀλεθρίας ἥλατο γῆς
Is. 35. 6. ἁλεῖται ὡς ἔλαφος ὁ χωλός (1)

ἀλληλουϊα. (1) הַלְלוּ־יָהּ

To. 13. 18.
Ps. 104 (105). *tit.* : 105 (106). *tit.* : 106 (107). *tit.* : 110 (111). *tit.* : 111 (112). *tit.* : 112 (113). *tit.* : 113 (114). *tit.* : 114 (116). *tit.* : 116 (117). *tit.* : 117 (118). *tit.* : 134 (135). *tit.* : 135 (136). *tit.* : 145 (146). *tit.* : 146 (147). *tit.* : 148. *tit.* : 149. *tit.* [S *om.*] : 150. *tit.* 6 [B S] (1)
Ps. 115. 1 (116. 10) : 118 (119). *tit.* : 147. *tit.* (12) –
III Ma. 7. 13.
[**Sm. Al.** Ps. 146 (147). 1.]

ἀλλήλων.

Ge. 15. 10 : 42. 28.
Ex. 4. 27 : 14. 20 : 18. 7 : 25. 19 (20) : 26. 3, 5 : 36. 11 (39. 4) : 38. 15 (37. 18).
II Ch. 20. 23 : 25. 21.
To. 5. 9†.
Jb. 1. 4† : 4. 11.
Pr. 22. 2 : 29. 13.
Wi. 18. 23.
Am. 4. 3.
Za. 10. 9†.
Isa. 34. 15.
Ez. 1. 11 : 37. 17.
Da. LXX. Su. 12, 14, 37, 38, 51, 58 : 2. 43 : 6. 4 (5).
Da. TH. Su. 10, 14 *bis*, 51, 54, 58 : 7. 3.
I Ma. 4. 34 : 7. 29 : 10. 56 : 11. 6.
II Ma. 7. 5 : 14. 26.
III Ma. 5. 49.
IV Ma. 13. 8, 13, 23, 25.
[**Sm.** Is. 66. 17.]
[**Sam.** Ex. 26. 5.]

ἀλλογενής. (1) זוּר (2) מַמְזֵר (3) *a.* נֵכָר *b.* נָכְרִי

Ge. 17. 27. οἱ ἀργυρώνητοι ἐξ ἀ. ἐθνῶν (3 *a*)
Ex. 12. 43. πᾶς ἀ. οὐκ ἔδεται ἀπ' αὐτοῦ (3 *a*)

● = correction on page xxiv

Ex. 29. 33. ἀ. οὐκ ἔδεται ἀπ᾽ αὐτῶν (1)
30. 33. ὃς ἂν δῷ ἀπ᾽ αὐτοῦ ἀλλογενεῖ (1)
Le. 22. 10. πᾶς ἀ. οὐ φάγεται ἅγια (1)
— 12. ἐὰν γένηται ἀνδρὶ ἀ. (1)
— 13. πᾶς ἀ. οὐ φάγεται ἀπ᾽ αὐτῶν (1)
— 25. ἐκ χειρὸς ἀλλογενοῦς οὐ προσοίσετε (3 *a*)
Nu. 1. 51. ὁ ἀ. ὁ προσπορευόμενος ἀποθανέτω (1)
3. 10. ὁ ἀ. ὁ ἁπτόμενος ἀποθανεῖται (1)
— 38. ὁ ἀ. ὁ ἁπτόμ. [**A** προσπορευόμ.] ἀποθαν. (1)
16. 40 (17. 5). ὅπως ἂν μὴ προσέλθῃ μηδεὶς ἀ. (1)
18. 4. ὁ ἀ. οὐ προσελεύσεται πρὸς σέ (1)
— 7. ὁ ἀ. ὁ προσπορευόμενος ἀποθανεῖται (1)
I Es. 8. 69. **A R** οὐκ ἐχώρισαν . . . τὰ [**B** καὶ] ἀ. ἔθνη
— 70. εἰς τὰ ἀ. ἔθνη τῆς γῆς
— 83. γῆ μεμολυσμένη μολυσμῷ τῶν ἀ. τῆς γῆς
— 92. συνῳκίσαμεν γυναῖκας ἀ. [**B** *al.*]
— 93. τὰς γυναῖκας ἡμῶν τὰς ἐκ τῶν ἀ.
9. 7. συνῳκίσατε γυναιξὶν [**A** -αῖκας] ἀ.
— 9. χωρίσθητε . . . ἀπὸ τῶν γυναικῶν [**B** *om.*] τῶν ἀ.
— 12. ὅσοι ἔχουσι γυναῖκας ἀ.
— 17. τοὺς ἐπισυνέχοντας [**B** *al.*] γυναῖκας ἀ.
— 18. τῶν ἱερέων . . . ἀ. γυναῖκας ἔχοντες
— 36. συνῴκισαν γυναῖκας ἀ. [**B** *al.*]
Ju. 9. 2. ῥομφαίαν εἰς ἐκδίκησιν ἀλλογενῶν
Jb. 15. 19. οὐκ ἐπῆλθεν ἀλλογενὴς ἐπ᾽ αὐτούς (1)
19. 15. ἀλλογενὴς ἤμην [**A** ἐγενόμην] (1?, 3 *b*?)
Si. 45. 13. οὐκ ἐνεδύσατο ἀ.
Jl. 3 (4). 17. ἀλλογενεῖς οὐ διελεύσονται δι᾽ αὐτῆς οὐκέτι (1)
Ob. 1. 11. αἰχμαλωτευόντων ἀ. δύναμιν αὐτοῦ (1)
Za. 9. 6. κατοικήσουσιν ἀλλ. ἐν ᾽Α. (2)
Ma. 4. 1 (3. 19). ἔσονται πάντες οἱ ἀ. . . . καλάμη †
Is. 56. 3. ὁ ἀ. ὁ προσκείμενος πρὸς κύριον (3 *a*)
— 6. τοῖς ἀ. τοῖς προσκειμένοις κυρίῳ [**A** πρὸς κ.] (3 *a*)
60. 10. οἰκοδομήσουσιν ἀλλογενεῖς τὰ τείχη σου (3 *a*)
61. 5. ἥξουσιν ἀλλογενεῖς ποιμαίνοντες (1)
Je. 28 (51). 51. εἰσῆλθον ἀλλογενεῖς εἰς τὰ ἅγια ἡμῶν (1)
49 (42). 17. ἔσονται . . . πάντες οἱ ἀ. –
Ez. 44. 7. τοῦ εἰσαγαγεῖν ὑμᾶς υἱοὺς ἀλλογενεῖς (3 *a*)
— 9. πᾶς υἱὸς ἀλλογενὴς . . . οὐκ εἰσελεύσεται (3 *a*)
— 9. ἐν πᾶσιν υἱοῖς ἀλλογενῶν (3 *a*)
Da. LXX. 1. 10. τοὺς συντρεφομένους ὑμῖν νεανίας τῶν ἀ. †
I Ma. 3. 36. **R** υἱοὺς ἀλλογενεῖς [**A** ἀλλοτρίους, **S**^{2} ἀλλογενῶν]
— 45. υἱοὶ ἀλλογενῶν ἐν τῇ ἄκρᾳ
10. 12. οἱ ἀ. οἱ ὄντες ἐν τοῖς ὀχυρώμασιν.
[**Th.** Is. 25. 5 (?).]
[**Al.** Dt. 15. 3.]

ἀλλόγλωσσος. (1) עִמְקֵי שָׂפָה

Ba. 4. 15. ἐπήγαγε . . . ἔθνος ἀναιδὲς καὶ ἀ.
Ez. 3. 6. οὐδὲ πρὸς λαοὺς πολλοὺς . . . ἀλλογλώσσους (1)

ἀλλοεθνής.

III Ma. 4. 6. ὡς ἐσπαραγμέναι σκυλμοῖς ἀλλ.

ἄλλοθεν. (1) מִמָּקוֹם אַחֵר

Es. 4. 14. ἄ. βοήθεια καὶ σκέπη ἔσται τοῖς ᾽Ι. (1)

ἀλλοῖος.

[**Sm.** Is. 28. 11.]

ἀλλοιοῦν. (1) כָּחַשׁ (2) שָׁנָה *a.* qal. *b.* pi. *c.* hithp. *d.* שְׁנָא qal. *e.* pi. *f.* שְׁנָא peal. *g.* ithp. *h.* aph. *i.* pa. (3) חֲלַף

I Ki. 21. 13 (14). καὶ ἠλλοίωσε τὸ πρόσωπον [**A** τὸν τρόπον] (2 *b*)
III Ki. 14. 2. **A** ἀνάστηθι καὶ ἀλλοιωθήσῃ (2 *c*)
IV Ki. 25. 29. καὶ ἠλλοίωσε [**A** -σαν] τὰ ἱμάτια (2 *e*)
Ju. 10. 7. καὶ ἦν ἠλλοιωμένον τὸ πρόσ. αὐτῆς
Ps. 33 (34). *tit.* ὁπότε ἠλλοίωσε τὸ πρόσωπον αὐτοῦ (2 *b*)
44 (45). *tit.* ὑπὲρ τῶν ἀλλοιωθησομ. τοῖς υἱοῖς Κ. †
59 (60). *tit.* τοῖς ἀλλοιωθησομένοις ἔτι εἰς στηλ. †
68 (69). *tit.* ὑπὲρ τῶν ἀλλοιωθησομένων τῷ Δ. †
72 (73). 21. οἱ νεφροί μου ἠλλοιώθησαν †
79 (80). *tit.* ὑπὲρ τῶν ἀλλοιωθησομένων †
80 (81). *tit.* **A** ὑπὲρ τῶν ἀλλοιωθησομένων [**B S** ληνῶν] †
108 (109). 24. ἡ σάρξ μου ἠλλοιώθη δι᾽ ἔλαιον (1)
Si. 12. 18. ἀλλοιώσει τὸ πρόσωπον αὐτοῦ
13. 25. καρδία ἀνθρ. ἀλλοιοῖ τὸ πρόσ. αὐτοῦ
25. 17. πονηρία γυν. ἀλλοιοῖ τὴν ὅρασιν
27. 11. ὁ δὲ ἄφρων ὡς σελήνη ἀλλοιοῦται
33 (36). 6. ἀλλοίωσον θαυμάσια
36 (33). 8. ἠλλοίωσε καιροὺς καὶ ἑορτάς
— 11. ἠλλοίωσε τὰς ὁδοὺς αὐτῶν
38. 27. ἀλλοιῶσαι ποικιλίαν
40. 5. ὕπνος . . . ἀλλοιοῖ γνῶσιν αὐτοῦ
Ma. 3. 6. καὶ οὐκ ἠλλοίωμαι (2 *a*)
La. 4. 1. ἀλλοιωθήσεται τὸ ἀργύριον τὸ ἀγαθόν (2 *d*)
Da. LXX. 2. 9. ἕως ἂν ὁ καιρὸς ἀλλοιωθῇ (2 *g*)
— 21. καὶ αὐτὸς ἀλλοιοῖ καιροὺς καὶ χρόνους (2 *b*)
3. 19. ἡ μορφὴ τοῦ προσώπου αὐτοῦ ἠλλοιώθη (2 *g*)
— 27 (94). τὰ σαράβαρα αὐτῶν οὐκ ἠλλοιώθησαν (2 *f*)
4. 13. τὸ σῶμα αὐτοῦ ἀλλοιωθῇ (2 *i*)
— 16. ἀλλοιωθείσης τῆς ὁράσεως αὐτοῦ –
— 31. ἠλλοιώθη ἡ σάρξ μου καὶ ἡ καρδία μου –
— 34. καὶ ἀλλοιοῖ καιροὺς καὶ χρόνους –
— 34. ἀλλοιῶσαι ὑπερμεγέθη πράγματα –
— 34. ἠλλοίωσεν ἐπ᾽ ἐμοὶ μεγάλα πράγματα –
5. 6. καὶ ἡ ὅρασις αὐτοῦ ἠλλοιώθη (2 *f*)
6. 12 (13). ἵνα μὴ ἀλλοιώσῃς τὸ πρόσταγμα –
7. 25. ἀλλοιῶσαι καιροὺς καὶ νόμον (2 *b*)
Da. Th. 2. 21. ἀλλοιοῖ καιροὺς καὶ χρόνους (2 *b*)
3. 19. ἡ ὄψις τοῦ προσώπου αὐτοῦ ἠλλοιώθη (2 *g*)
— 27 (94). τὰ σαράβαρα αὐτῶν οὐκ ἠλλοιώθη (2 *f*)
— 28 (95). τὸ ῥῆμα τοῦ βασιλέως ἠλλοίωσαν (2 *i*)
4. 13. ἡ καρδία αὐτοῦ . . . ἀλλοιωθήσεται (2 *i*)
— 20. ἑπτὰ καιροὶ ἀλλοιωθῶσιν ἐπ᾽ αὐτόν (3)
5. 6. τοῦ βασιλέως ἡ μορφὴ ἠλλοιώθη (2 *f*)
— 9. ἡ μορφὴ . . . ἠλλοιώθη ἐν [**A** ἐπ᾽] αὐτῷ (2 *f*)
— 10. ἡ μορφή σου μὴ ἀλλοιούσθω (2 *g*)
6. 8 (9). ὅπως μὴ ἀλλοιωθῇ τὸ δόγμα (2 *b*)
— 17 (18). ὅπως μὴ ἀλλοιωθῇ πρᾶγμα (2 *f*)
7. 25. τοῦ ἀλλοιῶσαι καιροὺς καὶ νόμον (2 *b*)
— 28. ἡ μορφή μου ἠλλοιώθη [**A** *add.* ἐπ᾽ ἐμοί] (2 *g*)
I Ma. 1. 26. τὸ κάλλος τῶν γυναικῶν ἠλλοιώθη
11. 12. **A** ἠλλοιώθη τὸ πρόσωπον τοῦ ᾽Αλ. [**S** ἐδηλώθη τῷ ᾽Αλ.]
[**Aq.** III Ki. 14. 2 : Ps. 33 (34). 1 : Pr. 31. 5.]
[**Sm.** Ps. 108 (109). 24.]
[**Th.** Ex. 35. 23, 35 : Pr. 31. 5 : Da. 3. 28 (95) : 6. 8 : 7. 28.]
[**Al.** Le. 14. 49 : Hb. 3. 6.]
[**Quint.** Ps. 33 (34). 1 : Pr. 31. 5.]

ἀλλοίωσις.

Ps. 76 (77). 10. αὕτη ἡ ἀ. τῆς δεξιᾶς τοῦ ὑψίστου †
Si. 37. 17. ἴχνος ἀλλοιώσεως καρδίας [**B**^{1} **S**^{1} -ία]
43. 8. αὐξανομένη [**AS** -ος] . . . ἐν ἀλλοιώσει
[**Aq. Th. Quint.** Ps. 76 (77). 11.]

ἀλλόκοτος.

[**Sm.** I Ki. 26. 19 : Je. 7. 6.]

ἀλλομορφοῦν.

[**Sm.** Ez. 31. 15.]

ἄλλος. (1) אֶחָד (2) אַחֵר (3) *a.* אַחֲרֵי *b.* אַחֲרֹן (4) אֵלֶּה (5) זֶה (6) חֲבֵרָה (7) זוּר (8) עוֹד (9) תַּחַת (10) כֹּל

Ge. 19. 12. ἦ εἰσίν σοι ἄ. ἐστίν –
41. 3. ἄλλαι δὲ ἑπτὰ βόες (2)
— 6. **A** ἄλλοι δὲ [**R** καὶ ἰδοὺ] ἑπτὰ στάχυες †
— 23. ἄλλοι δὲ ἑπτὰ στάχυες †
Ex. 4. 13. προχείρισαι δυνάμενον ἄλλον –
8. 10 (6). οὐκ ἔστιν ἄλλος πλὴν κ. –
9. 14. οὐκ ἔστιν ὡς ἐγὼ ἄ. [**A** *om.*] –
21. 10. ἐὰν δὲ ἄλλην λάβῃ ἑαυτῷ [**A** αὐτῷ, **B**^{1} *om.*] (2)
33. 5. ὁρᾶτε μὴ πληγὴν ἄ. ἐπάξω [**A** ἐπάγω] (1)
Le. 6. 11 (4). ἐνδύσεται στολὴν ἄλλην (2)
Nu. 23. 13. δεῦρο ἔτι μετ᾽ ἐμοῦ εἰς τόπον ἄ. (2)
— 27. δεῦρο παραλάβω σε εἰς τόπον ἄ. (2)
De. 4. 35. **A** οὐκ ἔστιν ἄλλος [**B** ἔτι] πλὴν αὐτοῦ (8)
Jo. 4. 9. ἔστησε δὲ ᾽Ι. καὶ ἄλλους δώδεκα λίθους –
I Ki. 9. 24. εἰς μαρτύριον τέθειταί σοι παρὰ τοὺς ἄ. [**A** *al.*] †
10. 6. καὶ στραφήσῃ εἰς ἄνδρα ἄ. (2)
— 9. μετέστρεψεν αὐτῷ ὁ θεὸς καρδίαν ἄ. (2)
14. 4. καὶ ὄνομα τῷ ἄ. Σενναάρ (1)
— 5. **B** ἡ ὁδὸς ἡ ἄ. ἀπὸ νότου (1)
II Ki. 7. 23. τίς . . . ἔθνος ἄλλο ἐν τῇ γῇ (1)
18. 20. καὶ εὐαγγελιῇ ἐν ἡμέρᾳ ἄ. (2)
III Ki. 3. 22. **A** ἡ δὲ ἄλλη καὶ αὕτη ἔλεγεν (5)
13. 10. καὶ ἀπῆλθεν ἐν ὁδῷ ἄ. (2)
18. 6. **A** ἐπορεύθη ἐν ὁδῷ ἄ. [**B** μιᾷ] (1)
— 6. ἐπορεύθη ἐν ὁδῷ ἄ. μόνος (1)
— 23. καὶ ἐγὼ ποιήσω τὸν βοῦν τὸν ἄ. (1)
20 (21). 2. ἀμπελῶνα ἄ. ἀγαθὸν ὑπὲρ αὐτόν (9)
— 6. δώσω σοι ἀμπελῶνα ἄ. ἀντ᾽ αὐτοῦ –
21 (20). 37. **B** καὶ εὑρίσκει ἄνθρωπον ἄ. (2)
IV Ki. 1. 11. ἀπέστειλε πρὸς αὐτὸν ἄ. πεντηκόντ. (2)
7. 8. καὶ εἰσῆλθον εἰς σκηνὴν ἄ. (2)
9. 35. οὐχ εὗρον ἐν αὐτῇ ἄλλο τι –
II Ch. 30. 23. ἅμα ποιῆσαι ἑπτὰ ἡμέρας ἄ. (2)
32. 5. ᾠκοδόμησε . . . ἔξω προτείχισμα ἄ. (2)
I Es. 2. 7. σὺν τοῖς ἄ. τοῖς κατ᾽ εὐχὰς προστεθειμ.
— 13. καὶ ἄ. σκεύη χίλια
— 16. ἐν Σαμαρείᾳ καὶ τοῖς ἄ. τόποις
3. 12. **A** ὁ ἄ. [**B** τρίτος] ἔγραψεν
4. 5. καὶ τὰ ἄ. πάντα
— 52. ἑπτὰ καὶ δέκα προσφέρειν ἄ. τάλαντα
5. 50. ἐκ τῶν ἄ. ἐθνῶν τῆς γῆς
6. 4. τὴν στέγην ταύτην καὶ τὰ ἄ. πάντα
8. 21. **A R** καὶ ἄλλα ἐκ πλήθους πάντα
— 22. μηδὲ μία φορολογία μηδὲ ἄλλη ἐπιβουλή [**A** *al.*]
Ne. 2. 12. **S**^{3} κτῆνος οὐκ ἦν μετ᾽ ἐμοῦ ἄλλο [**A B S** *al.*] –
To. 8. 21. **S** τὸ ἄ. ἥμισυ . . . ὑμέτερόν ἐστιν [**A B** *al.*]
Ju. 9. 14. οὐκ ἔστιν ἄ. ὑπερασπίζων τοῦ γέν. ᾽Ισρ.
Jb. 1. 18. ἄλλος [**S** ἕτερος] ἄγγελος ἔρχεται (5)
8. 19. ἐκ δὲ γῆς ἄλλων [**A** ἄλλο] ἀναβλαστήσει (2)
12. 5. πεσεῖν ὑπὸ ἄλλων [**A** με ὑπ᾽ ἄλλοις] †
15. 28. ἄλλοι ἀποίσονται †
19. 27. ὁ ὀφθαλμός μου . . . καὶ οὐκ ἄλλος (7)
31. 8. καὶ ἄλλοι φάγοισαν [**A** -γονται] (2)
— 10. **A** ἀρέσαι ἄρα . . . ἄλλῳ [**B S** ἑτέρῳ] (2)
37. 23. οὐχ εὑρίσκομεν ἄλλον ὅμοιον –
Pr. 5. 9. ἵνα μὴ πρόῃ ἄλλοις ζωήν σου (2)
7. 2. πλὴν δὲ αὐτοῦ μὴ φοβοῦ ἄλλον –
Wi. 2. 15. **B S** ἀνόμοιος τοῖς ἄ. ὁ βίος αὐτοῦ
4. 14. **A**^{1} οἱ δὲ ἄ. [**B S** λαοὶ] ἰδόντες
14. 23. **R** ἐμμανεῖς ἐξ ἄλλων [**A B S** ἐξάλλων] θεσμῶν κώμους
15. 18. συγκρινόμενα τῶν ἄ. ἐστὶ χείρονα
18. 18. ἄλλος ἀλλαχῇ ῥιφεὶς [**A** ῥιφθείς]
Si. prol. 2. τῶν ἄ. τῶν κατ᾽ αὐτοὺς ἠκολουθηκότων
— 8. τῶν προφητῶν καὶ τῶν ἄ. πατρίων βιβλίων
14. 4. ὁ συνάγων . . . συνάγει ἄλλοις
— 18. ἄλλα δὲ φύει
Ma. 2. 15. **A** οὐκ ἄλλος [**B S** οὐ καλὸν] ἐποιήσε (1)
— 15. τί ἄλλο ἢ σπέρμα ζητεῖ ὁ θ. (1)
Is. 26. 13. ἐκτὸς σοῦ ἄλλον οὐκ οἴδαμεν –
43. 10. ἔμπροσθέν μου οὐκ ἐγένετο ἄ. θεός –
45. 21. οὐκ ἔστιν ἄ. πλὴν ἐμοῦ (8)
— 21. **A**^{2} οὐκ ἔστιν ἄλλος [**A**^{1} **B S** *om.*] –
— 22. οὐκ ἔστιν ἄ. [**A**^{2} *al.*] –
49. 12. ἄλλοι δὲ ἐκ γῆς Περσῶν (4)
65. 22. ἄλλοι ἐνοικήσουσι . . . ἄλλοι φάγονται (2, 2)
Ba. 3. 19. ἄλλοι ἀνέστησαν [**A**^{2} **B** ἀνταν.] ἀντ᾽ αὐτῶν
Ep. Je. 45. οὐθὲν ἄλλο μὴ γένηται ἢ ὃ βούλονται
Ez. 13. 10. **A** ἄλλοι [**B** αὐτοὶ] ἀλείφουσιν αὐτόν †
19. 5. ἔλαβεν ἄλλον ἐκ τῶν σκύμνων αὐτῆς (1)
Da. LXX. Su. 6. ἤρχοντο κρίσεις ἐξ ἄλλων πόλεων
1. 13. παρὰ τοὺς ἄ. νεανίσκους –
— 15. κρείσσων τῶν ἄ. νεανίσκων (10)
2. 39. καὶ τρίτη βασιλεία ἄ. χαλκῆ (3 *a*)
— 41. βασιλεία ἄ. διμερὴς ἔσται ἐν αὐτῇ –
— 44. στήσει ὁ θ. τοῦ οὐρ. βασιλείαν ἄ. –
— 44. αὕτη ἡ βασ. ἄλλο ἔθνος οὐ μὴ ἐάσῃ (3 *b*)
4. 8. οὐκ ἦν ἄλλο ὅμοιον αὐτῷ –
7. 5. ἄ. θηρίον ὁμοίωσιν ἔχον ἄρκου (3 *a*)
— 6. θηρίον ἄ. ὡσεὶ πάρδαλιν (3 *a*)
— 8. καὶ ἰδοὺ ἄ. ἓν κέρας ἀνεφύη (3 *a*)
— 20. τοῦ ἑνὸς τοῦ ἄ. τοῦ προσφυέντος (3 *a*)
— 20. ἡ πρόσοψις αὐτοῦ ὑπερέφερε τὰ ἄ. (6)
— 24. ὁ ἄ. βασιλεὺς . . . στήσεται (3 *b*)
Bel 40. καὶ οὐκ ἔστι πλὴν αὐτοῦ ἄλλος
I Ma. 5. 27. **S** ἐν ταῖς ἄ. [**A R** λοιπαῖς] πόλεσι τῆς Γαλ.
— 37. συνήγαγε Τιμόθεος παρεμβολὴν ἄ.
10. 38. μὴ ὑπακοῦσαι ἄ. ἐξουσίας [**S** ἄλλῃ ἐξουσίᾳ]
11. 27. ὅσα ἄλλα εἶχε τίμια
— 35. τὰ ἄ. τὰ ἀνήκοντα ἡμῖν
13. 39. εἴ τι ἄλλο ἐτελωνεῖτο ἐν ῾Ιερ.
15. 5. ὅσα ἄ. δόματα [**A** ἀφαιρέμ.] ἀφῆκάν σοι
— 31. ἄ. τάλαντα πεντακόσια
II Ma. 4. 8. προσόδου τινὸς ἄλλης τάλαντα ὀγδοήκοντα
— 35. πολλοὶ δὲ καὶ τῶν ἄ. ἐθνῶν

II Ma. 5. 16. R τὰ ὑπ' ἄ. [A ὑπὸ πολλῶν] βασιλέων ἀνατεθ.
— 23. χείριστα τῶν ἄ. ὑπερήρετο τοῖς πολίταις
6. 14. καθάπερ καὶ ἐπὶ τῶν ἄ. ἐθνῶν
7. 39. τούτῳ παρὰ τοὺς ἄ. χειρίστως ἀπήντησε
8. 33. R καί τινας ἄλλους [A om. κ. τ. ἄ.] ὑφῆψαν
11. 7. προετρέψατο τοὺς ἄ.
— 27. τῇ γερουσίᾳ τῶν 'Ιουδ. καὶ τοῖς ἄ. 'Ιουδ.
12. 21. καὶ τὴν ἄ. ἀποσκευήν
— 22. ἄλλος ἀλλαχῇ φερόμενος
13. 6. ἤ καί τινων ἄ. κακῶν ὑπεροχήν
IV Ma. 3. 9. οἱ μὲν οὖν ἄ. πάντες ἐπὶ τὸ δεῖπνον ἦσαν
8. 2. ἐκέλευσεν ἄλλους . . . ἀγαγεῖν
13. 22. διὰ . . . τῆς ἄ. παιδείας
[Sm. Ps. 11 (12). 3 *bis*: Ec. 7. 23 (22).]
[Al. I Ki. 28. 17.]

ἄλλοτε.

II Ma. 13. 10. εἴποτε ἄ. [A καὶ ἄ.] καὶ νῦν ἐπιβοηθεῖν

ἀλλότριος. (1) אַחֵר (2) זוּר (3) לֹא־לוֹ (4) *a.* נֵכָר *b.* נֹכֶר *c.* נָכְרִי

Ge. 17. 12. ἀπὸ παντὸς υἱοῦ ἀ. (4 *a*)
31. 15. οὐχ ὡς αἱ ἀ. λελογίσμεθα αὐτῷ (4 *c*)
35. 2. ἄρατε τοὺς θεοὺς τοὺς ἀ. (4 *a*)
— 4. τοὺς θεοὺς τοὺς ἀ. (4 *a*)
Ex. 2. 22. πάροικός εἰμι ἐν γῇ ἀ. (4 *c*)
18. 3. πάροικος ἤμην ἐν γῇ ἀ. (4 *c*)
21. 8. ἔθνει δὲ ἀ. οὐ κύριός ἐστι πωλεῖν αὐτήν (4 *c*)
Le. 10. 1. προσήνεγκαν ἔναντι κυρίου πῦρ ἀ. (2)
16. 1. ἐν τῷ προσάγειν αὐτοὺς πῦρ ἀ. –
Nu. 3. 4. προσφερόντων αὐτῶν πῦρ ἀ. (2)
16. 37 (17. 2). τὸ πῦρ τὸ ἀ. τοῦτο σπεῖρον ἐκεῖ –
26. 61. ἐν τῷ προσφέρειν αὐτοὺς πῦρ ἀ. (2)
De. 14. 21. ἢ ἀποδώσῃ τῷ ἀ. (4 *c*)
15. 3. τὸν ἀ. ἀπαιτήσεις (4 *c*)
17. 15. οὐ δυνήσῃ καταστῆσαι . . . ἄνθρωπον ἀ. (4 *c*)
23. 20 (21). τῷ ἀ. ἐκτοκιεῖς (4 *c*)
29. 22 (21). ὁ ἀ. ὃς ἂν ἔλθῃ ἐκ γῆς μακρόθεν (4 *c*)
31. 16. ἐκπορνεύσει ὀπίσω θεῶν ἀ. τῆς γῆς (4 *a*)
— 18. ὅτι ἀπέστρεψαν [A ἐπέστρ.] ἐπὶ θεοὺς ἀ. (1)
— 20. ἐπιστραφήσονται ἐπὶ θεοὺς ἀ. (1)
32. 12. οὐκ ἦν μετ' αὐτῶν θεὸς ἀ. (4 *a*)
— 16. παρώξυνάν με ἐπ' ἀλλοτρίοις (2)
Jo. 24. 14. τοὺς θεοὺς τοὺς ἀ. οἷς ἐλάτρευσαν –
— 20. A λατρεύσητε θεοῖς ἀ. [B S ἑτέροις] (4 *a*)
— 23. τοὺς θεοὺς τοὺς ἀ. τοὺς ἐν ὑμῖν (4 *a*)
Jd. 10. 16. ἐξέκλιναν [A μετέστησ.] τοὺς θεοὺς τοὺς ἀ. (4 *a*)
19. 12. οὐκ ἐκκλινοῦμεν εἰς πόλιν ἀ. [A *al.*] (4 *c*)
I Ki. 7. 3. περιέλετε θεοὺς ἀ. [A τοὺς θ. τοὺς ἀ.] (4 *a*)
II Ki. 22. 45. υἱοὶ ἀ. ἐψεύσαντό μοι (4 *a*)
— 46. υἱοὶ ἀ. ἀπορριφήσονται (4 *a*)
III Ki. 8. 41. τῷ ἀ. ὃς οὐκ ἔστιν ἀπὸ λαοῦ σοῦ (4 *c*)
— 43. ὅσα ἂν ἐπικαλέσηταί σε ὁ ἀ. (4 *c*)
9. 9. ἀντελάβοντο θεῶν ἀ. [A ἑτέρων] (1)
11. 1. καὶ ἔλαβε γυναῖκας ἀ. [A *add.* πολλάς] (4 *c*)
— 3. ἐξέκλιναν αἱ γυναῖκες [B *om.*] αἱ ἀ. [A *om.*] τὴν κ. –
— 8. πάσαις ταῖς γυναιξὶν αὐτοῦ ταῖς ἀ. (4 *c*)
IV Ki. 19. 24. καὶ ἔπιον ὕδατα ἀλλότρια (2)
II Ch. 6. 32. καὶ πᾶς ἀ. ὃς οὐκ ἐκ τοῦ λαοῦ σου 'Ισρ. (4 *c*)
— 33. ὅσα ἂν ἐπικαλέσηταί σε ὁ ἀ. (4 *c*)
14. 3 (2). ἀπέστησε τὰ θυσιαστήρια τῶν ἀ. (4 *a*)
28. 25. θυμιᾶν θεοῖς ἀ. (1)
33. 15. περιεῖλε τοὺς θεοὺς τοὺς ἀ. (4 *a*)
34. 25. ἐθυμίασαν [A ἔθυσ.] θεοῖς ἀ. [A ἑτέροις] (1)
II Es. 10. 2. ἐκαθίσαμεν γυναῖκας ἀ. (4 *c*)
— 10. ἐκαθίσατε γυναῖκας ἀ. (4 *c*)
— 11. διαστάλητε . . . ἀπὸ τῶν γυναικῶν τῶν ἀ. (4 *c*)
— 14. ὃς ἐκάθισε γυναῖκας ἀ. (4 *c*)
— 17. οἳ ἐκάθισαν γυναῖκας ἀ. (4 *c*)
— 18. οἳ ἐκάθισαν γυναῖκας ἀ. (4 *c*)
— 44. πάντες οὗτοι ἐλάβοσαν γυναῖκας ἀ. (4 *c*)
Ne. 9. 2. ἐχωρίσθησαν . . . ἀπὸ παντὸς υἱοῦ ἀ. (4 *a*)
13. 26. τοῦτον ἐξέκλιναν αἱ γυναῖκες αἱ ἀ. (4 *c*)
— 27. καθίσαι γυναῖκας ἀ. (4 *c*)
To. 4. 12. μὴ λάβῃς γυναῖκα ἀ.
Es. 4. 17. B S βδελύσσομαι κοίτην . . . παντὸς ἀ.
8. 13. ἀλλότριος τοῦ τῶν Π. αἵματος
Jb. 17. 2. A B S² ἔκλεψαν δέ μου τὰ ὑπάρχ. ἀλλότριοι †
19. 13. ἔγνωσαν ἀλλοτρίους ἢ ἐμέ †

Ps. 17 (18). 44. υἱοὶ ἀ. ἐψεύσαντό μοι [S² με] (4 *a*)
— 45. υἱοὶ ἀ. ἐπαλαιώθησαν (4 *a*)
18 (19). 13. ἀπὸ ἀλλοτρίων φεῖσαι τοῦ δούλου σου †
43 (44). 20. εἰ διεπετάσαμεν χεῖρας ἡμ. πρὸς θεὸν ἀ. (2)
48 (49). 10. καταλείψ. ἀλλοτρίοις τὸν πλοῦτον (1)
53 (54). 3. ἀλλότριοι ἐπανέστησαν ἐπ' ἐμέ (2)
80 (81). 9. οὐδὲ προσκυνήσεις θεῷ ἀ. (4 *a*)
108 (109). 11. διαρπασάτωσαν ἀ. τοὺς πόνους (2)
136 (137). 4. πῶς ᾄσωμεν τὴν ᾠδὴν κ. ἐπὶ γῆς ἀ. (4 *a*)
143 (144). 7, 11. ἐκ χειρὸς υἱῶν ἀ. (4 *a*)
Pr. 2. 16. ἀλλότριον τῆς δικαίας γνώμης (4 *c*)
5. 10. ἵνα μὴ [A *om.*] πλησθῶσιν ἀ. σῆς ἰσχύος (2)
— 10. εἰς οἴκους ἀλλοτρίων ἔλθωσι [A εἰσέλ.] (4 *c*)
— 17. μηδεὶς ἀ. μετασχέτω σοι (2)
— 20. μὴ πολὺς ἴσθι πρὸς ἀλλοτρίαν (2)
6. 24. ἀπὸ διαβολῆς γλώσσης ἀ. (4 *c*)
7. 5. ἵνα σε τηρήσῃ ἀπὸ γυναικὸς ἀ. (2)
9. 18. οὕτως γὰρ διαβήσῃ ὕδωρ ἀ. –
— 18. A S² καὶ ὑπερβήσῃ ποταμὸν ἀ. –
— 18. ἀπὸ δὲ ὕδατος ἀ. ἀπόσχου –
— 18. καὶ ἀπὸ πηγῆς ἀ. μὴ πίῃς –
11. 24. S² συνάγοντες τὰ ἀ. [A B *om.* τὰ ἀ.] ἐλαττονοῦνται †
23. 27. πίθος γὰρ τετρημένος ἐστὶν ἀ. οἶκος, καὶ φρέαρ στενὸν ἀ. (†, 4 *c*)
— 33. ὅταν ἴδωσιν ἀλλοτρίαν (2)
26. 17. οὕτως ὁ προεστὼς ἀ. κρίσεως (3)
27. 2. ἐγκωμιαζέτω σε . . . ἀλλότριος (4 *c*)
— 13. ὅστις τὰ ἀ. λυμαίνεται (4 *c*)
Wi. 12. 15. ἀλλότριον ἡγούμενος [S¹ -ον] τῆς σῆς δυνάμ.
19. 15. ἀπεχθῶς προσεδέχοντο τοὺς ἀ.
Si. 8. 18. ἐνώπιον ἀλλοτρίου μὴ ποιήσῃς κρυπτόν
9. 8. μὴ καταμάνθανε κάλλος ἀ.
11. 34. ἐνοίκισον ἀλλότριον
21. 8. ὁ οἰκοδομῶν . . . ἐν χρήμασιν ἀ.
— 25. χείλη ἀλλοτρίων . . . βαρυνθήσεται [S διηγήσονται]
23. 22. παριστῶσα κληρόνομον ἐξ ἀλλοτρίου
— 23. ἐξ ἀ. ἀνδρὸς τέκνα παρέστησεν
29. 18. ἐπλανήθησαν ἐν ἔθνεσιν ἀ.
— 22. ἐδέσματα λαμπρὰ ἐν ἀλλοτρίοις
33 (36). 3. ἔπαρον τὴν χεῖρά σου ἐπὶ ἔθνη ἀ.
35 (32). 18. ἀ. . . . οὐ καταπτήξει φόβον
39. 4. ἐν γῇ ἀ. ἐθνῶν διελεύσεται
40. 29. ἀνὴρ βλέπων εἰς τράπεζαν ἀ.
— 29. ἀλισγήσει [S ἀλγήσει] . . . ἐν ἐδέσμασιν ἀ.
45. 18. ἐπισυνέστησαν αὐτῷ ἀλλότριοι
49. 5. ἔδωκαν . . . τὴν δόξαν αὐτῶν ἔθνει ἀ.
Ho. 3. 1. ἐπιβλέπουσιν ἐπὶ θεοὺς ἀλλοτρίους (1)
5. 7. ὅτι τέκνα ἀ. ἐγεννήθησαν αὐτοῖς (2)
7. 9. κατέφαγον ἀλλότριοι τὴν ἰσχὺν αὐτοῦ (2)
8. 7. ἀλλότριοι καταφάγονται αὐτό (2)
— 12. εἰς ἀλλότρια ἐλογίσθησαν (2)
Ob. 1. 11. καὶ ἀλλότριοι εἰσῆλθον εἰς πύλας αὐτοῦ (4 *c*)
— 12. καὶ μὴ ἐπίδῃς . . . ἐν ἡμ. ἀλλοτρίων (4 *b*)
Ze. 1. 8. τοὺς ἐνδεδυμένους ἐνδύματα ἀ. (4 *c*)
Ma. 2. 11. ἐπετήδευσεν εἰς θεοὺς ἀ. (4 *a*)
3. 15. καὶ νῦν ἡμεῖς μακαρίζομεν ἀλλοτρίους †
Is. 1. 7. τὴν χώραν ὑμῶν . . . ἀ. κατεσθίουσιν (2)
— 7. κατεστραμμένη ὑπὸ λαῶν ἀ. (2)
28. 21. ἡ σαπρία [A S πικρία] αὐτοῦ ἀ. (4 *c*)
43. 12. οὐκ ἦν ἐν ὑμῖν ἀ. (2)
62. 8. πίονται υἱοὶ ἀ. τὸν οἶνόν σου (4 *a*)
Je. 1. 16. ἔθυσαν θεοῖς ἀλλοτρίοις (1)
2. 21. ἐστράφης [A -φη] εἰς πικρίαν ἡ ἄμπ. ἡ ἀ. (4 *c*)
— 25. ἠγαπήκει ἀλλοτρίους (2)
3. 13. διέχεας τὰς ὁδούς σου εἰς ἀλλοτρίους (2)
5. 19. ἐδουλεύσατε θεοῖς ἀ. [A ἑτέροις] (4 *a*)
— 19. B S δουλεύσετε ἀλλοτρίοις (2)
7. 6. ὀπίσω θεῶν ἀ. μὴ πορεύησθε [A -σησθε] (1)
— 9. ἐπορεύεσθε ὀπίσω θεῶν ἀ. (1)
— 18. ἔσπεισαν [A σπεῖσαι] σπονδὰς θεοῖς ἀ. (1)
8. 19. καὶ ἐν ματαίοις ἀ. (4 *a*)
11. 10; 13. 10; 16. 11. ὀπίσω θεῶν ἀ. (1)
19. 4. ἐθυμίασαν ἐν αὐτῷ θεοῖς ἀ. (1)
— 13. ἔσπεισαν σπονδὰς θεοῖς ἀ. (1)
22. 9. προσεκύνησαν θεοῖς ἀ. (1)
25. 6. μὴ πορεύεσθε ὀπίσω θεῶν ἀ. (1)
37 (30) 8. οὐκ ἐργῶνται . . . [A *add.* ἐν] ἀλλοτρίοις (2)

Je. 42 (35). 15. A S οὐ πορεύεσθε ὀπίσω θεῶν ἀ. [B ἑτέρων] (1)
Ba. 3. 10. ἐπαλαιώθης ἐν γῇ ἀ.
4. 3. μὴ δῷς . . . τὰ συμφέροντά σοι ἔθνει ἀ.
La. 5. 2. κληρονομία ἡμῶν μετεστράφη ἀλλοτρίοις (2)
Ez. 7. 21. παραδώσω αὐτὰ εἰς χεῖρας ἀλλοτρίων (2)
11. 9. παραδώσω ὑμᾶς εἰς χεῖρας ἀλλοτρίων (2)
28. 7. ἐπάγω ἐπὶ σὲ ἀ. λοιμούς (2)
— 10. ἀπολῇ ἐν χερσὶν ἀλλοτρίων (2)
30. 12. ἀπολῶ . . . ἐν χερσὶν ἀλλοτρίων (2)
31. 12. ἐξωλόθρευσαν αὐτὸν ἀλλότριοι λοιμοί (2)
Da. LXX. TH. 11. 39. μετὰ θεοῦ ἀ. (4 *a*)
I Ma. 1. 38. καὶ ἐγένετο κατοικία ἀλλοτρίων
— 38. καὶ ἐγένετο ἀλλοτρία τοῖς γεννήμασιν
— 44. ὀπίσω νομίμων ἀ. τῆς γῆς
2. 7. τὸ ἁγίασμα ἐν χειρὶ ἀλλοτρίων
3. 36. A υἱοὺς ἀ. [S¹ R ἀλλογενεῖς, S² ἀλλογενῶν]
6. 13. ἀπόλλυμαι λύπῃ μεγάλῃ ἐν γῇ ἀ.
15. 33. οὔτε γῆν ἀ. εἰλήφαμεν οὔτε ἀλλοτρίων κεκρατήκαμεν
II Ma. 4. 21. ἀ. αὐτὸν τῶν αὐτῶν . . . πραγμάτων
14. 26. ἀλλότρια φρονεῖν τῶν πραγμάτων
IV Ma. 11. 8. ἀ. ὢν θεοῦ πολεμεῖς τοὺς εὐσεβοῦντας
[Aq. Ps. 80 (81). 10: Pr. 5. 3: 27. 13: Ho. 8. 12.]
[Sm. Pr. 2. 16: 5. 3: 14. 10: 23. 27: 27. 13: Ec. 6. 2: Is. 28. 21 (?): 56. 3: 60. 10: Ho. 8. 12.]
[Th. Pr. 5. 3: 20. 16: 27. 13: Is. 28. 21 (?): 60. 10.]
[Al. Le. 22. 10, 25: Nu. 3. 10, 38: Dt. 25. 5.]
[Quint. Sext. Ps. 1. 1.]

ἀλλοτριοῦν. (1) נָכַר *hithpa.*

Ge. 42. 7. ἠλλοτριοῦτο ἀπ' αὐτῶν (1)
I Es. 9. 4. ἀλλοτριωθήσεται ἀπὸ τοῦ πλήθους
● I Ma. 6. 24. A S ἠλλοτριοῦντο [R ἀλλοτριοῦνται] ἀφ' ἡμῶν
11. 53. ἠλλοτριώθη τῷ 'Ιωνάθαν
15. 27. A S καὶ ἠλλοτριοῦτο [R -οῦντο] αὐτῷ

ἀλλοτρίως.

Is. 28. 21. ὁ δὲ θυμὸς αὐτοῦ ἀ. χρήσεται †

ἀλλοτρίωσις. (1) מַחְתָּה (2) נֵכָר

Ne. 13. 30. ἐκαθάρισα αὐτοὺς ἀπὸ πάσης ἀ. (2)
Je. 17. 17. μὴ γενηθῇς μοι εἰς ἀλλοτρίωσιν (1)

ἀλλοφυλεῖν.

IV Ma. 18. 5. ἀναγκάσαι τοὺς 'Ιεροσ. ἀλλοφυλῆσαι

ἀλλοφυλισμός.

II Ma. 4. 13. ἦν δ' οὕτως . . . πρόσβασις ἀλλοφυλισμοῦ
6. 25. μεταβεβηκέναι εἰς ἀλλοφυλισμόν

ἀλλόφυλος. (1) אֲרָם (2) *a.* בֶּן־נֵכָר *b.* נָכְרִי (3) פְּלֶשֶׁת (4) בְּנֵי־קֶדֶם

Ex. 34. 15. A² B τοῖς ἐγκαθημένοις πρὸς ἀλλοφύλους [A¹ R *om.* πρ. ἀ.] –
Jd. 3. 3. τὰς πέντε σατραπείας τῶν ἀ. (3)
— 31. ἐπάταξε τοὺς ἀ. εἰς ἑξακοσίους ἄνδρας (3)
8. 10. B οἱ καταλελειμμ. ἀπὸ π. παρεμβ. ἀλλοφύλ. (4)
10. 6. A ἐδούλευσαν . . . τοῖς θεοῖς τῶν ἀ. [B Φυλιστιίμ] (3)
— 7. A ἀπέδοτο αὐτοὺς ἐν χειρὶ ἀ. [B Φυλ.] (3)
— 11. A οἱ ἀ. [B ἀπὸ Φυλιστιίμ] (3)
13. 1. A παρέδωκεν . . . ἐν χειρὶ ἀλλοφύλων [B Φυλιστιίμ] (3)
— 5. A σώζειν . . . ἐκ χειρὸς ἀλλοφύλων [B Φυλ.] (3)
14. 1. ἀπὸ [A ἐκ] τῶν θυγατέρων τῶν ἀ. (3)
— 2. A ἀπὸ τῶν θυγατέρων τῶν ἀ. [B Φυλ.] (3)
— 3. ἀπὸ [A ἐκ] τῶν ἀ. τῶν ἀπεριτμήτων (3)
— 4. ἐκδίκησιν . . . ζητεῖ ἐκ τῶν ἀ. [A *al.*] (3)
— 4. οἱ ἀ. κυριεύοντες ἐν 'Ισρ. (3)
15. 3. ἠθῴωμαι καὶ τὸ ἅπαξ ἀπὸ ἀλλοφύλων [A *al.*] (3)
— 5. ἐν τοῖς στάχυσι τῶν ἀ. [A *al.*] (3)
— 6. καὶ εἶπαν οἱ ἀ. (3)
— 6. καὶ ἀνέβησαν [A ἐνέβ.] οἱ ἀ. (3)
— 9. καὶ ἀνέβησαν οἱ ἀ. (3)
— 10. καὶ εἶπον οἱ ἀ. –
— 11. κυριεύουσιν οἱ ἀ. ἡμῶν [A *al.*] (3)
— 12. τοῦ δοῦναί σε ἐν χειρὶ ἀλλοφύλων [A *al.*] (3)
— 14. οἱ ἀ. ἠλάλαξαν (3)

Jd. 15. 20. ἔκρινε τὸν Ἰσρ. ἐν ἡμέραις ἀλλοφύλων (3)
16. 5, 8. οἱ ἄρχοντες [A σατράπαι] τῶν ἀ. (3)
— 9, 12, 14. ἀλλόφυλοι ἐπὶ σὲ Σαμψών (3)
— 18. τοὺς ἄρχοντας [A σατράπας] τῶν ἀ. (3)
— 18. οἱ ἄρχοντες [A αἱ σατραπίαι] τῶν ἀ. (3)
— 20. ἀλλόφυλοι [A οἱ ἀ.] ἐπὶ σὲ Σαμψών (3)
— 21. ἐκράτησαν αὐτὸν οἱ ἀ. [A *al.*] (3)
— 23, 27. οἱ ἄρχοντες [A σατράπαι] τῶν ἀ. (3)
— 28. ἀνταπόδοσιν μίαν . . . τοῖς ἀ. [A *al.*] (3)
— 30. ἀποθανέτω ψυχή μου μετὰ τῶν ἀ. (3)
I Ki. 4. 1. συναθροίζονται ἀλλόφυλοι εἰς πόλ. (3)
— 1. καὶ οἱ ἀ. παρεμβάλλουσιν ἐν Ἀφέκ (3)
— 2. καὶ παρατάσσονται οἱ ἀ. εἰς πόλ. (3)
— 2. ἔπταισεν ἀνὴρ Ἰσρ. ἐνώπιον ἀλλοφύλων (3)
— 3. κατὰ τί ἔπταισεν ἡμᾶς κ. . . . ἐνώπιον ἀλλοφύλων (3)
— 6. καὶ ἤκουσαν οἱ ἀ. τῆς [A τὴν φωνὴν τῆς] κραυγῆς καὶ εἶπον οἱ ἀ. (3, –)
— 7. καὶ ἐφοβήθησαν οἱ ἀ. (3)
— 9. γίνεσθε εἰς ἄνδρας, ἀλλόφυλοι [B *om.*] (3)
— 17. πέφευγεν ἀνὴρ Ἰσρ. ἐκ προσ. ἀλλοφύλων (3)
5. 1. καὶ ἀ. ἔλαβον τὴν κιβωτὸν τοῦ θ. (3)
— 2. καὶ ἔλαβον ἀ. τὴν κιβωτὸν κυρίου (3)
— 8, 11. συνάγουσι τοὺς [A *add.* πάντας] σατράπας τῶν ἀ. (3)
6. 1. καὶ ἦν ἡ κιβωτὸς ἐν ἀγρῷ τῶν ἀ. (3)
— 2. καὶ καλοῦσιν ἀ. τοὺς ἱερεῖς (3)
— 5. κατὰ ἀριθμὸν τῶν σατραπῶν τῶν ἀ. (3)
— 10. καὶ ἐποίησαν οἱ ἀ. οὕτω †
— 12. οἱ σατράπαι τῶν ἀ. ἐπορεύοντο (3)
— 16. οἱ πέντε σατράπαι τῶν ἀ. ἑώρων (3)
— 17. ἃς ἀπέδωκαν οἱ ἀ. τῆς βασάνου τῷ κ. (3)
— 18. κατ' ἀριθμὸν πασῶν πόλεων τῶν ἀ. (3)
— 21. ἀπεστρόφασιν ἀ. τὴν κιβωτὸν κ. (3)
7. 3. ἐξελεῖται ὑμᾶς ἐκ χειρὸς ἀλλοφύλων (3)
— 7. ἤκουσαν οἱ [A *om.*] ἀ. (3)
— 7. ἀνέβησαν σατράπαι ἀλλοφύλων ἐπὶ Ἰ. (3)
— 7. ἐφοβήθησαν ἀπὸ προσ. ἀλλοφύλων (3)
— 8. καὶ σώσει ἡμᾶς ἐκ χειρὸς ἀλλοφύλων (3)
— 10. καὶ ἀ. προσῆγον εἰς πόλεμον (3)
— 10. καὶ ἐβρόντησε κ. . . . ἐπὶ τοὺς ἀ. (3)
— 11. B καὶ κατεδίωξαν τοὺς ἀ. (3)
— 13. καὶ ἐταπείνωσε κύριος τοὺς ἀ. (3)
— 13. ἐγενήθη χεὶρ κυρίου ἐπὶ τοὺς ἀ. (3)
— 14. ἃς ἔλαβον οἱ ἀ. παρὰ τῶν υἱῶν Ἰσρ. (3)
— 14. ἀφείλαντο ἐκ χειρὸς ἀλλοφύλων (3)
9. 16. σώσει . . . ἐκ χειρὸς ἀλλοφύλων (3)
10. 5. οὗ ἐστιν ἐκεῖ τὸ ἀνάστεμα τῶν ἀ., ἐκεῖ Νασὶβ ὁ ἀ. (3, 3 ?)
12. 9. ἀπέδοτο αὐτοὺς . . . εἰς χεῖρας ἀλλοφύλων (3)
13. 3. B τὸν Νασὶβ τὸν ἀ. τὸν ἐν τῷ βουνῷ (3)
— 3. B καὶ ἀκούουσιν οἱ ἀ. (3)
— 4. B πέπαικε Σαοὺλ τὸν Νασὶβ τὸν ἀ. (3)
— 4. B καὶ ᾐσχύνθησαν Ἰσραὴλ ἐν τοῖς ἀ. (3)
— 5. B καὶ οἱ ἀ. συνάγονται εἰς πόλεμον (3)
— 11. B καὶ οἱ ἀ. συνήχθησαν εἰς Μαχ. (3)
— 12. B νῦν καταβήσονται οἱ ἀ. πρὸς μέ (3)
— 16. B οἱ ἀ. παρεμβεβλήκεισαν εἰς Μ. (3)
— 17. B ἐξῆλθε . . . ἐξ ἀγροῦ ἀλλοφύλων (3)
— 19. B ὅτι εἶπον οἱ ἀ. (3)
— 20. B κατέβαινον πᾶς Ἰσρ. εἰς γῆν ἀλλοφύλων (3)
— 23. B καὶ ἐξῆλθεν ἐξ ὑποστάσεως τῶν ἀ. (3)
14. 1. B διαβῶμεν εἰς Μεσσὰβ τῶν ἀ. (3)
— 4. B διαβῆναι ὑπόστασιν [R εἰς τὴν ὑ.] τῶν ἀ. (3)
— 11. εἰσῆλθον ἀμφότεροι εἰς Μεσσὰβ τῶν ἀ. (3)
— 11. καὶ λέγουσιν οἱ ἀ. (3)
— 19. ἐν τῇ παρεμβολῇ τῶν ἀ. ἐπορεύετο (3)
— 21. οἱ δοῦλοι οἱ ὄντες ἐχθὲς . . . μετὰ τῶν ἀ. (3)
— 22. ἤκουσαν ὅτι πεφεύγασιν οἱ ἀ. (3)
— 30. νῦν ἂν μείζων ἦν ἡ πληγὴ ἡ ἐν τοῖς ἀ. (3)
— 31. ἐπάταξεν . . . ἐκ τῶν ἀ. ἐν Μ. (3)
— 36. καταβῶμεν ὀπίσω τῶν ἀ. τὴν νύκτα (3)
— 37. εἰ καταβῶ ὀπίσω τῶν ἀ. (3)
— 46. καὶ ἀνέβη Σαοὺλ ἀπὸ ὄπισθεν τῶν ἀ. (3)
— 46. καὶ οἱ ἀ. ἀπῆλθον εἰς τὸν τόπον αὐτῶν (3)
— 47. καὶ ἐπολέμει κύκλῳ . . . καὶ εἰς τοὺς ἀ. (3)
— 51. ἦν ὁ πόλεμος κραταιὸς ἐπὶ τοὺς ἀ. (3)
17. 1. συνάγουσιν ἀλλόφυλοι τὰς παρεμβολάς (3)
— 2. εἰς πόλεμον ἐξ ἐναντίας ἀλλοφύλων (3)
— 3. ἀλλόφυλοι ἵστανται ἐπὶ τοῦ ὄρους (3)
— 4. ἐκ τῆς παρατάξεως τῶν ἀ. (3)
— 8. οὐκ ἐγώ εἰμι ἀ. καὶ ὑμεῖς Ἑβραῖοι (3)

I Ki. 17. 10. καὶ εἶπεν ὁ ἀ. (3)
— 11. τὰ ῥήματα τοῦ [A αὐτοῦ τοῦ] ἀ. ταῦτα (3)
— 16. A καὶ προῆγεν ὁ ἀ. ὀρθρίζων καὶ ὀψίζων (3)
— 19. A πολεμοῦντες μετὰ τῶν ἀ. (3)
— 21. A παρετάξαντο Ἰσραὴλ καὶ οἱ ἀ. παράταξιν (3)
— 23. A ἐκ τῶν παρατάξεων τῶν ἀ. (3)
— 26. A ὃς ἂν πατάξει τὸν ἀ. ἐκεῖνον (3)
— 26. A τίς ἀ. ὁ ἀπερίτμητος αὐτός (3)
— 32. πολεμήσει μετὰ τοῦ ἀ. τούτου (3)
— 33. πορευθῆναι πρὸς τὸν ἀ. (3)
— 36. ἔσται ὁ ἀ. ὁ ἀπερίτμητος ὡς ἓν τούτων (3)
— 37. ἐξελεῖταί με ἐκ χειρὸς τοῦ ἀ. (3)
— 40. καὶ προσῆλθε πρὸς τὸν ἄνδρα τὸν ἀ. (3)
— 41. A καὶ ἐπορεύθη ὁ ἀ. (3)
— 41. A καὶ ἐπέβλεψεν ὁ ἀ. (3)
— 43. καὶ εἶπεν ὁ ἀ. πρὸς Δαυίδ (3)
— 43. καὶ κατηράσατο ὁ ἀ. τὸν Δαυίδ (3)
— 44. καὶ εἶπεν ὁ ἀ. πρὸς Δαυίδ (3)
— 45. καὶ εἶπε Δαυὶδ πρὸς τὸν ἀ. (3)
— 46. τὰ κῶλα παρεμβολῆς ἀλλοφύλων (3)
— 48. καὶ ἀνέστη ὁ ἀ. (3)
— 48. A καὶ ἔδραμεν εἰς τὴν παράταξιν τοῦ ἀ. (3)
— 49. καὶ ἐπάταξε τὸν ἀ. (3)
— 50. A ἐκραταίωσεν Δαυὶδ ὑπὲρ τὸν ἀ. (3)
— 50. A καὶ ἐπάταξεν τὸν ἀ. (3)
— 51. καὶ εἶδον οἱ ἀ. (3)
— 52. καὶ ἔπεσον τραυματίαι τῶν ἀ. (3)
— 53. ἄνδρες Ἰσρ. ἐκκλίνοντες ὀπίσω τῶν ἀ. (3)
— 54. ἔλαβε Δαυὶδ τὴν κεφαλὴν τοῦ ἀ. (3)
— 55. A ἐκπορευόμενον εἰς ἀπάντησιν τοῦ ἀ. (3)
— 57. A τοῦ πατάξαι τὸν ἀ. (3)
— 57. A καὶ ἡ κεφαλὴ τοῦ ἀ. (3)
18. 6. A ἀπὸ τοῦ πατάξαι τὸν ἀ. (3)
— 17. A καὶ ἔσται ἐπ' αὐτὸν χεὶρ ἀλλοφύλων (3)
— 21. καὶ ἦν ἐπὶ Σαοὺλ χεὶρ ἀλλοφύλων (3)
— 25. ἐν ἑκατὸν ἀκροβυστίαις ἀλλοφύλων (3)
— 25. B ἐμβαλεῖν αὐτὸν εἰς χεῖρας τῶν ἀ. (3)
— 27. ἐπάταξεν ἐν τοῖς ἀ. ἑκατὸν ἄνδρας (3)
— 30. A καὶ ἐξῆλθον οἱ ἄρχοντες τῶν ἀ. (3)
19. 5. καὶ ἐπάταξε τὸν ἀ. (3)
— 8. ἐπολέμησε τοὺς ἀ. (3)
21. 9 (10). ἰδοὺ ἡ ῥομφαία Γολιὰθ τοῦ ἀ. (3)
22. 10. τὴν ῥομφαίαν Γολιὰθ τοῦ ἀ. (3)
23. 1. ἰδοὺ οἱ ἀ. πολεμοῦσιν ἐν τῇ Κεειλᾷ (3)
— 2. εἰ πορευθῶ καὶ πατάξω τοὺς ἀ. τούτους (3)
— 2. πορεύου καὶ πατάξεις ἐν τοῖς ἀ. τούτοις (3)
— 3. εἰς τὰ σκῦλα τῶν ἀ. (3)
— 4. ἐγὼ παραδίδωμι τοὺς ἀ. εἰς χεῖράς σου (3)
— 5. καὶ ἐπολέμησεν ἐν τοῖς ἀ. (3)
— 27. ὅτι οἱ ἀ. ἐπέθεντο ἐπὶ τὴν γῆν (3)
— 28. ἐπορεύθη εἰς συνάντησιν τῶν ἀ. (3)
24. 2. ὡς ἀνέστρεψε Σαοὺλ ἀπὸ ὄπισθεν τῶν ἀ. (3)
27. 1. ἐὰν μὴ σωθῶ εἰς γῆν ἀλλοφύλων (3)
— 7. A R ἐκάθισε Δ. ἐν ἀγρῷ [B ὁδῷ] τῶν ἀ. (3)
— 11. ἃς ἐκάθητο Δαυὶδ ἐν ἀγρῷ τῶν ἀ. (3)
28. 1. συναθροίζονται ἀ. ἐν ταῖς παρεμβολαῖς (3)
— 4. συναθροίζονται οἱ ἀ. (3)
— 5. εἶδε Σαοὺλ τὴν παρεμβολὴν τῶν ἀ. (3)
— 15. καὶ οἱ ἀ. πολεμοῦσιν ἐν ἐμοί (3)
— 19. παραδώσει κ. . . . εἰς χεῖρας ἀλλοφύλων (3)
— 19. δώσει κ. εἰς χεῖρας ἀλλοφύλων (3)
29. 1. συναθροίζουσιν [A -ονται] ἀ. πάσας τὰς παρεμβολάς (3)
— 2. καὶ σατράπαι τῶν ἀ. παρεπορεύοντο (3)
— 3. καὶ εἶπον οἱ σατράπαι τῶν ἀ. (3)
— 3. εἶπεν Ἀ. πρὸς τοὺς στρατηγοὺς τῶν ἀ. (3)
— 4. ἐλυπήθησαν . . . οἱ στρατηγοὶ τῶν ἀ. (3)
— 7. ἐν ὀφθαλμοῖς τῶν σατραπῶν τῶν ἀ. (3)
— 9. ἀλλ' οἱ σατράπαι τῶν ἀ. λέγουσιν (3)
— 11. καὶ φυλάσσειν τὴν γῆν τῶν ἀ. (3)
— 11. καὶ οἱ ἀ. ἀνέβησαν (3)
30. 16. οἷς ἔλαβον ἐκ γῆς ἀλλοφύλων (3)
31. 1. καὶ οἱ ἀ. ἐπολέμουν ἐπὶ Ἰσραήλ (3)
— 1. ἔφυγον οἱ ἄνδρες Ἰσρ. ἐκ προσ. τῶν ἀ. (3)
— 2. συνάπτουσιν ἀ. τῷ Σαούλ (3)
— 2. τύπτουσιν ἀ. τὸν Ἰωνάθαν (3)
— 7, 8. ἔρχονται οἱ ἀ. (3)
— 9. ἀποστέλλουσιν αὐτὰ εἰς γῆν ἀλλοφύλων (3)
— 11. ἃ ἐποίησαν οἱ ἀ. τῷ Σαούλ (3)
II Ki. 1. 20. εὐφρανθῶσι θυγατέρες ἀλλοφύλων (3)
3. 14. ἐν ἑκατὸν ἀκροβυστίαις ἀλλοφύλων (3)
— 18. σώσω τὸν Ἰσρ. ἐκ χειρὸς ἀλλοφύλων (3)
5. 17. ἤκουσαν οἱ ἀ. (3)
— 17. ἀνέβησαν πάντες οἱ ἀ. (3)

II Ki. 5. 18. καὶ οἱ ἀ. παραγίνονται (3)
— 19. εἰ ἀναβῶ πρὸς τοὺς ἀ. (3)
— 19. παραδιδοὺς παραδώσω τοὺς ἀ. (3)
— 20. καὶ ἔκοψε τοὺς ἀ. ἐκεῖ –
— 20. διέκοψε κ. τοὺς ἐχθροὺς [A *add.* μου τοὺς] ἀ. –
— 22. καὶ προσέθεντο ἔτι ἀ. τοῦ ἀναβῆναι (3)
— 24. κόπτειν ἐν τῷ πολέμῳ τῶν ἀ. (3)
— 25. καὶ ἐπάταξε τοὺς ἀ. (3)
8. 1. ἐπάταξε Δαυὶδ τοὺς ἀ. (3)
— 1. ἔλαβε Δ. . . . ἐκ χειρὸς τῶν ἀ. (3)
— 12. ἐκ τῶν υἱῶν Ἀμμὼν καὶ ἐκ τῶν ἀ. (3)
19. 9 (10). ἐξείλατο ἡμᾶς ἐκ χειρὸς ἀλλοφύλων (3)
21. 12. ἔστησαν αὐτοὺς ἐκεῖ οἱ ἀ. ἐν ἡμέρᾳ ᾗ ἐπάταξαν οἱ ἀ. τὸν Σ. (3, 3)
— 15. καὶ ἐγενήθη ἔτι πόλ. τοῖς ἀ. μετὰ Ἰσρ. (3)
— 15. καὶ ἐπολέμησαν μετὰ τῶν ἀ. (3)
— 17. ἐπάταξε τὸν ἀ. (3)
— 18. ἐγενήθη . . . πόλεμος . . . μετὰ τῶν ἀ. (3)
— 19. ἐγένετο ὁ πόλεμος ἐν Ῥὸμ μετὰ τῶν ἀ. (3)
23. 9. ἐν τῷ ὀνειδίσαι αὐτὸν ἐν τοῖς ἀ. (3)
— 10. ἀνέστη καὶ ἐπάταξεν ἐν τοῖς ἀ. (3)
— 11. συνήχθησαν οἱ ἀ. εἰς θηρία (3)
— 11. ὁ λαὸς ἔφυγεν ἐκ προσώπου ἀλλοφύλων (3)
— 12. καὶ ἐπάταξε τοὺς ἀ. (3)
— 13. καὶ τάγμα τῶν ἀ. (3)
— 14. καὶ τὸ ὑπόστημα τῶν ἀ. τότε ἐν Β. (3)
— 15. τὸ δὲ σύστεμα τῶν ἀ. τότε ἐν Β. –
— 16. διέρρηξαν . . . ἐν τῇ παρεμβολῇ τῶν ἀ. (3)
III Ki. 3. 1. καὶ ἕως γῆς ἀλλοφύλων –
4. 21 (5. 1). A ἀπὸ τοῦ ποταμοῦ γῆς ἀλλοφύλων (3)
10. 26. καὶ ἕως γῆς ἀλλοφύλων –
15. 27. ἐν Γαβαθὼν τῇ τῶν ἀ. (3)
16. 15. ἐπὶ Γαβαθὼν τὴν τῶν ἀ. (3)
IV Ki. 8. 2. παρῴκει ἐν γῇ ἀλλοφύλων ἑπτὰ ἔτη (3)
— 3. ἐπέστρεψεν . . . ἐκ γῆς [A τῶν] ἀλλοφύλων (3)
— 28. μετὰ Ἀζαὴλ βασιλέως ἀλλοφύλων (1)
18. 8. αὐτὸς ἐπάταξε τοὺς ἀ. (3)
I Ch. 10. 1. καὶ ἀ. ἐπολέμησαν πρὸς Ἰσρ. (3)
— 1. ἔφυγον ἀπὸ προσώπου ἀλλοφύλων (3)
— 2. καὶ κατεδίωξαν ἀ. ὀπίσω Σ. (3)
— 2. καὶ ἐπάταξαν ἀλλόφυλοι τὸν Ἰ. (3)
— 7, 8. καὶ ἦλθον ἀ. (3)
— 9. καὶ ἀπέστειλαν εἰς γῆν ἀλλοφύλων κύκλῳ (3)
— 11. ἃ ἐποίησαν ἀ. τῷ Σ. (3)
11. 13. οἱ ἀ. συνήχθησαν ἐκεῖ εἰς πόλεμον (3)
— 13. ὁ λαὸς ἔφυγεν ἀπὸ προσώπου ἀλλοφύλων (3)
— 14. καὶ ἐπάταξε τοὺς ἀ. (3)
— 15. παρεμβολὴ τῶν ἀ. (3)
— 16. τὸ σύστεμα [A ὑπόστ.] τῶν ἀ. (3)
— 18. διέρρηξαν . . . τὴν παρεμβολὴν τῶν ἀ. (3)
12. 19. ἐν τῷ ἐλθεῖν τοὺς ἀ. ἐπὶ Σ. (3)
— 19. ἐγένετο παρὰ τῶν στρατηγῶν τῶν ἀ. (3)
14. 8. καὶ ἤκουσαν ἀ. (3)
— 8. ἀνέβησαν πάντες οἱ ἀ. (3)
— 9. καὶ ἀλλόφυλοι ἦλθον (3)
— 10. A^2 B S εἰ ἀναβῶ ἐπὶ τοὺς ἀ. (3)
— 12. R ἐγκατέλιπον . . . τοὺς θεοὺς αὐτ. οἱ ἀ. [A B S *om.*] –
— 13. καὶ προσέθεντο ἔτι ἀλλόφυλοι (3)
— 15. τοῦ πατάξαι τὴν παρεμβολὴν τῶν ἀ. (3)
— 16. ἐπάταξε τὴν παρεμβολὴν τῶν ἀ. (3)
18. 1. ἐπάταξε Δαυὶδ τοὺς ἀ. (3)
— 1. ἔλαβε τὴν Γὲθ . . . ἐκ χειρὸς ἀλλοφύλων (3)
— 11. καὶ ἐκ τῶν ἀ. καὶ ἐξ Ἀμαλήκ (3)
20. 4. ἐγένετο ἔτι πόλεμος ἐν Γ. μετὰ τῶν ἀ. (3)
— 5. ἐγένετο ἔτι πόλεμος μετὰ τῶν ἀ. (3)
II Ch. 9. 26. καὶ ἕως γῆς ἀλλοφύλων (3)
17. 11. ἀπὸ τῶν ἀ. ἔφερον τῷ Ἰ. δῶρα (3)
21. 16. ἐπήγειρε κ. ἐπὶ Ἰωρὰμ τοὺς ἀ. (3)
26. 6. ἐπολέμησε πρὸς τοὺς ἀ. (3)
— 6. καὶ ᾠκοδόμησε . . . ἐν τοῖς ἀ. (3)
— 7. κατίσχυσεν αὐτὸν κ. ἐπὶ τοὺς ἀ. (3)
28. 18. οἱ ἀ. ἐπέθεντο ἐπὶ τὰς πόλεις (3)
Ju. 6. 1. ἐναντίον π. τοῦ δήμου ἀλλοφύλων [A τῶν ἀ.]
— 2. S^2 ἐναντίος παντὸς δήμου ἀλλοφύλων
Ps. 55 (56). *tit.* ὁπότε ἐκράτησαν αὐτὸν οἱ ἀ. (3)
59 (60). 8. ἐμοὶ ἀλλόφυλοι ὑπετάγησαν (3)
82 (83). 7. ἀλλόφυλοι μετὰ τῶν κατοικούντων Τ. (3)
86 (87). 4. ἰδοὺ ἀλλόφυλοι καὶ Τύρος (3)
107 (108). 9. ἐμοὶ ἀλλόφυλοι ὑπετάγησαν (3)
151. 6. ἐξῆλθον εἰς συνάντησιν τῷ ἀ.
Am. 1. 8. ἀπολοῦνται οἱ κατάλοιποι τῶν ἀ. (3)
6. 2. κατάβητε ἐκεῖθεν εἰς Γὲθ ἀλλοφύλων (3)
9. 7. καὶ τοὺς ἀ. ἐκ Κ. (3)

Jl. 3 (4). 4. πᾶσα Γαλιλαία ἀλλοφύλων (3)
Ob. 1. 19. κατακληρονομήσουσιν . . . οἱ ἐν τῇ σεφηλὰ τοὺς ἀ. (3)
Ze. 2. 5. λόγος κ. ἐφ' ὑμᾶς, Χ., γῆ ἀλλοφύλων (3)
Za. 9. 6. καθελῶ ὕβριν ἀλλοφύλων (3)
Is. 2. 6. ὡς ἡ τῶν ἀ. καὶ τέκνα πολλὰ ἀ. ἐγενήθη αὐτοῖς (3, 2 *b*)
11. 14. πετασθήσονται ἐν πλοίοις ἀλλοφύλων (3)
14. 29. μὴ εὐφρανθείητε πάντες οἱ ἀ. (3)
— 31. πόλεις τεταραγμέναι οἱ ἀ. πάντες (3)
61. 5. ἀλλόφυλοι ἀροτῆρες καὶ ἀμπελουργοί (2 *a*)
Je. 29 (47). 1. ἐπὶ τοὺς ἀ. τάδε λέγει κύριος (3)
— 4. τοῦ ἀπολέσαι πάντας τοὺς ἀ. (3)
32 (25). 20. τοὺς βασ. [A *add.* πάντων τῶν] ἀλλοφύλων (3)
Ep. Je. 5. ὑμεῖς ἀφομοιωθέντες τοῖς ἀ.
Ez. 16. 27. θυγατέρας ἀλλοφύλων τὰς ἐκκλινούσας σε (3)
— 57. θυγατέρων ἀλλοφύλων τῶν περιεχουσῶν σε (3)
25. 15. ἀνθ' ὧν ἐποίησαν οἱ ἀ. (3)
— 16. ἐκτείνω τὴν χεῖρά μου ἐπὶ τοὺς ἀ. (3)
I Ma. 3. 41. δύναμις Συρίας καὶ γῆς ἀλλοφύλων
4. 12. ἦραν οἱ ἀ. τοὺς ὀφθαλμοὺς αὐτῶν
— 22. ἔφυγον πάντες εἰς γῆν ἀλλοφύλων
— 26. ὅσοι δὲ τῶν ἀ. διεσώθησαν
— 30. παρέδωκας τὴν παρεμβολὴν τῶν ἀ.
5. 15. πάσης Γ. [A πᾶσαν Γ., S πᾶσα Γ.] ἀλλοφύλων
— 66. τοῦ πορευθῆναι εἰς γῆν ἀλλοφύλων
— 68. ἐξέκλινεν Ἰ. εἰς Ἄζ. γῆν ἀλλοφύλων
11. 68. παρεμβολὴ ἀλλοφύλων ἀπήντα αὐτῷ
— 74. ἔπεσον ἐκ τῶν ἀ.
II Ma. 10. 2. βωμοὺς ὑπὸ τῶν ἀ. δεδημιουργημένους
— 5. ὁ νεὼς ὑπὸ ἀλλοφύλων ἐβεβηλώθη
III Ma. 3. 6. εὐπραξίαν οἱ ἀ. οὐδαμῶς διηριθμήσαντο
IV Ma. 3. 7. δι' ὅλης ἡμέρας προσβαλὼν τοῖς ἀ.
[**Aq.** I Ki. 13. 3 : 17. 50 *bis* : III Ki. 4. 21 (5. 1).]
[**Sm.** I Ki. 13. 3 : 17. 50 *bis* : III Ki. 4. 21 (5. 1) : Je. 47 (29). 4 (?).]
[**Th.** Ju. 10. 6, 7 : I Ki. 13. 23 : 17. 50 *bis* : Ps. 59 (60). 10 : Je. 47 (29). 4.]
[**Al.** Ge. 21. 32 : Ex. 13. 17 : I Ki. 13. 3 : 28. 19.]
[**Quint.** Ps. 55 (56). 1 : 107 (108). 10.]

ἀλλόφωνος. (1) עִמְקֵי שָׂפָה
Ez. 3. 6. οὐδὲ πρὸς λαοὺς πολλοὺς ἀ. (1)
[**Sm.** Ps. 113 (114). 1.]

ἄλλως. (1) נָבָב (2) ἄ. χρᾶσθαι עָבַר
Es. 1. 19. καὶ μὴ [A *om.*] ἄ. χρησάσθω (2)
9. 27. οὐδὲ μὴν ἄ. χρήσονται (2)
Jb. 11. 12. ἄνθρωπος δὲ ἄ. νήχεται λόγοις [A[1] ἀλ.] (1)
40. 3 (8). οἴει δέ με ἄ. σοι κεχρηματικέναι †
Wi. 8. 20. οὐκ ἄ. [A καλῶς] ἔσομαι ἐγκρατής
III Ma. 1. 20. παραλιποῦσαι ἄ. καὶ ἄ.
IV Ma. 1. 2. ἄ. τῆς μεγίστης ἀρετῆς . . . περιέχει ἔπαινον
4. 13. καίπερ ἄ. εὐλαβηθείς
5. 18. ἄ. δὲ ἐνομίζομεν αὐτὸν εἶναι θεῖον

ἅλμα. (1) רַעַם
Jb. 39. 25. ὀσφραίνεται πολέμου σὺν ἅλματι (1)

ἅλμη. (1) מְלֵחָה
Ps. 106 (107). 34. ἔθετο . . . γῆν καρποφόρον εἰς ἅλμην (1)
Si. 39. 23. μετέστρεψεν ὕδατα εἰς ἅλμην

ἁλμυρίς. (1) מְלֵחָה
Jb. 39. 6. ἐθέμην . . . τὰ σκηνώμ. αὐτοῦ ἁλμυρίδα (1)
[**Th.** Jb. 39. 6.]

ἁλμυρός. (1) מְלֵחָה
Je. 17. 6. ἐν γῇ ἁλμυρᾷ ἥτις οὐ κατοικεῖται (1)
[**Hebr.** Ez. 47. 8.]

ἀλμώθ.
[**Hebr.** Ps. 9. 1.]

ἀλμωνί. (1) אַלְמֹנִי
I Ki. 21. 2 (3). A φελμωνὶ ἀλμωνί [B *al.*] (1)

ἀλοᾶν. (1) *a.* דּוּשׁ *b.* דּוֹשׁ *c.* דִּישׁ (2) דָּרַךְ hi. (3) חָרוּץ (4) רָשַׁשׁ po.
De. 25. 4. οὐ φιμώσεις βοῦν ἀλοῶντα (1 *c*)
Jd. 8. 7. ἀλοήσω [A καταξανῶ] τὰς σάρκας ὑμῶν (1 *a*)
Jd. 8. 16. ἠλόησεν [A κατέξανεν] . . . τοὺς ἄνδρας †
I Ch. 21. 20. καὶ Ὀρνὰ ἦν ἀλοῶν πυρούς (1 *a*)
Mi. 4. 13. καὶ ἀλόα αὐτούς (1 *b*)
Is. 41. 15. τροχοὺς ἁμάξης ἀλοῶντας [S[1] *om.*] καινοὺς πριστηροειδεῖς [A πριστοειδεῖς] καὶ ἀλοήσεις ὄρη (3, 1 *a*)
Je. 5. 17. ἀλοήσουσι τὰς πόλεις τὰς ὀχυρὰς ὑμῶν (4)
28 (51). 33. οἶκοι βασ. Βαβ. . . . ἀλοηθήσονται (2)
[**Aq.** Is. 28. 27.]
[**Sm.** Is. 25. 10 : 28. 28 *bis* : Am. 1. 3.]
[**Th.** Is. 28. 28 *bis*.]
[**Al.** Hb. 3. 12.]

ἀλογεῖν.
II Ma. 12. 24. καὶ τούτους ἀλογηθῆναι συμβήσεται

ἀλογιστία.
II Ma. 14. 8. τῇ μὲν γὰρ τῶν προειρημένων ἀ.
III Ma. 5. 42. ἐμπληθυνθεὶς ἀλογιστίας

ἀλόγιστος.
Wi. 12. 25. ὡς παισὶν ἀλογίστοις
III Ma. 6. 12. καθ' ὕβριν ἀνόμων ἀλόγιστον
IV Ma. 3. 11. τὶς αὐτὸν ἀ. ἐπιθυμία . . . ἐπιτείνουσα
6. 18. ἀλόγιστον . . . εἰ νῦν μεταβαλοίμεθα
16. 23. ἀλόγιστον γὰρ εἰδότας εὐσέβειαν

ἀλογίστως.
IV Ma. 6. 14. τί τοῖς κακοῖς τούτοις σεαυτὸν ἀ. ἀπόλλεις

ἄλογος. (1) נָפַל (2) עֲרַל שְׂפָתַיִם
Ex. 6. 12. ἐγὼ δὲ ἄ. εἰμι (2)
Nu. 6. 12. αἱ ἡμέραι αἱ πρότεραι [A -ρον] ἄλογοι ἔσονται (1)
Jb. 11. 12. A[1] ἄνθρ. δὲ ἄλλως νήχεται ἀλόγοις [A[2] B S λόγ.] †
Wi. 11. 15. ἐθρήσκευον ἄλογα ἑρπετά
— 16. πλῆθος ἀλόγων ζῴων εἰς ἐκδίκησιν
III Ma. 5. 40. ὡς ἀλόγους [A *om.*] ἡμᾶς διαπειράζεις
IV Ma. 14. 14. τὰ ἄ. ζῷα ὁμοίαν . . . στοργὴν ἔχει
— 18. διὰ τῶν ἀ. ζῴων ἐπιδεικνύναι
[**Sm.** Jb. 13. 4.]

ἀλόγως.
III Ma. 6. 25. ἀποστήσας ἕκαστον ἀ. ἤθροισεν
[**Sm.** Am. 6. 13.]

ἀλόη. (1) אֲהָלוֹת
Ca. 4. 15. S[2] σμύρνα ἀλόη [A B ἀλὼθ] μετὰ πάντων . . . μύρων (1)
[**Aq.** Ca. 4. 14.]

ἀλοητός. (1) דַּיִשׁ (2) חָרִשׁ
Le. 26. 5. R καταλήψεται ὑμῖν ὁ ἀ. [A B ἀμητ.] τὸν τρυγητόν (1)
Am. 9. 13. A καταλήψεται ὁ ἀ. [B ἀμητ.] τὸν τρυγητόν (2)

ἀλοί.
[**Heb.** Ps. 91. (92). 4.]

ἀλοιφᾶν.
[**Aq.** Ge. 6. 15 (14).]

ἀλοιφή. (1) בָּנָה (2) טִיחַ (3) מָחָה (4) כֹּפֶר
Ex. 17. 14. ἀλοιφῇ ἐξαλείψω τὸ μνημόσυνον Ἀ. [A τὸν Ἀ.] (3)
Jb. 33. 24. ὥσπερ ἀλοιφὴν ἐπὶ τοίχου (4)
Mi. 7. 11. ἡμέρας ἀλοιφῆς πλίνθου (1)
Ez. 13. 12. ποῦ ἐστιν ἡ ἀ. ὑμῶν (2)
[**Aq.** Ge. 6. 15 (14).]

ἅλς (ἅλα, ἅλας). (1) *a.* מָלַח hoph. *b.* מֶלַח *c.* מְלַח
Ge. 14. 3. ἡ θάλασσα τῶν ἁλῶν (1 *b*)
19. 26. ἐγένετο στήλη ἁλός (1 *b*)
Le. 2. 13. πᾶν δῶρον θυσίας ὑμῶν ἁλὶ ἁλισθήσεται (1 *b*)
— 13. R οὐ διαπαύσετε ἅλας [A B ἅλα] (1 *b*)
— 13. προσοίσετε κ. τῷ θεῷ ὑμῶν ἅλας (1 *b*)
24. 7. λίβανον καθαρὸν καὶ ἅλα —
Nu. 18. 19. διαθήκη ἁλὸς αἰωνίου ἔστιν (1 *b*)
De. 29. 23 (22). θεῖον καὶ ἅλα κατακεκαυμένον (1 *b*)
Jo. 3. 16. θάλασσαν ἁλός [A τῶν ἁλῶν] (1 *b*)
12. 3. θάλασσαν τῶν ἁλῶν ἀπὸ ἀνατολῶν (1 *b*)
Jo. 15. 62. A καὶ αἱ πόλεις ἁλῶν [B Σαδῶν] (1 *b*)
18. 19. ἐπὶ λοφιὰν τῆς θαλάσσης τῶν ἁλῶν (1 *b*)
Jd. 9. 45. A R ἔσπειρεν αὐτὴν ἅλας [B ἔσπ. εἰς ἅ.] (1 *b*)
IV Ki. 2. 20. θέτε ἐκεῖ ἅλα (1 *b*)
— 21. καὶ ἔρριψεν ἐκεῖ ἅλα (1 *b*)
I Ch. 18. 12. ἐν κοιλάδι τῶν ἁλῶν (1 *b*)
II Ch. 13. 5. διαθήκη ἁλός (1 *b*)
25. 11. ἐπορεύθη εἰς τὴν κοιλάδα τῶν ἁλῶν (1 *b*)
I Es. 6. 30. πυρὸν καὶ ἅλα καὶ οἶνον
II Es. 6. 9. πυροὺς ἅλας οἶνον (1 *c*)
7. 22. καὶ ἅλας οὗ οὐκ ἔστι γραφή (1 *c*)
Jb. 6. 6. A B S[2] εἰ βρωθήσεται ἄρτος ἄνευ ἁλός (1 *b*)
Ps. 59 (60). *tit.* ἐπάταξε τὴν φάραγγα τῶν ἁλῶν (1 *b*)
Wi. 10. 7. ἑστηκυῖα στήλη ἁλός
Si. 22. 15. ἄμμον καὶ ἅλα . . . εὔκοπον ὑπενεγκεῖν
39. 26. σίδηρος καὶ ἅλα [A ἅλας]
43. 19. πάχνην ὡς ἅλα ἐπὶ γῆς χέει
Ez. 16. 4. οὐδὲ ἁλὶ ἡλίσθης (1 *a*)
43. 24. ἐπιρρίψουσιν . . . ἐπ' αὐτὰ ἅλα [A -as] (1 *b*)
47. 11. εἰς ἅλας δέδονται (1 *b*)
I Ma. 10. 29. ἀπὸ τῶν φόρων καὶ τῆς τιμῆς τοῦ ἁ.
11. 35. τὰς τοῦ ἁ. λίμνας
[**Aq.** II Ki. 8. 13 : Ze. 2. 9.]
[**Sm.** II Ki. 8. 13 : Jb. 6. 6 : Ps. 59 (60). 2 : Ez. 24. 5 : Ze. 2. 9.]
[**Th.** Ze. 2. 9.]

ἄλσος. (1) *a.* אֲשֵׁירָה *b.* אֲשֵׁרָה (2) בָּמָה (3) עַשְׁתֹּרֶת (4) עָב
Ex. 34. 13. B τὰ ἄ. αὐτῶν ἐκκόψετε (1 *b*)
De. 7. 5. τὰ ἄ. αὐτῶν ἐκκόψετε (1 *a*)
12. 3. τὰ ἄ. αὐτῶν ἐκκόψετε (1 *b*)
16. 21. οὐ φυτεύσεις σεαυτῷ ἄλσος (1 *b*)
Jd. 3. 7. ἐλάτρευσαν τοῖς [A ταῖς] B. καὶ τοῖς ἄ. (1 *b*)
6. 25. τὸ ἄ. τὸ ἐπ' αὐτό [A -τῆς] (1 *b*)
— 26. ἐν τοῖς ξύλοις τοῦ ἄ. (1 *b*)
— 28, 30. τὸ ἄ. τὸ ἐπ' αὐτῷ (1 *b*)
I Ki. 7. 3. περιέλετε . . . τὰ ἄ. (3)
— 4. περιεῖλον . . . τὰ ἄ. Ἀσταρώθ (3)
12. 10. καὶ ἐδουλεύσαμεν . . . τοῖς ἄ. (3)
II Ki. 5. 24. ἀπὸ [A *om.*] τοῦ ἄ. τοῦ κλαυθμῶνος †
III Ki. 14. 15. A ἐποίησαν τὰ ἄ. αὐτῶν (1 *b*)
— 23. ᾠκοδόμησαν . . . στήλας καὶ ἄλση (1 *b*)
15. 13. καθὼς ἐποίησε σύνοδον ἐν τῷ ἄ. αὐτῆς (1 *b*)
16. 33. ἐποίησεν Ἀχαὰβ ἄλσος (1 *b*)
18. 19. τοὺς προφήτας τῶν ἀ. τετρακοσίους (1 *b*)
— 22. οἱ [A *om.*] προφ. τοῦ ἄ. –
IV Ki. 13. 6. καί γε τὸ ἄ. ἐστάθη ἐν Σαμαρείᾳ (1 *b*)
17. 10. ἐστήλωσαν ἑαυτοῖς . . . ἄλση (1 *b*)
— 16. B καὶ ἐποίησαν ἄλση (1 *a*)
18. 4. καὶ ἐξωλέθρευσε τὰ ἄ. (1 *b*)
21. 3. καὶ ἐποίησεν ἄλση (1 *b*)
— 7. ἔθηκε τὸ γλυπτὸν τοῦ ἄ. ἐν τῷ οἴκῳ [A ἔθηκε τὸ κρυπτὸν τοῦ οἴκου ἐν τῷ ἄ.] (1 *b*)
23. 4. τὰ σκεύη τὰ πεποιημένα . . . τῷ ἄ. (1 *b*)
— 6. ἐξήνεγκε τὸ ἄ. ἐξ οἴκου κυρίου (1 *b*)
— 7. ὕφαινον ἐκεῖ χεττιεὶμ τῷ ἄ. (1 *b*)
— 14. καὶ ἐξωλέθρευσε τὰ ἄ. (1 *b*)
— 15. κατέκαυσε τὸ ἄ. (1 *b*)
II Ch. 14. 3 (2). καὶ ἐξέκοψε τὰ ἄ. (1 *b*)
17. 6. ἐξῆρε τὰ ὑψηλὰ καὶ τὰ ἄλση (1 *b*)
19. 3. ἐξῆρας τὰ ἄ. ἀπὸ τῆς γῆς Ἰ. (1 *b*)
31. 1. καὶ ἔκοψαν [A ἐξέκ.] τὰ ἄ. (1 *b*)
33. 3. καὶ ἐποίησεν ἄλση (1 *b*)
— 19. καὶ ἔστησεν ἐκεῖ ἄλση (1 *b*)
34. 3. ἀπὸ τῶν ὑψηλῶν καὶ τῶν ἄ. (1 *b*)
— 4. ἔκοψε τὰ ἄ. καὶ τὰ γλυπτά (1 *b*)
— 7. κατέσπασε τὰ ἄ. (1 *b*)
Ju. 3. 8. καὶ τὰ ἄ. αὐτῶν ἐξέκοψε
Mi. 3. 12. τὸ ὄρος τοῦ οἴκου εἰς [A ὡς] ἄ. δρυμοῦ (2)
5. 14 (13). ἐκκόψω τὰ ἄ. ἐκ μέσου σου (1 *a*)
Is. 17. 8. A οὐκ ὄψονται τὰ ἄ. αὐτῶν [B δένδρα, S[1] δ. ἐπὶ τὰ ἄ.? αὐ.] (1 *b*)
Je. 4. 29. εἰς τὰ ἄ. ἐκρύβησαν (4)
33 (26). 18. τὸ ὄρος τοῦ οἴκου εἰς [A ὡς] ἄ. δρυμοῦ (2)
[**Aq.** III Ki. 14. 15 : Is. 27. 9.]
[**Sm.** IV Ki. 17. 16 : Is. 27. 9.]
[**Th.** Is. 27. 9.]

ἀλσώδης. (1) רַעֲנָן
IV Ki. 16. 4 : 17. 10 : II Ch. 28. 4 : Je. 3. 6, 13. ὑποκάτω παντὸς ξύλου ἀ. (1)

Je. 17. 8. ἔσται ἐπ' [A ἐν] αὐτῷ στελέχη ἀλσώδη (1)
Ez. 27. 6. οἴκους ἀλσώδεις ἀπὸ νήσων τῶν Χεττιείμ †
[Th. Ez. 20. 28.]

ἄλσωμα.
[Aq. iv Ki. 23. 4, 7.]

ἀλσών.
[Aq. iv Ki. 17. 16.]

ἀλυκός. (1) מֶלַח (2) שִׂדִּים
Ge. 14. 3. τὴν φάραγγα τὴν ἁ. (2)
— 8. ἐν τῇ κοιλάδι τῇ ἁ. (2)
— 10. ἡ δὲ κοιλὰς ἡ ἁ. (2)
Nu. 34. 3. ἀπὸ μέρους τῆς θαλάσσης τῆς ἁ. (1)
— 12. ἔσται ἡ διέξοδος θάλασσα ἡ ἁ. (1)
De. 3. 17. ἕως θαλάσσης Ἄραβα θαλάσσης ἁ. (1)
Jo. 15. 2. ἕως μέρους θαλάσσης τῆς ἁ. (1)
— 5. πᾶσα ἡ θάλασσα ἡ ἁ. ἕως τοῦ Ἰορδ. (1)

ἀλυσιδωτός. (1) עֲבֹת (2) קַשְׂקֶשֶׂת
Ex. 28. 22. ἔργον ἁ. [B -τοῦ] ἐκ [A om.] χρυσίου καθαροῦ (1)
— 24 (29). τὰ ἁ. ἐπ' ἀμφοτ. τῶν κλιτῶν . . . ἐπιθήσεις (1)
I Ki. 17. 5. θώρακα ἁ. αὐτὸς ἐνδεδυκώς (2)
I Ma. 6. 35. τεθωρακισμένους ἐν ἁλυσιδωτοῖς
[Th. Ex. 28. 24.]

ἅλυσις.
Wi. 17. 17. μιᾷ γὰρ ἁ. σκότους πάντες ἐδέθησαν
[Aq. Sm. Th. Ex. 28. 22.]
[Sm. Je. 52. 11.]
[Al. Pr. 6. 1.]

ἀλύτρωτος.
[Sm. Le. 25. 23.]

ἄλφιτον. (1) קָלִי
Ru. 2. 14. ἐβούνισεν αὐτῇ Βοὸς ἄ. (1)
I Ki. 25. 18. πέντε οἰφὶ ἀλφίτου (1)
II Ki. 17. 28. καὶ ἄλευρον καὶ ἄ. καὶ κύαμον (1)
Ju. 10. 5. πήραν ἐπλήρωσεν ἀλφίτων
[Th. Le. 2. 14: Ho. 3. 2.]
[Al. Le. 2. 16.]

ἀλφός. (1) בֹּהַק
Le. 13. 39. ἁ. ἐστιν (1)

ἀλωή.
[Sm. Je. 51 (28). 33.]

ἀλώθ. (1) אֲהָלוֹת
Ca. 4. 15. σμύρνα ἀλώθ [S² ἀλόη] (1)

ἅλων, ἅλως. (1) אָדָר (2) גָּדִישׁ (3) גֹּרֶן
(4) הֵיכָל (5) מְגוּרָה (6) מְלֵאָה (7) מַתְבֵּן
Ge. 50. 10. εἰς [A ἐφ'] ἅλωνα Ἀτάδ (3)
— 11. A B ἐν [R ἐπὶ] ἅλωνι Ἀτάδ (3)
Ex. 22. 6 (5). προσεμπρήσῃ ἅλωνας [A -να] (2)
— 29 (28). ἀπαρχὰς ἅλωνος καὶ ληνοῦ σου (6?)
Nu. 15. 20. ὡς ἀφαίρεμα ἀπὸ ἅλω [A -ωνος] (3)
18. 27. ὡς σῖτος ἀπὸ ἅλω [A -ωνος] (3)
— 30. ὡς γένημα ἀπὸ ἅλω [A -ωνος] (3)
De. 16. 13. A R ἐν τῷ συναγαγεῖν σε ἐκ τῆς [B τοῦ] ἁ. σου (3)
Jd. 6. 37. τίθημι τὸν πόκον τοῦ ἐρίου ἐν τῇ [A τῷ] ἅ. (3)
15. 5. ἐκάησαν ἀπὸ ἅλωνος [A al.] (2)
Ru. 3. 2. αὐτὸς λικμᾷ τὸν ἅλωνα τῶν κριθῶν (3)
— 3. καὶ ἀναβήσῃ ἐπὶ τὸν ἅλω (3)
— 6. καὶ κατέβη εἰς τὸν ἅλω (3)
— 14. A R ἦλθε γυνὴ εἰς τὸν ἅλω [B τὴν ἅλωνα] (3)
I Ki. 19. 22. ἕως τοῦ φρέατος τοῦ ἅλω [A μεγάλου] †
23. 1. καταπατοῦσι [A om.] τοὺς ἅλω (3)
II Ki. 6. 6. παραγίνονται ἕως ἅλω [A ἅλωνος] N. (3)
24. 16. A R ἦν παρὰ τῇ [B τῷ] ἅλῳ Ὀ. (3)
— 18. ἐν τῷ [A τῇ] ἅλωνι Ὀρνὰ τοῦ Ἰεβουσ. (3)
— 21. κτήσασθαι παρὰ σοῦ τὸν [A τὴν] ἅλωνα (3)
— 24. ἐκτήσατο Δαυὶδ τὸν ἅλωνα [A τὴν ἅλω] (3)
III Ki. 20 (21). 1. παρὰ τῷ ἅλῳ Ἀχαάβ (4?)
IV Ki. 6. 27. μὴ ἀπὸ ἅλωνος [A τῆς ἅ.] (3)
I Ch. 13. 9. ἤλθοσαν ἕως τῆς ἅλωνος (3)
21. 15. ἑστὼς ἐν τῷ ἅλῳ Ὀρνὰ τοῦ Ἰεβουσ. (3)
— 18. στῆσαι θυσιαστήριον τῷ κ. ἐν ἅλῳ Ὀ. (3)
— 21. Ὀρνὰ ἐξῆλθεν ἐκ τῆς ἅλω (3)
— 22. δός μοι τὸν τόπον σου τῆς ἅλω (3)
I Ch. 21. 28. A R ἐν ἅλῳ [B τῷ ἅ.] Ὀρνὰ τοῦ Ἰεβουσ. (3)
II Ch. 3. 1. ἐν ἅλῳ Ὀρνὰ τοῦ Ἰεβουσαίου (3)
Jb. 5. 26. θιμωνιὰ ἅλωνος καθ' ὥραν συγκομισθεῖσα (2)
39. 12. εἰσοίσει δέ σου τὸν [A τὴν] ἅλωνα (3)
Ho. 9. 1. ἠγάπησας δόματα ἐπὶ πάντα ἅλωνα (3)
— 2. ἅλων καὶ ληνὸς οὐκ ἔγνω αὐτούς (3)
13. 3. ὡς χνοῦς ἀποφυσώμενος ἀφ' ἅλωνος (3)
Mi. 4. 12. συνήγαγεν αὐτοὺς ὡς δράγματα ἅλωνος (3)
Jl. 2. 24. πλησθήσονται αἱ ἅλωνες σίτου (3)
Ze. 2. 9. Δ. ἐκλελειμμένη ὡς θιμωνιὰ ἅλωνος †
Hg. 2. 20 (19). εἰ ἐπιγνωσθήσεται ἐπὶ τῆς ἅλω (5)
Is. 25. 10. πατοῦσιν ἅλωνα ἐν ἁμάξαις (7)
Je. 28 (51). 33. ὡς ἅλων ὥριμος ἀλοηθήσονται (3)
Da. LXX. 2. 35. ὡσεὶ λεπτότερον ἀχύρου ἐν ἅλωνι (1) ●
Da. TH. 2. 35. ὡσεὶ κονιορτὸς ἀπὸ ἅλωνος θερ. (1)
[Aq. ii Ki. 6. 6.]
[Sm. Je. 51 (28). 33.]
[Th. Da. 2. 35.]

ἀλώπηξ. (1) שׁוּעָל
Jd. 1. 35. ἐν ᾧ αἱ ἄρκοι καὶ ἐν ᾧ [A om.] αἱ ἁ. †
15. 4. συνέλαβε τριακοσίας ἁ. (1)
III Ki. 21 (20). 10. εἰ ἐκποιήσει ὁ χοῦς Σαμ. ταῖς ἁ. †
Ne. 4. 3 (3. 35). οὐχὶ ἀναβήσεται ἁ. (1)
Ps. 62 (63). 10. μερίδες ἀλωπέκων ἔσονται (1)
Ca. 2. 15. πιάσατε ἡμῖν ἁ. μικρούς (1)
La. 5. 18. ἀλώπεκες διῆλθον ἐν αὐτῇ (1)
Ez. 13. 4. ὡς [A ὡσεὶ] ἀλώπεκες ἐν ταῖς ἐρήμοις (1)
[Aq. Sm. Th. Ca. 2. 15.]
[Sm. Ez. 13. 4.]
[Th. Ho. 12. 11 (12).]

ἅλως, vid. ἅλων.

ἅλωσις. (1) תָּפַשׂ ni.
Je. 27 (50). 46. ἀπὸ φωνῆς ἁλώσεως Βαβ. σεισθήσεται (1)
[Aq. Ge. 49. 9: Jb. 24. 5: Ps. 75 (76). 5.]

ἅμα.
Ge. 13. 6 *bis*: 14. 5: 19. 4: 22. 6, 8, 19†: 36. 7: 46. 8†.
Ex. 1. 1.
Nu. 31. 8.
De. 22. 22†: 32. 43: 33. 5, 17, 21.
Jo. 4. 3, 8: 6. 5†, 19 (20): 9. 2.
Jd. 3. 21: 9. 33: 19. 25†.
III Ki. 18. 27.
IV Ki. 18. 27†.
II Ch. 19. 10†: 30. 23.
I Es. 1. 45: 2. 2, 15: 7. 10, 11: 8. 71: 9. 48.
Ne. 7. 3.
To. 12. 14†.
Ju. 13. 10.
Jb. 1. 4.
Ps. 13 (14). 3: 30 (31). 13: 34 (35). 26: 36 (37). 20: 39 (40). 14: 52 (53). 3†: 87 (88). 17.
Pr. 22. 18.
Wi. 18. 11.
Si. 16. 19: 35 (32). 8: 45. 15.
Mi. 2. 1.
Jn. 4. 8.
Is. 1. 28, 31: 3. 16 *bis*: 9. 21 (20): 11. 6, 7 *bis*, 7†, 14: 13. 3: 18. 6: 19. 14: 20. 4†: 24. 14: 31. 3: 36. 12: 41. 1, 5, 7†, 20, 24†: 42. 14, 22: 43. 9: 44. 11, 11†: 45. 8, 20, 21: 46. 2, 10: 48. 14: 50. 8: 52. 8, 9: 59. 11: 60. 13: 65. 25: 66. 2†, 10†.
Je. 6. 11, 21: 27 (50). 33: 28 (51). 38: 30 (49). 3: 31 (48). 7: 38 (31). 24: 48 (41). 1.
Ba. 3. 14.
Ez. 17. 10: 23. 40.
Da. LXX. 2. 18, 35, 41, 43: 3. 15, (25), (49).
Da. TH. 3. (49): Bel 18.
I Ma. 4. 6: 6. 20†, 36: 10. 77: 11. 47, 47†: 13. 7†: 14. 8†.
II Ma. 7. 24: 8. 18: 11. 7: 15. 10.
III Ma. 3. 25.
IV Ma. 8. 29.
[Aq. Jb. 3. 18: 10. 8: 38. 7: Ps. 32 (33). 15: 140 (141). 10: Is. 43. 26.]
[Sm. Is. 43. 26: Ez. 12. 28.]
[Th. i Ki. 17. 10: Jb. 3. 18: 10. 8: 38. 7: Is. 41. 19: 60. 13: 66. 10 *bis*.]
[Al. Le. 1. 16: 16. 26: Ju. 5. 31: Ps. 11 (12). 8.]

ἀμάθ.
Je. 31 (48). 1. ᾐσχύνθη ἁ. καὶ ἀγάθ [A S ἁ. τὸ κραταίωμα καὶ ἡττήθη] †

ἀμαθής.
[Sm. Ps. 48 (49). 11.]

ἀμαθία.
[Sm. Pr. 14. 24: Ec. 2. 13.]

ἀμᾶν. (1) קָצַר
Le. 25. 11. οὐδὲ [A *add.* μὴ] ἀμήσετε [A -ητε] τὰ αὐτόμ. (1)
De. 24. 19. ἐὰν δὲ ἀμήσῃς ἀμητόν (1)
Mi. 6. 15. σὺ σπερεῖς, καὶ οὐ μὴ ἀμήσῃς (1)
Is. 17. 5. σπέρμα σταχύων [A S¹ *add.* ἐν τῷ βραχ. αὐ.] ἀμήσῃ (1)
37. 30. τῷ δὲ τρίτῳ σπείραντες ἀμήσατε [A -ητε] (1)

ἅμαξα. (1) מוֹרַג (2) עֲגָלָה
Ge. 45. 19. λαβεῖν αὐτοῖς ἁμάξας (2)
— 21. ἔδωκε δὲ Ἰωσὴφ αὐτοῖς ἁμάξας (2)
— 27. ἰδὼν δὲ τὰς ἁ. ἃς ἀπέστειλεν Ἰ. (2)
46. 5. ἐπὶ τὰς ἁ. ἃς ἀπέστειλεν Ἰ. (2)
Nu. 7. 3. ἓξ ἁμάξας λαμπηνικάς (2)
— 3. ἅμαξαν παρὰ δύο ἀρχόντων (2)
— 6. λαβὼν Μ. τὰς ἁ. (2)
— 7. τὰς δύο ἁ. . . . ἔδωκε (2)
— 8. τὰς τέσσαρας ἁ. . . . ἔδωκε (2)
I Ki. 6. 7. ποιήσατε ἁ. καινήν (2)
— 7. ζεύξατε τὰς βόας ἐν τῇ ἁ. (2)
— 8. θήσετε αὐτὴν ἐπὶ τὴν ἅ. (2)
— 10. ἔζευξαν αὐτὰς ἐν τῇ ἁ. (2)
— 11. ἔθεντο τὴν κιβωτὸν κ. ἐπὶ τὴν ἅ. (2)
— 14. ἡ ἅ. εἰσῆλθεν εἰς ἀγρὸν Ὡσηέ [A Ἰησοῦ] (2)
— 14. σχίζουσι τὰ ξύλα τῆς ἁ. (2)
II Ki. 6. 3. ἐπεβίβασεν τὴν κιβωτὸν κ. ἐφ' ἅ. καινήν (2)
— 3. τὴν ἅ. σὺν τῇ κιβωτῷ [A τὴν ἅ. τὴν καινήν] (2)
I Ch. 13. 7. ἐπέθηκαν τὴν κιβωτὸν . . . ἐπὶ ἅ. καινήν (2)
— 7. Ὀζὰ καὶ οἱ ἀδελφοὶ αὐτοῦ ἦγον τὴν ἅ. (2)
21. 23. A τὸ ἄροτρον καὶ τὰς ἁ. [B *om.* καὶ τ. ἁ.] (1)
Ju. 15. 11. ἔζευξε τὰς ἁ. αὐτῆς
Si. 36 (33). 5. τροχὸς ἁμάξης σπλάγχνα μωροῦ
Am. 2. 13. κυλίεται ἡ ἅ. ἡ γέμουσα καλάμης (2)
Is. 25. 10. πατοῦσιν ἅλωνα ἐν ἁμάξαις †
28. 27. τροχὸς ἁμάξης περιάξει ἐπὶ τὸ κύμινον (2)
41. 15. ἐποίησά σε ὡς τροχοὺς ἁμάξης (1)
[Aq. Am. 2. 13.]
[Sm. Is. 5. 18: 28. 28.]
[Th. Is. 28. 28.]

ἀμάραντος.
Wi. 6. 12. λαμπρὰ καὶ ἁ. ἐστιν ἡ σοφία

ἁμαρτάνειν. (1) *a.* אָשַׁם *b.* אָשֵׁם *c.* אַשְׁמָה
(2) חָטָא *a.* qal. *b.* hi. *c.* חֵטְא *d.* חַטָּא
e. חַטָּאת (3) מָעַל (4) עָוֹן (5) עָשָׂה
(6) *a.* פָּשַׁע *b.* פֶּשַׁע (7) *a.* רָשַׁע hi.
b. רָשָׁע (8) שָׁחַת pi.
Ge. 4. 7. οὐκ . . . ἥμαρτες (2 *e*)
20. 6. τοῦ μὴ ἁμαρτεῖν σε εἰς ἐμέ (2 *a*)
— 9. μήτι ἡμάρτομεν εἰς σέ (2 *a*)
39. 9. ἁμαρτήσομαι ἐναντίον τοῦ θεοῦ (2 *a*)
40. 1. ἥμαρτεν ὁ ἀρχιοινοχόος τοῦ βασ. (2 *a*)
43. 9. R ἡμαρτηκὼς ἔσομαι εἰς [A πρός] σε (2 *a*)
44. 32. R ἡμαρτηκὼς ἔσομαι εἰς [A πρός] τὸν πατ. (2 *a*)
Ex. 9. 27. ἡμάρτηκα τὸ νῦν (2 *a*)
— 34. προσέθετο τοῦ ἁμαρτάνειν (2 *a*)
10. 16. ἡμάρτηκα . . . εἰς ὑμᾶς (2 *a*)
20. 20. ἵνα μὴ ἁμαρτάνητε (2 *a*)
23. 33. ἵνα μὴ ἁμαρτεῖν σε ποιήσωσι πρός με (2 *b*)
32. 30. ὑμεῖς ἡμαρτήκατε ἁμαρτίαν μεγάλην (2 *a*)
— 31. ἡμάρτηκεν . . . ἁμαρτίαν μεγάλην (2 *a*)
— 33. εἴ τις ἡμάρτηκεν ἐνώπιόν μου (2 *a*)
Le. 4. 2. ἐὰν ἁμάρτῃ ἔναντι κυρίου ἀκουσίως (2 *a*)
— 3. ἐὰν μὲν ὁ ἀρχιερεὺς . . . ἁμάρτῃ τοῦ τὸν [A B¹ *om.*] λαὸν ἁμαρτεῖν (2 *a*, 1 *c*)
— 3. τῆς ἁμαρτίας αὐτοῦ ἧς ἥμαρτε (2 *a*)
— 14. ἡ ἁμαρτία ἣν ἥμαρτον ἐν αὐτῇ (2 *a*)
— 22. ἐὰν δὲ ὁ ἄρχων ἁμάρτῃ (2 *a*)
— 22. καὶ ἁμάρτῃ καὶ πλημμελήσῃ (1 *b*)

● = correction on page xxiv

Le. 4. 23. ἡ ἁμαρτία ἣν ἥμαρτεν [A -ησεν] ἐν αὐτῇ (2 a)
— 27. ἐὰν δὲ ψυχὴ μία ἁμάρτῃ ἀκουσίως (2 a)
— 28. ἡ ἁμαρτία ἣν ἥμαρτεν ἐν αὐτῇ (2 a)
— 28, 35. περὶ τῆς ἁμαρτίας ἧς ἥμαρτε (2 a)
5. 1. ἐὰν δὲ ψυχὴ ἁμάρτῃ (2 a)
— 4. καὶ ἁμάρτῃ ἕν τι τούτων (1 b)
— 5. περὶ ὧν ἡμάρτηκε κατ' αὐτῆς (2 a)
— 6. περὶ τῆς ἁμαρτίας ἧς ἥμαρτε (2 a)
— 6. περὶ τῆς ἁμαρτίας αὐτοῦ ἧς ἥμαρτε —
— 7, 10. περὶ τῆς ἁμαρτίας αὐτοῦ ἧς ἥμαρτε (2 a)
— 11. οἴσει τὸ δῶρον αὐτοῦ περὶ οὗ ἥμαρτε (2 a)
— 13. περὶ τῆς ἁμαρτίας αὐτοῦ ἧς ἥμαρτεν (2 a)
— 15. ἣ ἂν . . . ἁμάρτῃ ἀκουσίως ἀπὸ τῶν ἁγ. (2 a)
— 16. ὃ [AB^1 *om.*] ἥμαρτεν ἀπὸ τῶν ἁγίων (2 a)
— 17; 6. 2. ψυχὴ ἣ ἂν ἁμάρτῃ (2 a)
6. 3 (5. 22). ὥστε ἁμαρτεῖν ἐν τούτοις (2 a)
— 4 (5. 23). ἡνίκα ἐὰν ἁμάρτῃ καὶ πλημμελήσῃ (2 a)
19. 22. περὶ τῆς ἁμαρτίας ἧς ἥμαρτε (2 a)
— 22. ἡ ἁμαρτία ἣν ἥμαρτεν (2 a)
Nu. 5. 7. A τὴν ἁμαρτίαν ἣν ἥμαρτεν [B ἐποίησε] (5)
6. 11. ἐξιλάσεται . . . ὁ ἱερεὺς περὶ ὧν ἥμαρτε (2 a)
12. 11. ἠγνοήσαμεν καθ' ὅτι ἡμάρτομεν (2 a)
14. 40. ὃν εἶπε κύριος ὅτι ἡμάρτομεν (2 a)
15. 27. ἐὰν δὲ ψυχὴ μία ἁμάρτῃ ἀκουσίως (2 a)
— 28. τῆς ψυχῆς τῆς . . . ἁμαρτούσης ἀκουσίως (2 c)
16. 22. εἰ ἄνθρωπος εἷς ἥμαρτεν (2 a)
21. 7. ἡμάρτομεν [A -τήκαμεν] ὅτι κατελαλήσαμεν (2 a)
22. 34. ἡμάρτηκα οὐ γὰρ ἠπιστάμην (2 a)
32. 23. ἁμαρτήσεσθε ἔναντι κυρίου (2 a)
De. 1. 41. ἡμάρτομεν ἔναντι κ. τοῦ θεοῦ ἡμῶν (2 a)
9. 16. ἡμάρτετε ἐναντίον κυρίου τοῦ θεοῦ (2 a)
— 18. τῶν ἁμαρτιῶν ὑμῶν ὧν ἡμάρτετε (2 a)
19. 15. κατὰ πᾶσαν ἁμαρτίαν ἣν ἐὰν ἁμάρτῃ (2 a)
20. 18. ἁμαρτήσεσθε ἐναντίον κ. τοῦ θεοῦ ὑμῶν (2 a)
32. 5. ἡμάρτοσαν οὐκ αὐτῷ τέκνα μωμητά (8)
Jo. 7. 11. ἡμάρτηκεν ὁ λαός (2 a)
— 20. ἀληθῶς ἥμαρτον ἐναντίον κ. θεοῦ Ἰσρ. (2 a)
Jd. 10. 10. ἡμάρτομέν σοι (2 a)
— 15. εἶπαν οἱ υἱοὶ Ἰσρ. πρὸς κ. ἡμάρτομεν (2 a)
11. 27. οὐχ ἥμαρτόν σοι (2 a)
I Ki. 2. 25. ἐὰν ἁμαρτάνων ἁμάρτῃ [A -άνῃ] ἀνὴρ εἰς ἄνδρα (–, 2 a)
— 25. καὶ ἐὰν τῷ κυρίῳ ἁμάρτῃ (2 a)
7. 6. καὶ εἶπαν, ἡμαρτήκαμεν ἐνώπιον κ. (2 a)
12. 10. ἡμάρτομεν ὅτι ἐγκατελίπομεν τὸν κ. (2 a)
— 23. B καὶ ἐμοὶ μηδαμῶς τοῦ ἁμαρτεῖν τῷ κ. (2 a)
14. 33. ἡμάρτηκεν ὁ λαὸς τῷ κυρίῳ (2 a)
— 34. οὐ μὴ ἁμάρτητε τῷ κυρίῳ (2 a)
15. 18. τοὺς ἁμαρτάνοντας εἰς ἐμέ (2 d)
— 24. ἡμάρτηκα ὅτι παρέβην τὸν λόγον κ. (2 a)
— 30. ἡμάρτηκα ἀλλὰ δόξασόν με (2 a)
19. 4. μὴ ἁμαρτησάτω ὁ βασ. εἰς τὸν δοῦλόν σου Δ. ὅτι οὐχ ἡμάρτηκεν εἰς σέ (2 a, 2 a)
— 5. ἱνατί ἁμαρτάνεις εἰς αἷμα ἀθῷον (2 a)
20. 1. τί ἡμάρτηκα ἐνώπιον τοῦ πατρός σου (2 e)
22. 17. A B ἁμαρτῆσαι [R ἀπαντῆσαι εἰς] τοὺς ἱερεῖς κ. †
24. 12. καὶ οὐχ ἡμάρτηκα εἰς σέ (2 a)
26. 18. ὅτι τί [A *om.*] ἡμάρτηκα (5)
— 21. καὶ εἶπε Σαοὺλ, ἡμάρτηκα (2 a)
II Ki. 12. 13. ἡμάρτηκα τῷ κυρίῳ (2 a)
19. 20 (21). ὅτι ἐγὼ ἥμαρτον (2 a)
24. 10. ἥμαρτον σφόδρα (2 a)
— 17. B^2 ἰδοὺ ἐγώ εἰμι ἡμάρτηκα [A B^1 R ἠδίκησα] (2 a)
III Ki. 8. 31. ὅσα ἂν ἁμάρτῃ ἕκαστος τῷ πλησ. αὐτοῦ (2 a)
— 33, 35. ὅτι ἁμαρτήσονταί σοι (2 a)
— 46. ὅτι ἁμαρτήσονταί σοι ὅτι οὐκ ἔστιν ἄνθρ. ὃς οὐχ ἁμαρτήσεται (2 a, 2 a)
— 47. ἡμάρτομεν ἠδικήσαμεν ἠνομήσαμεν (2 a)
— 50. ταῖς ἀδικίαις αὐ. αἷς ἥμαρτόν [A -οσάν] σοι (2 a)
14. 16. A Ἱεροβοὰμ ὃς ἥμαρτε (2 a)
— 22. ἐν ταῖς ἁμαρτίαις αὐ. αἷς ἥμαρτον [A -οσάν] (2 a)
15. 30. A τοῦ Ἱεροβοὰμ ὃς ἥμαρτε [B *om.* ὃς ἥ.] (2 a)
16. 13. A οὗ ἥμαρτον (2 a)
18. 9. τί ἡμάρτηκα (2 a)
IV Ki. 17. 7. ἥμαρτον οἱ υἱοὶ Ἰσρ. τῷ κ. (2 a)
18. 14. ἡμάρτηκα ἀποστράφηθι ἀπ' ἐμοῦ (2 a)
21. 17. καὶ ἡ ἁμαρτία αὐτοῦ ἣν ἥμαρτεν (2 a)
I Ch. 21. 8. ἡμάρτηκα σφόδρα (2 a)
— 17. καὶ ἐγώ εἰμι ὁ ἁμαρτών (2 a)
II Ch. 6. 22. ἐὰν ἁμάρτῃ ἀνὴρ τῷ πλησίον αὐτοῦ (2 a)
II Ch. 6. 24. ἐὰν ἁμάρτωσί σοι (2 a)
— 26. ὅτι ἁμαρτήσονταί σοι (2 a)
— 36. ὅτι ἁμαρτήσονταί σοι ὅτι οὐκ ἔσται ἄνθρωπος ὃς οὐχ ἁμαρτήσεται (2 a, 2 a)
— 37. ἡμάρτομεν, ἠδικήσαμεν, ἠνομήσαμεν (2 a)
— 39. καὶ ἵλεως ἔσῃ τῷ λαῷ τῷ ἁμαρτόντι σοι (2 a)
12. 2. ὅτι ἥμαρτον ἐναντίον κυρίου (3)
19. 10. καὶ οὐχ ἁμαρτήσονται τῷ κυρίῳ (1 a)
— 10. οὕτω ποιήσετε καὶ οὐχ ἁμαρτήσεσθε (1 a)
22. 3. μήτηρ αὐτοῦ ἦν σύμβουλος τοῦ ἁ. (7 a)
28. 13. εἰς τὸ ἁμαρτάνειν τῷ κυρίῳ ἐφ' ἡμᾶς (1 c)
I Es. 1. 24. περὶ τῶν ἡμαρτηκότων . . . εἰς τὸν κ.
4. 27. πολλοὶ . . . ἐσφάλησαν καὶ ἡμάρτοσαν
6. 15. παραπικράναντες ἥμαρτον εἰς τὸν κ.
8. 92. Ἔσδρα ἡμεῖς ἡμάρτομεν εἰς τὸν κ.
9. 11. ἐπὶ πλεῖον γὰρ ἡμάρτομεν ἐν τούτοις
Ne. 1. 6. ἐπὶ ἁμαρτίαις [A S -ας] . . . ἃς ἡμάρτομέν σοι (2 a)
— 6. καὶ ἐγὼ καὶ ὁ οἶκος . . . ἡμάρτομεν (2 a)
6. 13. ὅπως φοβηθῶ . . . καὶ ἁμάρτω (2 a)
9. 29. ἐν ταῖς ἐντολαῖς σου . . . ἡμάρτοσαν (2 a)
13. 26. οὐχ οὕτως ἥμαρτε Σαλ. βασ. Ἰσρ. (2 a)
To. 3. 3. ἃ [A οἷ] ἥμαρτον ἐνώπιόν σου
4. 5. ἁμαρτάνειν καὶ παραβαίνειν
12. 10. οἱ δὲ ἁμαρτάνοντες πολέμιοί εἰσι [S *al.*]
Ju. 5. 17. ἕως οὐχ ἥμαρτον ἐνώπιον τοῦ θεοῦ αὐτῶν
— 20. καὶ ἁμαρτάνουσιν εἰς τὸν θεὸν αὐτῶν
11. 10. ἐὰν μὴ ἁμάρτωσιν εἰς τὸν θεὸν αὐτῶν
Es. 4. 17. καὶ νῦν ἡμάρτομεν [A ὅτι ἡμαρτήκαμεν] ἐνώπ. σου
Jb. 1. 22. οὐδὲν [A οὐχ] ἥμαρτεν Ἰώβ (2 a)
2. 10. οὐδὲν [A οὐχ] ἥμαρτεν Ἰώβ (2 a)
5. 24. ἡ δὲ δίαιτα . . . οὐ μὴ ἁμάρτῃ [A *al.*] (2 a)
7. 20. εἰ ἐγὼ ἥμαρτον (2 a)
8. 4. εἰ οἱ [A S *om.*] υἱοί σου ἥμαρτον (2 a)
10. 14. ἐάν τε γὰρ ἁμάρτω (2 a)
11. 6. ἄξιά σοι ἀπέβη [A παρέβη] . . . ὧν ἡμάρτηκας (4)
15. 11. ὀλίγα ὧν ἡμάρτηκας μεμαστίγωσαι †
31. 33. εἰ δὲ καὶ ἁμαρτὼν ἀκουσίως ἔκρυψα –
33. 9. καθαρός εἰμι οὐχ ἁμαρτών [A ἥμαρτον τοῖς ἔργοις] (6 b)
— 27. οὐκ ἄξια ἤτασέ [S^1 ἡτοίμασέ] με ὧν ἥμαρτον (2 a)
34. 8. οὐχ ἁμαρτὼν [S^1 -άνων] οὐδὲ ἀσεβήσας †
35. 3. A S^2 ἢ ἐρεῖς τί ποιήσω ἁμαρτών (2 e)
— 5. εἰ ἥμαρτες, τί πράξεις (2 a)
42. 7. ἥμαρτες σὺ καὶ οἱ δύο [B *om.*] φίλοι σου †
Ps. 4. 4. ὀργίζεσθε καὶ μὴ ἁμαρτάνετε (2 a)
24 (25). 8. νομοθετήσει ἁμαρτάνοντας ἐν ὁδῷ (2 d)
35 (36). 1. τοῦ ἁμαρτάνειν ἐν ἑαυτῷ (7 b)
38 (39). 1. τοῦ μὴ ἁμαρτάνειν [A S^2 *add.* με] ἐν γλώσσῃ μου (2 a)
40 (41). 4. ἴασαι τὴν ψυχήν μου ὅτι ἥμαρτόν σοι (2 a)
50 (51). 4. σοὶ μόνῳ ἥμαρτον (2 a)
74 (75). 4. εἶπα . . . τοῖς ἁμαρτάνουσι (7 b)
77 (78). 17. προσέθεντο ἔτι τοῦ ἁ. αὐτῷ (2 a)
— 32. ἐν πᾶσι τούτοις ἥμαρτον ἔτι (2 a)
105 (106). 6. ἡμάρτομεν μετὰ τῶν πατέρων ἡμῶν (2 a)
118 (119). 11. ὅπως ἂν μὴ ἁμάρτω σοι (2 a)
Pr. 8. 36. οἱ δὲ ἁμαρτάνοντες εἰς ἐμέ (2 a)
12. 26. ἁμαρτάνοντας δὲ καταδιώξεται κακά †
13. 21. ἁμαρτάνοντας καταδιώξεται κακά (2 d)
14. 21. ὁ ἀτιμάζων πένητας ἁμαρτάνει (2 a)
20. 2. ἁμαρτάνει εἰς τὴν ἑαυτοῦ ψυχήν (2 a)
28. 24. ὃς . . . δοκεῖ μὴ ἁμαρτάνειν (6 b)
29. 6. ἁμαρτάνοντι ἀνδρὶ μεγάλη παγίς (6 b)
Ec. 2. 26. τῷ ἁμαρτάνοντι ἔδωκε περισπασμόν (2 a)
7. 21 (20). ὃς . . . οὐχ ἁμαρτήσεται (2 a)
— 27 (26). ἁμαρτάνων [S ὁ ἁ.] συλληφθήσεται (2 a)
8. 12. ὃς ἥμαρτεν ἐποίησε τὸ πονηρόν (2 a)
9. 2. ὡς ὁ ἀγαθὸς ὡς ὁ ἁμαρτάνων (2 a)
— 18. ἁμαρτάνων εἷς ἀπολέσει ἀγαθωσ. πολλ. (2 a)
Wi. 11. 16. δι' ὧν τις ἁμαρτάνει
12. 2. ἐν οἷς ἁμαρτάνουσιν
— 11. ἐφ' οἷς ἡμάρτανον ἄδειαν ἐδίδους
14. 31. ἡ τῶν ἁμαρτανόντων δίκη
15. 2. ἐὰν ἁμάρτωμεν [S^1 -άνωμεν] σοί ἐσμεν
— 2. οὐχ ἁμαρτησόμεθα δέ
— 13. οὗτος γὰρ . . . οἶδεν ὅτι ἁμαρτάνει
Si. 5. 4. μὴ εἴπῃς, ἥμαρτον
7. 7. μὴ ἁμάρτανε εἰς πλῆθος πόλεως
— 36. εἰς τὸν αἰῶνα οὐχ ἁμαρτήσεις
10. 29. τὸν ἁμαρτάνοντα εἰς τὴν [A *om.*] ψυχὴν αὐ.
15. 20. οὐκ ἔδωκεν ἄνεσιν οὐδενὶ ἁμαρτάνειν
Si. 19. 4. ὁ ἁμαρτάνων εἰς ψυχὴν αὐτοῦ
— 16. τίς οὐχ ἡμάρτησεν ἐν τῇ γλώσσῃ αὐτοῦ
— 28. ἐὰν . . . κωλυθῇ [S -θῇς] ἁμαρτεῖν
20. 21. κωλυόμενος ἁμαρτάνειν ἀπὸ ἐνδείας
21. 1. τέκνον, ἥμαρτες
23. 11. κἂν ὑπερίδῃ ἥμαρτε δισσῶς
24. 22. οἱ ἐργαζόμενοι . . . οὐχ ἁμαρτήσουσι
27. 1. χάριν ἀδιαφόρου [S^1 διαφ.] πολλοὶ ἥμαρτον
35 (32). 12. μὴ ἁμάρτῃς λόγῳ ὑπερηφάνῳ [S^1 *al.*]
38. 15. ὁ ἁμαρτάνων ἔναντι τοῦ ποιήσ. αὐτόν
42. 1. μὴ λάβῃς πρόσωπον τοῦ ἁμαρτάνειν
Ho. 4. 7. οὕτως ἥμαρτόν μοι (2 a)
10. 9. ἀφ' οὗ οἱ βουνοὶ ἥμαρτεν Ἰ. (2 a)
12. 8 (9). δι' ἀδικίας ἃς ἥμαρτεν (2 c)
13. 2. καὶ προσέθεντο τοῦ ἁμαρτάνειν (2 a)
Mi. 7. 9. ὅτι ἥμαρτον αὐτῷ (2 a)
Is. 24. 6. ἡμάρτοσαν οἱ κατοικοῦντες αὐτήν (1 a)
29. 21. οἱ ποιοῦντες ἁμαρτεῖν ἀνθρώπους (2 b)
42. 24. οὐχὶ ὁ θεὸς ᾧ ἡμάρτοσαν αὐτῷ (2 a)
64. 5 (4). σὺ ὠργίσθης καὶ ἡμεῖς ἡμάρτομεν (2 a)
Je. 2. 35. ἐν τῷ λέγειν σε, οὐχ ἥμαρτον (2 a)
3. 25. ἔναντι τοῦ θεοῦ ἡμῶν [A *om.*] ἡμάρτομεν (2 a)
8. 14. ἡμάρτομεν ἐναντίον αὐτοῦ (2 a)
14. 7. ὅτι σοι ἡμάρτομεν (2 a)
— 20. ἡμάρτομεν ἐναντίον σου (2 a)
16. 10. ἣν ἡμάρτομεν ἔναντι κυρίου (2 a)
27 (50). 7. ἀνθ' ὧν ἥμαρτον τῷ κυρίῳ (2 a)
40 (33). 8. τῶν ἀδικιῶν αὐ. ὧν ἡμάρτοσάν μοι (2 a)
— 8. ὧν ἥμαρτόν μοι (2 a)
47 (40). 3. ὅτι ἡμάρτετε αὐτῷ (2 a)
51 (44). 23. ὧν ἡμάρτετε τῷ κυρίῳ (2 a)
Ba. 1. 13. ἡμάρτομεν τῷ κυρίῳ θεῷ ἡμῶν
— 17. ὧν ἡμάρτομεν ἔναντι κυρίου
2. 5. ἡμάρτομεν κυρίῳ θεῷ ἡμῶν
— 12. ἡμάρτομεν ἠσεβήσαμεν ἠδικήσαμεν
— 33. πατέρων αὐτῶν τῶν ἁμαρτόντων ἔναντι κ.
3. 3. ἡμάρτομεν ἐναντίον σου
— 4. υἱῶν τῶν ἁμαρτανόντων ἐναντίον σου
— 7. πατέρων ἡμῶν τῶν ἡμαρτηκότων
La. 1. 8. ἁμαρτίαν ἥμαρτεν Ἱερουσαλήμ (2 a)
3. 42. ἡμαρτήσαμεν ἠσεβήσαμεν (6 a)
5. 7. οἱ πατέρες ἡμῶν ἥμαρτον (2 a)
— 16. οὐαὶ ἡμῖν ὅτι ἡμάρτομεν (2 a)
Ep. Je. 2. διὰ τὰς ἁμαρτίας ἃς ἡμαρτήκατε
— 14. τὸν εἰς αὐτὸν ἁμαρτάνοντα οὐκ ἀνελεῖ
Ez. 3. 21. ἐὰν διαστείλῃ τῷ δικαίῳ τοῦ μὴ ἁμαρτεῖν [A -άνειν] καὶ αὐτὸς μὴ ἁμάρτῃ (2 a, 2 a)
14. 13. γῆ ἢ [A *om.*] ἐὰν ἁμάρτῃ μοι (2 a)
16. 51. κατὰ τὰς ἡμίσεις τῶν ἁμαρτ. σου οὐχ ἥμαρτε (2 a)
18. 4. ἡ ψυχὴ ἡ ἁμαρτάνουσα αὕτη [A *om.*] ἀποθανεῖται (2 a)
— 20. ἡ δὲ ψυχὴ ἡ ἁμαρτάνουσα ἀποθανεῖται [A αὕτη ἀ.] (2 a)
— 24. ἐν ταῖς ἁμαρτίαις αὐτοῦ αἷς ἥμαρτεν (2 a)
28. 16. ἥμαρτες καὶ ἐτραυματίσθης (2 a)
33. 16. αἱ ἁμαρτ. αὐτοῦ ἃς ἥμαρτεν [A ἐποίησεν] (2 a)
35. 6. εἰ μὴν εἰς αἷμα ἥμαρτες (5)
37. 23. A ἐν οἷς ἡμάρτοσαν ἐν αὐτοῖς –
— 23. τῶν ἀνομιῶν αὐτῶν ὧν ἡμάρτοσαν (2 a)
Da. LXX. Su. 23. ἢ ἁμαρτεῖν ἐνώπιον κυρίου
3. (29). ἡμάρτομεν ἐν πᾶσι καὶ ἠνομήσαμεν
9. 5. ἡμάρτομεν ἠδικήσαμεν ἠσεβήσαμεν (2 a)
— 8. ὅτι ἡμάρτομέν σοι (2 a)
— 11. ὅτι ἡμάρτομεν αὐτῷ (2 a)
— 15. ἡμάρτομεν ἠγνοήκαμεν (2 a)
12. 10. καὶ ἁμάρτωσιν οἱ ἁμαρτωλοί (7 a)
Da. TH. Su. 23. ἢ ἁμαρτεῖν ἐνώπιον κυρίου
3. (29). ἡμάρτομεν καὶ ἠνομήσαμεν
9. 5. ἡμάρτομεν ἠδικήσαμεν ἠνομήσαμεν (2 a)
— 8. οἵτινες ἡμάρτομέν σοι (2 a)
— 11. ὅτι ἡμάρτομεν αὐτῷ (2 a)
— 15. ἡμάρτομεν ἠνομήσαμεν (2 a)
— 16. ὅτι ἡμάρτομεν (2 c)
II Ma. 7. 18. ἁμαρτάνοντες εἰς τὸν ἑαυτῶν θεόν
10. 4. ἀλλ' ἐάν ποτε καὶ ἁμάρτωσιν
IV Ma. 4. 12. ἔλεγε γὰρ ἡμαρτηκώς

[**Aq.** LE. 5. 15: III KI. 14. 16: 15. 30: JB. 1. 5: 5. 24: PS. 4. 5: IS. 65. 20: JE. 37 (44). 18: 50 (27). 14.]
[**Sm.** JB. 35. 6: PS. 4. 5: 24 (25). 8: 38 (39). 2: 40 (41). 5: EC. 8. 12: IS. 64. 5 (4): 65. 20: JE. 37 (44). 18: 50 (27). 14.]
[**Th.** PS. 38 (39). 2: IS. 65. 20: JE. 50 (27). 14.]
[**Al.** LE. 4. 27: 5. 5: NU. 5. 7.]

ἁμάρτημα. (1) *a.* חֵטְא *b.* חַטָּאת (2) עָוֹן (3) פֶּשַׁע (4) קֶצֶף (5) רֶשַׁע (6) דֶּרֶךְ

Ge. 31. 36. τί τὸ ἁ. μου (1 *b*)
Ex. 28. 34 (38). ἐξαρεῖ Ἀαρὼν τὰ ἁ. τῶν ἁγίων (2)
Le. 4. 29. ἐπὶ τὴν κεφαλὴν τοῦ ἁ. αὐτοῦ (1 *b*)
Nu. 1. 53. οὐκ ἔσται ἁ. ἐν υἱοῖς Ἰσραήλ (4)
18. 23. αὐτοὶ λήψονται τὰ ἁ. αὐτῶν (2)
De. 9. 27. μὴ ἐπιβλέψῃς . . . ἐπὶ τὰ ἁ. αὐτῶν (1 *b*)
19. 15. κατὰ πᾶν ἁ. καὶ κατὰ πᾶσαν ἁμαρτίαν (1 *b*)
22. 26. **A B**[2] **R** οὐκ ἔστιν τῇ νεάνιδι [**B**[1] *om.* τ. ν.] ἁ. θανάτου (1 *a*)
Jo. 22. 17. μὴ μικρὸν ἡμῖν τὸ ἁ. Φογώρ (2)
24. 19. οὐκ ἀνήσει τὰ ἁ. ὑμῶν (3)
I Ki. 15. 25. καὶ νῦν ἆρον δὴ τὸ ἁ. μου (1 *b*)
II Ki. 12. 13. καὶ κύριος παρεβίβασε τὸ ἁ. σου (1 *b*)
III Ki. 5. 4 (18). οὐκ ἔστιν ἁ. [**A** ἀπάντημα] πονηρόν †
Ju. 7. 28. κατὰ τὰ ἁ. τῶν πατέρων ἡμῶν
11. 11. κατελάβετο αὐτοὺς ἁ.
— 17. ἐρεῖ μοι πότε ἐποίησαν τὰ ἁ. αὐτῶν
13. 16. οὐκ ἐποίησεν ἁ. μετ' ἐμοῦ εἰς μίασμα
Jb. 14. 17. **A** ἐσφράγισας δέ μου τὰ ἁ. [**S** τὰς ἁμαρτίας, **B** ἀνομίας] (3)
Wi. 2. 12. ὀνειδίζει ἡμῖν ἁμαρτήμ. [**S** τὰ ἁ.] νόμου
— 12. ἐπιφημίζει ἡμ. ἁμαρτήμ. παιδείας ἡμῶν
4. 20. ἐν συλλογισμῷ ἁμαρτημάτων αὐτῶν
11. 23. παρορᾷς ἁμαρτήματα ἀνθρώπων
12. 19. **S R** δίδως [**A B** διδοῖς] ἐπὶ ἁμαρτήμασι μετάνοιαν
17. 3. λανθάνειν . . . ἐπὶ κρυφαίοις ἁ.
Si. 18. 21. ἐν καιρῷ ἁμαρτημάτων
23. 3. οὐ μὴ παρῇ τὰ ἁ. αὐτῶν
Ho. 10. 8. ἐξαρθήσονται . . . ἁμαρτήματα τοῦ Ἰ. (1 *b*)
— 13. ὅτι ἤλπισας ἐν τοῖς ἁ. σοῦ [**A** *al.*] (6)
Is. 40. 2. ἐδέξατο . . . διπλᾶ τὰ ἁ. αὐτῆς (1 *b*)
58. 1. ἀνάγγειλον τῷ λαῷ μου τὰ ἁ. αὐτῶν (3)
59. 2. τὰ ἁ. ὑμῶν διϊστῶσιν [**A** διαστ.] (2)
Je. 14. 20. ἔγνωμεν, κύριε, ἁμαρτήματα ἡμῶν (5)
La. 1. 22. περὶ πάντων τῶν ἁ. μου (3)
Ez. 18. 10. καὶ ποιοῦντα ἁμαρτήματα [**B** -μα] †
I Ma. 13. 39. ἀφίεμεν δὲ ἀγνοήματα καὶ τὰ ἁ.
II Ma. 5. 18. προενέχεσθαι [**A** προσεν.] πολλοῖς ἁ.
12. 42. ἀξιώσαντες τὸ γεγονὸς ἁ.
— 42. διὰ τὴν τῶν προπεπτωκότων ἁμαρτημάτων [**R** ἁμαρτίαν]
13. 8. συνετελέσατο πολλὰ περὶ τὸν βωμὸν ἁ.
[**Aq.** Is. 31. 7.]
[**Sm.** Ec. 10. 4.]
[**Hebr.** Jb. 19. 28.]

ἁμαρτία. (1) *a.* אָשָׁם *b.* אָשֵׁם *c.* אַשְׁמָה (2) *a.* חָטָא *b.* חֵטְא *c.* חֲטָאָה *d.* חַטָּאָה *e.* חַטָּאת *f.* חַטָּיא (3) חֳלִי (4) מַחֲשָׁבָה (5) מְשׁוּבָה (6) עָוֹן (7) עֲלִילָה (8) *a.* פָּשַׁע *b.* פֶּשַׁע (9) רָעָה (10) *a.* רָשַׁע hi. *b.* רֶשַׁע (11) טֻמְאָה (12) תּוֹעֵבָה (13) דֶּרֶךְ (14) עַוְלָה (15) חֲבוּלָה

Ge. 15. 16. **R** οὔπω γὰρ ἀναπεπλήρωνται αἱ ἁ. τῶν Ἀμορραίων (6)
18. 20. αἱ ἁ. αὐτῶν μεγάλαι σφόδρα (2 *e*)
20. 9. ἐπήγαγες ἐπ' ἐμὲ . . . ἁ. μεγάλην (2 *c*)
41. 9. τὴν ἁ. μου ἀναμιμνήσκω σήμερον (2 *b*)
42. 21. **R** ἐν ἁμαρτίαις [**A** -τίᾳ] γάρ ἐσμεν (1 *b*)
50. 17. ἄφες αὐτ. τὴν ἀδικίαν καὶ τὴν ἁ. [**A** *om.* κ. τ. ἁ.] (2 *e*)
Ex. 10. 17. προσδέξασθε οὖν μου τὴν ἁ. (2 *e*)
20. 5. ἀποδιδοὺς ἁμαρτίας πατέρων ἐπὶ τέκνα (6)
28. 39 (43). οὐκ ἐπάξονται πρὸς ἑαυτοὺς [**A** ἐφ' ἑαυτοῖς] ἁ. (6)
29. 14. ἁμαρτίας γάρ ἐστι (2 *e*)
— 36. τὸ μοσχάριον τῆς [**A** τὸ τῆς] ἁ. ποιήσεις (2 *e*)
30. 10. **A** ἀπὸ τοῦ αἵματος τοῦ καθαρισμοῦ τῶν ἁ. [**B** *om.* τ. ἁ.] (2 *e*)
32. 21. ἐπήγαγες ἐπ' αὐτοὺς ἁ. μεγάλην (2 *c*)
— 30. ὑμεῖς ἡμαρτήκατε ἁ. μεγάλην (2 *c*)
— 30. ἵνα ἐξιλάσωμαι περὶ τῆς ἁ. ὑμῶν (2 *e*)
— 31. ἡμάρτηκεν ὁ λαὸς οὗτος ἁ. μεγάλην (2 *c*)
— 32. εἰ μὲν ἀφεῖς αὐτοῖς τὴν ἁ. (2 *e*)
— 34. ἐπάξω ἐπ' αὐτοὺς τὴν ἁ. αὐτῶν (2 *e*)
34. 7. ἀφαιρῶν ἀνομίας καὶ ἀδικίας καὶ ἁ. (2 *d*)
— 7. **A** ἐπάγων ἁ. [**B** ἀνομίας] πατέρων (6)
— 9. ἀφελεῖς σὺ τὰς ἁ. ἡμῶν [**A** *om.*] (6)

Le. 4. 3. περὶ τῆς ἁμαρτίας αὐτοῦ ἧς ἥμαρτε (2 *e*)
— 3. **A B** περὶ τῆς ἁ. αὐτοῦ [**R** *om.*] (2 *e*)
— 8. τὸ στέαρ τοῦ μόσχου τοῦ τῆς ἁ. (2 *e*)
— 14. ἡ ἁ. ἣν ἥμαρτον ἐν αὐτῇ (2 *e*)
— 14. περὶ τῆς ἁ. (2 *e*)
— 20. τὸν μόσχον τὸν τῆς ἁ. (2 *e*)
— 20. ἀφεθήσεται αὐτοῖς ἡ ἁ. –
— 21. ἁ. συναγωγῆς ἐστίν (2 *e*)
— 23. ἡ ἁ. ἣν ἥμαρτεν ἐν αὐτῇ (2 *e*)
— 24. ἁ. ἐστί (2 *e*)
— 25. ἀπὸ τοῦ αἵματος τοῦ τῆς ἁ. (2 *e*)
— 26. ἐξιλάσεται . . . ἀπὸ τῆς ἁ. αὐτοῦ (2 *e*)
— 28. ἡ ἁ. ἣν ἥμαρτεν ἐν αὐτῇ (2 *e*)
— 28. περὶ τῆς ἁ. ἧς ἥμαρτε (2 *e*)
— 29. τὴν χίμαιραν τὴν τῆς ἁ. (2 *e*)
— 32. **A B** τὸ δῶρον αὐτοῦ εἰς ἁμαρτίαν [**R** περὶ τῆς ἁ.] (2 *e*)
— 33. ἐπὶ τὴν κεφαλὴν τοῦ τῆς ἁ. (2 *e*)
— 34. ἀπὸ τοῦ αἵματος τοῦ τῆς ἁ. (2 *e*)
— 35. ἐξιλάσεται . . . περὶ τῆς ἁ. ἧς ἥμαρτε (2 *e*)
5. 1. λήψεται τὴν ἁ. (6)
— 5. ἐξαγορεύσει τὴν ἁ. περὶ ὧν ἡμάρτηκε –
— 6. **A R** περὶ τῆς ἁ. ἧς [**B** *om.*] ἥμαρτε (2 *e*)
— 6. οἴσει . . . περὶ ἁμαρτίας (2 *e*)
— 6. ἐξιλάσεται . . . περὶ τῆς ἁ. αὐτοῦ (2 *e*)
— 6. καὶ ἀφεθήσεται αὐτῷ ἡ ἁ. –
— 7. οἴσει περὶ τῆς ἁ. αὐτοῦ (1 *a*)
— 7. ἕνα περὶ ἁμαρτίας (2 *e*)
— 8. προσάξει ὁ ἱερεὺς τὸ περὶ τῆς ἁ. (2 *e*)
— 9. ῥανεῖ ἀπὸ τοῦ αἵματος τοῦ περὶ τῆς ἁ. (2 *e*)
— 9. **A B** ἁμαρτίας [**R** ἁμαρτίᾳ] γάρ ἐστι (2 *e*)
— 10. ἐξιλάσεται ὁ ἱερεὺς περὶ τῆς ἁ. αὐτοῦ (2 *e*)
— 11. οἴσει . . . περὶ ἁμαρτίας (2 *e*)
— 11. ὅτι περὶ ἁμαρτίας ἐστί (2 *e*)
— 12. ἁμαρτία [**B**[2] ἁμαρτίας] ἐστί (2 *e*)
— 13. ἐξιλάσεται . . . περὶ τῆς ἁμαρτίας αὐτοῦ (2 *e*)
— 17. πλημμελήσῃ καὶ λάβῃ τὴν ἁ. (6)
6. 17 (10). ὥσπερ τὸ τῆς ἁ. (2 *e*)
— 25 (18). οὗτος ὁ νόμος τῆς ἁ. (2 *e*)
— 25 (18). σφάξουσι τὰ περὶ τῆς ἁ. [**A** σφ. τὰς ἁ.] (2 *e*)
— 30 (23). πάντα τὰ περὶ τῆς ἁ. (2 *e*)
— 37 (7. 7). ὥσπερ τὸ περὶ τῆς ἁ. (2 *e*)
7. 8 (18). τὴν ἁ. λήψεται (6)
— 27 (37). οὗτος ὁ νόμος . . . περὶ ἁμαρτίας (2 *e*)
8. 2, 14. τὸν μόσχον τὸν περὶ τῆς ἁμαρτίας (2 *e*)
— 14. τοῦ μόσχου τοῦ τῆς ἁμαρτίας (2 *e*)
9. 2. λάβε σεαυτῷ μοσχάριον . . . περὶ ἁμαρτίας (2 *e*)
— 3. λάβετε χίμαρον . . . ἕνα περὶ ἁμαρτίας (2 *e*)
— 7. ποίησον τὸ περὶ τῆς ἁ. σου (2 *e*)
— 8 τὸ μοσχάριον τὸ περὶ τῆς ἁ. (2 *e*)
— 10. τοῦ ἥπατος τοῦ περὶ τῆς ἁ. (2 *e*)
— 15. τὸν χίμαρον τὸν περὶ τῆς ἁ. τοῦ λαοῦ (2 *e*)
— 22. ποιήσας τὸ περὶ τῆς ἁ. (2 *e*)
10. 16. τὸν χίμαρον τὸν περὶ τῆς ἁ. (2 *e*)
— 17. διὰ τί οὐκ ἐφάγετε τὸ περὶ τῆς ἁ. (2 *e*)
— 17. ἵνα ἀφέλητε τὴν ἁ. τῆς συναγωγῆς (6)
— 19. εἰ . . . προσαγηόχασι τὰ περὶ τῆς ἁ. αὐτῶν (2 *e*)
— 19. φάγομαι τὰ περὶ τῆς ἁ. (2 *e*)
12. 6. προσοίσει . . . περὶ ἁμαρτίας (2 *e*)
— 8. καὶ μίαν περὶ ἁμαρτίας (2 *e*)
14. 13. τὰ ὁλοκαυτώματα καὶ τὰ περὶ ἁμαρτίας (2 *e*)
— 13. ἔστι γὰρ τὸ περὶ ἁμαρτίας (2 *e*)
— 19. ποιήσει ὁ ἱερεὺς τὸ περὶ τῆς ἁ. (2 *e*)
— 19. τοῦ καθαριζομένου ἀπὸ τῆς ἁ. αὐτοῦ (11)
— 22. καὶ ἔσται ἡ μία περὶ ἁμαρτίας (2 *e*)
— 31. τὴν μίαν περὶ ἁμαρτίας (2 *e*)
15. 15. μίαν περὶ ἁμαρτίας καὶ μίαν εἰς ὁλοκ. (2 *e*)
— 30. τὴν μίαν περὶ ἁμαρτίας (2 *e*)
16. 3. ἐν μόσχῳ ἐκ βοῶν περὶ ἁμαρτίας (2 *e*)
— 5. δύο χιμάρους ἐξ αἰγῶν περὶ ἁμαρτίας (2 *e*)
— 6. τὸν μόσχον τὸν περὶ τῆς ἁ. αὐτοῦ (2 *e*)
— 9. καὶ προσοίσει περὶ ἁμαρτίας (2 *e*)
— 11 *bis*. τὸν μόσχον τὸν περὶ τῆς ἁ. (2 *e*)
— 15. τὸν χίμαρον τὸν περὶ τῆς ἁ. (2 *e*)
— 16. περὶ πασῶν τῶν ἁ. αὐτῶν [**A** αὐτοῦ] (2 *e*)
— 21. ἐξαγορεύσει . . . πάσας τὰς ἁ. αὐτῶν (2 *e*)
— 25. τὸ στέαρ τὸ περὶ τῶν ἁ. ἀνοίσει (2 *e*)
— 27. τὸν μόσχον τὸν περὶ τῆς ἁ. καὶ τὸν χίμαρον τὸν περὶ τῆς ἁ. (2 *e*, 2 *e*)
— 30. καθαρίσαι ὑμᾶς ἀπὸ πασῶν τῶν ἁ. ὑμῶν (2 *e*)
— 34. ἐξιλάσκεσθαι . . . ἀπὸ πασῶν τῶν ἁ. αὐτῶν (2 *e*)
19. 8. ὁ δὲ ἔσθων αὐτὸ ἁμαρτίαν λήψεται (6)

Le. 19. 17. οὐ λήψῃ δι' αὐτὸν ἁμαρτίαν (2 *b*)
— 22. ἐξιλάσεται . . . περὶ τῆς ἁ. (2 *e*)
— 22. ἀφεθήσεται αὐτῷ ἡ ἁ. (2 *e*)
20. 17. ἁμαρτίαν κομιοῦνται (6)
— 19. ἁμαρτίαν ἀποίσονται (6)
22. 9. ἵνα μὴ λάβωσι δι' αὐτὰ ἁμαρτίαν (2 *b*)
23. 19. χίμαρον ἐξ αἰγῶν ἕνα περὶ ἁμαρτίας (2 *e*)
24. 15. ἁμαρτίαν λήψεται (2 *b*)
26. 18. παιδεῦσαι ὑμᾶς ἑπτάκις ἐπὶ ταῖς ἁ. ὑμ. (2 *e*)
— 21. πληγὰς ἑπτὰ κατὰ τὰς ἁ. ὑμ. (2 *e*)
— 24. πατάξω ὑμᾶς . . . ἀντὶ τῶν ἁ. ὑμῶν (2 *e*)
— 28. παιδεύσω ὑμᾶς . . . κατὰ τὰς ἁ. ὑμῶν (2 *e*)
— 39. **A B** καταφθαρήσονται διὰ τὰς ἁ. ὑμῶν [**R** αὐτῶν καὶ διὰ τὰς ἁ. τῶν πατ. αὐ.] (6, 6)
— 40. ἐξαγορεύσουσι τὰς ἁ. αὐτῶν καὶ τὰς ἁ. τῶν πατέρων αὐτῶν (6, 6)
— 41. τότε εὐδοκήσουσι τὰς ἁ. αὐτῶν (6)
Nu. 5. 6. ἀπὸ [**R** *add.* πασῶν] τῶν ἁ. τῶν ἀνθρωπίνων (2 *e*)
— 7. ἐξαγορεύσει τὴν ἁ. (2 *e*)
— 15. θυσία . . . ἀναμιμνήσκουσα ἁμαρτίαν (6)
— 31. ἀθῷος ἔσται ὁ ἄνθρωπος ἀπὸ ἁμαρτίας (6)
— 31. λήψεται τὴν ἁ. αὐτῆς (6)
6. 11. μίαν περὶ ἁμαρτίας καὶ μίαν εἰς ὁλοκ. (2 *e*)
— 14. ἀμνάδα ἐνιαυσίαν ἄμωμον μίαν εἰς ἁμαρτίαν (2 *e*)
— 16. ποιήσει τὸ περὶ ἁμαρτίας αὐτοῦ (2 *e*)
7. 16, 22, 28, 34, 40, 46, 52, 58, 64, 70, 76, 82. χίμαρον ἐξ αἰγῶν ἕνα περὶ ἁμαρτίας (2 *e*)
— 87. χίμαροι ἐξ αἰγῶν δώδεκα περὶ ἁμαρτίας (2 *e*)
8. 8. μόσχον . . . λήψῃ περὶ ἁμαρτίας (2 *e*)
— 12. ποιήσει τὸν ἕνα περὶ ἁμαρτίας (2 *e*)
9. 13. ἁμαρτίαν αὐτοῦ λήψεται (2 *b*)
12. 11. μὴ συνεπιθῇ ἡμῖν ἁμαρτίαν (2 *e*)
14. 18. ἀφαιρῶν ἀνομίας . . . καὶ ἁμαρτίας (6 *vel* 8 *b*)
— 18. ἀποδιδοὺς ἁμαρτίας πατέρων (6)
— 19. ἄφες τὴν ἁ. τῷ λαῷ τούτῳ (6)
— 34. λήψεσθε τὰς ἁ. ὑμῶν (6)
15. 24. χίμαρον ἐξ αἰγῶν ἕνα περὶ ἁμαρτίας (2 *e*)
— 25. κάρπωμα κυρίῳ περὶ τῆς ἁ. αὐτῶν (2 *e*)
— 27. αἶγα μίαν ἐνιαυσίαν περὶ ἁμαρτίας (2 *e*)
— 31. ἡ ἁ. αὐτῆς ἐν αὐτῇ (6)
16. 26. **A R** ἐν πάσῃ τῇ ἁ. [**B** ἀπαρτίᾳ] αὐτ. (2 *e*)
18. 1. **A R** λήψεσθε τὰς ἁ. [**B** ἀπαρχὰς] τῶν ἁγ. (6)
— 1. λήψεσθε τὰς ἁ. τῆς ἱερατείας ὑμῶν (6)
— 9. ἀπὸ πασῶν τῶν ἁ. (1 *a*)
— 22. λαβεῖν ἁμαρτίαν θανατηφόρον (2 *b*)
— 32. οὐ λήψεσθε [**A** οὗτοι λήψονται] . . . ἁμαρτίαν (2 *b*)
27. 3. ὅτι διὰ ἁμαρτίαν αὐτοῦ ἀπέθανε (2 *b*)
28. 15. χίμαρον ἐξ αἰγῶν ἕνα περὶ ἁμαρτίας (2 *e*)
— 22. χίμαρον . . . ἕνα περὶ ἁμαρτίας [**A** *om.* π. ἁ.] (2 *e*)
— 29. χίμαρον ἐξ αἰγῶν ἕνα περὶ ἁμαρτίας –
29. 5, 11. χίμαρον ἐξ αἰγῶν ἕνα περὶ ἁμαρτίας (2 *e*)
— 11. πλὴν τὸ περὶ τῆς ἁ. τῆς ἐξιλάσεως (2 *e*)
— 16, 19, 22, 25, 28, 31, 34, 38. χίμαρον ἐξ αἰγῶν ἕνα περὶ ἁμαρτίας (2 *e*)
30. 16. καὶ λήψεται τὴν ἁ. αὐτοῦ (6)
32. 23. γνώσεσθε τὴν ἁ. ὑμῶν (2 *e*)
De. 5. 9. ἀποδιδοὺς ἁμαρτίας πατέρων ἐπὶ τέκνα (6)
9. 18. περὶ πασῶν τῶν ἁ. ὑμῶν (2 *e*)
— 21. τὴν ἁ. ὑμῶν ἣν ἐποιήσατε (2 *e*)
15. 9. ἔσται ἐν σοὶ ἁ. μεγάλη (2 *b*)
19. 15. κατὰ πᾶν ἁμάρτημα καὶ κατὰ πᾶσαν ἁ. (2 *b*)
21. 22. ἐὰν δὲ γένηται ἔν τινι ἁ. (2 *b*)
23. 21 (22). καὶ ἔσται ἐν σοὶ ἁ. (2 *b*)
— 22 (23). οὐκ ἔστιν ἐν σοὶ ἁ. (2 *b*)
24. 15. καὶ ἔσται ἐν σοὶ ἁ. (2 *b*)
— 16. ἕκαστος ἐν [**A** *om.*] τῇ ἑαυτοῦ ἁ. (2 *b*)
30. 3. ἰάσεται κύριος τὰς ἁ. σου †
Jo. 22. 20. ἀπέθανε τῇ ἑαυτοῦ ἁμαρτίᾳ (6)
I Ki. 2. 17. ἦν ἡ ἁ. . . . τῶν παιδαρίων μεγάλη σφόδρα (2 *e*)
12. 19. **B** προστεθείκαμεν πρὸς πάσας τὰς ἁ. (2 *e*)
14. 38. ἐν τίνι γέγονεν ἡ ἁ. αὕτη σήμερον (2 *e*)
15. 23. ὅτι ἁ. οἰώνισμά ἐστιν (2 *e*)
III Ki. 8. 34. **A R** ἵλεως ἔσῃ ταῖς ἁ. τοῦ λαοῦ [**B** δούλου] σου (2 *e*)
— 35. ἀπὸ τῶν ἁ. αὐτῶν ἀποστρέψουσιν (2 *e*)
— 36. ἵλεως ἔσῃ ταῖς ἁ. τοῦ δούλου [**A** λαοῦ] σου (2 *e*)
12. 30. καὶ ἐγένετο ὁ λόγος οὗτος εἰς ἁμαρτίαν (2 *e*)
13. 34. καὶ ἐγένετο τὸ ῥῆμα τοῦτο εἰς ἁμαρτίαν (2 *e*)

III Ki. 14. 16. A χάριν ἁμαρτιῶν Ἱεροβοάμ (2 e)
— 22. ἐν ταῖς ἁ. αὐτῶν αἷς ἥμαρτον (2 e)
15. 3. ἐπορεύθη ἐν [A *add.* πάσαις] ταῖς ἁ. τοῦ πατρός (2 e)
— 26. ἐπορεύθη . . . ἐν ταῖς ἁ. αὐτοῦ (2 e)
— 30. B περὶ τῶν ἁ. Ἱεροβοάμ (2 e)
— 34. ἐπορεύθη . . . ἐν ταῖς ἁ. αὐτοῦ (2 e)
16. 13. περὶ πασῶν τῶν ἁ. Βαασά (2 e)
— 19. ἀπέθανεν ὑπὲρ τῶν ἁ. αὐτοῦ (2 e)
— 19. πορευθῆναι . . . ἐν ταῖς ἁ. αὐτοῦ (2 e)
— 26. ἐπορεύθη . . . ἐν ταῖς ἁ. αὐτοῦ (2 e)
— 31. τοῦ πορεύεσθαι ἐν ταῖς ἁ. Ἱερ. (2 e)
22. 53. ἐπορεύθη . . . ἐν ταῖς ἁ. οἴκου [A *om.*] Ἱερ. (13)
IV Ki. 1. 18 (3. 3). ἐν ταῖς ἁ. οἴκου Ἱερ. (2 e)
3. 3. ἐν τῇ ἁ. Ἱεροβοαμ . . . ἐκολλήθη (2 e)
10. 29. ἁμαρτιῶν [A τῶν ἁ.] Ἱεροβ. . . . οὐκ ἀπέστη (2 b)
— 31. οὐκ ἀπέστη ἐπάνωθεν ἁμαρτιῶν Ἱερ. (2 e)
12. 16 (17). ἀργύριον περὶ ἁμαρτίας (1 a)
13. 2. ἐπορεύθη ὀπίσω ἁμαρτιῶν Ἱεροβοάμ (2 e)
— 6. οὐκ ἀπέστησαν ἀπὸ ἁμαρτιῶν οἴκου Ἱερ. (2 e)
— 11. οὐκ ἀπέστη ἀπὸ πάσης Ἱερ. . . . ἁμαρτίας (2 e)
14. 6. ἐν ταῖς ἁ. αὐτοῦ ἀποθανεῖται (2 b)
— 24. οὐκ ἀπέστη ἀπὸ πασῶν ἁ. Ἱεροβοάμ (2 e)
15. 9. οὐκ ἀπέστη ἀπὸ [R *add.* πασῶν τῶν] ἁ. Ἱερ. (2 e)
— 18. οὐκ ἀπέστη ἀπὸ πασῶν ἁ. Ἱεροβοάμ (2 e)
— 24. οὐκ ἀπέστη ἀπὸ ἁμαρτιῶν Ἱεροβοάμ (2 e)
— 28. οὐκ ἀπέστη ἀπὸ πασῶν ἁ. Ἱερ. (2 e)
17. 21. ἐξήμαρτεν αὐτοὺς ἁ. μεγάλην (2 c)
— 22. ἐπορεύθησαν . . . ἐν πάσῃ ἁ. Ἱερ. (2 e)
21. 16. ἀπὸ τῶν ἁ. αὐτοῦ ὧν ἐξήμαρτε τὸν Ἰ. (2 e)
— 17. καὶ ἡ ἁ. αὐτοῦ ἣν ἥμαρτεν (2 e)
24. 3. ἀποστῆσαι αὐτὸν . . . ἐν ἁμαρτίαις Μαν. (2 e)
I Ch. 21. 3. ἵνα μὴ γένηται εἰς ἁμαρτίαν τῷ Ἰσρ. (1 c)
II Ch. 6. 25. ἵλεως ἔσῃ ταῖς ἁ. λαοῦ σου (2 e)
— 26. καὶ ἀπὸ τῶν ἁ. αὐτῶν ἐπιστρέψουσιν (2 e)
— 27. ἵλεως ἔσῃ ταῖς ἁ. [A τῶν ἁ.] τῶν παίδων (2 e)
7. 14. ἵλεως ἔσομαι ταῖς ἁ. αὐτῶν (2 e)
25. 4. ἕκαστος τῇ ἑαυτοῦ ἁ. ἀποθανοῦνται (2 b)
28. 13. προσθεῖναι ἐπὶ ταῖς ἁ. ἡμῶν (2 e)
— 13. ὅτι πολλὴ ἡ ἁ. ἡμῶν (1 c)
29. 21. ἀνήνεγκε . . . περὶ ἁμαρτίας (2 e)
— 23. τοὺς χιμάρους τοὺς περὶ ἁμαρτίας (2 e)
— 24. ἡ ὁλοκαύτωσις καὶ τὰ περὶ ἁμαρτίας (2 e)
33. 19. πᾶσαι αἱ ἁ. αὐτοῦ (2 e)
36. 5. διὰ τὰς ἁ. Μανασσῆ ἐν πᾶσιν –
I Es. 7. 8. χιμάρους ὑπὲρ ἁμαρτίας παντὸς τοῦ Ἰσρ.
8. 75. αἱ γὰρ ἁ. ἡμῶν ἐπλεόνασαν
— 76. ἐσμὲν ἐν μεγάλῃ ἁ.
— 77. διὰ τὰς ἁ. ἡμῶν καὶ τῶν πατέρων ἡμῶν
— 86. διὰ . . . τὰς μεγάλας ἁ. ἡμῶν
— 87. ὁ κουφίσας [A ἐκούφισας] τὰς ἁ. ἡμῶν
9. 7. τοῦ προσθεῖναι ἁμαρτίας τῷ Ἰσρ.
II Es. 6. 17. χιμάρους αἰγῶν περὶ ἁμαρτίας (2 f)
8. 35. χιμάρους περὶ ἁμαρτίας δώδεκα (2 e)
9. 13. S^{3} διὰ τὰς ἁ. ἡμῶν (6)
Ne. 1. 6. ἐξαγορεύω ἐπὶ ἁμαρτίαις [A S -ας] υἱῶν Ἰσρ. (2 e)
9. 2. ἐξηγόρευσαν τὰς ἁ. αὐτῶν (2 e)
— 37. οἷς ἔδωκας ἐφ' ἡμᾶς ἐν ἁμαρτίαις ἡμ. (2 e)
10. 33 (34). καὶ εἰς τὰ ἅγια καὶ τὰ περὶ ἁμαρτίας (2 e)
To. 3. 3. μή με ἐκδικῇς ταῖς ἁ. μου
— 5. ἐξ ἐμοῦ ποιῆσαι περὶ τῶν ἁ. μου
— 15. ὅτι καθαρά εἰμι ἀπὸ πάσης ἁ. ἀνδρός
4. 21. ἀποστῇς ἀπὸ πάσης ἁ.
12. 9. αὕτη ἀποκαθαριεῖ πᾶσαν ἁ.
— 10. S οἱ ποιοῦντες ἁμαρτίαν [A B *al.*]
14. 7. S οἱ ποιοῦντες τὴν ἁ.
Ju. 7. 28. ὃς ἐκδικεῖ ἡμᾶς κατὰ τὰς ἁ. ἡμῶν
Jb. 1. 5. προσέφερε . . . μόσχον ἕνα περὶ ἁμαρτίας –
7. 21. οὐκ ἐποιήσω τῆς ἁ. [B S ἀνομίας] μου λήθην, καὶ καθαρισμὸν τῆς ἁ. [A ἀνομίας] (8 b, 6)
10. 6. καὶ τὰς ἁ. μου ἐξιχνίασας (2 e)
13. 23. πόσαι εἰσὶν αἱ ἁ. μου (6 *et* 8 b)
— 26. περιέθηκας δέ μοι νεότητος ἁμαρτίας (2 e)
14. 16. οὐ μὴ παρέλθῃ σε οὐδὲν τῶν ἁ. μου (2 e)
— 17. S ἐσφράγισας δέ μου τὰς ἁ. [B τὰς ἀνομίας, A τὰ ἁμαρτήματα] (8 b)
22. 5. ἀναρίθμητοι δέ σού εἰσιν [A *om.*] αἱ ἁ. (6)
24. 20. ἀνεμνήσθη αὐτοῦ [A ἐμν. αὐτῶν] ἡ ἁ. †

Jb. 31. 33. εἰ δὲ καὶ . . . ἔκρυψα τὴν ἁ. μου (6)
34. 37. ἵνα μὴ προσθῶμεν ἐφ' ἁμαρτίαις ἡμῶν (2 e)
42. 9. ἔλυσε τὴν ἁ. αὐτοῖς [A S^{1} -ῶν] διὰ Ἰώβ –
— 10. ἀφῆκεν αὐτοῖς τὴν ἁ. –
Ps. 9. 36 (10. 15). ζητηθήσεται ἡ ἁ. αὐτοῦ (10 b)
18 (19). 13. καθαρισθήσομαι ἀπὸ ἁ. μεγάλης (8 b)
24 (25). 7. ἁμαρτίας νεότητός μου . . . μὴ μνησθῇς (2 e)
— 11. ἱλάσῃ τῇ ἁ. μου (6)
— 18. ἄφες πάσας τὰς ἁ. μου (2 e)
31 (32). 1. ὧν ἐπεκαλύφθησαν αἱ ἁ. (2 c)
— 2. οὐ μὴ λογίσηται κ. ἁμαρτίαν (6)
— 5. τὴν ἁ. [A S^{2} ἀνομίαν] μου ἐγνώρισα (2 e)
— 5. A S^{2} τὴν ἁ. [B S^{1} ἀνομίαν] μου οὐκ ἐκάλυψα (6)
— 5. B ἐξαγορεύσω . . . τὴν ἁ. [A S ἀνομίαν] μου (8 b)
37 (38). 3. ἀπὸ προσώπου τῶν ἁ. μου (2 e)
— 18. μεριμνήσω ὑπὲρ τῆς ἁ. μου (2 e)
39 (40). 6. ὁλοκαύτωμα καὶ περὶ ἁμαρτίας (2 c)
49 (50). 21. S^{2} παραστήσω . . . τὰς ἁ. σου [B S^{1} *om.* τ. ἁ. σ.] –
50 (51). 2. ἀπὸ τῆς ἁ. μου καθάρισόν με (2 e)
— 3. ἡ ἁ. μου ἐνώπιόν μού ἐστι διὰ παντός (2 e)
— 5. ἐν ἁμαρτίαις ἐκίσσησέ με ἡ μήτηρ μου (2 b)
— 9. ἀπόστρεψον τὸ πρόσωπόν σου ἀπὸ τῶν ἁ. μου (2 b)
58 (59). 3. οὔτε ἡ ἀνομία μου οὔτε ἡ ἁ. μου (2 e)
— 12. ἁμαρτίαν [S^{2} -ία] στόματος αὐτῶν (2 e)
77 (78). 38. ἱλάσεται ταῖς ἁ. αὐτῶν (6)
78 (79). 9. ἱλάσθητι ταῖς ἁ. ἡμῶν (2 e)
84 (85). 2. A S R ἐκάλυψας πάσας [B *om.*] τὰς ἁ. αὐτῶν (2 e)
88 (89). 32. B ἐπισκέψομαι . . . τὰς ἁ. [A S ἀδικίας] αὐτῶν (6)
102 (103). 10. οὐ κατὰ τὰς ἁ. ἡμῶν (2 b)
108 (109). 7. γενέσθω εἰς ἁμαρτίαν (2 c)
— 14. S^{1} ἀναμνησθείη ἡ ἁ. [A R ἀνομία] τῶν πατ. (6)
— 14. ἡ ἁ. τῆς μητρὸς αὐτοῦ μὴ ἐξαλειφθείη (2 e)
140 (141). 4. τοῦ προφασίζεσθαι . . . ἐν ἁμαρτίαις (10 b)
Pr. 5. 22. σειραῖς δὲ τῶν ἑαυτοῦ ἁμαρτιῶν (2 e)
10. 16. καρποὶ δὲ ἀσεβῶν ἁμαρτίας [S^{1} -αι] (2 e)
— 19. οὐκ ἐκφεύξῃ ἁμαρτίαν [A -ξεται ἁμαρτία] (8 b)
12. 11. S^{1} καταλείψει ἁμαρτίαν [A B ἀτιμίαν] –
— 13. δι' ἁμαρτίαν χειλέων ἐμπίπτει εἰς παγίδας (8 b)
13. 6. A τοὺς δὲ ἀσεβεῖς φαύλους ποιεῖ ἁμαρτία (2 e)
— 9. ψυχαὶ δόλιαι πλανῶνται ἐν ἁμαρτίαις –
14. 34. ἐλασσονοῦσι δὲ φυλὰς ἁμαρτίαι (2 e)
15. 27 (16. 6). ἐλεημοσύναις . . . ἀποκαθαίρονται ἁ. (6)
20. 9. καθαρὸς εἶναι ἀπὸ ἁμαρτιῶν (2 e)
21. 4. λαμπτὴρ δὲ ἀσεβῶν ἁμαρτία [A S^{2} -αι] (2 e)
24. 7. ἀποθνήσκει δὲ ἀφρων ἐν ἁμαρτίαις (2 e)
26. 11. ἀναστρέψας ἐπὶ τὴν ἑαυτοῦ ἁ. †
— 11. ἔστιν αἰσχύνη ἐπάγουσα ἁμαρτίαν –
— 26. ἐκκαλύπτει δὲ τὰς ἑαυτοῦ ἁ. (9)
28. 2. δι' ἁμαρτίας ἀσεβῶν (8 b)
29. 16. πολλαὶ γίνονται ἁμαρτίαι (8 b)
— 22. ἀνὴρ δὲ ὀργίλος ἐξώρυξεν ἁμαρτίας (8 b)
Ec. 10. 4. ἴαμα καταπαύσει ἁ. μεγάλας (2 b)
Wi. 1. 4. ἐν σώματι κατάχρεῳ ἁμαρτίας
10. 13. ἐξ ἁμαρτίας ἐρρύσατο αὐτόν
Si. 2. 11. ὁ κύριος . . . ἀφίησιν ἁμαρτίας
3. 3. ἐξιλάσεται [A S^{2} -άσκ.] ἁμαρτίας
— 14. ἀντὶ ἁμαρτιῶν προσανοικοδομηθήσεταί [S -μήσεταί] σοι
— 15. ἀναλυθήσονταί [S^{1} ἀναφθήσ.] σου αἱ ἁ.
— 27. ὁ ἁμαρτωλὸς προσθήσει ἁμαρτίαν ἐφ' ἁμαρτίαις [S^{1} -ας]
— 30. ἐλεημοσύνη ἐξιλάσεται ἁμαρτίας
4. 21. ἔστι γὰρ αἰσχύνη ἐπάγουσα ἁμαρτίαν
— 26. ὁμολογῆσαι ἐφ' ἁμαρτίαις σου
5. 5. προσθεῖναι ἁμαρτίαν ἐφ' ἁμαρτίαις
— 6. τὸ πλῆθος τῶν ἁ. μου ἐξιλάσεται
7. 8. μὴ καταδεσμεύσῃς δὶς ἁμαρτίαν
8. 5. ἄνθρωπον ἀποστρέφοντα ἀπὸ ἁμαρτίας
10. 13. ἀρχὴ ὑπερηφανίας ἁμαρτία
12. 12. B^{2} μὴ δεσμεύσῃς δὶς ἁμαρτίαν
— 14. συμφυρόμενον [A συμφερ.] ἐν ταῖς ἁ.
13. 24. ὁ πλοῦτος ᾧ μή ἐστιν ἁ.
14. 1. οὐ κατενύγη ἐν λύπῃ ἁμαρτίας [A S -ιῶν]

Si. 16. 9. τοὺς ἐξηρμένους ἐν ἁμαρτίαις αὐτῶν
17. 20. πᾶσαι αἱ ἁ. αὐτῶν ἔναντι κυρίου
— 25. καὶ ἀπόλειπε ἁμαρτίας
18. 27. ἐν ἡμέραις ἁμαρτιῶν
19. 8. εἰ μὴ ἐστί σοι ἁ.
21. 2. φεῦγε ἀπὸ ἁμαρτίας
23. 3. καὶ αἱ ἁ. μου πλεονάσωσι
— 10. ἀπὸ ἁμαρτίας οὐ μὴ καθαρισθῇ
— 11. ἐὰν πλημμελήσῃ ἁμαρτία αὐτοῦ ἐπ' αὐτῷ
— 12. ἐν ἁμαρτίαις οὐκ ἐγκυλισθήσονται
— 13. ἔστι γὰρ ἐν αὐτῇ λόγος ἁμαρτίας
— 16. δύο εἴδη πληθύνουσιν [A -ωσιν] ἁμαρτίας
— 18. τῶν ἁ. μου οὐ μὴ μνησθήσεται
25. 24. ἀπὸ γυναικὸς ἀρχὴ ἁμαρτίας
26. 28. ἐπανάγων ἀπὸ δικαιοσ. ἐπὶ ἁμαρτίαν
— 29. οὐ δικαιωθήσεται . . . ἀπὸ ἁμαρτίας
27. 2. συντριβήσεται ἁ.
— 10. οὕτως ἁμαρτίαι [A S -ία] ἐργαζομένους ἄδικα [S^{2} ἀδικίαν]
— 13. ὁ γέλως αὐτῶν ἐν σπατάλῃ [S ὡς σπατάλη] ἁμαρτίας
28. 1. R τὰς ἁ. αὐτοῦ . . . διατηρήσει [A B S διαστηρίσ.]
— 2. αἱ ἁ. σου λυθήσονται
— 4. περὶ τῶν ἁ. αὐτοῦ δεῖται
— 5. τίς ἐξιλάσεται τὰς ἁ. αὐτοῦ
— 8. καὶ ἐλαττώσεις ἁμαρτίας
31 (34) 19. οὐδὲ . . . ἐξιλάσκεται ἁμαρτίας
— 26. ἄνθρωπος νηστεύων ἐπὶ τῶν ἁ. αὐτοῦ
35 (32). 12. S^{1} μὴ ἁμαρτίᾳ καὶ [A B μὴ ἁμάρτῃς] λόγῳ ὑπερηφάνῳ
38. 10. ἀπὸ πάσης ἁ. καθάρισον καρδίαν
39. 5. περὶ τῶν ἁ. αὐτοῦ δεηθήσεται
46. 7. κωλῦσαι λαὸν ἀπὸ ἁμαρτίας
47. 11. κύριος [B^{2} χριστὸς] ἀφεῖλε τὰς ἁ. αὐτοῦ
— 23. ἔδωκε τῷ Ἐφραΐμ ὁδὸν ἁμαρτίας
— 24. ἐπληθύνθησαν αἱ ἁ. αὐτῶν σφόδρα
48. 15. οὐκ ἀπέστησαν ἀπὸ τῶν ἁ.
— 16. τινὲς δὲ ἐπλήθυναν ἁμαρτίας
Ho. 4. 8. ἁμαρτίας λαοῦ μου φάγονται (2 e)
8. 11. ἐπλήθυνεν Ἐ. θυσιαστήρια εἰς ἁμαρτίας (2 a)
— 13. ἐκδικήσει τὰς ἁ. αὐτῶν (2 e)
9. 9. ἐκδικήσει ἁμαρτίας αὐτῶν (2 e)
13. 12. ἐγκεκρυμμένη ἡ ἁ. [A ἀδικία] αὐτοῦ (2 e)
Am. 3. 2. ἐκδικήσω ἐφ' ὑμᾶς πάσας τὰς ἁ. (6)
5. 12. καὶ ἰσχυραὶ αἱ ἁ. ὑμῶν (2 e)
Mi. 1. 5. διὰ ἁμαρτίαν οἴκου Ἰ. (2 e)
— 5. καὶ τίς ἡ ἁ. οἴκου Ἰ., οὐχὶ Ἰ. †
— 13. ἀρχηγὸς ἁμαρτίας αὕτη [A αὐτῆς] ἐστί (2 e)
3. 8. ἀπαγγεῖλαι . . . τῷ Ἰ. ἁμαρτίας (2 e)
6. 7. εἰ δῶ . . . ὑπὲρ ἁμαρτίας ψυχῆς μου (2 e)
— 13. ἀφανιῶ σε ἐν [A ἐπὶ] ταῖς ἁ. σου (2 e)
7. 19. ἀπορριφήσονται [A -ρίψει] . . . πάσας τὰς ἁ. (2 e)
Na. 3. 6. S^{1} κατὰ τὰς ἁ. [A B ἀκαθαρσίας] σου †
Za. 14. 19. αὕτη ἔσται ἡ ἁ. Αἰγ. καὶ ἡ ἁ. πάντων τῶν ἐθνῶν (2 e, 2 e)
Is. 1. 4. λαὸς πλήρης ἁμαρτιῶν (6)
— 14. οὐκέτι ἀνήσω τὰς ἁ. ὑμῶν –
— 18. ἐὰν ὦσιν αἱ ἁ. ὑμῶν ὡς φοινικοῦν (2 b)
3. 9. τὴν δὲ ἁ. αὐτῶν ὡς Σοδόμων ἀνήγγειλαν (2 e)
5. 18. οἱ ἐπισπώμενοι τὰς ἁ. ὡς σχοινίῳ (6)
6. 7. τὰς ἁ. σου περικαθαριεῖ (2 e)
13. 11. ἐντελοῦμαι . . . τοῖς ἀσεβέσι τὰς ἁ. (6)
14. 21. σφαγῆναι ταῖς ἁ. τοῦ πατρὸς αὐτῶν (6)
21. 4. S^{1} ἡ ἁ. [A B *om.* ἡ ἁ.] με βαπτίζει †
22. 14. οὐκ ἀφεθήσεται ὑμῖν αὕτη ἡ ἁ. (6)
27. 9. ὅταν ἀφέλωμαι αὐτοῦ τὴν ἁ. (2 e)
● 30. 1. προσθεῖναι ἁμαρτίας ἐφ' ἁμαρτίας [A S -αις] (2 e, 2 e)
— 13. ἔσται ὑμῖν ἡ ἁ. αὕτη (6)
33. 24. ἀφεθῇ γὰρ αὐτοῖς ἡ ἁ. (6)
38. 17. ἀπέρριψας ὀπίσω μου πάσας τὰς ἁ. (2 b)
40. 2. λέλυται αὐτῆς ἡ ἁ. (6)
43. 24. ἐν ταῖς ἁ. σου προέστης μου [A S -ην σου] (2 e)
— 25. ὁ ἐξαλείφων . . . τὰς ἁ. σου [A S *om.* τ. ἁ. σ.] (2 e)
44. 22. ἀπήλειψα . . . ὡς γνόφον τὰς ἁ. σου (2 e)
50. 1. ταῖς ἁ. ὑμῶν ἐπράθητε (6)
53. 4. οὗτος τὰς ἁ. ἡμῶν φέρει (3)
— 5. ἐτραυματίσθη διὰ τὰς ἁ. [A S ἀνομίας] ἡμ. (8 b)
— 5. A S μεμαλάκισται διὰ τὰς ἁ. [B ἀνομίας] ἡμ. (6)
— 6. παρέδωκεν αὐτὸν ταῖς ἁ. ἡμῶν (6)

● = correction on page xxiv

Is. 53. 10. ἐὰν δῶτε περὶ ἁμαρτίας (1 *a*)
— 11. τὰς ἁ. αὐτῶν αὐτὸς ἀνοίσει (6)
— 12. αὐτὸς ἁμαρτίας πολλῶν ἀνήνεγκε (2 *b*)
— 12. **A** διὰ τὰς ἁ. [**B S** ἀνομίας] αὐτῶν παρεδόθη (8 *a*)
55. 7. ἐπὶ πολὺ ἀφήσει τὰς ἁ. ὑμῶν –
57. 17. δι' ἁμαρτίαν βραχύ τι ἐλύπησα αὐτόν (6)
59. 2. διὰ τὰς ἁ. ὑμῶν ἀπέστρεψε τὸ πρόσωπον (2 *e*)
— 3. οἱ δάκτυλοι ὑμῶν ἐν ἁμαρτίαις (6)
— 12. αἱ ἁ. ἡμῶν ἀντέστησαν ἡμῖν (2 *e*)
64. 7 (6). παρέδωκας ἡμᾶς διὰ τὰς ἁ. ἡμῶν (6)
— 9 (8). μὴ ἐν καιρῷ μνησθῇς ἁμαρτιῶν ἡμῶν (6)
65. 2. τοῖς πορευομ. . . . ὀπίσω τῶν ἁ. [**AS**^{2} *al.*] (4)
— 7. τὰς ἁ. αὐτῶν καὶ τῶν πατέρων αὐτῶν (6)
66. 4. τὰς ἁ. ἀνταποδώσω [**S** ἀποδ.] †
Je. 5. 25. αἱ ἁ. ὑμῶν ἀπέστησαν [**A** ἐξαπ.] τὰ ἀγαθά (2 *e*)
14. 7. αἱ ἁ. ἡμῶν ἀντέστησαν ἡμῖν (6)
— 7. πολλαὶ αἱ ἁ. ἡμῶν ἐναντίον σου (5)
15. 13. ἀντάλλαγμα διὰ πάσας τὰς ἁ. [**A** κακίας] (2 *e*)
16. 10. τίς ἡ ἁ. ἡμῶν ἣν ἡμάρτομεν (2 *e*)
— 18. ἀνταποδώσω . . . τὰς ἁ. αὐτῶν (2 *e*)
18. 23. τὰς ἁ. [**A S** *add.* τῶν πατέρων] αὐ. . . . μὴ ἐξαλείψῃς (2 *e*)
27 (50). 20. ζητήσουσι . . . τὰς ἁ. Ἰούδα (2 *e*)
37 (30). 14. ἐπλήθυναν αἱ ἁ. σου (2 *e*)
— 15. ἐπληθύνθησαν αἱ ἁ. σου (2 *e*)
38 (31). 30. ἐν τῇ ἑαυτοῦ ἁ. ἀποθανεῖται (6)
— 34. τῶν ἁ. αὐτῶν οὐ μὴ μνησθῶ ἔτι (2 *e*)
39 (32). 18. ἀποδιδοὺς ἁμαρτίας πατέρων (6)
40 (33). 8. οὐ μὴ μνησθήσομαι ἁμαρτιῶν αὐτῶν (6)
43 (36). 3. ἵλεως ἔσομαι . . . ταῖς ἁ. αὐτῶν (2 *e*)
Ba. 1. 10. ὁλοκαυτώματα καὶ περὶ ἁμαρτίας
4. 12. ἠρημώθην διὰ τὰς ἁ. τῶν τέκνων μου
La. 1. 8. ἁμαρτίαν ἥμαρτεν Ἱερουσαλήμ (2 *b*)
3. 39. τί γογγύσει . . . ἀνὴρ περὶ τῆς ἁ. αὐτοῦ (2 *b*)
4. 13. ἐξ ἁμαρτιῶν προφητῶν αὐτῆς (2 *e*)
Ep. Je. 2. διὰ τὰς ἁ. ἃς ἡμαρτήκατε
Ez. 3. 20. ἐν ταῖς ἁ. αὐτοῦ ἀποθανεῖται (2 *e*)
8. 6. **A** ἔτι ὄψῃ ἁμαρτίας [**B** ἀνομίας] μείζονας (12)
16. 51. κατὰ τὰς ἡμίσεις τῶν ἁ. σου (2 *e*)
— 51. **A** ἐπλήθυνας τὰς ἁ. [**B** ἀνομίας] σου (12)
— 52. ἐν ταῖς ἁ. σου αἷς ἠνόμησας ὑπὲρ αὐτάς (2 *e*)
18. 14. καὶ ἴδῃ πάσας τὰς ἁ. τοῦ πατρὸς αὐτοῦ (2 *e*)
— 24. ἐν ταῖς ἁ. αὐτοῦ αἷς ἥμαρτεν (2 *e*)
21. 24 (29). τοῦ ὁραθῆναι ἁμαρτίας ὑμῶν (2 *e*)
23. 49. τὰς ἁ. τῶν ἐνθυμημάτων ὑμῶν λήψεσθε (2 *b*)
28. 17. διὰ πλῆθος ἁμαρτιῶν σου –
— 18. διὰ τὸ πλῆθος τῶν ἁ. σου (6)
29. 16. **A** ἀναμιμνήσκουσα ἁμαρτίαν [**B** *al.*] (6)
33. 12. **A** ἐν ἡμέρᾳ ἁμαρτίας αὐτοῦ (2 *e*)
— 14. καὶ ἀποστρέψῃ ἀπὸ τῆς ἁ. [**A** ἀσεβείας] (2 *e*)
— 16. πᾶσαι αἱ ἁ. αὐτοῦ ἃς ἥμαρτεν (2 *e*)
36. 19. κατὰ τὴν ἁ. [**A** τὰς ἀνομίας] αὐτῶν (7)
39. 23. διὰ τὰς ἁ. αὐτῶν ᾐχμαλωτεύθησαν (6)
40. 39. ὅπως σφάζωσιν . . . τὰ ὑπὲρ ἁμαρτίας (2 *e*)
42. 13. τὴν θυσίαν καὶ τὰ περὶ ἁμαρτίας (2 *e*)
43. 10. κοπάσουσιν ἀπὸ τῶν ἁ. αὐτῶν (6)
— 19. μόσχον ἐκ βοῶν περὶ ἁμαρτίας (2 *e*)
— 21. τὸν μόσχον τὸν περὶ [**A** ὑπὲρ] ἁμαρτίας (2 *e*)
— 22. ἐρίφους δύο . . . ἀμώμους ὑπὲρ ἁμαρτίας (2 *e*)
— 25. ποιήσεις ἔριφον ὑπὲρ ἁμαρτίας (2 *e*)
44. 29. τὰς θυσίας καὶ τὰ ὑπὲρ ἁμαρτίας (2 *e*)
45. 17. αὐτὸς ποιήσει τὰ ὑπὲρ ἁμαρτίας (2 *e*)
— 22. ποιήσει . . . μόσχον ὑπὲρ ἁμαρτίας (2 *e*)
— 23. καὶ ὑπὲρ ἁμαρτίας ἔριφον αἰγῶν (2 *e*)
— 25. καθὼς τὰ ὑπὲρ τῆς ἁ. (2 *e*)
46. 20. τὰ ὑπὲρ ἀγνοίας καὶ τὰ ὑπὲρ ἁμαρτίας (2 *e*)
Da. LXX. Su. 52. νῦν ἥκασί σου αἱ ἁ.
3. (28). ἐποίησας πάντα ταῦτα διὰ τὰς ἁ. ἡμῶν
— (37). ἐσμὲν ταπεινοὶ . . . διὰ τὰς ἁ. ἡμῶν
4. 19. ἐπὶ ταῖς ἁ. τοῦ λαοῦ τοῦ ἡγιασμένου –
— 24. αὐτοῦ δεήθητι περὶ τῶν ἁ. σου (2 *c*, *b**)
— 31. ἠξίωσα περὶ τῶν ἁ. μου –
— 32. αἱ ἁ. μου . . . ἐπληρώθησαν –
6. 5 (6). οὐδεμίαν ἁ. οὐδὲ ἄγνοιαν ηὕρισκον (14)
— 22 (23). οὔτε ἄγνοια οὔτε ἁ. εὑρέθη (15)
8. 12. ἐγενήθησαν ἐπὶ τῇ θυσίᾳ αἱ ἁ. (8 *b*)
— 13. ἡ ἁ. ἐρημώσεως ἡ δοθεῖσα (8 *b*)
— 23. πληρουμένων τῶν ἁ. αὐτῶν (8 *a*)
9. 13. ἀποστῆναι ἀπὸ τῶν ἁ. ἡμῶν (6)
— 16. ἐν ταῖς ἁ. ἡμῶν καὶ ἐν ταῖς ἀγνοίαις (2 *b*)
— 20. ἐξομολογούμενος τὰς ἁ. μου καὶ τὰς ἁ. τοῦ λαοῦ μου Ἰσρ. (2 *e*, 2 *e*)
— 24. συντελεσθῆναι τὴν ἁ. (8 *b*)
11. 32. ἐν ἁμαρτίαις διαθήκης μιανοῦσιν (10 *a*)

Da. TH. Su. 52. νῦν ἥκασιν αἱ ἁ. σου
3. (28), (37). διὰ τὰς ἁ. ἡμῶν
4. 24. τὰς ἁ. σου ἐν ἐλεημοσύναις λύτρωσαι (2*c*, *b**)
8. 12. ἐδόθη ἐπὶ τὴν θυσίαν ἁμαρτία (8 *b*)
— 13. ἡ ἁ. ἐρημώσεως ἡ δοθεῖσα (8 *b*)
— 23. πληρουμένων τῶν ἁ. αὐτῶν (8 *a*)
9. 20. ἐξαγορεύοντος τὰς ἁ. μου καὶ τὰς ἁ. τοῦ λαοῦ μου Ἰσραήλ (2 *e*, 2 *e*)
— 24. τοῦ συντελεσθῆναι ἁμαρτίαν (8 *b*)
— 24. τοῦ σφραγίσαι [**A** *add.* ὅρασιν] ἁμαρτίας (8 *b*)
II Ma. 2. 11. διὰ τὸ μὴ βεβρῶσθαι τὸ περὶ τῆς ἁ.
5. 17. διὰ τὰς ἁ. τῶν τὴν πόλιν οἰκούντων
6. 14. πρὸς ἐκπλήρωσιν ἁμαρτιῶν
— 15. πρὸς τέλος ἀφικομένων ἡμῶν τῶν ἁ.
7. 32. ἡμεῖς γὰρ διὰ τὰς ἑαυτῶν ἁ. πάσχομεν
12. 42. διὰ τὴν τῶν προπεπτωκότων ἁ.
— 43. προσαγαγεῖν περὶ ἁμαρτίας θυσίαν
— 45. τῆς ἁ. ἀπολυθῆναι
III Ma. 2. 13. διὰ τὰς πολλὰς καὶ μεγάλας ἡμῶν ἁ.
— 19. ἀπάλειψον τὰς ἁ. ἡμῶν
IV Ma. 5. 19. μὴ μικρὰν εἶναι νομίσῃς ταύτην . . . ἁ.
17. 22. ὥσπερ ἀντίψυχον γεγονότας τῆς τοῦ ἔθνους ἁ.

[**Aq.** Ex. 5. 16: 29. 14: I Ki. 15. 23: III Ki. 14. 16: Ps. 31 (32). 1, 5: Pr. 5. 22: 24. 9: 29. 6: Is. 27. 9: 59. 2: Je. 14. 10: 17. 1: 18. 23: 30 (37). 15: 33 (40). 8: Ez. 33. 12: Da. 9. 24.]
[**Sm.** Ge. 4. 7: Ex. 5. 16: Le. 6. 25 (18): 26. 39 *bis*: I Ki. 14. 38: 15. 23: Ps. 31 (32). 1, 5: 37 (38). 4: 50 (51). 7: 58 (59). 5, 13: 77 (78). 38: Pr. 13. 6: 14. 34: 20. 9: Is. 5. 18: 27. 9: 28. 21: 53. 4: Je. 17. 1, 3: 33 (40). 8.]
[**Th.** Ge. 4. 7: Ex. 5. 16: 29. 14: Le. 6. 25 (18): 26. 39 *bis*: Ps. 31 (32). 1, 5: Pr. 24. 9: Is. 27. 9: 28. 21: 43. 25: Je. 14. 10: 17. 1, 3: 30 (37). 15: Ez. 33. 12: Da. 8. 12, 23: 9. 24.]
[**Sam.** Ex. 32. 18.]
[**Al.** Le. 4. 3 *bis*, 29: 20. 17: 26. 40: III Ki. 17. 18: Ho. 14. 3.]
[**Sext.** Ps. 31 (32). 1, 4.]

<u>ἁμαρτωλός.</u> (1) *a.* חָטָא *b.* חַטָּא *c.* חַטָּאָה (2) חָנֵף (3) חָרַשׁ (4) רַע (5) *a.* רָשָׁע *b.* רֶשַׁע

Ge. 13. 13. οἱ δὲ ἄνθρωποι . . . πονηροὶ καὶ ἁ. (1 *b*)
Nu. 16. 38 (17. 3). τὰ πυρεῖα τῶν ἁ. τούτων (1 *b*)
32. 14. σύστρεμμα [**R** σύντριμμα] ἀνθρώπων ἁ. (1 *b*)
De. 29. 19 (18). ἵνα μὴ συναπολέσῃ ὁ ἁ. τὸν ἀναμάρτητον †
III Ki. 1. 21. ἔσομαι ἐγὼ καὶ Σαλ. . . . ἁμαρτωλοί (1 *b*)
II Ch. 19. 2. εἰ ἁμαρτωλῷ σὺ βοηθεῖς (5 *a*)
To. 4. 17. καὶ μὴ δῷς τοῖς ἁ.
13. 6. δεικνύω τὴν ἰσχὺν . . . ἔθνει ἁμαρτωλῶν
— 6. ἐπιστρέψατε ἁμαρτωλοί
Ps. 1. 1. ἐν ὁδῷ ἁμαρτωλῶν οὐκ ἔστη (1 *b*)
— 5. οὐδὲ [**A** *add.* οἱ] ἁμαρτωλοὶ ἐν βουλῇ δικαίων (1 *b*)
3. 7. ὀδόντας ἁμαρτωλῶν συνέτριψας (5 *a*)
7. 9. συντελεσθήτω δὴ πονηρία ἁμαρτωλῶν (5 *a*)
9. 16. ἐν τοῖς ἔργοις τῶν χειρῶν αὐτοῦ συνελήφθη ὁ ἁ. (5 *a*)
— 17. ἀποστραφήτωσαν οἱ ἁ. εἰς τὸν ᾅδην (5 *a*)
— 24 (10. 3). ἐπαινεῖται ὁ ἁ. (5 *a*)
— 25 (10. 4). παρώξυνε τὸν κύριον ὁ ἁ. (5 *a*)
— 36 (10. 15). σύντριψον τὸν βραχίονα τοῦ ἁ. (5 *a*)
10 (11). 3. οἱ ἁ. ἐνέτειναν τόξον (5 *a*)
— 7. ἐπιβρέξει ἐπὶ ἁμαρτωλοὺς παγίδας (5 *a*)
27 (28). 3. μὴ συνελκύσῃς [**S** *add.* με] μετὰ ἁμαρτωλῶν (5 *a*)
31 (32). 10. πολλαὶ αἱ μάστιγες τοῦ ἁ. (5 *a*)
33 (34). 21. θάνατος ἁμαρτωλῶν πονηρός (5 *a*)
35 (36). 11. χεὶρ ἁμαρτωλῶν [**AS**^{2} -οῦ] μὴ σαλεύσαι [**AS**^{2} -ει] με (5 *a*)
36 (37). 10. οὐ μὴ ὑπάρξῃ [**A** -ει] ὁ [**B** *om.*] ἁ. (5 *a*)
— 12. παρατηρήσεται ὁ ἁ. τὸν δίκαιον (5 *a*)
— 14. ῥομφαίαν ἐσπάσαντο οἱ ἁ. (5 *a*)
— 16. πλοῦτον ἁμαρτωλῶν πολύν (5 *a*)
— 17. βραχίονες ἁμαρτωλῶν συντριβήσονται (5 *a*)
— 20. οἱ ἁ. ἀπολοῦνται (5 *a*)
— 21. δανείζεται ὁ ἁ. (5 *a*)
— 32. **AS** κατανοεῖ [**B** -ήσει] ὁ ἁ. τὸν δίκαιον (5 *a*)
— 34. ἐν τῷ ἐξολοθρεύεσθαι ἁμαρτωλοὺς ὄψῃ (5 *a*)
— 40. ἐξελεῖται αὐτοὺς ἐξ ἁμαρτωλῶν (5 *a*)
38 (39). 1. ἐν τῷ συστῆναι τὸν ἁ. ἐναντίον μου (5 *a*)

Ps. 49 (50). 16. τῷ δὲ ἁ. εἶπεν ὁ θεός (5 *a*)
54 (55). 3. ἐταράχθην . . . ἀπὸ θλίψεως ἁμαρτωλοῦ (5*a*)
57 (58). 3. ἀπηλλοτριώθησαν οἱ ἁ. ἀπὸ μήτρας (5*a*)
— 10. νίψεται ἐν τῷ αἵματι τοῦ ἁ. (5 *a*)
67 (68). 2. οὕτως ἀπόλοιντο οἱ ἁ. (5 *a*)
70 (71). 4. ῥῦσαί με ἐκ χειρὸς ἁμαρτωλοῦ (5 *a*)
72 (73). 3. εἰρήνην ἁμαρτωλῶν θεωρῶν (5 *a*)
— 12. ἰδοὺ οὗτοι ἁ. . . . κατέσχον πλούτου (5 *a*)
74 (75). 8. πίονται πάντες οἱ ἁ. τῆς γῆς (5 *a*)
— 10. πάντα τὰ κέρατα τῶν ἁ. συγκλάσω [**B**^{2} συνθλ.] (5 *a*)
81 (82). 2. ἕως πότε . . . πρόσωπα ἁμαρτωλῶν λαμβάνετε (5 *a*)
— 4. πτωχὸν ἐκ χειρὸς ἁμαρτωλοῦ ῥύσασθε (5 *a*)
83 (84). 10. ἐπὶ [**AS**^{2} ἐν] σκηνώμασιν ἁμαρτωλῶν (5 *b*)
90 (91). 8. ἀνταπόδοσιν ἁμαρτωλῶν ὄψῃ (5 *a*)
91 (92). 7. ἐν τῷ ἀνατεῖλαι τοὺς [**AS**^{2} *om.*] ἁ. (5 *a*)
93 (94). 3. ἕως πότε ἁμαρτωλοὶ . . . ἕως πότε ἁ. καυχήσονται (5*a*, 5 *a*)
— 13. ἕως οὗ ὀρυγῇ τῷ ἁ. βόθρος (5 *a*)
96 (97). 10. ἐκ χειρὸς ἁμαρτωλῶν [**A** -οῦ] ῥύσεται αὐτούς (5 *a*)
100 (101). 8. ἀπέκτενον πάντας τοὺς ἁ. τῆς γῆς (5 *a*)
103 (104). 35. ἐκλείποισαν ἁμαρτωλοὶ ἀπὸ τῆς γῆς (1 *b*)
105 (106). 18. φλὸξ κατέφλεξεν ἁμαρτωλούς (5 *a*)
108 (109). 1. στόμα ἁμαρτωλοῦ . . . ἐπ' ἐμὲ ἠνοίχθη (5 *a*)
— 6. κατάστησον ἐπ' αὐτὸν ἁμαρτωλόν (5 *a*)
111 (112). 10. ἁμαρτωλὸς ὄψεται (5 *a*)
— 10. ἐπιθυμία ἁμαρτωλῶν ἀπολεῖται (5 *a*)
118 (119). 53. ἀθυμία κατέσχε με ἀπὸ ἁμαρτωλῶν (5 *a*)
— 61. σχοινία ἁμαρτωλῶν περιεπλάκησάν μοι (5 *a*)
— 95. ἐμὲ ὑπέμειναν ἁμαρτωλοί (5 *a*)
— 110. ἔθεντο ἁμαρτωλοὶ παγίδα μοι (5 *a*)
— 119. παραβαίνοντας ἐλογισάμην πάντας τοὺς ἁ. τῆς γῆς (5 *a*)
— 155. μακρὰν ἀπὸ ἁμαρτωλῶν σωτηρία (5 *a*)
124 (125). 3. οὐκ ἀφήσει κ. [**A S**^{1} *om.*] τὴν ῥάβδον τῶν ἁ. (5 *b*)
128 (129). 3. ἐπὶ τοῦ νώτου μου ἐτέκταινον οἱ ἁ. (3)
— 4. συνέκοψεν αὐχένας ἁμαρτωλῶν (5 *a*)
138 (139). 19. ἐὰν ἀποκτείνῃς ἁμαρτωλούς [**S**^{1} ἐξαμ.] (5 *a*)
139 (140). 4. φύλαξόν με . . . ἐκ χειρὸς ἁμαρτωλοῦ (5 *a*)
— 8. μὴ παραδῷς με . . . ἁμαρτωλῷ (5 *a*)
140 (141). 5. ἔλαιον δὲ ἁμαρτωλοῦ μὴ λιπανάτω †
— 10. πεσοῦνται ἐν ἀμφιβλήστρῳ αὐτοῦ [**A S**^{2} *add.* οἱ] ἁ. (5 *a*)
144 (145). 20. πάντας τοὺς ἁ. ἐξολοθρεύσει (5 *a*)
145 (146). 9. ὁδὸν ἁμαρτωλῶν ἀφανιεῖ (5 *a*)
146 (147). 6. ταπεινῶν δὲ ἁμαρτωλοὺς ἕως τῆς γῆς (5 *a*)
Pr. 11. 9. **S**^{2} ἐν στόματι ἁμαρτωλῶν [**A B** ἀσεβῶν] (2)
— 31. ὁ ἀσεβὴς καὶ ἁ. [**S** ἁ. καὶ ἀσ.] ποῦ φανεῖται (1 *a vel* 5 *a*)
12. 13. ἐμπίπτει εἰς παγίδας ἁμαρτωλός (4)
15. 8. **S** θυσίαι ἁμαρτωλῶν [**A B** ἀσεβῶν] βδέλυγμα κυρίῳ (5 *a*)
23. 17. μὴ ζηλούτω ἡ καρδία σου ἁμαρτωλούς (1 *b*)
24. 19. μηδὲ ζῆλου ἁμαρτωλούς (5 *a*)
Wi. 4. 10. ζῶν μεταξὺ ἁμαρτωλῶν μετετέθη
19. 13. αἱ τιμωρίαι τοῖς ἁ. ἐπῆλθον
Si. 1. 24. βδέλυγμα δὲ ἁμαρτωλῷ [**A** -λοῦ] θεοσέβεια
2. 12. ἁμαρτωλῷ ἐπιβαίνοντι ἐπὶ δύο τρίβους
3. 27. ὁ ἁ. προσθήσει ἁμαρτίαν ἐφ' ἁμαρτίαις
5. 6. ἐπὶ ἁμαρτωλοὺς καταπαύσει [**S**^{1} -σεται]
— 9; 6. 1. οὕτως ὁ ἁ. ὁ δίγλωσσος
7. 16. μὴ προσλογίζου σεαυτὸν ἐν πλήθει ἁμαρτωλῶν
8. 10. μὴ ἔκκαιε ἄνθρακας ἁμαρτωλοῦ
9. 11. μὴ ζηλώσῃς δόξαν ἁμαρτωλοῦ
10. 23. **S** οὐ καθήκει [**A B** -ῆκεν] δοξάσαι ἄνδρα ἁ.
11. 9. ἐν κρίσει ἁμαρτωλῶν μὴ συνέδρευε
— 21. μὴ θαύμαζε ἐν ἔργοις ἁμαρτωλοῦ
— 32. ἄνθρωπος ἁ. εἰς αἷμα ἐνεδρεύει
12. 4. μὴ ἀντιλάβῃ [**A** -λαμβάνου] τοῦ ἁ.
— 6. ὁ ὕψιστος ἐμίσησεν ἁμαρτωλούς
— 7. μὴ ἀντιλάβῃ [**A** -λάβου] τοῦ [**A S** *om.*] ἁ.
— 14. τὸν προσπορευόμενον ἀνδρὶ ἁμαρτωλῷ
13. 17. οὕτως ἁμαρτωλὸς πρὸς εὐσεβῆ
15. 7. ἄνδρες [**A** ἄνθρωποι] ἁ. οὐ μὴ ἴδωσιν αὐτήν
— 9. οὐχ ὡραῖος αἶνος ἐν στόματι ἁμαρτωλοῦ

Si. 15. 12. οὐ γὰρ χρείαν ἔχει ἀνδρὸς ἁμαρτωλοῦ
16. 6. ἐν συναγωγῇ ἁμαρτωλῶν ἐκκαυθήσ. πῦρ
— 13. οὐκ ἐκφεύξεται . . . ἁμαρτωλός
19. 22. βουλὴ ἁμαρτωλῶν φρόνησις
21. 6. μισῶν ἐλεγμὸν [A ἔλεγχον] ἐν ἴχνει ἁμαρτωλοῦ
— 10. ὁδὸς ἁμαρτωλῶν ὡμαλισμένη ἐκ λίθων
23. 8. καταλειφθήσεται ἁ.
25. 19. κλῆρος ἁμαρτωλοῦ ἐπιπέσοι αὐτῇ
27. 30. ἀνὴρ ἁ. ἐγκρατὴς ἔσται αὐτῶν
28. 9. ἀνὴρ ἁ. ταράξει φίλους
29. 16. ἀγαθὰ ἐγγύου ἀνατρέψει ἁμαρτωλός
— 19. ἁ. ἐμπεσὼν [A S^2 ἐμπεσεῖται] εἰς ἐγγύην
35 (32). 17. ἄνθρωπος ἁ. ἐκκλίνει ἐλεγμόν
36 (33). 14. ἀπέναντι εὐσεβοῦς [S τοῦ εὐ.] ἁμαρτωλός
39. 25. οὕτως τοῖς ἁ. κακά
— 27. οὕτως τοῖς ἁ. τραπήσεται εἰς κακά
40. 8. ἐπὶ ἁμαρτωλῶν ἑπταπλάσια πρὸς ταῦτα
41. 5. B τέκνα βδελυκτὰ [A S -ρὰ] γίνεται τέκνα ἁμαρτωλῶν
— 6. τέκνων ἁ. ἀπολεῖται κληρονομία
— 11. ὄνομα δὲ ἁμαρτωλῶν [S^2 *om.*] οὐκ ἀγαθόν
Am. 9. 8. οἱ ὀφθαλμοὶ κ. τοῦ θ. ἐπὶ τὴν βασ. τῶν ἁ. (1 *c*)
— 10. τελευτήσουσι πάντες ἁ. λαοῦ μου (1 *b*)
Is. 1. 4. οὐαὶ ἔθνος ἁμαρτωλόν (1 *a*)
— 28. συντριβήσονται . . . οἱ ἁ. ἅμα (1 *b*)
— 31. κατακαυθήσονται . . . οἱ ἁ. ἅμα †
13. 9. τοὺς ἁ. ἀπολέσαι ἐξ αὐτῆς (1 *b*)
14. 5. συνέτριψε κύριος τὸν ζυγὸν τῶν ἁ. (5 *a*)
65. 20. ὁ δὲ ἀποθνήσκων ἁ. . . . ἐπικατάρατος ἔσται (1 *a*)
Ez. 33. 8. ἐν τῷ εἰπεῖν με τῷ ἁ. [A ἀνόμῳ] (5 *a*)
— 11. A οὐ βούλομαι τὸν θάνατον τοῦ ἁ. [B ἀσεβοῦς] (5 *a*)
— 19. ἐν τῷ ἀποστρέψαι τὸν ἁ. (5 *a*)
Da. LXX. Su. 59. καὶ εἶπεν Δανιήλ, ἁμαρτωλέ
12. 10. καὶ ἁμάρτωσιν οἱ ἁ. (5 *a*)
— 10. καὶ οὐ μὴ διανοηθῶσι πάντες οἱ ἁ. (5 *a*)
I Ma. 1. 10. ῥίζα ἁ. Ἀντίοχος Ἐπιφανής
— 34. ἔθηκαν ἐκεῖ ἔθνος ἁ.
2. 44. ἐπάταξαν ἁμαρτωλοὺς ἐν ὀργῇ αὐτῶν
— 48. οὐκ ἔδωκαν κέρας τῷ ἁ.
— 62. ἀπὸ λόγων ἀνδρὸς ἁμαρτωλοῦ μὴ φοβηθῆτε
[**Aq.** Ps. 24 (25). 8: 25 (26). 9: 36 (37). 20: Ez. 18. 10.]
[**Sm.** Ps. 25 (26). 9: 36 (37). 20: Ec. 7. 27 (26).]
[**Th.** Ps. 96 (97). 10.]
[**Al.** Hb. 3. 14.]
[**Quint.** Ps. 25 (26). 9.]

ἀμασενίθ (-είθ). (1) הַשְּׁמִינִית
I Ch. 15. 21. ἐν κινύραις ἀ. (1)

ἀμάσητος. (1) תְּמוּרָה
Jb. 20. 18. ὥσπερ στρίφνος [A στρύχνον, S^2 στρύχνος] ἀμάσητος [A -ον] (1 ?)

ἀματταρί. (1) מַטָּרָה
I Ki. 20. 20. R ἐκπέμπων εἰς τὴν ἀ. [A λααρματταραί, B ἁρματταρεί] (1)

ἀμαυρός. (1) כָּהָה pi.
Le. 13. 4. αὐτὴ δέ ἐστιν ἀμαυρά –
— 6. καὶ ἰδοὺ ἀμαυρὰ ἡ ἁφή (1)
— 21. καὶ αὐτὴ ᾖ ἀμαυρά (1)
— 26. αὐτὸ δὲ ἀμαυρόν (1)
— 28. αὐτὴ δὲ ἀμαυρὰ ᾖ (1)
— 56. καὶ ᾖ ἀμαυρὰ ἡ ἁφή (1)
[**Aq. Sm. Th.** Is. 42. 3: 61. 3.]

ἀμαυροῦν. (1) כָּהָה (2) עָמַם hoph.
De. 34. 7. οὐκ ἠμαυρώθησαν οἱ ὀφθαλμοὶ αὐτοῦ (1)
Wi. 4. 12. βασκανία γὰρ . . . ἀμαυροῖ τὰ καλά
Si. 43. 4. ἐκλάμπων ἀκτῖνας ἀμαυροῖ ὀφθαλμούς
La. 4. 1. πῶς ἀμαυρωθήσεται χρυσίον (2)
[**Aq.** Ge. 27. 1: I Ki. 3. 13: Jb. 17. 7: Ez. 13. 22.]
[**Sm.** Jb. 17. 7: Is. 32. 3.]
[**Th.** I Ki. 3. 13: Jb. 17. 7: Ez. 21. 7 (12).]

ἀμαύρωσις.
[**Th.** Am. 5. 26.]

ἀμαφέθ. (1) הַמִּפְתָּן
I Ki. 5. 4. ἀφῃρημένα ἐπὶ τὰ ἐμπρόσθια ἀ. (1)

ἀμβλάκημα, ἀμβλακία, *vid.* **ἀμπλάκημα, ἀμπλακία.**

ἀμβλύνειν. (1) כָּהָה
Ge. 27. 1. ἠμβλύνθησαν οἱ ὀφθαλμοὶ αὐτοῦ (1)
[**Sm.** Ez. 21. 7 (12).]
[**Al.** I Ki. 3. 13.]

ἀμβλυωπεῖν. (1) קוּם
III Ki. 12. 24. B [cf. A 14. 4]. οἱ ὀφθαλμοὶ αὐτοῦ ἠμβλυώπουν (1 ?)
14. 4. A ἠμβλυώπουν οἱ ὀφθαλμοὶ αὐτοῦ (1)
[**Aq.** III Ki. 14. 4.]

ἀμβρόσιος.
Wi. 19. 21. κρυσταλλοειδὲς γένος ἀ. τροφῆς

ἀμέθυστος. (1) אַחְלָמָה
Ex. 28. 19. ἀχάτης [A *add.* καὶ] ἀ. (1)
36. 19 (39. 12). λιγύριον καὶ ἀχάτης καὶ ἀ. (1)
Ez. 28. 13. καὶ ἀμέθυστον καὶ χρυσόλιθον –

ἀμείβειν.
[**Aq.** Ge. 50. 17: Ps. 141 (142). 8: Pr. 11. 17: Is. 63. 7.]
[**Sm.** II Ki. 2. 6: Ez. 27. 9.]
[**Th.** Pr. 11. 17.]

ἀμείδητος.
Wi. 17. 4. φάσματα ἀμειδήτοις κατηφῆ προσώποις

ἀμείνων.
Es. 8. 13. S^1 πολλοὶ . . . ἄμεινον [AB μεῖζον] ἐφρόνησαν
[**Sm.** Ec. 4. 9.]

ἄμειψις. (1) עֵקֶב
Ps. 118 (119). 112. S^1 διὰ παντὸς ἄμειψιν [A R δι' ἀντάμ.] (1)
[**Sm.** Ez. 27. 15.]

ἀμέλγειν. (1) מִיץ (2) נָתַךְ hi.
Jb. 10. 10. ἢ οὐχ ὥσπερ γάλα με ἤμελξας (2)
Pr. 24. 68 (30. 33). ἄμελγε γάλα (1)
[**Sm. Th.** Is. 66. 11.]

ἀμέλεια.
[**Sm.** Ps. 89 (90). 8.]

ἀμελεῖν. (1) בָּעַל (2) מָרָה
Wi. 3. 10. οἱ ἀμελήσαντες τοῦ δικαίου
Je. 4. 17. ἐμοῦ ἠμέλησας (2)
38 (31.) 32. καὶ ἐγὼ ἠμέλησα αὐτῶν (1)
II Ma. 4. 14. καὶ τῶν θυσιῶν ἀμελοῦντες
[**Sm.** Ju. 18. 9.]

ἄμελξις. (1) פְּלַגָּה
Jb. 20. 17. μὴ ἴδοι ἄμελξιν νομάδων (1 ?)

ἀμελῶς. (1) רְמִיָּה
Je. 31 (48.) 10. ὁ ποιῶν τὰ ἔργα κυρίου ἀ. (1)

ἄμεμπτος. (1) בַּר (2) *a.* זָכָה *b.* זָכַךְ (3) חַף (4) טָהֵר (5) נָקִי (6) תָּם (7) תָּמִים (8) צָדַק (9) יָשָׁר
Ge. 17. 1. γίνου ἄμεμπτος (7)
Es. 8. 13. τὴν ἄ. τῆς βασιλείας κοινωνὸν Ἐσθήρ
Jb. 1. 1. ἦν ὁ ἄνθρωπος ἐκεῖνος . . . ἄμεμπτος (6 ?)
— 8. ἄνθρωπος ἄ. [A S^2 *add.* δίκαιος] ἀληθινός (6)
2. 3. ἄνθρωπος ἄκακος ἀληθινὸς ἀ. [A ὅμοιος αὐτῷ ἄμεμπτος, δίκαιος, ἀλ.] (9 *vel* 6)
4. 17. ἢ ἀπὸ τῶν ἔργων αὐτοῦ ἄ. ἀνήρ (4)
9. 20. ἐάν τε ὦ ἄμεμπτος (6)
11. 4. καθαρός εἰμι τοῖς ἔργοις καὶ ἄ. (1)
12. 4. δίκαιος γὰρ ἀνὴρ καὶ ἄ. (7)
15. 14. ὅτι [A *om.*] ἔσται ἄμεμπτος (2 *a*)
— 15. A ἄστρα δὲ οὐκ ἄμεμπτα (2 *b* ?)
22. 3. ἐὰν σὺ ἦσθα [A ἦς] τοῖς ἔργοις ἄ. (8)
— 19. ἄμεμπτος δὲ ἐμυκτήρισεν [A S^2 ἐμ. αὐτούς] (5)
25. 5. ἄστρα δὲ οὐκ ἄμεμπτα [B S οὐ καθαρά] (2 *b*)
33. 9. ἄμεμπτός εἰμι, οὐ γὰρ ἠνόμησα (3)
Wi. 10. 5. ἐτήρησεν αὐτὸν ἄ. θεῷ
— 15. σπέρμα ἄμεμπτον ἐρρύσατο
18. 21. σπεύσας γὰρ ἀνὴρ ἄ. προεμάχησε
[**Al.** Ps. 1. 1: 18 (19). 8: 100 (101). 2: 118 (119). 1.]

ἀμέμπτως.
Es. 3. 13. τὴν ὑφ' ἡμῶν κατευθυνομ. ἀ. συναρχίαν

ἀμερής.
III Ma. 5. 25. κατὰ τὸν ἀ. ψυχουλκούμενοι χρόνον
6. 29. οἱ δὲ ἐν ἀμερεῖ χρόνῳ λυθέντες

ἀμεριμνεῖν.
[**Aq.** Ps. 61 (62). 9.]
[**Sm.** Ps. 35 (36). 8: 61 (62). 9: 90 (91). 4: Je. 49. 11 (29. 13).]

ἀμεριμνία.
[**Sm.** Ps. 59 (60). 10: 107 (108). 10.]
[**Al.** Is. 32. 18.]

ἀμέριμνος.
Wi. 6. 15. ὁ ἀγρυπνήσας δι' αὐτὴν ταχέως ἀ. ἔσται
7. 23. βέβαιον, ἀσφαλές, ἀ.
[**Sm.** Ps. 111 (112). 7: Is. 32. 11.]

ἀμερίμνως.
[**Sm.** Ju. 18. 7: Je. 32 (39). 37.]

ἀμεσσαῖος (?). (1) בֵּנַיִם
I Ki. 17. 23. A ἀνὴρ ἀ. ἀνέβαινεν (1)

ἀμετάθετος.
III Ma. 5. 1. κατὰ πᾶν ἀμετάθετος
— 12. τοῦ δὲ ἀ. λογισμοῦ μεγάλως διεψευσμένος
[**Sm. Th.** Is. 33. 20.]

ἀμεταστρέπτως.
[**Quint.** Ho. 7. 8.]

ἀμέτρητος. (1) רְחַב יָדַיִם
Si. 16. 17. τίς γὰρ ἡ ψυχή μου ἐν ἀ. κτίσει
30. 15. σῶμα εὔρωστον ἢ ὄλβος ἀ.
Is. 22. 18. εἰς χώραν μεγάλην καὶ ἀ. (1)
Ba. 3. 25. ὑψηλὸς καὶ ἀ.
III Ma. 2. 4. ἐπαγαγὼν αὐτοῖς ἀμέτρητον ὕδωρ
— 9. κτίσας τὴν ἀπέραντον καὶ ἀ. γῆν
4. 17. διὰ τὴν ἀ. αὐτῶν πληθύν

ἀμέτρως.
[**Sm.** Pr. 16. 26.]

ἀμήν. (1) אָמֵן
I Ch. 16. 36. καὶ ἐρεῖ πᾶς ὁ λαός, ἀμήν (1)
I Es. 9. 46. B ἐπεφώνησε πᾶν τὸ πλῆθος, ἀμὴν, ἀμήν [A R *om.*]
Ne. 5. 13. καὶ εἶπε πᾶσα ἡ ἐκκλησία, ἀμήν (1)
8. 6. εἶπαν ἀμήν (1)
To. 8. 8. καὶ εἶπε μετ' αὐτοῦ, ἀμήν
14. 15. ἀμήν
III Ma. 7. 23. εἰς τοὺς ἀεὶ χρόνους, ἀ.
IV Ma. 18. 24. εἰς τοὺς αἰῶνας τῶν αἰώνων, ἀ.
[**Sm.** Nu. 5. 22 *bis*: Dt. 27. 15: Ps. 40 (41). 13 *bis*: 71 (72). 19 *bis*: 88 (89). 53 *bis*: Is. 65. 16: Je. 11. 5.]
[**Th.** Dt. 27. 15.]

ἀμητός, ἄμητος. (1) קַיִץ (2) קָמָה (3) *a.* קָצִיר *b.* קָצַר
Ge. 45. 6. R οὐκ ἔστιν [A ἔσται] ἀροτρίασις οὐδὲ ἀ. (3 *a*)
Ex. 34. 21. τῷ ἀ. κατάπαυσις [A -σεις] (3 *a*)
Le. 26. 5. AB καταλήψεται ὁ ἀ. [R ἀλοητὸς] τὸν τρυγητόν †
De. 16. 9. ἀρξαμένου σου δρέπανον ἐπ' ἀμητόν (2)
23. 25. ἐὰν δὲ εἰσέλθῃς εἰς ἀμητὸν τοῦ πλησίον σου (2)
— 25. δρέπανον οὐ μὴ ἐπιβάλῃς ἐπ' [A ἐπὶ τὸν] ἀ. (2)
24. 19. ἐὰν δὲ ἀμήσῃς ἀμητόν (3 *a*)
Ru. 2. 21. ἕως ἂν τελέσωσιν ὅλον τὸν ἀ. (3 *a*)
IV Ki. 19. 29. σπορὰ καὶ ἀ. καὶ φυτεία ἀμπελώνων (3 *b*)
Pr. 6. 8. πολλήν τε ἐν τῷ ἀ. ποιεῖται τὴν παράθ. (3 *a*)
— 11. ἥξει ὥσπερ πηγὴ ὁ ἀ. σου –
10. 5. ἀνεμόφθορος δὲ γίνεται ἐν ἀμητῷ (3 *a*)
20. 4. ὁ δανειζόμενος σῖτον ἐν ἀμητῷ (3 *a*)
25. 13. ὥσπερ ἔξοδος χιόνος [B *om.*] ἐν ἀμητῷ (3 *a*)
26. 1. ὥσπερ δρόσος ἐν ἀμητῷ (1)
Am. 9. 13. καταλήψεται ὁ ἀ. [A ἀλοητ.] τὸν τρυγητόν †
Mi. 7. 1. ὡς συνάγων καλάμην ἐν ἀμητῷ (1)
Is. 9. 3 (2). ὡς οἱ εὐφραινόμενοι ἐν ἀμήτῳ (3 *a*)
17. 5. ἐάν τις συναγάγῃ ἀμητὸν ἑστηκότα (3 *a*)
— 11. ἀνθήσει εἰς ἀμητόν (3 *a*)
18. 4. ὡς νεφέλη δρόσου ἡμέρας ἀμητοῦ (3 *a*)

Is. 23. 3. ὡς ἀμητοῦ εἰσφερομένου (3 a)
Je. 8. 20. παρῆλθεν ἀμητός (1)
28 (51.) 33. ἥξει ὁ ἀ. αὐτῆς (3 a)
IV Ma. 2. 9. μήτε ἐπικαρπούμενος τοὺς ἀ.
[**Aq.** Je. 51 (28). 33.]
[**Sm.** Pr. 6. 8 : 10. 5 : 20. 4.]
[**Al.** Le. 25. 5.]

ἀμήχανος.
II Ma. 3. 12. παντελῶς ἀμήχανον εἶναι

ἀμίαντος.
Wi. 3. 13. μακαρία στεῖρα ἡ [S[1] om.] ἀ.
4. 2. τὸν τῶν ἀ. ἄθλων ἀγῶνα νικήσασα
8. 20. ἦλθον εἰς σῶμα ἀμίαντον
II Ma. 14. 36. διατήρησον . . . ἀ. τόνδε . . . οἶκον
15. 34. ὁ διατηρήσας τὸν ἑαυτοῦ τόπον ἀ.

ἀμιλλᾶν.
[**Sm.** Je. 12. 5 : 22. 15.]

ἀμιξία.
II Ma. 14. 3. A ἐν τοῖς τῆς ἀ. [R ἐπιμιξίας] χρόνοις
— 38. ἐν τοῖς ἔμπροσθεν χρόνοις τῆς ἀ.

ἀμίρ.
[**Sm.** Is. 17. 9.]

ἀμισθί.
Jb. 24. 6. ἀμπελῶνας ἀσεβῶν [S om.] ἀ. . . . εἰργάσαντο

▶ **ἀμμαζειβί, ἀμμασβή.** (1) הַמִּזְבֵּחַ
IV Ki. 12. 9 (10). A παρὰ ἀμμασβή [B ἰαμειβείν, R ἀμμαζειβί] (1)

ἀμμανά.
[**Heb.** Ma. 2. 13.]

ἄμμος. (1) חוֹל (2) עָפָר
Ge. 13. 16 bis. τὴν ἄ. τῆς γῆς (2)
22. 17. ὡς τὴν ἄ. τὴν παρὰ τὸ χεῖλος τῆς θαλ. (1)
28. 14. R ὡς ἡ ἄ. τῆς γῆς [A θαλάσσης] (2)
32. 12 (13). ὡς τὴν ἄ. τῆς θαλάσσης (1)
41. 49. ὡσεὶ τὴν ἄ. τῆς θαλάσσης (1)
Ex. 2. 12. ἔκρυψεν αὐτὸν ἐν τῇ ἄ. (1)
Jo. 11. 4. ὥσπερ ἡ ἄ. [A add. ἡ παρὰ τὸ χεῖλος] τῆς θαλ. (1)
Jd. 7. 12. ὡς ἡ ἄ. ἡ ἐπὶ χείλους [A τὸ χ.] τῆς θαλ. (1)
I Ki. 13. 5. B ὡς ἡ ἄ. ἡ παρὰ τὴν θάλασσαν (1)
II Ki. 17. 11. ὡς ἡ ἄ. ἡ ἐπὶ τῆς θαλάσσης (1)
III Ki. 3. 1 (4. 29). ὡς ἡ ἄ. ἡ παρὰ τὴν θάλ. (1 ?)
3. 1 [B], 4. 20 [A]. ὡς ἡ ἄ. ἡ ἐπὶ τῆς θαλάσσης (1)
4. 29 (5. 9). ὡς ἡ ἄ. ἡ παρὰ τὴν θάλασσαν (1)
Ju. 2. 20. καὶ ὡς ἡ ἄ. τῆς γῆς
Jb. 6. 3. ἄμμου παραλίας βαρυτέρα ἔσται (1)
Ps. 77 (78). 27. ἔβρεξεν . . . ὡσεὶ ἄμμον θαλ. πετεινά (1)
138 (139). 18. ὑπὲρ ἄμμον πληθυνθήσονται (1)
Pr. 27. 3. βαρὺ λίθος καὶ δυσβάστακτον ἄμμος (1)
Si. 1. 2. ἄμμον θαλασσῶν . . . τίς ἐξαριθμήσει
18. 10. ὡς . . . ψῆφος ἄμμου
22. 15. ἄμμον καὶ ἅλα . . . εὔκοπον ὑπενεγκεῖν
Ho. 1. 10 (2. 1). ὡς ἡ ἄ. τῆς θαλάσσης (1)
Hb. 1. 9. συνάξει ὡς ἄμμον αἰχμαλωσίαν (1)
Is. 10. 22. ὡς ἡ ἄ. τῆς θαλάσσης (1)
48. 19. ἐγένετο ἂν ὡς ἡ ἄ. [S add. τῆς θαλάσσης] (1)
Je. 5. 22. τὸν τάξαντα ἄμμον ὅριον τῇ θαλάσσῃ (1)
15. 8. ἐπληθύνθησαν . . . ὑπὲρ τὴν ἄ. τῆς θαλ. (1)
26 (46). 22. ἐν ἄμμῳ πορεύσονται †
Da. LXX. TH. 3. (36). ὡς τὴν ἄ. τὴν παρὰ τὸ χεῖλος τῆς θαλ.
I Ma. 11. 1. ὡς ἡ ἄ. ἡ παρὰ τὸ χεῖλος τῆς θαλ.
[**Aq.** Dt. 33. 19 : III Ki. 4. 20.]
[**Sm.** Dt. 33. 19 : III Ki. 4. 20 : Ps. 77 (78). 27.]
[**Th.** Je. 33 (40). 22.]
[**Al.** La. 3. 15.]

ἀμμώδης.
Si. 25. 20. ἀνάβασις ἀ. ἐν ποσὶ πρεσβυτέρου

ἀμνάς. (1) a. כֶּבֶשׂ b. כִּבְשָׂה c. כַּבְשָׂה d. כִּשְׂבָּה (2) קְשִׂיטָה
Ge. 21. 28. ἑπτὰ ἀμνάδας προβάτων μόνας (1 b)
— 29. αἱ ἑπτὰ ἀμνάδες τῶν προβάτων (1 b)
— 30. τὰς ἑπτὰ ἀ. λήψῃ (1 b)
31. 41. παρελογίσω . . . δέκα ἀμνάσιν †
Le. 5. 6. θῆλυ ἀπὸ τῶν προβάτων ἀμνάδα (1 d)
Nu. 6. 14. ἀμνάδα ἐνιαυσίαν ἄμωμον μίαν (1 c)
Nu. 7. 17, 23, 29, 35, 41, 47, 53, 59, 65, 71, 77, 83. ἀμνάδας ἐνιαυσίας πέντε (1 a)
— 88. ἀμνάδες ἑξήκ. ἐνιαύσιαι ἄμωμοι (1 a)
Jo. 24. 32. οὗ ἐκτήσατο Ἰακὼβ . . . ἀμνάδων ἑκατόν (2)
II Ki. 12. 3. οὐδὲν ἀλλ' ἢ ἀ. μία μικρά (1 b)
— 4. ἔλαβε τὴν ἀ. τοῦ πένητος (1 b)
— 6. τὴν ἀ. ἀποτίσει ἑπταπλασίονα (1 b)
Jb. 42. 11. ἔδωκε δὲ αὐτῷ ἕκαστος ἀμνάδα μίαν (2)
[**Aq. Sm. Th.** II Ki. 12. 6.]
[**Al.** Le. 4. 32.]

ἀμνημονεῖν.
Si. 37. 6. A B S[2] μὴ ἀμνημονήσῃς [S[1] R -μοσύνῃς] αὐτοῦ

ἀμνημοσύνειν (?).
Si. 37. 6. μὴ ἀμνημοσύνῃς [A B S[2] -μονήσῃς] αὐτοῦ [A -ῷ]

ἀμνησία.
Wi. 14. 26. χάριτος ἀμνησία [A S[2] ἀμνηστία] ψυχῶν μιασμός
Si. 11. 25. ἐν ἡμέρᾳ ἀγαθῶν [A -θῇ] ἀμνησία κακῶν

ἀμνησικακία.
III Ma. 3. 21. ἀμνησικακίαν ἅπασι γνωρίζοντες

ἄμνησις (?). (1) זָכַר hi.
Ps. 37 (38). tit. A εἰς ἄμνησιν [B S ἀνάμν.] περὶ τοῦ σαββ. (1)

ἀμνήστευτος. (1) לֹא אֹרַשׂ pu.
Ex. 22. 16 (15). ἐὰν δὲ ἀπατήσῃ τις παρθένον ἀ. (1)

ἀμνηστία.
Wi. 14. 26. A S[2] χάριτος ἀμνηστία [B S[1] ἀμνησία] ψυχῶν μιασμός
19. 4. τῶν συμβεβηκ. ἀμνηστίαν ἐνέβαλεν

ἀμνός. (1) אִמַּר (2) a. כֶּבֶשׂ b. כֶּשֶׂב (3) עַתּוּד (4) צֹאן (5) קְשִׂיטָה (6) רָחֵל (7) שֶׂה (8) אַיִל
Ge. 30. 40. τοὺς δὲ ἀ. διέστειλεν Ἰακώβ (2 b)
— 40. πᾶν ποικίλον ἐν τοῖς ἀ. (4)
31. 7. ἤλλαξε τὸν μισθόν μου τῶν δέκα ἀ. †
33. 19. ἐκτήσατο τὴν μερίδα . . . ἑκατὸν ἀμνῶν (5)
Ex. 12. 5. A ἀπὸ τῶν ἀ. [B ἀρνῶν] . . . λήψεσθε (2 a)
29. 38. ἀ. ἐνιαυσίους ἀμώμους δύο τὴν ἡμέραν (2 a)
— 39. τὸν ἀ. τὸν ἕνα ποιήσεις τὸ πρωῒ καὶ τὸν ἀ. τὸν δεύτ. ποιήσεις τὸ δειλινόν (2a, 2 a)
— 40. τὸ τέταρτον τοῦ εἶν οἴνου τῷ ἀ. τῷ ἑνί (2 a)
— 41. τὸν ἀ. τὸν δεύτερον ποιήσεις τὸ δειλινόν (2 a)
Le. 9. 3. ἀ. ἐνιαύσιον εἰς ὁλοκάρπωσιν (2 a)
12. 6. ἀ. ἐνιαύσιον ἄμωμον εἰς ὁλοκαύτωμα (2 a)
— 8. τὸ ἱκανὸν εἰς ἀμνόν (7)
14. 10. δύο ἀ. ἀμώμους ἐνιαυσίους (2 a)
— 12. λήψεται ὁ ἱερεὺς τὸν ἀ. τὸν ἕνα (2 a)
— 13. σφάξουσι τὸν ἀμνόν (2 a)
— 21. λήψεται ἀ. ἕνα (2 a)
— 24. λαβὼν ὁ ἱερεὺς τὸν ἀ. τῆς πλημμ. (2 a)
— 25. σφάξει τὸν ἀ. [B[2] R add. τὸν] τῆς πλημμ. (2 a)
23. 18. ἑπτὰ ἀ. ἀμώμους ἐνιαυσίους (2 a)
— 19. δύο ἀ. ἐνιαυσίους εἰς θυσίαν (2 a)
— 20. ἐπίθεμα ἔναντι κυρίου μετὰ τῶν δύο ἀ. (2 a)
Nu. 6. 12. προσάξει ἀμνὸν ἐνιαύσιον (2 a)
— 14. ἀμνὸν ἐνιαύσιον ἄμωμον ἕνα (2 a)
7. 15, 21, 27. ἀμνὸν ἕνα ἐνιαύσιον εἰς ὁλοκαύτωμα (2 a)
— 33. ἀμνὸν ἕνα [A om.] ἐνιαύσιον εἰς ὁλοκ. (2 a)
— 39. ἀμνὸν ἕνα ἐνιαύσιον εἰς ὁλοκαύτωμα (2 a)
— 45, 51, 57, 63. ἀμνὸν ἕνα [A om.] ἐνιαύσιον εἰς ὁλοκ. (2 a)
— 69. ἀμνὸν ἕνα ἐνιαύσιον [A add. ἄμωμον] (2 a)
— 75. ἀμνὸν ἐνιαύσιον ἕνα [A om.] εἰς ὁλοκ. (2 a)
— 81. ἀμνὸν ἕνα ἐνιαύσιον εἰς ὁλοκαύτωμα (2 a)
— 87. ἀμνοὶ ἐνιαύσιοι δώδεκα (2 a)
15. 5. τῷ ἀ. τῷ ἑνὶ ποιήσεις τοσοῦτο (2 a)
— 11. ἢ τῷ ἀ. τῷ ἑνὶ ἐκ τῶν προβάτων (7)
28. 3. ἀμνοὺς ἐνιαυσίους ἀμώμους δύο (2 a)
— 4. τὸν ἀ. τὸν ἕνα ποιήσεις [A -σετε] (2 a)
— 4. τὸν ἀ. τὸν δεύτερον ποιήσεις [A -σετε] (2 a)
— 7. τὸ τέταοτον τοῦ ἶν τῷ ἀ. τῷ ἑνί (2 a)
— 8. τὸν ἀ. τὸν δεύτερον ποιήσεις (2 a)
— 9. δυο ἀμνοὺς ἐνιαυσίους ἀμώμους (2 a)
— 11. ἀμνοὺς ἐνιαυσίους ἑπτὰ ἀμώμους (2 a)
— 13. δέκατον σεμιδάλεως . . . τῷ ἀ. τῷ ἑνί (2 a)
Nu. 28. 14. τὸ τέταρτον τοῦ ἶν ἔσται τῷ ἀ. τῷ ἑνί (2 a)
— 19. ἀμνοὺς ἐνιαυσίους ἑπτά (2 a)
— 21. δέκατον δέκατον ποιήσεις τῷ ἀ. τῷ ἑνὶ, τοῖς ἑπτὰ ἀ. (2 a, 2 a)
— 27. ἀμνοὺς ἐνιαυσίους ἑπτὰ ἀμώμους (2 a)
— 29. δέκατον δέκατον τῷ ἀ. τῷ ἑνὶ, τοῖς ἑπτὰ ἀ. (2 a, 2 a)
29. 2. ἀμνοὺς ἐνιαυσίους ἑπτὰ ἀμώμους (2 a)
— 4. δέκατον δέκατον τῷ ἀ. τῷ ἑνὶ, τοῖς ἑπτὰ ἀ. (2 a, 2 a)
— 8. ἀμνοὺς ἐνιαυσίους ἑπτά (2 a)
— 10. δέκατον δέκατον τῷ ἀ. τῷ ἑνὶ, εἰς τοὺς ἑπτὰ ἀ. (2 a, 2 a)
— 13. ἀμνοὺς ἐνιαυσίους δέκα τέσσαρας (2 a)
— 15. δέκατον δέκατον τῷ ἀ. τῷ ἑνὶ, ἐπὶ τοὺς τ. καὶ δ. ἀ. (2 a, 2 a)
— 17. ἀμνοὺς ἐνιαυσίους τέσσ. καὶ δέκα (2 a)
— 18. τοῖς κριοῖς καὶ τοῖς ἀ. (2 a)
— 20. ἀμνοὺς ἐνιαυσίους τέσσ. καὶ δέκα (2 a)
— 21. τοῖς κριοῖς καὶ τοῖς ἀ. (2 a)
— 23. ἀμνοὺς ἐνιαυσίους τέσσαρ. καὶ δέκα (2 a)
— 24. τοῖς κριοῖς καὶ τοῖς ἀ. (2 a)
— 26. ἀμνοὺς ἐνιαυσίους τέσσαρ. καὶ δέκα (2 a)
— 27. τοῖς κριοῖς καὶ τοῖς ἀ. (2 a)
— 29. ἀμνοὺς ἐνιαυσίους δέκα τέσσ. (2 a)
— 30. τοῖς κριοῖς καὶ τοῖς ἀ. (2 a)
— 32. ἀμνοὺς ἐνιαυσίους δέκα τέσσ. (2 a)
— 33. τοῖς κριοῖς καὶ τοῖς ἀ. (2 a)
— 36. ἀμνοὺς ἐνιαυσίους ἑπτὰ ἀμώμους (2 a)
— 37. καὶ τῷ κριῷ καὶ τοῖς ἀ. (2 a)
De. 14. 4. ἀμνὸν ἐκ προβάτων (7)
II Ch. 29. 21. καὶ ἀνήνεγκε . . . ἀμνοὺς ἑπτά (2 a)
— 22. A R καὶ ἔθυσαν τοὺς ἀ. (2 a)
— 32. ἀ. διακόσιοι (2 a)
35. 7. πρόβατα καὶ ἀμνοὺς καὶ ἐρίφους (2 a)
— 8. πρόβατα καὶ ἀμνοὺς καὶ ἐρίφους –
II Es. 6. 9. υἱοὺς βοῶν καὶ κριῶν καὶ ἀμνούς (1)
— 17. προσήνεγκαν . . . ἀ. τετρακοσίους (1)
7. 17. μόσχους, κριούς, ἀμνούς (1)
8. 35. προσήνεγκαν . . . ἀμνοὺς ἑβδομήκ. ἑπτά (2 a)
Jb. 31. 20. ἀπὸ δὲ κουρᾶς ἀμνῶν [A ἀρνῶν] μου (2 a)
Wi. 19. 9. ὡς ἀμνοὶ διεσκίρτησαν
Si. 13. 17. τί κοινωνήσει λύκος ἀμνῷ
Ho. 4. 16. νῦν νεμήσει αὐτοὺς κ. ὡς ἀμνόν (2 a)
Za. 10. 3. ἐπὶ τοὺς ἀ. ἐπισκέψομαι (3)
Is. 34. 6. ἀπὸ αἵματος τράγων καὶ ἀμνῶν [A S al.] (3)
53. 7. ὡς ἀμνὸς ἐναντίον τοῦ κείροντος (6)
Ez. 27. 21. ἀμνοὺς καὶ κριούς [A al.] (8)
46. 4. ἓξ ἀμνοὺς ἀμώμους καὶ κριὸν ἄμωμον (2 a)
— 5. καὶ τοῖς ἀ. θυσίαν (2 a)
— 6. καὶ ἓξ ἀμνούς (2 a)
— 7. πέμμα τῷ μόσχῳ ἔσται μαναὰ καὶ τοῖς ἀ. (2 a)
— 11. καὶ τοῖς [A τοῖς δὲ] ἀ. καθὼς ἂν ἐκποιῇ (2 a)
— 13. ἀμνὸν ἐνιαύσιον ἄμωμον ποιήσει (2 a)
— 15. πρόσταγμα . . . ποιήσετε τὸν ἀ. (2 a)
[**Aq.** Le. 3. 7 : Je. 11. 19.]
[**Sm.** Is. 5. 17 : Je. 11. 19.]
[**Al.** Le. 4. 32 : 23. 12.]

ἀμοιβή.
[**Aq.** Ps. 27 (28). 4 : Pr. 12. 14 : Is. 59. 18 ter.]
[**Sm.** I Ki. 24. 20 : Pr. 12. 14.]
[**Al.** Is. 66. 6.]

ἄμοιρος.
Wi. 2. 9. μηδεὶς ἡμ. ἄ. ἔστω τῆς ἡμετ. ἀγερωχίας

ἀμόλυντος.
Wi. 7. 22. πνεῦμα νοερὸν, . . . τρανὸν, ἀ.

ἀμορίτης. (1) אֲשִׁישָׁה
I Ch. 16. 3. ἄρτον ἕνα ἀρτοκοπικὸν καὶ ἀ. (1)

ἄμορφος.
Wi. 11. 17. κτίσασα τὸν κόσμον ἐξ ἀ. ὕλης

ἀμόρφωτος.
[**Sm.** Ps. 138 (139). 16.]

ἀμουδᾶ.
[**Heb.** Ps. 74 (75). 4.]

ἄμπελος. (1) גַּן (2) גֶּפֶן (3) כֶּרֶם (4) a. שֹׂרֵק b. שְׂרוּקִּים c. שׂוֹרֵק
Ge. 40. 9. ἦν ἄ. ἐναντίον μου (2)
— 10. ἐν δὲ τῇ ἀ. τρεῖς πυθμένες (2)
49. 11. δεσμεύων πρὸς ἄμπελον τὸν πῶλον αὐ. (2)

▶ = additional entry on page xxiv

Le. 25. 3. ἐξ ἔτη τεμεῖς τὴν ἄ. σου (3)
— 4. τὴν ἄ. σου οὐ τεμεῖς (3)
Nu. 6. 4. ὅσα γίνεται ἐξ ἀμπέλου (2)
20. 5. οὐδὲ συκαῖ οὐδὲ ἄμπελοι (2)
22. 24. ἐν ταῖς αὔλαξι τῶν ἀ. [A ἀμπελώνων] (3)
De. 8. 8. ἄμπελοι συκαῖ ῥοαί [B² καὶ ῥ.] (2)
32. 32. ἐκ γὰρ ἀμπέλου Σοδόμων ἡ ἄ. αὐτῶν (2, 2)
Jd. 9. 12. εἶπαν τὰ ξύλα πρὸς τὴν ἄ. [A τῇ ἀ.] (2)
— 13. εἶπεν αὐτοῖς ἡ ἄ. (2)
13. 14. ὁ ἐκπορεύεται ἐξ ἀμπέλου τοῦ οἴνου (2)
III Ki. 3. 1 [B], 4. 25 [A]. ἕκαστος ὑπὸ τὴν ἄ. αὐτοῦ (2)
IV Ki. 4. 39. εὗρεν ἄμπελον ἐν τῷ ἀγρῷ (2)
18. 31. πίεται ἀνὴρ τὴν ἄ. αὐτοῦ (2)
Ps. 77 (78). 47. ἀπέκτεινεν ἐν χαλάζῃ τὴν ἄ. αὐ. (2)
79 (80). 8. ἄμπελον ἐξ Αἰγύπτου μετῆρας (2)
— 14. ἐπίσκεψαι τὴν ἄ. ταύτην (2)
104 (105). 33. ἐπάταξε τὰς ἀ. αὐτῶν (2)
127 (128). 3. ἡ γυνή σου ὡς ἄ. εὐθηνοῦσα (2)
Ca. 2. 13. αἱ ἄ. κυπρίζουσιν (2)
— 15. αἱ ἄ. ἡμῶν κυπρίζουσαι [A S -σιν] (3)
6. 10 (11). ἰδεῖν εἰ ἤνθησεν ἡ ἄ. (2)
7. 8 (9). μαστοί σου ὡς βότρυες τῆς ἀ. (2)
— 12 (13). ἴδωμεν εἰ ἤνθησεν ἡ ἄ. (2)
Si. 24. 17. ὡς ἄ. βλαστήσασα [A S ἐβλάστησα]
Ho. 2. 12 (14). καὶ ἀφανιῶ ἄμπελον αὐτῆς (2)
10. 1. ἄμπελος εὐκληματοῦσα Ἰσραήλ (2)
14. 8. καὶ ἐξανθήσει ὡς ἄμπελος (2)
Mi. 4. 4. ἕκαστος ὑποκάτω ἀ. αὐτοῦ (2)
Jl. 1. 7. ἔθετο τὴν ἄ. μου εἰς ἀφανισμόν (2)
— 12. ἡ ἄ. ἐξηράνθη (2)
2. 22. συκῆ καὶ ἄμπελος ἔδωκαν τὴν ἰσχὺν αὐ. (2)
Hb. 3. 17. οὐκ ἔσται γενήματα ἐν ταῖς ἀ. (2)
Hg. 2. 20 (19). ἡ ἄ. καὶ ἡ συκῆ καὶ ἡ ῥοά (2)
Za. 3. 11 (10). ἕκαστος . . . ὑποκάτω ἀμπέλου (2)
8. 12. ἡ ἄ. δώσει τὸν καρπὸν αὐτῆς (2)
Ma. 3. 11. οὐ μὴ ἀσθενήσῃ ὑμῶν ἡ ἄ. (2)
Is. 5. 2. ἐφύτευσα ἄμπελον σωρήκ (4 a)
7. 23. χίλιαι ἄμπελοι χιλίων σίκλων (2)
16. 8. πενθήσει ἄ. Σεβαμά (2)
— 8. καταπατήσατε τὰς ἀ. αὐτῆς (4 b)
— 9. κλαύσομαι . . . ἄμπελον Σεβαμά (2)
24. 7. πενθήσει ἄμπελος (2)
32. 12. καὶ ἀμπέλου γενήματος (2)
34. 4. πεσεῖται ὡς φύλλα ἐξ ἀμπέλου (2)
36. 16. φάγεσθε ἕκαστος τὴν ἄ. αὐτοῦ (2)
Je. 2. 21. ἐφύτευσά σε ἄμπελον καρποφόρον (4 c)
— 21. πῶς ἐστράφης [A -φη] . . . ἡ ἄ. ἡ ἀλλοτρία (2)
6. 9. καλαμᾶσθε ὡς ἄ. τὰ κατάλοιπα τοῦ Ἰσρ. (2)
8. 13. οὐκ ἔστι σταφυλὴ ἐν ταῖς ἀ. (2)
31 (48). 32. ἀποκλαύσομαί σοι ἄ. Ἀσερημά (2)
La. 2. 6. διεπέτασεν ὡς ἄ. τὸ σκήνωμα αὐ. (1)
Ez. 15. 2. τί ἂν γένοιτο τὸ ξύλον τῆς ἀ. (2)
— 6. ὃν τρόπον τὸ ξύλον τῆς ἀ. (2)
17. 6. εἰς ἄμπελον ἀσθενοῦσαν [A εὐθην.] (2)
— 6. ἐγένετο εἰς ἄμπελον [A ἄ. μεγάλην] (2)
— 7. ἡ ἄ. αὕτη περιπεπλεγμένη πρὸς αὐτόν (2)
— 8. τοῦ εἶναι εἰς ἄ. μεγάλην (2)
19. 10. ἡ μήτηρ σου ὡς ἄμπελος (2)
I Ma. 14. 12. ἐκάθισεν ἕκαστος ὑπὸ τὴν ἄ. αὐτοῦ
[Aq. Is. 32. 12 : 34. 4.]
[Sm. Ps. 77 (78). 47 : Ca. 2. 13 : Is. 32. 12 : 34. 4.]
[Th. Is. 32. 12.]
[Al. Hb. 3. 17.]

ἀμπελουργός. (1) כֹּרֵם
IV Ki. 25. 12. ὑπέλιπεν . . . εἰς ἀμπελουργούς (1)
II Ch. 26. 10. καὶ ἀμπελουργοὶ ἐν τῇ ὀρεινῇ (1)
Is. 61. 5. ἥξουσιν . . . ἀλλόφυλοι . . . ἀμπελουργοί (1)
Je. 52. 16. κατέλιπεν . . . εἰς ἀμπελουργούς (1)

ἀμπελών. (1) גֶּפֶן (2) כֶּרֶם (3) כַּרְמֶל (4) שָׂדֶה
Ge. 9. 20. ἐφύτευσεν ἀμπελῶνα (2)
Ex. 22. 5 (4). ἐὰν δὲ καταβοσκήσῃ τις . . . ἀμπελῶνα (2)
— 5 (4). τὰ βέλτιστα τοῦ ἀ. αὐτοῦ ἀποτίσει (2)
23. 11. τὸν ἀ. σου καὶ τὸν [A om.] ἐλαιῶνά σου (2)
Le. 19. 10. τὸν ἀ. σου οὐκ ἐπαναστρυγήσεις (2)
— 10. οὐδὲ τοὺς ῥῶγας τοῦ ἀ. σοῦ συλλέξεις (2)
— 19. τὸν ἀ. σου οὐ κατασπερεῖς διάφορον (4)
Nu. 16. 14. ἔδωκας ἡμῖν . . . ἀμπελῶνας (2)
20. 17. οὐ διελευσόμεθα . . . δι' ἀμπελώνων (2)
21. 21. οὐκ ἐκκλινοῦμεν . . . οὔτε εἰς ἀμπελῶνα (2)
Nu. 22. 24. A ἐν ταῖς αὔλαξι τῶν ἀ. [B -λων] (2)
De. 6. 11. ἀμπελῶνας καὶ ἐλαιῶνας (2)
20. 6. ὅστις ἐφύτευσεν ἀμπελῶνα (2)
22. 9. οὐ κατασπερεῖς τὸν ἀ. σου διάφορον (2)
— 9. μετὰ τοῦ γενήματος τοῦ ἀ. σου (2)
23. 24 (26). ἐὰν δὲ εἰσέλθῃς εἰς τὸν ἀ. τοῦ πλησ. σου (2)
24. 21. ἐὰν δὲ τρυγήσῃς τὸν ἀ. σου (2)
28. 30. ἀμπελῶνα φυτεύσεις (2)
— 39. ἀμπελῶνα φυτεύσεις καὶ κατεργᾷ (2)
Jo. 24. 13. ἀμπελῶνας καὶ ἐλαιῶνας (2)
Jd. 9. 27. ἐτρύγησαν τοὺς ἀ. αὐτῶν (2)
11. 33. A ἕως Ἀβὴλ ἀμπελώνων [B Ἐβελχαρμίμ] (2)
14. 5. ἦλθεν [A ἐξέκλινεν] ἕως τοῦ ἀ. Θαμν. (2)
15. 5. καὶ ἕως ἀμπελῶνος καὶ ἐλαίας (2)
21. 20. ἐνεδρεύσατε ἐν τοῖς ἀ. (2)
— 21. ἐξελεύσεσθε ἐκ [A ἀπὸ] τῶν ἀ. (2)
I Ki. 8. 14. τοὺς ἀγροὺς ὑμῶν καὶ τοὺς ἀ. ὑμῶν (2)
— 15. καὶ τοὺς ἀ. ὑμῶν ἀποδεκατώσει (2)
15. 9. τὰ ἀγαθὰ . . . τῶν ἀ. †
22. 7. εἰ . . . δώσει ὁ υἱὸς Ἰ. . . . ἀμπελῶνας (2)
III Ki. 20 (21). 1. ἀ. εἷς ἦν τῷ Ναβουθαί (2)
— 2. δός μοι τὸν ἀ. σου (2)
— 2. δώσω σοι ἀ. ἄλλον ἀγαθὸν ὑπὲρ αὐτόν (2)
— 2. δώσω σοι . . . ἄλλαγμα ἀμπελῶνός σου –
— 6. δός μοι τὸν ἀ. σου ἀργυρίου (2)
— 6. δώσω σοι ἀ. ἄλλον ἀντ' αὐτοῦ (2)
— 7. ἐγὼ δώσω σοι τὸν ἀμπελῶνα Ναβουθαί (2)
— 15. κληρονόμει τὸν ἀ. Ναβουθαί (2)
— 16. κατέβη Ἀχαὰβ εἰς τὸν ἀ. Ναβουθαί (2)
— 18. ὅτι οὗτος ἐν ἀμπελῶνι Ναβουθαί (2)
IV Ki. 5. 26. καὶ ἐλαιῶνας καὶ ἀμπελῶνας [A -α] (2)
18. 32. γῆ σίτου . . . καὶ ἀμπελώνων (2)
19. 29. ἀμητὸς καὶ φυτεία ἀμπελώνων (2)
I Es. 4. 16. τοὺς φυτεύσαντας τοὺς ἀ.
Ne. 5. 3, 4, 5. ἀγροὶ ἡμῶν καὶ ἀμπελῶνες ἡμῶν (2)
— 11. ἀγροὺς αὐτῶν καὶ ἀμπελῶνας αὐτῶν (2)
9. 25. ἐκληρονόμησαν . . . ἀμπελῶνας (2)
Jb. 24. 6. ἀμπελῶνας ἀσεβῶν [S¹ om.] . . . εἰργάσαντο (2)
Ps. 106 (107). 37. καὶ ἐφύτευσαν ἀμπελῶνας (2)
Pr. 9. 12. ὁδοὺς τοῦ ἑαυτοῦ ἀμπελῶνος –
24. 45 (30). ὥσπερ ἀμπελὼν ἄνθρ. ἐνδεὴς φρενῶν (2)
Ec. 2. 4. ἐφύτευσά μοι ἀμπελῶνας (2)
Ca. 1. 6. ἔθεντό με φυλάκισσαν ἐν ἀμπελῶσιν (2)
— 6. ἀμπελῶνα ἐμὸν οὐκ ἐφύλαξα [A -ξαν] (2)
— 14. ἐν ἀμπελῶσιν Ἐνγαδδί (2)
2. 15. ἀλώπ. μικρ. ἀφανίζοντας ἀμπελῶνας (2)
7. 12 (13). ὀρθρίσωμεν εἰς ἀμπελῶνας (2)
8. 11. ἀ. ἐγενήθη [A -ήθην] τῷ Σαλ. (2)
— 11. ἔδωκε τὸν ἀ. αὐτοῦ τοῖς τηροῦσιν (2)
— 12. ἀ. μου ἐμὸς ἐνώπιόν μου (2)
Am. 4. 9. ἀμπελῶνας ὑμῶν . . . κατέφαγεν ἡ κάμπη (2)
5. 11. ἀ. ἐπιθυμητοὺς ἐφυτεύσατε (2)
9. 14. B φυτεύσουσιν [A B καταφ]. ἀμπελῶνας (2)
Mi. 1. 6. εἰς φυτείαν ἀμπελῶνος (2)
Ze. 1. 13. καταφυτεύσουσιν ἀμπελῶνας (2)
Is. 1. 8. ὡς σκηνὴ ἐν ἀμπελῶνι [S -ῶσιν] (2)
3. 14. τί ἐνεπυρίσατε τὸν ἀ. μου (2)
5. 1. ᾆσμα . . . τῷ ἀ. μου (2)
— 1. ἀ. ἐγενήθη τῷ ἠγαπημένῳ (2)
— 3. κρίνατε . . . ἀνὰ μέσον τοῦ ἀ. μου (2)
— 4. τί ποιήσω ἔτι τῷ ἀ. μου (2)
— 5. τί ποιήσω τῷ ἀ. μου (2)
— 6. ἀνήσω τὸν ἀ. μου †
— 7. ὁ γὰρ ἀ. κυρίου σαβαὼθ οἶκος τοῦ Ἰσραήλ (2)
16. 10. ἐκ τῶν ἀ. σου καὶ ἐν τοῖς ἀ. σου οὐ μὴ εὐφρανθήσονται (3, 2)
27. 2. τῇ ἡμέρᾳ ἐκείνῃ ἀ. καλός (2)
36. 17. γῆ σίτου . . . καὶ ἀμπελώνων (2)
37. 30. φυτεύσατε ἀμπελῶνας (2)
65. 21. καταφυτεύσουσιν ἀμπελῶνας (2)
Je. 5. 17. κατέδονται τοὺς ἀ. ὑμῶν (1)
12. 10. ποιμένες πολλ. διέφθειραν τὸν ἀ. μου (2)
38 (31). 5. ἐφυτεύσατε [A S φυτ-] ἀμπελῶνας (2)
39 (32). 15. κτισθήσονται [A S³ κτηθ. S¹ κτήσονται] . . . ἀμπελῶνες (2)
42 (35). 7. ἀ. οὐκ ἔσται ὑμῖν (2)
— 9. ἀ. [S -ῶνας] . . . οὐκ ἐγένετο ἡμῖν (2)
Ez. 28. 26. φυτεύσουσιν ἀμπελῶνας (2)
I Ma. 3. 56. καὶ φυτεύουσιν ἀμπελῶνας
IV Ma. 2. 9. μήτε ἐπιρρωγολογούμενος τοὺς ἀ.
[Aq. Is. 5. 1 : 16. 10 : Je. 6. 1.]
[Sm. Ca. 1. 6 : 8. 12 : Is. 5. 1.]
[Th. Is. 5. 1 : Je. 39 (46). 10.]
[Al. Le. 25. 4.]

ἀμπλάκημα, ἀμβλάκημα. (1) שָׁלוּ (2) שְׁחִיתָה
Da. Th. 6. 4 (5). παράπτωμα καὶ ἀ. οὐχ εὗρον (1 vel 2)
[Aq. Th. Da. 6. 4.]

ἀμπλακία, ἀμβλακία.
III Ma. 2. 19. διασκέδασον τὰς ἀ. ἡμῶν

ἀμυγδάλινος.
[Sm. Ge. 30. 37.]
[Hebr. Je. 1. 11.]

ἀμύγδαλον. (1) שָׁקֵד
Ec. 12. 5. ἀνθήσῃ τὸ ἀ. (1)
[Aq. Ge. 43. 11 : Nu. 17. 8 (23).]
[Sm. Ge. 43. 11 : Ex. 25. 32 (33) : Nu. 17. 8 (23).]
[Th. Nu. 17. 8 (23).]

ἀμύθητος. (1) רַב (2) שָׂגָה מְאֹד
Jb. 8. 7. τὰ δὲ ἔσχατά σου ἀμύθητα (2)
36. 28. ἐσκίασε δὲ νέφη ἐπὶ ἀ. βροτῷ [A S² ἀ. βροτῶν] (1)
41. 21 (22). πᾶς δὲ χρυσὸς . . . ὥσπερ πηλὸς ἀ. †
II Ma. 3. 6. περὶ τοῦ χρημάτων ἀ. γέμειν
12. 16. ἀμυθήτους ἐποιήσαντο σφαγάς

ἀμύλιον.
[Aq. Ex. 16. 31.]

ἄμυλος.
[Sm. Ex. 16. 31.]

ἄμυνα.
Wi. 5. 17. εἰς ἄμυναν ἐχθρῶν

ἀμύνειν. (1) יָשַׁע hi. (2) מוּל hi. (3) נָקַם
Jo. 10. 13. ἕως ἠμύνατο ὁ θ. τοὺς ἐχθροὺς αὐτῶν (3)
Es. 6. 13. οὐ μὴ δύνῃ αὐτὸν ἀμύνασθαι †
8. 13. ὅπως τοὺς . . . ἐπιθεμένους αὐτοῖς ἀμύνωνται
Ps. 117 (118). 10, 11, 12. τῷ ὀνόματι κυρίου ἠμυνάμην αὐτούς (2)
Wi. 11. 3. ἠμύναντο ἐχθρούς
Is. 59. 16. ἠμύνατο αὐτοὺς τῷ βραχίονι αὐτοῦ (1)
II Ma. 6. 20. τοὺς ὑπομένοντας ἀμύνασθαι
10. 17. τοὺς . . . μαχομένους ἠμύναντο
[Aq. Ps. 117 (118). 10.]
[Sm. Jo. 10. 13.]

ἀμυρίτης.
[Aq. Sm. II Ki. 6. 19.]

ἀμύσσειν.
[Th. Za. 12. 3.]

ἀμφήκης.
[Th. Is. 41. 15.]

ἀμφιάζειν, ἀμφιέζειν. (1) חָפָא pi. (2) כְּסוּת (3) לָבַשׁ
IV Ki. 17. 9. ὅσοι ἠμφιέσαντο [A -άσ-] . . . λόγους (1)
Jb. 29. 14. ἠμφιασάμην δὲ κρίμα (3)
31. 19. καὶ οὐκ ἠμφίασα αὐτόν [A om.] (2)
40. 5 (10). A B δόξαν δὲ καὶ τιμὴν ἀμφίασαι [B -εσαι] (3)
[Sm. Ps. 44 (45). 14 : 72 (73). 6 : 103 (104). 1 : Is. 61. 10 : Ez. 23. 6.]
[Al. Ps. 131 (132). 9.]

ἀμφίασις. (1) בֶּגֶד (2) כְּסוּת (3) לְבֻשׁ
Jb. 22. 6. ἀμφίασιν δὲ γυμνῶν ἀφεῖλου (1)
24. 7. ἀμφίασιν δὲ ψυχῆς αὐτῶν ἀφείλαντο (1)
38. 9. ἐθέμην δὲ αὐτῇ νέφος ἀμφίασιν (3)

ἀμφιβάλλειν. (1) רוּק hi.
Hb. 1. 17. ἀμφιβαλεῖ τὸ ἀμφίβληστρον αὐτοῦ (1?)

ἀμφιβληστρεύειν.
[Aq. Is. 51. 20.]

ἀμφίβληστρον. (1) חֵרֶם (2) a. מִכְמֹר b. מִכְמֶרֶת (3) מְצוֹדָה
Ps. 140 (141). 10. πεσοῦνται ἐν ἀμφιβλήστρῳ αὐτοῦ (2 a)
Ec. 9. 12. οἱ ἰχθ. οἱ θηρευόμενοι ἐν ἀ. κακῷ [B -λῷ] (3)
Hb. 1. 15. εἵλκυσεν αὐτὸν ἐν ἀμφιβλήστρῳ (1)
— 16. θύσει τῇ σαγήνῃ [A τῷ ἀ.] αὐ. κ. θυμιάσει τῷ ἀ. [A τῇ σαγ.] (1 vel 2 b)
— 17. διὰ τοῦτο ἀμφιβαλεῖ τὸ ἀ. αὐτοῦ (1)
[Aq. Is. 51. 20 : Ez. 12. 13.]
[Sm. Th. Is. 51. 20.]

ἀμφιβολεύς. (1) פָּרַשׂ מִכְמֹרֶת

Is. 19. 8. οἱ ἀ. πενθήσουσι (1?)

ἀμφιβόλως.

[**Sm.** III Ki. 18. 21.]

ἀμφιέζειν, ἀμφιεννύναι, *vid.* **ἀμφιάζειν.**

ἀμφιλαφής.

Wi. 17. 18. περὶ ἀ. κλάδους ὀρνέων [A ἢ ὀρ.] ἦχος

ἀμφίταπος. (1) חָטֻב (2) מִשְׁכָּב

II Ki. 17. 28. ἤνεγκαν . . . ἀμφιτάπους (2?)
Pr. 7. 16. ἀμφιτάποις δὲ ἔστρωκα τοῖς ἀπ' Αἰγ. (1)
[**Sm.** Pr. 31. 21.]

ἄμφοδον. (1) אַרְמוֹן

Je. 17. 27. καταφάγεται ἄμφοδα Ἰερουσαλήμ (1)
30 (49). 27. καταφάγεται ἄμφοδα υἱοῦ Ἄδερ (1)
[**Aq.** Je. 33 (40). 10.]
[**Sm.** II Ki. 1. 20 : Ps. 30 (31). 12 : Pr. 1. 20 (?) : Is. 51. 20 : Je. 7. 17 : 11. 6 : 14. 16 ; 33 (40). 10 : 51 (28). 4 : Ez. 26. 11 : Am. 5. 16.]
[**Th.** Je. 11. 13.]

ἀμφορεύς.

[**Aq.** I Ki. 1. 24 : 10. 3 : 25. 18.]

ἀμφοτεροδέξιος. (1) אִטֵּר יַד־יְמִינוֹ

Jd. 3. 15. τὸν Ἀὼδ υἱὸν Γηρὰ . . . ἄνδρα ἀ. (1)
20. 16. ἄνδρες ἐκλεκτοὶ . . . ἀμφοτεροδέξιοι (1)

ἀμφότεροι. (1) כֹּל (2) יַחַד (3) שְׁנַיִם

Ge. 21. 27. διέθεντο ἀμφότεροι διαθήκην (3)
— 31. ὤμοσαν ἀμφότεροι (3)
22. 8. πορευθέντες δὲ ἀ. ἅμα (3)
33. 4. καὶ ἔκλαυσαν ἀμφότεροι –
40. 5. καὶ εἶδον ἀμφότεροι ἐνύπνιον (3)
41. 11. R εἴδομεν ἐνύπνιον ἀ. [A *om.*] –
Ex. 12. 22, 23. ἐπ' ἀμφοτέρων τῶν σταθμῶν (3)
22. 9 (8). ἡ κρίσις ἀμφοτέρων (3)
— 11 (10). ὅρκος ἔσται τοῦ θεοῦ ἀνὰ μέσον ἀμφοτέρων (3)
25. 17 (18). ἐξ ἀμφοτέρων τῶν κλιτῶν (3)
26. 19. A B[1] *semel*, B[2] R *bis*, εἰς ἀ. τὰ μέρη αὐτοῦ (3, 3)
— 21. B *semel*, A R *bis*, εἰς ἀ. τὰ μέρη αὐτοῦ –, –
— 24. ἀ. ταῖς δυσὶ γωνίαις (3)
— 25. εἰς ἀ. τὰ μέρη αὐτοῦ –
28. 24 (29). τὰ ἀλυσιδ. ἐπ' ἀ. τῶν κλιτῶν . . . ἐπιθήσεις (3)
— 25 (29). τὰς δύο ἀσπιδ. ἐπιθ. ἐπ' ἀ. τοὺς ὤμους (3)
32. 15. ἐξ ἀ. τῶν μερῶν αὐ. (3)
36. 11 (39. 4). συνεχούσας ἐξ ἀ. τῶν μερῶν (3)
— 13 (39. 6). ἐποίησαν ἀ. τοὺς λίθους –
— 24 (39. 16). ἐπ' ἀ. τὰς ἀρχὰς τοῦ λογείου (3)
— 25 (39. 17). ἐπ' [A ἐξ] ἀ. τῶν μερῶν τοῦ λογείου (3)
— 28 (39. 20). ἐπ' ἀ. τοὺς ὤμους τῆς ἐπωμίδος (3)
38. 14 (37. 17). ἐξ ἀ. τῶν μερῶν αὐτῆς –
Le. 3. 10, 15 ; 8. 16. ἀ. τοὺς νεφρούς (3)
20. 11. A B[2] R θανάτῳ θανατούσθωσαν ἀμφ. (3)
— 12. θανάτῳ θανατούσθωσαν ἀμφότεροι (3)
— 13. βδέλυγμα ἐποίησαν ἀμφ. (3)
— 18. ἐξολοθρευθήσονται ἀμφότεροι (3)
— 27. θανάτῳ θανατούσθωσαν ἀμφότεροι
Nu. 7. 13, 19, 25, 31, 37, 43, 49, 55, 61, 67, 73, 79. ἀμφότερα πλήρη σεμιδάλεως (3)
12. 5. καὶ ἐξήλθοσαν ἀμφότεροι (3)
25. 8. ἀπεκέντησεν ἀμφοτέρους (3)
De. 22. 22. ἀποκτενεῖτε [A *add.* ἅμα] ἀμφοτέρους (3)
— 24. ἐξάξετε ἀμφοτέρους (3)
23. 18 (19). βδέλυγμα κυρίῳ . . . ἐστι καὶ ἀμφότερα (3)
Jd. 19. 6. A ἔφαγον ἐπὶ τὸ αὐτὸ ἀ. [B οἱ δύο] (3)
— 8. A καὶ ἔπιον ἀμφότεροι [B *al.*] (3)
Ru. 1. 5. ἀπέθανον καί γε [A *om.*] ἀμφότεροι (3)
— 19. ἐπορεύθησαν δὲ ἀμφότεραι (3)
4. 11. αἳ ᾠκοδόμησαν ἀμφ. τὸν οἶκον τοῦ Ἰσρ. (3)
I Ki. 2. 34. ἐν μιᾷ ἡμ. ἀποθανοῦνται ἀμφότεροι (3)
3. 11. ἠχήσει ἀμφότερα τὰ ὦτα αὐτοῦ (3)
4. 4. ἀ. οἱ υἱοὶ Ἠλὶ μετὰ τῆς κιβωτοῦ (3)
— 11. ἀ. οἱ [B *om.*] υἱοὶ Ἠλὶ ἀπέθανον (3)
— 17. ἀ. οἱ υἱοί σου τεθνήκασι (3)
5. 4. ἀ. τὰ ἴχνη χειρῶν αὐτοῦ (3)
— 4. ἀ. οἱ καρποὶ τῶν χειρῶν αὐτοῦ (3?)
14. 11. καὶ εἰσῆλθον ἀμφότεροι εἰς Μεσσὰβ (3)
17. 10. καὶ μονομαχήσομεν ἀμφότεροι (2)
20. 11. καὶ ἐκπορεύονται ἀμφότεροι (3)
I Ki. 20. 42. ὡς ὀμωμόκαμεν ἡμεῖς ἀμφότεροι (3)
23. 18. καὶ διέθεντο ἀμφότεροι διαθήκην (3)
25. 43. καὶ ἀμφότεραι ἦσαν αὐτῷ γυναῖκες (3)
27. 3. καὶ Δαυὶδ καὶ ἀ. αἱ γυναῖκες αὐτοῦ (3)
30. 5. ἀ. αἱ γυναῖκες Δαυὶδ ᾐχμαλωτεύθησαν (3)
— 18. ἀ. τὰς γυναῖκας αὐτοῦ ἐξείλατο (3)
II Ki. 2. 2. Δαυὶδ . . . καὶ ἀ. αἱ γυναῖκες αὐτοῦ (3)
9. 13. χωλὸς ἀ. τοῖς ποσὶν αὐτοῦ (3)
14. 6. ἐμαχέσαντο ἀμφότεροι (3)
III Ki. 3. 18. οὐθεὶς μεθ' ἡμῶν πάρεξ ἀ. ἡμῶν (3)
6. 25. συντέλεια μία ἀμφοτέροις (3)
— 27. καὶ [A *add.* ἔθηκεν] ἀμφότερα Χερ. –
— 34. ἐν ἀ. ταῖς θύραις ξύλα πεύκινα (3)
7. 20. καὶ μέλαθρον ἐπ' ἀ. τῶν στύλων (3)
— 41. ἀ. τὰ στρεπτὰ τῶν γλυφῶν (3)
— 42. τὰς ῥοὰς τετρακοσ. ἀ. τοῖς δικτύοις (3)
— 42. ἀ. τὰ ὄντα τὰ στρεπτὰ τῆς μεχωνὼθ ἐπ' ἀ. τοῖς στύλοις (3, †)
11. 29. καὶ ἀμφότεροι [R *add.* μόνοι] ἐν τῷ πεδίῳ (3)
18. 21. ἐπ' ἀ. ταῖς ἰγνύαις (3)
IV Ki. 2. 6. καὶ ἐπορεύθησαν ἀμφότεροι (3)
— 7. καὶ ἀμφότεροι ἔστησαν ἐπὶ τοῦ Ἰορδ. (3)
— 8. καὶ διέβησαν ἀμφότεροι ἐν ἐρήμῳ (3)
— 11. διέστειλεν [A -αν] ἀνὰ μέσον ἀμφοτέρων (3)
21. 12. ἠχήσει ἀ. τὰ ὦτα αὐτοῦ (3)
To. 3. 16. εἰσηκούσθη προσευχὴ ἀμφοτέρων
5. 16. ἐξῆλθαν ἀμφότεροι ἀπελθεῖν [S *al.*]
6. 1. S ἐπορεύθησαν ἀμφότεροι [A B *al.*]
— 5. ὥδευον ἀμφότεροι
— 17. ἐγέρθητε ἀμφότεροι
8. 4. ὡς δὲ συνεκλείσθησαν ἀμφότεροι [S *al.*]
— 6. S ἐξ ἀμφοτέρων [A B ἐκ τούτων] ἐγενήθη
— 9. ἐκοιμήθησαν ἀμφότεροι [S *om.*] τὴν νύκτα
10. 13. S καὶ κατεφίλησεν ἀμφοτέρους
11. 4. S καὶ ἐπορεύθησαν ἀμφότεροι
— 9. ἔκλαυσαν ἀμφότεροι [S *om.*]
Es. 1. 1. ἕτοιμοι προῆλθον ἀμφότεροι παλαίειν
5. 5. παραγίνονται ἀ. εἰς [A ἐπὶ] τὴν δοχήν †
Jb. 9. 33. διακούων [A -κρίνων] ἀνὰ μέσ. ἀμφοτέρων (3)
Pr. 20. 10. ἀκάθαρτα ἐνώπιον κυρίου καὶ ἀ. (3)
— 12. κυρίου ἔργα καὶ ἀμφότερα (3)
22. 2. ἀμφοτέρους δὲ ὁ κύριος ἐποίησε (1)
24. 22. τὰς δὲ τιμωρίας ἀμφοτέρων τίς γνώσ. (3)
27. 3. ὀργὴ δὲ ἄφρονος βαρυτ. ἀμφοτέρων (3)
29. 13. ἐπισκοπὴν ἀμφοτέρων ποιεῖται ὁ κ. (3)
Wi. 14. 30. ἀμφότερα δὲ αὐτοὺς μετελεύσεται
Si. 10. 7. ἐξ ἀμφοτ. πλημμελήσει ἄδικα [A S -κία]
18. 17. ἀμφότερα παρὰ ἀνδρὶ κεχαριτωμένῳ
20. 25. ἀμφότεροι δὲ ἀπώλειαν κληρονομήσουσιν
— 30. τίς ὠφέλεια ἐν ἀμφοτέροις
22. 5. ὑπὸ ἀμφοτέρων ἀτιμασθήσεται
28. 12. ἀμφότερα . . . ἐκπορεύεται [A S ἐξελεύσ.]
40. 18. ὑπὲρ ἀμφότερα ὁ εὑρίσκων θησαυρόν
— 19. ὑπὲρ ἀμφότερα γυνὴ ἄμωμος
— 20. ὑπὲρ ἀμφότερα ἀγάπησις σοφίας [S *al.*]
— 21. ὑπὲρ ἀμφότερα γλῶσσα ἡδεῖα
— 22. ὑπὲρ ἀμφότερα χλόην σπόρου
— 23. ὑπὲρ ἀμφότερα γυνὴ μετὰ ἀνδρός
— 24. ὑπὲρ ἀμφότερα ἐλεημοσύνη ῥύσεται
— 25. ὑπὲρ ἀμφότερα βουλὴ [B γυνὴ] εὐδοκιμεῖται
— 26. ὑπὲρ ἀμφότερα φόβος κυρίου
41. 14. τίς ὠφέλεια ἐν ἀμφοτέροις
Za. 6. 13. βουλὴ εἰρ. ἔσται ἀνὰ μέσ. ἀμφοτέρων (3)
Je. 19. 3. S[3] ἠχήσει ἀ. [A B S *om.*] τὰ ὦτα αὐτοῦ –
26 (46). 12. ἐπὶ τὸ αὐτὸ ἔπεσαν ἀ. (3)
Da. LXX. Su. 10. καὶ ἀ. ἦσαν κατανενυγμένοι
60. κατέστησεν ἀμφοτέρους ψευδομάρτυρας
Da. TH. Su. 10. ἦσαν ἀ. κατανενυγμένοι
8. 7. συνέτριψεν ἀ. τὰ κέρατα αὐ. (3)
11. 27. ἀ. οἱ βασιλεῖς (3)
IV Ma. 1. 32. τούτων ἀμφοτέρων ὁ λογισμός
[**Aq.** Pr. 29. 13.]
[**Sm.** Pr. 29. 13 : Ec. 4. 6 : Is. 1. 31.]
[**Th.** Ju. 19. 6 : III. Ki. 7. 20 (9) : Pr. 29. 13 : Is. 1. 31.]
[**Al.** Pr. 27. 4.]

ἄμωμος. (1) מאוּם cum negat. (2) *a.* תֹּם *b.* תָּם *c.* תָּמִים *d.* תָּמַם

Ex. 29. 1. A μοσχάριον ἐκ βοῶν ἄμωμον [B ἕν] †
— 1. κριοὺς ἀ. δύο (2 *c*)
— 38. ἀμνοὺς ἐνιαυσίους ἀ. –
Le. 1. 3. ἐκ τῶν βοῶν ἄρσεν ἄ. προσάξει (2 *c*)
— 10. ἄρσεν ἄ. προσάξει αὐτό (2 *c*)
3. 1. ἄμωμον προσάξει αὐτὸ ἔναντι κυρίου (2 *c*)
Le. 3. 6. ἄμωμον προσοίσει αὐτό (2 *c*)
— 9. τὴν ὀσφὺν ἄ. . . . περιελεῖ αὐτό (2 *c*)
4. 3. προσάξει . . . μόσχον ἐκ βοῶν ἄμωμον (2 *c*)
— 14. μόσχον ἐκ βοῶν ἄμωμον –
— 23. χίμαρον ἐξ αἰγῶν ἄρσεν ἄ. (2 *c*)
— 28. χίμαιραν ἐξ αἰγῶν θήλειαν ἄ. (2 *c*)
— 32. θῆλυ ἄ. προσοίσει αὐτό (2 *c*)
5. 15, 18. κριὸν ἄ. ἐκ τῶν προβάτων (2 *c*)
6. 5 (5. 25). κριὸν ἀπὸ τῶν προβάτων ἄμωμον (2 *c*)
9. 2. μοσχάριον . . . καὶ κριὸν . . . ἄμωμα (2 *c*)
— 3. χίμαρον . . . καὶ μοσχάριον καὶ ἀμνὸν . . . ἄμωμα (2 *c*)
12. 6. ἀμνὸν ἐνιαύσιον ἄ. –
14. 10. δύο ἀμνοὺς ἐνιαυσίους ἄ. (2 *c*)
— 10. πρόβατον [A *add.* εἰς] ἐνιαύσιον ἄ. (2 *c*)
22. 19. θεκτὰ ὑμῖν ἄμωμα ἄρσενα (2 *c*)
— 21. ἄμωμον ἔσται εἰσδεκτόν (2 *c*)
23. 12. πρόβατον ἄ. ἐνιαύσιον (2 *c*)
— 18. ἑπτὰ ἀμνοὺς ἀ. ἐνιαυσίους (2 *c*)
— 18. κριοὺς δύο ἀ. –
Nu. 6. 14. ἀμνὸν ἐνιαύσιον ἄ. (2 *c*)
— 14. ἀμνάδα ἐνιαυσίαν ἄ. (2 *c*)
— 14. κριὸν ἕνα [A *om.*] ἄ. (2 *c*)
7. 69. A ἀμνὸν ἕνα ἐνιαύσιον ἄ. [B *om.*] –
— 88. ἀμνάδες ἑξήκοντα ἐνιαύσιαι ἄ. –
15. 24. μόσχον ἕνα ἐκ βοῶν ἄμωμον –
19. 2. δάμαλιν πυρρὰν ἄμωμον (2 *c*)
28. 3, 9. ἀμνοὺς ἐνιαυσίους ἀ. (2 *c*)
— 11. ἀμνοὺς ἐνιαυσίους ἑπτὰ ἀ. (2 *c*)
— 19. ἄμωμοι [A *om.*] ἔσονται ὑμῖν (2 *c*)
— 27. ἀμνοὺς ἐνιαυσίους ἑπτὰ ἀ. –
— 31. ἄμωμοι ἔσονται ὑμῖν (2 *c*)
29. 2. ἀμνοὺς ἐνιαυσίους ἑπτὰ ἀ. (2 *c*)
— 8. ἄμωμοι [A -ους] ἔσονται ὑμῖν (2 *c*)
— 13. ἄμωμοι ἔσονται (2 *c*)
— 17, 20, 23, 26. ἀμνοὺς ἐνιαυσ. τέσσαρας καὶ δέκα ἀ. (2 *c*)
— 29, 32. ἀμνοὺς ἐνιαυσ. δέκα τέσσ. (2 *c*)
— 36. ἀμνοὺς ἐνιαυσίους ἑπτὰ ἀ. (2 *c*)
II Ki. 22. 24. καὶ ἔσομαι ἄ. αὐτῷ (2 *c*)
— 31. ὁ ἰσχυρὸς ἄμωμος ἡ ὁδὸς αὐτοῦ (2 *c*)
— 33. ἐξετίναξεν ἄμωμον τὴν ὁδόν μου (2 *c*)
Ps. 14 (15). 2. πορευόμενος ἄ. (2 *c*)
17 (18). 23. ἔσομαι ἄ. μετ' αὐτοῦ (2 *c*)
— 30. ἄμωμος ἡ ὁδὸς αὐτοῦ (2 *c*)
— 32. ἔθετο ἄμωμον τὴν ὁδόν μου (2 *c*)
18 (19). 7. ὁ νόμος τοῦ κυρίου ἄ. (2 *c*)
— 13. τότε ἄμωμος ἔσομαι (2 *d*)
36 (37). 18. γινώσκει κ. τὰς ὁδοὺς τῶν ἀ. (2 *c*)
— 28. ἄμωμοι ἐκδικηθήσονται [A *al.*] –
63 (64). 4. τοῦ κατατοξεῦσαι ἐν ἀποκρ. ἄμωμον (2 *b*)
100 (101). 2. A R συνήσω ἐν ὁδῷ [B ᾠδῇ] ἀ. (2 *c*)
— 6. πορευόμενος ἐν ὁδῷ ἀ. (2 *c*)
118 (119). 1. μακάριοι [A *add.* οἱ] ἄ. ἐν ὁδῷ (2 *c*)
— 80. γενηθήτω ἡ καρδία μου ἄμωμος (2 *c*)
Pr. 11. 5. δικαιοσ. ἀμώμους [A S -ου] ὀρθοτομεῖ ὁδούς (2 *c*)
— 20. προσδεκτοὶ δὲ αὐτῷ πάντες ἄ. (2 *c*)
20. 7. ὃς ἀναστρέφεται ἄ. ἐν δικαιοσύνῃ (2 *a*)
22. 11. δεκτοὶ δὲ αὐτῷ πάντες ἄ. –
Ec. 11. 9. περιπάτει . . . ἄμωμος –
Wi. 2. 22. οὐδὲ ἔκριναν γέρας ψυχῶν ἀ.
Si. 34 (31). 8. μακάριος πλούσιος ὃς εὑρέθη ἄ.
40. 19. ὑπὲρ ἀμφότερα γυνὴ ἄ. λογίζεται
Is. 33. 15. S πορευόμενος ἄ. [A B *om.*] ἐν δικαιοσ. –
Ez. 28. 15. ἐγενήθης ἄμωμος σὺ ἐν ταῖς ἡμ. σου (2 *c*)
43. 22. ἐρίφους δύο αἰγῶν [A ἀπὸ αἰ.] ἀμώμους (2 *c*)
— 23. προσοίσουσι μόσχον ἐκ βοῶν ἄμωμον καὶ κριὸν ἐκ προβάτων ἄμωμον (2 *c*, 2 *c*)
— 25. ἄμωμα ποιήσουσιν ἑπτὰ ἡμέρας (2 *c*)
45. 18. λήψεσθε μόσχον ἐκ βοῶν ἄμωμον (2 *c*)
— 23. ἑπτὰ κριοὺς ἀμώμους καθ' ἡμέραν (2 *c*)
46. 4. ἐξ ἀμνοὺς ἀ. καὶ κριὸν ἄ. (2 *c*, 2 *c*)
— 6. μόσχον ἄ. [A υἱὸν βουκολίου ἄ.] (2 *c*)
— 6. καὶ κριὸς ἄμωμος ἔσται (2 *c*)
— 13. ἀμνὸν ἐνιαύσιον ἄ. ποιήσει (2 *c*)
Da. LXX. 1. 4. νεανίσκους ἀ. καὶ εὐειδεῖς (1)
I Ma. 4. 42. ἱερεῖς ἀ. θελητὰς νόμου
[**Aq.** Jb. 21. 23.]
[**Sm.** Ge. 25. 27 : Jb. 1. 1 : 21. 23 : 22. 3 : Ps. 15 (16). 1 : 36 (37). 18 : 55 (56). 1 : 56 (57). 1 : 59 (60). 1 : 100 (101). 2.]
[**Th.** Jb. 21. 23 : 36. 4.]
[**Al.** Le. 23. 15 : 25. 30 : Pr. 28. 10.]

ἀμωμότης.

[Sm. Ps. 25 (26). 1, 11 (?).]
[Th. Ps. 25 (26). 11 (?).]

ἀμών.

[Sm. Is. 33. 3.]

ἀμωνά.

[Th. Heb. Ez. 39. 16.]

ἄν (incl. **κἄν**). * ὡς ἄν. †† ὅπως ἄν. [ἕως ἄν vid. sub voc. ἕως.]

Ge. 2. 17 : 3. 5 : 6. 4* (*ind.*), 17† : 11. 6 : 12. 1, 12*, 13†† : 16. 6* : 18. 19†† : 19. 8† (*opt.*) : 20. 15 : 21. 6, 12 : 22. 2 : 23. 15 (*opt.*) : 24. 14, 43 : 26. 2, 10† (*ind.*) : 27. 30† (*ind.*)* : 28. 15 : 30. 27 (*ind.*), 38*, 42 (*ind.*)† : 31. 27 (*ind.*), 32, 42 (*ind.*) : 33. 10* (*opt.*) : 34. 12 : 39. 3† : 42. 38† (*ind.*) : 43. 10 (*ind.*) : 44. 8 (πῶς ἄν), 9, 10 : 48. 6† : 50. 20††.

Ex. 1. 10 : 9. 19†, 29* : 10. 28 : 12. 7†, 15, 19, 25 : 13. 9††, 11*, 12† : 16. 5† *bis*, 23† : 20. 20††, 26††† : 21. 17†, 22†, 30† : 22. 9 (8)† : 23. 22†, 22 : 25. 2, 15 (16), 20 (21), 21 (22)† : 28. 34 (38), 39 (43)*† : 30. 13, 33 *bis*, 38 : 32. 34 : 33. 8 (*ind.*), 9* (*ind.*), 13†††, 19 *bis*, 22 : 34. 24†, 34 (*ind.*) : 40. 36 (*ind.*).

Le. 2. 8, 11 : 5. 3, 15, 17† : 6. 2 (5. 21)†, 10 (3), 18 (11)†, 20 (13)†, 30 (23)† : 7. 6 (16) (κἄν)†, 6 (16), 9 (19)†, 11 (21), 17 (27) : 10. 9† : 11. 32, 32†, 33†, 34† : 13. 14, 46†, 51†, 52† : 14. 2, 34*, 36† : 15. 4† *bis*, 5†, 6†, 9, 10†, 12†, 16†, 17†, 19†, 20†, 20, 21†, 24, 26, 26†, 33 : 16. 17*†, 32 *bis* : 17. 3† *bis*, 4, 5 (*ind.*)†, 8, 10, 13 : 18. 29† : 19. 6 : 20. 2, 6†, 9†, 10 *bis*, 13, 14†, 15, 17†, 18, 20, 21†, 27 : 21. 18†, 19†, 20 : 22. 3 *bis*, 4, 5, 6†, 14, 18 *bis*, 20, 21, 27* : 23. 12†, 15, 38 : 24. 17†, 18, 20, 21 : 25. 16 *bis*, 33, 44, 45 : 27. 2, 9, 12, 14, 14* (*ind.*), 26, 28†, 32†.

Nu. 5. 6†, 9†, 10†, 29†, 30† : 6. 2†, 9, 13, 21 *ter* : 9. 13†, 17 (*ind.*) : 10. 32† : 15. 14, 29†, 40†† : 16. 7†, 14 (*ind.*), 40 (17. 5)†† : 17. 5 (20)† : 18. 12, 13, 19†, 24†, 28†, 32 : 19. 16†, 18†, 20† : 22. 6† *bis*, 8†, 20†, 29 (*ind.*), 33 (*ind.*) : 23. 12† : 24. 13† : 27. 20†† : 30. 3, 3†, 6, 8, 9†, 10†, 13,
● 13† : 32. 21*† : 33. 54†, 55† : 36. 3, 4.

De. 4. 6†, 7†, 41†, 42 : 5. 27 (24)†, 27 (24)† (*ind.*) : 7. 12† : 8. 2††*† : 11. 25† : 12. 5, 7†, 11, 11†, 14, 17, 18, 18†, 19†, 21, 21*†, 26†, 26 : 14. 23†, 24, 25, 26† *bis* : 15. 8†, 10†, 10, 20† : 16. 2†, 4†, 6†, 7†, 10, 11†, 15†, 16† : 17. 8, 9, 10† *ter*, 11†, 12†, 12, 15, 20†† : 18. 7, 18, 19†, 20† *bis* : 19. 4 *bis*, 5†, 15†, 17†, 21† : 20. 14 : 21. 16, 17 : 22. 12† : 23. 16 (17)†, 19 (20)†, 24 (26)† : 24. 8† : 25. 6† : 26. 2, 3† (*ind.*) : 27. 2, 3*, 3†, 4*, 19, 25 : 28. 1*†, 8, 20†, 36†, 37†, 54, 55 *bis*, 57† *bis* (*ind.*), 67 (πῶς ἄν) *bis* : 29. 22 (21) : 30. 1* : 31. 11 : 33. 7 (*opt.*)

Jo. 1. 3, 16†, 18† *bis* : 2. 14*, 19 : 3. 8*, 13* : 6. 4*, 25 (26) (*ind.*)† : 7. 14, 14† *bis*, 15 : 8. 5*, 6* : 9. 27† : 15. 16† : 24. 20†, 27†.

Jd. 1. 12† : 5. 8† (?) : 7. 4†, 5, 5†, 17† : 8. 19 (*ind.*) : 9. 33† : 10. 15†, 18 : 11. 31† : 13. 23 (*ind.*) *ter* : 14. 18 (*ind.*) : 15. 14† : 18. 10† : 21. 21*†.

Ru. 2. 9† : 3. 5†.

I Ki. 2. 13* (*ind.*) : 8. 7 : 9. 13* : 10. 2*, 5* : 14. 30 (*ind.*), 42, 47 (*ind.*) : 16. 3† : 17. 18, 25, 26 (*ind.*), 27 (*ind.*) : 20. 12*, 14 (κἄν)† : 23. 13† (*ind.*) : 25. 8†.

II Ki. 2. 27† (*ind.*) : 7. 3† : 13. 28* : 14. 26* (*ind.*) : 15. 20†, 21†, 34† : 17. 14†† : 18. 11 (*ind.*) : 19. 38 (39)†.

III Ki. 1. 21* : 2. 3† : 3. 1 (2. 42) : 4. 11† *bis*, 28 (5. 6) : 5. 6 (20)†, 9 (23)† : 8. 30, 31, 38*, 39, 43, 52† : 11. 38 : 18. 24† : 21 (20). 6 : 22. 14†.

IV Ki. 5. 6* : 6. 32* : 10. 2*†, 19†, 21†, 24† : 13. 19 (*ind.*) : 18. 21.

II Ch. 2. 14 (13) : 6. 21, 30*, 33†.

I Es. 2. 21††† : 3. 5†, 9† : 4. 3† : 5. 40† : 6. 30, 32† : 8. 16†, 18†, 19†, 24† : 9. 4†.

II Es. 4. 16† : 6. 9 : 7. 16†, 20, 21†, 26 : 10. 3*†, 8, 8*†.

Ne. 6. 3* : 13. 25†.

To. 2. 2† : 4. 19† : 5. 20† : 6. 14† : 7. 11† (*ind.*) : 8. 12††† : 13. 5†, 16† : 14. 5†, 10†.

Ju. 3. 3† : 10. 4 : 11. 2 (*ind.*), 11†, 15*† : 14. 2†.

Es. 1. 1*†, 20† : 2. 4†, 13† : 3. 13 (πῶς ἄν) : 8. 7† (*ind.*), 13†, 17† (*ind.*), 17† (*ind.*).

Jb. 1. 5* (*ind.*) : 3. 10 (*ind.*), 13 (*ind.*) : 4. 12 (*ind.*) : 7. 4*, 9† : 9. 35† : 11. 5 (πῶς ἄν) : 13. 22† : 19. 23† (*opt.*) : 23. 3† (*opt.*) : 25. 4 (*opt.*) : 29. 2 (*opt.*) : 31. 12, 31 (*opt.*), 36 (*ind.*) : 37. 12† : 39. 30† : 41. 4 (*opt.*) : 42. 8 (*ind.*).

Ps. 1. 3 : 9. 14†† : 16 (17). 3†† : 19 (20). 9 : 29 (30). 12†† : 47 (48). 13†† : 50 (51). 4††, 16 (*ind.*) : 54 (55). 12 (*ind.*) *bis* : 55 (56). 9 : 59 (60). 5†† : 67 (68). 23†† : 77 (78). 6†† : 80 (81). 14† (*ind.*) *bis* : 81 (82). 7† (*ind.*) : 91 (92). 7†† : 93 (94). 12 : 101 (102). 2 *bis* : 104 (105). 45†† : 107 (108). 6†† : 118 (119). 11††, 71††, 80††, 92 (*ind.*), 101†† : 123 (124). 2 (*ind.*), 4† (*ind.*) : 124 (125). 3†† : 137 (138). 3 : 140 (141). 10†.

Pr. 1. 22, 26†, 27* : 2. 20 (*ind.*) : 3. 27 : 4. 15 : 5. 11 : 6. 22†, 22* : 7. 7, 9 : 9. 12† (*ind.*) : 11. 2† : 17. 8 : 18. 17* : 19. 9 : 20. 24 (πῶς ἄν) : 21. 1† : 24. 23 (29. 27) : 24. 55 (30. 20) : 25. 8 : 27. 14 : 31. 23.

Ec. 3. 22† : 4. 11†, 17† (5. 1) : 5. 3 (4)† *bis*, 17† : 7. 14 (13) : 8. 3†, 17†, 17 : 9. 10† : 12. 3†.

Ca. 8. 8†.

Wi. 4. 4† (κἄν) : 9. 6 (κἄν) : 11. 24 (*ind.*), 25† (*ind.*) : 14. 4 (κἄν)† : 15. 12 (κἄν)†.

Si. *prol.* 14† : 3. 13† (κἄν) : 9. 13 (κἄν)† : 12. 5†, 17† : 13. 23 (κἄν) : 14. 7 (κἄν)† : 16. 11 (κἄν) : 23. 11 (κἄν)† : 25. 3. (πῶς ἄν) : 30. 37 (33. 29) (κἄν) : 37. 12† : 43. 30.

Ho. 2. 3 (6)†† : 7. 12.

Am. 9. 12†††.

Mi. 6. 14†.

Jl. 2. 32 (3. 5)†.

Ob. 1. 5 (*ind.*) *ter*.

Za. 14. 16†, 18†, 19†.

Is. 1. 9 (*ind.*) *bis*, 12 : 8. 10, 12†, 14† (κἄν), 21* : 10. 15*† : 11. 11 : 13. 13†, 15† : 17. 11†, 11 : 19. 17† : 21. 6† : 29. 11† : 30. 31 : 36. 6*† : 44. 19† (*ind.*) : 46. 7† : 48. 18 (*ind.*), 19 (*ind.*) : 52. 9 : 55. 7, 10*†, 11† : 56. 4† : 58. 5.

Je. 1. 7†, 17† : 7. 23, 23††† : 8. 3† : 19. 2† : 23. 22 (*ind.*)†, 34 : 34 (27). 5†, 8† : 42 (35). 7†† : 45 (38). 15† : 47 (40). 10† : 49 (42). 4† (*ind.*), 5†, 20† : 51. 35 (45. 5)†.

Ba. 3. 13 (*ind.*).

Ez. 1. 12 (*ind.*), 16 (*opt.*), 20 (*ind.*) : 3. 6 (*ind.*) : 10. 11 (*ind.*) : 11. 16† : 12. 28 : 14. 4, 7†, 13† : 15. 2 (*opt.*) : 21. 16 (21) : 32. 9† : 33. 2, 12 *bis*, 33† : 34. 12† : 35. 11† : 36. 30†††, 36 : 38. 18 : 44. 14, 27 : 46. 7†, 11 : 47. 9 *bis* : 48. 35.

Da. LXX. 2. 11 (*ind.*) : 3. 5, 6, 10, 11, 29 : 4. 14, 34 : 5. 7 : 6. 7 (8) : 9. 14 : 11. 3, 34 : 12. 1, 11.

Da. TH. 1. 13† : 2. 18††† : 3. 5, 6 (ἂν μή), 10, 15*, 29† : 4. 22, 23, 29† : 5. 7†, 21† : 6. 7 (8), 12 (13), 15 (16)† : 11. 4*.

I Ma. 1. 50 : 3. 60* : 6. 27†, 36† (*ind.*), 36† (*ind.*) : 8. 1, 13 *bis*, 25*, 27*, 30† : 10. 32††, 32 : 11. 42† : 13. 9†, 20† (*ind.*) : 14. 45 : 15. 9*.

II Ma. 1. 11* : 4. 47† (*ind.*) : 9. 21† (*ind.*) : 11. 28 (*opt.*) : 12. 4*, 44 (*ind.*)† : 15. 21† (*opt.*).

III Ma. 3. 2*, 27 : 4. 1* : 5. 11, 31 (*ind.*) : 7. 4.

IV Ma. 1. 1 (*opt.*), 5 (*opt.*), 7 (*opt.*), 10 (*opt.*) : 2. 6 (*opt.*), 8 (κἄν), 9 (κἄν), 20 (*ind.*), 24† (*opt.*) : 3. 4† (*opt.*) : 5. 6 (*opt.*), 13† (*opt.*), 30 : 6. 32 (*ind.*) : 7. 17 (*opt.*), 22 (*opt.*) : 8. 16 (*ind.*) : 9. 6 (*opt.*) :
● 10. 4†, 18 (κἄν) : 13. 2† (*ind.*) : 14. 9† (*opt.*) : 16.
● 5 (*ind.*) *bis*, 10 : 17. 7 (*ind.*) : 18. 14 (κἄν).

[Aq. Ex. 35. 21 (*ind.*) : Jo. 2. 14* : Ps. 40 (41). 9 : Je. 51 (28). 63*.]

[Sm. Ge. 2. 17 : Jo. 2. 14* : I Ki. 25. 34 (*ind.*) :
● II Ki. 5. 8 : IV Ki. 12. 5 (6) : Jb. 11. 8 (πῶς ἄν) :
● 16. 4 (*ind.*) *bis*, 5 (*ind.*) : 37. 4 (*ind.*) : Ps. 54 (55). 8 (*ind.*) *bis*, 9 (*ind.*) : 55 (56). 4, 10 : 80 (81). 15 (*ind.*) *bis* : 137 (138).
● 3† (*ind.*) : Ec. 9. 10 (*ind.*) : Is. 21. 6 : 30. 19 : Je. 39 (46). 12* : 49. 9 (29. 10) (*ind.*) : 51
● (28). 63* : Ez. 4. 9* : 5. 2*† : Ho. 5. 3† (*ind.*) : Za. 10. 6*.]

[Th. Ge. 4. 7 *bis* : Le. 27. 26 : Dt. 26. 2 : Jo. 2. 14* : Jd. 15. 14 : Is. 11. 11 : Ez. 10. 11 : Da. 6. 8†††.]

[Al. Ge. 44. 1 : Ex. 13. 5* : Le. 14. 22* : 20. 11 : 24. 15 : Jo. 15. 16 : I Ki. 11. 10 : Jb. 11. 5†† : Ps. 123 (124). 4 (*ind.*) : Pr. 6. 22* : Da. 8. 23*.]

[Quint. Ho. 8. 6.]

ἀνά.

Ge. 24. 22.

II Ki. 15. 2, 18 : 18. 4.

III Ki. 4. 11† *bis* : 18. 13 (ἀνὰ πεντήκοντα).

I Ch. 15. 26† *bis*.

[Sm. Ex. 14. 7 : Nu. 2. 17 : Za. 4. 12.]
[Al. IV Ki. 1. 14.]

ἀνὰ μέσον.

Ge. 1. 4 *bis*, 6, 7 *bis*, 14 *bis*, 18 *bis* : 3. 15 *quater* : 9. 12 *bis*, 13, 15 *bis*, 16 *bis*, 17 *bis* : 10. 12 *bis* : 13. 3 *bis*, 7 *bis*, 8 *ter* : 15. 17† : 16. 5, 14 *bis* : 17. 2 *bis*, 7, 7†, 7, 10 *bis*, 11 : 20. 1 *bis* : 23. 15 : 26. 28 *bis* : 30. 36 *bis* : 31. 37, 44 *bis*, 46, 48, 49, 53 : 32. 16 (17) : 42. 23 : 49. 14†.

● Ex. 8. 23 (19) *bis* : 9. 4 *bis* : 11. 7, 7† : 41. 2 *bis*, 20 *bis* : 16. 1 *bis* : 22. 11 (10) : 25. 21 (22) : 26. 10 (*adv.*), 28, 33 *bis* : 28. 30 (34) : 30. 18 *bis* : 36. 33 (39. 25).

Le. 10. 10 *bis* : 11. 47 *quater* : 20. 25 *ter* : 23. 5 : 26. 46 *bis* : 27. 12 *bis*, 14 *bis*.

Nu. 2. 17† : 7. 89 : 16. 48 (17. 13) : 17. 6 (21) : 21. 13 *bis* : 26. 56 : 30. 17, 17†, 17 : 31. 27 *bis* : 33. 49 : 35. 24 *bis*.

De. 1. 1, 16 *quater* : 5. 5 : 14. 1 : 17. 8 *quater* : 25. 1 : 33. 12.

Jo. 3. 4 : 8. 9 *bis*, 22 : 16. 9 : 17. 9 : 18. 11 *bis* : 19. 1 : 22. 25, 27, 27†, 27, 28 *ter*, 34 : 24. 7 *bis*.

Jd. 4. 5 *bis*, 17 *bis*, 21† : 5. 10, 16, 27, 27† : 9. 23 *bis* : 11. 10, 27 *bis* : 13. 25 *bis* : 15. 4 : 16. 19†, 25, 31 *bis*.

Ru. 1. 17 : 2. 15.

I Ki. 7. 12 *bis*, 14 *bis* : 14. 4†, 42 *quater* : 17. 1 *bis*, 3, 6 : 20. 3, 3†, 23, 42 *bis*, 42† : 24. 13, 16 *bis* : 26. 13.

II Ki. 3. 1 *bis*, 6 *bis* : 14. 6 : 18. 9 *bis*, 24 : 19. 35 (36) : 21. 7 *ter*.

III Ki. 3. 9 : 5. 12 (26) *ter* : 7. 28, 29, 46 *bis* : 14. 30 *bis* : 15. 7 *bis*, 16 *bis*, 19, 19† *bis* : 18. 42 : 22. 1 *bis*, 34 *bis*.

IV Ki. 2. 11 : 9. 24 : 11. 17 *quinquiens* : 16. 14 *bis* : 25. 4.

I Ch. 21. 16, 16†.

II Ch. 4. 17 : 13. 3 *bis* : 16. 3, 3†, 3 *bis* : 18. 33 *bis* : 19. 10 *bis* : 23. 16.

Ne. 3. 31†, 32 : 5. 18.

Ju. 3. 10 : 7. 24 : 8. 3, 11.

Jb. 9. 33 : 30. 7 : 34. 4.

Ps. 67 (68). 13 : 103 (104). 10.

Pr. 6. 19 : 8. 2, 20.

Ca. 1. 13† : 2. 2, 3.

Si. 23. 14 : 25. 18 : 27. 2 *bis* : 28. 9 : 30. 2 : 34 (31). 18 : 39. 4.

Ho. 13. 15.

Mi. 4. 3.

Jl. 2. 17.

Ob. 1. 4.

Za. 1. 8, 10, 11 : 5. 9 *bis* : 6. 13 : 11. 14 *bis* : 13. 6.

Ma. 2. 14 *bis* : 3. 18 *ter*.

Is. 2. 4 : 5. 3 : 22. 11 : 44. 4 : 57. 5 : 58. 12 : 59. 2, 2†.

Je. 7. 5 *bis* : 32. 2 (25. 16), 13 (25. 27)† : 44 (37). 4† : 52. 7.

La. 1. 3, 17.

Ep. Je. 54.

Ez. 1. 13 : 4. 3 *bis* : 8. 3, 3†, 16 *bis* : 18. 8 *bis* : 20. 12 *bis*, 20, 20† : 22. 26 *bis* : 34. 17, 20 *bis*, 22 : 40. 7 : 41. 9, 10, 18, 18† : 42. 20 *bis* : 44. 23 *bis*, 23† : 47. 16 *bis*, 18 *quater* : 48. 22 *bis*.

Da. LXX. 7. 8 : 8. 5, 16, 21 : 11. 45.

Da. TH. 7. 5 : 8. 5†, 6†, 16, 17†, 21 : 11. 10†, 45.

I Ma. 7. 28 : 12. 36 : 13. 40 : 16. 5.

[Aq. Ge. 49. 14 (?) : Ex. 39. 25 (36. 33) : Jd. 5. 16 : Je. 34 (41). 18, 19 : 52. 7 : Ez. 20. 20.]

[Sm. Ge. 49. 14 (?) : Ex. 39. 25 (36. 33) : Jd. 5. 16 : Pr. 14. 9.]

[Th. Ge. 1. 6 : Ex. 11. 7 : 39. 25 (36. 33) : 40. 30 *bis* : Jd. 16. 19 : Jb. 30. 7 : Je. 39 (46). 4 : Ez. 10. 7 : 20. 20 : Da. 7. 5 : 11. 10, 45.]

[Al. Le. 27. 33 : Nu. 9. 5 : III Ki. 15. 6.]

ἀναβαθμίς. (1) מַעֲלָה

Ex. 20. 26. οὐκ ἀναβήσῃ ἐν ἀναβαθμίσιν (1)

● = correction on page xxiv

ἀναβαθμός. (1) מַעֲלָה

III Ki. 10. 19. ἓξ ἀναβαθμοὶ τῷ θρόνῳ (1)
— 20. λέοντες . . . ἐπὶ τῶν ἓξ ἀ. (1)
IV Ki. 9. 13. ἐπὶ τὸ γαρὲμ [A ἐπὶ γὰρ ἕνα] τῶν ἀ. (1)
20. 9. A πορεύσ. ἡ σκιὰ δ. ἀναβαθμούς [B βαθ.] (1)
— 10. A τὴν σκιὰν κλῖναι δ. ἀναβαθμούς [B βαθ.] (1)
— 10. ἐπιστραφήτω ἡ σκιὰ ἐν τοῖς ἀ. δέκα βαθμοὺς [A ἡ σκ. δέκα ἀναβαθμούς] (–, 1)
— 11. ἐπέστρεψεν ἡ σκιὰ ἐν τοῖς ἀ. [A *add.* κατέβη ἐν ἀναβαθμοῖς Ἄχαζ] (1, 1)
II Ch. 9. 18. ἓξ ἀ. τῷ θρόνῳ ἐνδεδεμένοι χρυσίῳ (1)
— 19. ἑστηκότες ἐκεῖ ἐπὶ τῶν ἓξ ἀ. (1)
Ps. 119 (120), 120 (121), 121 (122), 122 (123), 123 (124), 124 (125), 125 (126), 126 (127), 127 (128), 128 (129), 129 (130), 130 (131), 131 (132), 132 (133), 133 (134), *tit.* ᾠδὴ τῶν ἀναβαθμῶν (1)
Is. 38. 8. στρέψω [A B[1] S -φω] τὴν σκιὰν τῶν ἀ. οὓς κατέβη τοὺς δέκα ἀ. . . . ἀποστρέψω τὸν ἥλιον τοὺς δέκα ἀ. καὶ ἀνέβη ὁ ἥλιος τοὺς δέκα ἀ. (1 *quater*)
Ez. 40. 6. εἰσῆλθεν εἰς τὴν πύλην . . . ἐν ἑπτὰ ἀ. (1)
— 49. ἐπὶ δέκα ἀναβαθμῶν ἀνέβαινον (1)
[**Aq.** IV Ki. 9. 13.]
[**Sm.** IV Ki. 9. 13: Ez. 40. 6.]
[**Th.** IV Ki. 9. 13.]
[**Al.** I Ch. 15. 20.]

ἀναβαίνειν, ἀναβέννειν. (1) בּוֹא *a.* qal. *b.* hi. (2) נָגַשׁ (3) הָלַךְ (4) חָלַל pi. (5) יָרַד (6) זָעַק ni. (7) קוּם (8) סָלַק (9) סְלֵק (10) עָבַר (11) עָלָה *a.* qal. *b.* ni. *c.* hi. *d.* ho. *e.* מַעֲלֶה (12) עָמַד (13) פָּרָה (14) צָעַק ni. (15) קָרַם (16) רָכַב (17) שׁוּב (18) תָּפַשׂ (19) סָתַר ni. = οὐκ ἀναβαίνω (20) נָגַהּ (21) סָפִיחַ = τὰ αὐτόματα ἀναβαίνοντα

Ge. 2. 6. R πηγὴ δὲ ἀνέβαινεν [A -βεννεν] (11 *a*)
13. 1. ἀνέβη δὲ Ἄβραμ ἐξ Αἰγ. (11 *a*)
17. 22. ἀνέβη ὁ θεὸς ἀπὸ Ἀβραάμ (11 *a*)
19. 28. R ἀνέβαινεν φλὸξ ἐκ [A *om.*] τῆς γῆς (11 *a*)
— 30. R ἀνέβη δὲ Λὼτ [A καὶ ἐξῆλθεν Λ.] (11 *a*)
24. 16. ἔπλησε τὴν ὑδ. αὐτ. καὶ ἀνέβη (11 *a*)
26. 23. ἀνέβη δὲ ἐκεῖθεν (11 *a*)
28. 12. οἱ ἄγγελοι τοῦ θεοῦ ἀνέβαινον (11 *a*)
31. 10. οἱ κριοὶ ἀναβαίνοντες [A *add.* ἦσαν] (11 *a*)
— 12. τοὺς κριοὺς ἀναβαίνοντας ἐπὶ τὰ πρ. (11 *a*)
32. 26 (27). ἀνέβη γὰρ ὁ ὄρθρος (11 *a*)
35. 1. ἀναστὰς ἀνάβηθι εἰς τὸν τόπον (11 *a*)
— 3. ἀναστάντες ἀναβῶμεν εἰς Βαιθήλ (11 *a*)
— 13. ἀνέβη δὲ ὁ θεὸς ἀπ' αὐτοῦ (11 *a*)
38. 12. Ἰούδας ἀνέβη ἐπὶ τοὺς κείροντας (11 *a*)
— 13. R ὁ πενθερός σου ἀναβαίνει [A ἀνέβη] (11 *a*)
41. 2. ἐκ τοῦ ποταμοῦ ἀνέβαινον ἑπτὰ βόες (11 *a*)
— 3. ἄλλαι δὲ ἑπτὰ βόες ἀνέβαινον (11 *a*)
— 5. ἑπτὰ στάχυες ἀνέβαινον (11 *a*)
— 18. ἐκ τοῦ ποταμοῦ ἀνέβαινον ἑπτὰ βόες (11 *a*)
— 19. ἑπτὰ βόες ἕτεραι ἀνέβαινον (11 *a*)
— 22. ἑπτὰ στάχυες ἀνέβαινον (11 *a*)
— 27. αἱ ἑπτὰ βόες . . . αἱ ἀναβαίνουσαι (11 *a*)
44. 17. ὑμεῖς δὲ ἀνάβητε . . . πρὸς τὸν πατέρα ὑμ. (11 *a*)
— 24. ἡνίκα ἀνέβημεν πρὸς τὸν παῖδά σου (11 *a*)
— 33. τὸ δὲ παιδίον ἀναβήτω μετὰ τῶν ἀδ. (11 *a*)
— 34. πῶς γὰρ ἀναβήσομαι πρὸς τὸν πατέρα (11 *a*)
45. 9. σπεύσαντες οὖν ἀνάβητε (11 *a*)
— 25. ἀνέβησαν ἐξ Αἰγύπτου (11 *a*)
46. 29. ἀνέβη εἰς συνάντησιν Ἰσραήλ (11 *a*)
— 31. ἀναβὰς ἀπαγγελῶ τῷ Φαραῷ (11 *a*)
49. 4. ἀνέβης γὰρ ἐπὶ τὴν κοίτην (11 *a*)
— 4. τὴν στρωμνὴν οὗ ἀνέβης (11 *a*)
— 9. ἐκ βλαστοῦ υἱέ μου ἀνέβης (11 *a*)
50. 5. ἀναβὰς θάψω τὸν πατέρα μου (11 *a*)
— 6. ἀνάβηθι θάψον τὸν πατέρα σου (11 *a*)
— 7. ἀνέβη Ἰωσὴφ θάψαι τὸν πατέρα αὐτοῦ (11 *a*)
Ex. 2. 23. καὶ ἀνέβη ἡ βοὴ αὐτῶν (11 *a*)
8. 3 (7. 28). ἀναβάντες εἰσελεύσονται (11 *a*)
— 4 (7. 29). ἀναβήσονται οἱ βάτραχοι (11 *a*)
10. 12. καὶ ἀναβήτω ἀκρὶς ἐπὶ τὴν γῆν (11 *a*)
13. 18. πέμπτῃ δὲ γενεᾷ ἀνέβησαν οἱ υἱοὶ Ἰσρ. (11 *a*)
16. 13. καὶ ἀνέβη ὀρτυγομήτρα (11 *a*)
17. 10. ἀνέβησαν ἐπὶ τὴν κορυφὴν τοῦ βουνοῦ (11 *a*)
19. 3. Μωυσῆς ἀνέβη εἰς τὸ ὄρος τοῦ θεοῦ (11 *a*)
— 12. ἀναβῆναι εἰς τὸ ὄρος (11 *a*)
Ex. 19. 13. ἐκεῖνοι ἀναβήσονται ἐπὶ τὸ ὄρος (11 *a*)
— 18. καὶ ἀνέβαινεν [A ἀνέβ. δὲ] ὁ καπνός (11 *a*)
— 20. καὶ ἀνέβη Μωυσῆς (11 *a*)
— 24. κατάβηθι, καὶ ἀνάβηθι [B[1] *om.* καὶ ἀ.] (11 *a*)
— 24. μὴ βιαζέσθωσαν ἀναβῆναι πρὸς τὸν θ. (11 *a*)
20. 26. οὐκ ἀναβήσῃ ἐν [A[1] *om.*] ἀναβαθμίσιν (11 *a*)
24. 1. ἀνάβηθι πρὸς τὸν [A *om.*] κύριον (11 *a*)
— 9. ἀνέβη Μωυσῆς καὶ Ἀαρών (11 *a*)
— 12. ἀνάβηθι πρός με εἰς τὸ ὄρος (11 *a*)
— 13. ἀνέβησαν εἰς [A ἐπὶ] τὸ ὄρος τοῦ θεοῦ (11 *a*)
— 15. ἀνέβη Μωυσῆς (11 *a*)
— 18. ἀνέβη εἰς τὸ ὄρος (11 *a*)
32. 30. καὶ νῦν ἀναβήσομαι πρὸς τὸν θεόν (11 *a*)
33. 1. ἀνάβηθι ἐντεῦθεν (11 *a*)
34. 1. ἀνάβηθι πρός με εἰς τὸ ὄρος –
— 2. ἀναβήσῃ ἐπὶ [A εἰς] τὸ ὄρος (11 *a*)
— 3. μηδεὶς ἀναβήτω μετὰ σοῦ (11 *a*)
— 4. ἀνέβη εἰς τὸ ὄρος τὸ Σινά (11 *a*)
— 24. ἡνίκα ἂν ἀναβαίνῃς ὀφθῆναι (11 *a*)
40. 36. ἡνίκα δ' ἂν ἀνέβη ἡ νεφέλη (11 *b*)
— 37. εἰ δὲ μὴ ἀνέβη ἡ νεφέλη (11 *b*)
— 37. ἕως [A *add.* τῆς] ἡμέρας ἧς ἀνέβη ἡ νεφ. (11 *b*)
Le. 25. 5. τὰ αὐτόμ. [A *add.* τὰ] ἀναβαίνοντα τοῦ ἀγρ. (21)
— 11. τὰ αὐτόματα ἀναβαίνοντα αὐτῆς (21)
Nu. 9. 17. ἡνίκα ἀνέβη ἡ νεφέλη (11 *b*)
— 21. ὅταν . . ἀναβῇ ἡ νεφέλη τὸ πρωΐ (11 *b*)
— 21. A καὶ ἀναβῇ ἡ νεφέλη (11 *b*)
10. 11. ἀνέβη ἡ νεφέλη ἀπὸ τῆς σκηνῆς (11 *b*)
13. 19 (18). ἀνάβητε ταύτῃ τῇ ἐρήμῳ καὶ ἀναβήσεσθε εἰς τὸ ὄρος (11 *a*, 11 *a*)
— 22 (21). ἀναβάντες κατεσκέψαντο τὴν γῆν (11 *a*)
— 23 (22). ἀνέβησαν κατὰ τὴν ἔρημον (11 *a*)
— 31 (30). οὐχὶ ἀλλὰ ἀναβάντες ἀναβησόμεθα (11 *a*, 11 *a*)
— 32 (31). οὐκ ἀναβαίνομεν ὅτι οὐ μὴ δυνώμεθα ἀναβῆναι πρὸς τὸ ἔθνος (–, 11 *a*)
14. 40. ἀνέβησαν εἰς [A ἐπὶ] τὴν κορυφήν (11 *a*)
— 40. ἀναβησόμεθα εἰς τὸν τόπον (11 *a*)
— 42. οὐκ εὔοδα ἔσται ὑμῖν· μὴ ἀναβαίνετε (11 *a*)
— 44. ἀνέβησαν ἐπὶ τὴν κορυφήν (11 *a*)
16. 12. καὶ εἶπαν, οὐκ ἀναβαίνομεν (11 *a*)
— 14. οὐκ ἀναβαίνομεν (11 *a*)
21. 33. ἀνέβησαν ὁδὸν τὴν εἰς Βασάν (11 *a*)
27. 12. ἀνάβηθι εἰς τὸ ὄρος τὸ ἐν τῷ πέραν (11 *a*)
32. 7. A μὴ ἀναβῆναι [B διαβ.] εἰς τὴν γῆν (10)
— 9. ἀνέβησαν φάραγγα βότρυος (11 *a*)
— 11. οἱ ἄνθρ. οὗτοι οἱ ἀναβάντες ἐξ Αἰγ. (11 *a*)
33. 38. ἀνέβη Ἀαρὼν ὁ ἱερεύς (11 *a*)
De. 1. 21. ἀναβάντες κληρονομήσατε [A -μεῖτε] (11 *a*)
— 22. δι' ἧς ἀναβησόμεθα ἐν αὐτῇ (11 *a*)
— 24. ἀνέβησαν εἰς τὸ ὄρος (11 *a*)
— 26. οὐκ ἠθελήσατε ἀναβῆναι (11 *a*)
— 28. ποῦ ἡμεῖς ἀναβαίνομεν (11 *a*)
— 41. ἡμεῖς ἀναβάντες πολεμήσομεν [A -ωμεν] (11 *a*)
— 41. ἀνεβαίνετε [A -βένν.] εἰς τὸ ὄρος (11 *a*)
— 42. οὐκ ἀναβήσεσθε οὐδὲ μὴ πολεμήσετε (11 *a*)
— 43. παραβιασάμενοι ἀνέβητε εἰς τὸ ὄρος (11 *a*)
3. 1. ἀνέβημεν ὁδὸν τὴν [A τῆς] εἰς Β. (11 *a*)
— 27. A R ἀνάβηθι ἐπὶ κορυφήν [B -φῇ] (11 *a*)
5. 5. οὐκ ἀνέβητε εἰς τὸ ὄρος (11 *a*)
9. 9. ἀναβαίνοντός μου εἰς τὸ ὄρος (11 *a*)
— 23. ἀνάβητε καὶ [A *om.*] κληρον. τὴν γῆν (11 *a*)
10. 1. ἀνάβηθι πρὸς μὲ εἰς τὸ ὄρος (11 *a*)
— 3. καὶ ἀνέβην εἰς τὸ ὄρος (11 *a*)
17. 8. ἀναστὰς ἀναβήσῃ εἰς τὸν τόπον (11 *a*)
25. 7. ἀναβήσεται ἡ γυνὴ ἐπὶ τὴν πύλην (11 *a*)
28. 43. ἀναβήσεται [A *add.* ἐπὶ σὲ] ἄνω (11 *a*)
29. 23 (22). οὐδὲ μὴ ἀναβῇ ἐπ' αὐτήν [A -τῆς] (11 *a*)
30. 12. τίς ἀναβήσεται ἡμῖν [A ἡμῶν] (11 *a*)
32. 49. ἀνάβηθι εἰς τὸ ὄρος τὸ Ἀβ. (11 *a*)
— 50. εἰς ὃ ἀναβαίνεις ἐκεῖ (11 *a*)
34. 1. καὶ ἀνέβη Μωυσῆς ἀπὸ Ἀραβὼθ Μωάβ (11 *a*)
Jo. 2. 1. ἀνάβητε καὶ ἴδετε τὴν γῆν (3)
— 8. αὕτη δὲ ἀνέβη πρὸς αὐτούς (11 *a*)
4. 19. ὁ λαὸς ἀνέβη ἐκ τοῦ Ἰορδάνου (11 *a*)
6. 19 (20). ἀνέβη πᾶς ὁ λαὸς εἰς τὴν πόλιν (11 *a*)
7. 2. ἀνέβησαν οἱ ἄνδρες (11 *a*)
— 3. μὴ ἀναβήτω [A ἀναβαινέτω] πᾶς ὁ λαός (11 *a*)
— 3. ὡς δισχ. ἢ τρισχ. ἄνδρες ἀναβήτωσαν (11 *a*)
— 4. ἀνέβησαν ὡσεὶ [A ἐκεῖ ὡς] τρισχ. ἄνδρες (11 *a*)
8. 1. ἀναστὰς ἀνάβηθι εἰς Γαί (11 *a*)
— 3. ὥστε ἀναβῆναι εἰς Γαί (11 *a*)
— 10. ἀνέβησαν αὐτὸς [B -τοὶ] καὶ οἱ πρεσβύτ. (11 *a*)
— 11. πᾶς ὁ λαὸς ὁ πολ. μετ' αὐτοῦ ἀνέβησαν (11 *a*)
— 20. ἐθεώρουν καπνὸν ἀναβαίνοντα [A *al.*] (11 *a*)
Jo. 8. 21. B ὅτι ἀνέβη ὁ καπνὸς τῆς πόλεως (11 *a*)
— 10. 4. δεῦτε ἀνάβητε πρός με (11 *a*)
— 5. καὶ ἀνέβησαν οἱ πέντε βασ. τῶν Ἰεβουσ. (11 *a*)
— 6. ἀνάβηθι πρὸς ἡμᾶς τὸ τάχος (11 *a*)
— 7. καὶ ἀνέβη Ἰησοῦς ἐκ Γαλγάλων (11 *a*)
— 33. τότε ἀνέβη Αἰλάμ (11 *a*)
12. 7. ἕως ὄρους τοῦ Χ. ἀναβαινόντων εἰς Σ. (11 *a*)
14. 8. οἱ ἀναβάντες [A συναναβ.] μετ' ἐμοῦ (11 *a*)
15. 3. ἀναβαίνει ἀπὸ [B[1] ἐπὶ] λιβὸς [A νότου] (11 *a*)
— 8. ἀναβαίνει τὰ ὅρια εἰς φάραγγα Ἐ. (11 *a*)
— 15. ἀνέβη ἐκεῖθεν Χάλεβ (11 *a*)
16. 1. ἀναβήσεται ἀπὸ Ἰ. εἰς τὴν ὀρεινήν (11 *a*)
— 10. ἕως ἀνέβη Φαραὼ βασιλεὺς Αἰγ. –
17. 15. ἀνάβηθι εἰς τὸν δρυμόν (11 *a*)
18. 12. ἀναβήσεται ἐπὶ τὸ ὄρος (11 *a*)
22. 12. ὥστε ἀναβάντες [A -βῆναι] ἐκπολ. αὐ. (11 *a*)
— 33. μηκέτι ἀναβῆναι πρὸς αὐτούς (11 *a*)
Jd. 1. 1. τίς ἀναβήσεται ἡμῖν πρὸς τοὺς Χαν. (11 *a*)
— 2. Ἰούδας ἀναβήσεται (11 *a*)
— 3. ἀνάβηθι μετ' ἐμοῦ (11 *a*)
— 4. καὶ ἀνέβη Ἰούδας (11 *a*)
— 11. ἀνέβησαν [A ἐπορεύθησαν] ἐκεῖθεν (3)
— 16. ἀνέβησαν ἐκ πόλ. [A τῆς π.] τῶν φοινίκων (11 *a*)
— 22. ἀνέβησαν οἱ υἱοὶ Ἰ. . . . εἰς Β. (11 *a*)
2. 1. καὶ ἀνέβη ἄγγελος κυρίου ἀπὸ Γαλγάλ (11 *a*)
4. 5. ἀνέβαινον [A -βησαν] πρὸς αὐτήν (11 *a*)
— 10. ἀνέβησαν κατὰ πόδας αὐτοῦ . . . καὶ ἀνέβη Δεββῶρα μετ' αὐτοῦ (11 *a*, 11 *a*)
— 12. ὅτι ἀνέβη Βαρὰκ υἱὸς Ἀβ. (11 *a*)
6. 3. καὶ ἀνέβαινον [A -νεν, B -ναν] Μαδ. (11 *a*)
— 3. A καὶ ἀνέβαινον ἐπ' αὐτόν [B *al.*] (11 *a*)
— 5. αὐτοὶ καὶ αἱ κτήσεις αὐ. ἀνέβαινον [A *al.*] (11 *a*)
— 21. ἀνέβη [A ἀνήφθη] πῦρ ἐκ τῆς πέτρας (11 *a*)
— 35. ἀνέβη [A -βησαν] εἰς συνάντ. [A ἀπάν.] αὐτῶν (11 *a*)
7. 9. A ἀνάβηθι κατάβηθι τὸ τάχος [B *al.*] (7)
8. 8. καὶ ἀνέβη ἐκεῖθεν εἰς Φανουήλ (11 *a*)
— 11. καὶ ἀνέβη Γεδ. ὁδὸν τῶν σκηνούντων (11 *a*)
9. 48. ἀνέβη Ἀβ. εἰς ὄρος Ἑρμών (11 *a*)
— 51. ἀνέβησαν ἐπὶ τὸ δῶμα τοῦ πύργου (11 *a*)
10. 17. ἀνέβησαν οἱ υἱοὶ Ἀμμών (14)
11. 13. ἐν τῷ ἀναβαίνειν αὐτόν [A *al.*] (11 *a*)
— 16. ἐν τῷ ἀναβαίνειν αὐτούς [A *al.*] (11 *a*)
12. 3. εἰς τί ἀνέβητε ἐπ' ἐμέ [A *al.*] (11 *a*)
13. 5. σίδηρος ἐπὶ τὴν κεφ. αὐτοῦ οὐκ ἀναβήσ. (11 *a*)
— 20. ἐν τῷ ἀναβῆναι τὴν φλόγα . . . καὶ ἀνέβη ὁ ἄγγελος (11 *a*, 11 *a*)
14. 2. καὶ ἀνέβη καὶ ἀπήγγειλε (11 *a*)
— 19. καὶ ἀνέβη εἰς τὸν οἶκον τοῦ πατρὸς αὐ. (11 *a*)
15. 6. καὶ ἀνέβησαν [A ἐνέβ.] οἱ ἀλλόφυλοι (11 *a*)
— 9. καὶ ἀνέβησαν οἱ ἀλλόφυλοι (11 *a*)
— 10. εἰς τί ἀνέβητε ἐφ' ἡμᾶς (11 *a*)
— 10. δῆσαι τὸν Σαμψὼν ἀνέβημεν (11 *a*)
16. 3. ἀνέβη [A ἀνήνεγκεν αὐτὰ] ἐπὶ τὴν κορ. (11 *c*)
— 5. καὶ ἀνέβησαν πρὸς αὐτήν (11 *a*)
— 17. σίδηρος οὐκ ἀνέβη [A ξυρὸν οὐκ ἀναβήσ.] (11 *a*)
— 18. ἀνάβητε ἔτι τὸ ἅπαξ τοῦτο (11 *a*)
— 18. ἀνέβησαν πρὸς αὐτήν (11 *a*)
— 31. ἀνέβησαν καὶ ἔθαψαν αὐτόν (11 *a*)
18. 9. ἀναβῶμεν ἐπ' αὐτούς [A -τήν] (11 *a*)
— 9. A ἀναβῶμεν ἐπ' αὐτούς –
— 12. καὶ ἀνέβησαν καὶ παρενέβαλον (11 *a*)
— 17. ἀνέβησαν οἱ πέντε ἄνδρες (11 *a*)
19. 25. ὡς ἀνέβη τὸ πρωΐ [A ἅμα τῷ ἀ. τὸν ὄρθρον] (11 *a*)
20. 3. ἀνέβησαν οἱ υἱοὶ Ἰσραήλ (11 *a*)
— 9. ἀναβησόμεθα ἐπ' αὐτὴν ἐν κλήρῳ –
— 18. καὶ ἀνέβησαν εἰς Βαιθήλ (11 *a*)
— 18. τίς ἀναβήσεται ἡμῖν ἐν ἀρχῇ [A *al.*] (11 *a*)
— 18. Ἰούδας ἐν ἀρχῇ [A *om.*] ἀναβήσεται –
— 23. καὶ ἀνέβησαν οἱ υἱοὶ Ἰσραήλ (11 *a*)
— 23. ἀνάβητε πρὸς αὐτούς [A -όν] (11 *a*)
— 26. ἀνέβησαν πάντες οἱ υἱοὶ Ἰσραήλ (11 *a*)
— 28. καὶ εἶπε κύριος, ἀνάβητε (11 *a*)
— 30. ἀνέβησαν οἱ υἱοὶ Ἰσρ. [A *al.*] (11 *a*)
— 31. ἥ ἐστι μία ἀναβαίνουσα εἰς Β. (11 *a*)
— 31. A μία ἀναβαίνουσα [B *om.*] εἰς Γ. –
— 40. τὸ σύσσημον ἀνέβη [A ὁ πύργος ἤρξατο ἀ.] (11 *a*)
— 40. ἀνέβη συντέλεια τῆς πόλεως (11 *a*)
21. 5. τίς οὐκ ἀνέβη [A τίς ὁ μὴ ἀναβάς] (11 *a*)
— 5. τοῖς οὐκ ἀναβεβηκόσι [A ἐν τῷ μὴ ἀναβάντι] πρὸς κ. (11 *a*)
— 8. ὃς οὐκ ἀνέβη πρὸς κύριον (11 *a*)
— 19. ἐπὶ τῆς ὁδοῦ τῆς ἀναβαινούσης [A ἐν τῇ ὁ. τῇ ἀ.] (11 *a*)

Ru. 3. 3. καὶ ἀναβήσῃ ἐπὶ τὸν ἅλω (5)
4. 1. καὶ Βοὸς ἀνέβη ἐπὶ τὴν πύλην (11 a)
I Ki. 1. 3. A R ἀνέβαινεν ὁ ἄνθρωπος [B -βεννεν] (11 a)
— 7. ἐν τῷ ἀναβαίνειν αὐτὴν εἰς οἶκον κ. (11 a)
— 11. σίδηρος οὐκ ἀναβήσεται ἐπὶ τὴν κεφ. (11 a)
— 21. ἀνέβη ὁ ἄνθρωπος Ἑ. (11 a)
— 22. καὶ Ἄννα οὐκ ἀνέβη μετ᾿ αὐτοῦ (11 a)
— 22. ἕως τοῦ ἀναβῆναι τὸ παιδάριον (1 b?)
— 24. καὶ ἀνέβη μετ᾿ αὐτοῦ εἰς Σ. (11 c)
2. 10. κύριος ἀνέβη εἰς οὐρανούς †
— 14. πᾶν ὃ ἐὰν ἀνέβη ἐν τῇ κρεάγρᾳ (11 a)
— 19. ἐν τῷ ἀναβαίνειν αὐτήν (11 a)
— 28. ἀναβαίνειν ἐπὶ τὸ θυσ. μου (11 a)
5. 12. ἀνέβη ἡ κραυγὴ τῆς πόλεως (11 a)
6. 20. πρὸς τίνα ἀναβήσεται κιβωτὸς κ. (11 a)
7. 7. ἀνέβησαν σατράπαι ἀλλοφ. ἐπὶ Ἰσρ. (11 a)
9. 11. αὐτῶν ἀναβαινόντων τὴν ἀνάβ. τῆς πόλ. (11 a)
— 13. πρὶν ἀναβῆναι αὐτὸν εἰς Β. (11 a)
— 13. καὶ νῦν ἀνάβητε (11 a)
— 14. καὶ ἀναβαίνουσι τὴν πόλιν (11 a)
— 14. τοῦ ἀναβῆναι εἰς Βαμᾶ (11 a)
— 19. ἀνάβηθι ἔμπροσθέν μου εἰς Βαμᾶ (11 a)
— 26. ὡς ἀνέβαινεν ὁ ὄρθρος (11 a)
10. 3. τρεῖς ἄνδρας ἀναβαίνοντας . . . εἰς Β. (11 a)
11. 1. καὶ ἀνέβη Νάας (11 a)
13. 4. B καὶ ἀνέβησαν οἱ υἱοὶ Ἰσραήλ (14)
— 5. B ἀναβαίνουσιν ἐπὶ Ἰσρ. τριάκ. χιλ. -
— 5. B καὶ ἀναβαίνουσι (11 a)
— 15. B τὸ κατάλειμμα τοῦ λαοῦ ἀνέβη -
14. 9. καὶ οὐ μὴ ἀναβῶμεν ἐπ᾿ αὐτούς (11 a)
— 10. ἀνάβητε πρὸς ἡμᾶς καὶ ἀναβησόμεθα (11 a, 11 a)
— 12. ἀνάβητε πρὸς ἡμᾶς (11 a)
— 12. ἀνάβηθι ὀπίσω μου (11 a)
— 13. ἀνέβη Ἰωνάθαν ἐπὶ τὰς χεῖρας αὐτοῦ (11 a)
— 20. ἀνέβη [A ἀνεβόησεν] Σαούλ (6)
— 21. οἱ ἀναβάντες [A -βαίνοντες] εἰς τὴν παρ. (11 a)
— 46. ἀνέβη Σαοὺλ ἀπὸ ὄπισθεν τῶν ἀλλοφ. (11 a)
15. 2. ἐν τῇ ὁδῷ ἀναβαίνοντος αὐτοῦ ἐξ Αἰγ. (11 a)
— 6. ἐν τῷ ἀναβαίνειν αὐτοὺς ἐξ Αἰγ. (11 a)
— 34. Σαοὺλ ἀνέβη εἰς τὸν [A om.] οἶκον αὐτοῦ (11 a)
17. 23. A ἰδοὺ ἀνὴρ Ἀμεσσαῖος ἀνέβεννεν (11 a)
— 25. A εἰ ἑωράκατε τὸν ἄνδρα τὸν ἀναβαίνοντα τ. ὅτι ὀνειδίσαι τὸν Ἰσρ. ἀνέβη (11 a, 11 a)
23. 19. ἀνέβησαν οἱ Ζιφαῖοι . . . πρὸς Σαούλ (11 a)
24. 23. Δ. καὶ οἱ ἄνδρες αὐτοῦ ἀνέβησαν (11 a)
25. 5. ἀνάβητε εἰς Κάρμηλον (11 a)
— 13. ἀνέβησαν ὀπίσω Δ. ὡς τετρακ. ἄνδρες (11 a)
— 35. ἀνάβηθι εἰς εἰρήνην εἰς οἶκόν σου (11 a)
27. 8. καὶ ἀνέβαινε Δαυίδ (11 a)
28. 13. θεοὺς ἑώρακα ἀναβαίνοντας ἐκ τῆς γῆς (11 a)
— 14. ἄνδρα ὄρθιον ἀναβαίνοντα ἐκ τῆς γῆς (11 a)
— 15. ἱνατί παρηνώχλησάς μοι ἀναβῆναί [A -σαί] με (11 c)
29. 11. οἱ ἀλλόφ. ἀνέβησαν πολεμεῖν (11 a)
II Ki. 2. 1. εἰ ἀναβῶ εἰς μίαν τῶν πόλεων Ἰ. (11 a)
— 1. εἶπε κύριος πρὸς αὐτόν, ἀνάβηθι (11 a)
— 1. καὶ εἶπε Δαυίδ, ποῦ ἀναβῶ (11 a)
— 2. ἀνέβη ἐκεῖ Δαυίδ (11 a)
— 27. ἀνέβη ὁ λαός (11 b)
5. 17. ἀνέβησαν πάντες οἱ ἀλλόφυλοι (11 a)
— 19. εἰ ἀναβῶ πρὸς τοὺς ἀλλοφύλους (11 a)
— 19. ἀνάβαινε ὅτι παραδιδοὺς παραδώσω (11 a)
— 22. προσέθεντο ἔτι ἀλλόφ. τοῦ ἀναβῆναι (11 a)
— 23. οὐκ ἀναβήσῃ εἰς συνάντησιν αὐτῶν (11 a)
8. 7. ἐν τῷ ἀναβῆναι αὐτὸν εἰς Ἱερ. -
11. 20. ἐὰν ἀναβῇ ὁ θυμὸς τοῦ βασ. (11 a)
15. 24. ἀνέβη Ἀβιάθαρ (11 a)
— 30. Δ. ἀνέβαινεν ἐν τῇ ἀναβάσει τῶν ἐλαιῶν (11 a)
— 30. A R ἀναβαίνων καὶ κλαίων (11 a)
— 30. ἀνέβαινον ἀναβαίνοντες (11 a, 11 a)
17. 21. ἀνέβησαν ἐκ τοῦ λάκκου (11 a)
18. 33 (19. 1). ἀνέβη εἰς τὸ ὑπερῷον τῆς πύλης (11 a)
19. 34 (35). ἀναβήσομαι μετὰ τοῦ βασ. (11 a)
20. 2. ἀνέβη πᾶς ἀνὴρ Ἰσραήλ (11 a)
22. 9. ἀνέβη καπνὸς ἐν τῇ ὀργῇ αὐτοῦ (11 a)
23. 9. R ἀνέβησεν [AB ἀνεβόησεν] ἀνὴρ Ἰσρ. (11 a)
24. 18. ἀνάβηθι καὶ στῆσον τῷ κ. θυσιαστ. (11 a)
— 19. καὶ ἀνέβη Δ. κατὰ τὸν λόγον Γάδ (11 a)
III Ki. 1. 35. A ἀναβήσεσθε ὀπίσω αὐτοῦ (11 a)
— 40. ἀνέβη πᾶς ὁ λαὸς ὀπίσω αὐτοῦ (11 a)
— 45. ἀνέβησαν ἐκεῖθεν εὐφραινόμενοι (11 a)
2. 34. A R ἀνέβη Βαναίας υἱὸς Ἰωδαέ [B al.] (11 a)
3. 1. [AB], 9. 24 [A] θυγάτηρ Φαραὼ ἀνέβαινεν (11 a)
4. 34. [B], 9. 16 [A] ἀνέβη Φαραὼ βασιλεὺς Αἰγ. (11 a)
III Ki. 10. 29. ἀνέβαινεν ἡ ἔξοδος ἐξ Αἰγ. (11 a)
12. 18. ἔφθασεν ἀναβῆναι [A add. ἐπὶ τὸ ἅρμα] (11 a)
— 24. οὐκ ἀναβήσεσθε οὐδὲ πολεμήσετε (11 a)
— 24. B καὶ ἀνέβη ἐκεῖ Ῥοβ. -
— 24. B καὶ ἀνέβη ἐπὶ τὸ ἅρμα αὐτοῦ -
— 24. B καὶ ἀνέβη τοῦ πολεμεῖν πρὸς Ἱεροβ. -
— 24. B οὐκ ἀναβήσεσθε οὐδὲ πολεμήσετε -
— 27. ἐὰν ἀναβῇ ὁ λαὸς οὗτος (11 a)
— 28. ἱκανούσθω ὑμῖν ἀναβαίνειν εἰς Ἱερ. (11 a)
— 32, 33. ἀνέβη ἐπὶ τὸ θυσιαστήριον (11 a)
— 33. ἀνέβη [A ἐπέβη] ἐπὶ τὸ θυσιαστήριον (11 a)
14. 25. ἀνέβη Σουσακὶμ βασ. Αἰγ. ἐπὶ Ἱερ. (11 a)
15. 17. ἀνέβη Βaασὰ βασ. Ἰσρ. ἐπὶ Ἰούδαν (11 a)
— 19. καὶ ἀναβήσεται ἀπ᾿ ἐμοῦ (11 a)
16. 17. καὶ ἀνέβη Ζαμβρί (11 a)
18. 29. ὡς ὁ καιρὸς τοῦ ἀναβῆναι τὴν θυσίαν (11 a)
— 41. ἀνάβηθι καὶ φάγε (11 a)
— 42. καὶ ἀνέβη Ἀχ. τοῦ φαγεῖν καὶ πιεῖν (11 a)
— 42. ἀνέβη ἐπὶ τὸν [A εἰς τὴν κορ. τοῦ] Κ. (11 a)
— 43. ἀνάβηθι καὶ ἐπίβλεψον (11 a)
— 43. A καὶ ἀνέβη (11 a)
— 44. ἀνάβηθι καὶ εἶπον Ἀχαάβ (11 a)
21 (20). 1. καὶ ἀνέβη καὶ περιεκάθισεν (11 a)
— 1. καὶ ἀνέβησαν καὶ περιεκάθισαν (11 a?)
— 22. υἱὸς Ἅ. . . . ἀναβαίνει [A ἄνεισιν] (11 a)
— 26. ἀνέβη εἰς Ἀφ. εἰς πόλ. ἐπὶ Ἰσρ. (11 a)
22. 4. ἀναβήσῃ [A -βηθι] μεθ᾿ ἡμῶν (3)
— 6. ἀνάβαινε καὶ [A ὅτι] διδοὺς δώσει κ. (11 a)
— 12. ἀνάβαινε εἰς Ῥεμμὰθ Γαλ. (11 a)
— 15. εἰ ἀναβῶ εἰς Ῥεμμὰθ Γαλ. εἰς πόλεμον (3)
— 15. ἀνάβαινε καὶ εὐοδώσει (11 a)
— 20. ἀναβήσεται καὶ πεσεῖται ἐν Ῥ. (11 a)
— 29. ἀνέβη βασιλεὺς Ἰσραὴλ . . . εἰς Ῥ. (11 a)
IV Ki. 1. 4. ἡ κλίνη ἐφ᾿ ἧς ἀνέβης ἐκεῖ (11 a)
— 6. ἀνὴρ ἀνέβη εἰς συνάντησιν ἡμῶν (11 a)
— 6. ἡ κλίνη ἐφ᾿ ἧς ἀνέβης (11 a)
— 7. τοῦ ἀνδρὸς τοῦ ἀναβάντος εἰς συνάν. ὑμῖν (11 a)
— 9. καὶ ἀνέβη [A add. καὶ ἦλθεν] πρὸς αὐ. (11 a)
— 11. A καὶ ἀνέβη †
— 13. A καὶ ἀναβὰς [B om.] ἦλθεν (11 a)
— 16. ἡ κλίνη ἐφ᾿ ἧς ἀνέβης ἐκεῖ (11 a)
2. 23. ἀνέβη ἐκεῖθεν εἰς Βαιθὴλ καὶ ἀναβαίνοντος αὐτοῦ (11 a, 11 a)
— 23. ἀνάβαινε, φαλακρέ, ἀνάβαινε (11 a, 11 a)
3. 7. καὶ εἶπεν ἀναβήσομαι (11 a)
— 8. καὶ εἶπε ποίᾳ ὁδῷ ἀναβῶ (11 a)
— 20. ἀναβαινούσης τῆς θυσίας (11 a)
— 21. ἀνέβησαν οἱ βασιλεῖς πολεμεῖν αὐ. (11 a)
— 21. A ἀνέβησαν [B -βόησαν] ἐκ παντός (14)
4. 34. καὶ ἀνέβη καὶ ἐκοιμήθη (11 a)
— 35. ἀνέβη καὶ συνέκαμψεν [A -κάλυψεν] (11 a)
6. 24. ἀνέβη καὶ περιεκάθισεν (11 a)
8. 21. καὶ ἀνέβη Ἰωράμ (10)
9. 17. ὁ σκοπὸς ἀνέβη ἐπὶ τὸν πύργον Ἰεζρ. (12)
— 27. ἐν [A πρὸς] τῷ ἀναβαίνειν Γαί (11 e)
12. 4 (5). ὃ ἐὰν ἀναβῇ [B λάβῃ] ἐπὶ καρδίαν (11 a)
— 10 (11). καὶ ἀνέβη ὁ γραμματεὺς τοῦ βασ. (11 a)
— 17 (18). τότε ἀνέβη Ἀζαὴλ βασ. Συρίας (11 a)
— 17 (18). ἔταξεν Ἀ. τὸ πρόσ. αὐτοῦ ἀναβῆναι [A πορευθῆναι] (11 a)
— 18 (19). καὶ ἀνέβη ἀπὸ Ἱερουσαλήμ (11 a)
14. 11. καὶ ἀνέβη Ἰωὰς βασιλεὺς Ἰσρ. (11 a)
15. 14. καὶ ἀνέβη Μαναὴμ . . . ἐκ Θαρσιλά (11 a)
— 19. ἀνέβη Φουὰ . . . ἐπὶ τὴν γῆν (1 a)
16. 5. ἀνέβη Ῥ. . . . εἰς Ἱερ. εἰς πόλεμον (11 a)
— 7. ἀνάβηθι σῶσόν με (11 a)
— 9. B καὶ ἀνέβη βασ. Ἀσσυρίων (11 a)
— 12. καὶ ἀνέβη ἐπ᾿ αὐτό (11 a)
17. 3. ἐπ᾿ αὐτὸν ἀνέβη Σαλ. βασ. Ἀσσ. (11 a)
— 5. ἀνέβη ὁ βασ. Ἀσσ. . . . καὶ ἀνέβη εἰς Σ. (11 a, 11 a)
18. 9. ἀνέβη Σαλαμανασσὰρ . . . ἐπὶ Σαμάρειαν (11 a)
— 13. ἀνέβη Σενναχηρὶμ . . . ἐπὶ τὰς πόλεις Ἰ. (11 a)
— 17. καὶ ἀνέβησαν καὶ ἦλθον εἰς Ἱερ. (11 a)
— 25. μὴ ἄνευ κυρίου ἀνέβημεν (11 a)
— 25. ἀνάβηθι ἐπὶ τὴν γῆν ταύτην (11 a)
19. 14. καὶ ἀνέβη εἰς οἶκον κυρίου (11 a)
— 23. ἐγὼ ἀναβήσομαι [A ἀνέβην] εἰς ὕψος ὀρ. (11 a)
— 28. τὸ στρῆνός σου ἀνέβη ἐν τοῖς ὠσί μου (11 a)
20. 5. ἀναβήσῃ [A -σεται] εἰς οἶκον κυρίου (11 a)
— 8. καὶ ἀναβήσομαι εἰς οἶκον κυρίου (11 a)
22. 4. ἀνάβηθι πρὸς Χελκίαν (11 a)
23. 2. καὶ ἀνέβη ὁ βασ. εἰς οἶκον κυρίου (11 a)
— 9. οὐκ ἀνέβησαν . . . πρὸς τὸ θυσιασ. (11 a)
— 29. ἀνέβη Φαραὼ Νεχαὼ . . . ἐπὶ βασ. Ἀσσ. (11 a)
IV Ki. 24. 1. ἐν ταῖς ἡμέραις αὐτοῦ ἀνέβη Ναβ. (11 a)
— 10. ἐν τῷ καιρῷ ἐκείνῳ ἀνέβη Ναβ. (11 a)
I Ch. 5. 1. ἐν τῷ ἀναβῆναι ἐπὶ τὴν κοίτην (4)
11. 6. ἀνέβη ἐπ᾿ αὐτὴν ἐν πρώτοις Ἰωάβ (11 a)
13. 6. πᾶς Ἰσραὴλ ἀνέβη εἰς πόλιν Δ. †
14. 8. ἀνέβησαν πάντες οἱ ἀλλόφυλοι (11 a)
— 10. εἰ ἀναβῶ ἐπὶ τοὺς ἀλλοφύλους (11 a)
— 10. ἀνάβηθι καὶ δώσω αὐτούς (11 a)
— 11. καὶ ἀνέβη εἰς Βαὰλ Φαρασίν (11 a)
21. 18. ἵνα ἀναβῇ [A^{2} λάβῃ] τοῦ στῆσαι θυσιαστ. τῷ κ. (11 a)
— 19. καὶ ἀνέβη Δ. κατὰ τὸν λόγον Γάδ (11 a)
II Ch. 1. 17. A καὶ ἀνέβαινον [B ἐνέβ.] (11 a)
10. 18. ἔσπευσε τοῦ ἀναβῆναι (11 a)
11. 4. οὐκ ἀναβήσεσθε [A -βήσετε] (11 a)
12. 2, 9. ἀνέβη Σουσακὶμ βασ. Αἰγ. (11 a)
16. 1. ἀνέβη Βaασὰ βασ. Ἰσρ. ἐπὶ Ἰ. (11 a)
18. 5. καὶ εἶπαν, ἀνάβαινε (11 a)
— 11. ἀνάβαινε εἰς Ῥαμὼθ Γαλαάδ (11 a)
— 14. καὶ εἶπεν, ἀνάβαινε (11 a)
— 19. καὶ ἀναβήσεται καὶ πεσεῖται ἐν Ῥ. (11 a)
— 28. καὶ ἀνέβη βασ. Ἰσρ. . . . εἰς Ῥ. (11 a)
20. 16. ἀναβαίνουσι κατὰ τὴν ἀνάβασιν Ἀσαέ (11 a)
21. 17. καὶ ἀνέβησαν ἐπὶ Ἰούδαν (11 a)
24. 13. ἀνέβη μῆκος τῶν ἔργων ἐν χερσὶν αὐ. (11 a)
— 23. ἀνέβη ἐπ᾿ αὐτὸν δύναμις Συρ. (11 a)
25. 21. καὶ ἀνέβη Ἰωὰς βασ. Ἰσρ. (11 a)
29. 20. καὶ ἀνέβη εἰς οἶκον κυρίου (11 a)
— 21. ἀναβαίνειν ἐπὶ τὸ θυσιαστήριον (11 c)
34. 30. καὶ ἀνέβη ὁ βασ. εἰς οἶκον κυρίου (11 a)
35. 20. καὶ ἀνέβη Φαραὼ Νεχαώ (11 a)
36. 6. καὶ ἀνέβη ἐπ᾿ αὐτὸν Ναβ. (11 a)
— 16. ἕως ἀνέβη ὁ θυμὸς κυρίου (11 a)
— 23. ἔσται ὁ θεὸς αὐ. μετ᾿ αὐ. καὶ ἀναβήτω (11 a)
I Es. 1. 31. ἀνέβη ἐπὶ τὸ ἅρμα τὸ δευτέριον αὐτοῦ
— 40. μετ᾿ [A ἐπ᾿] αὐτὸν δὲ ἀνέβη Ναβ.
2. 5. ἀναβὰς εἰς τὴν Ἱερουσαλήμ
— 8. ἀναβῆναι οἰκοδομῆσαι οἶκον τῷ κ.
— 18. οἱ Ἰουδαῖοι ἀναβάντες παρ᾿ ὑμῶν
4. 47. τοὺς μετ᾿ αὐτοῦ πάντας ἀναβαίνοντας
— 49. τοῖς ἀναβαίνουσιν ἀπὸ τῆς βασιλείας
— 63. ἀναβῆναι καὶ οἰκοδομῆσαι Ἱερ.
5. 1. ἐξελέγησαν ἀναβῆναι ἀρχηγοί
— 4. τῶν ἀναβαινόντων κατὰ πατριὰς αὐτῶν
— 7. οἱ ἀναβάντες ἐκ τῆς αἰχμαλωσίας
— 36. οὗτοι ἀναβάντες ἀπὸ Θερμελέθ
8. 3. Ἔσδρας ἀνέβη ἐκ Βαβυλῶνος
— 28. οἱ ἀναβάντες [A -βαίνοντες] μετ᾿ ἐμοῦ
II Es. 1. 3. ἀναβήσεται εἰς Ἱερουσαλήμ (11 a)
— 5. τοῦ ἀναβῆναι οἰκοδομῆσαι τὸν οἶκ. κ. (11 a)
— 11. τὰ πάντα ἀναβαίνοντα . . . ἀπὸ τῆς ἀποικίας (11 c)
2. 1. οἱ ἀναβαίνοντες ἀπὸ [B ἐκ] τῆς αἰχμαλ. (11 a)
— 59. οὗτοι οἱ ἀναβάντες ἀπὸ Θελμελέχ (11 a)
3. 3. ἀνέβη ἐπ᾿ αὐτὸ ὁλοκαύτωσις τῷ κ. (11 c)
4. 12. οἱ Ἰ. ἀναβάντες ἀπὸ σοῦ [B Κύρου] (9)
7. 1. ἀνέβη Ἔσδρας υἱὸς Σαραίου -
— 6. ἀνέβη ἐκ Βαβ. (11 a)
— 7. καὶ ἀνέβησαν ἀπὸ υἱῶν Ἰσρ. (11 a)
— 28. ἄρχοντας ἀναβῆναι μετ᾿ ἐμοῦ (11 a)
8. 1. οἱ ὁδηγοὶ ἀναβαίνοντες μετ᾿ ἐμοῦ (11 a)
Ne. 2. 15. καὶ ἤμην ἀναβαίνων ἐν τῷ τείχει (11 a)
4. 3 (3. 35). οὐχὶ ἀναβήσεται ἀλώπηξ (11 a)
— 7 (1). ἀνέβη ἡ φυὴ τοῖς τείχεσιν Ἱερ. (11 a)
— 12 (6). ἀναβαίνουσιν ἐκ πάντων τῶν τόπων (17)
7. 5. οἱ ἀνέβησαν ἐν πρώτοις (11 a)
— 6. οἱ ἀναβάντες ἀπὸ τῆς αἰχμαλωσίας (11 a)
— 61. καὶ οὗτοι ἀνέβησαν ἀπὸ Θελμελέθ (11 a)
12. 1. A R καὶ οἱ Λευῖται οἱ ἀναβάντες [B S -βαίνοντες] μετὰ Ζ. (11 a)
— 37. ἀνέβησαν [S^{1} -βόησαν] ἐπὶ κλίμακας (11 a)
To. 3. 10. S ἀναβᾶσα εἰς τὸ ὑπερῷον
6. 8. S οὗ λευκώματα ἀνέβησαν ἐπ᾿ αὐ. [AB al.]
12. 20. ἀναβαίνω πρὸς τὸν ἀποστείλαντά με
Ju. 4. 3. προσφάτως ἦσαν ἀναβεβηκότες
5. 19. ἀνέβησαν ἐκ τῆς διασπορᾶς
— 20. ἀναβησόμεθα καὶ ἐκπολεμήσομεν αὐ.
— 24. διὸ δὴ ἀναβησόμεθα
7. 13. ἀναβησόμεθα ἐπὶ τὰς πλησίον κορυφάς
— 18. καὶ ἀνέβησαν οἱ υἱοὶ Ἠσαῦ
12. 8. καὶ ὡς [A ἕως] ἀνέβη
14. 11. ἡνίκα δὲ ὁ ὄρθρος ἀνέβη
Jb. 7. 9. οὐκ ἔτι μὴ [A οὐ μὴ ἂν] ἀναβῇ (11 a)
18. 5. A οὐκ ἀναβήσεται [BS ἀποβ.] αὐτοῦ [BS -ῶν] ἡ φλόξ (20)
20. 6. ἐὰν ἀναβῇ εἰς οὐρανὸν αὐτοῦ τὰ δῶρα (11 a)

Jb. 36. 20. τοῦ ἀναβῆναι λαοὺς ἀντ' αὐτῶν (11 *a*)
Ps. 17 (18). 8. ἀνέβη καπνὸς ἐν ὀργῇ αὐτοῦ (11 *a*)
23 (24). 3. τίς ἀναβήσεται εἰς τὸ ὄρος τοῦ κ. (11 *a*)
46 (47). 5. ἀνέβη ὁ θεὸς ἐν ἀλαλαγμῷ (11 *a*)
67 (68). 18. ἀναβὰς [B^{2} S^{2} -έβης] εἰς ὕψος (11 *a*)
73 (74). 23. ἡ ὑπερηφανία . . . ἀναβαίη [S^{2} ἀνέβη] (11 *a*)
77 (78). 21. ὀργὴ ἀνέβη ἐπὶ τὸν Ἰσρ. (11 *a*)
— 31. ὀργὴ τοῦ θεοῦ ἀνέβη ἐπ' αὐτούς (11 *a*)
103 (104). 8. ἀναβαίνουσιν ὄρη (11 *a*)
105 (106). 7. ἀναβαίνοντες ἐν τῇ ἐρυθρᾷ θαλάσσῃ –
106 (107). 26. ἀναβαίνουσιν ἕως τῶν οὐρανῶν (11 *a*)
121 (122). 4. ἐκεῖ γὰρ ἀνέβησαν αἱ φυλαί (11 *a*)
131 (132). 3. εἰ ἀναβήσομαι ἐπὶ κλίνης στρ. μου (11 *a*)
138 (139). 8. ἐὰν ἀναβῶ εἰς τὸν οὐρανόν (8)
Pr. 24. 27 (30. 4). τίς ἀνέβη εἰς τὸν οὐρανόν (11 *a*)
25. 7. ἀνάβαινε πρὸς μέ (11 *a*)
Ec. 3. 21. εἰ ἀναβαίνει αὐτὸ εἰς [R *om.*] ἄνω (11 *a*)
10. 4. ἐὰν πνεῦμα . . . ἀναβῇ ἐπὶ σέ (11 *a*)
Ca. 3. 6. τίς αὕτη ἡ ἀναβαίνουσα (11 *a*)
4. 2. αἳ ἀνέβησαν ἀπὸ τοῦ λουτροῦ (11 *a*)
6. 4 (5). S αἳ ἀνέβησαν [A B ἀνεφάνησαν] ἀπὸ τοῦ Γ. (2)
— 5 (6). αἳ ἀνέβησαν ἀπὸ τοῦ λουτροῦ (11 *a*)
7. 8 (9). ἀναβήσομαι ἐπὶ [A ἐν] τῷ φοίνικι (11 *a*)
8. 5. τίς αὕτη ἡ ἀναβαίνουσα (11 *a*)
Wi. 19. 12. ἀνέβη αὐτοῖς ἀπὸ [S ἐκ] θαλ. ὀρτυγομ.
Si. 48. 18. ἐν ἡμέραις αὐτοῦ ἀνέβη Σενναχηρίμ
Ho. 1. 11 (2. 2). καὶ ἀναβήσονται ἐκ τῆς γῆς (11 *a*)
4. 15. καὶ μὴ ἀναβαίνετε εἰς τὸν οἶκον Ὢν (11 *a*)
8. 9. ὅτι αὐτοὶ ἀνέβησαν εἰς Ἀσσυρίους (11 *a*)
10. 8. τρίβολοι ἀναβήσονται ἐπὶ τὰ θυσιαστ. (11 *a*)
14. 4. ἐφ' ἵππον οὐκ ἀναβησόμεθα (16)
Am. 5. 5. A ἐπὶ τὸ φρέαρ . . . μὴ ἀναβαίνετε [B διαβ.] (10)
8. 8. ἀναβήσεται ὡς ποταμὸς συντέλεια (11 *a*)
9. 2. ἐὰν ἀναβῶσιν εἰς τὸν οὐρανόν (11 *a*)
— 5. ἀναβήσεται ὡς ποταμὸς συντέλεια (11 *a*)
Mi. 4. 2. ἀναβῶμεν εἰς τὸ ὄρος κυρίου (11 *a*)
Jl. 1. 6. ἔθνος ἀνέβη ἐπὶ τὴν γῆν μου ἰσχυρόν (11 *a*)
2. 7. ἀναβήσονται ἐπὶ τὰ τείχη (11 *a*)
— 9. ἐπὶ ταῖς οἰκίαις [A τὰς οἰ.] ἀναβήσονται (11 *a*)
— 20. ἀναβήσεται ἡ σαπρία αὐτοῦ κ. ἀναβήσεται ὁ βρόμος αὐ. (11 *a*, 11 *a*)
3 (4). 9. προσαγάγετε καὶ ἀναβαίνετε (11 *a*)
— 12. ἀναβαινέτωσαν πάντα τὰ ἔθνη (11 *a*)
Ob. 1. 21. ἀναβήσονται ἀνασωζόμενοι [A ἄνδρ. σεσωσμ.] (11 *a*)
Jn. 1. 2. ἀνέβη ἡ κραυγὴ τῆς κακίας αὐτῆς (11 *a*)
— 3. R ἀνέβη [ABS^{2} ἐνέβη] εἰς αὐτό (5)
2. 7. ἀναβήτω φθορὰ ζωῆς μου [A *al.*] (11 *c*)
4. 6. καὶ ἀνέβη ὑπὲρ κεφαλῆς (11 *a*)
Na. 2. 1 (2). ἀνέβη ἐμφυσῶν εἰς πρόσωπόν σου (11 *a*)
— 7 (8). καὶ αὕτη ἀνέβαινε [A S -βεννεν] (11 *d*)
3. 3. φωνὴ . . . ἱππέως ἀναβαίνοντος (11 *c*)
Hb. 3. 16. τοῦ ἀναβῆναι εἰς λαὸν παροικίας μου (11 *a*)
Hg. 1. 8. ἀνάβητε εἰς τὸ ὄρος (11 *a*)
2. 23 (22.) A καὶ ἀναβήσονται [BS καταβ.] ἵπποι (5)
Za. 14. 16. καὶ ἀναβήσονται κατ' ἐνιαυτόν (11 *a*)
— 17. ὅσοι ἐὰν μὴ ἀναβῶσιν . . . εἰς Ἰ. (11 *a*)
— 18. ἐὰν δὲ φυλὴ Αἰ. μὴ ἀναβῇ (11 *a*)
— 18. ὅσα ἐὰν μὴ ἀναβῇ (11 *a*)
— 19. ὅσα ἂν μὴ ἀναβῇ ἑορτάσαι τὴν ἑορτήν (11 *a*)
Is. 2. 3. ἀναβῶμεν εἰς τὸ ὄρος κυρίου (11 *a*)
5. 6. ἀναβήσονται εἰς αὐτὸν . . . ἄκανθαι (11 *a*)
— 24. τὸ ἄνθος αὐτῶν . . . ἀναβήσεται (11 *a*)
7. 1. ἀνέβη Ῥ. βασιλεὺς Ἀράμ (11 *a*)
— 6. ἀναβησόμεθα εἰς τὴν Ἰουδ. [A Ἰδουμ.] (11 *a*)
8. 7. ἀναβήσεται ἐπὶ πᾶσαν φάραγγα ὑμῶν (11 *a*)
11. 1. ἄνθος ἐκ τῆς ῥίζης ἀναβήσεται (13)
14. 8. οὐκ ἀνέβη ὁ κόπτων ἡμᾶς (11 *a*)
— 13. εἰς τὸν οὐρανὸν ἀναβήσομαι (11 *a*)
— 14. ἀναβήσομαι ἐπάνω τῶν νεφῶν [A S νεφελῶν] (11 *a*)
15. 2. ἐκεῖ ἀναβήσεσθε κλαίειν (11 *a* ?)
— 5. ἀναβήσονται τῇ ὁδῷ Ἀρωνιείμ (11 *a*)
22. 1. ἀνέβητε πάντες εἰς δώματα μάταια (11 *a*)
32. 13. ἄκανθα καὶ χόρτος ἀναβήσεται (11 *a*)
34. 3. ἀναβήσεται αὐτῶν ἡ ὀσμή (11 *a*)
— 10. ἀναβήσεται ὁ καπνὸς αὐτῆς ἄνω (11 *a*)
35. 9. οὐ μὴ ἀναβῇ εἰς [A S ἐπ'] αὐτήν (11 *a*)
36. 1. ἀνέβη Σενναχηρείμ (11 *a*)
— 10. μὴ ἄνευ κυρίου ἀνέβημεν (11 *a*)
— 10. κύριος εἶπε πρὸς μέ, Ἀνάβηθι [A *om.*] (11 *a*)
37. 1. ἀνέβη εἰς τὸν οἶκον κυρίου (1 *a*)
— 14. ἀνέβη εἰς οἶκον κυρίου [A *om.*] (11 *a*)
Is. 37. 24. ἐγὼ ἀνέβην εἰς ὕψος (11 *a*)
— 29. ἡ πικρία σου ἀνέβη πρὸς μέ (11 *a*)
38. 8. ἀνέβη ὁ ἥλιος τοὺς δέκα ἀναβαθμούς (17 ?)
— 22. ἀναβήσομαι εἰς τὸν οἶκον τοῦ θ. (11 *a*)
40. 9. ἐπ' ὄρος ὑψηλὸν ἀνάβηθι (11 *a*)
55. 13. ἀναβήσεται κυπάρισσος . . . ἀναβήσεται μυρσίνη (11 *a*, 11 *a*)
65. 16. οὐκ ἀναβήσεται αὐτῶν ἐπὶ τὴν καρδ. (19 ?)
Je. 3. 16. οὐκ ἀναβήσεται ἐπὶ καρδίαν (11 *a*)
4. 7. ἀνέβη λέων ἐκ τῆς μάνδρας αὐτοῦ (11 *a*)
— 13. ὡς νεφέλη ἀναβήσεται (11 *a*)
— 29. A B ἐπὶ [A εἰς] τὰς πέτρας ἀνέβησαν (11 *a*)
5. 10. ἀνάβητε ἐπὶ τοὺς προμαχῶνας αὐτῆς (11 *a*)
6. 4. ἀναβῶμεν ἐπ' αὐτὴν μεσημβρίας (11 *a*)
— 5. ἀναβῶμεν [A διαβ.] ἐπ' αὐτὴν [A S ἐν τῇ] νυκτί (11 *a*)
8. 22. οὐκ ἀνέβη ἴασις θυγατρὸς λαοῦ μου (11 *a*)
9. 21 (20). ἀνέβη θάνατος (11 *a*)
14. 2. ἡ κραυγὴ τῆς Ἱερουσαλὴμ ἀνέβη (11 *a*)
22. 20. ἀνάβηθι εἰς τὸν Λίβανον (11 *a*)
26 (46). 7. τίς οὗτος ὡς ποταμὸς ἀναβήσεται (11 *a*)
— 8. ὕδατα Αἰγ. ὡς ποταμὸς ἀναβήσεται (11 *a*)
— 8. ἀναβήσομαι καὶ κατακαλύψω τὴν γῆν (11 *a*)
— 9. Λυδοὶ ἀνάβητε (18 ?)
— 11. ἀνάβηθι Γαλαάδ (11 *a*)
27 (50). 3. ἀνέβη ἐπ' αὐτὴν ἔθνος ἀπὸ βορρᾶ (11 *a*)
— 44. ὥσπερ λέων ἀναβήσεται ἀπὸ τοῦ Ἰορδ. (11 *a*)
28 (51). 42. ἀνέβη ἐπὶ Βαβυλῶνα ἡ θάλασσα (11 *a*)
— 50. Ἱερ. ἀναβήτω ἐπὶ τὴν καρδίαν ὑμῶν (11 *a*)
— 53. ἐὰν ἀναβῇ Βαβυλὼν ὡς ὁ οὐρανός (11 *a*)
29 (47). 2. ὕδατα ἀναβαίνει [A S^{1} -βέννει] (11 *a*)
29 (49). 19. ἀναβήσεται ἐκ μέσ. τοῦ Ἰορδ. [S^{1} ἐκ τοῦ ὕδ.] (11 *a*)
30. 6 (49. 28). ἀνάστητε καὶ ἀνάβητε [S^{1} *om.* κ. ἀ.] ἐπὶ Κ. (11 *a*)
— 9 (49. 31). ἀνάβηθι ἐπ' ἔθνος εὐσταθοῦν (11 *a*)
31 (48). 5. ἀναβήσεται κλαίων ἐν ὁδῷ Ὠ. (11 *a*)
— 18. ἀνέβη εἰς σέ (11 *a*)
— 35. τὸν Μ. . . . ἀναβαίνοντα [A S^{1} -βέννοντα] ἐπὶ τὸν βωμόν (11 *c*)
— 44. ὁ ἀναβαίνων [S^{1} -βέννων] ἐκ τοῦ βοθύνου (11 *a*)
33 (26). 10. ἀνέβησαν ἐξ οἴκου τοῦ βασ. (11 *a*)
38 (31). 6. ἀνάστητε καὶ ἀνάβητε εἰς Σιών (11 *a*)
39 (32). 35. οὐκ ἀνέβη ἐπὶ καρδίαν μου (11 *a*)
42 (35). 11. ἀνέβη Ναβουχοδονόσορ ἐπὶ τὴν γῆν (11 *a*)
— 11. A εἴπαμεν ἀναβάντες εἰσελευσόμεθα [BS *al.*] εἰς Ἱερ. (1 *a*)
44 (37). 5. ἀνέβησαν ἐπὶ [AS^{3} ἀπὸ] Ἱερουσαλήμ (11 *b*)
— 11. ἀνέβη ἡ δύναμις τῶν Χαλδ. (11 *b*)
51 (44). 21. ἀνέβη ἐπὶ τὴν καρδίαν αὐτοῦ (11 *a*)
Ba. 3. 29. τίς ἀνέβη εἰς τὸν οὐρανόν
La. 1. 14. ἀνέβησαν ἐπὶ τὸν τράχηλόν μου (11 *a*)
Ez. 8. 11. ἡ ἀτμὶς τοῦ θυμιάματος ἀνέβαινε (11 *a*)
9. 3. δόξα θεοῦ τοῦ Ἰσρ. ἀνέβη (11 *b*)
11. 23. ἀνέβη ἡ [A *om.*] δόξα κυρίου (11 *a*)
— 24. ἀνέβην ἀπὸ τῆς ὁράσεως (11 *a*)
20. 32. εἰ ἀναβήσ. ἐπὶ τὸ πνεῦμα ὑμῶν τοῦτο (11 *a*)
24. 8. τοῦ ἀναβῆναι [A^{1} καταβ.] θυμόν (11 *c*)
26. 3. ὡς ἀναβαίνει ἡ θάλασσα (11 *c*)
36. 3. ἀνέβητε [A ἐγένεσθε] λάλημα γλώσσῃ [A -ης] (11 *b*)
37. 8. ἀνέβαινεν ἐπ' αὐτὰ δέρματα [A -μα] ἐπάνω (15)
38. 9. ἀναβήσῃ ὡς ὑετός (11 *a*)
— 10. ἀναβήσεται ῥήματα ἐπὶ τὴν καρδ. σου (11 *a*)
— 11. ἀναβήσομαι ἐπὶ γῆν ἀπερριμμένην (11 *a*)
— 16. ἀναβήσῃ ἐπὶ τὸν λαόν μου Ἰσραήλ (11 *a*)
— 18. ἀναβήσεται ὁ θυμός μου (11 *a*)
40. 22. ἐν ἑπτὰ κλιμακτῆρσιν ἀνέβαινον (11 *a*)
— 49. ἐπὶ δέκα ἀναβαθμῶν ἀνέβαινον (11 *a*)
41. 7. καὶ ἐκ τῶν κάτωθεν ἀναβαίνωσιν (11 *a*)
47. 12. ἐπὶ τοῦ ποταμοῦ ἀναβήσεται [A -σει] (11 *a*)
Da. LXX. 7. 3. τέσσαρα θηρία ἀνέβαινον (9)
8. 3. καὶ τὸ ὑψηλότερον ἀνέβαινε (11 *a*)
— 8. ἀνέβη ἕτερα τέσσαρα κέρατα (11 *a*)
— 22. ἀναβάντα ὀπ. αὐτοῦ τέσσαρα κέρατα (12)
Da. TH. 2. 29. ἐπὶ τῆς κοίτης σου ἀνέβησαν (9)
7. 3. θηρία μεγάλα ἀνέβαινον ἐκ τῆς θαλ. (9)
— 8. κέρας ἕτ. μικρὸν ἀνέβη (9)
— 20. τοῦ ἑτέρου τοῦ ἀναβάντος (9)
8. 3. τὸ ὑψηλὸν [A -ότερον] ἀνέβαινεν (11 *a*)
— 8. ἀνέβη ἕτερα κέρατα τέσσαρα (11 *a*)
11. 23. ἀναβήσεται καὶ ὑπερισχύσει αὐτούς (11 *a*)
I Ma. 1. 20. R ἀνέβη ἐπὶ Ἰσραὴλ καὶ ἀνέβη [A S *om.*]
3. 15. R καὶ προσέθετο τοῦ ἀναβῆναι [A S *om.*]
— 15. ἀνέβη μετ' αὐτοῦ παρεμβολὴ ἀσεβῶν
I Ma. 4. 36. ἀναβῶμεν καθαρίσαι [S^{2} καὶ καθαρίσωμεν] τὰ ἅγ.
— 37. ἀνέβησαν εἰς ὄρος Σιών
5. 31. ἡ κραυγὴ τῆς πόλεως ἀνέβη
— 54. ἀνέβησαν εἰς τὸ ὄρος Σιών
6. 48. ἀνέβαινον [A -βεννον] εἰς συνάντ. αὐ.
7. 1. ἀνέβη σὺν ἀνδράσιν ὀλίγοις
— 33. ἀνέβη Νικ. εἰς τὸ ὄρος Σιών
9. 8. ἀναστῶμεν καὶ ἀναβῶμεν
— 38. ἀνέβησαν καὶ ἐκρύβησαν
— 67. τύπτειν καὶ ἀναβαίνειν [A -βέννειν]
10. 1. ἀνέβη Ἀλέξανδρος
13. 2. ἀνέβη εἰς [S^{1} *om.*] Ἱερ.
— 45. ἀνέβησαν οἱ ἐν τῇ πόλει
16. 1. καὶ ἀνέβη Ἰωάννης ἐκ Γαζ.
II Ma. 2. 4. οὗ ὁ Μωυσῆς ἀναβὰς ἐθεάσατο
5. 12. τοὺς εἰς τὰς οἰκ. [A ἐν ταῖς οἰ.] ἀναβαίνοντας
III Ma. 3. 16. εἰς τὰ Ἱεροσόλυμα ἀναβάντες
5. 9. ἡ λιτανεία . . . ἀνέβαινεν εἰς οὐρανόν
IV Ma. 4. 4. πρὸς δὲ τὸν Σέλευκον ἀναβάς

[**Aq**. GE. 2. 6 : 49. 9 : JO. 10. 33 : III KI. 9. 24 : 18. 43 : PS. 73 (74). 23 : 121 (122). 4 : PR. 21. 22 : IS. 15. 5 (?) : 36. 10 *bis* : 40. 9 : 53. 2† : 57. 7, 8 : 65. 17 : JE. 6. 23 : 31 (38). 6 : 48 (31). 15 : 49. 22 (29. 23), 31 (30. 9) : 50 (27). 21 : EZ. 40. 40 : JN. 2. 7.]
[**Sm**. GE. 49. 9 : JO. 10. 33 : IV KI. 1. 13 : 12. 4 (5) : PS. 73 (74). 23 : PR. 21. 22 : IS. 34. 3 : 36. 10 *bis* : 37. 14 : 53. 2 : 55. 13 *bis* : 57. 7, 8 : 65. 17 : JE. 31 (38). 6 : 48 (31). 15 : 49. 22 (29. 23), 31 (30. 9) : EZ. 13. 5 : 40. 6, 40 : JN. 2. 7.]
[**Th**. JD. 6. 21 : III KI. 1. 35 : 2. 34 : IV KI. 12. 4 (5) : JB. 36. 20 : PS. 73 (74). 23 : PR. 21. 22 : IS. 36. 10 *bis* : 37. 14 : 53. 2 : 57. 7, 8 : 65. 17 : JE. 46 (26). 8 : DA. 2. 29 : JN. 2. 7.]
[**Quint**. IV KI. 12. 4 (5).]
[**Al**. DT. 1. 40, 41 : I KI. 28. 14 : CA. 6. 9 (10) : HB. 3. 8.]
[**Hebr**. IV KI. 3. 8.]

ἀναβάλλειν. (1) נָתַן (2) עָבַר hithpa. (3) עָטָה

I Ki. 28. 14. καὶ οὗτος διπλοΐδα ἀναβεβλημένος (3)
To. 6. 3. ἀνέβαλεν [S -ήνεγκεν] αὐτὸν ἐπὶ τὴν γῆν
Ps. 77 (78). 21. ἤκουσε κύριος καὶ ἀνεβάλετο (2)
88 (89). 38. ἀνεβάλου τὸν χριστόν σου (2)
103 (104). 2. ἀναβαλλόμενος φῶς ὡς ἱμάτιον (3)
Si. 50. 11. S^{1} ἐν τῷ ἀ. [A B -λαμβάνειν] αὐτὸν στολὴν δόξης
Is. 37. 19. R ἀνέβαλον [A B S ἐν.] τὰ εἴδ. αὐ. εἰς τὸ πῦρ (1)
IV Ma. 9. 12. ἀνέβαλον αὐτὸν ἐπὶ τὸν τροχόν

[**Aq**. JB. 28. 16, 19 : JE. 43 (50). 12.]

ἀνάβασις. (1) מְסִלָּה (2) *a.* עָלָה *b.* מַעֲלָה *c.* מַעֲלֶה *d.* עֲלִיָּה *e.* עָלֶה

Nu. 34. 4. ἀπὸ λιβὸς πρὸς ἀνάβασιν Ἀκραβίν (2 *c*)
Jo. 10. 10. ὁδὸν ἀναβάσεως Ὠρ. (2 *c*)
18. 18. ἥ ἐστιν ἀπέναντι πρὸς ἀνάβασιν Αἰθ. (2 *c*)
Jd. 1. 36. B ἀπὸ τῆς ἀ. Ἀκραβίν [A *al.*] (2 *c*)
8. 13. A ἐκ τοῦ πολέμου ἀπὸ ἀναβάσεως [B *al.*] (2 *c*)
11. 13. A ἐν τῇ ἀ. αὐτοῦ [B *al.*] (2 *a*)
— 16. A ἐν τῇ ἀ. αὐτῶν [B *al.*] (2 *a*)
19. 30. ἀπὸ ἡμέρας ἀναβάσεως υἱῶν Ἰσρ. (2 *a*)
— 30. A ἀπὸ τῆς ἡμ. ἀναβάσεως υἱῶν Ἰσρ. –
I Ki. 9. 11. αὐτῶν ἀναβαινόντων τὴν ἀ. τῆς πόλ. (2 *c*)
II Ki. 6. 2. ἐν ἀναβάσει τοῦ ἀναγαγεῖν ἐκεῖθεν –
15. 30. ἐν τῇ ἀ. [A ἐκ τῆς ἀ.] τῶν ἐλαιῶν (2 *c*)
III Ki. 6. 8. καὶ ἑλικτὴ ἀ. εἰς τὸ μέσον (2 *a*)
18. 36. A καὶ ἐγένετο κατὰ ἀνάβασιν τὸ ὕδωρ (2 *a*)
I Ch. 26. 16. μετὰ τὴν πύλην παστοφορίου τῆς ἀ. (1 ?, 2 *a* ?)
— 18. κατέναντι φυλακῆς τῆς ἀ. (1)
II Ch. 9. 11. ἀναβάσεις τῷ οἴκῳ κυρίου (1)
20. 16. ἀναβαίνουσι κατὰ τὴν ἀ. Ἀσαέ (2 *c*)
32. 33. ἐν ἀναβάσει τάφων υἱῶν Δαυίδ (2 *c*)
II Es. 7. 9. A R ἐθεμελίωσε τὴν ἀ. τὴν ἀπὸ Βαβ. (2 *b*)
Ne. 3. 19. πύργου ἀναβάσεως τῆς συναπτούσης (2 *a*)
— 31. A S R ἕως ἀναβάσεως [B ἀνὰ μέσον] τῆς καμπῆς (2 *d*)
— 32. A B ἀνὰ μέσον ἀναβάσεως [S R *om.*] τῆς πύλης (2 *d*)
4. 21 (15). ἀπὸ ἀναβάσεως τοῦ [B ἕως τοῦ] ὄρθρου (2 *a*)
9. 4. ἔστη ἐπὶ ἀναβάσει τῶν Λευιτῶν Ἰ. (2 *c*)
12. 37. ἐν ἀναβάσει τοῦ τείχους (2 *c*)
Ju. 4. 7. διακατασχεῖν τὰς ἀ. τῆς ὀρεινῆς
— 7. S^{1} στενῆς τῆς ἀ. [A διαβ. B προσβ.] οὔσης

Ju. 6. 7. ἐν μιᾷ τῶν πόλεων τῶν ἀ.
— 12. διεκράτησαν τὴν ἀ. αὐτῶν
7. 1. τὰς ἀ. τῆς ὀρ. προκαταλαμβάνεσθαι
— 7. ἐπεσκέψατο τὰς ἀ. τῆς πόλεως αὐ.
14. 11. ἐξήλθοσαν . . . ἐπὶ τὰς ἀ. τοῦ ὄρους
Ps. 83 (84). 5. ἀναβάσεις ἐν τῇ καρδίᾳ αὐτοῦ διέθετο (1)
Si. 25. 20. ἀ. ἀμμώδης ἐν ποσὶ πρεσβυτέρου
50. 11. ἐν ἀναβάσει θυσιαστηρίου ἁγίου
Ho. 2. 15 (17). κατὰ τὰς ἡμέρας ἀναβάσεως αὐτῆς (2 *a*)
Am. 9. 6. ὁ οἰκοδομῶν εἰς τὸν οὐρ. ἀνάβασιν αὐ. (2 *b*)
Is. 15. 5. ἐπὶ δὲ τῆς ἀ. Λουειθ πρὸς σέ (2 *c*)
Ez. 47. 12. ἀνάβασις αὐτῶν εἰς ὑγίειαν (2 *e*)
I Ma. 3. 16. ἤγγισεν ἕως ἀναβάσεως Βαιθ.
[**Aq.** III Ki. 18. 36: Ps. 119 (120). 1: Is. 15. 5 (?).]
[**Sm.** IV Ki. 18. 17: Ps. 119 (120). 1.]
[**Th.** Jd. 8. 13: 11. 13: II Ki. 6. 2: III Ki. 18. 36: Ps. 119 (120). 1.]
[**Quint.** IV Ki. 18. 17.]
[**Al.** Ps. 120 (121). 1.]

ἀναβαστάζειν. (1) נָסַע
Jd. 16. 3. καὶ ἀνεβάστασεν αὐτάς (1)

ἀναβάτης. (1) פָּרָשׁ (2) *a.* רַכָּב *b.* רֶכֶב
Ex. 14. 23. καὶ τὰ ἅρματα καὶ οἱ ἀ. (1)
— 26. ἐπί τε τὰ ἅρματα καὶ [A *add.* ἐπὶ] τοὺς ἀ. (1)
— 28. τὸ ὕδωρ ἐκάλυψε τὰ ἅρματα καὶ τοὺς ἀ. (1)
15. 1. ἵππον καὶ ἀναβάτην ἔρριψεν εἰς θάλ. (2 *a*)
— 4. ἐπιλέκτους ἀναβάτας τριστάτας —
— 19. σὺν ἅρμασι καὶ ἀναβάταις (1)
— 21. ἵππον καὶ ἀναβάτην ἔρριψεν εἰς θάλ. (2 *a*)
De. 20. 1. ἀναβάτην καὶ λαὸν πλείονά σου (2 *b*)
Ju. 2. 5. πλῆθος [S^1 *om.*] ἵππων σὺν ἀναβάταις
9. 7. ὑψώθησαν ἐφ' ἵππῳ καὶ ἀναβάτῃ
Hg. 2. 23 (22). καταστρέψω ἅρματα καὶ ἀναβάτας (2 *a*)
— 23 (22). ἵπποι καὶ ἀναβάται αὐτῶν (2 *a*)
Za. 10. 5. καταισχυνθήσονται ἀναβάται ἵππων (2 *a*)
12. 4. πατάξω . . . τὸν ἀ. αὐ. ἐν παραφρονήσει (2 *a*)
Is. 21. 7. εἶδον ἀναβάτας ἱππεῖς δύο καὶ ἀναβάτην ὄνου καὶ ἀναβάτην καμήλου (2 *b*, 2 *b*, 2 *b*)
— 9. ἔρχεται ἀ. συνωρίδος (2 *b*)
22. 6. ἀναβάται ἄνθρωποι ἐφ' ἵππους [AS^3 -οις] (2 *b*)
30. 16. ἐπὶ κούφοις ἀναβάταις [A S -ται] ἐσόμεθα (2 *a*)
36. 8. εἰ δυνήσεσθε δοῦναι ἀναβάτας ἐπ' αὐ. (2 *a*)
— 9. οἱ πεποιθότες . . . εἰς ἵππον καὶ ἀναβάτην (1)
Je. 28 (51). 21. A διασκορπιῶ . . . ἀναβάτην [B S ἐπιβ.] αὐτοῦ (2 *a*)
— 21. διασκορπιῶ . . . ἀναβάτας αὐτῶν (2 *a*)
Ez. 38. 15. ἀναβάται ἵππων πάντες (2 *a*)
39. 20. ἵππον καὶ ἀναβάτην (2 *b*)
I Ma. 4. 36. S^1 ἀναβάται [A S^2 R ἀναβῶμεν] καθαρ.
5. 25. S συνήντησαν τοῖς ἀ. [A R Ναβαταίοις]
[**Th.** Is. 22. 6.]
[**Al.** Jd. 5. 28.]

ἀναβέννειν, *vid.* **ἀναβαίνειν.**

ἀναβιβάζειν. (1) יָרַד hi. (2) עָבַר hi. (3) עָלָה *a.* qal. *b.* hi. (4) קָדַשׁ pi. (5) רָכַב hi.
Ge. 37. 28. ἀνεβίβασαν τὸν Ἰ. ἐκ τοῦ λάκκου (3 *b*)
41. 43. ἀνεβίβασεν αὐτὸν ἐπὶ τὸ ἅρμα (5)
46. 4. ἀναβιβάσω σε εἰς τέλος (3 *b*)
Ex. 3. 17. ἀναβιβάσω ὑμᾶς ἐκ τῆς κακώσ. τῶν Αἰγ. (3 *b*)
4. 20. ἀνεβίβασεν αὐτὰ ἐπὶ τὰ ὑποζύγια (5)
8. 6 (2). ἀνεβιβάσθη ὁ βάτραχος (3 *a*)
17. 3. ἀνεβίβασας ἡμᾶς ἐξ Αἰγ. (3 *b*)
32. 4. οἵτινες ἀνεβίβασάν σε ἐκ γῆς Αἰγ. (3 *b*)
— 6. ἀνεβίβασεν ὁλοκαυτώματα (3 *b*)
— 9. οἵτινες ἀνεβίβασάν σε ἐκ γῆς Αἰγ. (3 *b*)
Le. 2. 12. ἐπὶ δὲ τὸ θυσιαστ. οὐκ ἀναβιβασθήσεται (3 *a*)
Nu. 20. 25. ἀναβίβασον αὐτοὺς εἰς *Ωρ τὸ ὄρος (3 *b*)
— 27. ἀνεβίβασεν αὐτὸν [A -οὺς] εἰς *Ωρ τὸ ὄρος (3 *a*)
22. 41. ἀνεβίβασεν αὐτὸν ἐπὶ τὴν στήλ. τοῦ Β. (3 *b*)
23. 4. ἀνεβίβασα μόσχον καὶ κριόν (3 *b*)
— 14. ἀνεβίβασε μόσχον καὶ κριόν (3 *b*)
De. 20. 1. ὁ ἀναβιβάσας σε ἐκ γῆς Αἰγ. (3 *b*)
32. 13. ἀνεβίβασεν αὐτοὺς ἐπὶ τὴν ἰσχ. τῆς γ. (5)
Jo. 2. 6. ἀνεβίβασεν αὐτοὺς ἐπὶ τὸ δῶμα (3 *b*)
8. 31. ἀνεβίβασεν ἐκεῖ ὁλοκαυτώμ. κυρίῳ (3 *b*)
Jo. 22. 23. ὥστε ἀναβιβάσαι ἐπ' αὐτὸν θυσίαν (3 *b*)
Jd. 2. 1. B τάδε λέγει κ., ἀνεβίβασα [A κ. κ. ἀνεβίβασεν] ὑμᾶς (3 *b*)
6. 8. A ἐγώ εἰμι ὁ ἀναβιβάσας ὑμᾶς [B *al.*] (3 *b*)
II Ki. 2. 8. ἀνεβίβασεν αὐτὸν ἐκ τῆς παρεμβ. (2)
III Ki. 8. 4. A καὶ ἀνεβίβασαν τὴν κιβωτὸν κ. (3 *b*)
— 4. A καὶ ἀνεβίβασαν αὐτὰ οἱ ἱερεῖς (3 *b*)
9. 25. A ἀνεβίβασεν Σαλ. τρεῖς καθόδους (3 *b*)
21 (20). 33. ἀναβιβάζουσιν αὐτὸν πρὸς αὐτόν (3 *b*)
IV Ki. 10. 15. ἀνεβίβασεν αὐτὸν [A *om.*] πρὸς αὐτόν (3 *b*)
II Ch. 23. 20. A ἀνεβίβασαν [B ἐπεβ.] τὸν βασ. εἰς οἶκον κυρίου (1)
35. 24. ἀνεβίβασαν αὐτὸν ἐπὶ τὸ ἅρμα τὸ δευτ. (5)
I Es. 1. 52. ἀναβιβάσαι ἐπ' αὐτοὺς τοὺς βασ.
Es. 6. 9. ἀναβιβασάτω αὐτὸν ἐπὶ τὸν ἵππον (5)
— 11. B S ἀνεβίβασεν αὐτὸν ἐπὶ τὸν ἵππον (5)
Am. 8. 10. ἀναβιβῶ ἐπὶ πᾶσαν ὀσφὺν σάκκον (3 *b*)
Is. 57. 7. ἐκεῖ ἀνεβίβασας θυσίας (3 *a*)
58. 14. ἀναβιβάσει σε ἐπὶ τὰ ἀγαθὰ τῆς γῆς (5)
63. 11. ποῦ [A S *om.*] ὁ ἀναβιβάσας . . . τὸν ποιμένα τῶν πρ. (3 *b*)
Je. 28 (51). 27. ἀναβιβάσατε ἐπ' αὐτὴν ἵππον (3 *b*)
— 28. ἀναβιβάσατε ἐπ' αὐτὴν ἔθνη (4)
La. 2. 10. ἀνεβίβασαν χοῦν ἐπὶ τὴν κεφ. αὐτῶν (3 *b*)
Ez. 39. 2. ἀναβιβῶ σε ἐπ' [A ἀπ'] ἐσχάτου τοῦ βορρᾶ (3 *b*)
[**Aq.** III Ki. 9. 25: Jb. 42. 8: Ps. 29 (30). 2: 46 (47). 10: Is. 63. 11: Am. 4. 10.]
[**Sm.** Is. 57. 6.]
[**Th.** Is. 63. 11: Je. 27 (34). 22: Ez. 19. 3.]
[**Al.** Ps. 134 (135). 7: Hb. 3. 15.]

ἀναβίωσις.
II Ma. 7. 9. εἰς αἰώνιον ἀ. ζωῆς ἡμᾶς ἀναστήσει

ἀναβλαστάνειν. (1) צָמַח
Jb. 5. 6. οὐδὲ ἐξ ὀρέων ἀναβλαστήσει πόνος (1)
8. 19. ἐκ δὲ γῆς ἄλλων [A ἄλλο] ἀναβλαστήσει (1)

ἀναβλέπειν. (1) אוֹר (2) נָבַט hi. (3) *a.* נָשָׂא *b.* נָשָׂא עֵינַיִם *c.* נָשָׂא פָּנִים (4) עָרַג (5) פָּנָה (6) רָאָה
Ge. 13. 14. ἀνάβλεψον τοῖς ὀφθαλμοῖς σου (3 *a*)
15. 5. R ἀνάβλεψον δὴ εἰς τὸν οὐρανόν (2)
18. 2. ἀναβλέψας δὲ τοῖς ὀφθ. αὐτοῦ (3 *a*)
22. 4, 13. ἀναβλέψας Ἀβραὰμ τοῖς ὀφθαλμοῖς (3 *a*)
24. 63. ἀναβλέψας τοῖς ὀφθαλμοῖς (3 *a*)
— 64. ἀναβλέψασα Ῥεβέκκα τοῖς ὀφθ. (3 *a*)
31. 12. ἀνάβλεψον τοῖς ὀφθαλμοῖς σου (3 *a*)
32. 1 (2). R ἀναβλέψας [A *add.* τοῖς ὀφθ.] εἶδε —
33. 1. A^2 ἀναβλέψας δὲ Ἰ. [R *add.* τοῖς ὀφθ. αὐτοῦ] (3 *b vel* 3 *a*)
— 5. R ἀναβλέψας Ἠσαῦ [A *om.*] εἶδε (3 *b*)
37. 25. ἀναβλέψαντες τοῖς ὀφθαλμοῖς (3 *a*)
43. 29. ἀναβλέψας δὲ τοῖς ὀφθαλμοῖς (3 *a*)
Ex. 14. 10. ἀναβλέψαντες οἱ υἱοὶ Ἰσρ. τοῖς ὀφθ. [A^1 *om.*] (3 *a vel* 3 *b*)
De. 3. 27. ἀνάβλεψας [A -ψον] τοῖς ὀφθ. [R *add.* σου] (3 *a*)
4. 19. μὴ ἀναβλέψας εἰς τὸν οὐρανόν (3 *b*)
Jo. 5. 12. ἀναβλέψας τοῖς ὀφθαλμοῖς (3 *a*)
Jd. 19. 17. A ἀναβλέψας τοῖς ὀφθαλμοῖς [B *al.*] (3 *a*)
I Ki. 14. 27. ἀνέβλεψαν οἱ ὀφθαλμοὶ αὐτοῦ (1 *vel* 6*)
To. 3. 12. S τὸ πρόσωπόν μου ἀνέβλεψα [A B *al.*]
11. 8. S ἀναβλέψει ὁ πατήρ σου
14. 2. μετὰ ἔτη ὀκτὼ ἀνέβλεψε
— 2. S μετὰ τὸ ἀναβλέψαι αὐτόν
Jb. 22. 26. ἀναβλέψας εἰς τὸν οὐρ. ἱλαρῶς (3 *c*)
35. 4. ἀνάβλεψον εἰς τὸν οὐρανόν (2)
Jl. 1. 20. τὰ κτήνη τοῦ πεδ. ἀνέβλεψαν πρὸς σέ (4)
Za. 5. 5. ἀνάβλεψον τοῖς ὀφθαλμοῖς σου (3 *a*)
Is. 8. 21. ἀναβλέψονται εἰς τὸν οὐρανὸν ἄνω (5)
40. 26. ἀναβλέψατε εἰς ὕψος τοὺς ὀφθ. ὑμῶν (3 *a*)
42. 18. οἱ τυφλοὶ ἀναβλέψατε ἰδεῖν (2)
Ez. 8. 5. ἀνάβλεψον τοῖς ὀφθ. σου πρὸς βορρᾶν καὶ ἀνέβλεψα τοῖς ὀφθ. μου πρὸς βορρᾶν (3 *a*, 3 *a*)
Da. LXX. 8. 3. ἀναβλέψας εἶδον κριὸν ἕνα (3 *b*)
Da. TH. Su. 35. ἀνέβλεψεν εἰς τὸν οὐρ.
II Ma. 7. 28. ἀναβλέψαντα εἰς τὸν οὐρανόν
[**Th.** Jd. 19. 17.]
[**Al.** Jb. 15. 12.]

ἀνάβλεψις. (1) פְּקַח־קוֹחַ
Is. 61. 1. κηρῦξαι . . . τυφλοῖς ἀνάβλεψιν (1)
[**Aq.** Is. 61. 1.]
[**Sm.** Ps. 76 (77). 5.]

ἀναβλύειν.
[**Aq. Sm.** Pr. 15. 2.]

ἀναβλύζειν.
[**Aq.** Pr. 1. 23: 15. 2: 18. 4.]
[**Sm.** Ps. 77 (78). 2: Pr. 15. 2: 18. 4.]
[**Th.** Pr. 1. 23.]

ἀναβλύσσειν.
[**Aq. Sm.** Pr. 18. 4.]

ἀναβοᾶν. (1) *a.* זָעַק qal. *b.* ni. *c.* hi. *d.* זְעַק (2) *a.* נָשָׂא *b.* נָשָׂא קוֹל (3) צָעַק *a.* qal. *b.* ni. (4) קָרָא (5) רוּעַ hi.
Ge. 21. 16. ἀναβοῆσαν δὲ τὸ παιδίον (2 *b*)
27. 34. ἀνεβόησεν Ἠ. φωνὴν μεγάλην (3 *a*)
— 38. R ἀνεβόησε φωνῇ Ἠσαῦ (2 *a*)
Ex. 2. 23. κατεστέναξαν . . . καὶ ἀνεβόησαν (1 *a*)
14. 10. ἀνεβόησαν δὲ οἱ υἱοὶ Ἰσρ. πρὸς κ. (3 *a*)
Nu. 20. 16. ἀνεβοήσαμεν πρὸς κύριον (3 *a*)
De. 26. 7. ἀνεβοήσαμεν πρὸς κ. τὸν θεόν (3 *a*)
Jo. 6. 9 (10). ἕως ἂν ἡμέραν διαγγείλῃ αὐτὸς ἀναβοῆσαι καὶ τότε ἀναβοήσετε [A -σατε] (5, 5)
24. 7. καὶ ἀνεβοήσαμεν πρὸς κύριον (3 *a*)
I Ki. 4. 13. καὶ ἀνεβόησεν ἡ πόλις (1 *a*)
14. 20. A ἀνεβόησεν [B ἀνέβη] Σαούλ (1 *b*)
17. 8. ἀνεβόησεν εἰς [A πρὸς] τὴν παράταξιν (4)
20. 37. B καὶ ἀνεβόησεν Ἰων. (4)
— 38. καὶ ἀνεβόησεν [A ἐβ.] Ἰ. (4)
28. 12. ἀνεβόησε φωνῇ μεγάλῃ (1 *a*)
II Ki. 18. 25. ἀνεβόησεν ὁ σκοπός (4)
23. 9. A B ἀνεβόησαν [R -βησεν] ἀνὴρ Ἰσραήλ †
III Ki. 17. 20. καὶ ἀνεβόησεν Ἠλιού (4)
— 22. καὶ ἀνεβόησε τὸ παιδάριον [A *om.*] —
18. 36. ἀνεβόησε Ἠλιοὺ εἰς τὸν οὐρ. †
IV Ki. 3. 21. ἀνεβόησαν [A -βησαν] . . . περιεζωσμένοι (3 *b*)
4. 40. ἀνεβόησαν καὶ εἶπαν (3 *a*)
Ne. 9. 27. ἀνεβόησαν πρὸς σὲ ἐν καιρῷ θλίψ. αὐ. (3 *a*)
● — 28. καὶ πάλιν ἀνεβόησαν [S ἐβ.] πρὸς σέ (1 *a*)
12. 37. S^1 ἀνεβόησαν [A B -βησαν] ἐπὶ κλίμακας †
Ju. 4. 9. ἀνεβόησαν [S ἐβ.] πᾶς ἀνὴρ Ἰσρ.
— 12. S ἀνεβόησαν [A B ἐβ.] πρὸς τὸν θ. Ἰσρ.
5. 12. ἀνεβόησαν πρὸς τὸν θεὸν αὐτῶν
7. 19. οἱ υἱοὶ Ἰσρ. ἀνεβόησαν πρὸς κ. θεὸν αὐ.
— 23. ἀνεβόησαν [A ἐβ.] φωνῇ μεγάλῃ
Jn. 1. 5. ἀνεβόησαν [A ἐβόων] ἕκαστος πρὸς τὸν θ. (1 *a*)
— 14. καὶ ἀνεβόησαν πρὸς κύριον (4)
3. 8. ἀνεβόησαν πρὸς τὸν θεὸν ἐκτενῶς (4)
Za. 6. 8. καὶ ἀνεβόησε καὶ ἐλάλησε πρὸς μέ (1 *c*)
Is. 36. 13. ἀνεβόησε [A S ἐβ.] φωνῇ μεγάλῃ Ἰου. (4)
57. 13. ὅταν ἀναβοήσῃς (1 *d*)
58. 1. ἀναβόησον ἐν ἰσχύϊ (4)
Ez. 9. 8. ἀνεβόησα καὶ εἶπα (1 *a*)
11. 13. ἀνεβόησα φωνῇ μεγάλῃ (1 *a*)
Da. LXX. Su. 60. πᾶσα ἡ συναγωγὴ ἀνεβόησεν
6. 16 (17). ἀναβοήσας δὲ Δαρεῖος †
8. 16. ἀναβοήσας εἶπεν ὁ ἄνθρωπος —
Bel. 40. ἀναβοήσας εἶπεν ὁ βασιλεύς
Da. TH. Su. 24, 42. ἀνεβόησε φωνῇ μεγάλῃ Σ.
— 60. ἀνεβόησε [A ἐβόησαν] πᾶσα ἡ συναγωγή
Bel. 41. ἀναβοήσας φωνῇ μεγάλῃ
II Ma. 12. 37. R ἀναβοήσας [A *om.*] καὶ ἐνσείσας
III Ma. 5. 51. ἀνεβόησαν φωνῇ μεγάλῃ σφόδρα
IV Ma. 6. 16. ὁ Ἐλεάζαρος . . . ἀνεβόησε
10. 2. ὁ δὲ ἀναβοήσας ἔφη
[**Aq.** Ps. 27 (28). 2.]
[**Al.** I Ki. 14. 20.]

ἀναβόησις.
[**Aq.** Ps. 30 (31). 23.]

ἀναβόλαιον.
[**Aq.** Is. 61. 3.]
[**Sm.** Is. 3. 22.]

ἀναβολεῖν (?).
[**Aq.** Is. 59. 17.]

ἀναβολή. (1) חֹצֶן (2) כָּנָף (3) מִפְשָׂעָה
I Ch. 19. 4. τῶν μανδυῶν αὐ. τὸ ἡμ. ἕως τῆς ἀ. (3)
Ne. 5. 13. τὴν ἀ. μου ἐξετίναξα [S^1 -ἐτεινα] (1)
Ez. 5. 3. συμπεριλήψῃ αὐτοὺς τῇ ἀ. σου (2)

ἀναβράσσειν. (1) קָלַל pilp. (2) רָקַד pi.
Wi. 10. 19. ἐκ βάθους [S^1 θάμβ.] ἀβ. [S *om.*] ἀνέβρασεν αὐτούς
Na. 3. 2. φωνὴ . . . ἅρματος ἀναβράσσοντος (2)
Ez. 21. 21 (26). τοῦ ἀναβράσαι ῥάβδον [A ῥαβδία] (1)
[**Aq.** Ex. 14. 27.]
[**Sm.** Jb. 41. 23.]
[**Al.** Ex. 16. 20.]

ἀναγγέλλειν. (1) אַחֲוָה (2) *a.* אָמַר *b.* אֲמַר (3) דָּבַר pi. (4) *a.* חָוָה pi. *b.* חֲוָה pa. *c.* aph. (5) יָדַע *a.* hi. *b.* ho. *c.* pu. *d.* יְדַע aph. (6) יָעַץ (7) יָרָה hi. (8) מָלַל pi. (9) נָבַע hi. (10) נָגַד *a.* hi. *b.* ho. (11) סָפַר *a.* pi. *b.* pu. (12) קָרָא (13) *a.* שׁוּב hi. *b.* הֵשִׁיב דָּבָר (14) שָׁמַע hi. (15) בָּשַׂר pi. (16) בִּין hi. (17) יָצָא hi. (18) רָאָה (19) חָזָה
Ge. 3. 11. τίς ἀνήγγειλέ σοι (10 *a*)
9. 22. ἐξελθὼν ἀνήγγειλε τοῖς δ. ἀδελφοῖς (10 *a*)
21. 7. τίς ἀναγγελεῖ τῷ Ἀβραάμ (8)
22. 20. καὶ ἀνηγγέλη τῷ Ἀβραάμ (10 *b*)
24. 23. ἀνάγγειλόν μοι (10 *a*)
— 28. B δραμοῦσα ἡ παῖς ἀνήγγειλεν [A ἀπήγγ.] (10 *a*)
— 47. ἀνάγγειλόν μοι –
29. 12. A καὶ ἀνήγγειλεν [B ἀπή.] τῇ Ῥαχήλ (10 *a*)
31. 20. τοῦ μὴ ἀναγγεῖλαι αὐτῷ (10 *a*)
— 22. ἀνηγγέλη δὲ Λάβαν τῷ Σύρῳ (10 *b*)
— 27. καὶ εἰ ἀνήγγειλάς μοι (10 *a*)
32. 5 (6). ἀπέστειλα ἀναγγεῖλαι τῷ κυρίῳ μου (10 *a*)
— 29 (30). ἀνάγγειλόν μοι τὸ ὄνομά σου (10 *a*)
37. 14. B καὶ [A εἰ] ἀνάγγειλόν μοι (13 *b*)
38. 24. B ἀνηγγέλη [A ἀπηγγ.] τῷ Ἰούδᾳ (10 *b*)
43. 6. ἀναγγείλαντες τῷ ἀνθρώπῳ (10 *a*)
45. 26. καὶ ἀνήγγειλαν αὐτῷ λέγοντες (10 *a*)
48. 1. A ἀνηγγέλη [B ἀπ.] τῷ Ἰωσήφ (2 *a*)
49. 1. ἵνα ἀναγγείλω ὑμῖν (10 *a*)
Ex. 4. 28. ἀνήγγειλε M. τῷ [A *om.*] Ἀ. πάντας τ. λόγους (10 *a*)
13. 8. ἀναγγελεῖς τῷ υἱῷ σου (10 *a*)
14. 5. ἀνηγγέλη τῷ βασ. τῶν Αἰγ. [A *al.*] (10 *b*)
16. 22. καὶ ἀνήγγειλαν Μωυσῇ (10 *a*)
18. 6. ἀνηγγέλη [A ἀπ.] δὲ τῷ Μωυσῇ (2 *a*)
19. 3. καὶ ἀναγγελεῖς τοῖς υἱοῖς Ἰσρ. (10 *a*)
— 9. ἀνήγγειλε δὲ M. τὰ ῥήμ. τοῦ λαοῦ (10 *a*)
20. 22. καὶ ἀναγγελεῖς τοῖς υἱοῖς Ἰσρ. (2 *a* ?)
Le. 14. 35. καὶ ἀναγγελεῖ [A -είλῃ] τῷ ἱερεῖ (10 *a*)
Nu. 23. 3. ῥῆμα . . . ἀναγγελῶ σοι (10 *a*)
De. 1. 22. ἀναγγειλάτωσαν [B^2 ἀπ.] ἡμῖν ἀπόκρισιν (13 *a*)
4. 13. ἀνήγγειλεν ὑμῖν τὴν διαθήκην αὐτοῦ (10 *a*)
5. 5. ἀναγγεῖλαι ὑμῖν τὰ ῥήμ. [A ἐνώπιον] κ. (10 *a*)
8. 3. ἵνα ἀναγγείλῃ σοι (5 *a*)
13. 9 (10). ἀναγγέλλων ἀναγγελεῖς περὶ αὐτοῦ †, †
17. 4. καὶ ἀναγγελῇ σοι (10 *b*)
— 9. ἀναγγελοῦσί σοι τὴν κρίσιν (10 *a*)
— 10. ὃ ἂν ἀναγγείλωσί σοι (10 *a*)
— 11. οὗ ἐὰν ἀναγγείλωσί [A -λων] σοι (10 *a*)
24. 8. ὃν ἂν ἀναγγείλωσιν ὑμῖν οἱ ἱερεῖς (7)
26. 3. ἀναγγέλλω σήμερον κυρίῳ τῷ θ. μου (10 *a*)
30. 18. ἀναγγέλλω σοι σήμερον (10 *a*)
32. 7. καὶ ἀναγγελεῖ σοι (10 *a*)
Jo. 4. 10. ἃ ἐνετείλατο κ. ἀναγγεῖλαι τῷ λαῷ (3)
— 22. ἀναγγείλατε τοῖς υἱοῖς ὑμῶν (5 *a*)
7. 19. ἀνάγγειλόν μοι τί ἐποίησας (10 *a*)
9. 24. ἀνηγγέλη [A ἀπ.] ἡμῖν ὅσα συνέταξε κ. (10 *b*)
Jd. 4. 12. καὶ ἀνηγγέλη [A -ειλαν τῷ] Σισάρᾳ (10 *a*)
9. 7. καὶ ἀνηγγέλη [A -ειλαν] τῷ Ἰω. (10 *a*)
— 42. καὶ ἀνήγγειλε [A ἀπηγγέλη] τῷ Ἀ. (10 *a*)
— 47. καὶ ἀνηγγέλη [A ἀπ.] τῷ Ἀβιμέλεχ (10 *b*)
13. 10. ἀνήγγειλε [A ἀπ.] τῷ ἀνδρὶ αὐτῆς (10 *a*)
14. 9. B οὐκ ἀνήγγειλεν [A B ἀπ.] αὐτοῖς (10 *a*)
16. 2. καὶ ἀνηγγέλη [A ἀπ.] τοῖς Γαζ. –
— 6. A ἀνάγγειλόν [B ἀπ. δή] μοι (10 *a*)
— 10. νῦν οὖν ἀνάγγειλόν μοι (10 *a*)
— 13. A B ἀνάγγειλον [B ἀπ.] δή μοι (10 *a*)
— 17. ἀνήγγειλεν [A ἀπ.] αὐτῇ πᾶσαν τὴν καρδ. (10 *a*)
— 18. A ἀνήγγειλεν πάντα τὰ ἀπὸ καρδ. [B *al.*] (10 *a*)
— 18. A ἀνήγγειλέν μοι πᾶσαν τὴν καρδ. [B *al.*] (10 *a*)

Ru. 2. 19. ἀνήγγειλε [A ἀπ.] Ῥ. τῇ πενθερᾷ αὐτῆς (10 *a*)
4. 4. εἰ δὲ μὴ ἀγχιστεύεις ἀνάγγειλόν μοι (10 *a*)
I Ki. 3. 13. ἀνήγγελκα [A ἀνήνεγκα] αὐτῷ (10 *a*)
— 15. A ἐφοβήθη ἀναγγεῖλαι [B ἀπ.] τὴν ὅρασιν (10 *a*)
17. 31. A καὶ ἀνηγγέλησαν ὀπίσω Σαούλ (10 *a*)
25. 12. καὶ ἀνήγγειλαν τῷ Δαυίδ (10 *a*)
27. 4. καὶ ἀνηγγέλη τῷ Σαούλ (10 *b*)
— 11. μὴ ἀναγγείλωσιν εἰς Γὲθ καθ' ἡμῶν (10 *a*)
II Ki. 1. 4. ἀνάγγειλόν [B ἀπ.] μοι (10 *a*)
— 20. μὴ [A *om.*] ἀναγγείλητε [A -ατε] ἐν Γέθ (10 *a*)
10. 5. A ἀνήγγειλαν [B ἀπ.] τῷ Δ. (10 *a*)
— 17. A B καὶ ἀνηγγέλη [B ἀπ.] τῷ Δαυίδ (10 *b*)
11. 10. καὶ ἀνήγγειλαν τῷ Δαυίδ (10 *a*)
12. 18. ἐφοβήθησαν . . . ἀναγγεῖλαι αὐτῷ (10 *a*)
14. 33. A καὶ ἀνήγγειλεν [B ἀπ.] αὐτῷ (10 *a*)
15. 31. καὶ ἀνηγγέλη Δαυίδ (10 *a*)
— 35. A B ἀναγγελεῖς [B ἀπ.] τῷ Σαδώκ (10 *a*)
17. 16. ἀναγγείλατε [A ἀπ.] τῷ Δ. (10 *a*)
— 17. καὶ ἀνήγγειλεν αὐτοῖς (10 *a*)
— 17. καὶ ἀναγγέλλουσι τῷ βασ. Δαυίδ (10 *a*)
— 18. B ἀνήγγειλε [A B ἀπήγγειλαν] τῷ Ἀβ. (10 *a*)
— 21. A B ἀνήγγειλαν [B ἀπ.] τῷ βασ. Δαυίδ (10 *a*)
18. 10. A B καὶ ἀνήγγειλεν Ἰωάβ [B τῷ Ἰ.] (10 *a*)
— 11. τῷ ἀνδρὶ τῷ ἀναγγέλλοντι [A ἀγγ.] αὐτῷ (10 *a*)
— 21. ἀνάγγειλον τῷ βασιλεῖ [A *om.* τ. β.] (10 *a*)
19. 1 (2). καὶ ἀνηγγέλη τῷ Ἰωάβ (10 *b*)
— 6 (7). καὶ ἀνήγγειλας σήμερον (10 *a*)
— 8 (9). καὶ πᾶς ὁ λαὸς ἀνήγγειλαν (10 *a*)
24. 13. A B καὶ ἀνήγγειλεν αὐτῷ [B *om.*] (10 *a*)
III Ki. 1. 23. καὶ ἀνηγγέλη τῷ βασιλεῖ (10 *a*)
— 51. καὶ ἀνηγγέλη τῷ Σαλωμών (10 *b*)
14. 3. A αὐτὸς ἀναγγείλῃ σοι (10 *a*)
18. 11. A B ἀνάγγελε [B ἀνάγγελλε] τῷ κυρίῳ (2 *a*)
— 13. A καὶ οὐκ ἀνηγγέλη [B ἀπ.] σοι (10 *b*)
19. 1. καὶ ἀνήγγειλεν Ἀχ. τῇ Ἰεζ. γυναικί (10 *a*)
21 (20). 17. A καὶ ἀνήγγειλαν αὐτῷ [B *al.*] (10 *a*)
IV Ki. 4. 2. ἀνάγγειλόν μοι τί ἔστι σοι (10 *a*)
— 27. καὶ οὐκ ἀνήγγειλέ μοι (10 *a*)
6. 11. οὐκ ἀναγγελεῖτέ μοι (10 *a*)
— 12. ἀναγγέλλει [A -ελεῖ] τῷ βασ. Ἰσρ. (10 *a*)
— 13. A B καὶ ἀνήγγειλαν [B ἀπ.] αὐτῷ (10 *b*)
7. 9. ἀναγγείλωμεν εἰς τὸν οἶκον τοῦ βασ. (10 *a*)
— 10. καὶ ἀνήγγειλαν αὐτοῖς (10 *a*)
— 11. καὶ ἀνήγγειλαν εἰς τὸν οἶκον τοῦ βασ. (10 *a*)
— 12. ἀναγγελῶ [A -είλω] δὴ ὑμῖν (10 *a*)
— 15. καὶ ἀνήγγειλαν τῷ βασιλεῖ (10 *a*)
8. 7. καὶ ἀνήγγειλαν αὐτῷ (10 *b*)
9. 36. καὶ ἀνήγγειλαν αὐτῷ (10 *a*)
18. 37. καὶ ἀνήγγειλαν αὐτῷ τοὺς λόγους Ῥαψ. (10 *a*)
I Ch. 16. 23. ἀναγγείλατε . . . σωτηρίαν [A S τὸ σ.] (15)
II Ch. 9. 2. ἀνήγγειλεν αὐτῇ Σαλ. π. τοὺς λόγους (10 *a*)
II Es. 2. 59. ἀναγγεῖλαι οἶκον πατριᾶς αὐτῶν (10 *a*)
Ju. 5. 1. καὶ ἀνηγγέλη Ὀλοφέρνῃ
— 3. ἀναγγείλατε δή μοι
— 5. ἀναγγελῶ σοι τὴν ἀλήθειαν περὶ τοῦ λαοῦ
8. 34. A S οὐ γὰρ ἀναγγελῶ [B ἐρῶ] ὑμῖν
10. 13. B τοῦ ἀναγγεῖλαι [A S ἀπ.] ῥήμ. ἀληθείας
— 16. ἀνάγγειλον κατὰ τὰ ῥήματά σου
— 22. καὶ ἀνήγγειλαν αὐτῷ περὶ αὐτῆς
11. 5. οὐκ ἀναγγελῶ ψεῦδος τῷ κυρίῳ μου
— 8. ἀνηγγέλη πάσῃ τῇ γῇ
— 9. ἀνήγγειλεν αὐτοῖς πάντα
— 15. ὡς ἂν ἀναγγείλῃ αὐτοῖς
— 17. A ἀναγγελεῖ [B ἐρεῖ] μοι πότε ἐποίησαν
— 19. A καὶ ἀνηγγέλη [B ἀπ.] μοι
— 19. καὶ ἀπεστάλην ἀναγγεῖλαί σοι
14. 8. καὶ νῦν ἀνάγγειλόν μοι
— 15. ἀνήγγειλαν γὰρ αὐτοῖς τὰ γεγονότα
Es. 4. 4. καὶ ἀνήγγειλαν αὐτῇ (10 *a*)
Jb. 8. 10. οὐχ οὗτοι . . . ἀναγγελοῦσι [A *add.* σοι σύνεσιν] (2 *a*)
11. 6. ἀναγγελεῖ σοι δύναμιν σοφίας (10 *a*)
12. 7. A ἐάν σοι ἀναγγείλῃ [BS ἀπαγγείλωσιν] (10 *a*)
13. 17. ἀναγγελῶ γὰρ ὑμῶν ἀκουόντων (1)
15. 17. ἀναγγελῶ δέ σοι, ἄκουέ μου, ἃ δὴ ἑώρακα ἀναγγελῶ σοι (4 *a*, 11 *a*)
— 18. A ἃ σοφοὶ ἀνήγγειλαν [B S ἐροῦσι] (10 *a*)
17. 5. A B S^2 τῇ μερίδι ἀναγγελεῖ κακίας (10 *a*)
26. 4. τίνι ἀνήγγειλας ῥήματα (10 *a*)
27. 11. ἀλλὰ [S^1 ἃ] δὴ ἀναγγελῶ ὑμῖν (7)

Jb. 32. 6. τοῦ ὑμῖν ἀναγγεῖλαι τὴν ἐμαυτοῦ [A ἐμὴν] ἐπιστήμην (4 *a*)
— 10. ἀναγγελῶ ὑμῖν ἃ οἶδα (4 *a*)
33. 23. ἀναγγείλῃ δὲ ἀνθρώπῳ τὴν ἑαυ. μέμψιν (10 *a*)
36. 9. ἀναγγελεῖ αὐτοῖς τὰ ἔργα αὐτῶν (10 *a*)
— 33. ἀναγγελεῖ περὶ αὐτοῦ φίλον αὐτοῦ (10 *a*)
38. 4. A ἀνάγγειλόν [B S ἀπάγγ. δέ] μοι (10 *a*)
— 18. ἀνάγγειλον δή [A δέ] μοι (10 *a*)
42. 3. τίς δὲ ἀναγγελεῖ [A ἀνηγγέλη δέ] μοι (10 *a*)
Ps. 9. 11. ἀναγγείλατε . . . τὰ ἐπιτηδεύματα αὐ. (10 *a*)
18 (19). 1. ποίησ. δὲ χ. αὐ. ἀναγγέλλει (10 *a*)
— 2. νὺξ νυκτὶ ἀναγγέλλει [A -γελεῖ] γνῶσιν (4 *a*)
21 (22). 30. ἀναγγελήσεται τῷ κ. γενεὰ ἡ ἐρχομ. (11 *b*)
— 31. καὶ ἀναγγελοῦσι τὴν δικαιοσ. αὐτοῦ (10 *a*)
29 (30). 9. μὴ . . . ἀναγγελεῖ τὴν ἀλήθειάν σου (10 *a*)
37 (38). 18. τὴν ἀνομ. μου ἀναγγελῶ [S -έλλω] (10 *a*)
43 (44). 1. οἱ πατέρες ἡμῶν ἀνήγγειλαν ἡμῖν (11 *a*)
49 (50). 6. ἀναγγελοῦσιν οἱ οὐρ. τὴν δικαιοσ. αὐ. (10 *a*)
50 (51). 15. τὸ στόμα μου ἀναγγελεῖ τὴν αἴν. σου (10 *a*)
51 (52). *tit.* ἐν τῷ . . . ἀναγγεῖλαι τῷ Σαούλ (10 *a*)
63 (64). 9. ἀνήγγειλαν τὰ ἔργα τοῦ θ. (10 *a*)
70 (71). 15. S τὸ στόμα μου ἀναγγελεῖ [B ἐξ.] (11 *a*)
— 17. B ἀναγγελῶ [SR ἀπ.] τὰ θαυμάσ. σου (10 *a*)
77 (78). 6. S ἀναγγελοῦσιν [B ἀπ.] αὐτά (11 *a*)
91 (92). 2. τοῦ ἀναγγέλλειν . . . τὸ ἔλεός σου (10 *a*)
— 15. τοῦ ἀναγγεῖλαι ὅτι εὐθὴς κ. (10 *a*)
95 (96). 3. A^{2}B S ἀναγγείλατε . . . τὴν δόξαν αὐτοῦ (11 *a*)
96 (97). 6. ἀνήγγειλαν οἱ οὐρ. τὴν δικ. αὐ. (10 *a*)
101 (102). 21. τοῦ ἀναγγεῖλαι [S^1 -ελῆναι] . . . τὸ ὄνομα κ. (11 *a*)
— 23. τὴν ὀλιγότ. τῶν ἡμ. μου ἀνάγγειλόν μοι (2 *a*)
110 (111). 6. ἰσχὺν ἔργων αὐτοῦ ἀνήγγειλε (10 *a*)
151. 3. τίς ἀναγγελεῖ [S -έλλει] τῷ κυρίῳ μου
Pr. 8. 21. ἐὰν ἀναγγείλω ὑμῖν τὰ καθ' ἡμ. γινόμ. –
15. 2. στόμα δὲ ἀφρόνων ἀναγγέλλει κακά (9)
29. 24. ἐὰν δὲ . . . ἀκούσαντες μὴ ἀναγγείλωσι (10 *a*)
Ec. 8. 7. καθὼς ἔσται τίς ἀναγγελεῖ αὐτῷ (10 *a*)
10. 14. τίς ἀναγγελεῖ [A ἀπ., S ἀπαγγέλλει] αὐτῷ (10 *a*)
Si. 16. 22. ἔργα δικαιοσύνης τίς ἀναγγελεῖ [S -έλλει]
19. 30. ἀναγγέλλει [A S -ελεῖ] τὰ περὶ αὐτοῦ [A ἐμοῦ]
Am. 3. 9. B ἀναγγείλατε [A B ἀπ.] χώραις (14)
4. 5. ἀναγγείλατε [A ἀπ.] ὅτι ταῦτα ἠγάπησαν (14)
Mi. 6. 8. εἰ ἀνηγγέλη σοι . . . τί καλόν (10 *a*)
Is. 2. 3. ἀναγγελεῖ ἡμῖν τὴν ὁδὸν αὐτοῦ (7)
3. 9. τὴν δὲ ἁμαρτίαν αὐ. ὡς Σοδ. ἀνήγγειλαν (10 *a*)
5. 5. ἀναγγελῶ ὑμῖν τί ποιήσω (5 *a*)
7. 2. ἀνηγγέλη εἰς τὸν οἶκον Δαυίδ (10 *b*)
12. 4. ἀναγγείλατε . . . τὰ ἔνδοξα αὐτοῦ (5 *a*)
— 5. ἀναγγείλατε ταῦτα ἐν πάσῃ τῇ γῇ (5 *b vel* 5 *c**)
19. 12. ἀναγγειλάτωσάν σοι (10 *a*)
21. 1. φοβερὸν τὸ ὅρ. καὶ σκληρ. ἀνηγγέλη μοι (10 *b*)
— 6. ὃ ἂν ἴδῃς ἀνάγγειλον (10 *a*)
— 10. ὁ θεὸς τοῦ Ἰσρ. ἀνήγγειλεν ἡμῖν (10 *a*)
28. 9. τίνι ἀνηγγείλαμεν κακά (7)
— 9. τίνι ἀνηγγείλαμεν ἀγγελίαν (16)
30. 10. μὴ ἀναγγέλλετε ἡμῖν (18)
— 10. ἀναγγέλλετε ἡμῖν ἑτέραν πλάνησιν (3 *vel* 19)
33. 14. τίς ἀναγγελεῖ ὑμῖν ὅτι πῦρ καίεται †
— 14. τίς ἀναγγελεῖ ὑμῖν τὸν τόπον τ. αἰών. †
36. 22. ἀνήγγειλαν [A ἀπ.] αὐτῷ τοὺς λόγους Ῥ. (10 *a*)
38. 16. περὶ αὐτῆς γὰρ ἀνηγγέλη σοι †
— 19. ἀναγγελοῦσι τὴν δικαιοσύνην σου (5 *a*)
40. 21. οὐκ ἀνηγγέλη ἐξ ἀρχῆς ὑμῖν (10 *b*)
41. 1. τότε κρίσιν ἀναγγελλέτωσαν †
— 22. ἀναγγειλάτωσαν ὑμῖν ἃ συμβήσεται (10 *a*)
— 23. ἀναγγείλατε ἡμῖν [A *om.*] τὰ ἐπερχ. (10 *a*)
— 26. τίς γὰρ ἀναγγελεῖ τὰ ἐξ ἀρχῆς (10 *a*)
— 28. οὐκ ἦν ὁ ἀναγγέλλων (6)
42. 9. καινὰ ἃ [A *om.*] ἐγὼ ἀναγγέλλω [A S -ελῶ] καὶ πρὸ τοῦ ἀναγγεῖλαι [A ἀνατεῖλαι] ἐδηλώθη ὑμ. (10 *a*, †)
— 12. τὰς ἀρετὰς αὐτοῦ . . . ἀναγγελοῦσι (10 *a*)
43. 9. τίς ἀναγγελεῖ ταῦτα (10 *a*)
— 9. τὰ ἐξ ἀρχῆς τίς ἀναγγελεῖ ὑμῖν (14)
— 12. ἀνήγγειλα καὶ ἔσωσα (10 *a*)
44. 7. καλεσάτω καὶ ἀναγγειλάτω [S^{1,2} *al.*] (10 *a*)
— 7. τὰ ἐπερχόμ. . . . ἀναγγειλάτωσαν ὑμ. (10 *a*)
45. 8. B δικαιοσύνην [A -νη] ἀναγγειλάτω [A S R ἀνατειλάτω] †
— 19. ὁ . . . ἀναγγέλλων ἀλήθειαν (10 *a*)

Is. 45. 21. εἰ ἀναγγελοῦσιν ἐγγισάτωσαν (10 *a*)
— 21. τότε [S πότε] ἀνηγγέλη ὑμῖν (10 *a*)
46. 10. ἀναγγέλλων πρότερον τὰ ἔσχατα (10 *a*)
47. 13. ἀναγγειλάτωσάν σοι (5 *a*)
48. 3. τὰ πρότερα ἔτι ἀνήγγειλα (10 *a*)
— 5. ἀνήγγειλά σοι [A S^{3} *add.* τὰ] πάλαι (10 *a*)
— 14. τίς αὐτοῖς ἀνήγγειλε ταῦτα (10 *a*)
— 20. φωνὴν εὐφροσύνης ἀναγγείλατε (10 *a*)
— 20. ἀναγγείλατε [A S ἀπ.] ἕως ἐσχ. τῆς γῆς (17)
52. 15. οἷς οὐκ ἀνηγγέλη περὶ αὐτοῦ (11 *b*)
53. 2. ἀνηγγείλαμεν . . . ἐναντίον αὐτοῦ †
58. 1. ἀνάγγειλον τῷ λαῷ μου τὰ ἁμαρτ. αὐτῶν (10 *a*)
66. 19. ἀναγγελοῦσι τὴν δόξαν μου (10 *a*)
Je. 4. 5. ἀναγγείλατε ἐν τῷ Ἰούδᾳ (10 *a*)
— 15. A S φωνὴ ἀναγγέλλοντος [B ἀγγ.] ἐκ Δ. ἥξει (10 *a*)
— 16. ἀναγγείλατε ἐν Ἱερουσαλὴμ (14)
5. 20. ἀναγγείλατε ταῦτα εἰς τὸν οἶκον Ἰ. (10 *a*)
9. 12 (11). ἀναγγειλάτω ὑμῖν [A ἡμῖν] (10 *a*)
16. 10. ὅταν ἀναγγείλῃς [A S ἀπ.] τῷ λαῷ τ. ἅπαντα τὰ ῥήματα (10 *a*)
26 (46). 14. ἀναγγείλατε εἰς Μαγδωλὸν (14)
27 (50). 2. ἀναγγείλατε ἐν τοῖς ἔθνεσι (10 *a*)
— 28. τοῦ ἀναγγεῖλαι εἰς Σ. τὴν ἐκδίκησιν (10 *a*)
28 (51). 10. ἀναγγείλωμεν ἐν [A εἰς] Σ. τὰ ἔργα κ. (11 *a*)
— 31. ἀναγγέλλων [S^{1} ἀπ.] εἰς ἀπάντησιν ἀναγγέλλοντος τοῦ ἀναγγεῖλαι (10 *a ter*)
31 (48). 4. ἀναγγείλατε εἰς Ζογόρα (14)
— 20. ἀνάγγειλον ἐν Ἀρνὼν (10 *a*)
38 (31). 10. ἀναγγείλατε εἰς νήσους (10 *a*)
40 (33). 3. A ἀναγγελῶ [B S ἀπ.] σοι μεγάλα (10 *a*)
43 (36). 13. ἀνήγγειλεν αὐτοῖς M. πάντας τ. λόγους (10 *a*)
— 16. ἀναγγέλλοντες ἀναγγείλωμεν . . . ἅπαντας [A S π.] τοὺς λόγους τ. (10 *a*, 10 *a*)
— 18. ἀπὸ στόματος αὐτοῦ ἀνήγγειλέ μοι (12)
— 20. ἀνήγγειλαν . . . π. τοὺς λόγους τ. (10 *a*)
45 (38). 15. ἐὰν ἀναγγείλω σοι (10 *a*)
— 25. ἀνάγγειλον ἡμῖν τί ἐλάλησέ σοι ὁ βασ. (10 *a*)
— 27. ἀνήγγειλεν αὐτοῖς κατὰ π. τοὺς λόγους τ. (10 *a*)
49 (42). 3. ἀναγγειλάτω ἡμῖν κ. ὁ θ. σου τὴν ὁδόν (10 *a*)
— 4. ὁ λόγος . . . ἀναγγελῶ ὑμῖν (10 *a*)
Ep. Jer. 1. ἀναγγεῖλαι αὐτοῖς
Ez. 23. 36. ἀναγγελεῖς [A ἀπ.] αὐταῖς τὰς ἀνομ. (10 *a*)
24. 19. οὐκ ἀναγγέλλεις [A οὐ μὴ ἀπαγγείλῃς] ἡμῖν (10 *a*)
— 26. τοῦ ἀναγγεῖλαί σοι εἰς τὰ ὦτα (14)
37. 18. οὐκ ἀναγγέλλεις [A ἀπαγγελεῖς] ἡμῖν (10 *a*)
Da. LXX. 2. 2. ἀναγγεῖλαι τῷ βασ. τὰ ἐνύπνια αὐτοῦ (10 *a*)
— 4. ἀνάγγειλον τὸ ἐνύπνιόν σου (2 *b*)
— 6. ἐὰν δὲ . . . τὴν τ. συγκρ. ἀναγγείλητε (4 *c*)
3. 32 (99). ἤρεσεν . . . ἀναγγεῖλαι ὑμῖν (4 *c*)
Da. TH. Su. 10. οὐκ ἀνήγγειλαν [A ἀπ.] ἀλλήλοις τὴν ὀδύνην ἑαυτῶν
11. ἀναγγεῖλαι [A ἀπ.] τὴν ἐπιθυμίαν αὐτῶν
40. B οὐκ ἠθέλησεν ἀναγγεῖλαι [A ἀπ., R ἀγγ.] ἡμῖν
50. καὶ ἀνάγγειλον [A ἀπ.] ἡμῖν
2. 2. τοῦ ἀναγγεῖλαι τῷ β. τὰ ἐνύπνια αὐτοῦ (10 *a*)
— 4. τὴν σύγκρισιν ἀναγγελοῦμεν (4 *b*)
— 7. τὴν σύγκρισιν αὐτοῦ ἀναγγελοῦμεν (4 *c*)
— 9. ἐὰν οὖν τὸ ἐνύπν. μὴ ἀναγγείλητε [A ἀπ.] (5 *d*)
— 9. τὴν σύγκρισιν αὐτοῦ ἀναγγελεῖτέ μοι (4 *c*)
— 11. ὃς ἀναγγελεῖ αὐτὸν ἐνώπιον τοῦ βασ. (4 *b*)
— 16. τὴν σύγκρισιν αὐτοῦ ἀναγγελῇ [A ἀπ.] (4 *c*)
— 24. τὴν σύγκρισιν τῷ βασ. ἀναγγελῶ (4 *b*)
— 25. τὸ σύγκριμα τῷ βασ. ἀναγγελεῖ (5 *d*)
— 26. εἰ δύνασαί μοι ἀναγγεῖλαι τὸ ἐνύπνιον (5 *d*)
— 27. οὐκ ἔστι σοφῶν . . . ἀναγγεῖλαι τῷ βασ. (4 *c*)
3. 32 (99). ἤρεσεν . . . ἀναγγεῖλαι ὑμῖν (4 *c*)
5. 12. καὶ ἀναγγέλλων κρατούμενα (4 *c*)
— 12. τὴν σύγκρισιν αὐτοῦ ἀναγγελεῖ σοι (4 *c*)
— 15. οὐκ ἠδυνήθησαν ἀναγγεῖλαί μοι (4 *c*)
9. 23. ἐγὼ ἦλθον τοῦ ἀναγγεῖλαί σοι (10 *a*)
10. 21. ἀλλ᾽ ἢ ἀναγγελῶ σοι τὸ ἐντεταγμ. (10 *a*)
11. 2. καὶ νῦν ἀλήθειαν ἀναγγελῶ σοι (10 *a*)
I Ma. 2. 31. ἀνηγγέλη τοῖς ἀνδράσι τοῦ βασ.

[Aq. Jo. 2. 14: III Ki. 14. 3 (?): Jb. 36. 33: Ps. 2. 7: 29 (30). 10: Is. 21. 6: 42. 9: Je. 16. 10: Mi. 1. 10.]
[Sm. Jo. 2. 14: Jb. 17. 5: Ec. 8. 7: Is. 21. 6: Mi. 1. 10.]
[Th. Jo. 2. 14: Jb. 17. 5: 36. 33: Je. 16. 10: Da. 2. 16, 25.]

ἀνάγειν. (1) בּוֹא hi. (2) גָּרַר (3) יָבַל hi. (4) יָצָא hi. (5) נָהַג pi. (6) עָלָה *a.* qal. *b.* hi. (7) שׁוּב hi. (8) הָלַךְ hi.

Ge. 42. 37. κἀγὼ ἀνάξω αὐτὸν πρὸς σέ (7)
50. 24. ἀνάξει ὑμᾶς ἐκ τῆς γῆς ταύτης (6 *b*)
Ex. 8. 5 (1). ἀνάγαγε [A συνάγ.] τοὺς βατράχους (6 *b*)
— 6 (2). καὶ ἀνήγαγε τοὺς βατράχους (6 *b*)
— 7 (3). καὶ ἀνήγαγον τοὺς βατράχους (6 *b*)
10. 14. καὶ ἀνήγαγεν αὐτὴν ἐπὶ πᾶσαν γῆν Αἰγ. (6 *b*)
33. 12. ἀνάγαγε τὸν λαὸν τοῦτον (6 *b*)
— 15. μή με ἀναγάγῃς ἐντεῦθεν (6 *b*)
Le. 11. 3. πᾶν κτῆνος . . . ἀνάγον μηρυκισμόν (6 *b*)
— 4. ἀπὸ τῶν ἀναγόντων μηρυκισμόν (6 *b*)
— 4, 5. ὅτι ἀνάγει μηρυκισμὸν τοῦτο (6 *b*)
— 6. B ὅτι [A R *add.* οὐκ] ἀνάγει μηρυκισμόν (6 *b*)
— 7. καὶ τοῦτο οὐκ ἀνάγει μηρυκισμόν (2)
— 45. κ. ὁ ἀναγαγὼν ὑμᾶς ἐκ γῆς Αἰγ. (6 *b*)
Nu. 14. 13. ἀνήγαγες [B^{1} ἤγ.] . . . τὸν λαὸν τ. ἐξ αὐτ. (6 *b*)
16. 13. ἀνήγαγες ἡμᾶς εἰς γῆν (6 *b*)
20. 4. ἱνατί ἀνηγάγετε τὴν συναγωγὴν κ. (1)
— 5. ἀνηγάγετε ἡμᾶς ἐξ Αἰγύπτου (6 *b*)
De. 14. 6. πᾶν κτῆνος . . . ἀνάγον μηρυκισμόν (6 *b*)
— 7. ἀπὸ τῶν ἀναγόντων μηρυκισμόν (6 *b*)
— 7. ἀνάγουσι μηρυκισμόν [A -γει μ. ταῦτα] (6 *b*)
Jo. 7. 3. μὴ ἀναγάγῃς ἐκεῖ τὸν λαὸν ἅπ. (6 *a*)
— 24. ἀνήγαγεν αὐτὸν εἰς φάραγγα Ἀχώρ –
— 24. ἀνήγαγεν αὐτοὺς [A -όν] εἰς Ἐμ. (6 *b*)
24. 17. αὐτὸς ἀνήγαγεν ἡμᾶς (6 *b*)
— 32. τὰ ὀστᾶ Ἰ. ἀνήγαγον οἱ υἱοὶ Ἰσρ. (6 *b*)
Jd. 6. 8. ἐγώ εἰμι ὃς ἀνήγαγον [A ὁ ἀναβιβάσας] (6 *b*)
— 13. μὴ οὐχὶ ἐξ Αἰγ. ἀνήγαγεν [A ἐξήγ.] (6 *b*)
15. 13. A ἀνήγαγον [B ἀνήνεγκαν] αὐτόν (6 *b*)
I Ki. 2. 6. κατάγει εἰς ᾅδου καὶ ἀνάγει (6 *b*)
6. 21. ἀναγάγετε αὐτὴν πρὸς ἑαυτούς (6 *b*)
7. 1. ἀνάγουσι τὴν κιβωτὸν διαθήκης κ. (6 *b*)
8. 8. ἀφ᾽ ἧς ἡμ. ἀνήγαγον αὐτοὺς ἐξ Αἰγ. (6 *b*)
10. 18. ἀνήγαγον τοὺς υἱοὺς Ἰσρ. [A τὸν Ἰσρ.] (6 *b*)
12. 6. ὁ ἀναγαγὼν τοὺς πατέρας ἡμῶν ἐξ Αἰγ. (6 *b*)
28. 9. ἀνάγαγέ μοι ὃν ἐὰν εἴπω σοι (6 *b*)
— 11. τίνα ἀναγάγω σοι (6 *b*)
— 11. τὸν Σαμουὴλ ἀνάγαγέ μοι (6 *b*)
II Ki. 2. 3. A οὓς ἀνήγαγεν (? ἂν ἤγαγεν) Δ. (6 *b*)
6. 2. τοῦ ἀναγαγεῖν [A ἀνάγειν] ἐκεῖθεν (6 *b*)
— 12. ἀνήγαγε τὴν κιβωτὸν τοῦ κ. (6 *b*)
— 15. ἀνήγαγον [A -εν] τὴν κιβωτὸν κ. (6 *b*)
— 17. A ἀνήγαγεν [B -ήνεγκε] Δ. ὁλοκαυτώματα (6 *b*)
7. 6. ἀφ᾽ ἧς ἡμ. ἀνήγαγον τοὺς υἱοὺς Ἰσρ. (6 *b*)
III Ki. 3. 15. ἀνήγαγεν ὁλοκαυτώσεις (6 *b*)
9. 9. ἀνήγαγε Σαλ. τὴν θυγ. Φαραὼ –
10. 22. [B], 9. 21 [A]. ἀνήγαγεν αὐτοὺς Σαλ. εἰς φόρον (6 *b*)
12. 28. οἱ ἀναγαγόντες [A ἀνήγαγόν] σε (6 *b*)
17. 19. A ἀνήγαγεν [B -ήνεγκεν] αὐτόν (6 *b*)
18. 44. νεφέλη μικρὰ . . . ἀνάγουσα ὕδωρ (6 *a*)
IV Ki. 2. 1. ἐν τῷ ἀνάγειν κ. . . . τὸν Ἠ. (6 *b*)
10. 24. ὧν ἐγὼ ἀνάγω ἐπὶ χεῖρας ὑμῶν (1)
17. 7. τῷ κ. θ. αὐτῶν τῷ ἀναγαγόντι αὐτούς (6 *b*)
— 36. ὃς ἀνήγαγεν ὑμᾶς ἐκ γῆς Αἰγ. (6 *b*)
23. 8. ἀνήγαγε πάντας τοὺς ἱερεῖς (1)
I Ch. 13. 6. καὶ ἀνήγαγεν αὐτὴν Δαυίδ (6 *b*)
— 6. τοῦ ἀναγαγεῖν ἐκεῖθεν τὴν κιβ. τοῦ θ. (6 *b*)
15. 25. τοῦ ἀναγαγεῖν τὴν κιβωτὸν τῆς διαθ. (6 *b*)
— 28. ἀνάγοντες τὴν κιβ. διαθ. κ. (6 *b*)
17. 5. ἀπὸ τῆς ἡμέρας ἧς ἀνήγαγον τὸν Ἰσρ. (6 *b*)
II Ch. 6. 5. ἧς ἀνήγαγον τὸν λαόν μου (4)
8. 8. ἀνήγαγεν αὐτοὺς Σαλ. εἰς φόρον (6 *b*)
— 11. τὴν θυγατέρα Φαρ. Σαλ. ἀνήγαγε (6 *b*)
36. 6. A καὶ ἀνήγαγεν [B ἀπ.] αὐτὸν εἰς Βαβ. (8)
I Es. 1. 38. Ζαράκην δὲ . . . ἀνήγαγεν ἐξ Αἰγ.
To. 13. 2. κατάγει εἰς ᾅδην καὶ ἀνάγει [S *al.*]
Ps. 29 (30). 3. ἀνήγαγες ἐξ ᾅδου τὴν ψυχήν μου (6 *b*)
39 (40). 2. ἀνήγαγέ με ἐκ λάκκου ταλαιπωρίας (6 *b*)
70 (71). 20. πάλιν ἀνήγαγές με (6 *b*)
— 21. B π. ἀνήγαγές με –
77 (78). 52. S ἀνήγαγεν [B ἤγ.] . . . ἐν ἐρήμῳ (5)
80 (81). 10. ὁ ἀναγαγών σε ἐκ γῆς Αἰγ. (6 *b*)
101 (102). 24. μὴ ἀναγάγῃς με (6 *b*)
134 (135). 7. ἀνάγων νεφέλας ἐξ ἐσχ. τῆς γῆς (6 *b*)
Wi. 6. 20. ἐπιθυμία ἄρα σοφ. ἀνάγει [S *al.*]
16. 13. κατάγεις εἰς πύλας ᾅδου καὶ ἀνάγεις
Ho. 12. 9 (10). ἀνήγαγόν σε ἐκ γῆς Αἰγ. –

Ho. 12. 13 (14). ἐν προφήτῃ ἀνήγαγε κ. τὸν Ἰ. (6 *b*)
13. 4. ἐγὼ ἀνήγαγόν σε ἐκ γῆς Αἰγ. –
Am. 2. 10. ἀνήγαγον ὑμᾶς ἐκ τῆς Αἰγ. (6 *b*)
3. 1. ἧς ἀνήγαγον ἐκ γῆς Αἰγ. (6 *b*)
4. 10. ἀνήγαγον ἐν πυρὶ τὰς παρεμβ. (6 *b*)
9. 7. οὐ τὸν Ἰ. ἀνήγαγον ἐκ γῆς Αἰγ. (6 *b*)
Mi. 6. 4. ἀνήγαγόν σε ἐκ γῆς Αἰγ. (6 *b*)
Is. 8. 7. ἀνάγει ἐφ᾽ ὑμᾶς τὸ ὕδωρ τοῦ ποτ. (6 *b*)
Je. 2. 6. κ. ὁ ἀναγαγὼν ἡμᾶς ἐκ γῆς Αἰγ. (6 *b*)
7. 22. ᾗ ἀνήγαγον αὐτοὺς ἐκ γῆς Αἰγ. (4)
10. 13. ἀνήγαγε νεφέλας ἐξ ἐσχ. τῆς γῆς (6 *b*)
11. 4. ἀνήγαγον αὐτοὺς ἐκ γῆς Αἰγ. (4)
16. 14. ὁ ἀναγαγὼν τοὺς υἱοὺς Ἰσρ. (6 *b*)
— 15. ἀνήγαγε τὸν οἶκον Ἰσραήλ (6 *b*)
23. 7. ὃς ἀνήγαγε τὸν οἶκον Ἰσρ. (6 *b*)
28 (51). 16. ἀνήγαγε νεφέλας ἀπ᾽ ἐσχ. τῆς γῆς (6 *b*)
37 (30). 17. ἀνάξω τὸ ἴαμά [A ἱμάτιόν] σου (6 *b*)
38 (31). 9. ἐν παρακλήσει ἀνάξω αὐτούς (3)
40 (33). 6. ἀνάγω [A ἐπ.] αὐτῇ συνούλωσιν (6 *b*)
45 (38). 10. ἀνάγαγε αὐτὸν ἐκ τοῦ λάκκου (6 *b*)
— 13. ἀνήγαγον αὐτὸν ἐκ τοῦ λάκκου (6 *b*)
Ez. 23. 46. ἀνάγαγε ἐπ᾽ αὐτὰς ὄχλον (6 *b*)
26. 3. ἀνάξω ἐπὶ σὲ ἔθνη πολλά (6 *b*)
— 19. ἐν τῷ ἀναγαγεῖν με ἐπί σε τὴν ἄβ. (6 *b*)
29. 4. ἀνάξω σε ἐκ μέσου τοῦ ποταμοῦ (6 *b*)
32. 3. ἀνάξω σε ἐν τῷ ἀγκίστρῳ μου (6 *b*)
37. 6. ἀνάξω ἐφ᾽ ὑμᾶς σάρκας (6 *b*)
— 12. ἀνάξω ὑμᾶς ἐκ τῶν μνημάτων ὑμῶν (6 *b*)
— 13. τοῦ ἀναγαγεῖν με [A *add.* ὑμᾶς] . . . τὸν λαόν μου (6 *b*)
38. 16. ἀνάξω σε ἐπὶ τὴν γῆν μου (1)
— 17. τοῦ ἀναγαγεῖν [B ἀγ.] σε ἐπ᾽ αὐτούς (1)
39. 2. ἀνάξω [A συνάξω] σε ἐπὶ τὰ ὄρη τοῦ Ἰσρ. (1)
I Ma. 9. 58. S ἄναξον [A R ἄξομεν] τὸν Βακχ.
II Ma. 5. 9. ἀπώλετο πρὸς Λακεδαιμ. ἀναχθεὶς
6. 10. A γυναῖκες ἀνήχθησαν [R ἀνηνέχθησαν]
III Ma. 6. 7. Δανιὴλ εἰς φῶς ἀνήγαγες ἀσινῆ
IV Ma. 6. 25. S ἐπὶ τὸ πῦρ αὐτὸν ἀνῆγον [A R ἦγαγον]

[Aq. Jd. 6. 8: Je. 30 (37). 17: 38 (45). 10.]
[Sm. Le. 19. 25: Jd. 6. 8: Is. 63. 11: Je. 30 (37). 17: 38 (45). 10.]
[Th. Jd. 6. 8: II Ki. 2. 3: Je. 11. 7: 38 (45). 10: 39 (46). 5.]
[Al. Le. 11. 26: I Ki. 28. 15.]

ἀναγεννᾶν.

Si. prol. 20. S^{1} ἀναγεννηθεὶς κατ᾽ [A B παραγενηθ. εἰς] Αἴγ.

ἀναγινώσκειν. (1) גָּלָה (2) קָרָא *a.* qal. *b.* ni. *c.* קְרָא

Ex. 24. 7. ἀνέγνω εἰς τὰ ὦτα τοῦ λαοῦ (2 *a*)
De. 17. 19. ἀναγνώσεται ἐν αὐτῷ (2 *a*)
31. 11. ἀναγνώσεσθε τὸν νόμον τοῦτον (2 *a*)
Jo. 8. 34. ἀνέγνω Ἰ. [A *om.*] π. τὰ ῥήματα (2 *a*)
— 35. ὃ οὐκ ἀνέγνω Ἰησοῦς (2 *a*)
IV Ki. 5. 7. ὡς ἀνέγνω βασ. Ἰσρ. τὸ βιβλίον (2 *a*)
19. 14. καὶ ἀνέγνω αὐτά (2 *a*)
22. 8. καὶ ἀνέγνω αὐτό (2 *a*)
— 10. καὶ ἀνέγνω αὐτὸ Σαπφάν (2 *a*)
— 16. οὓς ἀνέγνω βασιλεὺς Ἰούδα (2 *a*)
23. 2. ἀνέγνω . . . πάντας τοὺς λόγους (2 *a*)
II Ch. 34. 18. ἀνέγνω αὐτὸ Σαφάν (2 *a*)
— 24. ἐν τῷ βιβλίῳ τῷ ἀνεγνωσμένῳ (2 *a*)
— 30. ἀνέγνω . . . πάντας λόγους βιβλίου (2 *a*)
I Es. 2. 26. ἀνέγνων τὴν ἐπιστολήν
— 30. ἀναγνωσθέντων τῶν . . . γραφέντων
3. 13. ἔδωκαν αὐτῷ καὶ ἀνέγνω
— 15. καὶ ἀνεγνώσθη τὸ γράμμα
9. 41. ἀνεγίνωσκεν ἐν τῷ πρὸ τοῦ ἱ. πυλ. εὐρυχώρῳ
— 48. B ἀνεγίνωσκον τὸν νόμον τοῦ κ.
II Es. 4. 23. ὁ φορολόγος τοῦ Ἀρθ. βασ. ἀνέγνω (2 *c*)
Ne. 8. 3. ἀνέγνω ἐν αὐτῷ (2 *a*)
— 8. ἀνέγνωσαν ἐν τῷ βιβλίῳ νόμου τοῦ θ. (2 *a*)
— 18. ἀνέγνω ἐν βιβλίῳ νόμου τοῦ θεοῦ (2 *a*)
9. 3. ἀνέγνωσαν ἐν βιβλίῳ νόμου θ. αὐτῶν (2 *a*)
13. 1. ἀνεγνώσθη ἐν βιβλίῳ Μωυσῆ (2 *b*)
Es. 6. 1. εἰσφέρειν γράμμ. . . . ἀναγινώσκειν αὐτῷ (2 *b*)
Jb. 31. 36. συγγραφὴν δὲ . . . ἀνεγίνωσκον †
Si. prol. 4. τοὺς ἀναγινώσκ. . . . ἐπιστήμονας γίνεσθαι
Am. 4. 5. καὶ ἀνέγνωσαν ἔξω νόμον †
Hb. 2. 2. ὅπως διώκῃ ὁ ἀναγινώσκων αὐτά (2 *a*)
Is. 29. 11. ἀνάγνωθι ταῦτα, καὶ ἐρεῖ, οὐ δύναμαι ἀναγνῶναι (2 *a*, –)

Is. 29. 12. ἀνάγνωθι τοῦτο (2 *a*)
37. 14. B S ἀνέγνω αὐτό (2 *a*)
Je. 3. 12. ἀνάγνωθι [A ἀνάγνωσον] τοὺς λόγους (2 *a*)
11. 6. ἀνάγνωθι τοὺς λόγους τούτους (2 *a*)
19. 2. ἀνάγνωθι ἐκεῖ π. τοὺς λόγους τούτους (2 *a*)
28 (51). 61. ἀναγνώσῃ π. τοὺς λόγους τούτους (2 *a*)
— 63. παύσῃ τοῦ ἀ. [A S ἀναγινώσκων] τὸ βιβλ. τ. (2 *a*)
36 (29). 29. ἀνέγνω Σοφ. τὸ βιβλίον (2 *a*)
39 (32). 11. A S τὸ βιβλίον . . . τὸ ἀνεγνωσμένον [B *om.*] (1?)
— 14. λάβε . . . τὸ βιβλίον τὸ ἀνεγνωσμ. (1?)
43 (36). 6. ἀναγνώσῃ ἐν τῷ χαρτίῳ [A -τῃ] τούτῳ (2 *a*)
— 6. ἐν ὠσὶ παντὸς 'I. [A π. τοῦ λαοῦ] . . . ἀναγνώσῃ (2 *a*)
— 8. τοῦ ἀναγνῶναι . . . τοὺς λόγους κ. (2 *a*)
— 10. ἀνεγίνωσκε B. . . . τοὺς λόγους (2 *a*)
— 13. ἤκουσεν ἀναγινώσκοντος Βαρούχ (2 *a*)
— 14. ἀναγινώσκεις ἐν αὐτῷ (2 *a*)
— 15. ἀνάγνωθι εἰς τὰ ὦτα ἡμῶν· καὶ ἀνέγνω Βαρούχ (2 *a*, 2 *a*)
— 21. ἀνέγνω 'I. εἰς τὰ ὦτα τοῦ βασ. (2 *a*)
— 23. ἀναγινώσκοντος 'I. τρεῖς σελίδας (2 *a*)
Ba. 1. 3. ἀνέγνω Βαροὺχ τοὺς λόγους τοῦ βιβλ.
— 14. ἀναγνώσεσθε τὸ βιβλίον τοῦτο
Da. LXX. 5. 17. ἔστη κατέν. τῆς γραφῆς καὶ ἀνέγνω –
Da. TH. 5. 7. ὃς ἂν ἀναγνῷ τὴν γραφὴν τ. (2 *c*)
— 8. οὐκ ἠδύναντο τὴν γραφὴν ἀναγνῶναι (2 *c*)
— 15. ἵνα τὴν γραφὴν ταύτην ἀναγνῶσι (2 *c*)
— 16. ἐὰν δυνηθῇς τὴν γραφὴν ἀναγνῶναι (2 *c*)
— 17. τὴν γραφὴν ἀναγνώσομαι (2 *c*)
I Ma. 5. 14. αἱ ἐπιστολαὶ ἀνεγινώσκοντο
10. 7. ἀνέγνω τὰς ἐπιστολάς
14. 19. ἀνεγνώσθησαν ἐνώπιον τῆς ἐκκλησίας
II Ma. 2. 25. τοῖς μὲν βουλομένοις ἀναγινώσκειν
IV Ma. 18. 11. τὸν ἀναιρεθέντα 'A. . . . ἀνεγίνωσκε
[**Aq.** Is. 34. 16: 37. 14: Je. 7. 2: 36 (43). 15.]
[**Sm.** Is. 37. 14: Je. 7. 2: 36 (43). 15: 51 (28). 61.]
[**Th.** Is. 34. 16: 37. 14: Je. 2. 2: 3. 12: 7. 2.]

ἀναγκάζειν. (1) שָׁמַר
I Ki. 7. 1. A τὸν 'E. ἠνάγκασαν [B ἡγίασαν] φυλάσσειν †
I Es. 3. 24. ὅτι οὕτως ἀναγκάζει ποιεῖν
4. 6. ἕτερος τὸν ἕτερον ἀναγκάζοντες
Ju. 8. 30. ἠνάγκασαν ποιῆσαι ἡμᾶς
Pr. 6. 7. μηδὲ τὸν ἀναγκάζοντα ἔχων (1)
Da. TH. Bel. 30. ἀναγκασθεὶς παρέδωκεν αὐτοῖς τὸν Δ.
I Ma. 2. 25. τὸν ἄνδρα . . . τὸν ἀναγκάζοντα θύειν
II Ma. 6. 1. ἀναγκάζειν τοὺς 'Ιουδ. μεταβαίνειν
— 7. ἠναγκάζοντο . . . πομπεύειν
— 18. ἠναγκάζετο φαγεῖν ὕειον κρέας
7. 1. ἀναγκάζεσθαι ὑπὸ τοῦ βασ. . . . ἐφάπτεσθαι
8. 24. πάντας δὲ φυγεῖν ἠνάγκασαν
11. 11. τοὺς δὲ πάντας ἠνάγκασαν φυγεῖν
— 14. φίλον αὐτοῖς ἀναγκάζειν γενέσθαι
IV Ma. 4. 26. ἠνάγκασε . . . ἐξόμνυσθαι τὸν 'Ιουδ.
5. 2. εἰδωλοθύτων ἀ. ἀπογεύεσθαι
— 27. οὐ μόνον ἀ. [A -άζεις] ἡμᾶς παρανομεῖν
8. 1. ἀναγκάσαι γέροντα μιαροφαγῆσαι
— 9. ἀναγκάσετέ με . . . ἕνα ἔκ. ὑμ. . . . ἀπολέσαι
● 15. 7. ἠναγκασμένη τὴν εἰς αὐτοὺς ἔχειν συμπάθ.
18. 5. ἀναγκάσαι τοὺς 'Ιεροσ. ἀλλοφυλῆσαι

ἀναγκαῖος.
Es. 8. 13. S[1] ἀναγκαιοτάτους [A B δικαιοτάτοις] δὲ πολιτευομένους νόμοις
Wi. 16. 3. τὴν ἀ. ὄρεξιν ἀποστρέφωνται
Si. prol. 22. ἀναγκαιότατον ἐθέμην [S[1] προεθ.]
II Ma. 4. 23. περὶ πραγμάτων ἀναγκαίων ὑπομνηματισμοὺς
9. 21. ἀναγκαῖον ἡγησάμην φροντίσαι
IV Ma. 1. 2. ἀ. εἰς ἐπιστήμην παντὶ ὁ λόγος

ἀναγκασμός.
[**Al.** Le. 6. 2 (5. 21).]

ἀνάγκη. (1) ἀνὴρ ἐν ἀνάγκαις אֶבְיוֹן (2) *a.* זְוָעָה *b.* זַעֲוָה (3) יַד עָמֵל (4) לַעֲנָה (5) צָעַד hi. (6) *a.* מָצוֹק *b.* מְצוּקָה (7) *a.* צַר *b.* צָרָה

I Ki. 22. 2. συνήγοντο πρὸς αὐτὸν πᾶς ἐν ἀνάγκῃ (6 *a*)
To. 3. 6. ἐπίταξον ἀπολυθῆναί με τῆς ἀ. [S *al.*]
— 6. S βλέπειν ἀ. πολλήν
4. 9. θησαυρίζεις . . . εἰς ἡμέραν ἀνάγκης
Es. 4. 17. B S σὺ οἶδας τὴν ἀ. μου
Jb. 5. 19. ἑξάκις ἐξ ἀναγκῶν σε ἐξελεῖται (7 *b*)
7. 11. λαλήσω ἐν ἀνάγκῃ ὤν (7 *a*)
15. 24. ἀνάγκη δὲ καὶ θλῖψις αὐτὸν καθέξει (7 *a*)
18. 14. σχοίη δὲ αὐτὸν ἀνάγκη (5?)
20. 22. πᾶσα δὲ ἀ. ἐπ' αὐτὸν ἐπελεύσεται (3?)
27. 9. ἡ ἐπελθούσης [A ἐπ. δὲ] ἀνάγκης (7 *b*)
30. 25. ἰδὼν ἄνδρα ἐν ἀνάγκαις [A -ῃ] (1)
36. 19. ἐν ἀνάγκῃ ὄντων [S[1] ὤν τῶν] ἀδυνάτων (7 *a*)
Ps. 24 (25). 17. ἐκ τῶν ἀ. μου ἐξάγαγέ με (6 *b*)
30 (31). 7. ἔσωσας ἐκ τῶν ἀ. τὴν ψυχήν μου (7 *b*)
106 (107). 6. ἐκ τῶν ἀ. αὐτῶν ἐρρύσατο αὐτούς (6 *b*)
— 13, 19. ἐκ τῶν ἀ. αὐτῶν ἔσωσεν αὐτούς (6 *b*)
— 28. ἐκ τῶν ἀ. αὐτῶν ἐξήγαγεν αὐτούς (6 *b*)
118 (119). 143. ἀνάγκαι εὕροσάν με (6 *a*)
Pr. 17. 17. ἀδελφοὶ δὲ ἐν ἀνάγκαις χρήσιμοι ἔστωσαν (7 *b*)
Wi. 17. 17. τὴν δυσάλυκτον [A S[1] -άληκτον] ἔμενεν ἀ.
19. 4. ἡ ἀξία ἐπὶ τοῦτο πέρας ἀ.
Ze. 1. 15. B S ἡμέρα θλίψεως καὶ ἀνάγκης (6 *b*)
Je. 9. 15 (14). ψωμιῶ αὐτοὺς ἀνάγκας (4)
15. 4. παραδώσω αὐτοὺς εἰς ἀνάγκας (2 *a** *vel* 2 *b*)
Ep. Je. 37. ἐν ἀνάγκῃ ἄνθρωπον ὄντα
II Ma. 6. 7. ἤγοντο [A ἦγον] δὲ μετὰ πικρᾶς ἀ.
15. 2. τῶν δὲ κατὰ ἀνάγκην συνεπομένων αὐτῷ
III Ma. 1. 16. βοηθεῖν τῇ ἐνεστώσῃ ἀ.
4. 9. ἀγόμενοι σιδηροδέσμοις ἀνάγκαις
5. 6. διὰ τὴν . . . περιέχουσαν αὐτοὺς . . . ἀ.
IV Ma. 3. 17. νικῆσαι τὰς τῶν παθῶν ἀ.
5. 13. ἐπὶ πάσῃ δι' ἀνάγκην παρανομίᾳ γινομ.
— 16. οὐδεμίαν ἀ. βιαιοτέραν εἶναι
— 37. μὴ φοβηθέντα σου τὰς μέχρι θανάτου ἀ.
6. 9. περιεφρόνει τῆς ἀ.
— 24. πρὸς τὰς ἀ. οὕτω μεγαλοφρονοῦντα
8. 14. ἵλεως ὑμῖν ἔσται δι' ἀνάγκην παρανομήσασιν
— 22. ἡμῖν . . . δι' ἀνάγκην τὸν βασ. φοβηθεῖσιν
— 24. μὴ βιαζώμεθα τὴν ἀ.
9. 6. τὰς βασάνους τῶν σῶν ἀ. ὑπεριδόντες
[**Th.** **Sext.** Ps. 30 (31). 8.]

ἀνάγλυφον. (1) צִיץ
III Ki. 6. 18. A πέταλα καὶ ἀνάγλυφα πάντα κέδρινα (1)
[**Sm.** III Ki. 6. 18.]

ἀναγνεία.
II Ma. 4. 13. R διὰ τὴν . . . ὑπερβάλλουσαν ἀ. [A ἁγνείαν]

ἀναγνωρίζειν. (1) יָדַע hithp.
Ge. 45. 1. ἡνίκα ἀνεγνωρίζετο 'I. τοῖς ἀδ. (1)

ἀνάγνωσις. (1) מִקְרָא
I Es. 9. 48. ἐμφυσιοῦντες ἅμα τὴν ἀ.
Ne. 8. 8. καὶ συνῆκεν ὁ λαὸς ἐν τῇ ἀ. (1)
Si. prol. 9. τὴν τοῦ νόμου καὶ τῶν προφητῶν . . . ἀ.
— 13. μετ' εὐνοίας . . . τὴν ἀ. ποιεῖσθαι [B -θε]

ἀναγνώστης.
I Es. 8. 8. "E. τὸν ἱερέα καὶ ἀ. τοῦ νόμου κ.
— 9. "Εσδρᾳ τῷ ἱερεῖ καὶ ἀ. τοῦ νόμου κ.
— 19. "Εσδρας ὁ ἱερεὺς καὶ ἀ. τοῦ νόμου τοῦ θ.
9. 39. "Εσδρᾳ τῷ ἱερεῖ καὶ ἀ.
— 42. "Εσδρας ὁ ἱερεὺς καὶ ἀ. τοῦ νόμου
— 49. "Εσδρᾳ τῷ ἀρχιερεῖ καὶ ἀ.

ἀναγορεύειν.
Es. 8. 13. ὥστε ἀναγορεύεσθαι ἡμῶν πατέρα

ἀναγράφειν.
I Es. 1. 24. καὶ τὰ κατ' αὐτὸν δὲ ἀναγέγραπται
— 33. ταῦτα δὲ ἀναγέγραπται ἐν τῇ βίβλῳ
— 42. ἀναγέγραπται ἐν τῇ βίβλῳ τῶν χρόνων
I Ma. 14. 22. R ἀνεγράψαμεν [A ἀναγραψάμενοι] τὰ ὑπ' αὐτῶν
II Ma. 4. 9. τοὺς ἐν 'Ιεροσ. 'Αντιοχεῖς ἀναγράψαι
IV Ma. 17. 8. ἀναγράψαι καὶ ταῦτα
[**Sm.** Ps. 21 (22). 31.]

ἀναγραφή.
II Ma. 2. 13. ἐξηγοῦντο δὲ καὶ ἐν ταῖς ἀ.

ἀναγώγως.
II Ma. 12. 14. τῇ τε τῶν βρωμ. παραθ. ἀναγωγότερον ἐχρῶντο

ἀναδεικνύειν. (1) יָדַע hi. (2) מָנָה pi. (3) מָצָא
I Es. 1. 34. ἀνέδειξαν βασ. ἀντὶ 'Ιωσ.
— 37. ἀνέδειξε . . . τὸν ἀδελφὸν αὐτοῦ βασ.
— 43. ὅτε γὰρ ἀνεδείχθη
— 46. καὶ ἀνέδειξε Σεδ. βασ. τῆς 'Ιουδ.
2. 3. ἐμὲ ἀνέδειξε βασ. τῆς οἰκουμένης ὁ κ.
8. 23. ἀνάδειξον κριτὰς καὶ δικαστάς
Hb. 3. 2. ἐν τῷ παρεῖναι τὸν καιρ. ἀναδειχθήσῃ (1?)
Da. LXX. 1. 11. 'Αβιεσδρὶ τῷ ἀναδειχθέντι ἀρχιευνούχῳ (2)
— 20. ἀνέδειξεν αὐτοὺς σοφούς (3)
II Ma. 2. 8. καὶ τότε ὁ κ. ἀναδείξει ταῦτα
9. 14. τὴν μὲν ἁγ. πόλ. . . . ἐλευθέραν ἀναδεῖξαι
— 23. ὁ πατὴρ . . . ἀνέδειξε τὸν διαδεξόμενον
— 25. ἀναδέδειχα τὸν υἱόν μου 'Αντ. βασ.
10. 11. ἀνέδειξεν ἐπὶ τῶν πραγμ. Λυσ. τινά
14. 12. στρατηγὸν ἀναδείξας τῆς 'Ιουδ.
— 26. R 'I. διάδοχον ἀναδέδειχεν [A ἀπέδειξεν]
III Ma. 2. 14. τὸν ἐπὶ τῆς γῆς ἀναδεδειγμένον . . . ἅγιον τόπον
6. 8. 'I. . . . ἀπήμαντον πᾶσιν οἰκείοις ἀνέδειξας
[**Al.** II Ch. 36. 23.]

ἀναδεῖν.
Ju. 16. 8. S[2] ἀνεδήσατο [A B ἐδ.] τὰς τρίχας αὐτῆς
[**Th.** Ez. 23. 15.]

ἀνάδειξις.
Si. 43. 6. ἀνάδειξιν χρόνων καὶ σημεῖον αἰῶνος

ἀναδενδράς. (1) עָנָף (2) פֹּארָה
Ps. 79 (80). 10. ἐκάλυψεν . . . αἱ ἀ. αὐτῆς τὰς κέδρους τοῦ θ. (1)
Ez. 17. 6. ἐξέτεινε τὴν ἀ. αὐτῆς (2)
[**Aq.** Ez. 19. 11: 31. 7, 12.]

ἀναδέχεσθαι.
II Ma. 6. 19. τὸν μετὰ μύσους βίον ἀναδεξάμενος
8. 36. ὁ τοῖς 'Ρωμαίοις ἀναδεξάμενος φόρον
[**Sm.** Ps. 55 (56). 13: 118 (119). 122: Is. 38. 14.]
[**Al.** Le. 10. 17.]

ἀναδιδόναι.
Si. 1. 22. αὐτῷ ἀναδώσει εὐφροσύνη [A S[1] -ύνην]
II Ma. 13. 15. A ἀναδοὺς [R δοὺς] δὲ τοῖς περὶ αὐτὸν σύνθεμα

ἀναδύειν.
III Ma. 2. 24. A μετ' ἀπειλῆς δὲ πικρᾶς θέμενος ἀνέδυσεν [R π. ἀνέλυσε]

ἀνάδυσις.
Wi. 19. 7. ξηρᾶς ἀνάδυσις γῆς

ἀναζεῖν. (1) פָּרַח (2) רָתַח hi.
Ex. 9. 9, 10. φλυκτίδες ἀναζέουσαι ἔν τε τοῖς ἀνθρ. (1)
Jb. 41. 22 (23). ἀναζεῖ τὴν ἄβυσσον (2)
II Ma. 9. 9. ἐκ τοῦ σώματος . . . σκώληκας ἀναζεῖν

ἀναζευγνύειν (-ύναι). (1) נָסַע
Ex. 14. 15. καὶ ἀναζευξάτωσαν (1)
40. 36. ἀνεζεύγνυσαν οἱ υἱοὶ 'Ισραήλ (1)
— 37. οὐκ ἀνεζεύγνυσαν (1)
Nu. 2. 9. A πρῶτοι ἀναζεύξουσιν [B ἐξαροῦσιν] (1)
— 16. A δεύτεροι ἀναζεύξουσιν [B ἐξαροῦσιν] (1)
— 17. A οὕτω καὶ ἀναζεύξουσιν [B ἐξαροῦσιν] (1)
— 31. A ἔσχατοι ἀναζεύξουσιν [B ἐξαροῦσιν] (1)
I Es. 2. 30. ἀναζεύξαντες εἰς 'I.
8. 61. A R ἀναζεύξαντες ἀπὸ τοῦ ποτ. [B τόπου] θ.
Ju. 7. 1. ἀναζευγνύειν ἐπὶ Βετυλούα
— 2. ἀνέζευξεν . . . πᾶς ἀνὴρ δυνατὸς αὐτῶν
— 7. ἀνέζευξεν εἰς τὸν λαὸν αὐτοῦ
16. 21. ἀνέζευξεν ἕ. εἰς τὴν κληρονομ. αὐτοῦ
I Ma. 11. 22. εὐθέως ἀναζεύξας ἦλθεν εἰς Πτ.
12. 32. ἀναζεύξας ἦλθεν εἰς Δαμ.
II Ma. 5. 11. ἀναζεύξας ἐξ Αἰ.
12. 29. ἀναζεύξαντες δὲ ἐκεῖθεν
13. 26. ἀνέζευξεν εἰς 'Αντιόχειαν
14. 16. ἐκεῖθεν εὐθέως ἀνέζευξαν
III Ma. 7. 16. ἀνέζευξαν ἐκ τῆς πόλεως
IV Ma. 4. 22. ταχέως ἐπ' αὐτοὺς ἀνέζευξεν
[**Al.** Nu. 2. 9, 16, 24, 34.]

● = correction on page xxiv

ἀναζῆν.
[Al. Ge. 45. 27.]

ἀναζητεῖν. (1) בִּקֵּשׁ pi. (2) דָּרַשׁ
Jb. 3. 4. μὴ ἀναζητήσαι αὐτὴν ὁ κ. ἄνωθεν (2)
10. 6. ἀνεζήτησας τὴν ἀνομίαν μου (1)
II Ma. 13. 21. ἀνεζητήθη δὲ καὶ κατελήφθη

ἀναζυγή. (1) מַסַּע
Ex. 40. 38. ἐν πάσαις ταῖς ἀ. αὐτῶν (1)
II Ma. 9. 2. ἀσχήμονα τὴν ἀ. ποιήσασθαι
13. 26. οὕτω τὰ . . . τῆς ἀ. ἐχώρησε

ἀναζωννύειν. (1) חָגַר
Jd. 18. 16. οἱ ἀνεζωσμένοι [A περιεζ.] τὰ σκεύη (1)
Pr. 31. 17. ἀναζωσαμένη ἰσχ. τὴν ὀσφὺν αὐτῆς (1)

ἀναζωοπυρεῖν.
I Ma. 13. 7. R ἀνεζωοπύρησε [S -ζωπύρησε, A -ζωπύρισεν] τὸ πνεῦμα τοῦ λαοῦ

ἀναζωοῦν.
[Aq. Ho. 6. 2.]
[Sm. Ps. 29 (30). 4: 118 (119). 149: Hb. 3. 2.]

ἀναζωπυρεῖν, ἀναζωπυρίζειν. (1) חָיָה
Ge. 45. 27. R ἀνεζωπύρησε [A -ισεν] τὸ πνεῦμα Ἰ. (1)
I Ma. 13. 7. S ἀνεζωπύρησεν [A -ισεν, R -ζωοπύρησε] τὸ πνεῦμα τοῦ λαοῦ

ἀναθάλλειν. (1) עָלָה (2) פָּרַח hi.
Ps. 27 (28). 7. ἀνέθαλεν [A -αλλεν] ἡ σάρξ μου (1)
Wi. 4. 4. κἂν [S¹ καὶ] γὰρ ἐν κλάδοις . . . ἀναθάλῃ
Si. 1. 18. στέφανος σοφίας . . . ἀναθάλλων εἰρήνην
11. 22. ἀναθάλλει εὐλογίαν αὐτοῦ
46. 12. τὰ ὀστᾶ αὐτῶν ἀναθάλοι
49. 10. τὰ ὀστᾶ ἀναθάλοι ἐκ τοῦ τόπου αὐτῶν
50. 10. ὡς ἐλαία ἀναθάλλουσα καρπούς
Ho. 8. 9. ἀνέθαλε καθ' ἑαυτὸν Ἐ. †
Ez. 17. 24. ἀναθάλλων ξύλον ξηρόν (2)
[Aq. Ps. 128 (129). 6.]
[Sm. Is. 38. 16: Ho. 8. 9.]
[Th. Ps. 27 (28). 7: Is. 38. 16.]

ἀνάθεμα, ἀνάθημα. (1) a. חֵרֶם b. חֶרְמָה c. חָרַם hi. d. חֶרֶם
Le. 27. 28. πᾶν δὲ ἀ. ὃ ἂν ἀναθῇ (1 a)
— 28. πᾶν ἀ. ἅγιον ἁγίων ἔσται τῷ κ. (1 a)
Nu. 21. 3. ἐπεκάλεσεν τὸ ὄνομα τοῦ τόπου ἐκ. Ἀ. (1 b)
De. 7. 26. καὶ ἀ. ἔσῃ ὥσπερ τοῦτο (1 a)
— 26. βδελύγματι βδελύξῃ ὅτι ἀ. ἐστι (1 a)
13. 15 (16). ἀναθέματι ἀναθεματιεῖτε αὐτήν -
— 17 (18). οὐ προσκολληθήσεται οὐδὲν ἀπὸ τοῦ ἀ. (1 a)
20. 17. ἀναθέματι ἀναθεματιεῖτε αὐτούς (1 c)
Jo. 6. 16 (17). καὶ ἔσται ἡ πόλις ἀ. (1 a)
— 17 (18). φυλάξεσθε [A -ξατε] σφόδρα ἀπὸ τοῦ ἀ. (1 a)
— 17 (18). μήποτε . . . λάβητε ἀπὸ τοῦ ἀ. καὶ ποιήσητε [A -σετε] τὴν παρεμβολὴν . . . ἀ. (1 a, 1 a)
7. 1. ἐνοσφίσαντο ἀπὸ τοῦ ἀ. (1 a)
— 1. ἔλαβεν Ἄχαρ [A Ἄχαν] . . . ἀπὸ τοῦ ἀ. (1 a)
— 11. κλέψαντες ἀπὸ τοῦ ἀ. (1 a)
— 12. ὅτι ἐγενήθησαν ἀ. (1 a)
— 12. ἐὰν μὴ ἐξάρητε τὸ ἀ. ἐξ ὑμῶν αὐτῶν (1 a)
— 13. τὸ ἀ. ἐστιν ἐν ὑμῖν (1 a)
— 13. ἕως ἂν ἐξάρητε τὸ ἀ. ἐξ ὑμῶν (1 a)
22. 20. ἐπλημμέλησεν ἀπὸ τοῦ ἀ. (1 a)
Jd. 1. 17. B ἐκάλεσε τὸ ὄνομα τῆς πόλεως Ἀ. [A al.] (1 b)
I Ch. 2. 7. ὃς ἠθέτησεν εἰς τὸ ἀ. (1 a)
Ju. 16. 19. εἰς ἀ. τῷ θεῷ ἔδωκε
Za. 14. 11. καὶ ἀνάθεμα οὐκ ἔσται ἔτι (1 d)
II Ma. 2. 13. ἐπιστολὰς βασιλέων περὶ ἀναθεμάτων
9. 16. ἅγιον νεὼν . . . ἀναθήμασι κοσμήσειν
III Ma. 3. 17. τοῖς . . . καλλίστοις ἀναθήμασι [A ἀνθ.] τιμῆσαι
[Aq. Sm. Th. I Ki. 15. 21: Is. 34. 5: Ez. 44. 29.]
[Al. Le. 6. 22 (15): 27. 21.]

ἀναθεματίζειν. (1) a. חָרַם hi. b. ho. c. חֵרֶם
Nu. 18. 14. πᾶν ἀνατεθεματισμένον ἐν υἱοῖς Ἰσρ. (1 c)
21. 2. ἀναθεματιῶ αὐτόν (1 a)
— 3. ἀνεθεμάτισεν αὐτόν (1 a)
De. 13. 15 (16). ἀναθέματι ἀναθεματιεῖτε αὐτήν (1 a)
20. 17. ἀναθέματι ἀναθεματιεῖτε αὐτούς (1 a)
Jo. 6. 20 (21). ἀνεθεμάτισεν [A -σαν] αὐτήν (1 a)
Jd. 1. 17. A καὶ ἀνεθεμάτισαν αὐτήν (1 a)
21. 11. γυναῖκα εἰδ. κοίτ. ἄρσ. ἀναθεματιεῖτε (1 a)
I Ki. 15. 3. ἀναθεματιεῖς αὐτόν (1 a)
IV Ki. 19. 11. τοῦ ἀναθεματίσαι αὐτάς (1 a)
I Ch. 4. 41. καὶ ἀνεθεμάτισαν αὐτούς (1 a)
II Es. 10. 8. ἀναθεματισθήσεται πᾶσα ἡ ὕπαρξις αὐτοῦ (1 b)
Da. Th. 11. 44. καὶ τοῦ ἀναθεματίσαι [B om. κ. τ. ἀ.] πολλούς (1 a)
I Ma. 5. 5. καὶ ἀνεθεμάτισεν αὐτούς
[Aq. Ex. 22. 20 (19): Dt. 2. 34: 3. 3, 6: 7. 2: I Ki. 15. 8: Is. 11. 15: 34. 2: 37. 11: Je. 50 (27). 21: Mi. 4. 13.]
[Sm. Ex. 22. 20 (19): Dt. 7. 2: I Ki. 15. 8: Is. 11. 15: 34. 2: Je. 50 (27). 21: Mi. 4. 13.]
[Th. Ex. 22. 20 (19): Dt. 7. 2: I Ki. 15. 8: Is. 11. 15: 34. 2: Da. 11. 44†: Mi. 4. 13.]
[Al. Le. 27. 28.]

ἀνάθημα, *vid.* **ἀνάθεμα.**

ἀναθυμίασις.
[Sm. Ca. 3. 6.]
[Hebr. Ge. 19. 28.]

ἀναίδεια.
Si. 25. 22. ὀργὴ καὶ ἀ. καὶ αἰσχύνη

ἀναιδεύεσθαι.
[Th. Pr. 7. 13.]

ἀναιδής. (1) זָעַם ni. (2) נָצַח ni. (3) a. עָזַז hi. b. עַז c. עֹז (4) חָצַף aph.
De. 28. 50. ἔθνος ἀναιδὲς προσώπῳ (3 b)
I Ki. 2. 29. ἐπέβλεψας . . . εἰς τὴν θυσ. μου ἀ. ὀφθαλμῷ †
Pr. 7. 13. ἀ. δὲ προσώπῳ προσεῖπεν αὐτῷ (3 a)
25. 23. πρόσωπον δὲ ἀ. γλῶσσαν ἐρεθίζει (1)
Ec. 8. 1. ἀναιδὴς προσώπῳ αὐτοῦ μισηθήσεται (3 c)
Si. 23. 6. ψυχῇ ἀ. μὴ παραδῷς με
26. 11. ὀπίσω ἀ. ὀφθαλμοῦ [S¹ -ῶν] φύλαξαι
40. 30. ἐν στόμ. ἀναιδοῦς γλυκανθήσ. ἐπαίτησις [S ἀπ.]
Is. 56. 11. οἱ κύνες ἀ. τῇ ψυχῇ (3 b)
Je. 8. 5. ἀπέστρεψεν ὁ λαὸς . . . ἀποστροφὴν ἀ. (2)
Ba. 4. 15. ἐπήγαγε . . . ἔθνος ἀ.
Da. LXX. 8. 23. ἀναστήσ. βασ. ἀναιδὴς προσώπῳ (3 b)
Da. Th. 2. 15. περὶ τίνος ἐξῆλθεν ἡ γνώμη ἡ ἀ. (4)
8. 23. ἀναστήσ. βασ. ἀναιδὴς προσώπῳ (3 b)
[Sm. Is. 33. 19: Ez. 3. 7.]
[Sext. Ps. 36 (37). 35.]

ἀναιδῶς. (1) ἀ. ὑφίστασθαι עָזַז hi.
Pr. 21. 29. ἀσεβὴς ἀνὴρ ἀ. ὑφίσταται προσώπῳ (1)

ἀναιρεῖν. (1) בָּצַע pi. (2) a. הָרַג qal. b. ni. c. pu. d. הֶרֶג הֲרֻגִים e. הֲרֵגָה (3) לָקַח (4) מוּת a. qal. b. hi. c. ho. (5) מָשָׁה (6) נָכָה hi. (7) נָשָׂא (8) פָּגַע (9) רוּם hi. (10) רִיק hi. (11) חָרַם hi. (12) קְטַל a. pe. b. pa. c. ithp.
Ge. 4. 15. τοῦ μὴ ἀνελεῖν αὐτόν (6)
Ex. 2. 5. ἀνείλατο αὐτήν (3)
— 10. ἐκ τοῦ ὕδατος αὐτὸν ἀνειλόμην (5)
— 14. μὴ [A ἢ] ἀνελεῖν με σὺ θέλεις ὃν τρόπον ἀνεῖλες χθὲς τὸν Αἰγ. (2 a, 2 a)
— 15. ἐζήτει ἀνελεῖν Μωυσῆν (2 a)
15. 9. ἀνελῶ τῇ μαχαίρῃ μου (10)
21. 29. ἀνέλῃ δὲ ἄνδρα ἢ γυναῖκα (4 b)
Nu. 16. 37 (17. 2). ἀνέλεσθε τὰ πυρεῖα (9)
31. 19. πᾶς ὁ ἀνελών (2 a)
35. 31. τοῦ φονεύσ. τ. ἐνόχου ὄντος ἀναιρεθῆναι (4 a)
De. 13. 15 (16). ἀναιρῶν [A ἀνελὼν] ἀνελεῖς πάντας (6, 6)
Jo. 4. 3. ἀνέλεσθε ἐκ μέσου τοῦ Ἰορδ. (7)
— 5. ἀνελόμενος ἐκεῖθεν ἕκαστος λίθον (9)
9. 26. καὶ οὐκ ἀνεῖλον αὐτούς (2 a)
11. 12. ἀνεῖλεν αὐτοὺς ἐν στόματι ξίφους (6)
— 17. ἀνεῖλε [A add. αὐτοὺς] καὶ ἀπέκτεινε (6)
12. 1. οὓς ἀνεῖλον οἱ υἱοὶ Ἰσρ. [A -λεν M. καὶ υἱ. Ἰ.] (6)
— 7. οὓς ἀνεῖλεν Ἰησοῦς [A¹ Μω.] (6)
Jd. 8. 21. A ἀνεῖλεν [B ἀπέκτεινε] τὸν Ζεβ. (2 a)
Jd. 9. 45. A τὸν λαὸν τὸν ἐν αὐ. ἀνεῖλεν [B ἀπέκτεινε] (2 a)
I Ki. 15. 18. ἀνελεῖς [A om.] τοὺς ἁμαρτάνοντας (11)
II Ki. 10. 18. ἀνεῖλε Δ. . . . ἑπτακόσια ἅρματα (2 a)
III Ki. 2. 25. ἀνεῖλεν αὐτόν (8)
— 29. ἄνελε αὐτὸν καὶ θάψον αὐτόν (8)
— 31. ἄνελε αὐτὸν καὶ θάψεις αὐτόν (8)
3. 1 (2. 46). ἐξῆλθε καὶ ἀνεῖλεν αὐτόν (8)
To. 2. 4. ἀνειλόμην [S -αιροῦμαι] αὐτόν
Ju. 1. 12. ἀνελεῖν τῇ ῥομφαίᾳ αὐτοῦ [B αὐτούς]
7. 13. καὶ ἀνελεῖ αὐτοὺς ἡ δίψα
16. 5. τοὺς νεανίσκους μου ἀνελεῖν
Es. 8. 13. S³ οὐ μόνον ἐκ τῶν ἀνθρ. ἀναιροῦντες [A B S ἀνταν.]
Jb. 5. 2. ἄφρονα ἀναιρεῖ ὀργή (2 a)
6. 9. εἰς τέλος δὲ μή με ἀνελέτω (1)
20. 16. ἀνέλοι δὲ αὐτὸν γλῶσσα ὄφεως (2 a)
Wi. 1. 11. στόμα δὲ καταψευδόμ. ἀναιρεῖ ψυχήν
6. 20. S¹ ἐπιθυμίας γὰρ ἀναιρεῖ [A B al.]
14. 24. ἕτερος δ' ἕτ. ἢ λοχῶν [S² -χεύων] ἀναιρεῖ
Si. 21. 2. ἀναιροῦντες ψυχὰς ἀνθρώπων
22. 2. πᾶς ὁ ἀναιρούμενος αὐτόν
Is. 10. 4. A S³ ὑποκάτω ἀνῃρημένων πεσοῦνται (2 a)
11. 4. ἀνελεῖ ἀσεβῆ (4 b)
14. 30. ἀνελεῖ δὲ λιμῷ τὸ σπέρμα σου (4 b)
— 30. τὸ κατάλειμμά σου ἀνελεῖ (2 a)
26. 21. οὐ κατακαλύψει [A add. ἡ γῆ] τοὺς ἀνῃρημ. (2 a)
27. 1. ἀνελεῖ τὸν δράκοντα (2 a)
— 7. ὡς αὐτὸς ἀνεῖλεν οὕτως ἀναιρεθήσεται (2 d, 2 c)
— 8. ἀνελεῖν αὐτοὺς πνεύματι θυμοῦ †
28. 6. ἰσχὺν κωλυόντων [A B S -λύων] ἀνελεῖν †
37. 36. ἀνεῖλεν . . . ἑκατὸν ὀγδοήκ. π. χιλιάδας (6)
65. 15. ὑμᾶς δὲ ἀνελεῖ κύριος (4 b)
Je. 4. 31. ἐκλείπει ἡ ψυχή μου ἐπὶ τοῖς ἀνῃρημ. (2 a)
7. 32. ἡ φάραγξ τῶν ἀνῃρημένων (2 e)
18. 21. γενέσθωσαν ἀνῃρημ. [A ἑστῶτες ἀ.] θανάτῳ (2 a)
33 (26). 15. εἰ ἀναιρεῖτέ με αἷμα ἀθῷον (4 b)
— 19. μὴ ἀνελὼν [A ἀναιρῶν] ἀνεῖλεν αὐτὸν Ἐζ. (4 b, 4 b)
— 24. μὴ ἀνελεῖν αὐτόν (4 b)
45 (38). 4. ἀναιρεθήτω δὴ ὁ ἄνθρ. ἐκεῖνος (4 c)
— 25. οὐ μὴ ἀνέλωμέν σε (4 b)
48 (41). 8. μὴ ἀνέλῃς ἡμᾶς (4 b)
— 8. οὐκ ἀνεῖλεν αὐτούς (4 b)
Ep. Je. 14. τὸν εἰς αὐτὸν ἁμαρτάν. οὐκ ἀνελεῖ
Ez. 26. 6. μαχαίρᾳ ἀναιρεθήσονται [A πεσοῦνται] (2 b)
— 8. οὗτος τὰς θυγατέρας σου . . . ἀνελεῖ (2 a)
— 11. τὸν λαόν σου μαχαίρᾳ ἀνελεῖ (2 a)
28. 9. θ. εἰμι ἐγὼ ἐνώπ. τῶν ἀναιρούντων σε (2 a)
Da. LXX. 1. 16. ἦν Ἀβ. ἀναιρούμενος τὸ δεῖπνον (7)
Bel 25. ἀνελῶ τὸν δράκοντα
Da. Th. 1. 16. ἐγένετο Ἀμ. ἀναιρούμ. τὸ δεῖπνον αὐ. (7)
2. 13. ἐζήτησαν Δ. καὶ τοὺς φίλους αὐ. ἀνελεῖν (12 c)
— 14. ὃς ἐξῆλθ. ἀναιρεῖν [A -ελεῖν] τοὺς σοφούς (12 b)
5. 19. οὓς ἠβούλετο αὐτὸς ἀνῄρει (12 a)
— 30. ἀνῃρέθη B. ὁ βασιλεὺς [A om. ὁ β.] (12 a)
7. 11. ἕως ἀνῃρέθη τὸ θηρίον καὶ ἀπώλετο (12 a)
I Ma. 6. 46. καὶ ἀνεῖλεν αὐτόν
11. 45. ἠβούλοντο ἀνελεῖν τὸν βασ.
II Ma. 8. 30. ὑπὲρ τοὺς δισμυρ. αὐτῶν ἀνεῖλον
— 32. τὸν δὲ φυλάρχην τῶν περὶ Τιμ. ἀνεῖλον
10. 17. ἀνεῖλον δὲ οὐχ ἧττον τῶν δισμυρίων
13. 15. R ἀνεῖλεν εἰς ἄνδρας τετρακισχ. [A δισχ.]
15. 22. R ἀνεῖλες [A -εν] ἐκ τῆς παρεμβ. Σενν.
III Ma. 7. 5. ἐπεχείρησαν ἀνελεῖν
— 14. μετὰ παραδειγματισμῶν ἀνῄρουν
— 15. ἀνεῖλον ὑπὲρ τοὺς τριακοσ. ἄνδρας
IV Ma. 4. 13. ἀνῃρῆσθαι τὸν Ἀπολλώνιον
5. 3. τούτους τροχισθέντας ἀναιρεθῆναι
18. 11. τὸν ἀναιρεθέντα Ἀβὲλ ὑπὸ Κάϊν
[Aq. II Ki. 1. 22: Ps. 87 (88). 6: Is. 66. 16: Ez. 6. 4: 32. 25 *bis*.]
[Sm. I Ki. 14. 13: II Ki. 1. 22: III Ki. 17. 20: Pr. 1. 32: Ez. 21. 11 (16): 32. 25 *bis*.]
[Th. Ex. 2. 14 *bis*: Jb. 5. 2: Ez. 26. 15 *bis*: 32. 25 *bis*: Da. 5. 30.]
[Hebr. Ge. 49. 6.]
[Al. Is. 28. 20.]

ἀναίρεσις. (1) הָרַג (2) רָמָה
Nu. 11. 15. ἀπόκτεινόν με ἀναιρέσει (1)

Jd. 15. 17. ἐκάλ. τὸν τόπον ἐκ. ἀναίρεσις σιαγ. (2)
Ju. 15. 4. ἐπεκχυθῶσι τοῖς πολεμ. εἰς τὴν ἀ. αὐ.
II Ma. 5. 13. νέων καὶ πρεσβυτέρ. ἀναιρέσεις [A -σις]

ἀναίσθητος.

[Sm. Jb. 35. 16 (?).]
[Th. Pr. 17. 21.]

ἀναίτιος. (1) נָקִי

De. 19. 10. οὐκ ἐκχυθήσεται αἷμα ἀ. (1)
— 13. καθαριεῖς τὸ αἷμα τὸ ἀ. (1)
21. 8. ἵνα μὴ γένηται αἷμα ἀ. (1)
— 9. σὺ δὲ ἐξαρεῖς τὸ αἷμα τὸ ἀ. (1)
Da. LXX. TH. Su. 62. ἐσώθη αἷμα ἀ.
[Aq. Is. 59. 7.]
[Sm. I Ki. 19. 5: 25. 31: II Ki. 4. 11: Jb. 9. 21: 22. 6: 27. 17: Ps. 9. 29 (10. 8): 58 (59). 4: Pr. 6. 17: Is. 59. 7.]
[Th. Is. 59. 7.]

ἀναιτίως.

IV Ma. 12. 15. τοὺς τῆς ἀρ. ἀγωνιστὰς ἀ. ἀποκτείνας
[Aq. Ps. 34 (35). 7, 19.]
[Sm. Jb. 9. 17: 34. 6: Ps. 34 (35). 7 *bis*: 68 (69). 5.]

ἀνακαίειν. (1) בָּעַר *a.* qal. *b.* hi. (2) דָּלַק hi. (3) קָרַב pi.

Ju. 7. 5. ἀνακαύσαντες πυράς
Si. 9. 8. φιλία ὡς πῦρ ἀνακαίεται
Ho. 7. 6. ἀνεκαύθησαν ὡς κλίβανος αἱ καρδ. (3)
— 6. ἀνεκαύθη ὡς πυρὸς φέγγος (1 *a*)
Ez. 5. 2. τὸ τέταρτον ἐν πυρὶ ἀνακαύσεις (1 *b*)
24. 10. ἀνακαύσω [A ἐκκ.] τὸ πῦρ (2)
I Ma. 12. 28. ἀνέκαυσαν πυράς
[Sm. Ps. 38 (39). 4.]

ἀνακαινίζειν. (1) חָדַשׁ *a.* pi. *b.* hith. (2) עָבַר ni.

II Ch. 15. 8. B ἀνεκαίνισε [A R ἐνεκ.] τὸ θυσιαστ. κυρίου (1 *a*)
Ps. 38 (39). 2. τὸ ἄλγημά μου ἀνεκαινίσθη (2)
102 (103). 5. ἀνακαινισθήσ. ὡς ἀετοῦ ἡ νεότης σου (1 *b*)
103 (104). 30. ἀνακαινιεῖς τὸ πρόσωπον τῆς γῆς (1 *a*)
La. 5. 21. ἀνακαίνισον ἡμέρας ἡμῶν (1 *a*)
I Ma. 6. 9. ἀνεκαινίσθη ἐπ' αὐτὸν λύπη μεγάλη

ἀνακαλεῖν. (1) נָקַב ni. (2) *a.* קָרָא *b.* מִקְרָא

Ex. 31. 2. ἀνακέκλημαι ἐξ ὀνόματος τὸν Βεσ. (2 *a*)
35. 30. ἀνακέκληκεν ὁ θ. ἐξ ὀνόματος τὸν Β. (2 *a*)
Le. 1. 1. ἀνεκάλεσε Μωυσῆν (2 *a*)
Nu. 1. 17. τοὺς ἄνδρας . . . τοὺς ἀνακληθέντας (1)
10. 2. ἀνακαλεῖν τὴν συναγωγήν (2 *b*)
Jo. 4. 4. ἀνακαλεσάμενος Ἰ. δώδεκα ἄνδρας (2 *a*)
IV Ma. 14. 17. ἀνακαλούμενα τῇ ἰδίᾳ φωνῇ
[Sm. Is. 54. 10: La. 1. 12.]

ἀνακαλύπτειν. (1) גָּלָה *a.* qal. *b.* ni. *c.* pi. *d.* גָּלָא *e.* גְּלָה (2) חָבַשׁ pi. (3) חָשַׂף (4) עָוָה pi. (5) עָרָה pi.

De. 22. 30 (23. 1). A οὐκ ἀνακαλύψει [B ἀποκ.] συγκάλυμμα (1 *c*)
I Es. 8. 79. τοῦ ἀνακαλύψαι [A ἀνάψαι] φωστῆρα ἡμ.
To. 2. 9. S ἀνακεκαλυμμ. διὰ τὸ καῦμα [A B *al.*]
12. 7, 11. τὰ δὲ ἔργα τοῦ θεοῦ ἀ. ἐνδόξως
Jb. 12. 22. ἀνακαλύπτων [A ὁ ἀποκ.] βαθέα (1 *c*)
20. 27. ἀνακαλύψαι δὲ αὐ. ὁ οὐρ. τὰς ἀνομ. [S[1] νομάς] (1 *c*)
28. 11. βάθη δὲ ποταμῶν ἀνεκάλυψεν (2)
33. 16. ἀνακαλύπτει νοῦν ἀνθρώπων (1 *a*)
41. 4 (5). A τίς δὲ ἀνακαλύψει [B S ἀποκ.] πρόσωπ. ἐνδύσ. αὐ. (1 *c*)
Ps. 17 (18). 15. ἀνεκαλύφθη [A -ησαν] τὰ θεμέλια τῆς οἰκουμ. (1 *b*)
Is. 3. 17. κ. ἀνακαλύψει [A ἀποκ.] τὸ σχῆμα αὐτῶν (5)
20. 4. A S R ἀνακεκαλυμμένους [B ἅμα κεκ.] τὴν αἰσχύνην (3)
22. 8. ἀνακαλύψουσι τὰς πύλας Ἰούδα (1 *c*)
— 9. ἀνακαλύψουσι τὰ κρυπτὰ τῶν οἴκων –
— 14. ἀνακεκαλυμμένα ταῦτά ἐστιν (1 *b*)
24. 1. ἀνακαλύψει τὸ πρόσωπον αὐτῆς (4)
26. 21. ἀνακαλύψει ἡ γῆ τὸ αἷμα [A στόμα] (1 *c*)
47. 2. ἀνακάλυψαι τὰς πολιάς (1 *c*)

Is. 47. 3. ἀνακαλυφθήσεται ἡ αἰσχύνη σου (1 *b*)
49. 9. τοῖς ἐν τῷ σκότει ἀνακαλυφθῆναι (1 *b*)
Je. 13. 22. ἀνεκαλύφθη τὰ ὀπίσθιά σου (1 *b*)
29 (49). 10. ἀνεκάλυψα τὰ κρυπτὰ αὐτῶν (1 *c*)
Da. LXX. 2. 22. ἀνακαλύπτων [? ἀποκ.] τὰ βαθέα (1 *d*)
— 28. ἔστι θ. ἐν οὐρ. ἀνακαλύπτων μυστήρια (1 *e*)
— 29. ἀνακαλύπτων μυστήρια ἐδήλωσέ σοι (1 *d*)
[Sm. Ju. 5. 2.]

ἀνακάμπτειν. (1) סוּר (2) שׁוּב

Ex. 32. 27. ἀνακάμψατε ἀπὸ πύλης (2)
Jd. 11. 39. A ἀνέκαμψεν [B ἐπέστρεψε] πρὸς τὸν πατ. (2)
II Ki. 1. 22. ῥομφαία Σ. οὐκ ἀνέκαμψε κενή (2)
8. 13. ἐν τῷ ἀνακάμπτειν αὐτόν (2)
III Ki. 12. 20. ἀνέκαμψεν Ἱεροβ. ἐξ Αἰγ. [A *om.*] (2)
I Ch. 19. 5. καὶ ἀνακάμψατε (2)
I Es. 8. 87. ἀνεκάμψαμεν παραβῆναι τὸν νόμον
Jb. 39. 4. οὐ μὴ ἀνακάμψουσιν αὐτοῖς (2)
Si. 40. 11. ἀπὸ ὑδάτων εἰς θάλασσαν ἀνακάμπτει
Za. 9. 8. τοῦ μὴ διαπορεύεσθαι μηδὲ ἀ. (2)
Je. 3. 1. μὴ ἀνακάμπτουσα ἀνακάμψει πρὸς αὐτὸν ἔτι (–, 2)
— 1. ἀνέκαμπτες πρὸς μέ (2)
15. 5. τίς ἀνακάμψει εἰς [S ἐπ'] εἰρήνην σοι (1)
22. 11. S οὐκ ἀνακάμψει [A B -στρέψει] ἐκεῖ (2)
Ez. 1. 13. A ἀνέκαμπτον ὡς εἶδος τοῦ Βεζέκ
7. 13. A ὅρασις . . . οὐκ ἀνακάμψει (2)
Da. TH. Su. 14. ἀνακάμψαντες ἦλθον ἐπὶ τὸ αὐτό
IV Ma. 1. 35. τὰ . . . πάθη ὑπὸ τοῦ σωφρ. νοὸς ἀνακαμπτόμ. [S -κοπτ.]
[Aq. Je. 8. 4.]
[Sm. Ps. 58 (59). 7, 15: Je. 8. 4: Ez. 8. 17.]
[Th. Jb. 39. 4: Ez. 1. 14: 7. 13.]

ἀνάκεισθαι.

I Es. 4. 10. αὐτὸς ἀνάκειται, ἐσθίει, καὶ πίνει
To. 9. 6. S εὗρον Τωβείαν ἀνακείμενον

ἀνακεφαλαιοῦν.

[Th. Quint. Ps. 71 (72). 20.]

ἀνακηρύσσειν.

IV Ma. 17. 23. Ἀντ. ἀνεκήρυξε . . . τὴν ἐκ. ὑπομονήν

ἀνακλᾶν.

IV Ma. 11. 10. σκορπίου τρόπον ἀνακλώμενος
[Al. Le. 1. 15: 5. 8.]
[Sam. Le. 1. 15.]

ἀνακλίνειν.

III Ma. 5. 16. R ἐκέλευσε . . . ἄντικρυς ἀνακλιθῆναι [A -κλῖναι] αὐτοῦ
[Aq. Pr. 2. 2.]

ἀνάκλισις. (1) מֵסַב

Ca. 1. 12. ὁ βασιλεὺς ἐν ἀνακλίσει αὐτοῦ (1)
[Aq. Sm. Ca. 1. 12.]

ἀνάκλιτον. (1) רְפִידָה

Ca. 3. 10. ἀνάκλιτον αὐτοῦ χρύσεον [S χρυσίον] (1)

ἀνακοινοῦν.

II Ma. 14. 20. τοῦ ἡγεμ. τοῖς πλήθεσιν ἀνακοινωσαμ.

ἀνακομίζειν.

II Ma. 2. 22. τὸ περιβόητον . . . ἱερὸν ἀνακομίσασθαι
12. 39. τὰ σώμ. τῶν προπεπτ. ἀνακομίσασθαι
III Ma. 1. 1. παρὰ τῶν ἀνακομισθέντων μαθών

ἀνακόπτειν.

Wi. 18. 23. μεταξὺ στὰς ἀνέκοψε τὴν ὀργήν
IV Ma. 1. 35. S τὰ . . . πάθη ὑπὸ τοῦ σώφρ. νοὸς ἀνακοπτόμενα [A R -καμπτ.]
13. 6. πύργοι τὰς τῶν κυμ. ἀπειλὰς ἀνακόπτοντες
[Th. Ju. 5. 22.]

ἀνακράζειν. (1) זָעַק (2) קָרָא (3) רוּעַ hi. (4) שָׁאַג

Jo. 6. 5. ἀνακραγέτω πᾶς ὁ λαὸς ἅμα [A *om.*] καὶ ἀνακραγόντων αὐτῶν πεσεῖται (3, †)
Jd. 7. 20. καὶ ἀνέκραξαν ῥομφαία τῷ κ. καὶ τῷ Γ. (2)
I Ki. 4. 5. καὶ ἀνέκραξε πᾶς Ἰσρ. φωνῇ μεγάλῃ (3)
III Ki. 12. 24. B καὶ ἀνέκραξαν ἅπαντες –
22. 32. καὶ ἀνέκραξεν Ἰωσαφάτ (1)
Si. 50. 16. τότε ἀνέκραγον υἱοὶ Ἀαρών
Jl. 3 (4). 16. ἐκ Σ. ἀνακεκράξεται [A S[3] ἀνακρ.] (4)

Za. 1. 14. ἀνάκραγε λέγων (2)
— 17. ἔτι ἀνάκραγε λέγων (2)
Ez. 9. 1. ἀνέκραγεν εἰς τὰ ὦτά μου (2)
21. 12 (17). ἀνάκραγε καὶ ὀλόλυξον (1)
I Ma. 2. 27. ἀνέκραξε Ματτ. ἐν τῇ πόλει
III Ma. 6. 17. μέγα εἰς οὐρανὸν ἀνέκραξαν
[Al. Ju. 15. 14.]

ἀνακρίνειν. (1) חָקַר

I Ki. 20. 12. ἀνακρινῶ τὸν πατέρα μου (1)
Da. LXX. Su. 13. εἷς τὸν ἕτερον ἀνέκρινε λέγων
— 48. οὐκ ἀνακρίναντες οὐδὲ τὸ σαφὲς ἐπιγνόντες
— 51. ἀνακρινῶ αὐτούς
Da. TH. Su. 48. οὐκ ἀνακρίναντες οὐδὲ τὸ σαφὲς ἐπιγνόντες
— 51. καὶ ἀνακρινῶ αὐτούς

ἀνάκρισις.

III Ma. 7. 5. ἄνευ πάσης ἀ. καὶ ἐξετάσεως

ἀνακροτεῖν.

[Th. Pr. 23. 35.]

ἀνακρούειν. (1) חָזָה (2) חָצַץ pi. (3) כָּרַר pilp. (4) נָבָא ni.

Jd. 5. 11. B ἀπὸ φωνῆς ἀνακρουομένων [A *al.*] (2)
II Ki. 6. 14. Δ. ἀνεκρούετο ἐν ὀργάνοις ἡρμοσμ. (3)
— 16. Δ. . . . ἀνακρουόμενον ἐνώπιον κ. (3)
I Ch. 25. 3. ἀνακρουόμενοι ἐξομολόγησιν (4)
— 5. τῷ Αἱμὰν τῷ ἀνακρουομένῳ τῷ βασ. (1)
Ez. 23. 42. φωνὴν ἁρμονίας ἀνεκρούοντο †

ἀνακτᾶσθαι.

[Sm. I Ki. 30. 12: Ps. 22 (23). 3: 103 (104). 11: 146 (147). 6: La. 1. 16.]

ἀνακτίζειν.

[Aq. Ps. 50 (51). 12.]

ἀνάκτορον.

[Sm. Ps. 25 (26). 8.]

ἀνακύπτειν. (1) נָשָׂא רֹאשׁ

Jb. 10. 15. οὐ δύναμαι [A δυνήσομαι] ἀνακύψαι (1)
Da. LXX. Su. 35. καὶ ἀνακύψασα ἔκλαυσεν

ἀναλαμβάνειν. (1) חָנַר (2) יָסַף hi. (3) לָקַח *a.* qal. *b.* ni. *c.* pu. (4) *a.* נָטַל pi. *b.* נְטַל (5) נָשָׂא (6) סָבַל (7) עָדָה (8) עוּד pil. (9) עָלָה (10) עָרַךְ (11) *a.* שִׂים *b.* שׂוּם ithp.

Ge. 24. 61. ἀναλαβὼν ὁ παῖς τὴν Ῥ. (3 *a*)
45. 18. R ἀναλαβόντες [A παραλ.] τὸν πατέρα ὑμ. (3 *a*)
— 19. ἀναλαβόντες τὸν πατέρα ὑμῶν (5)
— 27. ὥστε ἀναλαβεῖν αὐτόν (5)
46. 5. ἀνέλαβον οἱ υἱοὶ Ἰ. τὸν πατέρα αὐτῶν (5)
— 6. ἀναλαβόντες τὰ ὑπάρχοντα αὐτῶν (3 *a*)
48. 1. ἀναλαβὼν τοὺς δύο υἱοὺς αὐτοῦ (3 *a*)
50. 13. ἀνέλαβον αὐτὸν οἱ υἱοὶ αὐτοῦ (5)
Ex. 4. 20. ἀναλαβὼν δὲ Μ. τὴν γυναῖκα (3 *a*)
10. 13. ὁ ἄνεμος ὁ νότος ἀνέλαβε τὴν ἀκρίδα (5)
— 19. καὶ ἀνέλαβε τὴν ἀκρίδα (5)
12. 32. τοὺς βόας ὑμῶν ἀναλαβόντες (3 *a*)
— 34. ἀνέλαβε δὲ ὁ λαὸς τὸ σταῖς (5)
19. 4. ἀνέλαβον ὑμᾶς ὡσεὶ ἐπὶ πτερ. ἀετῶν (5)
28. 12. ἀναλήψεται Ἀ. τὰ ὀνόματα (5)
Nu. 14. 1. ἀναλαβοῦσα πᾶσα ἡ συναγωγή (5)
23. 7, 18; 24. 3, 15, 20, 21, 23. ἀναλαβὼν τὴν παραβολὴν αὐτοῦ (5)
De. 1. 41. ἀναλαβόντες ἕκ. τὰ σκεύη τὰ πολεμ. (1)
32. 11. ἀνέλαβεν αὐτοὺς ἐπὶ τῶν μεταφρ. (5)
Jo. 4. 8. R ἀναλαβόντες [A B λαβ.] δώδεκα λίθους (5)
Jd. 19. 28. A ἀνέλαβεν αὐτὴν ἐπὶ τὸ ὑποζ. [B *al.*] (3 *a*)
II Ki. 22. 17. A καὶ ἀνέλαβέν [B ἔλ.] με (3 *a*)
IV Ki. 2. 9. πρὶν ἢ [A πρὸ τοῦ] ἀναληφθῆναί με (3 *b*)
— 10. ἐὰν ἴδῃς με ἀναλαμβανόμενον (3 *c*)
— 11. ἀνελήφθη Ἠλίου ἐν συσσεισμῷ (9)
II Ch. 25. 28. καὶ ἀνέλαβον αὐτὸν ἐπὶ τῶν ἵππων (5)
I Es. 1. 34. ἀναλαβόντες οἱ ἐκ τοῦ ἔθνους τὸν Ἰεχ.
— 54. τὰς βασιλικὰς ἀποθήκας ἀναλαβόντες
9. 45. ἀναλαβὼν Ἔσδρας τὸ βιβλίον
To. 1. 20. S ὃ οὐκ ἀνελήμφθη εἰς τὸ βασιλικόν

To. 3. 6. ἐπίταξον ἀναλαβεῖν τὸ πνεῦμά μου
Ju. 6. 12. ἀνέλαβον τὰ ὅπλα αὐτῶν
7. 5. ἀναλαβόντες ἕκ. τὰ σκεύη τὰ πολεμικά
14. 2. ἀναλήψεσθε ἕκ. τὰ σκεύη τὰ πολεμικά
— 3. ἀναλαβόντες οὗτοι τὰς πανοπλίας αὐτῶν
— 7. ὡς δὲ ἀνέλαβον [A -εν] αὐτόν
— 11. ἀνέλαβε πᾶς ἀνὴρ Ἰσρ. [A S om.] τὰ ὅπλα
Es. 5. 1. ἀνέλαβεν αὐτὴν ἐπὶ τὰς ἀγκάλας αὐτοῦ
Jb. 13. 14. ἀναλαβὼν τὰς σάρκας μου (5)
17. 9. ἀναλάβοι θάρσος (2)
21. 12. ἀναλαβόντες [A -λαμβάνοντα] ψαλτ. (5)
22. 22. ἀνάλαβε τὰ ῥήματα αὐτοῦ (11 a)
27. 21. ἀναλήψεται δὲ αὐτὸν καύσων (5)
36. 3. ἀναλαβὼν τὴν ἐπιστήμην μου (5)
40. 5 (10). ἀνάλαβε δὴ ὕψος [A εἰς ὕ.] (7)
Ps. 49 (50). 16. ἀναλαμβάνεις τὴν διαθήκην μου (5)
71 (72). 3. ἀναλαβέτω τὰ ὄρη εἰρήνην (5)
77 (78). 70. ἀνέλαβεν αὐτὸν ἐκ τῶν ποιμνίων (3 a)
138 (139). 9. ἐὰν ἀναλάβω τὰς πτέρυγάς μου (5)
145 (146). 9. ὀρφανὸν καὶ χήραν ἀναλήψεται (8)
146 (147). 6. ἀναλαμβάνων πραεῖς ὁ κύριος (8)
Si. 48. 9. ὁ ἀναληφθεὶς ἐν λαίλαπι [A λαμπάδι]
49. 14. ἀνελήφθη [A μετετέθη] ἀπὸ τῆς γῆς
50. 11. ἐν τῷ ἀ. [S^{1} -βάλλειν] αὐτὸν στολὴν δόξης
Ho. 11. 3. ἀνέλαβον αὐτὸν ἐπὶ τὸν βραχίονά μου (3 a)
Am. 5. 26. ἀνελάβετε τὴν σκηνὴν τοῦ Μ. (5)
7. 15. ἀνέλαβέ με κ. (3 a)
Za. 5. 9. ἀνέλαβον τὸ μέτρον ἀνὰ μέσον τῆς γῆς (5)
Is. 40. 24. A S^{3} καταιγὶς . . . ἀναλήψεται [B λήψ.] αὐτούς (5)
46. 4. ἐγὼ ἀναλήψομαι καὶ σώσω ὑμᾶς (6)
63. 9. ἀνέλαβεν αὐτοὺς καὶ ὕψωσεν αὐτούς (4 a)
Je. 4. 6. ἀναλαβόντες φεύγετε εἰς Σιών (5)
7. 29. ἀνάλαβε ἐπὶ χειλέων θρῆνον (5)
13. 20. ἀνάλαβε ὀφθαλμούς σου (5)
26 (46). 3. ἀναλάβετε ὅπλα καὶ ἀσπίδας (10)
La. 3. 41. ἀναλάβωμεν καρδίας ἡμῶν ἐπὶ χειρῶν (5)
5. 13. ἐκλεκτοὶ κλαυθμὸν ἀνέλαβον (5)
Ez. 2. 2. καὶ ἀνέλαβέ με †
3. 12. ἀνέλαβέ με πνεῦμα (5)
— 14. καὶ ἀνέλαβέ με (3 a)
8. 3. ἀνέλαβέ με τῆς κορυφῆς μου καὶ ἀνέλαβέ με πνεῦμα (3 a, 5)
10. 19. ἀνέλαβον τὰ Χερ. τὰς πτέρυγας αὐτῶν (5)
11. 1, 24. ἀνέλαβέ με πνεῦμα (5)
12. 6. ἐπ' ὤμων ἀναληφθήσῃ (5)
— 7. ἐπ' ὤμων ἀνελήφθην ἐνώπιον αὐτῶν (5)
16. 61. ἐν τῷ ἀναλαβεῖν σε τὰς ἀδελφάς σου (3 a)
43. 5. ἀνέλαβέ με πνεῦμα (5)
Da. LXX. 2. 5. ἀναληφθήσεται ὑμῶν τὰ ὑπάρχοντα (11 b)
3. (51). ἀναλαβόντες δὲ οἱ τρεῖς
Da. TH. 4. 31. τοὺς ὀφθ. μου . . . ἀνέλαβον (4 b)
I Ma. 1. 27. πᾶς νυμφίος ἀνέλαβε θρῆνον
2. 58. Ἡλίας . . . ἀνελήφθη ἕως εἰς τὸν οὐρ.
II Ma. 2. 25. εἰς τὸ διὰ μνήμης ἀναλαβεῖν εὐκοπίαν
6. 23. ὁ δὲ λογισμὸν ἀστεῖον ἀναλαβών
10. 27. ἀναλαβόντες τὰ ὅπλα
11. 7. πρῶτος ὁ Μακκ. ἀναλαβὼν τὰ ὅπλα
12. 38. Ἰούδας δὲ ἀναλαβὼν τὸ στράτευμα
14. 26. R ἀναλαβὼν [A λαβὼν] ἧκε πρὸς τὸν Δημ.
III Ma. 6. 30. ἐν ᾧ τόπῳ ἔδοξαν τὸν ὄλεθρον ἀ.
— 32. ἀνέλαβον ᾠδὴν πάτριον
IV Ma. 5. 11. ἄξιον τῆς ἡλικίας ἀναλαβὼν νοῦν
▶ [Aq. Pr. 4. 8: Je. 6. 1: 9. 10 (9): 13. 20.]
[Sm. Jb. 4. 2: 34. 31: Ps. 80 (81). 3: 87 (88). 16: Is. 53. 4, 12: Je. 31 (38). 4: 36 (43). 15: Ez. 11. 24: 32. 2.]
[Th. Jb. 27. 21: Is. 53. 12: Ez. 27. 32: 32. 2.]

ἀναλάμπειν. (1) לֹא כָהָה (2) נָשָׂא (3) צָלַח
Jb. 11. 15. ἀναλάμψει σου τὸ πρόσωπον (2)
Wi. 3. 7. ἐν καιρῷ ἐπισκοπῆς αὐ. ἀναλάμψουσι
Am. 5. 6. ὅπως μὴ ἀναλάμψῃ ὡς πῦρ ὁ οἶκος Ἰ. (3)
Is. 42. 4. ἀναλάμψει καὶ οὐ θραυσθήσ. [S^{1} σβεσθήσ.] (1)
II Ma. 1. 22. ὅ τε ἥλιος ἀνέλαμψε
[Th. Is. 60. 2.]

ἀνάλγητος.
Pr. 14. 23. ὁ δὲ ἡδὺς καὶ ἀ. ἐν ἐνδείᾳ ἔσται †

ἀναλέγειν. (1) חָלַט hi. (2) לָקַט pi.
I Ki. 20. 38. ἀνέλεξε τὸ παιδάριον Ἰων. τὰς σχίζας (2)
III Ki. 21 (20). 33. ἀνέλεξαν [R -αντο] τὸν λόγον (1)
III Ma. 2. 24. ἀναλεξάμενος ἑαυτόν

ἀναλεκτήριον.
[Aq. I Ki. 17. 40.]

ἀνάλημμα. (1) מִלּוֹא
II Ch. 32. 5. κατίσχυσε τὸ ἀ. πόλεως Δαυίδ (1)
Si. 50. 2. ἀ. ὑψηλὸν περιβόλου ἱεροῦ

ἀναλημπτήρ, ἀναλήμπτωρ (-λήπ.). (1) יָע
II Ch. 4. 16. τοὺς ποδιστῆρας καὶ τοὺς ἀ. [A -πτορας] (1)
[Aq. Je. 52. 18 (?).]
[Sm. IV Ki. 25. 14.]
[Th. II Ch. 4. 16 (?): Je. 52. 18.]

ἀναληπτέος.
II Ma. 3. 13. εἰς τὸ βασιλικὸν ἀναληπτέα ταῦτα εἶναι

ἀναλίσκειν. (1) אָכַל (2) יָסַף hi. (3) כָּלָה *a.* qal. *b.* pi. (4) מוּת (5) סוּף (6) תָּמַם (7) כָּרַת ni.
Ge. 41. 30. ἀναλώσει ὁ λιμὸς τὴν γῆν (3 b)
Nu. 14. 33. ἕως ἀναλωθῇ τὰ κῶλα ὑμῶν (6)
I Es. 6. 30. ὑπαγορεύσωσιν ἀναλίσκεσθαι καθ' ἡμ.
Pr. 23. 28. πᾶς παράνομος ἀναλωθήσεται (2)
24. 23 (29. 27). ἀνθρώπους [A -ου] ἀναλίσκει –
— 37 (30. 14). ὥστε ἀναλίσκειν καὶ κατεσθίειν [A om. καὶ κατ.] τοὺς ταπεινούς (1 ?)
Wi. 13. 12. τὰ δὲ ἀποβλήματα [A ὑπολείμμ.] . . . ἀναλώσας [S -σεως]
Jl. 1. 19. πῦρ ἀνήλωσε τὰ ὡραῖα τῆς ἐρήμου (1)
2. 3. τὰ ἔμπροσθεν αὐτοῦ πῦρ ἀναλίσκον (1)
Na. 2. 1 (2). S^{3} συντετέλεσται ἀνήλωται [A B S ἐξῆρται] (7)
Is. 32. 10. ἀνήλωται ὁ τρυγητός (3 a)
66. 17. ἐπὶ τὸ αὐτὸ ἀναλωθήσονται [A καταν.] (5)
Je. 27 (50). 7. R ἀνήλισκον [A B S^{3} καταναλ.] αὐτούς (1)
Ez. 5. 12. τὸ τέταρτόν σου . . . ἀναλωθήσεται (4)
15. 4. τὴν . . . κάθαρσιν . . . ἀναλίσκει τὸ πῦρ (1)
— 5. ἐὰν καὶ [A καὶ μὴ] πῦρ αὐτὸ ἀναλώσῃ (1)
19. 12. πῦρ ἀνήλωσεν αὐτήν (1)
Da. LXX. Bel 2. ἀνελίσκετο δὲ αὐτῷ καθ' ἑκάστην ἡμ.
Da. TH. Bel 13. καὶ ἀνήλουν αὐτά
II Ma. 1. 31. καθὼς δὲ ἀνηλώθη τὰ τῆς θυσίας
2. 10. τὸ πῦρ ἀνήλωσε τὰ ὁλοκαυτώματα
— 11. τὸ περὶ τῆς ἁμαρτίας ἀνηλώθη
[Aq. Ge. 45. 11.]
[Sm. Jb. 7. 6, 9: 9. 22: Ps. 17 (18). 9: 30 (31). 11: 58 (59). 14: 70 (71). 13: 72 (73). 19: 89 (90). 7, 9: Ec. 6. 2: Is. 10. 18: 27. 10: 29. 20: Je. 20. 18: Ez. 5. 12: 22. 31: 24. 10, 11.]
[Th. Ps. 56 (57). 5 (?).]
[Al. Ps. 38 (39). 12.]
[Quint. Ps. 56 (57). 5 (?): Ho. 7. 7.]

ἀνάλλαγμα. (1) מְחִיר
II Ki. 24. 24. R κτήσομαι . . . ἐν ἀναλλάγματι [A B ἀλλάγ.] (1)

ἀναλογία.
[Al. Le. 27. 18.]

ἀναλογίζεσθαι.
Wi. 17. 13. S πλείονα ἀναλογίζεται [A B λογ. τὴν] ἄγν.
▶ II Ma. 12. 43. A ὑπὲρ ἀναστάσεως ἀναλογιζόμενος [R διαλ.]
III Ma. 7. 7. τήν τε τοῦ φίλου . . . εὔνοιαν ἀναλογισάμενοι
[Sm. Ps. 76 (77). 6: Is. 38. 15.]

ἀνάλογος.
[Sm. Ec. 7. 15 (14).]

ἀναλόγως.
Wi. 13. 5. ἀ. ὁ γενεσιουργὸς αὐτῶν θεωρεῖται

ἄναλος.
[Aq. Ez. 13. 10, 11, 15: 22. 28.]

ἀναλύειν.
I Es. 3. 3. καὶ ἐμπλησθέντες ἀνέλυσαν
— 3. ὁ βασ. ἀνέλυσεν εἰς τὸν κοιτῶνα
To. 2. 9. ἐν αὐτῇ τῇ νυκτὶ ἀνέλυσα θάψας [S al.]
Ju. 13. 1. ἐσπούδασαν οἱ δοῦλοι αὐτοῦ ἀ.
Wi. 2. 1. οὐκ ἐγνώσθη ὁ ἀναλύσας ἐξ ᾅδου
5. 12. ὁ ἀὴρ εὐθέως εἰς ἑαυτὸν ἀνελύθη
16. 14. οὐδὲ ἀναλύει [S -λύσει] ψυχήν
Si. 3. 15. ἀναλυθήσονται [S^{1} ἀναφθήσ.] σου αἱ ἁμαρτ.
II Ma. 8. 25. ἐφ' ἱκανὸν ἀνέλυσαν
9. 1. ἐτύγχανεν Ἀντ. ἀναλελυκὼς ἀκόσμως
12. 7. ἀνέλυσεν ὡς [A om.] πάλιν ἥξων
15. 28. μετὰ χαρᾶς ἀναλύοντες
III Ma. 2. 24. μετ' ἀπειλῆς . . . ἀνέλυσε
5. 21. εἰς τὸν ἴδιον οἶκον ἕκαστος ἀνέλυσε
— 40. ἐκ μεταβολῆς ἀναλύων τὰ σοὶ δεδογμ.
— 44. περιχαρεῖς ἀναλύσαντες οἱ φίλοι
7. 13. τὸ ἀλληλουΐα μετὰ χαρᾶς ἀνέλυσαν
— 20. καθιδρύσαντες ἀνέλυσαν ἀσινεῖς

ἀνάλωσις. (1) *a.* אָכַל *b.* אָכְלָה (2) מְנָעֶרֶת
De. 28. 20. καὶ τὴν ἐκλιμίαν καὶ τὴν ἀ. (2)
Wi. 13. 12. S τροφῆς ἀναλώσεως [A B ἀναλώσας]
Ez. 15. 4. πάρεξ ὃ [A^{1} B om.] πυρὶ δέδοται εἰς ἀνάλωσιν (1 b)
— 6. ὃ δέδωκα αὐτὸ πυρὶ εἰς ἀνάλωσιν (1 b)
16. 20. ἔθυσας αὐτοῖς [A αὐτὰ αὐ.] εἰς ἀνάλωσιν (1 a)
[Sm. Je. 46 (26). 28: Ez. 11. 13.]

ἀναμαρτησία.
[Sm. Ps. 72 (73). 13.]

ἀναμάρτητος. (1) צָמֵא
De. 29. 19 (18). ἵνα μὴ συναπολέσῃ ὁ ἁμαρτωλὸς τὸν ἀ. (1 ?)
II Ma. 8. 4. τῆς τῶν ἀ. νηπίων παρανόμου ἀπωλείας
12. 42. συντηρεῖν αὐτοὺς ἀ. εἶναι
[Sm. Ps. 58 (59). 4.]

ἀναμαρυκᾶσθαι. (1) עָלָה hi.
Le. 11. 26. A μηρυκ. οὐκ ἀναμαρυκᾶται [B μαρ., R μηρ.] (1)
De. 14. 8. A μηρυκ. οὐκ ἀναμαρυκᾶται [B μαρυκ.] –

ἀναμένειν. (1) קָוָה pi.
Ju. 7. 12. ἀνάμεινον ἐπὶ τῆς παρεμβολῆς σου
8. 17. ἀναμένοντες τὴν παρ' αὐτοῦ σωτηρίαν
Jb. 2. 9. ἀναμένω [S^{1} om.] χρόνον ἔτι μικρόν –
7. 2. ὥσπερ μισθωτὸς ἀναμένων τὸν μισθόν (1)
Si. 2. 7. ἀναμείνατε τὸ ἔλεος αὐτοῦ
5. 7. μὴ ἀνάμενε ἐπιστρέψαι πρὸς [S ἐπὶ] κ.
6. 19. ἀνάμενε τοὺς ἀγαθοὺς καρπούς
Is. 59. 11. ἀνεμείναμεν [S^{2} -αμενοῦμεν] κρίσιν (1)
Je. 13. 16. ἀναμείνατε εἰς φῶς (1)
II Ma. 6. 14. οὐ γὰρ . . . ἀναμένει μακροθυμῶν ὁ δεσπ.
[Aq. Pr. 14. 18.]
[Sm. I Ki. 13. 8: Ps. 24 (25). 5: 26 (27). 14: 32 (33). 20: 39 (40). 2 (?), 2 (?): 41 (42). 6: 42 (43). 5: 68 (69). 21: Is. 8. 17.]
[Al. Ps. 146 (147). 11.]
[Sext. Ps. 24 (25). 5.]

ἀναμέσον, *vid.* **ἀνά.**

ἀναμιγνύναι. (1) *a.* סוּג *b.* סִיג (2) עָרַב *a.* pa. *b.* ithp. (3) רָסַס
Es. 3. 13. ἀναμεμίχθαι δυσμενῆ λαόν τινα
Ez. 22. 18. γεγόνασί μοι [A -νεν] . . . ἀναμεμιγμένοι [A -ος] . . . ἐν μέσῳ ἀργυρίου ἀναμεμιγμένος ἐστί (1 a*, b, 1 b)
46. 14. τοῦ ἀναμῖξαι τὴν σεμίδαλιν (3)
Da. LXX. 2. 41, 43. τὸν σίδηρον ἀναμεμιγμένον (2 a)
Da. TH. 2. 41, 43. τὸν σίδ. ἀναμεμιγμένον τῷ ὄστρ. (2 a)
— 43. ὁ σίδηρος οὐκ ἀναμίγνυται (2 b)
[Aq. Ge. 11. 7: Ex. 29. 2.]

ἀναμιμνήσκειν. (1) זָכַר *a.* qal. *b.* ni. *c.* hi.
Ge. 8. 1. R ἀνεμνήσθη [A ἐμν.] ὁ θ. τοῦ Ν. (1 a)
41. 9. τὴν ἁμαρτίαν μου ἀναμιμνήσκω (1 c)
Ex. 23. 13. ὄνομα θεῶν ἑτ. οὐκ ἀναμνησθήσεσθε (1 c)
Nu. 5. 15. θυσία . . . ἀναμιμνήσκουσα ἁμαρτίαν (1 c)
10. 9. ἀναμνησθήσεσθε ἔναντι κ. (1 b)
II Ki. 18. 18. ἕνεκεν τοῦ ἀναμνῆσαι τὸ ὄνομα (1 c)
20. 24. Ἰωσ. υἱὸς Ἀχ. ἀναμιμνήσκων (1 c)
III Ki. 3. 1. B Βασὰ υἱὸς Ἀχ. ἀναμιμνήσκων –
4. 3. A R Ἰωσ. υἱὸς Ἀχ. ἀναμιμνήσκων [B ὑπομ.] (1 c)
17. 18. τοῦ ἀναμνῆσαι ἀδικίας μου (1 c)
IV Ki. 18. 18. Ἰωσαφὰτ ὁ ἀναμιμνήσκων (1 c)
— 37. Ἰωὰς υἱὸς Σαφὰτ ὁ ἀναμιμνήσκων (1 c)

▶ = additional entry on page xxiv

Ne. 9. 17. B S^1 οὐκ ἀνεμνήσθησαν [A R ἐμν.] τῶν θαυμασίων (1 *a*)
Jb. 24. 20. ἀνεμνήσθη αὐτοῦ [A ἐμν. αὐτῶν] ἡ ἁμαρτ. (1 *b*?)
Ps. 108 (109). 14. ἀναμνησθείη ἡ ἀνομία τῶν πατέρων (1 *b*)
Si. 3. 15. ἐν ἡμ. θλίψ. σου ἀναμνησθήσεταί σου
Je. 4. 16. ἀναμνήσατε ἔθνη (1 *c*)
Ez. 21. 23 (28). ἀναμιμνήσκων ἀδικίας αὐτοῦ (1 *c*)
— 24 (29). ἀνεμνήσατε τὰς ἀδικίας ὑμῶν (1 *c*)
— 24 (29). ἀνθ' ὧν ἀνεμνήσατε (1 *b*)
23. 19. τοῦ ἀναμνῆσαι ἡμέραν [A -ας] νεότ. σου (1 *a*)
29. 16. εἰς ἐλπίδα ἀναμιμνήσκουσαν [A -σα] ἀνομ. [A ἁμαρτ.] (1 *c*)
33. 13. πᾶσαι αἱ δικαιοσ. . . . οὐ μὴ ἀναμνησθῶσιν [A μν.] (1 *b*)
— 16. πᾶσαι αἱ ἁμαρτ. . . . οὐ μὴ ἀναμνησθῶσιν [A μν.] (1 *b*)
IV Ma. 16. 18. ἀναμνήσθητε ὅτι . . . μετελάβετε
[**Aq.** II Ki. 8. 16 : Ps. 44 (45). 18 : 86 (87). 4 : Is. 36. 2 : Am. 6. 10.]
[**Sm.** Ps. 29 (30). 5 : 41 (42). 7 : 44 (45). 18 : 62 (63). 7 : 76 (77). 7, 12 : 77 (78). 42 : 86 (87). 4 : Is. 36. 2 : Am. 6. 10.]
[**Th.** Ps. 44 (45). 18 : Is. 36. 2 : Am. 6. 10.]
[**Al.** I Ch. 18. 15 : Is. 36. 3 : 63. 7.]

ἀνάμνησις. (1) *a.* זָכַר hi. *b.* אַזְכָּרָה *c.* זִכָּרוֹן
Le. 24. 7. εἰς ἀνάμνησιν προκείμενα (1 *b*)
Nu. 10. 10. ἔσται ὑμῖν ἀ. ἔναντι τοῦ θ. ὑμῶν (1 *c*)
Ps. 37 (38). *tit.* B S εἰς ἀνάμνησιν [A ἀμν.] περὶ σαββ. (1 *a*)
69 (70). *tit.* εἰς τὸ τέλος τῷ Δ. εἰς ἀνάμνησιν (1 *a*)
Wi. 16. 6. εἰς ἀνάμνησιν ἐντολῆς νόμου [A -ον]
[**Sm.** Ex. 3. 15 : Ps. 6. 6.]
[**Al.** Ps. 134 (135). 13.]

ἀναμονή.
[**Sm.** Ps. 38 (39). 8 : 70 (71). 6.]

ἀναμοχλεύειν.
IV Ma. 10. 5. ἐξ ἁρμῶν ἀναμοχλεύοντες

ἀναμφισβητήτως, ἀναμφισβήτως.
I Es. 6. 30. ἀναλίσκεσθαι καθ' ἡμέραν ἀ. [A -βήτως]

ἄνανδρος.
IV Ma. 5. 31. οὐχ οὕτως εἰμὶ γέρων ἐγὼ καὶ ἄ.
6. 21. καταφρονηθῶμεν ὡς ἄνανδροι
8. 16. εἰ δειλόψυχοί τινες ἦσαν καὶ ἄ.
16. 14. A λόγοις εὑρέθης ἄνανδρος [S R ἀνδρός]

ἀνανεάζειν.
IV Ma. 7. 14. ἀνενέασε τῷ πνεύματι τοῦ λογισμοῦ
[**Sm.** Jb. 29. 20.]

ἀνανεοῦν.
Es. 3. 13. ἀνανεώσασθαί τε τὴν ποθουμένην . . . εἰρ.
Jb. 33. 24. ἀνανεώσει δὲ αὐτοῦ τὸ σῶμα †
I Ma. 12. 1. ἀνανεώσασθαι [A -ῶσαι] τὴν . . . φιλίαν
— 3. ἀνανεώσασθαι τὴν φιλίαν
— 10. τὴν . . . φιλίαν ἀνανεώσασθαι
— 16. ἀνανεώσασθαι τὴν πρὸς αὐτοὺς φιλ.
14. 18. τοῦ ἀνανεώσασθαι πρὸς αὐτὸν φιλίαν
— 22. ἀνανεούμενοι τὴν . . . φιλίαν
15. 17. ἀνανεούμενοι τὴν ἐξ ἀρχῆς φιλίαν
IV Ma. 18. 4. τὴν εὐνομίαν . . . ἀνανεωσάμενον

ἀνανεύειν. (1) מָאֵן pi. (2) נוּא hi.
Ex. 22. 17 (16). ἐὰν δὲ ἀνανεύων ἀνανεύσῃ (1, 1)
Nu. 30. 6. ἐὰν δὲ ἀνανεύων ἀνανεύσῃ (–, 2)
— 6. ἀνένευσεν ὁ πατὴρ αὐτῆς (2)
— 9. ἐὰν δὲ ἀνανεύων ἀνανεύσῃ ὁ ἀνήρ (–, 2)
— 9. ὅτι ὁ [A *om.*] ἀνὴρ ἀνένευσεν –
— 12. καὶ μὴ ἀνανεύσῃ αὐτῇ (2)
Ne. 9. 17. καὶ ἀνένευσαν τοῦ εἰσακοῦσαι (1)
[**Aq.** Ex. 4. 23 : 7. 14 : Ps. 76 (77). 3.]

ἀνάνευσις. (1) חַרְצֻבּוֹת
Ps. 72 (73). 4. οὐκ ἔστιν ἀ. ἐν [S^1 *om.*] τῷ θανάτῳ αὐτῶν (1)

ἀνανέωσις.
I Ma. 12. 17. περὶ τῆς ἀ. καὶ τῆς ἀδελφότητος ἡμῶν

ἀναντίρρητος.
[**Sm.** Jb. 11. 2 : 33. 13.]

ἀναντλεῖν. (1) נָקַף pi.
Jb. 19. 26. τὸ δέρμα μου τὸ ἀναντλοῦν ταῦτα [S^1 ἀντλ.] (1 ?)

ἀναξαίνειν.
[**Aq. Th.** Pr. 26. 21.]

ἀναξηραίνειν. (1) חָרֵב (2) בּוֹשׁ
Si. 14. 9. A S R ἀδικία πονηρὰ ἀναξηραίνει [B -ανεῖ] ψυχήν
43. 3. ἐν μεσημβρ. αὐ. ἀναξηραίνει χώραν
Ho. 13. 15. ἀναξηρανεῖ τὰς φλέβας αὐτοῦ (2)
Je. 27 (50). 27. ἀναξηράνατε αὐ. πάντας τοὺς καρπούς (1)
[**Aq.** Pr. 17. 1.]

ἀνάξιος. (1) זָלַל
Es. 8. 13. B S τῇ τῶν ἀναξίᾳ δυναστευόντων λοιμότ.
Si. 25. 8. ὃς οὐκ ἐδούλευσεν ἀναξίῳ [S^1 ἀξ.] αὐτοῦ
Je. 15. 19. S^2 R ἐὰν ἐξαγάγῃς τίμιον ἀπὸ ἀναξίου [A B S^1 ἀξ.] (1)

ἀναξίως.
II Ma. 14. 42. τῆς ἰδίας εὐγενείας ἀ. ὑβρισθῆναι

ἀναξυρίς.
[**Sm.** Da. 3. 21.]

ἀνάπαλιν.
Wi. 19. 21. φλόγες ἀ. . . . ζῴων οὐκ ἐμάραναν σάρκας

ἀναπαύειν. (1) בָּלַג hi. (2) יָשַׁב (3) *a.* נוּחַ qal. *b.* hi. הֵנִיחַ *c.* hi. הִנִּיחַ *d.* ho. הוּנַח *e.* מְנוּחָה (4) נִחַם ni. (5) נָפַשׁ ni. (6) רָבַץ *a.* qal. *b.* hi. (7) רָגַע *a.* ni. *b.* hi. (8) רוּחַ (9) שָׁאַן pil. (10) שָׁבַת (11) שָׁכַב (12) *a.* שָׁכַן *b.* שִׁכֵּן (13) שָׁקַט *a.* qal. *b.* hi. (14) עָבַר
Ge. 29. 2. τρία ποίμνια προβάτων ἀναπαυόμενα (6 *a*)
49. 14. ἀναπαυόμενος ἀνὰ μέσ. [A ἐν μέσ.] τῶν κλ. (6 *a*)
Ex. 23. 12. A τῇ δὲ ἡμέρᾳ τῇ ἑβδόμῃ ἀναπαύσῃ [B -σις] (10)
— 12. ἵνα ἀναπαύσηται ὁ βοῦς σου (3 *a*)
— 12. B^1 ἵνα ἀναπαύσηται [A B^2 R -ψύξῃ] ὁ υἱός (5)
Le. 25. 2. ἀναπαύσεται ἡ γῆ (10)
Nu. 24. 9. ἀνεπαύσατο ὡς λέων (11)
De. 5. 14. ἵνα ἀναπαύσηται ὁ παῖς σου (3 *a*)
28. 65. ἐν τοῖς ἔθνεσιν ἐκ. οὐκ ἀναπαύσει σε (7 *b*)
33. 20. ὡς λέων ἀνεπαύσατο (12 *b*)
Jd. 4. 11. A πρὸς δρῦν ἀναπαυομένων [B *al.*] †
I Ki. 16. 16. καὶ ἀναπαύσει σε –
II Ki. 7. 11. ἀναπαύσω σε ἀπὸ πάντων τῶν ἐχθρ. (3 *b*)
III Ki. 5. 4 (18). ἀνέπαυσε κ. ὁ θεός μου ἐμοί (3 *b*)
13. 30. A ἀνέπαυσεν τὸ νεκριμαῖον αὐτοῦ (3 *c*)
I Ch. 22. 9. ἀναπαύσω αὐτὸν ἀπὸ πάντων τῶν ἐχθρ. (3 *c*)
— 18. ἀνέπαυσεν ὑμᾶς κυκλόθεν (3 *b*)
Ne. 9. 28. καὶ ὡς ἀνεπαύσαντο (3 *a*)
To. 2. 1. A ἀνεπαυσάμην [B S -έπεσα] τοῦ φαγεῖν [S ἀριστῆσαι]
Ju. 10. 21. ἦν Ὀ. ἀναπαυόμ. ἐπὶ τῆς κλίνης αὐτοῦ
Es. 9. 16. καὶ ἀνεπαύσαντο ἀπὸ τῶν πολεμίων (3 *a*)
— 17. B S καὶ ἀνεπαύσαντο (3 *a*)
— 18. καὶ [A *om.*] ἀνεπαύσαντο (3 *a*)
— 22. ἀνεπαύσαντο οἱ Ἰ. (3 *a*)
Jb. 2. 9. ἵνα ἀναπαύσωμαι τῶν μόχθων –
3. 13. ὑπνώσας δὲ ἀνεπαυσάμην (3 *a*)
— 17. ἐκεῖ ἀνεπαύσαντο κατάκοποι τῷ σώμ. (3 *a*)
— 26. οὔτε ἡσύχασα, οὔτε ἀνεπαυσάμην (3 *a*)
10. 20. ἔασόν με ἀναπαύσασθαι (1)
13. 13. κωφεύσατε ἵνα . . . ἀναπαύσωμαι θυμοῦ (14?)
32. 20. ἵνα ἀναπαύσωμαι ἀνοίξας τὰ χείλη (8)
Pr. 21. 16. ἐν συναγωγῇ γιγάντων ἀναπαύσεται (3 *a*)
— 20. θησαυρὸς . . . ἀναπαύσ. ἐπὶ στόμ. σοφοῦ †
29. 17. καὶ ἀναπαύσει σε (3 *c*)
Ec. 7. 10 (9). θυμὸς ἐν κόλπῳ ἀφρόνων ἀναπαύσεται (3 *a*)
Si. 3. 6. ὁ εἰσακούων κ. ἀναπαύσει μητέρα αὐτοῦ
18. 16. οὐχὶ καύσωνα ἀναπαύσει δρόσος
22. 11. κλαῦσον ἐπὶ νεκρῷ ὅτι ἀνεπαύσατο
Si. 34 (31). 21. ἀνάστα μεσοπωρῶν καὶ ἀναπαύσῃ
39. 11. ἐὰν ἀναπαύσηται [A S παύ.] ἐμποιεῖ αὐτῷ
47. 23. ἀνεπαύσατο Σαλ. μετὰ τῶν πατέρων
Mi. 4. 4. ἀναπαύσεται ἕκ. ὑποκάτω ἀμπέλου (2)
Hb. 3. 16. ἀναπαύσομαι ἐν ἡμέρᾳ θλίψεως (3 *a*)
Za. 6. 8. ἀνέπαυσαν τὸν θυμόν μου (3 *b*)
Is. 7. 19. A S ἀναπαύσονται [B *om.*] ἐν ταῖς φάραγξι (3 *a*)
11. 2. ἀναπαύσεται [S ἐπαν.] ἐπ' αὐτὸν πνεῦμα (3 *a*)
13. 20. ποιμένες οὐ μὴ ἀναπαύσονται ἐν αὐτῇ (6 *b*)
— 21. ἀναπαύσονται ἐκεῖ θηρία (6 *a*)
— 21. ἀναπαύσονται ἐκεῖ σειρῆνες (12 *a*)
14. 1. ἀναπαύσονται ἐπὶ τῆς γῆς αὐτῶν (3 *c*)
— 3. ἀναπαύσει σε κύριος ἀπὸ [A S^2 ἐκ] τῆς ὀδύνης (3 *b*)
— 4. πῶς ἀναπέπαυται ὁ ἀπαιτῶν, καὶ ἀναπέπαυται ὁ ἐπισπουδαστής (10, 10)
— 6. ἀνεπαύσατο πεποιθώς (3 *a*)
— 30. ἐπὶ εἰρήνης ἀναπαύσονται (6 *a*)
27. 10. R ἐκεῖ ἀναπαύσονται ποίμνια [A B S *om.*] (6 *a*)
32. 16. ἀναπαύσεται ἐν τῇ ἐρήμῳ κρίμα (12 *a*)
— 18. ἀναπαύσονται μετὰ πλούτου (3 *e*)
34. 14. ἐκεῖ ἀναπαύσονται ὀνοκένταυροι (7 *b*)
— 17. ἀναπαύσονται ἐπ' αὐτῆς (12 *a*)
57. 15. ὕψιστος [S ὁ ὕ. εἰς τὸν αἰ. ὁ] ἐν ἁγ. ἀναπαυόμ. (12 *a*)
— 20. ἀναπαύσασθαι οὐ δυνήσονται (13 *b*)
Je. 29 (47). 6. ἀνάπαυσαι καὶ ἐπάρθητι (7 *a*)
30. 12 (49. 23). ἀναπαύσασθαι οὐ μὴ δύνωνται (13 *b*)
31 (48). 11. ἀνεπαύσατο [S^1 ἐπ.] M. ἐκ παιδαρίου (9)
49 (42). 10. ἀναπέπαυμαι ἐπὶ τοῖς κακοῖς [A S ἀπὸ τῶν κ.] (4)
La. 1. 6. S ἐν βρώσει τοῦ ἀναπαῦσαι ψυχήν –
5. 5. ἐκοπιάσαμεν, οὐκ ἀνεπαύθημεν (3 *d*)
Ez. 16. 42. ἀναπαύσομαι καὶ οὐ μὴ μεριμνήσω (13 *a*)
17. 23. ἀναπαύσεται ὑποκάτω αὐτοῦ πᾶν ὄρνεον [A θηρίον] (12 *a*)
— 23. πᾶν [A τὰ] πετεινὸν [A -ὰ] . . . ἀναπαύσεται (12 *a*)
31. 13. ἐπὶ τὴν πτῶσιν αὐτοῦ ἀνεπαύσαντο (12 *a*)
34. 14. ἐκεῖ ἀναπαύσονται ἐν τρυφῇ ἀγαθῇ (6 *a*)
— 15. ἐγὼ ἀναπαύσω αὐτά (6 *b*)
Da. LXX. Su. 37. εἴδομεν ταύτην ἀναπαυομ. μετὰ ἀνδρός
12. 13. καὶ σὺ βάδισον, ἀναπαύου †
— 13. καὶ ἀναπαύσῃ καὶ ἀναστήσῃ (3 *a*)
Da. Th. 12. 13. καὶ σὺ δεῦρο καὶ ἀναπαύου †
— 13. A καὶ ἀναπαύσῃ [B *om.*] καὶ ἀναστήσῃ (3 *a*)
[**Aq.** Ex. 10. 14 : Pr. 14. 33 : Is. 57. 2 : Ez. 22. 20.]
[**Sm.** II Ki. 7. 10 : Is. 57. 2 : Je. 31 (38). 2.]
[**Th.** Pr. 14. 33 : Is. 57. 2 : Da. 12. 13.]
[**Al.** Pr. 1. 33 : Is. 7. 19.]

ἀνάπαυμα. (1) *a.* ποιεῖν ἀ. נוּחַ hi. *b.* מְנוּחָה
Jb. 3. 23. θάνατος ἀνδρὶ ἀ. [A S^2 -αυσις] †
Is. 28. 2. τῇ γῇ ποιήσει ἀνάπαυμα [A S -παυσιν] (1 *a*)
— 12. τοῦτο τὸ ἀ. τῷ πεινῶντι (1 *b*)

ἀνάπαυσις. (1) *a.* נוֹחַ *b.* מָנוֹחַ *c.* מְנוּחָה *d.* נַחַת (2) *a.* רָבַץ *b.* רֵבֶץ (3) רֶגַע (4) *a.* שַׁבָּת *b.* שֶׁבֶת *c.* שַׁבָּתוֹן *d.* שָׁבַת (5) שָׁקַט hi. (6) **ἀνάπαυσιν διδόναι** נוּחַ (7) **ἀνάπαυσιν ποιεῖν** נוּחַ hi.
Ge. 8. 9. οὐχ εὑροῦσα . . . ἀ. τοῖς ποσὶν αὐτῆς (1 *b*)
49. 15. ἰδὼν τὴν ἀ. ὅτι καλή (1 *c*)
Ex. 16. 23. σάββατα ἀ. ἁγία τῷ κυρίῳ αὔριον (4 *a*)
23. 12. τῇ δὲ ἡμέρᾳ τῇ ἑβδόμῃ ἀ. [A -παύσῃ] (4 *d*)
31. 15. ἀ. ἁγία τῷ κυρίῳ (4 *c*)
35. 2. ἀνάπαυσις κ. [A τῷ κ.] (4 *c*)
Le. 16. 31. ἀ. αὕτη ἔσται ὑμῖν (4 *c*?)
23. 3. καὶ τῇ [R τῇ δὲ] ἡμ. τῇ ἑβδ. σάββατα ἀ. (4 *c*)
— 24. τοῦ μηνὸς τοῦ ἑβδόμου . . . ἔσται ὑμῖν ἀ. (4 *c*)
— 39. τῇ ἡμέρᾳ τῇ πρώτῃ ἀνάπαυσις καὶ τῇ ἡμέρᾳ τῇ ὀγδόῃ ἀνάπαυσις (4 *c*, 4 *c*)
25. 4. ἀ. ἔσται τῇ γῇ (4 *c*)
— 5. ἐνιαυτὸς ἀναπαύσεως ἔσται τῇ γῇ (4 *c*)
— 8. ἐξαριθμήσεις σεαυτῷ ἑπτὰ ἀναπ. ἐτῶν (4 *a*)
Nu. 10. 33. κατασκέψασθαι αὐτοῖς ἀνάπαυσιν (1 *c*)
Ru. 1. 9. A R εὕρητε [B -οιτε] ἀνάπαυσιν (1 *c*)
3. 1. οὐ μὴ ζητήσω [A εὕρω] σοι ἀνάπαυσιν (1 *c*)
I Ch. 22. 9. οὗτος ἔσται ἀνὴρ ἀναπαύσεως (1 *c*)
28. 2. οἶκον ἀναπαύσεως τῆς κιβωτοῦ (1 *c*)

Es. 9. 17. ἦγον αὐτὴν ἡμέραν ἀναπαύσεως –
Jb. 3. 23. A S[2] θάνατος γὰρ ἀνδρὶ ἀ. [B S[1] -αυμα] †
7. 18. εἰς ἀνάπαυσιν αὐτὸν κρινεῖς (3)
21. 13. ἐν δὲ ἀναπαύσει ᾅδου ἐκοιμήθησαν (3)
Ps. 22 (23). 1. ἐπὶ ὕδατος ἀναπαύσεως ἐξέθρεψέ με (1 c)
114 (116). 7. S R ἐπίστρεψον ψυχή [A -ήν] μου εἰς τὴν ἀ. σου (1 b)
131 (132). 4. εἰ δώσω . . . ἀνάπαυσιν τοῖς κροτάφοις –
— 8. ἀνάστηθι, κύριε, εἰς τὴν ἀ. σου (1 c)
Ec. 4. 6. ἀγαθὸν πλήρωμα δρακὸς ἀναπαύσεως (1 d)
6. 5. καὶ οὐκ ἔγνω ἀναπαύσεις (1 d)
9. 17. λόγοι σοφῶν ἐν ἀναπαύσει ἀκούονται (1 d)
Wi. 4. 7. δίκαιος . . . ἐν ἀναπαύσει ἔσται
Si. 6. 28. εὑρήσεις τὴν ἀ. αὐτῆς
11. 19. εὗρον ἀνάπαυσιν
20. 21. ἐν τῇ ἀ. αὐτοῦ οὐ κατανυγήσεται
22. 13. καὶ εὑρήσεις ἀνάπαυσιν
24. 7. ἀνάπαυσιν ἐζήτησα
28. 16. ὁ προσέχων αὐτῇ οὐ μὴ εὕρῃ ἀνάπαυσιν
30. 17. S[2] ἀ. αἰώνιος [A B S[1] *om.* ἀ. *al.*] ἢ ἀρρώστημα ἔμμ.
— 34 (33. 25). καὶ εὑρήσεις ἀνάπαυσιν
34 (31). 3. ἐν τῇ ἀ. ἐμπίπλαται
— 4. ἐν τῇ ἀ. ἐπιδεὴς γίνεται
36. 29 (24). γυναῖκα . . . στῦλον ἀναπαύσεως
38. 14. ἵνα εὐοδώσῃ αὐτοῖς ἀνάπαυσιν
— 23. ἐν ἀναπαύσει νεκροῦ
40. 5. ἐν καιρῷ ἀναπαύσεως ἐπὶ κοίτης
— 6. ὀλίγον ὡς οὐδὲν ἐν ἀναπαύσει
51. 27. εὗρον ἐμαυτῷ πολλὴν ἀ.
Mi. 2. 10. οὐκ ἔστι σοι αὕτη ἀ. (1 c)
Is. 11. 10. ἔσται ἡ ἀ. αὐτοῦ τιμή (1 c)
17. 2. εἰς κοίτην ποιμνίων καὶ ἀ. (2 a)
23. 12. οὐδὲ ἐκεῖ ἀ. ἔσται σοι (1 a)
— 13. A S οὐδὲ ἐκεῖ σοι ἀ. ἔσται †
25. 10. ἀνάπαυσιν δώσει ὁ θεός (6)
28. 2. A S τῇ γῇ ποιήσει ἀνάπαυσιν [B -παυμα] (7)
32. 17. κρατήσει ἡ δικαιοσύνη ἀνάπαυσιν (5)
34. 14. εὑρόντες [A εὗρον γὰρ] αὐτοῖς ἀνάπαυσιν (1 b)
37. 28. τὴν ἀ. σου . . . ἐγὼ ἐπίσταμαι (4 b)
65. 10. φάραγξ Ἀχὼρ εἰς ἀνάπαυσιν βουκ. (2 b)
Je. 51. 33 (45. 3). ἀνάπαυσιν οὐχ εὗρον (1 c)
La. 1. 3. οὐχ εὗρεν ἀνάπαυσιν (1 b)
[Aq. Le. 1. 9 : Ps. 94 (95). 11 : Is. 11. 10 : 34. 14 : 66. 1 : Za. 9. 1.]
[Sm. Le. 1. 9 : Ps. 94 (95). 11 : Ec. 4. 6 : Ca. 1. 12 : Is. 11. 10 : 30. 15.]
[Th. Ps. 94 (95). 11 : Is. 11. 10.]
[Al. Le. 23. 18 : Nu. 15. 3 : Ps. 65 (66). 12.]

ἀναπείθειν. (1) נָשָׁא hi.

Je. 36 (29). 8. μὴ ἀναπειθέτωσαν ὑμᾶς οἱ ψευδοπροφ. (1 ?)
— 8. μὴ ἀναπειθέτωσαν [S πειθ.] ὑμᾶς οἱ μάντεις (1 ?)
I Ma. 1. 11. καὶ ἀνέπεισαν πολλοὺς λέγοντες
[Aq. Dt. 13. 6 (7).]
[Sm. Dt. 13. 6 (7) : Je. 38 (45). 22.]

ἀναπείρειν.

II Ma. 12. 22. ταῖς τῶν ξιφῶν ἀκμαῖς ἀναπειρεσθαι

ἀναπεταννύναι. (1) פָּרַשׂ

Jb. 39. 26. ἀναπετάσας τὰς πτέρυγας ἀκίνητος (1)
[Sm. Ez. 13. 20.]

ἀναπηγνύναι.

[Aq. Nu. 25. 4 : II Ki. 21. 6, 9.]

ἀναπηδᾶν. (1) קוּם

I Ki. 20. 34. καὶ ἀνεπήδησεν [A ἀπεπ.] Ἰωνάθαν (1)
25. 10. καὶ ἀνεπήδησε †
To. 2. 4. ἀναπηδήσας ἀνειλόμην αὐτόν [S *al.*]
6. 2. ἀνεπήδησεν ἰχθὺς ἀπὸ τοῦ ποταμοῦ
7. 6. ἀνεπήδησε Ῥαγουήλ
9. 6. S καὶ ἀνεπήδησεν
Es. 5. 1. ἀνεπήδησεν ἀπὸ τοῦ θρόνου αὐτοῦ

ἀναπηδύειν. (1) נָבַע

Pr. 18. 4. ποταμὸς δὲ ἀναπηδύει

ἀνάπηρος.

To. 14. 2. S ἐγένετο ἀνάπηρος τοῖς ὀφθ.
II Ma. 8. 24. καὶ τοῖς μέλεσιν ἀναπήρους

ἀναπίνειν.

[Aq. Is. 19. 5.]

ἀναπίπτειν. (1) כָּרַע

Ge. 49. 9. ἀναπεσὼν ἐκοιμήθης ὡς λέων (1)
To. 2. 1. ἀνέπεσα [A ἀνεπαυσάμην] τοῦ φαγεῖν
7. 8. S καὶ ἀνέπεσαν δειπνῆσαι
Ju. 12. 16. καὶ εἰσελθοῦσα ἀνέπεσεν Ἰουδὶθ
Si. 25. 18. ἀναπεσεῖται ὁ ἀνὴρ αὐτῆς
35 (32). 2. π. τὴν χρ. σου ποιήσας ἀνάπεσε [A -πεσον]
Da. Th. Su. 37. ἀνέπεσε μετ' αὐτῆς
[Aq. I Ki. 16. 11.]
[Sm. I Ki. 30. 16 : Ps. 67 (68). 14.]

ἀναπλάσσειν.

Wi. 15. 7. ἀνεπλάσατο τά τε . . . σκεύη

ἀναπληροῦν. (1) מָלֵא *a.* qal. *b.* ni. *c.* pi. (2) נָגַע hi. (3) סָגַר (4) קֵץ (5) *a.* שָׁלֵם *b.* שָׁלַם

Ge. 2. 21. ἀνεπλήρωσε σάρκα (3)
15. 16. R οὔπω γὰρ ἀναπεπλήρωνται αἱ ἁμαρτ. (5 b)
29. 28. ἀνεπλήρωσε τὰ ἑβδ. ταύτης (1 c)
Ex. 7. 25. ἀνεπληρώθησαν ἑπτὰ ἡμέραι (1 b)
23. 26. A B τὸν ἀρ. . . . [R *add.* ἀναπληρῶν] ἀναπληρώσω (–, 1 c)
Le. 12. 6. ὅταν ἀναπληρωθῶσιν αἱ ἡμ. καθάρσεως (1 a)
III Ki. 7. 51. ἀνεπληρώθη τὸ ἔργον (5 a)
Es. 1. 5. ὅτε δὲ ἀνεπληρώθησαν αἱ ἡμ. τοῦ γάμου (1 a)
2. 12. ὅταν ἀναπληρώσῃ μῆνας δέκα δύο [A *al.*] (4)
— 12. οὕτως γὰρ ἀναπληροῦνται αἱ ἡμ. τῆς θερ. (1 a)
— 15. ἐν δὲ τῷ ἀναπληροῦσθαι τὸν χρόνον Ἐ. (2)
Si. 24. 26. ὁ ἀναπληρῶν ὡς Εὐφράτης σύνεσιν
Is. 60. 20. ἀναπληρωθήσ. αἱ ἡμ. τοῦ πένθους (5 a)
[Aq. Am. 1. 6 (?).]
[Sm. Ec. 1. 15.]

ἀναπλήρωσις. (1) מָלֵא pi.

I Es. 1. 57. εἰς ἀναπλήρωσιν τοῦ ῥήματος τοῦ κ.
Da. LXX. 9. 2. ἐγεῖραι εἰς ἀναπλήρωσιν ὀνειδισμοῦ Ἰερουσ. (1)
12. 13. εἰς ἀναπλήρωσιν συντελείας –
Da. Th. 12. 13. εἰς ἀναπλήρωσιν συντελείας –

ἀναπλοῦν.

[Al. Is. 25. 11.]

ἀναπνεῖν. (1) הֵשִׁיב רוּחַ

Jb. 9. 18. οὐκ ἐᾷ γάρ με ἀναπνεῦσαι [S[1] -πλεῦσαι] (1)
[Aq. I Ki. 16. 23.]

ἀνάπνευσις.

[Aq. Ex. 8. 15 (11).]

ἀναπνοή.

[Aq. Ge. 2. 7 : Jb. 41. 8 : Is. 57. 16.]
[Sm. Ge. 2. 7 : Jb. 6. 4 : 27. 3 : Ps. 137 (138). 7 : Ec. 3. 19 : Is. 57. 16.]
[Th. Ge. 2. 7 : Is. 57. 16.]
[Al. Ps. 150. 6.]

ἀναποδίζειν.

Si. 46. 4. οὐχὶ . . . ἀνεπόδισεν [S[1] ἐνεπ., A ἐνεποδίσθη] ὁ ἥλιος
48. 23. ἐν ταῖς ἡμ. αὐτοῦ ἀνεπόδισεν ὁ ἥλιος
II Ma. 14. 44. τῶν δὲ ταχέως ἀναποδισάντων

ἀναποδισμός.

Wi. 2. 5. οὐκ ἔστιν ἀ. [S ἀνταπ.] τῆς τελευτῆς ἡμῶν

ἀναποιεῖν. (1) *a.* בָּלַל *b.* בְּלִיל (2) חָמִיץ (3) μὴ ἀ. חָרֵב

Le. 6. 40 (7. 10). πᾶσα θυσία ἀναπεποιημένη ἐν ἐλαίῳ καὶ μὴ ἀναπεποιημένη [A *om.*] (1 a, 3)
7. 2 (12). ἄρτους . . . ἀναπεποιημένους ἐν ἐλαίῳ (1 a)
23. 13. σεμιδάλεως ἀναπεποιημένης ἐν ἐλαίῳ (1 a)
Nu. 6. 15. ἄρτους ἀναπεποιημένους ἐν ἐλαίῳ (1 a)
Nu. 7. 13, 19, 25, 31, 37, 43, 49, 55, 61, 67, 73, 79. σεμιδάλεως ἀναπεποιημένης ἐν ἐλαίῳ (1 a)
8. 8. θυσ. σεμίδαλιν [B -λεως] ἀναπεποιημ. ἐν ἐλ. (1 a)
15. 4. δέκατον τοῦ οἰφὶ ἀναπεποιημένης ἐν ἐλαίῳ [A *al.*] (1 a)
— 6. δύο δέκ. ἀναπεποιημένης [A -πεφυραμ.] (1 a)
— 9. τρία δέκ. ἀναπεποιημένης [A -πεφυραμ.] (1 a)
28. 5. σεμίδαλιν . . . ἀναπεποιημένην ἐν ἐλαίῳ (1 a)
— 9, 12 *bis*, 13. σεμιδάλεως ἀναπεποιημένης ἐν ἐλ. (1 a)
— 20, 28 ; 29. 3, 9, 14. σεμίδαλις ἀναπεποιημένη ἐν ἐλ. (1 a)
Is. 30. 24. ἄχυρα ἀναπεποιημένα ἐν κριθῇ (2)
[Th. Ex. 29. 2.]
[Al. Ex. 29. 40.]

ἀναπολεῖν.

[Sm. Ps. 38 (39). 4 : 41 (42). 5 : 76 (77). 12.]

ἀναπόστρεπτος.

[Sm. Jb. 9. 13.]

ἀνάπτειν. (1) אוֹר hi. (2) בָּעַר *a.* qal. *b.* pi. (3) יָצָא (4) יָצַת *a.* ni. *b.* hi. (5) לָהַט pi. (6) נָצָה (7) נָשַׂק ni. (8) עָלָה

▶ Jd. 6. 21. A ἀνήφθη [B ἀνέβη] πῦρ ἐκ τῆς πέτρας (8)
II Ch. 13. 11. οἱ λύχνοι τῆς καύσεως ἀνάψαι (2 b)
I Es. 8. 79. A καὶ τοῦ ἀνάψαι [B -καλύψαι] φωστῆρα ἡμ.
Ps. 17 (18). 8. ἄνθρακες ἀνήφθησαν ἀπ' αὐτοῦ (2 a)
77 (78). 21. πῦρ ἀνήφθη ἐν Ἰακώβ (7)
Si. 3. 15. S[1] ἀναφθήσονται [A B ἀναλυθήσ.] σου αἱ ἁμαρτίαι
Am. 1. 14. καὶ ἀνάψω πῦρ ἐπὶ τὰ τείχη Ῥ. (4 b)
Jl. 1. 19. φλὸξ ἀνῆψε πάντα τὰ ξύλα τοῦ ἀγροῦ (5)
2. 3. καὶ τὰ ὀπίσω αὐτοῦ ἀναπτομένη φλόξ (5)
Ma. 1. 10. οὐκ ἀνάψεται τὸ θυσιαστ. μου δωρεάν (1)
4. 1 (3. 19). ἀνάψει αὐτοὺς ἡ ἡμέρα ἡ ἐρχομένη (5)
Je. 9. 12 (11). ἀνήφθη ὡς ἔρημος (4 a)
11. 16. ἀνήφθη πῦρ ἐπ' αὐτήν [A ἐν αὐτῇ] (4 b)
17. 27. ἀνάψω πῦρ ἐν ταῖς πύλαις αὐτῆς (4 b)
21. 12. ὅπως μὴ ἀναφθῇ ὡς πῦρ ἡ ὀργή μου (3)
— 14. ἀνάψω πῦρ ἐν τῷ δρυμῷ αὐτῆς (4 b)
27 (50). 32. ἀνάψω πῦρ ἐν τῷ δρυμῷ αὐτῆς (4 b)
31 (48). 9. A ἀφῇ ἀναφθήσεται [B S ἀφθ.] (3)
La. 2. 3. ἀνῆψεν ἐν Ἰακὼβ ὡς πῦρ φλόγα (2 a)
4. 11. ἀνῆψε πῦρ ἐν Σιών (4 b)
— 15. ἀνήφθησαν καί γε ἐσαλεύθησαν (6)
Ez. 20. 47 (21. 3). ἀνάπτω ἐν σοὶ [A *om.* ἐν σοὶ] πῦρ (4 b)
II Ma. 1. 22. ἀνήφθη πυρὰ μεγάλη
— 32. φλὸξ ἀνήφθη
10. 36. πυρὰς ἀνάψαντες . . . κατέκαιον
[Aq. Ex. 3. 2 : Is. 1. 31 : Je. 51 (28). 58 : 52. 23 : Ez. 21. 31 (36).]
[Sm. Is. 1. 31 : Je. 51 (28). 58 : 52. 23.]
[Th. Am. 1. 14.]

ἀναπτεροῦν. (1) הָמָה (2) רָהַב hi.

Pr. 7. 11. ἀνεπτερωμένη δέ ἐστι καὶ ἄσωτος (1)
Ca. 6. 4 (5). αὐτοὶ ἀνεπτέρωσάν με (2)
Si. 31 (34). 1. ἐνύπνια ἀναπτεροῦσιν ἄφρονας

ἀναπτύσσειν. (1) כָּסָה pu. (2) מְזוּזָה (3) פָּרַשׂ

De. 22. 17. ἀναπτύξουσι τὸ ἱμάτιον (3)
Jd. 8. 25. ἀνέπτυξε τὸ ἱμάτιον αὐτοῦ (3)
IV Ki. 19. 14. καὶ ἀνέπτυξεν αὐτὰ Ἑζ. (3)
Ez. 41. 16. αἱ θυρίδες ἀναπτυσσόμεναι τρισσῶς (1)
— 21. καὶ ὁ ναὸς ἀναπτυσσόμενος [A -α] τετράγωνα (2)
[Aq. Sm. Pr. 13. 16.]
[Th. Is. 37. 14.]

ἀνάπτωσις.

[Al. Ca. 1. 12.]

ἀναρίθμητος. (1) *a.* אֵין מִסְפָּר *b.* לֹא סָפַר וְלֹא מָנָה ni. (2) אֵין־קֵץ (3) כַּבִּיר (4) עָצוּם

III Ki. 8. 5. θύοντες πρόβατα βόας ἀναρίθμητα (1 b)
Jb. 21. 33. ἔμπροσθεν αὐτοῦ ἀναρίθμητοι [A ἀρ.] (1 a)
22. 5. ἀ. δέ σού εἰσιν [A *om.*] αἱ ἁμαρτίαι (2)
31. 25. εἰ δὲ καὶ ἐπ' ἀναριθμήτοις ἐθέμην χ. μου (3)
36. 27. S[1] ἀναρίθμητοι [A B ἀριθμηταὶ] δὲ αὐτῷ σταγόνες †

● = correction on page xxiv ▶ = additional entry on page xxiv

Pr. 7. 26. ἀ. εἰσιν οὓς πεφόνευκεν (4)
Wi. 7. 11. ἀ. πλοῦτος ἐν χερσὶν· [B[1] ταῖς χ., S χειρὶ] αὐτῆς
18. 12. νεκροὺς εἶχον ἀναριθμήτους
Si. 37. 25. αἱ ἡμέραι τοῦ Ἰσραὴλ ἀναρίθμητοι
Jl. 1. 6. ἔθνος ἀνέβη ἐπὶ τὴν γῆν μου . . . ἀ. (1 *a*)
II Ma. 3. 6. A ὥστε τὸ πλῆθος . . . ἀ. [R ἐναρ.] εἶναι
III Ma. 2. 26. ταῖς ἀ. ἀσελγείαις διηρκέσθη
5. 46. τῆς πόλ. ἤδη πλήθεσιν ἀ. . . . καταμεμεστωμ.
6. 5. τὸν ἀναριθμήτοις δυνάμεσι γαυρωθέντα
[Th. Jb. 21. 33.]

ἀναρπάζειν. (1) גָּזַל
Jd. 9. 25. A ἀνήρπαζον π. τοὺς διαπορευομ. [B *al.*] (1)
[Sm. Jb. 9. 12: Ps. 7. 5.]

ἀναρρηγνύναι. (1) בָּקַע pi.
IV Ki. 2. 24. καὶ ἀνέρρηξαν . . . παῖδας (1)
8. 12. τὰς ἐν γαστρὶ ἐχούσας αὐ. ἀναρρήξεις (1)
15. 16. τὰς ἐν γαστρὶ ἐχούσας ἀνέρρηξεν (1)

ἀνάρρηξις.
[Sm. Ez. 30. 16.]

ἀναρροφεῖν.
[Sm. Jb. 5. 5.]

ἀναρρύεσθαι.
[Aq. Ps. 33 (34). 5.]

ἀνάρτυτος.
[Sm. Jb. 6. 6: Ez. 13. 10, 11, 15: 22. 28.]

ἀνασείειν.
[Aq. I Ki. 26. 19: Jb. 2. 3: Is. 36. 18.]
[Sm. Is. 36. 18.]

ἀνασκάπτειν. (1) חָפַר (2) כָּסַח
Ps. 7. 15. καὶ ἀνέσκαψεν αὐτόν (1)
79 (80). 16. ἐμπεπυρισμένη πυρὶ καὶ ἀνεσκαμμ. (2)

ἀνασκαφή.
[Aq. Ge. 49. 5.]

ἀνασκολοπίζειν.
[Aq. Is. 36. 2: 40. 3.]
[Sm. Is. 36. 2.]

ἀνασπᾶν. (1) לָקַח (2) עָלָה hi.
Am. 9. 2. ἐκεῖθεν ἡ χείρ μου ἀνασπάσει αὐτούς (1)
Hb. 1. 15. συντέλειαν ἐν ἀγκίστρῳ ἀνέσπασε (2)
Da. LXX. 6. 17 (18). ἢ ὁ βασιλεὺς αὐτὸν ἀνασπάσῃ –
Da. TH. Bel 42. καὶ ἀνέσπασεν (? ἐσπ.) αὐτόν
[Al. Ps. 134 (135). 7.]

ἀνάστασις. (1) *a.* קוּם *b.* קִימָה
Ps. 65 (66). *tit.* ᾠδὴ ψαλμοῦ ἀναστάσεως [S *om.*] –
Ze. 3. 8. εἰς ἡμέραν ἀναστάσεώς μου (1 *a*)
La. 3. 63. ἤκουσας . . . ἀνάστασιν αὐτῶν (1 *b*)
Da. LXX. 11. 20. ἀναστής. . . . φυτὸν βασ. εἰς ἀνάστασιν †
II Ma. 7. 14. ἀνάστασις εἰς ζωὴν οὐκ ἔσται
12. 43. ὑπὲρ ἀναστάσεως διαλογιζόμενος [A ἀναλ.]
[Aq. Ca. 7. 7 (8).]

ἀνάστατος.
[Sm. Ge. 4. 12, 16: Is. 16. 3: 58. 7: La. 1. 8.]

ἀναστατοῦν. (1) דּוּשׁ
Da. LXX. 7. 23. ἀναστατώσει αὐτήν (1)
[Aq. Ps. 10 (11). 1.]
[Sm. Ps. 58 (59). 12: Is. 22. 3: 37. 13: Je. 49. 30 (30. 8).]
[Al. Hb. 3. 16.]

ἀναστέλλειν. (1) נָשָׂא
Na. 1. 5. ἀνεστάλη ἡ γῆ ἀπὸ προσώπου αὐτοῦ (1)
I Ma. 7. 24. ἀνεστάλησαν τοῦ πορεύεσθαι [S ἐκπ.]

ἀνάστεμα, *vid.* **ἀνάστημα.**

ἀναστενάζειν. (1) אָנַח ni.
Si. 25. 18. ἀκούσας ἀνεστέναξε πικρά
La. 1. 4. οἱ ἱερεῖς αὐτῆς ἀναστενάζουσι (1)
Da. TH. Su. 22. καὶ ἀνεστέναξε Σ.
II Ma. 6. 29. ἀναστενάξας εἶπε

ἀνάστημα, ἀνάστεμα. (1) יְקוּם (2) *a.* נְצִיב *b.* מַצָּבָה
Ge. 7. 4. πᾶν τὸ ἀ. ὃ ἐποίησα (1)
— 23. ἐξήλειψεν πᾶν τὸ ἀ. (1)
I Ki. 10. 5. οὗ ἐστιν ἐκεῖ [A *om.*] τὸ ἀ. τῶν ἀλλοφύλων (2 *a*)
Ju. 9. 10. θραῦσον αὐτῶν τὸ ἀ. ἐν χειρὶ θηλείας
12. 8. εἰς ἀ. τῶν υἱῶν τοῦ λαοῦ αὐτοῦ
Ze. 2. 14. διότι κέρδος τὸ ἀ. αὐτῆς †
Za. 9. 8. ὑποστήσομαι τῷ οἴκῳ μου ἀνάστημα (2 *b*)
[Aq. III Ki. 6. 10, 20: Is. 37. 24: Ez. 40. 5.]
[Sm. Ez. 1. 18: 40. 5.]
[Th. III Ki. 6. 20.]
[Al. Ex. 25. 9 (10).]

ἀναστρατοπεδεύειν.
II Ma. 3. 35. ἀνεστρατοπέδευσε πρὸς τὸν βασ.

ἀναστρέφειν. (1) בּוֹא (2) גָּדַר (3) הָלַךְ *a.* qal. *b.* hi. *c.* hith. (4) הָפַךְ (5) יָצָא (6) עָשָׂה (7) פָּנָה hi. (8) שׁוּב *a.* qal. *b.* hi. (9) שׁוּר (10) שָׁמֵם hi. (11) שָׁנָה
Ge. 8. 7. R οὐκ ἀνέστρεψεν [A ὑπέστρ.] (5 *et* 8 *a*?)
— 9. ἀνέστρεψε πρὸς αὐτόν (8 *a*)
— 11. ἀνέστρεψε πρὸς αὐτόν (1)
14. 7. ἀναστρέψαντες ἦλθοσαν (8 *a*)
18. 14. ἀναστρέψω πρὸς σὲ εἰς ὥρας (8 *a*)
22. 5. προσκυνήσαντες ἀναστρέψομεν πρὸς ὑμᾶς (8 *a*)
32. 6 (7). ἀνέστρεψαν οἱ ἄγγελοι πρὸς Ἰακώβ (8 *a*)
37. 29. ἀνέστρεψε δὲ Ῥουβὴν ἐπὶ τὸν λάκκον (8 *a*)
— 30. A ἀνέστρεψεν [R ἐπέσ.] πρὸς τοὺς ἀδελφ. (8 *a*)
49. 22. πρός με ἀνάστρεψον (9 ?)
Ex. 24. 14. ἕως ἀναστρέψωμεν πρὸς ὑμᾶς (8 *a*)
De. 24. 19. οὐκ ἀναστραφήσῃ [A ἐπαν.] λαβεῖν αὐτό (8 *a*)
Jo. 2. 16. A ἕως ἀναστρέψωσιν [B ἂν ἀποσ.] οἱ καταδ. (8 *a*)
5. 5. ἀνέστραπται Ἰσρ. ἐν τῇ ἐρήμῳ (3 *a*)
7. 3. ἀνέστρεψαν πρὸς Ἰησοῦν (8 *a*)
19. 12. ἀνέστρεψεν [A ἀναστρέψει] ἀπὸ Σ. (8 *a*)
— 29. ἀναστρέψει τὰ ὅρια εἰς Ῥαμά (8 *a*)
— 29. ἀναστρέψει τὰ ὅρια ἐπὶ Ἰασίφ (8 *a*)
Jd. 3. 19. A Ἐγλὼμ ἀνέστρεψεν [B αὐτὸς ὑπέστρ.] (8 *a*)
7. 13. ἀνέστρεψεν [A κατέσ.] αὐτὴν ἄνω (4)
8. 13. A ἀνέστρεψεν [B ἐπέσ.] Γεδεών (8 *a*)
18. 26. A ἀνέστρεψεν [B ἐπέσ.] εἰς τὸν οἶκον (8 *a*)
20. 39. A ἀνέστρεψεν ἀνὴρ Ἰσρ. ἐν τῷ πολέμῳ (4)
Ru. 1. 15. ἀνέστρεψε σύννυμφός [A ἡ σ.] σου (8 *a*)
I Ki. 3. 5. ἀνάστρεφε, κάθευδε, καὶ ἀνέστρεψε καὶ ἐκάθευδε (8 *a*, 3 *a*)
— 6. ἀνάστρεφε, κάθευδε (8 *a*)
— 9. ἀνάστρεφε, κάθευδε, τέκνον (3 *a*)
6. 16. καὶ ἀνέστρεψαν εἰς Ἀσκ. [A Ἀκκ.] (8 *a*)
9. 5. B δεῦρο καὶ ἀναστρέψωμεν [A R ἀποσ.] (8 *a*)
14. 21. B ἀνεστράφησαν [A R ἐπεσ.] καὶ αὐτοί †
15. 25. καὶ ἀνάστρεψον μετ' ἐμοῦ (8 *a*)
— 26. οὐκ ἀναστρέψω [A -ψω] μετὰ σοῦ (8 *a*)
— 30. καὶ ἀνάστρεψον μετ' ἐμοῦ (8 *a*)
— 31. καὶ ἀνέστρεψε Σαμ. ὀπίσω Σαούλ (8 *a*)
17. 15. A καὶ ἀνέστρεψεν ἀπὸ τοῦ Σ. (8 *a*)
— 53. καὶ ἀνέστρεψαν [A ἀπ.] ἄνδρες Ἰσρ. (8 *a*)
23. 28. καὶ ἀνέστρεψε Σαούλ (8 *a*)
24. 2. ὡς ἀνέστρεψε Σαούλ (8 *a*)
25. 12. ἀνέστρεψαν καὶ ἦλθον (8 *a*)
26. 25. B Σ. ἀνέστρεψεν [A R ἀπέσ.] εἰς τὴν ὁδόν (8 *a*)
27. 9. καὶ ἀνέστρεψαν [A ἐπέσ.] καὶ ἤρχοντο (8 *a*)
29. 7. καὶ νῦν ἀνάστρεφε (8 *a*)
II Ki. 1. 1. Δ. ἀνέστρεψε τύπτων τὸν Ἀμαλήκ (8 *a*)
2. 26. B ἀναστρέφειν [A ἐπισ., R ἀποσ.] ἀπὸ ὄπισθεν τῶν ἀδ. (8 *a*)
— 30. Ἰωὰβ ἀνέστρεψεν ὄπισθεν (8 *a*)
3. 16. πορεύου, ἀνάστρεφε· καὶ ἀνέστρεψε (8 *a*, 8 *a*)
— 26. ἀνέστρεψεν Ἰωὰβ ἀπὸ τοῦ Δαυίδ (5)
10. 14. ἀνέστρεψεν Ἰ. ἀπὸ τῶν υἱῶν Ἀμμών (8 *a*)
12. 23. καὶ αὐτὸς οὐκ ἀναστρέψει πρός με (8 *a*)
17. 20. καὶ ἀνέστρεψαν εἰς Ἰερουσαλήμ (8 *a*)
22. 38. οὐκ ἀναστρέψω ἕως συντελέσω αὐτούς (8 *a*)
III Ki. 3. 1 (2. 41). R ἀνέστρεψε [A ἐπ., B ἀπ.] τοὺς δούλους (8 *a*)
III Ki. 6. 12. A ἀναστρέφεσθαι ἐν αὐταῖς (3 *a*)
11. 22. ἀνέστρεψεν Ἄδερ εἰς τὴν γῆν αὐτοῦ –
12. 5. καὶ ἀναστρέψατε πρός με (8 *a*)
— 12. ἀναστράφητε πρός με τῇ ἡμ. τῇ τρίτῃ (8 *a*)
— 24. A ἀναστρεφέτω [B ἀπο.] ἕκ. εἰς τὸν οἶκον (8 *a*)
— 24. B ἀναστρέφετε ἕκ. εἰς τὸν οἶκον αὐ. (8 *a* ?)
13. 10. καὶ οὐκ ἀνέστρεψεν ἐν τῇ ὁδῷ (8 *a*)
15. 21. καὶ ἀνέστρεψεν εἰς Θερσά †
19. 15. ἀνάστρεφε εἰς τὴν ὁδόν σου (8 *a*)
— 20. ἀνάστρεφε ὅτι πεποίηκά σοι (8 *a*)
— 21. καὶ ἀνέστρεψεν ἐξ ὄπισθεν αὐτοῦ (8 *a*)
21 (20). 5. καὶ ἀνέστρεψαν οἱ ἄγγελοι (8 *a*)
— 9. A ἀνέστρεψαν [B ἐπ.] αὐτῷ λόγον (8 *b*)
22. 17. ἕκ. εἰς τὸν οἶκον αὐ. . . . ἀναστρεφέτω (8 *a*)
— 33. B[2]R ἀνέστρεψαν [A B[1] ἀπ.] ἀπ' αὐτοῦ (8 *a*)
IV Ki. 2. 18. R ἀνέστρεψαν [A ἐπ.] πρὸς αὐτόν (8 *a*)
9. 18, 20. καὶ οὐκ ἀνέστρεψε (8 *a*)
I Ch. 20. 3. ἀνέστρεψε Δ. καὶ πᾶς ὁ λαὸς αὐτοῦ (8 *a*)
II Ch. 18. 16. ἀναστρεφέτωσαν ἕκ. εἰς τὸν οἶκον αὐ. (8 *a*)
Ju. 1. 11. ἀνέστρεψαν [AS ἀπ.] τοὺς ἀγγ. αὐ. κενούς
— 13. ἀνέστρεψε πᾶσαν τὴν δύναμιν Ἀρφ.
— 16. καὶ ἀνέστρεψε μετ' αὐτῶν
15. 7. ἀναστρέψαντες ἀπὸ τῆς κοπῆς
Jb. 10. 21. ὅθεν οὐκ ἀναστρέψω [A -φω] (8 *a*)
Pr. 2. 19. π. οἱ πορευόμ. ἐν αὐ. οὐκ ἀναστρέψουσιν (8 *a*)
8. 20. ἀνὰ μέσ. τρίβων [S[1] ὁδῶν] . . . ἀναστρέφομαι –
20. 7. ὃς ἀναστρέφεται ἄμωμος ἐν δικαιοσ. (3 *c*)
26. 11. ἀναστρέψας ἐπὶ τὴν ἑαυτοῦ ἁμαρτίαν (11)
Wi. 2. 5. καὶ οὐδεὶς ἀναστρέφει
7. 4. A ἐν σπαργάνοις ἀνεστράφην [B S ἀνετρ.]
13. 7. ἐν γὰρ τοῖς ἔργ. αὐ. ἀναστρεφόμενοι
16. 14. ἐξελθὸν δὲ πνεῦμα οὐκ ἀναστρέφει
Si. 8. 8. ἐν ταῖς παροιμίαις αὐτῶν ἀναστρέφου
12. 12. AS μὴ ἀναστρέψας [B ἀνατρ.] σε στῇ
— 16. S ἀναστρέψαι [AB ἀνατρ.] σε εἰς βόθρον
36 (33). 12. καὶ ἀνέστρεψεν αὐτούς
38. 25. ἀναστρεφόμενος ἐν ἔργοις αὐτῶν
39. 3. ἐν αἰνίγ. παραβ. ἀναστραφήσεται
40. 11. πάντα . . . εἰς γῆν ἀναστρέφει [A -έψει]
50. 28. ὃς ἐν τούτοις ἀναστραφήσεται
Jn. 3. 8. S[3] ἀνέστρεψαν [A B S ἀπ.] ἕκαστος ἀπὸ τῆς ὁδοῦ (8 *a*)
Za. 3. 8 (7). ἀναστρεφομένους ἐν μέσῳ τῶν ἑστηκ. (3 *b*)
7. 14. ἡ γῆ ἀφανισθής. . . . ἐξ ἀναστρέφοντος (8 *a*)
Je. 3. 7. πρός με ἀνάστρεψον, καὶ οὐκ ἀνέστρεψε (8 *a*, 8 *a*)
8. 4. ὁ ἀποστρέφων οὐκ ἀναστρέφει [S ἐπισ. A ἐπιστρέψει] (8 *a*)
15. 19. ἀναστρέψουσιν αὐτοὶ πρὸς σὲ καὶ σὺ οὐκ ἀναστρέψεις πρὸς αὐτούς (8 *a*, 8 *a*)
22. 10. A οὐκ ἀναστρέψει [B S ἐπιστ.] ἔτι (8 *a*)
— 11. οὐκ ἀναστρέψει [S -κάμψει] ἐκεῖ (8 *a*)
26 (46). 5. οὐκ ἀνέστρεψαν περιεχόμενοι κυκλόθεν (7)
— 16. ἀναστρέψωμεν πρὸς [A ἀποσ. εἰς] τὸν λ. (8 *a*)
— 27. ἀναστρέψει Ἰακώβ (8 *a*)
44 (37). 8. ἀναστρέψουσιν αὐτοὶ οἱ Χαλδαῖοι (8 *a*)
47 (40). 5. ἀνάστρεψον [A ἀπότρεχε] πρὸς τὸν Γοδ. (8 *a*)
48 (41). 14. ἀνέστρεψαν πρὸς Ἰωάναν (8 *a et* 3 *a*)
Ez. 3. 15. ἀναστρεφόμενος ἐν μέσῳ αὐτῶν (10)
19. 6. ἀνεστρέφετο ἐν μέσῳ λεόντων (3 *c*)
22. 7. πρὸς τὸν προσήλυτον ἀνεστρέφοντο (6)
— 29. πρὸς τὸν προσήλ. οὐκ ἀναστρεφόμενοι †
— 30. ἄνδρα ἀναστρεφόμενον ὀρθῶς (2)
39. 25. A ἀναστρέψω τὴν [B ἀποστρ.] αἰχμ. Ἰ. (8 *b*)
46. 9. οὐκ ἀναστρέψει κατὰ τὴν πύλην (8 *a*)
Da. TH. Su. 49. ἀναστρέψατε εἰς τὸ κριτήριον
— 50. καὶ ἀνέστρεψε πᾶς ὁ λαός
11. 9. ἀναστρέψει εἰς τὴν γῆν αὐτοῦ (8 *a*)
I Ma. 4. 23. ἀνέστρεψεν ἐπὶ τὴν σκυλείαν τῆς παρ.
5. 8. ἀνέστρεψεν [S -αν] εἰς τὴν Ἰουδ.
7. 46. ἀνέστρεφον [S ἀπέσ.] . . . πρὸς τούτους
10. 52. ἀνέστρεψα εἰς τὴν βασ. [R γῆν βασιλείας]
— 55. ἐν ᾗ ἀνέστρεψας [S ἐπέσ.] εἰς γῆν
III Ma. 1. 24. ὡς ἔμπροσθεν . . . ἀνεστρέφετο
2. 30. ἐν τοῖς . . . μεμυημ. ἀναστρέφεσθαι
[Aq. Ps. 9. 18.]
[Sm. Ge. 5. 22, 24: Dt. 1. 40: I Ki. 2. 35: II Ki. 14. 13: Jb. 37. 12: Ps. 9. 4 (?): 34 (35). 14: 38 (39). 7: 54 (55). 15: 59 (60). 2: 67 (68). 22, 23: 80 (81). 15: 118 (119). 79: Ec. 1. 7: 4. 7: 8. 10: 12. 2: Je. 6. 9: 18. 10: 29

● = correction on page xxiv ▶ = additional entry on page xxiv

(36). 32: 37 (44). 20: Ez. 21. 5 (10): Ho. 7. 16.]
[Th. Ps. 118 (119). 79: Ez. 21. 5 (10).]
[Al. I Ki. 12. 2: Ez. 35. 7.]

ἀναστροφή.
To. 4. 14. ἴσθι πεπαιδευμένος ἐν πάσῃ ἀ. σου
II Ma. 5. 8. R πέρας οὖν κακῆς ἀ. [A καταστρ.] ἔτυχεν
6. 23. A τῆς ἐκ παιδὸς καλλίστης ἀ. [R ἀνατρ.]

ἀνασύρειν. (1) גָּלָה pi.
Is. 47. 2. S R ἀνάσυρε [A B -ραι] τὰς κνήμας (1)
[Aq. Ps. 28 (29). 9: Is. 30. 14.]
[Sm. Ex. 16. 14.]

ἀνασχίζειν. (1) בָּקַע
To. 6. 4. S ἀνάσχισον [A B -τεμε] τὸν ἰχθύν
— 5. S ἀνασχίσας τὸ παιδάρ. τὸν ἰχθύν
Am. 1. 13. ἀνέσχιζον τὰς ἐν γαστρὶ ἐχούσας (1)

ἀνασώζειν. (1) יָשַׁע hi. (2) מָלַט a. ni. b. pi. (3) a. פָּלַט b. פָּלֵט c. פָּלִיט d. פְּלֵיטָה e. פְּלֵטָה
Ge. 14. 13. τῶν ἀνασωθέντων τις (3 c)
IV Ki. 19. 31. ἀνασωζόμενος ἐξ ὄρους Σιών (3 d)
II Ch. 30. 6. τοὺς ἀνασεσωσμ. τοὺς καταλειφθ. (3 d)
Am. 9. 1. οὐ μὴ διασωθῇ ἐξ αὐτῶν ἀνασωζόμενος (3 c)
Jl. 2. 3. ἀνασῳζόμ. οὐκ ἔσται αὐτῷ [A οὐκ ἔστιν] (3 d)
— 32 (3. 5). ἐν Ἰ. ἔσται ἀνασῳζόμενος (3 d)
Ob. 1. 14. ἐξολοθρεῦσαι τοὺς ἀνασῳζομένους (3 c)
— 21. ἀναβήσ. ἀνασῳζόμ. [A ἄνδρες σεσωσμ.] (1)
Za. 2. 7 (11). ἀνασῴζεσθε οἱ κατοικοῦντες θυγατ. B. (2 a)
8. 7. A ἀνασῴζω [B S σῴζω] τὸν λαόν μου (1)
Je. 26 (46). 6. μὴ ἀνασῳζέσθω [A -ζέτω] ὁ ἰσχυρός (2 a)
27 (50). 28. φωνὴ . . . ἀνασῳζομένων ἐκ γῆς (3 b)
— 29. μὴ ἔστω αὐτῆς ἀνασῳζόμενος (3 d)
28 (51). 6. ἀνασῴζετε ἕκαστος τὴν ψυχὴν αὐτοῦ (2 b)
— 50. ἀνασῳζόμενοι ἐκ γῆς πορεύεσθε (3 b)
51 (44). 14. οὐ μὴ ἐπιστρέψωσιν ἀλλ᾽ ἢ οἱ ἀνασεσωσμ. (3 b)
La. 2. 22. ἀνασῳζόμενος καὶ καταλελειμμένος (3 c)
Ez. 6. 8. ἐν τῷ γενέσθαι ἐξ ὑμῶν ἀνασῳζομένους (3 c)
— 9. μνησθήσονταί μου οἱ ἀνασῳζόμ. ἐξ ὑμ. (3 c)
7. 16. ἀνασωθήσονται οἱ ἀνασῳζόμ. ἐξ αὐτῶν (3 a, 3 c)
14. 22. ὑπολελειμμένοι . . . οἱ ἀνασεσωσμ. αὐ. [A ἐξ αὐ.] (3 e)
24. 26. ἥξει ὁ ἀνασῳζόμενος πρὸς σέ (3 c)
— 27. διανοιχθήσ. τὸ στόμα σου πρὸς τὸν ἀνασῳζόμ. (3 c)
33. 21. ἦλθεν ὁ ἀνασωθεὶς πρός με (3 c)
I Ma. 6. 53. οἱ ἀνασῳζόμ. εἰς τὴν Ἰουδαίαν
III Ma. 7. 20. ἀνασῳζόμενοι τῇ τοῦ βασ. ἐπιταγῇ
[Aq. Ob. 21.]

ἀνασωσμός.
[Aq. Ge. 45. 7.]

ἀναταράσσειν.
[Aq. Ps. 38 (39). 3.]
[Sm. Ps. 38 (39). 3: Am. 7. 10.]

ἀνατείνειν.
II Ma. 15. 21. A ἀνατείνας [R προτ.] τὰς χεῖρας εἰς τὸν οὐρ.
IV Ma. 6. 6. ὑψηλοὺς ἀνατείνας εἰς τ. οὐρ. τοὺς ὀφθ.
— 26. ἀνέτεινε τὰ ὄμματα πρὸς τὸν θ.

ἀνατέλλειν. (1) דָּרַךְ (2) זָרַח (3) זָרַע (4) יָצָא (5) סָחִישׁ (6) עַפְעַפַּיִם (7) פּוּחַ hi. (8) פָּרַח (9) פָּתַח (10) צָמַח a. qal. b. pi. c. hi. d. צֶמַח (11) קוּם a. qal. b. pil. (12) ὁ πρωῒ ἀνατέλλων בֶּן־שַׁחַר (13) בּוֹא
Ge. 2. 5. πρὸ τοῦ ἀνατεῖλαι (10 a)
3. 18. ἀκάνθας καὶ τριβόλους ἀνατελεῖ σοι (10 c)
19. 25. τὰ ἀνατέλλοντα ἐκ τῆς γῆς (10 d)
32. 31 (32). ἀνέτειλε δὲ αὐτῷ ὁ ἥλιος (2)
Ex. 22. 3 (2). ἐὰν δὲ ἀνατείλῃ ὁ ἥλιος ἐπ᾽ αὐτῷ (2)
Le. 13. 37. καὶ θρὶξ μέλαινα ἀνατείλῃ ἐν αὐτῷ (10 a)
14. 43. καὶ ἀνατείλῃ ἐν τῇ οἰκίᾳ (8)
Nu. 24. 17. ἀνατελεῖ ἄστρον ἐξ Ἰακώβ (1)
De. 29. 23 (22). ἡ γῆ αὐτῆς οὐ σπαρήσ. οὐδὲ ἀνατελεῖ (10 c)
Jd. 9. 33. ἅμα τῷ ἀνατεῖλαι τὸν ἥλιον (2)
14. 18. πρὸ τοῦ ἀνατεῖλαι [A πρὶν δῦναι] τὸν ἥλ. (13?)
16. 22. A ἤρξατο ἡ θρὶξ . . . ἀνατεῖλαι [B βλαστάνειν] (10 b)
II Ki. 10. 5. ἕως τοῦ ἀνατεῖλαι τοὺς πώγωνας ὑ. (10 b)
23. 4. ἀνατείλαι ἥλιος τὸ πρωΐ (2)
IV Ki. 3. 22. καὶ ὁ ἥλιος ἀνέτειλεν ἐπὶ τὰ ὕδ. (2)
19. 29. φάγε . . . τῷ ἔτει τῷ δευτ. τὰ ἀνατέλλοντα (5)
I Ch. 19. 5. ἕως τοῦ ἀνατεῖλαι τοὺς πώγωνας ὑ. (10 b)
II Ch. 26. 19. ἡ λέπρα ἀνέτειλεν ἐν τῷ μετώπῳ (2)
Es. 1. 1. ὁ ἥλιος ἀνέτειλε
Jb. 3. 9. καὶ μὴ ἴδοι ἑωσφόρον ἀνατέλλοντα (6)
9. 7. A ὁ λέγων τῷ ἡλίῳ μὴ ἀ. [B S om. μὴ ἀ.] καὶ οὐκ ἀνατέλλει (—, 2)
11. 17. ἐκ δὲ μεσημβρίας ἀνατελεῖ [S -τέλλει] σοι ζωή (11 a)
25. 5. A ὁ λέγων τῷ ἡλίῳ μὴ ἀνατέλλειν καὶ οὐκ ἀνατέλλει (—, —)
Ps. 64 (65). 10. ἐν ταῖς σταγόσιν αὐτῆς εὐφρανθήσεται ἀνατέλλουσα (10 d)
71 (72). 7. ἀνατελεῖ ἐν ταῖς ἡμ. αὐτοῦ δικαιοσ. (8)
84 (85). 11. ἀλήθεια ἐκ τῆς γῆς ἀνέτειλε (10 a)
91 (92). 7. ἐν τῷ ἀνατεῖλαι τοὺς ἁμαρτωλ. (8)
96 (97). 11. φῶς ἀνέτειλε τῷ δικαίῳ (3)
103 (104). 22. ἀνέτειλεν ὁ ἥλιος (2)
Pr. 11. 28. οὗτος ἀνατελεῖ (8)
Ec. 1. 5. καὶ ἀνατέλλει ὁ ἥλιος (2)
— 5. αὐτὸς ἀνατέλλων ἐκεῖ (2)
Wi. 5. 6. ὁ ἥλιος οὐκ ἀντέτειλεν ἡμῖν
Si. 26. 16. ἥλιος ἀνατέλλων ὡς ἐν ὑψίστοις κ.
37. 18. τέσσαρα μέρη ἀνατέλλει
Ho. 10. 4. ἀνατελεῖ ὡς ἄγρωστις κρίμα (8)
Jn. 4. 8. ἅμα τῷ ἀνατεῖλαι τὸν ἥλιον (2)
Na. 3. 17. ὁ ἥλιος ἀνέτειλε, καὶ ἀφήλατο (2)
Hb. 2. 3. ἀνατελεῖ [S² ἀπαγγελεῖ] εἰς πέρας (7)
Za. 6. 12. ὑποκάτωθεν αὐτοῦ ἀνατελεῖ [S¹-έλλει] (10 a)
Ma. 4. 2 (3. 20). καὶ ἀνατελεῖ ὑμῖν . . . ἥλ. δικαιοσύνης (2)
Is. 13. 10. τοῦ ἡλίου ἀνατέλλοντος (4)
14. 12. ὁ ἑωσφόρος ὁ πρωῒ ἀνατέλλων (12)
42. 9. A πρὸ τοῦ ἀνατεῖλαι [B S ἀναγγεῖλαι] (10 a)
43. 19. ποιῶ καινὰ ἃ νῦν ἀνατελεῖ (10 a)
44. 4. ἀνατελοῦσιν ὡς ἀνὰ μέσον ὕδ. χόρτος (10 a)
— 26. τὰ ἔρημα αὐτῆς ἀνατελεῖ (11 b)
45. 8. ἀνατειλάτω ἡ γῆ (9)
— 8. A S R δικαιοσύνη ἀνατειλάτω [B ἀναγγειλ.] (10 c)
58. 8. τὰ ἰάματά σου ταχὺ ἀνατελεῖ (10 a)
— 10. ἀνατελεῖ ἐν τῷ σκότει τὸ φῶς σου (2)
— 12. A τὰ ὀστᾶ σου ὡς βοτάνη ἀνατελεῖ —
60. 1. ἡ δόξα κυρίου ἐπὶ σὲ ἀνατέταλκεν (2)
61. 11. ἀνατελεῖ κ. [A S om.] κύριος δικαιοσύνην (10 c)
66. 14. τὰ ὀστᾶ ὑμῶν ὡς βοτάνη ἀνατελεῖ (8)
Ez. 16. 7. ἡ θρίξ σου ἀνέτειλε (10 b)
17. 6. ἀνέτειλε καὶ ἐγένετο εἰς ἄμπελον (10 a)
29. 21. ἀνατελεῖ κέρας παντὶ τῷ οἴκῳ Ἰσρ. (10 c)
I Ma. 9. 23. ἀνέτειλαν π. οἱ ἐργαζόμ. τὴν ἀδικίαν
[Aq. Jb. 3. 6 (?): Is. 60. 1, 2.]
[Sm. Is. 42. 9: 60. 1, 2: 61. 11.]
[Th. Is. 60. 1: Je. 33 (40). 15.]

ἀνατέμνειν.
To. 6. 4. ἀνάτεμε [S -σχισον] τὸν ἰχθύν

ἀνατιθέναι. (1) חָרַם a. hi. b. ho. (2) יָצַג hi. (3) שִׂים
Le. 27. 28. ὃ ἂν ἀναθῇ ἄνθρωπος τῷ κ. (1 a)
— 29. πᾶν ὃ ἐὰν ἀνατεθῇ ἀπὸ τῶν ἀνθρώπων (1 b)
I Ki. 31. 10. ἀνέθηκαν τὰ σκεύη αὐτοῦ εἰς τὸ Ἀστ. (3)
II Ki. 6. 17. ἀνέθηκαν αὐτὴν εἰς τὸν τόπον αὐτῆς (2)
Ju. 16. 19. ἀνέθηκεν Ἰ. πάντα τὰ σκεύη Ὀλ.
Mi. 4. 13. ἀναθήσεις τῷ κ. τὸ πλῆθος αὐτῶν (1 a)
7. 5. φύλαξαι τοῦ ἀναθέσθαι τι αὐτῇ †
II Ma. 3. 9. ἀνέθετο περὶ τοῦ γεγον. ἐμφανισμοῦ
5. 16. R τὰ ὑπ᾽ ἄλλων βασ. ἀνατεθέντα [A al.]
[Al. Nu. 18. 14.]

ἀνατίκτειν.
IV Ma. 16. 13. ἀνατίκτουσα τὸν τῶν υἱῶν ἀριθμόν

ἀνατιναγμός. (1) מְבוּקָה
Na. 2. 10 (11). ἐκτιναγμὸς καὶ ἀ. (1)

ἀνατμητικός.
[Sm. Ps. 54 (55). 22.]

ἀνατολή. (1) יָצָא (2) מִזְרָח (3) נֹגַהּ (4) צֶמַח (5) a. קָדִים b. רוּחַ הַקָּדִים c. קֶדֶם d. קֵדֶם e. קַדְמוֹן f. קַדְמֹנִי (6) ἡλίου ἀ. מִזְרָח (7) ἡλίου ἀ. קֶדֶם
Ge. 2. 8. κατὰ ἀνατολάς (5 c)
10. 30. ὄρος ἀνατολῶν (5 c)
11. 2. ἀπὸ ἀνατολῶν (5 c)
12. 8. κατὰ ἀνατολὰς Βαιθήλ (5 c)
— 8. κατὰ ἀνατολάς (5 c)
13. 11. ἀπῆρε Λὼτ ἀπὸ ἀνατολῶν (5 c)
— 14. πρὸς βορρᾶν καὶ λίβα καὶ ἀνατολάς (5 d)
25. 6. πρὸς ἀνατολὰς εἰς γῆν ἀνατολῶν (5 d, 5 c)
28. 14. ἐπὶ θάλασσαν . . . καὶ ἐπὶ ἀνατολάς (5 d)
29. 1. ἐπορεύθη εἰς γῆν ἀνατολῶν (5 c)
Ex. 27. 13. A εὖρος τῆς αὐλῆς τὸ πρὸς ἀνατολὰς [B al.] (5 d)
37. 11 (38. 13). τὸ κλίτος τὸ πρὸς ἀνατολάς (5 d)
Le. 1. 16. παρὰ τὸ θυσιαστήριον κατ᾽ ἀνατολάς (5 d)
16. 14. ἐπὶ τὸ ἱλαστήριον κατὰ ἀνατολάς (5 d)
Nu. 2. 3. οἱ παρεμβάλλ. πρῶτοι κατὰ ἀνατολάς (2)
3. 38. κατὰ πρόσ. τῆς σκ. . . . ἀπὸ ἀνατολῆς [A -λῶν] (2)
10. 5. αἱ παρεμβ. αἱ παρεμβάλλ. ἀνατολάς (5 d)
21. 11. κατ᾽ ἀνατολὰς ἡλίου (2)
23. 7. ἐξ ὀρέων ἀπ᾽ ἀνατολῶν (5 c)
32. 19. ἐν τῷ πέραν τοῦ Ἰορδ. ἐν ἀνατολαῖς (2)
34. 3. ἀπὸ μέρους τῆς θαλ. τ. ἁλ. ἀπὸ ἀνατολῶν (5 d)
— 10. καταμετρήσετε ὑμ. αὐ. τὰ ὅρ. ἀνατολῶν (5 d)
— 11. καταβήσεται τὰ ὅρια . . . ἀπὸ ἀνατολῶν (5 c)
— 11. ἐπὶ νώτου θαλ. Χ. ἀπὸ ἀνατολῶν (5 d)
— 15. ἀπὸ νότου κατ᾽ [A πρὸς] ἀνατολάς (2)
35. 5. τὸ κλίτος τὸ πρὸς ἀνατολάς (5 d)
De. 3. 17. ὑπὸ Ἀσηδὼθ τὴν Φασγὰ ἀνατολῶν (2)
— 27. κατὰ θάλασσαν . . . καὶ ἀνατολάς (2)
4. 41. πέραν τοῦ Ἰορδ. ἀπὸ ἀνατολῶν ἡλίου (2)
— 47, 49. κατὰ ἀνατολὰς ἡλίου (2)
Jo. 1. 15. ἐπ᾽ [A ἀπ᾽] ἀνατολῶν ἡλίου (2)
4. 19. κατὰ μέρος τὸ πρὸς ἡλίου ἀνατολάς (6)
8. 11. ἐξ ἐναντίας τῆς πόλεως ἀπὸ ἀνατολῶν —
11. 3. εἰς τοὺς παραλίους Χαν. ἀπὸ ἀνατολῶν (2)
— 8. ἕως τῶν πεδίων Μ. κατ᾽ ἀνατολάς (2)
12. 1. πέραν τοῦ Ἰορδ. ἀφ᾽ ἡλίου ἀνατολῶν (2)
— 1. πᾶσαν τὴν γῆν [A om.] Ἀρ. ἀπ᾽ ἀνατολῶν (2)
— 3. ἕως τῆς θαλ. Χ. κατ᾽ ἀνατολάς (2)
— 3. θάλασσαν τῶν ἁλῶν ἀπὸ ἀνατολῶν (2)
13. 5. πάντα τὸν Λίβ. ἀπὸ ἀνατολῶν ἡλίου (2)
— 8. κατ᾽ ἀνατολὰς ἡλ. δέδωκεν αὐτῷ [A -ὴν] M. (6)
— 27. πέραν τοῦ Ἰορδ. ἀπ᾽ ἀνατολῶν (2)
— 32. A R ἐν τῷ πέραν τοῦ Ἰορδ. . . . ἀπ᾽ [B ἐπ᾽] ἀνατολῶν (2)
15. 5. τὰ ὅρια ἀπὸ ἀνατολῶν πᾶσα ἡ θάλασσα (5 d)
16. 1. ἀπὸ τοῦ Ἰορδ. τοῦ κατὰ Ἱερ. ἀπὸ ἀνατολῶν (2)
— 5. ἀπ᾽ ἀνατολῶν Ἀταρώθ (2)
— 6. A R περιελεύσεται ἐπ᾽ [B¹ εἰς] ἀνατολάς (2)
— 6. παρελεύσεται ἀπ᾽ ἀνατολῶν εἰς Ἰ. (2)
17. 10. καὶ τῷ Ἰσσάχαρ ἀπὸ ἀνατολῶν (2)
18. 7. πέραν τοῦ Ἰορδ. ἐπ᾽ ἀνατολῆς [A -άς] (2)
— 20. ὁ Ἰορδ. ὁριεῖ ἀπὸ μέρους ἀνατολῶν (5 d)
19. 12. ἀπὸ Σ. ἐξ ἐναντίας ἀπὸ ἀνατολῶν Βαιθ. (2)
— 13. ἐξ ἐναντίας ἐπ᾽ ἀνατολὰς ἐπὶ Γεβ. (2)
— 27. ἐπιστρέψει ἀπὸ ἀνατολῶν ἡλίου (2)
— 34. ὁ Ἰορδ. ἀπὸ ἀνατολῶν ἡλίου (2)
20. 8. A ἐν τῷ πέραν τοῦ Ἰορ. Ἱερ. ἀπ᾽ ἀνατολῶν [B al.] (2)
Jd. 5. 31. A καθὼς ἡ ἀ. τοῦ ἡλίου [B al.] (1)
6. 3. οἱ υἱοὶ ἀνατολῶν συνανέβαινον [A ἀν.] (5 c)
— 33. πᾶσα Μαδ. καὶ Ἀμ. καὶ υἱοὶ ἀνατολῶν (5 c)
7. 12. Μαδ. καὶ Ἀμ. καὶ πάντες υἱοὶ ἀνατολῶν (5 c)
8. 10. A πάντες καταλειφθ. υἱοὶ ἀνατολῶν [B al.] (5 c)
— 11. τῶν σκηνούντ. . . . ἀπὸ ἀνατολῶν τῆς N. [A al.] (5 c)
11. 18. ἀπὸ ἀνατολῶν [A κατ᾽ ἀνατολὰς] ἡλίου (2)
20. 43. πρὸς ἀνατολὰς [A ἀπὸ ἀνατολῶν] ἡλίου (2)
21. 19. ἀπὸ βορρᾶ τῆς B. κατ᾽ ἀνατολὰς ἡλίου (2)
III Ki. 7. 25. οἱ τρεῖς ἐπιβλέποντες ἀνατολήν (5 d)
— 39. ἐκ δεξιῶν κατ᾽ ἀνατολάς (5 d)
17. 3. πορεύου ἐντεῦθεν κατὰ ἀνατολάς (5 d)
IV Ki. 10. 33. ἀπὸ τοῦ Ἰορδ. κατ᾽ ἀνατολὰς ἡλίου (2)
13. 17. ἄνοιξον τὴν θυρίδα κατ᾽ ἀνατολάς (5 d)

I Ch. 4. 39. ἕως τῶν ἀ. τῆς Γαί (2)
5. 9. πρὸς ἀνατολὰς κατῴκησεν (2)
— 10. κατ' ἀνατολὰς τῆς Γαλαάδ (2)
7. 28. κατ' ἀνατολὰς Νααράν (2)
9. 18. ἐν τῇ πύλῃ τοῦ βασ. κατ' ἀνατολάς (2)
— 24. κατὰ ἀνατολὰς θάλασσαν βορρᾶν (2)
12. 15. ἐξεδίωξαν πάντας . . . ἀπὸ ἀνατολῶν (2)
26. 14. ὁ κλῆρος τῶν πρὸς [A κατὰ] ἀνατολάς (2)
— 17. πρὸς [A κατ'] ἀνατολὰς ἓξ τὴν ἡμέραν (2)
— 18. φυλακῆς τῆς ἀναβάσεως πρὸς ἀνατολάς –
II Ch. 4. 4. καὶ οἱ τρεῖς κατ' ἀνατολάς (2)
— 10. ἐκ δεξιῶν ὡς πρὸς ἀνατολάς (5 *d*)
5. 12. A κατὰ ἀνατολὰς [B κατέναντι] τοῦ θυσιαστ. (2)
29. 4. εἰς τὸ κλίτος τὸ πρὸς ἀνατολάς (2)
31. 14. ὁ πυλωρὸς κατὰ ἀνατολάς (2)
I Es. 5. 47. τοῦ πρώτου πυλῶνος τοῦ πρὸς τῇ ἀ. [A τὴν ἀ.]
9. 38. τοῦ πρὸς ἀνατολὰς τοῦ ἱ. πυλῶνος
Ne. 3. 26. ἕως κήπου πύλης τοῦ ὕδ. εἰς ἀνατολάς (2)
— 29. ASR φύλαξ τῆς πύλης [B οἴκου] τῆς ἀ. (2)
12. 37. S[3] πύλης τοῦ ὕδατος κατὰ ἀνατολάς [ABS *om.* κ. ἀ.] (2)
Jb. 1. 3. εὐγενὴς τῶν ἀφ' ἡλίου ἀνατολῶν (7)
42. 17. A ἦν δὲ ὁ πατὴρ αὐτοῦ Ζ. ἐξ ἀνατολῶν ἡλ.
Ps. 49 (50). 1. ἀπὸ ἀνατολῶν ἡλίου [A *add.* καὶ] μέχρι δυσμῶν (2)
67 (68). 33. τῷ ἐπιβεβηκότι . . . κατὰ ἀνατολάς (5 *c*)
102 (103). 12. καθ' ὅσον ἀπέχ. ἀνατολαὶ ἀπὸ δυσμῶν (2)
106 (107). 3. συνήγαγεν αὐτοὺς ἀπὸ ἀνατολῶν (2)
112 (113). 3. ἀπὸ ἀνατολῶν ἡλ. [A *add.* καὶ] μέχρι δυσμῶν (2)
Wi. 16. 28. πρὸς ἀνατολὴν [S[2] πρὸ ἀνατολῆς τοῦ] φωτός
Am. 8. 12. ἀπὸ βορρᾶ ἕως ἀνατολῶν (2)
Za. 3. 9 (8). ἐγὼ ἄγω τὸν δοῦλόν μου Ἀνατολήν (4)
6. 12. Ἀνατολὴ ὄνομα αὐτῷ (4)
8. 7. ἀπὸ γῆς ἀνατολῶν καὶ ἀπὸ γῆς δυσμῶν (2)
14. 4. BS τὸ κατέν. Ἰ. ἐξ ἀνατολῶν (5 *c*)
— 4. τὸ ἥμισυ αὐτοῦ πρὸς ἀνατολάς (2)
Ma. 1. 11. ἀπὸ ἀνατολῶν ἡλίου καὶ ἕως δυσμῶν (2)
Is. 9. 12 (11). ἀφ' ἡλίου ἀνατολῶν (7)
11. 11. ἀπὸ ἡλίου ἀνατολῶν καὶ ἐξ Ἀραβ. †
— 14. τοὺς ἀφ' ἡλίου ἀνατολῶν (7)
27. 13. A οἱ ἀπὸ ἀνατολῶν [BS ἀπολόμ.] ἐν τῇ χώρᾳ †
41. 2. τίς ἐξήγειρεν ἀπὸ ἀνατολῶν δικαιοσύνην (2)
— 25. τὸν ἀφ' ἡλ. ἀνατολῶν κληθήσονται [A κλήσ.] (2)
43. 5. ἀπὸ ἀνατολῶν ἄξω τὸ σπέρμα σου (2)
45. 6. οἱ ἀπ' ἀνατολῶν ἡλίου (2)
46. 11. καλῶν ἀπ' ἀνατολῶν πετεινόν (2)
59. 19. οἱ ἀπ' ἀνατολῶν ἡλίου (2)
60. 19. οὐδὲ ἀ. σελήνης φωτιεῖ σου [A σοι] (3 ?)
Je. 23. 5. ἀναστήσω τῷ Δ. ἀ. δικαίαν (4)
38 (31). 40. ἕως γωνίας πύλης ἵππων ἀνατολῆς (2)
Ba. 4. 36. SR περίβλεψον [AB -ψαι] πρὸς ἀνατολάς
— 37. ἔρχονται συνηγμ. ἀπὸ ἀνατολῶν [A -λῆς]
5. 5. περίβλεψαι πρὸς ἀνατολάς
— 5. ἀπὸ ἡλ. δυσμῶν [A *add.* καὶ] ἕως ἀνατολῶν
Ez. 8. 5. τὴν [A τὴν βλέπουσαν] πρὸς ἀνατολάς †
— 16. A προσεκύνουν κατ' ἀνατολὰς [B -κυνοῦσι] (5 *d*)
11. 1. τὴν βλέπουσαν κατὰ ἀνατολάς (5 *a*)
16. 7. καθὼς ἡ ἀ. τοῦ ἀγροῦ (4)
17. 10. R σὺν τῷ βόλῳ [AB βώλῳ] ἀνατολῆς αὐτῆς (4)
40. 6. τὴν πύλην τὴν βλέπ. κατὰ ἀνατολάς (5 *a*)
— 19. τῆς βλεπούσης κατ' ἀνατολάς (5 *a*)
— 21. τῆς πύλης τῆς βλεπ. κατὰ ἀνατολάς †
— 22. καθὼς ἡ πύλη ἡ βλέπ. κατὰ ἀνατολάς (5 *a*)
— 23. τῆς πύλης τῆς βλεπ. κατὰ ἀνατολάς (5 *a*)
— 32. τὴν πύλην τὴν βλέπ. κατὰ ἀνατολάς (5 *a*)
— 40. δύο τράπεζαι πρὸς ἀνατολάς –
— 40. τράπεζαι κατὰ ἀνατολάς –
42. 1. τὴν αὐλὴν τὴν ἐσωτ. [A ἐξωτ.] κατὰ ἀνατολάς –
— 9. τῆς εἰσόδου τῆς πρὸς ἀνατολάς (5 *a*)
— 12. κατὰ ἀνατολὰς τοῦ εἰσπορεύεσθαι (5 *a*)
— 15. τῆς πύλης τῆς βλεπ. πρὸς [AB[2] κατ'] ἀνατολάς (5 *a*)
— 16. τῆς πύλης τῆς βλεπούσης κατὰ ἀνατολάς (5 *b*)
— 20. πεντακοσίων πρὸς ἀνατολάς †
43. 1. τὴν πύλην τὴν βλέπ. κατὰ ἀνατολάς (5 *a*)
Ez. 43. 2. τὴν ὁδὸν τὴν πρὸς ἀνατολάς [A *al.*] (5 *a*)
— 4. τῆς πύλης τῆς βλεπ. κατὰ ἀνατολάς (5 *a*)
— 17. οἱ κλιμακτ. αὐτοῦ βλέπ. κατ' ἀνατολάς (5 *a*)
44. 1. τῆς πύλης . . . τῆς βλεπ. κατ' ἀνατολάς (5 *a*)
45. 7. ἀπὸ τῶν πρὸς θάλ. πρὸς [A τὰ πρ.] ἀνατολάς (5 *d et* 5 *a* ?)
— 7. τὰ ὅρια τὰ πρὸς ἀνατολὰς τῆς γῆς (5 *a*)
46. 1. πύλη . . . ἡ βλέπ. πρὸς ἀνατολάς (5 *a*)
— 12. τὴν πύλην τὴν βλέπ. κατ' ἀνατολάς (5 *a*)
47. 1. τοῦ αἰθρίου [A αἰ. τοῦ οἴκου] κατ' ἀνατολάς (5 *a*)
— 1. τὸ πρόσ. . . . ἔβλεπε [A ἐπέβλ.] κατ' ἀνατολάς (5 *a*)
— 2. τῆς αὐλῆς τῆς βλεπ. κατ' ἀνατολάς (5 *a*)
— 8. εἰς τὴν Γαλιλαίαν τὴν πρὸς ἀνατολάς (5 *e*)
— 18. τὰ πρὸς ἀνατολὰς ἀνὰ μέσ. τῆς Αὐρ. (5 *a*)
— 18. ἐπὶ τὴν θάλασσαν τὴν πρὸς ἀνατολάς (5 *f*)
— 18. ταῦτα τὰ πρὸς ἀνατολάς (5 *a*)
48. 1. ἔσται αὐτοῖς τὰ πρὸς ἀνατολάς (5 *a*)
— 2. τὰ πρὸς ἀνατολὰς ἕως τῶν πρὸς θάλ. Ἀ. (5 *a*)
— 3. ἀπὸ τῶν πρὸς ἀνατολὰς ἕως τῶν πρὸς θάλ. Ν. (5 *a*)
— 4. ἀπὸ ἀνατολῶν [A τῶν πρὸς ἀνατολὰς] ἕως τῶν πρὸς θάλ. Μ. (5 *a*)
— 5. ἀπὸ τῶν πρὸς ἀνατολὰς τῶν [A ἕως τῶν] πρὸς θάλ. Ἐ. (5 *a*)
— 6. ἀπὸ τῶν πρὸς ἀνατολὰς ἕως τῶν πρὸς θάλασσαν Ῥ. (5 *a*)
— 7. ἀπὸ τῶν πρὸς ἀνατολὰς ἕως τῶν πρὸς θάλασσαν Ἰ. (5 *a*)
— 8. ἀπὸ τῶν ὁρίων Ἰ. ἀπὸ τῶν πρὸς ἀνατολάς (5 *a*)
— 8. ἀπὸ τῶν πρὸς ἀνατολὰς καὶ ἕως τῶν πρὸς θάλ. (5 *a*)
— 16. ἀπὸ τῶν πρὸς ἀνατολάς (5 *a*)
— 17. B καὶ πρὸς ἀνατολὰς διακόσ. πεντήκ. (5 *a*)
— 18. δέκα χιλιάδες πρὸς ἀνατολάς (5 *a*)
— 21. ἕως τῶν ὁρ. τῶν πρὸς ἀνατολάς (5 *a*)
— 21. A ἕως τῶν ὁρ. τῶν πρὸς ἀνατολάς [B θάλ.] †
— 23. ἀπὸ τῶν πρὸς ἀνατολὰς ἕως τῶν πρὸς θάλ. Β. (5 *a*)
— 24. ἀπὸ τῶν πρὸς ἀνατολὰς ἕως τῶν πρὸς θάλ. Σ. (5 *a*)
— 25. ἀπὸ τῶν πρὸς ἀνατολὰς ἕως τῶν πρὸς θάλ. Ἰ. (5 *a*)
— 26. ἀπὸ τῶν πρὸς ἀνατολὰς ἕως τῶν πρὸς θάλ. Ζ. (5 *a*)
— 27. ἀπὸ τῶν πρὸς ἀνατολὰς ἕως τῶν πρὸς θάλασσαν Γ. (5 *a*)
— 28. R ἀπὸ τῶν πρὸς ἀνατολάς –
— 32. τὰ πρὸς ἀνατολὰς τετρακισχ. κ. πεντακ. (5 *a*)
Da. LXX. 4. 29. ἕως δὲ ἡλίου ἀνατολῆς †
8. 4. πρὸς ἀνατολὰς καὶ πρὸς βορρᾶν †
— 9. ἐπὶ νότον καὶ ἐπ' ἀνατολάς (2)
11. 44. ἀπὸ ἀνατολῶν καὶ βορρᾶ (2)
Da. TH. 8. 9. A καὶ πρὸς ἀνατολήν (2)
11. 44. ἐξ ἀνατολῶν καὶ ἀπὸ βορρᾶ (2)
II Ma. 10. 28. R ἄρτι δὲ τῆς ἀ. διαδεχομ. [A -χεομ.]
III Ma. 4. 15. ἀπὸ ἀνατολῶν ἡλίου μέχρι δυσμῶν

[**Aq.** Ge. 2. 14: Is. 46. 11: 60. 3: Je. 49. 28 (30. 6): Ez. 11. 23: 25. 4.]
[**Sm.** Ps. 74 (75). 7: Is. 46. 11: 60. 3: Je. 49. 28 (30. 6): Ez. 8. 16: 11. 23: 25. 4: 39. 11: 41. 14.]
[**Th.** Jd. 5. 31: Is. 46. 11: 60. 3: Je. 33 (40). 15: 49. 28 (30. 6): Ez. 8. 16: 10. 19: 25. 4: 47. 18: Da. 8. 9†.]

ἀνατολικός.

[**Sm.** Ge. 15. 19: Jb. 1. 3: Ez. 10. 19: 40. 10.]

ἀνατρέπειν. (1) דָּחָה (2) הָדַף (3) כָּפָה (4) רָחַק ni. (5) רָתַק ni.

To. 13. 12. S πάντες οἱ ἀνατρέπ. τοὺς πύργους σου
Ju. 1. 13. S ἀνέτρεψε [AB ἀνέστρ.] πᾶσαν τὴν δύναμιν Ἀ.
16. 11. ὕψωσαν τὴν φ. αὐτῶν καὶ ἀνετράπησαν
Ps. 117 (118). 13. ὠσθεὶς ἀνετράπην τοῦ πεσεῖν (1)
Pr. 10. 3. ζωὴν δὲ ἀσεβῶν ἀνατρέψει (2)
21. 14. δόσις λάθριος ἀνατρέπει ὀργάς (3)
Ec. 12. 6. ἕως ὅτου μὴ [S *om.*] ἀνατραπῇ τὸ σχοινίον (4*, 5)
Si. 12. 12. μὴ ἀνατρέψας [AS ἀναστρ.] σε στῇ
— 16. ἀνατρέψαι [S ἀναστρ.] σε εἰς βόθρον
29. 16. ἀγαθὰ ἐγγύου ἀνατρέψει ἁμαρτωλός
I Ma. 6. 6. ἀνετράπη [S ἐν.] ἀπὸ προσώπου αὐτῶν
II Ma. 5. 18. ἀνετράπη τοῦ θράσους

[**Sm.** Ps. 9. 4 (?): 32 (33). 10.]
[**Th.** Ez. 1. 9.]
[**Al.** Ps. 128 (129). 5.]

ἀνατρέφειν.

Wi. 7. 4. ἐν σπαργάνοις ἀνετράφην [A ἀνεστρ.]
IV Ma. 10. 2. ἐπὶ τοῖς αὐτοῖς ἀνετράφην δόγμασιν
11. 15. S γεννηθέντες καὶ ἀνατραφέντες [AR τραφ.]

ἀνατρέχειν.

To. 11. 9. S καὶ ἀνέδραμεν [AB *al.*]
II Ma. 9. 25. ἀνατρέχων εἰς τὰς ἐπάνω σατραπείας
14. 43. ἀναδραμὼν γενναίως ἐπὶ τὸ τεῖχος

ἀνατροπή.

Hb. 2. 15. ὢ ὁ ποτίζων τὸν πλησ. αὐτοῦ ἀ. θολερᾷ †
III Ma. 4. 5. ἀνατροπῆς ὁρμῇ βιαίας
[**Quint.** Hb. 2. 15.]

ἀνατροφή.

II Ma. 6. 23. R τῆς ἐκ παιδὸς καλλίστης ἀ. [A ἀναστρ.]
IV Ma. 16. 8. χαλεπωτέρας φροντίδας ἀνατροφῆς

ἀνατυποῦν.

Wi. 14. 17. τὴν πόρρωθεν ὄψιν ἀνατυπωσάμενοι

ἀναύξητος.

[**Aq.** Je. 22. 30.]

ἀναφαίνειν. (1) גָּלַשׁ (2) צָדַק

Jb. 11. 18. ἀναφανεῖταί σοι εἰρήνη †
13. 18. οἶδα ἐγὼ ὅτι δίκαιος ἀναφανοῦμαι (2)
24. 19. ἀναφανείη δὲ τὰ φυτὰ αὐ. ἐπὶ γῆς ξηρά †
40. 3 (8). ἢ [A ἀλλ'] ἵνα ἀναφανῇς δίκαιος (2)
Ca. 6. 4 (5). ἀγέλαι τῶν αἰγ. αἳ ἀνεφάνησαν [S -βόησ.] (1)
IV Ma. 1. 4. τῶν . . . παθῶν κυριεύειν ἀναφαίνεται
[**Aq.** Dt. 33. 2.]
[**Sm.** Jb. 9. 20: Ca. 4. 1.]
[**Al.** Hb. 3. 13.]

ἀναφαιρεῖν. (1) סוּר hi.

II Ki. 4. 7. B ἀναφαιροῦσιν [AR ἀφ.] τὴν κεφαλὴν αὐ. (1)

ἀναφάλαντος. (1) גִּבֵּחַ

Le. 13. 41. ἀ. ἐστι, καθαρός ἐστιν (1)

ἀναφαλάντωμα. (1) גַּבַּחַת

Le. 13. 42 *bis.* ἢ ἐν τῷ ἀ. αὐτ. (1)
— 43. AB ἢ ἐν τῷ ἀ. [R φαλ.] αὐτοῦ (1)

ἀναφέρειν. (1) בּוֹא *a.* qal. *b.* hi. (2) חָטָא pi. (3) יָבַל ho. (4) יָרַד hi. (5) מִפְתָּח (6) נוּף hi. (7) נָשָׂא (8) סָבַל (9) עָבַר hi. (10) עָלָה *a.* qal. *b.* hi. *c.* ho. (11) עָשָׂה (12) קָטַר hi. (13) קָרַב hi. (14) שׁוּב hi. (15) סְלֵק *a.* aph. *b.* ho.

Ge. 8. 20. R ἀνήνεγκεν εἰς [A *om.*] ὁλοκαρπώσιν (10 *b*)
22. 2. R καὶ ἀνένεγκε [A -κον] αὐτὸν ἐκεῖ (10 *b*)
— 13. καὶ ἀνήνεγκεν αὐτόν (10 *b*)
31. 39. A θηριάλ. οὐκ ἀνενήνοχά [R ἐνήν.] σοι (1 *b*)
40. 10. θάλλουσα ἀνενηνοχυῖα βλαστούς (10 *a*)
Ex. 18. 19. ἀνοίσεις τοὺς λόγους αὐ. πρὸς τὸν θ. (1 *b*)
— 22. τὸ δὲ ῥῆμα . . . ἀνοίσουσιν ἐπὶ σέ (1 *b*)
— 26. πᾶν [A τὸ] δὲ ῥῆμα . . . ἀνεφέροσαν ἐπὶ [A πρὸς] Μ. (1 *b*)
19. 8. ἀνήνεγκε δὲ Μ. τοὺς λόγους . . . πρὸς τὸν θ. (14)
24. 5. ἀνήνεγκαν [A -κεν] ὁλοκαυτώματα (10 *b*)
29. 18. ἀνοίσεις ὅλ. τὸν κριὸν ἐπὶ τὸ θυσιαστ. (12)
— 25. ἀνοίσεις [A *add.* αὐτὰ] ἐπὶ τὸ θυσιαστ. (12)
30. 9. οὐκ ἀνοίσεις [A -σεται, B[1] -σει] ἐπ' αὐ. θυμ. ἔτ. (10 *b*)
— 20. καὶ ἀ. τὰ ὁλοκαυτώματα (12)
35. 21. B[1] ἀνήνεγκαν [AR ἤν.] ἕκαστος (1 *a*)
Le. 2. 16. ἀνοίσει ὁ ἱερ. τὸ μνημόσυνον αὐτῆς (12)
3. 5. ἀνοίσουσιν αὐτὰ . . . οἱ ἱ. ἐπὶ τὸ θυσιαστ. (12)
— 11. ἀνοίσει ὁ ἱερεὺς ἐπὶ τὸ θυσιαστ. (12)
— 14. ἀνοίσει ἐπ' αὐτοῦ κάρπωμα κ. (13)

Le. 3. 16. ἀνοίσει ὁ ἱερεὺς ἐπὶ τὸ θυσιαστ. (12)
4. 10. R ἀνοίσει [A B διαν.] ὁ ἱερεὺς ἐπὶ τὸ θυσ. (12)
— 19. τὸ πᾶν στέαρ . . . ἀνοίσει ἐπὶ τὸ θυσιαστ. (12)
— 26. τὸ πᾶν στέαρ αὐτοῦ ἀνοίσει ἐπὶ τὸ θυσ. (12)
— 31. ἀνοίσει ὁ ἱερεὺς ἐπὶ τὸ θυσιαστ. (12)
6. 15 (8). ἀνοίσει ἐπὶ τὸ θυσιαστ. κάρπωμα (12)
— 26 (19). ὁ ἱερ. ὁ ἀναφέρων αὐτὴν ἔδεται αὐτήν (2)
— 35 (7. 5). ἀνοίσει αὐτὰ ὁ ἱερεὺς ἐπὶ τὸ θυσιαστ. (12)
7. 21 (31). ἀνοίσει ὁ ἱερεὺς τὸ στέαρ ἐπὶ τοῦ θυσ.
8. 16. ἀνήνεγκε Μωυσῆς ἐπὶ τὸ θυσιαστ. (12)
— 19. ἀνήνεγκε Μωυσῆς τὴν κεφαλήν (12)
— 20. ἀνήνεγκε Μ. ὅλον τὸν κριὸν ἐπὶ τὸ θυσ. (12)
— 26. ἀνήνεγκεν αὐτὰ ἀφαίρεμα ἔναντι κ. (6)
— 27. ἀνήνεγκεν αὐτὰ Μ. ἐπὶ τὸ θυσιαστ. (12)
9. 10. τὸ στέαρ . . . ἀνήνεγκεν ἐπὶ τὸ θυσιαστ. (12)
— 20. A R ἀνήνεγκε [B -καν] τὰ στέατα ἐπὶ τὸ θυσ. (12)
14. 20. ἀνοίσει [A² οἴσ.] ὁ ἱερ. τὸ ὁλοκαύτωμα (10 *b*)
16. 25. τὸ στέαρ . . . ἀνοίσει ἐπὶ τὸ θυσιαστ. (12)
17. 5. ὅπως ἀναφέρωσιν οἱ υἱοὶ Ἰ. τὰς θυσίας (1 *b*)
— 6. ἀνοίσει τὸ στέαρ (12)
23. 11. ἀνοίσει τὸ δράγμα (6)
— 11. A B¹ ἀνοίσει αὐτά [B² R -τό] (6)
Nu. 5. 26. ἀνοίσει [S ? R -σεται] αὐτὸ ἐπὶ τὸ θυσιαστ. (12)
14. 33. ἀνοίσουσι τὴν πορν. ὑμῶν [A αὐτῶν] (7)
18. 17. τὸ στέαρ ἀνοίσεις κάρπωμα (12)
23. 2, 30. ἀνήνεγκε μόσχον . . . ἐπὶ τὸν βωμόν (10 *b*)
De. 1. 17. τὸ ῥῆμα . . . ἀνοίσετε αὐτό (13)
12. 13. μὴ ἀνενέγκῃς τὰ ὁλοκαυτώματά σου (10 *b*)
— 14. ἀνοίσετε τὰ ὁλοκαυτώματα ὑμῶν (10 *b*)
— 27. A R τὰ κρέα ἀνοίσεις ἐπὶ τὸ θυσιαστ. †
14. 24. καὶ μὴ δύνῃ ἀναφέρειν αὐτά (7)
27. 6. ἀνοίσεις ἐπ' αὐτὸ [A -τοὺς] τὰ ὁλοκαυτ. (10 *b*)
Jd. 6. 26. ἀνοίσεις ὁλοκαύτωμα (10 *b*)
— 28. ὃν ἀνήνεγκεν ἐπὶ τὸ θυσιαστ. [A ὁ μόσχος . . . ἀνηνεγμ.] (10 *c*)
11. 31. ἀνοίσω αὐτὸν ὁλοκαύτωμα (10 *b*)
13. 16. τῷ κυρίῳ ἀνοίσεις αὐτό (10 *b*)
— 19. ἀνήνεγκεν ἐπὶ τὴν πέτραν τῷ κ. (10 *b*)
15. 13. ἀνήνεγκαν [A -ήγαγον] αὐτόν (10 *b*)
16. 3. A ἀνήνεγκεν αὐτὰ [B ἀνέβη] ἐπὶ τὴν κορ. (10 *b*)
— 8. ἀνήνεγκαν αὐτῇ οἱ ἄρχοντες [A σατρ.] (10 *b*)
— 18. ἀνήνεγκαν [A ἦν.] τὸ ἀργύριον (10 *b*)
20. 26. ἀνήνεγκαν ὁλοκαυτώσεις [A -τώματα] (10 *b*)
— 38. ἀνενέγκαι αὐτοὺς σύσση. καπνοῦ [A *al.*] (10 *b*)
21. 4. ἀνήνεγκαν [A -κεν] ὁλοκαυτώσεις [A -τώμ.] (10 *b*)
I Ki. 2. 19. καὶ ἀνέφερεν αὐτῷ (10 *b*)
3. 13. A ἀνήνεγκα [B ἀνήγγελκα] αὐτῷ †
6. 14. τὰς βόας ἀνήνεγκαν (10 *b*)
— 15. οἱ Λ. ἀνήνεγκαν τὴν κιβωτὸν τοῦ κ. (4)
— 15. οἱ ἄνδρες Β. ἀνήνεγκαν ὁλοκαυτώσεις (10 *b*)
7. 9. ἀνήνεγκεν αὐτὸν ὁλοκαύτωσιν . . . τῷ κ. (10 *b*)
— 10. ἦν Σαμ. ἀναφέρων τὴν ὁλοκαύτωσιν (10 *b*)
10. 8. ἀνενεγκεῖν ὁλοκαύτωσιν (10 *b*)
13. 9. B καὶ ἀνήνεγκε τὴν ὁλοκαύτωσιν (10 *b*)
— 10. B ὡς συνετέλεσεν ἀναφέρων τὴν ὁλοκ. (10 *b*)
— 12. B καὶ ἀνήνεγκα τὴν ὁλοκαύτ. (10 *b*)
15. 12. αὐτὸς ἀνέφερεν ὁλοκαύτωσιν τῷ κ. –
18. 27. ἀνήνεγκε [A ἦν.] τὰς ἀκροβυστ. αὐτῶν (1 *b*)
20. 13. ὅτι ἀνοίσω τὰ κακὰ ἐπὶ σέ †
II Ki. 1. 24. τὸν ἀναφέροντα κόσμον χρυσοῦν (10 *b*)
6. 17. ἀνήνεγκεν [A -ήγαγεν] αὐτῇ ὁλοκαυτ. (10 *b*)
21. 13. ἀνήνεγκεν ἐκεῖθεν τὰ ὀστᾶ Σ. (10 *b*)
24. 22. ἀνενεγκάτω [B¹ -κέτω, B² ποιησάτω] ὁ κύριός μου ὁ βασ. (10 *b*)
— 24. οὐκ ἀνοίσω τῷ κ. . . . ὁλοκαύτωμα δωρεάν (10 *b*)
— 25. καὶ ἀνήνεγκεν ὁλοκαυτώσεις (10 *b*)
III Ki. 3. 1 (9. 25). Σαλ. ἀνέφερε τρεῖς ἐν τῷ ἐνι. ὁλοκαυτ. (10 *b*)
— 4. ὁλοκαύτωσιν ἀνήνεγκε Σαλ. (10 *b*)
5. 13 (27). ἀνήνεγκεν ὁ βασ. [A *add.* Σαλ.] φόρον (10 *b*)
8. 1. A τοῦ ἀνενεγκεῖν [B ἐνεγκεῖν] τὴν κιβωτόν (10 *b*)
10. 5. ἣν ἀνέφερεν ἐν οἴκῳ κυρίου (10 *b*)
— 22 [B], 9. 15 [A]. ἧς ἀνήνεγκεν ὁ βασιλεύς (10 *b*)
12. 27. ἀναφέρειν θυσίαν [A -ας] ἐν οἴκῳ κ. (11)
17. 19. ἀνήνεγκεν [A -ήγαγεν] αὐτὸν εἰς τὸ ὑπερ. (10 *b*)
IV Ki. 3. 27. ἀνήνεγκεν αὐτὸν ὁλοκ. (10 *b*)
IV Ki. 4. 21. ἀνήνεγκεν [A ἦν.] αὐτόν (10 *b*)
I Ch. 15. 3. τοῦ ἀνενέγκαι τὴν κιβωτὸν κ. (10 *b*)
— 12. ἀνοίσετε τὴν κιβωτὸν τοῦ θ. Ἰσρ. (10 *b*)
— 14. τοῦ ἀνενέγκαι [A -κεῖν] τὴν κιβ. (10 *b*)
16. 2. συνετέλεσε Δαυὶδ ἀναφέρων ὁλοκαυτ. (10 *b*)
— 40. τοῦ ἀναφέρειν ὁλοκαυτώματα τῷ κ. (10 *b*)
21. 24. τοῦ ἀνενέγκαι ὁλοκαύτωσιν [A εἰς ὁ.] (10 *b*)
— 26. καὶ ἀνήνεγκεν ὁλοκαυτώματα (10 *b*)
23. 31. ἐπὶ πάντων τῶν ἀναφερομ. ὁλοκαυτ. (10 *b*)
29. 21. καὶ ἀνήνεγκεν ὁλοκαυτώματα τῷ θ. (10 *b*)
II Ch. 1. 4. κιβωτὸν τοῦ θ. ἀνήνεγκε Δ. (10 *b*)
— 6. A ἀνήνεγκεν [B ἦν.] ἐκεῖ Σαλ. (10 *b*)
— 6. A ἀνήνεγκεν [B ἦν.] ἐπ' αὐ. ὁλοκαυτ. (10 *b*)
2. 4 (3). τοῦ ἀναφέρειν ὁλοκαυτώματα –
4. 16. ἀνήνεγκε τῷ βασ. Σαλ. ἐν οἴκῳ κ. –
5. 2. τοῦ ἀνενέγκαι κιβωτὸν διαθήκης κ. (10 *b*)
— 5. A καὶ ἀνήνεγκαν τὴν κιβωτόν (10 *b*)
— 5. ἀνήνεγκαν αὐτὴν οἱ ἱερεῖς (10 *b*)
8. 12. τότε ἀνήνεγκε Σαλ. ὁλοκαυτώμ. τῷ κ. (10 *b*)
— 13. τοῦ ἀναφέρειν κατὰ τὰς ἐντολὰς Μ. (10 *b*)
9. 4. ἃ ἀνέφερεν [A -ον] ἐν οἴκῳ κυρίου (10 *b*)
— 16. A R ἀνέφερετο ἐπὶ τὴν ἀσπίδα ἑκάστην (10 *b*)
23. 18. ἀνενέγκαι [A² -ήνεγκαν] ὁλοκ. κυρίῳ (10 *b*)
24. 14. ἀνήνεγκαν ὁλοκαυτ. ἐν οἴκῳ κυρίου (10 *b*)
29. 21. ἀνήνεγκε μόσχους ἑπτά (1 *b*)
— 27. ἀνενέγκαι τὴν ὁλοκαυ. ἐπὶ τὸ θυσιαστ. (10 *b*)
— 27. ἐν τῷ ἄρξασθαι ἀ. τὴν ὁλοκαυτ. –
— 29. ὡς συνετέλεσαν ἀναφέροντες (10 *b*)
— 31. B ἀνήνεγκεν ἡ ἐκκλησία θυσίας (1 *b*)
— 32. ἧς ἀνήνεγκεν ἡ ἐκκλησία (1 *b*)
35. 14. ἐν τῷ ἀ. τὰ στέατα (10 *b*)
I Es. 1. 14. οἱ γὰρ ἱερ. ἀνέφερον τὰ στέατα
2. 15. ἀνηνέχθη δὲ ὑπὸ Σαμαν. . . . ἐκ Βαβ.
4. 6. θερίσαντες ἀναφέρουσι τῷ βασ.
— 6. ἀναφέρουσι τοὺς φόρους τῷ βασ.
5. 50. ἀνέφερον θυσίας κατὰ τὸν καιρόν
II Es. 3. 2. τοῦ ἀνενέγκαι ἐπ' αὐτὸ [A -τῷ] ὁλοκαυτ. (10 *b*)
— 6. ἤρξαντο ἀ. ὁλοκαυτώσεις τῷ κ. (10 *b*)
Ne. 10. 38 (39). οἱ Λ. ἀνοίσουσι τὴν δεκ. (10 *b*)
12. 31. ἀνήνεγκαν τοὺς ἄρχοντας Ἰ. (10 *b*)
To. 5. 13. ἀναφέροντες τὰ πρωτότοκα [S *al.*]
6. 3. S ἀνήνεγκεν [A B -έβαλεν] αὐτόν
Ju. 16. 18. ἀνήνεγκαν τὰ ὁλοκαυτώματα αὐτῶν
Jb. 7. 13. ἀνοίσω δὲ . . . λόγον [A διάλ.] τῇ κοίτῃ μου (7)
Ps. 50 (51). 19. ἀνοίσουσιν ἐπὶ τὸ θυσ. σου μόσχους (10 *b*)
65 (66). 15. ὁλοκαυτώματα μεμυελωμ. ἀνοίσω (10 *b*)
— 15. ποιήσω [B² S² ἀνοίσω] σοι βόας (11)
Pr. 8. 6. ἀνοίσω [A -γω] ἀπὸ χειλέων ὀρθά (5)
Si. 8. 19. μὴ ἀναφερέτω σοι χάριν
Is. 18. 7. ἀνενεχθήσεται δῶρα κυρίῳ (3)
53. 11. τὰς ἁμαρτίας αὐτῶν αὐτὸς ἀνοίσει (8)
— 12. αὐτὸς ἁμαρτίας πολλῶν ἀνήνεγκε (7)
57. 6. ἀνήνεγκας θυσίας (10 *b*)
60. 7. ἀνενεχθήσεται [S¹ *add.* δῶρα] δεκτά (10 *a*)
66. 3. ὁ δὲ ἀναφέρων σεμίδαλιν (10 *b*)
— 20. ὡς ἀνενέγκαισαν . . . τὰς θυσίας αὐτῶν (1 *b*)
Je. 39 (32). 35. τοῦ ἀ. τοὺς υἱοὺς αὐτῶν (9)
Ba. 1. 10. ἀνοίσατε ἐπὶ τὸ θυσιαστήριον
Ez. 36. 15. ὀνειδισμοὺς λαῶν οὐ μὴ ἀνενέγκητε [A *al.*] (7)
43. 18. τοῦ ἀ. ἐπ' αὐτοῦ ὁλοκαυτώματα (10 *b*)
— 24. ἀνοίσουσιν αὐτὰ ὁλοκαυτώματα τῷ κ. (10 *b*)
Da. TH. 6. 23 (24). τὸν Δαν. εἶπεν ἀνενέγκαι (15 *a*)
— 23 (24). καὶ ἀνηνέχθη Δ. ἐκ τοῦ λάκκου (15 *b*)
I Ma. 2. 24. ἀνήνεγκε θυμὸν κατὰ τὸ κρίμα
4. 53. ἀνήνεγκαν θυσίαν κατὰ τὸν νόμον
II Ma. 1. 18. R ἀνήνεγκε θυσίαν [A -ας]
— 21. ὡς δὲ ἀνηνέχθη τὰ τῶν θυσιῶν
2. 9. ἀνήνεγκε θυσίαν ἐγκαινισμοῦ
3. 35. R θυσίαν ἀνενέγκας τῷ κ. [A ἀνενεγκὼν τῷ θ.]
6. 10. R γυναῖκες ἀνηνέχθησαν [A ἀνήχθ.]
10. 3. R ἀνήνεγκαν θυσίαν [A -ας]
— 7. R ὕμνους ἀνέφερον [A ηὐχαρίστουν]

[Aq. IV Ki. 9. 28 (?): Ez. 14. 3: 19. 3.]
[Sm. I Ki. 13. 12: IV Ki. 9. 28 (?).]
[Th. IV Ki. 9. 28 (?): Je. 32 (39). 35: 33 (40). 18.]
[Al. Ps. 44 (45). 15.]

► **ἀναφορά.** (1) מַשָּׂא (2) עֲבֹדָה (3) עוֹלָה

Nu. 4. 19. ἕκαστον κατὰ τὴν ἀ. αὐτοῦ (1 *et* 2)
Ps. 50 (51). 19. θυσίαν δικαιοσύνης ἀναφορὰν καὶ ὁλ. (3)

[Sm. Ge. 8. 20: II Ki. 6. 17: IV Ki. 16. 15 (?): Jb. 42. 8: Ps. 19 (20). 4: 50 (51). 21.]

ἀναφορεύς. (1) בַּד (2) מוֹט

Ex. 25. 12 (13). ποιήσεις δὲ ἀναφορεῖς (1)
— 13 (14). εἰσάξεις τοὺς ἀ. εἰς τοὺς δακτυλίους (1)
— 14 (15). ἐν τοῖς δακτ. . . . ἔσονται οἱ ἀ. ἀκίνητοι (1)
— 26 (27). ἔσονται οἱ δακτ. εἰς θήκας τοῖς ἀ. (1)
— 27 (28). ποιήσεις τοὺς ἀ. ἐκ ξύλων ἀσήπτων (1)
27. 6. ποιήσεις . . . ἀναφορεῖς [A B¹ φ.] (1)
— 7. εἰσάξεις τοὺς ἀ. [A B¹ φ.] εἰς τοὺς δακ. (1)
— 7. ἔστωσαν οἱ ἀναφορεῖς [A B¹ φ.] (1)
35. 11. καὶ τοὺς ἀ. αὐτῆς (1)
Nu. 4. 6. διεμβαλοῦσι τοὺς ἀ. (1)
— 8. διεμβαλοῦσι δι' αὐτῆς τοὺς ἀ. [A *al.*] (1)
— 10. ἐπιθήσουσιν αὐτὴν ἐπ' ἀναφορέων (2)
— 11. διεμβαλοῦσι τοὺς ἀ. αὐτοῦ (1)
— 12. ἐπιθήσουσιν ἐπὶ ἀναφορεῖς (2)
— 14. διεμβαλοῦσι [A ἐμβ.] τοὺς ἀ. αὐτοῦ (1)
— 14. ἐπιθήσουσιν ἐπὶ ἀναφορεῖς –
13. 24 (23). ἦραν αὐτὸν ἐπ' ἀναφορεῦσι (2)
I Ch. 15. 15. ἔλαβον . . . τὴν κιβ. τοῦ θ. . . . ἐν ἀναφορεῦσιν (2)
II Ch. 5. 8. καὶ ἐπὶ τοὺς ἀ. αὐτῆς ἐπάνωθεν (1)
— 9. καὶ ὑπερεῖχον [A περιεῖχ.] οἱ ἀ. (1)
— 9. ἐβλέποντο αἱ κεφαλαὶ τῶν ἀ. (1)

[Aq. Ex. 30. 4: 39. 35 (15): Jb. 40. 26 (31).]
[Sm. Ex. 30. 4: 35. 16: 39. 35 (15).]
[Th. Ex. 30. 4: 35. 15, 16: 37. 4, 5, 14, 15: 39. 35 (15).]

ἀναφράσσειν. (1) סָתַם

Ne. 4. 7 (1). ἤρξαντο αἱ διασφ. ἀναφράσσεσθαι (1)

ἀναφύειν. (1) יָצָא (2) עָלָה (3) צָמַח (4) סָלַק

Ge. 41. 6, 23. ἑπτὰ στάχυες . . . ἀνεφύοντο (3)
I Ki. 5. 6. μέσ. τῆς χώρας αὐτῆς ἀνεφύησαν μύες –
Is. 34. 13. R ἀναφυήσει [A B¹ S¹ -φύσει] εἰς τὰς πόλ. αὐ. (2)
Ez. 37. 8. A νεῦρα καὶ σάρκες ἀνεφύοντο [B ἐφ.] (2)
Da. LXX. 7. 8. ἄλλο ἓν κέρας ἀνεφύη (4)
8. 9. ἀνεφύη κέρας ἰσχυρὸν ἓν (1)

[Aq. Is. 42. 9.]
[Sm. Jb. 14. 9: 38. 32.]

ἀναφυή.

[Aq. Za. 6. 12.]

ἀναφυρᾶν. (1) בָּלַל

Nu. 15. 6, 9. A σεμιδάλεως . . . ἀναπεφυραμένης [B -πεποιημ.] (1)

ἀνάφυσις.

[Sm. Jb. 38. 27.]

ἀναφωνεῖν. (1) זָכַר hi. (2) שָׁמַע hi.

I Ch. 15. 28. ἀναφωνοῦντες νάβλαις (2)
16. 4. λειτουργοῦντας ἀναφωνοῦντας (1)
— 5. καὶ Ἀσὰφ ἐν κυμβάλοις ἀναφωνῶν (2)
— 42. σάλπιγγες καὶ κύμβαλα τοῦ ἀ. (2)
II Ch. 5. 13. ἐν τῷ ἀ. φωνῇ μιᾷ (2)

[Al. Hb. 3. 10.]

ἀναχαίνειν.

II Ma. 6. 18. R ἀναχανὼν [A -χαίνων] ἠναγκάζετο φαγεῖν

ἀναχεῖν.

[Al. Ps. 44 (45). 3.]

ἀναχωρεῖν. (1) בָּרַח (2) נָגַע ni. (3) נוּס (4) סָבַב (5) עָלָה ni. (6) פָּרַץ hithp.

Ex. 2. 15. ἀνεχώρησε δὲ Μ. ἀπὸ προσώπου Φαραώ (1)
Nu. 16. 24. ἀναχωρήσατε κύκλῳ ἀπὸ τῆς συναγ. K. (5)
Jo. 8. 15. ἀνεχώρησεν Ἰ. (2)
Jd. 4. 17. A ἀνεχώρησεν [B ἔφυγεν] τοῖς ποσὶν αὐ. (3)
I Ki. 19. 10. Δαυὶδ ἀνεχώρησε (3)
25. 10. οἱ δοῦλοι ἀναχωροῦντες (6)
II Ki. 4. 4. ἐν τῷ σπεύδειν αὐτὸν καὶ ἀ. (3)
To. 1. 19. φοβηθεὶς ἀνεχώρησα [S *al.*]
Ps. 113 (114). 5. S¹ ἀνεχώρησας [A R ἐστράφης] εἰς τὰ ὀπ. (4)
Pr. 25. 8. ἀναχώρει εἰς τὰ ὀπίσω †
Ho. 12. 12 (13). καὶ ἀνεχώρησεν Ἰ. εἰς πεδίον Σ. (1)
Je. 4. 29. ἀνεχώρησε πᾶσα χώρα (1)

► = additional entry on page xxiv

II Ma. 5. 27. ἀναχωρήσας εἰς τὴν ἔρ. [A ἐν τοῖς ὄρεσιν]
10. 13. πρὸς Ἀντ. τὸν Ἐπιφανῆ ἀναχωρῆσαι
[**Aq.** Is. 33. 3 : 54. 10.]
[**Sm.** Ca. 5. 17 (6. 1) : Je. 34 (41). 21.]
[**Th.** Is. 33. 3.]

ἀναχώρησις.

[**Sm.** Ps. 54 (55). 8.]

ἀνάψυξις. (1) רְוָחָה

Ex. 8. 15 (11). ἰδὼν δὲ Φαραὼ ὅτι γέγονεν ἀ. (1)
[**Aq.** Is. 28. 12.]
[**Sm.** Is. 32. 15.]

ἀναψύχειν. (1) בָּלַג hi. (2) חָיָה (3) נָפַשׁ ni. (4) רָוַח

Ex. 23. 12. ἵνα ἀναψύξῃ [B[1] -παύσηται] ὁ υἱὸς τῆς παιδίσκης (3)
Jd. 15. 19. A καὶ ἀνέψυξεν [B ἔζησε] (2)
I Ki. 16. 23. καὶ ἀνέψυχε Σαούλ (4)
II Ki. 16. 14. καὶ ἀνέψυξαν ἐκεῖ (3)
Ps. 38 (39). 13. ἄνες μοι ἵνα ἀναψύξω (1)
II Ma. 4. 46. ὡς ἀναψύξοντα τὸν βασ. μετέθηκε
13. 11. τὸν ἄρτι βραχέως ἀνεψυχότα λαόν
[**Aq.** Ex. 31. 17 : Is. 34. 14.]
[**Sm.** Jd. 15. 19.]
[**Th.** Jd. 15. 19.]

ἀναψυχή. (1) אֹן (2) בֶּטַח (3) רְוָיָה

Ps. 65 (66). 12. ἐξήγαγες ἡμᾶς εἰς ἀναψυχήν (3)
Ho. 12. 8 (9). εὕρηκα ἀναψυχὴν ἐμαυτῷ (1)
Je. 30. 9 (49. 31). ἐπ' ἔθνος . . . καθήμενον εἰς ἀναψυχήν (2)

ἀνδραγαθεῖν.

I Ma. 5. 61. οἰόμενοι ἀνδραγαθῆσαι [A[2] *add.* αὐτόν]
— 67. βουλομένου αὐτοῦ ἀνδραγαθῆσαι [R *al.*]
16. 23. τῶν ἀνδραγαθ. αὐτοῦ ὧν ἠνδραγάθησε
II Ma. 2. 21. τοῖς ὑπὲρ τοῦ Ἰ. . . . ἀνδραγαθήσασιν

ἀνδραγάθεσις, *vid.* **ἀνδραγάθησις.**

ἀνδρογάθημα.

[**Sm.** Ec. 5. 10.]

ἀνδραγάθησις.

I Ma. 5. 56. A ἄρχοντες τῶν δυνάμ. τῶν ἀ. [*cod.* -θέσεων] [S R *al.*]

ἀνδραγαθία (-θεία). (1) גְּבוּרָה

Es. 10. 2. καὶ τὴν ἰσχὺν αὐτοῦ καὶ ἀ. (1 ?)
I Ma. 5. 56. S R ἄρχοντες τῆς δυνάμ. τῶν ἀ. [A *al.*]
8. 2. διηγήσαντο αὐτῷ . . . τὰς ἀ.
9. 22. καὶ τῶν ἀ. ὧν ἐποίησε
10. 15. διηγήσαντο . . . τὰς ἀ.
16. 23. τὰ λοιπὰ . . . τῶν ἀ. αὐτοῦ
II Ma. 14. 18. ἣν εἶχον οἱ περὶ τὸν Ἰ. ἀνδραγαθίαν
IV Ma. 1. 8. τῆς ἀ. τῶν ὑπὲρ ἀρετῆς ἀποθανόντων
[**Sm.** Ec. 10, 17.]

ἀνδραλογία.

II Ma. 12. 43. R κατ' ἀνδραλογίαν [A ἀνδρολογεῖον] κατασκευάσματα

ἀνδράποδον.

III Ma. 7. 5. καταγαγόντες αὐτοὺς . . . ὡς ἀνδράποδα

ἀνδρεία, ἀνδρία. (1) כִּשְׁרוֹן (2) תְּבוּנָה

Ps. 67 (68). 6. ἐξάγων πεπεδημένους ἐν ἀνδρείᾳ †
Pr. 21. 30. οὐκ ἔστιν ἀ. . . . πρὸς τὸν ἀσεβῆ (2)
Ec. 2. 21. A B μόχθος αὐτοῦ . . . ἐν ἀνδρείᾳ [S R -ρίᾳ] (1)
4. 4. ἀνδρίαν τοῦ ποιήματος (1)
5. 10. τί ἀνδρεία τῷ παρ' αὐτῆς [S[1] *al.*] (1)
Wi. 8. 7. ἐκδιδάσκει δικαιοσύνην καὶ ἀ.
Ep. Je. 59. βασ. ἐπιδεικνύμενον τὴν ἑαυτοῦ ἀ.
I Ma. 9. 10. ἀποθάνωμεν ἐν [A *om.*] ἀνδρείᾳ [S -είως]
IV Ma. 1. 4. τῶν τῆς ἀ. ἐμποδιστικῶν παθῶν
— 6. τῶν τῆς δικαιοσύνης καὶ ἀ. . . . ἐναντίων
— 11. θαυμασθέντες οὐ μόνον . . . ἐπὶ τῇ ἀ.
— 18. φρόνησις καὶ δικαιοσύνη καὶ ἀ.
5. 23. ἀνδρείαν ἐξασκεῖν [S ἐκδιδάσκειν]
17. 23. πρὸς γὰρ τὴν ἀ. αὐτῶν τῆς ἀρετῆς
[**Aq. Sm. Th.** Pr. 31. 19.]
[**Al.** Ge. 49. 3.]
[**Sam.** Ex. 32. 18.]

ἀνδρεῖος. (1) גֶּבֶר (2) חַיִל (3) חָרוּץ (4) יָשָׁר (5) עָרִיץ

To. 6. 12. S φρόνιμον καὶ ἀ. [A B *om.* κ. ἀ.] καὶ καλόν
Pr. 10. 4. χεῖρες δὲ ἀνδρείων πλουτίζουσιν (3)
11. 16. οἱ δὲ ἀ. ἐρείδονται πλούτῳ (5)
12. 4. γυνὴ ἀ. στέφανος τῷ ἀνδρὶ αὐτῆς (2)
13. 4. χεῖρες δὲ ἀνδρείων ἐν ἐπιμελείᾳ (3)
15. 19. αἱ δὲ τῶν ἀ. τετριμμέναι (4)
28. 3. ἀνδρεῖος . . . συκοφαντεῖ πτωχούς (1)
31. 10. γυναῖκα ἀ. τίς εὑρήσει (2)
Ec. 10. 10. A περισσεία τοῦ ἀ. [B S τῷ ἀνδρὶ οὐ] σοφία †
Wi. 8. 15. φανοῦμαι . . . ἐν πολέμῳ ἀνδρεῖος
Si. 26. 2. γύνη ἀ. εὐφραίνει τὸν ἄνδρα αὐτῆς
28. 15. γλῶσσα τρίτη γυναῖκας ἀ. ἐξέβαλε
IV Ma. 2. 23. βασιλείαν σώφρονά τε . . . καὶ ἀ.
7. 23. ἀ. ἐστι τῶν παθῶν κύριος
15. 10. δίκαιοί τε γὰρ ἦσαν καὶ σώφρονες καὶ ἀ.
— 30. ἀνδρῶν πρὸς ὑπομονὴν ἀνδρειοτέρα
17. 24. ἔσχε τε αὐτοὺς γενναίους καὶ ἀ.
[**Sm.** Jd. 6. 12 : III Ki. 2. 2 : Ps. 32 (33). 16 : 88 (89). 20 : Is. 3. 2 : Ez. 32. 12 : Am. 2. 16.]
[**Th.** Pr. 12. 24.]

ἀνδρειοῦν.

IV Ma. 15. 23. τὰ σπλ. αὐ. ὁ εὐσ. λογισμὸς . . . ἀνδρειώσας

ἀνδρείως.

I Ma. 9. 10. S ἀποθάνωμεν ἀ. [R ἐν ἀνδρείᾳ, A ἀνδρείᾳ]
II Ma. 6. 27. ἀ. μὲν νῦν διαλλάξας τὸν βίον
14. 43. R κατεκρήμνισεν ἑαυτὸν ἀ. [A ἀνδρωδῶς]

ἀνδριάς.

[**Sm.** Da. 2. 31 *bis.*]

ἀνδρίζεσθαι. (1) אָמֵץ *a.* qal. *b.* pi. (2) חָזַק (3) מָעוֹז

De. 31. 6, 7, 23. ἀνδρίζου καὶ ἴσχυε (2)
Jo. 1. 6. ἴσχυε καὶ ἀνδρίζου (1 *a*)
— 7. ἴσχυε οὖν καὶ ἀνδρίζου (1 *a*)
— 9, 18. ἴσχυε καὶ ἀνδρίζου (1 *a*)
10. 25. ἀνδρίζεσθε καὶ ἰσχύετε (2)
II Ki. 10. 12. ἀνδρίζου καὶ κραταιωθῶμεν (2)
13. 28. ἀνδρίζεσθε καὶ γίνεσθε εἰς υἱ. δυνάμ. (2)
I Ch. 19. 13. A R ἀνδρίζου καὶ ἐνισχύσωμεν (2)
22. 13. ἀνδρίζου καὶ ἴσχυε (2)
28. 20. ἴσχυε καὶ ἀνδρίζου (1 *a*)
II Ch. 32. 7. ἰσχύσατε καὶ ἀνδρίζεσθε (1 *a*)
Ps. 26 (27). 14. ἀνδρίζου καὶ κραταιούσθω (2)
30 (31). 24. ἀνδρίζεσθε καὶ κραταιούσθω (2)
Si. 34 (31). 25. ἐν οἴνῳ μὴ ἀνδρίζου
Mi. 4. 10. ὤδινε κ. ἀνδρίζου †
Na. 2. 1 (2). ἄνδρισαι τῇ ἰσχύϊ σφόδρα (1 *b*)
Je. 2. 25. ἡ δὲ εἶπεν, Ἀνδριοῦμαι †
18. 12. εἶπαν, Ἀνδριούμεθα †
Da. LXX. 10. 19. ἀνδρίζου καὶ ἴσχυε (2)
11. 1. ἐνισχῦσαι καὶ ἀνδρίζεσθαι (3)
Da. Th. 10. 19. ἀνδρίζου καὶ ἴσχυε (2)
I Ma. 2. 64. ἰσχύσατε καὶ ἀνδρίζεσθε ἐν τῷ νόμῳ
[**Th.** Is. 41. 6.]

ἀνδρίς.

[**Sm.** Ge. 2. 23.]

ἀνδρογύναιος.

Pr. 18. 8. S[1] ψυχαὶ δὲ ἀνδρογυναίων [A B -γύνων] †
19. 15. B S[1] δειλία κατέχει ἀνδρόγυναιον [A R -νον] †

ἀνδρόγυνος.

Pr. 18. 8. ψυχαὶ δὲ ἀνδρογύνων [S[1] -ναίων] †
19. 15. δειλία κατέχει ἀνδρόγυνον [B S[1] -ναιον] †

ἀνδρολογεῖον (?).

II Ma. 12. 43. A ποιησάμενός τε κατ' ἀνδρολογεῖον [R ἀνδραλογίαν]

ἀνδροῦν. (1) יְמֵי עֲלוּמִים (2) צֶאֱצָאִים

Jb. 27. 14. ἐὰν δὲ καὶ ἀνδρωθῶσι (2)
33. 25. αὐτὸν ἀνδρωθέντα ἐν ἀνθρώποις (1)
[**Al.** I Ki. 2. 33.]

ἀνδροφονεῖν.

IV Ma. 9. 15. οὐκ ἀνδροφονήσαντά με τοῦτον καταικίζεις [S βασανίζεις]

ἀνδροφόνος.

II Ma. 9. 28. ὁ μὲν οὖν ἀ. καὶ βλάσφημος

ἀνδρωδῶς.

I Ma. 6. 31. ἐπολέμησαν ἀ.
II Ma. 14. 43. A κατεκρήμνισεν ἑαυτὸν ἀ. [R ἀνδρείως]

ἀνεγείρειν.

Si. 49. 13. Νεεμ. . . . ἀνεγείραντος τὰ οἰκόπεδα ἡμ.
[**Sm.** Ps. 40 (41). 11 : Is. 49. 8 : 58. 12 : 61. 4.]

ἀνέγκλητος.

III Ma. 5. 31. ἀντὶ τῶν ἀ. ἐμοὶ . . . ἀποδεδειγμένων

ἀνέδην.

[**Sm.** Jb. 15. 4.]

ἀνείκαστος.

III Ma. 1. 28. ἀ. τις ἦν βοή

ἀνειλεῖν. (1) פָּרַשׂ

Ez. 2. 10. ἀνείλησεν αὐτὴν ἐνώπιόν μου (1)

ἀνεκλιπής.

Wi. 7. 14. ἀ. γὰρ θησαυρός ἐστιν ἀνθρώποις
8. 18. ἐν πόν. χειρῶν αὐ. πλοῦτος [S[1] τέρψις] ἀ.

ἀνελεημόνως. (1) אַכְזָר

Jb. 6. 21. ὑμεῖς ἐπέβητέ μοι ἀ. †
30. 21. ἐπέβησαν δέ μοι ἀ. [A S *al.*] (1)

ἀνελεήμων. (1) *a.* אַכְזָר *b.* אַכְזָרִי *c.* אַכְזְרִיּוּת (2) ἀ. γίγνεσθαι שָׁכַח

Jb. 19. 14. φίλοι δέ μου ἀ. γεγόνασιν (2)
30. 21. A ἀπέβησαν δέ μοι ἀνελεήμονες [B S *al.*] (1 *a*)
Pr. 5. 9. ἵνα μὴ πρόῃ . . . σὸν βίον ἀνελεήμοσιν (1 *b*)
11. 17. ἐξολλύει δὲ αὐτοῦ σῶμα ὁ ἀ. (1 *b*)
12. 10. τὰ δὲ σπλάγχνα τῶν ἀσ. ἀνελεήμονα (1 *b*)
17. 11. ὁ δὲ κ. ἄγγελον ἀ. ἐκπέμψει αὐτῷ (1 *b*)
27. 4. ἀ. θυμὸς καὶ ὀξεῖα ὀργή (1 *c*)
Wi. 12. 5. τέκνων τε φονέας ἀ.
19. 1. τοῖς δὲ ἀσεβέσι . . . ἀ. θυμὸς ἐπέστη
Si. 13. 12. ἀνελεήμων ὁ μὴ συντηρῶν λόγους
32 (35). 18. ἕως ἂν συντρίψῃ ὀσφὺν ἀνελεημόνων
37. 11. μετὰ ἀνελεήμονος περὶ χρηστοηθείας
[**Aq.** Je. 6. 23 : 30 (37). 14 : 50 (27). 42.]
[**Sm.** Je. 30 (37). 14 : 50 (27). 42.]
[**Th.** Je. 30 (37). 14.]

ἀνέλκειν.

[**Sm.** Je. 38 (45). 13.]

ἀνέλπιστος.

Is. 18. 2. ἔθνος ἀ. καὶ καταπεπατημένον †
— 7. S ἔθνος ἀ. [A B ἐλπίζον] καὶ καταπεπατημ. †

ἀνελπίστως.

Wi. 11. 7. ἔδωκας αὐτοῖς δαψιλὲς ὕδωρ ἀ.

ἄνεμος. (1) רוּחַ (2) ἄ. καύσων רוּחַ

Ex. 10. 13. ἐπήγαγεν ἄνεμον [A *om.*] νότον (1)
— 13. ὁ ἄ. ὁ νότος ἀνέλαβε τὴν ἀκρίδα (1)
— 19. μετέβαλε κύριος ἄνεμον (1)
14. 21. ἐν ἀνέμῳ νότῳ βιαίῳ (1)
II Ki. 22. 11. καὶ ὤφθη ἐπὶ πτερύγων ἀνέμου [A -ων] (1)
III Ki. 14. 15. A καθὰ κινεῖται ὁ ἄ. ἐν τῷ ὕδατι †
I Ch. 9. 24. κατὰ τοὺς τέσσαρας ἀ. ἦσαν αἱ πύλαι (1)
Jb. 13. 25. φύλλον κινούμ. ὑπὸ ἀνέμου –
15. 30. τὸν βλαστὸν αὐτοῦ μαράναι [A -αίνει] ἄνεμος (1 ?)
21. 18. ὥσπερ ἄχυρα ὑπ' [A πρὸ, B[2] ἀπὸ] ἀνέμου (1)
28. 25. ἀνέμων σταθμὸν ὕδατος μέτρα (1)
Ps. 1. 4. ὁ χνοῦς ὃν ἐκρίπτει ὁ ἄ. (1)
17 (18). 10. ἐπετάσθη ἐπὶ πτερύγων ἀνέμων (1)
— 42. ὡς χνοῦν κατὰ πρόσ. ἀνέμου (1)
34 (35). 5. ὡσεὶ χνοῦς κατὰ πρόσ. ἀνέμου (1)
82 (83). 13. ὡς καλάμην κατὰ πρόσ. ἀνέμου [S[1] πυρός] (1)
103 (104). 3. ὁ περιπατῶν ἐπὶ πτερύγων ἀνέμων (1)

Ps. 134 (135). 7. ὁ ἐξάγων ἀνέμους ἐκ θησαυρῶν (1)
Pr. 8. 27. ἀφώριζε τὸν ἑαυτοῦ θρόνον ἐπ᾽ ἀνέμων †
9. 12. οὗτος ποιμαίνει ἀνέμους –
11. 29. κληρονομήσει ἄνεμον (1)
24. 27 (30. 4). τίς συνήγαγεν ἀνέμους ἐν κόλπῳ (1)
25. 14. ὥσπερ ἄνεμοι καὶ νέφη καὶ ὑετοί (1)
— 23. ἄνεμος βορέας ἐξεγείρει νέφη (1)
27. 16. βορέας σκληρὸς ἄ. (1)
Ec. 5. 15. ᾗ μοχθεῖ εἰς ἄνεμον (1)
11. 4. A R τηρῶν ἄνεμον οὐ σπείρει [B S σπερεῖ] (1)
Wi. 4. 4. ὑπὸ ἀνέμου σαλευθήσεται, καὶ ὑπὸ βίας ἀνέμων ἐκριζωθήσεται
5. 14. R ὡς φερόμ. χνοῦς ὑπὸ ἀνέμου
— 14. ὡς καπνὸς ὑπὸ ἀνέμου διεχύθη
Si. 5. 9. μὴ λίκμα ἐν παντὶ ἀ.
22. 18. κατέν. ἀνέμου οὐ μὴ ὑπομείνωσιν
31 (34). 2. ὡς . . . διώκων ἄνεμον
43. 20. ψυχρὸς ἄ. βορέης [A S -έας] πνεύσει
Ho. 13. 15. ἐπάξει καύσωνα ἄνεμον κ. (1)
Za. 2. 6 (10). ἐκ τῶν τεσσ. ἀ. τοῦ οὐρ. συνάξω ὑμᾶς (1)
6. 5. ταῦτά ἐστιν οἱ τέσσαρες ἄ. τοῦ οὐρ. (1)
Is. 17. 13. λικμώντων ἀπέναντι ἀνέμου (1)
41. 16. ἄ. λήψεται αὐτούς (1)
57. 13. τούτους γὰρ πάντας ἄ. λήψεται (1)
64. 6 (5). οὕτως ἄ. οἴσει ἡμᾶς (1)
Je. 5. 13. οἱ προφῆται ἡμῶν ἦσαν εἰς ἄνεμον (1)
13. 24. A S R φρύγανα φερόμενα ὑπὸ [B ἀπὸ] ἀνέμου (1)
14. 6. εἵλκυσαν ἄνεμον (1)
18. 14. ὕδωρ βιαίως ἀνέμῳ φερόμενον †
— 17. ὡς ἄνεμον καύσωνα διασπερῶ αὐτούς (1)
22. 22. πάντας τοὺς ποιμένας σου ποιμανεῖ ἄ. (1)
25. 15 (49. 36). ἐπάξω ἐπὶ Αἰλὰμ τέσσαρας ἀ. (1)
— 15 (49. 36). διασπερῶ αὐτοὺς ἐν πᾶσι τοῖς ἀ. τούτοις (1)
28 (51). 1. ἐξεγείρω . . . ἄ. καύσωνα διαφθείροντα (2)
Ez. 5. 10. διασκορπιῶ . . . εἰς πάντα ἄ. (1)
— 12. εἰς πάντα ἄ. σκορπιῶ [A διασπερῶ] αὐτούς (1)
12. 14. διασπερῶ εἰς πάντα ἄ. (1)
17. 10. ἅμα τῷ ἅψασθαι αὐτῆς ἄ. τὸν καύσωνα (1)
— 21. τοὺς καταλοίπ. εἰς πάντα ἄ. διασπερῶ (1)
19. 12. ἄ. ὁ καύσων ἐξήρανε τὰ ἐκλεκτὰ αὐτῆς (1)
37. 9. ἐλθὲ ἐκ τῶν τεσσ. ἀ. τοῦ οὐρ. [B *al.*] (1)
Da. LXX. 2. 35. ἐρρίπισεν αὐτὰ ὁ ἄ. (1)
4. 15. ἐδόθησαν εἰς πάντα ἄ. –
7. 2. ἰδοὺ τέσσαρες ἄ. τοῦ οὐρ. ἐνέπεσον (1)
8. 8; 11. 4. εἰς τοὺς τέσσαρας ἀ. τοῦ οὐρ. (1)
Da. TH. 7. 2. ἰδοὺ οἱ τέσσαρες ἄ. τοῦ οὐρ. προσέβαλλον (1)
8. 8; 11. 4. εἰς τοὺς τέσσαρας ἀ. τοῦ οὐρανοῦ (1)
III Ma. 2. 21. κραδάνας αὐτὸν ὡς κάλαμον ὑπὸ ἀνέμου
IV Ma. 15. 32. καρτεροῖς ἀ. ταῖς τῶν υἱ. βασ. συνεχομένη
[**Aq.** Ge. 3. 9 (8): Jb. 1. 19: Pr. 27. 16: Ec. 1. 14, 17: 2. 11: 6. 9: Is. 7. 2: 40. 24: 41. 16: Je. 2. 24: 10. 13: 49. 32 (30. 10): 51 (28). 16: Ez. 1. 4: 5. 2: 37. 9: 42. 20 (?): Ho. 12. 1 (2).]
[**Sm.** Ge. 41. 6, 23: Jb. 30. 15: 38. 24: Ps. 47 (48). 8: Pr. 27. 16: 30. 4: Ec. 1. 14, 17 (?): 4. 16: 11. 5: Is. 41. 16: Je. 10. 13: 14. 6: 49. 32 (30. 10): 51 (28). 16: Ez. 5. 2: Ho. 12. 1 (2): Hb. 1. 9.]
[**Th.** Pr. 27. 16: Ec. 1. 14: 2. 11: 6. 9: Is. 32. 15: 41. 16, 29: Je. 10. 13: 49. 32 (30. 10): Ez. 5. 2.]
[**Al.** Ex. 9. 23: Ps. 148. 8.]
[**Quint.** Pr. 27. 16.]

ἀνεμοφθορία. (1) יֵרָקוֹן (2) שִׁדָּפוֹן
De. 28. 22. πατάξαι σε κύριος ἐν . . . ἀνεμοφθορίᾳ (2)
II Ch. 6. 28. ἀ. καὶ ἴκτερος, ἀκρὶς καὶ βροῦχος (2)
Hg. 2. 18 (17). ἐπάταξα ὑμᾶς ἐν ἀφορίᾳ καὶ ἐν ἀ. (1)
[**Aq. Sm. Th.** Am. 4. 9.]
[**Al.** Le. 26. 16.]

ἀνεμόφθορος. [A Ho. 8. 7. ἀνεμοφθόριος.]
(1) נִדַּף ni. (2) רוּחַ (3) שְׁדֻף קָדִים
Ge. 41. 6, 23. στάχυες λεπτοὶ καὶ ἀ. (3)
— 7, 24. στάχυες οἱ λεπτοὶ καὶ ἀ. –
— 27. στάχυες οἱ λεπτοὶ καὶ ἀ. (3)
Pr. 10. 5. ἀ. δὲ γίνεται . . . υἱὸς παράνομος †
Ho. 8. 7. ὅτι ἀνεμόφθορα ἔσπειραν (2)
Is. 19. 7. τὸ ἄχι . . . ξηρανθήσεται ἀνεμόφθορον (1)

ἀνεμπόδιστος.
Wi. 17. 20. ἀνεμποδίστοις συνείχετο ἔργοις
19. 7. ἐξ ἐρυθρᾶς θαλάσσης ὁδὸς ἀ.

ἀνενδεής.
[**Sm.** I Ki. 2. 5.]

ἀνεξέλεγκτος. (1) אֵין חֵקֶר (2) עֹזֵב תּוֹכַחַת
Pr. 10. 17. παιδεία δὲ ἀ. πλανᾶται (2)
25. 3. καρδία δὲ βασιλέως ἀνεξέλεγκτος (1)

ἀνεξερεύνητος.
[**Sm.** Pr. 25. 3.]

ἀνεξέταστος.
[**Aq.** Pr. 25. 3.]

ἀνεξικακία.
Wi. 2. 19. A S R καὶ δοκιμάσωμεν [B δικάσ.] τὴν ἀ. αὐτοῦ

ἀνεξιχνίαστος. (1) אֵין חֵקֶר
Jb. 5. 9. τὸν ποιοῦντα μεγάλα καὶ ἀ. (1)
9. 10. ὁ ποιῶν μεγάλα καὶ ἀ. (1)
34. 24. ὁ καταλαμβάνων ἀνεξιχνίαστα (1)

ἀνεπίβατος.
[**Sm.** Je. 9. 12 (11): Ma. 1. 3.]
[**Th.** Ma. 1. 3.]

ἀνεπιεικής.
Pr. 12. 26. A αἱ δὲ γνῶμαι τῶν ἀσ. ἀνεπιεικεῖς –
[**Al.** Pr. 12. 10.]

ἀνέπισεν (?).
[**Sm.** Am. 7. 10.]

ἀνεπιστήμων.
[**Sm.** Jb. 21. 34: Ps. 72 (73). 22.]
[**Al.** Ju. 3. 2.]

ἀνεπιστρέπτως.
III Ma. 1. 20. A ἀ. [R ἀνεπιτρέπτως] . . . ἠθροίζοντο

ἀνεπιτρέπτως.
III Ma. 1. 20. R ἀ. [A ἀνεπιστρέπτως] . . . ἠθροίζοντο

ἀνέργεια (?).
II Ma. 3. 29. A διὰ τὴν θείαν ἀ. [R ἐνέργειαν]

ἀνερεῖν.
[**Aq.** Is. 53. 2 (?).]

ἀνερευνᾶν.
● IV Ma. 3. 13. διεξῄεσαν ἀνερευνώμενοι
[**Sm.** Ps. 76 (77). 7.]

ἀνέρχεσθαι. (1) הָלַךְ
III Ki. 13. 12. ἐν ᾗ ἀνῆλθεν [A ἀπ.] ὁ ἄνθρωπος τοῦ θ. (1)

ἄνεσις. (1) שָׁלוּ
II Ch. 23. 15. καὶ ἔδωκαν αὐτῇ ἄνεσιν †
I Es. 4. 62. ὅτι ἔδωκεν αὐτοῖς ἄ. καὶ ἄφεσιν
II Es. 4. 22. ἄνεσιν ποιῆσαι περὶ τούτου (1)
Wi. 13. 13. A B S[1] ἐμπειρίᾳ ἀνέσεως [R συνέσ.] ἐτύπωσεν αὐτό
Si. 15. 20. οὐκ ἔδωκεν ἄνεσιν οὐδενὶ ἁμαρτάνειν
26. 10. ἵνα μὴ εὑροῦσα ἄνεσιν ἑαυτῇ χρήσηται
[**Sm.** Ex. 8. 15 (11): La. 3. 49.]

ἀνετάζειν. (1) דָּרַשׁ (2) בִּקֵּשׁ pu.
Jd. 6. 29. A ἀνήταζον καὶ ἐξεζήτουν [B *aliter*] (1)
Es. 2. 23. S[3] ὁ δὲ βασ. ἀνήτασε [A B S ἤτ.] τοὺς δύο εὐν. (2)
Da. TH. Su. 14. ἀνετάζοντες ἀλλήλους τὴν αἰτίαν

ἄνευ.
Ge. 41. 16, 44.
Ex. 21. 11.
I Ki. 6. 7.
IV Ki. 18. 25.
Es. 3. 13.
Jb. 6. 6†: 8. 11 *bis*: 24. 7: 30. 28: 31. 39: 34. 6, 32: 39. 3†, 16.
Ps. 9. 27 (10. 6): 43 (44). 12: 58 (59). 4.
Wi. 14. 4: 19. 13.
Si. 30. 38 (33. 29): 31 (34). 8: 35 (32). 18, 19: 38. 32: 51. 25.
Am. 3. 5 *bis*.
Is. 10. 15 *bis*: 28. 1: 36. 10: 55. 1.
Je. 51 (44). 19.
Ep. Je. 26.
Da. LXX. 2. 34, 45: Bel 25.
Da. TH. 2. 34, 45: Bel 26.
I Ma. 14. 44.
II Ma. 4. 6.
III Ma. 4. 5: 7. 5, 12.
[**Aq.** Ge. 41. 16: Jb. 31. 39: Is. 55. 1 *bis*.]
[**Sm.** II Ch. 15. 3: Jb. 20. 26: 31. 39: Ps. 15 (16). 2: Is. 55. 1 *bis*.]
[**Th.** Jb. 31. 39: 34. 6: Is. 55. 1 *bis*.]
[**Al.** Pr. 19. 23.]
[**Hebr.** Ez. 22. 28.]
[**Quint.** Ho. 7. 16.]

ἀνευλαβής.
[**Aq.** Is. 57. 11.]

ἀνευόδωτος.
[**Aq. Sm.** Je. 22. 30.]

ἀνευρίσκειν.
● IV Ma. 3. 14. ἀνευράμενοι θαρραλέως τὴν πηγήν

ἀνευφημεῖν.
[**Sm.** Ps. 62 (63). 8.]

ἀνέφικτος.
III Ma. 2. 15. οὐρανὸς . . . ἀνέφικτος ἀνθρώποις ἐστίν

ἀνέχειν. (1) אָפַק hithp. (2) אָרַךְ hi. (3) יָאַשׁ ni. (4) יָכֹל (5) כָּלָא (6) מָנַע (7) סָבַל (8) שׁוּב
Ge. 45. 1. οὐκ ἠδύνατο Ἰ. ἀνέχεσθαι πάντων τῶν π. (1)
III Ki. 12. 24. B ἀνέσχον τοῦ [R μὴ] πορευθῆναι (8?)
Jb. 6. 11. ἀνέχεταί μου ἡ ψυχή (2)
— 26. οὐδὲ γὰρ ὑμ. φθέγμα [A -ματος] ῥήματος ἀνέξομαι (3?)
Si. 48. 3. ἐν λόγῳ κυρίου ἀνέσχεν οὐρανόν
Am. 4. 7. καὶ ἐγὼ ἀνέσχον ἐξ ὑμῶν τὸν ὑετόν (6)
Hg. 1. 10. ἀνέξει ὁ οὐρανὸς ἀπὸ δρόσου (5)
Is. 1. 13. ἡμέραν μεγάλην οὐκ ἀνέχομαι (4)
42. 14. σιωπήσομαι καὶ ἀνέξομαι (1)
46. 4. ἐγὼ ἀνέχομαι ὑμῶν (7)
63. 15. ὅτι ἀνέσχου ἡμῶν (1)
64. 12 (11). ἐπὶ πᾶσι τούτοις ἀνέσχου (1)
II Ma. 9. 12. μηδὲ τῆς ὀσμῆς αὐ. ἀνέχεσθαι δυνάμ.
III Ma. 1. 22. οὐκ ἠνείχοντο τέλεον αὐ. ἐπικειμένου
IV Ma. 1. 35. S R ἀνέχεται [A ἀντ.] γὰρ τὰ τῶν ὀρέξεων πάθη
13. 27. ἀνέσχοντο . . . τοὺς ἀδελφούς
[**Aq.** Pr. 28. 3.]
[**Sm.** Jb. 21. 3: Pr. 28. 3: Is. 1. 13: Je. 6. 11: Hb. 1. 13.]
[**Th.** Pr. 28. 3: Is. 1. 13.]
[**Al.** I Ki. 13. 12.]

ἀνεψιός. (1) בֶּן דּוֹד
Nu. 36. 11. τοῖς ἀ. αὐτῶν . . . ἐγενήθησαν γυναῖκες (1)
To. 7. 2. ὡς ὅμοιος ὁ νεανίσκος Τωβὶτ τῷ ἀ. μου [S *al.*]
9. 6. S εἶδον Τ. τὸν ἀ. μου ὅμοιον αὐτῷ

ἄνηβος.
II Ma. 5. 13. A ἀνήβων [R ἀνδρῶν] τε καὶ γυναικῶν

ἀνήκειν. (1) בּוֹא
Jo. 23. 14. πρὸς πάντα τὰ ἀνήκοντα ἡμῖν [A *al.*] (1)
I Ki. 27. 8. ἡ γῆ κατῳκεῖτο ἀπὸ ἀνηκόντων †
Si. prol. 10. τῶν εἰς παιδείαν . . . ἀνηκόντων
I Ma. 10. 40. ἀπὸ τῶν τόπων τῶν ἀνηκόντων
— 42. διὰ τὸ ἀνήκειν αὐτὰ τοῖς ἱερεῦσι
11. 35. τὰ ἄλλα τὰ ἀνήκοντα ἡμῖν
— 35. καὶ τῶν τελῶν τῶν ἀνηκόντων ἡμῖν
— 35. καὶ τοὺς ἀνήκοντας ἡμῖν στεφάνους
II Ma. 14. 8. ὑπὲρ τῶν ἀνηκόντων τῷ βασιλεῖ

ἀνήκεστος.
Es. 8. 13. περιέβαλε συμφοραῖς ἀ.
II Ma. 9. 5. ἀ. τῶν σπλάγχνων ἀλγηδών
III Ma. 3. 25. εἰς ἀ. καὶ δυσκλεῆ . . . φόνον
4. 2. R τοῖς δὲ Ἰουδαίοις ἀ. [A ἄληκτον] πένθος ἦν

● = correction on page xxiv

ἀνήκοος. (1) בְּלִי דַעַת (2) מְרִי (3) סָרַר (4) לֹא שָׁמַע
Nu. 17. 10 (25). σημεῖον [A εἰς σ.] τοῖς υἱοῖς τῶν ἀ. (2)
Jb. 36. 12. νουθετούμενοι ἀνήκοοι ἦσαν (1?)
Pr. 13. 1. υἱὸς δὲ ἀ. ἐν ἀπωλείᾳ (4)
Je. 5. 23. καρδία ἀ. καὶ ἀπειθής (3)
6. 28. πάντες ἀ. πορευόμενοι σκολιῶς (3)

ἀνήλατος. (1) תַּחְתִּי
Jb. 41. 15 (16). ἔστηκε δὲ ὥσπερ ἄκμων ἀ. (1)

ἀνηλεής.
III Ma. 5. 10. τοὺς ἀ. ἐλέφαντας ποτίσας

ἀνηλειψία.
[Sm. Ps. 108 (109). 24.]

ἀνήνυτος.
III Ma. 4. 15. ἀνήνυτον λαμβάνουσα τὸ τέλος

ἀνήρ. (1) אָדָם (2) אִישׁ (3) *a.* אֱנוֹשׁ *b.* אֱנָשׁ (4) בֵּן (5) *a.* בַּעַל *b.* ἔχειν ἄνδρα בָּעַל (6) *a.* גֶּבֶר *b.* גְּבַר *c.* δυνατὸς ἀ. גֶּבֶר (7) גִּבּוֹר (8) זָכָר (9) זָקֵן (10) מַלְאָךְ (11) בַּיִת (12) נֶפֶשׁ (13) נָשִׂיא (14) עָם (15) עָשָׂה (16) רוּחַ (17) רָשָׁע (18) אָדוֹן (19) ὁ ἀδ. τοῦ ἀ. יָבָם (20) רֹאשׁ (21) מַת (22) ἀ. ἐν ἀνάγκαις אֶבְיוֹן
Ge. 2. 23. ἐκ τοῦ ἀ. αὐτῆς ἐλήφθη (2)
3. 6. ἔδωκε καὶ τῷ ἀ. αὐτῆς (2)
— 16. πρὸς τὸν ἄ. σου ἡ ἀποστροφή σου (2)
4. 23. ἄνδρα ἀπέκτεινα εἰς τραῦμα (2)
12. 20. ἐνετείλατο Φαραὼ ἀνδράσι (3 a)
14. 21. δός μοι τοὺς ἄ. (12)
— 24. τῆς μερίδος τῶν ἀ. (3 a)
16. 3. τῷ Ἅβραμ ἀ. αὐτῆς (2)
17. 23. πᾶν ἄρσεν τῶν ἀ. (3 a)
— 27. πάντες οἱ ἄ. τοῦ οἴκου αὐτοῦ (3 a)
18. 2. καὶ ἰδοὺ τρεῖς ἄ. εἱστήκεισαν (3 a)
— 16. ἐξαναστάντες δὲ ἐκεῖθεν οἱ ἄ. (3 a)
— 22. ἀποστρέψαντες ἐκεῖθεν οἱ ἄ. (3 a)
19. 4. οἱ ἄ. τῆς πόλεως οἱ Σ. (3 a)
— 5. οἱ ἄ. οἱ εἰσελθόντες πρὸς σέ (3 a)
— 8. αἳ οὐκ ἔγνωσαν ἄνδρα (2)
— 8. μόνον εἰς τοὺς ἄ. τούτους (3 a)
— 9. παρεβιάζοντο τὸν ἄ. τὸν Λώτ (2)
— 10. ἐκτείναντες δὲ οἱ ἄ. τὰς χεῖρας (3 a)
— 11. τοὺς δὲ ἄ. τοὺς ὄντας ἐπὶ τῆς θύρας (3 a)
— 12. εἶπαν δὲ οἱ ἄ. (3 a)
— 15. A^1 (?) ἐσπούδαζον οἱ ἄ. [A^2 R ἄγγελοι] τὸν Λώτ (10)
20. 2. οἱ ἄ. τῆς πόλεως –
— 3. αὕτη δέ ἐστι συνῳκηκυῖα ἀνδρί (5 a)
24. 16. ἀνὴρ οὐκ ἔγνω αὐτήν (2)
— 32. τῶν ἀ. τῶν μετ᾽ αὐτοῦ (3 a)
— 54. οἱ ἄ. οἱ μετ᾽ αὐτοῦ ὄντες (3 a)
26. 7 *bis*. οἱ ἄ. τοῦ τόπου (3 a)
27. 11. ἀ. δασὺς . . . ἀ. λεῖος (2, 2)
29. 19. ἢ δοῦναί με αὐτὴν ἀνδρὶ ἑτέρῳ (2)
— 22. συνήγαγε δὲ Λ. πάντας τοὺς ἄ. τοῦ τόπου (3 a)
— 32. νῦν οὖν ἀγαπήσει με ὁ ἀ. μου (2)
— 34. πρὸς ἐμοῦ ἔσται ὁ ἀ. μου (2)
30. 15. ὅτι ἔλαβες τὸν ἄ. μου (2)
— 18. ἔδωκα τὴν παιδίσκην μου τῷ ἀ. μου (2)
— 20. αἱρετιεῖ με ὁ ἀ. μου (2)
32. 6 (7). τετρακόσιοι ἄ. μετ᾽ αὐτοῦ (2)
33. 1. τετρακόσιοι ἄ. μετ᾽ αὐτοῦ (2)
34. 7. R κατενύγησαν [A -νύχθησαν] οἱ ἄ. (3 a)
— 20. πρὸς τοὺς ἄ. τῆς πόλεως αὐτῶν (3 a)
38. 21. R τοὺς ἄ. τοὺς ἐκ [A ἐπὶ] τοῦ τόπου (3 a)
39. 1. ἀ. Αἰγύπτιος (2)
— 2. καὶ ἦν ἀ. ἐπιτυγχάνων (2)
43. 15. λαβόντες δὲ οἱ ἄ. τὰ δῶρα (3 a)
— 18. R ἰδόντες δὲ οἱ ἄ. [A ἄνθρωποι] (3 a)
46. 32. οἱ δὲ ἄ. εἰσὶ ποιμένες· ἄ. γὰρ κτηνοτρόφοι ἦσαν (3 a, 3 a)
— 34. ἄνδρες κτηνοτρόφοι ἐσμέν (3 a)
47. 2. παρέλαβε πέντε ἄνδρας (3 a)
— 4. ὅτι εἰσὶν ἐν αὐτοῖς ἄνδρες δυνατοί (3 a)
Ge. 49. 15. ἐγενήθη ἀ. γεωργός †
Ex. 2. 13. ὁρᾷ δύο ἄνδρας Ἑβραίους (3 a)
10. 11. πορευέσθωσαν δὲ [A *om.*] οἱ ἄ. (6 a)
12. 37. εἰς ἑξακοσίας χιλιάδας πεζῶν οἱ ἄ. (6 a)
17. 9. ἐπίλεξον σεαυτῷ ἄ. δυνατοὺς [A *om.*] (3 a)
18. 21. ἄ. δυνατούς, θεοσεβεῖς, ἄ. δικαίους (3 a, 3 a)
— 25. ἐπέλεξε M. ἄνδρας δυνατούς (3 a)
21. 18. ἐὰν δὲ λοιδορῶνται δύο ἄνδρες (3 a)
— 22. ἐὰν δὲ μάχωνται δύο ἄνδρες (3 a)
— 22. καθότι ἂν ἐπιβάλῃ ὁ ἀ. τῆς γυναικός (5 a)
— 28. ἐὰν δὲ κερατίσῃ ταῦρος ἄνδρα (2)
— 29. ἀνέλῃ δὲ ἄνδρα ἢ γυναῖκα (2)
22. 31 (30). καὶ ἄνδρες ἅγιοι ἔσεσθέ μοι (3 a)
32. 28. ἔπεσαν . . . εἰς τρισχιλίους ἄ. (2)
35. 22. ἤνεγκαν οἱ ἄ. παρὰ τῶν γυναικῶν (3 a)
— 29. καὶ πᾶς ἀ. καὶ γυνή (2)
36. 6. ἀ. καὶ γυνὴ μηκέτι ἐργαζέσθωσαν (2)
38. 22 (1). τοῖς ἀ. τοῖς καταστασιάσασι –
39. 2 (38. 25). παρὰ τῶν ἐπεσκεμμένων ἀ. τῆς συν. –
Le. 13. 29. ἀνδρὶ καὶ γυν. ἐὰν γένηται ἐν αὐτοῖς (2)
— 38. ἀνδρὶ ἢ γυν. ἐὰν γένηται ἐν δέρματι (2)
15. 2. ἀνδρὶ ἀνδρὶ ᾧ ἐὰν γένηται ῥύσις (2, 2)
— 18. ἐὰν κοιμηθῇ ἀ. μετ᾽ αὐτῆς (2)
— 33. τῷ [A ἐν τῷ] ἀ. ὃς ἂν κοιμηθῇ (2)
20. 10. ὃς ἂν μοιχεύσηται γυναῖκα ἀνδρός (2)
— 18. ἀνὴρ ὃς ἂν κοιμηθῇ μετὰ γυν. ἀποκ. (2)
— 27. ἀ. ἢ γυνὴ ὃς ἂν γένηται . . . ἐγγαστρίμυθος (2)
21. 3. τῇ μὴ ἐκδεδομένῃ [A ἐγγιζούσῃ] ἀνδρί (2)
— 7. γυναῖκα ἐκβεβλημ. ἀπὸ ἀνδρὸς αὐτῆς (2)
22. 12. ἐὰν γένηται ἀνδρὶ ἀλλογενεῖ (2)
Nu. 1. 5. ταῦτα τὰ ὀνόματα τῶν ἀ. (3 a)
— 17. τοὺς ἄ. τούτους τοὺς ἀνακληθέντας (3 a)
— 44. δώδεκα ἄ. [A^2 ἄρχοντες], ἀνὴρ εἷς (2, 2)
— 52. ἀ. ἐν τῇ ἑαυτοῦ τάξει καὶ ἀ. κατὰ τὴν ἑαυ. ἡγεμονίαν (2, 2)
4. 49. ἐπεσκέψατο αὐτοὺς . . . ἄνδρα κατὰ ἄνδρα (2, 2)
5. 6. ἀ. ἢ γυνὴ ὅστις ἐὰν ποιήσῃ ἀπὸ τῶν ἁμαρτ. (2)
— 10. ἀ. ὃς ἂν δῷ τῷ ἱερεῖ αὐτῷ ἔσται (2)
— 12. ἀνδρὸς ἀνδρὸς ἐὰν παραβῇ ἡ γυνὴ αὐ. (2, 2)
— 13. καὶ λάθῃ ἐξ ὀφθαλμῶν τοῦ ἀ. αὐτῆς (2)
— 19. μιανθῆναι ὑπὸ [A πρὸς] τὸν ἄ. τὸν σεαυτῆς (2)
— 20. ἔδωκέ τις τὴν κ. αὐ. ἐν σοὶ πλὴν τοῦ ἀ. σου (2)
— 27. καὶ λήθῃ λάθῃ τὸν ἄ. αὐτῆς (2)
6. 2. ἀ. ἢ γυνὴ ὃς ἐὰν μεγάλως εὔξηται εὐχήν (2)
9. 6. οἱ ἄ. οἳ ἦσαν ἀκάθαρτοι (3 a)
— 7. εἶπαν οἱ ἄ. ἐκεῖνοι (3 a)
11. 16, 24. ἑβδομήκοντα ἄνδρας ἀπὸ τῶν πρεσβυτέρων (2)
— 25. τοὺς ἑβδομήκοντα ἄ. τοὺς πρεσβυτ. (2)
— 26. κατελείφθ. δύο ἄνδρες ἐν τῇ παρεμβ. (3 a)
13. 3 (2). ἀπόστειλον σεαυτῷ ἄνδρας (3 a)
— 3 (2). ἄνδρα ἕνα κατὰ φυλήν (2)
— 4 (3). πάντες ἄ. ἀρχηγοὶ υἱῶν Ἰσρ. οὗτοι (3 a)
— 17 (16). ταῦτα τὰ ὀνόματα τῶν ἀ. (3 a)
— 33 (32). πᾶς ὁ λαὸς . . . ἄ. ὑπερμήκεις (3 a)
14. 22. πάντες οἱ ἄ. οἱ ὁρῶντες τὴν δόξαν μου (3 a)
15. 32. εὗρον ἄ. συλλέγοντα ξύλα (2)
16. 2. ἄνδρες τῶν υἱῶν Ἰσρ. πεντήκ. καὶ διακόσ. (3 a)
— 2. σύγκλητοι βουλῆς καὶ ἄ. ὀνομαστοί (3 a)
— 7. ὁ ἀ. ὃν ἐκλέλεκται κύριος (2)
— 35. τοὺς πεντήκ. καὶ διακοσ. ἄ. τοὺς προσφέρ. (2)
19. 18. βάψει εἰς τὸ ὕδωρ ἀ. καθαρός (2)
22. 21. A ἐπορεύθη μετὰ τῶν ἀ. [B ἀρχόντων] Μωάβ †
30. 7. ἐὰν δὲ γενομένη γένηται ἀνδρί (2)
— 8. καὶ ἀκούσῃ ὁ ἀ. αὐτῆς (2)
— 9. ἐὰν δὲ ἀνανεύων ἀνανεύσῃ ὁ ἀ. αὐτῆς (2)
— 9. ὅτι ὁ ἀ. ἀνένευσεν ἀπ᾽ [A ἐπ᾽] αὐτῆς –
— 11. ἐὰν δὲ ἐν τῷ οἴκῳ τοῦ ἀ. αὐτῆς ἡ εὐχή (2)
— 12. καὶ ἀκούσῃ ὁ ἀ. αὐτῆς (2)
— 13. ἐὰν δὲ περιελὼν περιέλῃ ὁ ἀ. αὐτῆς (2)
— 13. ὁ ἀ. αὐτῆς περιεῖλε (2)
— 14. ὁ ἀ. αὐτῆς στήσει αὐτῇ καὶ ὁ ἀ. αὐτῆς περιελεῖ (2, 2)
— 16. B^2 R ἐὰν δὲ περιελὼν περιέλῃ ὁ ἀ. [A *al.*] –
— 17. ἀνὰ μέσον ἀνδρὸς καὶ [A *add.* ἀνὰ μέσ.] γυν. (2)
31. 3. ἐξοπλίσατε ἐξ ὑμῶν ἄνδρας (3 a)
— 3. B καὶ ἄνδρας [A R *om.*] παρατάξασθε –
— 21. τοὺς ἄ. τῆς δυνάμεως τοὺς ἐρχομ. (3 a)
— 32. οἱ ἄ. οἱ πολεμισταί (14)
Nu. 31. 35. αἳ οὐκ ἔγνωσαν κοίτην ἀνδρός (8)
— 42. οὓς διεῖλε M. ἀπὸ τῶν ἀ. τῶν πολεμιστῶν (3 a)
— 49. τὸ κεφάλαιον τῶν ἀ. τῶν πολεμιστῶν (3 a)
— 50. ἀνὴρ ὃ εὗρε σκεῦος χρυσοῦν (2)
— 53. οἱ ἄ. οἱ πολεμισταὶ ἐπρονόμευσαν (3 a)
32. 2. A πρὸς τοὺς ἄ. [B ἄρχοντας] τῆς συναγ. (13)
34. 17, 19. ταῦτα τὰ ὀνόματα τῶν ἀ. (3 a)
De. 1. 13. δότε ἑαυτοῖς ἄ. σοφούς (3 a)
— 15. ἔλαβον ἐξ ὑμῶν ἄ. σοφούς (3 a)
— 16. ἀνὰ μέσ. ἀνδρὸς καὶ ἀνὰ μέσ. ἀδ. (2)
— 22. ἀποστείλωμεν ἄ. προτέρους ὑμῶν (3 a)
— 23. ἔλαβον ἐξ ὑμ. δώδεκα ἄ. ἄ. ἕνα κατὰ φυλήν (3 a, 2)
— 35. εἰ ὄψεταί τις τῶν ἀ. τούτων τὴν γῆν (3 a)
2. 14. πᾶσα γενεὰ ἀ. πολεμιστῶν (3 a)
— 16. πάντες οἱ ἄ. οἱ πολεμισταί (3 a)
3. 11. τεσσ. πήχ. τὸ εὖρος αὐ. ἐν πήχει ἀνδρός (2)
13. 13 (14). ἐξήλθοσαν ἄ. παράνομοι ἐξ ὑμ. (3 a)
17. 2. A R ἀ. ἢ γυνὴ ὃς ποιήσει [B -σῃ] τὸ πον. (2)
21. 20. ἐροῦσι τοῖς ἀ. τῆς πόλεως (9)
— 21. λιθοβολήσουσιν αὐτὸν οἱ ἄ. τῆς πόλεως (3 a)
22. 5. οὐκ ἔσται σκεύη ἀνδρὸς ἐπὶ γυν. οὐδὲ μὴ ἐνδύσηται ἀ. στολὴν γυν. (6 a, 6 a)
— 21. A λιθοβολήσ. αὐτὴν οἱ ἄ. τῆς πόλ. [B *om.* οἱ ἄ. τ. π.] (3 a)
— 22. γυναικὸς συνῳκισμένης ἀνδρί (5 a)
— 22. τὸν ἄ. τὸν κοιμώμ. μετὰ τῆς γυναικός (2)
— 23. παῖς παρθένος μεμνηστευμ. ἀνδρί (2)
24. 2. καὶ ἀπελθοῦσα γένηται ἀ. ἑτέρῳ (2)
— 3. καὶ μισήσῃ αὐτὴν ὁ ἀ. ὁ ἔσχ. (2)
— 3. καὶ ἀποθάνῃ ὁ ἀ. ὁ ἔσχατος (2)
— 4. ὁ ἀ. ὁ πρότερος ὁ ἐξαποστείλας αὐτήν (5 a)
25. 5. οὐκ ἔσται ἡ γυνὴ . . . ἀ. μὴ ἐγγίζοντι (2)
— 5. ὁ ἀδελφὸς τοῦ ἀ. αὐτῆς (19)
— 7. οὐ θέλει ὁ ἀδ. τοῦ ἀ. μου ἀναστῆσαι (19)
— 7. οὐκ ἠθέλησεν ὁ ἀδ. τοῦ ἀ. μου (19)
— 11. ἐξελέσθαι τὸν ἄ. αὐτῆς (2)
28. 30. ἀ. ἕτερος ἕξει αὐτήν (2)
— 56. τὸν ἄ. αὐτῆς τὸν ἐν κόλπῳ αὐτῆς (2)
29. 10 (9). πᾶς ἀ. Ἰσραήλ (2)
— 18 (17). ἀ. ἢ γυνὴ ἢ πατριὰ ἢ φυλή (2)
31. 12. τοὺς ἄ. καὶ τὰς γυναῖκας καὶ τὰ ἔκγονα (3 a)
33. 8. τῷ ἀ. τῷ ὁσίῳ ὃν ἐπείρασαν αὐτόν (2)
Jo. 2. 2. εἰσπεπόρευνται ὧδε ἄ. τῶν υἱῶν Ἰσρ. (3 a)
— 3. ἐξάγαγε [A εἰσάγ.] τοὺς ἄ. τοὺς εἰσπεπορευμ. (3 a)
— 4. λαβοῦσα ἡ γυνὴ τοὺς δύο [A *om.*] ἄ. (3 a)
— 4. εἰσεληλύθασι πρός με [A *add.* ὧδε] οἱ ἄ. (3 a)
— 5. καὶ οἱ ἄ. ἐξῆλθον (3 a)
— 7. οἱ ἄ. κατεδίωξαν ὀπίσω αὐτῶν (3 a)
— 14. εἶπαν αὐτῇ οἱ ἄ. (3 a)
— 17. εἶπαν πρὸς αὐτὴν οἱ ἄ. (3 a)
3. 12. προχειρίσασθε ὑμῖν δώδεκα ἄ. (2)
4. 2. ἄνδρας ἀπὸ τοῦ λαοῦ ἕνα (3 a)
— 4. δώδεκα ἄνδρας τῶν ἐνδόξων (2)
6. 20 (21). ἀπὸ ἀνδρὸς καὶ ἕως γυναικός (2)
7. 2. ἀπέστειλεν Ἰ. ἄνδρας εἰς Γαί (3 a)
— 2. ἀνέβησαν οἱ ἄ. (3 a)
— 3. ὡς δισχ. ἢ τρισχ. ἄ. ἀναβήτωσαν (2)
— 4. ἀνέβησαν ὡς τρισχίλιοι ἄ. (2)
— 4. ἔφυγον ἀπὸ προσώπου ἀνδρῶν Γαί (3 a)
— 5. ἀπέκτειναν ἀπ᾽ αὐτῶν ἄνδρες Γαὶ εἰς [A *om.*] τριάκ. καὶ ἓξ ἄνδρας (3 a, 2)
— 14. τὸν οἶκον . . . προσάξετε κατ᾽ ἄνδρα (6 a)
— 18. καὶ προσήχθη κατ᾽ ἄνδρα [A -ας] (6 a)
8. 1. πάντας τοὺς ἄ. τοὺς πολεμιστάς (14)
— 3. τριάκ. χιλ. ἀνδρῶν δυνατοὺς ἐν ἰσχ. (2)
— 21. ἐπάταξαν τοὺς ἄνδρας τῆς Γαί (3 a)
— 25. ἀπὸ ἀνδρὸς καὶ ἕως γυναικός (2)
9. 1 (8. 35). τοῖς ἀ. καὶ ταῖς γυναιξί –
10. 2. πάντες οἱ ἄ. αὐτῆς ἰσχυροί (3 a)
— 18. καταστήσατε [A -σετε ἐπ᾽ αὐτοῦ] ἄνδρας (3 a)
17. 1. ἀ. γὰρ πολεμιστὴς ἦν (2)
18. 4. δότε ἐξ ὑμῶν ἄ. τρεῖς ἐκ φυλῆς (3 a)
— 8. ἀναστάντες οἱ ἄ. ἐπορεύθησαν (3 a)
— 8. τοῖς ἀ. τοῖς πορευομ. χωροβατῆσαι –
Jd. 1. 4. εἰς [A *om.*] δέκα χιλιάδας ἀνδρῶν (2)
— 24. καὶ ἰδοὺ ἀ. ἐξεπορεύετο ἐκ τῆς πόλ. [A *al.*] (2)
— 25. τὸν δὲ ἄ. . . . ἐξαπέστειλαν (2)
— 26. ἐπορεύθη [A ἀπῆλθεν] ὁ ἀ. εἰς γῆν X. (2)
2. 6. B ἦλθεν ἀ. εἰς τὴν κληρ. αὐτοῦ [A *al.*] (2)
— 21. τοῦ ἐξᾶραι ἄνδρα ἐκ προσώπου αὐτῶν (2)
3. 15. τὸν Ἀ. υἱὸν Γ. . . . ἄ. ἀμφοτεροδέξιον (2)

Jd. 3. 17. καὶ Ἐγλὼμ ἀ. ἀστεῖος σφόδρα (2)
— 28. οὐκ ἀφῆκεν [A -καν] ἄνδρα διαβῆναι (2)
— 29. ἐπάταξαν τὴν M. . . . ὡσεὶ δέκα χιλ. ἀνδρῶν (2)
— 29. καὶ πάντα ἄ. [A πάντας ἄ.] δυνάμεως (2)
— 29. καὶ οὐ διεσώθη ὁ [A om.] ἀ. (2)
— 31. ἐπάταξε τοὺς ἀλλοφ. εἰς ἑξακοσ. ἄ. (2)
4. 6. λήψῃ . . . δέκα χιλιάδας ἀνδρῶν (2)
— 10. ἀνέβησαν . . . δέκα χιλιάδες ἀνδρῶν (2)
— 14. δέκα χιλιάδες ἀνδρῶν ὀπίσω αὐτοῦ (2)
— 20. ἐὰν ἀ. [A τις] ἔλθῃ πρὸς σέ (2)
— 20. εἰ ἔστιν ὧδε ἀ. [A al.] (2)
— 22. δεῦρο καὶ δείξω σοι τὸν ἄ. (2)
5. 30. B οἰκτειρήσει εἰς κεφ. ἀνδρός [A al.] (6 a)
6. 3. A ὅταν ἔσπειρεν ἀνήρ [B al.] -
— 8. ἐξαπέστειλε κύριος ἄ. προφήτην (2)
— 16. πατάξεις τὴν M. ὡσεὶ ἄνδρα ἕνα (2)
— 27. δέκα ἄνδρας ἀπὸ τῶν δούλων (3 a)
— 27. ὡς ἐφοβήθη . . . τοὺς ἄ. τῆς πόλεως (3 a)
— 28. ὤρθρισαν οἱ ἄ. τῆς πόλεως τὸ πρωΐ (3 a)
— 29. καὶ εἶπεν ἀ. πρὸς τὸν πλησίον αὐτοῦ (2)
— 30. καὶ εἶπαν οἱ ἄ. τῆς πόλεως πρὸς Ἰωάς (3 a)
— 31. τοῖς ἀ. πᾶσιν οἳ ἐπανέστησαν αὐτῷ -
7. 6. ἐγένετο ὁ ἀριθμὸς . . . τριακόσιοι ἄ. (2)
— 7. ἐν τοῖς τριακοσίοις ἀ. τοῖς λάψασι (2)
— 7. ἀνὴρ εἰς τὸν τόπον αὐτοῦ (2)
— 8. τὸν π. ἄ. Ἰσρ. ἐξαπέστειλεν ἄνδρα (2, 2)
— 8. τοὺς τριακοσίους ἄ. κατίσχυσε [A al.] (2)
— 13. ἀ. ἐξηγούμενος [A ἐξηγεῖται] τῷ πλησ. (2)
— 14. Γεδεὼν υἱοῦ Ἰωὰς ἀνδρὸς Ἰσραήλ (2)
— 16. διεῖλε τοὺς τριακοσίους ἄ. (2)
— 19. οἱ ἑκατὸν ἄ. οἱ μετ᾽ αὐτοῦ (2)
— 21. ἔστησεν ἀνὴρ ἐφ᾽ ἑαυτῷ [A al.] (2)
— 22. ἔθηκε κ. τὴν ῥομφ. ἀνδρὸς ἐν τῷ πλησ. [A al.] (2)
— 23. ἐβόησαν ἀ. Ἰσραὴλ ἀπὸ Νεφθαλί [A al.] (2)
— 24. ἐβόησε πᾶς ἀ. Ἐφραΐμ (2)
8. 1. εἶπαν [A -εν] πρὸς Γεδεὼν ἀνὴρ Ἐφραΐμ (2)
— 4. οἱ τριακόσ. [A διακόσ.] ἄ. οἱ μετ᾽ αὐτοῦ (2)
— 5. εἶπε τοῖς ἀ. Σοκχώθ (3 a)
— 8. ἀπεκρίθησαν αὐτῷ οἱ ἄ. Φαν. ὃν τρόπον ἀπεκρίθησαν [A add. αὐτῷ οἱ] ἄ. Σ. (3 a, 3 a)
— 9. εἶπε Γεδ. πρὸς ἄνδρας [A εἶπεν τοῖς ἀ.] Φ. (3 a)
— 10. χιλιάδες ἀνδρῶν σπωμ. ῥομφαίαν (2)
— 14. συνέλαβε παιδάριον ἀπὸ [A ἐκ] τῶν ἀ. Σ. (3 a)
— 14. ἑβδομήκοντα καὶ ἑπτὰ ἄνδρας (2)
— 15. δώσομεν τοῖς ἀ. σου . . . ἄρτους (3 a)
— 16. τοὺς ἄ. τῆς πόλεως [A ἄ. Σοκχώθ] (3 a)
— 17 ἀπέκτεινε τοὺς ἄ. τῆς πόλεως (3 a)
— 18. ποῦ οἱ ἄ. οὓς ἀπεκτείνατε ἐν Θαβώρ (3 a)
— 21. ὡς ἀνδρὸς [A ἀνὴρ] ἡ δύναμίς σου (2)
— 22. εἶπον [A -εν] ἀνὴρ Ἰσρ. πρὸς Γεδ. (2)
— 24. δότε μοι ἀνὴρ ἐνώτιον (2)
— 25. ἔβαλεν [A ἔρριψεν] ἐκεῖ ἀνὴρ ἐνώτιον (2)
9. 2. ἐν τοῖς ὠσὶ πάντων τῶν ἀ. Συχέμ (5 a)
— 2. κυριεῦσαι ὑμῶν ἑβδομήκ. ἄνδρας (2)
— 2. ἢ κυριεύειν ὑμῶν ἄνδρα ἕνα (2)
— 3. ἐν τοῖς ὠσὶ πάντων τῶν ἀ. Συχέμ (5 a)
— 4. ἐμισθώσατο . . . ἄνδρας κενούς (3 a)
— 5. ἀπέκτεινε . . . ἑβδομήκοντα ἄνδρας (2)
— 6. συνήχθησαν πάντες ἄ. Σικίμων (5 a)
— 7. ἀκούσατέ μου ἄνδρες Σικίμων (5 a)
— 9. ἐν ᾗ δοξάσουσι τὸν θ. ἄνδρες [A al.] (3 a)
— 18. τοὺς υἱοὺς αὐτοῦ ἑβδομήκ. ἄνδρας (2)
— 18. ἐβασιλεύσατε τὸν Ἀβ. . . . ἐπὶ τοὺς ἄ. Σικ. (5 a)
— 20. A R καὶ καταφάγοι [B φ.] τοὺς ἄ. Σικίμων (5 a)
— 20. ἐξέλθοι πῦρ ἀπὸ ἀνδρῶν Σικίμων (5 a)
— 23. ἀνὰ μέσον Ἀβ. καὶ ἀνὰ μέσον τῶν ἀ. Σικ. (5 a)
— 23. ἠθέτησαν ἄνδρες Σικ. (5 a)
— 24. καὶ ἐπὶ ἄνδρας Σικίμων (5 a)
— 25. ἔθηκαν [A ἔθεντο] αὐτῷ οἱ ἄ. Σικίμων (5 a)
— 26. ἤλπισαν ἐν [A ἐπεποίθησαν] αὐτῷ οἱ ἄ. Σ. (5 a)
— 28. σὺν τοῖς ἀ. Ἐμμὼρ πατρὸς Συχέμ (3 a)
— 36. τὴν σκ. τῶν ὀρ. σὺ βλέπεις ὡς ἄνδρας (3 a)
— 39. ἐξῆλθε Γ. ἐνώπ. [A ἀπὸ προσώπ. τῶν] ἀνδρῶν Σ. (5 a)
— 46, 47. πάντες οἱ ἄ. πύργου Συχέμ (5 a)
— 49. ἔκοψαν καί γε ἀ. κλάδον πᾶς ἀ. [A al.] (14, 2)
— 49. πάντες οἱ ἄ. πύργου Σικ. ὡσεὶ χίλιοι ἄ. (3 a, 2)
— 51. πάντες οἱ ἄ. καὶ αἱ γυναῖκες τῆς πόλ. (3 a)
— 55. εἶδεν ἀ. Ἰσρ. ὅτι ἀπέθανεν Ἀβ. (2)

Jd. 9. 55. ἐπορεύθησαν [A ἀπῆλθον] ἀ. εἰς τὸν τόπ. αὐ. (2)
— 57. πᾶσαν πονηρίαν [A κακίαν] ἀνδρῶν Σ. (3 a)
10. . Θωλὰ υἱὸς Φουὰ . . . ἀ. Ἰσσάχαρ (2)
— 18. εἶπον . . . ἀ. πρὸς τὸν πλησ. αὐτοῦ, τίς ὁ ἀ. (2, 2)
11. 3. συνεστράφησαν πρὸς Ἰ. ἄ. κενοί [A al.] (3 a)
— 39. καὶ αὕτη οὐκ ἔγνω ἄνδρα (2)
12. 1. καὶ ἐβόησεν ἀνὴρ Ἐφραΐμ [A al.] (2)
— 2. ἀ. μαχητὴς [A ἀντιδικῶν] ἤμην ἐγώ (2)
— 4. συνέστρεψεν Ἰ. πάντας τοὺς ἄ. Γ. (3 a)
— 4. ἐπάταξαν ἄνδρες Γαλαὰδ τὸν Ἐφραΐμ (3 a)
— 5. A προκατελάβοντο ἄνδρες [B om.] Γαλ. -
— 5. καὶ εἶπαν αὐτοῖς οἱ ἄ. Γαλαάδ (3 a)
— 6. A δύο τεσσαράκ. χιλ. ἀνδρῶν [B om.] —
13. 2. ἦν ἀ. εἷς ἀπὸ Σαραά [A ἐγένετο ἀ. ἐκ Σ.] (2)
— 6. καὶ εἶπε τῷ ἀ. αὐτῆς (2)
— 9. Μανωὲ ὁ ἀ. αὐτῆς οὐκ ἦν μετ᾽ αὐτῆς (2)
— 10. ἀνήγγειλε τῷ ἀ. αὐτῆς (2)
— 10. ὦπται πρὸς μὲ ὁ ἀ. (2)
— 11. καὶ ἦλθε [A om.] πρὸς τὸν ἄ. (2)
— 11. εἰ σὺ εἶ ὁ ἀ. ὁ λαλήσας πρὸς τὴν γυναῖκα (2)
14. 15. ἀπάτησον δὴ τὸν ἄ. σου (2)
— 18. καὶ εἶπαν αὐτῷ οἱ ἄ. τῆς πόλεως (3 a)
— 19. ἐπάταξεν [A ἔπαισεν] . . . τριάκ. ἄνδρας (2)
15. 10. καὶ εἶπαν [A add. αὐτοῖς πᾶς] ἀ. Ἰούδα (2)
— 11. τρισχ. ἀπὸ Ἰ. ἄ. [A al.] (2)
— 15. ἐπάταξεν ἐν αὐτῇ χιλίους ἄ. (2)
— 16. ἐπάταξα χιλίους ἄ. (2)
16. 5. ἡμεῖς δώσομέν σοι ἀ. χιλίους (2)
— 19. ἐκάλεσεν ἄνδρα [A al.] (2)
— 27. ὁ οἶκος πλήρης τῶν ἀ. (3 a)
— 27. A R ὡσεὶ τρισχίλιοι [B ἑπτακόσιοι] ἄ. (2)
17. 1. ἐγένετο ἀ. ἀπὸ [A -ήθη ἀ. ἐξ] ὄρους Ἐφρ. (2)
— 5. A καὶ ὁ ἀ. Μειχά [B al.] (2)
— 6. ἀ. τὸ εὐθὲς [A ἀγαθὸν] ἐν ὀφθ. αὐ. ἐποίει (2)
— 8. ἐπορεύθη ὁ ἀ. ἀπὸ Βηθ. (2)
— 11. ἤρξατο παροικεῖν παρὰ τῷ ἀ. (2)
18. 2. πέντε ἄνδρας υἱοὺς δυνάμεως (3 a)
— 7. καὶ ἐπορεύθησαν οἱ πέντε ἄ. (3 a)
— 8. ἦλθον οἱ πέντε ἄ. πρὸς τοὺς ἀδελφούς —
— 11. ἑξακόσ. ἄ. ἐζωσμένοι [A περιεζ.] σκεύη (2)
— 14. οἱ πέντε ἄ. οἱ πορευόμενοι (3 a)
— 16. οἱ ἑξακόσ. ἄ. οἱ ἀνεζωσμένοι [A περιεζ.] (2)
— 17. ἀνέβησαν οἱ πέντε ἄ. οἱ πορευθέντες (3 a)
— 17. A οἱ ἑξακόσ. ἄ. περιεζωσμένοι σκεύη (2)
— 19. ἱερέα οἴκου ἀνδρὸς ἑνός (2)
— 22. οἱ ἄ. οἱ ἐν ταῖς οἰκίαις [A al.] (3 a)
— 25. μή ποτε συναντήσωσιν ἡμῖν ἄ. πικροί (3 a)
19. 1. ἐγένετο ἀ. Λ. παροικῶν ἐν μηροῖς (2)
— 1. A ἔλαβεν ὁ ἀ. [B om.] ἑαυτῷ γυναῖκα -
— 3. ἀνέστη ὁ ἀ. αὐτῆς (2)
— 6. εἶπεν ὁ πατὴρ . . . πρὸς τὸν ἄ. (2)
— 7, 9. καὶ ἀνέστη ὁ ἀ. (2)
— 10. οὐκ εὐδόκησεν [A ἠθέλησ.] ὁ ἀ. αὐλισθῆναι (2)
— 15. οὐκ ἦν [A ἔστιν] ἀ. συνάγων αὐτούς (2)
— 16. ἀ. πρεσβύτης ἤρχετο [A εἰσῆλθεν] (2)
— 16. ὁ ἀ. ἦν [A om.] ἐξ ὄρους Ἐφραΐμ (2)
— 16. καὶ οἱ ἄ. τοῦ τόπου υἱοὶ Βενιαμίν (3 a)
— 17. εἶδε τὸν ὁδοιπόρον ἄ. ἐν τῇ πλατείᾳ (2)
— 17. καὶ εἶπεν ὁ ἀ. ὁ πρεσβύτης (2)
— 18. καὶ οὐκ ἔστιν ἀ. συνάγων με (2)
— 20. καὶ εἶπεν ὁ ἀ. ὁ πρεσβύτης (2)
— 22. ἄνδρες τῆς πόλ. υἱοὶ παρανόμων (3 a)
— 22. πρὸς τὸν ἄ. τὸν κύριον τοῦ οἴκου (2)
— 22. τὸν ἄ. ὃς εἰσῆλθεν εἰς τὴν οἰκίαν [A al.] (2)
— 23. ἐξῆλθε πρὸς αὐ. ὁ ἀ. ὁ κύριος τοῦ οἴκου (2)
— 23. μετὰ τὸ εἰσελθεῖν τὸν ἄ. τοῦτον (2)
— 24. τῷ ἀ. τούτῳ μὴ ποιήσητε τὸ ῥῆμα τῆς ἀφρ. (2)
— 25. οὐκ εὐδόκησαν [A ἠθέλησαν] οἱ ἄ. (3 a)
— 25. ἐπελάβετο ὁ ἀ. τῆς παλλακῆς αὐτοῦ (2)
— 26. A τὴν θύραν τοῦ πυλῶνος τοῦ οἴκου τοῦ ἀ. [B al.] (2)
— 26. οὗ ἦν αὐτῆς ἐκεῖ ὁ ἀ. [A al.] -
— 27. ἀνέστη ὁ ἀ. [A κύριος] αὐτῆς τὸ πρωΐ (18)
— 28. A καὶ ἀνέστη ὁ ἀ. [B al.] (2)
— 30. A ἐνετείλατο τοῖς ἀνδράσιν -
— 30. A τάδε ἐρεῖτε πρὸς πάντα ἄ. Ἰσρ. -
20. 1. ἐξεκκλησιάσθη ἡ συναγωγὴ ὡς ἀ. εἷς (2)
— 2. τετρακόσιαι χιλιάδες ἀνδρῶν πεζῶν (2)
— 4. ὁ ἀ. ὁ Λ. ὁ ἀ. τῆς γυναικὸς τῆς φονευθ. (2, 2)
— 5. ἀνέστησαν ἐπ᾽ ἐμὲ οἱ ἄ. τῆς [A οἱ παρὰ τ.] Γ. (5 a)
— 8. καὶ ἀνέστη πᾶς ὁ λαὸς ὡς ἀ. εἷς (2)
— 8. οὐκ ἀπελευσόμεθα [A εἰσελ.] ἀ. εἰς σκήν. (2)
— 8. ἀ. εἰς τὸν οἶκον αὐτοῦ (2)

Jd. 20. 10. λημψόμεθα δέκα ἄ. τοῖς ἑκατόν (3 a)
— 11. συνήχθη πᾶς ἀ. Ἰσρ. . . . ὡς ἀ. εἷς (2, 2)
— 12. ἀπέστειλαν αἱ φυλαὶ Ἰσρ. ἄνδρας (3 a)
— 13. τοὺς ἄ. υἱοὺς παρανόμων τοὺς ἐν Γ. [A al.] (3 a)
— 15. εἴκοσι τρεῖς χιλ. ἀνὴρ ἕλκων ῥομφ. [A al.] (2)
— 16. ἑπτακόσ. ἄ. ἐκλεκτοί [A add. νεανίσκοι] (2)
— 17. καὶ ἀ. [A πᾶς ἀ.] Ἰσραὴλ ἐπεσκέπησαν (2)
— 17. τετρακόσ. χιλ. ἀνδρῶν ἑλκόντων ῥομφ. (2)
— 17. π. οὗτοι ἄ. παρατάξεως [A πολεμισταί] (2)
— 20. ἐξῆλθον [A -θεν] πᾶς ἀ. Ἰσρ. [A Ἰσρ. καὶ πᾶς ἀ.] (2)
— 20. A παρετάξατο . . . εἰς πόλ. ἀνὴρ Ἰσρ. (2)
— 21. διέφθειραν . . . δύο κ. εἴκοσι χιλ. ἀνδρῶν (2)
— 22. καὶ ἐνίσχυσαν [A -σεν] ἀνὴρ Ἰσραήλ (14 et 2)
— 25. διέφθειραν [A -εν] . . . ὀκτὼ καὶ δέκα χιλ. ἀνδρῶν (2)
— 31. ὡς τριάκ. ἄνδρας ἐν Ἰσρ. (2)
— 33. καὶ πᾶς ἀ. [A add. Ἰσραὴλ] ἀνέστη (2)
— 34. δέκα χιλιάδες ἀνδρῶν ἐκλεκτῶν (2)
— 35. εἴκοσι κ. πέντε χιλ. καὶ ἑκατὸν ἄνδρας (2)
— 36. ἔδωκεν ἀνὴρ Ἰσραὴλ τῷ Βεν. τόπον (2)
— 38. A ἡ συνταγὴ ἦν ἀνδρὶ Ἰσρ. [B al.] (2)
— 39. A καὶ ἀνέστρεψεν ἀ. Ἰσρ. [B al.] (2)
— 39. πατάσσειν τραυματίας ἐν ἀνδράσιν [A τῷ ἀ.] Ἰσρ. ὡς τριάκ. ἄ. (2, 2)
— 41. καὶ ἀνὴρ Ἰσρ. ἐπέστρεψε καὶ ἔσπευσαν ἄ. [A -σεν ἀνὴρ] Βεν. (2, 2)
— 42. A ἔκλεισαν ἐνώπ. ἀνδρὸς Ἰσραήλ [B al.] (2)
— 44. ἔπεσαν . . . ὀκτὼ κ. δέκα χιλ. ἀνδρῶν οἱ π. οὗτοι ἄ. δυνάμ. [A al.] (2, 3 a)
— 45. ἐκαλαμήσαντο . . . πεντακισχιλίους ἄ. [A al.] (2)
— 45. ἐπάταξαν ἐξ αὐτῶν δισχιλίους ἄ. (2)
— 46. εἴκοσι πέντε χιλ. ἀνδρῶν ἑλκόντ. ῥομφ. (2)
— 46. οἱ πάντες οὗτοι ἄ. δυνάμεως [A al.] (3 a)
— 47. ἔφυγον εἰς τὴν ἔρημον . . . ἑξακόσιοι ἄ. (2)
— 48. A ἀνὴρ Ἰσρ. ἀπέκλεισαν τοὺς υἱοὺς B. [B al.] (2)
21. 1. A καὶ ἀνὴρ [B οἱ υἱοὶ] Ἰσραὴλ ὤμοσεν (2)
— 1. ἀνὴρ ἐξ ὑμῶν οὐ δώσει [A -σεται] θυγατ. (2)
— 8. οὐκ ἦλθεν ἀ. εἰς τὴν παρεμβολήν [A al.] (2)
— 9. οὐκ ἦν ἐκεῖ ἀ. ἀπὸ οἰκούντων Ἰ. (2)
— 10. δώδεκα χιλ. ἀνδρῶν ἀπὸ υἱῶν τῆς δυνάμ. (2)
— 12. αἵτινες οὐκ ἔγνωσαν ἄνδρα (2)
— 21. ἁρπάσατε αὐτοῖς ἀνὴρ γυναῖκα [A al.] (2)
— 22. οὐκ ἐλάβομεν ἀνὴρ γυναῖκα αὐτοῦ (2)
— 24. περιεπάτησαν . . . ἀνὴρ εἰς φυλήν (2)
— 24. ἀνὴρ εἰς τὴν κληρονομίαν αὐτοῦ (2)
— 25. ἀ. [A add. ἕκ.] τὸ εὐθὲς ἐνώπ. αὐτοῦ ἐποίει (2)
Ru. 1. 1. καὶ ἐπορεύθη ἀ. ἀπὸ Βηθλεὲμ τῆς Ἰούδα (2)
— 2. καὶ ὄνομα τῷ ἀ. Ἐλιμ. (2)
— 3. καὶ ἀπέθανεν Ἐλιμ. ὁ ἀ. τῆς N. (2)
— 5. κατελείφθη ἡ γυνὴ ἀπὸ τοῦ ἀ. αὐτῆς (2)
— 9. ἑκάστη ἐν οἴκῳ ἀνδρὸς αὐτῆς (2)
— 11. καὶ ἔσονται ὑμῖν εἰς ἄνδρας (3 a)
— 12. διότι γεγήρακα τοῦ μὴ εἶναι ἀνδρί (2)
— 12. τοῦ γενηθῆναί με ἀνδρί (2)
— 13. τοῦ μὴ γενέσθαι ἀνδρί (2)
2. 1. καὶ τῇ N. ἀ. γνώριμος τῷ ἀ. αὐτῆς ὁ δὲ ἀ. δυνατὸς ἰσχ. (-, 2, 2)
— 11. μετὰ τὸ ἀποθανεῖν τὸν ἄ. σου (2)
— 19. τὸ ὄνομα τοῦ ἀ. μεθ᾽ οὗ ἐποίησα σήμ. (2)
— 20. ἐγγίζει ἡμῖν ὁ ἀ. (2)
3. 3. μὴ γνωρισθῇς τῷ ἀ. (2)
— 8. καὶ ἐξέστη [A ἐξανέστη] ὁ ἀ. (2)
— 14. πρὸ τοῦ ἐπιγνῶναι ἄνδρα τὸν πλησ. αὐ. (2)
— 16. πάντα ὅσα ἐποίησεν αὐτῇ ὁ ἀ. (2)
— 18. οὐ γὰρ μὴ ἡσυχάσῃ ὁ ἀ. (2)
4. 2. δέκα ἄνδρας ἀπὸ τῶν πρεσβυτ. τῆς πόλ. (3 a)
— 7. ὑπελύετο ὁ ἀ. τὸ ὑπόδημα αὐτοῦ (2)
1 Ki. 1. 8. καὶ εἶπεν αὐτῇ Ἑλκανὰ ὁ ἀ. αὐτῆς (2)
— 11. καὶ δῷς τῇ δούλῃ σου σπέρμα ἀνδρῶν (3 a)
— 18. ἔφαγε μετὰ τοῦ ἀ. αὐτῆς —
— 22. ὅτι εἶπε τῷ ἀ. αὐτῆς (2)
— 23. καὶ εἶπεν αὐτῇ Ἑλκανὰ ὁ ἀ. αὐτῆς (2)
2. 9. ὅτι οὐκ ἐν ἰσχύϊ δυνατὸς ἀ. (2)
— 15. ἔλεγε τῷ ἀ. τῷ θύοντι (2)
— 16. καὶ ἔλεγεν ὁ ἀ. ὁ θύων [A al.] (2)
— 19. ἐν τῷ ἀναβαίνειν αὐτὴν μετὰ τοῦ ἀ. αὐ. (2)
— 25. ἐὰν ἁμαρτάνων ἁμάρτῃ ἀνὴρ εἰς ἄνδρα (2, 2)
— 33. ἄνδρα οὐκ ἐξολοθρεύσω σοι (2)
— 33. πεσοῦνται ἐν ῥομφαίᾳ ἀνδρῶν (3 a)
4. 2. ἔπταισεν ἀ. Ἰσρ. ἐνώπιον ἀλλοφύλων —
— 2. ἐπλήγησαν . . . τέσσαρες χιλ. ἀνδρῶν (2)
— 9. καὶ γίνεσθε εἰς ἄνδρας (3 a)
— 9. A R καὶ ἔσεσθε εἰς ἄνδρας (3 a)
— 10. καὶ πταίει ἀ. Ἰσρ. —

I Ki. 4. 12. καὶ ἔδραμεν ἀ. Ἰεμ. ἐκ τῆς παρατάξεως (2)
— 16. εἶπεν Ἡλ. τοῖς ἀ. τοῖς περιεστηκ. αὐτῷ —
— 16. καὶ ὁ ἀ. σπεύσας προσῆλθε πρὸς Ἡλί (2)
— 17. πέφευγεν ἀ. Ἰσρ. ἐκ προσώπου ἀλλοφ. —
— 19. ὅτι τέθνηκεν . . . ὁ ἀ. αὐτῆς (2)
— 21. καὶ ὑπὲρ τοῦ ἀ. αὐτῆς (2)
— 21. A διὰ τὸ τεθνηκέναι . . . τὸν ἄ. —
5. 7. καὶ εἶδον οἱ ἄ. Ἀζώτου (3 a)
— 9. ἐπάταξε τοὺς ἄ. τῆς πόλεως (3 a)
6. 15. καὶ οἱ ἄ. B. ἀνήνεγκαν ὁλοκαυτώσεις (3 a)
— 19. οὐκ ἠσμένισαν . . . ἐν τοῖς ἀ. Βαιθσαμύς (3 a)
— 19. ἑβδομήκ. ἄνδρας καὶ πεντήκ. χιλ. ἀνδρῶν (2, 2)
— 20. καὶ εἶπαν οἱ ἄ. οἱ ἐκ Βαιθσαμύς (3 a)
7. 1. καὶ ἔρχονται οἱ ἄ. Καριαθιαρίμ (3 a)
— 11. B καὶ ἐξῆλθαν ἄνδρες Ἰσρ. ἐκ Μ. (3 a)
8. 4. συναθροίζονται ἄ. [A πάντες ἄ.] Ἰσρ. (9)
— 22. καὶ εἶπε Σαμ. πρὸς ἄνδρας Ἰσρ. (3 a)
9. 1. καὶ [A καὶ ἦν] ἀ. ἐξ υἱῶν Βενιαμίν (2)
— 1. υἱοῦ ἀνδρὸς Ἰεμιναίου, ἀνὴρ δυνατός (2, 7)
— 2. εὐμεγέθης, ἀ. ἀγαθός —
— 16. ἀποστελῶ πρὸς σὲ ἄνδρα ἐκ γῆς Βεν. (2)
— 21. οὐχὶ ἀνδρὸς υἱὸς Ἰεμ. ἐγώ εἰμι —
— 22. τῶν κεκλημένων ὡσεὶ ἑβδομήκ. ἀνδρῶν (2)
10. 2. εὑρήσεις δύο ἄ. πρὸς τοῖς τάφοις Ῥ. (3 a)
— 3. εὑρήσεις ἐκεῖ τρεῖς ἄ. (3 a)
— 6. καὶ στραφήσῃ εἰς ἄ. ἄλλον (2)
— 21. προσάγουσι τὴν φυλὴν Μ. εἰς ἄνδρας —
— 22. εἰ ἔρχεται ὁ ἀ. ἐνταῦθα [A al.] (2)
11. 1. εἶπαν πάντες οἱ ἄ. Ἰ. πρὸς Ν. (3 a)
— 3. λέγουσιν αὐτῷ οἱ ἄ. Ἰαβίς (9)
— 5. R τὰ ῥήματα τῶν ἀ. [B υἱῶν] Ἰαβίς (3 a)
— 7. καὶ ἐβόησαν ὡς ἀ. εἷς (2)
— 8. ἐπισκέπτεται αὐτοὺς . . . πάντα ἄ. Ἰσρ. ἑξακ. χιλ. καὶ ἄνδρας Ἰ. ἑβδ. χιλ. (4, 2)
— 9. τάδε ἐρεῖτε τοῖς ἀ. Ἰαβίς (2)
— 9. ἀπαγγέλλουσι τοῖς ἀ. Ἰαβίς (3 a)
— 10. καὶ εἶπαν οἱ ἄ. Ἰαβὶς πρὸς Νάας (3 a)
— 12. παράδος τοὺς ἄ. (3 a)
12. 1. A εἶπε Σαμ. πρὸς πάντα ἄ. [B om.] Ἰσρ. —
13. 2. B τρεῖς χιλ. ἀνδρῶν ἐκ τῶν ἀ. Ἰσρ. —, —
— 6. B καὶ ἀ. Ἰσραὴλ εἶδεν (2)
— 15. B ἐπισκέψατο Σ. τὸν λαὸν . . . ὡς ἑξακοσ. ἄ. (2)
14. 2. B ἦσαν μετ' αὐτοῦ ὡς ἑξακόσιοι ἄ. (2)
— 8. B ἡμεῖς διαβαίνομεν πρὸς τοὺς ἄ. (3 a)
— 12. καὶ ἀπεκρίθησαν οἱ ἄ. Μεσσάβ (3 a)
— 14. ἡ πληγὴ ἡ πρώτη . . . ὡς εἴκοσιν ἄνδρες [A -ας] (2)
— 20. ἐγένετο ῥομφ. ἀνδρὸς ἐπὶ τὸν πλησ. αὐ. (2)
— 22. A πᾶς ἀ. [B om.] Ἰσρ. οἱ κρυπτόμενοι (2)
— 22. πᾶς ὁ λαὸς ἦν μετὰ Σ. ὡς δέκα χιλ. ἀνδρῶν —
— 36. καὶ μὴ ὑπολείπωμεν ἐν αὐτοῖς ἄνδρα (2)
— 40. καὶ εἶπε παντὶ ἄ. [B¹ om.] Ἰσραήλ —
— 52. ἰδὼν Σαοὺλ πάντα ἄ. δυνατὸν καὶ πάντα ἄ. υἱὸν δυνάμ. (2, –)
15. 3. ἀποκτενεῖς ἀπὸ ἀνδρὸς καὶ ἕως γυν. (2)
16. 16. ἄνδρα εἰδότα [A ἰδόντα] ψάλλειν (2)
— 17. ἴδετε δή μοι [A om.] ἄ. ὀρθῶς ψάλλοντα (2)
— 18. ὁ ἀ. συνετὸς καὶ ὁ ἀ. πολεμιστὴς . . . καὶ ἀ. ἀγαθὸς τῷ εἴδει [R al.] (7, 2, 2)
17. 2. καὶ οἱ ἄ. Ἰσραὴλ συνάγονται (2)
— 4. ἐξῆλθεν ἀ. δυνατὸς ἐκ τῆς παρατάξ. (2)
— 8. ἐκλέξασθε ἑαυτοῖς ἄνδρα (2)
— 10. δότε μοι ἄνδρα (2)
— 12. A ὁ ἀ. . . . πρεσβύτ. ἐληλυθὼς ἐν ἀνδράσιν (2, 3 a)
— 19. A καὶ πᾶς ἀ. Ἰσρ. ἐν τῇ κοιλάδι (2)
— 23. A ἰδοὺ ἀ. Ἀμεσσαῖος ἀνέβαινεν (2)
— 24. A καὶ πᾶς ἀ. Ἰσρ. ἐν τῷ ἰδεῖν αὐτοὺς τὸν ἄ. (2, 2)
— 25. A καὶ εἶπεν ἀ. Ἰσρ. εἰ ἑωράκατε τὸν ἄ. (2, 2)
— 25. A καὶ ἔσται ἀ. ὃς ἂν πατάξῃ αὐτόν (2)
— 26. A πρὸς τοὺς ἄ. τοὺς συνεστηκ. μετ' αὐτοῦ (3 a)
— 26. A ἢ ποιηθήσεται τῷ ἀ. (2)
— 27. A οὕτως ποιηθήσεται τῷ ἀ. (2)
— 28. A ἐν τῷ λαλεῖν αὐτὸν πρὸς τοὺς ἄ. (3 a)
— 33. καὶ αὐτὸς ἀ. πολεμιστὴς ἐκ νεότ. αὐ. (2)
— 40. προσῆλθε πρὸς τὸν ἄ. τὸν ἀλλόφυλον —
— 41. A καὶ ἀ. ὁ αἴρων τὸν θυρεὸν (2)
— 52. καὶ ἀνίστανται ἄνδρες Ἰσρ. (3 a)
— 53. καὶ ἀνέστρεψαν ἄνδρες Ἰσρ. (4)
18. 5. A κατέστησεν αὐτὸν Σ. ἐπὶ τοὺς ἄ. τοῦ πολ. (3 a)
— 23. κἀγὼ ἀ. [A ἄνθρωπος] ταπεινός (2)
— 27. ἐπορεύθη αὐτὸς καὶ οἱ ἄ. αὐτοῦ καὶ ἐπάταξεν . . . ἑκατὸν ἄ. (3 a, 2)

I Ki. 21. 14 (15). ἴδετε ἄνδρα ἐπίληπτον (2)
22. 2. ἦσαν μετ' αὐτοῦ ὡς τετρακόσιοι ἄ. (2)
— 6. Δαυὶδ καὶ οἱ ἄ. οἱ μετ' αὐτοῦ (3 a)
— 18. τριακοσίους καὶ πέντε ἄ. (2)
— 19. ἐπάταξεν . . . ἀπὸ ἀνδρὸς ἕως γυναικός (2)
23. 3. εἶπαν οἱ ἄ. τοῦ Δ. πρὸς αὐτόν (3 a)
— 5. Δ. καὶ οἱ ἄ. οἱ μετ' αὐτοῦ (3 a)
— 8. συνέχειν τὸν Δαυὶδ καὶ τοὺς ἄ. αὐτοῦ (3 a)
— 12. A εἰ παραδώσουσιν . . . τοὺς ἄ. μου (3 a)
— 13. καὶ ἀνέστη Δ. καὶ οἱ ἄ. οἱ μετ' αὐτοῦ (3 a)
— 24. καὶ Δαυὶδ καὶ οἱ ἄ. αὐτοῦ ἐν τῇ ἐρήμῳ (3 a)
— 25. ἐπορεύθη Σαοὺλ καὶ οἱ ἄ. αὐτοῦ (3 a)
— 26. πορεύονται Σαοὺλ καὶ οἱ ἄ. αὐτοῦ —
— 26. ἦν Δ. καὶ οἱ ἄ. αὐτοῦ ἐκ μέρους (3 a)
— 26. Σ. κ. οἱ ἄ. αὐ. παρενέβαλον ἐπὶ Δ. κ. τοὺς ἄ. αὐ. (3 a, 3 a)
24. 3. τρεῖς χιλ. ἀνδρῶν ἐκλεκτούς (2)
— 3. ζητεῖν τὸν Δ. καὶ τοὺς ἄ. αὐτοῦ (3 a)
— 4. Δ. καὶ οἱ ἄ. αὐτοῦ ἐσώτερον τοῦ σπηλ. (3 a)
— 5. καὶ εἶπον οἱ ἄ. Δ. πρὸς αὐτόν (3 a)
— 7. καὶ εἶπε Δ. πρὸς τοὺς ἄ. αὐτοῦ (3 a)
— 8. καὶ ἔπεισε Δαυὶδ τοὺς ἄ. αὐτοῦ (3 a)
— 23. Δ. καὶ οἱ ἄ. αὐτοῦ ἀνέβησαν εἰς τὴν Μ. (3 a)
25. 11. καὶ δώσω αὐτὰ ἀνδράσιν (2)
— 13. εἶπε Δαυὶδ τοῖς ἀ. αὐτοῦ (3 a)
— 13. A περιεζώσαντο ἀνὴρ τὴν μάχαιραν αὐ. (2)
— 13. ἀνέβησαν ὀπίσω Δ. ὡς τετρακόσιοι ἄ. (2)
— 15. καὶ οἱ ἄ. ἀγαθοὶ ἡμῖν σφόδρα (3 a)
— 19. τῷ ἀ. αὐτῆς οὐκ ἀπήγγειλε (2)
— 20. Δ. καὶ οἱ ἄ. αὐτοῦ κατέβαινον (3 a)
26. 2. τρεῖς χιλ. ἀνδρῶν ἐκλεκτοί [A -ῶν] (2)
— 15. καὶ εἶπε Δ. πρὸς Ἀβ., οὐκ ἀνὴρ σύ (2)
27. 2. A R οἱ ἑξακόσ. [B τετρακόσ.] ἄ. οἱ μετ' αὐ. (2)
— 3. αὐτὸς καὶ οἱ ἄ. αὐτοῦ (3 a)
— 8. ἀνέβαινε Δ. καὶ οἱ ἄ. αὐτοῦ (3 a)
— 9. οὐκ ἐζωογόνει ἄνδρα καὶ γυναῖκα (2)
— 11. ἄνδρα καὶ γυναῖκα οὐκ ἐζωογόνησα (2)
28. 1. ἐξελεύσῃ εἰς πόλεμον σὺ καὶ οἱ ἄ. σου (3 a)
— 4. συναθροίζει Σ. πάντα ἄνδρα Ἰσρ. —
— 8. πορεύεται αὐτὸς καὶ δύο ἄ. μετ' αὐτοῦ (3 a)
— 14. ἄνδρα ὄρθιον [A ὄρθριον] ἀναβαίνοντα (2)
29. 2. Δ. καὶ οἱ ἄ. αὐτοῦ παρεπορεύοντο (3 a)
— 4. ἀπόστρεψον τὸν ἄ. (2)
— 4. οὐχὶ ἐν ταῖς κεφαλαῖς τῶν ἀ. ἐκείνων (3 a)
— 11. ὤρθρισε Δ. αὐτὸς καὶ οἱ ἄ. αὐ. ἀπελθεῖν (3 a)
30. 1. εἰσελθόντος Δ. καὶ τῶν ἀ. αὐτοῦ (3 a)
— 2. οὐκ ἐθανάτωσαν ἄνδρα καὶ γυναῖκα (2)
— 3. ἦλθε Δ. καὶ οἱ ἄ. αὐτοῦ (3 a)
— 4. ἦρε Δ. καὶ οἱ ἄ. αὐτοῦ τὴν φωνήν (14)
— 9. A R καὶ οἱ ἑξακόσιοι [B τετρ.] ἄ. μετ' αὐ. (2)
— 10. καὶ κατεδίωξεν ἐν τετρακοσίοις ἀ. (2)
— 10. ὑπέστησαν δὲ διακόσιοι ἄ. (2)
— 11. εὑρίσκουσιν ἄ. Αἰγύπτιον ἐν ἀγρῷ (2)
— 13. ἐγώ εἰμι δοῦλος ἀνδρὸς Ἀμαληκίτου (2)
— 17. οὐκ ἐσώθη ἐξ αὐτῶν ἀ. (2)
— 21. πρὸς τοὺς διακοσ. [A om.] ἄ. τοὺς ἐκλυθ. (3 a)
— 22. πᾶς ἀ. λοιμὸς καὶ πονηρὸς τῶν ἀ. τῶν πολεμιστῶν (2, 3 a)
— 31. οὓς διῆλθε Δ. ἐκεῖ αὐτὸς καὶ οἱ ἄ. αὐ. (3 a)
31. 1. ἔφυγον οἱ ἄ. Ἰσραὴλ (3 a)
— 3. εὑρίσκουσιν αὐτὸν οἱ ἀκοντ. ἄ. τοξ. (3 a)
— 6. A καὶ πάντες οἱ ἄ. αὐτοῦ (3 a)
— 7. καὶ εἶδον οἱ ἄ. Ἰσραὴλ (3 a)
— 7. ἔφυγον οἱ ἄ. Ἰσραὴλ (3 a)
— 12. ἀνέστησαν [A ἀνέστη] πᾶς ἀ. δυνάμεως (2)
II Ki. 1. 2. ἀ. ἦλθεν [A om.] ἐκ τῆς παρεμβολῆς (2)
— 11. καὶ πάντες οἱ ἄ. οἱ μετ' αὐτοῦ (3 a)
— 13. υἱὸς ἀ. παροίκου Ἀμαληκ. ἐγώ εἰμι (2)
2. 3. καὶ οἱ ἄ. οἱ μετ' αὐτοῦ (3 a)
— 4. ἔρχονται ἄνδρες τῆς Ἰουδ. (3 a)
— 4. οἱ ἄ. Ἰαβὶς τῆς Γαλααδίτιδος ἔθαψαν (3 a)
— 17. ἔπταισεν Ἀβεννὴρ καὶ ἄνδρες Ἰσρ. (3 a)
— 29. Ἀβ. καὶ οἱ ἄ. αὐτοῦ ἀπῆλθον εἰς δυσμάς (3 a)
— 30. τῶν παίδων Δ. ἐννέα καὶ δέκα ἄνδρες (2)
— 31. τῶν υἱῶν Βεν. τῶν ἀ. Ἀβ. τριακοσ. ἑξήκ. ἄνδρας παρ' αὐτοῦ (3 a, 2)
— 32. ἐπορεύθη Ἰ. καὶ οἱ ἄ. οἱ μετ' αὐτοῦ (3 a)
3. 15. καὶ ἔλαβεν αὐτὴν παρὰ τοῦ ἀ. αὐτῆς (2)
— 16. καὶ ἐπορεύετο ὁ ἀ. αὐτῆς μετ' αὐτῆς (2)
— 20. καὶ μετ' αὐτοῦ εἴκοσι ἄνδρες (3 a)
— 20. τῷ Ἀβ. καὶ τοῖς ἀ. τοῖς μετ' αὐτοῦ (3 a)
— 39. οἱ δὲ ἀ. οὗτοι υἱοὶ Σ. σκληρότεροί μου (3 a)
4. 1. πάντες οἱ ἄ. Ἰσραὴλ παρείθησαν —
— 2. καὶ δύο ἄνδρες ἡγούμ. συστρεμμ. τῷ Ἰ. (3 a)
— 11. ἄ. πονηροὶ ἀπεκτάγκασιν ἄ. δίκαιον (3 a, 2)

II Ki. 5. 6. ἀπῆλθε Δαυὶδ καὶ οἱ ἄ. αὐτοῦ (3 a)
— 21. Δ. καὶ οἱ ἄ. οἱ μετ' αὐτοῦ (3 a)
6. 19. ἀπὸ ἀνδρὸς ἕως γυναικός (2)
7. 14. ἐλέγξω αὐτὸν ἐν ῥάβδῳ ἀνδρῶν (3 a)
8. 4. εἴκοσι χιλιάδας ἀ. πεζῶν (2)
— 5. εἴκοσι δύο [A om.] χιλιάδας ἀνδρῶν (2)
9. 3. εἰ ὑπολέλειπται ἐκ τοῦ οἴκου Σ. ἔτι ἀ. (2)
10. 5. ἀπήγγειλαν τῷ Δ. ὑπὲρ τῶν ἀ. —
— 5. ἦσαν οἱ ἄ. ἠτιμασμένοι σφόδρα (3 a)
— 6. ἐμισθώσαντο . . . χιλίους ἄ. καὶ . . . δώδεκα χιλιάδας ἀνδρῶν (2, 2)
11. 16. ᾔδει ὅτι ἄνδρες δυνάμεως ἐκεῖ (3 a)
— 17. ἐξῆλθον οἱ ἄ. τῆς πόλεως (3 a)
— 23. ἐκραταίωσαν ἐφ' ἡμᾶς οἱ ἄ. (3 a)
— 26. ἀπέθανεν Οὐρίας ὁ ἀ. αὐτῆς (2)
— 26. καὶ ἐκόψατο [A add. ἐπὶ] τὸν ἄ. αὐτῆς (5 a)
12. 1. δύο ἦσαν ἄνδρες ἐν πόλει μιᾷ (3 a)
— 4. ἦλθε πάροδος τῷ ἀ. τῷ πλουσίῳ (2)
— 4. ἐποίησεν αὐτὴν τῷ ἀ. τῷ ἐλθόντι (2)
— 5. ἐθυμώθη ὀργῇ Δ. σφόδρα τῷ ἀ. (2)
— 5. υἱὸς θανάτου ὁ ἀ. ὁ ποιήσας τοῦτο (2)
— 7. σὺ εἶ ὁ ἀ. ὁ ποιήσας τοῦτο (2)
13. 3. καὶ Ἰωναδὰβ ἀ. σοφὸς σφόδρα (2)
— 9. ἐξαγάγετε πάντα ἄ. ἐπάνωθέν μου (2)
— 9. ἐξήγαγον πάντα ἄ. ἀπὸ ἐπάνωθεν αὐτοῦ (2)
— 29. ἐπεκάθισαν ἀνὴρ [A -σεν ἕκ.] ἐπὶ τὴν ἡμί. (2)
— 34. ἄνδρας ἑώρακε ἐκ τῆς ὁδοῦ τῆς Ὠρ. —
14. 5. καὶ ἀπέθανεν ὁ ἀ. μου (2)
— 7. ὥστε μὴ θέσθαι τῷ ἀ. μου κατάλειμμα (2)
— 16. ἐκ χειρὸς τοῦ ἀ. τοῦ ζητοῦντ. ἐξᾶραί με (2)
— 25. καὶ ὡς Ἀβ. οὐκ ἦν ἀ. (2)
15. 1. πεντήκ. ἄνδρας παρατρέχειν ἔμπρ. αὐ. (2)
— 2. καὶ ἐγένετο πᾶς ἀ. . . . ἦλθε (2)
— 2. A καὶ εἶπεν ὁ ἀ. [B om. ὁ ἀ.] —
— 4. ἐπ' ἐμὲ ἐλεύσεται πᾶς ἀ. (2)
— 5. ἐν τῷ ἐγγίζειν ἄνδρα (2)
— 6. ἰδιοποιεῖτο Ἀβ. τὴν καρδ. ἀνδρῶν Ἰ. (3 a)
— 11. διακόσιοι ἄ. ἐξ Ἰερ. κλητοί (2)
— 13. ἐγενήθη ἡ καρδία ἀνδρῶν Ἰσρ. ὀπίσω Ἀβ. (2)
— 18. B καὶ πάντες οἱ μαχηταὶ ἑξακόσ. ἄ. (2)
— 18. οἱ ἑξακόσιοι ἄ. οἱ ἐλθόντες (2)
— 30. ἐπεκάλυψεν ἀ. τὴν κεφαλὴν αὐτοῦ (2)
16. 5. ἐκεῖθεν ἀ. ἐξεπορεύετο (2)
— 7. ἔξελθε ἀ. αἱμάτων καὶ ἀ. ὁ παράνομος (2, 2)
— 8. ὅτι ἀ. αἱμάτων σύ (2)
— 13. ἐπορεύθη Δ. καὶ οἱ ἄ. αὐτοῦ ἐν τῇ ὁδῷ (3 a)
— 15. B καὶ πᾶς ἀ. [A ὁ λαὸς] Ἰσρ. (14 et 2)
— 18. κύριος καὶ ὁ λαὸς οὗτος καὶ πᾶς ἀ. Ἰσρ. (2)
17. 1. δώδεκα χιλιάδας ἀνδρῶν (2)
— 3. ὃν τρόπον ἐπιστρέφει ἡ ν. πρὸς τὸν ἄ. αὐ. —
— 3. πλὴν ψυχὴν ἑνὸς ἀ. σὺ ζητεῖς (2)
— 8. σὺ οἶδας . . . τοὺς ἄ. αὐτοῦ (3 a)
— 8. ὁ πατήρ σου ἀ. πολεμιστής (2)
— 12. ἐν αὐτῷ καὶ τοῖς ἀ. τοῖς μετ' αὐτοῦ (3 a)
— 13. A λήψεται πᾶς ἀ. [B om.] Ἰσρ. —
— 14. καὶ εἶπεν Ἀβ. καὶ πᾶς ἀ. Ἰσραὴλ (2)
— 18. εἰσῆλθαν εἰς οἰκίαν ἀνδρὸς ἐν Β. (2)
— 24. αὐτὸς καὶ πᾶς ἀ. [A om.] Ἰσρ. μετ' αὐτοῦ (2)
— 25. καὶ Ἀμ. υἱὸς ἀνδρός (2)
18. 7. ἐγένετο ἡ θραῦσις . . . εἴκοσι χιλ. ἀνδρῶν —
— 10. καὶ εἶδεν ἀ. εἷς (2)
— 11. καὶ εἶπεν Ἰ. τῷ ἀ. τῷ ἀναγγέλλοντι (2)
— 12. εἶπε δὲ ὁ ἀ. πρὸς Ἰωάβ (2)
— 17. πᾶς Ἰσρ. ἔφυγεν ἀ. εἰς τὸ σκήνωμα αὐ. (2)
— 20. οὐκ ἀ. εὐαγγελίας σύ (2)
— 24. καὶ ἰδοὺ ἀ. τρέχων μόνος ἐνώπ. αὐτοῦ (2)
— 26. εἶδεν ὁ σκοπὸς ἄ. ἕτερον τρέχοντα (2)
— 26. ἰδοὺ ἀ. ἕτερος τρέχων μόνος (2)
— 27. καὶ εἶπεν ὁ βασ., ἀ. ἀγαθὸς οὗτος (2)
— 28. R τοὺς ἄ. τοὺς ἐπαραμ. [A ἀνταραντ., B μισοῦντ.] (3 a)
19. 7 (8). εἰ αὐλισθήσεται ἀ. μετὰ σοῦ (2)
— 8 (9). Ἰσρ. ἔφυγεν ἀ. εἰς τὰ σκηνώματα αὐ. (2)
— 14 (15). A B ἔκλινε τὴν καρδ. παντὸς ἀ. Ἰ. ἕως [R ὡς] ἀ. ἑνός (2, 2)
— 15 (16). καὶ ἄνδρες Ἰούδα ἦλθαν εἰς Γάλγαλα —
— 16 (17). κατέβη μετὰ ἀνδρὸς Ἰούδα (2)
— 17 (18). χίλιοι ἄ. μετ' αὐτοῦ ἐκ τοῦ Βεν. (2)
— 22 (23). σήμ. οὐ θανατωθήσεταί τις ἀ. ἐξ Ἰσρ. (2)
— 28 (29). ἀλλ' ἢ ὅτι ἄνδρες θανάτου τῷ κ. μου (3 a)
— 32 (33). Βερζελλὶ ἀ. πρεσβύτερος σφόδρα —
— 32 (33). ὅτι ἀ. μέγας ἐστὶ σφόδρα (2)
— 41 (42). πᾶς ἀ. Ἰσρ. παρεγένοντο (2)
— 41 (42). τί ὅτι ἔκλεψάν σε οἱ ἀδ. ἡμ. ἀνὴρ Ἰ. (2)
— 41 (42). καὶ πάντες ἄ. Δαυὶδ μετ' αὐτοῦ (3 a)

II Ki. 19. 42. ἀπεκρίθη πᾶς ἀ. Ἰούδα πρὸς ἄνδρα Ἰσρ. (2, 2)
— 43. ἀπεκρίθη ἀνὴρ Ἰσρ. τῷ ἀ. Ἰούδα (2, 2)
— 43. ἐσκληρύνθη ὁ λόγος ἀνδρὸς Ἰούδα ὑπὲρ τὸν λόγον ἀνδρὸς Ἰσρ. (2, 2)
20. 1. Σαβεὲ υἱὸς Βοχορὶ ἀ. ὁ Ἰεμ. (2)
— 1. ἀ. εἰς τὰ σκηνώματά σου (2)
— 2. A R ἀνέβη πᾶς ἀ. [B om.] Ἰσρ. ἀπὸ ὄπισθεν Δ. (2)
— 2. καὶ ἀ. Ἰούδα ἐκολλήθη τῷ βασ. αὐτῶν (2)
— 4. βόησόν μοι τὸν ἄ. Ἰούδα (2)
— 7. Ἀβεσσαὶ καὶ οἱ ἄ. Ἰωάβ (3 a)
— 11. ἀ. ἔστη ἐπ' αὐτὸν τῶν παιδαρίων Ἰωάβ (2)
— 12. καὶ εἶδεν ἀ. (2)
— 13. παρῆλθε πᾶς ἀ. Ἰσρ. ὀπίσω Ἰ. (2)
— 21. ἀ. ἐξ ὄρους Ἐφραΐμ (2)
— 22. διεσπάρησαν ... ἀπ' αὐ. ἀνὴρ εἰς τὰ σκηνώμ. (2)
21. 4. οὐκ ἔστιν ἡμῖν ἀνὴρ θανατῶσαι ἐν Ἰσρ. (2)
— 5. ὁ ἀ. συνετέλεσεν ἐφ' ἡμᾶς (2)
— 6. δότω ἡμῖν ἑπτὰ ἄνδρας (3 a)
— 12. παρὰ τῶν ἀνδρῶν υἱῶν Ἰ. Γαλ. (5 a)
— 17. τότε ὤμοσαν οἱ ἄ. Δαυίδ (3 a)
— 20. καὶ ἦν ἀ. μαδών (2)
22. 26. καὶ μετὰ ἀ. τελείου τελειωθήσῃ (7)
— 49. ἐξ ἀνδρὸς ἀδικημάτων ῥύσῃ με (2)
23. 1. πιστὸς ἀ. [A ὁ ἀ.] ὃν ἀνέστησε κ. (6 a)
— 7. ἀνὴρ οὐ [A om.] κοπιάσει [A -πάσει] (2)
— 9. A B ἀνεβόησεν [R -βησεν] ἀ. Ἰσρ. (2)
— 17. τῶν ἀ. τῶν πορευθ. ἐν ταῖς ψυχαῖς αὐ. (3 a)
— 20. ἀ. αὐτὸς πολλοστὸς ἔργοις (2)
— 21. ἐπάταξε τὸν ἄ. τὸν Αἰγ. ἄ. ὁρατόν [A -τήν] (2, 2)
24. 9. ὀκτακόσ. χιλ. ἀνδρῶν δυνάμεως (2)
— 9. ἀ. Ἰούδα πεντακόσ. χιλ. ἀ. μαχητῶν (2, 2)
— 15. ἀπέθανεν ... ἑβδομήκ. χιλ. ἀνδρῶν (2)
III Ki. 1. 5. πεντήκ. ἄνδρας παρατρέχειν ἔμπρ. αὐ. (2)
— 9. A πάντας τοὺς ἄνδρας [B ἁδροὺς] Ἰ. (3 a)
— 42. ὅτι ἀ. δυνάμεως εἶ σύ (2)
— 49. ἦλθον [A ἀπῆλθεν] ἀ. εἰς τὴν ὁδὸν αὐτοῦ (2)
2. 2. καὶ ἔσῃ εἰς ἄνδρα (2)
— 4. οὐκ ἐξολοθρευθήσεταί σοι ἀ. (2)
— 9. ὅτι ἀ. σοφὸς εἶ σύ (2)
— 26. ὅτι ἀ. θανάτου εἶ σύ (2)
3. 1 (2. 9). ὅτι ἀ. φρόνιμος σύ [A εἶ σύ] (2)
— 13. ὡς οὐ γέγονεν ἀ. [A om.] ὅμοιός σοι (2)
4. 11. B ἀνὰ Φαθεὶ ἀνὴρ Ταβ. [A R al.] †
5. 6 (20). A οὐκ ἔστιν ἡμῖν ἀ. [B om.] (2)
— 13 (27). ἦν ὁ φόρος τριάκ. χιλ. ἀνδρῶν (2)
7. 14. ὁ πατὴρ αὐτοῦ ἀ. Τύριος [A τίμιος] (2)
— 30. A ἀπὸ πέραν ἀνδρὸς προσκείμεναι (2)
8. 2. A ἐξεκκλησιάσθησαν ... πᾶς ἀ. Ἰσρ. (2)
— 25. οὐκ ἐξαρθήσεταί σου ἀ. (2)
— 39. δώσεις ἀνδρὶ κατὰ τὰς ὁδοὺς αὐτοῦ (2)
9. 5. οὐκ ἐξαρθήσεταί σοι [A σου] ἀ. ἡγούμ. (2)
— 27. ἄ. ναυτικοὺς ἐλαύνειν εἰδότας θάλ. (3 a)
10. 22 (B), 9. 22 (A) αὐτοὶ ἦσαν ἄ. οἱ πολεμισταί (3 a)
11. 14 (B), 24 (A) συνηθροίσθησαν ἐπ' αὐτὸν ἄνδρες (3 a)
— 17. A R αὐτὸς καὶ πάντες ἄ. [B¹ οἱ] Ἰδουμ. (3 a)
— 18. ἀνίστανται ἄ. ἐκ τῆς πόλεως Μ. -
— 18. λαμβάνουσιν ἄνδρας μετ' αὐτῶν (3 a)
— 28. ἀνὴρ ἔργων ἐστί (15)
12. 24. B εἶπε πᾶς ὁ λαὸς ὡς ἀ. εἷς -
— 24. B συνήθροισε Ῥοβ. πάντα ἄ. Ἰούδα καὶ Βεν. -
13. 25. καὶ ἰδοὺ ἄνδρες παραπορευόμενοι (3 a)
18. 4. ἔλαβεν Ἀβδιοὺ ἑκατὸν ἄ. προφήτας -
— 13. A ἔκρυψα ... ἑκατὸν ἄ. ἀνὰ πεντήκ. ἄνδρας [B om.] (2, 2)
— 22. τετρακόσιοι καὶ πεντήκ. ἄ. (2)
— 44. νεφέλη μικρὰ ὡς ἴχνος ἀνδρός (2)
19. 18. καταλείψεις ἐν Ἰσρ. ἑπτὰ χιλ. ἀνδρῶν -
20 (21). 10. ἐγκαθίσατε δύο ἄ. υἱοὺς παρανόμων (3 a)
— 11. A R οἱ ἄ. πόλεως αὐτοῦ οἱ πρεσβύτ. (3 a)
— 13. A R δύο ἄ. οἱ υἱοὶ παρανόμων (3 a)
— 13. A ἄνδρες τῆς ἀποστασίας (3 a)
21 (20). 9. καὶ ἀπῆραν οἱ ἄ. (10)
— 17. ἄνδρες ἐξεληλύθασιν ἐκ Σαμ. (3 a)
— 30. εἴκοσι καὶ ἑπτὰ χιλιάδας ἀνδρῶν (2)
— 33. καὶ οἱ ἄ. οἰωνίσαντο (3 a)
— 39. A R ἀ. εἰσήγαγε [B ἐξ.] πρὸς μὲ ἄνδρα (2, 2)
— 39. φύλαξον τοῦτον τὸν ἄ. (2)
— 42. ἐξήνεγκας [A -ήγαγες] σὺ ἄ. ὀλέθριον (2)
22. 6. πάντας τοὺς προφ. ὡς τετρακοσίους ἄ. (2)
— 8. εἷς [A ἔτι] ἐστιν ἀ. εἰς τὸ ἐπερωτῆσαι (2)
22. 10. ἐκάθηντο [A -ητο] ἀνὴρ ἐπὶ τοῦ θρόνου (2)

IV Ki. 1. 6. ἀ. ἀνέβη εἰς συνάντησιν ἡμῶν (2)
— 7. τίς ἡ κρίσις τοῦ ἀ. (2)
— 8. ἀ. δασὺς καὶ ζώνην δερματ. περιεζωσμ. (2)
2. 7. πεντήκ. ἄ. υἱοὶ τῶν προφητῶν (2)
— 16. πεντήκ. ἄ. υἱοὶ δυνάμεως (3 a)
— 17. ἀπέστειλαν πεντήκοντα ἄνδρας (2)
— 19. εἶπον οἱ ἄ. τῆς πόλεως πρὸς Ἐλ. (3 a)
3. 23. ἐπάταξεν [A -αν] ἀνὴρ τὸν πλησ. αὐτοῦ (2)
— 25. ἔρριψαν ἀνὴρ τὸν λίθον (2)
— 26. ἑπτακόσ. ἄ. ἐσπασμένους ῥομφαίαν (2)
4. 1. ὁ δοῦλός σου ὁ ἀ. μου ἀπέθανε (2)
— 9. εἶπεν ἡ γυνὴ πρὸς τὸν ἄ. αὐτῆς (2)
— 14. καὶ ὁ ἀ. αὐτῆς [A add. οὐκ ἔστιν] πρεσβύτης (2)
— 22. καὶ ἐκάλεσε τὸν ἄ. αὐτῆς (2)
— 26. ἡ εἰρήνη τῷ ἀ. σου (2)
— 29. ἐὰν εὕρῃς ἄνδρα (2)
— 29. ἐὰν εὐλογήσῃ σε ἀνήρ (2)
— 40. καὶ ἐνέχει [A ἐνέχεον] τοῖς ἀ. φαγεῖν (3 a)
— 42. καὶ ἀ. διῆλθεν ἐκ Βαιθαρισά (2)
— 43. τί δῶ τοῦτο ἐνώπ. ἑκ. ἀνδρῶν [A al.] (2)
5. 1. Ναιμὰν ... ἦν ἀ. μέγας ἐνώπ. τοῦ κυρίου (2)
— 1. ὁ ἀ. ἦν δυνατὸς ἰσχύϊ λελεπρωμένος (2)
— 7. ἀποσυνάξαι ἄνδρα ἀπὸ τῆς λέπρας αὐ. (2)
— 24. καὶ ἐξαπέστειλε τοὺς ἄ. (3 a)
— 26. ὅτε ἐπέστρεψεν ὁ ἀ. ἀπὸ τοῦ ἅρματος (2)
6. 2. λάβωμεν ἐκεῖθεν ἀ. εἷς [A om.] δοκὸν μίαν (2)
— 19. ἄξω [A ἀπάξω] ὑμᾶς πρὸς τὸν ἄ. (2)
— 32. ἀπέστειλεν ἄνδρα πρὸ προσώπου αὐ. (2)
7. 3. τέσσαρες ἄ. ἦσαν λεπροί (3 a)
— 3. εἶπεν ἀνὴρ πρὸς τὸν πλησ. αὐτοῦ (2)
— 5. καὶ ἰδοὺ οὐκ ἔστιν ἀ. ἐκεῖ (2)
— 6. εἶπεν ἀ. πρὸς τὸν ἀδελφὸν αὐ. (2)
— 9. εἶπεν ἀ. πρὸς τὸν πλησ. αὐτοῦ (2)
— 10. οὐκ ἔστιν ἐκεῖ ἀ. (2)
9. 11. ὑμεῖς οἴδατε τὸν ἄ. (2)
— 16. A R ὅτι αὐτὸς [B om.] δυνατὸς καὶ ἀ. δυνάμ. -
— 21. ἀ. ἐν τῷ ἅρματι αὐτοῦ (2)
10. 5. οὐ βασιλεύσομεν ἄνδρα (2)
— 6. λάβετε τὴν κεφαλὴν ἀνδρῶν (3 a)
— 6. οἱ υἱοὶ τοῦ βασ. ἦσαν ἑβδομήκ. ἄνδρες (2)
— 7. ἔσφαξαν αὐτοὺς ἑβδομήκ. ἄνδρας (2)
— 14. ἔσφαξαν αὐτοὺς ... τεσσαράκ. καὶ δύο ἄ. οὐ κατέλιπεν ἄνδρα ἐξ αὐτῶν (2, 2)
— 19. ἀ. μὴ ἐπισκεπήτω (2)
— 21. οὐ κατελείφθη ἀ. (2)
— 24. ἔταξεν ἑαυτῷ ἔξω ὀγδοήκ. [A ὀκτὼ] ἄ. (2)
— 24. ἀ. ὃς ἐὰν διασωθῇ ἀπὸ τῶν ἀ. (2, 3 a)
— 25. μὴ ἐξελθάτω ἐξ αὐτῶν ἀ. (2)
11. 8. κυκλώσατε ἐπὶ τὸν βασ. κύκλῳ ἀ. (2)
— 9. ἔλαβεν ἀνὴρ τοὺς ἄ. αὐτοῦ (2, 3 a)
— 11. ἔστησαν [A ἀνέσ.] οἱ παρατρέχ. ἀνήρ (2)
12. 4 (5). B ἀνὴρ ἀργυρ. λαβὼν συντιμήσεως [A ἀνὴρ ψήφῳ ψυχῶν συντιμήσεως ἀνήρ] (2, -)
— 4 (5). A R ὃ ἐὰν ἀναβῇ [B λάβῃ] ἐπὶ καρδ. ἀνδρός (2)
— 5 (6). ἀ. ἀπὸ τῆς πράσεως [A πράξεως] (2)
— 9 (10). A R ἐν τῷ οἴκῳ ἀνδρὸς οἴκου [B οἴκῳ] κ. (2)
— 15 (16). τοὺς ἄ. οἷς ἐδίδουν τὸ ἀργύριον (3 a)
13. 21. καὶ ἐγένετο αὐτῶν θαπτόντων τὸν ἄ. (2)
— 21. καὶ ἔρριψαν τὸν ἄ. ἐν τῷ τάφῳ Ἐλ. (2)
14. 12. ἔφυγεν ἀ. εἰς τὸ σκήνωμα αὐτοῦ (2)
15. 20. πεντήκ. σίκλους [A add. ἀργυρ.] τῷ ἀ. τῷ ἑνί (2)
— 25. πεντήκ. ἄνδρες ἀπὸ τῶν τετρακοσ. (2)
17. 30. οἱ ἄ. Βαβ. ἐποίησαν τὴν Σ. (3 a)
— 30. B οἱ ἄ. Χουθ ἐποίησαν τὴν Ἐργέλ (3 a)
— 30. οἱ ἄ. Αἰμὰθ ἐποίησαν τὴν Ἀσιμάθ (3 a)
18. 21. ὃς ἂν στηριχθῇ ἀ. ἐπ' αὐτήν (2)
— 27. οὐχὶ ἐπὶ τοὺς ἄ. τοὺς καθημ. ἐπὶ τοῦ τ. (3 a)
— 31. πίεται ἀ. τὴν ἄμπ. αὐ. καὶ ἀ. τὴν συκῆν (2, 2)
20. 14. τί ἐλάλησαν οἱ ἄ. οὗτοι (3 a)
22. 15. εἴπατε τῷ ἀ. τῷ ἀποστείλ. ὑμᾶς πρός μέ (2)
23. 2. καὶ πᾶς ἀ. Ἰούδα (2)
— 8. τῶν ἐξ ἀριστερῶν ἀνδρός (2)
— 10. τοῦ διάγειν ἄνδρα τὸν υἱὸν αὐτοῦ καὶ ἄνδρα τὴν θυγατ. (2, -)
— 17. καὶ εἶπον αὐτῷ οἱ ἄ. τῆς πόλεως (3 a)
— 18. ἀ. μὴ κινησάτωσαν [A -σάτω] τὰ ὀστᾶ (2)
— 35. ἀ. κατὰ τὴν συντίμησιν αὐτοῦ (2)
24. 16. πάντας τοὺς ἄ. τῆς δυνάμεως ἑπτακισχ. (3 a)
25. 4. πάντες οἱ ἄ. τοῦ πολ. ἐξῆλθον νυκτός (3 a)
— 19. ὃς ἦν ἐπιστάτης τῶν ἀ. τῶν πολεμιστῶν (3 a)
— 19. πέντε ἄνδρας τῶν ὁρώντων τὸ πρόσωπ. (3 a)

IV Ki. 25. 19. ἐξήκ. [A ἑπτὰ] ἄνδρας τοῦ λαοῦ (2)
— 23. οἱ ἄρχοντες ... αὐτοὶ [A -τοῦ] καὶ οἱ ἄ. αὐ. (3 a)
— 23. αὐτοὶ καὶ οἱ ἄ. αὐτῶν (3 a)
— 24. καὶ ὤμοσε Γοδ. αὐτοῖς καὶ τοῖς ἀ. αὐτῶν (3 a)
— 25. A R ἦλθεν Ἰσμ. ... καὶ δέκα [B om.] ἄνδρες μετ' αὐ. (3 a)
I Ch. 2. 3. A ἦν ἀνήρ? [B *Ἠρ] ὁ πρωτότοκος Ἰ. πονηρός †
4. 12. οὗτοι ἄνδρες Ῥηχάβ (3 a)
— 22. καὶ ἄνδρες Χωζηβά (3 a)
— 42. ἐπορεύθησαν εἰς ὄρος Σ. ἄ. πεντακόσ. (3 a)
5. 18. ἄ. αἴροντες ἀσπίδας καὶ μάχαιραν (3 a)
— 21. ψυχὰς ἀνδρῶν ἑκατὸν χιλιάδας (1)
— 24. ἄ. ἰσχυροὶ δυνάμει, ἄ. ὀνομαστοί (3 a, 3 a)
7. 21. ἄ. Γὲθ οἱ τεχθέντες ἐν τῇ γῇ (3 a)
— 40. ἀριθμὸς αὐτῶν ἄνδρες εἴκοσι ἓξ χιλ. (3 a)
8. 40. ἰσχυροὶ ἄ. δυνάμει (3 a)
9. 9. πάντες οἱ ἄ. ἄρχοντες πατριῶν (3 a)
10. 7. εἶδε πᾶς ἀ. [S om.] Ἰσρ. ὁ ἐν τῷ αὐλῶνι (2)
— 12. ἠγέρθησαν ἐκ Γαλ. πᾶς ἀ. δυνατός (2)
11. 4. ἐπορεύθη ὁ βασ. καὶ ἄνδρες αὐτοῦ [A Ἰσρ.] †
— 19. εἰ αἷμα ἀνδρῶν τούτων πίομαι (3 a)
— 22. υἱὸς ἀνδρὸς δυνατοῦ (2)
— 23. ἐπάταξε τὸν ἄ. τὸν Αἰγ., ἄ. [S om.] ὁρατόν (2, 2)
12. 8. ἰσχυροὶ δυνατοὶ ἄ. παρατάξεως πολ. (3 a)
— 19. ἐν ταῖς κεφ. τῶν ἀ. ἐκείνων ἐπιστρέψει †
— 30. δυνατοὶ ἰσχύϊ ἀ. ὀνομαστοί (3 a)
— 38. πάντες οὗτοι ἄ. πολεμισταί (3 a)
16. 3. διεμέρισε παντὶ ἀ. [S om.] Ἰσρ. ἀπὸ ἀνδρὸς καὶ ἕως γυν. τῷ ἀ. ἄρτον ἕνα (2, 2, 2)
— 21. οὐκ ἀφῆκεν ἄνδρα (2)
18. 4. A R εἴκοσι χιλ. ἀνδρῶν πεζῶν [B S om.] (2)
— 5. εἴκοσι καὶ δύο χιλιάδας ἀνδρῶν (2)
— 10. ἀ. πολέμιος Θωὰ ἦν τῷ Ἀδρααζάρ (2)
19. 5. ἦλθον ἀπαγγεῖλαι τῷ Δ. περὶ τῶν ἀ. (3 a)
20. 6. καὶ ἦν ἀ. ὑπερμεγέθης (2)
21. 5. χιλιάδες ἀνδρῶν ἐσπασμένων μάχ. (2)
— 5. A S R χιλιάδες ἀνδρῶν ἐσπασμένων μάχ. (2)
— 14. ἑβδομήκοντα χιλιάδες ἀνδρῶν (2)
22. 9. οὗτος ἔσται ἀ. ἀναπαύσεως (2)
23. 3. κατὰ κεφαλὴν αὐτῶν εἰς ἄνδρας (6 a)
26. 31. εὑρέθη ἀ. δυνατὸς ἐν αὐτοῖς (7)
II Ch. 2. 2 (1). ἑβδομήκ. χιλ. ἀνδρῶν (2)
— 7 (6). ἄ. σοφὸν καὶ εἰδότα τοῦ ποιῆσαι (2)
— 13 (12). ἄ. σοφὸν καὶ εἰδότα σύνεσιν (2)
— 14 (13). καὶ ὁ πατὴρ αὐτοῦ ἀ. Τύριος (2)
— 17 (16). πάντας τοὺς ἄ. τοὺς προσηλύτους (3 a)
5. 3. A ἐξεκκλησιάσθησαν ... πᾶς ἀ. [B om.] Ἰ. (2)
6. 5. οὐκ ἐξελεξάμην ἐν ἀνδρί (2)
— 16. οὐκ ἐκλείψει σοι ἀ. (2)
— 22. ἐὰν ἁμάρτῃ ἀ. τῷ πλησίον αὐτοῦ (2)
— 30. δώσεις ἀνδρὶ κατὰ τὰς ὁδοὺς αὐτοῦ (2)
7. 18. οὐκ ἐξαρθήσεταί σοι ἀ. ἡγούμ. ἐν Ἰσρ. (2)
8. 9. ἰδοὺ [A αὐτοὶ] ἄ. πολεμισταί (3 a)
9. 7. μακάριοι οἱ ἄ. μακάριοι οἱ παῖδές σου (3 a)
— 14. πλὴν τῶν ἀ. τῶν ὑποτεταγμένων (3 a)
10. 17. καὶ ἄνδρες Ἰσραήλ (4)
13. 3. τετρακοσ. χιλιάσιν ἀνδρῶν δυνατῶν (2)
— 7. συνήχθησαν πρὸς αὐτὸν ἄνδρες λοιμοί (3 a)
— 15. καὶ ἐβόησαν ἄνδρες Ἰούδα (2)
— 15. ἐν τῷ βοᾶν ἄνδρας Ἰούδα (2)
— 17. πεντακοσ. χιλιάδες ἄνδρες δυνατοί (2)
15. 13. ἀπὸ ἀνδρὸς ἕως γυναικός (2)
17. 13. ἄ. πολεμισταὶ δυνατοί (3 a)
18. 5. συνήγαγεν ... τοὺς προφήτας τετρακοσ. ἄ. (2)
— 7. ἔτι ἀ. εἰς τοῦ ζητῆσαι τὸν κ. (2)
— 33. ἀ. ἔτεινε [A ἐνέτ.] τόξον εὐστόχως (2)
19. 10. πᾶς ἀ. κρίσιν τὴν ἐλθοῦσαν ἐφ' ὑμᾶς -
20. 27. ἐπέστρεψε πᾶς ἀ. Ἰ. εἰς Ἰερ. (2)
23. 7. ἀνδρὸς σκεῦος σκεῦος ἐν χειρὶ αὐ. (2)
— 8. ἔλαβον ἕκαστος τοὺς ἄ. αὐτοῦ (3 a)
24. 24. ἐν ὀλίγοις ἀ. παρεγένετο δύναμις Συρ. (3 a)
28. 6. ἑκ. εἴκοσι χιλ. ἀνδρῶν δυνατῶν ἰσχύϊ (4?)
— 15. ἀνέστησαν ἄνδρες (3 a)
31. 19. ἄ. οἱ ὠνομάσθησαν ἐν ὀνόματι (3 a)
34. 12. καὶ οἱ ἄ. ἐν πίστει ἐπὶ τῶν ἔργων (3 a)
— 23. εἴπατε τῷ ἀ. τῷ ἀποστείλ. ὑμᾶς πρός μέ (2)
I Es. 3. 18. ἄνδρες, πῶς ὑπερισχύει ὁ οἶνος
— 24. ὦ ἄνδρες, οὐχ ὑπερισχύει ὁ οἶνος
4. 2. ὦ ἄνδρες, οὐχ ὑπερισχύουσιν
— 12. ὦ ἄνδρες, πῶς οὐχ ὑπερισχύει ὁ βασ.
— 14. ἄνδρες [A ὦ ἄ.], οὐ μέγας ὁ βασιλεύς
— 32. ὦ ἄνδρες, πῶς οὐχὶ ἰσχυραὶ αἱ γυν.

I Es. 4. 34. ἄνδρες, οὐχ ἰσχυραὶ αἱ γυναῖκες
5. 4. ταῦτα τὰ ὀνόμ. τῶν ἀ. τῶν ἀναβαινόντων
8. 27. συνήγαγον ἐκ τοῦ Ἰσραὴλ ἄνδρας
— 30. A B ἀπογραφῆς ἄνδρες ἑκατὸν πεντήκ. [R *al.*]
— 31. καὶ μετ᾽ αὐτοῦ ἄ. διακόσιοι
— 32. καὶ μετ᾽ αὐτοῦ ἄ. τριακόσιοι
— 32. καὶ μετ᾽ αὐτοῦ ἄ. διακόσ. πεντήκ.
— 33. καὶ μετ᾽ αὐτοῦ ἄ. [A *om.*] ἑβδομήκ.
— 34. B καὶ μετ᾽ αὐτοῦ ἄ. ἑβδομήκοντα
— 35. καὶ μετ᾽ αὐτοῦ ἄ. διακόσ. δέκα δύο
— 36. καὶ μετ᾽ αὐτοῦ ἄ. ἑξήκ. καὶ ἑκατόν
— 37. καὶ μετ᾽ αὐτοῦ ἄ. εἴκοσι ὀκτώ
— 38. καὶ μετ᾽ αὐτοῦ ἄ. ἑκατὸν δέκα
— 39. καὶ μετ᾽ αὐτῶν ἄ. ἑβδομήκοντα
— 40. καὶ μετ᾽ αὐτοῦ ἄ. ἑβδομήκοντα
— 47. A R ἄ. ἐπιστήμονας [B ἄ. ἐπιστήμονα]
— 48. καὶ οἱ υἱοὶ αὐτῶν εἴκοσι ἄνδρες
— 54. τῶν φυλάρχων τῶν ἱερ. ἄνδρας δέκα δύο
— 54. ἐκ τῶν ἀδελφῶν αὐτῶν ἄνδρας δέκα
— 91. ἄνδρες καὶ γυναῖκες καὶ νεανίαι
9. 16. ἄ. ἡγουμένους τῶν πατριῶν αὐτῶν
— 17. A R τὰ κατὰ τοὺς ἄ. τοὺς ἐπισυνέχοντας [B -συναχθέντας]
— 41. ἀνεγίνωσκεν . . . ἐνώπιον ἀνδρῶν
II Es. 1. 4. λήψονται αὐτὸν ἄ. τοῦ τόπου αὐτοῦ (3 *a*)
2. 1. ἐπέστρεψαν . . . ἀνὴρ εἰς πόλιν αὐτοῦ (2)
— 2. A R ἀνδρῶν ἀριθμὸς λαοῦ [B *om.*] Ἰσρ. (3 *a*)
— 27. ἄνδρες Μαχμάς (3 *a*)
— 28. ἄνδρες Βαιθὴλ καὶ Ἀϊά (3 *a*)
3. 1. συνήχθη ὁ λαὸς ὡς ἀ. εἷς εἰς Ἱερ. (2)
4. 11. παῖδές σου ἄνδρες πέραν τοῦ ποτ. (3 *b*)
— 21. καταργῆσαι τοὺς ἄ. ἐκείνους (6 *b*)
5. 4. τίνα ἐστὶ τὰ ὀνόματα τῶν ἀ. (6 *b*)
— 10. τὰ ὀνόματα τῶν ἀ. τῶν ἀρχόντων αὐτῶν (6 *b*)
6. 8. δαπάνη ἔστω διδομ. τοῖς ἀ. ἐκείνοις (6 *b*)
8. 16. B ἀπέστειλα . . . καὶ τῷ μεσουὰμ ἄνδρας [A R *al.*] (20)
— 18. ἀνὴρ σαχὼν ἀπὸ υἱῶν Μοολί (2)
10. 1. ἄνδρες καὶ γυναῖκες καὶ νεανίσκοι (3 *a*)
— 9. συνήχθησαν πάντες ἄ. Ἰ. καὶ Βεν. (3 *a*)
— 16. ἄ. ἄρχοντες πατριῶν τῷ οἴκῳ [A S^{1} τῶν οἴκ.] (3 *a*)
— 17. ἐτέλεσαν ἐν πᾶσιν ἀ. (3 *a*)
Ne. 1. 2. αὐτὸς καὶ ἄνδρες Ἰούδα (3 *a*)
— 11. εἰς οἰκτιρμοὺς ἐνώπ. τοῦ ἀ. τούτου [A *om.*] (2)
2. 12. ἐγὼ καὶ ἄ. ὀλίγοι μετ᾽ ἐμοῦ (3 *a*)
3. 2. ἐπὶ χεῖρας ἀνδρῶν υἱῶν Ἱεριχώ (3 *a*)
— 7. R ἄνδρες τῆς Γαβαὼν καὶ τῆς Μασφά (3 *a*)
— 22. ἐκράτησαν οἱ ἱερεῖς ἄνδρες Ἐκχ. (3 *a*)
— 28. ἀ. ἐξ ἐναντίας οἴκου αὐτοῦ (2)
4. 15 (9). ἀνὴρ εἰς τὸ ἔργον αὐτοῦ (2)
— 18 (12). ἀνὴρ ῥομφαίαν αὐτοῦ ἐζωσμένος (2)
— 19 (13). σκορπιζόμεθα . . . ἀ. ἀπὸ τοῦ ἀδ. αὐτοῦ (2)
— 23 (17). ἐγὼ καὶ οἱ ἄ. τῆς προφυλακῆς (3 *a*)
— 23 (17). οὐκ ἦν ἐξ ἡμ. ἐκδιδυσκόμ. ἀ. τὰ ἱμάτια (2)
5. 7. ἀπαιτήσει ὁ ἀ. τὸν ἀδ. αὐτοῦ (2)
— 13. ἐκτινάξαι ὁ θ. πάντα ἄ. (2)
— 17. οἱ Ἰουδαῖοι ἑκατὸν καὶ πεντήκ. ἄ. (2)
6. 11. τίς ἐστιν ὁ ἀ. (2)
— 11. A ἢ τίς οἷος ἀνήρ –
7. 2. αὐτὸς ὡς [A ἦν] ἀ. ἀληθής (2)
— 3. ἀ. ἐν προφυλακῇ αὐ. καὶ ἀ. ἀπέν. οἰκίας (2, 2)
— 6. ἐπέστρεψεν [A -αν] . . . ἀ. εἰς τὴν πόλιν αὐ. (2)
— 7. ἄνδρες λαοῦ Ἰσραήλ (3 *a*)
— 28. ἄνδρες Βηθασμώθ (3 *a*)
— 29. ἄνδρες Καριαθαρίμ (3 *a*)
— 30. ἄνδρες Ἀραμὰ καὶ Γαβαά (3 *a*)
— 31. ἄνδρες Μαχεμάς (3 *a*)
— 32. ἄνδρες Βαιθὴλ καὶ Ἀΐ (3 *a*)
— 33. ἄνδρες Ναβία (3 *a*)
— 34. ἄνδρες Ἠλαμαάρ (4)
8. 1. συνήχθησαν πᾶς ὁ λαὸς ὡς ἀ. εἷς (2)
— 2. ἀπὸ ἀνδρὸς ἕως [A S καὶ ἕως] γυν. (2)
— 3. ἀπέναντι τῶν ἀ. καὶ τῶν γυναικῶν (3 *a*)
— 16. ἀνὴρ ἐπὶ τοῦ δώματος αὐτοῦ (2)
11. 2. τοὺς πάντας ἄ. τοὺς ἑκουσιαζομ. (3 *a*)
— 3. ἐκάθισαν ἀνὴρ ἐν κατασχέσει αὐτοῦ (2)
— 6. τετρακόσιοι ἑξήκ. ὀκτὼ ἄ. δυνάμ. (3 *a*)
12. 44. κατέστησαν . . . ἄνδρας ἐπὶ τῶν γαζοφ. (3 *a*)
13. 10. ἐφύγοσαν ἀνὴρ εἰς ἀγρὸν αὐτοῦ (2)
— 25. ἐπάταξα ἐν αὐτοῖς ἄνδρας (3 *a*)
— 30. ἀνὴρ ὡς τὸ ἔργον αὐτοῦ (2)
To. 1. 9. ὅτε ἐγενόμην [S -νήθην] ἀνήρ
3. 8. ὅτι ἦν δεδομένη ἀνδράσιν ἑπτά [S *al.*]
— 8. οὐ συνιεῖς ἀποπνίγουσά σου τοὺς ἄ. [S *al.*]
— 8. S ἀπεκδέδοσαι ἑπτὰ ἀνδράσιν [A B *al.*]
To. 3. 9. S τί ἡμ. μαστιγ. περὶ τῶν ἀ. σου [A B *om.* π. τ. α. σ.]
— 15. ὅτι καθαρά εἰμι ἀπὸ πάσης ἁμαρτίας ἀνδρός
6. 12. οὐ μὴ δῷ αὐτὴν ἀ. ἑτέρῳ [S *al.*]
— 13. τὸ κοράσιον δεδόσθαι ἑπτὰ ἀνδράσι [S *al.*]
7. 7. S ἐτυφλώθη ἀ. δίκαιος
— 10. S δοῦναι αὐτὴν ἑτέρῳ ἀ.
— 11. ἔδωκα τὸ παιδίον μου ἑπτὰ ἀνδράσι [S *al.*]
9. 6. S καλὲ καὶ ἀγ. ἀνδρὸς καλοῦ καὶ ἀγ.
Ju. 1. 11. ἦν ἐναντίον αὐτῶν ὡς ἀ. ἴσος [A S εἷς]
— 16. A S R πλῆθος ἀ. πολεμιστῶν πολὺ σφόδρα
2. 5. ἄ. πεποιθότας ἐν ἰσχύϊ αὐτῶν
— 15. ἠρίθμησεν ἐκλεκτοὺς ἄ.
— 18. ἐπισιτισμὸν παντὶ ἀ. εἰς πλῆθος
3. 5. παρεγένοντο οἱ ἄ. [S *add.* τῆς πόλεως]
— 6. ἔλαβεν ἐξ αὐτῶν . . . ἄ. ἐπιλέκτους
4. 7. ἐπ᾽ ἄ. τοὺς πάντας [S *om.*] δύο
— 9. ἀνεβόησαν πᾶς ἀ. Ἰσρ. πρὸς τὸν θ.
— 11. πᾶς ἀ. Ἰσραὴλ καὶ γυνή
6. 1. ὁ θόρυβος τῶν ἀ. τῶν κύκλῳ τῆς συνεδρ.
— 12. ὡς εἶδαν αὐτοὺς οἱ ἄ. τῆς πόλεως
— 12. πᾶς ἀ. σφενδονητὴς διεκράτησαν
7. 2. ἀνέζευξεν . . . πᾶς ἀ. δυνατὸς αὐτῶν
— 2. ἡ δύναμις αὐτῶν ἀ. πολεμιστῶν χιλιάδες ἀ. [A S *om.*] πεζῶν ἑκατὸν ἑβδ.
— 2. A S R χωρὶς τῆς ἀποσκευῆς καὶ [B *om.*] τῶν ἀ.
— 7. παρεμβολὰς ἀ. πολεμιστῶν [S *al.*]
— 11. οὐ πεσεῖται ἐκ τοῦ λαοῦ σου ἀ. εἷς
— 12. διαφυλάσσων πάντα ἄ. ἐκ τῆς δυνάμ. σου
— 13. τοῦ μὴ ἐξελθεῖν ἐκ τῆς πόλεως ἄ. ἕνα
8. 2. καὶ ὁ ἀ. αὐτῆς Μανασσῆς
— 7. ὑπελείπετο αὐτῇ Μ. ὁ ἀ. αὐτῆς χρυσίον
10. 3. ἐν ταῖς ἡμ. τῆς ζωῆς τοῦ ἀ. αὐτῆς Μαν.
— 4. ὀφθαλμῶν ἀνδρῶν ὅσοι ἂν ἴδωσιν αὐ.
— 10. ἀπεσκόπευον δὲ αὐτὴν οἱ ἄ. τῆς πόλ.
— 13. οὐ διαφωνήσει τῶν ἀ. αὐτοῦ σὰρξ μία
— 14. ὡς δὲ ἤκουσαν οἱ ἄ. τὰ ῥήματα
— 17. ἐπέλεξαν ἐξ αὐτῶν ἄνδρας ἑκατόν
— 19. ὑπολείπεσθαι ἐξ αὐτῶν ἄνδρα ἕνα
11. 9. περιεποιήσαντο αὐτὸν οἱ ἄ. Βετ.
13. 12. ὡς ἤκουσαν οἱ ἄ. τῆς πόλ.
14. 2. ἐξελεύσεσθε [A -σεται] πᾶς ἀ. ἰσχύων
— 6. ἐν χειρὶ ἀ. ἑνὸς ἐν τῇ ἐκκλ. τοῦ λαοῦ
— 11. ἀνέλαβε πᾶς ἀ. Ἰσρ. [A S *om.*] τὰ ὅπλα
15. 3. οἱ υἱοὶ Ἰσρ. πᾶς ἀ. πολεμιστὴς ἐξ αὐτῶν
— 13. ἠκολούθει πᾶς ἀ. Ἰσραήλ
16. 22. οὐκ ἔγνω ἀ. αὐτήν
— 22. ἀφ᾽ ἧς ἡμέρας ἀπέθανε Μ. ὁ ἀ. αὐτῆς
— 23. ἐγήρασεν ἐν τῷ οἴκῳ τοῦ ἀ. αὐτῆς
— 23. ἐν τῷ σπηλαίῳ τοῦ ἀ. αὐτῆς Μανασσῆ
— 24. πᾶσι τοῖς ἔγγιστα Μαν. τοῦ ἀ. [S *om.* Μ. τ. ἀ.]
Es. 1. 18. ἀτιμάσαι τοὺς ἄ. αὐτῶν †
— 20. αἱ γυν. περιθήσουσι τιμὴν τοῖς ἀ. ἑαυ. (5 *a*)
4. 16. S ἐκκλησίασον τοὺς ἄ. [S^{3} *al.*, A B *om.*] Ἰουδαίους –
9. 6. ἀπέκτειναν οἱ Ἰουδ. ἄ. πεντακοσίους (2)
— 12. ἀπώλεσαν οἱ Ἰ. . . . ἄ. πεντακοσίους (2)
— 15. ἀπέκτειναν ἄ. τριακοσίους (2)
Jb. 3. 23. θάν. ἀνδρὶ ἀνάπαυμα [A S^{2} -αυσις] (6 *a*)
4. 17. ἢ ἀπὸ τῶν ἔργων αὐτοῦ ἄμεμπτος ἀ. (6 *a*)
6. 25. A φαῦλα ἀ. [B S *om.*] ἀληθινοῦ ῥήματα –
10. 5. ἢ τὰ ἔτη σου ἀνδρός (6 *a*)
12. 4. δίκαιος γὰρ ἀ. καὶ ἄμεμπτος –
14. 10. ἀ. δὲ τελευτήσας ᾤχετο (6 *a*)
15. 16. ἐβδελυγμένος καὶ ἀκάθαρτος ἀ. (2)
16. 22 (21). εἴη δὲ ἔλεγχος ἀνδρὶ [A ὁ ἔ. μου] ἔναντι κ. (6 *a*)
20. 25. A ἄνδρα [B S ἄστρα] δὲ ἐν διαίταις αὐ. †
22. 16. ἣν ἐπάτησαν [A ἐπανέστησ.] ἄ. δίκαιοι (21)
24. 1, 2. A διὰ τί δὲ κύριε ἔλαθον ὧρας ἀσεβεῖς ἄ. [B S *al.*] †
30. 25. ἰδὼν ἄνδρα ἐν ἀνάγκαις [A -η] (22)
31. 9. εἰ ἐξηκολούθησ. ἡ καρδ. μ. γυν. ἀ. ἑτέρου –
— 11. τὸ μιᾶναι ἀνδρὸς γυναῖκα –
32. 5. οὐκ ἔστιν ἀπόκρισις ἐν στόμ. τῶν τρ. ἀ. (3 *a*)
33. 29. ὁδοὺς τρεῖς μετὰ ἀνδρός (6 *a*)
— 31. A ὁδοὺς τρεῖς μετὰ ἀνδρός –
34. 7. τίς ἀνὴρ ὥσπερ Ἰώβ (6 *a*)
— 9. οὐκ ἔσται ἐπισκοπὴ ἀνδρός (6 *a*)
— 11. ἐν τρίβῳ ἀνδρὸς εὑρήσει αὐτόν (2)
— 19. A οὐκ ἔδωκεν δὲ τιμὴν θέσθαι ἀνδρῶν [B S *al.*] †
— 20. τὸ κεκραγέναι καὶ δεῖσθαι ἀνδρός (14 ?)
— 23. οὐκ ἐπ᾽ ἄνδρα θήσει ἔτι (2)
— 34. ἀ. δὲ σοφὸς [A φρόνιμος] ἀκήκοέ μου τὸ ῥ. (6 *a*)
Jb. 35. 8. ἀ. τῷ ὁμοίῳ σου ἡ ἀσέβειά σου (2)
36. 24. τὰ ἔργα, ὧν ἦρξαν ἄνδρες (3 *a*)
38. 3. ζῶσαι ὥσπερ ἀνὴρ τὴν ὀσφύν σου (6 *a*)
— 26. ἐπὶ γῆν [A γῆς] οὗ οὐκ ἀνήρ (2)
40. 2 (7). ζῶσαι ὥσπερ ἀνὴρ τὴν ὀσφύν σου (6 *a*)
41. 8 (9). ἀνὴρ τῷ ἀδ. αὐτοῦ προσκολληθήσεται (2)
Ps. 1. 1. μακάριος ἀ. ὃς οὐκ ἐπορεύθη (2)
5. 6. ἄνδρα αἱμάτων . . . βδελύσσεται κύριος (2)
17 (18). 25. ·μετὰ ἀ. ἀθῴου ἀθῷος ἔσῃ (6 *a*)
— 48. ἀπὸ ἀ. ἀδίκου ῥύσῃ [A S^{2} ῥῦσαί] με (2)
25 (26). 9. μὴ συναπολέσῃς . . . μετὰ ἀνδρῶν αἱμ. τὴν ζ. μ. (3 *a*)
27 (28). 3. S^{1} μετὰ ἀνδρῶν ἐργαζομεν. τὴν ἀνομίαν [A B *al.*] –
31 (32). 2. μακάριος ἀ. οὗ οὐ μὴ λογίσηται κ. (1)
33 (34). 8. μακάριος ἀ. ὃς ἐλπίζει ἐπ᾽ αὐτόν (6 *a*)
36 (37). 23. S^{1} τὰ διαβήμ. ἀνδρὶ [A B ἀνθρώπου] κατευθ. (6 *a*)
39 (40). 4. μακάριος ἀ. οὗ ἐστι τὸ ὄν. κ. ἐλπίς (6 *a*)
54 (55). 23. ἄνδρες αἱμάτων καὶ δολιότητος (3 *a*)
58 (59). 2. ἐξ ἀνδρῶν αἱμάτων σῶσόν με (3 *a*)
75 (76). 5. οὐχ εὗρον οὐδὲν πάντες οἱ ἄ. τοῦ πλούτου (3 *a*)
79 (80). 17. ἐπ᾽ ἄνδρα δεξιᾶς [A δεξιάν] σου (2)
83 (84). 5. μακάριος ἀ. οὗ ἐστιν ἡ ἀντίληψις αὐ. (1)
91 (92). 6. ἀ. ἄφρων οὐ γνώσεται (2)
111 (112). 1. μακάριος ἀ. ὁ φοβούμ. τὸν κ. (2)
— 5. χρηστὸς ἀ. ὁ οἰκτείρων καὶ κιχρῶν (2)
138 (139). 19. ἄνδρες αἱμάτων ἐκκλίνατε ἀπ᾽ ἐμοῦ (3 *a*)
139 (140). 1. ἀπὸ ἀ. ἀδίκου ῥῦσαί με (2)
— 11. ἀ. γλωσσώδης οὐ κατευθυνθήσεται ἐπὶ τῆς γῆς, ἄ. ἄδικον κακὰ θηρεύσει (2, 2)
146 (147). 10. οὐδὲ ἐν ταῖς κνήμαις τοῦ ἀ. εὐδοκεῖ (2)
Pr. 1. 10. μή σε πλανήσωσιν ἄ. ἀσεβεῖς –
— 11. κρύψωμεν δὲ εἰς γῆν ἄ. δίκαιον –
— 18. ἡ δὲ καταστροφὴ ἀ. παρανόμων κακή †
2. 12. ἀπὸ ἀ. λαλοῦντος μηδὲν πιστόν (2)
3. 31. μὴ κτήσῃ κακῶν ἀ. ὀνείδη (2)
5. 21. ἐνώπ. γάρ εἰσι τῶν τοῦ θ. ὀφθ. ὁδοὶ ἀνδρός (2)
— 22. παρανομίαι ἄνδρα ἀγρεύουσι (17)
6. 2. παγὶς γὰρ ἰσχυρὰ ἀνδρὶ τὰ ἴδια χείλη –
— 11. A ὥσπερ κακὸς ἀ. [B S δρομεύς] (2 ?)
— 12. ἀ. ἄφρων καὶ παράνομος (1)
— 26. γυνὴ δὲ ἀνδρῶν τιμίας ψυχὰς ἀγρεύει (2)
— 34. A B S^{2} μεστὸς γὰρ ζήλου θυμὸς ἀνδρὸς αὐ. (6 *a*)
7. 19. οὐ γὰρ πάρεστιν ὁ ἀ. μου ἐν οἴκῳ (2)
8. 32. μακάριος ἀ. ὃς εἰσακούσεταί μου (1)
10. 4. πενία ἄνδρα ταπεινοῖ †
— 10. συνάγει ἀνδράσι λύπας –
— 13. ῥάβδῳ τύπτει ἄ. ἀκάρδιον –
— 23. ἡ δὲ σοφία ἀνδρὶ τίκτει φρόνησιν (2)
— 32. χείλη ἀ. δικαίων ἀποστάζει χάριτας –
11. 6. A B S^{2} δικαιοσ. ἀ. ὀρθῶν ῥύεται αὐτούς –
— 7. τελευτήσ. ἀ. δικαίου οὐκ ὄλλυται ἐλπίς (1)
— 12. ἀ. δὲ φρόνιμος ἡσυχίαν ἄγει (2)
— 13. ἀ. δίγλωσσος ἀποκαλύπτει βουλάς –
— 16. γυνὴ εὐχ. ἐγείρει ἀνδρὶ δόξαν –
— 17. τῇ ψυχῇ αὐ. ἀγαθὸν ποιεῖ ἀ. ἐλεήμων (2)
— 25. ἀ. δὲ θυμώδης οὐκ εὐσχήμων –
12. 2. ἀ. δὲ παράνομος παρασιωπηθήσεται (2)
— 4. γυνὴ ἀνδρεία στέφανος τῷ ἀ. αὐτῆς (5 *a*)
— 4. ἄνδρα ἀπόλλυσι γυνὴ κακοποιός –
— 8. στόμα συνετοῦ ἐγκωμιάζ. ὑπὸ ἀνδρός (2)
— 9. κρείσσων ἀ. ἐν ἀτιμίᾳ δουλεύων ἑαυτῷ –
— 14. ψυχὴ ἀνδρὸς πλησθήσεται ἀγαθῶν (2)
— 16. R κρύπτει δὲ τὴν . . . ἀτιμίαν ἀ. [A B S *om.*] πανοῦργος –
— 23. ἀ. συνετὸς θρόνος αἰσθήσεως (1)
— 25. φοβ. λόγος καρδ. ταράσσει ἀ. δικαίου (2)
— 27. κτῆμα δὲ τίμιον ἀ. καθαρός (1)
13. 8. λύτρον ἀνδρὸς ψυχῆς ὁ ἴδιος πλοῦτος (2)
— 22. ἀγαθὸς ἀ. κληρονομήσει υἱοὺς υἱῶν –
14. 7. πάντα ἐναντία ἀ. ἄφρονι (2)
— 10. καρδία ἀνδρὸς αἰσθητική –
— 14. ἀπὸ δὲ τῶν διανοημ. αὐτοῦ ἀ. ἀγαθός (2)
— 17. ἀ. δὲ φρόνιμος πολλὰ ὑποφέρει (2)
— 29. μακρόθυμος ἀ. πολὺς ἐν φρονήσει –
— 30. πραΰθυμος ἀ. καρδίας ἰατρός –
— 33. ἐν καρδίᾳ ἀγαθῇ ἀνδρὸς σοφία †
15. 18. ἀ. θυμώδης παρασκευάζει μάχας (2)
— 18. μακρόθυμος ἀ. κατασβέσει κρίσεις –
— 21. ἀ. δὲ φρόνιμος κατευθύνων πορεύεται (2)
16. 1. καρδία ἀνδρὸς λογιζέσθω δίκαια (1)

Pr. 16. 14. ἀ. δὲ σοφὸς ἐξιλάσεται αὐτόν (2)
— 25. εἰσὶν ὁδοὶ δοκοῦσαι ὀρθαὶ ἀνδρί (2)
— 26. ἀνὴρ ἐν πόνοις πονεῖ ἑαυτῷ (12)
— 27. ἀ. ἄφρων ὀρύσσει ἑαυτῷ κακά (2)
— 28. ἀ. σκολιὸς διαπέμπεται κακά (2)
— 29. ἀ. παράνομος ἀποπειρᾶται φίλων (2)
— 32. κρείσσων ἀ. μακρόθυμος ἰσχυροῦ –
— 32. **A** S^2 ἀ. φρόνησιν ἔχων γεωργίου μεγάλ. –
17. 12. ἐμπεσεῖται μέριμνα ἀ. νοήμονι (2)
— 18. ἀ. ἄφρων ἐπικροτεῖ (1)
— 20. ἀ. εὐμετάβολος γλ. ἐμπεσεῖτ. εἰς κακά –
— 22. ἀ. δὲ λυπηροῦ ξηραίνεται τὰ ὀστᾶ (16)
— 24. πρόσωπον συνετὸν ἀ. σοφοῦ –
— 26. ζημιοῦν ἄ. δίκαιον οὐ καλόν –
— 27. μακρόθυμος δὲ ἀ. φρόνιμος (2)
18. 1. ἀ. βουλόμενος χωρίζεσθαι ἀπὸ φίλων –
— 4. ὕδωρ βαθὺ λόγος ἐν καρδίᾳ ἀνδρός (2)
— 11. ὕπαρξις πλουσίου ἀ. πόλις ὀχυρά –
— 12. πρὸ συντρ. ὑψοῦται καρδία ἀνδρός (2)
— 14. θυμὸν ἀνδρὸς πραΰνει θερ. φρόνιμος, ὀλιγόψυχον δὲ ἄ. τίς ὑποίσει (2, 16)
— 20. ἀνὴρ πίμπλησι κοιλίαν αὐ. (2)
— 22 (19. 3). ἀφροσ. ἀνδρὸς λυμαίνεται τὰς ὁδ. αὐ. (1)
19. 6. πᾶς δὲ ὁ κακὸς γίν. ὄνειδος [**A** ἄδ.] ἀνδρί (2)
— 7. ἀ. δὲ φρόνιμος εὑρήσει αὐτήν –
— 11. ἐλεήμων ἀ. μακροθυμεῖ (1)
— 14. παρὰ δὲ κ. ἁρμόζεται γυνὴ ἀνδρί –
— 19. **BS** κακόφρων ἀ. [**AR** *add.* πολλὰ] ζημιωθήσ. –
— 21. πολλοὶ λογισμοὶ ἐν καρδίᾳ ἀνδρός (2)
— 22. καρπὸς ἀνδρὶ ἐλεημοσύνη (1)
— 23. φόβος κυρίου εἰς ζωὴν ἀνδρί –
— 25. ἐὰν δὲ ἐλέγχῃς ἄ. φρόνιμον –
20. 3. δοξὰ ἀνδρὶ ἀποστρέφεσθαι λοιδορίας (2)
— 5. βουλὴ ἐν καρδίᾳ ἀνδρός (2)
— 5. ἀ. δὲ φρόνιμος ἐξαντλήσει αὐτήν (2)
— 6. τιμίον ἀ. ἐλεήμων, ἄ. δὲ πιστὸν ἔργον εὑρεῖν (2, 2)
— 24. παρὰ κ. εὐθύνεται τὰ διαβήμ. ἀνδρί (6 *a*)
— 25. παγὶς ἀνδρὶ ταχύ τι τῶν ἰδ. ἁγιάσαι (1)
21. 2. πᾶς ἀ. φαίνεται ἑαυτῷ δίκαιος (2)
— 16. ἀ. πλανώμενος ἐξ ὁδοῦ δικαιοσύνης (1)
— 17. ἀ. ἐνδεὴς ἀγαπᾷ εὐφροσύνην (2)
— 20. ἄφρονες δὲ ἄ. καταπίονται αὐτόν (1)
— 28. ἀ. δὲ ὑπήκοος φυλασσόμενος λαλήσει (2)
— 29. ἀσεβὴς ἀ. ἀναιδῶς ὑφίσταται προσώπῳ (2)
22. 8. ἄ. ἱλαρὸν καὶ δότην εὐλογεῖ ὁ θ. –
— 14. εἰσὶν ὁδοὶ κακαὶ ἐνώπιον ἀνδρός –
— 24. μὴ ἴσθι ἑταῖρος ἀ. θυμώδει (5 *a*)
— 29. ὁρατικὸν ἄ. καὶ ὀξὺν ἐν τοῖς ἔργοις αὐ. (2)
— 29. δεῖ . . . μὴ παρεστάναι ἀ. νωθροῖς –
23. 6. μὴ συνδείπνει ἀ. βασκάνῳ –
24 1. μὴ ζηλώσῃς κακοὺς ἄ. (3 *a*)
— 5. ἀ. φρόνησιν ἔχων γεωργίου μεγάλ. (2)
— 9. ἀκαθαρσία δὲ ἀ. λοιμῷ ἐμμολυνθήσ. (1)
— 24 (30. 1). τάδε λέγει ὁ ἀ. τοῖς πιστεύουσι θεῷ (6 *a*)
— 45 (30). ὥσπερ γεώργιον ἀ. ἄφρων (2)
— 54 (30. 19). καὶ ὁδοὺς ἀνδρὸς ἐν νεότητι (6 *a*)
— 58 (30. 23). ἐὰν τύχῃ ἀνδρὸς ἀγαθοῦ †
25. 18. ἀ. ὁ καταμαρτυρῶν [**A** *add.* κατὰ] τοῦ φίλ. αὐ. (2)
— 20. λύπη ἀνδρὸς βλάπτει καρδίαν –
— 28. ἀ. ὃς οὐ μετὰ βουλῆς τι πράσσει (2)
26. 12. ἄ. δόξαντα παρ' ἑαυτῷ σοφὸν εἶναι (2)
— 21. ἀ. δὲ λοίδορος εἰς ταραχὴν μάχης (2)
27. 17. ἀ. δὲ παροξύνει πρόσωπ. ἑταίρου [**A** ἑτέρ.] (2)
— 21. ἀ. δὲ δοκιμάζεται (2)
— 24. οὐ [**R** οὐκ εἰς] τὸν αἰῶνα ἀνδρὶ κράτος –
28. 2. ἀ. δὲ πανοῦργος κατασβέσει αὐτάς (1?)
— 5. ἄ. κακοὶ οὐ συνήσουσι [**S** νοήσ.] κρίμα (3 *a*)
— 11. σοφὸς παρ' ἑαυτῷ ἀ. πλούσιος (2)
— 14. μακάριος ἀ. ὃς καταπτήσσει πάντα (1)
— 17. ἄ. τὸν ἐν αἰτίᾳ φόνου ὁ ἐγγυώμ. (1)
— 20. ἀ. ἀξιόπιστος [**A** -τότερος] . . . εὐλογηθήσ. (2)
— 21. ψωμοῦ ἄρτου ἀποδώσεται ἄνδρα (6 *a*)
— 22. σπεύδει πλουτεῖν ἀ. βάσκανος (2)
— 24. οὗτος κοινωνός ἐστιν ἀ. ἀσεβοῦς (2)
— 25. ἄπιστος [**A** ἄπληστος] ἀ. κρινεῖ εἰκῇ –
29. 1. κρείσσων ἀ. ἐλέγχων ἀνδρός (2)
— 2. ἀρχόντων δὲ ἀσεβῶν στένουσιν ἄ. (14)
— 3. ἀ. φιλοῦντος σοφίαν (2)

Pr. 29. 4. ἀ. δὲ παράνομος κατασκάπτει (2)
— 6. ἁμαρτάνοντι ἀ. μεγάλη παγίς (2)
— 8. ἄ. ἄνομοι [**A** λοιμοὶ] ἐξέκαυσαν πόλιν (3 *a*)
— 9. ἀ. σοφὸς κρίνει ἔθνη, ἀ. δὲ φαῦλος ὀργιζόμ. καταγελᾶται (2, 2)
— 10. ἄνδρες αἱμάτων μέτοχοι (3 *a*)
— 20. ἐὰν ἴδῃς ἄνδρα ταχὺν ἐν λόγοις (2)
— 22. ἀ. θυμώδης ἐγείρει [**AS** ὀρύσσει] νεῖκος, ἀ. δὲ ὀργίλος ἐξώρυξεν ἁμαρτίας (2, 5 *a*)
— 23. ὕβρις ἄνδρα ταπεινοῖ (1)
— 25. ἀσέβεια ἀνδρὶ δίδωσι σφάλμα (1)
— 26. παρὰ δὲ κ. γίνεται τὸ δίκαιον ἀνδρί (2)
— 27. βδέλυγμα δίκαιος ἀ. ἀνδρὶ ἀδίκῳ (2, –)
31. 11. θαρσεῖ ἐπ' αὐτὴν ἡ καρδ. τοῦ ἀ. αὐ. (5 *a*)
— 12. ἐνεργεῖ γὰρ τῷ ἀ. [**R** *add.* εἰς] ἀγαθά [**A** -όν] –
— 21. οὐ φροντίζει τῶν ἐν οἴκῳ ὁ ἀ. αὐτῆς –
— 22. δισσὰς χλαίνας ἐποίησε τῷ ἀ. αὐτῆς –
— 23. περίβλεπτος δὲ γίνεται . . . ὁ ἀ. αὐτῆς (5 *a*)
— 28. ὁ ἀ. αὐτῆς ᾔνεσεν αὐτήν (5 *a*)
— 31. αἰνείσθω ἐν πύλαις ὁ ἀ. αὐτῆς †
Ec. 1. 8. οὐ δυνήσεται ἀ. τοῦ λαλεῖν (2)
4. 4. **ASR** αὐτὸ ζῆλος ἀνδρός [**B** ἐν ἀνδρί] (2)
5. 10. S^1 τί ἀνδρὶ [**AB** S^2 ἀνδρείᾳ] τῷ παρ' αὐτῆς †
6. 2. ἀνὴρ ᾧ δώσει αὐτῷ ὁ θ. (2)
— 2. ἀ. ξένος φάγεται [S^1 καταφ.] αὐτόν [**A** S^2 -τά] (2)
— 3. ἐὰν γεννήσῃ ἀνὴρ ἑκατόν (2)
7. 6 (5). ὑπὲρ ἄ. ἀκούοντα ᾆσμα ἀφρόνων (2)
9. 14. πόλις μικρὰ καὶ ἄ. ἐν αὐτῇ ὀλίγοι (3 *a*)
— 15. καὶ εὕρῃ ἐν αὐτῇ ἄ. πένητα σοφόν (2)
— 15. ἄνθρ. οὐκ ἐμνήσθη σὺν τοῦ ἀ. τοῦ πένητος (2)
10. 10. περισσεία τῷ ἀ. οὐ [**AS** τοῦ ἀνδρείου] σοφία †
12. 3. καὶ διαστραφῶσιν ἄνδρες τῆς δυνάμεως (3 *a*)
Ca. 3. 8. ἀνὴρ ῥομφαία αὐτοῦ ἐπὶ μηρὸν αὐτοῦ (2)
8. 7. ἐὰν δῷ ἀ. πάντα τὸν βίον αὐτοῦ (2)
— 11. **BS** ἀ. οἴσει ἐν καρπῷ αὐ. χιλίους ἀργυρ. (2)
Wi. 7. 2. παγεὶς ἐν αἵμ. ἐκ σπέρματος ἀνδρός
18. 21. σπεύσας γὰρ ἀ. ἄμεμπτος προεμάχησε
Si. 4. 2. μὴ παροργίσῃς ἄνδρα ἐν ἀπορίᾳ αὐ.
— 10. ἀντὶ ἀνδρὸς τῇ μητρὶ αὐτῶν
7. 25. καὶ ἀ. συνετῷ δώρησαι αὐτήν
8. 6. **A** μὴ ἀτιμάσῃς ἄνδρα [**BS** ἄνθρωπον]
9. 16. ἄ. δίκαιοι ἔστωσαν σύνδειπνοί σου
— 18. φοβερὸς ἐν πόλει αὐ. ἀ. γλωσσώδης
10. 5. ἐν χειρὶ κυρίου εὐοδία ἀνδρός
— 23. οὐ καθήκει δοξάσαι ἄ. ἁμαρτωλόν
— 25. ἀ. ἐπιστήμων οὐ γογγύσει
11. 2. μὴ αἰνέσῃς ἄνδρα [**S** ἄνθρωπον]
— 2. **S** μὴ βδελύξῃ ἄνδρα [**AB** ἄνθρωπον]
— 28. ἐν τέκνοις αὐτοῦ γνωσθήσεται ἀ. [**A** *om.*]
12. 9. ἐν ἀγαθοῖς ἀνδρὸς οἱ ἐχθρ. αὐ. ἐν λύπῃ
— 14. τὸν προσπορευόμενον ἀ. ἁμαρτωλῷ
13. 16. τῷ ὁμοίῳ προσκολληθήσεται ἀ.
14. 1. μακάριος ἀ. ὃς οὐκ ὠλίσθησεν
— 2. **A** μακάριος ἀ. [**BS** *om.*] οὗ οὐ κατέγνω
— 3. ἀ. μικρολόγῳ οὐ καλὸς ὁ πλοῦτος
— 20. μακάριος ἀ. ὃς ἐν σοφ. τελευτήσει [S^2 μελετ.]
15. 7. ἄ. [**A** ἄνθρ.] ἁμαρτωλοὶ οὐ μὴ ἴδωσιν αὐτήν
— 8. ἄ. ψεῦσται οὐ μὴ μνησθήσονται αὐτῆς
— 12. οὐ γὰρ χρείαν ἔχει ἀ. ἁμαρτωλοῦ
16. 12. ἄνδρα κατὰ τὰ ἔργα αὐ. κρίνει [**A** κτείν.]
— 23. ἀ. ἄφρων καὶ πλανώμ. διανοεῖται μωρά
17. 22. ἐλεημοσ. ἀνδρὸς ὡς σφραγὶς μετ' αὐ.
18. 17. ἀμφότερα παρὰ ἀ. κεχαριτωμένῳ
19. 29. ἐπιγνωσθήσεται ἀ. [S^1 νοήμων]
— 30. στολισμὸς ἀνδρὸς καὶ γέλως ὀδόντων
20. 9. ἔστιν εὐοδία [**A** εὐωδ.] ἐν κακοῖς ἀνδρί
21. 20. ἀ. δὲ πανοῦργος . . . μειδιάσει
— 23. ἀ. δὲ πεπαιδευμ. ἔξω στήσεται
22. 4. θυγ. φρονίμη κληρονομήσει ἄνδρα αὐ.
— 5. ἄνδρα καταισχύνει ἡ θρασ. [**A** θρησκία]
23. 11. ἀ. πολύορκος πλησθήσεται ἀνομίας
— 22. γυνὴ καταλιποῦσα τὸν ἄ.
— 23. εἰς ἄνδρα ἑαυτῆς ἐπλημμέλησε
— 23. ἐξ ἀλλοτρίου ἀ. τέκνα παρέστησεν
25. 1. γυνὴ καὶ ἀ. ἑαυτοῖς συμπεριφερόμενοι
— 9. S^1 μακάριος ἀ. [**AB** *om.*] ὃς εὗρε φρόνησιν
— 18. ἀναπεσεῖται ὁ ἀ. αὐτῆς
— 20. οὕτως γυνὴ γλωσσώδης ἀ. ἡσύχῳ
— 22. γυνὴ ἐὰν ἐπιχορηγῇ τῷ ἀ. αὐτῆς
— 23. ἥτις οὐ μακαριεῖ τὸν ἄ. αὐτῆς

Si. 26. 1. γυναικὸς ἀγαθῆς μακάριος ὁ ἀ.
— 2. γυνὴ ἀνδρεία εὐφραίνει τὸν ἄ. αὐτῆς
— 13. χάρις γυναικὸς τέρψει τὸν ἄ. αὐ.
— 28. ἀ. πολεμιστὴς ὑστερῶν δι' ἔνδειαν, καὶ ἄ. συνετοὶ ἐὰν σκυβαλισθῶσιν
27. 7. μὴ ἐπαινέσῃς [**A** ἐπαίνει] ἄνδρα
— 30. ἀ. ἁμαρτωλὸς ἐγκρατὴς ἔσται αὐτῶν
28. 9. ἀ. ἁμαρτωλὸς ταράξει φίλους
29. 14. ἀ. ἀγαθὸς ἐγγυήσεται τὸν πλησίον
— 18. ἄ. δυνατοὺς ἀπῴκισε
— 21. S^2 οἶκος καλύπτων ἀσχημοσ. ἀνδρός [**AB** S^1 *om.*]
30. 22. ἀγαλλίαμα ἀνδρὸς μακροημ. [S^1 μεγαλοημ.]
31 (34). 1. κεναὶ ἐλπίδες καὶ ψευδεῖς ἀσυνέτῳ ἀ.
— 9. ἀ. πεπαιδευμένος [**S** πεπλανημ.] ἔγνω πολλά
32 (35). 7. θυσία ἀ. δικαίου δεκτή
34 (31). 20. πόνος ἀγρυπνίας . . . μετὰ ἀ. ἀπλήστου
35 (32). 18. ἀνὴρ βουλῆς οὐ μὴ παρίδῃ διανόημα
36 (33). 2. ἀ. σοφὸς οὐ μισήσει νόμον
36. 28 (23). οὐκ ἔστιν ὁ ἀ. αὐτῆς καθ' υἱοὺς ἀνθρ.
37. 12. μετὰ ἀ. εὐσεβοῦς ἐνδελέχιζε
— 14. ψυχὴ γὰρ ἀνδρὸς ἀπαγγέλλειν . . . εἴωθεν
— 19. ἔστιν ἀ. πανοῦργος
— 23. ἀ. σοφὸς τὸν ἑαυτ. λαὸν παιδεύσει
— 24. ἀ. σοφὸς πλησθήσ. [**A** ἐμπλ.] εὐλογίας
— 25. ζωὴ ἀνδρὸς ἐν ἀριθμῷ ἡμερῶν
38. 4. ἀ. φρόνιμος οὐ προσοχθιεῖ αὐτοῖς
39. 2. διηγήσεις [**AS** -σιν] ἀ. ὀνομαστῶν συντηρήσει
40. 23. ὑπὲρ ἀμφότερα γυνὴ μετὰ ἀνδρός
— 29. ἀ. βλέπων εἰς τράπεζαν ἀλλοτρίαν
— 30. ἀ. δὲ ἐπιστήμων καὶ πεπαιδευμ. φυλάξεται
41. 1. ἀ. ἀπερισπάστῳ καὶ εὐοδουμ. ἐν πᾶσι
— 8. οὐαὶ ὑμῖν, ἄ. ἀσεβεῖς
42. 9. S^2 συνῳκηκυῖα ἀνδρὶ [**AB** S^1 *om.*] μή ποτε μισηθῇ
— 10. μετὰ ἀνδρὸς οὖσα μή ποτε παραβῇ
— 14. κρείσσων πονηρία ἀνδρός
— 21. S^1 καὶ οὐ προσεδεήθη οὐδενὸς ἀ. [**AB** *om.*] συμβούλου
44. 1. αἰνέσωμεν δὴ ἄ. ἐνδόξους
— 3. ἄ. ὀνομαστοὶ ἐν δυνάμει
— 6. ἄ. πλούσιοι κεχορηγημ. ἰσχύϊ [**AS** ἐν ἰ.]
— 10. ἀλλ' ἢ οὗτοι ἄ. ἐλέους
— 27. ἐξήγαγεν ἐξ αὐτοῦ ἄνδρα ἐλέους
45. 18. ἄ. οἱ περὶ Δαθὰν καὶ Ἀβειρών
49. 15. οὐδὲ ὡς Ἰωσὴφ ἐγενήθη ἀ.
Ho. 2. 2 (4). καὶ ἐγὼ οὐκ ἀνὴρ αὐτῆς (2)
— 7 (9). ἐπιστρέψω πρὸς τὸν ἄ. μου τὸν πρότ. (2)
— 16 (18). καλέσει με ὁ ἀ. μου (2)
3. 3. οὐδὲ μὴ γένῃ ἀνδρὶ ἑτέρῳ (2)
6. 9 (8). καὶ ἡ ἰσχύς σου ἀ. πειρατοῦ (2)
Am. 1. 5. κατακόψω φυλὴν ἐξ ἀνδρῶν X. (11)
6. 9. **AR** ἐὰν ὑπολειφθῶσι δέκα ἄ. [**B** *om.*] (3 *a*)
7. 7. **A** ἀ. [**B** *om.*] ἑστηκὼς ἐπὶ τείχους ἀδαμ. †
Mi. 2. 2. διήρπαζον ἄνδρα καὶ τὸν οἶκον αὐ. καὶ ἄνδρα καὶ τὴν κληρονομίαν αὐ. (6 *a*, 2)
7. 6. ἐχθρ. πάντες ἀνδρὸς [**A** οἱ ἄ.] οἱ ἐν τῷ οἴ. αὐ. (2)
Jl. 1. 8. ἐπὶ τὸν ἄ. αὐτῆς τὸν παρθενικόν (5 *a*)
2. 7. ὡς ἄ. πολεμισταὶ ἀναβήσονται (3 *a*)
3 (4). 9. ἀναβαίνετε πάντες ἄ. πολεμισταί (3 *a*)
Ob. 1. 7. πάντες οἱ ἄ. τῆς διαθήκης σου (3 *a*)
— 7. ἠδυνάσθησαν πρὸς σὲ ἄ. εἰρηνικοί σου (3 *a*)
— 21. **A** ἀναβήσονται ἄ. σεσωσμένοι [**BS** ἀναβ. ἀνασωζόμ.] –
Jn. 1. 10. ἐφοβήθησαν οἱ ἄ. φόβον μέγαν (3 *a*)
— 10. ἔγνωσαν οἱ ἄ. (3 *a*)
— 13. **ASR** παρεβιάζοντο [**B** ἐβ.] οἱ ἄ. (3 *a*)
— 16. ἐφοβήθησαν οἱ ἄ. φόβῳ μεγάλῳ τὸν κ. (3 *a*)
3. 5. **AR** ἐπίστευσαν [**BS** ἐνεπ.] οἱ ἄ. N. τῷ θ. (3 *a*)
Na. 2. 3 (4). ἄ. δυνατοὺς ἐμπαίζοντας ἐν πυρί (3 *a*)
Hb. 2. 5. ὁ δὲ κατοιόμ. κ. καταφρονητής, ἀ. ἀλαζών (6 *a*)
Ze. 1. 12. ἐκδικήσω ἐπὶ τοὺς ἄ. τοὺς καταφρον. (3 *a*)
3. 4. οἱ προφῆτ. αὐτῆς . . . ἄ. καταφρονηταί (3 *a*)
Za. 1. 8. ἀ. ἐπιβεβηκὼς ἐπὶ ἵππον πυρρόν (2)
— 10. ἀπεκρίθη ὁ ἀ. ὁ ἐφεστηκώς (2)
2. 1 (5). καὶ ἰδοὺ ἀνὴρ καὶ ἐν τῇ χ. αὐ. σχοινίον (2)
3. 9 (8). διότι ἄ. τερατοσκόποι εἰσί (3 *a*)
6. 12. ἰδοὺ ἀνήρ, Ἀνατολὴ ὄνομα αὐτῷ (2)
7. 2. ὁ βασιλεὺς καὶ οἱ ἄ. αὐτοῦ (3 *a*)
8. 23. δέκα ἄνδρες ἐκ πασῶν τῶν γλ. τῶν ἐθνῶν (3 *a*)
— 23. καὶ ἐπιλάβωνται τοῦ κρασπ. ἀνδρὸς Ἰ. (2)
13. 7. ἐξεγέρθητι . . . ἐπὶ ἄ. πολίτην μου (6 *a*)
Is. 2. 9. ἐταπεινώθη ἀ. (2)
5. 15. ἀτιμασθήσεται ἀ. (2)

Is. 14. 30. AS πτωχοὶ δὲ ἄ. [B ἄνθρωποι] . . . ἀναπαύσ. –
22. 17. ἐκτρίψει ἄνδρα (6 a)
28. 14. ἄνδρες τεθλιμμένοι (3 a)
31. 8. οὐ μάχαιρα ἀνδρὸς οὐδὲ μ. ἀνθρώπου (2)
36. 6. R ὃς ἂν ἐπιστηρισθῇ ἀ. [A B S om.] ἐπ' αὐ. (2)
— 11. A τὰ ὦτα τῶν ἀ. τῶν καθημ. [B S ἀνθρώπων] (14)
— 12. A οὐχὶ πρὸς τοὺς ἄ. [B S ἀνθρ.] τοὺς καθημ. (3 a)
41. 7. ἴσχυσεν ἀ. τέκτων –
44. 13. ἐποίησεν αὐτὸ ὡς μορφὴν ἀνδρός (2)
45. 14. οἱ Σαβ. ἄ. ὑψηλοὶ ἐπὶ σὲ διαβήσονται (3 a)
54. 1. μᾶλλον ἢ τῆς ἐχούσης τὸν ἄ. (5 b)
55. 7. ἀπολιπέτω . . . ἀ. ἄνομος τὰς βουλὰς αὐ. (2)
56. 2. μακάριος ἀ. ὁ ποιῶν ταῦτα (3 a)
57. 1. ἄ. δίκαιοι αἴρονται (3 a)
59. 16. εἶδε καὶ οὐκ ἦν ἀ. (2)
63. 3. τῶν ἐθνῶν οὐκ ἔστιν ἀ. μετ' ἐμοῦ (2)
Je. 2. 6. B^2 R οὐ διώδευσεν ἐν αὐτῇ ἀ. [A B^1 S om.] (2)
3. 1. ἐὰν ἐξαποστείλῃ ἀ. τὴν γυναῖκα αὐτοῦ (2)
— 1. καὶ γένηται ἀνδρὶ ἑτέρῳ (2)
4. 3. B S τάδε λέγει κύριος τοῖς ἀ. Ἰούδα (2)
— 4. ἄ. Ἰ. καὶ οἱ κατοικοῦντες [A add. ἐν] Ἰερ. (2)
5. 1. S^4 ἐὰν εὕρητε ἄνδρα [A B S om.] (2)
— 26. τοῦ [A S om.] διαφθεῖραι ἄνδρας (3 a)
6. 11. ἀ. καὶ γυνὴ συλληφθήσονται (2)
7. 5. ἀνὰ μέσ. ἀνδρὸς καὶ ἀνὰ μέσ. τοῦ πλησ. αὐ. (2)
10. 23. οὐδὲ ἀ. πορεύσεται (2)
11. 2. λαλήσεις πρὸς ἄνδρας Ἰούδα (2)
— 9. εὑρέθη σύνδ. ἐν ἀνδράσιν [A πόλεσιν] Ἰ. (2)
— 21. τάδε λέγει κύριος ἐπὶ τοὺς ἄ. Ἀναθώθ (3 a)
12. 11. οὐκ ἔστιν ἀ. τιθέμενος ἐν καρδίᾳ (2)
13. 14. διασκορπιῶ αὐτοὺς ἄνδρα κ. τὸν ἀδ. αὐ. (2)
14. 9. ὡς ἀ. οὐ δυνάμενος σώζειν (7)
15. 10. τινά με ἔτεκες ἄ. δικαζόμενον (2)
17. 25. ἄνδρες Ἰ. καὶ οἱ κατοικ. ἐν [A om.] Ἰερ. (2)
18. 11. εἶπον πρὸς ἄνδρας Ἰούδα (2)
— 21. οἱ ἄ. αὐ. γενέσθωσαν ἀνῃρημ. [A al.] (3 a)
19. 3. βασιλεῖς Ἰ. καὶ ἄνδρες Ἰ. [A om. κ. ἄ. Ἰ.] –
— 10. κατ' ὀφθαλμοὺς τῶν ἀ. (3 a)
20. 10. πάντες ἄ. φίλοι αὐτοῦ (3 a)
22. 7. ἐπάξω [A εἰσ.] ἐπὶ σὲ [S σοὶ] ἄ. ὀλοθρεύοντα (2)
— 18. ἐπὶ Ἰ. . . . καὶ [A οὐαὶ] ἐπὶ τὸν ἄ. τοῦτον –
— 30. γράψον τὸν ἄ. τοῦτον ἐκκήρυκτον ἄνθρ. (2)
— 30. A οὐ μὴ αὐξηθῇ . . . ἀ. [B S om.] καθημ. (2)
23. 9. ἐγενήθην ὡς ἀ. συντετριμμένος (2)
27 (50). 30. πάντες οἱ ἄ. οἱ πολεμισταὶ αὐτῆς (3 a)
28 (51). 22. διασκορπιῶ ἐν σοὶ ἄνδρα καὶ γυναῖκα (2)
— 32. ἄ. αὐτοῦ οἱ πολεμισταὶ ἐξέρχονται (3 a)
30 (49). 26. πάντες οἱ ἄ. οἱ πολεμισταί σου (3 a)
31 (48). 31. ἐπ' ἄνδρας κειράδας [A κιδάρας] αὐχμοῦ (3 a)
33 (26). 17. ἀνέστησαν ἄ. τῶν πρεσβυτ. τῆς γῆς (3 a)
— 22. ἐξαπέστειλεν ὁ βασιλεὺς ἄνδρας (3 a)
36 (29). 6. τὰς θυγατέρας ὑμῶν δότε ἀνδράσι (3 a)
39 (32). 12. κατ' ὀφθ. τῶν ἀ. [A S om.] τῶν παρεστηκ. –
— 32. ἄνδρες Ἰ. καὶ οἱ κατοικ. ἐν [S om.] Ἰερ. (2)
● 41 (34). 9. πρὸς τὸ μὴ δουλεύειν ἄνδρα ἐξ Ἰ. (2)
— 18. τοὺς ἄ. τοὺς παρεληλυθ. τὴν διαθ. (3 a)
42 (35). 19. οὐ μὴ ἐκλείπῃ ἀ. τῶν υἱῶν Ἰων. (2)
45 (38). 22. δυνήσονταί σοι ἄ. εἰρηνικοί σου (3 a)
47 (40). 7. αὐτοὶ καὶ [A add. ἡ δύν. αὐ. καὶ] οἱ ἄ. αὐ. (3 a)
— 7. παρεκατέθεντο αὐτῷ ἄνδρας (3 a)
— 8. αὐτοὶ καὶ οἱ ἄ. αὐτῶν (3 a)
— 9. ὤμοσεν αὐτοῖς Γοδ. καὶ τοῖς ἀ. αὐτῶν (3 a)
48 (41). 1. καὶ δέκα [S δώδ.] ἄνδρες μετ' αὐ. (3 a)
— 2. ἀνέστη Ἰ. καὶ οἱ δέκα [S δώδ.] ἄ. (3 a)
— 5. ἤλθοσαν ἄ. ἀπὸ Σ. . . . ὀγδοήκοντα ἄ. (3 a, 2)
— 8. δέκα ἄ. εὑρέθησαν ἐκεῖ (3 a)
— 16. ἔλαβεν . . . δυνατοὺς ἄ. ἐν πολέμῳ [S^1 -μου] (3 a)
50 (43). 2. πάντες οἱ ἄ. οἱ εἰπόντες [B S^1 -πάν.] τῷ Ἰερ. (3 a)
— 6. ἔλαβε . . . τοὺς δυνατοὺς ἄ. (6 c)
— 9. κατ' ὀφθαλμοὺς ἀνδρῶν Ἰούδα (3 a)
51 (44). 15. ἀπεκρίθησαν τῷ Ἰερ. πάντες [A ἄπ.] οἱ ἄ. (3 a)
— 19. μὴ ἄνευ τῶν ἀ. ἡμῶν ἐποιήσαμεν αὐτῇ (3 a)
52. 7. πάντες οἱ ἄ. οἱ πολεμισταὶ ἐξῆλθον (3 a)
— 25. ἐπιστάτης τῶν ἀ. τῶν πολεμιστῶν, καὶ ἑπτὰ ἄ. ὀνομαστούς (3 a, 3 a)

La. 3. 1. ἐγὼ ἀ. ὁ βλέπων πτωχείαν (6 a)
— 27. ἀγαθὸν ἀνδρὶ ὅταν ἄρῃ ζυγόν (6 a)
— 33. ἐταπείνωσεν υἱοὺς ἀνδρός (2)
— 35. τοῦ ἐκκλῖναι κρίσιν ἀνδρός (6 a)
— 39. τί γογγύσει . . . ἀ. περὶ τῆς ἁμαρτ. αὐ. (6 a)
Ez. 3. 26. οὐκ ἔσῃ αὐτοῖς εἰς ἄ. ἐλέγχοντα (2)
8. 2. ἰδοὺ ὁμοίωμα ἀνδρός †
— 11. ἑβδομήκ. ἄνδρες ἐκ τῶν πρεσβυτ. (2)
— 16. ὡς εἴκοσι [A εἰ. καὶ πέντε] ἄνδρες (2)
9. 2. ἓξ ἄνδρες ἤρχοντο ἀπὸ τῆς ὁδοῦ (3 a)
— 2. εἷς ἀ. ἐν μέσῳ αὐτῶν (2)
— 3. τὸν ἄ. τὸν ἐνδεδυκότα τὸν ποδήρη (2)
— 4. δὸς σημεῖον ἐπὶ τὰ μέτωπα τῶν ἀ. (3 a)
— 6. ἤρξαντο ἀπὸ τῶν ἀ. [A om. τῶν ἀ.] τῶν πρεσβυτ. (3 a)
— 11. ὁ ἀ. ὁ ἐνδεδυκὼς τὸν ποδήρη (2)
10. 2. εἶπε πρὸς τὸν ἄ. τὸν ἐνδεδυκ. τὴν στ. (2)
— 3. ἐν τῷ εἰσπορεύεσθαι τὸν ἄ. (2)
— 6. ἐν τῷ ἐντέλλεσθαι αὐτὸν τῷ ἀ. (2)
11. 1. ὡς εἴκοσι καὶ πέντε ἄνδρες (2)
— 2. οὗτοι οἱ ἄ. οἱ λογιζόμ. μάταια (3 a)
— 15. καὶ οἱ ἄ. τῆς αἰχμαλωσίας σου (3 a)
12. 16. ὑπολείψομαι ἐξ αὐ. ἄνδρας ἀριθμῷ (3 a)
14. 1. ἐκ τῶν πρεσβυτ. ἄνδρες [A ἄ. ἀπὸ τῶν πρ.] (3 a)
— 3. οἱ ἄ. οὗτοι ἔθεντο τὰ διανοήμ. αὐτῶν (3 a)
— 14. ἐὰν ὦσιν οἱ τρεῖς ἄ. οὗτοι ἐν μέσῳ αὐ. (3 a)
— 16. οἱ τρεῖς ἄ. οὗτοι ἐν μέσῳ αὐτῆς ὦσι (3 a)
— 18. οἱ τρεῖς ἄ. οὗτοι ἐν μέσῳ αὐτῆς (3 a)
16. 32. παρὰ τοῦ ἀ. αὐ. λαμβάνουσα μισθώματα (2)
— 45. σὺ εἶ ἡ ἀπωσαμένη τὸν ἄ. αὐτῆς (2)
— 45. αἱ ἀπωσάμεναι τοὺς ἄ. αὐτῶν (3 a)
18. 7. A τὸν ἄ. [B ἄρτον] αὐ. τῷ πεινῶντι δώσει †
— 8. ἀνὰ μέσ. ἀνδρὸς καὶ ἀνὰ μέσ. τοῦ πλησ. αὐ. (2)
20. 1. ἦλθον ἄ. ἐκ τῶν πρεσβυτ. οἴκου Ἰσρ. (3 a)
21. 31 (36). παραδώσω σε εἰς χεῖρας ἀ. βαρβάρων (3 a)
22. 9. ἄ. λῃσταὶ ἦσαν ἐν σοί (3 a)
— 30. ἐζήτουν ἐξ αὐ. ἄ. ἀναστρεφόμ. ὀρθῶς (2)
23. 14. εἶδεν ἄ. ἐζωγραφημένους ἐπὶ τοῦ τ. (3 a)
— 40. τοῖς ἀ. τοῖς ἐρχομ. μακρόθεν (3 a)
— 42. πρὸς ἄ. ἐκ πλήθους ἀνθρώπων ἥκοντας (3 a)
— 45. ἄ. δίκαιοι, αὐτοὶ καὶ ἐκδικήσουσιν αὐ. (3 a)
24. 17. ἄρτον ἀνδρῶν οὐ μὴ φάγῃς (3 a)
— 22. ἄρτον ἀνδρῶν οὐ φάγεσθε (3 a)
27. 10. ἄ. πολεμισταί σου . . . ἐκρέμασαν (3 a)
— 27. πάντες οἱ ἄ. οἱ πολεμισταί σου (3 a)
33. 27. A ἀνὴρ τὸν πλησίον αὐτοῦ ἐμιάνατε (2)
39. 14. ἄνδρας διὰ παντὸς διαστελοῦσιν (3 a)
— 20. γίγαντα καὶ πάντα ἄ. πολεμιστήν (2)
40. 3. καὶ ἰδοὺ ἀνήρ (2)
— 4. εἶπε πρός με ὁ ἀ. (2)
— 5. ἐν τῇ χειρὶ τοῦ ἀ. κάλαμος (2)
43. 6. ὁ ἀ. εἱστήκει ἐχόμενός μου (2)
44. 25. ἐπὶ ἀδελφῇ αὐτοῦ ἢ οὐ γέγονεν ἀνδρί (2)
47. 3. καθὼς ἔξοδος ἀνδρὸς ἐξ ἐναντίας (2)
Da. LXX. Su. 1. καὶ ἦν ἀ. οἰκῶν ἐν Βαβυλῶνι
— 7. ἐν τῷ παραδείσῳ τοῦ ἀ. αὐτῆς
— 28. οἱ δὲ παράνομοι ἄ. ἀπέστρεψαν
— 36. ἐν τῷ παραδείσῳ τοῦ ἀ. αὐτῆς
— 37. εἴδομεν ταύτην ἀναπαυομ. μετὰ ἀνδρός
3. 8. προσελθόντες ἄ. Χαλδαῖοι (6 b)
— 12. εἰσὶ δέ τινες ἄ. Ἰουδαῖοι (6 b)
— 20. ἄ. ἰσχυροτάτους τῶν ἐν τῇ δυνάμει (6 b)
— 21. οἱ ἄ. ἐκεῖνοι συνεποδίσθησαν (6 b)
— 23. οἱ ἄ. οἱ προχειρισθέντες –
— 23. τοὺς μὲν οὖν ἄ. τοὺς συμποδίσαντας (6 b)
— 24 (91). οὐχὶ ἄ. τρεῖς ἐβάλομεν (6 b)
— 25 (92). ὁρῶ ἄ. τέσσαρας λελυμένους (6 b)
— 26 (93). ἐξῆλθον οἱ ἄ. ἐκ μέσου τοῦ πυρός †
5. 1. ἐκάλεσεν ἄ. δισχιλίους –
— 7. πᾶς ἀ. ὃς ἂν ὑποδείξῃ τὸ σύγκριμα (3 b)
6. 2 (3). ἐπ' αὐτῶν ἄ. τρεῖς ἡγουμένους αὐτῶν –
— 2 (3). Δανιὴλ εἷς ἦν τῶν τριῶν ἀ. –
— 3 (4). τοὺς δύο ἄ. οὓς κατέστησε –
8. 25. ἐπὶ ἀπωλείας ἀνδρῶν στήσεται †
9. 21. ὁ ἀ. ὃν εἶδον ἐν τῷ ὕπνῳ μου (2)
11. 20. ἀ. τύπτων δόξαν βασιλέως †
Bel. 15. ἐπίδετε . . . ἄ. ἱερεῖς –
— 19. καὶ εἶπεν ὁ βασ. ἀνδρῶν καὶ γυναικῶν
Da. TH. Su. 1. ἦν ἀ. οἰκῶν ἐν Βαβυλῶνι
— 7. ἐν τῷ παραδείσῳ τοῦ ἀ. αὐτῆς
— 28. ὡς συνῆλθεν ὁ λαὸς πρὸς τὸν ἄ. αὐ. Ἰ.
— 63. ᾔνεσαν [A add. τὸν θ.] . . . μετὰ Ἰ. τοῦ ἀ.
2. 25. εὕρηκα ἄνδρα ἐκ τῶν υἱῶν τῆς αἰχμ. (6 b)
3. 8. προσήλθοσαν ἄ. Χαλδαῖοι (6 b)
— 12. εἰσὶν ἄ. Ἰουδαῖοι (6 b)

Da. TH. Su. 3. 12. A οἱ ἄ. ἐκεῖνοι [B om. ἄ. ἐ.] οὐχ ὑπήκουσαν (6 b)
— 20. ἄ. ἰσχυροὺς ἰσχύϊ εἶπε (6 b)
— 21. οἱ ἄ. ἐκεῖνοι ἐπεδήθησαν (6 b)
— 22. A τοὺς ἄ. ἐκείνους . . . ἀπέκτεινεν ἡ φλόξ (6 b)
— 24 (91). οὐχὶ ἄ. τρεῖς ἐβάλομεν [A ἐνεβ.] (6 b)
— 25 (92). ὁρῶ ἄ. τέσσαρας λελυμένους (6 b)
— 27 (94). ἐθεώρουν τοὺς ἄ. (6 b)
5. 1. A τοῖς μεγιστᾶσιν αὐ. ἀ. [B om.] χιλίοις –
— 11. ἔστιν ἀ. ἐν τῇ βασιλείᾳ σου (6 b)
6. 11 (12). οἱ ἄ. ἐκεῖνοι παρετήρησαν (6 b)
— 15 (16). οἱ ἄ. ἐκεῖνοι λέγουσι τῷ βασ. (6 b)
— 24 (25). τοὺς ἄ. τοὺς διαβαλόντας τὸν Δ. (6 b)
8. 15. ἔστη ἐνώπιον ἐμοῦ ὡς ὅρασις ἀνδρός (6 a)
— 16. ἤκουσα φωνὴν ἀνδρός (1)
9. 7. ἡμῖν ἡ αἰσχ. τοῦ προσ. . . . ἀνδρὶ Ἰούδα (2)
— 21. ἰδοὺ ἀνὴρ Γάβ. ὃν ἴδον (2)
— 23. ἀνὴρ ἐπιθυμιῶν σὺ εἶ –
10. 5. ἰδοὺ ἀ. εἷς ἐνδεδυμένος βαδδίν (2)
— 7. οἱ ἄ. οἱ μετ' ἐμοῦ οὐκ ἴδον τὴν ὀπτασίαν (3 a)
— 11. Δανιήλ, ἀνὴρ ἐπιθυμιῶν (2)
— 19. μὴ φοβοῦ ἀνὴρ ἐπιθυμιῶν (2)
12. 6. εἶπε [A -ον] τῷ ἀ. τῷ ἐνδεδυμ. τὰ βαδδίν (2)
— 7. ἤκουσα τοῦ ἀ. τοῦ ἐνδεδυμ. τὰ βαδδίν (2)
Bel. 20. ὁρῶ τὰ ἴχνη ἀνδρῶν
1 Ma. 1. 34. ἔθνος ἁμαρτωλόν, ἄ. παρανόμους
2. 8. R ἐγένετο ὁ ναὸς αὐ. ὡς ἀ. ἄδοξος [A S ἔνδ.]
— 18. S R οἱ ἄ. [A ἄρχοντες] Ἰούδα
— 23. προσῆλθεν ἀ. Ἰουδαῖος
— 25. τὸν ἄ. τοῦ βασ. τὸν ἀναγκάζοντα θύειν
— 31. ἀνηγγέλη τοῖς ἀ. τοῦ βασιλέως
— 31. κατέβησαν ἄ. οἵτινες διεσκέδασαν
— 40. εἶπεν ἀ. τῷ [A πρὸς τὸν] πλησίον αὐτοῦ
— 44. ἐπάταξαν . . . ἄνδρας ἀνόμους
— 62. ἀπὸ λόγων ἀ. ἁμαρτωλοῦ μὴ φοβηθῆτε
— 65. ἀνὴρ βουλῆς ἐστίν
3. 24. ἔπεσον ἀπ' αὐτῶν εἰς ἄ. ὀκτακοσίους
— 38. ἄ. δυνατοὺς τῶν φίλων τοῦ βασ.
— 39. ἀπέστειλε . . . τεσσαράκ. χιλ. ἀνδρῶν
4. 1. παρέλαβε Γ. πεντακισχιλίους ἄ.
— 6. ὤφθη Ἰ. . . . ἐν τρισχιλίοις ἀ.
— 8. εἶπεν Ἰ. τοῖς ἀ. τοῖς μετ' αὐτοῦ
— 15. ἔπεσαν ἐξ αὐτῶν εἰς ἄ. τρισχιλίους
— 28. ἀ. ἐπιλέκτων ἑξήκοντα χιλιάδας
— 29. ἐν δέκα χιλιάσιν ἀνδρῶν [S al.]
— 34. ἔπεσον . . . εἰς πεντακισχιλίους ἄ.
— 41. A S ἐπέταξεν Ἰ. ἀνδράσι [R -ρας]
5. 13. ὡς μίαν χιλιαρχ. [A^2 χιλιάδαν] ἀνδρῶν
— 17. ἐπίλεξον σεαυτῷ ἄνδρας
— 20. ἐμερίσθησαν Σίμωνι ἄνδρες τρισχ.
— 20. Ἰούδᾳ δὲ ἄνδρες ὀκτακισχ.
— 22. ἔπεσον ἐκ τῶν ἐθνῶν εἰς τρισχιλίους ἄ.
— 32. εἶπε τοῖς ἀ. τῆς δυνάμεως
— 34. ἔπεσον ἐξ αὐ. . . . εἰς ὀκτακισχιλιους ἄ.
— 50. παρενέβαλον οἱ ἄ. τῆς δυνάμ. [A πόλ.]
— 59. ἐξῆλθε Γορ. ἐκ τῆς πόλ. καὶ οἱ ἄ. αὐτοῦ
— 60. ἔπεσον . . . εἰς δισχιλίους ἄ.
— 62. οὐκ ἦσαν ἐκ τοῦ σπέρματος τῶν ἀ. ἐκ.
— 63. καὶ ὁ ἀ. Ἰούδας καὶ οἱ ἀδ. αὐτοῦ
6. 35. χιλίους ἄ. τεθωρακισμένους
— 37. ἐφ' ἑκάστου ἄνδρες δυνάμ. [A om.]
— 42. ἔπεσον ἀπὸ τῆς παρεμβ. . . . ἑξακόσιοι ἄ.
— 54. ὑπελείφθησαν ἐν τοῖς ἁγίοις ἄ. ὀλίγοι
— 57. τοὺς ἡγεμόνας τῆς δυνάμ. καὶ τοὺς ἄ.
7. 1. ἀνέβη σὺν ἀ. ὀλίγοις εἰς πόλιν παραθαλ.
— 5. πάντες ἄ. ἄνομοι καὶ ἀσεβεῖς ἐξ Ἰσρ.
— 7. ἀπόστειλον ἄνδρα ᾧ πιστεύεις
— 16. συνέλαβεν ἐξ αὐτῶν ἑξήκ. ἄνδρας
— 19. A S τῶν μετ' [R ἀπ'] αὐτοῦ αὐτομολησάντων ἀ.
— 24. ἐν τοῖς ἀ. τοῖς [A καὶ τ.] αὐτομολήσασι
— 28. ἥξω ἐν ἀ. ὀλίγοις
— 32. ὡσεὶ πεντακισχίλιοι [S πεντακόσ.] ἄ.
— 40. Ἰούδας παρενέβαλεν . . . ἐν τρισχιλίοις ἀ.
9. 4. ἐπορεύθησαν . . . ἐν εἴκοσι χιλ. ἀνδρῶν
— 5. τρισχίλιοι ἄ. ἐκλεκτοί
— 6. οὐ κατελείφθησαν . . . ἀλλ' ἢ ὀκτακόσιοι ἄ.
— 25. ἐξέλεξε Β. τοὺς ἀσεβεῖς ἄ.
— 29. ἀ. ὅμοιος αὐτῷ οὐκ ἔστιν
— 49. διέπεσον [A διέβησαν] . . . εἰς χιλίους ἄ.
— 61. A R ἀπὸ τῶν ἀ. τῆς χώρας τῶν ἀρχηγῶν τῆς κακίας εἰς πεντήκ. ἄνδρας [S om. εἰς π. ἄ.]
— 69. ὠργίσθησαν θυμῷ τοῖς ἀ. τοῖς ἀνόμοις
10. 16. μὴ εὑρήσομεν ἄ. τοιοῦτον ἕνα
— 19. ἀ. δυνατὸς [A ἀγαθὸς] ἰσχύϊ
— 32. S^1 δίδωμι τῷ ἀρχ. ἄνδρας [A S^2 R om.]

● = correction on page xxiv

I Ma. 10. 32. ὅπως ἂν καταστήσῃ [A -στῇ] ἐν αὐ. ἄνδρας
— 36. εἰς τριάκοντα χιλ. ἀνδρῶν
— 61. ἐπισυνήχθησαν πρὸς αὐτὸν ἄ. λοιμοὶ ἐξ Ἰσρ. ἄ. παράνομοι [S ἄνομοι]
— 74. ἐπέλεξε δέκα χιλ. ἀνδρῶν
— 85. ἐγένοντο . . . εἰς ἄ. ὀκτακισχιλίους
11. 21. μισοῦντες τὸ ἔθνος αὐ. ἄ. παράνομοι
— 43. ἀποστείλας μοι ἄνδρας
— 44. ἄ. τρισχιλίους δυνατοὺς ἰσχύϊ
— 45. R εἰς [A om.] ἀνδρῶν [A -ρας] δώδ. μυριάδας ἀνδρῶν [A S om.]
— 74. ἔπεσον . . . εἰς ἄ. τρισχιλίους
12. 1. ἐπέλεξεν [S -ξατο] ἄνδρας
— 8. ἐπεδέξατο Ὀ. τὸν ἄ. τὸν ἀπεσταλμένον
— 41. ἐν τεσσαράκ. χιλιάσιν ἀνδρῶν
— 45. ἐπίλεξαι [A -ξον] δὲ σεαυτῷ ἄ. ὀλίγους
— 47. κατέλιπε δὲ μεθ' ἑαυτ. ἄ. τρισχιλίους
— 47. S¹ ἄνδρας [A R om.] δισχιλίους [S¹ χι.] ἀφῆκεν
— 53. A οὐκ ἔχουσιν ἄ. [S R om.] ἄρχοντα
13. 10. πάντας τοὺς ἄ. τοὺς πολεμιστάς
— 34. ἐπέλεξε [A -ξατο] Σίμων ἄνδρας
— 48. A S κατῴκισεν ἐν αὐτῇ [R ἐκεῖ] ἄνδρας
— 53. εἶδε Σίμων τὸν Ἰω. . . . ὅτι ἀνήρ ἐστι
14. 23. ἐπιδέξεσθαι τοὺς ἄ. ἐνδόξως
— 32. ὡπλοδότησε τοὺς ἄ. τῆς δυνάμ. τοῦ ἔθν.
— 33. ἔθετο ἐκεῖ φρουρὰν ἄ. Ἰουδαίους
— 37. κατῴκισεν ἐν αὐτῇ ἄ. Ἰουδαίους
15. 3. R ἄ. [A S τινες] λοιμοὶ κατεκράτησαν
— 13. δώδεκα μυριάδες ἀ. πολεμιστῶν [S -ικῶν]
— 26. ἀπέστειλεν . . . δισχιλίους ἄ. ἐκλεκτούς
16. 4. εἴκοσι χιλ. ἀ. πολεμιστῶν
— 6. καὶ ἴδον αὐτὸν οἱ ἄ.
— 10. ἔπεσον ἐξ αὐτῶν εἰς ἄ. δισχιλίους
— 15. καὶ ἐνέκρυψεν ἐκεῖ ἄνδρας
— 22. τοὺς ἄ. τοὺς ἐλθόντας ἀπολέσαι αὐτόν
II Ma. 3. 11. σφόδρα ἀ. ἐν ὑπεροχῇ κειμένου
— 17. περιεκέχυτο γὰρ περὶ [A ἐπὶ] τὸν ἄ. δέος τι
— 32. θυσίαν ὑπὲρ τῆς τοῦ ἀ. σωτηρίας
4. 35. ἐδυσφόρουν ἐπὶ τῷ τοῦ ἀ. ἀδίκῳ φόνῳ
— 44. οἱ πεμφθ. τρεῖς ἄ. ὑπὸ τῆς γερουσίας
5. 13. R ἀνδρῶν [A ἀνήβων] τε καὶ γυναικῶν
6. 18. ἀ. ἤδη προβεβηκὼς τὴν ἡλικίαν
— 21. τὴν ἐκ τῶν παλ. χρόν. πρὸς τὸν ἄ. γνῶσιν
8. 8. κατὰ μικρὸν εἰς προκοπὴν ἐρχόμ. τὸν ἄ.
— 9. Γοργίαν ἄ. στρατηγόν
— 32. ἀνοσιώτατον ἄ. καὶ πολλὰ . . . ἐπιλελυπηκ.
10. 29. ἐφάνησαν . . . πέντε ἄ. διαπρεπεῖς
12. 6. παραγγείλας τοῖς περὶ αὐτὸν ἀ.
— 19. ἀπώλεσαν . . . πλείους τῶν μυρίων ἀ.
— 23. εἰς μυριάδας τρεῖς ἀνδρῶν
— 35. Δωσίθ. . . . ἔφιππος ἀ. καὶ καρτερός
13. 15. εἰς ἄ. τετρακισχιλίους [A δισχ.]
14. 24. ψυχικῶς τῷ ἀ. προσεκέκλιτο
— 28. μηδὲν τἀνδρὸς ἠδικηκότος
— 31. γενναίως ὑπὸ τοῦ ἀ. ἐστρατήγηται
— 31. ἐκέλευσε παραδιδόναι τὸν ἄ.
— 37. ἀ. φιλοπολ. καὶ σφόδρα καλῶς ἀκούων
15. 12. Ὀνίαν . . . ἄ. καλὸν καὶ ἀγαθόν
— 13. ἄ. πολιᾷ καὶ δόξῃ διαφέροντα
III Ma. 3. 8. A ταραχὴν . . . περὶ τοὺς ἄ. [R ἀνθρώπους]
6. 1. Ἐλ. δέ τις ἀ. ἐπίσημος
7. 15. ἀνεῖλον ὑπὲρ τοὺς τριακοσίους ἄ.
IV Ma. 1. 10. τοὺς . . . ἀποθανόντας μετὰ τῆς μητρὸς ἄ.
4. 1. πρὸς Ὀνίαν . . . καλὸν καὶ ἀγαθὸν ἄ.
— 15. Ἀντίοχος Ἐπ. ἀ. ὑπερήφανος καὶ δεινός
6. 30. ταῦτα εἰπὼν ὁ ἱερὸς ἀ.
7. 16. γέρων ἀ. [A om.] τῶν μέχρι θαν. βασ. περιεφρόνησε
8. 19. ἄνδρες ἀδελφοί
10. 5. πικρῶς ἐνέγκαντες τὴν παρρησ. τοῦ ἀ.
14. 11. ὁ λογισμὸς περιεκράτησε τῶν ἀ. ἐκ.
15. 30. ἀνδρῶν πρὸς ὑπομονὴν ἀνδρειοτέρα
16. 2. οὐ μόνον τῶν παθῶν ἄ. ἐπεκράτησαν [S ἐκρ.]
● — 14. λόγοις εὑρέθης ἀνδρός
18. 8. ἔμεινα δὲ χρόνον ἀκμῆς σὺν ἀνδρί

[Aq. Ge. 29. 34: 32. 24 (25): 41. 12: 43. 24 bis: Ex. 4. 10: 30. 38: 32. 1: 35. 23: Le. 24. 15 bis: 27. 26: Nu. 2. 17: 30. 13: Dt. 32. 25: 33. 6: Jo. 2. 2: 3. 12: Jd. 12. 2: Ru. 1. 12: II Ki. 12. 4, 5: 21. 20: III Ki. 18. 13: IV Ki. 9. 13: Jb. 1. 1, 8 (?): 12. 14: Ps. 24 (25). 12: 30 (31). 21: 40 (41). 10: 42 (43). 1: 51 (52). 9: 54 (55). 24: 61 (62). 13: 63 (64). 7: 77 (78). 25: 86 (87). 5 bis: 89 (90). 10: 91 (92). 7: 118 (119). 24: 126 (127). 5: Pr. 6. 11, 27: 16. 27: 18. 14: 25. 1: 28. 3: 29. 5, 6, 23: 30. 2: Ca. 3. 8: Is. 3. 25: 7. 13: 13. 14 bis: 14. 18: 19. 2: 32. 2: 41. 6, 11: 46. 11: 53. 3: 56. 11: 57. 1: Je. 6. 23: 9. 5 (4), 12 (11): 11. 3, 23: 14. 9: 15. 10 bis: 17. 5, 7: 20. 15: 22. 30: 26 (33). 11: 29 (36). 32: 31 (38). 22: 36 (43). 19, 31: 38 (45). 7, 24: 40 (47). 7, 15: 41 (48). 12: 44 (51). 20: 48 (31). 14, 31: 50 (27). 42: 51 (28). 43: Ez. 14. 3: 18. 16: 22. 9: 23. 14: Da. 3. 23: Mi. 5. 7 (6).]

[Sm. Ge. 2. 23: 32. 24 (25): Ex. 32. 1: Dt. 33. 8: Jo. 2. 2: 3. 12: I Ki. 17. 8: II Ki. 2. 7: 21. 20: Jb. 14. 20: 31. 31: 32. 13: 34. 9: 41. 20: Ps. 4. 3: 25 (26). 9: 48 (49). 3: 72 (73). 5: 75 (76). 6: 91 (92). 7: 118 (119). 24: 126 (127). 5: 138 (139). 19: 139 (140). 12: Pr. 6. 27: 12. 8: 14. 17: 16. 27: 19. 6: 22. 7: 26. 19: 29. 6, 23: Ec. 12. 3: Is. 6. 5: 19. 2: 32. 2: 40. 26: 41. 11: 42. 13: 46. 11: 53. 3 bis: 57. 1: 66. 3: Je. 6. 23: 14. 9: 15. 10: 17. 9: 20. 15: 26 (33). 20: 29 (36). 32: 30 (37). 6: 36 (43). 31: 38 (45). 7, 22: 40 (47). 7: 41 (48). 8, 12: 44 (51). 20: 48 (31). 14, 31: 50 (27). 42: Ez. 22. 9: Da. 9. 23: 10. 11: 13. 1.]

[Th. Ex. 30. 38: 32. 1: 35. 23: Le. 27. 26: Nu. 2. 17: Jo. 2. 2: 3. 12: Jd. 6. 3: 19. 17: III Ki. 18. 13: 21 (20). 13: Jb. 1. 1: 22. 15: 31. 31: 33. 29: 34. 9, 23: 36. 24: 41. 9: Ps. 4. 3: 40 (41). 10: 61 (62). 10: 63 (64). 7: 86 (87). 5 bis: 126 (127). 5: Pr. 6. 11, 27: 12. 25: 14. 17: 17. 12: 18. 14: 21. 29: 22. 7: 28. 3: 29. 23: Is. 7. 13: 14. 18: 19. 2: 31. 7: 40. 13, 26: 41. 11: 46. 11: 53. 3: 57. 1: 66. 3: Je. 11. 8: 15. 10: 26 (33). 20: 33 (40). 17, 18: 38 (45). 7, 9: 39 (46). 4: 40 (47). 7: Ez. 22. 9: Da. 3. 22 †: 6. 15: 9. 23: 10. 5, 11: 13. 1.]

[Al. Ge. 45. 22: Ex. 10. 11: 15. 3: Le. 7. 8, 10: 13. 29: 18. 6 bis: 19. 3, 20: 22. 4: 25. 14: Dt. 17. 5: 25. 5: Jo. 2. 1, 23: I Ki. 4. 12: 23. 12 bis: 28. 14: Jb. 37. 20: Ps. 1. 1: 48 (49). 8: Pr. 16. 2.]

[Hebr. Ge. 49. 6.]

[Quint. Ps. 30 (31). 21: 118 (119). 24: Pr. 6. 11: 28. 3.]

ἀνθαιρεῖν.

[Al. Pr. 8. 10.]

ἀνθεῖν. (1) גָּמַל (2) חִיל (3) יָצָא (4) נָצַץ hi. (5) פָּרַח *a.* qal. *b.* hi. (6) פָּתַח pi. (7) צִיץ *a.* qal. *b.* hi. (8) חָלַף hi.

Le. 13. 12. B²R ἐὰν δὲ ἀνθοῦσα [A B¹ ἐξαν.] ἐξανθήσῃ λέπρα (5 *a*)
Jb. 14. 2. ὥσπερ ἄνθος ἀνθῆσαν ἐξέπεσεν (3)
— 7. A πάλιν ἀνθήσει [B S ἔτι ἐπανθ.] (8)
— 9. τὸ στέλεχος αὐ. ἀπὸ ὀσμῆς ὕδ. ἀνθήσει (5 *b*)
20. 20 (A), 21 (BS). οὐδὲ ἀνθήσει αὐτοῦ τὰ ἀγαθά (2)
Ps. 89 (90). 6. τὸ πρωῒ ἀνθήσαι καὶ παρέλθοι (7 *b*)
91 (92). 12. δίκαιος ὡς φοῖνιξ ἀνθήσει (5 *a*)
Ec. 12. 5. καὶ ἀνθήσῃ τὸ ἀμύγδαλον †
Ca. 6. 10 (11). A εἰ ἤνθησεν ἡ ἄμπελος, εἰ [B S om.] ἤνθησαν [BS ἐξήνθ.] αἱ ῥοαί (5 *a*, 4)
7. 12 (13). εἰ ἤνθησεν ἡ ἄμπελος· ἤνθησεν ὁ κυπρισμός· ἤνθησαν αἱ ῥοαί (5 *a*, 6, 4)
Si. 39. 14. ἀνθήσατε ἄνθος ὡς κρίνον
Ho. 14. 6. ἀνθήσει ὡς κρίνον (5 *a*)
Is. 17. 11. ἀνθήσει εἰς ἄμητόν (5 *b*)
18. 5. A B S ἀνθήσει [R ἐξανθήσῃ] ἄνθος ὀμφακίζουσα (1?)
35. 1. ἀνθείτω ὡς κρίνον (5 *a*)
Ez. 7. 10. εἰ καὶ ἡ ῥάβδος ἤνθηκεν (7 *a*)

[Aq. Ps. 91 (92). 8: Je. 48 (31). 9.]
[Sm. Ps. 71 (72). 7: 91 (92). 8: Is. 66. 14.]
[Th. Ez. 7. 10 (?).]

ἀνθέμιον. (1) גֻּלָּה

Ec. 12. 6. καὶ συντριβῇ [A S συνθλ.] τὸ ἀ. τοῦ χρυσίου (1)

ἄνθημα.

III Ma. 2. 17. A τοῖς ἐκπρεπέσι . . . ἀ. [R ἀναθ.] τιμῆσαι

ἄνθιμος.

[Aq. Ez. 16. 13.]
[Al. Ez. 16. 10.]

ἄνθινος. (1) רִמּוֹן

Ex. 28. 30 (34). παρὰ ῥοΐσκον χρυσοῦν κώδωνα καὶ ἄ. (1)

ἀνθιστάναι. (1) אָמֵץ hithp. (2) בָּחַן (3) גָּרָה hithp. (4) זוּד (5) חָזַק hithp. (6) יָעַד hi. (7) *a.* יָצַב hithp. *b.* נָצַב ni. (8) מָרָה (9) עָמַד (10) עָנָה (11) צָרַר (12) קָדַם hi. (13) קוּם *a.* qal. *b.* pil. *c.* hithp. *d.* תְּקוּמָה (14) קָרָה (15) נָשָׂא hi.

Le. 26. 37. ἀντιστῆναι τοῖς ἐχθρ. ὑμῶν (13 *d*)
Nu. 10. 9. τοὺς ὑπεναντίους τοὺς ἀνθεστηκ. ὑμ. (11)
22. 23. τὸν ἄγγελον τοῦ θ. ἀνθεστηκότα (7 *b*)
— 31. τὸν ἄγγελον κ. ἀνθεστηκ. (7 *b*)
— 34. σύ μοι ἀνθέστηκας (7 *b*)
De. 7. 24. οὐκ ἀντιστήσεται οὐδεὶς κατὰ πρόσ. σου (7 *a*)
9. 2. τίς ἀντιστήσεται κατὰ πρόσ. υἱῶν Ἐ. (7 *a*)
11. 25. οὐκ ἀντιστήσεται οὐδεὶς κατὰ πρόσ. ὑμ. (7 *a*)
19. 18. ἀντέστη κατὰ τοῦ ἀδελφοῦ αὐ. (10)
25. 18. πῶς ἀντέστη σοι ἐν τῇ ὁδῷ (14)
28. 7. τοὺς ἐχθρούς σου τοὺς ἀνθεστηκ. σοι (13 *a*)
Jo. 1. 5. οὐκ ἀντιστήσεται ἄνθρ. κατενώπ. ὑμ. (7 *a*)
7. 13. οὐ δυνήσεσθε ἀντιστῆναι ἀπέν. τῶν ἐχθρ. (13 *a*)
21. 42. R οὐκ ἀντέστη [A B ἀνέστη] οὐθείς (9)
23. 9. οὐδεὶς ἀντέστη κατενώπιον ἡμ. [A ὑμ.] (9)
Jd. 2. 14. οὐκ ἠδυνήθησαν ἔτι ἀντιστῆναι (9)
II Ki. 5. 6. ὅτι ἀντέστησαν οἱ τυφλοί †
II Ch. 13. 7. A ἀντέστη [B ἀνέστη] πρὸς Ῥ. (1)
— 7. καὶ οὐκ ἀντέστη κατὰ πρόσωπον αὐτοῦ (5)
— 8. καὶ νῦν λέγετε ὑμεῖς ἀντιστῆναι (5)
20. 6. καὶ οὐκ ἔστι πρὸς σὲ ἀντιστῆναι (7 *a*)
— 12. τοῦ ἀντιστῆναι πρὸς τὸ πλ. τὸ πολύ –
I Es. 2. 19. ἀλλὰ καὶ βασιλεῦσιν ἀντιστήσονται
Ju. 2. 25. κατέκοψε πάντας τοὺς ἀντιστ. αὐτῷ
6. 4. οὐκ ἀντιστήσ. [S ἀπαντήσ.] τὸ ἴχνος τῶν π.
8. 28. ὃς ἀντιστήσεται τοῖς λόγοις σου
11. 18. ὃς ἀντιστήσεταί σοι ἐξ αὐτῶν
16. 14. ὃς ἀντιστήσεται τῇ φωνῇ σου
Es. 9. 2. οὐδεὶς γὰρ ἀντέστη (9)
Jb. 9. 19. τίς οὖν κρίματι αὐτοῦ ἀντιστήσεται (6)
41. 1. τίς γάρ ἐστιν ὁ ἐμοὶ ἀντιστάς [A ἀνθιστάμενος] (7 *a*)
— 2 (3). τίς [A τίς ἐστιν ὃς] ἀντιστήσεταί μοι (12?)
Ps. 16 (17). 7. ὁ σώζων . . . ἐκ τῶν ἀνθεστηκ. τῇ δεξιᾷ σου (13 *c*)
75 (76). 7. τίς ἀντιστήσεταί σοι (9)
Wi. 2. 18. ἐκ χειρὸς ἀνθεστηκότων
5. 23. ἀντιστήσεται αὐτοῖς πνεῦμα δυνάμεως
10. 16. ἀντέστη [S¹ ἀνέστη] βασιλεῦσι [S -εύς]
— 19. S¹ ἀντέστη βασιλεῦσιν φοβεροῖς
11. 3. ἀντέστησαν πολεμίοις
— 21. κράτει βραχίονός σου τίς ἀντιστήσ.
12. 12. τίς ἀντιστήσεται τῷ κρίματί σου
18. 21. ἀντέστη τῷ θυμῷ
Si. 8. 2. μήποτε ἀντιστήσῃ [A -στῇ] σου τὴν ὁλκήν
46. 6. ἐν καταβ. ἀπώλεσεν ἀνθεστηκότας
— 7. ἀντιστῆναι ἔναντι ἐχθροῦ
Ho. 14. 1. ὅτι ἀντέστη πρὸς τὸν θεόν (8)
Mi. 2. 8. ὁ λαός μου . . . ἀντέστη [A ἀντικατέστη] (13 *b*)
Ob. 1. 7. οἱ ἄνδρες τῆς διαθ. σου ἀντέστησάν σοι (15)
— 11. ἀφ' ἧς ἡμέρας ἀντέστης ἐξ ἐναντίας (9)
Na. 1. 6. τίς ἀντιστήσεται ἐν ὀργῇ θυμοῦ αὐ. (13 *a*)
Hb. 1. 9. ἀνθεστηκότας προσώποις αὐτῶν †
Ma. 3. 15. ἀντέστησαν θεῷ (2)
Is. 3. 9. ἡ αἰσχύνη τοῦ προσ. αὐ. ἀντέστη αὐτοῖς (10)
50. 8. ἀντιστήτω μοι ἅμα (9)
59. 12; Je. 14. 7. αἱ ἁμαρτίαι ἡμῶν ἀντέστησαν ἡμῖν (10)
Je. 27 (50). 24. τῷ κυρίῳ ἀντέστης (3)
— 29. πρὸς κύριον ἀντέστη (4)
— 44; 29 (49). 19. τίς ἀντιστήσεταί μοι (6)
Ep. Je. 56. βασ. δὲ καὶ πολεμίοις οὐ μὴ ἀντιστῶσι
Da. LXX. 10. 13. ὁ στρατ. . . . ἀνθειστήκει ἐναντίον μου (9)

● = correction on page xxiv

Da. LXX. 11. 2. τρεῖς βασ. ἀνθεστήκασιν ἐν τῇ Περσ. (9)
— 15. οὐκ ἔσται αὐτῷ ἰσχὺς εἰς τὸ ἀντιστῆναι αὐ. (9)
— 16. οὐκ ἔσται ὁ ἀνθεστηκὼς ἐναντίον αὐ. (9)
I Ma. 6. 4. S ἀντέστησαν [A R ἀνέστησαν] αὐτῷ
8. 11. R ὅσοι ποτὲ ἀντέστησαν [A S ἀνέσ.] αὐτοῖς
11. 38. καὶ οὐδὲν αὐτῷ ἀνθειστήκει
14. 29. ἀντέστησαν τοῖς ὑπεν. τοῦ ἔθνους αὐ.
— 32. S τότε ἀντέστη [A R ἀνέστη] Σίμων
III Ma. 6. 19. καὶ ἀντέστησαν
IV Ma. 6. 30. ἀντέστη τῷ λογισμῷ
16. 23. μὴ ἀνθίστασθαι τοῖς πόνοις
[**Aq.** Ex. 32. 25 : Na. 1. 6.]
[**Sm.** Ex. 7. 13 : 32. 25 : Ps. 26 (27). 12 : 37 (38). 12 : 73 (74). 23 : Is. 47. 3 : 53. 12 : 54. 17 : Je. 7. 16 : 15. 11 : 50 (27). 33.]
[**Th.** Ex. 32. 25.]

ἀνθομολογεῖσθαι. (1) יָדָה hi. (2) שִׁבַּח pa.

I Es. 8. 91. προσευχόμ. Ἔ. ἀνθωμολογεῖτο κλαίων
Ps. 78 (79). 13. ἀνθομολογησόμεθά σοι εἰς τὸν αἰῶνα (1)
Si. 20. 2. ὁ ἀνθομολογούμενος . . . κωλυθήσεται
Da. LXX. 4. 34. τῷ ὑψίστῳ ἀνθομολογοῦμαι (2)
— 34. ἀνθομολογοῦμαι αὐτῷ ἐνδ. –
III Ma. 6. 33. εἰς οὐρ. ἀνθωμολογεῖτο μεγαλομερῶς

ἀνθομολόγησις. (1) יָדָה hi.

II Es. 3. 11. ἀπεκρίθησαν ἐν . . . ἀνθομολογήσει (1)
Si. 17. 27. ἀντὶ . . . διδόντων ἀνθομολόγησιν

ἄνθος. (1) חֲבַצֶּלֶת (2) מִגְבָּלוֹת (3) *a.* נִצָּה *b.* נִצָּן (4) נֵצֶר (5) פֶּרַח (6) *a.* צִיץ *b.* צִיצָה (7) צֶמַח (8) רֹאשׁ

Ex. 28. 14. κροσσωτὰ . . . καταμεμιγμένα ἐν ἄνθεσιν (2 ?)
30. 23. τὸ ἄ. σμύρνης ἐκλεκτῆς (8)
Nu. 17. 8 (23). ἐξήνθησεν ἄνθη (6 *a*)
Jb. 14. 2. ὥσπερ ἄνθος ἀνθῆσαν ἐξέπεσεν (6 *a*)
15. 30. ἐκπέσοι δὲ αὐτοῦ τὸ ἄ. †
— 33. ἐκπέσοι δὲ ὡς ἄνθος ἐλαίας (3 *a*)
Ps. 102 (103). 15. ὡσεὶ ἄνθος τοῦ ἀγροῦ (6 *a*)
Ca. 2. 1. ἐγὼ ἄνθος τοῦ πεδίου (1)
— 12. τὰ ἄ. ὤφθη ἐν τῇ γῇ (3 *b*)
Wi. 2. 7. μὴ παροδευσάτω ἡμᾶς ἄ. ἀέρος [A ἔαρος]
Si. 24. 17. τὰ ἄ. μου καρπὸς δόξης
39. 14. ἀνθήσατε ἄνθος ὡς κρίνον
50. 8. ὡς ἄνθος ῥόδων ἐν ἡμ. νέων
51. 15. ἐξ ἄνθους ὡς περκαζούσης σταφυλῆς
Ze. 2. 2. ὡς ἄ. παραπορευόμενον †
Is. 5. 24. τὸ ἄ. αὐ. ὡς κονιορτὸς ἀναβήσεται (5)
11. 1. ἄνθος ἐκ τῆς ῥίζης ἀναβήσεται (4)
18. 5. ὅταν συντελεσθῇ ἄ. (5)
— 5. καὶ ὄμφαξ ἀνθήσῃ ἄ. (3 *a*)
28. 1. τὸ ἄ. [S *add.* τὸ ὡραῖον] τὸ ἐκπεσόν (6 *a*)
— 4. τὸ ἄ. τὸ ἐκπεσὸν τῆς ἐλπίδος (6 *b*)
40. 6. πᾶσα δόξα ἀνθρώπου ὡς ἄ. χόρτου (6 *a*)
— 8. τὸ ἄ. ἐξέπεσε (6 *a*)
61. 11. ὡς γῆν αὔξουσαν τὸ ἄ. αὐτῆς (7)
Ez. 19. 10. ὡς ἄνθος ἐν ῥοᾷ ἐν ὕδατι πεφυτευμένη †
Da. TH. 11. 7. ἀναστήσεται ἐκ τοῦ ἄ. τῆς ῥίζης (4)
III Ma. 7. 16. παντοίοις . . . ἄνθεσι κατεστεμμένοι
[**Aq.** Is. 40. 8 : Je. 48 (31). 9.]
[**Sm.** Ex. 25. 30 (31), 32 (33) : Ps. 44 (45). 1 : 59 (60). 1 : 68 (69). 1 : 79 (80). 1 : Ca. 2. 16 : 4. 5 : 6. 2 (3) : Is. 40. 8.]
[**Th.** Is. 40. 8.]

ἀνθρακιά.

Si. 11. 32. ἀπὸ σπινθ. πυρὸς πληθύνεται (-υνθήσ.) ἀ.
IV Ma. 9. 20. ὁ σωρὸς τῆς ἀ. . . . ἐσβέννυτο
[**Aq.** Ps. 119 (120). 4.]

ἀνθράκινος.

Es. 1. 7. ἀ. κυλίκιον προκείμ. ἀπὸ ταλ. τρισμ. [S^{1} *al.*] †

ἀνθράκιον.

Es. 1. 7. S^{1} ἀ. κυλίκινον [A B -κινον κυλίκιον] †

ἄνθραξ. (1) אַגְמוֹן (2) בְּדֹלַח (3) גַּחֶלֶת (4) לָשׁוֹן (5) נֹפֶךְ (6) פֶּחָם (7) רִצְפָּה (8) רֶשֶׁף (9) תַּרְשִׁישׁ (10) **ἄ. πυρός** גַּחֶלֶת

Ge. 2. 12. ἐκεῖ ἐστιν ὁ ἄ. (2)
Ex. 28. 18 ; 36. 18 (39. 11). ἄ. καὶ σάπφειρος καὶ ἴασπις (5)
Le. 16. 12. τὸ πυρεῖον πλῆρες ἀνθράκων πυρός (3)
II Ki. 14. 7. σβέσουσι τὸν ἄ. μου τὸν καταλειφθέντα (3)
22. 9. ἄ. ἐξεκαύθησαν ἀπ' αὐτοῦ (3)
— 13. ἐξεκαύθησαν ἄ. πυρός (3)
To. 13. 17. ἐν βηρύλλῳ καὶ ἄνθρακι
Jb. 41. 11 (12). καμίνου καιομ. πυρὶ [A φλογὶ] ἀνθράκων (1 ?)
— 12 (13). ἡ ψυχὴ αὐτοῦ ἄνθρακες (3)
Ps. 17 (18). 8. ἄ. ἀνήφθησαν ἀπ' αὐτοῦ (3)
— 12. χάλαζα καὶ ἄνθρακες πυρός (3)
119 (120). 4. σὺν τοῖς ἄ. τοῖς ἐρημικοῖς (3)
139 (140). 10. πεσοῦνται ἐπ' αὐτοὺς ἄ. πυρός [A S^{2} *al.*] (3)
Pr. 6. 28. περιπατήσει τις ἐπ' ἀνθράκων πυρός [A ἐπ' ἄνθρακα ὀχνευρός] (10)
25. 22. ἄνθρακας πυρὸς [A *om.*] σωρεύσεις (10)
26. 21. ἐσχάρα ἄνθραξι καὶ ξύλα πυρί (3)
Ca. 8. 6. S^{2} ἄνθρακες πυρὸς [A B S^{1} *om.* ἄ. π.] φλόγες αὐτῆς (8 ?)
Si. 8. 10. μὴ ἔκκαιε ἄνθρακας ἁμαρτωλοῦ
35 (32). 5. σφραγὶς ἄνθρακος ἐπὶ κόσμῳ χρυσῷ
Is. 5. 24. καυθήσ. καλάμη ὑπὸ ἄνθρακος πυρός (4)
6. 6. ἐν τῇ χειρὶ εἶχεν ἄνθρακα [A *add.* πυρός] (7)
44. 16. ἔπεψεν ἐν τοῖς ἄ. ἄρτους [A S^{1} *al.*] –
— 19. ἔπεψεν ἐπὶ τῶν ἀ. αὐτοῦ ἄρτους (3)
47. 14. ἔχεις ἄνθρακας πυρός (10)
54. 11. ἑτοιμάζω σοι ἄνθρακα τὸν λίθον σου †
— 16. οὐχ ὡς χαλκεὺς φυσῶν ἄνθρακας (6)
Ez. 1. 13. ὅρασις ὡς [A *om.*] ἀ. πυρὸς καιομένων (3)
10. 2. πλῆσον τὰς δράκας [A χ.] σου ἀνθρύκων πυρός (3)
— 9. ὡς ὄψις λίθου ἄνθρακος (9)
24. 11. καὶ στῇ ἐπὶ τοὺς ἄ. (3)
28. 13. καὶ σμάραγδον καὶ ἄνθρακα (9 ?)
[**Aq.** Is. 44. 12 : 54. 16.]
[**Sm.** Jb. 41. 13 : Ps. 10 (11). 6 : 17 (18). 14 : 119 (120). 4 : Is. 44. 12 : 54. 16.]
[**Th.** Jb. 41. 13 : Ps. 17 (18). 14 : Is. 44. 12 : 54. 16.]

ἀνθρωπάρεσκος.

Ps. 52 (53). 5. ὁ θ. διεσκόρπισεν ὀστᾶ ἀνθρωπαρέσκων †

ἀνθρώπινος. (1) אָדָם (2) *a.* אֱנוֹשׁ *b.* אֱנָשׁ

Nu. 5. 6. ἀπὸ τῶν ἁμαρτιῶν τῶν ἀ. (1)
19. 16. ἢ νεκροῦ ἢ ὀστέου ἀ. [A ἀνθρώπου] (1)
— 18. τὸν ἡμμένον τοῦ ὀστέου τοῦ ἀ. –
Jb. 10. 5. ἢ ὁ βίος σου ἀ. ἐστιν [A *om.*] (2 *a*)
Wi. 12. 5. σπλαγχνοφάγων ἀ. σαρκῶν
Ez. 4. 12. ἐν βολβίτοις κόπρου ἀ. (1)
— 15. βόλβιτα βοῶν ἀντὶ τῶν βολβίτων τῶν ἀ. (1)
37. 1. τοῦτο ἦν μεστὸν ὀστέων ἀ. –
Da. LXX. 7. 4. ἐπὶ ποδῶν ἀ. ἐστάθη καὶ ἀ. καρδία ἐδόθη αὐτῇ (2 *b*, 2 *b*)
— 8. ὀφθαλμοὶ ὥσπερ ὀφθαλμοὶ ἀ. (2 *b*)
IV Ma. 1. 16. γνῶσις θείων καὶ ἀ. πραγμάτων
— 17. τὰ ἀ. συμφερόντως μανθάνομεν
4. 13. ἐξ ἀ. ἐπιβουλῆς . . . ἀνῃρῆσθαι
[**Sm.** Ez. 24. 17.]

ἄνθρωπος. (1) אָדָם (2) אִישׁ (3) *a.* אֱנוֹשׁ *b.* אֱנָשׁ (4) בֵּן (5) בַּעַל (6) בָּשָׂר (7) *a.* גֶּבֶר *b.* גְּבַר (8) גּוֹי (9) יָתֵר (10) עֶבֶד (11) עַם (12) שֵׁבֶט (13) אֶרֶץ (14) חַי חַיִּים (15) הוּא (16) בֶּן־אָדָם (17) עֵר (18) **υἱὸς τοῦ ἀ.** אִישׁ (19) **υἱὸς ἀνθρώπου** אָדָם (20) בֶּן־אֱנָשׁ

Ge. 1. 26. ποιήσωμεν ἄνθρωπον (1)
— 27. ἐποίησεν ὁ θεὸς τὸν ἄ. (1)
2. 5. ἄ. οὐκ ἦν ἐργάζεσθαι (1)
— 7. ἔπλασεν ὁ θ. τὸν ἄ. (1)
— 7. ἐγένετο ὁ ἄ. εἰς ψυχὴν ζῶσαν (1)
— 8, 15. τὸν ἄ. ὃν ἔπλασε (1)
— 18. οὐ καλὸν εἶναι τὸν ἄ. μόνον (1)
— 24. καταλείψει ἄ. τὸν πατέρα (2)
4. 1. ἐκτησάμην ἄνθρωπον διὰ τοῦ θ. (2)
5. 1. ἡ βίβλος γενέσεως ἀνθρώπων (1)
6. 1. ἤρξαντο οἱ ἄ. πολλοὶ γίνεσθαι (1)
— 2. τὰς θυγατέρας τῶν ἀ. (1)
— 3. ἐν τοῖς ἀ. τούτοις (1)
Ge. 6. 4. πρὸς τὰς θυγατέρας τῶν ἀ. (1)
— 4. οἱ ἄ. οἱ ὀνομαστοί (3 *a*)
— 5. αἱ κακίαι τῶν ἀ. (1)
— 6. ἐποίησε τὸν ἄ. ἐπὶ τῆς γῆς (1)
— 7. ἀπαλείψω τὸν ἄ. ὃν ἐποίησα (1)
— 7. ἀπὸ ἀ. ἕως κτήνους (1)
— 9. Νῶε ἄ. δίκαιος (2)
— 13. καιρὸς παντὸς ἀ. ἥκει (6)
7. 21. ἀπέθανε . . . πᾶς ἄ. (1)
— 23. ἀπὸ ἀ. ἕως κτήνους (1)
8. 21. διὰ τὰ ἔργα τῶν ἀ. (1)
— 21. ἔγκειται ἡ διάνοια τοῦ ἀ. (1)
9. 5. ἐκ χειρὸς ἀνθρώπου ἀδελφοῦ ἐκζητήσω τὴν ψυχὴν τοῦ ἀ. (1 *et* 2, 1)
— 6. ὁ ἐκχέων αἷμα ἀνθρώπου (1)
— 6. ἐν εἰκόνι θεοῦ ἐποίησα τὸν ἄ. (1)
— 20. ἤρξατο Νῶε ἄ. γεωργὸς γῆς (2)
11. 3. εἶπεν ἄ. τῷ πλησίον (2)
— 5. οἱ υἱοὶ τῶν ἀ. (1)
13. 8. ἄ. ἀδελφοί ἐσμεν ἡμεῖς (3 *a*)
— 13. οἱ δὲ ἄ. οἱ ἐν Σοδόμοις (3 *a*)
16. 12. ἄγροικος ἄ. (1)
20. 7. ἀπόδος τὴν γυναῖκα τῷ ἀ. (2)
— 8. ἐφοβήθησαν δὲ πάντες οἱ ἄ. (3 *a*)
24. 21. ὁ δὲ ἄ. κατεμάνθανεν αὐτήν (2)
— 22. ἔλαβεν ὁ ἄ. ἐνώτια (2)
— 26. εὐδοκήσας ὁ ἄ. (2)
— 29. ἔδραμε Λάβαν πρὸς τὸν ἄ. (2)
— 30. οὕτω λελάληκέ μοι ὁ ἄ. καὶ ἦλθε πρὸς τὸν ἄ. (2, 2)
— 32. εἰσῆλθε δὲ ὁ ἄ. (2)
— 43. αἱ θυγατέρες τῶν ἀ. τῆς πόλεως –
— 58. πορεύσῃ μετὰ τοῦ ἀ. τούτου (2)
— 61. ἐπορεύθησαν μετὰ τοῦ ἀ. (2)
— 65. τίς ἐστιν ὁ ἄ. ἐκεῖνος (2)
25. 27. ἦν Ἡσαῦ ἄ. εἰδὼς κυνηγεῖν (2)
— 27. R Ἰακὼβ δὲ [A *add.* ἦν] ἄ. ἄπλαστος (2)
26. 11. R τοῦ ἀ. τούτου καὶ [A ἢ] τῆς γυναικός (2)
— 13. καὶ ὑψώθη ὁ ἄ. (2)
— 31. A ὤμοσαν ἄνθρωπος τῷ πλησίον αὐ. [R *al.*] (2)
30. 43. ἐπλούτησεν ὁ ἄ. σφόδρα (2)
32. 24 (25). ἐπάλαιεν ἄ. μετ' αὐτοῦ ἕως πρωΐ (2)
— 28 (29). R μετὰ ἀνθρώπων δυνατὸς ἔσῃ [A *om.*] (3 *a*)
34. 14. ἀνθρώπῳ ὃς ἔχει ἀκροβυστίαν (2)
— 21. οἱ ἄ. οὗτοι εἰρηνικοί εἰσι (3 *a*)
— 22. ὁμοιωθήσονται ἡμῖν οἱ ἄ. (3 *a*)
37. 15. εὗρεν αὐτὸν ἄνθρωπος πλανώμενον (2)
— 15. ἠρώτησε δὲ αὐτὸν ὁ ἄ. (2)
— 17. εἶπε δὲ αὐτῷ ὁ ἄ. (2)
— 28. οἱ ἄ. οἱ Μαδιηναῖοι (3 *a*)
38. 1. ἕως πρὸς ἄ. τινα Ὀδολλαμίτην (2)
— 2. θυγατέρα ἀ. Χαναναίου (2)
— 22. οἱ ἄ. οἱ ἐκ τοῦ τόπου (3 *a*)
— 25. R ἐκ τοῦ ἀ. οὗτινος [A τινὸς] ταῦτά ἐστιν (2)
41. 33. σκέψαι ἄ. φρόνιμον καὶ συνετόν (2)
— 38. μὴ εὑρήσομεν ἄ. τοιοῦτον (2)
— 39. οὐκ ἔστιν ἄ. φρονιμώτερος –
42. 11. πάντες ἐσμὲν υἱοὶ ἑνὸς ἀ. (2)
— 30, 33. ὁ ἄ. ὁ κύριος τῆς γῆς (2)
43. 3. A ὁ ἄ. [R *add.* ὁ κύριος τῆς γῆς] –
— 5. ὁ γὰρ ἄ. εἶπεν ἡμῖν (2)
— 6. ἀναγγείλαντες τῷ ἀ. (2)
— 7. ἐπηρώτησεν ἡμᾶς ὁ ἄ. (2)
— 11. καταγάγετε τῷ ἀ. δῶρα (2)
— 13. κατάβητε πρὸς τὸν ἄ. (2)
— 14. δῴη ὑμῖν χάριν ἐναντίον τοῦ ἀ. (2)
— 16. R εἰσάγαγε [A -γεῖν] τοὺς ἀ. (3 *a*)
— 16. μετ' ἐμοῦ γὰρ φάγονται οἱ ἄ. ἄρτους (3 *a*)
— 17. ἐποίησε δὲ ὁ ἄ. (2)
— 17. καὶ εἰσήγαγε τοὺς ἀ. (3 *a*)
— 18. A ἰδόντες δὲ οἱ ἄ. [R ἄνδρες] (3 *a*)
— 19. τὸν ἄ. τὸν ἐπὶ τοῦ οἴκου (2)
— 23. A εἶπε δὲ αὐτοῖς ὁ ἄ. [R *om.* ὁ ἄ.] –
— 28. R εὐλογημένος [A -ητὸς] ὁ ἄ. ἐκεῖνος –
— 33. ἐξίσταντο δὲ οἱ ἄ. (3 *a*)
44. 1. τοὺς μαρσίππους τῶν ἀ. (3 *a*)
— 3. καὶ οἱ ἄ. ἀπεστάλησαν (3 *a*)
— 4. ἐπιδίωξον ὀπίσω τῶν ἀ. (3 *a*)
— 10. A ὁ ἄ. [R *om.*] παρ' ᾧ ἂν εὑρεθῇ –
— 15. οἰωνισμῷ οἰωνιεῖται ὁ ἄ. (2)
— 17. ὁ ἄ. παρ' ᾧ εὑρέθη (2)
— 26. ἰδεῖν τὸ πρόσωπον τοῦ ἀ. (2)
49. 6. ἀπέκτειναν ἀνθρώπους (2)
Ex. 2. 11. ὁρᾷ ἄ. Αἰγύπτιον τύπτοντά τινα Ἑβρ. (2)

● = correction on page xxiv

Ex. 2. 19. ἄ. Αἰγύπτιος ἐρρύσατο ἡμᾶς (2)
— 20. ἱνατί [A B^{2} *add.* οὗτ.] καταλελοίπατε τὸν ἄ. (2)
— 21. κατῴκίσθη δὲ Μωυσῆς παρὰ τῷ ἀ. (2)
4. 11. τίς ἔδωκε στόμα ἀνθρώπῳ (1)
5. 9. βαρυνέσθω τὰ ἔργα τῶν ἀ. τούτων (3 *a*)
8. 16 (12). ἔν τε τοῖς ἀ. καὶ ἐν τοῖς τετράποσι -
— 17 (13), 18 (14). ἐν τοῖς ἀ. καὶ ἐν τοῖς τετράποσιν (1)
9. 9. ἔσται ἐπὶ τοὺς ἀ. . . . ἕλκη (1)
— 9. ἀναζέουσαι ἔν τε τοῖς ἀ. -
— 10. ἀναζέουσαι ἔν τε τοῖς ἀ. (1)
— 19. πάντες γὰρ οἱ ἄ. καὶ τὰ κτήνη (1)
— 22. ἐπί τε τοὺς ἀ. καὶ τὰ κτήνη (1)
— 25. ἀπὸ ἀνθρώπου ἕως κτήνους (1)
10. 7. ἐξαπόστειλον τοὺς ἀ. (3 *a*)
11. 3. ὁ ἄ. Μωυσῆς (2)
— 7. ἀπὸ ἀνθρώπου ἕως κτήνους (2)
12. 12; 13. 2. ἀπὸ ἀνθρώπου ἕως κτήνους (1)
13. 13. πᾶν πρωτότ. ἀνθρώπου τῶν υἱῶν σου (1)
— 15. ἀπὸ πρωτοτόκων [A -κου] ἀνθρώπων (1)
19. 13. ἐάν τε κτῆνος ἐάν τε ἄνθρωπος (2)
21. 19. ἐὰν ἐξαναστὰς ὁ ἄ. περιπατήσῃ -
22. 7 (6). ἐκ τῆς οἰκίας τοῦ ἀ. (2)
30. 32. ἐπὶ σάρκα ἀνθρώπου οὐ χρισθήσεται (1)
32. 1, 23. ὁ ἄ. ὃς ἐξήγαγεν ἡμᾶς (2)
33. 20. οὐ γὰρ μὴ ἴδῃ ἄ. τὸ πρόσωπόν μου (1)
Le. 1. 2. ἄ. ἐξ ὑμῶν ἐὰν προσαγάγῃ [A -φέρῃ] (1)
5. 3. ἢ ἅψηται ἀπὸ ἀκαθαρσίας ἀνθρώπου (1)
— 4. ὅσα ἐὰν διαστείλῃ ὁ ἄ. μεθ᾽ ὅρκου (1)
6. 3 (5. 22). ἀπὸ πάντων ὧν ἐὰν ποιήσῃ ὁ ἄ. (1)
— 38 (7. 8). ὁ προσάγων ὁλοκαύτωμα ἀνθρώπου (2)
7. 11 (21). ἢ ἀπὸ ἀκαθαρσίας ἀνθρώπου (1)
13. 2. ἀνθρώπῳ ἐάν τινι γένηται . . . οὐλή (1)
— 9. ἁφὴ λέπρας ἐὰν γένηται ἐν ἀνθρώπῳ (1)
— 44. ἄ. λεπρός ἐστι (2)
14. 11. ὁ ἱερ. ὁ καθαρίζων τὸν ἄ. τὸν καθαριζόμ. (2)
15. 5. ἄ. ὃς ἂν ἅψηται τῆς κοίτης αὐτοῦ (2)
— 16. ἄ. ᾧ [A ὃς] ἐὰν ἐξέλθῃ ἐξ αὐτοῦ κοίτη σπ. (2)
16. 17. πᾶς ἄ. οὐκ ἔσται ἐν τῇ σκηνῇ τοῦ μαρτ. (1)
— 21. ἐξαποστελεῖ ἐν χειρὶ ἀ. ἑτοίμου (2)
17. 3. ἄ. ἄ. τῶν υἱῶν Ἰσραήλ (2, 2)
— 4. λογισθήσεται τῷ ἀ. ἐκείνῳ αἷμα (2)
— 8. ἄ. ἄ. τῶν υἱῶν Ἰσρ. (2, 2)
— 9. ἐξολοθρευθήσεται ὁ ἄ. ἐκεῖνος (2)
— 10, 13. ἄ. ἄ. τῶν υἱῶν Ἰσρ. (2, 2)
18. 5. ἃ ποιήσας ἄ. ζήσεται ἐν αὐτοῖς (1)
— 6. ἄ. ἄ. πρὸς π. οἰκεῖα . . . οὐ προσελεύσεται (2, 2)
— 27. οἱ ἄ. τῆς γῆς οἱ ὄντες πρότεροι ὑμῶν (3 *a*)
19. 20. οἰκέτις διαπεφυλαγμένη ἀνθρώπῳ (2)
20. 3. ἐπιστήσω τὸ πρόσ. μου ἐπὶ τὸν ἄ. ἐκ. (2)
— 4. ἀπὸ τοῦ ἀ. ἐκείνου (2)
— 5. ἐπιστήσω τὸ πρόσ. μου ἐπὶ τὸν ἄ. ἐκ. (2)
— 9. ἄ. ἄ. ὃς ἂν κακῶς εἴπῃ τὸν πατέρα (2, 2)
— 10. ἄ. ὃς ἂν μοιχεύσηται γυναῖκα ἀνδρός (2)
21. 9. θυγάτηρ ἀνθρώπου ἱερέως (2)
— 17. ἄ. ἐκ τοῦ γένους σου εἰς τὰς γενεὰς ὑμ. (2)
— 18. πᾶς ἄ. ᾧ ἂν ᾖ ἐν αὐτῷ μῶμος (2)
— 18. ἄ. τυφλὸς ἢ χωλός (2)
— 19. ἄ. ᾧ ἐστιν ἐν αὐ. σύντριμμα χ. (2)
— 20. ἄ. ᾧ ἂν ᾖ ἐν αὐτῷ ψώρα -
22. 3. πᾶς ἄ. ὃς ἂν προσέλθῃ ἀπὸ παντὸς τοῦ σπ. (2)
— 4. ἄ. ἐκ τοῦ σπέρματος Ἀαρών (2)
— 4. ἄ. ᾧ ἂν ἐξέλθῃ ἐξ αὐ. κοίτη σπ. (2)
— 5. ἢ ἐπ᾽ ἀνθρώπῳ ἐν ᾧ μιανεῖ αὐτόν (1)
— 12. θυγάτηρ ἀνθρώπου ἱερέως -
— 13. A θυγάτηρ ἀνθρώπου [B *om.*] ἱερέως -
— 14. ἄ. ὃς ἂν φάγῃ ἅγια κατ᾽ ἄγνοιαν (2)
— 18. ἄ. ἄ. ἀπὸ τῶν υἱῶν Ἰσραήλ (2, 2)
— 21. ἄ. ὃς ἂν προσενέγκῃ θυσίαν σωτηρίου (2)
24. 10. ὁ ἄ. ὁ Ἰσραηλίτης (2)
— 15. ἄ. ὃς ἐὰν καταράσηται θεόν (2)
● — 17. ἄ. ὃς ἂν πατάξῃ ψυχὴν ἀνθρώπου (2)
— 20. καθότι ἂν δῷ μῶμον τῷ ἀ. (1)
— 21. ὃς ἂν πατάξῃ ἄνθρωπον (1)
25. 14. μὴ θλιβέτω ἄ. τὸν πλησίον (2)
— 17. μὴ θλιβέτω [A θλιψέτω] ἄ. τὸν πλησίον (2)
— 27. τῷ ἀ. ᾧ ἀπέδοτο (2)
27. 14. ἄ. ὃς ἂν ἁγιάσῃ τὴν οἰκίαν αὐτοῦ (2)
— 16. ἐὰν δὲ . . . ἁγιάσῃ ἄ. τῷ κυρίῳ (2)
— 20. καὶ ἀποδῶται τὸν ἀγρὸν ἀ. ἑτέρῳ (2)
— 24. ἀποδοθήσεται ὁ ἀγρὸς τῷ ἀ. -
— 28. ὃ ἐὰν ἀναθῇ ἄ. τῷ κ. (2)
— 28. ἀπὸ ἀνθρώπου ἕως κτήνους (1)
— 29. πᾶν ὃ ἐὰν ἀνατεθῇ ἀπὸ τῶν ἀ. (1)
— 31. ἐὰν δὲ λυτρῶται λύτρῳ ἄ. τὴν δεκάτην (2)

Nu. 2. 2. ἄ. ἐχόμενος αὐτοῦ (2)
3. 13. ἀπὸ ἀνθρώπου ἕως κτήνους (1)
5. 8. ἐὰν δὲ μὴ ᾖ τῷ ἀ. ὁ ἀγχιστεύων (2)
— 15. ἄξει ὁ ἄ. τὴν γυναῖκα αὐτοῦ (2)
— 30. ἢ ἄ. ᾧ ἐὰν ἐπέλθῃ ἐπ᾽ αὐτὸν πνεῦμα ζηλ. (2)
— 31. ἀθῷος ἔσται ὁ ἄ. ἀπὸ ἁμαρτίας (2)
8. 17. ἀπὸ ἀνθρώπων [A -ου] ἕως κτήνους (1)
9. 6. οἳ ἦσαν ἀκάθαρτοι ἐπὶ ψυχῇ ἀνθρώπου (1)
— 7. ἡμεῖς ἀκάθαρτοι ἐπὶ ψυχῇ ἀνθρώπου (1)
— 10. ἄ. ἄ. ὃς ἐὰν γένηται ἀκάθ. ἐπὶ ψυχῇ ἀνθρώπου (2, 2, -)
— 13. ἄ. ὃς ἐὰν καθαρὸς ᾖ (2)
— 13. ἁμαρτίαν αὐτοῦ λήψεται ὁ ἄ. ἐκ. (2)
12. 3. ὁ ἄ. M. πραῢς σφ. παρὰ π. τοὺς ἀ. (2, 1)
13. 32 (31). οἱ ἄ. οἱ συναναβάντες μετ᾽ αὐτοῦ (3 *a*)
14. 15. ἐκτρίψεις τὸν λαὸν τ. ὡσεὶ ἄ. ἕνα (2)
— 36. οἱ ἄ. οὓς ἀπέστειλε M. (3 *a*)
— 37. οἱ ἄ. οἱ κατείπαντες πονηρά (3 *a*)
— 38. ἀπὸ τῶν ἀ. ἐκ. τῶν πεπορευμένων (3 *a*)
15. 35. θανάτῳ θανατούσθω ὁ ἄ. (2)
16. 14. τοὺς ὀφθ. τῶν ἀ. ἐκ. ἂν ἐξέκοψας (3 *a*)
— 22. εἰ ἄ. εἷς ἥμαρτεν (2)
— 26. ἀπὸ τῶν σκηνῶν τῶν ἀ. τῶν σκληρῶν τ. (3 *a*)
— 29. κατὰ θάνατον πάντων ἀ. (1)
— 29. κατ᾽ ἐπίσκεψιν πάντων ἀ. (1)
— 30. παρώξυναν οἱ ἄ. οὗτοι τὸν κ. (3 *a*)
— 32. πάντας τοὺς ἀ. τοὺς ὄντας μετὰ Κορέ (1)
17. 5 (20). ἔσται ὁ ἄ. ὃν ἂν ἐκλέξωμαι αὐτόν (2)
18. 15. ἀπὸ ἀνθρώπου ἕως κτήνους (1)
— 15. λυτρωθήσεται τὰ πρωτότοκα τῶν ἀ. (1)
19. 9. συνάξει ἄ. καθαρὸς τὴν σποδὸν τῆς δαμ. (2)
— 11. τοῦ τεθνηκ. πάσης ψυχῆς ἀνθρώπου (1)
— 13. τοῦ τεθνηκ. ἀπὸ ψυχῆς ἀνθρώπου (1)
— 14. ἄ. ἐὰν ἀποθάνῃ ἐν οἰκίᾳ (1)
— 16. A ὀστέου ἀνθρώπου [B ἀνθρωπίνου] (1)
— 20. ἄ. ὃς ἂν μιανθῇ (2)
21. 8. ἐὰν δάκῃ ὄφις ἄνθρωπον -
— 9. ὅταν ἔδακνεν [A ἔδακεν] ὄφις ἄνθρωπον (2)
22. 9. τί οἱ ἄ. οὗτοι παρὰ σοί (3 *a*)
— 20. εἰ καλέσαι σε πάρεισιν οἱ ἄ. οὗτοι (3 *a*)
— 35. συμπορεύθητι μετὰ τῶν ἀ. (3 *a*)
23. 19. οὐχ ὡς ἄ. ὁ θ. διαρτηθῆναι οὐδ᾽ ὡς υἱὸς ἀνθρώπου ἀπειληθῆναι (2, 1)
24. 3. φησὶν ὁ ἄ. ὁ ἀληθινῶς [A -ὸς] ὁρῶν (7 *a*)
— 7. ἐξελεύσεται ἄ. ἐκ τοῦ σπέρματος αὐ. †
— 15. A R φησὶν ὁ ἄ. ὁ ἀληθινῶς [B -ὸς] ὁρῶν (7 *a*)
— 17. ἀναστήσεται ἄ. ἐξ Ἰσρ. (12)
25. 6. καὶ ἰδοὺ ἄ. τῶν υἱῶν Ἰσραήλ (2)
— 8. εἰσῆλθεν ὀπίσω τοῦ ἀ. τοῦ Ἰσραηλίτου (2)
— 8. τόν τε ἄ. τὸν Ἰσραηλίτην (2)
— 14. τὸ δὲ ὄνομα τοῦ ἀ. τοῦ Ἰσρ. τοῦ πεπληγ. (2)
26. 64. οὐκ ἦν ἄ. τῶν ἐπεσκεμμένων (2)
27. 8. ἄ. ἐὰν ἀποθάνῃ (2)
— 16. ἐπισκεψάσθω κ. . . . ἄνθρωπον (2)
— 18. ἄνθρωπον ὃς ἔχει πνεῦμα ἐν ἑ. (2)
30. 3. ἄ. ἄ. ὃς ἂν εὔξηται εὐχήν (-, 2)
31. 11, 26. ἀπὸ ἀνθρώπου ἕως κτήνους (1)
— 28. παρὰ τῶν ἀ. τῶν πολεμιστῶν (3 *a*)
— 28. ἀπὸ τῶν ἀ. καὶ ἀπὸ τῶν κτηνῶν (1)
— 30. ἀπὸ τῶν ἀ. καὶ ἀπὸ τῶν βοῶν (1)
— 35. ψυχαὶ ἀνθρώπων ἀπὸ τῶν γυναικῶν (1)
— 40. ψυχαὶ ἀνθρώπων ἑκκαίδεκα χιλ. (1)
— 46. ψυχαὶ ἀνθρώπων ἓξ καὶ δέκα χιλ. (1)
— 47. ἀπὸ τῶν ἀ. καὶ ἀπὸ τῶν κτηνῶν (1)
32. 11. οἱ ἄ. οὗτοι οἱ ἀναβάντες ἐξ Αἰγ. (3 *a*)
— 14. A B σύστρεμμα [R σύντριμμα] ἀ. ἁμαρτωλῶν (3 *a*)

De. 1. 17. οὐ μὴ ὑποστείλῃ πρόσωπον ἀνθρώπου (2)
— 31. ὡς εἴ τις τροφοφορήσαι ἄ. τὸν υἱ. αὐ. (2)
4. 3. πᾶς ἄ. ὅστις ἐπορεύθη ὀπίσω B. (2)
— 28. θεοῖς ἑτ. ἔργοις χειρῶν ἀνθρώπων (1)
— 32. ἧς ἔκτισεν ὁ θ. ἄνθρωπον (1)
5. 24 (21). λαλήσει ὁ θ. πρὸς ἄνθρωπον (1)
8. 3. οὐκ ἐπ᾽ ἄρτῳ μόνῳ ζήσεται ὁ ἄ. (1)
— 3. ἐπὶ παντὶ ῥήματι . . . ζήσεται ὁ ἄ. (1)
— 5. ὡς εἴ τις ἄ. παιδεύσῃ τὸν υἱὸν αὐ. (2)
17. 5. ἐξάξεις [B[1] -αρεῖς] τὸν ἄ. ἐκεῖνον (2)
— 12. ὁ ἄ. ὃς ἐὰν ποιήσῃ ἐν ὑπερηφανίᾳ (2)
— 12. καὶ ἀποθανεῖται ὁ ἄ. ἐκεῖνος (2)
— 15. οὐ δυνήσῃ καταστῆσαι . . . ἄ. ἀλλότριον (2)
18. 19. ὁ ἄ. [A *add.* ἐκεῖνος] ὃς ἐὰν μὴ ἀκούσῃ (2)
19. 11. ἐὰν δὲ γένηται ἐν σοὶ [A *om.*] ἄ. (2)
— 15. μαρτυρῆσαι κατὰ ἀνθρώπου (2)
— 16. μάρτυς ἄδικος κατὰ ἀνθρώπου (2)
— 17. στήσονται οἱ δύο ἄ. (3 *a*)
20. 5. τίς ὁ ἄ. ὁ οἰκοδομήσας οἰκίαν καινήν (2)
De. 20. 5. καὶ ἄ. ἕτερος ἐγκαινιεῖ αὐτήν (2)
— 6. τίς ὁ ἄ. ὅστις ἐφύτευσεν ἀμπελῶνα (2)
— 6. καὶ ἄ. ἕτερος εὐφρανθήσεται ἐξ αὐ. (2)
— 7. τίς ὁ ἄ. ὅστις μεμνήστευται γυναῖκα (2)
— 7. καὶ ἄ. ἕτερος λήψεται αὐτήν (2)
— 8. τίς ὁ ἄ. ὁ φοβούμενος (2)
— 19. μὴ ἄνθρωπος τὸ ξύλον (1)
21. 15. ἐὰν δὲ γένωνται ἀνθρώπῳ δύο γυν. (2)
22. 16. τὴν θυγατέρα . . . δέδωκα τῷ ἀ. τούτῳ γυν. (2)
— 18. λήψεται ἡ γερουσία . . . τὸν ἄ. ἐκεῖνον (2)
— 22. ἐὰν δὲ εὑρεθῇ ἄ. κοιμώμ. μετὰ γυν. (2)
— 23. εὑρὼν αὐτὴν ἄ. ἐν πόλει (2)
— 24. τὸν ἄ. ὅτι ἐταπείνωσε τὴν γυν. τοῦ πλ. (2)
— 25. ἐὰν δὲ ἐν πεδίῳ εὕρῃ ἄ. τὴν παῖδα (2)
— 25. A ἀποκτενεῖτε τὸν ἄ. [B *om.*] τὸν κοιμώμ. (2)
— 26. ὡς εἴ τις ἐπαναστῇ ἄ. ἐπὶ τὸν πλησίον (2)
— 29. ὁ ἄ. ὁ κοιμηθεὶς μετ᾽ αὐτῆς (2)
— 30 (23. 1). οὐ λήψεται ἄ. τὴν γυν. τοῦ πατρὸς αὐτοῦ (2)
23. 10 (11). ἄ. ὃς οὐκ ἔσται καθαρός (2)
24. 7. ἐὰν δὲ ἁλῷ ἄ. κλέπτων ψυχήν (2)
— 11. ὁ ἄ. οὗ τὸ δάνειόν σου ἐστὶν ἐν αὐτῷ (2)
— 12. ἐὰν δὲ ὁ ἄ. πένηται (2)
25. 1. ἀντιλογία ἀνὰ μέσ. ἀνθρώπων (3 *a*)
— 7. ἐὰν δὲ μὴ βούληται ὁ ἄ. λαβεῖν τὴν γυν. (2)
— 9. οὕτω ποιήσουσι τῷ ἀ. (2)
— 11. ἐὰν δὲ μάχωνται ἄ. δύο ἐπὶ τὸ αὐτό, ἄ. μετὰ τοῦ ἀδ. αὐ. (3 *a*, 2)
27. 15. ἐπικατάρατος ἄ. (2)
— 26. ἐπικατάρατος πᾶς ἄ. -
29. 20 (19). ἐκκαυθήσεται ὀργὴ κ. . . . ἐν τῷ ἀ. ἐκ. (2)
32. 26. παύσω δὲ [A καταπ. δὴ] ἐξ ἀνθρώπων τὸ μνημόσυνον αὐ. (3 *a*)
33. 1. Μωυσῆς ἄνθρωπος τοῦ θ. (2)

Jo. 1. 5. οὐκ ἀντιστήσεται ἄ. κατενώπιον ὑμῶν (2)
— 18. ὁ δὲ ἄ. ὃς ἐὰν ἀπειθήσῃ σοι (2)
5. 12. εἶδεν ἄ. ἑστηκότα ἐναντίον αὐτοῦ (2)
6. 25 (26). ἐπικατάρατος ὁ ἄ. (2)
10. 14. ὥστε ἐπακοῦσαι θεὸν ἀνθρώπου (2)
14. 6. πρὸς Μωυσῆν ἄ. τοῦ θεοῦ (2)

Jd. 9. 9. A ἣν . . . ἐδόξασεν ὁ θ. καὶ ἄνθρωποι [B *al.*] (3 *a*)
— 13. τὸν οἶνόν μου τὸν εὐφραίν. θ. καὶ ἀνθρώπους [A τὴν εὐφροσ. τὴν παρὰ τοῦ θ. τῶν ἀ.] (3 *a*)
13. 6. ἄ. θεοῦ ἦλθε πρὸς μέ (2)
— 8. τὸν ἄ. [A ἄνθρωπος] τοῦ θ. ὃν ἀπέστειλας (2)
16. 7, 11. καὶ ἔσομαι ὡς εἷς τῶν ἀ. (1)
— 13. καὶ ἔσομαι ὡς εἷς τῶν ἀ. ἀσθενής -
— 17. ἔσομαι ὡς πάντες οἱ ἄ. [A κατὰ π. τοὺς ἀ.] (1)
18. 7. λόγον οὐκ ἔχουσι πρὸς ἄνθρωπον (1)
— 28. λόγ. οὐκ ἔστιν αὐ. μετὰ ἀνθρώπου [A -ων] (1)

I Ki. 1. 1. ἄ. ἦν ἐξ Ἀρμαθαὶμ Σιφά (2)
— 3. καὶ ἀνέβαινεν ὁ ἄ. [A *add.* ἐκεῖνος] (2)
— 21. καὶ ἀνέβη ὁ ἄ. Ἑλκανά (2)
2. 16. A ὁ ἄ. [B ἀνὴρ] ὁ θύων (2)
— 20. ἀπῆλθεν ὁ ἄ. εἰς τὸν τόπον αὐτοῦ -
— 26. ἀγαθὸν μετὰ κ. καὶ μετὰ ἀνθρώπων (3 *a*)
— 27. καὶ ἦλθεν ὁ ἄ. θεοῦ πρὸς Ἡλί (2)
4. 13. καὶ ὁ ἄ. εἰσῆλθεν εἰς τὴν πόλιν (2)
— 14. καὶ ὁ ἄ. σπεύσας εἰσῆλθε (2)
— 18. ὅτι πρεσβύτης ὁ ἄ. (2)
9. 6. ἄ. τοῦ θ. ἐν τῇ πόλ. ταύτῃ καὶ ὁ ἄ. ἔνδοξος (2, 2)
— 7. καὶ τί οἴσομεν [A εἰσοίσ.] τῷ ἀ. τοῦ θεοῦ (2)
— 7. εἰσενεγκεῖν τῷ ἀ. τοῦ θ. τὸ ὑπάρχον ἡμ. (2)
— 8. καὶ δώσεις τῷ ἀ. τοῦ θεοῦ (2)
— 10. οὗ ἦν ἐκεῖ ὁ ἄ. ὁ τοῦ θ. (2)
— 17. ἰδοὺ ὁ ἄ. ὃν εἶπά σοι (2)
— 24. A εἰς μαρτ. τέθειταί σοι παρὰ τοῦ ἀ. [B *al.*] -
13. 14. B ζητήσει κ. ἑαυτῷ ἄνθρωπον (2)
14. 24, 28. ἐπικατάρατος ὁ ἄ. (2)
15. 29. οὐχ ὡς ἄ. ἐστι (1)
16. 7. οὐχ ὡς ἐμβλέψεται ἄ. (1)
— 7. ἄ. ὄψεται εἰς πρόσωπον (1)
17. 12. A καὶ εἶπεν Δ. υἱὸς ἀνθρώπου Ἐφρ. (2)
18. 23. A κἀγὼ ἄ. [B ἀνὴρ] ταπεινός (2)
25. 2. ἦν ἄ. ἐν τῇ [A *om.* ἐν τῇ] M. (2)
— 2. καὶ ὁ ἄ. μέγας σφόδρα (2)
— 3. καὶ ὄνομα τῷ ἀ. Νάβαλ (2)
— 3. ὁ ἄ. σκληρὸς καὶ πον. . . . καὶ ὁ ἄ. κυνικός (2, 15)
— 25. ἐπὶ τὸν ἄ. τὸν λοιμὸν τοῦτον (2)
— 29. ἀναστήσεται ἄ. καταδιώκων σε (1)
26. 19. καὶ εἰ υἱοὶ ἀνθρώπων, ἐπικατάρατοι (1)

II Ki. 7. 14. ἐν ἀφαῖς [A ἀφέσει] υἱῶν ἀνθρώπων (1)

● = correction on page xxiv

II Ki. 7. 19. οὗτος δὲ ὁ νόμος τοῦ ἀ. (1)
23. 3. εἶπον ἐν ἀνθρώπῳ (1)
24. 14. εἰς δὲ χ. ἀνθρώπου [A -ων] οὐ μὴ ἐμπέσω (1)
III Ki. 2. 32. τοῖς δυσὶν ἀ. τοῖς δικαίοις . . . ὑπὲρ αὐ. (3 *a*)
4. 30 (5. 10). ὑπὲρ τὴν φρόνησιν πάντων ἀρχαίων ἀ. (4)
— 31 (5. 11). ἐσοφίσατο ὑπὲρ πάντας τοὺς ἀ. (1)
8. 27. εἰ ἀλ. κατοικήσει ὁ θ. μετὰ ἀνθρώπων –
— 38. ἐὰν γένηται παντὶ ἀ. (1)
— 39. σὺ μονώτατος οἶδας τὴν καρδ. π. υἱῶν ἀνθρώπων (1)
— 46. οὐκ ἔστιν ἄ. ὃς οὐχ ἁμαρτήσεται (1)
11. 28. καὶ ὁ ἄ. Ἱεροβοὰμ ἰσχυρὸς δυνάμει (2)
12. 22. ἐγένετο λόγος κ. πρὸς Σαμ. ἄ. τοῦ θ. (2)
— 24. B ἦν ἄ. ἐξ ὄρους Ἐφραΐμ –
— 24. B ἄ. ἦν ἐν Σηλώμ –
— 24. B (cf. A 14. 3) λάβε εἰς τὴν χ. σου τῷ ἀ. τοῦ θ. †
— 24. B (cf. A 14. 4) καὶ ὁ ἄ. πρεσβύτερος †
— 24. B εἰσῆλθεν Ἀνὼ πρὸς τὸν ἄ. τοῦ θ. –
— 24. B οὗτος ὁ ἄ. οὐκ εἰς ἄρχοντα –
— 24. B ἐγένετο ῥῆμα κ. πρὸς Σαμ. ἄ. τοῦ θ. –
13. 1. ἄ. τοῦ θ. ἐξ Ἰ. παρεγένετο (2)
— 2. B ὀστᾶ ἀνθρώπων καύσει ἐπὶ σέ (1)
— 4. τῶν λόγων τοῦ ἀ. τοῦ θεοῦ (2)
— 5. ὃ ἔδωκεν ὁ ἄ. τοῦ θ. ἐν λόγῳ κ. (2)
— 6. εἶπεν ὁ βασ. Ἱεροβ. τῷ ἀ. τοῦ θ. (2)
— 6. ἐδεήθη ὁ ἄ. τοῦ θ. τοῦ προσώπου κ. (2)
— 7. ἐλάλησεν ὁ βασ. πρὸς τὸν ἄ. τοῦ θ. (2)
— 8. εἶπεν ὁ ἄ. τοῦ θ. πρὸς τὸν βασ. (2)
— 11. ἃ ἐποίησεν ὁ ἄ. τοῦ θ. (2)
— 12. ὁ ἄ. τοῦ θ. ὁ ἐλθὼν [A ἐξελ.] ἐξ Ἰούδα (2)
— 14. ἐπορεύθη κατόπισθεν τοῦ ἀ. τοῦ θ. (2)
— 14. εἰ σὺ εἶ ὁ ἄ. τοῦ θ. (2)
— 21. πρὸς τὸν ἄ. τοῦ θ. τὸν ἥκοντα ἐξ Ἰούδα (2)
— 26. ὁ ἄ. τοῦ θεοῦ οὗτός ἐστιν (2)
— 28. οὐκ ἔφαγεν ὁ λέων τὸ σῶμα τοῦ ἀ. τοῦ θ. –
— 29. B ηὗρεν ὁ προφήτης τὸ σῶμα τοῦ ἀ. τοῦ θ. (2)
— 31. οὗ ὁ ἄ. τοῦ θ. τέθαπται (2)
14. 3. A λάβε εἰς τὴν χ. σου τῷ ἀ. τοῦ θ. ἄρτους †
— 4. A καὶ ὁ ἄ. πρεσβύτερος τοῦ ἰδεῖν †
17. 18. A R τί ἐμοὶ καὶ σοὶ ἄνθρωπε [B ὁ ἄ.] τοῦ θ. (2)
— 24. ἔγνωκα ὅτι σὺ ἄ. θεοῦ (2)
21 (20). 28. προσῆλθεν ὁ ἄ. τοῦ θεοῦ (2)
— 35. ἄ. εἷς ἐκ τῶν υἱῶν τῶν προφητῶν εἶπε (2)
— 35. οὐκ ἠθέλησεν ὁ ἄ. πατάξαι αὐτόν (2)
— 37. B καὶ εὑρίσκει ἄ. ἄλλον (2)
— 37. καὶ ἐπάταξεν αὐτὸν ὁ ἄ. (2)
IV Ki. 1. 9. ἄνθρωπε τοῦ θ. ὁ βασ. ἐκάλεσέ σε (2)
— 10. εἰ ἄ. θεοῦ ἐγώ (2)
— 11. ἄνθρωπε τοῦ θ. τάδε λέγει ὁ βασ. (2)
— 12. εἰ ἄ. θεοῦ [A τοῦ θ. εἰμι] ἐγώ (2)
— 13. ἄνθρωπε τοῦ θ. ἐντιμωθήτω ἡ ψυχή μου (2)
4. 7. ἀπήγγειλε τῷ ἀ. [A ἀπ. κυρίῳ] τοῦ θ. (2)
— 9. ἄ. τοῦ θ. ἅγιος οὗτος διαπορεύ. ἐφ' ἡμ. (2)
— 16. A ἄνθρωπε τοῦ θεοῦ (2)
— 21. ἐκοίμισεν αὐτὸν ἐπὶ τὴν κλ. τοῦ ἀ. τοῦ θ. (2)
— 22. δραμοῦμαι ἕως τοῦ ἀ. τοῦ θ. (2)
— 24. ἐλεύσῃ πρὸς τὸν ἄ. τοῦ θ. –
— 25. R καὶ ἦλθεν ἕως τοῦ ἀ. τοῦ θ. (2)
— 40. θάνατος ἐν τῷ λέβητι ἄνθρωπε τοῦ θ. (2)
— 42. ἤνεγκε πρὸς τὸν ἄ. τοῦ θ. . . . ἄρτους (2)
5. 8. A ὡς ἤκουσεν Ἐλ. ἄ. τοῦ θ. [B *om.* ἄ. τ. θ.] (2)
6. 6. καὶ εἶπεν ὁ ἄ. τοῦ θεοῦ (2)
7. 10. οὐκ ἔστιν ἐκεῖ ἀνὴρ καὶ φωνὴ ἀνθρώπου (1)
— 17. καθὰ ἐλάλησεν ὁ ἄ. τοῦ θ. (2)
8. 4. Γ. τὸ παιδάριον Ἐλ. τοῦ ἀ. τοῦ θ. (2)
— 7. ἥκει ὁ ἄ. τοῦ θεοῦ ἕως ὧδε (2)
— 8. δεῦρο εἰς ἀπαντὴν [A -τησιν] τῷ ἀ. τοῦ θ. (2)
— 11. καὶ ἔκλαυσεν ὁ ἄ. τοῦ θεοῦ (2)
13. 19. καὶ ἐλυπήθη ἐπ' αὐτῷ ὁ ἄ. τοῦ θεοῦ (2)
19. 18. ἀλλ' ἢ ἔργα χειρῶν ἀνθρώπων (1)
23. 14. ἔπλησε τοὺς τόπ. αὐ. ὀστέων ἀνθρώπων (1)
— 16. ὃ ἐλάλησεν ὁ ἄ. τοῦ θεοῦ (2)
— 16. ἐπὶ τὸν τάφον τοῦ ἀ. τοῦ θεοῦ –
— 17. ὁ ἄ. τοῦ θ. [A *add.* ἐστιν] ὁ ἐξεληλυθὼς ἐξ Ἰ. (2)
— 20. κατέκαυσε τὰ ὀστᾶ τῶν ἀ. ἐπ' αὐτά (1)
I Ch. 17. 17. καὶ ἐπεῖδές με ὡς ὅρασις ἀνθρώπου (1)
21. 13. εἰς χεῖρας ἀνθρώπων οὐ μὴ ἐμπέσω (1)
23. 14. καὶ Μ. ἄ. τοῦ θ. υἱοὶ αὐτοῦ ἐκλήθησαν (2)
27. 32. Ἰων. ὁ πατραδ. Δ. σύμβουλος, ἄ. συνετός (2)
28. 3. ἄ. πολεμιστὴς εἶ σύ (2)
29. 1. οὐκ ἀνθρώπῳ [A *add.* ἡ οἰκοδομὴ] ἀλλ' ἢ κ. (1)
II Ch. 6. 18. κατοικήσει θεὸς μετὰ ἀνθρώπων (1)

II Ch. 6. 29. A R ἢ ἐὰν γένηται παντὶ [B *om.*] ἀ. (1)
— 29. ἐὰν γνῷ ἄ. τὴν ἁφὴν αὐτοῦ (2)
— 30. μόνος γινώσκεις τὴν καρδ. υἱ. ἀνθρώπων (1)
— 36. ὅτι οὐκ ἔσται [A ἔστιν] ἄ. (1)
8. 14. οὕτως ἐντολαὶ Δ. ἀνθρώπου τοῦ θ. (2)
11. 2. ἐγένετο λόγος κ. πρὸς Σαμ. ἄ. τοῦ θ. (2)
14. 11 (10). μὴ κατισχυσάτω πρὸς σὲ ἄνθρωπος (3 *a*)
19. 6. οὐκ ἀνθρώπῳ ὑμεῖς κρίνετε ἀλλ' ἢ τῷ κ. (1)
24. 6. τὸ κεκριμ. ὑπὸ Μ. ἀνθρώπου τοῦ θ. (10)
25. 7. καὶ ἄ. τοῦ θ. ἦλθε πρὸς αὐτόν (2)
— 9. καὶ εἶπεν Ἀμ. τῷ ἀ. τοῦ θεοῦ (2)
— 9. καὶ εἶπεν ὁ ἄ. τοῦ θεοῦ (2)
30. 11. ἄνθρωποι Ἀσὴρ καὶ ἀπὸ Μανασσῆ (3 *a*)
— 16. κατὰ τὴν ἐντ. Μωυσῆ ἀνθρώπου τοῦ θ. (2)
32. 19. A ἔργα χειρῶν ἀνθρώπων [B *al.*] (1)
I Es. 2. 27. οἱ ἄ. ἀποστάσεις κ. πολ. . . . συντελοῦντες
— 28. ἀποκωλῦσαι τοὺς ἀ. ἐκείνους
3. 18. πάντας τοὺς ἀ. τοὺς πιόντας αὐτόν
4. 2. οἱ ἄ. τὴν γῆν καὶ τὴν θάλ. κατακρατ.
— 14. οὐ μέγας ὁ βασ. καὶ πολλοὶ οἱ ἄ.
— 17. αὗται ποιοῦσι τὰς στολὰς τῶν ἀ.
— 17. ποιοῦσι δόξαν τοῖς ἀ. [A^{2} τὰς δόξας τῶν ἀ.]
— 17. οὐ δύνανται οἱ ἄ. χωρὶς τῶν γυν. εἶναι
— 20. ἄ. τὸν ἑαυτοῦ πατέρα ἐγκαταλείπει
— 23. λαμβάνει ἄ. τὴν ῥομφαίαν αὐτοῦ
— 25. πλεῖον ἀγαπᾷ ἄ. τὴν ἰδίαν γυναῖκα
— 37. ἄδικοι πάντες οἱ υἱοὶ τῶν ἀ.
5. 49. ἐν τῇ Μ. βίβλῳ τοῦ ἀ. τοῦ θ.
6. 12. τοὺς ἀ. τοὺς ἀφηγουμένους
— 29. σύνταξιν δίδοσθαι τούτοις τοῖς ἀ.
9. 40. ἀπὸ ἀνθρώπου ἕως γυναικός
II Es. 3. 2. ἐν νόμῳ Μ. ἀνθρώπου τοῦ θ. (2)
6. 11. πᾶς ἄ. ὃς ἀλλάξει τὸ ῥῆμα τοῦτο (3 *b*)
Ne. 2. 10. ἥκει ἄ. ζητῆσαι ἀγαθόν (1)
— 12. οὐκ ἀπήγγειλα ἀνθρώπῳ (1)
9. 29. ἃ ποιήσας αὐτὰ ἄ. ζήσεται ἐν αὐ. [A *om.*] (1)
12. 24. ἐντολῇ Δαυὶδ ἀνθρώπου τοῦ θ. (2)
— 36. ἐν ᾠδαῖς Δαυὶδ ἀνθρώπου τοῦ θ. (2)
To. 4. 14. μισθὸς παντὸς ἀ.
5. 3. ζήτησον σεαυτῷ ἄνθρωπον
— 4. ἐπορεύθη ζητῆσαι ἄνθρωπον [S *al.*]
— 8. S ἄνθρωπον εὗρον [A B *al.*]
— 8. S κάλεσόν μοι τὸν ἄ. [A B *al.*]
— 9. S ἄ. ἀδύνατος τοῖς ὀφθαλμοῖς
— 9. S φωνὴν ἀνθρώπων ἀκούω
— 13. S οἱ ἀδελφοί σου ἄ. ἀγαθοί [A B *al.*]
— 16. πορεύου μετὰ τοῦ ἀ. [S *al.*]
6. 7. ταῦτα δεῖ καπνίσαι ἐνώπιον ἀνθρώπου
— 8. ἡ δὲ χολὴ ἐγχρῖσαι ἄνθρωπον [S *al.*]
— 10. S ὁ ἄ. [A B αὐτὸς] συγγενής σού ἐστι
— 11. S παρὰ πάντας ἀ. κληρονομῆσαι αὐτήν [A B *al.*]
— 12. σοι καθήκει λαβεῖν ἢ πάντα ἄ. [S *al.*]
7. 7. ὁ τοῦ καλοῦ καὶ ἀγαθοῦ ἀ. υἱός [S ἀγ. πατρός]
— 10. S οὐ γάρ ἐστιν ἄ. [A B *al.*]
8. 6. ἐκ τούτων ἐγενήθη τὸ ἀνθρώπων σπ. [S *al.*]
— 6. οὐ καλὸν εἶναι τὸν ἄ. μόνον
10. 6. S ὁ ἄ. ὁ πορευθεὶς μετ' αὐτοῦ
11. 6. καὶ ὁ ἄ. ὁ πορευθεὶς μετ' αὐτοῦ
12. 1. μισθὸν τῷ ἀ. τῷ συνελθόντι σοι [S *al.*]
— 6. S ὑποδείκνυτε πᾶσιν ἀ. ἐντίμως [A B *al.*]
13. 14. S μακάριοι πάντες οἱ ἄ. [A B *al.*]
Ju. 6. 3. πατάξομεν [A ἐξολεθρεύσωμεν] αὐτοὺς ὡς ἄ. ἕνα
8. 12. ἐν μέσῳ υἱῶν ἀνθρώπων
— 14. βάθος καρδ. ἀνθρώπου οὐχ εὑρήσετε
— 16. οὐδ' ὡς ἄ. ὁ θ. ἀπειληθῆναι οὐδὲ ὡς υἱὸς ἀνθρώπου διαιτηθῆναι
11. 1. οὐκ ἐκάκωσα ἄνθρωπον
— 7. οὐ μόνον ἄ. διὰ σὲ δουλεύουσιν αὐτῷ
13. 19. ἀπὸ καρδ. ἀ. μνημονευόντων ἰσχὺν θ.
15. 2. οὐκ ἦν ἄ. μένων κατὰ πρόσωπον τοῦ πλησ.
Es. 1. 1. ἄ. Ἰουδ. οἰκῶν ἐν Σ. τῇ πόλει, ἄ. μέγας
— 8. ποιῆσαι τὸ θέλημα αὐτοῦ καὶ τῶν ἀ. (2)
2. 5. ἄ. ἦν Ἰουδαῖος ἐν Σούσοις τῇ πόλει (2)
3. 13. τὴν ποθουμ. τοῖς [A παρὰ] πᾶσιν ἀ. εἰρήνην
— 13. ἐν ἀντιπαρ. παντὶ διὰ π. ἀνθρώπῳ κείμενον
4. 11. πᾶς ἄ. ἢ [A καὶ] γυνὴ ὃς εἰσελεύσεται (2)
— 17. ἵνα μὴ θῶ δόξ. ἀνθρώπου ὑπεράνω δόξ. θ.
6. 6. τί ποιήσω τῷ ἀ. (2)
— 7. ἄ. ὃν ὁ βασ. θέλει δοξάσαι (2)
— 9. στολισάτω τὸν ἄ. (2)
— 9, 11. οὕτως ἔσται παντὶ ἀ. (2)
7. 6. ἄ. ἐχθρὸς Ἀμὰν ὁ πονηρὸς οὗτος (2)
8. 13. τὴν εὐχ. οὐ μόν. ἐκ τῶν ἀ. ἀνταναιροῦντες

Es. 8. 13. ἀτάρ. τοῖς πᾶσιν ἀ. μετ' εἰρ. παρεξόμεθα
— 13. οὐ μόνον ἀνθρώποις ἄβατος
Jb. 1. 1. ἄνθρωπός τις [A *om.*] ἦν ἐν χώρᾳ τῇ Αὐσ. (2)
— 1. καὶ ἦν ὁ ἄ. ἐκεῖνος ἀληθινός (2)
— 3. ἦν ὁ ἄ. ἐκεῖνος εὐγενής (2)
● — 8. A οὐκ ἔστιν ἔ. ὅμοιος αὐτῷ [B S ἔ. κατ' αὐ.] . . . ἄ. ἄμεμπτος (–, 2)
2. 3. ἄ. ἄκακος ἀλ. [A ἄ. ὅμοιος αὐτῷ ἄμ. δίκαιος] (2)
— 4. ὅσα ὑπάρχει ἀνθρώπῳ (2)
4. 13. ἐπιπίπτων φόβος ἐπ' ἀνθρώπους (3 *a*)
5. 7. ἄ. γεννᾶται κόπῳ [A ἐν κ. γ.] (1)
— 17. μακάριος δὲ ἄ. ὃν ἤλεγξεν ὁ κ. (3 *a*)
7. 1. οὐχὶ πειρατ. ἐστιν ὁ β. ἀνθρώπου (3 *a*)
— 9. ἐὰν γὰρ ἄ. καταβῇ εἰς ᾅδην –
— 17. τί γάρ ἐστιν ἄνθρωπος (3 *a*)
— 20. ὁ ἐπιστάμενος τὸν νοῦν τῶν ἀ. (1)
9. 32. οὐ γὰρ εἶ ἄνθρωπος κατ' ἐμέ (2)
10. 4. καθὼς ὁρᾷ ἄνθρωπος (3 *a*)
11. 12. ἄ. δὲ ἄλλως νήχεται λόγοις [A^{1} ἀλ.] (2)
12. 2. εἶτα [A μὴ] ὑμεῖς ἐστὲ ἄ. [A ἄ. μόνοι] (11)
— 10. ἐν χειρὶ αὐτοῦ . . . πνεῦμα παντὸς ἀ. (6 *et* 2)
— 14. ἐὰν κλείσῃ κατ' ἀνθρώπων [A *al.*] (2)
14. 12. ἄ. δὲ κοιμηθεὶς οὐ μὴ ἀναστῇ (2)
— 14. ἐὰν γὰρ ἀποθάνῃ ἄ. (7 *a*)
— 19. ὑπομονὴν ἀνθρώπου ἀπώλεσας (3 *a*)
15. 7. μὴ πρῶτος ἀνθρώπων [A -os] ἐγεννήθης (1)
16. 22 (21). A B καὶ υἱῷ [A -ὸς] ἀνθρώπου τῷ πλησ. αὐ. (1)
20. 4. ἀφ' οὗ ἐτέθη ἄ. ἐπὶ τῆς γῆς (1)
— 29. αὕτη ἡ μερὶς ἀ. ἀσεβοῦς παρὰ κ. (1)
21. 4. μὴ [A μὴ ἐξ] ἀνθρώπου μου ἡ ἔλεγξις (1)
— 33. ὀπίσω αὐτοῦ πᾶς ἄ. ἀπελεύσεται (1)
25. 5. A οὐδ' ἄνθρωπος οὐ καθαρός –
— 6. ἔα δὲ [A δὲ πᾶς] ἄνθρωπος σαπρία καὶ υἱὸς ἀνθρώπου σκώληξ (3 *a*, 1)
27. 13. αὕτη ἡ μερὶς ἀ. ἀσεβοῦς παρὰ κ. (1)
28. 13. οὐδὲ μὴν [A S^{2} μὴ] εὑρέθη ἐν ἀνθρώποις (13)
— 21. λέληθε πάντα ἄνθρωπον (14)
— 28. εἶπε δὲ ἀνθρώπῳ (1)
32. 14. ἀνθρώπῳ δὲ ἐπετρέψατε λαλῆσαι (2 ?)
— 21. ἄνθρωπον γὰρ οὐ μὴ αἰσχυνθῶ (2)
33. 15. ὅταν ἐπιπίπτῃ δειν. φόβ. ἐπ' ἀνθρώπους (3 *a*)
— 16. ἀνακαλύπτει νοῦν ἀνθρώπων (3 *a*)
— 17. ἀποστρέψαι ἄνθρωπον ἀπὸ [A ἐξ] ἀδικ. (1)
— 23. ἀναγγείλῃ δὲ ἀνθρώπῳ τὴν ἑ. μέμψιν (1)
— 25. αὐτὸν ἀνδρωθέντα ἐν ἀνθρώποις †
— 26. ἀποδώσει δὲ ἀνθρώποις [A -ῳ] δικαιοσ. (3 *a*)
— 27. ἀπομέμψεται [A -πέμψ.] ἄνθρωπος (3 *a*)
34. 11. ἀποδιδοῖ [A -δίδωσιν] ἀνθρώπῳ (1)
— 21. αὐτὸς γὰρ ὁρ. ἐστιν ἔργων ἀνθρώπων (2)
— 29. καὶ κατὰ ἀνθρώπου ὁμοῦ (1)
— 30. βασιλεύων ἄνθρωπον ὑποκριτήν (1)
35. 8. υἱῷ ἀνθρώπου ἡ δικαιοσύνη σου (1)
36. 25. πᾶς ἀ. εἶδεν ἐν ἑαυτῷ (1)
37. 7. ἐν χειρὶ παντὸς ἀ. κατασφραγίζει, ἵνα γνῷ πᾶς ἄ. τὴν ἑ. ἀσθένειαν (1, 3 *a*)
— 20. ἵνα ἄνθρωπον ἑστηκὼς κατασιωπήσω (2 ?)
— 24. φοβηθήσονται αὐτὸν οἱ ἄ. (3 *a*)
38. 26. οὗ οὐχ ὑπάρχει ἄνθρωπος ἐν αὐτῇ (1)
Ps. 4. 2. υἱοὶ ἀνθρώπων ἕως πότε βαρυκάρδιοι (2)
8. 4. τί ἐστιν ἄ. ὅτι μιμνήσκῃ αὐτοῦ ἢ υἱὸς ἀνθρώπου (3 *a*, 1)
9. 19. μὴ κραταιούσθω ἄ. (3 *a*)
— 20. γνώτωσαν ἔθνη ὅτι ἄνθρωποί εἰσι (3 *a*)
— 39 (10. 18). ἵνα μὴ προσθῇ ἔτι μεγαλαυχεῖν ἄνθρωπος (3 *a*)
10 (11). 5. τὰ βλέφ. αὐ. ἐξετάζει τοὺς υἱοὺς τῶν ἀ. (1)
11 (12). 1. ὠλιγώθ. αἱ ἀλήθειαι ἀπὸ τῶν υἱῶν τῶν ἀ. (1)
— 8. ἐπολυώρησας τοὺς υἱοὺς τῶν ἀ. (1)
13 (14). 2. διέκυψεν ἐπὶ τοὺς υἱοὺς τῶν ἀ. (1)
16 (17). 3. ὅπως ἂν μὴ λαλήσῃ τὸ στ. μου τὰ ἔργα τῶν ἀ. (1)
20 (21). 10. τὸ σπέρμα αὐτῶν ἀπὸ υἱῶν ἀνθρώπων (1)
21 (22). 6. σκώληξ καὶ οὐκ ἄνθρωπος, ὄνειδος ἀνθρώπου (2, 1)
24 (25). 12. τίς ἐστιν ἄ. ὁ φοβούμ. τὸν κ. (2)
30 (31). 19. ἐναντίον τῶν υἱῶν τῶν ἀ. (1)
— 20. ἀπὸ ταραχῆς ἀνθρώπων [S^{1} -ου] (2)
32 (33). 13. εἶδε πάντας τοὺς υἱοὺς τῶν ἀ. (1)
33 (34). 12. τίς ἔστιν ἄ. ὁ θέλων ζωήν (2)
35 (36). 6. ἀνθρώπους καὶ κτήνη σώσεις (1)

● = correction on page xxiv

Ps. 35 (36). 7. οἱ δὲ υἱοὶ τῶν ἀ. . . . ἐλπιοῦσι (1)
36 (37). 7. ἐν ἀ. ποιοῦντι παρανομίας [A S^{2} -αν] (2)
— 23. τὰ διαβήμ. ἀνθρώπου [S^{1} ἀνδρὶ] κατευθύνεται (7 *a*)
— 37. ἐστὶν ἐγκατάλειμμα ἀ. εἰρηνικῷ (2)
37 (38). 14. ἐγενόμην ὡσεὶ ἄ. οὐκ ἀκούων (2)
38 (39). 5. τὰ σύμπαντα ματαιότης πᾶς ἄ. ζῶν (1)
— 6. ἐν εἰκόνι διαπορεύεται ἄ. (2)
— 11. ἐν ἐλεγμοῖς . . . ἐπαίδευσας ἄνθρωπον (2)
— 11. μάτην ταράσσεται [A S *om.*] πᾶς ἄ. (1)
40 (41). 9. ὁ ἄ. τῆς εἰρήνης μου (2)
42 (43). 1. ἀπὸ ἀ. ἀδίκου καὶ δολίου ῥῦσαί με (2)
44 (45). 2. ὡραῖος κάλλει παρὰ τοὺς υἱοὺς τῶν ἀ. (1)
48 (49). 2. οἵ τε γηγενεῖς καὶ οἱ υἱοὶ τῶν ἀ. (2)
— 7. λυτρώσεται ἄνθρωπος (2)
— 12. ἄ. ἐν τιμῇ ὢν οὐ συνῆκε (1)
— 16. μὴ φοβοῦ ὅταν πλουτήσῃ ἄνθρωπος (2)
— 20. ἄ. ἐν τιμῇ ὢν οὐ συνῆκε (2)
51 (52). 7. ἰδοὺ ἄνθρωπος ὃς οὐκ ἔθετο τὸν θ. (7 *a*)
52 (53). 2. ὁ θ.. . . . διέκυψεν ἐπὶ τοὺς υἱοὺς τῶν ἀ. (1)
54 (55). 13. σὺ δὲ, ἄνθρωπε ἰσόψυχε (3 *a*)
55 (56). 1. κατεπάτησέ με ἄνθρωπος (3 *a*)
— 11. τί ποιήσει μοι ἄνθρωπος (1)
56 (57). 4. υἱοὶ ἀνθρώπων, οἱ ὀδόντες αὐ. ὅπλον (1)
57 (58). 1. εὐθεῖα κρίνετε οἱ υἱοὶ τῶν ἀ. (1)
— 11. ἐρεῖ ἄ. εἰ ἄρα ἐστὶ καρπὸς τῷ δικαίῳ (1)
59 (60). 11. ματαία σωτηρία ἀνθρώπου (1)
61 (62). 3. ἕως πότε ἐπιτίθεσθε ἐπ᾽ ἄνθρωπον (2)
— 9. μάταιοι οἱ υἱοὶ τῶν ἀ., ψευδεῖς οἱ υἱοὶ τῶν ἀ. (1, 2)
63 (64). 6. προσελεύσεται ἄνθρωπος (2)
— 9. ἐφοβήθη πᾶς ἄ. (1)
65 (66). 5. φοβ. ἐν βουλαῖς ὑπὲρ τοὺς υἱοὺς τῶν ἀ. (1)
— 12. ἐπεβίβασας ἀνθρώπους ἐπὶ τὰς κεφ. ἡμ. (3 *a*)
67 (68). 18. ἔλαβες δόματα ἐν ἀνθρώπῳ [B^{2} S -οις] (1)
72 (73). 5. ἐν κόποις ἀνθρώπων οὐκ εἰσί (3 *a*)
— 5. μετὰ ἀνθρώπων οὐ μαστιγωθήσονται (1)
75 (76). 10. ἐνθύμιον ἀνθρώπου ἐξομολογήσεται σοι (1)
77 (78). 25. ἄρτον ἀγγέλων ἔφαγεν ἄνθρωπος (2)
— 60. οὗ κατεσκήνωσεν ἐν ἀνθρώποις (1)
79 (80). 15. ἐπὶ υἱὸν ἀνθρώπου ὃν ἐκραταίωσας –
— 17. ἐπὶ υἱὸν ἀνθρώπου ὃν ἐκραταίωσας (1)
81 (82). 7. ὑμεῖς δὲ ὡς ἄνθρωποι ἀποθνήσκετε (1)
83 (84). 12. μακάριος ἄ. ὁ ἐλπίζων ἐπὶ σέ (1)
86 (87). 5. μήτηρ Σιὼν ἐρεῖ ἄνθρωπος, καὶ ἄνθρωπος ἐγενήθη ἐν αὐτῇ (2, 2)
87 (88). 4. ἐγενήθην ὡς [A ὡσεὶ] ἄ. ἀβοήθητος (7 *a*)
88 (89). 47. μὴ γὰρ ματ. ἔκτισας π. τοὺς υἱοὺς τῶν ἀ. (1)
— 48. τίς ἐστιν ἄ. (7 *a*)
89 (90) *tit.* προσευχὴ τοῦ Μ. ἀ. τοῦ θ. (2)
— 3. μὴ ἀποστρέψῃς ἄ. εἰς ταπείνωσιν (3 *a*)
— 3. ἐπιστρέψατε υἱοὶ ἀνθρώπων (1)
93 (94). 10. ὁ διδάσκων ἄνθρωπον γνῶσιν (1)
— 11. κ. γινώσκει τοὺς διαλογισμοὺς τῶν ἀ.. (1)
— 12. μακάριος ἄ. ὃν ἂν σὺ παιδεύσῃς (7 *a*)
102 (103). 15. ἄνθρωπος ὡσεὶ χόρτος αἱ ἡμ. αὐτοῦ (3 *a*)
103 (104). 14. ὁ ἐξανατέλλων . . . χλόην τῇ δουλείᾳ τῶν ἀ. (1)
— 15. οἶνος εὐφραίνει καρδίαν ἀνθρώπου (3 *a*)
— 15. ἄρτος καρδίαν ἀνθρώπου στηρίζει (3 *a*)
— 23. ἐξελεύσεται ἄ. ἐπὶ τὸ ἔργον αὐτοῦ (1)
104 (105). 14. οὐκ ἀφῆκεν ἄνθρωπον ἀδικῆσαι αὐτούς (2)
— 17. ἀπέστειλεν ἔμπρ. αὐτῶν ἄνθρωπον (2)
106 (107). 8, 15, 21, 31. ἐξομολογησάσθωσαν . . . τοῖς υἱοῖς τῶν ἀ. (1)
107 (108). 12. ματαία σωτηρία ἀνθρώπου (1)
108 (109). 16. κατεδίωξεν ἄ. πένητα καὶ πτωχόν (2)
113. 12 (115. 4). ἔργα χειρῶν ἀνθρώπων (1)
— 24 (115. 16). τὴν δὲ γῆν ἔδωκε τοῖς υἱοῖς τῶν ἀ. (1)
115. 2 (116. 11). πᾶς ἄ. ψεύστης (1)
117 (118). 6. τί ποιήσει μοι ἄνθρωπος (1)
— 8. ἢ πεποιθέναι ἐπ᾽ ἄνθρωπον (1)
118 (119). 134. λύτρωσαί με ἀπὸ συκοφαντ. ἀνθρώπων (1)
123 (124). 1. ἐν τῷ ἐπαναστῆναι ἀνθρώπους ἐφ᾽ ἡμᾶς (1)

Ps. 126 (127). 5. A μακάριος ἄ. [S R *om.*] ὃς πληρώσει τὴν ἐπιθ. (7 *a*)
127 (128). 4. εὐλογηθήσεται ἄ. ὁ φοβούμ. τὸν κ. (7 *a*)
134 (135). 8. ἀπὸ ἀνθρώπου ἕως κτήνους (1)
— 15. ἔργα χειρῶν ἀνθρώπων (1)
139 (140). 1. ἐξελοῦ με, κύριε, ἐξ ἀ. πονηροῦ (1)
— 4. ἀπὸ ἀ. ἀδίκων ἐξελοῦ με [A *al.*] (2)
140 (141). 4. σὺν ἀ. ἐργαζομένοις τὴν ἀνομίαν (2)
143 (144). 3. τί [A τίς] ἐστιν ἄνθρωπος (1)
— 3. ἢ υἱὸς ἀνθρώπου ὅτι λογίζῃ αὐτόν (3 *a*)
— 4. ἄ. ματαιότητι ὡμοιώθη (1)
144 (145). 12. τοῦ γνωρίσαι τοῖς υἱοῖς τῶν ἀ. (1)
145 (146). 3. μὴ πεποίθατε . . . ἐφ᾽ υἱοὺς ἀνθρώπων (1)
146 (147). 8. B S χλόην τῇ δουλείᾳ τῶν ἀ. –
Pr. 3. 4. προνοοῦ καλὰ ἐνώπιον κ. καὶ ἀνθρώπων (1)
— 13. μακάριος ἄ. ὃς εὗρε σοφίαν (1)
— 30. μὴ φιλεχθρήσῃς πρὸς ἄνθρωπον μάτην (1)
8. 4. ὑμᾶς ὦ ἄ. παρακαλῶ, καὶ προΐεμαι ἐμὴν φωνὴν υἱοῖς ἀνθρώπων (2, 1)
— 31. B S εὐφραίνετο [A R ἐνευ.] ἐν υἱοῖς ἀνθρώπων (1)
— 32. μακάριος . . . ἄ. ὃς τὰς ἐμὰς ὁδοὺς φυλάξει –
12. 3. οὐ κατορθώσει ἄ. ἐξ ἀνόμου (1)
14. 12. ἣ δοκεῖ παρὰ ἀνθρώποις ὀρθὴ εἶναι (2)
15. 11. πῶς οὐχὶ καὶ αἱ καρδίαι τῶν ἀ. (16)
— 28 (16. 7). δεκταὶ παρὰ κ. ὁδοὶ ἀ. δικαίων (2)
18. 16. δόμα ἀνθρώπου ἐμπλατύνει αὐτόν (1)
20. 6. μέγα ἄνθρωπος καὶ τίμιον ἀνὴρ ἐλ. (1)
— 27. φῶς κυρίου πνοὴ ἀνθρώπων (1)
21. 10. ψυχὴ ἀσ. οὐκ ἐλεηθήσ. ὑπ᾽ οὐδενὸς τῶν ἀ. †
23. 30. ὁμιλεῖτε ἀ. δικαίοις –
24. 23 (29. 27). σὺν νεύροις ἀνθρώπους [A -ου) ἀναλίσκει –
— 23 (29. 27). ὀστᾶ ἀνθρώπων κατατρώγει –
— 24 (30. 1). ἀφρονέστ. γάρ εἰμι πάντων ἀ., καὶ φρόνησις ἀνθρώπων [A -ου] οὐκ ἔστιν ἐν ἐμοί (2, 1)
— 26 (30. 3). γνῶσιν ἁγίων [A^{2} ἀνθρώπων] ἔγνωκα †
— 37 (30. 14). ἀναλίσκειν . . . τοὺς πέν. αὐ. ἐξ ἀνθρώπων (1)
— 45 (30). ὥσπερ ἀμπελὼν ἄ. ἐνδεὴς φρενῶν (1)
26. 18. προβάλλουσι λόγους εἰς ἀνθρώπους –
27. 8. οὕτως ἄ. δουλοῦται (2)
— 15. σταγόνες ἐκβάλλουσιν ἄνθρωπον –
— 19. οὕτως οὐδὲ αἱ διάνοιαι [A S^{2} καρδίαι] τῶν ἀ. (1)
— 20. οἱ ὀφθαλμοὶ τῶν ἀ. ἄπληστοι (1)
28. 12. ἐν δὲ τόποις ἀσεβῶν ἁλίσκονται ἄ. (1)
— 23. ὁ ἐλέγχων ἀνθρώπου ὁδούς (1)
29. 25. αἰσχυνθέντες ἀνθρώπους ὑπεσκελίσθησαν (1)
Ec. 1. 3. τίς περισσεία τῷ ἀ. (1)
— 13. περισπασμὸν πον. . . . τοῖς υἱοῖς τῶν ἀ. [A τοῦ ἀ.] (1)
2. 3. ποῖον τὸ ἀγ. τοῖς υἱοῖς τῶν ἀ. [A τοῦ ἀ.] (1)
— 8. ἐντρυφήματα υἱῶν ἀνθρώπων [A S τοῦ ἀ.] (1)
— 12. τίς ἄ. ὃς ἐπελεύσεται [S^{2} ἀπελ.] (1)
— 18. ἀφίω αὐτὸν τῷ ἀ. τῷ γινομένῳ μετ᾽ ἐμέ (1)
— 21. ὅτι ἐστὶν ἄνθρωπος ὅτι μόχθος αὐτοῦ (1)
— 21. ἄνθρωπος ᾧ [A *om.*, S^{2} ὃς] οὐκ ἐμόχθησεν ἐν αὐ. (1)
— 22. γίνεται ἐν [A S *om.*] τῷ ἀ. (1)
— 24. οὐκ ἔστιν ἀγαθὸν ἀνθρώπῳ [S ἐν ἀ.] (1)
— 26. τῷ ἀ. τῷ ἀγαθῷ πρὸ προσ. αὐτοῦ ἔδωκε (1)
3. 10. ἔδωκεν ὁ θ. τοῖς υἱοῖς τῶν ἀ. [A S τοῦ ἀ.] (1)
— 11. ὅπως μὴ εὕρῃ ὁ ἄ. τὸ ποίημα (1)
— 13. πᾶς ὁ ἄ. ὃς φάγεται (1)
— 18. περὶ λαλιᾶς υἱῶν τοῦ ἀ. (1)
— 19. A R συνάντημα [B οὐ σ., S ὡς σ.] υἱῶν τοῦ ἀ. (1)
— 19. τί ἐπερίσσευσεν ὁ ἄ. [S^{2} τίς περισσεία τῷ ἀ.] (1)
— 21. πνεῦμα υἱῶν τοῦ ἀ. (1)
— 22. εὐφρανθήσ. ὁ ἄ. ἐν ποιήμασιν αὐ. (1)
5. 18. πᾶς ἄ. ᾧ ἔδωκεν αὐτῷ ὁ θ. (1)
6. 1. πολλή ἐστιν ὑπὸ [A S^{2} ἐπὶ] τὸν ἄ. (1)
— 7. πᾶς μόχθος ἀνθρώπου εἰς στ. αὐ. (1)
— 10. ἐγνώσθη ὅ ἐστιν ἄνθρωπος (1)
7. 1 (6. 11). τί [S^{1} ὅτι] περισσὸν τῷ ἀνθρώπῳ (1)
— 1 (6. 12). τίς οἶδεν ἀγαθὸν [A S^{2} τί ἀγ.] τῷ ἀ. (1)
— 1 (6. 12). τίς ἀπαγγελεῖ τῷ ἀ. τί ἔσται (1)
— 3 (2). τοῦτο τέλος παντὸς ἀ. (1)

Ec. 7. 15 (14). ἵνα μὴ εὕρῃ ἄ. ὀπ. αὐ. οὐδέν [A S μηδ.] (1)
— 21 (20). ἄ. οὐκ ἔστι δίκαιος ἐν τῇ γῇ (1)
— 29 (28). ἄ. ἕνα ἀπὸ χιλίων εὗρον (1)
— 30 (29). ἐποίησεν ὁ θ. σὺν τὸν ἄ. εὐθῆ (1)
8. 1. σοφία ἀνθρώπου φωτιεῖ πρόσ. αὐ. (1)
— 6. γνῶσις τοῦ ἀ. πολλὴ ἐπ᾽ αὐτόν (1)
— 8. οὐκ ἔστιν ἄ. ἐξουσιάζων ἐν πνεύματι (1)
— 9. ὅσα ἐξουσιάσατο ὁ ἄ. ἐν ἀνθρώπῳ (1, 1)
— 11. ἐπληροφορήθη καρδία υἱῶν τοῦ ἀ. (1)
— 15. οὐκ ἔστιν ἀγαθὸν τῷ ἀ. ὑπὸ τὸν ἥλιον (1)
— 17. οὐ δυνήσεται ἄ. τοῦ εὑρεῖν (1)
— 17. ὅσα ἂν μοχθήσῃ ἄνθρωπος (1)
9. 1. μῖσος οὐκ ἔστιν εἰδὼς ὁ ἄ. (1)
— 3. καρδία υἱῶν τοῦ ἀ. ἐπληρώθη πονηροῦ (1)
— 12. οὐκ ἔγνω ὁ ἄ. τὸν καιρὸν αὐ. (1)
— 12. αὐτὰ παγιδεύονται οἱ υἱοὶ τοῦ ἀ. (1)
— 15. ἄ. οὐκ ἐμνήσθη σὺν τοῦ ἀνδρὸς τοῦ πέν. (1)
10. 14. οὐκ ἔγνω ἄ. τί τὸ γενόμενον (1)
11. 8. ἐὰν ἔτη πολλὰ ζήσεται ὁ ἄ. (1)
12. 5. ἐπορεύθη ὁ ἄ. εἰς οἶκον αἰῶνος αὐ. (1)
— 9. ἐδίδαξε [S^{2} -ασκεν] γνῶσιν σὺν τὸν ἄ. (11)
— 13. τοῦτο πᾶς ὁ ἄ. (1)
Wi. 2. 1. οὐκ ἔστιν ἴασις ἐν τελευτῇ ἀνθρώποι
— 23. ὁ θ. ἔκτισε τὸν ἄ. ἐπ᾽ ἀφθαρσίᾳ
3. 4. ἐν ὄψει ἀνθρώπων ἐὰν κολασθῶσιν
4. 1. παρὰ θ. γινώσκεται καὶ παρὰ ἀνθρώποις
— 9. πολιὰ δέ ἐστιν φρόν. ἀνθρώποις [S^{2} ἐν ἀ.]
7. 1. εἰμὶ μὲν κἀγὼ θνητὸς ἄ. [B^{1} S *om.*]
— 14. ἀνεκλιπὴς γὰρ θησ. ἐστιν ἀνθρώποις
— 20. καὶ διαλογισμοὺς ἀνθρώπων
8. 7. ὧν χρησιμώτ. οὐδέν ἐστ. ἐν βίῳ ἀνθρώποις
9. 2. τῇ σοφ. σου κατεσκεύασας [A S κατασκ.] ἄ.
— 5. ἄ. ἀσθενὴς καὶ ὀλιγοχρόνιος
— 6. κἂν γάρ τις ᾖ τέλειος ἐν υἱ. ἀνθρώπων
— 13. τίς γὰρ ἄ. γνώσεται βουλὴν θεοῦ
— 18. τὰ ἀρεστά σου ἐδιδάχθησαν ἄ.
11. 23. παρορᾷς ἁμαρτήματα ἀνθρώπων
12. 8. τούτων ὡς ἀνθρώπων ἐφείσω
— 12. ἔκδικος κατὰ ἀδίκων ἀ.
13. 1. μάταιοι μὲν [S^{1} *om.*] πάντες ἄ. φύσει
— 10. ἐκάλεσαν θεοὺς ἔργα χειρῶν ἀνθρώπων
— 13. ἀπείκασεν [A ἀπ. τε] αὐτὸ εἰκόνι ἀνθρώπου
14. 5. ἐλαχίστῳ ξύλῳ πιστεύουσιν ἄ. ψυχάς
— 11. εἰς σκάνδαλα ψυχαῖς ἀνθρώπων
— 14. κενοδ. γὰρ ἀνθρώπων εἰσῆλθεν [A S θάν. εἰσ.]
— 15. τὸν τότε [A ποτὲ] νεκρὸν ἄ. νῦν ὡς θεόν
— 17. μὴ δυνάμενοι τιμᾶν ἄνθρωποι
— 20. τὸν πρὸ ὀλίγου τιμηθέντα ἄ.
— 21. ἢ τυραννίδι δουλεύσαντες ἄ.
15. 4. ἀνθρώπων κακότεχνος ἐπίνοια
— 16. ἄ. γὰρ ἐποίησεν αὐτούς
— 16. οὐδεὶς γὰρ αὐτῷ [A S *om.*] ὅμοιον ἄνθρωπος [A S^{1} ἀνθρώπων ὅ.] ἰσχύει
16. 14. ἄ. δὲ ἀποκτέννει μὲν τῇ κακίᾳ αὐτοῦ
— 26. A οὐχ αἱ γενέσεις τῶν ἀ. [B S καρπῶν] τρέφουσιν ἄνθρωπον
Si. 1. 15. μετὰ ἀνθρώπων θεμ. αἰῶνος ἐνόσσευσε
— 29. μὴ ὑποκριθῇς ἐν στόμασιν ἀνθρώπων
2. 5. ἄ. δεκτοὶ ἐν καμίνῳ ταπεινώσεως
— 18. οὐκ εἰς χεῖρας ἀνθρώπων
3. 11. ἡ γὰρ δόξα ἀνθρώπου ἐκ τιμῆς πατρὸς αὐ.
— 17. ὑπὸ ἀ. δεκτοῦ ἀγαπηθήσῃ
— 23. πλείονα γὰρ συνέσεως ἀνθρώπων
4. 5. μὴ δῷς τόπον ἀνθρώπῳ καταράσασθαί σε
— 27. μὴ ὑποστρώσῃς σεαυτὸν ἀ. μωρῷ
5. 13. γλῶσσα ἀνθρώπου πτῶσις αὐτῷ
7. 11. μὴ καταγέλα ἄ. [S -ου]
— 35. S ἐπισκέπτεσθαι ἄρρωστον ἄ. [A B *om.*]
8. 1. μὴ διαμάχου μετὰ ἀ. δυνάστου
— 2. μὴ ἔριζε μετὰ ἀ. πλουσίου
— 3. μὴ διαμάχου μετὰ ἀ. γλωσσώδους
— 5. ἄ. ἀποστρέφοντα ἀπὸ ἁμαρτίας
— 6. μὴ ἀτιμάσῃς ἄνθρωπον [A ἄνδρα]
— 12. μὴ δανείσῃς ἀ. ἰσχυροτέρῳ σου
— 19. παντὶ ἀ. μὴ ἔκφαινε σὴν καρδ. [A S κ. σου]
9. 13. μακρὰν ἄπεχε ἀπὸ ἀνθρώπου
10. 7. μισητὴ ἔναντι κ. καὶ ἀνθρώπων ὑπερηφ.
— 11. ἐν γὰρ τῷ ἀποθανεῖν ἄνθρωπον
— 12, ἀ. ἀφισταμένου ἀπὸ κυρίου
— 18. οὐκ ἔκτισται ἀνθρώποις ὑπερηφανία
— 19. σπέρμα ἔντιμον ποῖον; σπ. ἀνθρώπου
— 19. σπέρμα ἄτιμον ποῖον; σπ. ἀνθρώπου
11. 2. S μὴ αἰνέσῃς ἄνθρωπον [A B ἄνδρα]
— 2. μὴ βδελύξῃ ἄνθρωπον [S ἄνδρα]

Si. 11. 4. κρυπτὰ τὰ ἔργα αὐ. ἐν [A S *om.*] ἀνθρώποις
— 26. ἀποδοῦναι ἀνθρώπῳ κατὰ τὰς ὁδοὺς αὐ.
— 27. ἐν συντελείᾳ ἀνθρώπου
— 29. μὴ πάντα ἄ. εἴσαγε εἰς τὸν οἶκόν σου
— 32. ἄ. ἁμαρτωλὸς εἰς αἷμα ἐνεδρεύει
13. 15. καὶ πᾶς ἄ. τὸν πλησίον αὐτοῦ
— 25. καρδ. ἀνθρώπου ἀλλοιοῖ τὸ πρόσ. αὐ.
14. 3. ἀ. βασκάνῳ ἱνατί χρήματα
15. 7. A οὐ μὴ καταλήψ. αὐτὴν ἄ. ἀσύνετοι, καὶ ἄ. [B S ἄνδρες] ἁμαρτωλοὶ οὐ μὴ ἴδωσιν αὐ.
— 14. αὐτὸς ἐξ ἀρχῆς ἐποίησεν ἄνθρωπον
— 17. ἔναντι ἀνθρώπων ἡ ζωὴ καὶ ὁ θάνατος
— 19. ἐπιγνώσεται πᾶν ἔργ. ἀνθρώπου [S^1 -ων]
16. 20. S^2 καθὸ ποιεῖ ἄ.
— 21. καταιγὶς ἣν οὐκ ὄψεται ἄ. [S^1 πᾶς ἄ.]
17. 1. κύριος ἔκτισεν ἐκ γῆς ἄνθρωπον
— 19. S^1 ἐπὶ τὰς ὁδοὺς τῶν ἀ. [A B ὁ. αὐτῶν]
— 22. χάριν ἀνθρώπου ὡς κόρην συντηρήσει
— 30. οὐ γὰρ δύναται πάντα εἶναι ἐν ἀνθρώποις ὅτι οὐκ ἀθάνατος υἱ. ἀνθρώπου
— 32. καὶ οἱ [A S *om.*] ἄ. πάντες γῆ καὶ σποδός
18. 7. A S R ὅταν συντελέσει [B -λέσηται] ἄ.
— 8. τί [S^1 τίς] ἄνθρωπος, καὶ τί ἡ χρῆσις αὐ.
— 9. ἀριθμὸς ἡμερῶν ἀνθρώπου
— 13. ἔλεος ἀνθρώπου ἐπὶ τὸν πλησίον αὐ.
— 23. μὴ γίνου ὡς ἄ. πειράζων τὸν κ.
— 27. ἄ. σοφὸς ἐν παντὶ εὐλαβηθήσεται
19. 30. βήματα [S^2 βῆμα ποδὸς] ἀνθρώπου
20. 7. ἄ. σοφὸς σιγήσει [S σιωπήσει]
— 15. μισητὸς ἄ. ὁ τοιοῦτος
— 19. ἄ. ἄχαρις, μῦθος ἄκαιρος
— 24. μῶμος πον. ἐν ἀνθρώπῳ ψεῦδος
— 26. ἦθος ἀνθρώπου ψεύδους [A B^2 -δος] ἀτιμ.
— 27. ἄ. φρόνιμος ἀρέσει μεγιστᾶσιν
— 31. κρείσσων ἄ. ἀποκρύπτων τὴν μωρίαν αὐ. ἢ ἄ. ἀποκρύπτων τὴν σοφίαν αὐ.
21. 2. ἀναιροῦντες ψυχὰς ἀνθρώπων
— 22. ἄ. δὲ πολύπειρος αἰσχυνθήσ. ἀπὸ προσ.
— 24. ἀπαιδευσία ἀνθρώπου ἀκροᾶσθαι
22. 15. ἄμμον . . . ὑπενεγκεῖν ἢ ἄ. ἀσύνετον
23. 15. ἄ. συνεθιζόμενος λόγοις ὀνειδισμοῦ
— 16. ἄ. πόρνος ἐν σώματι σαρκὸς αὐτοῦ
— 17. ἀ. πόρνῳ πᾶς ἄρτος ἡδύς
— 18. ἄ. παραβαίνων ἀπὸ τῆς κλίνης αὐ. [A *al.*]
— 19. ὀφθαλμοὶ ἀνθρώπων ὁ φόβος αὐτοῦ
— 19. ἐπιβλέποντες π. [S^2 ἐπὶ π.] ὁδοὺς ἀνθρώπων
25. 1. ἀνέστην ὡραία ἔναντι κυρίου κ. ἀνθρώπων
— 7. ἄ. εὐφραινόμενος ἐπὶ τέκνοις
27. 4. σκύβαλα ἀνθρώπου ἐν λογισμῷ αὐ.
— 5. πειρασμὸς ἀνθρώπου ἐν διαλογ. [A S^2 λογ.] αὐ.
— 6. λόγος ἐνθυμήμ. καρδίας [A -ία] ἀνθρώπου
— 7. οὗτος γὰρ πειρασμὸς ἀνθρώπων
— 18. ἀπώλεσεν ἄ. τὸν ἐχθρὸν αὐ.
28. 3. ἄνθρωπος ἀνθρώπῳ συντηρεῖ ὀργήν
— 4. ἐπ' ἄ. ὅμοιον αὐτῷ οὐκ ἔχει ἔλεος
— 8. ἄ. γὰρ θυμώδης ἐκκαύσει μάχην
— 10. κατὰ τὴν ἰσχὺν τοῦ ἀ. ὁ θυμὸς αὐ. ἔσται
29. 21. A^2 ἀρχὴ ζωῆς ἀνθρώπου [A^1 B S *om.*]
— 28. βαρέα ταῦτα ἀ. ἔχοντι φρόνησιν
30. 22. εὐφροσ. καρδίας ζωὴ ἀνθρώπου
31 (34). 21. ὁ ἀποστερῶν αὐτὴν ἄνθρωπος αἱμάτων
— 26. ἄ. νηστεύων ἐπὶ τῶν ἁμαρτιῶν αὐτοῦ
32 (35). 18. ἀνταποδῷ ἀνθρώπῳ κατὰ τὰς πράξεις αὐ.
— 19. τὰ ἔργα τῶν ἀ. κατὰ [A καὶ] τὰ ἐνθυμήμ. αὐ.
34 (31). 16. φάγε ὡς ἄνθρωπος τὰ παρακείμενά σοι
— 19. ὡς ἱκανὸν ἀ. πεπαιδευμένῳ τὸ ὀλίγον
— 27. ἔπισον ζωῆς οἶνος ἀνθρώπῳ [A S -οις]
— 27. ἔκτισται εἰς εὐφροσ. ἀνθρώποις [S^1 -ων]
35 (32). 17. ἄ. ἁμαρτωλὸς ἐκκλίνει ἐλεγμόν
36 (33). 3. ἄ. συνετὸς ἐμπιστεύσει νόμῳ
— 10. ἄ. πάντες ἀπὸ ἐδάφους
— 13. ἄνθρωποι ἐν χειρὶ τοῦ ποιήσ. αὐτούς
36. 25 (20). ἄ. πολύπειρος ἀνταποδώσει αὐτῷ
— 27 (22). ὑπὲρ πᾶσαν ἐπιθυμ. ἀνθρώπου ὑπεράγει
— 28 (23). οὐκ ἔστιν ὁ ἀνὴρ αὐ. καθ' υἱ. ἀνθρώπων
— 31 (26). οὕτως ἀ. μὴ ἔχοντι νοσσιάν
38. 6. ἔδωκεν ἀνθρώποις [A -ῳ] ἐπιστήμην
39. 4. κακὰ ἐν [A *om.*] ἀνθρώποις ἐπείρασε
— 26. ἀρχὴ πάσης χρείας εἰς ζωὴν ἀνθρώπου
40. 1. ἀσχολία μεγ. ἔκτισται παντὶ ἀ.
— 8. ἀπὸ ἀνθρώπου ἕως κτήνους
41. 1. πικρὸν . . . ἀ. εἰρηνεύοντι
— 2. ἀ. ἐπιδεομένῳ καὶ ἐλασσουμένῳ
— 11. πένθος ἀνθρώπων ἐν σώμασιν αὐτῶν
— 15. κοείσσων ἄ. ἀποκρύπτων τὴν μωρίαν αὐ. ἢ ἄ. ἀποκρύπτων τὴν σοφίαν αὐ.

Si. 42. 1. εὑρίσκων χάριν ἔναντι παντὸς ἀ.
— 12. παντὶ ἀ. μὴ ἔμβλεπε ἐν κάλλει
43. 1. S^1 εἶδος ἀνθρώπου [A B οὐρανοῦ] ἐν ὁράματι δόξης
44. 22. εὐλογίαν πάντων ἀ. καὶ διαθήκην
45. 1. ἠγαπημένον ὑπὸ [S ἀπὸ] θ. καὶ ἀνθρώπων M.
46. 19. οὐκ ἐνεκάλεσεν αὐτῷ ἄ.
47. 5. ἐξᾶραι ἄ. δυνατὸν ἐν πολέμῳ
49. 16. ἐν ἀνθρώποις ἐδοξάσθησαν
51. 7. εἰς ἀντίληψιν ἀνθρώπων
Ho. 6. 8 (7). ὡς ἄ. παραβαίνων διαθήκην (1)
9. 7. ἄνθρωπος ὁ πνευματοφόρος (2)
— 12. ἀτεκνωθήσονται ἐξ ἀνθρώπων (1)
11. 4. ἐν διαφθορᾷ ἀνθρώπων (1)
— 4. ὡς ῥαπίζων ἄ. ἐπὶ τὰς σιαγόνας αὐτοῦ –
— 9. διότι θεὸς ἐγώ εἰμι, καὶ οὐκ ἄ. (2)
13. 2. θύσατε ἀνθρώπους (1)
Am. 4. 13. ἀπαγγέλλων εἰς ἀνθρώπους τὸν χρ. (1)
5. 19. ἐὰν φύγῃ ἄ. ἐκ προσ. τοῦ λέοντος (2)
9. 12. ὅπως ἐκζητήσωσιν οἱ κατάλ. τῶν ἀ. †
Mi. 2. 12. ἐξαλοῦνται ἐξ ἀνθρώπων (1)
5. 5 (4). καὶ ὀκτὼ δήγματα ἀνθρώπων (1)
— 7 (6). μηδὲ ὑποστῇ ἐν υἱοῖς ἀνθρώπων (1)
6. 8. εἰ ἀνηγγέλη σοι, ἄνθρωπε, τί καλόν (1)
7. 2. κατορθῶν ἐν ἀνθρώποις οὐχ ὑπάρχει (1)
Jl. 1. 12. ᾔσχυναν χαρὰν οἱ υἱοὶ τῶν ἀ. (1)
Ob. 1. 9. ὅπως ἐξαρθῇ ἄ. ἐξ ὄρους Ἡ. (2)
Jn. 1. 14. μὴ ἀπολώμεθα ἕνεκεν τῆς ψυχῆς τοῦ ἀ. τ. (2)
3. 7. οἱ ἄ. καὶ τὰ κτήνη καὶ οἱ βόες (1)
— 8. περιεβάλοντο σάκκους οἱ ἄ. (1)
4. 11. πλείους ἢ δώδ. μυρ. ἀνθρώπων (1)
Na. 2. 3 (4). ὅπλα δυναστείας αὐτῶν ἐξ ἀνθρώπων †
Hb. 1. 14. ποιήσεις τοὺς ἀ. ὡς τοὺς ἰχθ. τῆς θαλ. (1)
2. 8, 17. δι' αἵματα ἀνθρώπων (1)
Ze. 1. 3. ἐκλιπέτω ἄνθρωπος καὶ κτήνη (1)
— 17. καὶ ἐκθλίψω τοὺς ἀ. (1)
Hg. 1. 11. ἐπὶ τοὺς ἀ. καὶ ἐπὶ τὰ κτήνη (1)
2. 13 (12). ἐὰν λάβῃ ἄ. κρέας ἅγιον (2)
Za. 2. 4 (8). ἀπὸ πλήθους ἀνθρώπων καὶ κτηνῶν (1)
4. 1. ὅταν ἐξεγερθῇ ἄ. ἐξ ὕπνου αὐτοῦ (2)
8. 10. ὁ μίσθος τῶν ἀ. οὐκ ἔσται εἰς ὄνησιν (1)
— 10. ἐξαποστελῶ πάντας τοὺς ἀ. (1)
9. 1. κύριος ἐφορᾷ ἀνθρώπους (1)
11. 6. παραδίδωμι τοὺς ἀ. (1)
12. 1. πλάσσων πνεῦμα ἀνθρώπου [A αὐτοῦ] (1)
13. 3. ἐὰν προφητεύσῃ ἄνθρωπος ἔτι (2)
— 5. B S ἄ. ἐργαζόμενος τὴν γῆν ἐγώ (2)
— 5. ἄ. ἐγέννησέ με (1)
Ma. 2. 12. ἐξολοθρεύσει κ. τὸν ἄ. (2)
3. 8. μήτι πτερνιεῖ ἄνθρωπος θεόν (1)
— 17. ὃν τρόπον αἱρετίζει ἄ. τὸν υἱὸν αὐ. (2)
4. 6 (3. 24). ἀποκαταστήσει . . . καρδίαν ἀνθρώπου †
Is. 2. 9. ἔκυψεν ἄνθρωπος (1)
— 11. ὁ δὲ ἄ. ταπεινός· καὶ ταπεινωθήσ. τὸ ὕψος τῶν ἀ. (1, 3 *a*)
— 17. ταπεινωθήσ. πᾶς ἄ. καὶ πεσεῖται ὕβρις [A S ὕψος] ἀνθρώπων (1, 3 *a*)
— 20. ἐκβαλεῖ ἄ. τὰ βδελύγματα αὐτοῦ (1)
3. 2. ἀφελεῖ . . . ἄ. πολεμιστήν (2)
— 5. συμπεσεῖται . . . ἄ. πρὸς ἄ. καὶ ἄ. πρὸς τὸν πλ. (2, 2, 2)
— 6. ἐπιλήψεται ἄ. τοῦ ἀδελφοῦ αὐτοῦ (2)
4. 1. ἐπιλήψονται ἑπτὰ γυναῖκες ἀ. ἑνός (2)
5. 3. οἱ ἐνοικοῦντες Ἱερ. καὶ ἄ. τοῦ Ἰούδα (2)
— 7. ἄ. τοῦ Ἰούδα νεόφυτον ἠγαπημένον (2)
— 15. ταπεινωθήσεται ἄ. (1)
6. 5. ἄ. ὢν καὶ ἀκάθαρτα χείλη ἔχων (2)
— 11. παρὰ τὸ μὴ εἶναι ἀνθρώπους (1)
— 12. μακρυνεῖ ὁ θεὸς τοὺς ἀ. (1)
7. 13. ἀγῶνα παρέχειν ἀνθρώποις (3 *a*)
— 21. θρέψει ἄ. δάμαλιν βοῶν (2)
8. 1. γράψον εἰς αὐτὸν γραφίδι ἀνθρώπου (3 *a*)
— 2. μάρτυράς μοι ποίησον πιστοὺς ἀ. (17)
— 8. ἀφελεῖ ἀπὸ τῆς Ἰουδαίας ἄνθρωπον †
— 15. ἁλώσονται ἄ. ἐν ἀσφαλείᾳ [A S^2 *add.* ὄντες] –
9. 19 (18). ἄ. τὸν ἀδελφὸν αὐ. οὐκ ἐλεήσει (2)
— 20 (19). οὐ μὴ ἐμπλησθῇ ἄ. ἔσθων (2)
13. 7. πᾶσα ψυχὴ ἀνθρώπου δειλιάσει (3 *a*)
— 12. ἄ. μᾶλλον ἔντιμος ἔσται ἢ ὁ λίθος (1)
— 14. ὥστε ἄνθρωπον . . . ἀποστραφῆναι (2)
— 14. ἄ. [A S^2 -ον] εἰς τὴν χώραν ἑ. διώξεται [A S^2 -ξαι] (2)
14. 16. οὗτος ὁ ἄ. ὁ παροξύνων τὴν γῆν (2)
— 18. ἄ. [A ἕκαστος] ἐν τῷ οἴκῳ αὐτοῦ (2)

Is. 14. 30. πτωχοὶ δὲ ἄ. [A S ἄνδρες] . . . ἀναπαύσ. –
17. 7. πεποιθὼς ἔσται ὁ ἄ. ἐπὶ τῷ ποιήσ. αὐτόν (1)
— 11. ὡς πατὴρ ἀνθρώπου κληρώσῃ †
19. 2. πολεμήσει ἄ. τὸν ἀδελφὸν αὐ. καὶ ἄ. τὸν πλ. (2, 2)
— 4. εἰς χεῖρας ἀ. κυρίων σκληρῶν –
— 20. ἀποστελεῖ αὐτοῖς ἄνθρωπον –
22. 6. ἀναβάται ἄ. ἐφ' ἵππους [A S^3 -οις] (1)
— 25. κινηθήσ. ὁ ἄ. ἐστηριγμένος (9)
23. 15. ὡς χρόνος βασ., ὡς χρόνος ἀνθρώπου †
24. 6. καταλειφθήσονται ἄ. ὀλίγοι (3 *a*)
25. 3. πόλεις ἀνθρώπων ἀδικουμένων (8)
— 4. ἀπὸ ἀ. πονηρῶν ῥύσῃ αὐτούς †
— 4. πνεῦμα ἀ. ἀδικουμένων †
— 5. ὡς ἄ. ὀλιγόψυχοι διψῶντες ἐν Σ. †
— 5. S ῥύσῃ αὐτοὺς [A B *om.* ῥ. αὐ.] ἀπὸ ἀ. ἀσεβῶν †
29. 11. ἀ. ἐπισταμένῳ γράμματα –
— 12. ἀ. μὴ ἐπισταμένου γράμματα –
— 13. διδάσκοντες ἐντάλματα ἀνθρώπων (3 *a*)
— 19. οἱ ἀπηλπισμένοι τῶν ἀ. (1)
— 21. οἱ ποι. ἁμαρτεῖν ἀνθρώπους ἐν λόγῳ (1)
31. 2. ἐπ' οἴκους ἀνθρώπων πονηρῶν –
— 3. Αἰγύπτιον ἄ. καὶ οὐ θεόν (1)
— 7. ἀπαρνήσονται οἱ ἄ. τὰ χειροποίητα αὐ. (2)
— 8. οὐ μάχαιρα ἀνδρὸς οὐδὲ μ. ἀνθρώπου (1)
32. 2. ἔσται ὁ ἄ. κρύπτων τοὺς λόγ. αὐ. (2)
— 3. πεποιθότες ἐπ' ἀνθρώποις †
33. 8. οὐ μὴ λογίσησθε αὐτοὺς ἀ. (3 *a*)
36. 11. ἱνατί λαλεῖς εἰς τὰ ὦτα τῶν ἀ. [A ἀνδρῶν] (11)
— 12. οὐχὶ πρὸς τοὺς ἀ. [A ἄνδρας] τοὺς καθημ. (3 *a*)
37. 19. ἔργα χειρῶν ἀνθρώπων (1)
38. 11. οὐκέτι μὴ ἴδω ἄνθρωπον (1)
39. 3. τί λέγουσιν οἱ ἄ. οὗτοι (3 *a*)
40. 6. πᾶσα δόξα ἀνθρώπου ὡς ἄνθος χόρτου –
41. 12. οὐ μὴ εὕρῃς τοὺς ἀ. (3 *a*)
43. 4. δώσω ἀνθρώπους [A S *add.* πολλούς] (1)
44. 7. ἀφ' οὗ ἐποίησα ἄνθρωπον (11)
— 11. κωφοὶ ἀπὸ ἀνθρώπων συναχθήτωσαν π. (1)
— 13. ὡς ὡραιότητα ἀνθρώπου (1)
— 15. ἵνα ᾖ ἀνθρώποις εἰς καῦσιν [S^1 *al.*] (1)
45. 12. ἐποίησα γῆν καὶ ἄ. ἐπ' αὐτῆς (1)
47. 3. οὐκέτι μὴ παραδῷ [S *add.* σε] ἀνθρώποις (1)
— 15. ἄ. καθ' ἑαυτὸν ἐπλανήθη (2)
50. 2. ἦλθον καὶ οὐκ ἦν ἄ. (2)
51. 7. μὴ [S^1 καὶ] φοβεῖσθε ὀνειδισ. ἀνθρώπων (3 *a*)
— 12. ἐφοβήθης ἀπὸ ἀ. θνητοῦ καὶ ἀπὸ υἱοῦ ἀνθρώπου (3 *a*, 1)
52. 14. ἀδοξήσει ἀπὸ ἀνθρώπων τὸ εἶδός σου καὶ ἡ δόξα σου ἀπὸ τῶν ἀ. (2, 16)
53. 3. ἐκλεῖπον παρὰ τοὺς υἱ. τῶν ἀ. [A π. πάντας ἀ.] (18 *vel* 2)
— 3. ἄ. ἐν πληγῇ ὢν (2)
— 6. ἄ. τῇ ὁδῷ αὐτοῦ ἐπλανήθη (2)
56. 2. μακάριος . . . ἄ. ὁ ἀντεχόμ. αὐτῶν (16)
58. 5. ταπεινοῦν ἄνθρωπον τὴν ψυχὴν αὐ. (1)
66. 24. ὄψονται τὰ κῶλα τῶν ἀ. (3 *a*)
Je. 2. 6. οὐ κατῴκησεν ἄ. [S υἱὸς ἀνθρώπου] (1 *vel* 19)
4. 25. ἰδοὺ οὐκ ἦν ἄ. (1)
— 29. οὐ κατῴκει [A -οικήσει] ἐν αὐταῖς ἄ. (2)
7. 20. ἐπὶ τοὺς ἀ. καὶ ἐπὶ τὰ κτήνη (1)
8. 6. οὐκ ἔστιν ἄ. μετανοῶν (2)
9. 10 (9). παρὰ τὸ μὴ εἶναι ἀνθρώπους (2)
— 12 (11). τίς ὁ ἄ. ὁ συνετός (2)
— 22 (21). ἔσονται οἱ νεκροὶ τῶν ἀ. εἰς παράδειγμα (1)
10. 14. ἐμωράνθη πᾶς ἄ. ἀπὸ γνώσεως (1)
— 23. οὐχὶ τοῦ ἀ. ἡ ὁδὸς αὐτοῦ (1)
11. 3. ἐπικατάρατος ὁ ἄ. (2)
13. 11. κολλᾶται τὸ περίζ. περὶ τὴν ὀσφ. τοῦ ἀ. (2)
14. 9. μὴ [S ἢ] ἔσῃ ὥσπερ ἄ. ὑπνῶν (2)
16. 20. εἰ ποιήσει ἑαυτῷ ἄ. θεούς (1)
17. 5. ἐπικατάρατος ὁ ἄ. ὃς τὴν ἐλπίδα ἔχει ἐπ' ἀνθρώπων (7 *a*, 1)
— 7. εὐλογημένος ὁ ἄ. (7 *a*)
— 9. ἄ. ἐστι καὶ τίς γνώσεται αὐτόν †
— 16. ἡμέραν ἀνθρώπου οὐκ ἐπεθύμησα †
20. 15. ἐπικατάρατος ὁ ἄ. (2)
— 16. εὐφραινόμ. ἔστω [A ἔσται] ὁ ἄ. ἐκεῖνος (2)
21. 6. πατάξω . . . τοὺς ἀ. καὶ τὰ κτήνη (1)
22. 30. γράψον τὸν ἄνδρα τ. ἐκκήρυκτον ἄ. (2 *et* 7 *a*)
23. 9. A^2 ἐγενήθην ὡς ἄ. [B S ἀνὴρ] συντετριμμ. (2)
— 9. ὡς ἄ. συνεχόμενος ἀπὸ οἴνου (7 *a*)
— 24. A εἰ κρυβήσεται ἄ. [B S τις] ἐν κρυφ. (2)
— 34. ἐκδικήσω τὸν ἄ. ἐκεῖνον (2)
— 36. τὸ λῆμμα [A *add.* κ.] τῷ ἀ. ἔσται ὁ λόγος αὐ. (2)

Je. 27 (50). 3. ἀπὸ ἀνθρώπου καὶ ἕως κτήνους (1)
— 40. οὐ μὴ κατοικήσει ἐκεῖ ἄ. καὶ οὐ μὴ παροικ. [A κατοικ.] ἐκεῖ υἱὸς ἀνθρώπου (2, 1)
28 (51). 14. πληρώσω σε ἀνθρώπων (1)
— 17. ἐματαιώθη [A ἐμωράνθη] πᾶς ἄ. (1)
— 43. οὐδὲ μὴ καταλύσει ἐν αὐ. υἱὸς ἀνθρώπου (1)
— 62. ἀπὸ ἀνθρώπου ἕως κτήνους (1)
29 (47). 2. κεκράξονται [S[1] κράξ.] οἱ ἄ. (1)
— (49). 15. εὐκαταφρόνητον ἐν ἀνθρώποις (1)
— 18. οὐ μὴ καθίσει [A κατοικήσ.] ἐκεῖ ἄ. καὶ οὐ μὴ κατοικ. [A καθίσει, BS ἐνοικ.] ἐκεῖ υἱὸς ἀνθρώπου (2, 1)
30. 11 (49. 33). οὐ μὴ καθίσῃ ἐκεῖ ἄ. καὶ οὐ μὴ κατοικήσει ἐκεῖ υἱὸς ἀνθρώπου (2, 1)
31 (48). 14. ἄ. ἰσχύων εἰς τὰ πολεμικά (3 *a*)
— 36. ἐπ' ἀνθρώπους κειράδας [A κειδάρεις] (3 *a*)
— 36. ἀπώλετο ἀπὸ ἀνθρώπου †
33 (26). 11. κρίσις θανάτου τῷ ἀ. τούτῳ (2)
— 16. οὐκ ἔστι τῷ ἀ. τούτῳ κρίσις θαν. (2)
— 20. ἄ. ἦν προφητεύων [A *add.* ἐπὶ] τῷ ὀν. κ. (2)
36 (29). 26. παντὶ ἀ. προφητεύ. καὶ παντὶ ἀ. μαινομ. (2, –)
— 32. οὐκ ἔσται αὐτῶν ἄ. ἐν μέσῳ ὑμῶν (2)
37 (30). 6. ἑώρακα πάντα ἄ. (7 *a*)
38 (31). 22. ἐν σωτηρίᾳ [S εἰς σ.] περιελεύσονται ἄ. (7 *a*)
— 27. σπέρμα ἀνθρώπου καὶ σπέρμα κτήνους (1)
39 (32). 19. εἰς τὰς ὁδοὺς τῶν υἱῶν [A S *om.* τ. υἱ.] τῶν ἀ. (1)
— 43. ἄβατος ἔσται ἀπὸ ἀνθρώπων [A S -ου] (1)
40 (33). 5. πληρῶσαι αὐτὴν τῶν νεκρῶν τῶν ἀ. (1)
— 10. ἔρημος . . . ἀπὸ ἀνθρώπων καὶ κτηνῶν (1)
— 10. παρὰ τὸ μὴ εἶναι ἄνθρωπον [S -ους] (1)
— 12. παρὰ τὸ μὴ εἶναι ἄνθρωπον (1)
42 (35). 4. Ἀν. υἱοῦ Γοδ. [S *om.* υἱ. Γ.] ἀνθρώπου τοῦ θ. (2)
— 13. εἰπὸν ἀνθρώπῳ Ἰούδα (2)
43 (36). 19. ἄ. μὴ γνώτω ποῦ ὑμεῖς [S ὑπάγεις] (2)
— 29. ἐκλείψει [A -τρίψει] ἀπ' αὐτῆς ἄ. [A ἄνθρωπον] (1)
44 (37). 13. ἐκεῖ ἄ. παρ' ᾧ κατέλυε (5)
45 (38). 4. ἀναιρεθήτω δὴ ὁ ἄ. ἐκεῖνος (2)
— 4. τὰς χεῖρας τῶν ἀ. τῶν πολεμούντ. [A -μιστῶν] (3 *a*)
— 4. ὁ ἄ. οὗτος οὐ χρησμολογεῖ εἰρήνην (2)
— 9. τοῦ ἀποκτεῖναι τὸν ἄ. τοῦτον †
— 10. λάβε . . . τριάκοντα ἀνθρώπους (3 *a*)
— 11. ἔλαβεν Ἀβδεμέλεχ τοὺς ἀ. (3 *a*)
— 16. εἰ δώσω [A παραδ.] σε εἰς χεῖρας τῶν ἀ. τ. (3 *a*)
— 24. ἄ. μὴ γνώτω ἐκ τῶν λόγων τούτων (2)
46 (39). 17. οὐ μὴ δώσω [A παραδ.] σε εἰς χεῖρας τῶν ἀ. (3 *a*)
48 (41). 4. ἄ. οὐκ ἔγνω (2)
— 15. Ἰσμ. ἐσώθη σὺν [S ἐν] ὀκτὼ ἀνθρώποις (3 *a*)
49 (42). 17. ἔσονται πάντες οἱ ἄ. (3 *a*)
51 (44). 7. ἐκκόψαι [A -ψω ἀφ'] ὑμῶν ἄνθρωπον καὶ γυν. (2)
52. 25. ἔλαβεν . . . ἐξήκ. ἀ. ἐκ τοῦ λαοῦ (2)
Ba. 1. 15. αἰσχύνη . . . ἀνθρώπῳ Ἰούδα
2. 1. ἐπὶ ἄνθρωπον Ἰσραὴλ καὶ Ἰούδα
— 3. ἄνθρωπον σάρκας υἱοῦ αὐ. καὶ ἄ. σ. θυγ. αὐ.
3. 17. ᾧ ἐπεποίθεισαν ἄνθρωποι
— 37. ἐν τοῖς ἀ. συνανεστράφη
La. 3. 36. καταδικάσαι ἄνθρωπον (1)
— 39. τί γογγύσει ἄ. ζῶν (1)
Ep. Je. 11. κοσμοῦσί τε αὐτοὺς ὡς ἀ. τοῖς ἐνδύμασι
— 14. σκῆπτρον ἔχει ὡς ἄ. κριτὴς χώρας
— 17. σκεῦος ἀνθρώπου συντριβέν
— 26. ἐνδεικνύμενοι τὴν ἑ. ἀτιμίαν τοῖς ἀ.
— 36. ἐκ θανάτου ἄνθρωπον οὐ μὴ ῥύσωνται
— 37. ἄ. τυφλὸν εἰς ὅρ. οὐ μὴ περιστήσωσιν [A παραστ.], ἐν ἀνάγκῃ ἄ. ὄντα οὐ μὴ ἐξέλωνται
— 51. οὐκ εἰσὶ θ. ἀλλὰ ἔργα χειρῶν ἀνθρώπων
— 53. οὔτε ὑετὸν ἀνθρώποις οὐ μὴ δῶσι
— 64. οὔτε εὖ ποιεῖν ἀνθρώποις
— 73. κρείσσων οὖν ἄ. δίκ. οὐκ ἔχων εἴδωλα
Ez. 1. 5. ὁμοίωμα ἀνθρώπου ἐπ' αὐτοῖς (1)
— 8. χεὶρ ἀνθρώπου ὑποκάτωθεν τῶν πτερ. αὐ. (1)
— 10. ὁμοίωσις . . . πρόσωπον ἀνθρώπου (1)
— 26. ὁμοίωμα ὡς εἶδος ἀνθρώπου ἄνωθεν (1)
2. 1. υἱὲ ἀνθρώπου, στῆθι (1)
— 3. υἱὲ ἀνθρώπου, ἐξαποστέλλω ἐγώ σε (1)
Ez. 2. 6. καὶ σὺ, υἱὲ ἀνθρώπου, μὴ φοβηθῇς αὐτούς (1)
— 8. καὶ σὺ, υἱὲ ἀνθρώπου, ἄκουε (1)
3. 1. υἱὲ ἀνθρώπου, κατάφαγε (1)
— 3. υἱὲ ἀνθρώπου, τὸ στόμα σου φάγεται (1)
— 4. υἱὲ ἀνθρώπου, βάδιζε (1)
— 10. υἱὲ ἀνθρώπου, πάντας τοὺς λόγους . . . λάβε (1)
— 17. υἱὲ ἀνθρώπου, σκοπὸν δέδωκά σε (1)
— 25. καὶ σὺ, υἱὲ ἀνθρώπου, ἰδοὺ δέδονται (1)
4. 1. καὶ σὺ, υἱὲ ἀνθρώπου, λάβε (1)
— 16. υἱὲ ἀνθρώπου, ἰδοὺ ἐγὼ συντρίβω (1)
— 17. ἀφανισθήσεται ἄ. καὶ ἀδελφὸς αὐτοῦ (2)
5. 1. καὶ σὺ, υἱὲ ἀνθρώπου, λάβε (1)
6. 2. υἱὲ ἀνθρώπου, στήρισον τὸ πρόσ. σου (1)
7. 2. καὶ σὺ, υἱὲ ἀνθρώπου, εἰπόν (1)
— 13. ἄνθρωπος ἐν ὀφθ. ζωῆς αὐ. οὐ κρατήσει (2)
8. 5. υἱὲ ἀνθρώπου, ἀνάβλεψον (1)
— 6. υἱὲ ἀνθρώπου, ἑώρακας (1)
— 8. υἱὲ ἀνθρώπου, ὄρυξον (1)
— 12. ἑώρακας, υἱὲ ἀνθρώπου (1)
— 15. υἱὲ ἀνθρώπου, ἑώρακας (1)
— 17. ἑώρακας, υἱὲ ἀνθρώπου (1)
10. 8. ὁμοίωμα χειρῶν ἀνθρώπων (1)
— 14. A τὸ πρόσωπον τοῦ δευτ. πρόσ. ἀνθρώπου (1)
— 21. ὁμοίωμα χειρῶν ἀνθρώπου (1)
11. 2. υἱὲ ἀνθρώπου, οὗτοι οἱ ἄνδρες (1)
— 4. προφήτευσον, υἱὲ ἀνθρώπου (1)
— 15. υἱὲ ἀνθρώπου, οἱ ἀδ. σου (1)
12. 2. υἱὲ ἀνθρώπου, . . . σὺ κατοικεῖς (1)
— 3. καὶ σὺ, υἱὲ ἀνθρώπου, ποίησον (1)
— 9. υἱὲ ἀνθρώπου, οὐκ εἶπαν (1)
— 18. υἱὲ ἀνθρώπου, τὸν ἄρτον σου . . . φάγεσαι (1)
— 22. υἱὲ ἀνθρώπου, τίς ἡ παραβολή (1)
— 27. υἱὲ ἀνθρώπου, ἰδοὺ ὁ οἶκος Ἰσρ. (1)
13. 2. υἱὲ ἀνθρώπου, προφήτευσον (1)
— 17. καὶ σὺ, υἱὲ ἀνθρώπου, στήρισον (1)
14. 3. υἱὲ ἀνθρώπου, οἱ ἄνδρες οὗτοι (1)
— 4, 7. ἄνθρωπος ἄνθρωπος ἐκ τοῦ οἴκου Ἰσρ. (2, 2)
— 8. στηριῶ τὸ πρόσ. μου ἐπὶ τὸν ἄ. ἐκ. (2)
— 13. υἱὲ ἀνθρώπου, γῆ ἣ [A *om.*] ἐὰν ἁμάρτῃ μοι (1)
— 13. ἐξαρῶ ἐξ [A ἀπ'] αὐτῆς ἄνθρωπον (1)
— 17. ἐξαρῶ ἐξ αὐτῆς ἄνθρωπον (1)
— 19, 21. τοῦ ἐξολοθρεῦσαι ἐξ αὐτῆς ἄνθρωπον (1)
15. 2. υἱὲ ἀνθρώπου, τί ἂν γένοιτο τὸ ξύλον (1)
16. 2. υἱὲ ἀνθρώπου, διαμάρτυραι (1)
17. 2. υἱὲ ἀνθρώπου, διήγησαι διήγημα (1)
— 12. υἱὲ ἀνθρώπου, εἰπὸν δή –
18. 1. υἱὲ ἀνθρώπου, τί ὑμῖν ἡ παραβολὴ αὕτη –
— 5. ὁ δὲ ἄ. ὃς [A *om.*] ἔσται δίκαιος (2)
— 7. ἄνθρωπον οὐ μὴ καταδυναστεύσῃ (2)
— 16. ἄνθρωπον οὐ κατεδυνάστευσε (2)
19. 1. A καὶ σὺ, υἱὲ ἀνθρώπου [B *om.* υἱὲ ἀ.] –
— 3, 6. ἀνθρώπους ἔφαγε (1)
20. 3. υἱὲ ἀνθρώπου, λάλησον (1)
— 4. υἱὲ ἀνθρώπου, . . . διαμάρτυραι αὐτοῖς (1)
— 11. ὅσα ποιήσει αὐτὰ ἄνθρωπος (1)
— 13. A ἃ ποιήσει αὐτὰ ἄνθρωπος –
— 13. ἃ ποιήσει αὐτὰ ἄνθρωπος (1)
— 21. ἃ ποιήσει [A π. αὐτὰ] ἄνθρωπος (1)
— 27. λάλησον . . . υἱὲ ἀνθρώπου (1)
— 46 (21. 2). υἱὲ ἀνθρώπου, στήρισον (1)
21. 2 (7). προφήτευσον, υἱὲ ἀνθρώπου (1)
— 6 (11). καὶ σὺ, υἱὲ ἀνθρώπου, καταστέναξον (1)
— 9 (14). υἱὲ ἀνθρώπου, προφήτευσον (1)
— 12 (17). ὀλόλυξον, υἱὲ ἀνθρώπου (1)
— 14 (19). καὶ σὺ, υἱὲ ἀνθρώπου, προφήτευσον (1)
— 19 (24). καὶ σὺ, υἱὲ ἀνθρώπου, διάταξον (1)
— 28 (33). καὶ σὺ, υἱὲ ἀνθρώπου, προφήτευσον (1)
22. 2. καὶ σὺ, υἱὲ ἀνθρώπου, εἰ [A οὐ] κρινεῖς (1)
— 18. υἱὲ ἀνθρώπου, ἰδοὺ γεγόνασί μοι [A -νεν] (1)
— 24. υἱὲ ἀνθρώπου [A[1] *om.* υἱὲ ἀ.], εἰπὸν αὐτῇ (1)
23. 2. υἱὲ ἀνθρώπου, δύο γυναῖκες ἦσαν (1)
— 36. υἱὲ ἀνθρώπου, οὐ κρινεῖς τὴν Ὀ. (1)
— 42. πρὸς ἄνδρας ἐκ πλήθ. ἀνθρώπων ἥκοντας (1)
24. 2. υἱὲ ἀνθρώπου, γράψον σεαυτῷ (1)
— 16. υἱὲ ἀνθρώπου, ἰδοὺ ἐγὼ λαμβάνω (1)
— 25. καὶ σὺ, υἱὲ ἀνθρώπου, οὐχὶ ἐν τῇ ἡμέρᾳ (1)
25. 2. υἱὲ ἀνθρώπου, στήρισον τὸ πρόσ. σου (1)
— 13. ἐξολοθρεύσω ἐξ αὐτῆς ἄνθρωπον (1)
26. 2. υἱὲ ἀνθρώπου, ἀνθ' οὗ [A ὧν] εἶπε Σόρ (1)
Ez. 27. 2. καὶ σὺ, υἱὲ ἀνθρώπου, λάβε (1)
— 13. ἐνεπορεύοντό σοι ἐν ψ. ἀνθρώπων (1)
— 16. ἀνθρώπους ἐμπορίαν σου †
28. 2. καὶ σὺ [A *om.* καὶ σὺ], υἱὲ ἀνθρώπου, εἰπόν (1)
— 2, 9. σὺ δὲ εἶ ἄ. καὶ οὐ θεός (1)
— 12. υἱὲ ἀνθρώπου, λάβε θρῆνον (1)
— 21; 29. 2. υἱὲ ἀνθρώπου, στήρισον (1)
29. 8. ἀπολῶ ἀπὸ σοῦ ἀνθρώπους [A -ον] (1)
— 11. οὐ μὴ διέλθῃ . . . ποὺς ἀνθρώπου [A ἄνθρωπος] (1)
— 18. υἱὲ ἀνθρώπου, Ναβουχοδονοσόρ (1)
30. 2. υἱὲ ἀνθρώπου, προφήτευσον (1)
— 21. υἱὲ ἀνθρώπου, τοὺς βραχ. Φ. . . . συνέτριψα (1)
31. 2. υἱὲ ἀνθρώπου, εἰπὸν πρὸς Φ. (1)
— 14. ἐν μέσῳ υἱῶν ἀνθρώπων (1)
32. 2. υἱὲ ἀνθρώπου, λάβε θρῆνον (1)
— 13. οὐ μὴ ταράξῃ αὐτὸ ποὺς ἀνθρώπου ἔτι (1)
— 18. υἱὲ ἀνθρώπου, θρήνησον (1)
33. 2. υἱὲ ἀνθρώπου, λάλησον (1)
— 2. καὶ λάβῃ ὁ λαὸς τῆς γῆς ἄ. ἕνα ἐξ αὐτῶν (2)
— 7. καὶ σὺ, υἱὲ ἀνθρώπου, σκοπὸν δέδωκά σε (1)
— 10. καὶ σὺ, υἱὲ ἀνθρώπου, εἰπόν (1)
— 12. A καὶ σὺ, υἱὲ ἀνθρώπου (1)
— 24. υἱὲ ἀνθρώπου, οἱ κατοικοῦντες (1)
— 30. καὶ σὺ, υἱὲ ἀνθρώπου, οἱ υἱοὶ τοῦ λαοῦ (1)
— 30. λαλοῦσιν [A ἐλάλουν] ἄνθρωπος τῷ ἀδ. αὐ. (2)
34. 2. υἱὲ ἀνθρώπου, προφήτευσον (1)
35. 2. υἱὲ ἀνθρώπου, ἐπίστρεψον (1)
— 7. ἀπολῶ ἀπ' αὐτοῦ ἀνθρώπους †
36. 1. καὶ σὺ, υἱὲ ἀνθρώπου, προφήτευσον (1)
— 10, 11. πληθυνῶ ἐφ' ὑμᾶς ἀνθρώπους (1)
— 12. γεννήσω [A δώσω] ἐφ' ὑμᾶς ἀνθρώπους (1)
— 13. κατέσθουσα ἀνθρώπους εἶ (1)
— 14. ἀνθρώπους οὐκέτι φάγεσαι (1)
— 17. υἱὲ ἀνθρώπου, οἶκος Ἰσρ. (1)
— 37. πληθυνῶ αὐτοὺς ὡς πρόβατα ἀ. (1)
— 38. πλήρεις προβάτων ἀνθρώπων (1)
37. 3. υἱὲ ἀνθρώπου, εἰ ζήσεται (1)
— 9. προφήτευσον, υἱὲ ἀνθρώπου (1)
— 11. υἱὲ ἀνθρώπου, τὰ ὀστᾶ ταῦτα (1)
— 16. υἱὲ ἀνθρώπου, λάβε σεαυτῷ ῥάβδον (1)
38. 2. υἱὲ ἀνθρώπου, στήρισον (1)
— 14. προφήτευσον, υἱὲ ἀνθρώπου (1)
— 20. πάντες οἱ ἄ. οἱ ἐπὶ προσώπου τῆς γῆς (1)
— 21. μάχαιρα ἀνθρώπου ἐπὶ τὸν ἀδ. αὐ. ἔσται (2)
39. 1. καὶ σὺ, υἱὲ ἀνθρώπου, προφήτευσον (1)
— 15. ἰδὼν ὀστοῦν ἀνθρώπου (1)
— 17. καὶ σὺ, υἱὲ ἀνθρώπου, εἰπόν (1)
40. 4. ἑώρακας [A ἑ. σὺ], υἱὲ ἀνθρώπου (1)
41. 19. πρόσωπον ἀνθρώπου πρὸς τὸν φοίνικα (1)
43. 7. ἑώρακας, υἱὲ ἀνθρώπου (1)
— 10. καὶ σὺ, υἱὲ ἀνθρώπου, δεῖξον (1)
— 18. υἱὲ ἀνθρώπου, τάδε λέγει (1)
44. 5. υἱὲ ἀνθρώπου, τάξον (1)
— 25. ἐπὶ ψυχ. ἀνθρώπου οὐκ εἰσελεύσονται (1)
47. 6. ἑώρακας, υἱὲ ἀνθρώπου (1)
Da. LXX. Su. 40. ἐπηρωτῶμεν αὐτὴν, τίς ὁ ἄ.
2. 25. ἄ. σοφὸν ἐκ τῆς αἰχμ. τῶν υἱῶν (7 *b*)
— 30. τὴν σοφ. τὴν οὖσαν ἐν ἐμοὶ ὑπὲρ π. τοὺς ἀ. (14)
— 38. ἀπὸ ἀνθρώπων καὶ θηρίων ἀγρίων (20)
— 43. συμμιγεῖς ἔσονται εἰς γέν. ἀνθρώπων (3 *b*)
3. 10. πᾶς ἄ. ὃς ἂν ἀκούσῃ (3 *b*)
— 12. οἱ ἄ. ἐκεῖνοι οὐκ ἐφοβήθησαν (7 *b*)
— 13. τότε οἱ ἄ. ἤχθησαν πρὸς τὸν βασ. (7 *b*)
— (82). εὐλογεῖτε οἱ υἱοὶ τῶν ἀ. τὸν κ.
— 27 (94). ἐθεώρουν τοὺς ἀ. ἐκείνους (7 *b*)
4. 19. ὑπὲρ πάντας τοὺς ἀ. τοὺς ὄντας –
— 28. ἑτέρῳ δίδοται ἐξουθενημένῳ ἀ. –
— 29. ἐξουσίαν ἔχει . . . ἐν τῇ βασ. τῶν ἀ. (3 *b*)
— 29. οὐδ' οὐ μὴ λαλήσῃς μετὰ παντὸς ἀ. –
5. 1. ἐξῆλθον δάκτυλοι ὡσεὶ ἀνθρώπου –
— 5. ἐξῆλθον δάκτ. ὡσεὶ χειρὸς ἀνθρώπου (3 *b*)
— 10. πᾶς ἄ. οὐ δύναται ἀπαγγεῖλαι τῷ βασ. –
— 12. ὁ ἄ. ἐπιστήμων ἦν (7 *b*)
— 23. τὰ εἴδωλα τὰ χειροποίητα τῶν ἀ. –
6. 5 (6). πᾶς ἄ. οὐκ ἀξιώσει ἀξίωμα –
— 6 (7). προσήλθοσαν οἱ ἄ. ἐκεῖνοι †
— 7 (8). πᾶς ἄ. ὃς ἂν εὔξηται εὐχήν –
— 12 (13). οὗτοι οἱ ἄ. ἐνέτυχον τῷ βασ. –
— 12 (13). ἵνα πᾶς ἄ. μὴ εὔξηται εὐχήν (3 *b*)
— 12 (13). ἀλλὰ καὶ κολάσῃς τὸν ἄ. –
— 22 (23). σὺ δὲ ἤκουσας ἀνθρώπων –

Da. LXX. 6. 24 (25). τότε οἱ δύο ἄ. ἐκεῖνοι (7 b)
— 26 (27). πάντες οἱ ἄ. οἱ ὄντες ἐν τῇ βασ. μου –
7. 13. ὡς υἱὸς ἀνθρώπου ἤρχετο (3 b)
8. 15. ἔστη . . . ὡς ὅρασις ἀνθρώπου (7 a)
— 16. ἤκουσα φωνὴν ἀνθρώπου (1)
— 16. ἀναβοήσας εἶπεν ὁ ἄ. –
— 17. διανοήθητι, υἱὲ ἀνθρώπου (1)
9. 7. ἀνθρώποις 'Ι. καὶ καθημένοις ἐν 'Ιερ. (2)
10. 5. ἄ. εἷς ἐνδεδυμένος βύσσινα (2)
— 7. οἱ ἄ. οἱ ὄντες μετ' ἐμοῦ (3 a)
— 11. Δανιήλ, ἄ. ἐλεηνὸς εἶ (2)
— 16. ὡς ὁμοίωσις χειρὸς ἀνθρώπου (1)
— 18. ἥψατό μου ὡς ὅρασις ἀνθρώπου (1)
— 19. ἄ. ἐλεηνὸς εἶ, μὴ φοβοῦ (2)
11. 17. θυγατέρα ἀνθρώπου δώσει αὐτῷ †
Bel. 1. ἄ. τις ἦν ἱερεύς
Da. TH. 2. 10. οὐκ ἔστιν ἄ. ἐπὶ τῆς ξηρᾶς (3 b)
— 38. ὅπου κατοικοῦσιν οἱ υἱοὶ τῶν ἀ. (3 b)
— 43. συμμιγεῖς ἔσονται ἐν σπέρ. ἀνθρώπων (3 b)
3. 10. πάντα ἄ. ὃς ἂν ἀκούσῃ τῆς φωνῆς (3 b)
— (82). εὐλογεῖτε υἱοὶ τῶν ἀ. τὸν κ.
4. 13. ἡ καρδ. αὐ. ἀπὸ τῶν ἀ. ἀλλοιωθήσεται (3 b)
— 14. κ. ἐστιν ὁ ὕψιστος τῆς βασ. τῶν ἀ. (3 b)
— 14. ἐξουδένωμα ἀνθρώπων ἀναστήσει (3 b)
— 22. καὶ σὲ ἐκδιώξουσιν ἀπὸ τῶν ἀ. (3 b)
— 22. κυριεύει ὁ ὕψ. τῆς βασ. τῶν ἀ. (3 b)
— 29. ἀπὸ τῶν ἀ. σε ἐκδιώκουσι (3 b)
— 29. κυριεύει ὁ ὕψ. τῆς βασ. τῶν ἀ. (3 b)
— 30. ἀπὸ τῶν ἀ. ἐξεδιώχθη (3 b)
5. 5. ἐξῆλθον δάκτυλοι χειρὸς ἀνθρώπου (3 b)
— 21. ἀπὸ τῶν ἀ. ἐξεδιώχθη (3 b)
— 21. κυριεύει ὁ θ. [A *om.*] ὕψ. τῆς βασ. τῶν ἀ. (3 b)
6. 7 (8). ὃς ἂν αἰτήσῃ . . . παρὰ . . . ἀνθρώπου [A -ων] –
— 12 (13). ὅπως πᾶς ἄ. ὃς ἂν αἰτήσῃ παρὰ παντὸς θ. καὶ ἀνθρώπου αἴτημα (3 b, 3 b)
7. 4. ἐπὶ ποδῶν ἀνθρώπου ἐστάθη (3 b)
— 4. καρδία ἀνθρώπου ἐδόθη αὐτῇ (3 b)
— 8. ὀφθαλμοὶ ὡσεὶ ὀφθ. ἀνθρώπου (3 b)
— 13. ὡς υἱὸς ἀνθρώπου ἐρχόμενος (3 b)
8. 17. σύνες, υἱὲ ἀνθρώπου (1)
10. 16. ὡς ὁμοίωσις υἱοῦ ἀνθρώπου (1)
— 18. ἥψατό μου ὡς ὅρασις ἀνθρώπου (1)
I Ma. 2. 38. ἕως χιλίων ψυχῶν ἀνθρώπων
— 41. πᾶς ἄ. ὃς ἐὰν ἔλθῃ πρὸς [S ἐφ'] ἡμᾶς
3. 32. Λυσίαν ἄ. ἔνδοξον
5. 42. μὴ ἀφῆτε πάντα [A *om.*] ἄ.
6. 58. δῶμεν δεξιὰν τοῖς ἀ. τούτοις
7. 14. ἄ. ἱερεὺς ἐκ τοῦ σπέρματος 'Α.
— 38. ποίησον ἐκδίκησιν ἐν τῷ ἀ. τούτῳ
8. 16. πιστεύουσιν ἑνὶ ἀ. τὴν ἀρχήν [A² S ἄρχειν]
9. 2. ἀπώλεσαν ψυχὰς [S εἰς ψ.] ἀνθρώπων π.
12. 53. ἐξάρωμεν ἐξ ἀνθρώπων τὸ μνημόσ.
II Ma. 6. 26. ἐξελοῦμαι τὴν ἐξ ἀνθρώπων τιμωρίαν
7. 14. μεταλλάσσοντα ὑπ' [A -ας ἀπὸ] ἀνθρώπων
— 16. ἐξουσίαν ἐν ἀνθρώποις ἔχων
— 21. A ἕκαστον δὲ τῶν ἀ. [R δὲ αὐτῶν] παρεκάλει
— 23. ὁ πλάσας ἀνθρώπου γένεσιν
— 28. τὸ τῶν ἀ. γένος οὕτως γεγένηται
— 34. ὦ ἀνόσιε καὶ πάντων ἀ. μιαρώτατε
8. 2. τὸν ναὸν τὸν ὑπὸ τῶν ἀσεβῶν ἀ. βεβηλωθ.
9. 8. διὰ τὴν ὑπὲρ ἄνθρωπον ἀλαζονείαν [A ὑπερηφ.]
11. 9. οὐ μόνον ἀνθρώπους ἀλλὰ καὶ θῆρας
III Ma. 1. 29. μὴ μόνον τοὺς ἀ. ἀλλὰ καὶ τὰ τείχη
2. 15. ἀνέφικτος ἀνθρώποις ἐστίν
3. 2. ἀνθρώποις συμφρονοῦσιν
— 5. ἅπασιν ἀ. εὐδόκιμοι
— 7. ὁμοσπόνδους τοὺς ἀ. γενέσθαι
— 8. ταραχὴν ἀπροσδ. περὶ τοὺς ἀ. [A ἄνδρας]
— 18. ἔχομεν πρὸς ἅπαντας ἀ. φιλανθρωπ.
6. 26. τοὺς χειρίστους . . . ἀνθρώπων
7. 6. ἔχομεν πρὸς ἅπαντας ἀ. ἐπιείκειαν
— 9. οὐκ ἄνθρωπον ἀλλὰ τὸν π. δεσπόζ. δυνάμ. θ.
IV Ma. 1. 11. θαυμασθέντες . . . οὐ μόνον ὑπὸ πάντων ἀ.
21. ὁ θεὸς τὸν ἄ. κατεσκεύασε
4. 12. πᾶσί τε ἀ. ὑμνήσειν
11. 7. εἴπερ ᾔσθάνου ἀνθρώπους ποθῶν
12. 13. οὐκ ᾐδέσθης, ἄ. ὤν, τοὺς ὁμοιοπαθεῖς
14. 14. ὁμοίαν τὴν . . . στοργὴν ἔχει τοῖς ἀ.
17. 14. ὁ δὲ κόσμος καὶ ὁ τῶν ἀ. βίος ἐθεώρει
18. 3. οὐ μόνον ὑπὸ τῶν ἀ. ἐθαυμάσθησαν
[**Aq.** GE. 1. 26, 27: 2. 7 *bis*: 6. 3 (2), 7 (6): DT. 32. 8: III KI. 14. 4: IV KI. 4. 16: JB. 7. 1: 13. 9: 33. 26: Ps. 11 (12). 2, 9: 38 (39). 6, 12: 44 (45). 3: 72 (73). 5: 89 (90). 3: 115. 2 (116. 11): 143 (144). 3: PR. 12. 3: 19. 11: 20. 25: EC. 1. 3: 3. 11: 8. 9, 11: 9. 1: IS. 2. 22: 22. 6: 24. 6: 29. 13: 38. 11: 47. 3: JE. 17. 5: 27 (34). 5: 31 (38). 30: 32 (39). 20: 51 (28). 17: EZ. 28. 2: 29. 8: HO. 11. 4: MI. 5. 5 (4), 7 (6): MA. 3. 8, 17.]
[**Sm.** GE. 1. 26, 27: 4. 1: 6. 3 (2), 4 (3): 16. 11, 12: 18. 25: JD. 9. 13: II KI. 12. 5: IV KI. 5. 8: JB. 32. 8: 33. 26: 34. 23: 36. 24: PS. 11 (12). 2, 9: 24 (25). 12: 30 (31). 21: 35 (36). 8: 36 (37). 37: 38 (39). 6, 7: 40 (41). 10: 44 (45). 3: 54 (55). 14: 55 (56). 12: 59 (60). 13: 65 (66). 5: 72 (73). 5: 75 (76). 11: 77 (78). 25, 60: 81 (82). 7: 86 (87). 5: 103 (104). 14, 15 *bis*: 106 (107). 8: 111 (112). 5: 115. 2 (116. 11): 140 (141). 4: 143 (144). 3: PR. 12. 3: 24. 9: EC. 1. 3, 8: 2. 12: 3. 19: 6. 1, 2: 7. 15 (14): 8. 6, 9, 11, 17: 9. 1: 12. 5, 13: IS. 2. 22 (?): 6. 12: 7. 13: 24. 6: 29. 13, 21: 38. 11: 47. 3: 52. 14: JE. 32 (39). 20: 37 (44). 10: 51 (28). 17, 43: EZ. 28. 2: 29. 8: HO. 11. 4: MI. 5. 5 (4): MA. 3. 8.]
[**Th.** GE. 1. 26, 27: 16. 11, 12: JD. 16. 17: IV KI. 5. 8: JB. 10. 4: 14. 19: 15. 14: 16. 21: 25. 6: 33. 26: 36. 28: 37. 7: PS. 61 (62). 10: 65 (66). 5: 72 (73). 5: 77 (78). 60: 115. 2 (116. 11): 143 (144). 4: PR. 19. 11: 20. 17: 23. 28: EC. 3. 19: 8. 6, 9: IS. 2. 22 (?): 22. 6: 24. 6: 29. 13: 38. 11: JE. 20. 10: 27 (34). 5: 31 (38). 22, 30: 32 (39). 20: 48 (31). 36: EZ. 10. 14: 28. 2: 29. 8: HO. 11. 4: MI. 5. 5 (4), 7 (6).]
[**Al.** GE. 4. 1: LE. 20. 11: NU. 9. 6: I CH. 17. 17: JB. 37. 7: EC. 12. 13: IS. 44. 11: HB. 3. 13.]
[**Quint.** IV KI. 4. 16: 5. 8: PS. 44 (45). 3.]
[**Heb.** GE. 4. 1: 6. 6 (5): 8. 21: IV KI. 7. 18: JB. 3. 3: EZ. 47. 3.]

ἀνθρωπότης.

IV Ma. 13. 19. A τὰ τῆς ἀ. [S R ἀδελφότ.] φίλτρα
[**Sm.** Ps. 48 (49). 3.]

ἀνθυφαιρεῖν. (1) נִגְרַע ni.

Le. 27. 18. ἀνθυφαιρεθήσεται ἀπὸ τῆς συντιμήσ. (1)

ἀνιᾶν.

[**Sm.** Ps. 68 (69). 21.]

ἀνίασις.

[**Sm.** Ez. 23. 33.]

ἀνίατος. (1) *a.* אַכְזָר *b.* אַכְזָרִי (2) בִּלְתִּי אֵין מַרְפֵּא (3) מְרִירִי (4) סָרָה

De. 32. 24. καὶ ὀπισθότονος ἀνίατος (3)
— 33. θυμὸς ἀσπίδων ἀνίατος (1 a)
Jb. 24. 20. συντριβείη δὲ πᾶς ἄδικος ἴσα ξύλῳ ἀ. †
Pr. 6. 15. διακοπὴ καὶ συντριβὴ ἀ. (4)
Is. 13. 9. ἡμέρα . . . ἀνίατος θυμοῦ καὶ ὀργῆς (1 b)
14. 6. πληγῇ ἀνιάτῳ (2)
Je. 8. 18. δήξονται ὑμᾶς ἀνίατα †
La. 4. 3. ἐθήλασαν . . . θυγατ. λαοῦ μου εἰς ἀνίατον (1 a)
II Ma. 9. 5. ἐπάταξεν αὐτὸν ἀ. καὶ ἀοράτῳ πληγῇ
[**Sm.** JE. 30 (37). 12.]

ἀνιέναι (ἄνειμι). (1) עָלָה

III Ki. 21 (20). 22. A υἱὸς Ἄ. . . . ἄνεισιν [B ἀναβαίνει] ἐπὶ σέ (1)
IV Ma. 4. 10. ἀνιόντος . . . τοῦ 'Απολλωνίου

ἀνιέναι (ἀνίημι). (1) אָשַׁם (2) חָדַל (3) יָאַשׁ ni. (4) כָּשַׁל (5) מַרְבֵּק (6) נָחַם ni. (7) נָטַשׁ (8) נָשָׂא (9) פָּרַשׁ pi. (10) קָלַל hi. (11) רָפָה *a.* qal. *b.* pi. *c.* hi. *d.* רָפֶה (12) שִׁית (13) שָׁלַח *a.* qal. *b.* pu. (14) שָׁעָה hi. (15) שָׁקַט

Ge. 18. 24. οὐκ ἀνήσεις πάντα τὸν τόπον (8)
49. 21. Νεφθαλὶ στέλεχος ἀνειμένον (13 a)
Ex. 23. 11. καὶ ἀνήσεις αὐτήν (7)
De. 31. 6. οὔτε μή σε ἀνῇ (11 c)
— 8. οὐκ ἀνήσει σε (11 c)
Jo. 24. 19. οὐκ ἀνήσει τὰ ἁμαρτήματα ὑμῶν (8)
Jd. 8. 3. τότε ἀνέθη [A ἀνῆκε] τὸ πνεῦμα αὐτῶν (11 a)
I Ki. 9. 5. μὴ ἀνεὶς ὁ πατ. μου τὰς ὄνους φροντίζῃ (2)
11. 3. ἄνες ἡμῖν ἑπτὰ ἡμέρας (11 c)
12. 23. B ἀνιέναι τοῦ προσεύχεσθαι (2)
15. 16. ἄνες καὶ ἀπαγγελῶ σοι (11 c)
23. 13. καὶ ἀνῆκε τοῦ ἐξελθεῖν (2)
27. 1. R καὶ ἀνῇ ἀπ' ἐμοῦ [A ἦλθεν, B ἐὰν ᾖ] Σ. (3)
II Ki. 24. 16. πολὺ νῦν [A πολὺν] ἄνες τὴν χεῖρά σου (11 c)
I Ch. 21. 15. ἄνες τὴν χεῖρά σου (11 c)
28. 20. οὐκ ἀνήσει σε (11 c)
II Ch. 10. 9. ἄνες ἀπὸ τοῦ ζυγοῦ (10)
Ne. 10. 31 (32). ἀνήσομεν τὸ ἔτος τὸ ἕβδομον (7)
Ps. 38 (39). 13. ἄνες μοι ἵνα ἀναψύξω (14)
Wi. 16. 24. ἀνίεται εἰς εὐεργεσίαν
Si. 30. 8. υἱὸς ἀνειμένος ἐκβαίνει προαλής
— 34 (33. 25). ἄνες χεῖρας αὐτῷ
Ma. 4. 2 (3. 20). ὡς μοσχάρια ἐκ δεσμῶν ἀνειμένα (5)
Is. 1. 14. οὐκέτι ἀνήσω τὰς ἁμαρτίας ὑμ. (8)
2. 6. ἀνῆκε γὰρ τὸν λαὸν αὐτοῦ (7)
— 9. οὐ μὴ ἀνήσω αὐτούς [S¹ -οῖς] (8)
3. 8. ἀνεῖται 'Ιερουσαλήμ (4)
5. 6. ἀνήσω τὸν ἀμπελῶνά μου (12)
— 24. συγκαυθήσεται ὑπὸ φλογὸς ἀνειμ. (11 a)
25. 11. ἀνήσει τὰς χεῖρας αὐτοῦ (9)
27. 10. τὸ κατοικούμ. ποίμνιον ἀνειμ. ἔσται (13 b?)
35. 3. ἰσχύσατε χεῖρες ἀνειμ. (11 d)
37. 27. ἀνῆκα τὰς χεῖρας †
42. 2. οὐ κεκράξεται [A κράξ.] οὐδὲ ἀνήσει (8)
46. 4. ἐγὼ ἐποίησα καὶ ἐγὼ ἀνήσω (8)
62. 1. διὰ 'Ιερουσαλὴμ οὐκ ἀνήσω (15)
Je. 15. 6. οὐκέτι ἀνήσω αὐτούς (6)
27 (50). 7. μὴ ἀνῶμεν αὐτούς (1)
Ez. 1. 25. A ἀνίεντο αἱ πτέρυγες αὐτῶν (11 b)
IV Ma. 12. 12. εἰς ὅλον τὸν αἰῶνα οὐκ ἀνήσουσί σε
[**Aq.** Is. 2. 9.]
[**Sm.** CA. 3. 4.]
[**Th.** JB. 14. 6: PR. 18. 9: IS. 2. 6: JE. 10. 7: EZ. 1. 25.]
[**Quint.** Ps. 137 (138). 8.]

ἀνιεροῦν.

I Es. 9. 4. ἀνιερωθήσονται τὰ κτήνη αὐτῶν
III Ma. 7. 20. ἃς καὶ ἀνιερώσαντες ἐν στήλῃ

ἀνίη.

[**Heb.** Ps. 75 (76). 10.]

ἀνίκητος.

II Ma. 11. 13. ἀνικήτους εἶναι τοὺς 'Εβραίους
III Ma. 4. 21. τοῦτο ἦν ἐνέργεια τῆς . . . προνοίας ἀ.
6. 13. πτηξάτω δὲ ἔθνη σὴν δύναμιν ἀ.
IV Ma. 9. 18. ὑπὲρ ἀρετῆς εἰσιν ἀνίκητοι
11. 21. ἀ. γάρ ἐστιν . . . ἡ εὐσεβὴς ἐπιστήμη
— 27. ἀ. ἔχομεν τὸν λογισμόν

ἀνιμᾶν.

[**Sm.** Ps. 29 (30). 2.]

ἀνίπτασθαι. (1) נָדַד

Is. 16. 2. ὡς πετεινοῦ ἀνιπταμένου νοσσός (1)

ἀνιστᾶν, ἀνιστάναι. (1) חָזַק (2) חָיָה (3) *a.* יָצַב hithp. *b.* נָצַב hi. (4) נָתַן צְבִי (5) עָזַר (6) עָלָה (7) עָמַד *a.* qal. *b.* hi. (8) קוּם *a.* qal. *b.* pi. *c.* hi. *d.* ho. *e.* peal. *f.* aph. (9) קִיץ hi. (10) שָׁכַם hi. (11) הָיָה (12) בּוֹא (13) אָמֵץ hithp. (14) נָשָׂא *a.* qal. *b.* pi.

Ge. 4. 8. ἀνέστη Κάϊν ἐπὶ Ἄβελ (8 a)
9. 9. ἀνίστημι τὴν διαθήκην μου (8 c)
13. 17. ἀναστὰς διόδευσον τὴν γῆν (8 a)
19. 1. A ἀνέστη [R ἐξαν.] εἰς συνάντησιν αὐ. (8 a)
— 14. ἀνάστητε καὶ ἐξέλθατε (8 a)
— 15. ἀναστὰς λάβε τὴν γυναῖκά σου (8 a)
— 33. R καὶ ἐν τῷ ἀναστῆναι [A καὶ ἀν.] (8 a)
— 35. ἐν τῷ . . . ἀναστῆναι (8 a)
21. 14. ἀνέστη δὲ 'Αβραὰμ τὸ πρωΐ (10)
— 18. ἀνάστηθι καὶ λάβε τὸ παιδίον (8 a)
— 32. ἀνέστη δὲ 'Αβιμέλεχ (8 a)
22. 3. ἀναστὰς δὲ 'Αβραὰμ τὸ πρωΐ (10)
— 3. ἀναστὰς ἐπορεύθη (8 a)
— 19. ἀναστάντες ἐπορεύθησαν (8 a)
23. 3. ἀνέστη 'Αβραάμ (8 a)

● = correction on page xxiv

Ge. 23. 7. ἀναστὰς δὲ Ἀβραάμ (8 a)
24. 10. ἀναστὰς ἐπορεύθη (8 a)
— 54. ἀναστὰς τὸ πρωΐ (8 a)
— 61. ἀναστᾶσα δὲ Ῥ. καὶ αἱ ἅβραι αὐτῆς (8 a)
25. 34. καὶ ἀναστὰς ᾤχετο (8 a)
26. 31. ἀναστάντες τὸ πρωΐ (10)
27. 19. ἀναστὰς κάθισον καὶ φάγε (8 a)
— 31. ἀναστήτω ὁ πατήρ μου καὶ φαγέτω (8 a)
— 43; 28. 2. ἀναστὰς ἀπόδραθι (8 a)
28. 18. ἀνέστη Ἰακὼβ τὸ πρωΐ (10)
31. 13. νῦν οὖν ἀνάστηθι (8 a)
— 17. ἀναστὰς δὲ Ἰακώβ (8 a)
— 35. οὐ δύναμαι ἀναστῆναι ἐνώπιόν σου (8 a)
— 55 (32. 1). ἀναστὰς δὲ Λάβαν τὸ πρωΐ (10)
32. 22 (23). ἀναστὰς δὲ τὴν νύκτα ἐκείνην (8 a)
35. 1. ἀναστὰς ἀνάβηθι (8 a)
— 3. ἀναστάντες ἀναβῶμεν (8 a)
37. 7. καὶ ἀνέστη τὸ ἐμὸν δράγμα (8 a)
38. 8. ἀνάστησον σπέρμα τῷ ἀδελφῷ σου (8 c)
— 19. καὶ ἀναστᾶσα ἀπῆλθε (8 a)
43. 8. καὶ ἀναστάντες πορευσόμεθα (8 a)
— 13. ἀναστάντες κατάβητε πρὸς τὸν ἄνθρ. (8 a)
— 15. καὶ ἀναστάντες κατέβησαν εἰς Αἴγ. (8 a)
44. 4. ἀναστὰς ἐπιδίωξον ὀπίσω τῶν ἀνθρ. (8 a)
46. 5. ἀνέστη δὲ Ἰακὼβ ἀπὸ τοῦ φρέατος (8 a)
Ex. 1. 8. ἀνέστη δὲ βασ. ἕτερος ἐπ' Αἴγ. (8 a)
2. 17. ἀναστὰς δὲ Μ. ἐρρύσατο αὐτάς (8 a)
10. 23. A οὐκ ἀνέστη [B ἐξαν.] οὐδείς (8 a)
12. 30. ἀναστὰς [A ἀνέστη] Φαραὼ νυκτός (8 a)
— 31. ἀνάστητε καὶ ἐξέλθατε (8 a)
24. 13. ἀναστὰς Μ. καὶ Ἰ. . . . ἀνέβησαν (8 a)
26. 30. ἀναστήσεις τὴν σκηνήν (8 c)
32. 1. ἀνάστηθι καὶ ποίησον ἡμῖν θεούς (8 a)
— 6. καὶ ἀνέστησαν παίζειν (8 a)
Le. 26. 1. οὐδὲ στήλην ἀναστήσετε ὑμῖν (8 c)
Nu. 1. 51. τὴν σκηνὴν ἀναστήσουσι (8 c)
7. 1. ὥστε ἀναστῆσαι τὴν σκηνήν (8 c)
11. 32. ἀναστὰς ὁ λαὸς ὅλην τὴν ἡμέραν (8 a)
16. 2. ἀνέστησαν ἔναντι Μωυσῆ (8 a)
— 25. ἀνέστη Μωυσῆς καὶ ἐπορεύθη (8 a)
22. 13. ἀναστὰς Βαλαὰμ τὸ πρωΐ (8 a)
— 14. ἀναστάντες οἱ ἄρχοντες Μ. (8 a)
— 20. ἀναστὰς ἀκολούθησον αὐτοῖς (8 a)
— 21. ἀναστὰς Βαλαὰμ τὸ πρωΐ (8 a)
— 22. ἀνέστη ὁ ἄγγελος τοῦ θ. (3 a)
23. 18. ἀνάστηθι Βαλάκ (8 a)
— 24. ἰδοὺ λαὸς ὡς σκύμνος ἀναστήσεται (8 a)
24. 9. τίς ἀναστήσει αὐτόν (8 c)
— 17. ἀναστήσεται ἄνθρωπος ἐξ Ἰσρ. (8 a)
— 25. ἀναστὰς Βαλαὰμ ἀπῆλθεν (8 a)
32. 14. ἀνέστητε ἀντὶ τῶν πατέρων ὑμῶν (8 a)
De. 2. 13. νῦν οὖν ἀνάστητε (8 a)
— 24. νῦν οὖν [A om.] ἀνάστητε (8 a)
6. 7. A κοιταζόμενος καὶ ἀνιστάμ. [B διαν.] (8 a)
9. 12. ἀνάστηθι κατάβηθι [A καὶ κ.] τὸ τάχος (8 a)
13. 1 (2). ἐὰν δὲ ἀναστῇ ἐν σοὶ προφήτης (8 a)
17. 8. ἀναστὰς ἀναβήσῃ εἰς τὸν τόπον (8 a)
18. 15. προφήτην . . . ὡς ἐμὲ ἀναστήσει (8 c)
— 18. προφήτην ἀναστήσω αὐτοῖς (8 c)
22. 4. ἀνιστῶν ἀναστήσεις [A^{2} add. αὐτὰ] μετ' αὐ. (8 c, 8 c)
25. 7. ἀναστῆσαι τὸ ὄνομα τοῦ ἀδ. [A om.] (8 c)
28. 9. ἀναστήσαι σε κ. ἑαυτῷ λαὸν ἅγιον (8 c)
29. 22 (21). οἳ ἀναστήσονται μεθ' ὑμᾶς (8 a)
31. 16. ἀναστὰς ὁ λαὸς οὗτος (8 a)
32. 38. ἀναστήτωσαν καὶ βοηθησάτωσαν ὑμῖν (8 a)
33. 11. οἱ μισοῦντες αὐτὸν μὴ ἀναστήτωσαν (8 a)
34. 10. οὐκ ἀνέστη ἔτι προφήτης (8 a)
Jo. 1. 2. ἀναστὰς διάβηθι τὸν Ἰορδ. (8 a)
6. 11 (12). ἀνέστη Ἰησοῦς τὸ πρωΐ (10)
— 14 (15). τῇ ἡμέρᾳ τῇ ἑβδόμῃ ἀνέστησαν ὄρθρου (10)
7. 10. ἀνάστηθι, ἱνατί τοῦτο σὺ πέπτωκας (8 a)
— 13. ἀναστὰς ἁγίασον τὸν λαόν (8 a)
8. 1. ἀναστὰς ἀνάβηθι εἰς Γαί (8 a)
— 3. ἀνέστη Ἰ. . . . ὥστε ἀναβῆναι εἰς Γαί (8 a)
18. 4. ἀναστάντες διελθέτωσαν τὴν γῆν (8 a)
— 8. ἀναστάντες οἱ ἄνδρες ἐπορεύθησαν (8 a)
21. 42. A B οὐκ ἀνέστη [R ἀντ.] οὐθείς (7 a)
24. 9. καὶ ἀνέστη Βαλὰκ ὁ τοῦ Σ. (8 a)
Jd. 2. 10. καὶ ἀνέστη γενεὰ ἑτέρα (8 a)
3. 21. ἅμα τῷ [A τοῦ] ἀναστῆναι αὐτόν [A om.] –
— 31. μετ' αὐτὸν ἀνέστη Σαμ. υἱὸς Δινάχ (11)
4. 9. καὶ ἀνέστη Δεββῶρα (8 a)
— 14. καὶ εἶπε Δεββῶρα πρὸς Β. ἀνάστηθι (8 a)
Jd. 5. 7. ἕως οὗ ἀνέστη [A ἐξαν.] Δ. ἕως οὗ [A ὅτι] ἀνέστη μήτηρ (8 a, 8 a)
— 12. B ἀνάστα Βαράκ [A al.] (8 a)
7. 9. ἀνάστα [A ἀνάβηθι] κατάβηθι (8 a)
— 15. ἀνάστητε ὅτι παρέδωκε κ. (8 a)
— 24. A ἀνάστητε [B κατάβητε εἰς συνάντησ. Μ.] †
8. 20. ἀναστὰς ἀπόκτεινον αὐτούς (8 a)
— 21. ἀνάστα σύ [A δὴ σύ] (8 a)
— 21. καὶ ἀνέστη Γεδεών (8 a)
9. 32. ἀνάστηθι [B ἀναστὰς] νυκτός (8 a)
— 34, 35. καὶ ἀνέστη Ἀβιμέλεχ (8 a)
— 43. ἀνέστη ἐπ' [A ἐπαν.] αὐτούς [A -οῖς] (8 a)
10. 1. καὶ ἀνέστη μετὰ Ἀβιμέλεχ (8 a)
— 3. καὶ ἀνέστη μετ' αὐτὸν Ἰ. (8 a)
13. 11. καὶ ἀνέστη καὶ ἐπορεύθη Μ. (8 a)
16. 3. ἀνέστη ἐν ἡμίσει τῆς νυκτός [A al.] (8 a)
18. 9. ἀνάστητε καὶ ἀναβῶμεν (8 a)
— 9. A ἀνάστητε καὶ ἀναβῶμεν ἐπ' αὐτούς –
— 30. A ἀνέστησαν [B ἔστ.] ἑαυτοῖς οἱ υἱοὶ Δ. (8 c)
19. 3. καὶ ἀνέστη ὁ ἀνὴρ αὐτῆς (8 a)
— 5. ἀνέστη τοῦ πορευθῆναι [A ἀπελθεῖν] (8 a)
— 7. ἀνέστη ὁ ἀνὴρ τοῦ πορεύεσθαι [A al.] (8 a)
— 9. ἀνέστη ὁ ἀνὴρ τοῦ πορευθῆναι [A al.] (8 a)
— 10. καὶ ἀνέστη καὶ ἀπῆλθε (8 a)
— 27. καὶ ἀνέστη ὁ ἀνὴρ [A κύριος] αὐτῆς (8 a)
— 28. ἀνάστα [A -στηθι] καὶ ἀπέλθωμεν (8 a)
— 28. A καὶ ἀνέστη ὁ ἀνήρ (8 a)
20. 5. καὶ ἀνέστησαν ἐπ' ἐμὲ οἱ ἄνδρες τῆς Γ. (8 a)
— 8. καὶ ἀνέστη πᾶς ὁ λαὸς ὡς ἀνὴρ εἷς (8 a)
— 18. καὶ ἀνέστησαν καὶ ἀνέβησαν εἰς Β. (8 a)
— 19. καὶ ἀνέστησαν οἱ υἱοὶ Ἰσρ. (8 a)
— 33. πᾶς ἀνὴρ ἀνέστη ἐκ τοῦ τόπου αὐτοῦ (8 a)
Ru. 1. 6. καὶ ἀνέστη αὕτη (8 a)
2. 15. ἀνέστη τοῦ συλλέγειν (8 a)
3. 14. ἡ δὲ ἀνέστη πρὸ τοῦ ἐπιγνῶναι (8 a)
4. 5. ὥστε ἀναστῆσαι [A -στήσασθαί σε] τὸ ὄν. (8 c)
— 10. τοῦ ἀναστῆσαι τὸ ὄνομα τοῦ τεθνηκ. (8 c)
I Ki. 1. 9. A R καὶ ἀνέστη Ἄννα [B om.] (8 a)
2. 8. ἀνιστᾷ ἀπὸ γῆς πένητα (8 c)
— 35. ἀναστήσω ἐμαυτῷ ἱερέα πιστόν (8 c)
3. 6. A καὶ ἀνέστη Σαμ. (8 a)
— 8. καὶ ἀνέστη καὶ ἐπορεύθη πρὸς Ἡλί (8 a)
9. 3. καὶ ἀνάστητε καὶ πορεύθητε (8 a)
— 26. ἀνάστα καὶ ἐξαποστελῶ σε, καὶ ἀνέστη Σ. (8 a, 8 a)
13. 15. B καὶ ἀνέστη Σαμουήλ (8 a)
15. 12. καὶ ἀνέστακεν αὐτῷ χεῖρα (3 b)
16. 12. ἀνάστα καὶ [A om.] χρῖσον τὸν Δ. (8 a)
— 13. καὶ ἀνέστη Σαμουήλ (8 a)
17. 8. B καὶ ἀνέστη [A R ἔστη] (7 a)
— 48. καὶ ἀνέστη ὁ ἀλλόφυλος (8 a)
— 52. καὶ ἀνίστανται ἄνδρες Ἰσρ. (8 a)
18. 27. καὶ ἀνέστη Δαυίδ (8 a)
20. 41. καὶ Δ. ἀνέστη ἀπὸ τοῦ ἀργάβ [A ὕπνου] (8 a)
— 42; 21. 10 (11). καὶ ἀνέστη Δαυίδ (8 a)
23. 4. ἀνάστηθι καὶ κατάβηθι (8 a)
— 13. καὶ ἀνέστη Δαυίδ (8 a)
— 16. καὶ ἀνέστη Ἰωνάθαν (8 a)
— 24. καὶ ἀνέστησαν οἱ Ζιφαῖοι (8 a)
24. 1. καὶ ἀνέστη Δαυὶδ ἐκεῖθεν (6)
— 5. καὶ ἀνέστη Δ. (8 a)
— 8. οὐκ ἔδωκεν αὐτοῖς [A -οὺς] ἀναστάντας (8 a)
— 8. καὶ ἀνέστη Σαούλ (8 a)
— 9. καὶ ἀνέστη Δαυὶδ ὀπίσω αὐτοῦ (8 a)
25. 1. καὶ ἀνέστη Δαυίδ (8 a)
— 29. ἀναστήσεται ἄνθρ. καταδιώκων σε (8 a)
— 41. καὶ ἀνέστη καὶ προσεκύνησεν (8 a)
— 42. καὶ ἀνέστη Ἀβιγαία (8 a)
26. 2. καὶ ἀνέστη [A κατέβη] Σαούλ (8 a)
— 5. καὶ ἀνέστη Δαυὶδ λάθρα (8 a)
27. 2. καὶ ἀνέστη Δαυίδ (8 a)
28. 23. καὶ ἀνέστη ἀπὸ τῆς γῆς (8 a)
— 25. καὶ ἔφαγον καὶ ἀνέστησαν (8 a)
31. 12. καὶ ἀνέστησαν [A -στη] πᾶς ἀνὴρ δυνάμεως (8 a)
II Ki. 2. 14. ἀναστήτωσαν δὴ τὰ παιδάρια (8 a)
— 14. ἀναστήτωσαν, καὶ ἀνέστησαν (8 a, 8 a)
3. 10. τοῦ ἀναστῆσαι τὸν θρόνον Δ. (8 c)
— 21. ἀναστήσομαι δὴ καὶ πορεύσομαι (8 a)
6. 2. καὶ ἀνέστη καὶ ἐπορεύθη Δ. (8 a)
7. 12. ἀναστήσω τὸ σπέρμα σου μετὰ σέ (8 c)
11. 2. ἀνέστη Δαυὶδ ἀπὸ τῆς κοίτης αὐτοῦ (8 a)
12. 17. ἀνέστησαν ἐπ' αὐτὸν οἱ πρεσβύτ. τοῦ οἴ. (8 a)
— 20. καὶ ἀνέστη Δαυὶδ ἐκ τῆς γῆς (8 a)
— 21. ἡνίκα ἀπέθανε τὸ παιδάριον ἀνέστης (8 a)
13. 15. ἀνάστηθι καὶ [A om.] πορεύου (8 a)
II Ki. 13. 29. ἀνέστησαν πάντες οἱ υἱοὶ τοῦ βασ. (8 a)
— 31. καὶ ἀνέστη ὁ βασιλεύς (8 a)
14. 23, 31. καὶ ἀνέστη Ἰωάβ (8 a)
15. 9. καὶ ἀναστὰς ἐπορεύθη εἰς Χ. (8 a)
— 14. A B ἀνάστατε [R -στητε] καὶ φύγωμεν (8 a)
17. 1. ἀναστήσομαι καὶ καταδιώξω ὀπίσω Δ. (8 a)
— 21. ἀνάστητε καὶ διάβητε ταχέως τὸ ὕδωρ (8 a)
— 22. καὶ ἀνέστη Δαυίδ (8 a)
— 23. καὶ ἀνέστη καὶ ἀπῆλθεν (8 a)
19. 7 (8). καὶ νῦν ἀναστὰς ἔξελθε (8 a)
— 8 (9). καὶ ἀνέστη ὁ βασιλεύς (8 a)
22. 39. θλάσω αὐτοὺς καὶ οὐκ ἀναστήσονται (8 a)
23. 1. ὃν ἀνέστησε κύριος (8 d)
— 10. αὐτὸς ἀνέστη καὶ ἐπάταξεν (8 a)
24. 11. καὶ ἀνέστη Δαυὶδ τὸ πρωΐ (8 a)
III Ki. 1. 50. καὶ ἀνέστη καὶ ἀπῆλθε (8 a)
3. 1 (2. 40). καὶ ἀνέστη Σεμεΐ (8 a)
— 4. καὶ ἀνέστη καὶ ἐπορεύθη εἰς Γ. –
— 12. μετὰ σὲ οὐκ ἀναστήσεται ὅμοιός σοι (8 a)
— 15. καὶ ἀνέστη καὶ παραγίνεται εἰς Ἱερ. –
— 20. καὶ ἀνέστη μέσης τῆς νυκτός (8 a)
— 21. καὶ ἀνέστην τὸ πρωΐ (8 a)
8. 20. καὶ ἀνέστησε κ. τὸ ῥῆμα αὐτοῦ (8 c)
— 20. καὶ ἀνέστην ἀντὶ Δ. τοῦ πατρός μου (8 a)
— 22. καὶ ἀνέστη [A ἔστη] Σαλ. (7 a)
— 54. ἀνέστη ἀπὸ προσώπου τοῦ θυσιαστ. (8 a)
9. 5. ἀναστήσω τὸν θρόνον τῆς βασ. [A om.] σου (8 c)
11. 18. ἀνίστανται ἄνδρες ἐκ τῆς πόλ. Μαδ. (8 a)
— 40. καὶ ἀνέστη (8 a)
12. 24. B ἀνάστηθι πορεύου –
— 24. B ἀνάστηθι καὶ λάβε –
— 24. B (cf. A 14. 4) καὶ ἀνέστη ἡ γυνή (8 a)
— 24. B καὶ ἀνέστη ἐκ Σαριρά –
14. 2. A ἀνάστηθι καὶ ἀλλοιωθήσῃ (8 a)
— 4. A καὶ ἀνέστη καὶ ἐπορεύθη εἰς Σ. (8 a)
— 12. A καὶ σὺ ἀναστᾶσα πορεύθητι (8 a)
— 14. A ἀναστήσει κ. ἑαυτῷ βασ. ἐπὶ Ἰσρ. (8 c)
— 17. A καὶ ἀνέστη ἡ γυνὴ Ἱερ. (8 a)
17. 9. ἀνάστηθι καὶ πορεύου [A -εύθητι] (8 a)
— 10. καὶ ἀνέστη καὶ ἐπορεύθη εἰς Σ. (8 a)
19. 3. καὶ ἀνέστη καὶ ἀπῆλθε (8 a)
— 5. ἀνάστηθι καὶ [A om.] φάγε (8 a)
— 6. καὶ ἀνέστη καὶ ἔφαγε –
— 7. ἀνάστα [A ἀνάστηθι] φάγε (8 a)
— 8. καὶ ἀνέστη καὶ ἔφαγε (8 a)
— 21. καὶ ἀνέστη καὶ ἐπορεύθη ὀπίσω Ἠ. (8 a)
20 (21). 7. ἀνάστηθι φάγε ἄρτον (8 a)
— 15. ἀνάστα κληρονόμει τὸν ἀμπελῶνα Ναβ. (8 a)
— 16. καὶ ἀνέστη καὶ κατέβη Ἀχ. (8 a)
— 18. ἀνάστηθι καὶ κατάβηθι (8 a)
IV Ki. 1. 3. ἀναστὰς δεῦρο [A -στηθι καὶ πορεύθητι] (8 a)
— 15. καὶ ἀνέστη Ἠλιού (8 a)
3. 24. Ἰσραὴλ ἀνέστησαν (8 a)
4. 7. A καὶ ἀνέστη [B ἦλθε] καὶ ἀπήγγειλε (12)
— 30. ἀνέστη Ἐλισαιέ (8 a)
6. 15. ὤρθρισεν ὁ λειτουργὸς Ἐλ. ἀναστῆναι (8 a)
7. 5. ἀνέστησαν ἐν τῷ σκότει (8 a)
— 7. καὶ ἀνέστησαν καὶ ἀπέδρασαν (8 a)
— 12. A R ἀνέστη [B ἔστη] ὁ βασ. νυκτός (8 a)
8. 1. ἀνάστηθι καὶ δεῦρο (8 a)
— 2. καὶ ἀνέστη ἡ γυνή (8 a)
— 21. καὶ ἐγένετο αὐτοῦ ἀναστάντος (8 a)
9. 2. ἀναστήσεις αὐτὸν ἐκ μέσ. τῶν ἀδ. αὐ. (8 c)
— 6. καὶ ἀνέστη καὶ εἰσῆλθεν (8 a)
10. 12. καὶ ἀνέστη [A add. καὶ ἦλθεν] (8 a)
11. 11. A καὶ ἀνέστησαν [B ἔσ.] οἱ παρατρέχ. (7 a)
12. 20 (21). καὶ ἀνέστησαν οἱ δοῦλοι αὐτοῦ (8 a)
13. 21. καὶ ἀνέστη ἐπὶ τοὺς πόδας αὐτοῦ (8 a)
21. 3. ἀνέστησε [A ἀπέστρεψεν τὸ] θυσιαστ. τῇ Β. (8 c)
23. 3. τοῦ ἀναστῆσαι τοὺς λόγους τῆς διαθ. τ. (8 c)
— 25. μετ' αὐτὸν οὐκ ἀνέστη ὅμοιος αὐτῷ (8 a)
25. 26. καὶ ἀνέστη πᾶς ὁ λαός (8 a)
I Ch. 17. 11. καὶ ἀναστήσω τὸ σπέρμα σου (8 c)
22. 16. ἀνάστηθι καὶ ποίει (8 a)
II Ch. 6. 10. καὶ ἀνέστησε κ. τὸν λόγον τ. (8 c)
— 41. ἀνάστηθι . . . εἰς τὴν κατάπαυσιν (8 a)
7. 18. καὶ ἀναστήσω τὸν θρόνον τῆς βασ. σου (8 c)
10. 15. ἀνέστησε κ. τὸν λόγον αὐτοῦ (8 c)
13. 4. καὶ ἀνέστη Ἀβιά (8 a)
— 6. καὶ ἀνέστη Ἱεροβοάμ (8 a)
— 6. B καὶ ἀνέστη [A R ἀπ.] ἀπὸ τοῦ κυρίου αὐ. †
— 7. καὶ ἀνέστη [A ἀντ.] πρὸς Ῥοβ. (13)
20. 5. καὶ ἀνέστη Ἰωσ. ἐν ἐκκλησίᾳ Ἰ. (7 a)

II Ch. 20. 19. ἀνέστησαν οἱ Λευῖται . . . αἰνεῖν κ. (8 a)
— 23. A R ἀνέστησαν [B ἀπ.] οἱ υἱοὶ Ἀμμὼν (7 a)
— 23. ἀνέστησαν εἰς ἀλλήλους (5)
21. 4. καὶ ἀνέστη Ἰωρὰμ ἐπὶ τὴν βασ. αὐτοῦ (8 a)
23. 18. ἀνέστησε τὰς ἐφημερίας τῶν ἱερ. –
24. 13. ἀνέστησαν τὸν οἶκον κυρίου (7 b)
— 20. καὶ ἀνέστη ἐπάνω τοῦ λαοῦ (7 a)
25. 5. ἀνέστησεν αὐτοὺς κατ' οἴκ. πατριῶν (7 b)
28. 12. καὶ ἀνέστησαν ἄρχοντες (8 a)
— 15. ἀνέστησαν ἄνδρες (8 a)
29. 12. καὶ ἀνέστησαν οἱ Λευῖται (8 a)
30. 14. καὶ ἀνέστησαν καὶ καθεῖλαν (8 a)
— 27. καὶ ἀνέστησαν οἱ ἱερεῖς (8 a)
34. 31. A ἀνέστη [B ἔστη] ὁ βασ. ἐπὶ τὸν στ. (7 a)
35. 19. καὶ μετ' αὐτὸν οὐκ ἀνέστη ὅμοιος –
I Es. 1. 24. καὶ οἱ λόγοι τοῦ κ. ἀνέστησαν ἐπὶ Ἰσρ.
2. 24. καὶ τὰ ταύτης τείχη ἀνασταθῇ
4. 47. τότε ἀναστὰς Δαρ. ὁ βασιλεύς
5. 40. A R ἕως οὗ ἀναστῇ ἀρχιερεὺς [B ἰ.]
8. 95. ἀναστὰς ἐπιτέλει
— 96. ἀναστὰς Ἔσδρας ὥρκισε
9. 1. ἀναστὰς Ἔ. ἀπὸ τῆς αὐλῆς τοῦ ἱεροῦ
— 7. ἀναστὰς Ἔσδρας εἶπεν αὐτοῖς
II Es. 1. 5. ἀνέστησαν ἄρχοντες τῶν πατρ. τοῦ Ἰ. (8 a)
2. 63. ἕως ἀναστῇ ἱερεὺς (7 a)
3. 2. καὶ ἀνέστη Ἰησοῦς (8 a)
5. 2. τότε ἀνέστησαν Ζοροβάβελ (8 e)
9. 5. ἀνέστην ἀπὸ ταπεινώσεώς μου (8 a)
— 9. καὶ ἀναστῆσαι τὰ ἔρημα αὐτῆς (7 b)
10. 3. ἀνάστηθι καὶ φοβέρισον αὐτούς †
— 4. ἀνάστα [A S^2 -στηθι] ὅτι ἐπὶ σε τὸ ῥῆμα (8 a)
— 5. καὶ ἀνέστη Ἔσδρας (8 a)
— 6. καὶ ἀνέστη Ἔσδρας ἀπὸ πρόσ. οἴκου τοῦ θ. (8 a)
— 10. ἀνέστη Ἔσδρας ὁ ἱερεύς (8 a)
Ne. 2. 12. καὶ ἀνέστην νυκτός (8 a)
— 18. ἀναστῶμεν καὶ οἰκοδομήσωμεν (8 a)
3. 1. καὶ ἀνέστη Ἐλισοὺβ (8 a)
4. 14 (8). καὶ εἶδον καὶ ἀνέστην (8 a)
7. 65. ἕως ἀναστῇ [A ἀνέστη] ὁ ἱερ. φωτίσων (7 a)
9. 5. ἀνάστητε εὐλογεῖτε κ. τὸν θ. ἡμῶν (8 a)
To. 8. 4. ἀνέστη Τωβίας ἀπὸ τῆς κλίνης [S al.]
— 4. ἀνάστηθι, ἀδελφή
— 5. S καὶ ἀνέστη
— 9. ἀναστὰς Ῥαγ. ἐπορεύθη [S al.]
9. 5. S ἀναστὰς παρηρίθμησεν αὐτῷ
10. 11. ἀναστὰς δὲ Ῥαγουὴλ
11. 10. S καὶ ἀνέστη Τωβεὶς [A B al.]
12. 13. ὅτε οὐκ ὤκνησας ἀναστῆναι
— 21. ἀνέστησαν, καὶ οὐκ ἔτι εἶδον αὐτόν
Ju. 5. 3. τίς ἀνέστηκεν [S καθέσ.] ἐπ' αὐτῶν βασ.
8. 18. οὐκ ἀνέστη ἐν ταῖς γενεαῖς ἡμῶν
10. 2. καὶ ἀνέστη ἀπὸ τῆς πτώσεως
12. 6. ἀνέστη πρὸς [A περὶ] τὴν ἑωθινὴν φυλακήν
— 15. A καὶ ἀναστᾶσα [B διαν.] ἐκοσμήθη
Es. 5. 9. S^3 οὐκ ἀνέστη οὐδὲ ἐτρόμησεν (8 a)
Jb. 1. 5. ἀνιστάμενος τὸ πρωΐ (10)
— 20. ἀναστὰς Ἰὼβ [A ἀκούσας Ἰ. ἀναστάς] (8 a)
4. 16. ἀνέστην καὶ οὐκ ἐπέγνων (7 a)
7. 4. ὡς δ' ἂν ἀναστῶ πάλιν (8 a)
14. 12. ἄνθρωπος δὲ . . . οὐ μὴ ἀναστῇ (8 a)
16. 9 (8). ἀνέστη ἐν ἐμοὶ τὸ ψεῦδός μου (8 a)
19. 18. ὅταν ἀναστῶ κατ' ἐμοῦ λαλοῦσιν (8 a)
— 25. ἐπὶ γῆς ἀναστῆσαι τὸ δέρμα μου [A S^2 ἀναστήσει δέ μου τὸ σῶμα] (8 a)
24. 22. ἀναστὰς τοιγαροῦν οὐ μὴ πιστεύσῃ (8 a)
42. 17. αὐτὸν πάλιν ἀναστήσεσθαι μεθ' ὧν ὁ κ. ἀνίστησιν
Ps. 1. 5. οὐκ ἀναστήσονται οἱ ἀσεβεῖς (8 a)
3. 7. ἀνάστα, κύριε, σῶσόν με (8 a)
7. 6. ἀνάστηθι, κύριε, ἐν ὀργῇ σου (8 a)
9. 19. ἀνάστηθι, κύριε, μὴ κραταιούσθω ἄνθρ. (8 a)
— 33 (10. 12). ἀνάστηθι, κύριε ὁ θεός (8 a)
11 (12). 5. νῦν ἀναστήσομαι (8 a)
16 (17). 13. ἀνάστηθι, κύριε, πρόφθασον αὐτούς (8 a)
19 (20). 8. ἡμεῖς δὲ ἀνέστημεν (8 a)
34 (35). 2. ἀνάστηθι εἰς βοήθειάν μοι [A μου] (8 a)
— 11. ἀναστάντες μάρτυρες ἄδικοι (8 a)
40 (41). 8. μὴ . . . οὐχὶ προσθήσει τοῦ ἀναστῆναι (8 a)
— 10. ἐλέησόν με καὶ ἀνάστησόν με (8 c)
43 (44). 23. ἀνάστηθι καὶ μὴ ἀπώσῃ (9)
— 26. ἀνάστα, κύριε, βοήθησον ἡμῖν (8 a)
67 (68). 1. ἀναστήτω ὁ θεός (8 a)
73 (74). 22. ἀνάστα, ὁ θεός (8 a)
75 (76). 9. ἐν τῷ ἀναστῆναι εἰς κρίσιν τὸν θ. (8 a)
Ps. 77 (78). 5. ἀνέστησε μαρτύριον ἐν Ἰακὼβ (8 c)
— 6. ἀναστήσονται καὶ ἀπαγγελοῦσιν (8 a)
81 (82). 8. ἀνάστα, ὁ θεός (8 a)
87 (88). 10. μὴ . . . ἰατροὶ ἀναστήσουσι (8 a)
93 (94). 16. τίς ἀναστήσεταί μοι (8 a)
101 (102). 13. ἀναστὰς οἰκτειρήσεις τὴν Σιών (8 a)
131 (132). 8. ἀνάστηθι . . . εἰς τὴν ἀνάπαυσίν σου (8 a)
Pr. 24. 16. ἑπτάκ. γὰρ πεσεῖται δίκ. καὶ ἀναστήσεται (8 a)
29. 4. βασιλεὺς δίκαιος ἀνίστησι χώραν (7 b)
31. 15. καὶ ἀνίσταται ἐκ νυκτῶν (8 a)
— 28. ἡ δὲ ἐλεημοσ. αὐ. ἀνέστησε τὰ τέκνα αὐ. (8 a)
Ec. 4. 15. A S ὃς ἀναστήσ. [B στήσ.] ἀντ' αὐτοῦ (7 a)
12. 4. ἀναστήσεται [S -σονται] εἰς φων. τοῦ στρ. (8 a)
Ca. 2. 10, 13. ἀνάστα, ἐλθέ, ἡ πλησίον μου (8 a)
3. 2. ἀναστήσομαι δὴ καὶ [A om.] κυκλώσω (8 a)
5. 5. ἀνέστην ἐγὼ ἀνοῖξαι τῷ ἀδελφιδῷ μου (8 a)
Wi. 10. 16. S^1 ἀνέστη βασιλεὺς [A B ἀντ. βασιλεῦσι]
Si. 25. 1. ἀνέστην ὡραία ἔναντι κυρίου
34 (31). 20. ἀνέστη πρωΐ
— 21. ἀνάστα μεσοπωρῶν καὶ ἀναπαύσῃ
47. 1. μετὰ τοῦτον ἀνέστη Νάθαν
— 12. μετὰ τοῦτον ἀνέστη υἱὸς ἐπ.
48. 1. ἀνέστη Ἡλίας προφήτης ὡς πῦρ
Ho. 6. 3 (2). A B ἐν τῇ ἡμ. τῇ τρ. ἀναστησόμεθα [R ἐξαν.] (8 c)
Am. 5. 1. οὐκέτι μὴ προσθήσει τοῦ ἀναστῆναι (8 a)
— 2. οὐκ ἔστιν ὁ ἀναστήσων αὐτήν (8 c)
7. 2, 5. τίς ἀναστήσει τὸν Ἰ. (8 a)
— 9. ἀναστήσομαι ἐπὶ τὸν οἶκον Ἰ. (8 a)
8. 14. καὶ οὐ μὴ ἀναστῶσιν ἔτι (8 a)
9. 11. ἐν τῇ ἡμ. ἐκείνῃ ἀναστήσω τὴν σκηνὴν Δ. (8 c)
— 11. τὰ κατεσκαμμ. [A -στραμμ.] αὐ. ἀναστήσω (8 c)
Mi. 2. 10. ἀνάστηθι καὶ πορεύου (8 a)
4. 13. ἀνάστηθι [A -στα] καὶ ἀλόα αὐτούς (8 a)
6. 1. ἀνάστηθι, κρίθητι πρὸς τὰ ὄρη (8 a)
7. 8. πέπτωκα, καὶ ἀναστήσομαι (8 a)
Ob. 1. 1. ἀνάστητε, καὶ ἐξαναστῶμεν ἐπ' αὐτήν (8 a)
Jn. 1. 2. ἀνάστηθι καὶ πορεύθητι εἰς N. (8 a)
— 3. καὶ ἀνέστη Ἰ. τοῦ φυγεῖν εἰς Θ. (8 a)
— 6. ἀνάστα καὶ ἐπικαλοῦ τὸν θεόν σου (8 a)
3. 2. ἀνάστηθι πορεύθητι [A S^2 καὶ π.] εἰς N. (8 a)
— 3. καὶ ἀνέστη Ἰ. καὶ ἐπορεύθη εἰς N. (8 a)
Na. 1. 5. S^3 ἀνέστη [A B S -εστάλη] ἡ γῆ (14 a)
Hb. 2. 7. ἐξαίφνης ἀναστήσονται (8 a)
Hg. 2. 10 (9). τοῦ ἀναστῆσαι τὸν ναὸν τοῦτον –
Is. 2. 10. ὅταν ἀναστῇ θραῦσαι τὴν γῆν –
— 19, 21. ὅταν ἀναστῇ θραῦσαι τὴν γῆν (8 a)
11. 10. ὁ ἀνιστάμενος ἄρχειν ἐθνῶν (7 a)
14. 21. ἵνα μὴ ἀναστῶσι (8 a)
21. 5. ἀναστάντες οἱ ἄρχοντες (8 a)
24. 20. οὐ μὴ δύνηται ἀναστῆναι (8 a)
● 26. 14. οὐδὲ ἰατροὶ οὐ μὴ ἀναστήσουσι (8 a)
— 19. ἀναστήσονται οἱ νεκροί (2)
28. 21. ὥσπερ ὄρος ἀσεβῶν ἀναστήσεται (8 a)
32. 9. γυναῖκες πλούσιαι ἀνάστητε (8 a)
33. 10. νῦν ἀναστήσομαι (8 a)
37. 36. ἀναστάντες [A S ἐξαν.] τὸ πρωΐ (10)
38. 9. ἀνέστη ἐκ τῆς μαλακίας αὐτοῦ (2)
39. 1. ἐμαλακίσθη ἕως θανάτου καὶ ἀνέστη (1)
43. 17. ἐκοιμήθησαν καὶ οὐκ ἀναστήσονται (8 a)
49. 7. ἀναστήσονται ἄρχοντες (8 a)
51. 17. ἀνάστηθι Ἰερουσαλήμ (8 a)
52. 2. ἐκτίναξαι τὸν χοῦν καὶ ἀνάστηθι (8 a)
54. 17. πᾶσα φωνὴ [A S^2 add. ἡ] ἀναστήσ. ἐπὶ σέ (8 a)
Je. 1. 17. περίζωσαι τὴν ὀσφ. σου καὶ ἀνάστηθι (8 a)
2. 27. ἀνάστα καὶ σῶσον ἡμᾶς (8 a)
— 28. εἰ ἀναστήσονται καὶ σώσουσιν (8 a)
6. 4. ἀνάστητε καὶ ἀναβῶμεν (8 a)
— 5. ἀνάστητε καὶ ἀναβῶμεν [A διαβ.] (8 a)
8. 4. μὴ ὁ πίπτων οὐκ ἀνίσταται (8 a)
13. 4. ἀνάστηθι καὶ βάδισον ἐπὶ τὸν Εὐφρ. (8 a)
— 6. ἀνάστηθι [A S add. καὶ] βάδισον (8 a)
18. 2. ἀνάστηθι καὶ κατάβηθι (8 a)
23. 4. ἀναστήσω αὐτοῖς ποιμένας (8 c)
— 5. ἀναστήσω τῷ Δ. ἀνατολὴν δικαίαν (8 c)
— 20. S^3 ἕως ἂν ἀναστήσῃ [A B^2 S^2 στήσῃ] αὐτό (8 c)
26 (46). 16. ἀναστῶμεν καὶ ἀναστρέψωμεν [A ἀποσ.] (8 a)
27 (50). 32. οὐκ ἔσται ὁ ἀνιστῶν αὐτήν (8 c)
Je. 28 (51). 29. S^1 ἀνέστη [A B ἐξαν.] ἐπὶ Βαβ. λογισμὸς κυρίου (8 a)
— 64. A S R οὐ μὴ ἀναστῇ ἀπὸ προσ. τῶν κακῶν [B Χαλδ.] (8 a)
29 (49). 14. ἀνάστητε εἰς πόλεμον (8 a)
30. 6 (49. 28). ἀνάστητε καὶ ἀνάβητε [S^1 om. κ. ἀ.] ἐπὶ K. (8 a)
— 9 (49. 31). ἀνάστηθι καὶ ἀνάβηθι (8 a)
32. 13 (25. 27). οὐ μὴ ἀναστῆτε ἀπὸ προσ. τῆς μαχ. (8 a)
33 (26). 17. ἀνέστησαν ἄνδρες τῶν πρεσβυτέρων (8 a)
37 (30). 9. τὸν Δ. βασ. αὐτῶν ἀναστήσω αὐτοῖς (8 c)
— 12. ἀνέστησα σύντριμμα †
38 (31). 6. ἀνάστητε καὶ ἀνάβητε εἰς Σιών (8 a)
44 (37). 10. ἀναστήσονται καὶ καύσουσι (8 a)
48 (41). 2. ἀνέστη Ἰσμ. καὶ οἱ δέκα [S δῶδ.] ἄνδρες (8 a)
Ba. 3. 19. A^1 R ἄλλοι ἀνέστησαν [A^2 B ἀνταν.] ἀντ' αὐτῶν
5. 5. ἀνάστηθι, Ἱερουσαλήμ
La. 2. 19. ἀνάστα, ἀγαλλίασαι ἐν [S om.] νυκτί (8 a)
Ep. Je. 27. R μὴ [A B om.] δι' αὐτῶν ἀνίστασθαι
— 53. βασιλέα γὰρ χώρας οὐ μὴ ἀναστήσωσιν
Ez. 3. 22. ἀνάστηθι καὶ ἔξελθε εἰς τὸ πεδίον (8 a)
— 23. ἀνέστην καὶ ἐξῆλθον (8 a)
— 24. B^2 ἀνέστησέ [A B^1 ἔστ.] με ἐπὶ πόδας μου (7 b)
13. 5. οὐκ ἀνέστησαν οἱ λέγοντες (7 a?)
— 6. ἤρξαντο τοῦ ἀναστῆσαι λόγον (8 b)
16. 60. ἀναστήσω σοι διαθήκην αἰώνιον (8 c)
— 62. ἀναστήσω ἐγὼ τὴν διαθ. μου (8 c)
26. 20. μηδὲ ἀναστῇς [A -σταθῇς] ἐπὶ γῆς ζωῆς (4?)
34. 23. ἀναστήσω . . . ποιμένα ἕνα [A ἕτερον] (8 c)
— 29. ἀναστήσω αὐτοῖς φυτὸν εἰρήνης (8 c)
Da. LXX. Su. 29. ἀναστάντες οἱ δύο πρεσβύτεροι
— 34. ἀναστάντες δὲ οἱ πρεσβύτεροι
2. 39. μετὰ σὲ ἀναστήσ. βασιλεία ἐλάττων σου (8 e)
3. 24 (91). ἀνέστη σπεύσας (8 e)
4. 15. ἀναστὰς τὸ πρωῒ ἐκ τῆς κοίτης μου –
7. 5. ἀνάστα κατάφαγε σάρκας πολλάς (8 e)
8. 22. τέσσ. βασιλεῖς τοῦ ἔθνους . . . ἀναστήσ. (7 a)
— 23. ἀναστήσ. βασ. ἀναιδὴς προσώπῳ (7 a)
— 27. ἀναστὰς ἐπραγματευόμην (8 a)
11. 4. ἐν τῷ ἀναστῆναι αὐτόν (7 a)
— 7. ἀναστήσεται φυτόν (7 a)
— 14. διάνοιαι ἀναστήσ. ἐπὶ τὸν βασ. Αἰγ. (7 a)
— 14. ἀναστήσεται εἰς τὸ ἀναστῆσαι τὴν προφητείαν (14 b, 7 b)
— 20. ἀναστήσεται ἐκ τῆς ῥίζ. αὐ. φυτὸν βασ. (7 a)
— 21. ἀναστήσεται ἐπὶ τὸν τόπον αὐτοῦ (7 a)
12. 2. πολλοὶ τῶν καθευδ. . . . ἀναστήσονται (9)
— 13. καὶ ἀναστήσῃ ἐπὶ τὴν δόξαν σου (7 a)
Bel. 36. ἀναστὰς φάγε τὸ ἄριστον
Da. TH. Su. 19. ἀνέστησαν οἱ δύο πρεσβῦται [A -τεροι]
— 34. ἀναστάντες δὲ οἱ δ. πρεσβῦται [A -τεροι]
— 61. ἀνέστησαν ἐπὶ τοὺς δ. πρεσβύτας [A -τέρους]
2. 39. ὀπίσω σου ἀναστήσ. βασ. ἑτέρα (8 e)
— 44. ἀναστήσει ὁ θ. τοῦ οὐρ. βασιλείαν (8 f)
— 44. αὕτη ἀναστήσ. εἰς τοὺς αἰῶνας (8 e)
4. 14. ἐξουδένωμα ἀνθρ. ἀναστήσει [A -σεται] ἐπ' αὐτήν (8 f)
6. 19 (20). ὁ βασ. ἀνέστη τὸ πρωΐ (8 e)
7. 5. ἀνάστηθι φάγε σάρκας πολλάς (8 e)
— 17. τεσσ. βασιλεῖαι ἀναστήσ. ἐπὶ τῆς γῆς (8 e)
— 24. δέκα βασιλεῖς ἀναστήσονται (8 e)
— 24. ὀπίσω αὐτῶν ἀναστήσ. ἕτερος (8 e)
8. 22. τέσσ. βασιλεῖς . . . ἀναστήσονται (7 a)
— 23. ἀναστήσ. βασ. ἀναιδὴς προσώπῳ (7 a)
— 27. ἀνέστην καὶ ἐποίουν τὰ ἔργα τοῦ βασ. (8 a)
10. 11. ἀνέστην ἔντρομος (7 a)
11. 2. ἔτι τρεῖς βασ. ἀναστήσονται (7 a)
— 3. ἀναστήσ. βασ. δυνατός (7 a)
— 7. ἀναστήσεται [B^1 στ.] ἐκ τοῦ ἄνθους (7 a)
— 15. ἀναστήσονται οἱ ἐκλεκτοὶ αὐτοῦ (7 a?)
— 20. ἀναστήσ. . . . φυτὸν τῆς βασ. (7 a)
— 31. σπέρματα ἐξ αὐτῶν ἀναστήσονται (7 a)
12. 1. ἀναστήσεται Μιχαήλ (7 a)
— 11. A ἀφ' οὗ ἀναστῇ ἡ θυσία διὰ παντός †
— 13. ἀναστήσῃ εἰς τὸν κλῆρόν σου (7 a)
Bel. 39. καὶ ἀναστὰς Δ. ἔφαγεν
I Ma. 2. 1. ἐν ταῖς ἡμέραις ἐκείναις ἀνέστη M.
— 38. ἀνέστησαν ἐπ' [S πρὸς] αὐτοὺς ἐν τῷ πολ.
3. 1. καὶ ἀνέστη Ἰούδας
— 43. ἀναστήσωμεν [S^1 -στησον] τὴν καθαίρεσιν

● = correction on page xxiv

I Ma. 6. 4. ἀνέστησαν [S ἀντ.] αὐτῷ εἰς πόλ.
8. 11. A S ὅσοι [S οἱ] ποτὲ ἀνέστησαν [R ἀντ.] αὐτοῖς
9. 8. ἀναστῶμεν καὶ ἀναβῶμεν
— 31. ἀνέστη ἀντὶ Ἰούδου
— 44. ἀναστῶμεν νῦν καὶ πολεμήσωμεν
13. 14. ἀνέστη Σίμων ἀντὶ Ἰων.
14. 32. τότε ἀνέστη [S ἀντ.] Σίμων
— 41. ἕως τοῦ ἀναστῆναι προφήτην πιστόν
16. 5. ἀναστάντες τὸ πρωΐ
II Ma. 5. 16. A τὰ ὑπὸ πολλῶν βασ. ἀνασταθέντα [R al.]
7. 9. εἰς αἰών. ἀναβ. ζωῆς ἡμᾶς ἀναστήσει
— 14. ἐλπίδας πάλιν ἀναστήσεσθαι ὑπ' αὐτοῦ
12. 44. τοὺς προπεπτωκότας ἀναστῆναι
14. 33. ἱερὸν ἐντ. τῷ Δ. ἐπιφανὲς ἀναστήσω
III Ma. 2. 27. ἐπὶ τοῦ . . . πύργου στήλην ἀναστήσας
[**Aq.** Ge. 49. 9, 10: Dt. 10. 11: 19. 15: III Ki. 11. 14: 14. 2, 4, 12, 14, 17: 15. 4: IV Ki. 8. 1: Jb. 7. 4: 30. 12: Ps. 9. 33 (10. 12): 26 (27). 12: 40 (41). 9: 93 (94). 16: 106 (107). 29: 126 (127). 2: Pr. 6. 9: 31. 28: Is. 11. 10: 26. 14: 58. 12: 60. 1: Je. 31 (38). 6: 49. 31 (30. 9): Ez. 7. 11: Da. 3. 24 (91): Am. 5. 2: Jn. 1. 6: Na. 1. 8.]
[**Sm.** Nu. 24. 17: IV Ki. 8. 1: Jb. 16. 8: Ps. 9. 33 (10. 12): 40 (41). 9: 93 (94). 16: 126 (127). 2: 139 (140). 11: Pr. 6. 9: 31. 28: Is. 11. 10: 21. 2: 28. 21: 29. 3: 32. 8: 58. 12: Je. 31 (38). 6: 49. 31 (30. 9): Am. 5. 2: Jn. 1. 6.]
[**Th.** Dt. 10. 11: IV Ki. 8. 1: Jb. 7. 4: 19. 25: Ps. 93 (94). 16: Pr. 6. 9: 31. 28: Is. 24. 20: 28. 21: 54. 17: 58. 12: Je. 33 (40). 14: Da. 12. 13: Am. 5. 2: Jn. 1. 6.]
[**Al.** Le. 26. 13: Dt. 6. 7: Ps. 139 (140). 11.]

ἄνισχυς. (1) ἀ. εἶναι כָּשַׁל qal *et* ni.
Is. 40. 30. ἐκλεκτοὶ ἀνίσχυες ἔσονται (1)

ἀνακείμ (B αἰν.) (1) אֵין נָקִי
III Ki. 15. 22. A τῷ λαῷ Ἰ. εἰς ἀ. [B *al.*] (1)

ἀνόδευτος.
[**Aq.** Je. 18. 15.]

ἀνοδία.
[**Sm.** Jb. 12. 24.]

ἀνοεῖν. (1) רָשַׁע hi.
III Ki. 8. 32. A ἀνοηθῆναι [B ἀνομ.] ἄνομον (1)
Da. Th. 12. 10. A ἀνοήσουσιν [B ἀνομήσωσιν] ἄνομοι (1)

ἀνοησία.
[**Aq.** Ps. 48 (49). 14.]
[**Th.** Pr. 11. 14.]

ἀνοητίζειν.
[**Aq.** Je. 10. 8.]

ἀνόητος. (1) *a.* אֱוִיל *b.* אִוֶּלֶת
De. 32. 31. οἱ δὲ ἐχθροὶ ἡμῶν ἀ. †
Ps. 48 (49). 12, 20. παρασυνεβλήθη τοῖς κτήνεσι τοῖς ἀ. †
Pr. 15. 21. ἀνοήτου τρίβοι ἐνδεεῖς φρενῶν (1 *b*)
17. 28. ἀ. ἐπερωτήσαντι σοφίαν [A *om.*] (1 *a*)
Si. 21. 19. πέδαι ἐν ποσὶν ἀνοήτοις παιδεία [S -ητου παιδία, A ἀνομία τοῦ παιδίου]
42. 8. περὶ παιδείας ἀνοήτου καὶ μωροῦ
IV Ma. 5. 8. ἀ. τοῦτο τὸ μὴ ἀπολαύειν τῶν . . . ἡδέων
— 9. σὺ δέ μοι καὶ ἀνοητότερον ποιήσειν δοκεῖς
8. 17. ὦ τάλανες ἡμεῖς καὶ λίαν ἀνόητοι
[**Aq.** Ps. 91 (92). 7: Pr. 10. 23: 13. 19: 17. 16: 18. 2: 26. 11.]
[**Sm.** I Ki. 25. 21: Jb. 35. 16: Ps. 31 (32). 9: 48 (49). 11: 91 (92). 7: Pr. 1. 22: 14. 24: 17. 16: 26. 11: Ec. 4. 13 (?): 9. 17: 10. 3, 14: Is. 32. 4: 35. 4: 56. 10: Ze. 3. 1.]
[**Th.** Ps. 93 (94). 8: Pr. 19. 29: 26. 3.]

ἀνοήτως.
[**Sm.** Jb. 42. 3.]

ἄνοια. (1) אִוֶּלֶת
Jb. 33. 23. τὴν δὲ ἀ. [S² ἀνομίαν] αὐτοῦ δείξῃ †
Ps. 21 (22). 2. κεκράξομαι . . . νυκτὸς καὶ οὐκ εἰς ἄ. ἐμοί †
Pr. 14. 8. ἄνοια δὲ ἀφρόνων ἐν πλάνῃ (1)
Pr. 22. 15. ἄνοια ἐξῆπται καρδίας [A B² S¹ -ίᾳ, S² ἐν κ.] νέου (1)
Ec. 11. 10. ἡ ἄ. ματαιότης †
Wi. 15. 18. ἄνοια [? ἀνοίᾳ] γὰρ συγκρινόμενα
19. 3. ἔτ. ἐπεσπάσαντο λογισμὸν ἀνοίας [S¹ *om.*]
II Ma. 4. 6. παῦλαν οὐ ληψόμενον τῆς ἀ.
— 40. R οὐδὲν δὲ ἧττον καὶ τὴν ἄ. [A ἄγνοιαν]
14. 5. καιρὸν δὲ λαβὼν τῆς ἰδίας ἀ. συνεργόν
15. 33. τὰ δὲ ἐπίχειρα τῆς ἀ. . . . κρεμάσαι
III Ma. 3. 16. μηδέποτε ληγόντων τῆς ἀ.
— 20. τῇ τούτων ἀ. συμπεριενεχθέντες
► [**Sm.** Ps. 48 (49). 14.]

ἀνοίγειν. (1) בּוֹא פֶּתַח (2) בָּקַע (3) גָּלָה *a.* qal. *b.* ni. (4) פָּעַר (5) פָּצָה (6) פָּקַח *a.* qal. *b.* ni. (7) פָּרַשׂ (8) פָּתַח *a.* qal. *b.* ni. *c.* pi. *d.* מִפְתָּח *e.* פִּתְחוֹן *f.* פְּתַח (9) קָרַע (10) רָחַב hi. (11) שִׂיחַ (12) הָיָה עִם
Ge. 7. 11. οἱ καταρράκται τοῦ οὐρ. ἠνεῴχθ. (8 *b*)
8. 6. ἠνέῳξε Νῶε τὴν θυρίδα (8 *a*)
21. 19. ἀνέῳξεν ὁ θ. τοὺς ὀφθαλμοὺς αὐ. (6 *a*)
29. 31. ἤνοιξε τὴν μήτραν αὐτῆς (8 *a*)
30. 22. ἀνέῳξεν αὐτῆς τὴν μήτραν (8 *a*)
41. 56. ἀνέῳξε δὲ Ἰ. π. τοὺς σιτοβολῶνας (8 *a*)
43. 21. ἠνοίξαμεν τοὺς μαρσίππους ἡμῶν (8 *a*)
44. 11. R ἤνοιξαν [A -ξεν] ἕκ. τὸν μάρσιππον (8 *a*)
Ex. 2. 6. ἀνοίξασα δὲ ὁρᾷ παιδίον (8 *a*)
4. 12, 15. ἐγὼ ἀνοίξω τὸ στόμα σου (12)
21. 33. ἐὰν δέ τις ἀνοίξῃ λάκκον (8 *a*)
Nu. 16. 30. ἀνοίξασα ἡ γῆ τὸ στόμα αὐτῆς (5)
— 32. ἠνοίχθη ἡ γῆ (8 *a*)
19. 15. πᾶν σκεῦος ἀνεῳγμένον (8 *a*)
22. 28. ἤνοιξεν ὁ θεὸς τὸ στόμα τῆς ὄνου (8 *a*)
26. 10. ἀνοίξασα ἡ γῆ τὸ στόμα αὐτῆς (8 *a*)
De. 11. 6. ἀνοίξασα ἡ γῆ τὸ στόμα αὐτῆς (5)
15. 8, 11. ἀνοίγων ἀνοίξεις τὰς χεῖράς σου (8 *a*, 8 *a*)
20. 11. καὶ ἀνοίξωσί σοι (8 *a*)
28. 12. ἀνοίξαι σοι κ. τὸν θησαυρὸν αὐ. (8 *a*)
Jo. 8. 17. B κατέλιπον τὴν πόλιν ἠνεῳγμένην (8 *a*)
10. 22. ἀνοίξατε τὸ σπήλαιον (8 *a*)
Jd. 3. 25. ὁ ἀνοίγων τὰς θύρας τοῦ ὑπερῴου (8 *a*)
— 25. ἔλαβον τὴν κλεῖδα καὶ ἤνοιξαν (8 *a*)
4. 19. ἤνοιξε τὸν ἀσκὸν τοῦ γάλακτος (8 *a*)
11. 35. ἤνοιξα κατὰ [A περὶ] σοῦ τὸ στόμα μου (5)
— 36. ἤνοιξας τὸ στόμα σου (5)
15. 19. A ἤνοιξεν ὁ θ. τὸ τραῦμα τῆς σιαγ. [B *al.*] (2)
19. 27. καὶ ἤνοιξε τὰς θύρας τοῦ οἴκου (8 *a*)
I Ki. 3. 15. καὶ ἤνοιξε τὰς θύρας οἴκου κυρίου (8 *a*)
III Ki. 3. 1. B Σαλ. ἤρξατο ἀ. τὰ δυναστεύματα –
7. 35. ἠνοίγετο ἐπὶ τὰς ἀρχὰς τῶν χειρῶν αὐ. (8 *c*)
8. 29. τοῦ εἶναι ὀφθαλμούς σου ἠνεῳγμ. [A ἀν.] (8 *a*)
— 52. καὶ τὰ ὦτά σου ἠνεῳγμένα (8 *a*)
IV Ki. 4. 35. ἤνοιξε τὸ παιδάριον τοὺς ὀφθ. αὐ. (6 *a*)
6. 20. ἄνοιξον δή, κύριε, τοὺς ὀφθαλμοὺς αὐ. (6 *a*)
9. 3. καὶ ἀνοίξεις τὴν θύραν (8 *a*)
— 10. καὶ ἤνοιξε τὴν θύραν καὶ ἔφυγε (8 *a*)
13. 17. ἄνοιξον τὴν θυρίδα . . . καὶ ἤνοιξε (8 *a*, 8 *a*)
15. 16. ὅτι οὐκ ἤνοιξαν αὐτῷ (8 *a*)
19. 16. ἄνοιξον, κύριε, τοὺς ὀφθαλμούς σου (6 *a*)
I Ch. 9. 27. ἀ. τὰς θύρας τοῦ ἱεροῦ –
17. 25. ἤνοιξας τὸ οὖς τοῦ παιδός σου (3 *a*)
II Ch. 6. 20. τοῦ εἶναι ὀφθαλμούς σου ἀνεῳγμ. (8 *a*)
— 40. ἔστωσαν δὴ οἱ ὀφθαλμοί σου ἀνεῳγμ. (8 *a*)
7. 15. νῦν οἱ ὀφθαλμοί μου ἔσονται ἀνεῳγμ. (8 *a*)
29. 3. ἀνέῳξε τὰς θύρας οἴκου κυρίου (8 *a*)
Ne. 1. 6. οἱ ὀφθαλμοί σου ἀνεῳγμ. (8 *a*)
6. 5. καὶ ἐπιστολὴν ἀνεῳγμ. (8 *a*)
7. 3. οὐκ ἀνοιγήσονται πύλαι Ἱερ. (8 *b*)
8. 5. ἤνοιξεν Ἔσδρας τὸ βιβλίον (8 *a*)
— 5. ἡνίκα ἤνοιξεν αὐτό (8 *a*)
13. 19. ὥστε μὴ ἀνοιγῆναι αὐτάς (8 *a*)
To. 2. 10. τῶν ὀφθαλμῶν μου ἀνεῳγότων [S *al.*]
8. 13. ἀνοίξασα τὴν θύραν [S *al.*]
11. 7. ἀνοίξει τοὺς ὀφθαλμοὺς ὁ πατήρ σου [S *al.*]
— 17. S ἤνοιξεν τοὺς ὀφθαλμοὺς αὐτοῦ
Ju. 10. 9. ἀνοῖξαί μοι τὴν πύλην τῆς πόλεως
— 9. συνέταξαν τοῖς νεαν. ἀνοῖξαι αὐτῇ
13. 11. ἀνοίξατε, ἀνοίξατε δὴ τὴν πύλην
— 13. ἤνοιξαν τὴν πύλην
Es. 4. 17. ἀνοῖξαι στόμα ἐθνῶν εἰς ἀρετὰς ματ.
Jb. 3. 1. ἤνοιξεν Ἰὼβ τὸ στόμα αὐτοῦ (8 *a*)
7. 11. ἀνοίξω πικρίαν [A S² τὸ στ. μου ἐν πικρίᾳ] (11)
11. 5. ἀνοίξει χείλη αὐτοῦ μετὰ σοῦ (8 *a*)
Jb. 12. 14. τίς ἀνοίξει (8 *b*)
30. 11. ἀνοίξας γὰρ [A γὰρ ὅδε] φαρέτραν αὐ. (8 *c*)
31. 32. ἡ δὲ θύρα μου . . . ἀνέῳκτο [A S ἠν.] (8 *a*)
32. 20. ἀνοίξας τὰ χείλη (8 *a*)
33. 2. ἤνοιξα τὸ στόμα μου (8 *a*)
35. 16. Ἰὼβ ματαίως ἀνοίγει τὸ στόμα αὐτοῦ (5)
38. 17. ἀνοίγονται δέ σοι φόβῳ πύλαι θαν. (3 *b*)
— 31. φραγμὸν Ὠρίωνος ἤνοιξας (8 *c*)
41. 5 (6). πύλας προσώπου αὐτοῦ τίς ἀνοίξει (8 *c*)
Ps. 5. 9. τάφος ἀνεῳγμ. ὁ λάρυγξ αὐτῶν (8 *a*)
13 (14). 3. B S τάφος ἠνεῳγμ. ὁ λάρυγξ αὐτῶν –
21 (22). 13. ἤνοιξαν ἐπ' ἐμὲ τὸ στόμα αὐτῶν (5)
37 (38). 13. ὡσεὶ ἄλαλος οὐκ ἀνοίγων τὸ στ. αὐτοῦ (8 *a*)
38 (39). 9. οὐκ ἤνοιξα τὸ στόμα μου (8 *a*)
48 (49). 4. ἀνοίξω ἐν ψαλτηρίῳ τὸ πρόβλημά μου (8 *a*)
50 (51). 15. τὰ χείλη μου ἀνοίξεις (8 *a*)
77 (78). 2. ἀνοίξω ἐν παραβολαῖς [S¹ -ῇ] τὸ στ. μου (8 *a*)
— 23. θύρας οὐρανοῦ ἀνέῳξε (8 *a*)
103 (104). 28. ἀνοίξαντος δέ σου τὴν χεῖρα (8 *a*)
105 (106). 17. ἠνοίχθη ἡ γῆ (8 *a*)
108 (109). 1. στόμα δολίου ἐπ' ἐμὲ ἠνοίχθη (8 *a*)
117 (118). 19. ἀνοίξατέ μοι πύλας δικαιοσύνης (8 *a*)
118 (119). 131. τὸ στόμα μου ἤνοιξα (4)
144 (145). 16. ἀνοίγεις [A -ξεις] σὺ τὰς χεῖράς σου (8 *a*)
Pr. 8. 6. A ἀνοίγω [B S -σω] ἀπὸ χειλέων ὀρθά (8 *d*)
24. 76 (31. 8). ἄνοιγε σὸν στόμα λόγῳ θεοῦ (8 *a*)
— 77 (31. 9). ἄνοιγε σὸν στόμα (8 *a*)
31. 27. τὸ στόμα δὲ ἀνοίγει σοφῶς (8 *a*)
Ca. 5. 2. ἄνοιξόν μοι, ἡ πλησίον μου (8 *a*)
— 5. ἀνοῖξαι τῷ ἀδελφιδῷ μου (8 *a*)
— 6. ἤνοιξα ἐγὼ τῷ ἀδελφιδῷ μου (8 *a*)
Wi. 10. 21. ἡ σοφία ἤνοιξε στόμα κωφῶν
Si. 15. 5. ἐν μέσῳ ἐκκλ. ἀνοίξει στ. [A S τὸ στ.] αὐ.
20. 15. ἀνοίξει τὸ στόμα αὐτοῦ
22. 22. ἐπὶ φίλον ἐὰν ἀνοίξῃς στόμα
24. 2. στόμα αὐτῆς ἀνοίξει
26. 12. τὸ στόμα ἀνοίγει [A S² -ξει]
— 12. ἔναντι βέλους ἀνοίξει φαρέτραν
29. 24. οὐκ ἀνοίξει [A S -εις] στόμα
34 (31). 12. μὴ ἀνοίξῃς ἐπ' αὐτῆς [S -ῇ] φάρυγγά σου
39. 5. ἀνοίξει στόμα αὐτοῦ
40. 14. ἐν τῷ ἀνοῖξαι αὐτὸν χεῖρας
43. 14. διὰ τοῦτο ἠνεῴχθησαν θησαυροί
51. 25. ἤνοιξα τὸ στόμα μου
Am. 8. 5. καὶ ἀνοίξομεν θησαυρόν [A -ούς] (8 *a*)
Na. 3. 13. τοῖς ἐχθρ. σου ἀνοιγόμ. ἀνοιχθήσ. πύλαι (8 *a*, 8 *b*)
Ma. 3. 10. ἐὰν μὴ ἀνοίξω ὑμῖν τοὺς καταρρ. τοῦ οὐρ. (8 *a*)
Is. 13. 2. ἀνοίξατε οἱ ἄρχοντες (1 ?)
22. 22. S³ οὐκ ἔσται ὁ ἀνοίγων –
— 22. A S R καὶ ἀνοίξει (8 *a*)
— 22. καὶ οὐκ ἔσται ὁ ἀνοίγων (8 *a*)
24. 18. θυρίδες ἐκ τοῦ οὐρ. ἀνεῴχθησαν [A S ἠν.] (8 *b*)
26. 2. ἀνοίξατε πύλας (8 *a*)
35. 5. ἀνοιχθήσονται ὀφθαλμοὶ τυφλῶν (6 *b*)
37. 14. ἤνοιξεν αὐτὸ ἐναντίον κυρίου (7)
— 17. B ἄνοιξον, κύριε, τοὺς ὀφθ. σου (6 *a*)
41. 18. ἀνοίξω ἐπὶ τῶν ὀρέων ποταμούς (8 *a*)
42. 7. ἀνοῖξαι ὀφθαλμοὺς τυφλῶν (6 *a*)
— 20. ἠνοιγμένα τὰ ὦτα (6 *a*)
45. 1. ἀνοίξω ἔμπροσθεν αὐτοῦ θύρας (8 *a*)
— 3. ἀοράτους ἀνοίξω σοι –
48. 8. οὔτε ἀπ' ἀρχῆς ἤνοιξά σου τὰ ὦτα (8 *c*)
50. 5. ἡ παιδεία κ. κ. [A S *om.*] ἀνοίγει μου τὰ ὦτα (8 *a*)
53. 7. οὐκ ἀνοίγει τὸ στόμα (8 *a*)
— 7. οὕτως οὐκ ἀνοίγει τὸ στ. αὐ. (8 *a*)
57. 4. ἐπὶ τίνα ἠνοίξατε τὸ στόμα ὑμῶν (10)
60. 11. ἀνοιχθήσ. αἱ πύλαι σου διὰ παντός (8 *c*)
64. 1. ἐὰν ἀνοίξῃς τὸν οὐρανόν (9)
Je. 13. 19. οὐκ ἦν ὁ ἀνοίγων (8 *a*)
27 (50). 25. ἤνοιξε κύριος τὸν θησαυρὸν αὐ. (8 *a*)
— 26. ἀνοίξατε τὰς ἀποθήκας αὐτῆς (8 *a*)
Ba. 2. 17. ἄνοιξον ὀφθαλμούς σου
Ez. 1. 1. ἠνοίχθησαν οἱ οὐρανοί (8 *b*)
3. 27. ἀνοίξω τὸ στόμα σου (8 *a*)
16. 63. καὶ μὴ ᾖ σοι ἔτι ἀνοῖξαι τὸ στ. σου (8 *e*)
29. 21. σοὶ δώσω στόμα ἀνεῳγμένον (8 *e*)
33. 22. ἤνοιξέ μου τὸ στόμα (8 *a*)

► = additional entry on page xxiv

Ez. 33. 22. ἀνοιχθὲν τὸ στόμα μου (8 b)
37. 12. ἰδοὺ ἐγὼ ἀνοίγω τὰ μνήματα ὑμῶν (8 a)
— 13. ἐν τῷ ἀνοῖξαί με τοὺς τάφους ὑμῶν (8 a)
44. 2. ἡ πύλη αὕ. . . . οὐκ ἀνοιχθήσεται [A *om.* οὐκ ἀ.] (8 b)
46. 1. ἐν τῇ ἡμ. τῶν σαββ. ἀνοιχθῇ [A -θήσ.] καὶ ἐν τῇ ἡμ. τῆς νουμην. ἀνοιχθήσεται (8 b, 8 b)
— 12. ἀνοίξει ἑαυτῷ τὴν πύλην (8 a)
Da. LXX. 3. (25). ἀνοίξας τὸ στόμα αὐτοῦ
— (33). οὐκ ἔστιν ἡμῖν ἀνοῖξαι τὸ στόμα
6. 10 (11). θυρίδας ἤνοιξεν ἐν τῷ ὑπερῴῳ αὐ. (8 f)
7. 10. καὶ βίβλοι ἠνεῴχθησαν (8 f)
9. 18. ἄνοιξον τοὺς ὀφθαλμούς σου (6 a)
10. 16. ἤνοιξα τὸ στόμα μου (8 a)
Bel. 17. ἀνοίξαντες τὰς θύρας
Da. TH. Su. 25. ἤνοιξε τὰς θύρας τοῦ παραδείσου
— 39. ἀνοίξαντα τὰς θύρας
3. (24). ἀνοίξας τὸ στόμα αὐτοῦ
— (33). ἀνοῖξαι τὸ στόμα ἡμῶν
6. 10 (11). αἱ θυρίδες ἀνεῳγμέναι [A ἠν.] αὐτῷ (8 f)
7. 10. καὶ βίβλοι ἠνεῴχθησαν (8 f)
9. 18. ἄνοιξον τοὺς ὀφθαλμούς σου (6 a)
10. 16. B ἤνοιξα τὸ στόμα μου (8 a)
Bel. 18. ἅμα τῷ ἀνοῖξαι τὰς θύρας
I Ma. 3. 28. ἤνοιξε τὸ γαζοφυλάκιον αὐτοῦ
5. 48. οὐκ ἠβούλοντο ἀνοῖξαι αὐτῷ
10. 76. φοβηθέντες ἤνοιξαν οἱ ἐκ τῆς πόλ.
11. 2. ἤνοιγον αὐτῷ οἱ ἀπὸ τῶν πόλεων [S τῆς π.]
II Ma. 1. 16. ἀνοίξαντες τὴν τοῦ φατνώμ. κρυπτ. θύρ.
III Ma. 6. 18. ἠνέῳξε τὰς οὐρανίους πύλας

[**Aq.** Ps. 103 (104). 28: Ca. 7. 12 (13): Is. 22. 22 *bis*: 26. 2: 35. 5: 51. 14: Je. 32 (39). 19: Za. 13. 1.]
[**Sm.** Ps. 38 (39). 10: 65 (66). 14: 103 (104). 28: Is. 35. 5: 42. 20.]
[**Th.** Ps. 103 (104). 28: Is. 10. 14: 22. 22 *bis*: 35. 5: 53. 7: Je. 32 (39). 19.]

ἄνοιγμα. (1) פֶּתַח

III Ki. 14. 6. A εἰσερχομένης αὐτῆς ἐν τῷ ἀ. (1)

[**Aq.** Ge. 6. 17 (16): Nu. 4. 25, 26: Dt. 22. 21 (?): III Ki. 14. 6: Ps. 23 (24). 7: Pr. 8. 6: Is. 13. 2: Za. 3. 9.]
[**Sm. Th. Quint.** Pr. 8. 6.]
[**Al.** Ex. 26. 36.]

ἀνοίκητος.

I Ma. 3. 45. S[1] Ἰερουσαλὴμ ἦν ἀ. [A R ἀοίκητος]

ἀνοικοδομεῖν. (1) בָּנָה *a.* qal. *b.* ni. *c.* בְּנָא peal. *d.* ithp. (2) גָּדַר

De. 13. 16 (17). οὐκ ἀνοικοδομηθήσεται ἔτι (1 b)
II Es. 4. 13. ἐὰν ἡ πόλις ἐκείνη ἀνοικοδομηθῇ (1 d)
6. 14. A R καὶ ἀνῳκοδόμησαν [B ᾠκ.] (1 c)
Ne. 2. 5. καὶ ἀνοικοδομήσω αὐτήν (1 a)
Pr. 24. 42 (27). ἀνοικοδομήσεις τὸν οἶκόν σου (1 a)
Ho. 2. 6 (8). καὶ ἀνοικοδομήσω τὰς ὁδούς (2)
Am. 9. 11. ἀνοικοδομήσω τὰ πεπτωκότα αὐτῆς (2)
— 11. ἀνοικοδομήσω αὐτήν (1 a)
Mi. 1. 10. μὴ ἀνοικοδομεῖτε ἐξ οἰ. κατὰ γέλωτα †
Za. 1. 16. ὁ οἶκός μου ἀνοικοδομηθήσεται ἐν αὐ. (1 b)
Ma. 1. 4. ἀνοικοδομήσωμεν τὰς ἐρήμους [A S[2] ἠρημωμ.] (1 a)
3. 15. ἀνοικοδομοῦνται π. ποιοῦντες ἄνομα (1 b)
Is. 58. 12. S[2] ἀνοικοδομηθήσονται [A B S[1] οἰκ.] σου αἱ ἔρημοι (1 a)
Je. 1. 10. B S ἀ. καὶ καταφυτεύειν (1 a)
18. 9. τοῦ ἀνοικοδομεῖσθαι (1 a)
24. 6. ἀνοικοδομήσω αὐτούς (1 a)
La. 3. 5. ἀνῳκοδόμησε κατ' ἐμοῦ (1 a)
— 7. ἀνῳκοδόμησε κατ' ἐμοῦ (2)
— 9. ἀνῳκοδόμησεν ὁδούς μου (2)
Da. LXX. 9. 27. ἀνοικοδομηθήσεται εἰς πλάτος †
11. 14. ἀνοικοδομήσει τὰ πεπτωκ. τοῦ ἔθν. σου †

[**Sm.** Jb. 20. 19.]

ἄνοικτος.

III Ma. 4. 4. R μετὰ πικρᾶς καὶ ἀ. ψυχῆς [A *al.*]

ἀνομβρεῖν.

Si. 18. 29. ἀνώμβρησαν παροιμίας [A[1] ἐν π.]
39. 7. ἀνομβρήσει ῥήματα σοφίας αὐτοῦ
50. 27. ἀνώμβρησε σοφίαν ἀπὸ καρδίας αὐ.

[**Th. Quint.** Pr. 18. 4.]

ἀνομεῖν. (1) בָּגַד (2) חָנֵף (3) מָעַל (4) עָוָה *a.* pi. *b.* hi. *c.* עָוֹן (5) *a.* פָּשַׁע *b.* פֶּשַׁע (6) רָשַׁע *a.* qal. *b.* hi. (7) שָׁדַד (8) שָׁחַת *a.* pi. *b.* hi. (9) שָׁקַר (10) *a.* תָּעַב hi. *b.* עָשָׂה תּוֹעֵבָה (11) חָטָא

Ex. 32. 7. ἠνόμησε γὰρ ὁ λαός σου (8 a)
Nu. 32. 15. ἀνομήσετε εἰς ὅλην τὴν συναγωγὴν τ. (8 a)
De. 4. 16. μὴ ἀνομήσητε (8 b)
— 23. B[2] R καὶ ἀνομήσητε –
— 25. καὶ ἀνομήσητε καὶ ποιήσητε γλ. (8 b)
9. 12. ἠνόμησεν ὁ λαός σου (8 a)
31. 29. ἀνομίᾳ ἀνομήσετε (8 b)
III Ki. 8. 32. ἀνομηθῆναι ἄνομον (6 b)
— 47. ἡμάρτομεν ἠδικήσαμεν ἠνομήσαμεν (6 a)
I Ch. 10. 13. αἷς ἠνόμησε τῷ θεῷ [A κυρίῳ] (3)
II Ch. 6. 37. ἡμάρτομεν ἠδικήσαμεν ἠνομήσαμεν (6 a)
20. 35. καὶ οὗτος ἠνόμησεν (6 b)
I Es. 1. 49. B πολλὰ ἠσέβησαν καὶ ἠνόμησαν [A π. ἠν. καὶ παρέβ. R *om.* κ. ἠ.]
9. 7. ὑμεῖς ἠνομήσατε
Jb. 33. 9. ἄμεμπτός εἰμι, οὐ γὰρ ἠνόμησα (4 c)
35. 5. εἰ δὲ καὶ πολλὰ ἠνόμησας (5 b)
Ps. 24 (25). 3. αἰσχυνθήτωσαν οἱ ἀνομοῦντες (1)
105 (106). 6. ἡμάρτομεν . . . ἠνομήσαμεν (4 b)
118 (119). 78. ἀδίκως ἠνόμησαν εἰς ἐμέ (4 a)
Am. 4. 4. A εἰσήλθατε . . . καὶ ἠνομήσατε [B ἠσέβησ.] (5 a)
Is. 21. 2. ὁ ἀνομῶν ἀνομεῖ (7, 7)
24. 5. ἡ δὲ γῆ ἠνόμησε (2)
29. 20. ἐξωλοθρεύθησαν οἱ ἀνομοῦντες (9)
43. 27. οἱ ἄρχοντες ὑμῶν [A S αὐ.] ἠνόμησαν (5 a)
Je. 2. 29. πάντες ὑμεῖς . . . ἠνομήσατε (5 a)
Ez. 16. 52. αἷς ἠνόμησας ὑπὲρ αὐτάς (10 a)
22. 11. ἕκ. τὴν γυν. τοῦ πλησ. αὐτοῦ ἠνομοῦσαν (10 b)
Da. LXX. 3. (29). ἠνομήσαμεν ἀποστῆναι ἀπὸ σοῦ
Da. TH. 3. (29). ἡμάρτομεν καὶ ἠνομήσαμεν
9. 5. ἡμάρτομεν ἠδικήσαμεν ἠνομήσαμεν [A ἠν. ἠσεβήσαμεν ἠδ.] (6 b [11 ?])
— 15. ἡμάρτομεν, ἠνομήσαμεν (6 a)
11. 32. οἱ [A λαοὶ] ἀνομοῦντες διαθήκην (6 b)
12. 10. B ἀνομήσωσιν [A ἀνοήσουσιν] ἄνομοι (6 b)

ἀνόμημα. (1) בְּלִיַּעַל (2) זִמָּה (3) חַטָּאת (4) נְבָלָה (5) עָוֹן (6) פֶּשַׁע (7) תּוֹעֵבָה (8) תִּפְלָה

Le. 17. 16. λήψεται ἀ. αὐτοῦ (5)
20. 14. ἀ. ἐστιν (2)
— 14. A οὐκ ἔσται ἀ. [B ἀνομία] ἐν ὑμῖν (2)
De. 15. 9. μὴ γένηται ῥῆμα κρυπτ. ἐν τῇ καρδ. σου ἀ. (1)
Jo. 7. 15. ἐποίησεν [A -αν] ἀ. ἐν Ἰσρ. (4)
24. 19. οὐκ ἀνήσει . . . τὰ ἀ. ὑμῶν (3)
I Ki. 25. 28. ἆρον δὴ τὸ ἀ. τῆς δούλης σου (6)
Ps. 50 (51). 1. ἐξάλειψον τὸ ἀ. μου (6)
Wi. 1. 9. εἰς ἔλεγχον ἀνομημάτων αὐτοῦ
3. 14. ὁ μὴ ἐργασάμ. ἐν χειρὶ ἀνόμημα
4. 20. ἐλέγξει αὐτοὺς ἐξ ἐναντίας τὰ ἀ. αὐ.
Is. 58. 1. S ἀνάγγειλον . . . τῷ οἴκ. Ἰ. τὰ ἀ. [A B τὰς ἀνομ.] αὐ. (3)
Je. 23. 13. ἐν τοῖς προφ. Σαμ. εἶδον ἀνομήματα (8)
La. 5. 7. ἡμεῖς τὰ ἀ. αὐτῶν ὑπέσχομεν (5)
Ez. 16. 49. τοῦτο τὸ ἀ. Σοδόμων τῆς ἀδ. σου (5)
— 50. ἐποίησαν ἀνομήμ. [A ἄνομα] ἐνώπ. ἐμοῦ (7)
39. 24. κατὰ τὰ ἀ. αὐτῶν ἐποίησα αὐτοῖς (6)

[**Aq.** Ge. 4. 13: Je. 14. 7.]
[**Al.** Le. 5. 1.]

ἀνομία. (1) אָוֶן (2) בְּלִיַּעַל (3) בֶּצַע (4) דֶּרֶךְ (5) הַוָּה (6) זִמָּה (7) *a.* חַטָּאת *b.* חַטָּאָה (8) חָמָס (9) מַעַל (10) מַעֲלָל (11) מִשְׂפָּח (12) נְבָלָה (13) סָרָה (14) *a.* עָוֶל *b.* עַוְלָה (15) עָוֹן (16) עָצֵב (17) עָתָק (18) *a.* פָּשַׁע *b.* פֶּשַׁע (19) *a.* רֶשַׁע *b.* רִשְׁעָה (20) שָׁחַת hi. (21) שֶׁקֶר (22) תּוֹעֵבָה (23) קָלוֹן (24) עֲלִילָה

Ge. 19. 15. ταῖς ἀ. τῆς πόλεως (15)
Ex. 34. 7. ἀφαιρῶν ἀ. καὶ ἀδικίας (15)
— 7. ἐπάγων ἀ. [A ἁμαρτίας] πατέρων (15)
— 9. ἀφελεῖς σὺ . . . τὰς ἀ. ἡμῶν (7 a)
Le. 16. 21. ἐξαγορεύσει ἐπ' αὐ. π. τὰς ἀ. (15)
19. 29. ἡ γῆ πλησθήσεται [A ἐμπλ.] ἀνομίας (6)
20. 14. οὐκ ἔσται ἀ. [A ἀνόμημα] ἐν ὑ. (6)
22. 16. ἐπάξουσιν ἐφ' ἑαυτοὺς ἀνομίαν (15)
26. 43. αὐτοὶ προσδέξονται τὰς αὐτῶν ἀ. (15)
Nu. 14. 18. ἀφαιρῶν ἀνομίας καὶ ἀδικίας (15)
De. 9. 5. A διὰ τὴν ἀ. [B ἀσέβειαν] τῶν ἐθνῶν τ. (19 b)
31. 29. ἀνομίᾳ ἀνομήσετε (20)
II Ki. 14. 9. ἐπ' ἐμὲ . . . ἡ ἀ. (15)
19. 19 (20). μὴ διαλογισάσθω ὁ κ. μου ἀνομίαν (15)
22. 5. χείμαρροι ἀνομίας ἐθάμβησάν με (2)
— 24. προφυλάξομαι ἀπὸ τῆς ἀ. μου (15)
24. 10. παραβίβασον δὴ τὴν ἀ. τοῦ δούλου σου (15)
IV Ki. 7. 9. καὶ εὑρήσομεν ἀνομίαν (15)
I Ch. 9. 1. A R τῶν ἀποικισθ. [B κατοικ.] εἰς Βαβ. ἐν ταῖς ἀ. αὐ. (9)
10. 13. ἀπέθανε Σ. ἐν ταῖς ἀ. αὐτοῦ (9)
I Es. 8. 70. μετεῖχον . . . οἱ μεγιστᾶνες τῆς ἀ. ταύτης
— 72. ἐμοῦ πενθοῦντος ἐπὶ τῇ ἀ.
— 90. ἐσμὲν ἐνώπιόν σου ἐν ταῖς ἀ. ἡμῶν
9. 2. πενθῶν ἐπὶ τῶν ἀ. τῶν μεγ. τοῦ πλήθους
II Es. 9. 6. αἱ ἀ. ἡμῶν ἐπληθύνθησαν (15)
— 7. ἐν ταῖς ἀ. ἡμῶν παρεδόθημεν (15)
— 13. ἐκούφισας ἡμῶν τὰς ἀ. (15)
Ne. 4. 5 (3. 37). μὴ καλύψῃς ἐπὶ ἀνομίαν [S -ίᾳ] (15)
9. 2. τὰς ἁμαρτίας αὐ. καὶ τὰς ἀ. τῶν πατ. αὐ. (15)
Ju. 5. 21. εἰ δὲ οὐκ ἔστιν ἀ. ἐν τῷ ἔθνει αὐ.
Jb. 7. 21. οὐκ ἐποιήσω τῆς ἀ. [A ἁμαρτ.] μου λήθην, καὶ καθαρισμὸν τῆς ἁμαρτ. [A ἀνομίας] μου (18 b, 15)
8. 4. ἀπέστειλεν . . . ἀνομίας [A τὴν ἀ.] αὐ. (18 b)
10. 6. ἀνεζήτησας τὴν ἀ. μου (15)
— 14. ἀπὸ δὲ ἀνομίας οὐκ ἀθῷόν με πεποίηκας [A ἐάσεις] (15)
— 15. A πλήρης γάρ εἰμι ἀνομίας [B S ἀτιμ.] (23)
13. 23. πόσαι εἰσὶν . . . αἱ ἀ. μου (7 a)
14. 17. ἐσφράγισας δέ μου τὰς ἀ. [A τὰ ἁμαρτήμ. S τὰς ἁμαρτ.] (18 b)
20. 27. ἀνακαλύψαι δὲ αὐ. ὁ οὐρ. τὰς ἀ. [S[1] νομάς] (15)
31. 3. ἀπαλλοτρ. τοῖς ποιοῦσιν ἀνομίαν (1)
— 28. τοῦτό μοι ἄρα ἀ. ἡ μεγίστη λογισθείη [A *al.*] (15)
33. 23. S[2] τὴν δὲ ἀ. [A B S[1] ἄνοιαν] αὐτοῦ δείξῃ †
34. 37. ἀνομία δὲ ἐφ' ἡ. λογισθήσεται [A ἔσται] (18 b)
Ps. 5. 4. οὐχὶ θεὸς θέλων ἀνομίαν σὺ εἶ (19 a)
— 5. πάντας τοὺς ἐργαζομένους τὴν ἀ. (1)
6. 8. πάντες οἱ ἐργαζόμενοι τὴν ἀ. (1)
7. 14. B ὠδίνησεν ἀνομίαν [A S R ἀδικίαν] (1)
— 14. A S R καὶ ἔτεκεν ἀνομίαν [B ἀδικίαν] (21)
13 (14). 4. A S R πάντες οἱ ἐργαζόμενοι τὴν ἀ. [B ἀδικ.] (1)
17 (18). 4. χείμαρροι ἀνομίας ἐξετάραξάν με (2)
— 23. φυλάξομαι ἀπὸ τῆς ἀ. μου (15)
25 (26). 10. ὧν ἐν χερσὶν ἀνομίαι [S[1] -μία] (6)
27 (28). 3. S[1] μετὰ ἀνδρῶν [A B *om.*] ἐργαζομ. τὴν ἀ. [A B ἀδικ.] (1)
30 (31). 18. τὰ λαλοῦντα κατὰ τοῦ δικ. ἀνομίαν (17)
31 (32). 1. ὧν ἀφέθησαν [S ἀφειθ.] αἱ ἀ. (18 b)
— 5. A S[2] τὴν ἀ. [B S[1] ἁμαρτ.] μου ἐγνώρισα (7 a)
— 5. τὴν ἀ. [A S[2] ἁμαρτ.] μου οὐκ ἐκάλυψα (15)
— 5. A S R ἐξαγορεύσω κατ' ἐμοῦ τὴν ἀ. [B ἁμαρτ.] μου (18 b)
35 (36). 2. τοῦ εὑρεῖν τὴν ἀ. αὐτοῦ (15)
— 3. τὰ ῥήματα τοῦ στόματος αὐ. ἀνομία (1)
— 4. A S ἀνομίαν διελογίσατο [B ἐλ.] (1)
— 12. πάντες οἱ ἐργαζόμενοι τὴν ἀ. (1)
36 (37). 1. μηδὲ ζήλου τοὺς ποιοῦντας τὴν ἀ. (14 b)
37 (38). 4. αἱ ἀ. μου ὑπερῆραν τὴν κεφαλήν μου (15)
— 18. τὴν ἀ. μου [A S[2] *add.* ἐγὼ] ἀναγγελῶ (15)
38 (39). 8. ἀπὸ π. τῶν ἀ. μου ῥῦσαί [S[1] καθάρισον] με (18 b)
— 11. ὑπὲρ ἀνομίας ἐπαίδευσας ἄνθρωπον (15)
39 (40). 12. κατέλαβόν με αἱ ἀ. μου (15)
40 (41). 6. συνήγαγεν ἀνομίαν ἑαυτῷ (1)

Ps. 44 (45). 7. καὶ ἐμίσησας ἀνομίαν [A ἀδικίαν] (19 a)
48 (49). 5. ἡ ἀ. τῆς πτέρνης μου κυκλώσει με (15)
49 (50). 21. ὑπέλαβες ἀνομίαν [S ἄνομε] –
50 (51). 2. πλῦνόν με ἀπὸ τῆς ἀ. μου (15)
— 3. τὴν ἀ. μου ἐγὼ γινώσκω (18 b)
— 5. ἐν ἀνομίαις συνελήφθην (15)
— 9. πάσας τὰς ἀ. μου ἐξάλειψον (15)
51 (52). 1. τί ἐγκαυχᾷ ἐν κακίᾳ ὁ δυν. ἀνομίαν –
52 (53). 1. ἐβδελύχθησαν ἐν ἀνομίαις (14 a)
— 4. πάντες οἱ ἐργαζόμενοι τὴν ἀ. (1)
54 (55). 3. ἐξέκλιναν ἐπ' ἐμὲ ἀνομίαν [S² -αι] (1)
— 9. εἶδον ἀνομίαν . . . ἐν τῇ πόλει (8)
— 10. ἀνομία . . . ἐν μέσῳ αὐ. (1)
56 (57). 1. ἕως οὗ παρέλθῃ ἡ ἀ. (5)
57 (58). 2. ἐν καρδίᾳ ἀνομίας ἐργάζεσθε (14 b)
58 (59). 2. ἐκ τῶν ἐργαζομένων τὴν ἀ. (1)
— 3. οὔτε ἡ ἀ. μου οὔτε ἡ ἁμαρτία μου (18 b)
— 4. ἄνευ ἀνομίας ἔδραμον (15)
— 5. πάντας τοὺς ἐργαζομένους τὴν ἀ. (1)
63 (64). 6. ἐξηρεύνησαν ἀνομίαν (14 b)
68 (69). 27. πρόσθες ἀνομίαν ἐπὶ τὴν ἀ. αὐτῶν (15, 15)
72 (73). 19. ἀπώλοντο διὰ τὴν ἀ. αὐτῶν †
73 (74). 20. ἐπληρώθησαν . . . οἴκων ἀνομιῶν (8)
78 (79). 8. μὴ μνησθῇς ἡμῶν ἀνομιῶν ἀρχαίων (15)
84 (85). 2. ἀφῆκας τὰς ἀ. τοῦ λαοῦ σου (15)
88 (89). 22. υἱὸς ἀνομίας οὐ προσθήσει (14 b)
— 32. ἐπισκέψομαι ἐν ῥάβδῳ τὰς ἀ. αὐτῶν (18 b)
89 (90). 8. ἔθου τὰς ἀ. ἡμῶν ἐνώπιόν σου (15)
91 (92). 7, 9. πάντες οἱ ἐργαζόμενοι τὴν ἀ. (1)
93 (94). 4. πάντες οἱ ἐργαζόμενοι τὴν ἀ. (1)
— 16. ἐπὶ τοὺς ἐργαζομένους τὴν ἀ. (1)
— 20. μὴ συμπρόσεσταί [A -έστω] σοι θρ. ἀνομίας (5)
— 23. ἀποδώσει αὐτοῖς [A *add.* κ. κατὰ] τὴν ἀ. αὐ. (1)
100 (101). 8. A S πάντας τοὺς ἐργαζομ. τὴν ἀ. [B ἀδικίαν] (1)
102 (103). 3. τὸν εὐιλατεύοντα πάσαις ταῖς ἀ. σου (15)
— 10. οὐδὲ κατὰ τὰς ἀ. ἡμ. ἀνταπέδωκεν ἡμῖν (15)
— 12. ἐμάκρυνεν ἀφ' ἡμῶν τὰς ἀ. ἡμῶν (18 b)
105 (106). 43. ἐταπεινώθησαν ἐν ταῖς ἀ. αὐτῶν (15)
106 (107). 17. ἀντελάβετο αὐτῶν ἐξ ὁδοῦ ἀνομίας αὐ. διὰ γὰρ τὰς ἀ. αὐ. ἐταπεινώθησαν (18 b, 15)
— 42. πᾶσα ἀ. ἐμφράξει τὸ στόμα αὐτῆς (14 b)
108 (109). 14. ἀναμνησθείη ἡ ἀ. [S¹ ἁμαρτία] τῶν πατέρων αὐ. (15)
118 (119). 3. οὐ γὰρ οἱ ἐργαζόμ. τὴν ἀ. . . . ἐπορεύθησαν (14 b)
— 133. μὴ κατακυριευσάτω μου πᾶσα ἀ. (1)
— 150. οἱ καταδιώκοντές με ἀνομίᾳ (6)
124 (125). 3. A S ὅπως ἂν μὴ ἐκτείνωσιν . . . ἐν ἀνομίᾳ [R -αις] (14 b)
— 5. μετὰ τῶν ἐργαζομένων τὴν ἀ. (1)
128 (129). 3. ἐμάκρυναν τὴν ἀ. αὐτῶν †
129 (130). 3. ἐὰν ἀνομίας παρατηρήσῃ [R -ης] (15)
— 8. λυτρώσεται τὸν Ἰσρ. ἐκ πασῶν τῶν ἀ. αὐ. (15)
138 (139). 24. ἰδὲ εἰ [A B² S¹ ἤ εἶδες] ὁδὸς [A -ὸν] ἀνομίας (16)
140 (141). 4. σὺν ἀνθρώποις ἐργαζομ. τὴν ἀ. (1)
— 9. ἀπὸ σκανδάλων [A -ου] τῶν ἐργαζομ. τὴν ἀ. (1)
Pr. 13. 11. ὕπαρξις . . . μετὰ ἀνομίας ἐλάσσων γίν. –
Wi. 5. 7. ἀνομίας ἐνεπλήσθημεν τρίβοις
— 23. ἐρημώσει πᾶσαν τὴν γῆν ἀνομία
Si. 21. 3. ὡς ῥομφαία δίστομος πᾶσα ἀ.
— 19. A πέδαι ἐν ποσὶν ἀνομία τοῦ παιδίου [B ἀνοήτοις παιδεία, S ἀνοήτου παιδία]
23. 11. ἀνὴρ πολύορκος πλησθήσ. ἀνομίας
41. 18. ἀπὸ συναγωγῆς καὶ λαοῦ περὶ ἀνομίας
46. 20. ἐξαλεῖψαι [S -είψει] ἀνομίαν λαοῦ
49. 2. ἐξῆρε βδελύγματα ἀνομίας
Ho. 6. 10 (9). ἀνομίαν ἐποίησαν ἐν τῷ οἴκῳ τοῦ Ἰ. (6)
Mi. 6. 10. A θησαυρίζων θησαυροὺς ἀνομίας [B ἀνόμους] (19 a)
7. 18. ἐξαίρων ἀνομίας [A ἀδικίας] (15)
Ze. 1. 9. A ἀνομίας [B S ἀσεβείας] καὶ δόλου (8)
Za. 3. 5 (4). ἰδοὺ ἀφήρηκα τὰς ἀ. σου (15)
5. 8. αὕτη ἐστὶν ἡ ἀ. (19 b)
Ma. 1. 4. ἐπικληθήσεται αὐτοῖς ὅρια ἀνομίας (19 b)
Is. 1. 5. τί ἔτι πληγῆτε προστιθέντες ἀ. (13)
3. 8. αἱ γλῶσσαι αὐτῶν μετὰ ἀνομίας (10)
5. 7. ἐποίησε δὲ ἀνομίαν (11)

Is. 5. 18. οἱ ἐπισπώμενοι . . . τὰς ἀ. (7 b)
6. 7. ἀφελεῖ τὰς ἀ. σου (15)
9. 18 (17). καυθήσεται ὡς πῦρ ἡ ἀ. (19 b)
21. 4. ἡ ἀ. με [S *add.* καὶ ἡ ἁμαρτία με] βαπτίζει †
24. 20. κατίσχυσε γὰρ ἐπ' αὐτῆς ἡ ἀ. (18 b)
27. 9. ἀφαιρεθήσεται ἡ ἀ. Ἰακώβ (15)
33. 15. μισῶν ἀνομίαν καὶ ἀδικίαν (3)
43. 25. ὁ ἐξαλείφων τὰς ἀ. σου (18 b)
— 26. λέγε σὺ τὰς ἀ. σου πρῶτος –
44. 22. ἀπήλειψα ὡς νεφέλην τὰς ἀ. σου (18 b)
50. 1. ταῖς ἀ. ὑμῶν ἐξαπέστειλα τὴν μητ. ὑμ. (18 b)
53. 5. A S ἐτραυματίσθη διὰ τὰς ἀ. [B ἁμαρτ.] (18 b)
— 5. B μεμαλάκισται διὰ τὰς ἀ. [A S ἁμαρτ.] (15)
— 8. ἀπὸ τῶν ἀ. τοῦ λαοῦ μου (18 b)
— 9. ἀνομίαν οὐκ ἐποίησεν (8)
— 12. διὰ τὰς ἀ. [A ἁμαρτ.] αὐτῶν παρεδόθη (18 a)
58. 1. ἀνάγγειλον . . . τῷ οἴκ. Ἰ. τὰς ἀ. [S τὰ ἀνομήμ.] (7 a)
59. 3. τὰ δὲ χείλη ὑμῶν ἐλάλησεν ἀνομίαν (21)
— 4. καὶ τίκτουσιν ἀνομίαν (1)
— 6. τὰ γὰρ ἔργα αὐτῶν ἔργα ἀνομίας (1)
— 12. πολλὴ γὰρ ἡμῶν ἡ ἀ. ἐναντίον σου (18 b)
— 12. αἱ γὰρ ἀ. ἡμῶν ἐν ἡμῖν (18 b)
64. 6 (5). ἐξερρύημεν ὡς φύλλα διὰ τὰς ἀ. ἡμῶν (15)
Je. 5. 25. αἱ ἀ. ὑμῶν ἐξέκλιναν ταῦτα (15)
16. 18. καὶ ἐν ταῖς ἀ. αὐτῶν (22)
36 (29). 23. δι' ἣν ἐποίησαν ἀνομίαν ἐν Ἰσρ. (12)
La. 4. 6. ἐμεγαλύνθη ἀ. θυγ. λ. μου ὑπὲρ ἀνομίας Σ. (15, 7 a)
— 22. ἐξέλιπεν ἡ ἀ. σου . . . ἐπεσκέψατο ἀνομίας [A ἀδικίαν] σου (15, 15)
Ez. 3. 19. καὶ μὴ ἀποστρέψῃ ἀπὸ τῆς ἀ. αὐτοῦ (19 a)
7. 23. ἡ πόλις πλήρης ἀνομίας (8)
8. 6. ἀ. μεγάλας ποιοῦσιν [A ἃς ὁ οἶκος Ἰσρ. π.] (22)
— 6. ἔτι ὄψει ἀ. [A ἁμαρτίας] μείζονας (22)
— 9. ἴδε τὰς ἀ. [A ἀ. τὰς πονηρὰς] (22)
— 13. ἔτι ὄψει ἀνομίας μείζονας (22)
— 15. A τοῦ ποιεῖν τὰς ἀ. –
— 17. τοῦ ποιεῖν τὰς ἀ. (22)
— 17. ἔπλησαν [B¹ ἐπλάνησαν] τὴν γῆν ἀνομίας (8)
9. 4. ἐπὶ π. ταῖς ἀ. ταῖς γινομ. ἐν μέσῳ αὐ. (22)
11. 18. ἐξαροῦσι . . . πάσας τὰς ἀ. αὐτῆς (22)
— 21. τῶν βδελυγμάτων αὐτῶν καὶ τῶν ἀ. αὐ. (22)
12. 16. ὅπως ἐκδιηγῶνται πάσας [A *om.*] τὰς ἀ. (22)
16. 2. διαμάρτυραι τῇ Ἰερ. τὰς ἀ. αὐτῆς (22)
— 36. εἰς [A ἐπὶ] π. τὰ ἐνθυμήματα τῶν ἀ. σου (22)
— 43. ἐποίησας τὴν ἀσέβ. [A *add.* σου] ἐπὶ π. ταῖς ἀ. (22)
— 47. οὐδὲ κατὰ τὰς ἀ. αὐ. ἐποίησας (22)
— 51. ἐπλήθυνας τὰς ἀ. [A ἁμαρτίας] σου (22)
— 51. ἐδικαίωσας τὰς ἀδ. σου ἐν π. ταῖς ἀ. σου (22)
— 58. τὰς ἀ. σου σὺ [B¹ *om.*, B² οὐ] κεκόμισαι [A *al.*] (22)
18. 12. ἀνομίαν πεποίηκε (22)
— 13. πάσας τὰς ἀ. ταύτας ἐποίησε (22)
— 20. ἀνομία ἀνόμῳ [A -ου] ἐπ' αὐτὸν ἔσται (19 b)
— 21. ἐκ [A ἀπὸ] πασῶν τῶν ἀ. αὐτοῦ (7 a)
— 24. κατὰ π. τὰς ἀ. ἃς ἐποίησεν ὁ ἄνομος (22)
— 27. ἐν τῷ ἀποστρέψαι ἄνομον ἀπὸ τῆς ἀ. αὐ. (19 b)
20. 4. τὰς ἀ. τῶν πατ. αὐ. διαμάρτυραι αὐτοῖς (22)
— 30. εἰ ἐν ταῖς ἀ. τῶν πατ. ὑμ. ὑμεῖς μιαίνεσθε (4)
22. 2. παράδειξον αὐτῇ πάσας τὰς ἀ. αὐτῆς (22)
— 5. ἡ ὀνομαστὴ καὶ πολλὴ ἐν ταῖς ἀ. †
23. 21. ἐπεσκέψω τὴν ἀ. νεότητός σου (6)
— 36. ἀναγγελεῖς [A ἀπ.] αὐταῖς [A -οῖς] τὰς ἀ. αὐ. (22)
— 44. τοῦ ποιῆσαι ἀνομίαν (6)
28. 16. ἔπλησας [A ἐπλήθυνας] τὰ ταμ. σου ἀνομίας (8)
29. 16. ἐλπ. ἀναμιμνήσκουσαν [A -σα] ἀνομίαν [A ἁμαρτ.] (15)
32. 27. ἐγενήθησαν αἱ ἀ. αὐ. ἐπὶ τῶν ὀστῶν αὐ. (15)
33. 6. αὕτη διὰ τὴν αὐτῆς ἀ. ἐλήφθη (15)
— 8. αὐτὸς ὁ ἄνομος τῇ ἀ. αὐ. ἀποθανεῖται (15)
— 9. A οὗτος τῇ ἀ. [B ἀσεβείᾳ] αὐ. ἀποθανεῖται (15)
— 10. αἱ ἀ. ἡμῶν ἐφ' ἡμῖν [A ἡμᾶς] εἰσι (7 a)
— 12. ἀνομία ἀσεβοῦς [A ἀνόμου] οὐ μὴ κακώσῃ αὐτὸν ἐν ᾗ ἂν ἡμ. ἀποστρέψῃ ἀπὸ τῆς ἀ. αὐ. (19 b, 19 a)
— 13. καὶ [A καὶ ἐὰν] ποιήσῃ ἀνομίαν [A ἀδικ.] (14 a)
— 18. καὶ ποιήσῃ ἀνομίας [A -αν] (14 a)
— 19. ἐν τῷ ἀποστρέψαι τὸν ἁμαρτ. ἀπὸ τῆς ἀ. αὐ. (19 b)
36. 19. A κατὰ τὰς ἀ. [B τὴν ἁμαρτ.] αὐ. ἔκρινα αὐτούς (24)

Ez. 36. 31. προσοχθιεῖτε . . . ἐν ταῖς ἀ. ὑμῶν (15)
— 33. καθαριῶ ὑμᾶς ἐκ π. ἀ. ὑμῶν (15)
37. 23. ῥύσομαι αὐτοὺς ἀπὸ π. τῶν ἀ. αὐτῶν †
43. 8. ἐβεβήλωσαν τὸ ὄν. τὸ ἅγ. μου ἐν ταῖς ἀ. αὐ. (22)
44. 6. ἱκανούσθω ὑμῖν ἀπὸ π. τῶν ἀ. ὑμῶν (22)
— 7. παρεβαίνετε τὴν διαθ. μου ἐν π. ταῖς ἀ. ὑ. (22)
Da. LXX. Su. 5. ἐξῆλθεν ἀ. ἐκ Βαβ.
— 57. τὴν νόσον ὑμ. ἐν ἀνομίᾳ ὑπενεγκεῖν
Da. TH. Su. 5. ἐξῆλθεν ἀ. ἐκ Βαβ.
— 38. ἰδόντες τὴν ἀ.
— 57. ὑπέμεινε τὴν ἀ. ὑμῶν
9. 24. A ἀπαλεῖψαι τὰς ἀ. [B ἀδικ.] (15 ?)
I Ma. 3. 6. πάντες οἱ ἐργάται τῆς ἀ.
— 20. ἐν [A *om.*] πλήθει ὕβρεως καὶ ἀνομίας

[**Aq.** Le. 26. 39 *bis*: Ps. 24 (25). 11: 30 (31). 11: 31 (32). 2, 5 *bis*: 64 (65). 4: 88 (89). 33: Pr. 5. 22: 10. 23: Is. 5. 18: 65. 7: 66. 3: Je. 13. 22: 18. 23: 30 (37). 15: 50 (27). 20: Ez. 14. 3: 35. 5: Da. 9. 24: Am. 3. 2.]
[**Sm.** I Ki. 2. 3: 15. 23: I Ch. 9. 1: Jb. 14. 17: 34. 10: Ps. 13 (14). 4: 31 (32). 2: 48 (49). 6: 64 (65). 4: 74 (75). 6: Pr. 5. 22: 15. 14: 19. 28: 21. 15: 22. 8: Ec. 5. 2: Is. 5. 18: 26. 21: 53. 6: 59. 7: 65. 7: Ez. 7. 11: 35. 5.]
[**Th.** Ps. 30 (31). 11: 31 (32). 5: Pr. 5. 22: 10. 23: 21. 15: 22. 8: Is. 5. 18: 24. 20: 65. 7: Je. 30 (37). 15: 50 (27). 20: Ez. 35. 5: 44. 12: Da. 9. 24 †.]
[**Al.** Le. 5. 17: 16. 21: 20. 19: Nu. 14. 19: Ps. 124 (125). 3: Je. 30 (37). 14.]
[**Quint.** Ps. 27 (28). 3: 31 (32). 2: Pr. 10. 23.]
[**Sext.** Ps. 27 (28). 3: 31 (32). 2.]

ἀνομοιογενής.

[**Sm.** Dt. 22. 9.]
[**Al.** Le. 19. 19.]

ἀνόμοιος.

Wi. 2. 15. B S ἀ. τοῖς ἄλλοις ὁ βίος αὐτοῦ
[**Al.** Le. 19. 19.]

ἀνομοιόφυλος.

[**Sm.** Le. 19. 19.]

ἄνομος. (1) אָוֶן (2) בְּדִיל (3) בֶּצַע (4) הָלַל (5) זֵד (6) חַטָּא (7) *a.* חָנֵף *b.* חֹנֶף (8) לָצוֹן (9) סָרָה (10) *a.* עַוָּל *b.* עַוְלָה (11) עָוֹן (12) עָנַן po. (13) עָרִיץ (14) פָּשַׁע (15) רְמִיָּה (16) *a.* רָשָׁע *b.* רֶשַׁע *c.* רִשְׁעָה *d.* מִרְשַׁעַת (17) שָׁוְא (18) שָׁחַת hi. (19) שֶׁקֶר (20) זִמָּה (21) תּוֹעֵבָה

Le. 5. 4. ἡ ψυχὴ ἡ ἄ. ἡ διαστέλλουσα τοῖς χείλ. –
18. 30. A ἀπὸ πάντων τῶν ἀ. [B νομίμων] τῶν ἐβδελυγμ. †
I Ki. 24. 14. ἐξ ἀνόμων ἐξελεύσεται πλημμέλεια (16 a)
III Ki. 8. 32. ἀνομηθῆναι ἄνομον (16 a)
II Ch. 6. 23. τοῦ ἀποδοῦναι τῷ ἀ. (16 a)
24. 7. ὅτι Γοθολία ἦν ἡ ἄνομος (16 d)
Es. 4. 17. ἐμίσησα δόξαν ἀνόμων
Jb. 5. 22. ἀδίκων καὶ ἀνόμων καταγελάσῃ †
11. 11. αὐτὸς γὰρ οἶδεν ἔργα ἀνόμων (17)
— 14. εἰ ἄ. τί ἐστιν ἐν χερσί σου (1)
12. 5. οἰκ. τε αὐ. [A μου] ἐκπορθεῖσθαι ὑπὸ ἀνόμων †
19. 29. θυμὸς γὰρ ἐπ' ἀνόμους [A -οις] ἐπελεύσ. (11)
27. 4. μὴ λαλήσειν τὰ χείλη μου ἄνομα [A *al.*] (10 b)
— 4. A οὐδὲ ἡ ψυχή μου μελετήσει ἄνομα [B S ἀδ.] (15)
— 7. S ὥσπερ ἡ ἀπώλεια τῶν ἀνόμων [A B παραν.] (10 a)
34. 8. μετὰ ποιούντων τὰ ἄ. (1)
— 17. τὸν μισοῦντα ἄνομα †
— 20. A ἐχρήσαντο γὰρ ἀνόμοις [B S *al.*] †
— 22. τοῦ κρυβῆναι τοὺς ποιοῦντας τὰ ἄ. (1)
35. 14. τῶν συντελούντων τὰ ἄ. †
36. 21. A μὴ πράξῃς ἄνομα [B S¹ ἄδικα, S² R ἄτοπα] (1)
Ps. 36 (37). 28. A S² ἄνομοι δὲ ἐκδιωχθήσ. [B S¹ *al.*] –
49 (50). 21. S¹ ὑπέλαβες, ἄνομε [B S² -μίαν] –
50 (51). 13. διδάξω ἀνόμους τὰς ὁδούς σου (14)
64 (65). 3. λόγοι ἀνόμων ὑπερεδυνάμωσαν ἡμᾶς (11)
72 (73). 3. ἐζήλωσα ἐπὶ τοῖς ἀ. (4)
103 (104). 35. ἐκλείποισαν . . . ἄνομοι (16 a)

Pr. 1. 19. πάντων τῶν συντελούντων τὰ ἄ. (3)
10. 2. οὐκ ὠφελήσουσι θησαυροὶ ἀνόμους (16 *b*)
12. 3. οὐ κατορθώσει ἄνθρωπος ἐξ ἀνόμου (16 *b*)
14. 16. ὁ δὲ ἄφρων ἑ. πεποιθὼς μίγνυται ἀνόμῳ †
21. 18. περικάθαρμα δὲ δικαίου ἄνομος (16 *a*)
27. 21. καρδία ἀνόμου ἐκζητεῖ κακά –
28. 10. οἱ δὲ ἄ. διελεύσονται [S *add.* εἰς] ἀγαθά †
29. 8. ἄνδρες ἄ. [A λοιμοὶ] ἐξέκαυσαν πόλιν (8)
— 27. βδέλ. δὲ ἀνόμῳ κατευθύνουσα ὁδός (16 *a*)
Wi. 4. 6. ἐκ γὰρ ἀνόμων ὕπνων τέκνα γεννώμ.
15. 17. νεκρὸν ἐργάζεται χερσὶν ἀνόμοις
17. 2. ὑπειληφότες γὰρ καταδυναστεύειν . . . ἄνομοι
Si. 16. 4. φυλὴ δὲ ἀνόμων ἐρημωθήσεται
21. 9. στυππ. συνηγμ. συναγωγὴ [A εἰσαγ.] ἀνόμων
31 (34). 18. οὐκ εἰς εὐδοκίαν μωκήματα ἀνόμων
39. 24. οὕτως τοῖς ἀ. προσκόμματα
40. 10. ἐπὶ τοὺς ἀ. ἐκτίσθη ταῦτα πάντα
49. 3. ἐν ἡμ. ἀνόμων κατίσχυσε τὴν εὐσέβ.
Mi. 6. 10. μὴ . . . οἶκος ἀνόμου [A -ων] θησαυρίζων θησαυροὺς ἀνόμους [A -μίας] (16 *a*, 16 *b*)
— 11. εἰ δικαιωθήσεται ἐν ζυγῷ ἄνομος (16 *b*)
Hb. 3. 13. βαλεῖς [A S^2 ἔβαλας] εἰς κεφ. ἀνόμων θάνατον (16 *a*)
Ze. 1. 3. καὶ ἐξαρῶ τοὺς ἀ. †
Ma. 3. 15. ἀνοικοδομοῦνται π. ποιοῦντες ἄνομα (16 *c*)
— 18. ὄψεσθε ἀνὰ μέσον δικ. κ. ἀνὰ μέσ. ἀνόμου (16 *a*)
4. 1 (3. 19). καὶ πάντες οἱ ποιοῦντες ἄνομα (16 *c*)
— 3 (3. 21). καὶ καταπατήσετε ἀνόμους (16 *a*)
Is. 1. 4. σπέρμα πονηρὸν, υἱοὶ ἄνομοι (18)
— 25. ἀφελῶ πάντας ἀ. ἀπὸ σοῦ (2)
— 28. συντριβήσονται οἱ ἄ. (14)
— 31. κατακαυθήσονται οἱ ἄ. †
3. 11. οὐαὶ τῷ ἀ. (16 *a*)
9. 15 (14). προφήτην διδάσκοντα ἄνομα (19)
— 17 (16). πάντες ἄ. καὶ πονηροί (7 *a*)
10. 6. τὴν ὀργήν μου εἰς ἔθνος ἄ. ἀποστελῶ (7 *a*)
13. 11. ἀπολῶ ὕβριν ἀνόμων (5)
29. 20. ἐξέλιπεν ἄνομος (13)
31. 6. οἱ τὴν βαθ. β. βουλευόμ. [A -σάμ-] καὶ ἄνομον (9)
32. 6. τοῦ συντελεῖν ἄνομα (7 *b*)
— 7. ἡ γὰρ βουλὴ τῶν πον. ἄνομα βουλεύσεται (20)
33. 14. ἀπέστησαν οἱ ἐν Σιὼν ἄνομοι (6)
48. 8. ἄ. ἔτι ἐκ κοιλίας κληθήσῃ (14)
53. 12. ἐν τοῖς ἀ. ἐλογίσθη (14)
55. 7. ἀπολιπέτω . . . ἀνὴρ ἄ. τὰς βουλὰς αὐ. (1)
57. 3. προσαγάγετε ὧδε, υἱοὶ ἄ. (12)
— 4. σπέρμα ἄνομον (19)
66. 3. ὁ δὲ ἄ. ὁ θύων μοι μόσχον †
Je. 6. 13. πάντες συνετελέσαντο [A -εσαν] ἄνομα (3)
Ez. 3. 18. ἐν τῷ λέγειν με τῷ ἀ. (16 *a*)
— 18. τοῦ διαστείλασθαι τῷ ἀ. (16 *a*)
— 18. ὁ ἄ. ἐκ. τῇ ἀδικίᾳ αὐτοῦ ἀποθανεῖται (16 *a*)
— 19. ἐὰν διαστείλῃ τῷ ἀ. (16 *a*)
— 19. ὁ ἄ. ἐκ. ἐν τῇ ἀδικίᾳ αὐ. ἀποθανεῖται †
5. 6. ἐρεῖς τὰ δικαιώμ. μου τῇ ἀ. ἐκ τῶν ἐθνῶν (16 *c*)
7. 11. συντρίψει στήριγμα ἀνόμου (16 *b*)
13. 22. τοῦ κατισχῦσαι χεῖρας ἀνόμου (16 *a*)
16. 50. A ἐποίησαν ἄνομα [B ἀνομήματα] (21)
18. 20. ἀνομία ἀνόμῳ [A -ου] ἐπ' αὐτὸν ἔσται (16 *a*)
— 21. καὶ ὁ ἄ. ἐὰν ἀποστρέψῃ [A *al.*] (16 *a*)
— 23. μὴ . . . θελήσω [A ὅτι οὐ βούλομαι] τὸν θάν. τοῦ ἀ. (16 *a*)
— 24. κατὰ π. τὰς ἀνομίας ἃς ἐποίησεν ὁ ἄ. (16 *a*)
— 27. ἐν τῷ ἀποστρέψαι ἄνομον ἀπὸ τῆς ἀνομ. (16 *a*)
21. 3 (8). ἐξολοθρεύσω ἐκ σοῦ . . . ἄνομον (16 *a*)
— 4 (9). B ἐξολοθρεύσω ἐκ σοῦ . . . ἄνομον (16 *a*)
— 25 (30). καὶ σὺ, βέβηλε, ἄνομε (16 *a*)
— 29 (34). ἐπὶ τραχήλους τραυματιῶν ἀνόμων (16 *a*)
33. 8. A ἐν τῷ εἰπεῖν με τῷ ἀ. [B ἁμαρτωλῷ] (16 *a*)
— 8. A τοῦ ἀποστῆναι τὸν ἄ. [B *al.*] (16 *a*)
— 8. αὐτὸς ὁ ἄ. τῇ ἀνομ. αὐ. ἀποθανεῖται (16 *a*)
— 12. A ἀνομία ἀνόμου [B ἀσεβ.] οὐ μὴ κακώσῃ αὐτ. (16 *a*)
Da. LXX. Su. 35. ἃ πονηρεύονται οἱ ἄ. οὗτοι
3. (32). ἐχθρῶν ἡμ. ἀ. καὶ ἐχθίστων ἀποστατῶν
Da. TH. Su. 28. πλήρεις τῆς ἀ. ἐννοίας
3. (32). εἰς χεῖρας ἐχθρῶν ἀ.
12. 10. ἀνομήσωσιν [A ἀνοήσουσιν] ἄνομοι καὶ οὐ συνήσουσι [A νοήσ.] πάντες ἄ. (16 *a*, 16 *a*)
I Ma. 2. 44. ἐπάταξαν . . . ἄνδρας ἀ.
3. 5. ἐδίωξεν ἀνόμους ἐξερευνῶν
— 6. συνεστάλησαν οἱ ἄ.
7. 5. πάντες ἄνδρες ἄ. καὶ ἀσεβεῖς
9. 23. ἐξέκυψαν οἱ ἄ. ἐν π. τοῖς ὁρίοις Ἰσρ.
— 58. ἐβουλεύσαντο πάντες οἱ ἄ.
— 69. ὠργίσθησαν θυμῷ τοῖς ἀνδράσι τοῖς ἀ.
10. 61. S ἄνδρες ἄ. [A R παράν.]
11. 25. τινες ἄ. τῶν ἐκ τοῦ ἔθνους
14. 14. ἐξῆρε πάντα ἄ.
III Ma. 1. 27. τὴν ἄ. καὶ ὑπερήφανον πρᾶξιν
5. 27. A ἐπὶ τῇ ἀ. [R παραν.] ἐξόδῳ
6. 4. δυνάστην ἐπαρθέντα ἀνόμῳ θράσει
— 9. ὑπὸ δὲ ἐβδελυγμένων ἀ. ἐθνῶν
— 12. τοὺς καθ' ὕβριν ἀνόμων . . . μεθιστανομ.
[**Aq. Th.** Jb. 34. 22.]
[**Sm.** I Ki. 25. 17: Ps. 31 (32). 5: 36 (37). 38: Pr. 21. 10.]
[**Al.** Ps. 49 (50). 21 (?).]
[**Quint.** Ps. 128 (129). 4.]

ἀνόμως.

II Ma. 8. 17. τὴν ἀ. εἰς τὸν ἅγιον τόπον συντετελεσμ.

ἀνόητος.

Wi. 3. 11. καὶ οἱ κόποι [S κ. αὐτῶν] ἀν.
IV Ma. 16. 7. ἀνόητοι ἑπτὰ δεκάμηνοι
— 9. οἱ δὲ γαμήσαντες [S γήμαντες] ἀνόητοι

ἀνορθοῦν. (1) זָקַף (2) כּוּן *a.* ni. *b.* pil. *c.* hi. *d.* hithpa. (3) עוּד hithpal. (4) רָבָה hi.

II Ki. 7. 13. ἀνορθώσω τὸν θρόνον αὐτοῦ (2 *b*)
— 16. ὁ θρόνος αὐτοῦ ἔσται ἀνωρθωμ. (2 *a*)
— 26. A ὁ οἶκ. τοῦ δούλου σου Δ. ἔσται ἀνωρθωμ. (2 *a*)
I Ch. 17. 12. ἀνορθώσω τὸν θρόνον αὐτοῦ (2 *b*)
— 14. ὁ θρόνος αὐτοῦ ἔσται ἀνωρθωμ. (2 *a*)
— 24. ὁ οἶκος Δ. παιδός σου ἀνωρθωμ. (2 *a*)
22. 10. ἀνορθώσω θρόνον βασιλείας αὐτοῦ (2 *c*)
Ps. 17 (18). 35. ἡ παιδεία σου ἀνώρθωσέ με (4)
19 (20). 8. ἡμεῖς δὲ ἀνέστημεν καὶ ἀνωρθώθημεν (3)
144 (145). 14. ἀνορθοῖ πάντας τοὺς κατερραγμ. (1)
145 (146). 9. κύριος ἀνορθοῖ κατερραγμένους (1)
Pr. 24. 3. μετὰ συνέσεως ἀνορθοῦται (2 *d*)
Si. 11. 12. ἀνώρθωσεν αὐτὸν ἐκ ταπεινώσεως αὐ.
27. 14. A λαλιὰ . . . ἀνορθώσει [B S ὀρθ.] τρίχας
Je. 10. 12. ὁ ἀνορθώσας τὴν οἰκουμένην (2 *c*)
40 (33). 2. πλάσσων αὐτὴν τοῦ ἀνορθῶσαι αὐτήν (2 *c*)
Ez. 16. 7. οἱ μαστοί σου ἀνωρθώθησαν (2 *a*)

ἀνορύσσειν. (1) חָפַר

Jb. 3. 21. ἀνορύσσοντες [A *add.* αὐτὸν] ὥσπερ θησαυρούς [A -όν] (1)
39. 21. ἀνορύσσων ἐν πεδίῳ [S^2 ποδὶ] γαυριᾷ (1)

ἀνόσιος. (1) זִמָּה

Wi. 12. 4. πράσσειν . . . τελετὰς ἀ.
Ez. 22. 9. ἀνόσια ἐποίουν ἐν μέσῳ σου (1)
II Ma. 7. 34. ὦ ἀνόσιε καὶ πάντων ἀνθρ. μιαρώτατε
8. 32. ἀνοσιώτατον ἄνδρα καὶ . . . ἐπιλελυπηκ.
III Ma. 2. 2. καταπονουμένοις ὑπὸ ἀνοσίου
5. 7. τὴν κατ' αὐ. μεταστρέψαι βουλὴν ἀ.
IV Ma. 12. 11. ἀνόσιε, φησί

ἀνοσίως.

Es. 8. 13. ὅσα ἐστὶ . . . ἀ. συντετελεσμένα
III Ma. 1. 21. ἐπὶ τοῖς ἀ. ὑπ' ἐκείνου κατεγχειρουμ.

● **ἄνους.** (1) בַּעַר (2) פָּתָה

● Ps. 48 (49). 10. ἄφρων καὶ ἄνους ἀπολοῦνται (1)
Pr. 13. 14. ὁ δὲ ἄ. ὑπὸ παγίδος θανεῖται †
Ho. 7. 11. ὡς περιστερὰ ἄ. οὐκ ἔχουσα καρδίαν (2)
II Ma. 11. 13. οὐκ ἄνους δὲ ὑπάρχων

ἀνοχή.

I Ma. 12. 25. οὐ γὰρ ἔδωκεν αὐτοῖς ἀνοχήν

ἀνταγωνίζεσθαι.

IV Ma. 17. 14. ὁ τύραννος ἀντηγωνίζετο

ἀνταγωνιστής.

IV Ma. 3. 5. οὐ γὰρ ἐκριζωτὴς . . . ὁ λογισμός ἐστιν ἀλλὰ ἀ.

ἀνταίρειν. (1) נָשָׂא

II Ki. 18. 28. A τοὺς ἄνδρ. τοὺς ἀντάραντας τὴν χ. [B *al.*] (1)
Mi. 4. 3. οὐκέτι μὴ ἀντάρῃ [A οὐκ. οὐ μὴ ἄρῃ] ἔθν. ἐπ' ἔθνος ῥομφ. (1)

ἀντακούειν. (1) עָנָה ni.

Jb. 11. 2. ὁ τὰ πολλὰ λέγων καὶ ἀντακούσεται. (1)

ἀντάλλαγμα. (1) חֲלִיפָה (2) מְחִיר (3) תְּמוּרָה (4) כֹּפֶר

Ru. 4. 7. ἐπὶ τὴν ἀγχιστείαν καὶ ἐπὶ τὸ ἀ. (3)
III Ki. 20 (21). 2. A ἀργύριον ἀ. [B ἄλλ.] ἀμπελῶνός σου (2)
Jb. 28. 15. οὐ σταθήσ. ἀργύρ. ἀ. αὐτῆς [S ἀντ' αὐ.] (2)
Ps. 54 (55). 19. οὐ γάρ ἐστιν αὐτοῖς ἀντάλλαγμα (1)
— 88 (89). 51. οὗ ὠνείδισαν τὸ ἀ. τοῦ χριστοῦ σου †
Si. 6. 15. φίλου πιστοῦ οὐκ ἔστιν ἀ.
26. 14. οὐκ ἔστιν ἀ. πεπαιδευμένης ψυχῆς
44. 17. ἐν καιρῷ ὀργῆς ἐγένετο ἀ.
Am. 5. 12. B λαμβάνοντες ἀνταλλάγματα [A R ἀλλ.] (4)
Je. 15. 13. τοὺς θησαυρ. σου εἰς προν. δώσω [S δῷς ὡς] ἀ. (2)
[**Aq. Sm.** Pr. 17. 16.]
[**Al.** Ps. 54 (55). 20.]

ἀνταλλάσσειν. (1) נָשָׂא פָּנִים

Jb. 37. 4. οὐκ ἀνταλλάξει αὐτούς †
Pr. 6. 35. οὐκ ἀνταλλάξεται οὐδ. λύτρου τὴν ἔχθραν (1)
[**Aq.** Dt. 26. 17.]
[**Th.** Jb. 37. 4.]

ἀντάμειψις. (1) עֵקֶב

Ps. 118 (119). 112. τοῦ ποιῆσαι τὰ δικαιώμ. σου . . . δι' ἀντάμειψιν [S^1 *al.*] (1)

ἀνταναιρεῖν. (1) אָסַף (2) בְּלִי (3) הָלַךְ *a.* qal. *b.* ni. (4) לָקַח (5) מָרוֹם (6) עָרָה pi. (7) שָׁבַת hi.

Es. 8. 13. τὴν εὐχαριστίαν . . . ἀνταναιροῦντες
Ps. 9. 26 (10. 5). ἀνταναιρεῖται τὰ κρίματά σου (5)
45 (46). 9. ἀνταναιρῶν [A -ελὼν] πολέμους (7)
50 (51). 11. τὸ πνεῦμα τὸ ἅγ. σου μὴ ἀντανέλῃς ἀπ' ἐμοῦ (4)
57 (58). 8. ὡσεὶ κηρὸς . . . ἀνταναιρεθήσονται (3 *a*)
71 (72). 7. ἕως οὗ ἀνταναιρεθῇ ἡ σελήνη (2)
103 (104). 29. ἀντανελεῖς τὸ πνεῦμα αὐτῶν (1)
108 (109). 23. ὡσεὶ σκιὰ . . . ἀντανῃρέθην [S^1 -θη] (3 *b*)
140 (141). 8. μὴ ἀντανέλῃς τὴν ψυχήν μου (6)
Pr. 8. 11. A B^2 ἀνταναιρεῖσθε αἴσθησιν [B^2 -σει] χρυσ. –
[**Th.** Ps. 57 (58). 9.]

ἀντανακλᾶν.

Wi. 17. 19. ἀντανακλωμένη ἐκ . . . ὀρέων ἠχώ

ἀντανιστάναι.

Ba. 3. 19. A^2 B ἄλλοι ἀντανέστησαν [A^1 R ἀνέσ.] ἀντ' αὐ.

ἀνταποδιδόναι. (1) בּוֹא *a.* qal. *b.* hi. (2) *a.* גָּמַל *b.* גְּמוּל *c.* גְּמוּלָה *d.* תַּגְמוּל (3) פָּקַד (4) שׁוּב *a.* qal. *b.* hi. (5) שָׁלַם *a.* qal. *b.* pi. *c.* pu. *d.* שִׁלֵּם n. (6) נָקַם ni.

Ge. 44. 4. R τί ὅτι ἀνταπεδώκατε [A *add.* μοι] πονηρά (5 *b*)
50. 15. ἀνταπόδομα ἀνταποδῷ ἡμῖν (4 *b*)
Le. 18. 25. ἀνταπέδωκα ἀδικίαν αὐτοῖς [A -ῶν] (3)
De. 32. 6. ταῦτα κυρίῳ ἀνταποδίδοτε (2 *a*)
— 35. ἐν ἡμέρᾳ ἐκδικήσεως ἀνταποδώσω (5 *d* ?)
— 41. A ἀνταποδώσω [B ἀπ.] δίκην τοῖς ἐχθροῖς (4 *b*)
— 41. A R τοῖς μισοῦσί με [B *om.*] ἀνταποδώσω (5 *b*)
— 43. ἀνταποδώσει δίκην τοῖς ἐχθροῖς καὶ τοῖς μισοῦσιν ἀνταποδώσει (4 *b*, –)
Jd. 1. 7. οὕτως ἀνταπέδωκέ μοι ὁ θ. (5 *b*)
16. 28. ἀνταποδώσω ἀνταπόδοσιν μίαν [A *al.*] (6)
I Ki. 24. 18. σὺ ἀνταπέδωκάς μοι ἀγαθὰ, ἐγὼ δὲ ἀνταπέδωκά σοι κακά (2 *a*, 2 *a*)
— 20. A κύριος ἀνταποδώσει αὐτῷ [B *al.*] (5 *b*)
25. 21. ἀνταπέδωκέ μοι πονηρά (4 *b*)
II Ki. 3. 39. A ἀνταποδοῖ [B ἀποδῷ] κ. τῷ ποιοῦντι πονηρά (5 *b*)
19. 36 (37). ἵνα τί ἀνταποδίδωσί μοι ὁ βασ. τὴν ἀνταπ. (2 *a*)
22. 21. ἀνταπέδωκέ μοι κύριος (2 *a*)

● = correction on page xxiv

II Ki. 22. 21. κατὰ τὴν καθαριότητα . . . ἀνταπέδωκέ μοι (4 b)
III Ki. 3. 1 (2. 44). ἀνταπέδωκε κ. τὴν κακίαν σου (4 b)
IV Ki. 9. 26. ἀνταποδώσω αὐτῷ ἐν τῇ μερίδι ταύτῃ (5 b)
II Ch. 32. 25. A B οὐ κατὰ τὸ ἀνταπόδ. . . . ἀνταπέδωκεν [B ἀπ.] (4 b)
To. 14. 10. καὶ ὅσα ἀνταπέδωκεν αὐτῷ [S al.]
Ju. 7. 15. ἀνταποδώσεις αὐτοῖς ἀνταπόδ. πον.
Jb. 21. 19. ἀνταποδώσει πρὸς αὐτόν (5 b)
— 31. τίς ἀνταποδώσει αὐτῷ (5 b)
Ps. 7. 4. εἰ ἀνταπέδωκα τοῖς ἀνταποδιδ. μοι κακά (2 a, 5 a)
17 (18). 20. ἀνταποδώσει μοι κ. κατὰ τὴν δικαιοσ. μου (2 a)
— 20. κατὰ τὴν καθαριότ. . . . ἀνταποδώσει [S¹ ἀπ.] μοι (4 b)
— 24. ἀνταποδώσει μοι κύριος (4 b)
— 24. A ἀνταποδώσει μοι [B S om. ἀ. μ.] ἐνώπ. τῶν ὀφθ. αὐ. –
30 (31). 23. ἀνταποδίδωσι τοῖς . . . ποιοῦσιν ὑπερηφανίαν (5 b)
34 (35). 12. ἀνταπεδίδοσάν μοι πονηρά (5 b)
37 (38). 20. οἱ ἀνταποδιδόντες [A S² add. μοι] κακά (5 b)
40 (41). 10. ἀνταποδώσω αὐτοῖς (5 b)
102 (103). 10. οὐδὲ κατὰ τὰς ἀνομ. ἡμῶν ἀνταπέδωκεν ἡμῖν (2 a)
115. 3 (116. 12). τί ἀνταποδώσω τῷ κ. περὶ πάντων ὧν ἀνταπέδωκέ μοι (4 b, 2 d)
118 (119). 17. ἀνταπόδος τῷ δούλῳ σου (2 a)
130 (131). 2. ὡς ἀνταποδώσεις [A -δόσεις] ἐπὶ τὴν ψυχήν μου †
136 (137). 8. ὃς ἀνταποδώσει σοι τὸ ἀνταπόδομά σου ὃ ἀνταπέδωκας ἡμῖν (5 b, 2 a)
137 (138). 8. ἀνταποδώσεις [A -σει] ὑπὲρ ἐμοῦ †
141 (142). 7. ἕως οὗ ἀνταποδῷς μοι (2 a)
Pr. 19. 17. ἀνταποδώσει [B¹ -δωθήσεται] αὐτῷ (5 b)
25. 22. ὁ δὲ κ. ἀνταποδώσει σοι ἀγαθά (5 b)
Si. 3. 31. ὁ ἀνταποδιδοὺς χάριτας
7. 28. τί ἀνταποδώσεις αὐτοῖς
17. 23. S ἀνταποδώσει αὐτοῖς, καὶ τὸ ἀνταπόδ. αὐ. εἰς κεφ. αὐ. ἀνταποδώσει [A B ἀπ.]
30. 6. τοῖς φίλοις ἀνταποδιδόντα χάριν
32 (35). 2. ἀνταποδιδοὺς χάριν
— 11. κύριος ἀνταποδιδοὺς ἐστι, καὶ ἑπταπλάσια ἀνταποδώσει [A ἀπ.] σοι
— 18. τοῖς ἔθν. ἀνταποδώσει ἐκδίκησιν
— 19. ἕως ἀνταποδῷ ἀνθρώπῳ
36. 25 (20). ἀνθρ. πολύπειρος ἀνταποδώσει αὐτῷ
Ho. 4. 9. τὰ διαβούλια αὐ. ἀνταποδώσω αὐτῷ (4 b)
12. 2 (3). A ἀνταποδώσει [B ἀποδ.] αὐτῷ (4 b)
— 14 (15). τὸν ὀνειδισμὸν αὐ. ἀνταποδώσει αὐτῷ κ. (4 b)
14. 3. ἀνταποδώσομεν καρπὸν χειλέων ἡμ. (5 b)
Jl. 2. 25. A S R ἀνταποδώσω [B -σει] ὑμῖν ἀντὶ τῶν ἐτῶν (5 b)
3 (4). 4. μὴ ἀνταπόδ. ὑμεῖς ἀνταποδίδοτέ μοι (5 b)
— 4, 7. ἀνταποδώσω τὸ ἀνταπόδομα ὑμῶν (4 b)
Ob. 1. 15. τὸ ἀνταπόδομά σου ἀνταποδοθήσεται (4 a)
Za. 9. 12. ἀντὶ μιᾶς ἡμ. . . . διπλᾶ ἀνταποδώσω σοι (4 b)
Is. 35. 4. κρίσιν ἀνταποδίδωσι [A -δώσει] καὶ ἀνταποδώσει (1 a?, 2 b)
40. 14. A S¹ ἀνταποδοθήσεται αὐτῷ –
59. 18. ἀνταποδώσων ἀνταπόδοσιν ὄνειδος (2 c?)
63. 7. οἷς [A add. ὁ κ.] ἡμῖν ἀνταποδίδωσι (2 a)
65. 6. S ἀνταποδώσω [A B om.] . . . τὰς ἁμαρτίας αὐ. (5 b)
66. 4. τὰς ἁμαρτ. [A ἁ. αὐ.] ἀνταποδώσω [S ἀπ.] αὐ. (1 b)
— 6. φωνὴ κυρίου ἀνταποδιδόντος ἀνταπόδοσιν (5 b)
Je. 16. 18. ἀνταποδώσω . . . τὰς κακίας [A S ἀδικ.] αὐ. (5 b)
18. 20. εἰ ἀνταποδίδοται ἀντὶ ἀγαθῶν κακά (5 c)
27 (50). 29. ἀνταπόδοτε αὐτῇ κατὰ τὰ ἔργα αὐτῆς (5 b)
28 (51). 6. ἀνταπόδομα αὐ. ἀνταποδίδωσιν αὐτῇ (5 b)
— 24. ἀνταποδώσω τῇ Βαβυλῶνι [A -ωνίᾳ] (5 b)
— 56. ὁ θεὸς ἀνταποδίδωσιν αὐτοῖς (5 c)
— 57. κ. ἀνταποδίδωσι (5 b)
Ep. Je. 34. οὔτε . . . δυνήσονται ἀνταποδοῦναι
I Ma. 2. 68. ἀνταπόδοτε [A -δίδ.] ἀνταπόδομα τοῖς ἔθ.
I Ma. 10. 27. ἀνταποδώσομεν ὑμῖν ἀγαθά
11. 53. A R οὐκ ἀνταπέδωκε κατὰ [A om.] τὰς εὐνοίας ἃς ἀνταπέδωκεν αὐτῷ [S al.]
16. 17. A ἀνταπέδωκεν [S R ἀπ.] κακὰ ἀντὶ ἀγαθῶν
[Aq. Pr. 12. 14: Je. 25. 14.]
[Sm. Ps. 27 (28). 4: 30 (31). 23: 40 (41). 11: 53 (54). 7: 130 (131). 2: Pr. 12. 14: 19. 17.]
[Th. Jb. 21. 19: Pr. 12. 14: 19. 17: Je. 25. 14.]
[Hebr. Dt. 32. 43.]
[Al. Je. 25. 14.]

ἀνταποδισμός.
Wi. 2. 5. S οὐκ ἔστιν ἀ. [A B ἀναπ.] τῆς τελευτῆς ἡμ.

ἀνταπόδομα. (1) גְּמוּל (2) שׁוּב hi. (3) שִׁלֻּמִים (4) תַּאֲנָה
Ge. 50. 15. ἀ. ἀνταποδῷ ἡμῖν πάντα τὰ κακά (2)
Jd. 9. 16. A κατὰ τὸ ἀ. τῆς χειρὸς αὐτοῦ [B al.] (1)
14. 4. A ἀ. αὐτὸς ἐκζητεῖ [B al.] (4)
II Ch. 32. 25. οὐ κατὰ τὸ ἀ. ὃ ἔδωκεν αὐτῷ ὁ κ. (1)
To. 14. 10. ἐκείνῳ δὲ τὸ ἀ. ἀπεδόθη [S al.]
Ju. 7. 15. ἀνταποδώσεις αὐτοῖς ἀ. πονηρόν
Ps. 27 (28). 4. ἀπόδος τὸ ἀ. αὐτῶν αὐτοῖς (1)
136 (137). 8. ὃς ἀνταποδώσει σοι τὸ ἀ. σου (1)
Pr. 12. 14. ἀ. δὲ χειλέων αὐτοῦ δοθήσεται αὐτῷ (1)
Si. 2. 9. S² δόσις αἰωνία μετὰ χαρᾶς τὸ ἀ. αὐτοῦ
12. 2. καὶ εὑρήσεις ἀνταπόδομα
14. 6. τοῦτο ἀ. τῆς κακίας αὐτοῦ
17. 23. τὸ ἀ. αὐ. εἰς κεφ. αὐ. ἀποδώσει [S ἀνταπ.]
20. 10. δόσις ἧς τὸ ἀ. διπλοῦν
48. 8. ὁ χρίων βασιλεῖς εἰς ἀνταπόδομα
Jl. 3 (4). 4. μὴ ἀνταπόδ. ὑμεῖς ἀνταποδίδοτέ μοι (1)
— 4, 7. ἀνταποδώσω τὸ ἀ. ὑμῶν (1)
Ob. 1. 15. τὸ ἀ. σου ἀνταποδοθήσεται εἰς κεφ. σου (1)
Is. 1. 23. οἱ ἄρχοντές σου . . . διώκοντες ἀ. (3)
Je. 28 (51). 6. ἀ. αὐτὸς ἀνταποδίδωσιν αὐτῇ (1)
La. 3. 64. ἀποδώσεις αὐτοῖς ἀ. (1)
I Ma. 2. 68. ἀνταπόδοτε ἀ. τοῖς ἔθνεσι
[Sm. Pr. 19. 17: Is. 59. 18.]
[Th. Jd. 9. 16: Pr. 19. 17: Is. 59. 18.]

ἀνταπόδοσις. (1) *a.* גְּמוּל *b.* גְּמוּלָה (2) נָקָם (3) עֵקֶב (4) *a.* שִׁלּוּם *b.* שִׁלֻּמָה *c.* שִׁלֵּם pi.
Jd. 9. 16. εἰ ὡς ἀ. χειρὸς αὐ. ἐποιήσατε [A al.] (1 a)
16. 28. ἀνταποδώσω ἀ. μίαν [A al.] (2)
II Ki. 19. 36 (37). ἵνα τί ἀνταποδίδωσί μοι ὁ βασ. τὴν ἀ. (1 b)
Ps. 18 (19). 11. ἐν τῷ φυλάσσειν αὐτὰ ἀ. πολλή (3)
68 (69). 22. γενηθήτω ἡ τράπ. αὐ. . . . εἰς ἀνταπόδοσιν †
90 (91). 8. ἀνταπόδοσιν ἁμαρτωλῶν ὄψῃ (4 b)
93 (94). 2. ἀπόδος ἀνταπόδοσιν τοῖς ὑπερηφ. (1 a)
102 (103). 2. A μὴ ἐπιλανθάνου πάσας τὰς ἀ. [B αἰνέσεις, S ἀποδ.] (1 a)
130 (131). 2. A ὡς ἀνταποδόσεις [S R -δωσ.] ἐπὶ τὴν ψυχήν μου †
Ho. 9. 7. ἥκασιν αἱ ἡμέραι τῆς ἀ. σου (4 a)
Is. 34. 8. ἐνιαυτὸς ἀνταποδόσεως κρίσεως Σ. (4 a)
59. 18. ἀνταποδώσων ἀνταπόδοσιν (1 b?, 4 c?)
61. 2. καλέσαι . . . ἡμέραν ἀνταποδόσεως [S¹ -εων] (2)
63. 4. ἡμέρα γὰρ [S² add. κυρίου] ἀνταποδόσεως (2)
66. 6. ἀνταποδιδόντος ἀνταπόδοσιν (1 a)
Je. 28 (51). 57. ἀνταποδίδωσι αὐτῇ τὴν ἀ. [B S om. αὐ. τ. ἀ.] (4 c)
[Aq. Ps. 68 (69). 23.]
[Sm. Ps. 102 (103). 17 (?): Is. 59. 18.]
[Th. Ps. 68 (69). 23: Is. 59. 18.]
[Al. Je. 13. 19.]

ἀνταποδότης.
[Sm. Je. 51 (28). 56.]

ἀνταποθνήσκειν. (1) שִׁלֵּם pi.
Ex. 22. 3 (2). ἔνοχός ἐστιν, ἀνταποθανεῖται [A ἀποθ.] (1)

ἀνταποκρίνεσθαι. (1) עָנָה
Jd. 5. 29. A ἀνταπεκρίναντο [B ἀπεκρίθησαν] πρὸς αὐ. (1)
Jb. 16. 9 (8). κατὰ πρόσωπόν μου ἀνταπεκρίθη (1)
32. 12. A B S² ἀνταποκρινόμενος ῥήματα [A -ασιν] (1)
[Sm. Jb. 32. 14 (?).]

ἀνταπόκρισις. (1) *a.* שׁוּב hi. *b.* תְּשׁוּבָה
Jb. 13. 22. ἐγὼ δέ σοι δώσω ἀνταπόκρισιν [A ἀπόκρ.] (1 a)
34. 36. μὴ δῷς ἔτι ἀνταπόκρισιν [A ἀπόκρ.] (1 b)

ἀνταποστέλλειν. (1) שָׁלַח
III Ki. 21 (20). 10. A ἀνταπέστειλεν [B ἀπ.] πρὸς αὐτόν (1)

ἀνταποτίνειν. (1) שִׁלֵּם pi.
I Ki. 24. 20. B κ. ἀνταποτίσει [R ἀπ.] αὐτῷ ἀγαθά [A al.] (1)

ἄνταρσις.
[Sm. IV Ki. 11. 14 *bis*: Is. 8. 12 *bis*.]

ἀντειπεῖν, ἀντερεῖν. (1) אָמַר (2) דִּבֵּר pi. (3) עָנָה (4) פָּצָה פֶּה (5) צִפְצֵף pilp. (6) שׁוּב hi.
Ge. 24. 50. R ἀ. κακὸν ἢ καλόν [A κακὸν καλῷ] (2)
44. 16. τί ἀντεροῦμεν τῷ κυρίῳ (1)
Jo. 17. 14. ἀντεῖπαν δὲ οἱ υἱοὶ Ἰωσ. τῷ Ἰη. (2)
Ju. 12. 14. τίς εἰμι ἐγὼ ἀντεροῦσα τῷ κυρίῳ μου
Es. 1. 17. ὡς [A ὅσα] ἀντεῖπε τῷ βασιλεῖ †
— 17. ὡς οὖν ἀντεῖπε τῷ βασ. Ἀρτ. [A al., S¹ om.] †
8. 8. οὐκ ἔστιν αὐτοῖς ἀντειπεῖν (6)
Jb. 9. 3. ἵνα μὴ ἀντείπῃ πρὸς ἕνα λόγον αὐ. (3)
20. 2. ἀντερεῖν [A σε εἶναι καὶ ἀ.] ταῦτα (6)
23. 13. τίς ἐστιν ὁ ἀντειπὼν [A ἀντερῶν] αὐτῷ (6)
32. 1. ἡσύχασαν δὲ . . . ἀντειπεῖν [A -πεν] Ἰ. (3)
Is. 10. 14. οὐκ ἔστιν ὃς . . . ἀντείπῃ μοι (4 et 5)
I Ma. 14. 44. ἀντειπεῖν τοῖς ὑπ' αὐτοῦ ῥηθησομ.
[Sm. Jb. 9. 3: Je. 36 (43). 25.]
[Th. Jb. 9. 3.]
[Al. Nu. 27. 14.]

ἀντερείδειν.
Wi. 15. 9. ἀντερείδεται μὲν χρυσουργοῖς

ἀντερεῖν, *vid.* **ἀντειπεῖν.**

ἀντέχειν. (1) אָחַז (2) דָּרַשׁ (3) הָלַךְ (4) *a.* חָזַק hi. *b.* hithp. (5) חָסָה (6) פָּרַע (7) קָרָא ni. (8) שָׁמַר (9) תָּפַשׂ
De. 32. 41. ἀνθέξεται κρίματος ἡ χείρ μου (1)
Ne. 4. 16 (10). καὶ ἥμισυ αὐτῶν ἀντείχοντο (4 a)
Jb. 33. 24. ἀνθέξεται [A ἀ. αὐτοῦ] τοῦ μὴ πεσεῖν εἰς θ. (6)
Pr. 3. 18. πᾶσι τοῖς ἀντεχομένοις αὐτῆς (4 a)
4. 6. καὶ ἀνθέξεταί σου (8)
Ec. 7. 19 (18). ἀγαθὸν τὸ ἀντέχεσθαί σε ἐν τούτῳ (1)
Si. 1. 22. ἕως καιροῦ ἀνθέξεται μακρόθυμος
Ze. 1. 6. τοὺς μὴ ἀντεχομένους τοῦ κυρίου (2)
Is. 48. 2. ἀντεχόμενοι τῷ ὀν. τῆς πόλεως τῆς ἁγ. (7)
56. 2. μακάριος . . . ἄνθρ. ὁ ἀντεχόμενος αὐτῶν (4 a)
— 4. ἀντέχωνται τῆς διαθήκης μου (4 a)
— 6. ἀντεχομένους τῆς διαθήκης μου (4 a)
57. 13. οἱ δὲ ἀντεχόμενοί μου κτήσονται γῆν (5)
Je. 2. 8. οἱ ἀντεχόμ. τοῦ νόμου [A S add. μου] (9)
8. 2. ὧν ἀντείχοντο (2)
51 (44). 10. οὐκ ἀντείχοντο τῶν προσταγμ. μου (3)
Da. Th. 10. 21. οὐκ ἔστιν εἷς ἀντεχόμ. μετ' ἐμοῦ (4 b)
I Ma. 15. 34. ἀντεχόμεθα τῆς κληρονομίας
IV Ma. 1. 35. A ἀντέχεται [R ἀνέχ.] γὰρ τὰ τῶν ὀρέξ. πάθη
7. 4. ἀντέσχε ποτὲ πολιορκουμένη
[Sm. Ps. 40 (41). 13: Pr. 11. 16.]
[Th. Jb. 17. 9.]

ἀντηχεῖν.
Wi. 18. 10. ἀντήχει δ' ἀσύμφωνος ἐχθρῶν ἡ βοή

ἀντί. * **ἀνθ' οὗ,** ** **ἀνθ' ὧν.**
Ge. 2. 21: 4. 25: 9. 6: 22. 13, 18**: 26. 5**: 29. 27: 30. 2, 15, 16, 18**†: 31. 41: 36. 33, 34, 35, 36, 37, 38, 39: 44. 4, 33: 47. 16, 17 *quinquiens*, 19.
Ex. 21. 23, 24 *quater*, 25 *ter*, 26, 27, 36: 22. 1 (21. 37) *bis*, 3 (2), 15 (14): 29. 30.
Le. 6. 22 (15)†: 14. 42: 17. 11: 24. 18, 20 *ter*: 26. 24, 43**.
Nu. 3. 12, 41 *bis*, 45 *bis*: 8. 16, 18: 18. 21, 31†: 25. 13**: 32. 14.
De. 2. 12, 21, 22, 23: 8. 20**: 10. 6: 19. 21 *quinquiens*: 22. 29**†: 28. 47**, 62**.

Jo. 2. 14 : 5. 7 : 24. 20**, 33.
Jd. 2. 20** : 11. 36**† : 15. 2 : 16. 28†.
I Ki. 2. 20 : 25. 21 : 26. 21**.
II Ki. 3. 30** : 10. 1 : 12. 6**, 10** : 14. 7 : 16. 8, 12 : 17. 25† : 18. 33 (19. 1), 33 (19. 1)† : 19. 13 (14), 21 (22).
III Ki. 1. 30, 35 : 2. 35 *bis* : 3. 7, 11** : 5. 1 (15), 5 (20) : 8. 18**, 20 : 9. 9** : 10. 29, 29† : 11. 11**, 33**, 44 : 12. 24 (11. 44)† : 13. 21** : 14. 7*†, 15*†, 20†, 27, 31 : 15. 8, 24, 28† : 16. 2**, 6, 10, 28, 28 (22. 50)† : 19. 16 : 20 (21). 6 : 21 (20). 24, 28**, 36**, 39, 42 *bis* : 22. 40, 51.
IV Ki. 1. 16**†, 18† : 3. 27 : 8. 15, 24 : 10. 24, 30**, 35 : 12. 21 (22) : 13. 9†, 24 : 14. 16, 21, 29 : 15. 7, 10, 14†, 22, 25†, 30, 38 : 16. 20 : 17. 24 : 18. 12**† : 19. 37 : 20. 21 : 21. 11**, 15**, 18, 24, 26 : 22. 17**, 19** : 23. 30, 34 : 24. 6, 17.
I Ch. 1. 44, 45, 46, 47, 48†, 49†, 50, 50† *bis* : 4. 41 : 5. 22 : 19. 1 : 23. 1 : 29. 28.
II Ch. 1. 8, 11** : 6. 10 : 9. 31 : 12. 10, 16 : 14. 1 (13. 23) : 17. 1 : 21. 1, 12**† : 22. 1 : 24. 27 : 26. 1, 23 : 27. 9 : 28. 27 : 30. 9† : 32. 33 : 33. 20, 25 : 34. 25** : 36. 1, 4, 8.
I Es. 1. 34, 43 : 4. 42**†.
To. 1. 15, 21† : 7. 18.
Ju. 7. 15** : 9. 3** : 13. 20**.
Es. 2. 4 : 4. 17, 17** : 8. 13.
Jb. 16. 5 : 28. 15, 15† : 31. 40 *bis* : 36. 15**, 20.
Ps. 34 (35). 12 : 37 (38). 20 : 44 (45). 16 : 89 (90). 15** : 108 (109). 4, 5 *bis*, 16**.
Pr. 1. 32** : 11. 8 : 17. 13.
Ec. 4. 15.
Wi. 7. 10 : 11. 6, 15 : 15. 17**† : 16. 2, 20** : 18. 3** : 19. 10 *bis*.
Si. 3. 14 : 4. 10 : 6. 1 : 10. 14, 15 : 17. 27 : 20. 14 : 29. 6.
Ho. 8. 1**.
Am. 1. 3**, 9**, 13** : 2. 1**, 6** : 5. 11** : 8. 6.
Mi. 3. 4** : 5. 15 (14)**.
Jl. 2. 25 : 3 (4). 3, 5**, 19**.
Hb. 3. 7.
Ze. 2. 10.
Hg. 1. 9**.
Za. 1. 15** : 9. 12 : 12. 10** : 13. 4**.
Ma. 2. 9**.
Is. 3. 16**, 24 *quater* : 37. 38 : 53. 9 *bis*, 12** : 55. 13 *bis* : 60. 17 *quater* : 61. 3 *bis*.
Je. 5. 14**, 19** : 7. 13** : 11. 17 : 16. 11** : 18. 20 : 19. 4** : 22. 9**, 11 : 23. 38** : 27 (50). 7** : 35 (28). 13 : 36 (29). 26 : 38 (31). 20** : 44 (37). 1.
Ba. 3. 19.
Ez. 4. 15 : 5. 7**, 11** : 13. 8**, 10**, 22** : 15. 8** : 16. 36**, 43** : 20. 16**, 24** : 21. 4 (9)**†, 24 (29)** *bis* : 22. 19** : 23. 35** : 24. 13** : 25. 3**, 6**, 8**, 12**, 15** : 26. 2*† : 28. 1*†, 6**†, 7 : 29. 7**, 9, 20 : 31. 10** : 34. 8, 9 : 35. 5 : 36. 2*†, 3, 6, 13**, 34** : 39. 23**, 29**† : 44. 12**.
Da. LXX. 4. 29, 34 : 11. 30**.
I Ma. 1. 1 : 2. 11 : 3. 1 : 6. 17† : 9. 30, 31 : 10. 27**, 30 *bis* : 11. 34, 40 : 13. 8, 14, 32 : 14. 17 : 15. 31† : 16. 3, 17.
III Ma. 1. 29 : 4. 6 *bis*, 8 *bis* : 5. 31, 32 : 6. 31.
IV Ma. 12. 12** : 18. 3**.
[**Aq**. GE. 50. 19 : II KI. 3. 12 : III KI. 5. 1 (15) : 14. 7*, 15*, 20 : 15. 28 : IV KI. 14. 29 : 15. 14 : JB. 28. 15 : PS. 44 (45). 17 : IS. 3. 24 : 61. 3 : JE. 6. 19** : 28 (35). 13.]
[**Sm**. GE. 50. 19 : II KI. 3. 12 : III KI. 5. 1 (15) : 15. 28 : IV KI. 14. 29 : JB. 31. 40 : PS. 44 (45). 17 : PR. 1. 29** : IS. 55. 13 *bis* : 61. 3 : JE. 28 (35). 13 : AM. 1. 3**.]
[**Th**. III KI. 5. 1 (15) : IV KI. 1. 17 : 14. 29 : JB. 28. 15 : 36. 20 : PR. 1. 29** : IS. 61. 1**, 3, 7 : JE. 29 (36). 19**, 25** : 35 (42). 17** : EZ. 34. 8**.]
[**Al**. LE. 16. 32 : PR. 21. 18 : IS. 3. 24 : 61. 7.]
[**Quint**. IV KI. 14. 29 : 15. 14 : PS. 20 (21). 12**.]

ἀντιβάλλειν.

II Ma. 11. 13. *πρὸς ἑ. ἀντιβάλλων τὸ γεγονὸς . . . ἐλάσσ.*

ἀντίβλησις.

[**Aq** EZ. 2. 10.]

ἀντιγράφειν.

I Es. 2. 25. *ἀντέγραψεν ὁ βασ. . . . τῷ γράφ. τὰ προσπίπτ.*
I Ma. 8. 22. *τὸ ἀντίγρ. τῆς ἐπ.* [A *γραφ.*] *ἣς ἀντέγραψαν*
12. 23. *καὶ ἡμεῖς δὲ ἀντιγράφομεν ὑμῖν*

ἀντίγραφον. (1) פַּתְשֶׁגֶן

I Es. 6. 7. *ἀ. ἐπιστολῆς ἧς ἔγραψε Δαρείῳ*
8. 8. *οὗ ἐστιν ἀ. τὸ ὑποκείμενον*
Es. 3. 13. *τῆς δὲ ἐπιστολῆς ἐστι τὸ ἀ. τόδε* –
— 14. *τὰ δὲ ἀ. τῶν ἐπιστολῶν ἐξετίθετο* (1)
4. 8. *τὸ ἀ.* [S^3 *add. γράμμα τὸ τοῦ δόγματος*] *τὸ ἐν Σ.* (1)
8. 13. *ὧν ἐστὶν ἀ. τῆς ἐπιστολῆς* –
— 13. *τὸ δὲ ἀ. τῆς ἐπιστολῆς τ. ἐκθέντες* –
— 13. *τὰ δὲ ἀ. ἐκτιθέσθωσαν ὀφθαλμοφανῶς* (1)
Ep. Je. 1. *ἀ. ἐπιστολῆς ἧς ἀπέστειλεν Ἰερ.*
I Ma. 8. 22. *τοῦτο τὸ ἀ. τῆς ἐπιστολῆς* [A *γραφῆς*]
11. 31. *τὸ ἀ. τῆς ἐπιστολῆς*
— 37. *τοῦ ποιῆσαι τούτων ἀντίγραφον*
12. 5. *τοῦτο τὸ ἀ. τῶν ἐπιστολῶν*
— 7. *ὡς τὸ ἀ. ὑπόκειται*
— 19 ; 14. 20. *τοῦτο τὸ ἀ. τῶν ἐπιστολῶν*
14. 23. *τοῦ θέσθαι τὸ ἀ. τῶν λόγων αὐ.*
— 23. *τὸ δὲ ἀ. τούτων ἔγραψαν*
— 27. *τοῦτο τὸ ἀ. τῆς γραφῆς*
— 49. *τὰ δὲ ἀ. αὐτῶν θέσθαι*
15. 24. *τὸ δὲ ἀ. αὐτῶν ἔγραψαν*

ἀντιδάκτυλος.

[**Aq**. EX. 29. 20.]

ἀντιδιάκεισθαι.

[**Aq**. DT. 22. 11.]

ἀντιδιδόναι. (1) נָתַן (2) שׁוּב hi.

Ez. 27. 15. *ἀντεδίδους τοὺς μισθούς σου* (2)
Da. LXX. 1. 16. *ἀντεδίδου αὐτοῖς ἀπὸ τῶν ὀσπρίων* (1)
[**Sm**. JB. 28. 16 : EZ. 27. 15.]
[**Al**. I KI. 2. 20.]

ἀντιδικασία.

[**Aq**. PR. 20. 3.]

ἀντιδικεῖν. (1) רִיב *a.* v. *b.* n.

Jd. 6. 31. A *ὃς ἀντεδίκησεν αὐτόν* [B *al.*] (1 *a*)
12. 2. A *ἀνὴρ ἀντιδικῶν* [B *μαχητὴς*] *ἤμην ἐγώ* (1 *b*)

ἀντιδικία.

[**Aq**. PR. 6. 14 : 19. 13 : 28. 25.]
[**Al**. PR. 6. 14, 19 : 16. 28.]

ἀντίδικος. (1) רִיב *a.* hi. *b.* n. *c.* אֱנוֹשׁ רִיב

I Ki. 2. 10. *κ. ἀσθενῆ ποιήσει ἀντίδικον αὐτοῦ* (1 *a*)
Es. 8. 11. *χρῆσθαι τοῖς ἀ. αὐτῶν* [A *om. τ. ἀ. αὐ.*] †
Pr. 18. 17. *ὁ ἀντίδικος ἐλέγχεται* †
Si. 33 (36). 7. *ἔξαρον ἀντίδικον*
Ho. 5. 11. *κατεδυνάστευσεν Ἐ. τὸν ἀ. αὐτοῦ* –
Is. 41. 11. *ἀπολοῦνται πάντες οἱ ἀ. σου* (1 *c*)
Je. 27 (50). 34. *κρίσιν κρινεῖ πρὸς τοὺς ἀ. αὐτοῦ* (1 *b*)
28 (51). 36. *κρινῶ τὴν ἀντίδικόν σου* (1 *c*)
[**Aq**. II KI. 21. 20 : IS. 41. 11 : JE. 18. 19.]
[**Sm**. IS. 41. 11 : JE. 18. 19.]
[**Th**. IS. 41. 11.]

ἀντιδοκεῖν.

II Ma. 9. 8. A *ὁ δ' ἀντιδοκῶν* [R *ἄρτι δοκῶν*] *τοῖς . . . κύμ.*

ἀντιδοξεῖν.

Es. 4. 17. *οὐκ ἔστιν ὁ ἀντιδοξῶν σοι*

ἀντίζηλος. (1) צָרַר

Le. 18. 18. *γυναῖκα ἐπ' ἀδ. αὐ. οὐ λήψῃ ἀντίζηλον* (1)
Si. 26. 6. *γυνὴ ἀ. ἐπὶ γυναικί*
37. 11. *μετὰ γυν. περὶ τῆς ἀντιζήλου αὐ.*
[**Aq**. I KI. 2. 32 : PS. 138 (139). 20.]
[**Sm**. I KI. 28. 16.]
[**Al**. I KI. 1. 6.]

ἀντίθετος.

Es. 3. 13. *τοῖς νόμοις ἀντίθετον* [A *ἀντίτυπον*]
Jb. 32. 3. *ἀποκριθῆναι ἀντίθετα Ἰώβ* [A S *τῷ Ἰ.*] –

ἀντικαθίζειν. (1) יָשַׁב hi.

IV Ki. 17. 26. *ἃ ἀπῴκισας καὶ ἀντεκάθισας* [A *-σαν*] (1)

ἀντικαθιστάναι. (1) עָנָה (2) קוּם *a.* pil. *b.* hi.

De. 31. 21. *ἀντικαταστήσεται ἡ ᾠδὴ αὕτη* (1)
Jo. 5. 7. *ἀντικατέστησε τοὺς υἱοὺς αὐ.* (2 *b*)
Mi. 2. 8. A *εἰς ἔχθραν ἀντικατέστη* [B *ἀντέστη*] (2 *a*)

ἀντικαταλλάσσειν.

Si. 46. 12. *τὸ ὄνομα αὐτῶν ἀντικαταλλασσόμ.* [S^1 *al.*]
III Ma. 2. 32. *χρήματα . . . ἀντικαταλλασσόμενοι*
[**Sm**. JB. 28. 17 : EZ. 5. 6.]

ἀντίκεισθαι. (1) אָיַב (2) אִישׁ מִלְחָמוֹת (3) חָרָה ni. (4) צוּר (5) צָרַר (6) קָרָא (7) רָדַף (8) *a.* שָׂטַן *b.* שָׂטָן

Ex. 23. 22. *ἀντικείσομαι τοῖς ἀντικειμ. σοι* (4, 5)
II Ki. 8. 10. A R *ἀντικείμενος* [B *κ.*] *ἦν τῷ Ἀδρ.* (2)
III Ki. 11. 14 [B], 25 [A] *ἐγένετο ἀντικείμενος τῷ Ἰ.* [B *al.*] (8 *b*)
Es. 8. 11. *χρῆσθαι . . . τοῖς ἀντικειμένοις αὐτῶν* (4 ?)
9. 2. *ἀπώλοντο οἱ ἀντικείμ. τοῖς Ἰουδ.* (1)
Jb. 13. 25. *ὡς χόρτῳ* [A *-ον*] *. . . ἀντίκεισαί* [A *add. δέ*] *μοι* (7)
Za. 3. 1. *εἱστήκει ἐκ δεξιῶν αὐτοῦ τοῦ ἀ. αὐτῷ* (8 *a*)
Is. 41. 11. *ἐντραπήσονται πάντες οἱ ἀντικείμ. σοι* (3)
45. 16. *ἐντραπήσονται π. οἱ ἀντικείμ. αὐτῷ* –
51. 19. *δύο ταῦτα ἀντικείμενά σοι* (6)
66. 6. *ἀνταποδιδόντος ἀνταπ. τοῖς ἀντικειμ.* (1)
I Ma. 14. 7. *καὶ οὐκ ἦν ὁ ἀντικείμ. αὐτῷ*
II Ma. 10. 26. *ἠξίουν . . . ἀντίκεισθαι τοῖς ἀντικειμ.*
III Ma. 7. 9. *τὸν . . . θ. ὕψιστον ἀντικείμ. ἡμῖν*
[**Aq**. GE. 26. 21 : DT. 22. 11 : III KI. 11. 14 : PS. 37 (38). 21 : 108 (109). 20, 29.]
[**Sm**. III KI. 11. 14 : PS. 37 (38). 21 : 70 (71). 13 : 108 (109). 20, 29.]
[**Th**. NU. 22. 22, 32 : JB. 1. 6 : PS. 108 (109). 20, 29.]

ἀντικρίνεσθαι. (1) כָּלַם hi. (2) עָנָה

Jb. 9. 32. *ἄνθρωπος κατ' ἐμὲ ᾧ* [A *οὗ*] *ἀντικρινοῦμαι* (2)
11. 3. *οὐ γάρ ἐστιν ὁ ἀντικρινόμ. σοι* (1)

ἀντικρύ.

[**Sm**. PS. 17 (18). 25.]

ἄντικρυς. (1) לְנֶגֶד

Ne. 12. 8. S^3 *οἱ ἀδελφοὶ αὐτῶν ἄ. αὐτῶν* [A B S *om. ἄ. αὐ.*] (1)
III Ma. 5. 16. *ἐκέλευσε . . . ἄ. ἀνακλιθῆναι αὐτοῦ*
[**Sm**. GE. 2. 18, 20 : 30. 38 : EX. 28. 26 : PS. 30 (31). 20 : 35 (36). 2 : 38 (39). 6 : 43 (44). 16 : 51 (52). 11 : 89 (90). 8 : IS. 57. 2.]
[**Th**. EX. 28. 26 : IS. 57. 2.]

ἀντιλαλεῖν.

[**Sm**. PS. 138 (139). 20.]

ἀντιλαμβάνεσθαι. (1) אֲנַף (2) חָזַק *a.* pi. *b.* hi. (3) כָּפַף ni. (4) נָהַל pi. (5) נָצַר (6) נָשָׂא *a.* qal. *b.* pi. (7) סָמַךְ (8) סָעַד (9) עָזַר (10) פָּגַע hi. (11) קוּם hi. (12) *a.* שָׂגַב pi. *b.* מִשְׂגָּב (13) שֵׁיזִב (14) תָּמַךְ

Ge. 48. 17. *ἀντελάβετο Ἰ. τῆς χειρός* (14)
Le. 25. 35. *ἀντιλήψῃ αὐτοῦ ὡς προσηλύτου* (2 *b*)
III Ki. 9. 9. *ἀντελάβοντο θεῶν ἀλλοτρίων* [A *ἑτ.*] (2 *b*)
— 11. *Χιρὰμ . . . ἀντελάβετο τοῦ Σαλ.* (6 *b*)
I Ch. 22. 17. *ἀντιλαβέσθαι τῷ Σ. υἱῷ αὐτοῦ* (9)
II Ch. 7. 22. *ἀντελάβοντο θεῶν ἑτέρων* (2 *b*)
28. 15. *ἀντελάβοντο τῆς αἰχμαλωσίας* (2 *b*)
— 15. *ἀντελάβοντο . . . παντὸς ἀσθενοῦντος* (4)
— 23. *καὶ ἀντιλήψονταί μου* (9)
29. 34. *ἀντελάβοντο αὐτῶν οἱ ἀδελφοὶ αὐ.* (2 *a*)
Ju. 13. 5. *ἀντιλαβέσθαι τῆς κληρονομίας σου*
Ps. 3. 5. *κ. ἀντιλήψεταί* [S *ἀντελάβετό*] *μου* (7)
17 (18). 35. *ἡ δεξιά σου ἀντελάβετό μου* (8)
19 (20). 2. *ἐκ Σιὼν ἀντιλάβοιτό σου* (8)
39 (40). 11. *ἀντελάβοντό* [A *ἀντιλάβοιντό*] *μου* (5)

Ps. 40 (41). 12. ἐμοῦ δὲ διὰ τὴν ἀκακίαν ἀντελάβου (14)
47 (48). 3. ὅταν ἀντιλαμβάνηται αὐτῆς (12 b)
62 (63). 8. ἐμοῦ ἀντελάβετο ἡ δεξιά σου (14)
68 (69). 29. ἡ σωτ. τοῦ προσ. [S² om. τοῦ π.] σου ἀντελάβετό μου (12 a)
88 (89). 43. οὐκ ἀντελάβου αὐτοῦ ἐν τῷ πολέμῳ (11)
106 (107). 17. ἀντελάβετο αὐτῶν ἐξ ὁδοῦ ἀνομίας αὐ. †
117 (118). 13. ὁ κ. ἀντελάβετό μου (9)
118 (119). 116. ἀντιλαβοῦ μου κατὰ τὸ λόγιόν σου (7)
138 (139). 13. ἀντελάβου μου ἐκ γαστρὸς μητρός μου †
Pr. 11. 28. ὁ δὲ ἀντιλαμβανόμενος δικαίων †
Wi. 2. 18. ἀντιλήψεται αὐτοῦ
Si. 2. 6. καὶ ἀντιλήψεταί σου
3. 12. ἀντιλαβοῦ ἐν γήρᾳ πατρός σου
12. 4. μὴ ἀντιλάβῃ [A -λαμβάνου] τοῦ ἁμαρτωλ.
— 7. μὴ ἀντιλάβῃ [A -λαβοῦ] τοῦ [A S om.] ἁμαρτωλ.
29. 9. χάριν ἐντολῆς ἀντιλαβοῦ πένητος
— 20. ἀντιλαβοῦ τοῦ πλησ. κατὰ δύναμίν σου
Mi. 6. 6. ἀντιλήψομαι θεοῦ μου ὑψίστου (3)
Is. 9. 7 (6). ἀντιλαβέσθαι [A S² add. αὐτῆς] ἐν κρίματι (8)
26. 3. ἀντιλαμβανόμενος ἀληθείας (7)
41. 9. οὗ ἀντελαβόμην ἀπ' ἄκρων τῆς γῆς (2 b)
42. 1. ἀντιλήψομαι αὐτοῦ (14)
49. 26. ἀντιλαμβανόμενος ἰσχύος Ἰακώβ †
51. 18. οὐκ ἦν ὁ ἀντιλαμβανόμ. τῆς χ. σου (2 b)
59. 16. καὶ οὐκ ἦν ὁ [A¹ om.] ἀντιληψόμενος (10)
63. 5. καὶ οὐθεὶς ἀντελαμβάνετο [S -λάβετο] (7)
64. 7 (6). ὁ μνησθ. ἀντιλαβέσθαι [S -ελάβετό] σου (2 b)
Je. 23. 14. ἀντιλαμβανομένους χειρῶν πολλῶν [A πον.] (2 a)
Ba. 3. 21. οὐδὲ ἀντελάβοντο αὐτῆς
Ez. 12. 14. πάντας τοὺς ἀντιλαμβανομ. αὐτοῦ (1)
16. 49. χεῖρα . . . οὐκ ἀντελαμβάνοντο [A -λάβοντο] (2 b)
20. 5, 6. ἀντελαβόμην τῇ χειρί μου αὐτῶν (6 a)
Da. TH. 6. 27 (28). ἀντιλαμβάνεται καὶ ῥύεται (13)
I Ma. 2. 48. ἀντελάβοντο τοῦ νόμου
II Ma. 14. 15. ἀντιλαμβανόμενον τῆς . . . μερίδος

[Aq. Ps. 16 (17). 5: Is. 41. 10.]
[Sm. Ps. 36 (37). 17: Is. 41. 10.]
[Th. Is. 41. 10: 42. 1: 59. 16.]
[Al. Ps. 43 (44). 27: Pr. 29. 23.]
[Sext. Ps. 29 (30). 2.]

ἀντιλάμπειν.

II Ma. 1. 32. τοῦ δὲ . . . ἀντιλάμψαντος φωτὸς ἐδαπανήθη

ἀντιλέγειν. (1) סוּג ni. (2) רִיב hi.

Si. 4. 25. μὴ ἀντίλεγε τῇ ἀληθείᾳ
Ho. 4. 4. ὁ δὲ λαός μου ὡς ἀντιλεγόμ. ἱερεύς (2)
Is. 22. 22. A B S² οὐκ ἔσται ὁ ἀντιλέγων —
▶ 50. 5. ἐγὼ δὲ οὐκ ἀπειθῶ οὐδὲ ἀντιλέγω (1)
65. 2. πρὸς λαὸν ἀπειθοῦντα καὶ ἀντιλέγ. —
III Ma. 2. 28. τοὺς δὲ ἀντιλέγ. . . . τοῦ ζῆν μεταστῆσαι
IV Ma. 4. 7. τοῦ ἔθνους . . . σχετλιάσ. ἀντιλέγ. τε
8. 2. εἰ δὲ ἀντιλέγοιεν

[Aq. Ps. 138 (139). 20.]
[Sm. Jb. 16. 8: Ps. 72 (73). 21: Is. 41. 11: 45. 9.]

ἀντιλήπτωρ. (1) מָגֵן (2) מַחְסֶה (3) מִשְׂגָּב (4) מֹשֵׁךְ חֶסֶד (5) סֶלַע (6) סָמַךְ (7) צוּר

II Ki. 22. 3. ἀ. μου καὶ καταφυγή μου (3)
Ju. 9. 11. ἐλαττόνων εἶ βοηθός, ἀ. ἀσθενούντων
Ps. 3. 3. σὺ δέ, κύριε, ἀντιλήπτωρ μου εἶ (1)
17 (18). 2. κέρας σωτηρ. μου [S² R add. καὶ] ἀ. μου (3)
41 (42) 9. ἐρῶ τῷ θεῷ ἀ. μου εἶ [A om.] (5)
45 (46). 7, 11. ἀντιλήπτωρ ἡμῶν ὁ θ. Ἰακώβ (3)
53 (54). 4. ὁ κ. ἀντιλήπτωρ τῆς ψυχῆς μου (6)
58 (59). 9. σὺ [B S¹ om.] ὁ θ. ἀντιλήπτωρ μου εἶ [S om.] (3)
— 16. ἐγενήθης ἀντιλήπτωρ μου (3)
— 17. ἀντιλήπτωρ μου εἶ (3)
61 (62). 2, 6. αὐτὸς θ. μου . . . ἀντιλήπτωρ μου (3)
88 (89). 26. ἀ. τῆς σωτηρίας μου (7)
Ps. 90 (91). 2. ἀντιλήπτωρ μου εἶ (2)
108 (109). 12. μὴ ὑπαρξάτω αὐτῷ ἀντιλήπτωρ (4)
118 (119). 114. ἀντιλήπτωρ μου εἶ σύ (1)
143 (144). 2. ἀντιλήπτωρ μου καὶ ῥύστης μου (3)
Si. 13. 22. πλουσίου σφαλέντος πολλοὶ ἀ.

ἀντίληψις. (1) אֱיָלָה (2) זְרוֹעַ (3) מָגֵן (4) *a.* עֹז *b.* מָעוֹז (5) עֶזְרָה

I Es. 8. 27. κατὰ τὴν ἀ. κυρίου τοῦ θ.
Ps. 21 (22). *tit.* ὑπὲρ τῆς ἀ. τῆς ἑωθινῆς (1)
— 19. εἰς τὴν ἀ. μου πρόσχες (5)
82 (83). 8. ἐγενήθησαν εἰς ἀντίληψιν τοῖς υἱ. Λ. (2)
83 (84). 5. οὗ ἔστιν ἡ [A S om.] ἀ. αὐτοῦ παρὰ σοῦ (4 a)
88 (89). 18. τοῦ κ. ἡ ἀντίληψις (3)
107 (108). 8. Ἐφραὶμ ἀντίληψις τῆς κεφαλῆς μου (4 b)
Si. 11. 12. ἔστι . . . προσδεόμενος ἀντιλήψεως
51. 7. εἰς ἀντίληψιν ἀνθρώπων
II Ma. 8. 19. τὰς ἐπὶ τῶν προγόνων γενομένας ἀ.
11. 26. R πρὸς τὴν [A τῇ] τῶν ἰδίων ἀ.
15. 7. ἀντιλήψεως τεύξασθαι παρὰ τοῦ κ.
III Ma. 2. 33. εὐέλπιδες . . . ἀντιλήψεως τεύξεσθαι
3. 10. πᾶν . . . προσοίσεσθαι πρὸς ἀντίληψιν
5. 50. τὰς ἔμπροσθεν αὐ. γεγενημ. ἀ. ἐξ οὐρ.

[Sm. Ps. 88 (89). 20.]

ἀντιλογία. (1) דָּבָר (2) *a.* מָדוֹן *b.* מִדְיָן (3) מְרִי (4) *a.* רִיב *b.* מְרִיבָה

Ex. 18. 16. ὅταν γὰρ γένηται αὐτοῖς ἀ. (1)
Nu. 20. 13. τοῦτο ὕδωρ ἀντιλογίας (4 b)
27. 14. τοῦτ' ἔστι τὸ ὕ. ἀντιλογίας (4 b)
De. 1. 12. τὴν ὑπόστασιν ὑμ. καὶ τὰς ἀ. ὑμ. (4 a)
17. 8. ἀνὰ μέσον ἀντιλογία ἀντιλογίας –, –
19. 17. οἷς ἐστιν αὐτοῖς ἡ ἀ. (4 a)
21. 5. ἐπὶ τῷ στόματι [A ὀνόμ.] αὐ. ἔσται πᾶσα ἀ. (4 a)
25. 1. ἐὰν δὲ γένηται ἀ. ἀνὰ μέσον ἀνθρώπων (4 a)
32. 51. ἐπὶ τοῦ ὕδατος ἀντιλογίας Κάδης (4 b)
33. 8. ἐφ' ὕδατος ἀντιλογίας (4 b)
II Ki. 15. 4. ᾧ [A οὗ] ἐὰν ᾖ ἀ. καὶ κρίσις (4 a)
Ps. 17 (18). 43. ἐξ ἀντιλογιῶν [S² -ας] λαοῦ [A -ῶν] (4 a)
30 (31). 20. ἀπὸ ἀντιλογίας γλωσσῶν (4 a)
54 (55). 9. εἶδον ἀνομίαν καὶ ἀντιλογίαν (4 a)
79 (80). 6. εἰς ἀντιλογίαν τοῖς γείτοσιν ἡμῶν (2 a)
80 (81). 7. ἐδοκίμασά σε ἐπὶ ὕδατος ἀντιλογίας (4 b)
105 (106). 32. παρώργισαν αὐτὸν ἐπὶ ὕ. ἀντιλογίας (4 b)
Pr. 17. 11. ἀντιλογίας ἐγείρει πᾶς κακός (3)
18. 18. ἀντιλογίας παύει σιγηρός [S² κλῆρος] (2 b)

[Aq. II Ki. 21. 20.]
[Sm. Dt. 33. 8: Jb. 20. 29: Ps. 17 (18). 44: Ez. 48. 28.]

ἀντίλυτρον.

[Al. Ps. 48 (49). 9.]

ἀντιμαρτυρεῖν.

II Ma. 7. 6. διὰ τῆς . . . ἀντιμαρτυρούσης ᾠδῆς

ἀντίον. (1) מָנוֹר

II Ki. 21. 19. ξύλον τοῦ δόρ. αὐ. ὡς ἀ. ὑφαινόντων (1)
I Ch. 11. 23. δόρυ ὡς ἀ. ὑφαινόντων (1)
20. 5. ξύλον δόρ. αὐ. ὡς ἀ. ὑφαινόντων (1)

[Aq. I Ki. 17. 7: Is. 38. 12.]
[Th. I Ki. 17. 7.]

ἀντίπαλος.

II Ma. 14. 17. διὰ τὴν αἰφνίδιον τῶν ἀ. ἀφασίαν
III Ma. 1. 5. τοὺς ἀ. ἐν χειρονομίαις διαφθαρῆναι

ἀντιπαράγειν.

I Ma. 13. 20. ἡ παρεμβολὴ αὐ. ἀντιπαρῆγεν [S -ήγαγεν] αὐτῷ

ἀντιπαραγωγή.

Es. 3. 13. ἐν ἀντιπαραγωγῇ . . . κείμενον [S³ al.]

ἀντιπαρατάσσειν.

I Es. 2. 26. ἡ πόλις . . . βασιλεῦσιν ἀντιπαρατάσσουσα

ἀντιπαρατιθέναι.

[Sm. Ps. 88 (89). 7.]

ἀντιπαρέρχεσθαι.

Wi. 16. 10. τὸ ἔλεος γάρ σου ἀντιπαρῆλθε

ἀντιπεριβάλλειν.

Si. 23. 12. ἔστι λέξις ἀντιπεριβεβλημ. θανάτῳ

ἀντιπίπτειν. (1) מְרִיבָה (2) קָבַל hi. (3) שׁוּב hi. (4) שָׁלַב pu.

Ex. 26. 5. ἀντιπίπτουσαι ἀλλήλαις [A εἰς ἀλλήλας] (2)
— 17. ἀντιπίπτοντας ἕτερον τῷ ἑτέρῳ (4)
Nu. 27. 14. ἐν τῷ ἀ. τὴν συναγωγὴν ἁγιάσαι με (1)
Jb. 23. 13. S² τίς ἐστιν ὁ ἀντιπίπτων [B ἀντειπών, A ἀντερῶν] αὐτῷ (3)

ἀντιπνεῖν.

[Al. Jb. 4. 14.]

ἀντιποιεῖν. (1) מָחָא pa. (2) עָשָׂה ni.

Le. 24. 19. ὡσαύτως ἀντιποιηθήσεται αὐτῷ (2)
Da. TH. 4. 32. ὃς ἀντιποιήσεται τῇ χειρὶ αὐτοῦ (1)
I Ma. 15. 3. ἀντιποιήσασθαι τῆς βασιλείας

[Aq. Ex. 9. 17.]
[Sm. Jb. 3. 4, 5: Je. 8. 5.]
[Sext. Ps. 36 (37). 35.]

ἀντιπολεμεῖν. (1) אֱנוֹשׁ מִלְחָמָה

Is. 41. 12. οὐκ ἔσονται οἱ ἀντιπολεμοῦντές σε (1)

ἀντιπολιτεύειν.

IV Ma. 4. 1. Σίμων γάρ τις πρὸς Ὀνίαν ἀντιπολιτευόμενος

ἀντιπράττειν.

II Ma. 14. 29. ἐπεὶ δὲ τῷ βασιλεῖ ἀ. οὐκ ἦν

ἀντιπρόσωπος. (1) פָּנֶה (2) קָרָא

Ge. 15. 10. ἔθηκεν αὐτὰ ἀ. ἀλλήλοις (2)
Ex. 26. 5. ἀντιπρόσωποι . . . ἀλλήλαις [A εἰς ἀλλήλας] †
II Ki. 10. 9. ἐγενήθη πρὸς αὐτὸν ἀντιπρόσωπον (1)
I Ch. 19. 10. γεγόνασιν ἀντιπρόσωποι (1)
Ez. 42. 3. ἀντιπρόσωποι στοαὶ τρισσαί (1)
— 8. αὗταί εἰσιν αἱ ἀ. ταύταις (1)

ἀντιπροσώπως.

[Sam. Ex. 26. 5.]

ἀντίπτωμα.

Si. 34 (31). 29. οἶνος πινόμ. [A γινόμ.] πολὺς ἐν . . . ἀντιπτώματι
35 (32). 20. ἐν ὁδῷ ἀντιπτώματος μὴ πορεύου

ἀντίρρησις. (1) פִּתְגָם

Ec. 8. 11. οὐκ ἔστι γινομένη ἀ. (1)

[Sm. Jb. 21. 34.]

ἀντιρρητορεύειν.

IV Ma. 6. 1. ἀντιρρητορεύσαντα ταῖς τοῦ τυρ. παρηγ.

ἀντισταθμᾶν.

[Sm. Jb. 28. 19.]

ἀντιστάτης.

Ju. 2. 25. A¹ πάντας τοὺς ἀ. [A² B S -στάντας] αὐτῷ

ἀντιστήριγμα. (1) מִשְׁעָן (2) סָמַךְ

Ps. 17 (18). 18. ἐγένετο κ. ἀντιστήριγμά μου (1)
Si. 31 (34). 15. B¹ R καὶ τίς ἀ. [A B² S στήρ.] αὐτοῦ
Ez. 30. 6. πεσοῦνται τὰ ἀ. Αἰγύπτου (2)

ἀντιστηρίζειν. (1) סָמַךְ *a.* qal. *b.* ni. (2) שָׁעַן ni.

Ps. 36 (37). 24. κ. ἀντιστηρίζει χεῖρα αὐτοῦ (1 a)
Is. 48. 2. ἐπὶ τῷ θεῷ Ἰσρ. ἀντιστηριζόμενοι (1 b)
50. 10. ἀντιστηρίσασθε ἐπὶ τῷ θεῷ (2)

ἀντιστρέφειν.

[Sm. Ge. 48. 14: Ps. 34 (35). 12.]

ἀντισχύειν.

Wi. 7. 30. σοφίας [A -ίαν, S¹ -ία] δὲ οὐκ ἀντισχύει [A S κατισχ.] κακία

▶ = additional entry on page xxiv

ἀντιτάσσεσθαι. (1) לִיץ hi. (2) נָשָׂא (3) שָׁוָה (4) שִׁית
III Ki. 11. 34. ἀντιτασσόμενος ἀντιτάξομαι αὐτῷ (†,4)
Es. 3. 4. τοῖς τοῦ βασ. λόγ. ἀντιτασσόμενον [A al.] †
4. 17. ὃς ἀντιτάξεταί [S^1 -τάσσ.] σοι τῷ κυρίῳ
Pr. 3. 15. A S^2 οὐκ ἀντιτάσσ. [B -τάξ.] αὐτῇ οὐδὲν πον. (3)
— 34. κύριος ὑπερηφάνοις ἀντιτάσσεται (1)
Ho. 1. 6. ἀντιτασσόμενος ἀντιτάξομαι αὐτοῖς (2, 2)
IV Ma. 16. 23. S μὴ ἀντιτάσσεσθαι [A R ἀνθίστασθαι] τοῖς πόνοις
[Al. Je. 50 (27). 24.]

ἀντιτιθέναι. (1) בּוֹא hi.
Le. 14. 42. ἀντιθήσουσιν ἀντὶ τῶν λίθων (1)
IV Ma. 3. 16. ἀντιθεὶς τῇ ἐπιθυμίᾳ τὸν λογισμόν

ἀντίτυπος.
Es. 3. 13. A τοῖς νόμοις ἀντίτυπον [B ἀντίθετον]

ἀντιφθέγγεσθαι.
[Sm. Jb. 39. 32 (40. 2).]

ἀντιφιλοσοφεῖν.
IV Ma. 8. 15. ἀντεφιλοσόφησαν τῷ τυράννῳ

ἀντιφωνεῖν.
I Ma. 12. 18. ἀντιφωνήσοντες ἡμῖν πρὸς ταῦτα

ἀντίψυχος.
IV Ma. 6. 29. ἀντίψυχον αὐ. λάβε τὴν ἐμὴν ψυχήν
17. 22. ὥσπερ ἀντίψυχον γεγονότας τῆς . . . ἁμαρτ.

ἀντλεῖν. (1) דָּלָה (2) נָשָׂא (3) שָׁאַב
Ge. 24. 13. ἐκπορεύονται ἀντλῆσαι ὕδωρ (3)
— 20. R ἀντλῆσαι πάλιν [A ὕδωρ] (3)
— 43. R ἀντλῆσαι [A S ὑδρεύσασθαι] ὕδωρ (3)
Ex. 2. 16. παραγενόμεναι δὲ ἤντλουν (1)
— 17. B καὶ ἤντλησεν αὐταῖς –
— 19. καὶ ἤντλησεν ἡμῖν (1)
Jb. 19. 26. S^1 τὸ δέρμα μου τὸ ἀντλοῦν [A B ἀναντλ.] ταῦτα †
Pr. 9. 12. μόνος ἂν ἀντλήσεις κακά (2)
Is. 12. 3. ἀντλήσετε ὕδωρ μετ' εὐφροσ. (3)

ἀντοφθαλμεῖν.
Wi. 12. 14. οὔτε βασ. . . . ἀντοφθαλμῆσαι δυνήσεταί σοι
[Al. Hb. 3. 10.]

ἄντρον. (1) אַרְמוֹן
III Ki. 16. 18. πορεύονται [A εἰσπ.] εἰς ἄ. τοῦ οἴκου (1)
[Al. Jd. 9. 49.]

ἀντρώδης.
II Ma. 2. 5. ἐλθὼν ὁ Ἱερεμίας εὗρεν οἶκον ἀ.

ἀνυδρία.
[Sm. Is. 32. 2.]

ἄνυδρος. (1) בְּלִי־מַיִם (2) יַבָּשָׁה (3) γῆ ἄ. יְשִׁימוֹן (4) מִדְבָּר (5) עָיֵף (6) צִיָּה (7) שָׁרָב
De. 32. 10. ἐν δίψει καύματος ἐν γῇ [A om.] ἀ. (3)
Jb. 30. 3. οἱ φεύγοντες ἄνυδρον ἐχθὲς συνοχήν (6)
Ps. 62 (63). 1. ἐν γῇ ἐρήμῳ καὶ ἀβάτῳ καὶ ἀ. (1)
77 (78). 17. παρεπίκραναν τὸν ὕψ. ἐν ἀνύδρῳ (6)
— 40. παρώργισαν αὐτὸν ἐν γῇ ἀ. [S^1 ἐν τῇ ἐρήμῳ] (3)
104 (105). 41. ἐπορεύθησαν ἐν ἀνύδροις ποταμοί (6)
105 (106). 14. ἐπείρασαν τὸν θ. ἐν ἀνύδρῳ (3)
106 (107). 4. ἐπλανήθησαν ἐν τῇ ἐρήμῳ ἐν ἀνύδρῳ (3)
— 35. γῆν ἄνυδρον εἰς διεξόδους ὑδ. (6)
142 (143). 6. ἡ ψυχή μου ὡς γῆ ἄνυδρός σοι (5)
Pr. 9. 12. διαπορεύεται δὲ δι' ἀ. ἐρήμου –
Wi. 19. 10. A ἀντὶ τῶν ἀνύδρων [B S ἐν.]
Ho. 2. 3 (5). τάξω αὐτὴν ὡς γῆν ἄ. (6)
Jl. 2. 20. ἐξώσω αὐτὸν εἰς γῆν ἄ. (6)
Ze. 2. 13. θήσει τὴν N. . . . ἄνυδρον ὡς ἔρημον (6)
Is. 35. 7. ἔσται ἡ ἄ. εἰς ἕλη (7)
41. 19. εἰς τὴν ἄ. γῆν (4)
43. 19. ποιήσω . . . ἐν τῇ ἀ. ποταμούς (3)
— 20. ἔδωκα . . . ποταμοὺς ἐν τῇ ἀ. (3)
44. 3. τοῖς πορευομένοις ἐν ἀνύδρῳ (2)
Je. 2. 6. ἐν γῇ ἀνύδρῳ καὶ ἀκάρπῳ (6)
28 (51). 43. ἐγενήθησαν αἱ πόλεις αὐ. ὡς [A S om.] γῆ ἄ. (6)
Ez. 19. 13. ἐν τῇ ἐρήμῳ ἐν γῇ ἀ. (6)
II Ma. 1. 19. R τάξιν ἔχοντος ἀνύδρου [A ἔχοντες ἄνυδρον]
[Aq. Sm. Th. Je. 50 (27). 12.]

ἀνύειν.
IV Ma. 9. 12. ἐκοπίασαν μηδὲν ἀνύοντες

ἀνύπαρκτος.
[Sm. Jb. 24. 17: Ps. 95 (96). 5: Pr. 19. 7.]

ἀνυπαρξία.
[Aq. Jb. 18. 14: 27. 20.]
[Sm. Jb. 27. 20.]
[Al. Jb. 18. 15.]

ἀνυπέρβλητος.
Ju. 16. 13. θαυμαστὸς ἐν ἰσχύϊ, ἀνυπέρβλητος

ἀνυπερθεσία.
[Aq. Ps. 7. 7: Ho. 5. 10: Am. 1. 11.]

ἀνυπερθετεῖν.
[Aq. Ps. 77 (78). 21, 59: 88 (89). 39.]

ἀνυπερθέτως.
III Ma. 5. 20. ἀ. δὲ εἰς τὴν ἐπιτέλλουσαν ἡμέραν
— 42. τούτους μὲν ἀ. πέμψειν εἰς ᾅδην

ἀνυπόδετος (-ητος). (1) יָחֵף (2) a. שׁוֹלָל b. שֵׁילָל
II Ki. 15. 30. καὶ αὐτὸς ἐπορεύετο ἀ. (1)
Mi. 1. 8. πορεύσεται ἀνυπόδετος (2 a, 2 b*)
Is. 20. 2. πορευόμενος γυμνὸς καὶ ἀ. (1)
— 3. Ἡσαΐας γυμνὸς καὶ ἀ. (1)
— 4. ἄξει . . . ἀνυποδέτους (1)

ἀνυπόκριτος.
Wi. 5. 18. περιθήσεται κόρυθα κρίσιν ἀ.
18. 16. τὴν ἀ. ἐπιταγήν [A ὑποτ.] σου φέρων

ἀνυπομόνητος.
Ex. 18. 18. φθορᾷ καταφθαρήσῃ ἀνυπομονήτῳ [A^2 -νοήτῳ] –

ἀνυπονόητος.
Ex. 18. 18. A^2 φθορᾷ καταφθαρήσῃ ἀνυπονοήτῳ [B -μονήτῳ] –
Si. 11. 5. ὁ δὲ ἀ. ἐφόρεσε διάδημα
25. 7. S^2 ἐννέα ὑπονοήματα ἀ. [A B S^1 om.] ἐμακάρισα

ἀνυπόστατος. (1) זֵידוֹן
Ps. 123 (124). 5. διῆλθεν ἡ ψυχὴ ἡμῶν τὸ ὕδωρ τὸ ἀ. (1)
II Ma. 1. 13. ἡ περὶ αὐτὸν ἀ. δοκοῦσα . . . δύναμις
8. 5. ἀνυπόστατος ἤδη τοῖς ἔθν. ἐγίνετο
[Sm. Jb. 4. 11: 9. 19: Ps. 85 (86). 14: Pr. 16. 27.]

ἀνυπότακτος.
[Sm. I Ki. 2. 12: 10. 27.]

ἀνυψοῦν. (1) חוּם aph. (2) רוּם a. pilel. b. hi.
I Ki. 2. 7. κύριος . . . ταπεινοῖ καὶ ἀνυψοῖ (2 a)
II Es. 4. 12. θεμελίους αὐτῆς ἀνύψωσαν (1)
Ps. 112 (113). 7. ἀπὸ κοπρίας ἀνυψῶν πένητα (2 b)
Si. 1. 19. δόξαν κρατούντων αὐτῆς [S -ην] ἀνύψωσε
4. 11. ἡ σοφία υἱοὺς ἑαυτῇ [A S αὐτῆς] ἀνύψωσε
7. 11. ἔστι γὰρ ὁ ταπεινῶν καὶ ἀνυψῶν
11. 1. σοφία ταπ. ἀνύψωσε [A S -ώσει] κεφ. [A S κ. αὐ.]
— 13. ἀνύψωσε κεφαλὴν αὐτοῦ
13. 23. τὸν λόγον αὐτοῦ ἀνυψώσουσαν
20. 28. ἀνυψώσει θημωνίαν αὐτοῦ
21. 20. ἀνυψοῖ φωνὴν [A S τὴν φ.] αὐτοῦ
24. 13. ὡς κέδρος ἀνυψώθην ἐν τῷ Λ.
— 14. ὡς φοῖνιξ ἀνυψώθην
— 14. ἀνυψώθην ὡς πλάτανος
28. 10. ἀνυψώσει ὀργὴν αὐτοῦ
31 (34). 17. ἀνυψῶν ψυχήν
36 (33). 9. ἀπ' αὐτῶν ἀνύψωσε καὶ ἡγίασε
— 11. ἐξ αὐτῶν εὐλόγησε καὶ ἀνύψωσε
38. 3. ἐπιστήμη ἰατροῦ ἀνυψώσει κεφ. αὐτοῦ
40. 26. ἀνυψώσουσι [A S -ψοῦσιν] καρδίαν
Si. 44. 21. A B S^2 ἀνυψῶσαι τὸ σπέρμα αὐτοῦ
45. 6. S Ἀ. ἀνύψωσεν [A B ὕψ.] ἅγιον ὅμοιον αὐτῷ
46. 20. ἀνύψωσεν ἐκ γῆς τὴν [A om.] φωνὴν αὐ.
47. 5. A S R ἀνυψῶσαι [B -σει] κέρας λαοῦ αὐ.
— 11. ἀνύψωσεν εἰς αἰῶνα τὸ κέρας αὐτοῦ
49. 12. ἀνύψωσαν λαὸν [A ναὸν] ἅγιον κυρίῳ
51. 9. ἀνύψωσα . . . ἱκετείαν μου
Da. LXX. 4. 19. τὸ δὲ ἀνυψωθῆναι τὸ δένδρον ἐκεῖνο †
5. 1. ἀνυψούμενος [? ἐνυψ.] ἀπὸ τοῦ οἴνου †
— 2. καὶ ἀνυψώθη ἡ καρδία αὐτοῦ –

ἄνω, incl. **ἀνώτερον** (adv.), **ἀνωτέρω, ἀνωτάτω.**
Ex. 20. 4.
Le. 11. 21 (ἀνώτερον τῶν ποδῶν).
De. 4. 39: 5. 8: 28. 43 (ἄ. ἄ.): 29. 18 (17): 30. 12.
Jo. 2. 11: 15. 19: 16. 5: 21. 22†.
Jd. 7. 13.
III Ki. 8. 23: 10. 22 (9. 17)†: 14. 15 (ἀπὸ ἄνω τῆς χθονός)†
IV Ki. 18. 17: 19. 30.
I Ch. 7. 24: 22. 5.
II Ch. 4. 4: 8. 5: 20. 6†: 26. 8 (ἕως ἄ.): 32. 30.
I Es. 9. 47.
Ne. 3. 28 (ἀνώτερον πύλης).
To. 1. 2†: 8. 3†.
Ju. 1. 8: 2. 21.
Ps. 49 (50). 4: 113. 11 (115. 3)†.
Pr. 8. 28.
Ec. 3. 21 (εἰς ἄ.†): 5. 1†.
Jl. 2. 30 (3. 3)†.
Is. 5. 30†: 7. 3: 8. 21: 34. 10: 36. 2: 37. 31.
II Ma. 9. 23.
● [Aq. Jd. 1. 15: Ps. 73 (74). 5 (εἰς ἄ.).]
[Sm. Is. 7. 11: Ez. 9. 2.]
[Th. Is. 7. 11.]

ἄνωθεν. (1) a. עַל b. מֵעַל
Ge. 6. 16. συντελέσεις αὐτὴν ἄ. (1 b)
27. 28. A ἀπὸ τῆς δρόσου τοῦ οὐρ. ἄ. [R om.] –
— 39. ἀπὸ τῆς δρόσου τοῦ οὐρανοῦ ἄ. (1 a)
49. 25. εὐλογίαν οὐρανοῦ ἄ. (1 a)
Ex. 25. 20 (21). ἐπὶ τὴν κιβωτὸν ἄ. (1 b)
— 21 (22). ἄ. τοῦ ἱλαστηρίου (1 a)
36. 28 (39. 20). ἄ. τῆς συνυφῆς τῆς ἐπωμίδος (1 b)
— 40 (39. 31). ἐπίκεισθαι ἐπὶ τὴν μίτραν ἄ. (1 b)
38. 5 (37. 6). A ἐποίησε τὸ ἱλαστ. ἄ. [B ἐπάν.] –
— 16. ἐπὶ τῆς κορυφῆς ἄ. †
— 19. εἰς τὸ ἐκτείνειν τὸ κατακάλυμμα ἄ. †
40. 19. ἐπέθηκε τὸ κατακάλυμμα . . . ἐπ' αὐτὴν ἄ. (1 b)
Nu. 4. 6. ἐπιβαλοῦσιν ἐπ' αὐτὴν ἱμάτιον . . . ἄ. (1 b)
— 25. τὸ κατακάλυμμα . . . τὸ ὂν ἐπ' αὐτῆς ἄ. (1 b)
7. 89. ἄ. τοῦ ἱλαστηρίου (1 a)
Jo. 3. 16. ἔστη τὰ ὕδατα τὰ [A om.] καταβαίνοντα ἄ. (1 b)
II Ki. 11. 21. R ἔρριψε κλάσμα . . . ἀπὸ ἄ. [A B ἐπάνωθεν] τοῦ τείχους (1 a)
III Ki. 7. 31. A στόμα αὐτοῦ ἔσωθεν τῆς κεφαλίδος ἄ. (1 b)
— 3. ἐφάτνωσε τὸν οἶκον ἄ. ἐπὶ τῶν πλευρῶν (1 b)
Jb. 3. 4. μὴ ἀναζητήσαι αὐτὴν ὁ κύριος ἄ. (1 b)
31. 2. τί [B ἔτι, A S^1 om.] ἐμέρισεν [S^1 διεμ., A ἐπεμ.] ὁ θ. ἄ. [S^2 ἀπάν.] (1 b)
Wi. 19. 6. ἡ κτίσις . . . πάλιν ἄ. διετυποῦτο
Is. 45. 8. εὐφρανθήτω ὁ οὐρανὸς ἄ. (1 b)
Je. 4. 28. συσκοτασάτω ὁ οὐρανὸς ἄ. (1 b)
Ep. Je. 63. τό τε πῦρ ἐξαποσταλὲν ἄ.
Ez. 1. 11. αἱ πτέρυγες αὐτῶν ἐκτεταμέναι ἄ. [A^1 om.] (1 b)
— 26. ὁμοίωμα ὡς εἶδος ἀνθρώπου ἄ. (1 b)
41. 7. ὅπως διαπλατύνηται ἄ. (1 b)
[Aq. Jo. 3. 13: Je. 31 (38). 37.]
[Sm. Jo. 3. 13.]
[Th. Jo. 3. 13: Jb. 31. 2.]

ἀνώνυμος.
Wi. 14. 27. ἡ γὰρ τῶν ἀ. εἰδώλων θρησκεία
[Al. Jb. 30. 8.]

ἀνώτερος, ἀνώτατος. (1) מַעַל (2) עֶלְיוֹן
Ne. 3. 25. ὁ πύργος . . . ὁ ἀνώτερος ὁ τῆς αὐλῆς τῆς φυλακῆς (2)
To. 8. 3. ἔφυγεν εἰς τὰ ἀνώτατα Αἰγ.

● = correction on page xxiv

Ez. 41. 7. τὸ εὖρος τῆς ἀνωτέρας τῶν πλευρῶν . . . πρὸς τὴν ἀνωτέραν κύκλῳ τοῦ οἴκ. (1, 1)
[**Sm.** Ps. 88 (89). 28.]

ἀνωφέλεια.
[**Aq.** Je. 4. 14.]

ἀνωφελής. (1) *a.* בִּלְתִּי הוֹעִיל *b.* לֹא הוֹעִיל
Pr. 28. 3. ὥσπερ ὑετὸς λάβρος καὶ ἀ. †
Wi. 1. 11. φυλάξασθε τοίνυν γογγυσμὸν ἀ.
Is. 44. 10. γλύφοντες πάντες [A S *om.*] ἀνωφελῆ (1 *a*)
Je. 2. 8. ὀπίσω ἀνωφελοῦς ἐπορεύθησαν (1 *b*)
[**Aq.** Jo. 7. 2: I Ki. 15. 23: Jb. 4. 8: 15. 35: Ps. 6. 9: 9. 28 (10. 7): 13 (14). 4: 27 (28). 3: 54 (55). 4: 55 (56). 8: 65 (66). 18: Pr. 22. 8: Is. 58. 9: 59. 7: Ho. 4. 15: 5. 8: 12. 8 (9): Am. 1. 5.]
[**Sm.** Jo. 7. 2: Ho. 4. 15.]
[**Th.** Is. 44. 10: Ho. 4. 15.]

ἀξία.
Si. 10. 28. δὸς αὐτῇ τιμὴν κατὰ τὴν ἀ. αὐτῆς
38. 17. ποίησον τὸ πένθος κατὰ τὴν ἀ. αὐτοῦ

ἀξινάριον.
[**Sm.** I Ki. 13. 20.]

ἀξίνη. (1) גַּרְזֶן (2) קַרְדֹּם
De. 19. 5. ἐκκρουσθῇ [A² -σῃ] ἡ χεὶρ αὐτοῦ τῇ ἀ. (1)
Jd. 9. 48. ἔλαβεν Ἀβιμέλεχ τὰς ἀ. [A ἀξίνην] (2)
I Ki. 13. 20. B ἕκαστος τὴν ἀ. αὐτοῦ (2)
— 21. B τῇ ἀ. καὶ τῷ δρεπάνῳ (2)
Ps. 73 (74). 4. ἀξίναις ἐξέκοψαν [S¹ διέκ.] τὰς θύρας (2)
Is. 10. 15. μὴ δοξασθήσεται ἀ. (1)
Je. 26 (46). 22. ἐν ἀξίναις ἥξουσιν ἐπ' αὐτήν (2)
[**Aq.** I Ki. 13. 21.]
[**Sm.** Ps. 73 (74). 5.]

ἀξιοδυναστεύειν.
Es. 8. 13. A τῇ τῶν ἀξιοδυναστευόντων λοιμότητι [B S *al.*]

ἀξιόπιστος. (1) *a.* אָמַן ni. *b.* אֱמוּנָה
Pr. 27. 6. ἀξιοπιστότερά ἐστι τραύματα φίλου (1 *a*)
28. 20. ἀνὴρ ἀξιόπιστος [A -τότερος] πολλὰ εὐλογηθήσ. (1 *b*)
II Ma. 15. 11. ὄνειρον ἀ. ὕπαρ [A ὑπέρ] τι

ἀξιοπρεπής.
[**Sm.** Ps. 89 (90). 16.]

ἄξιος. (1) בֵּן (2) מָלֵא (3) שָׁוָה
Ge. 23. 9. ἀργυρίου τοῦ ἀ. (2)
De. 25. 2. ἐὰν ἄξιος ᾖ πληγῶν ὁ ἀσεβῶν (1)
I Ch. 21. 22. ἐν ἀργυρίῳ ἀ. δὸς μοι αὐτόν (2)
— 24. ἀγοράζων ἀγοράζω ἐν ἀργυρίῳ ἀ. (2)
Es. 7. 4. οὐ γὰρ ἄξιος ὁ διάβολος τῆς αὐλῆς τοῦ βασ. (3)
Jb. 11. 6. ἄξιά σοι ἀπέβη [A παρέβη] ἀπὸ κυρίου †
30. 1. οὓς οὐχ ἡγησάμην ἀξίους [ἀ. εἶναι] κυνῶν †
33. 27. οὐκ ἄξια ἤτασέ [S¹ ἡτοίμασέν] με (3)
Pr. 3. 15; 8. 11. πᾶν δὲ τίμιον οὐκ ἄξιον αὐτῆς ἐστι (3)
Wi. 1. 16. ἄξιοί εἰσι τῆς ἐκείνου μερίδος εἶναι
3. 5. εὗρεν αὐτοὺς ἀξίους ἑαυτοῦ
6. 16. τοὺς ἀ. αὐτῆς αὐτὴ [S *om.*] περιέρχεται ζητοῦσα
9. 12. ἔσομαι ἄξιος θρόνων [S¹ -ου] πατρός μου
12. 7. ἀξίαν ἀποικίαν δέξηται θεοῦ παίδων
— 26. ἀξίαν θεοῦ κρίσιν πειράσουσιν
13. 15. ποιήσας αὐτῷ αὐτοῦ [S *om.*] ἄξιον οἴκημα
15. 6. ἄξιοί τε τοιούτων ἐλπίδων
16. 9. ἄξιοι ἦσαν ὑπὸ τοιούτων [S¹ τούτων] κολασθῆναι
18. 4. ἄξιοι μὲν γὰρ ἐκεῖνοι [A -ου] στερηθῆναι
▶ 19. 4. ἡ ἀ. ἐπὶ τοῦτο πέρας ἀνάγκη
● Si. 26. 15. οὐκ ἔστι σταθμὸς πᾶς ἀ. ἐγκρατοῦς ψυχῆς
Ma. 2. 13. ἔτι ἄξιον ἐπιβλέψαι εἰς θυσίαν –
Je. 15. 19. A B S¹ ἐὰν ἐξαγάγῃς τίμιον ἀπὸ ἀξίου [R ἀναξ.] †
I Ma. 10. 54. δώσω σοι δόματα καὶ αὐτῇ ἄξιά σου
II Ma. 4. 25. τῆς μὲν ἀρχιερωσύνης οὐδὲν ἄξιον φέρων
— 38. τὴν ἀξίαν αὐτῷ κόλασιν ἀποδόντος
6. 23. λογισμὸν . . . ἄξιον τῆς ἡλικίας
— 24. οὐ γὰρ τῆς ἡμετέρας ἡλικίας ἄξιόν ἐστιν
— 27. τοῦ μὲν γήρως ἄξιος φανήσομαι
7. 19. ἄξια θαυμασμοῦ γέγονε
— 20. μνήμης ἀγαθῆς ἀξία

II Ma. 7. 29. τῶν ἀδελφῶν ἄξιος γενόμενος
8. 33. ἄξιον τῆς δυσσεβείας ἐκομίσαντο μισθόν
15. 21. τοῖς ἀ. περιποιεῖται τὴν νίκην
IV Ma. 4. 12. ὥστε καὶ ἀποθανεῖν ἄ. ὑπάρχειν
5. 11. ἄξιον τῆς ἡλικίας ἀναλαβὼν νοῦν
7. 6. ὦ ἄξιε τῆς ἱερωσύνης ἱερεῦ
11. 6. οὐ βασάνων ἐστὶν ἄξια
17. 8. ἄξιον ἦν καὶ ἐπὶ αὐτοῦ τοῦ ἐπιταφίου ἀναγράψαι
[**Aq.** II Ki. 12. 5.]
[**Sm.** I Ki. 26. 16: II Ki. 12. 5.]

ἀξιοῦν. (1) *a.* בָּעָא *b.* בְּעָה (2) *a.* בִּקֵּשׁ pi. *b.* בַּקָּשָׁה (3) חָנַן hithp. (4) נָא (5) נָטַשׁ (6) נָשָׂא (7) שְׁאֵלָה
Ge. 31. 28. οὐκ ἠξιώθην καταφιλῆσαι (5)
Nu. 22. 16. ἀξιῶ σε μὴ ὀκνήσῃς ἐλθεῖν πρὸς μέ (4)
I Es. 4. 46. καὶ νῦν τοῦτό ἐστιν ὅ σε ἀξιῶ
To. 1. 22. καὶ ἠξίωσεν Ἀχιάχαρος περὶ ἐμοῦ
10. 8. S ἀξιῶ σε πάτερ
— 10. S μηδαμῶς ἀξιῶ σε
Es. 4. 8. καὶ ἀξιῶσαι αὐτὸν περὶ τοῦ λαοῦ (2 *a*)
5. 6. καὶ ἔσται ὅσα ἀξιοῖς –
7. 8. ἐπιπεπτώκει ἐπὶ τὴν κλίνην ἀξιῶν τὴν βασίλισσαν †
8. 3. καὶ ἠξίου ἀφελεῖν τὴν Ἀμὰν κακίαν (3)
9. 12. τί οὖν ἀξιοῖς ἔτι καὶ ἔσται σοι (2 *b et* 7)
Wi. 13. 18. περὶ δὲ ζωῆς τὸ νεκρὸν ἀξιοῖ
Si. 51. 14. ἔναντι ναοῦ ἠξίουν περὶ αὐτῆς
Is. 33. 7. A S² ἀξιοῦντες [B S¹ παρακαλοῦντες] εἰρήνην –
Je. 7. 16. μὴ ἀξίου τοῦ ἐλεηθῆναι αὐτούς (6)
11. 14. μὴ ἀξίου περὶ αὐτῶν ἐν δεήσει (6)
Ep. Je. 41. τὸν Βῆλον ἀξιοῦσι φωνῆσαι [A *al.*]
43. οὐκ ἠξίωται ὥσπερ καὶ αὐτή
Da. LXX. 1. 8. ἠξίωσε τὸν ἀρχιευνοῦχον (2 *a*)
2. 16. ἠξίωσεν ἵνα δοθῇ αὐτῷ χρόνος (1 *a*)
— 23. καὶ νῦν ἐσήμανάς μοι ὅσα ἠξίωσα (1 *a*)
— 49. Δανιὴλ ἠξίωσε τὸν βασιλέα (1 *a*)
4. 31. ἠξίωσα περὶ τῶν ἁμαρτιῶν μου †
6. 5 (6). πᾶς ἄνθρωπος οὐκ ἀξιώσει ἀξίωμα –
— 7 (8). ὃς ἂν . . . ἀξιώσῃ ἀξίωμά τι (1 *a*)
— 12 (13). μηδὲ ἀξιώσῃ ἀξίωμα (1 *a*)
Da. Th. 1. 8. ἠξίωσε τὸν ἀρχιευνοῦχον (2 *a*)
2. 16. Δανιὴλ ἠξίωσε τὸν βασιλέα [A *al.*] (1 *a*)
— 23. ἃ ἠξιώσαμεν παρὰ σοῦ (1 *a*)
3. 30 (97). ἠξίωσεν αὐτοὺς ἡγεῖσθαι πάντων τῶν Ἰουδ. –
6. 11 (12). εὗρον τὸν Δ. ἀξιοῦντα (1 *b*)
I Ma. 11. 28. ἠξίωσεν Ἰωνάθαν τὸν βασιλέα
— 62. ἠξίωσαν οἱ ἀπὸ Γάζης τὸν Ἰωνάθαν
— 66. ἠξίωσαν αὐτὸν τοῦ δεξιὰς λαβεῖν
13. 45. ἐβόησαν . . . ἀξιοῦντες [S¹ *om.*] Σίμωνα
II Ma. 2. 8. ὡς καὶ ὁ Σαλωμὼν ἠξίωσεν
3. 31. ἠξίουν τὸν Ὀνίαν ἐπικαλέσασθαι τὸν ὕψιστον
4. 19. ἃς καὶ ἠξίωσαν οἱ παρακομίσαντες μὴ χρῆσθαι
5. 4. ἠξίουν ἐπ' ἀγαθῷ τὴν ἐπιφάνειαν γενέσθαι
7. 28. ἀξιῶ σε, τέκνον, ἀναβλέψαντα . . . γνῶναι
8. 14. τὸν κύριον ἠξίουν ῥύσασθαι
— 29. τὸν ἐλεήμονα κύριον ἠξίουν . . . καταλλαγῆναι
9. 15. οὓς διεγνώκει μηδὲ ταφῆς ἀξιῶσαι
— 26. παρακαλῶ οὖν ὑμᾶς καὶ ἀξιῶ
10. 4. ἠξίωσαν τὸν κύριον πεσόντες ἐπὶ κοιλίαν
— 16. ἀξιώσαντες τὸν θεὸν σύμμαχον αὐτοῖς γενέσθαι
— 26. ἠξίουν ἵλεων αὐτοῖς γενόμενον ἐχθρεῦσαι
11. 17. ἠξίουν περὶ τῶν δι' αὐτοῦ σημαινομένων
— 24. ἀξιοῦντας [A ἀξιοῦν] συγχωρηθῆναι αὐτοῖς
12. 11. ἠξίουν δοῦναι τὸν Ἰούδαν δεξιὰν αὐτοῖς
— 24. ἠξίου μετὰ πολλῆς γοητείας ἐξαφεῖναι σῶον
— 42. ἀξιώσαντες τὸ γεγονὸς ἁμάρτημα . . . ἐξαλειφθῆναι
III Ma. 5. 13. πάλιν ἠξίουν τὸν εὐκατάλλακτον
IV Ma. 5. 17. κατ' οὐδένα τρόπον παρανομεῖν ἀξιοῦμεν
[**Sm.** I Ki. 15. 25: 25. 25: Ps. 114 (116). 4.]
[**Th.** Je. 37 (44). 20.]

ἀξίωμα. (1) בְּעוּ (2) בַּקָּשָׁה (3) תְּחִנָּה
Ex. 21. 22. δώσει μετὰ ἀξιώματος †
I Es. 8. 4. εὑρόντος χάριν . . . ἐπὶ πάντα τὰ ἀ. αὐτοῦ
Es. 5. 3. τί θέλεις, Ἐσθήρ; καὶ τί σού ἐστι τὸ ἀ. (2)
— 6. S³ τί τὸ ἀ. σου (2)
— 7. καὶ εἶπε, τὸ αἴτημά μου καὶ τὸ ἀ. (2)
— 8. S³ ποιῆσαι τὸ ἀ. μου (2)

Es. 7. 2. καὶ τί τὸ αἴτημά σου καὶ τί τὸ ἀ. σου (2)
— 3. δοθήτω . . . ὁ λαός [A S λόγος] μου τῷ ἀ. μου (2)
Ps. 118 (119). 170. εἰσέλθοι τὸ ἀ. μου ἐνώπιόν σου (3)
Da. LXX. 6. 5 (6). ὅτι πᾶς ἄνθρωπος οὐκ ἀξιώσει ἀ. –
— 7 (8). ὃς ἂν εὔξηται εὐχὴν ἢ ἀξιώσῃ ἀ. τι (1)
— 12 (13). μὴ εὔξηται εὐχὴν μηδὲ ἀξιώσῃ ἀξίωμα –
II Ma. 4. 31. τῶν ἐν ἀξιώματι κειμένων
[**Aq.** Ps. 8. 6.]
[**Sm.** Ps. 44 (45). 4: 110 (111). 3: Is. 53. 2.]

ἀξίως.
Wi. 7. 15. ἐνθυμηθῆναι ἀ. τῶν δεδομένων [A S λεγομ.]
16. 1. δι' ὁμοίων ἐκολάσθησαν ἀ.
Si. 14. 11. προσφορὰς κυρίῳ ἀξίως πρόσαγε

ἄξων. (1) אוֹפָן (2) מַעְגָּל
Ex. 14. 25. συνέδησε τοὺς ἄ. τῶν ἁρμάτων αὐτῶν (1)
Pr. 2. 9. κατορθώσεις πάντας ἄξονας [A αὔξονας] ἀγαθούς (2)
— 18. ἔθετο . . . μετὰ τῶν γηγενῶν τοὺς ἄ. [A αὔξονας] αὐτῆς (2)
9. 12. τοὺς δὲ ἄ. τοῦ ἰδίου γεωργίου πεπλάνηται –
Si. 36 (33). 5. ὡς ἄ. στρεφόμενος ὁ διαλογισμὸς αὐτοῦ
IV Ma. 9. 20. περὶ τοὺς ἄ. τοῦ ὀργάνου περιέρρεον αἱ σάρκες
[**Al.** Pr. 3. 17.]

ἀοίδιμος.
IV Ma. 10. 1. τούτου τὸν ἀ. θάνατον καρτερήσαντος
— 15. μὰ . . . τὸν ἀ. [S ἀΐδιον] τῶν εὐσεβῶν βίον

ἀοίκητος. (1) חוּץ (2) לֹא יָשַׁב (3) מְשׁוֹאָה (4) ἀ. εἶναι עָזַב ni. (5) שְׁמָמָה (6) תֵּל (7) תַּלְאוּבָה
De. 13. 16 (17). ἔσται ἀ. εἰς τὸν αἰῶνα (6)
Jo. 8. 28. χῶμα ἀ. εἰς τὸν αἰῶνα ἔθηκεν αὐτήν (5)
13. 3. ἀπὸ τῆς ἀοικήτου τῆς κατὰ πρόσωπον Αἰγύπτου †
Jb. 8. 14. ἀοίκητος γὰρ αὐτοῦ ἔσται ὁ οἶκος †
15. 28. εἰσέλθοι δὲ εἰς οἴκους ἀοικήτους (2)
18. 4. ἀοίκητος [A ἀ. ἔσται] ἡ ὑπ' οὐρανόν (4)
38. 27. τοῦ χορτάσαι ἄβατον καὶ ἀοίκητον (3)
Pr. 8. 26. κύριος ἐποίησε χώρας καὶ ἀοικήτους (1)
Wi. 11. 2. διώδευσαν ἔρημον ἀ.
Ho. 13. 5. ἐγὼ ἐποίμαινόν σε . . . ἐν γῇ ἀοικήτῳ (7)
I Ma. 3. 45. Ἱερουσαλὴμ ἦν ἀ. [S¹ ἀνοίκητος] ὡς ἔρημος
[**Sm.** Dt. 1. 7: 4. 49: 32. 10: Jo. 3. 16: 15. 6: I Ki. 23. 24: Jb. 39. 6: Ps. 43 (44). 20: 67 (68). 5, 8: 68 (69). 26.]
[**Al.** Nu. 33. 49.]

ἄοκνος.
Pr. 6. 11. ἐὰν δὲ ἄοκνος ᾖς –

ἀορασία. (1) סַנְוֵרִים (2) עִוָּרוֹן
Ge. 19. 11. A τοὺς δὲ ἄνδρας . . . ἐπάταξαν ἀορασίᾳ [R ἐν ἀ.] (1)
De. 28. 28. πατάξαι σε κ. . . . ἀορασίᾳ [B¹ -ας] (2)
IV Ki. 6. 18. πάταξον δὴ τοῦτο τὸ ἔθνος ἀορασίᾳ (1)
— 18. καὶ ἐπάταξεν αὐτοὺς ἀορασίᾳ (1)
Wi. 19. 17. ἐπλήγησαν δὲ καὶ ἀορασίᾳ
II Ma. 10. 30. συγχυθέντες ἀορασίᾳ
[**Sm.** Is. 59. 10.]

ἀόρατος. (1) מִסְתָּר (2) תֹּהוּ
Ge. 1. 2. ἡ δὲ γῆ ἦν ἀ. (2)
Is. 45. 3. θησαυροὺς . . . ἀοράτους ἀνοίξω σοι (1)
II Ma. 9. 5. ἐπάταξεν αὐτὸν ἀνιάτῳ καὶ ἀ. πληγῇ

ἀόχλητος.
[**Sm.** Jb. 3. 18.]

ἀπαγγελία. (1) נָגַד hoph.
Ru. 2. 11. ἀπαγγελίᾳ ἀπηγγέλη μοι (1)

ἀπαγγέλλειν. (1) אָמַר *a.* qal. *b.* ni. (2) נָגַד *a.* hi. *b.* ho. (3) חֲוָה *a.* pa. *b.* aph. (4) *a.* יְדַע hi. *b.* יְדַע aph. (5) יָעַץ ni. (6) סָפַר pi. (7) פָּתַר

(8) קָרָא (9) שׁוּב hi. (10) שָׁלַח
(11) שָׁמַע *a*. ni. *b*. hi. (12) שָׁפַט ni.

Ge. 12. 18. οὐκ ἀπήγγειλάς μοι (2 *a*)
14. 13. ἀπήγγειλεν Ἄβραμ τῷ περάτῃ (2 *a*)
21. 26. οὐδὲ σύ μοι ἀπήγγειλας (2 *a*)
24. 28. **A** δραμοῦσα ἡ παῖς ἀπήγγειλεν [**R** ἀνήγγ.] (2 *a*)
— 49. ἀπαγγείλατέ μοι (2 *a*)
26. 32. ἀπήγγειλαν αὐτῷ περὶ τοῦ φρέατος (2 *a*)
27. 42. ἀπηγγέλη δὲ ῾Ρ. τὰ ῥήματα ῾Η. (2 *b*)
29. 12. **R** ἀπήγγειλε [**A** ἀνήγγ.] τῇ ῾Ραχήλ (2 *a*)
— 12. δραμοῦσα ἀπήγγειλε τῷ πατρὶ αὐ. (2 *a*)
— 15. ἀπάγγειλόν μοι (2 *a*)
37. 5. ἀπήγγειλεν αὐτὸ τοῖς ἀδελφοῖς αὐτοῦ (2 *a*)
— 16. ἀπάγγειλόν μοι ποῦ βόσκουσιν (2 *a*)
38. 13. ἀπηγγέλη Θ. τῇ νύμφῃ αὐτοῦ (2 *b*)
— 24. **A** ἀπηγγέλη [**R** ἀνηγγ.] τῷ Ἰούδᾳ (2 *b*)
41. 8. οὐκ ἦν ὁ ἀπαγγέλλων αὐτὸ τῷ Φ. (7)
— 24. **R** οὐκ ἦν ὁ ἀπαγγέλλων μοι αὐτό [**A** *om.*] (2 *a*)
42. 29. ἀπήγγειλαν αὐτῷ πάντα τὰ σ. (2 *a*)
43. 7. ἀπηγγείλαμεν αὐτῷ κατὰ τὴν ἐπ. (2 *a*)
44. 24. ἀπηγγείλαμεν αὐτῷ τὰ ῥήματα τοῦ κ. (2 *a*)
45. 13. ἀπαγγείλατε οὖν τῷ πατρί μου π. τὴν δόξαν (2 *a*)
46. 31. ἀναβὰς ἀπαγγελῶ τῷ Φαραῷ (2 *a*)
47. 1. ἀπήγγειλε τῷ Φ. (2 *a*)
48. 1. ἀπηγγέλη [**A** ἀν.] τῷ Ἰωσήφ (1 *a*)
— 2. ἀπηγγέλη δὲ τῷ Ἰακώβ (2 *a*)
Ex. 18. 6. **A** ἀπηγγέλη [**B** ἀν.] δὲ Μωυσῇ (1 *a*)
Le. 5. 1. ἐὰν μὴ ἀπαγγείλῃ (2 *a*)
Nu. 11. 27. προσδραμὼν ὁ νεανίσκος ἀπήγγειλε Μωυσῇ (2 *a*)
De. 1. 22. **B**[1] ἀπαγγειλάτωσαν [**A B**[2] ἀναγγ.] ἡμῖν ἀπόκρισιν τὴν ὁδόν (9)
Jo. 2. 2. ἀπηγγέλη τῷ βασιλεῖ Ἰεριχώ (1 *b*)
9. 24. **A** ἀπηγγέλη [**B** ἀνηγγ.] ἡμῖν (2 *b*)
10. 17. καὶ ἀπηγγέλη τῷ Ἰησοῦ [**A** -σοῖ] (2 *b*)
Jd. 9. 25. καὶ ἀπηγγέλη τῷ βασιλεῖ [**A** *om.*] Ἀβ. (2 *b*)
— 42. **A** καὶ ἀπηγγέλη [**B** ἀνήγγειλε] τῷ Ἀβ. (2 *a*)
— 47. **A** καὶ ἀπηγγέλη [**B** ἀν.] τῷ Ἀβ. (2 *b*)
13. 6. τὸ ὄνομα αὐτοῦ οὐκ ἀπήγγειλέ μοι (2 *a*)
— 10. **A** ἀπήγγειλεν [**B** ἀνήγγ.] τῷ ἀνδρὶ αὐτῆς (2 *a*)
14. 2. καὶ ἀπήγγειλε τῷ πατρὶ αὐτοῦ (2 *a*)
— 6. οὐκ ἀπήγγειλε τῷ πατρὶ αὐτοῦ (2 *a*)
— 9. **A B** οὐκ ἀπήγγειλεν [**R** ἀνήγγ.] αὐτοῖς (2 *a*)
— 12. ἐὰν ἀπαγγέλλοντες ἀπαγγείλητε αὐτό (2 *a*, 2 *a*)
— 13. καὶ ἐὰν μὴ δύνησθε [**A** δυνάσθητε] ἀπαγγεῖλαί μοι (2 *a*)
— 14. οὐκ ἠδύναντο [**A** ἠδυνάσθησαν] ἀπαγγεῖλαι τὸ πρόβλ. (2 *a*)
— 15. καὶ ἀπαγγειλάτω σοι τὸ πρόβλημα (2 *a*)
— 16. οὐκ ἀπήγγειλάς μοι αὐτό (2 *a*)
— 16. τῇ μητρί μου οὐκ ἀπήγγελκα [**A** *add.* αὐτὸ καὶ] σοὶ ἀπαγγείλω (2 *a*, 2 *a*)
— 17. καὶ ἀπήγγειλεν αὐτῇ (2 *a*)
— 17. καὶ αὐτὴ ἀπήγγειλε τοῖς υἱοῖς τοῦ λαοῦ αὐτῆς (2 *a*)
— 19. ἔδωκε . . . τοῖς ἀπαγγείλασι τὸ πρόβλημα (2 *a*)
16. 2. **A** καὶ ἀπηγγέλη [**B** ἀν.] τοῖς Γαζαίοις –
— 6. ἀπάγγειλον [**A** ἀν.] δή μοι (2 *a*)
— 13. **B** ἀπάγγειλον [**A R** ἀν.] δή μοι (2 *a*)
— 15. οὐκ ἀπήγγειλάς μοι (2 *a*)
— 17. **A** ἀπήγγειλεν αὐτῇ πάντα [**B** *al.*] (2 *a*)
— 18. ἀπήγγειλεν αὐτῇ πᾶσαν τὴν καρδίαν [**A** *al.*] (2 *a*)
— 18. ἀπήγγειλέ [**A** ἀν.] μοι πᾶσαν τὴν καρδίαν [**A** κακίαν] (2 *a*)
Ru. 2. 11. ἀπαγγελίᾳ ἀπηγγέλη μοι (2 *b*)
— 19. **A** ἀπήγγειλεν [**B** ἀν.] ῾Ρ. τῇ πενθερᾷ αὐτῆς (2 *a*)
3. 4. καὶ αὐτὸς ἀπαγγελεῖ σοι (2 *a*)
I Ki. 3. 15. ἀπαγγεῖλαι [**A** ἀν.] τὴν ὅρασιν (2 *a*)
— 18. καὶ ἀπήγγειλε [**A** ἀν.] Σ. πάντας τοὺς λόγους (2 *a*)
4. 13. εἰσῆλθεν εἰς τὴν πόλιν ἀπαγγεῖλαι (2 *a*)
— 14. καὶ ἀπήγγειλε τῷ Ἡλί (2 *a*)
8. 9. ἀπαγγελεῖς αὐτοῖς τὸ δικαίωμα τοῦ βασ. (2 *a*)
9. 6. ὅπως ἀπαγγείλῃ ἡμῖν τὴν ὁδὸν ἡμῶν (2 *a*)
— 8. καὶ ἀπαγγελεῖ ἡμῖν τὴν ὁδὸν ἡμῶν (2 *a*)
— 18. ἀπάγγειλον δὴ ποῖος ὁ οἶκος τοῦ βλέπ. (2 *a*)

I Ki. 9. 19. πάντα τὰ ἐν τῇ καρδίᾳ σου ἀπαγγελῶ σοι (2 *a*)
10. 15. ἀπάγγειλον δή μοι τί εἶπέ σοι Σαμουήλ (2 *a*)
— 16. ἀπήγγειλεν ἀπαγγέλλων μοι (2 *a*, 2 *a*)
— 16. τὸ δὲ ῥῆμα τῆς βασ. οὐκ ἀπήγγειλεν αὐτῷ (2 *a*)
11. 9. καὶ ἀπαγγέλλουσι τοῖς ἀ. (2 *a*)
12. 7. καὶ ἀπαγγελῶ ὑμῖν τὴν πᾶσαν δικαιοσύνην κ. (12)
13. 23. **B** καὶ τῷ πατρὶ αὐτοῦ οὐκ ἀπήγγειλεν –
14. 1. **B** καὶ τῷ πατρὶ αὐτοῦ οὐκ ἀπήγγειλε (2 *a*)
— 9. **B** ἕως ἂν ἀπαγγείλωμεν ὑμῖν †
— 33. καὶ ἀπηγγέλη Σαοὺλ [**A** τῷ Σ.] (2 *a*)
— 43. ἀπάγγειλόν μοι τί πεποίηκας (2 *a*)
— 43. καὶ ἀπήγγειλεν αὐτῷ Ἰωνάθαν (2 *a*)
15. 12. ἀπηγγέλη τῷ Σαοὺλ [**A** *al.*] (2 *b*)
— 16. καὶ ἀπαγγελῶ σοι (2 *a*)
18. 20. καὶ ἀπηγγέλη τῷ [**A** *om.*] Σαοὺλ (2 *a*)
— 24. καὶ ἀπήγγειλαν οἱ παῖδες Σαοὺλ αὐτῷ (2 *a*)
— 26. καὶ ἀπαγγέλλουσιν οἱ παῖδες Σαοὺλ τῷ Δ. (2 *a*)
19. 2. καὶ ἀπήγγειλεν Ἰωνάθαν τῷ Δαυίδ (2 *a*)
— 3. καὶ ἀπαγγελῶ σοι (2 *a*)
— 7. καὶ ἀπήγγειλεν αὐτῷ πάντα τὰ ῥήματα ταῦτα (2 *a*)
— 11. καὶ ἀπήγγειλε τῷ Δαυὶδ Μελχὸλ ἡ γυνὴ αὐ. (2 *a*)
— 18. καὶ ἀπαγγέλλει αὐτῷ πάντα (2 *a*)
— 19. καὶ ἀπηγγέλη τῷ Σαούλ (2 *b*)
— 21. καὶ ἀπηγγέλη τῷ Σαούλ (2 *a*)
20. 9. ἐγὼ ἀπαγγελῶ σοι (2 *a*)
— 10. τίς ἀπαγγείλῃ [**A** -ελεῖ] μοι (2 *a*)
22. 21. **B** καὶ ἀπήγγειλεν Ἀβιάθαρ τῷ Δ. (2 *a*)
— 22. ἀπαγγέλλων ἀπαγγελεῖ τῷ Σ. (2 *a*, 2 *a*)
23. 1. καὶ ἀπηγγέλη τῷ Δαυίδ (2 *a*)
— 7. καὶ ἀπηγγέλη τῷ Σαούλ (2 *b*)
— 11. ἀπάγεγιλον τῷ δούλῳ σου (2 *a*)
— 13. καὶ τῷ Σαοὺλ ἀπηγγέλη (2 *b*)
— 25. καὶ ἀπήγγειλαν [**A** ἀπηγγέλη] τῷ Δαυίδ (2 *a*)
24. 2. καὶ ἀπηγγέλη αὐτῷ (2 *a*)
— 19. καὶ σὺ ἀπήγγειλάς μοι σήμερον (2 *a*)
25. 8. καὶ ἀπαγγελοῦσί σοι (2 *a*)
— 14. τῇ Ἀβιγαίᾳ . . . ἀπήγγειλεν ἓν τῶν παιδαρίων (2 *a*)
— 19. τῷ ἀνδρὶ αὐτῆς [**A** *add.* Νάβαλ] οὐκ ἀπήγγειλε (2 *a*)
— 36. οὐκ ἀπήγγειλεν αὐτῷ ῥῆμα (2 *a*)
— 37. ἀπήγγειλεν ἡ γυνὴ αὐτοῦ τὰ ῥήματα ταῦτα (2 *a*)
II Ki. 1. 4. ἀπάγγειλόν [**A** ἀν.] μοι (2 *a*)
— 5. εἶπε Δ. τῷ παιδαρίῳ [**A** *om.*] τῷ ἀπαγγέλλοντι αὐτῷ (2 *a*)
— 6. καὶ εἶπε τὸ παιδάριον τὸ ἀπαγγέλλον αὐτῷ (2 *a*)
— 13. εἶπε Δ. τῷ παιδαρίῳ τῷ ἀπαγγέλλοντι αὐτῷ (2 *a*)
2. 4. καὶ ἀπήγγειλαν τῷ Δαυίδ (2 *a*)
3. 23. καὶ ἀπηγγέλη τῷ Ἰωάβ (2 *a*)
4. 10. ὁ ἀπαγγείλας μοι ὅτι τέθνηκε Σαούλ (2 *a*)
6. 12. καὶ ἀπηγγέλη τῷ βασιλεῖ Δαυίδ (2 *b*)
7. 11. ἀπαγγελεῖ σοι κ. (2 *a*)
10. 5. ἀπήγγειλαν [**A** ἀν.] τῷ Δαυὶδ ὑπὲρ τῶν ἀνδρῶν (2 *a*)
— 17. **R** καὶ ἀπηγγέλη [**A B** ἀν.] τῷ Δαυίδ (2 *b*)
11. 5. καὶ ἀποστείλασα ἀπήγγειλε τῷ Δαυίδ (2 *a*)
— 18. ἀπήγγειλε τῷ βασιλεῖ πάντας τοὺς λόγους (2 *a*)
— 22. καὶ ἀπήγγειλε τῷ Δαυὶδ πάντα ὅσα ἀπήγγειλεν αὐτῷ Ἰωάβ (2 *a*, 10)
13. 4. τὸ πρωῒ πρωῒ οὐκ ἀπαγγέλλεις μοι (2 *a*)
— 34. καὶ ἀπήγγειλε τῷ βασιλεῖ –
14. 33. καὶ ἀπήγγειλεν [**A** ἀν.] αὐτῷ (2 *a*)
15. 13. παρεγένετο ἀπαγγέλλων [**A** ἀγγ.] πρὸς Δ. (2*a*)
— 28. ῥῆμα παρ' ὑμῶν τοῦ ἀπαγγεῖλαί μοι (2 *a*)
— 35. **R** καὶ ἀπαγγελεῖς [**A B** ἀν.] τῷ Σαδώκ (2 *a*)
17. 16. **A** ἀπαγγείλατε [**B** ἀν.] τῷ Δ. (2 *a*)
— 18. **A B** καὶ ἀπήγγειλαν [**R** ἀνήγγειλε] τῷ Ἀβεσ. (2 *a*)
— 21. **R** καὶ ἀπήγγειλαν [**A B** ἀν.] τῷ βασ. Δ. (2 *a*)
18. 25. καὶ ἀπήγγειλε τῷ βασιλεῖ (2 *a*)
21. 11. καὶ ἀπηγγέλη τῷ Δαυίδ (2 *b*)
III Ki. 1. 20. ἀπάγγειλαι αὐτοῖς (2 *a*)
— 23. **B** καὶ ἀπηγγέλη τῷ βασ. (2 *a*)
2. 29. καὶ ἀπηγγέλη τῷ Σαλωμών (2 *b*)
3. 1 (2. 39). καὶ ἀπηγγέλη τῷ Σεμεΐ (2 *a*)
— 1 (2. 41). καὶ ἀπηγγέλη τῷ Σαλωμών (2 *b*)

III Ki. 10. 3. ἀπήγγειλεν αὐτῇ Σαλ. πάντας τοὺς λόγους (2 *a*)
— 3. ὃν οὐκ ἀπήγγειλεν αὐτῇ (2 *a*)
— 7. καθὼς ἀπήγγειλάν μοι (2 *b*)
12. 6. **R** ἀπήγγειλεν [**A B** παρ.] ὁ βασ. τοῖς πρεσβ. (5)
18. 12. καὶ εἰσελεύσομαι ἀπαγγεῖλαι τῷ Ἀχ. (2 *a*)
— 13. καὶ οὐκ ἀπηγγέλη [**A** ἀν.] σοι τῷ κυρίῳ μου (2 *b*)
— 16. καὶ ἀπήγγειλεν αὐτῷ (2 *a*)
21 (20). 17. **B** καὶ ἀπαγγέλλουσι τῷ βασιλεῖ Συρ. [**A** *al.*] (2 *a*)
IV Ki. 1. 7. **R** ἀπήγγειλαν τῷ βασιλεῖ –
4. 7. καὶ ἀπήγγειλε τῷ ἀνθρ. [**A** *al.*] (2 *a*)
— 31. καὶ ἀπήγγειλεν αὐτῷ (2 *a*)
5. 4. καὶ ἀπήγγειλε τῷ κυρίῳ ἑαυτῆς (2 *a*)
6. 13. **R** καὶ ἀπήγγειλαν [**A B** ἀν.] αὐτῷ (2 *b*)
9. 12. ἀπάγγειλον δὴ ἡμῖν (2 *a*)
— 15. τοῦ πορευθῆναι καὶ ἀπαγγεῖλαι [**A** ἀπηγγελῆναι] (2 *a*)
— 18, 20. καὶ ἀπήγγειλεν ὁ σκοπός (2 *a*)
10. 8. καὶ ἀπήγγειλε λέγων (2 *a*)
I Ch. 19. 5. ἦλθον ἀπαγγεῖλαι τῷ Δαυίδ (2 *a*)
— 17. καὶ ἀπηγγέλη τῷ Δαυίδ (2 *b*)
II Ch. 9. 2. ὃν οὐκ ἀπήγγειλεν αὐτῇ (2 *a*)
— 6. οὐκ ἀπηγγέλη μοι ἥμισυ τοῦ πλήθους (2 *b*)
34. 18. καὶ ἀπήγγειλε Σαφὰν ὁ γραμματεὺς τῷ βασ. (2 *a*)
I Es. 3. 17. ἀπαγγείλατε ἡμῖν περὶ τῶν γεγραμμένων
4. 61. καὶ ἀπήγγειλε τοῖς ἀδελφοῖς αὐτοῦ πᾶσι
5. 37. ἀπαγγεῖλαι τὰς πατριὰς αὐτῶν
Ne. 2. 12. οὐκ ἀπήγγειλα ἀνθρώπῳ (2 *a*)
— 16. ἕως τότε οὐκ ἀπήγγειλα (2 *a*)
— 18. καὶ ἀπήγγειλα αὐτοῖς τὴν χεῖρα τοῦ θ. (2 *a*)
6. 7. ἀπαγγελήσονται τῷ βασιλεῖ οἱ λόγοι οὗτοι (11 *a*)
7. 61. ἀπαγγεῖλαι οἴκους πατριῶν αὐτῶν (2 *a*)
To. 8. 14. ἐξελθοῦσα ἀπήγγειλεν αὐτοῖς [**S** *al.*]
11. 15. ἀπήγγειλε τῷ πατρὶ αὐτοῦ τὰ μεγαλεῖα τὰ γεν. [**S** *al.*]
Ju. 2. 7. ἀπαγγελεῖς αὐτοῖς ἑτοιμάζειν γῆν καὶ ὕδωρ
3. 5. ἀπήγγειλαν αὐτῷ κατὰ τὰ ῥήματα ταῦτα
6. 17. ἀποκριθεὶς ἀπήγγειλεν αὐτοῖς τὰ ῥήματα
10. 13. **A S** τοῦ ἀπαγγεῖλαι [**B** ἀν.] ῥήματα ἀληθείας
11. 19. καὶ ἀπηγγέλη [**A** ἀν.] μοι
14. 8. ἀπήγγειλεν αὐτῷ Ἰουδὶθ . . . πάντα
15. 4. τοὺς ἀπαγγέλλοντας [**S**[1] ἀποστ.] ὑπὲρ τῶν συντετελεσμένων
Es. 1. 15. ἀπήγγειλαν αὐτῷ κατὰ τοὺς νόμους –
2. 10. ἐνετείλατο αὐτῇ μὴ ἀπαγγεῖλαι (2 *a*)
4. 12. καὶ ἀπήγγειλεν Ἀχραθαῖος Μαρδοχαίῳ . . . λόγους (2 *a*)
6. 2. ὡς ἀπήγγειλε τῷ βασιλεῖ περὶ τῶν δύο εὐνούχων (2 *a*)
Jb. 1. 15, 16, 17, 19. ἦλθον τοῦ ἀπαγγεῖλαί σοι (2 *a*)
12. 7. πετεινὰ δὲ οὐρανοῦ ἐάν σοι ἀπαγγείλωσιν [**A** ἀναγγείλῃ] (2 *a*)
21. 31. τίς ἀπαγγελεῖ . . . τὴν ὁδὸν αὐτοῦ (2 *a*)
23. 5. αἰσθοίμην δὲ τίνα μοι ἀπαγγελεῖ (1 *a*)
38. 4. ἀπάγγειλον δέ [**A** ἀνάγγ.] μοι (2 *a*)
Ps. 39 (40). 5. ἀπήγγειλα καὶ ἐλάλησα (2 *a*)
54 (55). 17. διηγήσομαι καὶ [**B S**[1] *om.*] ἀπαγγελῶ [**S** -έλλω] †
70 (71). 17. **S R** ἀπαγγελῶ [**B** ἀν.] τὰ θαυμάσιά σου (2 *a*)
— 18. ἕως ἂν ἀπαγγείλω τὸν βραχίονά σου (2 *a*)
77 (78). 4. ἀπαγγέλλοντες τὰς αἰνέσεις κυρίου (6)
— 6. ἀπαγγελοῦσιν [**S** ἀν.] αὐτὰ τοῖς υἱοῖς αὐ. (6)
88 (89). 1. ἀπαγγελῶ τὴν ἀλήθειάν σου (4 *a*)
104 (105). 1. ἀπαγγείλατε ἐν τοῖς ἔθνεσι τὰ ἔργα [**S**[1] μεγαλεῖα] αὐτοῦ (4 *a*)
141 (142). 2. τὴν θλῖψίν μου ἐνώπιον αὐτοῦ ἀπαγγελῶ (2 *a*)
144 (145). 4. τὴν δύναμίν σου ἀπαγγελοῦσι (2 *a*)
147. 8 (19). ἀπαγγέλλων τὸν λόγον αὐτοῦ τῷ Ἰ. (2 *a*)
Pr. 12. 17. ἐπιδεικνυμένην πίστιν ἀπαγγέλλει δίκαιος (2 *a*)
Ec. 7. 1 (6. 12). τίς ἀπαγγελεῖ τῷ ἀνθρώπῳ (2 *a*)
— 2 (6. 12). **A** καὶ καθὼς ἔσται τίς ἀπαγγελεῖ αὐτῷ –
10. 14. **A** ὀπίσω αὐτοῦ τίς ἀπαγγελεῖ [**S** ἀπαγγέλλει, **B** ἀναγγελεῖ] αὐτῷ (2 *a*)
— 20. ὁ ἔχων τὰς [**A S** *om.*] πτέρυγας ἀπαγγελεῖ λόγον σου (2 *a*)

Ca. 1. 7. ἀπάγγειλόν μοι ὃν ἠγάπησεν ἡ ψυχή μου (2 a)
5. 8. τί [S *om.*] ἀπαγγείλητε [S -είλατε] αὐτῷ (2 a)
Wi. 6. 22. ἀπαγγελῶ καὶ οὐκ ἀποκρύψω ὑμῖν μυστήρια
Si. 16. 25. ἐν ἀκριβείᾳ ἀπαγγέλλω [A S -ελῶ] ἐπιστήμην
37. 14. ψυχὴ γὰρ ἀνδρὸς ἀπαγγέλλειν ἐνίοτε εἴωθεν
42. 19. ἀπαγγέλλων τὰ παρεληλυθότα
44. 3. ἀπηγγελκότες ἐν προφητείαις
Ho. 4. 12. ἐν ῥάβδοις αὐτοῦ ἀπήγγελλον αὐτῷ (2 a)
Am. 3. 9. A B ἀπαγγείλατε [R ἀν.] χώραις ἐν Ἀ. (11 b)
4. 5. A ἀπαγγείλατε [B ἀν.] ὅτι ταῦτα ἠγάπησαν (11 b)
— 13. καὶ ἀπαγγέλλων εἰς ἀνθρώπους τὸν χριστὸν αὐ. (2 a)
Mi. 3. 8. τοῦ ἀπαγγεῖλαι τῷ Ἰ. ἀσεβείας αὐτοῦ (2 a)
Jn. 1. 8. ἀπάγγειλον ἡμῖν τίς σου ἡ ἐργασία ἐστὶ [A *al.*] (2 a)
— 10. ὅτι ἀπήγγειλεν αὐτοῖς (2 a)
Na. 1. 15 (2. 1). οἱ πόδες . . . ἀπαγγέλλοντος εἰρήν. (11 b)
Hb. 2. 3. S² καὶ ἀπαγγελεῖ [A B ἀνατελεῖ] εἰς πέρας †
Is. 30. 7. ἀπάγγειλον αὐτοῖς ὅτι ματαία ἡ παράκλησις (8)
36. 22. A ἀπήγγειλαν [B S ἀν.] αὐτῷ τοὺς λόγους Ῥαβσ. (2 a)
44. 8. ἀπήγγειλα ὑμῖν (2 a)
48. 20. A S ἀπαγγείλατε [B ἀναγγ.] ἕως ἐσχάτου τῆς γῆς †
57. 12. ἀπαγγελῶ τὴν δικαιοσύνην σου [A S² μου] (2 a)
Je. 16. 10. A S ὅταν ἀπαγγείλῃς [B ἀν.] τῷ λαῷ τούτῳ ἅπαντα τὰ ῥήμ. (2 a)
28 (51). 31. S¹ ἀπαγγέλλων [A B ἀν.] εἰς ἀπάντησιν (2 a)
40 (33). 3. ἀπαγγελῶ [A ἀν.] σοι μεγάλα (2 a)
Ez. 23. 36. A ἀπαγγελεῖς [B ἀν.] αὐταῖς [A -οῖς] τὰς ἀνομίας αὐ. (2 a)
24. 19. A οὐ μὴ ἀπαγγείλῃς [B οὐκ ἀναγγέλλεις] ἡμῖν (2 a)
37. 18. A οὐκ ἀπαγγελεῖς [B ἀναγγέλλεις] ἡμῖν (2 a)
Da. LXX. Su. 40. καὶ οὐκ ἀπήγγειλεν ἡμῖν τίς ἦν
2. 5. ἐὰν μὴ ἀπαγγείλητέ μοι . . . τὸ ἐνύπ. (4 b)
— 9. ἐὰν μὴ τὸ ἐνύπνιον ἀπαγγείλητέ μοι (4 b)
5. 7. ἀπαγγεῖλαι τὸ σύγκριμα τῆς γραφῆς –
— 8. τὸ σύγκριμα τῆς γραφῆς ἀπαγγεῖλαι (4 a)
— 10. οὐ δύναται ἀπαγγεῖλαι τῷ βασιλεῖ τὸ σύγκριμα –
8. 19. ἰδοὺ ἐγὼ ἀπαγγέλλω σοι ἃ ἔσται ἐπ' ἐσχάτου (4 a)
Da. TH. Su. 10. A οὐκ ἀπήγγελλον [B ἀνήγγειλαν] . . . τὴν ὀδύνην
— 11. A ᾐσχύνοντο ἀπαγγεῖλαι [B ἀν.] τὴν ἐπιθυμίαν
— 40. A οὐκ ἠθέλησεν ἀπαγγεῖλαι [B ἀν., R ἀγγ.] ἡμῖν
— 50. A καὶ ἀπάγγειλον [B ἀν.] ἡμῖν
2. 6. πλὴν τὸ ἐνύπνιον . . . ἀπαγγείλατέ μοι (3 b)
— 9. A ἐὰν οὖν τὸ ἐνύπνιον μὴ ἀπαγγείλητέ [B ἀν.] μοι (4 b)
— 16. A τὴν σύγκρισιν . . . ἀπαγγείλῃ [B ἀν., R ἀναγγελῇ] (3 b)
I Ma. 4. 26. παραγενηθέντες ἀπήγγειλαν τῷ Λυσίᾳ πάντα
5. 14. ἀπαγγέλλοντες κατὰ τὰ ῥήματα ταῦτα
— 38. καὶ ἀπήγγειλαν αὐτῷ
6. 5. ἦλθεν ἀπαγγέλλων τις αὐτῷ εἰς τὴν Περσίδα
9. 37. ἀπήγγειλαν [S -εν] Ἰων. καὶ Σίμ. τῷ ἀδ.
11. 21. ἀπήγγειλαν αὐτῷ ὅτι Ἰων. περικάθηται
— 40. ἀπήγγειλεν [A-αν] αὐτῷ ὅσα συνετέλεσε Δημ.
12. 23. ὅπως ἀπαγγείλωσιν ὑμῖν
— 26. ἀπήγγειλαν αὐτῷ ὅτι οὕτως τάσσονται
14. 21. ἀπήγγειλαν ἡμῖν περὶ τῆς δόξης ὑμῶν
15. 32. ἀπήγγειλεν αὐτῷ τοὺς λόγους τοῦ βασιλέως
— 36. ἀπήγγειλεν αὐτῷ τοὺς λόγους τούτους
16. 1. ἀπήγγειλε Σίμωνι τῷ πατρὶ αὐτοῦ
— 21. προδραμών τις [A *om.*] ἀπήγγειλεν Ἰ.

[**Aq.** Is. 48. 14.]
[**Sm.** Jb. 36. 33: Ps. 29 (30). 10: 39 (40). 6: 91 (92). 16: Pr. 12. 17: Is. 3. 9: 42. 9: 48. 14.]
[**Th.** Jb. 12. 7: Is. 21. 6: 42. 9: Da. 2. 6.]
[**Hebr.** Jb. 1. 15.]
[**Quint.** Ps. 74 (75). 10.]

ἀπάγειν. (1) אָסַר *a.* qal. *b.* ni. *c.* אָסִיר (2) בּוֹא hi. (3) גָּלָה ho. (4) טָרַד (5) הָלַךְ hi. (6) יָבַל *a.* hi. *b.* ho. (7) מָשַׁךְ (8) נָהַג *a.* qal. *b.* pi. (9) עָבַר hi. (10) שָׁבָה (11) שׁוּב hi.

Ge. 31. 18. ἀπήγαγε πάντα τὰ ὑπάρχοντα (8 a)
— 26. ἀπήγαγες τὰς θυγατέρας μου (8 b)
39. 22. πάντας τοὺς ἀπηγμένους (1 a* *vel* 1 c)
40. 3. οὗ Ἰωσὴφ ἀπῆκτο ἐκεῖ (1 a)
42. 16. ὑμεῖς δὲ ἀπάχθητε (1 b)
— 19. ἀπαγάγετε τὸν ἀγορασμόν (2)
De. 28. 36. ἀπαγάγοι κύριός σε (5)
— 37. εἰς οὓς ἂν ἀπαγάγῃ σε κ. ἐκεῖ (8 b)
Jd. 4. 7. A ἀπάξω σε πρὸς σὲ [B ἐπάξω πρὸς σὲ εἰς] τὸν χειμ. (7)
19. 3. A ἀπαγαγεῖν αὐτὴν πάλιν πρὸς αὐτόν (11)
I Ki. 6. 7. ἀπαγάγετε τὰ τέκνα ἀπὸ [A *om.*] ὄπισθεν αὐτῶν (11)
23. 5. καὶ ἀπήγαγε [A οὐκ ἀπ.] τὰ κτήνη αὐτῶν (8 a)
30. 20. ἀπήγαγεν ἔμπροσθεν τῶν σκύλων (8 a)
— 22. τὴν γυν. αὐτοῦ καὶ τὰ τέκνα αὐ. ἀπαγέσθωσαν [A ἐπ.] (8 a)
II Ki. 12. 31. A ἀπήγαγεν [B διήγ.] αὐτοὺς διὰ τοῦ πλινθίου (9)
III Ki. 1. 38. καὶ ἀπήγαγον αὐτὸν εἰς τὴν [A τὸν] Γιών (5)
IV Ki. 6. 19. A ἀπάξω [B ἄξω] ὑμᾶς πρὸς τὸν ἄνδρα (5)
— 19. καὶ ἀπήγαγεν αὐτοὺς πρὸς [A εἰς] Σαμ. (5)
11. 4. καὶ ἀπήγαγεν αὐτοὺς πρὸς αὐτόν [A *om.*] (2)
17. 27. ἀπάγετε [A ἀπάρατε] ἐκεῖθεν (5)
24. 15. τοὺς ἰσχυροὺς τῆς γῆς ἀπήγαγεν ἀποικεσίαν (5)
25. 20. A B καὶ ἀπήγαγεν [R ἤγαγεν] αὐτοὺς πρὸς τὸν Βασ. (5)
II Ch. 36. 6. καὶ ἀπήγαγεν [A ἀν.] αὐτὸν εἰς Βαβ. (5)
— 17. καὶ τοὺς πρεσβυτέρους αὐτῶν ἀπήγαγον †
I Es. 1. 40. καὶ ἀπήγαγεν εἰς Βαβυλῶνα
— 56. τοὺς ἐπιλοίπους ἀπήγαγε
To. 6. 12. S ἀπάξωμεν αὐτὴν μεθ' ἡμῶν
7. 1. S ἀπάγαγέ με εὐθεῖαν πρὸς Ῥαγ.
— 1. S ἀπήγαγεν αὐτὸν εἰς τὸν οἶκον Ῥαγ. [A B *al.*]
— 13. καὶ ἄπαγε πρὸς τὸν πατέρα σου
8. 1. S ἀπήγαγον τὸν νεανίσκον
14. 3. S ἀπάγαγε τὰ παιδία σου [A B *al.*]
Ju. 6. 14. λύσαντες αὐτὸν ἀπήγαγον εἰς τὴν Βετυλοὺα
8. 30. R ἀπαγαγεῖν [B S ἐπαγ., A ἐπήγαγεν] ὅρκον ἐφ' ἡμᾶς
Es. 1. 1. καὶ ὁμολογήσαντες ἀπήχθησαν [A S¹ ἐξήχ.]
Jb. 21. 30. εἰς ἡμέραν ὀργῆς αὐτοῦ ἀπαχθήσονται [A S² -σεται] (6 b)
24. 3. ὑποζύγιον ὀρφανῶν ἀπήγαγον (8 a)
Ps. 59 (60). 9; 107 (108). 10. τίς ἀπάξει με εἰς πόλιν περιοχῆς (6 a)
124 (125). 5. τοὺς δὲ ἐκκλίνοντας . . . ἀπάξει κύριος (5)
136 (137). 3. ἐπηρώτησαν ἡμᾶς . . . οἱ ἀπαγαγόντες ἡμᾶς ὕμνον (10)
Pr. 16. 29. ἀπάγει αὐτοὺς ὁδοὺς οὐκ ἀγαθάς (5)
Ec. 11. 10. S¹ ἀπάγαγε [A B S² παράγ.] πονηρίαν ἀπὸ σαρκός σου (9)
Si. 46. 3. A τοὺς γὰρ πολεμίους . . . ἀπήγαγεν [B S ἐπήγ.]
Je. 47 (40). 1. A ἀποικίας Ἰούδα τῶν ἀπαγομένων [B S ἠγμένων] εἰς Βαβυλῶνα (3)
Ba. 4. 16. ἀπήγαγον [A ἤγ.] τοὺς ἀγαπητοὺς τῆς χήρας
La. 3. 2. ἀπήγαγέ με εἰς σκότος καὶ οὐ φῶς (5)
Ep. Je. 18. ὡς ἐπὶ θανάτῳ ἀπηγμένῳ τοὺς οἴκους αὐτῶν ὀχυροῦσιν
Ez. 47. 6. A ἀπήγαγέν [B ἤγαγέ] με (5)
Da. LXX. 4. 22. εἰς φυλακὴν ἀπάξουσί σε (4)
Da. TH. Su. 45. ἀπαγομένης αὐτῆς ἀπολέσθαι
I Ma. 2. 9. τὰ σκεύη . . . αἰχμάλωτα ἀπήχθη
3. 50. καὶ ποῦ αὐτοὺς ἀπαγάγωμεν
II Ma. 5. 23. A ἀπήχθη [R ἀπεχθῆ] δὲ πρὸς τοὺς πολίτας Ἰ. ἔχων διάθεσιν

[**Aq.** Jb. 12. 17: Je. 11. 19.]
[**Sm.** IV Ki. 17. 27: Jb. 29. 25: Je. 11. 19.]
[**Th.** Jd. 16. 21: IV Ki. 17. 27: Is. 23. 7.]
[**Hebr. Quint.** IV Ki. 17. 27.]

ἀπαγορεύειν.

IV Ma. 1. 34. τῶν ἀπηγορευμένων ἡμῖν . . . ἀπεχόμεθα

ἀπάγχεσθαι. (1) חָנַק ni.

II Ki. 17. 23. καὶ ἀπήγξατο καὶ ἀπέθανε (1)
To. 3. 10. ἐλυπήθη σφόδρα ὥστε ἀπάγξασθαι
— 10. S καὶ αὐτὴ ἀπήγξατο ἀπὸ τῶν κακῶν
— 10. S χρησιμώτερόν μοί ἐστιν μὴ ἀπάγξασθαι

ἀπαγωγή.

I Es. 8. 24. ἡ ἀργυρικῇ ζημίᾳ ἢ ἀπαγωγῇ [B *al.*]
Si. 38. 19. ἐν ἀπαγωγῇ [A S ἐπ.] παραβαίνει [A S² -μένει]
Is. 10. 4. τοῦ μὴ ἐμπεσεῖν εἰς ἀπαγωγήν [A S ἐπ.] †

ἀπαδικεῖν. (1) עָשַׁק

De. 24. 14. οὐκ ἀπαδικήσεις [A ἀποστερήσ.] μισθὸν πένητος (1)

ἀπαιδευσία. (1) זַעַם

Si. 4. 25. περὶ τῆς ἀ. σου ἐντράπηθι
21. 24. ἀπαιδευσία ἀνθρώπου ἀκροᾶσθαι παρὰ θύραν
23. 13. ἀπαιδευσίαν ἀσυρῆ μὴ συνεθίσῃς τὸ στόμα σου
Ho. 7. 16. πεσοῦνται . . . δι' ἀπαιδευσίαν γλώσσης αὐτῶν (1)

[**Sm.** Pr. 5. 23.]
[**Al.** Pr. 20. 1.]

ἀπαίδευτος. (1) אֱוִיל (2) אֵין מוּסָר (3) כְּסִיל (4) לֵץ (5) נָבָל

Pr. 5. 23. οὗτος τελευτᾷ μετὰ ἀπαιδεύτων (2)
8. 5. οἱ δὲ ἀ. ἔνθεσθε καρδίαν (3)
15. 12. οὐκ ἀγαπήσει ἀπαίδευτος τοὺς ἐλέγχοντας αὐτόν (4)
— 14. στόμα δὲ ἀπαιδεύτων [S¹ ἀσεβῶν] γνώσεται κακά (3)
17. 21. οὐκ εὐφραίνεται πατὴρ ἐφ' υἱῷ ἀπαιδεύτῳ (5)
24. 7. ἀπαιδεύτοις συναντᾷ θάνατος (1)
27. 20. οἱ ἀ. ἀκρατεῖς γλώσσῃ –
Wi. 17. 1. ἀπαίδευτοι ψυχαὶ ἐπλανήθησαν
Si. 6. 20. ὡς τραχεῖα [B ταχ.] ἐστὶ σφόδρα τοῖς ἀ.
8. 4. μὴ πρόσπαιζε ἀπαιδεύτῳ
10. 3. βασιλεὺς ἀ. ἀπολεῖ τὸν λαὸν αὐτοῦ
20. 19, 24. ἐν στόματι ἀπαιδεύτων ἐνδελεχισθήσεται
22. 3. αἰσχύνη πατρὸς ἐν γεννήσει ἀπαιδεύτου
51. 23. ἐγγίσατε πρὸς μὲ ἀπαίδευτοι
Ze. 2. 1. συνδέθητε, τὸ ἔθνος τὸ ἀ. †
Is. 26. 11. ζῆλος λήψεται λαὸν ἀπαίδευτον †

[**Sm.** Jd. 19. 22: I Ki. 20. 30: Pr. 26. 9: Ec. 7. 7 (6).]
[**Th.** I Ki. 1. 16.]

ἀπαίρειν. (1) הָלַךְ *a.* qal. *b.* hi. (2) נָסַע *a.* qal. *b.* hi. (3) מַסָּע (4) עָתַק hi. (5) פּוּשׁ ni. (6) צָעַד (7) רוּם

Ge. 12. 9. καὶ ἀπῆρεν Ἄβραμ (2 a)
13. 11. καὶ ἀπῆρε Λὼτ ἀπὸ ἀνατολῶν (2 a)
26. 21. A ἀπάρας δὲ Ἰσαὰκ [R *om.*] ἐκεῖθεν –
— 22. ἀπάρας δὲ ἐκεῖθεν (5)
33. 12. R ἀπάραντες πορευσώμεθα [A πορευθῶμεν] (2 a)
— 17. καὶ Ἰακὼβ ἀπαίρει εἰς Σκηνάς (2 a)
35. 16 (21). ἀπάρας δὲ Ἰ. ἐκ Βαιθήλ (2 a)
37. 17. ἀπήρκασιν ἐντεῦθεν (2 a)
46. 1. R ἀπάρας δὲ Ἰσρ. . . . ἦλθεν [A ἦλθον] (2 a)
Ex. 12. 37. ἀπάραντες δὲ υἱοὶ [A ἀπῆραν δὲ οἱ υἱ.] Ἰσραήλ (2 a)
16. 1. ἀπῆραν δὲ ἐξ Αἰλείμ (2 a)
17. 1. ἀπῆρε πᾶσα συναγωγὴ υἱῶν Ἰσρ. ἐκ τῆς ἐρ. (2 a)
19. 2. καὶ ἀπῆραν [A ἐξ.] ἐκ Ῥαφιδεὶν (2 a)
Nu. 9. 17. μετὰ ταῦτα ἀπῆραν οἱ υἱοὶ Ἰσρ. (2 a)
— 18. διὰ προστάγματος κυρίου ἀπαροῦσι (2 a)
— 20. διὰ προστάγματος κυρίου ἀπαροῦσι [A ἐξ.] (2 a)
— 21. ἀπαροῦσιν ἡμέρας ἢ νυκτός (2 a)
— 21. A ἀναβῇ ἡ νεφέλη ἀπαροῦσιν (2 a)
— 22. καὶ οὐ μὴ ἀπάρωσιν (2 a)
— 22. διὰ προστάγματος κυρίου ἀπαροῦσι (2 a)
14. 25. καὶ ἀπάρατε ὑμεῖς (2 a)
20. 22. ἀπῆραν ἐκ Κάδης (2 a)
21. 4. ἀπάραντες ἐξ Ὢρ τοῦ ὄρους (2 a)
— 10. ἀπῆραν οἱ υἱοὶ Ἰσραήλ (2 a)
— 12. ἐκεῖθεν ἀπῆραν (2 a)
— 13. ἐκεῖθεν ἀπάραντες παρενέβαλον (2 a)

Nu. 22. 1. ἀπάραντες οἱ υἱοὶ Ἰσρ. παρενέβαλον (2 *a*)
33. 3. ἀπῆραν ἐκ Ῥαμεσσῆ (2 *a*)
— 5. ἀπάραντες οἱ υἱοὶ Ἰσρ. ἐκ Ῥαμ. (2 *a*)
— 6. **A R** ἀπάραντες [**B** ἀπῆραν] ἐκ Σοκχώθ (2 *a*)
— 7. ἀπῆραν ἐκ Βουθάν (2 *a*)
— 8. ἀπῆραν ἀπέναντι Εἰρώθ (2 *a*)
— 9. ἀπῆραν ἐκ Πικριῶν (2 *a*)
— 10. ἀπῆραν ἐξ Αἰλίμ (2 *a*)
— 11. ἀπῆραν ἀπὸ θαλάσσης ἐρυθρᾶς (2 *a*)
— 12. ἀπῆραν ἐκ τῆς ἐρήμου Σίν [**A** *om.*] (2 *a*)
— 13. ἀπῆραν ἐκ Ῥαφακά (2 *a*)
— 14. ἀπῆραν ἐξ Αἰλούς (2 *a*)
— 15. ἀπῆραν ἐκ Ῥαφιδίν (2 *a*)
— 16. ἀπῆραν ἐκ τῆς ἐρήμου Σινᾶ (2 *a*)
— 17. ἀπῆραν ἐκ Μνημάτων τῆς ἐπιθυμίας (2 *a*)
— 18. ἀπῆραν ἐξ Ἀσηρώθ (2 *a*)
— 19. ἀπῆραν ἐκ Ῥαθαμᾶ (2 *a*)
— 20. ἀπῆραν ἐκ Ῥεμμὼν Φαρές (2 *a*)
— 21. ἀπῆραν ἐκ Λεβωνᾶ (2 *a*)
— 22. ἀπῆραν ἐκ Ῥεσσάν (2 *a*)
— 23. ἀπῆραν ἐκ Μακελλάθ (2 *a*)
— 24. ἀπῆραν ἐκ Σαφάρ (2 *a*)
— 25. ἀπῆραν ἐκ Χαραδάθ (2 *a*)
— 26. ἀπῆραν ἐκ Μακηλώθ (2 *a*)
— 27. ἀπῆραν ἐκ Καταάθ (2 *a*)
— 28. ἀπῆραν ἐκ Ταράθ (2 *a*)
— 29. ἀπῆραν ἐκ Μαθεκκά (2 *a*)
— 30. ἀπῆραν ἐκ Σελμωνᾶ (2 *a*)
— 31. ἀπῆραν ἐκ Μασουρούθ (2 *a*)
— 32. ἀπῆραν ἐκ Βαναία (2 *a*)
— 33. ἀπῆραν ἐκ τοῦ ὄρους Γαδγάδ (2 *a*)
— 34. ἀπῆραν ἐξ Ἐτεβαθά (2 *a*)
— 35. ἀπῆραν ἐξ Ἐβρωνά (2 *a*)
— 36. ἀπῆραν ἐκ Γεσιὼν Γάβερ (2 *a*)
— 36. ἀπῆραν ἐκ τῆς ἐρήμου Σίν –
— 37. ἀπῆραν ἐκ Κάδης (2 *a*)
— 41. ἀπῆραν ἐξ Ὢρ τοῦ ὄρους (2 *a*)
— 42. ἀπῆραν ἐκ Σελμωνᾶ (2 *a*)
— 43. ἀπῆραν ἐκ Φινώ (2 *a*)
— 44. ἀπῆραν ἐξ Ὠβώθ (2 *a*)
— 45. ἀπῆραν ἐκ Γαΐ (2 *a*)
— 46. ἀπῆραν ἐκ Δαιβὼν Γάδ (2 *a*)
— 47. ἀπῆραν ἐκ Γ. Δεβλαθαίμ (2 *a*)
— 48. ἀπῆραν ἀπὸ ὀρέων Ἀβαρείμ (2 *a*)
De. 1. 7. ἐπιστράφητε καὶ ἀπάρατε ὑμεῖς (2 *a*)
— 19. ἀπάραντες ἐκ Χωρὴβ [**A** Σοχὼθ] ἐπορεύθημεν (2 *a*)
2. 1. ἐπιστραφέντες ἀπήραμεν εἰς τὴν ἔρημον (2 *a*)
— 13. ἀνάστητε καὶ ἀπάρατε [**A** *om.* κ. ἀ.] ὑμεῖς –
— 24. ἀνάστητε καὶ ἀπάρατε (2 *a*)
10. 6. οἱ υἱοὶ Ἰσραὴλ ἀπῆραν ἐκ Βηρώθ (2 *a*)
— 7. ἐκεῖθεν ἀπῆραν εἰς Γαδγάδ (2 *a*)
— 11. βάδιζε ἄπαρον ἐναντίον τοῦ λαοῦ τούτου (3)
Jo. 3. 1. ἀπῆρεν [**A** -ον] ἐκ Σαττίν (2 *a*)
— 3. ἀπαρεῖτε ἀπὸ τῶν τόπων ὑμῶν (2 *a*)
— 14. ἀπῆρεν ὁ λαὸς ἐκ τῶν σκηνωμάτων (2 *a*)
9. 17. καὶ ἀπῆραν οἱ υἱοὶ Ἰσραήλ (2 *a*)
Jd. 5. 4. ἐν τῷ ἀπαίρειν σε ἐξ ἀγροῦ Ἐδώμ (6)
18. 11. καὶ ἀπῆραν ἐκεῖθεν (2 *a*)
III Ki. 21 (20). 9. καὶ ἀπῆραν οἱ ἄνδρες (1 *a*)
IV Ki. 3. 27. ἀπῆραν ἀπ' αὐτοῦ (2 *a*)
17. 27. **A** ἀπάρατε [**B** ἀπάγετε, **R** ἀπαγάγετε] ἐκεῖθεν (1 *b*)
19. 8. ἀπῆρεν ἀπὸ Λαχείς (2 *a*)
— 36. καὶ ἀπῆρε καὶ ἐπορεύθη (2 *a*)
Ju. 6. 11. ἀπῆραν ἐκ μέσου τῆς πεδινῆς
7. 17. ἀπῆρε [**A** -αν] παρεμβολὴ [**A** -ὴν] υἱῶν Ἀμμών
Ps. 77 (78). 26. ἀπῆρε [**B**[1] ἐπ.] νότον ἐξ οὐρανοῦ (2 *b*)
— 52. ἀπῆρεν ὡς πρόβατα τὸν λαὸν αὐτοῦ (2 *b*)
Si. 30. 40 (33. 31). ἐὰν . . . ἀπάρας ἀποδρᾷ
48. 18. καὶ ἀπέστειλε Ῥαψ. καὶ ἀπῆρε
Na. 3. 18. ἀπῆρεν ὁ λαός σου ἐπὶ τὰ ὄρη (5)
Is. 37. 8. **B** ἀπῆρεν ἀπὸ Λαχίς (2)
Ez. 10. 4. ἀπῆρεν ἡ δόξα κυρίου ἀπὸ τῶν Χερ. (7)
I Ma. 3. 37. ἀπῆρεν ἀπὸ Ἀντιοχείας ἀπὸ πόλεως
— 40. ἀπῆραν σὺν πάσῃ τῇ δυνάμει αὐτῶν
— 57. ἀπῆρεν ἡ παρεμβολή
4. 1. καὶ ἀπῆρεν ἡ παρεμβολὴ νυκτός
— 3. ἀπῆρεν αὐτὸς καὶ οἱ δυνατοὶ πατάξαι
— 35. ἀπῆρεν εἰς Ἀντιόχειαν
5. 29. ἀπῆρεν ἐκεῖθεν νυκτός
— 36. ἐκεῖθεν ἀπῆρε
— 66. ἀπῆρε τοῦ πορευθῆναι
6. 4. **S R** ἀπῆρεν [**A** ἀπῆλθεν] ἐκεῖθεν
— 32. ἀπῆρεν Ἰούδας ἀπὸ τῆς ἄκρας
I Ma. 6. 33. ἀπῆρε τὴν παρεμβολὴν ἐν ὁρμήματι αὐτῆς
— 63. ἀπῆρε κατὰ σπουδήν
7. 10. **R** ἀπῆραν [**S** -ον, **A** ἀπῆλθεν] καὶ ἦλθον
— 19. ἀπῆρε Βακ. ἀπὸ Ἱερουσαλήμ
9. 4. ἀπῆραν καὶ ἐπορεύθησαν εἰς Βερέαν
— 11. ἀπῆρεν ἡ δύναμις ἀπὸ τῆς παρεμβολῆς
— 60. ἀπῆρε [**S**[1] ἀπῆλθεν] τοῦ ἐλθεῖν μετὰ δυνάμεως
10. 86. ἀπῆρεν ἐκεῖθεν [**S** ἔνθεν] Ἰωνάθαν
12. 25. ἀπῆρεν ἐξ Ἱερουσαλήμ
— 40. καὶ ἀπάρας ἦλθεν εἰς Βαιθσάν
13. 12. ἀπῆρε Τρύφων ἀπὸ Πτολεμαΐδος
— 22. ἀπῆρε καὶ ἦλθεν εἰς τὴν Γαλααδῖτιν
IV Ma. 18. 6. ἀπάρας ἀπὸ τῶν Ἱεροσολύμων

[**Aq.** Ge. 35. 21: Nu. 2. 17: Dt. 1. 40: Is. 37. 8.]
[**Sm.** Ge. 11. 2: 12. 8: 33. 12: Nu. 2. 17: Dt. 1. 40: 10. 11: Is. 37. 8.]
[**Th.** Dt. 1. 40: Is. 37. 8.]
[**Sam.** Ex. 14. 15.]

ἀπαιτεῖν. (1) נָגַשׂ (2) *a.* נָשָׁא *vel* נָשָׁה *b.* מַשָּׁא *vel* מַשָּׁא

De. 15. 2. τὸν ἀδελφόν σου οὐκ ἀπαιτήσεις (1)
— 3. τὸν ἀλλότριον ἀπαιτήσεις (1)
II Ch. 36. 4. ἕκαστος κατὰ δύναμιν ἀπῄτει τὸ ἀργύριον –
Ne. 5. 7. ἀπαιτήσει ὁ ἀνὴρ τὸν ἀδελφὸν αὐτοῦ ἃ ὑμεῖς ἀπαιτεῖτε (2 *b*, 2 *a*)
Wi. 15. 8. τὸ τῆς ψυχῆς ἀπαιτηθεὶς χρέος
Si. 14. 16. **S**[1] ἀπαίτησον [**A** ἀπότισον, **S**[2] ἁγίασον, **B** ἀπάτησον] τὴν ψυχήν σου
20. 15. καὶ αὔριον ἀπαιτήσει [**A** ἀποτίσει]
34 (31). 2. μέριμνα ἀγρυπνίας ἀπαιτήσει νυσταγμόν
Is. 3. 12. οἱ ἀπαιτοῦντες κυριεύουσιν ὑμῶν †
9. 4 (3). τὴν γὰρ ῥάβδον τῶν ἀπαιτούντων διεσκέδασεν (1)
14. 4. πῶς ἀναπέπαυται ὁ ἀπαιτῶν (1)
30. 33. σὺ [**A S** οὐ] πρὸ ἡμερῶν ἀπαιτηθήσῃ †

[**Aq.** Is. 3. 12.]
[**Sm.** Ge. 18. 25: Is. 24. 2 *bis*: 58. 3.]
[**Th.** Is. 9. 4 (3): 58. 3.]

ἀπαίτησις. (1) מַשָּׁא *vel* מַשָּׁא

Ne. 5. 10. ἐγκατελίπομεν δὴ τὴν ἀ. ταύτην (1)
10. 31 (32). ἀνήσομεν . . . ἀπαίτησιν πάσης χειρός (1)
Si. 34 (31). 31. μὴ αὐτὸν θλίψῃς ἐν ἀπαιτήσει
40. 30. **S** ἐν στόματι ἀναιδοῦς γλυκανθήσεται ἀ. [**A B** ἐπ.]
Ze. 3. 5. οὐκ ἔγνω ἀδικίαν ἐν ἀπαιτήσει †
II Ma. 4. 27. ποιουμένου δὲ τὴν ἀ. Σωστράτου

ἀπαλείφειν. (1) כָּפַר pi. (2) מָחָה

Ge. 6. 7. ἀπαλείψω τὸν ἄνθρωπον (2)
IV Ki. 21. 13. ἀπαλείψω τὴν Ἱερουσαλὴμ καθὼς ἀπαλείφεται ὁ ἀλάβαστρος [**A** τὸ ἀ.] ἀπαλειφόμενος (2, 2)
Is. 44. 22. ἀπήλειψα ὡς νεφέλην τὰς ἀνομίας σου (2)
Da. LXX. TH. 9. 24. ἀπαλεῖψαι τὰς ἀδικίας (1)
III Ma. 2. 19. ἀπάλειψον τὰς ἁμαρτίας ἡμῶν

ἀπαλλάσσειν. (1) הָלַךְ (2) יָבַל ho. (3) סוּר hi. (4) סָתַר hi. (5) עָבַר

Ex. 19. 22. μή ποτε ἀπαλλάξῃ ἀπ' αὐτῶν κύριος [**A** πλῆθος] †
I Ki. 14. 29. ἀπήλλαχεν ὁ πατήρ μου τὴν γῆν (5)
22. 1. **A** καὶ ἀπηλλάγη [**B** ἀπῆλθεν] ἐκεῖθεν Δ. (1)
Jb. 3. 10. ἀπήλλαξε γὰρ ἂν πόνον [**A** κόπον] ἀπὸ ὀφθαλμῶν μου (4)
7. 15. ἀπαλλάξεις ἀπὸ πνεύματός μου τὴν ψυχήν [**A** ζωήν] μου †
9. 12. ἐὰν ἀπαλλάξῃ τίς ἀποστρέψει †
— 34. ἀπαλλαξάτω ἀπ' ἐμοῦ τὴν ῥάβδον (3)
10. 19. διὰ τί γὰρ ἐκ γαστρὸς εἰς μνῆμα οὐκ ἀπηλλάγην [**A** ἀπῆλθον] (2)
27. 5. οὐ γὰρ ἀπαλλάξω μου τὴν ἀκακίαν [**S** κακ.] (3)
34. 5. ὁ κύριος ἀπήλλαξέ μου τὸ κρίμα (3)
Wi. 12. 2. ἀπαλλαγέντες τῆς κακίας
— 20. δι' ὧν ἀπαλλαγῶσι τῆς κακίας
Is. 10. 7. ἀπαλλάξει ὁ νοῦς αὐτοῦ †
Je. 39 (32). 31. ἀπαλλάξαι αὐτὴν [**A** αὐτοὺς] ἀπὸ προσώπου μου (3)
III Ma. 6. 30. **R** ὁ βασιλεὺς εἰς τὴν πόλιν ἀπαλλαγείς [**A** *om.*]
IV Ma. 9. 16. ὅπως ἀπαλλαγῇς τῶν βασάνων

[**Sm.** Jb. 7. 9: Ps. 80 (81). 7: Je. 40 (47). 5.]
[**Th.** Pr. 23. 28.]

ἀπαλλοτριοῦν. (1) זוּר *a.* ni. *b.* ho. *c.* זוּר qal. (2) נוּד (3) נָזַר ni. (4) נָכַר pi. (5) שָׁבַת hi.

Jo. 22. 25. ἀπαλλοτριώσουσιν οἱ υἱοὶ ὑμῶν τοὺς υἱοὺς ἡμ. (5)
Jb. 21. 29. τὰ σημεῖα αὐτῶν οὐκ ἀπαλλοτριώσετε (4)
Ps. 57 (58). 3. ἀπηλλοτριώθησαν οἱ ἁμαρτωλοί (1 *c*)
68 (69). 8. ἀπηλλοτριωμένος ἐγενήθην τοῖς ἀδελφοῖς μου (1 *b*)
Si. 11. 34. ἀπαλλοτριώσει σε τῶν ἰδίων σου
Ho. 9. 10. καὶ ἀπηλλοτριώθησαν εἰς αἰσχύνην (3)
Je. 19. 4. ἀπηλλοτρίωσαν τὸν τόπον τοῦτον (4)
27 (50). 8. ἀπαλλοτριώθητε ἐκ μέσου Βαβυλῶνος (2)
Ez. 14. 5. κατὰ τὰς καρδίας αὐτῶν τὰς ἀπηλλοτριωμένας ἀπ' ἐμοῦ (1 *a*)
— 7. ὃς ἂν ἀπαλλοτριωθῇ [**A** ἐὰν ἀπηλλοτριώθῃ] ἀπ' ἐμοῦ (3)
III Ma. 1. 3. τῶν πατρίων δογμάτων ἀπηλλοτριωμένος

[**Aq.** **Sm.** Is. 1. 4.]
[**Th.** Jb. 21. 29: Is. 1. 4.]

ἀπαλλοτρίωσις. (1) זִמָּה (2) נֵכָר

Jb. 31. 3. ἀπαλλοτρίωσις τοῖς ποιοῦσιν ἀνομίαν (2)
Je. 13. 27. ὀφθήσεται . . . ἡ ἀ. τῆς πορνείας [**S** πονηρίας] σου (1)

ἁπαλός. (1) רַךְ

Ge. 18. 7. ἁ. μοσχάριον καὶ καλόν (1)
27. 9. ἐρίφους ἁ. καὶ καλούς †
33. 13. τὰ παιδία ἁπαλώτερα (1)
Le. 2. 14. **A B** ἁπαλὸν [**R** *om.*] νέα πεφρυγμένα χίδρα –
9. 2. **B**[1] μοσχάριον ἁ. [**A R** *om.*] ἐκ βοῶν –
De. 28. 54. ὁ ἁ. ὁ [**A** *om.*] ἐν σοὶ καὶ ὁ τρυφερὸς σφόδρα (1)
— 56. ἡ ἁ. ἐν ὑμῖν καὶ ἡ τρυφερά [**A** *add.* σφόδρα] (1)
I Ch. 22. 5. Σαλωμὼν ὁ υἱός μου παιδάριον ἁ. (1)
29. 1. Σαλωμὼν ὁ υἱός μου . . . νέος καὶ ἁ. (1)
Wi. 15. 7. κεραμεὺς ἁπαλὴν γῆν θλίβων
Is. 47. 1. κληθῆναι ἁπαλὴ καὶ τρυφερά (1)

[**Aq.** Ge. 29. 17: Le. 2. 14: 23. 14: II Ki. 3. 39: Jb. 40. 22 (27): Pr. 25. 15: Ez. 17. 22.]
[**Sm.** Ge. 29. 17: Le. 2. 14: 23. 14: II Ki. 3. 39: Ps. 54 (55). 22: Pr. 15. 1: Ez. 17. 22.]
[**Th.** Le. 23. 14: Jb. 40. 22 (27): Ez. 17. 22.]
[**Al.** Le. 8. 26.]

ἁπαλότης. (1) יְנִיקָה (2) רֹךְ

De. 28. 56. **A R** διὰ τὴν τρυφερότητα καὶ διὰ τὴν ἁ. [**B** *om.* κ. δ. τ. ἁ.] (2)
Ez. 17. 4. τὰ ἄκρα τῆς ἁ. ἀπέκνισε (1)
— 9. οὐχὶ αἱ ῥίζαι τῆς ἁ. αὐτῆς καὶ ὁ καρπὸς σαπήσεται †

[**Aq.** Dt. 28. 56.]
[**Th.** Is. 55. 2 (?).]
[**Al.** Le. 26. 36.]

ἁπαλύνειν. (1) רֻטֲפַשׁ (2) רָכַךְ

IV Ki. 22. 19. ἀνθ' ὧν ὅτι ἡπαλύνθη ἡ καρδία σου (2)
Jb. 33. 25. ἁπαλυνεῖ δὲ αὐτοῦ τὰς σάρκας (1)
Ps. 54 (55). 21. ἡπαλύνθησαν οἱ λόγοι αὐτοῦ (2)

[**Sm.** Is. 1. 6: 34. 3.]

ἀπαμαυροῦν. (1) טוּחַ

Is. 44. 18. ἀπημαυρώθησαν τοῦ βλέπειν τοῖς ὀφθαλμοῖς αὐτῶν (1)

ἀπαμύνειν.

IV Ma. 14. 19. **S R** μέλισσαι . . . ἀπαμύνονται [**A** ἐπ.] τοὺς προσιόντας . . . καὶ ἀπαμυνοῦσιν [**A** ἐπ.] ἕως θανάτου

ἀπαναίνεσθαι. (1) מָאֵן pi. (2) מָאַס

Jb. 5. 17. νουθέτημα δὲ παντοκράτορος μὴ ἀπαναίνου (2)
Ps. 76 (77). 2. ἀπηνήνατο παρακληθῆναι ἡ ψυχή (1)
Si. 4. 4. ἱκέτην θλιβομένον μὴ ἀπαναίνου

Si. 6. 23. μὴ ἀπαναίνου τὴν συμβουλίαν μου
41. 4. τί ἀπαναίνῃ ἐν εὐδοκίᾳ ὑψίστου

ἀπαναισχυντεῖν. (1) מֵאֵן הִכָּלֵם
Je. 3. 3. ἀπηναισχύντησας πρὸς πάντας (1)

ἀπανιστάναι.
Wi. 1. 5. ἀπαναστήσεται [S^2 ἀποστήσ.] ἀπὸ λογισμῶν

ἀπαντᾶν. (1) פָּגַע *a.* qal. *b.* hi. (2) פָּגַשׁ (3) קָרָא (4) קָרָה (5) שׂוּם
Ge. 28. 11. καὶ ἀπήντησε τόπῳ (1 *a*)
33. 8. αἱ παρεμβολαὶ αὗται αἷς ἀπήντηκα (2)
49. 1. τί ἀπαντήσει ὑμῖν ἐπ' ἐσχάτων τῶν ἡμ. (3)
Jd. 8. 21. A καὶ ἀπάντησον [B συνάν.] ἡμῖν (1 *a*)
15. 12. A μήποτε ἀπαντήσητε [B συναν.] ὑμεῖς ἐν ἐμοί (1 *a*)
18. 25. A μήποτε ἀπαντήσωσιν [B συναν.] ὑμῖν ἄνδρες (1 *a*)
Ru. 1. 16. μὴ ἀπάντησαί μοι τοῦ καταλιπεῖν σε (1 *a*)
2. 22. οὐκ ἀπαντήσονταί σοι ἐν ἀγρῷ ἑτέρῳ (1 *a*)
I Ki. 10. 5. ἀπαντήσεις χορῷ προφητῶν (1 *a*)
15. 2. ὡς ἀπήντησεν αὐτῷ ἐν τῇ ὁδῷ (5)
22. 17. B ἀπαντῆσαι [A B ἁμαρτῆσαι] εἰς τοὺς ἱερεῖς κ. (1 *a*)
— 18. ἀπάντα εἰς τοὺς ἱερεῖς (1 *a*)
25. 20. καὶ ἀπήντησεν αὐτοῖς (2)
28. 10. ζῇ κύριος εἰ ἀπαντήσεταί σοι ἀδικία (4)
II Ki. 1. 15. προσελθὼν ἀπάντησον αὐτῷ (1 *a*)
III Ki. 2. 32. ὡς ἀπήντησε τοῖς δυσὶν ἀνθρώποις τοῖς δικαίοις (1 *a*)
— 34. καὶ ἀπήντησεν Ἰωδαὲ τῷ Ἰωάβ (1 *a*)
I Es. 9. 4. ὅσοι ἂν μὴ ἀπαντήσωσιν
To. 14. 4. S καὶ ἀπαντήσει ἐπὶ Ἀθήρ
— 4. S πάντα ἀπαντήσει
Ju. 3. 4. ἐλθὼν ἀπάντησον αὐταῖς
6. 4. S οὐκ ἀπαντήσεται [A B ἀντιστήσεται] τὸ ἴχνος
7. 15. οὐκ ἀπήντησαν [A ὑπ.] τῷ προσώπῳ σου
Jb. 4. 12. οὐθὲν ἂν σοι τούτων κακὸν ἀπήντησε [A *al.*] –
21. 15. τίς ὠφέλεια ὅτι ἀπαντήσομεν αὐτῷ (1 *a*)
36. 32. ἐνετείλατο περὶ αὐτῆς ἐν ἀπαντῶντι (1 *b*)
Pr. 26. 18. ὁ δὲ ἀπαντήσας τῷ λόγῳ †
Wi. 6. 16. A S ἐν πάσῃ ἐπινοίᾳ ἀπαντᾷ [B ὑπαντᾷ] αὐτοῖς
Si. 34 (31). 22. πᾶν ἀρρώστημα οὐ μή σοι ἀπαντήσῃ
36 (33). 1. τῷ φοβουμένῳ κύριον [S τὸν κ.] οὐκ ἀπαντήσει κακόν
40. 23. φίλος καὶ ἑταῖρος εἰς καιρὸν ἀπαντῶντες
43. 22. δρόσος ἀπαντῶσα ἀπὸ καύσωνος ἱλαρώσει
Ho. 13. 8. κατὰ τὴν ὁδὸν Ἀ. ἀπαντήσομαι αὐτοῖς (2)
Je. 13. 22. διὰ τί ἀπήντησέ μοι ταῦτα (3)
34 (27). 18. ἀπαντησάτωσάν μοι (1 *a*)
Da. TH. 10. 14. ὅσα ἀπαντήσεται τῷ λαῷ σου (4)
I Ma. 5. 25. καὶ ἀπήντησαν αὐτοῖς εἰρηνικῶς
10. 56. ἀλλ' ἀπάντησον [S^2 *add.* μοι] εἰς Πτολεμ.
— 58. καὶ ἀπήντησεν αὐτῷ Ἀλέξανδρος ὁ βασ.
— 60. καὶ ἀπήντησε τοῖς δυσὶ βασιλεῦσι
11. 15. ἀπήντησεν αὐτῷ ἐν χειρὶ ἰσχυρᾷ
— 22. τοῦ ἀπαντῆσαι αὐτὸν αὐτῷ
— 60. ἀπήντησαν αὐτῷ οἱ ἐκ τῆς πόλεως ἐνδόξως
— 68. παρεμβολὴ ἀλλοφύλων ἀπήντα αὐτῷ
— 68. αὐτοὶ δὲ ἀπήντησαν [S παρειστήκεισαν] ἐξ ἐναντίας
12. 25. ἀπήντησεν αὐτοῖς εἰς τὴν Ἀμαθῖτιν χώραν
14. 40. ὅτι ἀπήντησαν τοῖς πρεσβευταῖς Σ. ἐνδόξως
II Ma. 7. 39. τούτῳ παρὰ τοὺς ἄλλους χειρίστως ἀπήντησε
III Ma. 3. 20. εἰς τὴν Αἴγυπτον τοῖς πᾶσιν ἔθνεσι φιλανθρώπως ἀπαντήσαντες
[**Aq.** Is. 47. 3: Je. 7. 16: 15. 11: 36 (43). 25: 44 (51). 23.]
[**Sm.** I Ki. 16. 4: IV Ki. 10. 15: Jb. 21. 15: 36. 32: Ps. 41 (42). 8: Ec. 2. 14: Je. 44 (51). 23.]
[**Th.** Jb. 21. 15: 36. 32: Je. 27 (34). 18.]
[**Al.** Dt. 31. 29: Jb. 21. 15.]

ἀπαντή. (1) εἰς ἀπαντήν לִקְרַאת
Jd. 4. 22. A ἐξῆλθεν Ἰαὴλ εἰς ἀπαντὴν [B συνάντησιν] αὐτ. (1)
I Ki. 25. 34. A καὶ παρεγένου εἰς ἀπαντήν μου [B ἀπάντησίν μοι] (1)
II Ki. 10. 5. εἰς ἀπαντὴν [A -ησιν] αὐτῶν (1)
15. 32. καὶ ἰδοὺ εἰς ἀπαντὴν [A -τησιν] αὐτῷ X. (1)
16. 1. καὶ ἰδοὺ Σιβὰ . . . εἰς ἀπαντὴν [A -τησιν] αὐτοῦ (1)
19. 15 (16), 16 (17). εἰς ἀπαντὴν [A -τησιν] τοῦ βασ. (1)
— 20 (21). εἰς ἀπαντὴν τοῦ κυρίου μου τοῦ βασ. (1)
— 24 (25). εἰς ἀπαντὴν [A -τησιν] τοῦ βασ. (1)
III Ki. 2. 8. κατέβη εἰς ἀπαντήν [A -τησίν] μου (1)
— 19. ἐξανέστη ὁ βασ. εἰς ἀπαντὴν [A -τησιν] αὐτῇ (1)
3. 1 (2. 8). κατέβαινεν εἰς ἀπαντήν [A -τησίν] μοι (1)
12. 24. B ἔξελθε δὴ εἰς ἀπαντὴν Ἀνώ –
— 24. B καὶ ἐξῆλθεν ἡ κραυγὴ εἰς ἀπαντήν –
20 (21). 18. κατάβηθι εἰς ἀπαντὴν [A -τησιν] Ἀχ. (1)
21 (20). 27. B εἰς ἀπαντὴν [A -τησιν] αὐτῷ [A R -ῶν] (1)
IV Ki. 4. 26. νῦν δράμε εἰς ἀπαντὴν [A -τησιν] αὐτῆς (1)
— 31. καὶ ἐπέστρεψεν εἰς ἀπαντὴν [A -τησιν] αὐτοῦ (1)
5. 21. καὶ ἐπέστρεψεν . . . εἰς ἀπαντὴν [A -τησιν] αὐτοῦ (1)
8. 8. A B εἰς ἀπαντὴν [A -τησιν] τῷ ἀνθρώπῳ [R τοῦ ἀ.] (1)
— 9. καὶ ἐπορεύθη Ἀ. εἰς ἀπαντὴν [A -τησιν] αὐτοῦ (1)
9. 18. ἐπορεύθη . . . εἰς ἀπαντὴν [A -τησιν] αὐτῶν (1)
— 21. ἐξῆλθον εἰς ἀπαντὴν [A -τησιν] Ἰού (1)
10. 15. εὗρε [B ἔλαβε] τὸν Ἰων. . . . εἰς ἀπαντὴν [A -τησιν] αὐτοῦ (1)
16. 10. ἐπορεύθη . . . εἰς ἀπαντὴν [A -τησιν, B *add.* αὐτοῦ τῷ] Θ. (1)
23. 29. ἐπορεύθη Ἰωσίας εἰς ἀπαντὴν [A -τησιν] αὐτοῦ (1)
Je. 28 (51). 31. A διώκων εἰς ἀπαντὴν [BS -τησιν] διώκοντος διώξεται (1)

ἀπάντημα. (1) פֶּגַע
III Ki. 5. 4 (18). A καὶ οὐκ ἔστιν ἀ. [B ἁμάρτημα] πονηρόν (1)
To. 6. 7. S ᾧ ἀπάντημα δαιμονίου [A B *al.*]
— 7. S φεύξεται ἀπ' αὐτοῦ πᾶν ἀ.
Ec. 9. 11. καιρὸς καὶ ἀ. συναντήσεται (1)
[**Sm.** Ec. 2. 14: Ho. 13. 14.]

ἀπάντησις. εἰς ἀπάντησιν (1) אֶל־פְּנֵי (2) לִפְנֵי (3) לִקְרַאת
Jd. 4. 18. A εἰς ἀπάντησιν [B συνάντ.] Σισάρᾳ (3)
6. 35. A εἰς ἀπάντησιν [B συνάντ.] αὐτοῦ (3)
11. 31. A ὃς ἂν ἐξέλθῃ . . . εἰς ἀπάντησίν [B συνάντ.] μου (3)
— 34. A ἐξεπορεύετο εἰς ἀπάντησιν [B ὑπάντ.] αὐτοῦ (3)
14. 5. A ὠρυόμενος εἰς ἀπάντησιν [B συνάντ.] αὐτοῦ (3)
15. 14. A οἱ ἀλλόφυλοι ἠλάλαξαν εἰς ἀπάντησιν αὐτοῦ [B *al.*] (3)
19. 3. A παρῆν εἰς ἀπάντησιν αὐτοῦ [B *al.*] (3)
20. 25. A ἐξῆλθεν Βενιαμεὶν εἰς ἀπάντησιν [B συνάντ.] αὐτῶν (3)
— 31. A εἰς ἀπάντησιν [B συνάντ.] τοῦ λαοῦ (3)
I Ki. 4. 1. ἐξῆλθεν Ἰσραὴλ εἰς ἀπάντησιν αὐτοῖς (3)
6. 13. καὶ ηὐφράνθησαν εἰς ἀπάντησιν αὐτῆς †
9. 14. ἐξῆλθεν εἰς τὴν ἀ. αὐτῶν (3)
13. 10. B ἐξῆλθε Σαοὺλ εἰς ἀπάντησιν αὐτῷ (3)
— 15. B ἀνέβη ὀπίσω Σαοὺλ εἰς ἀπάντησιν –
15. 12. ἐπορεύθη εἰς ἀπάντησιν Ἰσραὴλ [A τῷ Ἰ.] (3)
16. 4. ἐξέστησαν οἱ πρεσβύτεροι τῆς πόλ. τῇ ἀ. αὐτοῦ (3)
17. 55. A εἰς ἀπάντησιν τοῦ ἀλλοφύλου (3)
18. 6. A εἰς ἀπάντησιν Σ. τοῦ βασ. (3)
21. 1 (2). καὶ ἐξέστη Ἀβιμέλεχ τῇ ἀ. αὐτοῦ (3)
25. 32. ὃς ἀπέστειλέ σε . . . εἰς ἀπάντησίν μοι (3)
— 34. εἰ μὴ . . . παρεγένου εἰς ἀπάντησίν μοι [A ἀπαντήν μου] (3)
30. 21. ἐξῆλθον εἰς ἀπάντησιν Δαυὶδ καὶ εἰς ἀπάντησιν τοῦ λαοῦ (3, 3)
II Ki. 6. 20. ἐξῆλθε Μελχὸλ . . . εἰς ἀπάντησιν Δαυίδ (3)
10. 5. A εἰς ἀπάντησιν [B ἀπαντὴν] αὐτῶν (3)
15. 32. A καὶ ἰδοὺ εἰς ἀπάντησιν [B -τὴν] αὐτοῦ Χουσί (3)
16. 1. A καὶ ἰδοὺ Σιββὰ . . . εἰς ἀπάντησιν [B -τὴν] αὐτοῦ (3)
19. 15 (16). A τοῦ πορεύεσθαι εἰς ἀπάντησιν [B -τὴν] τοῦ β. (3)
— 16 (17). A κατέβη . . . εἰς ἀπάντησιν [B -τὴν] τοῦ βασ. (3)
— 24 (25). A κατέβη εἰς ἀπάντησιν [B -τὴν] τοῦ βασ. (3)
— 25 (26). ὅτε εἰσῆλθεν εἰς Ἱερουσ. εἰς ἀπάντησιν τοῦ βασ. (3)
III Ki. 2. 8. A κατέβη εἰς ἀπάντησίν [B -τήν] μου (3)
— 19. A ἐξανέστη ὁ βασ. εἰς ἀπάντησιν [B -τὴν] αὐτῇ (3)
3. 1 (2. 8). A κατέβαινεν εἰς ἀπάντησίν [B -τήν] μοι (3)
20 (21). 18. A κατάβηθι εἰς ἀπάντησιν [B -τὴν] Ἀχ. (3)
21 (20). 27. A παρεγένοντο εἰς ἀπάντησιν [B -τὴν] αὐτῶν (3)
IV Ki. 4. 26. A νῦν δράμε εἰς ἀπάντησιν [B -τὴν] αὐτῆς (3)
— 31. A ἐπέστρεψεν εἰς ἀπάντησιν [B -τὴν] αὐτοῦ (3)
5. 21. A ἐπέστρεψεν εἰς ἀπάντησιν [B -τὴν] αὐτῷ (3)
8. 8. A B δεῦρο εἰς ἀπάντησιν [B -τὴν] τῷ ἀνθρώπῳ [R τοῦ ἀ.] (3)
— 9. A καὶ ἐπορεύθη Ἀζαὴλ εἰς ἀπάντησιν [B -τὴν] αὐτοῦ (3)
9. 18. A ἐπορεύθη ἐπιβάτης ἵππου εἰς ἀπάντησιν [B -τὴν] αὐτῷ (3)
— 21. A καὶ ἐξῆλθον εἰς ἀπάντησιν [B -τὴν] Ἰού (3)
10. 15. A ἔλαβεν τὸν Ἰ. . . . εἰς ἀπάντησιν [B -τὴν] αὐτοῦ (3)
16. 10. A ἐπορεύθη . . . εἰς ἀπάντησιν [B -τὴν] τῷ Ἀγλαθ. (3)
23. 29. A ἐπορεύθη Ἰωσίας εἰς ἀπάντησιν [B -τὴν] αὐτῷ (3)
I Ch. 12. 17. Δαυὶδ ἐξῆλθεν εἰς ἀπάντησιν αὐτῶν [A -οῖς] (2)
14. 8. ἐξῆλθεν εἰς ἀπάντησιν [A ὑπάν.] αὐτοῖς (2)
19. 5. καὶ ἀπέστειλεν εἰς ἀπάντησιν αὐτοῖς (3)
II Ch. 12. 11. οἱ ἐπιστρέφοντες εἰς ἀπάντησιν τῶν παρατρεχ. †
15. 2. A R ἐξῆλθεν εἰς ἀπάντησιν Ἀσά [B αὐτῶν] (2)
19. 2. καὶ ἐξῆλθεν εἰς ἀπάντησιν αὐτοῦ Ἰηού (1)
20. 17. ἐξελθεῖν εἰς ἀπάντησιν αὐτοῖς [A *om.*] (2)
28. 9. ἐξῆλθεν εἰς ἀπάντησιν τῆς δυνάμεως τῶν ἐρχομ. (2)
I Es. 1. 25. καὶ ἐξῆλθεν εἰς ἀπάντησιν αὐτῷ Ἰωσ.
To. 11. 16. S εἰς ἀπάντησιν τῆς νύμφης [A B συνάντ. τῇ ν.]
Ju. 5. 4. τοῦ μὴ ἐλθεῖν εἰς ἀπάντησίν μοι [S μου]
10. 4. A^1 BS^1 εἰς ἀπάντησιν [A^2 R ἀπάτησιν] ὀφθαλμῶν
Es. 8. 13. μετ' ἐπιεικεστέρας ἀ. [S^1 ἀγανακτήσεως]
Si. 19. 29. ἀπὸ ἀπαντήσεως προσώπου
Za. 2. 3 (7). A εἰς ἀπάντησιν αὐτοῦ [BS συνάντ. αὐτῷ] (3)
Je. 28 (51). 31. διώκων εἰς ἀπάντησιν [A -τὴν] διώκοντος διώξεται καὶ ἀναγγέλλων εἰς ἀπάντησιν ἀναγγέλλοντος (3, 3)
34 (27). 3. τῶν ἐρχομ. εἰς ἀπάντησιν αὐτῶν [S -ῷ] –
48 (41). 6. ἐξῆλθεν εἰς ἀπάντησιν αὐτοῖς Ἰσμαήλ (3)
I Ma. 12. 41. ἐξῆλθεν Ἰωνάθαν εἰς ἀπάντησιν αὐτῷ
II Ma. 12. 30. R ἥμερον ἀπάντησιν ἐποιοῦντο [A *om.*]
14. 30. R τὴν εἰθισμένην ἀ. ἀγριωτέραν [A ἀγροικότερον] ἐσχηκότα
15. 12. αἰδήμονα μὲν τὴν ἀ.
III Ma. 1. 19. R τοὺς πρὸς ἀπάντησιν [A ἅπαν νῦν] διατεταγμ.
[**Aq. Sm.** Jb. 39. 21.]
[**Th.** Jd. 4. 18: Jb. 39. 21.]

ἀπάνωθεν.
Jd. 16. 20 †.
II Ki. 11. 20, 21 †, 24: 20. 21.
III Ki. 1. 53.
IV Ki. 2. 3 †, 5 †: 10. 31 †.
Jb. 31. 2 †.
Am. 2. 9 †.
[**Aq.** Jb. 31. 2.]
[**Sm.** Pr. 24. 18.]

ἅπαξ, *cf.* εἰσάπαξ. (1) אֶחָד (2) פַּעַם
Ge. 18. 32. ἐὰν λαλήσω ἔτι ἅ. (2)
Ex. 30. 10. ἅ. τοῦ ἐνιαυτοῦ (1)
— 10. A ἅ. τοῦ ἐνιαυτοῦ (1)
Le. 16. 34. ἅ. τοῦ ἐνιαυτοῦ ποιηθήσεται (1)
De. 9. 13. λελάληκα πρὸς σὲ ἅ. καὶ δίς -
Jd. 6. 39. λαλήσω [A *add.* πρός σε] ἔτι ἅ. πειράσω δὴ καί γε ἔτι ἅ. (2, 2)
15. 3. ἠθῴωμαι καὶ τὸ ἅ. ἀπὸ ἀλλοφύλων [A *al.*] (2)
16. 18. ἀνάβητε ἔτι [A *om.*] τὸ ἅ. τοῦτο [A *om.*] (2)
— 20. ἐξελεύσομαι ὡς ἅ. καὶ ἅ. [A *al.*] (2, 2)
— 28. ἐνίσχυσόν με [A *add.* δὴ πλὴν] ἔτι τὸ ἅ. τοῦτο (2)
20. 30, 31. ὡς [A καθὼς] ἅ. καὶ ἅ. (2, 2)
I Ki. 3. 10. ἐκάλεσεν αὐτὸν ὡς ἅ. καὶ ἅ. (2, 2)
17. 39. ἐκοπίασε περιπατήσας ἅ. καὶ δίς [A *al.*] †
20. 25. ἐκάθισεν ἐπὶ τὴν καθέδραν αὐτοῦ ὡς ἅ. καὶ ἅ. (2, 2)
26. 8. πατάξω αὐτὸν . . . ἅ. (2 *et* 1)
II Ki. 17. 7. ἡ βουλὴ ἣν ἐβουλεύσατο Ἀχ. τὸ ἅ. τοῦτο (2)
I Ch. 11. 11. ἐσπάσατο τὴν ῥομφαίαν αὐτοῦ ἅ. (2 *et* 1)
II Ch. 9. 21. ἅ. διὰ τριῶν ἐτῶν ἤρχετο πλοῖα (1)
Ne. 13. 20. ἐποίησαν πρᾶσιν ἔξω Ἱερουσαλὴμ ἅ. καὶ δίς (2)
Jb. 33. 14. ἐν γὰρ τῷ ἅ. λαλῆσαι ὁ κύριος (1)
39. 35 (40. 5). ἅπαξ λελάληκα [A ἐλάλησα] (1)
Ps. 61 (62). 11. ἅ. ἐλάλησεν ὁ θεός (1)
88 (89). 35. ἅ. ὤμοσα ἐν τῷ ἁγίῳ μου (1)
Hg. 2. 7 (6). ἔτι ἅ. ἐγὼ σείσω τὸν οὐρ. (1)
I Ma. 3. 30. εὐλαβήθη μὴ οὐκ ἔχῃ ὡς ἅ. καὶ δίς
II Ma. 3. 37. ἔτι ἅ. διαπεμφθῆναι
III Ma. 1. 11. καὶ τούτῳ κατ' ἐνιαυτὸν ἅ.
[**Aq.** Je. 10. 8, 18: 16. 21.]
[**Sm.** Ge. 2. 23: Jb. 33. 14.]
[**Th.** Ge. 2. 23: Je. 16. 21.]

ἀπαραίτητος.
Wi. 16. 4. ἀπαραίτητον ἔνδειαν ἐπελθεῖν τυραννοῦσι
— 16. ὄμβροις διωκόμενοι ἀπαραιτήτοις [A -τήτως]

ἀπαραιτήτως.
Wi. 16. 16. A ὄμβροις διωκόμενοι ἀ. [B S -τήτοις]

ἀπαραλλάκτως.
Es. 3. 13. ἐν τῇ εὐνοίᾳ ἀ. καὶ βεβαίᾳ πίστει ἀποδεδειγ.

ἀπαραπόδιστος.
III Ma. 6. 28. ἀπαραπόδιστον μετὰ δόξης εὐστάθειαν

ἀπαρασήμαντος.
II Ma. 15. 36. μηδαμῶς ἐᾶσαι ἀ. τήνδε τὴν ἡμέραν

ἀπαρέσκειν.
Si. 21. 15. καὶ ἀπήρεσεν αὐτῷ

ἀπαρνεῖσθαι. (1) מָאַס
Is. 31. 7. ἀπαρνήσονται οἱ ἄνθρωποι τὰ χειροποίητα (1)

ἄπαρσις. (1) מוֹצָא
Nu. 33. 2. τὰς ἀ. [A ἐπάρσεις] αὐτῶν καὶ τοὺς σταθμοὺς αὐτῶν (1)
[**Aq. Th.** Dt. 10. 11.]

ἀπαρτᾶν.
[**Al.** Le. 26. 30.]

ἀπαρτία. (1) טִירָה (2) טַף (3) מַסַּע (4) שָׁלָל
Ex. 40. 36. ἀνεζεύγνυσαν οἱ υἱοὶ Ἰσραὴλ σὺν τῇ ἀ. αὐτῶν (3)
Nu. 10. 12. ἐξῆραν οἱ υἱοὶ Ἰσρ. σὺν ἀπαρτίαις αὐτῶν (3)
16. 26. B μὴ συναπόλησθε ἐν πάσῃ τῇ ἀ. [A R ἁμαρτίᾳ] αὐτῶν †
31. 17. πᾶν ἀρσενικὸν ἐν πάσῃ τῇ ἀ. (2)
— 18. πᾶσαν τὴν ἀ. τῶν γυναικῶν (2)
De. 20. 14. πᾶσαν τὴν ἀ. προνομεύσεις σεαυτῷ (4)
Ju. 2. 17. καὶ ἡμιόνους εἰς τὴν ἀ. αὐτῶν
3. 10. πᾶσαν τὴν ἀ. [S στρατιὰν] τῆς δυνάμεως αὐτοῦ
7. 18. αἱ σκηναὶ καὶ αἱ ἀ. αὐτῶν κατεστρατοπέδευσαν
Ez. 25. 4. κατασκηνώσουσιν ἐν [A σὺν] τῇ ἀ. αὐτῶν (1)

ἀπαρτίζειν. (1) שָׁלַם pi.
III Ki. 9. 25 (*cf.* 3. 1). A ἀπήρτισεν σὺν τὸν οἶκον (1)
[**Aq.** Ge. 34. 21: Dt. 25. 15: 27. 6: III Ki. 9. 25: Is. 60. 20: Am. 1. 6.]
[**Sm.** I Ki. 20. 7: Ps. 7. 10: 118 (119). 73.]

ἀπάρτισμα.
[**Sm.** III Ki. 7. 9 (46).]

ἀπάρχεσθαι. (1) רֵאשִׁית (2) רוּם hi.
II Ch. 30. 24. Ἐζεκίας ἀπήρξατο τῷ Ἰ. τῇ ἐκκλησίᾳ χιλίους μόσχους (2)
— 24. οἱ ἄρχοντες ἀπήρξαντο τῷ λαῷ μόσχους χιλίους (2)
35. 7. ἀπήρξατο Ἰωσίας τοῖς υἱοῖς τοῦ λαοῦ πρόβατα (2)
— 8. οἱ ἄρχοντες αὐτοῦ ἀπήρξαντο τῷ λαῷ †
— 9. ἀπήρξαντο τοῖς Λ. εἰς τὸ φασὲκ πρόβατα (2)
Pr. 3. 9. ἀπάρχου αὐτῷ ἀπὸ σῶν καρπῶν δικαιοσύνης (1)

ἀπαρχή. (1) חֵלֶב (2) מַעֲשֵׂר (3) רֵאשִׁית (4) תְּנוּפָה (5) תְּרוּמָה
Ex. 22. 29 (28). ἀπαρχὰς ἅλωνος καὶ ληνοῦ σου †
23. 19. τὰς ἀ. τῶν πρωτογεννημάτων τῆς γῆς [B^1 *om.*] σου (3)
25. 2. λάβετε [A *add.* μοι] ἀπαρχὰς παρὰ πάντων (5)
— 2. λήψεσθε τὰς ἀ. μου (5)
— 3. αὕτη ἐστὶν ἡ ἀ. (5)
35. 5. οἴσουσι τὰς ἀ. κυρίῳ (5)
36. 6. εἰς τὰς ἀ. τοῦ ἁγίου (5)
39. 1 (38. 24). χρυσίου [A ἐκ χρ.] τοῦ τῆς ἀ. (4)
Le. 2. 12. δῶρον ἀπαρχῆς προσοίσετε αὐτὰ κυρίῳ (3)
22. 12. R αὐτὴ τῶν ἀ. ἁγίου [A τῶν ἁγίων, B τοῦ ἁγίου] οὐ φάγεται (5)
23. 10. δράγμα [A τὰ δρ.] ἀπαρχὴν τοῦ θερισμοῦ ὑμ. (3)
Nu. 5. 9. πᾶσα ἀ. κατὰ [A καὶ] πάντα τὰ ἁγιαζόμ. (5)
15. 20. ἀπαρχὴν [A -ῶν] φυράματος ὑμῶν (3)
— 21. ἀπαρχὴν [A -ῆς] φυράματος ὑμῶν (3)
18. 1. B λήψεσθε τὰς ἀ. [A R ἁμαρτίας] τῶν ἁγίων †
— 8. τὴν διατήρησιν τῶν ἀ. [A *add.* μου] (5)
— 11. τοῦτο ἔσται ὑμῖν ἀπαρχῶν δομάτων αὐτῶν (5)
— 12. πᾶσα ἀ. ἐλαίου καὶ πᾶσα ἀ. οἴνου σίτου ἀ. αὐτῶν (1, 1, 3)
— 29. ἀπὸ πάντων τῶν ἀπαρχῶν τὸ ἡγιασμ. (1)
— 30. ὅταν ἀφαιρῆτε τὴν ἀ. ἀπ' αὐτοῦ (1)
— 32. ὅτι ἂν ἀφαιρῆτε τὴν ἀ. ἀπ' αὐτοῦ (1)
31. 29. δώσεις Ἐ. τῷ ἱερεῖ τὰς ἀ. κυρίου (5)
De. 12. 6. A R τὰ θυσιάσματα ὑμῶν καὶ τὰς ἀ. ὑμῶν (2)
— 11. καὶ τὰς ἀ. τῶν χειρῶν ὑμῶν (5)
— 17. καὶ τὰς ἀ. τῶν χειρῶν σου (5)
18. 4. τὰς ἀ. τοῦ σίτου σου καὶ τοῦ οἴνου σου (3)
— 4. τὴν ἀ. τῶν κουρῶν τῶν προβάτων σου (3)
26. 2. λήψῃ ἀπὸ τῆς ἀ. τῶν καρπῶν (3)
— 10. ἐνήνοχα τὴν ἀ. τῶν γεννημάτων (3)
33. 21. καὶ εἶδεν ἀπαρχὴν αὐτοῦ (3)
I Ki. 2. 29. ἐνευλογεῖσθαι ἀπαρχῆς (? ἀπ' ἀρ.) πάσης θυσίας τοῦ Ἰσρ. (3)
10. 4. δώσουσί σοι δύο ἀπαρχὰς ἄρτων -
II Ki. 1. 21. καὶ ἀγροὶ ἀπαρχῶν (5)
II Ch. 31. 5. ἀπαρχὴν σίτου καὶ οἴνου (3)
— 10. ἐξ οὗ ἦρκται ἡ ἀ. φέρεσθαι (5)
— 12. ἤνεγκαν ἐκεῖ τὰς ἀ. (5)
— 14. A R δοῦναι τὰς ἀ. κυρίου [B -ῳ] (5)
II Es. 8. 25. τὰ σκεύη ἀπαρχῆς οἴκου θεοῦ ἡμῶν (5)
Ne. 10. 37 (38). τὴν ἀ. σίτων ἡμῶν (3)
— 39 (40). τὰς ἀ. τοῦ σίτου καὶ τοῦ οἴνου (5)
12. 44. ταῖς ἀ. καὶ ταῖς δεκάταις (3)
13. 5. A R καὶ ἀπαρχὰς [B^2 S -αὶ] τῶν ἱερέων (5)
To. 1. 6. τὰς ἀ. καὶ τὰς δεκάτας τῶν γενημάτων
Ju. 11. 13. τὰς ἀ. τοῦ σίτου
Ps. 77 (78). 51. ἀπαρχὴν πόνων [S^1 τῶν πρωτοτόκων, S^2 παντὸς πόνου] αὐτῶν (3)
104 (105). 36. ἀπαρχὴν παντὸς πόνου αὐτῶν (3)
Si. 7. 31. A S R δὸς τὴν μερίδα αὐτῷ . . . ἀπαρχὴν . . . καὶ ἀπαρχὴν ἁγίων [B *om.*]
24. 9. A πρὸ τοῦ αἰῶνος ἀπαρχὴν [B S ἀπ' ἀρχῆς] ἔκτισέ με
32 (35). 8. S^2 R μὴ σμικρύνῃς [A B S^1 μικρ.] ἀπαρχὴν χειρῶν σου
45. 20. ἀπαρχὰς πρωτογεννημάτων ἐμέρισεν αὐτοῖς [A S -ῷ]
Ma. 3. 8. αἱ ἀ. [S^1 ἀρχαὶ] μεθ' ὑμῶν εἰσι (5)
Ez. 20. 31. καὶ ἐν ταῖς ἀ. τῶν δομάτων ὑμῶν †
— 40. ἐκεῖ ἐπισκέψομαι τὰς ἀ. [A -ίας] ὑμῶν καὶ τὰς ἀ. τῶν ἀφορισμῶν ὑμῶν (5, 3)
44. 30. ἀπαρχαὶ πάντων καὶ τὰ πρωτότοκα πάντων (3)
— 30. ἐκ πάντων τῶν ἀ. ὑμῶν τοῖς ἱερεῦσιν ἔσται (5)
45. 1. ἀφοριεῖτε ἀπαρχὴν τῷ κυρίῳ ἅγιον (5)
— 6. ὃν τρόπον ἡ [A καὶ ἡ] ἀ. τῶν ἁγίων (5)
— 7. ἀπὸ τούτου εἰς τὰς ἀ. τῶν ἁγίων (5)
— 7. κατὰ πρόσωπον τῶν ἀ. τῶν ἁγίων (5)
— 13. αὕτη ἡ ἀ. ἣν ἀφοριεῖτε (5)
— 16. πᾶς ὁ λαὸς δώσει τὴν ἀ. ταύτην (5)
48. 8. ἔσται [A *om.*] ἡ ἀ. τοῦ ἀφορισμοῦ (5)
— 9. ἀπαρχὴν [A -ὴ] ἣν ἀφοριοῦσι τῷ κυρίῳ (5)
— 10. τούτων ἔσται ἡ ἀ. τῶν ἁγίων τοῖς ἱερεῦσι (5)
— 12. A ἔσται αὐτοῖς ἡ ἀ. δεδομένη ἐκ τῶν ἀ. τῶν ἁγίων, ἅγιον ἁγίων ἀπὸ τῶν ἀ. [B ὁρίων] τῶν Λευιτῶν (5, 5, †)
— 18. τὸ ἐχόμενον τῶν ἀ. τῶν ἁγίων (5)
— 18. ἔσονται αἱ ἀ. τοῦ ἁγίου (5)
— 20. πᾶσα ἡ ἀ. πέντε καὶ εἴκοσι χιλιάδες (5)
— 20. A R τετράγωνον ἀφοριεῖτε αὐτοῦ τὴν ἀ. [B ἀρχ.] τοῦ ἁγίου (5)
— 21. ἀπὸ τῶν ἀ. τοῦ ἁγίου [A τῶν ἁ.] (5)
— 21. ἔσται ἡ ἀ. τῶν ἁγίων . . . ἐν μέσῳ αὐτῆς (5)
[**Sm. Th.** Ex. 25. 2: I Ki. 15. 21.]

ἀπαρχία (?). (1) תְּרוּמָה
Ez. 20. 40. A ἐκεῖ ἐπισκέψομαι τὰς ἀ. [B -χὰς] ὑμῶν (1)

ἅπας. (1) *a.* כֹּל *b.* כָּלִיל
Ge. 19. 4. ἅπας ὁ λαὸς ἅμα (1 *a*)
Le. 6. 22 (15). ἅπαν ἐπιτελεσθήσεται (1 *b*)
8. 26. ἐπέθηκεν ἅπαντα ἐπὶ τὰς χεῖρας (1 *a*)
10. 11. B^2 R ἅ. [A B^1 π.] τὰ νόμιμα (1 *a*)
Nu. 23. 17. B^2 καὶ ἅ. [A B^1 π.] οἱ ἄρχοντες -
De. 22. 19, 29. τὸν ἅ. χρόνον (1 *a*)
Jo. 6. 12 (13). A καὶ ὁ λοιπὸς ὄχλος ἅ. -
— 13 (14). B καὶ ὁ λοιπὸς ὄχλος ἅ. -
— 19 (20). ἔπεσεν ἅ. [A *om.*] τὸ τεῖχος κύκλῳ -
7. 3. A R τὸν λαὸν ἅ. [B πάντα] (1 *a*)
I Ki. 10. 11. A ἅ. οἱ ἰδόντες [B π. οἱ εἰδότες] αὐτόν (1 *a*)
— 24. A εἶπε Σαμ. πρὸς ἅ. [B π.] τὸν λαόν (1 *a*)
II Ki. 2. 9. A καὶ ἐπὶ ἅπαντα [B π.] Ἰσρ. (1 *a*)
3. 25. καὶ γνῶναι ἅπαντα ὅσα σὺ ποιεῖς (1 *a*)
11. 1. A ἀπέστειλε . . . τὸν ἅ. [B π.] Ἰσρ. (1 *a*)
III Ki. 2. 26. B ἐκακουχήθης ἐν ἅπασιν [A R π.] (1 *a*)
12. 24. B καὶ ἀνέκραξαν ἅπαντες -
13. 11. B διηγήσαντο αὐτῷ ἅ. [A R π.] τὰ ἔργα (1 *a*)
IV Ki. 10. 22. B ἔνδυμα ἅ. [A R π.] τοῖς δούλοις τοῦ B. (1 *a*)
I Ch. 10. 11. ἅπαντα [A πάντα] ἃ ἐποίησαν ἀλλόφυλοι (1 *a*)
16. 43. B S ἐπορεύθη ἅπας [A R πᾶς] ὁ λαός (1 *a*)
17. 10. A B ἐταπείνωσα ἅ. [S R π.] τοὺς ἐχθρούς σου (1 *a*)
I Es. 1. 32. A R εἰς ἅ. [B πᾶν] τὸ γένος Ἰσραήλ
8. 63. οἱ Λευῖται πρὸς ἀριθμὸν καὶ ὁλκὴν ἅπαντα
— 66. ἅπαντα θυσίαν τῷ κυρίῳ
— 85. εἰρηνεῦσαι τὰ πρὸς αὐτοὺς τὸν ἅ. χρόνον
9. 10. A R καὶ ἐφώνησαν ἅ. [B πᾶν] τὸ πλῆθος
Es. 6. 13. S ἅ. [A B *om.*] τὰ συμβεβηκότα αὐτῷ (1 *a*)
8. 13. B S εἰς τὸν ἅ. χρόνον
9. 28. ἀχθήσονται εἰς [A *om.*] τὸν ἅ. χρόνον (1 *a*)
Ps. 8. 7. A S^2 πρόβατα καὶ βόας ἁπάσας [B S^1 π.] (1 *a*)
21 (22). 23. ἅ. τὸ σπέρμα Ἰακ. . . . ἅ. τὸ σπέρμα Ἰσρ. (1 *a*, 1 *a*)
Pr. 24. 25 (30. 2). R ἀφρονέστατος γάρ εἰμι ἁ. [A B S π.] ἀνθρώπων -
25. 4. καθαρισθήσεται καθαρὸν ἅ. †
Wi. 7. 1. θνητὸς ἄνθρωπος [B^1 S *om.*] ἴσος ἅπασι
— 3. S φωνὴν τὴν ὁμοίαν ἅπασιν [A B πᾶσιν ἴσα] κλαίων
10. 2. ἰσχὺν κρατῆσαι ἁπάντων [A S^1 πάντων, S^2 ἀπὸ πάντων]
12. 1. S τὸ γὰρ ἄφθαρτόν σου πνεῦμά ἐστιν ἐν ἅπασι [A B πᾶσι]
Si. 17. 19. ἅπαντα [A S πάντα] τὰ ἔργα αὐτῶν [A S^1 -οῦ]
24. 8. ἐνετείλατό μοι ὁ κτίστης ἁπάντων
— 34. A B S^2 ἅπασι [S^1 R π.] τοῖς ἐκζητοῦσιν αὐτήν
Am. 7. 10. A ὑπενεγκεῖν ἅ. [B π.] τοὺς λόγους αὐτοῦ (1 *a*)
Za. 7. 5. εἶπον πρὸς ἅ. [A S π.] τὸν λαόν (1 *a*)
Is. 16. 7. S ἅπαντες [A B π.] ὀλολύξουσι (1 *a*)
29. 7. ὁ πλοῦτος ἁπάντων τῶν ἐθνῶν (1 *a*)

Je. 1. 18. A S ὀχυρὸν [S ἰσχ.] ἅπασι [B πᾶσι] τοῖς βασιλεῦσιν Ἰούδα (1 a)
5. 19. A S τίνος ἕνεκεν ἐποίησε κύριος . . . ἅπαντα [B π.] ταῦτα (1 a)
7. 15. S² ἅπαν [A B S¹ πᾶν] τὸ σπέρμα Ἐφρ. (1 a)
16. 10. ἅπαντα τὰ ῥήματα ταῦτα (1 a)
— 10. A S ἅπαντα [B πάντα] τὰ κακὰ ταῦτα (1 a)
18. 23. ἔγνως ἅπασαν [S πᾶσαν] τὴν βουλὴν αὐτῶν (1 a)
19. 15. ἅπαντα τὰ κακὰ ἃ ἐλάλησα ἐπ' αὐτήν (1 a)
23. 8. συνήγαγεν ἅπαν τὸ σπέρμα Ἰσραήλ –
25. 13. A ἐπάξω . . . ἅπαντας [B S π.] τοὺς λόγους μου (1 a)
29 (47). 2. ἀλαλάξουσιν ἅπαντες [A -ξονται πάντες] (1 a)
30 (49). 5. S¹ ἁπάσης [A B ἀπὸ π.] τῆς περιοίκου [A παροίκου] σου (1 a)
33 (26). 2. χρηματιεῖς ἅ. [A π.] τοῖς Ἰουδαίοις . . . ἅ. τοὺς λόγους (1 a, 1 a)
36 (29). 1. τῇ ἀποικίᾳ καὶ πρὸς ἅ. [A S π.] τὸν λαόν (1 a)
39 (32). 23. ἅπαντα ἃ ἐνετειλω αὐτοῖς οὐκ ἐποίησαν (1 a)
— 23. A ἅ. [B S π.] τὰ κακὰ ταῦτα (1 a)
43 (36). 11. ἤκουσε Μιχαίας . . . ἅ. [A π.] τοὺς λόγους κυρίου (1 a)
— 16. ἀναγγείλωμεν τῷ βασιλεῖ ἅ. [A S π.] τοὺς λόγους (1 a)
— 28. A γράψον ἅ. [B S π.] τοὺς λόγους (1 a)
— 32. ἔγραψεν . . . ἅ. [S π.] τοὺς λόγους τοῦ βιβλίου (1 a)
47 (40). 5. A B εἰς ἅ. [S πάντα] τὰ ἀγαθὰ ἐν ὀφθ. σου (1 a)
48 (41). 12. ἤγαγον ἅ. [S π.] τὸ στρατόπεδον αὐτῶν (1 a)
50 (43). 5. A S ἔλαβεν . . . ἅ. τοὺς λοιποὺς [B π. τ. καταλ.] Ἰ. (1 a)
51 (44). 1. ἅ. τοῖς Ἰουδαίοις τοῖς κατοικοῦσιν ἐν γῇ Αἰγύπτου [S al.] (1 a)
— 15. A ἀπεκρίθησαν τῷ Ἱερεμίᾳ ἅ. [B S π.] οἱ ἄνδρες (1 a)
Ez. 6. 10. A τοῦ ποιῆσαι αὐτοῖς ἅ. τὰ κακὰ ταῦτα –
38. 8. κατοικήσουσιν ἐπ' εἰρήνης ἅπαντες (1 a)
Da. TH. 4. 8. εἰς τὸ πέρας ἁπάσης [A πάσης] τῆς γῆς (1 a)
I Ma. 5. 25. ἅ. [S π.] τὰ συμβάντα [A -βεβηκότα]
7. 7. A τὴν ἐξολόθρευσιν ἅ. [S R πᾶσαν]
8. 14. A ἐν ἅπασιν [S R πᾶσι] τούτοις
10. 30. A S καὶ εἰς τὸν ἅ. [R αἰῶνα] χρόνον
11. 36. εἰς [A ἐπὶ] τὸν ἅ. χρόνον
15. 8. ἀπὸ τοῦ νῦν καὶ εἰς τὸν ἅ. χρόνον
II Ma. 3. 6. R πεσεῖν ἅπαντα [A om.] ταῦτα
4. 16. A καθὸ ἅπαν [R καθ' ἅπαν] ἤθελον
8. 35. A ὑπὲρ ἅπαν εὐημερηκώς [R al.]
11. 2. A τὴν ἵππον ἅ. [R π.]
13. 6. ἅπαντες προσωθοῦσιν εἰς ὄλεθρον
14. 9. καθ' ἣν ἔχεις πρὸς ἅπαντας . . . φιλανθρωπίαν
15. 30. ὁ καθ' ἅπαν σώματι καὶ ψυχῇ πρωταγωνιστής
III Ma. 1. 19. A πρὸς ἅπαν νῦν [R πρὸς ἀπάντησιν] διατεταγ.
2. 7. ἐπὶ σοὶ τῷ τῆς ἅ. κτίσεως δυναστεύοντι
— 9. σοὶ τῷ τῶν ἅ. ἀπροσδεεῖ
3. 5. ἅ. ἀνθρώποις εὐδόκιμοι καθειστήκεισαν
— 18. ἔχομεν πρὸς ἅ. ἀνθρώπους φιλανθρωπίαν
— 21. ἀμνησικακίαν ἅπασι γνωρίζοντες
▶ 4. 5. ἁπάσης αἰδοῦς ἄνευ
5. 2. ἅ. τοὺς ἐλέφαντας ποτίσαι
— 43. R τῶν συντελούντων ἐκεῖ θυσίας ἔρημον [A εἰς] τὸν ἅ. χρόνον καταστήσειν
— 51. τὸν τῆς ἁ. δυνάμεως δυνάστην
6. 12. ὁ . . . δυναστείαν ἔχων ἅπασαν
— 23. συνιδὼν πρηνεῖς ἅπαντας εἰς τὴν ἀπώλειαν
7. 6. ἔχομεν πρὸς ἅ. ἀνθρώπους ἐπιείκειαν
IV Ma. 1. 9. ἅ. [S π.] γὰρ οὗτοι τῶν ἕως θανάτου πόνων ὑπεριδόντες ἐπεδείξαντο
6. 20. τοῦτον καταγελώμενοι πρὸς ἁπάντων [S ὑπὸ π.] ἐπὶ δειλίᾳ
15. 24. S¹ ἃς ἅ. [R π., A al.] ἡ γενναία μήτηρ ἐξέλυσε

[**Aq.** Je. 29 (36). 31.]
[**Sm.** Ec. 9. 2 : 11. 8 : Is. 1. 23.]
[**Th.** Je. 29 (36). 31 : 38 (45). 9 : Ez. 6. 10.]
[**Quint.** Ho. 7. 4.]

ἀπασπάζεσθαι.

To. 10. 13. S ἀπασπασάμενος ἀπέλυσεν αὐτούς [A B al.]

ἀπαστία.

IV Ma. 7. 9. S τὴν ἀ. [A R ἁγιαστίαν] σεμνολογήσας

ἀπατᾶν. (1) נָשָׁא hi. (2) סוּת hi. (3) פָּתָה *a.* qal. *b.* ni. *c.* pi. *d.* pu. (4) תָּלַל hi.

Ge. 3. 13. ὁ ὄφις ἠπάτησέ με (1)
Ex. 8. 29 (25). A μὴ προσθῇς ἔτι, Φαραώ, ἀπατῆσαι [B ἐξαπ.] (4)
22. 16 (15). ἐὰν δὲ ἀπατήσῃ τις παρθένον ἀμνήστευτον (3 c)
Jd. 14. 15. ἀπάτησον δὴ τὸν ἄνδρα σου (3 c)
16. 5. ἀπάτησον αὐτόν (3 c)
II Ki. 3. 25. ὅτι ἀπατῆσαί σε παρεγένετο (3 c)
III Ki. 22. 20. τίς ἀπατήσει τὸν Ἀχαάβ (3 c)
— 21. ἐγὼ ἀπατήσω αὐτόν (3 c)
— 22. ἀπατήσεις καί γε δυνήσῃ (3 c)
IV Ki. 18. 32. μὴ ἀκούετε Ἐζεκίου ὅτι ἀπατᾷ ὑμᾶς (2)
II Ch. 18. 19. τίς ἀπατήσει τὸν Ἀχαάβ (3 c)
— 20. ἐγὼ ἀπατήσω αὐτόν (3 c)
— 21. R ἀπατήσεις καὶ [B om., A add. γε] δυνήσῃ (3 c)
32. 11. οὐχὶ Ἐζεκίας ἀπατᾷ ὑμᾶς (2)
— 15. νῦν μὴ ἀπατάτω ὑμᾶς Ἐζεκίας (1)
Ju. 9. 3. A B S ἡ ἠδέσατο τὴν ἀπάτην [A¹ S¹ om.] ἀπατηθεῖσαν [R om.]
12. 16. ἐτήρει καιρὸν τοῦ ἀπατῆσαι αὐτήν
13. 16. ἠπάτησεν αὐτὸν τὸ πρόσωπόν μου
Jb. 31. 27. εἰ ἠπατήθη λάθρα ἡ καρδία μου (3 a)
36. 16. S² προσέτι ἠπάτησέν [A B S¹ προσεπηπάτησέ] σε (2)
Ps. 76 (77). 2. τὸν θεὸν ἐξεζήτησα . . . καὶ οὐκ ἠπατήθην †
▶● Pr. 24. 15. μηδὲ ἀπατηθῇς χορτασίᾳ κοιλίας †
Wi. 4. 11. ἢ δόλος ἀπατήσῃ ψυχὴν αὐτοῦ
Si. 14. 16. ἀπάτησον [A ἀπότισον, S¹ ἀπαίτησον, S² ἁγίασον] τὴν ψυχήν σου
30. 23. S² ἀπάτα [A B S¹ ἀγάπα] τὴν ψυχήν σου
Is. 36. 14. μὴ ἀπατάτω ὑμᾶς Ἐζεκίας λόγοις (1)
— 18. μὴ ἀπατάτω ὑμᾶς Ἐζεκίας (2)
37. 10. μή σε ἀπατάτω ὁ θεός σου (1)
Je. 4. 10. ἀπατῶν ἠπάτησας τὸν λαὸν τοῦτον (1, 1)
20. 7. ἠπάτησάς με, κύριε, καὶ ἠπατήθην (3 c, 3 b)
— 10. τηρήσατε τὴν ἐπίνοιαν αὐτοῦ, εἰ ἀπατηθήσεται (3 d)
29 (49). 8. ἠπατήθη ὁ τόπος αὐτῶν †
45 (38). 22. ἠπάτησάν [A -σέν] σε (2)
Da. LXX. Su. 56. τὸ κάλλος σε ἠπάτησεν

[**Aq.** Jb. 31. 9 : Pr. 16. 29 : Je. 37 (44). 9 : Ho. 2. 14 (16).]
[**Sm.** Dt. 11. 16 : Pr. 16. 29 : Is. 29. 9 : 41. 10 : 66. 12 : Je. 37 (44). 9 : Ho. 7. 11.]
[**Th.** I Ki. 24. 8 : Jb. 31. 9, 27 : Pr. 1. 4 : 20. 19.]
[**Al.** II Ch. 18. 2 : Jb. 36. 16 : Pr. 24. 28 : Ho. 2. 14 (16).]
[**Hebr.** Jb. 36. 16.]

ἀπάτη.

Ju. 9. 3. A B S ἡ ἠδέσατο τὴν ἀ. [A¹ S² om.] ἀπατηθεῖσαν [R om.]
— 10. πάταξον δοῦλον ἐκ χειλέων ἀπάτης μου
— 13. δὸς λόγον μου καὶ ἀπάτην εἰς τραῦμα
16. 8. ἔλαβε στολὴν λινῆν εἰς ἀπάτην αὐτοῦ
Ec. 9. 6. S καί γε ἀ. [A B ἀγάπη] αὐτῶν καί γε μῖσος †
IV Ma. 18. 8. A S λυμεὼν ἀπάτης [R -ηλὸς] ὄφις

[**Al.** Le. 26. 1.]

ἀπατηλός.

IV Ma. 18. 8. R λυμεὼν ἀ. [A S -της] ὄφις

ἀπάτησις.

Ju. 10. 4. εἰς ἀπάτησιν [A¹ B S¹ ἀπάντησιν] ὀφθαλμῶν ἀνδρῶν

ἀπαύγασμα.

Wi. 7. 26. ἀ. γάρ ἐστι φωτὸς ἀϊδίου

ἀπαυτομολεῖν.

Pr. 6. 11. ἡ δὲ ἔνδεια . . . ἀπαυτομολήσει [A αὐτ.] –
IV Ma. 12. 17. οὐκ ἀπαυτομολῶ τῆς τῶν ἀδελφῶν μου ἀριστείας

ἀπεδνώ.

[**Aq.** Da. 11. 45.]

ἀπείθεια.

IV Ma. 8. 9. ἐὰν ὀργίλως με διαθῆσθε διὰ τῆς ἀ. ὑμῶν
— 18. θανατηφόρον ἀπείθειαν τολμῶμεν
12. 4. διὰ γὰρ ἀπείθειαν [S ἀπιστίαν] στρεβλωθέντες

ἀπείθειν (?) (1) חָדַל

Ez. 3. 27. A ὁ ἀπειθῶν ἀπειθέτω [B -είτω] (1)

ἀπειθεῖν. (1) *a.* חָדַל *b.* חָדֵל adj. (2) מָאֵן pi. (3) מָאַס (4) מָעַל (5) מָרַד (6) מָרָה *a.* qal. *b.* hi. (7) מָרַר hi. (8) סָרָה (9) סָרַר (10) לֹא אָבָה (11) לֹא שָׁמַע

Ex. 23. 21. μὴ ἀπείθει αὐτῷ (7)
Le. 26. 15. ἀλλὰ ἀπειθήσητε αὐτοῖς (3)
Nu. 11. 20. ἠπειθήσατε κυρίῳ (3)
14. 43. οὗ εἵνεκεν ἀπεστράφητε ἀπειθοῦντες κυρίῳ †
De. 1. 26. ἠπειθήσατε τῷ ῥήματι κ. τοῦ θεοῦ (6 b)
9. 7. ἀπειθοῦντες διετελεῖτε τὰ πρὸς κύριον (6 b)
— 23. ἠπειθήσατε τῷ ῥήματι κ. τοῦ θεοῦ ὑμῶν (6 b)
— 24. ἀπειθοῦντες ἦτε τὰ πρὸς κύριον (6 b)
21. 20. ὁ υἱὸς ἡμῶν οὗτος ἀπειθεῖ (9)
28. 65. καρδίαν ἑτέραν [A om.] ἀπειθοῦσαν [A ἀθυμοῦσαν] †
32. 51. ἠπειθήσατε τῷ ῥήματί μου (4)
Jo. 1. 18. ὁ δὲ ἄνθρωπος ὃς ἂν ἀπειθήσῃ σοι (6 b)
5. 6. οἱ ἀπειθήσαντες τῶν ἐντολῶν τοῦ θεοῦ (11)
IV Ki. 5. 16. καὶ ἠπείθησε (2)
Ne. 9. 29. καὶ ἔδωκαν νῶτον ἀπειθοῦντα (9)
Ju. 2. 6. ὅτι ἠπείθησαν τῷ ῥήματι τοῦ στόματός μου
— 11. ἐπὶ δὲ τοὺς ἀπειθοῦντας οὐ φείσεται ὁ ὀφθαλ.
Ps. 67 (68). 18. καὶ γὰρ ἀπειθοῦντες τοῦ κατασκηνῶσαι (9)
Pr. 1. 25. τοῖς δὲ ἐμοῖς ἐλέγχοις ἠπειθήσατε [A S οὐ προσείχετε] (10)
24. 21. μηθ' ἑτέρῳ αὐτῶν ἀπειθήσῃς †
Si. 1. 27. μὴ ἀπειθήσῃς [S ἀπιστήσῃς] φόβῳ κυρίου
2. 15. οὐκ ἀπειθήσουσι ῥημάτων [A ζητήσουσιν εὐδοκίαν] αὐτοῦ
16. 28. ἕως αἰῶνος οὐκ ἀπειθήσουσι τοῦ ῥήματος αὐτοῦ
23. 23. ἐν νόμῳ ὑψίστου [A -τῷ] ἠπείθησε
30. 12. μήποτε σκληρυνθεὶς ἀπειθήσῃ σοι
41. 2. ἀνθρώπῳ . . . ἀπειθοῦντι καὶ ἀπολωλεκότι ὑπομονήν
Ho. 9. 15. πάντες οἱ ἄρχοντες αὐτῶν ἀπειθοῦντες (9)
Za. 7. 11. καὶ ἠπείθησαν τοῦ προσέχειν (2)
Is. 1. 23. οἱ ἄρχοντές σου ἀπειθοῦσι (9)
— 25. τοὺς δὲ ἀπειθοῦντας ἀπολέσω †
3. 8. τὰ πρὸς κύριον ἀπειθοῦντες (6 b)
8. 11. ἀπειθοῦσι τῇ πορείᾳ τῆς ὁδοῦ †
▶ 30. 12. ἠπειθήσατε τοῖς λόγοις τούτοις (3)
33. 2. τὸ σπέρμα τῶν ἀπειθούντων εἰς ἀπώλειαν †
36. 5. ἐπὶ τίνα [A S τίνι] πέποιθας ὅτι ἀπειθεῖς μοι (5)
50. 5. ἐγὼ δὲ οὐκ ἀπειθῶ οὐδὲ ἀντιλέγω (6 a)
59. 13. ἠσεβήσαμεν ἄδικα καὶ ἠπειθήσαμεν (8)
63. 10. αὐτοὶ δὲ ἠπείθησαν (6 a)
65. 2. πρὸς λαὸν ἀπειθοῦντα καὶ ἀντιλέγοντα (9)
66. 14. ἀπειλήσει τοῖς ἀπειθοῦσιν †
Je. 13. 25. μερὶς τοῦ ἀπειθεῖν ὑμᾶς ἐμοί †
Ba. 1. 18. ἠπειθήσαμεν αὐτῷ
— 19. ἤμεθα ἀπειθοῦντες πρὸς κύριον
Ez. 3. 27. ὁ ἀπειθῶν ἀπειθείτω [A -έτω] (1 b, 1 a)
IV Ma. 8. 6. κολάζειν τοὺς ἀπειθοῦντάς μου
— 11. οὐδὲν ὑμῖν ἀπειθήσασι πλὴν τοῦ μετὰ στρεβλῶν ἀποθανεῖν ἀπόκειται
— 21. ἀπειθοῦντες τεθνηξόμεθα
9. 10. ὡς κατὰ ἀπειθούντων ἐχαλέπαινεν ὁ τύραννος

[**Aq.** Je. 15. 18 : 50 (27). 33.]
[**Sm.** Ex. 4. 23 : 9. 2 : I Ki. 15. 23 : Ps. 67 (68). 19 : 104 (105). 28 : Ez. 20. 8.]
[**Al.** Is. 9. 4 (3).]

ἀπειθής. (1) מָרָה (2) מְרִי (3) סָרַר

Nu. 20. 10. ἀκούσατέ μου οἱ ἀ. (1)
De. 21. 18. ἐὰν δέ τινι ᾖ υἱὸς ἀ. καὶ ἐρεθιστής (3)
Si. 16. 6. ἐν ἔθνει ἀπειθεῖ ἐξεκαύθη ὀργή
47. 21. ἐξ Ἐφραῒμ ἄρξαι [S ἄρξας] βασιλείαν ἀπειθῆ
Za. 7. 12. τὴν καρδίαν αὐ. ἔταξαν ἀπειθῆ †
Is. 7. 16. A B S² ἀπειθεῖ πονηρίᾳ ἐκλέξασθαι †

Is. 30. 9. λαὸς ἀ. ἐστιν (2)
Je. 5. 23. καρδία ἀνήκοος καὶ ἀ. (1)
[Aq. Ps. 67 (68). 19.]
[Sm. Ps. 65 (66). 7 : 67 (68). 7 : 77 (78). 8 : Is. 1. 23.]
[Th. Ez. 2. 6.]

ἀπεικάζειν.
Wi. 13. 13. ἀπείκασεν [A add. τε] αὐτὸ εἰκόνι ἀνθρώπου

ἀπείκασμα.
Wi. 13. 10. καὶ ἀπεικάσματα ζῴων

ἀπειλεῖν. (1) נָעַר (2) זָעַם
Ge. 27. 42. ὁ ἀδελφός σου ἀπειλεῖ σοι †
Nu. 23. 19. οὐδ' ὡς υἱὸς ἀνθρώπου ἀπειληθῆναι †
Ju. 8. 16. οὐχ ὡς ἄνθρωπος ὁ θεὸς ἀπειληθῆναι
Si. 19. 17. ἔλεγξον τὸν πλησίον σου πρὶν ἢ ἀπειλῆσαι
Na. 1. 4. ἀπειλῶν θαλάσσῃ καὶ ξηραίνων αὐτήν (1)
Is. 66. 14. ἀπειλήσει τοῖς ἀπειθοῦσιν (2)
Da. LXX. Su. 28. ἀπέστρεψαν ἀπειλοῦντες ἐν ἑαυτοῖς
III Ma. 4. 19. ἀπειλήσαντος δὲ αὐτοῖς σκληρότερον
IV Ma. 9. 5. τὸν διὰ τῶν βασάνων ἡμῖν θάνατον ἀπειλῶν
[Al. Ps. 7. 12.]

ἀπειλή. (1) אֵימָה (2) *a.* נַעַר *b.* נְעָרָה (3) זַעַם (4) זַעַף
Jb. 23. 6. εἶτα ἐν ἀπειλῇ μοι οὐ χρήσεται †
Pr. 13. 8. πτωχὸς δὲ οὐχ ὑφίσταται ἀπειλήν (2 *b*)
17. 10. συντρίβει ἀπειλὴ καρδίαν φρονίμου (2 *b*)
19. 12. βασιλέως ἀ. ὁμοία βρυγμῷ λέοντος (4)
20. 2. οὐ διαφέρει ἀπειλὴ βασιλέως θυμοῦ λέοντος (1)
Hb. 3. 12. ἐν ἀπειλῇ ὀλιγώσεις γῆν (3)
Za. 9. 14. πορεύσεται ἐν σάλῳ ἀπειλῆς αὐτοῦ †
Is. 50. 2. A S³ τῇ ἀ. [B S τῷ ἐλεγμῷ] μου [S¹ *add.* καὶ τῇ ἀ. μου] ἐξερημώσω τὴν θάλ. (2 *b*)
54. 9. ἐν ἀπειλῇ σου τὰ ὄρη [S ὅρια] μεταστήσεσθαι [A S -σασθαι] (2 *a*)
III Ma. 2. 24. μετ' ἀπειλῆς δὲ πικρᾶς ἀνέλυσε
5. 18. μετὰ πικρᾶς ἀπειλῆς ἐπυνθάνετο
— 30. ἐνατενίσας μετὰ ἀπειλῆς εἶπεν
— 33. ἀπροσδόκητον καὶ ἐπικίνδυνον ὑπήνεγκεν ἀ.
— 37. τὸν δὲ Ἕρμωνα προσκαλεσάμενος μετὰ ἀπειλῆς
IV Ma. 4. 8. μετὰ ἀπειλῆς δὲ ὁ Ἀπολλώνιος ἀπῄει
— 24. πάσας τὰς ἑαυτοῦ ἀ. . . . ἑώρα καταλυομένας
7. 2. καταικιζόμενος ταῖς τοῦ τυράννου ἀ.
8. 19. λογιούμεθα τὰς τῶν βασάνων ἀ.
9. 32. ἐν ταῖς τῆς ἀσεβείας ἀ. βασανίζῃ
13. 6. πύργοι τὰς τῶν κυμάτων ἀ. ἀνακόπτοντες
14. 9. ἀκούοντες τὸν παραχρῆμα ἀπειλῆς λόγον
[Aq. Ez. 21. 31 (36).]

ἄπειναι. (1) כָּחַד ni. (2) נָדַח ni.
Jb. 6. 13. βοήθεια δὲ ἀπ' ἐμοῦ ἄπεστιν (2)
Pr. 25. 10. ἡ δὲ μάχη σου καὶ ἡ ἔχθρα οὐκ ἀπέσται †
Wi. 9. 6. τῆς ἀπὸ σοῦ σοφίας ἀπούσης
11. 11. καὶ ἀπόντες δὲ καὶ παρόντες
14. 17. ἵνα τὸν ἀπόντα ὡς παρόντα κολακεύωσι
19. 2. αὐτοὶ ἐπιστρέψαντες [A S² ἐπιτρ.] τοῦ ἀπεῖναι
Ho. 5. 3. A Ἰσραὴλ οὐκ ἄπεστιν [B -έστην, R -έστη] ἀπ' ἐμοῦ (1)
[Sm. Jb. 34. 10 : Ec. 10. 11.]
[Th. Ho. 5. 3.]

ἀπειπεῖν, ἀπερεῖν. (1) אָמַר (2) חָדַל (3) מָאַס
III Ki. 11. 2. ἐκ τῶν ἐθνῶν ὧν ἀπεῖπε κύριος τοῖς υἱοῖς Ἰσρ. (1)
Jb. 6. 14. ἀπείπατό με ἔλεος †
10. 3. ὅτι ἀπεῖπω [A ἀπ. με] ἔργα χειρῶν σου (3)
19. 18. A οἱ δὲ εἰς τὸν αἰῶνά με ἀπείπαντο [B S ἀπεποιήσαντο] (3)
Wi. 11. 14. τὸν [A ὃν] γὰρ . . . ῥιφέντα ἀπεῖπον [S² -αν]
Za. 11. 12. δότε τὸν μισθόν μου, ἢ ἀπείπασθε (2)
IV Ma. 1. 33. πρὸς τὰς ἀπειρημ. τροφὰς ἀποτρεπόμεθα
[Aq. Le. 18. 23 : 20. 12.]

ἀπειράγαθος.
Es. 8. 13. τοῖς τῶν ἀ. κόμποις ἐπαρθέντες

ἀπείργειν.
II Ma. 12. 40. ἀφ' ὧν ὁ νόμος ἀπείργει τοὺς Ἰουδαίους

ἀπειρία.
[Sm. Ps. 68 (69). 6.]

● **ἄπειρος.** (1) אֱוִילִי (2) עֲרָבָה
Nu. 14. 23. πᾶς νεώτερος ἄ. –
Wi. 13. 18. τὸν [A S τὸ] ἀπειρότατον ἱκετεύει [S *om.*]
Za. 11. 15. σκεύη ποιμενικὰ ποιμένος ἀπείρου (1)
— 16. S² ἐξεγείρω ποιμένα ἄ. [A B S *om.*] –
● Je. 2. 6. ἐν γῇ ἀπείρῳ καὶ ἀβάτῳ (2)
[Sm. I Ki. 17. 39.]

ἀπεκδιδόναι.
To. 3. 8. S ἀπεκδέδοσαι ἑπτὰ ἀνδράσιν [A B *al.*]

ἀπέκτασις. (1) מִפְרָשׂ
Jb. 36. 29. ἐὰν συνῇ ἀπέκτασις [A S² συνῇς ἐπέκτασιν] νεφέλης (1)
[Th. Jb. 36. 29†.]

ἀπεκχεῖν.
Ju. 15. 4. A ἵνα πάντες ἀπεκχυθῶσι [B S ἐπεκ.] τοῖς πολεμίοις

ἀπελαύνειν. (1) נָצַל hi. (2) שָׁלַח pi.
I Ki. 6. 8. B καὶ ἀπελάσατε αὐτήν (2)
Wi. 17. 8. δείματα . . . ἀπελαύνειν ψυχῆς
Ez. 34. 12. ἀπελάσω [A συνάξω] αὐτὰ ἀπὸ παντὸς τόπου (1)
[Aq. Th. Pr. 25. 5.]

ἀπελέγχειν.
IV Ma. 2. 11. διὰ παρανομίαν αὐτὴν ἀπελέγχων
[Sm. Ps. 118 (119). 118.]

ἀπελέκητος. (1) גָּזִית
III Ki. 6. 1 [B], 5. 17 (31) [A]. καὶ λίθους ἀ. (1)
— 36. τρεῖς στίχους ἀπελεκήτων (1)
7. 9. A μέτρον ἀπελεκήτων (1)
— 11. κατὰ τὸ μέτρον ἀπελεκήτων (1)
— 12. τρεῖς στίχοι ἀπελεκήτων (1)
10. 12. A τὰ ξύλα τὰ ἀ. [B πελεκητά] †
— 12. R τοιαῦτα ξύλα ἀ. [B πελεκητά, A *om.*] †

ἀπελευθεροῦν. (1) חָפַשׁ pu.
Le. 19. 20. ὅτι οὐκ ἀπηλευθερώθη (1)

ἀπέλκειν (?).
Ep. Je. 43. A ἀπελκυσθεὶς [B ἐφελκυσθεῖσα] ὑπό τινος τῶν παραπορευομ.

ἀπελπίζειν (ἀφ.). (1) אֶבְיוֹן
Ju. 9. 11. ἀπηλπισμένων σωτήρ
Es. 4. 17. εἰσάκουσον φωνὴν [A S³ -ῆς] ἀπηλπισμένων
Si. 22. 21. ἐπὶ φίλον ἐὰν σπάσῃς ῥομφαίαν μὴ ἀπελπίσῃς
27. 21. ὁ δὲ ἀποκαλύψας μυστήρια ἀπήλπισε
Is. 29. 19. οἱ ἀπηλπισμένοι τῶν ἀνθρώπων (1)
II Ma. 9. 18. τὰ κατ' αὐτὸν ἀπελπίσας
[Aq. Je. 18. 12.]

ἀπεμεῖν.
[Sm. Jn. 2. 11.]

ἀπέναντι, ἀπεναντίον.
Ge. 3. 24 : 21. 16 *bis* : 23. 19 : 25. 10 : 49. 30.
Ex. 14. 2, 9 : 26. 35 : 30. 6, 36 : 40. 26.
Le. 6. 14 (7) : 9. 5 : 14. 20† : 16. 12, 18 : 17. 4, 6 : 19. 14.
Nu. 7. 10 : 18. 2 : 19. 4 : 20. 9, 10 : 25. 4† : 32. 29 : 33. 7 *bis*, 8, 47.
De. 26. 4, 10† : 28. 66 : 32. 52 (*adv.*).
Jo. 3. 16 : 7. 8, 13 : 9. 2 (8. 33) (*adv.*) : 11. 2 : 15. 3, 7 : 18. 18 (*adv.*) : 22. 29† : 24. 1†, 26.
Jd. 19. 10† : 20. 43†.
II Ki. 10. 17† : 12. 12.
III Ki. 21 (20). 29.
IV Ki. 16. 13 : 19. 26.
I Ch. 13. 10 : 17. 16.
II Ch. 2. 4 : 8. 13.
Ne. 3. 31 : 7. 3 : 8. 3 : 11. 11, 22 : 13. 21.
To. 5. 4†.
Ju. 2. 21† : 3. 9† : 4. 6† : 7. 3, 18 *bis* : 11. 13, 19 *bis*.
Ps. 13 (14). 3† : 35 (36). 1.
Ca. 6. 4.
Si. 27. 23 : 36 (33). 14 *ter* : 37. 4 (*adv.*), 5†.
Ho. 7. 2.
Jn. 4. 5.
Is. 1. 16 : 17. 13.
Je. 16. 17 : 38 (31). 39.
La. 2. 19.
Ez. 1. 9† : 8. 16 (*adv.*) : 10. 19 (*adv.*) : 11. 23 : 26. 8† : 40. 2 (*adv.*), 47 : 42. 7.
Da. LXX. 8. 3 : 10. 16.
I Ma. 6. 32.
II Ma. 10. 26.
[Aq. Ez. 14. 3.]
[Sm. Ex. 40. 24 (22) : Je. 49. 32 (30. 10).]
[Th. Ex. 40. 24 (22).]
[Al. Nu. 22. 5.]
[Quint. Ps. 30 (31). 23.]

ἀπενεοῦσθαι. (1) שָׁמֵם ithpo.
Da. Th. 4. 16. τότε Δανιὴλ . . . ἀπηνεώθη (1)
[Th. Da. 4. 16.]

ἀπένθητος.
II Ma. 5. 10. ὁ πλῆθος ἀτάφων ἐκρίψας ἀπένθητος ἐγενήθη

ἀπέννοια.
[Aq. Ps. 138 (139). 20.]

ἀπέραντος, ἀπέρατος. (1) אֵין חֵקֶר
Jb. 36. 26. ἀριθμὸς ἐτῶν αὐτοῦ καὶ ἀπέραντος (1)
III Ma. 2. 9. κτίσας τὴν ἀ. [A -ατον] καὶ ἀμέτρητον γῆν
[Sm. Ps. 20 (21). 5 : 68 (69). 3 : Jn. 2. 6.]
[Th. Jb. 36. 26.]

ἀπερείδεσθαι. (1) בּוֹא hi. (2) יָצַג hi. (3) סָמַךְ (4) שׁוּב hi.
Jd. 6. 37. A ἀπερείδομαι [B τίθημι] τὸν πόκον τῶν ἐρίων (2)
III Ki. 14. 28. ἀπηρείδοντο αὐτὰ εἰς τὸ θεέ (4)
I Ch. 16. 1. ἀπηρείσαντο αὐτὴν ἐν μέσῳ τῆς σκηνῆς (2)
I Es. 1. 41. ἀπενέγκας ἀπηρείσατο ἐν τῷ ναῷ αὐτοῦ
2. 10. καὶ ἀπηρείσατο αὐτὰ ἐν τῷ εἰδωλείῳ αὐτοῦ
6. 18. καὶ ἀπηρείσατο αὐτὰ ἐν τῷ αὐτοῦ ναῷ
Am. 5. 19. ἐὰν . . . ἀπερείσηται [A ἀπερείσῃ] τὰς χεῖρας αὐτοῦ (3)
Ez. 24. 2. ἀπηρείσατο βασιλεὺς Βαβ. ἐπὶ Ἰερ. (3)
Da. LXX. 1. 2. ἀπηρείσατο αὐτὰ ἐν τῷ εἰδωλείῳ αὐτοῦ (1)

ἀπερεῖν, *vid.* **ἀπειπεῖν.**

ἀπερικάθαρτος. (1) עָרֵל
Le. 19. 23. B ὁ καρπὸς αὐτοῦ . . . ἀ. [A *al.*] (1)

ἀπερίσπαστος.
Wi. 16. 11. ἀπερίσπαστοι γένωνται τῆς σῆς εὐεργεσίας
Si. 41. 1. ἀνδρὶ ἀ. καὶ εὐοδουμένῳ

ἀπεριτέτμητος (?).
Je. 9. 26 (25). A πάντα τὰ ἔθνη ἀπεριτέτμητα [B S ἀπερίτμ.] σαρκί

ἀπερίτμητος. (1) לֹא מוּל (2) עָרֵל
Ge. 17. 14. ἀ. ἄρσην (2)
Ex. 12. 48. πᾶς ἀ. οὐκ ἔδεται ἀπ' αὐτοῦ (2)
Le. 26. 41. ἐντραπήσεται ἡ καρδία αὐτῶν ἡ ἀ. (2)
Jo. 5. 4. ὅσοι ποτὲ ἀπερίτμητοι ἦσαν –
— 6. διὸ ἀπερίτμητοι ἦσαν οἱ πλεῖστοι αὐ. (1 ?)
— 7. διὰ τὸ αὐτοὺς γεγεννῆσθαι κατὰ τὴν ὁδ. ἀπεριτμήτους (1)
Jd. 14. 3. ἀπὸ [A ἐκ] τῶν ἀλλοφύλων τῶν ἀ. (2)
15. 18. ἐμπεσοῦμαι ἐν χειρὶ τῶν ἀπεριτμήτων (2)
I Ki. 14. 6. B διαβῶμεν εἰς Μεσσὰβ τῶν ἀ. τούτων (2)
17. 26. A ὅτι τίς ἀλλόφυλος ὁ ἀ. αὐτός (2)
— 36. ἔσται ὁ ἀλλόφυλος ὁ ἀ. ὡς ἐν τούτων (2)
— 36. διότι τίς ὁ ἀ. οὗτος –
— 37. ἐκ χειρὸς τοῦ ἀλλοφύλου τοῦ ἀ. τούτου –
31. 4. μὴ ἔλθωσιν οἱ ἀ. οὗτοι (2)
II Ki. 1. 20. μήποτε ἀγαλλιάσωνται θυγατέρες τῶν ἀ. (2)
I Ch. 10. 4. μὴ ἔλθωσιν οἱ ἀ. οὗτοι (2)
II Ch. 28. 3. A πάντων τῶν ἐθνῶν τῶν ἀ. τούτων [B *om.* τ. ἀ. τ.] –
Es. 4. 17. B S βδελύσσομαι κοίτην ἀπεριτμήτων
Is. 52. 1. διελθεῖν διὰ σοῦ ἀ. καὶ ἀκάθαρτος (2)

● = correction on page xxiv

Je. 6. 10. ἀπερίτμητα τὰ ὦτα αὐτῶν [**A S** ὑμῶν] (2)
9. 26 (25). πάντα τὰ ἔθνη ἀ. [**A** ἀπεριτέτμ.] σαρκὶ καὶ πᾶς οἶκος Ἰσραὴλ ἀπερίτμητοι [**A S** -τος] καρδίας αὐτῶν (2, 2)
Ez. 28. 10. ἐν πλήθει ἀπεριτμήτων ἀπολῇ [**A** *al.*] (2)
31. 18. ἐν μέσῳ ἀπεριτμήτων κοιμηθήσῃ (2)
32. 19. **A** κοιμήθητι μετὰ ἀπεριτμήτων (2)
— 20. κοιμήθητι μετὰ ἀπεριτμήτων (2)
— 24. οἱ καταβαίνοντες ἀπερίτμητοι εἰς γῆς βάθος [**A** γῆν βάθους] (2)
— 26. πάντες ἀ. τραυματίαι ἀπὸ [**A** *om.* τρ. ἀπὸ] μαχαίρας (2)
— 28. ἐν μέσῳ ἀπεριτμήτων κοιμηθήσῃ [**A** συντριβήσῃ καὶ κ.] (2)
— 30. ἐκοιμήθησαν ἀπερίτμητοι μετὰ τραυματιῶν [**A** τετραυματισμένων] μαχαίρας (2)
— 32. κοιμηθήσεται ἐν μέσῳ ἀπεριτμήτων (2)
44. 7, 9. ἀπεριτμήτους καρδίᾳ καὶ ἀπεριτμήτους σαρκί (2, 2)
I Ma. 1. 48. ἀφιέναι τοὺς υἱοὺς αὐτῶν ἀπεριτμήτους
2. 46. περιέτεμον τὰ παιδάρια τὰ ἀ.

[**Aq. Sm. Al.** Ez. 32. 25.]
[**Th.** Ex. 6. 12 : Ez. 32. 19, 25.]

ἀπερίτρεπτος.

[**Sm.** Ps. 95 (96). 10 : 124 (125). 1.]

ἀπέρχεσθαι. (1) אֲזַל (2) אָסַף ni. (3) בּוֹא (4) גָּלָה *a.* qal. *b.* ni. (5) *a.* הָלַךְ *b.* הִלֵּךְ (6) חָלַף (7) יָצָא (8) מָשַׁךְ (9) נָסַע (10) סוּר (11) עָבַר (12) עָלָה (13) רָפָה (14) שׁוּב

Ge. 3. 19. εἰς γῆν ἀπελεύσῃ (14)
14. 11. καὶ ἀπῆλθον (5 *a*)
15. 15. σὺ δὲ ἀπελεύσῃ πρὸς τοὺς πατέρας σου (3)
18. 33. ἀπῆλθε δὲ ὁ κ. (5 *a*)
19. 2. ὀρθρίσαντες ἀπελεύσεσθε (5 *a*)
21. 14. ἀπελθοῦσα δὲ ἐπλανᾶτο (5 *a*)
— 16. ἀπελθοῦσα δὲ ἐκάθητο (5 *a*)
24. 54. ἵνα ἀπέλθω πρὸς τὸν κύριόν μου –
— 55. καὶ μετὰ ταῦτα ἀπελεύσεται (5 *a*)
— 56. ἵνα ἀπέλθω πρὸς τὸν κύριόν μου (5 *a*)
— 61. ἀναλαβὼν ὁ παῖς τὴν Ῥ. ἀπῆλθεν (5 *a*)
26. 16. ἄπελθε ἀφ' ἡμῶν (5 *a*)
— 17. καὶ ἀπῆλθεν ἐκεῖθεν Ἰσαάκ (5 *a*)
29. 7. ἀπελθόντες βόσκετε (5 *a*)
30. 25. ἀπόστειλόν με ἵνα ἀπέλθω (5 *a*)
— 26. ἀπόδος . . . ἵνα ἀπέλθω (5 *a*)
31. 13. **A** ἀναστῆθι καὶ ἄπελθε [**R** ἔξελθε] (7)
— 13. καὶ ἄπελθε εἰς τὴν γῆν τῆς γενέσεώς σου (14)
— 18. ἀπελθεῖν πρὸς Ἰσαάκ (3)
— 30. εἰς τὸν οἶκον τοῦ π. σου ἀπελθεῖν –
— 55 (32. 1). καὶ ἀποστραφεὶς Λάβαν ἀπῆλθεν (5 *a*)
32. 1 (2). καὶ Ἰακὼβ ἀπῆλθεν (5 *a*)
34. 17. λαβόντες . . . ἀπελευσόμεθα (5 *a*)
38. 11. ἀπελθοῦσα δὲ Θάμαρ ἐκάθητο (5 *a*)
— 19. καὶ ἀναστᾶσα ἀπῆλθε (5 *a*)
42. 26. ἀπῆλθον ἐκεῖθεν (5 *a*)
— 33. τὸν δὲ ἀγορασμὸν . . . λαβόντες ἀπέλθατε (5 *a*)
45. 17. **R** ἀπέλθετε [**A** -ατε] εἰς γῆν Χανaάν (5 *a et* 3)
50. 5. **B** ἀπελεύσομαι [**A** ἐπελ. **R** ἐπανελ.] (14)
Ex. 3. 21. οὐκ ἀπελεύσεσθε κενοί (5 *a*)
4. 19. βάδιζε ἄπελθε εἰς Αἴγυπτον (14)
— 26. **A R** καὶ ἀπῆλθεν ἀπ' αὐτοῦ (13)
5. 4. ἀπέλθατε ἕκαστος ὑμῶν πρὸς τὰ ἔργα αὐτοῦ (5 *a*)
— 18. **A** ἀπελθόντες [**B** πορευθέντες] ἐργάζεσθε (5 *a*)
8. 29 (25). ἀπελεύσεται ἡ κυνόμυια (10)
10. 28. ἄπελθε ἀπ' ἐμοῦ (5 *a*)
12. 21. ἀπελθόντες λάβετε ὑμῖν αὐτοῖς πρόβατον [**A** -τα] (8)
— 28. ἀπελθόντες ἐποίησαν οἱ υἱοὶ Ἰσραήλ (5 *a*)
18. 27. καὶ ἀπῆλθεν εἰς τὴν γῆν αὐτοῦ (5 *a*)
19. 13. ὅταν . . . ἡ νεφέλη ἀπέλθῃ ἀπὸ τοῦ ὄρους (8)
21. 2. ἀπελεύσεται ἐλεύθερος δωρεάν [**A** *al.*] (7)
— 7. οὐκ ἀπελεύσεται ὥσπερ ἀποτρέχουσιν αἱ δ. (7)
Le. 11. 34. **A** εἰς ὃ ἐὰν ἀπέλθῃ [**B** ἐπ.] ἐπ' αὐτὸ ὕδωρ (3)
25. 10. ἀπελεύσεται εἷς ἕκαστος εἰς τὴν κτῆσιν (14)
— 10. ἕκαστος εἰς τὴν πατρίδα αὐτοῦ ἀπελεύσεσθε (14)
— 27. ἀπελεύσεται εἰς τὴν κατάσχεσιν αὐτοῦ (14)
— 28. ἀπελεύσεται εἰς τὴν κατάπαυσιν (14)
Le. 25. 41. ἀπελεύσεται εἰς τὴν γενεὰν [**A** γῆν] αὐτοῦ (14)
Nu. 11. 30. ἀπῆλθε Μωυσῆς εἰς τὴν παρεμβολήν (2)
12. 9. καὶ ἀπῆλθε [**A** -θον] (5 *a*)
— 10. **A** ἡ νεφέλη ἀπῆλθεν [**B** ἀπέστη] (10)
13. 23 (22). **R** ἀπῆλθον [**A B** ἦλθον] ἕως Χεβρών (3)
22. 21. ἀπελθὼν ὑπέστη ἐν τόπῳ στενῷ (11)
24. 25. ἀναστὰς Β. ἀπῆλθεν (5 *a*)
— 25. Βαλὰκ ἀπῆλθε πρὸς ἑαυτόν (5 *a*)
De. 16. 7. **A** καὶ ἀπελεύσῃ [**B** ἐλεύσῃ] (5 *a*)
17. 3. **A** ἀπελθόντες [**B** ἐλθ.] λατρεύσωσι θεοῖς ἑτ. (5 *a*)
24. 2. ἀπελθοῦσα γένηται ἀνδρὶ ἑτέρῳ (5 *a*)
28. 41. ἀπελεύσονται γὰρ ἐν αἰχμαλωσίᾳ (5 *a*)
Jo. 1. 15. ἀπελεύσεσθε ἕκαστος εἰς τὴν κληρονομίαν αὐτοῦ (14)
2. 16. εἰς τὴν ὀρεινὴν ἀπέλθετε [**A** -θατε] (5 *a*)
— 16. ἀπελεύσεσθε εἰς τὴν ὁδὸν ὑμῶν (5 *a*)
6. 10 (11). εὐθέως ἀπῆλθεν εἰς τὴν παρεμβολήν (3)
— 12 (13). **A** καὶ ἀπῆλθον πάλιν εἰς τὴν παρεμβολήν –
— 13 (14). **B** καὶ ἀπῆλθε πάλιν εἰς τὴν παρεμβολήν (14)
10. 29, 31, 34. καὶ ἀπῆλθεν Ἰησοῦς (11)
— 36. καὶ ἀπῆλθεν Ἰησοῦς (12)
22. 4. ἀπέλθατε εἰς τοὺς οἴκους ὑμῶν (5 *a*)
— 8. ἐν χρήμασι πολλοῖς ἀπήλθοσαν (14)
— 9. ἀπελθεῖν εἰς τὴν [**A** γῆν] Γαλαάδ (5 *a*)
24. 33. οἱ δὲ υἱοὶ Ἰσραὴλ ἀπήλθοσαν –
Jd. 1. 26. **A** καὶ ἀπῆλθεν [**B** ἐπορεύθη] ὁ ἀνὴρ εἰς γῆν Χ. (5 *a*)
2. 6. **A** ἀπῆλθαν οἱ υἱοὶ Ἰσραήλ [**B** *al.*] (5 *a*)
4. 6. καὶ ἀπελεύσῃ εἰς ὄρος Θαβώρ (8)
6. 21. **A** ἀπῆλθεν ἐξ [**B** ἐπορεύθη ἀπ'] ὀφθαλμῶν αὐτοῦ (5 *a*)
9. 55. **A** ἀπῆλθον [**B** ἐπορεύθησαν] ἀνὴρ εἰς τὸν τόπον (5 *a*)
18. 21. καὶ ἐπέστρεψαν καὶ ἀπῆλθαν (5 *a*)
— 24. **A** καὶ ἀπήλθατε [**B** ἐπορεύθητε] (5 *a*)
19. 2. ἀπῆλθε παρ' [**A** ἀπ'] αὐτοῦ (5 *a*)
— 5. **A** καὶ ἀνέστη τοῦ ἀπελθεῖν [**B** πορευθῆναι] (5 *a*)
— 7. **A** καὶ ἀνέστη ὁ ἀνὴρ ἀπελθεῖν [**B** τοῦ πορεύεσθαι] (5 *a*)
— 8. **A** καὶ ὤρθρισε . . . τοῦ ἀπελθεῖν [**B** πορευθῆναι] (5 *a*)
— 9. **A** καὶ ἀνέστη ὁ ἀνὴρ τοῦ ἀπελθεῖν [**B** πορευθῆναι] (5 *a*)
— 9. **A** καὶ ἀπελεύσῃ [**B** πορεύσῃ] εἰς τὸ σκήνωμά σου (5 *a*)
— 10. καὶ ἀνέστη καὶ ἀπῆλθε (5 *a*)
— 14. **A** καὶ ἀπῆλθον ἐν Γαβαᾶ [**B** *al.*] (5 *a*)
— 27. **A** ἐξῆλθε τοῦ ἀπελθεῖν [**B** πορευθῆναι] (5 *a*)
— 28. ἀνάστα καὶ ἀπέλθωμεν (5 *a*)
— 28. **A** καὶ ἀπῆλθεν εἰς τὸν τόπον [**B** *al.*] (5 *a*)
20. 8. οὐκ ἀπελευσόμεθα ἀνὴρ εἰς σκήνωμα αὐτοῦ [**A** *al.*] (5 *a*)
21. 21. **A** καὶ ἀπελεύσεσθε [**B** πορεύεσθε] (5 *a*)
— 24. **A** ἀπῆλθεν [**B** ἐξῆλθον] ἐκεῖθεν ἀνὴρ εἰς τὴν κληρ. (7)
I Ki. 2. 11. ἀπῆλθεν εἰς Ἀρμαθαΐμ (5 *a*)
— 20. καὶ ἀπῆλθεν ὁ ἄνθρωπος (5 *a*)
6. 6. ἐξαπέστειλαν αὐτοὺς καὶ ἀπῆλθον (5 *a*)
— 8. ἀπελάσατε αὐτὴν καὶ ἀπελεύσεσθε [**A** -σεται] (5 *a*)
10. 2. ὡς ἂν ἀπέλθῃς σήμερον ἀπ' ἐμοῦ (5 *a*)
— 3. καὶ ἀπελεύσῃ ἐκεῖθεν (6)
— 9. ἀπελθεῖν ἀπὸ Σαμ. (5 *a*)
— 25. καὶ ἀπῆλθεν ἕκαστος εἰς τὸν τόπον αὐτοῦ –
— 26. καὶ Σαοὺλ ἀπῆλθεν εἰς τὸν οἶκον αὐτοῦ (5 *a*)
13. 15. **B** καὶ ἀπῆλθεν ἐκ Γαλγάλων (12)
14. 46. ἀπῆλθον εἰς τὸν τόπον αὐτῶν (5 *a*)
15. 6. ἄπελθε καὶ ἔκκλινον ἐκ μέσου τοῦ Ἀμ. (5 *a*)
— 27. ἐπέστρεψε [**A** ἀπ.] Σ. τὸ πρόσωπον αὐτοῦ τοῦ ἀπελθεῖν (5 *a*)
— 34. καὶ ἀπῆλθε Σαμουὴλ εἰς Ἀρμαθαΐμ (5 *a*)
16. 13. καὶ ἀπῆλθεν εἰς Ἀρμαθ. (5 *a*)
17. 15. **A** καὶ Δαυὶδ ἀπῆλθεν (5 *a*)
— 20. **A** καὶ ἔλαβεν καὶ ἀπῆλθεν (5 *a*)
19. 12. καὶ ἀπῆλθε καὶ ἔφυγε (5 *a*)
20. 13. καὶ ἀπελεύσῃ εἰς εἰρήνην (5 *a*)
— 42 (21. 1). καὶ ἀνέστη Δαυὶδ καὶ ἀπῆλθε (5 *a*)
22. 1. καὶ ἀπῆλθεν [**A** ἀπηλλάγη] ἐκεῖθεν Δαυίδ (5 *a*)
— 3. καὶ ἀπῆλθε Δαυὶδ ἐκεῖθεν (5 *a*)
23. 18. καὶ Ἰωνάθαν ἀπῆλθεν εἰς οἶκον αὐτοῦ (5 *a*)
24. 23. καὶ ἀπῆλθε Σαοὺλ εἰς τὸν τόπον αὐτοῦ (5 *a*)
25. 5. καὶ ἀπέλθατε πρὸς Νάβαλ (3)
I Ki. 26. 11. καὶ ἀπέλθωμεν καθ' ἑαυτούς (5 *a*)
— 12. καὶ ἀπῆλθον καθ' ἑαυτούς (5 *a*)
— 25. καὶ ἀπῆλθε Δαυὶδ εἰς τὴν ὁδὸν αὐτοῦ (5 *a*)
28. 25. καὶ ἀπῆλθον τὴν νύκτα ἐκείνην (5 *a*)
29. 11. ὤρθρισε Δαυὶδ . . . ἀπελθεῖν (5 *a*)
30. 2. καὶ ἀπῆλθον εἰς τὴν ὁδὸν αὐτῶν (5 *a*)
II Ki. 2. 29. ἀπῆλθον εἰς δυσμὰς ὅλην τὴν νύκτα ἐκείνην (5 *a*)
3. 22. καὶ ἀπεληλύθει ἐν εἰρήνῃ (5 *a*)
— 23. καὶ ἀπῆλθεν ἐν εἰρήνῃ (5 *a*)
— 24. **A** καὶ ἀπῆλθεν [**B** εἰσῆλθεν] Ἰωάβ (3)
— 24. καὶ ἀπελήλυθεν [**A** ἀπῆλθεν] ἐν εἰρήνῃ (5 *a*)
4. 7. ἀπῆλθον ὁδὸν τὴν κατὰ δυσμάς (5 *a*)
5. 6. καὶ ἀπῆλθε Δαυίδ (5 *a*)
6. 19. καὶ ἀπῆλθε πᾶς ὁ λαός (5 *a*)
12. 15. καὶ ἀπῆλθε Νάθαν εἰς τὸν οἶκον αὐτοῦ (5 *a*)
16. 17. ἵνα τί οὐκ ἀπῆλθες μετὰ τοῦ ἑταίρου σου (5 *a*)
17. 21. μετὰ τὸ ἀπελθεῖν αὐτούς (5 *a*)
— 23. ἀπῆλθεν εἰς τὸν οἶκον αὐτοῦ (5 *a*)
19. 24 (25). ἧς ἀπῆλθεν ὁ βασ. (5 *a*)
20. 21. καὶ ἀπελεύσομαι ἀπάνωθεν τῆς πόλεως (5 *a*)
III Ki. 1. 49. **A** καὶ ἀπῆλθεν [**B** ἦλθον] ἀνὴρ εἰς τὴν ὁδόν (5 *a*)
— 50. καὶ ἀνέστη καὶ ἀπῆλθε (5 *a*)
8. 66. ἀπῆλθεν [**A** -ον] ἕκαστος εἰς τὰ σκηνώματα (5 *a*)
11. 22. σὺ ζητεῖς ἀπελθεῖν εἰς τὴν γῆν σου (5 *a*)
12. 5. ἀπέλθετε [**A** -ατε] ἕως ἡμερῶν τριῶν . . . καὶ ἀπῆλθον (5 *a*, 5 *a*)
— 16. καὶ ἀπῆλθεν Ἰσραὴλ εἰς τὰ σκηνώμ. αὐτοῦ (5 *a*)
— 24. **B** ἐξαπόστειλόν με καὶ ἀπελεύσομαι ἐγώ –
— 24. **B** ἐξαπόστειλόν με καὶ ἀπελεύσομαι –
— 24. **B** ἰδοὺ σὺ ἀπελεύσῃ ἀπ' ἐμοῦ –
— 24. **B** καὶ ἀπῆλθεν ἡ γυνή –
— 24. **B** καὶ ἀπῆλθεν [**R** -ον] ἕκαστος εἰς τὸ σκήνωμα –
— 24. **B** καὶ ἀπῆλθε καὶ ἀνέβη –
13. 10. καὶ ἀπῆλθεν ἐν ὁδῷ ἄλλῃ (5 *a*)
— 12. **A** τὴν ὁδὸν ἐν ᾗ ἀπῆλθεν [**B** ἀν.] ὁ ἄνθρ. (5 *a*)
— 24. καὶ ἐπέστρεψε καὶ ἀπῆλθε (5 *a*)
18. 7. **A** καὶ ἀπῆλθεν [**B** ἦλθεν] Ἠλιού †
— 12. καὶ ἔσται ἐὰν ἐγὼ ἀπέλθω ἀπὸ σοῦ (5 *a*)
— 29. καὶ μετέστησαν καὶ ἀπῆλθον –
19. 3. ἀπῆλθε κατὰ τὴν ψυχὴν αὐτοῦ (5 *a*)
— 19. καὶ ἀπῆλθεν ἐκεῖθεν (5 *a*)
— 19. **A R** καὶ ἀπῆλθεν [**B** ἐπ.] ἐπ' αὐτόν (11)
21 (20). 36. καὶ ἀπῆλθεν ἀπ' αὐτοῦ (5 *a*)
— 43. καὶ ἀπῆλθεν ὁ βασιλεὺς Ἰσρ. (5 *a*)
IV Ki. 4. 5. καὶ ἀπῆλθε παρ' [**A** ἀπ'] αὐτοῦ (5 *a*)
5. 11. καὶ ἀπῆλθε καὶ εἶπεν (5 *a*)
— 12. καὶ ἀπῆλθεν ἐν θυμῷ (5 *a*)
— 19. **A R** καὶ ἀπῆλθεν ἀπ' [**B** παρ'] αὐτοῦ (5 *a*)
6. 22. καὶ ἀπελθέτωσαν πρὸς τὸν κύριον αὐτῶν (5 *a*)
— 23. καὶ ἀπῆλθον πρὸς τὸν κύριον αὐτῶν (5 *a*)
8. 14. καὶ ἀπῆλθεν ἀπὸ Ἐλισαιέ (5 *a*)
II Ch. 10. 5. καὶ ἀπῆλθεν ὁ λαός (5 *a*)
16. 3. καὶ ἀπελθέτω ἀπ' ἐμοῦ (12)
24. 25. μετὰ τὸ ἀπελθεῖν αὐτοὺς ἀπ' αὐτοῦ (5 *a*)
25. 10. ἀπελθεῖν εἰς τὸν τόπον αὐτῶν (5 *a*)
I Es. 4. 11. ἀπελθεῖν καὶ ποιεῖν τὰ ἔργα αὐτοῦ
II Es. 6. 5. **A R** καὶ ἀπελθάτω εἰς τὸν ναόν (5 *b*)
Ne. 5. 9. ἀπελεύσεσθε [**S** ἐπ.] ἀπὸ ὀνειδισμοῦ τῶν ἐχθρῶν ἡμῶν (5 *a*)
8. 12. καὶ ἀπῆλθε πᾶς ὁ λαός (5 *a*)
To. 1. 18. **S** ἀπῆλθε [**A B** ἦλθε] φεύγων
5. 15. **S** ὑγιαίνοντες ἀπελευσόμεθα
— 16. καὶ ἐξῆλθαν ἀμφότεροι ἀπελθεῖν [**S** *al.*]
10. 7. εἰς τὴν ὁδὸν ἔξω οἵας ἀπῆλθεν [**S** *al.*]
11. 1. **S** καὶ ἀπῆλθεν Τωβίας [**A B** *al.*]
12. 13. ὅπως ἀπελθὼν περιστείλῃς τὸν νεκρόν [**S** *al.*]
14. 4. ἄπελθε εἰς τὴν Μηδίαν [**S** *al.*]
— 8. ἄπελθε ἀπὸ Νινευῆ [**S** *al.*]
— 12. ἀπῆλθε δὲ Τωβίας μετὰ τῆς γυναικὸς αὐτοῦ
Ju. 2. 21. $\mathbf{S}^1$**R** ἀπῆλθον [**A** $\mathbf{S}^2$ ἐξ., **B** ἐπ.] ἐκ Νινευή
— 22. ἀπῆλθεν ἐκεῖθεν εἰς τὴν ὀρεινήν
6. 12. **A R** ἀπῆλθον [**BS** ἐπ.] ἔξω τῆς πόλεως
7. 32. ἐπὶ τὰ τείχη . . . τῆς πόλεως αὐτῶν ἀπῆλθον
13. 4. ἀπήλθοσαν πάντες ἐκ προσώπου
16. 21. καὶ Ἰουδὶθ ἀπῆλθεν εἰς Βετυλούα
Jb. 1. 21. γυμνὸς καὶ ἀπελεύσομαι ἐκεῖ (14)
5. 26. **A** ἀπελεύσῃ [**B S** ἐλ.] δὲ ἐν τάφῳ (3)
7. 21. νυνὶ δὲ εἰς γῆν ἀπελεύσομαι †
10. 19. **A** διὰ τί γὰρ ἐκ γαστρὸς εἰς μνῆμα οὐκ ἀπῆλθον [**B S** ἀπηλλάγην] †
21. 33. ὀπίσω αὐτοῦ πᾶς ἄνθρωπος ἀπελεύσεται (8)
27. 21. ἀναλήψεται δὲ αὐτὸν καύσων καὶ ἀπελεύσεται (5 *a*)

Jb. 34. 15. πᾶς δὲ βροτὸς [A βρ. δὲ] εἰς γῆν ἀπελεύσεται (14)
Ps. 33 (34). *tit.* καὶ ἀπῆλθεν (5 *a*)
38 (39). 13. πρὸ τοῦ με ἀπελθεῖν (5 *a*)
Ec. 2. 12. S^{2} τίς ἄνθρωπος ὃς ἀπελεύσεται [A B S^{1} ἐπελ.] (3)
5. 15. οὕτως καὶ ἀπελεύσεται (5 *a*)
Ca. 2. 11. ὁ ὑετὸς ἀπῆλθεν (6)
5. 6. S ψυχή μου ἀπῆλθεν [A B ἐξῆλ.] (7)
— 17 (6. 1). ποῦ ἀπῆλθεν ὁ ἀδελφιδός σου [S *bis*] (5 *a*)
Wi. 4. 2. καὶ ποθοῦσιν ἀπελθοῦσαν
Si. 14. 19. ὁ ἐργαζόμενος αὐτὸ μετ' αὐτοῦ ἀπελεύσεται
41. 10. πάντα ὅσα ἐκ γῆς εἰς γῆν ἀπελεύσεται
Is. 23. 6. ἀπέλθατε εἰς Καρχηδόνα (11)
— 12. ἐὰν ἀπέλθῃς εἰς Κιτιεῖς (11)
24. 11. R ἀπῆλθε πᾶσα εὐφροσύνη (4 *a*)
37. 37. ἀπῆλθεν ἀποστραφεὶς Σενν. [A *om.*] (9 *et* 5 *a*)
38. 12. ἀπῆλθεν ἀπ' ἐμοῦ (4 *b*)
Je. 3. 1. ἀπέλθῃ ἀπ' αὐτοῦ (5 *a*)
5. 23. ἐξέκλιναν καὶ ἀπήλθοσαν (5 *a*)
9. 2 (1). καὶ ἀπελεύσομαι ἀπ' αὐτῶν (5 *a*)
21. 2. ἀπελεύσεται ἀφ' ἡμῶν (12)
28 (51). 9. ἀπέλθωμεν ἕκαστος εἰς τὴν γῆν αὐτοῦ (5 *a*)
44 (37). 9. ἀποτρέχοντες ἀπελεύσονται ἀφ' ἡμῶν οἱ Χαλδαῖοι ὅτι οὐ μὴ ἀπέλθωσι (5 *a*, 5 *a*)
Ep. Je. 58. τὸν ἱματισμὸν τὸν περικείμενον αὐτοῖς ἀπελεύσονται ἔχοντες
Da. LXX. 2. 17. τότε ἀπελθὼν Δανιὴλ εἰς τὸν οἶκον αὐτοῦ (1)
Da. TH. 6. 18 (19). ἀπῆλθεν ὁ βασιλεὺς εἰς τὸν οἶκον (1)
Bel. 14. καὶ ἀπῆλθον
I Ma. 1. 24. ἀπῆλθεν εἰς τὴν γῆν αὐτοῦ
5. 48. τοῦ ἀπελθεῖν εἰς τὴν γῆν ἡμῶν
6. 4. A καὶ ἀπῆλθεν [S R -ῆρεν] ἐκεῖθεν
— 57. R κατέσπευσε τοῦ ἀπελθεῖν [A S *al.*]
7. 10. A ἀπῆλθεν [S R ἀπῆραν] καὶ ἦλθεν
— 20. καὶ ἀπῆλθε Βακχίδης πρὸς τὸν βασιλέα
9. 36. καὶ ἀπῆλθον ἔχοντες
— 60. S^{1} ἀπῆλθεν [A R ἀπῆρε] τοῦ ἐλθεῖν
— 69. ἐβουλεύσατο τοῦ ἀπελθεῖν εἰς τὴν γῆν αὐτοῦ
— 72. ἀποστρέψας ἀπῆλθεν εἰς τὴν γῆν αὐτοῦ
10. 13. καὶ ἀπῆλθεν εἰς τὴν γῆν αὐτοῦ
11. 61. ἀπῆλθεν ἐκεῖθεν εἰς Γάζαν
12. 45. καὶ ἐπιστρέψας ἀπελεύσομαι
— 46. καὶ ἀπῆλθον εἰς γῆν Ἰούδα
13. 24. καὶ ἀπῆλθεν εἰς τὴν γῆν
II Ma. 5. 7. R φυγὰς πάλιν εἰς τὴν Ἀμμ. ἀπῆλθε [A παρῆλθεν]
14. 34. τοσαῦτα δὲ εἰπὼν ἀπῆλθεν
[**Aq.** Ge. 15. 2: Ps. 33 (34). 1: Je. 50 (27). 3.]
[**Sm.** Ex. 5. 7: Le. 16. 8: IV Ki. 1. 2: 8. 1: Jb. 9. 26: Ps. 38 (39). 14: Ec. 10. 15: 12. 5: Is. 52. 12: Ez. 20. 39.]
[**Th.** Jd. 6. 21: 9. 55: 19. 5, 7, 9.]
[**Al.** Jo. 3. 6: Jb. 10. 21: Pr. 11. 23.]
[**Quint.** Ps. 1. 1: 33 (34). 1.]
[**Sext.** Ps. 1. 1.]

ἀπευθανατίζειν.
II Ma. 6. 28. ὑπὲρ τῶν . . . νόμων ἀπευθανατίζειν

ἀπέχειν. (1) בּוֹא (2) גָּבַהּ (3) נזר
(4) חָדַל (5) מָנַע *a.* qal. *b.* ni. (6) נָצַל ni.
(7) סוּר (8) עָצַר (9) רָחַק *a.* qal. *b.* hi.
(10) μακρὰν ἀ. *a.* רָחוֹק *b.* רָחַק qal. *c.* hi.
(11) πόρρω ἀ. רָחַק pi.

Ge. 43. 23. τὸ δὲ ἀργύριον ὑμῶν εὐδοκιμοῦν ἀπέχω (1)
44. 4. οὐκ ἀπέσχον μακράν (10 *c*)
Nu. 32. 19. ἀπέχομεν τοὺς κλήρους ἡμῶν (1)
De. 12. 21. ἐὰν δὲ μακρὰν [A μακρότερον] ἀπέχῃ σου ὁ τόπος (10 *b*)
18. 22. οὐκ ἀφέξεσθε αὐτοῦ (3)
Jd. 18. 9 (7). A καὶ μακρὰν ἀπέχοντες ἐκ Σιδῶνος (10 *a*)
I Ki. 21. 5 (6). ἀλλὰ ἀπὸ γυναικὸς ἀπεσχήμεθα (8)
I Es. 6. 27. ἐπιμεληθῆναι . . . ἀπέχεσθαι τοῦ τόπου
To. 5. 6. S ἀπέχει ὁδὸν ἡμερῶν δύο
Jb. 1. 1, 8. ἀπεχόμενος ἀπὸ παντὸς πονηροῦ πράγματος (7)
2. 3. ἀπεχόμενος ἀπὸ παντὸς κακοῦ (7)
13. 21. τὴν χεῖρα ἀπ' ἐμοῦ ἀπέχου [A ἀπόσχου] (9 *b*)
28. 28. τὸ δὲ ἀπέχεσθαι ἀπὸ κακῶν (7)
Ps. 102 (103). 12. καθ' ὅσον ἀπέχουσιν ἀνατολαὶ ἀπὸ δυσμῶν (9 *a*)
Pr. 3. 27. μὴ ἀπόσχῃ εὖ ποιεῖν ἐνδεῆ (5 *a*)
9. 18. ἀπὸ δὲ ὕδατος ἀλλοτρίου ἀπόσχου —
15. 29. μακρὰν ἀπέχει ὁ θεὸς ἀπὸ ἀσεβῶν (10 *a*)
22. 5. ὁ δὲ φυλάσσων τὴν ἑαυτοῦ ψυχὴν ἀφέξεται αὐτῶν (9 *a*)
23. 4. τῇ δὲ σῇ ἐννοίᾳ ἀπόσχου (4)
— 13. μὴ ἀπόσχῃ νήπιον παιδεύειν [A -ων] (5 *a*)
Wi. 2. 16. ἀπέχεται τῶν ὁδῶν ἡμῶν ὡς ἀπὸ ἀκαθαρσιῶν
Si. 9. 13. μακρὰν ἄπεχε ἀπὸ ἀνθρώπου
28. 8. ἀπόσχου ἀπὸ μάχης [S^{2} ἀπόλιπε ἀπὸ μέθης]
Jl. 1. 13. ἀπέσχηκεν [S^{1} ἐπ'.] ἐξ οἴκου θεοῦ ὑμῶν θυσία (5 *b*)
2. 8. ἕκαστος ἀπὸ τοῦ ἀδελφοῦ αὐτοῦ οὐκ ἀφέξεται †
3 (4). 8. εἰς ἔθνος μακρὰν ἀπέχον (10 *a*)
Ma. 3. 6. οὐκ ἀπέχεσθε ἀπὸ τῶν ἀδικιῶν †
Is. 29. 13. ἡ δὲ καρδία αὐτῶν πόρρω ἀπέχει ἀπ' ἐμοῦ (11)
54. 14. ἀπέχου ἀπὸ ἀδίκου (9 *a*)
55. 9. ὡς ἀπέχει ὁ οὐρανὸς ἀπὸ τῆς γῆς οὕτως ἀπέχει ἡ ὁδός μου ἀπὸ τῶν ὁδῶν ὑμῶν (2, 2)
Je. 7. 10. ἀπεσχήμεθα τοῦ μὴ ποιεῖν πάντα τὰ βδελύγματα (6)
Ez. 8. 6. τοῦ ἀπέχεσθαι ἀπὸ τῶν ἁγίων μου (9 *a*)
11. 15. μακρὰν ἀπέχετε ἀπὸ τοῦ κυρίου (10 *b*)
22. 5. καὶ ταῖς μακρὰν ἀπεχούσαις ἀπὸ σοῦ (10 *a*)
I Ma. 8. 4. ὁ τόπος ἦν μακρὰν ἀπέχων ἀπ' αὐτῶν σφόδρα
II Ma. 11. 5. ἀπὸ [A *om.*] δὲ Ἱεροσ. ἀπέχοντι
12. 29. ἀπέχουσαν ἀπὸ Ἱεροσ. σταδίους ἑξακοσ.
IV Ma. 1. 34. ἀπεχόμεθα διὰ τὴν τοῦ λογισμοῦ ἐπικράτειαν
[**Sm.** I Ki. 27. 1: Ps. 35 (36). 4: 38 (39). 14: Je. 41 (48). 8.]
[**Th.** Is. 42. 19: 53. 12.]
[**Al.** Dt. 7. 16.]

ἀπεχθάνεσθαι.
III Ma. 2. 30. ἵνα δὲ μὴ τοῖς πᾶσιν ἀπεχθόμενος φαίνηται

ἀπέχθεια.
III Ma. 4. 1. μετὰ παρρησίας συνεκφαινομένης ἀπεχθείας

ἀπεχθής.
II Ma. 5. 23. R ἀπεχθῆ [A -ήχθη] δὲ πρὸς τοὺς πολίτας Ἰουδ. ἔχων διάθεσιν
III Ma. 3. 4. R ἐνίοις [A ἔνιοι] ἀπεχθεῖς ἐφαίνοντο

ἀπεχθῶς.
Wi. 19. 15. ἀ. προσεδέχοντο τοὺς ἀλλοτρίους
III Ma. 5. 3. συναγαγὼν τοὺς μάλιστα . . . ἀ. ἔχοντας πρὸς τοὺς Ἰουδαίους

ἀπεψία.
[**Sm.** Nu. 11. 20.]

ἀπηλιώτης. (1) צָפוֹן
Ex. 27. 11. τῷ κλίτει τῷ πρὸς ἀπηλιώτην [A βορρᾶν] (1)
Ju. 7. 18. πρὸς νότον καὶ ἀπηλιώτην
Je. 32 (25). 26. βασιλεῖς ἀπὸ [A τοῦ] ἀπηλιώτου (1)
Ez. 20. 47 (21. 3). πᾶν πρόσωπον ἀπὸ ἀπηλιώτου ἕως βορρᾶ †
21. 4 (9). ἀπὸ ἀπηλιώτου ἕως βορρᾶ †
I Ma. 12. 37. τοῦ τείχους τοῦ χειμάρρου τοῦ ἐξ ἀπηλιώτου
[**Aq.** Ez. 17. 10.]
[**Al.** Ex. 14. 21: Jd. 1. 9.]

ἀπήμαντος.
Wi. 7. 22. πνεῦμα νοερὸν . . . σαφὲς ἀ.
II Ma. 12. 25. ἀποκαταστήσειν τούτους ἀπημάντους
III Ma. 6. 6. ἐρρύσω μέχρι τριχὸς ἀπημάντους
— 8. Ἰωνὰν . . . ἀπήμαντον πᾶσιν οἰκείοις ἀνέδειξας

ἀπηνής.
Wi. 17. 19. κτύπος ἀπηνὴς καταρριπτομένων πετρῶν
— 19. ὠρυομένων ἀπηνεστάτων [A -έστατος] θηρίων φωνή

ἀπιδεῖν (MSS. ἀφ.). (1) רָאָה
Jn. 4. 5. ἕως οὗ ἀπίδῃ τί ἔσται τῇ [S ἐν τῇ] πόλει (1)
III Ma. 6. 8. A τόν τε . . . Ἰωνὰν τηκόμενον ἀπιδών [R ἀφειδῶς]
IV Ma. 17. 23. πρὸς γὰρ τὴν ἀνδρείαν αὐτῶν τῆς ἀρετῆς . . . ὁ τύραννος ἀπιδών

ἀπιέναι. (1) אַחַר
Ex. 33. 8. κατενοοῦσαν [A κατενόουν] ἀπιόντος Μωυσῆ (1)
— 10. A κατενόουν ἀπιόντος Μωυσῆ –
II Ma. 12. 1. ὁ μὲν Λυσίας ἀπῄει πρὸς τὸν βασιλέα
13. 22. δεξιὰν ἔδωκεν ἔλαβεν ἀπῄει
IV Ma. 4. 8. ὁ Ἀπολλώνιος ἀπῄει εἰς τὸ ἱερόν

ἄπιος. (1) בָּכָא
I Ch. 14. 14. παρέσῃ αὐτοῖς πλησίον τῶν ἀ. (1)
— 15. τοῦ συσσεισμοῦ αὐτῶν ἄκρων [A τοῦ ἄκρου] τῶν ἀ. (1)
[**Aq.** II Ki. 5. 23.]

ἆπις. (1) אַבִּיר
Je. 26 (46). 15. διὰ τί ἔφυγεν ἀπὸ σοῦ [A S *om.* ἀ. σ.] ὁ ἆ. (1)

ἀπιστεῖν.
Wi. 1. 2. ἐμφανίζεται δὲ τοῖς μὴ ἀπιστοῦσιν [A πιστεύουσιν] αὐτῷ
10. 7. ἀπιστούσης ψυχῆς μνημεῖον
12. 17. ἀπιστούμενος ἐπὶ δυνάμεως τελειότητι
18. 13. πάντα γὰρ ἀπιστοῦντες διὰ τὰς φαρμακίας
Si. 1. 27. S μὴ ἀπιστήσῃς [A B ἀπειθήσῃς] φόβῳ κυρίου
II Ma. 8. 13. ἀπιστοῦντες τὴν τοῦ θεοῦ δίκην

ἀπιστία.
Wi. 14. 25. δόλος φθορὰ ἀ.
IV Ma. 12. 4. S διὰ γὰρ ἀπιστίαν [A R ἀπείθειαν] στρεβλωθέντες

ἄπιστος.
Pr. 17. 6. τοῦ δὲ ἀπίστου οὐδὲ ὀβολός –
28. 25. ἄπιστος [A ἄπληστος] ἀνὴρ κρινεῖ εἰκῇ †
Is. 17. 10. φυτεύσεις φύτευμα ἄ. καὶ σπέρμα ἄ. †, †
[**Sm.** Ps. 32 (33). 17.]
[**Al.** Pr. 8. 13.]

ἀπλάνητος.
[**Sm.** Jb. 12. 20.]

ἄπλαστος. (1) תָּם
Ge. 25. 27. R Ἰακὼβ δὲ [A *add.* ἦν] ἄνθρωπος ἄ. [A ἄβλαστος] (1)

ἄπλατος, ἄπλετος.
III Ma. 4. 11. R ἐν τῷ πρὸ τῆς πόλεως ἱπποδρόμῳ παρεμβαλεῖν ἀπλέτῳ [A -άτῳ] καθεστῶτι περιμέτρῳ

ἀπληστεύεσθαι.
Si. 34 (31). 17. μὴ ἀπληστεύου μήποτε προσκόψῃς
37. 29. μὴ ἀπληστεύου ἐν πάσῃ τρυφῇ
[**Aq.** Je. 51 (28). 34.]

ἀπληστία.
Si. 37. 30. ἡ ἀ. ἐγγιεῖ ἕως χολέρας
— 31. δι' ἀπληστίαν πολλοὶ ἐτελεύτησαν

ἄπληστος. (1) בַּעַל נֶפֶשׁ (2) *a.* רָחָב
b. רְחַב נֶפֶשׁ (3) לֹא שָׂבֵעַ
Ps. 100 (101). 5. ὑπερηφάνῳ ὀφθαλμῷ καὶ ἀ. καρδίᾳ (2 *a*)
Pr. 23. 2. εἰ δὲ ἀπληστότερος εἶ (1)
27. 20. οἱ ὀφθαλμοὶ τῶν ἀνθρώπων ἄ. (3)
28. 25. ἄπιστος [A ἄπληστος] ἀνὴρ κρινεῖ εἰκῇ (2 *b*)
Si. 34 (31). 20. πόνος ἀγρυπνίας . . . μετὰ ἀνδρὸς ἀ.

ἁπλοσύνη. (1) תֹּם
Jb. 21. 23. B S ἀποθανεῖται ἐν κράτει ἁπλοσύνης [A S^{4} ἀφροσύνης] αὐτοῦ (1)
[**Th.** Jb. 21. 23.]

ἁπλότης. (1) יֹשֶׁר (2) תֹּם
II Ki. 15. 11. πορευόμενοι τῇ [A ἐν τῇ] ἀ. αὐτῶν (2)
I Ch. 29. 17. ἐν ἁπλότητι καρδίας προεθυμήθην ταῦτα πάντα (1)
Wi. 1. 1. ἐν ἁπλότητι καρδίας ζητήσατε αὐτόν
Da. LXX. Su. 63. οἱ νεώτεροι ἀγαπητοὶ Ἰακὼβ ἐν τῇ ἀ. αὐτῶν
I Ma. 2. 37. ἀποθάνωμεν πάντες ἐν τῇ ἁ. ἡμῶν

I Ma. 2. 60. Δανιὴλ ἐν τῇ ἁ. αὐτοῦ ἐρρύσθη
III Ma. 3. 21. τὰ πεπιστευμένα μετὰ ἁπλότητος αὐτοῖς ἀρχῆθεν μύρια πράγματα

[**Aq.** Jb. 4. 6 : 21. 23 : Ps. 7. 9 : 25 (26). 1, 11 : 40 (41). 13 : 77 (78). 72 : Pr. 10. 9 : 28. 6.]
[**Sm.** Ge. 20. 5 : Jb. 2. 9 : 27. 5 : Ps. 7. 9 : 36 (37). 37 : 40 (41). 13 : 77 (78). 72 : Pr. 10. 9 : 28. 6.]
[**Th.** Ps. 25 (26). 1 : Pr. 28. 6 : Is. 55. 2.]

ἁπλοῦν. (1) תָּמַם hi.

Jb. 22. 3. **A R** ἢ ὠφέλεια ὅτι ἁπλώσῃς [**B S** ἀπώσῃς] τὴν ὁδόν σου (1)

[**Sm.** Jb. 11. 13 : Is. 33. 23 : 37. 14 : Ez. 17. 6.]
[**Th.** Jb. 22. 3.]
[**Al.** Dt. 32. 11.]

ἁπλοῦς.

Pr. 11. 25. ψυχὴ εὐλογουμένη πᾶσα ἁπλῆ †

[**Aq.** Ge. 25. 27 : Jb. 1. 1, 8 : 9. 20 : Ps. 15 (16). 1 : 63 (64). 5 : Pr. 10. 29.]
[**Sm.** Ge. 42. 11 : Jb. 33. 3 : Ps. 24 (25). 8 : 35 (36). 11 : Ec. 7. 30 (29).]
[**Th.** Ge. 25. 27 : Jb. 1. 1.]

ἅπλωμα.

[**Al.** Ge. 38. 29.]

ἁπλῶς. (1) בֶּתוֹם

Pr. 10. 9. ὃς πορεύεται ἁ. πορεύεται πεποιθώς (1)
Wi. 16. 27. τὸ γὰρ ὑπὸ πυρὸς μὴ φθειρόμενον ἁ.
II Ma. 6. 6. οὔτε ἁ. Ἰουδαῖον ὁμολογεῖν εἶναι

ἄπνοος.

Wi. 15. 5. ποθεῖ τε νεκρᾶς εἰκόνος εἶδος ἄπνουν [**A** ἄγνουν]

ἀπό.—(‡ ἀπὸ . . . καὶ ἐπάνω : †† ἀπὸ προσώπου : * ἀπὸ . . . ἕως (καὶ ἕως)).

Ge. 2. 2, 3, 7, 16, 17 ter, 22 : 3. 1, 2, 3 bis, 5, 6†, 8††, 11 bis, 12, 14 bis, 17 bis, 22 : 4. 3, 4 bis, 11†, 14†† bis, 16†† : 5. 29 ter : 6. 2, 4, 7††, 7* bis, 13, 19 quinquiens, 20 quater, 21 : 7. 2 bis, 3 bis, 4††, 8 quinquiens, 15, 16, 17, 23*, 23 : 8. 2, 3, 7, 8, 11, 13, 13††, 17*, 20 bis : 9. 10 ter, 11, 19, 24 : 10. 19*, 30*, 32 : 11. 2, 6† : 13. 9, 11 bis, 14 bis : 14. 17, 20, 23*, 23 : 15. 18* : 16. 6†††, 8†††, 10† : 17. 12, 22 : 18. 2, 17 : 19. 4*, 11* : 23. 3, 4, 6, 8†† : 24. 3, 8, 10 bis, 27, 37, 41†, 41, 46, 64 : 25. 6, 18*, 30 : 26. 16, 26, 27, 31 : 27. 19†, 25, 28 bis, 30††, 30, 31†, 33, 39 bis, 40, 44, 45, 46 : 28. 6†, 10, 11, 16† : 29. 3, 8, 10 : 31. 31, 37, 39†, 40, 49 : 32. 10 (11) bis, 12 (13)† : 33. 15 : 34. 16 : 35. 1††, 7††, 13 : 36. 2, 6††, 7 : 38. 1, ● 14, 19 : 39. 9 : 40. 17 bis, 19 bis : 41. 14, 31, 42, 46††† : 42. 7, 24 bis : 43. 11 : 44. 12*, 28 : 45. 1, 23 : 46. 5, 30 (ἀπὸ τοῦ νῦν) : 47. 2, 10, 13, 18, 21* : 48. 10, 12, 17 : 49. 12†.

Ex. 1. 12 : 2. 6, 15††, 19, 23 bis : 3. 8 : 4. 3, 9 bis, 10 (ἀφ' οὗ), 26† : 5. 4, 5, 11, 20, 23 (ἀφ' οὗ) : 6. 6, 9 bis : 7. 18, 24†, 24 : 8. 8 (4) bis, 9 (5) bis, 11 (7), 11 (7)† bis, 11 (7) bis, 12 (8), 24 (20), 29 (25), 29 (25)†, 29 (25), 29 (25)†, 30 (26), 31 (27), 31 (27)† bis : 9. 4, 6, 7, 15, 18, 24 (ἀφ' οὗ†), 25*, 33 : 10. 6*, 6, 11††, 15, 17, 18, 19, 26, 28 : 11. 5*, 7*, 8 : 12. 5, 7, 9, 10*†, 10, 10*, 12*, 15, 15*, 18*, 22, 22†, 22, 29*, 33†, 43, 44, 45, 46†, 46, 48 : 13. 2*, 10, 15* : 14. 19††, 25†† : 15. 22 : 16. 16, 19, 20, 24 : 17. 5, 16 : 18. 13* (ἀπὸ πρωΐθεν), 14* (ἀπὸ πρωΐθεν), 21, 22, 25 : 19. 5, 13, 14†, 22, 24 : 21. 14 : 22. 4 (3)* : 23. 7, 18††, 22, 25, 28, 30, 31* bis, 31 : 26. 28 : 27. 21* : 28. 38 (42)* : 29. 12, 21, 21†, 21, 22, 23, 26, 27 ter, 28†, 28, 33, 34 : 30. 10, 14‡, 15, 33 : 32. 12, 15, 19, 27 : 33. 6, 7, 10 : 34. 11†††, 24†††, 29† bis : 35. 20 : 36. 29 (39. 21) bis : 38. 16 (37. 19)† : 39. 3 (38. 26)‡ : 40. 36.

Le. 1. 2 bis, 2†, 10 bis, 14 ter : 2. 2 bis, 3 bis, 5, 7, 9, 10 bis, 11, 13, 13†, 16 : 3. 3, 6, 9, 12, 14† : 4. 2 bis, 5, 6, 7, 8, 10, 13, 16, 17, 18, 19†, 22, 25, 26, 27, 30, 31, 34 : 5. 3 bis, 6, 8, 9, 12, 13†, 15, 16, 17 : 6. 3 (5. 22), 4 (5. 24), 5 (5. 25), 6 (5. 26), 10 (3), 12 (5)†, 15 (8) bis, 16 (9), 17 (10), 18 (11), 27 (20), 30 (23), 33 (7. 3) : 7. 4 (14), 5 (15), 7 (17), 8 (18) bis, 10 (20), 11 (21) bis, 15 (25), 15 (25)† bis, 16 (26) bis, 17 (27), 19 (29), 22 (32), 23 (33), 24 (34), 25 (35) : 8. 10, 11†, 12, 15, 16†, 22, 23, 25, 27, 28, 29 bis, 33 : 9. 17, 19 : 10. 7, 12, 13, 14 : 11. 2, 4†, 4 bis, 8, 9, 10 bis, 11, 13, 21, 22, 23, 29, 31, 32 bis, 33, 35, 37†, 39†, 40 bis : 12. 7 : 13. 3, 4, 10, 12*, 21, 25, 26, 32, 34, 56 quater, 58 : 14. 3, 7, 14, 15, 16, 19, 25, 26, 27, 28, 29, 30†, 30 : 15. 15†, 28, 30, 31 : 16. 12, 14 bis, 15†, 16 bis, 18†, 18 bis, 19 bis, 30, 34 : 17. 8 : 18. 21, 26, 29, 30 : 19. 30, 32†† : 20. 2, 2† bis, 4, 16†, 23, 24, 26 : 21. 7, 10, 22 : 22. 2, 3 bis, 6, 13 bis, 18, 18†, 22, 25, 30 : 23. 15 bis, 17, 32, 32* : 24. 3*, 9 : 25. 12, 22, 25, 44 bis, 45 ter, 49, 50, 51, 52 : 26. 2, 36, 39, 43† : 27. 3*, 5*, 6*, 7‡, 9 ter, 11 bis, 11, 16, 17, 18, 22 bis, 28, 28*, 28, 29, 30.

Nu. 1. 3‡, 18‡, 20‡, 22‡, 24‡, 26‡, 28‡, 30‡, 32‡, 34‡, 36‡, 38‡, 40‡, 42‡, 45‡ : 3. 9, 13*, 15‡, 22‡, 28‡, 34‡, 38, 39‡, 40‡, 43‡, 46 : 4. 3*‡, 23*‡, 30*‡, 35*‡, 39*‡, 43*‡, 47*‡ : 5. 3*, 6, 19, 26, 31 : 6. 3, 3†, 4, 5*, 19 bis : 8. 17*, 24‡, 25, 25† : 9. 12 bis, 17, 21* : 10. 9, 11 : 11. 16, 17, 24, 25, 31, 35 : 12. 10 : 13. 21 (20), 22 (21)*, 24 (23) bis : 14. 9 bis, 19*, 29‡, 31, 38 : 15. 3 bis, 8, 19, 20, 23, 30 bis : 16. 24, 26 bis, 27, 28, 34, 46 (17. 11), 46 (17. 11)†† : 17. 5 (20), 9 (24)††, 10 (25) : 18. 8, 9 sexiens, 11, 15, 15*, 16, 26 bis, 27 bis, 28 ter, 29 ter, 30 ter, 31†, 32 : 19. 4 bis, 13, 17 : 20. 6††, 21 : 21. 7, 13, 18, 19 quater, 24*, 26* : 22. 3††, 11†, 30*†, 32, 33† : 23. 7, 9 bis : 25. 4, 8, 11 : 26. 2‡, 4‡, 62‡ : 30. 9† : 31. 11*, 26*, 28 sexiens, 29, 30 septiens, 32, 35, 37, 42 bis, 43†, 43, 47 quater, 49 : 32. 11‡, 15, 19, 21††, 22 : 33. 11, 48, 55†† : 34. 3*, 3 bis, 4, 5, 7, 8, 9, 10, 11 ter, 15 : 35. 2, 4, 8 quater, 12, 25†, 33 : 36. 4, 7.

De. 1. 17, 25, 29, 44* : 2. 5, 6†, 8 bis, 9, 12††, 14*, 19, 21†††, 22††, 25††, 36*† : 3. 8*, 11†, 12, 16*†, 17*†, 22† : 4. 2, 9, 26, 32, 41, 48, 49† : 5. 5†† : 6. 14, 15†† : 7. 1††, 4, 15, 19††, 20, 21††, 22††, 25 : 8. 4 bis : 9. 3†††, 4†††, 5††, 7, 16, 17, 21†, 24 : 10. 7 : 11. 12*, 17, 23††, 24* bis, 28 : 12. 10, 21 bis, 29††, 30††, 32 : 13. 5 (6), 5 (6)†, 7 (8) bis, 7 (8)*, 10 (11), 17 (18) bis : 14. 2, 7 bis, 8, 9, 12, 19 (18), 24, 24 (23) bis : 15. 7, 11, 12, 13†, 14 ter, 16, 18 : 16. 4, 13 : 17. 8, 11, 20 bis : 18. 12†††, 22† : 19. 5 : 20. 1, 3††, 15† ter, 16†, 19, 19†† : 21. 13, 17 : 22. 8 : 23. 9 (10), 14 (15), 17 (18) bis, 18 (19) bis : 25. 9, 19 : 26. 2, 14, 14†, 14 : 28. 7††, 14, 21, 25††, 31, 35*, 49, 55, 60††, 63, 64*, 67 bis : 29. 5 (4), 11 (10)*, 18 (17), 28 (27)† : 30. 4*, 11 : 31. 3††; 6††, 17, 18, 21, 21†, 29† : 32. 15, 20, 42 ter : 33. 3, 13†, 13 bis, 14, 15 bis, 17†, 24, 27†† : 34. 1.

Jo. 1. 4, 7, 15† : 2. 10††, 11††, 24 : 3. 3, 4 (ἀπ' ἐχθές), 10††, 12, 12† : 4. 2, 2†, 4 bis, 7††, 19 : 5. 1††, 8, 9, 10 : 6. 17 (18) bis, 20 (21)* bis : 7. 1 bis, 4††, 5 bis, 5†, 9, 11, 19 : 8. 4†, 5††, 6, 6††, 9, 11, 12, 14†, 15††, 16, 24†, 25*, 29 : 9. 2 (8. 35), 13, 22, 24†† bis : 10. 2†, 6, 10††, 11††, 12††, 27, 41* : 11. 3, 6††, 15, 16, 22† : 12. 1, 1*, 1, 2, 3 bis, 5 bis : 13. 3*, 5, 5*, 6*, 6††, 8*, 8, 9, 12, 16, 26*, 27, 30, 32† : 14. 2, 10 (ἀφ' οὗ) : 15. 1, 1*, 2*, 2, 3†, 4, 5*, 5†, 5 bis, 6, 7†, 8†, 9, 10†, 10, 11, 13†, 18†, 46 : 16. 1 ter, 2†, 5, 6 bis, 8 : 17. 5, 7†, 10 bis : 18. 5 bis, 12 bis, 12†, 13, 13†, 14 bis, 15, 16 bis, 18 bis, 19†, 19 bis, 20 : 19. 9, 12 bis, 27, 27†, 29, 34 bis, 46, 48 : 20. 3†, 5 (ἀπ' ἐχθές)†, 8†, 8 : 21. 4 ter, 5, 6 quater, 7 ter, 9, 10, 20 bis, 25, 28†, 37, 38, 42, 43 : 22. 9, 14 bis, 16 bis, 17, 18 bis, 19 bis, 20, 23, 29, 29†, 32 ter : 23. 1, 3††, 4 bis, 5†† bis, 9††, 13††, 13, 14, 15 : 24. 2, 8††, 12††, 18††, 30.

Jd. 1. 14†, 36†, 36‡† : 2. 1, 9, 12, 18, 18†††, 19†, 21 : 3. 3*, 19 bis, 20, 21†, 27 : 4. 6† bis, 11†, 11, 13, 14†, 15† : 5. 5†† bis, 11†, 14†, 24† : 6. 2††, 6††, 7†††, 11†††, 21†, 27, 38† : 7. 1 bis, 3 bis, 5†, 17, 23† ter, 25 (ἀπὸ πέραν)† : 8. 3, 10†, 11†, 13†, 13 (ἀπὸ ἐπάνωθεν†), 14†, 28††† : 9. 15†, 20†, 20, 20†, 21††, 35†, 36, 37, 37† bis, 39†††, 40†† : 10. 11† ter : 11. 3†††, 5†, 7, 13*, 18†, 22* bis, 23†††, 24†††, 29†, 31†, 31, 33*, 33††, 36† bis, 40† : 12. 6†, 8† : 13. 2† bis, 5†, 7*, 13, 14, 16† : 14. 1†, 2, 3† bis, 9†, 14† : 15. 3, 5*, 11†, 13†, 14, 17† : 16. 12, 14†, 17† bis, 17, 18†, 19, 20†, 25† : 17. 1†, 5†, 8†, 9†, 11† : 18. 2† quater, 7†, 11† ter, 22, 28 : 19. 1†, 2† bis, 12†, 16†, 18*†, 30* : 20. 1*, 13†, 14†, 15†, 21†, 25† bis, 31†, 32†, 33, 38†, 42, 43† bis, 44†, 46†, 48 : 21. 3†, 5†, 6†, 7, 8†, 8, 9, 10, 12, 14†, 16†, 17†, 18, 19 bis, 19†, 19, 21†, 21, 23.

Ru. 1. 1, 5 bis : 2. 7* (ἀπὸ πρωΐθεν) : 4. 2.

I Ki. 1. 14† : 2. 8 bis, 29 (?), 33 : 3. 17 bis, 18, 19, 20*, 21* : 4. 18, 22† bis : 5. 9* : 6. 3, 5 ter, 7 (ἀπὸ ὄπισθεν)†, 20 : 7. 2, 7††, 8, 14* : 8. 8* : 10. 2, 9 : 12. 20 (ἀπὸ ὄπισθεν)† : 13. 8†, 11† : 14, 5 bis, 45†, 46 (ἀπὸ ὄπισθεν) : 15. 3, 3* quater, 7*, 11 (ἀπὸ ὄπισθεν), 28 : 16. 13‡, 14, 23 : 17. 15†, 22†, 26†, 39, 46 : 18. 6†, 9†, 10†, 11†††, 12††, 12†, 13, 15††, 29, 30 (ἀφ' ἱκανοῦ)† : 20. 2†, 6, 15, 15††, 16, 22 bis, 34, 37, 41 : 21. 4 (5), 5 (6), 12 (13)†† : 22. 19* bis : 23. 26†† : 24. 2 (ἀπὸ ὄπισθεν) : 25. 14, 23, 37 : 26. 11 (ἀπὸ πρός), 12 (ἀπὸ πρός) : 27. 1†, 8, 8* : 28. 3, 9, 15, 16, 20, 23 : 29. 3*, 6*, 8* : 30. 2*, 17*, 19*, 19, 25‡, 26 : 31. 12.

II Ki. 1. 22 bis : 2. 22, 26 (ἀπὸ ὄπισθεν), 30 (ἀπὸ ὀπίσω†) : 3. 10, 10*, 11, 26 bis, 28 bis, 35 : 5. 9, 23†, 24†, 25* : 6. 2, 4†, 19* bis, 19 : 7. 1, 6*, 8 (ἀπὸ ὄπισθεν)†, 9††, 10, 11 bis, 15 bis, 29 : 10. 13††, 14††, 14, 18†† : 11. 2 bis, 4, 15 (ἀπὸ ὄπισθεν), 17†, 21 (ἀπὸ ἄνωθεν)†, 22 bis : 12. 17, 30 : 13. 9 (ἀπὸ ἐπάνωθεν)† bis, 13, 17, 22*, 32 : 14. 11†, 14, 16, 18, 25*, 26 : 15. 7, 14††, 24 : 16. 1 : 17. 11* : 18. 13 : 19. 9 (10)†, 9 (10) ter, 24 (25)* : 20. 2 (ἀπὸ ὄπισθεν), 2*, 5, 22 bis : 22. 9, 13, 16, 22, 23†, 23, 24 : 23. 4, 13, 20, 30†, 36† : 24. 2*, 8, 15 (ἀπὸ πρωΐθεν)*, 15*.

III Ki. 1. 50†† : 2. 7††, 16, 29††, 31 bis : 3. 1 (4. 24)*†, 1 (4. 25)*†, 1*†, 8†, 28†† : 4. 21*†, 24*†, 33* : 5. 3†† : 6. 15*, 16, 16*, 24 : 7. 14, 23*, 30 (ἀπὸ πέραν)†, 39, 39†, 39 bis, 48†, 5, 7*† : 8. 5†, 11††, 16, 35, 41, 41†, 54††, 65* : 9. 6, 7 : 10. 26* : 11. 9, 18† : 12. 4 bis, 9, 10, 24†, 33 : 13. 4, 5, 33, 34†† : 14. 4†, 7†, 8†, 15 (ἀπὸ ἄνω)†, 15 (ἀπὸ πέραν)†, 24, 24†† : 15. 5, 12, 19 : 16. 2, 28 (22. 43)†, 28 (22. 46)† : 17. 15†, 23 : 18. 5, 12, 13, 29 (ἀπὸ τοῦ νῦν) : 19. 4, 7, 16† : 20 (21). 26††, 27††, 29†† : 21 (20). 7, 25†, 33†, 36 bis, 41 : 22. 33, 35 (ἀπὸ πρωΐ)*, 35†, 43, 47†.

IV Ki. 1. 4, 6, 15††, 16, 18 (3. 3) : 2. 9, 10, 24† : 3. 3, 24††, 27 : 4. 1, 5†, 8 (ἀφ' ἱκανοῦ), 27, 39 : 5. 3, 6†, 7†, 17†, 19† bis, 20†, 21, 22, 26 : 6. 1, 27 bis : 7. 13† : 8. 6*, 14, 29 : 9. 14††, 15, 16 : 10. 5† bis, 10, 24, 29 (ἀπὸ ὄπισθεν)†, 33 bis : 11. 2††, 11* : 12. 5 (6), 7 (8), 18 (19) : 13. 2, 6, 11, 23†† : 14. 12††, 24, 25* : 15. 9, 16, 18, 24, 25, 28 : 16. 3††, 11†, 12†, 14 bis, 17 bis, 18†† : 17. 8†††, 9*, 11†††, 13, 18††, 20††, 23, 23††, 24 bis, 28 : 18. 8*, 10, 14 : 19. 6, 8†, 25†, 25 (ἀπὸ μακρόθεν)†, 25† : 21. 2††, 8, 11, 15*, 16 : 22. 19††† : 23. 2*, 8*, 22, 26, 27†† : 24. 3††, 7*, 18†, 20†† : 25. 12, 26*, 26††.

I Ch. 4. 42 : 5. 9, 23*, 25†† : 6. 60†, 62†, 66, 70, 71, 76 : 9. 3 bis, 3†, 5†, 10, 25, 30 : 10. 1††, 3 : 11. 13††, 21 : 12. 1††, 8, 8†, 15*, 16, 19, 20, 30, 31, 32, 33, 34, 35, 36, 37 bis : 13. 3, 5* : 14. 14, 16* : 16. 3*, 20 bis, 30††, 33††, 36* : 17. 5*, 8††, 9†, 10, 13 bis, 21†† : 19. 14, 15†† bis, 18††, 18, 19†† : 20. 2, 4 : 21. 2*, 30†† : 22. 9 : 23. 3‡, 4, 24‡, 27‡ : 26. 8, 10†, 27 : 27. 3, 10, 23‡ : 28. 4, 5 : 29. 10*, 11††.

II Ch. 1. 13††† : 2. 14 : 4. 10 : 5. 6, 14†† : 6. 5 bis, 16††, 26 : 7. 8*, 14, 20, 20††† : 8. 7, 16* : 9. 2, 26* : 10. 2††, 4 bis, 9, 10 : 11. 16 : 12. 5††, 12 : 13. 2, 4, 6, 16††, 17 : 14. 5 : 15. 8 bis, 9 ter, 11†, 13* bis : 16. 3 bis, 7, 9 (ἀπὸ τοῦ νῦν) : 17. 6, 11 : 18. 31, 32 : 19. 3, 4* : 20. 2, 4, 7††, 9, 10, 11†, 14, 15††, 19 bis, 27, 37 : 21. 4, 8, 10 bis : 22. 6, 11†† : 23. 8*, 10* : 24. 5, 6, 25 : 25. 1, 5‡, 6, 10, 12, 13*, 23, 23*, 27 bis : 26. 3, 18, 21 : 28. 3††, 8, 12 bis, 15, 18, 19, 22 : 29. 6, 10, 12, 12† : 30. 5*, 6, 7, 8, 9, 11 bis, 18, 25, 25†, 26 : 31. 1 bis, 16‡, 17‡, 19 : 32. 7†† bis, 26, 31 : 33. 2, 2††, 8, 9††, 12††, 14 : 34. 3 ter, 7, 9, 13, 27††, 30*, 33 (ἀπὸ ὄπισθεν) : 35. 7 bis, 15, 18, 19, 19††, 21, 22, 24 : 36. 5, 5††, 12††.

I Es. 1. 20, 30 bis, 41, 47, 48, 56† : 2. 21 : 3. 2, 23 : 4. 30, 39, 48, 49, 53, 57 : 5. 9, 36, 41, 53, 58, 69 : 6. 20, 29 : 7. 13 : 8. 30 (?)†, 57, 61 ter, 69†, 70, 76, 80†, 91†, 92† : 9. 1, 4, 9 bis, 13, 40*, 41†.

II Es. 1. 1, 3, 4, 7, 11 : 2. 1†, 59, 61 bis, 62, 63, 68, 70 : 3. 3†, 7, 8, 8‡, 12, 13, 13 (ἀπὸ μακρόθεν) : 4. 2, 12, 15, 19, 22 : 5. 12 (ἀφ' ὅτε), 14, 14†, 16 (ἀπὸ τότε)*, 17 : 6. 5, 8 bis, 11, 14 bis, 21 : 7. 7 ter,

● = correction on page xxiv

9†, 13 *bis*, 14††, 20 *bis*, 28 : 8. 2 *ter*, 3 *bis*, 4, 5†, 6, 7, 8, 9, 10, 11, 12, 13, 14, 15, 18, 19, 20, 22, 24 *bis*, 25 (?), 31 *bis*, 33†, 35† : 9. 1, 2, 3 *bis*, 5, 7, 11, 12 : 10. 1†, 2 *bis*, 6††, 8, 9 *bis*, 11 *bis*, 14, 18 *bis*, 20, 21, 22, 23, 24 *bis*, 25 *bis*, 26, 27, 28, 29, 30, 31, 33, 34, 43.

Ne. 1. 2 *bis*, 3, 9 : 3. 4†, 15, 20, 21, 24* : 4. 9††, 14††, 16, 19, 21* : 5. 5, 9, 11, 14, 14*, 15††, 17 : 6. 8, 9, 17 : 7. 6, 61, 62, 63 *bis*, 64, 65, 70, 71, 73 : 8. 2*, 3*, 17, 17*, 18* : 9. 2, 5*, 19, 20, 26, 32*, 35 : 10. 9, 28 (29), 34 (35)† : 11. 1, 4 *ter*, 5, 9†, 10, 15, 17†, 22, 24†, 26, 31, 36 : 12. 28 *bis*, 29, 35, 39†, 43 (ἀπὸ μακρόθεν), 46 : 13. 8, 13, 21, 25, 28 *bis*, 30, 31.

To. 1. 4, 4† *bis* : 3. 6†††, 6, 7†, 10†, 13, 14, 17† *ter* : 4. 7 *bis*, 12 *ter*, 13, 21 : 5. 3 (ἀφ' οὗ)†, 6† : 6. 2† *bis*, 7†, 12†, 16†, 17† : 7. 12 (ἀπὸ τοῦ νῦν), 12 (ἀπὸ τῆς σήμερον)†, 15 (ἀπ' ἐκείνου)† : 8. 4, 21 (ἀπὸ τοῦ νῦν)† : 10. 7†, 13 (ἀπὸ τοῦ νῦν)† *bis* : 11. 1†, 8†, 9 (ἀπὸ τοῦ νῦν), 13 : 12. 11 : 13. 6 : 14. 3†, 4†, 7†, 8†.

Ju. 1. 11††† : 2. 14††, 20, 21† : 4. 2†† : 5. 8††, 12††, 18, 23 : 6. 3††, 5* : 7. 3*†, 22 : 8. 20, 29 : 10. 2, 12††, 15, 19 : 11. 3, 16††, 21* : 12. 1, 13††, ● 16, 20, 20 (ἀφ' ἐγεννήθη) : 13. 4*, 6, 8†, 9 *bis*, 13*, 14, 19 : 14. 3††, 8, 15 : 15. 7 : 16. 4, 15††, 22.

Es. 1. 1 *bis*, 5*†, 7, 20* : 2. 13* : 3. 12*, 13†, 13* : 4. 4†, 8†, 17 : 5. 1 *bis*, 2 *bis*, 9, 9† : 6. 1 : 7. 6, 7†, 8†, 9† : 8. 9*, 13* : 9. 16, 22† *ter* : 10. 3†.

Jb. 1. 1, 3, 8, 12†††, 19† : 2. 3, 7†, 7*, 9 : 3. 10 : 4. 9 *bis*, 17, 20 (ἀπὸ πρωΐθεν) : 5. 4, 21 *bis*, 21†, 22 : 6. 10†, 13 : 7. 4*, 5, 9, 15 *bis*, 16 : 9. 34 : 10. 14 : 11. 6, 14 : 13. 20††, 21, 24† : 14. 4, 6, 9 : 15. 22 : 16. 17 : 17. 4, 7, 12†† : 19. 9 *bis*, 13, 22, 29 : 20. 4 (ἀπὸ τοῦ ἔτι)†, 4 (ἀφ' οὗ) : 21. 14, 17, 18†, 20†, 34 : 22. 18, 23, 25 : 23. 11, 15†† : 24. 8, 9, 24 : 26. 11 : 28. 4, 21, 28 : 30. 8†, 10†, 22, 30 : 31. 7†, 20, 22 *bis*, 23 : 33. 17†, 17, 18 : 34. 30, 33† : 35. 4, 9 *bis*, 11 *bis*, 12 : 36. 7, 17, 21†, 21, 28 : 37. 1†, 9 *bis*, 17†, 22 : 38. 15 : 39. 22† : 42. 17.

Ps. 1. 4†† : 2. 3 : 3. *tit.* ††, 6 : 4. 7 : 5. 10 : 6. 7, 8 : 7. 4 : 9. 3††, 26 (10. 5)††, 27 (10. 6) : 11 (12). 1, 5† *bis*, 7 : 12 (13). 1 : 16 (17). 9††, 13, 14, 14†, 14 : 17 (18). 8†††, 8, 12, 15, 21, 22, 23, 29, 43†, 45†, 48 *bis* : 18 (19). 6, 13 *bis* : 20 (21). 10 *bis* : 21 (22). 1, 9, 10†, 11, 19†, 20, 21, 23†, 24 : 24 (25). 6 : 26 (27). 1, 9 *bis* : 27 (28). 1† *bis* : 29 (30). 3† : 30 (31). 11, 12, 20 *bis*, 22†† : 31 (32). 3, 7 *bis* : 32 (33). 8, 11† : 33 (34). 13, 14 : 34 (35). 10, 17 *bis*, 22 : 35 (36). 8 : 36 (37). 8, 27 : 37 (38). 3†† *bis*, 5††, 8, 9, 11 (ἀπὸ μακρόθεν)†, 21 : 38 (39). 8, 9, 10 : 39 (40). 2†, 10, 11 : 40 (41). 13 : 41 (42). 6 : 42 (43). 1 : 43 (44). 16, 16†††, 18 : 44 (45). 8 *bis* : 49 (50). 1 : 50 (51). 2 *bis*, 9, 11††, 11 : 51 (52). 5 : 54 (55). 3 *bis*, 8, 8†, 12, 18, 21 : 55 (56). *tit.*, 2, 13† *bis* : 56 (57). *tit.*†† : 57 (58). 3 *bis* : 59 (60). 4†† : 60 (61). 2, 3†† : 63 (64). 1, 2 *bis* : 64 (65). 8 : 65 (66). 20 : 67 (68). 1††, 2†† *bis*, 4††, 8††, 8†††, 29 : 68 (69). 3, 5, 13, 17 : 70 (71). 6, 12 : 71 (72). 8* *bis* : 72 (73). 27 *bis* : 73 (74). 2, 8 : 74 (75). 6†, 6 *bis* : 75 (76). 4, 6, 7 : 76 (77). 8, 11 : 77 (78). 2, 4, 29, 50, 55†† : 79 (80). 16, 18 : 80 (81). 5 : 84 (85). 3, 4, 5 : 87 (88). 8, 9, 14, 18 *bis* : 88 (89). 23††, 33, 44 : 89 (90). 2*, 11 : 90 (91). 3, 5 *bis*, 6 *bis* : 92 (93). 2 (ἀπὸ τότε), 2, 3 : 93 (94). 13 : 95 (96). 9††, 13††† : 96 (97). 5†† *bis* : 97 (98). 8††† : 100 (101). 4 : 101 (102). 2, 5, 10†† : 102 (103). 11, 12 *bis*, 17* : 103 (104). 7 *bis*, 13, 35 : 105 (106). 23†, 48* : 106 (107). 3, 34, 39 : 108 (109). 17, 24 : 111 (112). 7 : 112 (113). 2 (ἀπὸ τοῦ νῦν)*, 3, 7 *bis* : 113 (114). 7†† *bis* : 113. 26 (115. 18)* : 114 (116). 8 *bis* : 118 (119). 10, 19, 21, 22, 28, 29, 51, 52, 53, 102, 104, 115, 116, 118, 120, 134, 150, 155, 161 : 119 (120). 2 *bis* : 120 (121). 7, 8 (ἀπὸ τοῦ νῦν)* : 124 (125). 2 (ἀπὸ τοῦ νῦν)* : 129 (130). 6, 6†, 7† : 130 (131). 3 (ἀπὸ τοῦ νῦν)* : 134 (135). 8* : 137 (138). 6 (ἀπὸ μακρόθεν) : 138 (139). 2 (ἀπὸ μακρόθεν), 7, 7††, 12†, 15, 19 : 139 (140). 1, 4, 8 : 140 (141). 9 *bis* : 141 (142). 4 : 142 (143). 7.

Pr. 1. 33 : 2. 6††, 12 *bis*, 16, 22 : 3. 7, 9 *bis* : 4. 5†, 15, 16†, 24, 27 : 5. 3, 8, 15 *bis* : 6. 24 *bis*, 25 : 7. 5, 6, 16, 21 : 8. 6 : 9. 18 *bis* : 10. 5 : 11. 3† : 12. 14 : 13. 2, 19 : 14. 14, 16 : 15. 27, 29 : 16. 17, 23 : 18. 1, 20 *bis* : 19. 4, 13 : 20. 9 : 22. 14 *bis*, 15 : 24. 18, 23 (29. 27) *bis*, 37 (30. 14), 62 (30. 27) : 27. 11, 15† : 31. 16, 31.

Ec. 1. 8, 10 (ἀπὸ ἔμπροσθεν) : 2. 6, 9 (ἀπὸ ἔμπροσθεν)†, 10 *ter*, 25 : 3. 5, 11, 14, 14††, 20 : 4. 1, 4, 8 : 5. 14, 18 : 6. 2 *bis*, 3 : 7. 19, 24, 27, 29 : 8. 3††, 11, 12 (ἀπὸ τότε), 12, 12††, 13†† : 10. 5†† : 11. 10 *bis* : 12. 5†.

Ca. 1. 2 : 3. 4, 6 *bis*, 7, 8, 9, 10 : 4. 1†, 2, 8 *sexiens*, 9, 10, 15 : 5. 4, 7, 9 *bis*, 10† : 6. 4 (5), 5 (6) : 8. 2 *bis*.

Wi. 1. 3, 5, 6, 11 : 2. 16 : 3. 3† : 5. 6, 21 : 6. 22 : 8. 1 : 9. 6, 8, 10, 17 : 10. 2†, 3, 12 *bis* : 11. 18 : 12. 11 : 13. 4 : 14. 13 : 16. 20 : 17. 12 : 18. 15 : 19. 12†.

Si. 1. 16, 17 : 4. 4, 5, 20 : 6. 6, 12††, 13 *bis* : 7. 2 *bis*, 6††, 34 : 8. 5, 11†† : 9. 8, 13 : 10. 8, 12 *bis*, 17† : 11. 18, 18†, 23 (ἀπὸ τοῦ νῦν), 24 (ἀπὸ τοῦ νῦν), 32, 33 : 12. 11, 16 : 14. 2, 4, 14†, 17, 27†, 27 : 16. 4, 17†, 26 *bis*, 27 : 17. 14, 15, 20, 20†, 26, 28 : 18. 10, 26 (ἀπὸ πρωΐθεν)*, 27, 30 : 19. 11†† *bis*, 16, 29 *bis* : 20. 2, 5, 11, 18 *bis*, 20, 21, 22 : 21. 2††, 2, 22††, 23 : 22. 13 *bis*, 25††, 26, 27 : 23. 5, 10 *bis*, 11, 12, 18 : 24. 3, 9†, 19, 29 *bis*, 30 : 25. 7†, 24, 26 : 26. 5, 12, 28, 29 *bis* : 27. 22 : 28. 8, 14, 19 : 29. 27†† : 30. 23 : 31 (34). 4 *bis*, 6†, 16 *quater*, 25 : 32 (35). 3 *bis* : 34 (31). 13†† : 35 (32). 13, 22 : 36 (33). 7, 9, 10, 12 *bis*, 16 : 36. 19 (16) : 37. 8, 10 : 38. 5, 10, 18 : 39. 19, 20, 25 : 40. 1*, 3*, 4*, 6 (ἀπ' ἐκείνου), 6††, 8*, 11 *bis* : 41. 10, 17, 17†, 17, 18 *bis*, 18†, 19 *quater*, 20†, 20, 21 *ter*, 22 *bis* : 42. 1, 1†, 13 *bis*, 20 : 43. 7, 20†, 22 : 44. 2, 21* *bis* : 45. 1†, 16 : 46. 7, 8, 11, 17, 19 : 47. 2 *bis*, 10 (ἀπὸ πρωΐ†), 22, 24 : 48. 6, 15 *bis* : 49. 14 : 50. 4, 27 : 51. 2, 4, 5, 8, 9† *bis*, 20.

Ho. 1. 2 (ἀπὸ ὄπισθεν) : 2. 18 (20) : 4. 12 : 5. 3, 6 : 7. 4, 4*, 13 : 9. 1 : 10. 5, 9 (ἀφ' οὗ), 15†† : 13. 3, 3†, 14† : 14. 5.

Am. 5. 23 : 6. 7 : 7. 11, 17 : 8. 4, 6, 12*†, 12* : 9. 8††, 15.

Mi. 1. 4††, 16 : 3. 2 *bis*, 3, 4 : 4. 7 (ἀπὸ τοῦ νῦν)* : 5. 2 : 6. 5* : 7. 2, 5, 12* *ter*, 13†, 17.

Jl. 2. 2, 6††, 8, 20 *bis*, 28, 29.

Ob. 1. 11.

Jn. 1. 3†††, 5, 11, 12 : 2. 8, 11† : 3. 5*, 6 *bis*, 8 *bis*, 10 : 4. 3, 6.

Na. 1. 5, 5††, 6††, 6, 13 : 3. 3, 7, 7†.

Hb. 1. 12 : 2. 20†† : 3. 3†, 16, 17.

Ze. 1. 2††, 3††, 6, 7††, 10 *ter* : 3. 11, 12.

Hg. 1. 10, 12†† : 2. 14†, 15††, 16, 19 *ter*, 20.

Za. 1. 4 *bis* : 2. 4 (8), 6 (10), 13 (17)†† : 3. 5 : 6. 15 : 8. 4, 7 *bis*, 9, 9 (ἀφ' οὗ) 10 : 9. 5† *bis*, 10† *bis* : 10. 3†, 4† *ter* : 12. 7 : 13. 2 *bis* : 14. 5†††, 10* *bis*, 12†.

Ma. 1. 11* : 2. 5††, 6 : 3. 7.

Is. 1. 6*, 15, 16, 17, 25, 26, 29† : 2. 6, 10††, 10, 19††, 19, 21††, 21 : 3. 1 *bis* : 4. 6, 6† : 5. 26, 27 : 6. 4, 6, 13† : 7. 4, 8, 16††, 17 *bis*, 22, 25 : 8. 8, 17, 19, 19† : 9. 7 (6)*†, 12 (11) *bis*, 14 (13) : 10. 18*, 18, 19, 24, 27 *ter* : 11. 11†, 11, 11† *bis*, 11 *bis*, 14 : 13. 5, 19† : 14. 3†, 8 (ἀφ' οὗ), 25† *ter*, 25, 31 : 16. 4†, 4††, 4† : 17. 1, 9†† : 18. 3, 7 *bis* : 19. 1††, 16††, 23† : 20. 2 *bis*, 6 : 22. 5*, 11, 24* : 23. 7, 13 : 24. 16 : 25. 4, 5, 8††, 8 : 26. 21 : 27. 11, 12*, 13† : 28. 7, 9 *bis* : 29. 5, 9 *bis*, 13 : 30. 10, 11 *bis* : 31. 8†† : 32. 2, 12†, 15 : 33. 3, 4†, 7, 15 : 34. 3, 4, 6, 6†, 6, 7 *bis* : 37. 6, 8† : 38. 12, 13*, 19 : 39. 7 : 40. 15, 26, 27 : 41. 2, 4, 9, 17, 25 *bis*, 28 *bis* : 42. 9†, 10†, 11† : 43. 4 (ἀφ' οὗ), 5 *bis*, 6 *bis*, 12 : 44. 7 (ἀφ' οὗ), 8, 11, 15, 25 : 45. 6 *bis*, 20, 21, 22†, 26 : 46. 2, 3*†, 7, 9, 11 *bis*, 12 : 48. 6 (ἀπὸ τοῦ νῦν), 8, 16, 20† : 49. 12, 12†, 19 *bis* : 50. 2, 6 : 51. 12 *bis*, 18 *bis*, 21 : 52. 14 *bis* : 53. 8 *bis*, 10†, 11 : 54. 8, 9, 14 : 55. 9 *ter*, 10† : 56. 3 : 57. 1††, 8, 9, 14††, 14, 17 : 58. 7, 9, 13 : 59. 2, 6, 7, 9, 11, 13 (ἀπὸ ὄπισθεν)†, 13†, 14†, 19 *bis*, 20, 21 (ἀπὸ τοῦ νῦν) : 62. 12† : 63. 2, 12††, 16, 17†, 19 : 64. 1, 2 (1)†††, 2 (1)††, 3 (2), 4 (3), 7 (6) : 65. 5, 14 : 66. 11 *bis*, 21.

Je. 1. 8††, 13††, 14††, 15†††, 17†† : 2. 5, 20, 25 *bis*, 35, 36 *bis* : 3. 1, 11, 18 *bis*, 19, 24, 25* : 4. 1††, 4††, 6, 8, 14, 26†† *bis*, 28, 29 : 5. 6, 22††, 25 : 6. 1, 8, 13* *bis*, 22 *bis*, 29 : 7. 12††, 15††, 25 : 8. 3, 6 *bis*, 16, 16†, 19 : 9. 2 (1), 4 (3), 7 (6)††, 10 (9)*, 21 (20) : 10. 2, 9, 11†, 14 : 11. 15, 19 : 12. 2, 4, 12*, 13 *bis*, 14 : 13. 14, 17††, 18, 20, 24† : 14. 6†, 16††, 19 : 15. 15†, 17††, 19 : 16. 5, 13†, 15 *bis*, 17†††, 19 : 17. 5, 13† : 18. 8, 11, 14 *bis*, 18 *ter*, 20, 23†† : 19. 1 *bis*, 13†, 14 : 21. 2†, 7 *ter* : 22. 22, 25†† : 23. 3†, 9, 9†† *bis*, 10††, 14, 15, 16 *bis*, 20†, 22, 8, 8† : 24. 2, 3, 8, 10 : 25. 5 *bis*, 5*, 9†, 10, 15 (49. 36)† : 26 (46). 10 *bis*, 15†, 16††, 20, 24 : 27 (50). 3, 3*, 8, 13, 16††, 41 *bis*, 44 *bis*, 45†, 46 : 28 (51). 5, 5†, 5, 7, 16, 17 *bis*, 25†, 26, 32, 34, 55, 62*, 64†† : 29 (47). 2, 3 *ter*, 4 : 29 (49). 19, 21 : 30 (49). 5† : 31 (48). 2, 9†, 10, 13 *bis*, 18†, 33*†, 34*, 36, 42, 44†† : 32. 2 (25. 16)††, 12 (25. 26)†, 13 (25. 27)††, 13 (25. 27)†††, 16 (25. 30)†, 16 (25. 30), 16 (25. 30)†, 18 (25. 32) *bis*, 21 (25. 35) *bis*, 23 (25. 37)††, 24 (25. 38)†† : 33 (26). 3 *bis*, 9, 13, 19 : 34 (27). 10 : 35 (28). 1, 8, 10, 11, 12, 16†† : 36 (29). 4†, 22† : 37 (30). 7, 8, 17, 19, 20† : 38 (31). 8, 8†, 16 *bis*, 34*, 36††, 38* : 39 (32). 17, 24††, 27, 31*, 31††, 40, 43 : 40 (33). 5, 8, 8†, 10 : 41 (34). 21, 22 : 42 (35). 11††, 11†††, 15 : 43 (36). 2, 2*, 3, 4, 7†, 18, 27, 29†, 32 : 44 (37). 5†, 9, 11†, 11††, 12 : 45 (38). 9††, 10 (ἀπ' ἐντεῦθεν)†, 14, 22, 25 : 46 (39). 17†† : 47 (40). 4, 9†† : 48 (41). 1, 5 *ter*, 9††, 16 *bis*, 17††, 18†† : 49 (42). 2*, 2, 4, 8*, 10†, 11†† *bis*, 16†† *bis*, 17 : 51 (44). 3, 3††, 5, 7†, 12*, 22††, 22, 23††, 28 : 51. 31 (45. 1) : 52. 8.

Ba. 1. 4*, 9, 13, 19* : 2. 8, 13, 17, 23, 33 *bis*, 35 : 3. 7†, 8, 21, 26 : 4. 16, 26†, 28, 37* : 5. 5*.

La. 1. 2, 3 *bis*, 16 : 2. 3†††, 8 : 3. 18, 19, 33 : 4. 9, 15† : 5. 9††, 10††, 14.

Ep. Je. 10, 11, 12, 17, 20, 21, 28, 29, 33, 36, 39, 57 *bis*, 72, 72†, 73.

Ez. 1. 4, 19, 21, 27 *bis* : 2. 6†† *bis* : 3. 9, 9††, 18, 19, 19†, 20 : 4. 8, 10*, 11*, 14* : 6. 9, 9†, 14 : 7. 22 : 8. 2*, 2, 5, 6 : 9. 2, 3†, 6 *bis* : 10. 4, 16, 16†, 18, 19 : 11. 15, 24 : 13. 2†, 3, 17, 20, 22 : 14. 1†, 5, 6 *bis*, 7, 11, 13† *bis*, 15†† : 15. 4† : 16. 9, 41†, 55, 55†, 55, 63†† : 17. 5, 15, 22† : 18. 17, 21†, 24†, 27, 31 : 19. 5, 7, 8† : 20. 5, 8, 47* : 21. 4 (9)* : 22. 5, 26 : 23. 5, 17, 18 *bis*, 22 *bis*, 24, 28 *bis*, 48† : 24. 2 *ter*, 4†, 13†, 22 : 25. 9, 9† : 26. 4, 7, 10 *bis*, 15, 16 *bis*, 18, 18† : 27. 3, 6, 12, 15, 16, 29, 33 *ter*, 36 : 28. 7, 14, 15*, 16 *bis*, 24 : 29. 8, 10*, 13 : 30. 5†, 6*, 11, 13 : 31. 5†, 12 *bis*, 16, 17† : 32. 5, 6 *ter*, 10, 12, 13, 26†, 27 : 33. 8, 9†, 9, 11 *bis*, 12, 14, 18, 19, 21 : 34. 12, 13†, 25 : 35. 7 : 36. 3†, 12, 25 *bis* : 37. 21, 23 : 38. 6, 8 *ter*, 12, 15, 17†, 20†† : 39. 2†, 3†, 3, 17, 19, 22, 23, 24, 29 : 40. 13, 19, 23, 27, 43 *bis* : 42. 6, 12 : 43. 2, 9, 10, 14, 15, 22†, 27 : 44. 6, 10 *bis*, 15, 17 : 45. 1, 4, 7 *ter*, 9, 13 *bis*, 14, 15, 15†, 19, 20† : 46. 18† *bis* : 47. 1 *bis*, 1, 2, 10*, 15, 17 *bis*, 19* : 48. 1, 2*, 3, 3*, 4, 4*, 5, 5*†, 6, 6*, 7, 7*, 8 *bis*, 8*, 12, 16 *quater*, 20, 21, 22†, 22, 23*, 24, 24*, 25, 25*, 26, 26*, 27, 27*, 28, 28*†, 28*, 35.

Da. LXX. Su. 51 : 1. 5 *bis*, 6, 12, 13, 16, 18 : 2. 1, ● 5, 8, 32, 38 : 3. 1*, (29), (35), (44) : 4. 11, 13, 15, 29, 30 *bis*, 34 (ἀπὸ τοῦ νῦν), 34 *bis* : 5. 1 (?), 1, 2, 30 : 6. 5 (6), 14 (15), 15 (16), 17 (18), 20 (21), 22 (23) : 7. 4, 17 : 8. 5, 7, 10 *bis*, 11 : 9. 1, 9, 13, 16, 26 : 10. 12 : 11. 22††, 41, 44 : 12. 1 (ἀφ' οὗ)*, 11 (ἀφ' οὗ) : Bel. 27.

Da. TH. Su. 14, 21, 26†, 46, 51, 52, 64 : 1. 2, 3 *bis*, 4, 5 *bis*, 8†, 12 : 2. 1, 5, 8, 16†, 20*, 35, 41, 42†, 45 : 3. (29), (35), (44) : 4. 10, 11, 13, 20†, 22 *bis*, 23, 28†, 28, 29, 30 *bis* : 5. 13, 19, 19††, 20 *bis*, 21 *bis* : 6. 13 (14), 18 (19), 26 (27)†† : 7. 4, 8††, 11 : 8. 5, 10, 10† : 9. 1, 5 *bis*, 9†, 13, 16, 25*, 27*† : 10. 12†, 17 (ἀπὸ τοῦ νῦν) : 11. 22††, 23, 35, 44 : 12. 1 (ἀφ' οὗ†)*, 3, 11, 11 (ἀφ' οὗ)†.

I Ma. 1. 6†, 11, 11†, 13†, 15, 18††, 43, 52 : 2. 1, 16, 19, 40, 42, 43, 62 : 3. 6, 8, 10, 22, 24, 29†, 29, 32, 32*, 35, 36†, 37 *bis* : 4. 4, 5, 16, 59 : 5. ● 21††, 34††, 45*, 46, 58 : 6. 6††, 6, 8, 10 *bis*, 24, 24†, 29 *bis*, 32, 36†, 39†, 42, 45, 47, 53, 56 : 7. 6, 19 *bis*, 19†, 30, 33 *bis*, 45* : 8. 4, 4*†, 6†, 8, 12, 18†, 23 : 9. 6, 10, 11, 13, 13 (ἀπὸ πρωΐθεν)*†, 15, 27, 29 (ἀφ' οὗ), 37, 40, 47, 61, 62† : 10. 29 *bis*, 30 *quinquiens*, 33, 38, 40 *bis*, 41, 41 (ἀπὸ τοῦ νῦν), 42 *bis*, 82† : 11. 2, 14, 34 *bis*, 34†, 35 (ἀπὸ τοῦ νῦν), 36 (ἀπὸ τοῦ νῦν), 38, 38†, 45†, 49, 59, 61, 62, 70 : 12. 10 (ἀφ' οὗ), 15, 22 (ἀφ' οὗ) : 13. 12, 16, 41, 50 : 14. 26 : 15. 1, 8 (ἀπὸ τοῦ νῦν), 14†, 14, 14†, 17, 18 : 16. 2*, 24 (ἀφ' οὗ).

II Ma. 1. 7 (ἀφ' οὗ), 7, 10, 19, 20†, 32, 33 : 2. 3 :

● = correction on page xxiv

4. 19, 36 : 5. 21 : 6. 1†, 5, 16, 21 : 7. 1, 14†, 24 : 8. 20, 25†, 28, 36 : 9. 7 : 10. 15, 27 *bis* : 11. 5†, 10 : 12. 18†, 29, 40 *bis* : 13. 24* : 14. 30, 37 : 15. 8, 28, 37.
III Ma. 1. 8 : 2. 31 : 3. 2, 27 : 4. 15 : 5. 11 : 6. 1, 9, 10, 15, 28, 38* *bis*.
IV Ma. 1. 8 : 5. 10 : 6. 7 : 8. 29†, 29 : 9. 27 : 10. 1† : 11. 3, 19† : 13. 20, 21 *bis* : 17. 6, 8 : 18. 6.
[**Aq.** Ge. 2. 7, 8 (ἀπὸ ἀρχῆθεν) : 3. 2 (1) *bis* : 6. 20 (19) : 12. 8 : 14. 17 : 49. 9, 10, 10 (ἀπὸ μεταξύ) : Ex. 4. 10 (ἀπὸ τότε) : 12. 37 : Le. 2. 3 : 3. 9 : 24. 9 : Nu. 16. 13 : Dt. 2. 16 : 4. 3 : 7. 1 : 12. 21 : 23. 4 (5) : 26. 2 : 29. 56 : 33. 2 *bis*, 13, 14 : 34. 1 : Jo. 4. 3 : 5. 12 : 6. 1†† : 15. 21 : Jd. 7. 1 : 9. 37 : I Ki. 5. 1 : 15. 11 (ἀπὸ ὄπισθεν), 32 : 30. 17 : 31. 3 : II Ki. 3. 22, 26 : 5. 9 : 6. 2 : 7. 8 (ἀπὸ ὄπισθεν) : 10. 16 (ἀπὸ πέραν) : 16. 1 : III Ki. 4. 12 (ἀπὸ πέραν), 20* : 7. 7 (44)* : 14. 4, 7, 8, 15, 15 (ἀπὸ πέραν) : 22. 47 : IV Ki. 11. 6 : 16. 11, 12 : 19. 25 (ἀπὸ μακρόθεν), 25 : Jb. 3. 19 : 4. 13 : 5. 21 : 14. 4 : 20. 25†† : 23. 15†† : 34. 5 : 37. 9 : 42. 2 : Ps. 4. 8 : 11 (12). 2, 6 *bis* : 12 (13). 2 : 16 (17). 14 : 17 (18). 9, 44 : 18 (19). 14 : 21 (22). 2 : 26 (27). 1 : 27 (28). 7 : 29 (30). 4 : 30 (31). 5, 12, 14 (ἀπὸ κυκλόθεν), 16, 21 *bis*, 23 (ἀπὸ κατέναντι) : 31 (32). 7 : 32 (33). 8, 14 : 33 (34). 5 : 37 (38). 4††, 9 : 38 (39). 3 : 42 (43). 1 : 44 (45). 9 : 54 (55). 9 *bis* : 59 (60). 6†† : 60 (61). 3 : 71 (72). 8 : 72 (73). 7 : 75 (76). 5, 7 : 77 (78). 71 (ἀπὸ ὄπισθεν) : 90 (91). 6 : 95 (96). 9†† : 108 (109). 31 : 109 (110). 3 : 113 (114). 1, 7†† : 118 (119). 29, 100, 118, 120, 152 : 119 (120). 2 : 129 (130). 6 : 138 (139). 15 : Pr. 2. 6 : 4. 23, 24 : 13. 19 : 18. 19 : 20. 3 : 23. 4, 14 : 30. 30†† : Ec. 3. 14 : Ca. 3. 6, 8 : 4. 8 *bis*, 9 ; 5. 10 : 6. 4 (5) (ἀπὸ κατέναντι) : Is. 1. 29 : 2. 22 : 7. 13, 16††, 17 : 8. 17 : 11. 1, 11 : 16. 8, 10 : 19. 5 : 28. 7 : 29. 4 : 30. 14, 17††, 27 (ἀπὸ μακρόθεν), 31, 33 (ἀπὸ χθές) : 33. 3, 23 : 34. 4 *bis*, 16 *bis* : 37. 8 : 38. 9 : 40. 21 : 46. 11 *bis* : 47. 15 : 51. 7, 13†† : 52. 2 : 53. 2, 5 : 54. 9 *ter* : 56. 2, 11 : 57. 1††, 8 : 58. 7 : 59. 13 (ἀπ' ὄπισθεν), 15, 21 : 63. 16 : 64. 1 (63. 19)†† : 65. 17 : 66. 11 : Je. 4. 12 : 6. 13 : 8. 16 : 10. 2, 10 : 11. 15 : 12. 4 : 15. 1††, 12 : 16. 17†† : 17. 16 : 23. 39†† : 25. 3, 38 (32. 24)†† : 29 (36). 1 : 30 (37). 8, 17 : 31 (38). 8, 13, 34 : 32 (39). 17 : 33 (40). 5 : 34 (41). 14 : 36 (43). 2 : 38 (45). 27 : 40 (47). 1 : 42 (49). 8, 11 : 46 (26). 20 : 49. 19 (29. 20) : 50 (27). 26 : 51 (28). 5, 54 : 52. 8, 15 : Ez. 2. 3 : 9. 6 : 10. 18 : 11. 23 : 12. 19 : 13. 2 : 17. 7, 22 : 18. 10 *bis* : 20. 47 (21. 3) : 24. 13 : 25. 9 : 27. 19, 33 : 29. 10 : 30. 6 : 32. 6, 27 : 33. 9 : 43. 14* : 45. 14, 15 : 47. 19 : Ho. 6. 8 : 8. 10 : 9. 11 *ter*, 12 : 10. 9 : 11. 1 : 13. 3 : Jn. 2. 9 : Na. 1. 8 : Za. 3. 2 : 9. 10* *bis* : Ma. 2. 13 *bis*.]
[**Sm.** Ge. 2. 7, 17 *bis*, 23 : 3. 23 (22) : 6. 20 (19) : 12. 8 : 46. 5 : 48. 15 (ἀφ' οὗ) : 49. 10 : Ex. 28. 28 : Le. 2. 3 : 3. 9 : 24. 9 : Nu. 16. 13 : 18. 9 : Dt. 12. 21 : 26. 2 : 33. 13, 26 : Jo. 4. 3 : 5. 12 : 6. 1†† : 15. 21 : Jd. 7. 1 : 10. 11 *quater*, 12 *bis* : 18. 7 : I Ki. 6. 8 : 17. 53 : 30. 17 (ἀφ' οὗ) : 31. 3 : II Ki. 5. 9 : 16. 1 : III Ki. 4. 20* : 11. 18 : 17. 15 : IV Ki. 11. 6 : 16. 11, 12, 14†† : Jb. 3. 19 : 4. 13 : 5. 6 : 14. 11 : 15. 18 : 17. 4 : 20. 4, 29 : 28. 11 : 34. 5 : 37. 10 : 42. 2 : Ps. 4. 8 : 6. 8 : 11 (12). 2 : 12 (13). 2 : 16 (17). 2††, 14 *bis* : 17 (18). 44 : 21 (22). 2 : 30 (31). 12, 21 : 31 (32). 3, 7 : 32 (33). 14 : 37 (38). 4†† : 38 (39). 9 : 41 (42). 7 *bis*, 8 : 43 (44). 17, 17††, 19 : 44 (45). 9 : 47 (48). 3 : 50 (51). 13 : 51 (52). 7 : 54 (55). 9, 12 : 55 (56). 8 : 59 (60). 6†† : 60 (61). 3, 4†† : 63 (64). 2, 3 *bis* : 67 (68). 9†† *bis*, 23 *bis*, 24 : 70 (71). 6 *bis* : 71 (72). 15 : 72 (73). 7 : 74 (75). 7 *ter*, 9 : 75 (76). 5, 7 : 76 (77). 6 : 80 (81). 7 : 87 (88). 9, 16, 19 : 88 (89). 24 (ἀπὸ ἔμπροσθεν) : 90 (91). 3 : 92 (93). 2 (ἀπὸ τότε), 2 : 95 (96). 9†† : 103 (104). 14 : 106 (107). 39, 41 : 108 (109). 24, 31 : 118 (119). 29, 49 (ἀφ' οὗ), 118, 152 *bis* : 119 (120). 2 : 138 (139). 19 : 141 (142). 8 : Pr. 2. 6, 16 *bis*, 24 : 4. 24 : 6. 24 : 8. 22 (ἀπὸ τότε) : 13. 14 : 20. 3, 9 : 23. 14 : 25. 17 : 26. 7 : 30. 7, 30†† : Ec. 1. 7 : 2. 9 (ἀπὸ ἔμπροσθεν), 24 : 3. 20 : 12. 6 : Ca. 4. 8 : 5. 10 : 6. 11 (12) : Is. 1. 6, 29 : 2. 22 : 7. 16, 16††, 17 *bis* : 8. 17 : 10. 18* : 11. 1 : 16. 8 : 25. 8 *bis* : 27. 12* : 28. 6 : 29. 4 *ter* : 30. 11 *bis*, 17††, 27 (ἀπὸ μακρόθεν), 31, 33 (ἀπὸ χθές) : 31. 4 *bis* : 32. 2 : 33. 3 : 34. 4 *bis*, 16 : 37. 8, 30 : 38. 9 : 40. 21, 26 : 46. 11 *bis* : 47. 15 : 51. 7 : 53. 2 : 54. 10 : 56. 11* : 57. 8 : 58. 7 : 59. 9, 15, 21 : 63. 1, 3, 19 : 64. 1 (63. 19)†† : 65. 17 : 66. 11 : Je. 4. 12 : 9. 3 (2) : 10. 17, 20 : 15. 12, 19 : 17. 16 : 20. 8 (ἀφ' οὗ) : 23. 39†† : 25. 3, 38 (32. 24)†† : 30 (37). 8 : 31 (38). 8 : 33 (40). 5 : 34 (41). 14, 21 : 36 (43). 2 : 38 (45). 27 : 44 (51). 18 (ἀφ' οὗ) : 46 (26). 20 : 48 (31). 34 : 49. 19 (29. 20) : 50 (27). 44 : 51 (28). 49, 50, 54 : 52. 8 : Ez. 9. 6 : 10. 18 : 11. 23, 24 : 16. 61 : 17. 7, 22 : 20. 47 (21. 3) : 23. 21 : 25. 9, 12 : 26. 15, 18 : 29. 10 : 30. 6 : 32. 6, 27, 30 : 33. 9, 11 : 36. 11 : 40. 2 : 45. 15, 20 : 47. 19 : Ho. 6. 8 : 7. 14 : 8. 10 : 9. 11 *ter*, 12 : 10. 9 : 13. 3 : Jl. 1. 17 : Am. 6. 14 : Za. 4. 12 : Ma. 2. 13 *bis*.]
[**Th.** Ge. 2. 7 : Le. 2. 3 : 3. 9 : 24. 9 : Nu. 16. 13 : Dt. 7. 20†† : 12. 21 : Jo. 4. 3 : 5. 12 : 6. 1†† : 15. 21 : Jd. 4. 6 : 7. 1 : 8. 13 : 14. 3 : I Ki. 5. 1 : 31. 3 : III Ki. 17. 15 : IV Ki. 11. 6 : Jb. 3. 19, 23 : 17. 4, 12†† : 20. 4 (ἀπὸ τοῦ ἔτι), 25†† : 23. 15†† : 24. 8 : 26. 11 : 28. 4, 21 : 30. 22 : 31. 23 : 35. 9 : 36. 21 : 37. 1, 9, 10, 17 : 42. 2 : Ps. 3. 7 : 4. 8 : 12 (13). 2 : 21 (22). 2 : 50 (51). 13 : 54 (55). 9 : 75 (76). 5 : 87 (88). 9 : 109 (110). 3 (ἀπὸ πρωΐ) : 118 (119). 118 : Pr. 4. 21, 23, 24 : 6. 24 : 8. 22 (ἀπὸ τότε) : 11. 24 : 13. 14 : 22. 6 : 23. 4, 14 : 30. 12, 30†† : Ec. 3. 14 : Ca. 5. 10 ; Is. 1. 6, 29 : 2. 22 : 7. 16†† : 11. 1 : 16. 13 (ἀπὸ τότε) : 22. 24 : 28. 6 : 30. 17††, 27 (ἀπὸ μακρόθεν), 31 : 31. 4 *bis* : 33. 3, 4 : 34. 16 : 37. 8 : 38. 9 : 40. 26 : 46. 11 *bis* : 47. 15 : 51. 7, 13†† : 53. 8 *bis* : 54. 10 : 56. 11* : 57. 8 : 58. 7 : 59. 15, 21 : 64. 1 (63. 19)†† : 65. 17 : 66. 11 : Je. 4. 12 : 5. 15 : 8. 10* *bis* : 10. 10 : 16. 17†† : 21. 12†† : 25. 38 (32. 24)†† : 29 (36). 1, 17 : 30 (37). 8, 10 : 31 (38). 8, 13 : 34 (41). 14 : 39 (46). 10 : 40 (47). 7 : 47 (29). 3 : 48 (31). 45 : 52. 16 : Ez. 2. 6 : 9. 6 : 13. 2 : 20. 47 (21. 3) : 24. 13 : 25. 9 : 26. 18 : 32. 6, 27 : 33. 9 : 40. 2 : 45. 14, 15, 20 : 47. 19 : Da. 1. 3, 12 : 2. 1, 5, 8, 35, 41 : 7. 8†† : 12. 3 : Ho. 5. 3 : 6. 8 : 9. 11 *ter* : 10. 9 : 13. 3 : Hb. 2. 15 : 3. 3 : Ma. 2. 13.]
[**Al.** Ge. 49. 9 : Ex. 1. 12†† : 3. 7†† : 13. 10 : Le. 9. 10 : 15. 10 : 22. 3††, 4, 11 : 23. 15 : Nu. 8. 25 : 14. 31 : 18. 9 : Dt. 3. 17 : 8. 20†† : 20. 15 : Jo. 13. 3 : I Ki. 4. 12 : 9. 2 : 10. 23 : 28. 16 : III Ki. 22. 47 : IV Ki. 4. 1 : II Ch. 11. 16 : Jb. 2. 7†† : Ps. 134 (135). 7 : 138 (139). 15 : 142 (143). 7 : Is. 24. 16 : 44. 11 : Je. 10. 10 : 25. 30 (32. 16) : 32 (39). 37 : 33 (40). 6 : Ez. 47. 1 : Da. 9. 27 : Hb. 3. 3, 16 : Za. 14. 10.]
[**Quint.** IV Ki. 16. 11, 12 : Ps. 21 (22). 2 : 31 (32). 7 : 43 (44). 19 : 60 (61). 3, 8 : 74 (75). 7 : 109 (110). 3 : 118 (119). 100, 118 : Pr. 2. 6 : Ca. 4. 1 : 5. 10 : Ho. 9. 11 *ter*.]
[**Sext.** Ps. 21 (22). 2 : 60 (61). 8.]
[**Hebr.** Ex. 23. 29†† : 33. 5 : III Ki. 9. 7†† : Jb. 28. 2 : Ez. 20. 47 (21. 3) : Za. 9. 10*.]
[**Sam.** Le. 25. 5 : Dt. 34. 3*.]

ἀποβαίνειν. (1) *a.* הָיָה *b.* הָיָה תְּמוּרָה (2) יָצָא (3) עָשָׂה ni. (4) **σκολιὸς ἀ.** עָקַשׁ hi.

Ex. 2. 4. μαθεῖν τί [A *om.*] τὸ ἀποβησόμενον αὐτῷ (3)
Jb. 8. 14. ἀράχνη δὲ αὐτοῦ ἀποβήσεται ἡ σκηνή †
9. 20. ἐάν τε ὦ ἄμεμπτος σκολιὸς ἀποβήσομαι (4)
11. 6. ἄξιά σοι ἀπέβη [A παρέβη] ἀπὸ κυρίου †
13. 5. ἀποβήσεται ὑμῖν σοφία [A εἰς σοφίαν] (1 *a*)
— 12. **ASR** ἀποβήσεται δὲ ὑμῶν τὸ γαυρίαμα [B ἀγ.] ἴσα σποδῷ †
— 16. τοῦτό μοι ἀποβήσεται εἰς σωτηρίαν –
15. 31. κενὰ γὰρ ἀποβήσεται αὐτῷ (1 *b*)
— 35. ἀποβήσεται δὲ αὐτῷ κενά †
17. 6. **ASR** γέλως δὲ αὐτοῖς ἀπέβην [B ἐπέβην] (1 *a*)
18. 5. οὐκ ἀποβήσεται [A ἀναβ.] αὐτῶν [A -οῦ] ἡ φλόξ †
22. 11. τὸ φῶς σοι σκότος [**AS** εἰς σκ.] ἀπέβη †
24. 5. ἀπέβησαν δὲ ὥσπερ ὄνοι ἐν ἀγρῷ (2)
27. 18. ἀπέβη δὲ ὁ οἶκος αὐτοῦ ὥσπερ σῆτες [A σητός] †
30. 21. **A** ἀπέβησαν [B ἐπέβ., S ἐπέβης] δέ μοι ἀνελεημόνως †
— 31. **AR** ἀπέβη δὲ εἰς πένθος [**BS** πάθος] μου ἡ κιθάρα (1 *a*)
34. 20. κενὰ δὲ αὐτοῖς ἀποβήσεται †
Pr. 9. 12. ἐὰν δὲ κακὸς ἀποβῇς [S[1] *om.*] †
Wi. 2. 3. τέφρα ἀποβήσεται τὸ σῶμα

Si. 30. 8. ἵππος ἀδάμαστος ἀποβαίνει [**AS** ἐκβ.] σκληρός
II Ma. 9. 24. **R** ἐάν τι παράδοξον ἀποβαίνῃ [A ἀποβαίῃ]
— 25. **R** προσδεχομένους [A προσδοκῶντας] τὸ ἀποβησόμενον
[**Sm.** Jb. 18. 5 : Ps. 139 (140). 9 : Ec. 5. 2.]
[**Al.** Jb. 8. 14 : Ps. 139 (140). 9.]

ἀποβάλλειν. (1) נָבַל

De. 26. 5. Συρίαν ἀπέβαλεν [A ἀπέλαβεν] ὁ πατήρ μου †
To. 11. 8. ἀποβαλεῖται [A ἀποβαλεῖ] τὰ λευκώματα [S *al.*]
Pr. 28. 24. ὃς ἀποβάλλεται [A ἀποβιάζεται] πατέρα †
Is. 1. 30. ὡς τερέβινθος ἀποβεβληκυῖα τὰ φύλλα (1)
Da. LXX. Bel. 16. ἀπέβαλον τὴν σφραγῖδα
[**Aq.** II Ki. 1. 21 : Is. 66. 5.]
[**Sm.** I Ki. 15. 26 : Jb. 39. 4 : Ps. 43 (44). 10, 24 : 59 (60). 3, 12 : 70 (71). 9 : 73 (74). 1 : 87 (88). 15 : 88 (89). 39 : 107 (108). 12 : Is. 6. 13 : 31. 7 : 52. 15 : 66. 5 : Ho. 8. 5 : Jn. 2. 9.]
[**Th.** Le. 18. 28 : 20. 22 : Is. 57. 20 : 66. 5.]
[**Al.** Le. 18. 25, 28.]

ἀποβάπτειν.

II Ma. 1. 20. ἐκέλευσεν αὐτοὺς ἀποβάψαντας φέρειν

ἀποβδελύττειν.

[**Al.** Ps. 21 (22). 25.]

ἀποβιάζεσθαι. (1) גָּזַל

Pr. 22. 22. μὴ ἀποβιάζου πένητα (1)
28. 24. **A** ὃς ἀποβιάζεται [**BS** -βάλλεται] πατέρα (1)
[**Al.** Pr. 28. 24.]

ἀποβλέπειν. (1) עָיַן po. (2) פָּנָה (3) צָפַן (4) רָאָה

Jd. 9. 37. **A** δι' ὁδοῦ δρυὸς ἀποβλεπόντων (?) (1 ?)
Ps. 9. 29 (10. 8). οἱ ὀφθαλμοὶ αὐτοῦ εἰς τὸν πένητα ἀποβλέπουσιν (3)
10 (11). 5. οἱ ὀφθαλμοὶ αὐ. εἰς τὸν πένητα ἀποβλέπουσι –
Pr. 24. 47 (32). **BS**[1] ἀπέβλεψα [**AR** ἐπ.] τοῦ ἐκλέξασθαι παιδείαν (4)
Ca. 5. 17 (6. 1). ποῦ ἀπέβλεψεν ὁ ἀδελφιδός σου (2)
Ho. 3. 1. **A** ἀποβλέπουσιν [B ἐπιβλ.] ἐπὶ θεοὺς ἀλλ. (2)
Ma. 3. 9. καὶ ἀποβλέποντες ὑμεῖς ἀποβλέπετε †, †
[**Aq.** Jd. 9. 37 : III Ki. 6. 4 : Ps. 33 (34). 6.]
[**Sm.** Jb. 24. 23 : 36. 25 : Za. 5. 6.]
[**Al.** Jb. 6. 19.]

ἀποβλέπτη.

[**Aq.** III Ki. 7. 4 (41).]

ἀπόβλημα.

Wi. 13. 12. τὰ δὲ ἀ. [A ὑπολείμματα] τῆς ἐργασίας
— 13. τὸ δὲ ἐξ αὐτῶν ἀ. εἰς οὐθὲν εὔχρηστον
[**Th.** Nu. 35. 3.]

ἀπόβλητος.

[**Aq.** Le. 7. 18 : 19. 7 : Ca. 7. 4 (5).]
[**Sm.** Ho. 9. 3.]
[**Al.** Dt. 7. 26.]
[**Quint.** Ho. 8. 5.]

ἀποβλύζειν.

[**Sm.** Ps. 58 (59). 8.]

ἀπόβρεξις.

[**Aq. Sm.** Nu. 6. 3.]

ἀπογαλακτίζειν. (1) גָּמַל *a.* qal. *b.* ni.

Ge. 21. 8. ηὐξήθη τὸ παιδίον καὶ ἀπεγαλακτίσθη (1 *b*)
— 8. ᾗ ἡμέρᾳ ἀπεγαλακτίσθη (1 *b*)
I Ki. 1. 22. ἐὰν ἀπογαλακτίσω αὐτό (1 *b*)
— 23. κάθου ἕως ἂν [A οὗ] ἀπογαλακτίσῃς αὐτό (1 *a*)
— 23. ἕως ἂν ἀπογαλακτίσῃ αὐτόν (1 *a*)
— 24. **A** ἡνίκα ἀπεγάλακτισεν αὐτόν (1 *a*)
Ps. 130 (131). 2. ὡς τὸ ἀπογεγαλακτισμένον ἐπὶ τὴν μητέρα αὐτοῦ (1 *a*)
Ho. 1. 8. καὶ ἀπεγαλάκτισε τὴν Οὐκ ἠλεημένην (1 *a*)
Is. 28. 9. οἱ ἀπογεγαλακτισμένοι ἀπὸ γάλακτος (1 *a*)
[**Sm.** Ps. 130 (131). 2.]
[**Th.** I Ki. 1. 24.]

ἀπογεύεσθαι.

IV Ma. 4. 26. μιαρῶν ἀπογευομένους τροφῶν

IV Ma. 5. 2. εἰδωλοθύτων ἀναγκάζειν ἀ.
— 6. ἀπογευσάμενος τῶν ὑείων σώζοιο
6. 15. ὑποκρινόμενος τῶν ὑείων ἀπογεύσασθαι σώθητι
10. 1. ὅπως ἀπογευσάμενος σώζοιτο

ἀπογίνεσθαι.
[Th. Da. 2. 1†.]

ἀπογινώσκειν. (1) לֹא יָדַע
De. 33. 9. B τοὺς υἱοὺς αὐτοῦ ἀπέγνω (1)
Ju. 9. 11. ἀπεγνωσμένων σκεπαστής
II Ma. 9. 22. οὐκ ἀπογινώσκων τὰ κατ' ἐμαυτόν
[Aq. 1 Ki. 27. 1: Ps. 68 (69). 21.]

ἀπόγονος. (1) יָלַד pu. (2) εἶναι ἀ. יָלַד ni.
II Ki. 21. 11. Δὰν υἱὸς Ἰωὰ ἐκ τῶν ἀ. τῶν γιγάντων –
— 22. οὗτοι ἐτέχθησαν [A om.] ἀπόγονοι τῶν γιγάντων (1?)
I Ch. 20. 6. καὶ οὗτος ἦν ἀπόγονος γιγάντων (2)
Ju. 5. 6. ὁ λαὸς οὗτός εἰσιν ἀπόγονοι Χαλδαίων
Wi. 7. 1. γηγενοῦς ἀ. πρωτοπλάστου
IV Ma. 18. 1. ὦ τῶν Ἀβραμιαίων σπερμάτων ἀπόγονοι

ἀπογράφειν. (1) כָּתַב
Jd. 8. 14. A ἀπεγράψατο πρὸς αὐτοὺς τοὺς ἄρχοντας [B al.] (1)
I Es. 8. 30. R ἀπεγράφησαν [A B ἀπογραφῆς] ἄνδρες
Pr. 22. 20. καὶ σὺ δὲ ἀπόγραψαι αὐτὰ σεαυτῷ τρισσῶς (1)
III Ma. 2. 29. τούτους τε ἀπογραφομένους χαράσσεσθαι
4. 14. ἀπογραφῆναι δὲ πᾶν τὸ φῦλον ἐξ ὀνόματος
6. 34. μετὰ χαρᾶς ἀπογραψάμενοι κατεστέναξαν αἰσχύνην
— 38. ἀπογράφονται δὲ αὐτούς
[Al. Pr. 7. 3.]

ἀπογραφή. (1) כְּתָב
I Es. 8. 30. A B μετ' αὐτοῦ ἀπογραφῆς [? ἀπὸ γρ. R ἀπεγράφησαν] ἄνδρες
Da. LXX. 10. 21. ὑποδείξω σοι τὰ πρῶτα ἐν ἀπογραφῇ ἀληθείας (1)
II Ma. 2. 1. εὑρίσκεται δὲ ἐν ταῖς ἀ. Ἱερεμίας ὁ προφ.
III Ma. 2. 32. ἑαυτοὺς ῥύσασθαι ἐκ τῶν ἀ.
4. 15. ἐγίνετο μὲν οὖν ἡ τούτων ἀ. μετὰ πικρᾶς σπουδῆς
— 17. μηκέτι ἰσχύειν τὴν τῶν Ἰουδαίων ἀ. ποιεῖσθαι
7. 22. πάντα τὰ ἑαυτῶν πάντες ἐκομίσαντο ἐξ ἀπογραφῆς
[Quint. Ps. 86 (87). 6.]

ἀποδεικνύναι. (1) רָאָה (2) ἀποδεικνύναι ἄρχοντα שָׁלַט aph.
To. 3. 8. S καθάπερ ἀποδεδειγμένον ἐστὶν ταῖς γυναιξὶ [A B al.]
Es. 2. 9. A B τὰ ἑπτὰ κοράσια τὰ ἀποδεδειγμένα [S R ὑποδ.] αὐτῇ (1)
3. 13. ἀπαραλλάκτως καὶ βεβαίᾳ πίστει ἀποδεδειγμένος
Jb. 33. 21. ἕως ἂν ... ἀποδείξῃ τὰ ὀστᾶ αὐτοῦ κενά †
Da. LXX. Su. 5. καὶ ἀπεδείχθησαν δύο πρεσβύτεροι
2. 48. ἀπέδειξεν αὐτὸν ἄρχοντα (2)
4. 34. ἔδοξε δέ μοι ἀποδεῖξαι ὑμῖν –
Da. TH. Su. 5. ἀπεδείχθησαν δύο πρεσβύτεροι
Bel. 9. A ἐὰν δὲ ἀποδείξητε [B δείξητε]
I Ma. 10. 34. νουμηνίαι καὶ ἡμέραι ἀποδεδειγμέναι
14. 23. A S ἐν τοῖς ἀποδεδειγμένοις τῷ δήμῳ [R τοῦ δ.] βιβλίοις
II Ma. 14. 26. A Ἰούδαν διάδοχον ἀπέδειξεν [R ἀναδέδειχεν]
III Ma. 5. 31. ἀντὶ τῶν ἀνεγκλήτων ἐμοὶ καὶ προγόνοις ἐμοῖς ἀποδεδειγμένων
IV Ma. 1. 8. τοῦτο ἀποδείξαιμι ἀπὸ τῆς ἀνδραγαθίας
16. 2. ἀπέδειξα οὖν ὅτι οὐ μόνον τῶν παθῶν ἄνδρες ἐπεκράτησαν
[Sm. Ge. 24. 14.]
[Quint. Ho. 6. 2.]

ἀποδεῖν. (1) חָתָה (2) צָרַר pu.
Jo. 9. 4. ἀσκοὺς οἴνου παλαιοὺς ... ἀποδεδεμένους (2)
Pr. 6. 27. ἀποδήσει [A -δέσει] τις πῦρ ἐν κόλπῳ (1)

ἀπόδειξις.
III Ma. 4. 20. πεισθῆναι λεγόντων μετὰ ἀποδείξεως
IV Ma. 3. 19. καλεῖ ἐπὶ τὴν ἀ. τῆς ἱστορίας
13. 10. μὴ δειλανδρήσωμεν πρὸς τὴν τῆς εὐσεβείας ἀ. [S ἐπίδ.]

ἀποδειροτομεῖν.
IV Ma. 15. 20. ὁρῶσα ... ἐπὶ κεφαλαῖς κεφαλὰς ἀποδειροτομουμένας

ἀποδεκατίζειν.
To. 1. 7. S δεκάτην τὴν δευτέραν ἀπεδεκάτιζον [A B al.]

ἀποδεκατοῦν. (1) עָשַׂר a. qal. b. pi. c. hi.
Ge. 28. 22. δεκάτην ἀποδεκατώσω αὐτά σοι (1 b)
De. 14. 22. δεκάτην ἀποδεκατώσεις παντὸς γενήματος [A πᾶν τὸ γ.] (1 b)
26. 12. ἀποδεκατῶσαι πᾶν τὸ ἐπιδ. (1 c)
I Ki. 8. 15. τοὺς ἀμπελῶνας ὑμῶν ἀποδεκατώσει (1 a)
— 16. ἀποδεκατώσει εἰς τὰ ἔργα αὐτοῦ †
— 17. καὶ τὰ ποίμνια ὑμῶν ἀποδεκατώσει (1 a)

ἀποδεσμεύειν. (1) צָרַר
Pr. 26. 8. ὃς ἀποδεσμεύει λίθον ἐν σφενδόνῃ (1)

ἀπόδεσμος. (1) צְרוֹר
Ca. 1. 13. ἀπόδεσμος τῆς στακτῆς ἀδελφιδός μου (1)

ἀποδέχεσθαι.
To. 7. 17. ἀπεδέξατο τὰ δάκρυα τῆς θυγατρὸς αὐτῆς [S al.]
Ju. 13. 13. B[1] καὶ ἀπεδέξαντο [A R ὑπεδ., B[2] ἐπεδ., S εἰσεδ.] αὐτάς
I Ma. 9. 71. ἀπεδέξατο [S ἐπεδ.] καὶ ἐποίησε κατὰ τοὺς λόγους αὐ.
10. 1. S[2] ἀπεδέξατο [A R ἐπεδ.] αὐτόν
12. 8. S[2] ἀπεδέξατο [A S[1] R ἐπεδ.] Ὀ. τὸν ἄνδρα
II Ma. 3. 9. φιλοφρόνως ... ἀποδεχθείς
— 35. τὸν Ὀνίαν ἀποδεξάμενος
4. 22. A ἀποδεχθεὶς [R παραδ.] μετὰ δᾳδουχίας
13. 24. R τὸν Μακκαβαῖον ἀπεδέξατο [A ἐπεδέξ.]
III Ma. 3. 17. οἱ δὲ λόγῳ μὲν τὴν ἡμετέραν ἀποδεξάμενοι παρουσίαν
5. 27. τοῦ δὲ ἀποδεξαμένου καὶ καταπλαγέντος
IV Ma. 3. 20. τὴν πολιτείαν αὐτῶν ἀ.
[Sm. Ps. 24 (25). 3.]

ἀποδημεῖν.
Ez. 19. 3. A ἀπεδήμησεν [B -επήδησεν] εἰς τῶν σκύμνων αὐτῆς †

ἀποδιαιρεῖν. (1) נָחַל hi.
Jo. 1. 6. B[2] R ἀποδιελεῖς [B[1] διελεῖς, A ἀποδιαστελεῖς] τῷ λαῷ τ. τὴν γῆν (1)

ἀποδιαστέλλειν. (1) נָחַל hi.
Jo. 1. 6. A ἀποδιαστελεῖς [B[1] διελεῖς, B[2] R ἀποδιελεῖς] τῷ λαῷ τ. τὴν γῆν (1)
II Ma. 6. 5. τοῖς ἀποδιεσταλμένοις ἀπὸ τῶν νόμων ἀθεμίτοις

ἀποδιατηρεῖν.
[Aq. Ps. 60 (61). 8.]

ἀποδιδόναι. (1) יָהַב (2) מָדַד (3) מָכַר a. qal. b. ni. (4) נוּף hi. (5) נָתַן (6) פָּקַד (7) שָׁבַר a. ni. b. hi. (8) שׁוּב a. qal. b. hi. c. hoph. (9) שָׁלַם a. pi. b. pu. (10) תּוּב

Ge. 20. 7. ἀπόδος τὴν γυναῖκα τῷ ἀνθρώπῳ (8 b)
— 7. εἰ δὲ μὴ ἀποδίδως (8 b)
— 14. ἀπέδωκεν αὐτῷ Σάρραν (8 b)
25. 31. ἀπόδου μοι ... τὰ πρωτοτοκεῖά σου ἐμοί (3 a)
— 33. ἀπέδοτο δὲ Ἠσαῦ τὰ πρωτ. (3 a)
29. 21. A ἀπόδος [R δός] μοι τὴν γυναῖκά μου (1)
30. 26. R ἀπόδος [A add. μοι] τὰς γυναῖκας (5)
37. 22. καὶ ἀποδῷ αὐτὸν τῷ πατρὶ αὐτοῦ (8 b)
— 27. δεῦτε ἀποδώμεθα αὐτὸν τοῖς Ἰ. (3 a)
— 28. ἀπέδοντο τὸν Ἰωσὴφ τοῖς Ἰ. (3 a)
— 36. οἱ δὲ M. ἀπέδοντο τὸν Ἰ. ... τῷ Π. (3 a)
42. 25. A ἀποδοῦναι τὸ ἀργύριον ἑκάστου [R al.] (8 b)
— 28. ἀπεδόθη μοι τὸ ἀργύριον (8 c)
— 34. τὸν ἀδελφὸν ὑμῶν ἀποδώσω ὑμῖν (5)
45. 3. A[2] ὃν ἀπέδοσθε εἰς Αἴγ. –
— 4. ὃν ἀπέδοσθε εἰς Αἴγ. (3 a)
— 5. ὅτι ἀπέδοσθέ με ὧδε (3 a)
47. 20. ἀπέδοντο γὰρ οἱ Αἰγ. τὴν γῆν αὐ. τῷ Φαραῷ (3 a)
47. 22. διὰ τοῦτο οὐκ ἀπέδοντο τὴν γῆν αὐτῶν (3 a)
Ex. 5. 18. τὴν σύνταξιν τῆς πλινθείας ἀποδώσετε (5)
20. 5. ἀποδιδοὺς ἁμαρτίας πατέρων ἐπὶ τέκνα (6)
21. 7. ἐὰν δέ τις ἀποδῶται τὴν ἑ. θυγατέρα οἰκέτιν (3 a)
— 17 (16). ὃς ἐὰν ... καταδυναστεύσας αὐτὸν ἀποδῶται (3 a)
— 35. ἀποδώσονται τὸν ταῦρον τὸν ζῶντα (3 a)
22. 1 (21. 37). ἐὰν δέ τις ... ἀποδῶται (3 a)
— 26 (25). πρὸ δυσμῶν ἡλίου ἀποδώσεις αὐτῷ (8 b)
— 30 (29). ἀποδώσεις [A δώσεις] μοι αὐτό (5)
23. 4. ἀποστρέψας ἀποδώσεις αὐτῷ (8 b)
Le. 6. 4 (5. 23). ἀποδῷ τὸ ἅρπαγμα (8 b)
— 4 (5. 24). τίνος ἐστὶν αὐτῷ ἀποδώσει (5)
25. 14. ἐὰν δὲ ἀποδῷ πρᾶσιν τῷ πλησίον σου (3 a)
— 15. κατὰ ἀριθμὸν ἐνιαυτῶν γενν. ἀποδώσεταί σοι (3 a)
— 16. οὕτως ἀποδώσεταί σοι (3 a)
— 25. A B ἀποδώσεται [R -ῶται] ἀπὸ τῆς κατασχέσεως (3 a)
— 27. ἀποδώσει ὃ ὑπερέχει τῷ ἀνθρώπῳ ᾧ ἀπέδοτο αὐτὸν αὐτῷ [A B[1] al.] (8 b, 3 a)
— 28. A B[1] ὥστε ἀποδοῦναι αὐτά [B[2] R αὐτῷ] (8 b)
— 29. ἐὰν δέ τις ἀποδῶται οἰκίαν οἰκητήν (3 a)
— 50. οὗ ἀπέδοτο ἑαυτὸν [A om.] αὐτῷ (3 b)
— 51, 52. ἀποδώσει τὰ λύτρα αὐτοῦ (8 b)
26. 4. τὰ ξύλα τῶν πεδίων ἀποδώσει τὸν καρπὸν αὐτῶν (5)
— 26. ἀποδώσουσι τοὺς ἄρτους ὑμῶν ἐν σταθμῷ (8 b)
27. 20. καὶ ἀποδῶται τὸν ἀγρὸν ἀνθρώπῳ ἑτέρῳ (3 a)
— 23. ἀποδώσει τὴν τιμὴν ... ἅγιον τῷ κ. (5)
— 24. ἀποδοθήσεται ὁ ἀγρὸς τῷ ἀνθρώπῳ (8 a)
— 28. οὐκ ἀποδώσεται οὐδὲ λυτρώσεται (3 b)
Nu. 5. 7. ἀποδώσει τὴν πλημμέλειαν (8 b)
— 7. ἀποδώσει τίνι ἐπλημμέλησεν αὐτῷ (5)
— 8. ὥστε ἀποδοῦναι αὐτῷ τὸ πλημμέλημα (8 b)
— 8. τὸ πλημμέλημα τὸ ἀποδιδόμενον κυρίῳ (8 c)
8. 13. ἀποδώσεις αὐτοὺς ἀπόδομα (4)
— 15. ἀποδώσεις αὐτοὺς ἔναντι κυρίου (4)
— 16. ἀπόδομα ἀποδεδομένοι οὗτοί μοί εἰσιν (5)
— 19. ἀπέδωκα τοὺς Λευίτας ἀπόδομα δεδομένους (5)
— 21. ἀπέδωκεν αὐτοὺς Ἀαρὼν ἀπόδομα (4)
14. 18. ἀποδιδοὺς ἁμαρτίας πατέρων ἐπὶ τέκνα (6)
18. 9. ὅσα ἀποδιδόασί μοι ἀπὸ πάντων τῶν ἁγίων (8 b)
21. 29. ἀπεδόθησαν οἱ υἱοὶ αὐτῶν διασώζεσθαι (5)
31. 3. ἀποδοῦναι ἐκδίκησιν παρὰ τοῦ κ. τῇ Μαδιάν (5)
36. 2. ἀποδοῦναι τὴν γῆν τῆς κληρονομίας ἐν κλήρῳ (5)
De. 2. 28. βρώματα ἀργυρίου ἀποδώσῃ μοι (7 b)
— 28. ὕδωρ ἀργυρίου ἀποδώσῃ μοι (5)
5. 9. ἀποδιδοὺς ἁμαρτίας πατέρων ἐπὶ τέκνα (6)
7. 10. ἀποδιδοὺς τοῖς μισοῦσι ... ἐξολοθρεῦσαι αὐτούς (9 a)
— 10. κατὰ πρόσωπον ἀποδώσει αὐτοῖς (9 a)
14. 21. ἢ ἀποδώσῃ τῷ ἀλλοτρίῳ (3 a)
— 25. ἀποδώσῃ αὐτὰ ἀργυρίου (5)
22. 1. A[2] B ἀποδώσεις αὐτῷ [A[2] αὐτά] (8 b?)
— 2. ἀποδώσεις [A add. αὐτὰ] αὐτῷ (8 b)
23. 21 (22). οὐ χρονιεῖς ἀποδοῦναι αὐτήν (9 a)
24. 7. καταδυναστεύσας αὐτὸν ἀποδῶται (3 a)
— 13. ἀποδόσει ἀποδώσεις τὸ ἐνέχυρον [A ἱμάτιον] (8 b)
— 15. αὐθημερὸν ἀποδώσεις τὸν μισθὸν αὐτοῦ (5)
28. 31. καὶ οὐκ ἀποδοθήσεταί σοι (8 a)
32. 30. εἰ μὴ ὁ θεὸς ἀπέδοτο αὐτούς (3 a)
— 41. ἀποδώσω [A ἀνταπ.] δίκην τοῖς ἐχθροῖς (8 b)
Jd. 2. 14. ἀπέδοτο [A -οντο] αὐτούς (3 a)
3. 8. ἀπέδοτο αὐτοὺς ἐν χειρὶ [A εἰς χεῖρας] Χουσαρ. (3 a)
4. 2. ἀπέδοτο τοὺς υἱοὺς Ἰσραὴλ κύριος (3 a)
— 9. ἐν χειρὶ γυναικὸς ἀποδώσεται κύριος τὸν Σισάρα (3 a)
10. 7. ἀπέδοτο αὐτοὺς ἐν χειρὶ Φυλιστιὶμ [A ἀλλοφ.] (3 a)
17. 3. καὶ ἀπέδωκε τοὺς χιλίους καὶ ἑκατὸν ... τῇ μητρί (8 b)
— 3. καὶ νῦν ἀποδώσω αὐτό σοι (8 b)
— 4. καὶ ἀπέδωκε τὸ ἀργύριον τῇ μητρὶ αὐτοῦ (8 b)
I Ki. 6. 3. ἀλλὰ ἀποδιδόντες ἀπόδοτε αὐτῇ τῆς βασάνου (8 b, 8 b)
— 4. τί τὸ τῆς βασάνου ἀποδώσομεν αὐτῇ (8 b)
— 8. τὰ σκεύη τὰ χρυσᾶ ἀποδώσετε αὐτῇ [A -τά] (8 b)
— 17. ἃς ἀπέδωκαν οἱ ἀλλόφυλοι τῆς βασάνου τῷ κ. (8 b)
7. 14. καὶ ἀπεδόθησαν αἱ πόλεις (8 a)
— 14. καὶ ἀπέδωκαν αὐτὰς τῷ Ἰσραὴλ –

I Ki. 12. 3. καὶ ἀποδώσω ὑμῖν (8 b)
— 9. καὶ ἀπέδοτο αὐτοὺς εἰς χεῖρας Σισάρα (3 a)
II Ki. 3. 14. ἀπόδος μοι τὴν γυναῖκά μου τὴν Μελχόλ (5)
— 39. ἀποδῷ [A ἀνταποδοῖ] κ. τῷ ποιοῦντι πονηρά (9 a)
22. 25. ἀποδώσει μοι κύριος (8 b)
III Ki. 21 (20). 34. τὰς πόλεις . . . ἀποδώσω σοι (8 b)
IV Ki. 4. 7. δεῦρο καὶ ἀπόδου τὸ ἔλαιον (3 a)
II Ch. 6. 23. τοῦ ἀποδοῦναι τῷ ἀνόμῳ καὶ ἀποδοῦναι ὁδοὺς αὐτοῦ εἰς κεφαλὴν αὐτοῦ (8 b, 5)
— 23. τοῦ ἀποδοῦναι αὐτῷ [A B² ἑκάστῳ] κατὰ τὴν δικαιοσ. (5)
32. 25. B οὐ κατὰ τὸ ἀνταπόδομα . . . ἀπέδωκεν [A R ἀνταπέδ.] (8 b)
34. 16. καὶ ἀπέδωκεν ἔτι τῷ βασιλεῖ λόγον (8 b)
— 28. καὶ ἀπέδωκαν τῷ βασιλεῖ λόγον (8 b)
I Es. 8. 67. ἀπέδωκαν τὰ προστάγματα τοῦ βασ.
Ne. 5. 12. ἀποδώσομεν καὶ παρ' αὐτῶν οὐ ζητήσομεν (8 b)
10. 31 (32). οἱ φέροντες τοὺς ἀγορασμοὺς . . . ἀποδόσθαι (3 a)
To. 2. 1. ἀπεδόθη μοι Ἄννα ἡ γυνή μου
— 12. ἀπέδωκαν αὐτῇ καὶ αὐτοὶ τὸν μισθόν [S al.]
— 13. ἀπόδος αὐτὸ τοῖς κυρίοις
— 14. ἔλεγον ἀποδιδόναι [S -δοῦναι] αὐτὸ τοῖς κυρίοις
4. 14. ἀλλ' ἀπόδος αὐτῷ παραυτίκα
— 14. ἐὰν δουλεύσῃς τῷ θεῷ ἀποδοθήσεταί σοι
14. 10. A B ἐκείνῳ δὲ τὸ ἀνταπόδομα ἀπεδόθη
— 10. S ἀπέδωκεν ὁ θεὸς τὴν ἀτιμίαν
Es. 8. 13. θεοῦ διὰ τάχους ἀποδόντος αὐτῷ κρίσιν
Jb. 22. 25. καθαρὸν δὲ ἀποδώσει σε –
— 27. δώσει δέ σοι ἀποδοῦναι τὰς εὐχάς (9 a)
24. 20. ἀποδοθείη δὲ αὐτῷ ἃ [A S² καθὰ] ἔπραξε (7 a ?)
31. 37. εἰ μὴ ῥήξας αὐτὴν ἀπέδωκα †
33. 26. ἀποδώσει δὲ ἀνθρώποις [A -ῳ] δικαιοσύνην [A τὴν δ. αὐτοῦ] (8 b)
34. 11. ἀλλὰ ἀποδιδοῖ [A -δωσιν] ἀνθρώπῳ (9 a)
39. 12. ἀποδώσει σοι τὸν σπόρον (8 b, 8 a*)
Ps. 17 (18). 20. S¹ κατὰ τὴν καθαριότητα τῶν χειρῶν μου ἀποδώσει [A B ἀνταπ.] μοι (8 b)
21 (22). 25. τὰς εὐχάς μου [S² add. τῷ κυρίῳ] ἀποδώσω (9 a)
27 (28). 4. ἀπόδος τὸ ἀνταπόδομα αὐτῶν αὐτοῖς (7 b)
43 (44). 12. ἀπέδου τὸν λαόν σου ἄνευ τιμῆς (3 a)
49 (50). 14. ἀπόδος τῷ ὑψίστῳ τὰς εὐχάς σου (9 a)
50 (51). 12. ἀπόδος μοι τὴν ἀγαλλίασιν τοῦ σωτηρίου σου (8 b)
54 (55). 20. ἐξέτεινε τὴν χεῖρα αὐτοῦ [S¹ om. ἐξετ. τ. χ. αὐ.] ἐν τῷ ἀποδιδόναι †
55 (56). 12. αἱ εὐχαὶ ἃς ἀποδώσω αἰνέσεως (9 a)
60 (61). 8. τοῦ ἀποδοῦναί με τὰς εὐχάς μου (9 a)
61 (62). 12. σὺ ἀποδώσεις ἑκάστῳ (9 a)
64 (65). 1. σοὶ ἀποδοθήσεται εὐχή (9 b)
65 (66). 13. ἀποδώσω σοι τὰς εὐχάς μου (9 a)
75 (76). 11. εὔξασθε καὶ ἀπόδοτε κυρίῳ (9 a)
78 (79). 12. ἀπόδος τοῖς γείτοσιν ἡμῶν ἑπταπλάσια [S -πλασίονα] (8 b)
93 (94). 2. ἀπόδος ἀνταπόδοσιν τοῖς ὑπερηφ. (8 b)
— 23. ἀποδώσει αὐτοῖς [A add. κατὰ] τὴν ἀνομίαν (8 b)
115. 5 (116. 14). R τὰς εὐχάς μου τῷ κυρίῳ ἀποδώσω (9 a)
— 9 (116. 18). τὰς εὐχάς μου τῷ κ. ἀποδώσω (9 a)
Pr. 7. 14. σήμερον ἀποδίδωμι τὰς εὐχάς μου (9 a)
17. 13. ὃς ἀποδίδωσι κακὰ ἀντὶ ἀγαθῶν (8 b)
24. 12. ὃς ἀποδίδωσιν ἑκάστῳ κατὰ τὰ ἔργα αὐτοῦ (8 b)
28. 21. ὁ τοιοῦτος ψωμοῦ ἄρτου ἀποδώσεται ἄνδρα †
31. 24. καὶ ἀπέδοτο περιζώματα τοῖς Χαναναίοις (3 a)
Ec. 5. 3. μὴ χρονίσῃς τοῦ ἀποδοῦναι αὐτήν (9 a)
— 3. ὅσα ἐὰν εὔξῃ ἀπόδος (9 a)
— 4. τὸ εὔξασθαί σε καὶ μὴ [S¹ om.] ἀποδοῦναι (9 a)
Wi. 10. 17. ἀπέδωκεν ὁσίοις μισθὸν κόπων αὐτῶν
Si. 4. 31. ἐν τῷ ἀποδιδόναι συνεσταλμένη
11. 26. ἀποδοῦναι ἀνθρώπῳ κατὰ τὰς ὁδοὺς αὐτοῦ
12. 6. τοῖς ἀσεβέσιν ἀποδώσει [A -δῷ εἰς] ἐκδίκησιν
17. 23. τὸ ἀνταπόδομα αὐτῶν εἰς κεφ. αὐτῶν [A -οῦ] ἀποδώσει [S ἀνταπ.]
18. 22. τοῦ ἀποδοῦναι εὐχὴν εὐκαίρως
29. 2. πάλιν ἀπόδος τῷ πλησίον
— 5. ἀποδώσει λόγους ἀκηδίας
— 6. κατάρας καὶ λοιδορίας ἀποδώσει αὐτῷ
Si. 29. 6. ἀντὶ δόξης ἀποδώσει αὐτῷ ἀτιμίαν
32 (35). 11. A ἑπταπλάσια [B -πλᾶ] ἀποδώσει [B S ἀνταποδ.] σοι
36 (33). 13. ἀποδοῦναι αὐτοῖς κατὰ τὴν κρίσιν αὐτοῦ
Ho. 12. 2 (3). κατὰ τὰ ἐπιτηδεύματα αὐτοῦ ἀποδώσει [A ἀνταπ.] αὐτῷ (8 b)
Am. 2. 6. ἀνθ' ὧν ἀπέδοντο ἀργυρίου δίκαιον (3 a)
Jl. 3 (4). 6. καὶ τοὺς υἱοὺς Ἰ. ἀπέδοσθε τοῖς υἱοῖς τῶν Ἑ. (3 a)
— 7. ἐκ τοῦ τόπου οὗ ἀπέδοσθε αὐτοὺς ἐκεῖ (3 a)
— 8. ἀποδώσομαι τοὺς υἱοὺς ὑ. κ. τὰς θυγ. ὑ. εἰς χεῖρας τῶν υἱῶν Ἰ., καὶ ἀποδώσονται αὐτοὺς εἰς αἰχμαλωσίαν (3 a, 3 a)
Jn. 2. 10. ὅσα ηὐξάμην ἀποδώσω σοι σωτηρίου [A εἰς σωτηρίαν μου] τῷ κ. (9 a)
Na. 1. 15 (2. 1). ἀπόδος τὰς εὐχάς σου (9 a)
Is. 19. 21. εὔξονται εὐχὰς τῷ κ. καὶ ἀποδώσουσι (9 a)
26. 12. πάντα γὰρ ἀπέδωκας ἡμῖν †
42. 22. οὐκ ἦν ὁ λέγων, Ἀπόδος (8 b)
65. 6. ἕως ἂν ἀποδώσω [A S ἀποδῶ, S add. καὶ ἀνταποδώσω] εἰς τὸν κόλπον αὐτῶν τὰς ἁμαρτίας αὐτῶν (9 a)
— 7. ἀποδώσω τὰ ἔργα αὐτῶν εἰς [S ἐπὶ] τὸν κόλπον αὐτῶν (2)
66. 4. S τὰς ἁμαρτίας [A add. αὐτῶν] ἀποδώσω [A B ἀνταπ.] αὐτοῖς †
— 15. ἀποδοῦναι ἐν θυμῷ ἐκδίκησιν αὐτοῦ [A S om.] (8 b)
Je. 22. 13. τὸν μισθὸν αὐτοῦ οὐ μὴ ἀποδώσει αὐτῷ (5)
39 (32). 18. ἀποδιδοὺς ἁμαρτίας πατέρων εἰς κόλπους τέκνων (9 a)
— 19. A ἀποδοῦναι [B S δ.] ἑκάστῳ κατὰ τὴν ὁδὸν αὐτοῦ [S τὰς ὁ. αὐτῶν] (5)
Ba. 4. 23. ἀποδώσει δέ μοι ὁ θεὸς ὑμᾶς
La. 3. 64. ἀποδώσεις αὐτοῖς ἀνταπόδομα (8 b)
— 65. ἀποδώσεις αὐτοῖς ὑπερασπισμόν (5)
Ep. Je. 28. τὰς δὲ θυσίας αὐτῶν ἀποδόμενοι
— 35. ἐάν τις αὐτοῖς εὐχὴν εὐξάμενος μὴ ἀποδῷ
Ez. 18. 7. ἐνεχυρασμὸν ὀφείλοντος ἀποδώσει (8 b)
— 12. ἐνεχυρασμὸν οὐκ ἀπέδωκε (8 b)
30. 12. A ἀποδώσομαι τὴν γῆν ἐν χειρὶ πονηρῶν (3 a)
33. 15. καὶ ἐνεχύρασμα ἀποδῷ [A al.] (8 b)
34. 27. A τὰ ξύλα τοῦ πεδίου ἀποδώσει τὸν καρπὸν αὐτοῖς [B al.] (5)
46. 17. καὶ ἀποδώσει τῷ ἀφηγουμένῳ †
Da. LXX. 4. 32. τὸ βασίλειον τοῦ ἔθνους σού σοι ἀποδίδοται –
— 33. καὶ ἡ δόξα μου ἀπεδόθη μοι (10)
8. 25. ποιήσει συναγωγὴν χειρὸς καὶ ἀποδώσεται (7 b)
Da. TH. 6. 2 (3). τοῦ ἀποδιδόναι αὐτοῖς τοὺς σατράπας λόγον (1)
I Ma. 9. 70. ἀποδοῦναι αὐτοῖς τὴν αἰχμαλωσίαν
— 72. ἀπέδωκεν [S¹ ἐπέδωκαν] αὐτῷ τὴν αἰχμαλωσίαν
10. 9. ἀπέδωκεν [S ἔδωκεν] αὐτοὺς τοῖς γονεῦσιν
— 41. πᾶν τὸ πλεονάζον ὃ οὐκ ἀπεδίδοσαν
12. 17. ἀποδοῦναι ὑμῖν τὰς παρ' ἡμῶν ἐπιστολάς
14. 25. τίνα χάριν ἀποδώσομεν Σίμωνι
16. 17. S R ἀπέδωκε [A ἀνταπ.] κακὰ ἀντὶ ἀγαθῶν
II Ma. 2. 17. ὁ δὲ θεὸς ὁ . . . ἀποδοὺς τὴν κληρονομίαν πᾶσι
4. 38. τὴν ἀξίαν αὐτῷ κόλασιν ἀποδόντος
7. 23. τὴν ζωὴν ὑμῖν πάλιν ἀποδώσει μετ' ἐλέους
9. 16. τὰ ἱερὰ σκεύη πολυπλάσια πάντα ἀποδώσειν
14. 46. R ταῦτα [A τὰ αὐτὰ] αὐτῷ πάλιν ἀποδοῦναι
III Ma. 1. 9. καὶ χάριτας ἀποδιδοὺς
— 18. A ἀπέδωκαν [R σποδῷ καὶ] κόνει τὰς κεφαλάς
7. 22. ὥστε τοὺς ἔχοντάς τι μετὰ φόβου μεγίστου ἀποδοῦναι αὐτοῖς
IV Ma. 6. 32. R τούτοις ἂν ἀπέδομεν [A S -ην] τὴν τῆς ἐπικρατείας μαρτυρίαν
12. 20. οὕτως ἀπέδωκε τὴν ψυχήν
[Aq. Ps. 30 (31). 23 : 61 (62). 13 : Is. 59. 18 : Ez. 21. 13 (18) : 30. 12.]
[Sm. I Ki. 26. 23 : Ps. 43 (44). 13 : 55 (56). 13 : 60 (61). 9.]
[Th. Ez. 30. 12.]
[Al. Ex. 21. 34.]
[Quint. Ps. 30 (31). 23.]

ἀποδιδράσκειν. (1) בָּרַח (2) הָלַךְ (3) נוּס
Ge. 16. 6. R ἀπέδρα ἀπὸ προσώπου αὐτῆς (1)
16. 8. R ἀπὸ προσώπου Σάρας . . . ἐγὼ ἀποδιδράσκω (1)
27. 43. ἀναστὰς ἀπόδραθι εἰς τὴν Μεσ. (1)
28. 2. ἀναστὰς ἀπόδραθι εἰς τὴν Μεσ. (2)
Ge. 31. 20. τοῦ μὴ ἀναγγεῖλαι αὐτῷ ὅτι ἀποδιδράσκει (1)
— 21. καὶ ἀπέδρα αὐτὸς καὶ πάντα τὰ αὐτοῦ (1)
— 22. ἀνηγγέλη . . . ὅτι ἀπέδρα Ἰακώβ (1)
— 26. R ἵνα τί κρυφῇ [A κρυβῆ] ἀπέδρας –
35. 1. ἐν τῷ ἀποδιδράσκειν σε (1)
— 7. ἐν τῷ ἀποδιδράσκειν αὐτόν (1)
Jd. 9. 21. καὶ ἔφυγεν Ἰ. καὶ ἀπέδρα [A καὶ ἀπ. Ἰ. καὶ ἐπορεύθη] (1 [3])
11. 3. A καὶ ἀπέδρα [B ἔφυγεν] Ἰεφθάε (1)
I Ki. 20. 1. ἀπέδρα Δαυὶδ [A Ἰσραὴλ] ἐξ Αὐάθ (1)
II Ki. 4. 3. καὶ ἀπέδρασαν οἱ Βηρωθαῖοι εἰς Γεθαΐμ (1)
13. 34. καὶ ἀπέδρα Ἀβεσσαλώμ (1)
— 38. καὶ Ἀβεσσαλὼμ ἀπέδρα (1)
III Ki. 2. 7. ἐν τῷ με [A om.] ἀποδιδράσκειν (1)
3. 1 (2. 39). ἀπέδρασαν δύο δοῦλοι τοῦ [A τῷ] Σεμεεῖ (1)
11. 17. καὶ ἀπέδρα Ἄδερ (1)
— 40. καὶ ἀπέδρα εἰς Αἴγυπτον πρὸς Σουσακίμ (1)
12. 24. B καὶ ἀπέδρα αὐτὸς πρὸς Σουσακὶμ βασ. –
IV Ki. 7. 7. καὶ ἀπέδρασαν ἐν τῷ σκότει (3)
To. 1. 19. S καὶ ἀπέδρασα [A B al.]
2. 8. καὶ ἀπέδρα
Ju. 10. 12. ἀποδιδράσκω ἀπὸ προσώπου αὐτῶν
11. 3. τίνος ἕνεκεν ἀπέδρας [S ἀπέδρασας] ἀπ' αὐτῶν
— 16. ἀπέδρων ἀπὸ προσώπου αὐτῶν
Jb. 9. 25. ἀπέδρασαν [A -δρα] καὶ οὐκ εἴδοσαν [A ἴδον] (1)
14. 2. ἀπέδρα δὲ ὥσπερ σκιά (1)
Ps. 3. tit. ὁπότε ἀπεδίδρασκεν ἀπὸ προσ. Ἀβ. (1)
56 (57). tit. ἐν τῷ αὐτὸν ἀ. ἀπὸ προσ. Σαούλ (1)
Si. 30. 40 (33. 31). ἐὰν κακώσῃς αὐτὸν καὶ ἀπάρας ἀποδρᾷ
Is. 35. 10; 51. 11. ἀπέδρα ὀδύνη (3)
Da. LXX. 10. 7. καὶ ἀπέδρασαν ἐν σπουδῇ (1)
[Aq. Ge. 31. 27 : Pr. 19. 26.]
[Th. Jd. 11. 3 : I Ki. 25. 10.]

ἀποδιώκειν. (1) רָדַף
La. 3. 43. καὶ ἀπεδίωξας ἡμᾶς (1)
[Sm. Is. 16. 3.]

ἀποδοκιμάζειν. (1) מָאַס *a.* qal. *b.* ni.
Ps. 117 (118). 22. λίθον ὃν ἀπεδοκίμασαν οἱ οἰκοδομοῦντες (1 a)
Wi. 9. 4. μή με ἀποδοκιμάσῃς ἐκ παίδων σου
Si. 20. 20. ἀπὸ στόματος μωροῦ ἀποδοκιμασθήσεται παραβολή
Je. 6. 30. ἀργύριον ἀποδεδοκιμασμένον καλέσατε αὐτοὺς ὅτι ἀπεδοκίμασεν αὐτοὺς κύριος (1 b, 1 a)
7. 29. ἀπεδοκίμασε [S add. αὐτοὺς] κύριος (1 a)
8. 9. τὸν νόμον [A S λόγον] κυρίου ἀπεδοκίμασαν (1 a)
14. 19. μὴ ἀποδοκιμάζων ἀπεδοκίμασας τὸν Ἰούδαν (1 a, 1 a)
38 (31). 37. οὐκ ἀποδοκιμῶ τὸ γένος Ἰσραὴλ (1 a)
[Sm. I Ki. 8. 7 : 10. 19 : 16. 1 : Jb. 34. 33 : Ps. 35 (36). 5 : 52 (53). 6 : 77 (78). 59 : 88 (89). 39 : Pr. 3. 11 : Is. 7. 15 : 8. 6 : 41. 9 : Ez. 20. 24.]
[Th. Je. 33 (40). 26 : Ez. 21. 13 (18).]

ἀπόδομα. (1) נָתַן (2) תְּנוּפָה
Nu. 8. 11. ἀφοριεῖ Ἀαρὼν τοὺς Λευίτας ἀ. (2)
— 13. ἀποδώσεις αὐτοὺς ἀ. (2)
— 16. ἀ. ἀποδεδομένοι οὗτοί μοί εἰσιν (1)
— 19. ἀπέδωκα τοὺς Λευίτας ἀ. δεδομένους Ἀαρών (1)
— 21. ἀπέδωκεν αὐτοὺς Ἀαρὼν ἀ. (2)
[Th. Is. 59. 18.]

ἀπόδοσις. (1) גְּמוּל (2) שׁוּב hi.
De. 24. 13. ἀποδόσει ἀποδώσεις τὸ ἐνέχυρον [A ἱμάτιον] (2)
Ps. 102 (103). 2. S μὴ ἐπιλανθάνου πάσας τὰς ἀ. [A ἀνταπ., B αἰνέσεις] αὐτοῦ (1)
Si. 29. 5. ἐν καιρῷ ἀποδόσεως παρελκύσει χρόνον
[Aq. Is. 59. 18.]

ἀποδοχεῖον.
Si. 1. 17. τὰ ἀ. ἀπὸ τῶν γεννημάτων αὐτῆς
39. 17. ἐν ῥήματι στόματος αὐτοῦ ἀποδοχεῖα ὑδάτων
50. 3. ἠλαττώθη ἀποδοχεῖον [A S -εῖα] ὑδάτων

ἀποδύρεσθαι.
III Ma. 4. 12. ἀ. τὴν ἀκλεᾶ τῶν ἀδελφῶν ταλαιπωρίαν

ἀποθαυμάζειν. (1) שָׁמֵם ithpo.
Si. 11. 13. καὶ ἀπεθαύμασαν [A ἀνεθ.] ἐπ' αὐτῷ πολλοί
40. 7. ἀποθαυμάζων [S² -μαζόντων] εἰς οὐδένα φόβον
47. 17. ἐν ἑρμηνείαις [A ἐρημίαις] ἀπεθαύμασάν [A ἐπ.] σε χῶραι
Da. LXX. 4. 16. ὥραν μίαν ἀποθαυμάσας (1 ?)

ἀπόθεμα.
[Sm. Ez. 27. 27.]

ἄποθεν, *vid.* **ἄπωθεν.**
[Sm. Ps. 27 (28). 1.]

ἀποθερίζειν. (1) חָצַב
Ho. 6. 6 (5). διὰ τοῦτο ἀπεθέρισα τοὺς προφήτας ὑμῶν (1)

ἀπόθετος.
[Aq. Dt. 33. 19: Ps. 30 (31). 20.]
[Sm. Ps. 16 (17). 14: 30 (31). 20: Je. 48 (31). 32.]

ἀποθήκη. (1) אֵבוּס (2) אוֹצָר (3) בַּת
(4) חֶדֶר (5) טֶנֶא (6) מִשְׁמֶרֶת
Ex. 16. 23. καταλείπετε [A -πέτω] αὐτὸ εἰς ἀ. (6)
— 32. πλήσατε τὸ γομὸρ τοῦ μὰν εἰς ἀ. (6)
De. 28. 5. εὐλογημέναι αἱ ἀ. σου (5)
— 17. ἐπικατάρατοι αἱ ἀ. σου (5)
I Ch. 28. 11. τὸ παράδειγμα . . . τῶν ἀ. τῶν ἐσωτέρων (4)
— 12. AR εἰς τὰς ἀ. οἴκου [B om.] κυρίου καὶ τῶν ἀ. τῶν ἁγίων (2, 2)
— 13. τῶν ἀ. τῶν λειτουργησίμων σκευῶν –
— 20. τὰς ἀ. τὰς ἐσωτέρας –
29. 8. ἔδωκαν εἰς τὰς ἀ. οἴκου κυρίου (2)
I Es. 1. 54. τὰς βασιλικὰς ἀ. ἀναλαβόντες ἀπήνεγκαν
II Es. 7. 22. B ἕως οἴνου ἀποθηκῶν [AR βατῶν] ἑκατόν (3)
Je. 27 (50). 26. ἀνοίξατε τὰς ἀ. αὐτῆς (1)
Ez. 28. 13. χρυσίου ἐνέπλησας . . . τὰς ἀ. σου ἐν σοί †
[Aq. Pr. 3. 10: Is. 19. 10.]
[Sm. Dt. 33. 19: Ps. 72 (73). 6.]

ἀποθησαυρίζειν.
Si. 3. 4. ὡς ὁ [A om.] ἀποθησαυρίζων ὁ δοξάζων μητέρα αὐτοῦ

ἀποθλίβειν. (1) לָחַץ
Nu. 22. 25. ἀπέθλιψε τὸν πόδα Βαλαὰμ πρὸς τὸν τοῖχον (1)
[Aq. Ex. 3. 9.]
[Sm. Jd. 10. 12: Ps. 5. 9.]

ἀποθλιμμός.
[Aq. Ex. 3. 9.]

ἀποθνήσκειν. (1) אָבַד (2) גָּוַע (3) כָּרַת ni.
(4) מוּת *a.* qal. *b.* hi. *c.* hoph. *d.* מָוֶת
(5) שָׁכַב
Ge. 2. 17. θανάτῳ ἀποθανεῖσθε (4 *a*)
3. 3. ἵνα μὴ ἀποθάνητε (4 *a*)
— 4. οὐ θανάτῳ ἀποθανεῖσθε (4 *a*)
5. 5, 8, 11, 14, 17, 20, 27, 31. καὶ ἀπέθανεν (4 *a*)
7. 21. καὶ ἀπέθανε πᾶσα σάρξ (2)
— 22. πάντα ὅσα ἔχει πνοὴν ζωῆς . . . ἀπέθανε (4 *a*)
9. 11. οὐκ ἀποθανεῖται πᾶσα σάρξ (3)
— 29. καὶ ἀπέθανεν (4 *a*)
11. 11, 13 *bis*, 15, 17, 19, 21, 23, 25. καὶ ἀπέθανεν –
— 28. καὶ ἀπέθανεν Ἀ. (4 *a*)
— 32. καὶ ἀπέθανε Θ. (4 *a*)
19. 19. καὶ ἀποθάνω (4 *a*)
20. 3. ἰδοὺ σὺ ἀποθνήσκεις περὶ τῆς γυν. (4 *a*)
— 7. ὅτι ἀποθανῇ σὺ καὶ πάντα τὰ σά (4 *a*)
23. 2. καὶ ἀπέθανε Σάρρα (4 *a*)
25. 8. καὶ ἐκλείπων ἀπέθανεν Ἀβραάμ (4 *a*)
— 11. μετὰ τὸ ἀποθανεῖν Ἀβ. (4 *a*)
— 17. καὶ ἐκλείπων ἀπέθανε (4 *a*)
26. 9. R μή ποτε ἀποθάνω [A ἀποθάνῃ] δι' αὐτήν (4 *a*)
— 18. μετὰ τὸ ἀποθανεῖν Ἀβραάμ (4 *a*)
27. 4. R πρὶν [A πρὸ τοῦ] ἀποθανεῖν με (4 *a*)
— 7. πρὸ τοῦ ἀποθανεῖν με (4 *a*)
— 10. πρὸ τοῦ ἀποθανεῖν αὐτόν (4 *a*)
33. 13. ἀποθανοῦνται πάντα τὰ κτήνη (4 *a*)
Ge. 35. 8. ἀπέθανε δὲ Δεββώρα (4 *a*)
— 18. ἀπέθνησκε γάρ (4 *a*)
— 19. ἀπέθανε δὲ Ῥαχήλ (4 *a*)
— 29. R καὶ ἐκλείπων [A ἐκλιπὼν] Ἰσαὰκ ἀπέθανεν (4 *a*)
36. 33. ἀπέθανε δὲ Βαλάκ (4 *a*)
— 34. ἀπέθανε δὲ Ἰωβάβ (4 *a*)
— 35. ἀπέθανε δὲ Ἀσώμ (4 *a*)
— 36. ἀπέθανε δὲ Ἀδάδ (4 *a*)
— 37. ἀπέθανε δὲ Σαμαδά (4 *a*)
— 38. ἀπέθανε δὲ Σαούλ (4 *a*)
— 39. ἀπέθανε δὲ Βαλλενών (4 *a*)
38. 11. μή ποτε ἀποθάνῃ καὶ οὗτος (4 *a*)
— 12. καὶ ἀπέθανε Σαυὰ ἡ γυνὴ Ἰούδα (4 *a*)
42. 2. R ἵνα ζήσωμεν [A ζῶμεν] καὶ μὴ ἀποθάνωμεν (4 *a*)
— 20. εἰ δὲ μὴ ἀποθανεῖσθε (4 *a*)
— 38. ὁ ἀδελφὸς αὐτοῦ ἀπέθανε (4 *a*)
43. 8. ἵνα ζῶμεν καὶ μὴ ἀποθάνωμεν (4 *a*)
44. 9. παρ' ᾧ ἂν εὑρ. τὸ κόνδυ . . . ἀποθνησκέτω (4 *a*)
— 20. ὁ ἀδελφὸς αὐτοῦ ἀπέθανεν (4 *a*)
— 22. ἐὰν δὲ καταλίπῃ τὸν πατέρα ἀποθανεῖται (4 *a*)
45. 28. ὄψομαι αὐτὸν πρὸ τοῦ ἀποθανεῖν με (4 *a*)
46. 12. ἀπέθανε δὲ Ἢρ καὶ Αὐνὰν ἐν γῇ Χαναάν (4 *a*)
— 30. ἀποθανοῦμαι ἀπὸ τοῦ νῦν (4 *a*)
47. 15. καὶ ἵνα τί ἀποθνήσκομεν ἐναντίον σου (4 *a*)
— 19. ἵνα οὖν μὴ ἀποθάνωμεν ἐναντίον σου (4 *a*)
— 19. ἵνα σπείρωμεν . . . καὶ μὴ ἀποθάνωμεν (4 *a*)
— 29. ἤγγισαν δὲ αἱ ἡμέραι Ἰσραὴλ τοῦ ἀποθανεῖν (4 *a*)
48. 7. ἀπέθανε Ῥαχὴλ ἡ μήτηρ σου (4 *a*)
— 21. εἶπε δὲ Ἰσραὴλ . . . ἰδοὺ ἐγὼ ἀποθνήσκω (4 *a*)
50. 24. καὶ εἶπεν Ἰωσὴφ . . . ἐγὼ ἀποθνήσκω (4 *a*)
Ex. 10. 28. ᾗ δ' ἂν ἡμέρᾳ ὀφθῇς μοι ἀποθανῇ (4 *a*)
12. 33. πάντες ἡμεῖς ἀποθνήσκομεν (4 *a*)
14. 12. ἢ ἀποθανεῖν ἐν τῇ ἐρήμῳ ταύτῃ (4 *a*)
16. 3. ὄφελον ἀπεθάνομεν πληγέντες ὑπὸ κυρίου (4 *a*)
20. 19. μὴ [A μή ποτε] ἀποθάνωμεν (4 *a*)
21. 12. ἐὰν δὲ πατάξῃ τίς τινα καὶ ἀποθάνῃ (4 *a*)
— 18. καὶ μὴ ἀποθάνῃ κατακλιθῇ δὲ ἐπὶ τὴν κοίτην (4 *a*)
— 20. καὶ ἀποθάνῃ ὑπὸ τὰς χεῖρας αὐτοῦ (4 *a*)
— 28. ἐὰν δὲ κερατίσῃ ταῦρος . . . καὶ ἀποθάνῃ (4 *a*)
22. 2 (1). καὶ πληγεὶς ἀποθάνῃ (4 *a*)
— 3 (2). A ἔνοχός ἐστιν ἀποθανεῖται [B ἀνταπ.] †
— 14 (13). συντριβῇ ἢ ἀποθάνῃ ἢ αἰχμάλωτον γένηται (4 *a*)
28. 31 (35). ἵνα μὴ ἀποθάνῃ (4 *a*)
— 39 (43). ἵνα μὴ ἀποθάνωσι (4 *a*)
30. 20. καὶ οὐ μὴ ἀποθάνωσιν (4 *a*)
— 21. ἵνα [A² καὶ οὐ] μὴ ἀποθάνωσι (4 *a*)
Le. 8. 35. ἵνα μὴ ἀποθάνητε (4 *a*)
10. 2. ἀπέθανον ἔναντι κυρίου (4 *a*)
— 6, 7. ἵνα μὴ ἀποθάνητε (4 *a*)
— 9. καὶ οὐ μὴ ἀποθάνητε (4 *a*)
11. 39. ἐὰν δὲ ἀποθάνῃ [A *add.* ἀπὸ] τῶν κτηνῶν (4 *a*)
15. 31. οὐκ ἀποθανοῦνται διὰ τὴν ἀκαθαρσίαν (4 *a*)
16. 2, 13. καὶ οὐκ ἀποθανεῖται (4 *a*)
19. 20. οὐκ ἀποθανοῦνται ὅτι οὐκ ἀπηλευθερώθη (4 *a*)
20. 20. ἄτεκνοι ἀποθανοῦνται (4 *a*)
— 21. ἄτεκνοι ἀποθανοῦνται †
22. 9. ἵνα μὴ . . . ἀποθάνωσι δι' αὐτό (4 *a*)
24. 17. ὃς ἂν πατάξῃ ψυχὴν ἀνθρώπου καὶ ἀποθάνῃ –
— 18. ὃς ἂν πατάξῃ κτῆνος καὶ ἀποθάνῃ –
— 21. ὃς ἂν πατάξῃ ἄνθρωπον καὶ ἀποθάνῃ –
25. 41. A εἰς τὴν κατάσχεσιν . . . ἀποθανεῖται [B ἀποδραμεῖται] †
Nu. 1. 51. ὁ ἀλλογενὴς ὁ προσπορευόμ. ἀποθανέτω (4 *c*)
3. 10. ὁ ἀλλογενὴς ὁ ἁπτόμενος ἀποθανεῖται (4 *c*)
— 38. ὁ ἀλλογενὴς ὁ ἁπτόμενος [A προσπορευόμενος] ἀποθανεῖται (4 *c*)
4. 15. οὐχ ἅψονται τῶν ἁγίων ἵνα μὴ ἀποθάνωσι (4 *a*)
— 19. ζήσονται καὶ οὐ μὴ ἀποθάνωσι (4 *a*)
— 20. οὐ μὴ εἰσέλθωσιν ἰδεῖν . . . καὶ ἀποθανοῦνται (4 *a*)
6. 7. οὐ μιανθήσεται ἐπ' αὐτοῖς ἀποθανόντων αὐτῶν (4 *a*)
— 9. ἐὰν δέ τις [A *add.* θανάτῳ] ἀποθάνῃ ἐπ' αὐτῷ (4 *a*)
14. 3. ὄφελον ἀπεθάνομεν ἐν γῇ Αἰγύπτῳ ἢ ἐν τῇ ἐρήμῳ ταύτῃ εἰ ἀπεθάνομεν (4 *a*, 4 *a*)
— 35. καὶ ἐκεῖ ἀποθανοῦνται (4 *a*)
— 37. ἀπέθανον οἱ ἄνθρωποι οἱ κατείπαντες πονηρά (4 *a*)
Nu. 16. 29. εἰ κατὰ θάνατον πάντων ἀνθρ. ἀποθανοῦνται οὗτοι (4 *a*)
17. 10 (25). παυσάσθω ὁ γογγυσμὸς . . . καὶ οὐ μὴ ἀποθάνωσι (4 *a*)
— 13 (28). πᾶς ὁ ἁπτόμενος τῆς σκηνῆς κυρίου ἀποθνήσκει ἕως εἰς τέλος ἀποθάνωμεν (4 *a*, 2)
18. 3. οὐκ ἀποθανοῦνται καὶ οὗτοι καὶ ὑμεῖς (4 *a*)
— 7. ὁ ἀλλογενὴς ὁ προσπορευόμενος ἀποθανεῖται (4 *c*)
— 32. ἵνα μὴ ἀποθάνητε (4 *a*)
19. 13. τοῦ τεθνηκότος ἀπὸ ψυχῆς ἀνθρώπου ἐὰν ἀποθάνῃ (4 *a*)
— 14. ἄνθρωπος ἐὰν ἀποθάνῃ ἐν οἰκίᾳ (4 *a*)
20. 3. ὄφελον ἀπεθάνομεν [A ἀπωλόμεθα] ἐν τῇ ἀπωλείᾳ (2)
— 26. καὶ Ἀαρὼν προστεθεὶς ἀποθανέτω ἐκεῖ (4 *a*)
— 28. ἀπέθανεν Ἀαρὼν [A *add.* ἐκεῖ] ἐπὶ τῆς κορυφῆς τοῦ ὄ. (4 *a*)
21. 6. ἀπέθανε λαὸς πολὺς τῶν υἱῶν Ἰσραήλ (4 *a*)
23. 10. ἀποθάνοι ἡ ψυχή μου ἐν ψυχαῖς δικαίων (4 *a*)
26. 11. οἱ δὲ υἱοὶ Κορὲ οὐκ ἀπέθανον (4 *a*)
— 19. A B ἀπέθανεν [R -ον] Ἢρ καὶ Αὐνάν (4 *a*)
— 61. ἀπέθανε Ναδὰβ καὶ Ἀβιούδ (4 *a*)
— 65. θανάτῳ ἀποθανοῦνται ἐν τῇ ἐρήμῳ (4 *a*)
27. 3. ὁ πατὴρ ἡμῶν ἀπέθανεν ἐν τῇ ἐρήμῳ (4 *a*)
— 3. ὅτι δι' ἁμαρτίαν αὐτοῦ ἀπέθανε (4 *a*)
— 8. ἄνθρωπος ἐὰν ἀποθάνῃ (4 *a*)
33. 38. καὶ ἀπέθανεν ἐκεῖ (4 *a*)
— 39. ὅτε ἀπέθνησκεν ἐν Ὢρ τῷ ὄρει (4 *a*)
35. 12. οὐ μὴ ἀποθάνῃ ὁ φονεύων (4 *a*)
— 17. ἐὰν δὲ ἐν λίθῳ ἐκ χειρὸς ἐν ᾧ ἀποθανεῖται ἐν αὐτῷ πατάξῃ αὐτὸν καὶ ἀποθάνῃ (4 *a*, 4 *a*)
— 18. ἐὰν δὲ ἐν σκεύει ξυλίνῳ ἐκ χειρὸς ἐξ οὗ ἀποθανεῖται ἐν αὐτῷ πατάξῃ αὐτὸν καὶ ἀποθάνῃ (4 *a*, 4 *a*)
— 18. A θανάτῳ ἀποθανεῖται [B θανατούσθω] ὁ φονευτής (4 *c*)
— 20. ἐὰν δὲ δι' ἔχθραν ὤσῃ αὐτὸν . . . καὶ ἀποθάνῃ (4 *a*)
— 21. ἢ διὰ μῆνιν ἐπάταξεν αὐτὸν τῇ χειρὶ καὶ ἀποθάνῃ (4 *a*)
— 23. ἐν ᾧ ἀποθανεῖται ἐν αὐτῷ (4 *a*)
— 23. ἐπιπέσῃ ἐπ' αὐτὸν καὶ ἀποθάνῃ (4 *a*)
— 25, 28. ἕως ἂν ἀποθάνῃ ὁ ἱερεὺς ὁ μέγας (4 *a*)
— 28. μετὰ τὸ ἀποθανεῖν τὸν ἱερέα τὸν μέγαν (4 *a*)
— 30. μάρτυς εἷς οὐ μαρτυρήσει ἐπὶ ψυχὴν ἀποθανεῖν (4 *a*)
— 32. ἕως ἂν ἀποθάνῃ ὁ ἱερεὺς ὁ μέγας (4 *a*)
De. 2. 14. πᾶσα γενεὰ ἀνδρῶν πολεμιστῶν ἀποθνήσκοντες –
— 16. πάντες οἱ ἄνδρες οἱ πολεμισταὶ ἀποθνήσκοντες (4 *a*)
4. 22. ἐγὼ γὰρ ἀποθνήσκω ἐν τῇ γῇ ταύτῃ (4 *a*)
5. 25 (22). καὶ νῦν μὴ ἀποθάνωμεν (4 *a*)
— 25 (22). καὶ ἀποθανούμεθα (4 *a*)
10. 6. ἐκεῖ ἀπέθανεν Ἀαρών (4 *a*)
13. 5 (6). ὁ τὸ ἐνύπνιον ἐνυπνιαζόμενος ἐκεῖνος ἀποθανεῖται (4 *c*)
— 10 (11). λιθοβολήσουσιν αὐτὸν . . . καὶ ἀποθανεῖται (4 *a*)
17. 6. ἢ ἐπὶ τρισὶ μάρτυσιν ἀποθανεῖται· ὁ ἀποθνήσκων οὐκ ἀποθανεῖται ἐφ' ἑνὶ μάρτυρι (4 *c*, 4 *a*, 4 *c*)
— 12. καὶ ἀποθανεῖται ὁ ἄνθρωπος ἐκεῖνος (4 *a*)
18. 16. οὐδὲ μὴ ἀποθάνωμεν (4 *a*)
— 20. ἀποθανεῖται ὁ προφήτης ἐκεῖνος (4 *a*)
19. 5. τύχῃ τοῦ πλησίον καὶ ἀποθάνῃ (4 *a*)
— 6. A καὶ ἀποθάνῃ –
— 11. πατάξῃ αὐτοῦ ψυχὴν καὶ ἀποθάνῃ (4 *a*)
— 12. παραδώσουσιν αὐτὸν . . . καὶ ἀποθανεῖται (4 *a*)
20. 5, 6, 7. μὴ ἀποθάνῃ ἐν τῷ πολέμῳ (4 *a*)
21. 21. λιθοβολήσουσιν αὐτὸν . . . καὶ ἀποθανεῖται (4 *a*)
— 22. καὶ ἀποθάνῃ καὶ κρεμάσητε αὐτόν (4 *c*)
22. 21. λιθοβολήσουσιν αὐτὴν . . . καὶ ἀποθανεῖται (4 *a*)
— 24. λιθοβοληθήσονται ἐν λίθοις καὶ ἀποθανοῦνται (4 *a*)
24. 3. καὶ ἀποθάνῃ ὁ ἀνὴρ ὁ ἔσχατος (4 *a*)
— 7. ἀποθανεῖται ὁ κλέπτης ἐκεῖνος (4 *a*)
— 16. οὐκ ἀποθανοῦνται πατέρες ὑπὲρ τέκνων καὶ υἱοὶ οὐκ ἀποθανοῦνται ὑπὲρ πατέρων (4 *c*, 4 *c*)

De. 24. 16. ἕκαστος ἐν [A *om.*] τῇ ἑαυτοῦ ἁμαρτίᾳ ἀποθανεῖται (4 *c*)
25. 5. A R καὶ ἀποθάνῃ εἷς ἐξ [B *om.*] αὐτῶν (4 *a*)
32. 50. ὃν τρόπον ἀπέθανεν Ἀαρὼν ὁ ἀδελφός σου (4 *a*)
33. 6. ζήτω Ῥουβὴν καὶ μὴ ἀποθανέτω (4 *a*)
Jo. 1. 18. ὁ δὲ ἄνθρωπος ὃς ἂν ἀπειθήσῃ σοι . . . ἀποθανέτω (4 *c*)
10. 11. οἱ ἀποθανόντες διὰ τοὺς λίθους τῆς χαλάζης (4 *a*)
20. 3. οὐκ ἀποθανεῖται ὁ φονευτὴς ὑπὸ [A ἀπὸ] τοῦ ἀγχ. –
— 6. A ἕως ἀποθάνῃ ὁ ἱερεὺς ὁ μέγας (4 *a*)
— 9. ἵνα μὴ ἀποθάνῃ ἐν χειρὶ [A ἐκ χειρὸς] τοῦ ἀγχιστ. (4 *a*)
22. 20. ἀπέθανε τῇ ἑαυτοῦ ἁμαρτίᾳ (2)
24. 29. καὶ ἀπέθανεν Ἰησοῦς (4 *a*)
— 33. ἕως ἀπέθανε καὶ κατωρύγη ἐν Γαβ. –
Jd. 1. 7. καὶ ἀπέθανεν ἐκεῖ (4 *a*)
2. 19. ὡς ἀπέθνησκεν ὁ κριτής (4 *a*)
3. 11. καὶ ἀπέθανε Γοθονιὴλ υἱὸς Κενέζ (4 *a*)
— 30. καὶ ἔκρινεν αὐτοὺς Ἀὼδ ἕως οὗ ἀπέθανε –
4. 1. καὶ Ἀὼδ ἀπέθανε (4 *a*)
— 21. B ἐξεστὼς ἐσκοτώθη καὶ ἀπέθανε [A *aliter*] (4 *a*)
6. 23. μὴ φοβοῦ οὐ [A *om.*] μὴ ἀποθάνῃς (4 *a*)
— 30. ἐξένεγκε [A ἐξάγαγε] τὸν υἱόν σου καὶ ἀποθανέτω (4 *a*)
— 31. A ὃς ἀντεδίκησεν αὐτὸν ἀποθανεῖται [B *aliter*] (4 *c*)
8. 32. ἀπέθανε Γεδεὼν . . . ἐν πόλει αὐτοῦ [A πολειᾳ ἀγαθῇ] (4 *a*)
— 33. ὡς [B καθὼς] ἀπέθανε Γ. (4 *a*)
9. 49. καὶ ἀπέθανον καί γε [A *om.* κ. γε] πάντες οἱ ἄνδρες (4 *a*)
— 54. ἐξεκέντησεν αὐτὸν τὸ παιδ. καὶ ἀπέθανε (4 *a*)
— 55. εἶδεν ἀνὴρ Ἰσρ. ὅτι ἀπέθανεν Ἀβ. (4 *a*)
10. 2. καὶ ἀπέθανε καὶ ἐτάφη ἐν Σαμίρ (4 *a*)
— 5. καὶ ἀπέθανεν Ἰαΐρ (4 *a*)
12. 7. καὶ ἀπέθανεν Ἰεφθάε ὁ Γαλααδίτης (4 *a*)
— 10. καὶ ἀπέθανεν Ἀβαισσάν [A ἐν Ἐσεβών] (4 *a*)
— 12. καὶ ἀπέθανεν Αἰλώμ (4 *a*)
— 14 (15). καὶ ἀπέθανεν Ἀβδὼν [A Λαβδὼμ] (4 *a*)
13. 22. θανάτῳ ἀποθανούμεθα (4 *a*)
15. 18. καὶ νῦν ἀποθανοῦμαι τῷ [A ἐν] δίψει (4 *a*)
16. 16. ὠλιγοψύχησεν ἕως τοῦ ἀποθανεῖν [A εἰς θάνατον] (4 *a*)
— 30. ἀποθανέτω ψυχή μου μετὰ τῶν ἀλλοφ. (4 *a*)
20. 5. τὴν παλλακήν μου ἐταπείνωσαν καὶ ἀπέθανε (4 *a*)
21. 5. A θανάτῳ ἀποθανεῖται [B θανατωθήσεται] (4 *c*)
Ru. 1. 3. καὶ ἀπέθανεν Ἐλιμέλεχ (4 *a*)
— 5. καὶ ἀπέθανον [A -αν] καί γε [A *om.*] ἀμφότεροι (4 *a*)
— 17. καὶ οὗ ἐὰν ἀποθάνῃς ἀποθανοῦμαι (4 *a*, 4 *a*)
2. 11. μετὰ τὸ ἀποθανεῖν τὸν ἄνδρα σου (4 *a*)
I Ki. 2. 34. ἐν μιᾷ ἡμέρᾳ ἀποθανοῦνται ἀμφότεροι (4 *a*)
4. 11. ἀμφότεροι οἱ υἱοὶ Ἡλὶ ἀπέθανον (4 *a*)
— 18. συνετρίβη ὁ νῶτος αὐτοῦ καὶ ἀπέθανεν (4 *a*)
— 20. καὶ ἐν τῷ καιρῷ αὐτῆς ἀποθνήσκει (4 *a*)
5. 12. καὶ οἱ ζῶντες καὶ οὐκ ἀποθανόντες ἐπλήγησαν (4 *a*)
11. 13. οὐκ ἀποθανεῖται οὐδεὶς ἐν τῇ ἡμ. ταύτῃ (4 *a*)
12. 19. B καὶ οὐ μὴ ἀποθάνωμεν (4 *a*)
14. 39. ἐὰν ἀποκριθῇ κατὰ Ἰωνάθαν . . . θανάτῳ ἀποθανεῖται (4 *a*)
— 42. ὃν ἂν κατακληρώσηται κύριος ἀποθανέτω –
— 43. ἰδοὺ ἐγὼ ἀποθνήσκω (4 *a*)
— 44. ὅτι θανάτῳ ἀποθανῇ σήμερον (4 *a*)
— 45. καὶ οὐκ ἀπέθανε (4 *a*)
19. 6. ζῇ κύριος εἰ ἀποθανεῖται (4 *c*)
20. 2. μηδαμῶς σοι οὐ μὴ ἀποθάνῃς (4 *a*)
— 14. καὶ ἐὰν θανάτῳ ἀποθάνω (4 *a*)
— 32. ἵνα τί ἀποθνήσκει (4 *c*)
22. 16. θανάτῳ ἀποθανῇ, Ἀβιμέλεχ (4 *a*)
25. 1. καὶ ἀπέθανε Σαμουὴλ (4 *a*)
— 38. ἐπάταξε κύριος τὸν Νάβαλ καὶ ἀπέθανε (4 *a*)
— 39. A ἤκουσε Δαυὶδ ὅτι ἀπέθανεν Νάβαλ [B *om.* ὅ. ἀ. Ν.] (4 *a*)
26. 10. ἡ ἡμέρα αὐτοῦ ἔλθῃ καὶ ἀποθάνῃ (4 *a*)
28. 3. καὶ Σαμουὴλ ἀπέθανε (4 *a*)
31. 5. καὶ ἀπέθανε μετ' αὐτοῦ (4 *a*)
— 6. καὶ ἀπέθανε Σαοὺλ καὶ οἱ τρεῖς υἱοὶ αὐτοῦ (4 *a*)
II Ki. 1. 1. μετὰ τὸ ἀποθανεῖν Σαοὺλ (4 *a*)
— 4. καὶ ἀπέθανον καὶ ἀπέθανεν [A R *om.*] καὶ [A *om.*] Σαοὺλ καὶ Ἰων. ὁ υἱὸς αὐτοῦ ἀπέθανε (4 *a*, –, 4 *a*)

II Ki. 1. 15. καὶ ἐπάταξεν αὐτὸν [A *om.*] καὶ ἀπέθανε (4 *a*)
2. 23. καὶ ἀποθνήσκει ὑποκάτω αὐτοῦ (4 *a*)
— 23. καὶ ἀπέθανε (4 *a*)
3. 27. καὶ ἀπέθανεν ἐν τῷ αἵματι Ἀσαὴλ (4 *a*)
— 33. εἰ κατὰ τὸν θάνατον Νάβαλ ἀποθανεῖται Ἀβ. (4 *a*)
6. 7. ἀπέθανεν ἐκεῖ παρὰ τὴν κιβωτὸν τοῦ κ. (4 *a*)
— 23. ἕως τῆς ἡμέρας τοῦ ἀποθανεῖν αὐτήν (4 *a*)
10. 1. καὶ ἀπέθανε βασιλεὺς υἱῶν Ἀμμών (4 *a*)
— 18. καὶ ἀπέθανεν ἐκεῖ (4 *a*)
11. 15. καὶ πληγήσεται καὶ ἀποθανεῖται (4 *a*)
— 17. καὶ ἀπέθανε καί γε Οὐρίας ὁ Χετταῖος (4 *a*)
— 21. καὶ ἀπέθανεν ἐν Θαμασί (4 *a*)
— 21. Οὐρίας ὁ δοῦλός σου ὁ Χετταῖος ἀπέθανε (4 *a*)
— 22. καὶ ἀπέθανεν ἐν Θαμασί –
— 24. A R καὶ ἀπέθανον [B -αν] τῶν παίδων τοῦ βασ. (4 *a*)
— 24. καί γε ὁ δοῦλός σου Οὐρίας ὁ Χετταῖος ἀπέθανε (4 *a*)
— 26. ἀπέθανεν Οὐρίας ὁ ἀνὴρ αὐτῆς (4 *a*)
12. 13. οὐ [A *om.*] μὴ ἀποθάνῃς (4 *a*)
— 14. ὁ υἱός σου ὁ τεχθείς σοι θανάτῳ ἀποθανεῖται (4 *a*)
— 18. καὶ ἀπέθανε τὸ παιδάριον (4 *a*)
— 21. ἡνίκα ἀπέθανε τὸ παιδάριον (4 *a*)
13. 32. ὅτι Ἀμνὼν μονώτατος ἀπέθανεν (4 *a*)
— 33. πάντες οἱ υἱοὶ τοῦ βασ. ἀπέθανον (4 *a*)
— 33. ὅτι ἀλλ' ἢ [A *om.* ἀλλ' ἢ] Ἀ. μονώτατος ἀπέθανεν (4 *a*)
— 39. παρεκλήθη ἐπὶ Ἀμνὼν ὅτι ἀπέθανε (4 *a*)
14. 5. καὶ ἀπέθανεν ὁ ἀνήρ μου (4 *a*)
— 14. θανάτῳ ἀποθανούμεθα (4 *a*)
17. 23. καὶ ἀπήγξατο καὶ ἀπέθανεν (4 *a*)
18. 3. ἐὰν ἀποθάνωμεν τὸ ἥμισυ ἡμῶν (4 *a*)
— 20. οὗ εἵνεκεν ὁ υἱὸς τοῦ βασ. ἀπέθανε (4 *a*)
19. 10 (11). καὶ Ἀβεσσαλὼμ . . . ἀπέθανεν ἐν τῷ πολέμῳ (4 *a*)
— 23 (24). οὐ μὴ ἀποθάνῃς (4 *a*)
— 37 (38). ἀποθανοῦμαι ἐν τῇ πόλει μου (4 *a*)
20. 10 (11). ἔπαισεν αὐτὸν ἐν αὐτῇ Ἰωὰβ . . . καὶ ἀπέθανε (4 *a*)
24. 15. καὶ ἀπέθανεν ἐκ τοῦ λαοῦ . . . ἑβδομ. χιλιάδες (4 *a*)
III Ki. 2. 1. ἤγγισαν αἱ ἡμέραι Δαυὶδ ἀποθανεῖν αὐτόν [A *om.*] (4 *a*)
— 25. καὶ ἀπέθανεν Ἀδωνίας (4 *a*)
— 30. οὐκ ἐκπορεύομαι ὅτι ὧδε ἀποθανοῦμαι (4 *a*)
3. 1 (2. 37, 1 (2. 42). γινώσκων γνώσῃ ὅτι θανάτῳ ἀποθανῇ (4 *a*)
— 1 (2. 46). A καὶ ἀνεῖλεν αὐτὸν καὶ ἀπέθανε [B *om.* κ. ἀ.] (4 *a*)
— 19. καὶ ἀπέθανεν ὁ υἱὸς τῆς γυν. ταύτης (4 *a*)
11. 40. ἕως οὗ ἀπέθανε Σαλωμών (4 *a*)
12. 18. ἐλιθοβόλησαν αὐτὸν . . . καὶ ἀπέθανε (4 *a*)
— 24. B ἦν μετ' αὐτοῦ ἕως ἀπέθανε Σαλωμών –
— 24. B (*cf.* A 14. 17) καὶ τὸ παιδάριον ἀπέθανε (4 *a*)
13. 31. ἐὰν ἀποθάνω θάψατέ με (4 *a*)
14. 12. A ἀποθανεῖται τὸ παιδάριον (4 *a*)
— 17. A καὶ τὸ παιδάριον ἀπέθανε (4 *a*)
16. 18. ἀπέθανεν ὑπὲρ τῶν ἁμαρτιῶν αὐτοῦ (4 *a*)
— 22. καὶ ἀπέθανε Θαμνί (4 *a*)
17. 12. καὶ φαγόμεθα καὶ ἀποθανούμεθα (4 *a*)
19. 4. ᾐτήσατο τὴν ψυχὴν αὐτοῦ ἀποθανεῖν (4 *a*)
20 (21). 10. A R λιθοβολησάτωσαν αὐτὸν καὶ ἀποθανέτω (4 *a*)
— 13. ἐλιθοβόλησαν αὐτὸν . . . καὶ ἀπέθανε (4 *a*)
— 15. A ὅτι λελιθοβόληται Ναβ. καὶ ἀπέθανε (4 *a*)
22. 35. καὶ ἀπέθανεν ἑσπέρας (4 *a*)
IV Ki. 1. 1. μετὰ τὸ ἀποθανεῖν Ἀχαάβ (4 *a*)
— 4. ὅτι [A *add.* ἐκεῖ] θανάτῳ ἀποθανῇ (4 *a*)
— 6, 16. ὅτι θανάτῳ ἀποθανῇ (4 *a*)
— 17. καὶ ἀπέθανε κατὰ τὸ ῥῆμα κυρίου (4 *a*)
3. 5. μετὰ τὸ ἀποθανεῖν Ἀχαάβ (4 *a*)
4. 1. ὁ δοῦλός σου ὁ ἀνήρ μου ἀπέθανε (4 *a*)
— 20. ἐκοιμήθη ἐπὶ τῶν γονάτων αὐτῆς . . . καὶ ἀπέθανε (4 *a*)
7. 3. τί ἡμεῖς καθήμεθα ὧδε ἕως ἀποθάνωμεν (4 *a*)
— 4. καὶ ἀποθανούμεθα ἐκεῖ (4 *a*)
— 4. ἐὰν καθίσωμεν ὧδε . . . καὶ ἀποθανούμεθα (4 *a*)
— 4. ἐὰν θανατώσωσιν ἡμᾶς καὶ ἀποθανούμεθα (4 *a*)
— 17, 20. συνεπάτησεν αὐτὸν ὁ λαὸς . . . καὶ ἀπέθανε (4 *a*)

IV Ki. 8. 10. ἔδειξέ μοι κύριος ὅτι θανάτῳ ἀποθανῇ (4 *a*)
— 15. περιέβαλεν ἐπὶ τὸ πρόσωπον αὐτοῦ καὶ ἀπέθανε (4 *a*)
9. 27. καὶ ἀπέθανεν ἐκεῖ (4 *a*)
11. 1. εἶδεν ὅτι ἀπέθανεν ὁ υἱός [A ἀπέθαναν οἱ υἱοί] (4 *a*)
— 8. ὁ εἰσπορευόμενος εἰς τὰς σαδηρὼθ ἀποθανεῖται (4 *c*)
— 15. καὶ μὴ [A εἰ μὴ] ἀποθάνῃ ἐν οἴκῳ κυρίου (4 *c*)
— 16. καὶ ἀπέθανεν ἐκεῖ (4 *c*)
12. 21 (22). οἱ δοῦλοι αὐτοῦ ἐπάταξαν αὐτὸν καὶ ἀπέθανε (4 *a*)
13. 14. τὴν ἀρρωστίαν αὐτοῦ δι' ἣν ἀπέθανε (4 *a*)
— 20. καὶ ἀπέθανεν Ἐλισαιέ (4 *a*)
— 24. καὶ ἀπέθανεν Ἀζαὴλ βασιλεὺς Συρίας (4 *a*)
14. 6. οὐκ ἀποθανοῦνται πατέρες ὑπὲρ υἱῶν καὶ υἱοὶ οὐκ ἀποθανοῦνται ὑπὲρ πατέρων ὅτι ἀλλ' ἢ ἕκαστος ἐν ταῖς ἁμαρτίαις αὐτοῦ ἀποθανεῖται (4 *c*, 4 *c*, 4 *c vel* 4 *a**)
— 17. μετὰ τὸ ἀποθανεῖν Ἰωὰς υἱὸν Ἰωάχαζ (4 *a*)
18. 32. καὶ ζήσετε καὶ οὐ μὴ ἀποθάνητε (4 *a*)
20. 1. ἀποθνήσκεις σὺ καὶ οὐ ζήσῃ (4 *a*)
23. 34. καὶ ἀπέθανεν ἐκεῖ (4 *a*)
25. 25. καὶ ἐπάταξε τὸν Γοδολίαν καὶ ἀπέθανε (4 *a*)
I Ch. 1. 44. καὶ ἀπέθανε Βαλάκ (4 *a*)
— 45. καὶ ἀπέθανεν Ἰωβάβ (4 *a*)
— 46. καὶ ἀπέθανεν Ἀσόμ (4 *a*)
— 47 (A R), 50 (B). καὶ ἀπέθανεν Ἀδάδ (4 *a*)
— 48 (A R), 50 (B). καὶ ἀπέθανε Σαμαά (4 *a*)
— 49 (A R), 50 (B). καὶ ἀπέθανε Σαοὺλ (4 *a*)
— 50. καὶ ἀπέθανε Βαλαεννὼρ υἱὸς Ἀχοβώρ (4 *a*)
2. 19. καὶ ἀπέθανε Γαζουβά (4 *a*)
— 24. μετὰ τὸ ἀποθανεῖν Ἐσρών (4 *a*)
— 30. καὶ ἀπέθανε Σαλὰδ οὐκ ἔχων τέκνα (4 *a*)
— 32. καὶ ἀπέθανεν Ἰεθὲρ οὐκ ἔχων τέκνα (4 *a*)
10. 5. εἶδεν ὁ αἴρων τὰ σκεύη αὐτοῦ ὅτι ἀπέθανε Σαοὺλ (4 *a*)
— 5. A καὶ ἀπέθανεν (4 *a*)
— 6. καὶ ἀπέθανε Σαοὺλ (4 *a*)
— 6. πᾶς ὁ οἶκος αὐτοῦ ἐπὶ τὸ αὐτὸ ἀπέθανε (4 *a*)
— 7. καὶ ὅτι ἀπέθανε Σαοὺλ καὶ οἱ υἱοὶ αὐτοῦ (4 *a*)
— 13. καὶ ἀπέθανε Σαοὺλ ἐν ταῖς ἀνομίαις αὐτοῦ (4 *a*)
13. 10. καὶ ἀπέθανεν ἐκεῖ ἀπέναντι τοῦ θεοῦ (4 *a*)
19. 1. ἀπέθανε Ναὰς βασιλεὺς υἱῶν Ἀμμών (4 *a*)
23. 22. ἀπέθανεν Ἐλεάζαρ (4 *a*)
24. 2. ἀπέθανε Ναδὰβ καὶ Ἀβιούδ (4 *a*)
— 28. ἀπέθανεν Ἐλεάζαρ –
II Ch. 10. 18. ἐλιθοβόλησαν αὐτὸν . . . καὶ ἀπέθανε (4 *a*)
12. 16. καὶ ἀπέθανε Ῥοβοάμ (5)
14. 1 (13. 23). καὶ ἀπέθανεν Ἀβιά (5)
15. 13. καὶ πᾶς . . . ἀποθανεῖται (4 *c*)
18. 34. A R καὶ ἀπέθανε δύνοντος [B -αντος] τοῦ ἡλίου (4 *a*)
21. 19. καὶ ἀπέθανεν ἐν μαλακίᾳ πονηρᾷ (4 *a*)
22. 4. μετὰ τὸ ἀποθανεῖν τὸν πατέρα αὐτοῦ (4 *a*)
23. 7. ὁ εἰσπορευόμενος εἰς τὸν οἶκον ἀποθανεῖται (4 *c*)
— 14. καὶ ἀποθανέτω μαχαίρᾳ (4 *c*)
— 14. μὴ ἀποθανέτω ἐν οἴκῳ κυρίου (4 *b*)
24. 22. καὶ ὡς ἀπέθνησκεν εἶπεν (4 *a*)
— 25. ἐθανάτωσαν αὐτὸν . . . καὶ ἀπέθανε (4 *a*)
25. 4. οὐκ ἀποθανοῦνται πατέρες ὑπὲρ τέκνων (4 *a*)
— 4. καὶ υἱοὶ οὐκ ἀποθανοῦνται ὑπὲρ πατέρων (4 *a*)
— 4. ἕκαστος τῇ ἑαυτοῦ ἁμαρτίᾳ ἀποθανοῦνται (4 *a*)
— 25. μετὰ τὸ ἀποθανεῖν Ἰωάς (4 *a*)
35. 24. καὶ ἀπέθανε καὶ ἐτάφη (4 *a*)
36. 4. καὶ ἀπέθανεν ἐκεῖ –
To. 1. 8. S καὶ ἀπέθανεν
— 14. S ἕως αὐτὸν ἀποθανεῖν
— 15. ὅτε ἀπέθανεν Ἐνεμεσσάρ
— 19. ζητοῦμαι [S *add.* τοῦ] ἀποθανεῖν
3. 6. διότι λυσιτελεῖ μοι ἀποθανεῖν ἢ ζῆν
— 6. S λυσιτελεῖ μοι ἀποθανεῖν
— 9. εἰ ἀπέθαναν βάδιζε μετ' αὐτῶν [S *al.*]
— 10. S δεηθῆναι τοῦ κ. ὅπως ἀποθάνω
4. 2. ἵνα αὐτῷ ὑποδείξω πρὶν ἀποθανεῖν με
— 3. A B παιδίον, ἐὰν ἀποθάνω
— 4. ὅταν ἀποθάνῃ θάψον αὐτὴν παρ' ἐμοί
6. 13. S ἀπέθανον ἐν τοῖς νυμφῶσιν αὐτῶν [A B *al.*]
— 13. S καὶ ἀπέθνησκον
— 14. φοβοῦμαι μὴ εἰσελθὼν ἀποθάνω
— 14. A B νῦν ἐγὼ φοβοῦμαι μὴ ἀποθάνω
7. 11. ἀπέθνησκον ὑπὸ τὴν νύκτα [S *al.*]
8. 10. μὴ καὶ οὗτος ἀποθάνῃ [S *al.*]
— 21. ὅταν ἀποθάνω καὶ ἡ γυνή μου

To. 10. 2. ἢ μήποτε ἀπέθανε Γαβαήλ
— 12. πρὸ τοῦ με ἀποθανεῖν
— 13. S πρὸ τοῦ με ἀποθανεῖν [A B *al.*]
11. 9. ἀπὸ τοῦ νῦν ἀποθανοῦμαι
14. 1. S καὶ ἀπέθανεν ἐν εἰρήνῃ
— 3. S καὶ ὅτε ἀπέθνησκεν
— 11. S καὶ ἀπέθανεν
— 12. ὅτε ἀπέθανεν Ἄννα
— 14. ἀπέθανεν ἐτῶν ἑκατὸν εἴκοσι ἑπτὰ ἐν Ἐκβατάνοις
— 15. ἤκουσε πρὶν ἢ ἀποθανεῖν αὐτὸν τὴν ἀπώλειαν Νιν.
— 15. ἐχάρη πρὸ τοῦ ἀποθανεῖν ἐπὶ Νινευή
Ju. 8. 2. ἀπέθανεν ἐν ἡμέραις θερισμοῦ κριθῶν
16. 22. ἀφ' ἧς ἡμέρας ἀπέθανε Μανασσῆς
— 23. καὶ ἀπέθανεν εἰς Βετυλούα
— 24. πρὸ τοῦ ἀποθανεῖν αὐτήν
— 25. μετὰ τὸ ἀποθανεῖν αὐτήν
Es. 5. 1. θάρσει οὐ μὴ ἀποθάνῃς
Jb. 9. 29. διὰ τί οὐκ ἀπέθανον †
10. 18. ἵνα τί οὖν . . . οὐκ ἀπέθανον (2)
14. 14. ἐὰν γὰρ ἀποθάνῃ ἄνθρωπος (4 *a*)
18. 4. τί γὰρ ἐὰν σὺ ἀποθάνῃς †
21. 23. οὗτος ἀποθανεῖται [S -έθανεν] ἐν κράτει ἁπλοσύνης [A S^4 ἀφροσύνης] αὐτοῦ (4 *a*)
23. 12. A οὐ μὴ παρέλθω ἵνα μὴ ἀποθάνω [B S *om.* ἵνα μὴ ἀ.] –
27. 5. ἕως ἂν ἀποθάνω (2)
36. 14. ἀποθάνοι τοίνυν ἐν νεότητι ἡ ψυχὴ αὐτῶν (4 *a*)
Ps. 40 (41). 5. πότε ἀποθανεῖται (4 *a*)
48 (49). 10. ὅταν ἴδῃ σοφοὺς ἀποθνήσκοντας (4 *a*)
— 17. A B S^2 οὐκ ἐν τῷ ἀποθνήσκειν αὐτὸν λήψεται τὰ πάντα (4 *a*)
81 (82). 7. ὑμεῖς δὲ ὡς ἄνθρωποι ἀποθνήσκετε (4 *a*)
117 (118). 17. οὐκ ἀποθανοῦμαι ἀλλὰ ζήσομαι (4 *a*)
Pr. 11. 3. ἀποθανὼν δίκαιος ἔλιπε μετάμελον †
23. 13. ἐὰν πατάξῃς αὐτὸν ῥάβδῳ οὐ μὴ ἀποθάνῃ (4 *a*)
24. 7. ἀποθνήσκει δὲ ἄφρων ἐν ἁμαρτίαις †
— 30 (30. 7). μὴ ἀφέλῃς μου χάριν πρὸ τοῦ ἀποθανεῖν με (4 *a*)
Ec. 2. 16. πῶς ἀποθανεῖται ὁ [S *om.*] σοφός (4 *a*)
3. 2. καιρὸς τοῦ ἀποθανεῖν (4 *a*)
4. 2. τοὺς τεθνηκότας τοὺς ἤδη ἀποθανόντας (4 *a*)
7. 18 (17). ἵνα μὴ ἀποθάνῃς ἐν οὐ καιρῷ σου (4 *a*)
8. 12. S^2 ἀπέθανεν καὶ μακροθυμεῖ –
9. 5. οἱ ζῶντες γνώσονται ὅτι ἀποθανοῦνται (4 *a*)
Si. 10. 11. ἐν γὰρ τῷ ἀποθανεῖν ἄνθρωπον
11. 19. καταλείψει αὐτὰ ἑτέροις καὶ ἀποθανεῖται
14. 17. ἡ γὰρ διαθήκη ἀπ' αἰῶνος θανάτῳ ἀποθανῇ
16. 3. ἀποθανεῖν ἄτεκνον ἢ ἔχειν τέκνα ἀσεβῆ
25. 24. δι' αὐτὴν ἀποθνήσκομεν πάντες
30. 4. καὶ ὡς οὐκ [A S οὐχ ὡς] ἀπέθανεν
40. 28. κρεῖσσον ἀποθανεῖν ἢ ἐπαιτεῖν
41. 9. ἐὰν ἀποθάνητε εἰς κατάραν μερισθήσεσθε
Ho. 13. 1. καὶ ἔθετο αὐτὰ τῇ B. καὶ ἀπέθανε (4 *a*)
Am. 2. 2. καὶ ἀποθανεῖται ἐν ἀδυναμίᾳ M. (4 *a*)
6. 9. ἐὰν ὑπολειφθῶσι . . . καὶ [A *om.*] ἀποθανοῦνται (4 *a*)
Jn. 4. 3. ὅτι καλὸν τὸ ἀποθανεῖν με ἢ ζῆν με (4 *a*)
— 8. καὶ εἶπε, καλόν μοι ἀποθανεῖν με ἢ ζῆν (4 *a*)
Hb. 1. 12. καὶ οὐ μὴ ἀποθάνωμεν (4 *a*)
Za. 11. 9. τὸ ἀποθνῆσκον ἀποθνησκέτω (4 *a*, 4 *a*)
Is. 6. 1. τοῦ ἐνιαυτοῦ οὗ ἀπέθανεν Ὀζίας (4 *a*)
14. 28. οὗ ἀπέθανεν ὁ βασιλεὺς Ἄχαζ (4 *a*)
22. 13. αὔριον γὰρ ἀποθνήσκομεν (4 *a*)
— 14. οὐκ ἀφεθήσεται . . . ἕως ἂν ἀποθάνητε (4 *a*)
— 18. ἐκεῖ ἀποθανῇ (4 *a*)
38. 1. ἀποθνήσκεις γὰρ σὺ καὶ οὐ ζήσῃ (4 *a*)
— 18. οὐδὲ οἱ ἀποθανόντες εὐλογήσουσί σε (4 *d*)
50. 2. ἀποθανοῦνται ἐν δίψει (4 *a*)
51. 6. οἱ δὲ κατοικοῦντες [A *add.* τὴν γῆν] ὥσπερ ταῦτα ἀποθανοῦνται (4 *a*)
59. 10. ὡς ἀποθνήσκοντες στενάξουσιν (4 *a*)
60. 12. A οἱ βασιλεῖς . . . ἀποθανοῦνται [B S ἀπολοῦνται] (1)
65. 20. ὁ δὲ ἀποθνήσκων ἁμαρτωλὸς ἑκατὸν ἐτῶν (4 *a*)
Je. 11. 21. ἀποθανῇ ἐν ταῖς χερσὶν ἡμῶν (4 *a*)
— 22. οἱ νεανίσκοι αὐτῶν ἐν μαχαίρᾳ ἀποθανοῦνται [A πεσοῦνται] (4 *a*)
14. 15. ἐν θανάτῳ νοσερῷ ἀποθανοῦνται –
16. 4. ἐν θανάτῳ νοσερῷ ἀποθανοῦνται (4 *a*)
20. 6. ἐν Βαβυλῶνι ἀποθανῇ (4 *a*)
21. 6. καὶ ἀποθανοῦνται (4 *a*)
— 9. ἀποθανεῖται ἐν μαχαίρᾳ καὶ ἐν λιμῷ (4 *a*)
22. 12. ἐν τῷ τόπῳ . . . ἐκεῖ ἀποθανεῖται (4 *a*)
— 26. ἐκεῖ ἀποθανεῖσθε (4 *a*)
Je. 33 (26). 8. θανάτῳ ἀποθανῇ (4 *a*)
35 (28). 16. τούτῳ τῷ ἐνιαυτῷ ἀποθανῇ (4 *a*)
— 17. ἀπέθανεν ἐν τῷ μηνὶ τῷ ἑβδόμῳ (4 *a*)
38 (31). 30. ἕκαστος ἐν τῇ ἑαυτοῦ ἁμαρτίᾳ ἀποθανεῖται (4 *a*)
39 (32). 5. A ἐκεῖ ἀποθανεῖται [B S καθίεται] †
41 (34). 5. ἐν εἰρήνῃ ἀποθανῇ (4 *a*)
44 (37). 20. οὐ μὴ ἀποθάνω ἐκεῖ (4 *a*)
45 (38). 2. ὁ κατοικῶν ἐν τῇ πόλει ταύτῃ ἀποθανεῖται (4 *a*)
— 10. ἵνα μὴ ἀποθάνῃ (4 *a*)
— 24. σὺ οὐ μὴ ἀποθάνῃς (4 *a*)
— 26. εἰς οἰκίαν Ἰωνάθαν ἀποθανεῖν ἐκεῖ (4 *a*)
49 (42). 16. ἐκεῖ ἀποθανεῖσθε (4 *a*)
52. 11. ἕως ἡμέρας ἧς [A *om.* ἡ. ἧς] ἀπέθανε (4 *a*)
— 34. ἕως ἡμέρας ἧς ἀπέθανε (4 *a*)
Ba. 2. 25. ἀπεθάνοσαν ἐν πόνοις πονηροῖς
4. 1. οἱ δὲ καταλείποντες αὐτὴν ἀποθανοῦνται
Ez. 3. 18, 19. ὁ ἄνομος ἐκεῖνος . . . ἀποθανεῖται (4 *a*)
— 20. αὐτὸς ἀποθανεῖται ὅτι οὐ διεστείλω αὐτῷ· καὶ ἐν ταῖς ἁμαρτίαις αὐτοῦ ἀποθανεῖται (4 *a*, 4 *a*)
11. 13. Φαλτίας ὁ τοῦ Βαναίου ἀπέθανε (4 *a*)
13. 19. ψυχὰς ἃς οὐκ ἔδει ἀποθανεῖν (4 *a*)
18. 4. ἡ ψυχὴ ἡ ἁμαρτάνουσα αὕτη [A *om.*] ἀποθανεῖται (4 *a*)
— 13. A θανάτῳ ἀποθανεῖται [B θανατωθήσεται] (4 *c*)
— 18. ἀποθανεῖται ἐν τῇ ἀδικίᾳ αὐτοῦ (4 *a*)
— 20. ἡ δὲ ψυχὴ ἡ ἁμαρτάνουσα ἀποθανεῖται [A αὕτη ἀπ.] (4 *a*)
— 21. οὐ μὴ ἀποθάνῃ (4 *a*)
— 24. ἐν αὐταῖς ἀποθανεῖται (4 *a*)
— 26. καὶ ἀποθάνῃ ἐν τῷ παραπτώματι ᾧ ἐποίησεν ἐν αὐτῷ ἀποθανεῖται (4 *a*, 4 *a*)
— 28. οὐ μὴ ἀποθάνῃ (4 *a*)
— 31. ἵνα τί ἀποθνήσκετε, οἶκος Ἰσραήλ (4 *a*)
— 32. οὐ θέλω τὸν θάνατον τοῦ ἀποθνήσκοντος (4 *a*)
24. 18. A καὶ ἀπέθανεν ἡ γυνή μου (4 *a*)
28. 8. καὶ ἀποθανῇ θανάτῳ τραυματιῶν ἐν καρδίᾳ θαλάσσης (4 *a*)
33. 8. αὐτὸς ὁ ἄνομος τῇ ἀνομίᾳ αὐτοῦ ἀποθανεῖται (4 *a*)
— 9. οὗτος τῇ ἀσεβείᾳ [A ἀνομίᾳ] αὐτοῦ ἀποθανεῖται (4 *a*)
— 11. ἵνα τί ἀποθνήσκετε, οἶκος Ἰσραήλ (4 *a*)
— 13. ἐν αὐτῇ ἀποθανεῖται (4 *a*)
— 15. ζωῇ ζήσεται καὶ οὐ μὴ ἀποθάνῃ [A -εῖται] (4 *a*)
— 18. ἀποθανεῖται ἐν αὐταῖς [A -ῃ] (4 *a*)
Da. LXX. 6. 5 (6). εἰ δὲ μὴ ἀποθανεῖται –
Bel. 7. εἰ δὲ μή γε ἀποθανεῖσθε
— 8. ἀποθανοῦμαι καὶ πάντες οἱ παρ' ἐμοί
Da. Th. Su. 41. κατέκριναν αὐτὴν ἀποθανεῖν
— 43. ἀποθνήσκω μὴ ποιήσασα μηδέν
Bel. 8. ἐὰν μὴ εἴπητε . . . ἀποθανεῖσθε
— 9. ἀποθανεῖται Δανιήλ
— 12. ἐὰν μὴ εὕρῃς . . . ἀποθανούμεθα
I Ma. 1. 5. ἔγνω ὅτι ἀποθνήσκει
— 7. καὶ ἐβασίλευσεν . . . καὶ ἀπέθανε
— 9. μετὰ τὸ ἀποθανεῖν αὐτόν
— 50. ὃς ἂν μὴ ποιήσῃ . . . ἀποθανεῖται
— 63. R ἐπελέξαντο [A S ἐπεδέξαντο] ἀποθανεῖν ἵνα μὴ μιανθῶσι . . . καὶ ἀπέθανον
2. 37. ἀποθάνωμεν πάντες ἐν τῇ ἁπλότητι ἡμῶν
— 38. ἀπέθανον αὐτοὶ καὶ αἱ γυναῖκες αὐτῶν
— 41. οὐ μὴ ἀποθάνωμεν πάντες καθὼς ἀπέθανον οἱ ἀδελφοί
— 49. ἤγγισαν αἱ ἡμέραι τοῦ Ματτ. ἀποθανεῖν
— 70. ἀπέθανεν ἐν τῷ ἕκτῳ καὶ τεσσ. . . . ἔτει
3. 59. κρεῖσσον ἡμᾶς ἀποθανεῖν
6. 9. ἐλογίσατο ὅτι ἀποθνήσκει
— 16. ἀπέθανεν ἐκεῖ Ἀντ.
— 46. ἔπεσεν ἐπὶ τὴν γῆν . . . καὶ ἀπέθανεν ἐκεῖ
9. 10. R ἀποθάνωμεν ἐν ἀνδρείᾳ [A *om.* ἐν, S ἀνδρείως]
— 56. ἀπέθανεν Ἄλκιμος . . . μετὰ βασάνου μεγάλης
— 57. εἶδε Βακχίδης ὅτι ἀπέθανεν Ἄλκιμος
11. 18. ὁ βασιλεὺς Πτολεμαῖος ἀπέθανεν
14. 16. S R ἠκούσθη [A ἤκουσεν] . . . ὅτι ἀπέθανεν Ἰ.
II Ma. 6. 26. οὔτε ζῶν οὔτε ἀποθανὼν ἐκφεύξομαι
7. 2. ἕτοιμοι γὰρ ἀποθνήσκειν ἐσμέν
— 9. ἀποθανόντας ἡμᾶς ὑπὲρ τῶν αὐτοῦ νόμων
— 18. καὶ μέλλων ἀποθνήσκειν ἔφη
8. 21. ὑπὲρ τῶν νόμων καὶ τῆς πατρίδος ἀποθνήσκειν
II Ma. 12. 24. R ἀλογηθῆναι συμβήσεται εἰ ἀποθάνοι [A *om.* εἰ ἀ.]
14. 42. εὐγενῶς θέλων ἀποθανεῖν
IV Ma. 1. 8. ἀπὸ τῆς ἀνδραγαθίας τῶν ὑπὲρ ἀρετῆς ἀποθανόντων
— 10. τοὺς κατὰ τοῦτον τὸν καιρὸν ὑπὲρ τῆς καλοκαγαθίας ἀποθανόντας μετὰ τῆς μητρὸς ἄνδρας
4. 12. ὥστε καὶ ἀποθανεῖν ἄξιος ὑπάρχειν
6. 27. βασάνοις καυστικαῖς ἀποθνήσκω διὰ τὸν νόμον
7. 19. θεῷ οὐκ ἀποθνήσκουσιν
8. 11. οὐδὲν . . . πλὴν τοῦ μετὰ στρεβλῶν ἀποθανεῖν
9. 1. ἕτοιμοι γάρ ἐσμεν ἀ.
— 6. A εἰ δ' οἱ γέροντες . . . ἀπέθανον [S R εὐσέβησαν]
— 6. ἀποθάνοιμεν ἂν δικαιότερον ἡμεῖς οἱ νέοι
10. 2. ὁ αὐτός με τοῖς ἀποθανοῦσιν ἔσπειρε πατήρ
— 9. μέλλων δὲ ἀ. ἔφη
11. 15. ἀ. ὀφείλομεν ὁμοίως
12. 1. S μακαρίως ἀπέθανε [A R ἐναπ.]
— 14. εὐγενῶς ἀποθανόντες ἐπλήρωσαν τὴν εἰς τὸν θ. εὐσέβειαν
— 16. αὐτὸς ἀ. μέλλων ἔφη
13. 9. ἀδελφικῶς ἀποθάνωμεν
16. 10. οὐδ' ἂν ἀποθάνω θάψοντα τῶν υἱῶν ἔξω τινά
— 12. οὐδ' ἵνα μὴ ἀποθάνωσιν ἀπέτρεπεν αὐτῶν τινα ὡς οὐδ' ἀποθνησκόντων ἐλυπήθη
— 24. S R ἕνα ἕκαστον τῶν παιδῶν παρακαλοῦσα ἀποθανεῖν [A *om.*] ἔπεισε
— 25. οἱ διὰ τὸν θεὸν ἀποθανόντες ζῶσι τῷ θεῷ
18. 5. ἀποθανὼν κολάζεται

[**Aq.** Ge. 46. 30 : Nu. 14. 2 : III Ki. 14. 12, 17 : IV Ki. 7. 17 : Jb. 14. 14 (?) : Pr. 10. 21 : Ec. 8. 12 : Is. 26. 14 : 38. 1 : 59. 5 : 65. 20 : Je. 11. 21 : 38 (45). 10 : 44 (51). 12 : Ez. 3. 18 : 6. 12.]

[**Sm.** Nu. 14. 2 : Jd. 4. 21 : I Ki. 4. 20 : II Ki. 14. 14 : IV Ki. 7. 17 : Jb. 14. 14 (?) : Ps. 40 (41). 6 : 48 (49). 11 : 81 (82). 7 : Pr. 30. 7 : Ec. 8. 12 : Is. 59. 5 : 65. 20 : Je. 37 (44). 20 : Ez. 6. 12.]

[**Th.** Nu. 14. 2 : Jd. 6. 31 : Jb. 21. 23 : Ec. 8. 12 : Is. 59. 5 : 65. 20 : Je. 16. 6 : 38 (45). 9 : 44 (51). 12 : Ez. 6. 12.]

[**Al.** Nu. 3. 10 : II Ki. 3. 33.]

ἀποικεῖν, *cf.* **ἀποικίζειν**. (1) גָּלָה hi.

IV Ki. 17. 11. R τὰ ἔθνη ἃ ἀπῴκησε [A B ἀπῴκισε] κύριος (1)

ἀποικεσία. (1) גּוֹלָה (2) גָּלוּת

IV Ki. 19. 25. ἐγενήθη εἰς ἐπάρσεις ἀποικεσιῶν [? ἀπ' οἰκεσιῶν] †
24. 15. τοὺς ἰσχυροὺς τῆς γῆς ἀπήγαγεν ἀποικεσίαν (1)
II Es. 6. 16. καὶ οἱ κατάλοιποι υἱῶν ἀποικεσίας (2)
— 19. ἐποίησαν οἱ υἱοὶ τῆς ἀ. τὸ πάσχα (1)
— 20. τοῖς πᾶσιν υἱοῖς τῆς ἀ. (1)
— 21. οἱ υἱοὶ Ἰσραὴλ . . . οἱ ἀπὸ τῆς ἀ. (1)
9. 4. A ἐπὶ ἀσυνθεσίᾳ τῆς ἀ. [B ἀποικίας] (1)
10. 6. A ἐπὶ τῇ ἀσυνθεσίᾳ τῆς ἀ. [B S ἀποικίας] (1)

ἀποικία. (1) גָּלָה *a.* qal. *b.* ho. *c.* גּוֹלָה *d.* גָּלוּת (2) מִשְׁכָּן (3) שְׁבוּת

Jd. 18. 30. ἕως ἡμέρας ἀ. [A *al.*] (1 *a*)
IV Ki. 25. 27. ἐν τῷ . . . ἔτει τῆς ἀ. [A μετοικεσίας] τοῦ Ἰ. (1 *d*)
II Es. 1. 11. ἀναβαίνοντα . . . ἀπὸ τῆς ἀ. ἐκ Βαβ. (1 *c*)
2. 1. οἱ ἀναβαίνοντες ἀπὸ τῆς αἰχμαλωσίας τῆς ἀ. (1 *c*)
4. 1. ὅτι υἱοὶ τῆς ἀ. οἰκοδομοῦσιν οἶκον (1 *c*)
9. 4. ἐπὶ ἀσυνθεσίᾳ τῆς ἀ. [A ἀποικεσίας] (1 *c*)
10. 6. ἐπὶ τῇ ἀσυνθεσίᾳ τῆς ἀ. [A ἀποικεσίας] (1 *c*)
— 7. S^2 R πᾶσι τοῖς υἱοῖς τῆς ἀ. (1 *c*)
— 8. διασταλήσεται ἀπὸ ἐκκλησίας τῆς ἀ. (1 *c*)
— 16. καὶ ἐποίησαν οὕτως υἱοὶ τῆς ἀ. (1 *c*)
Ne. 7. 6. ἀπὸ αἰχμαλωσίας τῆς ἀ. (1 *c*)
Wi. 12. 7. ἀξίαν ἀ. δέξηται θεοῦ παίδων
Je. 13. 19. συνετέλεσαν ἀποικίαν τελείαν (1 *b*)
30 (49). 3. Μελχὸλ ἐν ἀποικίᾳ βαδιεῖται (1 *c*)
31 (48). 7. ἐξελεύσεται Χαμὼς ἐν ἀποικίᾳ (1 *c*)
35 (28). 4. ἀποστρέψω . . . Ἰ. καὶ τὴν ἀ. Ἰούδα (1 *d*)
— 6. τοῦ ἐπιστρέψαι . . . πᾶσαν τὴν ἀ. (1 *c*)
36 (29). 1. πρὸς τοὺς πρεσβυτέρους τῆς ἀ. (1 *c*)

Je. 36 (29). 1. ἐπιστολὴν εἰς Βαβυλῶνα τῇ ἀ. –
— 4. εἶπε κύριος ὁ θεὸς Ἰσραὴλ ἐπὶ τὴν ἀ. (1 c)
— 22. ἐν πάσῃ τῇ ἀ. [S^1 ἀποκρίσει] Ἰούδα (1 d)
— 31. ἀπόστειλον πρὸς τὴν ἀποικίαν (1 c)
37 (30). 3. ἀποστρέψω τὴν ἀ. λαοῦ μου (3)
— 18. ἀποστρέψω τὴν ἀ. [A αἰχμαλωσίαν] Ἰακὼβ καὶ τὴν αἰχμαλωσίαν [A ἀποικίαν] αὐτοῦ ἐλεήσω (3, 2)
39 (32). 44. ἀποστρέψω τὰς ἀ. αὐτῶν (3)
40 (33). 7. τὴν ἀ. Ἰούδα καὶ τὴν ἀ. Ἰσραήλ (3, 3)
— 11. ἀποστρέψω [S ἐπ.] πᾶσαν τὴν ἀ. τῆς γῆς (3)
47 (40). 1. ἐν μέσῳ ἀποικίας Ἰούδα (1 d)
Ba. 3. 7. αἰνέσομέν σε ἐν τῇ ἀ. ἡμῶν
— 8. ἡμεῖς σήμερον ἐν τῇ ἀ. ἡμῶν
III Ma. 6. 10. εἰ δὲ ἀσεβείαις κατὰ τὴν ἀ. ὁ βίος ἡμῶν ἐνέσχηται
[**Th.** Je. 29 (36). 16, 20: Ez. 3. 11.]

ἀποικίζειν. (1) גָּלָה *a.* qal. *b.* hi. *c.* ho. *d.* גְּלָה aph. (2) גָּלוּת (3) שָׁבָה

I Ki. 4. 22. ἀπῴκισται δόξα [A *add.* ἀπὸ] Ἰσρ. (1 a)
— 22. A ἀπῴκισται δόξα ἀπὸ Ἰσρ. (1 a?)
IV Ki. 15. 29. καὶ ἀπῴκισεν αὐτοὺς εἰς Ἀσσυρίους (1 b)
16. 9. καὶ ἀπῴκισεν αὐτήν (1 b)
17. 6. καὶ ἀπῴκισε τὸν Ἰσραὴλ εἰς Ἀσσυρίους (1 b)
— 11. A B τὰ ἔθνη ἃ [B *om.*] ἀπῴκισε [R -κησε] κύριος (1 b)
— 19. A ἀπῳκίσαντο [B ἀπεώσαντο] τὸν κύριον †
— 23. καὶ ἀπῳκίσθη Ἰσραήλ (1 a)
— 26. τὰ ἔθνη ἃ ἀπῴκισας (1 b)
— 28. ὧν ἀπῴκισαν [A ἤγαγον] ἀπὸ Σαμ. (1 b)
— 33. ὅθεν ἀπῴκισεν αὐτοὺς ἐκεῖθεν (1 b)
18. 11. ἀπῴκισε βασιλεὺς Ἀσσυρ. τὴν Σαμ. (1 b)
24. 14. καὶ ἀπῴκισε τὴν [A πᾶσαν τὴν] Ἱερουσ. (1 b)
— 15. καὶ ἀπῴκισε τὸν Ἰωαχὶμ εἰς Βαβ. (1 b)
25. 21. καὶ ἀπῳκίσθη Ἰούδας (1 a)
I Ch. 9. 1. A R μετὰ τῶν ἀποικισθέντων [B κατοικ.] εἰς Βαβ. (1 c)
II Ch. 36. 20. καὶ ἀπῴκισε τοὺς καταλοίπους (1 b)
II Es. 2. 1. τῆς ἀποικίας ἧς ἀπῴκισε Ναβ. (1 b)
4. 10. ἐθνῶν ὧν ἀπῴκισεν Ἀσσεναφάρ (1 d)
5. 12. καὶ τὸν λαὸν ἀπῴκισεν εἰς Βαβ. (1 d)
Ne. 7. 6. τῆς ἀποικίας ἧς ἀπῴκισε Ναβ. (1 b)
Si. 29. 18. ἄνδρας δυνατοὺς ἀπῴκισε
Je. 13. 19. ἀποικίσθη Ἰούδας (1 d)
24. 1. μετὰ τὸ ἀποικίσαι Ναβουχ. . . . τὸν Ἰεχονίαν (1 b)
— 5. ἐπιγνώσομαι τοὺς ἀποικισθέντας Ἰουδαίους [A Ἰούδα] (2)
34 (27). 20. ὅτε ἀπῴκισε τὸν Ἰεχονίαν (1 b)
36 (29). 4. ἣν ἀπῴκισα [A S -σεν] ἀπὸ [A ἐξ] Ἱερουσ. (1 b)
— 7. εἰς ἣν ἀπῴκισα ὑμᾶς ἐκεῖ (1 b)
47 (40). 7. B οὓς οὐκ [S *om.*] ἀπῴκισεν [A S R κατῴ.] εἰς Βαβυλῶνα (1 c)
50 (43). 3. ἀποικισθῆναι ἡμᾶς εἰς Βαβ. (1 b)
— 12. καὶ ἀποικιεῖ αὐτούς (3)
52. 31. ἀποικισθέντος τοῦ Ἰωακείμ (2)
Ba. 1. 9. μετὰ τὸ ἀποικίσαι Ναβ. . . . τὸν Ἰεχ.
2. 14. κατὰ πρόσωπον τῶν ἀποικισάντων ἡμᾶς
La. 4. 22. οὐ προσθήσει [A *add.* ἔτι] ἀποικίσαι σε (1 b)
[**Aq.** Is. 57. 8: Je. 29 (36). 1: 52. 15.]
[**Sm.** Is. 51. 23: 57. 8: Je. 52. 15.]
[**Th.** Is. 57. 8: Je. 27 (34). 20: 29 (36). 1, 14: 39 (46). 9: 52. 27, 28, 30: Am. 5. 24.]

ἀποικισμός. (1) גּוֹלָה (2) שְׁבִי

Je. 26 (46). 19. σκεύη ἀποικισμοῦ ποίησον σεαυτῇ (1)
31 (48). 11. εἰς ἀποικισμὸν οὐκ ᾤχετο (1)
50 (43). 11. οὓς εἰς ἀποικισμὸν εἰς ἀποικισμόν [S^1 *om.* εἰς ἀ.] (2, 2)
Ba. 2. 30, 32. ἐν γῇ ἀποικισμοῦ αὐτῶν

ἀποίχεσθαι. (1) הָלַךְ (2) שָׁלַח pi.

Ge. 14. 12. καὶ ἀπῴχοντο (1)
26. 31. καὶ ἀπῴχοντο ἀπ᾽ αὐτοῦ (1)
28. 6. A ἀπῴχετο [R ἀπέστειλεν] εἰς τὴν Μεσ. (2)
Ju. 6. 13. καὶ ἀπῴχοντο πρὸς τὸν κύριον αὐτῶν
13. 1. καὶ ἀπῴχοντο εἰς τὰς κοίτας αὐτῶν
Ho. 11. 2. οὕτως ἀπῴχοντο (1)
[**Sm.** Pr. 31. 8.]

ἀποκαθαίρειν. (1) זָכַךְ hi. (2) כָּלָה (3) כָּפַר pu.

To. 12. 9. S ἀποκαθαίρει [A B -αριεῖ] πᾶσαν ἁμαρτίαν
Jb. 7. 9. ὥσπερ νέφος ἀποκαθαρθὲν ἀπ᾽ οὐρανοῦ (2)
9. 30. καὶ ἀποκαθάρωμαι χερσὶ καθαραῖς (1)
Pr. 15. 27 (16. 6). ἐλεημοσύναις . . . ἀποκαθαίρονται ἁμαρτίαι (3)

ἀποκαθαρίζειν. (1) זָכָה

To. 12. 9. ἀποκαθαριεῖ [S -αίρει] πᾶσαν ἁμαρτίαν
Jb. 25. 4. τίς ἂν ἀποκαθαρίσαι αὐτὸν γεννητὸς γυναικός (1)

ἀποκαθῆσθαι (ἀποκαθημένη). (1) דָּוָה (2) טָמֵא (3) נִדָּה (4) עִדָּה

Le. 15. 33. ὃς ἂν κοιμηθῇ μετὰ ἀποκαθημένης (2)
20. 18. ὃς ἂν κοιμηθῇ μετὰ γυναικὸς ἀποκαθημ. (1)
Is. 30. 22. λικμήσεις ὡς ὕδωρ ἀποκαθημένης (1)
64. 6 (5). ὡς ῥάκος ἀποκαθημένης (4)
La. 1. 17. ἐγενήθη Ἱερουσαλὴμ εἰς ἀποκαθημένην (3)
Ep. Je. 29. τῶν θυσιῶν αὐτῶν ἀποκαθημένη καὶ λεχὼς [A B^2 λοχὼ] ἅπτονται
Ez. 22. 10. ἐν ἀκαθαρσίαις ἀποκαθημένην [A -ης] ἐταπείνουν ἐν σοί (3)
36. 17. κατὰ τὴν ἀκαθαρσίαν τῆς ἀποκαθημένης [A ἀφέδρου] (3)

ἀποκαθιστᾶν, ἀποκαθιστάναι. (1) אָסַף ni. (2) חָבַשׁ (3) יָצַג hi. (4) יָשַׁב *a.* qal. *b.* hi. (5) שׁוּב *a.* qal. *b.* pil. *c.* hi. *d.* תּוּב (6) שָׁלַם pi. (7) שָׁקַל (8) תָּמַךְ

Ge. 23. 16. ἀπεκατέστησεν Ἀ. τῷ Ἐ. τὸ ἀργ. (7)
29. 3. ἀπεκαθίστων τὸν λίθον (5 c)
40. 13. ἀποκαταστήσει σε ἐπὶ τὴν ἀρχιοινοχοΐαν (5 c)
— 21. R ἀποκατέστησε [A ἀπεκ.] τὸν ἀρχιοινοχόον (5 c)
41. 13. ἐμέ τε ἀποκατασταθῆναι ἐπὶ τὴν ἀρχήν μου (5 c)
Ex. 4. 7. πάλιν ἀπεκατέστη εἰς τὴν χρόαν τῆς σ. (5 a)
14. 26. καὶ ἀποκαταστήτω τὸ ὕδωρ (5 a)
— 27. καὶ ἀπεκατέστη τὸ ὕδωρ πρὸς ἡμέραν (5 a)
Le. 13. 16. ἐὰν δὲ ἀποκαταστῇ ὁ χρὼς ὁ ὑγιής (5 a)
Nu. 35. 25. ἀποκαταστήσουσιν [A -σει] αὐτὸν ἡ συναγωγή (5 c)
II Ki. 9. 7. ἀποκαταστήσω σοι πάντα ἀγρὸν Σαοὺλ (5 c)
I Es. 1. 31. ἀποκατασταθεὶς εἰς Ἱερουσαλὴμ
— 35. B ἀπεκατέστησεν [A R ἀπέστησεν] αὐτὸν . . . βασιλεύειν
5. 2. ἕως τοῦ ἀποκατασταθῆναι αὐτούς
6. 26. ἀποκατασταθῆναι εἰς τὸν οἶκον τὸν ἐν Ἱερουσ.
To. 5. 16. S ἀποκαταστῆσαι ὑμᾶς πρὸς ἐμέ
10. 13. A S R ἀποκαταστῆσαι [B -σει] σε ὁ κύριος
Ju. 6. 7. ἀποκαταστήσουσί σε οἱ δοῦλοί μου
— 10. καὶ ἀποκαταστῆσαι αὐτόν
Jb. 5. 18. ἀλγεῖν ποιεῖ καὶ πάλιν ἀποκαθίστησιν (2)
8. 6. ἀποκαταστήσει δέ σοι δίαιταν δικαιοσύνης (6)
22. 28. ἀποκαταστήσει δέ σοι δίαιταν δικαιοσύνης (7?)
33. 25. ἀποκαταστήσει δὲ αὐτὸν ἀνδρωθέντα ἐν ἀνθρ. (5 c)
Ps. 15 (16). 5. σὺ εἶ ὁ ἀποκαθιστῶν τὴν κληρονομίαν μου ἐμοί (8)
34 (35). 17. ἀποκατάστησον τὴν ψυχήν μου (5 c)
Ho. 2. 3 (5). ὅπως ἂν . . . ἀποκαταστήσω αὐτήν (3)
11. 11. καὶ ἀποκαταστήσω αὐτούς (4 b)
Am. 5. 15. καὶ ἀποκαταστήσατε ἐν πύλαις κρίμα (3)
Ma. 4. 6 (3. 24). ὃς ἀποκαταστήσει καρδίαν πατρὸς πρὸς υἱόν (5 c)
Is. 23. 17. ἀποκαταστήσεται [S -σταθήσεται] εἰς τὸ ἀρχαῖον (5 a)
Je. 15. 19. καὶ ἀποκαταστήσω σε (5 c)
16. 15. ἀποκαταστήσω αὐτοὺς εἰς τὴν γῆν αὐτῶν (5 c)
23. 8. ἀπεκατέστησεν αὐτοὺς εἰς τὴν γῆν αὐτῶν (4 a)
24. 6. ἀποκαταστήσω αὐτοὺς εἰς τὴν γῆν ταύτην (5 c)
27 (50). 19. ἀποκαταστήσω τὸν Ἰσρ. (5 b)
29 (47). 6. ἀποκαταστάθητι εἰς τὸν κολεόν σου (1)
Ez. 16. 55. ἀποκατασταθήσονται καθὼς ἦσαν ἀπ᾽ ἀρχῆς (5 a)
— 55. A ἀποκατασταθήσονται καθὼς ἦσαν ἀπ᾽ ἀρχῆς (5 a)
— 55. ἀποκατασταθήσεσθε καθὼς ἀπ᾽ ἀρχῆς ἦτε (5 a)
17. 24. τὰ κλήματα αὐτοῦ ἀποκατασταθήσεται
Da. LXX. 4. 33. ἀποκατεστάθη ἡ βασιλεία μου ἐμοί (5 d)
— 34. ἡ μεγαλωσύνη μου ἀποκατεστάθη μοι (5 d)
Da. TH. Bel. 39. ἀπεκατέστησε τὸν Ἀμβ.
I Ma. 15. 3. ὅπως ἀποκαταστήσω αὐτήν
II Ma. 11. 25. κρίνομεν τό τε ἱερὸν ἀποκατασταθῆναι αὐτοῖς
12. 25. R ἀποκαταστήσειν [A -σαι] τούτους ἀπημάντους
— 39. ἀποκαταστῆσαι εἰς τοὺς πατρῴους τάφους
15. 20. τῶν θηρίων ἐπὶ μέρος εὔκαιρον ἀποκατασταθέντων
[**Aq.** Je. 12. 15.]
[**Sm.** IV Ki. 14. 25: Jb. 39. 12: Is. 1. 26: 58. 12: Ez. 16. 53.]
[**Th.** Is. 1. 26.]
[**Al.** III Ki. 14. 28.]
[**Hebr.** IV Ki. 14. 25.]

ἀποκαίειν.

IV Ma. 15. 20. S R ὁρῶσα σάρκας τέκνων ἀποκαιομένας [A -κεκομμ.]

ἀποκακεῖν. (1) נָפַח

Je. 15. 9. ἀπεκάκησεν ἡ ψυχὴ αὐτῆς (1)

ἀποκάλυμμα.

Jd. 5. 2. B ἀπεκαλύφθη ἀποκάλυμμα ἐν Ἰσρ. [A *al.*] †

ἀποκαλύπτειν. (1) גָּלָה *a.* qal. *b.* ni. *c.* pi. *d.* pu. *e.* גְּלָה peal. *f.* peil. *g.* גְּלָא (2) גָּלַל (3) גָּלַשׁ (4) חָשַׂף (5) נָגַד hi. (6) סוּר hi. (7) עָרָה *a.* pi. *b.* hi. (8) פָּרַע (9) קָלַל ni.

Ge. 8. 2. A ἀπεκαλύφθησαν [R ἐπεκ.] αἱ πηγαί †
— 13. ἀπεκάλυψε Ν. τὴν στέγην (6)
Ex. 20. 26. ὅπως ἂν μὴ ἀποκαλύψῃς τὴν ἀσχημοσύνην (1 b)
Le. 18. 6. οὐ προσελεύσεται ἀποκαλύψαι ἀσχημοσύνην (1 c)
— 7. ἀσχημοσύνην . . . οὐκ ἀποκαλύψεις (1 c)
— 7. οὐκ ἀποκαλύψεις τὴν ἀσχημοσύνην αὐτῆς (1 c)
— 8. ἀσχημοσύνην . . . οὐκ ἀποκαλύψεις (1 c)
— 9. οὐκ ἀποκαλύψεις ἀσχημοσύνην αὐτῆς (1 c)
— 10. οὐκ ἀποκαλύψεις τὴν ἀσχημοσύνην αὐτῶν (1 c)
— 11. ἀσχημοσύνην . . . οὐκ ἀποκαλύψεις –
— 11. οὐκ ἀποκαλύψεις τὴν ἀσχημοσύνην αὐτῆς (1 c)
— 12, 13 (B), 14, 15. ἀσχημοσύνην . . . οὐκ ἀποκαλύψεις (1 c)
— 15. οὐκ ἀποκαλύψεις τὴν ἀσχημοσύνην αὐτῆς (1 c)
— 16, 17. ἀσχημοσύνην . . . οὐκ ἀποκαλύψεις (1 c)
— 17. οὐ λήψῃ ἀποκαλύψαι τὴν ἀσχημ. αὐτῶν (1 c)
— 18. ἀποκαλύψαι τὴν ἀ. αὐτῆς (1 c)
— 19. ἀποκαλύψαι τὴν ἀσχημοσύνην αὐτῆς (1 c)
20. 11. ἀσχημοσύνην τοῦ πατρὸς αὐτοῦ ἀπεκάλυψε (1 c)
— 17. ἀσχημοσύνην ἀδελφῆς αὐτοῦ ἀπεκάλυψεν (1 c)
— 18. καὶ ἀποκαλύψῃ τὴν ἀσχημοσύνην αὐτῆς τὴν πηγὴν αὐτῆς ἀπεκάλυψε καὶ αὕτη ἀπεκάλυψε τὴν ῥύσιν τοῦ αἵματος αὐτῆς (1 c, 7 b, 1 c)
— 19. ἀσχημοσύνην ἀδελφῆς πατρὸς . . . οὐκ ἀποκαλύψεις (1 c)
— 19. τὴν γὰρ οἰκειότητα ἀπεκάλυψεν [A -ψας] (7 b)
— 20. ἀσχημοσύνην τῆς συγγενείας αὐτοῦ ἀπεκάλυψεν (1 c)
— 21. ἀσχημοσύνην τοῦ ἀδελφοῦ αὐτοῦ ἀπεκάλυψεν (1 c)
Nu. 5. 18. ἀποκαλύψει τὴν κεφ. τῆς γυναικός (8)
22. 31. ἀπεκάλυψε δὲ ὁ θ. τοὺς ὀφθαλμοὺς Βαλ. (1 c)
24. 4, 16. ἀποκεκαλυμμένοι οἱ ὀφθαλμοὶ αὐτοῦ (1 a)
De. 22. 30 (23. 1). οὐκ ἀποκαλύψει [A ἀνακαλ.] συγκάλυμμα τοῦ πατ. (1 c)
27. 20. ἀπεκάλυψε συγκάλυμμα τοῦ πατρὸς αὐτοῦ (1 c)
Jo. 2. 20. ἐὰν δέ τις . . . ἀποκαλύψῃ τοὺς λόγους ἡμῶν (5)
Jd. 5. 2. B ἀπεκαλύφθη ἀποκάλυμμα ἐν Ἰσραήλ [A *al.*] (8?)
Ru. 3. 4. ἀποκαλύψεις τὰ πρὸς ποδῶν αὐτοῦ (1 c)
— 7. ἀπεκάλυψε τὰ πρὸς ποδῶν αὐτοῦ (1 c)
4. 4. ἀποκαλύψω τὸ οὖς σου (1 a)
I Ki. 2. 27. ἀποκαλυφθεὶς ἀπεκαλύφθην πρὸς οἶκον πατρός (1 b, 1 b)
3. 7. πρὶν . . . ἀποκαλυφθῆναι αὐτῷ ῥῆμα κ. (1 b)
— 21. ἀπεκαλύφθη κύριος πρὸς Σαμουήλ (1 b)
9. 15. A^{2}B κύριος ἀπεκάλυψε τὸ ὠτίον Σαμ. (1 a)
20. 2. καὶ οὐκ ἀποκαλύψει τὸ ὠτίον μου (1 a)
— 13. καὶ ἀποκαλύψω τὸ ὠτίον σου (1 a)
22. 8. οὐκ ἔστιν ὁ ἀποκαλύπτων τὸ ὠτίον μου (1 a)
— 8. καὶ ἀποκαλύπτων τὸ ὠτίον μου (1 a)

I Ki. 22. 17. καὶ οὐκ ἀπεκάλυψαν τὸ ὠτίον μου (1 a)
II Ki. 6. 20. ὃς ἀπεκαλύφθη . . . καθὼς ἀποκαλύπτεται ἀποκαλυφθεὶς εἷς τῶν ὀρχουμένων (1 b, 1 b, 1 b)
— 22. B καὶ ἀποκαλυφθήσομαι [A om. κ. ἀ.] ἔτι οὕτως (9)
7. 27. ἀπεκάλυψας τὸ ὠτίον τοῦ δούλου σου (1 a)
22. 16. ἀπεκαλύφθη θεμέλια τῆς οἰκουμένης (1 b)
Jb. 12. 22. A ὁ ἀποκαλύπτων [B S ἀνακ.] βαθέα (1 c)
41. 4 (5). τίς ἀποκαλύψει [A ἀνακ.] πρόσωπον ἐνδύσεως αὐ. (1 c)
Ps. 28 (29). 9. φωνὴ κυρίου . . . ἀποκαλύψει δρυμούς (4)
36 (37). 5. ἀποκάλυψον πρὸς κύριον τὴν ὁδόν σου (2)
97 (98). 2. ἀπεκάλυψε τὴν δικαιοσύνην αὐ. (1 c)
118 (119). 18. ἀποκάλυψον τοὺς ὀφθαλμούς σου (1 c)
Pr. 11. 13. ἀνὴρ δίγλωσσος ἀποκαλύπτει βουλάς (1 c)
27. 5. κρείσσους ἔλεγχοι ἀποκεκαλυμμένοι (1 d)
Ca. 4. 1. αἳ [S¹ οἳ] ἀπεκαλύφθησαν ἀπὸ [S ἐκ] τοῦ Γαλαάδ (3)
Si. 1. 6. ῥίζα σοφίας τίνι ἀπεκαλύφθη
— 30. ἀποκαλύψει κύριος τὰ κρυπτά σου
3. 18. S² πραέσιν ἀποκαλύπτει τὰ μυστήρια αὐτοῦ
4. 18. ἀποκαλύψει αὐτῷ τὰ κρυπτὰ αὐτῆς
6. 9. A B μάχην ὀνειδισμοῦ σου ἀποκαλύψει
19. 8. εἰ μή ἐστί σοι ἁμαρτία μὴ ἀποκάλυπτε
20. 31. S ἄνθρωπος ἀποκαλύπτων [A B ἀποκρύπτων] τὴν σοφίαν αὐτοῦ
27. 16. ὁ ἀποκαλύπτων μυστήρια ἀπώλεσε πίστιν
— 17. ἐὰν δὲ ἀποκαλύψῃς τὰ μυστήρια αὐτοῦ
— 21. ὁ δὲ ἀποκαλύψας μυστήρια ἀπήλπισε
41. 16. S² αἰσχύνην ἀποκαλύψαι [A B διαφυλάξαι]
42. 19. ἀποκαλύπτων ἴχνη ἀποκρύφων
Ho. 2. 10 (12). ἀποκαλύψω τὴν ἀκαθαρσίαν αὐτῆς (1 c)
7. 1. ἀποκαλυφθήσεται ἡ ἀδικία Ἐ. (1 b)
Am. 3. 7. ἐὰν μὴ ἀποκαλύψῃ παιδείαν (1 a)
Mi. 1. 6. καὶ τὰ θεμέλια αὐτῆς ἀποκαλύψω (1 c)
Na. 2. 7 (8). καὶ ἡ ὑπόστασις ἀπεκαλύφθη (1 d)
3. 5. καὶ ἀποκαλύψω τὰ ὀπίσω σου (1 c)
Is. 3. 17. A ἀποκαλύψει [B S ἀνακ.] τὸ σχῆμα αὐτῶν (7 a)
47. 2. ἀποκάλυψαι τὸ κατακάλυμμά σου (1 c)
52. 10. ἀποκαλύψει κύριος τὸν βραχ. τὸν ἅγ. αὐ. (4)
53. 1. ὁ βραχίων κυρίου τίνι ἀπεκαλύφθη (1 b)
56. 1. ἤγγικε . . . τὸ ἔλεός μου ἀποκαλυφθῆναι (1 b)
Je. 11. 20. πρὸς σὲ ἀπεκάλυψα τὸ δικαίωμά μου (1 c)
13. 26. ἀποκαλύψω τὰ ὀπίσω [A -ισθιά] σου (4)
20. 12. πρὸς σὲ ἀπεκάλυψα τὰ ἀπολογήμ. μου (1 c)
La. 2. 14. οὐκ ἀπεκάλυψαν ἐπὶ τὴν ἀδικίαν σου (1 c)
4. 22. ἀπεκάλυψεν ἐπὶ τὰ ἀσεβήματά σου (1 c)
Ez. 13. 14. ἀποκαλυφθήσεται τὰ θεμέλια αὐτοῦ (1 b)
16. 36. ἀποκαλυφθήσεται ἡ αἰσχύνη σου (1 b)
— 37. ἀποκαλύψω τὰς κακίας σου πρὸς αὐτούς (1 c)
— 57. πρὸ τοῦ ἀποκαλυφθῆναι τὰς κακίας σου (1 b)
21. 24 (29). ἐν τῷ ἀποκαλυφθῆναι τὰς ἀσεβείας ὑμῶν (1 b)
22. 10. αἰσχύνην πατρὸς ἀπεκάλυψαν ἐν σοί (1 c)
23. 10. αὐτοὶ ἀπεκάλυψαν τὴν αἰσχύνην [A ἀσχημοσύνην] αὐτῆς (1 c)
— 18. ἀπεκάλυψε τὴν πορνείαν αὐτῆς καὶ ἀπεκάλυψεν αἰσχύνην [A τὴν ἀσχημοσύνην] αὐτῆς (1 c, 1 c)
— 29. ἀποκαλυφθήσεται αἰσχύνη [A ἡ al. σου] πορνείας [A -α] σου (1 b)
Da. LXX. Sus. 32. προσέταξαν οἱ παράνομοι ἀποκαλύψαι αὐτήν
2. 22. ἀποκαλύπτων [? ἀνακ.] τὰ βαθέα (1 g)
Da. TH. Sus. 32. ἐκέλευσαν ἀποκαλυφθῆναι αὐτήν
2. 19. τὸ μυστήριον ἀπεκαλύφθη (1 f)
— 22. αὐτὸς ἀποκαλύπτει βαθέα (1 g)
— 28. ἔστι θεὸς [A ὁ θ.] . . . ἀποκαλύπτων μυστήρια (1 e)
— 29. ὁ ἀποκαλύπτων μυστήρια (1 g)
— 30. τὸ μυστήριον τοῦτο [A om.] ἀπεκαλύφθη (1 f)
— 47. ὁ [A om.] ἀποκαλύπτων μυστήρια (1 e)
— 47. ἠδυνάσθης ἀποκαλύψαι τὸ μυστήριον τοῦτο (1 e)
10. 1. λόγος ἀπεκαλύφθη τῷ Δανιήλ (1 b)
11. 35. τοῦ ἀποκαλυφθῆναι ἕως καιροῦ πέρας †
I Ma. 7. 31. ἔγνω Νικάνωρ ὅτι ἀπεκαλύφθη ἡ βουλὴ αὐτοῦ
[Aq. I Ki. 14. 8 : Jb. 36. 10 : Is. 3. 17 : 40. 5 : Je. 32 (39). 11, 14 : 49. 10 (29. 11) : Ez. 13. 14 : Hb. 3. 3.]
[Sm. I Ki. 3. 7 : Jb. 36. 10 : Pr. 20. 3 : 26. 26 : Is. 40. 5 : 52. 10 : Je. 32 (39). 11 : Ez. 13. 14.]
[Th. I Ki. 14. 8 : 20. 12 : Jb. 36. 10 : Pr. 11. 19 : Is. 16. 3 : 40. 5 : 52. 10 : Je. 32 (39). 20 : Ez. 4. 7 : Da. 10. 1 : 11. 35 : Hb. 3. 3.]
[Al. Le. 10. 6 : 21. 10.]

ἀποκάλυψις. (1) עֶרְוָה
I Ki. 20. 30. εἰς αἰσχύνην ἀποκαλύψεως μητρός σου (1)
Si. 11. 27. ἀποκάλυψις ἔργων αὐτοῦ
22. 22. πλὴν . . . μυστηρίου ἀποκαλύψεως
42. 1. ἀπὸ ἀποκαλύψεων [A S -εως] λόγων κρυφίων

ἀποκάμνειν.
[Al. Ec. 2. 20.]

ἀποκαραδοκεῖν.
[Aq. Ps. 36 (37). 7.]

ἀποκάτωθεν.
[Aq. Jb. 26. 5.]

ἀπόκαυμα.
[Sm. Ps. 101 (102). 4.]

ἀπόκεισθαι. (1) חָשַׂךְ (2) שִׁילֹה
Ge. 49. 10. ἕως ἂν ἔλθῃ τὰ ἀποκείμ. αὐτῷ (2)
Jb. 38. 23. ἀπόκειται δέ σοι εἰς ὥραν ἐχθρῶν (1)
II Ma. 12. 45. κάλλιστον ἀποκείμενον χαριστήριον [A εὐχαρ.]
IV Ma. 8. 11. οὐδὲν ὑμῖν ἀπειθήσασι πλὴν τοῦ μετὰ στρεβλῶν ἀποθανεῖν ἀπόκειται
[Sm. Dt. 32. 34 : Is. 10. 17 : Ho. 6. 11.]
[Th. Ge. 49. 10.]

ἀποκενοῦν. (1) סָכַךְ hi.
Jd. 3. 24. B μήποτε ἀποκενοῖ τοὺς πόδας αὐτοῦ [A al.] (1)
Si. 13. 5. καὶ ἀποκενώσει σε
— 7. ἕως οὗ ἀποκενώσῃ [A S -ώσει] σε δὶς ἢ τρίς
[Aq. Jd. 3. 24 : I Ki. 24. 4.]
[Sm. Ps. 140 (141). 8.]
[Th. Jd. 3. 24 : I Ki. 24. 4 : Ps. 140 (141). 8.]

ἀποκεντεῖν. (1) דָּקַר (2) הָרַג
Nu. 25. 8. ἀπεκέντησεν ἀμφοτέρους (1)
I Ki. 31. 4. καὶ ἀποκέντησόν με . . . καὶ ἀποκεντήσωσί με (1, 1)
Ze. 1. 10. φωνὴ κραυγῆς ἀπὸ πύλης ἀποκεντούντων †
Ez. 21. 11 (16). τοῦ δοῦναι [A δοθῆναι] αὐτὴν εἰς χεῖρα [A -ας] ἀποκεντοῦντος (2)

ἀποκέντησις. (1) הֶרֶג
Ho. 9. 13. τοῦ ἐξαγαγεῖν εἰς ἀποκέντησιν τὰ τέκνα αὐ. (1)

ἀποκεφαλίζειν.
Ps. 151. 7. ἀπεκεφάλισα αὐτόν

ἀποκιδαροῦν. (1) פָּרַע
Le. 10. 6. τὴν κεφαλὴν ὑμῶν οὐκ ἀποκιδαρώσετε (1)
21. 10. τὴν κεφαλὴν οὐκ ἀποκιδαρώσει (1)

ἀποκινεῖν.
[Sm. Th. Is. 54. 10.]

ἀποκλαίειν. (1) בָּכָה *a.* qal. *b.* pi.
Pr. 26. 24. χείλεσι πάντα ἐπινεύει ἀποκλαιόμενος ἐχθρός †
Je. 31 (48). 32. ὡς κλαυθμὸν Ἰαζὴρ ἀποκλαύσομαί σοι (1 a)
38 (31). 15. Ῥαχὴλ ἀποκλαιομένη [A S al.] (1 b)

ἀποκλᾶν.
[Aq. Ps. 140 (141). 7.]
[Quint. IV Ki. 6. 6.]

ἀποκλείειν. (1) נָעַל (2) סָגַר *a.* qal. *b.* ni. *c.* pi. *d.* pu. *e.* hi.
Ge. 19. 10. τὴν θύραν τοῦ οἴκου ἀπέκλεισαν (2 a)
Jd. 3. 22. ἀπέκλεισε τὸ στέαρ κατὰ τῆς φλογός (2 a)
— 23. ἀπέκλεισε τὰς θύρας τοῦ ὑπερῴου κατ' αὐτοῦ (2 a)
— 24. A αἱ θύραι . . . ἀποκεκλεισμέναι [B ἐσφηνωμέναι] (1)
9. 51. A καὶ ἀπέκλεισαν ἐφ' ἑαυτούς [B aliter] (2 a)
20. 48. A ἀπέκλεισεν τοὺς υἱοὺς B. [B al.] †
I Ki. 1. 5. κ. ἀπέκλεισε [A συναπ.] τὰ περὶ τὴν μήτραν (2 a)
17. 45. ἀποκλείσει σε κ. σήμερον (2 c)
23. 7. ἀποκέκλεισται [A ἀποκέκλιται] εἰσελθὼν εἰς πόλιν (2 b)
— 11. εἰ ἀποκλεισθήσεται (2 e)
— 11. καὶ εἶπε κύριος, ἀποκλεισθήσεται (2 e)
24. 19. ὡς ἀπέκλεισέ με κύριος (2 c)
26. 8. ἀπέκλεισε κύριος σήμερον τὸν ἐχθρόν σου (2 c)
II Ki. 13. 17. ἀπόκλεισον τὴν θύραν ὀπίσω αὐτῆς (1)
— 18. ἀπέκλεισε τὴν θύραν ὀπίσω αὐτῆς (1)
18. 28. ὃς ἀπέκλεισε τοὺς ἄνδρας (2 c)
IV Ki. 4. 4. καὶ ἀποκλείσεις τὴν θύραν κατὰ σοῦ (2 a)
— 5. καὶ ἀπέκλεισε τὴν θύραν κατ' αὐτῆς (2 a)
— 21. καὶ ἀπέκλεισε κατ' αὐτοῦ (2 a)
— 33. ἀπέκλεισε τὴν θύραν κατὰ τῶν δύο ἑαυτῶν (2 a)
6. 32. ἀποκλείσατε τὴν θύραν (2 a)
II Ch. 29. 7. ἀπέκλεισαν τὰς θύρας τοῦ ναοῦ (2 a)
To. 8. 4. S ἀπέκλεισαν τὴν θύραν [A B al.]
Ju. 13. 1. ἀπέκλεισε τοὺς παρεστῶτας
Jb. 12. 14. A ἐὰν δὲ καὶ ἀποκλείσῃ [B S ἐὰν κλ.] κατὰ ἀνθρώπου (2 a)
Ps. 67 (68). 30. τοῦ μὴ ἀποκλεισθῆναι τοὺς δεδοκιμασμένους [S² al.] †
Is. 22. 22. A S R οὐκ ἔσται ὁ ἀποκλείων [A -σων] (2 a)
24. 22. ἀποκλείσουσιν εἰς ὀχύρωμα (2 d)
26. 20. ἀπόκλεισον τὴν θύραν σου (2 a)
Da. LXX. 6. 18 (19). ὁ θεὸς . . . ἀπέκλεισε τὰ στόματα τῶν λεόντων –
Da. TH. Su. 18. ἀπέκλεισαν τὰς θύρας τοῦ παραδ.
— 36. ἀπέκλεισε τὰς θύρας τοῦ παραδ.
Bel. 11. ἀπόκλεισον τὴν θύραν
I Ma. 5. 47. ἀπέκλεισαν αὐτοὺς οἱ ἐκ τῆς πόλεως
10. 75. ἀπέκλεισαν αὐτὸν οἱ ἐκ τῆς πόλεως
11. 61. ἀπέκλεισαν οἱ ἀπὸ Γάζης
12. 48. ἀπέκλεισαν οἱ Πτολεμαεῖς τὰς πύλας
III Ma. 4. 10. τῷ καθύπερθε πυκνῷ σανιδώματι διακειμένῳ τὸ φέγγος ἀποκλειόμενοι
[Aq. Ge. 2. 21 : Le. 13. 11 : Ps. 30 (31). 9 : Is. 22. 22.]
[Th. Is. 22. 22 : Da. 6. 18 †.]
[Al. Le. 14. 38 : I Ki. 1. 6.]

ἀπόκλεισμα. (1) מַהְפֶּכֶת
Je. 36 (29). 26. δώσεις αὐτὸν εἰς τὸ ἀ. (1)

ἀποκλεισμός.
[Aq. Ps. 141 (142). 8.]

ἀπόκλειστος. (1) סָגַר
III Ki. 6. 21. A περιεπίλησεν Σ. τὸν οἶκον ἔνδοθεν χρυσίῳ ἀ. [B al.] (1)
[Aq. III Ki. 6. 20 : Jb. 28. 15 : 41. 7.]
[Th. III Ki. 6. 20.]

ἀποκληροῦν.
[Al. Dt. 4. 19.]

ἀποκλίνειν. (1) נָטָה hi. (2) סָגַר ni.
I Ki. 23. 7. A ἀποκέκλιται [B -εισται] εἰσελθὼν (2)
II Ki. 6. 10. ἀπέκλινεν αὐτὴν Δαυίδ (1)
I Ma. 5. 35. ἀπέκλινεν εἰς Μασφά
[Sm. Ex. 28. 28.]

ἀποκλύζειν. (1) דּוּחַ hi.
II Ch. 4. 6. καὶ ἀποκλύζειν ἐν αὐτοῖς (1)

ἀποκνίζειν. (1) מָלַק (2) קָטַף (3) קָצַב
Le. 1. 15. ἀποκνίσει τὴν κεφαλήν (1)
5. 8. ἀποκνίσει ὁ ἱερεὺς τὴν κεφαλὴν αὐτοῦ (1)
I Ki. 9. 24. ὅτι εἰς μαρτύριον τέθειταί σοι . . . ἀπόκνιζε [A aliter] †
IV Ki. 6. 6. ἀπέκνισε [A -ιζε] ξύλον (3)
Ez. 17. 4. τὰ ἄκρα τῆς ἁπαλότητος ἀπέκνισε (2)
— 22. καρδίας αὐτῶν ἀποκνιῶ (2)
IV Ma. 1. 29. ὁ παγγέωργος λογισμὸς περικαθαίρων τε καὶ ἀποκνίζων
[Sm. Jb. 30. 4.]
[Al. Is. 18. 5.]

ἀποκομίζειν. (1) שׁוּב hi.
Pr. 26. 16. τοῦ ἐν πλησμονῇ ἀποκομίζοντος ἀγγελίαν (1)
II Ma. 2. 15. τοὺς ἀποκομιοῦντας ὑμῖν ἀποστέλλετε

ἀπόκομμα.
[Aq. Ez. 20. 7.]

ἀποκοπή.
[**Aq.** Dt. 24. 3 (1).]

ἀποκόπτειν. (1) אָפֵם (2) הָלַם (3) *a.* כָּרַת *b.* כָּרַת שָׁפְכָה (4) קָצַץ *a.* qal. *b.* pi. *c.* pu. (5) תִּיז hi.

De. 23. 1 (2). *θλαδίας οὐδὲ* [A *καὶ*] *ἀποκεκομμένος* (3 *b*)
25. 12. *ἀποκόψεις τὴν χεῖρα* [A *add. αὐτῆς*] (4 *a*)
Jd. 1. 6. *ἀπέκοψαν τὰ ἄκρα τῶν χειρῶν αὐτοῦ* (4 *b*)
— 7. *τὰ ἄκρα τῶν ποδῶν αὐτῶν ἀποκεκομμένοι* (4 *c*)
5. 22. A *ἀπεκόπησαν* [B *ἐνεποδίσθησαν*] *πτέρναι ἵππου* (2)
II Ki. 10. 4. *ἀπέκοψε τοὺς μανδύας αὐτῶν* (3 *a*)
Ps. 76 (77). 8. *εἰς τέλος ἀποκόψει τὸ ἔλεος* (1)
Is. 18. 5. *τὰς κληματίδας . . . ἀποκόψει* [A S *κατακ.*] (5)
IV Ma. 15. 20. A *σάρκας τέκνων ἀποκεκομμένας* [S R *-καιομ.*]
[**Aq.** Jo. 4. 7: II Ki. 4. 12.]
[**Sm.** Jo. 4. 7.]
[**Al.** I Ki. 31. 9.]

ἀποκοσμεῖν.

II Ma. 4. 38. *ἐκεῖ τὸν μιαιφόνον ἀπεκόσμησε*

ἀπόκρημνος.

II Ma. 13. 5. *ὄργανον . . . πάντοθεν ἀπόκρημνον εἰς τὴν σποδόν*

ἀποκρίνειν. (1) אָמַר (2) דָּרַשׁ ni. (3) יָדַע hi. (4) יָרָה hi. (5) יֵשׁ (6) נָבַע hi. (7) עָנָה *a.* qal. *b.* ni. *c.* pi. *d.* מַעֲנֶה *e.* עֲנָה (8) שָׁבַע ni. (9) שׁוּב *a.* hi. *b.* תּוּב aph. (10) **σκληρῶς ἀποκρίνεσθαι** חָרָה.

Ge. 18. 9. *ὁ δὲ ἀποκριθεὶς εἶπεν* –
— 27. *ἀποκριθεὶς Ἀβραὰμ εἶπε* (7 *a*)
23. 4 (5). *ἀπεκρίθησαν δὲ οἱ υἱοὶ Χέτ* (7 *a*)
— 10. *ἀποκριθεὶς δὲ Ἐφρών* (7 *a*)
— 14. *ἀπεκρίθη δὲ Ἐφρών* (7 *a*)
24. 50. *ἀποκριθεὶς δὲ Λάβαν καὶ Β. εἶπαν* (7 *a*)
27. 37. *ἀποκριθεὶς δὲ Ἰσαὰκ εἶπεν τῷ Ἠ.* (7 *a*)
— 39. *ἀποκριθεὶς δὲ Ἰσαὰκ ὁ πατὴρ αὐτοῦ εἶπεν* (7 *a*)
29. 26. R *ἀπεκρίθη* [A *εἶπεν*] *δὲ Λάβαν* (1)
31. 14. R *ἀποκριθεῖσαι* [A *-εῖσα*] *Ῥαχὴλ καὶ Λεία εἶπαν* (7 *a*)
— 31, 36. *ἀποκριθεὶς δὲ Ἰακὼβ εἶπε τῷ Λ.* (7 *a*)
— 43. *ἀποκριθεὶς δὲ Λάβαν εἶπε τῷ Ἰ.* (7 *a*)
34. 13. *ἀπεκρίθησαν δὲ οἱ υἱοὶ Ἰακὼβ τῷ Σ.* (7 *a*)
40. 18. *ἀποκριθεὶς δὲ Ἰωσὴφ εἶπεν αὐτῷ* (7 *a*)
41. 16. *ἀποκριθεὶς δὲ Ἰ. τῷ Φαραὼ εἶπεν Ἄνευ τοῦ θεοῦ οὐκ ἀποκριθήσεται τὸ σωτήριον Φ.* (7 *a*, 7 *a*)
42. 22. *ἀποκριθεὶς δὲ Ῥουβὴν εἶπεν αὐτοῖς* (7 *a*)
45. 3. A[2]R *οὐκ ἠδύναντο οἱ ἀδελφοὶ ἀποκριθῆναι αὐτῷ* (7 *a*)
Ex. 4. 1. *ἀπεκρίθη δὲ Μωυσῆς* (7 *a*)
19. 8. *ἀπεκρίθη δὲ* [A *καὶ ἀπεκ.*] *πᾶς ὁ λαός* (7 *a*)
— 19. *ὁ δὲ θεὸς ἀπεκρίνατο αὐτῷ* (7 *a*)
21. 5. *ἐὰν δὲ ἀποκριθεὶς εἴπῃ ὁ παῖς* (1)
24. 3. *ἀπεκρίθη δὲ πᾶς ὁ λαός* (7 *a*)
Nu. 11. 28. *καὶ ἀποκριθεὶς Ἰησοῦς ὁ τοῦ Ναυή* (7 *a*)
13. 28 (26). *καὶ ἀπεκρίθησαν αὐτοῖς ῥῆμα* (9 *a*)
22. 8. *ἀποκριθήσομαι ὑμῖν πράγματα* [A *πρᾶγμα*] (9 *a*)
— 18. *καὶ ἀπεκρίθη Βαλαάμ* (7 *a*)
23. 26. *καὶ ἀποκριθεὶς* [A *ἀπ. δὲ*] *Β. εἶπε τῷ Βαλάκ* (7 *a*)
32. 31. *καὶ ἀπεκρίθησαν οἱ υἱοὶ Ῥουβήν* (7 *a*)
De. 1. 14. *καὶ ἀπεκρίθητέ μοι* (7 *a*)
— 41. A R *καὶ ἀπεκρίθητε* [B *add. μοι*] (7 *a*)
20. 11. *ἐὰν μὲν εἰρηνικὰ ἀποκριθῶσί σοι* (7 *a*)
21. 7. *καὶ ἀποκριθέντες ἐροῦσιν* (7 *a*)
25. 9. *καὶ ἀποκριθεῖσα ἐρεῖ* (7 *a*)
26. 5. *καὶ ἀποκριθεὶς ἐρεῖ* [A *al.*] (7 *a*)
27. 14. *καὶ ἀποκριθέντες οἱ Λευῖται ἐροῦσιν* (7 *a*)
— 15. *καὶ ἀποκριθεὶς πᾶς ὁ λαὸς ἐροῦσι* [A *ἐρεῖ*] (7 *a*)
Jo. 1. 16. *ἀποκριθέντες τῷ Ἰησοῖ εἶπαν* (7 *a*)
7. 20. *καὶ ἀπεκρίθη Ἄχαρ τῷ Ἰησοῖ* (7 *a*)
9. 24. *καὶ ἀπεκρίθησαν τῷ Ἰησοῖ* (7 *a*)
14. 7. *ἀπεκρίθην* [A *-θησαν*] *αὐτῷ λόγον* (9 *a*)
Jo. 22. 21. *ἀπεκρίθησαν οἱ υἱοὶ Ῥουβήν* (7 *a*)
— 32. *καὶ ἀπεκρίθησαν αὐτοῖς τοὺς λόγους* (9 *a*)
24. 16. *καὶ ἀποκριθεὶς ὁ λαὸς εἶπε* (7 *a*)
Jd. 5. 29. B *αἱ σοφαὶ ἄρχουσαι αὐτῆς ἀπεκρίθησαν* [A *al.*] (7 *a*)
— 29. A *καὶ αὐτὴ δὲ ἀπεκρίνατο* [B *al.*] (9 *a*)
7. 14. *καὶ ἀπεκρίθη ὁ πλησίον αὐτοῦ* (7 *a*)
8. 8. *ἀπεκρίθησαν αὐτῷ οἱ ἄνδρες Φαν. ὃν τρόπον ἀπεκρίθησαν ἄνδρες* [A *οἱ ἄ.*] *Σοκχώθ* (7 *a*, 7 *a*)
18. 14. *καὶ ἀπεκρίθησαν οἱ πέντε ἄνδρες* (7 *a*)
19. 28. *οὐκ ἀπεκρίθη ὅτι ἦν νεκρά* [A *al.*] (7 *a*)
20. 4. *καὶ ἀπεκρίθη ὁ ἀνὴρ ὁ Λευίτης* (7 *a*)
Ru. 2. 6. *καὶ ἀπεκρίθη τὸ παιδάριον* (7 *a*)
— 11. *καὶ ἀπεκρίθη Βοόζ* (7 *a*)
I Ki. 1. 15. *καὶ ἀπεκρίθη Ἄννα* (7 *a*)
— 17. *καὶ ἀπεκρίθη Ἠλί* (7 *a*)
4. 17. *καὶ ἀπεκρίθη τὸ παιδάριον* (7 *a*)
— 20. *καὶ οὐκ ἀπεκρίθη* (7 *a*)
9. 8. *καὶ προσέθετο τὸ παιδάριον ἀποκριθῆναι τῷ Σ.* (7 *a*)
— 12. *καὶ ἀπεκρίθη τὰ κοράσια αὐτοῖς* (7 *a*)
— 17. *καὶ κύριος ἀπεκρίθη αὐτῷ* (7 *a*)
— 19. *καὶ ἀπεκρίθη Σαμ. τῷ Σαούλ* (7 *a*)
— 21. *καὶ ἀπεκρίθη Σαούλ* (7 *a*)
10. 12. *καὶ ἀπεκρίθη τις αὐτῶν* (7 *a*)
12. 3. *ἀποκρίθητε κατ' ἐμοῦ ἐνώπιον κυρίου* (7 *a*)
— 3. *ἀποκρίθητε κατ' ἐμοῦ* †
14. 12. *καὶ ἀπεκρίθησαν οἱ ἄ. Μεσσάβ* (7 *a*)
— 28. *καὶ ἀπεκρίθη εἷς ἐκ τοῦ λαοῦ* (7 *a*)
— 37. *καὶ οὐκ ἀπεκρίθη αὐτῷ* (7 *a*)
— 39. *ὅτι ἐὰν ἀποκριθῇ κατὰ Ἰωνάθαν* (5)
— 39. *καὶ οὐκ ἦν ὁ ἀποκρινόμενος* (7 *a*)
— 41. *ὅτι οὐκ ἀπεκρίθης* [A *-θη*] *τῷ δούλῳ σου* –
16. 18. *καὶ ἀπεκρίθη εἷς τῶν παιδαρίων αὐτοῦ* (7 *a*)
17. 30. A *καὶ ἀπεκρίθη αὐτῷ ὁ λαός* (9 *a*)
20. 3. *καὶ ἀπεκρίθη Δαυὶδ τῷ Ἰωνάθαν* (8)
— 7. *καὶ ἐὰν σκληρῶς ἀποκριθῇ σοι* (10)
— 10. *ἐὰν ἀποκριθῇ ὁ πατήρ σου σκληρῶς* (7 *a*)
— 28, 32. *καὶ ἀπεκρίθη Ἰωνάθαν τῷ Σαούλ* (7 *a*)
21. 4 (5). *καὶ ἀπεκρίθη ὁ ἱερεὺς τῷ Δαυίδ* (7 *a*)
— 5 (6). *καὶ ἀπεκρίθη Δαυὶδ τῷ ἱερεῖ* (7 *a*)
22. 9. *καὶ ἀποκρίνεται Δωήκ* (7 *a*)
— 14. *καὶ ἀπεκρίθη τῷ βασιλεῖ* (7 *a*)
23. 4. *καὶ ἀπεκρίθη αὐτῷ* [A *om.*] *κύριος* (7 *a*)
25. 10. *καὶ ἀπεκρίθη* [A *εἶπε*] *Νάβαλ τοῖς παισὶ Δαυὶδ καὶ εἶπε* [A *ἀπεκρίθη*] (7 *a*, 1)
26. 6. *καὶ ἀπεκρίθη Δαυίδ* (7 *a*)
— 14. A B *οὐκ ἀποκριθήσῃ Ἀβεννήρ* [R *add. καὶ ἀπεκρίθη Ἀβεννήρ*] (7 *a*, 7 *a*)
— 22. *καὶ ἀπεκρίθη Δαυίδ* (7 *a*)
28. 6. *οὐκ ἀπεκρίθη αὐτῷ κύριος* (7 *a*)
29. 9. *ἀπεκρίθη Ἀ.* (7 *a*)
30. 22. *καὶ ἀπεκρίθη πᾶς ἀνὴρ λοιμός* (7 *a*)
II Ki. 1. 16. *ὅτι τὸ στόμα σου ἀπεκρίθη κατὰ σοῦ* (7 *a*)
3. 11. *οὐκ ἠδυνάσθη ἔτι Μ. ἀποκριθῆναι τῷ Ἀβ. ῥῆμα* (9 *a*)
4. 9. *καὶ ἀπεκρίθη Δαυὶδ τῷ Ῥ.* (7 *a*)
13. 32. *καὶ ἀπεκρίθη Ἰωναδάβ* (7 *a*)
14. 18. *καὶ ἀπεκρίθη ὁ βασιλεύς* (7 *a*)
15. 21. *καὶ ἀπεκρίθη Ἐθὶ τῷ βασ.* (7 *a*)
19. 21 (22). *καὶ ἀπεκρίθη Ἀβεσσαέ* (7 *a*)
— 42 (43). *καὶ ἀπεκρίθη πᾶς ἀνὴρ Ἰούδα* (7 *a*)
— 43 (44). *καὶ ἀπεκρίθη ἀνὴρ Ἰσραήλ* (7 *a*)
20. 20. *καὶ ἀπεκρίθη Ἰωάβ* (7 *a*)
24. 13. *ἴδε τί ἀποκριθῶ τῷ ἀποστείλαντί με ῥῆμα* (9 *a*)
III Ki. 1. 28. *καὶ ἀπεκρίθη ὁ βασιλεὺς Δ.* (7 *a*)
— 36. *καὶ ἀπεκρίθη Βαναίας* (7 *a*)
— 43. *καὶ ἀπεκρίθη Ἰωνάθαν* (7 *a*)
2. 1. *καὶ ἀπεκρίνατο Σαλωμὼν υἱῷ αὐτοῦ* †
— 22. *καὶ ἀπεκρίθη ὁ βασιλεὺς Σαλ.* (7 *a*)
— 30. *τάδε ἀποκέκριταί μοι* (7 *a*)
3. 26. *καὶ ἀπεκρίθη ἡ γυνή* (1)
— 27. *καὶ ἀπεκρίθη ὁ βασιλεύς* (7 *a*)
12. 6. *πῶς . . . ἀποκριθῶ τῷ λαῷ τούτῳ λόγον* (9 *a*)
— 9. *τί ἀποκριθῶ τῷ λαῷ τούτῳ* (9 *a*)
— 13. *καὶ ἀπεκρίθη ὁ βασιλεύς* (7 *a*)
— 16. *ἀπεκρίθη ὁ λαὸς τῷ βασιλεῖ* [A *add. λόγον*] (9 *a*)
— 24. B *ἀποκριθήσομαι ὑμῖν ῥῆμα* –
— 24. B *τί ἀποκριθῶ τῷ λαῷ ῥῆμα* –
— 24. B *ἀπεκρίθη τῷ λαῷ* –
18. 21. *καὶ οὐκ ἀπεκρίθη ὁ λαὸς* [A *add. αὐτῷ*] *λόγον* (7 *a*)
III Ki. 18. 24. *καὶ ἀπεκρίθησαν πᾶς ὁ λαός* (7 *a*)
21 (20). 4. *καὶ ἀπεκρίθη βασιλεὺς Ἰσραήλ* (7 *a*)
— 11. *καὶ ἀπεκρίθη ὁ βασιλεὺς Ἰσραήλ* (7 *a*)
— 12. *ὅτε* [A *ὡς*] *ἀπεκρίθη αὐτῷ τὸν λόγον τοῦτον* †
IV Ki. 1. 10, 12. *καὶ ἀπεκρίθη Ἠλιού* (7 *a*)
3. 11. *καὶ ἀπεκρίθη εἷς τῶν παίδων* (7 *a*)
4. 29. *οὐκ ἀποκριθήσῃ αὐτῷ* (7 *a*)
7. 2. *καὶ ἀπεκρίθη ὁ τριστάτης* (7 *a*)
— 13. *καὶ ἀπεκρίθη εἷς τῶν παίδων αὐτοῦ* (7 *a*)
— 19. *καὶ ἀπεκρίθη ὁ τριστάτης τῷ Ἐλ.* (7 *a*)
18. 36. *καὶ οὐκ ἀπεκρίθησαν αὐτῷ λόγον* (7 *a*)
— 36. *οὐκ ἀποκριθήσεσθε αὐτῷ* (7 *a*)
I Ch. 10. 13. *καὶ ἀπεκρίνατο αὐτῷ Σαμ.* –
21. 12. *τί ἀποκριθῶ τῷ ἀποστείλαντι λόγον* (9 *a*)
II Ch. 10. 6. *τοῦ ἀποκριθῆναι τῷ λαῷ τούτῳ λόγον* (9 *a*)
— 9. *ἀποκριθήσομαι λόγον τῷ λαῷ τούτῳ* (9 *a*)
— 13. *καὶ ἀπεκρίθη ὁ βασιλεὺς σκληρά* (7 *a*)
— 16. *καὶ ἀπεκρίθη ὁ λαὸς πρὸς τὸν βασιλέα* (9 *a*)
29. 31. *καὶ ἀπεκρίθη Ἐζεκίας* (7 *a*)
34. 15. *καὶ ἀπεκρίθη Χελκίας* (7 *a*)
I Es. 6. 13. *οἱ δὲ ἀπεκρίθησαν ἡμῖν*
II Es. 3. 11. *ἀπεκρίθησαν ἐν αἴνῳ* (7 *a*)
5. 11. *τοιοῦτο τὸ ῥῆμα ἀπεκρίθησαν ἡμῖν* [A *αὐτοῖς*] (9 *b*)
10. 2. *καὶ ἀπεκρίθη Σεχενίας* (7 *a*)
— 12. *καὶ ἀπεκρίθησαν πᾶσα ἡ ἐκκλησία* (7 *a*)
Ne. 8. 6. *καὶ ἀπεκρίθη πᾶς ὁ λαός* (7 *a*)
To. 2. 3. S *καὶ ἀποκριθεὶς εἶπεν*
— 14. *ἡ δὲ ἀποκριθεῖσα εἶπέ μοι*
5. 1. *καὶ ἀποκριθεὶς Τωβίας εἶπεν αὐτῷ*
— 3. S *τότε ἀποκριθεὶς Τωβεὶθ εἶπεν*
— 9. S *καὶ ἀποκριθεὶς Τωβεὶθ εἶπεν αὐτῷ*
6. 13. S *ἀποκριθεὶς Τωβείας εἶπεν* [A B *al.*]
Ju. 6. 17. *καὶ ἀποκριθεὶς ἀπήγγειλεν αὐτοῖς τὰ ῥήματα*
Es. 7. 3. *καὶ ἀποκριθεῖσα εἶπεν* (7 *a*)
Jb. 1. 7. *ἀποκριθεὶς ὁ διάβολος τῷ κυρίῳ* (7 *a*)
— 9. *ἀπεκρίθη δὲ ὁ διάβολος* (7 *a*)
3. 2. A *καὶ ἀπεκρίθη Ἰώβ* (7 *a*)
16. 3. *τί παρενοχλήσει σοι ὅτι ἀποκρίνῃ* (7 *a*)
20. 3. *πνεῦμα ἐκ τῆς συνέσεως ἀποκρίνεταί* [B *-κριθήσεταί*] *μοι* (7 *a*)
32. 3. *οὐκ ἠδυνήθησαν ἀποκριθῆναι ἀντίθετα Ἰὼβ* [A S *τῷ Ἰ.*] (7 *d*)
— 15. *οὐκ ἀπεκρίθησαν ἔτι* (7 *a*)
— 16. *οὐκ ἀπεκρίθησαν* (7 *a*)
— 20. S[4] *ἀνοίξας τὰ χείλη ἀποκριθῶ* [A B S *om.*] (7 *a*)
33. 32. *ἀποκρίθητί μοι* (9 *a*)
38. 3. *σὺ δέ μοι ἀποκρίθητι* (3)
39. 31 (40. 1). *καὶ ἀπεκρίθη κύριος ὁ θεὸς τῷ Ἰώβ* (7 *a*)
— 32 (40. 2). *ἐλέγχων δὲ θεὸν ἀποκριθήσεται αὐτήν* (7 *a*)
40. 2 (7). *σὺ δέ μοι ἀπόκριναι* [A S *-κρίθητι*] (3)
Ps. 87 (88). *tit. ὑπὲρ μαελὲθ τοῦ ἀποκριθῆναι* (7 *c*)
101 (102). 23. *ἀπεκρίθη αὐτῷ ἐν ὁδῷ ἰσχύος αὐτοῦ* (7 *c*)
118 (119). 42. *ἀποκριθήσομαι τοῖς ὀνειδίζουσί μοι* [A S[1] *με*] *λόγον* (7 *a*)
Pr. 15. 28. *στόμα δὲ ἀσεβῶν ἀποκρίνεται κακά* (6)
16. 4 (15. 33). *ἀρχὴ δόξης ἀποκριθήσεται αὐτῇ* †
18. 13. *ὃς ἀποκρίνεται λόγον* (9 *a*)
22. 21. *τοῦ ἀποκρίνεσθαι σε λόγους* [A *-οις*] *ἀληθείας τοῖς προβαλλομένοις σοι* (9 *a*)
24. 41 (26). *χείλη δὲ φιλήσουσιν ἀποκρινόμενα λόγους ἀγαθούς* (9 *a*)
26. 4. *μὴ ἀποκρίνου ἄφρονι* (7 *a*)
— 5. *ἀλλὰ ἀποκρίνου ἄφρονι κατὰ* [A *πρὸς*] *τὴν ἀφροσύνην αὐτοῦ* (7 *a*)
Ca. 2. 10. *ἀποκρίνεται ἀδελφιδός μου* (7 *a*)
6. 1. S *ἡ δὲ νύμφη ἀποκρίνεται* –
Si. 4. 8. *ἀποκρίθητι αὐτῷ εἰρηνικά*
5. 12. *ἀποκρίθητι τῷ πλησίον*
11. 8. *πρὶν ἢ* [A S *om.*] *ἀκοῦσαι μὴ ἀποκρίνου*
36 (33). 4. *σύνδησον παιδείαν καὶ* [S *add. οὕτως*] *ἀποκρίθητι*
Am. 7. 14. *καὶ ἀπεκρίθη Ἀ.* (7 *a*)
Mi. 3. 11. *οἱ ἱερεῖς αὐτῆς μετὰ μισθοῦ ἀπεκρίνοντο* (4)
6. 3. *ἀποκρίθητί μοι* (7 *a*)
— 5. *τί ἀπεκρίθη αὐτῷ Β.* (7 *a*)
Jl. 2. 19. *καὶ ἀπεκρίθη κ.* (7 *a*)
Hb. 2. 1. *τί ἀποκριθῶ ἐπὶ τὸν ἔλεγχόν μου* (9 *a*)
— 2. *καὶ ἀπεκρίθη πρός με κύριος* (7 *a*)

Ze. 2. 3. ἀποκρίνεσθε αὐτά +
Hg. 2. 13 (12), 14 (13). καὶ ἀπεκρίθησαν οἱ ἱερεῖς (7 a)
— 15 (14). καὶ ἀπεκρίθη Ἀ. (7 a)
Za. 1. 6. καὶ ἀπεκρίθησαν καὶ εἶπαν +
— 10. καὶ ἀπεκρίθη ὁ ἀνήρ (7 a)
— 11. καὶ ἀπεκρίθησαν τῷ ἀγγέλῳ κυρίου (7 a)
— 12. καὶ ἀπεκρίθη ὁ ἄγγελος κυρίου (7 a)
— 13. καὶ ἀπεκρίθη κύριος παντοκράτωρ τῷ ἀγγέλῳ (7 a)
3. 5 (4). καὶ ἀπεκρίθη καὶ εἶπε (7 a)
4. 5. καὶ ἀπεκρίθη ὁ ἄγγελος (7 a)
— 6. καὶ ἀπεκρίθη καὶ εἶπε πρὸς μέ (7 a)
— 11. καὶ ἀπεκρίθην καὶ εἶπα πρὸς αὐτόν (7 a)
6. 4. καὶ ἀπεκρίθην καὶ εἶπα πρὸς τὸν ἄγγελον (7 a)
— 5. καὶ ἀπεκρίθη ὁ ἄγγελος (7 a)
Is. 3. 7. ἀποκριθεὶς ἐρεῖ ἐν τῇ ἡμέρᾳ ἐκείνῃ +
14. 10. πάντες ἀποκριθήσονται (7 a)
— 32. τί ἀποκριθήσονται βασιλεῖς ἐθνῶν (7 a)
21. 9. ἀποκριθεὶς εἶπε Πέπτωκε (7 a)
36. 21. οὐδεὶς ἀπεκρίθη αὐτῷ λόγον διὰ τὸ προστάξαι τὸν βασιλέα μηδένα ἀποκριθῆναι (7 a, 7 a)
41. 28. οὐ μὴ ἀποκριθῶσί μοι (9 a)
45. 9. B S^1 μὴ ἀποκριθήσεται τὸ πλάσμα πρὸς τὸν πλάσαντα αὐτό –
Je. 7. 13. ἐκάλεσα ὑμᾶς καὶ οὐκ ἀπεκρίθητε (7 a)
11. 5. ἀπεκρίθην καὶ εἶπα (7 a)
23. 35. τί ἀπεκρίθη κύριος (7 a)
32. 16 (25. 30). οἶδε ὥσπερ τρυγῶντες ἀποκριθήσονται (7 a)
40 (33). 3. καὶ ἀποκριθήσομαί σοι (7 a)
49 (42). 4. ὁ λόγος ὃν ἂν ἀποκριθήσεται κύριος (7 a)
51 (44). 15. ἀπεκρίθησαν τῷ Ἱερεμίᾳ πάντες [A ἄπ.] οἱ ἄνδρες (7 a)
— 20. τοῖς ἀποκριθεῖσιν αὐτῷ λόγους (7 a)
La. 3. 33. οὐκ ἀπεκρίθη ἀπὸ καρδίας αὐτοῦ (7 c)
Ez. 9. 11. ἀπεκρίνατο λέγων [A λόγον λ.] (9 a)
14. 3. εἰ ἀποκρινόμενος ἀποκριθῶ αὐτοῖς (2, 2)
— 4, 7. ἐγὼ κύριος ἀποκριθήσομαι αὐτῷ (7 b)
20. 3. ζῶ ἐγὼ εἰ ἀποκριθήσομαι ὑμῖν (2)
— 31. καὶ ἐγὼ ἀποκριθῶ ὑμῖν οἶκος τοῦ Ἰσραήλ (2)
— 31. εἰ ἀποκριθήσομαι ὑμῖν (2)
Da. LXX. 2. 5. ἀποκριθεὶς δὲ ὁ βασιλεὺς εἶπε τοῖς Χαλδ. (7 e)
— 7. ἀπεκρίθησαν δὲ ἐκ δευτέρου (7 e)
— 10. καὶ ἀπεκρίθησαν οἱ Χαλδαῖοι (7 e)
— 26. ἀποκριθεὶς δὲ ὁ βασιλεὺς εἶπε τῷ Δαν. (7 e)
3. 16. ἀποκριθέντες δὲ . . . εἶπαν τῷ Βασ. (7 e)
— 16. ἐπὶ τῇ ἐπιταγῇ ταύτῃ ἀποκριθῆναί σοι (9 b)
4. 16. ἀπεκρίθη μοι φωνῇ πραείᾳ (7 e)
— 27. καὶ ἀποκριθεὶς εἶπεν (7 e)
5. 13. καὶ ἀποκριθεὶς ὁ βασιλεὺς εἶπεν αὐτῷ (7 e)
— 17. καὶ οὕτως ἀπεκρίθη τῷ Βασ. (7 e)
6. 12 (13). ἀποκριθεὶς δὲ ὁ βασιλεὺς εἶπεν αὐτοῖς (7 e)
7. 16. ἀποκριθεὶς δὲ λέγει μοι –
9. 25. εὑρήσεις προστάγματα ἀποκριθῆναι (9 a)
Da. TH. 2. 5. ἀπεκρίθη ὁ βασιλεύς (7 e)
— 7. ἀπεκρίθησαν . . . καὶ εἶπαν (7 e)
— 8. ἀπεκρίθη ὁ βασιλεύς (7 e)
— 10. ἀπεκρίθησαν [A *add.* πάλιν] οἱ Χ. (7 e)
— 14. ἀπεκρίθη βουλὴν καὶ γνώμην τῷ Ἀριώχ (9 b)
— 26. ἀπεκρίθη ὁ Βασ. (7 e)
— 27. ἀπεκρίθη Δαν. (7 e)
— 47. ἀποκριθεὶς ὁ βασιλεὺς εἶπε τῷ Δαν. (7 e)
3. 14. καὶ ἀπεκρίθη Ναβ. (7 e)
— 16. ἀπεκρίθησαν . . . λέγοντες τῷ βασιλεῖ (7 e)
— 16. περὶ τοῦ ῥήματος τούτου ἀποκριθῆναι (9 b)
— 28 (95). ἀπεκρίθη Ναβ. (7 e)
4. 16. A ἀπεκρίθη ὁ βασιλεύς (7 e)
— 16. ἀπεκρίθη Βαλτάσαρ (7 e)
— 27. ἀπεκρίθη ὁ βασιλεύς [A *om.* ὁ β.] (7 e)
5. 10. ἀπεκρίθη ἡ βασίλισσα (7 e)
— 17. A τότε ἀπεκρίθη [B καὶ εἶπε] Δανιήλ (7 e)
6. 13 (14). τότε ἀπεκρίθησαν (7 e)
9. 25. ἀπὸ ἐξόδου λόγου τοῦ ἀποκριθῆναι (9 a)
I Ma. 2. 17. ἀπεκρίθησαν οἱ παρὰ τοῦ βασιλέως
— 19. καὶ ἀπεκρίθη Μ.
— 36. οὐκ ἀπεκρίθησαν αὐτοῖς
4. 46. τοῦ ἀποκριθῆναι περὶ αὐτῶν
8. 19. καὶ ἀπεκρίθησαν
10. 55. καὶ ἀπεκρίθη Πτολεμαῖος ὁ βασ.
13. 8. καὶ ἀπεκρίθησαν φωνῇ μεγάλῃ
— 35. ἀπεκρίθη αὐτῷ
15. 33. καὶ ἀποκριθεὶς Σίμων εἶπεν αὐτῷ

I Ma. 15. 35. R οὐκ ἀπεκρίθη αὐτῷ Ἀθηνόβιος [A S *om.*] λόγον
II Ma. 4. 47. A τούτοις θάνατον ἀπέκρινεν [R ἐπ.]
7. 8. ὁ δὲ ἀποκριθεὶς τῇ πατρίῳ φωνῇ
▶ 15. 14. ἀποκριθέντα δὲ τὸν Ὀνίαν εἰπεῖν

[**Aq.** Jo. 14. 7 : Jb. 3. 2 : 13. 22 : 15. 2 : 33. 13 : Je. 7. 27 : Da. 3. 24 (91).]
[**Sm.** Jb. 13. 22 : 15. 2 : 16. 3 : 31. 14 : Pr. 26. 16 : 27. 11 : Ez. 20. 3, 31.]
[**Th.** Jo. 14. 7 : Jd. 5. 29 : Jb. 3. 2 : 9. 15 : 13. 22 : 16. 3 : 20. 3 : 32. 15, 16, 20 : 39. 31 (40. 1), 32 (40. 2) : Pr. 15. 1 : 18. 23 : 24. 26 : 26. 16 : Je. 23. 37 : 35 (42). 17 : Da. 3. 9 † : 4. 16 † : 6. 16 †, 20 : 7. 1 † : 9. 25 : Ho. 2. 15 (17).]
[**Al.** Dt. 31. 21 : Jd. 5. 29 : I Ki. 28. 15.]

ἀπόκρισις. (1) דָּבָר (2) מִלָּה (3) *a.* ἀ. διδόναι עָנָה *b.* מַעֲנֶה (4) *a.* ἀ. διδόναι שׁוּב hi. *b.* ἀ. ποιεῖσθαι שׁוּב hi. *c.* תְּשׁוּבָה

De. 1. 22. ἀναγγειλάτωσαν ἡμῖν ἀπόκρισιν τὴν ὁδόν (1)
II Es. 7. 12. τετελέσθω [A -εσται] λόγος [A ὁ λ.] καὶ ἡ ἀ. +
Jb. 13. 22. A ἐγὼ δέ σοι δώσω ἀπόκρισιν [B S ἀνταπ.] (4 a)
15. 2. πότερον [A τίνα ἄρα] σοφὸς ἀπόκρισιν δώσει (3 a)
31. 14. τίνα ἀπόκρισιν ποιήσομαι (4 b)
32. 4. Ἐλιοὺς δὲ ὑπέμεινε δοῦναι ἀπόκρισιν Ἰώβ [A S τῷ Ἰ.] (1)
— 5. οὐκ ἔστιν ἀπόκρισις ἐν στόματι τῶν τριῶν ἀνδρῶν (3 b)
33. 5. δός μοι ἀπόκρισιν πρὸς ταῦτα (4 a)
34. 36. A μὴ δῷς ἔτι ἀπόκρισιν [B S ἀνταπ.] (4 c)
35. 3 (4). ἐγώ σοι δώσω ἀπόκρισιν (2)
39. 34 (40. 4). τίνα ἀπόκρισιν δῶ πρὸς ταῦτα (4 a)
Pr. 15. 1. ἀ. δὲ ὑποπίπτουσα ἀποστρέφει θυμόν (3 b)
Si. 5. 11. ἐν μακροθυμίᾳ φθέγγου ἀπόκρισιν
8. 9. ἐν καιρῷ χρείας δοῦναι ἀπόκρισιν
20. 6. ἔστι σιωπῶν οὐ γὰρ ἔχει ἀπόκρισιν
Je. 36 (29). 22. S^1 κατάραν ἐν πάσῃ τῇ ἀ. [A B ἀποικίᾳ] Ἰούδα +

[**Sm.** Pr. 15. 1.]
[**Sam.** Ex. 32. 18 *bis*.]

ἀποκρύβειν.

[**Aq.** Dt. 31. 18 : Is. 8. 17.]

ἀποκρυβή. (1) סֵתֶר

Jb. 24. 15. ἀποκρυβὴν προσώπου ἔθετο (1)

[**Aq.** Is. 16. 4.]
[**Th.** Jb. 24. 15.]

ἀποκρύνειν (?). (1) כָּבַס pi.

Je. 2. 22. A ἐὰν ἀποκρύνῃ [R -πλύνῃ, B^1 S^1 -πλύνῃς] ἐν νίτρῳ (1)

ἀποκρύπτειν. (1) חָבָה (2) כָּחַד ni. (3) סָתַר *a.* ni. *b.* hi. (4) עָלַם hi.

IV Ki. 4. 27. κύριος ἀπέκρυψεν ἀπ' ἐμοῦ (4)
Jb. 3. 23. A οὗ ἡ ὁδὸς ἀπεκρύβη (3 a)
13. 24. A διὰ τί με ἀποκρύπτῃ [B S ἀπ' ἐμοῦ κρύπτῃ] (3 b)
Ps. 18 (19). 6. οὐκ ἔστιν ὃς ἀποκρυβήσεται τὴν θέρμην αὐτοῦ (3 a)
37 (38). 9. A B S ὁ στεναγμός μου οὐκ ἐκρύβη [R ἀπεκ.] ἀπὸ σοῦ (3 a)
68 (69). 5. αἱ πλημμέλειαί μου ἀπὸ σοῦ οὐκ ἐκρύβησαν [S^2 ἀπεκ.] (2)
118 (119). 19. μὴ ἀποκρύψῃς [S^1 ἀποστρέψῃς] ἀπ' ἐμοῦ τὰς ἐντολάς σου (3 b)
Pr. 27. 12. πανοῦργος κακῶν ἐπερχομένων ἀπεκρύβη (3 a)
29. 8. σοφοὶ δὲ ἀπέστρεψαν [S ἀπέκρυψαν] ὀργήν +
Wi. 1. 10. θροῦς γογγυσμῶν οὐκ ἀποκρύπτεται
6. 22. οὐκ ἀποκρύψω ὑμῖν μυστήρια
7. 13. τὸν πλοῦτον αὐτῆς οὐκ ἀποκρύπτομαι
Si. 20. 31. κρείσσων ἄνθρωπος ἀποκρύπτων τὴν μωρίαν αὐτοῦ ἢ ἄνθρωπος ἀποκρύπτων [S -καλύπτων] τὴν σοφίαν αὐτοῦ

Si. 41. 15. κρείσσων ἄνθρωπος ἀποκρύπτων τὴν μωρίαν αὐτοῦ ἢ ἄνθρωπος ἀποκρύπτων τὴν σοφίαν αὐτοῦ
● Ze. 3. 5. οὐκ ἀπεκρύβη κ. οὐκ ἔγνω ἀδικίαν +
Is. 26. 20. ἀποκρύβηθι μικρὸν ὅσον ὅσον (1)
40. 27. ἀπεκρύβη ἡ ὁδός μου ἀπὸ τοῦ θεοῦ (3 a)
Je. 39 (32). 17. οὐ μὴ ἀποκρυβῇ ἀπὸ σοῦ οὐθέν +
II Ma. 1. 20. τοὺς ἐκγόνους τῶν ἱερέων τῶν ἀποκρυψάντων
— 33. R οὗ τὸ πῦρ ἀπέκρυψαν [A ἔκρυψαν] οἱ . . . ἱερεῖς
10. 37. τὸν Τιμ. ἀποκεκρυμμένον ἔν τινι λάκκῳ

[**Aq.** Ex. 3. 6 : Dt. 31. 18 : Jb. 20. 26 : Ps. 26 (27). 5, 9 : 29 (30). 8 : 30 (31). 21 : 88 (89). 47 : Ca. 7. 13 (14) : Is. 45. 15 : 53. 3.]
[**Sm.** Ps. 26 (27). 9 : 88 (89). 47 : Ca. 7. 13 (14).]
[**Th.** Jb. 3. 23 : 20. 26 : Is. 59. 2.]
[**Quint. Sext.** Ps. 29 (30). 8.]
[**Al.** I Ki. 12. 3.]

ἀποκρυφή. (1) סֵתֶר

II Ki. 22. 12. A R ἔθετο σκότος ἀποκρυφὴν (B -κρυφῆς] αὐτοῦ –
Jb. 22. 14. νεφέλη [S νέφη] ἀ. αὐτοῦ (1)
Ps. 17 (18). 11. ἔθετο σκότος ἀποκρυφὴν αὐτοῦ (1)

[**Aq.** Jb. 31. 27 : Ps. 30 (31). 21 : 31 (32). 7 : Is. 32. 2.]
[**Sm.** Is. 32. 2.]

ἀποκρύφιος.

Si. 39. 3. B^1 ἀποκρύφια [A S R -κρυφα] παροιμιῶν ἐκζητήσει

ἀπόκρυφος. (1) מַטְמוֹן (2) מִכְמַנִּים (3) *a.* סֵתֶר *b.* מִסְתּוֹר *c.* מִסְתָּר *d.* סְתַר pa.

De. 27. 15. θήσει αὐτὸ ἐν ἀποκρύφῳ (3 a)
Jb. 39. 28. ἐπ' ἐξοχῇ πέτρας καὶ ἀποκρύφῳ +
Ps. 9. 29 (10. 8). ἐγκάθηται ἐνέδρᾳ μετὰ πλουσίων ἐν ἀποκρύφοις (3 c)
— 30 (10. 9). ἐνεδρεύει ἐν ἀποκρύφῳ [A *om.* ἐν ἀ.] (3 c)
16 (17). 12. ὡσεὶ σκύμνος οἰκῶν ἐν ἀποκρύφοις (3 c)
26 (27). 5. ἐσκέπασέ με ἐν ἀποκρύφῳ τῆς σκηνῆς αὐτοῦ (3 a)
30 (31). 20. κατακρύψεις αὐτοὺς ἐν ἀποκρύφῳ [S^1 -οις] (3 a)
63 (64). 4. τοῦ κατατοξεῦσαι ἐν ἀποκρύφοις ἄμωμον (3 c)
80 (81). 7. ἐπήκουσά σου ἐν ἀποκρύφῳ καταιγίδος (3 a)
Si. 14. 21. ἐν τοῖς ἀ. αὐτῆς νοηθήσεται [A S ἐννο.]
16. 21. τὰ δὲ πλείονα τῶν ἔργων αὐτοῦ [A -ῶν] ἐν ἀποκρύφοις
23. 19. κατανοοῦντες εἰς [A *om.*] ἀ. μέρη
39. 3. ἀπόκρυφα [B^1 -κρύφια] παροιμιῶν ἐκζητήσει
— 7. ἐν τοῖς ἀ. αὐτοῦ διανοηθήσεται
42. 9. θυγάτηρ πατρὶ ἀπόκρυφος ἀγρυπνία
— 19. ἀποκαλύπτων ἴχνη ἀποκρύφων
43. 32. πολλὰ ἀ. ἐστι μείζονα τούτων
48. 25. καὶ τὰ ἀ. πρὶν ἢ παραγενέσθαι αὐτά
Is. 4. 6. ἐν σκέπῃ καὶ ἐν ἀποκρύφῳ (3 b)
45. 3. δώσω σοι θησαυροὺς σκοτεινοὺς ἀποκρύφους (1)
Da. TH. 2. 22. αὐτὸς ἀποκαλύπτει βαθέα καὶ ἀπόκρυφα (3 d)
11. 43. ἐν τοῖς ἀ. τοῦ χρυσοῦ [A -σίου] (2)
I Ma. 1. 23. ἔλαβε τοὺς θησαυροὺς τοὺς ἀ. οὓς εὗρε

[**Aq.** Ge. 24. 43 : Dt. 27. 24 : Ps. 26 (27). 5 : 60 (61). 5 : 80 (81). 8 : 90 (91). 1 : 138 (139). 15 : Ca. 2. 14 : Ez. 7. 22.]
[**Sm.** Ex. 7. 11, 22 : 8. 7 (3) : Ps. 9. 29 (10. 8) : 82 (83). 4 : Pr. 2. 4 : Mi. 4. 8.]
[**Th.** Jb. 39. 28 : Pr. 2. 4.]
[**Al.** II Ch. 27. 3 : Jb. 26. 9.]
[**Quint.** Ps. 90 (91). 1.]

ἀποκρύφως.

[**Aq.** Hb. 3. 14.]

ἀποκτείνειν, ἀποκτέννειν. (1) אֲבַד aph. (2) הָרַג *a.* qal. *b.* ni. (3) חָרַם hi. (4) מוּת *a.* qal. *b.* pil. *c.* hi. *d.* ho. (5) נָכָה hi. (6) עָרַף (7) פָּגַע (8) צָמַת hi. (9) *a.* קְטַל *b.* קַטֵּל pa. *c.* ithp. (10) שָׁלַח יָד

Ge. 4. 8. καὶ ἀπέκτεινεν αὐτόν (2 *a*)
— 14. πᾶς ὁ εὑρίσκων με ἀποκτενεῖ με (2 *a*)
— 15. πᾶς ὁ ἀποκτείνας Κάϊν (2 *a*)
— 23. ἄνδρα ἀπέκτεινα εἰς τραῦμα (2 *a*)
— 25. Ἄβελ ὃν ἀπέκτεινε Κάϊν (2 *a*)
12. 12. καὶ ἀποκτενοῦσί με (2 *a*)
18. 25. τοῦ ἀποκτεῖναι δίκαιον μετὰ ἀσεβοῦς (4 *c*)
20. 2. μή ποτε ἀποκτείνωσιν αὐτὸν οἱ ἄνδρες –
— 11. ἐμέ τε ἀποκτενοῦσιν (2 *a*)
26. 7. μή ποτε ἀποκτείνωσιν αὐτόν (2 *a*)
27. 41. ἵνα ἀποκτείνω Ἰ. τὸν ἀδελφόν μου (2 *a*)
— 42. ἀπειλεῖ σοι τοῦ ἀποκτεῖναί σε (2 *a*)
34. 25. ἀπέκτειναν πᾶν ἀρσενικόν (2 *a*)
— 26. τόν τε Ἐμμὼρ . . . ἀπέκτειναν (2 *a*)
37. 18. **R** ἐπονηρεύοντο [**A** ἐπορεύοντο] τοῦ ἀποκτεῖναι αὐτόν (4 *c*)
— 20. νῦν οὖν δεῦτε ἀποκτείνωμεν αὐτόν (2 *a*)
— 26. ἐὰν ἀποκτείνωμεν τὸν ἀ. ἡμῶν (2 *a*)
38. 7. καὶ ἀπέκτεινεν αὐτὸν ὁ θεός (4 *c*)
42. 37. τοὺς δύο υἱούς μου ἀπόκτεινον (4 *c*)
49. 6. ἐν τῷ θυμῷ αὐτῶν ἀπέκτειναν ἀνθρώπους (2 *a*)
Ex. 1. 16. ἐὰν μὲν ἄρσεν ᾖ ἀποκτείνατε αὐτό (4 *c*)
4. 23. ἐγὼ ἀποκτενῶ τὸν υἱόν σου τὸν πρωτ. (2 *a*)
— 24. καὶ ἐζήτει αὐτὸν ἀποκτεῖναι (4 *c*)
5. 21. δοῦναι ῥομφαίαν . . . ἀποκτεῖναι ἡμᾶς (2 *a*)
13. 15. ἀπέκτεινε πᾶν πρωτότοκον ἐν γῇ Αἰγ. (2 *a*)
16. 3. ἀποκτεῖναι πᾶσαν τὴν συναγωγὴν τ. (4 *c*)
17. 3. ἀποκτεῖναι ἡμᾶς καὶ τὰ τέκνα ἡμῶν (4 *c*)
21. 14. ἀποκτεῖναι αὐτὸν δόλῳ (2 *a*)
22. 19 (18). θανάτῳ ἀποκτενεῖτε αὐτούς [**A** *om.*] (4 *d*)
— 24 (23). καὶ ἀποκτενῶ ὑμᾶς μαχαίρᾳ (2 *a*)
23. 7. ἀθῷον καὶ δίκαιον οὐκ ἀποκτενεῖς (2 *a*)
32. 12. ἐξήγαγεν αὐτοὺς ἀποκτεῖναι ἐν τοῖς ὄρεσι (2 *a*)
— 27. ἀποκτείνατε ἕκαστος τὸν ἀδελφὸν αὐτοῦ (2 *a*)
Le. 20. 4. τοῦ [**A** *om.*] μὴ ἀποκτεῖναι αὐτόν (4 *c*)
— 15. τὸ τετράπουν ἀποκτενεῖτε (2 *a*)
— 16. ἀποκτενεῖτε τὴν γυναῖκα (2 *a*)
Nu. 11. 15. ἀπόκτεινόν με ἀναιρέσει (2 *a*)
16. 13. ἀποκτεῖναι ἡμᾶς ἐν τῇ ἐρήμῳ (4 *c*)
— 41 (17. 6). ὑμεῖς ἀπεκτάγκατε τὸν λαὸν κυρίου (4 *c*)
20. 4. ἀποκτεῖναι ἡμᾶς καὶ τὰ κτήνη ἡμῶν (4 *a*)
21. 5. ἀποκτεῖναι [**A** *add.* ἡμᾶς] ἐν τῇ ἐρήμῳ (4 *a*)
22. 33. νῦν οὖν [**A** *om.*] σὲ μὲν ἀπέκτεινα (2 *a*)
25. 5. ἀποκτείνατε ἕκαστος τὸν οἰκεῖον αὐτοῦ (2 *a*)
31. 7. ἀπέκτειναν πᾶν ἀρσενικόν (2 *a*)
— 8. τοὺς βασιλεῖς Μαδιὰν ἀπέκτειναν (2 *a*)
— 8. τὸν Βαλαὰμ . . . ἀπέκτειναν ἐν ῥομφαίᾳ (2 *a*)
— 17. καὶ νῦν ἀποκτείνατε πᾶν ἀρσενικόν (2 *a*)
— 17. πᾶσαν γυναῖκα . . . ἀποκτείνατε [**A** -κτενεῖτε] (2 *a*)
35. 19. οὗτος ἀποκτενεῖ τὸν φονεύσαντα (4 *c*)
— 19. ὅταν συναντήσῃ αὐτῷ οὗτος ἀποκτενεῖ αὐτόν (4 *c*)
— 21. ὁ ἀγχιστεύων τὸ αἷμα ἀποκτενεῖ [**A** πατάξει] τὸν φ. (4 *c*)
De. 9. 28. ἐξήγαγεν αὐτοὺς ἐν τῇ ἐρήμῳ ἀποκτεῖναι αὐτούς (4 *c*)
13. 9 (10). αἱ χεῖρές σου ἔσονται ἐπ' αὐτὸν . . . ἀποκτεῖναι αὐτόν [**A** *al.*] (4 *c*)
22. 22. ἀποκτενεῖτε [**A** *add.* ἅμα] ἀμφοτέρους (4 *a*)
— 25. ἀποκτενεῖτε τὸν [**A** *add.* ἄνθρωπον τὸν] κοιμώμ. (4 *a*)
32. 39. ἐγὼ ἀποκτενῶ καὶ ζῆν ποιήσω (4 *c*)
Jo. 7. 5. ἀπέκτειναν ἀπ' αὐτῶν ἄνδρες Γαί (5)
8. 24. ὡς ἐπαύσαντο οἱ υἱοὶ Ἰσραὴλ ἀποκτέννοντες πάντας (2 *a*)
10. 11. οὓς ἀπέκτειναν οἱ υἱοὶ Ἰσραὴλ μαχαίρᾳ (2 *a*)
— 26. ἀπέκτεινεν αὐτοὺς Ἰησοῦς (5)
— 41. **A** ἀπέκτεινεν αὐτοὺς Ἰ. (5)
11. 11. ἀπέκτειναν [**A** -εν] πᾶν ἐμπνέον ἐν αὐτῇ (5)
— 17. ἀνεῖλε [**A** *add.* αὐτοὺς] καὶ ἀπέκτεινε (4 *c*)
13. 22. τὸν Βαλαὰμ . . . ἀπέκτειναν ἐν τῇ ῥοπῇ (2 *a*)
Jd. 7. 25. ἀπέκτειναν τὸν Ὠρὴβ ἐν Σούρ . . . καὶ τὸν Ζὴβ ἀπέκτειναν ἐν Ἰακεφζήφ (2 *a*, 2 *a*)
8. 17. ἀπέκτεινε τοὺς ἄνδρας τῆς πόλεως (2 *a*)
Jd. 8. 18. οὓς ἀπεκτείνατε ἐν Θαβώρ (2 *a*)
— 19. οὐκ ἂν ἀπέκτεινα ὑμᾶς (2 *a*)
— 20. ἀναστὰς ἀπόκτεινον αὐτούς (2 *a*)
— 21. καὶ ἀπέκτεινε [**A** ἀνεῖλεν] τὸν Ζ. (2 *a*)
9. 5. ἀπέκτεινε τοὺς ἀδελφοὺς αὐτοῦ (2 *a*)
— 18. ἀπεκτείνατε τοὺς υἱοὺς αὐτοῦ (2 *a*)
— 24. τὸν ἀδελφὸν αὐτῶν ὃς ἀπέκτεινεν [**A** τὸν ἀποκτείναντα] αὐτούς (2 *a*)
— 24. ἀποκτεῖναι τοὺς ἀδ. (2 *a*)
— 45. τὸν λαὸν τὸν ἐν αὐτῇ ἀπέκτεινε [**A** ἀνεῖλεν] (2 *a*)
— 54. γυνὴ ἀπέκτεινεν αὐτόν (2 *a*)
— 56. ἀποκτεῖναι τοὺς ἑβδομήκοντα ἀδελφοὺς αὐτοῦ (2 *a*)
15. 12. **A** ὀμόσατέ μοι μὴ ἀποκτεῖναί με ὑμεῖς [**B** *al.*] (7 ?)
16. 2. **A** καὶ ἀποκτείνωμεν [**B** φονεύσωμεν] αὐτόν (2 *a*)
20. 5. **A** ἐμὲ ἠθέλησαν ἀποκτεῖναι [**B** φονεῦσαι] (2 *a*)
I Ki. 15. 3. καὶ ἀποκτενεῖς ἀπὸ ἀνδρὸς καὶ ἕως γυναικός (4 *c*)
— 8. τὸν λαὸν . . . ἀπέκτεινεν ἐν στόματι ῥομφαίας (3)
16. 2. καὶ ἀποκτενεῖ με (2 *a*)
17. 46. καὶ ἀποκτενῶ σε (5)
24. 11. καὶ οὐκ ἠβουλήθην ἀποκτεῖναί σε (2 *a*)
— 12. καὶ οὐκ ἀπέκταγκά σε (2 *a*)
— 19. καὶ οὐκ ἀπέκτεινάς με (2 *a*)
II Ki. 4. 10. καὶ ἀπέκτεινα αὐτὸν ἐν Σεκ. (2 *a*)
— 11. ἄνδρες πονηροὶ ἀπεκτάγκασιν ἄνδρα δίκ. (2 *a*)
— 12. ἀποκτέννουσιν αὐτούς (2 *a*)
12. 9. αὐτὸν ἀπέκτεινας ἐν ῥομφαίᾳ υἱῶν Ἀμμών (2 *a*)
14. 7. τοῦ ἀδελφοῦ αὐτοῦ οὗ ἀπέκτεινε (2 *a*)
23. 21. ἀπέκτεινεν αὐτὸν ἐν τῷ δόρατι αὐτοῦ (2 *a*)
III Ki. 2. 5. ἀπέκτεινεν αὐτούς (2 *a*)
— 32. καὶ ἀπέκτεινεν αὐτοὺς ἐν ῥομφαίᾳ (2 *a*)
4. 34 (**B**), 9. 16 (**A**). **A** σὺν τὸν Χαν. τὸν καθήμ. ἐν τῇ πόλει ἀπέκτεινεν [**B** *om.*] (2 *a*)
11. 14 (**B**), 24 (**A**). **A** ἐν τῷ ἀ. Δ. αὐτούς (2 *a*)
12. 27. καὶ ἀποκτενοῦσί με (2 *a*)
18. 12. καὶ ἀποκτενεῖ με (2 *a*)
— 13. ἐν τῷ ἀ. Ἰεζάβελ τοὺς προφήτας (2 *a*)
— 14. καὶ ἀποκτενεῖ με (2 *a*)
19. 1. ὡς ἀπέκτεινε τοὺς προφήτας (2 *a*)
— 10, 14. τοὺς προφήτας σου ἀπέκτειναν (2 *a*)
IV Ki. 8. 12. τοὺς ἐκλεκτοὺς αὐτῶν ἐν ῥομφαίᾳ ἀποκτενεῖς (2 *a*)
10. 9. καὶ ἀπέκτεινα αὐτόν (2 *a*)
11. 18. τὸν ἱερέα τοῦ Βάαλ ἀπέκτειναν (2 *a*)
17. 25. καὶ ἦσαν ἀποκτέννοντες ἐν αὐτοῖς (2 *a*)
I Ch. 2. 3. καὶ ἀπέκτεινεν αὐτόν (4 *c*)
7. 21. καὶ ἀπέκτειναν αὐτοὺς ἄνδρες Γέθ (2 *a*)
10. 14. καὶ ἀπέκτεινεν αὐτόν (4 *c*)
11. 23. καὶ ἀπέκτεινεν αὐτόν (2 *a*)
19. 18. ἀπέκτεινε Δαυὶδ ἀπὸ τοῦ Σύρου ἑπτὰ χιλιάδας (2 *a*)
— 18. τὸν Σ. ἀρχιστράτηγον δυνάμεως ἀπέκτεινε (4 *c*)
II Ch. 21. 4. ἀπέκτεινε πάντας τοὺς ἀδελφοὺς αὐτοῦ (2 *a*)
— 13. τοὺς ἀδελφούς σου . . . τοὺς ἀγαθοὺς ὑπὲρ σὲ ἀπέκτεινας (2 *a*)
22. 1. τοὺς πρεσβυτέρους ἀπέκτεινε τὸ ληστήριον (2 *a*)
— 8. καὶ ἀπέκτεινεν αὐτούς (2 *a*)
— 9. καὶ ἀπέκτεινεν αὐτόν (4 *c*)
— 11. καὶ οὐκ ἀπέκτεινεν αὐτόν (4 *c*)
25. 4. καὶ τοὺς υἱοὺς αὐτῶν οὐκ ἀπέκτεινε (4 *c*)
28. 6. **AR** ἀπέκτεινε [**B** ἀπέστειλεν] Φακεὲ ὁ τοῦ Ῥομελία (2 *a*)
— 7. ἀπέκτεινε Ζεχρὶ ὁ δυνατὸς τοῦ Ἐφρ. τὸν Μαασ. (2 *a*)
— 9. καὶ ἀπεκτείνατε ἐν αὐτοῖς ἐν ὀργῇ (2 *a*)
36. 17. καὶ ἀπέκτεινε τοὺς νεανίσκους αὐτῶν (2 *a*)
I Es. 1. 53. ἀπέκτειναν τοὺς νεανίσκους αὐτῶν
4. 7. ἐὰν εἴπῃ ἀποκτεῖναι ἀποκτέννουσιν
Ne. 9. 26. καὶ τοὺς προφήτας σου ἀπέκτειναν (2 *a*)
To. 1. 18. εἴ τινα ἀπέκτεινεν Σ. ὁ βασιλεύς
— 18. πολλοὺς γὰρ ἀπέκτεινεν ἐν τῷ θυμῷ αὐτοῦ
— 21. ἕως οὗ ἀπέκτειναν αὐτὸν οἱ δύο υἱοὶ αὐτοῦ
3. 8. Ἀσμοδαῖος τὸ πονηρὸν δαιμόνιον ἀπέκτεινεν [**S** -εννεν] αὐτούς
— 8. **S** σὺ εἶ ἡ ἀποκτέννουσα [**AB** *al.*]
— 15. εἰ μὴ δοκεῖ σοι ἀποκτεῖναί με
6. 13. **S** δαιμόνιον ἀποκτέννει αὐτούς
To. 6. 14. **S** ἀποκτέννει αὐτόν
14. 10. **S** ἐζήτησεν ἀποκτεῖναι Ἀχ.
— 11. **S** τί ποιεῖ ἀδικία ὅτι ἀποκτέννει
Es. 2. 21. ἐζήτουν ἀποκτεῖναι Ἀρταξέρξην τὸν βασιλέα (10)
9. 6. ἀπέκτειναν οἱ Ἰουδαῖοι ἄνδρας πεντακοσίους (2 *a*)
— 10. **A S**^{3} τοὺς δέκα υἱοὺς . . . ἀπέκτειναν [**B** *om.*] (2 *a*)
— 15. καὶ ἀπέκτειναν ἄνδρας τριακοσίους (2 *a*)
Jb. 1. 15. τοὺς παῖδας ἀπέκτειναν ἐν μαχαίραις [**A** *al.*] (5)
— 17. τοὺς παῖδας ἀπέκτειναν [**S**^{1} ἀπώλεσαν] (5)
Ps. 9. 29 (10. 8). ἐγκάθηται ἐνέδρᾳ . . . ἀποκτεῖναι ἀθῷον (2 *a*)
58 (59). 11. μὴ ἀποκτείνῃς αὐτούς (2 *a*)
77 (78). 31. **B S** ἀπέκτεινεν ἐν τοῖς πλείοσιν [**R** πίοσιν] αὐτῶν (2 *a*)
— 34. ὅταν ἀπέκτεννεν αὐτούς (2 *a*)
— 47. ἀπέκτεινεν ἐν χαλάζῃ τὴν ἄμπελον αὐτῶν (2 *a*)
93 (94). 6. χήραν καὶ ὀρφανὸν ἀπέκτειναν (2 *a*)
100 (101). 8. ἀπέκτενον [**B S**^{2} ἀπέκτεννον] πάντας τοὺς ἁμαρτωλοὺς τῆς γῆς (8)
104 (105). 29. ἀπέκτεινε τοὺς ἰχθύας αὐτῶν (4 *c*)
134 (135). 10. ἀπέκτεινε βασιλεῖς κραταιούς (2 *a*)
135 (136). 18. τῷ κυρίῳ . . . ἀποκτείναντι βασιλεῖς κραταιούς (2 *a*)
138 (139). 19. ἐὰν ἀποκτείνῃς ἁμαρτωλοὺς ὁ θεός (9 *a*)
Pr. 21. 25. ἐπιθυμίαι ὀκνηρὸν ἀποκτείνουσιν [**A** -εν., **S**^{2} -ένν.] (4 *c*)
Ec. 3. 3. καιρὸς τοῦ ἀποκτεῖναι (2 *a*)
Wi. 16. 9. οὓς . . . ἀκρίδων καὶ μυιῶν ἀπέκτεινε δήγματα
— 14. ἄνθρωπος δὲ ἀποκτέννει μὲν τῇ κακίᾳ αὐτοῦ
18. 5. τὰ τῶν ὁσίων ἀποκτεῖναι νήπια
Si. 30. 23. πολλοὺς γὰρ ἀπέκτεινεν [**A S** ἀπώλεσεν] ἡ [**A** *om.*] λύπη
47. 4. οὐχὶ ἀπέκτεινε γίγαντα
Ho. 2. 3 (5). καὶ ἀποκτενῶ αὐτὴν ἐν δίψει (4 *c*)
6. 6 (5). ἀπέκτεινα αὐτοὺς ἐν ῥήματι στόματός μου (2 *a*)
9. 16. ἀποκτενῶ τὰ ἐπιθυμήμ. κοιλίας (4 *c*)
Am. 2. 3. καὶ πάντας αὐτῆς ἀποκτενῶ μετ' αὐτοῦ (2 *a*)
4. 10. καὶ ἀπέκτεινα ἐν ῥομφαίᾳ τοὺς νεανίσκ. ὑμῶν (2 *a*)
9. 1. τοὺς καταλοίπους αὐτῶν ἐν ῥομφαίᾳ ἀποκτενῶ (2 *a*)
— 4. καὶ ἀποκτενεῖ αὐτούς (2 *a*)
Hb. 1. 17. καὶ διὰ παντὸς ἀποκτέννειν ἔθνη οὐ φείσεται (2 *a*)
Is. 14. 20. τὸν λαόν μου ἀπέκτεινας (2 *a*)
66. 3. ὡς ὁ ἀποκτέννων κύνα (6)
Je. 20. 17. οὐκ ἀπέκτεινέ με ἐν μήτρᾳ [**A** *add.* μητρός] (4 *b*)
33 (26). 21. ἐζήτουν ἀποκτεῖναι αὐτόν (4 *c*)
45 (38). 9. τοῦ ἀποκτεῖναι τὸν ἄνθρωπον τοῦτον (4 *a*)
— 16. εἰ ἀποκτενῶ σε (4 *c*)
La. 2. 4. ἀπέκτεινε πάντα τὰ ἐπιθυμήμ. τῶν ὀφθ. μου (2 *a*)
— 20. ἀποκτενεῖς ἐν ἁγιάσματι κυρίου ἱερέα (2 *b*)
— 21. ἐν ῥομφαίᾳ καὶ ἐν λιμῷ ἀπέκτεινας (2 *a*)
3. 43. ἀπέκτεινας οὐκ ἐφείσω (2 *a*)
Ez. 7. 16. πάντας ἀποκτενῶ †
9. 6. νήπια καὶ γυναῖκας ἀποκτείνατε (2 *a*)
13. 19. τοῦ [**A** *om.*] ἀποκτεῖναι ψυχάς (4 *c*)
23. 10. αὐτὴν ἐν ῥομφαίᾳ ἀπέκτειναν (2 *a*)
— 47. υἱοὺς αὐτῶν καὶ θυγατέρας αὐτῶν ἀποκτενοῦσι (2 *a*)
33. 27. τοὺς ἐν τοῖς σπηλαίοις θανάτῳ ἀποκτενῶ (4 *a*)
Da. LXX. Su. 48. ἀπεκτείνατε θυγατέρα Ἰσραήλ
— 53. ἀθῷον καὶ δίκαιον οὐκ ἀποκτενεῖς
2. 13. καὶ ἐδογματίσθη πάντας ἀποκτεῖναι (9 *c*)
— 24. ἀποκτεῖναι πάντας τοὺς σοφιστάς (1)
3. 23. ἡ φλὸξ ἐκ τῆς καμίνου . . . ἀπέκτεινεν (9 *b*)
4. 34. καὶ ἀποκτεῖναι καὶ ζῆν ποιῆσαι –
6. 24 (25). οἱ λέοντες ἀπέκτειναν αὐτούς †
11. 44. ἀφανίσαι καὶ ἀποκτεῖναι πολλούς (3)
Bel. 27 τὸν δράκοντα ἀπέκτεινεν
Da. TH. Su. 53. ἀθῷον καὶ δίκαιον οὐκ ἀποκτενεῖς
— 62. καὶ ἀπέκτειναν αὐτούς
2. 13. οἱ σοφοὶ ἀπεκτέννοντο (9 *b*)
3. 22. **A** τοὺς ἄνδρας . . . ἀπέκτεινεν ἡ φλόξ (9 *b*)

Bel. 22. ἀπέκτεινεν αὐτοὺς ὁ βασ.
— 26. ἀποκτενῶ τὸν δράκοντα
— 28. τὸν δράκοντα ἀπέκτεινε
I Ma. 2. 9. ἀπεκτάνθη τὰ νήπια αὐτῆς
— 25. τὸν ἄνδρα . . . ἀπέκτεινεν
3. 11. καὶ ἐπάταξεν αὐτὸν καὶ ἀπέκτεινεν
5. 28. ἀπέκτεινε πᾶν ἀρσενικόν
— 35. ἀπέκτεινε πᾶν ἀρσενικὸν αὐτῆς
— 51. διῆλθε διὰ τῆς πόλ. ἐπάνω τῶν ἀπεκταμμένων
7. 4. ἀπέκτειναν αὐτοὺς αἱ δυνάμεις
— 16. ἀπέκτεινεν αὐτοὺς ἐν ἡμέρᾳ μιᾷ
9. 32. καὶ ἐζήτει αὐτὸν ἀποκτεῖναι
— 40. καὶ ἀπέκτειναν αὐτούς
— 61. καὶ ἀπέκτεινεν αὐτούς
— 69. καὶ ἀπέκτειναν ἐξ αὐτῶν πολλούς
11. 10. ἐζήτησε γὰρ ἀποκτεῖναί με
— 47. ἀπέκτειναν . . . ἐν τῇ ἡμέρᾳ ἐκείνῃ εἰς μυριάδας δέκα
12. 40. A συλλαβεῖν αὐτὸν τοῦ ἀποκτεῖναι [S R ἀπολέσαι]
— 48. τοὺς συνελθόντας μετ' αὐτοῦ ἀπέκτειναν
13. 23. ἀπέκτεινε τὸν Ἰωάθαν
— 31. καὶ ἀπέκτεινεν αὐτόν
16. 16. ἀπέκτειναν αὐτὸν καὶ τοὺς δύο υἱοὺς αὐτοῦ
— 21. ἀπέσταλκε καὶ σὲ ἀποκτεῖναι
— 22. καὶ ἀπέκτεινεν αὐτούς
II Ma. 4. 36. ὑπὲρ τοῦ . . . τὸν Ὀνίαν ἀπεκτάνθαι [A ἀπεκτόνησεν]
10. 22. τούτους μὲν οὖν προδότας γενομένους ἀπέκτεινε
III Ma. 7. 14. A τὸν ἐμπεσόντα . . . ἀπέκτεννον [R ἐκολάζοντο]
IV Ma. 3. 7. πολλοὺς αὐτῶν ἀπέκτεινε
12. 15. τοὺς τῆς ἀρετῆς ἀγωνιστὰς ἀναιτίως ἀποκτείνας
13. 14. μὴ φοβηθῶμεν τὸν δοκοῦντα ἀ.
18. 18. ἐγὼ ἀποκτενῶ καὶ ζῆν ποιήσω
— 21. βασάνοις ποικίλαις ἀπέκτεινεν
[**Aq.** Ex. 2. 14 *bis*: II Ki. 3. 30: Is. 27. 1: 30. 25.]
[**Sm.** Ex. 2. 14 *bis*: 13. 13: II Ki. 3. 30: Jb. 1. 16: Ps. 9. 29 (10. 8): 77 (78). 31, 47: Is. 27. 1.]
[**Th.** Is. 27. 1: Da. 3. 22†.]

ἀποκυεῖν.

IV Ma. 15. 17. ὦ μόνη γυνὴ τὴν εὐσέβειαν ὁλόκληρον ἀποκυήσασα

ἀποκυλίειν. (1) גָּלַל *a.* qal. *b.* hi.

Ge. 29. 3. ἀπεκύλιον τὸν λίθον (1 *a*)
— 8. R ἀποκυλίσουσι [A -σωσι] τὸν λίθον (1 *a*)
— 10. ἀπεκύλισε τὸν λίθον (1 *b*)
Ju. 13. 9. ἀπεκύλισε τὸ σῶμα αὐτοῦ ἀπὸ τῆς στρωμνῆς

ἀποκωλύειν. (1) כָּלָא (2) כָּלַם *a.* hi. *b.* hoph. (3) מָנַע (4) עָצַב

I Ki. 6. 10. τὰ τέκνα αὐτῶν ἀπεκώλυσαν εἰς οἶκον (1)
25. 7. καὶ οὐκ ἀπεκωλύσαμεν αὐτούς (2 *a*)
— 15. καὶ οἱ ἄνδρες . . . οὐκ ἀπεκώλυσαν ἡμᾶς (2 *b*)
— 33. ἡ ἀποκωλύσασά με σήμερον ἐν ταύτῃ (1)
— 34. ὃς ἀπεκώλυσέ με σήμερον τοῦ κακοποιῆσαί σε (3)
III Ki. 1. 6. οὐκ ἀπεκώλυσεν αὐτὸν ὁ πατὴρ αὐτοῦ (4)
21 (20). 7. τὸ χρυσίον μου οὐκ ἀπεκώλυσα ἀπ' αὐτοῦ (3)
I Es. 2. 28. ἀποκωλῦσαι τοὺς ἀνθρ. ἐκ. τοῦ οἰκοδομῆσαι
5. 73. ἀπεκώλυσαν τοῦ ἀποτελεσθῆναι [A ἐπιτ.] τὴν οἰκ.
Ec. 2. 10. οὐκ ἀπεκώλυσα τὴν καρδίαν μου (3)
Si. 7. 33. ἐπὶ νεκρῷ μὴ ἀποκωλύσῃς χάριν

ἀποκωφοῦν. (1) אָלַם ni. (2) חָרַשׁ

Mi. 7. 16. τὰ ὦτα αὐτῶν ἀποκωφωθήσονται (2)
Ez. 3. 26. τὴν γλῶσσάν σου συνδήσω καὶ ἀποκωφωθήσῃ (1)
24. 27. οὐ μὴ ἀποκωφωθῇς οὐκέτι (1)

ἀπολακτίζειν. (1) בָּעַט

De. 32. 15. ἀπελάκτισεν ὁ ἠγαπημένος (1)
[**Al.** I Ki. 2. 29.]

ἀπολαμβάνειν. (1) לָקַח

Nu. 34. 14. ἀπέλαβον τοὺς κλήρους αὐτῶν (1)
De. 26. 5. A Συρίαν ἀπέλαβεν [B -έβαλεν] ὁ πατήρ μου †
Is. 5. 17. τὰς ἐρήμους τῶν ἀπειλημμένων †
II Ma. 4. 46. ὅθεν ἀπολαβὼν ὁ Πτολεμαῖος . . . μετέθηκε
6. 21. ἀπολαβόντες αὐτὸν κατ' ἰδίαν παρεκάλουν
8. 6. τοὺς ἐπικαίρους τόπους ἀπολαμβάνων
IV Ma. 18. 23. ψυχὰς ἁγνὰς καὶ ἀθανάτους ἀπειληφότες παρὰ τοῦ θ.

ἀπολανθάνειν. (1) שָׁכַח

Is. 51. 13. B ἀπελάθου [R ἐπελ.] θεὸν τὸν ποιήσαντά σε (1)
Ez. 22. 12. B ἐμοῦ δὲ [A ὅτι ἐ.] ἀπελάθου [A R ἐπελ.] (1)

ἀπολαύειν. (1) רָוָה

Pr. 7. 18. ἀπολαύσωμεν φιλίας ἕως ὄρθρου (1)
Wi. 2. 6. ἀπολαύσωμεν τῶν ὄντων ἀγαθῶν
IV Ma. 5. 8. τὸ μὴ ἀ. τῶν χωρὶς ὀνείδους ἡδέων
8. 6. τῆς ἐμῆς ἀπολαῦσαι φιλίας
16. 18. τοῦ βίου ἀπελαύσατε
[**Sm.** Ec. 5. 18: 9. 9.]

ἀπόλαυσις.

III Ma. 7. 16. παντελῆ σωτηρίας ἀπόλαυσιν εἰληφότες
[**Aq.** Ps. 118 (119). 143.]

ἀπολέγειν. (1) שָׁאַל

Ju. 10. 17. $B^{1}S^{1}$ ἀπέλεξαν [A $B^{2}S^{2}$ R ἐπ.] ἐξ αὐ. ἄνδρας ἑκατόν
Jn. 4. 8. καὶ ἀπελέγετο τὴν ψυχὴν αὐτοῦ (1)
[**Sm.** Ps. 118 (119). 118 (?).]

ἀπολείπειν. (1) גָּרַע (2) חָדַל (3) יָתַר *a.* ni. *b.* hi. (4) עָזַב (5) שָׁאַר ni.

Ex. 5. 19. οὐκ ἀπολείψετε τῆς πλινθείας τὸ καθῆκον (1)
12. 10. οὐκ ἀπολείψεται [A -ψεσθε] ἀπ' αὐτοῦ (3 *b*)
Le. 22. 30. οὐκ ἀπολείψετε ἀπὸ τῶν κρεῶν εἰς τὸ πρωΐ (3 *b*)
Jd. 9. 5. A ἀπελείφθη [B κατελ.] Ἰωάθαμ (3 *a*)
— 9. μὴ ἀπολείψασα [A ἀφεῖσα] τὴν πιότητά μου (2)
— 11. μὴ ἀπολείψασα [A ἀφεῖσα] ἐγὼ τὴν γλυκύτητά μου (2)
— 13. μὴ ἀπολείψασα [A ἀφεῖσα] τὸν οἶνόν μου (2)
IV Ki. 10. 21. B μηδεὶς ἀπολιπέσθω . . . ὃς ἂν ἀπολειφθῇ οὐ ζήσεται (–, 5)
II Ch. 16. 5. ἀπέλιπε τοῦ μηκέτι οἰκοδομεῖν τὴν Ῥαμά (2)
Jb. 11. 20. σωτηρία δὲ αὐτοὺς ἀπολείψει †
Pr. 2. 17. κακὴ βουλὴ ἡ ἀπολείπουσα διδασκαλίαν νεότητος (4)
9. 6. ἀπολείπετε ἀφροσύνην (4)
— 12. ἀπέλιπε γὰρ ὁδοὺς τοῦ ἑαυτοῦ ἀμπελῶνος †
19. 9. ὃς δ' ἂν ἐκκαύσῃ κακίαν ἀπολεῖται [S^{1} ἀπολείπεται] ὑπ' αὐτῆς †
— 27. υἱὸς ἀπολειπόμενος φυλάξαι παιδείαν πατρός (2)
Wi. 8. 13. μνήμην αἰώνιον τοῖς μετ' ἐμὲ ἀπολείψω
10. 8. τῆς ἀφροσύνης ἀπέλιπον τῷ βίῳ μνημόσυνον [S^{1} μνήμην]
14. 6. ἀπέλιπεν [S^{1} ὑπέλ.] αἰῶνι [B^{1} S τῷ αἰ.] σπέρμα
Si. 3. 13. κἂν ἀπολείπῃ σύνεσιν συγγνώμην ἔχε
17. 25. καὶ ἀπόλειπε ἁμαρτίας
28. 8. S^{2} ἀπόλιπε ἀπὸ μέθης [A B S^{1} ἀπόσχου ἀπὸ μάχης]
Is. 55. 7. ἀπολιπέτω ὁ ἀσεβὴς τὰς ὁδοὺς αὐτοῦ (4)
I Ma. 7. 46. S^{1} οὐκ ἀπελείφθη [A S^{2} R οὐ κατελ.] ἐξ αὐ.
9. 65. ἀπέλιπεν Ἰωνάθαν Σίμωνα . . . ἐν τῇ πόλει
10. 79. ἀπέλιπεν Ἀπολλώνιος χιλίαν ἵππον
II Ma. 4. 29. ἀπέλιπε τῆς ἀρχιερωσύνης διάδοχον Λυσίμ.
10. 19. εἰς ἐπείγοντας τόπους ἀπολιπὼν Σίμωνα
13. 23. τὸν ἀπολελειμμένον ἐπὶ τῶν πραγμάτων
III Ma. 1. 12. οὐδαμῶς ἀπέλιπε προφερόμενος ἑαυτόν
III Ma. 1. 17. οἱ κατὰ τὴν πόλιν ἀπολιπόμενοι ταραχθέντες
3. 18. R ἀπολειπόμενοι [A λειπ.] τῆς ἡμετέρας ἀλκῆς
[**Sm.** Jb. 39. 3: Je. 49. 9 (29. 10): Ez. 10. 16.]
[**Al.** Dt. 4. 2.]

ἀπολεπίζειν.

To. 11. 8. S ἀπολεπίσει [B -βαλεῖται, A -βαλεῖ] τὰ λευκώματα
— 13. S ἀπελέπισεν ἑκατέραις ταῖς χερσὶν αὐτοῦ [A B *al.*]

ἀπολήγειν. (1) שְׁלֵם pha.

Da. LXX. 5. 27. ἀπολήγει ἡ βασιλεία σου (1 ?)

ἀπόληγμα.

[**Aq.** Ex. 28. 33.]

ἀπολήνιον. (1) יֶקֶב

Za. 14. 11. R ἕως τῶν ἀ. [A B S ὑπ.] τοῦ βασιλέως (1)

ἀπολιθοῦν. (1) דָּמַם כָּאָבֶן

Ex. 15. 16. μεγέθει βραχίονός σου ἀπολιθωθήτωσαν (1)

ἀπολιμπάνειν.

[**Sm.** Jb. 20. 21.]

ἀπόλλειν.

IV Ma. 6. 14. σεαυτὸν ἀλογίστως ἀπόλλεις

ἀπολλύειν, ἀπολλύναι. (1) אָבַד *a.* qal. *b.* pi. *c.* hi. *d.* אֲבַד pe. *e.* aph. *f.* ho. (2) אֵיד (3) אָסַף (4) בָּלַע pi. (5) גָּוַע (6) דָּבַר pi. (7) הוּם (8) *a.* הָרַג *b.* הֶרֶג (9) *a.* חָרַם hi. *b.* חֵרֶם (10) יָרַשׁ *a.* qal. *b.* hi. (11) כָּחַד ni. (12) כָּלָה *a.* qal. *b.* pi. (13) כָּרַת *a.* ni. *b.* hi. (14) כָּשַׁל ni. (15) כָּתַת ho. (16) לָקַח (17) מוּת *a.* qal. *b.* ho. (18) נָבֵל pi. (19) נָדַח *a.* ni. *b.* hi. (20) נָכָה hi. (21) סָפָה *a.* qal. *b.* ni. (22) עֶבְרָה (23) עָדַר ni. (24) עָכַר ni. (25) עָלָה בַּתֹּהוּ (26) עָשָׂה (27) עָשָׂה נְבָלָה עִם (28) פָּרַץ (29) קָדַר (30) שָׁבַר (31) שָׁבַת *a.* ni. *b.* hi. (32) שָׁדַד *a.* qal. *b.* pu. (33) שָׁחַת *a.* pi. *b.* hi. *c.* שַׁחַת (34) שְׁכֵלִים (35) שָׁמַד *a.* ni. *b.* hi. (36) שָׁמֵם hi. (37) שָׁרַשׁ pi. (38) תָּמַם

Ge. 18. 24. ἀπολεῖς αὐτούς (21 *a*)
— 28. ἀπολεῖς . . . πᾶσαν τὴν πόλιν (33 *b*)
— 28. οὐ μὴ ἀπολέσω (33 *b*)
— 29, 30. οὐ μὴ ἀπολέσω (26)
— 31, 32. οὐ μὴ ἀπολέσω (33 *b*)
19. 13. ἡμεῖς ἀπόλλυμεν τὸν τόπον τ. (33 *b*)
20. 4. ἔθνος ἀγνοοῦν καὶ δίκαιον ἀπολεῖς (8 *a*)
35. 4. ἀπώλεσεν αὐτὰ ἕως τῆς σήμερον ἡμ. –
Ex. 10. 7. ἢ εἰδέναι βούλει ὅτι ἀπόλωλεν Αἴγ. (1 *a*)
19. 24. μή ποτε ἀπολέσῃ ἀπ' αὐτῶν κύριος (28)
30. 38. ἀπολεῖται ἐκ τοῦ λαοῦ αὐτοῦ (13 *a*)
Le. 7. 10 (20), 11 (21), 15 (25), 17 (27). ἀπολεῖται ἡ ψυχὴ ἐκείνη (13 *a*)
17. 10. καὶ ἀπολῶ αὐτὴν ἐκ τοῦ λαοῦ αὐτῆς [A αὐτοῦ] (13 *b*)
20. 3. ἀπολῶ αὐτὸν ἐκ τοῦ λαοῦ αὐτοῦ (13 *b*)
— 5. ἀπολῶ αὐτὸν καὶ πάντας τοὺς ὁμονοοῦντας αὐτῷ (13 *b*)
— 6. ἀπολῶ αὐτὴν ἐκ τοῦ λαοῦ αὐτῆς [A αὐτοῦ] (13 *b*)
23. 30. ἀπολεῖται ἡ ψυχὴ ἐκείνη (1 *c*)
26. 6. ἀπολῶ θηρία πονηρὰ ἐκ τῆς γῆς ὑμῶν (31 *b*)
— 38. ἀπολεῖσθε ἐν τοῖς ἔθνεσι (1 *a*)
— 41. ἀπολῶ αὐτοὺς ἐν τῇ γῇ τῶν ἐχθρῶν αὐτῶν †
Nu. 14. 12. καὶ ἀπολῶ αὐτούς (10 *b*)
16. 33. ἀπώλοντο ἐκ μέσου τῆς συναγωγῆς (1 *a*)
17. 12 (27). ἐξανηλώμεθα ἀπολώλαμεν παρανηλώμεθα (1 *a*)
20. 3. A ὄφελον ἀπωλόμεθα [B ἀπεθάνομεν] (5)
21. 29. ἀπώλου λαὸς Χαμώς (1 *a*)
— 30. τὸ σπέρμα αὐτῶν ἀπολεῖται (1 *a*)
24. 19. ἀπολεῖ σωζόμενον ἐκ πόλεως (1 *c*)
— 20. τὸ σπέρμα αὐτῶν ἀπολεῖται (1 *a*)

Nu. 24. 24. αὐτοὶ ὁμοθυμαδὸν ἀπολοῦνται (1 a)
32. 39. καὶ ἀπώλεσε τὸν Ἀμορραῖον (10 b)
33. 52. ἀπολεῖτε πάντας τοὺς κατοικοῦντας ἐν τῇ γῇ (10 b)
— 52. πάντα τὰ εἴδωλα τὰ χωνευτὰ αὐ. ἀπολεῖτε αὐτά (1 b)
— 53. ἀπολεῖτε πάντας [A om.] τοὺς κατοικοῦντας τὴν γῆν (10 b)
— 55. ἐὰν δὲ μὴ ἀπολέσητε τοὺς κατοικοῦντας ἐπὶ τῆς γῆς (10 b)
De. 2. 12. ἀπώλεσαν αὐτοὺς καὶ ἐξέτριψαν αὐτούς [A ἐξ. . . . ἀπ.] (10 a [35 b])
— 21. ἀπώλεσεν αὐτοὺς κύριος (35 b)
4. 26. ἀπωλείᾳ ἀπολεῖσθε ἀπὸ τῆς γῆς (1 a)
7. 23. ἀπολεῖς [A ἀπολέσει] αὐτοὺς ἀπωλείᾳ μεγάλῃ (7)
— 24. A B ἀπολεῖται [R -τε] τὸ ὄνομα αὐτῶν (1 c)
8. 19. ἀπωλείᾳ ἀπολεῖσθε (1 a)
— 20. ὅσα κύριος ἀπολλύει πρὸ προσώπου ὑμῶν οὕτως ἀπολεῖσθε (1 c, 1 a)
9. 3. A R ἀπολεῖ [B -λεῖς] αὐτοὺς ἐν τάχει [B om.] (1 c)
11. 4. ἀπώλεσεν αὐτοὺς κύριος (1 b)
— 17. ἀπολεῖσθε ἐν τάχει ἀπὸ τῆς γῆς τῆς ἀγαθῆς (1 a)
12. 2. ἀπωλείᾳ ἀπολεῖτε πάντας τοὺς τόπους [A π. τὰ ἔθνη] (1 b)
— 3. ἀπολεῖται [A -τε] τὸ ὄνομα αὐτῶν (1 b)
22. 3. ὅσα ἐὰν ἀπόληται παρ' αὐτοῦ (1 a)
28. 20. ἕως ἂν [A om.] ἀπολέσῃ σε ἐν τάχει (1 a)
— 22. ἕως ἂν ἀπολέσωσί σε (1 a)
— 24. ἕως ἂν ἀπολέσῃ σε ἐν τάχει [A om.] (35 a ?)
— 45. ἕως ἂν ἀπολέσῃ [A -σαι] σε (35 a ?)
— 52. ἕως ἂν ἀπολέσῃ σε (1 c)
30. 18. ἀπωλείᾳ ἀπολεῖσθε (1 a)
32. 28. ἔθνος ἀπολωλεκὸς βουλήν ἐστι (1 a)
33. 27. ἐκβαλεῖ . . . ἐχθρὸν λέγων, ἀπόλοιο (35 b)
Jo. 7. 7. παραδοῦναι αὐτὸν τῷ Ἀμορραίῳ ἀπολέσαι ἡμᾶς (1 c)
11. 14. ἕως ἀπώλεσεν αὐτούς (35 b)
15. 63. οὐκ ἠδυνήθησαν οἱ υἱοὶ Ἰούδα ἀπολέσαι αὐτούς (10 b)
16. 10. οὐκ ἀπώλεσεν Ἐφραὶμ τὸν Χαναναῖον (10 b)
23. 5. ἕως ἂν ἀπόλωνται (10 b ?)
— 13. ἕως ἂν ἀπόλησθε ἀπὸ τῆς γῆς τῆς ἀγαθῆς (1 a)
24. 10. οὐκ ἠθέλησε κύριος ὁ θεός σου ἀπολέσαι σε †
Jd. 5. 31. οὕτως ἀπόλοιντο πάντες οἱ ἐχθροί σου (1 a)
I Ki. 9. 3. καὶ ἀπώλοντο αἱ ὄνοι Κίς (1 a)
— 20. τῶν ὄνων σου τῶν ἀπολωλυιῶν σήμερον τριταίων (1 a)
II Ki. 1. 27. πῶς . . . ἀπώλοντο σκεύη πολεμ. (1 a)
IV Ki. 10. 19. ἵνα ἀπολέσῃ τοὺς δούλους τοῦ Βάαλ (1 c)
11. 1. καὶ ἀπώλεσε πᾶν τὸ σπέρμα τῆς βασ. (1 b)
13. 7. ἀπώλεσεν αὐτοὺς βασιλεὺς Συρίας (1 b)
19. 18. καὶ ἀπώλεσαν αὐτούς (1 b)
II Ch. 22. 10. καὶ ἀπώλεσε πᾶν τὸ σπέρμα τῆς βασιλ. (6)
I Es. 4. 27. πολλοὶ ἀπώλοντο καὶ ἐσφάλησαν
— 37. ἐν τῇ ἀδικίᾳ αὐτῶν ἀπολοῦνται
8. 88. οὐχὶ ὠργίσθης ἡμῖν ἀπολέσαι ἡμᾶς
To. 3. 15. ἤδη ἀπώλοντό μοι ἑπτά
6. 13. καὶ πάντας ἐν τῷ νυμφῶνι ἀπολωλότας [S al.]
7. 7. Τωβὶτ ἀπώλεσε τοὺς ὀφθαλμοὺς ἑαυτοῦ [S al.]
10. 4. ἀπώλετο τὸ παιδίον διότι κεχρόνικε
— 7. ἀπώλετο τὸ παιδίον μου
14. 2. ἦν ἐτῶν πεντήκοντα ὀκτὼ ὅτε ἀπώλεσε τὰς ὄψεις [S al.]
— 10. Ἀμὰν δὲ ἐνέπεσεν εἰς τὴν παγίδα καὶ ἀπώλετο [S al.]
Ju. 6. 4. ἀλλὰ ἀπωλείᾳ ἀπολοῦνται
— 8. οὐκ ἀπολῇ ἕως οὗ ἐξολοθρευθῇς μετ' αὐτῶν
16. 12. ἀπώλοντο ἐκ παρατάξεως κυρίου μου
Es. 1. 1. καὶ ἡτοιμάσθησαν ἀπολέσθαι
3. 7. ὥστε ἀπολέσαι ἐν μιᾷ ἡμέρᾳ τὸ γένος Μαρδ. –
— 9. δογματισάτω ἀπολέσαι [A -έσθαι] αὐτούς [A om.] (1 b)
— 13. πάντας . . . ἀπολέσαι ὁλοριζί
4. 7. ἵνα ἀπολέσῃ τοὺς Ἰουδαίους (1 b)
— 8. τὸ ἐν Σούσοις ἐκτεθὲν ὑπὲρ τοῦ ἀπολέσθαι αὐτούς (35 b)
— 14. σὺ δὲ καὶ ὁ οἶκος τοῦ πατρός σου ἀπολεῖσθε (1 a)
— 16. A B S ἐὰν καὶ ἀπολέσθαι με ᾖ [R δέῃ] (1 a)

Es. 4. 17. ἀπολέσαι [A -έσθαι] τὴν ἐξ ἀρχῆς κληρονομίαν σου
8. 5. τὰ γραφέντα ἀπολέσθαι [A -έσαι] τοὺς Ἰουδαίους (1 b)
9. 2. ἀπώλοντο οἱ ἀντικείμ. τοῖς Ἰουδαίοις †
— 6. S^3 ἀπώλεσαν [A B S om.] ἄνδρας πεντακοσίους (1 b)
— 11. ὁ ἀριθμὸς . . . τῶν ἀπολωλότων ἐν Σούσοις (8 a)
— 12. ἀπώλεσαν οἱ Ἰουδαῖοι . . . ἄνδρας πεντακοσίους (8 a et 1 b)
— 16. ἀπώλεσαν γὰρ αὐτῶν μυρίους πεντακισχιλίους (8 a)
— 24. A S^3 καθὼς ἔθετο ψήφισμα . . . ἀπολέσαι [B S ἀφανίσαι] (1 b)
10. 3. τὰ ἐπισυναχθέντα [A συναχ.] ἀπολέσαι τὸ ὄνομα τῶν Ἰ.
Jb. 1. 17. S^1 τοὺς παῖδας ἀπώλεσαν [A B S^2 ἀπέκτειναν] ἐν [B om.] μαχαίραις (20)
2. 3. σὺ δὲ εἶπας τὰ ὑπάρχοντα αὐτοῦ διὰ κενῆς ἀπολέσαι (4)
3. 3. ἀπόλοιτο ἡ ἡμέρα ἐν ᾗ ἐγεννήθην [A ἐγενήθην ἐν αὐτῇ] (1 a)
— 11. διὰ τί . . . οὐκ εὐθὺς ἀπωλόμην (5)
4. 7. τίς [A οὐδεὶς] καθαρὸς ὢν ἀπώλετο (1 a)
— 7. πότε ἀληθινοὶ ὁλόρριζοι ἀπώλοντο (11)
— 9. ἀπὸ προστάγματος κυρίου ἀπολοῦνται (1 a)
— 20. παρὰ τὸ μὴ δύνασθαι αὐτοὺς ἑαυτοῖς βοηθῆσαι ἀπώλοντο (1 a)
— 21. ἀπώλοντο παρὰ τὸ μὴ ἔχειν αὐτοὺς σοφίαν (17 a)
5. 11. ἀπολωλότας ἐξεγείροντα (29)
— 15. ἀπόλοιντο δὲ ἐν πολέμῳ †
6. 18. ἀπωλόμην δὲ καὶ ἔξοικος ἐγενόμην (25 ?)
7. 6. ἀπόλωλε δὲ ἐν κενῇ ἐλπίδι (12 a)
8. 13. ἐλπὶς γὰρ ἀσεβοῦς ἀπολεῖται [A ὀλ.] (1 a)
9. 22. μέγαν καὶ δυνάστην ἀπολλύει ὀργή (12 b)
— 23. A φαῦλοι ἐν θανάτῳ ἐξαισίῳ ἀπολοῦνται [B S om.] †
11. 20. A ἡ γὰρ ἐλπὶς αὐτῶν ἀπολεῖται [B S ἀπώλεια] (1 a)
12. 15. ἀπώλεσεν αὐτὴν καταστρέψας †
— 23. πλανῶν ἔθνη καὶ ἀπολλύων αὐτά (1 b)
14. 19. ὑπομονὴν ἀνθρώπου ἀπώλεσας (1 c)
18. 17. τὸ μνημόσυνον αὐτοῦ ἀπόλοιτο ἐκ γῆς (1 a)
20. 7. τότε εἰς τέλος ἀπολεῖται (1 a)
29. 13. εὐλογία ἀπολλυμένου ἐπ' ἐμὲ ἔλθοι (1 a)
30. 2. ἐπ' αὐτοὺς ἀπώλετο συντέλεια (1 a)
31. 12. οὗ δ' ἂν ἐπέλθῃ ἐκ ῥιζῶν ἀπώλεσεν (37)
— 19. εἰ δὲ καὶ ὑπερεῖδον γυμνὸν ἀπολλύμενον (1 a)
42. 8. εἰ μὴ γὰρ δι' αὐτὸν ἀπώλεσα ἂν ὑμᾶς (27 ?)
Ps. 1. 6. ὁδὸς ἀσεβῶν ἀπολεῖται (1 a)
2. 12. ἀπολεῖσθε ἐξ ὁδοῦ δικαίας (1 a)
5. 6. ἀπολεῖς πάντας τοὺς λαλοῦντας τὸ ψεῦδος (1 b)
9. 3. ἀπολοῦνται ἀπὸ προσώπου σου (1 a)
— 5. καὶ ἀπώλετο ὁ ἀσεβής (1 b)
— 6. ἀπώλετο τὸ μνημόσυνον αὐτῶν (1 a)
— 18. ἡ ὑπομονὴ τῶν πενήτων οὐκ ἀπολεῖται (1 a)
— 37 (10. 16). B^2S R ἀπολεῖσθε [A B^1 ἀπολεῖσθαι] ἔθνη ἐκ τῆς γῆς αὐτοῦ (1 a)
20 (21). 10. τὸν καρπὸν αὐτῶν ἀπὸ γῆς ἀπολεῖς (1 b)
30 (31). 12. ἐγενήθην ὡσεὶ σκεῦος ἀπολωλός (1 a)
36 (37). 20. οἱ ἁμαρτωλοὶ ἀπολοῦνται (1 a)
40 (41). 5. πότε . . . ἀπολεῖται τὸ ὄνομα αὐτοῦ (1 a)
48 (49). 10. ἐπὶ τὸ αὐτὸ ἄφρων καὶ ἄνους ἀπολοῦνται (1 a)
67 (68). 2. οὕτως ἀπόλοιντο οἱ ἁμαρτωλοί (1 a)
72 (73). 19. ἀπώλοντο διὰ τὴν ἀνομίαν αὐτῶν (38)
— 27. οἱ μακρύνοντες ἑαυτοὺς ἀπὸ σοῦ ἀπολοῦνται (1 a)
79 (80). 16. ἀπὸ ἐπιτιμήσεως τοῦ προσώπου σου ἀπολοῦνται (1 a)
82 (83). 17. ἐντραπήτωσαν καὶ ἀπολέσθωσαν (1 a)
91 (92). 9. οἱ ἐχθροί σου ἀπολοῦνται (1 a)
101 (102). 26. αὐτοὶ ἀπολοῦνται σὺ δὲ διαμένεις (1 a)
111 (112). 10. ἐπιθυμία ἁμαρτωλοῦ ἀπολεῖται (1 a)
118 (119). 92. τότε ἂν ἀπωλόμην ἐν τῇ ταπεινώσει μου (1 a)
— 95. ἐμὲ ὑπέμειναν ἁμαρτωλοὶ τοῦ ἀπολέσαι με (1 b)
— 176. ἐπλανήθην ὡς πρόβατον ἀπολωλός (1 a)
141 (142). 4. ἀπώλετο φυγὴ ἀπ' ἐμοῦ (1 a)
142 (143). 12. ἀπολεῖς πάντας τοὺς θλίβοντας τὴν ψυχήν μου (1 c)
145 (146). 4. ἀπολοῦνται πάντες οἱ διαλογισμοὶ αὐτῶν (1 a)

Pr. 5. 23. ἀπώλετο δι' ἀφροσύνην –
10. 28. ἐλπὶς δὲ ἀσεβῶν ἀπολεῖται [A S ὄλλυται] (1 a)
11. 23. ἐλπὶς δὲ ἀσεβῶν ἀπολεῖται (22 ?)
12. 4. οὕτως ἄνδρα ἀπόλλυσι γυνὴ κακοποιός –
13. 23. ἄδικοι δὲ ἀπολοῦνται συντόμως (21 b)
15. 1. ὀργὴ ἀπόλλυσι καὶ φρονίμους –
— 5. οἱ δὲ ἀσεβεῖς ὁλόρριζοι ἐκ γῆς ἀπολοῦνται [A S^2 ὀλοῦνται] –
— 6. καρποὶ δὲ ἀσεβῶν ἀπολοῦνται (24)
17. 5. ὁ δὲ ἐπιχαίρων ἀπολλυμένῳ οὐκ ἀθῳωθήσεται (2)
19. 9. ὃς δ' ἂν ἐκκαύσῃ κακίαν ἀπολεῖται [S ἀπολείπεται] ὑπ' αὐτῆς (1 a)
— 16. ὁ δὲ καταφρονῶν τῶν ἑαυτοῦ ὁδῶν ἀπολεῖται (17 a, 17 b*)
21. 28. μάρτυς ψευδὴς ἀπολεῖται (1 a)
23. 28. οὗτος γὰρ συντόμως ἀπολεῖται †
29. 3. ὃς δὲ ποιμαίνει πόρνας ἀπολεῖ πλοῦτον (1 b)
Ec. 3. 6. καιρὸς τοῦ ἀπολέσαι (1 b)
5. 13. ἀπολεῖται ὁ πλοῦτος ἐκεῖνος (1 a)
7. 8 (7). καὶ ἀπόλλυσι [A S ἀπολλύει] τὴν καρδίαν (1 b)
— 16 (15). δίκαιος ἀπολλύμενος [A -ύμενος] ἐν δικαίῳ (1 a)
9. 6. ζῆλος αὐτῶν ἤδη ἀπώλετο (1 a)
— 18. ἁμαρτάνων εἷς ἀπολέσει ἀγαθωσύνην πολλήν (1 b)
Wi. 4. 19. ἡ μνήμη αὐτῶν ἀπολεῖται
12. 7. ἀπολέσαι διὰ χειρῶν πατέρων ἡμῶν
— 12. τίς δὲ ἐγκαλέσει σοι κατὰ ἐθνῶν ἀπολωλότων
— 14. R περὶ ὧν ἀπώλεσας [A B S ἐκόλασας]
14. 6. καὶ ἀρχῆς γὰρ ἀπολλυμένων ὑπερηφάνων γιγάντων
18. 5. ἀπώλεσας ἐν ὕδατι σφοδρῷ
— 19. ἵνα μὴ ἀγνοοῦντες . . . ἀπόλωνται
Si. 2. 14. οὐαὶ ὑμῖν τοῖς ἀπολωλεκόσι τὴν ὑπομονήν
3. 26. A S ὁ ἀγαπῶν κίνδυνον ἐν αὐτῷ ἀπολεῖται [B ἐμπεσεῖτ.]
6. 3. τοὺς καρπούς σου ἀπολέσεις
— 4. ψυχὴ πονηρὰ ἀπολεῖ τὸν κτησάμενον αὐτήν
8. 2. πολλοὺς γὰρ ἀπώλεσε τὸ χρυσίον
— 12. ἐὰν δανείσῃς ὡς ἀπολωλεκὼς γίνου
9. 6. ἵνα μὴ ἀπολέσῃς τὴν κληρονομίαν [S^1 ἀτιμάζωνται οἱ πρόγονοί] σου
10. 3. βασιλεὺς ἀπαίδευτος ἀπολεῖ τὸν λαὸν αὐτοῦ
— 16. ἀπώλεσεν αὐτὰς ἕως [S^2 ἐκ] θεμελίων γῆς
— 17. καὶ ἀπώλεσεν αὐτούς
17. 28. ἀπὸ νεκροῦ . . . ἀπόλλυται ἐξομολόγησις
20. 22. ἔστιν ἀπολλύων τὴν ψυχὴν αὐτοῦ
— 22. ἀπὸ ἄφρονος προσώπου ἀπολεῖ [A ἀπολλύει] αὐτήν
22. 27. ἵνα μὴ . . . ἡ γλῶσσά μου ἀπολέσῃ με
27. 16. ὁ ἀποκαλύπτων μυστήρια ἀπώλεσε πίστιν
— 18. καθὼς γὰρ ἀπώλεσεν ἄνθρωπος τὸν ἐχθρὸν αὐτοῦ οὕτως ἀπώλεσας τὴν φιλίαν τοῦ πλησίον
28. 13. πολλοὺς γὰρ εἰρηνεύοντας ἀπώλεσαν [A S -σεν]
29. 10. ἀπόλεσον ἀργύριον δι' ἀδελφὸν καὶ φίλον
— 14. ὁ ἀπολωλεκὼς αἰσχύνην καταλείψει [A S ἐγκατ.] αὐτόν
— 18. ἐγγύη πολλοὺς ἀπώλεσε κατευθύνοντας
30. 23. A S πολλοὺς γὰρ ἀπώλεσεν [B ἀπέκτεινεν] ἡ λύπη
34 (31). 25. πολλοὺς γὰρ ἀπώλεσεν ὁ οἶνος
41. 2. ἀνθρώπῳ . . . ἀπολωλεκότι ὑπομονήν
— 6. τέκνων ἁμαρτωλῶν ἀπολεῖται κληρονομία
44. 9. ἀπώλοντο ὡς οὐχ ὑπάρξαντες
46. 6. ἐν καταβάσει ἀπώλεσεν ἀνθεστηκότας
49. 7. ἐκριζοῦν καὶ κακοῦν καὶ ἀπολλύειν [A ἀπολύειν]
Am. 1. 8. καὶ ἀπολοῦνται οἱ κατάλοιποι τῶν ἀλλοφ. (1 a)
2. 14. καὶ ἀπολεῖται φυγὴ ἐκ δρομέως (1 a)
3. 15. καὶ ἀπολοῦνται οἶκοι ἐλεφάντινοι (1 a)
Mi. 4. 9. ἢ ἡ βουλή σου ἀπώλετο (1 a)
5. 10 (9). καὶ ἀπολῶ τὰ ἅρματά σου (1 c)
7. 2. ὅτι ἀπόλωλεν εὐσεβὴς [A B^2 εὐλαβὴς] (1 a)
Jl. 1. 11. ὅτι ἀπόλωλε τρυγητὸς ἐξ ἀγροῦ (1 a)
Ob. 1. 8. ἀπολῶ σοφοὺς ἐκ τῆς Ἰ. (1 c)
Jn. 1. 6. οὐ μὴ ἀπολώμεθα (1 a)
— 14. μὴ ἀπολώμεθα ἕνεκεν τῆς ψυχῆς τοῦ ἀνθρώπου (1 a)
3. 9. οὐ μὴ ἀπολώμεθα (1 a)
4. 10. ὑπὸ νύκτα ἀπώλετο (1 a)

Ze. 2. 5. καὶ ἀπολῶ ὑμᾶς ἐκ κατοικίας (1 c)
— 13. καὶ ἀπολεῖ τὸν Ἀ. (1 b)
Za. 9. 5. ἀπολεῖται βασιλεὺς ἐκ Γ. [A al.] (1 a)
Is. 1. 25. τοὺς δὲ ἀπειθοῦντας ἀπολέσω †
11. 9. οὐδὲ μὴ δύνωνται ἀπολέσαι οὐδένα (33 b)
— 12. συνάξει τοὺς ἀπολομένους Ἰσραήλ (19 a)
— 13. οἱ ἐχθροὶ Ἰούδα ἀπολοῦνται (13 a)
13. 9. τοὺς ἁμαρτωλοὺς ἀπολέσαι ἐξ αὐτῆς (35 b)
— 11. ἀπολῶ ὕβριν ἀνόμων (31 b)
14. 20. τὴν γῆν μου ἀπώλεσας (33 a)
— 22. ἀπολῶ αὐτῶν ὄνομα (13 b)
— 25. τοῦ ἀπολέσαι τοὺς Ἀσσυρίους (30)
15. 1. νυκτὸς ἀπολεῖται ἡ Μωαβῖτις . . . ἀπολεῖται τὸ τεῖχος (32 b, 32 b)
— 2. ἀπολεῖται γὰρ καὶ Δηβών †
16. 4. ὁ ἄρχων ἀπώλετο (38)
17. 3. A S τὸ λοιπὸν τῶν Σύρων ἀπολεῖται [B om.] –
23. 1. ὀλολύξατε, πλοῖα Καρχηδόνος, ὅτι ἀπώλετο (32 b)
— 11. ἀπολέσαι αὐτῆς τὴν ἰσχύν (35 b)
— 14. ἀπόλωλε [A S ἀπώλετο] τὸ ὀχύρωμα ὑμῶν (32 b)
24. 12. οἶκοι ἐγκαταλελειμμένοι ἀπολοῦνται (15)
25. 11. ἐταπείνωσε τοῦ ἀπολέσαι †
26. 14. ἀπώλεσας καὶ ἦρας [B^1 S^1 ἦρες] πᾶν ἄρσεν (35 b)
27. 13. οἱ ἀπολόμενοι [A ἀπ' ἀνατολῶν] . . . καὶ οἱ ἀπολόμενοι (1 a, 19 a)
29. 14. ἀπολῶ τὴν σοφίαν τῶν σοφῶν (1 a)
— 20. ἀπώλετο ὑπερήφανος (12 a)
30. 25. ὅταν ἀπόλωνται πολλοί (8 b)
31. 3. ἅμα πάντες ἀπολοῦνται (12 a)
34. 2. ὀργὴ ἐπὶ τὸν ἀριθμὸν αὐτῶν τοῦ ἀπολέσαι αὐτούς (9 a)
— 16. μία αὐτῶν οὐκ ἀπώλετο (23)
37. 11. πᾶσαν τὴν γῆν ὡς ἀπώλεσαν (9 a)
— 12. οὓς ἀπώλεσαν οἱ πατέρες μου (33 b)
— 19. A S ἀπώλεσαν [B ἀπώσαντο] αὐτούς (1 b)
38. 17. ἵνα μὴ ἀπόληται (33 c)
41. 11. ἀπολοῦνται πάντες οἱ ἀντίδικοί σου (1 a)
43. 28. ἔδωκα ἀπολέσαι Ἰακώβ (9 b)
46. 12. οἱ ἀπολωλεκότες τὴν καρδίαν †
48. 19. οὐδὲ ἀπολεῖται τὸ ὄνομά σου ἐνώπιον ἐμοῦ (35 a)
— 20. οἱ υἱοί σου οὓς ἀπολώλεκας (34)
57. 1. ἴδετε ὡς ὁ δίκαιος ἀπώλετο (1 a)
60. 12. οἱ βασιλεῖς [AS^2 add. αὐτῶν] . . . ἀπολοῦνται [A ἀποθανοῦνται] (1 a)
65. 8. τούτου ἕνεκεν οὐ μὴ ἀπολέσω πάντας (33 b)
Je. 1. 10. ABS κατασκάπτειν καὶ ἀ. [R ἀπολύειν] (1 c)
4. 9. ἀπολεῖται ἡ καρδία τοῦ βασιλέως (1 a)
6. 15. ἐν καιρῷ ἐπισκοπῆς [A add. αὐτῶν] ἀπολοῦνται (14)
— 21. γείτων καὶ ὁ πλησίον αὐτοῦ ἀπολοῦνται (1 a)
9. 12 (11). ἕνεκεν τίνος ἀπώλετο ἡ γῆ (1 a)
10. 11. ἀπολέσθωσαν ἀπὸ τῆς γῆς (1 d)
— 15. ἐν καιρῷ ἐπισκοπῆς αὐτῶν ἀπολοῦνται (1 a)
14. 21. μὴ ἀπολέσῃς θρόνον δόξης σου (18)
15. 7. A B ἀπώλεσαν τὸν λαόν μου (1 b)
18. 7. τοῦ ἐξᾶραι αὐτοὺς καὶ τοῦ ἀ. (1 c)
— 18. οὐκ ἀπολεῖται νόμος ἀπὸ ἱερέως (1 a)
● 23. 1. ὦ ποιμένες οἱ ἀπολλύοντες (1 b)
25. 10. ἀπολῶ ἀπ' αὐτῶν φωνὴν χαρᾶς (1 c)
26 (46). 8. ἀπολῶ τοὺς κατοικοῦντας ἐν αὐτῇ (1 c)
27 (50). 6. πρόβατα ἀπολωλότα ἐγενήθη ὁ λαός μου (1 a)
28 (51). 18. ἐν καιρῷ ἐπισκέψεως αὐτῶν ἀπολοῦνται (1 a)
— 55. ἀπώλεσεν ἀπ' αὐτῆς φωνὴν μεγάλην (1 b)
29 (47). 4. τοῦ ἀπολέσαι πάντας τοὺς ἀλλοφύλους (32 a)
29 (49). 7. ἀπώλετο βουλὴ ἐκ συνετῶν (1 a)
31 (48). 8. ἀπολεῖται ὁ αὐλών (1 a)
— 35. ἀπολῶ τὸν Μωάβ (31 b)
— 36. ἃ περιεποιήσατο ἀπώλετο ἀπὸ ἀνθρώπου (1 a)
— 42. ἀπολεῖται Μωὰβ ἀπὸ ὄχλου (35 a)
32 (25). 35. ἀπολεῖται φυγὴ ἀπὸ τῶν ποιμένων (1 a)
34 (27). 14. πρὸς τὸ ἀπολέσαι [A -έσθαι] ὑμᾶς καὶ ἀπολεῖσθε ὑμεῖς (19 b, 1 a)
47 (40). 15. ἀπολοῦνται οἱ κατάλοιποι Ἰούδα (1 a)
51 (44). 12. τοῦ ἀπολέσαι [S πολεμῆσαι] πάντας τοὺς καταλοίπους (13 b, 16 ?)
Ba. 3. 3. ἡμεῖς ἀπολλύμενοι τὸν αἰῶνα
— 28. ἀπώλοντο παρὰ τὸ μὴ ἔχειν φρόνησιν ἀπώλοντο διὰ τὴν ἀβουλίαν αὐτῶν

La. 2. 9. ἀπώλεσε καὶ συνέτριψε μοχλοὺς αὐτῆς (1 b)
3. 18. ἀπώλετο νῖκός μου καὶ ἡ ἐλπίς μου ἀπὸ κυρίου (1 a)
Ez. 7. 26. νόμος ἀπολεῖται ἐξ ἱερέως (1 a)
12. 22. ἀπόλωλεν ὅρασις (1 a)
19. 5. ἀπώλετο ἡ ὑπόστασις αὐτῆς (1 a)
25. 7. ἀπολῶ σε ἐκ τῶν χωρῶν ἀπωλείᾳ (1 c)
— 16. ἀπολῶ τοὺς καταλοίπους (1 c)
26. 2. ἀπόλωλε τὰ ἔθνη †
— 17. A πῶς ἀπώλου καὶ [B om. ἀπ. καὶ] κατελύθης ἐκ θαλάσσης (1 a)
28. 10. ἀπολῇ ἐν χερσὶν ἀλλοτρίων (17 a)
29. 8. ἀπολῶ ἀπὸ σοῦ ἀνθρώπους [A -ον] (13 b)
30. 10. ἀπολῶ πλῆθος Αἰγυπτίων διὰ χειρὸς Ναβ. (31 b)
— 11. ἀπεσταλμένοι ἀπολέσαι γῆν [A ἀφανίσαι αὐτήν] (33 a)
— 12. ἀπολῶ τὴν γῆν [A γ. αὐτῶν] (36)
— 13. ἀπολῶ [A ἀ. βδελύγματα καὶ καταπαύσω] μεγιστᾶνας (1 c)
— 14. ἀπολῶ γῆν Φαθουρῆς [A ἀφανιῶ γῆν Παθουρῆς] (36)
— 15. ἀπολῶ τὸ πλῆθος Μέμφεως (13 b)
— 16. A καὶ ἀπολεῖται Συήνη [B καὶ ταραχὴν ταραχθήσεται Συήνη, R καὶ ταραχῇ ταραχθήσεται ἡ Συήνη] †
— 18. ἀπολεῖται ἐκεῖ ἡ ὕβρις ἰσχύος αὐτῆς (31 a)
31. 17. ἐν μέσῳ τῆς ζωῆς αὐτῶν ἀπώλοντο –
32. 12. ἀπολοῦσι τὴν ὕβριν Αἰγύπτου (32 a)
— 13. ἀπολῶ πάντα τὰ κτήνη αὐτῆς (1 c)
33. 28. ἀπολεῖται ἡ ὕβρις τῆς ἰσχύος αὐτῆς (31 a)
34. 4. τὸ ἀπολωλὸς οὐκ ἐζητήσατε (1 a)
— 16. τὸ ἀπολωλὸς ζητήσω [A ἐκζ.] (1 a)
— 25. A ἀπολῶ [B ἀφανιῶ] θηρία πονηρὰ ἀπὸ τῆς γῆς (31 b)
— 29. οὐκέτι ἔσονται ἀπολλύμενοι λιμῷ ἐπὶ τῆς γῆς (3)
35. 7. ἀπολῶ ἀπ' αὐτοῦ ἀνθρώπους (13 b)
37. 11. ἀπόλωλεν ἡ ἐλπὶς ἡμῶν (1 a)
39. 3. ἀπολῶ τὸ τόξον σου (20)
Da. LXX. Su. 42. ἐκείνης ἐξαγομένης ἀπολέσθαι
2. 24. τοὺς μὲν σοφιστὰς τῆς Βαβ. μὴ ἀπολέσῃς (1 e)
7. 11. ἀπώλετο τὸ σῶμα αὐτοῦ (1 f)
— 17. αἱ ἀπολοῦνται ἀπὸ τῆς γῆς †
— 26. καὶ τὴν ἐξουσίαν ἀπολοῦσι †
— 26. βουλεύσονται . . . ἀπολέσαι ἕως τέλους (1 e)
Da. TH. Su. 45. ἀπαγομένης αὐτῆς ἀπολέσθαι
2. 12. εἶπεν ἀπολέσαι πάντας τοὺς σοφοὺς Β. (1 e)
— 18. ὅπως ἂν μὴ ἀπόλωνται (1 e)
— 24. ἀπολέσαι τοὺς σοφοὺς Β. (1 e)
— 24. τοὺς σοφοὺς Β. μὴ ἀπολέσῃς (1 e)
7. 11. ἕως . . . τὸ θηρίον [A θ. ἐκεῖνο] . . . ἀπώλετο (1 f)
— 26. τοῦ ἀπολέσαι ἕως τέλους (1 e)
I Ma. 1. 30. ἀπώλεσε λαὸν πολὺν ἐξ Ἰσραήλ
2. 37. ὅτι ἀκρίτως ἀπόλλυτε ἡμᾶς
— 63. ὁ διαλογισμὸς αὐτοῦ ἀπώλετο [S ἀπολεῖται]
3. 9. καὶ συνήγαγεν ἀπολλυμένους
5. 13. ἀπώλεσαν ἐκεῖ ὡς μίαν χιλιαρχίαν ἀνδρῶν
— 51. ἀπώλεσε πᾶν ἀρσενικόν
6. 13. καὶ ἰδοὺ ἀπόλλυμαι λύπῃ μεγάλῃ
7. 6. ἀπώλεσαν Ἰούδας καὶ οἱ ἀδελφοὶ . . . τοὺς φίλους
9. 2. ἀπώλεσαν ψυχὰς [S εἰς ψ.] ἀνθρώπων πολλάς
11. 18. οἱ ὄντες ἐν τοῖς ὀχυρώμασιν ἀπώλοντο
12. 40. τοῦ ἀπολέσαι [A ἀποκτεῖναι] αὐτόν
— 49. τοῦ ἀπολέσαι πάντας τοὺς παρὰ Ἰωνάθαν
— 50. ὅτι συνελήφθη καὶ ἀπόλωλε
13. 4. ἀπώλοντο οἱ ἀδελφοί μου
— 18. AR οὐκ ἀπέστειλα . . . καὶ [A om.] ἀπώλετο
— 49. ἀπώλοντο ἐξ αὐτῶν ἱκανοὶ τῇ λιμῷ
16. 21. ἀπώλετο ὁ πατὴρ αὐτοῦ
— 22. τοὺς ἄνδρας τοὺς ἐλθόντας ἀπολέσαι αὐτόν
— 22. ἐζήτουν αὐτὸν ἀπολέσαι
II Ma. 3. 39. τοὺς παραγινομένους . . . τύπτων ἀπόλλυσι
5. 9. ἀπώλετο πρὸς Λακεδαιμονίους ἀναχθείς
7. 20. ἀπολλυμένους υἱοὺς ἑπτὰ συνορῶσα
8. 19. τὴν ἐπὶ Σενναχηρεὶμ . . . ὡς ἀπώλοντο
— 20. τὰς δώδεκα μυριάδας ἀπώλεσαν
10. 23. εὐοδούμενος ἀπώλεσεν . . . πλείους τῶν δισμυρίων
12. 19. ἀπώλεσαν τοὺς ὑπὸ Τιμοθ. καταλειφθέντας
15. 2. μηδαμῶς οὕτως ἀγρίως καὶ βαρβάρως ἀπολέσῃς
III Ma. 6. 3. ἐπὶ . . . λαὸν ἐν ξένῃ γῇ ξένον ἀδίκως ἀπολλύμενον

III Ma. 6. 4. σὺν τῇ ὑπερηφάνῳ στρατιᾷ ποντοβρόχους ἀπώλεσας
— 10. ἀπόλεσον ἡμᾶς μόρῳ
IV Ma. 2. 14. τὰ δὲ τῶν ἐχθρῶν τοῖς ἀπολέσασι διασῴζων
8. 9. ἕνα ἕκαστον ὑμῶν διὰ τῶν βασάνων ἀπολέσαι
[**Aq.** Jb. 12. 23: 29. 13: 30. 2: Ps. 30 (31). 13: 36 (37). 20: 145 (146). 4: Pr. 1. 32: Je. 27 (34). 10: Ez. 26. 17: 28. 16: Ob. 1. 8.]
[**Sm.** I Ki. 12. 25: Jb. 4. 11: 14. 19: 30. 2: Ps. 9. 4, 6: 30 (31). 13: 36 (37). 20: 40 (41). 6: 48 (49). 11: 145 (146). 4: Pr. 1. 32: 31. 6: Ez. 28. 16: Ob. 1. 8.]
[**Th.** Jb. 12. 23: 14. 19: 29. 13: 30. 2: Je. 27 (34). 10: 48 (31). 46: 49. 8 (29. 9): Ez. 22. 27: 26. 17: Ob. 1. 8.]
[**Sam.** Ex. 10. 7.]
[**Quint. Sext.** Ps. 145 (146). 4.]
[**Al.** Pr. 11. 23: 14. 32.]
[**Hebr.** Jb. 9. 13: Ez. 43. 3.]

ἀπολογεῖσθαι. (1) רִיב
Je. 12. 1. ἀπολογήσομαι πρὸς σέ (1)
● 38 (31). 6. ἡμέρα κλήσεως ἀπολογουμένων ἐν ὄρεσιν Ἐφραΐμ †
II Ma. 13. 26. ἀπελογήσατο ἐνδεχομένως

ἀπολόγημα. (1) רִיב
Je. 20. 12. πρὸς σὲ ἀπεκάλυψα τὰ ἀ. μου (1)

ἀπολογία.
Wi. 6. 10. οἱ διδαχθέντες αὐτὰ εὑρήσουσιν ἀπολογίαν

ἀπόλοιπος. (1) *a.* אַתּוּק *b.* אַתִּיק (2) גִּזְרָה (3) נוּחַ ho.
Ez. 41. 9. τὰ ἀ. τὰ [A om.] ἀνὰ μέσον τῶν πλευρῶν τοῦ οἴκου (3)
— 11. ἐπὶ τὸ ἀ. τῆς θύρας τῆς μιᾶς τῆς πρὸς βορρᾶν (3)
— 11. τὸ εὖρος τοῦ φωτὸς τοῦ ἀ. (3)
— 12. AR τὸ διορίζον [B αἰθρίζον] κατὰ πρόσωπον τοῦ ἀ. (2)
— 13. καὶ τὰ ἀ. καὶ τὰ διορίζοντα (2)
— 14. καὶ τὰ ἀ. κατέναντι πηχῶν ἑκατόν (2)
— 15. κατὰ πρόσωπον τοῦ ἀ. τῶν κατόπισθεν τοῦ οἴκου ἐκείνου καὶ τὰ ἀ. ἔνθεν καὶ ἔνθεν (3, 1 a* vel 1 b)
42. 1. ἐξέδραι [A add. δέκα] πέντε ἐχόμεναι τοῦ ἀ. (2)
— 10. κατὰ πρόσωπον τοῦ ἀ. (2)

ἀπολούειν. (1) רָחַץ hithp.
Jb. 9. 30. ἐὰν γὰρ ἀπολούσωμαι χιόνι (1)
[**Aq.** II Ki. 11. 4.]
[**Th.** Pr. 30. 12.]

ἀπολύειν. (1) גָּוַע (2) גָּרַשׁ pi. (3) הָלַךְ (4) שׁוּב
Ge. 15. 2. R ἐγὼ δὲ ἀπολύομαι ἄτεκνος (3)
Ex. 33. 11. καὶ ἀπελύετο εἰς τὴν παρεμβολήν (4)
Nu. 20. 29. εἶδε πᾶσα ἡ συναγωγὴ ὅτι ἀπελύθη Ἀαρών (1)
I Es. 9. 36. καὶ ἀπέλυσαν αὐτὰς σὺν τέκνοις
To. 3. 6. ὅπως ἀπολυθῶ καὶ γένωμαι γῆ
— 6. ἐπίταξον ἀπολυθῆναί με τῆς ἀνάγκης
— 6. S ἀπόλυσόν με εἰς τὸν τόπον τὸν αἰώνιον [A B al.]
— 13. εἰπὸν ἀπολῦσαί [S -λυθῆναί] με ἀπὸ τῆς γῆς
— 17. S ἀπολῦσαι τὰ λευκώματα ἀπὸ τῶν ὀφθαλμῶν αὐ. [A B al.]
10. 13. S καὶ ἀπασπασάμενος ἀπέλυσεν αὐτούς [AB al.]
Ps. 16 (17). 14. B^1 ἀπολύων [AB^{2}S ἀπὸ ὀλίγων] ἀπὸ γῆς †
33 (34). tit. καὶ ἀπέλυσεν αὐτόν (2)
Si. 27. 19. ὡς πετεινὸν ἐκ χειρός σου ἀπέλυσας
49. 7. A ἐκριζοῦν καὶ κακοῦν καὶ ἀπολύειν [B S ἀπολλύειν]
Je. 1. 10. R κατασκάπτειν καὶ ἀ. [ABS ἀπολλύειν] †
Da. TH. Su. 36. ἀπέλυσε τὰς παιδίσκας
53. ἀπολύων δὲ τοὺς αἰτίους
I Ma. 3. 32. S^1 καὶ ἀπέλυσεν [A S^{2}R κατέλιπε] Λυσίαν
10. 29. ἀπολύω ὑμᾶς
— 43. ὀφείλοντες βασιλικὰ . . . ἀπολελύσθωσαν
— 43. S ὅσα ἐστίν . . . ἀπολελύσθωσαν [AR om.]
11. 38. ἀπέλυσε πάσας [S om.] τὰς δυνάμεις αὐτοῦ
II Ma. 4. 47. τὸν μὲν . . . Μενέλαον ἀπέλυσε τῶν κατηγορημ.

● = correction on page xxiv

II Ma. 4. 47. ἀπελύθησαν ἂν [A om.] ἀκατάγνωστοι
6. 22. ἵνα τοῦτο πράξας ἀπολυθῇ τοῦ θανάτου
— 30. δυνάμενος ἀπολυθῆναι τοῦ θανάτου
7. 9. σὺ μὲν . . . ἐκ τοῦ παρόντος ἡμᾶς ζῆν ἀπολύεις
10. 21. τοὺς πολεμίους κατ' αὐτῶν ἀπολύσαντες
12. 25. ἀπέλυσαν αὐτὸν ἕνεκα τῆς τῶν ἀδ. σωτηρίας
— 45. τῆς ἁμαρτίας ἀπολυθῆναι
14. 23. τοὺς δὲ συναχθέντας ἀγελαίους ὄχλους ἀπέλυσε
III Ma. 5. 34. ἀπέλυσαν ἕκαστον ἐπὶ τὴν ἰδίαν ἀσχολίαν
6. 28. ἀπολύσατε τοὺς υἱοὺς τοῦ παντοκράτορος
7. 7. ἀπολελύκαμεν πάσης καθ' ὀντινοῦν αἰτίας τρόπον
IV Ma. 8. 2. ἀ. φαγόντας
11. 13. εἰ βούλοιτο φαγὼν ἀπολύεσθαι
12. 8. ἀπολύσατέ [S λύ.] με
[Aq. Le. 16. 8: Is. 58. 6.]
[Sm. Jd. 5. 15: I Ki. 20. 29: Ps. 29 (30). 12: Is. 52. 2: Je. 34 (41). 14: 50 (27). 33.]
[Th. Pr. 17. 14: Da. 13. 53.]

ἀπόλυσις.
III Ma. 6. 37. τὴν ἀ. αὐτῶν εἰς τὰ ἴδια αἰτούμενοι
— 40. τὴν ἐντυχίαν ἐποιήσαντο περὶ τῆς ἀ. αὐτῶν
7. 16. A σωτηρίας ἀπόλυσιν [R -λαυσιν] εἰληφότες
[Sm. Ps. 67 (68). 7: Is. 61. 1.]

ἀπολυτροῦν. (1) גָּאַל ni. (2) פָּדָה hi.
Ex. 21. 8. ἀπολυτρώσει αὐτήν (2)
Ze. 3. 1. ὦ ἡ ἐπιφανὴς κ. ἀπολελυτρωμένη [S² λελ.] πόλις (1)

ἀπολύτρωσις.
Da. LXX. 4. 32. ὁ χρόνος μου τῆς ἀ. ἦλθε —

ἀπομαίνεσθαι. (1) שׁוּט pil.
Da. LXX. 12. 4. ἕως ἂν ἀπομανῶσιν οἱ πολλοί (1)

ἀπομαρτυρεῖν.
II Ma. 12. 30. ἀπομαρτυρησάντων δὲ τῶν ἐκεῖ . . . Ἰουδαίων

ἀπομάσσεσθαι.
To. 7. 17. S καὶ ἀπεμάξατο [A B -δέξατο] τὰ δάκρυα

ἀπομάχεσθαι.
II Ma. 12. 27. νεανίαι . . . ῥωμαλέοι ἀπεμάχοντο εὐρώστως

ἀπομέμφεσθαι.
Jb. 33. 27. ἀπομέμψεται [A -πέμψ.] ἄνθρωπος αὐτὸς ἑαυτῷ †

ἀπομερίζειν. (1) חָלַק pi.
Da. LXX. 11. 39. χώραν ἀπομεριεῖ εἰς δωρεάν (1)
II Ma. 15. 2. δόξαν δὲ ἀπομέρισον τῇ προτετιμημένῃ . . . ἡμέρᾳ

ἀπομηκυνίζειν (?).
[Al. Le. 26. 11.]

ἀπομιτροῦν.
[Al. Le. 21. 10.]

ἀπόμοιρα.
Ez. 45. 20. λήψῃ [B om.] παρ' ἑκάστου ἀπόμοιραν [A ἀγνοοῦντος] †

ἀποναρκᾶν.
[Sm. Pr. 26. 15.]
[Th. I Ki. 30. 10, 21.]

ἀπονέμειν. (1) חָלַק
De. 4. 19. ἃ ἀπένειμε κ. ὁ θεός σου αὐτὰ πᾶσι τοῖς ἔθ. (1)
III Ma. 1. 7. τοῖς τεμένεσι δωρεὰς ἀπονείμας
3. 16. τοῖς κατὰ πόλεσιν ἱεροῖς ἀπονείμαντες προσόδους πλείστας προήχθημεν

ἀπονεύειν.
[Sm. Ps. 138 (139). 19: Ca. 5. 6.]

ἀπονίπτειν. (1) מָחָה (2) רָחַץ pu. (3) שָׁטַף
III Ki. 22. 38. ἀπένιψαν τὸ αἷμα [A ἅρμα] ἐπὶ τὴν κρήνην Σαμ. (3)
Pr. 24. 35 (30. 12). τὴν δὲ ἔξοδον αὐτοῦ οὐκ ἀπένιψεν (2)
— 55 (30. 20). ὅταν πράξῃ ἀπονιψαμένη (1)
[Aq. Sm. Th. Pr. 30. 20.]

ἀπονοεῖσθαι.
I Es. 4. 26. πολλοὶ ἀπενοήθησαν ταῖς ἰδίαις διανοίαις
II Ma. 13. 23. μετέλαβεν ἀπονενοῆσθαι τὸν Φίλιππον
[Sm. Jd. 9. 4.]

ἀπόνοια.
Si. 22. 13. οὐ μὴ ἀκηδιάσῃς [A κηδ.] ἐν τῇ ἀ. αὐτοῦ
II Ma. 6. 29. διὰ τὸ τοὺς προειρημένους λόγους . . . ἀπόνοιαν εἶναι
IV Ma. 12. 4. τῆς μὲν τῶν ἀδελφῶν σου ἀ. τὸ τέλος ὁρᾷς

ἄπονος.
IV Ma. 11. 26. ἄπονοι οἱ καταπέλται

ἀποξαίνειν.
IV Ma. 6. 6. ἀπεξαίνετο ταῖς μάστιξι τὰς σάρκας ὁ γέρων

ἀποξεῖν. (1) יָרַד hithp.
Jb. 2. 8. A ἵνα τὸν ἰχῶρα ἀποξέῃ [B S ξύῃ] (1)

ἀποξενοῦν. (1) נָדַד (2) נָכַר hithp.
III Ki. 14. 5. A ἐν τῷ εἰσέρχεσθαι αὐτὴν καὶ αὕτη ἀπεξενοῦτο (2)
— 6. A ἵνα τί σὺ τοῦτο ἀπεξενοῦσαι (2)
Pr. 27. 8. ὅταν ἀποξενωθῇ ἐκ τῶν ἰδίων τόπων (1)
II Ma. 5. 9. ὁ συχνοὺς τῆς πατρίδος ἀποξενώσας
[Aq. Ge. 42. 7: III Ki. 14. 5, 6: Is. 56. 3: 60. 10.]
[Al. Ge. 42. 7.]

ἀποξηραίνειν. (1) יָבֵשׁ a. qal. b. hi. (2) מָלַל ni.
Jo. 4. 23. ἀποξηράναντος κυρίου τοῦ θ. ἡμῶν τὸ ὕδωρ (1 b)
— 23. ἣν ἀπεξήρανε κύριος ὁ θ. (1 b)
5. 1. ἀπεξήρανε κύριος ὁ θ. τὸν Ἰορδάνην ποταμόν (1 b)
Ps. 36 (37). 2. ὡσεὶ χόρτος ταχὺ ἀποξηρανθήσεται (2)
Jn. 4. 7. καὶ ἐπάταξε τὴν κολόκυνθαν καὶ ἀπεξηράνθη (1 a)

ἀποξύειν. (1) קָצָה hi. (2) קָצַע hi.
Le. 14. 41. A B τὴν οἰκίαν ἀποξύσουσιν ἔσωθεν κύκλῳ καὶ ἐκχεοῦσι τὸν χοῦν [R add. τὸν ἀπεξυσμένον] (2, 1)
— 42. A B λήψονται λίθους ἀπεξυσμένους στερεοὺς [R ἑτέρους] —
— 43. μετὰ τὸ ἀποξυσθῆναι τὴν οἰκίαν (1)
[Sm. Ps. 51 (52). 7.]

ἀποπαρθενοῦν.
Si. 20. 4. ἐπιθυμία εὐνούχου ἀποπαρθενῶσαι νεανίδα

ἀποπατεῖν.
[Sm. I Ki. 24. 4.]

ἀποπαύειν.
[Sm. Ps. 88 (89). 45.]

ἀποπειρᾶσθαι. (1) פָּתָה pi.
Pr. 16. 29. ἀνὴρ παράνομος ἀποπειρᾶται φίλων (1)

ἀποπέμπειν.
Jb. 33. 27. A ἀποπέμψεται [B S -μέμψ.] ἄνθρωπος †
[Sm. Jd. 3. 19.]

ἀποπεμπτοῦν. (1) חִמֵּשׁ (2) חֹמֶשׁ
Ge. 41. 34. ἀποπεμπτωσάτωσαν πάντα τὰ γεννήματα (1)
47. 26. ἐπὶ γῆς [B γῆν] Αἰγ. τῷ Φαραῷ ἀ. (2)

ἀποπετάζειν.
[Aq. Ex. 5. 4: 32. 25 *bis*: Dt. 32. 42.]

ἀποπηδᾶν. (1) נָדַד (2) עָלָה (3) קוּם
I Ki. 20. 34. A καὶ ἀπεπήδησεν [B ἀνεπ.] Ἰωνάθαν (3)
Pr. 9. 18. ἀλλὰ ἀποπήδησον μὴ χρονίσῃς [A ἐγχ.] —
Ho. 7. 13. ἀπεπήδησαν ἀπ' ἐμοῦ (1)
Ez. 19. 3. ἀπεπήδησεν [A -εδήμησεν] εἰς τῶν σκύμνων αὐ. (2)

ἀποπιάζειν. (1) זוּר
Jd. 6. 38. A ἀπεπίασε [B ἐξεπ.] τὸν πόκον (1)

ἀποπίπτειν. (1) חָלַץ pi. (2) לָקַט (3) מָלַל a. qal. b. po. (4) נָבֵל (5) נָפַל a. qal. b. hi.
Le. 19. 9; 23. 22. τὰ ἀποπίπτοντα τοῦ θερισμοῦ σου (2)
Ju. 11. 6. οὐκ ἀποπεσεῖται ὁ κύριός μου τῶν ἐπιτηδευμ.
Jb. 24. 24. ὥσπερ στάχυς ἀπὸ καλάμης αὐτόματος ἀποπεσών (3 a)
29. 24. φῶς τοῦ προσώπου μου οὐκ ἀπέπιπτεν (5 b)
Ps. 5. 10. ἀποπεσάτωσαν ἀπὸ τῶν διαβουλιῶν αὐ. (5 a)
7. 4. ἀποπέσοιμι ἄρα ἀπὸ τῶν ἐχθρῶν μου κενός (1?)
36 (37). 2. ὡσεὶ λάχανα χλόης ταχὺ ἀποπεσοῦνται (4)
89 (90). 6. τὸ ἑσπέρας ἀποπέσοι (3 b)
[Aq. Ps. 1. 3: Is. 40. 15.]
[Sm. Th. Is. 40. 15.]

ἀποπλανᾶν. (1) נָדַח hi. (2) נָטָה hi. (3) שׁוּב pil.
II Ch. 21. 11. καὶ ἀπεπλάνησε τὸν Ἰούδαν (1)
Pr. 7. 21. ἀπεπλάνησε δὲ αὐτὸν πολλῇ ὁμιλίᾳ (2)
Si. 4. 19. ἐὰν ἀποπλανηθῇ ἐγκαταλείψει αὐτόν
13. 6. καὶ ἀποπλανήσει σε
— 8. πρόσεχε μὴ ἀποπλανηθῇς
Je. 27 (50). 6. ἐπὶ τὰ ὄρη ἀπεπλάνησαν αὐτούς (3)
II Ma. 2. 2. ἵνα μὴ ἀποπλανηθῶσι ταῖς διανοίαις

ἀποπλάνησις. (1) שְׁרִירוּת
De. 29. 19 (18). ἐν τῇ ἀ. τῆς καρδίας μου πορεύσομαι (1)
Si. 31 (34). 11. πολλὰ ἑώρακα ἐν τῇ ἀ. μου

ἀποπλύνειν. (1) כָּבַס pi. (2) שָׁטַף
II Ki. 19. 24 (25). τὰ ἱμάτια αὐτοῦ οὐκ ἀπέπλυνεν [A ἔπλ.] (1)
Je. 2. 22. ἐὰν ἀποπλύνῃ [B¹ S¹ -νῃς] ἐν νίτρῳ (1)
4. 14. ἀπόπλυνε [A S³ -ναι] ἀπὸ κακίας τὴν καρδ. σου (1)
Ez. 16. 9. ἀπέπλυνα τὸ αἷμά σου ἀπὸ σοῦ (2)

ἀποπνεῖν.
IV Ma. 15. 18. οὐ μετέτρεψέ σε πρωτότοκος ἀποπνέων [S om.]

ἀποπνίγειν. (1) חָנַק pi.
To. 3. 8. οὐ συνιεῖς ἀποπνίγουσά σου τοὺς ἄνδρας [S al.]
Na. 2. 12 (13). καὶ ἀπέπνιξε τοῖς λέουσιν αὐτοῦ (1)

ἀποποιεῖσθαι. (1) μὴ ἀπ. כָּסַף (2) מָאַס (3) פָּרַר hi.
Jb. 8. 20. ὁ γὰρ κύριος οὐ μὴ ἀποποιήσηται τὸν ἄκακον (2)
14. 15. τὰ δὲ ἔργα τῶν χειρῶν σου μὴ ἀποποιοῦ (1)
15. 4. οὐ [A ὅτι] καὶ σὺ [A B σοὶ] ἀπεποιήσω φόβον (3)
19. 18. οἱ δὲ εἰς τὸν αἰῶνά με ἀπεποιήσαντο [A ἀπείπαντο] (2)
36. 5. ὁ κύριος οὐ μὴ ἀποποιήσηται τὸν ἄκακον (2)
40. 3 (8). μὴ ἀποποιοῦ μου τὸ κρίμα (3)

ἀποπομπαῖος. (1) עֲזָאזֵל
Le. 16. 8. καὶ κλῆρον ἕνα τῷ ἀ. (1)
— 10. ὁ κλῆρος τοῦ ἀ. (1)

ἀποπομπή. (1) עֲזָאזֵל
Le. 16. 10. ὥστε ἀποστεῖλαι αὐτὸν εἰς τὴν ἀ. (1)
[Al. Le. 16. 26.]

ἀποπρατίζεσθαι.
To. 1. 7. τὴν δευτέραν δεκάτην ἀπεπρατιζόμην [S al.]

ἀποπτύειν.
IV Ma. 3. 18. ἀποπτύσαι πάσας τὰς τῶν παθῶν ἐπικρατείας

ἀπόπτωμα. (1) נְבָלָה
Jd. 20. 6. ὅτι ἐποίησαν ζέμα καὶ ἀ. [A al.] (1)
— 10. κατὰ πᾶν τὸ ἀ. ὃ ἐποίησεν [A al.] (1)
[Aq. Sm. Is. 34. 4.]

ἀποργίζεσθαι.
II Ma. 5. 17. διὰ τὰς ἁμαρτίας . . . ἀπώργισται βραχέως ὁ δεσπ.

ἀπορεῖν. (1) דַּיִּ (2) חָסֵר (3) מוּךְ (4) עָלַף pu. (5) פָּרַר hithpo. (6) צָרַר (7) שַׁכּוּל
Ge. 32. 7 (8). καὶ ἠπορεῖτο (6)
Le. 25. 47. ἀπορηθεὶς ὁ ἀδελφός σου πραθῇ τῷ προσηλύτῳ (3)
Pr. 31. 11. ἡ τοιαύτη καλῶν σκύλων οὐκ ἀπορήσει (2)
Wi. 11. 5. αὐτοὶ ἀποροῦντες εὐεργετήθησαν
— 17. οὐ γὰρ ἠπόρει ἡ παντοδύναμός σου χεὶρ
Si. 10. 27. δοξαζόμενος καὶ ἀπορῶν [A ὑστερῶν] ἄρτων
18. 7. ὅταν παύσηται τότε ἀπορηθήσεται
Ho. 13. 8. ὡς ἄρκος ἡ ἀπορουμένη (7)
Is. 8. 22. οὐκ ἀπορηθήσεται ὁ ἐν στενοχωρίᾳ ὢν [A om.] †
24. 19. ἀπορίᾳ ἀπορηθήσεται ἡ γῆ (5)
51. 20. οἱ υἱοί σου [A σοι] οἱ ἀπορούμενοι (4)
Je. 8. 18. μετ' ὀδύνης καρδίας ὑμῶν ἀπορουμένης (1)
I Ma. 3. 31. ἠπορεῖτο τῇ ψυχῇ αὐτοῦ σφόδρα
II Ma. 8. 20. τῶν Μακεδόνων ἀπορουμένων
[Sm. Jb. 11. 8: Pr. 20. 13: Ec. 4. 14: Ca. 6. 11 (12): Je. 19. 8.]
[Th. I Ki. 30. 6.]

ἀπορία. (1) בֶּהָלָה (2) מְאֵרָה (3) עֲרִיפִים
● (4) ἀ. στενή פָּרַר (5) צָרָה (6) קָדַר
(7) שִׁדָּפוֹן (8) שַׁחֶפֶת
Le. 26. 16. AB ἐπισυστήσω [R ἐπιστήσω] ἐφ' ὑμᾶς τὴν ἀ. (1)
De. 28. 22. πατάξαι σε κύριος ἐν [A om.] ἀπορίᾳ (8)
Pr. 28. 27. ἐν πολλῇ ἀ. ἔσται (2)
Si. 4. 2. μὴ παροργίσῃς ἄνδρα ἐν ἀπορίᾳ αὐτοῦ
Hg. 2. 18 (17). S¹ ἐπάταξα ὑμᾶς ἐν ἀπορίᾳ [B ἀφ., A ἀφθ.] (7)
Is. 5. 30. σκότος σκληρὸν ἐν τῇ ἀ. αὐτῶν (3)
8. 22. ἰδοὺ ἀ. στενὴ καὶ σκότος [S om. καὶ σκ.] (5)
24. 19. ἀπορίᾳ ἀπορηθήσεται ἡ γῆ (4)
Je. 8. 21. ἀπορία κατίσχυσάν με ὠδῖνες (6)

ἄπορος.
[Aq. I Ki. 18. 23: Pr. 28. 3.]
[Sm. I Ki. 18. 23: Ec. 8. 14.]
[Th. Pr. 18. 23: 28. 3.]

ἀπορρεῖν. (1) מָצָה (2) נָבֵל (3) נָתַר
Jd. 6. 38. A ἀπερρύη ἡ δρόσος [B al.] (1)
Jb. 37. 1. ἀπερρύη ἐκ τοῦ τόπου αὐτῆς (3)
Ps. 1. 3. τὸ φύλλον αὐτοῦ οὐκ ἀπορρυήσεται (2)
I Ma. 9. 7. εἶδεν Ἰούδας ὅτι ἀπερρύη ἡ παρεμβολὴ αὐτοῦ
IV Ma. 10. 8. ἑώρα . . . κατὰ σπλάγχνων σταγόνας αἵματος ἀπορρεούσας
[Aq. Dt. 32. 21: Jb. 2. 10: Ps. 13 (14). 1: 38 (39). 9: Pr. 17. 21: Is. 34. 4 *bis*: 40. 8: Je. 17. 11: Ez. 13. 3: 29. 18.]
[Sm. Je. 17. 11.]
[Al. Ez. 47. 12.]

ἀπόρρευσις.
[Aq. Dt. 22. 21: I Ki. 25. 25.]

ἀπορρήσσειν. (1) נָתַק ni. (2) קָרַע
Le. 13. 56. ἀπορρήξει αὐτὸ ἀπὸ τοῦ ἱματίου (2)
Jb. 39. 4. ἀπορρήξουσι τὰ τέκνα αὐτῶν †
Ec. 4. 12. τὸ σπαρτίον τὸ ἔντριτον οὐ ταχέως ἀπορραγήσεται (1)
IV Ma. 9. 25. ὁ ἱεροπρεπὴς νεανίας ἀπέρρηξε τὴν ψυχήν
[Sm. Ps. 34 (35). 15: Is. 59. 5.]
[Th. Jb. 39. 4.]

ἀπόρρητος.
Si. 13. 22. ἐλάλησεν ἀπόρρητα
[Aq. Jb. 11. 6: 15. 8: Ps. 24 (25). 14: 54 (55). 15: 63 (64). 3: 88 (89). 8: Pr. 11. 13: Ez. 13. 9.]
[Sm. Jb. 11. 6: Ez. 2. 6.]

ἀπορρίπτειν. (1) גָּדַע (2) גָּרַז ni. (3) גָּרַשׁ pi.
(4) דָּמָה ni. (5) דָּמַם *a.* qal. *b.* ni. *c.* hi.
(6) טוּל hi. (7) מָאַס (8) מוּג pil.
(9) נָבֵל (10) נָפַל hi. (11) שָׁלַח pi.
(12) שָׁלַךְ *a.* hi. *b.* ho. (13) שָׁפֵל
Ex. 22. 31 (30). τῷ κυνὶ ἀπορρίψατε [A -ετε] αὐτό (12 *a*)
Jd. 2. 19. οὐκ ἀπέρριψαν τὰ ἐπιτηδεύμ. αὐ. (10)
II Ki. 22. 46. υἱοὶ ἀλλότριοι ἀπορριφήσονται (9)
III Ki. 9. 7. τὸν οἶκον τοῦτον . . . ἀπορρίψω ἐκ προσώπου μου (11)
IV Ki. 13. 23. οὐκ ἀπέρριψεν αὐτοὺς ἀπὸ τοῦ προσώπου αὐ. (12 *a*)
17. 15. A ἀπέρριψαν τοὺς ἀκριβασμοὺς αὐ. (7)
— 20. ἕως οὗ ἀπέρριψεν αὐτοὺς ἀπὸ προσώπου αὐ. (12 *a*)
24. 20. ἕως ἀπέρριψεν αὐτοὺς ἀπὸ προσώπου αὐ. (12 *a*)
Jb. 27. 22. A ἀπορρίψει [BS ἐπιρ.] [S² *add.* ἐπ'] αὐτόν (12 *a*)
30. 22. ἀπέρριψάς με ἀπὸ σωτηρίας (8)
Ps. 2. 3. ἀπορρίψωμεν ἀφ' ἡμῶν τὸν ζυγὸν αὐτῶν (12 *a*)
30 (31). 22. ἀπέρριμμαι ἄρα ἀπὸ προσώπου [S¹ om.] τῶν ὀφθ. σου (2)
50 (51). 11. μὴ ἀπορρίψῃς με ἀπὸ τοῦ προσώπου σου (12 *a*)
70 (71). 9. μὴ ἀπορρίψῃς με εἰς καιρὸν γήρους [S¹ -ως] (12 *a*)
Si. 6. 21. οὐ χρονιεῖ ἀπορρῖψαι αὐτήν
Ho. 10. 7. ἀπέρριψε Σ. βασιλέα αὐτῆς (4)
11. 1 (10. 15). ὄρθρου ἀπερρίφησαν ἀπερρίφη βασιλεὺς Ἰ. (4, 4)
Am. 4. 3. καὶ ἀπορριφήσεσθε εἰς τὸ ὄρος τὸ Ῥ. (12 *a*)
Mi. 2. 9. ἀπορριφήσονται ἐκ τῶν οἰκιῶν τρυφῆς (3)
7. 19. ἀπορριφήσονται [A -ίψει] εἰς τὰ βάθη τῆς θαλ. πάσ. τὰς ἁμαρτ. (12 *a*)
Ob. 1. 5. ποῦ ἂν ἀπερρίφης (4)
Jn. 2. 4. ἀπέρριψάς με εἰς βάθη καρδίας θαλάσσης (12 *a*)
Za. 11. 10. καὶ ἀπορρίψω αὐτήν (1)
— 14. καὶ ἀπέρριψα τὴν ῥάβδον τὴν δευτέραν (1)
Ma. 2. 9. ἀπερριμμένους εἰς πάντα τὰ ἔθνη (13)
Is. 38. 17. ἀπέρριψας ὀπίσω μου πάσας τὰς ἁμαρτίας (12 *a*)
Je. 7. 15. ἀπορρίψω ὑμᾶς ἀπὸ προσώπου μου καθὼς ἀπέρριψα τοὺς ἀδ. ὑμῶν (12 *a*, 12 *a*)
— 29. κεῖρε [A -ραι] τὴν κεφαλήν σου καὶ ἀπόρριπτε (12 *b*)
8. 14. ἀπορριφῶμεν ἐκεῖ [AS om.] ὅτι ὁ θεὸς ἀπέρριψεν ἡμᾶς (5 *a*, 5 *c*)
9. 19 (18). ἀπερρίψαμεν τὰ σκηνώματα ἡμῶν (12 *a*)
16. 13. ἀπορρίψω ὑμᾶς ἀπὸ τῆς γῆς ταύτης (6)
22. 26. ἀπορρίψω [A παραδώσω] σε καὶ τὴν μητέρα σου (6)
28 (51). 6. μὴ ἀπορριφῆτε ἐν τῇ ἀδικίᾳ αὐτῆς (5 *b*)
29 (47). 5. ἀπερρίφη Ἀσκάλων (4)
Ez. 16. 5. ἀπερρίφης ἐπὶ πρόσωπον τοῦ πεδίου (12 *b*)
18. 31. ἀπορρίψατε ἀπὸ ἑαυτῶν πάσας τὰς ἀσεβείας ὑμῶν (12 *a*)
20. 7. ἕκαστος βδελύγματα τῶν ὀφθαλμῶν αὐτοῦ [B¹ om.] ἀπορριψάτω (12 *a*)
— 8. τὰ βδελύγματα τῶν ὀφθαλμῶν αὐτῶν οὐκ ἀπέρριψαν (12 *a*)
23. 35. ἀπέρριψάς με ὀπίσω τοῦ σώματός σου (12 *a*)
38. 11. ἀναβήσομαι ἐπὶ γῆν ἀπερριμμένην †
[Aq. I Ki. 10. 19: IV Ki. 17. 15: Jb. 31. 13: Ps. 35 (36). 5: 52 (53). 6: Is. 7. 15: 31. 7.]
[Sm. Ps. 26 (27). 9: 77 (78). 60: Is. 2. 6.]
[Th. Jb. 30. 22: Ho. 8. 5.]
[Al. Le. 7. 24: 22. 8.]
[Quint. Ps. 26 (27). 9.]

ἀπόρροια.
Wi. 7. 25. ἀπόρροια τῆς τοῦ παντοκράτορος δόξης
[Aq. Ez. 1. 14.]
[Sm. I Ki. 14. 27.]

ἀπορρωγάς.
II Ma. 14. 45. R στὰς ἐπί τινος πέτρας ἀπορρωγάδος [A -ρῶγος]

ἀπορρώξ.
II Ma. 14. 45. A στὰς ἐπί τινος πέτρας ἀπορρῶγος [R -ρωγάδος]
IV Ma. 14. 16. τὰ κατὰ τὰς . . . φάραγγων ἀπορρῶγας

ἀποσάττειν. (1) פָּתַח pi.
Ge. 24. 32. R ἀπέσαξε [A ἐπ.] τὰς καμήλους (1)

ἀποσβεννύναι. (1) כָּבָה
Pr. 31. 18. οὐκ ἀποσβέννυται ὁ λύχνος αὐ. (1)
Si. 3. 30. πῦρ φλογιζόμενον ἀποσβέσει ὕδωρ
43. 21. ἀποσβέσει χλόην ὡς πῦρ
Is. 10. 18. ἀποσβεσθήσεται τὰ ὄρη †
[Aq. Ps. 117 (118). 12.]
[Sm. Ps. 117 (118). 12: Pr. 26. 20.]

ἀποσείειν. (1) נָעַר
Is. 33. 15. τὰς χεῖρας ἀποσειόμενος ἀπὸ δώρων (1)

ἀποσημαίνειν.
I Es. 6. 6. B μέχρις οὗ ἀποσημανθῆναι [A ὑποσ.] Δαρείῳ

ἀποσιωπᾶν. (1) חָרַשׁ hi.
Je. 45 (38). 27. ἀπεσιώπησαν [A ἐσι.] ὅτι οὐκ ἠκούσθη λόγος (1)
[Sm. Ps. 31 (32). 3: 53 (54). 7: 118 (119). 139.]
[Th. Ps. 29 (30). 13.]

ἀποσκαρίζειν. (1) רָדַם ni.
Jd. 4. 21. A ἀπεσκάρισεν ἀνὰ μέσον τῶν γον. αὐ. [B al.] (1)

ἀποσκεδαννύναι.
IV Ma. 5. 10. ἀποσκεδάσεις τῶν λογισμῶν σου τὸν λῆρον
[Aq. Pr. 29. 18.]

ἀποσκευάζειν. (1) פָּנָה pi.
Le. 14. 36. ἀποσκευάσαι τὴν οἰκίαν (1)
[Aq. Is. 40. 3: 57. 14.]
[Sm. Ps. 79 (80). 10: Is. 62. 10.]
[Th. Is. 40. 3: 62. 10.]

ἀποσκευή. (1) טַף (2) כְּלִי (3) מִקְנֶה (4) עֲבֻדָּה (5) רְכוּשׁ
Ge. 14. 12. καὶ τὴν ἀ. αὐτοῦ (5)
15. 14. μετὰ ἀ. πολλῆς (5)
31. 18. καὶ πᾶσαν τὴν ἀ. αὐτοῦ (5)
34. 29. καὶ πᾶσαν τὴν ἀ. αὐτῶν (1)
43. 8. καὶ ἡμεῖς καὶ σὺ καὶ ἡ ἀ. ἡμῶν (1)
46. 5. τὸν πατέρα αὐτῶν καὶ τὴν ἀ. (1)
Ex. 10. 10. μὴ καὶ τὴν ἀ. ὑμῶν (1)
— 24. καὶ ἡ ἀ. ὑμῶν ἀποτρεχέτω μεθ' ὑμῶν (1)
12. 37. πλὴν τῆς [A om.] ἀ. (1)
27. 19. A πᾶσα ἡ ἀ. [B κατασκευή] (2)
39. 22 (42). πᾶσαν τὴν ἀ. [A παρασκευήν] (4)
Nu. 16. 27. τὰ τέκνα αὐτῶν καὶ ἡ ἀ. αὐτῶν (1)
31. 9. τὰς γυναῖκας Μαδ. καὶ τὴν ἀ. αὐτῶν (1)
32. 16. πόλεις ταῖς ἀ. [A κατασκευαῖς] ἡμῶν (1)
— 17. κατοικήσει ἡ ἀ. ἡμῶν ἐν πόλεσι τετειχισμέναις (1)
— 24. οἰκοδομήσετε ὑμῖν ἑαυτοῖς πόλεις τῇ ἀ. ὑμῶν (1)
— 26. ἡ ἀ. ἡμῶν καὶ αἱ γυναῖκες ἡμῶν
— 30. τὴν ἀ. αὐτῶν καὶ τὰς γυναῖκας αὐτῶν –
De. 20. 14. πλὴν τῶν γυναικῶν καὶ τῆς ἀ.
I Ch. 5. 21. ᾐχμαλώτευσαν τὴν ἀ. αὐτῶν (3)
II Ch. 20. 25. κτήνη πολλὰ καὶ ἀποσκευήν (5)
21. 14. καὶ ἐν γυναιξί σου καὶ ἐν πάσῃ τῇ ἀ. σου (5)
— 17. πᾶσαν τὴν ἀ. ἣν εὗρον (5)
32. 29. ἀποσκευὴν προβάτων καὶ βοῶν (3)
— 29. ἔδωκεν αὐτῷ κύριος ἀ. πολλὴν σφόδρα (5)
II Es. 1. 4. ἐν ἀργυρίῳ καὶ χρυσίῳ καὶ ἀποσκευῇ (5)
— 6. ἐν ἀποσκευῇ καὶ ἐν κτήνεσι (5)
Ju. 7. 2. χωρὶς τῆς ἀ. καὶ τῶν ἀνδρῶν
I Ma. 5. 13, 45. τὰ τέκνα αὐτῶν καὶ τὴν ἀ.
9. 35. παραθέσθαι αὐτοῖς τὴν ἀ. [S παρασ.] αὐτῶν
— 39. καὶ ἰδοὺ θροῦς καὶ ἀ. πολλή
II Ma. 12. 21. καὶ τὰ τέκνα [A om.] καὶ τὴν ἄλλην ἀ.

ἀποσκηνοῦν. (1) אָהַל
Ge. 13. 18. ἀποσκηνώσας Ἄβραμ (1)

ἀποσκληρύνειν. (1) קָשָׁה hi.
Jb. 39. 16. ἀπεσκλήρυνε τὰ τέκνα ἑαυτῆς ὥστε μὴ ἑαυτήν (1)
[Th. Jb. 39. 16.]

ἀποσκολοπίζειν.

[**Aq.** Ps. 67 (68). 5 : 118 (119). 118 : Is. 57. 14.]

ἀποσκοπεῖν. (1) שָׁמַר

Jd. 21. 9. **A** καὶ ἀπεσκόπει [**B** ἐπεσκέπη] ὁ λαός †
I Ch. 12. 29. τὸ πλεῖστον αὐτῶν ἀπεσκόπει τὴν φυλακήν [**A** φυλήν] (1)

ἀποσκοπεύειν. (1) *a.* צָפָה pi. *b.* צְפִיָּה

Ju. 10. 10. ἀπεσκόπευον δὲ αὐτὴν οἱ ἄνδρες τῆς πόλεως
Hb. 2. 1. καὶ ἀποσκοπεύσω τοῦ ἰδεῖν τί λαλήσει (1 *a*)
La. 4. 17. μάταια ἀποσκοπευόντων ἡμῶν (1 *b*)
— 18 (17). ἀπεσκοπεύσαμεν εἰς ἔθνος οὐ σῶζον (1 *a*)

ἀποσκορακίζειν. (1) נָעַר (2) נָטַשׁ

Ps. 26 (27). 9. μὴ ἐγκαταλίπῃς [**B**² **S**² ἀποσκορακίσῃς] με (2)
Is. 17. 13. ἀποσκορακιεῖ αὐτόν (1)
I Ma. 11. 55. **A S** αἱ δυνάμεις ἃς ἀπεσκοράκισεν [**S**¹ ἐπεσκόρπισε, **R** ἀπεσκόρπισε]

ἀποσκορακισμός. (1) גְּעָרָה

Is. 66. 15. ἀποδοῦναι . . . ἀποσκορακισμὸν αὐτοῦ [**A S** *om.*] (1)

ἀποσκορπίζειν.

I Ma. 11. 55. **R** αἱ δυνάμεις ἃς ἀπεσκόρπισε [**S**¹ ἐπεσ., **A S** ἀπεσκοράκισε]

ἀποσκυθίζειν.

IV Ma. 10. 7. περισύραντες τὸ δέρμα σὺν ἄκραις ταῖς τῶν δακτύλων κορυφαῖς ἀπεσκύθιζον

ἀποσοβεῖν. (1) חָרַד hi.

De. 28. 26. **A**² οὐκ ἔσται ὁ ἀποσοβῶν [**B** ἐκφοβῶν] (1)
Si. 22. 20. βάλλων λίθον ἐπὶ πετεινὰ ἀποσοβεῖ αὐτά
Je. 7. 33. οὐκ ἔσται ὁ ἀποσοβῶν (1)

[**Aq.** Ge. 15. 11.]

ἀποσπᾶν. (1) כָּרַת (2) נָתַק *a.* ni. *b.* hi. (3) נָתַשׁ (4) עָתִיק (5) פָּרַד hithp.

Le. 22. 24. ἀπεσπασμένον οὐ προσάξεις [**A** -ετε] (1)
Jo. 8. 6. ἀποσπάσομεν [**A** ἀποστησ.] αὐτοὺς ἀπὸ τῆς πόλ. (2 *b*)
Jd. 16. 9. ὡς εἴ τις ἀποσπάσοι στρέμμα στυππίου [**A** *al.*] (2 *a*)
Jb. 41. 8 (9). συνέχονται καὶ οὐ μὴ ἀποσπασθῶσιν [**S**¹ πάθωσιν] (5)
Is. 28. 9. οἱ ἀπεσπασμένοι ἀπὸ μαστοῦ (4)
Je. 12. 14. ἀποσπῶ αὐτοὺς ἀπὸ τῆς γῆς αὐτῶν (3)
Ez. 19. 5. **A** ἀποσπᾶται [**B** ἀπῶσται] ἀπ' αὐτῆς †
II Ma. 12. 10. **R** ἀποσπασθέντων [**A** ἀποσπάσαντες] σταδίους ἐννέα
— 17. ἀποσπάσαντες σταδίους ἑπτακοσίους πεντήκ.
IV Ma. 13. 18. ἑνὶ ἑκάστῳ τῶν ἀποσπωμένων αὐτῶν ἀδελφῶν ἔλεγον

[**Aq.** Nu. 11. 25 : Is. 41. 9.]
[**Th.** Ex. 28. 28 : Jb. 41. 9.]

ἀπόσπασμα. (1) גִּזְרָה (2) קֶרֶץ

Je. 26 (46). 20. ἀ. ἀπὸ βορρᾶ ἦλθεν ἐπ' αὐτήν (2)
La. 4. 7. ὑπὲρ λίθους σαπφείρου τὸ ἀ. αὐτῶν (1)

[**Aq.** Le. 13. 30.]

ἀποστάζειν. (1) נוב (2) נָטַף

Pr. 5. 3. μέλι γὰρ ἀποστάζει ἀπὸ χειλέων (2)
10. 31. στόμα δικαίου ἀποστάζει σοφίαν (1)
— 32. χείλη ἀνδρῶν δικαίων ἀποστάζει χάριτας †
Ca. 4. 11. κηρίον ἀποστάζουσι χείλη σου (2)

[**Aq.** Jb. 10. 10.]
[**Sm.** Ps. 67 (68). 9.]

ἀποσταλάζειν. (1) נָטַף *a.* qal. *b.* hi.

Am. 9. 13. καὶ ἀποσταλάξει τὰ ὄρη γλυκασμόν (1 *b*)
Jl. 3 (4). 18. ἀποσταλάξει τὰ ὄρη γλυκασμόν (1 *a*)

ἀποστασία. (1) בְּלִיַּעַל (2) מַעַל (3) מֶרֶד (4) רָעָה

Jo. 22. 22. εἰ ἐν ἀποστασίᾳ [**A** ἀποστάσει] ἐπλημμελήσαμεν (3)
III Ki. 20 (21). 13. **A** κατεμαρτύρησαν ἄνδρες τῆς ἀ. [**B** *al.*] (1)
II Ch. 29. 19. ἃ ἐμίανεν ὁ βασ. Ἄχαζ . . . ἐν τῇ ἀ. αὐτοῦ (2)
33. 19. **A** πᾶσαι αἱ ἁμαρτίαι αὐτοῦ καὶ αἱ ἀ. [**B** ἀποστάσεις] (2)
Je. 2. 19. παιδεύσει σε ἡ ἀ. σου (4)
I Ma. 2. 15. οἱ καταναγκάζοντες τὴν ἀ. [**S** ἀπόστασιν]

[**Aq.** Dt. 15. 9 : Jd. 19. 22 : I Ki. 2. 12 : 10. 27 : 25. 17 : Pr. 16. 27 : Na. 1. 11.]
[**Th.** III Ki. 21 (20). 13.]

ἀποστάσιον. (1) *a.* כְּרִיתוּת *b.* כְּרִיתֻת

De. 24. 1. γράψει αὐτῇ βιβλίον ἀποστασίου (1 *b*)
— 3. γράψει αὐτῇ βιβλίον ἀποστασίου (1 *b*)
Is. 50. 1. τὸ βιβλίον τοῦ ἀ. τῆς μητρὸς ὑμῶν (1 *a*)
Je. 3. 8. ἔδωκα αὐτῇ βιβλίον ἀποστασίου (1 *b*)

ἀπόστασις. (1) מַעַל (2) *a.* מֶרֶד *b.* מְרַד

Jo. 22. 22. **A** εἰ ἐν ἀποστάσει [**B** ἀποστασίᾳ] ἐπλημμελήσαμεν (2 *a*)
II Ch. 28. 19. ὅτι ἀπέστη ἀποστάσει ἀπὸ κυρίου (1)
33. 19. αἱ ἁμαρτίαι αὐτοῦ καὶ ἀποστάσεις [**A** αἱ ἀποστασίαι] (1)
I Es. 2. 27. οἱ ἄνθρωποι ἀποστάσεις . . . συντελοῦντες
II Es. 4. 19. ἀποστάσεις καὶ φυγαδεῖαι γίνονται (2 *b*)
Si. 36 (33). 12. **A** ἀνέστρεψεν αὐτοὺς ἀπὸ ἀποστάσεως [**B S** στάσεως]
I Ma. 2. 15. **S** οἱ καταναγκάζοντες τὴν ἀ. [**A R** ἀποστασίαν]

[**Aq.** II Ki. 3. 26.]

ἀποστατεῖν. (1) מָרַד (2) שָׁנָה

Ne. 2. 19. ἢ ἐπὶ τὸν βασιλέα ὑμεῖς ἀποστατεῖτε (1)
6. 6. ὅτι σὺ καὶ οἱ Ἰουδαῖοι λογίζεσθε ἀποστατῆσαι (1)
Ps. 118 (119). 118. τοὺς ἀποστατοῦντας ἀπὸ τῶν δικαιωμάτων (2)
I Ma. 11. 14. ὅτι ἀπεστάτουν οἱ ἀπὸ τῶν τόπων ἐκείνων
13. 16. ὅπως μὴ ἀφεθεὶς ἀποστατήσῃ ἀφ' ἡμῶν
II Ma. 5. 11. διέλαβεν ἀποστατεῖν τὴν Ἰουδαίαν

[**Sm.** I Ki. 20. 30.]
[**Sext.** Ps. 24 (25). 3.]

ἀποστάτης. (1) ἀ. γίνεσθαι מָרַד (2) סָרַר

Nu. 14. 9. ἀπὸ τοῦ κυρίου μὴ ἀποστάται γίνεσθε (1)
Jo. 22. 16. ἀποστάτας ὑμᾶς γενέσθαι ἀπὸ τοῦ κ. (1)
— 19. καὶ μὴ ἀπὸ θεοῦ [**A** κυρίου] ἀποστάται γενήθητε (1)
I Es. 2. 23. οἱ Ἰουδαῖοι ἀ. . . . συνιστάμενοι
Jb. 26. 13. ἐθανάτωσε δράκοντα ἀποστάτην †
Is. 30. 1. οὐαὶ τέκνα ἀποστάται (2)
Da. lxx. th. 3. (32). εἰς χεῖρας . . . ἐχθίστων ἀ.
II Ma. 5. 8. ὡς τῶν νόμων ἀποστάτης καὶ βδελυσσόμενος
III Ma. 7. 3. κολάσασθαι ξενιζούσαις ἀποστατῶν τιμωρίαις

[**Aq.** I Ki. 30. 22.]

▶ **ἀποστάτις.** (1) מָרַד

I Es. 2. 18. Ἰερουσαλὴμ τὴν πόλιν τὴν ἀ. καὶ πονηράν
— 22. γνώσῃ ὅτι ἡ πόλις ἦν ἐκείνη ἀ.
II Es. 4. 12. Ἰερουσαλὴμ τὴν πόλιν ἀ. καὶ πονηράν (1)
— 15. ἡ πόλις ἐκείνη πόλις ἀ. καὶ κακοποιοῦσα βασιλεῖς (1)

ἀποστεγάζειν.

[**Sm.** Je. 49. 10 (29. 11).]

ἀποστέλλειν. (1) בּוֹא ho. (2) חָלָה pi. (3) יָרַד hi. (4) מַחֲשָׁבָה (5) נָחַת (6) נָשַׁף (7) נָתַן (8) סוּר hi. (9) עוּף (10) פּוּץ hi. (11) צָוָה pi. (12) שׁוּב hi. (13) שָׁלַח *a.* qal. *b.* ni. *c.* pi. *d.* pu. *e.* hi. *f.* שְׁלַח *g.* מִשְׁלַח (14) תּוּב aph.

Ge. 8. 7. ἀπέστειλε τὸν κόρακα (13 *c*)
— 8. ἀπέστειλε τὴν περιστεράν (13 *c*)
19. 13. ἀπέστειλεν ἡμᾶς κ. ἐκτρῖψαι (13 *c*)
20. 2. ἀπέστειλε δὲ Ἀβιμέλεχ (13 *a*)
21. 14. καὶ ἀπέστειλεν αὐτήν (13 *c*)
24. 7. αὐτὸς ἀποστελεῖ τὸν ἄγγελον αὐτοῦ (13 *a*)
— 40. **S** ἀποστελεῖ [**A R** ἐξαπ.] τὸν ἄγγελον αὐ. (13 *a*)
26. 27. **A** ἀπεστείλατέ [**R** ἐξαπ.] με ἀφ' ὑμῶν (13 *c*)
27. 45. ἀποστείλασα μεταπέμψομαί σε (13 *a*)
28. 5. ἀπέστειλεν Ἰσαὰκ τὸν Ἰακώβ (13 *a*)
— 6. **R** ἀπέστειλεν [**A** ἀπῴχετο] εἰς τὴν Μεσ. (13 *c*)
Ge. 30. 25. ἀπόστειλόν με (13 *c*)
31. 4. ἀποστείλας δὲ Ἰακὼβ ἐκάλεσε (13 *a*)
32. 3 (4). ἀπέστειλε δὲ Ἰακὼβ ἀγγέλους (13 *a*)
— 5 (6). ἀπέστειλα ἀναγγεῖλαι τῷ κυρίῳ μου (13 *a*)
— 18 (19). δῶρα ἀπέσταλκε τῷ κυρίῳ μου (13 *a*)
— 26 (27). ἀπόστειλόν με ἀνέβη γὰρ ὁ ὄρθρος (13 *c*)
— 26 (27). οὐ μή σε ἀποστείλω (13 *c*)
37. 13. δεῦρο ἀποστείλω σε πρὸς αὐτούς (13 *a*)
— 14. καὶ ἀπέστειλεν αὐτὸν ἐκ τῆς κοιλάδος (13 *a*)
— 32. ἀπέστειλαν τὸν χιτῶνα . . . τῷ πατρὶ αὐτῶν (13 *c*)
38. 17. ἐγώ σοι ἀποστελῶ ἔριφον αἰγῶν (13 *c*)
— 17. ἕως τοῦ ἀποστεῖλαί σε (13 *a*)
— 20. ἀπέστειλε δὲ Ἰούδας τὸν ἔριφον (13 *a*)
— 23. ἐγὼ μὲν ἀπέσταλκα τὸν ἔριφον (13 *a*)
— 25. ἀπέστειλε πρὸς τὸν πενθερὸν αὐτῆς (13 *a*)
41. 8. ἀποστείλας ἐκάλεσε πάντας τοὺς ἐξ. (13 *a*)
— 14. ἀποστείλας δὲ Φαραὼ ἐκάλεσε τὸν Ἰ. (13 *a*)
42. 4. τὸν δὲ Βεν. . . . οὐκ ἀπέστειλε μετὰ τῶν ἀδελφῶν (13 *a*)
— 16. ἀποστείλατε ἐξ ὑμῶν ἕνα (13 *a*)
43. 4. εἰ μὲν οὖν ἀποστέλλεις τὸν ἀδελφόν (13 *c*)
— 5. εἰ δὲ μὴ ἀποστέλλεις τὸν ἀδελφόν (13 *c*)
— 8. ἀπόστειλον τὸ παιδάριον μετ' ἐμοῦ (13 *a*)
— 14. καὶ ἀποστεῖλαι τὸν ἀδελφὸν ὑμῶν (13 *c*)
44. 3. καὶ οἱ ἄνθρωποι ἀπεστάλησαν (13 *d*)
45. 5. εἰς γὰρ ζωὴν ἀπέστειλέ με ὁ θ. ἔμπροσθεν ὑμῶν (13 *a*)
— 7. ἀπέστειλε γάρ με ὁ θ. ἔμπροσθεν ὑμῶν (13 *a*)
— 8. οὐχ ὑμεῖς με ἀπεστάλκατε ὧδε (13 *a*)
— 23. τῷ πατρὶ αὐτοῦ ἀπέστειλε κατὰ τὰ αὐτά (13 *a*)
— 27. τὰς ἁμάξας ἃς ἀπέστειλεν Ἰωσήφ (13 *a*)
46. 5. τὰς ἁμάξας ἃς ἀπέστειλεν Ἰ. ἆραι αὐτόν (13 *a*)
— 28. τὸν δὲ Ἰούδαν ἀπέστειλεν ἔμπροσθεν αὐτοῦ (13 *a*)
Ex. 2. 5. ἀποστείλασα τὴν ἅβραν ἀνείλατο αὐτήν (13 *a*)
3. 10. δεῦρο ἀποστείλω σε πρὸς Φαραώ (13 *a*)
— 12. **A** τὸ σημεῖόν ὅτι ἐγώ σε ἀποστέλλω [**B** ἐξαποστελῶ] (13 *a*)
— 13. ἀπέσταλκέ με πρὸς ὑμᾶς (13 *a*)
— 14. ὁ Ὢν ἀπέσταλκέ με πρὸς ὑμᾶς (13 *a*)
— 15. ἀπέσταλκέ με πρὸς ὑμᾶς (13 *a*)
4. 13. δυνάμενον ἄλλον ὃν ἀποστελεῖς (13 *a*)
— 28. πάντας τοὺς λόγους κ. οὓς ἀπέστειλε (13 *a*)
5. 22. καὶ ἵνα τί ἀπέσταλκάς με (13 *a*)
7. 16. ἀπέσταλκέ με πρὸς σέ (13 *a*)
8. 28 (24). ἐγὼ ἀποστέλλω [**A** ἐξαπ.] ὑμᾶς (13 *c*)
9. 15. ἀποστείλας τὴν χεῖρα [**A** *add.* μου] πατάξω σε (13 *a*)
— 27. ἀποστείλας δὲ Φαραὼ ἐκάλεσε Μ. καὶ Ἀ. (13 *a*)
10. 10. καθότι ἀποστέλλω ὑμᾶς (13 *c*)
11. 1. **A** ὅταν δὲ ἀποστέλλῃ [**B** ἐξαπ.] ὑμᾶς (13 *c*)
15. 7. ἀπέστειλας τὴν ὀργήν σου (13 *c*)
— 10. ἀπέστειλας τὸ πνεῦμά σου (6)
23. 20. ἐγὼ ἀποστέλλω τὸν ἄγγελόν μου πρὸ προσώπου σου (13 *a*)
— 27. τὸν φόβον ἀποστελῶ ἡγούμενόν σου (13 *c*)
— 28. ἀποστελῶ τὰς σφηκίας προτέρας σου (13 *a*)
Le. 16. 10. ὥστε ἀποστεῖλαι αὐτὸν εἰς τὴν ἀποπομπήν (13 *c*)
25. 21. ἀποστελῶ [**A** -στελλω] τὴν εὐλογίαν μου ὑμῖν (11)
26. 22. ἀποστέλλω [**A** -στελῶ] ἐφ' ὑμᾶς τὰ θηρία (13 *e*)
Nu. 13. 3 (2). ἀπόστειλον σεαυτῷ ἄνδρας (13 *a*)
— 3 (2). **B** κατὰ δήμους πατριῶν αὐτῶν ἀποστείλας [**A R** -ελεῖς] αὐ. (13 *a*)
— 4 (3). **A** ἀπέστειλεν [**B** ἐξαπ.] αὐτοὺς Μ. (13 *a*)
— 17 (16). οὓς ἀπέστειλε Μ. κατασκέψασθαι (13 *a*)
— 18 (17). ἀπέστειλεν αὐτοὺς Μ. κατασκέψασθαι τὴν γῆν (13 *a*)
— 28 (27). εἰς τὴν γῆν εἰς ἣν ἀπέστειλας ἡμᾶς (13 *a*)
14. 36. οὓς ἀπέστειλε Μωυσῆς (13 *a*)
16. 12. ἀπέστειλε Μωυσῆς καλέσαι Δαθάν (13 *a*)
— 28. κύριος ἀπέστειλέ με ποιῆσαι πάντα τὰ ἔργα (13 *a*)
— 29. οὐχὶ κύριος ἀπέσταλκέ [**A** ἀπέστειλέν] με (13 *a*)
20. 14. ἀπέστειλε Μωυσῆς ἀγγέλους ἐκ Κ. (13 *a*)
— 16. ἀποστείλας ἄγγελον ἐξήγαγεν ἡμᾶς (13 *a*)
21. 6. ἀπέστειλε κύριος εἰς τὸν λαὸν τοὺς ὄφεις (13 *c*)
— 20 (21). ἀπέστειλε Μωυσῆς πρέσβεις πρὸς Σηών (13 *a*)
— 32. ἀπέστειλε Μωυσῆς κατασκέψασθαι τὴν Ἰ. (13 *a*)

▶ = additional entry on page xxiv

Nu. 22. 5. ἀπέστειλε πρέσβεις πρὸς Βαλαάμ (13 a)
— 10. Βαλὰκ . . . ἀπέστειλεν αὐτοὺς [A ἀγγέλους] (13 a)
— 15. προσέθετο Βαλὰκ ἔτι ἀποστεῖλαι ἀρχ. (13 a)
— 37. οὐχὶ ἀπέστειλα πρὸς σὲ καλέσαι σε (13 a)
— 40. ἀπέστειλε τῷ Βαλαὰμ καὶ τοῖς ἄρχουσι (13 c)
24. 12. τοῖς ἀγγέλοις σου οὓς ἀπέστειλας πρὸς μέ (13 a)
31. 4. ἐκ πασῶν φυλῶν Ἰσ. ἀποστείλατε παρατάξασθαι (13 a)
— 6. ἀπέστειλεν αὐτοὺς Μωυσῆς χιλίους ἐκ φυλῆς (13 a)
32. 8. ἀπέστειλα αὐτοὺς . . . κατανοῆσαι τὴν γῆν (13 a)
De. 1. 22. ἀποστείλωμεν ἄνδρας προτέρους ἡμῶν (13 a)
2. 26. ἀπέστειλα πρέσβεις ἐκ τῆς ἐρήμου (13 a)
7. 20. τὰς σφηκίας ἀποστελεῖ κ. ὁ θεός σου (13 c)
9. 23. A ὅτε ἀπέστειλεν [B ἐξαπ.] ὑμᾶς κύριος (13 a)
19. 12. ἀποστελοῦσιν ἡ γερουσία τῆς πόλεως αὐτοῦ (13 a)
22. 7. ἀποστολῇ ἀποστελεῖς τὴν μητέρα (13 c)
28. 8. ἀποστεῖλαι κύριος ἐπὶ σὲ τὴν εὐλογίαν (11)
— 20. ἀποστεῖλαι [A ἐξαπ.] κύριος ἐπὶ σὲ τὴν ἔνδειαν (13 c)
29. 22 (21). ἃς ἀπέστειλε κ. ἐπ' αὐτήν (2)
32. 24. B ὀδόντας θηρίων ἀποστελῶ [A R ἐξαπ.] (13 c)
34. 11. ὃν ἀπέστειλεν αὐτὸν κύριος ποιῆσαι αὐτά (13 a)
Jo. 1. 16. οὗ ἐὰν ἀποστείλῃς ἡμᾶς (13 a)
2. 1. ἀπέστειλεν Ἰησοῦς . . . δύο νεανίσκους (13 a)
— 3. ἀπέστειλεν ὁ βασιλεὺς Ἱεριχὼ (13 a)
6. 24 (25). οὓς ἀπέστειλεν Ἰησοῦς (13 a)
7. 2. ἀπέστειλεν Ἰησοῦς ἄνδρας εἰς Γαί (13 a)
— 22. καὶ ἀπέστειλεν Ἰησοῦς ἀγγέλους (13 a)
8. 3. καὶ ἀπέστειλεν αὐτοὺς νυκτός (13 a)
— 9. καὶ ἀπέστειλεν αὐτοὺς Ἰησοῦς (13 a)
10. 3. καὶ ἀπέστειλεν Ἀδωνιβεζὲκ . . . πρὸς Ἐλάμ (13 a)
— 6. καὶ ἀπέστειλαν οἱ κατοικοῦντες Γαβαὼν (13 a)
11. 1. ἀπέστειλε πρὸς Ἰωβὰβ (13 a)
14. 7, 11. ὅτε ἀπέστειλέ με Μωυσῆς (13 a)
22. 13. ἀπέστειλαν οἱ υἱοὶ Ἰσραὴλ πρὸς τοὺς υἱοὺς Ῥ. (13 a)
23. 5. ἀποστελεῖ [A -στείλῃ] αὐτοῖς τὰ θηρία τὰ ἄγρια –
24. 9. ἀποστείλας ἐκάλεσε τὸν Βαλαὰμ ἀράσασθαι (13 a)
— 28. ἀπέστειλεν [A ἐξαπ.] Ἰησοῦς τὸν λαόν (13 c)
Jd. 3. 15. A ἀπέστειλαν [B ἐξαπ.] οἱ υἱοὶ Ἰσ. δῶρα (13 a)
4. 6. καὶ ἀπέστειλε Δεββώρα (13 a)
5. 15. B Βαρὰκ ἐν κοιλάσιν ἀπέστειλεν ἐν ποσὶν [A *aliter*] (13 d)
6. 35. B ἀγγέλους ἀπέστειλεν [A R ἐξαπ.] (13 a)
7. 24. ἀγγέλους ἀπέστειλε [A ἐξαπ.] Γεδεὼν (13 a)
9. 31. καὶ ἀπέστειλεν ἀγγέλους πρὸς Ἀ. (13 a)
11. 12. καὶ ἀπέστειλεν Ἰεφθάε ἀγγέλους (13 a)
— 14. προσέθηκεν ἔτι Ἰεφθάε [A *om.* πρ. ἔ. Ἰ.] καὶ ἀπέστειλεν ἀγγέλους
— 17. καὶ ἀπέστειλεν [A ἐξαπ.] Ἰσραὴλ ἀγγέλους (13 a)
— 17. καί γε πρὸς βασιλέα Μωὰβ ἀπέστειλε (13 a)
— 19. καὶ ἀπέστειλεν Ἰσραὴλ ἀγγέλους πρὸς Σηὼν (13 a)
— 28. ὧν ἀπέστειλε πρὸς αὐτόν (13 a)
— 38. καὶ ἀπέστειλεν [A ἐξαπ.] αὐτὴν δύο μῆνας (13 a)
13. 8. ὃν ἀπέστειλας [A *add.* πρὸς ἡμᾶς] (13 a)
16. 18. καὶ ἀπέστειλε καὶ ἐκάλεσε [A *al.*] (13 a)
18. 2. καὶ ἀπέστειλαν [A ἐξαπ.] οἱ υἱοὶ Δὰν (13 a)
19. 29. καὶ ἀπέστειλεν αὐτὰ ἐν παντὶ ὁρίῳ Ἰσρ. [A *al.*] (13 c)
20. 6. B ἀπέστειλα [A R ἐξαπ.] ἐν παντὶ ὁρίῳ (13 c)
— 12. καὶ ἀπέστειλαν [A ἐξαπ.] αἱ φυλαὶ Ἰσραὴλ ἄνδρας (13a)
21. 10. καὶ ἀπέστειλεν [A -αν] ἐκεῖ ἡ συναγωγὴ δώδεκα χιλ. (13 a)
— 13. καὶ ἀπέστειλεν πᾶσα ἡ συναγωγή (13 a)
I Ki. 4. 4. καὶ ἀπέστειλεν ὁ λαὸς εἰς Σηλὼμ (13 a)
5. 8. καὶ ἀποστέλλουσι καὶ συνάγουσι (13 a)
— 11. A καὶ ἀποστέλλουσι [B ἐξαποστ.] καὶ συνάγουσι (13 a)

I Ki. 6. 2. ἐν τίνι ἀποστελοῦμεν αὐτὴν εἰς τὸν τόπον (13 c)
— 3. A μὴ δὴ ἀποστείλητε [B ἐξαπ.] αὐτὴν κενήν (13 c)
— 21. καὶ ἀποστέλλουσιν ἀγγέλους πρὸς τοὺς κατοικοῦντας (13 a)
9. 16. αὔριον ἀποστελῶ πρὸς σὲ ἄνδρα (13 a)
11. 3. ἀποστελοῦμεν ἀγγέλους εἰς πᾶν ὅριον Ἰσρ. (13 a)
— 7. ἀπέστειλεν εἰς πᾶν ὅριον Ἰσραὴλ (13 c)
12. 8. καὶ ἀπέστειλε κύριος τὸν Μωυσῆν (13 a)
— 11. καὶ ἀπέστειλε [A *add.* κύριος] τὸν Ἰεροβ. (13 a)
15. 1. ἐμὲ ἀπέστειλε κύριος (13 a)
— 18. καὶ ἀπέστειλέ σε κύριος ἐν ὁδῷ (13 a)
— 20. ᾗ ἀπέστειλέ [A ἀπέσταλκέν] με κύριος (13 a)
16. 1. ἀποστείλω σε πρὸς Ἰεσσαί (13 a)
— 11. ἀπόστειλον καὶ λάβε αὐτόν (13 a)
— 12. καὶ ἀπέστειλε καὶ εἰσήγαγεν αὐτόν (13 a)
— 19. καὶ ἀπέστειλε Σαοὺλ [A *om.*] ἀγγέλους (13 a)
— 19. ἀπόστειλον πρὸς μὲ τὸν υἱόν σου Δ. (13 a)
— 22. καὶ ἀπέστειλε Σαοὺλ πρὸς Ἰεσσαί (13 a)
18. 5. A ἐν πᾶσιν οἷς ἀπέστειλεν αὐτὸν Σαοὺλ (13 a)
19. 11. ἀπέστειλε Σαοὺλ ἀγγέλους (13 a)
— 14. καὶ ἀπέστειλε Σαοὺλ ἀγγέλους (13 a)
— 15. καὶ ἀποστέλλει [A *add.* τοῦ ἰδεῖν] ἐπὶ τὸν Δ. (13 a)
— 20. καὶ ἀπέστειλε Σαοὺλ ἀγγέλους (13 a)
— 21. καὶ ἀπέστειλεν ἀγγέλους ἑτέρους (13 a)
— 21. προσέθετο Σαοὺλ ἀποστεῖλαι ἀγγέλους τρίτους (13 a)
20. 12. καὶ οὐ μὴ ἀποστείλω πρὸς σὲ εἰς ἀγρόν (13 a)
— 21. καὶ ἰδοὺ ἀποστέλλω τὸ παιδάριον (13 a)
— 31. νῦν οὖν ἀποστείλας λάβε τὸν νεανίαν (13 a)
21. 2 (3). τὸ ῥῆμα περὶ οὗ ἐγὼ ἀποστέλλω σε (13 a)
22. 11. καὶ ἀπέστειλεν ὁ βασιλεύς (13 a)
25. 5. καὶ ἀπέστειλε Δαυὶδ δέκα παιδάρια (13 a)
— 14. ἰδοὺ Δαυὶδ ἀπέστειλεν ἀγγέλους (13 a)
— 25. τὰ παιδάριά σου ἃ ἀπέστειλας (13 a)
— 32. ὃς ἀπέστειλέ σε . . . εἰς ἀπάντησίν μοι (13 a)
— 39. καὶ ἀπέστειλε Δαυίδ (13 a)
— 40. Δαυὶδ ἀπέστειλεν ἡμᾶς πρὸς σέ (13 a)
26. 4. καὶ ἀπέστειλε Δαυὶδ κατασκόπους (13 a)
30. 26. ἀπέστειλε τοῖς πρεσβυτέροις τῶν σκύλων Ἰούδα (13 c)
31. 9. ἀποστέλλουσιν αὐτὰ εἰς γῆν ἀλλοφύλων (13 c)
II Ki. 2. 5. καὶ ἀπέστειλε Δαυὶδ ἀγγέλους (13 a)
3. 12. καὶ ἀπέστειλεν Ἀβεννὴρ ἀγγέλους (13 a)
— 14. A καὶ ἀπέστειλεν [B ἐξαπ.] Δαυὶδ . . . ἀγγέλους (13 a)
— 15. καὶ ἀπέστειλε Μεμφιβοσθέ (13 a)
— 21. καὶ ἀπέστειλε Δαυὶδ τὸν Ἀβ. (13 c)
— 22. ὅτι ἀπεστάλκει αὐτόν (13 c)
— 23. καὶ ἀπέσταλκεν αὐτόν (13 c)
— 26. καὶ ἀπέστειλεν ἀγγέλους ὀπίσω Ἀβ. (13 a)
5. 11. καὶ ἀπέστειλε Χειρὰμ . . . ἀγγέλους (13 a)
8. 10. καὶ ἀπέστειλε Θοοὺ Ἰεδδουρὰν (13 a)
9. 5. καὶ ἀπέστειλεν ὁ βασιλεὺς Δ. (13 a)
10. 2. ἀπέστειλε Δαυὶδ παρακαλέσαι αὐτόν (13 a)
— 3. ἀπέστειλέ σοι παρακαλοῦντας (13 a)
— 3. ἀπέστειλε Δαυὶδ τοὺς παῖδας αὐτοῦ (13 a)
— 5. καὶ ἀπέστειλεν εἰς ἀπαντὴν [A -τησιν] αὐτῶν (13 a)
— 6. καὶ ἀπέστειλαν οἱ υἱοὶ Ἀμμὼν (13 a)
— 7. καὶ ἀπέστειλε τὸν Ἰωὰβ (13 a)
— 16. καὶ ἀπέστειλεν Ἀδρααζὰρ (13 a)
11. 1. καὶ ἀπέστειλε Δαυὶδ τὸν Ἰωάβ (13 a)
— 3. καὶ ἀπέστειλε Δαυίδ (13 a)
— 4. καὶ ἀπέστειλε Δαυὶδ ἀγγέλους (13 a)
— 5. καὶ ἀποστείλασα ἀπήγγειλε τῷ Δαυίδ (13 a)
— 6. καὶ ἀπέστειλε Δαυὶδ πρὸς Ἰωάβ (13 a)
— 6. ἀπόστειλον πρὸς μὲ τὸν Οὐρίαν τὸν Χετταῖον (13 a)
— 6. καὶ ἀπέστειλεν Ἰωὰβ τὸν Οὐρίαν πρὸς Δ. (13 a)
— 14. καὶ ἀπέστειλεν ἐν χειρὶ Οὐρίου (13 a)
— 18. καὶ ἀπέστειλεν Ἰωάβ (13 a)
— 27. καὶ ἀπέστειλε Δαυίδ (13 a)
12. 1. καὶ ἀπέστειλε κύριος τὸν Νάθαν (13 a)
— 25. καὶ ἀπέστειλεν ἐν χειρὶ Νάθαν τοῦ προφ. (13 a)
— 27. καὶ ἀπέστειλεν Ἰωὰβ ἀγγέλους πρὸς Δαυίδ (13 a)
13. 7. καὶ ἀπέστειλε Δαυὶδ πρὸς Θημάρ (13 a)
— 27. καὶ ἀπέστειλε μετ' αὐτοῦ τὸν Ἀμνών (13 a)
14. 2. καὶ ἀπέστειλεν Ἰωὰβ εἰς Θεκωέ (13 a)
— 29. καὶ ἀπέστειλεν Ἀβεσ. πρὸς Ἰωὰβ ἀποστεῖλαι αὐτὸν πρὸς τὸν βασ. (13 a, 13 a)
— 29. καὶ ἀπέστειλεν ἐκ δευτέρου πρὸς αὐτόν (13 a)

II Ki. 14. 32. ἰδοὺ ἀπέστειλα πρὸς σέ (13 a)
— 32. καὶ ἀποστελῶ σε πρὸς τὸν βασ. (13 a)
15. 10. καὶ ἀπέστειλεν Ἀβεσ. κατασκόπους (13 a)
— 12. καὶ ἀπέστειλεν Ἀβεσ. τῷ Ἀχιτόφελ (13 a)
— 36. ἀποστελεῖτε ἐν χειρὶ αὐτῶν πρὸς μὲ πᾶν ῥῆμα (13 a)
17. 16. καὶ νῦν ἀποστείλατε ταχύ (13 a)
18. 2. καὶ ἀπέστειλε Δαυὶδ τὸν λαὸν τὸ τρίτον (13 c)
— 29. τοῦ ἀποστεῖλαι τὸν δοῦλον (13 a)
19. 11 (12). καὶ ὁ βασ. Δ. ἀπέστειλε [A *om.*] πρὸς Σ. (13 a)
— 14 (15). καὶ ἀπέστειλαν πρὸς τὸν βασιλέα (13 a)
22. 15. καὶ ἀπέστειλε βέλη (13 a)
— 17. ἀπέστειλεν ἐξ ὕψους (13 a)
24. 13. τί ἀποκριθῶ τῷ ἀποστείλαντί με ῥῆμα (13 a)
III Ki. 1. 44. ἀπέστειλε μετ' αὐτοῦ ὁ βασ. τὸν Σαδὼκ (13 a)
— 53. καὶ ἀπέστειλεν ὁ βασιλεὺς Σαλ. (13 a)
2. 29. καὶ ἀπέστειλε Σαλωμὼν . . . πρὸς Ἰωάβ –
— 29. καὶ ἀπέστειλε Σαλωμὼν τὸν Βαναίου υἱόν (13 a)
3. 1 (2. 36). A ἀποστείλας [B *om.*] ὁ βασ. (13 a)
— 1 (2. 42). καὶ ἀπέστειλεν ὁ βασιλεύς (13 a)
5. 1 (15). καὶ ἀπέστειλε Χιρὰμ βασ. Τύρου τοὺς παῖδας (13 a)
— 2 (16). καὶ ἀπέστειλε Σαλωμὼν πρὸς Χιράμ (13 a)
— 8 (22). καὶ ἀπέστειλε πρὸς Σαλωμών (13 a)
— 8 (22). ὧν ἀπέσταλκας [A ἐπ.] πρὸς μέ (13 a)
— 9 (23). οὗ ἐὰν ἀποστείλῃς πρὸς μέ (13 a)
— 14 (28). καὶ ἀπέστειλεν αὐτοὺς εἰς τὸν Λίβ. (13 a)
7. 13. καὶ ἀπέστειλεν ὁ βασιλεὺς Σαλωμών (13 a)
9. 27. καὶ ἀπέστειλε Χιρὰμ ἐν τῇ νηὶ τῶν παίδων (13 a)
12. 3. A καὶ ἀπέστειλαν καὶ ἐκάλεσαν αὐτόν (13 a)
— 18. καὶ ἀπέστειλεν ὁ βασ. τὸν Ἀδωνιράμ (13 a)
— 20. καὶ ἀπέστειλαν καὶ ἐκάλεσαν [A εἰσήγαγεν] αὐτόν (13 a)
— 24. B καθὼς ἀπέστειλεν ὁ λαὸς πρὸς αὐτόν –
— 24. B καὶ ἀπέστειλε καὶ εἰσήγαγε τοὺς συντρόφους –
— 24. B τὰ αὐτὰ καὶ ταῦτα ἀπέστειλεν ὁ λαὸς πρὸς μέ [R *al.*] –
15. 20. καὶ ἀπέστειλε τοὺς ἄρχοντας (13 a)
18. 10. οὗ οὐκ ἀπέστειλεν [A ἀπέσταλκέν με] ὁ κύριός μου (13 a)
— 19. καὶ νῦν ἀπόστειλον συνάθροισον πρὸς μέ (13 a)
— 20. καὶ ἀπέστειλεν Ἀχαὰβ εἰς πάντα Ἰσρ. (13 a)
19. 2. καὶ ἀπέστειλεν Ἰεζάβελ [A *add.* ἄγγελον] (13 a)
20 (21). 8. καὶ ἀπέστειλε τὸ βιβλίον (13 a)
— 11. A R καθὼς ἀπέστειλε πρὸς αὐτοὺς Ἰεζ. (13 a)
— 11. A R οἷς ἀπέστειλε πρὸς αὐτούς (13 a)
— 14. καὶ ἀπέστειλαν πρὸς Ἰεζάβελ (13 a)
21 (20). 2. καὶ ἀπέστειλε [A *add.* ἀγγέλους] πρὸς Ἀχαάβ (13 a)
— 5. R ἐγὼ ἀπέστειλα πρὸς σὲ [A B ἐγὼ ἀπέστρεψα] (13 a)
— 6. ἀποστελῶ [A -έλλω] τοὺς παῖδάς μου πρὸς σέ (13 a)
— 7. ὅτι ἀπέσταλκε πρὸς μέ (13 a)
— 9. ὅσα ἀπέσταλκας πρὸς τὸν δοῦλόν σου (13 a)
— 10. ἀπέστειλε [A ἀνταπέστειλεν] πρὸς αὐτὸν υἱὸς Ἀδ. (13 a)
— 17. καὶ ἀποστέλλουσι [A ἀπέστειλεν] (13 a)
IV Ki. 1. 2. καὶ ἀπέστειλεν ἀγγέλους (13 a)
— 6. τὸν βασιλέα τὸν ἀποστείλαντα ὑμᾶς (13 a)
— 9. ἀπέστειλε πρὸς αὐτὸν πεντηκόνταρχον (13 a)
— 11. καὶ ἀπέστειλε πρὸς αὐτὸν ἄλλον πεντηκόνταρχον (13 a)
— 13. καὶ προσέθετο ὁ βασ. ἔτι [A *om.*] ἀποστεῖλαι (13 a)
— 16. B τί ὅτι ἀπέστειλας ζητῆσαι ἐν τῇ Β. [A *al.*, R *al.*] (13 a)
— 18 (3. 2). B ἀπέστειλεν [A R -έστησε] τὰς στήλας (8)
2. 2. ὅτι ὁ θεὸς ἀπέσταλκέ [A ὁ κύριος ἀπέστειλέ] με (13 a)
— 4. κύριος ἀπέσταλκέ με εἰς Ἰεριχώ (13 a)
— 6. κύριος ἀπέσταλκέ με ἕως [A *om.*] εἰς τὸν Ἰορδ. (13 a)
— 16. καὶ εἶπεν Ἐλισαιέ, Οὐκ ἀποστελεῖτε (13 a)
— 17. καὶ εἶπεν, ἀποστείλατε (13 a)
— 17. καὶ ἀπέστειλαν πεντήκοντα ἄνδρας (13 a)
4. 22. ἀπόστειλον δή μοι ἓν τῶν παιδαρίων (13 a)

IV Ki. 5. 6. ἀπέστειλα πρὸς σὲ Ναιμὰν τὸν δοῦλόν μου (13 a)
— 7. ὅτι οὗτος ἀποστέλλει πρὸς μέ (13 a)
— 8. ἀπέστειλε πρὸς τὸν βασιλέα Ἰσρ. (13 a)
— 10. ἀπέστειλεν Ἐλισαιὲ ἄγγελον πρὸς αὐτόν (13 a)
— 22. ὁ κύριός μου ἀπέστειλέ με [A πρὸς σέ] (13 a)
6. 9. ἀπέστειλεν Ἐλισαιὲ πρὸς τὸν βασιλέα Ἰσ. (13 a)
— 10. ἀπέστειλεν ὁ βασ. Ἰσραὴλ εἰς τὸν τόπον (13 a)
— 13. καὶ ἀποστείλας λήψομαι αὐτόν (13 a)
— 14. καὶ ἀπέστειλεν ἐκεῖ ἵππον (13 a)
— 23. καὶ ἀπέστειλεν αὐτούς (13 c)
— 32. ἀπέστειλεν ἄνδρα πρὸ προσώπου αὐτοῦ (13 a)
— 32. ἀπέστειλεν ὁ υἱὸς τοῦ φονευτοῦ οὗτος (13 a)
7. 13. καὶ ἀποστελοῦμεν ἐκεῖ (13 a)
— 14. καὶ ἀπέστειλεν ὁ βασ. Ἰσραήλ (13 a)
8. 9. ἀπέστειλέ με πρὸς σὲ ἐπερωτῆσαι [A om.] (13 a)
9. 17. λάβε ἐπιβάτην καὶ ἀπόστειλον ἔμπροσθεν αὐ. (13 a)
— 19. καὶ ἀπέστειλεν ἐπιβάτην ἵππου δεύτερον (13 a)
10. 1. ἀπέστειλεν ἐν Σαμ. πρὸς τοὺς ἄρχοντας (13 a)
— 5. ἀπέστειλαν οἱ ἐπὶ [A ἀπὸ] τοῦ οἴκου (13 a)
— 7. ἀπέστειλαν αὐτὰς πρὸς αὐτὸν εἰς [A ἐν] Ἰεζρ. (13 a)
— 21. καὶ ἀπέστειλεν Ἰοὺ ἐν παντὶ Ἰσρ. (13 a)
11. 4. ἀπέστειλεν Ἰωδαέ (13 a)
12. 18 (19). ἀπέστειλε τῷ Ἀζαὴλ βασιλεῖ Συρίας (13 a)
14. 8. τότε ἀπέστειλεν Ἀμεσσίας ἀγγέλους (13 a)
— 9. καὶ ἀπέστειλεν Ἰωὰς . . . πρὸς Ἀμεσσίαν (13 a)
— 9. ὁ ἄκαν ὁ ἐν τῷ Λιβ. ἀπέστειλε πρὸς τὴν κέδρον (13 a)
— 19. A R καὶ ἀπέστειλαν [B -εν] ὀπίσω αὐτοῦ εἰς Λαχίς (13 a)
16. 7. καὶ ἀπέστειλεν Ἄχαζ ἀγγέλους πρὸς Θαλγαθφέλλ. (13 a)
— 8. καὶ ἀπέστειλε τῷ βασιλεῖ δῶρα (13 a)
— 10. καὶ ἀπέστειλεν ὁ βασιλεὺς . . . πρὸς Οὐρ. (13 a)
— 11. ὅσα ἀπέστειλεν ὁ βασιλεὺς Ἄχαζ (13 a)
17. 4. ἀπέστειλεν ἀγγέλους πρὸς Σηγώρ (13 a)
— 13. ὅσα ἀπέστειλα αὐτοῖς [A αὐτοὺς πρὸς ὑμᾶς] (13 a)
— 25. καὶ ἀπέστειλε κύριος ἐν αὐτοῖς τοὺς λέοντας (13 c)
— 26. καὶ ἀπέστειλεν εἰς αὐτοὺς τοὺς λέοντας (13 c)
18. 14. ἀπέστειλεν Ἐζεκίας . . . ἀγγέλους πρὸς βασ. Ἀσσυρ. (13 a)
— 17. ἀπέστειλε βασιλεὺς Ἀσσυρ. τὸν Θαρ. [A al.] (13 a)
— 27. πρὸς σὲ ἀπέστειλέ με ὁ κύριός μου (13 a)
19. 2. καὶ ἀπέστειλεν Ἐλιακὶμ . . . πρὸς Ἠσαΐαν (13 a)
— 4. ὃν ἀπέστειλεν αὐτὸν βασιλεὺς Ἀσσυρ. (13 a)
— 9. καὶ ἀπέστειλεν ἀγγέλους (13 a)
— 16. οὓς ἀπέστειλεν ὀνειδίζειν θεὸν ζῶντα (13 a)
— 20. καὶ ἀπέστειλεν Ἠσαΐας . . . πρὸς Ἐζεκίαν (13 a)
20. 12. ἀπέστειλε Μαρωδὰχ . . . βιβλία (13 a)
22. 3. ἀπέστειλεν [A ἐξαπ.] ὁ βασιλεὺς τὸν Σαφφάν (13 a)
— 15. εἴπατε τῷ ἀνδρὶ τῷ ἀποστείλαντι ὑμᾶς πρὸς μέ (13 a)
— 18. τὸν ἀποστείλαντα ὑμᾶς ἐπιζητῆσαι τὸν κύριον (13 a)
23. 1. καὶ ἀπέστειλεν ὁ βασιλεύς (13 a)
— 16. καὶ ἀπέστειλε καὶ ἔλαβε τὰ ὀστᾶ (13 a)
24. 2. A R καὶ ἀπέστειλε κύριος [B om.] αὐτῷ τοὺς μονοζώνους (13 c)
I Ch. 8. 8. μετὰ τὸ ἀποστεῖλαι αὐτὸν Ὡσίν (13 a)
10. 9. ἀπέστειλαν εἰς γῆν ἀλλοφύλων (13 c)
13. 2. ἀποστείλωμεν πρὸς τοὺς ἀδελφοὺς ἡμῶν (13 a)
14. 1. ἀπέστειλε Χειρὰμ . . . ἀγγέλους πρὸς Δ. (13 a)
18. 10. ἀπέστειλε τὸν Ἀδουρὰμ . . . πρὸς τὸν βασ. Δ. (13 a)
19. 2. καὶ ἀπέστειλεν ἀγγέλους Δαυίδ (13 a)
— 3. μὴ δοξάζων . . . ἀπέστειλέ σοι παρακαλοῦντας (13 a)
— 4. καὶ ἀπέστειλεν αὐτούς (13 c)
— 5. καὶ ἀπέστειλεν εἰς ἀπάντησιν αὐτοῖς (13 a)
— 6. καὶ ἀπέστειλεν . . . χίλια τάλαντα ἀργυρίου (13 a)
— 8. καὶ ἀπέστειλε τὸν Ἰωάβ (13 a)

I Ch. 19. 16. A R καὶ ἀπέστειλεν [B S^{2} -αν] ἀγγέλους (13 a)
21. 12. τί ἀποκριθῶ τῷ ἀποστείλαντι [A add. με] λόγον (13 a)
— 15. ἀπέστειλεν ὁ θεὸς ἄγγελον εἰς Ἰερουσ. (13 a)
II Ch. 2. 3 (2). καὶ ἀπέστειλε Σαλωμὼν πρὸς Χιράμ (13 a)
— 3 (2). καὶ ἀπέστειλας αὐτῷ κέδρους (13 a)
— 7 (6). καὶ νῦν ἀπόστειλόν μοι ἄνδρα σοφόν (13 a)
— 8 (7). καὶ ἀπόστειλόν μοι ξύλα κέδρινα (13 a)
— 11 (10). καὶ ἀπέστειλε πρὸς Σαλωμών (13 a)
— 13 (12). ἀπέσταλκά σοι ἄνδρα σοφόν (13 a)
— 15 (14). τὸν σῖτον . . . ἀποστειλάτω τοῖς παισὶν αὐτοῦ (13 a)
6. 34. ἐν ὁδῷ ᾗ ἀποστελεῖς αὐτούς (13 a)
7. 10. ἀπέστειλε τὸν λαὸν εἰς τὰ σκηνώματα αὐτῶν (13 c)
— 13. καὶ ἐὰν ἀποστείλω θάνατον ἐν τῷ λαῷ μου (13 c)
8. 18. ἀπέστειλε Χιρὰμ . . . πλοῖα (13 a)
10. 3. ἀπέστειλαν καὶ ἐκάλεσαν αὐτόν (13 a)
— 18. καὶ ἀπέστειλεν ἐπ' αὐτοὺς [A om. ἐ. αὐ.] Ῥοβοὰμ ὁ βασ. (13 a)
16. 2. καὶ ἀπέστειλε πρὸς τὸν υἱὸν τοῦ Ἄδερ (13 a)
— 3. ἰδοὺ ἀπέσταλκά σοι χρυσίον (13 a)
— 4. ἀπέστειλε τοὺς ἄρχοντας τῆς δυνάμεως αὐτοῦ (13 a)
17. 7. ἀπέστειλε τοὺς ἡγουμένους αὐτοῦ (13 a)
24. 19. ἀπέστειλε πρὸς αὐτοὺς προφήτας (13 a)
— 23. τὰ σκῦλα αὐτῶν ἀπέστειλαν τῷ βασ. Δαμ. (13 c)
25. 15. καὶ ἀπέστειλεν αὐτῷ προφήτας (13 a)
— 17. A R καὶ ἀπέστειλε πρὸς Ἰωάς (13 a)
— 18. καὶ ἀπέστειλεν Ἰωὰς βασ. Ἰσρ. πρὸς Ἀμ. (13 a)
— 18. ὁ ἀχοὺχ . . . ἀπέστειλε πρὸς τὴν κέδρον (13 a)
— 27. ἀπέστειλαν κατόπισθεν αὐτοῦ εἰς Λαχίς (13 a)
28. 6. B ἀπέστειλεν [A R ἀπέκτεινεν] Φακεέ †
— 16. ἀπέστειλεν Ἄχαζ πρὸς βασιλέα Ἀσσ. (13 a)
30. 1. ἀπέστειλεν Ἐ. ἐπὶ πάντα Ἰσρ. (13 a)
32. 9. μετὰ ταῦτα ἀπέστειλε Σενν. τοὺς παῖδας ἑαυτοῦ (13 a)
— 9. ἀπέστειλε πρὸς Ἐζεκίαν βασ. Ἰούδα –
— 21. καὶ ἀπέστειλε κύριος ἄγγελον (13 a)
— 31. τοῖς πρεσβευταῖς . . . τοῖς ἀποσταλεῖσι πρὸς αὐτόν (13 c)
34. 8. ἀπέστειλε τὸν Σαφάν (13 a)
— 23. τῷ ἀνδρὶ τῷ ἀποστείλαντι ὑμᾶς πρὸς μέ (13 a)
— 26. τὸν ἀποστείλαντα ὑμᾶς τοῦ ζητῆσαι τὸν κ. (13 a)
— 29. καὶ ἀπέστειλεν ὁ βασιλεύς (13 a)
35. 21. καὶ ἀπέστειλε πρὸς αὐτὸν ἀγγέλους (13 a)
36. 5. καὶ ἀπέστειλε κύριος ἐπ' αὐτοὺς τοὺς Χαλδ. –
— 10. ἀπέστειλεν ὁ βασ. (13 a)
— 15. ὀρθρίζων καὶ ἀποστέλλων τοὺς ἀγγέλους αὐτοῦ (13 a)
I Es. 1. 45. μετ' ἐνιαυτὸν ἀποστείλας Ναβουχοδονόσορ –
— 50. καὶ ἀπέστειλεν ὁ θεὸς [B^{1} βασ.] τῶν πατέρων αὐ. –
6. 7. ἧς ἔγραψε Δαρείῳ καὶ ἀπέστειλαν [A -εν]
8. 19. ὅσα ἐὰν ἀποστείλῃ Ἔσδρας ὁ ἱερεύς
— 43. ἀπέστειλα πρὸς Ἐλεάζαρον
— 46. ἀποστεῖλαι ἡμῖν τοὺς ἱερατεύσοντας
9. 51. ἀποστείλατε ἀποστολὰς τοῖς μὴ ἔχουσιν
II Es. 4. 11. ἧς ἀπέστειλαν πρὸς αὐτόν (13 f)
— 17. καὶ ἀπέστειλεν ὁ βασιλεὺς πρὸς Ῥεούμ (13 f)
— 18. ὃν ἀπεστείλατε πρὸς ἡμᾶς (13 f)
5. 5. τότε ἀπεστάλη τῷ φορολόγῳ ὑπὲρ τούτου (14)
— 5. διασάφησις ἐπιστολῆς ἧς ἀπέστειλε Θανθ. (13 f)
— 7. ῥῆσιν ἀπέστειλαν πρὸς αὐτόν (13 f)
6. 13. πρὸς ὃ ἀπέστειλε Δαρεῖος ὁ βασ. (13 f)
7. 14. ἀπεστάλη ἐπισκέψασθαι ἐπὶ τὴν Ἰουδ. (13 f)
8. 16. καὶ ἀπέστειλα τῷ Ἐλεάζαρ (13 a)
Ne. 2. 6. καὶ ἀπέστειλέ με (13 a)
— 9. ἀπέστειλε μετ' ἐμοῦ ὁ βασ. ἀρχηγούς (13 a)
6. 2. καὶ ἀπέστειλε Σαναβαλλάτ (13 a)
— 3. καὶ ἀπέστειλα ἐπ' [S^{1} πρὸς] αὐτοὺς ἀγγέλους (13 a)
— 4. B S καὶ ἀπέστειλαν πρὸς μὲ ὡς τὸ ῥῆμα τοῦτο καὶ ἀπέστειλα αὐτοῖς κατὰ ταῦτα (13 a, 12)
— 5. καὶ ἀπέστειλε πρὸς μὲ Σαναβαλλάτ (13 a)
— 8. καὶ ἀπέστειλα πρὸς αὐτόν (13 a)
— 12. καὶ ἰδοὺ ὁ θεὸς οὐκ ἀπέστειλεν αὐτόν (13 a)

Ne. 6. 19. A S R ἐπιστολὰς ἀπέστειλε [B ἐπ.] Τωβ. (13 a)
8. 10. ἀποστείλατε μερίδας τοῖς μὴ ἔχουσιν (13 a)
— 12. καὶ ἀποστέλλειν μερίδας (13 c)
To. 2. 11. ἀπέστελλε τοῖς κυρίοις
3. 17. ἀπεστάλη ἰάσασθαι τοὺς δύο
5. 17. S ἀπέστειλας [A B ἐξαπ.] τὸ παιδίον
8. 12. ἀπόστειλον μίαν τῶν παιδισκῶν
— 13. S ἀπέστειλαν τὴν παιδίσκην
10. 9. S ἀποστέλλω ἀγγέλους [A B al.]
— 13. S καὶ ἀπέστειλεν ὑγιαίνοντας
12. 14. S ἀπέσταλμαι ἐπί σε
— 14. ἀπέστειλε [S -έσταλκέν] με ὁ θ. ἰάσασθαί σε
— 20. ἀναβαίνω πρὸς τὸν ἀποστείλαντά με
14. 4. S οὓς ἀπέστειλεν ὁ θεός
Ju. 1. 7. ἀπέστειλε Ναβουχοδονόσορ . . . ἐπὶ πάντας
3. 1. ἀπέστειλαν πρὸς αὐτὸν ἀγγέλους λόγοις εἰρην.
4. 4. ἀπέστειλαν εἰς πᾶν ὅριον Σαμαρείας
6. 3. οὗτος ἀποστελεῖ [S ἐξαπ.] τὸ κράτος αὐτοῦ
7. 18. ἀπέστειλαν ἐξ αὐτῶν πρὸς νότον
— 32. B S τὰ τέκνα εἰς τοὺς οἴκους αὐτῶν ἀπέστειλεν [A S^{2} -αν, R ἐξαπ.]
8. 10. ἀποστείλασα τὴν ἅβραν αὐτῆς
— 31. καὶ ἀποστελεῖ κύριος τὸν ὑετὸν εἰς πλήρωσιν
9. 9. ἀπόστειλον τὴν ὀργήν σου εἰς κεφαλὰς αὐτῶν
11. 7. ὃς ἀπέστειλέ σε εἰς κατόρθωσιν πάσης ψυχῆς
— 14. καὶ ἀπεστάλκασιν εἰς Ἱερουσαλήμ
— 16. ἀπέστειλέ με ὁ θεός
— 19. ἀπεστάλην ἀναγγεῖλαί σοι
— 22. εὖ ἐποίησεν ὁ θεὸς ἀποστείλας σε
12. 6. καὶ ἀπέστειλε πρὸς Ὀλοφέρνην
14. 5. αὐτὸν ὡς εἰς θάνατον ἀποστείλαντα εἰς ἡμᾶς
15. 4. καὶ ἀπέστειλεν [S ἐπ.] Ὀζίας εἰς Βαιτ.
— 4. S^{1} τοὺς ἀποστέλλοντας [A B ἀπαγγέλλ.] ὑπὲρ τῶν συντετελεσμ.
16. 14. ἀπέστειλας [S ἐπέστρεψας] τὸ πνεῦμά σου
Es. 1. 22. ἀπέστειλεν εἰς πᾶσαν τὴν βασιλείαν [A ὁ βασ. ἐν πάσῃ τῇ β.] (13 a)
3. 13. καὶ ἀπεστάλη διὰ βιβλιαφόρων εἰς τὴν Ἀ. βασ. (13 b)
4. 4. ἀπέστειλε στολίσαι τὸν Μαρδοχαῖον (13 a)
— 5. ἀπέστειλε μαθεῖν . . . τὸ ἀκριβές [A om.] (11)
5. 10. S^{3} ἀποστείλας [A B S om.] ἐκάλεσε τοὺς φίλους (13 a)
8. 5. τὰ γράμματα τὰ ἀπεσταλμένα [A S^{3} ἐξαπ.] ὑπὸ Ἀ. (4)
— 13. τοῖς ὑπὸ Ἀμὰν . . . ἀποσταλεῖσι γράμμασι
9. 16. S^{3} οὐκ ἀπέστειλαν τὰς χεῖρας αὐτῶν (13 a)
— 19. ἀποστέλλοντες μερίδας ἕκαστος τῷ πλησίον (13 g)
— 20. A καὶ ἀπέστειλεν [B S ἐξαπ.] τοῖς Ἰουδαίοις (13 a)
Jb. 1. 5. ἀπέστελλεν [A -ειλεν] Ἰὼβ καὶ ἐκάθαριζεν αὐτούς (13 a)
— 11. ἀπόστειλον τὴν χειρά σου (13 a)
2. 5. ἀποστείλας τὴν χεῖρά σου (13 a)
5. 10. ἀποστέλλοντα [A τὸν ἀπ.] ὕδωρ ἐπὶ τὴν ὑπ' οὐρανόν (13 a)
8. 4. ἀπέστειλεν ἐν χειρὶ ἀνομίας [A τὴν ἀ.] αὐτῶν (13 c)
38. 35. ἀποστελεῖς δὲ κεραυνοὺς καὶ πορεύσονται (13 c)
40. 6 (11). ἀπόστειλον δὲ ἀγγέλους ὀργῇ [A ἐν ὀ. σου] (10)
Ps. 58 (59). tit. ὁπότε ἀπέστειλε Σαοὺλ (13 a)
77 (78). 25. ἐπισιτισμὸν ἀπέστειλεν αὐτοῖς εἰς πλησμονήν (13 a)
103 (104). 10. A S R ὁ ἐξαποστέλλων [B ἀποστ.] πηγὰς ἐν φάραγξιν (13 c)
104 (105). 17. ἀπέστειλεν [A^{2} ἐξαπ.] ἔμπροσθεν αὐτῶν ἄνθρωπον (13 a)
— 20. A S^{2} R ἀπέστειλε [B S^{1} ἐξαπ.] βασιλεύς (13 a)
106 (107). 20. ἀπέστειλε τὸν λόγον αὐτοῦ (13 a)
110 (111). 9. λύτρωσιν ἀπέστειλε τῷ λαῷ αὐτοῦ (13 a)
147. 4 (15). ὁ ἀποστέλλων τὸ λόγιον αὐτοῦ τῇ γῇ (13 a)
— 7 (18). ἀποστελεῖ τὸν λόγον αὐτοῦ (13 a)
Pr. 9. 3. ἀπέστειλε τοὺς ἑαυτῆς δούλους (13 a)
21. 8. πρὸς τοὺς σκολιοὺς σκολιὰς ὁδοὺς ἀποστέλλει ὁ θ. †
25. 13. οὕτως ἄγγελος πιστὸς τοὺς ἀποστείλαντας αὐτόν (13 a)
26. 6. ὁ ἀποστείλας δι' ἀγγέλου ἄφρονος λόγον (13 a)

Pr. 26. 13. λέγει ὀκνηρὸς ἀποστελλόμενος εἰς ὁδόν †
Ec. 11. 1. ἀπόστειλον τὸν ἄρτον σου ἐπὶ πρόσωπον τοῦ ὕδ. (13 c)
Ca. 5. 4. ἀδελφιδός μου ἀπέστειλε χεῖρα αὐτοῦ (13 a)
Wi. 12. 8. ἀπέστειλάς τε προδρόμους . . . σφῆκας
16. 18. τὰ ἐπ' ἀσεβεῖς ἀπεσταλμένα ζῷα [S^1 om.]
Si. 15. 9. οὐ παρὰ κυρίου ἀπεστάλη
31 (34). 6. ἐὰν μὴ παρὰ [A ἀπὸ] ὑψίστου ἀποσταλῇ ἐν ἐπισκοπῇ
48. 18. καὶ ἀπέστειλε [S^1 -ἐτρεψεν] Ῥαψάκην
Ho. 5. 13. καὶ ἀπέστειλε πρέσβεις πρὸς βασιλέα Ἰ. (13 a)
Am. 1. 4. R ἀποστελῶ [A B ἐξαπ.] πῦρ εἰς τὸν οἶκον Ἀ. (13 c)
Za. 2. 8 (12). ὀπίσω δόξης ἀπέσταλκέ με ἐπὶ τὰ ἔθνη (13 a)
— 9 (13). κ. παντοκράτωρ ἀπέσταλκέ με (13 a)
— 11 (15). A ἀπέσταλκέν [B S ἐξαπ.] με πρὸς σέ (13 a)
6. 15. κύριος παντοκράτωρ ἀπέσταλκέ με πρὸς ὑμᾶς (13 a)
7. 2. S^2 ἀπέστειλεν [A B S^1 ἐξαπ.] εἰς Β. Σαρ. (13 a)
Ma. 4. 5 (3. 23). καὶ ἰδοὺ ἐγὼ ἀποστέλλω ὑμῖν Ἠ. τὸν Θ. (13 a)
Is. 6. 6. ἀπεστάλη πρός με ἓν τῶν Σεραφίμ (9)
— 8. τίνα ἀποστείλω . . . ἰδοὺ ἐγώ εἰμι ἀπόστειλόν με (13 a, 13 a)
9. 8 (7). θάνατον [S^1 λόγον] ἀπέστειλε κυριος ἐπὶ Ἰακώβ (13 a)
10. 6. τὴν ὀργήν μου εἰς ἔθνος ἄνομον ἀποστελῶ [S^1 -στρέψω] (13 c)
— 16. ἀποστελεῖ κύρ. σαβαὼθ εἰς τὴν σὴν τιμὴν ἀτιμίαν (13 c)
14. 12. συνετρίβη εἰς τὴν γῆν ὁ ἀποστέλλων †
16. 1. ἀποστελῶ ὡς ἑρπετὰ ἐπὶ τὴν γῆν (13 a)
— 8. οἱ ἀπεσταλμένοι ἐγκατελείφθησαν (13 a)
18. 2. ὁ ἀποστέλλων ἐν θαλάσσῃ ὅμηρα (13 a)
19. 20. ἀποστελεῖ αὐτοῖς ἄνθρωπον (13 a)
20. 1. ἀπεστάλη ὑπὸ Ἀρνᾶ βασιλέως Ἀσσ. (13 a)
33. 7. ἄγγελοι ἀποσταλήσονται †
36. 2. ἀπέστειλε βασιλεὺς Ἀσσυρίων Ῥαβσ. (13 a)
— 12. μὴ πρὸς τὸν κύριον ὑμῶν ἢ πρὸς ὑμᾶς ἀπέσταλκέ με (13 a)
37. 2. ἀπέστειλεν Ἐλιακεὶμ τὸν οἰκονόμον (13 a)
— 4. οὓς ἀπέστειλε [A add. αὐτὸν] βασιλεύς (13 a)
— 9. ἀπέστειλεν [A- ἐστρεψεν] ἀγγέλους πρὸς Ἐζεκίαν (13 a)
— 17. οὓς ἀπέστειλεν ὀνειδίζειν θεὸν ζῶντα (13 a)
— 21. ἀπεστάλη Ἠσαίας υἱὸς Ἀμὼς πρὸς Ἐζεκίαν (13 a)
39. 1. ἀπέστειλε Μαρωδὰχ Βαλαδὰν . . . ἐπιστολάς (13 a)
43. 14. ἕνεκεν ὑμῶν ἀποστελῶ εἰς Βαβυλῶνα (13 c)
48. 16. κύριος ἀπέστειλέ [A S -έσταλκέν] με καὶ τὸ πνεῦμα αὐτοῦ (13 a)
57. 9. ἀπέστειλας πρέσβεις ὑπὲρ τὰ ὅριά σου (13 c)
58. 6. ἀπόστελλε τεθραυσμένους [S -θραμμ.] ἐν ἀφέσει (13 c)
61. 1. εὐαγγελίσασθαι πτωχοῖς ἀπέσταλκέ με (13 a)
Je. 2. 10. εἰς Κηδὰρ ἀποστείλατε (13 a)
7. 25. καὶ ἀπέστειλα (13 a)
9. 16 (15). S^3 ἀποστελῶ [A B S ἐπαπ.] ἐπ' αὐτοὺς τὴν μάχαιραν (13 c)
— 17 (16). πρὸς τὰς σοφὰς ἀποστείλατε (13 a)
14. 3. ἀπέστειλαν [S^1 -στησαν] τοὺς νεωτέρους αὐτῶν ἐφ' ὕδωρ (13 a)
— 14. οὐκ ἀπέστειλα αὐτοὺς καὶ οὐκ ἐνετειλάμην αὐτοῖς (13 a)
— 15. ἐγὼ οὐκ ἀπέστειλα αὐτούς (13 a)
16. 16. ἀποστέλλω τοὺς ἁλιεῖς τοὺς πολλούς (13 a)
— 16. ἀποστελῶ τοὺς πολλοὺς [A σοφοὺς] θηρευτάς (13 a)
19. 14. οὗ ἀπέστειλεν αὐτὸν κύριος ἐκεῖ [A om.] τοῦ προφητεῦσαι (13 a)
21. 1. ἀπέστειλε πρὸς αὐτὸν ὁ βασιλεὺς Σεδεκίας τὸν Πασχώρ (13 a)
23. 21. οὐκ ἀπέστελλον τοὺς προφήτας (13 a)
— 32. ἐγὼ οὐκ ἀπέστειλα αὐτούς (13 a)
— 38. ἀπέστειλα πρὸς ὑμᾶς (13 a)
24. 10. ἀποστελῶ εἰς αὐτοὺς τὸν [A τὴν] λιμόν (13 c)
25. 4. ἀπέστελλον πρὸς ὑμᾶς τοὺς δούλους μου τοὺς προφήτας ὄρθρου ἀποστέλλων (13 a, 13 a)
— 9. ἀποστέλλω καὶ λήψομαι πατριάν (13 a)
29 (49). 14. ἀγγέλους εἰς ἔθνη ἀπέστειλε (13 a)
31 (48). 12. ἀποστελῶ αὐτῷ κλίνοντας (13 c)

Je. 32 (25). 15. πρὸς ἃ ἐγὼ ἀποστέλλω σε πρὸς αὐτούς (13 a)
— 16. ἧς ἐγὼ ἀποστέλλω ἀνὰ μέσον αὐτῶν (13 a)
— 17. πρὸς ἃ ἀπέστειλέ με κύριος πρὸς [A ἐπ'] αὐτά (13 a)
— 27. ἧς ἐγὼ ἀποστέλλω ἀνὰ μέσον ὑμῶν (13 a)
33 (26). 5. οὓς ἐγὼ ἀποστέλλω πρὸς ὑμᾶς ὄρθρου καὶ ἀπέστειλα (13 a, 13 a)
— 12. κύριος ἀπέστειλέ [S -σταλκέ] με προφητεῦσαι (13 a)
— 15. ἀπέσταλκέ [A -στειλέν] με κύριος πρὸς ὑμᾶς (13 a)
34 (27). 3. ἀποστελεῖς αὐτοὺς πρὸς βασιλέα Ἰδουμ. (13 c)
— 14 (15). οὐκ ἀπέστειλα αὐτούς (13 a)
— 17. οὐκ ἀπέστειλα αὐτούς †
35 (28). 9. ὃν ἀπέστειλεν αὐτοῖς κύριος ἐν πίστει (13 a)
— 15. οὐκ ἀπέσταλκέ σε κύριος (13 a)
36 (29). 1. οὓς ἀπέστειλεν Ἱερεμίας ἐξ Ἱερουσαλὴμ (13 a)
— 3. ὃν ἀπέστειλε Σεδεκίας (13 a)
— 9. οὐκ ἀπέστειλα αὐτούς (13 a)
— 25. οὐκ ἀπέστειλά σε τῷ ὀνόματί μου (13 a)
— 28. R οὐ [A ὅτι, S^1 om.] διὰ τοῦτο ἀπέστειλεν; ὅτι διὰ τοῦ μηνὸς τούτου [A B S om. ἀ. ὅ. δ. τ. μ. τ.] ἀπέστειλε (13 a, -)
— 31. ἀπόστειλον πρὸς τὴν ἀποικίαν (13 a)
— 31. ἐγὼ οὐκ ἀπέστειλα αὐτόν (13 a)
41 (34). 10. τοῦ ἀποστεῖλαι [S ἐξαπ.] ἕκαστον τὸν παῖδα αὐτοῦ (13 c)
— 14. ἀποστελεῖς τὸν ἀδελφόν σου τὸν Ἑβραῖον (13 c)
— 14. A ἀποστελεῖς [B S ἐξαπ.] αὐτὸν ἐλεύθερον (13 c)
42 (35). 15. ἀπέστειλα πρὸς ὑμᾶς τοὺς παῖδάς [A δούλους] μου (13 a)
43 (36). 14. ἀπέστειλαν πάντες οἱ ἄρχοντες πρὸς Βαρούχ (13 a)
— 21. ἀπέστειλεν ὁ βασιλεὺς τὸν Ἰουδίν (13 a)
44 (37). 3. ἀπέστειλεν ὁ βασιλεὺς Σεδεκίας τὸν Ἰωαχάλ (13 a)
— 7. ἐρεῖς πρὸς βασιλέα Ἰούδα τὸν ἀποστείλαντα [S -στέλλοντα] πρὸς σέ (13 a)
— 15. ἀπέστειλαν αὐτὸν εἰς τὴν οἰκίαν Ἰωνάθαν (7)
— 17. ἀπέστειλε Σεδεκίας καὶ ἐκάλεσεν αὐτόν (13 a)
45 (38). 14. ἀπέστειλεν ὁ βασιλεὺς καὶ ἐκάλεσεν αὐτόν (13 a)
46 (39). 14. ἀπέστειλαν καὶ ἔλαβον τὸν Ἱερεμίαν (13 a)
47 (40). 1. μετὰ τὸ ἀποστεῖλαι αὐτὸν Ναβουζαρδάν (13 c)
— 5. ἀπέστειλεν αὐτόν (13 c)
— 14. ἀπέστειλε πρὸς σὲ τὸν Ἰσμαὴλ πατάξαι σου ψυχήν (13 a)
49 (42). 5. τὸν λόγον ὃν ἐὰν ἀποστείλῃ [A ὃν ἀπέστειλεν] κύριος πρὸς ἡμᾶς (13 a)
— 6. οὗ ἡμεῖς ἀποστέλλομέν σε πρὸς αὐτόν (13 a)
— 20. ἐπονηρεύσασθε ἐν ψυχαῖς ὑμῶν ἀποστείλαντές με (13 a)
— 21. ἧς ἀπέστειλέ με πρὸς ὑμᾶς (13 a)
50 (43). 1. οὓς ἀπέστειλεν αὐτὸν κύριος πρὸς αὐτούς (13 a)
— 2. οὐκ ἀπέστειλέ σε κύριος πρὸς ἡμᾶς (13 a)
— 10. ἰδοὺ ἐγὼ ἀποστέλλω (13 a)
51 (44). 4. ἀπέστειλα πρὸς ὑμᾶς τοὺς παῖδάς [A δούλους] μου τοὺς προφήτας ὄρθρου καὶ ἀπέστειλα (13 a, 13 a)
Ba. 1. 7. ἀπέστειλαν εἰς Ἱερουσαλὴμ πρὸς Ἰωακείμ
— 10. ἀπεστείλαμεν πρὸς ὑμᾶς ἀργύριον
— 14. ὃ ἀπεστείλαμεν πρὸς ὑμᾶς
— 21. ἀπέστειλε πρὸς ἡμᾶς
3. 33. ὁ ἀποστέλλων τὸ φῶς καὶ πορεύεται
La. 1. 13. ἐξ ὕψους αὐτοῦ ἀπέστειλε πῦρ (13 a)
Ep. Je. 1. ἧς ἀπέστειλεν Ἱερεμίας πρὸς τοὺς ἀχθησομένους αἰχμαλώτους
— 60. ἄστρα ὄντα λαμπρὰ καὶ ἀποστελλόμενα ἐπὶ χρείας
Ez. 2. 4. A ἐγὼ ἀποστέλλω σε πρὸς αὐτούς (13 a)
5. 16. R ἐν τῷ ἀποστεῖλαί με βολίδας τοῦ λιμοῦ ἐπ' αὐτοὺς [A B al.] (13 c)
7. 7 (3). ἀποστελῶ ἐγὼ ἐπὶ σέ (13 c)
13. 6. κύριος οὐκ ἀπέσταλκεν αὐτούς (13 a)
30. 11. λοιμοὶ ἀπὸ ἐθνῶν ἀπεσταλμένοι ἀπολέσαι γῆν [A ἀφανίσαι αὐτήν] (1)
34. 26. A ἀποστελῶ ὑετὸν εὐλογίας αὐτοῖς [B δώσω τὸν ὑ. ὑμῖν ὑετὸν εὐ.] (3)

Ez. 39. 6. ἀποστελῶ πῦρ ἐπὶ Γώγ [A σέ] (13 c)
Da. LXX. Su. 29. ἀποστείλατε ἐπὶ Σουσάνναν θυγατέρα Χελκίου
3. 2. ἀπέστειλεν ἐπισυναγαγεῖν πάντα τὰ ἔθνη (13 f)
— 28 (95). ὃς ἀπέστειλε τὸν ἄγγελον αὐτοῦ (13 f)
4. 10. ἄγγελος ἀπεστάλη ἐν ἰσχύϊ ἐκ τοῦ οὐρ. (5)
— 20. ἄγγελος ἐν ἰσχύϊ ἀπεστάλη παρὰ τοῦ κ. (5)
— 22. εἰς τόπον ἔρημον ἀποστελοῦσί σε †
— 34. ἀπέστειλεν ἐπιστολὰς περὶ πάντων τῶν γενηθέντων –
10. 11. ἄρτι γὰρ ἀπεστάλην ἐπὶ σέ (13 d)
11. 42. ἀποστελεῖ χεῖρα αὐτοῦ ἐν ταῖς γαίαις (13 a)
Bel. 36. ὁ ἀπέστειλέ σοι κύριος ὁ θεός
Da. TH. Su. 29. ἀποστείλατε ἐπὶ Σ.
— 29. οἱ δὲ ἀπέστειλαν
3. 2. ἀπέστειλε συναγαγεῖν τοὺς ὑπάτους (13 f)
— 28 (95). ὃς ἀπέστειλε τὸν ἄγγελον αὐτοῦ (13 f)
5. 24. ἀπεστάλη ἀστράγαλος χειρός (13 f)
6. 22 (23). ὁ θεός μου ἀπέστειλε τὸν ἄγγελον αὐτοῦ (13 f)
10. 11. ὅτι νῦν ἀπεστάλην πρὸς σέ (13 d)
Bel. 37. ὃ ἀπέστειλέ σοι ὁ θεός
1 Ma. 1. 29. ἀπέστειλεν ὁ βασιλεὺς ἄρχοντα φορολογίας
— 44. ἀπέστειλεν ὁ βασιλεὺς βιβλία
3. 27. ἀπέστειλε καὶ συνήγαγε τὰς δυνάμεις
— 35. ἀποστεῖλαι ἐπ' αὐτοὺς δύναμιν
— 39. ἀπέστειλε μετ' αὐτῶν τεσσαράκ. χιλιάδας ἀνδρῶν
5. 10. ἀπέστειλαν γράμματα πρὸς Ἰούδαν
— 38. ἀπέστειλεν Ἰούδας κατασκοπεῦσαι τὴν παρ.
— 48. ἀπέστειλε πρὸς αὐτοὺς Ἰ. λόγοις εἰρηνικοῖς
6. 60. ἀπέστειλε πρὸς αὐτοὺς εἰρηνεῦσαι
7. 7. νῦν οὖν ἀπόστειλον ἄνδρα ᾧ πιστεύεις
— 9. ἀπέστειλεν αὐτὸν καὶ Ἄλκιμον τὸν ἀσεβῆ
— 10. ἀπέστειλεν ἀγγέλους πρὸς Ἰούδαν
— 19. ἀπέστειλε καὶ συνέλαβε πολλούς
— 26. ἀπέστειλεν ὁ βασιλεὺς Νικάνορα
— 27. ἀπέστειλε πρὸς Ἰούδαν . . . μετὰ δόλου
8. 10. ἀπέστειλαν ἐπ' αὐτοὺς στρατηγὸν ἕνα
— 17. ἀπέστειλεν αὐτοὺς εἰς Ῥώμην
— 20. ἀπέστειλαν ἡμᾶς πρὸς ὑμᾶς
— 22. ἀπέστειλαν εἰς Ἱερουσαλήμ
9. 1. ἐκ δευτέρου ἀποστεῖλαι εἰς γῆν Ἰούδα
— 35. ἀπέστειλεν τὸν ἀδελφὸν αὐτοῦ
— 60. ἀπέστειλεν ἐπιστολὰς λάθρα πᾶσι
— 70. ἀπέστειλε πρὸς αὐτὸν πρέσβεις
10. 3. ἀπέστειλε Δημ. πρὸς Ἰων. ἐπιστολάς
— 15. τὰς ἐπαγγελίας ὅσας ἀπέστειλε Δημ.
— 17. καὶ ἀπέστειλεν αὐτῷ
— 20. ἀπέστειλεν αὐτῷ πορφύραν
— 25. ἀπέστειλεν [S ἐπ.] αὐτοῖς κατὰ τοὺς λόγους
— 51. ἀπέστειλεν Ἀλέξ. πρὸς Πτολ. . . . πρέσβεις
— 69. ἀπέστειλε πρὸς Ἰωνάθαν τὸν ἀρχιερέα
— 89. καὶ ἀπέστειλεν αὐτῷ πόρπην χρυσῆν
11. 9. καὶ ἀπέστειλε πρέσβεις πρὸς Δημήτριον
— 17. ἀφεῖλε . . . τὴν κεφαλὴν Ἀλ. καὶ ἀπέστειλε τῷ Πτολ.
— 41. ἀπέστειλεν Ἰων. πρὸς Δημ.
— 42. ἀπέστειλε Δημήτριος πρὸς Ἰωνάθαν
— 43. ὀρθῶς ποιήσεις ἀποστείλας μοι ἄνδρας
— 44. ἀπέστειλεν Ἰωνάθαν ἄνδρας τρισχιλίους
— 58. ἀπέστειλεν αὐτῷ χρυσώματα
12. 1. ἀπέστειλεν εἰς Ῥώμην
— 2. ἀπέστειλεν ἐπιστολὰς κατὰ ταῦτα
— 3. ἀπέστειλεν ἡμᾶς ἀνανεώσασθαι τὴν φιλίαν
— 7. S R ἀπεστάλησαν [A ἐπ.] ἐπιστολαί
— 8. ἐπεδέξατο . . . τὸν ἄνδρα τὸν ἀπεσταλμένον ἐνδόξως
— 10. ἐπειράθημεν ἀποστεῖλαι τὴν πρὸς ὑμᾶς ἀδελ.
— 10. ἀφ' οὗ ἀπεστείλατε πρὸς ἡμᾶς
— 16. ἀπεστάλκαμεν πρὸς Ῥωμαίους
— 19. τὸ ἀντίγραφον τῶν ἐπιστολῶν ὧν ἀπέστειλαν
— 26. ἀπέστειλε κατασκόπους εἰς τὴν παρεμβολήν
— 45. ἀπόστειλον αὐτοὺς εἰς τοὺς οἴκους αὐ.
— 49. ἀπέστειλε Τρύφων δυνάμεις
13. 11. ἀπέστειλεν Ἰωνάθαν τὸν τοῦ Ἀψαλώμου
— 14. ἀπέστειλε πρὸς αὐτὸν πρέσβεις
— 16. ἀπόστειλον ἀργυρίου τάλαντα ἑκατόν
— 18. ὅτι οὐκ ἀπέστειλα [S^1 ἐπ.] αὐτῷ τὸ ἀργύριον
— 19. A R καὶ ἀπέστειλε τὰ παιδάρια
— 21. οἱ δὲ ἐκ τῆς ἄκρας ἀπέστελλον . . . πρεσβευτάς
— 21. καὶ ἀποστεῖλαι αὐτοῖς τροφάς
— 25. καὶ ἀπέστειλε Σίμων
— 34. ἀπέστειλε πρὸς Δημήτριον

I Ma. 13. 35. ἀπέστειλεν αὐτῷ Δημήτριος
— 37. τὴν βαΐνην ἣν ἀπεστείλατε
14. 2. ἀπέστειλεν ἕνα τῶν ἀρχόντων αὐτοῦ
— 20. τῶν ἐπιστολῶν ὧν ἀπέστειλαν οἱ Σπαρτ.
— 21. οἱ πρεσβευταὶ οἱ ἀποσταλέντες πρὸς τὸν δῆμον
— 24. ἀπέστειλε Σίμων τὸν Νουμήνιον
15. 1. καὶ ἀπέστειλεν ὁ Ἀντίοχος . . . ἐπιστολάς
— 17. ἀπεσταλμένοι ἀπὸ Σίμωνος τοῦ ἀρχιερέως
— 26. ἀπέστειλεν αὐτῷ Σίμων δισχιλίους ἄνδρας
— 28. ἀπέστειλε πρὸς αὐτὸν Ἀθηνόβιον
16. 18. ἀπέστειλε τῷ βασιλεῖ ὅπως ἀποστείλῃ αὐτῷ
— 19. ἀπέστειλεν ἑτέρους εἰς Γάζαρα
— 19. τοῖς χιλιάρχοις ἀπέστειλεν ἐπιστολάς
— 20. ἑτέρους ἀπέστειλε καταλαβέσθαι τὴν Ἱερουσ.
— 21. ὅτι ἀπέσταλκε καὶ σὲ ἀποκτεῖναι
II Ma. 1. 20. ἀποσταλεὶς Νεεμίας ὑπὸ [**A** ἀπὸ] τοῦ βασ.
2. 15. τοὺς ἀποκομιοῦντας ὑμῖν ἀποστέλλετε
3. 7. τὸν ἐπὶ τῶν πραγμάτων ἀπέστειλε
4. 18. ἀπέστειλεν Ἰάσων ὁ μιαρὸς θεωρούς
— 20. **R** διὰ μὲν τὸν ἀποστείλαντα εἰς τὴν . . . θυσίαν
— 21. ἀποσταλέντος δὲ εἰς Αἴγ. Ἀπολλωνίου
— 23. ἀπέστειλεν Ἰάσων Μενέλαον
8. 9. ἀπέστειλεν ὑποτάξας παμφύλων ἔθνη
— 11. εἰς τὰς παραθαλασσίους πόλεις ἀπέστειλε
11. 6. ἀγαθὸν ἄγγελον ἀποστεῖλαι πρὸς σωτηρίαν
12. 43. ἀπέστειλεν εἰς Ἱεροσ. προσαγαγεῖν . . . θυσίαν
14. 39. ἀπέστειλε στρατιώτας . . . συλλαβεῖν αὐτόν
15. 22. ἀπέστειλας τὸν ἄγγελόν σου
— 23. ἀπόστειλον ἄγγελον ἀγαθὸν ἔμπροσθεν ἡμῶν
III Ma. 3. 25. τοὺς ἐννεμομένους σὺν γυναιξὶ καὶ τέκνοις μετὰ ὕβρεων καὶ σκυλμῶν ἀποστεῖλαι
5. 11. ὕπνου μέρος ἀπέστειλε πρὸς τὸν βασιλέα

[**Aq.** Ge. 49. 21 : Ex. 9. 14 : III Ki. 5. 1 (15) : 9. 14 : 12. 3 : Ps. 42 (43). 3 : 54 (55). 21 : 79 (80). 12 : Pr. 22. 21 : Is. 6. 8 : 18. 2 : 58. 9 : Je. 49. 14 (29. 15) : 50 (27). 33 : Ez. 5. 16 : 13. 6.]
[**Sm.** Ex. 9. 14 : III Ki. 5. 1 (15), 2 (16) : 9. 14 : IV Ki. 11. 4 : Ps. 42 (43). 3 : Is. 6. 8 : 18. 2 : 55. 11 : 57. 9 : Je. 26 (33). 5 : 40 (47). 14 : 43 (50). 1 : Ez. 13. 6.]
[**Th.** III Ki. 5. 1 (15), 2 (16) : 9. 14 : Ps. 42 (43). 3 : Pr. 22. 21 : Is. 6. 8 : 55. 11 : Je. 29 (36). 19 *bis*, 25 : 39 (46). 13 : 40 (47). 14 : 42 (49). 9 : Ez. 2. 4 : 13. 6 : Da. 13. 29.]
[**Quint.** Ps. 42 (43). 3.]
[**Al.** Pr. 16. 28.]

ἀποστενοῦν.

Es. 5. 1. ἡ δὲ καρδία αὐτῆς ἀπεστενωμένη ἀπὸ τοῦ φόβου

ἀποστέργειν. (1) אָמֵץ pi.

De. 15. 7. οὐκ ἀποστέρξεις [**A** -στρέψεις] τὴν καρδίαν σου (1)

ἀποστερεῖν. (1) גָּרַע (2) עָשַׁק

Ex. 21. 10. τὴν ὁμιλίαν αὐτῆς οὐκ ἀποστερήσει (1)
De. 24. 14. **A** οὐκ ἀποστερήσεις [**B** ἀπαδικήσεις] μισθόν (2)
Si. 4. 1. τὴν ζωὴν τοῦ πτωχοῦ μὴ ἀποστερήσῃς
29. 6. ἀπεστέρησεν αὐτὸν τῶν χρημάτων αὐτοῦ
— 7. ἀποστερηθῆναι δωρεὰν εὐλαβήθησαν
31 (34). 21. ὁ ἀποστερῶν αὐτὴν ἄνθρωπος αἱμάτων
— 22. ὁ [**A** καὶ] ἀποστερῶν μισθὸν μισθίου
Ma. 3. 5. ἐπὶ τοὺς ἀποστεροῦντας μισθὸν μισθωτοῦ (2)

[**Aq. Sm. Th.** Ma. 3. 8 *ter*.]
[**Al.** Le. 19. 13.]

ἀποστολή. (1) *a.* מִשְׁלַחַת *b.* שִׁלּוּחִים *c.* שָׁלַח pi. *d.* שֶׁלַח

De. 22. 7. ἀποστολῇ ἀποστελεῖς τὴν μητέρα (1 *c*)
III Ki. 4. 34 [**B**], 9. 16 [**A**]. ἔδωκεν αὐτὰς Φαραὼ ἀποστολὰς θυγατρί (1 *b*)
I Es. 9. 51. ἀποστείλατε ἀποστολὰς τοῖς μὴ ἔχουσιν
— 54. καὶ δοῦναι ἀποστολὰς τοῖς μὴ ἔχουσι
Ps. 77 (78). 49. ἀποστολὴν δι' ἀγγέλων πονηρῶν (1 *a*)
Ec. 8. 8. οὐκ ἔστιν ἀ. ἐν ἡμέρᾳ πολέμου (1 *a*)
Ca. 4. 13. ἀποστολαί σου παράδεισος ῥοῶν [A^2 B S^1 *om.*] (1 *d*)
Je. 39 (32). 36. ἐν λιμῷ καὶ ἐν ἀποστολῇ †
Ba. 2. 25. ἐν ῥομφαίᾳ καὶ ἐν ἀποστολῇ

I Ma. 2. 18. δοξασθήσεσθε . . . ἀποστολαῖς πολλαῖς
II Ma. 3. 2. ἀποστολαῖς ταῖς κρατίσταις δοξάζειν

[**Aq.** Dt. 12. 7 : Is. 11. 14.]
[**Th.** Hg. 1. 13†.]

ἀπόστολος. (1) שָׁלַח

III Ki. 14. 6. **A** καὶ ἐγώ εἰμι ἀ. πρὸς σὲ σκληρός (1)

[**Aq.** III Ki. 14. 6.]
[**Sm.** Is. 18. 2.]

ἀποστρεβλοῦν.

II Ma. 9. 7. πάντα τὰ μέλη τοῦ σώματος ἀποστρεβλοῦσθαι

ἀποστρέφειν. (1) אָמֵץ pi. (2) בּוֹא (3) בָּקַע hi. (4) הָלַךְ (5) *a.* הָפַךְ qal. *b.* ni. *c.* תַּהְפּוּכָה (6) זָנַח (7) חָמַק hith. (8) יָשַׁב (9) כָּנַע hi. (10) מָנַע (11) נָגַשׁ *a.* qal. *b.* ni. (12) סָבַב *a.* qal. *b.* hi. (13) *a.* סוּג ni. *b.* שׂוּג ni. (14) סוּר *a.* qal. *b.* hi. (15) סוּת hi. (16) סָתַר *a.* ni. *b.* hi. (17) עָבַר hi. (18) עָלַם hi. (19) פָּנָה *a.* qal. *b.* hi. (20) פָּרַר hi. (21) קָבַץ pi. (22) *a.* שָׁבָה *b.* שְׁבוּת *c.* שְׁבִית (23) שָׁבַת hi. (24) שׁוּב *a.* qal. *b.* pil. *c.* pul. *d.* hi. *e.* ho. *f.* שׁוּבָה *g.* שׁוֹבֵב adj. (25) שִׁית (26) שָׁלַךְ hi. (27) שָׁקַר pi. (28) נָטַשׁ

Ge. 3. 19. ἕως τοῦ ἀποστρέψαι σε εἰς τὴν γῆν (24 *a*)
14. 16. **R** ἀπέστρεψε πᾶσαν τὴν ἵππον (24 *d*)
— 16. **R** τὸν ἀδελφιδοῦν αὐτοῦ ἀπέστρεψε (24 *d*)
15. 16. **R** ἀποστραφήσονται ὧδε (24 *a*)
16. 9. **R** ἀποστράφηθι πρὸς τὴν κυρίαν σου (24 *a*)
18. 22. ἀποστρέψαντες ἐκεῖθεν οἱ ἄνδρες (19 *a*)
— 33. Ἀβραὰμ ἀπέστρεψεν εἰς τὸν τόπον (24 *a*)
22. 19. ἀπεστράφη δὲ Ἀβραάμ (24 *a*)
24. 5. ἀποστρέψω τὸν υἱόν σου (24 *d*)
— 6. μὴ ἀποστρέψῃς τὸν υἱόν μου ἐκεῖ (24 *d*)
— 8. τὸν υἱόν μου μὴ ἀποστρέψῃς ἐκεῖ (24 *d*)
27. 44. ἕως τοῦ ἀποστρέψαι τὸν θυμόν (24 *a*)
28. 15. ἀποστρέψω σε εἰς τὴν γῆν ταύτην (24 *d*)
— 21. ἀποστρέψῃ με . . . εἰς τὸν οἶκον (24 *a*)
31. 3. ἀποστρέφου εἰς τὴν γῆν (24 *a*)
— 55 (32. 1). ἀποστραφεὶς Λάβαν ἀπῆλθεν (4)
33. 16. ἀπέστρεψεν δὲ Ἡσαῦ . . . εἰς τὴν ὁδὸν αὐτοῦ (24 *a*)
38. 22. καὶ ἀπεστράφη πρὸς Ἰούδαν (24 *a*)
42. 24. ἀποστραφεὶς δὲ ἀπ' αὐτῶν ἔκλαυσεν Ἰ. (12 *a*)
43. 12. τὸ ἀργύριον τὸ ἀποστραφὲν . . . ἀποστρέψατε (24 *e*, 24 *d*)
— 18. διὰ τὸ ἀργύριον τὸ ἀποστραφέν (24 *a*)
— 21. τὸ ἀργύριον ἡμῶν ἐν σταθμῷ ἀπεστρέψαμεν (24 *d*)
44. 8. εἰ τὸ μὲν ἀργύριον . . . ἀπεστρέψαμεν πρὸς σέ (24 *d*)
48. 21. ἀποστρέψει ὑμᾶς [**A** *add.* ἐκ τῆς γῆς ταύτης] (24 *d*)
50. 14. **B** ἀπέστρεψεν [**A** ἐπ., **R** ὑπ.] Ἰ. εἰς Αἴγ. (24 *a*)
Ex. 3. 6. ἀπέστρεψε δὲ Μωυσῆς τὸ πρόσωπον αὐτοῦ (16 *b*)
4. 18. ἐπορεύθη δὲ Μωυσῆς καὶ ἀπέστρεψε [**A** ἐπ.] (24 *a*)
— 18. πορεύσομαι καὶ ἀποστρέψω (24 *a*)
— 21. πορευομένου σου καὶ ἀποστρέφοντος εἰς Αἴγ. (24 *a*)
10. 8. ἀπέστρεψαν [**A** ἐπ.] τόν τε Μ. καὶ Ἀ. (24 *e*)
13. 17. μήποτε . . . ἀποστρέψῃ [**A** -ει] εἰς Αἴγ. (24 *a*)
14. 2. ἀποστρέψαντες στρατοπεδευσάτωσαν (24 *a*)
23. 4. ἀποστρέψας ἀποδώσεις αὐτῷ (24 *d*)
— 25. καὶ ἀποστρέψω μαλακίαν ἀφ' ὑμῶν (14 *b*)
32. 15. ἀποστρέψας Μωυσῆς κατέβη ἀπὸ τοῦ ὄρους (19 *a*)
Nu. 13. 26 (25). ἀπέστρεψαν [**A** ἐπ.] ἐκεῖθεν (24 *a*)
14. 3. βέλτιον ἡμῖν ἐστιν ἀποστραφῆναι εἰς Αἴγ. (24 *a*)
— 4. ἀποστρέψωμεν εἰς Αἴγυπτον (24 *a*)
— 43. οὗ εἵνεκεν ἀπεστράφητε ἀπειθοῦντες κυρίῳ (24 *a*)
— 45. ἀπεστράφησαν εἰς τὴν παρεμβολήν –
22. 34. **A B** εἰ μή σοι ἀρέσκει [**R** ἀρκέσει] ἀποστραφήσομαι (24 *a*)
23. 6. καὶ ἀπεστράφη πρὸς αὐτόν (24 *a*)
— 16. ἀποστράφητι πρὸς Βαλάκ (24 *a*)
— 17. καὶ ἀπεστράφη πρὸς αὐτόν (2)
— 20. εὐλογήσω καὶ οὐ μὴ ἀποστρέψω (24 *d*)
24. 1. ἀπέστρεψε τὸ πρόσωπον αὐτοῦ εἰς τὴν ἔρημον (25)
— 25. ἀπῆλθεν ἀποστραφεὶς εἰς τὸν τόπον αὐ. (24 *a*)
25. 4. ἀποστραφήσεται ὀργὴ θυμοῦ κυρίου ἀπὸ Ἰσρ. (24 *a*)
32. 15. ἀποστραφήσεσθε ἀπ' αὐτοῦ (24 *a*)
— 18. οὐ μὴ ἀποστραφῶμεν εἰς τὰς οἰκίας ἡμῶν (24 *a*)
— 22. μετὰ ταῦτα ἀποστραφήσεσθε (24 *a*)
De. 5. 30 (27). ἀποστράφητε ὑμεῖς εἰς τοὺς οἴκους ὑμῶν (24 *a*)
9. 3. οὗτος ἀποστρέψει αὐτούς (9)
13. 17 (18). ἵνα ἀποστραφῇ κύριος ἀπὸ θυμοῦ τῆς ὀργῆς (24 *a*)
15. 7. **A** οὐκ ἀποστρέψεις [**B** -στέρξεις] τὴν καρ. (1)
16. 7. ἀποστραφήσῃ τὸ πρωΐ (19 *a*)
17. 16. οὐδὲ μὴ ἀποστρέψῃ τὸν λαὸν εἰς Αἴγ. (24 *d*)
— 16. οὐ προσθήσεσθε ἀποστρέψαι τῇ ὁδῷ ταύτῃ (24 *a*)
20. 5. ἀποστραφήτω [**A** ἐπ.] εἰς τὴν οἰκίαν (24 *a*)
— 6. ἀποστραφήτω εἰς τὴν οἰκίαν (24 *a*)
— 7. ἀποστραφήτω [**A** ἐπ.] εἰς τὴν οἰκίαν (24 *a*)
— 8. ἀποστραφήτω εἰς τὴν οἰκίαν (24 *a*)
22. 1. ἀποστροφῇ ἀποστρέψεις αὐτὰ τῷ ἀδελφῷ σου (24 *d*)
23. 14 (15). καὶ ἀποστρέψει ἀπὸ σοῦ (24 *a*)
28. 68. ἀποστρέψει σε κύριος εἰς Αἴγυπτον (24 *d*)
31. 17. ἀποστρέψω τὸ πρόσωπόν μου ἀπ' αὐτῶν (16 *b*)
— 18. ἐγὼ δὲ ἀποστροφῇ ἀποστρέψω τὸ πρόσωπόν μου (16 *b*)
— 18. ἀπέστρεψαν [**A** ἐπ.] ἐπὶ θεοὺς ἀλλοτρίους (19 *a*)
32. 20. ἀποστρέψω τὸ πρόσωπόν μου ἀπ' αὐτῶν (16 *b*)
Jo. 2. 16. ἕως ἂν [**A** *om.*] ἀποστρέψωσιν [**A** ἀνασ.] οἱ καταδ. (24 *a*)
8. 24. **B** ἀπέστρεψεν [**A R** ἐπ.] Ἰησοῦς εἰς Γαί (24 *a*)
10. 21. ἀπεστράφη [**A** ἐπ.] πᾶς ὁ λαὸς πρὸς Ἰησοῦν (24 *a*)
— 38. καὶ ἀπέστρεψεν Ἰησοῦς (24 *a*)
11. 10. **B** καὶ ἀπεστράφη [**R** ἐπ., **A** ἐπέστρεψεν] Ἰησ. (24 *a*)
22. 4. ἀποστραφέντες ἀπέλθατε εἰς τοὺς οἴκους ὑμῶν (19 *a*)
— 16. ἀποστραφῆναι σήμερον ἀπὸ κυρίου (24 *a*)
— 18. ἀπεστράφητε [**A** ἀποστραφήσεσθε] σήμερον ἀπὸ κ. (24 *a*)
— 29. **B** ἡμᾶς ἀποστραφῆναι [**A** -στῆναι] ἀπὸ κυρίου (24 *a* ?)
— 32. ἀπέστρεψε Φ. ὁ ἱερεύς (24 *a*)
23. 12. ἐὰν γὰρ ἀποστραφῆτε (24 *a*)
Jd. 2. 19. καὶ ἀπέστρεψαν καὶ πάλιν διέφθειραν (24 *a*)
5. 29. **B** καὶ αὐτὴ ἀπέστρεψε λόγους αὐτῆς ἑαυτῇ [**A** *aliter*] (24 *d*)
7. 3. **A** ἀποστραφήτω [**B** ἐπιστρεφέτω] καὶ ἐκχωρείτω (24 *a*)
— 3. **A** ἀπεστράφησαν [**B** ἐπέστρεψεν] ἀπὸ τοῦ λαοῦ (24 *a*)
8. 33. **A** ἀπεστράφησαν [**B** ἐπέστρεψαν] οἱ υἱοὶ Ἰσραήλ (24 *a*)
9. 56. **A** ἀπέστρεψεν [**B** ἐπ.] ὁ θεὸς τὴν κακίαν (24 *d*)
— 57. **A** ἀπέστρεψεν [**B** ἐπ.] κύριος εἰς τὴν κεφαλὴν αὐτῶν (24 *d*)
11. 13. **A** καὶ ἀπέστρεψαν οἱ ἄγγελοι πρὸς Ἰεφθάε –
— 35. **A R** καὶ οὐ δυνήσομαι ἀποστρέψαι [**B** ἐπιστρ.] (24 *a*)
20. 41. **A** καὶ ἀνὴρ Ἰσραὴλ ἀπέστρεψεν [**B** ἐπ.] (5 *a*)
21. 14. **A** ἀπέστρεψεν [**B** ἐπ.] Βενιαμ. πρὸς τοὺς υἱοὺς Ἰσρ. (24 *a*)
— 23. **A** ἀπέστρεψαν ἐπὶ [**B** ὑπ. εἰς] τὴν κληρονομ. (24 *a*)
Ru. 1. 6. ἀπέστρεψαν [**A** ἐπ.] ἐξ ἀγροῦ Μωάβ (24 *a*)
— 8. ἀποστράφητε ἑκάστη εἰς οἶκον μητρὸς αὐτῆς (24 *a*)
— 16. ἢ ἀποστρέψαι ὄπισθέν σου (24 *a*)
— 21. κενὴν ἀπέστρεψέ με ὁ κύριος (24 *d*)
2. 6. ἡ παῖς . . . ἡ ἀποστραφεῖσα μετὰ Νωεμὶν ἐξ ἀγροῦ Μ. (24 *a*)

I Ki. 5. 10. τί ἀπεστρέψατε τὴν κιβωτὸν τοῦ θεοῦ Ἰσρ. (12 *b*)
6. 21. ἀπεστρόφασιν ἀλλόφυλοι τὴν κιβωτὸν κυρίου (24 *d*)
9. 5. **A R** δεῦρο καὶ ἀποστρέψωμεν [**B** ἀνασ.] (24 *a*)
15. 11. ὅτι ἀπέστρεψεν ἀπὸ ὄπισθέ μου (24 *a*)
— 27. **A** ἀπέστρεψεν [**B** ἐπ.] Σαμ. τὸ πρόσωπον (12 *a*)
— 29. καὶ οὐκ ἀποστρέψει οὐδὲ [**A** καὶ οὐ] μετανοήσει (27)
17. 53. **A** ἀπέστρεψαν [**B** ἀν.] ἄνδρες Ἰσρ. (24 *a*)
22. 18. **A** ἀπεστράφη [**B** ἐπ.] Δωήκ (12 *a*)
25. 12. ἀπεστράφησαν τὰ παιδάρια Δαυὶδ εἰς ὁδὸν αὐτῶν (5 *a*)
— 39. τὴν κακίαν Νάβαλ ἀπέστρεψε κ. εἰς κεφαλὴν αὐ. (24 *d*)
26. 25. **A R** καὶ Σαοὺλ ἀπέστρεψεν [**B** ἀνέσ.] εἰς τὸν τόπον αὐ. (24 *a*)
29. 4. **A R** ἀπόστρεψον τὸν ἄνδρα καὶ ἀποστραφήτω [**B** *om.* καὶ ἀ.] εἰς τὸν τόπον αὐτοῦ (24 *d*, 24 *a*)
30. 22. ἀπαγέσθωσαν καὶ ἀποστρεφέτωσαν [**A** ἐπ.] (4)
31. 9. καὶ ἀποστρέφουσιν αὐτόν †
II Ki. 1. 22. τόξον Ἰωνάθαν οὐκ ἀπεστράφη κενὸν εἰς τὰ ὀπ. (13 *b*)
2. 23. **A** ἀπόστρεφε [**B** ἐπ.] πρὸς Ἰωὰβ τὸν ἀδελφόν σου –
— 26. **R** ἀποστρέφειν [**A** ἐπισ., **B** ἀνασ.] ἀπὸ ὄπισθε τῶν ἀδ. ἡμῶν (24 *a*)
— 30. **A** Ἰ. ἀπέστρεψεν [**B** ἀνέστρ.] ὄπισθεν (24 *a*)
5. 23. ἀποστρέφου ἀπ' [**A**^{2} *om.*] αὐτῶν (12 *b*)
6. 20. ἀπέστρεψε Δ. εὐλογῆσαι τὸν οἶκον αὐτοῦ (24 *a*)
11. 4. ἀπέστρεψεν [**A** *add.* αὐτὴν] εἰς τὸν οἶκον αὐτῆς (24 *a*)
— 15. ἀποστραφήσεσθε ἀπὸ ὄπισθεν αὐτοῦ (24 *a*)
14. 24. ἀποστραφήτω εἰς τὸν οἶκον αὐτοῦ (12 *a*)
— 24. καὶ ἀπέστρεψεν [**A** ἐπ.] Ἀβεσσ. εἰς τὸν οἶκον (12 *a*)
15. 25. ἀπόστρεψον τὴν κιβωτὸν τοῦ θεοῦ (24 *d*)
— 29. ἀπέστρεψε Σαδὼκ . . . τὴν κιβωτόν (24 *d*)
18. 16. ἀπέστρεψεν ὁ λαός (24 *a*)
20. 12. ἀπέστρεψαν τὸν Ἀμεσσαΐ (12 *b*)
— 22. Ἰωὰβ ἀπέστρεψεν εἰς Ἱερουσ. πρὸς τὸν βασ. (24 *a*)
III Ki. 2. 15 (16). μὴ ἀποστρέψῃς τὸ πρόσωπόν σου (24 *d*)
— 16 (17). οὐκ ἀποστρέψει τὸ πρόσωπον αὐτοῦ (24 *d*)
— 20. μὴ ἀποστρέψῃς τὸ πρόσωπόν σου (24 *d*)
— 20. καὶ [**A** ὅτι] οὐκ ἀποστρέψω σε (24 *d*)
— 30. **A B** καὶ ἀπέστρεψε [**R** ἐπ.] Βαναίας (24 *d*)
— 32. **A B** ἀπέστρεψεν [**R** ἐπ.] κύριος τὸ αἷμα . . . εἰς κεφαλὴν (24 *d*)
— 33. **A** ἀπεστράφη [**B** ἐπ.] τὰ αἵματα αὐτῶν (24 *a*)
3. 1 (2. 41). **B** ἀπέστρεψε [**A** ἐπ., **R** ἀν.] τοὺς δούλους (24 *a*)
8. 14. ἀπέστρεψεν ὁ βασιλεὺς τὸ πρόσωπον (12 *b*)
— 34. **A B** ἀποστρέψεις [**R** ἐπισ.] αὐτοὺς εἰς τὴν γῆν (24 *d*)
— 35. ἀπὸ τῶν ἁμαρτιῶν αὐτῶν ἀποστρέψουσιν [**A** ἐπ.] (24 *a*)
— 57. μηδὲ ἀποστρέψοιτο [**A** -αιτο] ἡμᾶς ἐπικλῖναι (28)
9. 6. ἐὰν δὲ ἀποστραφέντες ἀποστραφῆτε ὑμεῖς (24 *a*, 24 *a*)
10. 13. καὶ ἀπεστράφη καὶ ἦλθεν (19 *a*)
11. 21. καὶ ἀποστρέψω εἰς τὴν γῆν μου (4)
12. 24. ἀποστρεφέτω [**A** ἀνασ.] ἕκαστος εἰς τὸν οἶκον ἑαυτοῦ (24 *a*)
13. 11. **A** καὶ ἀπέστρεψαν [**B** ἐπ.] τὸ πρόσωπον τοῦ πατρός †
17. 22. **A** ἀπεστράφη ἡ ψυχὴ τοῦ παιδαρίου πρὸς ἔγκατον (24 *a*)
18. 43. **B** καὶ ἀπόστρεψον ἑπτάκις (24 *a*)
— 44. **B** ἀπέστρεψε [**A R** ἐπ.] τὸ παιδάριον ἑπτ. –
21 (20). 5. **A B** ἐγὼ ἀπέστρεψα [**R** ἀπέστειλα πρὸς σέ] †
22. 26. καὶ ἀποστρέψατε αὐτόν (24 *d*)
— 33. **A B**^{1} καὶ ἀπέστρεψαν [**B**^{2} **R** ἀν.] ἀπ' αὐτοῦ (24 *a*)
IV Ki. 9. 15. ἀπέστρεψεν Ἰωρὰμ ὁ βασ. ἰατρευθῆναι (24 *a*)
13. 25. **A** καὶ ἀπέστρεψεν [**B** ἐπ.] Ἰωάς (24 *a*)
IV Ki. 14. 14. καὶ ἀπέστρεψεν εἰς Σαμάρειαν (24 *a*)
— 22. **A** καὶ ἀπέστρεψεν [**B** ἐπ.] αὐτὴν τῷ Ἰ. (24 *d*)
15. 20. καὶ ἀπέστρεψε βασιλεὺς Ἀσσ. (24 *a*)
16. 6. **A** ἀπέστρεψεν [**B** ἐπ.] Ῥαασσὼν . . . τὴν Αἰ. τῇ Συρίᾳ (24 *d*)
17. 13. ἀποστράφητε ἀπὸ τῶν ὁδῶν ὑμῶν τῶν πονηρῶν (24 *a*)
18. 14. ἀποστράφηθι ἀπ' ἐμοῦ (24 *a*)
— 24. καὶ πῶς ἀποστρέψεις τὸ πρόσωπον τοπάρχου ἑνός (24 *d*)
19. 7. καὶ ἀποστραφήσεται εἰς τὴν γῆν αὐτοῦ (24 *a*)
— 8. καὶ ἀπέστρεψεν [**B** ἐπ.] Ῥαψάκης (24 *a*)
— 9. **A** καὶ ἀπέστρεψεν [**B** ἐπ.] (24 *a*)
— 28. ἀποστρέψω σε ἐν τῇ ὁδῷ (24 *d*)
— 33. τῇ ὁδῷ ᾗ ἦλθεν ἐν αὐτῇ ἀποστραφήσεται (24 *a*)
— 36. ἐπορεύθη καὶ ἀπέστρεψε Σενναχηρίμ (24 *a*)
20. 2. **R** καὶ ἀπέστρεψεν [**A B** ἐπ.] Ἐζεκ. πρὸς τὸν τοῖχον (12 *b*)
21. 3. **A** καὶ ἀπέστρεψεν [**B** ἐπ.] καὶ ᾠκοδόμησε τὸ θυσ. (24 *a*)
— 3. **A** ἀπέστρεψεν [**B** ἀνέστησε] τὸ θυσιαστήριον τῷ Β. †
22. 9. ἀπέστρεψε [**A** ἐπ.] τῷ βασιλεῖ ῥῆμα (24 *d*)
23. 26. πλὴν οὐκ ἀπεστράφη κύριος ἀπὸ θυμοῦ τῆς ὀργῆς (24 *a*)
I Ch. 4. 22. ἀπέστρεψεν αὐτοὺς ἀβεδηρὶν ἀθουκιίμ †
10. 14. **S** ἀπέστρεψε [**A B** ἐπ.] τὴν βασιλείαν τῷ Δ. (12 *b*)
12. 23. τοῦ ἀποστρέψαι [**A** ἐπισ.] τὴν βασιλείαν Σ. (12 *b*)
13. 13. οὐκ ἀπέστρεψε Δαυὶδ τὴν κιβωτὸν πρὸς ἑαυτόν (14 *b*)
14. 14. ἀποστρέφου ἀπ' αὐτῶν (12 *b*)
II Ch. 6. 25. ἀποστρέψεις αὐτοὺς εἰς τὴν γῆν (24 *d*)
— 42. μὴ ἀποστρέψῃς τὸ πρόσωπον (24 *d*)
7. 14. καὶ ἀποστρέψωσιν ἀπὸ τῶν ὁδῶν αὐτῶν τῶν πον. (24 *a*)
— 19. καὶ ἐὰν ἀποστρέψητε ὑμεῖς (24 *a*)
— 20. τὸν οἶκον τοῦτον . . . ἀποστρέψω ἐκ προσώπου μου (26)
9. 12. καὶ ἀπέστρεψεν εἰς τὴν γῆν αὐτῆς (5 *a et* 4)
10. 2. καὶ ἀπέστρεψεν Ἱεροβοὰμ ἐξ Αἰγ. (24 *a*)
11. 4. ἀποστρέφετε [**A** -στράφητε] ἕκαστος εἰς τὸν οἶκον (24 *a*)
— 4. ἀπεστράφησαν τοῦ μὴ πορευθῆναι ἐπὶ Ἱεροβ. (24 *a*)
12. 12. ἀπεστράφη ἀπ' αὐτοῦ ὀργὴ κυρίου (24 *a*)
13. 13. ἀπέστρεψε τὸ ἔνεδρον (12 *b*)
— 14. καὶ ἀπέστρεψεν Ἰούδας (19 *a*)
18. 25. λάβετε τὸν Μιχ. καὶ ἀποστρέψατε πρὸς Ἐμήρ (24 *d*)
— 31. ἀπέστρεψεν αὐτοὺς ὁ θεὸς ἀπ' αὐτοῦ (15)
— 32. ἀπέστρεψαν ἀπ' αὐτοῦ (24 *a*)
19. 1. **B**^{1} καὶ ἀπέστρεψεν [**A B**^{2} **R** ἐπ.] Ἰωσαφάτ (24 *a*)
21. 17. ἀπέστρεψαν πᾶσαν τὴν ἀποσκευήν (22 *a*)
25. 13. οὓς ἀπέστρεψεν Ἀμασίας (24 *d*)
28. 11. καὶ ἀποστρέψατε τὴν αἰχμαλωσίαν (24 *d*)
29. 6. ἀπέστρεψαν τὸ πρόσωπον ἀπὸ τῆς σκηνῆς κ. (12 *b*)
— 10. **A R** ἀποστρέψει [**B** ἀπέστρεψεν] τὴν ὀργὴν τοῦ θυμοῦ (24 *a*)
30. 8. ἀποστρέψει ἀφ' ὑμῶν θυμὸν ὀργῆς (24 *a*)
— 9. ἀποστρέψει [**A** ἐπισ.] εἰς τὴν γῆν ταύτην (24 *a*)
— 9. οὐκ ἀποστρέψει τὸ πρόσωπον αὐτοῦ ἀφ' ὑμῶν (14 *b*)
32. 21. ἀπέστρεψε μετὰ αἰσχύνης (24 *a*)
34. 7. καὶ ἀπέστρεψεν εἰς Ἱερουσαλήμ (24 *a*)
35. 19. οὐκ ἀπεστράφη κύριος ἀπὸ ὀργῆς θυμοῦ αὐτοῦ –
— 22. οὐκ ἀπέστρεψεν Ἰωσίας τὸ πρόσωπον . . . ἀπ' αὐτῶν (12 *b*)
I Es. 1. 28. οὐκ ἀπέστρεψεν ἑαυτὸν Ἰωσίας
II Es. 9. 14. **A** ἀπεστρέψαμεν [**B** ἐπ.] διασκεδάσαι ἐντολάς σου (24 *a*)
10. 14. τοῦ ἀποστρέψαι ὀργὴν θυμοῦ [**A** *om.*] θεοῦ (24 *d*)
Ne. 1. 11. **S**^{3} μὴ ἀποστρέψῃς τὸ πρόσωπόν σου –
9. 35. οὐκ ἀπέστρεψαν [**A** ἐπ.] ἀπὸ ἐπιτηδευμάτων αὐτῶν (24 *a*)
To. 3. 6. μὴ ἀποστρέψῃς τὸ πρόσωπόν σου ἀπ' ἐμοῦ
4. 7. μὴ ἀποστρέψῃς τὸ πρόσωπόν σου ἀπὸ παντὸς πτωχοῦ
— 7. ἀπὸ σοῦ οὐ μὴ ἀποστραφῇ τὸ πρόσωπον τοῦ θεοῦ
Ju. 1. 11. **A S** ἀπέστρεψαν [**B** ἀν.] τοὺς ἀγγέλους αὐ. κενούς
8. 36. ἀποστρέψαντες ἐκ τῆς σκηνῆς
Es. 8. 5. πεμφθήτω ἀποστραφῆναι [**A S** ἀποστρέψαι] τὰ γρ. (24 *d*)
Jb. 9. 12. ἐὰν ἀπαλλάξῃ τίς ἀποστρέψει (24 *d*)
— 13. αὐτὸς γὰρ ἀπέστραπται ὀργήν [**A** -ῇ] (24 *d*)
10. 9. εἰς δὲ γῆν με πάλιν ἀποστρέφεις (24 *d*)
15. 22. μὴ πιστευέτω ἀποστραφῆναι ἀπὸ σκότους (24 *a*)
33. 17. ἀποστρέψαι ἄνθρωπον ἀπὸ [**A** ἐξ] ἀδικίας (14 *b*)
39. 22. οὐ μὴ ἀποστραφῇ ἀπὸ [**A** *om.*] σιδήρου [**A** -ον] (24 *a*)
Ps. 6. 10. **A S** ἀποστραφείησαν εἰς τὰ ὀπίσω [**B** *al.*] (24 *a*)
9. 3. ἐν τῷ ἀποστραφῆναι τὸν ἐχθρόν μου (24 *a*)
— 17. ἀποστραφήτωσαν οἱ ἁμαρτωλοὶ εἰς τὸν ᾅδην (24 *a*)
— 32 (10. 11). ἀπέστρεψε τὸ πρόσωπον αὐτοῦ (16 *b*)
12 (13). 1. ἕως πότε ἀποστρέψεις [**A** -φεις] τὸ πρόσωπόν σου (16 *b*)
17 (18). 37. οὐκ ἀποστραφήσομαι ἕως ἂν ἐκλίπωσιν (24 *a*)
21 (22). 24. οὐδὲ ἀπέστρεψε τὸ πρόσωπον αὐτοῦ (16 *b*)
26 (27). 9. μὴ ἀποστρέψῃς τὸ πρόσωπόν σου (16 *b*)
29 (30). 7. ἀπέστρεψας δὲ τὸ πρόσωπόν σου (16 *b*)
34 (35). 4. **A S** ἀποστραφήτωσαν [**B** -φείησαν] εἰς τὰ ὀπίσω (13 *a*)
— 13. ἡ προσευχή μου εἰς κόλπον μου ἀποστραφήσεται [**A** -ήτω] (24 *a*)
39 (40). 14. ἀποστραφείησαν εἰς τὰ ὀπίσω . . . οἱ θέλοντές μοι κακά (13 *a*)
43 (44). 10. ἀπέστρεψας ἡμᾶς εἰς τὰ ὀπίσω (24 *d*)
— 24. ἵνα τί τὸ πρόσωπόν σου ἀποστρέφεις (16 *b*)
50 (51). 9. ἀπόστρεψον τὸ πρόσωπόν σου ἀπὸ τῶν ἁμαρτιῶν μου (16 *b*)
52 (53). 6. ἐν τῷ ἀποστρέψαι [**B**^{2} **S** ἐπισ.] κύριον [**S**^{2} τὸν θ.] τὴν αἰχμαλωσίαν (24 *a*)
53 (54). 5. ἀποστρέψει τὰ κακὰ τοῖς ἐχθροῖς μου (24 *a**, 24 *d*)
68 (69). 17. μὴ ἀποστρέψῃς τὸ πρόσωπόν σου ἀπὸ τοῦ παιδός σου (16 *b*)
69 (70). 2. ἀποστραφείησαν εἰς τὰ ὀπίσω . . . οἱ βουλόμενοί μοι κακά (13 *a*)
— 3. ἀποστραφείησαν παραυτίκα αἰσχυνόμενοι (24 *a*)
73 (74). 11. ἵνα τί ἀποστρέφεις τὴν χεῖρά σου (24 *d*)
— 21. μὴ ἀποστραφήτω τεταπεινωμένος (24 *a*)
77 (78). 38. τοῦ ἀποστρέψαι τὸν θυμὸν αὐτοῦ (24 *d*)
— 57. ἀπέστρεψαν [**B**^{1} **S** ἐπ.] καὶ ἠσυνθέτησαν [**S**^{2} ἠθ.] (13 *a*)
84 (85). 1. ἀπέστρεψας [**A** ἐπ.] τὴν αἰχμαλωσίαν Ἰακώβ (24 *a*)
— 3. ἀπέστρεψας ἀπὸ ὀργῆς θυμοῦ σου (24 *d*)
— 4. ἀπόστρεψον τὸν θυμόν σου ἀφ' ἡμῶν (20)
87 (88). 14. ἵνα τί . . . ἀποστρέφεις τὸ πρόσωπόν σου ἀπ' ἐμοῦ (16 *b*)
88 (89). 43. ἀπέστρεψας τὴν βοήθειαν τῆς ῥομφαίας αὐτοῦ (24 *d*)
— 46. **A S** ἕως πότε κύριε ἀποστρέφεις [**R** -φῃ, **B** -ψεις] εἰς τέλος (16 *a*)
89 (90). 3. μὴ ἀποστρέψῃς ἄνθρωπον εἰς ταπείνωσιν (24 *d*)
101 (102). 2. μὴ ἀποστρέψῃς τὸ πρόσωπόν σου ἀπ' ἐμοῦ (16 *b*)
103 (104). 9. οὐδὲ ἐπιστρέψουσι [**B** ἀποστρ.] καλύψαι τὴν γῆν (24 *a*)
— 29. ἀποστρέψαντος δέ σου τὸ πρόσωπον ταραχθήσονται (16 *b*)
105 (106). 23. τοῦ [**S**^{1} *add.* μὴ] ἀποστρέψαι ἀπὸ θυμοῦ [**A S**^{2} τὸν θυμὸν] ὀργῆς [**S**^{1} τὴν ὀργὴν] αὐτοῦ (24 *d*)
118 (119). 19. μὴ ἀποκρύψῃς [**S**^{1} ἀποστρέψῃς] ἀπ' ἐμοῦ τὰς ἐντολάς σου (16 *b*)
— 37. ἀπόστρεψον τοὺς ὀφθαλμούς μου τοῦ μὴ ἰδεῖν ματαιότητα (17)
— 59. ἐπέστρεψα [**S** ἀπ.] τοὺς πόδας μου εἰς τὰ μαρτύριά σου (24 *d*)
128 (129). 5. ἀποστραφήτωσαν εἰς τὰ ὀπίσω (13 *a*)
131 (132). 10. μὴ ἀποστρέψῃς τὸ πρόσωπον τοῦ χριστοῦ σου (24 *d*)
142 (143). 7. μὴ ἀποστρέψῃς τὸ πρόσωπόν σου ἀπ' ἐμοῦ (16 *b*)

Pr. 4. 27. ἀπόστρεψον δὲ σὸν πόδα ἀπὸ ὁδοῦ κακῆς (14 *b*)

10. 32. στόμα δὲ ἀσεβῶν ἀποστρέφεται [S^2 καταστρ.] (5 *c*)

15. 1. ἀπόκρισις δὲ ὑποπίπτουσα ἀποστρέφει θυμόν (24 *d*)

20. 3. δόξα ἀνδρὶ ἀποστρέφεσθαι λοιδορίας (8)

22. 14. οὐκ ἀγαπᾷ τοῦ ἀποστρέψαι ἀπ' αὐτῶν ἀποστρέφειν δὲ δεῖ ἀπὸ ὁδοῦ σκολιᾶς καὶ κακῆς –, –

24. 18. ἀποστρέψει [S^1 ὑπ.] τὸν θυμὸν αὐτοῦ ἀπ' αὐτοῦ (24 *d*)

— 65 (30. 30). σκύμνος λέοντος . . . ὃς οὐκ ἀποστρέφεται (24 *a*)

27. 11. ἀπόστρεψον ἀπὸ σοῦ ἐπονειδίστους λόγους (24 *d*)

28. 27. ὃς δὲ ἀποστρέφει τὸν ὀφθαλμὸν αὐτοῦ (18)

29. 8. σοφοὶ δὲ ἀπέστρεψαν [S ἀπέκρυψαν] ὀργήν (24 *d*)

Ca. 2. 17. ἀπόστρεψον ὁμοιώθητι σύ (12 *a*)

6. 4 (5). ἀπόστρεψον ὀφθαλμούς σου ἀπεναντίον μου (12 *b*)

Wi. 16. 3. τὴν ἀναγκαίαν ὄρεξιν ἀποστρέφωνται

Si. 4. 4. μὴ ἀποστρέψῃς τὸ πρόσωπόν σου ἀπὸ πτωχοῦ

— 5. ἀπὸ δεομένου [S^1 προσδ.] μὴ ἀποστρέψῃς ὀφθαλμόν

8. 5. ἄνθρωπον ἀποστρέφοντα ἀπὸ ἁμαρτίας

9. 8. ἀπόστρεψον ὀφθαλμὸν ἀπὸ γυναικὸς εὐμόρφου

14. 8. ἀποστρέφων πρόσωπον καὶ ὑπερορῶν ψυχάς

17. 1. καὶ πάλιν ἀπέστρεψεν αὐτὸν εἰς αὐτήν

— 26. ἀπόστρεφε ἀπὸ ἀδικίας

21. 15. ἀπέστρεψεν αὐτὸν ὀπίσω τοῦ νώτου [A τῶν ὤτων] αὐτοῦ

23. 5. ἐπιθυμίαν ἀπόστρεψον ἀπ' ἐμοῦ

27. 1. ὁ ζητῶν πληθῦναι ἀποστρέψει ὀφθαλμόν

29. 7. πολλοὶ [A S^1 *add.* οὖν] χάριν πονηρίας ἀπέστρεψαν

— 9. κατὰ τὴν ἔνδειαν αὐτοῦ μὴ ἀποστρέψῃς αὐτὸν κενόν

46. 11. ὅσοι οὐκ ἀπεστράφησαν ἀπὸ κυρίου

Ho. 2. 11 (13). καὶ ἀποστρέψω πάσας τὰς εὐφροσύνας αὐτῆς (23)

7. 16. ἀπεστράφησαν εἰς οὐθέν (24 *a*)

8. 3. ὅτι Ἰ. ἀπεστρέψατο ἀγαθά (6)

— 13. αὐτοὶ εἰς Αἰ. ἀπέστρεψαν (24 *a*)

14. 5. ἀπέστρεψε [A ἀποστρέψω] τὴν ὀργήν μου ἀπ' αὐτοῦ (24 *a*)

Am. 1. 3. ἐπὶ ταῖς τρισὶν ἀσεβ. Δ. . . . οὐκ ἀποστραφήσομαι αὐτόν (24 *d*)

— 6. ἐπὶ ταῖς τρισὶν ἀσεβ. Γ. . . . οὐκ ἀποστραφήσομαι αὐτούς (24 *d*)

— 9. ἐπὶ ταῖς τρισὶν ἀσεβ. Τ. . . . οὐκ ἀποστραφήσομαι αὐτήν (24 *d*)

— 11. ἐπὶ ταῖς τρισὶν ἀσεβ. τῆς Ἰ. . . . οὐκ ἀποστραφήσομαι αὐτούς (24 *d*)

— 13. ἐπὶ ταῖς τρισὶν ἀσεβ. υἱῶν Ἀ. . . . οὐκ ἀποστραφήσομαι αὐτόν (24 *d*)

2. 1. ἐπὶ ταῖς τρισὶν ἀσεβ. Μ. . . . οὐκ ἀποστραφήσομαι αὐτόν (24 *d*)

— 4. ἐπὶ ταῖς τρισὶν ἀσεβ. υἱῶν Ἰ. . . . οὐκ ἀποστραφήσομαι αὐτόν (24 *d*)

— 6. ἐπὶ ταῖς τρισὶν ἀσεβ. Ἰ. . . . οὐκ ἀποστραφήσομαι αὐτόν (24 *d*)

Mi. 2. 4. καὶ οὐκ ἦν ὁ κωλύσων αὐτὸν τοῦ ἀποστρέψαι (24 *b vel* 24 *g*)

3. 4. καὶ ἀποστρέψει τὸ πρόσωπον αὐτοῦ ἀπ' αὐτῶν (16 *b*)

Jn. 3. 8. καὶ ἀπέστρεψαν [A -εν, S^3 ἀν.] ἕκαστος ἀπὸ τῆς ὁδοῦ αὐτοῦ (24 *a*)

— 9. τίς οἶδεν εἰ . . . ἀποστρέψει ἐξ ὀργῆς (24 *a*)

— 10. ἀπέστρεψαν ἀπὸ τῶν ὁδῶν (24 *a*)

Na. 2. 2 (3). διότι ἀπέστρεψε κύριος τὴν ὕβριν Ἰ. (24 *a*)

Ze. 2. 7. καὶ ἀπέστρεψεν [S^1 ἐπ.] τὴν αἰχμαλωσίαν αὐτῶν (24 *a*)

Za. 1. 4. ἀποστρέψατε ἀπὸ τῶν ὁδῶν ὑμῶν (24 *a*)

10. 6. ὃν τρόπον οὐκ ἀπεστρεψάμην αὐτούς (6)

Is. 1. 15. ἀποστρέψω τοὺς ὀφθαλμούς μου (18)

5. 25. οὐκ ἀπεστράφη ὁ θυμὸς αὐτοῦ (24 *a*)

7. 6. συλλαλήσαντες αὐτοῖς ἀποστρέψομεν αὐτούς (3)

8. 17. τὸν ἀποστρέψαντα τὸ πρόσωπον αὐτοῦ (16 *b*)

Is. 9. 12 (11). ἐπὶ τούτοις πᾶσι οὐκ ἀπεστράφη ὁ θυμός (24 *a*)

— 13 (12). A S ὁ λαὸς οὐκ ἀπεστράφη [B ἐπ.] (24 *a*)

— 17 (16). ἐπὶ πᾶσι τούτοις οὐκ ἀπεστράφη ὁ θυμός (24 *a*)

— 21 (20). ἐπὶ τούτοις πᾶσιν οὐκ ἀπεστράφη ὁ θυμός (24 *a*)

10. 4. ἐπὶ πᾶσι τούτοις οὐκ ἀπεστράφη ἡ ὀργή [A S ὁ θυμός] (24 *a*)

— 6. S^1 τὴν ὀργήν μου . . . ἀποστρέψω [A B -στελῶ] †

12. 1. ἀπέστρεψας τὸν θυμόν σου (24 *a*)

13. 14. ὥστε ἄνθρωπον εἰς τὸν λαὸν αὐτοῦ ἀποστραφῆναι (19 *a*)

14. 27. τὴν χεῖρα τὴν ὑψηλὴν τίς ἀποστρέψει (24 *d*)

22. 9. ἀπέστρεψε [A S -αν] τὸ ὕδωρ (21)

30. 11. ἀποστρέψατε ἡμᾶς ἀπὸ τῆς ὁδοῦ ταύτης (14 *a*)

— 15. ὅταν ἀποστραφεὶς στενάξῃς [A -ξῃ] (24 *f*)

35. 10. ἀποστραφήσονται καὶ ἥξουσιν εἰς Σιών (24 *a*)

36. 9. πῶς δύνασθε ἀποστρέψαι εἰς πρόσωπον τῶν τοπαρχῶν [A *al.*] (24 *d*)

37. 7. ἀποστραφήσεται εἰς τὴν χώραν αὐτοῦ (24 *a*)

— 8. ἀπέστρεψε Ῥαψάκης (24 *a*)

— 9. ἀκούσας ἀπέστρεψε –

— 9. A ἀπέστρεψεν [B S -έστειλεν] ἀγγέλους πρὸς Ἐ. †

— 29. ἀποστρέψω σε τῇ ὁδῷ (24 *d*)

— 34. ἐν αὐτῇ ἀποστραφήσεται (24 *a*)

— 37. ἀπῆλθεν ἀποστραφεὶς Σενναχηρείμ [A *om.*] (24 *a*)

38. 2. ἀπέστρεψεν Ἐζεκίας τὸ πρόσωπον αὐτοῦ πρὸς τὸν τοῖχον (12 *b*)

— 8. ἀποστρέψω τὸν ἥλιον τοὺς δέκα ἀναβαθμούς (24 *a*)

42. 17. αὐτοὶ δὲ ἀπεστράφησαν εἰς τὰ ὀπίσω (13 *a*)

43. 13. τίς ἀποστρέψει αὐτό (24 *d*)

44. 25. ἀποστρέφων φρονίμους εἰς τὰ ὀπίσω (24 *d*)

45. 23. οἱ λόγοι μου οὐκ ἀποστραφήσονται (24 *a*)

50. 6. τὸ δὲ πρόσωπόν μου οὐκ ἀπέστρεψα ἀπὸ αἰσχύνης (16 *b*)

51. 11. ὑπὸ γὰρ κυρίου ἀποστραφήσονται (24 *a*)

53. 3. ἀπέστραπται τὸ πρόσωπον αὐτοῦ (16 *b*)

54. 8. ἀπέστρεψα τὸ πρόσωπόν μου ἀπὸ σοῦ (16 *b*)

55. 10. οὐ μὴ ἀποστραφῇ [S^1 οὐκ ἀποστραφήσεται] ἕως ἂν μεθύσῃ τὴν γῆν (24 *a*) ●

— 11. οὐ μὴ ἀποστραφῇ ἕως ἂν τελεσθῇ [A S συντελ.] (24 *a*)

57. 9. A S^3 ἀπέστρεψας [B S *om.*] καὶ ἐταπεινώθης ἕως ᾅδου –

— 17. ἀπέστρεψα τὸ πρόσωπόν μου ἀπ' αὐτοῦ (16 *b*)

58. 13. ἐὰν ἀποστρέψῃς τὸν πόδα σου ἀπὸ τῶν σαββάτων (24 *d*)

59. 2. ἀπέστρεψε τὸ πρόσωπον [A S^2 *add.* αὐτοῦ] ἀφ' ὑμῶν (16 *b*)

— 20. ἀποστρέψει ἀσεβείας ἀπὸ Ἰακώβ (24 *a*)

64. 7 (6). ἀπέστρεψας τὸ πρόσωπόν σου ἀφ' ἡμῶν (16 *b*)

Je. 2. 25. ἀπόστρεψον τὸν πόδα σου ἀπὸ ὁδοῦ τραχείας (10)

— 35. ἀποστραφήτω ὁ θυμὸς αὐτοῦ ἀπ' ἐμοῦ (24 *a*)

3. 10. A οὐκ ἀπεστράφη [B S ἐπεσ.] πρὸς μὲ ἡ ἀσύνθετος Ἰούδα (24 *a*)

— 19. ἀπ' ἐμοῦ οὐκ ἀποστραφήσεσθε [S -σῃ] (24 *a*)

4. 8. οὐκ ἀπεστράφη ὁ θυμὸς κυρίου ἀφ' ὑμῶν (24 *a*)

— 28. οὐκ ἀποστρέψω ἀπ' αὐτῆς (24 *a*)

8. 4. ἢ ὁ ἀποστρέφων οὐκ ἀναστρέφει [S ἐπισ., A ἐπιστρέψει] (24 *a*)

— 5. ἀπέστρεψεν ὁ λαός μου οὗτος ἀποστροφὴν ἀναιδῆ (24 *b*)

14. 3. ἀπέστρεψαν τὰ ἀγγεῖα αὐτῶν κενά (24 *a*)

15. 6. σὺ ἀπεστράφης με (28)

18. 11. ἀποστραφήτω δὴ ἕκαστος ἀπὸ ὁδοῦ αὐτοῦ (24 *a*)

— 20. τοῦ ἀποστρέψαι τὸν θυμόν σου ἀπ' αὐτῶν (24 *d*)

22. 27. εἰς δὲ τὴν γῆν . . . οὐ μὴ ἀποστρέψωσιν [A ἐπιστρέψουσιν] (24 *a*)

23. 14. τοῦ μὴ ἀποστραφῆναι ἕκαστον ἀπὸ τῆς ὁδοῦ αὐτοῦ (24 *a*)

— 20. οὐκέτι ἀποστρέψει ὁ θυμὸς κυρίου (24 *a*)

— 22. τὸν λαόν μου ἂν ἀπέστρεφον [A μου ἀ.] αὐτούς (24 *d*)

25. 5. ἀποστράφητε ἕκαστος ἀπὸ τῆς ὁδοῦ αὐτοῦ (24 *a*)

— 18 (49. 39). ἀποστρέψω τὴν αἰχμαλωσίαν Αἰλάμ (24 *d*, 24 *a**)

Je. 26 (46). 16. A ἀποστρέψωμεν εἰς [R ἀναστ. πρὸς] τὸν λαὸν ἡμῶν (24 *a*)

— 21. ἀπεστράφησαν καὶ ἔφυγον ὁμοθυμαδόν (19 *b*)

27 (50). 16. ἕκαστος εἰς τὸν λαὸν αὐτοῦ [A τόπον αὐ.] ἀποστρέψουσι (19 *a*)

30 (49). 24. ἀπεστράφη εἰς φυγήν (19 *b*)

33 (26). 3. ἀποστραφήσονται ἕκαστος ἀπὸ τῆς ὁδοῦ αὐτοῦ (24 *a*)

35 (28). 3. ἀποστρέψω εἰς τὸν τόπον τοῦτον τὰ σκεύη (24 *d*)

36 (29). 10. τοῦ τὸν λαὸν ὑμῶν ἀποστρέψαι εἰς τὸν τόπον τοῦτον (24 *d*)

37 (30). 3. ἀποστρέψω τὴν ἀποικίαν λαοῦ μου (24 *a*)

— 3. ἀποστρέψω αὐτοὺς εἰς τὴν γῆν (24 *d*)

— 18. ἀποστρέψω τὴν ἀποικίαν Ἰακώβ (24 *a*)

— 21. ἀποστρέψουσι πρὸς μέ (11 *b*)

— 21. ἔδωκε τὴν καρδίαν αὐτοῦ ἀποστρέψαι [A ἐπισ.] πρὸς μέ (11 *a*)

— 24. οὐ μὴ ἀποστραφῇ ὀργὴ θυμοῦ [S^1 *om.*] κυρίου (24 *a*)

38 (31). 8. ἀποστρέψουσιν ὧδε (24 *a*)

— 21. ὁδὸν ᾗ ἐπορεύθης ἀποστράφηθι (24 *a*)

— 21. ἀποστράφηθι εἰς τὰς πόλεις σου πενθοῦσα (24 *a*)

● — 22. ἕως πότε ἀποστρέψεις, θυγάτηρ ἠτιμωμένη (7)

— 23. ὅταν ἀποστρέψω τὴν αἰχμαλωσίαν αὐ. (24 *a*)

39 (32). 33. ἀπέστρεψαν [S ἐπ.] πρὸς μὲ νῶτον (19 *a*)

— 40. ἣν οὐ μὴ ἀποστρέψω ὄπισθεν αὐτῶν (24 *a*)

— 44. ἀποστρέψω τὰς ἀποικίας αὐτῶν (24 *d*)

40 (33). 5. ἀπέστρεψα τὸ πρόσωπόν μου ἀπ' αὐτῶν (16 *b*)

— 7. A S R ἀποστρέψω [B S^3 ἐπισ.] τὴν ἀποικίαν Ἰούδα (24 *d*)

— 11. ἀποστρέψω [S ἐπισ.] πᾶσαν τὴν ἀποικίαν (24 *d*)

42 (35). 15. ἀποστράφητε ἕκαστος ἀπὸ τῆς ὁδοῦ αὐτοῦ (24 *a*)

43 (36). 3. ἵνα ἀποστρέψωσιν [A -στραφ.] ἀπὸ τῆς ὁδοῦ αὐτῶν (24 *a*)

— 7. ἀποστρέψουσιν ἐκ [A ἀπὸ] τῆς ὁδοῦ αὐτῶν (24 *a*)

44 (37). 8. ἀποστρέψουσιν εἰς γῆν Αἰγύπτου (24 *a*)

— 20. τί ἀποστρέφεις με εἰς οἰκίαν Ἰωνάθαν (24 *d*)

● 45 (38). 22. ἀπέστρεψαν ἀπὸ σοῦ καὶ τὰς γυναῖκάς σου (13 *a*)

— 26. πρὸς τὸ μὴ ἀποστρέψαι [A S^1 ἐπισ.] με [A S *om.*] εἰς οἰκίαν Ἰωνάθαν (24 *d*)

47 (40). 5. A ἀπόστρεψον [B S ἀνάσ.] πρὸς τὸν Γοδολίαν (24 *a*)

48 (41). 10. ἀπέστρεψεν Ἰσμαὴλ πάντα τὸν λαόν (22 *a*)

— 16. οὓς ἀπέστρεψεν ἀπὸ Ἰσμαήλ (24 *d*)

— 16. οὓς ἀπέστρεψαν ἀπὸ Γαβαών (24 *d*)

50 (43). 5. τοὺς ἀποστρέψαντας κατοικεῖν [S εἰς μετοικεσίαν] (24 *a*)

51 (44). 5. οὐκ ἔκλιναν τὸ οὖς αὐτῶν ἀποστρέψαι ἀπὸ τῶν κακῶν (24 *a*)

Ba. 1. 8. ἀποστρέψαι εἰς γῆν Ἰούδα τῇ δεκάτῃ τοῦ Σιουάν

— 13. οὐκ ἀπέστρεψεν ὁ θυμὸς κυρίου

2. 8. τοῦ ἀποστρέψαι ἕκαστον ἀπὸ τῶν νοημάτων

— 13. ἀποστραφήτω ὁ θυμός σου ἀφ' ἡμῶν

— 29. ἡ βόμβησις ἡ μεγάλη ἡ πολλὴ αὕτη ἀποστρέψει εἰς μικράν [A μακράν]

— 33. ἀποστρέψουσιν [A ἐπισ.] ἀπὸ τοῦ νώτου αὐτῶν

— 34. ἀποστρέψω αὐτοὺς εἰς τὴν γῆν

3. 7. ἀπεστρέψαμεν ἀπὸ καρδίας [A B^2 ἐπὶ καρδίαν] ἡμῶν πᾶσαν ἀδικίαν πατέρων

La. 1. 8. αὐτὴ στενάζουσα καὶ ἀπεστράφη [A *add.* εἰς τὰ] ὀπίσω (24 *a*)

— 13. ἀπέστρεψέ με εἰς τὰ ὀπίσω (24 *d*)

2. 3. ἀπέστρεψεν [A *add.* εἰς τὰ] ὀπίσω δεξιὰν αὐτοῦ [S^1 *om.* δ. αὐ.] (24 *d*)

— 8. A S ἀπέστρεψε διαφθεῖραι [B ἐπ. τοῦ δ.] τεῖχος θυγατρὸς Σιών †

— 8. A R οὐκ ἀπέστρεψε [B S ἐπ.] χεῖρα αὐτοῦ ἀπὸ καταπατήματος (24 *d*)

Ez. 3. 18. ἀποστρέψαι ἀπὸ τῶν ὁδῶν αὐτοῦ –

— 19. καὶ μὴ ἀποστρέψῃ ἀπὸ τῆς ἀνομίας αὐτοῦ (24 *a*)

— 20. ἐν τῷ ἀποστρέφειν δίκαιον ἀπὸ τῶν δικαιοσυνῶν [A τῆς δ.] αὐτοῦ (24 *a*)

7. 22. ἀποστρέψω τὸ πρόσωπόν μου ἀπ' αὐτῶν (12 *b*)

— 24. ἀποστρέψω τὸ φρύαγμα τῆς ἰσχύος αὐτῶν (23)

● = correction on page xxiv

Ez. 12. 23. ἀποστρέψω τὴν παραβολὴν ταύτην (23)
13. 22. A μὴ ἀποστρέψαι ἀπὸ τῆς ὁδοῦ αὐτοῦ τῆς πονηρᾶς ἀποστρέψαι [B *om.*] καὶ ζῆσαι [A ζητῆσαι] αὐτόν (24 *a*, –)
14. 6. ἀποστρέψατε ἀπὸ τῶν ἐπιτηδευμάτων ὑμῶν (24 *d*)
16. 41. ἀποστρέψω σε ἐκ πορνείας [A ἀπὸ τῆς π. σου] (23)
— 53. ἀποστρέψω τὰς ἀποστροφὰς αὐτῶν (24 *a*)
— 53. ἀποστρέψω τὴν ἀποστροφὴν Σαμαρείας –
— 53. ἀποστρέψω τὴν ἀποστροφήν σου (22 *b*, 22 *c**)
18. 8. ἐξ ἀδικίας ἀποστρέψει τὴν χεῖρα αὐτοῦ (24 *d*)
— 17. ἀπὸ ἀδικίας ἀπέστρεψε τὴν χεῖρα αὐτοῦ (24 *d*)
— 21. ὁ ἄνομος ἐὰν ἀποστρέψῃ [A *al.*] (24 *a*)
— 23. τὸ ἀποστρέψαι αὐτὸν ἐκ τῆς ὁδοῦ [A ὁ. αὐτοῦ] τῆς πονηρᾶς (24 *a*)
— 24. ἐν δὲ τῷ ἀποστρέψαι δίκαιον ἐκ [A ἀπὸ] τῆς δικαιοσύνης αὐτοῦ (24 *a*)
— 26. ἐν τῷ ἀποστρέψαι τὸν δίκαιον ἐκ τῆς δικαιοσύνης αὐτοῦ (24 *a*)
— 27. ἐν τῷ ἀποστρέψαι ἄνομον ἀπὸ τῆς ἀνομίας αὐτοῦ (24 *a*)
— 28. ἀπέστρεψεν ἐκ πασῶν ἀσεβειῶν αὐτοῦ (24 *a*)
— 30. ἀποστρέψατε ἐκ πασῶν τῶν ἀσεβειῶν ὑμῶν (24 *d*)
21. 5 (10). οὐκ ἀποστρέψει οὐκέτι (24 *a*)
— 30 (35). ἀπόστρεφε μὴ καταλύσῃς ἐν τῷ τόπῳ τούτῳ (24 *d*)
23. 27. ἀποστρέψω τὰς ἀσεβείας σου ἐκ σοῦ (23)
— 34. τὰς νουμηνίας αὐτῆς ἀποστρέψω †
— 48. ἀποστρέψω ἀσέβειαν ἐκ [A ἀπὸ] τῆς γῆς (23)
29. 14. ἀποστρέψω τὴν αἰχμαλωσίαν τῶν Αἰγυπτίων [A αἰ. Αἰγύπτου] (24 *a*)
33. 9. ἀποστρέψαι [A τοῦ ἀ. αὐτὸν] ἀπ' [B ἐπ'] αὐτῆς καὶ μὴ ἀποστρέψῃ ἀπὸ τῆς ὁδοῦ αὐτοῦ (24 *a*, 24 *a*)
— 11. ὡς ἀποστρέψαι τὸν ἀσεβῆ ἀπὸ τῆς ὁδοῦ αὐτοῦ [A αὐ. τῆς πονηρᾶς] καὶ ζῆν αὐτόν· ἀποστροφῇ ἀποστρέψατε ἀπὸ τῆς ὁδοῦ ὑμῶν [A τῶν ὁ. ὑμῶν τῶν πον.] (24 *a*, 24 *a*)
— 12. ἐν ᾗ ἂν ἡμέρᾳ ἀποστρέψῃ ἀπὸ τῆς ἀνομίας αὐτοῦ (24 *a*)
— 14. καὶ ἀποστρέψῃ ἀπὸ τῆς ἁμαρτίας [A ἀσεβείας] αὐτοῦ (24 *a*)
— 18. ἐν τῷ ἀποστρέψαι δίκαιον ἀπὸ τῆς δικαιοσύνης αὐτοῦ (24 *a*)
— 19. ἐν τῷ ἀποστρέψαι τὸν ἁμαρτωλὸν ἀπὸ τῆς ἀνομίας αὐτοῦ (24 *a*)
34. 4. τὸ πλανώμενον οὐκ ἀπεστρέψατε [A ἐπεστρ.] (24 *d*)
— 6. οὐκ ἦν ὁ ἐκζητῶν [A ζ.] οὐδὲ ὁ ἀποστρέφων †
— 10. ἀποστρέψω αὐτοὺς τοῦ μὴ ποιμαίνειν τὰ πρόβατά μου (23)
— 16. R τὸ πλανώμενον [A πεπλανημένον] ἀποστρέψω [A B ἐπιστρ.] (24 *d*)
38. 8. ἥξει εἰς τὴν γῆν τὴν ἀπεστραμμένην ἀπὸ μαχαίρας (24 *c*)
39. 23, 24. ἀπέστρεψα τὸ πρόσωπόν μου ἀπ' αὐτῶν (16 *b*)
— 25. νῦν ἀποστρέψω [A ἀναστρ. τὴν] αἰχμαλωσίαν ἐν [A *om.*] Ἰακώβ (24 *d*)
— 27. ἐν τῷ ἀποστρέψαι με αὐτοὺς ἐκ τῶν ἐθνῶν (24 *b*)
— 29. οὐκ ἀποστρέψω οὐκέτι τὸ πρόσωπόν μου ἀπ' αὐτῶν (16 *b*)
Da. LXX. Su. 28. οἱ δὲ παράνομοι ἄνδρες ἀπέστρεψαν
4. 34. ἀποστρέψαι βασιλείαν βασιλέως εἰς ἕτερον βασ. –
9. 16. ἀποστραφήτω ὁ θυμός σου (24 *a*)
10. 16. ὡς ὅρασις ἀπεστράφη [R ἐπ.] (5 *b*)
11. 26. ἀποστρέψουσιν αὐτὸν καὶ πυρελεύσονται †
Da. TH. 9. 13. ἀποστρέψαι ἀπὸ τῶν ἀδικιῶν ἡμῶν (24 *a*)
— 16. ἀποστραφήτω δὴ ὁ θυμός σου (24 *a*)
I Ma. 1. 18. ἀπεστράφη [A S^2 R ἐνετράπη] Πτολεμ.
3. 8. ἀπέστρεψεν ὀργὴν ἀπὸ Ἰσραήλ
— 56. ἀποστρέφειν ἕκαστος εἰς τὸν οἶκον αὐτοῦ
4. 16. S καὶ ἀπέστρεψεν [A R ἐπ.] Ἰούδας
— 58. ἀπεστράφη ὄνειδος [S ὀνειδισμὸς] ἐθνῶν
5. 28. ἀπέστρεψεν Ἰούδας . . . εἰς τὴν ἔρημον εἰς Βοσόρ
6. 4. μετὰ λύπης μεγάλης ἀποστρέψαι εἰς Βαβυλῶνα
— 55. ὅτι Φίλιππος . . . ἀπέστρεψεν ἀπὸ τῆς Περσίδος
— 63. καὶ ἀπέστρεψεν εἰς Ἀντιόχειαν

I Ma. 7. 46. S ἀπέστρεφον [A R ἀνέσ.] οὗτοι πρὸς τούτους
9. 9. καὶ ἀπέστρεψαν αὐτόν
— 42. S R ἀπέστρεψαν εἰς τὸ ἕλος [A ὄρος] τοῦ Ἰορδ.
— 50. A ἀπέστρεψεν [S R ἐπεσ.] εἰς Ἱερουσ.
— 57. ἀπέστρεψε [S ἐπέσ.] πρὸς τὴν βασ.
— 72. ἀποστρέψας ἀπῆλθεν εἰς τὴν γῆν αὐτοῦ
10. 68. καὶ ἀπέστρεψεν [S^1 ὑπ.] εἰς Ἀντιόχειαν
11. 54. μετὰ δὲ ταῦτα ἀπέστρεψε Τρύφων καὶ Ἀντ.
12. 26. R καὶ ἀπέστρεψαν [A S ἐπ.] καὶ ἀπήγγειλαν
15. 36. ἀπέστρεψε δὲ μετὰ θυμοῦ πρὸς τὸν βασιλέα
16. 10. ἀπέστρεψεν εἰς γῆν Ἰούδα [A S τὴν Ἰουδαίαν]
III Ma. 3. 23. οὐ μόνον ἀπεστρέψαντο τὴν ἀτίμητον πολιτείαν
6. 15. οὐκ ἀπέστρεψας τὸ πρόσωπόν σου ἀφ' ἡμῶν
— 21. ἀπέστρεψαν τὰ θηρία
IV Ma. 1. 33. S ἀποστρεφόμεθα [A R ἀποτρεπ.] τὰς . . . ἡδονάς
5. 8. ἄδικον ἀποστρέφεσθαι τὰς τῆς φύσεως χάριτας
13. 5. S οἳ τῶν . . . ἀλγηδόνων οὐκ ἀπεστράφησαν [A R ἐπ.]

[**Aq**. Ex. 4. 7 : Jd. 7. 3 : Jb. 33. 25 : Ps. 118 (119). 118 : 145 (146). 4 : Is. 38. 8 : 59. 20 : Je. 32 (39). 40 : 49. 8 (29. 9).]
[**Sm**. Ge. 6. 7 (6) : I Ki. 25. 14 : Ps. 55 (56). 10 : 77 (78). 38 : 131 (132). 10 : Pr. 1. 15 : Is. 28. 6 : 54. 10 : 59. 20 : Je. 31 (38). 22 (?) : 32 (39). 40 : Ez. 3. 18 : 33. 11.]
[**Th**. Jb. 33. 25 : Ps. 131 (132). 10 : 145 (146). 4 : Pr. 25. 10 : Is. 28. 6 : 38. 8 : 59. 20 : Je. 18. 8 : Ez. 18. 28.]
[**Al**. Ge. 42. 28 : Ex. 23. 4 : 32. 31 : Ps. 43 (44). 19.]
[**Hebr.** Jb. 13. 11 : Ps. 5. 7.]

ἀποστροφή. (1) סָתַר hi. (2) *a.* שְׁבוּת *b.* שְׁבִית (3) שׁוּב *a.* qal. *b.* hi. *c.* מְשׁוּבָה *d.* תְּשׁוּבָה (4) תְּשׁוּקָה

Ge. 3. 16. πρὸς τὸν ἄνδρα σου ἡ ἀ. σου (4)
4. 7. πρὸς σὲ ἡ ἀ. αὐτοῦ (4)
De. 22. 1. ἀποστροφῇ ἀποστρέψεις αὐτὰ τῷ ἀδ. σου (3 *b*)
31. 18. ἐγὼ δὲ ἀποστροφῇ ἀποστρέψω τὸ πρόσωπόν μου (1)
I Ki. 7. 17. ἡ δὲ ἀ. αὐτοῦ εἰς Ἀρμαθαίμ (3 *d*)
Si. 16. 30. εἰς αὐτὴν ἡ ἀ. αὐτῶν
18. 24. καιρὸν ἐκδικήσεως ἐν ἀποστροφῇ προσώπου
41. 20. ἀπὸ ἀποστροφῆς προσώπου συγγενοῦς
Mi. 2. 12. ἐπὶ τὸ αὐτὸ θήσομαι τὴν ἀ. αὐτοῦ –
Is. 1. 27. ἡ αἰχμαλωσία αὐτῆς [S^1 *add.* καὶ ἡ ἀ. αὐτῆς] (3 *a*)
Je. 5. 6. ἴσχυσαν ἐν ταῖς ἀ. αὐτῶν (3 *c*)
6. 19. τὸν καρπὸν [S καιρὸν] ἀποστροφῆς αὐτῶν †
8. 5. ἀπέστρεψεν ὁ λαός μου οὗτος ἀ. ἀναιδῆ (3 *c*)
18. 12. ὀπίσω τῶν ἀ. ἡμῶν πορευσόμεθα †
Ez. 16. 53. ἀποστρέψω τὰς ἀ. αὐτῶν τὴν ἀ. Σοδόμων (2 *b vel* 2 *a**, 2 *a vel* 2 *b**)
— 53. ἀποστρέψω τὴν ἀ. Σαμαρείας (2 *a*, 2 *b**)
— 53. ἀποστρέψω τὴν ἀ. σου (2 *b*)
33. 11. ἀποστροφῇ ἀποστρέψατε ἀπὸ τῆς ὁδοῦ [A τῶν ὁ.] ὑμῶν (3 *a*)
III Ma. 2. 10. ἐὰν γένηται ἡμῶν ἀποστροφή

[**Sm**. Pr. 1. 32.]
[**Th**. Ge. 4. 7.]
[**Al**. Ex. 23. 4.]

ἀπόστροφος.

[**Sm**. Ps. 20 (21). 13.]

ἀποστύφειν.

To. 11. 8. S ἀποστύψει τὸ φάρμακον

ἀποσυμμιγνύναι. (1) חָבַר hithpa.

Da. TH. 11. 6. A μετὰ τὰ ἔτη αὐτοῦ ἀποσυμμιγήσονται [B συμμ.] (1)

ἀποσυνάγειν. (1) אָסַף

IV Ki. 5. 3. ἀποσυνάξει αὐτὸν ἀπὸ τῆς λέπρας αὐτοῦ (1)
— 6. ἀποσυνάξεις αὐτὸν ἀπὸ [A ἐκ] τῆς λέπρας αὐτοῦ (1)
— 7. ἀποσυνάξαι ἄνδρα ἀπὸ [A ἐκ] τῆς λέπρας αὐτοῦ (1)
— 11. ἀποσυνάξει [A συνάξει] τὸ λεπρόν (1)

ἀποσύρειν.

IV Ma. 9. 28. τὴν τῆς κεφ. δορὰν οἱ . . . θῆρες ἀπέσυραν

ἀποσυρίζειν.

Is. 30. 14. A B S^2 ἐν ᾧ ἀποσυριεῖς ὕδωρ †

ἀποσφάζειν.

IV Ma. 2. 19. αἰτιᾶται μὴ λογισμῷ τοὺς Σικιμίτας ἐθνηδὸν ἀποσφάξαντας

ἀποσφενδονᾶν.

IV Ma. 16. 21. εἰς κάμινον πυρὸς ἀπεσφενδονήθησαν

ἀποσφράγισμα. (1) *a.* חֹתָם *b.* חוֹתָם

Je. 22. 24. ἀ. ἐπὶ τῆς χειρὸς τῆς δεξιᾶς μου (1 *b*)
Ez. 28. 12. σὺ [A σὺ εἶ] ἀποσφράγισμα ὁμοιώσεως (1 *a*)

ἀποσχίζειν. (1) בָּדַל ni. (2) *a.* נָזַר ni. *b.* נָזַר ithpe. (3) סוּר

Nu. 16. 21. ἀποσχίσθητε ἐκ μέσου τῆς συναγωγῆς τ. (1)
— 26. ἀποσχίσθητε ἀπὸ τῶν σκηνῶν τῶν ἀνθρ. (3)
II Ch. 26. 21. ὅτι ἀπεσχίσθη ἀπὸ οἴκου κυρίου (2 *a*)
Da. TH. 2. 34. ἀπεσχίσθη [A ἐτμήθη] λίθος (2 *b*)

[**Aq.** Is. 7. 6.]
[**Th.** Is. 24. 11 : Da. 2. 34†.]

ἀποτάσσειν. (1) יָאַשׁ pi.

I Es. 6. 27. τοῖς ἀποτεταγμένοις ἐν Συρίᾳ . . . ἡγεμόσιν
Ec. 2. 20. τοῦ ἀποτάξασθαι τὴν καρδ. [A S τῇ κ.] μου (1)
Je. 20. 2. ἐν πύλῃ οἴκου ἀποτεταγμένου τοῦ ὑπερῴου †
I Ma. 4. 61. S ἀπέταξεν [A -αν, R ἐπέταξεν] ἐκεῖ δύναμιν
6. 50. R ἀπέταξεν [S ἐπ., A ἐπάτ.] ἐκεῖ φρουράν
11. 3. ἀπέτασσε τὰς δυνάμεις φρουράν
15. 41. S ἀπέταξεν [A R ἔτ.] ἐκεῖ ἱππεῖς

ἀποτείνειν. (1) רָחַק hi.

Ex. 8. 28 (24). ἀλλ' οὐ μακρὰν ἀποτενεῖτε πορευθῆναι (1)

ἀποτειχίζειν.

[**Sm**. Ps. 26 (27). 11 : 53 (54). 7 : 58 (59). 11 : 91 (92). 12 : Ez. 4. 3.]
[**Th. Heb.** Ps. 91 (92). 12.]

ἀποτείχισμα.

[**Sm**. Ec. 9. 14 : Ez. 17. 17 : 21. 22 (27) : 26. 8.]

ἀποτεκνοῦσθαι. (1) שָׁכֹל

Ge. 27. 45. R μή ποτε ἀποτεκνωθῶ [A ἀτεκνωθῶ] (1)

ἀποτελεῖν.

I Es. 5. 73. B ἀπεκώλυσαν τοῦ ἀποτελεσθῆναι [A ἐπιτ.]
II Ma. 15. 39. ἐπιτερπῆ τὴν χάριν ἀποτελεῖ

ἀποτέμνειν. (1) הָלַם (2) קָרַע

Jd. 5. 26. A καὶ ἀπέτεμεν Σισάρα [B *al.*] (1)
Si. 25. 26. ἀπὸ τῶν σαρκῶν σου ἀπότεμε αὐτήν
Je. 43 (36). 23. B S ἀπέτεμνεν [A R -τεμεν] αὐτὰς τῷ ξυρῷ τοῦ γραμματέως (2)
II Ma. 15. 30. τὴν τοῦ Νικάνορος κεφαλὴν ἀποτεμόντας
IV Ma. 15. 20. ὁρῶσα . . . ἐπὶ χερσὶ χεῖρας ἀποτεμνομένας

[**Aq**. Ps. 87 (88). 6.]
[**Sm**. Is. 53. 8.]
[**Th.** Jd. 5. 26 : Is. 53. 8 : Da. 2. 35†.]
[**Quint**. Ho. 5. 10.]

ἀποτηγανίζειν. (1) קָלָה

Je. 36 (29). 22. οὓς ἀπετηγάνισε βασιλεὺς Βαβ. (1)

ἀποτιθέναι. (1) נוּחַ hi. (2) שִׂים (3) שׁוּב hi.

Ex. 16. 33. ἀποθήσεις αὐτὸ ἐναντίον τοῦ θεοῦ (1)
— 34. ἀπέθηκεν [A -έθετο] Ἀ. ἐναντίον τοῦ μαρ. (1)
Le. 16. 23. ἀποθήσει αὐτὴν ἐκεῖ (1)
22. 23. A^2 σφάγια ἀποθήσεις [B ποιήσεις] αὐτὰ σεαυτῷ †
24. 12. ἀπέθεντο αὐτὸν εἰς φυλακήν [A ἐν φυλακῇ] (1)

Nu. 15. 34. ἀπέθεντο αὐτὸν εἰς φυλακήν (1)
17. 7 (22). ἀπέθηκε Μωυσῆς τὰς ῥάβδους ἔναντι κ. (1)
— 10 (25). ἀπόθες τὴν ῥάβδον Ἀαρὼν ἐνώπιον τῶν μαρ. (3)
19. 9. ἀποθήσει ἔξω τῆς παρεμβολῆς εἰς τόπον καθαρόν (1)
Jo. 4. 8. καὶ ἀπέθηκαν [A -εν αὐτοὺς] ἐκεῖ (1)
II Ch. 18. 26. ἀπόθεσθε τοῦτον εἰς οἶκον φυλακῆς (2)
I Es. 6. 19. ἀποθεῖναι ἐν τῷ ναῷ τῷ ἐν Ἱερουσαλὴμ
To. 6. 4. S ἀπόθες αὐτὰ μετὰ σαυτοῦ
Jl. 1. 18. τί ἀποθήσομεν ἑαυτοῖς †
Ez. 21. 10 (15). R ἀπόθου [A B ἀπῶθου] πᾶν ξύλον †
I Ma. 1. 35. τὰ σκῦλα Ἱερουσαλὴμ ἀπέθεντο ἐκεῖ
4. 46. ἀπέθεντο τοὺς λίθους ἐν τῷ ὄρει τοῦ οἴκου
II Ma. 8. 35. τὴν δοξικὴν ἀποθέμενος ἐσθῆτα
[**Aq.** Ps. 32 (33). 7: Je. 36 (43). 20.]
[**Sm.** Ps. 32 (33). 7: Ec. 2. 26: Je. 40 (47). 10: Ez. 42. 14.]
[**Al.** III Ki. 14. 28.]

ἀποτίκτειν.

IV Ma. 13. 21. διὰ τῶν ἴσων ἀποτεχθέντες χρόνων
14. 16. νοσσοποιησάμενα [S ἐννοσσοποιησόμενα] ἀποτίκτει

ἀποτίναγμα. (1) נְעֹרֶת

Jd. 16. 9. A ὃν τρόπον διασπᾶται κλῶσμα τοῦ ἀ. [B al.] (1)
[**Sm.** Is. 1. 31.]
[**Th.** Jd. 16. 9.]

ἀποτινάσσειν. (1) נָטַשׁ (2) נָעַר pi. (3) נָעַר ni.

Jd. 16. 20. A καὶ ποιήσω καθὼς ἀεὶ καὶ ἀποτινάξομαι [B al.] (3)
I Ki. 10. 2. ὁ πατήρ σου ἀποτετίνακται τὸ ῥῆμα τῶν ὄνων (1)
La. 2. 7. ἀπετίναξεν ἁγίασμα αὐτοῦ (2)
[**Sm.** Ez. 39. 3.]
[**Th.** Jd. 16. 20.]

ἀποτίνειν. (1) נָתַן (2) שׂוּם (3) שָׁלֵם pi. (4) שָׁקַל

Ex. 21. 19. πλὴν τῆς ἀργείας αὐτοῦ ἀποτίσει (1)
— 34. ὁ κύριος τοῦ λάκκου ἀποτίσει (3)
— 36. ἀποτίσει ταῦρον ἀντὶ ταύρου (3)
22. 1 (21. 37). πέντε μόσχους ἀποτίσει ἀντὶ τοῦ μόσχου (3)
— 4 (3). διπλᾶ αὐτὰ [A om.] ἀποτίσει (3)
— 5 (4). ἀποτίσει ἐκ τοῦ ἀγροῦ αὐτοῦ –
— 5 (4). τὰ βέλτιστα τοῦ ἀγροῦ αὐτοῦ . . . ἀποτίσει (3)
— 6 (5). ἀποτίσει ὁ τὸ πῦρ ἐκκαύσας (3)
— 7 (6). ἀποτίσει τὸ [A om.] διπλοῦν (3)
— 9 (8). ὁ ἁλοὺς διὰ τοῦ θεοῦ ἀποτίσει διπλοῦν τῷ πλησίον (3)
— 11 (10). καὶ οὐκ [A οὐ μὴ] ἀποτίσει (3)
— 12 (11). ἀποτίσει τῷ κυρίῳ [A πλησίον] (3)
— 13 (12). καὶ οὐκ ἀποτίσει (3)
— 14 (13). ἀποτίσει [B¹ οὐκ ἀποτίσει] (3)
— 15 (14). οὐκ ἀποτίσει (3)
— 17 (16). ἀργύριον ἀποτίσει τῷ πατρί [A αὐτῷ] (4)
Le. 5. 16. ἀποτίσει αὐτό (3)
6. 4 (5. 24). ἀποτίσει αὐτὸ τὸ κεφάλαιον (3)
24. 18. ἀποτισάτω ψυχὴν ἀντὶ ψυχῆς (3)
Ru. 2. 12. ἀποτίσαι κύριος τὴν ἐργασίαν σου (3)
I Ki. 2. 20. ἀποτίσαι σοι κύριος σπέρμα (2)
24. 20. R κύριος ἀποτίσει [B ἀνταποτίσει] αὐτῷ ἀγ. [A al.] (3)
II Ki. 12. 6. τὴν ἀμνάδα ἀποτίσει ἑπταπλασίονα (3)
15. 7. ἀποτίσω τὰς εὐχάς μου (3)
IV Ki. 4. 7. καὶ ἀποτίσεις τοὺς τόκους σου (3)
Jb. 34. 33. μὴ ἀπὸ [A S παρὰ] σοῦ ἀποτίσει αὐτήν (3)
Ps. 36 (37). 21. δανείζεται ὁ ἁμαρτωλὸς καὶ οὐκ ἀποτίσει (3)
Pr. 6. 31. ἐὰν δὲ ἁλῷ ἀποτίσει ἑπταπλάσια (3)
22. 27. ἐὰν γὰρ μὴ ἔχῃ πόθεν ἀποτίσῃ (3)
Si. 8. 13. ὡς ἀποτίσων φρόντιζε
14. 16. A ἀπότισον [S¹ ἀπαίτησον, S² ἁγίασον, B ἀπάτησον] τὴν ψυχήν σου
20. 15. A καὶ αὔριον ἀποτίσει [B S ἀπαιτήσει]
Is. 9. 5 (4). ἱμάτιον μετὰ καταλλαγῆς ἀποτίσουσι †
Ez. 33. 15. A R καὶ ἁρπάγματα [A -μα] ἀποτίσει [B -σῃ] (3)
[**Aq.** II Ki. 12. 6.]
[**Sm. Th.** II Ki. 12. 6: Is. 59. 18.]

ἀποτιννύειν. (1) חָטָא pi. (2) שׁוּב hi.

Ge. 31. 39. R ἀπετίννυον παρ' [A ἀπ'] ἐμαυτοῦ κλέμματα (1)
Ps. 68 (69). 4. ἃ οὐχ ἥρπασα τότε ἀπετίννυον (2)
Si. 20. 12. καὶ ἀποτιννύων αὐτὰ ἑπταπλάσιον [S -άσια]
[**Sm.** Ex. 22. 6 (5).]
[**Th.** Ex. 22. 6 (5), 14 (13).]

ἀπότμημα.

[**Aq.** Ps. 135 (136). 13.]

ἀποτομή. (1) הַלְמוּת

Jd. 5. 26. A εἰς ἀποτομὰς κατακοπῶν [B alit.] (1)

ἀποτομία.

[**Sm.** Je. 51 (28). 35: Na. 3. 1.]

ἀπότομος.

Wi. 5. 20. ὀξυνεῖ δὲ ἀπότομον ὀργήν
6. 5. κρίσις ἀ. ἐν τοῖς ὑπερέχουσιν γίνεται
11. 10. ὡς ἀπότομος βασ. καταδικάζων
12. 9. λόγῳ ἀ. ὑφ' ἓν ἐκτρῖψαι
18. 15. ἐκ θρόνων βασιλειῶν ἀπότομος πολεμιστής

ἀποτόμως.

Wi. 5. 22. ποταμοὶ δὲ συγκλύσουσιν [A -κλύσουσιν] ἀ.

ἀποτρέμειν.

Si. 20. 29. A ὡς φιμὸς ἐν στόματι ἀποτρέμει [B S -τρέπει] ἐλεγμούς

ἀποτρέπειν.

Si. 20. 29. ὡς φιμὸς ἐν στόματι ἀποτρέπει [A -τρέμει] ἐλεγμούς
48. 18. ἀπέστειλε [S¹ -έτρεψεν] Ῥαψάκην
III Ma. 1. 23. μόλις τε ὑπό τε τῶν γεραιῶν . . . ἀποτραπέντες
IV Ma. 1. 33. ἀποτρεπόμεθα [S -στρεφ.] τὰς ἐξ αὐτῶν ἡδονάς
16. 12. οὐδ' ἵνα μὴ ἀποθάνωσιν ἀπέτρεπεν αὐτῶν τινα
[**Sm.** Ex. 5. 4.]

ἀποτρέχειν. (1) הָלַךְ (2) יָצָא (3) עָלָה (4) שׁוּב

Ge. 12. 19: 24. 51. λαβὼν ἀπότρεχε (1)
32. 9 (10). ἀπότρεχε εἰς τὴν γῆν τῆς γεν. σου (4)
Ex. 3. 21. ὅταν δὲ ἀποτρέχητε (1)
10. 24. ἡ ἀποσκευὴ ὑμῶν ἀποτρεχέτω μεθ' ὑμῶν (1)
21. 5. οὐκ ἀποτρέχω ἐλεύθερος (2)
— 7. ὥσπερ ἀποτρέχουσιν αἱ δοῦλαι (2)
Le. 25. 41. εἰς τὴν κατάσχεσιν τὴν πατρικὴν ἀποδραμεῖται [A -θανεῖται] (4)
Nu. 22. 13. ἀποτρέχετε πρὸς τὸν κύριον ὑμῶν (1)
24. 14. ἀποτρέχω εἰς τὸν τόπον μου (1)
Jo. 23. 14. ἐγὼ δὲ ἀποτρέχω τὴν ὁδόν (1)
Jd. 7. 7. A ἀποτρεχέτω [B πορεύσονται] ἀνὴρ εἰς τὸν τόπον (1)
19. 18. A εἰς τὸν οἶκόν μου ἐγὼ ἀποτρέχω [B πορεύομαι] (1)
I Ki. 8. 22. ἀποτρεχέτω ἕκαστος εἰς τὴν πόλιν αὐτοῦ (1)
III Ki. 2. 26. ἀπότρεχε σὺ εἰς Ἀναθώθ (1)
12. 16. ἀπότρεχε Ἰσραὴλ εἰς τὰ σκηνώματά σου –
21 (20). 36. ἰδοὺ σὺ ἀποτρέχεις ἀπ' ἐμοῦ (1)
22. 36. A ἕκαστος . . . εἰς τὴν ἑαυτοῦ γῆν ἀποτρεχέτω [B om.] –
II Ch. 10. 16. A ἀπότρεχε [B om.] εἰς τὰ σκηνώματά σου –
I Es. 4. 34. πάλιν ἀποτρέχει εἰς τὸν ἑαυτοῦ τόπον
To. 1. 6. S ἀπέτρεχον εἰς Ἱεροσόλυμα
8. 3. S καὶ ἀπέδραμεν τὸ δαιμόνιον [A B al.]
14. 3. πρὸς τὸ ἀ. ἐκ [A ἀπὸ] τοῦ ζῆν εἰμί [S al.]
— 4. S ἀπότρεχε εἰς Μηδείαν [A B al.]
Es. 2. 14. πρὸς ἡμέραν ἀποτρέχει εἰς τὸν γυναικῶνα
Si. 35 (32). 11. ἀπότρεχε εἰς οἶκον
Je. 41 (34). 21. τοῖς ἀποτρέχουσιν [A οἱ ἀποτρέχοντες] ἀπ' αὐτῶν (3)
44 (37). 9. ἀποτρέχοντες ἀπελεύσονται ἀφ' ἡμῶν (1)
47 (40). 5. ἀπότρεχε ἀνάστρεψον [A ἀπόστρ. καὶ ἀπότρ.] πρὸς τὸν Γοδολίαν (4)
Da. LXX. 12. 9. ἀπότρεχε, Δανιήλ (1)
Da. TH. Su. 7. ἡνίκα ἀπέτρεχεν ὁ λαός

Bel. 11. ἡμεῖς ἀποτρέχομεν ἔξω
I Ma. 6. 45. S¹ ἀπέδραμεν [A S² R ἐπ.] αὐτῷ θράσει
[**Th.** Jd. 7. 7.]

ἀποτρίβειν. (1) זָנַח (2) מָחַק (3) רָחַק

Jd. 5. 26. A ἀπέτριψεν τὴν κεφαλὴν αὐτοῦ [B al.] (2)
Ho. 8. 5. ἀπότριψαι τὸν μόσχον σου (1)
Mi. 7. 11. ἀποτρίψεται [A ἀπώσεται] νόμιμά σου ἡ ἡμέρα ἐκ. (3)

ἀποτροπιάζεσθαι. (1) עָבַר hi.

Ez. 16. 21. ἐν τῷ ἀποτροπιάζεσθαί σε αὐτὰ [A ἐν] αὐτοῖς (1)

ἀποτρυγᾶν.

Am. 6. 1. ἀπετρύγησαν ἀρχὰς ἐθνῶν †

ἀποτυγχάνειν. (1) מָנַע

Jb. 31. 16. ἀδύνατοι δὲ χρείαν ἣν ποτε εἶχον ἀπέτυχον (1)

ἀποτυμπανίζειν. (1) קְטַל

Da. LXX. 7. 11. ἀπετυμπανίσθη τὸ θηρίον (1)
III Ma. 3. 27. αἰσχίστοις βασάνοις ἀποτυμπανισθήσεται πανοικί

ἀποτυφλοῦν. (1) עָוַר pi.

De. 16. 19. τὰ γὰρ δῶρα ἀποτυφλοῖ [A ἐκτυφ.] ὀφθαλμοὺς σοφῶν (1)
To. 2. 10. S μέχρι τοῦ ἀποτυφλωθῆναι
Wi. 2. 22. ἀπετύφλωσε [S ἐτ.] γὰρ αὐτοὺς ἡ κακία αὐτῶν
Si. 20. 29. δῶρα ἀποτυφλοῖ ὀφθαλμοὺς σοφῶν

ἀποτύφλωσις. (1) עִוָּרוֹן

Za. 12. 4. τοὺς ἵππ. τῶν λαῶν πατάξω ἐν ἀποτυφλώσει (1)

ἀποφαίνειν. (1) **δίκαιον ἀ.** צָדַק *a.* pi. *b.* hi.

Jb. 27. 5. μή μοι εἴη δικαίους ὑμᾶς ἀποφῆναι (1 *b*)
32. 2. ἀπέφηνεν ἑαυτὸν δίκαιον ἐναντίον κυρίου (1 *a*)
II Ma. 6. 23. ἀκολούθως ἀπεφήνατο ταχέως λέγων
15. 4. τῶν δὲ ἀποφηναμένων Ἔστιν ὁ κύριος ζῶν

ἀπόφασις.

[**Sm.** Ec. 8. 11.]

ἀποφέρειν. (1) בּוֹא *a.* hi. *b.* ho. (2) *a.* הָלַךְ hi. *b.* הָלַךְ (3) *a.* יָבַל hoph. *b.* יְבַל aph. (4) לָקַח (5) נָשָׂא

Le. 20. 19. ἁμαρτίαν ἀποίσονται (5)
Nu. 16. 46 (17. 11). ἀπένεγκε τὸ τάχος εἰς τὴν παρεμβολήν (2 *a*)
II Ki. 13. 13. καὶ ἐγὼ ποῦ ἀποίσω τὸ ὄνειδός μου (2 *a*)
III Ki. 14. 26. B καὶ ἀπήνεγκεν αὐτὰ εἰς Αἴγυπτον –
II Ch. 36. 7. μέρος τῶν σκευῶν οἴκου κυρίου ἀπήνεγκεν εἰς B. (1 *a*)
I Es. 1. 13. καὶ ἀπήνεγκαν πᾶσι τοῖς ἐκ τοῦ λαοῦ
— 41. καὶ ἀπενέγκας ἀπηρείσατο ἐν τῷ ναῷ αὐτοῦ
— 54. τὰς βασ. ἀποθήκας ἀναλαβόντες ἀπήνεγκαν εἰς B.
4. 24. ὅταν κλέψῃ . . . τῇ ἐρωμένῃ ἀποφέρει
6. 19. καὶ ἀπήνεγκε [A ἀπενέγκαντι] πάντα τὰ σκεύη
— 26. καὶ ἀπήνεγκεν εἰς Βαβυλῶνα
8. 13. καὶ ἀπενεγκεῖν δῶρα τῷ κυρίῳ τοῦ Ἰσρ.
II Es. 5. 5. ἕως γνώμη τῷ Δαρείῳ ἀπηνέχθη (2 *b*)
— 14. καὶ ἀπήνεγκεν αὐτὰ εἰς ναὸν τοῦ βασ. (3 *b*)
Es. 3. 13. δεύτερον τῶν βασιλειῶν [A S¹ -έων] γέρας ἀπενηνεγμένος [A ἀπενεγκάμενος]
Jb. 3. 6. A B S² ἀπενέγκοιτο αὐτὴν σκότος (4)
15. 28. ἃ δὲ ἐκεῖνοι [A -ος] ἡτοίμασαν [A -σεν] ἄλλοι ἀποίσονται †
21. 32. αὐτὸς εἰς τάφους ἀπηνέχθη (3 *a*)
Ps. 44 (45). 14. ἀπενεχθήσονται τῷ βασ. . . . αἱ πλησίον αὐτῆς ἀπενεχθήσονταί σοι (3 *a*, 1 *b*)
— 15. ἀπενεχθήσονται ἐν εὐφροσύνῃ (3 *a*)
Ec. 10. 20. πετεινὸν τοῦ οὐρανοῦ ἀποίσει τὴν φωνήν σου (2 *a*)
Ho. 10. 6. αὐτὸν . . . ἀπήνεγκαν ξένια τῷ βασ. (3 *a*)
Mi. 7. 9. A καὶ ἀποίσει [B ποιήσει] τὸ κρίμα μου †
Za. 5. 10. ποῦ αὗται ἀποφέρουσι τὸ μέτρον (2 *a*)
Is. 57. 13. ἀποίσει [S ἀποίσεται αὐτοὺς] καταιγίς (4)
Je. 52. 17. ἀπήνεγκαν εἰς Βαβυλῶνα –

Ez. 32. 30. ἀπήνεγκαν [A ἔλαβον] τὴν βάσανον αὐτῶν —
38. 13. ἀπενέγκασθαι κτῆσιν [A -σεις] (4)
Da. LXX. 1. 2. ἀπήνεγκεν αὐτὰ εἰς Βαβυλῶνα (1 a)
11. 8. ἐν αἰχμαλωσίᾳ ἀποίσουσιν εἰς Αἴγ. (1 a)
Bel. 33. τὸ ἄριστον . . . ἀπένεγκε Δανιὴλ εἰς τὸν λ.
Da. TH. Bel. 33. ἀπενέγκαι τοῖς θερισταῖς
— 34. ἀπένεγκε τὸ ἄριστον
II Ma. 4. 33. A ἀπήνεγκεν [R παρήλεγχεν] ἀποκεχωρηκώς
5. 21. ὀκτακόσια . . . ἀπενεγκάμενος ἐκ τοῦ ἱεροῦ τάλαντα
7. 36. δίκαια τὰ πρόστιμα τῆς ὑπερηφανίας ἀποίσῃ
[Aq. Th. Jb. 10. 19.]
[Sm. Ez. 27. 19.]
[Ho. 2. 14 (16).]

ἀποφεύγειν.

Si. 22. 22. ἐν τούτοις ἀποφεύξεται πᾶς φίλος [A ὁ φ.]

ἀποφθέγγεσθαι. (1) כָּזַב pi. (2) *a.* נָבָא ni. *b.* נָבִיא (3) נָבַע hi. (4) עָנַן po. (5) קָסַם

I Ch. 25. 1. τοὺς ἀποφθεγγομένους ἐν κινύραις (2 a, 2 b*)
Ps. 58 (59). 7. ἀποφθέγξονται ἐν τῷ στόματι αὐτῶν (3)
Mi. 5. 12 (11). ἀποφθεγγόμενοι οὐκ ἔσονται ἐν σοί (4)
Za. 10. 2. οἱ ἀποφθεγγόμενοι ἐλάλησαν κόπους †
Ez. 13. 9. καὶ τοὺς ἀποφθεγγομένους μάταια (5)
— 19. ἐν τῷ ἀποφθέγγεσθαι ὑμᾶς . . . μάταια ἀποφθέγματα (1)
[Sm. Hb. 2. 11.]

ἀπόφθεγμα. (1) μάταιον ἀ. כָּזָב (2) לֶקַח

De. 32. 2. προσδοκάσθω ὡς ὑετὸς τὸ ἀ. μου (2)
Ez. 13. 19. ἐν τῷ ἀποφθέγγεσθαι ὑμᾶς . . . μάταια ἀποφθέγματα (1)

ἀποφορίζειν (?).

IV Ma. 3. 20. A ὥστε καὶ τὸν τῆς Ἀ. βασ. . . . ἀποφορίσαι [S R ἀφ.]

ἀποφράσσειν. (1) פָּרַע (2) שָׂתַם

Pr. 8. 33. A S² σοφίσθητε καὶ μὴ ἀποφράγητε (1)
La. 3. 8. ἀπέφραξε προσευχήν μου (2)
I Ma. 9. 55. ἀπεφράγη τὸ στόμα αὐτοῦ
[Sm. Jb. 3. 23: Ps. 16 (17). 10.]

ἀποφυγή.

[Sm. I Ki. 24. 1 (?).]

ἀποφυσᾶν. (1) סָעַר po.

Ho. 13. 3. ὡς χνοῦς ἀποφυσώμενος ἀφ' ἅλωνος (1)

ἀποχεῖν, ἀποχύνειν. (1) יָצַק (2) עָרָה hithp.

III Ki. 22. 35. ἀπέχυνε [B² -ετο] τὸ αἷμα (1 ?)
IV Ki. 4. 4. ἀποχεεῖς εἰς [A πάντα] τὰ σκεύη ταῦτα (1)
La. 4. 21. μεθυσθήσῃ καὶ ἀποχεεῖς (2)

ἀποχωρεῖν. (1) סוּג ni.

Je. 26 (46). 5. ἀποχωροῦσιν εἰς τὸ [A S *om.* εἰς τὸ] ὀπίσω (1)
II Ma. 4. 33. ἀποκεχωρηκὼς εἰς ἄσυλον τόπον
III Ma. 2. 33. τοὺς ἀποχωροῦντας ἐξ αὐτῶν
[Sm. Jb. 16. 6: Ps. 30 (31). 12: Pr. 20. 3.]
[Al. Ps. 43 (44). 19.]

ἀποχώρησις.

Jd. 3. 24. A πρὸς δίφρους κάθηται ἐν τῇ ἀ. τοῦ κοιτῶνος [B *al.*] †

ἀποχωρίζειν. (1) מִפְקָד

Ez. 43. 21. κατακαυθήσεται ἐν τῷ ἀποκεχωρισμένῳ τοῦ οἴκου (1)
[Aq. Am. 6. 3.]

ἀποψύχειν.

IV Ma. 15. 18. οὐ μετέτρεψέ σε . . . τρίτος ἀποψύχων
[Sm. Ez. 17. 9.]

ἀπραγία.

[Sm. Pr. 12. 11: 28. 19.]

ἄπραγος.

[Sm. Jd. 9. 4.]

ἄπρακτος.

Ju. 11. 11. ἵνα μὴ γένηται ὁ κύριός μου . . . ἄ.
II Ma. 12. 18. ἄπρακτόν τε ἀπὸ τῶν τόπων ἐκλελυκότα
III Ma. 2. 22. ὥστε κατ' ἐδάφους ἄπρακτον ἔτι

ἀπρεπής.

IV Ma. 6. 17. ἀπρεπὲς ἡμῖν δρᾶμα ὑποκρίνασθαι

ἀπροαίρετος.

[Sm. Ps. 77 (78). 8.]

ἀπρονοήτως.

III Ma. 1. 14. καί τις ἀ. ἔφη κακῶς αὐτὸ τοῦτο τερατεύεσθαι

ἀπρόπτωτος.

III Ma. 3. 14. τῇ τῶν θεῶν πρὸς ἡμᾶς ἀ. συμμαχίᾳ

ἀπροσδεής.

I Ma. 12. 9. ἡμεῖς οὖν ἀπροσδεεῖς τούτων ὄντες
II Ma. 14. 35. τῶν ὅλων ἀπροσδεὴς ὑπάρχων
III Ma. 2. 9. σοὶ τῷ τῶν ἁπάντων ἀπροσδεεῖ

ἀπροσδόκητος.

Wi. 17. 15. αἰφνίδιος γὰρ αὐτοῖς καὶ ἀ. φόβος
III Ma. 3. 8. ταραχὴν ἀ. . . . θεωροῦντες
4. 2. ὀλοφυρομένων τὴν ἀ. ἐξαίφνης αὐτοῖς ἐπικριθεῖσαν ὀλεθρίαν
5. 33. ἀπροσδόκητον καὶ ἐπικίνδυνον ὑπήνεγκεν ἀπειλήν
[Quint. Hb. 2. 15.]

ἀπροσδοκήτως.

II Ma. 8. 6. πόλεις . . . ἀ. ἐρχόμενος ἐνεπίμπρα
12. 37. ἐνσείσας ἀ. τοῖς περὶ τὸν Γοργίαν

ἀπρόσκοπος.

Si. 35 (32). 21. μὴ πιστεύσῃς ἐν ὁδῷ ἀ.
III Ma. 3. 8. συνδρομὰς ἀ. γινομένας

ἄπταιστος.

III Ma. 6. 39. ἀπταίστους αὐτοὺς ἐρρύσατο ὁμοθυμαδόν

ἅπτειν. (1) עָלָה hi.

Ex. 30. 8. A¹ ὅταν ἅπτῃ [A² B ἐξάπτῃ] Ἀ. τοὺς λύχνους (1)
To. 8. 13. S ἧψαν τὸν λύχνον
Ju. 13. 13. ἅψαντες πῦρ εἰς φαῦσιν

ἅπτεσθαι. (1) אָחַז (2) *a.* דָּבַק *b.* דָּבֵק (3) נָגַע *a.* qal. *b.* pi. *c.* hi. (4) *a.* קָרַב *b.* קָרֵב (5) שָׁלַח יָד (6) שָׁלֵט

Ge. 3. 3. οὐδὲ μὴ ἅψησθε αὐτοῦ (3 a)
20. 4. Ἀβιμέλεχ δὲ οὐχ ἥψατο αὐτῆς (4 a)
— 6. οὐκ ἀφῆκά σε ἅψασθαι αὐτῆς (3 a)
26. 11. R πᾶς ὁ ἁψάμενος [A ἁπτόμενος] τοῦ ἀνθρ. (3 a)
32. 25 (26). ἥψατο τοῦ πλάτους τοῦ μηροῦ (3 a)
— 32 (33). ὅτι ἥψατο τοῦ πλάτους τοῦ μ. (3 a)
Ex. 19. 12. πᾶς ὁ ἁψάμενος τοῦ ὄρους (3 a)
— 13. οὐχ ἅψεται αὐτοῦ χείρ (3 a)
29. 37. πᾶς ὁ ἁπτόμενος τοῦ θυσιαστηρίου (3 a)
30. 29. πᾶς ὁ ἁπτόμενος αὐτῶν (3 a)
Le. 5. 2. ἥτις ἐὰν ἅψηται παντὸς πράγματος ἀκαθ. (3 a)
— 3. ἢ ἅψηται ἀπὸ ἀκαθαρσίας ἀνθρ. (3 a)
— 3. ἧς ἂν ἁψάμενος μιανθῇ —
6. 18 (11). πᾶς ὃς ἐὰν ἅψηται αὐτῶν (3 a)
— 27 (20). πᾶς ὁ ἁπτόμενος τῶν κρεῶν αὐτῆς (3 a)
7. 9 (19). ὅσα ἐὰν ἅψηται παντὸς ἀκαθάρτου (3 a)
— 11 (21). ἣ ἂν ἅψηται παντὸς πρ. ἀκαθάρτου (3 a)
11. 8. τῶν θνησιμαίων αὐτῶν [A *om.*] οὐχ ἅψεσθε (3 a)
— 24, 26, 27. πᾶς ὁ ἁπτόμενος τῶν θνησιμαίων αὐτῶν (3 a)
— 31. πᾶς ὁ ἁπτόμενος αὐτῶν τεθνηκότων (3 a)
— 36. ὁ δὲ ἁπτόμενος τῶν θνησ. αὐτῶν (3 a)
— 39. ὁ ἁπτόμενος τῶν θνησ. αὐτῶν (3 a)
12. 4. R παντὸς ἁγίου [A B ἀγγείου] οὐχ ἅψεται (3 a)
15. 5. ὃς ἂν ἅψηται τῆς κοίτης αὐτοῦ (3 a)
— 7. ὁ ἁπτόμενος χρωτὸς τοῦ γονορρυοῦς (3 a)
Le. 15. 10. πᾶς ὁ ἁπτόμενος ὅσα [A ὃς] ἐὰν ᾖ ὑποκάτω αὐ. (3 a)
— 11. ὅσων ἐὰν ἅψηται ὁ γονορρυής (3 a)
— 12. οὗ ἂν ἅψηται ὁ γονορρυής (3 a)
— 19. πᾶς ὁ ἁπτόμενος αὐτῆς (3 a)
— 21. πᾶς ὃς ἐὰν ἅψηται τῆς κοίτης αὐτῆς (3 a)
— 22. πᾶς ὁ ἁπτόμενος παντὸς σκεύους (3 a)
— 23. ἐν [A *add.* δὲ] τῷ ἅπτεσθαι αὐτὸν αὐτῆς (3 a)
— 27. πᾶς ὁ ἁπτόμενος αὐτῆς (3 a)
22. 4. ὁ ἁπτόμενος πάσης ἀκαθαρσίας ψυχῆς (3 a)
— 5. ὅστις ἂν ἅψηται παντὸς ἑρπετοῦ (3 a)
— 6. ψυχὴ ἥτις ἂν [A *om.*] ἅψηται αὐτῶν (3 a)
Nu. 3. 10. ὁ ἀλλογενὴς ὁ ἁπτόμενος ἀποθανεῖται (4 b)
— 38. ὁ ἀλλογ. ὁ ἁπτόμενος [A προσπορευόμενος] ἀποθανεῖται (4 b)
4. 15. οὐχ ἅψονται τῶν ἁγίων (3 a)
16. 26. μὴ ἅπτεσθε ἀπὸ πάντων (3 a)
17. 13 (28). πᾶς ὁ ἁπτόμενος τῆς σκηνῆς κ. (4 b)
19. 11. ὁ ἁπτόμενος τοῦ τεθνηκότος πάσης ψυχῆς (3 a)
— 13. πᾶς ὁ ἁπτόμενος τοῦ τεθνηκότος (3 a)
— 16. πᾶς ὃς ἐὰν ἅψηται . . . τραυματίου (3 a)
— 18. ἐπὶ τὸν ἡμμένον τοῦ ὀστέου τοῦ ἀνθρωπίνου (3 a)
— 21. ὁ ἁπτόμενος τοῦ ὕδατος τοῦ ῥαντισμοῦ (3 a)
— 22. οὗ ἐὰν ἅψηται αὐτοῦ ὁ ἀκάθαρτος (3 a)
— 22. ἡ ψυχὴ ἡ ἁπτομένη ἀκάθαρτος (3 a)
31. 19. ὁ ἁπτόμενος τοῦ τραυματίου (3 a)
De. 14. 8. τῶν θνησιμαίων αὐτῶν οὐχ ἅψεσθε (3 a)
Jo. 9. 19. οὐ δυνησόμεθα ἅψασθαι αὐτῶν (3 a)
Jd. 6. 21. ἥψατο τῶν κρεῶν (3 a)
20. 41. A ἧπται αὐτοῦ ἡ κακία [B *al.*] (3 a)
Ru. 2. 9. ἐνετειλάμην τοῖς παιδαρίοις τοῦ μὴ ἅψασθαί σου (3 a)
I Ki. 6. 9. οὐ χεὶρ αὐτοῦ ἧπται ἡμῶν (3 a)
10. 26. ὧν ἥψατο κύριος καρδίας αὐτῶν (3 a)
II Ki. 5. 8. ἁπτέσθω ἐν παραξιφίδι (3 a)
14. 10. καὶ οὐ προσθήσει ἔτι ἅψασθαι αὐτοῦ (3 a)
III Ki. 6. 27. ἥπτετο πτέρυξ μία τοῦ τοίχου (3 a)
— 27. πτέρυξ . . . ἥπτετο τοῦ τοίχου τοῦ δευτ. (3 a)
— 27. ἥπτοντο [A -ετο] πτέρυξ πτέρυγος (3 a)
19. 5. καὶ ἰδού τις ἥψατο αὐτοῦ (3 a)
— 7. καὶ ἥψατο αὐτοῦ (3 a)
IV Ki. 13. 21. καὶ ἥψατο τῶν ὀστέων Ἐλισαιέ (3 a)
15. 5. ἥψατο κύριος τὸν βασιλέα [A τοῦ βασιλέως] (3 b)
I Ch. 16. 22. μὴ ἅψησθε τῶν χριστῶν μου (3 a)
II Ch. 3. 11. A R ἁπτομένη [B -αι] τοῦ τοίχου τοῦ οἴκου (3 c)
— 11. ἁπτομένη τῆς πτέρυγος τοῦ Χερουβεὶν τοῦ ἑτ. (3 c)
— 12. A ἁπτομένη τοῦ τοίχου τοῦ οἴκου (3 c)
— 12. A ἁπτομένη τῆς πτέρυγος τοῦ Χερουβ τοῦ ἑτ. (2 b)
I Es. 4. 28. εὐλαβοῦνται [A *add.* αὐτὸν] ἅψασθαι αὐτοῦ
Ju. 11. 13. ὧν οὐδὲ ταῖς χερσὶ καθῆκεν ἅψασθαι
Jb. 1. 11. ἅψαι πάντων ὧν ἔχει (3 a)
— 12. αὐτοῦ μὴ ἅψῃ (5)
— 19. ἥψατο τῶν τεσσάρων γωνιῶν τῆς οἰκίας (3 a)
2. 5. ἅψαι τῶν ὀστῶν αὐτοῦ (3 a)
4. 5. καὶ ἥψατό σου (3 a)
5. 19. οὐ μὴ ἅψηταί σου κακόν (3 a)
19. 21. χεὶρ γὰρ κυρίου ἡ ἁψαμένη μού ἐστι (3 a)
20. 6. ἡ δὲ θυσία αὐτοῦ νεφῶν ἅψηται (3 c)
31. 7. εἰ δὲ καὶ ταῖς [A ἐν τ.] χερσί μου ἡψάμην δώρων (2 a)
Ps. 103 (104). 32. ὁ ἁπτόμενος τῶν ὀρέων (3 a)
104 (105). 15. A S μὴ ἅπτεσθαι [B ἅψησθε] τῶν χριστῶν μου (3 a)
143 (144). 5. ἅψαι τῶν ὀρέων (3 a)
Pr. 6. 29. οὐδὲ πᾶς ὁ ἁπτόμενος αὐτῆς (3 a)
9. 17. ἄρτων κρυφίων ἡδέως ἅψασθε —
Wi. 3. 1. οὐ μὴ ἅψηται αὐτῶν βάσανος
18. 16. οὐρανοῦ μὲν ἥπτετο
— 20. ἥψατο δὲ καὶ δικαίων πεῖρα θανάτου
Si. 13. 1. ὁ ἁπτόμενος πίσσης
31 (34). 25. καὶ πάλιν ἁπτόμενος αὐτοῦ
Mi. 1. 9. καὶ ἥψατο ἕως πύλης λαοῦ μου (3 a)
Hg. 2. 13 (12). καὶ ἅψηται τὸ ἄκρον τοῦ ἱματίου αὐ. ἄρτου (3 a)
— 14 (13). ἐὰν ἅψηται μεμιασμένος ἀκάθαρτος . . . ἐπὶ παντός (3 a)
Za. 2. 8 (12). ὁ ἁπτόμενος ὑμῶν ὡς ὁ ἁπτόμενος τῆς κόρης τοῦ ὀφθ. (3 a, 3 a)

Is. 6. 7. ἥψατο τοῦ στόματός μου καὶ εἶπεν ἰδοὺ ἥψατο τοῦτο τῶν χειλέων σου (3 c, 3 a)
52. 11. ἀκαθάρτου μὴ ἅψησθε [A S ἅπτεσθε] (3 a)
Je. 1. 9. ἥψατο τοῦ στόματός μου (3 c)
4. 10. ἥψατο ἡ μάχαιρα ἕως τῆς ψυχῆς αὐτῶν (3 a)
— 18. ἥψατο ἕως τῆς καρδίας σου (3 a)
12. 14. τῶν ἁπτομένων τῆς κληρονομίας μου (3 a)
31 (48). 9. ἀφῇ ἀφθήσεται [A ἀναφ.] †
— 32. πόλεις Ἰαζὴρ ἥψαντο (3 a)
La. 4. 14. ἥψαντο ἐνδυμάτων αὐτῶν (3 a)
— 15. ἀπόστητε μὴ ἅπτεσθε (3 a)
Ep. Je. 29. τῶν θυσιῶν αὐτῶν ἀποκαθημένη καὶ λεχὼς [A λοχὼ] ἅπτονται
Ez. 17. 10. ἅμα τῷ ἅψασθαι αὐτῆς ἄνεμον τὸν καύσωνα (3 a)
41. 6. ὅπως τὸ παράπαν μὴ ἅπτωνται τῶν τοίχων (1)
42. 14. καὶ μὴ ἅπτωνται τοῦ στολισμοῦ αὐτῶν †
— 14. ὅταν ἅπτωνται τοῦ λαοῦ (4 a)
Da. LXX. 3. (50). οὐχ ἥψατο αὐτῶν καθόλου τὸ πῦρ
— 27 (94). ὅτι οὐχ ἥψατο τὸ πῦρ τοῦ σώματος αὐτῶν (6)
4. 19. τὸ κύτος αὐτοῦ ἅψασθαι τῶν νεφελῶν †
8. 5. οὐκ ἦν ἁπτόμενος τῆς γῆς (3 a)
— 18. ἁψάμενός μου ἤγειρέ με (3 a)
10. 16. ἥψατό μου τῶν χειλέων (3 a)
— 18. ἥψατό μου ὡς ὅρασις ἀνθρώπου (3 a)
Da. TH. 3. (50). οὐχ ἥψατο αὐτῶν τὸ καθόλου τὸ πῦρ
8. 5. οὐκ ἦν ἁπτόμενος [A ὁ ἁ.] τῆς γῆς (3 a)
— 18: 9. 21. καὶ ἥψατό μου (3 a)
10. 10. ἰδοὺ χεὶρ ἁπτομένη μου (3 a)
— 16. ἥψατο τῶν χειλέων μου (3 a)
— 18. ἥψατό μου ὡς ὅρασις ἀνθρώπου (3 a)
II Ma. 9. 10. τῶν οὐρανίων ἄστρων ἅπτεσθαι δοκοῦντα
IV Ma. 10. 4. τῆς γὰρ ψυχῆς μου οὐδ' ἂν θέλητε ἅψασθαι δύνασθε
● [Aq. Ex. 4. 25: I Ki. 26. 19: II Ki. 5. 8: Is. 6. 7: Je. 51 (28). 9.]
[Sm. Ex. 4. 25: Ps. 87 (88). 4: La. 4. 14.]
[Th. Ex. 4. 25: I Ki. 22. 18: II Ki. 1. 15: Jb. 2. 6: Is. 6. 7: 53. 8: Da. 8. 5.]
[Al. Ge. 28. 12: Le. 15. 10: Nu. 1. 51: Ps. 143 (144). 5.]

ἀπτόητος.

Je. 26 (46). 28. ἡ ἀ. καὶ τρυφερὰ παρεδόθη –
27 (50). 2. κατησχύνθη Βῆλος [A S Βὴλ] ἡ ἀ. –
[Sm. Ps. 77 (78). 53.]

ἄπυρος. (1) τὸ χρυσίον τὸ ἀ. פָּז

Is. 13. 12. ἔντιμοι μᾶλλον ἢ τὸ χρυσίον τὸ ἀ. (1)

ἀπφουσώθ, cf. **ἀφφουσιών.** (1) a. חָפְשִׁית b. חָפְשׁוּת

II Ch. 26. 21. A R ἐν οἴκῳ ἀ. [B ἀφφουσιὼν] ἐκάθητο λεπρός (1 a, 1 b*)

ἀπφώθ. (1) סַף

Je. 52. 19. R τὰς ἀ. [A B S τὰ σαφφὼθ] . . . ἔλαβεν ὁ ἀρχιμάγειρος (1)

ἀπωθεῖν. (1) אָבַד pi. (2) בָּרַח hi. (3) נָזַר ni. (4) גָּעַל (5) פָּרַע (6) גָּרַשׁ ni. (7) דָּחָה ni. (8) הָדַף (9) הָלְאָה ni. (10) זָנַח (11) מָאַס (12) נִאֵץ pi. (13) נָדַח a. ni. b. hi. (14) נָטַשׁ (15) סוּג ni. (16) פָּרַע (17) רָעַע hi. (18) רָחַק a. qal. b. pi. c. hi. (19) שָׁנָה hi.

Jd. 6. 13. A ἀπώσατο ἡμᾶς κύριος [B al.] (14)
I Ki. 12. 22. B οὐκ ἀπώσεται κύριος τὸν λαὸν αὐτοῦ (14)
IV Ki. 4. 27. ἤγγισε Γιεζὶ ἀπώσασθαι αὐτήν (8)
17. 19. καὶ ἀπεώσαντο [A ἀπῳκίσαντο] τὸν κ. (11)
21. 14. ἀπεώσομαι τὸ ὑπόλειμμα τῆς κληρονομίας μου (14)
23. 27. ἀπεώσομαι [A ἀπώσ.] τὴν πόλιν ταύτην (11)
II Ch. 35. 19. καὶ ἀπωσάμην τὴν πόλιν –
Jb. 18. 18. ἀπώσειεν αὐτὸν ἐκ φωτὸς εἰς σκότος (8)
34. 33. ὅτι ἀπώσῃ [A -σω] (11)
Ps. 42 (43). 2. ἵνα τί ἀπώσω με (10)
Ps. 43 (44). 9. ἀπώσω καὶ κατῄσχυνας ἡμᾶς (10)
— 23. μὴ ἀπώσῃ εἰς τέλος (10)
59 (60). 1. ὁ θεὸς ἀπώσω ἡμᾶς (10)
— 10. οὐχὶ σύ, ὁ θεός, ὁ ἀπωσάμενος ὑμᾶς (10)
61 (62). 4. τὴν τιμήν μου ἐβουλεύσαντο ἀπώσασθαι (13 b)
73 (74). 1. ἵνα τί ἀπώσω ὁ θεὸς εἰς τέλος (10)
76 (77). 7. μὴ εἰς τοὺς αἰῶνας ἀπώσεται κύριος (10)
77 (78). 60. ἀπώσατο τὴν σκηνὴν Σηλώμ (14)
— 67. ἀπώσατο τὸ σκήνωμα Ἰωσήφ (11)
87 (88). 5. αὐτοὶ ἐκ τῆς χειρός σου ἀπώσθησαν (3)
— 14. A S ἵνα τί, κύριε, ἀπωθεῖς τὴν ψυχήν [B προσευχήν] μου (10)
88 (89). 38. σὺ δὲ ἀπώσω . . . τὸν χριστόν σου (10)
93 (94). 14. οὐκ ἀπώσεται κύριος τὸν λαὸν αὐτοῦ (14)
94 (95). 3. B S[1] οὐκ ἀπώσεται κύριος τὸν λαὸν αὐτοῦ –
107 (108). 11. οὐχὶ σὺ ὁ θεὸς ὁ ἀπωσάμενος ἡμᾶς (10)
118 (119). 10. μὴ ἀπώσῃ με ἀπὸ τῶν ἐντολῶν σου (19)
Pr. 1. 8. μὴ ἀπώσῃ θεσμοὺς μητρός σου (14)
4. 24. ἄδικα χείλη μακρὰν ἀπὸ σοῦ ἄπωσαι [A -σον] (18 c)
6. 20. μὴ ἀπώσῃ θεσμοὺς μητρός σου (14)
14. 32. ἐν κακίᾳ αὐτοῦ ἀπωσθήσεται ἀσεβής (7)
16. 3 (15. 32). ὃς ἀπωθεῖται παιδείαν μισεῖ ἑαυτόν (16)
19. 26. ὁ . . . ἀπωθούμενος μητέρα αὐτοῦ (2)
Si. 13. 10. μὴ ἔμπιπτε ἵνα [A S om.] μὴ ἀπωσθῇς
Ho. 4. 6. ὅτι σὺ ἐπίγνωσιν ἀπώσω κἀγὼ ἀπώσομαί σε (11, 11)
9. 17. ἀπώσεται αὐτοὺς ὁ θ. (11)
Am. 2. 4. ἕνεκα τοῦ ἀπώσασθαι αὐτοὺς τὸν νόμον τοῦ κ. (11)
5. 21. ἀπῶσμαι ἑορτὰς ὑμῶν (11)
Mi. 2. 6. οὐ γὰρ ἀπώσεται ὀνείδη (15)
4. 6. τὴν ἐξωσμένην [A ἀπωσ.] εἰσδέξομαι (13 a)
— 6. καὶ οὓς ἀπωσάμην (17)
— 7. καὶ θήσομαι . . . τὴν ἀπωσμένην εἰς ἔθνος δυνατόν (9)
7. 11. ἀπώσεται νόμιμα ἡ [B ἀποτρίψεται νόμ. σου ἡ] ἡμέρα (18 a)
Jn. 2. 5. ἀπῶσμαι ἐξ ὀφθαλμῶν σου (6)
Ze. 3. 19. τὴν ἀπωσμένην εἰσδέξομαι (13 a)
Is. 37. 19. ἀπώσαντο [A S ἀπώλεσαν] αὐτούς (1)
Je. 2. 37. ἀπώσατο κύριος τὴν ἐλπίδα σου (11)
4. 30. ἀπώσαντό σε οἱ ἐρασταί σου (11)
6. 19. τὸν νόμον μου ἀπώσαντο (11)
7. 29. ἀπώσατο τὴν γενεάν (14)
23. 2. A ἀπώσατε [B S ἐξώσ.] αὐτά (13 b)
— 17. τοῖς ἀπωθουμένοις τὸν λόγον κυρίου (12)
La. 2. 7. ἀπώσατο κύριος θυσιαστήριον αὐτοῦ (10)
3. 17. ἀπώσατο ἐξ εἰρήνης ψυχήν μου (10)
— 31. οὐκ εἰς τὸν αἰῶνα ἀπώσεται κύριος (10)
— 44. καμμύσαι με καὶ ἀπωσθῆναι [A ἀπεωσ.] (11)
— 54. εἶπα, Ἀπῶσμαι (3)
5. 22. ἀπωθούμενος ἀπώσω ἡμᾶς (11, 11)
Ez. 5. 6. τὰ δικαιώματά μου ἀπώσαντο (11)
— 11. κἀγὼ ἀπώσομαί σε (5)
11. 16. ἀπώσομαι αὐτοὺς εἰς τὰ ἔθνη (18 c)
16. 45. σὺ εἶ ἡ ἀπωσαμένη τὸν ἄνδρα αὐτῆς (4)
— 45. αἱ ἀπωσάμεναι τοὺς ἄνδρας αὐτῶν (4)
19. 5. ἀπῶσται [A ἀποσπᾶται] ἀπ' αὐτῆς †
20. 13, 16. τὰ δικαιώματά μου ἀπώσαντο (11)
— 24. τὰ προστάγματά μου ἀπώσαντο (11)
21. 10 (15). A B ἀπώθου [R ἀπόθου] πᾶν ξύλον (11)
— 13 (18). A R καὶ τί εἰ [B om. καὶ τί εἰ] καὶ φυλὴ ἀπωσθῇ [A -ῇς] (11)
43. 9. ἀπωσάσθωσαν τὴν πορνείαν αὐτῶν (18 b)
III Ma. 3. 22. τὸ καλὸν ἀπωσάμενοι
6. 32. οἰμωγήν τε πᾶσαν καὶ κωκυτὸν ἀπωσάμενοι
IV Ma. 2. 16. τὰ κακοήθη πάθη ὁ σώφρων νοῦς ἀπωθεῖται
[Aq. Ps. 43 (44). 10: 73 (74). 1: 87 (88) 15: Je. 7. 29: Ez. 21. 13 (18)†: Ho. 8. 5.]
[Sm. Ps. 55 (56). 1: Pr. 1. 8: Je. 7. 29: Za. 10. 6.]
[Th. Jd. 6. 12: I Ki. 10. 19: 15. 26: II Ki. 14. 13: Jb. 8. 20: 19. 18: 34. 33: Ps. 35 (36). 5: 73 (74). 1: 87 (88). 15: Pr. 3. 11: Is. 31. 7: 41. 9: Je. 14. 19 bis: 33 (40). 24: Ez. 21. 10 (15).]
[Al. Nu. 14. 45: Ps. 43 (44). 10.]

ἄπωθεν, cf. **ἄποθεν.**

[Sm. Ez. 27. 28.]

ἀπώλεια (-λία). (1) אָבַד a. qal. b. pi. c. אֲבֵדָה d. אֲבַדּוֹן e. אָבְדָן f. אֲבֵדָה g. ἐκδίδοσθαι εἰς ἀ. אָבַד aph. (2) אֵיד (3) בַּלָּהָה (4) גָּוַע (5) חָמָס (6) חֵרֶם (7) מְבוּסָה (8) a. מָגוֹר b. מְגוֹרָה (9) מַגֵּפָה (10) מְהוּמָה (11) מַפַּח נֶפֶשׁ (12) רָעָה (13) שָׁאוֹן (14) שֹׁד (15) שׁוֹאָה (16) a. שַׁחַת hi. b. שַׁחַת (17) שָׁלָל (18) שָׁמַד hi. (19) שְׁמָמָה (20) εἰς ἀ. εἶναι הַדְּמִין עֲבַד ithpe. (21) אֶפֶס

Ex. 22. 9 (8). πάσης ἀ. τῆς ἐγκαλουμένης (1 c)
Le. 6. 3 (5. 22). ἢ εὗρεν ἀπώλειαν (1 c)
— 4 (5. 23). ἢ τὴν ἀπώλειαν ἣν εὗρεν (1 c)
Nu. 20. 3. ἐν τῇ ἀ. τῶν ἀδελφῶν ἡμῶν (4)
De. 4. 26. ἀπωλείᾳ ἀπολεῖσθε ἀπὸ τῆς γῆς (1 a)
7. 23. ἀπολεῖς [A ἀπολέσει] αὐτοὺς ἀπωλείᾳ μεγάλῃ (10)
8. 19. διαμαρτύρομαι ὑμῖν . . . ὅτι ἀπωλείᾳ ἀπολεῖσθε (1 a)
12. 2. ἀπωλείᾳ ἀπολεῖτε πάντας τοὺς τόπους [A π. τὰ ἔθνη] (1 b)
22. 3. οὕτω ποιήσεις κατὰ πᾶσαν ἀ. τοῦ ἀδ. σου (1 c)
30. 18. ἀπωλείᾳ ἀπολεῖσθε καὶ οὐ μὴ πολυήμεροι γένησθε (1 a)
32. 35. ἐγγὺς ἡμέρα ἀπωλείας αὐτοῖς [A -ῶν] (2)
I Ch. 21. 17. καὶ μὴ ἐν τῷ λαῷ σου εἰς ἀπώλειαν (9)
To. 4. 13. διότι ἐν τῇ ὑπερηφανίᾳ ἀ. καὶ ἀκαταστασία πολλή
13. 2. S ἐκ τῆς ἀ. τῆς μεγάλης [A B al.]
14. 15. ἤκουσε πρὶν ἢ ἀποθανεῖν αὐτὸν τὴν ἀ. Νινευή
Ju. 6. 4. ἀλλὰ ἀπωλείᾳ ἀπολοῦνται
7. 25. καταστρωθῆναι . . . ἐν δίψῃ καὶ ἀπωλείᾳ μεγάλῃ
11. 22. R τοῖς φαυλίσασι τὸν κύριόν μου ἀπώλειαν [A B -α]
13. 16. ἠπάτησεν αὐτὸν . . . εἰς ἀπώλειαν αὐτοῦ
Es. 7. 4. ἐπράθημεν γὰρ . . . εἰς ἀπώλειαν (18)
8. 6. πῶς δυνήσομαι σωθῆναι ἐν τῇ ἀ. τῆς πατρίδος μου (1 e)
— 13. παραλογισμοῖς αἰτησάμενος εἰς ἀπώλειαν
— 13. τοῖς δὲ ἡμῖν ἐπιβουλεύουσι μνημόσυνον τῆς ἀ.
Jb. 11. 20. ἡ γὰρ ἐλπὶς αὐτῶν ἀπώλεια [A ἀπολεῖται] (1 a vel 11)
20. 5. χαρμονὴ δὲ παρανόμων [A ἀσεβῶν] ἀπώλεια †
— 28. ἑλκύσαι [S[1] ἐκλύσαι] τὸν οἶκον αὐτοῦ ἀπώλεια †
21. 30. εἰς ἡμέραν ἀπωλείας κουφίζεται ὁ πονηρός (2)
26. 6. οὐκ ἔστι περιβόλαιον τῇ ἀ. [S πτωχίᾳ] (1 d)
27. 7. ὥσπερ ἡ ἀ. τῶν παρανόμων [S ἀνόμων] †
28. 22. ἡ ἀ. καὶ ὁ θάνατος εἶπαν (1 d)
30. 12. τρίβους ἀπωλείας αὐτῶν (2)
31. 3. οὐαὶ [A οὐαὶ καὶ] ἀπώλεια τῷ ἀδίκῳ (2)
41. 13 (14). ἔμπροσθεν αὐτοῦ τρέχει [A προτρ.] ἀπώλεια †
Ps. 87 (88). 11. μὴ διηγήσεταί τις . . . τὴν ἀλήθειάν σου ἐν τῇ ἀ. (1 d)
Pr. 1. 26. κἀγὼ τῇ ὑμετέρᾳ ἀ. ἐπιγελάσομαι (2)
6. 15. ἐξαπίνης ἔρχεται ἡ ἀ. αὐτοῦ (2)
— 32. ἀπώλειαν τῇ ψυχῇ αὐ. περιποιεῖται (16 a)
10. 11. στόμα δὲ ἀσεβοῦς καλύψει ἀπώλεια (5)
— 24. ἐν ἀπωλείᾳ ἀσεβὴς περιφέρεται (8 b)
11. 3. ἐπίχαρτος ἀσεβῶν ἀπώλεια (14)
— 6. τῇ δὲ ἀ. [S[2] ἀσεβείᾳ, A ἀβουλίᾳ] αὐτῶν ἁλίσκ. παράνομοι †
— 10. A B[2] S[2] ἐν ἀπωλείᾳ ἀσεβῶν ἀγαλλίαμα (1 a)
13. 1. υἱὸς δὲ ἀνήκοος ἐν ἀπωλείᾳ †
— 15. ὁδοὶ δὲ καταφρονούντων ἐν ἀπωλείᾳ †
15. 11. ᾅδης καὶ ἀπώλεια φανερά (1 d)
16. 26. καὶ ἐκβιάζεται τὴν ἑαυτοῦ ἀ. †
— 27. ὁ μέντοι σκολιὸς . . . φορεῖ τὴν ἀ. †
24. 23 (29. 27). λόγον φυλασσόμενος υἱὸς ἀπωλείας ἐκτὸς ἔσται †
27. 20. ᾅδης καὶ ἀπώλεια οὐκ ἐμπίμπλανται (1 d, 1 f*)
28. 28. ἐν δὲ τῇ ἐκείνων ἀ. πληθυνθήσονται δίκαιοι (1 a)

● = correction on page xxiv

Wi. 1. 13. τέρπεται ἐπ᾽ ἀπωλείᾳ [A ἀγγελείᾳ] ζώντων
5. 7. ἀνομίας ἐνεπλήσθημεν τρίβοις καὶ ἀπωλείας
18. 7. ἐχθρῶν δὲ ἀπώλεια
Si. 9. 9. μήποτε . . . ὀλισθήσῃς [A -ήσῃ, S -ῇς] εἰς ἀπώλειαν
16. 9. οὐκ ἠλέησεν ἔθνος ἀπωλείας [S^2 Χαναάν]
20. 25. ἀμφότεροι δὲ ἀπώλειαν κληρονομήσουσιν
29. 10. μὴ ἰωθήτω ὑπὸ τὸν λίθον εἰς ἀπώλειαν
33 (36). 9. οἱ κακοῦντες τὸν λαόν σου εὕροισαν ἀπώλειαν
34 (31). 6. ἐγενήθη ἀ. [S ἡ ἀ.] αὐτῶν κατὰ πρόσωπον αὐτῶν
41. 10. οὕτως ἀσεβεῖς ἀπὸ κατάρας εἰς ἀπώλειαν
48. 6. ὁ καταγαγὼν βασιλεῖς εἰς ἀπώλειαν
51. 2. ἐλυτρώσω τὸ σῶμά μου ἐξ ἀπωλείας
— 12. ἔσωσας γάρ με ἐξ ἀπωλείας
Ho. 10. 14. ἐξαναστήσεται ἀ. ἐν τῷ λαῷ σου (13)
Ob. 1. 12. μὴ ἐπιχαρῇς ἐπὶ τοὺς υἱοὺς Ἰ. ἐν ἡμέρᾳ ἀπωλείας αὐτῶν (1 *a*)
— 13. μηδὲ συνεπιθῇ ἐπὶ τὴν δύν. αὐτῶν ἐν ἡμ. ἀπωλείας αὐ. (2)
Is. 14. 23. πηλοῦ βάραθρον [A βάθρον] εἰς ἀπώλειαν (18)
22. 5. ἡμέρα ταραχῆς καὶ ἀ. (7)
33. 2. ἐγενήθη τὸ σπέρμα τῶν ἀπειθούντων εἰς ἀπώλειαν †
34. 5. ἐπὶ τὸν λαὸν τῆς ἀ. (6)
— 12. οἱ μεγιστᾶνες αὐτῆς ἔσονται εἰς ἀπώλειαν (21)
47. 11. ἥξει ἐπὶ σὲ ἀ. . . . ἥξει ἐπὶ σὲ ἐξαπίνης [A S^3 ἐξαίφ.] ἀ. (12, 15)
54. 16. οὐκ εἰς ἀπώλειαν φθεῖραι (16 *a*)
57. 4. οὐχ ὑμεῖς ἐστὲ τέκνα ἀπωλείας †
Je. 12. 11. ἐτέθη [A ἐγενήθη] εἰς ἀφανισμὸν ἀπωλείας †
— 17. ἐξαρῶ τὸ ἔθνος ἐκεῖνο . . . ἀπωλείᾳ (1 *b*)
18. 17. δείξω αὐτοῖς ἡμέραν ἀπωλείας αὐτῶν (2)
26 (46). 21. ἡμέρα ἀπωλείας ἦλθεν ἐπ᾽ αὐτούς [A -οῖς] (2)
30 (49). 2. εἰς ἄβατον καὶ εἰς ἀπώλειαν (19)
— 29. καλέσατε ἐπ᾽ [A *om.*] αὐτοὺς ἀπώλειαν κυκλόθεν (8 *a*)
— 32. πλῆθος κτηνῶν αὐτῶν εἰς ἀπώλειαν (17)
51 (44). 12. εἰς ὀνειδισμὸν καὶ εἰς ἀπώλειαν †
Ba. 4. 6. ἐπράθητε τοῖς ἔθνεσιν οὐκ εἰς ἀπώλειαν
— 25. ὄψει αὐτοῦ τὴν ἀ. ἐν τάχει
Ez. 25. 7. ἀπολῶ σε ἐκ τῶν χωρῶν ἀπωλείᾳ (18)
26. 16. φοβηθήσονται τὴν ἀ. αὐτῶν †
— 21. ἀπώλειάν σε δώσω (3)
27. 36. ἀπώλεια ἐγένου (3)
28. 7. στρώσουσι τὸ κάλλος σου εἰς ἀπώλειαν (16 *b*)
— 19. ἀπώλεια ἐγένου (3)
29. 9. ἔσται ἡ [A πᾶσα ἡ] γῆ Αἰγύπτου ἀπώλεια (19)
— 10. εἰς . . . ῥομφαίαν [A *om.*] καὶ ἀπώλειαν (19)
— 12. δώσω τὴν γῆν αὐτῆς ἀπώλειαν [A εἰς ἀ.] (19)
31. 11. ἐποίησε τὴν ἀ. αὐτοῦ †
32. 15. ὅταν δῶ Αἴγυπτον εἰς ἀπώλειαν (19)
Da. LXX. 2. 18. ὅπως μὴ ἐκδοθῶσι . . . εἰς ἀπώλειαν (1 *g*)
6. 22 (23). ἔρριψάς με . . . εἰς ἀπώλειαν –
8. 25. καὶ ἐπὶ ἀπωλείας ἀνδρῶν στήσεται †
Bel. 29. δίδωμι τὸν Δανιὴλ εἰς ἀπώλειαν
— 41. τοὺς αἰτίους τῆς ἀ. αὐτοῦ ἐνέβαλεν
Da. TH. 2. 5. εἰς ἀπώλειαν ἔσεσθε (20)
3. 29. εἰς ἀπώλειαν ἔσονται (20)
8. 25. ἐπὶ ἀπωλείας [A -ᾳ] πολλῶν στήσεται †
Bel. 42. τοὺς δὲ αἰτίους τῆς ἀ. αὐτοῦ
I Ma. 3. 42. ποιῆσαι τῷ λαῷ εἰς ἀπώλειαν
II Ma. 8. 4. τῆς τῶν ἀναμαρτήτων νηπίων παρανόμου ἀ.
12. 27. μετὰ τὴν τούτων τροπὴν καὶ ἀπώλειαν
III Ma. 6. 11. ἐπὶ τῇ τῶν ἠγαπημένων σου ἀ.
— 23. συνιδὼν πρηνεῖς ἅπαντας εἰς τὴν ἀ.
— 38. συνίστανται δὲ αὐτῶν τὴν ἀ.
IV Ma. 15. 24. καίπερ ἑπτὰ τέκνων ὁρῶσα ἀπώλειαν
[**Aq.** JE. 48 (31). 16 : 49. 8 (29. 9), 32 (30. 10).]
[**Sm.** JE. 49. 8 (29. 9), 32 (30. 10).]
[**Th.** JB. 30. 12 : PR. 11. 10 : DA. 8. 25.]

ἀπῶρυξ. (1) בַּד
Ez. 17. 6. ἐποίησεν ἀπώρυγας (1)

ἀπωσμός.
La. 1. 7. ἡμερῶν ταπεινώσεως αὐτῆς καὶ ἀπωσμῶν αὐτῆς †

ἀπωτέρω. (1) רָחוֹק
Da. LXX. 9. 7. τῷ ἔγγιστα καὶ τῷ ἀ. (1)

ἄρ.
[**Heb.** Ps. 47 (48). 3.]

ἄρα.
Ge. 18. 3 (εἰ ἄρα) : 20. 11.
Nu. 22. 11 (εἰ ἄρα).
III Ki. 22. 7†.
Ne. 4. 2†, 2†.
Jb. 15. 2† : 23. 3† : 27. 9 (εἰ ἄρα†) : 31. 8†, 10, 22, 28†, 30, 30†, 40† : 38. 20 (εἰ ἄρα) †, 21 : 40. 9 (14)†.
Ps. 7. 4, 5 : 30 (31). 22† : 57 (58). 1 (εἰ ἄρα), 11 (εἰ ἄρα), 11 : 72 (73). 13 : 123 (124). 2, 3, 4 : 138 (139). 11.
Wi. 5. 6 : 6. 20†.
Ho. 12. 11 (12).
Jn. 2. 5.
Is. 56. 3.
Ez. 2. 5 (ἐὰν ἄρα), 7 (ἐὰν ἄρα) : 3. 11 (ἐὰν ἄρα) *bis*.
Da. LXX. 6. 20 (21) (εἰ ἄρα).
I Ma. 9. 8 (ἐὰν ἄρα).
IV Ma. 1. 3 (εἰ ἄρα).
[**Aq.** GE. 28. 16 : JB. 14. 14 (εἰ ἄρα) (?) : Ps. 65 (66). 19 : Is. 45. 15.]
[**Sm.** I KI. 16. 6 : JB. 14. 14 (εἰ ἄρα) (?) : 33. 6.]
[**Quint.** Ps. 30 (31). 23.]

ἆρα (* **ἆρά γε**).
Ge. 18. 13* : 26. 9* : 37. 10*.
Je. 4. 10*.
[**Aq.** EX. 10. 7 : JB. 34. 17.]
[**Sm.** EX. 10. 7 : JD. 9. 9 : I KI. 30. 15 : II KI. 9. 3 : 10. 3 : JB. 13. 7, 8, 25 : 15. 2 : 16. 3 : 34. 17 : 37. 15 : 38. 28 : 39. 32 (40. 2) : Ps. 87 (88). 11 : EC. 1. 10 : Is. 5. 8 : 66. 8 : Ez. 13. 12 : 17. 10, 12 : 18. 23 : 20. 3, 49 (21. 5). JN. 4. 4.]
[**Th.** JE. 33 (40). 24.*]
[**Heb.** JB. 40. 22 (27) *bis*.]

ἀρά. (1) אָלָה (2) אָלָה *a*. v. *b*. subst. (3) קְלָלָה
Ge. 24. 41. R ἀθῷος ἔσῃ ἀπὸ [A ἐκ] τῆς ἀ. σου (2 *b*)
26. 28. γενέσθω ἀ. ἀνὰ μέσον ἡμῶν (2 *b*)
Nu. 5. 21. ἐν τοῖς ὅρκοις τῆς ἀ. ταύτης (2 *b*)
— 21. δῴη σε κύριος ἐν ἀρᾷ (2 *b*)
— 23. γράψει ὁ ἱερεὺς τὰς ἀ. ταύτας (2 *b*)
— 27. ἔσται ἡ γυνὴ εἰς ἀρὰν τῷ λαῷ [A S^3 ἐν τῷ λ.] (2 *b*)
De. 29. 12 (11). ἐν τῇ διαθήκῃ κ. τοῦ θ. ὑμῶν καὶ ἐν ταῖς ἀ. (2 *b*)
— 14 (13). τὴν διαθήκην ταύτην καὶ τὴν ἀ. ταύτην (2 *b*)
— 19 (18). ἐὰν ἀκούσῃ τὰ ῥήματα τῆς ἀ. ταύτης (2 *b*)
— 20 (19). πᾶσαι αἱ ἀ. τῆς διαθήκης ταύτης (2 *b*)
— 21 (20). κατὰ πάσας τὰς ἀ. τῆς διαθήκης (2 *b*)
— 27 (26). A κατὰ πάσας τὰς ἀ. τῆς διαθήκης [B *aliter*] (3)
30. 7. δώσει κύριος . . . τὰς ἀ. ταύτας ἐπὶ τοὺς ἐχθρούς (2 *b*)
III Ki. 8. 31. ἐὰν λάβῃ ἐπ᾽ αὐτὸν ἀράν (2 *b*)
II Ch. 6. 22. καὶ λάβῃ ἐπ᾽ αὐτὸν ἀράν (2 *b*)
Ne. 10. 29 (30). εἰσῆλθοσαν ἐν ἀρᾷ (2 *b*)
Ps. 9. 28 (10. 7). οὗ ἀρᾶς τὸ στόμα αὐτοῦ γέμει (2 *b*)
13 (14). 3. ὧν τὸ στόμα ἀρᾶς καὶ πικρίας γέμει –
58 (59). 12. ἐξ ἀρᾶς καὶ ψεύδους διαγγελήσονται συντέλειαι (2 *b*)
Pr. 12. 23. καρδία δὲ ἀφρόνων συναντήσεται ἀραῖς (1 ?)
26. 2. ἀ. ματαία οὐκ ἐπελεύσεται οὐδενί (3)
Ho. 4. 2. ἀρὰ καὶ ψεῦδος καὶ φόνος (2 *a*)
Za. 5. 3. αὕτη ἡ ἀ. ἡ ἐκπορευομένη (2 *b*)
Is. 24. 6. διὰ τοῦτο ἀρὰ ἔδεται τὴν γῆν (2 *b*)
28. 8. ἀ. ἔδεται ταύτην τὴν βουλήν †
Je. 49 (42). 18. εἰς ἀρὰν καὶ εἰς ὀνειδισμόν (3)
51 (44). 22. εἰς ἄβατον καὶ εἰς ἀράν (3)
Ba. 1. 20. ἐκολλήθη εἰς ἡμᾶς τὰ κακὰ καὶ ἡ ἀ.
3. 8. εἰς ὀνειδισμὸν καὶ εἰς ἀράν
Ez. 17. 13. εἰσάξει αὐτὸν ἐν ἀρᾷ (2 *b*)
— 16. ὃς ἠτίμωσε τὴν ἀ. μου (2 *b*)
[**Aq.** Ez. 16. 59 : 17. 19.]
[**Sm.** Ps. 58 (59). 13 : Ez. 16. 59 : 17. 19.]
[**Th.** Ez. 17. 19.]

ἄραβα. (1) עֲרָבָה
De. 1. 7. πρὸς πάντας τοὺς περιοίκους ἄ. (1)
2. 8. παρὰ τὴν ὁδὸν τὴν ἄ. (1)
3. 17. καὶ ἡ ἄ. καὶ ὁ Ἰορδ. (1)
— 17. καὶ ἕως θαλάσσης ἄ. (1)
4. 49. πᾶσαν τὴν ἄ. πέραν τοῦ Ἰορδ. (1)
Jo. 3. 16. εἰς τὴν θάλ. ἄ. [A *om.* θ. ἄ.] θάλ. ἁλός (1)
11. 2. εἰς τὴν ὀρεινὴν καὶ εἰς ἄ. [A τὴν Ῥαβάθ] (1)
12. 1. καὶ πᾶσαν τὴν γῆν [A *om.*] ἄ. (1)
— 3. καὶ ἄ. ἕως τῆς θαλάσσης (1)
— 3. καὶ ἕως τῆς θαλάσσης ἄ. (1)
— 8. ἐν τῷ πεδίῳ καὶ ἐν ἄ. (1)
13. 25. ἕως ἄ. [A Ἀροὴρ] ἥ ἐστι κατὰ πρόσ. Ἀ. †
IV Ki. 14. 25. ἕως τῆς θαλάσσης τῆς ἄ. (1)
25. 4. ἐπορεύθη ὁδὸν τὴν ἄ. (1)
Je. 52. 7. ἐπορεύθησαν [A ᾤχοντο] ὁδὸν τὴν εἰς ἄ. (1)
[**Aq.** JE. 17. 6.]
[**Th.** Is. 41. 19 : 51. 3 : JE. 39 (46). 4 : AM. 6. 14.]
[**Al.** ZA. 14. 10.]

ἀραβώθ. (1) עֲבָרוֹת (2) עַרְבֹת
Nu. 26. 3, 63. ἐν ἀ. Μωάβ (2)
31. 12. εἰς ἀ. Μωάβ (2)
De. 34. 1. ἀπὸ ἀ. Μωάβ (2)
— 8. ἐν ἀ. Μωάβ (2)
Jo. 13. 14. ἐν ἀ. Μωάβ –
— 26. ἕως ἀ. [A Ῥαμὼθ] κατὰ τὴν Μ. †
— 32. ἐν ἀ. Μωάβ (2)
II Ki. 15. 28 : 17. 16. ἐν ἀ. τῆς ἐρήμου (2, 1*)
IV Ki. 25. 5. ἐν ἀ. [A Ῥαβὼθ] Ἱεριχώ (2)
[**Th.** JE. 39 (46). 5.]

ἀραβωθώθ, *vid.* **ἀραφώθ.**

ἀραιός.
[**Aq.** Ps. 81 (82). 3 : PR. 10. 15.]
[**Th.** PR. 10. 15.]

ἀραιοῦν.
[**Aq.** II KI. 3. 1 : Is. 38. 14.]

ἀραρότως.
III Ma. 5. 4. ὁ δὲ ἐλεφαντάρχης τὸ προσταγὲν ἀ. Ἕρμων συνετέλει

ἀρᾶσθαι. (1) אָלָה *a*. qal. *b*. hi. *c*. subst. (2) אָרַר (3) קָבַב *vel* נָקַב (4) קָלַל pi.
Nu. 22. 6. ἄρασαί [A κατάρ.] μοι τὸν λαόν (2)
— 11. ἄρασαί μοι αὐτόν (3)
23. 7. ἄρασαί μοι τὸν Ἰακώβ (2)
— 8. A R τί ἀράσωμαι [A -σομαι] ὃν μὴ ἀρᾶται [B καταρ.] κ. (3, 3)
Jo. 24. 9. ἐκάλεσε τὸν Βαλ. ἀράσασθαι ἡμῖν [A -ὑμῖν] (4)
Jd. 17. 2. καί με ἠράσω [A καὶ ἐξώρκισας] (1 *a*)
I Ki. 14. 24. καὶ ἀρᾶται τῷ λαῷ (1 *b*)
III Ki. 8. 31. ἀρὰν τοῦ ἀράσασθαι αὐτόν (1 *b*)
II Ch. 6. 22. ἀρὰν τοῦ ἀρᾶσθαι αὐτόν (1 *b*)
— 22. καὶ ἀράσηται κατέναντι τοῦ θυσιαστηρίου (1 *c*)

ἀρασίμ. (1) חֲרָשִׁים
Ne. 11. 35. S^3 καὶ Ὠνὼ γῆ ἀ. (1)

ἀρατράπους, *vid.* **ἀροτρόπους.**

ἀραφώθ, ἀραβωθώθ. (1) הָרְפוֹת
II Ki. 17. 19. ἔψυξεν [A ἔκυψεν] ἐπ᾽ αὐτῷ ἀ. [A ἀραβωθώθ] (1)

ἀράχνη. (1) עַכָּבִישׁ (2) עָשׁ
Jb. 8. 14. ἀράχνη δὲ αὐτοῦ ἀποβήσεται ἡ σκηνή (1)
27. 18. ὥσπερ ἀράχνη [A *add.* ὁ πλοῦτος αὐτοῦ] (2 ?)
Ps. 38 (39) 11. ἐξέτηξας ὡς ἀράχνην τὴν ψυχὴν αὐτοῦ (2)
89 (90). 9. τὰ ἔτη ἡμῶν ὡς [A S ὡσεὶ] ἀράχνη ἐμελέτων –
Is. 59. 5. ἱστὸν ἀράχνης ὑφαίνουσι (1)
[**Al.** JB. 8. 14.]
[**Quint.** Ho. 8. 6.]

ἀρβώθ.
[**Heb.** Ps. 9. 7.]

ἀργάβ. (1) הַנֶּגֶב
I Ki. 20. 41. καὶ Δαυὶδ ἀνέστη ἀπὸ τοῦ ἀ. [A ὕπνου] (1)

ἀργᾶν, *vid.* **ἀργεῖν**.

ἀργεία, ἀργία. (1) עֲצָרָה (2) שֶׁבֶת (3) שִׁפְלוּת

Ex. 21. 19. τῆς ἀ. αὐτοῦ ἀποτίσει καὶ τὰ ἰατρεῖα (2)
IV Ki. 2. 24. A καὶ εἶπεν, τέκνα παραβάσεως καὶ ἀργίας –
Ec. 10. 18. ἐν ἀργείᾳ χειρῶν στάξει ἡ οἰκία (3)
Wi. 13. 13. ἐν [A S om.] ἐπιμελείᾳ ἀργίας [A S² ἐργασίας] αὐ.
Si. 30. 36 (33. 27). πολλὴν γὰρ κακίαν ἐδίδαξεν ἡ ἀ.
Is. 1. 14. νηστείαν καὶ ἀ. . . . μισεῖ ἡ ψυχή μου (1 ?)
[Th. IV Ki. 2. 24.]

ἀργεῖν (-ᾶν). (1) *a.* בָּטֵל *b.* בְּטֵל

I Es. 2. 30. ἤργει ἡ οἰκοδομὴ τοῦ ἱεροῦ τοῦ ἐν Ἱερουσ.
II Es. 4. 24. ἤργησε τὸ ἔργον οἴκου [A om.] τοῦ θ. (1 *a*)
— 24. B καὶ ἦν ἀργοῦν [A B -ῶν] ἕως δευτ. ἔτους τῆς βασ. (1 *a*)
Ec. 12. 3. ἤργησαν αἱ ἀλήθουσαι (1 *b*)
Si. 30. 36 (33. 27). ἔμβαλε αὐτὸν εἰς ἐργασίαν ἵνα μὴ ἀργῇ
II Ma. 5. 25. λαβὼν ἀργοῦντας τοὺς Ἰουδαίους
[Sm. Ec. 12. 3.]
[Al. Ex. 16. 30.]

ἀργόζ. (1) אַרְגָּז

I Ki. 6. 8. A ἐν θέματι ἀ. [B βερσεχθάν] (1)
— 11, 15. A καὶ τὸ θέμα ἀ. [B ἐργάβ] (1)

ἀργός. (1) מְעַט

III Ki. 6. 7. λίθοις ἀκροτόμοις ἀ. ᾠκοδομήθη (1 ?)
Wi. 14. 5. θέλεις δὲ μὴ ἀ. εἶναι τὰ τῆς σοφίας σου [S om.] ἔργα
15. 15. οἱ πόδες αὐτῶν ἀ. πρὸς ἐπίβασιν
Si. 37. 11. οἰκέτῃ ἀ. περὶ πολλῆς ἐργασίας
38. 28. καταμανθάνων ἀργῷ σιδήρῳ [A S ἔργα σιδήρου]
[Sm. Ge. 1. 2 : Le. 7. 18 : 19. 7.]

ἀργύρεος, ἀργυροῦς. (1) *a.* כֶּסֶף *b.* כְּסַף

Ge. 24. 53. σκεύη ἀ. καὶ χρυσᾶ (1 *a*)
44. 2. B τὸ κόνδυ μου τὸ ἀ. ἐμβάλετε [A -λατε] (1 *a*)
— 5. ἐκλέψατέ μου τὸ κόνδυ τὸ ἀ. –
Ex. 3. 22 : 11. 2. σκεύη ἀ. καὶ χρυσᾶ (1 *a*)
12. 35. σκεύη ἀ. καὶ χρυσᾶ [A χρ. καὶ ἀ.] (1 *a*)
20. 23. οὐ ποιήσετε ὑμῖν [A om.] αὐτοῖς θεοὺς ἀ. (1 *a*)
26. 19. τεσσαράκοντα βάσεις ἀ. ποιήσεις (1 *a*)
— 21. τεσσαράκοντα βάσεις αὐτῶν [A αὐτοῖς] ἀ. (1 *a*)
— 25. αἱ [A om.] βάσεις αὐτῶν ἀ. δέκα ἕξ (1 *a*)
— 32. αἱ βάσεις αὐτῶν τέσσαρες ἀ. (1 *a*)
27. 10. οἱ κρίκοι αὐτῶν καὶ αἱ ψαλίδες ἀργυραῖ (1 *a*)
— 17. A κατηργυρωμένοι ἀργυραῖ [B ἀργυρίῳ] (1 *a*)
— 17. αἱ κεφαλίδες αὐτῶν ἀ. (1 *a*)
37. 4 (36. 36). αἱ βάσεις αὐτῶν τέσσαρες ἀ. (1 *a*)
— 15 (38. 17), 17 (38. 19). αἱ ἀγκύλαι αὐτῶν ἀ. (1 *a*)
38. 20. τὰς κεφαλίδας τὰς ἀ. –
— 20. ἀγκύλας . . . ἀ. –
Nu. 7. 13. τρυβλίον ἀ. ἕν (1 *a*)
— 13. φιάλην μίαν ἀ. (1 *a*)
— 19. τρυβλίον ἀ. ἕν (1 *a*)
— 19. φιάλην μίαν ἀ. (1 *a*)
— 25. τρυβλίον ἀ. ἕν (1 *a*)
— 25. φιάλην μίαν ἀ. (1 *a*)
— 31. τρυβλίον ἀ. ἕν (1 *a*)
— 31. φιάλην μίαν ἀ. (1 *a*)
— 37. τρυβλίον ἀ. ἕν (1 *a*)
— 37. φιάλην μίαν ἀ. (1 *a*)
— 43. τρυβλίον ἀ. ἕν (1 *a*)
— 43. φιάλην μίαν ἀ. (1 *a*)
— 49. τρυβλίον ἀ. ἕν (1 *a*)
— 49. φιάλην μίαν ἀ. (1 *a*)
— 55. τρυβλίον ἀ. ἕν (1 *a*)
— 55. φιάλην μίαν ἀ. (1 *a*)
— 61. τρυβλίον ἀ. ἕν (1 *a*)
— 61. φιάλην μίαν ἀ. (1 *a*)
— 67. τρυβλίον ἀ. ἕν (1 *a*)
— 67. φιάλην μίαν ἀ. (1 *a*)
— 73. τρυβλίον ἀ. ἕν (1 *a*)
— 73. φιάλην μίαν ἀ. (1 *a*)
— 79. τρυβλίον ἀ. ἕν (1 *a*)
Nu. 7. 79. φιάλην μίαν ἀ. (1 *a*)
— 84. τρυβλία ἀ. δώδεκα φιάλαι ἀ. δώδεκα [A om. φ. ἀ. δ.] (1 *a*, 1 *a*)
— 86. A² φιάλαι ἀ. δώδεκα –
10. 2. δύο σάλπιγγας ἀ. (1 *a*)
II Ki. 8. 10. σκεύη ἀ. καὶ σκεύη χρυσᾶ (1 *a*)
III Ki. 10. 25. A σκεύη ἀ. (1 *a*)
15. 15. τοὺς κίονας . . . ἀ. καὶ χρυσοῦς (1 *a*)
IV Ki. 12. 13 (14). θύραι ἀ. ἧλοι φιάλαι (1 *a*)
— 13 (14). πᾶν σκεῦος χρυσοῦν καὶ σκεῦος ἀ. (1 *a*)
25. 15. τὰς φιάλας τὰς χρυσᾶς καὶ τὰς ἀ. (1 *a*)
I Ch. 18. 11. πάντα σκεύη ἀ. καὶ χρυσᾶ (1 *a*)
28. 14. τῶν τε χρυσῶν καὶ ἀ. λυχνιῶν (1 *a*)
— 16. καὶ ὡσαύτως τῶν ἀ. (1 *a*)
— 17. τὸν σταθμὸν τῶν χρυσῶν καὶ τῶν ἀ. (1 *a*)
II Ch. 9. 24. σκεύη ἀ. καὶ σκεύη χρυσᾶ (1 *a*)
24. 14. θυΐσκας χρυσᾶς καὶ ἀ. (1 *a*)
I Es. 2. 13. σπονδεῖα ἀ. χίλια
— 13. θυΐσκαι ἀ. εἴκοσι ἐννέα
— 13. φιάλαι . . . ἀ. δισχίλιαι τετρακόσιαι δέκα
— 14. τὰ δὲ πάντα σκεύη . . . χρυσᾶ καὶ ἀ.
6. 18. τὰ ἱερὰ σκεύη τὰ χρυσᾶ καὶ τὰ ἀ. [A -ρεα]
— 26. τὰ ἱερὰ σκεύη . . . τά τε χρυσᾶ καὶ ἀ. [A -ρεα]
8. 56. σκεύη ἀ. [A -ρεα] ταλάντων ἑκατόν
II Es. 1. 9. A R ψυκτῆρες [B om.] ἀ. χίλιοι (1 *a*)
— 10. A ἀργυροῖ [B *add* ἕξ, R διπλοῖ τετρ. δέκα] (1 *a*)
— 11. τῷ χρυσῷ καὶ τῷ ἀ. (1 *a*)
5. 14. τὰ σκεύη . . . τὰ χρυσᾶ καὶ τὰ ἀ. (1 *b*)
6. 5. τὰ σκεύη . . . τὰ ἀ. καὶ τὰ χρυσᾶ (1 *b*)
8. 26. καὶ σκεύη ἀ. ἑκατόν (1 *a*)
Ne. 7. 72. S³ ἀργυρᾶ σκεύη δισχίλια [A B S *al.*] (1 *a*)
Ju. 10. 22. λαμπάδες ἀ. προάγουσαι αὐτοῦ
Es. 1. 6. ἐπὶ κύβοις χρυσοῖς καὶ ἀ. (1 *a*)
— 6. κλίναι χρυσαῖ καὶ ἀ. (1 *a*)
— 7. ποτήρια χρυσᾶ καὶ ἀ. –
Ca. 8. 9. οἰκοδομήσωμεν ἐπ' αὐτὴν ἐπάλξεις ἀ. (1 *a*)
Si. 26. 18. στῦλοι χρύσεοι [A -εως] ἐπὶ βάσεως ἀ.
Ho. 2. 8 (10). ἀργυρᾶ καὶ χρυσᾶ ἐποίησε τῇ B. –
Za. 11. 12. ἔστησαν τὸν μισθόν μου τριάκοντα ἀργυροῦς (1 *a*)
— 13. καὶ ἔλαβον τοὺς τριάκοντα ἀ. (1 *a*)
Is. 2. 20. τὰ βδελύγματα αὐτοῦ τὰ ἀργυρᾶ (1 *a*)
31. 7. τὰ χειροποίητα αὐτῶν τὰ ἀ. (1 *a*)
Je. 52. 19. ἃ ἦν ἀργυρᾶ ἀργυρᾶ (1 *a*, 1 *a*)
Ba. 1. 8. σκεύη ἀργυρᾶ ἃ ἐποίησε Σεδεκίας
Ep. Je. 4. ὄψεσθε ἐν Βαβυλῶνι θεοὺς ἀ.
— 11. κοσμοῦσί τε αὐτοὺς . . . θεοὺς ἀ.
— 30. γυναῖκες παρατιθέασι θεοῖς ἀ.
Ez. 16. 13. A ἐκοσμήθης κόσμῳ χρυσῷ καὶ ἀργυρῷ [B χρυσίῳ καὶ ἀργυρίῳ] (1 *a*)
Da. LXX. 2. 32. τὸ στῆθος καὶ οἱ βραχίονες ἀ. (1 *b*)
5. 2. τὰ σκεύη τὰ χρυσᾶ καὶ τὰ ἀ. (1 *b*)
Da. TH. 2. 32. οἱ βραχίονες αὐτῆς ἀργυροῖ (1 *b*)
5. 2. τὰ σκεύη τὰ χρυσᾶ καὶ τὰ ἀ. (1 *b*)
— 3. τὰ σκεύη τὰ χρυσᾶ καὶ τὰ ἀ.
— 4, 23. τοὺς θεοὺς τοὺς χρυσοῦς καὶ ἀ. (1 *b*)
I Ma. 6. 12. τὰ σκεύη τὰ χρυσᾶ καὶ τὰ ἀ.
II Ma. 2. 2. ἀγάλματα χρυσᾶ καὶ ἀ.
[Aq. Sm. III Ki. 10. 25 : Je. 52. 19 *bis* : Za. 11. 12.]
[Th. Ex. 38. 10 (37. 8), 11 (37. 9), 12 (37. 10) : III Ki. 10. 25.]

ἀργυρικός.

I Es. 8. 24. A B ἢ ἀργυρικῇ [B μὴ ἀργυρίῳ] ζημίᾳ ἢ ἀπαγωγῇ

ἀργύριον. (1) *a.* כֶּסֶף *b.* כְּסַף (2) כֶּתֶם

Ge. 13. 2. κτήνεσι καὶ ἀ. καὶ χρυσίῳ (1 *a*)
23. 9. B ἀργυρίου τοῦ ἀξίου δότω [A δότε] μοι αὐτό (1 *a*)
— 13. τὸ ἀ. τοῦ ἀγροῦ λάβε (1 *a*)
— 15. B γῆ [A om.] τετρακοσίων διδράχμων ἀργυρίου (1 *a*)
— 16. ἀπεκατέστησεν . . . τὸ ἀ. (1 *a*)
— 16. τετρακόσια δίδραχμα ἀ. δοκίμου (1 *a*)
24. 35. καὶ ἀ. καὶ χρυσίον (1 *a*)
31. 15. κατέφαγε καταβρώσει τὸ ἀ. ἡμῶν (1 *a*)
42. 25. A ἀποδοῦναι τὸ ἀ. ἑκάστου [B αὐτῶν ἑκάστῳ] (1 *a*)
— 27. τὸν δεσμὸν τοῦ ἀ. αὐτοῦ (1 *a*)
— 28. ἀπεδόθη μοι τὸ ἀ. (1 *a*)
— 35. ἑκάστου ὁ δεσμὸς τοῦ ἀ. (1 *a*)
— 35. τοὺς δεσμοὺς τοῦ ἀ. αὐτῶν (1 *a*)
43. 12. τὸ ἀ. δισσὸν λάβετε (1 *a*)
Ge. 43. 12. τὸ ἀ. τὸ ἀποστραφὲν . . . ἀποστρέψατε (1 *a*)
— 15. τὸ ἀ. διπλοῦν ἔλαβον (1 *a*)
— 18. διὰ τὸ ἀ. τὸ ἀποστραφέν (1 *a*)
— 21. τόδε τὸ ἀ. ἑκάστου (1 *a*)
— 21. τὸ ἀ. ἡμῶν ἐν σταθμῷ ἀπεστρέψαμεν (1 *a*)
— 22. καὶ ἀ. ἕτερον ἠνέγκαμεν (1 *a*)
— 22. τίς ἐνέβαλε τὸ ἀ. (1 *a*)
— 23. B καὶ τὸ [A τὸ δὲ] ἀ. ὑμῶν εὐδοκιμοῦν ἀπέχω (1 *a*)
44. 1. ἐμβάλετε ἑκάστου τὸ ἀ. (1 *a*)
— 8. B εἰ τὸ μὲν ἀ. ὃ εὕρομεν [A -αμεν] (1 *a*)
— 8. πῶς ἂν κλέψαιμεν . . . ἀ. ἢ χρυσίον (1 *a*)
47. 14. συνήγαγε δὲ Ἰωσὴφ πᾶν τὸ ἀ. . . . τοῦ σίτου (1 *a*)
— 14. εἰσήνεγκεν Ἰ. πᾶν τὸ ἀ. εἰς τὸν οἶκον Φ. (1 *a*)
— 15. B ἐξέλιπε πᾶν [A om.] τὸ ἀ. (1 *a*)
— 15. ἐκλέλοιπε γὰρ τὸ ἀ. ἡμῶν (1 *a*)
— 16. εἰ ἐκλέλοιπε τὸ ἀ. ὑμῶν (1 *a*)
— 18. εἰ γὰρ ἐκλέλοιπε τὸ ἀ. ἡμῶν (1 *a*)
Ex. 21. 11. ἐξελεύσεται δωρεὰν ἄνευ ἀ. (1 *a*)
— 21. τὸ γὰρ ἀ. αὐτοῦ ἐστιν (1 *a*)
— 32. ἀργυρίου τριάκοντα δίδραχμα δώσει (1 *a*)
— 34. ἀ. δώσει τῷ κυρίῳ αὐτῶν (1 *a*)
— 35. καὶ διελοῦνται τὸ ἀ. αὐτοῦ (1 *a*)
22. 7 (6). ἐὰν δέ τις δῷ τῷ πλησίον ἀ. (1 *a*)
— 17 (16). ἀ. ἀποτίσει τῷ πατρί [A αὐτῷ] (1 *a*)
— 25 (24). ἐὰν δὲ ἀ. ἐκδανείσῃς τῷ ἀδελφῷ (1 *a*)
25. 3. χρυσίον καὶ ἀ. καὶ [A om.] χαλκόν (1 *a*)
27. 11. A R περιηργυρωμέναι ἀργυρίῳ [B -ρῳ] (1 *a*)
— 17. κατηργυρωμένοι ἀργυρίῳ [A ἀργυραῖ] (1 *a*)
30. 16. λήψῃ τὸ ἀ. τῆς εἰσφορᾶς παρὰ τῶν υἱῶν Ἰ. (1 *a*)
31. 4. ἐργάζεσθαι τὸ χρυσίον καὶ τὸ ἀ. (1 *a*)
35. 5. χρυσίον ἀ. χαλκόν (1 *a*)
— 24. ἤνεγκαν ἀ. καὶ χαλκόν (1 *a*)
— 32. ποιεῖν τὸ χρυσίον καὶ τὸ ἀ. (1 *a*)
37. 15 (38. 17). περιηργυρωμέναι ἀργυρίῳ (1 *a*)
— 15 (38. 17). περιηργυρωμένοι ἀργυρίῳ (1 *a*)
— 17 (38. 19). περιηργυρωμέναι ἀργυρίῳ (1 *a*)
— 18 (38. 20). περιηργυρωμέναι ἀργυρίῳ –
39. 2 (38. 25). ἀργυρίου ἀφαίρεμα (1 *a*)
— 4 (38. 27). τὰ ἑκατὸν τάλαντα τοῦ ἀ. (1 *a*)
Le. 5. 15. τιμῆς ἀργυρίου σίκλων (1 *a*)
— 18. τιμῆς ἀργυρίου εἰς πλημμέλειαν –
22. 11. ψυχὴν ἔγκτητον ἀργυρίου (1 *a*)
25. 37. τὸ ἀ. σου οὐ δώσεις αὐτῷ ἐπὶ τόκῳ (1 *a*)
— 50. τὸ ἀ. τῆς πράσεως αὐτοῦ (1 *a*)
— 51. ἀπὸ τοῦ ἀ. τῆς πράσεως αὐτοῦ (1 *a*)
27. 3. πεντήκοντα δίδραχμα ἀργυρίου τῷ σταθμῷ τῷ ἁγ. (1 *a*)
— 6. A B πέντε δίδραχμα ἀργυρίου [R om.] (1 *a*)
— 6. R τρία δίδραχμα ἀργυρίου [A B om.] (1 *a*)
— 7. πέντε καὶ δέκα δίδραχμα ἀργυρίου –
— 15. τὸ ἐπίπεμπτον τοῦ ἀ. τῆς τιμῆς [A om.] (1 *a*)
— 16. πεντήκοντα δίδραχμα ἀργυρίου (1 *a*)
— 18. προσλογιεῖται αὐτῷ ὁ ἱερεὺς τὸ ἀ. (1 *a*)
— 19. προσθήσει τὸ ἐπίπεμπτον τοῦ ἀ. (1 *a*)
Nu. 3. 48. δώσεις τὸ ἀ. Ἀαρὼν . . . λύτρα (1 *a*)
— 49. ἔλαβε Μωυσῆς τὸ ἀ. τὰ [A om.] λύτρα (1 *a*)
— 50. ἔλαβε τὸ ἀ. (1 *a*)
7. 85. πᾶν τὸ ἀ. τῶν σκευῶν (1 *a*)
22. 18 : 24. 13. πλήρη τὸν οἶκον αὐτοῦ ἀργυρίου (1 *a*)
31. 22. πλὴν τοῦ χρυσίου καὶ τοῦ ἀ. (1 *a*)
De. 2. 6. ἀργυρίου βρώματα ἀγοράσατε παρ' αὐτῶν (1 *a*)
— 6. ὕδωρ μέτρῳ λήψεσθε παρ' αὐτῶν ἀργυρίου (1 *a*)
— 28. βρώματα ἀργυρίου ἀποδώσῃ μοι (1 *a*)
— 28. ὕδωρ ἀργυρίου ἀποδώσῃ μοι (1 *a*)
7. 25. οὐκ ἐπιθυμήσεις ἀργύριον (1 *a*)
8. 13. ἀργυρίου καὶ χρυσίου πληθυνθέντος σοι (1 *a*)
14. 25. ἀποδώσῃ αὐτὰ ἀργυρίου καὶ λήψῃ τὸ ἀ. (1 *a*, 1 *a*)
— 26. δώσεις ἀ. [A τὸ ἀ.] ἐπὶ παντός (1 *a*)
17. 17. ἀ. καὶ χρυσίον οὐ πληθυνεῖ ἑαυτῷ (1 *a*)
21. 14. πράσει οὐ πραθήσεται ἀργυρίου (1 *a*)
22. 29. πεντήκοντα δίδραχμα ἀργυρίου (1 *a*)
23. 19 (20). οὐκ ἐκτοκιεῖς τῷ ἀδελφῷ σου τόκον ἀργυρίου (1 *a*)
29. 17 (16). τὰ εἴδωλα αὐτῶν . . . ἀ. καὶ χρυσίον (1 *a*)
Jo. 6. 18 (19). πᾶν ἀ. ἢ [A καί] χρυσίον (1 *a*)
— 23 (24). πλὴν ἀργυρίου καὶ χρυσίου (1 *a*)
7. 21. διακόσια δίδραχμα ἀργυρίου (1 *a*)
— 21. τὸ ἀ. κέκρυπται ὑποκάτω αὐτῶν (1 *a*)
— 22. καὶ τὸ ἀ. ὑποκάτω αὐτῶν (1 *a*)
22. 8. κτήνη πολλὰ σφόδρα καὶ ἀ. (1 *a*)

Jd. 5. 19. δῶρον [A πλεονεξίαν] ἀργυρίου οὐκ ἔλαβον (1 *a*)
9. 4. ἔδωκαν αὐτῷ ἑβδομήκοντα ἀργυρίου (1 *a*)
16. 5. χιλίους καὶ ἑκατὸν ἀργυρίου (1 *a*)
— 18. ἀνήνεγκαν [A ἤνεγκαν] τὸ ἀ. ἐν χερσὶν αὐτῶν (1 *a*)
17. 2. οὓς ἔλαβες ἀργυρίου [A *al.*] (1 *a*)
— 2. ἰδοὺ τὸ ἀ. παρ' ἐμοί (1 *a*)
— 3. ἀπέδωκε τοὺς χιλίους καὶ ἑκατὸν τοῦ ἀ. (1 *a*)
— 3. A R ἡγίασα [B -κα] τὸ ἀ. τῷ κυρίῳ (1 *a*)
— 4. ἀπέδωκε τὸ ἀ. τῇ μητρὶ αὐτοῦ (1 *a*)
— 4. ἔλαβεν ἡ μήτηρ αὐτοῦ διακοσίους ἀργυρίου [A τοῦ ἀ.] (1 *a*)
— 10. ἐγὼ δώσω σοι δέκα ἀργυρίου (1 *a*)
I Ki. 2. 36. προσκυνεῖν αὐτῷ ὀβολοῦ ἀργυρίου (1 *a*)
9. 8. εὕρηται ἐν τῇ χειρί μου τέταρτον σίκλου ἀργυρίου (1 *a*)
II Ki. 8. 11. μετὰ τοῦ ἀ. καὶ μετὰ τοῦ χρυσίου (1 *a*)
18. 11. ἐγὼ ἂν δεδώκειν σοι δέκα ἀργυρίου (1 *a*)
— 12. χιλίους σίκλους ἀργυρίου (1 *a*)
21. 4. οὐκ ἔστιν ἡμῖν ἀ. (1 *a*)
24. 24. ἐκτήσατο . . . ἐν ἀργυρίῳ σίκλων πεντήκοντα (1 *a*)
III Ki. 7. 51. τὸ ἀ. καὶ τὸ χρυσίον (1 *a*)
10. 21. οὐκ ἦν ἀ. ὅτι οὐκ ἦν λογιζόμ. (1 *a*)
— 22. ναῦς ἐκ Θαρσὶς χρυσίου καὶ ἀργυρίου (1 *a*)
— 27. ἔδωκεν ὁ βασιλεὺς τὸ χρυσίον καὶ τὸ ἀ. (1 *a*)
— 29. ἅρμα ἀντὶ ἑκατὸν ἀργυρίου καὶ ἵππος ἀντὶ πεντήκ. ἀργυρίου (1 *a*, –)
15. 18. A R σύμπαν [B *om.*] τὸ ἀ. καὶ τὸ χρυσίον (1 *a*)
— 19. ἰδοὺ ἐξεπέσταλκά σοι δῶρα ἀ. (1 *a*)
16. 24. ἐκτήσατο Ζαμ. τὸ ὄρος . . . ἐν δύο ταλάντων ἀργυρίου (1 *a*)
20 (21). 2. δώσω σοι ἀ. ἄλλαγμα [A ἀντάλλ.] ἀμπελῶνος (1 *a*)
— 6. δός μοι τὸν ἀμπελῶνά σου ἀργυρίου (1 *a*)
— 15. ὃς οὐκ ἔδωκέ σοι ἀργυρίου (1 *a*)
21 (20). 3, 5. τὸ ἀ. σου καὶ τὸ χρυσίον σου (1 *a*)
— 7. τὸ ἀ. μου καὶ τὸ χρυσίον μου (1 *a*)
— 39. ἢ τάλαντον ἀργυρίου στήσεις (1 *a*)
IV Ki. 5. 5. ἔλαβε . . . δέκα τάλαντα ἀργυρίου (1 *a*)
— 22. δὸς δὴ αὐτοῖς τάλαντον ἀργυρίου (1 *a*)
— 23. λάβε διτάλαντον ἀργυρίου –
— 23. A R ἔλαβε δύο τάλαντα ἀργυρίου –
— 23. A ἔδησε διτάλαντον ἀργυρίου (1 *a*)
— 26. καὶ νῦν ἔλαβες τὸ ἀ. (1 *a*)
6. 25. ἐγενήθη κεφαλὴ ὄνου πεντήκοντα ἀργυρίου (1 *a*)
— 25. B τέταρτον τοῦ κάβου . . . πέντε ἀργυρίου [A *al.*] (1 *a*)
7. 8. καὶ ἦραν ἐκεῖθεν ἀ. καὶ χρυσίον (1 *a*)
12. 4 (5). B πᾶν τὸ ἀ. τῶν ἁγίων τὸ εἰσοδιαζόμενον ἐν τῷ οἴκῳ κυρίου ἀ. συντιμήσεως ἀνὴρ ἀ. λαβὼν συντιμήσεως πᾶν ἀ. [A *al.*] (1 *a quater*)
— 7 (8). μὴ λάβητε ἀ. ἀπὸ τῶν πράσεων ὑμῶν (1 *a*)
— 8 (9). τοῦ μὴ λαβεῖν ἀ. παρὰ τοῦ λαοῦ (1 *a*)
— 9 (10). πᾶν τὸ ἀ. τὸ εὑρεθὲν ἐν οἴκῳ κυρίου (1 *a*)
— 10 (11). πολὺ τὸ ἀ. ἐν τῇ κιβωτῷ (1 *a*)
— 10 (11). ἠρίθμησαν τὸ ἀ. τὸ εὑρεθέν (1 *a*)
— 11 (12). ἔδωκαν τὸ ἀ. τὸ ἑτοιμασθέν (1 *a*)
— 13 (14). ἐκ τοῦ ἀ. τοῦ εἰσενεχθέντος ἐν οἴκῳ κ. (1 *a*)
— 15 (16). οἷς ἐδίδουν τὸ ἀ. ἐπὶ χεῖρας αὐτῶν (1 *a*)
— 16 (17). ἀ. περὶ ἁμαρτίας καὶ ἀ. [A *om.*] περὶ πλημμ. (1 *a*, 1 *a*)
— 18 (19). A πᾶν τὸ ἀ. [B χρυσίον] τὸ εὑρεθέν †
14. 14. ἔλαβε τὸ χρυσίον καὶ τὸ ἀ. (1 *a*)
15. 19. ἔδωκε τῷ Φουὰ χίλια τάλαντα ἀργυρίου (1 *a*)
— 20. ἐξήνεγκε Μαναὴμ τὸ ἀ. ἐπὶ τὸν Ἰσρ. (1 *a*)
— 20. A πεντήκοντα σίκλους ἀργυρίου [B *om.*] (1 *a*)
16. 8. ἀ. [A τὸ ἀ.] καὶ χρυσίον [A τὸ χ.] τὸ εὑρεθέν (1 *a*)
18. 14. ἐπέθηκεν . . . τριακόσια τάλαντα ἀργυρίου (1 *a*)
— 16. πᾶν τὸ ἀ. τὸ εὑρεθέν (1 *a*)
20. 13. ἔδειξεν αὐτοῖς . . . τὸ ἀ. (1 *a*)
22. 4. σφράγισον τὸ ἀ. τὸ εἰσενεχθέν (1 *a*)
— 7. τὸ ἀ. τὸ διδόμενον αὐτοῖς (1 *a*)
— 9. ἐχώνευσαν οἱ δοῦλοί σου τὸ ἀ. τὸ εὑρεθέν (1 *a*)
23. 33. ἑκατὸν τάλαντα ἀργυρίου (1 *a*)
— 35. τὸ ἀ. καὶ τὸ χρυσίον ἔδωκεν Ἰ. τῷ Φαρ. (1 *a*)
— 35. τοῦ δοῦναι τὸ ἀ. ἐπὶ στόματος Φ. (1 *a*)
— 35. ἔδωκαν τὸ ἀ. καὶ τὸ χρυσίον (1 *a*)
I Ch. 18. 11. μετὰ τοῦ ἀ. καὶ τοῦ χρυσίου (1 *a*)
19. 6. ἀπέστειλεν . . . χίλια τάλαντα ἀργυρίου (1 *a*)

I Ch. 21. 22. ἐν ἀ. ἀξίῳ δός μοι αὐτόν (1 *a*)
— 24. ἀγοράζων ἀγοράζω ἐν ἀ. ἀξίῳ (1 *a*)
22. 14. ἀργυρίου ταλάντων χιλίας χιλιάδας (1 *a*)
— 16. ἐν χρυσίῳ ἐν ἀργυρίῳ ἐν χαλκῷ (1 *a*)
29. 2. ἡτοίμακα . . . χρυσίον ἀ. χαλκόν (1 *a*)
— 3. ἔστι μοι ὃ περιπεποίημαι χρυσίον καὶ ἀ. (1 *a*)
— 4. ἑπτακισχίλια τάλαντα ἀργυρίου δοκίμου (1 *a*)
— 5. R εἰς τὸ ἀ. τῷ ἀ. (1 *a*, 1 *a*)
— 7. ἀργυρίου ταλάντων δέκα χιλιάδας (1 *a*)
II Ch. 1. 15. ἔθηκεν ὁ βασ. τὸ χρυσίον καὶ τὸ ἀ. . . . ὡς λίθους (1 *a*)
● — 17. ἐξῆγον ἐξ Αἰγ. ἅρμα ἐν ἑξακοσίων ἀργυρίου καὶ ἵππον ἑκατὸν καὶ πεντήκοντα ἀργυρίου (1 *a*, –) ●
2. 7 (6). τοῦ ποιῆσαι ἐν τῷ χρυσίῳ καὶ ἐν τῷ ἀ. (1 *a*)
— 14 (13). ποιῆσαι ἐν χρυσίῳ καὶ ἐν ἀ. (1 *a*)
5. 1. τὸ ἀ. καὶ τὸ χρυσίον καὶ τὰ σκεύη (1 *a*)
9. 14. ἔφερον χρυσίον καὶ ἀ. τῷ βασ. Σαλ. (1 *a*)
— 20. οὐκ ἦν ἀ. λογιζόμενον ἐν ἡμέραις Σ. (1 *a*)
— 21. πλοῖα . . . γέμοντα χρυσίου καὶ ἀργυρίου (1 *a*)
— 27. ἔδωκεν . . . τὸ χρυσίον καὶ τὸ ἀ. (1 *a*)
15. 18. ἀ. καὶ χρυσίον καὶ σκεύη (1 *a*)
16. 2. ἔλαβεν Ἀσὰ χρυσίον καὶ ἀ. (1 *a*)
— 3. ἀπέσταλκά σοι χρυσίον καὶ ἀ. (1 *a*)
17. 11. ἔφερον τῷ Ἰωσ. δῶρα καὶ ἀ. (1 *a*)
21. 3. δόματα πολλὰ ἀ. καὶ χρυσίον (1 *a*)
24. 5. συναγάγετε . . . ἀ. κατισχῦσαι τὸν οἶκον (1 *a*)
— 11. ὡς εἶδον ὅτι ἐπλεόνασε τὸ ἀ. (1 *a*)
— 11. καὶ συνήγαγον ἀ. πολύ (1 *a*)
— 14. ἤνεγκαν . . . τὸ κατάλοιπον τοῦ ἀ. (1 *a*)
25. 6. ἐμισθώσατο . . . δυνατοὺς . . . ἑκατὸν ταλάντων ἀργυρίου (1 *a*)
— 24. πᾶν τὸ χρυσίον καὶ τὸ ἀ. (1 *a*)
27. 5. ἐδίδουν . . . ἑκατὸν τάλαντα ἀργυρίου (1 *a*)
32. 27. θησαυροὺς . . . ἀργυρίου καὶ χρυσίου (1 *a*)
34. 9. τὸ ἀ. τὸ εἰσενεχθὲν εἰς οἶκον θ. (1 *a*)
— 14. τὸ ἀ. τὸ εἰσοδιασθὲν εἰς οἶκον κ. (1 *a*)
— 16. πᾶν τὸ δοθὲν ἀ. ἐν χειρὶ τῶν παίδων σου –
— 17. τὸ ἀ. τὸ εὑρεθὲν ἐν οἴκῳ κ. (1 *a*)
36. 3. ἐπέβαλε φόρον . . . ἑκατὸν τάλαντα ἀργυρίου (1 *a*)
— 4. τὸ ἀ. καὶ τὸ χρυσίον ἔδωκε τῷ Φ. –
— 4. B τοῦ δοῦναι τὸ ἀ. ἐπὶ στόμα Φαραώ –
— 4. ἀπήτει τὸ ἀ. καὶ τὸ χρυσίον –
I Es. 1. 36. ἐζημίωσε τὸ ἔθνος ἀργυρίου ταλάντοις ἑκατόν
2. 6. βοηθείτωσαν αὐτῷ . . . ἐν χρυσίῳ καὶ ἐν ἀ.
— 9. ἐβοήθησαν ἐν πᾶσιν ἐν ἀ. καὶ χρυσίῳ
4. 18. ἐὰν δὲ συναγάγωσι χρυσίον καὶ ἀ.
— 19. αἱρετίζουσι μᾶλλον ἢ τὸ χρυσίον καὶ τὸ ἀ.
5. 45. ἀργυρίου μνᾶς πεντακισχιλίας
— 54. ἔδωκαν ἀ. τοῖς λατόμοις
8. 13. πᾶν χρυσίον καὶ ἀ. ὃ ἐὰν εὑρεθῇ
— 14. τό τε χρυσίον καὶ τὸ ἀ.
— 16. ποιῆσαι χρυσίῳ καὶ ἀργυρίῳ
— 20. ἕως ἀργυρίου ταλάντων ἑκατόν
— 24. B μὴ ἀργυρίῳ [A R ἢ ἀργυρικῇ] ζημίᾳ
— 55. τὸ ἀ. καὶ τὸ χρυσίον καὶ τὰ ἱερὰ σκεύη
— 56. ἀργυρίου τάλαντα ἑξακόσια πεντήκοντα
— 58. καὶ τὸ χρυσίον καὶ τὸ ἀ.
— 60. τὸ ἀ. καὶ τὸ χρυσίον
— 62. σταθὲν τὸ ἀ. καὶ τὸ χρυσίον
II Es. 1. 4. ἐν ἀ. καὶ χρυσίῳ καὶ ἀποσκευῇ (1 *a*)
— 6. ἐν σκεύεσιν ἀργυρίου ἐν χρυσῷ (1 *a*)
2. 69. ἀ. μναῖ πεντακισχίλιαι (1 *a*)
3. 7. ἔδωκαν ἀ. τοῖς λατόμοις (1 *a*)
7. 15. εἰς οἶκον κ. ἀ. καὶ χρυσίον (1 *b*)
— 16. πᾶν ἀ. καὶ χρυσίον ὅ τι ἐὰν εὕρῃς (1 *b*)
— 18. ἐν καταλοίπῳ τοῦ ἀ. καὶ τοῦ χρυσίου (1 *b*)
— 22. ἕως ἀργυρίου ταλάντων ἑκατόν (1 *b*)
8. 17. R ἐπὶ ἄρχοντας [A B -ος] ἐν ἀργυρίῳ τοῦ τόπου †
— 17. τῶν Ἀθανεὶμ ἐν ἀργυρίῳ τόπου †
— 25. ἔστησα αὐτοῖς τὸ ἀ. καὶ τὸ χρυσίον (1 *a*)
— 26. ἀργυρίου τάλαντα ἑξακόσια πεντήκοντα (1 *a*)
— 28. τὸ ἀ. καὶ τὸ χρυσίον ἑκούσια τῷ κ. θεῷ (1 *a*)
— 30. σταθμὸν τοῦ ἀ. καὶ τοῦ χρυσίου (1 *a*)
— 33. ἐστήσαμεν τὸ ἀ. καὶ τὸ χρυσίον (1 *a*)
Ne. 5. 4. ἐδανεισάμεθα ἀ. εἰς φόρους τοῦ βασ. (1 *a*)
— 10. ἐθήκαμεν ἑαυτοῖς ἀ. καὶ σῖτον (1 *a*)
— 11. ἀπὸ τοῦ ἀ. τὸν σῖτον . . . ἐξενέγκατε ἑαυτοῖς (1 *a*)
— 15. ἔσχατον ἀ. δίδραχμα τεσσαράκοντα (1 *a*)
7. 71. S R ἀργυρίου μνᾶς δισχιλίας τριακοσίας (1 *a*)
— 72. ἀργυρίου μνᾶς δισχιλίας διακοσίας (1 *a*)

To. 1. 7. S δεκάτην . . . ἀπεδεκάτιζον ἀργυρίῳ [A B *al.*]
— 14. παρεθέμην . . . ἀργυρίου τάλαντα δέκα
4. 1. ἐμνήσθη Τωβὶτ περὶ τοῦ ἀ.
— 2. S περὶ τοῦ ἀ. τούτου
— 20. ὑποδεικνύω σοι τὰ δέκα τάλ. τοῦ ἀ.
5. 2. πῶς δυνήσομαι λαβεῖν τὸ ἀ. [S *al.*]
— 2. S καὶ δῶ μοι τὸ ἀ.
— 3. S ἔθηκα μετὰ τοῦ ἀ.
— 3. λάβε πορευθεὶς τὸ ἀ.
— 18. ἀργύριον τῷ ἀ. μὴ φθάσαι
9. 2. κόμισαί μοι τὸ ἀ.
10. 2. οὐδεὶς αὐτῷ δίδωσι τὸ ἀ.
— 11. Ῥ. ἔδωκεν αὐτῷ Σ. . . . καὶ ἀργ.
11. 15. S ἐνήνοχεν ἀργύριον
12. 3. τὸ ἀ. μου ἤνεγκεν
Ju. 2. 18. καὶ χρυσίον καὶ ἀ. ἐξ οἴκου βασιλέως
5. 9. ἐπληθύνθησαν χρυσίῳ καὶ ἀργυρίῳ
8. 7. ὑπελείπετο αὐτῇ Μαν. . . . χρυσίον καὶ ἀ.
Es. 3. 9. ἀργυρίου τάλαντα μύρια (1 *a*)
— 11. τὸ μὲν ἀ. ἔχε (1 *a*)
4. 7. S^3 κατὰ τὴν ἐπαγγελίαν τοῦ ἀ. [A B S *om.*] (1 *a*)
Jb. 3. 15. ἔπλησαν τοὺς οἴκους αὐτῶν ἀργυρίου (1 *a*)
22. 25. ὥσπερ ἀργύριον πεπυρωμένον (1 *a*)
27. 16. ἐὰν συναγάγῃ ὥσπερ γῆν ἀργύριον (1 *a*)
28. 1. ἔστι γὰρ ἀργυρίῳ τόπος ὅθεν γίνεται (1 *a*)
— 15. οὐ σταθήσεται ἀργύριον ἀντάλλαγμα (1 *a*)
Ps. 11 (12). 6. τὰ λόγια κυρίου . . . ἀργύριον πεπυρωμένον (1 *a*)
14 (15). 5. τὸ ἀ. αὐτοῦ οὐκ ἔδωκεν ἐπὶ τόκῳ (1 *a*)
65 (66). 10. ἐπύρωσας ἡμᾶς ὡς πυροῦται τὸ ἀ. (1 *a*)
67 (68). 30. τοὺς δεδοκιμασμένους τῷ ἀ. (1 *a*)
104 (105). 37. ἐξήγαγεν αὐτοὺς ἐν ἀργυρίῳ (1 *a*)
113. 12 (115. 4). τὰ εἴδωλα τῶν ἐθνῶν ἀργύριον (1 *a*)
118 (119). 72. ὑπὲρ χιλιάδας . . . ἀργυρίου (1 *a*)
134 (135). 15. τὰ εἴδωλα τῶν ἐθνῶν ἀργύριον (1 *a*)
Pr. 2. 4. ἐὰν ζητήσῃς αὐτὴν ὡς ἀργύριον (1 *a*)
3. 14. κρεῖσσον . . . ἢ χρυσίου καὶ ἀ. θησαυρούς (1 *a*)
7. 20. ἔνδεσμον ἀργυρίου λαβὼν ἐν χειρὶ αὐτοῦ (1 *a*)
8. 10. λάβετε παιδείαν καὶ μὴ ἀργύριον (1 *a*)
— 11. A B^2 ἀνταναιρεῖσθε αἴσθησιν [B^2 -σει] χρυσίου καὶ ἀ. –
— 19. τὰ δὲ ἐμὰ γεννήματα κρείσσω [A -ον] ἀργυρίου ἐκλεκτοῦ (1 *a*)
16. 16. αἱρετώτεραι ὑπὲρ ἀργύριον (1 *a*)
22. 1. ὑπὲρ δὲ ἀ. καὶ χρυσίον χάρις ἀγαθή (1 *a*)
25. 4. τύπτε [A κρύπτε] ἀδόκιμον ἀ. (1 *a*)
26. 23. ἀ. διδόμενον μετὰ δόλου (1 *a*)
27. 21. δοκίμιον ἀργυρίῳ καὶ χρυσῷ πύρωσις (1 *a*)
Ec. 2. 8. συνήγαγόν μοι καί γε ἀργύριον (1 *a*)
5. 9. ἀγαπῶν ἀργύριον οὐ πλησθήσεται ἀργυρίου (1 *a*, 1 *a*)
7. 13 (12). ὡς σκιὰ ἀργυρίου [A S τοῦ ἀ.] (1 *a*)
10. 19. καὶ τοῦ ἀ. ταπεινώσει [A S^2 *om.*] ἐπακούσεται (1 *a*)
12. 6. ἀνατραπῇ τὸ σχοινίον τοῦ ἀ. (1 *a*)
Ca. 1. 11. μετὰ στιγμάτων τοῦ ἀ. (1 *a*)
3. 10. στύλους αὐτοῦ ἐποίησεν ἀργύριον (1 *a*)
8. 11. B S ἀνὴρ οἴσει ἐν καρπῷ αὐτοῦ χιλίους ἀργυρίου (1 *a*)
Si. 28. 24. τὸ ἀ. σου καὶ τὸ χρυσίον κατάδησον
29. 10. ἀπόλεσον ἀργύριον δι' ἀδελφὸν καὶ φίλον
40. 25. χρυσίον καὶ ἀργύριον ἐπιστήσουσι πόδα
47. 18. ὡς μόλιβον ἐπλήθυνας ἀργύριον
51. 25. κτήσασθε ἑαυτοῖς ἄνευ ἀργυρίου
— 28. μετάσχετε παιδείας [B S^1 -αν] ἐν πολλῷ ἀριθμῷ ἀργυρίου
Ho. 2. 8 (10). καὶ ἀργύριον ἐπλήθυνα αὐτῇ (1 *a*)
3. 2. ἐμισθωσάμην ἐμαυτῷ πέντε καὶ δέκα ἀργυρίου (1 *a*)
8. 4. καὶ οὐκ ἐγνώρισάν μοι τὸ ἀ. αὐτῶν (1 *a*)
9. 6. τὸ ἀ. αὐτῶν ὄλεθρος κληρονομήσει αὐτό (1 *a*)
13. 2. χώνευμα ἐκ τοῦ ἀ. αὐτῶν (1 *a*)
Am. 2. 6. ἀπέδοντο ἀργυρίου δίκαιον (1 *a*)
8. 6. τοῦ κτᾶσθαι ἐν ἀργυρίῳ καὶ [A *om.*] πτωχούς (1 *a*)
Mi. 3. 11. οἱ προφῆται αὐτῆς μετὰ ἀργυρίου ἐμαντεύοντο (1 *a*)
Jl. 3 (4). 5. ἀνθ' ὧν τὸ ἀ. μου . . . ἐλάβετε (1 *a*)
Na. 2. 9 (10). διήρπαζον τὸ ἀ. (1 *a*)
Hb. 2. 19. ἔλασμα χρυσίου καὶ ἀργυρίου (1 *a*)
Ze. 1. 11. πάντες οἱ ἐπηρμένοι ἀργυρίῳ (1 *a*)
— 18. τὸ ἀ. αὐτῶν . . . οὐ μὴ δύνηται ἐξελέσθαι (1 *a*)

● = correction on page xxiv

Hg. 2. 9 (8). ἐμὸν τὸ ἀ. καὶ ἐμὸν τὸ χρυσίον (1 a)
Za. 6. 11. λήψῃ ἀ. καὶ χρυσίον (1 a)
9. 3. ἐθησαύρισεν ἀργ. ὡς χοῦν (1 a)
13. 9. πυρώσω αὐτοὺς ὡς πυροῦται τὸ ἀ. (1 a)
14. 14. χρυσίον καὶ ἀ. καὶ ἱματισμόν (1 a)
Ma. 3. 3. ὡς τὸ ἀ. καὶ ὡς τὸ χρυσίον (1 a)
— 3. χεεῖ αὐτοὺς ὥσπερ τὸ χρυσίον κ. τὸ ἀ. (1 a)
Is. 1. 22. τὸ ἀ. ὑμῶν ἀδόκιμον (1 a)
2. 7. ἐνεπλήσθη γὰρ ἡ χώρα αὐτῶν ἀργυρίου (1 a)
13. 17. οἳ οὐ λογίζονται ἀ. (1 a)
39. 2. ἔδειξεν αὐτοῖς τὸν οἶκον τοῦ νεχωθᾶ καὶ τοῦ ἀ. (1 a)
43. 24. οὐδὲ ἐκτήσω μοι ἀργυρίου θυσίασμα [A S θυμίαμα] (1 a)
46. 6. οἱ συμβαλλόμενοι . . . ἀ. ἐν ζυγῷ (1 a)
48. 10. πέπρακά σε οὐχ ἕνεκεν ἀργυρίου (1 a)
52. 3. οὐ μετὰ ἀργυρίου λυτρωθήσεσθε (1 a)
55. 1. ὅσοι μὴ ἔχετε ἀ. (1 a)
— 1. φάγετε [A S πίετε] ἄνευ ἀργυρίου (1 a)
— 2. ἵνα τί τιμᾶσθε ἀργυρίου (1 a)
60. 17. ἀντὶ δὲ σιδήρου οἴσω σοι ἀ. (1 a)
Je. 6. 30. ἀ. ἀποδεδοκιμασμένον καλέσατε αὐτούς (1 a)
10. 4. ἀργυρίῳ καὶ χρυσίῳ κεκαλλωπισμένα (1 a)
— 5. ἀ. τορευτόν ἐστιν †
— 5 (9). ἀ. προσβλητόν [S προβ.] ἐστιν [A B *om.*] (1 a)
39 (32). 9. ἔστησα αὐτῷ ἑπτὰ σίκλους καὶ δέκα ἀργυρίου (1 a)
— 10. ἔστησα τὸ ἀ. ἐν ζυγῷ (1 a)
— 25. κτῆσαι σεαυτῷ τὸν ἀγρὸν ἀργυρίου (1 a)
— 44. κτήσονται ἀγροὺς ἐν ἀργυρίῳ (1 a)
Ba. 1. 6. συνήγαγον ἀ.
— 10. ἀπεστείλαμεν πρὸς ὑμᾶς ἀ. καὶ ἀγοράσατε τοῦ ἀ. ὁλοκαυτώματα
3. 17. τὸ ἀ. θησαυρίζοντες
— 18. οἱ τὸ ἀ. τεκταίνοντες
La. 4. 1. ἀλλοιωθήσεται τὸ ἀ. τὸ ἀγαθόν (2)
5. 4. R ἐν ἀργυρίῳ ἐπίομεν (1 a)
Ep. Je. 10. χρυσίον καὶ ἀ. εἰς ἑαυτοὺς καταναλοῦσι
— 58. περιελοῦνται τὸ χρυσίον καὶ τὸ ἀ.
Ez. 7. 19. τὸ ἀ. αὐτῶν ῥιφήσεται ἐν ταῖς πλατείαις (1 a)
— 19. A τὸ ἀ. αὐτῶν . . . οὐ δυνηθήσεται ἐξελέσθαι αὐτούς (1 a)
16. 13. ἐκοσμήθης χρυσίῳ καὶ ἀργυρίῳ [A κόσμῳ χρυσῷ καὶ ἀργυρῷ] (1 a)
— 17. ἐκ τοῦ χρυσίου μου καὶ ἐκ τοῦ ἀ. μου (1 a)
18. 8. τὸ ἀ. αὐτοῦ ἐπὶ τόκῳ οὐ δώσει †
22. 18. ἐν μέσῳ ἀργυρίου ἀναμεμιγμένος ἐστί (1 a)
— 22. ὃν τρόπον χωνεύεται ἀργύριον (1 a)
27. 12. ἀργύριον . . . ἔδωκαν τὴν ἀγοράν σου (1 a)
28. 4. ἀργύριον ἐν τοῖς θησαυροῖς σου (1 a)
— 13. ἴασπιν καὶ ἀργύριον καὶ χρυσίον –
38. 13. λαβεῖν ἀργύριον καὶ χρυσίον (1 a)
Da. LXX. 11. 8. τὸ ἀ. καὶ τὸ χρυσίον . . . ἀποίσουσιν (1 a)
— 38. ἐν χρυσίῳ καὶ ἀργυρίῳ (1 a).
— 43. τοῦ τόπου τοῦ χρυσίου καὶ τοῦ τόπου τοῦ ἀ. (1 a)
Da. TH. 11. 8. ἀργυρίου καὶ χρυσίου (1 a)
— 43. τοῦ χρυσοῦ [A -ίου] καὶ τοῦ ἀ. [B -ρου] (1 a)
I Ma. 1. 23. ἔλαβε τὸ ἀ. καὶ τὸ χρυσίον
2. 18. δοξασθήσεσθε ἀργυρίῳ καὶ χρυσίῳ
3. 29. ἐξέλιπε τὸ ἀ. ἀπὸ [S ἐκ] τῶν θησ.
— 31. καὶ συναγαγεῖν ἀ. πολύ
— 41. ἔλαβον ἀ. καὶ χρυσίον πολὺ σφόδρα
4. 23. ἔλαβον χρυσίον πολὺ καὶ ἀ.
6. 1. πόλις ἔνδοξος πλούτῳ ἀργυρίῳ καὶ χρυσίῳ
8. 3. τοῦ κατακρατῆσαι τῶν μετάλλων τοῦ ἀ.
— 26. οὐδὲ ἐπαρκέσουσι σῖτον ὅπλα ἀ.
— 28. οὐ δοθήσεται σῖτος ὅπλα ἀ.
10. 40. δέκα πέντε χιλιάδας σίκλων ἀργυρίου
— 42. πεντακισχιλίους σίκλους ἀργυρίου
— 60. ἔδωκεν αὐτοῖς ἀ. καὶ χρυσίον
11. 24. λαβὼν ἀ. καὶ χρυσίον
13. 15. περὶ ἀργυρίου οὗ ὤφειλεν Ἰωνάθαν
— 16. ἀπόστειλον ἀργυρίου τάλαντα ἑκατόν
— 17. πέμπει τὸ ἀ.
— 18. οὐκ ἀπέστειλα αὐτῷ τὸ ἀ.
15. 26. ἀπέστειλεν αὐτῷ . . . ἀ. καὶ χρυσίον
— 31. δότε . . . πεντακόσια τάλαντα ἀργυρίου
16. 11. ἔσχεν ἀργύριον καὶ χρυσίον πολύ
— 19. ὅπως δῷ αὐτοῖς ἀ.
II Ma. 3. 11. ἀργυρίου τετρακόσια τάλαντα
4. 8. ἀργυρίου τάλαντα ἑξήκοντα
II Ma. 4. 19. παρακομίζοντας ἀργυρίου δραχμὰς τριακοσίας
— 24. τάλαντα ἀργυρίου τριακόσια
10. 20. ἐπείσθησαν ἀργυρίῳ
— 21. ἀργυρίου πεπράκασι τοὺς ἀδ.
12. 43. εἰς ἀργυρίου δραχμὰς δισχιλίας
III Ma. 3. 28. ἐκ τοῦ βασιλικοῦ ἀ. δραχμὰς δισχιλίας

[**Aq.** GE. 20. 16 : DT. 2. 6 : 22. 19 : I KI. 2. 36 : JB. 31. 39 : PR. 7. 20 : IS. 13. 17 : 55. 1, 2 : JE. 10. 9 : 32 (39). 9 : EZ. 22. 18.]
[**Sm.** DT. 22. 19 : I KI. 2. 36 : JB. 31. 39 : PS. 67 (68). 31 : PR. 25. 4, 11 : EC. 7. 13 (12) : 10. 19 : 12. 6 : CA. 8. 11 : IS. 55. 1, 2 : JE. 32 (39). 9 : EZ. 22. 18.]
[**Th.** DT. 22. 19 : IV KI. 5. 23 : JB. 31. 39 : PR. 7. 20 : 25. 11 : IS. 31. 7 : 55. 1 : JE. 10. 9 : 32 (39). 9 : EZ. 7. 19 : 22. 18.]
[**Al.** LE. 22. 14.]
[**Heb.** IV KI. 6. 25.]

ἀργυροκοπεῖν. (1) צָרַף
Je. 6. 29. εἰς κενὸν ἀργυροκόπος ἀργυροκοπεῖ (1)

ἀργυροκόπος. (1) צָרַף
Jd. 17. 4. ἔδωκεν αὐτὸ ἀργυροκόπῳ [A τῷ χωνευτῇ] (1)
Je. 6. 29. εἰς κενὸν ἀ. ἀργυροκοπεῖ (1)

ἀργυρολόγητος.
II Ma. 11. 3. τὸ δὲ ἱερὸν ἀ. καθὼς τὰ λοιπὰ . . . τεμένη

ἄργυρος. (1) *a.* כֶּסֶף *b.* כְּסַף
Ex. 27. 11. B περιηργυρωμέναι ἀργύρῳ [A R -ίῳ] (1 a)
Pr. 10. 20. ἄ. πεπυρωμένος γλῶσσα δικαίου (1 a)
17. 3. ὥσπερ δοκιμάζεται ἐν καμίνῳ ἄ. (1 a)
27. 21. B S δοκίμιον ἀργύρῳ [A R -ίῳ] (1 a)
Wi. 7. 9. ὡς πηλὸς λογισθήσεται ἄ.
13. 10. χρυσὸν καὶ ἄργυρον τέχνης ἐμμελέτημα [S² -ήματα]
Is. 60. 9. ἀγαγεῖν . . . τὸν ἄ. καὶ τὸν χρυσόν (1 a)
Ez. 22. 20. καθὼς εἰσδέχεται ἄργυρος καὶ χαλκός (1 a)
Da. LXX. 2. 35. ὁ χαλκὸς καὶ ὁ ἄ. καὶ τὸ χρυσίον (1 b)
— 45. τὸν χαλκὸν καὶ τὸν ἄ. καὶ τὸν χρυσόν (1 b)
Da. TH. 2. 35. ὁ χαλκὸς ὁ ἄ. ὁ χρυσός (1 b)
— 39. A ἥτις ἐστὶν ὁ ἄ. –
— 45. τὸν χαλκὸν τὸν ἄ. τὸν χρυσόν (1 b)
11. 38. ἐν χρυσῷ [A -ίῳ] καὶ ἀργύρῳ (1 a)
— 43. τοῦ χρυσοῦ [A -ίου] καὶ τοῦ ἀ. [A -ίου] (1 a)

ἀργυροχόος.
Wi. 15. 9. ἀντερείδεται μὲν . . . ἀργυροχόοις

ἀργύρωμα.
Ju. 12. 1. εἰσαγαγεῖν αὐτὴν οὗ ἐτίθετο τὰ ἀ.
15. 11. τὴν σκηνὴν Ὀλοφέρνου καὶ πάντα τὰ ἀ.
I Ma. 15. 32. κυλικεῖον μετὰ χρυσωμάτων καὶ ἀργυρωμάτων

ἀργυρώνητος. (1) מִקְנַת כֶּסֶף
Ge. 17. 12, 13. καὶ ὁ ἀ. (1)
— 23. καὶ πάντας τοὺς ἀ. (1)
— 27. καὶ οἱ ἀ. ἐξ ἀλλογενῶν ἐθνῶν (1)
Ex. 12. 44. πάντα οἰκέτην [A *add.* τινὸς] ἢ ἀργυρώνητον (1)
Ju. 4. 10. πᾶς πάροικος . . . καὶ ἀ. αὐτῶν

ἀρδαλοῦν.
Si. 22. 1. λίθῳ ἠρδαλωμένῳ συνεβλήθη [S² ἐλιθοβολήθη] ὀκνηρός

ἀρδεία.
[**Sm.** JD. 1. 15.]

ἄρδειν.
[**Sm.** JB. 21. 24.]

ἄρδην. (1) חֵרֶם (2) מָרַט pu.
III Ki. 7. 45. πάντα τὰ ἔργα . . . ἐποίησε Χιράμ χαλκᾶ ἄ. (2)
Ma. 4. 6 (3. 24). πατάξω τὴν γῆν ἄ. (1)

ἀρέσκεια. (1) חֵן
Pr. 31. 30. ψευδεῖς ἀρέσκειαι καὶ μάταιον κάλλος γυν. (1)
[**Sm.** PS. 80 (81). 13 : JE. 16. 12.]

ἀρέσκειν. (1) אָנָה pu. (2) *a.* טוֹב *b.* טוֹב בְּעֵינֵי *c.* יָטַב *d.* יָטַב בְּעֵינֵי *e.* יָטַב לִפְנֵי (3) *a.* יָשַׁר *b.* יָשַׁר בְּעֵינֵי (4) מָצָא *a.* qal. *b.* ni. (5) עָרַב (6) ἀ. cum neg. *a.* רָעַע בְּעֵינֵי *b.* רַע בְּעֵינֵי (7) שָׁוָה (8) שְׁפַר
Ge. 19. 8. R καθὰ ἂν ἀρέσκοι [A καθὰ ἀρέσκῃ] (2 b)
20. 15. οὗ ἄν σοι ἀρέσκῃ κατοίκει (2 b)
34. 18. ἤρεσαν οἱ λόγοι ἐναντίον Ἐμμώρ (2 c)
41. 37. R ἤρεσε δὲ τὸ ῥῆμα [A τὰ ῥήματα] ἐναντίον Φ. (2 c)
Le. 10. 20. καὶ ἤρεσεν αὐτῷ (2 d)
Nu. 22. 34. A B εἰ μή σοι ἀρέσκει [R ἀρκέσει] (6 b)
23. 27. εἰ ἀρέσει τῷ θεῷ (3 b)
36. 6. οὗ ἀρέσκει ἐναντίον αὐτῶν (2 a)
De. 1. 23. ἤρεσεν ἐναντίον [A ἐνώπιόν] μου τὸ ῥῆμα (2 c)
23. 16 (17). οὗ ἂν ἀρέσῃ [A οὗ ἀρέσκῃ] αὐτῷ (2 a)
Jo. 9. 25. ὡς ἀρέσκει ὑμῖν (2 a)
17. 16. οὐκ ἀρέσκει [A ἀρκεῖ, B² ἀρκέσει] ἡμῖν τὸ ὄρος τὸ Ἐφρ. (4 b)
22. 30. καὶ ἤρεσεν αὐτοῖς (2 d)
— 33. καὶ ἤρεσε τοῖς υἱοῖς Ἰσραήλ (2 d)
24. 15. εἰ δὲ μὴ ἀρέσκει ὑμῖν λατρεύειν κυρίῳ (6 b)
Jd. 10. 15. A ὅσα ἂν ἀρέσκῃ ἐνώπιόν σου [B *al.*] (2 a)
14. 1. A καὶ ἤρεσεν ἐνώπιον αὐτοῦ –
— 3. A ἤρεσεν [B αὕτη εὐθεῖα] ἐν ὀφθ. μου (3 a)
— 7. A καὶ ἤρεσεν ἐνώπιον Σαμψών [B *al.*] (3 a)
21. 14. καὶ ἤρεσεν αὐτοῖς οὕτω (4 a)
I Ki. 18. 5. A καὶ ἤρεσεν ἐν ὀφθ. παντὸς τοῦ λαοῦ (2 c)
II Ki. 3. 19. ὅσα ἤρεσεν ἐν ὀφθ. Ἰσραήλ (2 a)
— 36. ἤρεσεν ἐνώπιον αὐτῶν πάντα (2 c)
18. 4. ὃ ἐὰν ἀρέσῃ ἐν ὀφθαλμοῖς ὑμῶν (2 c)
III Ki. 3. 10. ἤρεσεν [A *add.* ὁ λόγος] ἐνώπιον κυρίου (2 c)
9. 12. A R οὐκ ἤρεσαν [B -σεν] αὐτῷ (3 b)
12. 24. B καὶ οὐκ ἤρεσεν ἐνώπιον αὐτοῦ –
— 24. B καὶ ἤρεσε τὸ ῥῆμα ἐνώπιον Ῥοβοάμ –
20 (21). 2. εἰ δὲ ἀρέσκει ἐνώπιόν σου (2 a)
II Ch. 30. 4. καὶ ἤρεσεν ὁ λόγος ἐναντίον τοῦ βασ. (3 a)
Ju. 3. 3. καθ' ὃ ἂν ἀρέσκῃ [S ὃ ἀρέσκει] σοι
7. 16. καὶ ἤρεσαν οἱ λόγοι αὐτῶν ἐνώπιον Ὀλ.
11. 20. καὶ ἤρεσαν οἱ λόγοι αὐτῆς ἐναντίον Ὀλ.
Es. 1. 21. ἤρεσεν ὁ λόγος τῷ βασιλεῖ (2 d)
2. 4. ἡ γυνὴ ἣ ἂν ἀρέσῃ τῷ βασιλεῖ (2 d)
— 4. καὶ ἤρεσε τῷ βασιλεῖ τὸ πρᾶγμα (2 d)
— 9. καὶ ἤρεσεν αὐτῷ τὸ κοράσιον (2 d)
5. 13. καὶ ταῦτά μοι οὐκ ἀρέσκει (7)
— 14. καὶ ἤρεσε τὸ ῥῆμα τῷ Ἀμάν (2 e)
Jb. 31. 10. ἀρέσαι ἄρα καὶ ἡ γυνή μου ἑτέρῳ †
Ps. 68 (69). 31. ἀρέσει τῷ θ. ὑπὲρ μόσχον νέον (2 c)
Pr. 12. 21. οὐκ ἀρέσει τῷ δικαίῳ οὐδὲν ἄδικον (1 ?)
24. 18. καὶ οὐκ ἀρέσει αὐτῷ (6 b)
Wi. 14. 19. ὁ μὲν γὰρ τάχα κρατοῦντι βουλόμενος ἀρέσαι
Si. 20. 27. ἄνθρωπος φρόνιμος ἀρέσει μεγιστᾶσιν
— 28. ὁ ἀρέσκων μεγιστᾶσιν ἐξιλάσεται ἀδικίαν (A -ίας)
47. 6. S¹ ἤρεσέν [A B ἦν.] αὐτὸν ἐν εὐλογίαις κ.
Ma. 3. 4. καὶ ἀρέσει τῷ κ. θυσία Ἰ. καὶ Ἰ. (5)
Is. 51. 13. A ἐβουλεύσατο τοῦ ἀρέσαι [B S ἆραι] σε †
59. 15. οὐκ ἤρεσεν αὐτῷ (6 a)
Je. 18. 4. ἤρεσεν ἐνώπιον αὐτοῦ [A S *add.* τοῦ] ποιῆσαι (3 a)
Da. LXX. 3. 32 (99). ἤρεσεν ἐναντίον μου ἀναγγεῖλαι ὑμῖν (8)
Bel. 12. ἤρεσε δὲ ὁ λόγος τῷ βασιλεῖ
Da. TH. 3. 32 (99). ἤρεσεν ἐναντίον ἐμοῦ (8)
4. 24. ἡ βουλή μου ἀρεσάτω σοι (8)
6. 1 (2). ἤρεσεν ἐνώπιον Δαν. (8)
I Ma. 6. 60. ἤρεσεν ὁ λόγος ἐναντίον τοῦ βασ.
8. 21. ἤρεσεν ὁ λόγος ἐνώπιον [S ἐναντίον] αὐτῶν
14. 4. ἤρεσεν αὐτοῖς ἡ ἐξουσία αὐτοῦ
— 23. ἤρεσε τῷ δήμῳ ἐπιδέξασθαι τοὺς ἄνδρας
15. 19. ἤρεσεν οὖν ἡμῖν γράψαι τοῖς βασιλεῦσι
● IV Ma. 8. 26. ἡ θανατηφόρος ἀρέσκει καρτερία
[**Aq.** GE. 4. 7.]
[**Sm.** EX. 21. 8 : JD. 14. 3, 7 : I KI. 29. 6, 9 : PS. 68 (69). 32 : EC. 2. 26 : JE. 26 (33). 14 : 40 (47). 4, 5.]
[**Th.** JD. 14. 3, 7.]
[**Al.** I KI. 11. 10.]

● = correction on page xxiv

ἀρεστός. (1) בָּחַר ni. (2) *a.* טוֹב *b.* טוֹב בְּעֵינֵי *c.* יָטַב בְּעֵינֵי (3) יָשָׁר (4) רְעוּת (5) רָצוֹן (6) שְׁרִירוּת (7) תַּאֲוָה

Ge. 3. 6. ἀ. τοῖς ὀφθαλμοῖς ἰδεῖν (7)
16. 6. **R** ὡς ἄν σοι ἀρεστὸν ᾖ (2 *b*)
Ex. 15. 26. ἐὰν . . . τὰ ἀ. ἐναντίον αὐτοῦ ποιήσῃς (3)
Le. 10. 19. μὴ ἀρεστὸν ἔσται κυρίῳ (2 *c*)
De. 6. 18. ποιήσεις τὸ ἀ. καὶ τὸ καλόν [**A** κ. καὶ τ. ἀ. (3 [2 *a*])
12. 8. ἕκαστος τὸ ἀ. ἐνώπιον αὐτοῦ (3)
— 25, 28. ἐὰν ποιήσῃς τὸ καλὸν καὶ τὸ ἀ. (3)
13. 18. ποιεῖν τὸ ἀ. καὶ τὸ καλόν (3)
21. 9. ἐὰν ποιήσῃς τὸ καλὸν καὶ τὸ ἀ. (3)
II Ch. 12. 12. **A** καὶ ἀρεστοὶ ἐν πᾶσιν –
II Es. 7. 18. ὡς ἀρεστὸν τῷ θεῷ ὑμῶν (4)
10. 11. ποιήσατε τὸ ἀ. ἐνώπιον αὐτοῦ (5)
Ne. 9. 24. ὡς ἀρεστὸν ἐνώπιον αὐτῶν (5)
— 37. ὡς ἀρεστὸν αὐτοῖς (5)
To. 3. 6. κατὰ τὸ ἀ. ἐνώπιόν σου
4. 3. ποίει τὸ ἀ. αὐτῇ
— 21. ποιήσῃς τὸ ἀ. [**S** τὰ ἀγαθὰ] ἐνώπιον αὐτοῦ
14. 7. **S** ποιήσατε τὸ ἀ. ἐνώπιον αὐτοῦ
Ju. 3. 2. καθὼς ἀρεστόν ἐστι τῷ προσώπῳ σου [**S** *al.*]
8. 17. ἐὰν ᾖ αὐτῷ ἀρεστόν
12. 14. ὃ ἔσται ἐν τοῖς ὀφθαλμοῖς αὐτοῦ ἀρεστόν
Pr. 21. 3. ποιεῖν δίκαια καὶ ἀληθεύειν ἀρεστὰ παρὰ θεῷ (1)
Wi. 4. 14. ἀρεστὴ γὰρ ἦν [**S** *om.*] κυρίῳ [**S**¹ ἐν κ.] ἡ ψυχὴ αὐτοῦ
9. 9. τί ἀ. ἐν ὀφθαλμοῖς σου
— 18. τὰ ἀ. σου ἐδιδάχθησαν ἄνθρωποι
Si. 48. 16. τινὲς μὲν αὐτῶν ἐποίησαν τὸ ἀ.
— 22. ἐποίησε γὰρ Ἐζεκίας τὸ ἀ. κυρίῳ
Is. 38. 3. τὰ ἀ. ἐνώπιόν σου ἐποίησα (2 *a*)
Je. 9. 14 (13). ἐπορεύθησαν ὀπίσω τῶν ἀ. [**A** ἐραστῶν] τῆς καρδίας αὐτῶν (6)
16. 12. ὀπίσω τῶν ἀ. [**A** ἐραστῶν] τῆς καρδίας ὑμῶν (6)
18. 12. ἕκαστος τὰ ἀ. τῆς καρδίας αὐτοῦ τῆς πονηρᾶς ποιήσομεν (6)
Ba. 4. 4. τὰ ἀ. τοῦ θεοῦ [**A** τῷ θ.] ἡμῖν γνωστά ἐστι
Da. LXX. 4. 34. τὸ ἀ. ἐνώπιον αὐτοῦ ποιήσω –
[**Sm.** I Ki. 29. 6 : Ec. 7. 27 (26).]
[**Th.** II Ki. 15. 26.]

ἀρεταλογία.
Si. 36. 19 (16). **B** πλῆσον Σιὼν ἀρεταλογίας [**A S** -λογιά] σου
[**Sm.** Ps. 29 (30). 6.]

ἀρεταλόγιον.
Si. 36. 19 (16). πλῆσαι Σιὼν ἀρεταλόγιά [**B** -λογίας, **R** ἆραι τὰ λόγιά] σου

ἀρετή. (1) הוֹד (2) תְּהִלָּה

Es. 4. 17. ἀνοῖξαι στόμα ἐθνῶν εἰς ἀρετὰς ματαίων
Pr. 1. 7. **A** εὐσέβεια δὲ εἰς θεὸν ἀ. [**B S** ἀρχὴ] αἰσθήσεως †
Wi. 4. 1. κρείσσων [**S**¹ *add.* γὰρ] ἀτεκνία μετὰ ἀρετῆς
5. 13. ἀρετῆς μὲν σημεῖον οὐδὲν ἔσχομεν δεῖξαι
8. 7. οἱ πόνοι ταύτης εἰσὶν ἀρεταί
Hb. 3. 3. ἐκάλυψεν οὐρανοὺς ἡ ἀ. αὐτοῦ (1)
Za. 6. 13. καὶ αὐτὸς λήψεται ἀρετήν (1)
Is. 42. 8. οὐ δώσω . . . τὰς ἀ. μου τοῖς γλυπτοῖς (2)
— 12. τὰς ἀ. αὐτοῦ ἐν ταῖς νήσοις ἀναγγελοῦσι (2)
43. 21. τὰς ἀ. μου διηγεῖσθαι (2)
63. 7. τὰς ἀ. [**B**¹ ἀ. ἀ.] κυρίου [**B**² κύριος] ἐν πᾶσιν (2)
II Ma. 6. 31. καὶ μνημόσυνον ἀρετῆς καταλείπων
10. 28. ἔγγυον ἔχοντες . . . μετ' ἀρετῆς τὴν ἐπὶ τὸν κ. καταφ.
15. 12. **R** πάντα τὰ τῆς ἀ. οἰκεῖα [**A** ἴδια]
— 17. λόγοις . . . δυναμένοις ἐπ' ἀρετὴν παρορμῆσαι
III Ma. 6. 1. πάσῃ τῇ κατὰ τὸν βίον ἀ. κεκοσμημένος
IV Ma. 1. 2. τῆς μεγίστης ἀ. λέγω δὴ φρονήσεως περιέχει ἔπαινον
● — 8. τῆς ἀνδραγαθίας τῶν ὑπὲρ ἀρετῆς ἀποθανόντων
— 10. τῶν μὲν οὖν ἀ. ἔπεστί μοι ἐπαινεῖν τοὺς . . . ἀποθανόντας
— 30. ὁ γὰρ λογισμὸς τῶν μὲν ἀ. ἐστιν ἡγεμών
2. 10. μὴ καταπροδιδοὺς τὴν ἀ. δι' αὐτούς
7. 22. τὸ διὰ τὴν ἀ. πάντα πόνον ὑπομένειν
9. 8. τὰ τῆς ἀ. ἆθλα οἴσομεν
IV Ma. 9. 18. μόνοι παῖδες Ἑβρ. ὑπὲρ ἀρετῆς εἰσιν ἀνίκητοι
— 31. ταῖς διὰ τὴν ἀ. ἡδοναῖς
10. 10. διὰ παιδείαν καὶ ἀρετὴν θεοῦ ταῦτα πάσχομεν
11. 2. τὸν ὑπὲρ τῆς ἀ. βασανισμόν
12. 15. τοὺς τῆς ἀ. ἀγωνιστάς
13. 24. τὰς αὐτὰς ἐξασκήσαντες ἀ.
— 27. τῶν τῆς ἀ. ἠθῶν
17. 12. ἀ. δι' ὑπομονῆς δοκιμάζουσα
— 17. **S** ἐθαύμασαν αὐτῶν τὴν ἀ. καὶ [**A R** ἐξεθ. αὐ.] τὴν ὑπομονήν
— 23. πρὸς γὰρ τὴν ἀνδρείαν αὐτῶν τῆς ἀ.

ἀρήγειν.
III Ma. 4. 16. μὴ δυνάμενα αὐτοῖς λαλεῖν ἢ ἀ. ἐπαινῶν

ἄρης.
Pr. 24. 51 (30. 16). ᾅδης (**A** ἄρης) καὶ ἔρως γυναικός †

● **ἀρθρέμβολον.**
● IV Ma. 8. 13. ὡς δὲ τροχούς τε καὶ ἀρθρέμβολα . . . προέθεσαν

ἀρθρέμβολος.
IV Ma. 10. 5. ἀ. ὀργάνοις τὰς χεῖρας αὐτοῦ καὶ τοὺς πόδας ἐξήρθρουν

ἄρθρον. (1) מוֹרָשׁ
Jb. 17. 11. **A B S**² ἐρράγη δὲ τὰ ἄ. τῆς καρδίας μου (1)
IV Ma. 9. 17. στρεβλοῦτε τὰ ἄ.

ἀριήλ. (1) *a.* אֲרִיאֵל *b.* אֲרִאֵיל *c.* אֲרִאֵל (2) הַרְאֵל

II Ki. 23. 20. **B** ἐπάταξε τοὺς δύο υἱοὺς ἀ. τοῦ Μ. (1 *c*)
I Ch. 11. 22. ἐπάταξε τοὺς δύο ἀ. Μωάβ (1 *a*)
Ez. 43. 15. καὶ τὸ ἀ. πηχῶν τεσσάρων καὶ ἀπὸ τοῦ ἀ. καὶ ὑπεράνω τῶν κεράτων πῆχυς (2, 1 *a vel* 1 *b**)
— 16. καὶ τὸ ἀ. πηχῶν δώδεκα μήκους (1 *a*, 1 *b**)

ἀριθμεῖν. (1) בּוֹא (2) חֹק (3) מָנָה *a.* qal. *b.* ni. *c.* מְנָה (4) סָפַר *a.* qal. *b.* ni. *c.* pi. (5) פָּקַד

Ge. 13. 16. **A** τὸ σπέρμα σου ἀριθμηθήσεται [**R** ἐξαρ.] (3 *b*)
14. 14. ἠρίθμησε τοὺς ἰδίους οἰκογενεῖς †
15. 5. **R** ἀρίθμησον τοὺς ἀστέρας (4 *a*)
16. 10. **R** οὐκ ἀριθμηθήσεται ὑπὸ [**A** -μήσ. ἀπὸ] τοῦ πλήθους (4 *b*)
32. 12 (13). **R** ἣ οὐκ ἀριθμηθήσεται ὑπὸ [**A** ἀπὸ] τοῦ πλήθους (4 *b*)
41. 49. **R** ἕως οὐκ ἠδύνατο ἀριθμηθῆναι [**A** ἀριθμῆσαι] (4 *a*)
Le. 23. 15. ἀριθμήσετε ὑμεῖς ἀπὸ τῆς ἐπαύριον τῶν σ. (4 *a*)
— 16. ἀριθμήσετε πεντήκοντα ἡμέρας (4 *a*)
Nu. 2. 4, 6, 11, 13, 15. **A** δύναμις αὐτοῦ οἱ ἠριθμημ. [**B** ἐπεσκεμμ.] (5)
— 16, 24. **A** πάντες οἱ ἠριθμημ. [**B** ἐπεσκεμμ.] (5)
— 26. **A** δύναμις αὐτοῦ οἱ ἠριθμημένοι [**B** ἐπεσκεμμένοι] (5)
— 31. **A** πάντες οἱ ἀριθμηθέντες [**B** ἐπεσκεμμένοι] (5)
3. 15. **A** ἀριθμήσονται [**B** ἐπισκέψασθε] αὐτούς (5)
— 16. **A** ἠρίθμησεν [**B** ἐπεσκέψαντο] αὐτοὺς Μ. καὶ Ἀ. (5)
II Ki. 24. 1. ἀρίθμησον τὸν Ἰσραήλ (3 *a*)
— 10. μετὰ τὸ ἀριθμῆσαι τὸν λαόν (4 *a*)
III Ki. 3. 8. λαὸν πολὺν ὃς οὐκ ἀριθμηθήσεται (3 *b et* 4 *b*)
IV Ki. 12. 10 (11). ἠρίθμησαν τὸ ἀργύριον (3 *a*)
I Ch. 21. 1. τοῦ ἀριθμῆσαι τὸν Ἰσραήλ (3 *a*)
— 2. ἀριθμήσατε τὸν Ἰσραήλ (4 *a*)
— 6. τὸν Λ. καὶ τὸν Β. οὐκ ἠρίθμησεν (5)
— 17. **A R** οὐκ ἐγὼ εἶπα τοῦ ἀριθμῆσαι ἐν [**B** *om.*] τῷ λαῷ (3 *a*)
23. 3. ἠρίθμησαν οἱ Λευῖται ἀπὸ τριακονταετοῦς (4 *b*)
27. 24. καὶ Ἰωὰβ . . . ἤρξατο ἀριθμεῖν ἐν τῷ λαῷ (3 *a*)
II Ch. 2. 17 (16). μετὰ τὸν ἀριθμὸν ὃν ἠρίθμησεν αὐτοὺς Δ. (4 *a*)
II Ch. 5. 6. οἳ οὐκ ἀριθμηθήσονται . . . ἀπὸ τοῦ πλήθους (4 *b*)
25. 5. ἠρίθμησεν αὐτοὺς ἀπὸ εἰκοσαετοῦς καὶ ἐπάνω (5)
II Es. 1. 8. ἠρίθμησεν αὐτὰ τῷ Σασ. τῷ ἄρχοντι (4 *a*)
To. 9. 4. ὁ πατήρ μου ἀριθμεῖ τὰς ἡμέρας [**S** *al.*]
Ju. 2. 15. ἠρίθμησεν ἐκλεκτοὺς ἄνδρας εἰς παράταξιν
Jb. 3. 6. μηδὲ ἀριθμηθείη εἰς ἡμέρας μηνῶν (1)
14. 16. ἠρίθμησας δέ μου τὰ ἐπιτηδεύματα (4 *a*)
28. 26. οὕτως ἰδὼν ἠρίθμησε (2 ?)
38. 37. τίς δὲ ὁ ἀριθμῶν νέφη σοφίᾳ (4 *c*)
39. 2. ἠρίθμησας δὲ μῆνας αὐτῶν (4 *a*)
Ps. 146 (147). 4. ὁ ἀριθμῶν πλήθη ἄστρων (3 *a*)
Pr. 8. 21. μνημονεύσω τὰ ἐξ αἰῶνος ἀριθμῆσαι –
Ec. 1. 15. ὑστέρημα οὐ δυνήσεται ἀριθμηθῆναι [**A** τοῦ ἀ.] (3 *b*)
Is. 33. 18. ὁ ἀριθμῶν τοὺς τρεφομένους [**A S** συστρ.] (4 *a*)
Je. 40 (33). 13. παρελεύσεται πρόβατα ἐπὶ χεῖρα ἀριθμοῦντος (3 *a*)
Da. LXX. 5. 1. Μανὴ, ἠρίθμηται †
— 17. αὕτη ἡ γραφή, ἠρίθμηται †
— 26. ἠρίθμηται ὁ χρόνος σου τῆς βασιλείας (3 *c*)
[**Aq.** Nu. 23. 10 : Is. 53. 12.]
[**Sm.** Nu. 23. 10 : Jb. 39. 2 : Ps. 47 (48). 13 : 86 (87). 6 : Is. 22. 10 : 33. 18 : 53. 12.]
[**Th.** Nu. 23. 10.]
[**Al.** Nu. 2. 4, 6, 9, 33 : 3. 15.]
[**Sext.** Ps. 144 (145). 6.]

ἀρίθμησις.
[**Al.** Nu. 7. 2.]

ἀριθμητός. (1) מִסְפָּר
Jb. 14. 5. ἀριθμητοὶ δὲ μῆνες αὐτοῦ παρ' αὐτοῦ [**A** -ῷ] (1)
15. 20. ἔτη δὲ ἀ. δεδομένα δυνάστῃ (1)
16. 23. ἔτη δὲ ἀ. ἥκασιν [**A** -ουσίν μοι] (1)
21. 33. **A** ἔμπροσθεν αὐτοῦ ἀριθμητοί [**B S** ἀναρ.] (1)
36. 27. ἀριθμηταὶ [**S**¹ ἀναρίθμητοι] δὲ αὐτῷ σταγόνες ὑετοῦ †

ἀριθμός. (1) יָחַשׂ hithpa. (2) מִדָּה (3) מַת (4) מִכְסָה (5) מִנְיָן (6) מָסֹרֶת (7) *a.* סְפָר *b.* מִסְפָּר *c.* סָפַר pi. *d.* סֵפֶר (8) *a.* פְּקֻדָּה *b.* פָּקַד (9) צָבָא (10) קֵצֶה (11) רֹאשׁ

Ge. 34. 30. ἐγὼ δὲ ὀλιγοστός εἰμι ἐν ἀ. (7 *b*)
41. 49. οὐ γὰρ ἦν ἀ. (7 *b*)
Ex. 12. 4. κατὰ ἀριθμὸν ψυχῶν . . . συναριθμήσεται (3)
16. 16. κατὰ κεφαλὴν κατὰ ἀριθμὸν ψυχῶν ὑμῶν (7 *b*)
23. 26. τὸν ἀ. τῶν ἡμερῶν σου ἀναπληρώσω (7 *b*)
Le. 25. 15. **B** κατὰ ἀριθμὸν ἐτῶν μετὰ τὴν σημασίαν (7 *b*)
— 15. κατὰ ἀριθμὸν ἐνιαυτῶν γεννημάτων (7 *b*)
— 16. ἀριθμὸν γεννημάτων αὐτοῦ (7 *b*)
27. 32. πᾶν ὃ ἂν ἔλθῃ ἐν τῷ ἀ. –
Nu. *tit.* ἀριθμοί †
1. 2. κατὰ ἀριθμὸν ἐξ ὀνόματος αὐτῶν (7 *b*)
— 18, 20, 22, 24, 26, 28, 30, 32, 34, 36, 38, 40, 42. κατὰ ἀριθμὸν ὀνομάτων αὐτῶν (7 *b*)
— 49. τὸν ἀ. αὐτῶν οὐ λήψῃ (11)
3. 22. κατὰ ἀριθμὸν παντὸς ἀρσενικοῦ (7 *b*)
— 22. **A** ὁ ἀ. [**B** ἡ ἐπίσκεψις] αὐτῶν ἑπτ. καὶ πεντ. (8 *a*)
— 27 (28). οὗτοί εἰσιν δῆμοι τοῦ Καὰθ κατὰ ἀριθμόν (7 *b*)
— 34. ἡ ἐπίσκεψις αὐτῶν κατὰ ἀριθμόν (7 *b*)
— 40. λάβετε [**A** λάβε] τὸν ἀ. [**A** *add.* αὐτῶν] (7 *b*)
— 43. πάντα τὰ πρωτότοκα . . . κατὰ ἀριθμόν (7 *b*)
9. 20. ὅταν σκεπάσῃ ἡ νεφέλη ἡμέρας ἀριθμῷ (7 *b*)
14. 34. κατὰ τὸν ἀριθμὸν τῶν ἡμερῶν (7 *b*)
15. 12. κατὰ τὸν ἀ. ὧν [**A** ὃν] ἐὰν ποιήσητε οὕτως ποιήσετε τῷ ἑνὶ κατὰ τὸν ἀ. αὐτῶν (7 *b*, 7 *b*)
26. 53. κληρονομεῖν ἐξ ἀριθμοῦ ὀνομάτων (7 *b*)
29. 18, 21, 24, 27, 30, 33, 37. κατὰ ἀριθμὸν αὐτῶν κατὰ τὴν σύγκρισιν αὐτῶν (7 *b*)
31. 36. ἡ μερὶς . . . ἐκ τοῦ ἀ. τῶν προβάτων (7 *b*)
subscr. **A B** ἀριθμοί –
De. 4. 27. καταλειφθήσεσθε ὀλίγοι [**A** -γφ] ἀριθμῷ (7 *b*)

● = correction on page xxiv

De. 25. 3 (2). ἀριθμῷ τεσσαράκοντα μαστιγώσουσιν αὐτόν (7 *b*)
26. 5. παρῴκησεν ἐκεῖ ἐν ἀ. βραχεῖ (6)
28. 62. καταλειφθήσεσθε ἐν ἀ. βραχεῖ (6)
32. 8. κατὰ ἀριθμὸν ἀγγέλων θεοῦ (7 *b*)
33. 6. καὶ [A *add.* Συμεὼν] ἔστω πολὺς ἐν ἀριθμῷ (7 *b*)
Jo. 4. 5. κατὰ τὸν ἀ. τῶν δώδεκα [A *om.*] φυλῶν (7 *b*)
Jd. 6. 5. ταῖς καμ. αὐτῶν οὐκ ἦν ἀ. (7 *b*)
7. 6. ἐγένετο ὁ ἀ. τῶν λαψάντων . . . τριακόσιοι ἄνδρες (7 *b*)
— 12. ταῖς καμήλοις αὐτῶν [A *om.*] οὐκ ἦν ἀ. (7 *b*)
11. 33. ἐν ἀριθμῷ εἴκοσι πόλεις †
21. 23. ἔλαβον γυναῖκας εἰς [A κατὰ τὸν] ἀριθμὸν αὐτῶν (7 *b*)
I Ki. 6. 5 (4). κατὰ ἀριθμὸν τῶν σατραπῶν τῶν ἀλλοφ. (7 *b*)
— 18. κατ' ἀριθμὸν πασῶν πόλεων τῶν ἀλλοφ. (7 *b*)
27. 7. ἐγενήθη ὁ ἀ. τῶν ἡμερῶν . . . τέσσαρας μῆνας (7 *b*)
II Ki. 2. 15. παρῆλθον ἐν ἀριθμῷ τῶν παίδων Βενιαμὶν δώδεκα (7 *b*)
21. 20. εἴκοσι τέσσαρες ἀριθμῷ (7 *b*)
24. 2. καὶ γνώσομαι τὸν ἀ. τοῦ λαοῦ (7 *b*)
— 9. ἔδωκεν Ἰωὰβ τὸν ἀ. τῆς ἐπισκέψεως (7 *b*)
III Ki. 7. 3. ἀ. τῶν στύλων τεσσαράκοντα καὶ πέντε -
18. 31. κατὰ ἀριθμὸν φυλῶν τοῦ Ἰσραὴλ [A Ἰακώβ] (7 *b*)
I Ch. 7. 2. ὁ ἀ. αὐτῶν ἐν ἡμέραις Δαυίδ (7 *b*)
— 5. ὀγδ. καὶ ἑπτὰ χιλιάδες ὁ ἀ. αὐτῶν (1)
— 7. ὁ ἀ. αὐτῶν εἴκοσι καὶ δύο χιλιάδες (1)
— 9. ὁ ἀ. αὐτῶν κατὰ γενέσεις αὐτῶν (1)
— 40. ἀ. αὐτῶν εἰς παράταξιν τοῦ πολεμεῖν ἀ. αὐτῶν [A *om.* ἀ. αὐ.] ἄνδρες εἴκοσι ἓξ χιλιάδες (1, 7 *b*)
9. 28. ὅτι ἐν ἀριθμῷ εἰσοίσουσι [A *add.* αὐτά] (7 *b*)
— 28. A R καὶ ἐν ἀριθμῷ ἐξοίσουσιν αὐτά [R *om.* αὐτά] (7 *b*)
11. 11. οὗτος ὁ ἀ. τῶν δυνατῶν τοῦ Δαυίδ (7 *b*)
16. 19. ἐν τῷ γενέσθαι αὐτοὺς ὀλιγοστοὺς ἀριθμῷ (7 *b*)
21. 2. καὶ γνώσομαι τὸν ἀ. αὐτῶν (7 *b*)
— 5. ἔδωκεν Ἰωὰβ τὸν ἀ. τῆς ἐπισκέψεως (7 *b*)
22. 4. καὶ ξύλα κέδρινα οὐκ ἦν ἀ. (7 *b*)
— 16. οὐκ ἔστιν ἀ. (7 *b*)
23. 3. ἐγένετο ὁ ἀ. αὐτῶν κατὰ κεφαλὴν αὐτῶν (7 *b*)
— 24. κατὰ τὸν ἀ. ὀνομάτων αὐτῶν (7 *b*)
— 27. ἐστὶν ὁ ἀ. υἱῶν [A τῶν Λευιτῶν] Λευί (7 *b*)
— 31. κατὰ ἀριθμὸν κατὰ τὴν κρίσιν (7 *b*)
25. 1, 7. ἐγένετο ὁ ἀ. αὐτῶν (7 *b*)
27. 1. υἱοὶ Ἰσραὴλ κατὰ ἀριθμὸν αὐτῶν (7 *b*)
— 23. οὐκ ἔλαβε Δαυὶδ τὸν ἀ. αὐτῶν (7 *b*)
— 24. οὐ κατεχωρίσθη ὁ ἀ. ἐν βιβλίῳ λόγων (7 *b*)
II Ch. 2. 17 (16). μετὰ τὸν ἀ. ὃν ἠρίθμησεν αὐτοὺς Δ. (7 *a*)
12. 3. οὐκ ἦν ἀ. τοῦ πλήθους (7 *b*)
17. 14. οὗτος ἀ. αὐτῶν κατ' οἴκους (8 *b*)
26. 11. καὶ εἰσπορευομένη εἰς παράταξιν εἰς ἀριθμὸν καὶ ὁ ἀ. αὐτῶν διὰ χειρὸς Ἰ. (7 *b*, 8 *b*)
— 12. πᾶς ὁ ἀ. τῶν πατριαρχῶν (7 *b*)
29. 32. ἐγένετο ὁ ἀ. τῆς ὁλοκαυτώσεως (7 *b*)
35. 7. πάντας τοὺς εὑρεθέντας εἰς ἀριθμόν (7 *b*)
I Es. 2. 13. ὁ δὲ τούτων ἀ. ἦν σπονδεῖα χρυσᾶ χίλια
5. 9. ἀ. τῶν ἀπὸ τοῦ ἔθνους
7. 8. χιμάρους . . . δώδεκα πρὸς ἀριθμόν
8. 63. οἱ Λευῖται πρὸς ἀριθμόν
II Es. 1. 9. καὶ οὗτος ὁ ἀ. αὐτῶν (7 *b*)
2. 2. A R ἀνδρῶν ἀριθμὸς λαοῦ [B *om.*] Ἰσραήλ (7 *b*)
3. 4. ὁλοκαυτώσεις ἡμέραν ἐν ἡμέρᾳ ἐν ἀριθμῷ (7 *b*)
6. 17. χιμάρους . . . δώδεκα εἰς ἀριθμὸν φυλῶν Ἰσραήλ (4)
8. 34. ἐν ἀριθμῷ καὶ ἐν σταθμῷ τὰ πάντα (7 *b*)
Ju. 2. 17. ὧν οὐκ ἦν ἀ.
— 20. οὐ γὰρ ἦν ἀ. ἀπὸ πλήθους αὐτῶν
5. 10. καὶ οὐκ ἦν ἀ. τοῦ γένους αὐτῶν
Es. 9. 11. ἐπεδόθη τε ὁ ἀ. τῷ βασ. τῶν ἀπολωλ. (7 *b*)
Jb. 1. 5. κατὰ τὸν ἀ. [S[1] καθαρισμὸν] αὐτῶν (7 *b*)
5. 9 : 9. 10. ὧν οὐκ ἔστιν ἀριθμός (7 *b*)
21. 21. ἀριθμοὶ μηνῶν αὐτοῦ διῃρέθησαν (7 *b*)
34. 24. ὧν οὐκ ἔστιν ἀριθμός †
36. 26. ἀριθμὸς ἐτῶν αὐτοῦ καὶ ἀπέραντος (7 *b*)
38. 21. ἀριθμὸς δὲ ἐτῶν σου πολύς (7 *b*)
Ps. 38 (39). 4. γνώρισόν μοι . . . τὸν ἀ. τῶν ἡμερῶν μου [A *om.*] (2)
39 (40). 5. ἐπληθύνθησαν ὑπὲρ ἀριθμόν (7 *c*)
— 12. κακὰ ὧν οὐκ ἔστιν ἀριθμός (7 *b*)
103 (104). 25. ὧν οὐκ ἔστιν ἀριθμός (7 *b*)
104 (105). 12. ἐν τῷ εἶναι αὐτοὺς ἀριθμῷ βραχεῖς (7 *b*)
— 34. ἦλθεν ἀκρὶς καὶ βροῦχος οὗ οὐκ ἦν ἀριθμός (7 *b*)
146 (147). 5. τῆς συνέσεως αὐτοῦ οὐκ ἔστιν ἀριθμός (7 *b*)
151. *tit.* καὶ ἔξωθεν τοῦ ἀ.
Ec. 2. 3. ἀριθμὸν [S[2] ἐν ἀριθμῷ] ἡμερῶν ζωῆς αὐτῶν (7 *b*)
5. 17. ἀριθμὸν ἡμερῶν ζωῆς αὐτοῦ (7 *b*)
7. 1 (6. 12). ἀριθμὸν ἡμερῶν ζωῆς ματαιότητος αὐτοῦ (7 *b*)
Ca. 6. 7 (8). νεάνιδες ὧν οὐκ ἔστιν ἀ. (7 *b*)
Wi. 4. 8. οὐδὲ ἀριθμῷ ἐτῶν μεμέτρηται
11. 20. πάντα μέτρῳ καὶ ἀριθμῷ . . . διέταξας
Si. 17. 2. ἡμέρας ἀριθμοῦ καὶ καιρὸν ἔδωκεν αὐτοῖς
18. 9. ἀριθμὸς ἡμερῶν ἀνθρώπου πολλὰ ἔτη ἑκατόν
26. 1. ἀριθμὸς τῶν ἡμερῶν αὐτοῦ διπλάσιος [A -ιον]
36 (33). 9. ἐξ αὐτῶν ἔθηκεν εἰς ἀριθμὸν ἡμερῶν
37. 25. ζωὴ ἀνδρὸς ἐν ἀριθμῷ ἡμερῶν
41. 13. ἀγαθῆς ζωῆς ἀριθμὸς ἡμερῶν
42. 7. ὃ ἐὰν παραδίδῳς ἐν ἀριθμῷ καὶ σταθμῷ
45. 11. ἐν γραφῇ κεκολαμμένῃ κατ' ἀριθμὸν φυλῶν Ἰσραήλ
51. 28. μετάσχετε παιδείας [B S[1] -είαν] ἐν πολλῷ ἀ. ἀργυρίου
Ho. 1. 10 (2. 1). ἦν ὁ ἀ. τῶν υἱῶν Ἰ. ὡς ἡ ἄμμος τῆς θαλ. (7 *b*)
Is. 2. 7. οὐκ ἦν ἀ. τῶν θησαυρῶν αὐτῶν (10)
— 7. οὐκ ἦν ἀ. τῶν ἁρμάτων αὐτῶν (10)
10. 19. οἱ καταλειφθέντες ἀπ' αὐτῶν ἔσονται ἀ. (7 *b*)
34. 2. ὀργὴ ἐπὶ τὸν ἀ. αὐτῶν (9)
— 16. ἀριθμῷ παρῆλθον [S -θοσαν] (7 *d* ?)
40. 26. ὁ ἐκφέρων κατ' ἀριθμὸν τὸν κόσμον αὐτοῦ (7 *b*)
Je. 2. 28. κατ' ἀριθμὸν τῶν πόλεών σου ἦσαν θεοί σοι (7 *b*)
— 28. κατ' ἀριθμὸν διόδων τῆς Ἱερουσαλήμ -
— 32. ἡμέρας ὧν οὐκ ἔστιν ἀ. (7 *b*)
11. 13. κατ' ἀριθμὸν τῶν πόλεών σου ἦσαν θεοί σου (7 *b*)
— 13. κατ' ἀριθμὸν ἐξόδων τῆς Ἱερουσαλήμ (7 *b*)
26 (46). 23. οὐκ ἔστιν αὐτοῖς [S -ῷ] ἀ. (7 *b*)
51 (44). 28. ἐπιστρέψουσιν εἰς γῆν Ἰούδα ὀλίγοι ἀριθμῷ [A -μοί] (7 *b*)
Ez. 4. 4. κατὰ ἀριθμὸν τῶν ἡμερῶν πεντήκ. καὶ ἑκατόν [A *add.* ἡμέρας] (7 *b*)
— 5. εἰς ἀριθμὸν ἡμερῶν ἐνενήκοντα καὶ ἑκατὸν ἡμέρας (7 *b*)
— 9. κατὰ ἀριθμὸν τῶν ἡμερῶν (7 *b*)
5. 3. λήψῃ ἐκεῖθεν ὀλίγους ἐν ἀριθμῷ (7 *b*)
12. 16. ὑπολείψομαι ἐξ αὐτῶν ἄνδρας ἀριθμῷ (7 *b*)
20. 37. εἰσάξω ὑμᾶς ἐν ἀριθμῷ (5 ?)
Da. LXX. Su. 30. ὄντες τὸν ἀ. πεντήκοντα
9. 2. διενοήθην ἐν ταῖς βίβλοις τὸν ἀ. τῶν ἐτῶν (7 *b*)
Da. TH. 9. 2. συνῆκα . . . τὸν ἀ. τῶν ἐτῶν [A ἡμερῶν] (7 *b*)
I Ma. 5. 30. A S[2] R οὗ [A ὃς] οὐκ ἦν ἀριθμός
6. 30. ἦν ὁ ἀ. τῶν δυνάμεων αὐτοῦ ἑκατὸν χιλ.
9. 65. A S ἦλθεν ἀριθμῷ [R ἐξῆλθεν ἐν ἀριθμῷ]
II Ma. 2. 24. συνορῶντες γὰρ τὸ χύμα τῶν ἀ.
8. 16. ὄντας τὸν [A *om.*] ἀ. ἑξακισχιλίους
III Ma. 5. 2. τοὺς ἐλέφαντας ποτίσαι ὄντας τὸν ἀ. πεντακοσίους
IV Ma. 16. 13. εἰς ἀθανασίαν ἀνατίκτουσα τὸν τῶν υἱῶν ἀ.

[**Aq.** Ge. 31. 7, 41.]
[**Sm.** Ge. 31. 7 : Dt. 32. 8 : Jb. 15. 20 : 25. 3 : Ec. 1. 15 : Is. 10. 19 : 41. 14.]
[**Th.** Dt. 32. 8 : Jb. 15. 20 : 21. 21.]
[**Al.** Ex. 30. 13 : Nu. 2. 32 : 3. 22, 39 : 4. 37, 41 : 26. 2 : Ez. 34. 29.]
[**Sam.** Dt. 32. 8.]

ἀριστᾶν. (1) אָכַל לֶחֶם (2) סָעַד

Ge. 43. 25. ἤκουσαν γὰρ ὅτι ἐκεῖ μέλλει ἀ. (1)
I Ki. 14. 24. καὶ πᾶσα ἡ γῆ ἠρίστα †
III Ki. 13. 7. εἴσελθε μετ' ἐμοῦ εἰς οἶκον καὶ ἀρίστησον (2)
To. 2. 1. S ἀνέπεσα τοῦ ἀριστῆσαι [A B φαγεῖν]

ἀριστεία.

IV Ma. 12. 17. S R οὐκ ἀπαυτομολῶ τῆς τῶν ἀδελφῶν μου ἀ. [A μαρτυρίας]
[**Sm.** Jd. 4. 9.]

ἀριστερός. (1) *a.* שְׂמֹאול *b.* שְׂמֹאל *c.* שָׂמַאל hi. *d.* שְׂמָאלִי

Ge. 13. 9 *bis.* εἰς ἀριστερά (1 *b*, 1 *c*)
14. 15. R ἐν ἀριστερᾷ Δαμασκοῦ (1 *b*)
24. 49. R εἰς δεξιὰν ἢ [A *add.* εἰς] ἀριστεράν (1 *b*)
48. 13. ἐξ ἀριστερῶν δὲ Ἰσρ. τὸν δὲ Μαν. ἐξ ἀριστερῶν [A ἐν τῇ ἀριστερᾷ] (1 *b*, 1 *b*)
— 14. καὶ τὴν ἀριστερὰν ἐπὶ τὴν κεφαλὴν M. (1 *b*)
Le. 14. 15. ἐπὶ τὴν χεῖρα τοῦ ἱερέως τὴν ἀ. (1 *d*)
— 16. τοῦ ὄντος ἐπὶ τῆς χειρὸς τῆς ἀ. (1 *d*)
— 26. ἐπὶ τὴν χεῖρα τοῦ ἱερέως τὴν ἀ. (1 *d*)
— 27. τοῦ ἐλαίου τοῦ ἐν τῇ χειρὶ αὐτοῦ τῇ ἀ. (1 *d*)
Nu. 22. 26. οὐκ ἦν ἐκκλῖναι δεξιὰν οὐδὲ ἀριστεράν (1 *a*)
De. 2. 27. οὐκ ἐκκλινῶ δεξιὰ οὐδ' [A οὔτε] ἀριστερά (1 *a*)
5. 32 (29). οὐκ ἐκκλινεῖτε εἰς [A *om.*] δεξιὰ οὐδὲ εἰς ἀριστερά (1 *b*)
17. 11. οὐκ ἐκκλινεῖς . . . δεξιὰ οὐδὲ ἀριστερά (1 *b*)
— 20. ἵνα μὴ παραβῇ . . . δεξιὰ ἢ ἀριστερά (1 *a*)
28. 14. οὐ παραβήσῃ . . . δεξιὰ οὐδὲ [A ἢ] ἀριστερά (1 *a*)
Jo. 1. 7. οὐκ ἐκκλινεῖς . . . εἰς δεξιὰ οὐδὲ εἰς ἀριστερά (1 *a*)
19. 27. A διελεύσεται εἰς Χαβὼλ ἀπὸ ἀριστερῶν [B *al.*] (1 *b*)
Jd. 3. 21. ἐξέτεινεν Ἀ. τὴν χεῖρα τὴν ἀ. αὐ. (1 *b*)
5. 26. χεῖρα αὐτῆς ἀριστερὰν [A τὴν χ. αὐ. τὴν ἀ.] . . . ἐξέτεινε -
7. 20. ἐκράτησαν ἐν χερσὶν ἀ. [A ἐλάβοντο ἐν τῇ χειρὶ τῇ ἀ.] (1 *a*)
16. 29. καὶ ἕνα τῇ [A ἐν τῇ] ἀριστερᾷ αὐτοῦ (1 *b*)
I Ki. 6. 12. οὐ μεθίσταντο δεξιὰ οὐδὲ ἀριστερά (1 *a*)
II Ki. 2. 19. πορεύεσθαι εἰς δεξιὰ [A τὰ δ.] οὐδὲ εἰς ἀ. [A τὰ ἀ.] (1 *b*)
— 21. ἔκκλινον σὺ εἰς τὰ δεξιὰ ἢ εἰς τὰ ἀ. (1 *b*)
14. 19. εἰ ἔστιν εἰς τὰ δεξιὰ ἢ εἰς τὰ ἀ. (1 *c*)
III Ki. 3. 1 (2. 42). καὶ πορευθῇς εἰς δεξιὰ ἢ εἰς ἀριστερά †
7. 39. πέντε ἀπὸ τῆς ὠμίας τοῦ οἴκου ἐξ ἀριστερῶν (1 *b*)
— 49. τὰς λυχνίας πέντε ἐξ ἀριστερῶν (1 *b*)
IV Ki. 22. 2. οὐκ ἀπέστη δεξιὰ καὶ [A ἢ] ἀριστερά (1 *a*)
23. 8. τῶν ἐξ ἀριστερῶν ἀνδρὸς ἐν τῇ πύλῃ τῆς πόλεως (1 *a*)
I Ch. 6. 44 (29). υἱοὶ Μεραρὶ οἱ ἀδελφοὶ αὐτῶν ἐξ ἀριστερῶν (1 *a*)
12. 2. καὶ τόξῳ ἐκ δεξιῶν καὶ ἐξ ἀριστερῶν (1 *c*)
II Ch. 3. 17. τὸ ὄνομα τοῦ ἐξ ἀριστερῶν Ἰσχύς (1 *d*)
4. 6. καὶ τοὺς πέντε ἐξ ἀριστερῶν (1 *a*)
— 7. καὶ πέντε ἐξ ἀριστερῶν (1 *a*)
18. 18. παρειστήκει ἐκ δεξιῶν αὐτοῦ καὶ ἐξ ἀριστερῶν αὐτοῦ (1 *b*)
23. 10. ἕως τῆς ὠμίας τῆς ἀ. τοῦ θυσιαστηρίου (1 *d*)
34. 2. οὐκ ἐξέκλινε δεξιὰ καὶ [A ἢ] ἀριστερά (1 *a*)
I Es. 4. 31. ἐρράπιζε τὸν βασιλέα τῇ ἀ.
Ne. 8. 4. ἔστησαν . . . ἐξ ἀριστερῶν [A εὐωνύμων] Φαδαΐας (1 *b*)
To. 1. 2. S ἐξ ἀριστερῶν Φογώρ
Ju. 2. 21. τοῦ ὄρους τοῦ ἐπ' ἀριστερᾷ τῆς ἄνω Κιλικίας
Jb. 23. 9. ἀριστερὰ ποιήσαντος αὐτοῦ (1 *a*)
Pr. 3. 16. ἐν δὲ τῇ ἀριστερᾷ αὐτῆς πλοῦτος (1 *a*)
4. 27. μὴ ἐκκλίνῃς εἰς τὰ δεξιὰ μηδὲ εἰς τὰ ἀριστερά (1 *a*)
— 27. διεστραμμέναι δέ εἰσιν αἱ ἐξ ἀριστερῶν -
Ec. 10. 2. καρδία ἄφρονος εἰς ἀριστερὸν αὐτοῦ (1 *b*)
Jn. 4. 11. οὐκ ἔγνωσαν δεξιὰν αὐτῶν ἢ [A οὐδὲ] ἀ. αὐτῶν (1 *b*)
Is. 9. 20 (19). φάγεται ἐκ τῶν ἀριστερῶν (1 *b*)
30. 21. πορευθῶμεν ἐν αὐτῇ εἴτε δεξιὰ εἴτε ἀριστερά (1 *c*)
54. 3. εἰς τὰ δεξιὰ καὶ τὰ ἀ. ἐκπέτασον (1 *a*)
Ez. 1. 10. πρόσωπον μόσχου ἐξ ἀριστερῶν τοῖς τέσσαρσι (1 *a*)
4. 4. καὶ σὺ κοιμηθήσῃ ἐπὶ τὸ πλευρόν σου τὸ ἀ. (1 *d*)
39. 3. ἀπολῶ τὸ τόξον σου ἀπὸ [A ἐκ] τῆς χειρός σου τῆς ἀ. (1 *b*)
Da. LXX. 12. 7. ὕψωσε τὴν δεξιὰν καὶ τὴν ἀ. εἰς τὸν οὐρανόν (1 *b*)

Da. TH. 12. 7. τὴν δεξιὰν αὐτοῦ καὶ τὴν ἀ. αὐτοῦ (1 *b*)
I Ma. 2. 22. παρελθεῖν . . . δεξιὰν ἢ ἀριστεράν
5. 46. οὐκ ἦν ἐκκλῖναι ἀπ' αὐτῆς δεξιὰν ἢ ἀριστεράν
9. 16. οἱ εἰς τὸ ἀ. κέρας ἴδον
[**Th.** JB. 23. 9.]

ἀριστεύειν.

IV Ma. 2. 18. δυνατὸς γὰρ ὁ σώφρων νοῦς . . . κατὰ τῶν παθῶν ἀριστεῦσαι

ἄριστον. (1) לֶחֶם

II Ki. 24. 15. ἀπὸ πρωίθεν ἕως ὥρας [**A** *om.*] ἀρίστου †
III Ki. 3. 1 (4. 22) (5. 2). **B** καὶ τοῦτο τὸ ἄ. τῷ Σαλ. (1)
To. 2. 1. ἐγενήθη ἄ. καλόν μοι
— 4. **S** ἀφῆκα τὸ ἄ.
12. 13. ἀναστῆναι καὶ καταλιπεῖν τὸ ἄ. σου
Da. LXX. Bel. 33. τὸ ἄ. ὃ ἔχεις ἀπένεγκε Δανιήλ
— 36. ἀναστὰς φάγε τὸ ἄ.
Da. TH. Su. 13. ὅτι ἀρίστου ὥρα ἐστί
Bel. 34. ἀπένεγκε τὸ ἄ.
— 37. λάβε τὸ ἄ.

ἄριστος.

III Ma. 3. 14. ἐκ τῆς . . . ἐπιστρατείας . . . ἐπ' ἄριστον τέλος ἀχθείσης
IV Ma. 7. 1. ὥσπερ γὰρ ἄ. κυβερνήτης ὁ τοῦ πατρὸς ἡμῶν Ἐλεαζάρου λογισμός
[**Al.** III KI. 4. 22 (5. 2).]

ἀριώθ. (1) אוֹרֹת

IV Ki. 4. 39. ἐξῆλθεν εἰς τὸν ἀγρὸν συλλέξαι ἀ. (1)

ἀρκεῖν. (1) לְפִי אֹכֶל (2) הוֹן (3) כּוּל pilp. (4) מָצָא *a.* qal. *b.* ni. (5) **ἀ.** cum neg. רַע

Ex. 12. 4. ἕκαστος τὸ ἀρκοῦν αὐτῷ συναριθμήσεται (1)
Nu. 11. 22 *bis.* καὶ ἀρκέσει αὐτοῖς (4 *a*)
22. 34. **R** νῦν εἰ μή σοι ἀρκέσει [**A B** ἀρέσκει] (5)
Jo. 17. 16. **A** οὐκ ἀρκεῖ [B[1] ἀρέσκει, B[2] ἀρκέσει] ἡμῖν τὸ ὄρος (4 *b*)
III Ki. 8. 27; II Ch. 6. 18. εἰ ὁ οὐρανὸς καὶ ὁ οὐρ. τοῦ οὐρ. οὐκ ἀρκέσουσί σοι (3)
Pr. 24. 50 (30. 15). καὶ ἡ τετάρτη οὐκ ἠρκέσθη εἰπεῖν (2)
— 51 (30. 16). καὶ ὕδωρ καὶ πῦρ οὐ μὴ εἴπωσιν Ἀρκεῖ (2)
Wi. 14. 22. οὐκ ἤρκεσε τὸ [**A** αὐτοῖς τὸ, **S** *om.*] πλανᾶσθαι
II Ma. 5. 15. οὐκ ἀρκεσθεὶς δὲ τούτοις κατετόλμησεν
IV Ma. 6. 28. ἀρκεσθεὶς τῇ ἡμετέρᾳ ὑπὲρ αὐτῶν δίκῃ
[**Aq. Th.** PR. 30. 15.]
[**Sm.** NU. 16. 3 : PR. 30. 15.]
[**Al.** EX. 16. 21 : NU. 16. 7.]

ἀρκετός.

[**Aq.** DT. 25. 2.]

ἀρκεύθινος. (1) בְּרוֹשׁ (2) שֶׁמֶן

III Ki. 6. 31. θύρας [**A** θ. ἐκ] ξύλων ἀρκευθίνων (2)
II Ch. 2. 8 (7). ξύλα κέδρινα καὶ ἀ. (1)
[**Aq.** Ps. 119 (120). 4.]

ἄρκευθος. (1) בְּרוֹשׁ (2) שֶׁמֶן

III Ki. 6. 33. **A** φλιαὶ ξύλων ἀρκεύθου (2)
Ho. 14. 9. ἐγὼ ὡς ἄρκευθος πυκάζουσα (1)
[**Aq.** III KI. 19. 4.]
[**Sm.** IS. 37. 24.]
[**Quint.** Ps. 103 (104). 17.]

ἄρκος, ἄρκτος. (1) דֹּב *vel* דּוֹב

Jd. 1. 35. ἐν ᾧ αἱ ἄ. καὶ ἐν ᾧ [**A** *om.*] αἱ ἀλώπεκες †
I Ki. 17. 34. ὅταν ἤρχετο ὁ λέων καὶ ἡ ἄ. (1)
— 36. τὴν ἄ. ἔτυπτεν ὁ δοῦλός σου (1)
— 37. ἐκ χειρὸς τοῦ λέοντος καὶ ἐκ χειρὸς τῆς ἄ. (1)
II Ki. 17. 8. ὡς ἄ. ἠτεκνωμένη ἐν ἀγρῷ (1)
IV Ki. 2. 24. ἐξῆλθον δύο ἄρκοι ἐκ τοῦ δρυμοῦ (1)
Wi. 11. 17. ἐπιπέμψαι αὐτοῖς πλῆθος ἄρκων
Si. 25. 17. **A S** σκοτοῖ τὸ πρόσωπον αὐτῆς ὡς ἄρκος [**B** σάκκον]
47. 3. ἐν ἄρκοις ὡς ἐν ἄρνασι προβάτων
Ho. 13. 8. ὡς ἄρκος ἡ ἀπορουμένη (1)
Am. 5. 19. ἐὰν . . . ἐμπέσῃ αὐτῷ ἡ ἄ. (1)
Is. 11. 7. βοῦς καὶ ἄ. ἅμα βοσκηθήσονται (1)
Is. 59. 11. ὡς ἄ. καὶ ὡς περιστερὰ ἅμα πορεύσονται (1)
La. 3. 10. ἐτάραξεν ἄ. ἐνεδρευούσα (1)
Da. LXX. 7. 5. ἄλλο θηρίον ὁμοίωσιν ἔχον ἄρκου (1)
Da. TH. 7. 5. θηρίον δεύτερον ὅμοιον ἄρκῳ (1)
[**Sm.** IS. 11. 7.]
[**Th.** PR. 17. 12 : IS. 11. 7.]

ἄρμα.

[**Aq.** NU. 11. 11 : DT. 1. 12 : IV KI. 5. 17 : PR. 31. 1 : IS. 15. 1 : 19. 1 : 21. 13 : 23. 1 : 30. 6 : JE. 23. 33 : EZ. 12. 10 : HO. 8. 10 : NA. 1. 1 : HB. 1. 1 : MA. 1. 1.]

ἅρμα. (1) *a.* רַכָּב *b.* רֶכֶב *c.* רִכְבָּה *d.* מֶרְכָּב *e.* מֶרְכָּבָה (2) רֶכֶשׁ

Ge. 41. 43. ἀνεβίβασεν αὐτὸν ἐπὶ τὸ ἅ. τὸ δεύτ. (1 *e*)
46. 29. ζεύξας δὲ Ἰωσὴφ τὰ ἅ. αὐτοῦ (1 *e*)
50. 9. καὶ ἅρματα καὶ ἱππεῖς (1 *b*)
Ex. 14. 6. ἔζευξεν οὖν Φαραὼ τὰ ἅ. αὐτοῦ (1 *b*)
— 7. λαβὼν [**A** ἔλαβεν] ἑξακόσια ἅ. ἐκλεκτά (1 *b*)
— 9. πᾶσα ἡ ἵππος καὶ τὰ ἅ. Φαραὼ [B[1] *om.*] (1 *b*)
— 17. καὶ ἐν τοῖς ἅ. καὶ ἐν τοῖς ἵπποις αὐτοῦ (1 *b*)
— 18. καὶ ἐν τοῖς ἅ. καὶ ἵπποις αὐτοῦ (1 *b*)
— 23. καὶ τὰ ἅ. καὶ οἱ ἀναβάται (1 *b*)
— 25. τοὺς ἄξονας τῶν ἁ. αὐτῶν (1 *e*)
— 26. ἐπί τε τὰ ἅ. καὶ [**A** *add.* ἐπὶ] τοὺς ἀναβάτας (1 *b*)
— 28. τὸ ὕδωρ ἐκάλυψε τὰ ἅ. καὶ τοὺς ἀναβάτας (1 *b*)
15. 4. ἅρματα Φαραὼ καὶ τὴν δύναμιν αὐτοῦ (1 *e*)
— 19. σὺν ἅρμασι καὶ ἀναβάταις [**A** *add.* αὐτοῦ] (1 *b*)
De. 11. 4. τὰ ἅ. αὐτῶν καὶ τὴν ἵππον αὐτῶν (1 *b*)
Jo. 11. 4. καὶ ἵπποι καὶ ἅρματα πολλὰ σφόδρα (1 *b*)
— 6. τὰ ἅ. αὐτῶν κατακαύσεις (1 *e*)
— 9. τὰ ἅ. αὐτῶν ἐνέπρησεν (1 *e*)
24. 6. κατεδίωξαν οἱ Αἰγύπτιοι . . . ἐν ἅρμασι (1 *b*)
Jd. 4. 3. ἐννακόσια ἅρματα σιδηρᾶ ἦν αὐτῷ (1 *b*)
— 7. καὶ τὰ ἅ. αὐτοῦ καὶ τὸ πλῆθος αὐτοῦ (1 *b*)
— 13. πάντα τὰ ἅ. αὐτοῦ [**A** ὅτι] ἐννακόσια ἅ. σιδηρᾶ (1 *b*, 1 *b*)
— 15. πάντα τὰ ἅ. αὐτοῦ καὶ πᾶσαν τὴν παρεμβ. (1 *b*)
— 15. κατέβη Σισάρα ἐπάνωθεν [**A** ἀπὸ] τοῦ ἅ. αὐτοῦ (1 *e*)
— 16. διώκων ὀπίσω τῶν ἁ. (1 *b*)
5. 28. **B** διότι ᾐσχύνθη ἅρμα αὐτοῦ διότι ἐχρόνισαν πόδες ἁρμάτων αὐτοῦ [**A** *aliter*] (1 *b*, 1 *e*)
I Ki. 8. 11. θήσεται αὐτοὺς ἐν ἅρμασιν αὐτοῦ (1 *e*)
— 11. καὶ προτρέχοντας τῶν ἁ. αὐτοῦ (1 *e*)
— 12. καὶ σκεύη ἁρμάτων αὐτοῦ (1 *b*)
13. 5. **B** τριάκοντα χιλιάδες ἁρμάτων (1 *b*)
15. 12. καὶ ἐπέστρεψε τὸ ἅ. †
II Ki. 1. 6. καὶ ἰδοὺ τὰ ἅ. καὶ οἱ ἱππάρχαι (1 *b*)
8. 4. χίλια [**A** ἑπτὰ] ἅ. καὶ ἑπτὰ χιλιάδας ἱππέων –
— 4. παρέλυσε Δ. πάντα τὰ ἅ. καὶ ὑπελείπετο ἑαυτῷ ἑκατὸν ἅ. (1 *b*, 1 *b*)
10. 18. ἀνεῖλε Δαυὶδ ἐκ τῆς Συρίας ἑπτακόσια ἅ. (1 *b*)
15. 1. ἐποίησεν ἑαυτῷ Ἀβεσ. ἅρματα (1 *e*)
III Ki. 1. 5. ἐποίησεν ἑαυτῷ ἅρματα (1 *b*)
3. 1 [B], 4. 26 [A] (5. 6). τεσσ. χιλιάδες τοκάδες ἵπποι εἰς ἅρματα (1 *d*)
4. 28 (5. 8). τὸ ἄχυρον τοῖς ἵπποις καὶ τοῖς ἅ. (2)
7. 33. τὸ ἔργον τῶν τροχῶν ἔργον τροχῶν ἅρματος (1 *e*)
10. 22 [B], 9. 19 [A]. πάσας τὰς πόλεις τῶν ἁ. (1 *b*)
— 22 [B], 9. 22 [A]. ἄρχοντες τῶν ἁ. αὐτοῦ (1 *b*)
— 26. **A** συνέλεξεν Σαλ. ἅρματα (1 *b*)
— 26. τέσσαρες [A[2] τεσσαράκοντα] χιλιάδες . . . ἵπποι εἰς ἅρματα (1 *b*)
— 26. ἔθετο αὐτὰς ἐν ταῖς πόλεσι τῶν ἁ. (1 *b*)
— 29. ἀνέβαινεν ἡ ἔξοδος ἐξ Αἰγύπτου ἅρμα [**A** -ατα] (1 *e*)
12. 18. **A** ἀναβῆναι ἐπὶ τὸ ἅ. [**B** *om.* ἐ. τ. ἅ.] τοῦ φυγεῖν (1 *e*)
— 24. **B** ἦσαν αὐτῷ ἅρματα τριακόσια ἵππων –
— 24. **B** ἀνέβη ἐπὶ τὸ ἅ. αὐτοῦ –
18. 44. ζεῦξον τὸ ἅ. σου –
21 (20). 1. καὶ πᾶς ἵππος καὶ ἅ. (1 *b*)
— 21. ἔλαβε πάντας τοὺς ἵππους καὶ τὰ ἅ. (1 *b*)
— 25. ἀλλάξομεν . . . ἅρματα κατὰ τὰ ἅ. (1 *b*, 1 *b*)
— 33. ἀναβιβάζουσιν αὐτὸν . . . ἐπὶ τὸ ἅ. (1 *e*)
22. 31. ἐνετείλατο τοῖς ἄρχουσι τῶν ἁ. αὐτοῦ (1 *b*)
— 32. ὡς εἶδον οἱ ἄρχοντες τῶν ἁ. τὸν Ἰ. (1 *b*)
— 33. ὡς εἶδον οἱ ἄρχοντες τῶν ἁ. (1 *b*)
III Ki. 22. 35. ὁ βασιλεὺς ἦν ἑστηκὼς ἐπὶ τοῦ ἅ. (1 *e*)
— 35. ἀπέχυνε τὸ αἷμα . . . εἰς τὸν κόλπον τοῦ ἅ. (1 *b*)
— 35. ἐξεπορεύετο τὸ αἷμα . . . ἕως τοῦ κόλπου τοῦ ἅ. (1 *b*?)
— 38. **A** ἀπένιψαν τὸ ἅ. [**B** αἷμα] (1 *b*)
IV Ki. 2. 11. καὶ ἰδοὺ ἅ. πυρός (1 *b*)
— 12. πάτερ πάτερ ἅ. Ἰσραήλ (1 *b*)
5. 9. καὶ ἦλθε Ν. ἐν ἵππῳ καὶ ἅρματι (1 *b*)
— 21. ἐπέστρεψεν ἀπὸ τοῦ ἅ. (1 *e*)
— 26. ὅτε ἐπέστρεψεν ὁ ἀνὴρ ἀπὸ τοῦ ἅ. (1 *e*)
6. 14. ἀπέστειλεν ἐκεῖ ἵππον καὶ ἅ. (1 *b*)
— 15. ἰδοὺ δύναμις . . . καὶ ἵππος καὶ ἅ. (1 *b*)
— 17. καὶ ἅ. πυρὸς περὶ κύκλῳ Ἐλισαιέ (1 *b*)
7. 6. φωνὴν ἅρματος καὶ φωνὴν ἵππου [**A** *om.* φ. ἱ.] (1 *b*)
8. 21. καὶ ἀνέβη Ἰ. . . . καὶ πάντα τὰ ἅ. (1 *b*)
— 21. καὶ τοὺς ἄρχοντας τῶν ἁ. (1 *b*)
9. 21. καὶ ἔζευξεν ἅ. (1 *b*)
— 21. ἀνὴρ ἐν τῷ ἅ. αὐτοῦ (1 *b*)
— 27. ἐπάταξεν αὐτὸν πρὸς [**A** ἐν] τῷ ἅ. (1 *e*)
— 28. ἐπεβίβασαν αὐτὸν . . . ἐπὶ τὸ ἅ. [**A** *om.* ἐ. τ. ἅ.] –
10. 2. μεθ' ὑμῶν τὸ ἅ. (1 *b*)
— 15. ἀνεβίβασεν αὐτὸν [**A** *om.*] . . . ἐπὶ τὸ ἅ. (1 *e*)
— 16. καὶ ἐπεκάθισεν αὐτὸν ἐν τῷ ἅ. αὐτοῦ (1 *b*)
13. 7. πεντήκοντα ἱππεῖς καὶ δέκα ἅρματα (1 *b*)
— 14. πάτερ πάτερ ἅ. Ἰσραήλ (1 *b*)
18. 24. ἤλπισας σαυτῷ ἐπ' Αἰγ. εἰς ἅρματα (1 *b*)
19. 23. ἐν τῷ πλήθει τῶν ἁ. μου (1 *b*)
23. 11. τὸ ἅ. τοῦ ἡλίου κατέκαυσε πυρί (1 *e*)
I Ch. 18. 4. χίλια ἅ. καὶ ἑπτὰ χιλιάδας ἵππων (1 *b*)
— 4. παρέλυσε Δαυὶδ πάντα τὰ ἅ. (1 *b*)
— 4. ὑπελίπετο ἐξ αὐτῶν ἑκατὸν ἅ. (1 *b*)
19. 6. μισθώσασθαι . . . ἅρματα καὶ ἱππεῖς (1 *b*)
— 7. **B S** ἐμισθώσαντο ἑαυτοῖς ἅρματα –
— 7. δύο καὶ τριάκοντα χιλιάδας ἁρμάτων (1 *b*)
— 18. ἑπτὰ χιλιάδας ἁρμάτων (1 *b*)
28. 18. τὸ παράδειγμα τοῦ ἅ. τοῦ χερουβίμ (1 *e*)
II Ch. 1. 14. καὶ συνήγαγε Σαλ. ἅρματα (1 *b*)
— 14. χίλια καὶ τετρακόσια ἅ. (1 *b*)
— 14. κατέλιπεν αὐτὰ ἐν πόλεσι τῶν ἁ. (1 *b*)
— 17. ἐξῆγον ἐξ Αἰγ. ἅρμα (1 *e*)
8. 6. πάσας τὰς πόλεις τῶν ἁ. (1 *b*)
— 9. καὶ ἄρχοντες ἁρμάτων καὶ ἱππέων (1 *b*)
9. 25. τέσσαρες χιλιάδες θήλειαι ἵπποι εἰς ἅρματα (1 *e*)
— 25. ἔθετο αὐτοὺς ἐν πόλεσι τῶν ἁ. (1 *e*)
10. 18. τοῦ ἀναβῆναι εἰς τὸ ἅ. (1 *e*)
12. 3. ἀνέβη . . . ἐν χιλίοις καὶ διακοσίοις ἅ. (1 *b*)
14. 9 (8). ἐν χιλίαις χιλιάσι καὶ ἅ. τριακοσίοις (1 *e*)
18. 30. ἐνετείλατο τοῖς ἄρχουσι τῶν ἁ. (1 *e*)
— 31, 32. ὡς εἶδον οἱ ἄρχοντες τῶν ἁ. (1 *e*)
— 34. ἦν ἑστηκὼς ἐπὶ τοῦ ἅ. (1 *e*)
21. 9. ἐπάταξεν . . . τοὺς ἄρχοντας τῶν ἁ. (1 *b*)
35. 24. ἐξήγαγον αὐτὸν . . . ἀπὸ τοῦ ἅ. καὶ ἀνεβίβασαν αὐτὸν ἐπὶ τὸ ἅ. τὸ δευτερεῦον (1 *e*, 1 *b*)
I Es. 1. 28. οὐκ ἀπέστρεψεν ἑαυτὸν Ἰ. ἐπὶ τὸ ἅ. αὐτοῦ
— 31. ἀνέβη ἐπὶ τὸ ἅ. τὸ δευτέριον αὐτοῦ
3. 6. δῶσει αὐτῷ . . . ἅ. χρυσοχάλινον
Ju. 1. 5. S[1] εἰς ἔξοδον τῶν ἁ. αὐτῶν [**A B** *al.*]
— 13. καὶ πάντα τὰ ἅ. [**S** χρήματα]
2. 19. ἐν ἅρμασι καὶ ἱππεῦσι
— 22. τοὺς ἱππεῖς καὶ τὰ ἅ. αὐτοῦ
7. 20. οἱ πεζοὶ καὶ τὰ ἅ.
Ps. 19 (20). 7. οὗτοι ἐν ἅρμασι καὶ οὗτοι ἐν ἵπποις (1 *b*)
67 (68). 17. τὸ ἅ. τοῦ θεοῦ μυριοπλάσιον (1 *b*)
Ca. 1. 9. ἐν [**A** ἐφ'] ἅρμασι Φαραὼ ὡμοίωσά σε (1 *b*)
6. 11 (12). ἔθετό με ἅρματα Ἀμιναδάβ (1 *e*)
Si. 48. 9. ἐν ἅρματι ἵππων πυρίνων
49. 8. ὑπέδειξεν αὐτῷ ἐπὶ ἅρματος χερ.
Ho. 1. 7. **A** οὔτε ἐν ἅρμασιν –
10. 13. **A** ἤλπισας ἐν ἅρμασιν [**B S** *al.*] †
Mi. 1. 13. ψόφος ἁρμάτων καὶ ἱππευόντων (1 *e*)
5. 10 (9). ἀπολῶ τὰ ἅ. σου (1 *e*)
Jl. 2. 5. ὡς φωνὴ ἁρμάτων . . . ἐξαλοῦνται (1 *e*)
Na. 2. 3 (4). αἱ ἡνίαι τῶν ἁ. αὐτῶν (1 *b*)
— 4 (5). συγχυθήσονται τὰ ἅ. (1 *b*)
3. 2. φωνὴ . . . ἅ. ἀναβράσσοντος (1 *e*)
Hg. 2. 23 (22). καὶ καταστρέψω ἅρματα (1 *e*)
Za. 6. 1. καὶ ἰδοὺ τέσσαρα ἅ. ἐκπορευόμενα (1 *e*)
— 2, 3. ἐν τῷ ἅ. τῷ πρώτῳ ἵπποι πυρροὶ καὶ ἐν τῷ ἅ. τῷ δευτ. ἵ. μέλανες κ. ἐν τῷ ἅ. τῷ τρίτῳ ἵ. λευκοὶ κ. ἐν τῷ ἅ. τῷ τετ. ἵ. ποικίλοι ψαροί (1 *e quater*)

Za. 9. 10. ἐξολοθρεύσει ἅρματα ἐξ Ἐ. (1 b)
Is. 2. 7. οὐκ ἦν ἀριθμὸς τῶν ἁ. αὐτῶν (1 e)
5. 28. οἱ τροχοὶ τῶν ἁ. αὐτῶν –
22. 7. πλησθήσονται ἁρμάτων (1 b)
— 18. θήσει τὸ ἅ. σου τὸ καλὸν (1 e)
31. 1. οἱ ἐφ' ἵπποις πεποιθότες καὶ ἐφ' ἅρμασιν (1 b)
37. 24. τῷ πλήθει τῶν ἁ. ἐγὼ ἀνέβην (1 b)
43. 17. ὁ ἐξαγαγὼν [A ἐξάγων] ἅρματα (1 b)
66. 15. ὡς καταιγὶς τὰ ἅ. αὐτοῦ (1 e)
— 20. μεθ' ἵππων καὶ ἁρμάτων (1 b)
Je. 4. 13. ὡς καταιγὶς τὰ ἅ. αὐτοῦ [A S αὐτῶν] (1 e)
6. 23. ἐφ' ἵπποις καὶ ἅρμασι παρατάξεται (1 a)
17. 25. ἐπιβεβηκότες ἐφ' ἅρμασι (1 b)
22. 4. ἐπιβεβηκότες ἐφ' ἁρμάτων (1 b)
26 (46). 9. παρασκευάσατε [A κατασκ.] τὰ ἅ. (1 b)
27 (50). 36 (37). ἐπὶ τοὺς ἵππους αὐτῶν καὶ ἐπὶ τὰ ἅ. αὐτῶν (1 b)
28 (51). 21. διασκορπιῶ ἐν σοὶ ἅρματα (1 b)
29 (47). 3. ἀπὸ σεισμοῦ τῶν ἁ. αὐτοῦ (1 b)
Ez. 23. 24. ἅρματα καὶ τροχοὶ [A τρ. ἵπποι] μετ' ὄχλου λαῶν (1 b)
26. 7. μεθ' ἵππων καὶ ἁρμάτων (1 b)
— 10. ἀπὸ τῆς φωνῆς . . . τῶν τροχῶν τῶν ἁ. αὐτοῦ (1 b)
27. 20. μετὰ κτηνῶν ἐκλεκτῶν εἰς ἅρματα (1 c)
43. 3. ἡ ὅρασις τοῦ ἁ. οὗ εἶδον †
Da. LXX. 11. 40. ἐν ἅρμασι καὶ ἐν ἵπποις πολλοῖς (1 b)
Da. TH. 11. 40. ἐν ἅρμασι καὶ ἐν ἱππεῦσι (1 b)
I Ma. 1. 17. ἐν ἅρμασι καὶ ἐν ἐλέφασι
8. 6. καὶ ἵππον καὶ ἅρματα
II Ma. 9. 7. συνέβη δὲ καὶ πεσεῖν αὐτὸν ἀπὸ τοῦ ἅ.
13. 2. ἅ. δὲ δρεπανηφόρα τριακόσια
III Ma. 2. 7. ἐπιδιώξαντα αὐτὸν σὺν ἅρμασι
6. 4. Φαραὼ πληθύνοντα ἅρμασι . . . ἀπώλεσας
[Aq. IV Ki. 6. 15: Ps. 75 (76). 7: Ca. 6. 11 (12): Is. 22. 6.]
[Sm. Ps. 75 (76). 7: Ca. 6. 11 (12): Is. 21. 7: 66. 20.]
[Th. IV Ki. 6. 15.]
[Al. Ex. 15. 1: Jd. 1. 19: I Ki. 15. 4: Ps. 45 (46). 10: Hb. 3. 8.]
[Quint. IV Ki. 6. 15: Ca. 6. 11 (12).]

ἁρματηλάτης.
II Ma. 9. 4. B συνέταξε τὸν ἁ. ἀδιαλείπτως ἐλαύνοντα

ἁρματταρεί, ἁματταρί. (1) לְמַטָּרָה
I Ki. 20. 20. ἐκπέμπων εἰς τὴν ἁ. [A λααρματταραί, R ἁματταρί] (1)

ἅρμενα.
[Sm. Ps. 73 (74). 5.]

ἁρμόζειν. (1) אָמוֹן (2) אֹפֶן (3) נָאוֶה (4) עֹז (5) שָׂכַל hi.
II Ki. 6. 5. παίζοντες . . . ἐν ὀργάνοις ἡρμοσμένοις †
— 14. ἀνεκρούετο ἐν ὀργάνοις ἡρμοσμένοις (4 ?)
Ps. 151. 2. οἱ δάκτυλοί μου ἥρμοσαν ψαλτήριον
Pr. 8. 30. ἤμην παρ' αὐτῷ ἁρμόζουσα (1)
17. 7. οὐχ ἁρμόσει ἄφρονι χείλη πιστά (3)
19. 14. παρὰ δὲ κυρίου ἁρμόζεται γυνὴ ἀνδρί (5 ?)
25. 11. S² λόγον ἐπὶ ἁρμόζουσιν [A B S¹ om. ἐ. ἁ.] (2)
Na. 3. 8. ἁρμόσαι χορδήν (1 ?)
II Ma. 14. 22. τὴν ἁρμόζουσαν ἐποιήσαντο κοινολογίαν
III Ma. 1. 19. τὴν ἁρμόζουσαν αἰδῶ παραλείπουσαι
[Aq. Pr. 25. 11: Je. 15. 12.]
[Sm. Ca. 7. 9 (10).]
[Th. Pr. 25. 11.]

ἁρμονά.
[Aq. Am. 4. 3.]

ἁρμονία. (1) הָמוֹן (2) עֶצֶם
Ez. 23. 42. φωνὴν ἁρμονίας ἀνεκρούοντο (1)
37. 7. προσήγαγε τὰ ὀστᾶ ἑκάτερον πρὸς τὴν ἁ. αὐτοῦ (2)

ἁρμόνιος.
Wi. 16. 20. πρὸς πᾶσαν ἁρμόνιον γεῦσιν

ἁρμός.
Si. 27. 2. ἀνὰ μέσον ἁρμῶν λίθων [S² λιθίνων]
IV Ma. 10. 5. ἐξ ἁρμῶν ἀναμοχλεύοντες ἐξεμέλιζον

ἁρμωνείμ.
[Aq. Ez. 31. 8.]

ἀρνεῖσθαι. (1) כָּחַשׁ pi.
Ge. 18. 15. ἠρνήσατο δὲ Σάρρα (1)
Wi. 12. 27. ὃν πάλαι ἠρνοῦντο εἰδέναι [S om.] θεόν
16. 16. ἀρνούμενοι γάρ σε εἰδέναι ἀσεβεῖς
17. 10. τὸν . . . ἀέρα προσιδεῖν ἀρνούμενοι
IV Ma. 8. 7. ἀρνησάμενοι τὸν πάτριον ὑμῶν τῆς πολιτείας θεσμόν
10. 15. οὐκ ἀρνήσομαι τὴν εὐγενῆ ἀδελφότητα
[Aq. Le. 6. 2 (5. 21): Ps. 65 (66). 3: 80 (81). 16: Pr. 30. 9: Is. 59. 13.]
[Sm. Jb. 15. 18: Pr. 30. 9.]
[Al. Dt. 33. 29.]

ἄρνησις.
[Aq. Jb. 16. 8.]

ἀρνητής.
[Aq. Is. 30. 9.]

ἀρνίον. (1) בֵּן (2) כֶּבֶשׂ (3) צָעִיר
Ps. 113 (114). 4. ἐσκίρτησαν . . . οἱ βουνοὶ ὡς ἀρνία προβάτων (1)
— 6. οἱ βουνοὶ ὡς ἀ. προβάτων (1)
Je. 11. 19. ὡς ἀ. ἄκακον ἀγόμενον τοῦ θύεσθαι (2)
27 (50). 45. ἐὰν μὴ διαφθαρῇ [A¹ -φθείρω] τὰ ἀ. τῶν προβάτων αὐτῶν (3)
[Aq. Is. 40. 11.]

ἀρνός. (1) גְּדִי (2) a. טָלֶה b. טְלִי (3) a. כֶּבֶשׂ b. כֶּשֶׂב (4) כַּר (5) מְרִיא (6) עַתּוּד
Ge. 30. 32. πᾶν πρόβατον φαιὸν ἐν τοῖς ἄρνασι (3 b)
— 33, 35. φαιὸν ἐν τοῖς ἄρνασι (3 b)
Ex. 12. 5. ἀπὸ τῶν ἀρνῶν [A ἀμνῶν] καὶ τῶν ἐρίφων (3 a)
23. 19; 34. 26. οὐχ ἑψήσεις ἄρνα (1)
Le. 1. 10. ἀπό τε τῶν ἀ. καὶ τῶν ἐρίφων (3 b)
3. 7. ἐὰν ἄρνα προσαγάγῃ τὸ δῶρον αὐτοῦ (3 b)
De. 14. 21. οὐχ ἑψήσεις ἄρνα ἐν γάλακτι μητρὸς αὐτοῦ (1)
32. 14. μετὰ στέατος ἀρνῶν καὶ κριῶν (4)
I Ki. 7. 9. ἔλαβε Σαμ. ἄρνα γαλαθηνὸν ἕνα (2 a)
II Ki. 6. 13. A B καὶ θῦμα μόσχος καὶ ἄρνα [R -νες] (5)
III Ki. 1. 9. ἐθυσίασεν Ἀδωνίας πρόβατα . . . καὶ ἄρνας (5)
— 19. ἐθυσίασε μόσχους καὶ ἄρνας (5)
— 25. ἐθυσίασε [A ἐθυμ.] μόσχους καὶ ἄρνας (5)
IV Ki. 3. 4. B ἑκατὸν χιλιάδας ἀρνῶν (4)
I Ch. 29. 21. κριοὺς χιλίους ἄρνας χιλίους (3 a)
I Es. 1. 7. ἀρνῶν καὶ ἐρίφων τριάκοντα χιλιάδας
6. 29. εἰς ταύρους καὶ κριοὺς καὶ ἄρνας
7. 7. A R προσήνεγκαν . . . ἄρνας τετρακοσίους [B -as]
8. 14. εἰς ταύρους καὶ κριοὺς καὶ ἄρνας
— 66. ἄρνας ἑβδομήκοντα δύο
Jb. 31. 20. A ἀπὸ δὲ κουρᾶς ἀρνῶν [B S ἀμνῶν] μου (3 a)
Pr. 27. 26. τίμα πεδίον ἵνα ὦσί σοι ἄρνες (6)
Si. 46. 16. ἐν προσφορᾷ ἀρνὸς γαλαθηνοῦ
47. 3. ἐν ἄρκοις ὡς ἐν ἄρνασι προβάτων
Mi. 5. 7 (6). ὡς ἄρνες ἐπὶ ἄγρωστιν †
6. 7. A ἢ ἐν μυριάσιν ἀρνῶν [B χιμάρων] πιόνων †
Is. 1. 11. στέαρ ἀρνῶν . . . οὐ βούλομαι (5)
5. 17. τὰς ἐρήμους τῶν ἀπειλημμένων ἄρνες φάγονται †
11. 6. συμβοσκηθήσεται λύκος μετὰ ἀρνός (3 a)
34. 6. ἐπαχύνθη ἀπὸ στέατος [A S add. ἀρνῶν] –
40. 11. τῷ βραχίονι αὐτοῦ συνάξει ἄρνας (2 b)
65. 25. λύκοι καὶ ἄρνες βοσκηθήσονται ἅμα (2 a)
Je. 28 (51). 40. καταβίβασον [S¹ -σω] αὐτοὺς ὡς ἄρνας (4)
Da. LXX. TH. 3. (40). ἐν μυριάσιν ἀρνῶν πιόνων
[Aq. Ez. 4. 2.]
[Sm. Is. 34. 6.]

ἀροτήρ. (1) אִכָּר
Is. 61. 5. ἥξουσιν . . . ἀλλόφυλοι ἀροτῆρες (1)

ἀροτριᾶν. (1) חָרַשׁ a. qal. b. ni. (2) a. עָדַר ni. b. מַעְדֵּר.
De. 22. 10. οὐκ ἀροτριάσεις ἐν μόσχῳ (1 a)
Jd. 14. 18. εἰ μὴ ἠροτριάσατε ἐν τῇ δαμάλει μου [A al.] (1 a)
III Ki. 19. 19. αὐτὸς ἠροτρία ἐν βουσί (1 a)
Jb. 1. 14. τὰ ζεύγη τῶν βοῶν ἠροτρία (1 a)
4. 8. εἶδον τοὺς ἀροτριῶντας τὰ ἄτοπα (1 a)
Si. 6. 19. ὡς ὁ [S om.] ἀροτριῶν καὶ ὁ [A S¹ om.] σπείρων
7. 12. μὴ ἀροτρία ψεῦδος ἐπ' ἀδελφῷ σου
Mi. 3. 12. Σ. ὡς ἀγρὸς ἀροτριαθήσεται (1 b)
Is. 7. 25. A B S ὄρος ἀροτριώμενον ἀροτριαθήσεται [R ἠρ. ἀροτριωθ.] (2 b, 2 a)
28. 24. ἀροτριάσει ὁ ἀροτριῶν [A S μέλλει ὁ ἀρ. ἀροτριᾶν] (1 a, 1 a)
● 45. 9. μὴ ὁ ἀροτριῶν ἀροτριάσει τὴν γῆν (†, †)
Je. 33 (26). 18. Σιὼν ὡς ἀγρὸς ἀροτριαθήσεται (1 b)
[Aq. Ps. 128 (129). 3: Is. 28. 24 bis: Ho. 10. 11: Am. 6. 12: Mi. 3. 12.]
[Sm. Pr. 20. 4: Is. 28. 24 bis: Ho. 10. 11.]
[Th. Jd. 14. 18: Ps. 128 (129). 3: Is. 28. 24 bis: 45. 9 bis: Ho. 10. 11.]
[Hebr. Je. 2. 24.]

ἀροτρίασις. (1) חָרִישׁ
Ge. 45. 6. R οὐκ ἔστιν [A ἔσται] ἀ. (1)

ἀροτριοῦν. (1) a. עָדַר ni. b. מַעְדֵּר
Is. 7. 25. R πᾶν ὄρος ἠροτριωμένον ἀροτριωθήσεται [A B S ἀρ. ἀροτριαθ.] (1 b, 1 a)

ἄροτρον. (1) אֵת (2) מוֹרַג
I Ch. 21. 23. τὸ ἄ. [A add. καὶ τὰς ἁμάξας] εἰς ξύλα (2)
Si. 38. 25. ὁ κρατῶν ἀρότρου
Mi. 4. 3. κατακόψουσι τὰς ῥομφαίας αὐτῶν εἰς ἄροτρα (1)
Jl. 3 (4). 10. συγκόψατε τὰ ἄ. ὑμῶν εἰς ῥομφαίας (1)
Is. 2. 4. συγκόψουσι τὰς μαχαίρας αὐτῶν εἰς ἄροτρα (1)
[Aq. I Ki. 13. 20, 21.]
[Th. I Ki. 13. 20.]

ἀροτρόπους (ἀρατρ.). (1) מַלְמָד
Jd. 3. 31. ἐπάταξε τοὺς ἀλλοφύλους . . . ἐν τῷ ἀ. (1)
[Th. Jd. 3. 31.]

ἄρουρα. (1) אֶשֶׁל
Ge. 21. 33. ἐφύτευσεν Ἀβραὰμ ἄρουραν (1)
I Ki. 22. 6. ὑπὸ τὴν ἄ. τὴν ἐν Ῥαμᾷ (1)
31. 13. θάπτουσιν ὑπὸ τὴν ἄ. τὴν Ἰαβίς (1)
[Aq. IV. Ki. 23. 4: Is. 16. 8.]

ἁρπαγή. (1) a. גָּזֵל b. גְּזֵלָה (2) טְרֵפָה (3) שָׁלָל
Le. 6. 2 (5. 21). ἢ περὶ κοινωνίας ἢ περὶ ἁρπαγῆς (1 a)
To. 3. 4. A S εἰς ἁρπαγὴν [B διαρπ.] καὶ αἰχμαλωσίαν
Ju. 2. 11. δοῦναι αὐτοὺς εἰς φόνον καὶ ἁρπαγήν
Ec. 5. 7. ἁρπαγὴν κρίματος . . . ἴδῃς (1 a)
Na. 2. 12 (13). ἔπλησε . . . τὸ κατοικητήριον αὐτοῦ ἁρπαγῆς (2)
Is. 3. 14. ἡ ἁ. τοῦ πτωχοῦ ἐν τοῖς οἴκοις ὑμῶν (1 b)
10. 2. A B S χήραν εἰς ἁρπαγήν [R διαρ.] (3)
I Ma. 13. 34. πᾶσαι αἱ πράξεις Τρ. ἦσαν ἁρπαγαί [A ἁρπάσαι]
IV Ma. 4. 10. πρὸς τὴν τῶν χρημάτων ἁ.
[Th. Pr. 10. 6.]

ἅρπαγμα. (1) a. גָּזֵל b. גְּזֵלָה c. גָּזֵל (2) טֶרֶף (3) מְשִׁסָּה
Le. 6. 4 (5. 23). ἀποδῷ τὸ ἅ. ὃ ἥρπασεν (1 b)
Jb. 29. 17. ἐκ μέσου τῶν ὀδόντων αὐτῶν ἅ. ἐξήρπασα (2)
Ps. 61 (62). 10. ἐπὶ ἁρπάγματα [S² -μα] μὴ ἐπιποθεῖτε (1 a)
Si. 16. 13. οὐκ ἐκφεύξεται ἐν ἁρπάγμασιν [A S -τι]
Ma. 1. 13. εἰσεφέρετε ἁρπάγματα κ. τὰ χωλά (1 c)
Is. 42. 22. οὐκ ἦν ὁ ἐξαιρούμενος ἅ. (3)
61. 8. μισῶν ἁρπάγματα ἐξ ἀδικίας (1 a)
Ez. 18. 7. ἅρπαγμα οὐχ ἥρπασε (1 b)
— 12. ἅρπαγμα ἥρπασε (1 b)
— 16. ἅρπαγμα οὐχ ἥρπασε (1 b)
— 18. καὶ ἁρπάσῃ ἅρπαγμα (1 b)
19. 3. ἔμαθε τοῦ ἁρπάζειν ἁρπάγματα (2)
— 6. ἔμαθεν ἁρπάζειν ἁρπάγματα (2)
22. 25. ὡς λέοντες . . . ἁρπάζοντες ἁρπάγματα (2)

● = correction on page xxiv

Ez. 22. 27. ὡς λύκοι ἁρπάζοντες ἁρπάγματα (2)
— 29. καὶ διαρπάζοντες ἁρπάγματα (1 *a*)
33. 15. καὶ ἁρπάγματα [A -μα] ἀποτίσει (1 *b*)
[**Sm. Th.** Ps. 61 (62). 11.]
[**Al.** Ge. 49. 9.]

ἁρπάζειν. (1) גָּזַל (2) חָטַף (3) *a.* טָרַף qal. *b.* pu. *c.* טֶרֶף (4) לָכַד

Ge. 37. 33. θηρίον ἥρπασε τὸν Ἰωσήφ (3 *a et* 3 *b*)
Le. 6. 4 (5. 23). τὸ ἅρπαγμα ὃ ἥρπασεν (1)
19. 13. οὐκ ἀδικήσεις . . . καὶ οὐχ ἁρπᾷ [A ἁρπάσεις] (1)
De. 28. 31. ὁ ὄνος σου ἡρπασμένος ἀπὸ σοῦ (1)
Jd. 21. 21. ἁρπάσατε [A -σετε] ἑαυτοῖς ἀνὴρ γυναῖκα (2)
— 23. ὧν ἥρπασαν [A ἃς διήρπασαν] (1)
II Ki. 23. 21. ἥρπασε τὸ δόρυ ἐκ τῆς χειρὸς τοῦ Αἰγ. (1)
I Es. 4. 24. ὅταν κλέψῃ καὶ ἁρπάσῃ
To. 1. 20. **S** ἡρπάγη πάντα ὅσα ὑπῆρχέν μοι [A B *al.*]
Ju. 16. 9. τὸ σανδάλιον αὐτῆς ἥρπασεν ὀφθαλμὸν αὐτοῦ
Jb. 20. 19. δίαιταν δὲ ἥρπασε καὶ οὐκ ἔστησεν (1)
24. 2. ποίμνιον σὺν ποιμένι ἁρπάσαντες [A ἥρπασαν] (1)
— 9. ἥρπασαν ὀρφανὸν ἀπὸ μαστοῦ (1)
— 19. ἀγκαλίδα γὰρ ὀρφανῶν ἥρπασαν (1)
Ps. 7. 2. μήποτε ἁρπάσῃ ὡς λέων τὴν ψυχήν μου (3 *a*)
9. 30 (10. 9). τοῦ ἁρπάσαι πτωχὸν ἁρπάσαι πτωχὸν ἐν τῷ ἑλκύσαι αὐτόν (2, 2)
21 (22). 13. ὡς λέων ὁ ἁρπάζων (3 *a*)
49 (50). 22. σύνετε δὴ ταῦτα . . . μήποτε ἁρπάσῃ (3 *a*)
68 (69). 4. ἃ οὐκ ἥρπασα τότε ἀπετίννυον (1)
103 (104). 21. σκύμνοι ὠρυόμενοι [A S² *add.* τοῦ] ἁρπάσαι (3 *c*)
Wi. 4. 11. ἡρπάγη μὴ κακία [S ἡ κ.] ἀλλάξῃ σύνεσιν
Si. 6. 2. **S** ἵνα μὴ ἁρπαγῇ [A B διαρπ.] . . . ἡ ψυχή σου
Ho. 5. 14. καὶ ἐγὼ ἁρπῶμαι καὶ πορεύσομαι (3 *a*)
6. 1. ὅτι αὐτὸς ἥρπακε . . . ἡμᾶς (3 *a*)
Am. 1. 11. ἥρπασεν εἰς μαρτύριον φρίκην αὐτοῦ (3 *a*)
3. 4. ἐὰν μὴ ἁρπάσῃ τι (4)
Mi. 3. 2. ἁρπάζοντες τὰ δέρματα αὐτῶν (1)
5. 8 (7). ὃν τρόπον ὅταν . . . διαστείλας ἁρπάσῃ (3 *a*)
Na. 2. 12 (13). λέων ἥρπασε τὰ ἱκανὰ τοῖς σκύμνοις αὐτοῦ (3 *a*)
Is. 10. 2. ἁρπάζοντες κρίμα πενήτων (1)
Ba. 4. 26. ὡς ποίμνιον ἡρπασμένον ὑπὸ [A ἀπὸ] ἐχθρῶν
Ez. 18. 7. ἅρπαγμα οὐχ ἁρπᾶται (1)
— 12. ἅρπαγμα ἥρπασε (1)
— 16. ἅρπαγμα οὐχ ἥρπασε (1)
— 18. καὶ ἁρπάσῃ ἅρπαγμα (1)
19. 3. ἔμαθε τοῦ ἁρπάζειν ἁρπάγματα (3 *a*)
— 6. ἔμαθεν ἁρπάζειν ἁρπάγματα (3 *a*)
22. 25. ὡς λέοντες . . . ἁρπάζοντες ἁρπάγματα (3 *a*)
— 27. ὡς λύκοι ἁρπάζοντες ἁρπάγματα (3 *a*)
I Ma. 13. 34. A αἱ πράξεις Τρ. ἦσαν ἁρπάσαι [S R ἁρπαγαί]
[**Aq.** Pr. 28. 24.]
[**Sm.** I Ki. 14. 32 : Jb. 20. 19 : Pr. 22. 22.]
[**Th.** Pr. 13. 2 : 28. 24.]

ἅρπαξ. (1) טָרַף

Ge. 49. 27. Βενιαμεὶν λύκος ἅ. (1)

ἀρραβών. (1) עֵרָבוֹן

Ge. 38. 17. **R** ἐὰν δῷς μοι [A *om.*] ἀρραβῶνα (1)
— 18. τίνα τὸν ἀ. σοι δώσω (1)
— 20. κομίσασθαι παρὰ τῆς γυναικὸς τὸν ἀ. (1)

ἀρρενωδῶς.

II Ma. 10. 35. ἀ. καὶ θηριώδει θυμῷ

ἄρρηκτος.

III Ma. 4. 9. οἱ δὲ τοὺς πόδας ἀρρήκτοις κατησφαλισμένοι πέδαις

ἄρρην, *vid.* **ἄρσην.**

ἄρρητος.

[**Sm.** Le. 18. 23.]

ἄρριζος. (1) שֵׁרֵשׁ pu.

Jb. 31. 8. ἄρριζος δὲ γενοίμην ἐπὶ γῆς (1)

ἄρρυπος.

[**Sm.** Jb. 25. 4.]

ἀρρωστεῖν. (1) אָנַשׁ ni. (2) חָלָה *a.* qal. *b.* hith.

II Ki. 12. 15. ἔθραυσε κ. τὸ παιδίον . . . καὶ ἠρρώστησε (1)
13. 2. ἐθλίβετο Ἀμνὼν ὥστε ἀρρωστεῖν (2 *b*)
— 6. καὶ ἐκοιμήθη Ἀ. καὶ ἠρρώστησε (2 *b*)
III Ki. 12. 24. **B** [cf. **A** 14. 1] ἠρρώστησε τὸ παιδάριον αὐτοῦ –
14. 1. **A** ἐν τῷ καιρῷ ἐκείνῳ ἠρρώστησεν Ἀβιά (2 *a*)
17. 17. καὶ ἠρρώστησεν ὁ υἱὸς τῆς γυναικός (2 *a*)
IV Ki. 1. 2. ἔπεσεν Ὀχοζ. . . . καὶ ἠρρώστησε (2 *a*)
8. 7. υἱὸς Ἄδερ βασ. Συρίας ἠρρώστησε [A -τει] (2 *a*)
— 29. ὅτι ἠρρώστει αὐτός (2 *a*)
13. 14. Ἐλισαιὲ ἠρρώστησε τὴν ἀρρωστίαν αὐτοῦ (2 *a*)
20. 1. ἠρρώστησεν Ἐζ. εἰς θάνατον (2 *a*)
— 12. ἤκουσεν ὅτι ἠρρώστησεν Ἐζεκίας (2 *a*)
II Ch. 22. 6. θεάσασθαι τὸν Ἰ. . . . ὅτι ἠρρώστει (2 *a*)
32. 24. ἠρρώστησεν Ἐζεκίας ἕως θανάτου (2 *a*)
Si. 18. 21. πρὶν ἀρρωστῆσαί σε ταπεινώθητι
[**Aq.** Ge. 48. 1 : I Ki. 19. 14 : 30. 13 : III Ki. 14. 1 : Is. 38. 9 : 39. 1.]
[**Th.** Is. 38. 9.]
[**Al.** II Ch. 16. 12.]

ἀρρώστημα.

Si. 10. 10. μακρὸν ἀ. σκώπτει ἰατρός [S² -όν]
30. 17. ἢ ἀ. ἔμμονον
34 (31). 2. ἀ. βαρὺ ἐκνήψει ὕπνος
— 22. πᾶν ἀ. οὐ μή σοι ἀπαντήσῃ
38. 9. ἐν ἀρρωστήματί [A -μασίν] σου μὴ παράβλεπε
[**Aq.** Is. 1. 5 : Je. 10. 19.]
[**Sm.** Je. 10. 19.]

ἀρρωστία. (1) *a.* חָלָה *b.* רָעָה חוֹלָה *c.* חֳלִי

III Ki. 12. 24. **B** ἠρρώστησε τὸ παιδ. αὐ. ἀ. κραταιᾷ σφόδρα –
— 24. **B** εἰ ζήσεται ἐκ τῆς ἀ. αὐτοῦ –
17. 17. ἦν ἡ ἀ. αὐτοῦ κραταιὰ σφόδρα (1 *c*)
IV Ki. 1. 2 : 8. 8, 9. εἰ ζήσομαι ἐκ τῆς ἀ. μου ταύτης (1 *c*)
13. 14. Ἐλισαιὲ ἠρρώστησε τὴν ἀ. αὐτοῦ (1 *c*)
Ps. 40 (41). 3. τὴν κοίτην αὐτοῦ ἔστρεψας ἐν τῇ ἀ. αὐτοῦ (1 *c*)
Ec. 5. 12. ἔστιν ἀρρωστία ἣν εἶδον (1 *b*)
— 15. καί γε τοῦτο πονηρὰ ἀ. (1 *a*)
— 16. αἱ ἡμέραι αὐτοῦ ἐν . . . ἀρρωστίᾳ καὶ χόλῳ (1 *c*)
6. 2. ἀρρωστία πονηρά ἐστιν (1 *c*)
Si. 18. 19. πρὸ ἀρρωστίας θεραπεύου
I Ma. 6. 8. ἐνέπεσεν εἰς ἀρρωστίαν
[**Aq.** Dt. 29. 61 : Ps. 34 (35). 13 : 76 (77). 11 : Pr. 18. 14 : Is. 38. 9 : 53. 3.]
[**Sm.** Ps. 34 (35). 13 : Is. 38. 9.]
[**Th.** Pr. 18. 14 : Is. 38. 9.]

ἄρρωστος. (1) חָלָה

III Ki. 14. 5. **A** ὑπὲρ υἱοῦ αὐτῆς ὅτι ἄ. ἐστιν (1)
Si. 7. 35. μὴ ὄκνει ἐπισκέπτεσθαι ἄρρωστον [S *add.* ἄνθρωπον]
Ma. 1. 8. ἐὰν προσαγάγητε χωλὸν ἢ ἄρρωστον (1)
[**Aq.** III Ki. 14. 5.]
[**Th.** Ez. 34. 4.]

ἄρς.

[**Th.** Is. 17. 9.]
[**Heb.** Ps. 75 (76). 10.]

ἀρσείθ.

[**Aq. Sm.** Je. 19. 2.]

ἀρσενικός. (1) *a.* זְכוּר *b.* זָכָר *c.* זָכַר ni.

Ge. 17. 10. περιτμηθήσεται ὑμῶν πᾶν ἀ. (1 *b*)
— 12. πᾶν ἀ. εἰς τὰς γενεὰς ὑμῶν (1 *b*)
34. 15. ἐν τῷ περιτμηθῆναι ὑμῶν πᾶν ἀ. (1 *b*)
— 22. **R** ἐν τῷ περιτεμέσθαι [A -τέμν.] ἡμῶν πᾶν ἀ. (1 *b*)
— 25. ἀπέκτειναν πᾶν ἀ. (1 *b*)
Ex. 12. 48. περιτεμεῖς αὐτοῦ πᾶν ἀρσενικόν (1 *b*)
13. 12. πᾶν διανοῖγον μήτραν τὰ ἀ. [A *add.* ἁγιάσεις] –

Ex. 13. 12. πᾶν διανοῖγον μήτραν . . . τὰ ἀ. ἁγιάσεις τῷ κ. (1 *b*)
— 15. πᾶν διανοῖγον μήτραν τὰ ἀ. (1 *b*)
23. 17. ὀφθήσεται πᾶν ἀ. σου [A *om.*] (1 *a*)
34. 19. πᾶν διανοῖγον μήτραν ἐμοὶ τὰ ἀ. (1 *c*)
— 23. ὀφθήσεται πᾶν ἀ. σου (1 *a*)
Le. 6. 18 (11). πᾶν ἀ. τῶν ἱερέων (1 *b*)
Nu. 1. 18. πᾶν ἀ. κατὰ κεφαλὴν αὐτῶν –
— 20, 22. πάντα ἀ. ἀπὸ εἰκοσαετοῦς καὶ ἐπάνω (1 *b*)
— 24, 26, 28, 30, 32, 34, 36, 38, 40, 42. πάντα ἀ. ἀπὸ εἰκοσαετοῦς καὶ ἐπάνω –
3. 15. πᾶν ἀ. ἀπὸ μηνιαίου καὶ ἐπάνω (1 *b*)
— 22. κατὰ ἀριθμὸν παντὸς ἀ. ἀπὸ μηνιαίου καὶ ἐπ. (1 *b*)
— 28, 34, 39. πᾶν ἀ. ἀπὸ μηνιαίου καὶ ἐπάνω (1 *b*)
— 43. πάντα τὰ πρωτότοκα τὰ [A *om.*] ἀ. (1 *b*)
5. 3. ἀπὸ ἀρσενικοῦ ἕως θηλυκοῦ ἐξαποστείλατε (1 *b*)
18. 10. πᾶν ἀ. φάγεται αὐτά (1 *b*)
26. 62. πᾶν ἀ. ἀπὸ μηνιαίου καὶ ἐπάνω (1 *b*)
31. 7. ἀπέκτειναν πᾶν ἀ. (1 *b*)
— 17. ἀποκτείνατε πᾶν ἀ. (1 *b*)
De. 4. 16. ὁμοίωμα ἀρσενικοῦ ἢ [A καὶ] θηλυκοῦ (1 *b*)
15. 19. τὰ ἀ. ἁγιάσεις κ. τῷ θεῷ σου (1 *b*)
16. 16. ὀφθήσεται πᾶν ἀ. σου (1 *a*)
20. 13. πατάξεις πᾶν ἀ. αὐτῆς (1 *a*)
Jd. 21. 11. **A** πᾶν ἀ. [**B** ἄρσεν] καὶ πᾶσαν γυναῖκα (1 *b*)
III Ki. 11. 15. ἔκοψαν πᾶν ἀ. ἐν τῇ Ἰδουμαίᾳ (1 *b*)
— 16. ἐξωλόθρευσε πᾶν ἀ. ἐν τῇ Ἰδ. [A ἐκ τῆς Ἰ.] (1 *b*)
II Ch. 31. 16. ἐκτὸς τῆς ἐπιγονῆς τῶν ἀ. (1 *b*)
— 19. δοῦναι μερίδα παντὶ ἀ. ἐν τοῖς ἱερεῦσι (1 *b*)
II Es. 8. 4. μετ' αὐτοῦ διακόσιοι τὰ ἀ. (1 *b*)
— 5. **A R** μετ' αὐτοῦ τριακόσιοι [R -α] τὰ ἀ. (1 *b*)
— 6. μετ' αὐτοῦ πεντήκοντα τὰ ἀ. (1 *b*)
— 7. μετ' αὐτοῦ ἑβδομήκοντα τὰ ἀ. (1 *b*)
— 8. μετ' αὐτοῦ ὀγδοήκοντα τὰ ἀ. (1 *b*)
— 9. μετ' αὐτοῦ διακόσιοι δέκα ὀκτὼ τὰ ἀ. (1 *b*)
— 10. μετ' αὐτοῦ ἑκατὸν ἑξήκοντα τὰ ἀ. (1 *b*)
— 11. μετ' αὐτοῦ εἴκοσι ὀκτὼ τὰ ἀ. (1 *b*)
— 12. μετ' αὐτοῦ ἑκατὸν δέκα τὰ ἀ. (1 *b*)
— 13. **A R** μετ' αὐτῶν [**B** *om.*] ἑξήκοντα τὰ ἀ. (1 *b*)
— 14. μετ' αὐτοῦ ἑβδομήκοντα τὰ ἀ. (1 *b*)
Ez. 16. 17. ἐποίησας σεαυτῇ εἰκόνας ἀρσενικάς (1 *b*)
I Ma. 5. 28. ἀπέκτεινε πᾶν ἀ.
— 35. ἀπέκτεινε πᾶν ἀ. αὐτῆς
— 51. ἀπώλεσε πᾶν ἀ.

ἄρσην, ἄρρην. (1) אִישׁ (2) בֵּן (3) גֶּבֶר (4) זָכָר (5) יֶלֶד

Ge. 1. 27. ἄ. καὶ θῆλυ ἐποίησεν αὐτούς (4)
5. 2. ἄ. καὶ θῆλυ ἐποίησεν αὐτούς (4)
6. 19. ἄ. καὶ θῆλυ ἔσονται (4)
— 20. τρέφεσθαι . . . ἄ. καὶ θῆλυ –
7. 2. ἑπτὰ ἑπτὰ ἄ. καὶ θῆλυ (1)
— 2. δύο δύο ἄ. καὶ θῆλυ (1)
— 3. ἑπτὰ ἑπτὰ ἄ. καὶ θῆλυ (4)
— 3. δύο δύο ἄ. καὶ θῆλυ –
— 9. δύο δύο εἰσῆλθον . . . ἄ. καὶ θῆλυ (4)
— 15. δύο δύο ἄ. καὶ θῆλυ –
— 16. τὰ εἰσπορευόμενα ἄ. καὶ θῆλυ (4)
17. 14. ἀπερίτμητος ἄ. (4)
— 23. πᾶν ἄ. τῶν ἀνδρῶν (4)
34. 24. περιετέμοντο . . . πᾶς ἄ. (4)
Ex. 1. 16. ἐὰν μὲν ἄρσεν ᾖ (2)
— 17. ἐζωογόνουν τὰ ἄ. (5)
— 18. τί ὅτι . . . ἐζωογονεῖτε τὰ ἄ. (5)
— 22. πᾶν ἄ. ὃ ἐὰν τεχθῇ τοῖς Ἑβρ. (2)
2. 2. καὶ ἔτεκεν ἄρσεν (2)
12. 5. πρόβατον τέλειον ἄ. ἐνιαύσιον (4)
Le. 1. 3. ἐκ τῶν βοῶν ἄρσεν ἄμωμον προσάξει (4)
— 10. ἄρσεν ἄμωμον προσάξει αὐτό (4)
3. 1. ἐάν τε ἄρσεν ἐάν τε θῆλυ (4)
— 6. ἄρσεν ἢ θῆλυ (4)
4. 23. χίμαρον ἐξ αἰγῶν ἄρσεν ἄμωμον (4)
6. 29 (22). πᾶς ἄ. ἐν τοῖς ἱερεῦσι (4)
— 36 (7. 6). πᾶς ἄ. ἐκ τῶν ἱερέων (4)
12. 2. γυνὴ ἥτις ἐὰν . . . τέκῃ ἄρσεν (4)
— 7. τῆς τικτούσης ἄρσεν ἢ θῆλυ (4)
15. 33. τῷ ἄ. ἢ τῇ θηλείᾳ (4)
18. 22. μετὰ ἄρσενος οὐ κοιμηθήσῃ κοίτην γυναικός (4)
20. 13. ὃς ἂν κοιμηθῇ μετὰ ἄρσενος (4)
22. 19. δεκτὰ ὑμῖν ἄμωμα ἄρσενα (4)
27. 3. ἡ τιμὴ τοῦ ἄ. ἀπὸ εἰκοσαετοῦς (4)

Le. 27. 5. ἔσται ἡ τιμὴ τοῦ ἄ. εἴκοσι δίδραχμα (4)
— 6. ἔσται ἡ τιμὴ τοῦ ἄ. πέντε δίδραχμα (4)
— 7. ἐὰν μὲν ἄ. ᾖ (4)
Nu. 1. 3 (2). πᾶς ἄ. ἀπὸ εἰκοσαετοῦς καὶ ἐπάνω (4)
3. 40. πᾶν πρωτότοκον ἄ. τῶν υἱ. Ἰσρ. (4)
31. 17. AR ἥτις ἔγνω [B ἔγνωκεν] κοίτην ἄρσενος (4)
— 18. ἥτις οὐκ οἶδε [A ἔγνω] κοίτην ἄρσενος (4)
Jo. 17. 2. οὗτοι ἄρσενες κατὰ δήμους αὐτῶν (4)
Jd. 21. 11. πᾶν ἄ. [A ἀρσενικὸν] καὶ πᾶσαν γυναῖκα εἰδυῖαν κοίτην ἄρσενος (4, 4)
— 12. αἵτινες οὐκ ἔγνωσαν ἄνδρα εἰς κοίτην ἄρσενος (4)
To. 6. 11. S υἱὸς ἄ. οὐδὲ θυγάτηρ ὑπῆρχεν αὐτοῖς
Jb. 3. 3. εἶπαν ἰδοὺ ἄρσεν (3)
Si. 36. 26 (23). πάντα ἄρρενα ἐπιδέξεται γυνή
Ma. 1. 14. ὑπῆρχεν ἐν τῷ ποιμνίῳ αὐτοῦ ἄρσεν (4)
Is. 26. 14. ἥρας πᾶν ἄ. αὐτῶν †
66. 7. ἐξέφυγε καὶ ἔτεκεν ἄρσεν (4)
Je. 20. 15. A R ἐτέχθη σοι ἄρσην [B S ἄρσεν] (2 *et* 4)
37 (30). 6. ἴδετε εἰ ἔτεκεν ἄρσεν (4)
II Ma. 7. 21. τὸν θῆλυν λογισμὸν ἄρσενι θυμῷ διεγείρασα
IV Ma. 15. 30. ὦ ἀρρένων πρὸς καρτερίαν γενναιοτέρα

[Sm. Ge. 1. 27: Is. 66. 7: Je. 30 (37). 6.]
[Th. Ge. 1. 27.]
[Al. Nu. 31. 35.]

ἄρσις. (1) *a.* מַשָּׂא *b.* מַשְׂאֵת *c.* נָשָׂא ni. (2) *a.* סַבָּל *b.* סֵבֶל

II Ki. 11. 8. ἐξῆλθεν ὀπίσω αὐτοῦ ἄρσις τοῦ βασ. (1 *b*)
19. 42 (43). ἢ ἄρσιν ἦρεν ἡμῖν (1 *c*)
III Ki. 3. 1 (5. 15). B ἑβδομήκοντα χιλιάδες αἴροντες ἄρσιν (2 *a*)
— 1. B Ἀχιρὲ υἱὸς Ἐδραὶ ἐπὶ τὰς ἄ. –
5. 15 (29). ἑβδομήκοντα χιλιάδες αἴροντες ἄρσιν (2 *a*)
11. 28. κατέστησεν αὐτὸν ἐπὶ τὰς ἄ. οἴκου Ἰωσ. (2 *b*)
12. 24. B εἰς ἄρχοντα σκυτάλης ἐπὶ τὰς ἄρσεις οἴκου Ἰ. –
— 24. B ἐν ταῖς ἄ. οἴκου Ἐφρ. –
IV Ki. 8. 9. ἄρσιν τεσσαράκοντα καμήλων (1 *a*)
Ps. 80 (81). 6. ἀπέστησεν ἀπὸ ἄρσεων τὸν νῶτον αὐ. (2 *b*)

[Aq. Ge. 49. 3.]
[Sm. Jd. 15. 17: Jb. 41. 18.]
[Sam. Nu. 31. 26.]
[Al. Dt. 1. 12.]

ἀρτάβη. (1) ἀ. ἕξ חֹמֶר

Is. 5. 10. ὁ σπείρων ἀρτάβας ἕξ (1)
Da. LXX. Bel. 2. σεμιδάλεως ἀρτάβαι δέκα δύο
Da. TH. Bel. 3. σεμιδάλεως ἀρτάβαι δώδεκα [A δέκα δύο]

ἀρτασασθά, *cf.* **ἀθερσασθά.** (1) הַתִּרְשָׁתָא

Ne. 10. 1 (2). R Νεεμίας ἀ. [A B S *om.*] υἱὸς Ἀχαλία (1)

ἀρτήρ. (1) סֵבֶל

Ne. 4. 17 (11). οἱ αἴροντες ἐν τοῖς ἀ. ἐν ὅπλοις (1)

▶ **ἄρτι.** (1) עַתָּה

●II Ki. 15. 37. R Ἀβ. ἄ. [A B *om.*] εἰσεπορεύετο εἰς Ἱερ. –
Ju. 9. 1. καὶ ἦν ἄ. προσφερόμενον . . . τὸ θυμίαμα
Da. LXX. 9. 22. ἄ. ἐξῆλθον ὑποδεῖξαί σοι διάνοιαν (1)
10. 11. ἄ. γὰρ ἀπεστάλην ἐπὶ σέ (1)
II Ma. 3. 28. τὸν ἄ. μετὰ πολλῆς παραδρομῆς . . . εἰσελθόντα
9. 5. ἄ. δὲ αὐτοῦ καταλήξαντος τὸν λόγον
— 8. R ὁ δ' ἄ. δοκῶν [A ἀντιδοκῶν] τοῖς τῆς θαλάσσης κύμασιν
10. 28. ἄ. δὲ τῆς ἀνατολῆς διαδεχομένης [A διαχεομ.]
13. 11. τὸν ἄ. βραχέως ἀνεψυχότα λαόν
III Ma. 4. 6. αἱ δὲ ἄ. . . . ὑπεληλυθυῖαι
5. 23. ἄ. δὲ ἀλεκτρυὼν ἐκεκράγει ὄρθριος
6. 16. τοῦ δὲ Ἐλ. λήγοντος ἄ. τῆς προσευχῆς
— 29. ἄ. τὸν θάνατον ἐκπεφευγότες

ἀρτίως. (1) עַתָּה

II Ki. 15. 34. παῖς τοῦ πατρός σου ἤμην τότε καὶ ἀ. (1)

[Sm. Ez. 11. 3.]

ἀρτοκοπιακός, ἀρτοκοπικός. (1) אֶשְׁפָּר

I Ch. 16. 3. τῷ ἀνδρὶ ἄρτον ἕνα ἀ. [A ἀρτοκοπικόν] (1)

ἀρτός. (1) מַשָּׂא (2) עֲבֹדָה

Nu. 4. 27. A κατὰ πάντα τὰ ἀ. [B ἔργα] δι' [B *om.*] αὐτῶν (2)
— 27. ἐπισκέψῃ . . . πάντα τὰ ἀ. [B[2] ἔργα] ὑπ' αὐτῶν (1)

ἄρτος. (1) דָּגָן (2) *a.* חַלָּה *b.* חַלַּת לֶחֶם (3) *a.* לֶחֶם *b.* כִּכַּר לֶחֶם *c.* פַּת־לֶחֶם (4) ἄ. ἄζυμος מַצָּה (5) פַּת

Ge. 3. 19. φαγῇ τὸν ἄ. σου (3 *a*)
14. 18. ἐξήνεγκεν ἄρτους καὶ οἶνον (3 *a*)
18. 5. καὶ λήψομαι ἄρτον καὶ φάγεσθε (3 *c*)
21. 14. ἔλαβεν ἄρτους καὶ ἀσκὸν ὕδ. (3 *a*)
24. 33. παρέθηκεν αὐτοῖς ἄρτους φαγεῖν –
25. 34. ἔδωκε τῷ Ἡσαῦ ἄρτον (3 *a*)
27. 17. τὰ ἐδέσματα καὶ τοὺς ἄ. (3 *a*)
28. 20. καὶ δῷ μοι ἄρτον φαγεῖν (3 *a*)
37. 25. ἐκάθισαν δὲ φαγεῖν ἄρτον (3 *a*)
39. 6. πλὴν τοῦ ἄ. οὗ ἤσθιεν αὐτός (3 *a*)
41. 54. R ἐν δὲ πάσῃ τῇ γῇ Αἰγ. ἦσαν [A οὐκ ἦσαν] ἄ. (3 *a*)
— 55. ἔκραξεν δὲ ὁ λαὸς πρὸς Φ. περὶ ἄρτων (3 *a*)
43. 16. μετ' ἐμοῦ γὰρ φάγονται οἱ ἄνθρ. ἄρτους –
— 31. παράθετε ἄρτους (3 *a*)
— 32. συνεσθίειν μετὰ τῶν Ἑβρ. ἄρτους (3 *a*)
45. 23. δέκα ἡμιόνους αἰρούσας ἄρτους (3 *a*)
47. 15. δὸς ἡμῖν ἄρτους (3 *a*)
— 16. δώσω ὑμῖν ἄρτους –
— 17. ἔδωκεν αὐτοῖς Ἰ. ἄρτους (3 *a*)
— 17. ἐξέθρεψεν αὐτοὺς ἐν ἄρτοις (3 *a*)
— 19. κτῆσαι ἡμᾶς . . . ἀντὶ ἄρτων (3 *a*)
49. 20. Ἀσὴρ πίων αὐτοῦ ὁ ἄ. (3 *a*)
Ex. 2. 20. καλέσατε . . . ὅπως φάγῃ ἄρτον (3 *a*)
16. 3. ἠσθίομεν ἄρτους εἰς πλησμονήν (3 *a*)
— 4. ἰδοὺ ἐγὼ ὕω ὑμῖν ἄρτους ἐκ τοῦ οὐρ. (3 *a*)
— 8. ἄρτους τὸ πρωῒ εἰς πλησμονήν (3 *a*)
— 12. τὸ πρωῒ πλησθήσεσθε ἄρτων (3 *a*)
— 15. οὗτος ὁ ἄ. ὃν ἔδωκε κύριος ὑμῖν (3 *a*)
— 29. ἄρτους δύο ἡμερῶν (3 *a*)
— 32. τὸν ἄ. ὃν ἐφάγετε ὑμεῖς ἐν τῇ ἐρήμῳ (3 *a*)
18. 12. συμφαγεῖν [A φαγεῖν] ἄρτον . . . ἐναντίον τοῦ θ. (3 *a*)
23. 25. εὐλογήσω τὸν ἄ. σου (3 *a*)
25. 29 (30). ἐπιθήσεις ἐπὶ τὴν τράπεζαν ἄ. ἐνωπίους (3 *a*)
29. 2. ἄ. ἀζύμους πεφυραμένους ἐν ἐλαίῳ (3 *a et* 2 *a*)
— 23. ἄ. ἕνα ἐξ ἐλαίου (3 *b et* 2 *b*)
— 32. τοὺς ἄ. τοὺς ἐν τῷ κανῷ (3 *a*)
— 34. ἐὰν δὲ καταλειφθῇ ἀπὸ . . . τῶν ἄ. (3 *a*)
34. 28. ἄρτον οὐκ ἔφαγε (3 *a*)
39. 18 (36). τοὺς ἄ. τοὺς προκειμένους [A[2] τῆς προθέσεως] (3 *a*)
40. 23. προσέθηκεν ἐπ' αὐτῆς ἄρτους τῆς προθ. (3 *a*)
Le. 2. 4. ἄ. ἀζύμους πεφυραμένους ἐν ἐλαίῳ (2 *a*)
7. 2 (12). ἄ. ἐκ σεμιδάλεως (2 *a*)
— 3 (13). ἐπ' ἄ. ζυμίταις (2 *b*)
8. 25 (26). ἄ. ἕνα ἄζυμον καὶ ἄ. ἐξ ἐλαίου ἕνα (2 *a*, 2 *b*)
— 31. τοὺς ἄ. τοὺς ἐν τῷ κανῷ τῆς τελειώσ. (3 *a*)
— 32. τὸ καταλειφθὲν τῶν κρεῶν καὶ τῶν ἄ. (3 *a*)
22. 7. ὅτι ἄ. αὐτοῦ ἐστι (3 *a*)
— 11. οὗτος φάγεται ἐκ τῶν ἄ. [A ἔργων] αὐτοῦ –
— 11. οὗτοι φάγονται τῶν ἄ. αὐτοῦ (3 *a*)
— 13. ἀπὸ τῶν ἄ. τοῦ πατρὸς αὐτῆς (3 *a*)
23. 14. ἄρτον καὶ πεφρυγμένα χίδρα νέα (3 *a*)
— 17. προσοίσετε ἄρτους ἐπίθεμα δύο ἄρτους (3 *a*, –)
— 18. προσάξει μετὰ τῶν ἄ. ἑπτὰ ἀμνούς (3 *a*)
— 19. μετὰ τῶν ἄ. τοῦ πρωτογεννήματος –
— 20. μετὰ τῶν ἄ. τοῦ πρωτογεννήματος (3 *a*)
24. 5. ποιήσετε αὐτὴν δώδεκα ἄρτους (2 *a*)
— 5. δύο δεκάτων ἔσται ὁ ἄ. ὁ εἷς (2 *a*)
— 6. ἐξ ἄρτους τὸ ἓν θέμα –
— 7. ἔσονται εἰς ἄρτους εἰς ἀνάμνησιν προκείμενα (3 *a*)
26. 5. φάγεσθε τὸν ἄ. ὑμῶν εἰς πλησμονήν (3 *a*)
— 26. ἐν τῷ [A εἰς τὸ] θλῖψαι ὑμᾶς σιτοδείᾳ ἄρτων καὶ πέψουσι δέκα γυναῖκες τοὺς ἄ. ὑμῶν ἐν κλιβάνῳ ἑνὶ καὶ ἀποδώσουσιν τοὺς ἄ. ὑμῶν ἐν σταθμῷ (3 *a ter*)
Nu. 4. 7. οἱ ἄ. οἱ διὰ παντὸς ἐπ' αὐτῆς ἔσονται (3 *a*)
6. 15. ἄρτους ἀναπεποιημένους ἐν ἐλαίῳ (2 *a*)
— 19. ἄρτον ἕνα ἄζυμον ἀπὸ τοῦ κανοῦ (2 *a*)
15. 19. ὅταν ἔσθητε ὑμεῖς ἀπὸ τῶν ἄ. τῆς γῆς (3 *a*)
— 20. ἄρτον ἀφοριεῖτε ἀφαίρεμα αὐτό (2 *a*)
— 20. A ἀφελεῖτε αὐτὸν ἄρτον [B *om.*] –
21. 5. οὐκ ἔστιν ἄ. οὐδὲ ὕδωρ ἡ δὲ ψυχὴ ἡμῶν προσώχθισεν ἐν τῷ ἄ. τῷ διακένῳ τούτῳ (3 *a*, 3 *a*)
De. 8. 3. οὐκ ἐπ' ἄρτῳ μόνῳ ζήσεται ὁ ἄνθρ. (3 *a*)
— 9. ἐφ' ἧς οὐ μετὰ πτωχείας φαγῇ τὸν ἄ. σου (3 *a*)
9. 9, 18. ἄρτον οὐκ ἔφαγον καὶ ὕδωρ οὐκ ἔπιον (3 *a*)
10. 18. δοῦναι αὐτῷ ἄρτον καὶ ἱμάτιον (3 *a*)
16. 3. φαγῇ ἐπ' αὐτοῦ ἄζυμα ἄρτον κακώσεως (3 *a*)
23. 4 (5). συναντῆσαι . . . μετὰ ἄρτων καὶ ὕδατος (3 *a*)
29. 6 (5). ἄρτον οὐκ ἐφάγετε (3 *a*)
Jo. 9. 5. ὁ ἄ. [A οἱ ἄ.] αὐτῶν τοῦ ἐπισιτισμοῦ (3 *a*)
— 12. οὗτοι οἱ ἄ. θερμοὺς ἐφωδιάσθημεν αὐτούς (3 *a*)
Jd. 5. 8. A ᾑρέτισαν θεοὺς κενοὺς ὡς ἄρτον κρίθινον [B *al.*] †
6. 20. A τοὺς ἄ. τοὺς ἀζύμους [B τὰ ἄζυμα] (4)
7. 13. καὶ ἰδοὺ μαγὶς ἄρτου κριθίνου (3 *a*)
8. 5. δότε δὴ ἄρτους εἰς τροφὴν [A *om.*] τῷ λαῷ (3 *b*)
— 6. δώσομεν τῇ δυνάμει [A στρατειᾷ] σου ἄρτους (3 *a*)
— 15. δώσομεν τοῖς ἀνδράσι σου τοῖς ἐκλείπ. ἄρτους (3 *a*)
13. 16. οὐ φάγομαι ἀπὸ τῶν ἄ. σου (3 *a*)
19. 5. στήρισον . . . ψωμῷ [A κλάσματι] ἄρτου (3 *a*)
— 8. A στήρισον δὴ τὴν καρδίαν σου ἄρτῳ [B *om.*] –
— 19. AR καὶ ἄ. [B ἄρτοι] καὶ οἶνός ἐστιν ἐμοί (3 *a*)
Ru. 1. 6. δοῦναι αὐτοῖς ἄρτους (3 *a*)
2. 14. φάγεσαι τῶν ἄ. (3 *a*)
I Ki. 1. 24. ἀνέβη . . . ἐν μόσχῳ τριετίζοντι καὶ ἄρτοις –
2. 5. πλήρεις ἄρτων ἠλαττώθησαν (3 *a*)
— 36. A προσκυνεῖν αὐτῷ . . . ἐν ἄρτῳ ἑνί [B *om.* ἐ. ἄ. ἑ.] (3 *b*)
— 36. ἐπὶ μίαν τῶν ἱερατειῶν σου φαγεῖν ἄρτον (3 *c*)
9. 7. ὅτι οἱ ἄ. ἐκλελοίπασιν (3 *a*)
10. 3. ἕνα αἴροντα τρία ἀγγεῖα ἄρτων (3 *a*)
— 4. δώσουσί σοι δύο ἀπαρχὰς ἄρτων (3 *a*)
14. 24. ὁ ἄνθρωπος ὃς φάγεται ἄρτον (3 *a*)
— 24. οὐκ ἐγεύσατο πᾶς ὁ λαὸς ἄρτου (3 *a*)
— 28. ὁ ἄνθρωπος ὃς φάγεται ἄρτον (3 *a*)
16. 20. καὶ ἔλαβεν Ἰεσσαὶ γόμορ ἄρτων (3 *a*)
17. 17. A οἰφεὶ τούτου καὶ δέκα ἄρτους τούτους (3 *a*)
20. 34. οὐκ ἔφαγεν . . . ἄρτον (3 *a*)
21. 3 (4). εἰσὶν ὑπὸ τὴν χεῖρά σου πέντε ἄρτοι (3 *a*)
— 4 (5). οὐκ εἰσιν ἄ. βέβηλοι ὑπὸ τὴν χεῖρά μου (3 *a*)
— 4 (5). ὅτι ἀλλ' ἢ ἄ. ἅγιοί εἰσιν [A ἄρτος ἅ. ἐστιν] (3 *a*)
— 6 (7). ἔδωκεν αὐτῷ Ἀβ. ὁ ἱ. τοὺς ἄ. τῆς προθέσ. †
— 6 (7). ἐκεῖ οὐκ ἦν ἄρτοι [A -ος] ὅτι ἀλλ' ἢ ἄρτοι τοῦ προσώπου [A προφήτου] (3 *a*, 3 *a*)
— 6 (7). παρατεθῆναι ἄρτον θερμόν (3 *a*)
22. 13. δοῦναί σε αὐτῷ ἄρτον (3 *a*)
25. 11. καὶ λήψομαι τοὺς ἄ. μου (3 *a*)
— 18. ἔλαβε διακοσίους ἄ. (3 *a*)
28. 20. οὐ γὰρ ἔφαγεν ἄρτον (3 *a*)
— 22. παραθήσω ἐνώπιόν σου ψωμὸν ἄρτου (3 *a*)
30. 11. διδόασιν αὐτῷ ἄρτον (3 *a*)
— 12. οὐ βεβρώκει ἄρτον (3 *a*)
II Ki. 3. 29. καὶ ἐλασσούμενος ἄρτοις (3 *a*)
— 35. περιδειπνῆσαι [A παραδειπνίσαι] τὸν Δ. ἄρτοις [A -τους] (3 *a*)
— 35. οὐ μὴ γεύσωμαι ἄρτου (3 *a*)
6. 19. κολλυρίδα ἄρτου καὶ ἐσχαρίτην (3 *a*)
9. 7. σὺ φαγῇ ἄρτον ἐπὶ τῆς τραπέζης μου (3 *a*)
— 10. εἰσοίσεις τῷ υἱῷ τοῦ κυρίου σου ἄρτους καὶ ἔδεται ἄρτους [A αὐτούς] (3 *a*, †)
— 10. φάγεται διὰ παντὸς ἄρτον [A -ους] ἐπὶ τῆς τραπέζης μου (3 *a*)
12. 3. ἐκ τοῦ ἄ. αὐτοῦ ἤσθιε (5)
— 17. οὐ συνέφαγεν αὐτοῖς ἄρτον (3 *a*)

● = correction on page xxiv ▶ = additional entry on page xxiv

II Ki. 12. 20. ᾔτησεν ἄρτον φαγεῖν καὶ παρέθηκαν αὐτῷ ἄρτον (–, 3 *a*)
— 21. καὶ ἔφαγες ἄρτον (3 *a*)
16. 1. ἐπ' αὐτοῖς διακόσιοι ἄ. (3 *a*)
— 2. οἱ ἄ. καὶ οἱ φοίνικες εἰς βρῶσιν (3 *a*)
III Ki. 5. 9 (23). τοῦ δοῦναι ἄρτους τῷ οἴκῳ μου (3 *a*)
7. 48. ἐφ' ἧς οἱ ἄ. τῆς προσφορᾶς (3 *a*)
11. 18. ἄρτους διέταξεν αὐτῷ (3 *a*)
12. 24. B (*cf.* A 14. 3) λάβε . . . ἄρτους καὶ κολλύρια (3 *a*)
— 24. B ἔλαβεν εἰς τὴν χεῖρα αὐτῆς ἄρτους –
— 24. B ἵνα τί μοι ἐνήνοχας ἄρτους –
13. 8. οὐδὲ μὴ φάγω ἄρτον (3 *a*)
— 9. μὴ φάγῃς ἄρτον (3 *a*)
— 15. καὶ φάγε ἄρτον (3 *a*)
— 16. οὐδὲ μὴ φάγομαι ἄρτον (3 *a*)
— 17. μὴ φάγῃς ἄρτον ἐκεῖ (3 *a*)
— 18. καὶ φαγέτω [A -ται] ἄρτον (3 *a*)
— 19. καὶ ἔφαγεν ἄρτον (3 *a*)
— 22. καὶ ἔφαγες ἄρτον (3 *a*)
— 22. οὐ μὴ φάγῃς ἄρτον (3 *a*)
— 23. μετὰ τὸ φαγεῖν ἄρτον (3 *a*)
14. 3. A λάβε εἰς τὴν χεῖρά σου . . . ἄρτους (3 *a*)
17. 6. οἱ κόρακες ἔφερον αὐτῷ ἄρτους τὸ πρωῒ [A *add.* καὶ ἄρτον] καὶ κρέα τὸ δείλης (3 *a*, 3 *a*)
— 11. λήψῃ δή μοι ψωμὸν ἄρτου (3 *a*)
18. 4. καὶ διέτρεφεν αὐτοὺς ἐν ἄρτῳ (3 *a*)
— 13. καὶ ἔθρεψα ἐν ἄρτοις [A -τῳ] (3 *a*)
20 (21). 4. καὶ οὐκ ἔφαγεν ἄρτον (3 *a*)
— 5. καὶ οὐκ εἶ σὺ ἐσθίων ἄρτον (3 *a*)
— 7. ἀνάστηθι φάγε ἄρτον (3 *a*)
22. 27. ἐσθίειν αὐτὸν [A ἐσθιέτω] ἄρτον θλίψεως (3 *a*)
IV Ki. 4. 8. ἐκράτησεν αὐτὸν φαγεῖν ἄρτον (3 *a*)
— 42. εἴκοσι ἄρτους κριθίνους (3 *a*)
6. 22. παράθες ἄρτους καὶ ὕδωρ (3 *a*)
18. 32. γῆ σίτου καὶ οἴνου καὶ ἄρτου [A -ων] (3 *a*)
25. 3. οὐκ ἦσαν ἄρτοι τῷ λαῷ τῆς γῆς (3 *a*)
— 29. ἤσθιεν ἄρτον διὰ παντὸς ἐνώπιον αὐτοῦ (3 *a*)
I Ch. 9. 32. ἐπὶ τῶν ἄ. τῆς προθέσεως (3 *a*)
16. 3. τῷ ἀνδρὶ ἄρτον ἕνα ἀρτοκοπικόν (3 *b*)
23. 29. λειτουργεῖν . . . εἰς τοὺς ἄ. τῆς προθέσ. (3 *a*)
II Ch. 4. 19. καὶ ἐπ' αὐτῶν ἄρτοι προθέσεως (3 *a*)
13. 11. προθέσεις ἄρτων ἐπὶ τῆς τραπέζης τῆς καθ. (3 *a*)
18. 26. ἐσθιέτω ἄρτον θλίψεως (3 *a*)
I Es. 9. 2. ἄρτου οὐκ ἐγεύσατο
II Es. 10. 6. ἄρτον οὐκ ἔφαγε (3 *a*)
Ne. 5. 15. ἐλάβοσαν παρ' αὐτῶν ἐν ἄρτοις (3 *a*)
— 18. ἄρτους τῆς βίας οὐκ ἐζήτησα (3 *a*)
9. 15. ἄρτον ἐξ οὐρανοῦ ἔδωκας αὐτοῖς (3 *a*)
10. 33 (34). εἰς ἄρτους τοῦ προσώπου (3 *a*)
13. 2. οὐ συνήντησαν τοῖς υἱοῖς Ἰσρ. ἐν ἄρτῳ (3 *a*)
To. 1. 10. ἤσθιον ἐκ τῶν ἄ. τῶν ἐθνῶν
— 11. S μὴ φαγεῖν ἐκ τῶν ἄ. τῶν ἐθνῶν [A B *om.* ἐκ . . . ἐθ.]
— 16. τοὺς ἄ. μου ἐδίδουν τοῖς πεινῶσι
2. 5. ἤσθιον τὸν ἄ. μου ἐν λύπῃ
4. 16. ἐκ τοῦ ἄ. σου δίδου πεινῶντι
— 17. ἔκχεον τοὺς ἄ. σου ἐπὶ τὸν τάφον τῶν δικ.
8. 19. S ποιῆσαι ἄ. πολλούς [A B *al.*]
10. 7. ἡμέρας τε ἄρτον οὐκ ἤσθιε [S *al.*]
Ju. 10. 5. πήραν ἐπλήρωσεν . . . ἄρτων καθαρῶν
Jb. 6. 6. A B S[2] εἰ βρωθήσεται ἄρτος ἄνευ ἁλός †
24. 5. ἡδύνθη αὐτῷ ἄρτος [A *om.*] εἰς νεωτέρους (3 *a*)
28. 5. ἐξ αὐτῆς ἐξελεύσεται ἄρτος (3 *a*)
Ps. 13 (14). 4. οἱ κατέσθοντες τὸν λαόν μου βρώσει ἄρτου (3 *a*)
36 (37). 25. οὐδὲ τὸ σπέρμα αὐτοῦ ζητοῦν ἄρτους (3 *a*)
40 (41). 9. ὁ ἐσθίων ἄρτους μου (3 *a*)
41 (42). 3. ἐγενήθη τὰ δάκρυά μου ἐμοὶ ἄρτος (3 *a*)
52 (53). 4. οἱ κατεσθίοντες τὸν λαόν μου βρώσει ἄρτου (3 *a*)
77 (78). 20. μὴ καὶ ἄρτον δυνήσεται [S -αται] δοῦναι (3 *a*)
— 24. ἄρτον οὐρανοῦ ἔδωκεν αὐτοῖς (1)
— 25. ἄρτον ἀγγέλων ἔφαγεν ἄνθρωπος (3 *a*)
79 (80). 5. ψωμιεῖς ἡμᾶς ἄρτον δακρύων (3 *a*)
101 (102). 4. ἐπελαθόμην τοῦ φαγεῖν τὸν ἄ. μου (3 *a*)
— 9. σποδὸν ὡσεὶ ἄρτον ἔφαγον (3 *a*)
103 (104). 14. τοῦ ἐξαγαγεῖν ἄρτον ἐκ τῆς γῆς (3 *a*)
— 15. ἄρτος καρδίαν ἀνθρώπου στηρίζει (3 *a*)
Ps. 104 (105). 16. πᾶν στήριγμα ἄρτου [S[1] αὐτοῦ] συνέτριψεν (3 *a*)
— 40. ἄρτον οὐρανοῦ ἐνέπλησεν αὐτούς (3 *a*)
126 (127). 2. οἱ ἐσθίοντες ἄρτον ὀδύνης (3 *a*)
131 (132). 15. τοὺς πτωχοὺς αὐτῆς χορτάσω ἄρτον (3 *a*)
Pr. 6. 26. τιμὴ γὰρ πόρνης ὅση καὶ ἑνὸς ἄρτου (3 *b*)
9. 5. φάγετε τῶν ἐμῶν ἄ. (3 *a*)
— 17. ἄ. κρυφίων ἡδέως ἅψασθε (3 *a*)
12. 9. καὶ προσδεόμενος ἄρτου [A -ων] (3 *a*)
— 11. ὁ ἐργαζόμ. τὴν ἑαυ. γῆν ἐμπλησθήσ. ἄρτων (3 *a*)
20. 13. καὶ ἐμπλήσθητι ἄρτων (3 *a*)
22. 9. τῶν γὰρ ἑαυ. ἄ. ἔδωκε τῷ πτωχῷ (3 *a*)
28. 19. ὁ ἐργαζόμ. τὴν ἑαυ. γῆν πλησθήσ. ἄρτων (3 *a*)
— 21. ὁ τοιοῦτος ψωμοῦ ἄρτου ἀποδώσεται ἄνδρα (3 *a*)
Ec. 9. 7. φάγε ἐν εὐφροσύνῃ τὸν ἄ. σου (3 *a*)
— 11. οὐ τῷ σοφῷ ἄρτος [A S τοῖς σοφοῖς ὁ ἄ.] (3 *a*)
10. 19. εἰς γέλωτα ποιοῦσιν ἄρτον (3 *a*)
11. 1. ἀπόστειλον τὸν ἄ. σου ἐπὶ πρόσωπον τοῦ ὕδ. (3 *a*)
Ca. 5. 1. ἔφαγον ἄρτον μου †
Wi. 16. 20. ἕτοιμον ἄ. αὐτοῖς ἀπ' οὐρανοῦ
Si. 10. 27. καὶ ἀπορῶν [A ὑστερῶν] ἄρτων
12. 5. ἐμπόδισον τοὺς ἄ. αὐτοῦ
14. 10. ὀφθ. πονηρὸς φθονερὸς ἐπ' ἄρτῳ
15. 3. ψωμιεῖ αὐτὸν ἄρτον συνέσεως
20. 16. οἱ ἔσθοντες τὸν ἄ. μου φαῦλοι γλώσσῃ [S[1] -ης]
23. 17. ἀνθρώπῳ πόρνῳ πᾶς ἄ. ἡδύς
29. 21. ἀρχὴ ζωῆς [A[2] *add.* ἀνθρώπου] ὕδωρ καὶ ἄρτος
30. 33 (33. 24). ἄρτος καὶ παιδεία καὶ ἔργον οἰκέτῃ
31 (34). 21. ἄρτος ἐπιδεομένων [A S ἐπενδ.] ζωὴ πτωχῶν
34 (31). 23. λαμπρὸν ἐπ' ἄρτοις εὐλογήσει χείλη
— 24. πονηρῷ ἐπ' ἄρτῳ διαγογγύσει πόλις
41. 19. A S R ἀπὸ πήξεως ἀγκῶνος ἐπ' ἄρτοις [B ἄρτους]
45. 21. ἄρτον πρώτοις ἡτοίμασε πλησμονήν [A S ἐν πλ.]
Ho. 2. 5 (7). τοὺς ἄ. μου καὶ τὸ ὕδωρ μου (3 *a*)
9. 4. ὡς ἄρτος πένθους αὐτοῖς (3 *a*)
— 4. οἱ ἄ. αὐτῶν ταῖς ψυχαῖς αὐτῶν (3 *a*)
Am. 4. 6. δώσω ὑμῖν . . . ἔνδειαν ἄρτων (3 *a*)
8. 11. οὐ λιμὸν ἄρτων [A ἄρτου] οὐδὲ δίψαν ὕδατος (3 *a*)
Hg. 2. 13 (12). ἅψηται τὸ ἄκρον τοῦ ἱματ. αὐ. ἄρτου (3 *a*)
Ma. 1. 7. προσάγοντες πρὸς τὸ θυσιαστ. μου ἄ. ἠλισγημένους (3 *a*)
Is. 3. 1. ἀφελεῖ . . . ἰσχὺν ἄρτου (3 *a*)
— 7. οὐ γὰρ ἔστιν ἐν τῷ οἴκῳ μου ἄ. (3 *a*)
4. 1. τὸν ἄ. ἡμῶν φαγόμεθα (3 *a*)
21. 14. ἄρτοις συναντᾶτε τοῖς φεύγουσι (3 *a*)
28. 28. τὸ δὲ κύμινον μετὰ ἄρτου βρωθήσεται (3 *a*)
30. 20. ἄρτον θλίψεως καὶ ὕδωρ στενόν (3 *a*)
— 23. ὁ ἄ. τοῦ γεννήματος τῆς γῆς σου (3 *a*)
33. 16. ἄ. αὐτῷ δοθήσεται (3 *a*)
36. 17. γῆ σίτου καὶ οἴνου καὶ ἄρτων (3 *a*)
44. 15. καύσαντες ἔπεψαν ἄρτους (3 *a*)
— 16. ἔπεψεν ἐν τοῖς ἄνθραξιν ἄρτους [A S[1] ἔπεψαν ἄ. ἐπ' αὐτῶν] –
— 19. ἔπεψεν ἐπὶ τῶν ἀνθράκων αὐτοῦ ἄρτους (3 *a*)
55. 10. δῷ . . . ἄρτον εἰς βρῶσιν (3 *a*)
58. 7. διάθρυπτε πεινῶντι τὸν ἄ. σου (3 *a*)
— 10. δῷς πεινῶντι τὸν ἄ. ἐκ ψυχῆς σου –
65. 25. ὄφις δὲ γῆν ὡς ἄρτον [S[2] *add.* φάγεται] (3 *a*)
Je. 5. 17. κατέδονται . . . τοὺς ἄ. ὑμῶν (3 *a*)
11. 19. ἐμβάλωμεν ξύλον εἰς τὸν ἄ. [A *add.* τράχηλον] αὐτοῦ (3 *a*)
16. 7. οὐ μὴ κλασθῇ ἄ. ἐν πένθει αὐτῶν –
44 (37). 12. S[3] τοῦ ἀγοράσαι ἐκεῖθεν ἄρτον [A B S *om.*] –
— 21. ἐδίδοσαν αὐτῷ ἄρτον ἕνα τῆς ἡμέρας (3 *b*)
— 21. ἕως ἐξέλιπον οἱ ἄ. ἐκ τῆς πόλεως (3 *a*)
45 (38). 9. οὐκ εἰσὶν ἔτι ἄρτοι ἐν τῇ πόλει [S εἰς τὴν π.] (3 *a*)
48 (41). 1. ἔφαγον ἐκεῖ ἄρτον ἅμα (3 *a*)
49 (42). 14. A B S[2] ἐν ἄρτοις οὐ μὴ πεινάσωμεν (3 *a*)
51 (44). 17. ἐπλήσθημεν ἄρτων (3 *a*)
52. 6. οὐκ ἦσαν ἄρτοι τῷ λαῷ τῆς γῆς (3 *a*)
Je. 52. 33. ἤσθιεν ἄρτον διὰ παντός (3 *a*)
La. 1. 11. πᾶς ὁ λαὸς αὐτῆς . . . ζητοῦντες ἄρτον [S *om.*] (3 *a*)
4. 4. νήπια ᾔτησαν ἄρτον (3 *a*)
5. 9. ἐν ταῖς ψυχαῖς ἡμῶν εἰσοίσομεν ἄρτον ἡμῶν (3 *a*)
Ez. 4. 9. ποιήσεις αὐτὰ σεαυτῷ εἰς ἄρτους (3 *a*)
— 15. ποιήσεις τοὺς ἄ. σου ἐπ' αὐτῶν (3 *a*)
— 16. ἐγὼ συντρίβω στήριγμα ἄρτου ἐν Ἰερουσαλὴμ καὶ φάγονται ἄρτον ἐν σταθμῷ (3 *a*, 3 *a*)
— 17. ὅπως ἐνδεεῖς γένωνται ἄρτου καὶ ὕδατος (3 *a*)
5. 16. συντρίψω στήριγμα ἄρτου σου (3 *a*)
12. 18. τὸν ἄ. σου μετ' ὀδύνης φάγεσαι (3 *a*)
— 19. τοὺς ἄ. αὐτῶν μετ' ἐνδείας φάγονται (3 *a*)
13. 19. ἕνεκεν κλασμάτων [A -τος] ἄρτων [A -ου] (3 *a*)
14. 13. συντρίψω αὐτῆς [A ἀπ' αὐ.] στήριγμα ἄρτου (3 *a*)
16. 19. καὶ τοὺς ἄ. μου οὓς ἔδωκά σοι (3 *a*)
— 49. ἐν πλησμονῇ ἄρτων (3 *a*)
18. 7. τὸν ἄ. αὐτοῦ τῷ πεινῶντι δώσει (3 *a*)
— 16. τὸν ἄ. αὐτοῦ τῷ πεινῶντι ἔδωκε (3 *a*)
24. 17. ἄρτον ἀνδρῶν οὐ μὴ φάγῃς (3 *a*)
— 22. ἄρτον ἀνδρῶν οὐ φάγεσθε [A οὐ μὴ φάγησθε] (3 *a*)
44. 3. τοῦ φαγεῖν ἄρτον ἐναντίον κυρίου (3 *a*)
— 7. ἐν τῷ προσφέρειν ὑμᾶς ἄρτους [A ἄ. μου] (3 *a*)
48. 18. ἔσται τὰ γεννήματα αὐτῆς εἰς ἄρτους (3 *a*)
Da. LXX. 10. 3. ἄρτον ἐπιθυμιῶν οὐκ ἔφαγον (3 *a*)
Bel. 32. ἔχων ἄρτους ἐντεθρυμμένους ἐν σκάφῃ
Da. TH. 10. 3. ἄρτον ἐπιθυμιῶν οὐκ ἔφαγον (3 *a*)
Bel. 33. ἐνέθρυψεν ἄρτους εἰς σκάφην
I Ma. 4. 51. ἐπέθηκαν ἐπὶ τὴν τράπεζαν ἄρτους
II Ma. 1. 8. καὶ προεθήκαμεν τοὺς ἄ.
10. 3. καὶ τῶν ἄ. τὴν πρόθεσιν ἐποίησαντο

[**Aq.** Ex. 25. 29 (30): 29. 23: Le. 21. 8, 17: Jo. 9. 5 (11): I Ki. 10. 4: III Ki. 14. 3: 17. 6 *bis*: IV Ki. 4. 42: Jb. 3. 24: Ps. 77 (78). 25: 126 (127). 2: Pr. 4. 17: 23. 3: 27. 27: 28. 3: 30. 8: Is. 28. 28: Je. 11. 19: 37 (44). 21: Ez. 4. 13, 16.]
[**Sm.** Ex. 29. 23: Le. 21. 8, 17: Jo. 9. 5 (11): I Ki. 2. 36: II Ki. 3. 29: III Ki. 17. 6 *bis*: IV Ki. 4. 42: Jb. 24. 5: Ps. 13 (14). 4: 40 (41). 10: 41 (42). 4: 77 (78). 25: 79 (80). 6: 103 (104). 15: 126 (127). 2: Pr. 28. 3: Is. 28. 28: 36. 17: 55. 2: Je. 11. 19: 37 (44). 21: Ez. 4. 13, 16.]
[**Th.** Ex. 29. 23: Le. 21. 8, 17: 22. 11: Jo. 9. 5 (11): III Ki. 17. 6 *bis*: Jb. 24. 5: Ps. 77 (78). 25: 126 (127). 2: Pr. 20. 17: 23. 3: 28. 3: Is. 28. 28: 51. 14: 55. 2: Ez. 4. 13, 16: Da. 10. 3.]
[**Al.** Ge. 45. 23: Le. 3. 11, 16: 7. 13: 21. 6, 21: 22. 25: 26. 26: Ps. 135 (136). 25: Pr. 31. 27.]
[**Quint.** IV Ki. 4. 42: Ps. 13 (14). 4: 77 (78). 25: 126 (127). 2: Ho. 7. 8.]
[**Sext.** Ps. 126 (127). 2.]

ἀρτύειν.

[**Sm.** Ca. 8. 2.]

ἄρτυσις.

[**Sm.** Jb. 41. 23.]

ἀρύειν.

[**Sm.** Pr. 8. 35.]

ἀρχαῖος. (1) אֵם (2) אֶתְנַן (3) יָשָׁן (4) *a.* קֶדֶם *b.* קְדוּמִים *c.* קַדְמֹנִי. *d.* מִקֶּדֶם (5) רִאשׁוֹן (6) מֵרָחוֹק (7) γενεαὶ ἀ. רֹאשׁ

Jd. 5. 21. χειμάρρους ἀρχαίων [A Καδησεὶμ] χειμ. Κισῶν (4 *b*)
I Ki. 24. 14. καθὼς λέγεται ἡ παραβολὴ ἡ ἀ. (4 *c*)
III Ki. 3. 1 (4. 30). R ὑπὲρ τὴν φρόνησιν [A B *om.*] πάντων ἀ. υἱῶν (4 *a*)
4. 30 (5. 10). ὑπὲρ τὴν φρόνησιν πάντων ἀ. ἀνθρώπων (4 *a*)
Jb. 21. 28. A ποῦ ἔστιν οἶκος ἀ. [B S ἄρχοντος] †
Ps. 43 (44). 1. ὃ εἰργάσω . . . ἐν ἡμέραις ἀ. (4 *a*)
76 (77). 5. διελογισάμην ἡμέρας ἀ. (4 *d*)
78 (79). 8. μὴ μνησθῇς ἡμῶν ἀνομιῶν ἀ. (5)
88 (89). 49. ποῦ ἐστι τὰ ἐλέη σου τὰ ἀ. (5)
138 (139). 5. σὺ ἔγνως πάντα . . . τὰ ἀ. [S[1] δίκαια] (4 *a*)

Ps. 142 (143). 5. ἐμνήσθην ἡμερῶν ἀ. (4 d)
Wi. 8. 8. οἶδε τὰ ἀ.
13. 10. λίθον ἄχρηστον χειρὸς ἔργον ἀρχαίας
Si. 2. 10. ἐμβλέψατε εἰς ἀ. γενεάς
9. 10. μὴ ἐγκαταλίπῃς φίλον ἀρχαῖον
16. 7. οὐκ ἐξιλάσατο περὶ τῶν ἀ. γιγάντων
39. 1. σοφίαν πάντων ἀρχαίων [S[1] ἀρχόντων] ἐκζητήσει
Is. 22. 9. τὸ ὕδωρ τῆς ἀ. κολυμβήθρας †
— 11. ἐσώτερον τῆς κολυμβήθρας τῆς ἀ. (3)
23. 17. ἀποκατασταθήσεται [S -σταθήσ.] εἰς τὸ ἀ. (2 ?)
25. 1. βουλὴν ἀρχαίαν ἀληθινήν (6)
37. 26. ἐξ ἡμερῶν ἀρχαίων συνέταξα (4 a)
41. 4. S ἀπὸ γενεῶν ἀ. [A B ἀρχῆς] (7)
43. 18. τὰ ἀρχαῖα μὴ συλλογίζεσθε (4 c)
La. 1. 7. ὅσα ἦν ἐξ ἡμερῶν ἀρχαίων (4 a)
2. 17. ἃ ἐνετείλατο [A ἐνεθυμήθη] ἐξ ἡμερῶν ἀ. (4 a)
Ez. 21. 21 (26). στήσεται βασ. Βαβ. ἐπὶ τὴν ἀ. ὁδόν (1)
II Ma. 6. 22. διὰ τὴν ἀ. πρὸς αὐτοὺς φιλίαν

[Aq. Ex. 14. 27: Je. 49. 19 (29. 20): Ez. 16. 55.]
[Sm. Ex. 14. 27: Dt. 33. 15: I Ki. 9. 9: III Ki. 8. 2: Ps. 73 (74). 15: 76 (77). 12: 77 (78). 2: Is. 61. 4: Je. 50 (27). 44: Ez. 40. 15.]
[Th. Is. 41. 22: 61. 4: Je. 5. 15: Ez. 16. 55.]

ἄρχειν, *cf.* ἄρχων. (1) בָּרָא (2) גְּבֶרֶת (3) חָלַל hi. (4) יָאַל hi. (5) יָסַד hoph. (6) מָשַׁל (7) נָדִיב (8) נוּעַ (9) נֵס (10) נָסִיךְ (11) עָנָה (12) עָצַר (13) עַתּוּד (14) פָּרַע (15) רֹאשׁ (16) רָדָה (17) *a.* שׁוּר qal. *b.* hi. *c.* שָׂרַר *d.* שָׂרָה *e.* שַׂר (18) שִׁיר *a.* qal. *b.* pilel. (19) שָׁלַט (20) שָׁפַט (21) שְׁרָא pa.

Ge. 1. 14. A καὶ ἄ. τῆς ἡμέρας –
— 18. ἄ. τῆς ἡμέρας καὶ τῆς νυκτός (6)
— 26. ἀρχέτωσαν τῶν ἰχθύων τῆς θαλ. (16)
— 28. ἄρχετε τῶν ἰχθύων τῆς θαλ. (16)
2. 3. ὧν ἤρξατο ὁ θ. ποιῆσαι (1)
4. 7. σὺ ἄρξεις αὐτοῦ (6)
6. 1. ἤρξαντο οἱ ἄνθρωποι πολλοὶ γίνεσθαι (3)
9. 20. ἤρξατο Νῶε ἄνθρωπος γεωργός (3)
10. 8. οὗτος ἤρξατο εἶναι γίγας (3)
11. 6. τοῦτο ἤρξαντο ποιῆσαι (3)
18. 27. νῦν ἠρξάμην λαλῆσαι πρὸς τὸν κ. (4)
41. 54. R ἤρξατο [A -αντο] τὰ ἑπτὰ ἔτη . . . ἔρχεσθαι (3)
44. 12. ἀπὸ τοῦ πρεσβυτέρου ἀρξάμενος (3)
45. 26. ἄρχει πάσης γῆς Αἰγ. (6)
Ex. 4. 10. ἀφ' οὗ ἤρξω λαλεῖν τῷ θερ. σου –
Nu. 16. 46 (17. 11). ἦρκται θραύειν τὸν λαόν (3)
De. 1. 5. ἤρξατο Μωυσῆς διασαφῆσαι τὸν νόμον τοῦτον (4)
2. 31. ἰδοὺ ἦργμαι παραδοῦναι . . . τὸν Σηών (3)
3. 24. σὺ ἤρξω [A -ξαι] δεῖξαι τῷ σῷ θεράποντι (3)
15. 6. ἄρξεις [A σὺ ἄρξῃ] ἐθνῶν πολλῶν σοῦ δὲ οὐκ ἄρξουσιν (6, 6)
16. 9. ἀρξαμένου σου δρέπανον ἐπ' ἀμητὸν ἄρξῃ ἐξαριθμῆσαι (3, 3)
28. 12. ἄρξεις σὺ ἐθνῶν πολλῶν σοῦ δὲ οὐκ ἄρξουσι –, –
Jo. 3. 7. ἐν τῇ ἡμέρᾳ ταύτῃ ἄρχομαι ὑψῶσαί σε (3)
11. 10. ἦν δὲ Ἀσὼρ . . . ἄρχουσα πασῶν τῶν βασ. (15)
12. 5. ἄρχων ἀπὸ ὄρους Ἀερμών (6)
13. 21. τὸν Ῥοβὲ ἄρχοντα ἔναρα [A om.] Σιών (10)
17. 12. ἤρχετο [A ἤρξατο] ὁ Χαν. κατοικεῖν (4)
Jd. 1. 27. ἤρξατο ὁ Χαναναῖος κατοικεῖν (4)
— 35. ἤρξατο ὁ Ἀμορραῖος κατοικεῖν (4)
5. 2. A ἐν τῷ ἄρξασθαι ἀρχηγοὺς ἐν Ἰσραήλ [B *aliter*] (14)
— 29. αἱ σοφαὶ ἄρχουσαι [A -σῶν] αὐτῆς (17 d)
7. 19. A ἀρχομένης [B ἐν ἀρχῇ] τῆς φυλακῆς (15)
8. 22. ἄρξον ἡμῶν καὶ σύ [A ἄρχε ἐν ἡμῖν σύ] (6)
— 23. οὐκ ἄρξω ἐγὼ [A *add.* ὑμῶν] καὶ οὐκ ἄρξει ὁ υἱός μου ἐν ὑμῖν [A ὑμῶν] κύριος ἄρξει ὑμῶν (6 *ter*)
9. 2. A ποῖον βέλτιόν ἐστιν τὸ ἄρχειν [B *aliter*] (6)
— 9. A πορευθῶ ἄρχειν τῶν ξύλων [B *aliter*] (8)
— 11, 13. A πορευθῶ ἄρχειν ξύλων [B *aliter*] (8)

Jd. 9. 22. καὶ ἦρξεν Ἀβιμέλεχ ἐπὶ [A ἐν] Ἰσραὴλ τρία ἔτη. (17 a)
10. 18. ὅστις ἂν ἄρξηται παρατάξασθαι (3)
13. 5. αὐτὸς ἄρξεται σῶσαι τὸν Ἰ. (3)
— 25. ἤρξατο πνεῦμα κυρίου συνεκπορεύεσθαι αὐτῷ (3)
15. 11. A ἄρχουσιν [B κυριεύουσιν] ἡμῶν οἱ ἀλλόφ. (6)
16. 19. καὶ ἤρξατο ταπεινῶσαι αὐτόν [A ταπεινοῦσθαι] (3)
— 22. καὶ ἤρξατο θρὶξ . . . βλαστάνειν [A ἀνατεῖλαι] (3)
17. 11. καὶ ἤρξατο παροικεῖν παρὰ τῷ ἀνδρί (4)
19. 6. A ἀρξάμενος [B ἄγε δὴ] αὐλίσθητι (4)
20. 31. καὶ ἤρξαντο πατάσσειν [A τύπτειν] (3)
— 39. Βενιαμὶν ἤρξατο πατάσσειν [A ἦρκται τοῦ τύπτειν] (3)
— 40. A ὁ πύργος ἤρξατο ἀναβαίνειν [B *al.*] (3)
I Ki. 3. 2. οἱ ὀφθαλμοὶ αὐτοῦ ἤρξαντο βαρύνεσθαι (3)
— 12. ἄρξομαι καὶ ἐπιτελέσω (3)
9. 17. οὗτος ἄρξει ἐν τῷ λαῷ μου (12)
10. 1. καὶ σὺ ἄρξεις ἐν [A om.] λαῷ κυρίου –
14. 35. τοῦτο ἤρξατο Σαοὺλ οἰκοδομῆσαι θυσιαστήριον (3)
21. 11 (12). A οὐχὶ τούτῳ ἦρχον [B ἐξῆρ.] (11)
22. 15. ἦ σήμερον ἦργμαι ἐρωτᾶν αὐτῷ (3)
II Ki. 7. 29. ἄρξαι καὶ εὐλόγησον τὸν οἶκον (4)
18. 14. τοῦτο ἐγὼ ἄρξομαι –
24. 15. ἤρξατο ἡ θραῦσις ἐν τῷ λαῷ –
III Ki. 3. 1. B Σαλωμὼν ἤρξατο ἀνοίγειν τὰ δυναστεύμ. –
11. 1 (3). A R ἦσαν αὐτῷ γυναῖκες [B om.] ἄρχουσαι ἑπτακόσιαι (17 d)
21 (20). 19. B ἄρχοντα τὰ παιδάρια ἄρχοντα τῶν χωρῶν [A *al.*] (–, 17 e)
IV Ki. 10. 32. ἤρξατο κύριος συγκόπτειν (3)
15. 37. ἤρξατο κύριος ἐξαποστέλλειν (3)
I Ch. 1. 10. οὗτος ἤρξατο εἶναι γίγας κυνηγός (3)
17. 27. ἤρξαι [A S ἤρξω] τοῦ εὐλογῆσαι (4)
27. 24. ἤρξατο ἀριθμεῖν ἐν τῷ λαῷ (3)
29. 12. σὺ πάντων ἄρχεις (6)
II Ch. 3. 1. ἤρξατο Σαλωμὼν τοῦ οἰκοδομεῖν (3)
— 2. ἤρξατο οἰκοδομῆσαι (3)
— 3. καὶ ταῦτα ἤρξατο Σαλωμών (5)
20. 22. ἐν τῷ ἄρξασθαι [A ἐνάρξ.] τῆς αἰνέσεως αὐτοῦ (3)
29. 17. καὶ ἤρξαντο τῇ ἡμέρᾳ τῇ πρώτῃ . . . ἁγνίσαι (3)
— 27. ἐν τῷ ἄρξασθαι ἀναφέρειν . . . ἤρξαντο ᾄδειν κ. (3, 3)
31. 7. ἤρξαντο οἱ σωροὶ θεμελιοῦσθαι (3)
— 10. ἐξ οὗ ἦρκται ἡ ἀπαρχὴ φέρεσθαι (3)
— 21. A ἐν ᾧ ἤρξατο ἐν [B om.] ἐργασίᾳ (3)
34. 3. ἤρξατο τοῦ ζητῆσαι κ. τὸν θεὸν Δαυίδ (3)
— 3. ἤρξατο τοῦ καθαρίσαι τὸν Ἰούδαν (3)
35. 25. εἶπαν πάντες οἱ ἄρχοντες καὶ αἱ ἄρχουσαι θρῆνον (18 a, 18 a)
36. 4. B τότε ἤρξατο ἡ γῆ φορολογεῖσθαι –
I Es. 2. 30. ἤρξαντο κωλύειν τοὺς οἰκοδομοῦντας
3. 17. ἤρξατο ὁ πρῶτος . . . καὶ ἔφη οὕτως
4. 1. καὶ ἤρξατο ὁ δεύτερος λαλεῖν
— 13. ὁ δὲ τρίτος . . . ἤρξατο λαλεῖν
— 33. ἤρξατο λαλεῖν περὶ τῆς ἀληθείας
5. 53. ἤρξαντο προσφέρειν θυσίας τῷ θεῷ
— 56. ἤρξατο Ζοροβάβελ . . . καὶ ἐθεμελίωσαν τὸν ναόν
6. 2. ἤρξαντο οἰκοδομεῖν τὸν οἶκον τοῦ κ.
II Es. 3. 6. ἤρξαντο ἀναφέρειν ὁλοκαυτώσεις τῷ κ. (3)
— 8. ἤρξατο Ζοροβάβελ . . . καὶ ἔστησαν (3)
5. 2. ἤρξαντο οἰκοδομῆσαι τὸν οἶκον τοῦ θ. (21)
Ne. 4. 7 (1). ἤρξαντο αἱ διασφαγαὶ ἀναφράσσεσθαι (3)
To. 2. 13. ἤρξατο κράζειν
3. 1. S καὶ ἠρξάμην προσεύχεσθαι [A B *al.*]
7. 15. καὶ ἤρξαντο ἐσθίειν [S *al.*]
8. 5. S καὶ ἤρξαντο προσεύχεσθαι
— 5. ἤρξατο Τωβίας λέγειν
— 19. S καὶ ἤρξαντο παρασκευάζειν
10. 3. S ἤρξατο λυπεῖσθαι [A B ἐλυπεῖτο λίαν]
— 4. ἤρξατο θρηνεῖν αὐτόν
Es. 4. 17. τὸν δὲ ἀρξάμενον ἐφ' ἡμᾶς παραδειγμάτισον
6. 13. ἦρξαι [S[3] οὐ ἤρξω] ταπεινοῦσθαι ἐνώπιον αὐτοῦ (3)
8. 13. εἴκοσι ἑπτὰ σατραπείαις χωρῶν ἄρχουσι [S[1] ἄρξ.]

Jb. 6. 4. ὅταν ἄρξωμαι λαλεῖν †
— 9. ἀρξάμενος ὁ κύριος τρωσάτω με (4)
— 29. S[2] συνέρχεσθε νῦν ἄρξασθαι [A B S[1] om. ν. ἄ.] –
13. 15. ἐπεὶ καὶ ἦρκται †
36. 24. τὰ ἔργα ὧν ἦρξαν ἄνδρες (18 b)
42. 18. ἧς καὶ αὐτὸς ἦρξε χώρας
Ps. 76 (77). 10. καὶ εἶπα νῦν ἠρξάμην †
Pr. 13. 12. B κρείσσων ἐν ἀρχομένοις [?ἐναρχ., A S R ἐναρχόμενος] †
19. 10. ἐὰν οἰκέτης ἄρξηται (6)
22. 7. πλούσιοι πτωχῶν ἄρξουσι (6)
29. 2. ἀρχόντων δὲ ἀσεβῶν στένουσιν ἄνδρες (6)
Si. 18. 7. τότε ἄρχεται [A ἔρχ.]
47. 21. ἐξ Ἐφραὶμ ἄρξαι [S ἄρξας] βασιλείαν ἀπειθῆ
Ho. 5. 11. ὅτι ἤρξατο πορεύεσθαι ὀπίσω τῶν ματαίων (4)
6. 12 (11). ἄρχου τρυγᾶν σεαυτῷ †
7. 5. ἤρξαντο οἱ ἄρχοντες θυμοῦσθαι †
8. 4. ἦρξαν καὶ οὐκ ἐγνώρισάν μοι τὸ ἀργύριον αὐτῶν (17 b)
Mi. 1. 12. τίς ἤρξατο εἰς ἀγαθά †
6. 13. καὶ ἐγὼ ἄρξομαι τοῦ πατάξαι σε †
Jn. 3. 4. καὶ ἤρξατο Ἰ. τοῦ εἰσελθεῖν [A S[3] εἰσπορεύεσθαι] (3)
Is. 3. 17. ταπεινώσει ὁ θεὸς ἀρχούσας θυγατέρας Σιών †
11. 10. ὁ ἀνιστάμενος ἄ. ἐθνῶν (9)
14. 9. οἱ γίγαντες οἱ ἄρξαντες [S[1] ἄρχοντες] τῆς γῆς (13)
22. 22. A B S[2] ἄρξει καὶ οὐκ ἔσται ὁ ἀντιλέγων –
32. 1. ἄρχοντες μετὰ κρίσεως ἄρξουσι (17 c)
— 5. οὐκέτι μὴ εἴπωσι τῷ μωρῷ ἄ. (7)
40. 23. ὁ διδοὺς ἄρχοντας ὡς [A S εἰς] οὐδὲν ἄ. (20 ?)
47. 7. εἰς τὸν αἰῶνα ἔσομαι ἄρχουσα (2)
49. 23. αἱ δὲ ἄρχουσαι αὐτῶν [A S[3] om.] τροφοί σου (17 d)
63. 19. ὅτε οὐκ ἦρξας ἡμῶν (6)
Je. 32 (25). 29. ἐπ' αὐτὴν ἐγὼ ἄρχομαι [A ἔρχ.] κακῶσαι (3)
La. 1. 1. ἄρχουσα ἐν χώραις ἐγενήθη εἰς φόρον (17 d)
Ez. 9. 6. ἀπὸ τῶν ἁγίων μου ἄρξασθε· καὶ ἤρξατο ἀπὸ τῶν ἀνδρῶν [A om. τῶν ἀ.] τῶν πρεσβυτέρων (3, 3)
13. 6. ἤρξαντο τοῦ ἀναστῆσαι λόγον †
Da. Th. 5. 7. τρίτος ἐν τῇ βασ. μου ἄρξει (19)
— 16. τρίτος ἐν τῇ βασ. μου ἄρξεις (19)
11. 10. A εἰσελεύσεται ἀρχόμενος [B ἐλ. ἐρ.] †
I Ma. 1. 4. ἦρξε χωρῶν καὶ ἐθνῶν καὶ τυράννων
3. 25. ἤρξατο ὁ φόβος Ἰούδα καὶ τῶν ἀδελφῶν
5. 2. ἤρξαντο τοῦ θανατοῦν ἐν τῷ λαῷ
— 31. εἶδεν Ἰούδας ὅτι ἦρκται ὁ πόλεμος
8. 16. A[2] S πιστεύουσιν ἑνὶ ἀνθρώπῳ ἄρχειν [A[1] R τὴν ἀρχὴν] αὐτῶν
9. 67. S ἤρξατο [A R ἐξήρξατο] τύπτειν
— 73. ἤρξατο Ἰωνάθαν κρίνειν τὸν λαόν
10. 10. ἤρξατο οἰκοδομεῖν καὶ καινίζειν τὴν πόλιν
11. 46. καὶ ἤρξαντο πολεμεῖν [A ἐκπολ.]
13. 42. ἤρξατο ὁ λαὸς Ἰσραὴλ [S om.] γράφειν
15. 40. ἤρξατο τοῦ ἐρεθίζειν τὸν λαόν
II Ma. 2. 32. ἐντεῦθεν οὖν ἀρξώμεθα τῆς διηγήσεως
9. 11. ἤρξατο τὸ πολὺ τῆς ὑπερηφανίας λήγειν
IV Ma. 1. 12. λέγειν ἔξεσται ἀρξαμένῳ τῆς ὑποθέσεως
5. 6. πρὶν ἄρξασθαι τῶν κατὰ σοῦ βασάνων
— 15. ἤρξατο δημηγορεῖν οὕτως

[Aq. Ge. 4. 26: 32. 28 (29): Dt. 2. 24: Pr. 8. 16: Is. 32. 1.]
[Sm. Ge. 32. 28 (29): Pr. 8. 16: Is. 32. 1: 49. 23.]
[Th. Ex. 2. 21: Jd. 5. 2: 19. 6: Jb. 36. 24: Is. 32. 1: Ez. 19. 14: Da. 5. 7.]
[Al. Dt. 2. 25: Jb. 1. 5.]

ἀρχή. (1) אָז (2) בִּכּוּרִים (3) חֵל, חַיִל (4) יוֹם (5) יָרֵשׁ (6) יָשַׁר pi. *vel* שָׂרָה (7) כֵּן (8) כִּפָּה (9) לוּחַ (10) מַמְלָכָה (11) מֶמְשָׁלָה (12) מִשְׂרָה (13) מִשְׁפָּט (14) מַשְׁקֶה (15) עוֹלָם (16) פִּנָּה (17) צְפִירַת (18) *a.* קֶדֶם *b.* יְמֵי־קֶדֶם *c.* קַדְמָה (19) *a.* קֵץ *b.* קָצֶה *c.* קָצָה

● = correction on page xxiv

(20) *a.* רֹאשׁ *b.* רִאשׁוֹן *c.* רֵאשִׁית *d.* רֵשִׁית
(21) רָחוֹק (22) שָׁלְטָן (23) תְּחִלָּה
(24) תְּרוּמָה

Ge. 1. 1. *ἐν ἀ. ἐποίησεν ὁ θεὸς τὸν οὐρ.* (20 *c*)
— 16. *εἰς ἀρχὰς τῆς ἡμέρας* (11)
— 16. *εἰς ἀρχὰς τῆς νυκτός* (11)
2. 10. *εἰς τέσσαρας ἀρχάς* (20 *a*)
10. 10. *ἐγένετο ἀ. τῆς βασιλείας* (20 *c*)
13. 4. **R** *οὗ ἐποίησεν ἐκεῖ τὴν ἀ.* [**A** *σκηνήν*] (20 *b*)
40. 13. *μνησθήσεται Φαραὼ τῆς ἀ. σου* (20 *a*)
— 13. *κατὰ τὴν ἀ. σου* (13)
— 20. **R** *τῆς ἀ. τοῦ οἰνοχόου* [**A** *ἀρχιοιν.*] (20 *a*)
— 20. **R** *τῆς ἀ. τοῦ σιτοποιοῦ* [**A** *ἀρχισιτ.*] (20 *a*)
— 21. *ἀποκατέστησεν . . . ἐπὶ τὴν ἀ. αὐτοῦ* (14)
41. 13. *ἀποκατασταθῆναι ἐπὶ τὴν ἀ. μου* (7)
— 21. *καθὰ καὶ τὴν ἀ.* (23)
43. 18, 20. *τὴν ἀ.* (23)
49. 3. *σὺ ἰσχύς μου καὶ ἀ. τέκνων μου* (20 *c*)
Ex. 6. 25. *αὗται αἱ ἀ. πατριᾶς Λευιτῶν* (20 *a*)
12. 2. *ὁ μὴν οὗτος ὑμῖν ἀρχὴ μηνῶν* (20 *a*)
34. 22. **A R** *ἀ. θερισμοῦ πυροῦ* [**A** *-ῶν*] *καὶ ἑορτὴν* [**B** *ἀρχὴν*] *συναγωγῆς* (2,†)
36. 24 (39. 17). *ἐπ' ἀμφοτέρας τὰς ἀ. τοῦ λογείου* (19 *c*)
Nu. 1. 2. *λάβετε ἀρχὴν πάσης συναγωγῆς* (20 *a*)
4. 22. *λάβε τὴν ἀ. τῶν υἱῶν Γεδσών* (20 *a*)
24. 20. *ἀ. ἐθνῶν Ἀμαλήκ* (20 *c*)
26. 2. *λάβε τὴν ἀ. πάσης συναγωγῆς* (20 *a*)
De. 11. 12. *ἀπ' ἀρχῆς τοῦ ἐνιαυτοῦ* (20 *d*)
17. 18. *ὅταν καθίσῃ ἐπὶ* [**A** *add.* *τοῦ δίφρου*] *τῆς ἀ. αὐτοῦ* (10)
— 20. *ὅπως ἂν μακροχρονίσῃ ἐπὶ τῆς ἀ. αὐτοῦ* (10)
21. 17. *οὗτός ἐστιν ἀρχὴ τέκνων αὐτοῦ* (20 *c*)
33. 15. *ἀπὸ κορυφῆς ὀρέων ἀρχῆς* (18 *a*)
— 27. **R** *σκεπάσει* [**A**[1] *σκέπασις*] *σε* [**A**[1] *om.*] *θεοῦ ἀρχή* [**A** *ἀρχήν*, **B**[1] *ἀρχῆς*] (18 *a*)
Jo. 24. 2. *οἱ πατέρες ὑμῶν τὸ ἀπ' ἀρχῆς* (15)
Jd. 7. 11. *κατέβη . . . πρὸς ἀρχὴν* [**A** *εἰς μέρος*] *τῶν πεντήκ.* (19 *b*)
— 16. *διεῖλε τοὺς τριακοσίους ἄνδρας εἰς* [**A** *om.*] *τρεῖς ἀρχάς* (20 *a*)
— 17. *ἐγὼ πορεύσομαι ἐν ἀρχῇ* [**A** *μέσῳ*] *τῆς παρεμβ.* (19 *b*)
— 19. *ἐν ἀρχῇ* [**A** *μέρει*] *τῆς παρεμβολῆς ἐν ἀρχῇ* [**A** *ἀρχομένης*] *τῆς φυλακῆς μέσης* (19 *b*, 20 *a*)
— 20. *ἐσάλπισαν αἱ τρεῖς ἀ.* (20 *a*)
9. 34. *ἐνήδρευσαν ἐπὶ Σ. τέτρασιν ἀ.* [**A** *τέσσαρας ἀ.*] (20 *a*)
— 37. *ἀ. ἑτέρα ἔρχεται* [**A** *al.*] (20 *a*)
— 43. *διεῖλεν αὐτοὺς εἰς* [**A** *om.*] *τρεῖς ἀρχάς* (20 *a*)
— 44. **A** *Ἀβιμέλεχ καὶ αἱ ἀ.* [**B** *οἱ ἀρχηγοί*] (20 *a*)
— 44. *αἱ δύο ἀ. ἐξέτειναν* [**A** *ἐξεχύθησαν*] *ἐπὶ πάντας* (20 *a*)
20. 18. *τίς ἀναβήσεται ἡμῖν ἐν ἀρχῇ* [**A** *ἀφηγούμενος*] (23)
— 18. *Ἰούδας ἐν ἀρχῇ* [**A** *om.*] *ἀναβήσεται* (23)
Ru. 1. 22. *ἐν ἀρχῇ θερισμοῦ κριθῶν* (23)
I Ki. 2. 29. *ἀπ' ἀρχῆς* [? *ἀπαρχῆς*] *πάσης θυσίας τοῦ Ἰσρ.* (20 *c*)
11. 11. *ἔθετο Σαοὺλ τὸν λαὸν εἰς τρεῖς ἀ.* (20 *a*)
13. 17. **B** *ἐξῆλθε διαφθείρων . . . τρισὶν ἀρχαῖς* (20 *a*)
— 17. *ἡ ἀ. ἡ μία ἐπιβλέπουσα ὁδὸν Γ.* (20 *a*)
— 18. *ἡ ἀ. ἡ μία ἐπιβλέπουσα ὁδὸν Βαιθ.* (20 *a*)
— 18. *ἡ ἀ. μία ἐπιβλέπουσα ὁδὸν Γ.* (20 *a*)
II Ki. 7. 10. *τοῦ ταπεινῶσαι αὐτὸν καθὼς ἀπ' ἀρχῆς* (20 *b*)
14. 26. *καὶ ἐγένετο ἀπ' ἀρχῆς ἡμερῶν* (19 *a*)
17. 9. *ἐν τῷ ἐπιπεσεῖν αὐτοῖς ἐν ἀρχῇ* (23)
21. 9. *ἐν* [**A** *om.*] *ἀρχῇ θερισμοῦ κριθῶν* (23)
— 10. *ἐν ἀρχῇ θερισμοῦ κριθῶν* (23)
III Ki. 7. 35. *ἀ. χειρῶν αὐτῆς* –
— 35 (36). **A R** *ἠνοίγετο ἐπὶ τὰς* [**B** *τέσσαρας*] *ἀ. τῶν χειρῶν αὐτῆς* (9 ?)
20 (21). 9. *καθίσατε τὸν Ναβ. ἐν ἀρχῇ τοῦ λαοῦ* (20 *a*)
— 12. **R** *ἐκάθισαν τὸν Ναβ. ἐν ἀρχῇ* [**A** *κεφαλῇ*] *τοῦ λαοῦ* (20 *a*)
IV Ki. 17. 25. *ἐν ἀρχῇ τῆς καθέδρας αὐτῶν* (23)
I Ch. 12. 32. **A** *τί ποιῆσαι Ἰσραὴλ εἰς τὰς ἀ. αὐτῶν* [**B S** *om.* *εἰς τ. ἀ. αὐ.*] (20 *a*)
16. 7. *ἔταξε Δαυὶδ ἐν ἀρχῇ* (20 *a*)
I Ch. 17. 9. *τοῦ ταπεινῶσαι αὐτὸν καθὼς ἀρχῆς* [**A** *ἀπ' ἀ.*] (20 *b*)
26. 10. *φυλάσσοντες τὴν ἀ.* (20 *a*)
29. 12. *ὁ ἄρχων πάσης ἀρχῆς* –
II Ch. 13. 12. *μεθ' ἡμῶν ἐν ἀρχῇ κύριος* (20 *a*)
23. 8. *ἀπ' ἀρχῆς τοῦ σαββάτου* †
I Es. 8. 70. *ἀπὸ τῆς ἀ. τοῦ πράγματος*
II Es. 4. 6. *ἐν ἀρχῇ βασιλείας αὐτοῦ* (23)
8. 18. *καὶ ἀρχὴν ἦλθον οἱ υἱοὶ αὐτοῦ* †
— 25. *τὰ σκεύη ἀπ' ἀρχῆς* [? *ἀπαρχῆς*] *οἴκου θεοῦ ἡμῶν* (24)
9. 2. **A R** *ἐν τῇ ἀσυνθ. ταύτῃ ἐν ἀρχῇ* [**B** *om.* *ἐν ἀ.*] (20 *b*)
Ne. 9. 17. *ἔδωκαν ἀρχὴν ἐπιστρέψαι εἰς δουλείαν αὐτῶν* (20 *a*)
12. 46. *Ἀσὰφ ἀπ' ἀρχῆς πρῶτος τῶν ᾀδόντων* (18 *a*)
Ju. 8. 29. *ἀπ' ἀρχῆς ἡμερῶν σου*
14. 2. **S**[1] *δώσετε εἰς αὐτοὺς ἀρχήν* [**A B S**[2] *ἀρχηγόν*]
Es. 4. 17. *πάσης ἀρχῆς ἐπικρατῶν*
8. 13. *ἐπετήδευσε τῆς ἀ. στερῆσαι ἡμᾶς*
Jb. 1. 17. **A S**[2] *οἱ ἱππεῖς ἐποίησαν ἡμῖν ἀρχὰς* [**B S**[1] *κεφαλὰς*] *τρεῖς* (20 *a*)
37. 3. **B S** *ὑποκάτω παντὸς τοῦ οὐρανοῦ ἀρχὴ αὐτοῦ* (6 ?)
40. 14 (19). *τοῦτ' ἔστιν ἀρχὴ πλάσματος κυρίου* (20 *c*)
Ps. 73 (74). 2. *τῆς συναγωγῆς σου ἧς ἐκτήσω ἀπ' ἀρχῆς* (18 *a*)
76 (77). 11. *μνησθήσομαι ἀπὸ τῆς ἀ. τῶν θαυμασίων σου* (18 *a*)
77 (78). 2. *φθέγξομαι προβλήματα ἀπ' ἀρχῆς* (18 *a*)
101 (102). 25. *κατ' ἀρχὰς τὴν γῆν σὺ . . . ἐθεμελίωσας* (16)
109 (110). 3. *μετὰ σοῦ ἡ ἀρχὴ ἐν ἡμέρᾳ τῆς δυνάμεώς σου* †
110 (111). 10. *ἀρχὴ σοφίας φόβος κυρίου* (20 *c*)
118 (119). 152. *κατ' ἀρχὰς ἔγνων ἐκ τῶν μαρτυρίων σου* (18 *a*)
— 160. *ἀρχὴ τῶν λόγων σου ἀλήθεια* (20 *a*)
136 (137). 6. *ἐν ἀρχῇ τῆς εὐφροσύνης μου* (20 *a*)
138 (139). 17. *λίαν ἐκραταιώθησαν αἱ ἀ. αὐτῶν* (20 *a*)
Pr. 1. 7. **A R** *ἀρχὴ σοφίας φόβος κυρίου* [**B S** *θεοῦ*] (20 *c*)
— 7. *εὐσέβεια δὲ εἰς θεὸν ἀρχὴ* [**A** *ἀρετὴ*] *αἰσθήσεως* –
8. 22. *κύριος ἔκτισέ με ἀρχὴν ὁδῶν αὐτοῦ* (20 *c*)
— 23. *πρὸ τοῦ αἰῶνος ἐθεμελίωσέ με ἐν ἀρχῇ* [**A** *om.* *ἐν ἀ.*] (15 *et* 20 *a* ?)
9. 10. *ἀρχὴ σοφίας φόβος κυρίου* (23)
16. 4 (15. 33). *ἀρχὴ δόξης ἀποκριθήσεται αὐτῇ* (16)
— 5. *ἀρχὴ ὁδοῦ ἀγαθῆς τὸ ποιεῖν τὰ δίκαια* –
— 12. *ἑτοιμάζεται θρόνος ἀρχῆς* –
17. 14. *ἐξουσίαν δίδωσι λόγοις ἀρχὴ δικαιοσύνης* (20 *c*)
Ec. 3. 11. *ὃ ἐποίησεν ὁ θεὸς ἀπ' ἀρχῆς* (20 *a*)
5. 10. *ὅτι ἀρχὴ* [**S**[2] *ἀλλ' ἢ*] *τοῦ ὁρᾶν ὀφθ. αὐτοῦ* †
7. 9 (8). *ἀγαθὴ ἐσχάτη λόγων ὑπὲρ ἀρχὴν αὐτοῦ* (20 *c*)
10. 13. *ἀρχὴ λόγων στόματος αὐτοῦ ἀφροσύνη* (23)
Ca. 4. 8. *διελεύσῃ ἀπὸ ἀρχῆς πίστεως* (20 *a*)
Wi. 6. 17. *ἀρχὴ γὰρ αὐτῆς ἡ ἀληθεστάτη παιδείας ἐπιθυμία*
— 22. *ἀπ' ἀρχῆς γενέσεως ἐξιχνιάσω*
7. 5. *οὐδεὶς γὰρ βασ.* [**A** *-έων*] *ἑτέραν ἔσχε γενέσεως ἀ.*
— 18. *ἀρχὴν καὶ τέλος*
9. 8. *ἣν προητοίμασας ἀπ' ἀρχῆς*
12. 11. *σπέρμα γὰρ ἦν κατηραμένον ἀπ' ἀρχῆς*
— 16. *ἡ γὰρ ἰσχύς σου δικαιοσύνης ἀρχή*
14. 6. *καὶ ἀρχῆς γὰρ ἀπολλυμένων ὑπερηφάνων γιγάντων*
— 12. *ἀρχὴ γὰρ πορνείας ἐπίνοια εἰδώλων*
— 13. *οὔτε γὰρ ἦν ἀπ' ἀρχῆς*
— 27. *παντὸς ἀρχὴ κακοῦ καὶ αἰτία*
Si. 1. 14. *ἀρχὴ σοφίας φοβεῖσθαι τὸν θεόν* [**A S** *κύριον*]
10. 12. *ἀρχὴ ὑπερηφανίας ἀνθρ. ἀφισταμένου ἀπὸ κ.*
— 13. *ἀρχὴ ὑπερηφανίας ἁμαρτία*
11. 3. *ἀρχὴ γλυκασμάτων ὁ καρπὸς αὐτῆς*
15. 14. *αὐτὸς ἐξ ἀρχῆς ἐποίησεν ἄνθρωπον*
16. 26. *ἐν κρίσει κυρίου τὰ ἔργα αὐτοῦ ἀπ' ἀρχῆς*
— 27. *ἐκόσμησεν . . . τὰς ἀ. αὐτῶν*
24. 9. *πρὸ τοῦ αἰῶνος ἀπ' ἀρχῆς* [**A** *ἀπαρχὴν*] *ἔκτισέ με*
25. 24. *ἀπὸ γυναικὸς ἀρχὴ ἁμαρτίας*
29. 21. *ἀρχὴ ζωῆς* [**A**[2] *add.* *ἀνθρώπου*] *ὕδωρ καὶ ἄρτος*
36 (33). 16. *καθὼς ἀπ' ἀρχῆς*
Si. 36. 20 (17). *δὸς μαρτύριον τοῖς ἐν ἀρχῇ κτίσμασί σου*
37. 16. *ἀρχὴ παντὸς ἔργου λόγος*
39. 25. *ἀγαθὰ τοῖς ἀγαθοῖς ἔκτισται ἀπ' ἀρχῆς*
— 26. *ἀρχὴ πάσης χρείας εἰς ζωὴν ἀνθρώπου*
— 32. *ἐξ ἀρχῆς ἐστηρίχθην* [**S**[1] *-ίσθην*]
51. 20. *καρδίαν ἐκτησάμην μετ' αὐτῶν* [**A** *-ῆς*] *ἀπ' ἀρχῆς*
Ho. 1. 2. *ἀρχὴ λόγου κ. ἐν Ὠ.* (23)
— 11 (2. 2). *θήσονται ἑαυτοῖς ἀρχὴν μίαν* (20 *a*)
Am. 6. 1. *ἀπετρύγησαν ἀρχὰς ἐθνῶν* (20 *c*)
— 7. *ἀπ' ἀρχῆς δυναστῶν* (20 *a*)
Mi. 3. 1. *ἀκούσατε δὴ ταῦτα αἱ ἀ. οἴκου Ἰ.* (20 *a*)
4. 8. *εἰσελεύσεται ἡ ἀ.* (11)
5. 2 (1). *ἔξοδοι αὐτοῦ ἀπ' ἀρχῆς ἐξ ἡμερῶν αἰῶνος* (18 *a*)
Ob. 1. 20. *καὶ τῆς μετοικεσίας ἡ ἀ. αὕτη τοῖς υἱοῖς Ἰ.* (3 ?)
Na. 1. 6. *ὁ θυμὸς αὐτοῦ τήκει ἀρχάς* †
3. 8. *ἧς* [**S**[1] *ὡς*] *ἡ ἀρχὴ θάλασσα* (3 ?)
— 10. *τὰ νήπια αὐτῆς ἐδαφιοῦσιν ἐπ' ἀρχὰς πασ. τῶν ὁδῶν* (20 *a*)
Hb. 1. 12. *οὐχὶ σὺ ἀπ' ἀρχῆς* (18 *a*)
Za. 12. 7. *καθὼς ἀπ' ἀρχῆς* (20 *b*)
Is. *tit.* **S** *Ἡσαΐας ἀρχὴ* [**A B** *al.*]
1. 26. *ὡς τὸ ἀπ' ἀρχῆς* (23)
2. 6. *ἐνεπλήσθη ὡς τὸ ἀπ' ἀρχῆς* (18 *a*)
● 9. 6 (5). *οὗ ἡ ἀ. ἐγενήθη ἐπὶ τοῦ ὤμου αὐτοῦ* (13)
— 7 (6). *μεγάλη ἡ ἀ. αὐτοῦ* (13)
— 15 (14). *αὕτη ἡ ἀ.* (20 *a*)
10. 10. *πάσας τὰς ἀ.* [**A S** *χώρας*] *λήψομαι* (10)
16. 4 (3). **A B**[2] **S** *μὴ ἀπ' ἀρχῆς* [**B**[1] *ἀχθῇς*] *παροικήσουσί σοι* †
19. 11. *ἡμεῖς υἱοὶ βασιλέων τῶν ἐξ ἀρχῆς* (18 *a*)
— 15. *ἀρχὴν καὶ τέλος* (8)
22. 11. *εἰς τὸν ἀπ' ἀρχῆς ποιήσαντα αὐτήν* (21)
23. 7. *ἡ ὕβρις* [**A S** *add.* *ἡ*] *ἀπ' ἀρχῆς* (18 *b*)
40. 21. *οὐκ ἀνηγγέλη ἐξ ἀρχῆς ὑμῖν* (20 *a*)
41. 4. *ὁ καλῶν αὐτὴν ἀπὸ γενεῶν ἀρχῆς* (20 *a*)
— 26. *τίς γὰρ ἀναγγελεῖ τὰ ἐξ ἀρχῆς* (20 *a*)
— 27. *ἀρχὴν Σιὼν δώσω* (20 *b*)
42. 9. *τὰ ἀπ'* [**A** *ἐπ'*] *ἀρχῆς ἰδοὺ ἥκασι* (20 *b*)
— 10. *ἡ ἀ. αὐτοῦ δοξάζετε τὸ ὄνομα αὐτοῦ* †
43. 9. *τὰ ἐξ ἀρχῆς τίς ἀναγγελεῖ ὑμῖν* (20 *b*)
— 12 (13). *κύριος ὁ θεὸς ἔτι ἀπ' ἀρχῆς* (4)
44. 8. *οὐκ ἀπ' ἀρχῆς ἠνωτίσασθε* (1)
45. 21. *τίς ἀκουστὰ ἐποίησε ταῦτα ἀπ' ἀρχῆς* (18 *a*)
48. 8. *οὔτε ἀπ' ἀρχῆς ἤνοιξά σου τὰ ὦτα* (1)
— 16. *οὐκ ἀπ' ἀρχῆς ἐν κρυφῇ λελάληκα* (20 *a*)
51. 9. *ἐξεγείρου ὡς ἐν ἀρχῇ ἡμέρας* (18 *a*)
63. 16. *ἀπ' ἀρχῆς τὸ ὄνομά σου ἐφ' ἡμᾶς ἐστι* [**A** *ἐστιν ἐν ἡμῖν*] (15)
— 19. *ἐγενόμεθα ὡς τὸ ἀπ' ἀρχῆς* (15)
Je. 2. 3. *ἀ. γεννημάτων αὐτοῦ* (20 *c*)
13. 21. *ἐδίδαξας αὐτοὺς ἐπὶ σὲ μαθήματα* [**A** *-ητὰς*] *εἰς ἀρχήν* (20 *a*)
22. 6. *Γαλαὰδ σύ μοι ἀ. τοῦ Λιβάνου* (20 *a*)
25. 14 (49. 35). *ἀ. δυναστείας αὐτῶν* (20 *c*)
26 (46). 1. *ἐν ἀρχῇ βασιλεύοντος Σεδεκίου* –
28 (51). 58. *ἔθνη ἐν ἀρχῇ ἐκλείψουσιν* †
30 (49). 2. *παραλήψεται Ἰσρ.* [**S**[1] *Ἱερουσ.*] *τὴν ἀ. αὐτοῦ* (5)
33 (26). 1. *ἐν ἀρχῇ βασιλέως Ἰωακείμ* (20 *c*)
37 (30). 20. **A** *ὡς τὸ ἀπ' ἀρχῆς* –
41 (34). 1. *πᾶσα ἡ γῆ ἀρχῆς αὐτοῦ* (11)
Ba. 3. 26. *οἱ ὀνομαστοὶ* [**A** *add.* *οἱ*] *ἀπ' ἀρχῆς γενόμενοι*
La. 2. 19. *εἰς ἀρχὰς φυλακῆς σου* (20 *a*)
— 19 : 4. 1. *ἐπ' ἀρχῆς πασῶν ἐξόδων* (20 *a*)
Ez. 10. 11. *εἰς ὃν ἂν τόπον ἐπέβλεψεν ἡ ἀ. ἡ μία* (20 *a*)
16. 25. *ἐπ' ἀρχῆς πάσης ὁδοῦ* [**A** *ἀρχὴν πασῶν ἐξόδων*] (20 *a*)
— 31. *ἐν πάσῃ ἀ.* [**A** *ἐπὶ πάσης ἀ.*] *ὁδοῦ* (20 *a*)
— 55. *καθὼς ἦσαν ἀπ' ἀρχῆς* (18 *c*)
— 55. **A** *καθὼς ἦσαν ἀπ' ἀρχῆς* (18 *c*)
— 55. *καθὼς ἀπ' ἀρχῆς ἦτε* (18 *c*)
21. 19 (24). **A** *ἐκ χώρας μιᾶς ἐξελεύσονται ἀρχαὶ* [**B** *αἱ*] *δύο καὶ χεὶρ ἐν ἀρχῇ* [**A** *χεῖρα ἑτοιμάσουσιν ἐπ' ἀρχῆς*] *ὁδοῦ πόλεως ἐπ' ἀρχῆς ὁδοῦ διατάξεις* (†, 20 *a*, †)
— 21 (26). *ἐπ' ἀρχῆς τῶν δύο ὁδῶν* (20 *a*)
29. 14. *ἔσται ἀ. ταπεινὴ παρὰ πάσας τὰς ἀ.* (10, 10)
31. 3. *εἰς μέσον νεφελῶν ἐγένετο ἡ ἀ. αὐτοῦ* (17)
— 10. *ἔδωκας τὴν ἀ. σου εἰς μέσον νεφελῶν* (17)
— 14. *ἔδωκαν* [**A** *οὐκ ἔ.*] *τὴν ἀ. αὐτῶν εἰς μέσον νεφελῶν* (17)

● = correction on page xxiv

Ez. 36. 11. κατοικιῶ ὑμᾶς ὡς τὸ ἐν ἀρχῇ ὑμῶν (18 c)
42. 10. κατὰ τὸ φῶς τοῦ ἐν ἀρχῇ περιπάτου †
— 12. κατὰ τὰ θυρώματα ἀπ' ἀρχῆς τοῦ περιπάτου (20 a)
43. 14. ἐκ βάθους τῆς ἀ. τοῦ κοιλώμ. αὐτοῦ †
48. 1. ἀπὸ τῆς ἀ. τῆς πρὸς βορρᾶν (19 b)
— 20. B τετράγωνον ἀφοριεῖτε αὐτοῦ τὴν ἀ. [A R ἀπαρχ.] τοῦ ἁγίου (24)
Da. LXX. 2. 37. τὴν ἀ. καὶ τὴν βασιλείαν –
3. 31 (98). ἀ. τῆς ἐπιστολῆς –
7. 27. τὴν ἀ. πασῶν τῶν ὑπὸ τὸν οὐρανὸν βασ. –
9. 21. ὃν εἶδον ἐν τῷ ὕπνῳ μου τὴν ἀ. (23)
— 23. ἐν ἀρχῇ τῆς δεήσεώς σου (23)
Da. TH. 6. 26 (27). ἐν πάσῃ ἀ. τῆς βασιλείας μου (22)
7. 12. τῶν λοιπῶν θηρίων ἡ ἀ. μετεστάθη (22)
— 14. αὐτῷ ἐδόθη ἡ ἀ. καὶ ἡ τιμὴ καὶ ἡ βασ. (22)
— 26. τὴν ἀ. μεταστήσουσι τοῦ ἀφανίσαι (22)
— 27. πᾶσαι αἱ ἀ. αὐτῷ δουλεύσουσι (22)
8. 1. μετὰ τὴν ὀφθεῖσάν μοι τὴν ἀ. (23)
9. 21. ὃν ἴδον ἐν τῇ ὁράσει ἐν τῇ ἀ. (23)
— 23. ἐν ἀρχῇ τῆς δεήσεώς σου (23)
11. 19. A εἰς τὴν ἀ. [B ἰσχὺν] τῆς γῆς αὐτοῦ †
— 41. Ἐδὼμ καὶ Μωὰβ καὶ ἀρχὴ υἱῶν Ἀμμών (20 c)
I Ma. 5. 33. ἐξῆλθεν ἐν τρισὶν ἀ.
● 8. 16. A¹ R πιστεύσουσιν . . . τὴν ἀ. [A² S ἄρχειν] αὐτῶν
10. 52. καὶ ἐκράτησα τῆς ἀ.
15. 17. τὴν ἐξ ἀρχῆς φιλίαν
II Ma. 4. 10. τῆς ἀ. κρατήσας
— 27. ὁ δὲ Μενέλαος τῆς μὲν ἀ. ἐκράτει
— 50. ὁ δὲ Μενέλαος . . . ἔμενεν ἐπὶ τῆς ἀ. [A τῇ ἀ.]
5. 7. τῆς μὲν ἀ. οὐκ ἐκράτησε
8. 27. ἀρχὴν ἐλέους τάξαντος αὐτοῖς
13. 3. οἰόμενος δὲ ἐπὶ τῆς ἀ. κατασταθήσεσθαι
III Ma. 6. 24. τὸν ὑμῶν εὐεργέτην ἐπιχειρεῖτε τῆς ἀ. ἤδη . . . μεθιστᾶν
— 26. τοὺς ἐξ ἀρχῆς εὐνοίᾳ πρὸς ἡμᾶς κατὰ πάντα διαφέροντας
IV Ma. 4. 15. διαδέχεται τὴν ἀ. ὁ υἱὸς αὐτοῦ
— 17. εἰ ἐπιτρέψειεν αὐτῷ τὴν ἀ.
8. 7. ἀρχὰς ἐπὶ τῶν ἐμῶν πραγμάτων ἡγεμονικὰς λήψεσθε

[Aq. Jd. 9. 37 : Jb. 1. 17 : Pr. 4. 7 : Je. 7. 12 : 17. 12 : 27 (34). 1 : Da. 9. 27.]
[Sm. Ge. 1. 1 : 4. 26 : 49. 3 : Dt. 33. 27 : Ps. 47 (48). 3 : 59 (60). 9 : 118 (119). 152 : 136 (137). 6 : Pr. 4. 7 : 8. 22 : Ec. 7. 9 (8) : Is. 19. 15 : 51. 20 : 52. 4 : Je. 7. 12 : 13. 21 : 17. 12 : Ez. 36. 11 : Da. 9. 27.]
[Th. Ge. 1. 1 : 49. 3 : Jd. 9. 34, 44 : Jb. 37. 3 : 41. 1 : Pr. 4. 7 : 8. 22 : 17. 14 : Is. 41. 4 : Da. 7. 1, 27 : 11. 41.]
[Al. Ge. 28. 12 : Ex. 32. 26 : Hb. 3. 6.]

ἀρχηγενέτης, ἀρχηγέτης.

II Ma. 2. 30. R τῷ τῆς ἱστορίας ἀρχηγενέτῃ [A ἀρχηγέτῃ]

ἀρχηγός. (1) אַלּוּף (2) חָבַשׁ (3) נָשִׂיא (4) פֵּאָה (5) פָּקַד (6) פֶּרַע (7) קָצִין (8) a. רֹאשׁ b. רֵאשִׁית c. רָאשֵׁי אֲלָפִים (9) שַׂר

Ex. 6. 14. ἀρχηγοὶ οἴκων πατριῶν αὐτῶν (8 a)
Nu. 10. 4. πάντες οἱ ἄρχοντες ἀ. Ἰσραήλ (8 c)
13. 3 (2). πάντα ἀρχηγὸν ἐξ αὐτῶν (3)
— 4 (3). πάντες ἄνδρες ἀρχηγοὶ υἱῶν Ἰσραὴλ οὗτοι (8 a)
14. 4. δῶμεν ἀρχηγόν (8 a)
16. 2. ἀρχηγοὶ συναγωγῆς (3)
24. 17. θραύσει τοὺς ἀ. Μωάβ (4?)
25. 4. λάβε πάντας τοὺς ἀ. τοῦ λαοῦ (8 a)
De. 33. 21. ἀρχόντων συνηγμένων ἅμα ἀρχηγοῖς λαῶν [A αὐτῶν] (8 a)
Jd. 5. 2. A ἐν τῷ ἄρξασθαι ἀρχηγοὺς ἐν Ἰσρ. [B *aliter*] (6)
— 15. B ἀρχηγοὶ ἐν Ἰσσάχαρ μετὰ Δεββ. [A *aliter*] (9)
9. 44. Ἀβιμέλεχ καὶ οἱ ἀ. οἱ [A αἱ ἀρχαὶ αἱ] μετ' αὐτοῦ (8 a)
11. 6. ἔσῃ ἡμῖν εἰς ἀρχηγόν [A ἡγούμενον] (7)
— 11. εἰς κεφαλὴν καὶ εἰς ἀρχηγόν [A εἰς κεφ. εἰς ἡγούμενον] (7)
I Ch. 5. 24. καὶ οὗτοι ἀ. οἴκου πατριῶν αὐτῶν (8 a)
I Ch. 8. 28. A οὗτοι ἄρχοντες πατριῶν . . . ἀρχηγοί [B ἄρχοντες] (8 a)
12. 20. ἀρχηγοὶ χιλιάδων εἰσὶ τοῦ Μανασσῆ (8 a)
26. 26. ἑκατόνταρχοι καὶ ἀρχηγοὶ τῆς δυνάμεως (9)
II Ch. 23. 14. τοῖς ἑκατοντάρχοις καὶ τοῖς ἀ. τῆς δυνάμ. (5)
I Es. 5. 1. ἀρχηγοὶ οἴκου [A -ῶν] πατριῶν
Ne. 2. 9. ἀρχηγοὺς δυνάμεως [A τῆς δ.] (9)
7. 70. ἀπὸ μέρους ἀρχηγῶν τῶν πατριῶν ἔδωκαν (8 a)
— 71. A S R ἀπὸ ἀρχηγῶν τῶν πατριῶν ἔδωκαν [B S³ ἔθηκαν] (8 a)
11. 16. S³ ἀπὸ τῶν ἀ. τῶν Λευιτῶν (8 a)
— 17. S³ ἀρχηγὸς τοῦ αἴνου τοῦ Ἰούδα (8 a)
Ju. 14. 2. δώσετε ἀρχηγὸν [S¹ ἀρχὴν] εἰς αὐτούς
Mi. 1. 13. ἀρχηγὸς ἁμαρτίας αὕτη [A αὐτῆς] ἐστὶ τῇ θυγατρὶ Σ. (8 b)
Is. 3. 6. ἀ. ἡμῶν γενοῦ (7)
— 7. οὐκ ἔσομαί σου ἀ. . . . οὐκ ἔσομαι ἀ. τοῦ λαοῦ τούτου (2?, 7)
30. 4. ἐν Τάνει ἀρχηγοί (9)
Je. 3. 4. ἀρχηγὸν τῆς παρθενίας σου (1)
La. 2. 10. κατήγαγον εἰς γῆν ἀρχηγοὺς παρθένους (8 a)
I Ma. 9. 61. τῶν ἀνδρῶν τῆς χώρας τῶν ἀ. τῆς κακίας
10. 47. ἐγένετο αὐτοῖς ἀρχηγὸς λόγων εἰρηνικῶν
[Sm. Is. 3. 7 : Ez. 10. 11.]
[Th. Jd. 5. 2 : Je. 48 (31). 45 : Mi. 5. 5 (4).]
[Al. Nu. 10. 4 : Hb. 3. 14.]

ἀρχῆθεν. (1) קֶדֶם

IV Ki. 19. 25. A εἰς ἀπὸ ἡμερῶν ἀ. (1)
III Ma. 3. 21. τὰ πεπιστευμένα μετὰ ἁπλότητος αὐτοῖς ἀ. μύρια πράγματα
[Aq. Ge. 2. 8 : Dt. 33. 15 : IV Ki. 19. 25 : Jb. 23. 8 : Ps. 43 (44). 2 : 67 (68). 34 : 77 (78). 2 : 118 (119). 152 : 128 (129). 6 : Pr. 8. 22.]

ἀρχῆθενδε.

[Aq. Ez. 8. 16.]

ἀρχιδεσμοφύλαξ. (1) a. שַׂר בֵּית־הַסֹּהַר b. שַׂר c. שַׂר הַטַּבָּחִים

Ge. 39. 21. χάριν ἐναντίον τοῦ ἀ. (1 a)
— 22. καὶ ἔδωκεν ὁ ἀ. τὸ δεσμωτήριον (1 b)
— 23. R ὁ ἀ. τοῦ δεσμωτηρίου [A *om.*] (1 a)
40. 3. A παρὰ τῷ ἀ. (1 c)
41. 10. A ἐν τῷ οἴκῳ τοῦ ἀ. [R ἀρχιμαγείρου] (1 c)

ἀρχιδεσμώτης. (1) שַׂר הַטַּבָּחִים

Ge. 40. 4. συνέστησεν ὁ ἀ. τῷ Ἰωσὴφ αὐτούς (1)

ἀρχιερᾶσθαι.

IV Ma. 4. 18. ἐπέτρεψεν αὐτῷ καὶ ἀ.

ἀρχιερατεύειν.

I Ma. 14. 47. καὶ εὐδόκησεν ἀρχιερατεύειν [A² -εῦσαι]

ἀρχιερεύς. (1) כֹּהֵן

Lc. 4. 3. ἐὰν μὲν ὁ ἀ. ὁ κεχρισμένος ἁμάρτῃ (1)
Jo. 22. 13. Ἐλεάζαρ υἱοῦ Ἀαρὼν τοῦ ἀ. (1)
24. 33. Ἐλεάζαρ υἱὸς Ἀαρὼν ὁ ἀ. [A ἱερεύς] –
III Ki. 1. 25. A Ἀβιάθαρ τὸν ἀ. [B ἱερέα] (1)
I Ch. 15. 14. S¹ καὶ ἡγνίσθησαν οἱ ἀ. [A B ἱερεῖς] (1)
I Es. 5. 40. A R ἕως ἀναστῇ ἀ. [B ἱερεὺς]
9. 39. A εἶπεν Ἔσδρᾳ τῷ ἀ. [B ἱερεῖ]
— 40. Ἔσδρας ὁ ἀ.
— 49. Ἔσδρᾳ τῷ ἀ. καὶ ἀναγνώστῃ
I Ma. 10. 20. καθεστάκαμέν σε . . . ἀ. τοῦ ἔθνους σου
— 32. δίδωμι τῷ ἀ.
— 38. μὴ ὑπακοῦσαι ἄλλης ἐξουσίας ἀλλ' ἢ τοῦ ἀ.
— 69. ἀπέστειλε πρὸς Ἰωνάθαν τὸν ἀ.
12. 3. Ἰωνάθαν ὁ ἀ. καὶ τὸ ἔθνος τῶν Ἰουδ.
— 6. S R Ἰωνάθαν ἀρχιερεὺς [A *add.* τοῦ ἔθνους]
— 7. ἐπιστολαὶ πρὸς Ὀνίαν τὸν ἀ.
13. 36. Σίμωνι ἀ. καὶ φίλῳ βασιλέων
— 42. ἐπὶ Σίμωνος ἀ. μεγάλου
14. 17. ὅτι Σίμων . . . γέγονεν ἀντ' αὐτοῦ ἀρχιερεύς
— 23. ἀντίγραφον τούτων ἔγραψαν Σίμωνι τῷ ἀ.
— 27. ἐπὶ Σίμωνος ἀ. [A τοῦ ἀ.] ἐν Σαρ.
— 30. καὶ ἐγενήθη αὐτοῖς ἀρχιερεύς
— 35. ἔθεντο αὐτὸν . . . ἀρχιερέα
— 41. τοῦ εἶναι Σίμωνα . . . ἀρχιερέα
15. 17. ἀπὸ Σίμωνος τοῦ ἀ.
— 21. παράδοτε αὐτοὺς Σίμωνι τῷ ἀ.
— 24. τὸ δὲ ἀντίγραφον αὐτῶν ἔγραψαν Σίμ. τῷ ἀ.
16. 12. ἦν γὰρ γαμβρὸς τοῦ ἀ.
— 24. ἀφ' οὗ ἐγενήθη ἀρχιερεύς
II Ma. 3. 1. διὰ τὴν Ὀνίου τοῦ ἀ. εὐσέβειαν
II Ma. 3. 4. R διηνέχθη τῷ ἀ. περὶ τῆς . . . παρανομίας [A ἀγοραν.]
— 9. R φιλοφρόνως ὑπὸ τοῦ ἀ. [A ὁ ἀ.] τῆς πόλεως ἀποδεχθείς
— 10. τοῦ δὲ ἀ. ὑποδείξαντος παραθήκας εἶναι
— 16. τὴν τοῦ ἀ. ἰδέαν
— 21. R τοῦ μεγάλως διαγωνιῶντος [A ἀγων.] ἀ.
— 32. ὕποπτος δὲ γενόμενος ὁ ἀ.
— 33. ποιουμένου δὲ τοῦ ἀ. τὸν ἱλασμόν
— 33. πολλὰς τῷ Ὀνίᾳ τῷ ἀ. χάριτας ἔχε
4. 13. τοῦ ἀσεβοῦς καὶ οὐκ ἀρχιερέως Ἰάσωνος
14. 3. Ἄλκιμος δέ τις προγενόμενος ἀ.
— 13. καταστῆσαι δὲ Ἄλκ. ἀρχιερέα τοῦ μεγίστου ἱεροῦ
15. 12. Ὀνίαν τὸν γενόμενον ἀ.
III Ma. 1. 11. μόνῳ τῷ προηγουμένῳ πάντων ἀρχιερεῖ
2. 1. R ὁ μὲν οὖν ἀ. Σίμων . . . κάμψας τὰ γόν.
IV Ma. 4. 13. Ὀνίας ὁ ἀ.
— 16. Ἰάσονα τὸν ἀδελφὸν αὐτοῦ κατέστησεν ἀ.

ἀρχιερωσύνη.

I Ma. 7. 21. ἠγωνίσατο Ἄλκιμος περὶ τῆς ἀ. [S ἱερ.]
11. 27. ἔστησεν αὐτῷ τὴν ἀ.
— 57. ἵστημί σοι τὴν ἀ.
14. 38. ἔστησεν αὐτῷ τὴν ἀ. κατὰ ταῦτα
16. 24. ἐπὶ βιβλίῳ ἡμερῶν ἀρχιερωσύνης αὐτοῦ
II Ma. 4. 7. ὑπενόθευσεν Ἰ. ὁ ἀδ. Ὀνίου τὴν ἀ.
— 24. R κατήντησε τὴν [A *om.*] ἀ.
— 25. τῆς μὲν ἀ. οὐδὲν ἄξιον φέρων
— 29. ἀπέλιπε τῆς ἀ. διάδοχον Λυσίμαχον
11. 3. πρατὴν δὲ κατ' ἔτος τὴν ἀ. ποιήσειν
14. 7. τὴν προγονικὴν δόξαν λέγω δὴ τὴν ἀ.
IV Ma. 4. 1. τόν ποτε τὴν ἀ. ἔχοντα
— 16. καταλύσας τὸν Ὀνίαν τῆς ἀ.

ἀρχιεταῖρος. (1) אַרְכִּי (2) רֵעֶה

II Ki. 15. 32. Χουσὶ ὁ ἀ. Δαυὶδ διερρηχὼς τὸν χιτῶνα αὐ. (1)
— 37. A εἰσῆλθε Χουσὶ ὁ ἀ. [B ἑταῖρος] Δαυίδ (2)
16. 16. ἡνίκα ἦλθε Χουσὶ ὁ ἀ. Δαυίδ (1 *et* 2)

ἀρχιευνοῦχος. (1) רַב סָרִיסִים (2) שַׂר הַסָּרִיסִים

Da. LXX. 1. 3. εἶπεν ὁ βασιλεὺς Ἀβιεσδρὶ τῷ ἑαυτοῦ ἀ. (1)
— 7. ἐπέθηκεν αὐτοῖς ὁ ἀ. ὀνόματα (2)
— 8. ἠξίωσε τὸν ἀ. ἵνα μὴ συμμολυνθῇ (2)
— 9. τιμὴν καὶ χάριν ἐναντίον τοῦ ἀ. (2)
— 10. καὶ εἶπεν ὁ ἀ. τῷ Δανιήλ (2)
— 11. τῷ ἀναδειχθέντι ἀ. ἐπὶ τὸν Δανιήλ (2)
— 18. εἰσήχθησαν ἀπὸ τοῦ ἀ. πρὸς τὸν βασ. N. (2)
Da. TH. 1. 3. εἶπεν ὁ βασιλεὺς τῷ Ἀσφ. τῷ ἀ. αὐ. (1)
— 7. ἐπέθηκεν αὐτοῖς ὁ ἀ. ὀνόματα (2)
— 8. ἠξίωσε τὸν ἀ. ὡς οὐ μὴ ἀλισγηθῇ (2)
— 9. εἰς ἔλεον καὶ οἰκτιρμὸν ἐνώπιον τοῦ ἀ. (2)
— 10. καὶ εἶπεν ὁ ἀ. τῷ Δανιήλ (2)
— 11. ὃν κατέστησεν ὁ ἀ. ἐπὶ Δανιήλ (2)
— 18. εἰσήγαγεν αὐτοὺς ὁ ἀ. ἐναντίον Ναβουχ. (2)
[Al. Je. 39 (46). 13.]

ἀρχιμάγειρος. (1) רַב־טַבָּחִים (2) שַׂר הַטַּבָּחִים (3) רַב־טַבָּחַיָּא

Ge. 37. 36. ἀπέδοντο τὸν Ἰ. . . . τῷ σπάδοντι Φαραὼ ἀρ. (2)
39. 1. ὁ ἀ. ἀνὴρ Αἰγύπτιος (2)
41. 10. R ἐν τῷ οἴκῳ τοῦ ἀ. [A ἀρχιδεσμοφύλακος] (2)
— 12. παῖς Ἑβραῖος τοῦ ἀ. (2)
IV Ki. 25. 8. Ναβουζαρδὰν ὁ ἀ. ἑστὼς ἐνώπιον βασ. Βαβ. (1)
— 9. πᾶν [A πάντα] οἶκον ἐνέπρησεν ὁ ἀ. [A *om.*] –
— 10. A πᾶσα ἡ εὐπορία Χαλδαίων ὁ ἀ. (1)
— 11. τὸ λοιπὸν τοῦ στηρίγμ. μετῆρε Ναβουζ. ὁ ἀ. (1)
— 12. ἀπὸ τῶν πτωχῶν τῆς γῆς ὑπέλιπεν ὁ ἀ. (1)
— 15. τὰς φιάλας . . . ἔλαβεν ὁ ἀ. (1)
— 18. ἔλαβεν ὁ ἀ. τὸν Σαραίαν (1)
— 20. ἔλαβεν αὐτοὺς Ναβουζαρδὰν ὁ ἀ. (1)
Je. 47 (40). 1. μετὰ τὸ ἀποστεῖλαι αὐτὸν Ναβουζαρδὰν τὸν ἀ. (1)
— 2. ἔλαβεν αὐτὸν ὁ ἀ. (1)
— 5. ἔδωκεν αὐτῷ ὁ ἀ. δῶρα (1)
48 (41). 10. ἃς παρεκατέθετο ὁ ἀ. τῷ Γοδολίᾳ (1)
52. 12. ἦλθε Ναβουζαρδὰν ὁ ἀ. (1)
— 14. ἡ δύναμις τῶν Χαλδαίων ἡ μετὰ τοῦ ἀ. (1)

● = correction on page xxiv

Je. 52. 16. τοὺς καταλοίπους [S λοι.] τοῦ λαοῦ κατέλειπεν ὁ ἀ. (1)
— 19. ἃ ἦν ἀργυρᾶ ἀργυρᾶ ἔλαβεν ὁ ἀ. (1)
— 24. ἔλαβεν ὁ ἀ. τὸν ἱερέα τὸν πρῶτον (1)
— 26. ἔλαβεν αὐτοὺς Ναβουζαρδὰν ὁ ἀ. (1)
Da. LXX. 2. 14. Ἀριώχῃ τῷ ἀ. τοῦ βασιλέως (3)
Da. TH. 2. 14. τῷ Ἀριὼχ τῷ ἀ. τοῦ βασ. (3)
[**Aq.** Je. 40 (47). 2.]
[**Sm.** Je. 39 (46). 11 : 40 (47). 2.]
[**Th.** Je. 39 (46). 9, 10, 11, 13 : 52. 16, 30 : Da. 2. 14.]

ἀρχιοινοχοΐα. (1) כֵּן

Ge. 40. 13. ἀποκαταστήσει σε ἐπὶ τὴν ἀ. σου (1)

ἀρχιοινοχόος. (1) *a.* מַשְׁקֶה *b.* שַׂר הַמַּשְׁקִים

Ge. 40. 1. ὁ ἀ. τοῦ βασιλέως Αἰγύπτου (1 *a*)
— 2. ἐπὶ τῷ ἀ. καὶ ἐπὶ τῷ ἀρχισιτοποιῷ (1 *b*)
— 5. R τοῦ ἀ. καὶ ἀρχισιτοποιοῦ [A ὁ ἀ. καὶ ὁ ἀ.] (1 *a*)
— 9. διηγήσατο ὁ ἀ. τὸ ἐνύπνιον (1 *b*)
— 20. A τῆς ἀρχῆς τοῦ ἀ. [R οἰνοχόου] (1 *b*)
— 21. R ἀποκατέστησεν [A ἀπεκ.] τὸν ἀ. (1 *b*)
— 23. οὐκ ἐμνήσθη ὁ ἀ. τοῦ Ἰωσήφ (1 *b*)
41. 9. ἐλάλησεν ὁ ἀ. πρὸς Φαραώ (1 *b*)
To. 1. 22. S ἦν ὁ ἀ. [A οἰνοδόχος, B οἰνοχόος]

ἀρχιπατριώτης. (1) רָאשֵׁי אָבוֹת (2) פֶּחָה

Jo. 21. 1. προσήλθοσαν [A -θον] οἱ ἀ. τῶν υἱῶν Λευί (1)
Da. LXX. 3. 27 (94). τοπάρχαι καὶ ἀρχιπατριῶται (2)

ἀρχιποίμην.

[**Sm.** IV Ki. 3. 4.]

ἀρχισιτοποιός. (1) *a.* אֹפֶה *b.* שַׂר הָאוֹפִים *c.* שַׂר הָאֹפִים

Ge. 40. 1. ὁ ἀρχιοινοχόος τοῦ βασιλέως Αἰγ. καὶ ὁ ἀ. (1 *a*)
— 2. ἐπὶ τῷ ἀρχιοινοχόῳ καὶ ἐπὶ τῷ ἀ. (1 *b*)
— 5. R τοῦ ἀρχιοινοχόου καὶ ἀ. [A ὁ ἀ. καὶ ὁ ἀ.] (1 *a*)
— 16. καὶ εἶδεν ὁ ἀ. (1 *c*)
— 20. A τῆς ἀρχῆς τοῦ ἀ. [R σιτοποιοῦ] (1 *c*)
— 22. τὸν δὲ ἀ. ἐκρέμασε (1 *c*)
41. 10. ἐμέ τε καὶ τὸν ἀ. (1 *c*)

ἀρχιστράτηγος. (1) *a.* שַׂר *b.* שַׂר־צָבָא *c.* שַׂר־הַצָּבָא

Ge. 21. 22, 32 : 26. 26. ὁ ἀ. τῆς δυνάμεως αὐτοῦ (1 *a*)
Jo. 5. 13 (14). ἐγὼ ἀ. δυνάμεως κυρίου (1 *a*)
— 15. λέγει [A εἶπεν] ὁ ἀ. κυρίου πρὸς Ἰ. (1 *b*)
I Ki. 12. 9. εἰς χεῖρας Σισάρα ἀρχιστρατήγῳ [A -ου] Ἰαβίς (1 *b*)
14. 50. καὶ ὄνομα τῷ ἀ. Ἀβεννήρ (1 *b*)
26. 5. ἐκεῖ Ἀβεννὴρ υἱὸς Νὴρ ἀ. αὐτοῦ (1 *b*)
II Ki. 2. 8. Ἀβεννὴρ υἱὸς Νὴρ ἀ. τοῦ Σαούλ (1 *b*)
III Ki. 2. 22. Ἰωὰβ ὁ υἱὸς Σαρουίας ὁ ἀ. ἑταῖρος –
— 32. τὸν Ἀβεννὴρ υἱὸν Νὴρ ἀ. Ἰσραὴλ [A Ἰούδα] (1 *b*)
— 32. B τὸν Ἀμεσσὰ υἱὸν Ἰεθὲρ ἀ. Ἰούδα (1 *b*)
3. 1. B Ἀβὶ υἱὸς Ἰωὰβ ἀ. –
I Ch. 19. 16. Σωφὰθ ἀ. δυνάμεως Ἀδρααζάρ (1 *a*)
— 18. τὸν Σωφὰθ ἀ. δυνάμεως ἀπέκτεινε (1 *a*)
27. 34. καὶ Ἰωὰβ ἀ. τοῦ βασιλέως (1 *b*)
Ju. 2. 4. τὸν Ὀλοφέρνην ἀ. τῆς δυνάμεως αὐτοῦ
4. 1. Ὀλοφέρνης . . . ὁ ἀ. Ναβουχοδονόσορ
5. 1. Ὀλοφέρνῃ ἀ. δυνάμεως Ἀσσούρ
6. 1. Ὀλοφέρνης ἀ. δυνάμεως Ἀσσούρ
10. 13. Ὀλοφέρνου ἀρχιστρατήγου δυνάμεως ὑμῶν
13. 15. Ὀλοφέρνου ἀρχιστρατήγου δυνάμεως Ἀσσούρ
Da. LXX. 8. 11. ἕως ὁ ἀ. ῥύσεται τὴν αἰχμαλ. (1 *c*)
Da. TH. 8. 11. ἕως οὗ ὁ ἀ. ῥύσηται τὴν αἰχμαλ. (1 *c*)

ἀρχισωματοφύλαξ. (1) *a.* שֹׁמֵר הַסַּף *b.* שֹׁמֵר לְרֹאשׁ

I Ki. 28. 2. οὕτως ἀρχισωματοφύλακα θήσομαί σε (1 *b*)
Es. 2. 21. οἱ δύο εὐνοῦχοι τοῦ βασιλέως οἱ ἀ. (1 *a*)

ἀρχιτεκτονεῖν. (1) חָרָשׁ (2) *a.* חָשַׁב *b.* מַחֲשָׁבָה

Ex. 31. 4. ἐν π. ἔργῳ διανοεῖσθαι καὶ ἀρχιτεκτονῆσαι [A -νεῖν] (2 *b*)
Ex. 35. 32. ἀ. κατὰ πάντα τὰ ἔργα τῆς ἀρχιτεκτονίας (2 *a*)
37. 21 (38. 23). ὃς ἠρχιτεκτόνησε τὰ ὑφαντά (1)

ἀρχιτεκτονία. (1) *a.* חָשַׁב *b.* **τὸ ἔργον τῆς ἀ.** מַחֲשָׁבָה

Ex. 35. 32. ἀρχιτεκτονεῖν κατὰ πάντα τὰ ἔργα τῆς ἀ. (1 *b*)
— 35. ποιεῖν πᾶν ἔργον ἀρχιτεκτονίας (1 *a*)

ἀρχιτέκτων. (1) חָרָשׁ

Si. 38. 27. οὕτως πᾶς τέκτων καὶ ἀ.
Is. 3. 3. ἀφελεῖ . . . σοφὸν ἀρχιτέκτονα (1)
II Ma. 2. 29. τῆς καινῆς οἰκίας ἀρχιτέκτονι
[**Aq. Sm.** Je. 29 (36). 2.]

ἀρχίφυλος. (1) *a.* רֹאשׁ *b.* רֹאשׁ שֵׁבֶט

De. 29. 10 (9). οἱ ἀ. ὑμῶν καὶ ἡ γερουσία ὑμῶν (1 *b*)
Jo. 21. 1. πρὸς τοὺς ἀ. πατριῶν ἐκ τῶν φυλῶν Ἰσρ. (1 *a*)
I Es. 2. 8. οἱ ἀ. τῶν πατριῶν τῆς Ἰούδα

ἀρχοντικός.

[**Sm.** Ec. 10. 4 : Is. 32. 8.]

ἀρχός. (1) שַׂר

Ps. 81 (82). 7. S ὡς εἷς τῶν ἀ. [A B -χόντων] πίπτετε (1)

ἄρχων, *cf.* **ἄρχειν.** (1) אָדוֹן (2) *a.* אֵיל *b.* אֵל (3) *a.* אֱנוֹשׁ *b.* אֱנוֹשׁ מֵרָאשִׁים (4) בַּעַל (5) חָקַק po. (6) חֹר (7) יָסַר (8) יָתֵד (9) לְאֹם (10) לִיץ hi. (11) מֶלֶךְ (12) מֹלֶךְ (13) מָשַׁל (14) נָגִיד (15) נָדִיב (16) נָסִיךְ (17) נָשִׂיא (18) סָגָן (19) סֶרֶן (20) עֶבֶד (21) פֶּחָה (22) פְּקֻדָּה (23) פֶּרַע (24) קָדְקֹד (25) קָצִין (26) רֹאשׁ (27) רַב (28) רָדָה (29) רָזַן (30) *a.* שַׂר *b.* אִישׁ שַׂר *c.* **ἄ. εἶναι** שָׂרַר hithp. (31) שֵׁבֶט (32) שִׁיר (33) *a.* שִׁלְטוֹן *b.* שַׁלִּיט (34) **ὁ ἄ. βασιλείας** מֶלֶךְ (35) **καθιστάναι ἄρχοντα** צְלַח aph. (36) עַתּוּד

Ge. 12. 15. οἱ ἄ. Φαραώ (30 *a*)
14. 7. πάντας τοὺς ἄ. Ἀμαλήκ †
24. 2. τῷ ἄ. πάντων τῶν αὐτοῦ (13)
25. 16. R δώδεκα ἄ. κατὰ ἔθνη [A ἔθνος] αὐτῶν (17)
27. 29. προσκυνήσουσίν σοι ἄρχοντες (9)
34. 2. ὁ ἄ. τῆς γῆς (17)
42. 6. Ἰωσὴφ δὲ ἦν ἄ. τῆς γῆς (33 *b*)
45. 8. ἐποίησέ με . . . ἄρχοντα πάσης γῆς Αἰγ. (13)
47. 4 (6). κατάστησον αὐτοὺς ἄ. (30 *a*)
49. 10. οὐκ ἐκλείψει ἄ. ἐξ Ἰούδα (31)
— 20. δώσει [A διαδώσει] τρυφὴν ἄρχουσι (11)
Ex. 2. 14. τίς σε κατέστησεν ἄ. καὶ δικαστήν (30 *b*)
15. 15. ἡγεμόνες Ἐδὼμ καὶ ἄρχοντες Μωαβ. (2 *a*)
16. 22. πάντες οἱ ἄ. τῆς συναγωγῆς (17)
22. 28 (27). ἄρχοντας τοῦ λαοῦ σου οὐ κακῶς ἐρεῖς (17)
34. 31. πάντες οἱ ἄ. τῆς συναγωγῆς (17)
35. 27. οἱ ἄ. ἤνεγκαν τοὺς λίθους τῆς σμαρ. (17)
Le. 4. 22. ἐὰν δὲ ὁ ἄ. ἁμάρτῃ (17)
18. 21. οὐ δώσεις λατρεύειν ἄρχοντι (12)
20. 2. ὃς ἂν δῷ [A *add.* ἀπὸ] τοῦ σπέρματος αὐτοῦ ἄρχοντι (12)
— 3. τοῦ σπέρματος αὐτοῦ ἔδωκεν ἄρχοντι (12)
— 4. ἐν τῷ δοῦναι αὐτὸν τοῦ σπέρματος αὐτοῦ ἄρχοντι (12)
— 5. ὥστε ἐκπορνεύειν αὐτὸν εἰς τοὺς ἄ. (12)
Nu. 1. 4. ἕκαστος κατὰ φυλὴν ἑκάστου ἀρχόντων (26)
— 16. ἄρχοντες τῶν φυλῶν (17)
— 44. Μωυσῆς καὶ Ἀαρὼν καὶ οἱ ἄ. Ἰσραήλ (17)
— 44. A[2] δώδεκα ἄρχοντες [A[1] B ἄνδρες] †
2. 3. ὁ ἄ. τῶν υἱῶν Ἰούδα (17)
— 5. ὁ ἄ. τῶν υἱῶν Ἰσσάχαρ (17)
— 7. ὁ ἄ. τῶν υἱῶν Ζαβουλών (17)
— 10. ὁ ἄ. τῶν υἱῶν Ῥουβήν (17)
— 12. ὁ ἄ. τῶν υἱῶν Συμεών (17)
— 14. ὁ ἄ. τῶν υἱῶν Γάδ (17)
— 18. ὁ ἄ. τῶν υἱῶν Ἐφραίμ (17)
— 20. ὁ ἄ. τῶν υἱῶν Μανασσῆ (17)
— 22. ὁ ἄ. τῶν υἱῶν Βενιαμίν (17)
Nu. 2. 25. ὁ ἄ. τῶν υἱῶν Δάν (17)
— 27. ὁ ἄ. τῶν υἱῶν Ἀσήρ (17)
— 29. ὁ ἄ. τῶν υἱῶν Νεφθαλί (17)
3. 24. ὁ ἄ. οἴκου πατριᾶς τοῦ δήμου τοῦ Γεδσών (17)
— 30. ὁ ἄ. οἴκου πατριῶν τῶν δήμων τοῦ κ. (17)
— 32. ὁ ἄ. ἐπὶ [A ὁ ἐπὶ] τῶν ἀ. τῶν Λευιτῶν (17, 17)
— 35. ὁ ἄ. οἴκου πατριῶν τοῦ δήμου τοῦ Μερ. (17)
4. 34. Μωυσῆς καὶ Ἀαρὼν καὶ οἱ ἄ. Ἰσρ. (17)
— 46. Μωυσῆς καὶ Ἀαρὼν καὶ οἱ ἄ. [A *add.* υἱῶν] Ἰσρ. (17)
7. 2. οἱ ἄ. Ἰσρ. δώδεκα ἄρχοντες οἴκων πατριῶν αὐτῶν οὗτοι ἄρχοντες φυλῶν (17, 26, 17)
— 3. ἅμαξαν παρὰ δύο ἀρχόντων (17)
— 10. προσήνεγκαν οἱ ἄ. εἰς τὸν ἐγκαινισμόν (17)
— 10. προσήνεγκαν οἱ ἄ. τὰ δῶρα αὐτῶν (17)
— 11. ἄ. εἷς καθ' ἡμέραν ἄ. καθ' ἡμέραν προσοίσουσι (17, 17)
— 12. ἄ. τῆς φυλῆς Ἰούδα –
— 18. ἄ. τῆς φυλῆς Ἰσσάχαρ (17)
— 24. ἄ. τῶν υἱῶν Ζαβουλών (17)
— 30. ἄ. τῶν υἱῶν Ῥουβήν (17)
— 36. ἄ. τῶν υἱῶν Συμεών (17)
— 42. ἄ. τῶν υἱῶν Γάδ (17)
— 48. ἄ. τῶν υἱῶν Ἐφραίμ (17)
— 54. ἄ. τῶν υἱῶν Μανασσῆ (17)
— 60. ἄ. τῶν υἱῶν Βενιαμίν (17)
— 66. ἄ. τῶν υἱῶν Δάν (17)
— 72. ἄ. τῶν υἱῶν Ἀσήρ (17)
— 78. ἄ. τῶν υἱῶν Νεφθαλί (17)
— 84. παρὰ τῶν ἄ. τῶν υἱῶν Ἰσραήλ (17)
10. 4. πάντες οἱ ἄ. ἀρχηγοὶ Ἰσραήλ (17)
16. 13. ἄ. εἶ (30 *c*)
17. 2 (17). κατ' οἴκους πατριῶν παρὰ πάντων τῶν ἄ. (17)
— 6 (21). ἔδωκαν αὐτῷ πάντες οἱ ἄ. αὐτῶν ῥάβδον τῷ ἄ. τῷ ἑνὶ ῥάβδον κατ' ἄρχοντα (17 *ter*)
21. 18. ὤρυξαν αὐτὸ ἄρχοντες (30 *a*)
22. 8. κατέμειναν οἱ ἄ. Μωάβ (30 *a*)
— 13. εἶπε τοῖς ἄ. Βαλάκ (30 *a*)
— 14. ἀναστάντες οἱ ἄ. Μωάβ (30 *a*)
— 15. ἀποστεῖλαι ἄ. πλείους (30 *a*)
— 18. εἶπε τοῖς ἄ. Βαλάκ (20)
— 21. ἐπορεύθη μετὰ τῶν ἄ. [A ἀνδρῶν] M. (30 *a*)
— 35. ἐπορεύθη Βαλαὰμ μετὰ τῶν ἄ. Βαλάκ (30 *a*)
— 40. ἀπέστειλε . . . τοῖς ἄ. τοῖς μετ' αὐτοῦ (30 *a*)
23. 6, 17. πάντες οἱ ἄ. Μωὰβ μετ' αὐτοῦ (30 *a*)
— 21. τὰ [A *add.* δὲ] ἔνδοξα ἀρχόντων ἐν αὐτῷ (11)
25. 14. ἄ. οἴκου πατριᾶς τῶν [A *om.*] Συμεών (17)
— 15. ἄρχοντος ἔθνους Ὀμμώθ [A Σομμώθ] (26)
— 18. θυγατέρα ἄρχοντος Μαδιάμ (17)
27. 2. ἔναντι τῶν ἄ. (17)
30. 2. A R πρὸς τοὺς ἄ. τῶν φυλῶν υἱῶν [B *om.*] Ἰσρ. (26)
31. 13. πάντες οἱ ἄ. τῆς συναγωγῆς (17)
— 26. οἱ ἄ. τῶν πατριῶν τῆς συναγ. (26)
32. 2. πρὸς τοὺς ἄ. [A ἄνδρας] τῆς συναγωγῆς (17)
— 28. τοὺς ἄ. πατριῶν τῶν φυλῶν Ἰσρ. (26)
34. 18. ἄρχοντα ἕνα ἐκ φυλῆς λήψεσθε (17)
— 22. ἄ. Βακχὶρ υἱὸς Ἐγλί (17)
— 23. ἄ. Ἀνιὴλ υἱὸς Σουφί (17)
— 24. ἄ. Καμουὴλ υἱὸς Σαβαθάν (17)
— 25. ἄ. Ἐλισαφὰν υἱὸς Φαρνάχ (17)
— 26. ἄ. Φαλτιὴλ υἱὸς Ὀζά (17)
— 27. ἄ. Ἀχιὼρ υἱὸς Σελεμί (17)
— 28. ἄ. Φαδαὴλ υἱὸς Ἰαμιούδ (17)
36. 1. οἱ ἄ. [A *add.* πατριῶν] φυλῆς υἱῶν Γαλαάδ (26)
— 1. ἔναντι τῶν ἀ. οἴκων πατριῶν τῶν υἱῶν Ἰσρ. (17)
De. 17. 14. καταστήσω ἐπ' ἐμαυτὸν ἄρχοντα [A -ας] (11)
— 15. καταστήσεις ἐπὶ σεαυτὸν ἄρχοντα (11)
— 15. ἐκ τῶν ἀδελφῶν σου καταστήσεις . . . ἄρχοντα (11)
20. 9. ἄρχοντας τῆς στρατιᾶς (30 *a*)
28. 36. τοὺς ἄ. σου οὓς ἂν καταστήσῃς (11)
32. 42. ἀπὸ κεφαλῆς ἀρχόντων ἐχθρῶν [A ἐθνῶν] (23)
33. 5. ἔσται ἐν τῷ ἠγαπημένῳ ἄρχων [A *om.*] συναχθέντων ἀρχόντων λαῶν (11, 26)
— 20. συντρίψας βραχίονα καὶ ἄρχοντα (24)
— 21. ἐμερίσθη γῆ ἀρχόντων συνηγμένων ἅμα ἀρχηγοῖς (5)
Jo. 9. 14. ἔλαβον οἱ ἄ. τοῦ ἐπισιτισμοῦ [A τοὺς ἐ.] (3 *a*)

Jo. 9. 15. ὤμοσαν αὐτοῖς οἱ ἄ. τῆς συναγ. (17)
— 18. ὤμοσαν αὐτοῖς πάντες οἱ ἄ. (17)
— 18. διεγόγγυσαν πᾶσα ἡ συναγωγὴ ἐπὶ τοῖς ἄ. (17)
— 19. εἶπαν οἱ [A πάντες οἱ] ἄ. πάσῃ τῇ συναγ. (17)
— 21. καθάπερ εἶπαν αὐτοῖς οἱ ἄ. (17)
14. 1. οἱ ἄ. πατριῶν φυλῶν τῶν υἱῶν Ἰσρ. (26)
17. 4. ἐναντίον Ἰησοῦ καὶ ἐναντίον τῶν ἀ. (17)
19. 51. οἱ ἄ. τῶν πατριῶν (26)
22. 14. ἀπέστειλαν . . . δέκα τῶν ἀ. μετ᾽ αὐτοῦ (17)
— 14. ἄ. εἷς ἀπὸ οἴκου πατριᾶς (17)
— 14. ἄρχοντες οἴκων πατριῶν (26)
— 30. πάντες οἱ ἄ. τῆς συναγ. Ἰσρ. [A *om.*] (17)
— 32. οἱ ἄ. [A *add.* τῶν πατριῶν] ἀπὸ τῶν υἱῶν Ῥ. (17)
23. 2. τὴν γερουσίαν αὐτῶν καὶ τοὺς ἄ. αὐτῶν (26)
24. 1. A καὶ τοὺς ἄ. αὐτῶν (26)
Jd. 4. 2. καὶ ὁ ἄ. τῆς δυνάμεως αὐτοῦ Σισάρα (30 *a*)
— 7. ἐπὶ τὸν Σισάρα ἄ. τῆς δυνάμεως Ἰαβίν (30 *a*)
5. 8. B τότε ἐπολέμησαν πόλεις ἀρχόντων [A *al.*] †
7. 25. συνέλαβον τοὺς [A *add.* δύο] ἄ. Μαδιάμ (30 *a*)
8. 3. ἐν χειρὶ ὑμῶν παρέδωκε κ. τοὺς ἄ. Μαδ. (30 *a*)
— 6. εἶπον οἱ ἄ. Σοκχώθ (30 *a*)
— 14. τῶν ἀ. Σοκ. καὶ τῶν πρεσβυτέρων [A τοὺς ἄ. Σ. καὶ τοὺς πρ.] (30 *a*)
— 15. παρεγένετο Γεδεὼν πρὸς τοὺς ἄ. Σοκχώθ (3 *a*?)
— 15. A εἰσῆλθεν πρὸς τοὺς ἄ. Σοκχώθ (3 *a*?)
— 16. A ἔλαβον τοὺς ἄ. [B *al.*] –
9. 30. ἤκουσε Ζ. ἄ. τῆς πόλεως τοὺς λόγους (30 *a*)
10. 18. εἶπον ὁ λαὸς οἱ ἄ. [A οἱ ἄ. τοῦ λαοῦ] Γαλ. (30 *a*)
— 18. ἔσται εἰς ἄρχοντα [A κεφαλήν] (26)
11. 8. ἔσῃ ἡμῖν εἰς ἄρχοντα [A κεφαλήν] (26)
— 9. ἔσομαι εἰς ἄρχοντα [A κεφαλήν] (26)
16. 5, 8. οἱ ἄ. [A σατράπαι] τῶν ἀλλοφύλων (19)
— 18. τοὺς ἄ. [A. σατράπας] τῶν ἀλλοφύλων (19)
— 18. οἱ ἄ. [A αἱ σατραπίαι] τῶν ἀλλοφύλων (19)
— 23, 27. οἱ ἄ. [A σατράπαι] τῶν ἀλλοφύλων (19)
— 30. ἔπεσεν ὁ οἶκος ἐπὶ τοὺς ἄ. [A σατράπας] (19)
I Ki. 6. 5 (4). καὶ τοῖς ἄ. ὑμῶν καὶ τῷ λαῷ (19)
9. 16. χρίσεις αὐτὸν εἰς ἄρχοντα (14)
10. 1. οὐχὶ κέχρικέ σε κ. εἰς ἄρχοντα –
— 1. ἔχρισέ σε κ. ἐπὶ κληρον. αὐτοῦ εἰς ἄρχοντα (14)
13. 14. B ἐντελεῖται κ. αὐτῷ εἰς ἄρχοντα (14)
17. 55. A εἶπεν πρὸς Ἀβενὴρ τὸν ἄ. τῆς δυνάμ. (30 *a*)
18. 30. A καὶ ἐξῆλθον οἱ ἄ. τῶν ἀλλοφύλων (30 *a*)
22. 14. καὶ ἄ. παντὸς παραγγέλματός σου †
II Ki. 6. 2. ἀπὸ τῶν ἀ. Ἰούδα (4)
10. 3. εἶπον οἱ ἄ. υἱῶν Ἀμμὼν πρὸς Ἀ. (30 *a*)
— 16. Σωβὰκ ἄρχων τῆς δυνάμεως Ἀδρ. (30 *a*)
— 18. Σωβὰκ τὸν ἄ. τῆς δυνάμεως αὐτοῦ (30 *a*)
18. 5. B ἐντελλομένου τοῦ βασιλέως πᾶσι τοῖς ἄ. (30 *a*)
19. 6 (7). ὅτι οὐκ εἰσὶν οἱ ἄ. σου (30 *a*)
— 13 (14). εἰ μὴ ἄρχων δυνάμεως ἔσῃ ἐνώπιον ἐμοῦ (30 *a*)
23. 8. Ἰεβοσθὲ ὁ Χαν. ἄ. τοῦ τρίτου ἐστίν (26)
— 18. Ἀβεσσὰ . . . αὐτὸς ἄ. ἐν τοῖς τρισί (26)
— 19. ἐγένετο αὐτοῖς εἰς [A ἐπ᾽] ἄρχοντα (30 *a*)
24. 2. πρὸς Ἰωὰβ ἄρχοντα τῆς ἰσχύος (30 *a*)
— 4. εἰς τοὺς ἄ. τῆς δυνάμεως (30 *a*)
— 4. ἐξῆλθεν Ἰωὰβ καὶ οἱ ἄ. τῆς ἰσχύος (30 *a*)
III Ki. 1. 19. καὶ Ἰωὰβ τὸν ἄ. τῆς δυνάμεως (30 *a*)
— 25. ἐκάλεσε . . . τοὺς ἄ. τῆς δυνάμεως (30 *a*)
2. 5. τοῖς δυσὶν ἄ. τῶν δυνάμεων Ἰσραήλ (30 *a*)
3. 1 (5. 16). οὗτοι οἱ ἄ. οἱ καθεσταμένοι ἐπὶ τὰ ἔργα (30 *a*)
— 1 [B], 4. 21 [A] (5. 1). Σαλωμὼν ἦν ἄ. [A ἐξουσιάζων] (13)
— 1 (*cf.* 4. 24). B ἦν ἄ. ἐν παντὶ πέραν τοῦ ποταμοῦ (28)
— 1. B οὗτοι οἱ ἄ. τοῦ Σαλωμών –
— 1. B Ὀρνίου υἱὸς Νάθαν ἄ. τῶν ἐφεστηκότων –
— 1. B ἦν ἄ. ἐν πᾶσι τοῖς βασιλεῦσιν –
4. 2. οὗτοι ἄ. οἳ ἦσαν αὐτοῦ (30 *a*)
— 24 (5. 4). ἦν ἄ. πέραν [A ἐν παντὶ πέραν] τοῦ ποταμοῦ (28)
5. 16 (30). χωρὶς ἀρχόντων τῶν καθεσταμ. ἐπὶ τῶν ἔργων (30 *a*)
9. 23. A οὗτοι οἱ ἄ. οἱ ἐστηλωμ. οἱ ἐπὶ τοῦ ἔργου (30 *a*)
10. 22 [B], 9. 22 [A]. ἄρχοντες παῖδες αὐ. (30 *a*)
— 22 [B], 9. 22 [A]. καὶ ἄρχοντες τῶν ἁρμάτων αὐτοῦ (30 *a*)
11. 14 [B], 24 [A]. καὶ ἦν ἄ. συστρέμματος (30 *a*)
III Ki. 11. 15. Ἰωὰβ ἄρχοντα τῆς στρατιᾶς [A τὸν ἄ. τῆς δυνάμεως] (30 *a*)
— 18. B[1] καὶ ἄρχοντες [A B[2] R ἔρχονται] εἰς Φ. †
— 21. Ἰωὰβ ὁ ἄ. τῆς στρατιᾶς (30 *a*)
12. 24. B εἰς ἄρχοντα σκυτάλης –
— 24. B οὗτος ὁ ἄνθρωπος οὐκ εἰς ἄρχοντα –
15. 20. A R τοὺς ἄ. τῶν δυνάμεων [B τῆς δυν.] (30 *a*)
16. 9. Ζαμβρὶ ὁ ἄ. τῆς ἡμίσους τῆς ἵππου (30 *a*)
21 (20). 14. ἐν τοῖς παιδαρίοις τῶν ἀ. τῶν χωρῶν [A πόλεων] (30 *a*)
— 15. τοὺς ἄ. τὰ παιδάρια [A τοὺς παῖδας τῶν ἀ.] τῶν χωρ. (30 *a*)
— 17. ἄρχοντες παιδάρια [A παιδ. ἀρχόντων] τῶν χωρῶν (30 *a*)
— 19. A τὰ παιδάρια ἀρχόντων [B ἄρχοντα] τῶν χωρῶν (30 *a*)
22. 26. A πρὸς Ἀμμὼν τὸν ἄ. τῆς πόλ. [B *al.*] (30 *a*)
— 31. τοῖς ἄ. τῶν ἁρμάτων αὐτοῦ (30 *a*)
— 32. ὡς εἶδον οἱ ἄ. τῶν ἁρμάτων τὸν Ἰωσ. (30 *a*)
— 33. ὡς εἶδον οἱ ἄ. τῶν ἁρμάτων (30 *a*)
IV Ki. 4. 13. εἰ ἔστι λόγος σοι . . . πρὸς τὸν ἄ. τῆς δυνάμ. (30 *a*)
5. 1. Ναιμὰν ὁ ἄ. τῆς δυνάμεως Συρίας (30 *a*)
8. 21. ἐπάταξε . . . τοὺς ἄ. τῶν ἁρμάτων (30 *a*)
9. 5. καὶ ἰδοὺ οἱ ἄ. τῆς δυνάμεως ἐκάθηντο (30 *a*)
— 5. λόγος μοι πρὸς σὲ ὁ ἄ. (30 *a*)
— 5. καὶ εἶπε Πρὸς σὲ ὁ ἄ. (30 *a*)
10. 1. πρὸς τοὺς ἄ. Σαμαρείας (30 *a*)
23. 8. Ἰησοῦ ἄρχοντος τῆς πύλης (30 *a*)
24. 12. οἱ ἄ. αὐτοῦ καὶ οἱ εὐνοῦχοι αὐτοῦ (30 *a*)
— 14. πάντας τοὺς ἄ. καὶ τοὺς δυνατοὺς ἰσχύϊ (30 *a*)
25. 19. τὸν γραμματέα τοῦ ἄ. τῆς δυνάμεως (30 *a*)
— 23. πάντες οἱ ἄ. τῆς δυνάμεως αὐτοί (30 *a*)
— 26. καὶ οἱ ἄ. τῶν δυνάμεων [A τῆς δυνάμεως] (30 *a*)
I Ch. 2. 10. τὸν Ν. ἄρχοντα οἴκου Ἰούδα (17)
4. 38. A R οἱ διελθόντες [B διελόντες] ἐν ὀνόμασιν ἀρχόντων (17)
— 42. υἱοὶ Ἰεσὶ ἄρχοντες αὐτῶν (26)
5. 6. οὗτος ἄρχων τῶν Ῥουβήν (17)
— 7. ὁ ἄ. Ἰωήλ (26)
— 15. ἄ. οἴκου πατριῶν (26)
— 24. ἄρχοντες τῶν οἴκων πατριῶν αὐτῶν (26)
7. 2. ἄρχοντες οἴκων [A κατ᾽ οἶκον] πατριῶν αὐτῶν (26)
— 3. ἄ. πάντες (26)
— 7. ἄρχοντες οἴκων πατριῶν (26)
— 9. ἄρχοντες οἴκων πατριῶν αὐτῶν (26)
— 11. ἄρχοντες τῶν πατριῶν (26)
— 40. πάντες ἄρχοντες πατριῶν ἐκλεκτοὶ ἰσχυροὶ δυνάμει ἄ. ἡγούμενοι (26, 26)
8. 6. οὗτοί εἰσιν ἄρχοντες πατριῶν (26)
— 10. οὗτοι ἄρχοντες πατριῶν (26)
— 13. οὗτοι ἄ. τῶν πατριῶν (26)
— 28. οὗτοι ἄρχοντες πατριῶν κατὰ γενέσεις αὐτῶν ἄρχοντες [A ἀρχηγοί] (26, 26)
9. 9. πάντες οἱ ἄνδρες ἄρχοντες πατριῶν (26)
— 13. καὶ ἀδελφοὶ αὐτῶν ἄρχοντες οἴκων πατριῶν (26)
— 17. Σαλὼμ ὁ ἄ. (26)
— 33. οὗτοι ψαλτῳδοὶ ἄ. τῶν πατριῶν τῶν Λ. (26)
— 34. A οὗτοι ἄρχοντες τῶν πατριῶν τῶν Λευιτῶν [B S *om.*] κατὰ γενέσεις αὐτῶν ἄρχοντες (26, 26)
11. 6. καὶ ἔσται εἰς ἄρχοντα καὶ εἰς στρατηγόν (26)
— 6. καὶ ἐγένετο εἰς ἄρχοντα (26)
— 10. οἱ ἄ. τῶν δυνατῶν (26)
— 15. κατέβησαν τρεῖς ἐκ τῶν τριάκοντα ἀ. (26)
— 20. οὗτος ἦν ἄ. τῶν τριῶν [A πατριῶν] (26)
— 21. καὶ ἦν αὐτοῖς [A -ὸς] εἰς ἄρχοντα (30 *a*)
— 42. Ἀδινὰ υἱὸς Σ. . . . ἄρχων (26)
12. 3. ἐκ Βενιαμὶν ὁ ἄ. Ἀχιέζερ (26)
— 9. Ἀζὰ ὁ ἄ. (26)
— 14. οὗτοι ἐκ τῶν υἱῶν Γὰδ ἄ. τῆς στρατιᾶς (26)
— 18. τὸν Ἀμασαὶ ἄ. τῶν τριάκοντα (26)
— 18. κατέστησεν αὐτοὺς ἄρχοντας τῶν δυνάμ. (26)
— 23. ταῦτα τὰ ὀνόματα τῶν ἀ. τῆς στρατιᾶς (26)
— 28. τῆς πατρικῆς οἰκίας αὐτοῦ ἄρχοντες εἴκοσι δύο (30 *a*)
— 34. ἀπὸ Νεφθαλὶ ἄρχοντες χίλιοι (30 *a*)
15. 5. Οὐριὴλ ὁ ἄ. (30 *a*)
— 6. Ἀσαία ὁ ἄ. (30 *a*)
— 7. Ἰωὴλ ὁ ἄ. (30 *a*)
— 8. Σεμεῒ ὁ ἄ. (30 *a*)
— 9. Ἐλιὴλ ὁ ἄ. (30 *a*)
— 10. Ἀμιναδὰβ ὁ ἄ. (30 *a*)
I Ch. 15. 12. ὑμεῖς ἄρχοντες πατριῶν τῶν Λ. (26)
— 16. καὶ εἶπε Δαυὶδ τοῖς ἄ. τῶν Λ. (30 *a*)
— 22. Χωνενία ἄ. τῶν Λευιτῶν ἄ. τῶν ᾠδῶν (30 *a*, 7)
— 27. Χωνενίας ὁ ἄ. τῶν ᾠδῶν τῶν ᾀδόντων (30 *a*)
19. 3. καὶ εἶπον ἄρχοντες Ἀμμών (30 *a*)
21. 2. πρὸς τοὺς ἄ. τῆς δυνάμεως (30 *a*)
22. 17. ἐνετείλατο Δαυὶδ τοῖς παισὶν ἄ. Ἰσρ. (30 *a*)
23. 2. συνήγαγε τοὺς πάντας ἄ. Ἰσραήλ (30 *a*)
— 8. ὁ ἄ. Ἰειήλ (26)
— 9. οὗτοι ἄρχοντες πατριῶν τῶν Ἐδάν (26)
— 11. καὶ ἦν Ἰὲθ ὁ ἄ. (26)
— 16. Σουβαὴλ ὁ ἄ. (26)
— 17. Ῥααβία ὁ ἄ. (26)
— 18. Σαλωμὼθ ὁ ἄ. (26)
— 19. Ἱεριὰ ὁ ἄ. (26)
— 20. Μιχὰ ὁ ἄ. (26)
— 24. ἄρχοντες τῶν πατριῶν αὐτῶν (26)
24. 4. πλείους εἰς ἄρχοντας τῶν δυνατῶν (26)
— 4. τοῖς υἱοῖς Ἐλ. ἄρχοντας (26)
— 5. ἦσαν ἄρχοντες τῶν ἁγίων καὶ ἄρχοντες κυρίου (30 *a*, 30 *a*)
— 6. κατέναντι τοῦ βασιλέως καὶ τῶν ἀ. (30 *a*)
— 6. ἄρχοντες τῶν πατριῶν τῶν ἱερέων (26)
— 21. τῷ Ῥααβίᾳ ὁ ἄ. (26)
— 31. B καὶ ἄ. τῶν πατριῶν [A ἀρχόντων πατ.] (26)
25. 1. καὶ οἱ ἄ. τῆς δυνάμεως (30 *a*)
26. 10. ἄρχοντα τῆς διαιρέσεως τῆς δευτέρας (26)
— 12. τοῖς ἄ. τῶν δυνατῶν (26)
— 21. ἄρχοντες πατριῶν τῷ Λαδάν (26)
— 26. καὶ οἱ ἄ. τῶν πατριῶν (26)
— 31. Οὐρίας ὁ ἄ. τῶν Χεβρωνί (26)
— 32. δισχίλιοι ἑπτακόσιοι οἱ ἄ. πατριῶν (26)
27. 1. ἄρχοντες τῶν πατριῶν χιλίαρχοι (26)
— 3. ἄρχων πάντων τῶν ἀ. τῆς δυνάμεως (26, 30 *a*)
— 4 (5). εἴκοσι καὶ τέσσαρες χιλιάδες ἄρχοντες δυνάμεως (30 *a*)
— 5. Βαναίας ὁ τοῦ Ἰωδαὲ ὁ ἱερεὺς ὁ ἄ. (26)
28. 1. ἐξεκκλησίασε Δαυὶδ πάντας τοὺς ἄ. Ἰσρ. (30 *a*)
— 1. ἄρχοντας τῶν κριτῶν (30 *a*)
— 1. τοὺς ἄ. τῶν ἐφημεριῶν (30 *a*)
— 1. ἄρχοντας τῶν χιλιάδων (30 *a*)
— 21. καὶ οἱ ἄ. καὶ πᾶς ὁ λαός (30 *a*)
29. 6. ἄρχοντες πατριῶν καὶ οἱ ἄ. τῶν υἱῶν Ἰσραήλ (30 *a*, 30 *a*)
— 12. κύριε, ὁ ἄ. πάσης ἀρχῆς –
— 24. οἱ ἄ. καὶ οἱ δυνάσται (30 *a*)
II Ch. 1. 2. πᾶσι τοῖς ἄ. ἐναντίον Ἰσραὴλ τοῖς ἄ. τῶν πατριῶν (17, 26)
5. 2. τοὺς ἄ. τῶν φυλῶν (26)
8. 9. ἄνδρες πολεμισταὶ καὶ ἄρχοντες καὶ οἱ δυνατοὶ καὶ ἄρχοντες ἁρμάτων (30 *a*, 30 *a*)
— 10. καὶ οὗτοι ἄ. τῶν προστατῶν βασιλέως (30 *a*)
11. 22. κατέστησεν εἰς ἄρχοντα Ἀβιά (26)
12. 5. καὶ πρὸς τοὺς ἄ. Ἰούδα (30 *a*)
— 6. καὶ ᾐσχύνθησαν οἱ ἄ. Ἰσραὴλ [A Ἰούδα] (30 *a*)
— 10. κατέστησεν . . . ἄρχοντας παρατρεχόντων (30 *a*)
16. 4. ἀπέστειλε πρὸς τοὺς ἄ. τῆς δυνάμεως αὐτοῦ (30 *a*)
17. 14. Ἐδναὰς ὁ ἄ. (30 *a*)
18. 25. πρὸς Ἐμὴρ ἄ. τῆς πόλεως καὶ πρὸς Ἰωὰς ἄ. υἱὸν τοῦ βασιλέως (30 *a*, –)
— 30. ἐνετείλατο τοῖς ἄ. τῶν ἁρμάτων (30 *a*)
— 31. ὡς εἶδον οἱ ἄ. τῶν ἁρμάτων τὸν Ἰωσ. (30 *a*)
— 32. ὡς εἶδον οἱ ἄ. τῶν ἁρμάτων (30 *a*)
21. 4. καὶ ἀπὸ τῶν ἀ. Ἰσραήλ (30 *a*)
— 9. ᾤχετο Ἰωρὰμ μετὰ τῶν ἀ. (30 *a*)
— 9. καὶ τοὺς ἄ. τῶν ἁρμάτων (30 *a*)
22. 8. εὗρον τοὺς ἄ. Ἰούδα (30 *a*)
23. 2. ἄρχοντες πατριῶν τοῦ Ἰσρ. (26)
— 13. ἐπὶ τῆς εἰσόδου οἱ ἄ. καὶ αἱ σάλπιγγες ἄρχοντες περὶ τὸν βασ. (30 *a*, –)
— 20. τοὺς δυνατοὺς καὶ τοὺς ἄ. τοῦ λαοῦ (13)
24. 6. ἐκάλεσεν ὁ βασ. Ἰωὰς τὸν Ἰ. τὸν ἄ. (26)
— 10. καὶ ἔδωκαν πάντες ἄ. (30 *a*)
— 17. εἰσῆλθον οἱ ἄ. Ἰούδα (30 *a*)
— 23. κατέφθειραν πάντας τοὺς ἄ. τοῦ λαοῦ (30 *a*)
28. 12. καὶ ἀνέστησαν ἄρχοντες ἀπὸ τῶν υἱῶν Ἐφρ. (3 *b*)
— 14. ἐναντίον τῶν ἀ. (30 *a*)
— 18. τὰ ἐν οἴκῳ τοῦ βασιλέως καὶ τῶν ἀ. –
— 21. τὰ ἐν οἴκῳ τοῦ βασιλέως καὶ τῶν ἀ. (30 *a*)
29. 20. καὶ συνήγαγε τοὺς ἄ. τῆς πόλεως (30 *a*)
— 30. εἶπεν Ἐζεκίας ὁ βασιλεὺς καὶ οἱ ἄ. (30 *a*)

II Ch. 30. 2. ὁ βασιλεὺς καὶ οἱ ἄ. (30 *a*)
— 6. ἐπιστολαῖς παρὰ τοῦ βασιλέως καὶ τῶν ἀ. (30 *a*)
— 12. τὰ προστάγματα τοῦ βασ. καὶ τῶν ἀ. (30 *a*)
— 24. καὶ οἱ ἄ. ἀπήρξαντο τῷ λαῷ μόσχους χιλίους (30 *a*)
31. 8. καὶ ἦλθεν Ἐζεκίας καὶ οἱ ἄ. (30 *a*)
— 10. Ἀζαρίας ὁ ἱερεὺς ὁ ἄ. εἰς οἶκον Σαδώκ (26)
32. 6. ἔθετο ἄρχοντας τοῦ πολέμου (30 *a*)
— 21. δυνατὸν καὶ πολεμιστὴν καὶ ἄρχοντα (14)
— 31. τοῖς πρεσβευταῖς τῶν ἀ. ἀπὸ Βαβ. (30 *a*)
33. 11. τοὺς ἄ. τῆς δυνάμεως [A δυναστείας] (30 *a*)
— 14. κατέστησεν ἄρχοντας τῆς δυνάμεως (30 *a*)
34. 8. τὸν Μαασὰ ἄρχοντα τῆς πόλεως [A δυνάμεως] (30 *a*)
— 9. ἐκ χειρὸς Μανασσῆ καὶ Ἐφραὶμ καὶ τῶν ἀ. –
35. 8. οἱ ἄ. αὐτοῦ ἀπήρξαντο τῷ λαῷ (30 *a*)
— 8. οἱ ἄ. οἴκου θεοῦ (14)
— 9. ἄρχοντες τῶν Λευιτῶν ἀπήρξαντο τοῖς Λ. (30 *a*)
— 15. καὶ οἱ ἄ. καὶ οἱ πυλωροὶ πύλης –
— 25. εἶπαν πάντες οἱ ἄ. καὶ αἱ ἄρχουσαι θρῆνον (32)
I Es. 1. 29. κατέβησαν οἱ ἄ. πρὸς βασιλέα Ἰωσίαν
8. 69. οἱ ἄ. καὶ οἱ ἱερεῖς
II Es. 1. 5. ἄρχοντες τῶν πατριῶν τῷ Ἰούδα (26)
— 8. τῷ Σασαβασὰρ ἄ. τοῦ Ἰούδα (17)
2. 68. ἀπὸ ἀρχόντων πατριῶν (26)
3. 12. καὶ ἄρχοντες τῶν πατριῶν (26)
4. 2. πρὸς τοὺς ἄ. τῶν πατριῶν (26)
— 3. οἱ κατάλοιποι τῶν ἀ. τῶν πατριῶν τοῦ Ἰσρ. (26)
5. 10. τὰ ὀνόματα τῶν ἀνδρῶν τῶν ἀ. αὐτῶν (26)
7. 28. πάντων τῶν ἀ. τοῦ βασ. τῶν ἐπηρμένων (30 *a*)
— 28. συνῆξα ἀπὸ Ἰσραὴλ ἄρχοντας (26)
8. 1. οὗτοι οἱ ἄ. πατριῶν αὐτῶν (26)
— 17. ἐπὶ ἄρχοντος ἐν ἀργυρίῳ τοῦ τόπου (26)
— 20. ὧν ἔδωκε Δαυὶδ καὶ οἱ ἄ. (30 *a*)
— 24. διέστειλα ἀπὸ ἀρχόντων τῶν ἱερέων δώδεκα (30 *a*)
— 25. οἱ σύμβουλοι αὐτοῦ καὶ οἱ ἄ. αὐτοῦ (30 *a*)
— 29. ἐνώπιον ἀρχόντων τῶν ἱερέων καὶ τῶν Λευιτῶν καὶ τῶν ἀ. τῶν πατριῶν (30 *a*, 30 *a*)
9. 1. ἤγγισαν πρός με οἱ ἄ. (30 *a*)
— 2. χεὶρ τῶν ἀ. ἐν τῇ ἀσυνθεσίᾳ ταύτῃ (30 *a et* 18)
10. 5. καὶ ὥρκισε τοὺς ἄ. (30 *a*)
— 8. ὡς ἡ βουλὴ τῶν ἀ. (30 *a*)
— 14. στήτωσαν δὴ ἄ. ἡμῶν (30 *a*)
— 16. ἄνδρες ἄ. πατριῶν τῷ οἴκῳ [A S^1 τῶν οἴκων] (26)
Ne. 3. 7. R ἕως θρόνου τοῦ ἄ. τοῦ πέραν τοῦ ποταμοῦ (21)
— 9, 12. ἄ. ἡμίσους περιχώρου Ἱερουσαλήμ (30 *a*)
— 14. ἄ. περιχώρου Βηθαχάμ (30 *a*)
— 15. R ἄ. μέρους τῆς Μασφά (30 *a*)
— 16. ἄ. περιχώρου Βηθσούρ (30 *a*)
— 17, 18. ἄ. ἡμίσους περιχώρου Κεϊλά (30 *a*)
— 19. ἄ. τοῦ Μασφέ (30 *a*)
4. 16 (10). οἱ ἄ. ὀπίσω παντὸς οἴκου Ἰούδα (30 *a*)
— 19 (13). πρὸς τοὺς ἐντίμους καὶ πρὸς τοὺς ἄ. (18)
5. 7. πρὸς τοὺς ἐντίμους καὶ τοὺς ἄ. (18)
— 14. εἶναι εἰς ἄρχοντα αὐτῶν (21)
7. 2. τῷ Ἀνανίᾳ ἄ. τῆς βειρά (30 *a*)
— 5. τοὺς ἐντίμους καὶ τοὺς ἄ. (18)
8. 13. συνήχθησαν οἱ ἄ. τῶν πατριῶν (26)
9. 32. τοὺς βασιλεῖς ἡμῶν καὶ τοὺς ἄ. ἡμῶν (30 *a*)
— 34. οἱ βασιλεῖς ἡμῶν καὶ οἱ ἄ. ἡμῶν (30 *a*)
— 38 (10. 1). ἐπισφραγίζουσιν ἄρχοντες ἡμῶν (30 *a*)
10. 14 (15). ἄρχοντες τοῦ λαοῦ (26)
11. 1. ἐκάθισαν οἱ ἄ. τοῦ λαοῦ ἐν Ἱερ. (30 *a*)
— 3. οὗτοι οἱ ἄ. τῆς χώρας (26)
— 13. ἄρχοντες πατριῶν (26)
12. 7. οὗτοι ἄρχοντες τῶν ἱερέων (26)
— 12. οἱ ἱερεῖς καὶ οἱ ἄ. τῶν πατριῶν (26)
— 22. γεγραμμένοι ἄρχοντες πατριῶν (26)
— 23. υἱοὶ Λευὶ ἄρχοντες τῶν πατριῶν (26)
— 24. ἄρχοντες τῶν Λευιτῶν (26)
— 26. S^3 ἐν ἡμέραις Νεεμία τοῦ ἄ. [A B S *om.* τ. ἄ.] (21)
— 31. ἀνήνεγκαν τοὺς ἄ. Ἰούδα (30 *a*)
— 32. ἥμισυ ἀρχόντων Ἰούδα (30 *a*)
— 44. τοῖς συνηγμένοις ἐν αὐτοῖς ἄρχουσι τῶν πόλεων †
Ju. 5. 2. πάντας τοὺς ἄ. Μωάβ
6. 14. τοὺς ἄ. τῆς πόλεως αὐτῶν
— 17. ἐν μέσῳ τῶν ἀ. υἱῶν Ἀσσούρ

Ju. 7. 8. πάντες ἄ. υἱῶν Ἠσαῦ
— 23. ἐπὶ Ὀζίαν καὶ τοὺς ἄ. τῆς πόλεως
8. 9. τὰ ῥήματα τοῦ λαοῦ τὰ πονηρὰ ἐπὶ τὸν ἄ.
— 11. ἄρχοντες τῶν κατοικούντων ἐν [A S *om.*] Βετυλ.
— 35. καὶ εἶπεν Ὀζίας καὶ οἱ ἄ. πρὸς αὐτήν
9. 3. ἔδωκας ἄρχοντας [S^1 *om.*] αὐτῶν εἰς φόνον
— 10. πάταξον δοῦλον . . . ἐπ' ἄρχοντι καὶ ἄρχοντα ἐπὶ θεράποντι
13. 18. εἰς τραῦμα κεφαλῆς ἄρχοντος ἐχθρῶν ἡμῶν
14. 12. ἐπὶ πάντα ἄ. αὐτῶν
— 19. ὡς δὲ ἤκουσαν . . . οἱ ἄ. τῆς δυν. Ἀσσούρ
Es. 1. 3. καὶ τοῖς ἄ. τῶν σατραπῶν (30 *a*)
— 11. δεῖξαι αὐτὴν τοῖς [A S πᾶσι τοῖς] ἄ. (30 *a*)
— 14. οἱ ἄ. Περσῶν καὶ Μήδων (30 *a*)
— 16. πρὸς τὸν βασιλέα καὶ τοὺς ἄ. (30 *a*)
— 16. πάντας τοὺς ἄ. καὶ τοὺς ἡγουμένους τοῦ βασ. (30 *a*)
— 18. αἱ τυραννίδες αἱ λοιπαὶ τῶν ἀ. Περσῶν –
— 21. ἤρεσεν ὁ λόγος τῷ βασ. καὶ τοῖς ἄ. (30 *a*)
3. 12. τοῖς στρατηγοῖς καὶ τοῖς ἄ. (21)
— 12. τοῖς τε ἄ. τῶν ἐθνῶν (30 *a*)
— 13. τοῖς . . . ἑκατὸν εἴκοσι ἑπτὰ χωρῶν ἄ.
8. 9. καὶ τοῖς ἄ. τῶν σατραπῶν (21 *et* 30 *a*)
— 13. τοῖς . . . ἑκατὸν εἴκοσι ἑπτὰ σατραπείαις χωρῶν ἄ. [S^1 ἀρξ.] –
9. 3. οἱ γὰρ ἄ. τῶν σατραπῶν (30 *a*)
Jb. 3. 15. μετὰ ἀρχόντων ὧν πολὺς ὁ χρυσός (30 *a*)
12. 21. ἐκχέων ἀτιμίαν ἐπ' ἄρχοντας (15)
— 24. διαλλάσσων καρδίας ἀρχόντων γῆς [A *om.*] (26)
21. 28. ποῦ ἐστιν οἶκος ἄρχοντος [A ἀρχαῖος] (15)
29. 25. ἐκάθισα ἄρχων (26)
34. 18. παρανομεῖς, ἀσεβέστατε [A -τοι] τοῖς ἄ. (15)
Ps. 2. 2. οἱ ἄρχοντες συνήχθησαν ἐπὶ τὸ αὐτό (29)
23 (24). 7, 9. ἄρατε πύλας οἱ ἄρχοντες ὑμῶν (26)
32 (33). 10. A B S^2 ἀθετεῖ βουλὰς ἀρχόντων –
44 (45). 16. καταστήσεις αὐτοὺς ἄρχοντας (30 *a*)
46 (47). 9. ἄρχοντες λαῶν συνήχθησαν (15)
67 (68). 25. προέφθασαν ἄρχοντες ἐχόμενοι [S -να] ψαλλόντων (32)
— 27. ἄρχοντες Ἰούδα ἡγεμόνες αὐτῶν ἄρχοντες Ζαβουλὼν ἄρχοντες Νεφθαλί (30 *a ter*)
75 (76). 12. τῷ φοβερῷ καὶ ἀφαιρουμένῳ πνεύματα ἀρχόντων (15)
81 (82). 7. ὡς εἷς τῶν ἀρχόντων [S -χῶν] πίπτετε (30 *a*)
82 (83). 11. θοῦ τοὺς ἄ. αὐτῶν ὡς τὸν Ὠρὴβ . . . πάντας τοὺς ἄ. αὐτῶν (15, 16)
86 (87). 6. κύριος διηγήσεται ἐν γραφῇ λαῶν καὶ ἀρχόντων τούτων –
104 (105). 20. A S^2 R ἀπέστειλε [B S^1 ἐξαπ.] . . . ἄρχων λαῶν (13)
— 21. ἄρχοντα πάσης τῆς κτήσεως [A S κτίσ.] αὐτοῦ (13)
— 22. τοῦ παιδεῦσαι τοὺς ἄ. αὐτοῦ ὡς ἑαυτόν (30 *a*)
106 (107). 40. ἐξεχύθη ἐξουδένωσις ἐπ' ἄρχοντας αὐτῶν (15)
112 (113). 8. τοῦ καθίσαι αὐτὸν μετὰ ἀρχόντων μετὰ ἀ. λαοῦ αὐτοῦ (15, 15)
117 (118). 9. ἢ ἐλπίζειν ἐπ' ἄρχουσι [A^1 S^2 -οντας] (15)
118 (119). 23. ἐκάθισαν ἄρχοντες καὶ κατ' ἐμοῦ κατελάλουν (30 *a*)
— 161. ἄρχοντες κατεδίωξάν με δωρεάν (30 *a*)
145 (146). 3. μὴ πεποίθατε ἐπ' ἄρχοντας (15)
148. 11. ἄρχοντες καὶ πάντες κριταὶ γῆς (30 *a*)
Ec. 10. 7. δούλους ἐφ' ἵππους καὶ ἄρχοντας (30 *a*)
— 16. οἱ ἄ. σου πρωὶ [A ἐν πρωίᾳ, S πρωίας] ἐσθίουσι (30 *a*)
— 17. οἱ ἄ. σου πρὸς καιρὸν φάγονται (30 *a*)
Si. 10. 14. θρόνους ἀρχόντων καθεῖλεν ὁ κύριος
33 (36). 10. σύντριψον κεφαλὰς ἀρχόντων ἐχθρῶν
39. 1. S^1 σοφίαν πάντων ἀρχόντων [A B ἀρχαίων]
41. 18. ἀπὸ κριτοῦ καὶ ἄρχοντος
46. 13. ἔχρισεν ἄρχοντας ἐπὶ τὸν λαὸν αὐτοῦ
— 18. ἐξέτριψεν . . . πάντας ἄ. Φυλ.
48. 12. οὐκ ἐσαλεύθη ὑπὸ ἄρχοντος
— 15. ἄρχων [S^2 -χοντες] τῷ [A S ἐν τῷ] οἴκῳ Δαυίδ
Ho. 3. 4. οὐκ ὄντος βασιλέως οὐδὲ ὄντος ἄ. (30 *a*)
5. 10. ἐγένοντο οἱ ἄρχοντες Ἰ. (30 *a*)
7. 3. ἐν τοῖς ψεύδεσιν αὐτῶν ἄρχοντας (30 *a*)
— 5. ἤρξαντο οἱ ἄ. θυμοῦσθαι (30 *a*)
— 16. πεσοῦνται ἐν ῥομφαίᾳ οἱ ἄ. αὐτῶν (30 *a*)

Ho. 8. 10. τοῦ χρίειν . . . ἄρχοντας (30 *a*)
9. 16 (15). πάντες οἱ ἄ. αὐτῶν ἀπειθοῦντες (30 *a*)
10. 14. ὡς ἄρχων Σ. ἐκ τοῦ οἴκου Ἰ. †
12. 11 (12). ἄρα ψευδεῖς ἦσαν ἐν Γ. ἄρχοντες θυσιάζοντες †
13. 10. δός μοι βασιλέα καὶ ἄρχοντα (30 *a*)
Am. 1. 15. οἱ ἱερεῖς αὐ. καὶ οἱ ἄ. (30 *a*)
2. 3. A πάντας τοὺς ἄ. [B *om.* τοὺς ἄ.] αὐτῆς ἀποκτενῶ (30 *a*)
Mi. 5. 2 (1). τοῦ εἶναι εἰς ἄρχοντα τοῦ [A ἐν τῷ] Ἰ. (13)
7. 3. ὁ ἄ. αἰτεῖ (30 *a*)
Ze. 1. 8. ἐκδικήσω ἐπὶ τοὺς ἄ. (30 *a*)
3. 3. οἱ ἄ. αὐτῆς ἐν αὐτῇ ὡς λέοντες ὠρυόμ. (30 *a*)
Za. 6. 10. λάβε τὰ ἐκ τῆς αἰχμαλ. παρὰ τῶν ἀ. †
Is. 1. 10. ἄρχοντες Σοδόμων (25)
— 23. οἱ ἄ. σου ἀπειθοῦσι (30 *a*)
3. 4. ἐπιστήσω νεανίσκους ἄρχοντας αὐτῶν (30 *a*)
— 14. ἥξει . . . μετὰ τῶν ἀρχόντων αὐτοῦ (30 *a*)
8. 21. κακῶς ἐρεῖτε τὸν ἄ. καὶ τὰ πάτρια (11)
9. 6 (5). A S^2 ἄ. εἰρήνης (30 *a*)
— 6 (5). ἄξω γὰρ εἰρήνην ἐπὶ τοὺς ἄ. –
10. 8. σὺ μόνος εἶ ἄ. (30 *a et* 11 ?)
— 12. ἐπὶ τὸν ἄ. τῶν Ἀσσ. (11)
13. 2. ἀνοίξατε οἱ ἄ. (15)
14. 5. συνέτριψε . . . τὸν ζυγὸν τῶν ἀ. (13)
— 9. S^1 οἱ ἄ. [A B S^2 ἄρξαντες] τῆς γῆς (36)
16. 4. ὁ ἄ. ἀπώλετο ὁ καταπατῶν †
19. 11. μωροὶ ἔσονται οἱ ἄ. Τάνεως (30 *a*)
— 13. ἐξέλιπον οἱ ἄ. Τάνεως καὶ ὑψώθησαν οἱ ἄ. Μέμφεως (30 *a*, 30 *a*)
21. 5. οἱ ἄ. ἑτοιμάσατε θυρεούς (30 *a*)
22. 3. οἱ ἄ. σου πεφεύγασι (25)
— 18. τὸν οἶκον τοῦ ἄ. σου (1)
— 23. στήσω αὐτὸν ἄρχοντα (8)
23. 8. οἱ ἔμποροι αὐτῆς ἔνδοξοι ἄ. τῆς γῆς (30 *a*)
28. 14. ἄρχοντες τοῦ λαοῦ τούτου (13)
29. 10. καμμύσει τοὺς ὀφθαλμοὺς . . . τῶν ἀ. αὐτῶν (26)
32. 1. ἄρχοντες μετὰ κρίσεως ἄρξουσι (30 *a*)
33. 22. κύριος ἄ. ἡμῶν (5)
34. 1. ἀκούσατε ἄρχοντες (9)
— 12. οἱ ἄ. αὐτῆς οὐκ ἔσονται οἱ γὰρ βασιλεῖς [A S^2 *add.* αὐτῆς καὶ οἱ ἄ. αὐ.] καὶ οἱ μεγιστᾶνες [B S^1 ἄρχοντες] (6, –, 30 *a*)
40. 23. ὁ διδοὺς ἄρχοντας ὡς [A S εἰς] οὐδὲν ἄρχειν (29)
41. 1. οἱ γὰρ ἄ. ἀλλάξουσιν [S ἀλαλάξ.] ἰσχύν (9)
— 25. ἐρχέσθωσαν ἄρχοντες (18)
43. 4. δώσω . . . ἄρχοντας ὑπὲρ τῆς κεφαλῆς σου (9)
— 9. συναχθήσονται ἄρχοντες ἐξ αὐτῶν (9)
— 27. οἱ ἄ. ὑμῶν [A S αὐτῶν] ἠνόμησαν εἰς ἐμέ (10 ?)
— 28. ἐμίαναν οἱ ἄ. τὰ ἁγιά μου (30 *a*)
49. 7. τὸν βδελυσσόμενον ὑπὸ τῶν ἐθνῶν τῶν δούλων τῶν ἀ. (13)
— 7. ἀναστήσονται ἄρχοντες (30 *a*)
55. 4. ἔδωκα αὐτὸν ἄρχοντα (14)
60. 17. δώσω τοὺς ἄ. σου ἐν εἰρήνῃ (22)
Je. 1. 18. ὀχυρὸν [S ἰσχ.] . . . τοῖς ἄ. αὐτοῦ [A αὐτῶν] (30 *a*)
2. 26. οἱ βασιλεῖς αὐτῶν καὶ οἱ ἄ. αὐτῶν (30 *a*)
4. 9. ἡ καρδία τῶν ἀ. (30 *a*)
8. 1. τὰ ὀστᾶ τῶν ἀ. αὐτοῦ (30 *a*)
17. 25. εἰσελεύσονται . . . ἄρχοντες καθήμενοι ἐπὶ θρόνου Δαυίδ (30 *a*)
— 25. αὐτοὶ καὶ οἱ ἄ. αὐτῶν (30 *a*)
22. 4. A βασιλεῖς καὶ ἄρχοντες [B S *om.* κ. ἄ.] –
— 30. ἄ. ἔτι ἐν τῷ [A *add.* οἴκῳ] Ἰούδα (13)
24. 1. βασιλέα Ἰούδα καὶ τοὺς ἄ. [A *add.* βασ. Ἰούδα] (30 *a*)
28 (51). 59. Σαραίας ἄ. δώρων (30 *a*)
30 (49). 3 : 31 (48). 7. οἱ ἱερεῖς αὐτοῦ καὶ οἱ ἄ. αὐτοῦ ἅμα (30 *a*)
32. 4 (25. 18). βασιλεῖς Ἰούδα καὶ ἄρχοντας αὐτοῦ (30 *a*)
33 (26). 10. ἤκουσαν οἱ ἄ. Ἰούδα τὸν λόγον τοῦτον [A τῶν λ. τ.] (30 *a*)
— 11. εἶπαν . . . πρὸς τοὺς ἄ. (30 *a*)
— 12. εἶπεν Ἱερεμίας πρὸς τοὺς ἄ. (30 *a*)
— 16. εἶπαν οἱ ἄ. καὶ πᾶς ὁ λαός (30 *a*)
— 21. ὁ βασιλεὺς Ἰωακεὶμ καὶ πάντες οἱ ἄ. (30 *a*)
37 (30). 21. ὁ ἄ. αὐτοῦ ἐξ αὐτοῦ ἐξελεύσεται (13)
39 (32). 32. οἱ βασιλεῖς αὐτῶν καὶ οἱ ἄ. αὐτῶν (30 *a*)
41 (34). 19. δώσω . . . τοὺς ἄ. Ἰούδα (30 *a*)

Je. 41. 21. τοὺς ἄ. αὐτῶν δώσω εἰς χεῖρας ἐχθρῶν (30 *a*)
42 (35). 4. ἔγγυς τοῦ οἴκου τῶν [A ἔ. οἰκούντων] ἀ. (30 *a*)
43 (36). 12. πάντες οἱ ἄ. ἐκάθηντο . . . καὶ πάντες οἱ ἄ. (30 *a*, 30 *a*)
— 14. ἀπέστειλαν πάντες οἱ ἄ. (30 *a*)
— 19. A εἶπαν οἱ ἄ. πρὸς Βαρούχ [B S *al.*] (30 *a*)
— 21. εἰς τὰ ὦτα πάντων τῶν ἀ. τῶν ἑστηκ. (30 *a*)
44 (37). 14. εἰσήγαγεν αὐτὸν πρὸς τοὺς ἄ. (30 *a*)
— 15. ἐπικράνθησαν οἱ ἄ. ἐπὶ Ἰερεμίαν (30 *a*)
45 (38). 22. ἐξήγοντο πρὸς ἄρχοντας βασιλέως Βαβ. (30 *a*)
— 25. ἐὰν ἀκούσωσιν οἱ ἄ. ὅτι ἐλάλησά σοι (30 *a*)
— 27. ἦλθοσαν [A S ἦλθαν] πάντες οἱ ἄ. πρὸς Ἰερ. (30 *a*)
51 (44). 9. μὴ ἐπιλέλησθε . . . τῶν κακῶν τῶν ἀ. ὑμῶν †
— 17. οἱ βασιλεῖς ἡμῶν καὶ οἱ ἄ. ἡμῶν (30 *a*)
— 21. οἱ βασιλεῖς ὑμῶν καὶ οἱ ἄ. ὑμῶν [S[1] *om.* κ. οἱ ἄ. ὑ.] (30 *a*)
52. 10. πάντας τοὺς ἄ. Ἰούδα ἔσφαξεν ἐν Δεβλαθά (30 *a*)
Ba. 1. 9. τὸν Ἰεχονίαν καὶ τοὺς ἄ.
— 16. τοῖς βασιλεῦσιν ἡμῶν καὶ τοῖς ἄ. ἡμῶν
2. 1. ἐπὶ τοὺς βασιλεῖς ἡμῶν καὶ ἐπὶ τοὺς ἄ. ἡμῶν
— 24. A τὰ ὀστᾶ τῶν ἀ. ἡμῶν
3. 16. ποῦ εἰσιν οἱ ἄ. τῶν ἐθνῶν
La. 1. 6. ἐγένοντο οἱ ἄ. αὐτῆς ὡς κριοί (30 *a*)
2. 2. βασιλέας αὐτῆς καὶ ἄρχοντας [A -α] αὐτῆς (30 *a*)
— 6. παρώξυνεν . . . ἱερέα καὶ ἄρχοντα –
— 9. βασιλέα αὐτῆς καὶ ἄρχοντας αὐτῆς (30 *a*)
5. 12. ἄρχοντες ἐν χερσὶν αὐτῶν ἐκρεμάσθησαν (30 *a*)
Ez. 7. 27. ἄρχων [A ὁ ἄ.] ἐνδύσεται ἀφανισμόν (17)
12. 10. ὁ ἄ. [A εἰπὸν τῷ ἄ.] . . . ἐν [A *om.*] Ἰερ. (17)
— 12. ὁ ἄ. ἐν μέσῳ αὐτῶν [A αὐτῶν ἐν μ. αὐτῆς] (17)
17. 12. τὸν βασιλέα αὐτῆς καὶ τοὺς ἄ. αὐτῆς [A *om.* καὶ τοὺς ἄ. αὐ.] (30 *a*)
19. 1. λάβε θρῆνον ἐπὶ τὸν ἄ. τοῦ Ἰσραήλ (17)
22. 27. οἱ ἄ. αὐτῆς ἐν μέσῳ αὐτῆς ὡς λύκοι (30 *a*)
26. 16. καταβήσονται ἀπὸ τῶν θρόνων αὐτῶν πάντες οἱ ἄ. (17)
27. 8. οἱ ἄ. σου οἱ κατοικοῦντες Σιδῶνα –
— 21. ἡ Ἀραβία καὶ πάντες οἱ ἄ. Κηδάρ (17)
28. 2. εἰπὸν τῷ ἄ. Τύρου (14)
— 12. λάβε θρῆνον ἐπὶ τὸν ἄ. Τύρου (11)
30. 13. ἀπολῶ [A ἀ. βδελύγματα καὶ καταπαύσω] . . . ἄρχοντας Μέμφεως [A Τάνεως] (17)
31. 11. εἰς χεῖρας ἄρχοντος ἐθνῶν (2 *b*)
32. 29. οἱ [A πάντες οἱ] ἄ. Ἀσσούρ [A Ἀσσύριοι] (17)
— 30. οἱ [A πάντες οἱ] ἄ. τοῦ βορρᾶ (16)
34. 24. καὶ Δαυὶδ ἄρχων ἐν μέσῳ αὐτῶν (17)
37. 22. ἄρχων εἷς ἔσται αὐτῶν [A πάντων αὐ.] (11)
— 24. ὁ δοῦλός μου Δαυὶδ ἄρχων (11)
— 25. Δαυὶδ ὁ δοῦλός μου ἄρχων [A ἄ. αὐτῶν ἔσται] (17)
38. 2. ἄρχοντα ῥὼς Μεσὸχ καὶ Θοβέλ (17)
— 3. ἐγὼ ἐπὶ σὲ [A σὲ Γὼγ καὶ] ἄρχοντα ῥὼς Μεσόχ (17)
39. 1. ἰδοὺ ἐγὼ ἐπὶ σὲ Γὼγ ἄρχοντα ῥώς (17)
— 18. αἷμα ἀρχόντων τῆς γῆς πίεσθε (17)
Da. LXX. 1. 20. καὶ κατέστησεν αὐτοὺς ἄ.
2. 15. ἄ. τοῦ βασιλέως (33 *b*)
— 48. ἀπέδειξεν αὐτὸν ἄρχοντα καὶ ἡγούμενον (27)
3. 3. πάντες οἱ ἄ. τῶν χωρῶν (33 *a*)
— (38). οὐκ ἔστιν ἐν τῷ καιρῷ τούτῳ ἄρχων
— 30 (97). κατέστησεν αὐτοὺς ἄρχοντας (35)
4. 15. ἐκάλεσα τὸν Δανιὴλ τὸν ἄ. τῶν σοφιστῶν –
10. 13. Μιχαὴλ εἷς τῶν ἀ. τῶν πρώτων (30 *a*)
Da. TH. 2. 10. πᾶς βασιλεὺς μέγας καὶ ἄρχων (33 *b*)
— 15. ἄρχων τοῦ βασ. (33 *b*)
— 48. κατέστησεν αὐτὸν . . . ἄ. σατραπῶν (27)
3. 2. πάντας τοὺς ἄ. τῶν χωρῶν (33 *a*)
— 3. πάντες οἱ ἄ. τῶν χωρῶν (33 *a*)
— (38). οὐκ ἔστιν ἐν τῷ καιρῷ τούτῳ ἄρχων
4. 6. Βαλτ. ὁ ἄ. τῶν ἐπαοιδῶν (27)
5. 11. ἄ. ἐπαοιδῶν . . . κατέστησεν αὐτόν (27)
— 29. εἶναι αὐτὸν ἄ. τρίτον (33 *b*)
9. 6. πρὸς τοὺς βασ. ἡμ. καὶ ἄρχοντας ἡμ. (30 *a*)
— 8. καὶ τοῖς ἄ. ἡμ. καὶ τοῖς πατράσιν (30 *a*)
10. 13. ὁ ἄ. βασιλείας Περσῶν (30 *a*)

Da. TH. 10. 13. Μιχ. εἷς τῶν ἀ. (30 *a*)
— 13. μετὰ τοῦ ἄ. βασιλείας Περσῶν (34)
— 20. τοῦ πολεμῆσαι μετὰ τοῦ ἄ. [A -ων] Π. (30 *a*)
— 20. ὁ ἄ. τῶν Ἑλλ. ἤρχετο (30 *a*)
— 21. Μιχ. ὁ ἄ. ὑμῶν (30 *a*)
11. 5. εἷς τῶν ἀ. αὐτῶν (30 *a*)
— 18. R καταπαύσει [A B -καύσει] ἄρχοντας ὀνειδισμοῦ (25)
12. 1. Μιχ. ὁ ἄ. ὁ μέγας (30 *a*)
I Ma. 1. 26. ἐστέναξαν ἄρχοντες καὶ πρεσβύτεροι
— 29. ἀπέστειλεν ὁ βασιλεὺς ἄρχοντα [S -ας] φορολογίας
2. 17. ἄ. καὶ ἔνδοξος καὶ μέγας εἶ ἐν τῇ πόλει
— 18. A οἱ ἄ. [S R ἄνδρες] Ἰούδα καὶ οἱ καταλ.
— 66. ὑμῖν ἔσται ἄρχων [A εἰς ἄρχοντα] στρατιᾶς
3. 13. Σήρων ὁ ἄ. τῆς δυνάμεως Συρίας
5. 40. εἶπε Τιμόθεος τοῖς ἄ. τῆς δυνάμεως
— 56. ἄρχοντες τῆς δυνάμεως τῶν ἀνδραγαθιῶν
6. 28. συνήγαγε . . . ἄρχοντας δυνάμεως
— 60. ἐναντίον τοῦ βασιλέως καὶ τῶν ἀ.
— 61. ὤμοσεν αὐτοῖς ὁ βασιλεὺς καὶ οἱ ἄ.
7. 26. ἕνα τῶν ἀ. αὐτοῦ τῶν ἐνδόξων
9. 30. τοῦ εἶναι . . . ἡμῖν εἰς ἄρχοντα
10. 37. καὶ οἱ ἐπ' αὐτῶν καὶ οἱ ἄ.
— 63. καὶ εἶπε τοῖς ἄ. αὐτοῦ
11. 62. ἔλαβε τοὺς υἱοὺς τῶν ἀ. αὐτῶν
— 63. παρῆσαν οἱ ἄ. Δημητρίου
— 70. ἄρχοντες τῆς στρατιᾶς τῶν δυνάμεων
12. 24. ἐπέστρεψαν οἱ ἄ. Δημητρίου
— 53. οὐκ ἔχουσιν ἄρχοντα [A ἄνδρα ἄ.]
14. 2. ἀπέστειλεν ἕνα τῶν ἀ. αὐτοῦ
— 20. Σπαρτιατῶν ἄρχοντες
— 28. ἐπὶ συναγωγῆς μεγάλης . . . ἀρχόντων ἔθνους

[**Aq.** II Ki. 23. 19: III Ki. 9. 22, 23: IV Ki. 11. 4: Jb. 29. 9: 34. 19: Pr. 8. 16: 28. 2: Ca. 6. 11 (12): 7. 1 (2): Is. 9. 6 (5): 32. 1: Je. 6. 28: 34 (41). 19 *bis*: 35 (42). 4: 38 (45). 4, 18: 51 (28). 57: Ez. 11. 1: 21. 25 (30): 38. 2: 44. 3: Ho. 8. 10.]
[**Sm.** I Ki. 21. 7 (8): II Ki. 23. 19: III Ki. 20 (21). 14: Jb. 29. 9: 34. 19: Ps. 23 (24). 7: 46 (47). 10: 81 (82). 7: Pr. 8. 16: Is. 9. 6 (5): 31. 9: 32. 1, 8: 36. 9: Je. 6. 28: 38 (45). 4, 18: 51 (28). 57: 52. 25: La. 1. 5: Ez. 11. 1: 12. 10: 38. 2: 44. 3.]
[**Th.** Jd. 8. 14: Jb. 12. 21: 29. 9: 34. 19: Ps. 46 (47). 10: Pr. 19. 10: 28. 2: Is. 9. 6 (5): 32. 1: 52. 5: Je. 29 (36). 2: 33 (40). 26: 38 (45). 4: 39 (46). 3: Ez. 11. 1: 12. 10: 32. 29: 38. 2: 44. 3: Da. 2. 10, 15, 48: 3. 2: 8. 11: 10. 13: 11. 5.]
[**Al.** Ex. 1. 11: Dt. 29. 10 (9): II Ch. 26. 11: La. 1. 5: Da. 8. 25 *bis.*]
[**Sext.** Ps. 32 (33). 10.]

ἀρωδιός, *cf.* **ἐρωδιός.** (1) חֲסִידָה
Le. 11. 19. A B[1] καὶ ἀρωδιὸν [B[2] R ἐρ.] καὶ χαραδριόν (1 ?)
De. 14. 16 (18). A B[1] καὶ ἀρωδιὸν [B[2] R ἐρ.] καὶ κύκνον (1 ?)
Ps. 103 (104). 17. A τοῦ ἀ. [B S ἐρωδιοῦ] ἡ οἰκία ἡγεῖται αὐτῶν (1)

ἄρωμα. (1) בֹּשֶׂם
IV Ki. 20. 13. ἔδειξεν αὐτοῖς . . . τὰ ἀ. (1)
I Ch. 9. 29. τοῦ λιβανωτοῦ καὶ τῶν ἀ. (1)
— 30. μυρεψοὶ τοῦ μύρου καὶ εἰς τὰ ἀ. (1)
II Ch. 9. 1. καὶ κάμηλοι αἴρουσαι ἀρώματα (1)
— 9. ἔδωκε τῷ βασιλεῖ . . . ἀρώματα (1)
— 9. οὐκ ἦν κατὰ τὰ ἀ. ἐκεῖνα (1)
16. 14. ἔπλησαν [A ἐπλήρωσαν] ἀρωμάτων καὶ γένη μύρων (1)
32. 27. καὶ εἰς τὰ ἀ. καὶ ὁπλοθήκας (1)
Es. 2. 12. ἀλειφόμεναι . . . μῆνας ἓξ ἐν τοῖς ἀ. (1)
Ca. 1. 3. ὀσμὴ μύρων σου ὑπὲρ πάντα τὰ ἀ. –
4. 10. ὀσμὴ ἱματίων [S μύρων] σου ὑπὲρ πάντα ἀ. (1)
— 16. ῥευσάτωσαν ἀ. μου (1)
5. 1. ἐτρύγησα σμύρναν [S σταφυλήν] μου μετὰ ἀρωμάτων μου (1)
— 13. ὡς φιάλαι τοῦ ἀ. (1)
6. 1 (2). εἰς φιάλας τοῦ ἀ. (1)
8. 14. ἐπὶ τὰ ὄρη ἀρωμάτων [A S[1] κοιλωμάτων] (1)
Si. 24. 15. ἀρωμάτων δέδωκα ὀσμήν

[**Aq.** Ex. 25. 5 (6): 30. 23: Is. 39. 2: Ez. 27. 22.]
[**Sm.** Ex. 25. 5 (6): 35. 8: Is. 39. 2.]
[**Th.** Ex. 25. 5 (6): 30. 7: 35. 8.]
[**Al.** Le. 4. 7: II Ch. 13. 11.]

ἀρωματίζειν.
[**Aq.** Ge. 50. 2 *bis*, 3, 26.]

ἀσαήλ, *vid.* **ἀσήλ.**

ἀσάλευτος. (1) טוֹטָפוֹת
Ex. 13. 16. ἀσάλευτον πρὸ ὀφθαλμῶν σου (1)
De. 6. 8. ἔσται ἀσάλευτον πρὸ ὀφθαλμῶν σου (1)
11. 18. ἔσται ἀσάλευτον πρὸ ὀφθαλμῶν ὑμῶν (1)

ἀσαλιήλ. (1) הַשָּׁלִישִׁי
Je. 45 (38). 14. S εἰς οἰκίαν ἀ. [A σαλαθιήλ, B ἀσελεισήλ] τὴν ἐν οἴκῳ κ. (1)

ἀσαρημώθ. (1) הַשְּׁרֵמוֹת
Je. 38 (31). 40. πάντες ἀ. [S[1] σαρ.] ἕως νάχαλ Κέδρων (1)

ἀσαφείν. (1) אֲסֻפִּים
I Ch. 26. 15. A κατέναντι οἴκου ἀ. [B ἐσεφ.] (1)
— 17. A καὶ εἰς τὸ ἀ. [B ἐσεφ.] (1)

ἄσβεστος. (1) לֹא נָפַח pu.
Jb. 20. 26. A S[3] κατέδεται αὐτὸν πῦρ ἄσβεστον [B S[2] ἄκαυστον, S[1] ἀκουστόν] (1)
[**Heb.** Ge. 11. 3.]

ἀσβόλη. (1) שְׁחוֹר
La. 4. 8. ἐσκότασεν ὑπὲρ ἀσβόλην τὸ εἶδος αὐτῶν (1)
[**Sm.** La. 4. 8.]

ἀσέβεια (-ία). (1) הַוָּה (2) זָדוֹן (3) זִמָּה (4) מִרְמָה (5) חַטָּאת (6) חָמָס (7) מוֹעֵצָה (8) פֶּשַׁע (9) סָרָה (10) עָוֹן (11) עֲלִילָה (12) רֶשַׁע (13) *a.* רָעָה *b.* רִשְׁעָה *c.* רֶשַׁע (14) תּוֹעֵבָה

De. 9. 4. A διὰ τὴν ἀ. τῶν ἐθνῶν τούτων (13 *b*)
— 5. διὰ τὴν ἀ. [A ἀνομίαν] τῶν ἐθνῶν τούτων (13 *b*)
18. 22. ἐν ἀσεβείᾳ ἐλάλησεν ὁ προφήτης ἐκ. (2)
19. 16. μάρτυς ἄδικος . . . καταλέγων αὐτοῦ ἀσέβειαν (8)
25. 2. A R μαστιγώσουσιν αὐτὸν . . . κατὰ τὴν ἀ. αὐτοῦ (13 *b*)
I Ki. 24. 12. οὐδὲ ἀ. καὶ ἀθέτησις [A ἀθ. οὐδὲ ἀσ.] (12 [11])
Jb. 35. 8. ἀνδρὶ τῷ ὁμοίῳ σου ἡ ἀ. σου (13 *a*)
36. 18. θυμὸς . . . δι' ἀσέβειαν [S -είας] δώρων †
Ps. 5. 10. κατὰ τὸ πλῆθος τῶν ἀ. αὐτῶν (11)
31 (32). 5. σὺ ἀφῆκας τὴν ἀ. τῆς καρδίας μου (9 *et* 4)
64 (65). 3. τὰς ἀ. [S[2] ταῖς ἀ.] ἡμῶν σὺ ἱλάσῃ (11)
● 72 (73). 6. περιεβάλοντο ἀδικίαν καὶ ἀσέβειαν αὐτῶν (5 ?)
Pr. 1. 19. τῇ γὰρ ἀ. τὴν ἑαυτῶν ψυχὴν ἀφαιροῦνται –
— 31. τῆς ἑαυτῶν ἀ. πλησθήσονται (6)
4. 17. οἵδε γὰρ σιτοῦνται σῖτα ἀσεβείας (13 *a*)
11. 5. A B S[2] ἀσέβεια [A -ᾳ] δὲ περιπίπτει ἀδικίᾳ [A -α] (13 *b*)
— 6. τῇ δὲ ἀπωλείᾳ [S[2] ἀσεβείᾳ, A ἀβουλίᾳ] αὐτῶν ἁλίσκονται παράνομοι (1)
28. 3. ἀνδρεῖος ἐν ἀσεβείαις συκοφαντεῖ πτωχούς †
— 4. οὕτως . . . ἐγκωμιάζουσιν ἀσέβειαν (13 *c*)
— 13. ὁ ἐπικαλύπτων ἀσέβειαν ἑαυτοῦ (11)
29. 25. ἀσέβεια ἀνδρὶ δίδωσι σφάλμα †
Ec. 8. 8. οὐ διασώσει ἀσέβεια τὸν παρ' αὐτῆς (13 *a*)
Wi. 14. 9. καὶ ὁ ἀσεβῶν καὶ ἡ ἀ. αὐτοῦ
Ho. 10. 13. ἵνα τί παρεσιωπήσατε ἀσέβειαν (13 *a*)
11. 12 (12. 1). ἐκύκλωσέ με . . . ἐν ἀσεβείᾳ οἶκος Ἰ. (7)
Am. 1. 3. ἐπὶ ταῖς τρισὶν ἀ. Δ. (11)
— 6. ἐπὶ ταῖς τρισὶν ἀ. Γ. (11)
— 9. ἐπὶ ταῖς τρισὶν ἀ. Τ. (11)
— 11. ἐπὶ ταῖς τρισὶν ἀ. τῆς Ἰ. (11)
— 13. ἐπὶ ταῖς τρισὶν ἀ. υἱῶν Ἀ. (11)
2. 1. ἐπὶ ταῖς τρισὶν ἀ. Μ. (11)
— 4. ἐπὶ ταῖς τρισὶν ἀ. υἱῶν Ἰ. (11)
— 6. ἐπὶ ταῖς τρισὶν ἀ. Ἰ. (11)
3. 14. ὅταν ἐκδικῶ ἀσέβειαν τοῦ Ἰ. (11)
5. 12. ὅτι ἔγνων πολλὰς ἀ. ὑμῶν (11)
Mi. 1. 5. διὰ ἀσέβειαν Ἰ. πάντα ταῦτα (11)
— 5. τίς ἡ ἀσέβεια τοῦ Ἰ. (11)
— 13. ἐν σοὶ εὑρέθησαν ἀσέβειαι τοῦ Ἰ. (11)
3. 8. τοῦ ἀπαγγεῖλαι τῷ Ἰ. ἀσεβείας αὐτοῦ (11)
6. 7. εἰ δῶ πρωτότοκά μου ἀσεβείας (11)

● = correction on page xxiv

Mi. 6. 12. ἐξ ὧν τὸν πλοῦτον αὐτῶν ἀσεβείας ἔπλησαν [A ἐνέπλ.] (5)
7. 18. ὑπερβαίνων ἀσεβείας (11)
Ob. 1. 10. διὰ τὴν σφαγὴν κ. τὴν ἀ. ἀδελφοῦ [A S^2 τὴν εἰς τὸν ἀδελφ.] (5 ?)
Hb. 1. 3. ἔδειξάς μοι . . . ἐπιβλέπειν ταλαιπωρίαν [A ἐπὶ τ.] καὶ ἀ. (5)
2. 8. δι' αἵματα ἀνθρώπων κ. ἀσεβείας [A -αν] γῆς (5)
— 17. ἀσέβεια τοῦ Λ. καλύψει σε (5)
— 17. διὰ αἵματα ἀνθρώπων κ. ἀσεβείας [A -αν] γῆς (5)
Ze. 1. 9. τοὺς πληροῦντας τὸν οἶκον κ. θ. αὐ. ἀσεβείας [A ἀνομίας] (5)
Ma. 2. 16. καλύψει ἀσέβεια ἐπὶ τὰ ἐνθυμήματά σου (5)
Is. 59. 20. ἀποστρέψει ἀσεβείας ἀπὸ Ἰακώβ (11)
Je. 5. 6. ἐπλήθυναν ἀσεβείας αὐτῶν (11)
— 26. A εὑρέθησαν ἐν τῷ λαῷ μου ἀσέβειαι [B S ἀσεβεῖς] (13 *a vel* 13 *c*)
6. 7. ἀ. καὶ ταλαιπωρία ἀκουσθήσεται (5)
La. 1. 5. ἐπὶ τὸ πλῆθος τῶν ἀ. αὐτῆς (11)
Ez. 12. 19. ἐν ἀσεβείᾳ γὰρ πάντες οἱ κατοικοῦντες ἐν αὐτῇ (5)
14. 6. ἀποστρέψατε . . . ἀπὸ πασῶν τῶν ἀ. ὑμῶν (14)
16. 43. οὕτως ἐποίησας τὴν ἀ. [A ἀ. σου] (3)
— 58. τὰς ἀ. [A ἐν ταῖς ἀ.] σου . . . κεκόμισαι [A κεκόσμησαι] αὐτάς (3)
18. 28. ἀπέστρεψεν ἐκ πασῶν ἀ. αὐτοῦ (11)
— 30. ἀποστρέψατε ἐκ πασῶν τῶν ἀ. ὑμῶν (11)
— 31. ἀπορρίψατε ἀπὸ ἑαυτῶν πάσας τὰς ἀ. ὑμῶν (11)
21. 24 (29). ἐν τῷ ἀποκαλυφθῆναι τὰς ἀ. ὑμῶν τοῦ ὁραθῆναι ἁμαρτίας ὑμῶν ἐν πάσαις ταῖς ἀ. ὑμῶν (11, 10)
22. 11. τὴν νύμφην [A ἀδελφὴν] αὐτοῦ ἐμίαινεν [A -ον] ἐν ἀσεβείᾳ (3)
23. 27. ἀποστρέψω τὰς ἀ. σου ἐκ σοῦ (3)
— 29. αἰσχύνη [A ἡ αἰ. σου] πορνείας [A -α] σου καὶ ἀσέβειά [B^2 -ας] σου (3)
— 35. καὶ σὺ λάβε τὴν ἀ. σου (3)
— 48. ἀποστρέψω ἀσέβειαν ἐκ [A ἀπὸ] τῆς γῆς (3)
— 48. οὐ μὴ ποιήσουσι κατὰ τὰς ἀ. αὐτῶν (3)
— 49. δοθήσεται ἡ ἀ. ὑμῶν ἐφ' ὑμᾶς (3)
33. 9. οὗτος τῇ ἀ. [A ἀνομίᾳ] αὐτοῦ ἀποθανεῖται (9)
— 14. A καὶ ἀποστρέψῃ ἀπὸ τῆς ἀ. [B ἁμαρτίας] αὐτοῦ (4)
37. 23. A ἐν πάσαις ταῖς ἀ. αὐτῶν (11)
III Ma. 6. 10. εἰ δὲ ἀσεβείαις κατὰ τὴν ἀποικίαν ὁ βίος ἡμῶν ἐνέσχηται
IV Ma. 6. 19. γενοίμεθα τοῖς νέοις ἀσεβείας τύπος
9. 32. ἐν ταῖς τῆς ἀ. ἀπειλαῖς βασανίζῃ
10. 11. διὰ τὴν ἀ. καὶ μιαιφονίαν ἀκαταλύτους καρτερήσεις βασάνους

[**Aq.** Ps. 9. 36 (10. 15) : Pr. 11. 5 : 12. 3 : Is. 58. 4 : Ez. 31. 11.]
[**Sm.** Ps. 9. 36 (10. 15) : 54 (55). 4 : Pr. 11. 5 : 12. 3 : 16. 8 : 24. 15 : Is. 53. 11 : 58. 1, 6 : 59. 20 : Ez. 31. 11.]
[**Th.** Jb. 35. 8 : Ps. 9. 36 (10. 15) : Pr. 11. 5 : Is. 58. 6 : Ez. 31. 11 : Am. 3. 2.]
[**Al.** Le. 26. 41.]
[**Quint.** Ps. 31 (32). 1.]
[**Sext.** Ps. 24 (25). 7.]

ἀσεβείν.

[**Hebr.** Ps. 126 (127). 2.]

ἀσεβεῖν. (1) זוּד hi. (2) זִמָּה (3) חָמַס (4) מָרָה (5) עָוָה (6) עָשַׁק (7) פָּשַׁע (8) רָשַׁע *a.* qal. *b.* hi. *c.* רֶשַׁע *d.* רִשְׁעָה (9) תֶּבֶל עָשָׂה

Le. 20. 12. ἠσεβήκασι γάρ (9)
De. 17. 13. καὶ οὐκ ἀσεβήσει ἔτι (1)
18. 20. ὁ προφήτης ὃς ἂν ἀσεβήσῃ λαλῆσαι (1)
25. 2. ἐὰν ἄξιος ᾖ πληγῶν ὁ ἀσεβῶν (8 *d*)
II Ki. 22. 22. καὶ οὐκ ἠσέβησα ἀπὸ τοῦ θ. μου (8 *a*)
I Es. 1. 24. περὶ τῶν ἡμαρτηκότων καὶ ἠσεβηκότων εἰς τὸν κ.
— 49. B οἱ ἡγούμενοι . . . πολλὰ ἠσέβησαν [A ἠνόμησαν]
Jb. 9. 20. τὸ στόμα μου ἀσεβήσει (8 *b*)
— 21. εἴτε γὰρ ἠσέβησα [S -κα] οὐκ οἶδα τῇ ψυχῇ †
10. 2. μή με ἀσεβεῖν δίδασκε (8 *b*)
— 3. A ἢ καλόν σοι ἐστὶν ἐὰν ἀσεβήσω [B S ἀδικήσω] (6 ?)
Jb. 10. 7. οἶδας [A οἶδα] γὰρ ὅτι οὐκ ἠσέβησα (8 *a*)
— 15. ἐάν τε γὰρ ἀσεβήσω (8 *a*)
34. 8. οὐχ ἁμαρτὼν οὐδὲ ἀσεβήσας –
— 10. μή μοι εἴη ἔναντι κυρίου ἀσεβῆσαι (8 *c*)
Ps. 17 (18). 21. οὐκ ἠσέβησα ἀπὸ τοῦ θεοῦ μου (8 *a*)
Pr. 8. 36. ἀσεβοῦσιν τὰς ἑαυτῶν ψυχάς (3)
Ec. 7. 18 (17). μὴ ἀσεβήσῃς πολύ (8 *a*)
Wi. 14. 9. καὶ ὁ ἀσεβῶν καὶ ἡ ἀσέβεια αὐτοῦ
Si. 15. 20. οὐκ ἐνετείλατο οὐδενὶ ἀσεβεῖν
Ho. 7. 13. ἠσέβησαν εἰς ἐμέ (7)
8. 1. καὶ κατὰ τοῦ νόμου μου ἠσέβησαν (7)
Am. 4. 4. εἰσήλθατε εἰς B. καὶ ἠσεβήσατε [A ἠνομήσ.] (7)
— 4. εἰς Γ. ἐπληθύνατε τοῦ ἀσεβῆσαι (7)
Ze. 3. 4. καὶ ἀσεβοῦσι νόμον (3)
— 11. ὧν ἠσέβησας εἰς ἐμέ (7)
Is. 59. 13. ἠσεβήσαμεν καὶ ἐψευσάμεθα (7)
Je. 2. 8. οἱ ποιμένες ἠσέβουν εἰς ἐμέ (7)
— 29. B πάντες ὑμεῖς ἠσεβήσατε (7)
3. 13. εἰς κύριον τὸν θεόν σου ἠσέβησας (7)
22. 3. μὴ ἀσεβεῖτε (3)
Ba. 2. 12. ἡμάρτομεν ἠσεβήσαμεν ἠδικήσαμεν
La. 3. 42. ἡμαρτήσαμεν ἠσεβήσαμεν (4)
Ez. 16. 28. τῆς ὁδοῦ σου ἠσέβησας καὶ ἐξεπόρνευσας [A ἐξ. καὶ ἠσ.] (2)
18. 31. ἃς ἠσεβήσατε εἰς ἐμέ [A ἃς ἐποιήσατε) (7)
Da. LXX. 9. 5. ἡμάρτομεν ἠδικήσαμεν ἠσεβήσαμεν (8 *b*)
Da. TH. 9. 5. A ἠνομήσαμεν ἠσεβήσαμεν ἠδικήσαμεν [B ἠδ. ἠν.] (5 *vel* 8 *b*)
II Ma. 1. 17. ὁ θεὸς ὃς παρέδωκε [A ἔδωκεν] τοὺς ἀσεβήσαντας
4. 17. ἀσεβεῖν γὰρ εἰς τοὺς θείους νόμους οὐ ῥᾴδιον
— 38. R οὗπερ εἰς [A *om.*] τὸν Ὀνίαν ἠσέβησεν
IV Ma. 9. 15. οὐκ ἀνδροφονήσαντά με τοῦτον καταικίζεις τὸν τρόπον οὐδὲ ἀσεβήσαντα

ἀσέβημα. (1) זִמָּה (2) חַטָּאת (3) פֶּשַׁע (4) רֶשַׁע

Le. 18. 17. ἀ. ἐστι (1)
De. 9. 27. μὴ ἐπιβλέψῃς ἐπὶ . . . τὰ ἀ. (4)
La. 1. 14. ἐγρηγορήθη ἐπὶ τὰ ἀ. μου (3)
4. 22. ἀπεκάλυψεν ἐπὶ τὰ ἀ. σου (2)

[**Aq.** Ps. 44 (45). 9.]
[**Quint.** Ho. 7. 2.]

ἀσεβής. (1) אֱוִיל (2) אָוֶן (3) בֶּן־בְּלִיַּעַל (4) דַּל (5) זוּר (6) *a.* חָטָא *b.* חַטָּא (7) חָמָס (8) חָנֵף (9) כְּסִיל (10) מָרַד (11) עַלִּיז (12) פָּשַׁע (13) *a.* רָעַע hi. *b.* רָעָה (14) *a.* רָשַׁע qal. *b.* hi. *c.* רָשָׁע *d.* רֶשַׁע *e.* אֱנוֹשׁ־רֶשַׁע *f.* רִשְׁעָה (15) שָׁחַת hi. (16) ἀνὴρ ἀ. חַטָּא

Ge. 18. 23. μὴ συναπολέσῃς δίκαιον μετὰ ἀσεβοῦς καὶ ἔσται ὁ δίκαιος ὡς ὁ ἀ. (14 *c*, –)
— 25. τοῦ ἀποκτεῖναι δίκαιον μετὰ ἀσεβοῦς καὶ ἔσται ὁ δίκαιος ὡς ὁ ἀ. (14 *c*, 14 *c*)
Ex. 9. 27. ἐγὼ δὲ καὶ ὁ λαός μου ἀσεβεῖς (14 *c*)
23. 7. οὐ δικαιώσεις τὸν ἀ. ἕνεκεν δώρων (14 *c*)
De. 25. 1. καὶ καταγνῶσι τοῦ ἀ. (14 *c*)
Jd. 20. 13. A τοὺς ἄνδρας τοὺς ἀ. [B υἱοὺς παρανόμων] (3)
Jb. 3. 17. ἐκεῖ ἀσεβεῖς ἐξέκαυσαν [A ἔπαυσαν] θυμὸν ὀργῆς (14 *c*)
6. 19. A ἀτραποὺς ἀσεβῶν [B S Σαβῶν] οἱ διορῶντες †
8. 13. ἐλπὶς γὰρ ἀσεβοῦς [S^1 -ῶν] ἀπολεῖται (8)
— 19. καταστροφὴ ἀσεβοῦς τοιαύτη †
— 20. πᾶν δὲ δῶρον ἀσεβοῦς οὐ δέξεται (13 *a*)
— 22. δίαιτα δὲ ἀσεβοῦς [S^1 -ῶν] οὐκ ἔσται (14 *c*)
9. 24. παραδέδονται γὰρ εἰς χεῖρας ἀσεβοῦς (14 *c*)
— 29. ἐπειδὴ δέ εἰμι ἀσεβής (14 *a*)
10. 3. βουλῇ δὲ ἀσεβῶν προσέσχες (14 *c*)
11. 20. ὀφθαλμοὶ δὲ ἀσεβῶν τακήσονται (14 *c*)
15. 20. πᾶς ὁ βίος ἀσεβοῦς [A -ῶν] ἐν φροντίδι (14 *c*)
— 34. μαρτύριον γὰρ ἀσεβοῦς θάνατος (8)
16. 12 (11). ἐπὶ δὲ ἀσεβέσιν [A -εῖς] ἔρριψέ με (14 *c*)
18. 5. φῶς ἀσεβῶν σβεσθήσεται (14 *c*)
20. 5. A εὐφροσύνη δὲ ἀσεβῶν πτῶμα ἐξαίσιον χαρμονὴ δὲ ἀσεβῶν [B S παρανόμων] ἀπώλεια (14 *c*, 8)
Jb. 20. 29. αὕτη ἡ μερὶς ἀνθρώπου ἀσεβοῦς παρὰ κυρίου (14 *c*)
21. 7. διὰ τί ἀσεβεῖς ζῶσι (14 *c*)
— 14. A λέγει δὲ ὁ ἀ. [B S *om.* ὁ ἀ.] τῷ κυρίῳ –
— 16. ἔργα δὲ ἀσεβῶν οὐκ ἐφορᾷ [A οὐ καθαρά] (14 *c*)
— 17. ἀσεβῶν λύχνος σβεσθήσεται (14 *c*)
— 28. ποῦ ἐστιν ἡ σκέπη τῶν σκηνωμάτων τῶν ἀ. (14 *c*)
22. 18. βουλὴ δὲ ἀσεβῶν πόρρω ἀπ' αὐτοῦ (14 *c*)
24. 1. διὰ τί δὲ κύριον [A -ιε] ἔλαθον ὧραι ἀσεβεῖς δὲ ὅριον [A ὥρας ἀ. ἄνδρες; ὅριον δὲ] ὑπερέβησαν †
— 6. ἀδύνατοι ἀμπελῶνας ἀσεβῶν [S^1 *om.*] . . . εἰργάσαντο (14 *c*)
27. 7. ὥσπερ ἡ καταστροφὴ τῶν ἀ. (14 *c*)
— 8. τίς γάρ ἐστιν [A ἐστιν ἔτι] ἐλπὶς ἀσεβεῖ (8)
— 13. αὕτη ἡ μερὶς ἀνθρώπου ἀσεβοῦς παρὰ κυρίου (14 *c*)
● 32. 3. ἔθεντο αὐτὸν εἶναι ἀσεβῆ [A^2 -ῆν] (14 *b*)
34. 8. τοῦ πορευθῆναι μετὰ ἀσεβῶν (14 *e*)
— 18. ἀσεβὴς ὁ λέγων βασιλεῖ, παρανομεῖς, ἀσεβέστατε [A -τοι] τοῖς ἄρχουσιν (14 *b* ?, 14 *c*)
— 26. ἔσβεσε δὲ ἀσεβεῖς (14 *c*)
36. 6. ἀσεβῆ [A S^2 -ῶν] οὐ μὴ ζωοποιήσει (14 *c*)
— 12. ἀσεβεῖς δὲ οὐ διασώζει †
— 18. θυμὸς δὲ ἐπ' ἀσεβεῖς ἔσται [A ἥξει] (14 *c* ?)
38. 13. ἐκτινάξαι ἀσεβεῖς ἐξ αὐτῆς (14 *c*)
— 15. ἀφεῖλας δὲ ἀπὸ ἀσεβῶν τὸ φῶς (14 *c*)
— 30. πρόσωπον δὲ ἀσεβοῦς τίς ἔπτηξε [A S ἔτηξεν] †
40. 7 (12). σῆψον δὲ ἀσεβεῖς παραχρῆμα (14 *c*)
Ps. 1. 1. ὃς οὐκ ἐπορεύθη ἐν βουλῇ ἀσεβῶν (14 *c*)
— 4. οὐχ οὕτως οἱ ἀ. (14 *c*)
— 5. οὐκ ἀναστήσονται οἱ ἀ. ἐν κρίσει (14 *c*)
— 6. ὁδὸς ἀσεβῶν ἀπολεῖται (14 *c*)
9. 5. ἐπετίμησας ἔθνεσι καὶ ἀπώλετο ὁ ἀ. (14 *c*)
— 23 (10. 2). ἐν τῷ ὑπερηφανεύεσθαι τὸν ἀ. [A ἀσεβῆν] (14 *c*)
— 34 (10. 13). ἕνεκεν τίνος παρώξυνεν [S παρώργισεν] ὁ ἀ. τὸν θεόν (14 *c*)
10 (11). 6. κύριος ἐξετάζει . . . τὸν ἀσεβῆ [A ἀσεβῆν] (14 *c*)
11 (12). 8. κύκλῳ οἱ ἀ. περιπατοῦσι (14 *c*)
16 (17). 9. σκεπάσεις με ἀπὸ προσώπου ἀσεβῶν [A ἀσεβοῦς] (14 *c*)
— 13. ῥῦσαι τὴν ψυχήν μου ἀπὸ ἀσεβοῦς (14 *c*)
25 (26). 5. μετὰ ἀσεβῶν οὐ μὴ καθίσω (14 *c*)
— 9. μὴ συναπολέσῃς μετὰ ἀσεβῶν τὴν ψυχήν μου (6 *b*)
30 (31). 17. αἰσχυνθείησαν οἱ ἀ. (14 *c*)
36 (37). 28. σπέρμα ἀσεβῶν ἐξολοθρευθήσεται (14 *c*)
— 35. εἶδον ἀσεβῆ ὑπερυψούμενον (14 *c*)
— 38. τὰ ἐγκαταλείμματα τῶν ἀ. ἐξολοθρευθήσονται [S -σεται] (14 *c*)
50 (51). 13. ἀσεβεῖς ἐπὶ σὲ ἐπιστρέψουσι (6 *b*)
57 (58). 10. ὅταν ἴδῃ ἐκδίκησιν ἀσεβῶν [S *om.*] –
Pr. 1. 7. παιδείαν ἀσεβεῖς ἐξουθενήσουσιν (1)
— 10. μή σε πλανήσωσιν ἄνδρες ἀ. (16)
— 22. ἀσεβεῖς γενόμενοι ἐμίσησαν αἴσθησιν (9)
— 32. ἐξετασμὸς ἀσεβεῖς ὀλεῖ (9)
2. 22. ὁδοὶ ἀσεβῶν ἐκ γῆς ὀλοῦνται (14 *c*)
3. 25. οὐ φοβηθήσῃ . . . ὁρμὰς ἀσεβῶν ἐπερχομένας (14 *c*)
— 33. κατάρα θεοῦ ἐν οἴκοις ἀσεβῶν (14 *c*)
— 35. οἱ δὲ ἀ. ὕψωσαν ἀτιμίαν (9)
4. 14. ὁδοὺς ἀσεβῶν μὴ ἐπέλθῃς (14 *c*)
— 19. αἱ δὲ ὁδοὶ τῶν ἀ. σκοτειναί (14 *c*)
9. 7. ἐλέγχων δὲ τὸν ἀ. μωμήσεται ἑαυτόν (14 *c*)
10. 3. ζωὴν δὲ ἀσεβῶν ἀνατρέψει (14 *c*)
— 6. στόμα δὲ ἀσεβῶν καλύψει πένθος ἄωρον (14 *c*)
— 7. ὄνομα δὲ ἀσεβοῦς σβέννυται (14 *c*)
— 11. στόμα δὲ ἀσεβοῦς καλύψει ἀπώλεια (14 *c*)
— 15. συντριβὴ δὲ ἀσεβῶν πενία (4 ?)
— 16. καρποὶ δὲ ἀσεβῶν ἁμαρτίας [S^1 -αι] (14 *c*)
— 20. καρδία δὲ ἀσεβοῦς ἐκλείψει (14 *c*)
— 24. ἐν ἀπωλείᾳ ἀσεβὴς περιφέρεται (14 *c*)
— 24. A καρδία δὲ ἀσεβοῦς ἐκλείψει –
— 25. παραπορευομένης καταιγίδος ἀφανίζεται ἀσεβής (14 *c*)
— 27. ἔτη δὲ ἀσεβῶν ὀλιγωθήσεται (14 *c*)
— 28. ἐλπὶς δὲ ἀσεβῶν ἀπολεῖται [A S ὄλλυται] (14 *c*)
— 30. ἀσεβεῖς δὲ οὐκ οἰκήσουσι [B^1 ἥκουσι] γῆν (14 *c*)

● = correction on page xxiv

Pr. 10. 32. στόμα δὲ ἀσεβῶν ἀποστρέφεται [S² καταστ.] (14 c)
11. 4. ἐπίχαρτος ἀσεβῶν ἀπώλεια –
— 7. τὸ δὲ καύχημα τῶν ἀ. ὄλλυται (2)
— 8. ἀντ' αὐτοῦ δὲ παραδίδοται ὁ ἀ. (14 c)
— 9. ἐν στόματι ἀσεβῶν [S² ἁμαρτωλῶν] παγὶς πολίταις (8)
— 10. A B² S² ἐν ἀπωλείᾳ ἀσεβῶν ἀγαλλίαμα (14 c)
— 10 (11). στόμασι δὲ ἀσεβῶν κατεσκάφη (14 c)
— 18. ἀσεβὴς ποιεῖ ἔργα ἄδικα (14 c)
— 19. διωγμὸς δὲ ἀσεβοῦς εἰς θάνατον (13 b)
— 23. ἐλπὶς δὲ ἀσεβῶν ἀπολεῖται (14 c)
— 31. ὁ ἀ. καὶ ἁμαρτωλὸς [S ἁμ. καὶ ἀσ.] ποῦ φανεῖται (14 c [6 a])
12. 5. κυβερνῶσι δὲ ἀσεβεῖς δόλους [S¹ λόγοις] (14 c)
— 6. λόγοι ἀσεβῶν δόλιοι (14 c)
— 7. οὗ ἐὰν στραφῇ ἀ. ἀφανίζεται (14 c)
— 10. τὰ δὲ σπλάγχνα τῶν ἀ. ἀνελεήμονα (14 c)
▶— 12. ἐπιθυμίαι ἀσεβῶν κακαί (14 c)
— 21. οἱ δὲ ἀ. πλησθήσονται κακῶν (14 c)
— 26. A αἱ δὲ γνῶμαι τῶν ἀ. ἀνεπιεικεῖς –
— 26. ἡ δὲ ὁδὸς τῶν ἀ. πλανήσει αὐτούς (14 c)
13. 5. ἀσεβὴς δὲ αἰσχύνεται (14 c)
— 6. A τοὺς δὲ ἀ. φαύλους ποιεῖ ἁμαρτία (14 f)
— 9. φῶς δὲ ἀσεβῶν σβέννυται (14 c)
— 19. ἔργα δὲ ἀσεβῶν μακρὰν ἀπὸ γνώσεως (9)
— 22. θησαυρίζεται δὲ δικαίοις πλοῦτος ἀσεβῶν (6 a)
— 25. ψυχαὶ δὲ ἀσεβῶν ἐνδεεῖς (14 c)
14. 11. οἰκίαι ἀσεβῶν ἀφανισθήσονται (14 c)
— 19. ἀσεβεῖς θεραπεύσουσι θύρας δικαίων (14 c)
— 32. ἐν κακίᾳ αὐτοῦ ἀπωσθήσεται ἀ. (14 c)
15. 5. οἱ δὲ ἀ. ὁλόρριζοι ἐκ γῆς ἀπολοῦνται [A ὀλοῦνται] –
— 6. καρποὶ δὲ ἀσεβῶν ἀπολοῦνται (14 c)
— 8. θυσίαι ἀσεβῶν [S ἁμαρτωλῶν] βδέλυγμα κυρίῳ (14 c)
— 9. βδέλυγμα κυρίῳ ὁδοὶ ἀσεβοῦς (14 c)
— 14. στόμα δὲ ἀπαιδεύτων [S¹ ἀσεβῶν] γνώσεται κακά (9)
— 18. ὁ δὲ ἀ. ἐγείρει μᾶλλον –
— 28. στόμα δὲ ἀσεβῶν ἀποκρίνεται κακά (14 c)
— 29. μακρὰν ἀπέχει ὁ θεὸς ἀπὸ ἀσεβῶν (14 c)
16. 4 (2). οἱ δὲ ἀ. ἐν ἡμέρᾳ κακῇ ὀλοῦνται –
— 5 (4). φυλάσσεται δὲ ὁ ἀ. εἰς ἡμέραν κακήν (14 c)
17. 23. ἀσεβὴς δὲ ἐκκλίνει ὁδοὺς δικαιοσύνης (14 c ?)
18. 3. ὅταν ἔλθῃ ἀσεβὴς εἰς βάθος κακῶν (14 c)
— 5. θαυμάσαι πρόσωπον ἀσεβοῦς οὐ καλόν (14 c)
— 22. ὁ δὲ κατέχων μοιχαλίδα ἄφρων καὶ ἀ. –
19. 28. στόμα δὲ ἀσεβῶν καταπίεται κρίσεις (14 c)
20. 26. λικμήτωρ ἀσεβῶν βασιλεὺς σοφός (14 c)
21. 4. λαμπτὴρ δὲ ἀσεβῶν ἁμαρτία [A S² -αι] (14 c)
— 7. ὄλεθρος ἀσεβέσιν ἐπιξενωθήσεται (14 c)
— 10. ψυχὴ ἀσεβοῦς οὐκ ἐλεηθήσεται (14 c)
— 12. συνιεῖ δίκαιος καρδίας ἀσεβῶν καὶ φαυλίζει ἀσεβεῖς ἐν κακοῖς (14 c, 14 c)
— 22. ἐφ' ᾧ ἐπεποίθεισαν οἱ ἀ. –
— 26. ἀσεβὴς ἐπιθυμεῖ ὅλην τὴν ἡμέραν ἐπιθυμίας κακάς –
— 27. θυσίαι ἀσεβῶν βδέλυγμα κυρίου (14 c)
— 29. ἀ. ἀνὴρ ἀναιδῶς ὑφίσταται προσώπῳ (14 c)
— 30. οὐκ ἔστι βουλὴ πρὸς τὸν ἀ. †
24. 15. μὴ προσαγάγῃς ἀσεβῆ [S -ῆν] νομῇ δικαίων (14 c)
— 16. οἱ δὲ ἀ. ἀσθενήσουσιν ἐν κακοῖς (14 c)
— 20. λαμπτὴρ δὲ ἀσεβῶν σβεσθήσεται (14 c)
— 22. ἐξαίφνης γὰρ τίσονται τοὺς ἀ. †
— 39 (24). ὁ εἰπὼν τὸν ἀσεβῆ Δίκαιός ἐστιν (14 c)
25. 5. κτεῖνε ἀσεβεῖς ἐκ προσώπου βασιλέως (14 c)
— 26. δίκαιον πεπτωκέναι ἐνώπιον ἀσεβοῦς (14 c)
28. 1. φεύγει ἀσεβὴς μηδενὸς διώκοντος (14 c)
— 2. δι' ἁμαρτίας ἀσεβῶν κρίσεις ἐγείρονται †
— 12. ἐν δὲ τόποις ἀσεβῶν ἁλίσκονται ἄνθρ. (14 c)
— 24. οὗτος κοινωνός ἐστιν ἀνδρὸς ἀ. (15)
— 28. ἐν τόποις ἀσεβῶν στένουσι δίκαιοι (14 c)
29. 2. ἀρχόντων δὲ ἀσεβῶν στένουσιν ἄνδρες (14 c)
— 7. ὁ δὲ ἀ. οὐ νοεῖ [A S² συνήσει] γνῶσιν (14 c)
— 16. πολλῶν ὄντων ἀσεβῶν πολλαὶ γίνονται ἁμαρτίαι (14 c)
Ec. 3. 16. ἐκεῖ ὁ ἀ. (14 d)
— 17. σὺν τὸν ἀσεβῆ [S ἀσεβῆν] κρινεῖ ὁ θ. (14 c)
7. 16 (15). ἔστιν ἀσεβὴς μένων ἐν κακίᾳ αὐτοῦ (14 c)
— 22 (21). λόγους οὓς λαλήσουσιν ἀσεβεῖς [A S² om.] –
— 26 (25). τοῦ γνῶναι ἀσεβοῦς ἀφροσύνην (14 d)

Ec. 8. 10. εἶδον ἀσεβεῖς εἰς τάφους εἰσαχθέντας (14 c)
— 13. ἀγαθὸν οὐκ ἔσται τῷ ἀ. (14 c)
— 14. ὡς ποίημα τῶν ἀ. καί εἰσιν ἀσεβεῖς (14 c, 14 c)
9. 2. συνάντημα ἐν τῷ δικαίῳ καὶ τῷ ἀ. (14 c)
Wi. 1. 9. ἐν γὰρ διαβουλίοις ἀσεβοῦς ἐξέτασις ἔσται
— 16. ἀσεβεῖς δὲ ταῖς χερσὶ . . . προσεκαλέσαντο
3. 10. οἱ δὲ ἀ. . . . ἕξουσιν ἐπιτιμίαν
4. 3. πολύγονον δὲ ἀσεβῶν πλῆθος
— 16. κατακρινεῖ δὲ δίκαιος . . . τοὺς ζῶντας ἀ.
5. 14. R ἐλπὶς ἀσεβοῦς ὡς φερόμενος χνοῦς
10. 6. δίκαιον ἐξαπολλυμένων ἀσεβῶν ἐρρύσατο
— 20. δίκαιοι ἐσκύλευσαν ἀσεβεῖς
11. 9. κρινόμενοι ἀ. ἐβασανίζοντο
12. 9. ἀσεβεῖς δικαίοις ὑποχειρίους δοῦναι
14. 16. ἐν χρόνῳ κρατυνθὲν τὸ ἀ. ἔθος [S¹ ἔθνος]
16. 16. ἀρνούμενοι γάρ σε εἰδέναι ἀσεβεῖς
— 18. τὰ ἐπ' ἀσεβεῖς ἀπεσταλμένα ζῷα [S¹ om.]
19. 1. τοῖς δὲ ἀ. . . . ἀνελεήμων θυμὸς ἐπέστη
Si. 7. 17. ἐκδίκησις [A S -ήσεις] ἀσεβοῦς πῦρ καὶ σκώληξ
9. 12. μὴ εὐδοκήσῃς ἐν [A S om.] εὐδοκίᾳ ἀσεβῶν
12. 5. μὴ δῷς ἀσεβεῖ
— 6. τοῖς ἀ. ἀποδώσει [A ἀποδῷ εἰς] ἐκδίκησιν
13. 24. A S πονηρὰ ἡ πτωχεία ἐν στόματι ἀσεβοῦς [B εὐσ.]
16. 1. μηδὲ εὐφραίνου ἐπὶ υἱοῖς ἀ.
— 3. ἀποθανεῖν ἄτεκνον ἢ ἔχειν τέκνα ἀ.
21. 27. ἐν τῷ καταρᾶσθαι ἀσεβῆ [A -ῆν] τὸν Σατ.
22. 12. μωροῦ δὲ καὶ ἀσεβοῦς πᾶσαι αἱ ἡμ. τῆς ζωῆς
31 (34). 19. οὐκ εὐδοκεῖ ὁ ὕψιστος ἐν προσφοραῖς ἀσεβῶν
33 (36). 9. S² καταβρωθήτω ὁ ἀ. [A B S¹ om. ὁ ἀ.] ὁ σωζόμενος [S¹ ὁ μὴ σ.]
39. 30. ῥομφαία ἐκδικοῦσα [S² ἐκδιώκουσα] εἰς ὄλεθρον ἀσεβεῖς
40. 15. ἔκγονα ἀσεβῶν οὐ πληθυνεῖ κλάδους
41. 5. τέκνα . . . συναναστρεφόμενα παροικίαις ἀσεβῶν
— 7. πατρὶ ἀ. μέμψεται τέκνα
— 8. οὐαὶ ὑμῖν, ἄνδρες ἀ.
— 10. οὕτως ἀσεβεῖς ἀπὸ κατάρας εἰς ἀπώλειαν
42. 2. περὶ κρίματος δικαιῶσαι τὸν ἀ.
Ho. 14. 10. οἱ δὲ ἀ. ἀσθενήσουσιν (12)
Hb. 1. 4. ἀσεβὴς καταδυναστεύει τὸν δίκαιον (14 c)
— 9. συντέλεια εἰς [A S³ ἐπ'] ἀσεβεῖς ἥξει (7)
— 13. ἐν τῷ καταπίνειν ἀσεβῆ τὸν δίκαιον (14 c)
Ze. 1. 3. ἀσθενήσουσιν οἱ ἀ. (14 c)
Is. 5. 23. οἱ δικαιοῦντες τὸν ἀ. (14 c)
11. 4. ἀνελεῖ ἀσεβῆ (14 c)
13. 11. ἐντελοῦμαι . . . τοῖς ἀ. τὰς ἁμαρτίας αὐτῶν (14 c)
24. 8. πέπαυται αὐθάδεια καὶ πλοῦτος ἀσεβῶν (11 ?)
25. 2. τῶν ἀ. πόλις τὸν αἰῶνα οὐ μὴ οἰκοδομηθῇ (5 ?)
— 5. ἀπὸ ἀνθρώπων ἀσεβῶν (5 ?)
26. 10. πέπαυται γὰρ ὁ ἀ. . . . ἀρθήτω ὁ ἀ. (14 c, †)
— 19. ἡ δὲ γῆ τῶν ἀ. πεσεῖται †
28. 21. ὥσπερ ὄρος ἀσεβῶν ἀναστήσεται †
29. 5. ὁ πλοῦτος τῶν ἀ. (5)
33. 14. λήψεται τρόμος τοὺς ἀ. (8)
48. 22. οὐκ ἔστι χαίρειν . . . τοῖς ἀσεβέσιν (14 c)
55. 7. ἀπολιπέτω ὁ ἀ. τὰς ὁδοὺς αὐτοῦ (14 c)
57. 21. οὐκ ἔστι χαίρειν τοῖς ἀ. (14 c)
Je. 5. 26. εὑρέθησαν ἐν τῷ λαῷ μου ἀσεβεῖς [A ἀσέβειαι] (14 c *vel* 14 d)
12. 1. τί ὅτι ὁδὸς ἀσεβῶν εὐοδοῦται (14 c)
23. 19. συστρεφομένη ἐπὶ τοὺς ἀ. ἥξει (14 c)
32. 17 (25. 31). οἱ δὲ ἀ. ἐδόθησαν εἰς μάχαιραν (14 c)
37 (30). 23. ἐπ' ἀσεβεῖς ἥξει (14 c)
Ez. 20. 38. A R ἐκλέξω [B ἐλέγξω] ἐξ ὑμῶν τοὺς ἀ. (10)
33. 8. τοῦ φυλάξασθαι τὸν ἀ. [A ἀποστῆναι τὸν ἄνομον] ἀπὸ τῆς ὁδοῦ αὐ. (14 c)
— 9. ἐὰν προαπαγγείλῃς τῷ ἀ. τὴν ὁδὸν αὐτοῦ (14 c)
— 11. οὐ βούλομαι τὸν θάνατον τοῦ ἀ. [A ἁμαρτωλοῦ] ὡς ἀποστρέψαι τὸν ἀ. ἀπὸ τῆς ὁδοῦ αὐτοῦ (14 c, 14 c)
— 12. ἀνομία ἀσεβοῦς [A ἀνόμου] οὐ μὴ κακώσῃ αὐτόν (14 c)
— 14. ἐν τῷ εἰπεῖν με τῷ ἀ. (14 c)
Da. LXX. Su. 54. καὶ εἶπεν ὁ ἀ.

I Ma. 3. 8. ἐξωλέθρευσεν ἀσεβεῖς ἐξ [A ἐπ'] αὐτῆς
— 15. ἀνέβη . . . παρεμβολὴ ἀσεβῶν ἰσχυρά
6. 21. τινες τῶν ἀ. ἐξ Ἰσραήλ [S Ἱερουσαλήμ]
7. 5. πάντες ἄνδρες ἄνομοι καὶ ἀ. ἐξ Ἰσραήλ
— 9. ἀπέστειλεν αὐτὸν καὶ Ἄλκιμον τὸν ἀ.
9. 25. ἐξέλεξε Βακχίδης τοὺς ἀ. ἄνδρας
— 73. ἠφάνισε τοὺς ἀ. ἐξ Ἰσραήλ
II Ma. 4. 13. τοῦ ἀ. καὶ οὐκ ἀρχιερέως Ἰάσωνος
8. 2. τὸν ὑπὸ τῶν ἀ. ἀνθρώπων βεβηλωθέντα
10. 10. υἱὸν δὲ τοῦ ἀ. γενόμενον
IV Ma. 5. 38. ἀσεβῶν μὲν γὰρ τυραννήσεις
12. 11. πάντων τῶν πονηρῶν ἀσεβέστατε τύραννε

[Aq. Ps. 1. 1 : 9. 24 (10. 3), 25 (10. 4) : 10 (11). 5 : 27 (28). 3 : 31 (32). 10 : 38 (39). 2 : 67 (68). 3 : 96 (97). 10 : 118 (119). 119 : 128 (129). 4 : 138 (139). 19 : 139 (140). 9 : Pr. 2. 22 : 11. 5, 8 : 13. 17 : 18. 3 : 21. 7, 18 : Is. 26. 10 : 48. 22 : 53. 9 : Ez. 7. 21 : Hb. 1. 13.]

[Sm. Jb. 16. 11 : 20. 5 : 40. 7 (12) : Ps. 7. 10 : 35 (36). 2 : 36 (37). 12 : 38 (39). 2 : 54 (55). 4 : 57 (58). 11 : 67 (68). 3 : 91 (92). 8 : Pr. 2. 22 : 11. 5, 8 : 13. 17 : 18. 3 : 21. 12, 18 : Is. 26. 10 : 48. 22 : 53. 9 : 57. 20 : Ez. 7. 21 : Hb. 1. 13 : Ze. 1. 3.]

[Th. Jb. 11. 20 : 36. 6 : Ps. 67 (68). 3 : 118 (119). 119 : Pr. 2. 22 : 11. 5, 8, 10 : 12. 5 : 13. 17 : 18. 3 : 21. 18, 29 : Is. 26. 10 : 48. 22 : 53. 9, 12 : Ez. 7. 21 : Hb. 1. 13 : Ze. 1. 3.]

[Al. Ps. 67 (68). 3 : Pr. 12. 10 : 15. 6.]

[Quint. Ps. 27 (28). 3 : 118 (119). 119.]

[Sext. Ps. 27 (28). 3 : 36 (37). 35.]

[Hebr. Jb. 20. 5 : Ps. 11 (12). 9 : 67 (68). 3.]

ἀσεδέκ, ἀσεδηλίου (? ἀσὲδ ἡλίου).

Is. 19. 18. πόλις ἀ. κληθήσεται ἡ μία πόλις †

ἀσεδή, *vid.* **ἀβδή.**

ἀσέλγεια.

Wi. 14. 26. γάμων ἀταξία μοιχεία καὶ ἀσέλγεια
III Ma. 2. 26. ταῖς ἀναριθμήτοις ἀ. διηρκέσθη

ἀσελγῶς.

[Aq. Sm. Ho. 7. 14.]

ἀσελεισήλ. (1) הַשָּׁלִישִׁי

Je. 45 (38). 14. εἰς οἰκίαν ἀ. [A σαλαθιήλ, S ἀσαλιήλ] τὴν ἐν οἴκῳ (1)

ἀσεμινίθ.

[Hebr. Ps. 11 (12). 1.]

ἀσερσαθά, *vid.* **ἀθερσαθά.**

ἀσήλ [B], **ἀσαήλ** [A] (1) ἐξ ἀ. מְאוּזָּל

Ez. 27. 19. ἐξ ἀ. σίδηρος εἰργασμ. (1)

ἄσημος. (1) עָטֻף

Ge. 30. 42. B ἐγένετο δὲ τὰ μὲν [A om.] ἄ. τοῦ Λάβαν (1 ?)
Jb. 42. 11. χρυσοῦ καὶ ἀσήμου [A S χρυσοῦν ἄσημον] –
III Ma. 1. 3. ἄσημόν τινα κατέκλινεν ἐν τῇ σκηνῇ

ἄσηπτος. (1) לֹא־יִרְקַב (2) שִׁטָּה

Ex. 25. 5. καὶ ξύλα ἄ. (2)
— 9 (10). ποιήσεις κιβωτὸν μαρτυρίου ἐκ ξύλων ἀ. (2)
— 12 (13). ποιήσεις δὲ ἀναφορεῖς ξύλα ἄ. [A ἐκ ξύλων ἀ.] (2)
— 27 (28). ποιήσεις τοὺς ἀναφορεῖς ἐκ ξύλων ἀ. (2)
26. 15. ποιήσεις στύλους . . . ἐκ ξύλων ἀ. (2)
— 26. ποιήσεις μοχλοὺς ἐκ ξύλων ἀ. (2)
— 32. ἐπὶ τεσσάρων στύλων ἀ. κεχρυσωμένων χρυσίῳ (2)
27. 1. ποιήσεις θυσιαστήριον ἐκ ξύλων ἀ. (2)
— 6. ποιήσεις . . . ἀναφορεῖς [A B¹ φορεῖς] ἐκ ξύλων ἀ. (2)
30. 1. ποιήσεις θυσιαστήριον θυμιάματος ἐκ ξύλων ἀ. (2)
— 5. ποιήσεις σκυτάλας ἐκ ξύλων ἀ. (2)
35. 7. καὶ ξύλα ἄ. (2)
— 24. παρ' οἷς εὑρέθη ξύλα ἄ. (2)
37. 4 (36. 36). στύλους ἀ. κατακεχρυσωμένους (2)
De. 10. 3. ἐποίησα κιβωτὸν ἐκ ξύλων ἀ. (2)
Is. 40. 20. ξύλον γὰρ ἄ. ἐκλέγεται τέκτων (1)

[Th. Ex. 25. 22 (23) : 26. 37 : 37 (38). 1, 4, 10 (11), 15.]

[Al. Ge. 6. 15 (14).]

▶ = additional entry on page xxiv

ἀσηρώθ, *vid.* σαδηρώθ.

ἀσθένεια. (1) *a.* כָּשַׁל ho. *b.* מִכְשׁוֹל (2) עַצֶּבֶת (3) שָׁפֵל

Jb. 37. 7. *ἵνα γνῷ πᾶς ἄνθρωπος τὴν ἑαυτοῦ ἀ.* †
Ps. 15 (16). 4. *ἐπληθύνθησαν αἱ ἀ. αὐτῶν* (2)
Ec. 12. 4. *ἐν ἀσθενείᾳ φωνῆς τῆς ἀληθούσης* (3)
Je. 6. 21. *δίδωμι ἐπὶ τὸν λαὸν τοῦτον ἀσθένειαν* (1 *b*)
18. 23. *γενέσθω ἡ ἀ. αὐτῶν ἐναντίον σου* (1 *a*)
II Ma. 9. 21. *περιπεσὼν ἀσθενείᾳ δυσχέρειαν ἐχούσῃ*
— 22. *ἔχων πολλὴν ἐλπίδα ἐκφεύξεσθαι τὴν ἀ.*
[**Quint.** Ps. 34 (35). 15.]

ἀσθενεῖν. (1) אֵין כֹּחַ (2) אֻמַל pul. (3) דָּאֵב (4) *a.* דָּלַל *b.* דַּל (5) חָלָה *a.* qal. *b.* ni. (6) חַת (7) כָּשַׁל *a.* qal. *b.* ni. *c.* hi. *d.* מִכְשׁוֹל *e.* מַכְשֵׁלָה (8) לָאָה ni. (9) מָהַר ni. (10) מוּל hithpal. (11) מָעַד (12) צָפַף pilp. (13) קָצֵר (14) רָכַךְ (15) *a.* רָפָה *b.* רָפֶה (16) שָׁכֵל pi.

Jd. 6. 15. *ἡ χιλιάς μου ἠσθένησεν* [**A** *ταπεινοτέρα*] *ἐν* **M.** (4 *b*)
16. 7, 11, 17. *καὶ ἀσθενήσω* (5 *a*)
19. 9. *ἠσθένησεν ἡ ἡμέρα εἰς τὴν ἑσπέραν* [**A** *al.*] (15 *a*)
I Ki. 2. 4. *τόξον δυνατῶν ἠσθένησε καὶ ἀσθενοῦντες περιεζώσαντο δύναμιν* (6, 7 *b*)
— 5. **B** *ἀσθενοῦντες* [**A R** *οἱ πεινῶντες*] *παρῆκαν γῆν* †
— 5. *ἡ πολλὴ ἐν τέκνοις ἠσθένησε* (2)
II Ki. 3. 1. *ὁ οἶκος Σαοὺλ ἐπορεύετο καὶ ἠσθένει* (4 *b*)
13. 4. **A** *τί σοι ὅτι σὺ οὕτως ἀσθενεῖς* [**B** *-ής*] (4 *b*)
IV Ki. 19. 26. *οἱ ἐνοικοῦντες ἐν αὐταῖς ἠσθένησαν τῇ χειρί* (13)
II Ch. 28. 15. *ἀντελάβοντο . . . παντὸς ἀσθενοῦντος* (7 *a*)
I Es. 1. 30. *ἠσθένησα γὰρ λίαν*
Ju. 9. 11. *ἀντιλήπτωρ ἀσθενούντων*
16. 11. *ἐφοβήθησαν οἱ ἀσθενοῦντές μου*
Jb. 4. 3. **A** *χεῖρας ἀσθενούντων* [**B S** *-οῦς*] *παρεκάλεσας ἀσθενοῦντας δὲ ἐξανέστησας ῥήμασι* (15 *b*, 7 *a*)
28. 4. *οἱ δὲ ἐπιλανθανόμενοι ὁδὸν δικαίαν* [**A** *ὁδοὺς δικαιοσύνης*] *ἠσθένησαν* (4 *a*)
Ps. 9. 3. *ἀσθενήσουσι καὶ ἀπολοῦνται* (7 *b*)
17 (18). 36. *οὐκ ἠσθένησαν τὰ ἴχνη μου* (11)
25 (26). 1. **A S** *ἐπὶ τῷ κ. ἐλπίζων οὐ μὴ ἀσθενήσω* [**B** *σαλευθῶ*] (11)
26 (27). 2. *οἱ ἐχθροί μου αὐτοὶ ἠσθένησαν* (7 *a*)
30 (31). 10. *ἠσθένησεν ἐν πτωχείᾳ ἡ ἰσχύς μου* (7 *a*)
57 (58). 7. *ἐντενεῖ τὸ τόξον αὐτοῦ ἕως οὗ ἀσθενήσουσιν* (10)
67 (68). 9. *ἠσθένησε σὺ δὲ κατηρτίσω αὐτήν* (8)
87 (88). 9. *οἱ ὀφθαλμοί μου ἠσθένησαν ἀπὸ πτωχείας* (3)
104 (105). 37. *οὐκ ἦν ἐν ταῖς φυλαῖς αὐτῶν ἀσθενῶν* (7 *a*)
106 (107). 12. *ἠσθένησαν καὶ οὐκ ἦν ὁ βοηθῶν* (7 *a*)
108 (109). 24. *τὰ γόνατά μου ἠσθένησαν ἀπὸ νηστείας* (7 *a*)
Pr. 24. 16. *οἱ δὲ ἀσεβεῖς ἀσθενήσουσιν ἐν κακοῖς* (7 *b*)
Si. 16. 27. **S** *οὔτε ἠσθένησαν*
Ho. 4. 5. *καὶ ἀσθενήσει ἡμέρας* (7 *a*)
— 5. *καὶ ἀσθενήσει προφήτης μετὰ σοῦ* (7 *a*)
5. 5. *ἀσθενήσουσιν ἐν ταῖς ἀδικίαις* (7 *b*)
— 5. *καὶ ἀσθενήσει καὶ Ἰ. μετ᾽ αὐτῶν* (7 *a*)
11. 6. *καὶ ἠσθένησεν ῥομφαία* (5 *a* ?)
14. 2. *ἠσθένησαν* [**A** *-σας*] *ἐν ταῖς ἀδικίαις σου* (7 *a*)
— 10. *οἱ δὲ ἀσεβεῖς ἀσθενήσουσιν ἐν αὐταῖς* (7 *b*)
Na. 2. 5 (6). *ἀσθενήσουσιν ἐν τῇ πορείᾳ* [**A** *ταῖς π.*] *αὐτῶν* (7 *b*)
3. 3. *ἀσθενήσουσιν ἐν τοῖς σώμασιν αὐτῶν* (7 *a*)
Ze. 1. 3. *ἀσθενήσουσιν οἱ ἀσεβεῖς* (7 *e*)
Za. 12. 8. *ἔσται ὁ ἀσθενῶν ἐν αὐτοῖς* (7 *b*)
Ma. 2. 8. *ἠσθενήσατε πολλοὺς ἐν νόμῳ* (7 *c*)
3. 11. *οὐ μὴ ἀσθενήσει ὑμῶν ἡ ἄμπελος* (16)
Is. 7. 4. *μηδὲ ἡ ψυχή σου ἀσθενείτω* (14)
28. 20. *ἀσθενοῦμεν τοῦ ἡμᾶς συναχθῆναι* †
29. 4. *ἡ φωνή σου ἀσθενήσει* (12)
Is. 32. 4. *ἡ καρδία τῶν ἀσθενούντων* [**A** *ἀσθενῶν*] (9)
44. 12. *πεινάσει καὶ ἀσθενήσει* (1)
Je. 6. 21. *ἀσθενήσουσι* [**A S**[2] *add. ἐν αὐτῇ*] *πατέρες* (7 *a*)
18. 15. *ἀσθενήσουσιν ἐν ταῖς ὁδοῖς αὐτῶν σχοίνους αἰωνίους* (7 *c*)
26 (46). 6. *τὰ παρὰ τὸν Εὐφράτην ἠσθένησε* [**A** *-σαν*, **S** *-κεν*] (7 *a*)
— 12. *μαχητὴς πρὸς μαχητὴν ἠσθένησεν* (7 *a*)
— 16. *τὸ πλῆθός σου ἠσθένησε* (7 *a*)
27 (50). 32. *ἀσθενήσει ἡ ὕβρις σου* (7 *a*)
Ba. 2. 18. *ὃ βαδίζει κύπτον καὶ ἀσθενοῦν*
La. 1. 14. *ἠσθένησεν ἡ ἰσχύς μου* (7 *c*)
2. 8. *τεῖχος ὁμοθυμαδὸν ἠσθένησε* [**A** *-σαν*] (2)
5. 13. *νεανίσκοι ἐν ξύλῳ ἠσθένησαν* (7 *a*)
Ez. 17. 6. *ἐγένετο εἰς ἄμπελον ἀσθενοῦσαν* [**A** *εὐθηνοῦσαν*] †
21. 15 (20). *καὶ πληθυνθῶσιν οἱ ἀσθενοῦντες* (7 *d*)
34. 4. *τὸ ἠσθενηκὸς οὐκ ἐνισχύσατε* (5 *b*)
Da. LXX. 8. 27. *ἐγὼ Δαν. ἀσθενήσας ἡμέρας πολλάς* (5 *b*)
10. 17. *ἐγὼ ἠσθένησα* –
Da. TH. 11. 14. *καὶ ἀσθενήσουσι* (7 *b*)
— 19. *καὶ ἀσθενήσει* (7 *b*)
— 33. *ἀσθενήσουσιν ἐν ῥομφαίᾳ* (7 *b*)
— 34. *ἐν τῷ ἀσθενῆσαι αὐτούς* (7 *b*)
— 35. *ἀπὸ τῶν συνιέντων ἀσθενήσουσι* (7 *b*)
— 41. *καὶ πολλοὶ ἀσθενήσουσι* (7 *b*)
I Ma. 1. 26. *παρθένοι καὶ νεανίσκοι ἠσθένησαν*
2. 61. *οἱ ἐλπίζοντες ἐπ᾽ αὐτὸν οὐκ ἀσθενήσουσι*
11. 49. *καὶ ἠσθένησαν ταῖς διανοίαις αὐτῶν*
[**Aq.** GE. 27. 1 : JE. 14. 18 : 20. 11 : Ez. 21. 7 (12).]
[**Sm.** PR. 4. 19 : Is. 31. 3 : 39. 1 : 40. 30 : 63. 13 : Ez. 19. 5.]
[**Th.** Ps. 30 (31). 11 : Is. 31. 3 : 40. 30 : 59. 1 : JE. 8. 12 : 10. 8 : DA. 11. 41 : ZE. 1. 3.]

ἀσθενής. (1) אֶבְיוֹן (2) אֻמְלָל (3) דַּל (4) זָעֵף (5) **ἀσθενῆ ποιεῖν** חָתַת ni. (6) מָהַר ni. (7) *a.* עָנִי *b.* בֶּן־עָנִי (8) רָזֶה (9) רַךְ (10) רָפֶה (11) שָׁפָל

Ge. 29. 17. *οἱ δὲ ὀφθαλμοὶ Λείας ἀσθενεῖς* (9)
Nu. 13. 19 (18). **A R** *εἰ ἰσχυρός* [**B** *ἰσχυρότερος*] *ἐστιν ἢ ἀ.* (10)
Jd. 16. 13. *καὶ ἔσομαι ὡς εἷς τῶν ἀνθρώπων ἀσθενής* –
I Ki. 2. 10. *κύριος ἀσθενῆ ποιήσει ἀντίδικον αὐτοῦ* (5)
II Ki. 13. 4. *τί σοι ὅτι σὺ οὕτως ἀσθενής* [**A** *-εῖς*] (3)
Jb. 4. 3. *χεῖρας ἀσθενοῦς* [**A** *-ούντων*] *παρεκάλεσας* (10)
36. 15. *ἔθλιψαν ἀσθενῆ καὶ ἀδύνατον* (7 *a*)
Ps. 6. 2. *ἐλέησόν με, κύριε, ὅτι ἀσθενής εἰμι* (2)
Pr. 6. 8. *καίπερ οὖσα τῇ ῥώμῃ ἀ.* –
21. 13. *ὃς φράσσει τὰ ὦτα αὐτοῦ τοῦ μὴ ἐπακοῦσαι* [**A** *ὑπακοῦσαι*] *ἀσθενοῦς* (3)
22. 22. *μὴ ἀτιμάσῃς ἀσθενῆ ἐν πύλαις* (7 *a*)
24. 73 (31. 5). *ὀρθὰ κρῖναι οὐ μὴ δύνωνται τοὺς ἀ.* (7 *b*)
— 77 (31. 9). *διάκρινε δὲ πένητα καὶ ἀσθενῆ* (1)
Wi. 2. 11. *τὸ γὰρ ἀ. ἄχρηστον ἐλέγχεται*
9. 5. *ἄνθρωπος ἀ. καὶ ὀλιγοχρόνιος*
13. 18. *περὶ μὲν ὑγιείας τὸ ἀ. ἐπικαλεῖται*
Is. 32. 4. **A** *ἡ καρδία τῶν ἀσθενῶν* [**B S** *-νούντων*] (6)
Ez. 17. 14. *τοῦ γενέσθαι εἰς βασιλείαν ἀσθενῆ* (11)
34. 20. *καὶ ἀνὰ μέσον προβάτου ἀ.* (8)
Da. LXX. 1. 10. *τὰ πρόσωπα ὑμῶν διατετραμμένα καὶ ἀ.* (4 ?)
IV Ma. 7. 20. *παθοκρατεῖσθαι διὰ τὸν ἀ. λογισμόν*
15. 5. **S** *ὅσῳ γὰρ καὶ ἀσθενέστεραι* [**A R** *ἀσθενόψυχοι*] *. . . ὑπάρχουσιν αἱ μητέρες*
[**Sm.** Ps. 9. 29 (10. 8), 31 (10. 10).]
[**Th.** Is. 37. 27.]
[**Al.** Nu. 13. 21 (20).]

ἀσθενόψυχος.

● IV Ma. 15. 5. *ἀσθενόψυχοι* [**S** *-νέστεραι*] *καὶ πολυγονώτεραι ὑπάρχουσιν αἱ μητέρες*

ἀσθενῶς.

II Ma. 9. 21. **R** *κἀγὼ δὲ ἀ. διεκείμην*

ἆσθμα.

Wi. 11. 18. *ἤτοι πυρπνόον* [**S** *-πνέον*] *φυσῶντας ἆσθμα*

ἀσθμαίνειν.

Si. 34 (31). 19. *ἐπὶ τῆς κοίτης αὐτοῦ οὐκ ἀσθμαίνει*

ἀσιβά.

[**Aq.** JE. 44 (51). 19.]

ἀσίδα. (1) חֲסִידָה

Jb. 39. 13. *ἐὰν συλλάβῃ ἀ. καὶ νέσσα* (1)
Je. 8. 7. *ἡ ἀ. ἐν τῷ οὐρανῷ ἔγνω τὸν καιρὸν αὐτῆς* (1)
[**Th.** JE. 8. 7.]

ἀσίδηρος.

Wi. 17. 16. *εἰς τὴν ἀ. εἱρκτὴν κατακλεισθείς*

ἀσινής.

III Ma. 6. 7. *Δανιὴλ εἰς φῶς ἀνήγαγες ἀσινῆ*
7. 20. *ἀνέλυσαν ἀσινεῖς*

ἀσιτεῖν. (1) צוּם

Es. 4. 16. *κἀγὼ δὲ καὶ αἱ ἅβραι μου ἀσιτήσομεν* (1)
I Ma. 3. 17. *ἐκλελύμεθα ἀσιτοῦντες σήμερον*

ἀσιτί.

Jb. 24. 6. *ἀμπελῶνας ἀσεβῶν* [**S**[1] *om.*] *ἀμισθὶ καὶ ἀ. εἰργάσαντο* –

ἀσκεῖν.

II Ma. 15. 4. *ὁ κελεύσας ἀσκεῖν τὴν ἑβδομάδα*
[**Sm.** JD 3. 1.]

ἄσκησις.

IV Ma. 13. 22. *διὰ τῆς συντροφίας . . . καὶ τῆς ἡμετέρας ἐν νόμῳ θεοῦ ἀ.*
[**Al.** Nu. 30. 3.]

ἀσκητής.

IV Ma. 12. 11. *τοὺς τῆς εὐσεβείας ἀ. στρεβλῶσαι*

ἀσκοπυτίνη.

Ju. 10. 5. *ἔδωκε τῇ ἅβρᾳ αὐτῆς ἀσκοπυτίνην* [**S** *ἀσκὸν*] *οἴνου*

ἀσκός. (1) חֵמֶת (2) *a.* נאד *b.* נֹאוד (3) נֵבֶל

Ge. 21. 14. *ἄρτους καὶ ἀσκὸν ὕδατος* (1)
— 15. *ἐξέλειπε δὲ τὸ ὕδωρ ἐκ τοῦ ἀ.* (1)
— 19. *ἔπλησε τὸν ἀ. ὕδατος* (1)
Jo. 9. 4. *ἀσκοὺς οἴνου παλαιούς* (2 *a*)
— 13. *οὗτοι οἱ ἀ. τοῦ οἴνου* (2 *a*)
Jd. 4. 19. *ἤνοιξε τὸν ἀ. τοῦ γάλακτος* (2 *b* *)
I Ki. 10. 3. *ἕνα αἴροντα ἀσκὸν οἴνου* (3)
16. 20. *ἔλαβεν Ἰεσσαὶ . . . ἀσκὸν οἴνου* (2 *a*)
Ju. 10. 5. **S** *ἔδωκε τῇ ἅβρᾳ . . . ἀσκὸν* [**A B** *ἀσκοπυτίνην*] *οἴνου*
Jb. 13. 28. *ὃ παλαιοῦται* [**A** *οἱ παλαιοῦνται*] *ἶσα ἀσκῷ* †
32. 19. *ὥσπερ ἀσκὸς γλεύκους ζέων* [**A** *γέμων*] *δεδεμένος* –
Ps. 32 (33). 7. *συνάγων ὡς ἀσκὸν ὕδατα θαλάσσης* †
77 (78). 13. *ἔστησεν* [**S**[2] *παρέστ.*] *ὕδατα ὡσεὶ ἀσκόν* †
118 (119). 83. *ἐγενήθην ὡς ἀσκὸς ἐν πάχνῃ* (2 *a*)
Je. 13. 12 *bis*. *πᾶς ἀ. πληρωθήσεται οἴνου* (3)
[**Sm.** I KI. 25. 18 : Ps. 32 (33). 7 : Ho. 3. 2.]

ἄσκωμα.

[**Sm.** Jo. 3. 13, 16.]

ᾆσμα. (1) *a.* שִׁיר *b.* שִׁירָה

Nu. 21. 17. *τότε ᾖσεν Ἰσραὴλ τὸ ᾆ. τοῦτο* (1 *b*)
Ps. 32 (33). 3. *ᾄσατε αὐτῷ ᾆσμα καινόν* (1 *a*)
39 (40). 3. *ἐνέβαλεν εἰς τὸ στόμα μου ᾆ. καινόν* (1 *a*)
95 (96). 1 : 97 (98). 1 : 149. 1. *ᾄσατε τῷ κυρίῳ ᾆ. καινόν* (1 *a*)
Ec. 7. 6 (5). *ἄνδρα ἀκούοντα ᾆσμα ἀφρόνων* (1 *a*)
12. 4. *πᾶσαι αἱ θυγατέρες τοῦ ᾆ.* (1 *a*)
Ca. *tit.* *ᾆσμα* [**A** *ᾄσματα ᾀσμάτων*, **S** *ᾆσμα ᾀσμάτων*] (1 *a*, 1 *a*)
1. 1. *ᾆσμα ᾀσμάτων* (1 *a*, 1 *a*)
subscr. **A S** *ᾆσμα ᾀσμάτων* [**B** *ᾆσμα*]
Si. 39. 14. *αἰνέσατε ᾆσμα*
Is. 5. 1. *ᾄσω δὴ τῷ ἠγαπημένῳ ᾆ.* (1 *b*)

Is. 23. 15. ἔσται Τύρος ὡς ᾆ. πόρνης (1 b)
26. 1. ᾄσονται τὸ ᾆ. τοῦτο (1 a)
[**Aq.** Ps. 27 (28). 7 : 29 (30). 1 : 41 (42). 9 : 44 (45). 1 : 118 (119). 54 : Is. 26. 1 : 30. 29 : 42. 10.]
[**Sm.** Ps. 9. 1 : 29 (30). 1 : 44 (45). 1 : 118 (119). 54 : Pr. 25. 20 : Is. 5. 1 : 30. 29 : 42. 10 : Ez. 8. 17.]
[**Th.** Ps. 118 (119). 54 : 119 (120). 1 : Is. 42. 10.]
[**Al.** Ps. 97 (98). 1 : 120 (121). 1.]

ἀσμενίζειν.
I Ki. 6. 19. οὐκ ἠσμένισαν οἱ υἱοὶ Ἰεχ. †

ἄσμενος.
II Ma. 10. 33. R ἄσμενοι [A ἀσμένως] περιεκάθισαν τὸ φρ.

ἀσμένως.
II Ma. 4. 12. ἀ. γὰρ . . . γυμνάσιον καθίδρυσε
10. 33. A ἀ. [R ἄσμενοι] περιεκάθισαν τὸ φρούριον
III Ma. 3. 15. R εὖ ποιῆσαί τε [A -σαντες] ἀ.
5. 21. ἀ. πάντες μετὰ χαρᾶς οἱ παρόντες ὁμοῦ συναινέσαντες

ἀσουρενοῦ.
[**Hebr.** Ps. 43 (44). 19.]

ἄσοφος.
Pr. 9. 8. A S^{2} ἄσοφον καὶ μιμήσει σε –

ἀσπάζεσθαι (-ζειν). (1) שָׁאַל לְשָׁלוֹם
Ex. 18. 7. καὶ ἠσπάσαντο ἀλλήλους (1)
Jd. 18. 15. A ἠσπάσαντο αὐτόν [B *al.*] (1)
To. 5. 9. καὶ εἰσῆλθε καὶ ἠσπάσαντο ἀλλήλους [S *al.*]
9. 6. S καὶ ἠσπάσατο αὐτόν
10. 12. S καὶ ἠσπάσατο αὐτόν
Es. 5. 2. καὶ ἠσπάσατο αὐτήν –
Si. 41. 20. ἀπὸ ἀσπαζομένων περὶ σιωπῆς
I Ma. 7. 29. ἠσπάσαντο ἀλλήλους εἰρηνικῶς
— 33. ἐξῆλθον . . . ἀσπάσασθαι αὐτὸν εἰρηνικῶς
11. 6. καὶ ἠσπάσαντο ἀλλήλους καὶ ἐκοιμήθησαν
12. 17. πρὸς ὑμᾶς πορευθῆναι καὶ ἀσπάσασθαι ὑμᾶς
III Ma. 1. 8. τοὺς ἀπασομένους αὐτὸν καὶ ξένια κομιοῦντας
IV Ma. 15. 24. A ἀσπάσασα [SR ἀς πάσας] ἡ γενν. ἐξέλυσε
[**Sm.** I Ki. 25. 5 : 30. 21 : II Ki. 8. 10 : Ps. 121 (122). 6.]
[**Al.** I Ki. 25. 5.]

ἀσπάλαθος.
Si. 24. 15. ὡς . . . ἀσπάλαθος ἀρωμάτων δέδωκα ὀσμήν

ἀσπάλαξ. (1) תִּנְשֶׁמֶת
Le. 11. 30. ταῦτα ὑμῖν ἀκάθαρτα . . . ἀ. [A^{2} σπάλαξ] (1)

ἀσπιδίσκη. (1) מִשְׁבְּצוֹת
Ex. 28. 13. ποιήσεις ἀσπιδίσκας ἐκ χρυσίου καθαροῦ (1)
— 14. ἐπιθήσεις τὰ κροσσωτὰ . . . ἐπὶ τὰς ἀ. (1)
— 25. τὰς δύο ἀ. ἐπιθήσεις ἐπ' ἀμφοτέρους τοὺς ὤμους (1?)
36. 23 (39. 16). ἐποίησαν δύο ἀ. χρυσᾶς (1)
— 26 (39. 18). ἐπέθηκαν ἐπὶ τὰς δύο ἀ. (1)
I Ma. 4. 57. κατεκόσμησαν . . . ἀσπιδίσκαις

ἀσπίλος.
[**Sm.** Jb. 15. 15.]

ἀσπίς (*scutum*). (1) כִּידוֹן (2) מָגֵן (3) צִנָּה
I Ki. 17. 6. ἀ. χαλκῆ ἀνὰ μέσον τῶν ὤμων αὐτοῦ (1)
— 45. ἐν δόρατι καὶ ἐν ἀσπίδι (1)
I Ch. 5. 18. ἄνδρες αἴροντες ἀσπίδας (2)
II Ch. 9. 16. τριακοσίας ἀ. ἐλατὰς χρυσᾶς (2)
— 16. A R τριακοσίων χρυσῶν . . . ἐπὶ τὴν ἀ. ἑκάστην (2)
Ju. 9. 7. ἤλπισαν ἐν ἀσπίδι
Jb. 15. 26. ἐν πάχει νώτου [A πανεχίνῳ τῆς] ἀσπίδος αὐτοῦ (2)
41. 6 (7). τὰ ἔγκατα αὐτοῦ ἀσπίδες χαλκέαι (2)
Wi. 5. 19. λήψεται ἀσπίδα ἀκαταμάχητον ὁσιότητα
Si. 29. 13. ὑπὲρ ἀσπίδα κράτους . . . πολεμήσει ὑπὲρ σοῦ
37. 5. ἔναντι [A ἀπέν.] πολέμου λήψεται ἀσπίδα
Je. 26 (46). 3. ἀναλάβετε ὅπλα καὶ ἀσπίδας (3)
I Ma. 6. 39. ἐπὶ τὰς χρυσᾶς καὶ χαλκᾶς [A *om.* κ. χ.] ἀσπίδας
14. 24. ἔχοντα ἀ. χρυσῆν μεγάλην
15. 18. ἤνεγκαν δὲ ἀσπίδα χρυσῆν ἀπὸ μνῶν χιλίων
— 20. ἔδοξε δὲ ἡμῖν δέξασθαι τὴν ἀ. παρ' αὐτῶν
II Ma. 5. 3. ἀσπίδων κινήσεις καὶ καμάκων πλήθη
15. 11. οὐ τὴν ἀσπίδων καὶ λογχῶν ἀσφάλειαν
[**Aq.** Jb. 41. 21 : Pr. 6. 11 : Je. 46 (26). 9.]
[**Sm.** Jo. 8. 18 : Ps. 75 (76). 4 : Je. 46 (26). 9 : Ez. 23. 24 : 27. 10.]
[**Th.** I Ki. 17. 7 : Jb. 15. 26 : 39. 23.]
[**Al.** Jd. 5. 8.]
[**Quint.** Pr. 6. 11.]

ἀσπίς (*serpens*). (1) אֶפְעֶה (2) עַכְשׁוּב (3) פֶּתֶן (4) *a.* צֶפַע *b.* צִפְעוֹנִי (5) שָׂרָף
De. 32. 33. θυμὸς ἀσπίδων ἀνίατος (3)
Jb. 20. 14. χολὴ ἀσπίδος ἐν γαστρὶ αὐτοῦ (3)
Ps. 13 (14). 3. B S ἰὸς ἀσπίδων τὰ χείλη αὐτῶν –
57 (58). 4. ὡσεὶ ἀσπίδος κωφῆς καὶ βυούσης τὰ ὦτα αὐτῆς (3)
90 (91). 13. ἐπ' ἀσπίδα . . . ἐπιβήσῃ †
139 (140). 3. ἰὸς ἀσπίδων ὑπὸ τὰ χείλη αὐτῶν (2)
Is. 11. 8. ἐπὶ τρωγλῶν [A S -ην] ἀσπίδων (3)
— 8. ἐπὶ κοίτην ἐκγόνων ἀσπίδων (4 b)
14. 29. ἐξελεύσεται ἔκγονα [A ἔγγ.] ἀσπίδων (4 a)
30. 6. ἀσπίδες καὶ ἔκγονα ἀ. πετομένων (1, 5)
59. 5. ᾠὰ ἀσπίδων ἔρρηξαν (4 b)
[**Aq.** Jb. 20. 16.]
[**Sm.** Jb. 20. 16 : Ps. 57 (58). 5 : Is. 59. 5.]
[**Th.** Jb. 20. 14, 16 : Is. 59. 5.]
[**Hebr.** Jb. 20. 14.]

ἀσπλαγχνεῖν.
[**Aq. Th.** Jb. 41. 2.]

ἄσπλαγχνος.
[**Aq.** Dt. 32. 33.]
[**Sm.** Pr. 17. 11 : Ez. 31. 12.]

ἀσρού.
[**Hebr.** Ps. 117 (118). 27.]

ἀσταθής.
III Ma. 5. 39. A τὴν ἀ. [R ἄστατον] διάνοιαν αὐτοῦ

ἀστατεῖν.
[**Aq.** Is. 58. 7.]

ἄστατος.
III Ma. 5. 39. τὴν ἄ. διάνοιαν αὐτοῦ θαυμάζοντες

ἄστεγος. (1) אֱוִיל (2) חָלָק (3) מָרוּד
Pr. 10. 8. ὁ δὲ ἄ. χείλεσι σκολιάζων ὑποσκελισθήσεται (1)
26. 28. στόμα δὲ ἄ. ποιεῖ ἀκαταστασίας (2)
Is. 58. 7. πτωχοὺς ἀ. εἴσαγε εἰς τὸν οἶκόν σου (3)

ἀστεῖος. (1) בָּרִיא (2) טוֹב (3) οὐκ ἀ. יָרַט
Ex. 2. 2. ἰδόντες δὲ αὐτὸ ἀστεῖον (2)
Nu. 22. 32. ὅτι οὐκ ἀ. ἡ ὁδός σου ἐναντίον μου (3)
Jd. 3. 17. Ἐγλὼμ ἀνὴρ ἀ. σφόδρα (1)
Ju. 11. 23. ἀστεία εἶ σὺ ἐν τῷ εἴδει σου
Da. LXX. Su. 7. οὗτοι ἰδόντες γυναῖκα ἀ. τῷ εἴδει
II Ma. 6. 23. ὁ δὲ λογισμὸν ἀστεῖον ἀναλαβών

ἀστείως.
II Ma. 12. 43. πάνυ καλῶς καὶ ἀ. πράττων

ἀστήρ. (1) כּוֹכָב (2) *a.* צָבָא *b.* צְבָא הַשָּׁמַיִם
Ge. 1. 16. ἐποίησεν ὁ θεὸς . . . τοὺς ἀ. (1)
15. 5. R ἀρίθμησον τοὺς ἀ. (1)
22. 17 : 26. 4. ὡς τοὺς ἀ. τοῦ οὐρανοῦ (1)
37. 9. καὶ ἕνδεκα ἀ. προσεκύνουν με (1)
De. 4. 19. τὸν ἥλιον καὶ τὴν σελήνην καὶ τοὺς ἀ. (1)
Jd. 5. 20. ἐξ οὐρανοῦ παρετάξαντο [A ἐπολεμήθησαν] οἱ ἀ. (1)
I Ch. 27. 23. πληθῦναι τὸν Ἰσρ. ὡς τοὺς ἀ. τοῦ οὐρανοῦ (1)
Ne. 9. 23. ἐπλήθυνας ὡς τοὺς ἀ. τοῦ οὐρανοῦ (1)
Ps. 8. 3. σελήνην καὶ ἀστέρας ἃ σὺ ἐθεμελίωσας (1)
135 (136). 9. τοὺς ἀ. [A S^{1} τὰ ἄστρα] εἰς ἐξουσίαν τῆς νυκτός (1)
Ec. 12. 2. καὶ ἡ σελήνη καὶ οἱ ἀ. (1)
Wi. 7. 19. καὶ ἀστέρων [S^{1} ἄστρων] θέσεις
— 29. A ὑπὲρ πᾶσαν ἀστέρων [B S ἄστρων] θέσιν
Wi. 10. 17. A S^{2} εἰς φλόγα ἀστέρων [B S^{1} ἄστρων] τὴν νύκτα
13. 2. S^{2} ἢ κύκλον ἀστέρων [A B S^{1} ἄστρων]
Si. 43. 9. S δόξα ἀστέρων [A B ἄστρων]
50. 6. ὡς ἀ. ἑωθινὸς ἐν μέσῳ νεφέλης [S -λῶν]
Jl. 3 (4). 15. οἱ ἀ. δύσουσι φέγγος αὐτῶν (1)
Ob. 1. 4. S^{1} ἀνὰ μέσον τῶν ἀ. [A B S^{2} ἄστρων] (1)
Is. 13. 10. οἱ γὰρ ἀ. τοῦ οὐρανοῦ καὶ ὁ Ὠρίων (1)
14. 13. ἐπάνω τῶν ἀ. [A S ἄστρων] τοῦ οὐρανοῦ (1)
47. 13. οἱ ὁρῶντες τοὺς ἀ. ἀναγγειλάτωσάν σοι (1)
Je. 8. 2. ψύξουσιν αὐτὰ . . . πρὸς πάντας τοὺς ἀ. (2 b?)
38 (31). 35. ὁ δοὺς . . . ἀστέρας [A τὰ ἄστρα] εἰς φῶς τῆς νυκτός (1)
Ba. 3. 34. οἱ δὲ ἀ. ἔλαμψαν ἐν ταῖς φυλακαῖς αὐ.
Ez. 32. 7. A συσκοτάσω τοὺς ἀ. τοῦ οὐρανοῦ [B τὰ ἄστρα αὐτοῦ] (1)
Da. LXX. 8. 10. ὑψώθη ἕως τῶν ἀ. τοῦ οὐρανοῦ (2)
— 10. ἐρράχθη ἐπὶ τὴν γῆν ἀπὸ τῶν ἀ. (2 *vel* 1?)
Da. TH. 12. 3. ὡς οἱ ἀ. εἰς τοὺς αἰῶνας (1)
[**Sm.** Ps. 148. 3.]
[**Th.** Da. 12. 3.]

ἀστοχεῖν.
Si. 7. 19. μὴ ἀστόχει γυναικὸς σοφῆς καὶ ἀγαθῆς
8. 9. μὴ ἀστόχει διηγήματος γερόντων

ἀστράγαλος. (1) פַּס (2) פֶּרֶס
Za. 11. 16. καὶ τοὺς ἀ. αὐτῶν ἐκστρέψει (2)
Da. TH. 5. 5. ἐθεώρει τοὺς ἀ. τῆς χειρός (1)
— 24. ἀπεστάλη ἀστράγαλος χειρός (1)
[**Aq.** Ge. 37. 3 : Ez. 47. 3.]
[**Sm. Th.** Ez. 47. 3.]

ἀστραπή. (1) בָּרָק
Ex. 19. 16. φωναὶ καὶ ἀστραπαί (1)
De. 32. 41. παροξυνῶ ὡς ἀστραπὴν τὴν μάχαιράν μου (1)
II Ki. 22. 15. ἀστραπὴν καὶ ἐξέστησεν αὐτούς (1)
Ps. 17 (18). 14. ἀστραπὰς ἐπλήθυνε (1)
76 (77). 18. ἔφαναν αἱ ἀ. σου τῇ οἰκουμένῃ (1)
96 (97). 4. ἔφαναν αἱ ἀ. αὐτοῦ τῇ οἰκουμένῃ (1)
134 (135). 7. ἀστραπὰς εἰς ὑετὸν ἐποίησεν (1)
143 (144). 6. ἄστραψον ἀστραπήν [A *add.* σου] (1)
Wi. 5. 21. πορεύσονται εὔστοχοι βολίδες ἀστραπῶν
Si. 35 (32). 10. πρὸ βροντῆς κατασπεύδει ἀ.
43. 13. ταχύνει ἀστραπὰς κρίματος αὐτοῦ
Na. 2. 4 (5). ἡ ὅρασις αὐ. . . . ὡς ἀ. διατρέχουσαι (1)
Hb. 3. 11. εἰς φέγγος ἀστραπῆς ὅπλων σου (1)
Za. 9. 14. ἐξελεύσεται ὡς ἀστραπὴ βολίς (1)
Je. 10. 13 : 28 (51). 16. ἀστραπὰς εἰς ὑετὸν ἐποίησε (1)
Ep. Je. 61. ἀ. ὅταν ἐπιφανῇ εὔοπτός ἐστι
Ez. 1. 13. ἐκ τοῦ πυρὸς ἐξεπορεύετο ἀστραπή [A ὡς ἀ.] (1)
Da. LXX. TH. 3. (73). εὐλογεῖτε ἀστραπαὶ . . . τὸν κ.
10. 6. τὸ πρόσωπον αὐτοῦ ὡσεὶ ὅρασις ἀστραπῆς (1)
[**Aq.** Jb. 20. 25 : 38. 35 : Ez. 21. 10 (15).]
[**Sm.** Jb. 38. 35 : Ez. 1. 14 : 21. 10 (15), 15 (20).]
[**Th.** Jb. 20. 25 : 38. 35 : Ez. 1. 14 : 21. 10 (15).]
[**Al.** Hb. 3. 11.]

ἀστράπτειν. (1) בָּרַק
II Ki. 22. 15. R ἤστραψεν [A B *om.*] ἀστραπήν –
Ps. 143 (144). 6. ἄστραψον ἀστραπήν (1)
Wi. 11. 18. δεινοὺς ἀπ' ὀμμάτων σπινθῆρας ἀστράπτοντας

ἀστρολόγος. (1) הָבַר
Is. 47. 13. σωσάτωσάν σε οἱ ἀ. τοῦ οὐρανοῦ (1)

ἄστρον. (1) בָּרָק (2) *a.* כּוֹכָב *b.* כּוֹכְבֵי בֹקֶר (3) צָבָא (4) שַׁחַק (5) שָׁמַיִם
Ex. 32. 13. ὡσεὶ τὰ ἄ. τοῦ οὐρανοῦ τῷ πλήθει (2 a)
Nu. 24. 17. ἀνατελεῖ ἄ. ἐξ Ἰακώβ (2 a)
De. 1. 10 : 10. 22 : 28. 62. ὡσεὶ τὰ ἄ. τοῦ οὐρανοῦ τῷ πλήθει (2 a)
Ne. 4. 21 (15). ἕως ἐξόδου τῶν ἄ. (2 a)
Jb. 3. 9. σκοτωθείη τὰ ἄ. τῆς νυκτὸς ἐκείνης (2 a)
9. 7. κατὰ δὲ ἄστρων κατασφραγίζει (2 a)
15. 15. A ἄστρα δὲ οὐκ ἄμεμπτα (5?)
20. 25. ἄστρα [A ἄνδρα] δὲ ἐν διαίταις αὐτοῦ (1?)
25. 5. ἄστρα δὲ οὐ καθαρὰ [A οὐκ ἄμεμπτα] ἐναντίον αὐτοῦ (2 a)
38. 7. ὅτε ἐγενήθησαν ἄστρα (2 b)
Ps. 135 (136). 9. τοὺς ἀστέρας [A S^{1} τὰ ἄστρα] εἰς ἐξουσίαν τῆς νυκτός (2 a)
146 (147). 4. ὁ ἀριθμῶν πλήθη ἄστρων (2 a)

Ps. 148. 3. αἰνεῖτε αὐτὸν πάντα τὰ ἄστρα (2 *a*)
Wi. 7. 19. S¹ καὶ ἄστρων [A B ἀστέρων] θέσεις
— 29. ὑπὲρ πᾶσαν ἄστρων [A ἀστέρων] θέσιν
10. 17. εἰς φλόγα [S φλόγας] ἄστρων [A S² ἀστέρων] τὴν νύκτα
13. 2. ἢ κύκλον ἄστρων [S² ἀστέρων]
17. 5. ἄστρων ἔκλαμπροι φλόγες
Si. 43. 9. κάλλος οὐρανοῦ δόξα ἄστρων
44. 21. A B S² ὡς ἄστρα ἀνυψῶσαι τὸ σπέρμα αὐτοῦ
Am. 5. 26. ἀνελάβετε . . . τὸ ἄ. τοῦ θεοῦ ὑμ. (2 *a* ?)
Jl. 2. 10. τὰ ἄστρα δύσουσι τὸ φέγγος αὐτῶν (2 *a*)
Ob. 1. 4. ἐὰν ἀνὰ μέσον τῶν ἄ. [S¹ ἀστέρων] θῇς νοσσιάν σου (2 *a*)
Na. 3. 16. ἐπλήθυνας τὰς ἐμπορίας σου ὑπὲρ [S² ὡς] τὰ ἄ. τοῦ οὐρ. (2 *a*)
Is. 14. 13. A S ἐπάνω τῶν ἄ. [B ἀστέρων] τοῦ οὐρ. (2 *a*)
34. 4. πάντα τὰ ἄ. πεσεῖται (3)
45. 12. πᾶσι τοῖς ἄ. ἐνετειλάμην (3)
Je. 28 (51). 9. ἐξῆρεν ἕως τῶν ἄ. (4)
38 (31). 35. A ὁ δοὺς . . . τὰ ἄ. [B S ἀστέρας] εἰς φῶς τῆς νυκτός (2 *a*)
Ep. Je. 60. καὶ σελήνη καὶ ἄστρα . . . εὐήκοά εἰσιν
Ez. 32. 7. συσκοτάσω τὰ ἄ. αὐτοῦ [A τοὺς ἀστέρας τοῦ οὐρ.] (2 *a*)
Da. LXX. 3. (36). ὡς τὰ ἄ. τοῦ οὐρανοῦ τῷ πλήθει
— (63). εὐλογεῖτε ἄστρα τοῦ οὐρανοῦ τὸν κύριον
12. 3. ὡσεὶ τὰ ἄ. τοῦ οὐρανοῦ (2 *a*)
Da. TH. 3. (36). τὸ σπέρμα αὐτῶν ὡς τὰ ἄ. τοῦ οὐρ.
— (63). εὐλογεῖτε ἄστρα τοῦ οὐρ. τὸν κ.
8. 10. καὶ ἀπὸ [A *om.*] τῶν ἄ. (2 *a*)
II Ma. 9. 10. τῶν οὐρανίων ἄ. ἅπτεσθαι δοκοῦντα
IV Ma. 17. 5. σελήνη κατ' οὐρανὸν σὺν ἄστροις σεμνὴ καθέστηκεν

[**Aq.** Je. 31 (38). 35.]
[**Sm.** Je. 31 (38). 35 : Am. 5. 8.]
[**Th.** Ps. 135 (136). 7 : Da. 3. (36) : Am. 5. 26.]
[**Heb.** Jb. 9. 9.]

ἀστυγείτων.

II Ma. 6. 8. R εἰς τὰς ἀ. [A ἀστυγεῖς] Ἑλληνίδας πόλεις

ἀστυγής.

II Ma. 6. 8. A εἰς τὰς ἀ. [R -γείτονας] Ἑλλ. πόλεις

ἀσυλία.

II Ma. 3. 12. τῇ τοῦ . . . ἱεροῦ σεμνότητι καὶ ἀσυλίᾳ

ἄσυλος. (1) קָבַע

Pr. 22. 23. ῥύσῃ σὴν ἄσυλον ψυχήν (1 ?)
II Ma. 4. 33. ἀποκεχωρηκὼς εἰς ἄ. τόπον
— 34. ἔπεισεν ἐκ τοῦ ἀ. προελθεῖν

ἀσύμφορος.

Pr. 25. 20. ὥσπερ ὄξος ἕλκει ἀσύμφορον –

ἀσύμφωνος.

Wi. 18. 10. ἀντήχει δ' ἀσύμφωνος ἐχθρῶν ἡ βοή
Da. LXX. Bel. 15. σκέψαι μή τι σοι ἀσύμφωνον γεγένηται

[**Sm.** Ps. 54 (55). 10.]

ἀσυνετεῖν. (1) בָּגַד

Ps. 118 (119). 158. εἶδον ἀσυνετοῦντας [S¹ ἀσυνθ.] (1)

ἀσυνετίζεσθαι.

[**Aq.** Je. 10. 8.]

ἀσύνετος. (1) כְּסִיל (2) נָבָל (3) נָפָל

De. 32. 21. ἐπὶ ἔθνει ἀ. παροργιῶ αὐτούς (2)
Jb. 13. 2. οὐκ ἀσυνετώτερός εἰμι ὑμῶν (3)
Ps. 75 (76). 5. ἐταράχθησαν πάντες οἱ ἀ. τῇ καρδίᾳ †
91 (92). 6. ἀσύνετος οὐ συνήσει ταῦτα (1)
Wi. 1. 5. ἀπαναστήσεται [S² ἀποστήσ.] ἀπὸ λογισμῶν ἀ.
11. 15. ἀντὶ δὲ λογισμῶν ἀσυνέτων ἀδικίας αὐτῶν
Si. 15. 7. οὐ μὴ καταλήψονται αὐτὴν ἄνθρωποι ἀ.
21. 18. γνῶσις ἀσυνέτου [S¹ συν.] ἀδιεξέταστοι λόγοι
22. 13. πρὸς ἀσύνετον μὴ πορεύου
— 15. ἄμμον . . . εὔκοπον ὑπενεγκεῖν ἢ ἄνθρωπον ἀ.
27. 12. εἰς μέσον ἀσυνέτων συντήρησον καιρόν
31 (34). 1. κεναὶ ἐλπίδες καὶ ψευδεῖς ἀ. ἀνδρί

[**Aq.** Ps. 72 (73). 22 : 91 (92). 7 : Pr. 1. 22 : 30. 2.]
[**Sm.** II Ki. 15. 31 : Ps. 91 (92). 7.]
[**Th.** Pr. 17. 12.]

ἀσυνθεσία. (1) מַעַל

II Es. 9. 2. χεὶρ τῶν ἀρχόντων ἐν τῇ ἀ. ταύτῃ (1)
— 4. ἐπὶ ἀσυνθεσίᾳ τῆς ἀποικίας [A -κεσίας] (1)
10. 6. ἐπένθει ἐπὶ ἀσυνθεσίᾳ τῆς ἀποικίας [A -κεσίας] (1)
Je. 3. 7. εἶδε τὴν ἀ. [S ἀθεσίαν] αὐτῆς ἡ ἀσύνθετος Ἰ. –

[**Sm.** Ps. 35 (36). 2 : Lam. 1. 5.]

ἀσυνθετεῖν. (1) בָּגַד (2) מָעַל

II Es. 10. 2. ἡμεῖς ἠσυνθετήσαμεν τῷ θεῷ ἡμῶν (2)
— 10. ὑμεῖς ἠσυνθετήκατε (2)
Ne. 1. 8. ὑμεῖς ἐὰν ἀσυνθετήσητε [S¹ ἀθετ.] (2)
13. 27. ἀσυνθετῆσαι ἐν τῷ θεῷ ἡμῶν (2)
Ps. 72 (73). 15. τῇ γενεᾷ τῶν υἱῶν σου ἠσυνθέτηκα [S² -ας] (1)
77 (78). 57. ἀπέστρεψαν [B¹ S ἐπ.] καὶ ἠσυνθέτησαν [S² ἠθέτ.] (2)
118 (119). 158. εἶδον ἀσυνετοῦντας [S¹ ἀσυνθετ.] (2)

[**Aq.** Ps. 77 (78). 57 : 118 (119). 158.]
[**Sm.** Ps. 77 (78). 57 : Is. 63. 8.]
[**Th.** Ps. 77 (78). 57 : 118 (119). 158 : Pr. 23. 28.]
[**Sext.** Ps. 118 (119). 158.]

ἀσύνθετος. (1) *a.* בָּגַד *b.* בָּגוֹד

Je. 3. 7. εἶδε τὴν ἀσυνθεσίαν [S ἀθεσ.] αὐτῆς ἡ ἀ. Ἰούδα (1 *b*)
— 8. οὐκ ἐφοβήθη ἡ ἀ. Ἰούδα (1 *a*)
— 10. οὐκ ἐπεστράφη [A ἀπεσ.] πρὸς μὲ ἡ ἀ. Ἰούδα (1 *b*)
— 11. ἐδικαίωσε τὴν ψυχὴν αὐτοῦ [S -ῆς] Ἰσρ. ἀπὸ τῆς ἀ. Ἰ. (1 *a*)

[**Aq. Sm. Th.** Je. 3. 7.]
[**Al.** Pr. 21. 18.]

ἀσυρής.

Si. 23. 13. ἀπαιδευσίαν ἀ. μὴ συνεθίσῃς τὸ στόμα σου

ἀσφάλεια (-λία). (1) *a.* בֶּטַח *b.* בְּטַח (2) מָכוֹן (3) צֵל (4) שָׁקַט (5) תּוּשִׁיָּה (6) תָּמַךְ

Le. 26. 5 : De. 12. 10. κατοικήσετε μετὰ ἀσφαλείας (1 *b*)
I Es. 8. 51. ἕνεκεν ἀ. τῆς πρὸς τοὺς ἐναντίους
To. 14. 7. S οἰκήσουσιν . . . μετὰ ἀσφαλείας
Ps. 103 (104). 5. ἐθεμελίωσεν τὴν γῆν ἐπὶ τὴν ἀ. αὐτῆς (2)
Pr. 8. 14. ἐμὴ βουλὴ καὶ ἀσφάλεια (5)
11. 15. μισεῖ δὲ ἦχον ἀσφαλείας (1 *a*)
28. 17. φυγὰς ἔσται καὶ οὐκ ἐν ἀσφαλείᾳ (6 ?)
Is. 8. 15. ἁλώσονται ἄνθρωποι ἐν ἀσφαλείᾳ [A S² *add.* ὄντες] †
18. 4. ἀ. ἔσται ἐν τῇ ἐμῇ πόλει (4 ?)
34. 15. ἔσωσεν ἡ γῆ τὰ παιδία αὐτῆς μετὰ ἀσφαλείας (3 ?)
I Ma. 14. 37. ὠχύρωσεν αὐτὴν πρὸς ἀσφάλειαν τῆς χώρας
II Ma. 3. 22. σῶα διαφυλάσσειν μετὰ πάσης ἀ.
4. 21. τῆς κατ' αὐτὸν ἀσφαλείας ἐφρόντιζεν
9. 21. φροντίσαι τῆς κοινῆς πάντων ἀσφαλείας
15. 1. μετὰ πάσης ἀ. αὐτοῖς ἐπιβαλεῖν
— 6. A μετὰ πάσης ἀ. [A ἀλαζονείας] ὑψαυχενῶν
— 11. καθοπλίσας οὐ τὴν ἀσπίδων καὶ λογχῶν ἀσφάλειαν
III Ma. 5. 5. τήν τε λοιπὴν ἐμηχανῶντο περὶ αὐτοὺς ἀσφάλειαν

ἀσφαλής. (1) אֲשֶׁר pu. (2) כֵּן (3) **ἀσφαλῆ τιθέναι** עָזַז

To. 5. 15. S διότι ἡ ὁδὸς ἀ.
Pr. 3. 18. A S² R τοῖς ἐπερειδομένοις ἐπ' αὐτὴν ἀσφαλὴς [B S¹ *om.*] (1)
8. 28. ὡς ἀσφαλεῖς ἐτίθει πηγὰς τῆς ὑπ' οὐρανόν (3)
15. 7. καρδίαι δὲ ἀφρόνων οὐκ ἀσφαλεῖς (2 ?)
Wi. 4. 3. οὐδὲ ἀσφαλῆ βάσιν ἑδράσει
7. 23. βέβαιον ἀσφαλὲς ἀμέριμνον
14. 3. ἔδωκας . . . ἐν κύμασι τρίβον ἀσφαλῆ

[**Al.** Hb. 3. 19.]

ἀσφαλίζειν. (1) חָזַק hi. (2) תָּמַךְ

Ne. 3. 15. τὴν δὲ πύλην . . . ἠσφαλίσατο (1)
Wi. 4. 17. εἰς τί ἠσφαλίσατο [S -σα] αὐτὸν ὁ κύριος
10. 12. ἀπὸ ἐνεδρευόντων ἠσφαλίσατο
Wi. 13. 15. ἔθηκεν αὐτὸ ἀσφαλισάμενος σιδήρῳ
Is. 41. 10. ἠσφαλισάμην σε τῇ δεξιᾷ τῇ δικαίᾳ μου

[**Aq.** Is. 56. 6.]
[**Sm.** Dt. 12. 23 : III Ki. 2. 2 : Is. 54. 2 : 56. 2, 6.]
[**Th.** Mi. 6. 8.]

ἀσφαλτόπισσα. (1) זֶפֶת (2) חֵמָר

Ex. 2. 3. κατέχρισεν αὐτὴν ἀσφαλτοπίσσῃ (2 *et* 1)

ἄσφαλτος. (1) חֵמָר (2) כֹּפֶר

Ge. 6. 14. ἀσφαλτώσεις αὐτὴν . . . τῇ ἀ. (2)
11. 3. ἄ. ἦν αὐτοῖς ὡς πηλός (1)
14. 10. φρέατα ἀσφάλτου (1)

ἀσφαλτοῦν. (1) כָּפַר

Ge. 6. 14. ἀσφαλτώσεις αὐτήν (1)

ἀσφαλῶς. (1) בֶּטַח

Ge. 34. 25. εἰσῆλθον εἰς τὴν πόλιν ἀ. (1)
To. 6. 4. λαβὼν τὴν καρδίαν . . . θὲς ἀ. [S *al.*]
Wi. 18. 6. ἀ. εἰδότες οἷς ἐπίστευσαν ὅρκοις
Ba. 5. 7. ἵνα βαδίσῃ Ἰσραὴλ ἀ. τῇ τοῦ θεοῦ δόξῃ
I Ma. 6. 40. ἤρχοντο ἀ. καὶ τεταγμένως
III Ma. 7. 6. τὸν ἐπουράνιον θεὸν ἐγνωκότες ἀ. ὑπερησπικότα τῶν Ἰ.

[**Al.** II Es. 5. 8.]

ἀσχημονεῖν. (1) עֶרְיָה (2) קָלָה ni.

De. 25. 3. ἀσχημονήσει ὁ ἀδελφός σου (2)
Ez. 16. 7. σὺ δὲ ἦσθα γυμνὴ καὶ ἀσχημονοῦσα (1)
— 22. ὅτε ἦσθα γυμνὴ καὶ ἀσχημονοῦσα (1)
— 39. ἀφήσουσί σε γυμνὴν καὶ ἀσχημονοῦσαν (1)
23. 29. A ἔσῃ γυμνὴ καὶ ἀσχημονοῦσα [B αἰσχύνουσα] (1)

[**Sm.** Ps. 39 (40). 15 : 68 (69). 7.]
[**Al.** Le. 20. 19.]

ἀσχημόνησις.

[**Sm.** Ps. 43 (44). 16 : 68 (69). 8.]

ἀσχημοσύνη. (1) עוֹר (2) *a.* עֶרְוָה *b.* עֶרְוָה *c.* מַעַר (3) צֵאָה

Ex. 20. 26. ὅπως ἂν [A *om.*] μὴ ἀποκαλύψῃς τὴν ἀ. σου (2 *a*)
22. 27 (26). τὸ ἱμάτιον ἀσχημοσύνης αὐτοῦ (1)
28. 38 (42). καλύψαι ἀσχημοσύνην χρωτὸς αὐτῶν (2 *a*)
Le. 18. 6. οὐ προσελεύσεται ἀποκαλύψαι ἀσχημοσύνην (2 *a*)
— 7. ἀ. πατρός σου καὶ ἀ. μητρός σου οὐκ ἀποκαλύψεις (2 *a*, 2 *a*)
— 7. οὐκ ἀποκαλύψεις τὴν ἀ. αὐτῆς (2 *a*)
— 8. ἀ. γυναικὸς πατρός σου οὐκ ἀποκαλύψεις ἀ. πατρός σού ἐστιν (2 *a*, 2 *a*)
— 9. ἀ. τῆς ἀδελφῆς σου ἐκ πατρός σου ἢ ἐκ μητρός σου . . . οὐκ ἀποκαλύψεις ἀ. αὐτῆς (2 *a*, 2 *a*)
— 10. ἀ. θυγατρὸς υἱοῦ σου . . . οὐκ ἀποκαλύψεις τὴν ἀ. αὐτῶν ὅτι ἀ. ἐστίν (2 *a ter*)
— 11. ἀ. θυγατρὸς γυναικὸς πατρός σου οὐκ ἀποκαλ. (2 *a*)
— 11. οὐκ ἀποκαλύψεις τὴν ἀ. αὐτῆς (2 *a*)
— 12. ἀ. ἀδελφῆς πατρός σου οὐκ ἀποκαλύψεις (2 *a*)
— 13. B ἀ. ἀδελφῆς μητρός σου οὐκ ἀποκαλύψεις (2 *a*)
— 14. ἀ. ἀδελφοῦ τοῦ πατρός σου οὐκ ἀποκαλύψεις (2 *a*)
— 15. ἀ. νύμφης σου οὐκ ἀποκαλύψεις (2 *a*)
— 15. οὐκ ἀποκαλύψεις τὴν ἀ. αὐτῆς (2 *a*)
— 16. ἀ. γυναικὸς ἀδελφοῦ σου οὐκ ἀποκαλύψεις ἀ. [A γυνὴ γὰρ] ἀδελφοῦ σού ἐστιν (2 *a*, 2 *a*)
— 17. ἀ. γυναικὸς καὶ θυγατρὸς αὐτῆς οὐκ ἀποκαλ. (2 *a*)
— 17. τὴν θυγατέρα . . . οὐ λήψῃ ἀποκαλύψαι τὴν ἀ. (2 *a*)
— 18. ἀποκαλύψαι τὴν ἀ. αὐτῆς ἐπ' αὐτῇ (2 *a*)
— 19. ἀποκαλύψαι τὴν ἀ. αὐτῆς (2 *a*)
20. 11. ἀ. τοῦ πατρὸς αὐτοῦ ἀπεκάλυψε (2 *a*)
— 17. καὶ ἴδῃ τὴν ἀ. αὐτῆς καὶ αὐτὴ ἴδῃ τὴν ἀ. αὐτοῦ (2 *a*, 2 *a*)
— 17. ἀ. ἀδελφῆς αὐτοῦ ἀπεκάλυψεν (2 *a*)
— 18. καὶ ἀποκαλύψῃ τὴν ἀ. αὐτῆς (2 *a*)
— 19. ἀ. ἀδελφῆς πατρὸς . . . οὐκ ἀποκαλύψεις (2 *a*)
— 20. ἀ. τῆς συγγενείας αὐτοῦ ἀπεκάλυψεν (2 *a*)
— 21. ἀ. τοῦ ἀδελφοῦ αὐτοῦ ἀπεκάλυψεν (2 *a*)

De. 23. 13 (14). ἐπαγαγὼν καλύψεις τὴν ἀ. σου (3)
— 14 (15). οὐκ ὀφθήσεται ἐν σοὶ ἀ. πράγματος (2 *a*)
II Es. 4. 14. ἀσχημοσύνην βασιλέως οὐκ ἔξεστιν ἡμῖν ἰδεῖν (2 *b*)
Si. 26. 8. ἀσχημοσύνην αὐτῆς οὐ [**A S** οὐ μὴ] συγκαλύψει
29. 21. οἶκος καλύπτων ἀσχημοσύνην [S^2 *add.* ἀνδρός]
30. 13. ἵνα μὴ ἐν τῇ ἀ. σου προσκόψῃ [**A S** αὐτοῦ προσκόψῃς]
Ho. 2. 9 (11). τοῦ μὴ καλύπτειν τὴν ἀ. αὐτῆς (2 *a*)
Na. 3. 5. **A** δείξω ἔθνεσι τὴν ἀ. [**B S** αἰσχύνην] σου (2 *c*)
La. 1. 8. εἶδον γὰρ τὴν ἀ. αὐτῆς (2 *a*)
Ez. 16. 8. ἐκάλυψα τὴν ἀ. σου (2 *a*)
23. 10. **A** αὐτοὶ ἀπεκάλυψαν τὴν ἀ. [**B** αἰσχύνην] αὐτῆς (2 *a*)
— 18. **A** ἀπεκάλυψεν τὴν ἀ. [**B** ἀπ. αἰσχύνην] αὐτῆς (2 *a*)
[**Aq.** GE. 9. 22, 23 *bis.*]
[**Sm.** GE. 9. 22, 23 *bis* : I KI. 20. 30 : HB. 2. 15.]
[**Th.** GE. 9. 23 *bis.*]
[**Al.** DT. 25. 11 : PS. 43 (44). 16.]

ἀσχήμων. (1) נְבָלָה (2) עֶרְוָה
Ge. 34. 7. **R** ὅτι ἄσχημον ἐποίησεν [**A** *add.* Συχέμ] (1)
De. 24. 1. εὗρεν [A^2 εὕρηκεν] ἐν αὐτῇ ἄ. πρᾶγμα (2)
Wi. 2. 20. θανάτῳ ἀ. καταδικάσωμεν αὐτόν
Da. TH. Su. 63. οὐχ εὑρέθη ἐν αὐτῇ ἄ. πρᾶγμα
II Ma. 9. 2. ἀσχήμονα τὴν ἀναζυγὴν ποιήσασθαι

ἀσχολεῖν.
Si. 39. 1. ἐν προφητείαις ἀσχοληθήσεται
[**Sm.** EC. 1. 13.]

ἀσχολία.
Si. 40. 1. ἀ. μεγάλη ἔκτισται παντὶ ἀνθρώπῳ
III Ma. 5. 34. ἀπέλυσαν ἕκαστον ἐπὶ τὴν ἰδίαν ἀ.
[**Sm.** EC. 1. 13 : 2. 26 : 4. 8 : 5. 13 : 8. 16.]

ἀσώρ.
[**Heb.** PS. 91 (92). 4.]

ἀσωτεύεσθαι.
[**Th.** IS. 28. 7.]

ἀσωτία. (1) זָלַל
Pr. 28. 7. ὃς δὲ ποιμαίνει ἀσωτίαν (1)
II Ma. 6. 4. τὸ μὲν γὰρ ἱερὸν ἀσωτίας . . . ἐπεπλήρ.

ἄσωτος. (1) סָרַר
Pr. 7. 11. ἀνεπτερωμένη δέ ἐστι καὶ ἄσωτος (1)

ἄτακτος.
III Ma. 1. 19. δρόμον ἄτακτον . . . συνίσταντο
[**Sm.** DT. 32. 10 : EZ. 12. 20.]

ἀτάκτως.
[**Sm.** IV KI. 9. 20.]

ἀταξία.
Wi. 14. 26. γάμων ἀταξία μοιχεία καὶ ἀσέλγεια

ἀτάρ.
JB. 6. 21 : 7. 11†.

ἀταραξία.
IV Ma. 8. 26. παρὸν μετὰ ἀταραξίας ζῆν τῷ βασιλεῖ πεισθέντας

ἀτάραχος.
Es. 3. 13. εὐσταθῆ καὶ ἀτάραχα παρέχωσιν ἡμῖν . . . τὰ πράγ. ▶
8. 13. τὴν βασ. ἀτάραχον τοῖς πᾶσιν ἀνθρώποις μετ' εἰρήνης παρεξόμεθα
II Ma. 11. 23. τοὺς ἐκ τῆς βασιλείας ἀταράχους ὄντας

ἄταφος.
II Ma. 5. 10. ὁ πλῆθος ἀτάφων ἐκρίψας ἀπένθητος ἐγενήθη

ἄτε.
III Ma. 1. 29. ἅτε δὴ τῶν πάντων τότε θάνατον ἀλλασσομένων

ἀτείχιστος. (1) אֵין חוֹמָה
Nu. 13. 20 (19). εἰ ἐν τειχήρεσιν ἢ ἐν ἀτειχίστοις [B^1 -αις] †
Pr. 25. 28. ὥσπερ πόλις τὰ τείχη καταβεβλημένη καὶ ἀ. (1)
[**Aq. Th.** DT. 3. 5.]
[**Sm.** DT. 3. 5 : JD. 5. 11 : I KI. 6. 18.]

ἀτειχίστως.
[**Sm.** ZA. 2. 4 (8).]

ἀτεκνία. (1) שְׁכוֹל
Ps. 34 (35). 12. ἀνταπεδίδοσαν . . . ἀτεκνίαν τῇ ψυχῇ μου (1)
Wi. 4. 1. κρείσσων ἀ. μετὰ ἀρετῆς
Is. 47. 9. ἀ. καὶ χηρεία ἥξει ἐξαίφνης ἐπὶ σέ (1)
IV Ma. 18. 9. τὸν τῆς ἀ. οὐκ ὠδυνήθη καιρόν

ἄτεκνος. (1) עֲרִירִי (2) *a.* שָׁכֵל *b.* שַׁכּוּל
Ge. 15. 2. **R** ἐγὼ δὲ ἀπολύομαι ἄ. (1)
Le. 20. 20, 21. ἄτεκνοι ἀποθανοῦνται (1)
Si. 16. 3. ἀποθανεῖν ἄτεκνον ἢ ἔχειν τέκνα ἀσεβῆ
Is. 49. 21. ἐγὼ δὲ ἄ. καὶ χήρα (2 *a*)
Je. 18. 21. γενέσθωσαν αἱ γυναῖκες αὐτῶν ἄτεκνοι (2 *b*)
[**Al.** EX. 28. 26.]

ἀτεκνοῦν. (1) כָּשַׁל pi. (2) שָׁכֵל *vel* שָׁכֹל
a. qal. *b.* pi. *c.* hi. *d.* שַׁכּוּל
Ge. 27. 45. **A** μή ποτε ἀτεκνωθῶ [**R** ἀποτεκνωθῶ] (2 *a*)
31. 38. αἱ αἶγές σου οὐκ ἠτεκνώθησαν (2 *b*)
42. 36. ἐμὲ ἠτεκνώσατε (2 *b*)
43. 14. ἐγὼ μὲν γὰρ καθὰ ἠτέκνωμαι ἠτέκνωμαι (2 *a*, 2 *a*)
De. 32. 25. ἔξωθεν ἀτεκνώσει αὐτοὺς μάχαιρα (2 *b*)
I Ki. 15. 33. καθότι ἠτέκνωσε γυναῖκας ἡ ῥομφαία σου οὕτως ἀτεκνωθήσεται (2 *b*, 2 *a*)
II Ki. 17. 8. ὡς ἄρκος ἠτεκνωμένη ἐν ἀγρῷ (2 *d*)
IV Ki. 2. 19. καὶ ἡ γῆ ἀτεκνουμένη (2 *b*)
— 21. οὐκ ἔσται ἔτι ἐκεῖθεν . . . ἀτεκνουμένη (2 *b*)
Ca. 4. 2 : 6. 5 (6). ἀτεκνοῦσα οὐκ ἔστιν ἐν αὐταῖς [**A** -οῖς] (2 *d*)
Ho. 9. 12. ἀτεκνωθήσονται ἐξ ἀνθρώπων (2 *b*)
— 14. μήτραν ἀτεκνοῦσαν (2 *c*)
Je. 15. 7. ἐν πύλαις λαοῦ μου ἠτεκνώθησαν [S^1 -θην] (2 *b*)
La. 1. 20. ἔξωθεν ἠτέκνωσέ με μάχαιρα (2 *b*)
Ez. 36. 12. ἀτεκνωθῆναι ἀπ' αὐτῶν (2 *b*)
— 13. καὶ ἠτεκνωμένη ὑπὸ τοῦ ἔθνους σου ἐγένου (2 *b*)
— 14. τὸ ἔθνος σου οὐκ ἀτεκνώσεις [**A** -σει σε] ἔτι [**A** οὐκέτι] (1*, 2 *b*)
[**Aq.** JE. 50 (27). 9.]
[**Th.** PR. 17. 12.]
[**Al.** HO. 13. 8.]

ἀτέκνωσις.
[**Aq.** PS. 34 (35). 12.]

ἀτέλεια (-ία).
I Ma. 10. 34. ἔστωσαν πᾶσαι αἱ ἡμέραι ἀτελείας

ἀτέλεστος.
Wi. 3. 16. τέκνα δὲ μοιχῶν ἀ. ἔσται
4. 5. περικλασθήσονται κλῶνες ἀ. [**A** ἀτελέστατοι]

ἀτελεσφόρητος.
[**Sm.** JB. 31. 40.]

ἀτελής.
Wi. 4. 5. **A** περικλασθήσονται κλῶνες ἀτελέστατοι [**B S** ἀτέλεστοι]
10. 7. ἀτελέσιν ὥραις καρποφοροῦντα φυτά
● III Ma. 5. 42. ἀτελέστατον ἐβεβαίωσεν ὅρκον
[**Sm.** IS. 5. 2.]

ἀτενίζειν.
I Es. 6. 28. ἀτενίσαι ἵνα συμποιῶσι
III Ma. 2. 26. ἀτενίζοντας εἰς τὴν τοῦ βασ. πρόθεσιν
[**Aq.** JB. 7. 8.]

ἀτενοῦν (?). (1) שׁוּר
Jb. 7. 8. **A** οὐκ ἀτενοῖ μοι [**B S** οὐ περιβλέπεταί με] ὁ ὀφθαλμὸς ὁρῶντός με (1)

ἄτερ.
II Ma. 12. 15.

ἄτη.
[**Aq.** ZE. 1. 15.]
[**Sam.** EX. 10. 7.]

ἀτιμάζειν. (1) *a.* בּוּז *b.* בָּזָה qal. *c.* ni. *d.* בִּזָּיוֹן (2) דָּכָא pi. (3) כָּלַם *a.* ni. *b.* hi. (4) נָבֵל pi. (5) עָוָה (6) *a.* קָלָה ni. *b.* hi. *c.* קָלַל qal. *d.* hi. *e.* קָלוֹן (7) שָׁדַד pi. (8) *a.* שׁוּט *b.* שְׁאָט (9) שָׁמֵם (10) שָׁפֵל
Ge. 16. 4. ἠτιμάσθη ἡ κυρία ἐναντίον αὐτῆς (6 *c*)
— 5. ἠτιμάσθην ἐναντίον αὐτῆς (6 *c*)
De. 27. 16. ἐπικατάρατος ὁ ἀτιμάζων πατέρα αὐτοῦ (6 *b*)
I Ki. 2. 30. **A** ὁ ἐξουθενῶν με ἀτιμασθήσεται [**B** ἀτιμωθ.] (6 *c*)
10. 27. καὶ ἠτίμασαν αὐτόν (1 *b*)
17. 42. **A B** καὶ ἠτίμασεν [**R** ἐξητ.] αὐτόν (1 *b*)
II Ki. 10. 5. ἦσαν οἱ ἄνδρες ἠτιμασμένοι σφόδρα (3 *a*)
Es. 1. 16. **A** οὐ τὸν βασ. μόνον ἠτίμασεν [**B S** ἠδίκησεν] (5)
— 18. ἀτιμάσαι τοὺς ἄνδρας αὐτῶν (1 *d*)
Pr. 14. 2. ὁ δὲ σκολιάζων ταῖς ὁδοῖς αὐ ἀτιμασθήσ. (1 *b*)
— 21. ὁ ἀτιμάζων πένητας ἁμαρτάνει (1 *a*)
19. 26. ὁ ἀτιμάζων πατέρα (7)
22. 10. πάντας ἀτιμάζει (6 *e*?)
— 22. μὴ ἀτιμάσῃς ἀσθενῆ ἐν πύλαις (2)
24. 52 (30. 17). ὀφθαλμὸν . . . ἀτιμάζοντα γῆρας μητρός (1 *a*)
— 67 (30. 32). ἐὰν πρόῃ σεαυτὸν . . . ἀτιμασθήσῃ –
27. 22. ἐὰν μαστιγοῖς ἄφρονα ἐν μέσῳ συνεδρίου [**A** -ῳ] ἀτιμάζων †
28. 7. ἀτιμάζει πατέρα (3 *b*)
Si. 3. 13. μὴ ἀτιμάσῃς αὐτόν
8. 4. ἵνα μὴ ἀτιμάζωνται οἱ πρόγ. σου
— 6. μὴ ἀτιμάσῃς ἄνθρωπον [**A** ἄνδρα]
9. 6. S^1 ἵνα μὴ ἀτιμάζωνται οἱ πρόγ. [**A B** ἀπολέσῃς τὴν κληρον.] σου
10. 23. οὐ δίκαιον ἀτιμάσαι πτωχὸν συνετόν
— 29. τὸν ἀτιμάζοντα τὴν ζωὴν αὐτοῦ
11. 6. πολλοὶ δυνάσται ἠτιμάσθησαν σφόδρα
22. 5. ὑπὸ ἀμφοτέρων ἀτιμασθήσεται
Mi. 7. 6. διότι υἱὸς ἀτιμάζει πατέρα (4)
Is. 5. 15. ἀτιμασθήσεται ἀνήρ (10)
16. 14. ἀτιμασθήσεται ἡ δόξα Μωάβ (6 *a*)
23. 9. ἀτιμάσαι πᾶν ἔνδοξον ἐπὶ τῆς γῆς (6 *d*)
53. 3. ἠτιμάσθη καὶ οὐκ ἐλογίσθη (1 *c*)
Je. 22. 22. **A** ἀτιμασθήσῃ [**B S** -μωθ.] ἀπὸ πάντων (3 *a*)
Ep. Je. 40. αὐτῶν τῶν Χαλδαίων ἀτιμαζόντων αὐτά
Ez. 16. 59. **A** ὡς ἠτίμασας [**B** -ωσας] ταῦτα (1 *b*)
— 61. **A** καὶ ἀτιμασθήσῃ [**B** ἐξατιμωθήσῃ] (3 *a*)
17. 18. **A** ἠτίμασεν [**B** -ωσεν] ὁρκωμοσίαν (1 *b*)
28. 24. ἀπὸ τῶν περικύκλῳ [**A** κύκλῳ] αὐτῶν τῶν ἀτιμασάντων αὐτούς (8 *a*)
— 26. ὅταν ποιήσω κρίμα ἐν πᾶσι τοῖς ἀτιμάσασιν αὐτούς (8 *a*)
36. 3. ἀντὶ τοῦ ἀτιμασθῆναι ὑμᾶς (9)
— 5. ἀτιμάσαντες ψυχὰς τοῦ ἀφανίσαι ἐν προνομῇ (8 *b*)
[**Aq.** EX. 22. 28 (27) : II KI. 6. 22 : IS. 16. 14 : JE. 14. 21.]
[**Sm.** EX. 22. 28 (27) : PS. 17 (18). 46 : IS. 16. 14 : JE. 14. 21 : EZ. 22. 7.]
[**Th.** EX. 22. 28 (27) : IS. 16. 14 : EZ. 22. 7.]
[**Al.** PR. 13. 5 : 28. 24.]

ἀτιμασμός.
I Ma. 1. 40. **A** ἐπληθύνθη ἀτιμασμός [**R** ἡ ἀτιμία, S^1 ἡ γῆ ἀτιμίᾳ]

ἀτίμητος.
Wi. 7. 9. οὐδὲ ὡμοίωσα αὐτῇ [**A** -ὴν] λίθον ἀ.
III Ma. 3. 23. οὐ μόνον ἀπεστρέψαντο τὴν ἀτίμητον πολιτείαν

ἀτιμία. (1) בּוּז (2) בּוֹשׁ hi. (3) *a.* כָּלַם hi. *b.* כְּלִמָּה *c.* כְּלִמּוּת (4) עָוֹן (5) *a.* קָלָה ni. *b.* קִיקָלוֹן *c.* קָלוֹן (6) רָזוֹן
To. 14. 10. **S** ἀπέδωκεν ὁ θ. τὴν ἀ. κατὰ πρόσωπον αὐτοῦ [**A B** *al.*]

● = correction on page xxiv ▶ = additional entry on page xxiv

Ju. 1. 11. κενοὺς ἐν ἀτιμίᾳ πρὸ [S *om.*] προσώπου [S -ων] αὐτῶν
8. 23. εἰς ἀτιμίαν θήσει αὐτήν
Jb. 10. 15. πλήρης γὰρ ἀτιμίας [A ἀνομίας] εἰμί (5 *c*)
12. 21. ἐκχέων ἀτιμίαν ἐπ' ἄρχοντας (1)
40. 8 (13). τὰ δὲ πρόσωπα αὐτῶν ἀτιμίας ἔμπλησον †
Ps. 82 (83). 16. πλήρωσον τὰ πρόσωπα αὐτῶν ἀτιμίας (5 *c*)
Pr. 3. 35. οἱ δὲ ἀσεβεῖς ὕψωσαν ἀτιμίαν (5 *c*)
6. 33. ὀδύνας τε καὶ ἀτιμίας ὑποφέρει (5 *c*)
9. 7. λήψεται ἑαυτῷ ἀτιμίαν (5 *c*)
11. 2. ἐκεῖ καὶ ἀτιμία (5 *c*)
— 16. θρόνος δὲ ἀτιμίας γυνὴ μισοῦσα δίκαια –
12. 9. κρείσσων ἀνὴρ ἐν ἀτιμίᾳ δουλεύων ἑαυτῷ (5 *a*)
— 11. ἐν τοῖς ἑαυτοῦ ὀχυρώμασι καταλείψει ἀτιμίαν [S¹ ἁμαρτίαν] –
— 16. κρύπτει δὲ τὴν ἑαυτοῦ ἀ. πανοῦργος (5 *c*)
13. 18. ἀτιμίαν ἀφαιρεῖται παιδεία (5 *c*)
14. 35. τῇ δὲ ἑαυτοῦ εὐστροφίᾳ ἀφαιρεῖται ἀτιμίαν (2)
18. 3. ἐπέρχεται δὲ αὐτῷ ἀ. (5 *c*)
Wi. 5. 4. S¹ καὶ τὴν τελευτὴν αὐτοῦ ἀτιμίαν [A B ἄτιμον]
Si. 1. 30. ἐπαγάγῃς τῇ ψυχῇ σου ἀτιμίαν
3. 10. μὴ δοξάζου ἐν ἀτιμίᾳ πατρός σου οὐ γὰρ ἔστι σοι δόξα πρὸς ἀτιμίαν
5. 13. δόξα καὶ ἀτιμία ἐν λαλιᾷ
20. 26. ἦθος ἀνθρώπου ψεύδους [A B² ψεῦδος] ἀτιμία
21. 24. ὁ δὲ φρόνιμος βαρυνθήσεται ἀτιμίᾳ [A S -ίαν]
22. 1. πᾶς ἐκσυριεῖ ἐπὶ τῇ ἀ. αὐτοῦ
29. 6. ἀντὶ δόξης ἀποδώσει αὐτῷ ἀτιμίαν
Ho. 4. 7. τὴν δόξαν αὐτῶν εἰς ἀτιμίαν θήσομαι (5 *c*)
— 18. ἠγάπησαν ἀτιμίαν ἐκ φρυάγμ. αὐτῆς (5 *c*)
Na. 3. 5. δείξω . . . βασιλείαις τὴν ἀ. (5 *c*)
Hb. 2. 16. πλησμονὴν ἀτιμίας ἐκ δόξης πίε (5 *c*)
— 16. συνήχθη ἀ. ἐπὶ τὴν δόξαν σου [S¹ *om.* ἀ. ἐ. τ. δ. σου] (5 *b*)
Is. 10. 16. ἀποστελεῖ κύρ. σαβαὼθ εἰς τὴν σὴν τιμὴν ἀτιμίαν (6)
22. 18. θήσει τὸ ἅρμα σου τὸ καλὸν εἰς ἀτιμίαν (5 *c*)
Je. 3. 25. ἐπεκάλυψεν ἡμᾶς ἡ ἀ. ἡμῶν (3 *b*)
6. 15. τὴν ἀ. αὐτῶν οὐκ ἔγνωσαν [S. ἐπέγ.] (3 *a*)
13. 26. ὀφθήσεται ἡ ἀ. σου (5 *c*)
20. 11. οὐκ ἐνόησαν ἀτιμίας αὐτῶν (3 *b*)
23. 40. δώσω ἐφ' ὑμᾶς . . . ἀτιμίαν αἰώνιον (3 *c*)
28 (51). 51. κατεκάλυψεν ἀ. τὸ πρόσωπον ἡμῶν (3 *b*)
Ep. Je. 26. ἐνδεικνύμενοι τὴν ἑαυτῶν ἀ.
Ez. 16. 52. λάβε τὴν ἀ. σου (3 *b*)
— 63. ἀνοῖξαι τὸ στόμα σου [A *om.*] ἀπὸ προσώπου τῆς ἀ. σου (3 *b*)
36. 7. οὗτοι τὴν ἀ. αὐτῶν λήψονται (3 *b*)
— 15. οὐκ ἀκουσθήσεται οὐκέτι ἐφ' ὑμᾶς ἀτιμία ἐθνῶν (3 *b*)
39. 26. λήψονται [A λήμψομαι] τὴν ἀ. ἑαυτῶν (3 *b*)
44. 12. A λήψονται τὴν ἀ. αὐτῶν (4)
— 13. λήψονται ἀτιμίαν αὐτῶν (3 *b*)
I Ma. 1. 40. ἐπληθύνθη ἡ ἀ. [S¹ ἡ γῆ ἀτιμίᾳ, A ἀτιμασμὸς] αὐτῆς
[**Aq.** Ps. 37 (38). 8 : Je. 6. 14 : 46 (26). 12.]
[**Sm.** Ps. 37 (38). 8 : Pr. 12. 16 : 13. 18 : Je. 46 (26). 12 : Ez. 16. 54.]
[**Th.** Jb. 12. 21 : Je. 8. 11 : Ez. 16. 54 : 32. 24.]

ἄτιμος. (1) בָּזֶה ni. (2) בְּלִי־שֵׁם (3) קָלָה ni.
Jb. 30. 4. ἄτιμοι δὲ καὶ πεφαυλισμένοι –
— 8. ἀφρόνων υἱοὶ καὶ ἀτίμων ὄνομα (2)
Wi. 3. 17. ἄτιμον ἐπ' ἐσχάτων τὸ γῆρας αὐτῶν
4. 18. ἔσονται μετὰ τοῦτο εἰς πτῶμα ἄτιμον
5. 4. καὶ τὴν τελευτὴν αὐτοῦ ἄτιμον [S¹ ἀτιμίαν]
12. 24. τὰ καὶ ἐν ζῴοις τῶν ἐχθρῶν ἄ.
15. 10. πηλοῦ τε ἀτιμότερος ὁ βίος αὐτοῦ
Si. 10. 19. σπέρμα ἄ. ποῖον; σπέρμα ἀνθρώπου· σπέρμα ἄ. ποῖον
Is. 3. 5. προσκόψει . . . ὁ ἄ. πρὸς τὸν ἔντιμον (3)
53. 3. τὸ εἶδος αὐτοῦ ἄτιμον (1)
[**Sm.** I Ki. 18. 23 : Pr. 12. 9.]

ἀτιμοῦν. (1) *a.* בָּזָה qal. *b.* ni. *c.* נִמְבְזָה
(2) זָלַל (3) כָּלַם ni. (4) קָלַל (5) שׁוֹבָב
I Ki. 2. 30. ὁ ἐξουθενῶν με ἀτιμωθήσεται [A ἀτιμασθ.] (4)
15. 9. πᾶν ἔργον ἠτιμωμένον καὶ ἐξουδενωμένον (1 *c*)
I Ch. 19. 5. ὅτι ἦσαν ἠτιμωμένοι σφόδρα (3)
Ob. 1. 2. ἠτιμωμένος σὺ εἶ σφόδρα (1 *a*)
Je. 22. 22. ἀτιμωθήσῃ [A -μασθ.] ἀπὸ πάντων (3)
— 28. ἠτιμώθη Ἰεχονίας ὡς σκεῦος (1 *b*)
38 (31). 22. θυγάτηρ ἠτιμωμένη (5)
La. 1. 11. ὅτι ἐγενήθη [A S¹ -θην] ἠτιμωμένη (2)
Ez. 16. 54. ἀτιμωθήσῃ ἐκ πάντων ὧν ἐποίησας (3)
— 59. ὡς ἠτίμωσας [A -ασας] ταῦτα (1 *a*)
17. 16. ὃς ἠτίμωσε τὴν ἀράν μου (1 *a*)
— 18. ἠτίμωσεν [A -ασεν] ὁρκωμοσίαν (1 *a*)
— 19. τὴν ὁρκωμοσίαν μου ἣν ἠτίμωσε (1 *a*)
[**Sm.** Ps. 17 (18). 46.]
[**Al.** Na. 1. 14.]

ἀτιμώρητος. (1) ἀ. εἶναι נָקָה ni.
Pr. 11. 21. οὐκ ἀτιμώρητος ἔσται (1)
19. 5, 9. μάρτυς ψευδὴς οὐκ ἀ. ἔσται (1)
28. 20. ὁ δὲ κακὸς οὐκ ἀτιμώρητος ἔσται (1)

ἀτμίς. (1) עָנָן (2) עָשָׁן (3) קִיטוֹר
(4) תִּימָרָה
Ge. 19. 28. ὡσεὶ ἀ. καμίνου (3)
Le. 16. 13. καλύψει ἡ ἀ. τοῦ θυμιάμ. τὸ ἱλαστ. (1)
Wi. 7. 25. ἀ. γάρ ἐστι τῆς τοῦ θεοῦ δυνάμεως
Si. 22. 24. πρὸ πυρὸς ἀτμὶς καμίνου καὶ καπνός
24. 15. ὡς λιβάνου ἀτμὶς ἐν σκηνῇ
38. 28. ἀτμὶς πυρὸς πήξει [A S τήξει] σάρκας αὐτοῦ
43. 4. ἥλιος ἐκκαίων ὄρη ἀτμίδας πυρώδεις ἐμφυσῶν
Ho. 13. 3. καὶ ὡς ἀτμὶς ἀπὸ δακρύων (2)
Jl. 2. 30 (3. 3). πῦρ καὶ ἀτμίδα καπνοῦ (4)
Ez. 8. 11. ἡ ἀ. τοῦ θυμιάματος ἀνέβαινε (1)
II Ma. 7. 5. τῆς δὲ ἀ. ἐφ' ἱκανὸν διαδιδούσης
[**Aq.** Ec. 1. 2 *quater* : 12. 8.]
[**Sm.** Ps. 61 (62). 11 : Ec. 1. 2.]
[**Th.** Ps. 61 (62). 10 : 143 (144). 4 : Ec. 1. 2 *quater.*]

ἀτμός. (1) הֶבֶל
Ec. 9. 9. B πᾶσαι ἡμέραι ἡμέραι ἀτμοῦ σου (1)
[**Aq.** Ps. 77 (78). 33 : Ec. 1. 2 *quinquiens*, 14 : 2. 1, 11 : 7. 16 (15) : 9. 9 : 12. 8 *bis.*]
[**Sm.** Jb. 7. 16 : Ps. 38 (39). 6 : 61 (62). 10 : 143 (144). 4 : Ec. 1. 2 *bis*, 14 : 4. 16 : 9. 9 : Is. 57. 13 : Jn. 2. 9.]
[**Th.** Pr. 21. 6 : Ec. 1. 2 *quinquiens*, 14 : 2. 11 : 9. 9.]
[**Al.** Jb. 7. 16.]

ἄτομος.
[**Sm.** Is. 54. 8.]

ἀτονεῖν.
II Ma. 2. 28. A τὸ δὲ ἐπιπορεύεσθαι . . . ἀτονοῦντες [R διαπονοῦντες]
[**Aq.** Ps. 25 (26). 1.]
[**Sm.** I Ki. 30. 10, 21 : Ps. 30 (31). 11 : 78 (79). 8 : 114 (116). 6 : 141 (142). 7.]

ἄτονος.
[**Aq.** Jb. 5. 16.]
[**Sm.** Ps. 81 (82). 3.]

ἀτονοῦν.
[**Aq.** Ps. 68 (69). 24.]

ἀτοπία.
Ju. 11. 11. ὁπηνίκα ἂν ποιήσωσιν ἀτοπίαν
[**Al.** Le. 16. 21.]

ἄτοπος. (1) אָוֶן (2) חָרֵף (3) ἄτοπον πράττειν רָשַׁע hi. (4) שָׁוְא
Jb. 4. 8. εἶδον τοὺς ἀροτριῶντας τὰ ἄ. (1)
11. 11. ἰδὼν δὲ ἄτοπα [A -ον] οὐ παρόψεται (1)
27. 6. οὐ γὰρ σύνοιδα ἐμαυτῷ ἄτοπα [A -ον] πράξας (2 ?)
34. 12. οἴει δὲ τὸν κύριον ἄτοπα [A τὰ ἄ.] ποιήσειν (3)
35. 13. ἄτοπα γὰρ οὐ βούλεται ἰδεῖν ὁ κύριος (4)
36. 21. S⁴ R φύλαξαι μὴ πράξῃς ἄτοπα [A ἄνομα, B S¹ ἄδικα] (1)
Pr. 24. 55 (30. 20). οὐδέν φησι πεπραχέναι ἄτοπον (1)
II Ma. 14. 23. ἔπραττεν οὐθὲν ἄτοπον

ἄτρακτος. (1) פֶּלֶךְ
Pr. 31. 19. τὰς δὲ [A *om.*] χεῖρας αὐτῆς ἐρείδει εἰς ἄτρακτον (1)
[**Aq. Sm.** II Ki. 3. 29.]

ἀτράπελος.
Jb. 39. 9. A βουλήσεται δέ σοι ἀτράπελος [B S *om.*] μονόκερως δουλεῦσαι –

ἀτραπός. (1) הֲלִיכָה (2) נְתִיבָה
Jd. 5. 6. ἐπορεύθησαν ἀτραπούς [A τρίβους] (2)
Jb. 6. 19. ἀτραποὺς Σαβῶν [A ἀσεβῶν] οἱ διορῶντες (1)
19. 8. A ἐπὶ δὲ ἀτραπούς [B S ἐπὶ πρόσωπόν] μου σκότος ἔθετο (2)
24. 13. οὐδὲ ἀτραποὺς αὐτῶν [A S² -ῆς] ἐπορεύθησαν (2)
Pr. 7. 25. A S² μὴ πλανηθῇς ἐν ἀτραποῖς αὐτῆς (2)
Wi. 5. 10. οὐδὲ ἀτραπὸν τρόπιος [B² τρίβων, S¹ τροπίας, A S² τρόπεως] αὐτῆς
Si. 5. 9. μὴ πορεύου ἐν πάσῃ ἀ.
[**Aq.** Jb. 19. 8 : Ps. 77 (78). 50 : Is. 58. 12.]
[**Sm.** Jb. 19. 8 : 38. 20 : Ps. 22 (23). 3 : 77 (78). 50.]
[**Th.** Jb. 19. 8 : Pr. 7. 25.]

ἄτρεπτος.
[**Sm.** Jb. 15. 15.]

ἀτρύγητος, ἄτρυγος. (1) זַךְ
Ex. 27. 20. A ἔλαιον ἐξ ἐλαιῶν ἀτρύγητον [B -γον] (1)

ἄτρωτος.
II Ma. 8. 36. ἀτρώτους εἶναι τοὺς Ἰουδ.
10. 30. τὸν Μακκαβαῖον . . . ἄτρωτον διεφύλαττον
III Ma. 5. 47. ἀτρώτῳ καρδίᾳ καὶ κόραις ὀφθαλμῶν

ἀττάκης. (1) סָלְעָם
Le. 11. 22. καὶ ταῦτα φάγεσθε . . . τὸν ἀ. (1)

ἀττακίς.
[**Al.** Le. 11. 22.]

ἀττέλαβος (A), **ἀττέλεβος** (BS). (1) אַרְבֶּה
Na. 3. 17. ἐξήλατο ὡς ἀ. ὁ σύμμικτός σου (1)

ἀτυχεῖν. (1) בְּיוֹם אֵיד
Pr. 27. 10. εἰς δὲ τὸν οἶκον τοῦ ἀδελφοῦ σου μὴ εἰσέλθῃς ἀτυχῶν (1)

ἀτυχία.
II Ma. 12. 30. ἐν τοῖς τῆς ἀ. καιροῖς
14. 14. τὰς τῶν Ἰουδαίων ἀ. καὶ συμφορὰς

αὐγάζειν. (1) בַּהֶרֶת (2) כֵּהָה
Le. 13. 24. αὐγάζον τηλαυγὲς λευκόν (1)
— 25. μετέβαλε . . . εἰς τὸ αὐγάζον (1)
— 26. καὶ ἰδοὺ οὐκ ἔστιν ἐν τῷ αὐγάζοντι θρὶξ λευκή (1)
— 28. ἐὰν δὲ κατὰ χώραν μείνῃ τὸ αὐγάζον (1)
— 38. αὐγάσματα [A B¹ -μι] αὐγάζοντα λευκανθίζοντα (1)
— 39. αὐγάσματα αὐγάζοντα λευκανθίζοντα (2)
14. 56. κατὰ πᾶσαν ἀφὴν . . . τοῦ αὐγάζοντος (1)

αὔγασμα. (1) בַּהֶרֶת
Le. 13. 38. αὐγάσματα [A B¹ -ασμα] αὐγάζοντα λευκανθίζοντα (1)
— 39. αὐγάσματα αὐγάζοντα λευκανθίζοντα (1)
Si. 43. 11. σφόδρα ὡραῖον ἐν τῷ αὐ. αὐτοῦ
[**Aq. Sm. Th.** Le. 13. 4.]
[**Al.** Le. 13. 2.]

αὐγεῖν. (1) הָלַל
Jb. 29. 3. ὅτε ηὔγει ὁ λύχνος αὐτοῦ (1)

αὐγή. (1) נְגֹהָה
Is. 59. 9. μείναντες αὐγὴν ἐν ἀωρίᾳ περιεπάτησαν (1)
II Ma. 12. 9. φαίνεσθαι [A ἐπιφαίν.] τὰς αὐ. τοῦ φέγγους

αὐθάδεια (-ία). (1) שָׁאוֹן
Is. 24. 8. A B S πέπαυται αὐ. (1)
[**Sm.** Ec. 9. 3.]
[**Al.** Hb. 3. 14.]

αὐθάδης. (1) יָהִיר (2) עַז *a.* adj. *b.* subst.
Ge. 49. 3. σκληρὸς φέρεσθαι καὶ σκληρὸς αὐ. (2 *b*)

Ge. 49. 7. ἐπικατάρατος ὁ θυμὸς αὐτῶν ὅτι αὐ. (2 *a*)
Pr. 21. 24. θρασὺς καὶ αὐ. καὶ ἀλαζών (1)
[Th. Ge. 49. 3.]

αὐθαίρετος.
[Sm. Ex. 35. 5, 22.]

αὐθαιρέτως.
II Ma. 6. 19. αὐ. ἐπὶ τὸ τύμπανον προσῆγε
III Ma. 6. 6. τοὺς κατὰ τὴν Βαβυλωνίαν τρεῖς ἑταίρους πυρὶ τὴν ψυχὴν αὐ. δεδωκότας
7. 10. τὸν ἅγιον θεὸν αὐ. παραβεβηκότας καὶ τοῦ θεοῦ τὸν νόμον

αὐθέντης.
Wi. 12. 6. αὐθέντας γονεῖς ψυχῶν ἀβοηθήτων

αὐθεντία.
III Ma. 2. 29. καταχωρίσαι εἰς τὴν προσυνεσταλμένην αὐ.

αὐθημερινός. (1) יוֹם
Jb. 7. 1. ὥσπερ μισθίου αὐθημερινοῦ ἡ ζωὴ αὐτοῦ (1)
[Sm. Ez. 30. 16.]

αὐθημερόν. (1) *a.* בַּיּוֹם *b.* בְּיוֹמוֹ
De. 24. 15. αὐ. ἀποδώσεις τὸν μισθὸν αὐτοῦ (1 *b*)
Ne. 11. 23. S[3] ἐπὶ τοῖς ᾠδοῖς ἑκάστης ἡμέρας αὐ. (1 *b*)
Pr. 12. 16. ἄφρων αὐ. ἐξαγγέλλει ὀργὴν αὐτοῦ (1 *a*)

αὐθωρί. (1) בַּהּ־שַׁעֲתָא
Da. LXX. 3. 15. αὐ. ἐμβληθήσεσθε εἰς τὴν κάμινον (1)
III Ma. 3. 25. αὐ. τοὺς ἐννεμομένους σὺν γυναιξὶ καὶ τέκνοις μετὰ ὕβρεων καὶ σκυλμῶν ἀποστεῖλαι

αὐλαία. (1) אֹהֶל (2) יְרִיעָה (3) קֶלַע
Ex. 26. 1. τὴν σκηνὴν ποιήσεις δέκα αὐλαίας (2)
— 2. μῆκος τῆς αὐ. τῆς μιᾶς (2)
— 2. εὖρος τεσσάρων πήχ. ἡ αὐ. ἡ μία ἔσται (2)
— 2. μέτρον τὸ αὐτὸ ἔσται πάσαις [A *om.*] ταῖς αὐ. (2)
— 3. πέντε δὲ αὐ. ἔσονται (2)
— 3. πέντε αὐ. ἔσονται συνεχόμεναι (2)
— 4. ἐπὶ τοῦ χείλους τῆς αὐ. τῆς μιᾶς (2)
— 4. ἐπὶ τοῦ χείλους τῆς αὐ. τῆς ἐξωτέρας (2)
— 5. πεντήκοντα ἀγκύλας ποιήσεις τῇ αὐ. τῇ μιᾷ καὶ πεντήκοντα ἀγκύλας ποιήσεις ἐκ τοῦ μέρους τῆς αὐ. (2, 2)
— 6. συνάψεις τὰς αὐ. ἑτέραν τῇ ἑτέρᾳ (2)
37. 1 (36. 8). ἐποίησαν τῇ σκηνῇ δέκα αὐ. ὀκτὼ καὶ εἴκοσι πήχεων μῆκος τῆς αὐ. τῆς μιᾶς (2, 2 ?)
— 2 (36. 9). τεσσάρων πήχεων τὸ εὖρος τῆς αὐ. τῆς μιᾶς (2)
— 10 (38. 12). αὐλαῖαι πεντήκοντα πήχεων (3)
— 13 (38. 15). αὐλαῖαι πέντε καὶ δέκα πήχεων (3)
— 14 (38. 16). πᾶσαι αἱ αὐ. τῆς σκηνῆς [A πᾶσαι αἱ πύλαι αἱ τῆς αὐλῆς] (3)
40. 19. ἐξέτεινε τὰς αὐ. ἐπὶ τὴν σκηνήν (1)
Ju. 14. 14. ἔκρουσε τὴν αὐ. [A -λὴν] τῇ σκηνῆς
Is. 54. 2. τὸν τόπον . . . τῶν αὐ. σου (2)

αὐλαῖος.
II Ma. 14. 41. τῶν δὲ πληθῶν . . . τὴν αὐ. θύραν βιαζομένων

αὖλαξ. (1) מִשְׁעוֹל (2) עֵמֶק (3) תֶּלֶם
Nu. 22. 24. ἔστη ὁ ἄγγελος τοῦ θ. ἐν ταῖς αὔ. (1)
Jb. 31. 38. εἰ δὲ καὶ οἱ αὔ. αὐτῆς ἔκλαυσαν ὁμοθυμαδόν (3)
39. 10. ἢ ἑλκύσει σου αὔλακας ἐν πεδίῳ (2)
Ps. 64 (65). 10. τοὺς αὔ. αὐτῆς μέθυσον (3)
Si. 7. 3. μὴ σπεῖρε ἐπ' αὔλακας ἀδικίας
38. 26. καρδίαν αὐτοῦ δώσει ἐκδοῦναι αὔλακας
[Th. Ho. 12. 11 (12) (?).]

αὐλάρχης. (1) כֹּהֵן
II Ki. 8. 17. υἱοὶ Δαυὶδ αὐλάρχαι ἦσαν (1)

αὐλαρχία.
III Ki. 3. 1. B Βαναίας υἱὸς Ἰωδαὲ ἐπὶ τῆς αὐ. -

αὐλεῖν.
[Al. III Ki. 1. 40.]

αὐλή. (1) הֲדָרָה (2) *a.* חָצִיר *b.* חָצֵר (3) לִשְׁכָּה (4) סַף (5) עֲזָרָה (6) פֶּתַח (7) שַׁעַר (8) תְּרַע
Ex. 27. 9. καὶ ποιήσεις αὐλὴν τῇ σκηνῇ (2 *b*)
— 9. ἱστία τῆς αὐ. (2 *b*)
— 12. τὸ δὲ εὖρος τῆς αὐ. τὸ κατὰ θάλασσαν (2 *b*)
— 13. εὖρος τῆς αὐ. τὸ πρὸς νότον [A ἀνατολάς] (2 *b*)
— 16. τῇ πύλῃ τῆς αὐ. (2 *b*)
— 17. πάντες οἱ στῦλοι τῆς αὐ. (2 *b*)
— 18. τὸ δὲ μῆκος τῆς αὐ. (2 *b*)
— 19. οἱ πάσσαλοι τῆς αὐ. (2 *b*)
35. 12 (17). καὶ τὰ ἱστία τῆς αὐ. (2 *b*)
37. 7 (38. 9). καὶ ἐποίησαν τὴν αὐ. τὰ πρὸς λίβα ἱστία τῆς αὐ. ἐκ βύσσου (2 *b*, 2 *b*)
— 13 (38. 15). ἔνθεν καὶ ἔνθεν κατὰ τὴν πύλην τῆς αὐ. (2 *b*)
— 14 (38. 16). A πᾶσαι αἱ πύλαι αἱ τῆς αὐ. [B πᾶσαι αἱ αὐλαῖαι τῆς σκηνῆς] (2 *b*)
— 15 (38. 17). πάντες οἱ στῦλοι τῆς αὐ. (2 *b*)
— 16 (38. 18). τὸ καταπέτασμα [A κατακάλυμμα] τῆς πύλης τῆς αὐ. (2 *b*)
— 16 (38. 18). ἐξισούμενον τοῖς ἱστίοις τῆς αὐ. (2 *b*)
— 18 (38. 20). πάντες οἱ πάσσαλοι τῆς αὐ. (2 *b*)
38. 19. τοὺς κρίκους τῆς αὐ. -
— 20. τὴν πύλην [A τῇ πύλῃ] τῆς αὐ. -
— 21 (20). τοὺς πασσάλους τῆς αὐ. (2 *b*)
39. 9 (38. 31). R τὰς βάσεις τῆς αὐ. [A σκηνῆς, B πύλης] κύκλῳ καὶ τὰς βάσεις τῆς πύλης τῆς αὐ. (2 *b*, 2 *b*)
— 9 (38. 31). τοὺς πασσάλους τῆς αὐ. κύκλῳ (2 *b*)
— 20 (40). τὰ ἱστία τῆς αὐ. (2 *b*)
— 20 (40). τὸ καταπέτασμα . . . τῆς πύλης τῆς αὐ. (2 *b*)
40. 6 (8). A περιθήσεις τὴν αὐ. [B σκηνήν] (2 *b*)
— 33. B ἔστησε τὴν αὐ. κύκλῳ τῆς σκηνῆς (2 *b*)
Le. 6. 16 (9), 26 (19). ἐν αὐλῇ τῆς σκηνῆς τοῦ μαρτυρίου (2 *b*)
8. 31. ἐν τῇ αὐ. τῆς σκηνῆς τοῦ μαρτυρίου (6)
Nu. 3. 26. τὰ ἱστία τῆς αὐ. καὶ τὸ καταπέτασμα τῆς πύλης τῆς αὐ. (2 *b*, 2 *b*)
— 37. τοὺς στύλους τῆς αὐ. κύκλῳ (2 *b*)
4. 26. τὰ ἱστία τῆς αὐ. ὅσα ἐπὶ τῆς σκηνῆς (2 *b*)
— 32. τοὺς στύλους τῆς αὐ. κύκλῳ (2 *b*)
— 32. τοὺς στύλους τοῦ καταπετάσματος τῆς πύλης τῆς αὐ. -
De. 1. 1. ἀνὰ μέσον . . . αὐλῶν (? Αὐ.) καὶ καταχρύσεα (2 *b*)
II Ki. 17. 18. καὶ αὐτῷ λάκκος ἐν τῇ αὐ. (2 *b*)
III Ki. 3. 1. ἐποίησε Σαλωμὼν . . . τὴν κρήνην τῆς αὐ. -
6. 36. καὶ ᾠκοδόμησε τὴν αὐ. τὴν ἐσωτάτην (2 *b*)
— 36. B τὸ καταπέτασμα τῆς αὐ. τοῦ αἰλάμ -
7. 8. αὐ. μία ἐξελισσομένη τούτοις (2 *b*)
— 9. τὴν αὐ. τὴν μεγάλην τὴν τεθεμελιωμ. (2 *b*)
— 12. κέδροις τῆς αὐ. τῆς μεγάλης κύκλῳ τρεῖς στίχοι (2 *b*)
— 12. A αὐλὴν οἴκου κυρίου τὴν ἐσωτάτην (2 *b*)
8. 64. τὸ μέσον τῆς αὐ. τὸ κατὰ πρόσ. τοῦ οἴκου κ. (2 *b*)
IV Ki. 20. 4. καὶ ἦν Ἡσαΐας ἐν τῇ αὐ. τῇ μέσῃ (2 *b*, †*)
21. 5. ἐν ταῖς δυσὶν [A ἐν πάσαις] αὐ. οἴκου κυρίου (2 *b*)
23. 12. ἐν ταῖς δυσὶν αὐ. οἴκου κυρίου (2 *b*)
I Ch. 9. 22. οὗτοι ἐν ταῖς αὐ. αὐτῶν (2 *b*)
— 25. ἀδελφοὶ αὐτῶν ἐν ταῖς αὐ. αὐτῶν (2 *b*)
16. 29. προσκυνήσατε κυρίῳ ἐν αὐλαῖς ἁγίαις αὐτοῦ (1)
23. 28. ἐπὶ τὰς αὐ. καὶ ἐπὶ τὰ παστοφόρια (2 *b*)
28. 6. A R οἰκοδομήσει [B κληρονομήσει] . . . τὴν αὐ. (2 *b*)
— 12. τὸ παράδειγμα . . . τῶν αὐ. οἴκου κυρίου (2 *b*)
II Ch. 4. 9. ἐποίησε τὴν αὐ. τῶν ἱερέων καὶ τὴν αὐ. τὴν μεγάλην καὶ θύρας τῇ αὐ. (2 *b*, 5, 5)
6. 13. ἔθηκεν αὐτὴν ἐν μέσῳ τῆς αὐ. τοῦ ἱεροῦ (5)
7. 7. τὸ μέσον τῆς αὐ. τῆς ἐν οἴκῳ κυρίου (2 *b*)
20. 5. κατὰ πρόσωπον τῆς αὐ. τῆς καινῆς (2 *b*)
23. 5. πᾶς ὁ λαὸς ἐν αὐλαῖς οἴκου κυρίου (2 *b*)
24. 21. ἐλιθοβόλησαν αὐτὸν . . . ἐν αὐλῇ οἴκου κ. (2 *b*)
29. 16. καὶ εἰς τὴν αὐ. οἴκου κ. (2 *b*)
31. 2. ἐν ταῖς αὐ. οἴκου κυρίου (7 ?)
33. 5. ἐν ταῖς δυσὶν αὐ. οἴκου κυρίου (2 *b*)
I Es. 9. 1. ἀναστὰς Ἔσδρας ἀπὸ τῆς αὐ. τοῦ ἱεροῦ
Ne. 3. 25. ὁ πύργος . . . ὁ ἀνώτερος ὁ τῆς αὐ. τῆς φυλακῆς (2 *b*)
8. 16. ἐν ταῖς αὐ. αὐτῶν καὶ ἐν ταῖς αὐ. οἴκου τοῦ θεοῦ (2 *b*, 2 *b*)
13. 7. γαζοφυλάκιον ἐν αὐλῇ οἴκου τοῦ θεοῦ (2 *b*)
To. 2. 9. ἐκοιμήθην μεμιαμμένος παρὰ τὸν τοῖχον τῆς αὐ.
— 9. S εἰσῆλθον εἰς τὴν αὐ. μου
3. 17. S ἐπέστρεψεν T. ἀπὸ τῆς αὐ. [A B *al.*]
7. 1. S παρὰ τὴν θύραν τῆς αὐ.
11. 10. S ἐξῆλθεν τὴν θύραν τῆς αὐ. [A B *al.*]
Ju. 14. 14. A ἔκρουσε τὴν αὐ. [B S -λαίαν] τῆς σκηνῆς
Es. 1. 1. θεραπεύων ἐν τῇ αὐ. τοῦ βασιλέως
— 1. καὶ ἡσύχασε Μαρδοχαῖος ἐν τῇ αὐ.
— 1. τῶν δύο εὐνούχων . . . τῶν φυλασσόντων τὴν αὐ.
— 1. θεραπεύειν ἐν τῇ αὐ.
— 5. ἐν αὐλῇ οἴκου τοῦ βασιλέως (2 *b*)
2. 11. περιεπάτει κατὰ τὴν αὐ. τὴν γυναικείαν (2 *b*)
— 19. ὁ δὲ Μαρδοχαῖος ἐθεράπευεν ἐν τῇ αὐ. (7)
3. 2. πάντες οἱ ἐν τῇ αὐ. προσεκύνουν αὐτῷ (7)
— 3. ἐλάλησαν οἱ ἐν τῇ αὐ. τοῦ βασ. (7)
4. 2. A ἦλθεν ἕως τῆς αὐ. [B S πύλης] τοῦ βασ. (7)
— 2. εἰσελθεῖν εἰς τὴν αὐ. [S[3] πύλην] (7)
— 11. εἰς τὴν αὐ. τὴν ἐσωτέραν [A ἐντοτέραν] (2 *b*)
5. 9. ἐν δὲ τῷ ἰδεῖν Ἀ. τὸν Μαρδοχαῖον . . . ἐν τῇ αὐ. (7)
— 13. ὅταν ἴδω Μαρδ. τὸν Ἰουδ. ἐν τῇ αὐ. (7)
6. 4. ἰδοὺ Ἀμὰν ἐν τῇ αὐ. -
— 4. εἶπε δὲ ὁ βασιλεύς, Τίς ἐν τῇ αὐ. (2 *b*)
— 4. S[3] ὁ δὲ Ἀ. εἰσῆλθεν ἐν τῇ αὐ. [A B S *om.* ἐν τ. αὐ.] (2 *b*)
— 5. ἰδοὺ Ἀμὰν ἕστηκεν ἐν τῇ αὐ. (2 *b*)
— 10. τῷ θεραπεύοντι ἐν τῇ αὐ. [A *aliter*] (7)
— 12. ἐπέστρεψε δὲ ὁ Μαρδοχαῖος εἰς τὴν αὐ. (7)
7. 4. οὐ γὰρ ἄξιος ὁ διάβολος τῆς αὐ. τοῦ βασιλέως †
Ps. 28 (29). 2. προσκυνήσατε τῷ κ. ἐν αὐ. ἁγίᾳ αὐ. (1)
64 (65). 4. κατασκηνώσει [S[1] κατοικήσει] ἐν ταῖς αὐ. σου (2 *b*)
83 (84). 2. ἐκλείπει ἡ ψυχή μου εἰς τὰς αὐ. τοῦ κυρίου (2 *b*)
— 10. κρείσσων ἡμέρα μία ἐν ταῖς αὐ. σου ὑπὲρ χιλιάδας (2 *b*)
91 (92). 13. ἐν ταῖς αὐ. τοῦ θεοῦ ἡμῶν ἐξανθήσουσι (2 *b*)
95 (96). 8. εἰσπορεύεσθε εἰς τὰς αὐ. αὐτοῦ (2 *b*)
— 9. προσκυνήσατε τῷ κυρίῳ ἐν αὐ. ἁγίᾳ αὐτοῦ (1)
99 (100). 4. εἰσέλθατε . . . εἰς τὰς αὐ. αὐτοῦ (2 *b*)
115. 10 (116. 19). ἐν αὐλαῖς οἴκου σου (2 *b*)
121 (122). 2. ἑστῶτες ἦσαν οἱ πόδες ἡμῶν ἐν ταῖς αὐ. σου (7)
133 (134). 1. οἱ ἑστῶτες . . . ἐν αὐλαῖς οἴκου θεοῦ ἡμῶν -
134 (135). 1. οἱ ἑστῶτες . . . ἐν αὐλαῖς οἴκου θεοῦ ἡμῶν (2 *b*)
Za. 3. 8. καὶ ἐὰν διαφυλάσσῃς τὴν αὐ. μου (2 *b*)
Is. 1. 12. πατεῖν τὴν αὐλήν μου οὐ προσθήσεσθε (2 *b*)
34. 13. ἔσται ἐπαύλεις σειρήνων καὶ αὐ. στρουθῶν (2 *a*)
Je. 19. 14. ἔστη ἐν τῇ αὐ. οἴκου κυρίου (2 *b*)
30. 6 (49. 28). τῇ Κηδὰρ τῇ βασιλίσσῃ τῆς αὐ. †
— 8. (49. 30). καθήμενοι ἐν τῇ αὐ. ὅτι [S[1] *add.* ἐν τῇ αὐ.] ἐβουλεύσατο †, -
— 11 (49. 33). ἔσται ἡ αὐ. διατριβὴ στρουθῶν †
33 (26). 2. στῆθι ἐν αὐλῇ οἴκου κυρίου (2 *b*)
39 (32). 2. ἐφυλάσσετο ἐν αὐλῇ τῆς φυλακῆς (2 *b*)
— 8. εἰς τὴν αὐ. τῆς φυλακῆς (2 *b*)
— 12. τῶν [A τῶν καθημένων] ἐν τῇ αὐ. τῆς φυλακῆς (2 *b*)
40 (33). 1. δεδεμένος ἐν τῇ αὐ. τῆς φυλακῆς (2 *b*)
42 (35). 2. εἰς οἶκον κυρίου εἰς μίαν τῶν αὐ. (3)
— 4. Μαασ. . . . τοῦ φυλάσσοντος τὴν αὐ. (4)
43 (36). 10. ἐν τῇ αὐ. τῇ ἐπάνω ἐν προθύροις (2 *b*)
— 20. εἰσῆλθον πρὸς τὸν βασ. εἰς τὴν αὐ. (2 *b*)
44 (37). 21. ἐκάθισεν Ἱερεμίας ἐν τῇ αὐ. τῆς φυλακῆς (2 *b*)
45 (38). 6. ὃς ἦν ἐν τῇ αὐ. τῆς φυλακῆς (2 *b*)
— 7. A ἦν ἐν τῇ αὐ. [B S πύλῃ] Βενιαμίν (7)
— 13, 28. ἐκάθισεν Ἱερεμίας ἐν τῇ αὐ. τῆς φυλακῆς (2 *b*)
46 (39). 14. ἔλαβον τὸν Ἱερεμίαν ἐξ αὐλῆς τῆς φυλακῆς (2 *b*)

Je. 46 (39). 15. ἐγένετο λόγος κυρίου ἐν τῇ αὐ. τῆς φυλακῆς (2 *b*)
Ep. Je. 18. περιπεφραγμέναι εἰσὶν αἱ αὐ.
Ez. 8. 7. εἰσήγαγέ με ἐπὶ τὰ πρόθυρα τῆς αὐ. (2 *b*)
— 16. εἰσήγαγέ με εἰς τὴν αὐ. οἴκου κυρίου τὴν ἐσωτέραν (2 *b*)
10. 3. ἡ νεφέλη ἔπλησε τὴν αὐ. τὴν ἐσωτέραν (2 *b*)
— 4. ἡ αὐ. ἐπλήσθη τοῦ φέγγους τῆς δόξης κυρίου (2 *b*)
— 5. ἠκούετο ἕως τῆς αὐ. τῆς ἐξωτέρας (2 *b*)
40. 16. ἔσωθεν τῆς πύλης τῆς αὐ. κυκλόθεν –
— 17. εἰσήγαγέ με εἰς τὴν αὐ. τὴν ἐσωτέραν (2 *b*)
— 17. καὶ περίστυλα κύκλῳ τῆς αὐ. (2 *b*)
— 19. διεμέτρησε τὸ πλάτος τῆς αὐ. (2 *b* ?)
— 20. πύλη βλέπουσα πρὸς βορρᾶν τῇ αὐ. τῇ ἐξωτέρᾳ (2 *b*)
— 23. καὶ πύλη [**A** τῇ π.] τῇ αὐ. τῇ ἐσωτέρᾳ (2 *b*)
— 23. διεμέτρησε τὴν αὐ. ἀπὸ πύλης ἐπὶ πύλην –
— 27. πύλη κατέναντι πύλης τῆς αὐ. τῆς ἐσωτέρας (2 *b*)
— 27. διεμέτρησε τὴν αὐ. ἀπὸ πύλης ἐπὶ πύλην –
— 28. εἰς τὴν αὐ. τὴν ἐσωτέραν τῆς πύλης τῆς πρὸς νότον (2 *b*)
— 31. εἰς τὴν αὐ. τὴν ἐξωτέραν (2 *b*)
— 34. αἰλαμμὼν [**A** -ὼθ] εἰς τὴν αὐ. τὴν ἐσωτέραν (2 *b*)
— 37. καὶ τὰ αἰλαμμὼν [**A** -ὼθ] εἰς τὴν αὐ. τὴν ἐξωτέραν (2 *b*)
— 44. εἰσήγαγέ με εἰς τὴν αὐ. τὴν ἐσωτέραν καὶ ἰδοὺ δύο ἐξέδραι ἐν τῇ αὐ. τῇ ἐσωτέρᾳ (7, 2 *b*)
— 47. διεμέτρησε τὴν αὐ. μῆκος πήχεων ἑκατόν (2 *b*)
41. 3. εἰσῆλθεν εἰς τὴν αὐ. τὴν ἐσωτέραν –
42. 1. εἰσήγαγέ με εἰς τὴν αὐ. τὴν ἐσωτέραν [**A** ἐξωτ.] (2 *b*)
— 3. διαγεγραμμέναι ὃν τρόπον αἱ πύλαι τῆς αὐ. τῆς ἐσωτέρας καὶ ὃν τρόπον τὰ περίστυλα τῆς αὐ. τῆς ἐξωτέρας (2*b*, 2 *b*)
— 7. αἱ ἐξέδραι τῆς αὐ. τῆς ἐξωτέρας (2 *b*)
— 8. τῶν ἐξεδρῶν τῶν βλεπουσῶν εἰς τὴν αὐ. τὴν ἐξωτέραν (2 *b*)
— 9. τοῦ εἰσπορεύεσθαι δι' αὐτῶν ἐκ τῆς αὐ. τῆς ἐξωτέρας (2 *b*)
— 14. οὐκ ἐξελεύσονται ἐκ τοῦ ἁγίου εἰς τὴν αὐ. τὴν ἐξωτέραν (2 *b*)
43. 5. εἰσήγαγέ με εἰς τὴν αὐ. τὴν ἐσωτέραν (2 *b*)
44. 17. ἐν τῷ εἰσπορεύεσθαι αὐτοὺς τὰς πύλας τῆς αὐ. τῆς ἐσωτέρας (2 *b*)
— 17. ἀπὸ τῆς πύλης τῆς ἐσωτέρας αὐ. (2 *b*)
— 19. ἐν τῷ ἐκπορεύεσθαι αὐτοὺς εἰς τὴν αὐ. τὴν ἐξωτέραν (2 *b*)
— 21. ἐν τῷ εἰσπορεύεσθαι αὐτοὺς εἰς τὴν αὐ. τὴν ἐσωτέραν (2 *b*)
— 27. ᾗ ἂν ἡμέρᾳ εἰσπορεύωνται εἰς τὴν αὐ. τὴν ἐσωτέραν (2 *b*)
45. 19. ἐπὶ τὰς φλιὰς τῆς πύλης τῆς αὐ. τῆς ἐσωτέρας (2 *b*)
46. 1. πύλη ἡ ἐν τῇ αὐ. τῇ ἐσωτέρᾳ (2 *b*)
— 20. τοῦ μὴ ἐκφέρειν εἰς τὴν αὐ. τὴν ἐξωτέραν (2 *b*)
— 21. **A** ἐξήγαγέ με εἰς τὴν αὐ. τὴν ἐξωτέραν καὶ περιήγαγέ με ἐπὶ τὰ τέσσαρα μέρη τῆς αὐ. καὶ ἰδοὺ αὐλὴ κατὰ τὰ κλίτη τῆς αὐ. αὐλὴ [**B** *om.*] κατὰ τὸ κλίτος αὐλή (2 *b sexiens*)
— 22. αὐλὴ [**A** *om.*] ἐπὶ τὰ τέσσαρα καὶ [**A** κλίτη] τῆς αὐ. αὐλὴ μικρά (–, 2 *b*, 2 *b*)
47. 2. πρὸς τὴν πύλην τῆς αὐ. τῆς βλεπούσης κατ' ἀνατολάς –
— 16. **B** αὐλὴ τοῦ Σαυνάν [**A** Εὐνὰν καὶ τοῦ Εὐνάν] (2 *b*)
— 17. ἀπὸ τῆς αὐ. τοῦ Αἰνάν (2 *b*)
48. 1. ἐπὶ τὴν εἴσοδον τῆς Ἡμὰθ αὐλῆς τοῦ Αἰλάμ (2 *b*)
— 1. κατὰ μέρος Ἡμὰθ αὐλῆς –
Da. LXX. 2. 49. Δανιὴλ ἦν ἐν τῇ βασιλικῇ αὐ. (8)
Da. TH. 2. 49. Δανιὴλ ἦν ἐν τῇ αὐ. τοῦ βασιλέως (8)
I Ma. 4. 38. ἐν ταῖς αὐ. φυτὰ πεφυκότα ὡς ἐν δρυμῷ
— 48. **S R** καὶ τὰς αὐ. ἡγίασαν [**A** -σεν]
9. 54. τὸ τεῖχος τῆς αὐ. τῶν ἁγίων τῆς ἐσωτέρας
11. 46. ἔφυγεν ὁ βασιλεὺς εἰς τὴν αὐ.
II Ma. 13. 15. ἐπιβαλὼν νύκτωρ ἐπὶ τὴν βασιλικὴν αὐ.
III Ma. 2. 27. ἐπὶ τοῦ κατὰ τὴν αὐ. πύργου
5. 10. ὄρθριος ἐπὶ τὴν αὐ. παρῆν
— 46. εἰσελθὼν εἰς τὴν αὐ.

[**Aq.** Nu. 4. 26 *bis* : IV Ki. 21. 5 : Ps. 9. 29 (10. 8) : 64 (65). 5 : Is. 62. 9 : Ez. 40. 14.]
[**Sm.** Ex. 35. 17 *bis*, 18 : 38. 31 (39. 9) : Nu. 4. 26 : IV Ki. 21. 5 : Ps. 9. 29 (10. 8) : 64 (65). 5 : Is. 62. 9 : Ez. 40. 14.]
[**Th.** Ex. 38. 31 (39. 9) : IV Ki. 21. 5 : Ps. 64 (65). 5 : Is. 62. 9.]
[**Al.** Ps. 121 (122). 2 : Ez. 46. 22.]
[**Hebr.** Ez. 9. 7.]

αὐλίζειν. (1) בּוּת (2) הָלַךְ hi. (3) לוּן *vel* לִין *a.* qal. *b.* hithpalel. (4) צְבַע *a.* pa. *b.* ithpa. (5) שָׁכַן *a.* qal. *b.* hi.

Jd. 18. 3. ηὐλίσθησαν αὐτοὶ ἐκεῖ [**A** *al.*] (3 *a*)
19. 4. καὶ ηὐλίσθησαν [**A** ὕπνωσαν] ἐκεῖ (3 *a*)
— 6. ἄγε δὴ [**A** ἀρξάμενος] αὐλίσθητι (3 *a*)
— 7. καὶ [**A** καὶ πάλιν] ηὐλίσθη ἐκεῖ (3 *a*)
— 9. αὐλίσθητι [**A** μείνατε] ὧδε (3 *a*)
— 10. **A** οὐκ εὐδόκησεν [**A** ἠθέλησεν] ὁ ἀνὴρ αὐλισθῆναι (3 *a*)
— 11. καὶ αὐλισθῶμεν ἐν αὐτῇ (3 *a*)
— 13. καὶ αὐλισθησόμεθα [**A** -θῶμεν] ἐν Γ. (3 *a*)
— 15. τοῦ εἰσελθεῖν αὐλισθηναι [**A** καταλῦσαι] ἐν Γ. (3 *a*)
— 15. ἀνὴρ συνάγων αὐτοὺς εἰς οἰκίαν αὐλισθῆναι [**A** *al.*] (3 *a*)
— 20. πλὴν ἐν τῇ πλατείᾳ οὐ μὴ αὐλισθήσῃ [**A** καταλύσῃς] (3 *a*)
20. 4. ἦλθον ἐγὼ . . . τοῦ αὐλισθῆναι [**A** *al.*] (3 *a*)
Ru. 1. 16. καὶ οὗ ἐὰν αὐλισθῇς αὐλισθήσομαι (3 *a*, 3 *a*)
3. 13. αὐλίσθητι τὴν νύκτα (3 *a*)
II Ki. 12. 16. ηὐλίσθη [**A** *add.* καὶ ἐκοιμήθη] ἐπὶ τῆς γῆς (3 *a*)
17. 16. μὴ αὐλισθῇς τὴν νύκτα ἐν Ἀρ. (3 *a*)
19. 7 (8). εἰ αὐλισθήσεται ἀνὴρ μετὰ σοῦ (3 *a*)
I Es. 9. 2. αὐλισθεὶς ἐκεῖ ἄρτου οὐκ ἐγεύσατο
Ne. 4. 22 (16). αὐλίσθητε ἐν μέσῳ Ἰερουσαλήμ (3 *a*)
13. 20. καὶ ηὐλίσθησαν πάντες (3 *a*)
— 21. διὰ τί ὑμεῖς αὐλίζεσθε ἀπέναντι τοῦ τείχους (3 *a*)
To. 4. 14. μισθὸς παντὸς ἀνθρώπου . . . μὴ αὐλισθήτω
5. 6. παρὰ Γαβαὴλ τὸν ἀδελφὸν ἡμῶν ηὐλίσθην [**S** *al.*]
6. 1. καὶ ηὐλίζοντο ἐκεῖ [**S** *al.*]
— 10. σήμερον αὐλισθησόμεθα παρὰ Ῥαγ. [**S** *al.*]
9. 5. καὶ ηὐλίσθη [**S** -ησαν] παρὰ Γαβαήλ
14. 10. μηκέτι αὐλισθῆτε εἰς Νινευῆ [**S** *al.*]
Jb. 11. 14. ἀδικία δὲ ἐν διαίτῃ σου μὴ αὐλισθήτω (5 *b*)
15. 28. αὐλισθείη δὲ πόλεις ἐρήμους (5 *a*)
19. 4. παρ' ἐμοὶ δὲ αὐλίζεται [**S**[1] -ισθήσεται] πλάνος (3 *a*)
29. 19. δρόσος αὐλισθήσεται ἐν [**A** ἐπὶ] τῷ θερισμῷ μου (3 *a*)
31. 32. ἔξω δὲ οὐκ ηὐλίζετο ξένος (3 *a*)
38. 19. ποίᾳ [**A** ἐν π.] δὲ γῇ αὐλίζεται τὸ φῶς (5 *a*)
39. 28. γὺψ δὲ ἐπὶ νοσσιᾶς αὐτοῦ καθεσθεὶς αὐλίζεται (3 *b*)
41. 13 (14). ἐν δὲ τραχήλῳ αὐτοῦ αὐλίζεται δύναμις (3 *a*)
Ps. 24 (25). 13. ἡ ψυχὴ αὐτοῦ ἐν ἀγαθοῖς αὐλισθήσ. (3 *a*)
29 (30). 5. τὸ ἑσπέρας αὐλισθήσεται κλαυθμός (3 *a*)
54 (55). 7. ηὐλίσθην ἐν τῇ ἐρήμῳ (3 *a*)
90 (91). 1. ἐν σκέπῃ τοῦ θ. τοῦ οὐρ. αὐλισθήσεται (3 *b*)
Pr. 19. 23. ὁ δὲ ἄφοβος αὐλισθήσεται ἐν τόποις (3 *a*)
Ca. 1. 13. **A S R** ἀνὰ μέσον τῶν μαστῶν μου αὐλισθήσεται (3 *a*)
7. 11. αὐλισθῶμεν ἐν κώμαις (3 *a*)
Si. 14. 26. ὑπὸ τοὺς κλάδους αὐτῆς αὐλισθήσεται
24. 7. ἐν κληρονομίᾳ τίνος αὐλισθήσομαι
51. 23. αὐλίσθητε [**A B** -θήσεσθε] ἐν οἴκῳ παιδείας
Je. 38 (31). 9. αὐλίζων ἐπὶ διώρυγας ὑδάτων (2)
Da. LXX. 6. 18 (19). καὶ ηὐλίσθη νήστης (1)
Da. TH. 4. 20. ἐν τῇ δρόσῳ τοῦ οὐρ. αὐλισθήσεται (4 *b*)
— 22. ἀπὸ τῆς δρόσου τοῦ οὐρ. αὐλισθήσῃ (4 *a*)

[**Aq.** Dt. 21. 23 : Ps. 90 (91). 1 : Is. 65. 4.]
[**Sm.** Jb. 39. 28 : Ps. 54 (55). 8 : 58 (59). 16 : Ca. 1. 13 : Is. 1. 21 : 65. 4.]
[**Th.** Jd. 19. 13 : Da. 4. 12†, 22†.]
[**Al.** Pr. 19. 23.]

αὐλισμός.

[**Sm.** Is. 10. 29 : Je. 9. 2 (1).]

αὐλιστήριον.

[**Aq.** Is. 10. 29.]

αὐλός. (1) חָלִיל (2) צְלְצַל (3) תֹּף

I Ki. 10. 5. νάβλα καὶ τύμπανον [**A** -α] καὶ αὐ. (1)
II Ki. 6. 5. παίζοντες ἐνώπιον κυρίου . . . ἐν αὐλοῖς (2)
I Es. 5. 2. μετὰ μουσικῶν τυμπάνων καὶ αὐλῶν
Si. 40. 21. αὐ. καὶ ψαλτήριον ἡδύνουσι μέλη
Is. 5. 12. μετὰ . . . αὐλῶν τὸν οἶνον πίνουσι (1)
30. 29. εἰσελθεῖν μετὰ αὐλοῦ εἰς τὸ ὄρος [**A** τὸν οἶκον] κυρίου (1)
— 32. **A S** μετὰ αὐλῶν [**B** τυμπάνων] καὶ κιθάρας (3)
Je. 31 (48). 36. ὥσπερ αὐλοὶ βομβήσουσι . . . ὥσπερ αὐ. βομβήσει (1, 1)
I Ma. 3. 45. ἐξέλιπεν αὐ. καὶ κινύρα

[**Sm.** Ps. 86 (87). 7.]
[**Th.** Jd. 9. 27 : Ps. 29 (30). 12.]
[**Al.** III Ki. 1. 40 : Is. 5. 12.]

αὐλών. (1) גַּיְא (2) חֲצֵרֹת (3) עֵמֶק

De. 1. 1. καὶ Λοβὸν καὶ αὐλὼν [? -ῶν] καὶ καταχρύσεα (2)
I Ki. 17. 3. **A R** ὁ αὐ. [**B** κύκλῳ] ἀνὰ μέσον αὐτῶν (1)
I Ch. 10. 7. εἶδε πᾶς ἀνὴρ [**S** *om.*] Ἰσραὴλ ὁ ἐν τῷ αὐ. (3)
12. 15. ἐξεδίωξαν πάντας τοὺς κατοικοῦντας αὐλῶνας (3)
27. 29. ἐπὶ τῶν βοῶν τῶν ἐν τοῖς αὐ. (3)
II Ch. 20. 26. ἐπισυνήχθησαν εἰς τὸν αὐ. τῆς εὐλογίας (3)
Ju. 4. 4. ἀπέστειλαν εἰς . . . τὸν αὐ. Σαλήμ
7. 3. παρενέβαλον ἐν τῷ αὐ. πλησίον Βετυλούα
— 17. παρενέβαλον ἐν τῷ αὐ.
10. 10. ἕως διῆλθε τὸν αὐ.
— 11. ἐπορεύοντο ἐν τῷ αὐ. εἰς εὐθεῖαν
Je. 31 (48). 8. ἀπολεῖται ὁ αὐ. (3)
III Ma. 6. 17. ὥστε καὶ τοὺς παρακειμ. αὐλῶνας συνηχήσαντας ἀκατάσχετον οἰμωγὴν ποιῆσαι

[**Aq.** Dt. 11. 30 : Ps. 41 (42). 2.]
[**Sm. Th.** Dt. 11. 30.]

αὐνανείν (?).

I Ki. 14. 48. **B** ἐποίησε δύναμιν αὐ. [**A R** *om.*] –

αὐξάνειν, αὔξειν. (1) גָּדַל *a.* qal. *b.* pi. (2) יָצָא hi. (3) נָשָׂא *a.* ni. *b.* hithpael. (4) פָּרָה *a.* qal. *b.* hi. *c.* פֹּרָת (5) פָּרַץ (6) *a.* צְלַח *b.* צְלַח aph. (7) רָבָה

Ge. 1. 22, 28 : 8. 17 : 9. 1, 7. αὐξάνεσθε καὶ πληθύνεσθε (4 *a*)
17. 6. αὐξανῶ σε σφόδρα (4 *b*)
— 20. αὐξανῶ αὐτὸν καὶ πληθυνῶ (4 *b*)
21. 8. ηὐξήθη τὸ παιδίον (1 *a*)
— 20. καὶ ηὐξήθη καὶ κατῴκησεν (1 *a*)
25. 27. ηὐξήθησαν δὲ οἱ νεανίσκοι (1 *a*)
26. 22. ηὔξησεν ἡμᾶς (4 *a*)
28. 3. ὁ δὲ θ. μου . . . αὐξῆσαι σε (4 *b*)
30. 30. καὶ ηὐξήθη εἰς πλῆθος (5)
35. 11. αὐξάνου καὶ πληθύνου (4 *a*)
41. 52. **R** ὅτι ηὔξησέ [**A** ὕψωσέ] με ὁ θ. (4 *b*)
47. 27. ηὐξήθησαν [**B**[1] *om.*] καὶ ἐπληθύνθησαν σφόδρα (4 *a*)
48. 4. αὐξανῶ σε (4 *b*)
49. 22. υἱὸς ηὐξημένος Ἰωσὴφ υἱὸς ηὐξημένος (4 *c*, 4 *c*)
Ex. 1. 7. οἱ δὲ υἱοὶ Ἰσρ. ηὐξήθησαν (4 *a*)
23. 30. ἕως ἂν αὐξηθῇς (4 *a*)
Le. 26. 9. αὐξανῶ ὑμᾶς (4 *b*)
Nu. 24. 7. αὐξηθήσεται βασιλεία αὐτοῦ (3 *b*)
Jo. 4. 14. ηὔξησε κύριος τὸν Ἰησοῦν (1 *b*)
Jd. 5. 11. δικαιοσύνας αὔξησον ἐν Ἰσραήλ [**A** *al.*] †
13. 24. **A** καὶ ηὐξήθη [**B** ἡδρύνθη] τὸ παιδάριον (1 *a*)
I Ch. 14. 2. ηὐξήθη εἰς ὕψος ἡ βασιλεία αὐτοῦ (3 *a*)
17. 10. καὶ αὐξήσω σε †
23. 17. καὶ υἱοὶ Ῥααβία ηὐξήθησαν [**A**[1] ηὔξησαν] εἰς ὕψος (7)
29. 30 (II Ch. 1. 1). **B**[1] ηὔξησεν [II Ch. ἐμεγάλυνεν] αὐτὸν εἰς ὕψος (1 *b*)
II Ch. 11. 23. καὶ ηὐξήθη παρὰ πάντας τοὺς υἱοὺς αὐτοῦ (5)
Jb. 42. 10. ὁ δὲ κύριος ηὔξησε τὸν Ἰώβ †
Ps. 104 (105). 24. ηὔξησε τὸν λαὸν αὐτοῦ σφόδρα (4 *b*)
Si. 2. 3. ἵνα αὐξηθῇς [**S**[1] καὶ αὐξηθήσεται] ἐπ' ἐσχάτων σου

Si. 43. 8. μὴν . . . αὐξανομένη [A S -όμενος] θαυμαστῶς [S -ὸς] ἐν ἀλλοιώσει
Is. 61. 11. ὡς γῆν αὔξουσαν τὸ ἄνθος αὐτῆς (2)
Je. 3. 16. ἐὰν πληθυνθῆτε καὶ αὐξηθῆτε (4 *a*)
22. 30. οὐ μὴ αὐξηθῇ ἐκ τοῦ σπέρματος αὐτοῦ (6 *a*)
23. 3. αὐξηθήσονται καὶ πληθυνθήσονται (4 *a*)
Da. Th. 3. 30 (97). καὶ ηὔξησεν αὐτούς (6 *b*)
IV Ma. 13. 20. ἀπὸ τοῦ αὐτοῦ αἵματος αὐξηθέντες
— 22. αὔξονται σφοδρότερον διὰ συντροφίας
[**Aq.** Ge. 1. 28 : 47. 27 : Dt. 29. 18 (17) : Ez. 36. 11.]
[**Sm.** Ge. 1. 28 : Dt. 30. 9 : I Ki. 2. 21 : Ps. 17 (18). 36 : 57 (58). 10 : 70 (71). 21 : 143 (144). 12.]
[**Th.** Ge. 1. 28 : Nu. 6. 5 : Ez. 36. 11.]

αὔξησις.
II Ma. 5. 16. πρὸς αὔξησιν καὶ δόξαν τοῦ τόπου

αὐξητικός.
[**Aq.** Is. 32. 12.]

αὔξων (?). (1) מַעְגָּל
Pr. 2. 9. κατορθώσεις πάντας ἄξονας [A αὔξ.] ἀγαθούς (1)
— 18. ἔθετο . . . μετὰ τῶν γηγενῶν τοὺς ἄξονας [A αὔξ.] αὐτῆς (1)

αὖος.
[**Sm.** Ps. 101 (102). 4.]

αὔρα. (1) דְּמָמָה (2) זֹהַר
III Ki. 19. 12. μετὰ τὸ πῦρ φωνὴ αὔ. λεπτῆς (1)
Jb. 4. 16. αὔραν καὶ φωνὴν ἤκουον (1)
Ps. 106 (107). 29. ἔστη εἰς αὔραν [S[1] ἔστησεν καταιγίδα αὐτῆς] (1)
Ez. 8. 2. A ὡς ὅρασις αὔρας ὡς εἶδος [B *om.* αὔ. εἶ.] ἠλέκτρου (2)
[**Aq.** Ps. 106 (107). 29.]
[**Th.** Ps. 106 (107). 29 : Ez. 8. 2.]

αὔριον. (1) *a.* מָחָר *b.* מָחֳרָת *c.* יוֹם מָחָר
Ge. 30. 33. A ἐν τῇ ἡμέρᾳ τῇ αὔ. [R ἐπαύριον] (1 *a*)
Ex. 8. 10 (6). ὁ δὲ εἶπεν εἰς αὔ. (1 *a*)
— 23 (19). ἐν δὲ τῇ αὔ. ἔσται τοῦτο (1 *a*)
— 29 (25). ἀπελεύσεται ἡ κυνόμυια . . . αὔριον (1 *a*)
9. 5. ἐν τῇ αὔ. ποιήσει κύριος (1 *a*)
— 18 : 10. 4. ταύτην τὴν ὥραν αὔ. (1 *a*)
16. 23. σάββατα ἀνάπαυσις ἁγία τῷ κυρίῳ αὔ. (1 *a*)
— 23. B αὔ. [A R *om.*] ὅσα ἐὰν πέσσητε πέσσετε —
17. 9. παράταξαι τῷ Ἀμαλὴκ αὔ. (1 *a*)
19. 10. ἅγνισον αὐτοὺς σήμερον καὶ αὔ. (1 *a*)
32. 5. ἑορτὴ τοῦ [A *om.*] κυρίου αὔ. (1 *a*)
— 30. καὶ ἐγένετο μετὰ τὴν αὔ. (1 *b*)
Le. 7. 6 (16). καὶ τῇ αὔ. (1 *b*)
19. 6. ᾗ ἂν ἡμέρᾳ θύσητε βρωθήσεται καὶ τῇ αὔ. (1 *b*)
Nu. 11. 18. ἁγνίσασθε εἰς αὔ. (1 *a*)
14. 25. αὔ. ἐπιστράφητε (1 *a*)
16. 7. ἐπίθετε ἐπ' αὐτὰ θυμίαμα . . . αὔ. (1 *a*)
— 16. γίνεσθε ἕτοιμοι . . . αὔ. (1 *a*)
— 41 (17. 6). B ἐγόγγυσαν οἱ υἱοὶ Ἰσρ. τῇ αὔ. [A R ἐπαύ.] (1 *a*)
De. 6. 20. ὅταν ἐρωτήσῃ σε ὁ υἱός σου αὔ. (1 *a*)
Jo. 3. 5. ἁγνίσασθε εἰς αὔ. [A τὴν αὔ.] ὅτι αὔ. ποιήσει κ. (—, 1 *a*)
4. 6. ὅταν ἐρωτᾷ σε ὁ υἱός σου αὔ. (1 *a*)
7. 13. εἶπον ἁγιασθῆναι εἰς αὔ. (1 *a*)
11. 6. αὔ. ταύτην τὴν ὥραν ἐγὼ παραδίδωμι (1 *a*)
22. 18. αὔ. ἐπὶ πάντα Ἰσραὴλ ἔσται ἡ ὀργή (1 *a*)
— 24. ἵνα μὴ εἴπωσιν αὔ. τὰ τέκνα ὑμῶν (1 *a*)
— 27. οὐκ ἐροῦσι τὰ τέκνα ὑμῶν . . . αὔ. (1 *a*)
— 28. λαλήσωσι πρὸς ἡμᾶς . . . αὔ. (1 *a*)
Jd. 19. 9. ὀρθριεῖτε αὔ. (1 *a*)
20. 28. αὔ. δώσω [A παραδώσω] αὐτούς (1 *a*)
I Ki. 9. 16. A αὔ. αὔ. [B *om.*] ἀποστελῶ πρὸς σὲ ἄνδρα (1 *a*, —)
11. 9. αὔ. ὑμῖν ἡ σωτηρία (1 *a*)
— 10. αὔ. ἐξελευσόμεθα πρὸς ὑμᾶς (1 *a*)
— 11. καὶ ἐγενήθη μετὰ τὴν αὔ. (1 *b*)
19. 2. φύλαξαι οὖν [A *om.*] αὔ. πρωΐ —
— 11. αὔ. θανατωθήσῃ (1 *a*)
20. 5. ἰδοὺ δὴ νεομηνία αὔ. (1 *a*)
— 18. αὔ. νεομηνία (1 *a*)
28. 19. αὔ. σὺ καὶ οἱ υἱοί σου μετὰ σοῦ πεσοῦνται (1 *a*)
II Ki. 11. 12. αὔ. ἐξαποστελῶ σε (1 *a*)
III Ki. 19. 2. ταύτην τὴν ὥραν αὔ. θήσομαι τὴν ψυχήν σου (1 *a*)
— 11. ἐξελεύσῃ αὔ. —
21 (20). 6. ταύτην τὴν ὥραν αὔ. ἀποστελῶ (1 *a*)
IV Ki. 6. 28. τὸν υἱόν μου φαγόμεθα αὐτὸν [A *om.*] αὔ. (1 *a*)
7. 1. ὡς ἡ ὥρα αὕτη αὔ. (1 *a*)
— 18. ἔσται ὡς ἡ ὥρα [A ἡμέρα αὕτη] αὔ. (1 *a*)
10. 6. ὡς ἡ ὥρα αὔ. εἰς Ἰεζράελ (1 *a*)
II Ch. 20. 16. αὔ. κατάβητε ἐπ' αὐτούς (1 *a*)
— 17. μηδὲ πτοηθῆτε αὔ. ἐξελθεῖν (1 *a*)
● Es. 5. 8. ἐλθάτω . . . τὴν αὔ. εἰς τὴν δοχήν —
● — 8. αὔ. ποιήσω τὰ αὐτά (1 *a*)
— 12. καὶ εἰς τὴν αὔ. κέκλημαι [A κέκληκε] (1 *a*)
9. 13. δοθήτω τοῖς Ἰουδαίοις χρῆσθαι ὡσαύτως τὴν αὔ. (1 *a*)
Pr. 3. 28. αὔριον δώσω (1 *a*)
27. 1. μὴ καυχῶ τὰ εἰς αὔριον (1 *c*)
Si. 10. 10. βασιλεὺς σήμερον καὶ [S[1] καὶ αὐτὸς] αὔ. τελευτήσει
20. 15. καὶ αὔ. ἀπαιτήσει [A ἀποτίσει]
Is. 22. 13. αὔ. γὰρ ἀποθνήσκομεν (1 *a*)
I Ma. 2. 63. καὶ αὔ. [A *om.*] οὐ μὴ εὑρεθῇ
5. 27. εἰς αὔ. τάσσονται παρεμβάλλειν
III Ma. 5. 38. καθόπλισον εἰς τὴν αὔ.
[**Aq. Th.** IV Ki. 6. 28 : Is. 56. 12.]
[**Sm.** IV Ki. 6. 28.]
[**Al.** I Ki. 20. 12 : 28. 19.]

αὐστηρία.
II Ma. 14. 30. νοήσας οὐκ ἀπὸ τοῦ βελτίστου τὴν αὐ. εἶναι

αὐστηρός.
II Ma. 14. 30. αὐστηρότερον διεξάγοντα συνιδὼν τὸν Νικάν.
[**Aq.** Dt. 32. 14.]

αὐταρέσκεια.
[**Sm.** Ec. 6. 9.]

αὐταρκεῖν. (1) מָצָא
De. 32. 10. αὐτάρκησεν αὐτὸν ἐν τῇ ἐρήμῳ (1)

αὐτάρκης. (1) חֹק
Pr. 24. 31 (30. 8). σύνταξον δέ μοι τὰ δέοντα καὶ τὰ αὐ. (1)
Si. 5. 1 : 11. 24. μὴ εἴπῃς, αὐτάρκη μοι ἔστι
34 (31). 28. οἶνος πινόμενος ἐν καιρῷ αὐτάρκης
40. 18. ζωὴ αὐτάρκους ἐργάτου γλυκανθήσεται
IV Ma. 9. 9. διὰ τὴν ἡμῶν μιαιφονίαν αὐτάρκη καρτερήσεις
[**Sm.** Is. 7. 13.]

αὐτεξούσιος.
[**Sm.** Je. 34 (41). 16.]

αὐτίκα.
IV Ma. 1. 12. περὶ τούτου νῦν αὐ. δὴ λέγειν ἐξέσται
2. 8. αὐ. γοῦν τῷ νόμῳ πολιτευόμενος

αὐτοδέσποτος.
IV Ma. 1. 1. εἰ αὐ. ἐστι τῶν παθῶν ὁ εὐσεβὴς λογισμός
— 30. αὐ. ἐστι τῶν παθῶν ὁ λογισμός
13. 1. αὐ. ἐστι τῶν παθῶν ὁ εὐσεβὴς λογισμός

αὐτόθεν.
To. 8. 21. S λάμβανε αὐ. τὸ ἥμισυ [A B *al.*]

αὐτόθι. (1) תַּחְתָּם
Jo. 5. 8. αὐ. καθήμενοι ἐν τῇ παρεμβολῇ (1)
I Es. 8. 41. παρενεβάλομεν αὐ. ἡμέρας τρεῖς
— 62. καὶ γενομένης αὐ. ἡμέρας τρίτης
To. 2. 3. S καὶ αὐ. νῦν ἐστραγγάληται [A B *al.*]
II Ma. 3. 24. αὐ. δὲ αὐτοῦ . . . ἤδη παρόντος
11. 8. αὐ. δὲ καὶ [A *om.*] πρὸς τοῖς Ἰ. ὄντων
12. 38. αὐ. τὸ σάββατον διήγαγον
15. 37. καὶ αὐτὸς αὐ. καταπαύσω τὸν λόγον

αὐτοκράτωρ.
IV Ma. 1. 7. αὐ. ἐστὶ τῶν παθῶν ὁ εὐσεβὴς λογισμός
— 13. εἰ αὐ. ἐστὶ τῶν παθῶν ὁ λογισμός
— 30. τῶν δὲ παθῶν αὐτοκράτωρ
8. 28. ἦσαν . . . αὐτοκράτορες τῶν ἀλγηδόνων
16. 1. αὐ. ἐστὶ τῶν παθῶν ὁ εὐσεβὴς λογισμός

αὐτόματος. (1) סָפִיחַ
Le. 25. 5. τὰ αὐ. [A *add.* τὰ] ἀναβαίνοντα τοῦ ἀγροῦ (1)
— 11. οὐδὲ ἀμήσετε τὰ αὐ. ἀναβαίνοντα αὐτῆς (1)
Jo. 6. 5. πεσεῖται αὐτόματα τὰ τείχη τῆς πόλεως —
IV Ki. 19. 29. φάγε τοῦτον τὸν ἐνιαυτὸν αὐτόματα (1)
Jb. 24. 24. ὥσπερ στάχυς ἀπὸ καλάμης αὐτόματος ἀποπεσών —
Wi. 17. 6. αὐ. πυρὰ φόβου πλήρης
[**Aq. Sm. Th.** Is. 37. 30.]

αὐτομάτως.
[**Aq. Sm. Th.** Is. 37. 30.]

αὐτομολεῖν. (1) מָצָא hi. (2) מְרִידוּת (3) שָׁלַם hi.
Jo. 10. 1. ηὐτομόλησαν οἱ κατοικοῦντες Γαβ. (3)
— 4. ηὐτομόλησαν γὰρ πρὸς Ἰησοῦν (3)
I Ki. 20. 30. υἱὲ κορασίων αὐτομολούντων (2)
II Ki. 3. 8. οὐκ ηὐτομόλησα εἰς τὸν οἶκον Δαυίδ (1 ?)
10. 19. ηὐτομόλησαν μετὰ Ἰσραήλ (3)
Ju. 16. 12. ὡς παῖδας [A -ες] αὐτομολούντων ἐτίτρωσκον αὐτούς
Pr. 6. 11. A ἡ δὲ ἔνδεια ὥσπερ κακὸς ἀνὴρ αὐτομολήσει [B S δρομεὺς ἀπαν.] —
I Ma. 7. 19. ἀπὸ τῶν μετ' αὐτοῦ αὐτομολησάντων ἀνδρῶν
— 24. ἐν τοῖς ἀνδράσι τοῖς [A καὶ τοῖς] αὐτομολήσασι
9. 24. αὐτομόλησεν ἡ χώρα μετ' αὐτῶν
[**Sm.** Je. 37 (44). 13 : 38 (45). 19 : 39 (46). 9 *bis*.]

αὐτός, *passim, cf.* **αὐτοῦ.**

αὐτοσχεδίως.
Wi. 2. 2. ὅτι αὐ. ἐγεννήθημεν

αὐτοῦ (adv.) (1) בָּזֶה (2) כֹּה
Ge. 22. 5. καθίσατε αὐ. μετὰ τῆς ὄνου (2)
Ex. 24. 14. ἡσυχάζετε αὐ. (1)
Nu. 9. 8. στῆτε αὐ. —
22. 8. καταλύσατε αὐ. τὴν νύκτα (2)
— 19. ὑπομείνατε αὐ. καὶ ὑμεῖς (1)
32. 6. ὑμεῖς καθήσεσθε αὐ. (2)
De. 5. 31 (28). σὺ δὲ αὐ. στῆθι μετ' ἐμοῦ (2)
Jd. 16. 9. A ἐκάθητο αὐ. [B *om.*] ἐν τῷ ταμείῳ —
II Ki. 20. 4. σὺ δὲ αὐ. στῆθι (2)
To. 8. 20. S ἀλλ' αὐ. μενεῖς
Ju. 12. 1. καὶ αὐ. [A *om.*] συνέταξε καταστρῶσαι
Ez. 44. 14. A καὶ τάξουσιν αὐ. [B *al.*] †
48. 20. τετράγωνον ἀφοριεῖτε αὐ. τὴν ἀπαρχήν —

αὐτοῦ, *passim.*

αὐτοφυής.
[**Aq. Sm. Th.** Is. 37. 30.]

αὐτόφωρος.
[**Sm.** Jb. 34. 11.]

αὐτόχθων. (1) אֶזְרָח (2) עַם
Ex. 12. 19. ἔν τε τοῖς . . . αὐτόχθοσι τῆς γῆς (1)
— 48. ὥσπερ καὶ [A *om.*] ὁ αὐ. τῆς γῆς (1)
Le. 16. 29. ὁ αὐ. καὶ ὁ προσήλυτος (1)
17. 15. ἐν τοῖς αὐ. ἢ ἐν τοῖς προσηλύτοις (1)
19. 34. ὡς ὁ [A *om.*] αὐ. ἐν ὑμῖν (1)
20. 4. ἐὰν δὲ ὑπερόψει ὑπερίδωσιν οἱ αὐ. τῆς γῆς (2)
23. 42. πᾶς ὁ αὐ. ἐν Ἰσραήλ (1)
24. 16. ἐάν τε προσήλυτος ἐάν τε αὐ. (1)
Nu. 9. 14. τῷ προσηλύτῳ καὶ τῷ αὐ. τῆς γῆς (1)
15. 13. πᾶς ὁ αὐ. ποιήσει οὕτως (1)
— 30. ἀπὸ τῶν αὐ. ἢ ἀπὸ τῶν προσηλύτων (1)
Jo. 9. 2 (8. 33). καὶ ὁ προσήλυτος καὶ ὁ αὐ. (1)
Je. 14. 8. ὡς αὐ. ἐκκλίνων εἰς κατάλυμα †
Ez. 47. 22. ἔσονται ὑμῶν [A ὑμῖν] ὡς αὐτόχθονες (1)
[**Al.** Le. 18. 26 : Nu. 15. 29.]
[**Sext.** Ps. 36 (37). 35.]

αὐχήν. (1) גַּב (2) עֲבֹת (3) עֹרֶף
Jo. 7. 8. ἐπεὶ μετέβαλεν Ἰσρ. αὐχένα (3)
— 12. αὐχένα ὑποστρέψουσιν [A[2] B[2] ἐπιστρ.] (3)
13. 28. B αὐχένα ἐπιστρέψουσιν —
III Ki. 7. 33. A καὶ αὐχένες αὐτῶν (1)
II Ch. 29. 6. καὶ ἔδωκαν αὐχένα (3)

● = correction on page xxiv

Ps. 128 (129). 4. κύριος δίκαιος συνέκοψεν αὐχένας ἁμαρτωλῶν (2 ?)
Je. 19. 15. **S** ἐσκλήρυναν τὸν αὐχένα [**A B** τράχηλον] αὐτῶν (3)
III Ma. 4. 8. βρόχοις ἀντὶ στεφέων τοὺς αὐ. περιπεπλεγμένοι

[**Aq.** Jb. 15. 26: Je. 32 (39). 33: Ez. 1. 18.]
[**Sm.** Je. 18. 17: 32 (39). 33.]
[**Th.** Jb. 31. 22.]

αὔχησις.

[**Aq.** Pr. 4. 9: 19. 11: Is. 52. 1.]

αὐχμός. (1) חֶרֶשׂ

Je. 31 (48). 31. βοήσατε ἐπ' ἄνδρας κειράδας [**A** κιδάρας] αὐχμοῦ (1 ?)

αὐχμοῦν.

[**Aq.** Ps. 6. 8: 30 (31). 10, 11.]

αὐχμώδης. (1) מִדְבָּר

I Ki. 23. 14. **A** εἰς ὄρος τὸ αὐ. ἐν γῇ αὐ. [**B** ἐν τῇ γῇ τῇ αὐ.] (–, 1 ?)
— 15. ἐν τῷ ὄρει τῷ αὐ. ἐν τῇ Καινῇ Ζίφ (1 ?)
— 19. καὶ ἀνέβησαν οἱ Ζιφαῖοι ἐκ τῆς αὐ. –
26. 1. ἔρχονται οἱ Ζιφαῖοι ἐκ τῆς αὐ. –
Mi. 4. 8. καὶ σὺ πύργος ποιμνίου αὐχμώδης †
[**Th.** Is. 16. 7.]

ἀφαγνίζειν. (1) חָטָא *a.* pi. *b.* hith. (2) טָהֵר pi. (3) נָזַר hi.

Le. 14. 49. ἀφαγνίσαι τὴν οἰκίαν (1 *a*)
— 52. ἀφαγνιεῖ τὴν οἰκίαν (1 *a*)
Nu. 6. 2. εὐχὴν ἀφαγνίσασθαι ἁγνείαν κυρίῳ (3)
8. 6. καὶ ἀφαγνιεῖς αὐτούς (2)
— 21. ἀφαγνίσασθαι αὐτούς (2)
19. 12. ἐὰν δὲ μὴ ἀφαγνισθῇ τῇ ἡμ. τῇ τρίτῃ (1 *b*)
— 13. πᾶς ὁ ἁπτόμενος τοῦ τεθνηκ. . . . ἐὰν . . . μὴ ἀφαγνισθῇ (1 *b*)
— 19. ἀφαγνισθήσεται τῇ ἡμέρᾳ τῇ ἑβδ. (1 *a*)
— 20. ἄνθρωπος ὃς ἂν . . . μὴ ἀφαγνισθῇ (1 *b*)
31. 20. πᾶν σκεῦος ξύλινον ἀφαγνιεῖτε (1 *b*)

ἀφαδανός, *vel* **ἀφαδανῶ.**

[**Aq.** Da. 11. 45.]

ἀφαιρεῖν. (1) אַיִן (2) אָסַף (3) אָצַל (4) בָּצַר (5) גָּדַע ni. (6) גָּזַל *a.* qal. *b.* ni. (7) גָּלַל (8) גָּרַע *a.* qal. *b.* ni. (9) דָּמָה (10) הָדַף (11) חָלַף (12) יָרַד *a.* hi. *b.* ho. (13) כָּפַר pu. (14) כָּרַת *a.* qal. *b.* hi. (15) לָקַח (16) מָאַס (17) מָחָה (18) מָנַע *a.* qal. *b.* ni. (19) נוּף hi. (20) נָטָה hi. (21) נָצַל hi. (22) נָשָׂא (23) סוּר *a.* qal. *b.* hi. *c.* ho. (24) סָלַח (25) סָפָה (26) עָבַר *a.* qal. *b.* hi. (27) עָדָה *a.* pe. *b.* aph. (28) עָטָה (29) פָּרַע (30) פָּשַׁט hi. (31) פָּתַח pi. (32) רוּם *a.* hi. *b.* ho. (33) רָחַק (34) שָׁבַת hi. (35) שָׁלַח pu.

Ge. 21. 25. ὧν ἀφείλαντο οἱ παῖδες τοῦ 'Αβ. (6 *a*)
30. 23. ἀφεῖλεν ὁ θεός μου τὸ ὄνειδος (2)
31. 9. ἀφείλατο ὁ θεὸς πάντα τὰ κτήνη (21)
— 16. ἣν ἀφείλατο ὁ θ. (21)
— 31. **R** μή ποτε ἀφέλῃ [**A** ἀφέλῃς] τὰς θυγ. σου ἀπ' ἐμοῦ (6 *a*)
40. 19. ἀφελεῖ Φ. τὴν κεφαλήν σου ἀπὸ σοῦ (22)
48. 17. ἀφελεῖν αὐτὴν ἀπὸ τῆς κεφαλῆς 'Ε. (23 *b*)
Ex. 5. 8. οὐκ ἀφελεῖς οὐδέν (8 *a*)
— 11. οὐ γὰρ ἀφαιρεῖται ἀπὸ τῆς συντάξεως (8 *b*)
13. 12. ἀφελεῖς [**A** ἀφοριεῖς] πᾶν διανοῖγον μήτραν (26 *b*)
29. 27. τὸν βραχίονα τοῦ ἀφαιρέματος . . . ὃς ἀφήρηται (32 *b*)
33. 5. ἀφέλεσθε [**A** ἀφέλετε] τὰς στολάς (12 *a*)
— 23. καὶ ἀφελῶ τὴν χεῖρα (23 *b*)
34. 7. ἀφαιρῶν ἀνομίας καὶ ἀδικίας (22)
— 9. ἀφελεῖς σὺ τὰς ἁμαρτίας ἡμῶν [**A** *om.*] (24)
35. 24. πᾶς ὁ ἀφαιρῶν τὸ ἀφαίρεμα (32 *a*)
Le. 1. 16. ἀφελεῖ τὸν πρόλοβον (23 *b*)
Le. 2. 9. ἀφελεῖ ὁ ἱερεὺς ἀπὸ τῆς θυσ. τὸ μνημόσυνον αὐ. (32 *a*)
4. 10. ὃν τρόπον ἀφαιρεῖτε [**A** ἀφελεῖται] αὐτό [**A** *om.*] (32 *b*)
6. 10 (3). ἀφελεῖ τὴν κατακάρπωσιν (32 *a*)
— 15 (8). ἀφελεῖ ἀπ' αὐτοῦ τῇ δρακί (32 *a*)
8. 28 (29). ἀφεῖλεν αὐτὸ [**A** τὸ] ἐπίθεμα ἔναντι κ. (19)
9. 21. ἀφεῖλεν 'Α. ἀφαίρεμα ἔναντι κ. (19)
10. 17. ἵνα ἀφέλητε τὴν ἁμαρτίαν τῆς συν. (22)
22. 15. ἃ αὐτοὶ ἀφαιροῦσι [**A** προσφέρουσι] τῷ κ. (32 *a*)
Nu. 11. 17. ἀφελῶ ἀπὸ τοῦ πνεύματος τοῦ ἐπὶ σοί (3)
14. 18. ἀφαιρῶν ἀνομίας καὶ ἀδικίας (22)
15. 19. ἀφελεῖτε ἀφαίρεμα ἀφόρισμα κυρίῳ (32 *a*)
— 20. οὕτως ἀφελεῖτε αὐτόν (32 *a*)
18. 19. πᾶν ἀφαίρεμα τῶν ἁγ. ὅσα ἂν ἀφέλωσιν (32 *a*)
— 26. ἀφελεῖτε ὑμεῖς ἀπ' αὐτοῦ ἀφαίρεμα κ. (32 *a*)
— 28. οὕτως ἀφελεῖτε αὐτοὺς [**A** *om.*] (32 *a*)
— 29. ἀπὸ πάντων τῶν δομάτων ὑμῶν ἀφελεῖτε ἀφαίρεμα (32 *a*)
— 30. ὅταν ἀφαιρῆτε τὴν ἀπαρχὴν ἀπ' αὐτοῦ (32 *a*)
— 32. ὅτι ἂν ἀφαιρῆτε τὴν ἀπαρχὴν ἀπ' αὐτοῦ (32 *a*)
21. 7. ἀφελέτω ἀφ' ἡμῶν τὸν ὄφιν (23 *b*)
31. 28. ἀφελεῖτε τέλος [**A** τὸ τ.] κυρίῳ (32 *a*)
— 52. τὸ ἀφαίρεμα ὃ ἀφεῖλον (32 *a*)
36. 3. ἀφαιρεθήσεται ὁ κλῆρος αὐτῶν (8 *b*)
— 3. ἐκ τοῦ κλήρου τῆς κληρον. . . . ἀφαιρεθήσεται (8 *b*)
— 4. ἀπὸ τῆς κληρονομίας . . . ἀφαιρεθήσεται (8 *b*)
De. 4. 2. καὶ οὐκ ἀφελεῖτε ἀπ' αὐτοῦ (8 *a*)
12. 32 (13. 1). οὐδὲ ἀφελεῖς ἀπ' αὐτοῦ (8 *a*)
Jo. 5. 8 (9). ἀφεῖλον τὸν ὀνειδισμὸν Αἰγ. ἀφ' ὑμῶν (7)
Jd. 21. 6. **A** ἀφῄρηται [**B** ἐξεκόπη] σήμερον φυλὴ μία (5)
I Ki. 5. 4. τὰ ἴχνη χειρῶν αὐτοῦ ἀφῃρημένα ἐπὶ τὰ ἐμπρόσθια (14 *a*)
7. 14. τὸ ὅριον 'Ισραὴλ ἀφείλαντο (21)
17. 26. **A** καὶ ἀφελεῖ ὀνειδισμὸν ἀπὸ 'Ισρ. (23 *b*)
— 36. ἀφελῶ σήμερον ὄνειδος ἐξ 'Ισρ. –
— 39. ἀφαιροῦσιν [**A** διαφέρουσιν] αὐτὰ ἀπ' αὐτοῦ (23 *b*)
— 46. ἀφελῶ τὴν κεφαλήν σου ἀπὸ σοῦ (23 *b*)
— 51. ἀφεῖλε [**A** *add.* ἐν αὐτῇ] τὴν κεφαλὴν αὐτοῦ (14 *a*)
21. 6 (7). ἄρτοι τοῦ προσώπου [**A** προφήτου] οἱ ἀφῃρημένοι ἐκ προσ. κυρίου (23 *c*)
24. 5. καὶ ἀφεῖλε τὸ πτερύγιον τῆς διπλοΐδος (14 *a*)
— 6. ὅτι ἀφεῖλε τὸ πτερύγιον τῆς διπλοΐδος αὐτοῦ (14 *a*)
— 12. ἐγὼ ἀφῄρηκα τὸ πτερύγιον [**A** *add.* τοῦ ἱματίου] (14 *a*)
30. 18. ἀφείλατο Δαυὶδ πάντα (21)
II Ki. 4. 7. **A R** ἀφαιροῦσι [**B** ἀναφ.] τὴν κεφαλὴν αὐτοῦ (23 *b*)
16. 9. ἀφελῶ τὴν κεφαλὴν αὐτοῦ (23 *b*)
20. 22. ἀφεῖλε τὴν κεφαλὴν Σαβεὲ υἱοῦ Βοχορὶ καὶ ἀφεῖλε (14 *a*, –)
III Ki. 15. 12. καὶ ἀφεῖλε τὰς τελετὰς ἀπὸ τῆς γῆς (26 *b*)
21 (20). 41. καὶ ἀφεῖλε τὸν τελαμῶνα ἀπὸ τῶν ὀφθ. (23 *a*)
IV Ki. 6. 32. ἀπέστειλεν . . . ἀφελεῖν τὴν κεφαλήν μου (23 *b*)
I Ch. 11. 23. ἀφείλατο [**S** -ετο] ἐκ τῆς χειρὸς τοῦ Αἰγ. τὸ δόρυ (6 *a*)
19. 4. ἀφεῖλε τῶν μανδυῶν αὐτῶν τὸ ἥμισυ (14 *a*)
I Es. 4. 30. ἀφαιροῦσαν τὸ διάδημα ἀπὸ τῆς κεφ.
Ju. 13. 8. ἀφεῖλε τὴν κεφαλὴν αὐτοῦ
— 9. ἀφεῖλε τὸ κωνωπεῖον ἀπὸ τῶν στύλων
14. 15. ἡ κεφαλὴ αὐτοῦ ἀφῄρητο ἀπ' αὐτοῦ
Es. 4. 4. καὶ ἀφελέσθαι αὐτοῦ τὸν σάκκον (23 *b*)
— 17. ἀφελομένη τὰ ἱμάτια τῆς δόξης αὐτῆς
8. 2. ὃν ἀφείλατο 'Αμάν [**A** S^3 τοῦ 'Α.] (26 *b*)
— 3. ἠξίου ἀφελεῖν τὴν 'Αμὰν κακίαν (26 *b*)
Jb. 1. 21. ὁ κύριος ἀφείλατο [B^2 -ετο] (15)
9. 21. πλὴν ἀφαιρεῖταί [**A** ὅτι ἀφῄρηταί] μου ἡ ζωή (16 ?)
19. 9. ἀφεῖλε δὲ στέφανον ἀπὸ κεφαλῆς μου (23 *a*)
22. 6. ἀμφίασιν δὲ γυμνῶν ἀφείλου (30)
24. 7. ἀμφίασιν δὲ ψυχῆς αὐτῶν ἀφείλαντο (1)
— 10. πεινώντων δὲ τὸν [**A** *om.*] ψωμὸν ἀφείλαντο (22)
Jb. 36. 7. οὐκ ἀφελεῖ ἀπὸ δικαίου ὀφθαλμοὺς αὐτοῦ (8 *a*)
38. 15. **R** ἀφεῖλες [**A** -λω, **B S** -λας] δὲ ἀπὸ ἀσεβῶν τὸ φῶς (18 *b*)
Ps. 75 (76). 12. τῷ φοβερῷ καὶ ἀφαιρουμένῳ πνεύματα ἀρχόντων (4)
Pr. 1. 19. τῇ γὰρ ἀσεβείᾳ τὴν ἑαυτῶν ψυχὴν ἀφαιροῦνται (15)
4. 16. ἀφῄρηται ὁ ὕπνος [**A** S^2 *add.* ἀπ'] αὐτῶν (6 *b*)
11. 30. ἀφαιροῦνται δὲ ἄωροι ψυχαὶ παρανόμων (15)
13. 18. ἀτιμίαν ἀφαιρεῖται παιδεία (29)
14. 35. τῇ δὲ ἑαυτοῦ εὐστροφίᾳ ἀφαιρεῖται ἀτιμίαν †
22. 9. τὴν μέντοι ψυχὴν ἀφαιρεῖται τῶν κεκτημένων –
24. 30 (30. 7). μὴ ἀφέλῃς μου χάριν (18 *a*)
26. 7. ἀφελοῦ πορείαν σκελῶν †
27. 13. ἀφελοῦ τὸ ἱμάτιον αὐτοῦ (15)
Ec. 2. 10. πᾶν . . . οὐκ ἀφεῖλον [**A** οὐχ ὑφεῖλον] ἀπ' αὐτῶν (3)
3. 14. ἀπ' αὐτοῦ οὐκ ἔστιν ἀφελεῖν (8 *a*)
Wi. 14. 15. πατὴρ τοῦ ταχέως ἀφαιρεθέντος τέκνου
18. 5. ἀφεῖλω [**A** -είλου] πλῆθος τέκνων
Si. 9. 13. ἵνα μὴ ἀφέληται [**A** ἀφέλῃ] τὴν ζωήν σου
31 (34). 22. ὁ ἀφαιρούμενος συμβίωσιν (**A S** ἐμβ.)
47. 11. κύριος [B^2 χριστὸς] ἀφεῖλε τὰς ἁμαρτ. αὐτοῦ
Ho. 2. 9 (11). καὶ ἀφελοῦμαι τὰ ἱμάτιά μου (21)
Mi. 2. 8. τοῦ ἀφελέσθαι ἐλπίδα συντριμμὸν πολέμου (26 *a*)
Za. 3. 5 (4). ἀφέλετε τὰ ἱμάτια τὰ ῥυπαρὰ ἀπ' αὐτοῦ (23 *b*)
— 5 (4). ἰδοὺ ἀφῄρηκα τὰς ἀνομίας σου (26 *b*)
10. 11. καὶ ἀφαιρεθήσεται πᾶσα ὕβρις 'Α. (12 *b*)
Is. 1. 16. ἀφέλετε τὰς πονηρίας ἀπὸ ψυχῶν ὑμῶν (23 *b*)
— 25. ἀφελῶ πάντας ἀνόμους ἀπὸ σοῦ (23 *b*)
3. 1. ἀφελεῖ ἀπὸ 'Ιερουσαλὴμ . . . ἰσχύοντα (23 *b*)
— 18. ἀφελεῖ κύριος τὴν δόξαν (23 *b*)
4. 1. ἄφελε τὸν ὀνειδισμὸν ἡμῶν (2)
5. 5. ἀφελῶ τὸν φραγμὸν αὐτοῦ (23 *b*)
— 8. ἵνα τοῦ πλησίον ἀφέλωνταί τι †
6. 7. ἀφελεῖ τὰς ἀνομίας σου (23 *a*)
7. 17. ἀφεῖλεν 'Εφραὶμ ἀπὸ 'Ιούδα τὸν βασ. τῶν 'Ασσ. (23 *a*)
— 20. τὸν πώγωνα ἀφελεῖ (25)
8. 8. ἀφελεῖ ἀπὸ τῆς 'Ιουδαίας ἄνθρωπον (11 ?)
9. 4 (3). ἀφῄρηται [**A** ἀφαιρεθήσεται] ὁ ζυγός –
— 14 (13). ἀφεῖλε κύριος ἀπὸ 'Ισραὴλ κεφαλήν (14 *b*)
10. 13. ἀφελῶ ὅρια ἐθνῶν (23 *b*)
— 27. ἀφαιρεθήσεται ὁ ζυγὸς αὐτοῦ (23 *a*)
11. 13. ἀφαιρεθήσεται ὁ ζῆλος [**A** ζυγὸς] 'Εφρ. (23 *a*)
14. 25. ἀφαιρεθήσεται . . . ὁ ζυγὸς αὐτῶν καὶ τὸ κῦδος . . . ἀφαιρεθήσεται (23 *a*, 23 *a*)
16. 2. ὡς πετεινοῦ ἀνιπταμένου νοσσὸς ἀφῃρημένος (35)
18. 5. ἀφελεῖ τὰ βοτρύδια . . . καὶ τὰς κληματίδας ἀφελεῖ (14 *a*, 23 *b*)
20. 2. ἄφελε τὸν σάκκον (31)
22. 17. ἀφελεῖ τὴν στολήν σου (28 ?)
— 19. ἀφαιρεθήσῃ ἐκ τῆς οἰκονομίας σου (10)
— 25. ἀφαιρεθήσεται καὶ πεσεῖται (5)
25. 8. ἀφεῖλε κύριος [**A** *om.*] ὁ θεὸς πᾶν δάκρυον (17)
— 8. τὸ ὄνειδος τοῦ λαοῦ ἀφεῖλε (23 *b*)
27. 9. ἀφαιρεθήσεται [**A S** *add.* ἡ] ἀνομία 'Ιακώβ (13)
— 9. ὅταν ἀφέλωμαι αὐτοῦ τὴν ἁμαρτίαν (23 *b*)
28. 18. μὴ καὶ ἀφέλῃ ὑμῶν τὴν διαθήκην (13)
30. 11. ἀφέλετε ἀφ' ἡμῶν (20)
— 11. ἀφέλετε ἀφ' ἡμῶν (34)
38. 14. ἀφείλατό μου τὴν ὀδύνην τῆς ψυχῆς †
40. 27. ὁ θεός μου τὴν κρίσιν ἀφεῖλε (26 *a*)
53. 11. βούλεται κύριος ἀφελεῖν ἀπὸ τοῦ πόνου †
58. 9. ἐὰν ἀφέλῃς ἀπὸ σοῦ σύνδεσμον (23 *b*)
Je. 6. 2. ἀφαιρεθήσεται τὸ ὕψος σου (9)
11. 15. ἀφελοῦσιν ἀπὸ σοῦ τὰς κακίας σου (26 *a*)
33 (26). 2. μὴ ἀφέλῃς ῥῆμα (8 *a*)
Ep. Je. 33. ἀπὸ τοῦ ἱματισμοῦ αὐτῶν ἀφελόμενοι οἱ ἱερεῖς
— 34. οὔτε καταστῆσαι βασιλέα δύνανται οὔτε ἀφελέσθαι
Ez. 21. 26 (31). ἀφείλου τὴν κίδαριν (23 *b*)
23. 25. μυκτῆράς σου καὶ ὦτά σου ἀφελοῦσι (23 *b*)

Ez. 26. 16. ἀφελοῦνται [A[1] καθελοῦσιν, A[2] ἐλοῦσιν] τὰς μίτρας ἀπὸ τῶν κεφαλῶν αὐτῶν (23 *b*)
36. 26. ἀφελῶ τὴν καρδίαν τὴν λιθίνην ἐκ τῆς σαρκὸς ὑμῶν (23 *b*)
44. 10. **A** οἵτινες ἀφείλαντο [**B** ἀφήλ.] ἀπ' ἐμοῦ (33)
45. 9. ἀδικίαν καὶ ταλαιπωρίαν ἀφέλεσθε (23 *b*)
48. 14. οὐδὲ ἀφαιρεθήσεται τὰ πρωτογεννήματα τῆς γῆς (26 *b*, 26 *a**)
Da. LXX. 4. 28. ἡ βασιλεία Βαβυλῶνος ἀφῄρηταί σου (27 *a*)
— 34. ἀφαιρῶν βασιλείαν βασιλέων –
9. 27. ἀφαιρεθήσεται ἡ ἐρήμωσις ἐν τῷ κατισχῦσαι †
Da. TH. 5. 20. ἡ τιμὴ ἀφῃρέθη ἀπ' αὐτοῦ (27 *b*)
I Ma. 2. 11. πᾶς ὁ κόσμος αὐτῆς ἀφῃρέθη
7. 47. τὴν κεφαλὴν Νικάνορος ἀφεῖλον [**A** -αν]
8. 30. βουλεύσωνται . . . προσθεῖναι ἢ ἀφελεῖν
— 30. ὃ ἐὰν προσθῶσιν ἢ ἀφέλωσιν ἔσται κύρια
11. 12. ἀφελόμενος αὐτοῦ τὴν θυγατέρα ἔδωκεν
— 17. ἀφεῖλε Ζαβδιὴλ . . . τὴν κεφαλὴν Ἀλεξάνδρου
II Ma. 1. 16. **R** τὰς κεφαλὰς ἀφελόντες [**A** *om.*]
14. 7. ἀφελόμενος τὴν προγονικὴν δόξαν
IV Ma. 10. 18. κἂν ἀφέλῃς τὸ τῆς φωνῆς ὄργανον
[**Aq.** II Ki. 7. 15 : Jb. 42. 2 : Pr. 19. 19 : Is. 36. 7.]
[**Sm.** I Ki. 25. 28 : II Ki. 7. 15 : Jb. 12. 20 : 42. 2 : Ps. 31 (32). 1, 5 : 75 (76). 13 : Is. 36. 7 : 58. 9 : Je. 48 (31). 33.]
[**Th.** II Ki. 7. 15 : 18. 3 : Jb. 42. 2 : Ps. 50 (51). 13 : Pr. 19. 19 : Is. 9. 14 (13) : 30. 29 : 36. 7 : 58. 9.]
[**Al.** Ex. 8. 8 (4).]
[**Quint.** Ps. 31 (32). 1 : Ho. 14. 3.]

ἀφαίρεμα. (1) מְלֵאָה (2) נְדָבָה (3) תְּנוּפָה (4) תְּרוּמָה

Ex. 29. 27. τὸν βραχίονα τοῦ ἀ. . . . ὃς ἀφῄρηται (4)
— 28. **A** ἔστι γὰρ ἀ. [**B** ἀφόρισμα] τοῦτο (4)
— 28. ἀ. ἔσται ἀπὸ τῶν υἱῶν Ἰσραὴλ . . . ἀ. κυρίῳ (4, 4)
35. 5. λάβετε παρ' ὑμῶν αὐτῶν ἀ. κυρίῳ (4)
— 21. ἤνεγκαν ἕκαστος . . . ἀ. [**A** *om.*] –
— 21. ἤνεγκαν ἀ. κυρίῳ (4)
— 23 (22). ὅσοι ἤνεγκαν ἀφαιρέματα [**A** -μα] χρυσίου κ. (3)
— 24. πᾶς ὁ ἀφαιρῶν τὸ ἀ. ἤνεγκαν ἀργύριον καὶ χαλκὸν τὰ ἀ. κυρίῳ (4, 4)
— 29. ἤνεγκαν οἱ υἱοὶ Ἰσραὴλ ἀ. κυρίῳ (2)
36. 3. πάντα τὰ ἀ. ἃ ἤνεγκαν οἱ υἱοὶ Ἰ. (4)
39. 2 (38. 25). ἀργυρίου ἀ. –
— 7 (38. 29). ὁ χαλκὸς τοῦ ἀ. (3)
— 12. τὸ δὲ λοιπὸν χρυσίον τοῦ ἀ. –
Le. 7. 4 (14). ἀ. κυρίῳ (4)
— 22 (32). τὸν βραχίονα . . . δώσετε ἀ. τῷ ἱερεῖ ἀπὸ τῶν θ. (4)
— 24 (34). τὸν βραχίονα τοῦ ἀ. (4)
8. 26 (27). ἀνήνεγκεν αὐτὰ ἀ. ἔναντι κυρίου (3)
9. 21. ἀφεῖλεν Ἀαρὼν ἀ. ἔναντι κυρίου (3)
10. 14, 15. τὸν βραχίονα τοῦ ἀ. (4)
14. 21. εἰς ἀ. ὥστε ἐξιλάσασθαι περὶ αὐτοῦ (3)
Nu. 6. 20. καὶ ἐπὶ τοῦ βραχίονος τοῦ ἀ. (4)
15. 19. ἀφελεῖτε ἀ. ἀφόρισμα κυρίῳ (4)
— 20. ἄρτον ἀφοριεῖτε ἀ. αὐτό· ὡς ἀ. ἀπὸ ἅλω (4, 4)
— 21. δώσετε κυρίῳ ἀ. εἰς τὰς γενεὰς ὑμῶν (4)
18. 19. πᾶν ἀ. τῶν ἁγίων ὅσα ἂν ἀφέλωσιν (4)
— 24. ὅσα ἂν ἀφορίσωσι κυρίῳ ἀ. (4)
— 26. ἀφελεῖτε ὑμεῖς ἀπ' αὐτοῦ ἀ. κυρίῳ (4)
— 27. λογισθήσεται ὑμῖν τὰ ἀ. ὑμῶν ὡς σῖτος ἀπὸ ἅλω καὶ ἀ. ἀπὸ ληνοῦ (4, 1)
— 28. οὕτως ἀφελεῖτε . . . ἀπὸ τῶν [**A** *om.*] ἀ. κυρίου (4)
— 28. δώσετε ἀπ' αὐτῶν ἀ. Ἀαρὼν τῷ ἱερεῖ (4)
— 29. ἀπὸ πάντων τῶν δομάτων ὑμῶν ἀφελεῖτε ἀ. κυρίῳ (4)
31. 41. ἔδωκε Μ. τὸ τέλος κυρίῳ τὸ ἀ. τοῦ θεοῦ (4)
— 52. πᾶν τὸ χρυσίον τὸ ἀ. ὃ ἀφεῖλον κυρίῳ (4)
Ez. 44. 30. καὶ τὰ ἀ. πάντα [**A** π. ὑμῶν] (4)
45. 15. ἀφαίρεμα ἐκ πασῶν τῶν πατριῶν τοῦ Ἰσραήλ †
I Ma. 15. 5. ἵστημί σοι πάντα τὰ ἀ. [**S**[1] ἀφέματα] ἃ ἀφῆκαν
— 5. **A** ὅσα ἄλλα ἀ. [**S R** δόματα] ἀφῆκάν σοι
[**Aq.** Ex. 25. 2 : II Ki. 1. 21 : Pr. 29. 4.]
[**Sm.** Ez. 20. 40.]
[**Th.** Pr. 29. 4 : Ez. 20. 40.]
[**Al.** Le. 7. 30 : 23. 17 : Nu. 6. 20.]

ἀφαίρεσις. (1) יוֹבֵל

Nu. 36. 4. **A** ἐὰν δὲ γένηται ἡ ἀ. [**B** ἄφεσις] τῶν υἱῶν Ἰσ. (1?)
Si. 41. 21. ἀπὸ ἀφαιρέσεως μερίδος καὶ δόσεως
III Ma. 1. 1. τὴν γενομένην τῶν . . . τόπων ἀφαίρεσιν ὑπὸ Ἀντ.

ἀφάλλεσθαι. (1) נָדַד poal. (2) רָחַק

Si. 36. 31 (28). **A S** λῃστῇ ἀφαλλομένῳ [**B** σφαλλ.] ἐκ πόλεως εἰς πόλιν
Na. 3. 17. ὁ ἥλιος ἀνέτειλε καὶ ἀφήλατο (1)
Ez. 44. 10. οἵτινες ἀφήλαντο [**A** ἀφείλ.] ἀπ' ἐμοῦ (2)

ἀφάνεια.

[**Th.** Ez. 23. 33.]

ἀφανής. (1) תּוֹעָה

Ne. 4. 8 (2). **R** καὶ ποιῆσαι αὐτὴν ἀφανῆ (1?)
Jb. 24. 20. ὥσπερ δὲ ὁμίχλη δρόσου ἀφανὴς ἐγένετο †
Si. 20. 30. σοφία κεκρυμμένη καὶ θησαυρὸς ἀ.
41. 14. σοφία δὲ κεκρυμμένη καὶ θησαυρὸς ἀ.
II Ma. 3. 34. ταῦτα δὲ εἰπόντες ἀφανεῖς ἐγένοντο
[**Sm.** Jb. 23. 8 : 24. 4 : Ps. 82 (83). 5.]
[**Al.** La. 4. 18.]

ἀφανίζειν. (1) אָבַד pi. (2) אַיִן (3) אָשַׁם *a.* qal. *b.* ni. (4) בָּעַר pi. (5) טָמָא pi. (6) גָּרַשׁ (7) *a.* חָבַל *b.* חֲבַל pa. (8) חָרַם hi. (9) יָשַׁם (10) כָּחַד ni. (11) כָּלָה (12) כָּרַת hi. (13) נָתַץ ni. (14) סוּף aph. (15) סָפָה (16) עָוַת pi. (17) צָמַת hi. (18) שָׁבַת hi. (19) שָׁחַת pi. (20) שָׁמַד *a.* ni. *b.* hi. *c.* שְׁמַד aph. (21) שָׁמֵם *a.* qal. *b.* ni. *c.* hi. *d.* po. *e.* שְׁמָמָה (22) הָרַג (23) הָמַם

Ex. 8. 9 (5). ἀφανίσαι τοὺς βατράχους ἀπὸ σοῦ (12)
12. 15. ἀφανιεῖτε ζύμην ἐκ τῶν οἰκιῶν ὑμῶν (18)
21. 29, 36. καὶ μὴ ἀφανίσῃ αὐτόν †
De. 7. 2. ἀφανισμῷ ἀφανιεῖς αὐτούς (8)
13. 5 (6). ἀφανιεῖς [**A** ἀφανιεῖτε] τὸν πονηρὸν ἐξ ὑμῶν (4)
19. 1. ἐὰν δὲ ἀφανίσῃ κ. ὁ θεός σου τὰ ἔθνη (12)
Jd. 21. 16. ἠφανίσθη ἀπὸ [**A** ἠφάνισται ἐκ τοῦ] Βενιαμ. γυνή (20 *a*)
I Ki. 24. 22. οὐκ ἀφανιεῖς τὸ ὄνομά μου (20 *b*)
II Ki. 21. 5. ἀφανίσωμεν αὐτὸν τοῦ μὴ ἑστάναι αὐτόν (20 *a*)
22. 38. καὶ ἀφανιῶ [**A** -ίσω] αὐτούς (20 *b*)
IV Ki. 10. 17. ἕως τοῦ ἀφανίσαι αὐτόν (20 *b*)
— 28. καὶ ἠφάνισεν Ἰοὺ τὸν Βάαλ ἐξ Ἰσρ. (20 *b*)
21. 9. ἃ ἠφάνισε κύριος ἐκ προσώπου υἱῶν Ἰσρ. (20 *b*)
I Es. 6. 33. ἀφανίσαι πάντα βασιλέα καὶ ἔθνος
II Es. 6. 12. ἀφανίσαι οἶκον θεοῦ (7 *b*)
Es. 3. 6. ἀφανίσαι πάντας τοὺς . . . Ἰουδαίους (20 *b*)
— 13. ἀφανίσαι τὸ γένος τῶν Ἰουδαίων (20 *b et* 22 *et* 1)
4. 17. μὴ ἀφανίσῃς στόμα [**S**[1] τὸ αἷμα] αἰνούντων σοι
— 17. καὶ ἀφανίσαι κληρονομίαν σου
9. 24. καθὼς ἔθετο ψήφισμα . . . ἀφανίσαι [**A S**[3] ἀπολέσαι] αὐτούς (1 *et* 23)
Jb. 2. 9. ἠφάνισταί σου τὸ μνημόσυνον ἀπὸ τῆς γῆς –
4. 9. ἀπὸ δὲ πνεύματος ὀργῆς αὐτοῦ ἀφανισθήσονται (11)
22. 20. εἰ μὴ ἠφανίσθη ἡ ὑπόστασις αὐτῶν (10)
39. 24. ὀργῇ ἀφανιεῖ τὴν γῆν (5)
Ps. 93 (94). 23. ἀφανιεῖ αὐτοὺς κ. ὁ θεὸς ἡμῶν (17)
145 (146). 9. ὁδὸν ἁμαρτωλῶν ἀφανιεῖ [**A** -ίσει] (16)
Pr. 10. 25. παραπορευομένης καταιγίδος ἀφανίζεται ἀσεβής (2)
12. 7. ἀσεβὴς ἀφανίζεται (2)
14. 11. οἰκίαι ἀσεβῶν ἀφανισθήσονται (20 *a*)
24. 33 (30. 10). μήποτε . . . ἀφανισθῇς (3 *a*)
Ca. 2. 15. ἀλώπεκας μικροὺς ἀφανίζοντας ἀμπελῶνας (7 *a*)
Wi. 3. 16. ἐκ παρανόμου κοίτης σπέρμα ἀφανισθήσεται
Si. 21. 18. ὡς οἶκος ἠφανισμένος οὕτως μωρῷ σοφία
45. 26. ἵνα μὴ ἀφανισθῇ τὰ ἀγαθὰ αὐτῶν
Ho. 2. 12 (14). καὶ ἀφανιῶ ἄμπελον αὐτῆς (21 *c*)
5. 15. ἕως οὗ ἀφανισθῶσι (3 *a*)
10. 2. νῦν ἀφανισθήσονται (3 *a*)
14. 1. ἀφανισθήσεται Σ. (3 *a*)
Am. 7. 9. ἀφανισθήσονται βωμοὶ τοῦ γέλωτος (21 *b*)
9. 14. οἰκοδομήσουσι πόλεις τὰς ἠφανισμένας (21 *b*)
Mi. 5. 14 (13). καὶ ἀφανιῶ τὰς πόλεις σου (20 *b*)
6. 13. ἀφανιῶ σε ἐν [**A** ἐπὶ] ταῖς ἁμαρτίαις σου (21 *c*)
— 15. καὶ ἀφανισθήσεται νόμιμα λαοῦ μου †
Jl. 1. 17. ἠφανίσθησαν θησαυροί (21 *b*)
— 18. τὰ ποίμνια τῶν προβάτων ἠφανίσθησαν [**A** -θη] (3 *b*)
2. 20. ἀφανιῶ [**S**[1] -ίσω] τὸ πρόσωπον αὐτοῦ εἰς τὴν θάλ. (21 *e*)
Hb. 1. 5. θαυμάσατε θαυμάσια καὶ ἀφανίσθητε –
Ze. 2. 9. καὶ ἠφανισμένη εἰς τὸν αἰῶνα (21 *e*)
3. 6. ἠφανίσθησαν γωνίαι αὐτῶν (21 *b*)
Za. 7. 14. ἡ γῆ ἀφανισθήσεται κατόπισθεν αὐτῶν (21 *b*)
Je. 4. 26. ἀπὸ προσώπου ὀργῆς θυμοῦ αὐτοῦ ἠφανίσθησαν (13?)
12. 4. ἠφανίσθησαν [**A** -νισας] κτήνη καὶ πετεινά (15)
— 11. δι' ἐμὲ ἀφανισμῷ ἠφανίσθη πᾶσα ἡ γῆ (21 *b*)
27 (50). 21. ἐκδίκησον, μάχαιρα, καὶ ἀφάνισον (8)
— 45. ἐὰν μὴ ἀφανισθῇ νομὴ ἀπ' αὐτῶν (21 *c*)
28 (51). 3. ἀφανίσατε πᾶσαν τὴν δύναμιν αὐτῆς (8)
29 (47). 4. ἀφανιῶ τὴν Τύρον (12)
Ba. 3. 19. ἠφανίσθησαν καὶ εἰς ᾅδου κατέβησαν
La. 1. 4. πᾶσαι αἱ πύλαι αὐτῆς ἠφανισμέναι (21 *a*)
— 13. ἔδωκέ με [**A** *add.* κύριος] ἠφανισμένην (21 *a*)
— 16. ἐγένοντο οἱ υἱοί μου ἠφανισμένοι (21 *a*)
3. 11. ἔθετό με ἠφανισμένην (21 *a*)
4. 5. **S R** οἱ ἔσθοντες τὰς τρυφὰς [**A B** τροφὰς] ἠφανίσθησαν (21 *b*)
5. 18. ἐπ' ὄρος Σιὼν ὅτι ἠφανίσθη (21 *a*)
Ez. 4. 17. ἀφανισθήσεται ἄνθρωπος καὶ ἀδελφὸς αὐτοῦ (21 *b*)
6. 6. τὰ ὑψηλὰ ἀφανισθήσεται [**A** -σονται] (9)
12. 19. ὅπως ἀφανισθῇ ἡ γῆ σὺν πληρώματι αὐτῆς (9)
14. 9. ἀφανιῶ αὐτὸν ἐκ μέσου τοῦ λαοῦ μου Ἰσραήλ (20 *b*)
19. 7. ἠφάνισε γῆν καὶ τὸ πλήρωμα αὐτῆς (9)
20. 26. ὅπως ἀφανίσω αὐτούς (21 *c*)
25. 3. ἐπὶ τὴν γῆν τοῦ Ἰσραὴλ ὅτι ἠφανίσθη (21 *b*)
30. 7. **A** ἐν μέσῳ χωρῶν ἠφανισμένων [**B** ἠρημωμένων] (21 *b*)
— 9. ἄγγελοι σπεύδοντες ἀφανίσαι τὴν Αἰθιοπίαν †
— 11. **A** ἀπεσταλμένοι ἀφανίσαι αὐτήν [**B** ἀπολέσαι γῆν] (19)
— 14. **A** ἀφανιῶ γῆν Παθουρῆς [**B** ἀπολῶ γῆν Φαθωρῆς] (21 *c*)
34. 25. ἀφανιῶ [**A** ἀπολῶ] θηρία πονηρὰ ἀπὸ τῆς γῆς (18)
36. 4. καὶ ταῖς ἐξηρημωμέναις [**A** καὶ ταῖς νάπαις ταῖς ἐρημωμέναις] καὶ ἠφανισμένοις [**A** -αις] (21 *a*)
— 5. ἀτιμάσαντες ψυχὰς τοῦ ἀφανίσαι ἐν προνομῇ (6)
— 34. ἡ γῆ ἠφανισμένη ἐργασθήσεται ἀνθ' ὧν ὅτι ἠφανισμένη ἐγενήθη (21 *b*, 21 *e*)
— 35. ἡ γῆ ἐκείνη ἠφανισμένη ἐγενήθη ὡς κῆπος τρυφῆς καὶ αἱ πόλεις αἱ ἔρημοι καὶ ἠφανισμέναι . . . ὀχυραὶ ἐκάθισαν (21 *b*, 21 *b*)
— 36. κατεφύτευσα τὰς ἠφανισμένας (21 *b*)
Da. LXX. 2. 44. πατάξει δὲ καὶ ἀφανίσει τὰς βασιλείας ταύτας (14)
8. 25. καὶ δόλῳ ἀφανιεῖ πολλούς (19)
11. 44. ἀφανίσαι καὶ ἀποκτεῖναι πολλούς (20 *b*)
Da. TH. 7. 26. τοῦ ἀφανίσαι καὶ τοῦ ἀπολέσαι (20 *c*)
11. 31. δώσουσι βδέλυγμα ἠφανισμένον (21 *d*)
— 44. τοῦ ἀφανίσαι [**A** *add.* καὶ τοῦ ἀναθεματίσαι] πολλούς (20 *b*)
I Ma. 9. 73. ἠφάνισε τοὺς ἀσεβεῖς ἐξ Ἰσραήλ
III Ma. 4. 14. στρεβλωθέντας δὲ ταῖς παρηγγελμέναις αἰκίαις τὸ τέλος ἀφανίσαι
5. 40. προστάσσων ἤδη τρίτον αὐτοὺς ἀφανίσαι
[**Aq.** Dt. 32. 10 : I Ki. 23. 19, 24 : 26. 1, 3 : Ps. 67 (68). 8 : 68 (69). 26 : Ca. 2. 15 : Is. 49. 8 : 54. 3 : 62. 4 : Je. 32 (39). 43 : 47 (29). 5 : 49. 2 (30. 2) : Ez. 6. 4.]
[**Sm.** Dt. 32. 10 : Ps. 73 (74). 3 : Is. 19. 5 : 37. 27 : 49. 8 : 54. 1, 3 : 62. 4 : Je. 32 (39). 43 : 49. 2 (30. 2) : Ez. 6. 4 : 7. 27 : Ho. 10. 14.]

[**Th.** Jb. 22. 20 : Is. 49. 8 : 54. 1 : 62. 4 : Ez. 6. 4 : 35. 15 : Da. 11. 44.]
[**Al.** Ge. 17. 14 : Jb. 22. 20 : Ps. 9. 26 (10. 5) : 45 (46). 10 : Je. 47 (29). 4.]

ἀφανισμός. (1) נַל (2) חֲבָל (3) חָרַם hi. (4) מְשׁוֹאָה (5) שָׁחַת hi. (6) שָׁמַד hi. (7) *a.* שַׁמָּה *b.* שְׁמָמָה *c.* שָׁמֵם qal. *d.* po. *e.* adj. *f.* שִׁמָּמוֹן

De. 7. 2. *ἀφανισμῷ ἀφανιεῖς αὐτούς* (3)
III Ki. 9. 7. *ἔσται Ἰσραὴλ εἰς ἀφανισμόν* †
13. 34. *ἐγένετο τὸ ῥῆμα τοῦτο . . . εἰς ἀφανισμόν* (6)
IV Ki. 22. 19. *τοῦ εἶναι εἰς ἀφανισμόν* (7 *a*)
II Ch. 29. 8. **AR** *εἰς ἔκστασιν καὶ εἰς ἀφανισμόν* [**B** *om.* *εἰς ἀ.*] (7 *a*)
36. 19. *καὶ πᾶν σκεῦος ὡραῖον εἰς ἀφανισμόν* (5)
II Es. 4. 22. *μή ποτε πληθυνθῇ ἀ.* (2)
Ju. 2. 27. *τὰ βουκόλια ἔδωκεν εἰς ἀφανισμόν*
4. 1. *ἔδωκεν αὐτὰ εἰς ἀφανισμόν*
— 12. *τὰς πόλεις τῆς κληρονομίας αὐ. εἰς ἀφανισμόν*
Es. 8. 13. *τοὺς . . . παραδεδομένους εἰς ἀφανισμὸν Ἰουδαίους*
Ho. 5. 9. *Ἐ. εἰς ἀφανισμὸν ἐγένετο* (7 *a*)
Mi. 1. 7. *πάντα τὰ εἴδωλα αὐ. θήσομαι εἰς ἀφανισμόν* (7 *b*)
6. 16. *ὅπως παραδῶ σε εἰς ἀφανισμόν* (7 *a*)
7. 13. *καὶ ἔσται ἡ γῆ εἰς ἀφανισμόν* (7 *b*)
Jl. 1. 7. *ἔθετο τὴν ἄμπελόν μου εἰς ἀφανισμόν* (7 *a*)
2. 3. *τὰ ὄπισθεν αὐτοῦ πεδίον ἀφανισμοῦ* (7 *b*)
3 (4). 19. *Αἴ. εἰς ἀφανισμὸν ἔσται κ. ἡ Ἰ. εἰς πεδίον ἀφανισμοῦ ἔσται* (7 *b*, 7 *b*)
Ze. 1. 13. *καὶ οἱ οἶκοι αὐ. εἰς ἀ.* (7 *b*)
— 15. *ἡμέρα ἀωρίας καὶ ἀφανισμοῦ* (4)
2. 4. *Ἀ.* [**A** *add.* *ἔσται*] *εἰς ἀφανισμόν* (7 *b*)
— 13. *θήσει τὴν Ν. εἰς ἀφανισμόν* (7 *b*)
3. 1 (2. 15). *πῶς ἐγενήθη εἰς ἀφανισμόν* (7 *a*)
Za. 7. 14. *ἔταξαν γῆν ἐκλεκτὴν εἰς ἀφανισμόν* (7 *a*)
Ma. 1. 3. *ἔταξα τὰ ὅρια αὐτοῦ εἰς ἀφανισμόν* (7 *b*)
Je. 9. 11 (10). *τὰς πόλεις Ἰούδα εἰς ἀφανισμὸν θήσομαι* (7 *b*)
10. 22. *τοῦ τάξαι τὰς πόλεις Ἰούδα εἰς ἀφανισμόν* (7 *b*)
12. 11. *ἐτέθη* [**A** *ἐγενήθη*] *εἰς ἀφανισμὸν ἀπωλείας* (7 *b*)
— 11. *δι᾽ ἐμὲ ἀφανισμῷ ἠφανίσθη πᾶσα ἡ γῆ* (7 *e*)
18. 16. *τοῦ τάξαι τὴν γῆν αὐτῶν εἰς ἀφανισμόν* (7 *a*)
19. 8. *εἰς ἀφανισμὸν καὶ εἰς συρισμόν* (7 *a*)
25. 9. *δώσω αὐτοὺς εἰς ἀφανισμόν* (7 *a*)
— 11. *ἔσται πᾶσα ἡ γῆ εἰς ἀφανισμόν* (7 *a*)
— 12. *θήσομαι αὐτοὺς εἰς ἀφανισμὸν αἰώνιον* (7 *b*)
26 (46). 19. *Μέμφις εἰς ἀφανισμὸν ἔσται* (7 *a*)
27 (50). 3. *θήσει τὴν γῆν αὐτῆς εἰς ἀφανισμόν* (7 *a*)
— 13. *ἔσται εἰς ἀφανισμὸν πᾶσα* [**A** *add.* *ἡ γῆ*] (7 *b*)
— 23. *πῶς ἐγενήθη εἰς ἀφανισμὸν Βαβυλών* (7 *a*)
28 (51). 26. *εἰς ἀφανισμὸν ἔσῃ εἰς τὸν αἰῶνα* (7 *b*)
— 29. *τοῦ θεῖναι τὴν γῆν Βαβυλῶνος εἰς ἀφανισμόν* (7 *a*)
— 37. *ἔσται Βαβυλὼν εἰς ἀφανισμόν* (1 *et* 7 *a*)
— 41. *πῶς ἐγένετο Βαβυλὼν εἰς ἀφανισμόν* (7 *a*)
— 62. *ἀ. εἰς τὸν αἰῶνα ἔσται* (7 *b*)
Ez. 4. 16. *ὕδωρ ἐν μέτρῳ καὶ ἐν ἀφανισμῷ πίονται* (7 *f*)
6. 14. *θήσομαι τὴν γῆν εἰς ἀφανισμὸν καὶ εἰς ὄλεθρον* (7 *b*)
7. 27. *ἄρχων* [**A** *ὁ ἄ.*] *ἐνδύσεται ἀφανισμόν* (7 *b*)
12. 19. *τὸ ὕδωρ αὐτῶν μετὰ ἀφανισμοῦ πίονται* (7 *f*)
— 20. *ἡ γῆ* [**A** *γῆ αὐτῆς*] *εἰς ἀφανισμὸν ἔσται* (7 *b*)
14. 8. *εἰς ἔρημον καὶ εἰς ἀφανισμόν* †
— 15. *ἔσται εἰς ἀφανισμόν* (7 *b*)
15. 8. *δώσω τὴν γῆν εἰς ἀφανισμόν* (7 *b*)
23. 33. *τὸ ποτήριον ἀφανισμοῦ ποτήριον ἀδελφῆς σου Σαμαρείας* [B^1 *om.* *Σαμ.*, **A** *π. τῆς ἀ. σου Σ. π. ἀφ.*] (7 *a et* 7 *b*)
29. 12. **A** *ἀφανισμὸς ἔσται* [**B** *τεσσαράκοντα ἔτη*] (7 *b*)
Da. TH. 9. 18. *ἴδε τὸν ἀ. ἡμῶν* (7 *c*)
— 26. *τάξει ἀφανισμοῖς* (7 *c*)
● — 27. **A** *ἕως πτερυγίου ἀπὸ ἀφανισμοῦ* (7 *d*)
● — 27. **A** *τάξει ἐπὶ ἀφανισμοῦ* (7 *c*)
II Ma. 5. 13. *καὶ γυναικῶν καὶ τέκνων ἀφανισμός*
III Ma. 5. 20. *ἐπὶ τὸν τῶν ἀθεμίτων Ἰουδαίων ἀ.*
— 38. *καθόπλισον εἰς τὴν αὔριον ἐπὶ τὸν τῶν Ἰουδαίων ἀ.*

[**Aq.** Dt. 28. 37 : Ps. 45 (46). 9 : Je. 2. 15 : 5. 30 : 9. 11 (10) : 48 (31). 34 : 51 (28). 26, 43.]
[**Sm.** Ps. 72 (73). 18 : Is. 34. 11 : 59. 10 : 61. 4 : Je. 2. 15 : 25. 18 (32. 4) : 48 (31). 16, 34 : 51 (28). 26, 43 : Ez. 29. 12.]
[**Th.** Je. 29 (36). 18 : 51 (28). 43 : Ez. 5. 15 : 23. 33 : 29. 12 : Da. 9. 26.]
[**Al.** IV Ki. 23. 13 : Da. 9. 27 *bis.*]

ἀφάπτειν. (1) נָגַע (2) קָשַׁר

De. 6. 8. *ἀφάψεις αὐτὰ εἰς σημεῖον* (2)
11. 18. *ἀφάψετε αὐτὰ εἰς σημεῖον* (2)
Jd. 20. 34. **A** *ἀφῆπται αὐτῶν* [**B** *φθάνει ἐπ᾽ αὐτοὺς*] *ἡ κακία* (1)
Pr. 3. 3. *ἄφαψαι δὲ αὐτὰς ἐπὶ σῷ τραχήλῳ* (2)
6. 21. *ἄφαψαι δὲ αὐτοὺς ἐπὶ σῇ ψυχῇ διὰ παντός* (2)

[**Sm. Th.** Pr. 7. 3.]

ἀφάρπαξ.

[**Al.** Le. 11. 19.]

ἀφᾶσθαι (? **ἀφῆσθαι**).

[**Aq.** Is. 53. 4.]

ἀφασία.

II Ma. 14. 17. *διὰ τὴν αἰφνίδιον τῶν ἀντιπάλων ἀφασίαν*

ἀφεγγής.

Wi. 17. 3. *ἀφεγγεῖ λήθης παρακαλύμματι*

ἄφεδρος. (1) דָּוָה (2) נִדָּה

Le. 12. 2. *κατὰ τὰς ἡμέρας τοῦ χωρισμοῦ τῆς ἀ. αὐτῆς* (1)
— 5. *κατὰ τὴν ἄ.* (2)
15. 19. *ἑπτὰ ἡμέρας ἔσται* [**A** *ἔστω*] *ἐν τῇ ἀ. αὐτῆς* (2)
— 20. *πᾶν ἐφ᾽ ὃ ἂν κοιτάζηται ἐπ᾽ αὐτὸ ἐν τῇ ἀ. αὐτῆς* (2)
— 25. *οὐκ ἐν καιρῷ τῆς ἀ. αὐτῆς ἐὰν καὶ ῥέῃ μετὰ τὴν ἄ. αὐτῆς* (2, 2)
— 25. *καθάπερ αἱ ἡμέραι τῆς ἀ.* (2)
— 26. *κατὰ τὴν κοίτην τῆς ἀ.* (2)
— 26. *κατὰ τὴν ἀκαθαρσίαν τῆς ἀ.* (2)
— 33. *τῇ αἱμορροούσῃ ἐν τῇ ἀ. αὐτῆς* (2)
Ez. 18. 6. *πρὸς γυναῖκα ἐν ἀφέδρῳ οὖσαν οὐ προσεγγιεῖ* (2)
36. 17. **A** *κατὰ τὴν ἀκαθαρσίαν τῆς ἀφέδρου* [**B** *ἀποκαθημένης*] (2)

[**Sm.** Is. 30. 22.]
[**Th.** II Ki. 11. 4.]

ἀφειδῶς. (1) לֹא חָשַׂךְ

Pr. 21. 26. *ὁ δὲ δίκαιος . . . οἰκτείρει ἀ.* (1)
II Ma. 5. 6. *ἐποιεῖτο σφαγὰς τῶν πολιτῶν τῶν ἰδίων ἀ.*
— 12. *ἐκέλευσε . . . κόπτειν ἀ. τοὺς ἐμπίπτοντας*
III Ma. 6. 8. *τόν τε βυθοτρεφοῦς ἐν γαστρὶ κήτους Ἰωνὰν τηκόμενον ἀ.*

ἀφέκ.

[**Th.** Ez. 27. 16.]

ἀφέλκειν.

[**Aq.** Jb. 5. 5.]

ἄφεμα.

I Ma. 10. 28. *ἀφήσομεν ὑμῖν ἀ. πολλά*
13. 37. *τοῦ ἀφεῖναι ὑμῖν ἀφέματα*
15. 5. S^1 *πάντα τὰ ἀ.* [**A** S^2 **R** *ἀφαιρέματα*] *ἃ ἀφῆκαν*

ἄφεσις. (1) אָפִיק (2) אֶפֶס (3) דְּרוֹר (4) הֲנָחָה (5) חָפְשִׁי (6) יוֹבֵל (7) נָפַץ pi. (8) עֲזָאזֵל (9) פֶּלֶג (10) שִׁלּוּחִים (11) שָׁמַט **ἄφεσιν ποιεῖν** *a.* qal. *b.* hi. *c.* שְׁמִטָּה (12) **ἐνιαυτὸς ἀφέσεως** יוֹבֵל (13) **ἀφέσεως σημασία** יוֹבֵל

Ex. 18. 2. *μετὰ τὴν ἄ. αὐτῆς* (10)
23. 11. *τῷ δὲ ἑβδόμῳ* [**A** *add.* *ἔτει*] *ἄφεσιν ποιήσεις* (11 *a*)
Le. 16. 26. *τὸν χίμαρον τὸν διεσταλμένον εἰς ἄφεσιν* (8)
25. 10. *διαβοήσετε ἄφεσιν ἐπὶ τῆς γῆς πᾶσι τοῖς κατ.* (3)
Le. 25. 10. *ἐνιαυτὸς ἀφέσεως σημασία αὕτη ἔσται ὑμῖν* (12)
— 11. *ἀφέσεως σημασία αὕτη* (13)
— 12. *ὅτι ἀφέσεως σημασία ἐστίν* (13)
— 13. **R** *ἐν τῷ ἔτει τῆς ἀ. σημασίας αὐτῆς* [**A** B^1 *aliter*] (13)
— 28. **R** *ἕως τοῦ ἕκτου ἔτους τῆς ἀ. καὶ ἐξελεύσεται ἐν* [**A B** *om.*] *τῇ ἀ.* [**A** *τὴν ἀ.*] (6, 6)
— 30. *οὐκ ἐξελεύσεται ἐν τῇ ἀ.* (6)
— 31. *ἐν τῇ ἀ. ἐξελεύσονται* (6)
— 33. *ἐξελεύσεται ἡ διάπρασις . . . ἐν τῇ ἀ.* (6)
— 40. *ἕως τοῦ ἔτους τῆς ἀ. ἐργᾶται παρὰ σοί* (6)
— 41. *καὶ ἐξελεύσεται τῇ ἀ.* †
— 50. *ἕως τοῦ ἐνιαυτοῦ τῆς ἀ.* (6)
— 52. *ἀπὸ τῶν ἐτῶν εἰς τὸν ἐνιαυτὸν τῆς ἀ.* (6)
— 54. *ἐξελεύσεται ἐν τῷ ἔτει* [**A** *ἐνιαυτῷ*] *τῆς ἀ.* (6)
27. 17. *ἀπὸ τοῦ ἐνιαυτοῦ τῆς ἀ.* (6)
— 18. *ἔσχατον μετὰ τὴν ἄ.* (6)
— 18. *ἕως εἰς τὸν ἐνιαυτὸν τῆς ἀ.* (6)
— 21. *ἐξεληλυθυίας τῆς ἀ.* (6)
— 23. *ἐκ τοῦ ἐνιαυτοῦ τῆς ἀ.* (6)
— 24. *ἐν τῷ ἐνιαυτῷ τῆς ἀ.* (6)
Nu. 36. 4. *ἐὰν δὲ γένηται ἡ ἄ.* [**A** *ἀφαίρεσις*] *τῶν υἱῶν Ἰσραήλ* (6)
De. 15. 1. *δι᾽ ἑπτὰ ἐτῶν ποιήσεις ἄφεσιν* (11 *c*)
— 2. *καὶ οὕτω τὸ πρόσταγμα τῆς ἀ.* (11 *c*)
— 2. *ἐπικέκληται γὰρ ἡ ἄ. κυρίῳ τῷ θεῷ σου* (11 *c*)
— 3. **AR** *τῷ δὲ ἀδελφῷ* [**B** *τοῦ ἀ.*] *σου ἄφεσιν ποιήσεις τοῦ χρέους* (11 *b*)
— 9. *ἐγγίζει τὸ ἔτος τὸ ἕβδομον ἔτος τῆς* [**A** *om.*] *ἀ.* (11 *c*)
31. 10. *ἐν καιρῷ ἐνιαυτοῦ ἀφέσεως* (11 *c*)
II Ki. 7. 14. **A** *ἐν ἀφέσει* [**B** *ἀφαῖς*] *υἱῶν ἀνθρώπων* †
22. 16. *καὶ ὤφθησαν ἀφέσεις θαλάσσης* (1)
I Es. 4. 62. *ὅτι ἔδωκεν αὐτοῖς ἄνεσιν καὶ ἄφεσιν*
Ju 11. 14. *τοὺς μετοικίσαντας αὐτοῖς τὴν ἄ.*
Es. 2. 18. *ἄφεσιν ἐποίησε τοῖς ὑπὸ τὴν βασιλείαν αὐτοῦ* (4)
Jl. 1. 20. *ἐξηράνθησαν ἀφέσεις ὑδάτων* (1)
3 (4). 18. *πᾶσαι αἱ ἀ. Ἰ. ῥυήσονται ὕδατα* (1)
Is. 58. 6. *ἀπόστελλε τεθραυσμένους ἐν ἀφέσει* (5)
61. 1. *κηρῦξαι αἰχμαλώτοις ἄφεσιν* (3)
Je. 41 (34). 8. *τοῦ καλέσαι ἄφεσιν* (3)
— 15. *τοῦ καλέσαι ἄφεσιν ἕκαστον τοῦ* [**A** *-τος τῷ*] *πλησίον αὐτοῦ* (3)
— 17. *τοῦ* [**A S** *om.*] *καλέσαι ἄφεσιν* (3)
— 17. *καλῶ ἄφεσιν ὑμῖν εἰς μάχαιραν* (3)
La. 3. 48. *ἀφέσεις ὑδάτων κατάξει ὁ ὀφθαλμός μου* (9)
Ez. 46. 17. *ἔσται αὐτῷ ἕως τοῦ ἔτους τῆς ἀ.* (3)
47. 3. *διῆλθεν ἐν τῷ ὕδατι ὕδωρ ἀφέσεως* (2 ?)
Da. LXX. 12. 7. *ἡ συντέλεια χειρῶν ἀφέσεως λαοῦ ἁγίου* (7 ?)
I Ma. 10. 34. *πᾶσαι αἱ ἡμέραι ἀτελείας καὶ ἀφέσεως*
13. 34. *τοῦ ποιῆσαι ἄφεσιν τῇ χώρᾳ*

[**Th.** Ez. 34. 13.]
[**Al.** Le. 25. 15.]
[**Quint.** Ps. 125 (126). 4.]

ἀφέστιος.

Si. 37. 11. *μετὰ μισθίου ἀφεστίου* [**A** S^2 *ἀπαιτίου*, S^1**R** *ἐφεστ.*] *περὶ συντελείας*

ἄφετος.

[**Aq.** Is. 35. 9.]

ἀφεύκτως.

III Ma. 7. 9. *θεὸν ὕψιστον ἀντικείμενον ἡμῖν . . . ἀ. διὰ παντὸς ἕξομεν*

ἀφή. (1) נֶגַע

Le. 13. 2. *ἐν δέρματι χρωτὸς αὐτοῦ ἁ. λέπρας* (1)
— 3. *τὴν ἁ. ἐν δέρματι τοῦ χρωτὸς αὐ.* (1)
— 3. *καὶ ἡ θρὶξ ἐν τῇ ἁ. μεταβάλῃ λευκὴ καὶ ἡ ὄψις τῆς ἁ. ταπεινὴ ἀπὸ τοῦ δέρματος τοῦ χρωτὸς ἁ. λέπρας ἐστί* (1 *ter*)
— 4. *ἀφοριεῖ ὁ ἱερεὺς τὴν ἁ. ἑπτὰ ἡμέρας* (1)
— 5. *ὄψεται ὁ ἱερεὺς τὴν ἁ. τῇ ἡμέρᾳ τῇ ἑβδ. καὶ ἰδοὺ ἡ ἁ. μένει ἐναντίον αὐτοῦ οὐ μετέπεσεν ἡ ἁ. ἐν τῷ δέρμ.* (–, 1, 1)
— 6. *καὶ ἰδοὺ ἀμαυρὰ ἡ ἁ. οὐ μετέπεσεν ἡ ἁ. ἐν τῷ δέρμ.* (1, 1)
— 9. *καὶ ἁ. λέπρας ἐὰν γένηται ἐν ἀνθρώπῳ* (1)
— 12. *καλύψῃ ἡ λέπρα πᾶν τὸ δέρμα τῆς ἁ.* (1)
— 13. *καθαριεῖ αὐτὸν ὁ ἱερεὺς τὴν ἁ.* (1)

Le. 13. 17. καὶ ἰδοὺ μετέβαλεν ἡ ἁ. εἰς τὸ λευκὸν καὶ καθαριεῖ ὁ ἱερεὺς τὴν ἁ. (1, 1)
— 22. ἁ. λέπρας ἐστὶν ἐν τῷ ἕλκει ἐξήνθησεν (1)
— 25. ἁ. λέπρας ἐστίν (1)
— 27. ἁ. λέπρας ἐστὶν ἐν τῷ ἕλκει ἐξήνθησεν (1)
— 29. ἐὰν γένηται ἐν αὐτοῖς ἁ. λέπρας (1)
— 30. καὶ ὄψεται ὁ ἱερεὺς τὴν ἁ. (1)
— 31. A ἐὰν ἴδῃ ὁ ἱερεὺς τὴν ἁ. τοῦ τραύμ. [B θραύσμ.] (1)
— 31. ἀφοριεῖ ὁ ἱερεὺς τὴν ἁ. τοῦ θραύσμ. [A τραύμ.] (1)
— 32. ὄψεται ὁ ἱερεὺς τὴν ἁ. τῇ ἡμέρᾳ τῇ ἑβδ. (1)
— 42. ἁ. λευκὴ ἢ πυρρίζουσα (1)
— 43. ἡ ὄψις τῆς ἁ. λευκὴ ἢ πυρρίζουσα (1)
— 44. ἐν τῇ κεφαλῇ αὐτοῦ ἡ ἁ. αὐτοῦ (1)
— 45. ὁ λεπρὸς ἐν ᾧ ἐστιν ἡ ἁ. (1)
— 46. R ὅσας ἂν ᾖ ἐπ᾽ αὐτοῦ ἡ ἁ. (1)
— 47. ἐὰν γένηται ἁ. ἐν αὐτῷ λέπρας (1)
— 49. γενήται ἡ ἁ. χλωρίζουσα (1)
— 49. ἁ. λέπρας ἐστί (1)
— 50. ὄψεται ὁ ἱερεὺς τὴν ἁ. καὶ ἀφοριεῖ ὁ ἱερεὺς τὴν ἁ. ἑπτὰ ἡμ. (1, 1)
— 51. ὄψεται ὁ ἱερεὺς τὴν ἁ. τῇ ἡμέρᾳ τῇ ἑβδ. ἐὰν δὲ διαχέηται ἡ ἁ. ἐν τῳ ἱμ. (1, 1)
— 51. λέπρα ἔμμονός ἐστιν ἡ ἁ. (1)
— 52. ἐν ᾧ ἐὰν ᾖ [A ἐὰν γένηται] ἐν αὐτῷ ἡ ἁ. (1)
— 53. καὶ μὴ διαχέηται ἡ ἁ. ἐν τῷ ἱμ. (1)
— 54. ἐφ᾽ οὗ ἐὰν ᾖ ἐπ᾽ αὐτοῦ ἡ ἁ. καὶ ἀφοριεῖ ὁ ἱερεὺς τὴν ἁ. ἑπτὰ ἡμ. (1, –)
— 55. καὶ ὄψεται ὁ ἱερεὺς μετὰ τὸ πλυθῆναι αὐτὸ [A αὐτοῦ] τὴν ἁ. καὶ ἥδε μὴ μετέβαλεν ἡ ἁ. τὴν ὄψιν ἡ ἁ. οὐ διαχεῖται (1 *ter*)
— 56. καὶ ᾖ ἀμαυρὰ ἡ ἁ. (1)
— 57. ἐν πυρὶ κατακαυθήσεται ἐν ᾧ ἐστιν ἡ ἁ. (1)
— 58. καὶ ἀποστήσεται ἀπ᾽ αὐτοῦ ἡ ἁ. (1)
— 59. οὗτος ὁ νόμος ἁφῆς [A ἁφὴ] λέπρας ἱμ. (1)
14. 3. ἴαται ἡ ἁ. τῆς λέπρας ἀπὸ τοῦ λεπροῦ (1)
— 32. ἐν ᾧ ἐστιν ἡ ἁ. τῆς [A *om.*] λέπρας (1)
— 34. δώσω ἁφὴν λέπρας ἐν ταῖς οἰκίαις (1)
— 35. ὥσπερ ἁφὴ ἑώραταί μου (1)
— 36. R τὸν ἱερέα ἰδεῖν τὴν ἁ. [A B οἰκίαν] (1)
— 37. καὶ ὄψεται τὴν ἁ. (1)
— 37. R καὶ ἰδοὺ ἡ ἁ. [A B *om.* κ. ἰ. ἡ ἁ.] ἐν τοῖς τοίχοις (1)
— 39. A B οὐ [R *om.*] διεχύθη ἡ ἁ. (1)
— 40. ἐν οἷς ἐστιν ἡ ἁ. (1)
— 43. ἐὰν δὲ ἐπέλθῃ πάλιν ἁ. (1)
— 44. εἰ διακέχυται ἡ ἁφὴ ἐν τῇ οἰκίᾳ (1)
— 48. A B οὐ [R *om.*] διαχύσει οὐ διαχεῖται ἡ ἁ. (1)
— 48. ὅτι ἰάθη ἡ ἁ. (1)
— 54. οὗτος ὁ νόμος κατὰ πᾶσαν ἁ. λέπρας (1)
De. 17. 8. ἀνὰ μέσον ἁφὴ ἁφῆς (1, 1)
21. 5. πᾶσα ἀντιλογία καὶ πᾶσα ἁ. (1)
24. 8. πρόσεχε σεαυτῷ ἐν τῇ ἁ. τῆς λέπρας (1)
II Ki. 7. 14. ἐλέγξω αὐτὸν . . . ἐν ἁφαῖς [A ἀφέσει] υἱῶν ἀνθρώπων (1)
III Ki. 8. 38. ὡς ἂν γνῶσιν ἕκαστος ἁφὴν καρδίας αὐ. (1)
II Ch. 6. 29. ἐὰν γνῷ ἄνθρωπος τὴν ἁ. αὐτοῦ (1)
Ec. 6. 3. S καί γε ἁφὴ [A B ταφὴ] οὐκ ἐγένετο αὐτῷ †
Je. 31 (48). 9. ἁφῇ ἀφθήσεται [A ἀναφ.] †
[**Aq.** Ge. 12. 17: Ex. 11. 1: Ps. 88 (89). 33: 90 (91). 10.]
[**Sm.** Ex. 11. 1: Ps. 90 (91). 10: Is. 53. 4.]
[**Al.** Le. 13. 2.]

ἀφηγεῖσθαι. (1) נָבִיא (2) נָשִׂיא (3) פֶּחָה (4) רֶגֶל (5) שַׂר (6) תְּחִלָּה

Ex. 11. 8. ἔξελθε . . . οὗ σὺ ἀφηγῇ (4)
Jd. 1. 1. ἀφηγούμενος τοῦ πολεμῆσαι (6)
20. 18. A τίς ἀναβήσεται ἡμῖν ἀφηγούμενος [B ἐν ἀρχῇ] (6)
— 18. Ἰούδας ἐν ἀρχῇ [A *om.* ἐν ἀ.] ἀναβήσεται ἀφηγούμ. (6)
I Es. 6. 12. τοὺς ἀνθρώπους τοὺς ἀφηγουμένους
II Es. 6. 7. A R οἱ ἀφηγούμενοι τῶν Ἰουδαίων (3)
Ez. 11. 1. τοὺς ἀφηγουμένους τοῦ λαοῦ (5)
12. 10. καὶ ὁ ἀφηγούμενος ἐν [A τῷ ἀφ.] Ἱερ. †
21. 12 (17). αὕτη ἐν πᾶσι τοῖς ἀφηγουμένοις τοῦ Ἰσρ. (2)
— 25 (30). καὶ σύ, βέβηλε, ἄνομε, ἀφηγούμενε τοῦ Ἰσρ. (2)
22. 6. ἰδοὺ οἱ ἀφηγούμενοι οἴκου Ἰσρ. (2)
Ez. 22. 25. ἧς οἱ ἀφηγουμένοι ἐν μέσῳ αὐτῆς (1 ?)
45. 8. οὐ καταδυναστεύσουσιν οὐκέτι οἱ ἀφηγούμ. τοῦ Ἰσρ. (2)
— 9. οἱ ἀφηγούμενοι τοῦ Ἰσραήλ (2)
— 16. δώσει τὴν ἀπαρ ἣν ταύτην τῷ ἀφηγουμ. τοῦ Ἰσρ. (2)
— 17. διὰ τοῦ ἀφηγουμ. ἔσται τὰ ὁλοκαυτώμ. (2)
— 22. ποιήσει ὁ ἀφηγούμ. . . . ὑπὲρ αὐτοῦ (2)
46. 2. εἰσελεύσεται ὁ ἀφηγούμενος (2)
— 4. τὰ ὁλοκαυτώμ. [A τὸ ὁ.] προσοίσει ὁ ἀφηγούμ. τῷ κ. (2)
— 8. ἐν τῷ εἰσπορεύεσθαι τὸν ἀφηγούμενον (2)
— 10. ὁ ἀφηγούμενος ἐν μέσῳ αὐτῶν (2)
— 12. ἐὰν δὲ ποιήσῃ ὁ ἀφηγούμενος ὁμολογίαν (2)
— 16. ἐὰν δῷ ὁ ἀφηγούμενος δόμα (2)
— 17. καὶ ἀποδώσει τῷ ἀφηγουμένῳ (2)
— 18. οὐ μὴ λάβῃ ὁ ἀφηγούμ. ἐκ τῆς κληρον. τοῦ λαοῦ (2)
48. 21. τὸ δὲ περισσὸν τῷ ἀφηγουμένῳ [A τοῦ ἀφ.] ἐκ τούτου (2)
— 21. ἐχόμενα τῶν μερίδων τοῦ ἀφηγουμένου (2)
— 22. ἐν μέσῳ τῶν ἀφηγουμένων ἔσται (2)
— 22. τῶν ἀφηγουμένων ἔσται (2)
II Ma. 10. 29. καὶ ἀφηγούμενοι τῶν Ἰουδαίων οἱ δύο
14. 6. ὧν ἀφηγεῖται Ἰούδας ὁ Μακκαβαῖος
IV Ma. 4. 18. ἐπέτρεψεν αὐτῷ καὶ ἀρχιερᾶσθαι καὶ τοῦ ἔθνους ἀ.
12. 5. τῶν ἐπὶ τῆς βασιλείας ἀφηγήσῃ πραγμάτων
[**Aq. Sm. Th.** Ez. 12. 10.]

ἀφήγημα.

IV Ma. 14. 6. συμφώνως τοῖς τῆς ψυχῆς ἀ. κινοῦνται

ἀφθάρ.

[**Aq.** Je. 51 (28). 27.]

ἀφθαρσία.

Wi. 2. 23. ὁ θ. ἔκτισε τὸν ἄνθρ. ἐπ᾽ ἀφθαρσίᾳ
6. 19. προσοχὴ δὲ νόμων βεβαίωσις ἀφθαρσίας ἀφθαρσία δὲ ἐγγὺς εἶναι ποιεῖ θεόν
IV Ma. 9. 22. μετασχηματιζόμενος εἰς ἀφθαρσίαν
● 17. 12. τὸ νῖκος ἀ. [A ἐν ἀ.] ἐν ζωῇ πολυχρονίῳ
[**Sm.** Ps. 74 (75). 1.]

ἄφθαρτος.

Wi. 12. 1. τὸ γὰρ ἄ. σου πνεῦμά ἐστιν ἐν πᾶσιν
18. 4. τὸ ἄ. νόμου φῶς

ἄφθογγος.

[**Sm.** Jb. 21. 5.]

ἄφθονος.

III Ma. 5. 2. ἀγριωθέντας τῇ τοῦ πόματος ἀφθόνῳ χορηγίᾳ
IV Ma. 3. 10. καίπερ ἀφθόνους ἔχων πηγάς

ἀφθόνως.

Wi. 7. 13. ἀ. τε μεταδίδωμι

ἀφθορία. (1) שִׁדָּפוֹן

Hg. 2. 18 (17). A ἐπάταξα ὑμᾶς ἐν ἀ. [B ἀφορίᾳ, S^1 ἀπορίᾳ] (1)

ἄφθορος. (1) בְּתוּלָה

Es. 2. 2. κοράσια ἄ. [S^1 ἄφωρα ?] καλὰ τῷ εἴδει (1)

ἀφίειν, ἀφιέναι. (1) חָדַל (2) יָצָא (3) כָּפַר pu. (4) נוּחַ *a.* qal. *b.* hi. (5) נָטַשׁ (6) נָשָׂא (7) נָתַן (8) סָלַח *a.* qal. *b.* ni. *c.* סְלִיחָה (9) עָזַב *a.* qal. *b.* pu. (10) פָּתַח pi. (11) קָלַל hi. (12) רָפָה hi. (13) שְׁבַק (14) שָׁלַח pi. (15) שָׁמַט (16) שָׁעָה

Ge. 4. 13. μείζων . . . τοῦ ἀφεθῆναί με (6)
18. 26. R ἀφήσω ὅλην τὴν πόλιν [A *om.* ὅλ. τ. π.] (6)
20. 6. οὐκ ἀφῆκά σε ἅψασθαι αὐτῆς (7)
35. 18. ἐν τῷ ἀφιέναι αὐτὴν τὴν ψυχήν (2)
42. 33. ἀδελφὸν ἕνα ἄφετε ὧδε μετ᾽ ἐμοῦ (4 *b*)
45. 2. καὶ ἀφῆκε φωνὴν μετὰ κλαυθμοῦ (7)
50. 17. ἄφες αὐτοῖς τὴν ἀδικίαν (6)
Ex. 9. 21. ἀφῆκε τὰ κτήνη ἐν τοῖς πεδίοις [A τῷ πεδίῳ] (9 *a*)
12. 23. οὐκ ἀφήσει τὸν ὀλοθρεύοντα εἰσελθεῖν (7)
22. 5 (4). καὶ ἀφῇ τὸ κτῆνος αὐτοῦ καταβοσκῆσαι (14)
Ex. 32. 32. εἰ μὲν ἀφεῖς αὐτοῖς τὴν ἁμαρτίαν αὐτῶν [A *om.*] ἄφες (6, –)
Le. 4. 20. ἀφεθήσεται αὐτοῖς ἡ ἁμαρτία (8 *b*)
— 26, 31, 35. καὶ ἀφεθήσεται αὐτῷ (8 *b*)
5. 6. καὶ ἀφεθήσεται αὐτῷ ἡ ἁμαρτία –
— 10, 13, 16, 18; 6. 6 (5. 26). καὶ ἀφεθήσεται αὐτῷ (8 *b*)
16. 10. ἀφήσει αὐτὸν εἰς τὴν ἔρημον –
19. 22. ἀφεθήσεται αὐτῷ ἡ ἁμαρτία (8 *b*)
Nu. 14. 19. ἄφες τὴν ἁμαρτίαν τῷ λαῷ τούτῳ (8 *a*)
15. 25. ἀφεθήσεται αὐτοῖς (8 *b*)
— 26. ἀφεθήσεται κατὰ πᾶσαν συναγωγήν [A πᾶσα ἡ σ.] (8 *b*)
— 28. A καὶ ἀφεθήσεται αὐτῷ (8 *b*)
22. 13. οὐκ ἀφίησί με ὁ θεὸς πορεύεσθαι (7)
De. 15. 2. ἀφήσεις πᾶν χρέος ἴδιον (15)
26. 10. A R ἀφήσεις αὐτὸ ἔναντι κυρίου (4 *b*)
Jo. 10. 19. μὴ ἀφῆτε [A *add.* αὐτοὺς] εἰσελθεῖν εἰς τὰς πόλεις (7)
Jd. 1. 34. ὅτι οὐκ ἀφῆκαν [A -κεν] αὐτὸν καταβῆναι (7)
2. 21. ἀφῆκε τοῦ πειρᾶσαι ἐν αὐτοῖς τὸν Ἰσρ. †
— 23. ἀφήσει [A ἀφῆκε] κύριος τὰ ἔθνη ταῦτα (4 *b*)
3. 1. ταῦτα τὰ ἔθνη ἃ [A *om.*] ἀφῆκε κύριος [A Ἰησοῦς] (4 *b*)
— 28. οὐκ ἀφῆκεν [A -καν] ἄνδρα διαβῆναι (7)
9. 9. A ἀφεῖσα τὴν πιότητά μου [B *al.*] (1)
— 11. A ἀφεῖσα τὴν γλυκύτητα [B *al.*] (1)
— 13. A ἀφεῖσα τὸν οἶνόν μου [B *al.*] (1)
15. 1. A καὶ οὐκ ἀφῆκεν αὐτόν [B *al.*] (7)
16. 26. ἄφες με καὶ ψηλαφήσω τοὺς κίονας [A *al.*] (4 *b*)
Ru. 2. 16. A ἄφετε [B φάγεται] καὶ συλλέξει (9)
I Ki. 17. 20. A καὶ ἀφῆκεν τὰ πρόβατα φύλακι (5)
— 22. A καὶ ἀφῆκεν Δαυὶδ τὰ σκεύη αὐτοῦ (5)
— 28. A ἐπὶ τίνα ἀφῆκας τὰ μικρὰ πρόβατα ἐκεῖνα (5)
II Ki. 15. 16. ἀφῆκεν ὁ βασιλεὺς δέκα γυναῖκας τῶν παλλ. (9 *a*)
16. 10. ἄφετε αὐτὸν καὶ οὕτως καταράσθω –
— 11. ἄφετε αὐτὸν καταρᾶσθαι [A -άσθω] (4 *b*)
20. 3. ἃς ἀφῆκε φυλάσσειν τὸν οἶκον (4 *b*)
III Ki. 19. 3. καὶ ἀφῆκε τὸ παιδάριον αὐτοῦ ἐκεῖ (4 *b*)
IV Ki. 4. 27. καὶ εἶπεν Ἐλισαιέ, ἄφες αὐτήν (12)
23. 18. καὶ εἶπεν, ἄφετε αὐτόν (4 *b*)
I Ch. 16. 21. οὐκ ἀφῆκεν ἄνδρα τοῦ δυναστεῦσαι αὐτούς (4 *b*)
II Ch. 10. 4. ἄφες ἀπὸ τῆς δουλείας τοῦ πατρός σου (11)
— 10. καὶ σὺ ἄφες ἀφ᾽ ἡμῶν (11)
28. 14. ἀφῆκαν οἱ πολεμισταὶ τὴν αἰχμαλ. (9 *a*)
I Es. 4. 7. εἶπεν ἀφεῖναι [A ἀφιέναι] ἀφίουσι
— 19. καὶ ταῦτα πάντα ἀφέντες
— 21. μετὰ τῆς γυναικὸς ἀφίησι τὴν ψυχήν
— 50. οἱ Ἰδουμαῖοι ἀφίωσι [B^1 οἱ Χαλδαῖοι ἀφίουσι, B^2 ἀφοριοῦσι]
II Es. 6. 7. ἄφετε τὸ ἔργον οἴκου [A *om.*] τοῦ θεοῦ (13)
Ne. 9. 17. S^3 σὺ ὁ θεὸς ἀφίων [A B S *om.*] (8 *c*)
To. 2. 4. S ἀφῆκα τὸ ἄριστον
6. 5. S ἀφῆκεν ἐξ αὐτοῦ ἡλισμένον
10. 5. ἀφῆκά σε τὸ φῶς τῶν ὀφθ. μου
— 8. S ὡς ἀφῆκα αὐτόν
11. 2. πῶς ἀφῆκας τὸν πατέρα σου
14. 6. S ἀφήσουσιν πάντες τὰ εἴδωλα αὐτῶν [A B *al.*]
Ju. 6. 13. ἔδησαν τὸν Ἀχιὼρ καὶ ἀφῆκαν ἐρριμμένον
10. 19. οἳ ἀφεθέντες δυνήσονται κατασοφίσασθαι
16. 23. ἀφῆκε τὴν ἅβραν αὐτῆς ἐλευθέραν
Jb. 39. 5. ὁ ἀφεὶς ὄνον ἄγριον ἐλεύθερον (14)
— 14. ἀφήσει εἰς γῆν τὰ ᾠὰ [A S ὦτα] αὐτῆς (9 *a*)
42. 10. ἀφῆκεν αὐτοῖς τὴν ἁμαρτίαν –
Ps. 16 (17). 14. ἀφῆκαν τὰ κατάλοιπα τοῖς νηπίοις αὐτῶν (4 *b*)
24 (25). 18. ἄφες πάσας τὰς ἁμαρτίας μου (6)
31 (32). 1. ὧν ἀφέθησαν [S ἀφείθ.] αἱ ἀνομίαι (6)
— 5. σὺ ἀφῆκας τὴν ἀσέβειαν τῆς καρδίας μου (6)
84 (85). 2. ἀφῆκας τὰς ἀνομίας τῷ λαῷ σου (6)
104 (105). 14. οὐκ ἀφῆκεν ἄνθρωπον ἀδικῆσαι αὐτούς (4 *b*)
— 20. καὶ ἀφῆκεν αὐτόν (10)
124 (125). 3. οὐκ ἀφήσει κύριος [A S^1 *om.*] τὴν ῥάβδον τῶν ἁμαρ. (4 *a*)
Pr. 4. 13. ἐπιλαβοῦ ἐμῆς παιδείας μὴ ἀφῇς (12)
24. 46 (31). ἐὰν ἀφῇς αὐτὸν χερσωθήσεται †
Ec. 2. 18. ἀφίω αὐτὸν τῷ ἀνθρώπῳ (4 *b*)
5. 11. οὐκ ἔστιν ἀφίων αὐτὸν τοῦ ὑπνῶσαι (4 *b*)
10. 4. τόπον σου μὴ ἀφῇς (4 *b*)

● = correction on page xxiv

Ec. 11. 6. ἐν ἑσπέρᾳ [S εἰς ἑσπέραν] μὴ ἀφέτω ἡ χείρ (4 b)
Ca. 3. 4. καὶ οὐκ ἀφῆκα [A -ήσω] αὐτόν (12)
Wi. 10. 14. ἐν δεσμοῖς οὐκ ἀφῆκεν αὐτόν
Si. 2. 11. ἀφίησιν ἁμαρτίας
6. 3. ἀφήσεις σεαυτὸν ὡς ξύλον [A φύλλον] ξηρόν
— 27. ἐγκρατὴς γενόμενος μὴ ἀφῇς αὐτήν
15. 14. ἀφῆκεν αὐτὸν ἐν χειρὶ διαβουλίου αὐτοῦ
20. 7. A ὁ δὲ . . . ἀφίων [BS ἄφρων] ὑπερβήσεται καιρόν [S¹ -ρῷ]
23. 1. μὴ ἀφῇς με πεσεῖν ἐν αὐτοῖς
27. 19. οὕτως ἀφῆκας τὸν πλησίον
28. 2. ἄφες ἀδίκημα τῷ πλησίον σου
39. 32. διενοήθην καὶ ἐν γραφῇ ἀφῆκα
Is. 22. 4. ἄφετέ με πικρῶς κλαύσομαι (16)
— 14. οὐκ ἀφεθήσεται ὑμῖν αὕτη ἡ ἁμαρτία (3)
32. 14. πλοῦτον πόλεως ἀφήσουσιν οἴκους ἐπιθυμήματος [A S² καὶ οἴ. ἐπιθυμητοὺς ἀφ.] (9 b)
33. 24. ἀφεθῇ αὐτοῖς ἡ ἁμαρτία (6)
55. 7. ἐπὶ πολὺ ἀφήσει τὰς ἁμαρτίας ὑμῶν (8 a)
Je. 12. 7. ἀφῆκα τὴν κληρονομίαν μου (5)
Ez. 16. 39. ἀφήσουσί σε γυμνὴν καὶ ἀσχημονοῦσαν (4 b)
Da. LXX. Su. 53. τοὺς δὲ ἐνόχους ἠφίεις
4. 12. ῥίζαν μίαν ἄφετε αὐτοῦ ἐν τῇ γῇ (13)
— 23. ἡ ῥίζα τοῦ δένδρου ἡ ἀφεθεῖσα (13)
I Ma. 1. 48. ἀφιέναι [S -εῖναι] τοὺς υἱοὺς αὐτῶν ἀπεριτμήτους
5. 42. μὴ ἀφῆτε πάντα [A *om.*] ἄνθρωπον παρεμ.
7. 20. ἀφῆκε μετ' αὐτοῦ δύναμιν
10. 28. ἀφήσομεν ὑμῖν ἀφέματα πολλά
— 29. καὶ ἀφίημι πάντας τοὺς Ἰουδαίους
— 30. ἀφίημι ἀπὸ τῆς σήμερον
— 31. A S² Ἱερουσαλὴμ ἤτω ἁγία καὶ ἀφιεμένη [S¹ R -ειμένη]
— 32. ἀφίημι καὶ τὴν ἐξουσίαν τῆς ἄκρας
— 33. πᾶσαν ψυχὴν . . . ἀφίημι ἐλευθέραν δωρεάν
— 33. πάντες ἀφιέτωσαν τοὺς φόρους
— 42. ταῦτα ἀφίεται
12. 47. δισχιλίους ἀφῆκεν ἐν τῇ Γαλιλαίᾳ
13. 16. ὅπως μὴ ἀφεθεὶς ἀποστατήσῃ ἀφ' ἡμῶν καὶ ἀφήσομεν αὐτόν
— 19. διεψεύσατο καὶ οὐκ ἀφῆκε τὸν Ἰων.
— 37. A S τοῦ ἀφεῖναι [R -ιέναι] ὑμῖν ἀφέματα
— 39. ἀφίεμεν δὲ ἀγνοήματα
15. 5. ἃ ἀφῆκάν σοι
— 5. ὅσα ἄλλα δόματα [A ἀφαιρέματα] ἀφῆκάν σοι
— 8. πᾶν ὀφείλημα βασιλικὸν . . . ἀφιέσθω [S -είσθω] σοι
— 12. καὶ ἀφῆκαν αὐτὸν αἱ δυνάμεις

[**Aq.** Ex. 21. 13 : I Ki. 15. 16 : Ps. 16 (17). 14 : 118 (119). 121 : Je. 15. 6.]
[**Sm.** Ge. 4. 7 : Ex. 4. 26 : 23. 21 : Le. 16. 10 : I Ki. 6. 18 : 15. 16 : Ps. 16 (17). 14 : 80 (81). 13 : 85 (86). 5 : 102 (103). 3 : 137 (138). 8 : Pr. 29. 15 : Is. 2. 9 : 27. 10 : 55. 7 : Je. 44 (51). 22 : Ez. 8. 17 : 31. 12 : Hb. 2. 15.]
[**Th.** Ex. 4. 26 : Jd. 9. 9 : 15. 1 : I Ki. 10. 2 : 24. 8 : Jb. 27. 6 : Ps. 31 (32). 5.]
[**Al.** Le. 23. 22 : Dt. 24. 21 (19) : Ne. 9. 17 : Ez. 41. 11 : Ho. 6. 11.]

ἀφιεροῦν.

IV Ma. 13. 13. ἑαυτοὺς . . . τῷ θεῷ ἀφιερώσωμεν [A -σομεν]
[**Al.** Nu. 6. 18.]

ἀφικνεῖσθαι. (1) בּוֹא (2) גָּרַע
(3) חָקָה hithp. (4) מָצָא (5) נָגַע hi.
(6) נָטָה (7) נָשַׂג hi.

Ge. 28. 12. ἡ κεφαλὴ ἀφικνεῖτο εἰς τὸν οὐρανόν (5)
38. 1. ἀφίκετο ἕως πρὸς ἄνθρωπόν τινα Ὀδ. (6)
47. 9. οὐκ ἀφίκοντο [A -ετο] εἰς τὰς ἡμέρας (7)
Ju. 1. 14. ἀφίκετο ἕως Ἐκβατάνων
8. 32. ὃ ἀφίξεται εἰς γενεὰς γενεῶν
Jb. 11. 7. ἢ εἰς τὰ ἔσχατα ἀφίκου (4)
13. 27. εἰς δὲ ῥίζας τῶν [A *om.*] ποδῶν μου ἀφίκου (3 ?)
15. 8. εἰς δέ σε ἀφίκετο σοφία (2)
16. 21. A B S² ἀφίκοιτό μου ἡ δέησις πρὸς κύριον †
Pr. 1. 27. ὡς ἂν ἀφίκηται ὑμῖν ἄφνω θόρυβος (1)
Si. 43. 27. καὶ οὐ μὴ ἀφικώμεθα
— 30. οὐ γὰρ μὴ ἀφίκησθε
Si. 47. 16. εἰς νήσους πόρρω ἀφίκετο τὸ ὄνομά σου
II Ma. 6. 15. πρὸς τέλος ἀφικομένων ἡμῶν τῶν ἁμαρτιῶν

ἄφιξις.

III Ma. 7. 18. τὰ πρὸς τὴν ἄ. πάντα

ἀφιστᾶν, ἀφιστάναι, ἀφιστάνειν. (1) אָזַר
(2) אָסַף (3) גָּלָה pi. (4) גָּעַל (5) דָּמַם
(6) זָהַר hi. (7) חָדַל (8) *a.* יָקַע *b.* נָקַע
(9) כָּחַד ni. (10) כָּרַת ni. (11) מָאַס
(12) מוּשׁ (13) מָנַע (14) מָסַס hi.
(15) מָסַר (16) מָעַל (17) מָרַד
(18) מָרָה hi. (19) נָבֵל pi. (20) נָגַשׁ
(21) *a.* נָדַד *b.* נְדַד (22) נָדַח hi.
(23) נוּא hi. (24) נָפַל *a.* ni. *b.* hi.
(25) נָתַק *a.* qal. *b.* hi. (26) סוּג *a.* qal.
b. ni. *c.* ho. (27) סוּר *a.* qal. *b.* hi.
c. ho. *d.* pil. (28) סָתַר ni. (29) עָבַר
(30) עֲדָה aph. (31) עָלָה ni. (32) עָמַד
(33) עָתַק hi. (34) פָּחַד (35) פָּטַר
(36) פָּשַׁע (37) רָחַק *a.* qal. *b.* hi.
(38) שׁוּם (39) שׁוּב *a.* qal. *b.* hi. *c.* שׁוֹבָב
(40) שָׁעָה (41) **ἀ. μακράν** רָחַק *a.* qal. *b.* hi.

Ge. 12. 8. ἀπέστη ἐκεῖθεν εἰς τὸ ὄρος (33)
14. 4. τῷ δὲ τρισκαιδεκ. ἔτει ἀπέστησαν (17)
19. 9. ἀπόστα ἐκεῖ (20)
30. 36. καὶ ἀπέστησεν ὁδὸν τριῶν ἡμερῶν (38)
31. 40. ἀφίστατο ὁ ὕπνος μου (21 a)
— 49. ἀποστησόμεθα ἕτερος ἀπὸ τοῦ ἑτέρου (28)
Ex. 23. 7. ἀπὸ παντὸς ῥήματος ἀδίκου ἀποστήσῃ (37 a)
Le. 13. 58. ἀποστήσεται ἀπ' αὐτοῦ ἡ ἀφή (27 a)
Nu. 8. 25. ἀποστήσεται ἀπὸ τῆς λειτουργίας (39 a)
12. 10. ἡ νεφέλη ἀπέστη [A ἀπῆλθεν] ἀπὸ τῆς σκηνῆς (27 a)
14. 9. ἀφέστηκε γὰρ ὁ καιρὸς ἀπ' αὐτῶν (27 a)
— 31. ἢν ὑμεῖς ἀπέστητε ἀπ' αὐτῆς (11)
16. 27. ἀπέστησαν ἀπὸ τῆς σκηνῆς Κορὲ κύκλῳ (31)
31. 16. τοῦ ἀποστῆσαι καὶ ὑπεριδεῖν τὸ ῥῆμα κ. (15 ?)
32. 9. ἀπέστησαν τὴν καρδίαν τῶν υἱῶν Ἰσρ. (23)
De. 1. 28. ἀπέστησαν τὴν καρδίαν ὑμῶν (14)
4. 9. μὴ ἀποστήτωσαν ἀπὸ τῆς καρδίας σου (27 a)
7. 4. ἀποστήσει γὰρ τὸν υἱόν σου ἀπ' ἐμοῦ (27 b)
13. 10 (11). ἐζήτησεν ἀποστῆναί σε ἀπὸ κυρίου (22)
— 13 (14). καὶ ἀπέστησαν πάντας (22)
32. 15. ἀπέστη ἀπὸ θεοῦ σωτῆρος (19)
Jo. 1. 8. οὐκ ἀποστήσεται ἡ βίβλος (12)
3. 16. ἔστη πῆγμα ἐν ἀφεστηκὸς μακρὰν σφόδρα (41 b)
8. 6. A ἀποστήσομεν [R -σπάσομεν] αὐτούς (25 b)
— 16. ἀπέστησαν ἀπὸ τῆς πόλεως (25 a)
22. 18. ἐὰν ἀποστῆτε σήμερον ἀπὸ κυρίου (17)
— 19. μηδ' ἀποστῆτε ἀπὸ κυρίου [A ἀπὸ ἡμῶν μὴ ἀπ.] (17)
— 23. ὥστε ἀποστῆναι ἀπὸ κυρίου τοῦ θεοῦ ἡμῶν (39 a)
— 29. A R μὴ γένοιτο . . . ἀποστῆναι [B -στραφῆναι] ἀπὸ κ. . . . ἀποστῆναι ἀπὸ κυρίου [A *om.*] (17, 39 a)
Jd. 2. 19. A οὐκ ἀπέστησαν ἀπὸ τῆς ὁδοῦ αὐ. [B *al.*] (24 b ?)
16. 17. ἀποστήσεται ἀπ' ἐμοῦ ἡ ἰσχύς μου (27 a)
— 19. ἀπέστη ἡ ἰσχὺς αὐτοῦ ἀπ' αὐτοῦ (27 a)
— 20. ὁ κύριος ἀπέστη ἀπάνωθεν [A ἀπ'] αὐτοῦ (27 a)
I Ki. 6. 3. μὴ οὐκ ἀποστῇ ἡ χεὶρ αὐτοῦ ἀφ' ὑμῶν (27 a)
14. 9. B ἀπόστητε ἐκεῖ (5)
16. 14. πνεῦμα κυρίου ἀπέστη ἀπὸ Σ. (27 a)
— 23. ἀφίστατο ἀπ' αὐτοῦ τὸ πνεῦμα τὸ πον. (27 a)
18. 12. A καὶ ἀπὸ Σαοὺλ ἀπέστη (27 a)
— 13. ἀπέστησεν αὐτὸν [A *add.* Σαοὺλ] ἀπ' αὐτοῦ (27 b)
19. 10. καὶ ἀπέστη Δαυὶδ ἐκ προσώπου Σ. (35)
28. 15. καὶ ὁ θεὸς ἀφέστηκεν ἀπ' ἐμοῦ (27 a)
— 16. καὶ κύριος ἀφέστηκεν ἀπὸ σοῦ (27 a)
II Ki. 2. 22. ἀπόστηθι ἀπ' ἐμοῦ (27 a)
II Ki. 2. 23. καὶ οὐκ ἐβούλετο τοῦ ἀποστῆναι (27 a)
— 28. ἀπέστησαν πᾶς ὁ λαός (32)
7. 15. τὸ δὲ ἔλεός μου οὐκ ἀποστήσω ἀπ' αὐτοῦ καθὼς ἀπέστησα ἀφ' ὧν ἀπέστησα ἐκ προσώπου μου (27 a, 27 b, 27 b)
12. 10. οὐκ ἀποστήσεται ῥομφαία ἐκ τοῦ οἴκου σου (27 a)
22. 23. B οὐκ ἀπέστην ἀπ' αὐτοῦ (27 a ?)
— 23. οὐκ ἀπέστην ἀπ' αὐτῶν (27 a)
III Ki. 11. 29. καὶ ἀπέστησεν αὐτὸν ἐκ τῆς ὁδοῦ –
— 40. B καὶ ἀπέστη –
21 (20). 24. ἀπόστησον τοὺς βασιλεῖς (27 b)
IV Ki. 1. 18 (3. 2). A R ἀπέστησε [B -έστειλεν] τὰς στήλας τοῦ B. (27 a)
— 18 (3. 3). ἐν ταῖς ἁμαρτίαις . . . οὐκ ἀπέστη ἀπ' αὐτῶν (27 a)
3. 3. ἐν τῇ ἁμαρτίᾳ . . . οὐκ ἀπέστη ἀπ' αὐτῆς (27 a)
10. 29. οὐκ ἀπέστη Ἰοὺ ἀπὸ ὄπισθεν αὐτῶν (27 a)
— 31. οὐκ ἀπέστη ἐπάνωθεν ἁμαρτιῶν Ἱερ. (27 a)
13. 2. οὐκ ἀπέστη ἀπ' αὐτῆς [A -ῶν] (27 a)
— 6. οὐκ ἀπέστησαν ἀπὸ ἁμαρτιῶν [A -ας] οἴκου Ἰ. (27 a)
— 11. οὐκ ἀπέστη ἀπὸ πάσης Ἱερ. . . . ἁμαρτίας (27 a)
14. 24. οὐκ ἀπέστη ἀπὸ πασῶν ἁμαρτιῶν Ἱερ. (27 a)
— 25. αὐτὸς ἀπέστησε τὸ ὅριον Ἰσραήλ (39 b)
15. 9. οὐκ ἀπέστη ἀπὸ ἁμαρτιῶν Ἱερ. (27 a)
— 18. οὐκ ἀπέστη ἀπὸ πασῶν ἁμαρτιῶν Ἱερ. (27 a)
— 24. οὐκ ἀπέστη ἀπὸ ἁμαρτιῶν Ἱεροβοάμ (27 a)
— 28. οὐκ ἀπέστη ἀπὸ πασῶν ἁμαρτιῶν Ἱερ. (27 a)
17. 18. ἀπέστησεν αὐτοὺς ἀπὸ τοῦ προσώπου αὐτοῦ (27 b)
— 22. οὐκ ἀπέστησαν ἀπ' αὐτῆς (27 a)
18. 6. οὐκ ἀπέστη ὄπισθεν αὐτοῦ (27 a)
— 22. οὐχὶ αὐτὸς οὗτος [A *add.* οὗ] ἀπέστησεν Ἐζ. τὰ ὑψηλά (27 b)
22. 2. οὐκ ἀπέστη δεξιὰ καὶ [A ἢ] ἀριστερά (27 a)
23. 19. τοὺς οἴκους τῶν ὑψηλῶν . . . ἀπέστησεν Ἰωσίας (27 b)
— 19. A ἀπέστησεν [B ἐποίησεν] ἐν αὐτοῖς πάντα †
— 27. καί γε τὸν Ἰούδα ἀποστήσω ἀπὸ τοῦ προσώπου μου καθὼς ἀπέστησα τὸν Ἰσρ. (27 b, 27 b)
24. 3. ἀποστῆσαι [A -ναι] αὐτὸν ἀπὸ τοῦ προσώπου αὐτοῦ (27 b)
I Ch. 17. 13. τὸ ἔλεός μου οὐκ ἀποστήσω [S¹ -έστησα] ἀπ' αὐτοῦ ὡς ἀπέστησα ἀπὸ τῶν ὄντων [A *om.*] ἔμπροσθέν σου (27 b, 27 b)
II Ch. 13. 6. A R ἀπέστη [B ἀν.] ἀπὸ τοῦ κυρίου αὐτοῦ (17)
14. 3 (2). ἀπέστησε τὰ θυσιαστήρια τῶν ἀλλοτρίων (27 a)
— 5 (4). ἀπέστησεν ἀπὸ πασῶν τῶν πόλεων Ἰ. τὰ θυσιαστ. (27 a)
15. 17. τὰ ὑψηλὰ οὐκ ἀπέστησαν [A ἐξῆραν] (27 a)
20. 23. B ἀπέστησαν [A R ἀν.] οἱ υἱοὶ Ἀμμών (32)
21. 8. ἀπέστη Ἐδὼμ ἀπὸ τοῦ Ἰούδα (36)
— 10. ἀπέστη ἀπὸ [A *add.* χειρὸς] Ἰούδα Ἐδώμ (36)
— 10. τότε ἀπέστη Λομνά (36)
25. 27. ᾧ ἀπέστη Ἀμασίας ἀπὸ κυρίου (27 a)
26. 18. ἀπέστης ἀπὸ κυρίου (16)
28. 19. ἀπέστη ἀποστάσει ἀπὸ κυρίου (16)
— 22. προσέθηκε τοῦ ἀποστῆναι ἀπὸ κυρίου (16)
— 24. ἀπέστησεν Ἄχαζ τὰ σκεύη οἴκου κ. (2)
29. 6. ἀπέστησαν οἱ πατέρες ἡμῶν (16)
30. 7. οἳ ἀπέστησαν ἀπὸ κυρίου θεοῦ πατ. αὐ. (16)
35. 19. τὸν Ἰούδαν ἀποστήσω ἀπὸ προσώπου μου καθὼς ἀπέστησα τὸν Ἰσρ. –, –
36. 5. καὶ ἀπέστη ἀπ' αὐτοῦ –
— 5. καὶ ἀπέστησαν μετὰ τὸν λόγον τοῦτον –
— 5. τοῦ ἀποστῆναι [A -στῆσαι] αὐτόν –
I Es. 1. 27. ἀπόστηθι καὶ μὴ ἐναντιοῦ τῷ κυρίῳ
— 30. ἀποστήσατέ με ἀπὸ τῆς μάχης
— 30. ἀπέστησαν αὐτὸν οἱ παῖδες
— 35. A R ἀπέστησεν [B ἀπεκατέστησεν] αὐτόν
— 48. ἐπιορκήσας ἀπέστη
Ne. 9. 26. καὶ ἀπέστησαν ἀπὸ σοῦ (17)
To. 1. 4. πᾶσα φυλὴ τοῦ N. . . . ἀπέστη ἀπὸ τοῦ οἴκου Ἱερ.
— 15. S αἱ ὁδοὶ αὐτοῦ τῆς M. ἀπέστησαν [AB *al.*]
4. 21. καὶ ἀποστῇς [S φύγῃς] ἀπὸ πάσης ἁμαρτίας
Ju. 5. 18. ὅτε δὲ ἀπέστησαν ἀπὸ τῆς ὁδοῦ
13. 14. ὃς οὐκ ἀπέστησε τὸ ἔλεος αὐτοῦ

Ju. 13. 19. οὐκ ἀποστήσεται ἡ ἐλπίς σου
Es. 6. 1. ὁ δὲ κύριος ἀπέστησε τὸν ὕπνον (21 *a*)
Jb. 7. 16. ἀπόστα ἀπ' ἐμοῦ (7)
14. 6. ἀπόστα ἀπ' αὐτοῦ [A ἐμοῦ] (40)
19. 13. ἀπ' ἐμοῦ ἀδελφοί μου ἀπέστησαν (37 *b*)
21. 14. ἀπόστα ἀπ' ἐμοῦ (27 *a*)
30. 10. ἐβδελύξαντο δέ με ἀποστάντες μακράν (37 *a*)
31. 22. ἀποσταίη ἄρα ὁ ὦμός μου ἀπὸ τῆς κλειδός (24 *a*)
Ps. 6. 8. ἀπόστητε ἀπ' ἐμοῦ πάντες οἱ ἐργαζόμ. τὴν ἀνομίαν (27 *a*)
9. 22 (10. 1). ἵνα τί, κύριε, ἀφέστηκας μακρόθεν (32)
17 (18). 22. τὰ δικαιώματα αὐτοῦ οὐκ ἀπέστησαν ἀπ' ἐμοῦ (27 *b*)
21 (22). 11; 34 (35). 22; 37 (38). 21. μὴ ἀποστῇς ἀπ' ἐμοῦ (37 *a*)
38 (39). 9. ἀπόστησον ἀπ' ἐμοῦ τὰς μάστιγάς σου (27 *b*)
43 (44). 18. οὐκ ἀπέστη εἰς τὰ ὀπίσω ἡ καρδία ἡμῶν (26 *b*)
65 (66). 20. ὃς οὐκ ἀπέστησε τὴν προσευχήν μου (27 *b*)
79 (80). 18. οὐ μὴ ἀποστῶμεν ἀπὸ σοῦ (26 *a*)
80 (81). 6. ἀπέστησεν ἀπὸ ἄρσεων τὸν νῶτον αὐτοῦ [A -ῶν] (27 *b*)
118 (119). 29. ὁδὸν ἀδικίας ἀπόστησον ἀπ' ἐμοῦ (27 *b*)
Pr. 23. 18. ἡ δὲ ἐλπίς σου οὐκ ἀποστήσεται (10)
Ec. 11. 10. ἀπόστησον θυμὸν ἀπὸ καρδίας σου (27 *b*)
Wi. 1. 5. ἀπαναστήσεται [S² ἀποστ.] ἀπὸ λογισμῶν
3. 10. καὶ τοῦ κυρίου ἀποστάντες
10. 3. ἀποστὰς δὲ ἀπ' αὐτῆς ἄδικος
Si. 2. 3. κολλήθητι αὐτῷ καὶ μὴ ἀποστῇς
7. 2. ἀπόστηθι ἀπὸ ἀδίκου
10. 12. ἀνθρώπου ἀφισταμένου ἀπὸ κυρίου καὶ ἀπὸ τοῦ ποιήσαντος αὐτὸν ἀπέστη ἡ καρδία αὐτοῦ
13. 10. μὴ μακρὰν ἀφιστῶ
15. 11. διὰ κύριον ἀπέστην [S¹ -η]
16. 7. οἳ ἀπέστησαν τῇ ἰσχύϊ αὐτῶν
19. 2. οἶνος καὶ γυναῖκες ἀποστήσουσι συνετούς
23. 11. οὐκ ἀποστήσεται ἀπὸ τοῦ οἴκου αὐτοῦ μάστιξ
— 12. ἀπὸ γὰρ εὐσεβῶν ταῦτα πάντα ἀποστήσεται
27. 20. ὅτι μακρὰν ἀπέστη
— 22. οὐδεὶς αὐτὸν [A -ὰ] ἀποστήσει ἀπ' αὐτοῦ [A -ῶν]
30. 23. λύπην μακρὰν ἀπόστησον ἀπὸ σοῦ
32 (35). 3. εὐδοκία κυρίου ἀποστῆναι ἀπὸ πονηρίας καὶ ἐξιλασμὸς ἀποστῆναι ἀπὸ ἀδικίας
— 17. οὐ μὴ ἀποστῇ
34 (31). 1. ἡ μέριμνα αὐτοῦ ἀφιστᾷ [A -ίστατο] ὕπνον
38. 10. ἀπόστησον πλημμέλειαν
— 12. μὴ ἀποστήτω σου
— 20. ἀπόστησον αὐτὴν μνησθεὶς τὰ ἔσχατα
39. 9. οὐκ ἀποστήσεται τὸ μνημόσυνον αὐτοῦ
42. 9. ἡ μέριμνα αὐτῆς [A -οῦ] ἀφιστᾷ ὕπνον
47. 23. Ῥοβοὰμ ὃς ἀπέστησε λαόν
— 24. ἀποστῆσαι αὐτοὺς ἀπὸ τῆς γῆς αὐτῶν
48. 15. οὐκ ἀπέστησαν ἀπὸ τῶν ἁμαρτιῶν
Ho. 5. 3. καὶ Ἰ. οὐκ ἀπέστη [A ἄπεστιν] ἀπ' ἐμοῦ (9)
Is. 33. 14. ἀπέστησαν οἱ ἐν Σιὼν ἄνομοι (34)
40. 27. τὴν κρίσιν ἀφεῖλε καὶ ἀπέστη [S -ην] (29 ?)
52. 11. ἀπόστητε ἀπόστητε ἐξέλθατε ἐκεῖθεν (27 *a*, 27 *a*)
57. 8. ἐὰν ἀπ' ἐμοῦ ἀποστῇς (3 ?)
59. 9. ἀπέστη ἡ κρίσις ἀπ' αὐτῶν (37 *a*)
— 11. μακρὰν ἀφέστηκεν ἀφ' ἡμῶν (41 *a*)
— 13. ἀπέστημεν [A S *add.* ἀπὸ] ὄπισθεν τοῦ θεοῦ ἡμῶν (26 *a*)
— 14. ἀπεστήσαμεν ὀπίσω τὴν κρίσιν (26 *c*)
— 14. ἡ δικαιοσύνη μακρὰν ἀφέστηκεν (32)
Je. 2. 5. ἀπέστησαν μακρὰν ἀπ' ἐμοῦ (41 *a*)
3. 14. ἐπιστράφητε, υἱοὶ ἀφεστηκότες (39 *c*)
5. 25. αἱ ἁμαρτίαι ὑμῶν ἀπέστησαν [A ἐξαπ.] τὰ ἀγαθά (13)
6. 8. μὴ ἀποστῇ ἡ ψυχή μου ἀπὸ σοῦ (8 *a*)
14. 3. S¹ ἀπέστησαν [A B -στειλαν] τοὺς νεωτέρους αὐτῶν †
— 19. ἀπὸ Σιὼν ἀπέστη ἡ ψυχή σου (4)
16. 5. ἀφέστακα [A S¹ -στηκα] τὴν εἰρήνην μου (2)
17. 5. ἀπὸ κυρίου ἀποστῇ [S¹ ἀπέστη] ἡ καρδία αὐτοῦ (27 *a*)

Je. 17. 13. ἀφεστηκότες ἐπὶ τῆς γῆς γραφήτωσαν (27 *a*)
39 (32). 40. πρὸς τὸ μὴ ἀποστῆναι αὐτοὺς ἀπ' ἐμοῦ (27 *a*)
40 (33). 8. ἀπέστησαν ἀπ' ἐμοῦ (36)
Ba. 3. 8. ἀπέστησαν ἀπὸ κυρίου θεοῦ ἡμῶν
La. 3. 11. κατεδίωξεν ἀφεστηκότα (27 *d*)
4. 15. ἀπόστητε [A *add.* ἀπὸ] ἀκαθάρτων καλέσατε αὐτοὺς ἀπόστητε ἀπόστητε (27 *a ter*)
Ez. 6. 9. A τῇ ἀποστάσῃ ἀπ' ἐμοῦ (27 *a*)
17. 15. ἀποστήσεται ἀπ' αὐτοῦ (17)
20. 8. ἀπέστησαν ἀπ' ἐμοῦ (18)
— 38. A R ἐκλέξω [B ἐλέγξω] ἐξ ὑμῶν . . . τοὺς ἀφεστηκότας (36)
23. 17. ἀπέστη ἡ ψυχὴ αὐτῆς ἀπ' αὐτῶν (8 *a*)
— 18. ἀπέστη ἡ ψυχή μου ἀπ' αὐτῆς ὃν τρόπον ἀπέστη ἡ ψυχή μου ἀπὸ τῆς ἀδελφῆς αὐτῆς (8 *a*, 8 *b*)
— 22, 28. ἀφ' ὧν ἀπέστη ἡ ψυχή σου ἀπ' αὐτῶν (8 *b*)
33. 8. A τοῦ ἀποστῆναι τὸν ἄνομον [B φυλάξασθαι τὸν ἀσεβῆ] ἀπὸ τῆς ὁδοῦ αὐτοῦ (6)
Da. LXX. 2. 5. ὁ λόγος ἀπ' ἐμοῦ ἀπέστη (1)
— 8. ἀπέστη ἀπ' ἐμοῦ τὸ πρᾶγμα (1)
3. (29). ἠνομήσαμεν ἀποστῆναι ἀπὸ σοῦ
— (35). μὴ ἀποστήσῃς τὸ ἔλεός σου ἀφ' ἡμῶν
4. 15. ὁ ὕπνος μου ἀπέστη ἀπὸ τῶν ὀφθ. μου –
7. 12. τοὺς κύκλῳ αὐτοῦ ἀπέστησε τῆς ἐξουσίας (30)
9. 5. ἀπέστημεν καὶ παρέβημεν (17)
— 9. ἀπέστημεν ἀπὸ σοῦ (17)
— 11. ἀπέστησαν τοῦ μὴ ἀκοῦσαι τῆς φωνῆς σου (27 *a*)
— 13. ἀποστῆναι ἀπὸ τῶν ἁμαρτιῶν ἡμῶν (39 *a*)
— 26. ἀποσταθήσεται χρῖσμα (10)
11. 4. ἀποσταθήσεται ἡ βασιλεία αὐτοῦ †
— 31. ἀποστήσουσι τὴν θυσίαν (27 *b*)
12. 11. ἀφ' οὗ ἂν ἀποσταθῇ ἡ θυσία διὰ παντός (27 *c*)
Da. TH. 2. 5. ὁ λόγος ἀπ' ἐμοῦ ἀπέστη (1)
— 8. ὅτι ἀπέστη ἀπ' ἐμοῦ τὸ ῥῆμα (1)
3. (29). ἀποστῆναι ἀπὸ σοῦ
— (35). μὴ ἀποστήσῃς τὸ ἔλεός σου ἀφ' ἡμῶν
6. 18 (19). ὁ ὕπνος ἀπέστη [A ἐγένετο] ἀπ' αὐτοῦ (21 *b*)
9. 5. ἀπέστημεν καὶ ἐξεκλίναμεν ἀπὸ τῶν ἐντολῶν (17)
— 9. ὅτι ἀπέστημεν [A *add.* ἀπὸ κυρίου] (17)
I Ma. 1. 15. ἀπέστησαν ἀπὸ διαθήκης ἁγίας
2. 19. ἀποστῆναι ἕκαστος ἀπὸ λατρείας πατέρων
6. 10. ἀφίσταται ὁ ὕπνος ἀπὸ τῶν ὀφθαλμῶν
— 36. οὐκ ἀφίσταντο ἀπ' αὐτοῦ
11. 43. ἀπέστησαν πᾶσαι αἱ δυνάμεις μου
II Ma. 1. 7. ἀπέστη Ἰάσων . . . ἀπὸ τῆς ἁγίας γῆς
2. 3. παρεκάλει μὴ ἀποστῆναι τὸν νόμον
6. 16. οὐδέ ποτε μὲν τὸν ἔλεον ἀφ' ἡμῶν ἀφίστησι
III Ma. 6. 25. ἀποστήσας ἕκαστον ἀλόγως ἤθροισεν ἐνθάδε
7. 3. A ξενιζούσαις ἀποστάντων [R -ατῶν] τιμωρίαις

[**Aq.** Ge. 49. 10 (?): Dt. 9. 12: 21. 20: 31. 29: I Ki. 15. 6: Jb. 9. 34: 12. 24: 34. 5: Ps. 65 (66). 7: 67 (68). 7: 118 (119). 29: Pr. 4. 24: 5. 7: 7. 11: 13. 19: Is. 7. 17: 30. 1, 11: 36. 5: 59. 15: Je. 32 (39). 31: Ez. 2. 3.]
[**Sm.** Jo. 10. 19: Jb. 9. 34: Ps. 21 (22). 2: 43 (44). 19: 77 (78). 30: Pr. 7. 11: Is. 7. 17: 8. 11: 30. 11: 36. 5: Je. 32 (39). 31.]
[**Th.** Jb. 9. 34: Pr. 22. 6: Is. 30. 11: 36. 5: Ez. 2. 3: 6. 9: Da. 2. 5, 8.]
[**Al.** Nu. 32. 15: I Ki. 28. 16: IV Ki. 1. 1.]
[**Quint.** Ho. 7. 14, 16.]

ἄφνω. (1) פִּתְאֹם

Jo. 10. 9. ἐπεὶ παρεγένετο Ἰησοῦς ἐπ' αὐτοὺς ἄ. (1)
Pr. 1. 27. ὡς ἂν ἀφίκηται ὑμῖν ἄ. θόρυβος †
Ec. 9. 12. ὅταν ἐπιπέσῃ ἐπ' αὐτοὺς ἄ. (1)
10. 3. S ὅταν ἄ. [A B ἄφρων] πορεύηται †
Je. 4. 20. ἄ. τεταλαιπώρηκεν ἡ σκηνή (1)
18. 22. ἐπάξεις [A ἐπάγαγε] ἐπ' αὐτοὺς λῃστὰς ἄ. (1)
28 (51). 8. ἄ. ἔπεσε Βαβυλών (1)
I Ma. 3. 23. ἐνήλατο εἰς [A ἐπ'] αὐτοὺς ἄ.
4. 2. καὶ πατάξαι αὐτοὺς ἄ.
5. 28. ἀπέστρεψεν . . . εἰς Βοσὸρ ἄ.
II Ma. 3. 27. ἄ. δὲ πεσόντα πρὸς τὴν γῆν

[**Aq.** Je. 15. 8.]
[**Sm.** Jb. 9. 23: Ps. 89 (90). 10: Pr. 6. 15: Je. 15. 8.]
[**Th.** Jb. 9. 23.]

ἀφοβία.

Pr. 15. 16. θησαυροὶ μεγάλοι μετὰ ἀφοβίας †
[**Sm.** Jd. 18. 7: Jb. 31. 24: Ps. 60 (61). 4: 90 (91). 9: Ez. 30. 9.]

ἄφοβος. (1) לֹא־פָחַד

Pr. 3. 24. ἐὰν γὰρ κάθῃ ἄφοβος ἔσῃ (1)
19. 23. ὁ δὲ ἄ. αὐλισθήσεται †
Wi. 17. 4. A μῦθος ἀφόβους διεφύλαττεν [B S μυχὸς ἀφόβως διεφύλασσεν]
Si. 5. 5. μὴ ἄφοβος γίνου προσθεῖναι ἁμαρτίαν
[**Aq.** Is. 57. 11.]
[**Sm.** Ps. 26 (27). 3: 77 (78). 53: Ec. 8. 11.]

ἀφόβως. (1) מִפַּחַד

Pr. 1. 33. ἡσυχάσει ἀ. ἀπὸ παντὸς κακοῦ (1)
Wi. 17. 4. μυχὸς ἀ. [A μῦθος ἀφόβους] διεφύλασσεν
[**Al.** Dt. 33. 28.]

ἀφοδεύειν.

To. 2. 10. ἀφώδευσαν τὰ στρουθία θερμόν [S *al.*]

ἀφόδευμα.

To. 2. 10. S ἐκάθισεν τὸ ἀ. αὐτῶν [A B *al.*]
[**Aq.** **Sm.** Is. 36. 12.]

ἄφοδος.

II Ma. 5. 1. A τὴν δευτέραν ἄ. [R ἔφ.] ὁ Ἀντ. . . . ἐστείλατο
III Ma. 7. 10. οὐκ ἐσπούδασαν εὐθέως γενέσθαι περὶ τὴν ἄ.

ἀφόμοιος.

Si. *prol.* 21. εὗρον οὐ μικρᾶς παιδείας ἀφόμοιον

ἀφομοιοῦν.

Wi. 13. 14. S ἢ ζῴῳ τινὶ εὐτελεῖ ἀφωμοίωσεν [A B ὡμ.] αὐτό
Ep. Je. 5. μὴ καὶ ὑμεῖς ἀφομοιωθέντες τοῖς ἀλλοφ. ἀφομοιωθῆτε
— 63. οὔτε ταῖς δυνάμεσιν [A *add.* ἐνὶ] αὐτῶν ἀφωμοιωμένα ἐστίν
— 71. νεκρῷ ἐρριμμένῳ ἐν σκότει ἀφωμοίωνται οἱ θεοὶ αὐτῶν

ἀφοπλίζειν.

[**Th.** Ho. 11. 8.]

ἀφορᾶν, *cf.* ἀπιδεῖν.

IV Ma. 17. 10. ἐξεδίκησαν τὸ ἔθνος εἰς θεὸν ἀφορῶντες

ἀφόρητος.

II Ma. 9. 10. διὰ τὸ τῆς ὀσμῆς ἀφόρητον βάρος

ἀφορία. (1) שִׁדָּפוֹן

Hg. 2. 18 (17). ἐπάταξα ὑμᾶς ἐν ἀφορίᾳ [S¹ ἀπ., A ἀφθ.] (1)

ἀφορίζειν. (1) *a.* בָּדַל hi. *b.* מִבְדָּלוֹת (2) בָּרַר ni. (3) נָבַל hi. (4) נָעַר (5) חָקַק (6) חָרַם (7) מִגְרָשׁ (8) מִקְדָּשׁ (9) מִקְלָט (10) נוּף *a.* hi. *b.* ho. (11) סָגַר *a.* ni. *b.* hi. (12) עָבַר hi. (13) פָּדָה (14) פָּרַד ni. (15) רוּם hi.

Ge. 2. 10. ἀφορίζεται εἰς τέσσαρας ἀρχάς (14)
10. 5. ἐκ τούτων ἀφωρίσθησαν νῆσοι (14)
Ex. 13. 12. A ἀφοριεῖς [B ἀφελεῖς] πᾶν διανοῖγον μήτραν (12)
19. 12. καὶ ἀφοριεῖς τὸν λαὸν κύκλῳ (3)
— 23. ἀφόρισαι τὸ ὄρος (3)
29. 24. R ἀφοριεῖς αὐτὰ [A αὐτούς, B αὐτοῖς] ἀφόρισμα (10 *a*)
— 26. ἀφοριεῖς αὐτὸ ἀφόρισμα ἔναντι κυρίου (10 *a*)
— 27. τὸν βραχίονα . . . ὃς ἀφώρισται (10 *b*)
Le. 10. 15. προσοίσουσιν ἀφόρισμα ἀφορίσαι [A ἀφοριεῖς] (10 *a*)
13. 4. ἀφοριεῖ ὁ ἱερεὺς τὴν ἀφὴν ἑπτὰ ἡμ. (11 *b*)
— 5. ἀφοριεῖ αὐτὸν ὁ ἱερεὺς ἑπτὰ ἡμέρας (11 *b*)

Le. 13. 11. καὶ ἀφοριεῖ αὐτόν (11 *b*)
— 21, 26. ἀφοριεῖ αὐτὸν ὁ ἱερεὺς ἑπτὰ ἡμέρας (11 *b*)
— 31. ἀφοριεῖ ὁ ἱερεὺς τὴν ἁφὴν τοῦ θραύσμ. (11 *b*)
— 33. ἀφοριεῖ ὁ ἱερεὺς τὸ θραῦσμα ἑπτὰ ἡμέρας (11 *b*)
— 50, 54. ἀφοριεῖ ὁ ἱερεὺς τὴν ἁφὴν ἑπτὰ ἡμ. (11 *b*)
14. 12. ἀφοριεῖ αὐτὸ [B^{2}R αὐτὰ] ἀφόρισμα ἔναντι κ. (10 *a*)
— 38. ἀφοριεῖ ὁ ἱερεὺς τὴν οἰκίαν ἑπτὰ ἡμ. (11 *b*)
— 46. ἃς ἀφωρισμένη ἐστίν (11 *b*)
20. 25. ἀφοριεῖτε αὐτοὺς ἀνὰ μέσον τῶν κτηνῶν (1 *a*)
— 25. ἃ [A *om.*] ἐγὼ ἀφώρισα ὑμῖν (1 *a*)
— 26. ὁ ἀφορίσας ὑμᾶς ἀπὸ πάντων τῶν ἐθνῶν (1 *a*)
25. 34. οἱ ἀγροὶ ἀφωρισμένοι ταῖς πόλεσιν αὐτῶν (7)
27. 21. ὥσπερ ἡ γῆ ἡ [A *om.*] ἀφωρισμένη (6)
Nu. 8. 11. ἀφοριεῖ Ἀαρὼν τοὺς Λευίτας ἀπόδομα (10 *a*)
12. 14. ἀφορισθήτω [A -θήσεται] . . . ἔξω τῆς παρεμβολῆς (11 *a*)
— 15. ἀφωρίσθη Μαριὰμ ἔξω τῆς παρεμβολῆς (11 *a*)
15. 20. ἄρτον ἀφοριεῖτε ἀφαίρεμα αὐτό (15)
18. 24. ὅσα ἂν ἀφορίσωσι κυρίῳ ἀφαίρεμα (15)
De. 4. 41. ἀφώρισε Μωυσῆς τρεῖς πόλεις (1 *a*)
Jo. 14. 4. τὰ ἀφωρισμένα αὐτῶν [A -οῖς] τοῖς κτήνεσι (7)
16. 9. αἱ πόλεις αἱ ἀφορισθεῖσαι τοῖς υἱοῖς Ἐφραΐμ (1 *b*)
21. 13. καὶ τὰ ἀφωρισμένα τὰ σὺν [A πρὸς] αὐτῇ (7)
— 13. καὶ τὰ ἀφωρισμένα τὰ πρὸς αὐτῇ (7)
— 13, 14, 15 *bis*, 16 *ter*, 17 *bis*, 18 *bis*, 21 *bis*, 22 [A], 23 *bis*, 24 *bis*, 25 *bis*, 27 *bis*, 28 *bis*, 29 *bis*, 30 *bis*, 31 *bis*, 32 *ter*, τὰ ἀφωρισμένα αὐτῇ [A τὰ ἀ. τὰ πρὸς αὐτῇ *vel* αὐτήν] (7)
— 22. τὰ ἀφωρισμένα αὐτῇ [A πρὸς αὐτήν] (7)
— 26. τὰ ἀφωρισμένα αὐτῇ τὰ πρὸς αὐταῖς [A αὐτάς] (7)
— 27. τὰς πόλεις τὰς ἀφωρισμ. τοῖς φονεύσασι (9)
— 32. τὴν πόλιν τὴν ἀφωρισμ. τῷ φονεύσαντι (9)
II Ki. 8. 1. ἔλαβε Δαυὶδ τὴν ἀφωρισμένην ἐκ χειρὸς τῶν ἀλλ. †
I Es. 4. 50. B^{2} οἱ Χαλδαῖοι ἀφοριοῦσι [AR οἱ Ἰδουμαῖοι ἀφίωσι]
Ps. 67 (68). 9. βροχὴν ἑκούσιον ἀφοριεῖς ὁ θεὸς τῇ κληρον. σου (10 *a*)
Pr. 8. 27. ἀφώριζε τὸν ἑαυτοῦ θρόνον ἐπ' ἀνέμων (5)
Si. 47. 2. ὥσπερ στέαρ ἀφωρισμένον ἀπὸ σωτηρίου
Ma. 2. 3. ἰδοὺ ἐγὼ ἀφορίζω ὑμῖν τὸν ὦμον (4 ?)
Is. 29. 22. ὃν ἀφώρισεν ἐξ Ἀβραάμ (13)
45. 25 (24). AS^{2} πάντες οἱ ἀφορίζοντες [BS^{1} διορ.] ἑαυτούς †
52. 11. ἀφορίσθητε οἱ φέροντες τὰ σκεύη κ. (2)
56. 3. ἀφοριεῖ με ἄρα κ. ἀπὸ τοῦ λαοῦ αὐτοῦ (1 *a*)
Ez. 45. 1. ἀφοριεῖτε ἀπαρχὴν τῷ κυρίῳ ἅγιον (15)
— 4. τόπος εἰς οἴκους ἀφωρισμένους τῷ ἁγιασμῷ αὐτῶν (8)
— 13. αὕτη ἡ ἀπαρχὴ ἣν ἀφοριεῖτε (15)
48. 9. ἀπαρχὴν [A -ῇ] ἣν ἀφοριοῦσι τῷ κυρίῳ (15)
— 20. A R τετράγωνον ἀφοριεῖτε αὐτοῦ τὴν ἀπαρχὴν [B ἀρχ.] τοῦ ἁγίου (15)
IV Ma. 3. 20. S R χρήματα εἰς τὴν ἱερουργίαν αὐτοῖς ἀφορίσαι [A ἀποφ.]

[**Aq.** Nu. 6. 18, 19 : Dt. 33. 16 : Jd. 13. 5 : IV Ki. 11. 12 : Ps. 67 (68). 10.]
[**Sm.** Jd. 13. 5 : Ps. 47 (48). 3 : Is. 30. 28 : La. 4. 7 : Am. 6. 3.]
[**Th.** Ps. 67 (68). 10 : Is. 13. 2 : 56. 3.]
[**Al.** Le. 7. 30 : 8. 27 : 11. 47 : 14. 24 : 23. 11 : Nu. 35. 11 : Ps. 131 (132). 18.]

ἀφόρισμα. (1) חֵרֶם (2) מִגְרָשׁ (3) נֵזֶר (4) תְּנוּפָה (5) תְּרוּמָה

Ex. 29. 24. R ἀφοριεῖς αὐτὰ [A αὐτοὺς, B αὐτοῖς] ἀ. (4)
— 26. ἀφοριεῖς αὐτὸ ἀ. ἔναντι κυρίου (4)
— 27. ἁγιάσεις τὸ στηθύνιον ἀ. (4)
— 28. ἔστι γὰρ ἀ. [A ἀφαίρεμα] τοῦτο (5)
36. 38 (39. 30). τὸ πέταλον τὸ χρυσοῦν ἀ. τοῦ ἁγίου (3 ?)
Le. 10. 14, 15. τὸ στηθύνιον τοῦ ἀ. (4)
— 15. προσοίσουσιν ἀ. ἀφορίσαι [A -ιεῖς] ἔναντι κ. (4)
14. 12. ἀφοριεῖ αὐτὸ [B^{2}R αὐτὰ] ἀ. ἔναντι κ. (4)
Nu. 15. 19. ἀφελεῖτε ἀφαίρεμα ἀ. κυρίῳ (5 ?)
35. 3. τὰ ἀ. αὐτῶν ἔσται τοῖς κτήνεσιν αὐ. (2)

Ez. 44. 29. πᾶν ἀ. ἐν τῷ Ἰσραὴλ αὐτοῖς ἔσται (1)

[**Aq.** Ex. 28. 36 : Le. 21. 12 : II Ki. 1. 10 : Ps. 131 (132). 18.]
[**Sm.** Ex. 28. 36 : 29. 6.]
[**Th.** Ez. 45. 2.]
[**Al.** Le. 7. 34 : 8. 29 : 14. 21, 24 : 23. 15.]

ἀφορισμός. (1) מַשְׂאֵת (2) עָבַר hi. (3) תְּרוּמָה

Ez. 20. 31. ἐν τοῖς ἀ. οἷς [A υἱῶν ὑμῶν ἐν πυρὶ] ὑμεῖς μιαίνεσθε (2)
— 40. καὶ τὰς ἀπαρχὰς τῶν ἀ. ὑμῶν (1)
48. 8. ἡ ἀπαρχὴ τοῦ ἀ. (3)

[**Sm.** Is. 30. 28.]
[**Th.** Is. 56. 3.]

ἀφορμή. (1) הָמָן

Pr. 9. 9. δίδου σοφῷ ἀφορμήν –
Ez. 5. 7. ἀνθ' ὧν ἡ ἀ. ὑμῶν ἐκ τῶν ἐθνῶν (1 ?)
III Ma. 3. 2. ἀφορμῆς διδομένης εἰς διάθεσιν

ἀφορολόγητος.

I Es. 4. 50. πᾶσαν τὴν χώραν . . . ἀφορολόγητον αὐτοῖς ὑπάρχειν
I Ma. 11. 28. ποιῆσαι τὴν Ἰουδαίαν ἀ.

ἀφοσιοῦν.

[**Al.** Le. 26. 43.]

ἀφότε, *vid. sub* **ἀπό.**

ἀφρονεῖν.

[**Sm.** I Ki. 13. 13 (?) : Je. 51 (28). 17.]
[**Th.** Pr. 30. 32.]

ἀφρονεύεσθαι. (1) בָּעַר ni.

Je. 10. 21. οἱ ποιμένες ἠφρονεύσαντο (1)

[**Sm.** I Ki. 13. 13 (?) : 26. 21 : Jb. 1. 22.]

ἀφρονίζειν.

[**Aq.** II Ki. 15. 31 (?).]

ἀφρόνως. (1) סָכַל hi.

Ge. 31. 28. νῦν δὲ ἀ. ἔπραξας (1)

ἀφροσύνη. (1) אִוֶּלֶת (2) *a.* כְּסִיל *b.* כֶּסֶל *c.* כִּסְלָה (3) נְבָלָה (4) *a.* סָכָל *b.* סִכְלוּת (5) פְּתִי (6) *a.* תָּפֵל *b.* תִּפְלָה (7) זִמָּה

De. 22. 21. ἐποίησεν ἀφροσύνην ἐν υἱοῖς Ἰσρ. (3)
Jd. 19. 23. μὴ ποιήσητε τὴν ἀ. ταύτην (3)
— 24. οὐ ποιήσετε τὸ ῥῆμα τῆς ἀ. ταύτης (3)
20. 6. A ὅτι ἐποίησαν ἀφροσύνην [B ζέμα καὶ ἀπόπτωμα] (7 *et* 3)
— 10. A κατὰ πᾶσαν τὴν ἀ. [B ἀπόπτωμα] (3)
I Ki. 25. 25. A καὶ ἀφροσύνη μετ' αὐτοῦ –
— 25. Νάβαλ ὄνομα αὐτῷ καὶ ἀ. μετ' αὐτοῦ (3)
II Ki. 13. 12. μὴ ποιήσῃς τὴν ἀ. ταύτην (3)
Jb. 1. 22. οὐκ ἔδωκεν ἀφροσύνην τῷ θεῷ (6 *b*)
4. 6. οὐχ ὁ φόβος σού ἐστιν ἐν ἀφροσύνῃ (2 *c* ?)
21. 23. AS^{1} ἀποθανεῖται [S -έθανεν] ἐν κράτει ἀφροσύνης [BS ἁπλοσύνης] αὐτοῦ †
Ps. 37 (38). 5. ἀπὸ προσώπου τῆς ἀ. μου (1)
68 (69). 5. σὺ ἔγνως τὴν ἀ. μου (1)
Pr. 5. 5. τῆς γὰρ ἀ. οἱ πόδες κατάγουσι τοὺς χρωμένους αὐτῇ †
— 23. ἀπώλετο δι' ἀφροσύνην (1)
9. 6. ἀπολείπετε ἀφροσύνην (5 ?)
18. 2. μᾶλλον γὰρ ἄγεται ἀφροσύνῃ †
— 13. ἀφροσύνη αὐτῷ ἐστι (1)
— 22 (19. 3). ἀφροσύνη ἀνδρὸς λυμαίνεται τὰς ὁδοὺς αὐ. (1)
26. 4. μὴ ἀποκρίνου ἄφρονι πρὸς [A κατὰ] τὴν ἐκείνου ἀ. (1)
— 5. κατὰ [A πρὸς] τὴν ἀ. αὐτοῦ (1)
27. 22. οὐ μὴ περιέλῃς τὴν ἀ. αὐτοῦ (1)
Ec. 2. 12. ἐπέβλεψα ἐγὼ τοῦ ἰδεῖν . . . ἀφροσύνην (4 *b*)
— 13. ἐστὶ περισσεία τῇ σοφίᾳ ὑπὲρ τὴν ἀ. (4 *b*)
4. 17. S^{2} ἔγγισον [ABS^{1} ἐγγὺς] τοῦ ἀκούειν ὑπὲρ τὸ δοῦναι ἀφροσύνης [ABS^{1} δόμα τῶν ἀφρόνων] (2 *a*)
7. 26 (25). τοῦ γνῶναι ἀσεβοῦς ἀφροσύνην (2 *b*)
9. 17. κραυγὴν ἐξουσιαζόντων ἐν ἀφροσύναις (2 *a*)

Ec. 10. 1. A R ὑπὲρ δόξαν ἀφρυσύνης μεγάλην [BS μεγάλης] (4 *b*)
— 3. ἃ λογιεῖται πάντα ἀφροσύνη ἐστίν (4 *a*)
— 13. ἀρχὴ λόγων στόματος αὐτοῦ ἀφροσύνη (4 *b*)
Wi. 10. 8. τῆς ἀ. ἀπέλιπον τῷ βίῳ μνημόσυνον
12. 23. τοὺς ἐν ἀφροσύνῃ [S -ύναις] ζωῆς βιώσαντας
Si. 8. 15. καὶ τῇ ἀ. αὐτοῦ συναπολῇ
47. 20. κατενύγην ἐπὶ τῇ ἀ. σου
— 23. κατέλιπε μετ' αὐτὸν . . . ἀφροσύνην
La. 2. 14. εἴδοσάν σοι [A ἴδον] . . . ἀφροσύνην (6 *a*)

[**Aq.** Pr. 9. 6 : 12. 23 : 13. 16 : 24. 9 : 26. 5, 11.]
[**Sm.** Pr. 5. 23 : 9. 6 : 13. 16 : 14. 24 : 15. 21 : 26. 5.]
[**Th.** I Ki. 25. 17 : Pr. 9. 6 : 12. 23 : 13. 16 : 17. 12 : 24. 9 : 26. 5, 11 : Ez. 13. 10, 11, 15 : 22. 28.]
[**Al.** Ps. 21 (22). 3 : Pr. 14. 18.]

ἄφρων. (1) *a.* אֱוִיל *b.* אִוֶּלֶת (2) *a.* אָוֶן *b.* אֱנוֹשׁ־אָוֶן (3) בּוֹשׁ hi. (4) בְּלִיַּעַל (5) *a.* בָּעַר *b.* בַּעַר (6) לֹא חָכָם (7) חֲסַר־לֵב (8) *a.* כְּסִיל *b.* כְּסִילוּת (9) לִיץ (10) נָבָל (11) *a.* סָכָל *b.* סֶכֶל (12) עָצֵל (13) פְּתִי

II Ki. 13. 13. ὡς εἷς τῶν ἀ. ἐν Ἰσραήλ (10)
Jb. 2. 10. ὥσπερ μία τῶν ἀ. γυναικῶν ἐλάλησας [A οὕτως ἐλ.] (10)
5. 2. ἄφρονα ἀναιρεῖ ὀργή (1 *a*)
— 3. ἑώρακα ἄφρονας ῥίζαν βάλλοντας (1 *a*)
30. 8. ἀφρόνων υἱοὶ καὶ ἀτίμων ὄνομα (10)
34. 36. μὴ δῷς ἔτι ἀνταπόκρισιν [A ἀπόκρ.] ὥσπερ οἱ ἄ. (2 *b*)
Ps. 13 (14). 1. εἶπεν ἄφρων ἐν καρδίᾳ αὐτοῦ (10)
38 (39). 8. ὄνειδος ἄφρονι ἔδωκάς με (10)
48 (49). 10. A S R ἄφρων καὶ ἄνους [B ἄν. κ. ἄφ.] ἀπολοῦνται (8 *a* [5 *b*])
52 (53). 1. εἶπεν ἄφρων ἐν καρδίᾳ αὐτοῦ (10)
73 (74). 18. S R λαὸς ἄφρων παρώξυνε τὸ ὄνομά σου [B αὐτοῦ] (10)
— 22. μνήσθητι τῶν ὀνειδισμῶν σου τῶν ὑπὸ ἄφρονος (10)
91 (92). 6. ἀνὴρ ἄφρων οὐ γνώσεται (5 *b*)
93 (94). 8. σύνετε δὴ ἄφρονες ἐν τῷ λαῷ (5 *a*)
Pr. 1. 22. οἱ δὲ ἄ. τῆς ὕβρεως ὄντες ἐπιθυμηταί (9)
6. 12. ἀνὴρ ἄ. καὶ παράνομος (4)
7. 7. ὃν ἂν ἴδῃ τῶν ἀ. τέκνων (13)
9. 4. ὅς ἐστιν ἄφρων ἐκκλινάτω πρός μέ (13)
— 13. γυνὴ ἄ. καὶ θρασεῖα ἐνδεὴς ψωμοῦ γίνεται (8 *b*)
— 16. ὅς ἐστιν ὑμῶν ἀφρονέστατος [S^{1} ἄφρων] (13)
10. 1. υἱὸς δὲ ἄφρων λύπη τῇ μητρί (8 *a*)
— 4. τῷ δὲ ἄ. διακόνῳ χρήσεται †
— 18. οἱ δὲ ἐκφέροντες λοιδορίας ἀφρονέστατοί εἰσιν (8 *a*)
— 21. οἱ δὲ ἄ. ἐν ἐνδείᾳ τελευτῶσιν (1 *a*)
— 23. ἐν γέλωτι ἄφρων πράσσει κακά (8 *a*)
— 24. A δουλεύσει δὲ ἄφρων φρονίμῳ –
11. 29. δουλεύσει δὲ ἄφρων φρονίμῳ (1 *a*)
12. 1. ὁ δὲ μισῶν ἐλέγχους ἄφρων (5 *b*)
— 15. ὁδοὶ ἀφρόνων ὀρθαὶ ἐνώπιον αὐτῶν (1 *a*)
— 16. ἄφρων αὐθημερὸν ἐξαγγέλλει ὀργὴν αὐτοῦ (1 *a*)
— 23. καρδία δὲ ἀφρόνων συναντήσεται ἀραῖς (8 *a*)
13. 16. ὁ δὲ ἄφρων ἐξεπέτασεν ἑαυτοῦ κακίαν (8 *a*)
— 20. ὁ δὲ συμπορευόμ. [A συνρεμβόμ.] ἄφροσι [S^{1} -νι] γνωσθήσεται (8 *a*)
14. 1. ἡ δὲ ἄφρων κατέσκαψε [A κατέστρεψεν] ταῖς χερσὶν αὐτῆς (1 *b*)
— 3. ἐκ στόματος ἀφρόνων βακτηρία ὕβρεως (1 *a*)
— 7. πάντα ἐναντία ἀνδρὶ ἄ. (8 *a*)
— 8. ἄνοια δὲ ἀφρόνων ἐν πλάνῃ (8 *a*)
— 9. A οἰκίαι ἀφρόνων [BS παρανόμων] (1 *a*)
— 16. ὁ δὲ ἄ. ἑαυτῷ πεποιθώς (8 *a*)
— 18. μεριοῦνται ἄφρονες κακίαν (13)
— 24. ἡ δὲ διατριβὴ ἀφρόνων κακή (8 *a*)
— 29. ὁ δὲ ὀλιγόψυχος ἰσχυρῶς ἄφρων (1 *b*)
— 33. ἐν δὲ καρδίᾳ ἀφρόνων οὐ διαγινώσκεται (8 *a*)
15. 2. στόμα δὲ ἀφρόνων ἀναγγελεῖ κακά (8 *a*)
— 5. ἄφρων μυκτηρίζει παιδείαν πατρός (1 *a*)
— 7. καρδίαι δὲ ἀφρόνων οὐκ ἀσφαλεῖς (8 *a*)
— 20. υἱὸς δὲ ἄ. μυκτηρίζει μητέρα αὐτοῦ (8 *a*)

Pr. 16. 22. παιδεία δὲ ἀφρόνων κακή (1 a)
— 27. ἀνὴρ ἄ. ὀρύσσει ἑαυτῷ κακά (4)
17. 2. οἰκέτης νοήμων κρατήσει δεσποτῶν ἀ. (3 ?)
— 7. οὐχ ἁρμόσει ἄφρονι χείλη πιστά (10)
— 10. ἄφρων δὲ μαστιγωθεὶς οὐκ αἰσθάνεται (8 a)
— 12. οἱ δὲ ἄ. διαλογιοῦνται κακά (8 a)
— 16. ἵνα τί ὑπῆρξε χρήματα ἄφρονι (8 a)
— 18. ἀνὴρ ἄ. ἐπικροτεῖ (7)
— 21. καρδία δὲ ἄφρονος ὀδύνη τῷ κεκτημένῳ αὐτήν (8 a)
— 24. οἱ δὲ ὀφθ. τοῦ ἄ. ἐπ' ἄκρα γῆς (8 a)
— 25. ὀργὴ πατρὶ υἱὸς ἄφρων (8 a)
18. 6. χείλη ἄφρονος ἄγουσιν αὐτὸν εἰς κακά (8 a)
— 7. στόμα ἄφρονος συντριβὴ αὐτῷ (8 a)
— 22. ὁ δὲ κατέχων μοιχαλίδα ἄφρων -
19. 10. οὐ συμφέρει ἄφρονι τρυφή (8 a)
— 13. αἰσχύνη πατρὶ υἱὸς ἄφρων (8 a)
— 25. λοιμοῦ μαστιγουμένου ἄφρων πανουργότερος γίνεται (13)
— 28. ὁ ἐγγυώμενος παῖδα ἄφρονα (4)
— 29. τιμωρίαι ὁμοίως ἄφροσιν (8 a)
20. 1. πᾶς δὲ ἄ. τοιούτοις συμπλέκεται (6 ?)
— 3. πᾶς δὲ ἄ. τοιούτοις συμπλέκεται (1 a)
21. 20. ἄ. δὲ ἄνδρες καταπίονται αὐτόν (8 a)
22. 3. οἱ δὲ ἄ. παρελθόντες ἐζημιώθησαν (13)
23. 9. εἰς ὦτα ἄφρονος μηδὲν λέγε (8 a)
24. 7. ἀποθνήσκει δὲ ἄφρων ἐν ἁμαρτίαις (1 b)
— 25 (30. 2). ἀφρονέστατος γάρ εἰμι πάντων ἀνθρ. (5 b)
— 45 (30). ὥσπερ γεώργιον ἀνὴρ ἄ. (12)
— 57 (30. 22). ἐὰν . . . ἄφρων πλησθῇ σιτίων (10)
26. 1. οὕτως οὐκ ἔστιν ἄφρονι τιμή (8 a)
— 4. μὴ ἀποκρίνου ἄφρονι πρὸς [A κατὰ] τὴν ἐκείνου ἀφροσ. (8 a)
— 5. ἀλλὰ ἀποκρίνου ἄφρονι κατὰ [A πρὸς] τὴν ἀφροσ. αὐτοῦ (8 a)
— 6. ὄνειδος ποιεῖται ὁ ἀποστείλας δι' ἀγγέλου ἄφρονος λόγον (8 a)
— 7. ἀφελοῦ . . . παρανομίαν ἐκ στόματος ἀφρόνων (8 a)
— 8. ὅμοιός ἐστι τῷ διδόντι ἄφρονι δόξαν (8 a)
— 9. δουλεία δὲ ἐν χειρὶ τῶν ἀ. (8 a)
— 10. πολλὰ χειμάζεται πᾶσα σὰρξ ἀφρόνων (8 a)
— 11. οὕτως ἄφρων τῇ ἑαυτοῦ κακίᾳ ἀναστρέψας ἐπὶ τὴν ἑαυτοῦ ἁμαρτίαν (8 a)
27. 3. ὀργὴ δὲ ἄφρονος βαρυτέρα ἀμφοτέρων (1 a)
— 12. ἄφρονες δὲ ἐπελθόντες [A ἐλθόντες] ζημίαν τίσουσιν (13)
— 22. ἐὰν μαστιγοῖς ἄφρονα [A S² τὸν ἄ.] (1 a)
28. 26. ὃς πέποιθε θρασείᾳ καρδίᾳ ὁ τοιοῦτος ἄφρων (8 a)
29. 11. ὅλον τὸν θυμὸν αὐτοῦ ἐκφέρει ἄφρων (8 a)
— 20. ἐλπίδα ἔχει μᾶλλον ὁ ἄ. αὐτοῦ (8 a)
Ec. 2. 14. ὁ ἄ. ἐν σκότει πορεύεται (8 a)
— 15. ὡς συνάντημα τοῦ ἄ. (8 a)
— 15. ὁ ἄ. ἐκ περισσεύματος λαλεῖ -
— 16. οὐκ ἔστιν μνήμη τοῦ σοφοῦ μετὰ τοῦ ἄ. (8 a)
— 16. πῶς ἀποθανεῖται ὁ [S om.] σοφὸς μετὰ τοῦ ἄ. (8 a)
— 19. τίς εἶδεν εἰ [A S οἶδεν ἢ] σοφὸς ἔσται ἢ ἄφρων (11 a)
4. 5. ὁ [A S om.] ἄ. περιέβαλε [A S περιέλαβεν] τὰς χεῖρας αὐ. (8 a)
— 13. ὑπὲρ βασιλέα πρεσβύτερον καὶ ἄ. (8 a)
— 17. ἐγγὺς [S² ἔγγισον] τοῦ ἀκούειν ὑπὲρ δόμα τῶν ἀ. [S² τὸ δοῦναι ἀφροσύνης] (8 a)
5. 2. φωνὴ ἄφρονος ἐν πλήθει λόγων (8 a)
— 3. οὐκ ἔστι θέλημα ἐν ἄφροσι (8 a)
6. 8. περισσεία τῷ σοφῷ ὑπὲρ τὸν ἄ. (8 a)
7. 5 (4). καρδία ἀφρόνων ἐν οἴκῳ εὐφροσύνης (8 a)
— 6 (5). ἄνδρα ἀκούοντα ᾆσμα ἀφρόνων (8 a)
— 7 (6). οὕτως γέλως τῶν ἀ. (8 a)
— 10 (9). θυμὸς ἐν κόλπῳ ἀφρόνων ἀναπαύσεται (8 a)
10. 2. καρδία ἄφρονος εἰς ἀριστερὸν αὐτοῦ (8 a)
— 3. ἐν ὁδῷ ὅταν ἄφρων [S ἄφνω] πορεύηται (11 a)
— 6. ἐδόθη ὁ [S om.] ἄ. ἐν ὕψεσι μεγάλοις (11 b)
— 12. χείλη ἄφρονος καταποντιοῦσιν [A S -ίσουσιν] αὐτόν (8 a)
— 14. ὁ ἄ. πληθύνει λόγους (11 a)
— 15. μόχθος τῶν ἀ. [A S τοῦ ἀ.] κακώσει [A σκοτώσει, S κοπώσει] αὐτοὺς [A S αὐτόν] (8 a)

Wi. 1. 3. ἡ δύναμις ἐλέγχει τοὺς ἄ.
3. 2. ἐν ὀφθαλμοῖς ἀφρόνων τεθνάναι
— 12. αἱ γυναῖκες αὐτῶν ἄφρονες
5. 4. οἱ ἄ. τὸν βίον αὐτοῦ ἐλογισάμεθα μανίαν
12. 24. νηπίων δίκην ἀφρόνων ψευσθέντες
14. 11. εἰς παγίδα ποσὶν ἀφρόνων
15. 5. ὧν ὄψις ἄφροσιν [A¹ S¹ ἄφρονι] εἰς ὄνειδος [A S ὄρεξιν] ἔρχεται
— 14. πάντες [A πάντων] δὲ ἀφρονέστατοι [S -έστεροι]
Si. 16. 23. ἀνὴρ ἄ. καὶ πλανώμενος διανοεῖται μωρά
19. 23. ἔστιν ἄφρων ἐλαττούμενος σοφίᾳ
20. 7. ὁ δὲ . . . ἄφρων [A ἀφίων] ὑπερβήσεται καιρόν [S¹ -ρῷ]
— 14. δόσις ἄφρονος οὐ λυσιτελήσει σοι
— 22. ἀπὸ ἄφρονος προσώπου ἀπολεῖ [A ἀπολλύει] αὐτήν
21. 23. ἄφρων ἀπὸ θύρας παρακύπτει εἰς οἰκίαν
22. 13. μετὰ ἄφρονος μὴ πληθύνῃς λόγον
27. 11. ὁ δὲ ἄ. ὡς σελήνη ἀλλοιοῦται
31 (34). 1. ἐνύπνια ἀναπτεροῦσιν ἄφρονας
34 (31). 7. πᾶς ἄ. ἁλώσεται ἐν αὐτῷ
— 30. πληθύνει μέθη θυμὸν ἄφρονος εἰς πρόσκομμα
Is. 59. 7. A S¹ οἱ διαλογισμοὶ αὐτῶν διαλογισμοὶ ἀφρόνων [B S² ἀπὸ φόνων] (2 a)
Je. 4. 22. υἱοὶ ἄφρονές εἰσι (11 a)
17. 11. ἐπ' ἐσχάτων αὐτοῦ ἔσται ἄ. (10)
[Aq. Pr. 1. 7, 32: 14. 9, 17: 17. 28: 27. 22: Ec. 10. 6: Is. 35. 8: Ez. 21. 31 (36): Za. 11. 15.]
[Sm. Ps. 38 (39). 9: 73 (74). 22: Pr. 1. 7, 32: 7. 22: 14. 9, 17: 17. 28: 26. 10: Ec. 5. 3: 10. 3, 6: Is. 35. 8: Ez. 21. 31 (36): Za. 11. 15.]
[Th. Jb. 5. 2: 19. 18: Pr. 1. 7: 14. 9: 17. 10, 28: 26. 10: 27. 22: Is. 35. 8: Ez. 13. 3: 21. 31 (36): Za. 11. 15.]
[Al. II Ki. 3. 33.]
[Quint. Ps. 38 (39). 9: Pr. 17. 28.]

ἀφυλακτεῖν.
[Al. II Ki. 3. 27.]

ἀφυλάκτως. (1) פָּרִיץ
Ez. 7. 22. εἰσελεύσονται εἰς αὐτὰ ἀ. (1 ?)
23. 39. A εἰσεπορεύοντο εἰς τὰ ἅγιά μου ἀ. [B om.] -

ἀφυπνοῦν.
[Al. Ge. 28. 11.]

ἀφυστερεῖν. (1) מָנַע
Ne. 9. 20. τὸ μάννα σου οὐκ ἀφυστέρησας ἀπὸ στόματος αὐτῶν (1)
Si. 14. 14. μὴ ἀφυστερήσῃς ἀπὸ ἀγαθῆς [A om. ἀπὸ ἀ.] ἡμ.

● **ἀφφουσώθ.** (1) חָפְשִׁית
IV Ki. 15. 5. καὶ ἐβασίλευσεν ἐν οἴκῳ ἀ. (1)

● **ἀφφουσιών**, *cf.* **ἀπφουσώθ.** (1) *a.* חָפְשׁוּת *b.* חָפְשִׁית
II Ch. 26. 21. B ἐν οἴκῳ ἀ. [A R ἀπφουσὼθ] ἐκάθητο λεπρός (1 a* vel 1 b)

ἀφφώ. (1) אַף־הוּא (2) אֵפוֹא
IV Ki. 2. 14. ποῦ ὁ θ. [A κύριος ὁ θ.] Ἠλιοῦ ἀ. (1)
10. 10. ἴδετε ἀ. ὅτι οὐ πεσεῖται ἀπὸ τοῦ ῥήμ. κ. (2)

ἀφφώθ. (1) סִפִּים
Je. 52. 19. A B καὶ τὰς ἀ. [? τὰ σαφφώθ] [S R al.] (1)

ἄφωνος. (1) אִלֵּם ni.
Wi. 4. 19. ῥήξει αὐτοὺς ἀφώνους πρηνεῖς
Is. 53. 7. ὡς ἀμνὸς ἐναντίον τοῦ κείροντος [A S² -ραντος αὐτὸν] ἄ. (1)
II Ma. 3. 29. ὁ μὲν διὰ τὴν θείαν ἐνέργειαν ἄφωνος
▶ [Aq. Sm. Ps. 17 (18). 41.]

ἀχαβίν. (1) מִתְחַבְּאִים
I Ch. 21. 20. B τέσσαρας υἱοὺς αὐτοῦ μετ' αὐτοῦ μεθ' ἀ. [A κρυβόμενοι, S μεθαχ.] (1)

ἀχανής.
Wi. 19. 17. ἀχανεῖ περιβληθέντες σκότει

ἄχαρις.
Si. 20. 19. ἄνθρωπος ἄ.

ἀχάριστος.
Wi. 16. 29. ἀχαρίστου γὰρ ἐλπὶς . . . τακήσεται
Si. 29. 17. ἀχάριστος ἐν διανοίᾳ ἐγκαταλείψει ῥυσάμενον
— 25. ξενιεῖς καὶ ποτιεῖς εἰς [A S¹ om.] ἀχάριστα
IV Ma. 9. 10. κατὰ ἀχαρίστων ὠργίσθη

ἀχαρίστως.
Si. 18. 18. μωρὸς ἀ. ὀνειδιεῖ

ἀχάτης. (1) שְׁבוֹ
Ex. 28. 19. λιγύριον [A add. καὶ] ἀ. [A add. καὶ] ἀμέθυστος (1)
36. 19 (39. 12). λιγύριον καὶ ἀ. καὶ ἀμέθυστος (1)
Ez. 28. 13. χρυσίον καὶ λιγύριον καὶ ἀχάτην -

ἀχεχάρ (B), **ἀχχεχζάρ** (A). (1) הַכִּכָּר
Ne. 3. 22. A B οἱ ἱερεῖς ἄνδρες ἀ. [S R al.] (1)

ἄχι. (1) אָחוּ (2) τὸ ἄ. τὸ χλωρόν עָרָה
Ge. 41. 2. ἐβόσκοντο ἐν τῷ ἄχει (1)
— 3. A ἐπὶ τὸ χεῖλος τοῦ ποτ. ἐν τῷ ἄχει [R om. ἐν τ. ἄ.] -
— 18. ἐνέμοντο ἐν τῷ ἄχει (1)
— 19. A ἐνέμοντο ἐν τῷ ἄχει -
Si. 40. 16. ἄχει [A ἄχι] ἐπὶ παντὸς ὕδατος
Is. 19. 7. τὸ ἄ. τὸ χλωρὸν . . . ξηρανθήσεται (2)
[Th. Jb. 8. 11.]

ἀχλύς.
[Aq. Ez. 12. 7.]
[Sm. Jb. 3. 5.]

ἀχορτασία.
[Sm. Dt. 28. 20.]

ἀχόρταστος.
[Sm. Ps. 58 (59). 16.]

ἀχούχ, *cf.* **ἀκχούχ.** (1) הַחוֹחַ
II Ch. 25. 18. A B καὶ κατεπάτησαν τὸν ἀ. [R ἀκχούχ]

ἄχραντος.
[Sm. La. 4. 7.]
[Al. Ex. 17. 16.]

ἀχρεῖος. (1) שָׁפָל
II Ki. 6. 22. καὶ ἔσομαι ἀ. ἐν ὀφθαλμοῖς σου (1)
Ep. Je. 17. σκεῦος ἀνθρώπου συντριβὲν ἀχρεῖον [A ἄχρηστον] γίνεται
[Sm. Is. 33. 9.]
[Th. Is. 33. 9: Ez. 17. 6.]

ἀχρειότης.
To. 4. 13. ἐν τῇ ἀ. ἐλάττωσις καὶ ἔνδεια μεγάλη
— 13. ἡ γὰρ ἀ. μήτηρ ἐστὶ τοῦ λιμοῦ

ἀχρειοῦν. (1) אָלַח ni. (2) כָּאַב hi. (3) רָעַע
IV Ki. 3. 19. πᾶσαν μερίδα ἀγαθὴν ἀχρειώσετε [A -ατε] (2)
I Es. 1. 56. συνετέλεσαν πάντα τὰ ἔνδοξα αὐτῆς ἀχρειῶσαι
Ps. 13 (14). 3. ἅμα ἠχρειώθησαν (1)
52 (53). 3. ἅμα [S ἐπὶ τὸ αὐτὸ] ἠχρειώθησαν (1)
Je. 11. 16. ἠχρειώθησαν οἱ κλάδοι αὐτῆς (3)
Da. LXX. 4. 11. καὶ ἀχρειῶσαι αὐτό -
6. 20 (21). καὶ οὐκ ἠχρείωκάν σε -
[Sm. Ec. 12. 4.]
[Al. Jd. 5. 26.]

ἄχρηστος. (1) אֵין חֵפֶץ
Wi. 2. 11. τὸ γὰρ ἀσθενὲς ἄχρηστον ἐλέγχεται
3. 11. ἄχρηστα τὰ ἔργα αὐτῶν
4. 5. ὁ καρπὸς αὐτῶν ἄ.
13. 10. λίθον ἄχρηστον χειρὸς ἔργον ἀρχαίας
16. 29. ῥυήσεται ὡς ὕδωρ ἄχρηστον
Si. 16. 1. μὴ ἐπιθύμει τέκνων πλῆθος ἀχρήστων [A -τον]
37. 19. τῇ ἰδίᾳ ψυχῇ ἐστιν ἄχρηστος
Ho. 8. 8. νῦν ἐγένετο ἐν τοῖς ἔθνεσιν ὡς σκεῦος ἄ. (1)
Ep. Je. 17. A σκεῦος ἀνθρώπου συντριβὲν ἄχρηστον [B ἀχρεῖον] γίνεται
II Ma. 7. 5. R ἄχρηστον δὲ αὐτὸν τοῖς ὅλοις [A λοιποῖς] γενόμενον
III Ma. 3. 29. πάσῃ θνητῇ φύσει κατὰ πάντα ἄ. φανήσεται
[Al. Le. 22. 22.]

● = correction on page xxiv ▶ = additional entry on page xxiv

ἄχρι, ἄχρις. *ἄχρις οὗ.

Ge. 44. 28 (ἄχρι νῦν)†.
Jd. 11. 33†: Es. 3. 13†.
Jb. 32. 11*, 12.
II Ma. 14. 10, 15.
[Sm. IV Ki. 21. 16.]
[Th. Jb. 32. 11*.]

ἄχυρον, ἄχυρος (?). (1) בְּלִיל (2) חֹמֶר (3) מוֹץ (4) עוּר (5) תֶּבֶן

Ge. 24. 25. R καὶ ἄχυρα καὶ χορτάσματα [A -τασμα] (5)
— 32. ἔδωκεν ἄχυρα καὶ χορτάσματα (5)
Ex. 5. 7. διδόναι ἄ. τῷ λαῷ εἰς τὴν [A^1 om.] πλινθουργίαν (5)
— 7. συναγαγέτωσαν ἑαυτοῖς ἄχυρα (5)
— 10. οὐκέτι δίδωμι ὑμῖν ἄχυρα (5)
— 11. συλλέγετε ἑαυτοῖς ἄχυρα (5)
— 12. συλλέγειν καλάμην εἰς ἄχυρα (5)
— 13. καθάπερ καὶ ὅτε τὸ ἄ. ἐδίδοτο ὑμῖν (5)
— 16. ἄ. οὐ δίδοται τοῖς οἰκέταις σου (5)
— 18. τὸ γὰρ ἄ. οὐ δοθήσεται ὑμῖν (5)
Jd. 19. 19. καί γε ἄχυρα καὶ χορτάσματα (5)
III Ki. 4. 28 (5. 8). τὰς κριθὰς καὶ τὸ [A τὸν] ἄ. τοῖς ἵπποις (5)
Jb. 21. 18. ἔσονται δὲ ὥσπερ ἄχυρα ὑπ' ἀνέμου (5)
41. 18 (19). ἥγηται μὲν γὰρ σίδηρον ἄχυρα [A S^2 ὥσπερ ἄ.] (5)
Na. 3. 14. συμπατήθητι [A συμπάτει] ἐν ἀχύροις (2)
Is. 11. 7. λέων ὡς βοῦς φάγεται ἄχυρα (5)
17. 13. ὡς χνοῦν [A χοῦν] ἀχύρου λικμώντων (3)
30. 24. φάγονται ἄχυρα ἀναπεποιημένα ἐν κριθῇ (1)
65. 25. λέων ὡς βοῦς φάγεται ἄχυρα (5)
Je. 23. 28. τί τὸ ἄ. πρὸς τὸν σῖτον (5)
Da. LXX. 2. 35. ἐγένετο ὡσεὶ λεπτότερον ἀχύρου (4)
[Aq. Jb. 41. 19.]
[Sm. Ex. 5. 7: Jb. 41. 19: Is. 25. 10.]
[Th. Ex. 5. 7: Jb. 41. 19.]
[Heb. Ez. 22. 28.]

ἀχχεχζάρ, *vid.* **ἀχεχάρ.**

ἀχώριστος.

[Sm. Ps. 54 (55). 12.]

ἀψευδής.

Wi. 7. 17. τῶν ὄντων γνῶσιν ἀψευδῆ
[Sm. Jb. 36. 4.]

ἀψίνθιον.

[Aq. Pr. 5. 4: Je. 9. 15 (14): 23. 15.]

ἄψυχος.

Wi. 13. 17. οὐκ αἰσχύνεται τῷ ἀ. προσλαλῶν
14. 29. ἀψύχοις γὰρ πεποιθότες εἰδώλοις

ἀών.

[Heb. Ps. 48 (49). 6.]

ἀωρία. (1) אֲפֵלָה (2) נֶשֶׁף (3) שׁוֹאָה

I Es. 1. 14. οἱ γὰρ ἱερεῖς ἀνέφερον τὰ στέατα ἕως ἀωρίας
Ps. 118 (119). 147. προέφθασα ἐν ἀωρίᾳ (2?)
Ze. 1. 15. ἡμέρα ἀωρίας [S^3 ταλαιπωρ.] καὶ ἀφανισμοῦ (3)
Is. 59. 9. μείναντες αὐγὴν ἐν ἀωρίᾳ περιεπάτησαν (1)

ἄωρος. (1) לֹא־עֵת (2) עוּל יָמִים

Jb. 22. 16. οἱ συνελήφθησαν ἄωροι (1)
Pr. 10. 6. στόμα δὲ ἀσεβῶν καλύψει πένθος ἄ. †
11. 30. ἀφαιροῦνται δὲ ἄωροι ψυχαὶ παρανόμων †
13. 2. ψυχαὶ δὲ παρανόμων ὀλοῦνται ἄωροι †
Wi. 4. 5. ὁ καρπὸς αὐτῶν ἄχρηστος ἄ. εἰς βρῶσιν
14. 15. ἀώρῳ γὰρ πένθει τρυχόμενος πατήρ
Si. 16. 3. S^2 στενάξεις πένθει ἀώρῳ
Is. 65. 20. οὐ μὴ γένηται ἔτι [A S om.] ἐκεῖ ἄ. (2)
[Th. Jb. 22. 16.]

B

βααβεθθίμ.

[Heb. Ps. 117 (118). 27.]

βαάλ, *cf.* **βαλτάμ.** (1) בְּעֵל־טְעֵם

II Es. 4. 9. B Ῥαοὺμ β. [A R al.] (1)

βααλείμ.

[Aq. Sm. Je. 9. 14 (13).]

βααλίλ.

[Heb. Ps. 11 (12). 7.]

βααλτάμ, *cf.* **βαλτάμ.** (1) בְּעֵל־טְעֵם

II Es. 4. 8, 9, 17. A Ῥεοὺμ β. [B al.] (1)

βαανά, *vid.* **μαναά.**

βαβάλ.

[Heb. IV Ki. 1. 2.]

βάδ. (1) בַּד

I Ki. 2. 18. R παιδάριον περιεζωσμένον ἐφοὺδ β. [A B βάρ] (1)
[Th. Ex. 39. 28 (36).]

βαδαταμέν, *cf.* **βαλτάμ.** (1) בְּעֵל־טְעֵם

II Es. 4. 8. B Ῥαοὺλ β. [A R Ῥεοὺμ βαλτάμ] (1)

βαδδήν.

[Th. Ez. 9. 2, 11.]

βαδδί. (1) בַּדִּים

Da. TH. 12. 6. A τῷ ἀνδρὶ τῷ ἐνδεδυμ. τὰ β. [B -είν] (1)

βαδδίμ.

[Th. Ez. 9. 2, 11.]

βαδδίν (βαδδείν). (1) בַּדִּים

Da. TH. 10. 5. ἀνὴρ εἷς ἐνδεδυμένος β. (1)
12. 6. τῷ ἀνδρὶ τῷ ἐνδεδυμένῳ τὰ β. [A βαδδί] (1)
— 7. τοῦ ἀνδρὸς τοῦ ἐνδεδυμένου τὰ β. (1)
[Th. Ez. 10. 2: Da. 10. 5.]

βαδίζειν. (1) בּוֹא (2) הָלַךְ (3) עָבַר (4) שׁוּב

Ge. 42. 19. αὐτοὶ δὲ βαδίσατε (2)
Ge. 44. 25. A βαδίσατε πάλιν [R add. καὶ] ἀγοράσατε (4)
Ex. 4. 18. βάδιζε ὑγιαίνων (2)
— 19. βάδιζε ἄπελθε εἰς Αἴγυπτον (2)
6. 6. βάδιζε εἰπὸν τοῖς υἱοῖς Ἰσραήλ †
7. 15. βάδισον πρὸς Φαραὼ τὸ πρωΐ (2)
10. 24. βαδίζετε λατρεύσατε κυρίῳ τῷ θεῷ ὑμῶν (2)
12. 31. βαδίζετε καὶ [A om.] λατρεύσατε [A -εύετε] κ. (2)
19. 24. βάδιζε κατάβηθι καὶ ἀνάβηθι (2)
32. 7. βάδιζε τὸ τάχος κατάβηθι ἐντεῦθεν (2)
— 34. βάδιζε κατάβηθι [A om.] καὶ ὁδήγησον (2)
De. 5. 30 (27). βάδισον εἶπον αὐτοῖς (2)
10. 11. βάδιζε ἄπαρον ἐναντίον τοῦ λαοῦ τούτου (2)
13. 6 (7). βαδίσωμεν [A πορευθῶμεν] καὶ λατρεύσωμεν (2)
Jd. 10. 14. A βαδίζετε καὶ βοᾶτε [B al.] (2)
II Ki. 7. 3. πάντα ὅσα ἂν [A om.] ἐν τῇ καρδίᾳ σου βάδιζε καὶ ποίει (2)
14. 8. ὑγιαίνουσα βάδιζε εἰς τὸν οἶκόν σου (2)
15. 9. βάδιζε εἰς εἰρήνην (2)
18. 21. βαδίσας ἀνάγγειλον τῷ βασιλεῖ [A om. τῷ β.] (2)
24. 1. βάδιζε ἀρίθμησον τὸν Ἰσρ. (2)
I Es. 4. 4. βαδίζουσι καὶ κατεργάζονται τὰ ὄρη
— 24. καὶ ἐν σκότει βαδίζει
9. 51. βαδίσαντες οὖν φάγετε λιπάσματα
To. 2. 2. βάδισον καὶ ἄγαγε
— 10. S πρὸ τοῦ αὐτὸν βαδίσαι εἰς τὴν Ἐλ. [A B al.]
3. 9. βάδιζε μετ' αὐτῶν
5. 7. S ἵνα βαδίσῃς μετ' ἐμοῦ
7. 17. S βαδίσασα ἔστρωσεν εἰς τὸ ταμεῖον [A B al.]
8. 3. S βαδίσας Ῥαφαὴλ συνεπόδισεν αὐτόν [A B al.]
— 19. S εἰς τὸ βουκόλιον βαδίσας
10. 13. S βάδιζε εἰς εἰρήνην, θυγάτερ
11. 10. S ἐβάδισεν Τωβείας πρὸς αὐτόν [A B al.]
Es. 4. 16. βαδίσας ἐκκλησίασον τοὺς Ἰουδαίους (2)
— 17. βαδίσας Μαρδοχαῖος ἐποίησεν ὅσα ἐνετείλ. (3)
Ho. 1. 2. βάδιζε [A om.] λάβε σεαυτῷ γυναῖκα πορνείας (2)
Am. 7. 12. ὁ ὁρῶν βάδιζε ἐκχώρησον (2)
— 15. βάδιζε προφήτευσον (2)
Mi. 7. 4. βαδίζων ἐπὶ κανόνος ἐν ἡμέρᾳ σκοπιᾶς †
Jn. 1. 3. καὶ εὗρε πλοῖον βαδίζον εἰς θ. (1)
Is. 21. 6. βαδίσας σεαυτῷ στῆσον σκοπόν (2)
26. 20. βάδιζε [A add. ὁ] λαός μου (2)
40. 31. βαδιοῦνται καὶ οὐ πεινάσουσιν (2)
55. 1. βαδίσαντες ἀγοράσατε (2)
Je. 6. 16. βαδίζετε [A -ίσατε] ἐν αὐτῇ (2)
— 25. ἐν ταῖς ὁδοῖς μὴ βαδίζετε (2)
11. 10. A S βαδίζουσιν [B πορεύονται] ὀπίσω θεῶν ἀλλοτρίων (2)
12. 9. βαδίσατε συναγάγετε πάντα τὰ θηρία (2)
13. 1. βάδισον καὶ κτῆσαι σεαυτῷ περίζωμα λινοῦν (2)
— 4, 6. βάδισον ἐπὶ τὸν Εὐφράτην (2)
17. 19. βάδισον καὶ στῆθι ἐν ταῖς πύλαις (2)
19. 1. βάδισον καὶ κτῆσαι βικόν (2)
27 (50). 4. βαδίζοντες καὶ κλαίοντες πορεύσονται (2)
30 (49). 3. Μελχὸλ [A om.] ἐν ἀποικίᾳ βαδιεῖται (2)
31 (48). 2. ὄπισθέν [S ὀπίσω] σου βαδιεῖται μάχαιρα (2)
35 (28). 13. βάδιζε [A -ισον] καὶ εἰπὸν πρὸς Ἀν. (2)
38 (31). 2. βαδίσατε καὶ μὴ ὀλέσητε τὸν Ἰσραήλ (2)
41 (34). 2. βάδισον πρὸς Σεδεκίαν βασιλέα Ἰούδα (2)
42 (35). 2. βάδισον [A πορεύθητι] εἰς οἶκον [S -κίαν] Ἀρχαβείν (2)
43 (36). 19. βάδισον κατακρύβηθι [A κρύ.] (2)
51. 35 (45. 5). οὗ ἐὰν βαδίσῃς ἐκεῖ (2)
Ba. 2. 18. ὃ βαδίζει κύπτον καὶ ἀσθενοῦν
4. 19. βαδίζετε, τέκνα, βαδίζετε
5. 7. ἵνα βαδίσῃ Ἰσραὴλ ἀσφαλῶς τῇ τοῦ θεοῦ δόξῃ
Ez. 1. 9. οὐκ ἐπεστρέφοντο ἐν τῷ β. αὐτά (2)
3. 4. βάδιζε καὶ [A om.] εἴσελθε πρὸς τὸν οἶκον τοῦ Ἰσ. (2)
— 11. βάδιζε εἴσελθε εἰς τὴν αἰχμαλωσίαν (2)
Da. LXX. 12. 13. καὶ σὺ βάδισον ἀναπαύου (2)

βάδος, *cf.* **βαίθ, βάτος.** (1) בַּת

II Es. 7. 22. A ἕως οἴνου βάδων [B ἀποθηκῶν, R βάτων] ἑκατόν (1)
— 22. A ἕως ἐλαίου βάδων [R βάτων] ἑκατόν (1)

βαδωναΐ.

[Heb. Is. 26. 4.]

βαηλαί.

[Heb. Ge. 43. 23.]

βαθέως. (1) β. βουλὴν ποιεῖν עָמַק hi.
Is. 29. 15. οὐαὶ οἱ β. βουλὴν ποιοῦντες (1)

βαθθάρ.
[Sm. Ca. 2. 17.]

βαθμός. (1) מַעֲלָה (2) מִפְתָּן
I Ki. 5. 5. οὐκ ἐπιβαίνουσιν . . . ἐπὶ βαθμὸν οἴκου Δαγών (2)
IV Ki. 20. 9. πορεύσεται ἡ σκιὰ δέκα βαθμούς [A ἀναβαθμούς] (1)
— 9. B ἐὰν ἐπιστρέψῃ δέκα βαθμούς (1)
— 10. κοῦφον τὴν σκιὰν κλῖναι δέκα βαθμούς [A ἀναβαθμούς] (1)
— 10. ἐπιστραφήτω ἡ σκιὰ ἐν τοῖς ἀναβαθμοῖς δέκα βαθμοὺς [A σκ. δ. ἀναβαθμοὺς] εἰς τὰ ὀπίσω (1)
— 11. εἰς τὰ ὀπίσω δέκα βαθμούς (1)
Si. 6. 36. βαθμοὺς θυρῶν [B² τρίβων] αὐτοῦ ἐκτριβέτω ὁ πούς σου
[Sm. Is. 38. 8.]

βάθος. (1) חֵיק (2) יַרְכָּה (3) מַעֲמַקִּים (4) מְצוּלָה (5) עָמַק hi. (6) עָמֹק (7) קַרְקַע (8) תַּחְתִּי
Jd. 5. 30. A βάθη ποικίλων [B βάμματα ποικιλτῶν] †
Ju. 8. 14. βάθος καρδίας ἀνθρώπου οὐχ εὑρήσετε
Jb. 28. 11. βάθη δὲ ποταμῶν ἀνεκάλυψεν †
Ps. 68 (69). 2. ἦλθον εἰς τὰ β. τῆς θαλάσσης (3)
— 14. ῥυσθείην . . . ἐκ τοῦ β. [S² τῶν β.] τῶν ὑδάτων (3)
129 (130). 1. ἐκ βαθέων ἐκέκραξά σοι, κύριε (3)
Pr. 18. 3. ὅταν ἔλθῃ ἀσεβὴς εἰς βάθος κακῶν †
Ec. 7. 25 (24). βαθὺ βάθος τίς εὑρήσει αὐτό [S¹ -ήν] (6)
Wi. 4. 3. οὐ δώσει ῥίζαν εἰς βάθος
10. 19. ἐκ βάθους [S¹ θάμβους] ἀβύσσου [S om.] ἀνέβρασεν
Si. 24. 5. ἐν βάθει ἀβύσσων περιεπάτησα
51. 5. ἐκ βάθους κοιλίας ᾅδου
Am. 9. 3. ἐὰν καταδύσωσιν . . . εἰς τὰ β. τῆς θαλάσσης (7)
Mi. 7. 19. ἀπορριφήσονται εἰς τὰ β. τῆς θαλ. πάσ. τὰς ἁμαρτ. (4)
Jn. 2. 4. ἀπέρριψάς με εἰς βάθη καρδίας θαλάσσης (4)
Za. 10. 11. ξηρανθήσεται πάντα τὰ β. ποταμῶν (4)
Is. 7. 11. εἰς β. ἢ εἰς ὕψος (5)
51. 10. ἡ θεῖσα τὰ β. [S τὸ β.] τῆς θαλάσσης ὁδόν (3)
Ez. 26. 20. κατοικιῶ σε εἰς βάθη τῆς γῆς (8)
27. 34. ἐν βάθει ὕδατος ὁ σύμμικτός σου (3)
31. 14. ἐδόθησαν εἰς θάνατον εἰς γῆς β. [A γῆν βάθους] (8)
— 18. καταβιβάσθητι . . . εἰς γῆς β. [A γῆν βάθους] (8)
32. 18. καταβιβάσουσιν . . . εἰς τὸ β. τῆς γῆς (8)
● — 19. ἐν βάθει βόθρου γίνου -
● — 23. A R ἡ ταφὴ αὐτῶν ἐν βάθει βόθρου [B θορύβου] (2)
● — 24. οἱ καταβαίνοντες ἀπερίτμητοι εἰς γῆς β. [A γῆν βάθους] (8)
43. 13. παλαιστῆς κόλπωμα βάθους [A τὸ κ. βάθος] (1?)
— 14. ἐκ βάθους τῆς ἀρχῆς τοῦ κοιλώματος αὐτοῦ (1?)
III Ma. 2. 7. ἐπιδιώξαντα αὐτὸν . . . ἐπέκλυσας βάθει θαλάσσης
[Aq. Jb. 30. 30: Ps. 92 (93). 3: 129 (130). 1: Pr. 9. 18: 25. 3.]
[Sm. Jb. 30. 30: Ps. 68 (69). 3: 92 (93). 3: Pr. 9. 18: Je. 49. 30 (30. 8).]
[Th. Jb. 30. 30: Pr. 9. 18: Ze. 1. 11.]
[Sam. Ge. 49. 24.]

βάθρον.
Is. 14. 23. A πηλοῦ βάθρον [B S βάραθρον] εἰς ἀπώλειαν †

βαθύγλωσσος. (1) עִמְקֵי שָׂפָה וְכִבְדֵי לָשׁוֹן
Ez. 3. 5. οὐ πρὸς λαὸν βαθύγλωσσον [A βαθύχειλον καὶ βαρύγ.] (1)

βαθύνειν. (1) עָמַק a. qal. b. hi.
Ps. 91 (92). 5. σφόδρα ἐβαθύνθησαν [A B¹ S¹ ἐβαρύνθ.] οἱ διαλογισμοί (1 a)
Je. 29 (49). 8. βαθύνατε [A add. ἑαυτοῖς] εἰς κάθισιν [A -θη.] (1 b)
30 (49). 30. A B S ἐβαθύνατε εἰς κάθισιν [A -θη.] (1 b)
[Aq. Ps. 91 (92). 6: Is. 7. 11: Je. 49. 8 (29. 9), 30 (30. 8).]
[Sm. Is. 7. 11: 31. 6.]
[Th. Ps. 91 (92). 6: Is. 7. 11: 30. 33.]

βαθύς. (1) a. עָמִיק b. עָמֹק c. עֹמֶק d. עָמַק hi. (2) עָקֹב (3) τὴν β. βουλὴν βουλεύεσθαι עָמַק hi.
Jb. 11. 8. ὑψηλὸς ὁ οὐρανός [A add. γῆ δὲ βαθεῖα] καὶ τί ποιήσεις; βαθύτερα [A ἡ β.] δὲ τῶν ἐν ᾅδου (-, 1 b)
12. 22. ἀνακαλύπτων βαθέα ἐκ σκότους (1 b)
Ps. 63 (64). 6. καὶ καρδία βαθεῖα καὶ ὑψωθήσεται ὁ θεός (1 b)
Pr. 18. 4. ὕδωρ βαθὺ λόγος ἐν καρδίᾳ ἀνδρός (1 b)
20. 5. ὕδωρ βαθὺ βουλὴ ἐν καρδίᾳ ἀνδρός (1 b)
22. 14. βόθρος βαθὺς στόμα παρανόμου (1 b)
25. 3. οὐρανὸς ὑψηλὸς γῆ δὲ βαθεῖα (1 c)
Ec. 7. 25 (24). βαθὺ βάθος τίς εὑρήσει αὐτό [S¹ -ήν] (1 b)
Wi. 16. 11. εἰς βαθεῖαν ἐμπεσόντες λήθην
Si. 3. 21. S² βαθύτερά [A B S¹ χαλεπώτερά] σου μὴ ζήτει
22. 7. R ἐξεγείρων καθεύδοντα ἐκ βαθέως [A -έου, B S -εος] ὕπνου
Is. 30. 33. φάραγγα βαθεῖαν ξύλα κείμενα (1 d?)
31. 6. οἱ τὴν β. βουλὴν βουλευόμενοι [A -σάμενοι] (3)
Je. 17. 9. βαθεῖα ἡ καρδία παρὰ πάντα (2)
Ez. 23. 32. τὸ ποτήριον τῆς ἀδελφῆς σου πίεσαι τὸ βαθύ (1 b)
Da. LXX. 2. 22. ἀνακαλύπτων τὰ β. καὶ σκοτεινά (1 a)
Da. Th. 2. 22. αὐτὸς ἀποκαλύπτει βαθέα καὶ ἀπόκρυφα (1 a)
III Ma. 5. 12. ἡδίστῳ καὶ β. κατεσχέθη τῇ ἐνεργείᾳ τοῦ δεσπότου
IV Ma. 3. 20. ἐπειδὴ γὰρ β. εἰρήνην . . . οἱ πατέρες ἡμῶν εἶχον
[Aq. Th. Ps. 63 (64). 7.]
[Sm. Le. 13. 3: Ps. 63 (64). 7: 91 (92). 6: 129 (130). 1: Pr. 23. 27: Je. 49. 8 (29. 9).]
[Al. Le. 13. 30.]

βαθύφωνος. (1) עִמְקֵי שָׂפָה
Is. 33. 19. οὐδὲ ᾔδει βαθύφωνον (1)

βαθύχειλος. (1) עִמְקֵי שָׂפָה
Ez. 3. 5. A λαὸν βαθύχειλον καὶ βαρύγλωσσον [B βαθύγλωσσον] (1)
[Aq. Sm. Th. Ez. 3. 6.]

βαιθ, *cf.* **βάδος, βάτος** (*batus*), **βέθ.** (1) בַּת
III Ki. 5. 11 (25). εἴκοσι χιλιάδας βαιθ [A βέθ] ἐλαίου κεκομμένου (1)

βαιθακάδ (-άδ). (1) בֵּית־עֵקֶד
IV Ki. 10. 12. αὐτὸς ἐν βαιθακὰθ [A -ὰδ] τῶν ποιμένων (1)
— 14. ἔσφαξαν αὐτοὺς εἰς βαιθακάθ [A -άδ] (1)

βαίνειν. (1) יָצַג hi.
De. 28. 56. πεῖραν ἔλαβε ὁ πούς αὐτῆς βαίνειν ἐπὶ τῆς γῆς (1)
Wi. 4. 4. ἐπισφαλῶς βεβηκότα [S¹ βεβιωκότα]
18. 16. βεβήκει δ' ἐπὶ [S¹ om.] γῆς
III Ma. 6. 31. μᾶλλον δὲ ἐπ' αὐτῷ βεβηκότες
[Sm. Ps. 67 (68). 8: Ca. 2. 8: Is. 63. 1.]

βαίνη.
I Ma. 13. 37. τὴν β. [A Βαὶν] ἣν ἀπεστείλατε κεκομίσμεθα

βαϊνός.
[Sm. Ge. 40. 16.]

βαῖον *vel* **βαΐον.**
I Ma. 13. 51. εἰσῆλθεν . . . μετὰ αἰνέσεως καὶ βαΐων [S¹ βαέων]
[Sm. Ca. 7. 8 (9).]
[Al. Le. 23. 40.]

βαΐς.
I Ma. 13. 51. S¹ εἰσῆλθεν . . . μετὰ αἰνέσεως καὶ βαέων [A R βαΐων]

βακελλέθ.
IV Ki. 4. 42. A ἄρτους κριθίνους καὶ παλάθας βακελλέθ [B om.] †
[Th. IV Ki. 4. 42.]

βακτηρία. (1) חֹטֶר (2) מַטֶּה (3) מַקֵּל (4) מִשְׁעֶנֶת (5) שֵׁבֶט
Ex. 12. 11. καὶ αἱ β. [A add. ὑμῶν] ἐν ταῖς χερσὶν ὑμ. (3)
I Ki. 17. 40. ἔλαβε τὴν β. αὐτοῦ ἐν τῇ χειρὶ αὐτοῦ (3)
IV Ki. 4. 29. λάβε τὴν β. μου ἐν τῇ χειρί σου (4)
— 29. ἐπιθήσεις τὴν β. μου ἐπὶ πρόσωπον τοῦ παιδαρίου (4)
— 31. ἐπέθηκεν τὴν β. ἐπὶ πρόσωπον τοῦ παιδαρίου (4)
Ps. 22 (23). 4. ἡ ῥάβδος σου καὶ ἡ β. σου (4)
Pr. 13. 24. ὃς φείδεται τῆς β. (5)
14. 3. ἐκ στόματος ἀφρόνων βακτηρία ὕβρεως (1)
Je. 1. 11. εἶπα, Βακτηρίαν καρυΐνην (3)
31 (48). 17. πῶς συνετρίβη β. εὐκλεής (2)
[Aq. Nu. 21. 18: I Ki. 14. 27: Ps. 104 (105). 16.]
[Sm. Ps. 104 (105). 16: Is. 10. 24: 28. 27.]
[Al. Ex. 17. 5.]

βακχούρια (-χουροι?). (1) בִּכּוּרִים
Ne. 13. 31. καὶ ἐν τοῖς β. [S¹ -χούροις] (1)

βάλανος. (1) a. אֵלוֹן b. אַלּוֹן (2) בְּרִיחַ
Ge. 35. 8. κατώτερον Βαιθὴλ ὑπὸ τὴν β. (1 a)
— 8. ἐκάλεσεν Ἰ. τὸ ὄνομα αὐτῆς β. πένθους (1 a)
Jd. 9. 6. πρὸς τῇ β. τῇ εὑρετῇ [A om. τῇ εὑ.] τῆς στάσεως (1 b)
Is. 2. 13. πᾶν δένδρον βαλάνου Βασάν (1 a)
6. 13. ὡς β. ὅταν ἐκπέσῃ [A ἐκσπασθῇ] (1 a)
Je. 30 (49). 31. οἷς οὐκ εἰσὶ θύραι οὐ βάλανοι (2?)
[Sm. Is. 2. 13: 6. 13.]
[Th. Is. 2. 13.]

βαλγάμ, *cf.* **βαλτάμ.** (1) בְּעֵל־טְעֵם
II Es. 4. 17. B Ῥαοὺμ β. [A R al.] (1)

βαλλάντιον, βαλάντιον. (1) כִּיס (2) צְרוֹר
To. 1. 14. S παρεθέμην Γαβαήλῳ βαλλάντια [A B al.]
8. 2. S ἔλαβε . . . τὴν καρδίαν ἐκ τοῦ βαλαντίου [A B al.]
Jb. 14. 17. A S ἐν βαλλαντίῳ [B βαλαντίῳ] (2)
Pr. 1. 14. κοινὸν δὲ β. κτησώμεθα πάντες (1)
Si. 18. 33. S² οὐδέν σοί ἐστιν ἐν βαλλαντίῳ [B S¹ μαρσιππίῳ, A μαρσίππῳ]

βάλλειν. (1) יָדַד (2) יָרָה (3) מָחַץ (4) נָטָה (5) נָכָה hi. (6) נָפַל a. qal. b. hi. (7) נָשָׂא (8) פָּרַשׂ (9) צָבַר (10) צוּר (11) קָדַם pi. (12) קָלַע (13) a. רָמָה b. רְמָה (14) a. שׂוּם b. שִׂים (15) שָׁלַח pi. (16) שָׁלַךְ hi. (17) שָׁפַךְ (18) תָּקַע (19) ῥίζαν β. שֵׁרֵשׁ hi. (20) טוּל
Ex. 10. 19. ἔβαλεν [A ἐνέβαλεν] αὐτὴν εἰς τὴν ἐρ. θάλασσαν (18)
Nu. 22. 38. B ὃ ἐὰν βάλῃ [A R ἐμβ.] ὁ θ. εἰς τὸ στόμα μου (14 b)
Jd. 6. 19. τὸν ζωμὸν ἔβαλεν [A ἐνέχεεν] ἐν τῇ χύτρᾳ [A εἰς χύτραν] (14 a)
7. 12. βεβλημένοι [A παρεμβεβλήκεισαν] ἐν τῇ κοιλάδι (6 a)
8. 25. ἔβαλεν [A ἔρριψεν] ἐκεῖ ἀνὴρ ἐνώτιον (16)
20. 16. A σφενδονῆται βάλλοντες λίθους [B σφ. ἐν λίθοις] (12?)
I Ki. 14. 42. R βάλλετε [A λάβετε, B βάλετε] ἀνὰ μέσον ἐμοῦ (6 b)
— 42. βάλλουσιν ἀνὰ μέσον αὐτοῦ καὶ ἀνὰ μέσον Ἰωνάθαν -
II Ki. 20. 22. ἀφεῖλε καὶ ἔβαλε [A ἔλαβεν] πρὸς Ἰωάβ (16)
III Ki. 6. 1 (5. 18) (5. 32). B καὶ ἔβαλαν αὐτούς [A aliter] †

● = correction on page xxiv

IV Ki. 23. 4. A R ἔβαλε [B ἔλαβεν] τὸν χοῦν αὐτῶν εἰς Βαιθήλ (7)
I Ch. 25. 8. καὶ ἔβαλον καὶ αὐτοὶ κλήρους ἐφημεριῶν (6 b)
26. 13. ἔβαλον κλήρους κατὰ τὸν μικρόν (6 b)
— 14. υἱοὶ Σωὰζ τῷ Μελχίᾳ ἔβαλον κλήρους (6 b)
II Ch. 26. 15. βάλλειν βέλεσι καὶ λίθοις μεγάλοις (2)
Ne. 10. 34 (35). κλήρους ἐβάλομεν περὶ κλήρου ξυλοφορίας (6 b)
11. 1. A S^3 ἔβαλον [R ἐβάλοσαν, B S^1 ἐλάβοσαν] κλήρους (6 b)
Ju. 6. 12. καὶ ἔβαλλον ἐν λίθοις ἐπ' αὐτούς
Es. 3. 7. ἔβαλε κλήρους (6 b)
9. 24. S^3 ἔβαλεν Φούρ (6 b)
Jb. 5. 3. ἑώρακα ἄφρονας ῥίζαν βάλλοντας (19)
15. 29. οὐ μὴ βάλῃ ἐπὶ τὴν γῆν σκιάν (4 ?)
16. 14 (13). λόγχαις βάλλοντες εἰς νεφροὺς μου †
38. 6. ὁ βαλὼν [S βάλλ.] λίθον γωνιαῖον ἐπ' αὐτῆς (2)
Ps. 21 (22). 18. ἐπὶ τὸν ἱματισμόν μου ἔβαλον κλῆρον (6 b)
77 (78). 9. B^2 S ἐντείνοντες καὶ βάλλοντες τόξοις [B^1 R -ον] (13 a)
125 (126). 6. ἔκλαιον βάλλοντες [A S^1 αἴροντες] τὰ σπέρματα αὐτῶν (7)
147. 6 (17). βάλλοντος κρύσταλλον αὐτοῦ (16)
Pr. 1. 14. τὸν δὲ σὸν κλῆρον βάλε ἐν ἡμῖν (6 b)
Ec. 3. 5. καιρὸς τοῦ βαλεῖν λίθους (16)
Wi. 5. 12. βέλους βληθέντος ἐπὶ σκοπόν
Si. 22. 2. S^2 βολβίτῳ . . . ἐβλήθη [A B S^1 συνεβλ.] ὀκνηρός
— 20. βάλλων λίθον ἐπὶ πετεινὰ ἀποσοβεῖ αὐτά
27. 25. ὁ βάλλων λίθον εἰς ὕψος ἐπὶ κεφαλὴν αὐτοῦ βάλλει
37. 8. μή ποτε βάλῃ ἐπὶ σοὶ κλῆρον
Ho. 14. 6. βαλεῖ τὰς ῥίζας αὐτοῦ (5)
Mi. 2. 5. οὐκ ἔσται σοι βάλλων σχοινίον ἐν κλήρῳ (16)
Jl. 3 (4). 3. ἐπὶ τὸν λαόν μου ἔβαλον κλήρους (1)
Ob. 1. 11. ἐπὶ Ἰ. ἔβαλον [S^1 ἔβαλλον] κλήρους (1)
Jn. 1. 7. δεῦτε βάλωμεν κλήρους . . . κ. ἔβαλον κλήρους (6 b, 6 b)
— 15. S^1 ἔβαλον [A S^2 ἐνέβ., B ἐξέβ.] αὐτὸν εἰς τὴν θάλ. (20)
Na. 3. 10. ἐπὶ πάντα τὰ ἔνδοξα αὐτῆς βαλοῦσι κλήρους (1)
Hb. 1. 10. βαλεῖ [S^1 βάλλει] χῶμα καὶ κρατήσει αὐτοῦ (9)
3. 13. βαλεῖς [A S^2 ἔβαλας] εἰς κεφαλὰς ἀνόμων θάνατον (3)
Is. 19. 8. οἱ βάλλοντες [S^1 βαλόντες] ἄγκιστρον . . . καὶ οἱ β. σαγήνας (16, 8)
29. 3. βαλῶ περὶ σὲ χάρακα (10)
37. 33. οὐδὲ μὴ βάλῃ ἐπ' αὐτὴν βέλος (2)
— 33. A οὐδὲ μὴ βάλῃ [B S ἐπιβ.] ἐπ' αὐτὴν θυρεόν (11)
Je. 17. 8. ἐπὶ ἰκμάδα βαλεῖ ῥίζαν [A S -ζας] αὐτοῦ (15)
47 (40). 10. βάλετε εἰς τὰ ἀγγεῖα ὑμῶν (14 b)
Ez. 21. 22 (27). τοῦ βαλεῖν χάρακα . . . τοῦ βαλεῖν χάρακα . . . καὶ βαλεῖν χῶμα (14 a, 14 a, 17)
23. 24. βαλεῖ φυλακὴν ἐπὶ σὲ [A β. ἐ. σ. προφυλακὴν] κύκλῳ (14 b)
47. 21 (22). ταῖς φυλαῖς τοῦ Ἰσραὴλ βαλεῖτε αὐτὴν ἐν κλήρῳ (6 b)
48. 29. αὕτη ἡ γῆ ἣν βαλεῖτε ἐν κλήρῳ ταῖς φυλαῖς Ἰσραήλ (6 b)
Da. LXX. 3. 21. ἐβλήθησαν εἰς τὴν κάμινον τοῦ πυρός (13 b)
— 24 (91). οὐχὶ ἄνδρας τρεῖς ἐβάλομεν εἰς μέσον τοῦ πυρός (13 b)
Da. TH. 3. 21. ἐβλήθησαν [A ἐμβλήθ.] εἰς τὸ μέσον τῆς καμίνου (13 b)
— 22. A τοὺς ἄνδρας ἐκείνους τοὺς βάλλοντας †
— 24 (91). οὐχὶ ἄνδρας τρεῖς ἐβάλομεν [A ἐνεβ.] (13 b)
6. 24 (25). A εἰς τὸν λάκκον . . . ἐβλήθησαν [B ἐνεβλ.] (13 b)
Bel. 31. οἱ δὲ ἔβαλον [A ἐνέβ.] αὐτὸν εἰς τὸν λάκκον
I Ma. 6. 51. εἰς τὸ βάλλεσθαι βέλη
II Ma. 1. 16. βάλλοντες πέτρους συνεκεραύνωσαν τὸν ἡγεμόνα
IV Ma. 16. 21. καὶ Δανιὴλ ὁ δίκαιος εἰς λέοντας ἐβλήθη

[Aq. Is. 40. 15.]
[Sm. II Ki. 8. 2 : Je. 37 (44). 18 : 38 (45). 6.]
[Th. Jo. 23. 4 : Da. 3. 22 (?).]

βαλτάμ, *cf.* βαάλ, βααλτάμ, βαδαταμέν, βαλγάμ. (1) בַּעַל־טְעֵם

II Es. 4. 8, 9. R Ῥεοὺμ β. καὶ Σαμψὰ ὁ γραμματεὺς [A B *al.*] (1)
— 17. R πρὸς Ῥεοὺμ β. καὶ Σαμψὰ γραμματέα [A B *al.*] (1)
— 23. R ἐνώπιον Ῥεοὺμ β. [A B *om.*] καὶ Σαμψὰ γραμματέως –

βαμά, *cf.* βαμώθ. (1) בָּמָה

I Ki. 9. 12. θυσία σήμ. τῷ λαῷ ἐν Βαμᾷ (1)
— 13. πρὶν ἀναβῆναι αὐτὸν εἰς β. [A βανᾶ] (1)
— 14. τοῦ ἀναβῆναι εἰς βαμᾶ (1)
— 19. ἀνάβηθι ἔμπροσθέν μου εἰς βαμᾶ (1)
— 25. κατέβη ἐκ τῆς βαμᾶ (1)
10. 5. προφητῶν καταβαινόντων ἐκ τῆς β. (1)
11. 8. ἐπισκέπτεται αὐτοὺς . . . ἐν βαμᾳ –
I Ch. 16. 39. ἐν β. τῇ ἐν Γαβαών (1)
21. 29. A R ἐν β. [B βαμὼθ] ἐν [A τῇ ἐν] Γαβαών (1)
II Ch. 1. 13. ἦλθε Σαλωμὼν ἐκ β. τῆς ἐν Γαβαὼν (1)
[Sm. Ez. 20. 29.]

βαμώθ, *cf.* βαμά. (1) בָּמָה

I Ch. 21. 29. B ἐν β. [A R βαμά] (1)

βάμμα. (1) צֶבַע

Jd. 5. 30. σκῦλα βαμμάτων τῷ Σισάρᾳ σκῦλα βαμμάτων ποικιλίας βάμματα ποικιλτῶν [A βάθη ποικίλων] (1 *ter*)
[Aq. Ps. 44 (45). 10.]

βανά.

I Ki. 9. 13. A πρὶν ἀναβῆναι αὐτὸν εἰς β. [B βαμᾶ] †

βαναυσία.

[Aq. Jb. 28. 8 : 41. 26.]
[Th. Jb. 41. 26.]

βανέ. (1) בֵּן

II Ch. 33. 6. B ἐν γὲ βανὲ Ἐννόμ [A R *al.*] (1)

βανή. (1) בֵּן

I Ch. 7. 35. A R καὶ βανὴ Ἐλὰμ [B Βαλαάμ] ἀδελφοῦ αὐ. (1)

βάπτειν. (1) בּוֹא hoph. (2) טָבַל *a.* qal. *b.* ni. (3) מָחַץ (4) צָבַע ithpa.

Ex. 12. 22. βάψαντες ἀπὸ τοῦ αἵματος (2 a)
Le. 4. 6, 17. βάψει ὁ ἱερεὺς τὸν δάκτυλον (2 a)
9. 9. ἔβαψε τὸν δάκτυλον εἰς τὸ αἷμα (2 a)
11. 32. πᾶν σκεῦος . . . εἰς ὕδωρ βαφήσεται (1)
14. 6. βάψει αὐτὰ καὶ τὸ ὀρνίθιον τὸ ζῶν (2 a)
— 16. βάψει τὸν δάκτυλον τὸν δεξιόν (2 a)
— 51. βάψει αὐτὸ εἰς τὸ αἷμα (2 a)
Nu. 19. 18. λήψεται ὕσσωπον καὶ βάψει (2 a)
De. 33. 24. βάψει ἐν ἐλαίῳ τὸν πόδα αὐτοῦ (2 a)
Jo. 3. 15. ἐβάφησαν εἰς μέρος τοῦ ὕδατος (2 b)
Ru. 2. 14. βάψεις τὸν ψωμόν σου ἐν τῷ ὄξει (2 a)
I Ki. 14. 27. ἔβαψεν αὐτὸ εἰς τὸ κηρίον τοῦ μέλιτος (2 a)
IV Ki. 8. 15. ἔβαψεν τῷ ὕδατι (2 a)
Jb. 9. 31. ἱκανῶς ἐν ῥύπῳ με ἔβαψας (2 a)
Ps. 67 (68). 23. ὅπως ἂν βαφῇ ὁ πούς σου ἐν αἵματι (3)
▶ Da. TH. 4. 30 : 5. 21. ἀπὸ τῆς δρόσου . . . τὸ σῶμα αὐτοῦ ἐβάφη (4)
[Th. Da. 4. 22†.]
[Al. Ge. 37. 31.]

βαπτίζειν. (1) טָבַל

IV Ki. 5. 14. ἐβαπτίσατο ἐν τῷ Ἰορδάνῃ ἑπτάκις (1)
Ju. 12. 7. ἐβαπτίζετο ἐν τῇ παρεμβολῇ
Si. 31 (34). 25. βαπτιζόμενος ἀπὸ νεκροῦ
Is. 21. 4. ἡ ἀνομία με [S^1 *add.* καὶ ἡ ἁμαρτία με] βαπτίζει †
[Aq. Jb. 9. 31 : Ps. 68 (69). 3 : Je. 38 (45). 22.]
[Al. Le. 6. 28 (21) : Ps. 9. 16.]

βαπτός. (1) טָבַל

Ez. 23. 15. A τιάραι βαπταὶ [B παραβαπτὰ καὶ] ἐπὶ τῶν κεφαλῶν (1)

βάρ.

I Ki. 2. 18. A B παιδάριον περιεζωσμένον ἐφοὺδ βὰρ [R βάδ] †
[Th. I Ki. 2. 18.]
[Heb. Ps. 91 (92). 7.]

βάραθρον. (1) מַטְאֲטֵא

Is. 14. 23. θήσω αὐτὴν πηλοῦ β. [A βάθρον] εἰς ἀπώλειαν (1 ?)

βαρακηνείμ, *cf.* βαρκηνίμ. (1) בַּרְקָנִים

Jd. 8. 16. A B ἐν ταῖς ἀκάνθαις τῆς ἐρήμου καὶ ταῖς β. [R βαρκηνίμ] (1)

βαραμείμ.

[Ez. 27. 24.]

βάρβαρος. (1) בַּעַר (2) לֹעֵז

Ps. 113 (114). 1. ἐκ λαοῦ β. (2)
Ez. 21. 31 (36). παραδώσω σε εἰς χεῖρας ἀνδρῶν β. (1)
II Ma. 2. 21. ὥστε [A ὡς] . . . τὰ β. πλήθη διώκειν
4. 25. θηρὸς βαρβάρου ὀργὰς ἔχων
10. 4. μὴ βλασφήμοις καὶ β. ἔθνεσι παραδίδοσθαι
III Ma. 3. 24. προδότας καὶ βαρβάρους ἔχωμεν πολεμίους

βαρβαροῦν.

II Ma. 13. 9. R τοῖς δὲ φρονήμασιν ὁ βασιλεὺς βεβαρβαρωμένος [A βεβαρημένος]

βαρβάρως.

II Ma. 5. 22. τὸν δὲ τρόπον βαρβαρώτερον ἔχοντα
15. 2. μηδαμῶς οὕτως ἀγρίως καὶ β. ἀπολέσῃς

βαρεῖσθαι. (1) כָּבֵד

Ex. 7. 14. βεβάρηται ἡ καρδία Φ. (1)
II Ma. 13. 9. A τοῖς δὲ φρονήμασιν ὁ βασιλεὺς βεβαρημένος [R βεβαρβαρωμένος]
[Sm. Ge. 18. 20 : Is. 1. 4.]

βαρέως, βαρυτέρως. (1) β. φέρειν חָרָה בְּעֵינֵי (2) β. ἀκούειν כָּבֵד hi.

Ge. 31. 35. μὴ β. φέρε, κύριε (1)
Is. 6. 10. τοῖς ὠσὶν αὐτῶν β. ἤκουσαν (2)
II Ma. 11. 1. λίαν β. φέρων ἐπὶ τοῖς γεγονόσι
14. 27. ὑπὲρ μὲν τῶν συνθηκῶν φάσκων β. φέρειν
III Ma. 3. 1. τοῖς ἐν τῇ χώρᾳ βαρυτέρως ἐναντιωθῆναι
IV Ma. 9. 28. ὁ δὲ ταύτην β. τὴν ἀλγηδόνα καρτερῶν ἔλεγεν

βαριμώθ.

Ez. 48. 28. ἔσται τὰ ὅρια αὐτοῦ ἀπὸ . . . ὕδατος β. Κάδης †

βάρις. (1) אַרְמוֹן (2) בִּירָה (3) הֵיכָל

II Ch. 36. 19. τὰς β. αὐτῆς ἐνέπρησεν ἐν πυρί (1)
I Es. 6. 23. ἐν Ἐκβατάνοις τῇ β. τῇ ἐν Μηδείᾳ χώρᾳ
II Es. 6. 2. εὑρέθη ἐν πόλει ἐν τῇ β. κεφαλὶς μία (2)
Ne. 2. 8. S^3 τὰς πύλας τῆς β. τοῦ οἴκου [A B S *om.* τ. β. τ. οἴ.] (2)
Es. 8. 14. S^3 ἐν Σούσοις τῇ β. [A B S *om.* τ. β.] (2)
Ps. 44 (45). 8. ἀπὸ βάρεων ἐλεφαντίνων ἐξ ὧν ηὔφρανάν σε (3)
47 (48). 3. ὁ θεὸς ἐν ταῖς β. αὐτῆς γινώσκεται (1)
— 13. καταδιέλεσθε τὰς β. αὐτῆς (1)
La. 2. 5. κατεπόντισε τὰς β. αὐτῆς (1)
— 7. συνέτριψεν ἐν χειρὶ αὐτοῦ τεῖχος βάρεων αὐτῆς (1)
Da. TH. 8. 2. ἤμην ἐν Σούσοις τῇ β. (2)
[Aq. Pr. 18. 19 : Je. 9. 21 (20) : 17. 27 : Am. 1. 12 : 2. 5.]
[Sm. Je. 9. 21 (20) : 17. 27 : Am. 1. 12 : 2. 5.]
[Th. Is. 23. 13 : Ez. 19. 7.]
[Al. Ps. 47 (48). 4.]

βαρκηνίμ. (1) בַּרְקָנִים

Jd. 8. 7. R ἐν ταῖς ἀκάνθαις τῆς ἐρήμου καὶ ἐν ταῖς βαρκηνὶμ [A βαρκομμείν, B ἀβαρκηνείν] (1)
— 16. R ἐν ταῖς ἀκάνθαις τῆς ἐρήμου καὶ ταῖς β. [A B βαρακηνείμ] (1)

βαρκομμείν, *cf.* βαρκηνίμ. (1) בַּרְקָנִים

Jd. 8. 7. A ἐν ταῖς ἀκάνθαις τῆς ἐρήμου καὶ ἐν ταῖς β. [B ἀβαρκηνείν, R βαρκηνίμ] †

βάρος. (1) כָּבֹד

Jd. 18. 21. B τὴν κτῆσιν καὶ τὸ β. [A κτ. αὐτοῦ τὴν ἔνδοξον] (1)
Ju. 7. 4. οὔτε οἱ βουνοὶ ὑποστήσονται τὸ β. αὐτῶν
Si. 13. 2. βάρος ὑπὲρ σὲ μὴ ἄρῃς
II Ma. 9. 10. διὰ τὸ τῆς ὀσμῆς ἀφόρητον β.

▶ = additional entry on page xxiv

III Ma. 5. 47. δυσσεβῆ φρένα παντὶ τῷ β. σὺν τοῖς θηρίοις ἐξώρμησε
[Sm. Nu. 11. 11 : Dt. 1. 12 : II Ki. 15. 33 : Jb. 31. 23.]

βαρούχ.
[Heb. Ps. 71 (72). 18 : 117 (118). 26.]

βαρύγλωσσος. (1) כִּבְדֵי לָשׁוֹן
Ez. 3. 5. A λαὸν βαθύχειλον καὶ βαρύγλωσσον [B λ. βαθύγλωσσον] (1)

βαρυηχής.
III Ma. 5. 48. β. θόρυβον ἀκούσαντες οἱ Ἰουδαῖοι

βαρυθυμεῖν. (1) חָרָה (2) קוּץ
Nu. 16. 15. ἐβαρυθύμησε Μωυσῆς σφόδρα (1)
III Ki. 11. 22. ἐβαρυθύμησεν Ἰσραήλ (2)

βαρύθυμος.
III Ma. 6. 20. καὶ λήθη τὸ θράσος αὐτοῦ τὸ β. ἔλαβε

βαρυκάρδιος.
Ps. 4. 2. υἱοὶ ἀνθρώπων, ἕως πότε βαρυκάρδιοι †

βαρυμωροκάρδιος (?).
[Sm. Pr. 14. 14 (?).]

βαρύνειν. (1) אָטַם (2) חָזַק (3) כָּבֵד a. qal. b. pi. c. hi. d. hithp. (4) כֹּבֶד (5) כָּבַר hi. (6) כֵּהָה (7) עָמַק (8) קָצַר (9) קָשָׁה hi.
Ex. 5. 9. βαρυνέσθω τὰ ἔργα τῶν ἀνθρώπων τούτων (3 a)
8. 15 (11). ἐβαρύνθη ἡ καρδία αὐτοῦ (3 a)
— 32 (28). ἐβάρυνε Φαραὼ τὴν καρδίαν αὐτοῦ (3 c)
9. 7. ἐβαρύνθη ἡ καρδία Φαραώ (3 a)
— 34. καὶ ἐβάρυνεν αὐτοῦ τὴν καρδίαν (3 c)
10. 1. A ἐβάρυνα [B ἐσκλήρυνα] τὴν καρδίαν αὐτοῦ (3 c)
Jo. 19. 47. ἐβαρύνθη ἡ χεὶρ τοῦ Ἐφρ. ἐπ' αὐτούς [A -οῖς] –
Jd. 1. 35. ἐβαρύνθη χεὶρ οἴκου Ἰωσὴφ ἐπὶ τὸν Ἀμ. (3 a)
20. 34. A ὁ πόλεμος ἐβαρύνθη [B παράταξις βαρεῖα] (3 a)
I Ki. 3. 2. οἱ ὀφθαλμοὶ αὐτοῦ ἤρξαντο βαρύνεσθαι (6)
5. 3. ἐβαρύνθη χεὶρ κυρίου ἐπὶ τοὺς Ἀζ. –
— 6. ἐβαρύνθη ἡ χεὶρ κυρίου ἐπὶ Ἄζ. (3 a)
6. 6. ἵνα τί βαρύνετε τὰς καρδίας ὑμῶν ὡς ἐβάρυνεν [A ἐβαρύνθη] . . . Φαραὼ τὴν καρδίαν αὐτῶν (3 b, 3 b)
31. 3. βαρύνεται ὁ πόλεμος ἐπὶ Σαούλ (3 a)
III Ki. 12. 4. ὁ πατήρ σου ἐβάρυνε τὸν κλοιὸν ἡμῶν (9)
— 10. ὁ πατήρ σου ἐβάρυνε τὸν κλοιὸν ἡμῶν (3 c)
— 14. ὁ πατήρ μου ἐβάρυνε τὸν κλοιὸν ὑμῶν (3 c)
— 24. B ὁ πατήρ σου ἐβάρυνε τὸν κλοιὸν αὐτοῦ ἐφ' ἡμᾶς καὶ ἐβάρυνε τὰ βρώματα τῆς τραπέζης αὐτοῦ –, –
I Ch. 10. 3. ἐβαρύνθη ὁ πόλεμος ἐπὶ Σαούλ (3 a)
II Ch. 10. 10. ὁ πατήρ σου ἐβάρυνε τὸν ζυγὸν ἡμῶν (3 c)
— 14. ὁ πατήρ μου ἐβάρυνε τὸν ζυγὸν ὑμῶν (3 c)
Ne. 5. 15. ἃς πρὸ ἐμοῦ ἐβάρυναν ἐπ' αὐτούς (3 c)
Jb. 35. 16. ἐν ἀγνωσίᾳ ῥήματα βαρύνει (5)
Ps. 31 (32). 4. ἐβαρύνθη ἐπ' ἐμὲ ἡ χείρ σου (3 a)
37 (38). 4. ἐβαρύνθησαν ἐπ' ἐμέ (3 a)
91 (92). 5. A B^{1} S^{1} σφόδρα ἐβαρύνθησαν [B^{2} S^{2} R ἐβαθύνθ.] (7)
Wi. 2. 4. ὡς ὁμίχλη . . . ὑπὸ θερμότητος αὐτοῦ βαρυνθεῖσα
9. 15. φθαρτὸν γὰρ σῶμα βαρύνει ψυχήν
Si. 3. 26. B καρδία σκληρὰ βαρυνθήσεται ἐπ' ἐσχάτων
— 27. καρδία σκληρὰ βαρυνθήσεται πόνοις
8. 15. A S R ἵνα μὴ βαρύνηται [B καταβαρ.] κατὰ σοῦ
21. 24. ὁ δὲ φρόνιμος βαρυνθήσεται ἀτιμίᾳ [A S -ίαν]
— 25. χείλη ἀλλοτρίων . . . βαρυνθήσεται [S διηγήσονται]
22. 14. ὑπὲρ μόλιβον τί βαρυνθήσεται
30. 37 (33. 28). βάρυνον τὰς πέδας αὐτοῦ
Na. 2. 9 (10). βεβάρυνται ἐπὶ [A S ὑπὲρ] πάντα τὰ σκεύη (4)
3. 15. βαρυνθήσει ὡς βροῦχος (3 d)
Hb. 2. 6. βαρύνων τὸν κλοιὸν αὐτοῦ στιβαρῶς (3 c)
Za. 7. 11. τὰ ὦτα αὐτῶν ἐβάρυναν τοῦ μὴ εἰσακούειν (3 c)
11. 8. βαρυνθήσεται ἡ ψυχή μου ἐπ' αὐτούς (8)
Ma. 3. 13. ἐβαρύνατε ἐπ' ἐμὲ τοὺς λόγους ὑμῶν (2)
Is. 33. 15. βαρύνων τὰ ὦτα (1)
47. 6. τοῦ πρεσβυτέρου ἐβάρυνας τὸν ζυγὸν σφόδρα (3 c)
59. 1. ἐβάρυνε τὸ οὖς αὐτοῦ [S om.] (3 a)
La. 3. 7. ἐβάρυνε χαλκόν μου (3 c)
Ez. 27. 25. ἐβαρύνθης σφόδρα ἐν καρδίᾳ θαλάσσης (3 a)
I Ma. 8. 31. διὰ τί ἐβάρυνας τὸν ζυγόν σου ἐπὶ τοὺς φίλους ἡμῶν
9. 17. ἐβαρύνθη ὁ πόλεμος
II Ma. 9. 9. πᾶν τὸ στρατόπεδον βαρύνεσθαι τῇ σαπρίᾳ
[Aq. Ge. 12. 10 : 18. 20 : Ps. 31 (32). 4 : Is. 9. 1 (8. 23).
[Sm. Is. 6. 10 : 9. 1 (8. 23).]
[Th. Jb. 35. 16 : Is. 9. 1 (8. 23).]
[Al. Ex. 8. 15 (11) : 10. 1 : I Ki. 5. 6.]

βαρύς. (1) יַקִּיר (2) a. כָּבֵד b. כֹּבֶד (3) כָּבֵד a. qal. b. hi. (4) כַּבִּיר (5) עָצוּם (6) רָעַע
Ge. 48. 17. βαρὺ αὐτῷ κατεφάνη (6)
Ex. 17. 12. αἱ δὲ χεῖρες Μωυσῆ βαρεῖαι (2 a)
18. 18. B^{2} R βαρύ σοι τὸ ῥῆμα τοῦτο (2 a)
Nu. 11. 14. βαρύτερόν [A βαρύ] μοί ἐστι τὸ ῥῆμα τοῦτο (2 a)
20. 20. ἐν ὄχλῳ βαρεῖ καὶ ἐν χειρὶ ἰσχυρᾷ (2 a)
Jd. 20. 34. παράταξις βαρεῖα [A ὁ πόλεμος ἐβαρύνθη] (3 a)
I Ki. 4. 18. πρεσβύτης ὁ ἄνθρωπος καὶ βαρύς (2 a)
5. 12. σύγχυσις [A σ. θανάτου] ἐν ὅλῃ τῇ πόλει βαρεῖα σφόδρα (2 a)
III Ki. 3. 9. κρίνειν τὸν λαόν σου τὸν β. τοῦτον (2 a)
10. 2. A R ἦλθεν εἰς [B ἐν] Ἱερ. ἐν δυνάμει β. σφόδρα (2 a)
12. 4. ἀπὸ τοῦ κλοιοῦ αὐτοῦ τοῦ βαρέως (2 a)
— 11. ὁ πατήρ μου ἐπεσάσσετο ὑμᾶς κλοιῷ β. (2 a)
IV Ki. 6. 14. ἅρμα καὶ δύναμιν βαρεῖαν (2 a)
18. 17. ἐν δυνάμει βαρείᾳ ἐπὶ Ἱερ. (2 a)
II Ch. 9. 1. ἦλθε . . . ἐν δυνάμει βαρείᾳ σφόδρα (2 a)
10. 4. ἀπὸ τοῦ ζυγοῦ αὐτοῦ τοῦ β. (2 a)
— 11. ὁ πατήρ μου ἐπαίδευσεν ὑμᾶς ζυγῷ β. (2 a)
25. 19. ἐπαίρει σε ἡ καρδία ἡ β. (3 b)
Ne. 5. 18. ὅτι β. ἡ δουλεία ἐπὶ τὸν λαὸν τοῦτον (3 a)
Jb. 6. 3. ἄμμου παραλίας βαρυτέρα [A -ραί] ἔσται [A εἰσιν] (3 a)
15. 10. βαρύτερος [A^{1} πρεσβύτερος] τοῦ πατρός σου ἡμέραις (4)
23. 2. ἡ χεὶρ αὐτοῦ βαρεῖα γέγονεν (3 a)
33. 7. οὐδὲ ἡ χείρ μου β. ἔσται ἐπὶ σοί (3 a)
Ps. 34 (35). 18. ἐν λαῷ βαρεῖ αἰνέσω σε (5)
37 (38). 4. ὡσεὶ φορτίον βαρὺ [A om.] ἐβαρύνθησαν ἐπ' ἐμέ (2 a)
Pr. 27. 3. βαρὺ λίθος καὶ δυσβάστακτον ἄμμος ὀργὴ δὲ ἄφρονος βαρυτέρα ἀμφοτέρων (2 b, 2 a)
Wi. 2. 15. βαρύς ἐστιν ἡμῖν καὶ βλεπόμενος
17. 21. R ἐκείνοις ἐπετέτατο [A B ἐπέτατο, S ἐπέκειτο] β. νύξ
— 21. ἑαυτοῖς δὲ ἦσαν βαρύτεροι σκότους
Si. 29. 28. βαρέα ταῦτα ἀνθρώπῳ ἔχοντι φρόνησιν
34 (31). 2. ἀρρώστημα βαρὺ ἐκνήψει ὕπνος
40. 1. ζυγὸς βαρὺς ἐπὶ υἱοὺς [S υἱοῖς] Ἀδάμ
Na. 3. 3. φωνὴ . . . βαρείας πτώσεως (2 b)
Da. LXX. 2. 11. ὁ λόγος ὃν ζητεῖς . . . βαρύς ἐστι (1)
Da. TH. 2. 11. ὁ λόγος ὃν . . . ἐπερωτᾷ βαρύς (1)
I Ma. 1. 17. εἰσῆλθεν εἰς Αἴγυπτον ἐν [A om.] ὄχλῳ β.
— 20. καὶ ἀνέβη εἰς Ἱερουσαλὴμ ἐν ὄχλῳ β.
— 29. καὶ ἦλθεν εἰς Ἱερουσαλὴμ ἐν ὄχλῳ β.
III Ma. 5. 1. βαρείᾳ μεμεστωμένος ὀργῇ καὶ χόλῳ
— 30. ὁ δὲ ἐπὶ τοῖς ῥηθεῖσι πληρωθεὶς β. χόλῳ
— 47. ὁ δὲ ὀργῇ β. γεμίσας
6. 5. Σενναχηρεὶμ βαρὺν Ἀσσυρίων βασιλέα
— 5. βαρέα λαλοῦντα κόμπῳ καὶ θράσει
— 33. ὁ βασιλεὺς . . . συμπόσιον β. συναγαγὼν [A συνάγων]
IV Ma. 4. 5. μετὰ τοῦ . . . βαρυτάτου στρατοῦ
[Aq. Ge. 41. 31 : Ex. 4. 10 *bis* : 9. 3, 18 : Is. 36. 2 : Ez. 3. 6.]
[Sm. Ge. 41. 31 : Ex. 9. 3, 18 : Jb. 35. 16 : Ps. 31 (32). 4 : Is. 33. 19.]
[Th. Jb. 8. 2 : 15. 10 : Is. 30. 27.]
[Heb. Ge. 13. 2.]

βαρύτης.
[Al. Ex. 14. 25.]

βαρυωπεῖν. (1) כָּבֵד
▶ Ge. 48. 10. οἱ δὲ ὀφθαλμοὶ Ἰ. ἐβαρυώπησαν (1)

βασανίζειν.
I Ki. 5. 3. καὶ ἐβασάνισεν αὐτούς –
Wi. 11. 9. ἐν ὀργῇ [S μετ' ὀργῆς] κρινόμενοι . . . ἐβασανίζοντο
12. 23. τοὺς . . . βιώσαντας . . . διὰ τῶν ἰδίων ἐβασάνισας βδελυγμάτων
16. 1. διὰ πλήθους κνωδάλων ἐβασανίσθησαν
— 4. πῶς οἱ ἐχθροὶ αὐτῶν ἐβασανίζοντο
Si. 4. 17. βασανίσει [S^{1} -ίζει] αὐτὸν ἐν παιδίᾳ αὐτῆς
II Ma. 1. 28. βασάνισον τοὺς καταδυναστεύοντας
7. 13. τὸν τέταρτον ὡσαύτως ἐβασάνιζον αἰκιζόμενοι
— 17. R ὡς σὲ καὶ τὸ σπέρμα σοῦ βασανίσει [A -ιεῖ]
9. 6. ἑτέρων σπλάγχνα βασανίσαντα
IV Ma. 6. 5. ὥσπερ ἐν ὀνείρῳ βασανιζόμενος
— 10. τυπτόμενος ἐνίκα τοὺς βασανίζοντας ὁ γέρων
— 11. ὑπ' αὐτῶν τῶν βασανιζόντων ἐθαυμάζετο ἐπὶ τῇ εὐψυχίᾳ
8. 2. εἰ δὲ ἀντιλέγοιεν πικρότερον βασανίζειν
— 5. S τῷ βασανισθέντι [A R προβ.] γέροντι
— 27. οἱ νεανίαι βασανίζεσθαι μέλλοντες
9. 7. μὴ νομίσῃς ἡμᾶς βλάπτειν βασανίζων
— 15. S οὐκ . . . με τοῦτον βασανίζεις [A R καταικίζεις] τὸν τρόπον
— 27. εἰ φαγεῖν βούλοιτο πρὶν βασανίζεσθαι πυνθανόμενοι
— 30. οὐ δοκεῖς . . . πλεῖον ἐμοῦ σὲ νῦν βασανίζεσθαι
— 32. σὺ δὲ ἐν ταῖς τῆς ἀσεβείας ἀπειλαῖς βασανίζῃ
11. 16. εἴ σοι δοκεῖ βασανίζειν μὴ μιαροφαγοῦντας βασάνιζε
— 20. ὁ δὲ βασανιζόμενος, ὦ ἱεροπρεποῦς ἀγῶνος, ἔλεγεν
12. 4. σὺ δὲ . . . βασανισθεὶς καὶ αὐτὸς τεθνήξῃ πρὸ ὥρας
— 13. καὶ τοῦτον καταικίσας τὸν τρόπον βασανίσαι
13. 27. ὁρῶντες μέχρι θανάτου βασανιζομένους
15. 22. τότε ἡ μήτηρ, τῶν υἱῶν βασανιζομένων τροχοῖς τε καὶ καυτηρίοις, ἐβασανίζετο βασάνοις
16. 3. S οὕτως ποικίλως βασανιζομένους
— 3. ὁρῶσαν αὐτῆς τοὺς ἑπτὰ υἱοὺς βασανιζομένους
— 15. εἱστήκεις τὸν Ἐλεάζαρον ὁρῶσα βασανιζόμενον
[Sm. Pr. 10. 8.]
[Th. I Ki. 15. 33.]
[Al. I Ki. 5. 6.]

βασανισμός.
IV Ma. 9. 6. βασανισμοὺς ὑπομείναντες εὐσέβησαν [A ἀπέθανον]
11. 2. πρὸς τὸν ὑπὲρ τῆς ἀρετῆς β.

βασανιστήριον.
IV Ma. 6. 1. ἔσυραν ἐπὶ τὰ β. τὸν Ἐλεάζαρον
7. 24. χαλεπωτέρων β. ἐπεκράτησαν
8. 12. ἐκέλευσεν εἰς τὸ ἔμπροσθεν προτεθῆναι τὰ β.
— 19. οὐ φοβησόμεθα, ἄνδρες ἀδελφοί, τὰ β.
— 25. ἡμᾶς . . . φοβηθέντας τὰ β.
[Sm. Je. 20. 2.]

βάσανος. (1) אָשָׁם (2) כְּלִמָּה (3) מִכְשׁוֹל (4) רִנָּה
I Ki. 6. 3. ἀποδιδόντες ἀπόδοτε αὐτῇ τῆς β. (1)
— 4. τί τὸ τῆς β. ἀποδώσομεν αὐτῇ (1)
— 8. τὰ σκεύη τὰ χρυσᾶ ἀποδώσετε αὐτῇ [A -ὰ] τῆς β. (1)
— 17. ἃς ἀπέδωκαν οἱ ἀλλόφυλοι τῆς β. τῷ κυρίῳ (1)
Wi. 2. 19. ὕβρει καὶ βασάνῳ ἐτάσωμεν αὐτόν
3. 1. οὐ μὴ ἅψηται αὐτῶν βάσανος
17. 13. τὴν ἄγνοιαν τῆς παρεχούσης τὴν β. αἰτίας

▶ = additional entry on page xxiv

Wi. 19. 4. ἵνα τὴν λείπουσαν ταῖς β. προαναπληρώσωσι [S προσαναπληρώσουσι] κόλασιν
Si. 30. 35 (33. 26). οἰκέτῃ κακούργῳ στρέβλαι καὶ βάσανοι
Ez. 3. 20. δώσω τὴν β. εἰς πρόσωπον αὐτοῦ (3)
7. 19. β. τῶν ἀδικιῶν αὐτῶν ἐγένετο (3)
12. 18. τὸ ὕδωρ μετὰ βασάνου καὶ θλίψεως [A ἐκθ.] πίεσαι (4)
16. 52. κόμισαι βάσανόν σου (2)
— 54. ὅπως κομίσῃ τὴν β. σου (2)
32. 24. ἐλάβοσαν τὴν β. αὐτῶν μετὰ τῶν καταβαινόντων (2)
— 30. ἀπήνεγκαν [A ἔλαβον] τὴν β. αὐτῶν (2)
● I Ma. 9. 56. ἀπέθανεν Ἄλκιμος . . . μετὰ β. μεγάλης
II Ma. 7. 8. διόπερ καὶ οὗτος τὴν ἑξῆς ἔλαβε βάσανον
9. 5. πικραὶ τῶν ἔνδον βάσανοι
III Ma. 3. 27. B αἰσχίστοις β. ἀποτυμπανισθήσεται πανοικί [A -οικίᾳ]
IV Ma. 4. 26. αὐτὸς διὰ βασάνων ἕνα ἕκαστον . . . ἠνάγκαζε
5. 6. πρὶν ἄρξασθαι τῶν κατὰ σοῦ β.
6. 27. β. καυστικαῖς ἀποθνήσκω διὰ τὸν νόμον
— 30. ὁ ἱερὸς ἀνὴρ εὐγενῶς ταῖς β. ἐναπέθανε
— 30. μέχρι τῶν τοῦ θανάτου β. ἀντέστη τῷ λογισμῷ διὰ τὸν νόμον
7. 2. καταντλούμενος ταῖς τῶν β. τρικυμίαις
— 10. ὦ βασάνων βιαιότερε [A βιότερε] γέρων
— 16. γέρων ἀνὴρ [A om.] τῶν μέχρι θανάτου β. περιεφρόνησε
8. 9. ἕνα ἕκαστον ὑμῶν διὰ τῶν β. ἀπολέσαι
— 19. οὐ . . . λογιούμεθα τὰς τῶν β. ἀπειλάς
9. 5. τὸν διὰ τῶν β. ἡμῖν θάνατον ἀπειλῶν
— 6. τὰς β. τῶν σῶν ἀναγκῶν ὑπεριδόντες
— 9. καρτερήσεις ὑπὸ τῆς θείας δίκης αἰώνιον β. διὰ πυρός
— 16. ὅπως ἀπαλλαγῇς τῶν β.
— 18. διὰ πασῶν γὰρ ὑμᾶς πείσω τῶν β.
10. 11. σὺ δὲ . . . ἀκαταλύτους καρτερήσεις β.
— 16. ἐπινόει, τύραννε, βασάνους
11. 1. ὡς δὲ καὶ οὗτος ταῖς β. καταικισθεὶς ἐναπέθανεν
— 6. ταῦτα τιμῶν οὐ βασάνων ἐστὶν ἄξια
— 23. καινουργὲ τῶν β.
12. 12. ταμιεύεταί σε ἡ θεία δίκη . . . βασάνοις
13. 15. μέγας γὰρ ψυχῆς . . . κίνδυνος ἐν αἰωνίῳ βασάνῳ κείμενος
14. 5. ἐπὶ τὸν διὰ τῶν β. θάνατον ἔσπευδον
— 8. τὸν τῶν β. φόβον καταλύοντες
— 11. εἰ ὁ λογισμὸς περιεκράτησε τῶν ἀνδρῶν ἐκείνων ἐν ταῖς β.
15. 11. αἱ παμποίκιλοι βάσανοι [A om.] ἴσχυσαν μετατρέψαι
— 18. εἰς σὲ οἰκτρὸν βλέπων ἐν βασάνοις
— 19. τοὺς ὀφθαλμοὺς . . . θεωροῦσα ταυρηδὸν ἐπὶ τῶν β. ὁρῶντας
— 20. ὁρῶσα τῶν τέκνων τὸ χορεῖον [A χωρίον] διὰ τῶν β.
— 21. ὡς τέκνων φωναὶ μετὰ βασάνων μητέρα φωνούντων
— 22. τότε ἡ μήτηρ . . . ἐβασανίζετο βασάνοις
— 32. ταῖς τῶν υἱῶν β. συνεχομένη
16. 1. τὰς μέχρι θανάτου β. ὁρῶσα τῶν τέκνων
— 2. ἀλλὰ καὶ γυνὴ τῶν μεγίστων β. ὑπερεφρόνησε
— 17. ὑμᾶς δὲ τοὺς νεωτέρους καταπλαγῆναι τὰς β.
17. 3. ὑπήνεγκας τὸν διὰ τῶν β. σεισμόν
— 7. ποικίλας β. μέχρι θανάτου ὑπομείνασαν
— 10. μέχρι θανάτου τὰς β. ὑπομείναντες
— 23. πρὸς . . . τὴν ἐπὶ ταῖς β. αὐτῶν ὑπομονήν
18. 20. ἀγαγὼν ἐπὶ τὸν καταπέλτην καὶ πάσας [A πάλιν] τὰς β.
— 21. β. ποικίλαις ἀπέκτεινεν
[**Aq.** Ec. 1. 18: 2. 23 (?).]
[**Al.** II Ch. 6. 29.]

βασιλεία (-**λία**). (1) מְדִינָה (2) מְדִינוֹת הַמֶּלֶךְ (3) מְדִינוֹת מַלְכוּת (4) *a.* מְלוּכָה *b.* מֶלֶךְ *c.* מֶלֶךְ *d.* מַלְכוּ *e.* מַלְכוּת *f.* מַמְלָכָה *g.* מַמְלְכוּת (5) בֵּית הַמֶּלֶךְ (6) מֶמְשָׁלָה (7) שָׁלְטָן מַלְכוּ

Ge. 10. 10. ἐγένετο ἀρχὴ τῆς β. αὐτοῦ Βαβυλών (4f)
14. 1. ἐν τῇ β. τῇ Ἀμαρφὰλ βασιλέως Σ. †
20. 9. ἐπ' ἐμὲ καὶ ἐπὶ τὴν β. μου (4f)
Nu. 21. 18. βασιλεῖς ἐθνῶν ἐν τῇ β. αὐτῶν †
Nu. 24. 7. ὑψωθήσεται ἡ Γὼγ βασιλεία καὶ αὐξηθήσεται βασιλεία αὐτοῦ (4c, 4e)
32. 33. τὴν β. Σηὼν βασιλέως Ἀμορραίων καὶ τὴν β. Ὤγ βασιλέως τῆς Βασάν (4f, 4f)
De. 3. 13. πᾶσαν τὴν Βασὰν βασιλείαν Ὤγ (4f)
— 21. οὕτως ποιήσει κ. ὁ θεὸς ἡμῶν πάσας τὰς β. (4f)
28. 25. ἐν πάσαις β. τῆς γῆς (4f)
Jo. 11. 10. ἄρχουσα πασῶν τῶν β. τούτων (4f)
— 12. καὶ πασας τὰς πόλεις τῶν β. [B[1] -έων] . . . ἔλαβεν Ἰησοῦς (4c)
13. 12. πᾶσαν τὴν β. Ὤγ (4g)
— 21. καὶ πᾶσαν τὴν β. τοῦ Σηών (4g)
— 27. καὶ τὴν λοιπὴν β. Σηών (4g)
— 30. καὶ πᾶσα β. [A om.] Βασὰν καὶ πᾶσα β. Ὤγ (–, 4g)
— 31. πόλεις βασιλείας [A τῆς β.] Ὤγ (4g)
I Ki. tit. βασιλειῶν α
10. 16. τὸ δὲ ῥῆμα τῆς β. οὐκ ἀπήγγειλεν αὐτῷ (4a)
— 18. ἐκ πασῶν τῶν β. τῶν θλιβουσῶν [A ἐκθλ.] ὑμᾶς (4f)
11. 14. ἐγκαινίσωμεν ἐκεῖ τὴν β. (4a)
13. 13. B ἡτοίμασε κύριος τὴν β. σου ἐπὶ Ἰσραήλ (4f)
— 14. B ἡ β. σου οὐ στήσεται (4f)
15. 28. διέρρηξε κύριος τὴν β. σου ἀπὸ Ἰσραήλ (4g)
18. 8. A τί αὐτῷ πλὴν ἡ β. (4a)
20. 31. οὐχ ἑτοιμασθήσεται ἡ β. σου (4e)
24. 21. στήσεται ἐν χερσίν σου βασιλεία [A -λέα] Ἰσραήλ (4f)
28. 17. διαρρήξει κύριος τὴν β. σου ἐκ χειρός σου (4f)
subscr. βασιλειῶν α
II Ki. tit. βασιλειῶν β
3. 10. περιελεῖν τὴν β. ἀπὸ τοῦ οἴκου Σαούλ (4f)
— 28. ἀθῷός εἰμι ἐγὼ [A om.] καὶ ἡ β. μου (4f)
5. 12. ἐπήρθη ἡ β. αὐτοῦ (4f)
7. 12. ἑτοιμάσω τὴν β. αὐτοῦ (4f)
— 16. πιστωθήσεται ὁ οἶκος αὐτοῦ καὶ ἡ β. αὐτοῦ (4f)
12. 26. κατέλαβε τὴν πόλιν τῆς β. (4a)
16. 3. ἐπιστρέψουσι . . . τὴν β. τοῦ πατρός μου (4g)
— 8. ἔδωκε κύριος τὴν β. ἐν χειρὶ Ἀβ. (4a)
19. 9 (10). πέφευγεν . . . ἀπὸ τῆς β. αὐτοῦ –
subscr. βασιλειῶν β
III Ki. tit. βασιλειῶν γ (4c)
1. 46. ἐκάθισε Σαλωμὼν ἐπὶ θρόνον βασιλείας [A τῆς β.] (4a)
2. 12. ἡτοιμάσθη ἡ β. αὐτοῦ σφόδρα (4e)
— 14 (15). ἐμοὶ ἦν ἡ β. (4a)
— 14. ἐστράφη ἡ β. (4a)
— 22. αἴτησαι αὐτῷ τὴν β. (4a)
— 35. ἡ β. κατωρθοῦτο ἐν Ἱερουσαλήμ –
● 3. 1. A τῆς δὲ β. ἑδρασθείσης ἐν χειρὶ Σαλωμών – ●
— 1 [B], 4. 21 [A] (5. 1). Σαλωμὼν ἦν ἄρχων ἐν πάσαις ταῖς β. [A ἦν ἐξουσιάζων ἐν πᾶσιν τοῖς βασιλείοις] (4f)
9. 5. ἀναστήσω τὸν θρόνον τῆς β. [A om. τῆς β.] σου (4f)
10. 20. οὐ γέγονεν οὕτως πάσῃ βασιλείᾳ (4f)
11. 11. διαρρήξω τὴν β. σου ἐκ χειρός σου (4f)
— 13. ὅλην τὴν β. οὐ μὴ λάβω (4f)
— 14. ἐκ τοῦ σπέρματος τῆς β. ἐν Ἰδουμαίᾳ (4c)
— 31. ῥήσσω τὴν β. ἐκ χειρὸς Σαλωμών (4f)
— 34. οὐ μὴ λάβω ὅλην τὴν β. ἐκ χειρὸς αὐ. (4f)
— 35. λήψομαι τὴν β. ἐκ χειρὸς τοῦ υἱοῦ αὐ. (4a)
12. 21. ἐπιστρέψαι τὴν β. Ῥοβοὰμ υἱῷ Σαλ. (4a)
— 24. B ἦν ἐπαιρόμενος ἐπὶ τὴν β. –
— 26. A ἐπιστρέψει ἡ β. εἰς τὸν οἶκον [B ἐν οἴκῳ, R εἰς οἶκον] Δ. (4f)
16. 28 (22. 42). B ἐτῶν τριάκοντα καὶ πέντε ἐν τῇ β. αὐτοῦ (4b)
18. 10. εἰ ἔστιν ἔθνος [A ἔθνη] ἢ βασιλεία (4f)
— 10. ἐνέπρησε τὴν β. (4f)
20 (21). 7. A νῦν οὕτως ποιεῖς βασιλείαν [B βασιλέα] ἐπὶ Ἰσ. (4a)
subscr. βασιλειῶν γ
IV Ki. tit. βασιλειῶν δ (4c)
11. 1. ἀπώλεσε πᾶν τὸ σπέρμα τῆς β. (4f)
14. 5. ὅτε κατίσχυσεν ἡ β. ἐν χειρὶ αὐτοῦ (4f)
19. 15. σὺ εἶ ὁ θεὸς μόνος ἐν πάσαις ταῖς β. τῆς γῆς (4f)
— 19. γνώσονται πᾶσαι αἱ β. τῆς γῆς (4f)
IV Ki. 24. 12. ἐν ἔτει ὀγδόῳ τῆς β. αὐτοῦ (4b)
25. 1. ἐν τῷ ἔτει τῷ ἐννάτῳ τῆς β. αὐτοῦ (4b)
— 27. ἐν τῷ ἐνιαυτῷ τῆς β. αὐτοῦ (4b)
subscr. βασιλειῶν δ
I Ch. 4. 23. ἐν τῇ β. αὐτοῦ ἐνίσχυσαν †
10. 14. ἐπέστρεψε [S ἀπ.] τὴν β. τῷ Δαυίδ (4a)
11. 10. οἱ κατισχύοντες μετ' αὐτοῦ ἐν τῇ β. αὐτοῦ (4e)
12. 23. τοῦ ἀποστρέψαι [A ἐπ.] τὴν β. Σαοὺλ πρὸς αὐτόν (4e)
14. 2. ηὐξήθη εἰς ὕψος ἡ β. αὐτοῦ (4e)
16. 20. καὶ ἀπὸ βασιλείας εἰς λαὸν ἕτερον (4f)
17. 11. ἑτοιμάσω τὴν β. αὐτοῦ (4e)
— 14. πιστεύσω αὐτὸν . . . ἐν βασιλείᾳ αὐτοῦ (4e)
22. 10. ἀνορθώσω θρόνον βασιλείας αὐτοῦ (4e)
26. 31. ἐν τῷ τεσσαρακοστῷ ἔτει τῆς β. αὐτοῦ (4e)
28. 5. καθίσαι αὐτὸν ἐπὶ θρόνου βασιλείας κυρίου (4e)
— 7. κατορθώσω τὴν β. αὐτοῦ ἕως αἰῶνος (4e)
29. 30. περὶ πάσης τῆς β. αὐτοῦ καὶ τῆς δυναστείας (4e)
— 30. καὶ ἐπὶ πάσας β. τῆς γῆς (4f)
● subscr. A παραλειπομένων τῶν β. Ἰ. [B om. τ. β. Ἰ. a]
II Chr. tit. A παραλειπομένων τῶν β. Ἰ. [B om. τ. β. Ἰ. β] ●
1. 1. ἐνίσχυσε Σαλωμὼν . . . ἐπὶ τὴν β. αὐτοῦ (4e)
2. 1 (1. 18). τοῦ οἰκοδομῆσαι . . . οἶκον τῇ β. αὐτοῦ (4e)
— 12 (11). οἰκοδομήσει . . . οἶκον τῇ β. αὐτοῦ (4e)
3. 2. ἐν τῷ ἔτει τῷ τετάρτῳ τῆς β. αὐτοῦ (4e)
7. 18. ἀναστήσω τὸν θρόνον τῆς β. σου (4e)
8. 6. καὶ ἐν πάσῃ τῇ β. αὐτοῦ (6)
— 9. οὐκ ἔδωκε Σαλωμὼν εἰς παῖδας τῇ β. αὐτοῦ †
9. 19. οὐκ ἐγενήθη οὕτως ἐν πάσῃ τῇ β. (4f)
11. 1. τοῦ ἐπιστρέψαι τὴν β. τῷ Ῥοβοάμ (4f)
— 17. καὶ κατίσχυσαν τὴν β. Ἰούδα (4e)
12. 1. ὡς ἡτοιμάσθη ἡ β. Ῥοβοάμ (4e)
— 2. ἐν τῷ πέμπτῳ ἔτει τῆς β. Ῥοβοάμ (4c)
— 8. γνώσονται . . . τὴν δουλείαν τῆς β. τῆς γῆς (4f)
13. 1. ἐν τῷ ὀκτωκαιδεκάτῳ ἔτει τῆς β. Ἱεροβοάμ (4c)
— 8. ἀντιστῆναι κατὰ πρόσωπον βασιλείας κυρίου (4f)
15. 10. ἐν τῷ πεντεκαιδεκάτῳ ἔτει τῆς β. Ἀσά (4e)
— 19. τοῦ πέμπτου καὶ τριακοστοῦ ἔτους τῆς β. Ἀσά (4e)
16. 1. ἐν τῷ ὀγδόῳ καὶ τριακοστῷ ἔτει τῆς β. Ἀσά (4e)
— 12. ἐν τῷ ἐννάτῳ καὶ τριακοστῷ ἔτει τῆς β. αὐτοῦ (4e)
— 13. ἐν τῷ τεσσαρακοστῷ [A add. καὶ ἑνὶ] ἔτει τῆς β. αὐτοῦ (4b)
17. 5. κατεύθυνε κύριος τὴν β. ἐν χειρὶ αὐτοῦ (4f)
— 7. ἐν τῷ τρίτῳ ἔτει τῆς β. αὐτοῦ (4b)
— 10. ἐπὶ πάσαις ταῖς β. τῆς γῆς κύκλῳ [A ταῖς κ.] Ἰούδα (4f)
20. 6. σὺ κυριεύεις πασῶν τῶν β. τῶν ἐθνῶν (4f)
— 29. ἔκστασις κυρίου ἐπὶ πάσας τὰς β. τῆς γῆς (4f)
— 30. καὶ εἰρήνευσεν ἡ β. Ἰωσαφάτ (4e)
21. 3. τὴν β. ἔδωκε τῷ Ἰωράμ (4f)
— 4. ἀνέστη Ἰωρὰμ ἐπὶ τὴν β. αὐτοῦ (4f)
— 5. κατέστη Ἰωρὰμ ἐπὶ τὴν β. αὐτοῦ (4b)
22. 9. κατισχῦσαι δύναμιν περὶ τῆς β. (4f)
— 10. ἀπώλεσε πᾶν τὸ σπέρμα τῆς β. (4f)
23. 20. ἐκάθισαν τὸν βασιλέα ἐπὶ τὸν θρόνον τῆς β. (4f)
25. 3. ὡς κατέστη ἡ β. ἐν χειρὶ αὐτοῦ (4f)
26. 21. Ἰωάθαν ὁ υἱὸς αὐτοῦ ἐπὶ τῆς β. αὐτοῦ (5)
29. 3. ὡς ἔστη ἐπὶ τῆς β. αὐτοῦ (4b)
— 19. ἃ ἐμίανεν Ἄχαζ ὁ βασ. ἐν τῇ β. αὐ. (4e)
— 21. ἀνήνεγκε . . . περὶ τῆς β. (4f)
32. 15. ὁ θεὸς παντὸς ἔθνους καὶ βασιλείας (4f)
33. 13. B ἐπέστρεψεν αὐτὸν . . . ἐπὶ τὴν β. αὐτοῦ (4e)
34. 3. ἐν τῷ ὀγδόῳ ἔτει τῆς β. αὐτοῦ (4b)
— 3. ἐν τῷ δωδεκάτῳ [A δεκάτῳ] ἔτει τῆς β. αὐτοῦ –
— 8. ἐν τῷ ὀκτωκαιδεκάτῳ ἔτει τῆς β. αὐτοῦ (4b)
— 8. A καὶ τὸν οἶκον τῆς β. (B om. τ. β.] –
35. 19. τῷ ὀκτωκαιδεκάτῳ ἔτει τῆς β. Ἰωσίου (4e)
36. 20. ἦσαν . . . εἰς δούλους ἕως βασιλείας Μήδων (4b et 4e)
— 22. κηρῦξαι ἐν πάσῃ τῇ β. αὐτοῦ (4e)

● = correction on page xxiv

II Ch. 36. 23. τάδε λέγει Κῦρος . . . πάσαις ταῖς β. τῆς γῆς (4*f*)
subscr. A παραλειπομένων τῶν β. Ἰ. β [B *al.*] –
I Es. 1. 24. παρὰ πᾶν ἔθνος καὶ βασιλείαν
2. 2. A R ἐκήρυξεν ἐν [B *om.*] ὅλῃ τῇ β. αὐτοῦ
— 30. μέχρι τοῦ δευτέρου ἔτους τῆς β. Δαρείου
4. 49. τοῖς ἀναβαίνουσιν ἀπὸ τῆς β. εἰς τὴν Ἰουδ.
5. 6. ἐν τῷ δευτέρῳ ἔτει τῆς β. αὐτοῦ
— 73. ἕως τῆς Δαρείου β.
6. 1. ἐν δὲ τῷ δευτέρῳ ἔτει τῆς Δαρείου β.
8. 10. καὶ τῶνδε [A ὄντων δὲ αὐτῶν] ἐν τῇ ἡμετέρᾳ β.
— 21. εἰς [A ἐπὶ] τὴν β. τοῦ βασ.
— 28. ἐν τῇ β. Ἀρταξέρξου τοῦ βασιλέως
II Es. 1. 1. παρήγγειλε φωνὴν ἐν πάσῃ β. αὐτοῦ (4*e*)
— 2. A R πάσας τὰς β. τῆς γῆς [B *om.* τ. γ.] ἔδωκέ μοι κύριος (4*f*)
4. 5. ἕως βασιλείας Δαρείου βασιλέως Περσῶν (4*e*)
— 6. ἐν βασιλείᾳ Ἀσσ. καὶ ἐν ἀρχῇ βασιλείας αὐτοῦ (4*e*, 4*e*)
— 24. A R ἕως δευτέρου ἔτους τῆς β. [B *om.* τ. β.] Δαρείου (4*d*)
6. 15. A R ὅ ἐστιν ἔτος ἕκτον τῆς β. [B τῇ β.] Δαρείου (4*d*)
7. 1. ἐν βασιλείᾳ Ἀρθασασθὰ βασιλέως Περσῶν (4*e*)
— 13. πᾶς ἑκουσιαζόμενος ἐν βασιλείᾳ μου (4*d*)
— 23. μή ποτε γένηται ὀργὴ ἐπὶ τὴν β. τοῦ βασ. (4*d*)
8. 1. ἐν βασιλείᾳ Ἀρθασασθὰ τοῦ βασ. Βαβ. (4*e*)
Ne. 9. 22. A R καὶ ἔδωκας αὐτοῖς βασιλείας [B -λέας] (4*f*)
— 35. καὶ αὐτοὶ ἐν τῇ β. σου (4*e*)
12. 22. οἱ ἱερεῖς ἐν βασιλείᾳ Δαρ. τοῦ Πέρσου (4*e*)
To. 1. 21. ἐπὶ πᾶσαν τὴν ἐκλογιστίαν τῆς β. αὐτοῦ
13. 1. εὐλογητὸς ὁ θεὸς ὁ ζῶν εἰς τοὺς αἰῶνας καὶ ἡ β. αὐτοῦ
Ju. 1. 1. ἔτους δωδεκάτου τῆς β. Ναβουχ.
— 12. ὤμοσε κατὰ τοῦ θρόνου καὶ τῆς β. αὐτοῦ
2. 12. ζῶν ἐγὼ καὶ τὸ κράτος τῆς β. μου
11. 8. ὅτι σὺ μόνος ἀγαθὸς ἐν πάσῃ β.
Es. 1. 4. μετὰ τὸ δεῖξαι αὐτοῖς τὸν πλοῦτον τῆς β. αὐτοῦ (4*e*)
— 19. τὴν β. αὐτῆς δότω ὁ βασιλεὺς γυναικί (4*e*)
— 20. ὃν ἐὰν ποιῇ ἐν τῇ β. αὐτοῦ (4*e*)
— 22. εἰς πᾶσαν τὴν β. κατὰ χώραν [A *al.*] (2)
2. 3. ἐν πάσαις ταῖς χώραις τῆς β. αὐτοῦ (4*e*)
— 16. τῷ ἑβδόμῳ ἔτει τῆς β. αὐτοῦ (4*e*)
— 18. ἄφεσιν ἐποίησε τοῖς ὑπὸ τὴν β. αὐτοῦ (1)
3. 6. πάντας τοὺς ὑπὸ τὴν Ἀρταξ. β. Ἰουδαίους (4*e*)
— 7. ἐν ἔτει δωδεκάτῳ τῆς β. Ἀρταξ. [A *al.*] (4*c*)
— 8. διεσπαρμένον . . . ἐν πάσῃ τῇ β. σου (3)
— 13. ἀπεστάλη . . . εἰς τὴν Ἀρταξέρξου β. (1)
— 13. τήν τε β. ἥμερον [A ἤρεμον] . . . παρεξόμενος
— 13. δεύτερον τῶν β. [A S[1] βασιλέων] γέρας
— 13. πρὸς τὸ μὴ τὴν β. εὐσταθείας τυγχάνειν
4. 11. τὰ ἔθνη πάντα τῆς β. γινώσκει (2)
— 13. σωθήσῃ [A S[2] -σομαι] μόνη ἐν τῇ β. (5)
5. 1. ἐκάθητο ἐπὶ τοῦ θρόνου τῆς β. αὐτοῦ (4*e*)
— 3. ἕως τοῦ ἡμίσους τῆς β. μου καὶ ἔσται σοι (4*e*)
— 6. S[3] ἕως τοῦ ἡμίσους τῆς β. (4*e*)
— 11. καὶ ἡγεῖσθαι τῆς β. (4*c*?)
6. 8. S[3] διάδημα βασιλείας (4*e*)
7. 2. ἕως τοῦ ἡμίσους τῆς β. μου (4*e*)
8. 5. ἀπολέσθαι τοὺς Ἰουδαίους οἵ εἰσιν ἐν τῇ β. (2)
— 12. ἐν ἡμέρᾳ μιᾷ ἐν πάσῃ τῇ β. Ἀρταξέρξου (2)
— 13. εἰς τὸ τὴν β. ἀτάραχον . . . παρεξόμεθα
— 13. τὴν ἄμεμπτον τῆς β. κοινωνὸν Ἐσθήρ
— 13. τοῦ κατευθύνοντος . . . τὴν β. ἐν τῇ καλλίστῃ διαθ.
— 13. ἐκτιθέσθωσαν . . . ἐν πάσῃ τῇ β. (1)
9. 4. ὀνομασθῆναι ἐν πάσῃ τῇ β. †
— 16. οἱ δὲ λοιποὶ τῶν Ἰουδαίων οἱ ἐν τῇ β. (2)
— 20. ὅσοι ἦσαν ἐν τῇ Ἀρταξέρξου β. (2)
10. 1. ἐπὶ τὴν β. [S[1] τῆς β.] τῆς τε γῆς καὶ τῆς θαλ. –
— 2. πλοῦτόν τε καὶ δόξαν τῆς β. αὐτοῦ †
— 3. μέγας ἦν ἐν τῇ β. †
Ps. 21 (22). 28. ὅτι τοῦ κυρίου ἡ β. (4*a*)
44 (45). 6. ῥάβδος εὐθύτητος ἡ ῥάβδος τῆς β. σου (4*e*)
Ps. 45 (46). 6. ἐταράχθησαν ἔθνη ἔκλιναν βασιλεῖαι (4*f*)
67 (68). 32. αἱ β. τῆς γῆς ᾄσατε τῷ θεῷ (4*f*)
78 (79). 6. ἐπὶ βασιλείας αἳ τὸ ὄνομά σου οὐκ ἐπεκαλέσαντο (4*f*)
101 (102). 22. B S[1] καὶ βασιλείας [A S[2] R -λεῖς] τοῦ δουλεύειν τῷ κ. (4*f*)
102 (103). 19. ἡ β. αὐτοῦ πάντων δεσπόζει (4*e*)
104 (105). 13. διῆλθον . . . ἐκ βασιλείας εἰς λαὸν ἕτερον (4*f*)
— 30. B S[2] βατράχους ἐν τοῖς ταμείοις τῶν β. [A S[1] R -λέων] αὐτῶν (4*c*)
134 (135). 11. καὶ πάσας τὰς β. Χαναάν (4*f*)
144 (145). 11. δόξαν τῆς β. σου ἐροῦσι (4*e*)
— 12. τὴν δόξαν τῆς μεγαλοπρεπείας τῆς β. σου (4*e*)
— 13. ἡ β. σου βασιλεία πάντων τῶν αἰώνων (4*e*, 4*e*)
Ec. 4. 14. καί γε ἐν βασιλείᾳ αὐτοῦ ἐγενήθη πένης (4*e*)
Wi. 6. 4. ὑπηρέται ὄντες τῆς αὐτοῦ β.
— 20. ἐπιθυμία ἄρα σοφίας ἀνάγει [S[1] ἐπιθυμίας γὰρ ἀναιρεῖ] ἐπὶ βασιλείαν
10. 10. ἔδειξεν αὐτῷ βασιλείαν θεοῦ
— 14. ἕως ἤνεγκεν αὐτῷ σκῆπτρα βασιλείας
18. 15. ὁ . . . λόγος ἀπ' οὐρανῶν ἐκ θρόνων βασιλειῶν [*vel* -λείων] . . . ἥλατο
Si. 10. 8. βασιλεία ἀπὸ ἔθνους εἰς ἔθνος μετάγεται
44. 3. κυριεύοντες ἐν ταῖς β. αὐτῶν [A -οῦ]
46. 13. A S R προφήτης κυρίου κατέστησε βασιλείαν [B -λέα]
47. 21. ἐξ Ἐφραὶμ ἄρξαι [S ἄρξας] βασιλείαν ἀπειθῆ
Ho. 1. 4. καταπαύσω βασιλείαν οἴκου Ἰσραήλ (4*g*)
Am. 6. 2. τὰς κρατίστας ἐκ πασ. τῶν β. τούτων (4*f*)
7. 13. οἶκος βασιλείας ἐστί (4*f*)
9. 8. ἰδοὺ οἱ ὀφθ. κ. τοῦ θ. ἐπὶ τὴν β. τῶν ἁμαρτωλῶν (4*f*)
Mi. 4. 8. εἰσελεύσεται ἡ ἀρχὴ ἡ πρώτη β. (4*f*)
Ob. 1. 21. καὶ ἔσται τῷ κυρίῳ ἡ βασιλεία (4*a*)
Na. 3. 5. δείξω . . . βασιλείαις τὴν ἀτιμίαν (4*f*)
Is. 1. 1. ἐν βασιλείᾳ Ὀζείου †
7. 8. ἐκλείψει ἡ β. Ἐφραὶμ ἀπὸ λαοῦ –
9. 7 (6). ἐπὶ τὸν θρόνον Δαυὶδ καὶ τὴν β. αὐτοῦ (4*f*)
17. 3. οὐκέτι [A S *add.* ἔσται] β. ἐν Δαμασκῷ (4*f*)
23. 17. ἐμπόριον πάσαις ταῖς β. τῆς οἰκουμένης (4*f*)
37. 16. σὺ εἶ ὁ θεὸς μόνος πάσης β. τῆς οἰκουμένης (4*f*)
— 20. ἵνα γνῷ πᾶσα β. τῆς γῆς (4*f*)
47. 5. οὐκέτι μὴ κληθήσῃ ἰσχὺς βασιλείας (4*f*)
62. 3. διάδημα βασιλείας ἐν χειρὶ θεοῦ σου (4*a*)
Je. 1. 2. ἔτους τρισκαιδεκάτου ἐν τῇ β. αὐτοῦ (4*b*)
— 10. καθέστακά σε σήμερον . . . ἐπὶ βασιλείας [A -λεῖς] (4*f*)
— 15. συγκαλῶ πάσας τὰς β. (4*f*)
15. 4. παραδώσω αὐτοὺς εἰς ἀνάγκας πάσαις ταῖς β. τῆς γῆς (4*f*)
18. 7. πέρας λαλήσω . . . ἐπὶ βασιλείαν [A -είαις] (4*f*)
— 9. πέρας λαλήσω ἐπὶ ἔθνος καὶ βασιλείαν (4*f*)
24. 9. εἰς διασκορπισμὸν εἰς πάσας τὰς β. τῆς γῆς (4*f*)
28 (51). 27. A βασιλείαις Ἀραρὲθ [B βασιλεῖς ἄρατε] παρ' ἐμοῦ (4*f*)
— 59. ἐν τῷ ἔτει τῷ τετάρτῳ τῆς β. αὐτοῦ (4*b*)
32. 12 (25. 26). πάσας β. τὰς ἐπὶ προσώπου τῆς γῆς (4*f*)
34 (27). 8. τὸ ἔθνος καὶ ἡ β. (4*f*)
35 (28). 8. ἐπροφήτευσαν . . . ἐπὶ βασιλείας μεγάλας [S -λης] (4*f*)
41 (34). 17. εἰς διασπορὰν πάσαις ταῖς β. τῆς γῆς (4*f*)
52. 4. τῷ ἔτει τῷ ἐνάτῳ τῆς β. αὐτοῦ (4*b*)
Ba. 2. 4. ὑποχειρίους πάσαις ταῖς β. ταῖς κύκλῳ ἡμῶν
5. 6. αἰρομένους μετὰ δόξης ὡς θρόνον [A δ. υἱοὺς] βασιλείας
Ez. 17. 13. λήψεται ἐκ τοῦ σπέρματος τῆς β. (4*a*)
— 14. τοῦ γενέσθαι εἰς βασιλείαν ἀσθενῆ (4*f*)
37. 22. οὐδὲ μὴ διαιρεθῶσιν οὐκέτι εἰς δύο βασιλείας (4*f*)
— 23. A ἐν πάσαις ταῖς β. [? ἀσεβείαις] αὐ. †
Da. LXX. 1. 20. τοὺς φιλοσόφους τοὺς ἐν πάσῃ τῇ β. αὐτοῦ (4*e*)
— 20. καὶ ἐν τῇ β. αὐτοῦ (4*e*?)
Da. LXX. 1. 21. ἕως τοῦ πρώτου ἔτους τῆς β. Κύρου βασιλέως –
2. 1. ἐν τῷ ἔτει τῷ δευτέρῳ τῆς β. Ναβουχοδ. (4*e*)
— 37. καὶ τὴν β. καὶ τὴν ἰσχύν (4*d*)
— 39. μετὰ σὲ ἀναστήσεται β. ἐλάττων σου (4*d*)
— 39. τρίτη β. ἄλλη χαλκῆ (4*d*)
— 40. β. τετάρτη ἰσχυρὰ ὡς ὁ σίδηρος (4*d*)
— 41. β. ἄλλη διμερὴς ἔσται ἐν αὐτῇ (4*d*)
— 42. μέρος δέ τι τῆς β. ἔσται ἰσχυρόν (4*d*)
— 44. βασιλείαν ἄλλην ἥτις ἔσται εἰς τοὺς αἰ. (4*d*)
— 44. αὕτη ἡ β. ἀλλὸ ἔθνος οὐ μὴ ἐάσῃ (4*d*)
— 44. πατάξει δὲ καὶ ἀφανίσει τὰς β. ταύτας (4*d*)
3. (54). εὐλογητὸς εἶ ἐπὶ θρόνου δόξης τῆς β. σου
— 33 (100). ὡς μεγάλη καὶ ἰσχυρὰ ἡ β. αὐτοῦ (4*d*?)
— 33 (100). ἡ β. αὐτοῦ β. αἰώνιος (4*d*, 4*d*)
4. 1. ἔτους ὀκτωκαιδεκάτου τῆς β. Ναβουχ. –
— 24. πολυήμερος γένῃ ἐπὶ τοῦ θρόνου τῆς β. σου –
— 27. οἶκος βασιλείας μου ἐν ἰσχύϊ κράτους μου (4*d*)
— 28. ἡ β. Βαβυλῶνος ἀφῄρηταί σου (4*d*)
— 28. καθίστημι αὐτὸν ἐπὶ τῆς β. σου –
— 29. ἐξουσίαν ἔχει ὁ θεὸς . . . ἐν τῇ β. τῶν ἀνθρ. (4*d*)
— 29. τὸν οἶκον τῆς τρυφῆς σου καὶ τῆς β. [*vel* τὴν β.] σου –
— 33. ἀποκατεστάθη ἡ β. μου ἐμοί (4*d*?)
— 34. ἀφαιρῶν βασιλείαν [*vel* -ας] βασιλέων –
— 34. ἀποστρέψαι βασιλείαν βασιλέων εἰς ἕτερον βασ. –
— 34. πάσας τὰς ἡμέρας τῆς β. μου . . . προσοίσω –
— 34. ἐκάθισέ με ἐπὶ . . . τῆς β. μου –
— 34. περὶ πάντων τῶν γενηθέντων αὐτῷ ἐν τῇ β. αὐτοῦ πᾶσι τοῖς ἔθνεσι . . . ὑπὸ τὴν β. αὐτοῦ –, –
5. 7. ἐξουσία τοῦ τρίτου μέρους τῆς β. (4*d*)
— 16. ἐξουσίαν τοῦ τρίτου μέρους τῆς β. μου (4*d*)
— 26. ἠρίθμηται ὁ χρόνος σου τῆς β. (4*d*)
— 27. ἀπολήγει ἡ β. σου (4*d*?)
— 28. ἡ β. σου τοῖς Μήδοις καὶ τοῖς Π. δίδοται (4*d*)
— 29. ἐξουσίαν αὐτῷ τοῦ τρίτου μέρους τῆς β. αὐτοῦ (4*d*)
— 31 (6. 1). Ἀρταξέρξης ὁ τῶν Μήδων παρέλαβε τὴν β. (4*d*)
6. 1 (2). κατέστησε σατράπας . . . ἐπὶ πάσης τῆς β. αὐτοῦ (4*d*)
— 3 (4). ὑπὲρ πάντας ἔχων ἐξουσίαν ἐν τῇ β. (4*d*?)
— 3 (4). καταστῆσαι τὸν Δ. ἐπὶ π. τῆς β. αὐ. (4*d*)
— 3 (4). καταστῆσαι τὸν Δ. ἐπὶ π. τῆς β. αὐ. (4*d*?)
— 26 (27). πάντες οἱ ἄνθρωποι οἱ ὄντες ἐν τῇ β. μου (7)
— 28 (29). Δανιὴλ κατεστάθη ἐπὶ τῆς β. Δαρείου (4*d*)
— 28 (29). παρέλαβε τὴν β. αὐτοῦ (4*d*?)
7. 14. ἡ β. αὐτοῦ ἥτις οὐ μὴ φθαρῇ (4*d*)
— 17. τὰ θηρία τὰ μεγάλα εἰσὶ τέσσαρες β. (4*c*)
— 18. παραλήψονται τὴν β. ἅγιοι ὑψίστου (4*d*)
— 18. καθέξουσι τὴν β. (4*d*)
— 23. β. τετάρτη ἔσται ἐπὶ τῆς γῆς (4*d*)
— 24. τὰ δέκα κέρατα τῆς β. δέκα βασιλεῖς (4*d*)
— 27. τὴν β. καὶ τὴν ἐξουσίαν (4*d*)
— 27. τὴν ἀρχὴν πασῶν τῶν ὑπὸ τὸν οὐρανὸν β. (4*d*)
— 27. βασιλεῦσαι βασιλείαν αἰώνιον (4*d*)
8. 23. ἐπ' ἐσχάτου τῆς β. αὐτῶν (4*e*)
9. 1. οἳ ἐβασίλευσαν ἐπὶ τὴν β. τῶν Χαλδ. (4*e*)
— 2. τῷ πρώτῳ ἔτει τῆς β. αὐτοῦ (4*b*)
— 26. βασιλεία ἐθνῶν φθερεῖ τὴν πόλιν †
11. 4. συντριβήσεται ἡ β. αὐτοῦ (4*e*)
— 4. ὅτι ἀποσταθήσεται ἡ β. αὐτοῦ (4*e*)
— 5. ἐνισχύσει βασιλείαν Αἰγύπτου (4*c*)
— 6. εἰσελεύσεται βασιλεὺς Αἰγ. εἰς τὴν β. τὴν Βορρᾶ (4*c*)
— 9. εἰσελεύσεται εἰς βασιλείαν βασ. Αἰγ. (4*e*)
— 20. ἀναστήσεται . . . φυτὸν βασιλείας (4*e*)
Da. TH. 1. 1. ἐν ἔτει τρίτῳ τῆς β. Ἰωακείμ (4*e*)
— 3. ἀπὸ τῆς σπέρματος τῆς β. (4*a*)
— 20. τοὺς ὄντας ἐν πάσῃ [A *om.*] τῇ β. αὐτοῦ (4*e*)
2. 1. ἐν τῷ ἔτει τῷ δευτέρῳ τῆς β. (4*e*)
— 37. β. ἰσχυρὰν καὶ κραταιὰν καὶ ἔντιμον (4*d*)
— 39. ἀναστήσεται β. ἑτέρα ἥττων σου (4*d*)
— 39. β. τρίτη ἥτις ἐστὶν ὁ χαλκός (4*d*)
— 40. β. τετάρτη ἔσται ἰσχυρά (4*d*)
— 41. β. διῃρημένη ἔσται (4*d*)

Da. TH. 2. 42. μέρος τι τῆς β. ἔσται ἰσχυρόν (4 d)
— 44. A ἐν ταῖς ἡμέραις τῶν β. [B βασιλέων] (4 c)
— 44. βασιλείαν ἥτις . . . οὐ διαφθαρήσεται (4 d)
— 44. ἡ β. αὐτοῦ λαῷ ἑτέρῳ οὐχ ὑπολειφθήσεται (4 d)
— 44. λικμήσει πάσας τὰς β. (4 d)
3. (54). ἐπὶ θρόνου τῆς β. σου
— 30 (97). τῶν Ἰουδαίων τῶν [A *add.* ὄντων] ἐν τῇ β. –
— 33 (100). ἡ β. αὐτοῦ β. αἰώνιος (4 d, 4 d)
4. 14. κύριός ἐστιν ὁ ὕψ. τῆς β. τῶν ἀνθρώπων (4 d)
— 15. πάντες οἱ σοφοὶ τῆς β. μου (4 d)
— 22. κυριεύει ὁ ὕψιστος τῆς β. τῶν ἀνθρώπων (4 d)
— 23. ἡ β. σου σοὶ μένει (4 d)
— 26. ἐπὶ τῷ ναῷ τῆς β. αὐτοῦ (4 d)
— 27. ἣν ἐγὼ ᾠκοδόμησα εἰς οἶκον βασιλείας (4 d)
— 28. ἡ β. παρῆλθεν ἀπὸ σοῦ (4 d)
— 29. κυριεύει ὁ ὕψιστος τῆς β. τῶν ἀνθρώπων (4 d)
— 31. ἡ β. αὐτοῦ εἰς γενεὰν καὶ γενεάν (4 d)
— 33. εἰς τὴν τιμὴν τῆς β. μου ἦλθον (4 d)
— 33. ἐπὶ τὴν β. μου ἐκραταιώθην (4 d)
5. 7. τρίτος ἐν τῇ β. μου ἄρξει (4 d)
— 11. ἔστιν ἀνὴρ ἐν τῇ β. σου (4 d)
— 16. τρίτος ἐν τῇ β. μου ἄρξεις (4 d)
— 18. τὴν β. καὶ τὴν μεγαλωσύνην (4 d)
— 20. κατηνέχθη ἀπὸ τοῦ θρόνου τῆς β. (4 d)
— 21. κυριεύει . . . τῆς β. τῶν ἀνθρώπων (4 d)
— 26. ἐμέτρησεν ὁ θεὸς τὴν β. σου (4 d)
— 28. διῄρηται ἡ β. σου (4 d)
— 29. εἶναι αὐτὸν ἄρχοντα τρίτον ἐν τῇ β. (4 d)
— 31 (6. 1). Δαρ. ὁ Μῆδος παρέλαβε τὴν β. (4 d)
6. 1 (2). κατέστησεν ἐπὶ τῆς β. σατράπας (4 d)
— 1 (2). τοῦ εἶναι αὐτοὺς ἐν ὅλῃ [A πάσῃ] τῇ β. αὐτοῦ (4 d)
— 3 (4). κατέστησεν αὐτὸν ἐφ' ὅλης τῆς β. αὐτοῦ (4 d)
— 7 (8). οἱ ἐπὶ τῆς β. σου στρατηγοί (4 d)
— 26 (27). ἐν πάσῃ ἀρχῇ τῆς β. μου (4 d)
— 26 (27). ἡ β. σου οὐ διαφθαρήσεται (4 d)
— 28 (29). ἐν τῇ β. Δαρείου καὶ ἐν τῇ β. Κύρου (4 d, 4 d)
7. 14. ἡ τιμὴ καὶ ἡ β. (4 d)
— 14. ἡ β. αὐτοῦ οὐ διαφθαρήσεται (4 d)
— 17. τέσσαρες β. ἀναστήσονται ἐπὶ τῆς γῆς (4 c)
— 18. παραλήψονται τὴν β. ἅγιοι ὑψίστου (4 d)
— 22. τὴν β. κατέσχον οἱ ἅγιοι (4 d)
— 23. β. τετάρτη ἔσται ἐν τῇ γῇ ἥτις ὑπερέξει πάσας τὰς β. (4 d, 4 d)
— 27. ἡ β. καὶ ἡ ἐξουσία (4 d)
— 27. ἡ β. αὐτοῦ β. αἰώνιος (4 d, 4 d)
8. 1. ἐν ἔτει τρίτῳ τῆς β. Βαλτάσαρ (4 e)
— 23. ἐπ' ἐσχάτων τῆς β. αὐτῶν (4 e)
9. 1. ὃς ἐβασίλευσεν ἐπὶ βασιλείαν Χαλδ. (4 e)
— 2. A ἐν ἔτει ἑνὶ τῆς β. αὐτοῦ (4 b)
10. 13. ὁ ἄρχων βασιλείας Περσῶν (4 e)
— 13. μετὰ τοῦ ἄρχοντος βασιλείας Περσῶν †
11. 2. ἐπαναστήσεται πάσαις β. Ἑλλήνων (4 e)
— 4. ὡς ἂν στῇ ἡ β. αὐτοῦ (4 e)
— 4. ἐκτιλήσεται ἡ β. αὐτοῦ (4 e)
— 9. εἰς τὴν β. τοῦ βασιλέως τοῦ νότου (4 e)
— 17. εἰσελθεῖν ἐν ἰσχύϊ πάσης τῆς β. αὐτοῦ (4 e)
— 20. ἀναστήσεται . . . φυτὸν τῆς [A *om.*] β. –
— 20. πράσσων δόξαν βασιλείας (4 e)
— 21. οὐκ ἔδωκαν ἐπ' αὐτὸν δόξαν βασιλείας (4 e)
— 21. κατισχύσει βασιλείας ἐν ὀλισθήμασι (4 e)
Bel. 1. παρέλαβε Κῦρος ὁ Π. τὴν β. αὐτοῦ
I Ma. 1. 6. διεῖλεν αὐτοῖς τὴν β. αὐτοῦ
— 10. ἐν [A *om.*] ἔτει . . . βασιλείας Ἑλλήνων
— 16. R ἡτοιμάσθη ἡ β. ἐναντίον [A S ἐνώπιον] Ἀντ.
— 16. ὅπως βασιλεύσῃ ἐπὶ τὰς δύο β.
— 41. ἔγραψεν . . . πάσῃ τῇ β. αὐτοῦ
— 51. ἔγραψε πάσῃ [A *om.*] τῇ β. αὐτοῦ
2. 10. R οὐκ ἐκληρονόμησε βασιλείαν αὐτῆς [A ἐκληρονόμησεν βασιλεία, S ἐκληρονόμησεν ἐν βασιλείᾳ]
— 19. πάντα τὰ ἔθνη τὰ ἐν οἴκῳ τῆς β. τοῦ βασ.
— 57. ἐκληρονόμησε θρόνον βασιλείας εἰς αἰῶνα αἰῶνος [A βασιλείας αἰωνίας]
3. 14. δοξασθήσομαι [S ἐνδοξ.] ἐν τῇ β.
— 27. συνήγαγε τὰς δυνάμεις πάσας τῆς β. αὐτοῦ
— 32. ἄνθρωπον . . . ἀπὸ γένους τῆς β.
— 37. ἀπὸ πόλεως βασιλείας αὐτοῦ
— 42. A ἐπέγνωσαν τοὺς λόγους τῆς β. [S R τοῦ βασιλέως]
6. 14. κατέστησεν αὐτὸν ἐπὶ πάσης τῆς β. αὐτοῦ
I Ma. 6. 29. ἀπὸ βασιλειῶν [A βασιλέων] ἑτέρων . . ἦλθον πρὸς αὐτόν
— 47. ἴδον [S ἰδόντες] τὴν ἰσχὺν τῆς β.
— 57. ἐπίκειται ἡμῖν τὰ τῆς β.
7. 2. εἰς οἶκον βασιλείας πατέρων αὐτοῦ
— 4. ἐπὶ θρόνου βασιλείας αὐτοῦ
— 8. τὸν Βακχίδην . . . μέγαν ἐν τῇ β.
8. 11. τὰς ἐπιλοίπους β. καὶ τὰς νήσους
— 12. A R κατεκράτησαν τῶν β. [S βασιλέων]
— 18. ἴδον [S εἶδεν] τὴν β. τῶν Ἑλλήνων
10. 33. πᾶσαν ψυχὴν . . . τὴν αἰχμαλωτισθεῖσαν . . . εἰς πᾶσαν β. μου ἀφίημι
— 34. τοῖς Ἰουδαίοις τοῖς οὖσιν ἐν τῇ [A πάσῃ τῇ] β. μου
— 37. ἐκ τούτων κατασταθήσεται ἐπὶ χρειῶν τῆς β.
— 43. ὅσα ἐστὶν αὐτοῖς [S *add.* ἀπολελύσθωσαν] ἐν τῇ β. μου
— 52. R εἰς γῆν βασιλείας [A S τὴν β.] μου
— 53. ἐπὶ θρόνου βασιλείας αὐτοῦ
— 55. ἐπὶ θρόνου βασιλείας αὐτῶν [S[1] αὐτοῦ]
11. 1. κατακρατῆσαι [S[1] καὶ κατεκράτησε] τῆς β. Ἀλεξ. δόλῳ
— 1. καὶ προσθεῖναι αὐτὴν τῇ β. αὐτοῦ
— 9. βασιλεύσεις τῆς β. [S τὴν β.] τοῦ πατρός σου
— 11. χάριν τοῦ ἐπιθυμῆσαι αὐτὸν τῆς β. αὐτοῦ
— 51. ἐνώπιον πάντων [S *om.*] τῶν ἐν τῇ β. αὐτοῦ
— 51. S[1] ὠνομάσθησαν ἐν τῇ β. αὐτοῦ
— 52. ἐπὶ θρόνου τῆς β. αὐτοῦ
15. 3. κατεκράτησαν τῆς β. τῶν πατέρων ἡμῶν
— 3. βούλομαι [A βουλεύομαι] δὲ ἀντιποιήσασθαι τῆς β.
— 4. πόλεις πολλὰς ἐν τῇ β. [S *add.* μου]
— 9. ὡς [S[1] ὧν] δ' ἂν κρατήσωμεν τῆς β. [A καταστήσωμεν τὴν β.]
— 28. κατακρατεῖτε . . . πόλεις τῆς β. μου
— 29. ἐκυριεύσατε τόπων [S *om.*] πολλῶν ἐν τῇ β. μου
II Ma. 1. 7. ἀφ' οὗ ἀπέστη Ἰάσων . . . ἀπὸ . . . τῆς β.
4. 7. παραλαβόντος τὴν β. Ἀντιόχου
9. 25. τοὺς . . . γειτνιῶντας τῇ β. [A τῆς β.]
10. 11. αὐτὸς [A οὗτος] γὰρ παραλαβὼν βασιλείαν [A τὴν β.]
11. 23. τοὺς ἐκ τῆς β. ἀταράχους ὄντας
14. 6. οὐκ ἐῶντες τὴν β. εὐσταθείας τυχεῖν
— 26. τὸν γὰρ ἐπίβουλον τῆς β. [A *add.* αὐτοῦ] Ἰούδαν
III Ma. 6. 24. τὰ μὴ συμφέροντα τῇ β.
7. 3. τοὺς ὑπὸ τὴν β. Ἰουδαίους
— 12. κατὰ πάντα τὸν ὑπὸ τὴν β. [A τῆς β.] αὐτοῦ τόπον
IV Ma. 2. 23. βασιλεύσει βασιλείαν σώφρονα
12. 5. τῶν ἐπὶ τῆς β. ἀφηγήσῃ πραγμάτων
— 11. παρὰ τοῦ θεοῦ λαβὼν τὰ ἀγαθὰ καὶ τὴν β.

[**Aq.** Dt. 17. 20: Ps. 44 (45). 7: 45 (46). 7: Is. 7. 20: 13. 4: Je. 10. 7: 34 (41). 1: Ez. 29. 14.]
[**Sm.** III Ki. 2. 46: Ps. 45 (46). 7: Is. 13. 4: 47. 5: Ez. 29. 14.]
[**Th.** Is. 10. 10: 13. 4: Je. 29 (36). 18: Ez. 29. 14, 15: Da. 5. 7: 6. 4†: 7. 14, 23: 9. 2†: 10. 13: 11. 2: 12. 20.]
[**Al.** Dt. 3. 4.]

βασίλειον. (1) אַרְמוֹן (2) *a.* בֵּית הַמֶּלֶךְ *b.* בֵּית הַמַּלְכוּת (3) הֵיכָל (4) *a.* מַמְלָכָה *b.* מַלְכוּ (5) נָגִיד (6) נֵזֶר

II Ki. 1. 10. ἔλαβον τὸ β. τὸ ἐπὶ τὴν κεφαλὴν αὐτοῦ (6)
III Ki. 3. 1 (4. 21). A Σαλ. ἦν ἐξουσιάζων ἐν πᾶσιν τοῖς β. [B ἄρχων ἐν πάσαις ταῖς βασιλείαις] (4 a)
14. 8. A ἔρρηξα σὺν τὸ β. ἀπὸ τοῦ οἴκου Δ. (4 a)
IV Ki. 15. 19. A τοῦ ἐνισχῦσαι τὸ β. ἐν τῇ χειρὶ αὐτοῦ (4 a)
I Ch. 28. 4. καὶ ἐν Ἰούδᾳ ᾕρέτικε τὸ β. (5)
II Ch. 23. 11. ἔδωκεν ἐπ' αὐτὸν τὸ β. (6)
I Es. 4. 40. αὕτη ἡ ἰσχὺς καὶ τὸ β.
— 43. ᾗ τὸ β. σου παρέλαβες
Es. 1. 9. ἐποίησε πότον ταῖς γυναιξὶν ἐν τοῖς β. (2 b)
2. 13. ἀπὸ τοῦ γυναικῶνος ἕως τῶν β. (2 a)
Pr. 18. 19. ὥσπερ τεθεμελιωμένον βασίλειον (1)
Wi. 1. 14. οὔτε ᾅδου βασίλειον ἐπὶ γῆς [A τῆς γ.]
5. 16. λήψονται τὸ β. τῆς εὐπρεπείας
Na. 2. 6 (7). καὶ τὰ β. διέπεσε (3)
Ep. Je. 59. ξύλινος στῦλος ἐν βασιλείοις
Da. LXX. 4. 32. τὸ β. τοῦ ἔθνους σού σοι ἀποδίδοται –
— 34. τὸ β. αὐτοῦ βασίλειον εἰς τὸν αἰῶνα –, –
5. 1. ἐν ἡμέρᾳ ἐγκαινισμοῦ τῶν β. αὐτοῦ –
— 23. τὸ β. σου αὐτὸς ἔδωκέ σοι –
— 30. τὸ β. ἐξῆρται ἀπὸ τῶν Χαλδαίων –
6. 18 (19). τότε ὑπέστρεψεν ὁ βασ. εἰς τὰ β. αὐτοῦ (3)
7. 22. τὸ β. κατέσχον οἱ ἅγιοι (4 b)
II Ma. 2. 17. ἀποδοὺς τὴν κληρονομίαν [A *add.* αὐτοῦ] πᾶσι καὶ τὸ β.

[**Aq.** III Ki. 4. 20: 14. 8: IV Ki. 15. 19.]
[**Sm.** III Ki. 4. 20: Ps. 47 (48). 4, 14: 67 (68). 6: 121 (122). 7: La. 2. 5, 7.]

βασίλειος. (1) מַמְלָכָה

Ex. 19. 6. β. ἱεράτευμα καὶ ἔθνος ἅγιον (1)
23. 22. β. ἱεράτευμα καὶ ἔθνος ἅγιον –
De. 3. 10. A R πόλεις βασιλείας [B -αι] τοῦ Ὢγ ἐν τῇ B. (1)
Wi. 18. 15. ἐκ θρόνων β. [*vel* -λειῶν] . . . ἥλατο
III Ma. 3. 28. A λήψεται καὶ ἐκ τοῦ β. [S R βασιλικοῦ] ἀργυρίου [A *om.*]
IV Ma. 3. 8. ἐπὶ τὴν βασίλειον σκηνὴν ἦλθε

βασιλεύειν. (1) הִגִּיעַ לַמַּלְכוּת (2) יָשַׁב (3) מָלַךְ *a.* qal. *b.* hi. *c.* ho. (4) *a.* מֶלֶךְ *b.* הָיָה מֶלֶךְ *c.* הִמְלִיךְ מֶלֶךְ *d.* מַמְלָכָה *e.* מַלְכוּת *f.* מְלוּכָה *g.* מַלְכוּ

Ge. 36. 31. οἱ βασιλεῖς οἱ βασιλεύσαντες ἐν Ἐδώμ (3 a)
— 31. A πρὸ τοῦ βασιλεῦσαι βασιλέα ἐν Ἱερουσαλήμ [R Ἰσραήλ] (3 a)
— 32. ἐβασίλευσεν ἐν Ἐδὼμ Βαλάκ (3 a)
— 33. ἐβασίλευσεν ἀντ' αὐτοῦ Ἰωβάβ (3 a)
— 34. ἐβασίλευσεν ἀντ' αὐτοῦ Ἀσώμ (3 a)
— 35. ἐβασίλευσεν ἀντ' αὐτοῦ Ἀδάδ (3 a)
— 36. ἐβασίλευσεν ἀντ' αὐτοῦ Σαλαμά (3 a)
— 37. ἐβασίλευσεν ἀντ' αὐτοῦ Σαούλ (3 a)
— 38. ἐβασίλευσεν ἀντ' αὐτοῦ Βαλαεννών (3 a)
— 39. ἐβασίλευσεν ἀντ' αὐτοῦ Ἀράθ (3 a)
37. 8. μὴ βασιλεύων βασιλεύσεις ἐφ' ἡμᾶς (3 a, 3 a)
Ex. 15. 18. κύριος [A κύριε] βασιλεύων τὸν αἰῶνα (3 a)
Jo. 13. 10. A R ὃς ἐβασίλευσεν ἐν [B *om.*] Ἐσ. (3 a)
— 12. ὃς ἐβασίλευσεν ἐν Ἀσταρώθ (3 a)
Jd. 4. 2. ὃς ἐβασίλευσεν ἐν Ἀσώρ (3 a)
9. 6. ἐβασίλευσαν τὸν Ἀβιμέλεχ [A *add.* εἰς βασιλέα] (3 b)
— 8. βασίλευσον ἐφ' ἡμῶν (3 a, 4 f*)
— 10. δεῦρο βασίλευσον ἐφ' ἡμῶν (3 a)
— 12, 14. βασίλευσον ἐφ' ἡμῶν (3 a)
— 15. τοῦ βασιλεύειν ἐφ' ὑμᾶς [A εἰς βασιλέα ἐφ' ὑμῶν] (4 a)
— 16, 18. καὶ ἐβασιλεύσατε τὸν Ἀβ. (3 b)
I Ki. 8. 7. τοῦ μὴ βασιλεύειν ἐπ' αὐτῶν (3 a)
— 9. ὃς βασιλεύσει [A -εύει] ἐπ' αὐτούς (3 a)
— 11. ὃς βασιλεύσει ἐφ' ὑμᾶς (3 a)
— 22. βασίλευσον αὐτοῖς βασιλέα (3 b)
11. 12. Σαοὺλ οὐ βασιλεύσει ἡμῶν (3 a)
12. 1. ἐβασίλευσα ἐφ' ὑμᾶς βασιλέα (3 b)
— 12. βασιλεὺς βασιλεύσει ἐφ' ἡμῶν (3 a)
— 14. καὶ ὁ βασιλεὺς ὁ βασιλεύων ἐφ' ὑμῶν (3 a)
14. 47. Σαοὺλ ἔλαχε τοῦ βασιλεύειν (4 f)
15. 11. ἐβασίλευσα [A *om.*] τὸν Σαούλ (3 b)
— 35. ἐβασίλευσε τὸν Σαοὺλ ἐπὶ Ἰσρ. (3 b)
16. 1. μὴ βασιλεύειν ἐπὶ Ἰσραήλ (3 a)
— 1. A B ἑώρακα . . . ἐμοὶ βασιλεύειν [R -λέα] (4 a)
23. 17. σὺ βασιλεύσεις ἐπὶ Ἰσραήλ (3 b)
24. 21. βασιλεύων βασιλεύεις (3 a, 3 a)
27. 5. ἐν πόλει βασιλευομένῃ μετὰ σοῦ (4 d)
II Ki. 2. 4. χρίουσι τὸν Δαυὶδ ἐκεῖ τοῦ βασιλεύειν ἐπὶ τὸν οἶκον Ἰούδα [A χρ. ἐκεῖ τὸν Δ. ἐπὶ τὸν οἶ. Ἰ. τοῦ β. ἐπ' αὐτούς] (4 a)
— 9. ἐβασίλευσεν αὐτὸν ἐπὶ τὴν Γαλ. (3 b)
— 10. ὅτε ἐβασίλευσεν ἐπὶ τὸν Ἰσραὴλ καὶ δύο ἔτη ἐβασίλευσε (3 a, 3 a)
— 11. ἃς Δαυὶδ ἐβασίλευσεν ἐν Χεβρών (4 b)
3. 17. ἐζητεῖτε τὸν Δ. βασιλεύειν ἐφ' ὑμῶν (4 a)
— 21. βασιλεύσεις ἐπὶ πᾶσιν (3 a)

II Ki. 5. 4. υἱὸς τριάκοντα ἐτῶν ἐν τῷ βασιλεῦσαι [A -εύειν] αὐτὸν καὶ τεσσαράκοντα ἔτη ἐβασίλευσεν (3 *a*, 3 *a*)
— 5. ἑπτὰ ἔτη καὶ μῆνας ἓξ ἐβασίλευσεν ἐν Χεβρών (3 *a*)
— 5. τριάκοντα τρία ἔτη ἐβασίλευσεν ἐπὶ πάντα Ἰσραήλ (3 *a*)
8. 15. ἐβασίλευσε Δαυὶδ ἐπὶ Ἰσρ. (3 *a*)
10. 1. ἐβασίλευσεν Ἀννὼν υἱὸς αὐτοῦ ἀντ᾽ αὐτοῦ (3 *a*)
15. 10. βεβασίλευκε βασιλεὺς [A *om.*] Ἀβεσσαλώμ (3 *a*)
16. 8. ἐβασίλευσας ἀντ᾽ αὐτοῦ (3 *a*)
19. 22 (23). εἰ σήμερον [A σ. ἐμοὶ] βασιλεύω ἐγὼ ἐπὶ τὸν Ἰσρ. (4 *a*)
III Ki. 1. 5. ἐγὼ βασιλεύσω (3 *a*)
— 11. ἐβασίλευσεν Ἀδωνίας υἱὸς Ἀγγίθ (3 *a*)
— 13. ὁ υἱός σου Σαλωμὼν βασιλεύσει μετ᾽ ἐμέ (3 *a*)
— 13. τί ὅτι ἐβασίλευσεν Ἀδωνίας (3 *a*)
— 17. ὁ υἱός σου Σαλωμὼν βασιλεύσει μετ᾽ ἐμέ (3 *a*)
— 18. ἰδοὺ Ἀδωνίας ἐβασίλευσε (3 *a*)
— 24. Ἀδωνίας βασιλεύσει ὀπίσω μου (3 *a*)
— 30. Σαλωμὼν ὁ υἱός σου βασιλεύσει μετ᾽ ἐμέ (3 *a*)
— 35. βασιλεύσει [A αὐτὸς β.] ἀντ᾽ ἐμοῦ (3 *a*)
— 43. ὁ βασιλεὺς Δαυὶδ ἐβασίλευσε τὸν Σαλ. (3 *b*)
2. 11. ἃς ἐβασίλευσε Δαυὶδ ἐπὶ τὸν Ἰσραὴλ τεσσαράκοντα ἔτη· ἐν Χεβρὼν ἐβασίλευσεν ἑπτὰ ἔτη καὶ ἐν Ἱερουσαλὴμ [A *add.* ἐβασίλευσεν] τριάκοντα τρία ἔτη (3 *a ter*)
3. 1. R Σαλ. υἱὸς Δαυὶδ ἐβασίλευσεν ἐπὶ Ἰσρ. -
— 1. B Σαλ. υἱὸς Δαυὶδ ἐβασίλευσεν ἐπὶ Ἰσρ. -
4. 1. ἦν ὁ βασ. Σαλ. βασιλεύων ἐπὶ Ἰσρ. (4 *a*)
6. 1. ἐν μηνὶ τῷ δευτέρῳ βασιλεύοντος τοῦ βασ. Σαλ. (3 *a*)
11. 14 [B], 24 [A]. A ἐβασίλευσαν ἐν Δαμασκῷ (3 *a*)
— 22. R ἐβασίλευσεν ἐν γῇ [A τῷ, B τῇ] Ἐδώμ -
— 37. βασιλεύσεις ἐν οἷς ἐπιθυμεῖ ἡ ψυχή σου (3 *a*)
— 42. αἱ ἡμέραι ἃς ἐβασίλευσεν Σαλωμών (3 *a*)
— 44. ἐβασίλευσεν Ῥοβ. υἱὸς αὐτοῦ ἀντ᾽ αὐτοῦ (3 *a*)
12. 1. ἤρχοντο [A -ετο] πᾶς Ἰσραὴλ βασιλεῦσαι αὐτόν (3 *b*)
— 17. A ἐβασίλευσεν ἐπ᾽ αὐτῶν Ῥοβοάμ (3 *a*)
— 20. ἐβασίλευσαν αὐτὸν ἐπὶ Ἰσραήλ (3 *b*)
— 24. B ἐβασίλευσε Ῥοβοὰμ υἱὸς αὐτοῦ ἀντ᾽ αὐτοῦ -
— 24. B (*cf.* A 14. 21) ἐν τῷ βασιλεύειν αὐτὸν καὶ δώδεκα ἔτη ἐβασίλευσεν ἐν Ἱερουσαλήμ -, -
14. 2. A αὐτὸς ἐλάλησεν ἐμὲ τοῦ βασιλεῦσαι ἐπὶ τὸν λαὸν τοῦτον (4 *a*)
— 19. A καὶ ὅσα ἐβασίλευσεν (3 *a*)
— 20. A αἱ ἡμέραι ἃς ἐβασίλευσεν Ἱεροβοάμ (3 *a*)
— 20. A ἐβασίλευσεν Ναβὰτ υἱὸς αὐτοῦ ἀντ᾽ αὐτοῦ (3 *a*)
— 21. Ῥοβοὰμ . . . ἐβασίλευσεν ἐπὶ Ἰούδα (3 *a*)
— 21. ἐν τῷ βασιλεύειν αὐτόν (3 *a*)
— 21. B δέκα ἑπτὰ ἔτη ἐβασίλευσεν (3 *a*)
— 25. ἐν τῷ ἐνιαυτῷ τῷ πέμπτῳ βασιλεύοντος Ῥοβοάμ (4 *a*)
— 31. ἐβασίλευσεν Ἀβιοὺ υἱὸς αὐτοῦ ἀντ᾽ αὐτοῦ (3 *a*)
15. 1. ἐν τῷ ὀκτωκαιδεκάτῳ ἔτει βασιλεύοντος Ἱεροβοὰμ υἱοῦ Ναβὰτ βασιλεύει Ἀβιού (4 *a*, 3 *a*)
— 2. R τρία [A δέκα ἕξ, B ἕξ] ἔτη ἐβασίλευσεν (3 *a*)
— 8. βασιλεύει Ἀσὰ υἱὸς αὐτοῦ ἀντ᾽ αὐτοῦ (3 *a*)
— 9. βασιλεύει Ἀσὰ ἐπὶ Ἰούδαν (3 *a*)
— 10. τεσσαράκοντα καὶ ἓν ἔτος ἐβασίλευσεν ἐν Ἱερ. (3 *a*)
— 24. βασιλεύει [A ἐβασίλευσεν] Ἰωσαφὰτ υἱὸς αὐτοῦ ἀντ᾽ αὐτοῦ (3 *a*)
— 25. Ναβὰτ [A Ναδὰβ] υἱὸς Ἱερ. βασιλεύει ἐπὶ Ἰσρ. (3 *a*)
— 25. ἐβασίλευσεν ἐν [A ἐπὶ] Ἰσραὴλ ἔτη δύο (3 *a*)
— 28. καὶ ἐβασίλευσεν (3 *a*)
— 29. ἐγένετο ὡς ἐβασίλευσε (3 *a*)
— 33. βασιλεύει Βαασὰ . . . ἐπὶ Ἰσρ. [A πάντα Ἰσ.] (3 *a*)
16. 6. βασιλεύει Ἠλὰ υἱὸς αὐτοῦ ἀντ᾽ αὐτοῦ (3 *a*)
— 8. Ἠλὰ . . . ἐβασίλευσεν ἐπὶ Ἰσραήλ (3 *a*)
— 10. ἐβασίλευσεν ἀντ᾽ αὐτοῦ (3 *a*)
— 11. B ἐγενήθη ἐν τῷ βασιλεῦσαι αὐτόν (3 *a*)

III Ki. 16. 15. A R Ζαμβρὶ ἐβασίλευσεν ἐν Θερσᾷ ἡμέρας [B ἔτη] ἑπτά (3 *a*)
— 16. R ἐβασίλευσαν ἐν Ἰσραὴλ τὸν Ἀμβρί [A B Ζαμ.] (3 *b*)
— 21. ὀπίσω Θαμνὶ . . . τοῦ βασιλεῦσαι αὐτόν (3 *b*)
— 22. R ἐβασίλευσεν Ἀμβρὶ [A B Ζαμβρεὶ] μετὰ Θαμνί (3 *a*)
— 23. R βασιλεύει Ἀμβρὶ [A B Ζαμβρεὶ] ἐπὶ Ἰσραήλ (3 *a*)
— 23. ἐν Θερσᾷ βασιλεύει ἓξ ἔτη (3 *a*)
— 28. βασιλεύει [A ἐβασίλευσεν] Ἀχαὰβ ὁ υἱὸς αὐτοῦ ἀντ᾽ αὐτοῦ (3 *a*)
— 28 (22. 41). B βασιλεύει Ἰωσαφὰτ υἱὸς Ἀσά (3 *a*)
— 28 (22. 42). B εἴκοσι πέντε ἔτη βασιλεύει (3 *a*)
— 28 (22. 50 [51]). B ἐβασίλευσεν Ἰωρὰμ υἱὸς αὐτοῦ ἀντ᾽ αὐτοῦ (3 *a*)
— 29. A ὁ δὲ Ἀχαὰβ υἱὸς Ζαμβρεὶ ἐβασίλευσεν ἐπὶ Ἰσραήλ (3 *a*)
— 29. B Ἀχαὰβ . . . ἐβασίλευσεν ἐπὶ Ἰσραὴλ [A βασιλεύσας δὲ Ἀχ. υἱ. Ζ. ἐπὶ Ἰσ.] (3 *a*)
22. 40. ἐβασίλευσεν Ὀχοζίας υἱὸς αὐτοῦ ἀντ᾽ αὐτοῦ (3 *a*)
— 41. Ἰωσ. . . . ἐβασίλευσεν ἐπὶ Ἰούδαν (3 *a*)
— 41. ἐβασίλευσεν Ἰωσαφάτ -
— 42. υἱὸς τριάκοντα καὶ πέντε ἐτῶν ἐν τῷ β. αὐτόν· καὶ εἴκοσι καὶ πέντε ἔτη ἐβασίλευσεν ἐν Ἱερουσαλήμ (3 *a*, 3 *a*)
— 51. ἐβασίλευσεν Ἰωρὰμ υἱὸς αὐτοῦ ἀντ᾽ αὐτοῦ (3 *a*)
— 52. Ὀχοζίας υἱὸς Ἀχαὰβ ἐβασίλευσεν ἐπὶ Ἰσραήλ (3 *a*)
— 52. R Ὀχοζίας υἱὸς Ἀχαὰβ [A B *om.* Ὀ. υἱ. Ἀ.] ἐβασίλευσεν ἐν Ἰσραήλ (3 *a*)
IV Ki. 1. 18 (3. 1). Ἰωρὰμ υἱὸς Ἀχαὰβ βασιλεύει [A ἐβασίλευσεν] ἐπὶ Ἰσραήλ (3 *a*)
— 18 (3. 3). A ἐβασίλευσεν Ἰωρὰμ ἀδελφὸς αὐτοῦ ἀντ᾽ αὐτοῦ -
3. 1. Ἰωρὰμ υἱὸς Ἀχαὰβ ἐβασίλευσεν (3 *a*)
— 1. B καὶ ἐβασίλευσε (3 *a*)
— 27. ὃς ἐβασίλευσεν ἀντ᾽ αὐτοῦ (3 *a*)
8. 13. ἔδειξέ μοι κ. σε βασιλεύοντα ἐπὶ Ἰσρ. (4 *a*)
— 15. ἐβασίλευσεν Ἀζαὴλ ἀντ᾽ αὐτοῦ (3 *a*)
— 16. ἐβασίλευσεν Ἰωρὰμ υἱὸς Ἰωσαφάτ (3 *a*)
— 17. ἐν τῷ β. αὐτόν (3 *a*)
— 17. R ὀκτὼ [A B τεσσαράκοντα] ἔτη ἐβασίλευσεν ἐν Ἱερ. (3 *a*)
— 20. R ἐβασίλευσαν [A -σεν] ἐφ᾽ ἑαυτὸν [A -οῦ, B -οὺς] βασιλέα (3 *b*)
— 24. ἐβασίλευσεν Ὀχοζίας υἱὸς αὐτοῦ ἀντ᾽ αὐτοῦ (3 *a*)
— 25. ἐβασίλευσεν Ὀχοζίας υἱὸς Ἰωράμ (3 *a*)
— 26. ἐν τῷ βασιλεύειν αὐτόν (3 *a*)
— 26. R ἐνιαυτὸν ἕνα ἐβασίλευσεν ἐν Ἱερουσαλὴμ [A B Ἰσραήλ] (3 *a*)
9. 13. ἐβασίλευσεν Ἰοὺ [A Ἰηού] (3 *a*)
— 29. ἐβασίλευσεν Ὀχοζίας ἐπὶ Ἰούδαν (3 *a*)
10. 5. οὐ βασιλεύσομεν ἄνδρα (3 *b*)
— 35. ἐβασίλευσεν Ἰωάχαζ υἱὸς αὐτοῦ ἀντ᾽ αὐτοῦ (3 *a*)
— 36. ἃς ἐβασίλευσεν Ἰοὺ [A Ἰηοὺ] ἐπὶ Ἰσρ. (3 *a*)
11. 3. Γοθολία βασιλεύουσα ἐπὶ τῆς γῆς (3 *a*)
— 12. καὶ ἐβασίλευσεν αὐτόν (3 *b*)
— 21 (12. 1). υἱὸς ἑπτὰ ἐτῶν Ἰωὰς ἐν τῷ β. (3 *a*)
12. 1 (2). ἐν ἔτει ἑβδόμῳ τῷ Ἰοὺ [A τοῦ Ἰηοῦ] ἐβασίλευσεν Ἰωὰς καὶ τεσσαράκοντα ἔτη ἐβασίλευσεν ἐν Ἱερουσαλήμ (3 *a*, 3 *a*)
— 21 (22). ἐβασίλευσεν Ἀμεσσίας υἱὸς αὐτοῦ ἀντ᾽ αὐτοῦ (3 *a*)
13. 1. ἐβασίλευσεν Ἰωάχας υἱὸς Ἰοὺ [A Ἰηού] (3 *a*)
— 9. ἐβασίλευσεν Ἰωὰς υἱὸς αὐτοῦ ἀντ᾽ αὐτοῦ (3 *a*)
— 10. ἐβασίλευσεν Ἰωὰς υἱὸς Ἰωάχας (3 *a*)
— 24. ἐβασίλευσεν υἱὸς Ἄδερ [A Ἄζερ] υἱὸς αὐτοῦ ἀντ᾽ αὐτοῦ (3 *a*)
14. 1. ἐβασίλευσεν Ἀμ. . . . βασιλεὺς Ἰούδα (3 *a*)
— 2. ἐν τῷ βασιλεύειν αὐτόν (3 *a*)
— 2. εἴκ. καὶ ἐνν. ἔτη ἐβασίλευσεν ἐν Ἱερουσαλὴμ [A Ἰσραήλ] (3 *a*)
— 16. ἐβασίλευσεν Ἱεροβοὰμ υἱὸς αὐτοῦ ἀντ᾽ αὐτοῦ (3 *a*)
— 21. ἐβασίλευσαν αὐτὸν [A B¹ ἐβασίλευσεν αὐτὸς] ἀντὶ τοῦ πατρὸς αὐτοῦ (3 *b*)
— 23. ἐβασίλευσεν Ἱεροβοὰμ υἱὸς Ἰωάς (3 *a*)
— 29. R ἐβασίλευσε Ζαχαρίας [A B Ἀζαρίας] (3 *a*)
15. 1. ἐβασίλευσεν Ἀζαρίας υἱὸς Ἀμεσσίου (3 *a*)

IV Ki. 15. 2. ἐν τῷ βασιλεύειν αὐτόν (3 *a*)
— 2. πεντήκοντα καὶ δύο ἔτη ἐβασίλευσεν (3 *a*)
— 5. ἐβασίλευσεν ἐν οἴκῳ ἀφφουσώθ (2)
— 7. A B ἐβασίλευσεν Ἰωάθαμ [B Ἰωνάθαν] υἱὸς αὐτοῦ ἀντ᾽ αὐτοῦ (3 *a*)
— 8. ἐβασίλευσε Ζαχαρίας [A Ἀζαρίας] υἱὸς Ἱεροβοάμ (3 *a*)
— 10. ἐβασίλευσεν [A Σελλοὺμ ἐβ.] ἀντ᾽ αὐτοῦ (3 *a*)
— 13. Σελλοὺμ υἱὸς Ἰαβὶς ἐβασίλευσε (3 *a*)
— 13. ἐβασίλευσε Σελλούμ (3 *a*)
— 14. A καὶ ἐβασίλευσεν ἀντ᾽ αὐτοῦ (3 *a*)
— 17. ἐβασίλευσε Μαναήμ (3 *a*)
— 22. ἐβασίλευσε Φακεσίας υἱὸς αὐτοῦ [A Μαναήν] (3 *a*)
— 23. ἐβασίλευσε Φακεσίας υἱὸς Μαναήμ (3 *a*)
— 25. ἐβασίλευσεν ἀντ᾽ αὐτοῦ (3 *a*)
— 27. ἐβασίλευσε Φακεὲ υἱὸς Ῥομελίου ἐπὶ Ἰσραήλ (3 *a*)
— 30. ἐβασίλευσεν ἀντ᾽ αὐτοῦ (3 *a*)
— 32. ἐβασίλευσεν Ἰωάθαμ [A Ἰωνάθαν] υἱὸς Ἀζαρίου (3 *a*)
— 33. ἐν τῷ βασιλεύειν αὐτόν (3 *a*)
— 33. ἑκκαίδεκα ἔτη ἐβασίλευσεν ἐν Ἱερουσαλήμ (3 *a*)
— 38. ἐβασίλευσεν Ἄχαζ υἱὸς αὐτοῦ ἀντ᾽ αὐτοῦ (3 *a*)
16. 1. ἐβασίλευσεν Ἄχαζ υἱὸς Ἰωάθαμ (3 *a*)
— 2. ἐν τῷ βασιλεύειν αὐτόν (3 *a*)
— 2. ἑκκαίδεκα ἔτη ἐβασίλευσεν ἐν Ἱερουσαλήμ (3 *a*)
— 20. ἐβασίλευσεν Ἐζεκίας υἱὸς αὐτοῦ ἀντ᾽ αὐτοῦ (3 *a*)
17. 1. ἐβασίλευσεν Ὡσηὲ υἱὸς Ἠλά (3 *a*)
— 21. ἐβασίλευσαν τὸν Ἱεροβοὰμ υἱὸν Ναβάτ (3 *b*)
18. 1. ἐβασίλευσεν Ἐζεκίας υἱὸς Ἄχαζ βασιλέως Ἰούδα (3 *a*)
— 2. ἐν τῷ βασιλεύειν αὐτόν (3 *a*)
— 2. εἴκοσι καὶ ἐννέα ἔτη ἐβασίλευσεν ἐν Ἱερουσαλήμ (3 *a*)
19. 37. ἐβασίλευσεν Ἀσορδὰν ὁ [A *om.*] υἱὸς αὐτοῦ ἀντ᾽ αὐτοῦ (3 *a*)
20. 21. ἐβασίλευσε Μανασσῆς υἱὸς αὐτοῦ ἀντ᾽ αὐτοῦ (3 *a*)
21. 1. υἱὸς δώδεκα ἐτῶν Μανασσῆς ἐν τῷ β. αὐτὸν καὶ πεντήκοντα καὶ πέντε ἔτη ἐβασίλευσεν ἐν Ἱερουσαλήμ (3 *a*, 3 *a*)
— 18. ἐβασίλευσεν Ἀμὼς [A Ἀμμὼν] υἱὸς αὐτοῦ ἀντ᾽ αὐτοῦ (3 *a*)
— 19. ἐν τῷ βασιλεύειν αὐτόν (3 *a*)
— 19. δύο [A² δώδεκα] ἔτη ἐβασίλευσεν ἐν Ἱερουσαλήμ (3 *a*)
— 24. ἐβασίλευσεν ὁ λαὸς τῆς γῆς τὸν Ἰωσίαν υἱὸν αὐτοῦ ἀντ᾽ αὐτοῦ (3 *b*)
— 26. ἐβασίλευσεν Ἰωσίας υἱὸς αὐτοῦ ἀντ᾽ αὐτοῦ (3 *a*)
22. 1. ἐν τῷ βασιλεύειν αὐτόν (3 *a*)
— 1. τριάκοντα καὶ ἓν ἔτος ἐβασίλευσεν ἐν Ἱερουσαλήμ (3 *a*)
23. 30. ἐβασίλευσαν [A -σεν] αὐτὸν ἀντὶ τοῦ πατρὸς αὐτοῦ (3 *b*)
— 31. ἐν τῷ βασιλεύειν αὐτόν (3 *a*)
— 31. τρίμηνον [A τρεῖς μῆνας] ἐβασίλευσεν ἐν Ἱερ. (3 *a*)
— 33. τοῦ μὴ βασιλεύειν [A β. αὐτὸν] ἐν Ἱερ. (3 *a*)
— 34. ἐβασίλευσε Φαραὼ Νεχαὼ ἐπ᾽ αὐτοὺς τὸν Ἐλ. (3 *b*)
— 36. ἐν τῷ βασιλεύειν αὐτόν (3 *a*)
— 36. ἕνδεκα ἔτη ἐβασίλευσεν ἐν Ἱερ. (3 *a*)
24. 6. ἐβασίλευσεν Ἰωαχὶμ υἱὸς αὐτοῦ ἀντ᾽ αὐτοῦ (3 *a*)
— 8. ἐν τῷ βασιλεύειν αὐτόν (3 *a*)
— 8. τρίμηνον ἐβασίλευσεν ἐν Ἱερ. (3 *a*)
— 17. ἐβασίλευσε βασιλεὺς Βαβυλῶνος τὸν Βατθανίαν (3 *b*)
— 18. ἐν τῷ βασιλεύειν αὐτόν (3 *a*)
— 18. ἕνδεκα ἔτη ἐβασίλευσεν ἐν Ἱερουσαλήμ (3 *a*)
I Ch. 1. 43. A οἱ βασιλεύσαντες ἐν Ἐδὼμ πρὸ τοῦ βασιλεῦσαι βασιλέα τοῖς υἱοῖς Ἰσραήλ (3 *a*, 3 *a*)
— 44. ἐβασίλευσεν ἀντ᾽ αὐτοῦ Ἰωβάβ (3 *a*)
— 45. ἐβασίλευσεν ἀντ᾽ αὐτοῦ Ἀσόμ (3 *a*)
— 46. ἐβασίλευσεν ἀντ᾽ αὐτοῦ Ἀδάδ (3 *a*)
— 47. ἐβασίλευσεν ἀντ᾽ αὐτοῦ Σεβλά (3 *a*)
— 48 (A), 50 (B). ἐβασίλευσεν ἀντ᾽ αὐτοῦ Σαούλ (3 *a*)
— 49 (A), 50 (B). ἐβασίλευσεν ἀντ᾽ αὐτοῦ Βαλαεννώρ (3 *a*)

I Ch. 1. 50. ἐβασίλευσεν ἀντ' αὐτοῦ Ἀδάδ (3 a)
3. 4. A R ἐβασίλευσεν ἐκεῖ ἑπτὰ ἔτη (3 a)
— 4. τριάκοντα καὶ τρία ἔτη ἐβασίλευσεν ἐν Ἱερουσ. (3 a)
11. 10. τοῦ βασιλεῦσαι αὐτὸν . . . ἐπὶ [S ἐν] Ἰσραήλ (3 b)
12. 31. τοῦ βασιλεῦσαι τὸν Δαυίδ (3 b)
— 38. τοῦ βασιλεῦσαι τὸν Δαυὶδ ἐπὶ πάντα Ἰσραήλ (3 b)
— 38. B S τοῦ βασιλεῦσαι τὸν Δαυίδ (3 b)
16. 31. εἰπάτωσαν . . . κύριος βασιλεύων [A ἐβασίλευσεν] (3 a)
18. 14. ἐβασίλευσε Δαυὶδ ἐπὶ πάντα Ἰσραήλ (3 a)
19. 1. ἐβασίλευσεν Ἀνὰν υἱὸς αὐτοῦ ἀντ' αὐτοῦ (3 a)
23. 1. ἐβασίλευσε Σαλωμὼν τὸν υἱὸν αὐτοῦ ἀντ' αὐτοῦ (3 b)
29. 22. A R ἐβασίλευσαν ἐκ δευτέρου [B om. ἐκ δ.] τὸν Σαλωμών (3 b)
— 26. Δαυὶδ . . . ἐβασίλευσεν ἐπὶ Ἰσραήλ (3 a)
— 28. ἐβασίλευσε Σαλωμὼν υἱὸς αὐτοῦ ἀντ' αὐτοῦ (3 a)
II Ch. 1. 8. ἐβασίλευσάς με ἀντ' αὐτοῦ (3 b)
— 9. σὺ ἐβασίλευσάς με ἐπὶ λαὸν πολύν (3 b)
— 11. ἐφ' ὃν ἐβασίλευσά σε [A ἐβασίλευσας] (3 b)
— 13. καὶ ἐβασίλευσεν ἐπὶ Ἰσραήλ (3 a)
9. 30. A B ἐβασίλευσε Σαλ. ὁ βασ. [R om. ὁ β.] ἐπὶ πάντα (3 a)
— 31. ἐβασίλευσε Ῥοβοὰμ υἱὸς αὐτοῦ ἀντ' αὐτοῦ (3 a)
10. 1. ἤρχετο πᾶς Ἰσραὴλ βασιλεῦσαι αὐτόν (3 b)
— 17. A R ἐβασίλευσαν [B -σεν] ἐπ' αὐτῶν τὸν Ῥοβοάμ [B Ἱεροβοάμ] (3 a)
11. 22. βασιλεῦσαι διενοεῖτο αὐτόν (3 b)
12. 13. κατίσχυσεν . . . Ῥοβ. . . . καὶ ἐβασίλευσε (3 a)
— 13. ἐν τῷ βασιλεῦσαι αὐτόν (3 a)
— 13. ἑπτὰ καὶ δέκα ἔτη ἐβασίλευσεν ἐν Ἱερ. (3 a)
— 16. ἐβασίλευσεν Ἀβιὰ υἱὸς αὐτοῦ ἀντ' αὐτοῦ (3 a)
13. 1. ἐβασίλευσεν Ἀβιὰ ἐπὶ Ἰούδαν (3 a)
— 2. τρία ἔτη ἐβασίλευσεν ἐν Ἱερ. (3 a)
14. 1 (13. 23). ἐβασίλευσεν Ἀσὰ υἱὸς αὐτοῦ ἀντ' αὐτοῦ (3 a)
17. 1. ἐβασίλευσεν Ἰωσαφὰτ υἱὸς αὐτοῦ ἀντ' αὐτοῦ (3 a)
20. 31. καὶ ἐβασίλευσεν Ἰωσαφὰτ . . . ἐτῶν τριάκοντα πέντε ἐν τῷ βασιλεῦσαι αὐτόν (3 a, 3 a)
— 31. εἴκοσι πέντε ἔτη ἐβασίλευσεν ἐν Ἱερ. (3 a)
21. 1. ἐβασίλευσεν Ἰωρὰμ υἱὸς αὐτοῦ ἀντ' αὐτοῦ (3 a)
— 5. ὀκτὼ ἔτη ἐβασίλευσεν ἐν Ἱερ. (3 a)
— 8. καὶ ἐβασίλευσαν [A -σεν] ἐφ' ἑαυτοὺς βασιλέα (3 b)
— 20. ἦν τριάκοντα καὶ δύο ἐτῶν ὅτε ἐβασίλευσε (3 a)
— 20. ὀκτὼ ἔτη ἐβασίλευσεν ἐν Ἱερ. (3 a)
22. 1. ἐβασίλευσαν οἱ κατοικοῦντες . . . τὸν Ὀχοζίαν (3 b)
— 1. ἐβασίλευσεν Ὀχοζίας υἱὸς Ἰωράμ (3 a)
— 2. ὢν εἴκοσι ἐτῶν Ὀχοζίας ἐβασίλευσε (3 a?)
— 2. ἐνιαυτὸν ἕνα ἐβασίλευσεν ἐν Ἱερ. (3 a)
— 12. Γοθολία ἐβασίλευσεν ἐπὶ τῆς γῆς (3 a)
23. 3. ὁ υἱὸς τοῦ βασιλέως βασιλευσάτω (3 a)
— 11. ἐβασίλευσαν καὶ ἔχρισαν αὐτόν (3 b)
24. 1. ὢν ἑπτὰ ἐτῶν Ἰωὰς ἐν τῷ βασιλεῦσαι αὐτόν (3 a)
— 1. τεσσαράκοντα ἔτη ἐβασίλευσεν ἐν Ἱερ. (3 a)
— 27. ἐβασίλευσεν Ἀμ. υἱὸς αὐτοῦ ἀντ' αὐτοῦ (3 a)
25. 1. ὢν εἴκοσι καὶ πέντε ἐτῶν ἐβασίλευσεν Ἀμασίας (3 a)
— 1. εἴκοσι ἐννέα ἔτη ἐβασίλευσεν ἐν Ἱερ. (3 a)
26. 1. ἐβασίλευσαν αὐτὸν ἀντὶ τοῦ πατρὸς αὐτοῦ (3 b)
— 3. A R υἱὸς δέκα ἓξ ἐτῶν ἐβασίλευσεν [B om.] Ὀζίας (3 a)
— 3. πεντήκοντα καὶ δύο ἔτη ἐβασίλευσεν ἐν Ἱερουσ. (3 a)
— 23. ἐβασίλευσεν Ἰωάθαμ υἱὸς αὐτοῦ ἀντ' αὐτοῦ (3 a)
27. 1. εἴκοσι καὶ πέντε ἐτῶν Ἰωάθαμ ἐν τῷ βασιλεῦσαι αὐτόν (3 a)
— 1. δέκα ἓξ ἔτη ἐβασίλευσεν ἐν Ἱερ. (3 a)
— 8. A εἴκοσι καὶ πέντε ἐτῶν ἦν βασιλεύσας (3 a)
— 8. A ἓξ καὶ δέκα ἔτη ἐβασίλευσεν ἐν Ἱερ. (3 a)
— 9. ἐβασίλευσεν Ἄχαζ υἱὸς αὐτοῦ ἀντ' αὐτοῦ (3 a)
28. 1. εἴκοσι ἐτῶν Ἄχ. ἐν τῷ βασιλεύειν αὐτόν (3 a)

II Ch. 28. 1. δέκα ἓξ ἔτη ἐβασίλευσεν ἐν Ἱερ. (3 a)
— 27. ἐβασίλευσεν Ἐζεκίας υἱὸς αὐτοῦ ἀντ' αὐτοῦ (3 a)
29. 1. A R Ἐζεκίας ἐβασίλευσεν ὢν [B om.] εἴκοσι καὶ πέντε ἐτῶν (3 a)
— 1. εἴκοσι καὶ ἐννέα ἔτη ἐβασίλευσεν ἐν Ἱερ. (3 a)
32. 33. ἐβασίλευσε Μαν. υἱὸς αὐτοῦ ἀντ' αὐτοῦ (3 a)
33. 1. ὢν δέκα δύο ἐτῶν Μαν. ἐν τῷ βασιλεῦσαι αὐτόν (3 a)
— 1. πεντήκοντα πέντε ἔτη ἐβασίλευσεν ἐν Ἱερ. (3 a)
— 20. ἐβασίλευσεν ἀντ' αὐτοῦ Ἀμὼς υἱὸς αὐτοῦ (3 a)
— 21. ἐν τῷ βασιλεύειν αὐτόν (3 a)
— 21. δύο ἔτη ἐβασίλευσεν ἐν Ἱερουσαλήμ (3 a)
— 25. ἐβασίλευσεν ὁ λαὸς τῆς γῆς τὸν Ἰωσ. (3 b)
34. 1. ὢν ὀκτὼ ἐτῶν Ἰωσίας ἐν τῷ βασιλεῦσαι [A -εύειν] αὐτόν (3 a)
— 1. τριάκοντα ἓν ἔτος ἐβασίλευσεν ἐν Ἱερ. (3 a)
36. 2. ἐν τῷ βασιλεύειν αὐτόν (3 a)
— 2. τρίμηνον ἐβασίλευσεν ἐν Ἱερ. (3 a)
— 2. τοῦ μὴ βασιλεύειν αὐτὸν ἐν Ἱερ. –
— 5. ἐν τῷ βασιλεύειν αὐτόν (3 a)
— 5. ἕνδεκα ἔτη ἐβασίλευσεν ἐν Ἱερ. (3 a)
— 8. ἐβασίλευσεν Ἰεχονίας υἱὸς αὐτοῦ ἀντ' αὐτοῦ (3 a)
— 9. ἐν τῷ βασιλεύειν αὐτόν (3 a)
— 9. τρίμηνον καὶ δέκα ἡμέρας ἐβασίλευσεν ἐν Ἱερ. (3 a)
— 10. ἐβασίλευσε Σεδεκίαν . . . ἐπὶ Ἰούδαν (3 b)
— 11. ἐν τῷ βασιλεύειν αὐτόν (3 a)
— 11. ἕνδεκα ἔτη ἐβασίλευσεν ἐν Ἱερ. (3 a)
I Es. 1. 22. ὀκτωκαιδεκάτῳ ἔτει βασιλεύοντος Ἰωσίου
— 35. ἐβασίλευσεν ἐν . . . Ἱερουσ.
— 35. τοῦ μὴ βασιλεύειν ἐν Ἱερουσαλήμ
— 39. ὅτε ἐβασίλευσε τῆς Ἰουδαίας
— 43. ἐβασίλευσεν ἀντ' αὐτοῦ Ἰωακὶμ ὁ υἱὸς αὐτοῦ
— 44. βασιλεύει δὲ μῆνας τρεῖς
— 46. βασιλεύει [A ἐβασίλευσεν] δὲ ἔτη ἕνδεκα
— 57. μέχρις οὗ [A μέχρι τοῦ] βασιλεῦσαι Πέρσας
2. 1. βασιλεύοντος Κύρου Περσῶν ετους πρώτου
6. 17. βασιλεύοντος Κύρου χώρας Βαβυλωνίας
— 24. ἔτους πρώτου βασιλεύοντος Κύρου
8. 1. βασιλεύοντος Ἀρταξέρξου τοῦ Περσῶν βασιλέως
— 6. ἔτους ἑβδόμου βασιλεύοντος Ἀρταξέρξου
— 26. B ἐτίμησεν ἔναντι τῶν βασιλευόντων [A R τοῦ βασιλέως]
— 77. B παρεδόθημεν . . . τοῖς βασιλεῦσι [A R βασιλεῦσι] τῆς γῆς
To. 1. 15. ἐβασίλευσε Σενναχηρὶμ ὁ υἱὸς αὐτοῦ ἀντ' αὐτοῦ
— 21. ἐβασίλευσε Σαχερδονὸς υἱὸς αὐτοῦ ἀντ' αὐτοῦ
Ju. 1. 1. ὃς ἐβασίλευσεν Ἀσσυρίων
— 1. ὃς ἐβασίλευσε Μήδων
Es. 1. 1. ἔτους δευτέρου βασιλεύοντος Ἀρταξέρξου
— 3. ἐν τῷ τρίτῳ ἔτει βασιλεύοντος αὐτοῦ (3 a)
— 11. βασιλεύειν αὐτὴν καὶ περιθεῖναι αὐτῇ τὸ διάδ. †
2. 4. ἡ γυνὴ ἣ ἂν ἀρέσῃ τῷ βασ. βασιλεύσει (3 a)
3. 7. A ἔτους δωδεκάτου βασιλεύοντος Ἀρταξ. [B S al.] (4 a)
4. 14. εἰ [A om., S ἢ] εἰς τὸν καιρὸν τ. ἐβασίλευσας (1)
10. 3. ἔτους τετάρτου βασιλεύοντος Πτολεμαίου
Jb. 34. 30. βασιλεύων ἄνθρ. ὑποκριτὴν ἀπὸ δυσκολίας λαοῦ (3 a)
42. 18. οἱ βασιλεῖς οἱ βασιλεύσαντες ἐν Ἐδώμ –
Ps. 9. 37 (10. 16). βασιλεύσει κύριος εἰς τὸν αἰῶνα (4 a)
44 (45). 4. κατευοδοῦ καὶ βασίλευε †
46 (47). 8. ἐβασίλευσεν ὁ θ. ἐπὶ τὰ [A πάντα τὰ] ἔθνη (3 a)
92 (93). 1. ὁ κύριος ἐβασίλευσεν (3 a)
95 (96). 10. ὁ [A S^2 ὅτι] κύριος ἐβασίλευσε (3 a)
96 (97). 1. ὁ κύριος ἐβασίλευσεν (3 a)
98 (99). 1. ὁ [A S om.] κύριος ἐβασίλευσεν (3 a)
145 (146). 10. βασιλεύσει κύριος εἰς τὸν αἰῶνα (3 a)
Pr. 1. 1. ὃς ἐβασίλευσεν ἐν Ἰσραήλ (4 a)
8. 15. δι' ἐμοῦ βασιλεῖς βασιλεύουσι (3 a)
9. 6. ἵνα εἰς τὸν αἰῶνα βασιλεύσητε [S^2 ἵνα ζήσεσθε] †

Pr. 24. 57 (30. 22). ἐὰν οἰκέτης βασιλεύσῃ (3 a)
Ec. 4. 14. ἐξ οἴκου . . . ἐξελεύσεται τοῦ [A S om.] βασιλεῦσαι (3 a)
Wi. 3. 8. βασιλεύσει αὐτῶν κύριος εἰς τοὺς αἰῶνας
6. 21. ἵνα εἰς τὸν αἰῶνα βασιλεύσητε
Si. 47. 13. Σαλωμὼν ἐβασίλευσεν ἐν ἡμέραις εἰρήνης
Ho. 8. 4. ἑαυτοῖς ἐβασίλευσαν καὶ οὐ δι' ἐμοῦ (3 b)
Mi. 4. 7. βασιλεύσει κύριος ἐπ' αὐτούς (3 a)
Ze. 3. 15. A S^2 βασιλεύσει ὁ [B S^1 -λεὺς Ἰσρ.] κύριος (4 a)
Is. 1. 1. οἳ ἐβασίλευσαν τῆς Ἰουδαίας (4 a)
7. 6. βασιλεύσομεν αὐτῆς [A -οῖς] τὸν υἱὸν Ταβεήλ (4 c)
24. 23. βασιλεύσει κύριος ἐκ [A S ἐν] Σιών (3 a)
30. 33. μὴ καὶ σοὶ ἡτοιμάσθη β. (4 a)
32. 1. βασιλεὺς δίκαιος βασιλεύσει (3 a)
36. 1. τοῦ τεσσαρεσκαιδεκάτου ἔτους βασιλεύοντος Ἐζ. (4 a)
37. 38. ἐβασίλευσεν Ἀσορδὰν ὁ υἱὸς αὐτοῦ ἀντ' αὐτοῦ (3 a)
52. 7. λέγων Σιὼν βασιλεύσει σου ὁ θεός (3 a)
Je. 22. 11. Σελλὴμ υἱὸν Ἰωσία τὸν βασιλεύοντα [A S τῷ β.] ἀντὶ Ἰωσία (3 a)
— 15. μὴ βασιλεύσεις ὅτι σὺ παροξύνῃ (3 a)
23. 5. βασιλεύσει βασιλεὺς καὶ συνήσει (3 a)
26 (46). 1. ἐν ἀρχῇ βασιλεύοντος Σεδεκίου –
35 (28). 1. ἐν τῷ τετάρτῳ ἔτει [A add. βασιλεύοντος] Σεδεκία [A -ου] (4 d)
41 (34). 5. ἔκλαυσαν τοὺς πατέρας σου τοὺς βασιλεύσαντας πρότερόν σου (4 a)
44 (37). 1. ἐβασίλευσε Σεδεκίας υἱὸς Ἰωσία ἀντὶ Ἰωακεὶμ ὃν ἐβασίλευσε Ναβουχοδονόσορ β. τοῦ Ἰούδα (3 a, 3 b, 4 a)
52. 1. ἐν τῷ β. αὐτὸν καὶ ἕνδεκα ἔτη ἐβασίλευσεν (3 a, 3 a)
— 31. ἐν τῷ ἐνιαυτῷ ᾧ ἐβασίλευσε (4 e)
Ez. 17. 16. ὁ βασιλεὺς ὁ βασιλεύσας αὐτόν (3 b)
20. 33. ἐν θυμῷ κεχυμένῳ βασιλεύσω ἐφ' ὑμᾶς (3 a)
Da. LXX. 7. 1. ἔτους πρώτου βασιλεύοντος Βαλ. χώρας (4 a)
— 27. βασιλεῦσαι βασιλείαν αἰώνιον (4 g)
8. 1. ἔτους τρίτου βασιλεύοντος Βαλτάσαρ (4 e)
9. 1. οἳ ἐβασίλευσαν ἐπὶ τὴν βασιλείαν τῶν Χαλδ. (3 c)
Da. TH. 9. 1. ὃς ἐβασίλευσεν ἐπὶ βασιλείαν Χαλδαίων (3 c)
I Ma. 1. 1. ἐβασίλευσεν . . . ἐπὶ τὴν Ἑλλάδα
— 7. ἐβασίλευσεν Ἀλέξανδρος ἔτη δώδεκα
— 10. ἐβασίλευσεν ἐν [A om.] ἔτει
— 16. R ὑπέλαβε βασιλεῦσαι τῆς [A S γῆς] Αἰγύπτου
— 16. ὅπως βασιλεύσῃ ἐπὶ τὰς δύο βασιλείας
6. 2. R ἐβασίλευσε πρῶτος ἐν τοῖς Ἕλλησι [A τοῖς Ἕλλησι πρῶτος, S ἐν αὐτοῖς]
— 15. ἐκθρέψαι αὐτὸν τοῦ βασιλεύειν [A τοῦ μὴ β.]
— 17. κατέστησε βασιλεύειν Ἀντίοχον τὸν υἱὸν αὐτοῦ
— 55. ἐκθρέψαι Ἀντίοχον . . . εἰς τὸ βασιλεῦσαι αὐτόν
7. 1. καὶ ἐβασίλευσεν ἐκεῖ
8. 7. αὐτόν τε καὶ τοὺς βασιλεύοντας μετ' αὐτόν
— 13. R ὅσοις [A S οἷς] δ' ἂν βούλωνται βοηθεῖν καὶ βασιλεύειν βασιλεύουσι [S^1 καὶ β.]
10. 1. καὶ ἐβασίλευσεν ἐκεῖ
11. 9. βασιλεύσεις τῆς βασιλείας [S τὴν β.] τοῦ πατρός σου
— 19. ἐβασίλευσε Δημήτριος
— 40. ὅπως βασιλεύσῃ ἀντὶ τοῦ πατρὸς αὐτοῦ
— 54. ἐβασίλευσε καὶ ἐπέθετο διάδημα
12. 7. παρὰ Δαρείου τοῦ βασιλεύοντος ἐν ὑμῖν
— 39. ἐζήτησε Τρύφων βασιλεῦσαι τῆς Ἀσίας
13. 32. ἐβασίλευσεν ἀντ' αὐτοῦ
15. 32. S^1 ἦλθεν Ἀθηνόβιος φίλος τοῦ βασιλεῦσαι [A S^2 R βασιλέως]
II Ma. 1. 7. βασιλεύοντος Δημητρίου
III Ma. 5. 35. A βασιλέα τῶν βασιλευόντων [R -λέων]
IV Ma. 2. 23. καθ' ὃν πολιτευόμενος βασιλεύσει βασιλείαν

[**Aq.** III Ki. 12. 17: 14. 2, 19, 20 *bis*: IV Ki. 15. 14: Is. 19. 4: 52. 7.]
[**Sm.** I Ki. 13. 1: Ps. 67 (68). 15: 95 (96). 10: Ec. 4. 14: Is. 32. 1: 52. 7: Je. 22. 15: 37 (44). 1.]
[**Th.** IV Ki. 1. 17: Je. 33 (40). 21.]
[**Al.** I Ki. 11. 15.]
[**Quint.** IV Ki. 15. 14.]

βασιλεύς. (1) חָקַק po. (2) a. מְלוּכָה b. מָלַךְ qal. c. מַלְכוּ d. מֶלֶךְ e. מַלְכוּת f. מַמְלָכָה g. מַמְלְכוּת (3) a. מָלַךְ b. מַלְכָּם (4) מָרֵא (5) מָשַׁל (6) נָגִיד (7) נָדִיב (8) נָשִׂיא (9) סֶגֶן (10) קָצִין (11) שַׂר (12) a. χρίειν εἰς β. מָלַךְ hi. b. γίγνεσθαι β. מָלַךְ hi. c. καθιστάναι εἰς β. מָלַךְ hi.

Ge. 14. 1. Ἀμαρφὰλ βασιλέως Σενναάρ (2 d)
— 1. A Ἀριὼχ βασιλέως Σελλασάρ [R Ἑλλ.] (2 d)
— 1. A ὁ [R om.] Χοδολλογομὸρ β. Αἰλάμ (2 d)
— 1. A Θαλγὰ [R Θαργὰλ] β. ἐθνῶν (2 d)
— 2. μετὰ Βαλλὰ βασιλέως Σοδόμων (2 d)
— 2. μετὰ Βαρσὰ βασιλέως Γομόρρας (2 d)
— 2. Σενναὰρ βασιλέως Ἀδαμά (2 d)
— 2. Συμοβὸρ βασιλέως Σεβωείμ (2 d)
— 2. καὶ μετὰ βασιλέως Βαλάκ (2 d)
— 5. A καὶ οἱ β. οἱ [R om.] μετ' αὐτοῦ (2 d)
— 8. β. Σοδόμων καὶ β. Γομόρρας καὶ β. Ἀδαμὰ καὶ β. Σεβωεὶμ καὶ β. Βαλάκ (2 d quinquiens)
— 9. Χοδολλογομὸρ βασιλέα Αἰλάμ (2 d)
— 9. Θαλγὰλ βασιλέα ἐθνῶν (2 d)
— 9. Ἀμαρφὰλ βασιλέα Σενναάρ (2 d)
— 9. Ἀριὼχ βασιλέα Ἑλλασάρ (2 d)
— 10. A οἱ τέσσαρες οὗτοι βασιλεῖς πρὸς τοὺς πέντε [R οἱ τ. πρὸς τοὺς β. πέντε] (2 d)
— 10. β. Σοδόμων καὶ β. Γομόρρας (2 d, –)
— 17. R β. Σοδόμων (2 d)
— 17. τῶν β. τῶν μετ' αὐτοῦ (2 d)
— 17. A² τὸ πεδίον βασιλέως [R τῶν β.] (2 d)
— 18. Μελχισεδὲκ β. Σαλήμ (2 d)
— 21. β. Σοδόμων (2 d)
— 22. A πρὸς [R add. τὸν] βασιλέα Σοδόμων (2 d)
17. 6. βασιλεῖς ἐκ σοῦ ἐξελεύσονται (2 d)
— 16. βασιλεῖς ἐθνῶν ἐξ αὐτοῦ ἔσονται (2 d)
20. 2. Ἀβιμέλεχ β. Γεράρων (2 d)
23. 6. β. παρὰ θεοῦ σὺ εἶ ἐν ἡμῖν (8)
26. 1. πρὸς Ἀβιμέλεχ βασιλέα Φυλιστιείμ (2 d)
— 8. Ἀβιμέλεχ ὁ β. Γεράρων (2 d)
35. 11. βασιλεῖς ἐκ τῆς ὀσφύος σου ἐξελεύσονται (2 d)
36. 31. οὗτοι οἱ β. οἱ βασιλεύσαντες ἐν Ἐδὼμ (2 d)
— 31. A πρὸ τοῦ βασιλεῦσαι βασιλέα ἐν Ἱερουσαλὴμ [R Ἰσραήλ] (2 d)
39. 20. οἱ δεσμῶται τοῦ β. (2 d)
40. 1. ὁ ἀρχιοινοχόος τοῦ β. Αἰγύπτου (2 d)
— 1. ὁ ἀρχισιτοποιὸς τῷ κυρίῳ αὐτῶν βασιλεῖ Αἰγ. (2 d)
— 5. οἳ ἦσαν τῷ β. Αἰγύπτου (2 d)
— 17. A ὧν ὁ β. [R om. ὁ β.] Φ. ἐσθίει –
41. 46. ἐναντίον Φαραὼ βασιλέως Αἰγ. (2 d)
45. 21. κατὰ τὰ εἰρημένα ὑπὸ Φαραὼ τοῦ β. –
47. 4. καὶ ἤκουσε Φαραὼ β. Αἰγύπτου –
Ex. 1. 8. ἀνέστη δὲ β. ἕτερος ἐπ' Αἴγυπτον (2 d)
— 15. εἶπεν ὁ β. τῶν Αἰγ. ταῖς μαίαις (2 d)
— 17. καθότι συνέταξεν αὐταῖς ὁ β. Αἰγύπτου (2 d)
— 18. ἐκάλεσε δὲ ὁ β. Αἰγύπτου τὰς μαίας (2 d)
2. 23. ἐτελεύτησεν ὁ β. Αἰγύπτου (2 d)
3. 10. πρὸς Φαραὼ β. Αἰγύπτου –
— 11. ὅτι πορεύσομαι πρὸς Φαραὼ β. Αἰγύπτου –
— 18. πρὸς Φαραὼ β. Αἰγύπτου (2 d)
— 19. οὐ προήσεται ὑμᾶς Φαραὼ β. Αἰγύπτου (2 d)
4. 18. ἐτελεύτησεν ὁ β. οὗτος –
5. 4. εἶπεν αὐτοῖς ὁ β. Αἰγύπτου (2 d)
6. 11. λάλησον Φαραῷ βασιλεῖ Αἰγύπτου (2 d)
— 13. συνέταξεν αὐτοῖς πρὸς Φαραὼ βασ. Αἰγ. (2 d)
— 27. οἱ διαλεγόμενοι πρὸς Φαραὼ βασ. Αἰγ. (2 d)
— 29. λάλησον πρὸς Φαραὼ βασιλέα Αἰγύπτου (2 d)
14. 5. ἀνηγγέλη τῷ β. [A Φαραώ] (2 d)
— 8. τὴν καρδίαν Φαραὼ βασιλέως Αἰγύπτου (2 d)
Nu. 20. 14. ἀπέστειλε M. . . . πρὸς βασιλέα Ἐδώμ (2 d)
21. 1. ἤκουσεν ὁ Χαναναῖς βασιλεὺς Ἀράδ (2 d)
— 18. ἐξελατόμησαν αὐτὰ βασιλεῖς ἐθνῶν (7)
— 20 (21). ἀπέστειλε M. πρέσβεις πρὸς Σηὼν β. Ἀμορραίων (2 d)
— 26. Ἐσεβὼν πόλις Σηὼν τοῦ β. . . . οὗτος ἐπολέμησε βασιλέα Μωάβ (2 d, 2 d)
— 29. αἰχμάλωτοι τῷ β. τῶν Ἀμορραίων (2 d)
— 33. ἐξῆλθεν *Ωγ βασιλεὺς τῆς Βασάν (2 d)
— 34. τῷ Σηὼν β. τῶν Ἀμορραίων (2 d)
22. 4, 10. Βαλὰκ υἱὸς Σεπφὼρ βασιλεὺς Μωὰβ (2 d)
Nu. 23. 7. μετεπέμψατό με Βαλὰκ β. Μωάβ (2 d)
31. 8. τοὺς β. Μαδιὰν ἀπέκτειναν . . . πέντε β. Μαδιάν (2 d, 2 d)
32. 33. τὴν βασιλείαν Σηὼν βασιλέως Ἀμορραίων καὶ τὴν β. *Ωγ βασιλέως τῆς Βασάν (2 d, 2 d)
33. 40. ἀκούσας ὁ Χαναναῖς β. Ἀράδ (2 d)
De. 1. 4. μετὰ τὸ πατάξαι Σηὼν βασιλέα Ἀμορραίων . . . καὶ *Ωγ β. τῆς Βασάν (2 d, 2 d)
2. 24. τὸν Σηὼν β. Ἐσεβὼν τὸν Ἀμορραῖον (2 d)
— 26. ἀπέστειλα πρέσβεις . . . πρὸς Σηὼν β. Ἐσεβών (2 d)
— 30. οὐκ ἠθέλησε Σηὼν β. Ἐσεβὼν παρελθεῖν ἡμᾶς (2 d)
— 31. τὸν Σ. β. Ἐσ. τὸν Ἀμορραῖον –
— 32. ἐξῆλθε Σηὼν β. Ἐσεβών –
3. 1. ἐξῆλθεν *Ωγ β. τῆς Βασάν (2 d)
— 2. Σηὼν βασιλεῖ τῶν Ἀμορραίων (2 d)
— 3. τὸν *Ωγ β. τῆς Βασάν (2 d)
— 4. βασιλέως *Ωγ ἐν Βασάν (2 f)
— 6. ὥσπερ ἐποιήσαμεν τὸν Σηὼν β. Ἐσεβών (2 d)
— 8. ἐλάβομεν . . . τὴν γῆν ἐκ χειρῶν δύο βασιλέων (2 d)
— 11. πλὴν *Ωγ β. Βασὰν κατελείφθη (2 d)
— 21. ὅσα ἐποίησε . . . τοῖς δυσὶ β. τούτοις (2 d)
4. 46. ἐν γῇ Σηὼν βασιλέως τῶν Ἀμ. (2 d)
— 47. τὴν γῆν *Ωγ βασιλέως τῆς Βασὰν δύο βασιλέων τῶν Ἀμορ. (2 d, 2 d)
7. 8. ἐκ χειρὸς Φαραὼ β. Αἰγύπτου (2 d)
— 24. παραδώσει τοὺς β. αὐτῶν (2 d)
9. 26. κύριε [A add. κύριε] βασιλεῦ τῶν θεῶν –
11. 3. ὅσα ἐποίησεν . . . Φαραῷ β. Αἰγύπτου (2 d)
29. 7 (6). Σηὼν β. Ἐσεβὼν καὶ *Ωγ β. Βασάν (2 d, 2 d)
31. 4. Σηὼν καὶ *Ωγ τοῖς δυσὶ βασιλεῦσι τῶν Ἀμορραίων (2 d)
Jo. 2. 2. ἀπηγγέλη τῷ β. Ἱεριχὼ (2 d)
— 3. ἀπέστειλεν ὁ β. Ἱεριχὼ (2 d)
— 10. ὅσα ἐποίησε τοῖς δυσὶ β. τῶν Ἀμ. (2 d)
5. 1. ὡς ἤκουσαν οἱ β. τῶν Ἀμορραίων . . . καὶ οἱ β. τῆς Φοινίκης (2 d, 2 d)
6. 2. καὶ τὸν β. αὐτῆς τὸν ἐν αὐτῇ (2 d)
8. 1. δέδωκα εἰς τὰς χεῖράς σου τὸν β. Γαί (2 d)
— 2. τὴν Ἱεριχὼ καὶ τὸν β. [A τῷ β.] αὐτῆς (2 d)
— 14. ὡς εἶδε βασιλεὺς [A ὁ β. τῆς] Γαί (2 d)
— 23. τὸν β. τῆς Γαὶ συνέλαβον ζῶντα (2 d)
— 29. τὸν β. τῆς Γαὶ ἐκρέμασεν ἐπὶ ξύλου διδύμου (2 d)
9. 1. ὡς δὲ ἤκουσαν οἱ [A πάντες οἱ] β. τῶν Ἀμ. (2 d)
— 10. ὅσα ἐποίησε τοῖς [A τοῖς δυσὶ] β. τῶν Ἀμ. . . . τῷ Σηὼν βασιλεῖ τῶν Ἀμ. [A β. Ἐσεβὼν] καὶ τῷ *Ωγ β. τῆς Βασάν (2 d ter)
10. 1. ὡς δὲ ἤκουσεν Ἀδ. βασιλεὺς Ἱερ. (2 d)
— 1. τὴν Ἱεριχὼ καὶ τὸν β. αὐτῆς (2 d)
— 1. τὴν Γαὶ καὶ τὸν β. αὐτῆς (2 d)
— 3. ἀπέστειλεν Ἀδωνιβεζὲκ βασ. Ἱερ. πρὸς Αἰλὰμ β. Χεβρὼν καὶ πρὸς Φιδὼν β. Ἱεριμοὺθ καὶ πρὸς Ἰεφθὰ β. Λαχὶς καὶ πρὸς Δαβὶν β. Ὀδολλάμ (2 d quinquiens)
— 5. ἀνέβησαν οἱ πέντε β. τῶν Ἰεβουσαίων βασιλεὺς Ἱερουσαλὴμ καὶ β. Χεβρὼν καὶ β. Ἱεριμοὺθ καὶ β. Λαχὶς καὶ β. Ὀδολλάμ (2 d sexiens)
— 6. πάντες οἱ β. τῶν Ἀμορραίων (2 d)
— 16. ἔφυγον οἱ πέντε β. οὗτοι (2 d)
— 17. εὕρηνται οἱ πέντε β. κεκρυμμένοι (2 d)
— 22. ἐξαγάγετε τοὺς πέντε β. τούτους (2 d)
— 23. ἐξηγάγοσαν τοὺς πέντε β. [A add. τούτους] ἐκ τοῦ σπηλαίου τὸν β. Ἱερ. καὶ τὸν β. Χεβρὼν καὶ τὸν β. Ἱεριμοὺθ καὶ τὸν β. Λαχὶς καὶ τὸν β. Ὀδολλάμ (2 d sexiens)
— 28. ἐποίησαν τῷ β. Μακηδὰ ὃν τρόπον ἐποίησαν τῷ β. Ἱεριχὼ (2 d, 2 d)
— 30. ἔλαβον [A -εν] αὐτὴν καὶ τὸν β. αὐτῆς (2 d)
— 30. ἐποίησαν [A -σεν] τῷ β. αὐτῆς ὃν τρόπον ἐποίησαν [A -σεν] τῷ β. Ἱεριχὼ (2 d, 2 d)
— 33. ἀνέβη Αἰλὰμ βασιλεὺς Γάζης (2 d)
— 39. ἔλαβον αὐτὴν καὶ τὸν β. αὐτῆς (2 d)
— 39. ὃν τρόπον ἐποίησαν τῇ Χεβρὼν καὶ τῷ β. αὐτῆς [A om. καὶ τῷ β. αὐ.] οὕτως ἐποίησαν τῇ Δαβὶρ καὶ τῷ β. αὐτῆς (–, 2 d)
Jo. 10. 39. A καθάπερ ἐποίησαν τῇ Λεβμνὰ καὶ τῷ β. αὐτῆς (2 d)
— 40. καὶ τὴν Ἀσηδὼθ καὶ τοὺς β. αὐτῆς (2 d)
— 42. καὶ πάντας τοὺς β. αὐτῶν [A -οῦ] (2 d)
11. 1. ὡς δὲ ἤκουσεν Ἰαβὶς βασιλεὺς Ἀσὼρ ἀπέστειλε πρὸς Ἰωβὰβ β. Μαρὼν (2 d, 2 d)
— 2. καὶ πρὸς βασιλέα Συμοὼν καὶ πρὸς βασιλέα Ἀζὶφ καὶ πρὸς τοὺς β. (2 d ter)
— 4. ἐξῆλθον αὐτοὶ καὶ οἱ β. αὐτῶν μετ' αὐτῶν †
— 5. συνῆλθον πάντες οἱ β. (2 d)
— 10. κατελάβετο Ἀσὼρ καὶ τὸν β. αὐτῆς (2 d)
— 12. B¹ πάσας τὰς πόλεις τῶν βασ. [A B² R -λειῶν] (2 d)
— 12. καὶ τοὺς β. αὐτῶν ἔλαβεν Ἰησοῦς (2 d)
— 17. πάντας τοὺς β. αὐτῶν ἔλαβε (2 d)
— 18. ἐποίησεν Ἰησοῦς πρὸς τοὺς β. τούτους τὸν πόλεμον (2 d)
12. 1. οὗτοι οἱ β. τῆς γῆς (2 d)
— 2. Σηὼν τὸν β. τῶν Ἀμορραίων (2 d)
— 4. *Ωγ βασιλεὺς Βασάν (2 d)
— 5. Σηὼν βασιλέως Ἐσεβών (2 d)
— 7. οὗτοι οἱ β. τῶν Ἀμορραίων (2 d)
— 9. τὸν β. Ἱεριχὼ καὶ τὸν β. τῆς Γαί (2 d, 2 d)
— 10. βασιλέα Ἱερ. βασιλέα Χεβρών (2 d, 2 d)
— 11. βασιλέα Ἱεριμοὺθ βασιλέα Λαχίς (2 d, 2 d)
— 12. βασιλέα Αἰλὰμ βασιλέα Γαζέρ (2 d, 2 d)
— 13. βασιλέα Δαβὶρ βασιλέα Γαδέρ (2 d, 2 d)
— 14. A βασιλέα Ἑρμὰθ βασιλέα Ἀδέρ [B Αἰρὰθ βασ. Ἀράθ] (2 d, 2 d, –)
— 15. βασιλέα Λεβνὰ βασιλέα Ὀδολλὰμ βασιλέα Ἠλαδ βασιλέα Ταφοὺτ βασιλέα Ὀφὲρ βασιλέα Ὀφὲκ τῆς Ἀρὼκ βασιλέα Ἀσὼμ βασιλέα Συμοὼν βασιλέα Μαμβρὼθ [A Φασγὰ βασιλέα Μαρὼν] βασιλέα Ἀζὶφ βασιλέα Κάδης βασιλέα Ζαχὰκ βασιλέα Μαρεδὼθ βασιλέα Ἰεκὸμ τοῦ Χερμέλ (2 d quindeciens)
— 23. βασιλέα Ὀδολλὰμ τοῦ Φεννεαλδὼρ βασιλέα Γεῒ τῆς Γαλιλαίας (2 d, 2 d)
— 24. βασιλέα Θερσὰ [A Θερμὰ] πάντες οὗτοι βασιλεῖς εἴκοσι ἐννέα (2 d, 2 d)
13. 10. τὰς πόλεις Σηὼν βασιλέως Ἀμορραίων (2 d)
— 13. κατῴκει βασιλεὺς Γεσιρί –
— 21. πᾶσαν τὴν βασιλείαν τοῦ Σηὼν β. τῶν Ἀμορραίων (2 d)
— 27. καὶ τὴν λοιπὴν βασιλείαν Σηὼν βασιλέως Ἐσεβών (2 d)
— 30. πᾶσα βασιλεία *Ωγ βασιλέως Βασάν (2 d)
16. 10. ἕως ἀνέβη Φαραὼ βασιλεὺς Αἰγ. –
23. 5. ἕως ἂν ἐξολοθρεύσῃ . . . τοὺς β. αὐτῶν –
24. 9. ἀνέστη Βαλὰκ ὁ τοῦ Σεπφὼρ β. Μωάβ (2 d)
— 12. δώδεκα βασιλεῖς [A πόλεις] τῶν Ἀ. (2 d)
— 33. εἰς χεῖρας Ἐγλὼμ τῷ β. Μωάβ –
Jd. 1. 7. ἑβδομήκοντα βασιλεῖς . . . ἀποκεκομμένοι (2 d)
3. 8. ἀπέδοτο αὐτοὺς ἐν χειρὶ [A εἰς χεῖρας] Χουσαρσαθαὶμ βασιλέως Συρίας ποταμῶν [A Μεσοποταμίας] (2 d)
— 10. τὸν Χουσαρσαθαὶμ β. Συρίας ποταμῶν [A om.] (2 d)
— 12. ἐνίσχυσε κύριος τὸν Ἐγλὼμ β. Μωάβ (2 d)
— 14. ἐδούλευσαν οἱ υἱοὶ Ἰσραὴλ τῷ Ἐγλὼμ β. Μωάβ (2 d)
— 15. δῶρα ἐν χειρὶ αὐτοῦ τῷ Ἐγλὼμ β. Μωάβ (2 d)
— 17. προσήνεγκε τὰ δῶρα Ἐγλὼμ βασιλεῖ Μωάβ (2 d)
— 19. λόγος μοι κρύφιος πρὸς σέ, βασιλεῦ (2 d)
— 20. λόγος θεοῦ μοι πρὸς σέ, βασιλεῦ –
4. 2. ἐν χειρὶ Ἰαβὶν βασιλέως Χαναάν (2 d)
— 17. ἀνὰ μέσον Ἰαβὶν βασιλέως Ἀσώρ (2 d)
— 23. ἐτρόπωσεν [A ἐταπείνωσεν] . . . τὸν Ἰαβὶν β. Χαναάν (2 d)
— 24. σκληρυνομένη ἐπὶ Ἰαβὶν βασιλέα Χαναὰν ἕως οὗ ἐξωλόθρευσαν τὸν Ἰ. β. Χαναάν [A ἐξ. αὐτόν] (2 d, 2 d)
5. 3. ἀκούσατε βασιλεῖς (2 d)
— 6. A ἐξέλειπον βασιλεῖς [B ἐξέλιπον ὁδούς] †
— 19. βασιλεῖς παρετάξαντο [A ἦλθον β. καὶ παρ.] (2 d)
— 19. ἐπολέμησαν βασιλεῖς Χαναάν (2 d)
8. 5. ὀπίσω τοῦ Ζεβεὲ καὶ Σαλμανὰ βασιλέων [A -έως] Μαδιάμ (2 d)
— 12. ἐκράτησε τοὺς δύο β. Μαδιάμ (2 d)

Jd. 8. 18. εἰς ὁμοίωμα υἱοῦ βασιλέως [A ὡς εἶδος μορφὴ υἱῶν βασιλέων] (2 d)
— 26. τῶν ἐπὶ βασιλεῦσι [A τοῖς β.] Μαδιάμ (2 d)
9. 6. A ἐβασίλευσαν τὸν Ἀβ. εἰς βασιλέα [B om. εἰς β.] (2 d)
— 8. τοῦ χρῖσαι ἐφ' ἑαυτὰ [A χρ. ἑαυτοῖς] βασιλέα (2 d)
— 15. A εἰ ἐν ἀληθείᾳ χρίετέ με ὑμεῖς εἰς βασιλέα ἐφ' ὑμῶν [B τοῦ βασιλεύειν ἐφ' ὑμᾶς] (2 d)
— 25. ἀπηγγέλη τῷ β. [A om.] Ἀβιμέλεχ –
11. 12. ἀπέστειλεν Ἰεφθάε ἀγγέλους πρὸς βασιλέα υἱῶν Ἀμμών (2 d)
— 13. εἶπε βασιλεὺς υἱῶν Ἀμμὼν πρὸς τοὺς ἀγγέλους Ἰεφθάε (2 d)
— 14. ἀγγέλους πρὸς βασιλέα [A τὸν β.] υἱῶν Ἀμμών (2 d)
— 17. ἀγγέλους πρὸς βασιλέα Ἐδώμ (2 d)
— 17. οὐκ ἤκουσε βασιλεὺς [A ὁ β.] Ἐδώμ (2 d)
— 17. πρὸς βασιλέα Μωὰβ ἀπέστειλε (2 d)
— 19. ἀγγέλους πρὸς Σηὼν βασιλέα τοῦ Ἀμορραίου βασιλέα Ἐσεβὼν [A β. Ἐ. τὸν Ἀ.] (2 d, 2 d)
— 25. A R Βαλὰκ υἱοῦ Σεπφὼρ βασιλέως [B -έα] Μωάβ (2 d)
— 28. οὐκ ἤκουσε [A εἰσήκ.] βασιλεὺς υἱῶν Ἀμμών (2 d)
17. 6; 18. 1, 31 (19. 1); 21. 25. οὐκ ἦν βασιλεὺς ἐν Ἰσραήλ (2 d)
Ru. 4. 21. A ἐγέννησε τὸν Δαυὶδ τὸν β. [B om. τὸν β.] –
I Ki. 2. 10. δίδωσιν ἰσχὺν τοῖς β. ἡμῶν (2 d)
8. 5. κατάστησον ἐφ' ἡμᾶς βασιλέα (2 d)
— 6. δὸς ἡμῖν βασιλέα δικάζειν ἡμᾶς [A ἐφ' ἡ.] (2 d)
— 9. ἀπαγγελεῖς αὐτοῖς τὸ δικαίωμα τοῦ β. (2 d)
— 10. τοὺς αἰτοῦντας παρ' αὐτοῦ βασιλέα (2 d)
— 11. τοῦτο ἔσται τὸ δικαίωμα τοῦ β. (2 d)
— 18. βοήσεσθε . . . ἐκ προσώπου βασιλέως ὑμῶν (2 d)
— 18. ὑμεῖς ἐξελέξασθε ἑαυτοῖς βασιλέα –
— 19. βασιλεὺς ἔσται ἐφ' ἡμᾶς (2 d)
— 20. δικάσει ἡμᾶς βασιλεὺς ἡμῶν (2 d)
— 22. βασίλευσον αὐτοῖς βασιλέα (2 d)
10. 18. ἐκ χειρὸς Φαραὼ βασιλέως Αἰγύπτου –
— 19. βασιλέα καταστήσεις [A B[1] στήσεις] ἐφ' ἡμῶν (2 d)
— 24. ζήτω ὁ β. (2 d)
— 25. εἶπε Σαμουὴλ πρὸς τὸν λαὸν τὸ δικαίωμα τοῦ β. (2 a)
11. 15. ἔχρισε Σαμ. ἐκεῖ τὸν Σ. εἰς βασιλέα (12 a)
12. 1. ἐβασίλευσα ἐφ' ὑμᾶς βασιλέα (2 d)
— 2. ὁ β. διαπορεύεται ἐνώπιον ὑμῶν (2 d)
— 9. ἀρχιστρατήγῳ [A -ου] Ἰαβὶς βασιλέως Ἀσώρ –
— 9. καὶ εἰς χεῖρας βασιλέως Μωάβ (2 d)
— 12. Ναὰς βασιλεὺς υἱῶν Ἀμμὼν ἦλθεν ἐφ' ὑμᾶς (2 d)
— 12. βασιλεὺς βασιλεύσει ἐφ' ἡμῶν (2 d)
— 12. A B[2] R κύριος ὁ θεὸς ὑμῶν βασιλεὺς ὑμῶν (2 d)
— 13. καὶ νῦν ἰδοὺ ὁ β. (2 d)
— 13. δέδωκε κύριος ἐφ' ὑμᾶς βασιλέα (2 d)
— 14. καὶ ὑμεῖς καὶ ὁ β. ὁ βασιλεύων ἐφ' ὑμῶν (2 d)
— 15. ἐφ' [A εἰς] ὑμᾶς καὶ ἐπὶ τὸν β. ὑμῶν †
— 17, 19. αἰτήσαντες ἑαυτοῖς βασιλέα (2 d)
— 25. B ὑμεῖς καὶ ὁ β. ὑμῶν προστεθήσεσθε (2 d)
14. 47. εἰς βασιλέα Σουβὰ καὶ εἰς τοὺς ἀλλοφύλους (2 d)
15. 1. χρῖσαί σε εἰς βασιλέα (2 d)
— 8. συνέλαβε τὸν Ἀγὰγ β. Ἀμαλὴκ ζῶντα (2 d)
— 11. ὅτι ἐβασίλευσα [A om. ὅτι ἐβ.] τὸν Σαοὺλ εἰς βασιλέα (2 d)
— 17. ἔχρισέ σε κύριος εἰς βασιλέα ἐπὶ Ἰσρ. (2 d)
— 20. ἤγαγον τὸν Ἀγὰγ β. Ἀμαλήκ (2 d)
— 23. μὴ εἶναι βασιλέα ἐπὶ Ἰσραήλ (2 d)
— 26. τοῦ μὴ εἶναι βασιλέα ἐπὶ τὸν Ἰσραήλ (2 d)
— 32. προσαγάγετέ μοι τὸν Ἀγὰγ β. Ἀμαλήκ (2 d)
16. 1. R ἑώρακα . . . ἐμοὶ βασιλέα [A B βασιλεύειν] (2 d)
17. 25. A πλουτίσει αὐτὸν ὁ β. πλοῦτον μέγαν (2 d)
— 55. A ζῇ ἡ ψυχή σου, βασιλεῦ, εἰ οἶδα (2 d)
— 56. A εἶπεν ὁ β. (2 d)
18. 6. A εἰς ἀπάντησιν Σαοὺλ τοῦ β. (2 d)
— 18. A ἔσομαι γαμβρὸς τοῦ β. (2 d)
— 22. θέλει ἐν σοὶ ὁ β. (2 d)

I Ki. 18. 22. σὺ ἐπιγάμβρευσον τῷ β. (2 d)
— 23. ἐπιγαμβρεῦσαι βασιλεῖ (2 d)
— 25. οὐ βούλεται ὁ β. ἐν δόματι (2 d)
— 25. B ἐκδικῆσαι ἐχθροὺς τοῦ β. (2 d)
— 26. ἐπιγαμβρεῦσαι τῷ β. (2 d)
— 27. B ἀνήνεγκε [A ἦν.] τὰς ἀκροβυστ. αὐ. τῷ βασ. [A R om. τ. β.] (2 d)
— 27. B ἐπιγαμβρεύεται τῷ β. [A ἐπλήρωσεν αὐτὰς τῷ β.] (2 d)
19. 4. μὴ ἁμαρτησάτω ὁ β. εἰς τὸν δοῦλόν σου Δ. (2 d)
20. 5. A οὐ καθήσομαι μετὰ τοῦ β. [B om. μετὰ τοῦ β.] φαγεῖν (2 d)
— 24. ἔρχεται ὁ β. ἐπὶ τὴν τράπεζαν τοῦ φαγεῖν (2 d)
— 25. A ἐκάθισεν ὁ β. [B om. ὁ β.] ἐπὶ τὴν καθέδραν (2 d)
— 29. οὐ παραγέγονεν ἐπὶ τὴν τράπεζαν τοῦ β. (2 d)
21. 2 (3). ὁ β. ἐντέταλταί μοι ῥῆμα σήμερον (2 d)
— 8 (9). ἦν τὸ ῥῆμα τοῦ β. κατὰ σπουδήν [A κατασπεῦδον] (2 d)
— 10 (11). ἦλθε Δαυὶδ πρὸς Ἀγχοῦς βασιλέα Γέθ (2 d)
— 11 (12). οὐχὶ οὗτος Δαυὶδ ὁ β. τῆς γῆς (2 d)
— 12 (13). ἀπὸ προσώπου Ἀγχοῦς βασιλέως Γέθ (2 d)
22. 3. εἶπε πρὸς βασιλέα Μωάβ (2 d)
— 4. παρεκάλεσε τὸ πρόσωπον τοῦ β. Μωάβ (2 d)
— 11. ἀπέστειλεν ὁ [A Σαοὺλ ὁ] β. καλέσαι τὸν Ἀβ. (2 d)
— 11. παρεγένοντο πάντες πρὸς τὸν β. (2 d)
— 14. ἀπεκρίθη τῷ [A Ἀχιμέλεχ τῷ] β. (2 d)
— 14. καὶ γαμβρὸς τοῦ β. (2 d)
— 15. μὴ δότω ὁ β. κατὰ τοῦ [A om.] δούλου αὐτοῦ λόγον (2 d)
— 16. εἶπεν ὁ β. Σαούλ (2 d)
— 17. εἶπεν ὁ β. τοῖς παρατρέχουσι (2 d)
— 17. οὐκ ἐβουλήθησαν οἱ παῖδες τοῦ β. ἐπενεγκεῖν (2 d)
— 18. εἶπεν ὁ β. τῷ Δωήκ (2 d)
23. 20. πᾶν τὸ πρὸς ψυχὴν τοῦ β. (2 d)
— 20. κεκλείκασιν αὐτὸν εἰς τὰς χεῖρας τοῦ β. (2 d)
24. 9. λέγων, κύριε [A κ. μου] βασιλεῦ (2 d)
— 15. ὀπίσω τίνος σὺ ἐκπορεύῃ, βασιλεῦ Ἰσραήλ (2 d)
— 21. A στήσεται ἐν χερσίν σου βασιλέα [B βασιλεία] Ἰσραήλ (2 f)
25. 36. ὡς πότος βασιλέως [A τοῦ β.] (2 d)
26. 14. A ὁ καλῶν με πρὸς τὸν β. [B om. με πρὸς τὸν β.] (2 d)
— 15. διὰ τί οὐ φυλάσσεις τὸν κύριόν σου τὸν β. (2 d)
— 15. διαφθεῖραι κύριόν σου τὸν β. (2 d)
— 16. οἱ φυλάσσοντες τὸν β. κύριον ὑμῶν –
— 16. ἴδε δὴ τὸ δόρυ τοῦ β. (2 d)
— 17. δοῦλός σου, κύριε βασιλεῦ (2 d)
— 19. ἀκουσάτω ὁ [A δὴ ὁ] κύριός μου ὁ β. τὸ ῥῆμα τοῦ δούλου (2 d)
— 20. ἐξελήλυθεν ὁ β. Ἰσραὴλ ζητεῖν ψυχήν [A τὴν ψ.] μου (2 d)
— 22. ἰδοὺ τὸ δόρυ τοῦ β. (2 d)
27. 2. πρὸς Ἀγχοῦς υἱὸν Ἀμμὰχ βασιλέα Γέθ (2 d)
— 6. διὰ τοῦτο ἐγενήθη Σικ. τῷ β. τῆς Ἰουδαίας (2 d)
28. 13. εἶπεν αὐτῇ ὁ β. (2 d)
29. 3. Δαυὶδ ὁ δοῦλος Σαοὺλ βασιλέως [A φυλῆς] Ἰσρ. (2 d)
— 8. τοὺς ἐχθροὺς τοῦ κυρίου μου τοῦ β. (2 d)
II Ki. 2. 7. ἐμὲ κέχρικεν ... ἐφ' ἑαυτὸν εἰς βασιλέα [A εἰς β. ἐφ' ἑαυτούς] (2 d)
3. 3. θυγατρὸς Θολμὶ βασιλέως Γεσσίρ (2 d)
— 21. συναθροίσω πρὸς κύριόν [A[2] τὸν κ.] μου τὸν β. (2 d)
— 24. εἰσῆλθεν [A ἀπῆλθεν] Ἰωὰβ πρὸς τὸν β. (2 d)
— 31. ὁ β. Δαυὶδ ἐπορεύετο ὀπίσω τῆς κλίνης (2 d)
— 32. ἦρεν ὁ β. τὴν φωνὴν αὐτοῦ (2 d)
— 33. ἐθρήνησεν ὁ β. ἐπὶ Ἀβεννήρ (2 d)
— 36. πάντα ὅσα ἐποίησεν ὁ β. ἐνώπιον τοῦ λαοῦ (2 d)
— 37. οὐκ ἐγένετο παρὰ τοῦ β. θανατῶσαι τὸν Ἀβεννήρ (2 d)
— 38. εἶπεν ὁ β. πρὸς τοὺς παῖδας αὐτοῦ (2 d)
— 39. καὶ καθεσταμένος ὑπὸ βασιλέως (2 d)
4. 8. εἶπαν πρὸς τὸν β. (2 d)
— 8. ἔδωκε κύριος τῷ κυρίῳ [A add. μου] βασιλεῖ ἐκδίκησιν (2 d)
5. 2. ὄντος Σαοὺλ βασιλέως ἐφ' ἡμῖν [A ἡμῶν] (2 d)

II Ki. 5. 3. ἔρχονται πάντες οἱ πρεσβύτεροι Ἰσρ. πρὸς τὸν β. (2 d)
— 3. διέθετο αὐτοῖς ὁ β. Δαυὶδ διαθήκην (2 d)
— 3. χρίουσι τὸν Δαυὶδ εἰς βασιλέα (2 d)
— 11. ἀπέστειλε Χειρὰμ β. Τύρου ἀγγέλους πρὸς Δαυίδ (2 d)
— 12. ἡτοίμασεν αὐτὸν κύριος εἰς βασιλέα (2 d)
— 17. κέχρισται Δαυὶδ βασιλεύς (2 d)
6. 12. ἀπηγγέλη τῷ β. Δαυίδ (2 d)
— 16. εἶδε τὸν β. Δαυὶδ ὀρχούμενον (2 d)
— 20. τί δεδόξασται σήμερον ὁ β. Ἰσραήλ (2 d)
7. 1. ὅτε ἐκάθισεν ὁ [A Δαυὶδ ὁ] β. ἐν τῷ οἴκῳ αὐτοῦ (2 d)
— 2. εἶπεν ὁ β. πρὸς Νάθαν τὸν προφήτην (2 d)
— 3. εἶπε Νάθαν πρὸς τὸν β. (2 d)
— 18. εἰσῆλθεν ὁ β. Δαυίδ (2 d)
8. 3. ἐπάταξε Δαυὶδ τὸν Ἀδρ. . . . βασιλέα Σουβά (2 d)
— 5. βοηθῆσαι τῷ Ἀδρααζὰρ β. Σουβά (2 d)
— 7. παίδων τῶν [A τοῦ] Ἀδρααζὰρ βασιλέως Σουβά –
— 7. ἔλαβεν αὐτὰ Σουσακὶμ βασιλεὺς Αἰγύπτου –
— 8. ἔλαβεν ὁ β. Δαυὶδ χαλκὸν πολὺν σφόδρα (2 d)
— 9. ἤκουσε Θοοὺ ὁ β. Ἡμάθ (2 d)
— 10. ἀπέστειλε Θοοὺ . . . πρὸς βασιλέα Δαυίδ (2 d)
— 11. ταῦτα ἡγίασεν ὁ β. (2 d)
— 12. Ἀδρααζὰρ . . . βασιλέως Σουβά (2 d)
— 14. ἐγένοντο πάντες οἱ Ἰδ. δοῦλοι τῷ β. †
9. 2. εἶπε πρὸς αὐτὸν ὁ β. (2 d)
— 3. εἶπεν ὁ β. (2 d)
— 3. εἶπε Σιβὰ πρὸς τὸν β. (2 d)
— 4. εἶπεν ὁ β. (2 d)
— 4. εἶπε Σιβὰ πρὸς τὸν β. (2 d)
— 5. ἀπέστειλεν ὁ β. Δαυίδ (2 d)
— 6. παραγίνεται Μεμφιβοσθὲ . . . πρὸς τὸν β. Δαυίδ –
— 9. ἐκάλεσεν ὁ β. Σιβά (2 d)
— 11. εἶπε Σιβὰ πρὸς τὸν β. (2 d)
— 11. ὅσα ἐντέταλται ὁ κύριός μου ὁ β. τῷ δούλῳ αὐ. (2 d)
— 11. καθὼς εἷς τῶν υἱῶν αὐτοῦ [A om.] τοῦ β. (2 d)
— 13. ἐπὶ τῆς τραπέζης τοῦ β. αὐτὸς διὰ παντὸς ἤσθιε (2 d)
10. 1. ἀπέθανε βασιλεὺς υἱῶν Ἀμμών (2 d)
— 5. εἶπεν ὁ β. (2 d)
— 6. καὶ τὸν β. Ἀμαλὴκ χιλίους ἄνδρας (2 d)
— 19. εἶδαν πάντες οἱ β. οἱ δοῦλοι Ἀδρααζάρ (2 d)
11. 1. εἰς τὸν καιρὸν τῆς ἐξοδίας τῶν β. (2 d)
— 2. περιεπάτει ἐπὶ τοῦ δώματος τοῦ οἴκου τοῦ β. (2 d)
— 8. ἐξῆλθεν Οὐρίας ἐξ οἴκου τοῦ β. καὶ ἐξῆλθεν ὀπίσω αὐτοῦ ἄρσις τοῦ β. (2 d, 2 d)
— 9. ἐκοιμήθη Οὐρίας παρὰ τῇ θύρᾳ τοῦ [A οἴκου τοῦ] β. (2 d)
— 18. ἀπήγγειλε τῷ β. Δαυείδ –
— 18. B λαλῆσαι πρὸς τὸν β. –
— 19. λαλῆσαι πρὸς τὸν β. (2 d)
— 20. ἐὰν ἀναβῇ ὁ θυμὸς τοῦ β. (2 d)
— 21. ἐπορεύθη ὁ ἄγγελος Ἰωὰβ πρὸς τὸν β. –
— 24. ἀπέθανον τῶν παίδων τοῦ β. (2 d)
12. 7. ἐγώ εἰμι ὁ χρίσας σε εἰς [A om.] βασιλέα (2 d)
— 30. ἔλαβε τὸν στέφανον Μολχὸμ [A om.] τοῦ β. αὐτῶν (2 d)
13. 4. υἱὲ τοῦ β. (2 d)
— 6. εἰσῆλθεν ὁ β. ἰδεῖν αὐτόν (2 d)
— 6. εἶπεν Ἀμνὼν πρὸς τὸν β. (2 d)
— 13. λάλησον δὴ πρὸς τὸν β. (2 d)
— 18. οὕτως ἐνεδιδύσκοντο αἱ θυγατέρες τοῦ β. (2 d)
— 21. ἤκουσεν ὁ β. Δαυὶδ πάντας τοὺς λόγους τούτους (2 d)
— 23. ἐκάλεσεν Ἀβ. πάντας τοὺς υἱοὺς τοῦ β. (2 d)
— 24. ἦλθεν Ἀβεσσαλὼμ πρὸς τὸν β. (2 d)
— 24. πορευθήτω δὴ ὁ β. καὶ οἱ παῖδες αὐτοῦ (2 d)
— 25. εἶπεν ὁ β. πρὸς Ἀβεσσαλώμ (2 d)
— 26. εἶπεν αὐτῷ ὁ β. (2 d)
— 27. ἀπέστειλε μετ' αὐτοῦ . . . πάντας τοὺς υἱοὺς τοῦ β. (2 d)
— 27. πότον κατὰ τὸν πότον τοῦ β. –
— 29. ἀνέστησαν πάντες οἱ υἱοὶ τοῦ β. (2 d)
— 30. ἐπάταξεν Ἀβεσσαλὼμ πάντας τοὺς υἱοὺς τοῦ β. (2 d)
— 31. ἀνέστη ὁ β. (2 d)
— 32. μὴ εἰπάτω ὁ κύριός μου ὁ β. ὅτι πάντα τὰ παιδάρια [A παιδία] τοὺς υἱοὺς τοῦ β. ἐθανάτωσεν (–, 2 d)

II Ki. 13. 33. μὴ θέσθω ὁ κύριός μου ὁ β. ἐπὶ τὴν καρδίαν αὐτοῦ ῥῆμα [A τὸ ῥ.] (2 d)
— 33. πάντες οἱ υἱοὶ τοῦ β. ἀπέθανον (2 d)
— 34. ἀπήγγειλε τῷ β. -
— 35. εἶπεν Ἰωναδὰβ πρὸς τὸν β., Ἰδοὺ οἱ υἱοὶ τοῦ β. πάρεισι (2 d, 2 d)
— 36. οἱ υἱοὶ τοῦ β. ἦλθον (2 d)
— 36. ὁ β. καὶ πάντες οἱ παῖδες αὐτοῦ ἔκλαυσαν (2 d)
— 37. πρὸς Θολμὶ . . . βασιλέα Γεδσούρ (2 d)
— 37. B ἐπένθησεν ὁ β. [A om. ὁ β.] Δαυὶδ ἐπὶ τὸν υἱὸν αὐτοῦ -
— 39. ἐκόπασεν ὁ β. Δαυίδ (2 d)
14. 1. ἡ καρδία τοῦ β. ἐπὶ Ἀβεσσαλώμ (2 d)
— 3. ἐλεύσῃ πρὸς τὸν β. (2 d)
— 4. εἰσῆλθεν ἡ γυνὴ ἡ Θεκωῖτις πρὸς τὸν β. (2 d)
— 4. σῶσον, βασιλεῦ, σῶσον (2 d)
— 5. εἶπε πρὸς αὐτὴν ὁ β. (2 d)
— 8. R εἶπεν ὁ β. πρὸς τὴν γυναῖκα [A B om. π. τ. γ.] (2 d)
— 9. εἶπεν ἡ γυνὴ ἡ Θεκωῖτις πρὸς τὸν β., Ἐπ' ἐμὲ, κύριέ μου βασιλεῦ, ἡ ἀνομία (2 d, 2 d)
— 9. ὁ β. καὶ ὁ θρόνος αὐτοῦ ἀθῷος (2 d)
— 10. εἶπεν ὁ β. (2 d)
— 11. μνημονευσάτω δὴ ὁ β. τὸν κύριον θ. αὐτοῦ (2 d)
— 12. λαλησάτω . . . πρὸς τὸν κύριόν μου β. [A τὸν β.] ῥῆμα (2 d)
— 13. ἢ ἐκ στόματος τοῦ β. ὁ λόγος οὗτος (2 d)
— 13. τοῦ μὴ ἐπιστρέψαι τὸν [A πρὸς τὸν] β. τὸν ἐξωσμένον (2 d)
— 15. λαλῆσαι πρὸς τὸν β. τὸν κύριόν μου τὸ ῥῆμα τοῦτο (2 d)
— 15. λαλησάτω δὴ πρὸς τὸν κύριόν μου [A om. τὸν κ. μου] τὸν β. εἴπως ποιήσει ὁ β. τὸ ῥῆμα τῆς δούλης αὐτοῦ (2 d, 2 d)
— 16. ἀκούσει ὁ β. (2 d)
— 17. ὁ λόγος τοῦ κυρίου μου τοῦ β. (2 d)
— 17. οὕτως ὁ κύριός μου ὁ β. (2 d)
— 18. ἀπεκρίθη ὁ β. (2 d)
— 18. λαλησάτω δὴ ὁ κύριός μου ὁ β. (2 d)
— 19. εἶπεν ὁ β. (2 d)
— 19. εἶπεν ἡ γυνὴ τῷ β., Ζῇ ἡ ψυχή σου, κύριέ μου βασιλεῦ (–, 2 d)
— 19. ὧν ἐλάλησεν ὁ κύριός μου ὁ β. (2 d)
— 21. εἶπεν ὁ β. πρὸς Ἰωάβ (2 d)
— 22. εὐλόγησε τὸν β. (2 d)
— 22. εὗρον χάριν ἐν ὀφθαλμοῖς σου, κύριέ μου βασιλεῦ, ὅτι ἐποίησεν ὁ κύριός μου ὁ β. τὸν λόγον τοῦ δούλου αὐτοῦ (2 d, 2 d)
— 24. εἶπεν ὁ β. (2 d)
— 24. τὸ πρόσωπον τοῦ β. οὐκ εἶδε (2 d)
— 27. A ἐτέχθησαν τῷ β. [B Ἀβεσσαλὼμ] τρεῖς υἱοί †
— 28. τὸ πρόσωπον τοῦ β. οὐκ εἶδε (2 d)
— 29. ἀποστεῖλαι αὐτὸν πρὸς τὸν β. (2 d)
— 32. ἀποστελῶ σε πρὸς τὸν β. (2 d)
— 32. τὸ πρόσωπον τοῦ β. οὐκ εἶδον (2 d)
— 33. εἰσῆλθεν Ἰωὰβ πρὸς τὸν β. (2 d)
— 33. εἰσῆλθε πρὸς τὸν β. (2 d)
— 33. καὶ κατὰ πρόσωπον τοῦ β. (2 d)
— 33. κατεφίλησεν ὁ β. τὸν Ἀβεσσαλώμ (2 d)
15. 2. ἦλθε πρὸς τὸν β. εἰς κρίσιν (2 d)
— 3. ἀκούων οὐκ ἔστι σου παρὰ τοῦ β. (2 d)
— 6. τοῖς παραγινομένοις εἰς κρίσιν πρὸς τὸν β. (2 d)
— 9. εἶπεν αὐτῷ ὁ β. (2 d)
— 10. βεβασίλευκε βασιλεὺς [A om.] Ἀβ. ἐν Χεβρών -
— 15. εἶπον οἱ παῖδες τοῦ β. πρὸς τὸν β., Κατὰ πάντα ὅσα αἱρεῖται ὁ κύριος ἡμῶν ὁ β. (2 d ter)
— 16. ἐξῆλθεν ὁ β. (2 d)
— 16. ἀφῆκεν ὁ β. δέκα [A τὰς δ.] γυναῖκας τῶν παλλακῶν αὐτοῦ (2 d)
— 17. ἐξῆλθεν ὁ β. (2 d)
— 18. πορευόμενοι ἐπὶ πρόσωπον τοῦ β. (2 d)
— 19. εἶπεν ὁ β. πρὸς Ἐθὶ τὸν Γεθαῖον (2 d)
— 19. οἴκει μετὰ τοῦ β. (2 d)
— 21. ἀπεκρίθη Ἐθὶ τῷ β. (2 d)
— 21. ζῇ ὁ κύριός μου ὁ β. (2 d)
— 21. A οὗ ἂν ᾖ ὁ κύριός μου ὁ β. [B om. ὁ β.] (2 a)
— 22. εἶπεν ὁ β. πρὸς Ἐθί †

II Ki. 15. 22. R καὶ ὁ β. καὶ [A B om. ὁ β. καὶ] πάντες οἱ παῖδες αὐτοῦ -
— 23. B πᾶς ὁ λαὸς παρεπορεύοντο ἐν τῷ χειμάρρῳ τῶν Κέδρων καὶ ὁ β. διέβη τὸν χειμάρρουν Κέδρων καὶ πᾶς ὁ λαὸς καὶ ὁ β. παρεπορεύοντο [A πᾶς ὁ λ. παρ. καὶ ὁ β. παρερχόμενος ἐν τῷ χ. τῶν K. καὶ πᾶς ὁ λ. παρ.] (2 d, –)
— 25. εἶπεν ὁ β. τῷ Σαδδώκ (2 d)
— 27. εἶπεν ὁ β. τῷ Σαδδὼκ τῷ ἱερεῖ (2 d)
— 34. ὁ β. κατόπισθέν μου διελήλυθεν [A καὶ ἐλήλ.] -
— 34. παῖς σού εἰμι, βασιλεῦ (2 d)
— 35. πᾶν ῥῆμα ὃ ἐὰν ἀκούσῃς ἐξ οἴκου τοῦ β. (2 d)
16. 2. εἶπεν ὁ β. πρὸς Σιβά (2 d)
— 2. τὰ ὑποζύγια τῇ οἰκίᾳ τοῦ β. τοῦ ἐπικαθῆσθαι (2 d)
— 3. εἶπεν ὁ β. (2 d)
— 3. εἶπε Σιβὰ πρὸς τὸν β. (2 d)
— 4. εἶπεν ὁ β. τῷ Σιβᾷ (2 d)
— 4. εὕροιμι χάριν ἐν ὀφθαλμοῖς σου, κύριέ μου βασιλεῦ (2 d)
— 5. ἦλθεν ὁ β. Δαυὶδ ἕως Βαουρίμ (2 d)
— 6. καὶ πάντας τοὺς παῖδας τοῦ β. Δαυίδ (2 d)
— 6. καὶ ἐξ εὐωνύμων τοῦ β. †
— 9. εἶπεν Ἀβεσσὰ . . . πρὸς τὸν β. (2 d)
— 9. ἵνα τί καταρᾶται ὁ κύων ὁ τεθνηκὼς οὗτος τὸν κύριόν μου τὸν β. (2 d)
— 10. εἶπεν ὁ β. (2 d)
— 14. ἦλθεν ὁ β. (2 d)
— 16. ζήτω ὁ β. (2 d)
17. 2. πατάξω τὸν β. μονώτατον (2 d)
— 16. μή ποτε καταπείσῃ [A -πίῃ] τὸν β. (2 d)
— 17. ἀναγγέλλουσι τῷ β. Δαυίδ (2 d)
— 21. R ἀπήγγειλαν [A B ἀνήγγ.] τῷ β. Δαυίδ (2 d)
18. 4. εἶπε πρὸς αὐτοὺς ὁ β. (2 d)
— 4. ἔστη ὁ β. ἀνὰ χεῖρα τῆς πύλης (2 d)
— 5. ἐνετείλατο ὁ β. τῷ Ἰωάβ (2 d)
— 5. B ἐντελλομένου τοῦ β. πᾶσι τοῖς ἄρχουσιν (2 d)
— 12. οὐ μὴ ἐπιβάλω τὴν χεῖρά μου ἐπὶ τὸν υἱὸν τοῦ β. (2 d)
— 12. ἐν τοῖς ὠσὶν ἡμῶν ἐνετείλατο ὁ β. σοι (2 d)
— 13. πᾶς ὁ [A om.] λόγος οὐ λήσεται ἀπὸ τοῦ β. (2 d)
— 18. λαβεῖν τὴν στήλην [A στήλωσιν] τὴν ἐν τῇ κοιλάδι τοῦ β. (2 d)
— 19. εὐαγγελιῶ τῷ β. (2 d)
— 20. οὗ εἵνεκεν ὁ υἱὸς τοῦ β. ἀπέθανε (2 d)
— 21. βαδίσας ἀνάγγειλον τῷ β. [A om. τῷ β.] ὅσα εἶδες (2 d)
— 25. ἀπήγγειλε τῷ β. (2 d)
— 25, 27 *bis*. εἶπεν ὁ β. (2 d)
— 28. εἶπε πρὸς τὸν β. (2 d)
— 28. προσεκύνησε τῷ β. ἐπὶ πρόσωπον αὐτοῦ (2 d)
— 28. ἐν τῷ κυρίῳ μου τῷ β. (2 d)
— 29. εἶπεν ὁ β. (2 d)
— 29. τοῦ ἀποστεῖλαι τὸν δοῦλον τοῦ β. Ἰωάβ (2 d)
— 30. εἶπεν ὁ β. (2 d)
— 31. εἶπε τῷ β., Εὐαγγελισθήτω ὁ κύριός μου ὁ β. (–, 2 d)
— 32. εἶπεν ὁ β. πρὸς τὸν Χουσί (2 d)
— 32. γένοιντο ὡς τὸ παιδάριον οἱ ἐχθροὶ τοῦ κυρίου μου τοῦ β. (2 d)
— 33 (19. 1). ἐταράχθη ὁ β. (2 d)
19. 1 (2). ὁ β. κλαίει καὶ πενθεῖ ἐπὶ Ἀβ. (2 d)
— 2 (3). λυπεῖται ὁ β. ἐπὶ τῷ υἱῷ αὐτοῦ (2 d)
— 4 (5). ὁ β. ἔκρυψε τὸ [A ἐπέκρυψεν] πρόσωπον αὐτοῦ καὶ ἔκραξεν ὁ β. φωνῇ [A ἐν φ.] μεγάλῃ (2 d, 2 d)
— 5 (6). εἰσῆλθεν Ἰωὰβ πρὸς τὸν β. εἰς τὸν οἶκον (2 d)
— 8 (9). ἀνέστη ὁ β. (2 d)
— 8 (9). ὁ β. κάθηται ἐν τῇ πύλῃ καὶ εἰσῆλθε πᾶς ὁ λαὸς κατὰ πρόσωπον τοῦ β. (2 d, 2 d)
— 9 (10). ὁ β. Δαυὶδ ἐρρύσατο ἡμᾶς (2 d)
— 10 (11). R τοῦ ἐπιστρέψαι [A B πρὸς τὸν] β. (2 d)
— 10 (11). τὸ ῥῆμα παντὸς Ἰσραὴλ ἦλθε πρὸς τὸν β. -
— 11 (12). ὁ β. Δαυὶδ ἀπέστειλε [A om.] πρὸς Σαδώκ (2 d)
— 11 (12). τοῦ ἐπιστρέψαι πρὸς τὸν β. (2 d)
— 11 (12). λόγος παντὸς Ἰσραὴλ ἦλθε πρὸς τὸν β. (2 d)

II Ki. 19. 12 (13). τοῦ ἐπιστρέψαι τὸν β. εἰς τὸν οἶκον αὐτοῦ (2 d)
— 14 (15). ἀπέστειλαν πρὸς τὸν β. (2 d)
— 15 (16). ἐπέστρεψεν ὁ β. (2 d)
— 15 (16). τοῦ πορεύεσθαι εἰς ἀπαντὴν [A ἀπάντησιν] τοῦ β. διαβιβάσαι τὸν β. [A om. τὸν β.] τὸν Ἰορδάνην (2 d, 2 d)
— 16 (17). εἰς ἀπαντὴν τοῦ β. Δαυίδ [A om.] (2 d)
— 17 (18). κατεύθυναν τὸν Ἰορδάνην ἔμπροσθεν τοῦ β. (2 d)
— 18 (19). ἐλειτούργησαν τὴν λειτουργίαν τοῦ διαβιβάσαι τὸν β. [A λειτουργίαν τοῦ β. τοῦ διαβ. αὐτόν] †
— 18 (19). τοῦ ἐξεγεῖραι τὸν οἶκον τοῦ β. (2 d)
— 18 (19). Σεμεΐ . . . ἔπεσεν ἐπὶ πρόσωπον αὐτοῦ ἐνώπιον [A om. αὐ. ἐν.] τοῦ β. (2 d)
— 19 (20). εἶπε πρὸς τὸν β. (2 d)
— 19 (20). A ὁ κύριός μου ὁ β. [B om. ὁ β.] ἐξεπορεύετο (2 d)
— 19 (20). τοῦ θέσθαι τὸν β. εἰς τὴν καρδίαν αὐτοῦ (2 d)
— 20 (21). εἰς ἀπαντὴν τοῦ κυρίου μου τοῦ β. (2 d)
— 23 (24). εἶπεν ὁ β. πρὸς Σεμεΐ (2 d)
— 23 (24). ὤμοσεν αὐτῷ ὁ β. (2 d)
— 24 (25). κατέβη εἰς ἀπαντὴν τοῦ β. (2 d)
— 24 (25). ἀπῆλθεν ὁ β. (2 d)
— 25 (26). ὅτε εἰσῆλθεν εἰς Ἱ. εἰς ἀπάντησιν τοῦ β. (2 d)
— 25 (26). εἶπεν αὐτῷ ὁ β. (2 d)
— 26 (27). εἶπε πρὸς αὐτὸν Μεμφιβοσθὲ, Κύριέ μου [A om.] βασιλεῦ (2 d)
— 26 (27). πορεύσομαι μετὰ τοῦ β. (2 d)
— 27 (28). A R μεθώδευσεν . . . πρὸς τὸν κύριόν μου τὸν [B πρὸς τὸν] β. (2 d)
— 27 (28). A B ὁ κύριός μου ὁ β. ἐποίησεν τὸ καλὸν [R om. ἐπ. τὸ κ.] (2 d)
— 28 (29). ἄνδρες θανάτου τῷ κυρίῳ μου τῷ β. (2 d)
— 28 (29). τοῦ κεκραγέναι με ἔτι πρὸς τὸν β. (2 d)
— 29 (30). εἶπεν αὐτῷ ὁ β. (2 d)
— 30 (31). εἶπε Μεμφιβοσθὲ πρὸς τὸν β. (2 d)
— 30 (31). μετὰ τὸ παραγενέσθαι τὸν κύριόν μου τὸν β. ἐν εἰρήνῃ (2 d)
— 31 (32). διέβη μετὰ τοῦ β. τὸν Ἰορδάνην (2 d)
— 32 (33). αὐτὸς διέθρεψε τὸν β. (2 d)
— 33 (34). εἶπεν ὁ β. πρὸς [A om.] Βερζελλί (2 d)
— 34 (35). εἶπε Βερζελλὶ πρὸς τὸν β. (2 d)
— 34 (35). ὅτι ἀναβήσομαι μετὰ τοῦ β. εἰς [A ἐν] Ἱερουσαλήμ (2 d)
— 35 (36). εἰς φορτίον ἐπὶ τὸν κύριόν μου τὸν β. (2 d)
— 36 (37). διαβήσεται ὁ δοῦλός σου τὸν Ἰορδ. μετὰ τοῦ β. (2 d)
— 36 (37). ἵνα τί ἀνταποδίδωσί μοι ὁ β. τὴν ἀνταπόδοσιν ταύτην (2 d)
— 37 (38). διαβήσεται μετὰ τοῦ κυρίου μου τοῦ β. (2 d)
— 38 (39). εἶπεν ὁ β. (2 d)
— 39 (40). καὶ ὁ β. διέβη καὶ κατεφίλησεν ὁ β. τὸν Βερζελλί (2 d, 2 d)
— 40 (41). διέβη ὁ β. εἰς Γάλγαλα (2 d)
— 40 (41). πᾶς ὁ λαὸς Ἰούδα διαβαίνοντες μετὰ τοῦ β. (2 d)
— 41 (42). πᾶς ἀνὴρ Ἰσραὴλ παρεγένοντο πρὸς τὸν β. καὶ εἶπον πρὸς τὸν β. (2 d, 2 d)
— 41 (42). διεβίβασαν τὸν β. . . . τὸν Ἰορδάνην (2 d)
— 42 (43). διότι ἐγγίζει πρὸς μὲ ὁ β. [A β. μου] (2 d)
— 42 (43). μὴ βρώσει ἐφάγαμεν [A βρῶσιν ἐφάγομεν] ἐκ τοῦ β. (2 d)
— 43 (44). δέκα χεῖρές μοι ἐν τῷ β. (2 d)
— 43 (44). ἐπιστρέψαι τὸν β. ἐμοί (2 d)
20. 2. ἀνὴρ Ἰούδα ἐκολλήθη τῷ β. αὐτῶν (2 d)
— 3. ἔλαβεν ὁ β. τὰς δέκα γυναῖκας (2 d)
— 4. εἶπεν ὁ β. πρὸς Ἀμεσσαΐ (2 d)
— 21. ἐπῆρε τὴν χεῖρα αὐτοῦ ἐπὶ τὸν β. Δαυίδ (2 d)
— 22. Ἰωὰβ ἀπέστρεψεν εἰς Ἱερουσαλὴμ πρὸς τὸν β. (2 d)
21. 2. ἐκάλεσεν ὁ β. Δαυὶδ τοὺς Γαβαωνίτας (2 d)
— 5. εἶπαν πρὸς τὸν β. (2 d)
— 6. εἶπεν ὁ β. (2 d)
— 7. ἐφείσατο ὁ β. ἐπὶ Μεμφ. (2 d)
— 8. ἔλαβεν ὁ β. [A Ἰων.] τοὺς δύο υἱοὺς Ῥ. (2 d)
— 14. ἐποίησαν πάντα ὅσα ἐνετείλατο ὁ β. (2 d)
22. 51. μεγαλύνων σωτηρίας βασιλέως αὐτοῦ (2 d)
23. 23. τῶν δυνατῶν Δαυὶδ βασιλέως -
24. 2. εἶπεν ὁ β. πρὸς Ἰωάβ (2 d)
— 3. εἶπεν Ἰωὰβ πρὸς τὸν β. (2 d)

II Ki. 24. 3. ὀφθαλμοὶ τοῦ κυρίου μου τοῦ β. ὁρῶντες (2 *d*)
— 3. ὁ κύριός μου ὁ β. ἵνα τί βούλεται ἐν τῷ λόγῳ τούτῳ (2 *d*)
— 4. ὑπερίσχυσεν ὁ λόγος τοῦ β. πρὸς Ἰωάβ (2 *d*)
— 4. ἐξῆλθεν Ἰωὰβ. . . . ἐνώπιον τοῦ β. (2 *d*)
— 9. ἔδωκεν Ἰωὰβ τὸν ἀριθμὸν . . . πρὸς τὸν β. (2 *d*)
— 20. εἶδε τὸν β. (2 *d*)
— 20. προσεκύνησε τῷ β. (2 *d*)
— 21. τί ὅτι ἦλθεν ὁ κύριός μου ὁ β. (2 *d*)
— 22. ἀνενεγκάτω ὁ κυριός μου ὁ β. τῷ κυρίῳ τὸ ἀγαθὸν ἐν ὀφθαλμοῖς αὐτοῦ (2 *d*)
— 23. τὰ πάντα ἔδωκεν Ὀρνὰ τῷ β. (2 *d*)
— 23. εἶπεν Ὀρνὰ πρὸς τὸν β. (2 *d*)
— 24. εἶπεν ὁ β. πρὸς Ὀρνά (2 *d*)
III Ki. 1. 1. ὁ β. Δαυὶδ πρεσβύτερος προβεβηκὼς ἡμέραις (2 *d*)
— 2. ζητησάτωσαν τῷ [A τῷ κυρίῳ ἡμῶν τῷ] β. παρθένον καὶ παραστήσεται τῷ [A ἐνώπιον τῷ] β. (2 *d*, 2 *d*)
— 2. θερμανθήσεται ὁ κύριός μου [A B^2 ἡμῶν] ὁ β. (2 *d*)
— 3. ἤνεγκαν αὐτὴν πρὸς τὸν β. (2 *d*)
— 4. ἦν θάλπουσα τὸν β. (2 *d*)
— 4. ὁ β. οὐκ ἔγνω αὐτήν (2 *d*)
— 9. A ἐκάλεσε πάντας [B *om.*] τοὺς ἀδελφοὺς αὐτοῦ τοὺς υἱοὺς τοῦ β. [B *om.* τοὺς υἱ. τοῦ β.] καὶ πάντας [B *om.*] τοὺς ἄνδρας [B ἁδροὺς] Ἰούδα παῖδας τοῦ β. (2 *d*, 2 *d*)
— 11. A ὁ κύριος ἡμῶν ὁ β. [B *om.* ὁ β.] Δαυὶδ οὐκ ἔγνω –
— 13. εἴσελθε πρὸς τὸν β. Δαυίδ (2 *d*)
— 13. A R οὐχὶ σύ, κύριέ μου βασιλεῦ (B -εὺς], ὤμοσας (2 *d*)
— 14. ἔτι λαλούσης σου ἐκεῖ μετὰ τοῦ β. (2 *d*)
— 15. εἰσῆλθε Βηρσαβεὲ πρὸς τὸν β. (2 *d*)
— 15. ὁ β. πρεσβύτης σφόδρα (2 *d*)
— 15. R Ἀβισὰγ ἡ Σωμανῖτις ἦν [A *om.*, B ἡ] λειτουργοῦσα τῷ β. (2 *d*)
— 16. καὶ προσεκύνησε τῷ β. (2 *d*)
— 16. εἶπεν ὁ β. (2 *d*)
— 17. A ἡ δὲ εἶπε, Κύριέ μου βασιλεῦ [B *om.* μου β.] –
— 18. σὺ, κύριέ μου βασιλεῦ, οὐκ ἔγνως (2 *d*)
— 19. ἐκάλεσε πάντας τοὺς υἱοὺς τοῦ β. (2 *d*)
— 20. καὶ σὺ, Κύριέ μου βασιλεῦ (2 *d*)
— 20. ἐπὶ τοῦ θρόνου τοῦ κυρίου μου τοῦ β. (2 *d*)
— 21. ὡς ἂν κοιμηθῇ ὁ κύριός μου ὁ β. μετὰ τῶν πατέρων αὐτοῦ (2 *d*)
— 22. ἔτι αὐτῆς λαλούσης μετὰ τοῦ β. (2 *d*)
— 23. B ἀπηγγέλη τῷ β. –
— 23. ἀνηγγέλη τῷ β. (2 *d*)
— 23. εἰσῆλθε κατὰ πρόσωπον [A τὸ πρ.] τοῦ β. καὶ προσεκύνησε τῷ β. (2 *d*, 2 *d*)
— 24. εἶπε Νάθαν, κύριέ μου βασιλεῦ (2 *d*)
— 25. ἐκάλεσε πάντας τοὺς υἱοὺς τοῦ β. (2 *d*)
— 25. ζήτω ὁ β. Ἀδωνίας (2 *d*)
— 27. εἰ διὰ τοῦ κυρίου μου τοῦ β. γέγονε τὸ ῥῆμα τοῦτο (2 *d*)
— 27. ἐπὶ τὸν θρόνον τοῦ κυρίου μου β. (2 *d*)
— 28. A R ἀπεκρίθη ὁ β. [B *om.* ὁ β.] Δαυίδ (2 *d*)
— 28. εἰσῆλθεν ἐνώπιον τοῦ β. (2 *d*)
— 29. ὤμοσεν ὁ β. (2 *d*)
— 31. προσεκύνησε τῷ β. καὶ εἶπε, Ζήτω ὁ κύριός μου ὁ β. Δαυὶδ εἰς τὸν αἰῶνα (2 *d*, 2 *d*)
— 32. εἶπεν ὁ β. Δαυίδ (2 *d*)
— 32. εἰσῆλθον ἐνώπιον τοῦ β. (2 *d*)
— 33. εἶπεν ὁ β. αὐτοῖς (2 *d*)
— 34. B χρίσατε [A -άτωσαν, R -άτω] αὐτὸν . . . εἰς βασιλέα (2 *d*)
— 34. ζήτω ὁ β. Σαλωμών (2 *d*)
— 36. ἀπεκρίθη Βαναίας υἱὸς Ἰωδαὲ τῷ β. (2 *d*)
— 36. ὁ θεὸς τοῦ κυρίου μου τοῦ β. (2 *d*)
— 37. καθὼς ἦν κύριος μετὰ τοῦ κυρίου μου τοῦ β. (2 *d*)
— 37. ὑπὲρ τὸν θρόνον τοῦ κυρίου μου τοῦ β. Δ. (2 *d*)
— 38. ἐπεκάθισαν τὸν Σαλ. ἐπὶ τὴν ἡμίονον τοῦ β. Δαυίδ [A *om.*] (2 *d*)
— 39. ζήτω ὁ β. Σαλωμών (2 *d*)
— 43. ὁ κύριος ἡμῶν ὁ β. Δ. ἐβασίλευσε τὸν Σαλ. (2 *d*)
— 44. ἀπέστειλε μετ' αὐτοῦ ὁ β. τὸν Σαδώκ (2 *d*)

III Ki. 1. 44. ἐπεκάθισαν αὐτὸν ἐπὶ τὴν ἡμίονον τοῦ β. (2 *d*)
— 45. A ἔχρισεν [B -αν] αὐτὸν . . . εἰς βασιλέα [B *om.* εἰς β.] (2 *d*)
— 47. εἰσῆλθον οἱ δοῦλοι τοῦ β. εὐλογῆσαι τὸν κύριον ἡμῶν τὸν β. Δαυίδ (2 *d*, 2 *d*)
— 47. προσεκύνησεν ὁ β. ἐπὶ τὴν κοίτην (2 *d*)
— 48. οὕτως εἶπεν ὁ β. (2 *d*)
— 51. Ἀδωνίας ἐφοβήθη τὸν β. Σαλ. (2 *d*)
— 51. A ὀμοσάτω μοι σήμερον ὁ β. [B *om.* ὁ β.] Σαλ. (2 *d*)
— 53. ἀπέστειλεν ὁ β. Σαλωμών (2 *d*)
— 53. A R προσεκύνησε τῷ β. [B *om.*] Σαλωμών (2 *d*)
2. 14 (15). ἐπ' ἐμὲ ἔθετο πᾶς Ἰσραὴλ τὸ πρόσωπον αὐτοῦ εἰς βασιλέα (2 *b*)
— 16 (17). εἰπὸν δὴ πρὸς Σαλωμὼν τὸν β. (2 *d*)
— 18. ἐγὼ λαλήσω περὶ σοῦ τῷ β. (2 *d*)
— 19. εἰσῆλθε Βηρσαβεὲ πρὸς τὸν β. (2 *d*)
— 19. ἐξανέστη ὁ β. εἰς ἀπαντὴν (A -ησιν) αὐτῇ (2 *d*)
— 19. ἐτέθη θρόνος τῇ μητρὶ τοῦ β. (2 *d*)
— 20. εἶπεν αὐτῇ [A *om.*] ὁ β. (2 *d*)
— 22. ἀπεκρίθη ὁ β. Σαλωμών (2 *d*)
— 23. ὤμοσεν ὁ β. Σαλωμὼν κατὰ τοῦ κυρίου (2 *d*)
— 25. ἐξαπέστειλεν ὁ β. Σαλωμὼν ἐν χειρὶ Βαναίου (2 *d*)
— 26. τῷ Ἀβιάθαρ τῷ ἱερεῖ εἶπεν ὁ β. (2 *d*)
— 29. R ἀπέστειλε Σαλ. ὁ β. [A B *om.* ὁ β.] πρὸς Ἰωάβ –
— 29. A ἀπέστειλε Σαλ. ὁ β. [B *om.* ὁ β.] τὸν Βαναίαν –
— 30. τάδε λέγει ὁ β. (2 *d*)
— 30. εἶπε τῷ β. (2 *d*)
— 31. εἶπεν αὐτῷ ὁ β. (2 *d*)
— 35. ἔδωκεν ὁ β. τὸν Βαναίου . . . ἀντ' αὐτοῦ (2 *d*)
— 35. ἔδωκεν αὐτὸν [A *om.*] ὁ β. εἰς ἱερέα πρῶτον
3. 1 (2. 36). ἐκάλεσεν ὁ β. [A ἀποστείλας ὁ β. ἐκ.] τὸν Σεμεΐ (2 *d*)
— 1 (2. 37). ὥρκισεν αὐτὸν ὁ β. ἐν τῇ ἡμέρᾳ ἐκείνῃ –
— 1 (2. 38). εἶπε Σεμεῒ πρὸς τὸν β., Ἀγαθὸν τὸ ῥῆμα ὃ ἐλάλησας, κύριέ μου βασιλεῦ (2 *d*, 2 *d*)
— 1 (2. 39). πρὸς Ἀγχοῦς . . . βασιλέα Γέθ (2 *d*)
— 1 (2. 42). ἀπέστειλεν ὁ β. (2 *d*)
— 1 (2. 44). εἶπεν ὁ β. πρὸς Σεμεΐ (2 *d*)
— 1 (2. 45). ὁ β. Σαλωμὼν εὐλογημένος (2 *d*)
— 1 (2. 46). ἐνετείλατο ὁ β. Σαλωμὼν τῷ Βαναίᾳ (2 *d*)
— 1. B ἦν ὁ β. Σαλωμὼν φρόνιμος σφόδρα καὶ σοφός –
— 1. B ἐν πᾶσι τοῖς β. πέραν τοῦ ποταμοῦ –
— 1. B ἦν ἄρχων ἐν πᾶσι τοῖς β. –
— 1. A ἐπιγαμίαν ἐποιήσατο Σαλωμὼν πρὸς Φαραὼ βασιλέα Αἰγύπτου (2 *d*)
— 4. A ἐπορεύθη ὁ β. [B *om.* ὁ β.] εἰς Γαβαών (2 *d*)
— 13. ὡς οὐ γέγονεν ἀνὴρ ὅμοιός σοι ἐν βασιλεῦσι (2 *d*)
— 16. ὤφθησαν δύο γυναῖκες πόρναι τῷ β. (2 *d*)
— 22. ἐλάλησαν ἐνώπιον τοῦ β. (2 *d*)
— 23. εἶπεν ὁ β. αὐταῖς (2 *d*)
— 24. εἶπεν ὁ β. (2 *d*)
— 24. προσήνεγκαν τὴν μάχαιραν ἐνώπιον τοῦ β. (2 *d*)
— 25. εἶπεν ὁ β. (2 *d*)
— 26. εἶπε πρὸς τὸν β. (2 *d*)
— 27. ἀπεκρίθη ὁ β. (2 *d*)
— 28. τὸ κρίμα τοῦτο ὃ ἔκρινεν ὁ β. καὶ ἐφοβήθησαν ἀπὸ προσώπου τοῦ β. (2 *d*, 2 *d*)
4. 2. ἦν ὁ β. Σαλωμὼν βασιλεύων ἐπὶ Ἰσρ. (2 *d*)
— 5. Ζαβοὺθ . . . ἑταῖρος τοῦ β. (2 *d*)
— 7. χορηγεῖν τῷ β. καὶ τῷ οἴκῳ αὐτοῦ (2 *d*)
— 19. ἐν τῇ γῇ Γὰδ [A Γαλαὰδ] Σηὼν [A τῇ Σ.] βασιλέως τοῦ [A *om.*] Ἐσεβὼν [A Ἐ. τοῦ Ἀμορραίου] καὶ Ὢγ βασιλέως τοῦ B. (2 *d*, 2 *d*)
— 27 (5. 7). ἐχορήγουν οἱ καθεσταμ. οὕτως τῷ β. Σαλωμὼν καὶ πάντα τὰ διαγγέλμ. ἐπὶ τὴν τράπεζαν τοῦ β. (2 *d*, 2 *d*)
— 28 (5. 8). εἰς τὸν τόπον οὗ ἂν ᾖ ὁ β. –
— 24 (5. 4). A ἐν πᾶσιν βασιλεῦσιν πέραν τοῦ ποταμοῦ (2 *d*)
— 34 (5. 14). παρεγίνοντο . . . παρὰ πάντων τῶν β. τῆς γῆς (2 *d*)

III Ki. 4. 34 (B), 9. 16 (A). ἀνέβη Φαραὼ β. Αἰγύπτου (2 *d*)
5. 1 (15). ἀπέστειλε Χιρὰμ β. Τύρου τοὺς παῖδας αὐτοῦ (2 *d*)
— 1 (15). A ἤκουσεν γὰρ ὅτι αὐτὸν ἔχρισαν εἰς βασιλέα ἀντὶ Δαυίδ [B *al.*] (2 *d*)
— 13 (27). ἀνήνεγκεν ὁ β. [A *add.* Σαλωμὼν] φόρον (2 *d*)
6. 1. ἐν μηνὶ τῷ δευτέρῳ βασιλεύοντος τοῦ β. Σαλωμών (2 *b*)
— 1 (B), 5. 17 (A) (5. 31). A ἐνετείλατο ὁ β. (2 *d*)
— 2. ὃν ᾠκοδόμησεν ὁ β. (A *add.* Σαλ.) τῷ κ. (2 *d*)
7. 13. ἀπέστειλεν ὁ β. Σαλ. (2 *d*)
— 14. εἰσηνέχθη [A εἰσήχθη] πρὸς τὸν β. Σαλ. (2 *d*)
— 40. τὰ ἔργα ἃ ἐποίησε τῷ β. Σαλ. (2 *d*)
— 45. ἃ ἐποίησε Χιρὰμ τῷ β. Σαλ. (2 *d*)
— 45. οἱ στῦλοι τεσσαράκοντα καὶ ὀκτὼ τοῦ οἴκου τοῦ β. –
— 45. πάντα τὰ ἔργα τοῦ β. –
— 46. A ἐχώνευσεν αὐτὰ ὁ β. [B *om.* ὁ β.] (2 *d*)
— 48. ἔλαβεν [A ἔδωκεν] ὁ β. Σαλ. τὰ [A ἐπὶ πάντα τὰ] σκεύη –
— 51. A ὃ ἐποίησεν ὁ β. [B *om.* ὁ β.] Σαλ. (2 *d*)
8. 1. A ἐξεκκλησίασεν ὁ β. Σαλ. πάντας τοὺς πρεσβυτέρους Ἰσρ. . . . πρὸς τὸν β. Σαλ. ἐν Σιών [B Ἰσρ. ἐν Σιών] (–, 2 *d*)
— 2. A ἐξεκκλησιάσθησαν πρὸς τὸν β. Σαλωμών (2 *d*)
— 5. B ὁ β. καὶ πᾶς Ἰσραήλ [A ὁ β. Σαλ. καὶ πᾶσα συναγωγὴ Ἰσρ.] (2 *d*)
— 14. ἀπέστρεψεν ὁ β. τὸ πρόσωπον αὐτοῦ καὶ εὐλόγησεν ὁ β. πάντα Ἰσραήλ (2 *d*, –)
— 62. ὁ β. καὶ πάντες οἱ υἱοὶ Ἰσραήλ [A *add.* μετ' αὐτοῦ] (2 *d*)
— 63. ἔθυσεν ὁ β. Σαλ. τὰς θυσίας τῶν εἰρηνικῶν –
— 63. ἐνεκαίνισε τὸν οἶκον κυρίου ὁ β. (2 *d*)
— 64. ἡγίασεν ὁ β. τὸ μέσον τῆς αὐλῆς (2 *d*)
— 66. A R εὐλόγησαν τὸν β. [B εὐλόγησεν αὐτόν] (2 *d*)
9. 1, 10. τὸν οἶκον κυρίου καὶ τὸν οἶκον τοῦ β. (2 *d*)
— 11. Χιρὰμ βασιλεὺς Τύρου ἀντελάβετο τοῦ Σαλωμών (2 *d*)
— 11. ἔδωκεν [A ᾠκοδόμησεν] ὁ β. [A *add.* Σαλωμὼν] τῷ Χιράμ (2 *d*)
— 26. ὑπὲρ οὗ ἐποίησεν ὁ β. Σαλωμών (2 *d*)
— 28. ἤνεγκαν τῷ β. Σαλωμών (2 *d*)
10. 3. οὐκ ἦν λόγος παρεωραμένος παρὰ [A B^2 ὑπὸ] τοῦ β. (2 *d*)
— 6. εἶπε πρὸς τὸν β. Σαλωμών (2 *d*)
— 9. ἔθετό σε βασιλέα ἐπ' αὐτούς (2 *d*)
— 10. ἃ ἔδωκε βασίλισσα Σαβὰ τῷ β. [A *om.*] Σαλ. (2 *d*)
— 12. ἐποίησεν ὁ β. τὰ ξύλα τὰ πελεκητά [A ἀπελ.] (2 *d*)
— 12. ὑποστηρίγματα τοῦ οἴκου κυρίου καὶ τοῦ οἴκου τοῦ β. (2 *d*)
— 13. ὁ β. Σαλ. ἔδωκε τῇ βασιλίσσῃ Σαβὰ πάντα (2 *d*)
— 13. ὧν ἐδεδώκει αὐτῇ διὰ χειρὸς τοῦ β. Σαλ. (2 *d*)
— 15. καὶ πάντων τῶν β. τοῦ πέραν [A τῶν πέρα] (2 *d*)
— 16. A ἐποίησεν ὁ β. [B *om.* ὁ β.] Σαλωμὼν τρ. δόρατα (2 *d*)
— 17. A R ἔδωκεν αὐτὰ ὁ β. [B *om.* ὁ β.] εἰς οἶκον δρυμοῦ τοῦ Λ. (2 *d*)
— 18. ἐποίησεν ὁ β. θρόνον ἐλεφάντινον μέγαν (2 *d*)
— 21. A πάντα τὰ σκεύη τοῦ πότου τοῦ β. [B σκ. τὰ ὑπὸ τοῦ] Σαλωμών (2 *d*)
— 22. ναῦς Θαρσὶς τῷ β. Σαλωμών [A *om.*] (2 *d*)
— 22. μία διὰ τριῶν ἐτῶν ἤρχετο τῷ β. ναῦς –
— 22 (B), 9. 15 (A). ἧς ἀνήνεγκεν ὁ β. Σαλωμών (2 *d*)
— 22 (B), 9. 15 (A). τὸν οἶκον κυρίου καὶ τὸν οἶκον τοῦ β. –
— 23. A R ἐμεγαλύνθη Σαλ. ὑπὲρ πάντας τοὺς β. τῆς γῆς [B *om.* τῆς γ.] (2 *d*)
— 24. πάντες β. τῆς γῆς ἐζήτουν τὸ πρόσωπον Σαλωμών –
— 26. καὶ μετὰ τοῦ β. ἐν Ἱερουσαλήμ (2 *d*)
— 26. ἦν ἡγούμενος πάντων τῶν β. –
— 27. ἔδωκεν ὁ β. τὸ χρυσίον . . . ὡς λίθους (2 *d*)
— 28. ἐκ Θεκουὲ ἔμποροι [A πόροι] τοῦ β. (2 *d*)
— 29. οὕτως πᾶσι τοῖς β. Χεττιὶν [A *om.*] καὶ βασιλεῦσι Συρίας κατὰ θάλασσαν ἐξεπορεύοντο (2 *d*, 2 *d*)

III Ki. 11. 1. καὶ ὁ β. Σαλ. ἦν φιλογύνης [A φιλογύναιος ἦν] (2 d)
— 7. καὶ τῷ β. αὐτῶν [A τῷ Μελχὸ] εἰδώλῳ υἱῶν Ἀμμών (3 a)
— 5. A καὶ ὀπίσω τῶν β. αὐτῶν (3 b)
— 14 (B), 23 (A). Ἀδαδέζερ βασιλέα Σουβά (2 d)
— 18. ἔρχονται πρὸς Φαραὼ βασ. Αἰγ. (2 d)
— 26. A ὕψωσεν χεῖρα ἐν τῷ β. (2 d)
— 27. ἐπήρατο χεῖρας ἐπὶ βασιλέα Σαλ. καὶ ὁ β. Σαλωμὼν [A B om. καὶ ὁ β. Σ.] ᾠκοδόμησε (2 d, –)
— 33. καὶ τῷ β. αὐτῶν προσοχθίσματι υἱῶν Ἀμμών (3 b)
— 37. σὺ ἔσῃ βασιλεὺς ἐπὶ τὸν Ἰσραήλ (2 d)
— 40. ἀπέδρα εἰς Αἴγυπτον πρὸς Σουσακὶμ β. Αἰγ. (2 d)
— 43 (12. 2). A ἐκ προσώπου τοῦ β. [B om. τοῦ β.] Σαλ. (2 d)
— 44 (43). B ὁ β. Σαλ. ἐκοιμήθη μετὰ τῶν πατέρων αὐτοῦ –
12. 1. πορεύεται βασιλεὺς [A ὁ β.] Ῥοβοὰμ εἰς Σίκιμα –
— 3. ἐλάλησεν ὁ λαὸς πρὸς τὸν β. Ῥοβοάμ –
— 6. B ἀπήγγειλεν [A B παρήγγ.] ὁ β. [A add. Ῥοβοὰμ] τοῖς πρ. (2 d)
— 12. παρεγένοντο πᾶς Ἰσραὴλ πρὸς τὸν β. Ῥοβ. –
— 12. καθότι ἐλάλησεν αὐτοῖς ὁ β. (2 d)
— 13. ἀπεκρίθη ὁ β. πρὸς τὸν λαὸν σκληρά (2 d)
— 15. οὐκ ἤκουσεν ὁ β. τοῦ λαοῦ (2 d)
— 16. οὐκ ἤκουσεν ὁ β. αὐτῶν (2 d)
— 16. ἀπεκρίθη ὁ λαὸς τῷ β. [A add. λόγον] (2 d)
— 18. ἀπέστειλεν ὁ β. [A add. Ῥοβοὰμ] τὸν Ἀδ. (2 d)
— 18. ὁ β. Ῥοβοὰμ ἔφθασεν ἀναβῆναι (2 d)
— 23. εἶπον τῷ Ῥοβοὰμ υἱῷ Σαλ. βασιλεῖ Ἰούδα (2 d)
— 24. B ὁ β. Σαλωμὼν κοιμᾶται μετὰ τῶν πατέρων αὐτοῦ –
— 24. B θυγάτηρ Ἄνα υἱοῦ Ναὰς βασιλέως Ἀμμὼν [R υἱῶν Ἀ.] –
— 24. B ἀπέδρα αὐτὸς πρὸς Σουσακὶμ β. Αἰγ. (2 d?)
— 24. B ἐλάλησεν εἰς τὰ ὦτα Σουσακὶμ βασιλέως Αἰγ. –
— 24. B αὕτη ἦν μεγάλη ἐν μέσῳ τῶν θυγατέρων τοῦ β. –
— 24. B εἶπον τῷ Ῥοβοὰμ β. Ἰούδα –
— 27. ἐπιστραφήσεται . . . πρὸς Ῥοβοὰμ βασιλέα Ἰούδα (2 d)
— 27. A ἐπιστραφήσονται πρὸς Ῥοβ. β. Ἰούδα (2 d)
— 28. B ἐβουλεύσατο ὁ β. [A om. ἐβ. ὁ β.] καὶ ἐπορεύθη [A add. ὁ β.] (2 d, –)
13. 4. ὡς ἤκουσεν ὁ β. Ἱεροβοὰμ τῶν λόγων τοῦ ἀνθρ. (2 d)
— 4. ἐξέτεινεν ὁ β. τὴν χεῖρα αὐτοῦ †
— 6. εἶπεν ὁ β. Ἱεροβοὰμ τῷ ἀνθρ. τοῦ θ. (2 d)
— 6. ἐπέστρεψε τὴν χεῖρα τοῦ β. πρὸς αὐτόν (2 d)
— 7. ἐλάλησεν ὁ β. πρὸς τὸν ἄνθρ. τοῦ θεοῦ (2 d)
— 8. εἶπεν ὁ ἄνθρ. τοῦ θεοῦ πρὸς τὸν β. (2 d)
— 11. τοὺς λόγους οὓς ἐλάλησε τῷ β. (2 d)
14. 14. A ἀναστήσει κύριος ἑαυτῷ βασιλέα ἐπὶ Ἰσρ. (2 d)
— 19. A βιβλίου ῥημάτων τῶν ἡμερῶν τῶν β. Ἰσρ. (2 d)
— 25. ἀνέβη Σουσακὶμ βασιλεὺς Αἰγ. (2 d)
— 26. καὶ τοὺς θησαυροὺς οἴκου τοῦ β. (2 d)
— 26. τῶν παίδων Ἀδραζαὰρ βασιλέως Σουβά –
— 27. καὶ ἐποίησε Ῥοβοὰμ ὁ β. ὅπλα χαλκᾶ (2 d)
— 27. τὸν πυλῶνα οἴκου βασιλέως [A τοῦ β.] (2 d)
— 28. ὅτε εἰσεπορεύετο ὁ β. εἰς οἶκον κυρίου (2 d)
— 29. ἐν βιβλίῳ λόγων τῶν ἡμερῶν τοῖς β. Ἰούδα (2 d)
15. 7. ἐπὶ βιβλίῳ [A -ίου] λόγων τῶν ἡμερῶν τοῖς β. Ἰούδα (2 d)
— 9. τοῦ Ἱεροβοὰμ β. Ἰσραήλ (2 d)
— 16. καὶ ἀνὰ μέσον Βαασὰ βασιλέως Ἰσραήλ (2 d)
— 17. ἀνέβη Βαασὰ β. Ἰσραὴλ ἐπὶ Ἰούδαν (2 d)
— 17. τῷ Ἀσὰ β. Ἰούδα (2 d)
— 18. ἐν τοῖς θησαυροῖς τοῦ [A om.] οἴκου τοῦ β. (2 d)
— 18. ἐξαπέστειλεν αὐτοὺς [A om. ἐξ. αὐ.] ὁ β. Ἀσά (2 d)
— 18. υἱοῦ Ἀζὶν [A Ἀζαὴλ] βασιλέως Συρίας (2 d)
— 19. τὴν διαθήκην σου τὴν πρὸς Βαασὰ [A om.] βασιλέα Ἰσρ. (2 d)
— 20. ἤκουσεν υἱὸς Ἄδερ τοῦ β. Ἀσά (2 d)

III Ki. 15. 22. ὁ β. Ἀσὰ παρήγγειλε παντὶ [A add. τῷ λαῷ] Ἰούδα (2 d)
— 22. ᾠκοδόμησεν ἐν αὐτοῖς [A om. ἐν αὐ.] ὁ β. Ἀσά [A om.] (2 d)
— 23. ἐπὶ βιβλίῳ [A -ίου] λόγων τῶν ἡμερῶν τοῖς β. Ἰούδα (2 d)
— 25. ἐν ἔτει δευτέρῳ τοῦ Ἀσὰ β. Ἰούδα (2 d)
— 28. B ἐν ἔτει τρίτῳ βασιλέως τοῦ Ἀσὰ υἱοῦ Ἀβιού [A ἐν ἔ. τρ. Ἀ. β. Ἰούδα, R ἐν ἔ. τρ. τοῦ Ἀ. υἱοῦ Ἀσὰ β. Ἰούδα] (2 d)
— 31. ἐν βιβλίῳ λόγων τῶν ἡμερῶν τοῖς β. Ἰσρ. (2 d)
— 32. A καὶ μεταξὺ Βαασὰ βασιλέως Ἰσρ. (2 d)
— 33. A ἐν τῷ ἔτει τῷ τρίτῳ τοῦ Ἀσὰ [B om. τοῦ Ἀ.] β. Ἰούδα (2 d)
16. 5. ἐν βιβλίῳ λόγων τῶν ἡμερῶν τῶν β. Ἰσρ. (2 d)
— 6. A B ἐν τῷ εἰκοστῷ ἔτει βασιλέως Ἀσά –
— 8. A ἐν ἔτει εἰκοστῷ καὶ ἕκτῳ ἐπὶ τοῦ Ἀσὰ β. Ἰούδα (2 d)
— 10. A ἐν ἔτει εἰκοστῷ καὶ ἑβδ. τοῦ Ἀσὰ β. Ἰούδα (2 d)
— 14. ἐν βιβλίῳ λόγων τῶν ἡμ. τῶν β. Ἰσρ. (2 d)
— 15. A ἐν ἔτει εἰκοστῷ καὶ ἑβδ. τοῦ Ἀσὰ β. Ἰούδα (2 d)
— 16. ἔπαισε τὸν β. (2 d)
— 18. εἰς ἄντρον τοῦ οἴκου τοῦ β. (2 d)
— 18. B ἐνεπύρισεν ὁ β. καὶ [A R om. ἐν. ὁ β. καὶ] ἐνεπύρισεν [A -σαν] ἐπ' αὐτὸν τὸν οἶκον τοῦ β. [A add. ἐν πυρὶ] (–, 2 d)
— 20. ἐν βιβλίῳ [A ἐπὶ βιβλίου] λόγων τῶν ἡμ. τῶν β. Ἰσρ. (2 d)
— 23. ἐν τῷ ἔτει τῷ τριακοστῷ καὶ πρώτῳ τοῦ β. Ἀσά [A πρ. ἔτει τῷ Ἀσὰ βασιλέως Ἰούδα] (2 d)
— 27. ἐν βιβλίῳ λόγων τῶν ἡμερῶν τῶν β. Ἰσρ. (2 d)
— 28 (22. 44). R ἃ συνέθετο Ἰωσαφὰτ μετὰ βασιλέως Ἰσρ. [B om. μετὰ β. Ἰσρ.] (2 d)
— 28 (22. 45). B ἐν βιβλίῳ λόγων τῶν ἡμερῶν τῶν β. Ἰούδα (2 d)
— 28 (22. 48). B βασιλεὺς οὐκ ἦν ἐν Συρίᾳ (2 d)
— 28 (22. 48). B ὁ β. Ἰωσαφὰτ ἐποίησε ναῦν εἰς Θαρσίς (2 d)
— 28 (22. 50). B εἶπεν βασιλεὺς Ἰσραὴλ πρὸς Ἰωσ. –
— 29. B ἐν ἔτει δευτέρῳ τοῦ Ἰωσαφὰτ β. Ἰούδα [A ἐν ἔ. τριακοστῷ καὶ ὀγδόῳ τοῦ Ἀσὰ β. Ἰ.] (2 d)
— 31. τὴν Ἰεζάβελ θυγατέρα Ἰεθεβαὰλ βασιλέως Σιδωνίων (2 d)
— 33. A R ἐκακοποίησεν [B om.] ὑπὲρ πάντας τοὺς β. Ἰσρ. (2 d)
19. 15. χρίσεις τὸν [A ἐκεῖ] Ἀζαὴλ εἰς βασιλέα τῆς Συρίας (2 d)
— 16. χρίσεις εἰς [A om. χρ. εἰς] βασιλέα ἐπὶ Ἰσρ. (2 d)
20 (21). 1. παρὰ τῷ ἅλῳ Ἀχαὰβ βασιλέως Σαμαρείας (2 d)
— 7. σὺ νῦν οὕτω ποεῖς βασιλέα ἐπὶ Ἰσραὴλ [A νῦν οὕτως π. βασιλείαν ἐπὶ Ἰσρ.] (2 a)
— 10. A R ηὐλόγησεν θεὸν καὶ βασιλέα (2 d)
— 13. εὐλόγηκας [A ηὐλόγησεν Ναβουθαὶ] θεὸν καὶ βασ. (2 d)
— 18. εἰς ἀπαντὴν [A -ησιν] Ἀχαὰβ βασιλέως Ἰσρ. (2 d)
21 (20). 1. A υἱὸς Ἄδερ βασιλεὺς Συρίας [B om. β. Σ.] συνήθροισεν (2 d)
— 1. καὶ τριάκοντα δύο βασιλεῖς μετ' αὐτοῦ (2 d)
— 2. ἀπέστειλεν [A add. ἀγγέλους] πρὸς Ἀχαὰβ βασιλέα Ἰσρ. (2 d)
— 4. ἀπεκρίθη βασιλεὺς [A ὁ β.] Ἰσραήλ (2 d)
— 4. ἐλάλησας [A ἐλ. μοι], κύριέ μου βασιλεῦ (2 d)
— 7. ἐκάλεσεν ὁ β. Ἰσραὴλ πάντας τοὺς πρεσβυτ. τῆς γῆς (2 d)
— 9. A λέγετε τῷ κυρίῳ ὑμῶν τῷ β. [B om. τῷ β.] (2 d)
— 11. ἀπεκρίθη β. Ἰσραήλ (2 d)
— 12. καὶ πάντες οἱ β. μετ' αὐτοῦ (2 d)
— 13. R προσῆλθε τῷ Ἀχαὰβ βασιλεῖ [A B τῷ β.] Ἰσρ. (2 d)
— 16. αὐτὸς καὶ οἱ β. τριάκοντα καὶ δύο βασιλεῖς συμβοηθοὶ μετ' αὐτοῦ (2 d, 2 d)
— 17. ἀπαγγέλλουσι τῷ β. Συρίας [A ἀνήγγειλαν αὐτῷ] †

III Ki. 21 (20). 20. A R σῴζεται υἱὸς Ἄδερ βασιλεὺς [B -έως] Συρίας (2 d)
— 21. ἐξῆλθεν β. Ἰσρ. [A Συρίας] (2 d)
— 22. προσῆλθεν ὁ προφήτης πρὸς βασιλέα Ἰσρ. (2 d)
— 22. υἱὸς Ἄδερ βασιλεὺς Συρίας ἀναβαίνει [A ἄνεισιν] ἐπὶ σέ (2 d)
— 23. καὶ οἱ παῖδες βασιλέως Συρίας (2 d)
— 24. ἀπόστησον τοὺς β. (2 d)
— 28. προσῆλθεν . . . καὶ εἶπε τῷ β. Ἰσραήλ [A πρὸς βασιλέα Ἰσρ.] (2 d)
— 31. βασιλεῖς Ἰσρ. [A οἴκου Ἰσ.] βασιλεῖς ἐλέους εἰσίν (2 d, 2 d)
— 31. A R ἐξέλθωμεν [B add. ἔτι] πρὸς βασιλέα Ἰσρ. (2 d)
— 32. εἶπον τῷ β. Ἰσραήλ (2 d)
— 38. ἔστη τῷ β. Ἰσραὴλ ἐπὶ τῆς ὁδοῦ (2 d)
— 39. ὡς παρεπορεύετο ὁ β. (2 d)
— 39. οὗτος ἐβόα πρὸς τὸν β. (2 d)
— 40. εἶπε πρὸς αὐτὸν ὁ β. Ἰσραήλ (2 d)
— 41. ἐπέγνω [A ἔγνω] αὐτὸν ὁ β. Ἰσραήλ (2 d)
— 43. ἀπῆλθεν ὁ β. Ἰσραήλ (2 d)
22. 2. κατέβη Ἰωσαφὰτ βασιλεὺς Ἰούδα πρὸς βασιλέα Ἰσρ. (2 d, 2 d)
— 3. εἶπε βασιλεὺς Ἰσραὴλ πρὸς τοὺς παῖδας αὐτοῦ (2 d)
— 3. λαβεῖν αὐτὴν ἐκ χειρὸς βασιλέως Συρίας (2 d)
— 4. εἶπε βασιλεὺς Ἰσραὴλ πρὸς Ἰωσαφάτ –
— 4. A εἶπεν Ἰωσαφὰτ πρὸς βασιλέα Ἰσραήλ [B om. πρὸς β. Ἰσ.] (2 d)
— 5. εἶπεν Ἰωσαφὰτ βασιλεὺς Ἰούδα πρὸς βασιλέα Ἰσρ. (–, 2 d)
— 6. συνήθροισεν ὁ β. Ἰσραὴλ πάντας τοὺς προφήτας (2 d)
— 6. εἶπεν αὐτοῖς ὁ β. –
— 6. διδοὺς δώσει κύριος εἰς χεῖρας τοῦ β. (2 d)
— 7. εἶπεν Ἰωσαφὰτ πρὸς βασιλέα [A τὸν β.] Ἰσρ. –
— 8. εἶπεν ὁ β. Ἰσραὴλ πρὸς Ἰωσαφάτ (2 d)
— 8. εἶπεν Ἰωσαφὰτ βασιλεὺς Ἰούδα, Μὴ λεγέτω ὁ β. οὕτως (–, 2 d)
— 9. ἐκάλεσεν ὁ β. Ἰσραὴλ εὐνοῦχον ἕνα (2 d)
— 10. ὁ β. Ἰσραὴλ καὶ Ἰωσαφὰτ βασιλεὺς Ἰούδα ἐκάθηντο (2 d, 2 d)
— 12. δώσει κύριος εἰς χεῖράς σου καὶ [A om.] τὸν β. Συρίας [A om.] (2 d)
— 13. A R καλὰ περὶ [B κατὰ] τοῦ β. (2 d)
— 15. ἦλθε πρὸς τὸν β. καὶ εἶπεν αὐτῷ ὁ β. (2 d, 2 d)
— 15. εὐοδώσει [A -σῃ, καὶ δώσει] κύριος εἰς χεῖρα [A -ας] τοῦ β. (2 d)
— 16. εἶπεν αὐτῷ ὁ β. (2 d)
— 18. εἶπε βασιλεὺς [A ὁ β.] Ἰ. πρὸς Ἰωσαφὰτ βασιλέα Ἰ. (2 d, –)
— 20. τίς ἀπατήσει τὸν Ἀχαὰβ β. Ἰσραήλ –
— 26. εἶπεν ὁ β. Ἰσραήλ [A om.] (2 d)
— 26. πρὸς Σεμὴρ [A Ἀμμὼν] τὸν β. [A ἄρχοντα] τῆς πόλεως καὶ τῷ [A πρὸς] Ἰωὰς υἱῷ [A -ὸν] τοῦ β. (11, 2 d)
— 27. A τάδε λέγει ὁ β. (2 d)
— 29. βασιλεὺς Ἰσραὴλ καὶ Ἰωσαφὰτ βασιλεὺς Ἰούδα (2 d, 2 d)
— 30. εἶπε βασιλεὺς Ἰσραὴλ πρὸς Ἰωσ. βασιλέα Ἰούδα (2 d, –)
— 30. συνεκαλύψατο βασιλεὺς [A ὁ β.] Ἰσραήλ (2 d)
— 31. βασιλεὺς Συρίας ἐνετείλατο τοῖς ἄρχουσι τῶν ἁρμ. (2 d)
— 31. ἀλλ' ἢ τὸν β. Ἰσραὴλ μονώτατον (2 d)
— 32. ὡς εἶδον οἱ ἄρχοντες τῶν ἁρμάτων τὸν Ἰωσ. β. Ἰούδα –
— 32. φαίνεται βασιλεὺς Ἰσραὴλ οὗτος (2 d)
— 33. οὐκ ἔστι βασιλεὺς Ἰσραὴλ οὗτος (2 d)
— 34. ἐπάταξε τὸν β. Ἰσραήλ (2 d)
— 35. ὁ β. ἦν ἑστηκὼς ἐπὶ τοῦ ἅρματος (2 d)
— 37. τέθνηκεν ὁ β. (2 d)
— 37. ἔθαψαν τὸν β. ἐν Σαμαρείᾳ (2 d)
— 39. ἐν βιβλίῳ λόγων τῶν ἡμερῶν τῶν β. Ἰσραήλ (2 d)
— 41. A R ἔτει . . . τῷ Ἀχαὰβ βασιλέως Ἰσρ. [B om. β. Ἰσρ.] (2 d)
— 45. εἰρήνευσεν Ἰωσ. μετὰ βασιλέως [A -έων] Ἰσρ. (2 d)
— 46. A R ἐν βιβλίῳ λόγων τῶν ἡμερῶν βασιλέων Ἰούδα [B al.] (2 d)
— 48. A βασιλεὺς οὐκ ἦν ἐν Ἐδὼμ ἑστηλωμένος (2 d)

III Ki. 22. 49. A ὁ β. Ἰωσαφὰτ ἐποίησεν νῆας (2 *d*)
— 52. A R ἐν ἔτει . . . Ἰωσαφὰτ βασιλέως [B -λεῖ] Ἰούδα (2 *d*)
IV Ki. 1. 3. εἰς συνάντησιν τῶν ἀγγέλων Ὀχοζίου β. Σαμαρείας (2 *d*)
— 6. ἐπιστράφητε πρὸς τὸν β. τὸν ἀποστείλαντα ὑμᾶς (2 *d*)
— 7. R ἀπήγγειλαν τῷ β. –
— 9. ὁ β. ἐκάλεσέ σε (2 *d*)
— 11. προσέθετο [A -έθηκεν] ὁ β. –
— 11. τάδε λέγει ὁ β. (2 *d*)
— 13. προσέθετο [A -έθηκεν] ὁ β. ἔτι [A *om.*] –
— 15. κατέβη μετ' αὐτοῦ πρὸς τὸν β. (2 *d*)
— 18. R ἐν [A B ἐπὶ] βιβλίῳ [A -ίου] λόγων τῶν ἡμ. τοῖς β. Ἰσρ. (2 *d*)
— 18 (3. 1). ἐν ἔτει ὀκτωκαιδεκάτῳ Ἰωσαφὰτ βασιλέως Ἰ. (2 *d*)
— 18 (3. 3). A ἐν ἔτει δευτέρῳ Ἰωρὰμ υἱῷ Ἰωσαφὰτ βασιλεῖ Ἰούδα –
3. 1. R ἐν ἔτει . . . Ἰωσ. βασιλέως [B -λεῖ] Ἰούδα (2 *d*)
— 4. Μωσὰ βασιλεὺς Μωὰβ ἦν νωκὴδ καὶ ἐπέστρεψεν τῷ β. Ἰσρ. (2 *d*, 2 *d*)
— 5. ἠθέτησε βασιλεὺς Μωὰβ ἐν βασιλεῖ Ἰσρ. (2 *d*, 2 *d*)
— 6. ἐξῆλθεν ὁ β. Ἰωράμ (2 *d*)
— 7. ἐξαπέστειλε πρὸς Ἰωσ. βασιλέα Ἰ. (2 *d*)
— 7. βασιλεὺς Μωὰβ ἠθέτησεν ἐν ἐμοί (2 *d*)
— 9. ὁ β. Ἰσραὴλ καὶ ὁ β. Ἰούδα καὶ β. Ἐδώμ (2 *d ter*)
— 10. εἶπεν β. Ἰσραήλ (2 *d*)
— 10. τοὺς τρεῖς β. παρερχομένους [A κατεχομένους] (2 *d*)
— 11. εἷς τῶν παίδων βασιλέως Ἰσρ. (2 *d*)
— 12. κατέβη [A -ησαν] πρὸς αὐτὸν βασιλεὺς Ἰσραὴλ καὶ Ἰωσαφὰτ β. Ἰούδα καὶ β. Ἐδώμ (2 *d*, –, 2 *d*)
— 13. εἶπεν Ἐλισαιὲ πρὸς βασιλέα Ἰσραήλ (2 *d*)
— 13. εἶπεν αὐτῷ ὁ β. Ἰσραήλ (2 *d*)
— 13. μὴ ὅτι κέκληκε κύριος τοὺς τρεῖς β. [A β. παρερχομένους] (2 *d*)
— 14. εἰ μὴ πρόσωπον Ἰωσαφὰτ βασιλέως Ἰούδα ἐγὼ λαμβάνω (2 *d*)
— 21. ἀνέβησαν οἱ β. πολεμεῖν αὐτούς (2 *d*)
— 23. ἐμαχέσαντο οἱ β. (2 *d*)
— 26. εἶδεν ὁ β. Μωάβ (2 *d*)
— 26. διακόψαι πρὸς βασιλέα Ἐδώμ (2 *d*)
4. 13. εἰ ἔστι λόγος σοι πρὸς τὸν β. (2 *d*)
5. 5. εἶπε βασιλεὺς Συρίας πρὸς Ναιμάν (2 *d*)
— 5. ἐξαποστελῶ βιβλίον πρὸς βασιλέα Ἰσρ. (2 *d*)
— 6. ἤνεγκε τὸ βιβλίον πρὸς τὸν β. Ἰσρ. (2 *d*)
— 7. ὡς ἀνέγνω βασιλεὺς [A ὁ β.] Ἰσρ. τὸ βιβλίον (2 *d*)
— 8. διέρρηξεν ὁ β. Ἰσραὴλ τὰ ἱμάτια (2 *d*)
— 8. ἀπέστειλε πρὸς τὸν β. Ἰσραήλ (2 *d*)
6. 8. καὶ β. Συρίας ἦν πολεμῶν (2 *d*)
— 9. ἀπέστειλεν Ἐλισαιὲ πρὸς τὸν β. Ἰσρ. (2 *d*)
— 10. ἀπέστειλεν ὁ β. Ἰσρ. εἰς τὸν τόπον (2 *d*)
— 11. ἐξεκινήθη ἡ ψυχὴ βασιλέως Συρίας περὶ τοῦ λόγου τούτου (2 *d*)
— 11. τίς προδίδωσί με βασιλεῖ Ἰσραήλ (2 *d*)
— 12. οὐχὶ, κύριέ μου βασιλεῦ, ὅτι . . . ἀναγγέλλει [A -ελεῖ] τῷ β. Ἰσρ. πάντας τοὺς λόγους (2 *d*, 2 *d*)
— 21. εἶπεν ὁ β. Ἰσραήλ (2 *d*)
— 24. ἤθροισεν υἱὸς Ἄδερ βασιλεὺς Συρίας πᾶσαν τὴν παρεμβ. (2 *d*)
— 26. ἦν ὁ β. Ἰσραὴλ διαπορευόμ. ἐπὶ τοῦ τείχους (2 *d*)
— 26. σῶσον, κύριε βασιλεῦ [A -εύς] (2 *d*)
— 28. εἶπεν αὐτῇ ὁ β. (2 *d*)
— 30. A R ὡς ἤκουσεν ὁ β. Ἰσραὴλ [B *om.*] τοὺς λόγους τῆς γυν. (2 *d*)
7. 2. ἐφ' ὃν ὁ β. ἐπανεπαύετο ἐπὶ τὴν χεῖρα αὐ. (2 *d*)
— 6. νῦν ἐμισθώσατο ἐφ' ἡμᾶς β. Ἰσρ. τοὺς β. τῶν Χετταίων καὶ τοὺς β. Αἰγ. (2 *d ter*)
— 9. ἀναγγείλωμεν εἰς τὸν οἶκον τοῦ β. (2 *d*)
— 11. ἀνήγγειλαν εἰς τὸν οἶκον τοῦ β. ἔσω (2 *d*)
— 12. A R ἀνέστη [B ἔστη] ὁ β. νυκτός (2 *d*)
— 14. ἀπέστειλεν ὁ β. Ἰσραὴλ [A *om.*] ὀπίσω τοῦ β. Συρίας (2 *d*, †)
— 15. ἀνήγγειλαν τῷ β. (2 *d*)
— 17. ὁ β. κατέστησε τὸν τριστάτην ἐφ' ὃν ὁ β. ἐπανεπαύετο τῇ [A ἐπὶ τῇ] χειρὶ αὐτοῦ ἐπὶ τῆς πύλης (2 *d*, –)
— 18. καθὰ ἐλάλησεν Ἐλισαιὲ πρὸς τὸν β. (2 *d*)

IV Ki. 8. 3. ἦλθε βοῆσαι πρὸς τὸν β. (2 *d*)
— 4. ὁ β. ἐλάλει [A ἐλάλησεν] πρὸς Γιεζί (2 *d*)
— 5. αὐτοῦ ἐξηγουμένου τῷ β. (2 *d*)
— 5. βοῶσα πρὸς τὸν β. περὶ τοῦ οἴκου ἑαυτῆς (2 *d*)
— 5. κύριε βασιλεῦ, αὕτη ἡ γυνή (2 *d*)
— 6. ἐπηρώτησεν ὁ β. (2 *d*)
— 6. ἔδωκεν αὐτῇ ὁ β. εὐνοῦχον ἕνα (2 *d*)
— 7. υἱὸς Ἄδερ βασιλεὺς Συρίας ἠρρώστησε [A -τει] (2 *d*)
— 8. εἶπεν ὁ β. πρὸς Ἀζαήλ (2 *d*)
— 9. υἱὸς Ἄδερ βασιλεὺς Συρίας ἀπέστειλέ με (2 *d*)
— 16. ἐν ἔτει πέμπτῳ τῷ [A τοῦ] Ἰωρὰμ υἱῷ [A -οῦ] Ἀχαὰβ βασιλεῖ Ἰσραὴλ καὶ Ἰωσαφὰτ βασιλεῖ [A -εὺς] Ἰούδα ἐβασίλευσεν [A καὶ ἐβ.] Ἰωρὰμ υἱὸς Ἰωσαφὰτ βασιλεὺς [A -έως] Ἰούδα (2 *d ter*)
— 18. ἐπορεύθη ἐν ὁδῷ βασιλέων [A -έως] Ἰσρ. (2 *d*)
— 20. R ἐβασίλευσαν [A -σεν] ἐφ' ἑαυτὸν [A -οῦ, B -οὺς] βασιλέα (2 *d*)
— 23. ἐπὶ [A ἐν] βιβλίῳ λόγων τῶν ἡμ. τοῖς β. Ἰ. (2 *d*)
— 25. ἐν ἔτει δωδεκάτῳ τῷ [A τοῦ] Ἰωρὰμ υἱῷ Ἀχαὰβ βασιλεῖ Ἰσραὴλ ἐβασίλευσεν Ὀχοζίας υἱὸς Ἰωρὰμ [A *add.* βασιλέως Ἰούδα] (2 *d*, 2 *d*)
— 26. Γοθολία θυγάτηρ Ἀμβρὶ βασιλέως Ἰσρ. (2 *d*)
— 28. εἰς πόλεμον μετὰ Ἀζαὴλ βασιλέως ἀλλοφ. (2 *d*)
— 29. ἐπέστρεψεν ὁ β. Ἰωράμ (2 *d*)
— 29. ἐν τῷ πολεμεῖν αὐτὸν μετὰ Ἀζαὴλ βασιλέως Συρίας (2 *d*)
— 29. A Ὀχοζίας υἱὸς Ἰωρὰμ βασιλεὺς Ἰούδα [B *om.* β. Ἰ.] (2 *d*)
9. 3. κέχρικά σε εἰς [A *om.*] βασιλέα ἐπὶ Ἰσρ. (2 *d*)
— 6. κέχρικά σε εἰς βασιλέα (2 *d*)
— 12. κέχρικά σε εἰς [A *om.*] βασιλέα (2 *d*)
— 14. ἀπὸ προσώπου Ἀζαὴλ βασιλέως Συρίας (2 *d*)
— 15. ἀπέστρεψεν Ἰωρὰμ ὁ β. (2 *d*)
— 15. ἐν τῷ πολεμεῖν αὐτοὺς μετὰ Ἀζαὴλ βασιλέως Σ. (2 *d*)
— 16. Ἰωρὰμ βασιλεὺς Ἰσραὴλ ἐθεραπεύετο –
— 16. ἐν τῷ πολέμῳ μετὰ Ἀζαὴλ βασιλέως Σ. –
— 16. Ὀχοζίας βασιλεὺς Ἰούδα κατέβη (2 *d*)
— 18, 19. τάδε λέγει ὁ β. (2 *d*)
— 21. ἐξῆλθεν Ἰωρὰμ βασιλεὺς Ἰσραὴλ καὶ Ὀχοζίας βασιλεὺς Ἰούδα (2 *d*, 2 *d*)
— 27. Ὀχοζίας βασιλεὺς Ἰούδα εἶδε (2 *d*)
— 29. A R ἐν ἔτει . . . Ἰωρὰμ [A υἱοῦ Ἰ.] βασιλέως [B -λεῖ] Ἰσραήλ †
— 34. θυγάτηρ βασιλέως ἐστί (2 *d*)
10. 4. οἱ δύο β. οὐκ ἔστησαν κατὰ πρόσωπον αὐτοῦ (2 *d*)
— 6. οἱ υἱοὶ τοῦ β. ἦσαν ἑβδομήκ. ἄνδρες (2 *d*)
— 7. ἔλαβον τοὺς υἱοὺς τοῦ β. (2 *d*)
— 8. τὰς κεφ. τῶν υἱῶν τοῦ β. (2 *d*)
— 13. τοὺς ἀδελφοὺς Ὀχοζίου βασιλέως Ἰούδα (2 *d*)
— 13. κατέβημεν εἰς εἰρήνην τῶν υἱῶν τοῦ β. (2 *d*)
— 26. A ἐπορεύθησαν ἕως πόλεως οἴκου τοῦ β. [B Βάαλ] †
— 34. ἐπὶ βιβλίου [A -ίῳ] λόγων τῶν ἡμερῶν τοῖς β. Ἰσρ. (2 *d*)
11. 2. ἔλαβεν Ἰωσαβεὲ θυγάτηρ τοῦ β. Ἰωράμ (2 *d*)
— 2. ἔκλεψεν αὐτὸν ἐκ μέσου τῶν υἱῶν τοῦ β. (2 *d*)
— 4. ἔδειξεν αὐτοῖς Ἰωδαὲ τὸν υἱὸν τοῦ β. (2 *d*)
— 6 (5). φυλάξατε φυλακὴν οἴκου τοῦ β. (2 *d*)
— 7. φυλάξουσι τὴν φυλακὴν οἴκου κυρίου πρὸς τὸν β. (2 *d*)
— 8. κυκλώσατε ἐπὶ τὸν β. (2 *d*)
— 8. R ἔσονται [A B ἐγένετο] μετὰ τοῦ β. (2 *d*)
— 10. τοὺς τρισσοὺς τοῦ β. Δαυίδ (2 *d*)
— 11. ἔστησαν . . . ἐπὶ τὸν β. κύκλῳ (2 *d*)
— 12. ἐξαπέστειλε τὸν υἱὸν τοῦ β. (2 *d*)
— 12. ζήτω ὁ β. (2 *d*)
— 14. ὁ β. εἱστήκει ἐπὶ τοῦ στύλου (2 *d*)
— 14. οἱ ᾠδοὶ καὶ αἱ σάλπιγγες πρὸς τὸν β. (2 *d*)
— 16. ὁδὸν εἰσόδου τῶν ἵππων οἴκου τοῦ β. (2 *d*)
— 17. ἀνὰ μέσον κυρίου καὶ ἀνὰ μέσον τοῦ β. (2 *d*)
— 17. ἀνὰ μέσον τοῦ β. καὶ ἀνὰ μέσον τοῦ λαοῦ (2 *d*)
— 19. κατήγαγον τὸν β. ἐξ οἴκου κυρίου (2 *d*)
— 19. ὁδὸν πύλης τῶν παρατρεχόντων οἴκου τοῦ β. (2 *d*)
— 19. ἐκάθισαν [A -σεν] αὐτὸν ἐπὶ τοῦ θρόνου τῶν β. (2 *d*)

IV Ki. 11. 20. τὴν Γοθολίαν ἐθανάτωσαν ἐν ῥομφαίᾳ ἐν οἴκῳ τοῦ β. (2 *d*)
12. 6 (7). ἐν τῷ εἰκοστῷ καὶ τρίτῳ ἔτει τῳ β. Ἰωάς (2 *d*)
— 7 (8). ἐκάλεσεν Ἰωὰς ὁ β. Ἰωδαὲ τὸν ἱερέα (2 *d*)
— 10 (11). ἀνέβη ὁ γραμματεὺς τοῦ β. (2 *d*)
— 17 (18). ἀνέβη Ἀζαὴλ βασιλεὺς Συρίας (2 *d*)
— 18 (19). ἔλαβεν Ἰωὰς β. Ἰούδα πάντα τὰ ἅγια (2 *d*)
— 18 (19). οἱ πατέρες αὐτοῦ καὶ βασιλεῖς Ἰ. (2 *d*)
— 18 (19). ἐν θησαυροῖς . . . οἴκου τοῦ β. (2 *d*)
— 18 (19). ἀπέστειλε τῷ Ἀζαὴλ βασιλεῖ Σ. (2 *d*)
— 19 (20). ἐπὶ βιβλίῳ [A -ίου] λόγων τῶν ἡμ. τοῖς β. Ἰ. (2 *d*)
13. 1. ἐν ἔτει . . . Ἰωὰς υἱῷ [A -οῦ] Ὀχοζίου βασιλεῖ [A -έως] Ἰ. (2 *d*)
— 3. ἔδωκεν αὐτοὺς ἐν χειρὶ Ἀζαὴλ βασιλέως Σ. (2 *d*)
— 4. ἔθλιψεν αὐτοὺς βασιλεὺς Σ. (2 *d*)
— 7. ἀπώλεσεν αὐτοὺς βασιλεὺς Σ. (2 *d*)
— 8. ἐπὶ βιβλίῳ [A -ίου] λόγων τῶν ἡμ. τοῖς β. Ἰσρ. (2 *d*)
— 10. ἐν ἔτει . . . τῷ Ἰωὰς β. Ἰούδα (2 *d*)
— 12. ἃς ἐποίησε μετὰ Ἀμεσσίου β. Ἰούδα (2 *d*)
— 12. ἐπὶ βιβλίῳ [A -ίου] λόγων τῶν ἡμ. τοῖς β. Ἰσρ. (2 *d*)
— 13. A R ἐτάφη Ἰωὰς [R *om.*] ἐν Σαμαρείᾳ μετὰ τῶν β. Ἰσραὴλ [B ἐν Σ. μετὰ τῶν ἀδελφῶν Ἰσρ.] (2 *d*)
— 14. κατέβη πρὸς αὐτὸν Ἰωὰς β. Ἰσραήλ (2 *d*)
— 16. εἶπε τῷ β. [A *add.* Ἰσραήλ] (2 *d*)
— 16. τὰς χεῖρας [A τὴν χεῖρα] αὐτοῦ ἐπὶ τὰς χεῖρας τοῦ β. (2 *d*)
— 18. εἶπε τῷ β. Ἰσραήλ (2 *d*)
— 18. ἐπάταξεν ὁ β. τρίς –
— 22. A Ἀζαὴλ βασιλεὺς Συρίας [B *om.* β. Σ.] ἐξέθλιψε (2 *d*)
— 24. ἀπέθανεν Ἀζαὴλ βασιλεὺς Συρίας (2 *d*)
14. 1. ἐν ἔτει δευτέρῳ τῷ Ἰωὰς . . . β. Ἰσρ. καὶ ἐβασίλευσεν Ἀμεσσίας υἱὸς Ἰωὰς β. Ἰούδα (2 *d*, 2 *d*)
— 5. A τοὺς πατάξαντας τὸν β. [B *om.* τὸν β.] τὸν πατέρα αὐτοῦ (2 *d*)
— 8. υἱοῦ Ἰοὺ [A Ἰηοὺ] βασιλέως Ἰσρ. (2 *d*)
— 9. ἀπέστειλεν Ἰωὰς β. Ἰσραὴλ πρὸς Ἀμεσσίαν β. Ἰούδα (2 *d*, 2 *d*)
— 11. ἀνέβη Ἰωὰς ὁ βασιλεὺς Ἰσρ. (2 *d*)
— 11. Ἀμεσσίας β. Ἰούδα ἐν Βαιθσαμύς (2 *d*)
— 13. A τὸν Ἀμεσσίαν β. Ἰούδα [B *om.* β. Ἰ.] υἱὸν Ἰωὰς υἱοῦ Ἰωάχας [A Ἀαζία, R Ὀχοζίου] συνέλαβεν [A ἔλ.] Ἰωὰς β. [A υἱὸς Ἰωάχας β.] Ἰσρ. (2 *d*, 2 *d*)
— 14. καὶ ἐν θησαυροῖς οἴκου τοῦ β. (2 *d*)
— 15. ἃ ἐπολέμησε μετὰ Ἀμεσσίου β. Ἰούδα (2 *d*)
— 15. ἐπὶ [A ἐν] βιβλίῳ λόγων τῶν ἡμ. τοῖς β. Ἰσρ. (2 *d*)
— 16. ἐτάφη ἐν Σαμαρείᾳ μετὰ τῶν β. Ἰσρ. (2 *d*)
— 17. ἔζησεν Ἀμεσσίας υἱὸς Ἰωὰς β. Ἰούδα μετὰ τὸ ἀποθανεῖν Ἰωὰς υἱὸν Ἰωάχαζ βασιλέα Ἰσρ. πέντε καὶ δέκα ἔτη (2 *d*, 2 *d*)
— 18. ἐπὶ βιβλίῳ λόγων τῶν ἡμερῶν τοῖς β. Ἰούδα (2 *d*)
— 22. μετὰ τὸ κοιμηθῆναι τὸν β. μετὰ τῶν πατέρων αὐ. (2 *d*)
— 23. ἐν ἔτει . . . τοῦ Ἀμεσσίου υἱῷ [A -οῦ] Ἰωὰς βασιλεῖ [A -έως] Ἰούδα (2 *d*)
— 23. A ἐβασίλευσεν Ἱεροβ. υἱὸς Ἰωὰς βασιλέως Ἰσραὴλ [B *om.* β. Ἰσρ.] (2 *d*)
— 28. ἐπὶ βιβλίῳ λόγων τῶν ἡμ. τοῖς β. Ἰσρ. (2 *d*)
— 29. ἐκοιμήθη Ἱεροβοὰμ . . . μετὰ βασιλέων Ἰσρ. (2 *d*)
15. 1. ἐν ἔτει . . . τῷ Ἱεροβοὰμ β. Ἰσραὴλ ἐβασίλευσεν Ἀζαρίας υἱὸς Ἀμεσσίου βασιλέως Ἰούδα (2 *d*, 2 *d*)
— 5. ἥψατο κύριος τὸν β. [A τοῦ β.] (2 *d*)
— 5. Ἰωάθαμ υἱὸς τοῦ β. ἐπὶ τῷ οἴκῳ (2 *d*)
— 6. A R ἐπὶ [A ἐν] βιβλίῳ [B -ίου] λόγων τῶν ἡμ. τοῖς β. Ἰούδα (2 *d*)
— 8. ἐν ἔτει . . . τῷ [A τοῦ] Ἀζαρίου βασιλεῖ [A -έως] Ἰούδα (2 *d*)
— 11. ἐπὶ βιβλίῳ [A -ίου] λόγων τῶν ἡμ. τοῖς β. Ἰσρ. (2 *d*)
— 13. ἐν ἔτει . . . Ἀζαρίᾳ βασιλεῖ [A τοῦ Ὀχοζίου βασιλέως] Ἰούδα (2 *d*)

IV Ki. 15. 15. ἐπὶ βιβλίῳ [A -ίου] λόγων τῶν ἡμ. τοῖς β. Ἰσρ. (2 d)
— 17. ἐν ἔτει . . . τῷ Ἀζαρίᾳ β. [A -έως] Ἰούδα (2 d)
— 19. ἀνέβη Φουὰ β. Ἀσσυρίων ἐπὶ τὴν γῆν (2 d)
— 20. δοῦναι τῷ β. τῶν Ἀσσυρίων (2 d)
— 20. ἀπέστρεψε βασιλεὺς Ἀσσυρίων (2 d)
— 21. ἐπὶ βιβλίῳ [A -ίου] λόγων τῶν ἡμ. τοῖς β. Ισρ. (2 d)
— 23. ἐν ἔτει πεντηκοστῷ τοῦ Ἀζαρίου βασιλεῖ [A -έως] Ἰούδα (2 d)
— 25. ἐπάταξεν αὐτὸν . . . ἐναντίον οἴκου τοῦ β. (2 d)
— 26. ἐπὶ βιβλίῳ [A -ίου] λόγων τῶν ἡμ. τοῖς β. Ἰσρ. (2 d)
— 27. ἐν ἔτει . . . τοῦ Ἀζαρίου βασιλεῖ [A -έως] Ἰούδα (2 d)
— 29. ἐν ταῖς ἡμ. Φακεὲ βασιλέως Ἰσρ. ἦλθε Θαλγαθφελλασὰρ β. [A om. Ἰ. ἦ. Θ. β.] Ἀσσυρίων (2 d, 2 d)
— 31. ἐπὶ βιβλίῳ [A -ίου] λόγων τῶν ἡμ. τοῖς β. Ἰσρ. (2 d)
— 32. ἐν ἔτει δευτέρῳ Φακεὲ υἱοῦ Ῥομελίου βασιλεῖ [A -έως] Ἰσρ. (2 d)
— 32. Ἰωάθαμ υἱὸς Ἀζαρίου βασιλέως Ἰούδα (2 d)
— 36. ἐπὶ βιβλίῳ [A -ίου] λόγων τῶν ἡμ. τοῖς β. Ἰούδα (2 d)
— 37. R ἐξαποστέλλειν ἐν Ἰούδᾳ [A B om. ἐν Ἰ.] τὸν Ῥ. β. Συρίας (2 d)
16. 1. ἐβασίλευσεν Ἄχαζ υἱὸς Ἰωάθαμ βασιλέως Ἰούδα (2 d)
— 3. ἐπορεύθη ἐν ὁδῷ βασιλέως Ἰσρ. (2 d)
— 5. ἀνέβη Ῥαασσὼν βασιλεὺς Συρίας καὶ Φακεὲ υἱὸς Ῥομελίου βασιλεὺς Ἰσραήλ (2 d, 2 d)
— 6. ἐπέστρεψε [A ἀπέστρ.] Ῥαασσὼν βασιλεὺς Συρίας (2 d)
— 7. ἀπέστειλεν Ἄχαζ ἀγγέλους πρὸς Θαλγαθφελλασὰρ [A om.] βασιλέα Ἀσσυρίων (2 d)
— 7. ἐκ χειρὸς βασιλέως Σ. καὶ ἐκ χειρὸς βασιλέως Ἰσρ. (2 d, 2 d)
— 8. ἐν θησαυροῖς οἴκου κυρίου καὶ οἴκου τοῦ [A om.] β. καὶ ἀπέστειλε τῷ β. [A add. Ἀσσυρίων] δῶρα (2 d, 2 d)
— 9. ἤκουσεν αὐτοῦ βασιλεὺς Ἀσσυρίων (2 d)
— 9. B ἀνέβη βασιλεὺς Ἀσσυρίων (2 d)
— 9. R τὸν Ῥαασσὼν βασιλέα [A B om.] ἐθανάτωσε –
— 10. ἐπορεύθη βασιλεὺς Ἄχαζ εἰς Δαμασκὸν [B om.] εἰς ἀπαντὴν [A -ησιν] Θαλγαθφελλασὰρ [A τῷ Ἀγλαθφαλλ.] βασιλεῖ Ἀσσυρίων (2 d, 2 d)
— 10. ἀπέστειλεν ὁ β. Ἄχαζ πρὸς Οὐρίαν (2 d)
— 11. ὅσα ἀπέστειλεν ὁ β. Ἄχαζ ἐκ Δαμ. (2 d)
— 11. A ἕως ἔρχεσθαι τὸν β. Ἄχαζ ἀπὸ Δαμ. (2 d)
— 12. A ἦλθεν ὁ β. ἀπὸ Δαμ. (2 d)
— 12. εἶδεν ὁ β. τὸ θυσιαστήριον (2 d)
— 12. A προσῆλθεν ὁ β. ἐπὶ τὸ θυσιαστ. (2 d)
— 15. ἐνετείλατο ὁ β. Ἄχαζ τῷ Οὐρίᾳ (2 d)
— 15. καὶ τὴν ὁλοκαύτωσιν τοῦ β. (2 d)
— 16. ὅσα ἐνετείλατο αὐτῷ ὁ β. Ἄχαζ (2 d)
— 17. B συνέκοψεν ὁ β. τὰ συγκλείσματα (2 d)
— 18. A R τὴν εἴσοδον τοῦ β. τὴν ἔξω ἐπέστρεψεν ἐν [B om.] οἴκῳ κυρίου ἀπὸ προσώπου βασιλέως [A τοῦ β.] Ἀσσ. (2 d, 2 d)
— 19. ἐπὶ βιβλίῳ λόγων τῶν ἡμ. τοῖς β. Ἰούδα (2 d)
17. 1. ἐν ἔτει . . . τῷ [A om.] Ἄχαζ βασιλέως [A -εῖ] Ἰούδα (2 d)
— 2. οὐχ ὡς οἱ β. Ἰσραὴλ οἳ ἦσαν ἔμπροσθεν αὐτοῦ (2 d)
— 3. ἀνέβη Σαλαμαν. β. Ἀσσυρίων (2 d)
— 4. εὗρε βασιλεὺς Ἀσσυρίων ἐν τῷ Ὡσηὲ ἀδικίαν ὅτι ἀπέστειλεν ἀγγέλους πρὸς Σηγὼρ β. Αἰγ. καὶ οὐκ ἤνεγκε μαναὰ τῷ β. Ἀσσ. (2 d ter)
— 4. ἐπολιόρκησεν αὐτὸν ὁ β. Ἀσσυρίων (2 d)
— 5. ἀνέβη ὁ β. Ἀσσυρίων ἐν πάσῃ τῇ γῇ (2 d)
— 6. A R συνέλαβε β. Ἀσσ. [B Ὡσηὲ] τὴν Σαμ. (2 d)
— 7. ὑποκάτωθεν χειρὸς Φαραὼ βασιλέως Αἰγ. (2 d)
— 8. καὶ οἱ β. Ἰσραὴλ ὅσοι ἐποίησαν (2 d)
— 24. ἤγαγε βασιλεὺς Ἀσσυρίων ἐκ Βαβ. (2 d)
— 26. εἶπον τῷ β. Ἀσσυρίων (2 d)
— 27. ἐνετείλατο ὁ β. Ἀσσυρίων (2 d)

IV Ki. 18. 1. ἐν ἔτει τρίτῳ τῷ [A om.] Ὡσηὲ υἱῷ Ἠλὰ βασιλεῖ Ἰσρ. ἐβασίλευσεν Ἐζεκίας υἱὸς Ἄχαζ βασιλέως Ἰ. (2 d, 2 d)
— 5. οὐκ ἐγενήθη ὅμοιος αὐτῷ ἐν βασιλεῦσιν [A πᾶσιν β.] Ἰούδα (2 d)
— 7. ἠθέτησεν ἐν τῷ β. Ἀσσυρίων (2 d)
— 9. ἐν τῷ ἔτει τῷ τετάρτῳ βασιλεῖ Ἐζεκίᾳ αὐτὸς ἐνιαυτὸς ὁ ἕβδομος τῷ Ὡσηὲ υἱῷ Ἠλὰ βασιλεῖ Ἰσρ. ἀνέβη Σαλαμανασσὰρ β. Ἀσσ. ἐπὶ Σαμ. (2 d ter)
— 10. αὐτὸς ἐνιαυτὸς ἔνατος τῷ Ὡσηὲ β. Ἰσρ. (2 d)
— 11. ἀπῴκισε β. Ἀσσυρίων τὴν Σαμ. (2 d)
— 13. A R τῷ τεσσ. ἔτει τοῦ β. [B ἔ. βασιλεῖ] Ἐζεκίου ἀνέβη Σενν. β. Ἀσσ. (2 d, 2 d)
— 14. ἀπέστειλεν Ἐζεκίας β. Ἰούδα ἀγγέλους πρὸς βασιλέα Ἀσσυρίων (2 d, 2 d)
— 14. ἐπέθηκεν ὁ β. Ἀσσυρίων ἐπὶ Ἐζεκίαν β. Ἰούδα (2 d, 2 d)
— 15. καὶ ἐν θησαυροῖς οἴκου τοῦ β. (2 d)
— 16. ἃ ἐχρύσωσεν Ἐζεκίας β. Ἰούδα καὶ ἔδωκεν αὐτὰ βασιλεῖ Ἀσσυρίων (2 d, 2 d)
— 17. B καὶ ἀπέστειλε βασιλεὺς Ἀσσυρίων (2 d)
— 17. ἐκ Λαχὶς πρὸς τὸν β. Ἐζεκίαν (2 d)
— 19. τάδε λέγει ὁ β. ὁ μέγας β. Ἀσσυρίων (2 d, 2 d)
— 21. οὕτως Φαραὼ βασιλεὺς Αἰγύπτου πᾶσι τοῖς πεποιθόσιν (2 d)
— 23. μίχθητε δὴ τῷ κυρίῳ μου β. [A τῷ β.] Ἀσσ. (2 d)
— 28. ἀκούσατε τοὺς λόγους τοῦ [A τοῦ β. τοῦ] μεγάλου β. Ἀσσυρίων (2 d, 2 d)
— 29. τάδε λέγει ὁ β. (2 d)
— 30. ἐν χειρὶ βασιλέως Ἀσσυρίων (2 d)
— 31. τάδε λέγει ὁ β. Ἀσσυρίων (2 d)
— 33. ἐκ χειρὸς βασιλέως Ἀσσυρίων (2 d)
— 36. ὅτι ἐντολὴ τοῦ β. (2 d)
19. 1. A R ὡς ἤκουσεν ὁ [B om.] β. Ἐζεκίας (2 d)
— 4. ὃν ἀπέστειλεν αὐτὸν β. Ἀσσ. ὁ κύριος αὐ. (2 d)
— 5. ἦλθον οἱ παῖδες τοῦ β. Ἐζεκίου πρὸς Ἠσαΐαν (2 d)
— 6. ὧν ἐβλασφήμησαν τὰ παιδάρια βασιλέως Ἀσσυρίων (2 d)
— 8. εὗρε τὸν β. Ἀσσυρίων πολεμοῦντα ἐπὶ Λ. (2 d)
— 9. ἤκουσε περὶ Θαρὰ βασιλέως Αἰθιόπων (2 d)
— 10. A τάδε ἐρεῖτε πρὸς Ἐζεκίαν β. Ἰούδα (2 d)
— 10. εἰς χεῖρας βασιλέως Ἀσσυρίων (2 d)
— 11. ὅσα ἐποίησαν βασιλεῖς Ἀσσυρίων (2 d)
— 13. ποῦ ἐστιν ὁ β. Αἱμὰθ καὶ ὁ β. Ἀρφάδ (2 d, 2 d)
— 13. R καὶ ποῦ ἐστὶν ὁ β. [A καὶ βασιλεὺς] τῆς πόλεως [B om. ἐ. ὁ β. τ. π.] (2 d)
— 17. ἠρήμωσαν βασιλεῖς Ἀσσυρίων τὰ ἔθνη (2 d)
— 20. ἃ προσηύξω πρὸς μὲ περὶ Σενν. βασιλέως Ἀσσ. (2 d)
— 32. τάδε λέγει κύριος πρὸς βασιλέα Ἀσσ. (2 d)
— 36. ἀπέστρεψε Σενναχηρὶμ βασιλεὺς Ἀσσ. (2 d)
20. 6. A R ἐκ χειρὸς βασιλέως [B -έων] Ἀσσ. σώσω σε (2 d)
— 12. ἀπέστειλε Μαρωδὰχ . . . βασιλεὺς Βαβ. βιβλία (2 d)
— 14. εἰσῆλθεν Ἠσαΐας ὁ προφ. πρὸς τὸν β. Ἐζ. (2 d)
— 18. ἔσονται εὐνοῦχοι ἐν τῷ οἴκῳ τοῦ β. Βαβ. (2 d)
— 20. ἐπὶ βιβλίῳ λόγων [A om.] τῶν ἡμ. τοῖς β. Ἰ. (2 d)
21. 3. καθὼς ἐποίησεν Ἀχαὰβ βασιλεὺς Ἰσρ. (2 d)
— 11. ἀνθ᾽ ὧν ὅσα ἐποίησε Μαν. ὁ β. Ἰούδα (2 d)
— 17. ἐπὶ βιβλίῳ λόγων τῶν ἡμ. τοῖς β. Ἰούδα (2 d)
— 23. ἐθανάτωσαν τὸν [B[1] αὐτὸν] β. ἐν τῷ οἴκῳ αὐτοῦ (2 d)
— 24. πάντας τοὺς συστραφέντας ἐπὶ τὸν β. Ἀμώς (2 d)
— 25. ἐπὶ βιβλίῳ [A -ίου] λόγων τῶν ἡμ. τοῖς β. Ἰούδα (2 d)
22. 3. ἐν τῷ ὀκτωκαιδεκάτῳ ἔτει τῷ β. Ἰωσίᾳ (2 d)
— 3. ἀπέστειλεν [A ἐξαπ.] ὁ β. τὸν Σαπφάν (2 d)
— 9. εἰσῆλθεν ἐν οἴκῳ [A εἰς οἶκον] κυρίου πρὸς τὸν β. καὶ ἀπέστρεψε [A ἐπέστρ.] τῷ β. ῥῆμα (2 d, 2 d)
— 10. εἶπε Σαφφὰν ὁ γραμματεὺς πρὸς τὸν β. (2 d)
— 10. ἀνέγνω αὐτὸ Σαφφὰν ἐνώπιον τοῦ β. (2 d)
— 11. ὡς ἤκουσεν ὁ β. τοὺς λόγους βιβλίου [A τοῦ β.] τοῦ νόμου (2 d)
— 12. ἐνετείλατο ὁ β. τῷ Χελκίᾳ τῷ ἱερεῖ (2 d)
— 12. καὶ τῷ Ἀσαΐᾳ δούλῳ τοῦ β. (2 d)
— 16. οὓς ἀνέγνω βασιλεὺς Ἰούδα (2 d)

IV Ki. 22. 18. πρὸς βασιλέα Ἰούδα τὸν ἀποστείλαντα ὑμᾶς (2 d)
23. 1 (22. 20). A R ἐπέστρεψαν τῷ β. [B οἱ β.] τὸ ῥῆμα (2 d)
— 1. ἀπέστειλεν ὁ β. (2 d)
— 2. ἀνέβη ὁ β. εἰς οἶκον κυρίου (2 d)
— 3. ἔστη ὁ β. πρὸς τὸν στῦλον (2 d)
— 4. ἐνετείλατο ὁ β. τῷ Χελκίᾳ τῷ ἱερεῖ τῷ μεγ. (2 d)
— 5. R οὓς [A om.] ἔδωκαν [A -εν] βασιλεῖς [A -εὺς, B -εῖ] Ἰούδα (2 d)
— 11. οὓς ἔδωκαν βασιλεῖς [A -κεν βασιλεὺς] Ἰούδα (2 d)
— 11. εἰς τὸ γαζοφυλάκιον Νάθαν βασιλέως τοῦ εὐνούχου (2 d)
— 12. A R ἃ ἐποίησαν βασιλεῖς [B -σεν βασιλεὺς] Ἰούδα (2 d)
— 12. καθεῖλεν ὁ β. (2 d)
— 13. ὃν ᾠκοδόμησε Σαλ. β. Ἰσραὴλ τῇ Ἀστάρτῃ (2 d)
— 13. ἐμίανεν ὁ β. (2 d)
— 19. οὓς ἐποίησαν βασιλεῖς Ἰσραήλ (2 d)
— 19. A Ἰωσίας βασιλεὺς Ἱερουσαλήμ [B om. β. Ἱ.] –
— 21. ἐνετείλατο ὁ β. παντὶ τῷ λαῷ (2 d)
— 22. πάσας τὰς ἡμέρας [A πασῶν ἡμερῶν] βασιλέων Ἰσραὴλ καὶ βασιλέων Ἰούδα (2 d, 2 d)
— 23. τῷ ὀκτωκαιδεκάτῳ ἔτει τοῦ β. Ἰωσίου (2 d)
— 25. ὅμοιος αὐτῷ οὐκ ἐγενήθη ἔμπροσθεν αὐτοῦ βασιλεύς (2 d)
— 28. ἐπὶ βιβλίῳ λόγων τῶν ἡμ. τοῖς β. Ἰούδα (2 d)
— 29. ἀνέβη Φ. Νεχαὼ β. Αἰγ. ἐπὶ βασιλέα Ἀσσυρίων (2 d, 2 d)
— 34. τὸν Ἐλιακὶμ υἱὸν Ἰωσίου βασιλέως Ἰούδα –
24. 1. ἀνέβη Ναβουχοδονόσορ βασιλεὺς Βαβ. (2 d)
— 5. ἐπὶ βιβλίῳ λόγων τῶν ἡμ. τοῖς β. Ἰούδα (2 d)
— 7. οὐ προσέθετο ἔτι βασιλεὺς Αἰγύπτου [A om.] ἐξελθεῖν ἐκ τῆς [A om.] γῆς αὐτοῦ ὅτι ἔλαβε βασιλεὺς Βαβυλῶνος . . . πάντα ὅσα ἦν τοῦ β. Αἰγύπτου (2 d ter)
— 10. ἀνέβη Ναβουχοδονόσορ [A om.] βασιλεὺς Βαβ. (2 d)
— 11. εἰσῆλθε Ναβουχοδονόσορ [A om.] β. [A ὁ β.] Βαβ. (2 d)
— 12. ἐξῆλθεν Ἰωακεὶμ β. Ἰούδα ἐπὶ βασιλέα Βαβ. (2 d, 2 d)
— 12. ἔλαβεν αὐτὸν [A -οὺς] β. Βαβυλῶνος (2 d)
— 13. καὶ τοὺς θησαυροὺς οἴκου τοῦ β. (2 d)
— 13. ἃ ἐποίησε Σαλ. β. Ἰσρ. (2 d)
— 15. καὶ τὴν μητέρα τοῦ β. καὶ τὰς γυναῖκας τοῦ β. (2 d, 2 d)
— 16. ἤγαγεν αὐτοὺς β. Βαβυλῶνος μετοικεσίαν εἰς Βαβ. (2 d)
— 17. ἐβασίλευσε β. Βαβυλῶνος τὸν Βατθανίαν (2 d)
— 20. ἠθέτησε Σεδεκίας ἐν τῷ β. Βαβυλῶνος (2 d)
25. 1. ἦλθε Ναβουχοδονόσορ β. Βαβ. (2 d)
— 2. ἕως τοῦ ἑνδεκάτου ἔτους τοῦ β. Σεδ. (2 d)
— 4. αὕτη ἥ ἐστιν τοῦ κήπου τοῦ β. (2 d)
— 5. ἐδίωξεν ἡ δύναμις τῶν Χαλδαίων ὀπίσω τοῦ β. (2 d)
— 6. συνέλαβον τὸν β. καὶ ἤγαγον αὐτὸν πρὸς βασιλέα [A τὸν β.] Βαβ. (2 d, 2 d)
— 8. αὐτὸς ἐνιαυτὸς [A om.] ἐννεακαιδέκατος τῷ Ναβ. β. Βαβ. (2 d)
— 8. ἦλθε Ναβ. . . . ἑστὼς ἐνώπιον βασιλέως Βαβ. (2 d)
— 9. τὸν οἶκον κυρίου καὶ τὸν οἶκον τοῦ β. (2 d)
— 11. οἳ ἐνέπεσον πρὸς β. Βαβ. (2 d)
— 19. τῶν ὁρώντων τὸ πρόσωπον τοῦ β. (2 d)
— 20. ἀπήγαγεν αὐτοὺς πρὸς τὸν β. Βαβ. (2 d)
— 21. ἔπαισεν αὐτοὺς β. Βαβ. (2 d)
— 22. οὓς κατέλιπε Ναβ. β. Βαβ. (2 d)
— 23. κατέστησε β. Βαβ. τὸν Γοδολίαν (2 d)
— 24. δουλεύσατε τῷ β. Βαβυλῶνος (2 d)
— 25. Ἰσμαὴλ . . . ἐκ τοῦ σπέρματος τῶν β. (2 a)
— 27. τῆς ἀποικίας [A μετοικεσίας] τοῦ Ἰωακεὶμ β. Ἰούδα (2 d)
— 27. ὕψωσεν Εὐιαλμαρωδὲκ βασιλεὺς Βαβυλῶνος . . . τὴν κεφαλὴν Ἰωακεὶμ τοῦ β. Ἰούδα (2 d, 2 d)
— 28. τῶν θρόνων τῶν β. τῶν μετ᾽ αὐτοῦ ἐν Βαβ. (2 d)
— 30. ἐδόθη αὐτῷ ἐξ οἴκου τοῦ β. (2 d)

I Ch. *tit.* A παραλειπομένων βασιλέων Ἰ. α [B *al.*]
1. 43. καὶ οὗτοι οἱ β. αὐτῶν (2 *d*)
— 43. A πρὸ τοῦ βασιλεῦσαι βασιλέα τοῖς υἱοῖς Ἰσρ. (2 *d*)
3. 2. θυγατρὸς Θολμαΐ βασιλέως Γεδσούρ (2 *d*)
4. 23. οἱ κατοικοῦντες ἐν Ἀταῒμ . . . μετὰ τοῦ β. (2 *d*)
— 31. αὗται πόλεις αὐτῶν ἕως βασιλέως Δ. (2 *b*)
— 41. ἐν ἡμέραις Ἐζεκίου β. Ἰούδα (2 *d*)
5. 6. Θαγλαφαλλασὰρ βασιλεὺς Ἀσσούρ (2 *d*)
— 17. ἐν ἡμέραις Ἰωάθαμ βασιλέως Ἰούδα καὶ ἐν ἡμέραις Ἱεροβοὰμ βασιλέως Ἰσρ. (2 *d*, 2 *d*)
— 26. τὸ πνεῦμα Φαλὼχ βασιλέως Ἀσσοὺρ καὶ τὸ πνεῦμα Θαγλαφ. βασιλέως Ἀσσούρ (2 *d*, 2 *d*)
9. 1. ἐν βιβλίῳ τῶν β. Ἰσραὴλ καὶ Ἰούδα (2 *d*)
— 18. ἐν τῇ πύλῃ τοῦ β. (2 *d*)
11. 2. ὄντος Σαοὺλ βασιλέως (2 *d*)
— 3. ἦλθον πάντες πρεσβύτ. Ἰσρ. πρὸς τὸν β. (2 *d*)
— 3. διέθετο αὐτοῖς ὁ β. Δαυὶδ διαθήκην –
— 3. ἔχρισαν τὸν Δαυὶδ εἰς βασιλέα (2 *d*)
— 4. ἐπορεύθη ὁ β. . . . εἰς Ἰερουσ. †
14. 1. ἀπέστειλε Χειρὰμ βασιλεὺς Τύρου (2 *d*)
— 2. R ἡτοίμασεν αὐτὸν κύριος εἰς βασιλέα [A B S *om.* εἰς β.] (2 *d*)
— 8. ὅτι ἐχρίσθη Δαυὶδ β. ἐπὶ πάντα Ἰσρ. (2 *d*)
15. 29. εἶδε τὸν β. Δαυὶδ ὀρχούμενον (2 *d*)
16. 21. ἤλεγξε περὶ [A ὑπὲρ] αὐτῶν βασιλεῖς (2 *d*)
17. 16. ἦλθεν ὁ β. Δαυίδ (2 *d*)
18. 3. τὸν Ἀδραazὰρ β. Σουβὰ Ἡμάθ (2 *d*)
— 5. βοηθῆσαι Ἀδραaζὰρ βασιλεῖ Σουβά (2 *d*)
— 9. ἤκουσε Θωὰ β. Ἡμάθ (2 *d*)
— 9. τὴν πᾶσαν δύναμιν Ἀδρ. βασιλέως Σουβά (2 *d*)
— 10. ἀπέστειλε . . . πρὸς τὸν β. Δαυίδ (2 *d*)
— 11. R ταῦτα ἡγίασεν ὁ β. [A B S *om.* ὁ β.] Δ. τῷ κ. (2 *d*)
— 17. οἱ πρῶτοι διάδοχοι τοῦ β. (2 *d*)
19. 1. ἀπέθανε Ναὰς β. υἱῶν Ἀμμών (2 *d*)
— 5. S ἀπαγγεῖλαι τῷ β. [A B *om.*] Δαυίδ –
— 5. καὶ εἶπεν ὁ β. (2 *d*)
— 7. τὸν β. Μωχὰ καὶ τὸν λαὸν αὐτοῦ (2 *d*)
— 9. οἱ β. οἱ ἐλθόντες παρενέβαλον (2 *d*)
20. 1. ἐν τῇ ἐξόδῳ τῶν β. (2 *d*)
— 2. τὸν στέφανον Μολχὸμ β. αὐτῶν (2 *d*)
21. 2. εἶπεν ὁ β. [A *om.* ὁ β.] Δ. πρὸς Ἰωάβ –
— 3. ὀφθαλμοὶ τοῦ κυρίου μου τοῦ β. βλέποντες (2 *d*)
— 4. A S R τὸ δὲ ῥῆμα τοῦ β. ἴσχυσεν ἐπὶ Ἰ. (2 *d*)
— 6. κατίσχυσε [A προσώχθισε] λόγος τοῦ β. τὸν Ἰ. (2 *d*)
— 20. καὶ εἶδε τὸν β. †
— 23. ποιησάτω ὁ κύριός μου ὁ β. τὸ ἀγαθόν (2 *d*)
— 24. καὶ εἶπεν ὁ β. Δ. τῷ Ὀρνά (2 *d*)
24. 6. κατέναντι τοῦ β. καὶ τῶν ἀρχόντων (2 *d*)
— 31. ἔλαβον καὶ αὐτοὶ κλήρους . . . ἐναντίον τοῦ β. (2 *d*)
25. 1. Δαυὶδ ὁ β. καὶ οἱ ἄρχοντες τῆς δυν. –
— 2. υἱοὶ Ἀσὰφ ἐχόμενοι [A -να] τοῦ β. (2 *d*)
— 5. τῷ ἀνακρουομένῳ τῷ β. ἐν λόγοις θ. (2 *d*)
— 6. ἐχόμενα τοῦ β. (2 *d*)
26. 26. οὓς ἡγίασε Δαυὶδ ὁ β. (2 *d*)
— 30. καὶ ἐργασίαν τοῦ β. (2 *d*)
— 32. κατέστησεν αὐτοὺς Δαυὶδ ὁ β. ἐπὶ τοῦ Ῥουβ. (2 *d*)
— 32. πρόσταγμα κυρίου [A λόγον τοῦ θ.] καὶ λόγον βασιλέως (2 *d*)
27. 1. R γραμματεῖς οἱ λειτουργοῦντες τῷ β. [A B λαῷ] καὶ εἰς πᾶν λόγον τοῦ β. (2 *d*, –)
— 24. ἐν βιβλίῳ λόγων τῶν ἡμ. τοῦ β. Δ. (2 *d*)
— 25. ἐπὶ τῶν θησαυρῶν τοῦ β. Ἀσμώθ (2 *d*)
— 31. προστάται ὑπαρχόντων Δ. τοῦ β. (2 *d*)
— 32. Ἰεὴλ . . . μετὰ τῶν υἱῶν τοῦ β. (2 *d*)
— 33. Ἀχιτόφελ σύμβουλος τοῦ β. καὶ Χουσὶ ὁ πρῶτος φίλος τοῦ β. (2 *d*, 2 *d*)
— 34. Ἰωὰβ ἀρχιστράτηγος τοῦ β. (2 *d*)
28. 1. τῶν ἐφημεριῶν τῶν περὶ τὸ σῶμα τοῦ β. (2 *d*)
— 1. R πάσης τῆς κτήσεως τοῦ β. (2 *d*)
— 2. A ἔστη Δ. ὁ βασ. [B *om.* ὁ β.] (2 *d*)
— 4. εἶναι βασιλέα ἐπὶ Ἰσραήλ (2 *d*)
— 4. A B τοῦ γενέσθαι με βασιλέα [R εἰς β.] (1 *b*)
29. 1. εἶπε Δαυὶδ ὁ β. πάσῃ τῇ ἐκκλησίᾳ (2 *d*)
— 6. οἱ οἰκοδόμοι [A οἰκονόμοι] τοῦ β. (2 *d*)
— 9. Δαυὶδ ὁ β. εὐφράνθη μεγάλως (2 *d*)
— 10. εὐλόγησεν ὁ β. Δαυὶδ τὸν κύριον –
— 11. ἀπὸ προσώπου σου ταράσσεται πᾶς β. †
— 20. προσεκύνησαν κυρίῳ καὶ τῷ β. (2 *d*)

I Ch. 29. 22. ἔχρισαν αὐτὸν τῷ κυρίῳ εἰς βασιλέα (6)
— 24. πάντες υἱοὶ Δαυὶδ τοῦ β. τοῦ πατρὸς αὐτοῦ (2 *d*)
— 25. καὶ ἔδωκεν αὐτῷ δόξαν βασιλέως ὃ οὐκ ἐγένετο ἐπὶ παντὸς β. ἔμπροσθεν αὐ. (2 *e*, 2 *d*)
— 29. οἱ δὲ λοιποὶ λόγοι τοῦ β. Δαυίδ (2 *d*)
II Ch. 1. 12. ὡς οὐκ ἐγενήθη ὅμοιός σοι ἐν τοῖς β. τοῖς ἔμπροσθεν (2 *d*)
— 14. ὁ λαὸς μετὰ τοῦ β. ἐν Ἰερ. (2 *d*)
— 15. ἔθηκεν ὁ β. τὸ χρυσίον (2 *d*)
— 16. ἡ τιμὴ τῶν ἐμπόρων τοῦ β. (2 *d*)
— 17. τοῖς β. τῶν Χετταίων καὶ βασιλεῦσι Συρίας (2 *d*, 2 *d*)
2. 3 (2). ἀπέστειλε Σαλ. πρὸς Χιρὰμ β. Τύρου (2 *d*)
— 11 (10). εἶπε Χιρὰμ β. Τύρου ἐν γραφῇ (2 *d*)
— 11 (10). ἔδωκέ σε ἐπ' αὐτοὺς βασιλέα [A εἰς β.] (2 *d*)
— 12 (11). ὃς ἔδωκε τῷ Δ. τῷ β. υἱὸν σοφόν (2 *d*)
4. 11. ἣν ἐποίησε Σαλ. τῷ β. [A ὁ β. Σαλ.] (2 *d*)
— 16. καὶ ἀνήνεγκε τῷ β. Σαλ. (2 *d*)
— 17. ἐχώνευσεν αὐτὰ ὁ β. (2 *d*)
5. 3. ἐξεκκλησιάσθησαν πρὸς τὸν β. πᾶς Ἰσρ. (2 *d*)
— 6. ὁ β. Σαλωμὼν καὶ πᾶσα συναγωγὴ Ἰσρ. (2 *d*)
6. 3. ἐπέστρεψεν ὁ β. τὸ πρόσωπον αὐ. (2 *d*)
7. 4. καὶ ὁ β. καὶ πᾶς ὁ λαός (2 *d*)
— 5. R ἐθυσίασεν ὁ β. [A B *om.* ὁ β.] Σαλ. (2 *d*)
— 5. ἐνεκαίνισε τὸν οἶκον τοῦ θεοῦ ὁ β. (2 *d*)
— 6. ἐν ὀργάνοις ᾠδῶν κυρίου τοῦ Δ. τοῦ β. (2 *d*)
— 11. τὸν οἶκον κυρίου καὶ τὸν οἶκον τοῦ β. (2 *d*)
8. 10. ἄρχοντες τῶν προστατῶν βασιλέως [A τῷ β.] Σαλ. (2 *d*)
— 11. ἐν πόλει Δαυὶδ τοῦ β. Ἰσραήλ (2 *d*)
— 15. οὐ παρῆλθον τὰς ἐντολὰς τοῦ β. (2 *d*)
— 18. ἦλθον πρὸς τὸν β. Σαλωμών (2 *d*)
9. 5. καὶ εἶπε πρὸς τὸν β. (2 *d*)
— 8. τοῦ δοῦναί σε . . . εἰς βασιλέα (2 *d*)
— 8. ἔδωκέ σε ἐπ' αὐτοὺς εἰς βασιλέα (2 *d*)
— 9. ἔδωκε τῷ β. ἑκατὸν εἴκοσι τάλαντα χρυσίου (2 *d*)
— 9. ἃ ἔδωκε βασίλισσα Σαβὰ τῷ β. Σαλ. (2 *d*)
— 11. ἐποίησεν ὁ β. τὰ ξύλα τὰ πεύκινα ἀναβάσεις (2 *d*)
— 11. τῷ οἴκῳ κυρίου καὶ τῷ οἴκῳ τοῦ β. (2 *d*)
— 12. καὶ ὁ β. Σαλ. ἔδωκε τῇ βασιλίσσῃ Σ. (2 *d*)
— 12. ὧν ἤνεγκε τῷ β. Σαλ. (2 *d*)
— 14. πάντων τῶν β. τῆς Ἀραβίας (2 *d*)
— 14. ἔφερον χρυσίον καὶ ἀργύριον τῷ β. Σαλ. –
— 15. ἐποίησεν ὁ β. Σαλ. διακοσίους θυρεούς (2 *d*)
— 16. ἔδωκεν αὐτὰς ὁ β. ἐν οἴκῳ (2 *d*)
— 17. ἐποίησεν ὁ β. θρόνον ἐλεφάντινον (2 *d*)
— 20. πάντα τὰ σκεύη τοῦ β. Σαλ. χρυσίου (2 *d*)
— 21. ναῦς τῷ β. ἐπορεύετο εἰς Θαρσεῖς (2 *d*)
— 21. ἤρχετο πλοῖα ἐκ Θαρσεὶς τῷ β. –
— 22. ἐμεγαλύνθη Σαλ. ὑπὲρ πάντας τοὺς β. (2 *d*)
— 23. πάντες οἱ β. τῆς γῆς ἐζήτουν τὸ πρόσωπον Σ. (2 *d*)
— 25. ἔθετο αὐτοὺς . . . μετὰ τοῦ β. ἐν Ἰερ. (2 *d*)
— 26. ἦν ἡγούμενος πάντων τῶν β. (2 *d*)
— 27. ἔδωκεν ὁ β. τὸ χρυσίον . . . ὡς λίθους (2 *d*)
— 30. A B ἐβασίλευσε Σαλ. ὁ β. [R *om.* ὁ β.] ἐπὶ πάντα –
10. 2. ἔφυγεν ἀπὸ προσώπου Σαλ. τοῦ β. (2 *d*)
— 3. A ἦλθεν Ἱεροβοὰμ . . . πρὸς βασιλέα [B *om.*] Ῥοβ. –
— 6. συνήγαγεν ὁ β. Ῥοβ. τοὺς πρεσβυτ. (2 *d*)
— 12. ὡς ἐλάλησεν ὁ β. (2 *d*)
— 13. ἀπεκρίθη ὁ β. σκληρὰ καὶ ἐγκατέλειπεν ὁ β. Ῥοβ. τὴν βουλήν (2 *d*, 2 *d*)
— 15. οὐκ ἤκουσεν ὁ β. τοῦ λαοῦ (2 *d*)
— 16. οὐκ ἤκουσεν ὁ β. αὐτῶν (2 *d*)
— 16. καὶ ἀπεκρίθη ὁ λαὸς πρὸς τὸν β. (2 *d*)
— 18. A R ἀπέστειλεν . . . Ῥοβοὰμ ὁ β. [B *om.* ὁ β.] τὸν Ἀδ. (2 *d*)
— 18. ὁ β. Ῥοβοὰμ ἔσπευσε τοῦ ἀναβῆναι (2 *d*)
12. 2. ἀνέβη Σουσακὶμ β. Αἰγ. ἐπὶ Ἰερ. (2 *d*)
— 6. ᾐσχύνθησαν οἱ ἄρχοντες . . . καὶ ὁ β. (2 *d*)
— 9. ἀνέβη Σουσακὶμ β. Αἰγ. (2 *d*)
— 9. τοὺς θησαυροὺς τοὺς ἐν οἴκῳ τοῦ β. (2 *d*)
— 10. R ἐποίησεν ὁ β. [A B *om.* ὁ β.] Ῥοβ. θυρεούς (2 *d*)
— 10. τοὺς φυλάσσοντας τὸν πυλῶνα τοῦ β. (2 *d*)
— 11. ἐν τῷ εἰσελθεῖν τὸν β. εἰς οἶκον κυρίου (2 *d*)
— 13. R καὶ κατίσχυσεν ὁ β. [A B *om.* ὁ β.] Ῥοβ. ἐν Ἰερ. (2 *d*)

II Ch. 13. 5. ἔδωκε βασιλέα ἐπὶ τὸν Ἰσρ. εἰς τὸν αἰῶνα τῷ Δαυίδ (2 *f*)
16. 1. ἀνέβη Βαασὰ β. Ἰσραὴλ ἐπὶ Ἰούδαν (2 *d*)
— 1. τοῦ μὴ δοῦναι ἔξοδον . . . τῷ Ἀσὰ β. Ἰούδα (2 *d*)
— 2. ἐκ θησαυρῶν οἴκου κυρίου καὶ οἴκου τοῦ β. (2 *d*)
— 2. πρὸς τὸν υἱὸν τοῦ Ἄδερ β. Συρίας (2 *d*)
— 3. διασκέδασον ἀπ' ἐμοῦ τὸν Βαασὰ β. Ἰσρ. (2 *d*)
— 4. ἤκουσεν υἱὸς Ἄδερ τοῦ β. Ἀσά (2 *d*)
— 6. καὶ Ἀσὰ ὁ β. ἔλαβε πάντα τὸν Ἰ. (2 *d*)
— 7. ἦλθεν Ἀνανὶ ὁ προφήτης πρὸς Ἀσὰ β. Ἰούδα (2 *d*)
— 7. ἐν τῷ πεποιθέναι σε ἐπὶ βασιλέα Σ. (2 *d*)
— 11. ἐν βιβλίῳ βασιλέων Ἰούδα καὶ Ἰσραήλ (2 *d*)
17. 19. οὗτοι οἱ λειτουργοῦντες τῷ β. (2 *d*)
— 19. ἐκτὸς ὧν ἔδωκεν ὁ β. (2 *d*)
18. 3. εἶπεν Ἀχαὰβ β. Ἰσρ. πρὸς Ἰωσαφὰτ β. Ἰούδα (2 *d*, 2 *d*)
— 4. εἶπεν Ἰωσαφὰτ πρὸς βασιλέα Ἰσρ. (2 *d*)
— 5. συνήγαγεν ὁ β. Ἰσρ. τοὺς προφήτας (2 *d*)
— 5. δώσει ὁ θ. εἰς τὰς χεῖρας τοῦ β. (2 *d*)
— 7. εἶπε β. Ἰσρ. πρὸς Ἰωσαφάτ (2 *d*)
— 7. μὴ λαλείτω ὁ β. οὕτως (2 *d*)
— 8. ἐκάλεσεν ὁ β. εὐνοῦχον ἕνα (2 *d*)
— 9. καὶ βασιλεὺς Ἰσραὴλ καὶ Ἰωσαφὰτ β. Ἰούδα (2 *d*, 2 *d*)
— 11. δώσει κύριος εἰς τὰς χεῖρας τοῦ β. (2 *d*)
— 12. ἐλάλησαν οἱ προφῆται . . . ἀγαθὰ περὶ τοῦ β. (2 *d*)
— 14. ἦλθε πρὸς τὸν β. καὶ εἶπεν αὐτῷ ὁ β. (2 *d*, 2 *d*)
— 15. καὶ εἶπεν αὐτῷ ὁ β. (2 *d*)
— 17. καὶ εἶπεν ὁ β. Ἰσρ. πρὸς Ἰωσαφάτ (2 *d*)
— 19. τίς ἀπατήσει τὸν Ἀχαὰβ β. Ἰσρ. (2 *d*)
— 25. καὶ εἶπε β. Ἰσραήλ (2 *d*)
— 25. πρὸς Ἰωὰς ἄρχοντα υἱὸν τοῦ β. (2 *d*)
— 26. οὕτως εἶπεν ὁ β. (2 *d*)
— 28. ἀνέβη β. Ἰσρ. καὶ Ἰωσ. β. Ἰούδα (2 *d*, 2 *d*)
— 29. καὶ εἶπε β. Ἰσραὴλ πρὸς Ἰωσαφάτ (2 *d*)
— 29. καὶ συνεκαλύψατο β. Ἰσρ. (2 *d*)
— 30. β. Συρίας ἐνετείλατο τοῖς ἄρχουσι (2 *d*)
— 30. μὴ πολεμεῖτε . . . ἀλλ' ἢ τὸν β. Ἰσραὴλ μόνον (2 *d*)
— 31. β. Ἰσραήλ ἐστι (2 *d*)
— 32. ὡς εἶδον . . . ὅτι οὐκ ἦν β. Ἰσρ. (2 *d*)
— 33. ἐπάταξε τὸν β. Ἰσρ. ἀνὰ μέσον τοῦ πνεύμονος (2 *d*)
— 34. ὁ β. Ἰσραὴλ ἦν ἑστηκὼς ἐπὶ τοῦ ἅρμ. (2 *d*)
19. 1. ἐπέστρεψεν Ἰωσ. β. Ἰούδα εἰς τὸν οἶκον (2 *d*)
— 2. A B^2 βασιλεῦ [B^1 R βασιλεὺς] Ἰωσαφάτ (2 *d*)
— 11. ὁ ἡγούμενος . . . πρὸς πᾶν λόγον βασιλέως (2 *d*)
20. 15. οἱ κατοικοῦντες Ἰερ. καὶ ὁ β. Ἰωσ. (2 *d*)
— 34. ὃς κατέγραψε βιβλίον βασιλέως Ἰσρ. (2 *d*)
— 35. A R ἐκοινώνησεν Ἰωσ. β. Ἰούδα [B *om.* β. Ἰου.] πρὸς Ὀχοζίαν β. Ἰσρ. (2 *d*, 2 *d*)
21. 2. πάντες οὗτοι υἱοὶ Ἰωσ. βασιλέως Ἰ. (2 *d*)
— 6. ἐπορεύθη ἐν ὁδῷ βασιλέων Ἰσρ. (2 *d*)
— 8. ἐβασίλευσαν ἐφ' ἑαυτοὺς βασιλέα (2 *d*)
— 12. οὐκ ἐπορεύθης . . . ἐν ὁδοῖς Ἀσὰ βασιλέως Ἰούδα (2 *d*)
— 13. A R ἐπορεύθης ἐν ὁδοῖς βασιλέων [B -ως] Ἰσραήλ (2 *d*)
— 17. τὴν ἀποσκευὴν ἣν εὗρον ἐν οἴκῳ τοῦ β. (2 *d*)
— 20. καὶ οὐκ ἐν τάφοις τῶν β. (2 *d*)
22. 1. Ὀχοζίας υἱὸς Ἰωρὰμ β. Ἰούδα (2 *d*)
— 5. R μετὰ Ἰωρὰμ υἱοῦ Ἀχ. β. Ἰσρ. [A B *om.* β. Ἰ.] (2 *d*)
— 5. ἐπὶ Ἀζαὴλ βασιλέα Συρίας (2 *d*)
— 6. πρὸς Ἀζαὴλ βασιλέα Συρίας (2 *d*)
— 6. Ὀχοζίας υἱὸς Ἰωρὰμ βασιλεὺς Ἰούδα (2 *d*)
— 11. A R Ἰωσαβεὲθ θυγάτηρ τοῦ β. (2 *d*)
— 11. ἐκ μέσου υἱῶν τοῦ β. τῶν θανατουμένων (2 *d*)
— 11. Ἰωσαβεὲθ θυγάτηρ τοῦ β. Ἰωράμ (2 *d*)
— 11. B ἀπὸ προσώπου τοῦ β. Ἰ. [A R *al.*] –
23. 3. διέθεντο . . . διαθήκην ἐν οἴκῳ τοῦ θεοῦ μετὰ τοῦ β. (2 *d*)
— 3. ἔδειξεν αὐτοῖς τὸν υἱὸν τοῦ β. –
— 3. ἰδοὺ ὁ υἱὸς τοῦ β. βασιλευσάτω (2 *d*)
— 5. τὸ τρίτον ἐν οἴκῳ τοῦ β. (2 *d*)
— 7. κυκλώσουσι τὸν β. οἱ Λευῖται κύκλῳ (2 *d*)
— 7. ἔσονται μετὰ τοῦ β. (2 *d*)
— 9. τὰ ὅπλα ἃ ἦν τοῦ β. Δαυίδ (2 *d*)
— 10. ἐπὶ τὸν β. κύκλῳ (2 *d*)
— 11. ἐξήγαγε τὸν υἱὸν τοῦ β. (2 *d*)
— 11. καὶ εἶπαν, Ζήτω ὁ β. (2 *d*)

II Ch. 23. 12. ἐξομολογουμένων καὶ αἰνούντων τὸν β. (2 d)
— 12. εἰσῆλθε πρὸς τὸν β. εἰς οἶκον κυρίου †
— 13. καὶ ἰδοὺ ὁ β. ἐπὶ τῆς στάσεως αὐτοῦ (2 d)
— 13. ἄρχοντες περὶ τὸν β. (2 d)
— 15. διὰ τῆς πύλης τῶν ἱππέων τοῦ οἴκου τοῦ β. (2 d)
— 16. ἀνὰ μέσον αὐτοῦ καὶ τοῦ λαοῦ καὶ τοῦ β. (2 d)
— 20. ἐπεβίβασαν τὸν β. εἰς οἶκον κυρίου (2 d)
— 20. εἰσῆλθε . . . εἰς τὸν οἶκον τοῦ β. (2 d)
— 20. ἐκάθισαν τὸν β. ἐπὶ τὸν θρόνον τῆς βασιλείας (2 d)
24. 6. ἐκάλεσεν ὁ β. Ἰωὰς τὸν Ἰωδαέ (2 d)
— 8. καὶ εἶπεν ὁ β. (2 d)
— 11. πρὸς τοὺς προστάτας τοῦ β. (2 d)
— 11. ἦλθεν ὁ γραμματεὺς τοῦ β. (2 d)
— 12. ἔδωκεν αὐτὸ ὁ β. (2 d)
— 14. ἤνεγκαν πρὸς τὸν β. (2 d)
— 16. ἔθαψαν αὐτὸν ἐν πόλει Δαυὶδ μετὰ τῶν β. (2 d)
— 17. καὶ προσεκύνησαν τὸν β. (2 d)
— 17. τότε ἐπήκουσεν αὐτοῖς ὁ β. (2 d)
— 21. δι' ἐντολῆς Ἰωὰς τοῦ β. (2 d)
— 23. τὰ σκῦλα αὐτῶν ἀπέστειλαν τῷ β. Δαμ. (2 d)
— 25. οὐκ ἔθαψαν αὐτὸν ἐν τῷ τάφῳ τῶν β. (2 d)
— 27. ἰδοὺ γεγραμμένα ἐπὶ τὴν γραφὴν τῶν β. (2 d)
25. 3. τοὺς φονεύσαντας τὸν β. πατέρα αὐτοῦ (2 d)
— 7. ἦλθε πρὸς αὐτὸν λέγων, Βασιλεῦ (2 d)
— 16. μὴ σύμβουλον τοῦ β. δέδωκά σε (2 d)
— 17. ἐβουλεύσατο Ἀμασίας ὁ β. Ἰούδα [B om. ὁ β. Ἰ.] (2 d)
— 17. A R πρὸς Ἰωὰς . . . βασιλέα Ἰσραήλ (2 d)
— 18. ἀπέστειλεν Ἰωὰς β. Ἰσρ. πρὸς Ἀμασίαν β. Ἰ. (2 d, 2 d)
— 21. ἀνέβη Ἰωὰς β. Ἰσραήλ (2 d)
— 21. αὐτὸς καὶ Ἀμασίας β. Ἰούδα (2 d)
— 23. τὸν Ἀμασίαν β. Ἰούδα . . . κατέλαβεν Ἰωὰς β. Ἰσραήλ (2 d, 2 d)
— 24. τοὺς θησαυροὺς οἴκου τοῦ β. (2 d)
— 25. Ἀμασίας ὁ τοῦ Ἰωὰς β. Ἰούδα (2 d)
— 25. Ἰωὰς τὸν τοῦ Ἰωάχας βασιλέα Ἰσρ. (2 d)
— 26. A R ἐπὶ βιβλίου βασιλέων [B om.] Ἰούδα καὶ Ἰσρ. (2 d)
26. 2. μετὰ τὸ κοιμηθῆναι τὸν β. μετὰ τῶν πατέρων (2 d)
— 11. τοῦ διαδόχου τοῦ β. (2 d)
— 13. βοηθῆσαι τῷ β. ἐπὶ τοὺς ὑπεναντίους (2 d)
— 18. ἔστησαν ἐπὶ Ὀζίαν τὸν β. (2 d)
— 21. καὶ ἦν Ὀζίας β. λεπρός (2 d)
— 22. A[2] οἱ λοιποὶ λόγοι Ὀ. τοῦ β. [B om. τ. β.] –
— 23. ἐν τῷ πεδίῳ τῆς ταφῆς τῶν β. (2 d)
27. 5. αὐτὸς ἐμαχέσατο πρὸς βασιλέα υἱῶν Ἀμμών (2 d)
— 5. ταῦτα ἔφερεν αὐτῷ βασιλεὺς υἱῶν Ἀμμών –
— 7. ἐπὶ βιβλίῳ [A -ων] βασιλέων Ἰούδα καὶ Ἰσρ. (2 d)
28. 2. A R ἐπορεύθη κατὰ τὰς ὁδοὺς βασιλέων [B -ως] Ἰσραήλ (2 d)
— 5. A R παρέδωκεν αὐτὸν κ. . . . διὰ χειρὸς βασιλέως [B -ων] Συρ. (2 d)
— 5. A R εἰς τὰς χεῖρας βασιλέως [B -ων] Ἰσρ. παρέδωκεν αὐτόν (2 d)
— 6. Φακεὲ ὁ τοῦ Ῥομελία βασιλεὺς Ἰσρ. –
— 7. ἀπέκτεινε . . . τὸν Μαασίαν τὸν υἱὸν τοῦ β. (2 d)
— 7. τὸν Ἐλκανὰ τὸν διάδοχον τοῦ β. (2 d)
— 16. A B ἀπέστειλεν Ἄχαζ [R ὁ β. Ἀχ.] πρὸς βασιλέα Ἀσσούρ (2 d, 2 d)
— 18. B τὰ ἐν οἴκῳ τοῦ β. καὶ τῶν ἀρχόντων –
— 18. ἔδωκαν τῷ β. τὴν Ἀϊλών –
— 19. διὰ Ἄχαζ βασιλέα Ἰούδα (2 d)
— 20. ἦλθεν ἐπ' αὐτὸν Θαλγ. β. Ἀσσούρ (2 d)
— 21. τὰ ἐν οἴκῳ τοῦ β. καὶ τῶν ἀρχόντων (2 d)
— 21. ἔδωκε τῷ β. Ἀσσούρ (2 d)
— 22. καὶ εἶπεν ὁ β. (2 d?)
— 23. θεοὶ βασιλέως Συρίας αὐτοί (2 d)
— 26. ἐπὶ βιβλίῳ βασιλέων Ἰούδα καὶ Ἰσρ. (2 d)
— 27. εἰς τοὺς τάφους τῶν β. Ἰσρ. (2 d)
29. 15. κατὰ τὴν ἐντολὴν τοῦ β. (2 d)
— 18. εἰσῆλθαν ἔσω πρὸς Ἐζεκίαν τὸν β. (2 d)
— 19. ἃ ἐμίανεν Ἄχαζ ὁ β. (2 d)
— 20. ὤρθρισεν Ἐζεκίας ὁ β. (2 d)
— 23. ἐναντίον τοῦ β. καὶ τῆς ἐκκλησίας (2 d)
— 24. εἶπεν ὁ β. (2 d)
— 25. A R κατὰ τὴν ἐντολὴν Δαυὶδ τοῦ β. καὶ Γὰδ τοῦ ὁρῶντος τῷ β. [B Γὰδ τοῦ προφήτου] (–, 2 d)

II Ch. 29. 27. A R πρὸς τὰ ὄργανα Δαυὶδ βασιλέως Ἰσρ. [B om.] (2 d)
— 29. ἔκαμψεν ὁ β. (2 d)
— 30. εἶπεν Ἐζεκίας ὁ β. (2 d)
30. 2. ὁ β. καὶ οἱ ἄρχοντες (2 d)
— 4. ἐναντίον τοῦ β. καὶ ἐναντίον τῆς ἐκκλ. (2 d)
— 6. σὺν ταῖς ἐπιστολαῖς παρὰ τοῦ β. (2 d)
— 6. κατὰ τὸ πρόσταγμα τοῦ β. (2 d)
— 6. τοὺς καταλειφθέντας ἀπὸ χειρὸς βασιλέως Ἀσσούρ (2 d)
— 12. κατὰ τὰ προστάγματα τοῦ β. (2 d)
— 26. ἀπὸ ἡμερῶν Σαλ. υἱοῦ Δαυὶδ βασιλέως Ἰσρ. (2 d)
31. 3. μερὶς τοῦ β. ἐκ τῶν ὑπαρχόντων αὐτοῦ (2 d)
— 13. καθὼς προσέταξεν ὁ β. Ἐζεκίας (2 d)
32. 1. ἦλθε Σενναχηρὶμ β. Ἀσσυρίων (2 d)
— 4. μὴ ἔλθῃ βασιλεὺς Ἀσσούρ (2 d)
— 7. μηδὲ πτοηθῆτε ἀπὸ προσώπου βασιλέως Ἀσσούρ (2 d)
— 8. ἐπὶ τοῖς λόγοις Ἐζ. βασιλέως Ἰούδα (2 d)
— 9. ἀπέστειλε Σενναχηρὶμ β. Ἀσσ. (2 d)
— 9. ἀπέστειλε πρὸς Ἐζεκίαν βασιλέα Ἰούδα (2 d)
— 10. οὕτως λέγει Σενναχηρὶμ ὁ β. Ἀσσυρίων (2 d)
— 11. σώσει ὑμᾶς ἐκ χειρὸς βασιλέως Ἀσσούρ (2 d)
— 20. προσηύξατο Ἐζεκίας ὁ β. (2 d)
— 21. ἐν τῇ παρεμβολῇ βασιλέως Ἀσσούρ (2 d)
— 22. ἐκ χειρὸς Σενναχηρὶμ βασιλέως Ἀσσούρ (2 d)
— 23. δόματα τῷ Ἐζεκίᾳ βασιλεῖ Ἰούδα (2 d)
— 32. ἐπὶ βιβλίου βασιλέων Ἰούδα καὶ Ἰσρ. (2 d)
33. 11. τοὺς ἄρχοντας . . . βασιλέως Ἀσσούρ (2 d)
— 25. τοὺς ἐπιθεμένους ἐπὶ τὸν β. Ἀμώς (2 d)
34. 11. οὓς ἐξωλόθρευσαν βασιλεῖς Ἰούδα (2 d)
— 16. εἰσήνεγκε Σαφὰν τὸ βιβλίον πρὸς τὸν β. (2 d)
— 16. ἀπέδωκεν ἔτι τῷ β. λόγον (2 d)
— 18. ἀπήγγειλε Σαφὰν ὁ γραμματεὺς τῷ β. (2 d)
— 18. ἀνέγνω αὐτὸ Σαφὰν ἐναντίον τοῦ β. (2 d)
— 19. ὡς ἤκουσεν ὁ β. (2 d)
— 20. ἐνετείλατο ὁ β. τῷ Χελκίᾳ (2 d)
— 20. καὶ τῷ Ἀσαιᾳ παιδὶ τοῦ β. (2 d)
— 22. Χελκίας καὶ [A om.] οἷς εἶπεν ὁ β. (2 d)
— 24. τῷ ἀνεγνωσμένῳ ἐναντίον τοῦ β. Ἰ. (2 d)
— 26. ἐπὶ βασιλέα Ἰούδα τὸν ἀποστείλαντα ὑμᾶς (2 d)
— 28. καὶ ἀπέδωκαν τῷ β. λόγον (2 d)
— 29. ἀπέστειλεν ὁ β. (2 d)
— 30. ἀνέβη ὁ β. εἰς οἶκον κυρίου (2 d)
— 31. ἔστη [A ἀνέστη] ὁ β. ἐπὶ τὸν στῦλον (2 d)
35. 3. Σαλωμὼν υἱὸς Δαυὶδ τοῦ β. Ἰσραήλ (2 d)
— 3. καὶ εἶπεν ὁ β. –
— 4. κατὰ τὴν γραφὴν Δαυὶδ βασιλέως Ἰσρ. (2 d)
— 4. διὰ χειρὸς βασιλέως Σαλ. –
— 7. ταῦτα ἀπὸ τῆς ὑπάρξεως τοῦ β. (2 d)
— 10. κατὰ τὴν ἐντολὴν τοῦ β. (2 d)
— 15. οἱ προφῆται τοῦ β. (2 d)
— 16. κατὰ τὴν ἐντολὴν τοῦ β. Ἰωσίου (2 d)
— 18. καὶ παντὸς β. [A πάντες β.] Ἰσραήλ (2 d)
— 19. ἐνεπύρισεν ὁ β. Ἰωσίας –
— 20. ἀνέβη Φαραὼ Ν. β. Αἰγ. ἐπὶ τὸν β. (2 d, –)
— 20. ἐπορεύθη β. Ἰωσίας –
— 21. τί ἐμοὶ καὶ σοί, βασιλεῦ Ἰούδα (2 d)
— 23. ἐτόξευσαν οἱ τοξόται ἐπὶ βασιλέα Ἰωσίαν (2 d)
— 23. εἶπεν ὁ β. τοῖς παισὶν αὐτοῦ (2 d)
— 27. γεγραμμένοι ἐπὶ βιβλίῳ βασιλέων Ἰσρ. (2 d)
36. 1. κατέστησαν αὐτὸν . . . εἰς βασιλέα (12 c)
— 3. μετήγαγεν αὐτὸν ὁ β. εἰς Αἴγυπτον (2 d)
— 4. A R κατέστησε . . . τὸν Ἐλιακὶμ . . . βασιλέα [B al.] (12 c)
— 5. ἦλθε Ναβουχοδονόσορ βασιλεὺς Βαβ. —
— 6. ἀνέβη ἐπ' αὐτὸν Ναβ. β. Βαβ. (2 d)
— 8. ἐπὶ βιβλίῳ λόγων τῶν ἡμερῶν τοῖς β. Ἰ. (2 d)
— 10. ἀπέστειλεν ὁ β. Ναβουχοδονόσορ (2 d)
— 13. ἐν τῷ τὰ πρὸς τὸν β. Ναβ. ἀθετῆσαι (2 d)
— 17. ἤγαγεν ἐπ' αὐτοὺς βασιλέα Χαλδ. (2 d)
— 18. τοὺς θησαυροὺς βασιλέως (2 d)
— 22. ἔτους πρώτου Κύρου βασιλέως Περσῶν (2 d)
— 22. ἐξήγειρε κ. τὸ πνεῦμα Κύρου β. Περσῶν (2 d)
— 23. τάδε λέγει Κῦρος β. Περσῶν (2 d)
subscr. A παραλειπομένων τῶν βασιλειῶν [A[1] -λέων] Ἰ. β [B al.] –
I Es. 1. 3. Σαλ. ὁ τοῦ Δαυὶδ ὁ β.
— 5. κατὰ τὴν γραφὴν Δαυὶδ βασιλέως Ἰσρ.
— 15. Ἐδδ. ὁ παρὰ τοῦ β.
— 18. κατὰ τὴν ἐπιταγὴν τοῦ β. Ἰωσίου
— 21. πάντες οἱ β. τοῦ Ἰσρ. οὐκ ἠγάγοσαν πάσχα
— 25. συνέβη Φαραὼ βασιλέα Αἰγ. ἐλθόντα

I Es. 1. 26. διεπέμψατο πρὸς αὐτὸν β. Αἰγ.
— 26. τί ἐμοὶ καὶ σοί ἐστι, βασιλεῦ τῆς Ἰουδ.
— 29. κατέβησαν οἱ ἄρχοντες πρὸς τὸν β. Ἰωσίαν
— 30. καὶ εἶπεν ὁ β. τοῖς παισὶν ἑαυτοῦ
— 33. τῇ βίβλῳ τῶν ἱστορουμένων περὶ τῶν β. τῆς Ἰουδ.
— 33. ἐν τῷ βιβλίῳ [A τῇ βίβλῳ] τῶν β. Ἰσρ. καὶ Ἰ.
— 34. τὸν Ἰεχονίαν . . . ἀνέδειξαν βασιλέα
— 35. ἀπέστησεν αὐτὸν β. Αἰγ.
— 37. ἀνέδειξε β. Αἰγ. βασιλέα Ἰωακὶμ τὸν ἀδελφὸν αὐτοῦ βασιλέα τῆς Ἰουδ.
— 40. ἀνέβη Ναβ. β. Βαβ.
— 42. ἐν τῇ βίβλῳ τῶν χρόνων τῶν β.
-- 46. ἀνέδειξε Σεδεκίαν β. τῆς Ἰουδ.
— 48. ὁρκισθεὶς ἀπὸ τοῦ β. Ναβ.
— 50. B[1] ἀπέστειλεν ὁ β. [AB[2]R θεὸς] τῶν πατ.
— 52. ἀναβιβάσαι ἐπ' αὐτοὺς τοὺς β. τῶν Χαλδ.
2. 2. τὸ πνεῦμα Κύρου βασιλέως Περσῶν
— 3. τάδε λέγει ὁ β. Περσῶν Κῦρος
— 3. ἐμὲ ἀνέδειξε βασιλέα τῆς οἰκουμένης
— 10. ὁ β. Κῦρος ἐξήνεγκε τὰ ἱερὰ σκεύη
— 11. ἐξενέγκας δὲ αὐτὰ Κῦρος ὁ β. Περσῶν
— 16. ἐν δὲ τοῖς ἐπὶ Ἀρταξέρξου τοῦ Περσῶν β. χρόνοις
— 17. βασιλεῖ Ἀρταξέρξῃ κυρίῳ οἱ παῖδές σου
— 18. καὶ νῦν γνωστὸν ἔστω τῷ κυρίῳ β.
— 19. ἀλλὰ καὶ βασιλεῦσιν ἀντιστήσονται
— 20. ἀλλὰ προσφωνῆσαι τῷ κυρίῳ β.
— 22. καὶ βασιλεῖς καὶ πόλεις ἐνοχλοῦσα
— 24. ὑποδεικνύομέν σοι, κύριε βασιλεῦ
— 25. ἀνέγραψεν ὁ β. Ῥαθύμῳ
— 26. ἡ πόλις ἐκ. ἐξ αἰ. βασιλεῦσιν ἀντιπαρατάσσουσα
— 27. β. ἰσχυροὶ καὶ σκληροὶ ἦσαν ἐν Ἱερ.
— 29. εἰς τὸ βασιλεῖς ἐνοχλῆσαι [A ἐπὶ τῷ β. ἐνοχλεῖσθαι]
— 30. τῶν παρὰ τοῦ β. Ἀρταξέρξου γραφέντων
— 30. τῆς βασιλείας Δαρείου τοῦ Περσῶν β.
3. 1. καὶ β. Δαρεῖος ἐποίησε δοχὴν μεγ.
— 3. ὁ δὲ Δαρεῖος ὁ β. ἀνέλυσεν εἰς τὸν κοιτῶνα
— 4. οἱ φυλάσσοντες τὸ σῶμα τοῦ β.
— 5. δώσει αὐτῷ Δαρεῖος ὁ β. δωρεὰς μεγάλας
— 8. ὑπὸ τὸ προσκεφάλαιον Δαρείου τοῦ β.
— 9. ὅταν ἐγερθῇ ὁ β.
— 9. ὁ β. καὶ οἱ τρεῖς μεγιστᾶνες τῆς Περσίδος
— 11. ὑπερισχύει ὁ β.
— 13. ὅτε ἐξηγέρθη ὁ β.
— 19. τοῦ τε β. καὶ τοῦ ὀρφανοῦ ποιεῖ τὴν διάνοιαν μίαν
— 21. οὐ μέμνηται βασιλέα
4. 1. ὁ εἴπας περὶ τῆς ἰσχύος τοῦ β.
— 3. ὁ δὲ β. ὑπερισχύει
— 5. τὸν λόγον τοῦ β. οὐ παραβαίνουσιν
— 5. τῷ β. κομίζουσι πάντα
— 6. θερίσαντες ἀναφέρουσι τῷ β.
— 6. ἀναφέρουσι τοὺς φόρους τῷ β.
— 12. πῶς οὐχ ὑπερισχύει ὁ β.
— 14. οὐ μέγας ὁ β. καὶ πολλοὶ οἱ ἄνθρωποι
— 15. αἱ γυναῖκες ἐγέννησαν τὸν β.
— 28. οὐχὶ μέγας ὁ β. τῇ ἐξουσίᾳ αὐτοῦ
— 29. τὴν παλλακὴν τοῦ β. καθημένην ἐν δεξιᾷ τοῦ β.
— 30. ἀφαιροῦσαν τὸ διάδ. ἀπὸ τῆς κεφαλῆς τοῦ βασιλέως
— 31. ἐρράπιζε τὸν β. τῇ ἀριστερᾷ
— 31. ὁ β. χάσκων τὸ στόμα
— 33. ὁ β. καὶ οἱ μεγιστᾶνες
— 37. ἄδικος ὁ β.
— 42. τότε ὁ β. εἶπεν αὐτῷ
— 43. τότε εἶπε τῷ β.
— 46. τοῦτό ἐστιν ὅ σε ἀξιῶ, κύριε βασιλεῦ
— 46. τὴν εὐχὴν ἣν ηὔξω τῷ β. τοῦ οὐρ.
— 47. ἀναστὰς Δαρεῖος ὁ β.
— 58. εὐλόγησε τῷ β. τοῦ οὐρανοῦ
5. 6. ὃς ἐλάλησεν ἐπὶ Δαρείου τοῦ β. Περσῶν λόγους
— 7. οὓς μετῴκισε Ναβ. β. Βαβ.
— 55. τὸ γραφὲν αὐτοῖς παρὰ Κύρου τοῦ Περσῶν β.
— 60. εὐλογοῦντες κατὰ Δαυὶδ βασιλέα τοῦ Ἰσρ.
— 69. ἀφ' ἡμερῶν Ἀσβακαφὰς βασιλέως Ἀσσ.
— 71. οἷς προσέταξεν ἡμῖν Κῦρος ὁ β. Περσῶν
— 73. πάντα τὸν χρόνον τῆς ζωῆς τοῦ β. Κύρου
6. 7. βασιλεῖ Δαρείῳ χαίρειν
— 8. πάντα γνωστὰ ἔστω τῷ κυρίῳ ἡμῶν τῷ β.
— 14. ᾠκοδόμητο . . . διὰ βασιλέως τοῦ Ἰσρ. μεγάλου

I Es. 6. 15. εἰς χεῖρας Ναβ. βασιλέως Βαβ. βασ. τῶν Χαλδ.
— 17. ἔγραψεν ὁ β. Κῦρος
— 18. πάλιν ἐξήνεγκεν αὐτὰ Κῦρος ὁ β.
— 21. νῦν οὖν εἰ κρίνεται, βασιλεῦ
— 21. **B** ἐν τοῖς . . . βιβλιοφυλακίοις τοῦ κυρίου τοῦ β. [**A R** *al.*]
— 22. μετὰ τῆς γνώμης Κύρου τοῦ β.
— 22. καὶ κρίνηται τῷ κυρίῳ β. ἡμῶν
— 23. τότε ὁ β. Δαρεῖος προσέταξεν ἐπισκέψασθαι
— 24. β. Κῦρος προσέταξε
— 25. ἐκ τοῦ οἴκου Κύρου τοῦ β.
— 31. σπονδαὶ τῷ θεῷ . . . ὑπὲρ τοῦ β.
— 33. ἀφανίσαι πάντα β.
— 34. ἐγὼ β. Δαρεῖος δεδογμάτικα ἐπιμελῶς
7. 1. τοῖς ὑπὸ τοῦ β. Δαρείου προσταγεῖσιν
— 4. **A R** τοῦ Κύρου καὶ Δαρ. καὶ Ἀρταξ. βασιλέων [**B** -ως] Περσῶν
— 4. **A** ἕως τοῦ ἕκτου ἔτους Δαρ. β. Περσῶν
— 5. τοῦ ἕκτου ἔτους βασιλέως Δαρείου
— 15. τὴν βουλὴν τοῦ β. Ἀσσυρίων
8. 1. βασιλεύοντος Ἀρταξέρξου τοῦ Περσῶν β.
— 4. ἔδωκεν αὐτῷ ὁ β. δόξαν
— 6. **A R** οὗτος ἐνιαυτὸς ἕβδομος [**B** ὁ δεύτερος] βασιλεῖ
— 8. παρὰ Ἀρταξέρξου β. πρὸς Ἔσδραν
— 9. β. Ἀρταξέρξης Ἔσδρᾳ τῷ ἱερεῖ
— 19. κἀγὼ ἰδοὺ Ἀρταξέρξης β. προσέταξα
— 21. εἰς τὴν βασιλείαν τοῦ β.
— 25. ὁ δοὺς ταῦτα εἰς τὴν καρδίαν τοῦ β.
— 26. **A R** ἐτίμησεν ἐναντίον τοῦ β. [**B** τῶν βασιλευόντων]
— 28. ἐν τῇ βασιλείᾳ Ἀρταξέρξου τοῦ β.
— 51. **A R** αἰτῆσαι τὸν β. πεζούς [**B** *al.*]
— 52. εἴπαμεν γὰρ τῷ β.
— 55. ὁ β. καὶ οἱ σύμβουλοι αὐτοῦ
— 67. ἀπέδωκαν τὰ προστάγματα τοῦ β.
— 77. σὺν τοῖς ἀδελφοῖς ἡμῶν καὶ σὺν τοῖς β. ἡμῶν
— 77. παρεδόθημεν . . . τοῖς β. τῆς γῆς
— 80. ἐποίησεν ἡμᾶς ἐν χάριτι ἐνώπιον τῶν β. Περσῶν
II Es. 1. 1. ἐν τῷ πρώτῳ ἔτει Κύρου τοῦ β. Περσῶν (**2** *d*)
— 1. τὸ πνεῦμα Κύρου β. Περσῶν (**2** *d*)
— 2. οὕτως εἶπε Κῦρος β. Περσῶν (**2** *d*)
— 7. ὁ β. Κῦρος ἐξήνεγκε τὰ σκεύη οἴκου κυρίου (**2** *d*)
— 8. ἐξήνεγκεν αὐτὰ Κῦρος β. Περσῶν (**2** *d*)
2. 1. ἧς ἀπῴκισε Ναβ. β. Βαβ. (**2** *d*)
3. 7. κατ᾽ ἐπιχώρησιν Κύρου β. Περσῶν ἐπ᾽ αὐτούς (**2** *d*)
— 10. ἐπὶ χεῖρας Δαυὶδ βασιλέως Ἰσρ. (**2** *d*)
4. 2. ἀπὸ ἡμερῶν Ἀσαραδὰν βασιλέως Ἀσσούρ (**2** *d*)
— 3. ὡς ἐνετείλατο ἡμῖν Κῦρος ὁ β. Περσῶν (**2** *d*)
— 5. πάσας τὰς ἡμέρας Κύρου β. Περσῶν (**2** *d*)
— 5. ἕως βασιλείας Δαρείου β. Περσῶν (**2** *d*)
— 7. πρὸς Ἀρθασασθὰ β. Περσῶν (**2** *d*)
— 8. ἔγραψαν ἐπιστολὴν . . . τῷ Ἀρθασασθὰ β. (**2** *d*)
— 11. πρὸς Ἀρθασασθὰ β. παῖδές σου ἄνδρες (**2** *d*)
— 12. γνωστὸν ἔστω τῷ β. (**2** *d*)
— 13. νῦν οὖν γνωστὸν ἔστω τῷ β. (**2** *d*)
— 13. καὶ τοῦτο βασιλεῖς κακοποιεῖ (**2** *d*)
— 14. ἀσχημοσύνην βασιλέως οὐκ ἔξεστιν ἡμῖν ἰδεῖν (**2** *d*)
— 14. ἐγνωρίσαμεν τῷ β. (**2** *d*)
— 15. πόλις ἀποστάτις καὶ κακοποιοῦσα βασιλεῖς (**2** *d*)
— 16. γνωρίζομεν οὖν ἡμεῖς τῷ β. (**2** *d*)
— 17. ἀπέστειλεν ὁ β. πρὸς Ῥεοὺμ . . . εἰρήνην (**2** *d*)
— 19. ἡ πόλις ἐκείνη . . . ἐπὶ βασιλεῖς ἐπαίρεται (**2** *d*)
— 20. β. ἰσχυροὶ γίνονται ἐν Ἰερ. (**2** *d*)
— 22. εἰς κακοποίησιν βασιλεῦσι (**2** *d*)
— 23. ὁ φορολόγος τοῦ Ἀρθασασθὰ β. (**2** *d*)
— 24. ἕως δευτέρου ἔτους Δαρείου τοῦ β. Περσῶν (**2** *d*)
5. 6. Δαρείῳ τῷ β. ῥῆσιν ἀπέστειλαν (**2** *d*)
— 7. Δαρείῳ τῷ β. εἰρήνη πᾶσα (**2** *d*)
— 8. γνωστὸν ἔστω τῷ β. (**2** *d*)
— 11. βασιλεὺς τοῦ Ἰσρ. μέγας ᾠκοδόμησεν αὐτόν (**2** *d*)
— 12. εἰς χεῖρας Ναβ. βασιλέως Βαβυλ. (**2** *d*)
— 13. ἐν ἔτει πρώτῳ Κύρου τοῦ β. Κῦρος ὁ β. (**2** *d*, **2** *d*)
— 14. ἀπήνεγκεν αὐτὰ εἰς ναὸν τοῦ β. †

II Es. 5. 14. **A R** ἐξήνεγκεν αὐτὰ Κῦρος ὁ β. ἀπὸ ναοῦ τοῦ β. (**2** *d*, †)
— 17. καὶ νῦν εἰ ἐπὶ τὸν β. ἀγαθόν (**2** *d*)
— 17. ἐν οἴκῳ τῆς γάζης τοῦ β. Βαβ. (**2** *d*)
— 17. **A R** ἀπὸ βασιλέως Κύρου ἐτέθη [**B** ἐγένετο] γνώμη (**2** *d*)
— 17. γνοὺς ὁ β. περὶ τούτου (**2** *d*)
6. 1. τότε Δαρεῖος ὁ β. ἔθηκε γνώμην (**2** *d*)
— 3. ἐν ἔτει πρώτῳ Κύρου β. Κῦρος ὁ β. ἔθηκε (**2** *d*, **2** *d*)
— 4. ἡ δαπάνη ἐξ οἴκου τοῦ β. δοθήσεται (**2** *d*)
— 8. ἀπὸ ὑπαρχόντων βασιλέως τῶν φόρων (**2** *d*)
— 10. εἰς ζωὴν τοῦ β. καὶ υἱῶν αὐτοῦ (**2** *d*)
— 12. καταστρέψει πάντα βασιλέα (**2** *d*)
— 13. πρὸς ὃ ἀπέστειλε Δαρεῖος ὁ β. (**2** *d*)
— 14. ἀπὸ γνώμης Κύρ. καὶ Δαρ. καὶ Ἀρθ. βασιλέων Περ. (**2** *d*)
— 15. ἔτος ἕκτον τῆς βασιλείας Δαρείου τοῦ β. (**2** *d*)
— 22. ἐπέστρεψε καρδίαν βασιλέως Ἀσσούρ (**2** *d*)
7. 1. ἐν βασιλείᾳ Ἀρθασασθὰ βασιλέως Περσῶν (**2** *d*)
— 6. ἔδωκεν αὐτῷ ὁ β. (**2** *d*)
— 7. ἐν ἔτει ἑβδόμῳ τῷ Ἀρθασασθὰ τῷ β. (**2** *d*)
— 8. τοῦτο τὸ ἔτος ἕβδομον τῷ β. (**2** *d*)
— 12. Ἀρθασασθὰ βασιλεὺς βασιλέων Ἔσδρᾳ γραμματεῖ (**2** *d*, **2** *d*)
— 14. ἀπὸ προσώπου τοῦ β. (**2** *d*)
— 15. ὁ β. καὶ οἱ σύμβουλοι ἑκουσιάσθησαν τῷ θ. (**2** *d*)
— 20. δώσεις ἀπὸ οἴκων γάζης βασιλέως (**2** *d*)
— 21. ἐγὼ Ἀρθασασθὰ β. ἔθηκα γνώμην (**2** *d*)
— 23. ἐπὶ τὴν βασιλείαν τοῦ β. (**2** *d*)
— 26. μὴ ᾖ ποιῶν . . . νόμον τοῦ β. (**2** *d*)
— 27. ὃς ἔδωκεν οὕτως ἐν καρδίᾳ τοῦ β. (**2** *d*)
— 28. ἐν ὀφθ. τοῦ β. καὶ τῶν συμβούλων αὐτοῦ (**2** *d*)
— 28. τῶν ἀρχόντων τοῦ β. τῶν ἐπηρμένων (**2** *d*)
8. 1. ἐν βασιλείᾳ Ἀρθασασθὰ τοῦ β. Βαβ. (**2** *d*)
— 22. αἰτήσασθαι παρὰ τοῦ β. δύναμιν (**2** *d*)
— 22. ὅτι εἴπαμεν τῷ β. (**2** *d*)
— 25. ἃ ὕψωσεν ὁ β. (**2** *d*)
— 36. ἔδωκαν τὸ νόμισμα τοῦ β. τοῖς διοικηταῖς τοῦ β. (**2** *d*, **2** *d*)
9. 7. παρεδόθημεν ἡμεῖς καὶ οἱ β. ἡμῶν . . . ἐν χειρὶ βασιλέων τῶν ἐθνῶν (**2** *d*, **2** *d*)
— 9. ἔκλινεν ἐφ᾽ ἡμᾶς ἔλεος ἐνώπιον βασιλέων Περσῶν (**2** *d*)
Ne. 1. 11. **A S**^{1}**R** ἐγὼ ἤμην οἰνοχόος [**B S**^{2} εὐνοῦχος] τῷ β. (**2** *d*)
2. 1. ἔτους εἰκοστοῦ Ἀρθασασθὰ βασιλεῖ (**2** *d*)
— 1. καὶ ἔδωκα τῷ β. (**2** *d*)
— 2. καὶ εἶπέ μοι ὁ β. (**2** *d*)
— 3. καὶ εἶπα τῷ β., Ὁ β. εἰς τὸν αἰῶνα ζήτω (**2** *d*, **2** *d*)
— 4. καὶ εἶπέ μοι ὁ β. (**2** *d*)
— 5. καὶ εἶπα τῷ β. (**2** *d*)
— 5. εἰ ἐπὶ τὸν β. ἀγαθόν [**S**^{3} *aliter*] (**2** *d*)
— 5. **S**^{3} εἰ ἀγαθὸν ἐπὶ τὸν β. (**2** *d*?)
— 6. καὶ εἶπέ μοι ὁ β. (**2** *d*)
— 6. καὶ ἠγαθύνθη ἐνώπιον τοῦ β. (**2** *d*)
— 7. καὶ εἶπα τῷ β., Εἰ ἐπὶ τὸν β. ἀγαθόν (**2** *d*, **2** *d*)
— 8. **S**^{3} τὸν φυλάσσοντα τὰς ἡμιόνους τοῦ β. –
— 8. τοῦ παραδείσου ὅς ἐστι τῷ β. (**2** *d*)
— 8. ἔδωκέ μοι ὁ β. ὡς χεὶρ θεοῦ ἡ ἀγαθή (**2** *d*)
— 9. ἔδωκα αὐτοῖς τὰς ἐπιστολὰς τοῦ β. (**2** *d*)
— 9. ἀπέστειλε μετ᾽ ἐμοῦ ὁ β. ἀρχηγοὺς δυνάμεως (**2** *d*)
— 14. εἰς κολυμβήθραν τοῦ β. (**2** *d*)
— 16. **S**^{1} καὶ τοῖς β. [**A R** *al.*] (**9**)
— 18. τοὺς λόγους τοῦ β. οὓς εἶπέ μοι (**2** *d*)
— 19. ἦ ἐπὶ τὸν β. ὑμεῖς ἀποστατεῖτε (**2** *d*)
3. 15. κολυμβήθρας τῶν κωδίων τῇ κουρᾷ τοῦ β. (**2** *d*)
— 25. ὁ πύργος ὁ ἐξέχων ἐκ τοῦ οἴκου τοῦ β. (**2** *d*)
5. 4. ἐδανεισάμεθα ἀργύριον εἰς φόρους τοῦ β. (**2** *d*)
— 14. **S**^{3} τῷ Σαρσαθαὶ τῷ β. [**A B S** *om.* τ. β.] (**2** *d*)
6. 6. καὶ σὺ ἔσῃ [**A S** γίνῃ] αὐτοῖς εἰς βασιλέα (**2** *d*)
— 7. ἵνα καθίσῃς ἐν Ἱερ. εἰς βασιλέα ἐπὶ Ἰούδα (**2** *d*)
— 7. ἀπαγγελήσονται τῷ β. οἱ λόγοι οὗτοι (**2** *d*)
7. 6. ἧς ἀπῴκισε Ναβουχοδονόσορ β. Βαβ. (**2** *d*)
9. 22. **B** ἔδωκας αὐτοῖς βασιλέας [**A S R** -είας] (**2** *f*)
— 22. **A S**^{2}**R** τὴν γῆν Σηὼν βασιλέως Ἐσεβών [**B S**^{1} *om.* β. Ἐ.] (**2** *d*)
— 22. τὴν γῆν Ὢγ βασιλέως τοῦ Βασάν (**2** *d*)
— 24. τοὺς β. αὐτῶν καὶ τοὺς λαοὺς τῆς γῆς (**2** *d*)
— 32. τοὺς β. ἡμῶν καὶ τοὺς ἄρχοντας ἡμῶν (**2** *d*)

Ne. 9. 32. ἀπὸ ἡμερῶν βασιλέων Ἀσσούρ (**2** *d*)
— 34. οἱ β. ἡμῶν καὶ οἱ ἄρχοντες ἡμῶν (**2** *d*)
— 37. τοῖς β. οἷς ἔδωκας ἐφ᾽ ἡμᾶς (**2** *d*)
11. 23. ὅτι ἐντολὴ τοῦ β. εἰς αὐτούς (**2** *d*)
— 24. πρὸς χεῖρα τοῦ β. εἰς πᾶν χρῆμα τῷ λαῷ (**2** *d*)
13. 6. ἐν ἔτει . . . τοῦ Ἀρθασασθὰ β. Βαβυλῶνος (**2** *d*)
— 6. ἦλθον πρὸς τὸν β. (**2** *d*)
— 6. **A R** ᾐτησάμην παρὰ τοῦ β. [**B S** ᾐτ. τὸν β.] (**2** *d*)
— 26. οὐχ οὕτως ἥμαρτε Σαλ. β. Ἰσρ. (**2** *d*)
— 26. οὐκ ἦν β. ὅμοιος αὐτῷ (**2** *d*)
— 26. ἔδωκεν αὐτὸν ὁ θ. εἰς βασιλέα (**2** *d*)
To. 1. 2. ἐν ἡμέραις Ἐνεμεσσ. τοῦ β. Ἀσσ.
— 5. **S** ὃν ἐποίησεν Ἱεροβ. ὁ β. Ἰσραήλ
— 18. εἴ τινα ἀπέκτεινε Σένν. ὁ β. [**S**^{1} *om.* ὁ β.]
— 18. **S** ἧς ἐποίησεν ἐξ αὐτοῦ ὁ β. τοῦ οὐρανοῦ
— 18. **A B** ἐζητήθη ὑπὸ τοῦ β. τὰ σώματα [**S** *al.*]
— 19. ὑπέδειξε τῷ β. περὶ ἐμοῦ
— 19. **S** ἔγνω περὶ ἐμοῦ ὁ β.
— 22. **S** ἐπὶ Σενν. βασιλέως [**S**^{3} -έα] Ἀσσ.
2. 1. **S** καὶ ἐπὶ Σαρχεδόνος βασιλέως [**A B** *al.*]
11. 1. **S** τῷ κυρίῳ . . . τῷ β. τῶν πάντων [**A B** *al.*]
12. 7. μυστήριον βασιλέως καλὸν κρύπτειν
— 11. μυστήριον βασιλέως κρύψαι καλόν
13. 6. ὑψώσατε τὸν β. τῶν αἰώνων
— 7. ἡ ψυχή μου τῷ β. τοῦ οὐρ.
— 10. **A B** εὐλόγει τὸν β. τῶν αἰώνων
— 11. καὶ δῶρα τῷ β. τοῦ οὐρ. [**S** *al.*]
— 15. εὐλογείτω τὸν θ. τὸν β. τὸν μέγαν
— 16. **S** ἐξομολογήσασθαι τῷ β. τοῦ οὐρανοῦ
14. 15. **S** Ἀχιάχαρος ὁ β. τῆς Μηδείας
Ju. 1. 5. ἐποίησε πόλεμον . . . ὁ β. Ναβουχ. πρὸς βασιλέα Ἀρφ.
— 6. Ἀριὼχ ὁ β. Ἐλυμαίων
— 7. ἀπέστειλε Ναβουχοδονόσορ β. Ἀσσυρίων
— 11. τὸ ῥῆμα Ναβ. βασιλέως Ἀσσ.
— 13. παρετάξατο . . . πρὸς Ἀρφαξὰδ βασιλέα
2. 1. ἐγένετο λόγος ἐν οἴκῳ Ναβούχ. βασιλέως Ἀσσυρίων
— 4. ἐκάλεσε Ναβουχοδονόσορ β. Ἀσσυρίων
— 5. τάδε λέγει ὁ β. ὁ μέγας
— 18. **A S R** καὶ ἀργύριον ἐξ οἴκου βασιλέως πολὺ [**B** *om.*] σφόδρα
— 19. εἰς πορείαν τοῦ προελθεῖν βασιλέως Ναβ.
3. 2. οἱ παῖδες Ναβουχοδονόσορ β. μεγάλου
4. 1. ὁ ἀρχιστράτηγος Ναβουχοδονόσορ βασιλέως Ἀσσ.
5. 3. τίς ἀνέστηκεν ἐπ᾽ αὐτῶν βασιλεὺς ἡγούμενος [**S** *aliter*]
— 11. ἐπανέστη αὐτοῖς ὁ β. Αἰγύπτου
6. 4. λέγει ὁ β. Ναβουχοδονόσορ
9. 12. βασιλεῦ [**A** -εὺς] πάσης κτίσεώς σου
11. 1. δουλεύειν βασιλεῖ Ναβ. πάσης τῆς γῆς
— 4. τοῖς δούλοις τοῦ κυρίου μου βασιλέως Ναβ.
— 7. ζῇ γὰρ βασιλεὺς Ναβουχ. πάσης τῆς γῆς
— 23. σὺ ἐν οἴκῳ βασιλέως Ναβουχ. καθήσῃ
14. 18. εἰς τὸν οἶκον τοῦ β. Ναβουχοδονόσορ
Es. 1. 1. βασιλεύοντος Ἀρταξέρξου τοῦ μεγάλου β. [**A S** *om.*]
— 1. θεραπεύων ἐν τῇ αὐλῇ τοῦ β.
— 1. ἧς ᾐχμαλώτευσε Ναβουχοδονόσορ β. Βαβ.
— 1. μετὰ Ἰεχονίου τοῦ β. τῆς Ἰουδαίας
— 1. τῶν δύο εὐνούχων τοῦ β.
— 1. τὰς χεῖρας ἐπιβαλεῖν Ἀρταξέρξῃ τῷ β.
— 1. καὶ ὑπέδειξε τῷ β. περὶ αὐτῶν
— 1. ἐξήτασεν ὁ β. τοὺς δύο εὐνούχους
— 1. ἔγραψεν ὁ β. τοὺς λόγους τούτους
— 1. ἐπέταξεν ὁ β. Μαρδοχαίῳ θεραπεύειν
— 1. ἦν Ἀμὰν . . . ἔνδοξος ἐνώπιον τοῦ β.
— 1. ὑπὲρ τῶν δύο εὐνούχων τοῦ β.
— 2. ὅτε ἐθρονίσθη β. Ἀρταξέρξης (**2** *d*)
— 5. ἐποίησεν ὁ β. πότον τοῖς ἔθνεσι (**2** *d*)
— 5. ἐν αὐλῇ οἴκου τοῦ β. (**2** *d*)
— 7. οἶνος . . . ὃν αὐτὸς ὁ β. ἔπινεν (**2** *d*)
— 8. οὕτως δὲ ἠθέλησεν ὁ β. (**2** *d*)
— 9. ὅπου ὁ β. Ἀρταξέρξης (**2** *d*)
— 10. ἡδέως γενόμενος ὁ β. (**2** *d*)
— 10. τοῖς διακόνοις τοῦ β. Ἀρτ. (**2** *d*)
— 12. **S**^{3} κατὰ τὸ ῥῆμα τοῦ β. (**2** *d*)
— 12. ἐλυπήθη ὁ β. (**2** *d*)
— 13. **A S**^{3} εἶπεν ὁ β. [**B S** *om.* ὁ β.] τοῖς φίλοις
— 14. οἱ ἐγγὺς τῷ β. οἱ πρῶτοι παρακαθήμενοι τῷ β. (**2** *d*, **2** *e*)
— 15. τὰ ὑπὸ τοῦ β. προσταχθέντα (**2** *d*)

Es. 1. 16. εἶπεν ὁ Μουχ. πρὸς τὸν β. (2 d)
— 16. οὐ τὸν β. μόνον ἠδίκησεν [A ἠτίμασεν] (2 d)
— 16. καὶ τοὺς ἡγουμένους τοῦ β. (2 d)
— 17. καὶ ὡς ἀντεῖπε τῷ β. -
— 17. ὡς οὖν ἀντεῖπε τῷ β. 'Αρτ. [A *al.*] (2 d)
— 18. ἀκούσασαι τὰ τῷ β. λεχθέντα [A ἀχθ.] -
— 19. εἰ οὖν δοκεῖ τῷ β. (2 d)
— 19. A μηδὲ εἰσελθάτω . . . πρὸς τὸν β. 'Αρτ. [B S πρ. αὐτόν] (2 d)
— 19. τὴν βασ. αὐτῆς δότω ὁ β. γυναικί (2 d)
— 20. ἀκουσθήτω ὁ νόμος [A S^{3} λόγος] ὁ ὑπὸ τοῦ β. (2 d)
— 21. ἤρεσεν ὁ λόγος τῷ β. (2 d)
— 21. ἐποίησεν ὁ β. καθὰ ἐλάλησεν ὁ Μ. (2 d)
— 22. A S^{3} ἀπέστειλεν ὁ β. [B S *om.* ὁ β.] †
2. 1. ἐκόπασεν ὁ β. ἀπὸ τοῦ θυμοῦ (2 d)
— 2. εἶπαν οἱ διάκονοι τοῦ β. [A πρὸς τὸν β.] (2 d)
— 2. ζητηθήτω τῷ β. κοράσια ἄφθορα (2 d)
— 3. καταστήσει ὁ β. κωμάρχας (2 d)
— 3. τῷ εὐνούχῳ τοῦ β. τῷ φύλακι τῶν γυν. (2 d)
— 4. ἡ γυνὴ ἣ ἂν ἀρέσῃ τῷ β. (2 d)
— 4. καὶ ἤρεσε τῷ β. τὸ πρᾶγμα (2 d)
— 6. ἣν ᾐχμαλώτευσε Ναβ. βασ. Βαβ. (2 d)
— 8. ὅτε ἠκούσθη τὸ τοῦ β. πρόσταγμα (2 d)
— 12. ἦν καιρὸς κορασίου εἰσελθεῖν πρὸς τὸν β. (2 d)
— 13. τότε εἰσπορεύεται πρὸς τὸν β. (2 d)
— 14. ὁ εὐνοῦχος τοῦ β. ὁ φύλαξ τῶν γυν. (2 d)
— 14. οὐκέτι εἰσπορεύεται πρὸς τὸν β. (2 d)
— 15. τὸν χρόνον . . . εἰσελθεῖν πρὸς τὸν β. (2 d)
— 16. εἰσῆλθεν 'Ε. πρὸς 'Αρτ. τὸν β. (2 d)
— 17. ἠράσθη ὁ β. 'Εσθήρ (2 d)
— 18. ἐποίησεν ὁ β. πότον πᾶσι τοῖς φίλοις (2 d)
— 21. οἱ δύο εὐνοῦχοι τοῦ β. (2 d)
— 21. ἐζήτουν ἀποκτεῖναι 'Αρτ. τὸν β. (2 d)
— 22. ἐνεφάνισε τῷ β. τὰ τῆς ἐπιβουλῆς (2 d)
— 23. ὁ δὲ β. ἤτασε τοὺς δύο εὐνούχους -
— 23. προσέταξεν ὁ β. καταχωρίσαι †
3. 1. ἐδόξασεν ὁ β. 'Αρταξέρξης 'Αμάν (2 d)
— 2. S^{3} οἱ ἐν τῇ αὐλῇ τοῦ β. [A B S *om.* τ. β.] (2 d)
— 2. οὕτως γὰρ προσέταξεν [A ἐπέταξεν] ὁ β. (2 d)
— 3. οἱ ἐν τῇ αὐλῇ τοῦ β. (2 d)
— 3. τὰ ὑπὸ τοῦ β. λεγόμενα (2 d)
— 4. τοῖς τοῦ β. λόγοις ἀντιτασσόμενον [A μὴ ὑπακ.] -
— 8. ἐλάλησε πρὸς τὸν β. 'Αρτ. (2 d)
— 8. τῶν δὲ νόμων τοῦ β. παρακούουσι (2 d)
— 8. οὐ συμφέρει τῷ β. ἐᾶσαι αὐτούς (2 d)
— 9. εἰ δοκεῖ τῷ β. δογματισάτω (2 d)
— 9. εἰς τὸ γαζοφυλάκιον τοῦ β. (2 d)
— 10. περιελόμενος ὁ β. τὸν δακτύλιον (2 d)
— 11. καὶ εἶπεν ὁ β. τῷ 'Α. (2 d)
— 12. ἐκλήθησαν οἱ γραμματεῖς τοῦ β. (2 d)
— 12. διὰ 'Αρταξέρξου τοῦ β. (2 d)
— 13. β. μέγας 'Αρταξέρξης τοῖς . . . ἄρχουσι -
— 13. A S^{1} δεύτερον τῶν β. [B -λειῶν] γέρας -
— 13. τά τε τῶν β. παραπέμποντας . . . διατάγματα
— 15. ὁ δὲ β. καὶ 'Αμὰν ἐκωθωνίζοντο (2 d)
4. 2. ἦλθεν ἕως τῆς πύλης [A αὐλῆς] τοῦ β. (2 d)
— 3. S^{3} τὸ πρόσταγμα τοῦ β. [A B S *al.*] (2 d)
— 5 (6). A ἐπὶ τὴν πλατεῖαν πρὸς τὰ (?) βασιλέα [B S *al.*] (2 d)
— 7. ἣν ἐπηγγείλατο 'Αμὰν τῷ β. †
— 8. παραιτήσασθαι τὸν β. (2 d)
— 8. 'Αμὰν ὁ δευτερεύων τῷ β. -
— 8. λάλησον τῷ β. περὶ ἡμῶν -
— 11. S^{3} καὶ λαὸς ἐπαρχιῶν τοῦ β. (2 d)
— 11. ὃς εἰσελεύσεται πρὸς τὸν β. (2 d)
— 11. ᾧ ἐκτείνει ὁ β. τὴν χρυσῆν ῥάβδον (2 d)
— 11. εἰσελθεῖν πρὸς τὸν β. (2 d)
— 16. εἰσελεύσομαι πρὸς τὸν β. (2 d)
— 17. κύριε [A *add.* θεέ] κύριε βασιλεῦ
— 17. κύριε ὁ θεὸς ὁ β. [A S^{2} *al.*]
— 17. ὁ βασιλεὺς ἡμῶν σὺ εἶ μόνος
— 17. θαυμασθῆναι βασιλέα σάρκινον εἰς αἰ.
— 17. βασιλεῦ τῶν θεῶν
— 17. οὐκ ἐδόξασα συμπόσιον βασιλέως
5. 1. κατέστη [A S^{3} ἔστη] ἐνώπιον τοῦ β. (2 d)
— 1. μετέβαλεν ὁ θ. τὸ πνεῦμα τοῦ β. -
— 2. καὶ ὁ β. ἐταράσσετο -
— 3. καὶ εἶπεν ὁ β. (2 d)
— 4. εἰ οὖν δοκεῖ τῷ β. (2 d)
— 4. A S^{3} ἐλθέτω ὁ β. [B S *om.* ὁ β.] (2 d)
— 5. καὶ εἶπεν ὁ β. (2 d)
— 6. εἶπεν ὁ β. πρὸς 'Εσθήρ (2 d)
— 8. εἰ εὗρον χάριν ἐνώπιον τοῦ β. (2 d)
— 8. S^{3} εἰ ἐπὶ τὸν β. ἀγαθόν (2 d)

Es. 5. 8. ἐλθάτω ὁ β. (2 d)
— 9. ἐξῆλθεν 'Αμὰν ἀπὸ τοῦ β. ὑπερχαρής -
— 9. S^{3} ἐν τῇ αὐλῇ τοῦ β. [A B S *om.* τ. β.] (2 d)
— 11. ἣν ὁ βασιλεὺς αὐτῷ περιέθηκε (2 d)
— 12. οὐ κέκληκεν ἡ βασίλισσα μετὰ τοῦ β. οὐδένα (2 d)
— 12. S^{3} κέκλημαι μετὰ τοῦ β. [A B S *om.* μ. τ. β.] (2 d)
— 13. S^{3} ἐν τῇ αὐλῇ τοῦ β. [A B S *om.* τ. β.] (2 d)
— 14. ὄρθρου δὲ εἶπον τῷ β. (2 d)
— 14. εἴσελθε εἰς τὴν δοχὴν σὺν τῷ β. (2 d)
6. 1. ὁ δὲ κ. ἀπέστησε τὸν ὕπνον ἀπὸ τοῦ β. (2 d)
— 1. S^{3} ἀναγινώσκειν αὐτὰ ἐνώπιον τοῦ β. [A B S *al.*] (2 d)
— 2. ὡς ἀπήγγειλε τῷ β. περὶ τῶν δύο εὐνούχ. τοῦ β. [A αὐτοῦ] (-, 2 d)
— 3. εἶπε δὲ ὁ β. (2 d)
— 3. εἶπαν οἱ διάκονοι τοῦ β. [A *al.*] (2 d)
— 4. ἐν δὲ τῷ πυνθάνεσθαι τὸν β. περὶ τῆς εὐνοίας -
— 4. εἶπε δὲ ὁ β. (2 d)
— 4. S^{3} ἐν τῇ αὐλῇ οἴκου τοῦ β. (2 d)
— 4. εἰπεῖν τῷ β. (2 d)
— 5. οἱ διάκονοι [A οἱ ἐκ τῆς διακονίας] τοῦ β. (2 d)
— 5. καὶ εἶπεν ὁ β. (2 d)
— 6. εἶπε δὲ ὁ β. τῷ 'Αμάν (2 d)
— 6. τίνα θέλει ὁ β. δοξάσαι (2 d)
— 7. εἶπε δὲ πρὸς τὸν β. (2 d)
— 7. ὃν ὁ β. θέλει δοξάσαι (2 d)
— 8. B S οἱ παῖδες τοῦ β. -
— 8. ἣν ὁ β. περιβάλλεται (2 d)
— 8. ἐφ' ὃν ὁ β. ἐπιβαίνει (2 d)
— 9. ἑνὶ τῶν φίλων τοῦ β. τῶν ἐνδόξων (2 d)
— 9. ὃν ὁ β. ἀγαπᾷ (2 d)
— 9. ὃν ὁ β. δοξάζει (2 d)
— 10. εἶπε δὲ ὁ β. τῷ 'Αμάν (2 d)
— 10. A ὃν εἶπεν ὁ β. (2 d?)
— 11. ὃν ὁ β. θέλει (2 d)
— 12. S^{3} εἰς τὴν αὐλὴν τοῦ β. [A B S *om.* τ. β.] (2 d)
— 14. S^{3} οἱ εὐνοῦχοι τοῦ β. [A B S *om.* τ. β.] (2 d)
7. 1. εἰσῆλθε δὲ ὁ β. (2 d)
— 2. εἶπε δὲ ὁ β. 'Εσθήρ (2 d)
— 3. εἰ εὗρον χάριν ἐνώπιον τοῦ β. (2 d)
— 3. S^{3} εἰ ἐπὶ τὸν β. ἀγαθόν (2 d)
— 4. οὐ γὰρ ἄξιος ὁ διάβολος τῆς αὐλῆς τοῦ β. (2 d)
— 5. εἶπε δὲ ὁ β. (2 d)
— 6. 'Αμὰν δὲ ἐταράχθη ἀπὸ τοῦ β. (2 d)
— 7. ὁ δὲ β. ἐξανέστη (2 d)
— 7. S^{3} ἐν κακοῖς ὄντα παρὰ τοῦ β. [A B S *om.* π. τ. β.] (2 d)
— 8. ἐπέστρεψεν δὲ ὁ β. (2 d)
— 8. εἶπε δὲ ὁ β. (2 d)
— 8. S^{3} ὁ λόγος ἐξῆλθεν ἐκ τοῦ στόματος τοῦ β. (2 d)
— 9. εἶπε δὲ Βουγαθὰν . . . πρὸς τὸν β. [A *al.*] (2 d)
— 9. Μαρδοχαίῳ τῷ λαλήσαντι περὶ τοῦ β. (2 d)
— 9. εἶπε δὲ ὁ β. (2 d)
— 10. ὁ β. ἐκόπασε τοῦ θυμοῦ (2 d)
8. 1. ὁ β. 'Αρτ. ἐδωρήσατο 'Εσθήρ (2 d)
— 1. Μαρδοχαῖος προσεκλήθη ὑπὸ τοῦ β. (2 d)
— 2. ἔλαβε δὲ ὁ β. τὸν δακτύλιον (2 d)
— 3. ἐλάλησε πρὸς τὸν β. (2 d)
— 4. ἐξέτεινε δὲ ὁ β. 'Εσθὴρ τὴν ῥάβδον (2 d)
— 4. παρεστηκέναι τῷ β. (2 d)
— 5. S^{3} καὶ εὐθὴς ὁ λόγος ἐνώπιον τοῦ β. (2 d)
— 7. εἶπεν ὁ β. πρὸς 'Εσθήρ (2 d)
— 8. ὅσα γὰρ γράφεται τοῦ β. ἐπιτάξαντος (2 d)
— 9. S^{3} οἱ γραμματεῖς τοῦ β. [A B S *om.* τ. β.] (2 d)
— 10. ἐγράφη δὲ διὰ τοῦ β. (2 d)
— 13. β. μέγας 'Αρταξέρξης τοῖς . . . ἄρχουσι
— 14. σπεύδοντες τὰ ὑπὸ τοῦ β. λεγόμ. ἐπιτελεῖν (2 d)
— 15. S^{3} ἐξῆλθεν ἐκ προσώπου τοῦ β. [A B S *om.* ἐκ πρ. τ. β.] (2 d)
— 17. S^{3} ὁ λόγος τοῦ β. (2 d)
9. 1. τὰ γραφέντα ὑπὸ τοῦ β. (2 d)
— 4. προσέπεσε γὰρ τὸ πρόσταγμα τοῦ β. †
— 11. ἐπεδόθη τε ὁ ἀριθμὸς τῷ β. (2 d)
— 12. εἶπε δὲ ὁ β. πρὸς [A S^{3} *om.*] 'Εσθήρ (2 d)
— 13. καὶ εἶπεν 'Εσθὴρ τῷ β. (2 d?)
— 25. ὡς εἰσῆλθε πρὸς τὸν β. (2 d)
10. 1. ἔγραψε δὲ ὁ β. [A S *add.* τέλη] (2 d)
— 2. ἐν βιβλίῳ βασιλέων Περσῶν καὶ Μ. (2 d)
— 3. ὁ δὲ Μαρ. διεδέχετο τὸν β. 'Αρταξ. (2 d)

Es. 10. 3. ἣν ἐγάμησεν ὁ β.
Jb. 2. 11. 'Ελιφὰζ ὁ Θαιμανῶν β. -
— 11. Σωφὰρ Μιναίων [A B S ὁ M.] βασιλεύς -
3. 14. μετὰ βασιλέων βουλευτῶν [A καὶ β.] γῆς (2 d)
12. 18. καθιζάνων [A -ίζων] βασιλεῖς ἐπὶ θρόνους [S -ων] (2 d)
29. 25. κατεσκήνουν ὡσεὶ βασιλεύς (2 d)
34. 18. ἀσεβὴς ὁ λέγων βασιλεῖ (2 d)
36. 7. καὶ μετὰ βασιλέων εἰς θρόνον (2 d)
39. 22. συναντῶν βασιλεῖ [A S^{4} βέλει] καταγελᾷ †
41. 25 (26). αὐτὸς δὲ β. πάντων τῶν ἐν τοῖς ὕδ. (2 d)
42. 18. οὗτοι οἱ β. οἱ βασιλεύσ. ἐν 'Εδώμ
— 18. 'Ελιφὰζ . . . Θαιμανῶν βασιλεύς
— 18. Σωφὰρ ὁ Μιναίων βασιλεύς
Ps. 2. 2. παρέστησαν οἱ β. τῆς γῆς (2 d)
— 6. A R ἐγὼ δὲ κατεστάθην βασιλεὺς [B S *om.*] ὑπ' αὐτοῦ (2 d)
— 10. καὶ νῦν, βασιλεῖς, σύνετε (2 d)
5. 2. ὁ β. μου καὶ ὁ θεός μου (2 d)
17 (18). 50. μεγαλύνων τὰς σωτηρίας τοῦ β. (2 d)
19 (20). 9. σῶσον τὸν β. (2 d)
20 (21). 1. ἐν τῇ δυνάμει σου εὐφρανθήσεται ὁ β. (2 d)
— 7. ὅτι ὁ β. ἐλπίζει ἐπὶ κύριον (2 d)
23 (24). 7. εἰσελεύσεται ὁ β. τῆς δόξης (2 d)
— 8. τίς ἐστιν οὗτος ὁ β. τῆς δόξης (2 d)
— 9. εἰσελεύσεται ὁ β. τῆς δόξης (2 d)
— 10. τίς ἐστιν οὗτος ὁ β. τῆς δόξης (2 d)
— 10. αὐτός ἐστιν οὗτος [A S^{2} *om.*] ὁ β. τῆς δόξης (2 d)
28 (29). 10. καθιεῖται κύριος βασιλεὺς εἰς τὸν αἰ. (2 d)
32 (33). 16. οὐ σώζεται βασιλεὺς διὰ πολλὴν δύναμιν (2 d)
43 (44). 4. σὺ εἶ αὐτὸς ὁ β. μου (2 d)
44 (45). 1. λέγω ἐγὼ τὰ ἔργα μου τῷ β. (2 d)
— 5. ἐν καρδίᾳ τῶν ἐχθρῶν τοῦ β. (2 d)
— 9. ἐξ ὧν ηὔφρανάν σε θυγατέρες βασιλέων [A -έως] (2 d)
— 11. ἐπεθύμησεν ὁ β. τοῦ κάλλους σου (2 d)
— 13. πᾶσα ἡ δόξα αὐτῆς [A S^{2} τῆς] θυγατρὸς βασιλέως (2 d)
— 14. ἀπενεχθήσονται τῷ β. παρθένοι ὀπίσω αὐτῆς [A -οῦ] (2 d)
— 15. ἀχθήσονται εἰς ναὸν βασιλέως (2 d)
46 (47). 2. κύριος . . . β. μέγας ἐπὶ πᾶσαν τὴν γῆν (2 d)
— 6. ψάλατε τῷ β. ἡμῶν (2 d)
— 7. βασιλεὺς πάσης τῆς γῆς ὁ θεός (2 d)
47 (48). 2. ἡ πόλις τοῦ β. τοῦ μεγάλου (2 d)
— 4. οἱ β. συνήχθησαν (2 d)
59 (60). 7. 'Ιούδας βασιλεύς μου (1)
60 (61). 6. ἡμέρας ἐφ' ἡμέρας βασιλέως προσθήσεις (2 d)
62 (63). 11. ὁ δὲ β. εὐφρανθήσ. ἐπὶ τῷ θεῷ [S^{1} κυρίῳ] (2 d)
67 (68). 12. ὁ β. τῶν δυνάμεων τοῦ ἀγαπητοῦ (2 d)
— 14. ἐν τῷ διαστέλλειν τὸν ἐπουράνιον βασιλεῖς ἐπ' αὐτῆς (2 d)
— 24. αἱ πορεῖαι τοῦ θεοῦ μου τοῦ β. τοῦ ἐν τῷ ἁγίῳ (2 d)
— 29. σοὶ οἴσουσι βασιλεῖς δῶρα (2 d)
71 (72). 1. τὸ κρίμα σου τῷ β. δὸς καὶ τὴν δικαιοσύνην σου τῷ υἱῷ τοῦ β. (2 d, 2 d)
— 10. βασιλεῖς Θαρσὶς . . . δῶρα προσοίσουσι (2 d)
— 10. βασιλεῖς 'Αράβων . . . δῶρα προσάξουσι (2 d)
— 11. προσκυνήσουσιν αὐτῷ πάντες οἱ β. [S β. τῆς γῆς] (2 d)
73 (74). 12. ὁ δὲ θεὸς βασιλεὺς ἡμῶν πρὸ αἰῶνος (2 d)
75 (76). 12. φοβερῷ παρὰ τοῖς β. τῆς γῆς (2 d)
83 (84). 3. ὁ β. μου καὶ ὁ θεός μου (2 d)
88 (89). 18. καὶ τοῦ ἁγίου 'Ισραὴλ βασιλέως ἡμῶν (2 d)
— 27. ὑψηλὸν παρὰ τοῖς β. τῆς γῆς (2 d)
94 (95). 3. θεὸς . . . β. μέγας ἐπὶ πάντας τοὺς θεοὺς [A S^{2} πᾶσαν τὴν γῆν] (2 d)
97 (98). 6. ἀλαλάξατε ἐνώπιον τοῦ β. κυρίῳ [A S^{2} -ίου] (2 d)
98 (99). 4. τιμὴ βασιλέως κρίσιν ἀγαπᾷ (2 d)
101 (102). 15. καὶ πάντες οἱ β. [A S *add.* τῆς γῆς] τὴν δόξαν σου (2 d)
— 22. A R καὶ βασιλεῖς [B S^{1} -είας] τοῦ δουλεύειν τῷ κ. (2 f)

Ps. 104 (105). 14. ἤλεγξεν ὑπὲρ αὐτῶν βασιλεῖς (2 d)
— 20. A S² R ἀπέστειλε [B S¹ ἐξαπέστειλεν] βασιλεύς (2 d)
— 30. A S¹ R βατράχους ἐν τοῖς ταμείοις τῶν β. [B S² -ειῶν] αὐ. (2 d)
107 (108). 9. Ἰούδας βασιλεύς μου (1)
109 (110). 5. κύριος . . . συνέθλασεν . . . βασιλεῖς (2 d)
118 (119). 46. ἐλάλουν ἐν τοῖς μαρτυρίοις σου ἐναντίον βασιλέων (2 d)
134 (135). 10. ἀπέκτεινε β. κραταιούς (2 d)
— 11. τὸν Σηὼν βασιλέα τῶν Ἀμορραίων καὶ τὸν Ὢγ βασιλέα τῆς Βασάν (2 d, 2 d)
135 (136). 17. τῷ πατάξαντι β. μεγάλους (2 d)
— 18. καὶ ἀποκτείναντι β. κραταιούς (2 d)
— 19. τὸν Σηὼν βασιλέα τῶν Ἀμορραίων (2 d)
— 20. καὶ τὸν Ὢγ βασιλέα τῆς Βασάν (2 d)
137 (138). 4. ἐξομολογησάσθωσάν σοι, κύριε, πάντες οἱ β. τῆς γῆς (2 d)
143 (144). 10. τῷ διδόντι τὴν σωτηρίαν τοῖς β. (2 d)
144 (145). 1. ὁ θεός μου ὁ β. [A ὁ θ. ὁ β., S¹ θεέ μου βασιλεῦ] μου (2 d)
148. 11. βασιλεῖς τῆς γῆς καὶ πάντες λαοί (2 d)
149. 2. υἱοὶ Σιὼν ἀγαλλιάσθωσαν ἐπὶ τῷ β. αὐτῶν (2 d)
— 8. τοῦ δῆσαι τοὺς β. αὐτῶν ἐν πέδαις (2 d)
Pr. 6. 8. βασιλεῖς καὶ ἰδιῶται πρὸς ὑγίειαν προσφέρονται –
8. 15. δι' ἐμοῦ βασιλεῖς βασιλεύουσι (2 d)
13. 17. β. θρασὺς ἐμπεσεῖται εἰς κακά †
14. 28. ἐν πολλῷ ἔθνει δόξα βασιλέως (2 d)
— 35. δεκτὸς βασιλεῖ ὑπηρέτης νοήμων (2 d)
16. 10. μαντεῖον ἐπὶ χείλεσι βασιλέως (2 d)
— 12. βδέλυγμα βασιλεῖ ὁ ποιῶν κακά (2 d)
— 13. δεκτὰ βασιλεῖ χείλη δίκαια (2 d)
— 14. θυμὸς βασιλέως ἄγγελος θανάτου (2 d)
— 15. ἐν φωτὶ ζωῆς υἱὸς βασιλέως (2 d)
19. 6. πολλοὶ θεραπεύουσι πρόσωπα βασιλέων (7)
— 12. βασιλέως ἀπειλὴ ὁμοία βρυγμῷ λέοντος (2 d)
20. 2. οὐ διαφέρει ἀπειλὴ βασιλέως θυμοῦ λέοντος (2 d)
— 8. ὅταν β. δίκαιος καθίσῃ ἐπὶ θρόνου (2 d)
— 26. λικμήτωρ ἀσεβῶν β. σοφός (2 d)
— 28. ἐλεημοσύνη καὶ ἀλήθεια φυλακὴ βασιλεῖ (2 d)
21. 1. οὕτως καρδία βασιλέως ἐν χειρὶ θεοῦ (2 d)
22. 11. χείλεσι ποιμαίνει βασιλεύς (2 d)
— 29. ὁρατικὸν ἄνδρα . . . βασιλεῦσι δεῖ παρεστάναι (2 d)
24. 21. φοβοῦ τὸν θεόν, υἱέ, καὶ βασιλέα (2 d)
— 23 (29. 27). μηδὲν ψεῦδος ἀπὸ γλώσσης βασιλεῖ λεγέσθω –
— 23 (29. 27). μάχαιρα γλῶσσα βασιλέως –
— 63 (30. 28). κατοικεῖ ἐν ὀχυρώμασι βασιλέων [A S -ως] (2 d)
— 66 (30. 31). βασιλεὺς δημηγορῶν ἐν ἔθνει (2 d)
— 69 (31. 1). βασιλέως χρηματισμὸς ὃν ἐπαίδευσεν ἡ μήτηρ αὐ. (2 d)
25. 1. οἱ φίλοι Ἐζεκίου τοῦ β. τῆς Ἰουδαίας (2 d)
— 2. δόξα δὲ βασιλέως τιμᾷ πράγματα [A B³ προστάγματα] (2 d)
— 3. καρδία δὲ βασιλέως ἀνεξέλεγκτος (2 d)
— 5. κτεῖνε ἀσεβεῖς ἐκ προσώπου βασιλέως (2 d)
— 6. μὴ ἀλαζονεύου ἐνώπιον βασιλέως (2 d)
— 15. ἐν μακροθυμίᾳ εὐοδία βασιλεῦσι (10)
28. 16. β. ἐνδεὴς προσόδων [S² χρημάτων] μέγας συκοφάντης (6)
29. 4. β. δίκαιος ἀνίστησι χώραν (2 d)
— 12. B S βασιλέως ἐπακούοντος [A R ὑπακ.] λόγον ἄδικον (5)
— 14. βασιλέως ἐν ἀληθείᾳ κρίνοντος πτωχούς (2 d)
Ec. 1. 1. ἐκκλησιαστοῦ υἱοῦ Δαυὶδ βασ. Ἰσ. (2 d)
— 12. ἐγὼ ἐκκλησιαστὴς ἐγενόμην β. ἐπὶ Ἰσρ. (2 d)
2. 8. περιουσιασμοὺς βασιλέων (2 d)
4. 13. ἀγαθὸς παῖς πένης καὶ σοφὸς ὑπὲρ β. πρεσβύτερον (2 d)
5. 8. ἐπὶ παντὶ ἐστι βασιλεὺς ἀγροῦ εἰργασμένου (2 d)
8. 2. στόμα βασιλέως φύλαξον (2 d)
— 4. καθὼς β. ἐξουσιάζων [A S² add. λαλεῖ] (2 d)
9. 14. καὶ ἔλθῃ ἐπ' αὐτὴν β. μέγας (2 d)
10. 16. ἧς ὁ β. σου νεώτερος (2 d)
— 17. ἧς ὁ β. σου υἱὸς ἐλευθέρων [A S -έρου] (2 d)
— 20. βασιλέα μὴ καταράσῃ (2 d)
Ca. 1. 4. εἰσήνεγκέ με ὁ β. εἰς τὸ ταμεῖον αὐτοῦ (2 d)
— 12. ἕως οὗ ὁ β. ἐν ἀνακλίσει αὐτοῦ (2 d)
3. 9. φορεῖον ἐποίησεν ἑαυτῷ ὁ β. Σαλ. (2 d)
Ca. 3. 11. ἴδετε ἐν τῷ β. Σαλωμών (2 d)
7. 5 (6). β. δεδεμένος ἐν παραδρομαῖς (2 d)
Wi. 6. 1. ἀκούσατε οὖν, βασιλεῖς [S¹ -λεύς]
— 24. β. φρόνιμος εὐστάθεια δήμου
7. 5. οὐδεὶς γὰρ β. [A -λέων] ἑτέραν ἔσχε γενέσεως ἀρχήν
9. 7. σύ με προείλω βασιλέα λαοῦ σου
10. 16. ἀντέστη [S¹ ἀνέστη] βασιλεῦσι [S -λεὺς] φοβεροῖς
11. 10. ὡς ἀπότομος β. καταδικάζων ἐξήτασας
12. 14. οὔτε βασιλεὺς . . . ἀντοφθαλμῆσαι δυνήσεταί σοι
14. 17. ἐμφανῆ εἰκόνα τοῦ τιμωμ. β. ἐποίησαν
18. 11. δημότης βασιλεῖ τὰ αὐτὰ πάσχων
Si. *prol.* 20. ἐπὶ τοῦ Εὐεργέτου β.
7. 4. μὴ ζήτει . . . παρὰ βασιλέως καθέδραν δόξης
— 5. παρὰ βασιλεῖ μὴ σοφίζου
8. 2. καρδίας βασιλέων ἐξέκλινε
10. 3. β. ἀπαίδευτος ἀπολεῖ τὸν λαὸν αὐτοῦ
— 10. βασιλεὺς σήμερον καὶ [S¹ *add.* αὐτὸς] αὔριον τελευτήσει
38. 2. παρὰ βασιλέως λήψεται δόμα
45. 3. ἐδόξασεν αὐτὸν κατὰ πρόσωπον βασιλέων
— 25. κληρονομία βασιλέως υἱοῦ ἐξ υἱοῦ μόνου
46. 13. B προφήτης κυρίου κατέστησε βασιλέα [A S R -λείαν]
— 20. ὑπέδειξε βασιλεῖ τὴν τελευτὴν αὐτοῦ
47. 11. ἔδωκεν αὐτῷ διαθήκην βασιλέων
48. 6. ὁ καταγαγὼν βασιλεῖς εἰς ἀπώλειαν
— 8. ὁ χρίων βασιλεῖς εἰς ἀνταπόδομα
— 23. προσέθηκε ζωὴν βασιλεῖ
49. 4. οἱ β. Ἰούδα ἐξέλιπον
51. 1. ἐξομολογήσομαί [A -γοῦμαί] σοι, κύριε βασιλεῦ
— 6. βασιλεῖ διαβολὴ [A S -λῆς] γλώσσης ἀδίκου
Ho. 1. 1. ἐν ἡμέραις Ὀ. καὶ Ἰ. καὶ Ἄ. καὶ Ἐ. βασιλέων Ἰούδα (2 d)
— 1. ἐν ἡμ. Ἰ. υἱοῦ Ἰ. βασιλέως Ἰσρ. (2 d)
3. 4. οὐκ ὄντος βασιλέως οὐδὲ ὄντος ἄρχοντος (2 d)
— 5. ἐπιζητήσουσι . . . Δαυὶδ τὸν β. αὐτῶν (2 d)
5. 1. καὶ ὁ οἶκος τοῦ β. ἐνωτίζεσθε (2 d)
— 13. ἀπέστειλε πρέσβεις πρὸς βασιλέα Ἰ. (2 d)
7. 3. ἐν ταῖς κακίαις αὐ. εὔφραναν βασιλεῖς (2 d)
— 5. ἡμέραι τῶν β. ὑμῶν (2 d)
— 7. πάντες οἱ β. αὐτῶν ἔπεσαν (2 d)
8. 10. καὶ κοπάσουσι . . . βασιλέα (2 d)
10. 3. οὐκ ἔστι βασιλεὺς ἡμῖν (2 d)
— 3. ὁ δὲ β. τί ποιήσει ἡμῖν (2 d)
— 6. ἀπήνεγκαν ξένια τῷ β. Ἰ. (2 d)
— 7. ἀπέρριψε Σ. βασιλέα αὐτῆς (2 d)
11. 1 (10. 15). ἀπερρίφη βασιλεὺς Ἰ. (2 d)
— 5. καὶ Ἀ. αὐτὸς βασιλεὺς αὐτοῦ (2 d)
13. 10. ποῦ ὁ β. σου οὗτος (2 d)
— 10. δός μοι βασιλέα καὶ ἄρχοντα (2 d)
— 11. ἔδωκά σοι βασιλέα ἐν ὀργῇ μου (2 d)
Am. 1. 1. ἐν ἡμέραις Ὀ. βασιλέως Ἰ. (2 d)
— 1. ἐν ἡμέραις Ἰ. τοῦ Ἰ. βασιλέως Ἰ. (2 d)
— 15. πορεύσονται οἱ β. αὐτῆς ἐν αἰχμαλωσίᾳ (2 d)
2. 1. κατέκαυσαν τὰ ὀστᾶ βασιλέως τῆς Ἰ. (2 d)
7. 1. καὶ ἰδοὺ βροῦχος εἷς Γὼγ ὁ β. (2 d)
— 10. ἐξαπέστειλεν Ἀ. ὁ ἱερεὺς Β. πρὸς Ἰ. βασιλέα Ἰ. (2 d)
— 13. ἁγίασμα βασιλέως ἐστί (2 d)
Mi. 1. 1. ἐν ἡμέραις Ἰ. καὶ Ἄ. καὶ Ἐ. βασιλέων Ἰ. (2 d)
— 14. εἰς κενὸν [A κενὰ] ἐγένοντο τοῖς β. τοῦ Ἰ. (2 d)
2. 13. ἐξῆλθεν ὁ β. αὐτῶν πρὸ προσώπου αὐτῶν (2 d)
4. 9. μὴ βασιλεὺς οὐκ ἦν σοι (2 d)
6. 5. τί ἐβουλεύσατο κατὰ σοῦ Β. βασιλεὺς Μ. (2 d)
Jn. 3. 6. καὶ ἤγγισεν ὁ λόγος πρὸς τὸν β. τῆς Ν. (2 d)
— 7. ἐρρέθη ἐν τῇ Ν. παρὰ τοῦ β. (2 d)
Na. 3. 18. βασιλεὺς Ἀ. ἐκοίμισε τοὺς δυνάστας σου (2 d)
Hb. 1. 10. ἐν βασιλεῦσιν ἐντρυφήσει (2 d)
Ze. 1. 1. ἐν ἡμέραις Ἰ. υἱοῦ Ἀ. βασιλέως Ἰ. (2 d)
► — 5. τοὺς ὀμνύοντας κατὰ τοῦ [S² *add.* κυρίου] β. αὐτῶν (2 d)
— 8. ἐκδικήσω . . . ἐπὶ τὸν οἶκον τοῦ β. (2 d)
3. 8. τοῦ εἰσδέξασθαι βασιλεῖς (2 f)
— 15. βασιλεὺς Ἰ. κύριος ἐν μέσῳ σου [A S² *al.*] (2 d)
Hg. 1. 1. ἐν τῷ δευτέρῳ ἔτει ἐπὶ Δαρείου τοῦ β. (2 d)
2. 1 (1. 15). τῷ δευτέρῳ ἔτει ἐπὶ Δαρείου τοῦ β. (2 d)
— 23 (22). καταστρέψω θρόνους βασιλέων καὶ ὀλεθρεύσω [A S² ἐξολ.] δύναμιν βασιλέων τῶν ἐθνῶν (2 f, 2 f)
Za. 7. 1. ἐν τῷ τετάρτῳ ἔτει ἐπὶ Δαρείου τοῦ β. (2 d)
— 2. Ἀρβεσεὲρ ὁ β. καὶ οἱ ἄνδρες αὐτοῦ (2 d)
9. 5. ἀπολεῖται βασιλεὺς ἐκ Γ. [A *al.*] (2 d)
— 9. ἰδοὺ ὁ β. σου ἔρχεταί σοι (2 d)
11. 6. A R παραδίδωμι τοὺς ἀ. . . . εἰς χεῖρα [B S χεῖρας] βασιλέως (2 d)
14. 5. ἐν ἡμέραις Ὀ. βασιλέως Ἰ. (2 d)
— 9. καὶ ἔσται κύριος εἰς βασιλέα (2 d)
— 10. ἕως τῶν ὑποληνίων τοῦ β. (2 d)
— 16. τοῦ προσκυνῆσαι τῷ β. κυρίῳ παντοκράτορι (2 d)
— 17. τοῦ προσκυνῆσαι τῷ β. κυρίῳ παντ. (2 d)
Ma. 1. 14. βασιλεὺς μέγας ἐγώ εἰμι (2 d)
Is. 6. 1. οὗ ἀπέθανεν Ὀζίας ὁ β. (2 d)
— 5. τὸν β. κύριον σαβαὼθ εἶδον (2 d)
7. 1. Ὀζίου β. Ἰούδα ἀνέβη Ῥασὶν β. Ἀρὰμ καὶ Φακεὲ . . . β. Ἰσραήλ (2 d *ter*)
— 16. ἀπὸ προσώπου τῶν δύο β. [A αὐτῶν] (2 d)
— 17. ἀφεῖλεν Ἐφραὶμ ἀπὸ Ἰούδα τὸν β. τῶν Ἀσσ. (2 d)
— 20. ἐν τῷ ξυρῷ τῷ μεμισθωμένῳ πέραν τοῦ ποταμοῦ βασιλέως Ἀσσ. [A S *al.*] (2 d)
8. 4. ἔναντι βασιλέως Ἀσσυρίων (2 d)
— 6. τὸν υἱὸν Ῥομελίου βασιλέα ἐφ' ὑμῶν –
— 7. τὸν β. τῶν Ἀσσυρίων καὶ τὴν δόξαν [S δύναμιν] αὐ. (2 d)
13. 4. φωνὴ βασιλέων καὶ ἐθνῶν συνηγμένων (2 f)
— 19. καλεῖται ἔνδοξος ἀπὸ [A S ὑπὸ] βασιλέως Χαλδ. (2 f)
14. 4. λήψῃ τὸν θρῆνον τοῦτον ἐπὶ τὸν β. Βαβ. (2 d)
— 9. οἱ ἐγείραντες ἐκ τῶν θρόνων αὐτῶν πάντας β. ἐθνῶν (2 d)
— 16. σείων βασιλεῖς (2 f)
— 18. πάντες οἱ β. τῶν ἐθνῶν ἐκοιμήθησαν (2 d)
— 28. οὗ ἀπέθανεν ὁ β. Ἄχαζ (2 d)
— 32. τί ἀποκριθήσονται βασιλεῖς ἐθνῶν †
19. 4. β. σκληροὶ κυριεύσουσιν αὐτῶν (2 d)
— 11. οἱ σοφοὶ σύμβουλοι τοῦ β. †
— 11. ἐρεῖτε τῷ β., Υἱοὶ συνετῶν, ἡμεῖς υἱοὶ βασιλέων (†, 2 d)
20. 1. ἀπεστάλη ὑπὸ Ἀρνὰ βασιλέως Ἀσσυρίων (2 d)
— 4. ἄξει β. Ἀσσυρίων τὴν αἰχμαλωσίαν (2 d)
— 6. οὐκ ἠδύναντο σωθῆναι ἀπὸ βασιλέως Ἀσσ. (2 d)
23. 11. ἡ παροξύνουσα βασιλεῖς (2 f)
— 15. ἔτη ἑβδομήκοντα ὡς χρόνος βασιλέως (2 d)
24. 21. ἐπὶ τοὺς β. τῆς γῆς (2 d)
32. 1. β. δίκαιος βασιλεύσει (2 d)
33. 17. βασιλέα μετὰ δόξης ὄψεσθε (2 d)
— 22. κύριος β. ἡμῶν (2 d)
34. 12. οἱ γὰρ β. [A S² *add.* αὐτῆς καὶ οἱ ἄρχοντες αὐτῆς] . . . ἔσονται εἰς ἀπώλειαν (2 a?)
36. 1. ἀνέβη Σενναχηρεὶμ β. Ἀσσυρίων (2 d)
— 2. ἀπέστειλε β. Ἀσσυρίων Ῥαβσάκην ἐκ Λαχεὶς εἰς Ἰερ. πρὸς τὸν β. Ἐζεκίαν (2 d, 2 d)
— 4. τάδε λέγει ὁ β. ὁ μέγας β. Ἀσσυρίων (2 d, 2 d)
— 6. οὕτως ἐστὶ Φαραὼ β. Αἰγύπτου (2 d)
— 8. μίχθητε τῷ κυρίῳ μου τῷ β. Ἀσσ. (2 d)
— 13. A S R ἀκούσατε τοὺς λόγους τοῦ β. [B *add.* τοῦ β.] τοῦ μεγάλου β. Ἀσσυρίων (2 d, –, 2 d)
— 14. τάδε λέγει ὁ β. (2 d)
— 15. ἐν χειρὶ βασιλέως Ἀσσυρίων (2 d)
— 16. τάδε λέγει ὁ β. Ἀσσυρίων (2 d)
— 18. ἐκ χειρὸς βασιλέως Ἀσσυρίων (2 d)
— 21. διὰ τὸ προστάξαι τὸν β. μηδένα ἀποκριθῆναι (2 d)
37. 1. ἐν τῷ ἀκοῦσαι τὸν β. Ἐζεκίαν (2 d)
— 4. οὓς ἀπέστειλε [A *add.* αὐτὸν] β. Ἀσσυρίων (2 d)
— 5. ἦλθον οἱ παῖδες τοῦ β. Ἐζεκίου [A *om.*] (2 d)
— 6. οὓς ὠνείδισάν με οἱ πρέσβεις βασιλέως Ἀσσυρίων (2 d)
— 8. κατέλαβε τὸν β. Ἀσσ. πολιορκοῦντα Λοβνάν (2 d)
— 8. A S ἤκουσεν βασιλεὺς Ἀσσυρίων [B *om.* β. Ἀ.] –
— 9. ἐξῆλθε Θαρακὰ β. Αἰθιόπων (2 d)
— 10. οὕτως ἐρεῖτε Ἐζεκίᾳ βασιλεῖ τῆς Ἰουδ. (2 d)
— 10. ἐν χειρὶ [A S εἰς χεῖρας] βασιλέως Ἀσσ. (2 d)
— 11. ἃ ἐποίησαν βασιλεῖς Ἀσσυρίων (2 d)
— 13. ποῦ εἰσι βασιλεῖς Ἐμάθ (2 d)
— 18. ἠρήμωσαν βασιλεῖς Ἀσσ. τὴν οἰκουμένην ὅλην (2 d)
— 21. περὶ Σενναχηρεὶμ βασιλέως Ἀσσυρίων (2 d)

► = additional entry on page xxiv

Is. 37. 33. λέγει κύριος ἐπὶ βασιλέα Ἀσσυρίων (2 d)
— 37. ἀπῆλθεν ἀποστραφεὶς Σενναχηρεὶμ [A om.] β. Ἀσσ. (2 d)
38. 6. ἐκ χειρὸς βασιλέως Ἀσσυρίων (2 d)
— 9. προσευχὴ Ἑζ. βασιλέως τῆς Ἰουδ. (2 d)
39. 1. Μαρωδὰχ Βαλαδὰν . . . ὁ β. τῆς Βαβυλωνίας (2 d)
— 3. ἦλθεν Ἡσαΐας ὁ προφήτης πρὸς τὸν β. Ἑζ. (2 d)
— 7. ἐν τῷ οἴκῳ τοῦ β. τῶν Βαβυλωνίων (2 d)
41. 2. βασιλεῖς ἐκστήσει (2 d)
— 21. λέγει ὁ β. Ἰακώβ (2 d)
43. 15. ὁ καταδείξας Ἰσραὴλ βασιλέα ὑμῶν (2 d)
44. 6. οὕτως λέγει ὁ θεὸς ὁ β. Ἰσραήλ (2 d)
45. 1. ἰσχὺν βασιλέων διαρρήξω (2 d)
— 13. ἤγειρα αὐτὸν μετὰ δικαιοσύνης βασιλέα [A S^3 om.] –
49. 7. βασιλεῖς ὄψονται αὐτόν (2 d)
— 23. ἔσονται βασιλεῖς τιθηνοί σου (2 d)
51. 4. οἱ β. πρὸς μὲ ἐνωτίσασθε †
52. 15. συνέξουσι [A συνάξουσιν] βασιλεῖς τὸ στόμα αὐ. (2 d)
60. 3. πορεύσονται βασιλεῖς τῷ φωτί σου (2 d)
— 10. οἱ β. αὐτῶν παραστήσονταί σοι (2 d)
— 11. εἰσαγαγεῖν πρὸς σὲ . . βασιλεῖς αὐτῶν ἀγομ. (2 d)
— 12. οἱ β. [A S^2 add. αὐτῶν] οἵτινες οὐ δουλεύσουσί σοι (2 f)
— 16. πλοῦτον βασιλέων φάγεσαι (2 d)
62. 2. ὄψονται . . . βασιλεῖς τὴν δόξαν σου (2 d)
Je. 1. 2. ἐν ταῖς ἡμέραις Ἰωσία υἱοῦ Ἀμὼς βασιλέως Ἰ. (2 d)
— 3. ἐν ταῖς ἡμέραις Ἰω. υἱοῦ Ἰωσία βασιλέως Ἰ. (2 d)
— 3. Σεδεκία υἱοῦ Ἰωσία βασιλέως Ἰούδα (2 d)
— 10. A καθέστακά σε σήμερον . . . ἐπὶ βασιλεῖς [B S -λείας] (2 f)
— 18. ὀχυρὸν [S ἰσχυρὸν] πᾶσι τοῖς β. Ἰούδα (2 d)
2. 26. αἰσχυνθήσονται . . . αὐτοὶ καὶ οἱ β. αὐτῶν (2 d)
3. 6. ἐν ταῖς ἡμέραις Ἰωσίου τοῦ β. [A om. τ. β.] (2 d)
4. 9. ἀπολεῖται ἡ καρδία τοῦ β. (2 d)
8. 1. ἐξοίσουσι τὰ ὀστᾶ τῶν β. Ἰούδα (2 d)
— 19. β. οὐκ ἔστιν ἐκεῖ (2 d)
13. 13. πληρῶ . . . τοὺς β. αὐτῶν τοὺς καθημ. υἱούς (2 d)
— 18. εἴπατε τῷ β. (2 d)
15. 4. διὰ Μανασσῆ υἱὸν Ἐζεκίου βασιλέα Ἰ. (2 d)
17. 19. εἰσπορεύονται ἐν αὐταῖς βασιλεῖς Ἰ. (2 d)
— 20. βασιλεῖς Ἰούδα καὶ πᾶσα Ἰουδαία [A om.] (2 d)
— 25. εἰσελεύσονται . . . βασιλεῖς καὶ ἄρχοντες (2 d)
●19. 3. βασιλεῖς Ἰούδα καὶ ἄνδρες Ἰούδα [A om. κ. ἄ. Ἰ.] (2 d)
— 4. οἱ β. Ἰούδα ἔπλησαν τὸν τόπον τοῦτον αἱμάτων (2 d)
— 13. οἶκοι βασιλέων Ἰούδα ἔσονται καθὼς ὁ τόπος ὁ διαπίπτων (2 d)
20. 4. δώσω εἰς χεῖρας βασιλέως Βαβ. (2 d)
— 5. πάντας τοὺς θησαυροὺς τοῦ β. Ἰούδα (2 d)
21. 1. ἀπέστειλε πρὸς αὐτὸν ὁ β. Σεδ. τὸν Πασχώρ (2 d)
— 2. β. Βαβυλῶνος ἐφέστηκεν ἐφ' ἡμᾶς (2 d)
— 3. οὕτως ἐρεῖτε πρὸς Σεδεκίαν βασιλέα Ἰούδα –
— 7. δώσω τὸν Σεδεκίαν βασιλέα Ἰούδα (2 d)
— 10. εἰς χεῖρας βασιλέως Βαβυλῶνος παραδοθήσεται (2 d)
— 11. ὁ οἶκος βασιλέως Ἰούδα, ἀκούσατε (2 d)
22. 1. κατάβηθι εἰς τὸν οἶκον τοῦ β. Ἰούδα (2 d)
— 2. βασιλεῦ Ἰούδα ὁ καθήμενος ἐπὶ θρόνου Δ. (2 d)
— 4. βασιλεῖς [A add. καὶ ἄρχοντες] καθήμενοι ἐπὶ θρόνου (2 d)
— 6. λέγει κύριος κατὰ τοῦ οἴκου βασιλέως Ἰ. (2 d)
— 18. Ἰωακεὶμ υἱὸν Ἰωσία βασιλέα Ἰούδα (2 d)
— 24. Ἰεχονίας υἱὸς Ἰωακεὶμ [A Ἰω. υἱ. Ἰεχονία] β. Ἰ. (2 d)
23. 5. βασιλεύσει β. καὶ συνήσει (2 d)
24. 1. μετὰ τὸ ἀποικίσαι Ναβ. βασιλέα Βαβ. τὸν Ἰεχ. υἱὸν Ἰω. βασιλέα Ἰ. καὶ τοὺς ἄρχοντας [A add. βασιλέως Ἰ.] (2 d, 2 d, –)
— 8. παραδώσω τὸν Σεδεκίαν βασιλέα Ἰούδα (2 d)
25. 1. Ἰωακεὶμ υἱοῦ Ἰωσία βασιλέως Ἰούδα (2 d)
— 3. ἐν τρισκαιδεκάτῳ ἔτει [A add. τοῦ β.] Ἰωσία υἱοῦ Ἀμὼς βασιλέως Ἰ. (–, 2 d)
— 17 (49. 38). ἐξαποστελῶ ἐκεῖθεν βασιλέα (2 d)

Je. 26 (46). 1. ἐν ἀρχῇ βασιλεύοντος Σεδεκίου βασιλέως [A om.] –
— 2. ἐπὶ δύναμιν Φαραὼ Νεχαὼ βασιλέως Αἰγύπτου . . . ὃν ἐπάταξε Ναβ. β. Βαβ. ἐν τῷ ἔτει τῷ τετάρτῳ Ἰω. βασιλέως Ἰ. (2 d ter)
— 13. τοῦ ἐλθεῖν τὸν β. Βαβυλῶνος (2 d)
— 17. τὸ ὄνομα Φαραὼ Νεχαὼ βασιλέως Αἰγ. (2 d)
27 (50). 17. ὁ πρῶτος ἔφαγεν αὐτὸν β. Ἀσσοὺρ καὶ οὗτος ὕστερον τὰ ὀστᾶ αὐτοῦ β. Βαβ. (2 d, 2 d)
— 18. ἐκδικῶ ἐπὶ τὸν β. Βαβυλῶνος . . . καθὼς ἐξεδίκησα ἐπὶ τὸν β. Ἀσσούρ (2 d, 2 d)
— 41. β. πολλοὶ ἐξεγερθήσονται ἀπ' ἐσχάτου τῆς γῆς (2 d)
— 43. ἤκουσε β. Βαβ. τὴν ἀκοὴν αὐτῶν (2 d)
28 (51). 11. ἤγειρε κύριος τὸ πνεῦμα βασιλέως [S^1 -ων] Μήδων (2 d)
— 20. ἐξαρῶ ἐκ σοῦ βασιλεῖς (2 f)
— 27. βασιλεῖς ἄρατε [A βασιλείαις Ἀραρὲθ] παρ' ἐμοῦ (2 f)
— 28. ἀναβιβάσατε . . . τὸν β. τῶν Μήδων (2 d)
— 31. τοῦ ἀναγγεῖλαι τῷ β. Βαβυλῶνος (2 d)
— 33. οἶκοι βασιλέως Βαβυλῶνος . . . ἀλοηθήσονται –
— 34. Ναβ. β. Βαβ. κατέπιέ με (2 d)
— 57. λέγει ὁ β. κύριος (2 d)
— 59. ἐπορεύετο παρὰ Σεδεκίου βασιλέως Ἰ. (2 d)
30. 6 (49. 28). ἣν ἐπάταξε Ναβ. β. Βαβ. (2 d)
— 8 (49. 30). ἐβουλεύσατο ἐφ' ὑμᾶς β. Βαβ. βουλήν (2 d)
32. 4 (25. 18). βασιλεῖς Ἰούδα καὶ ἄρχοντας αὐτοῦ (2 d)
— 5 (25. 19). τὸν Φαραὼ βασιλέα Αἰγύπτου (2 d)
— 6 (25. 20). πάντας τοὺς β. [A add. πάντων τῶν] ἀλλοφ. (2 d)
— 8 (25. 22). βασιλεῖς Τύρου καὶ β. Σιδῶνος καὶ β. τοὺς ἐν τῷ πέραν (2 d ter)
— 11 (25. 25). βασιλεῖς Αἰλὰμ καὶ πάντας β. Περσῶν (2 d, 2 d)
— 12 (25. 26). πάντας β. ἀπὸ [A τοῦ] ἀπηλιώτου (2 d)
33 (26). 1. ἐν ἀρχῇ βασιλέως Ἰωακεὶμ (2 g)
— 10. ἀνέβησαν ἐξ οἴκου τοῦ β. (2 d)
▶— 18. ἐν ταῖς ἡμέραις Ἐζεκίου βασιλέως Ἰούδα (2 d)
— 21. ἤκουσεν ὁ β. Ἰωακεὶμ καὶ πάντες οἱ ἄρχοντες (2 d)
— 22. ἐξαπέστειλεν ὁ β. ἄνδρας εἰς Αἴγυπτον (2 d)
— 23. εἰσηγάγοσαν αὐτὸν πρὸς τὸν β. (2 d)
34 (27). 3. ἀποστελεῖς αὐτοὺς πρὸς βασιλέα Ἰδουμ. καὶ πρὸς β. Μωὰβ καὶ πρὸς β. υἱῶν Ἀμμὼν καὶ πρὸς β. Τύρου καὶ πρὸς β. Σιδῶνος ἐν χερσὶν ἀγγέλων αὐτῶν τῶν ἐρχομένων . . . πρὸς Σεδεκίαν β. Ἰούδα (2 d sexiens)
— 6. ἔδωκα τὴν γῆν [A add. πᾶσαν] τῷ Ναβ. β. Βαβ. (2 d)
— 8. ὑπὸ τὸν ζυγὸν βασιλέως Βαβυλῶνος (2 d)
— 9. οὐ μὴ ἐργάσησθε τῷ β. Βαβυλῶνος (2 d)
— 11. ὑπὸ τὸν ζυγὸν βασιλέως Βαβυλῶνος (2 d)
— 12. πρὸς Σεδεκίαν β. Ἰούδα ἐλάλησα (2 d)
— 12. ἐργάσασθε τῷ β. Βαβυλῶνος (2 d)
— 20. ὧν οὐκ ἔλαβε β. Βαβυλῶνος (2 d)
35 (28). 1. ἐν τῷ τετάρτῳ ἔτει Σεδεκία [A βασιλεύοντος Σεδεκίου] βασιλέως Ἰούδα (2 d)
— 2. συνέτριψα τὸν ζυγὸν τοῦ β. Βαβ. (2 d)
— 4. συντρίψω [A -έτριψα] τὸν ζυγὸν βασιλέως Βαβ. (2 d)
— 11. συντρίψω τὸν ζυγὸν βασιλέως Βαβυλῶνος (2 d)
— 14. ἐργάζεσθαι τῷ β. Βαβυλῶνος (2 d)
36 (29). 2. ἐξελθόντος Ἰεχονίου τοῦ β. (2 d)
— 3. ὃν ἀπέστειλε Σεδ. β. Ἰ. πρὸς βασιλέα Βαβ. (2 d, 2 d)
— 21. δίδωμι αὐτοὺς εἰς χεῖρας βασιλέως Βαβ. (2 d)
— 22. οὓς ἀπετηγάνισε β. Βαβ. (2 d)
37 (30). 9. τὸν Δαυὶδ β. αὐτῶν ἀναστήσω αὐτοῖς (2 d)
39 (32). 1. ἐν τῷ ἐνιαυτῷ δεκάτῳ βασιλεῖ Σεδεκίᾳ [A add. β. Ἰούδα] οὗτος ἐνιαυτὸς ὀκτωκαιδέκατος τῷ β. Ναβ. βασιλεῖ [A om.] Βαβ. (–, 2 d, –, –)
— 2. A B S^2 δύναμις βασιλέως Βαβ. ἐχαράκωσεν (2 d)
— 2. A B S^2 ᾗ ἐστιν ἐν οἴκῳ βασιλέως (2 d)
— 3. A B S^2 κατέκλεισεν αὐτὸν ὁ β. Σεδεκίας (2 d)
— 3. A B S^2 ἐν χερσὶ βασιλέως Βαβ. (2 d)

Je. 39 (32). 4. A ἐκ χειρὸς βασιλέως [B S^2 τῶν] Χαλδ. –
— 4. A B S^2 παραδοθήσεται εἰς χεῖρας βασιλέως Βαβ. (2 d)
— 28. εἰς χεῖρας βασιλέως Βαβυλῶνος (2 d)
— 32. αὐτοὶ καὶ [A add. οἱ πατέρες αὐτῶν καὶ] οἱ β. αὐτῶν (2 d)
— 35. τοῦ ἀναφέρειν . . . τῷ Μολὸχ βασιλεῖ (3 a)
— 36. παραδοθήσεται εἰς χεῖρας βασιλέως Βαβ. (2 d)
40 (33). 4. περὶ οἴκων [A οἰκίας] βασιλέως Ἰούδα (2 d)
41 (34). 1. Ναβ. β. Βαβυλῶνος καὶ πᾶν τὸ στρατόπεδον (2 d)
— 2. βάδισον πρὸς Σεδεκίαν βασιλέα Ἰούδα (2 d)
— 2. εἰς χεῖρας βασιλέως Βαβυλῶνος (2 d)
— 4. Σεδεκία βασιλεῦ Ἰούδα (2 d)
— 6. ἐλάλησεν Ἱερεμίας πρὸς τὸν β. Σεδ. (2 d)
— 7. ἡ δύναμις βασιλέως Βαβυλῶνος ἐπολέμει (2 d)
— 8. μετὰ τὸ συντελέσαι τὸν β. Σεδ. διαθήκην (2 d)
— 21. τὸν Σεδεκίαν β. τῆς Ἰουδαίας [A Ἰούδα] . . . δώσω (2 d)
— 21. δύναμις [A -μεις] βασιλέως Βαβ. (2 d)
42 (35). 1. ἐν ἡμέραις Ἰωακεὶμ [A add. υἱοῦ Ἰωσίου] β. Ἰούδα (2 d)
43 (36). 1. ἐν τῷ ἐνιαυτῷ τῷ τετάρτῳ Ἰω. υἱοῦ Ἰωσία β. Ἰ. (2 d)
— 2. ἀφ' ἡμερῶν Ἰωσία βασιλέως Ἰούδα –
— 9. ἐν τῷ ἔτει τῷ ὀγδόῳ [A πέμπτῳ] τῷ β. Ἰωακείμ (2 d)
— 12. κατέβη εἰς οἰκίαν [A S οἶκον] τοῦ β. (2 d)
— 16. ἀναγγέλλοντες ἀναγγείλωμεν τῷ β. (2 d)
— 20. εἰσῆλθον πρὸς τὸν β. εἰς τὴν αὐλήν (2 d)
— 20. ἀνήγγειλαν τῷ β. πάντας τοὺς λόγους τούτους (2 d)
— 21. ἀπέστειλεν ὁ β. τὸν Ἰουδίν (2 d)
— 21. ἀνέγνω Ἰουδὶν εἰς τὰ ὦτα τοῦ β. καὶ εἰς τὰ ὦτα πάντων τῶν ἀρχόντων τῶν ἑστηκ. περὶ [A πρὸς] τὸν β. (2 d, 2 d)
— 22. ὁ β. ἐκάθητο ἐν οἴκῳ χειμερινῷ (2 d)
— 24. οὐ διέρρηξαν τὰ ἱμάτια αὐτῶν ὁ β. (2 d)
— 25. ὑπέθεντο τῷ β. πρὸς τὸ [A S^2 add. μὴ] κατακαῦσαι τὸ χαρτίον [A βιβλίον] (2 d)
— 26. καὶ ἐνετείλατο ὁ β. τῷ Ἱερ. υἱῷ τοῦ β. (2 d, 2 d)
— 27. μετὰ τὸ κατακαῦσαι [A S^1 καυ.] τὸν β. τὸ χαρτίον (2 d)
— 28. οὓς κατέκαυσεν ὁ β. Ἰωακείμ (2 d)
— 29. εἰσπορεύσεται ὁ β. Βαβυλῶνος (2 d)
— 30. εἶπε κύριος ἐπὶ Ἰωακεὶμ βασιλέα Ἰούδα (2 d)
44 (37). 1. A Ναβουχοδονόσορ βασιλεὺς Βαβ. [B S om. β. B.] (2 d)
— 3. ἀπέστειλεν ὁ β. Σεδεκίας τὸν Ἰωάχαλ (2 d)
— 7. οὕτως ἐρεῖς πρὸς βασιλέα Ἰούδα (2 d)
— 17. ἠρώτα [A ἐπηρώτησεν] αὐτὸν ὁ β. [A om. ὁ β.] κρυφαίως (2 d)
— 17. εἰς χεῖρας βασιλέως Βαβυλῶνος παραδοθήσῃ (2 d)
— 18. εἶπεν Ἱερεμίας τῷ β. (2 d)
— 19. οὐ μὴ ἔλθῃ β. Βαβυλῶνος ἐπὶ τὴν γῆν ταύτην (2 d)
— 20. κύριε [A add. μου] βασιλεῦ, πεσέτω τὸ ἔλεός μου (2 d)
— 21. συνέταξεν ὁ β. (2 d)
45 (38). 3. εἰς χεῖρας δυνάμεως βασιλέως [S om.] Βαβ. (2 d)
— 4. εἶπαν τῷ β., Ἀναιρεθήτω (2 d)
— 5. εἶπεν ὁ β., Ἰδοὺ αὐτὸς ἐν χερσὶν ὑμῶν (2 d)
— 5. οὐκ ἠδύνατο ὁ β. πρὸς αὐτούς (2 d)
— 6. εἰς λάκκον Μελχίου υἱοῦ τοῦ β. (2 d)
— 7. αὐτὸς ἐν οἰκίᾳ τοῦ β. . . . καὶ ὁ β. ἦν ἐν τῇ πύλῃ [A αὐλῇ] Βενιαμίν (2 d, 2 d)
— 8. ἐλάλησε πρὸς τὸν β. (2 d)
— 10. ἐνετείλατο ὁ β. τῷ Ἀβδεμέλεχ (2 d)
— 11. εἰσῆλθεν εἰς τὴν οἰκίαν τοῦ β. τὴν ὑπόγαιον (2 d)
— 14. ἀπέστειλεν ὁ β. (2 d)
— 14. εἶπεν αὐτῷ ὁ β. (2 d)
— 15. εἶπεν Ἱερεμίας τῷ β. †
— 16. ὤμοσεν αὐτῷ ὁ β. (2 d)
— 17. ἐξέλθῃς πρὸς ἡγεμόνας βασιλέως Βαβ. (2 d)
— 18. A εἰς χεῖρας βασιλέως Βαβ. [B S τῶν Χαλδαίων] †
— 19. εἶπεν ὁ β. τῷ Ἱερεμίᾳ (2 d)
— 22. αἱ καταλειφθεῖσαι ἐν οἰκίᾳ βασιλέως Ἰ. ἐξήγοντο πρὸς ἄρχοντας βασιλέως Βαβ. (2 d, 2 d)
— 23. ἐν χειρὶ [A εἰς χεῖρας] βασιλέως Βαβ. (2 d)

● = correction on page xxiv ▶ = additional entry on page xxiv

Je. 45 (38). 24. εἶπεν αὐτῷ ὁ β. †
— 25. τί ἐλάλησέ σοι ὁ β. . . . τί ἐλάλησε πρὸς σὲ ὁ β. (2 d, 2 d)
— 26. κατ' ὀφθαλμοὺς τοῦ β. (2 d)
— 27. οὓς ἐνετείλατο αὐτῷ ὁ β. (2 d)
46 (39). 1. τῷ μηνὶ [A ἔτει] τῷ ἐνάτῳ τοῦ Σεδεκία β. Ἰούδα [A add. ἐν τῷ μηνὶ τῷ δεκάτῳ] παρεγένετο Ναβ. β. Βαβ. (2 d, 2 d)
— 3. εἰσῆλθον πάντες οἱ ἡγούμ. [A S ἡγεμόνες] βασιλέως Βαβ. . . . ἡγεμόνες βασιλέως Βαβ. (2 d, 2 d)
47 (40). 5. ὃν κατέστησε β. Βαβ. ἐν γῇ Ἰούδα (2 d)
— 7. κατέστησε β. Βαβ. τὸν Γοδολίαν (2 d)
— 9. ἐργάσασθε τῷ β. Βαβυλῶνος (2 d)
— 11. ἔδωκε β. Βαβυλῶνος κατάλειμμα (2 d)
— 14. Βελεισὰ β. υἱῶν Ἀμμὼν ἀπέστειλε πρὸς σὲ τὸν Ἰσμ. (2 d)
48 (41). 1. ἦλθεν Ἰσμαὴλ . . . ἀπὸ γένους τοῦ β. (2 a)
— 2. ὃν κατέστησε β. Βαβ. ἐπὶ τῆς γῆς (2 d)
— 9. ὃ ἐποίησεν ὁ β. Ἀσὰ [S Βαβυλῶνος] ἀπὸ προσώπου Βαασὰ [S om.] βασιλέως Ἰσρ. (2 d, 2 d)
— 10. ἀπέστρεψεν . . . τὰς θυγατέρας τοῦ β. (2 d)
— 18. ὃν κατέστησε β. Βαβ. ἐν τῇ γῇ (2 d)
49 (42). 11. μὴ φοβήθητε ἀπὸ προσώπου βασιλέως Βαβ. (2 d)
50 (43). 6. ἔλαβεν Ἰωανὰν . . . τὰς θυγατέρας τοῦ β. (2 d)
— 10. ἄξω Ναβ. βασιλέα Βαβ. (2 d)
51 (44). 9. μὴ ἐπιλέλησθε ὑμεῖς . . . τῶν κακῶν τῶν β. Ἰούδα (2 d)
— 17. οἱ πατέρες ἡμῶν καὶ οἱ β. ἡμῶν (2 d)
— 21. οἱ πατέρες ὑμῶν καὶ οἱ β. ὑμῶν (2 d)
— 30. δίδωμι τὸν Οὐαφρῆ β. Αἰγ. εἰς χεῖρας (2 d)
— 30. ἔδωκα τὸν Σεδεκίαν β. Ἰούδα εἰς χεῖρας Ναβ. βασιλέως Βαβ. (2 d, 2 d)
— 31 (45. 1). ἐν τῷ ἐνιαυτῷ τῷ τετάρτῳ Ἰω. υἱῷ Ἰωσία βασιλέως Ἰ. (2 d)
52. 4. ἦλθε Ναβουχοδονόσορ β. Βαβυλῶνος (2 d)
— 5. ἕως ἑνδεκάτου ἔτους τῷ β. Σεδεκίᾳ (2 d)
— 7. ὃ ἦν κατὰ τὸν κῆπον τοῦ β. (2 d)
— 8. κατεδίωξεν ἡ δύναμις τῶν Χαλδ. ὀπίσω τοῦ β. (2 d)
— 9. συνέλαβον τὸν β. καὶ ἤγαγον αὐτὸν πρὸς τὸν β. Βαβ. (2 d, 2 d)
— 10. ἔσφαξε β. Βαβ. τοὺς υἱοὺς Σεδ. (2 d)
— 11. ἤγαγεν αὐτὸν β. Βαβ. εἰς Βαβ. (2 d)
— 12. S[6] αὐτὸς ἐνιαυτὸς ἐννεακαιδέκατος τοῦ Ναβ. β. Βαβ. (2 d)
— 12. ἑστηκὼς κατὰ πρόσωπον τοῦ β. Βαβ. (2 d)
— 13. ἐνέπρησε . . . τὸν οἶκον τοῦ β. (2 d)
— 20. ἃ ἐποίησεν ὁ β. Σαλ. εἰς οἶκον κυρίου (2 d)
— 25. ἄνδρας ὀνομαστοὺς τοὺς [S om.] ἐν προσώπῳ τοῦ β. (2 d)
— 26. R Ναβουζαρδὰν ὁ ἀρχιμάγειρος τοῦ β. [A B S om. τ. β.] –
— 26. ἤγαγεν αὐτοὺς πρὸς βασιλέα Βαβυλῶνος (2 d)
— 27. ἐπάταξεν αὐτοὺς β. Βαβ. (2 d)
— 31. ἀποικισθέντος τοῦ Ἰωακεὶμ βασιλέως Ἰ. . . . ἔλαβεν Οὐλαιμαδάχαρ β. Βαβυλῶνος . . . τὴν κεφαλὴν Ἰω. βασιλέως Ἰ. (2 d ter)
— 32. ἐπάνω [A add. τῶν θρόνων] τῶν β. τῶν μετ' αὐτοῦ (2 d)
— 34. ἐδίδοτο [A B[1] S -δετο] διὰ παντὸς παρὰ τοῦ β. Βαβ. (2 d)
Ba. 1. 3. ἐν ὠσὶν Ἰεχονίου υἱοῦ Ἰωακεὶμ β. Ἰούδα
— 4. ἐν ὠσὶ τῶν δυνατῶν καὶ υἱῶν τῶν β. [A τοῦ β.]
— 8. ἃ ἐποίησε Σεδεκίας υἱὸς Ἰωσία β. Ἰούδα
— 9. μετὰ τὸ ἀποικίσαι Ναβουχοδονόσορ β. Βαβ.
— 11. περὶ τῆς ζωῆς Ναβουχοδονόσορ β. Βαβ.
— 12. ὑπὸ τὴν σκιὰν Ναβουχοδονόσορ β. Βαβ.
— 16. αἰσχύνη . . . τοῖς β. ἡμῶν
2. 1. ὃν ἐλάλησεν . . . ἐπὶ τοὺς β. ἡμῶν
— 19. ἐπὶ τὰ δικαιώματα . . . τῶν β. ἡμῶν
— 21, 22, 24. ἐργάσασθαι τῷ β. Βαβυλῶνος
— 24. ἐξενεχθῆναι τὰ ὀστᾶ [A add. τῶν] βασιλέων ἡμῶν
La. 2. 2. ἐβεβήλωσε [A add. εἰς τὴν γῆν] βασιλέα αὐτῆς (2 f)
— 6. παρώξυνεν ἐμβριμήματι ὀργῆς αὐτοῦ βασιλέα (2 d)
— 9. συνέτριψε . . . βασιλέα αὐτῆς (2 d)
4. 12. οὐκ ἐπίστευσαν βασιλεῖς γῆς (2 d)

Ep. Je. 1. πρὸς τοὺς ἀχθησομένους αἰχμαλώτους εἰς Βαβ. ὑπὸ τοῦ β. τῶν Βαβυλωνίων
— 2. ἀχθήσεσθε . . . ὑπὸ Ναβ. β. τῶν Βαβυλωνίων
— 18. ὥσπερ τινὶ ἠδικηκότι βασιλέα
— 34. οὔτε καταστῆσαι βασιλέα δύνανται
— 51. τοῖς ἔθνεσι πᾶσι τοῖς τε [A om.] β. φανερὸν ἔσται
— 53. βασιλέα γὰρ χώρας οὐ μὴ ἀναστήσωσιν
— 56. βασιλεῖ δὲ καὶ πολεμίοις οὐ μὴ ἀντιστῶσι
— 59. εἶναι βασιλέα ἐπιδεικνύμενον τὴν ἑαυτοῦ ἀνδρείαν
— 66. βασιλεῦσιν οὐ μὴ καταράσωνται
Ez. 1. 2. τοῦτο τὸ ἔτος τὸ [A om.] πέμπτον τῆς αἰχμ. τοῦ β. Ἰ. (2 d)
7. 27. A ὁ β. πενθήσει (2 d)
17. 12. ὅταν ἔλθῃ β. Βαβ. ἐπὶ [A εἰς] Ἱερ. καὶ [A om.] λήψεται τὸν β. αὐτῆς (2 d, 2 d)
— 16. ὁ β. ὁ βασιλεύσας αὐτὸν . . . ἐν μέσῳ Βαβ. τελευτήσει (2 d)
19. 9. ἦλθε πρὸς βασιλέα Βαβ. [A al.] (2 d)
21. 19 (24). τοῦ εἰσελθεῖν ῥομφαίαν βασιλέως Βαβ. (2 d)
— 21 (26). στήσεται β. Βαβ. ἐπὶ τὴν ἀρχαίαν ὁδόν (2 d)
24. 2. ἀφ' ἧς ἀπηρείσατο β. Βαβ. ἐπὶ Ἱερ. (2 d)
26. 7. ἐπάγω ἐπὶ σὲ, Σὸρ, τὸν Ναβ. β. [A add. β.] Βαβ. . . . β. βασιλέων ἐστί (2 d, –, 2 d, 2 d)
27. 33. R ἐπλούτησας [A B -τισας] πάντας [A add. τοὺς] β. τῆς γῆς (2 d)
— 35. οἱ β. αὐτῶν ἐκστάσει ἐξέστησαν (2 d)
28. 17. ἐναντίον βασιλέων ἔδωκά σε παραδειγματισθῆναι (2 d)
29. 1. A[2] Φαραὼ βασιλεὺς Αἰγύπτου –
— 2. στήρισον τὸ πρόσωπόν σου ἐπὶ Φαραὼ βασιλέα Αἰγ. (2 d)
— 3. A ἐγὼ ἐπὶ σὲ, Φαραὼ, βασιλεῦ Αἰγ. [B ἐ. ἐπὶ Φ.] (2 d)
— 18. Ναβ. β. Βαβυλῶνος κατεδουλώσατο τὴν δύναμιν αὐ. (2 d)
— 19. δίδωμι τῷ Ναβ. β. Βαβ. γῆν Αἰγ. (2 d)
30. 10. ἀπολῶ πλῆθος Αἰγυπτίων διὰ χειρὸς Ναβ. βασιλέως Βαβ. (2 d)
— 21. τοὺς βραχίονας Φαραὼ βασιλέως Αἰγ. συνέτριψα (2 d)
— 22. ἐγὼ ἐπὶ Φαραὼ βασιλέα Αἰγ. (2 d)
— 24. κατισχύσω τοὺς βραχίονας βασιλέως Βαβ. (2 d)
— 25. ἐνισχύσω τοὺς βραχίονας βασιλέως Βαβ. . . . ἐν τῷ δοῦναι τὴν ῥομφαίαν μου εἰς χεῖρας βασιλέως Βαβ. (2 d, 2 d)
31. 2. εἰπὸν πρὸς Φαραὼ βασιλέα Αἰγ. (2 d)
32. 2. λάβε θρῆνον ἐπὶ Φαραὼ βασιλέα Αἰγ. (2 d)
— 10. οἱ β. αὐτῶν ἐκστάσει ἐκστήσονται (2 d)
— 11. ῥομφαία βασιλέως Βαβ. ἥξει σοι (2 d)
— 29. A ἐκεῖ Ἐδὼμ καὶ οἱ β. αὐτῆς [B al.] (2 d)
— 31. ἐκείνους ὄψεται β. Φαραὼ –
Da. LXX. 1. 1. ἐπὶ βασιλέως Ἰωακεὶμ τῆς Ἰουδαίας (2 d)
— 1. παραγενόμενος Ναβ. β. Βαβ. (2 d)
— 2. καὶ Ἰωακεὶμ τὸν β. τῆς Ἰουδαίας (2 d)
— 3. εἶπεν ὁ β. Ἀβιεσδρὶ τῷ . . . ἀρχιευν. (2 d)
— 4. ὥστε εἶναι ἐν τῷ οἴκῳ τοῦ β. (2 d)
— 5. ἔκθεσιν ἐκ τοῦ οἴκου τοῦ β. (2 d)
— 5. ἀπὸ τοῦ οἴνου οὗ πίνει ὁ β. –
— 5. ἐκ τούτων στῆσαι ἔμπροσθεν τοῦ β. (2 d)
— 8. ὅπως μὴ ἀλισγηθῇ ἐν τῷ δείπνῳ τοῦ β. (2 d)
— 10. ἀγωνιῶ τὸν κύριόν μου τὸν β. (2 d)
— 18. ἐπέταξεν ὁ β. εἰσαγαγεῖν αὐτούς (2 d)
— 18. εἰσήχθησαν . . . πρὸς τὸν β. Ναβ. –
— 19. καὶ ὡμίλησεν αὐτοῖς ὁ β. (2 d)
— 19. καὶ ἦσαν παρὰ τῷ β. (2 d)
— 20. ὅσα ἐζήτησε παρ' αὐτῶν ὁ β. (2 d)
— 20. ἐδόξασεν αὐτοὺς ὁ β. –
— 21. τοῦ πρώτου ἔτους τῆς βασιλείας Κύρου β. Περσ. (2 d)
2. 1. εἰς . . . ἐνύπνια ἐμπεσεῖν τὸν β. –
— 2. ἐπέταξεν ὁ β. εἰσενεχθῆναι τοὺς ἐπαοιδούς (2 d)
— 2. ἀναγγεῖλαι τῷ β. τὰ ἐνύπνια αὐτοῦ (2 d)
— 2. παραγενόμενοι ἔστησαν παρὰ τῷ β. (2 d)
— 3. καὶ εἶπεν αὐτοῖς ὁ β. (2 d)
— 4. ἐλάλησαν οἱ Χαλδαῖοι πρὸς τὸν β. Συριστί (2 d)
— 4. κύριε βασιλεῦ, τὸν αἰῶνα ζῆθι (2 d)
— 5. ἀποκριθεὶς δὲ ὁ β. (2 d)
— 7. βασιλεῦ, τὸ ὅραμα εἰπόν (2 d)
— 8. καὶ εἶπεν αὐτοῖς ὁ β. (2 d)

Da. LXX. 2. 10. ἀπεκρίθησαν οἱ Χαλδαῖοι ἐπὶ τοῦ β. (2 d)
— 10. οὐδεὶς . . . δυνήσεται εἰπεῖν τῷ β. (2 d)
— 10. πᾶς β. . . . οὐκ ἐπερωτᾷ (2 d)
— 11. ὁ λόγος ὃν ζητεῖς, βασιλεῦ (2 d)
— 11. ὃς δηλώσει ταῦτα τῷ β. (2 d)
— 12. τότε ὁ β. στυγνὸς γενόμενος (2 d)
— 14. Ἀριωχῇ τῷ ἀρχιμαγείρῳ τοῦ β. (2 d)
— 15. ἄρχων τοῦ β., περὶ τίνος δογματίζεται πικρῶς παρὰ τοῦ β. (2 d, 2 d)
— 16. ὁ δὲ Δαν. εἰσῆλθε ταχέως πρὸς τὸν β. (2 d)
— 16. ἵνα δοθῇ αὐτῷ χρόνος παρὰ τοῦ β. –
— 16. καὶ δηλώσῃ πάντα ἐπὶ τοῦ β. (2 d)
— 19. τὸ μυστήριον τοῦ β. ἐξεφάνθη –
— 21. μεθιστῶν βασιλεῖς καὶ καθιστῶν (2 d)
— 23. τοῦ δηλῶσαι τῷ β. πρὸς ταῦτα (2 d)
— 24. τὸν κατασταθέντα ὑπὸ τοῦ β. ἀποκτεῖναι (2 d)
— 24. εἰσάγαγε δέ με πρὸς τὸν β. καὶ ἕκαστα τῷ β. δηλώσω (2 d, 2 d)
— 25. εἰσήγαγε τὸν Δανιὴλ πρὸς τὸν β. (2 d)
— 25. ὃς τῷ β. δηλώσει ἕκαστα (2 d)
— 26. ἀποκριθεὶς δὲ ὁ β. (2 d)
— 27. ἐκφωνήσας δὲ ὁ Δ. ἐπὶ τοῦ β. (2 d)
— 27. ὃ ἑώρακεν ὁ β. (2 d)
— 28. ὃς ἐδήλωσε τῷ β. Ναβουχ. (2 d)
— 30. ἕνεκεν τοῦ δηλωθῆναι τῷ β. (2 d)
— 31. καὶ σὺ, βασιλεῦ, ἑώρακας (2 d)
— 36. τὴν κρίσιν δὲ ἐροῦμεν ἐπὶ τοῦ β. (2 d)
— 37. σὺ, βασιλεῦ, βασιλεὺς βασιλέων (2 d ter)
— 44. ἐν τοῖς χρόνοις τῶν β. τούτων (2 d)
— 45. ὁ θεὸς . . . ἐσήμανε τῷ β. τὰ ἐσόμ. (2 d)
— 46. Ναβ. ὁ β. πεσὼν ἐπὶ πρόσωπον (2 d)
— 47. ἐκφωνήσας ὁ β. πρὸς τὸν Δανιήλ (2 d)
— 47. θεὸς τῶν θεῶν καὶ κύριος τῶν β. (2 d)
— 48. ὁ β. Ναβ. Δανιὴλ μεγαλύνας (2 d)
— 49. Δανιὴλ ἠξίωσε τὸν β. (2 d)
3. 1. Ναβ. βασιλεὺς διοικῶν πόλεις (2 d)
— 2. Ναβουχ. βασιλεὺς βασιλέων (2 d, –)
— 2. ἣν ἔστησεν Ναβουχ. ὁ β. (2 d)
— 3. ἧς ἔστησε Ναβ. ὁ β. (2 d)
— 5. ἣν ἔστησε Ναβουχ. βασιλεύς (2 d)
— 7. ἣν ἔστησε Ναβουχ. ὁ β. (2 d)
— 9. ὑπολαβόντες εἶπον Ναβουχ. τῷ β. (2 d)
— 9. κύριε βασιλεῦ, εἰς τὸν αἰῶνα ζῆθι (2 d)
— 10. σὺ, βασιλεῦ, προσέταξας (2 d)
— 13. οἱ ἄνθρωποι ἤχθησαν πρὸς τὸν β. (2 d)
— 14. οὓς καὶ συνιδὼν Ναβουχ. ὁ β. –
— 16. εἶπαν τῷ β. Ναβουχ. (2 d)
— 16. βασιλεῦ, οὐ χρείαν ἔχομεν ἡμεῖς –
— 17. ἐκ τῶν χειρῶν σου, βασιλεῦ (2 d)
— 18. φανερόν σοι ἔσται, βασιλεῦ (2 d)
— 22. ἐπειδὴ τὸ πρόσταγμα τοῦ β. ἤπειγε (2 d)
— (24). ὅτε αὐτοὺς ὁ β. προσέταξεν ἐμβληθῆναι
— (32). παρέδωκας ἡμᾶς . . . β. ἀδίκῳ
— (46). οἱ ἐμβάλλοντες αὐτοὺς ὑπηρέται τοῦ β.
— 24 (91). ἐν τῷ ἀκοῦσαι τὸν β. ὑμνούντων αὐτῶν –
— 24 (91). τότε Ναβουχ. ὁ β. ἐθαύμασε (2 d)
— 24 (91). καὶ εἶπον τῷ β., Ἀληθῶς, βασιλεῦ (2 d, 2 d)
— 25 (92). καὶ εἶπεν ὁ β. –
— 26 (93). προσελθὼν ὁ β. †
— 27 (94). καὶ οἱ φίλοι τοῦ β. (2 d)
— 28 (95). ὑπολαβὼν δὲ Ναβουχ. ὁ β. –
— 28 (95). τὴν γὰρ προσταγὴν τοῦ β. ἠθέτησαν (2 d)
— 30 (97). οὕτως οὖν ὁ βασιλεὺς τῷ Σεδράχ (2 d)
— 31 (98). Ναβουχ. ὁ β. πᾶσι τοῖς λαοῖς (2 d)
4. 16. βασιλεῦ, τὸ ἐνύπνιον τοῦτο τοῖς μισοῦσί σε (4)
— 17. τὸ δένδρον . . . σὺ εἶ, βασιλεῦ –
— 19. σὺ, βασιλεῦ, ὑψώθης ὑπὲρ πάντας τοὺς ἀνθρ. (2 d)
— 26. ὁ β. ἐπὶ τῶν τειχῶν τῆς πόλεως . . . περιεπάτει –
— 28. ἔτι τοῦ λόγου ἐν τῷ στόματι τοῦ β. ὄντος (2 d)
— 28. σοὶ λέγεται, Ναβ. βασιλεῦ (2 d)
— 29. β. ἕτερος εὐφρανθήσεται ἐν τῷ οἴκῳ σου –
— 30. Ναβουχ. βασιλεῦ Βαβ. –
— 30. ἐγὼ Ναβουχοδονόσορ β. Βαβ. –
— 34. κύριος τῶν κυρίων καὶ βασιλεὺς τῶν β. –, –
— 34. ἀφαιρῶν βασιλείαν βασιλέων –
— 34. ἀποστρέψαι βασιλείαν βασιλέως εἰς ἕτερον β. –, –
— 34. ἔγραψε δὲ ὁ β. Ναβ. ἐπιστολήν –
— 34. ἐγὼ β. βασιλέων ἀνθομολογοῦμαι –, –
— 34. Ναβ. βασιλεὺς πᾶσι τοῖς ἔθνεσι –
5. 1. Βαλτάσαρ ὁ β. ἐποίησε δοχὴν μεγάλην (2 d?)

Da. LXX. 5. 1. Βαλτάσαρ ὁ β. ἐποίησεν ἑστιατορίαν μεγ. (2 d?)
— 5. ἔναντι τοῦ β. Βαλτάσαρ (2 d?)
— 6. ἔσπευσεν οὖν ὁ β. †
— 7. ὁ β. ἐφώνησε φωνῇ μεγάλῃ (2 d)
— 7. τὸ σύγκριμα . . . οὐκ ἐδύναντο συγκρῖναι τῷ β. (2 d?)
— 7. τότε ὁ β. ἐξέθηκε πρόσταγμα –
— 10. τότε ὁ β. ἐκάλεσε τὴν βασίλισσαν (2 d?)
— 10. πᾶς ἄνθρωπος οὐ δύναται ἀπαγγεῖλαι τῷ β. –
— 12. καὶ εἶπε τῷ β. –
— 12. ἐν ταῖς ἡμέραις τοῦ πατρός σου τοῦ β. (2 d)
— 13. τότε Δ. εἰσήχθη πρὸς τὸν β. (2 d)
— 13. καὶ ἀποκριθεὶς ὁ β. (2 d)
— 17. οὕτως ἀπεκρίθη τῷ β. (2 d)
— 23. βασιλεῦ, σὺ ἐποίησω ἑστιατορίαν –
— 29. Βαλτάσαρ ὁ β. ἐνέδυσε τὸν Δ. –
— 30. τὸ σύγκριμα ἐπῆλθε Βαλτάσαρ τῷ β. (2 d)
6. 3 (4). μέγας καὶ ἔνδοξος ἔναντι Δαρ. τοῦ β. –
— 3 (4). εὐοδούμενος ἐν ταῖς πραγματείαις τοῦ β. –
— 3 (4). ὁ β. ἐβουλεύσατο καταστῆσαι τὸν Δ. (2 d)
— 3 (4). ὅτε δὲ ἐβουλεύσατο ὁ β. καταστῆσαι τὸν Δαν. –
— 5 (6). περὶ ἧς κατηγορήσουσιν αὐτοῦ πρὸς τὸν β. –
— 5 (6). ἀλλ' ἢ παρὰ Δαρ. τοῦ β. –
— 5 (6). ἵνα ἡττήσωσι τὸν Δ. ἐναντίον τοῦ β. –
— 6 (7). καὶ εἶπαν ἐναντίον τοῦ β. (2 d?)
— 7 (8). ἀλλ' ἢ παρὰ Δαρ. τοῦ β. (2 d)
— 9 (10). καὶ οὕτως ὁ β. Δαρεῖος ἔστησε (2 d)
— 12 (13). οὗτοι οἱ ἄνθρωποι ἐνέτυχον τῷ β. (2 d)
— 12 (13). Δαρεῖε βασιλεῦ, οὐχ ὁρισμὸν ὡρίσω –
— 12 (13). ἀλλὰ παρὰ σοῦ, βασιλεῦ (2 d)
— 12 (13). ἀποκριθεὶς δὲ ὁ β. (2 d)
— 14 (15). λυπούμενος ὁ β. (2 d?)
— 14 (15). τότε ὁ β. σφόδρα ἐλυπήθη (2 d)
— 16 (17). ἀναβοήσας δὲ Δαρεῖος ὁ β. (2 d)
— 17 (18). ἐσφραγίσατο ὁ β. ἐν τῷ δακτυλίῳ ἑαυ. (2 d)
— 17 (18). ἢ ὁ β. αὐτὸν ἀνασπάσῃ –
— 18 (19). τότε ὑπέστρεψεν ὁ β. (2 d)
— 19 (20). ὁ β. Δαρεῖος ὤρθρισε πρωΐ (2 d)
— 20 (21). τότε ὁ β. ἐκάλεσε τὸν Δανιήλ (2 d)
— 21 (22). βασιλεῦ, ἔτι εἰμὶ ζῶν (2 d)
— 22 (23). ἐναντίον δὲ σοῦ, βασιλεῦ (2 d)
— 22 (23). ἤκουσας ἀνθρώπων πλανώντων βασιλεῖς –
— 28 (29). ὁ β. Δαρεῖος προσετέθη πρὸς τὸ γένος αὐ. –
7. 24. τὰ δέκα κέρατα . . . δέκα βασιλεῖς στήσονται (2 d)
— 24. ὁ ἄλλος β. μετὰ τούτους στήσεται –
— 24. τρεῖς β. ταπεινώσει (2 d)
8. 20. βασιλεὺς Μήδων καὶ Περσῶν ἐστι (2 d)
— 21. ὁ τράγος τῶν αἰγῶν β. Ἑλλήνων ἐστί (2 d)
— 21. αὐτὸς ὁ β. ὁ πρῶτος (2 d)
— 22. τέσσαρες β. τοῦ ἔθνους αὐτοῦ ἀναστήσ. (2 e)
— 23. ἀναστήσεται β. ἀναιδὴς προσώπῳ (2 d)
9. 6. οἳ ἐλάλησαν . . . ἐπὶ τοὺς β. ἡμῶν (2 d)
— 8. ἡμῖν ἡ αἰσχύνη τοῦ προσ. καὶ τοῖς β. ἡμῶν (2 d)
10. 1. ἐν τῷ ἐνιαυτῷ τῷ πρώτῳ Κύρου τοῦ β. Περσῶν (2 d)
— 13. ὁ στρατηγὸς βασιλέως Περσῶν ἀνθειστήκει (2 e)
— 13. μετὰ τοῦ στρατηγοῦ τοῦ β. Περσῶν (2 d)
— 20. διαμάχεσθαι μετὰ τοῦ στρατηγοῦ βασιλέως –
11. 1. ἐν τῷ ἐνιαυτῷ τῷ πρώτῳ Κύρου τοῦ β. –
— 2. ἰδοὺ τρεῖς β. ἀνθεστήκασιν (2 d)
— 2. ἐπαναστήσεται παντὶ β. Ἑλλήνων (2 e)
— 3. στήσεται β. δυνατός (2 d)
— 6. εἰσελεύσεται β. Αἰγ. εἰς τὴν Βασ. (2 d)
— 7. ἥξει ἐπὶ τὴν δύναμιν αὐτοῦ . . . β. βορρᾶ (2 d)
— 8. ἔσται ἔτος βασιλεῖ βορρᾶ (2 d)
— 9. εἰσελεύσεται εἰς βασιλείαν β. Αἰγ. (2 d)
— 11. ὀργισθήσεται βασιλεὺς Αἰγ. (2 d)
— 11. πολεμήσει μετὰ βασιλέως βορρᾶ (2 d)
— 13. ἐπιστρέψει β. βορρᾶ (2 d)
— 14. διάνοιαι ἀναστήσονται ἐπὶ τὸν β. Αἰγ. (2 d)
— 15. ἐπελεύσεται β. βορρᾶ (2 d)
— 15. οἱ βραχίονες βασιλέως Αἰγ. στήσονται –
— 20. ἀνὴρ τύπτων δόξαν βασιλέως (2 e?)
— 21. οὐ δοθήσεται ἐπ' αὐτὸν δόξα βασιλέως (2 e)
— 21. κατισχύσει β. ἐν κληροδοσίᾳ αὐ. (2 e)
— 25. ἐγερθήσεται ἡ ἰσχὺς . . . ἐπὶ τὸν β. Αἰγ. (2 d)

Da. LXX. 11. 25. ὁ β. Αἰγύπτου ἐρεθισθήσεται (2 d)
— 27. δύο β. μόνοι δειπνήσουσιν (2 d)
— 36. ποιήσει κατὰ τὸ θέλημα αὐτοῦ ὁ β. (2 d)
— 40. συγκερατισθήσεται αὐτῷ ὁ β. Αἰγ. (2 d)
— 40. ἐποργισθήσεται αὐτῷ β. βορρᾶ (2 d)
Bel. 1. συμβιωτὴς τοῦ β. Βαβυλῶνος
— 3. ὁ β. ἐσέβετο αὐτόν
— 3. ἐπορεύετο ὁ β. καθ' ἑκάστην ἡμέραν
— 3. καὶ εἶπεν ὁ β. τῷ Δανιήλ
— 4. καὶ εἶπε Δανιὴλ πρὸς τὸν β.
— 5. εἶπεν δὲ ὁ β. αὐτῷ
— 7. θυμωθεὶς ὁ β.
— 8. εἶπε δὲ Δανιὴλ πρὸς τὸν β.
— 9. ἤγαγον δὲ τὸν β. εἰς τὸ εἰδωλεῖον
— 10. παρετέθη τὰ βρώματα ἐνώπιον τοῦ β.
— 11. σὺ αὐτὸς ὁρᾷς . . . βασιλεῦ
— 12. ἤρεσε δὲ ὁ λόγος τῷ β.
— 13. σφραγίσαι τῷ τοῦ β. δακτυλίῳ
— 15. καὶ σὺ δὲ βασιλεῦ, σκέψαι
— 17. καὶ ἐχάρη ὁ β.
— 18. καὶ εἶπε τῷ β.
— 18. βασιλεῦ, ταῦτα τὰ ἴχνη τίνος ἐστιν
— 19. καὶ εἶπεν ὁ β.
— 20. ἐπέδειξε Δανιὴλ τῷ β. τὰ ψευδοθύρια
— 21. ἐξήγαγεν αὐτοὺς ὁ β. ἐκ τοῦ Βηλίου
— 23. καὶ εἶπεν ὁ β. τῷ Δανιήλ
— 25. βασιλεῦ, δός μοι τὴν ἐξουσίαν
— 25. συνεχώρησεν αὐτῷ ὁ β.
— 26. ἔδειξεν αὐτὸν τῷ β. λέγων, Οὐ ταῦτα σέβεσθε, βασιλεῦ
— 27. Ἰουδαῖος γέγονεν ὁ β.
— 29. ἰδὼν ὁ β.
— 31. οἷς παρεδίδοντο οἱ ἐπίβουλοι τοῦ β.
— 39. ἐξῆλθε δὲ ὁ β.
— 40. ἀναβοήσας εἶπεν ὁ β.
— 41. ἐξήγαγεν ὁ β. τὸν Δανιήλ
Da. TH. 1. 1. τῆς βασιλείας Ἰωακεὶμ βασιλέως Ἰούδα (2 d)
— 1. ἦλθε Ναβ. β. Βαβυλῶνος (2 d)
— 2. τὸν Ἰωακεὶμ β. Ἰούδα (2 d)
— 3. εἶπεν ὁ β. τῷ Ἀσφανέζ (2 d)
— 4. ἑστάναι . . . ἐνώπιον τοῦ β. (2 d)
— 5. διέταξεν αὐτοῖς ὁ β. (2 d)
— 5. ἀπὸ τῆς τραπέζης τοῦ β. (2 d)
— 5. μετὰ ταῦτα στῆναι ἐνώπιον τοῦ β. (2 d)
— 8. ὡς οὐ μὴ ἀλισγηθῇ ἐν τῇ τραπέζῃ τοῦ β. (2 d)
— 10. φοβοῦμαι ἐγὼ τὸν κύριόν μου τὸν β. (2 d)
— 10. καταδικάσητε τὴν κεφαλήν μου τῷ β. (2 d)
— 13. τῶν ἐσθιόντων τὴν τράπεζαν τοῦ β. (2 d)
— 15. τὰ ἔσθοντα τὴν τράπεζαν τοῦ β. (2 d)
— 18. ὧν εἶπεν ὁ β. (2 d)
— 19. ἐλάλησε μετ' αὐτῶν ὁ β. (2 d)
— 19. ἔστησαν ἐνώπιον τοῦ β. (2 d)
— 20. ὧν ἐζήτησε παρ' αὐτῶν ὁ β. (2 d)
— 21. ἕως ἔτους ἑνὸς Κύρου τοῦ β. (2 d)
2. 2. εἶπεν ὁ β. καλέσαι τοὺς ἐπαοιδούς (2 d)
— 2. ἀναγγεῖλαι τῷ β. τὰ ἐνύπνια αὐ. (2 d)
— 2. ἔστησαν ἐνώπιον τοῦ β. (2 d)
— 3. καὶ εἶπεν αὐτοῖς ὁ β. (2 d)
— 4. ἐλάλησαν [A εἶπον] . . . τῷ β. Συριστί (2 d)
— 4. βασιλεῦ, εἰς τοὺς αἰῶνας ζῆθι (2 d)
— 5. ἀπεκρίθη ὁ β. [A add. καὶ εἶπεν] (2 d)
— 7. ὁ β. εἰπάτω τὸ ἐνύπνιον (2 d)
— 8. ἀπεκρίθη ὁ β. (2 d)
— 10. ἀπεκρίθησαν . . . ἐνώπιον τοῦ β. (2 d)
— 10. ὅστις τὸ ῥῆμα τοῦ β. δυνήσεται γνωρίσαι (2 d)
— 10. πᾶς β. μέγας καὶ ἄρχων (2 d)
— 11. ὃν ὁ β. ἐπερωτᾷ (2 d)
— 11. ὃς ἀναγγελεῖ αὐτὸν ἐνώπιον τοῦ β. (2 d)
— 12. ὁ β. ἐν θυμῷ καὶ ὀργῇ εἶπεν (2 d)
— 14. τῷ Ἀριὼχ τῷ ἀρχιμαγείρῳ τοῦ β. (2 d)
— 15. ἄρχων τοῦ β., περὶ τίνος ἐξῆλθεν ἡ γνώμη . . . ἐκ προσώπου τοῦ β. (2 d, 2 d)
— 15. A ἐγνώρισε . . . τὸ ῥῆμα Ἀ. τῷ β. [B τῷ Δαν.] †
— 16. Δανιὴλ ἠξίωσε τὸν β. [A ἀπὸ τοῦ β.] (2 d)
— 16. τὴν σύγκρισιν αὐ. ἀναγγελῇ [A ἀπ.] τῷ β. (2 d)
— 21. καθιστᾷ βασιλεῖς καὶ μεθιστᾷ (2 d)
— 23. τὸ ὅραμα τοῦ β. ἐγνώρισάς μοι (2 d)
— 24. ὃν κατέστησεν ὁ β. (2 d)
— 24. εἰσάγαγε δέ με ἐνώπιον τοῦ β. (2 d)
— 24. τὴν σύγκρισιν τῷ β. [B² τοῦ β.] ἀναγγελῶ (2 d)
— 25. εἰσήγαγε τὸν Δ. ἐνώπιον τοῦ β. (2 d)
— 25. ὅστις τὸ σύγκριμα τῷ β. ἀναγγελεῖ (2 d)

Da. TH. 2. 26. καὶ ἀπεκρίθη ὁ β. (2 d)
— 27. καὶ ἀπεκρίθη Δανιὴλ ἐνώπιον τοῦ β. (2 d)
— 27. τὸ μυστήριον ὃ ὁ β. ἐπερωτᾷ οὐκ ἔστι σοφῶν μάγων . . . ἀναγγεῖλαι τῷ β. (2 d, 2 d)
— 28. ἐγνώρισε τῷ β. Ναβ. (2 d)
— 29. τοῦτό ἐστι βασιλεῦ [A σὺ βασιλεῦ ἐθεωρεῖς] (2 d)
— 30. τὴν σύγκρισιν τῷ β. γνωρίσαι (2 d)
— 31. σύ, βασιλεῦ, ἐθεωρεῖς (2 d)
— 36. τὴν σύγκρισιν αὐ. ἐροῦμεν ἐνώπιον τοῦ β. (2 d)
— 37. σύ, βασιλεῦ, βασιλεὺς βασιλέων (2 d ter)
— 44. ἐν ταῖς ἡμέραις β. ἐκείνων (2 d)
— 45. ὁ θεὸς . . . ἐγνώρισε τῷ β. (2 d)
— 46. τότε ὁ β. Ναβουχ. ἔπεσεν ἐπὶ πρόσωπον (2 d)
— 47. καὶ ἀποκριθεὶς ὁ β. (2 d)
— 47. θεὸς θεῶν καὶ κύριος [A add. τῶν κυρίων καὶ βασιλεὺς] τῶν β. (4, 2 d)
— 48. ἐμεγάλυνεν ὁ β. τὸν Δανιήλ (2 d)
— 49. Δανιὴλ ᾐτήσατο παρὰ τοῦ β. (2 d)
— 49. Δανιὴλ ἦν ἐν τῇ αὐλῇ τοῦ β. (2 d)
3. 1. Ναβ. ὁ β. [A om. ὁ β.] ἐποίησεν εἰκόνα (2 d)
— 2. A τῆς εἰκόνος ἧς ἔστησε Ναβουχ. ὁ β. [B om. N. ὁ β.] (2 d)
— 3. ἧς ἔστησε Ναβ. ὁ β. –
— 5. τῇ εἰκόνι . . . ᾗ ἔστησε Ναβ. ὁ β. (2 d)
— 7. τῇ εἰκόνι . . . ἣν ἔστησε Ναβ. ὁ β. (2 d)
— 9. διέβαλον τοὺς Ἰουδαίους τῷ β. [A al.] (2 d)
— 9. βασιλεῦ, εἰς τοὺς αἰῶνας ζῆθι (2 d)
— 10. σύ, βασιλεῦ, ἔθηκας δόγμα (2 d)
— 12. οἱ οὐχ ὑπήκουσαν, βασιλεῦ, τῷ δόγματι (2 d)
— 13. ἤχθησαν ἐνώπιον τοῦ β. (2 d)
— 16. λέγοντες τῷ β. Ναβ. (2 d)
— 17. ἐκ τῶν χειρῶν σου, βασιλεῦ, ῥύσεται ἡμᾶς (2 d)
— 18. γνωστὸν ἔστω σοι, βασιλεῦ (2 d)
— 19. A Ναβ. ὁ β. [B om. ὁ β.] ἐπλήσθη θυμοῦ –
— 22. ἐπεὶ τὸ ῥῆμα τοῦ β. ὑπερίσχυε (2 d)
— (32). παρέδωκας ἡμᾶς . . . β. ἀδίκῳ
— (46). οἱ ἐμβάλλοντες αὐτοὺς ὑπηρέται τοῦ β.
— 24 (91). εἶπαν τῷ β., Ἀληθῶς, βασιλεῦ (2 d, 2 d)
— 25 (92). καὶ εἶπεν ὁ β. –
— 27 (94). καὶ οἱ δυνάσται τοῦ β. (2 d)
— 27 (94). A B² προσεκύνησεν ὁ β. ἐνώπιον αὐτῶν –
— 28 (95). R καὶ ἀπεκρίθη Ναβ. ὁ β. [A B om. ὁ β.] –
— 28 (95). τὸ ῥῆμα τοῦ β. ἠλλοίωσαν (2 d)
— 30 (97). τότε ὁ β. κατεύθυνε τὸν Σεδράχ (2 d)
— 31 (98). Ναβουχοδονόσορ ὁ β. πᾶσι τοῖς λαοῖς (2 d)
4. 15. ὃ ἴδον ἐγὼ Ναβουχ. ὁ β. (2 d)
— 16. A ἀπεκρίθη ὁ β. [B Βαλτ.] (2 d)
— 19. σὺ εἶ, βασιλεῦ (2 d)
— 20. ὅτι εἶδεν ὁ β. εἶρ (2 d)
— 21. τοῦτο ἡ σύγκρισις αὐτοῦ, βασιλεῦ (2 d)
— 21. ὃ ἔφθασεν ἐπὶ τὸν κύριόν μου τὸν β. (2 d)
— 24. διὰ τοῦτο, βασιλεῦ, ἡ βουλή μου (2 d)
— 25. ταῦτα πάντα ἔφθασεν ἐπὶ N. τὸν β. (2 d)
— 27. ἀπεκρίθη ὁ β. [A om. ὁ β.] (2 d)
— 28. τοῦ λόγου ἐν στόματι τοῦ β. ὄντος (2 d)
— 28. σοὶ λέγουσι, Ναβουχ. βασιλεῦ (2 d)
— 30. A ὁ λόγος συνετελέσθη ἐπὶ N. τὸν β. [B om. τὸν β.] –
— 34. ἐγὼ Ναβουχ. . . . δοξάζω τὸν β. τοῦ οὐρανοῦ (2 d)
5. 1. Βαλτάσαρ ὁ β. ἐποίησε δεῖπνον (2 d)
— 2, 3. ὁ β. καὶ οἱ μεγιστᾶνες αὐτοῦ (2 d)
— 5. τὸ κονίαμα τοῦ τοίχου τοῦ οἴκου τοῦ β. (2 d)
— 5. ὁ β. ἐθεώρει τοὺς ἀστραγάλους (2 d)
— 6. τοῦ β. ἡ μορφὴ ἠλλοιώθη (2 d)
— 7. ἐβόησεν ὁ β. ἐν ἰσχύϊ (2 d)
— 8. εἰσεπορεύοντο πάντες οἱ σοφοὶ τοῦ β. (2 d)
— 8. οὐδὲ τὴν σύγκρισιν γνωρίσαι τῷ β. (2 d)
— 9. ὁ β. Βαλτάσαρ [A add. πολὺ] ἐταράχθη (2 d)
— 10. βασιλεῦ, εἰς τὸν αἰῶνα ζῆθι (2 d)
— 11. ὁ β. Ναβουχ. ὁ πατήρ σου (2 d)
— 11. A κατέστησεν αὐτὸν ὁ πατήρ σου ὁ β. [B om. ὁ π. σ. ὁ β.] (2 d)
— 12. ὁ β. ἐπέθηκεν αὐτῷ ὄνομα (2 d)
— 13. Δανιὴλ εἰσήχθη ἐνώπιον τοῦ β. (2 d)
— 13. καὶ εἶπεν ὁ β. τῷ Δανιήλ (2 d)
— 13. ἧς ἤγαγεν ὁ β. ὁ πατήρ μου (2 d)
— 17. εἶπε [A ἀπεκρίθη] Δ. ἐνώπιον τοῦ β. (2 d)
— 17. A τὴν γραφὴν ἀναγνώσομαι τῷ β. [B om. τ. β.] (2 d)
— 18. τὴν σύγκρισιν αὐτῆς γνωρίσω σοι, βασιλεῦ (2 d)

Da. TH. 5. 30. B ἀνῃρέθη Βαλτάσαρ ὁ β. ὁ Χαλδ. [A *om.* ὁ β. ὁ X.] (2 *d*)
6. 2 (3). ὅπως ὁ β. μὴ ἐνοχλῆται (2 *d*)
— 3 (4). ὁ β. κατέστησεν αὐτὸν ἐφ᾽ ὅλης τῆς β. (2 *d*)
— 6 (7). καὶ οἱ σατράπαι παρέστησαν τῷ β. (2 *d*)
— 6 (7). Δαρεῖε βασιλεῦ, εἰς τοὺς αἰῶνας ζῆθι (2 *d*)
— 7 (8). ἀλλ᾽ ἢ παρὰ σοῦ, βασιλεῦ (2 *d*)
— 8 (9). νῦν οὖν, βασιλεῦ, στῆσον τὸν ὁρισμόν (2 *d*)
— 9 (10). τότε ὁ β. Δαρεῖος ἐπέταξε (2 *d*)
— 12 (13). προσελθόντες λέγουσι τῷ β. (2 *d*)
— 12 (13). βασιλεῦ, οὐχ ὁρισμὸν ἔταξας (2 *d*)
— 12 (13). ἀλλ᾽ ἢ παρὰ σοῦ, βασιλεῦ (2 *d*)
— 12 (13). εἶπεν ὁ β. (2 *d*)
— 13 (14). λέγουσιν ἐνώπιον τοῦ β. (2 *a*)
— 14 (15). τότε ὁ β. . . . πολὺ ἐλυπήθη ἐπ᾽ αὐτῷ (2 *d*)
— 15 (16). τότε οἱ ἄνδρες ἐκεῖνοι λέγουσι τῷ β. (2 *d*)
— 15 (16). γνῶθι, βασιλεῦ (2 *d*)
— 15 (16). ἣν ἂν ὁ β. στήσῃ (2 *d*)
— 16 (17). τότε ὁ β. εἶπε (2 *d*)
— 16 (17). καὶ εἶπεν ὁ β. τῷ Δανιήλ (2 *d*)
— 17 (18). ἐσφραγίσατο ὁ β. [A *om.* ὁ β.] ἐν τῷ δακτυλίῳ (2 *d*)
— 18 (19). καὶ ἀπῆλθεν ὁ β. εἰς τὸν οἶκον (2 *d*)
— 19 (20). τότε ὁ β. ἀνέστη τὸ πρωΐ (2 *d*)
— 21 (22). εἶπε Δανιὴλ τῷ β., Βασιλεῦ (2 *d*, 2 *d*)
— 22 (23). καὶ ἐνώπιον δὲ σοῦ, βασιλεῦ (2 *d*)
— 23 (24). τότε ὁ β. πολὺ ἠγαθύνθη ἐπ᾽ αὐτῷ (2 *d*)
— 24 (25). καὶ εἶπεν ὁ β. (2 *d*)
— 25 (26). τότε Δαρεῖος ὁ β. ἔγραψε (2 *d*)
7. 1. ἐν ἔτει πρώτῳ Βαλ. βασιλέως (2 *d*)
— 24. τὰ δέκα κέρατα αὐ. δέκα βασιλεῖς (2 *d*)
— 24. καὶ τρεῖς β. ταπεινώσει (2 *d*)
— 27. καὶ ἡ μεγαλωσύνη τῶν β. τῶν ὑποκάτω (2 *c*)
8. 1. ἐν ἔτει τρίτῳ τῆς βασιλ. Βαλ. τοῦ β. (2 *d*)
— 20. ὁ κριὸς . . . βασιλεὺς Περσῶν (2 *d*)
— 21. ὁ τράγος τῶν αἰγῶν βασιλεὺς Ἑλλήνων (2 *d*)
— 21. αὐτός ἐστιν ὁ β. ὁ πρῶτος (2 *d*)
— 22. τέσσαρες β. ἐκ τοῦ ἔθνους αὐτοῦ (2 *e*)
— 23. ἀναστήσεται β. ἀναιδὴς προσώπῳ (2 *d*)
— 27. καὶ ἐποίουν τὰ ἔργα τοῦ β. (2 *d*)
9. 6. πρὸς τοὺς β. ἡμῶν καὶ ἄρχοντας ἡμῶν (2 *d*)
— 8. τοῖς β. ἡμῶν καὶ τοῖς ἄρχουσιν ἡμῶν (2 *d*)
10. 1. ἐν ἔτει τρίτῳ Κύρου βασιλέως Περσῶν (2 *d*)
11. 2. ἔτι τρεῖς β. ἀναστήσονται ἐν τῇ Περσ. (2 *d*)
— 3. ἀναστήσεται β. δυνατός (2 *d*)
— 5. ἐνισχύσει ὁ β. τοῦ νότου (2 *d*)
— 6. θυγάτηρ βασιλέως τοῦ νότου εἰσελεύσεται πρὸς βασιλέα τοῦ βορρᾶ (2 *d*, 2 *d*)
— 7. εἰς τὰ ὑποστηρίγματα τοῦ β. τοῦ βορρᾶ (2 *d*)
— 8. αὐτὸς στήσεται ὑπὲρ βασιλέα τοῦ βορρᾶ (2 *d*)
— 9. εἰς τὴν βασιλείαν τοῦ β. τοῦ νότου (2 *d*)
— 11. ἀγριανθήσεται β. τοῦ νότου (2 *d*)
— 11. πολεμήσει μετὰ τοῦ [A *om.*] β. τοῦ βορ. (2 *d*)
— 13. ἐπιστρέψει ὁ β. τοῦ βορρᾶ (2 *d*)
— 14. ἐπαναστήσονται ἐπὶ βασιλέα τοῦ νότου (2 *d*)
— 15. εἰσελεύσεται [A *add.* ὁ] β. τοῦ βορρᾶ (2 *d*)
— 15. οἱ βραχίονες τοῦ β. τοῦ νότου -
— 25. ἐξεγερθήσεται . . . ἐπὶ βασιλέα τοῦ νότου (2 *d*)
— 25. ὁ β. τοῦ νότου συνάψει πόλεμον (2 *d*)
— 27. ἀμφότεροι οἱ β. αἱ καρδίαι αὐτῶν (2 *d*)
— 36. ὁ β. ὑψωθήσεται (2 *d*)
— 40. συγκερατισθήσεται μετὰ τοῦ β. τοῦ νότου καὶ συναχθήσεται ἐπ᾽ αὐτὸν [A μετ᾽ αὐτοῦ] βασιλεὺς τοῦ βορρᾶ (2 *d*, 2 *d*)
Bel. 1. ὁ β. Ἀστ. προσετέθη πρὸς τοὺς πατ.
— 2. ἦν Δαν. συμβιωτὴς τοῦ β.
— 4. ὁ β. ἐσέβετο αὐτόν
— 4, 6. εἶπεν αὐτῷ ὁ β.
— 7. μὴ πλανῶ, βασιλεῦ
— 8. καὶ θυμωθεὶς ὁ β.
— 9. εἶπε Δαν. τῷ β.
— 10. ἦλθεν ὁ β. μετὰ Δαν.
● — 11. σὺ δὲ, βασιλεῦ, παράθες τὰ βρώματα
— 14. ὁ β. παρέθηκε τὰ βρώμ. τῷ Βήλ
— 14. ἐνώπιον τοῦ β. μόνου
— 14. ἐν τῷ δακτυλίῳ τοῦ β.
— 16. ὤρθρισεν ὁ β. τὸ πρωΐ
— 18. ἐπιβλέψας ὁ β. ἐπὶ τὴν τράπεζαν
— 19. ἐκράτησε τὸν β.
— 20. εἶπεν ὁ β.
— 20. ὀργισθεὶς ὁ β.
— 22. ἀπέκτεινεν αὐτοὺς ὁ β.
— 24. εἶπεν ὁ β. τῷ Δαν.
— 26. σὺ δὲ, βασιλεῦ, δός μοι ἐξουσίαν
— 26. εἶπεν ὁ β.

Da. TH. Bel. 28. συνεστράφησαν ἐπὶ τὸν β.
— 28. Ἰουδαῖος γέγονεν ὁ β.
— 29. ἐλθόντες πρὸς τὸν β.
— 30. εἶδεν ὁ β.
— 30. R ἀναγκασθεὶς ὁ β. [A B *om.* ὁ β.]
— 40. ὁ δὲ β. ἦλθε τῇ ἡμ. τῇ ἑβδ.
1 Ma. 1. 1. τὸν Δαρεῖον βασιλέα Περσῶν καὶ Μήδων
— 2. ἔσφαξε βασιλεῖς τῆς γῆς
— 10. υἱὸς Ἀντιόχου τοῦ β.
— 13. ἐπορεύθησαν πρὸς τὸν β.
● — 18. Πτολεμαῖον βασιλέα [A^{2} τὸν β.] Αἰγύπτου
— 29. ἀπέστειλεν ὁ β. ἄρχοντα [S -ας] φορολογίας
— 41. ἔγραψεν ὁ β. πάσῃ τῇ βασ. αὐ.
— 42. κατὰ τὸν λόγον τοῦ β.
— 44. καὶ ἀπέστειλεν ὁ β. βιβλία
— 50. κατὰ τὸ ῥῆμα [S τὸν λόγον] τοῦ β.
— 57. τὸ σύγκριμα τοῦ β. ἐθανάτου αὐτόν
2. 15. ἦλθον οἱ παρὰ τοῦ β.
— 17. ἀπεκρίθησαν οἱ παρὰ τοῦ β.
— 18. ποίησον τὸ πρόσταγμα τοῦ β.
— 18. καὶ ἔσῃ σὺ καὶ ὁ οἶκός σου τῶν φίλων τοῦ β. [S^{1} *om.* ὁ οἶκος κ.τ.λ.]
— 19. πάντα τὰ ἔθνη τὰ ἐν οἴκῳ τῆς βασ. τοῦ β.
— 22. R τῶν λόγων [S τὸν λόγον, A τὸν νόμον] τοῦ β. οὐκ ἀκουσόμεθα
— 23. κατὰ τὸ πρόσταγμα τοῦ β.
— 25. τὸν ἄνδρα τοῦ β. τὸν ἀναγκάζοντα θύειν ἀπέκτεινεν
— 31. ἀνηγγέλη τοῖς ἀνδράσι τοῦ β.
— 31. οἵτινες διεσκέδασαν τὴν ἐντολὴν [S βουλὴν] τοῦ β.
— 33. ποιήσατε κατὰ τὸν λόγον τοῦ β.
— 34. οὐδὲ ποιήσομεν τὸν λόγον τοῦ β.
— 48. ἀντελάβοντο τοῦ νόμου ἐκ χειρὸς τῶν ἐθνῶν καὶ ἐκ χειρὸς τῶν β. [S^{1} καὶ τῶν β.]
3. 7. ἐπίκρανε [A ἐπίκραναν] βασιλεῖς πολλούς
— 14. τοὺς ἐξουδενοῦντας τὸν λόγον τοῦ β.
— 26. ἤγγισεν ἕως τοῦ β. τὸ ὄνομα αὐτοῦ
— 27. ὡς δὲ ἤκουσεν Ἀντίοχος ὁ β.
— 30. S R καὶ ἐπερίσσευσεν ὑπὲρ τοὺς β. τοὺς ἔμπροσθεν
— 32. ἐπὶ τῶν πραγμάτων τοῦ β.
— 37. ὁ β. παρέλαβε τὰς ἡμίσεις τῶν δυνάμεων
— 38. ἄνδρας δυνατοὺς τῶν φίλων τοῦ β.
— 39. κατὰ τὸν λόγον τοῦ β.
— 42. S R ἐπέγνωσαν τοὺς λόγους τοῦ β. [A τῆς βασιλείας]
4. 3. πατάξαι τὴν δύναμιν τοῦ β.
— 27. οἷα ἐνετείλατο αὐτῷ ὁ β.
6. 1. ὁ β. Ἀντίοχος διεπορεύετο τὰς ἐπάνω χώρας
— 2. Ἀλέξανδρος ὁ τοῦ Φιλίππου ὁ β. Μακεδών
— 8. ὡς ἤκουσεν ὁ β. τοὺς λόγους τούτους
— 16. ἀπέθανεν ἐκεῖ Ἀντίοχος ὁ β.
— 17. ἐπέγνω Λυσίας ὅτι τέθνηκεν ὁ β.
— 22. ἐπορεύθησαν πρὸς τὸν β.
— 28. ὠργίσθη ὁ β. ὅτε [S ὅτι] ἤκουσε
— 29. A ἀπὸ βασιλέων [S R βασιλειῶν] ἑτέρων . . . ἦλθον πρὸς αὐτόν
— 32. ἀπέναντι τῆς παρεμβολῆς τοῦ β.
— 33. ὤρθρισεν ὁ β. τὸ πρωΐ
— 40. ἐξετάθη μέρος τι τῆς παρεμβολῆς τοῦ β
— 42. ἔπεσον [A -αν] ἀπὸ τῆς παρεμβολῆς τοῦ β.
— 43. ὤφθη [S ᾠήθη] ὅτι ἐν αὐτῷ ἐστιν ὁ β.
— 48. ἐκ τῆς παρεμβολῆς τοῦ β. ἀνέβαινον [A ἀνέβεννον]
— 48. παρενέβαλεν ὁ β. εἰς τὴν Ἰουδαίαν
— 50. κατελάβετο ὁ β. τὴν Βαιθσούραν
— 55. ὃν κατέστησεν ὁ β. Ἀντίοχος
— 56. αἱ δυνάμεις αἱ πορευθεῖσαι τοῦ [S μετὰ τοῦ] β.
— 57. καὶ εἶπεν πρὸς τὸν β.
— 60. ἤρεσεν ὁ λόγος ἐναντίον τοῦ β. καὶ τῶν ἀρχόντων
— 61. ὤμοσεν [S^{1} ὡμολογήσεν] αὐτοῖς ὁ β.
— 62. εἰσῆλθεν ὁ β. εἰς τὸ ὄρος Σιών
7. 6. κατηγόρησαν [S^{1} -σαι] τοῦ λαοῦ πρὸς τὸν β.
— 7. ἐξολόθρευσιν . . . ἣν ἐποίησεν ἡμῖν καὶ τῇ χώρᾳ τοῦ β.
— 8. ἐπέλεξεν ὁ β. τὸν Βακχίδην τῶν φίλων τοῦ β.
— 8. καὶ πιστὸν τῷ β.
— 20. καὶ ἀπῆλθε Βακχίδης πρὸς τὸν β.
— 25. ἐπέστρεψε πρὸς τὸν β.
— 26. ἀπέστειλεν ὁ β. Νικάνορα
— 33. τὴν ὁλοκαύτωσιν τὴν προσφερομένην ὑπὲρ τοῦ β.

1 Ma. 7. 41. R οἱ παρὰ τοῦ β. Ἀσσυρίων [A S *om.*]
8. 4. κατεκράτησαν . . . τῶν β. τῶν ἐπελθόντων ἐπ᾽ αὐτούς
— 5. τὸν Περσέα Κιτιέων βασιλέα . . . συνέτριψαν
— 6. καὶ Ἀντίοχον τὸν μέγαν β. τῆς Ἀσίας
— 8. ἔδωκαν αὐτὰς Εὐμένει τῷ β.
— 12. S κατεκράτησαν τῶν β. [A R βασιλειῶν] τῶν ἐγγὺς καὶ τῶν μακράν
— 31. περὶ τῶν κακῶν ὧν ὁ β. [S^{1} *om.*] Δημήτριος συντελεῖται
9. 57. ἀπέστρεψε [S ἐπ.] πρὸς τὸν β.
10. 2. ἤκουσε Δημήτριος ὁ β.
— 8. ὅτι ἔδωκεν αὐτῷ [A αὐτοῖς] ὁ β. ἐξουσίαν συναγαγεῖν
— 15. ἤκουσεν Ἀλέξανδρος ὁ β. τὰς ἐπαγγελίας
— 18. βασιλεὺς Ἀλέξανδρος τῷ ἀδελφῷ Ἰωνάθαν χαίρειν
— 20. φίλον βασιλέως καλεῖσθαι [S^{1} κεῖσθαι]
— 25. β. Δημήτριος τῷ ἔθνει τῶν Ἰουδαίων χαίρειν
— 36. προγραφήτωσαν τῶν Ἰουδαίων εἰς τὰς δυνάμεις τοῦ β.
— 36. ὡς καθήκει πάσαις ταῖς δυνάμεσι τοῦ β.
— 37. A R ἐν τοῖς ὀχυρώμασι τοῦ β. τοῖς μεγάλοις
— 37. καθὰ καὶ [S καθὼς] προσέταξεν ὁ β. ἐν γῇ Ἰούδα
— 40. ἀπὸ τῶν λόγων τοῦ β.
— 44. A S^{1} R καὶ ἡ δαπάνη δοθήσεται ἐκ τοῦ λόγου τοῦ β.
— 45. ἡ δαπάνη δοθήσεται ἐκ τοῦ λόγου τοῦ β.
— 48. συνήγαγεν Ἀλέξανδρος ὁ β. δυνάμεις μεγάλας [S πάσας τὰς δυνάμεις]
— 49. συνῆψαν πόλεμον οἱ δύο β.
— 51. πρὸς Πτολεμαῖον β. Αἰγύπτου
— 55. ἀπεκρίθη Πτολεμαῖος ὁ β.
— 58. ἀπήντησεν αὐτῷ Ἀλέξανδρος ὁ β.
— 58. καθὼς οἱ β. ἐν δόξῃ μεγάλῃ
— 59. ἔγραψεν Ἀλέξανδρος ὁ β.
— 60. ἀπήντησε τοῖς δυσὶ β.
— 61. οὐ προσέσχεν αὐτοῖς ὁ β.
— 62. S R προσέταξεν [A *add.* αὐτοῖς] ὁ β.
— 63. ἐκάθισεν αὐτὸν ὁ β. [S -σαν αὐ. οἱ β.] μετ᾽ αὐτοῦ [S^{1} αὐτῶν]
— 65. ἐδόξασεν αὐτὸν ὁ β.
▶ — 68. ἤκουσεν Ἀλέξανδρος ὁ β.
— 88. ὡς ἤκουσεν Ἀλέξανδρος ὁ β.
— 89. ὡς ἔθος ἐστὶ δίδοσθαι τοῖς συγγενέσι [A S^{3} συγγενεῦσιν] τῶν β.
11. 1. ὁ β. Αἰγύπτου ἤθροισε δυνάμεις πολλάς
— 2. ὅτι ἐντολὴ ἦν Ἀλεξάνδρου τοῦ β.
— 5. διηγήσαντο τῷ β. ἃ ἐποίησεν Ἰωνάθαν
— 5. ἐσίγησεν ὁ β.
— 6. συνήντησεν Ἰωνάθαν τῷ β. εἰς Ἰόππην
— 7. ἐπορεύθη Ἰωνάθαν μετὰ τοῦ β.
— 8. ὁ δὲ β. Πτολεμαῖος ἐκυρίευσε τῶν πόλεων
— 9. ἀπέστειλε πρέσβεις πρὸς Δημήτριον τὸν [A *om.*] β.
— 14. Ἀλέξανδρος δὲ ὁ β. ἦν ἐν Κιλικίᾳ [A εἰς Κιλικίαν]
— 16. ὁ δὲ β. Πτολεμαῖος ὑψώθη
— 18. ὁ β. Πτολεμαῖος ἀπέθανεν
— 21. ἐπορεύθησαν [S^{1} -ημεν] . . . ἄνδρες παράνομοι πρὸς τὸν β.
— 24. ἐπορεύθη πρὸς τὸν β. εἰς Πτολεμαΐδα
— 26. ἐποίησεν αὐτῷ ὁ β. καθὼς ἐποίησαν
— 28. ἠξίωσεν Ἰωνάθαν τὸν β. ποιῆσαι τὴν Ἰουδαίαν ἀφορολόγητον
— 29. εὐδόκησεν ὁ β.
— 30. βασιλεὺς Δημήτριος Ἰωνάθαν τῷ ἀδελφῷ χαίρειν
— 32. βασιλεὺς Δημήτριος Λασθένει τῷ πατρὶ χαίρειν
— 34. ἀντὶ τῶν βασιλικῶν ὧν ἐλάμβανεν ὁ β.
— 38. εἶδε Δημήτριος ὁ β. ὅτι ἡσύχασεν ἡ γῆ
— 41. ἀπέστειλεν Ἰωνάθαν πρὸς Δημήτριον τὸν β.
— 44. ἤλθοσαν πρὸς τὸν β.
— 44. ηὐφράνθη ὁ β. ἐπὶ τῇ ἐφόδῳ αὐτῶν
— 45. ἠβούλοντο ἀνελεῖν τὸν β.
— 46. ἔφυγεν ὁ β. εἰς τὴν αὐλήν
— 47. ἐκάλεσεν ὁ β. τοὺς Ἰουδαίους ἐπὶ βοήθειαν
— 48. ἔσωσαν τὸν β.
— 49. ἐκέκραξαν πρὸς τὸν β. μετὰ δεήσεως
— 51. ἐδοξάσθησαν οἱ Ἰουδαῖοι ἐναντίον τοῦ β.
— 52. ἐκάθισε Δημήτριος ὁ β. ἐπὶ θρόνου τῆς βασιλείας αὐτοῦ
— 57. εἶναί σε τῶν φίλων τοῦ β.
12. 13. ἐπολέμησαν ἡμᾶς οἱ β. οἱ κύκλῳ ἡμῶν

● = correction on page xxiv ▶ = additional entry on page xxiv

I Ma. 12. 20. Ὀνιάρης β. Σπαρτιατῶν
— 39. ἐκτεῖναι χεῖρα [A χεῖρας] ἐπὶ [S ἐξέτεινεν τὴν χ. ἐπ'] Ἀντίοχον τὸν β.
13. 31. Τρύφων ἐπορεύετο δόλῳ μετὰ Ἀντιόχου τοῦ β.
— 34. ἀπέστειλε πρὸς Δημήτριον τὸν β.
— 35. ἀπέστειλεν αὐτῷ Δημήτριος ὁ β.
— 36. βασιλεὺς Δημήτριος Σίμωνι . . . φίλῳ βασιλέων
14. 1. συνήγαγε Δημήτριος ὁ β. τὰς δυνάμεις αὐτοῦ
— 2. Ἀρσάκης ὁ β. τῆς [A *om.*] Περσίδος καὶ Μηδείας
— 13. καὶ οἱ β. [A *add.* αὐτῶν] συνετρίβησαν
— 38. ὁ β. Δημήτριος ἔστησεν αὐτῷ τὴν ἀρχιερωσύνην
15. 1. Ἀντίοχος υἱὸς Δημητρίου τοῦ β.
— 2. βασιλεὺς Ἀντίοχος Σίμωνι . . . χαίρειν
— 5. οἱ πρὸ ἐμοῦ β.
— 11. ἐδίωξεν αὐτὸν Ἀντίοχος ὁ β. [S¹ *om.* ὁ β.]
— 15. ἔχοντες ἐπιστολὰς τοῖς β. καὶ ταῖς χώραις
— 16. Λεύκιος . . . Πτολεμαίῳ β. χαίρειν
— 19. ἤρεσεν οὖν ἡμῖν γράψαι τοῖς β. καὶ ταῖς χώραις
— 22. ταὐτὰ ἔγραψε Δημητρίῳ τῷ β.
— 25. Ἀντίοχος δὲ ὁ β. παρενέβαλεν ἐπὶ Δωρᾶ
— 32. ἦλθεν Ἀθηνόβιος φίλος τοῦ β. [S¹ βασιλεῦσαι]
— 32. ἀπήγγειλεν [S¹ -αν] αὐτῷ [A -οῖς] τοὺς λόγους τοῦ β.
— 36. ἀπέστρεψε δὲ μετὰ θυμοῦ πρὸς τὸν β.
— 36. ὠργίσθη ὁ β. ὀργὴν μεγάλην [S ὀργῇ μεγάλῃ]
— 38. R κατέστησεν ὁ β. τὸν Κενδεβαῖον στρατηγὸν [A S ἐπιστρ.]
— 39. ὁ δὲ β. ἐδίωκε τὸν Τρύφωνα
— 41. καθὰ συνέταξεν αὐτῷ ὁ β.
16. 18. ἀπέστειλε τῷ β. ὅπως ἀποστείλῃ δυνάμεις
II Ma. 1. 10. Ἀριστοβούλῳ διδασκάλῳ Πτολεμαίου τοῦ β.
— 11. ὡς ἂν πρὸς βασιλέα παρατασσόμενοι
— 20. ἀποσταλεὶς Νεεμίας ὑπὸ [A ἀπὸ] τοῦ β. τῆς Περσίδος
— 24. κύριε . . . ὁ μόνος β. καὶ χρηστός
— 33. διηγγέλη τῷ β. τῶν Περσῶν
— 34. περιφράξας δὲ ὁ β. ἱερὸν ἐποίησε
— 35. ὁ β. πολλὰ διάφορα ἐλάμβανε
2. 13. τὰ περὶ τῶν β. καὶ προφητῶν [A *add.* βιβλία]
— 13. καὶ ἐπιστολὰς βασιλέων περὶ ἀναθεμάτων
3. 2. συνέβαινε καὶ αὐτοὺς τοὺς β. τιμᾶν τὸν τόπον
— 3. ὥστε καὶ Σέλευκον τὸν τῆς Ἀσίας β. χορηγεῖν
— 6. ὑπὸ τὴν τοῦ β. ἐξουσίαν πεσεῖν
— 7. συμμίξας δὲ ὁ [A *om.*] Ἀπολλώνιος τῷ β.
— 8. τὴν τοῦ β. πρόθεσιν ἐπιτελέσων [A -τελεῖν]
— 32. μή ποτε διάληψιν ὁ β. σχῇ
— 35. ἀνεστρατοπέδευσε πρὸς τὸν β.
— 37. τοῦ δὲ β. ἐπερωτήσαντος τὸν Ἡλιόδωρον
4. 5. ὡς [A πρὸς] τὸν β. διεκομίσθη [A -κοσμήθη]
— 8. ἐπαγγειλάμενος τῷ β. δι' ἐντεύξεως
— 10. ἐπινεύσαντος δὲ τοῦ β.
— 18. ἀγομένου . . . ἀγῶνος ἐν Τύρῳ καὶ τοῦ β. παρόντος
— 21. τὰ πρωτοκλίσια Πτολεμαίου [A *om.*] τοῦ Φιλομήτορος β.
— 23. παρακομίζοντα τὰ χρήματα τῷ β.
— 24. ὁ δὲ συσταθεὶς τῷ β.
— 27. τῶν δὲ ἐπηγγελμένων τῷ β. χρημάτων οὐδὲν εὐτάκτει
— 28. οἱ δύο ὑπὸ τοῦ β. προσεκλήθησαν
— 30. διὰ τὸ Ἀντιοχίδι τῇ παλλακῇ τοῦ β. ἐν δωρεᾷ δεδόσθαι [A διδ.]
— 31. θᾶττον οὖν ὁ β. ἧκε καταστεῖλαι τὰ πράγματα
— 36. τοῦ δὲ β. ἐπανελθόντος
— 44. καταντήσαντος δὲ τοῦ β. εἰς Τύρον
— 45. πρὸς τὸ πεῖσαι τὸν β.
— 46. εἴς τι περίστυλον . . . τὸν β. μετέθηκε
5. 11. προσπεσόντων δὲ τῷ β. περὶ τῶν γεγονότων
— 16. τὰ ὑπ' ἄλλων β. ἀνατεθέντα [A ὑπὸ πολλῶν β. ἀνασταθέντα]
— 18. Ἡλιόδωρος ὁ πεμφθεὶς ὑπὸ Σελεύκου τοῦ β.
6. 1. ἐξαπέστειλεν ὁ β. γέροντα Ἀθηναῖον
— 7. εἰς τὴν κατὰ μῆνα τοῦ β. γενέθλιον ἡμέραν
— 21. ὡς ἐσθίοντα τὰ ὑπὸ τοῦ β. προστεταγμένα [A τεταγ.]
7. 1. συλληφθέντας ἀναγκάζεσθαι ὑπὸ τοῦ β. . . . ἐφάπτεσθαι
— 3. ἔκθυμος δὲ γενόμενος ὁ β.
— 9. ὁ δὲ τοῦ κόσμου β. . . . ἡμᾶς ἀναστήσει

II Ma. 7. 12. ὥστε αὐτὸν τὸν β. καὶ τοὺς σὺν αὐτῷ ἐκπλήσσεσθαι
— 25. προσκαλεσάμενος ὁ β. τὴν μητέρα
— 30. οὐχ ὑπακούω τοῦ προστάγματος τοῦ β.
— 39. ἔκθυμος δὲ γενόμενος ὁ β.
8. 8. ἐπιβοηθεῖν τοῖς τοῦ β. πράγμασιν
— 10. τὸν φόρον τῷ β. τοῖς Ῥωμαίοις
9. 19. β. καὶ στρατηγὸς Ἀντίοχος [A β. Ἀντ. καὶ στρατηγός]
— 25. ἀναδέδειχα τὸν υἱόν μου [A *om.*] Ἀντίοχον β.
11. 1. Λυσίας ἐπίτροπος τοῦ β. καὶ συγγενής
— 14. διότι καὶ τὸν β. πείσειν φίλον αὐτοῖς ἀναγκάζειν γενέσθαι
— 15. συνεχώρησεν ὁ β. [A ὁ γραμματεύς]
— 18. ὅσα μὲν οὖν ἔδει καὶ τῷ β. προσενεχθῆναι
— 22. ἡ δὲ τοῦ β. ἐπιστολὴ περιεῖχεν οὕτως
— 22. β. Ἀντίοχος τῷ ἀδελφῷ Λυσίᾳ χαίρειν
— 27. πρὸς δὲ τὸ ἔθνος ἡ τοῦ β. ἐπιστολὴ τοιαύτη [A τοιάδε] ἦν· Β. Ἀντίοχος τῇ γερουσίᾳ τῶν Ἰουδαίων . . . χαίρειν
— 35. ὑπὲρ ὧν Λυσίας ὁ συγγενὴς τοῦ β. συνεχώρησεν ὑμῖν
— 36. ἃ δὲ ἔκρινε προσανενεχθῆναι [A -ανενηνέχθαι] τῷ β.
12. 1. ὁ μὲν Λυσίας ἀπῄει πρὸς τὸν β.
13. 4. ὁ δὲ β. τῶν β. ἐξήγειρε τὸν θυμὸν τοῦ Ἀντιόχου
— 9. τοῖς δὲ φρονήμασιν ὁ β. βεβαρβαρωμένος [A βεβαρημένος]
— 13. πρὶν εἰσβαλεῖν τὸ στράτευμα τοῦ β.
— 18. ὁ δὲ β. εἰληφὼς γεῦσιν [A γεῦμα] τῆς . . . εὐτολμίας
— 22. ἐδευτερολόγησεν ὁ β. τοῖς ἐν Βαιθσούρᾳ
— 26. οὕτω τὰ τῆς ἐφόδου τοῦ β. καὶ τῆς ἀναζυγῆς ἐχώρησε
14. 4. ἧκε [A ἦλθεν] πρὸς τὸν β. Δημήτριον
— 8. ὑπὲρ τῶν ἀνηκόντων τῷ β. γνησίως φρονῶν
— 9. ἕκαστα δὲ τούτων ἐπεγνωκὼς σύ, βασιλεῦ
— 27. ὁ δὲ β. ἔκθυμος γενόμενος
— 29. ἐπεὶ δὲ τῷ β. ἀντιπράττειν οὐκ ἦν
15. 22. ἐπὶ Ἐζεκίου τοῦ β. τῆς Ἰουδαίας
III Ma. 1. 25. οἱ δὲ περὶ τὸν β. πρεσβύτεροι
2. 2. κύριε κύριε β. τῶν οὐρανῶν
— 9. R σύ, βασιλεῦ, κτίσας τὴν ἀπέραντον [A ἀπέρατον] καὶ ἀμέτρητον γῆν
— 13. ἅγιε βασιλεῦ
— 26. ἀτενίζοντας εἰς τὴν τοῦ β. πρόθεσιν
— 31. ἀπὸ τῆς ἐσομένης τῷ β. συναναστροφῆς
3. 3. τὴν μὲν πρὸς τοὺς β. εὔνοιαν
— 7. μήτε τῷ β. μήτε ταῖς δυνάμεσιν ὁμοσπόνδους τοὺς ἀνθρώπους γενέσθαι
— 12. β. Πτολεμαῖος Φιλοπάτωρ τοῖς κατ' Αἴγυπτον . . . χαίρειν
— 19. ὡς μονώτατοι τῶν ἐθνῶν βασιλεῦσι . . . ὑψαυχενοῦντες
4. 11. καθὼς ἦν δεδογματισμένον τῷ β.
— 16. μεγάλως δὲ καὶ διηνεκῶς ὁ β. χαρᾷ πεπληρωμένος
— 17. R προσηνέγκαντο [A προην.] οἱ γραμματεῖς τῷ β.
5. 10. παρῆν περὶ τούτων προσαγγεῖλαι τῷ β.
— 11. ἀπέστειλε πρὸς [A εἰς] τὸν β.
— 14. ἔνυξε προσελθὼν τὸν β.
— 16. ὃν ὁ β. λογισάμενος
— 18. τὸν Ἕρμωνα μεταπεμψάμενος [A προσκαλεσάμενος] ὁ β.
— 21. εἰπόντος δὲ τοῦ β.
— 26. τοῦ β. τοὺς φίλους ἐκδεχομένου
— 26. ὑποδεικνύων τὸ πρόθυμον τοῦ β. ἐν ἑτοίμῳ κεῖσθαι
— 29. R ἡτοιμάσθαι [A -μασται], βασιλεῦ, κατὰ τὴν σὴν . . . πρόθεσιν
— 35. οἵ τε Ἰουδαῖοι τὰ παρὰ τοῦ β. ἀκούσαντες
— 35. R τὸν ἐπιφανῆ θεὸν καὶ βασιλέα τῶν β. ᾔνουν [A *al.*]
— 36. ὁ β. συστησάμενος πάλιν [A πᾶν] τὸ συμπόσιον
— 39. προεφέροντο τάδε, βασιλεῦ
— 42. ὅθεν ὁ κατὰ πάντα Φάλαρις β. ἐμπληθυνθεὶς ἀλογιστίας
— 46. ἐπὶ τὸ προκείμενον ὤτρυνε τὸν β.
6. 2. προσηύξατο τάδε· Βασιλεῦ μεγαλοκράτωρ
— 5. Σενναχηρεὶμ βαρὺν Ἀσσυρίων β.
— 16. ὁ β. σὺν τοῖς θηρίοις . . . κατὰ τὸν ἱππόδρομον παρῆγε

III Ma. 6. 20. καὶ ὑπόφρικον καὶ τὸ τοῦ β. σῶμα ἐγενήθη
— 22. μετεστράφη τοῦ β. ἡ ὀργὴ εἰς οἶκτον
— 30. R εἶτα ὁ β. εἰς τὴν πόλιν ἀπαλλαγεὶς [A *om.*]
— 33. R ὁ β. . . . συμπόσιον βαρὺ συναγαγὼν [A συνάγων]
— 37. ἐνέτυχον δὲ τῷ β.
— 40. εὐωχοῦντο δὲ πάνθ' ὑπὸ τοῦ β. χορηγούμενοι
— 41. R συναινέσας τε αὐτοὺς [A δὲ αὐτοῖς] ὁ β. ἔγραψεν
7. 1. β. Πτολεμαῖος ὁ Φιλοπάτωρ
— 10. τὸν β. προσηξίωσαν
— 11. R μηδὲ τοῖς τοῦ β. πράγμασιν [A προστάγμασιν]
— 18. τοῦ β. χορηγήσαντος αὐτοῖς εὐψύχως τὰ πρὸς τὴν ἄφιξιν
— 20. ἀνασωζόμενοι τῇ τοῦ β. ἐπιταγῇ
IV Ma. 3. 6. διὰ τῆς Δαυὶδ τοῦ β. δίψης
— 10. ὁ δὲ β. ὡς μάλιστα διψῶν
— 12. ἐπὶ τῇ τοῦ β. ἐπιθυμίᾳ
— 12. καταιδεσθέντες τὴν τοῦ β. ἐπιθυμίαν
— 14. ἐξ αὐτῆς ἐγέμισαν τῷ β. τὸ ποτόν
— 20. τὸν τῆς Ἀσίας β. Σέλευκον τὸν Νικάνορα
4. 3. εὔνους ὢν τοῖς τοῦ β. πράγμασιν ἥκω
— 3. προσήκειν ταῦτα Σελεύκῳ τῷ β.
— 4. τὸν μὲν Σίμωνα τῆς εἰς τὸν β. κηδεμονίας ἐπῄνει
— 6. ταῖς τοῦ β. ἐντολαῖς ἥκειν ἔλεγεν
— 13. μή ποτε νομίσειεν ὁ β. Σέλευκος
— 14. δηλώσων τῷ β. τὰ συμβάντα αὐτῷ
— 15. τελευτήσαντος δὲ Σελεύκου τοῦ β.
6. 3. πείσθητι ταῖς τοῦ β. ἐντολαῖς
— 14. προσιόντες αὐτῷ τινες τῶν τοῦ β. ἔλεγον
7. 10. καὶ παθῶν μέγιστε β. Ἐλ.
8. 17. βασιλέως ἡμᾶς παρακαλοῦντος
— 22. δι' ἀνάγκην τὸν β. φοβηθεῖσιν
— 26. παρὸν μετὰ ἀταραξίας ζῆν τῷ β. πεισθέντας
10. 13. ἀλλὰ πεισθεὶς τῷ β. σῶζε σεαυτόν
12. 8. εἴπω τι τῷ β. καὶ τοῖς σὺν αὐτῷ φίλοις πᾶσι
14. 2. A R ὦ βασιλέως [S -ων] λογισμοὶ βασιλικώτεροι

[**Aq.** Nu. 23. 21 : Jo. 10. 33 : 12. 4 : I Ki. 18. 27 : II Ki. 3. 39 : III Ki. 3. 4 : 5. 1 (15) *bis* : 8. 1 : 10. 16 : 12. 27, 28 : 14. 14, 19 : 15. 32 : 16. 8, 10, 15 : 20. 9 : 22. 4, 48 *bis* : IV Ki. 7. 6 : 8. 25, 29 : 9. 3, 15 : 16. 11, 12 : 18. 28 : 19. 10 : 23. 22, 29 : Jb. 18. 14 : Ps. 2. 6, 10 : 32 (33). 16 : 43 (44). 5 : 67 (68). 25 : 71 (72). 10 : 88 (89). 28 : 94 (95). 3 : 98 (99). 4 : Pr. 16. 13, 15 : 20. 28 : Ec. 2. 12 : Ca. 1. 12 : 7. 5 (6) : Is. 7. 16 : 8. 4, 21 : 14. 32 : 19. 4 : 36. 21 : 37. 6 : 60. 16 : Je. 1. 15 : 6. 22 : 10. 7, 10 : 21. 4, 7 : 22. 25 : 25. 1, 12, 14, 20 (32. 6) *bis*, 22 (32. 8) *bis*, 24 (32. 10), 25 (32. 11) : 27 (34). 1 *bis*, 17 : 34 (41). 5 : 36 (43). 20, 25 : 37 (44). 17, 20 : 38 (45). 18, 26 : 46 (26). 18 : 52. 15 : Ez. 7. 27 : 17. 12 : 28. 12 : 29. 3 : Da. 3. 24 (91) : 10. 13 : Ho. 7. 3 : 8. 10 : 10. 15 : Am. 7. 1.]

[**Sm.** Nu. 24. 7 : Dt. 33. 5 : Jo. 10. 33 : 12. 4 : I Ki. 23. 20 : 26. 14 : II Ki. 3. 39 : 14. 13 *bis*, 16 : 15. 21 : III Ki. 1. 9 : 3. 1, 4 : 5. 1 (15) *bis* : 10. 16 : 12. 28 : 16. 8, 10, 15 : 20. 9 : IV Ki. 7. 6 : 8. 25, 29 : 9. 3, 15 : 16. 11, 12 : 23. 5, 29 : Ps. 2. 2, 6 : 43 (44). 5 : 44 (45). 6 : 46 (47). 4 : 47 (48). 5 : 60 (61). 7 : 67 (68). 13, 25 : 71 (72). 10 : 75 (76). 13 : 88 (89). 28 : 94 (95). 3 : 98 (99). 4 : Pr. 16. 13, 15 : 20. 28 : Ec. 2. 12 : 4. 14 : 5. 8 : 8. 2, 4 : Ca. 1. 12 : 7. 5 (6) : Is. 7. 16 : 8. 21 : 19. 4 : 32. 1 : 36. 21 : 37. 6 : 43. 15 : 60. 16 : Je. 6. 22 : 21. 4, 7 : 25. 14, 25 (32. 11) : 27 (34). 17 : 38 (45). 5, 7, 18, 26 : 46 (26). 18 : 51 (28). 27 : 52. 3 : Ez. 28. 12 : 29. 3 : Ho. 7. 3, 5 : 8. 10 : Am. 5. 26.]

[**Th.** Dt. 33. 5 : Jo. 10. 33 : 12. 4 : Jd. 8. 18 : I Ki. 18. 27 : II Ki. 14. 13 *bis* : 15. 21 : III Ki. 1. 9 : 5. 1 (15) *bis* : 12. 28 : 16. 8, 10, 15 : 20. 9 : 22. 4 : IV Ki. 1. 17 : 7. 6 : 8. 25 : 9. 15 : 14. 5 : 18. 28 : Ps. 67 (68). 25 : 94 (95). 3 : Pr. 16. 13, 15 : Ec. 2. 12 : Is. 7. 16, 20 : 8. 21 : 14. 32 : 19. 4 : 30. 33 : 36. 21 : 60. 16 : Je. 1. 15 : 6. 22 : 10. 7, 10 : 21. 4, 7 : 22. 25 : 25. 12, 14, 20 (32. 6), 24 (32. 10) : 27 (34). 17, 18, 20 *bis*, 21 : 29 (36). 16 : 32 (39). 4, 35 : 37 (44). 20 : 38 (45). 9 : 39 (46). 1, 3, 4 *bis*, 5, 6 *bis*, 8, 11, 13 : 46 (26). 18, 26 : Ez. 7. 27 : 28. 12 : 29. 3 : 32. 29 : Da. 1. 4, 8 : 2. 10, 15, 25, 28†, 29, 47 : 3. 2†, 3, 9, 12, 22, (46), 28 (95),

30 (97): 4. 16†, 25, 28: 5. 6, 10†, 30: 6. 8, 15†, 16, 20†: 11. 5, 9: 14. 13: Ho. 7. 3, 5: Am. 5. 26.]
[**Al.** II Ki. 11. 8: III Ki. 22. 48 *bis*, 50: II Ch. 36. 23: Ps. 2. 6: 44 (45). 9: Pr. 22. 11: Is. 57. 9: Je. 10. 10: 39 (46). 3.]
[**Quint.** IV Ki. 7. 6: 8. 29: 9. 3, 15: 14. 5: 16. 11, 12: 18. 28: 23. 5, 29: Ps. 2. 2.]
[**Sext.** Ps. 2. 6.]
[**Hebr.** III Ki. 1. 28: IV Ki. 5. 1.]

βασιλικός (τὸ βασιλικὸν, τὰ βασιλικά).
(1) *a.* מֶלֶךְ *b.* בֵּית הַמֶּלֶךְ *c.* לִפְנֵי הַמֶּלֶךְ
d. מַלְכוּת *e.* דְּבַר־מַלְכוּת *f.* מְלוּכָה *g.* מַלְכוּ

Nu. 20. 17: 21. 22. ὁδῷ β. πορευσόμεθα (1 *a*)
II Ki. 14. 26. διακοσίους σίκλους ἐν τῷ σίκλῳ τῷ β. (1 *a*)
I Es. 1. 7. ταῦτα ἐκ τῶν β. ἐδόθη
— 54. τὰς β. ἀποθήκας ἀναλαβόντες ἀπήνεγκαν
6. 21. ἐν τοῖς β. βιβλιοφυλακίοις τοῦ κυρίου
— 23. **A** ἐν τοῖς β. [**B** *om.*] βιβλιοφυλακίοις
— 32. τὰ ὑπάρχοντα αὐτοῦ εἶναι βασιλικά
8. 18. δώσεις ἐκ τοῦ β. [**A** ἱεροῦ] γαζοφυλακίου
— 24. **A R** τὸν νόμον τοῦ θεοῦ σου καὶ τὸν β. [**B** τοῦ β.]
— 67. τοῖς β. οἰκονόμοις καὶ τοῖς ἐπάρχοις . . . Συρίας
To. 1. 20. **S** ὃ οὐκ ἀνελήμφθη εἰς τὸ β.
Es. 1. 19. προσταξάτω βασιλικόν (1 *e*)
2. 9. **S R** τὰ ὑποδεδειγμένα [**A B** ἀποδ.] αὐτῇ ἐκ βασιλικοῦ (1 *b*)
— 23. εἰς μνημόσυνον ἐν τῇ β. βιβλιοθήκῃ (1 *c*?)
8. 13. τὸ δεύτερον τοῦ β. θρόνου πρόσωπον
— 15. ἐστολισμένος τὴν β. στολήν (1 *d*)
9. 3. καὶ οἱ τύραννοι καὶ οἱ β. γραμματεῖς (1 *a*)
Jb. 18. 14. σχοίη δὲ αὐτὸν ἀνάγκη αἰτίᾳ [**A** καὶ αἱ.] βασιλικῇ (1 *a*)
Da. LXX. 1. 3. ἐκ τοῦ β. γένους καὶ ἐκ τῶν ἐπιλέκτων (1 *f*)
— 5. ἀπὸ τῆς β. τραπέζης (1 *a*)
— 13. τοὺς ἐσθίοντας ἀπὸ τοῦ β. δείπνου (1 *a*)
— 15. τῶν ἐσθιόντων τὸ β. δεῖπνον (1 *a*)
2. 5. ἀναληφθήσεται ὑμῶν τὰ ὑπάρχ. εἰς τὸ β. †
— 49. καὶ Δανιὴλ ἦν ἐν τῇ β. αὐλῇ (1 *a*)
7. 14. ἐδόθη αὐτῷ ἐξουσία καὶ τιμὴ β. (1 *g*)
8. 27. ἐπραγματευόμην πάλιν βασιλικά (1 *a*)
Da. TH. 6. 7 (8). στῆσαι στάσει β. [**A** στάσιν β.] (1 *a*)
I Ma. 6. 43. **R** τεθωρακισμένον θώρακι β. [**A S** θώραξιν β.]
10. 43. **R** ὀφείλοντες [**A S** ὀφείλων] βασιλικὰ καὶ πᾶν πρᾶγμα
11. 34. ἀντὶ τῶν β. ὧν ἐλάμβανεν ὁ βασιλεύς
13. 15. περὶ ἀργυρίου οὗ ὤφειλεν . . . εἰς τὸ β.
15. 8. πᾶν ὀφείλημα β. καὶ τὰ ἐσόμ. β. . . . ἀφιέσθω σοι
► II Ma. 3. 13. δι' ἃς εἶχε β. ἐντολάς
— 13. ἔλεγεν εἰς τὸ β. ἀναληπτέα ταῦτα εἶναι
4. 6. ἑώρα γὰρ ἄνευ β. προνοίας ἀδύνατον εἶναι
— 11. τὰ κείμενα τοῖς Ἰουδαίοις φιλάνθρωπα βασιλικά
— 25. λαβὼν δὲ τὰς β. ἐντολὰς παρεγένετο
13. 15. ἐπιβαλὼν νύκτωρ ἐπὶ τὴν β. αὐλήν
15. 5. προστάσσων . . . τὰς β. χρείας ἐπιτελεῖν
III Ma. 3. 28. **R** ἐκ τοῦ β. [**A** βασιλείου] ἀργυρίου [**A** *om.*] δραχμὰς δισχιλίας
7. 12. **R** ἄνευ πάσης β. ἐξουσίας ἢ [**A** καὶ] ἐπισκέψεως
IV Ma. 14. 2. ὦ βασιλέως λογισμοὶ βασιλικώτεροι
[**Sm.** III Ki. 7. 7 (44): Ca. 7. 5 (6).]

βασιλίσκος. (1) אֶפְעֶה (2) פֶּתֶן

Ps. 90 (91). 13. ἐπ' ἀσπίδα καὶ βασιλίσκον ἐπιβήσῃ (2)
Is. 59. 5. οὔριον εὗρε καὶ ἐν αὐτῷ βασιλίσκον [**A B**[2] -ος] (1)
[**Aq.** Dt. 32. 33: Is. 59. 5.]
[**Sm.** Is. 30. 6.]

βασίλισσα. (1) גְּבִירָה (2) *a.* מַלְכָּה *b.* מְלֶכֶת
c. מַמְלָכָה (3) שֵׁגָל

III Ki. 10. 1. β. Σαβὰ ἤκουσε τὸ ὄνομα Σαλ. (2 *a*)
— 4. εἶδε β. Σαβὰ πᾶσαν φρόνησιν Σαλ. (2 *a*)
— 10. ἃ ἔδωκε β. Σαβὰ τῷ βασ. [**A** *om.*] Σαλ. (2 *a*)
— 13. ὁ βασ. Σαλ. ἔδωκε τῇ β. Σαβὰ πάντα (2 *a*)
II Ch. 9. 1. β. Σαβὰ ἤκουσε τὸ ὄνομα Σαλ. (2 *a*)
II Ch. 9. 3. εἶδε β. Σαβὰ τὴν σοφίαν Σαλ. (2 *a*)
— 9. ἃ ἔδωκε β. Σαβὰ τῷ βασ. Σαλ. (2 *a*)
— 12. ὁ βασ. Σαλ. ἔδωκε τῇ β. Σαβά (2 *a*)
Es. 1. 9. Ἀστὶν ἡ β. ἐποίησε πότον (2 *a*)
— 11. εἰσαγαγεῖν τὴν β. πρὸς αὐτόν (2 *a*)
— 12. οὐκ εἰσήκουσεν αὐτοῦ Ἀστὶν ἡ β. (2 *a*)
— 15. ὡς δεῖ ποιῆσαι Ἀστὶν τῇ β. (2 *a*)
— 16. ἠδίκησεν [**A** ἠτίμασεν] Ἀστὶν ἡ β. (2 *a*)
— 17. διηγήσατο αὐτοῖς τὰ ῥήματα τῆς β. (2 *a*)
— 19. μηδὲ εἰσελθάτω ἔτι ἡ β. πρὸς αὐτόν –
2. 22. **A** ἡ β. ἐνεφάνισεν τῷ β. [**B S** *al.*] (2 *a*)
4. 4. αἱ ἅβραι καὶ οἱ εὐνοῦχοι τῆς β. †
— 17. Ἐσθὴρ ἡ β. κατέφυγεν ἐπὶ τὸν κ.
5. 1. ἔπεσεν ἡ β.
— 3. **S**[3] τί θέλεις Ἐσθὴρ ἡ β. [**A B S** *om.* ἡ β.] (2 *a*)
— 6. τί ἐστι, βασίλισσα Ἐσθήρ –
— 12. οὐ κέκληκεν ἡ β. μετὰ τοῦ βασ. οὐδένα (2 *a*)
7. 1. συμπιεῖν τῇ β. (2 *a*)
— 2. τί ἐστιν, Ἐσθὴρ βασίλισσα (2 *a*)
— 3. **S**[3] ἀποκριθεῖσα Ἐσθὴρ ἡ β. [**A B S** *om.* Ἐ. ἡ β.] (2 *a*)
— 5. **S**[3] εἶπε . . . τῇ Ἐ. τῇ β. [**A B S** *om.* τ. Ἐ. τ. β.] (2 *a*)
— 6. Ἀμὰν δὲ ἐταράχθη ἀπὸ τοῦ βασ. καὶ τῆς β. (2 *a*)
— 7. ὁ δὲ Ἀμὰν παρῃτεῖτο τὴν β. (2 *a*)
— 8. ἐπιπεπτώκει . . . ἀξιῶν τὴν β. –
8. 7. **A** εἶπεν ὁ β. Ἐσθὴρ τῇ β. [**B S** *al.*] (2 *a*)
9. 12. **S**[3] εἶπε δὲ ὁ β. Ἐ. τῇ β. [**A B S** *al.*] (2 *a*)
— 29. Ἐσθὴρ ἡ β. θυγάτηρ Ἀμιναδάβ (2 *a*)
— 31. καὶ Μαρδοχαῖος καὶ Ἐσθὴρ ἡ β. (2 *a*)
10. 3. ἦν . . . ἐποίησε βασίλισσαν
Ps. 44 (45). 9. παρέστη ἡ β. ἐκ δεξιῶν σου (3)
Ca. 6. 7 (8). ἑξήκοντά εἰσι β. (2 *a*)
— 8 (9). βασίλισσαι καί γε [**A** *om.*] παλλακαί (2 *a*)
— 9 (10). **S** βασίλισσαι εἶδον τὴν νύμφην –
7. 1. **S** ταῖς β. . . . ὁ νύμφιος τάδε –
8. 5. **S** αἱ β. . . . εἶπαν –
Je. 30. 6 (49. 28). τῇ Κηδὰρ τῇ β. τῆς αὐλῆς (2 *c*)
36 (29). 2. ἐξελθόντος Ἰεχονίου τοῦ βασιλέως καὶ τῆς β. (1)
51 (44). 17. θυμιᾶν τῇ β. τοῦ οὐρανοῦ (2 *b*)
— 18. διελίπομεν θυμιῶντες τῇ β. τοῦ οὐρανοῦ (2 *b*)
— 19. **S R** ἐθυμιῶμεν [**A B** θυμ.] τῇ β. τοῦ οὐρανοῦ (2 *b*)
— 25. θυμιᾶν τῇ β. τοῦ οὐρανοῦ [**S** τῇ Βαάλ] (2 *b*)
Da. LXX. 5. 10. τότε ὁ βασιλεὺς ἐκάλεσε τὴν β. (2 *a*?)
— 11. τότε ἡ β. ἐμνήσθη πρὸς αὐτὸν περὶ τοῦ Δαν. †
Da. TH. 5. 10. εἰσῆλθεν ἡ β. εἰς τὸν οἶκον (2 *a*)
— 10. **A** καὶ ἀπεκρίθη ἡ β. (2 *a*)
[**Aq.** Je. 7. 18.]
[**Sm.** Je. 7. 18: 44 (51). 18.]
[**Th.** Ps. 44 (45). 10: Je. 7. 18.]
[**Sext.** Ps. 44 (45). 10.]

βάσις. (1) אֶדֶן (2) אֹרֶךְ (3) גְּבוּל
(4) יְסוֹד (5) כִּיּוֹר (6) *a.* כֵּן *b.* מְכוֹנָה
(7) מַרְצֶפֶת (8) קִיר (9) רָמָה

Ex. 26. 19. τεσσαράκοντα β. ἀργυρᾶς (1)
— 19. δύο β. τῷ στύλῳ τῷ ἑνί (1)
— 19. **B**[2] **R** καὶ δύο β. τῷ στύλῳ τῷ ἑνί (1)
— 21. τεσσαράκοντα β. αὐτῶν [**A** -οῖς] ἀργυρᾶς (1)
— 21. δύο β. τῷ στύλῳ τῷ ἑνί (1)
— 21. **A R** δύο β. τῷ στύλῳ τῷ ἑνί (1)
— 25. αἱ [**A** *om.*] β. αὐτῶν ἀργυραῖ δέκα ἕξ (1)
— 25. δύο β. τῷ ἑνὶ στύλῳ (1)
— 25. καὶ δύο β. τῷ στύλῳ τῷ ἑνί (1)
— 32. αἱ β. αὐτῶν τέσσαρες ἀργυραῖ (1)
— 37. χωνεύσεις αὐτοῖς πέντε β. χαλκᾶς (1)
27. 10. αἱ [**A** *om.*] β. αὐτῶν εἴκοσι χαλκαῖ (1)
— 11. καὶ αἱ β. αὐτῶν εἴκοσι χαλκαῖ (1)
— 11. καὶ αἱ β. αὐτῶν περιηργυρωμ. ἀργυρίῳ –
— 12. καὶ β. αὐτῶν δέκα (1)
— 13. καὶ βάσεις αὐτῶν δέκα –
— 14, 15. καὶ αἱ [**A** *om.*] β. αὐτῶν τρεῖς (1)
— 16. καὶ αἱ [**A** *om.*] β. αὐτῶν τέσσαρες (1)
— 17. καὶ αἱ β. αὐτῶν χαλκαῖ (1)
— 18. καὶ β. [**A** αἱ β.] αὐτῶν χαλκαῖ (1)
29. 12. παρὰ τὴν β. τοῦ θυσιαστηρίου (4)
30. 18. καὶ βάσιν αὐτῷ χαλκῆν (6 *a*)
— 28. καὶ τὴν β. αὐτοῦ (6 *a*)
31. 9. τὸν λουτῆρα καὶ τὴν β. αὐτοῦ (6 *a*)
37. 4 (36. 36). αἱ β. αὐτῶν τέσσαρες ἀργυραῖ (1)
Ex. 37. 6 (36. 38). αἱ [**A** τὰς] β. αὐτῶν πέντε χαλκαῖ [**A** -ᾶς] (1)
— 8 (38. 10), 9 (38. 11). καὶ αἱ β. αὐτῶν εἴκοσι (1)
— 10 (38. 12). καὶ αἱ β. αὐτῶν δέκα (1)
— 12 (38. 14), 13 (38. 15). καὶ αἱ β. αὐτῶν τρεῖς (1)
— 15 (38. 17). αἱ β. τῶν στύλων αὐτῶν χαλκαῖ (1)
— 17 (38. 19). αἱ β. αὐτῶν τέσσαρες χαλκαῖ (1)
38. 23 (3). τὸ πυρεῖον αὐτοῦ καὶ τὴν β. †
— 26 (8). καὶ τὴν β. αὐτοῦ χαλκῆν (6 *a*)
39. 8 (38. 30). τὰς β. τῆς θύρας τῆς σκηνῆς τοῦ μαρτ. (1)
— 9 (38. 30). **B** καὶ τὰς β. τῆς πύλης [**A** σκηνῆς, **R** αὐλῆς] κύκλῳ καὶ τὰς β. τῆς πύλης τῆς αὐλῆς (1, 1)
— 14 (33). τὰς β. καὶ τοὺς μοχλοὺς αὐτῆς (1)
Le. 1. 15. πρὸς τὴν β. τοῦ θυσιαστηρίου (8)
4. 7. παρὰ τὴν β. τοῦ θυσιαστηρίου τῶν ὁλοκαυτ. (4)
— 18. πρὸς τὴν β. τοῦ θυσιαστ. τῶν καρπώσεων (4)
— 25. παρὰ τὴν β. τοῦ θυσιαστ. τῶν ὁλοκαυτωμ. (4)
— 30. παρὰ τὴν β. τοῦ θυσιαστηρίου (4)
— 34. παρὰ τὴν β. τοῦ θυσιαστηρίου τῆς ὁλοκαυτώσεως (4)
5. 9. ἐπὶ τὴν β. τοῦ θυσιαστηρίου (4)
6. 32 (7. 2). ἐπὶ τὴν β. τοῦ θυσιαστηρίου κύκλῳ –
8. 11. τὸν λουτῆρα καὶ τὴν β. αὐτοῦ (6 *a*)
— 15; 9. 9. ἐπὶ τὴν β. τοῦ θυσιαστηρίου (4)
Nu. 3. 36. τὰς κεφαλίδας τῆς σκηνῆς . . . καὶ τὰς β. αὐτῆς (1)
— 37. τοὺς στύλους τῆς αὐλῆς . . . καὶ τὰς β. αὐτῶν (1)
4. 14. συγκαλύψουσι . . . τὴν β. αὐτοῦ –
— 31. τὰς β. αὐτῆς καὶ τὸ κατακάλυμμα [**A** *add.* τῆς σκηνῆς] καὶ αἱ β. αὐτῶν (1, –)
— 32. καὶ τοὺς στύλους . . . καὶ αἱ β. αὐτῶν (1)
— 32. καὶ τοὺς στύλους . . . καὶ τὰς β. αὐτῶν –
De. 12. 27. **A R** τὸ δὲ αἷμα . . . προσχεεῖς πρὸς τὴν β. –
IV Ki. 16. 17. ἔδωκεν αὐτὴν ἐπὶ βάσιν λιθίνην (7)
25. 16. **B**[2] καὶ τὰς β. [**A B**[1] *om.*] καὶ τὰ μεχωνώθ (6 *b*?)
II Ch. 6. 13. ἐποίησε Σαλ. β. χαλκῆν (5)
Ca. 5. 15. στῦλοι . . . τεθεμελιωμ. ἐπὶ βάσεις χρυσᾶς (1)
Wi. 4. 3. οὐδὲ ἀσφαλῆ βάσιν ἑδράσει
13. 18. περὶ δὲ ὁδοιπορίας [**S** πορείας] τὸ μηδὲ βάσει χρῆσθαι δυνάμενον
Si. 26. 18. στῦλοι χρύσεοι [**A** -εως] ἐπὶ β. ἀργυρᾶς
Je. 52. 17. **B S** τὰς β. καὶ τὴν θάλασσαν (6 *b*)
Ez 16. 31. τὴν β. σου ἐποίησας ἐν πάσῃ πλατείᾳ (9)
— 39. καθελοῦσι τὴν β. σου (9)
41. 22. ἡ β. αὐτοῦ καὶ οἱ τοῖχοι αὐτοῦ ξύλινοι (2?)
43. 20. ἐπιθήσουσιν . . . ἐπὶ τὴν β. κύκλῳ (3)
[**Aq.** Ex. 36. 38 (37. 6): Jb. 38. 6.]
[**Sm.** Ex. 35. 16, 17: 36. 38 (37. 6): 39. 39 (10): III Ki. 7. 27 (13): IV Ki. 16. 17: 25. 13, 16: Ps. 88 (89). 15: Je. 27 (34). 19: 52. 20.]
[**Th.** Ex. 36. 38 (37. 6): 39. 39 (10): Jb. 38. 6.]
[**Quint.** IV Ki. 25. 16.]
[**Heb.** Ex. 40. 11 (9).]

βασκαίνειν. (1) רָעַע

De. 28. 54. **A R** σφόδρα βασκανεῖ [**B** -αίνει] τῷ ὀφθ. αὐ. τὸν ἀδ. αὐ. (1)
— 56. βασκανεῖ τῷ ὀφθ. αὐ. τὸν ἄνδρα αὐ. (1)
Si. 14. 6. τοῦ βασκαίνοντος ἑαυτὸν οὐκ ἔστι πονηρότερος
— 8. πονηρὸς ὁ βασκαίνων ὀφθαλμῷ [**A** -μόν]

βασκανία.

Wi. 4. 12. βασκανία γὰρ φαυλότητος ἀμαυροῖ τὰ καλά
IV Ma. 1. 26. καὶ φιλονεικία καὶ βασκανία
2. 15. μεγαλαυχίας καὶ βασκανίας

βάσκανος. (1) רַע עַיִן

Pr. 23. 6. μὴ συνδείπνει ἀνδρὶ β. (1)
28. 22. σπεύδει πλουτεῖν ἀνὴρ β. (1)
Si. 14. 3. ἀνθρώπῳ β. ἵνα τί χρήματα
18. 18. δόσις βασκάνου ἐκτήκει ὀφθαλμούς
37. 11. μετὰ βασκάνου περὶ εὐχαριστίας

► = additional entry on page xxiv

βασταγή.

[**Al.** Nu. 4. 19.]

βάσταγμα. (1) מַשָּׂא

II Ki. 15. 33. ἔσῃ ἐπ' ἐμὲ εἰς β. (1)
Ne. 13. 15. ἐπιγεμίζοντας ἐπὶ τοὺς ὄνους . . . πᾶν β. (1)
— 19. ὥστε μὴ αἴρειν βαστάγματα ἐν ἡμ. τοῦ σαββ. (1)
Je. 17. 21. μὴ αἴρετε βαστάγματα ἐν τῇ ἡμ. τῶν σαββ. (1)
— 22. μὴ ἐκφέρετε βαστάγματα ἐξ οἰκιῶν [**A** -κων] ὑμῶν (1)
— 24. τοῦ μὴ εἰσφέρειν βαστάγματα διὰ τῶν πυλῶν (1)
— 27. τοῦ μὴ αἴρειν βαστάγματα (1)

[**Aq. Sm.** Ex. 1. 11.]

βασταγμός.

[**Sm.** Ps. 80 (81). 7.]

βαστάζειν. (1) נָטָה (2) נָשָׂא

Jd. 16. 30. ἐβάσταξεν [**A** ἔκλινεν] ἐν ἰσχύϊ (1)
Ru. 2. 16. βαστάζοντες βαστάσατε αὐτῇ [**A** -άξατε αὐτήν] –, –
II Ki. 23. 5. **A** οὐ μὴ βαστάσῃ [**B** βλαστήσῃ] ὁ παράνομος †
IV Ki. 18. 14. ὃ [**A** *om.*] ἐὰν ἐπιθῇς ἐπ' ἐμὲ βαστάσω (2)
Jb. 21. 3. **A** βαστάσατέ [**B S** ἄρατέ] με (2)
Si. 6. 25. καὶ βάσταξον αὐτήν
Da. TH. Bel. 36. βαστάσας τῆς κόμης τῆς κεφ. αὐ.

[**Aq.** Is. 40. 11 : 53. 11 : 66. 12 : Je. 10. 5.]
[**Sm.** Nu. 14. 33 : Dt. 1. 31 *bis* : II Ki. 6. 13 : Ps. 54 (55). 13 : 88 (89). 51 : 90 (91). 12 : Pr. 4. 8 : 9. 12 : Is. 40. 11 : 63. 9 : 66. 12 : Je. 10. 5, 19.]
[**Th.** Pr. 9. 12 : 18. 14 : Is. 40. 11 : 63. 9 : 66. 12 : Je. 10. 5 : Za. 12. 3.]
[**Al.** Jo. 3. 6 : 8. 33 (9. 6).]

βατόου.

[**Heb.** Is. 26. 3.]

▶ **βάτος** (*rubus*). (1) בְּאֻשָׁה (2) סְנֶה

Ex. 3. 2. ἐν πυρὶ φλογὸς [**A** φλογὶ πυρὸς] ἐκ τοῦ β. (2)
— 2. ὅτι ὁ β. καίεται πυρὶ ὁ δὲ β. οὐ κατεκαίετο (2, 2)
— 3. ὅτι οὐ κατακαίεται ὁ β. (2)
— 4. ἐκάλεσεν αὐτὸν κύριος ἐκ τοῦ β. (2)
De. 33. 16. τὰ δεκτὰ τῷ ὀφθέντι ἐν τῷ β. (2)
Jb. 31. 40. ἀντὶ δὲ κριθῆς βάτος (1)

βάτος (*batus*), cf. **βαίθ, βάδος.** (1) בַּת

II Es. 7. 22. **R** ἕως οἴνου βάτων [**A** βάδων, **B** ἀποθηκῶν] ἑκατόν (1)
— 22. **A R** ἕως ἐλαίου βάτων ἑκατόν (1)

[**Aq.** III Ki. 7. 38 (24) : Is. 5. 10 : Ez. 45. 14.]
[**Sm.** III Ki. 5. 11 (25) : 7. 38 (24) : Is. 5. 10.]
[**Th.** Is. 5. 10 : Ez. 45. 14 *bis*.]

βάτραχος. (1) צְפַרְדֵּעַ

Ex. 8. 2 (7. 27). τύπτω πάντα τὰ ὅριά σου τοῖς [**A** *om.*] β. (1)
— 3 (7. 28). ἐξερεύξεται ὁ ποταμὸς βατράχους (1)
— 4 (7. 29). ἐπὶ σὲ . . . ἀναβήσονται οἱ β. (1)
— 5 (1). καὶ ἀνάγαγε [**A** συνάγαγε] τοὺς β. (1)
— 6 (2). καὶ ἀνήγαγε τοὺς β. καὶ ἀνεβιβάσθη ὁ β. (–, 1)
— 7 (3). καὶ ἀνήγαγον τοὺς β. ἐπὶ γῆν Αἰγ. (1)
— 8 (4). περιελέτω τοὺς β. ἀπ' ἐμοῦ (1)
— 9 (5). ἀφανίσαι τοὺς β. ἀπὸ σοῦ (1)
— 11 (7). περιαιρεθήσονται οἱ β. ἀπὸ σοῦ (1)
— 12 (8). περὶ τοῦ ὁρισμοῦ τῶν β. (1)
— 13 (9). ἐτελεύτησαν οἱ β. ἐκ τῶν οἰκιῶν (1)
Ps. 77 (78). 45. ἐξαπέστειλεν . . . βάτραχον (1)
104 (105). 30. ἐξῆρψεν ἡ γῆ αὐτῶν βατράχους (1)
Wi. 19. 10. ἐξηρεύξατο ὁ ποταμὸς πλῆθος [**S**[1] *om.*] βατράχων [**S**[1] -χους]

[**Sm.** Ps. 77 (78). 45 : Ho. 12. 11 (12).]

βαφή.

Si. 34 (31). 26. κάμινος δοκιμάζει στόμωμα ἐν βαφῇ

βδέλλα. (1) עֲלוּקָה

Pr. 24. 50 (30. 15). τῇ βδ. τρεῖς θυγατέρες ἦσαν (1)

βδέλλιον.

[**Aq. Sm. Th.** Ge. 2. 12 : Nu. 11. 7.]

βδέλυγμα. (1) אֱלוֹהַּ (2) אֱלִיל (3) גִּלּוּלִים (4) חַמָּן (5) מְזִמָּה (6) *a.* שִׁקּוּץ *b.* שֶׁקֶץ (7) *a.* תּוֹעֵבָה *b.* תָּעַב pi.

Ge. 43. 32. **A** βδ. γάρ ἐστι τοῖς Αἰγ. πᾶς ποιμήν [**R** *om.* π. π.] (7 *a*)
46. 34. **A** βδ. γάρ ἐστιν τοῖς [**B** *om.*] Αἰγ. [**B** -ων] πᾶς ποιμήν (7 *a*)
Ex. 8. 26 (22). τὰ γὰρ βδ. τῶν Αἰγ. θύσομεν κ. τῷ θεῷ ἡμῶν ἐὰν γὰρ θύσωμεν τὰ βδ. τῶν Αἰγ. (7 *a*, 7 *a*)
Le. 5. 2. ἢ τῶν βδ. τῶν ἀκαθάρτων †
7. 11 (21). ἢ παντὸς βδ. ἀκαθάρτου (6 *b*)
11. 10. βδέλυγμά ἐστι καὶ βδελύγματα ἔσονται ὑμῖν (6 *b*, 6 *b*)
— 12. βδέλυγμα τοῦτό ἐστιν [**A** ἔσται] ὑμῖν (6 *b*)
— 13. καὶ ταῦτα βδέλυγμά [**B**[2] -ματά] ἐστι (6 *b*)
— 20. βδελύγματά ἐστιν ὑμῖν (6 *b*)
— 23. βδελύγματά [**B**[2] -μά] ἐστιν ὑμῖν (6 *b*)
— 41. βδ. τοῦτο ἔσται ὑμῖν (6 *b*)
— 42. ὅτι βδ. ὑμῖν ἐστι (6 *b*)
18. 22. βδ. γάρ ἐστι (7 *a*)
— 26. οὐ ποιήσετε ἀπὸ πάντων τῶν βδ. (7 *a*)
— 27. πάντα γὰρ τὰ βδ. ταῦτα ἐποίησαν οἱ ἄνθρ. (7 *a*)
— 29. ὃς ἂν ποιήσῃ ἀπὸ πάντων τῶν βδ. τούτων (7 *a*)
20. 13. βδ. ἐποίησαν [**A** -σεν] ἀμφότεροι (7 *a*)
De. 7. 25. βδέλυγμα κ. τῷ θεῷ σού ἐστι (7 *a*)
— 26. οὐκ εἰσοίσεις βδέλυγμα εἰς τὸν οἶκόν σου . . . βδελύγματι βδελύξῃ (7 *a*, 7 *b*)
12. 31. τὰ γὰρ βδ. κυρίου . . . ἐποίησαν (7 *a*)
13. 14 (15). γεγένηται τὸ βδ. τοῦτο ἐν ὑμῖν (7 *a*)
14. 3. οὐ φάγεσθε πᾶν βδ. (7 *a*)
17. 1. βδέλυγμα κ. τῷ θεῷ σού ἐστιν (7 *a*)
— 4. γεγένηται τὸ βδ. τοῦτο ἐν Ἰσρ. (7 *a*)
18. 9. κατὰ τὰ βδ. τῶν ἐθνῶν ἐκείνων (7 *a*)
— 12. ἔστι γὰρ βδέλυγμα κ. τῷ θεῷ σου πᾶς ποιῶν ταῦτα· ἕνεκεν γὰρ τῶν βδ. τούτων κύριος ἐξολοθρεύσει αὐτούς (7 *a*, 7 *a*)
20. 18. ποιεῖν πάντα τὰ βδ. αὐτῶν (7 *a*)
22. 5. βδέλυγμα κ. τῷ θ. σού ἐστι πᾶς ποιῶν ταῦτα (7 *a*)
23. 18 (19). βδέλυγμα κ. τῷ θεῷ σού ἐστι καὶ ἀμφότερα (7 *a*)
24. 4. βδέλυγμά ἐστιν ἐναντίον κ. τοῦ θεοῦ σου (7 *a*)
25. 16. βδέλυγμα κ. τῷ θεῷ σου (7 *a*)
27. 15. γλυπτὸν καὶ χωνευτὸν βδέλυγμα κυρίῳ (7 *a*)
29. 17 (16). ἴδετε τὰ βδ. αὐτῶν (6 *a*)
32. 16. ἐν βδελύγμασιν αὐτῶν παρεπίκρανάν με (7 *a*)
III Ki. 11. 5 (7). καὶ τῇ Ἀστάρτῃ βδελύγματι Σιδωνίων –
— 5. **A** ἐπορεύθη Σαλ. ὀπίσω τῆς Ἀστάρτης βδελύγματι Σιδ. (1)
— 33. ἐποίησε τῇ Ἀστάρτῃ βδελύγματι Σιδ. (1)
14. 24. ἐποίησαν ἀπὸ πάντων τῶν [**A** *om.*] βδ. τῶν ἐθνῶν (7 *a*)
20 (21). 26. πορεύεσθαι ὀπίσω τῶν βδ. (3)
IV Ki. 12. 8 (9). **B** τοῦ μὴ ἐνισχῦσαι τὸ βδ. [**A R** βεδὲκ] τοῦ οἴκου †
16. 3. **A R** κατὰ [**B** καὶ] τὰ βδ. τῶν ἐθνῶν (7 *a*)
17. 32. κατῴκισαν τὰ βδ. αὐτῶν ἐν τοῖς οἴκοις τῶν ὑψ. –
21. 2. κατὰ τὰ βδ. τῶν ἐθνῶν (7 *a*)
— 11. τὰ βδ. ταῦτα τὰ πονηρὰ ἀπὸ πάντων (7 *a*)
23. 13. τῷ Μολὸχ βδελύγματι υἱῶν Ἀμμών (7 *a*)
II Ch. 15. 8. ἐξέβαλε τὰ βδ. (6 *a*)
28. 3. κατὰ τὰ βδ. τῶν ἐθνῶν (7 *a*)
33. 2. ἀπὸ πάντων τῶν βδ. τῶν ἐθνῶν (7 *a*)
34. 33. περιεῖλεν Ἰωσίας τὰ πάντα βδ. (7 *a*)
36. 14. ἀθετήματα βδελυγμάτων ἐθνῶν (7 *a*)
I Es. 7. 13. οἱ χωρισθέντες ἀπὸ τῶν βδ. τῶν ἐθνῶν τῆς γῆς
Ps. 87 (88). 8. ἔθεντό με βδέλυγμα ἑαυτοῖς (7 *a*)
Pr. 11. 1. ζυγοὶ δόλιοι βδέλυγμα ἐνώπιον κυρίου (7 *a*)
— 20. βδέλυγμα κυρίῳ διεστραμμέναι ὁδοί (7 *a*)
12. 22. βδέλυγμα κυρίῳ χείλη ψευδῆ (7 *a*)
15. 8. θυσίαι ἀσεβῶν [**S** ἁμαρτωλῶν] βδέλυγμα κυρίῳ (7 *a*)
— 9. βδέλυγμα κυρίῳ ὁδοὶ ἀσεβοῦς (7 *a*)
— 26. βδέλυγμα κυρίῳ λογισμὸς ἄδικος (7 *a*)
Pr. 16. 12. βδέλυγμα βασιλεῖ ὁ ποιῶν κακά (7 *a*)
20. 23. βδέλυγμα κυρίῳ δισσὸν στάθμιον (7 *a*)
21. 27. θυσίαι ἀσεβῶν βδέλυγμα κυρίῳ (7 *a*)
27. 20. βδέλυγμα κυρίῳ στηρίζων ὀφθαλμόν –
29. 27. βδέλυγμα δίκαιος ἀνὴρ ἀνδρὶ ἀδίκῳ βδέλυγμα δὲ ἀνόμῳ κατευθύνουσα ὁδός (7 *a*, 7 *a*)
Wi. 12. 23. διὰ τῶν ἰδίων ἐβασάνισας βδελυγμάτων
14. 11. ἐν κτίσματι θεοῦ εἰς βδέλυγμα ἐγενήθησαν
Si. 1. 24. βδέλυγμα δὲ ἁμαρτωλῷ θεοσέβεια
10. 13. ὁ κρατῶν αὐτῆς ἐξομβρήσει βδέλυγμα
13. 20. βδέλυγμα ὑπερηφάνῳ ταπεινότης [**A** ταπείνωσις]
— 20. βδέλυγμα πλουσίῳ πτωχός
15. 13. πᾶν βδ. ἐμίσησε κύριος [**A S** ὁ κ.]
17. 26. σφόδρα μίσησον βδέλυγμα
19. 23. ἔστι πονηρία καὶ αὕτη βδέλυγμα
27. 30. μῆνις καὶ ὀργὴ καὶ [**S** *om.*] ταῦτά ἐστι βδελύγματα
49. 2. ἐξῆρε βδελύγματα ἀνομίας
Za. 9. 7. ἐξαρῶ . . . τὰ βδ. αὐτῶν ἐκ μέσου ὀδόντων (6 *a*)
Ma. 2. 11. βδέλυγμα ἐγένετο ἐν τῷ Ἰ. (7 *a*)
Is. 1. 13. βδ. μοί ἐστι (7 *a*)
2. 8. ἐνεπλήσθη ἡ γῆ βδελυγμάτων τῶν ἔργων (2)
— 20. ἐκβαλεῖ ἄνθρωπος τὰ βδ. αὐτοῦ (2)
17. 8. οὐδὲ τὰ βδ. αὐτῶν (4)
41. 24. ἐκ γῆς βδ. ἐξελέξαντο ὑμᾶς (7 *a*)
44. 19. τὸ λοιπὸν αὐτοῦ εἰς βδ. ἐποίησε (7 *a*)
66. 3. τὰ βδ. αὐτῶν [**A S** *add.* ἃ] ἡ ψυχὴ αὐτῶν ἠθέλησε (6 *a*)
— 17. ἔσθοντες . . . τὰ βδ. (6 *b*)
Je. 2. 7. τὴν κληρονομίαν μου [**A** καὶ] ἔθεσθε εἰς βδ. (7 *a*)
4. 1. ἐὰν περιέλῃ τὰ βδ. αὐτοῦ (6 *a*)
7. 10. τοῦ μὴ ποιεῖν πάντα τὰ βδ. ταῦτα (7 *a*)
— 30. ἔταξαν τὰ βδ. αὐτῶν ἐν τῷ οἴκῳ (6 *a*)
11. 15. τί ἡ ἠγαπημένη ἐν τῷ οἴκῳ μου ἐποίησε βδ. (5)
13. 27. ἐν τοῖς ἀγροῖς ἑώρακα τὰ βδ. σου (6 *a*)
16. 18. ἐν τοῖς θνησιμαίοις τῶν βδ. αὐτῶν (6 *a*)
39 (32). 35. τοῦ ποιῆσαι τὸ βδ. τοῦτο (7 *a*)
51 (44). 22. ἀπὸ τῶν βδ. ὧν ἐποιήσατε (7 *a*)
Ez. 5. 9. κατὰ πάντα τὰ βδ. σου (7 *a*)
— 11. ἐν πᾶσι τοῖς [**A** *add.* προσοχθίσμασίν σου καὶ ἐν πᾶσιν τοῖς] βδ. σου (7 *a*)
6. 9. ἐν πᾶσι τοῖς βδ. αὐτῶν (7 *a*)
— 11. εὖγε ἐπὶ πᾶσι τοῖς βδ. οἴκου Ἰσρ. (7 *a*)
7. 9. δώσω ἐπὶ σὲ πάντα τὰ βδ. σου . . . τὰ βδ. σου ἐν μέσῳ σου ἔσονται (7 *a*, 7 *a*)
— 7 (3). δώσω ἐπὶ σὲ πάντα τὰ βδ. σου (7 *a*)
— 4. τὰ βδ. σου ἐν μέσῳ σου ἔσται (7 *a*)
— 20. εἰκόνας τῶν βδ. αὐτῶν ἐποίησαν ἐξ αὐτῶν (7 *a et* 6 *a*)
8. 10. ἰδοὺ [**A** *add.* πᾶσα ὁμοίωσις ἑρπετοῦ καὶ κτήνους] μάταια βδ. (6 *b*)
11. 18. ἐξαροῦσι πάντα τὰ βδ. αὐτῆς (6 *a*)
— 21. εἰς τὴν καρδίαν [**A** κατὰ τὰς κ.] τῶν βδ. αὐτῶν (6 *a*)
16. 22. **A** τοῦτο παρὰ . . . τὰ βδ. σου [**B** *om.* τ. βδ. σ.] (7 *a*)
20. 7. ἕκαστος βδελύγματα τῶν ὀφθαλμῶν αὐτοῦ ἀπορριψάτω (6 *a*)
— 8. τὰ βδ. τῶν ὀφθαλμῶν αὐτῶν οὐκ ἀπέρριψαν (6 *a*)
— 30. ὀπίσω τῶν βδ. αὐτῶν ὑμεῖς ἐκπορνεύετε (6 *a*)
30. 13. **A** ἀπολῶ βδελύγματα [**B** *om.*] (3)
33. 26. **A** ἐποιήσατε βδ. (7 *a*)
— 29. ἐρημωθήσεται διὰ πάντα τὰ βδ. αὐτῶν (7 *a*)
36. 31. προσοχθιεῖτε . . . ἐπὶ [**A** ἐν] τοῖς βδ. αὐτῶν (7 *a*)
Da. LXX. 9. 27. ἐπὶ τὸ ἱερὸν βδ. τῶν ἐρημώσεων ἔσται (6 *a*)
11. 31. δώσουσι βδ. ἐρημώσεως (6 *a*)
12. 11. ἑτοιμασθῇ δοθῆναι τὸ βδ. τῆς ἐρημώσεως (6 *a*)
Da. TH. 9. 27. ἐπὶ τὸ [**A** τὸν] ἱερὸν βδ. τῶν ἐρημώσεων [**A** ἐ. ἔσται] (6 *a*)
11. 31. δώσουσι βδ. ἠφανισμένον (6 *a*)
12. 11. δοθήσεται τὸ βδ. ἐρημώσεως (6 *a*)
I Ma. 1. 54. ᾠκοδόμησαν βδ. ἐρημώσεως ἐπὶ τὸ θυσιαστήριον
6. 7. τὸ β. ὃ ᾠκοδόμησεν [**S** καὶ ᾠκοδόμουν] ἐπὶ τὸ θυσιαστήριον

[**Aq.** Pr. 6. 16 : 13. 19 : 28. 9 : Je. 6. 15 : 44 (51). 4 : Ez. 8. 6, 15 : 22. 11 : Da. 9. 27.]

▶ = additional entry on page xxiv

[**Sm.** Pr. 24. 9: 28. 9: Je. 44 (51). 4: Ez. 8. 6, 15: 22. 11: Da. 9. 27.]
[**Th.** Pr. 6. 16: 13. 19: 28. 9: Je. 8. 12: 50 (27). 2: Ez. 8. 6, 15: 22. 11: 33. 26: Da. 9. 27: Ho. 4. 14.]
[**Quint.** Pr. 6. 16.]

βδελυγμός. (1) פּוּקָה (2) שִׁקּוּץ

I Ki. 25. 31. οὐκ ἔσται σοι τοῦτο βδελυγμός (1)
Na. 3. 6. ἐπιρρίψω ἐπὶ σὲ βδελυγμόν (2)

βδελυκτός. (1) ἀκάθαρτος καὶ βδ. תּוֹעֵבָה

Pr. 17. 15. ἀκάθαρτος καὶ βδελυκτὸς παρὰ θεῷ (1)
Si. 41. 5. τέκνα βδ. [**A S** βδελυρὰ] γίνεται τέκνα ἁμαρτωλῶν
II Ma. 1. 27. τοὺς ἐξουθενημένους καὶ βδ. ἔπιδε
[**Sm.** Ps. 87 (88). 9.]

βδελυρία.

[**Sm.** Ps. 52 (53). 2.]

βδελυρός.

Si. 41. 5. **A S** τέκνα βδ. [**B** βδελυκτὰ] γίνεται τέκνα ἁμαρτωλῶν

βδελύσσειν, βδελύττειν. (1) בָּאַשׁ hi. (2) גָּעַל (3) נָדָה pi. (4) עָצַב pi. (5) קוּץ (6) *a.* שִׁקּוּץ *b.* שָׁקַץ pi. (7) תָּאַב pi. (8) תָּעַב *a.* ni. *b.* pi. *c.* hi. *d.* תּוֹעֵבָה

Ge. 26. 29. ἡμεῖς σε οὐκ ἐβδελυξάμεθα †
Ex. 1. 12. ἐβδελύσσοντο οἱ Αἰγ. ἀπὸ τῶν υἱῶν Ἰ. (5)
5. 21. ἐβδελύξατε τὴν ὀσμὴν ἡμῶν (1)
Le. 11. 11. τὰ θνησιμαῖα αὐτῶν βδελύξεσθε (6 *b*)
— 13. ταῦτα ἃ [**A** *om.*] βδελύξεσθε (6 *b*)
— 43. οὐ μὴ βδελύξητε τὰς ψυχὰς ὑμῶν (6 *b*)
18. 30. τῶν νομίμων [**A** ἀνόμων] τῶν ἐβδελυγμένων (8 *d*)
20. 23. καὶ ἐβδελυξάμην αὐτούς (5)
— 25. οὐ βδελύξετε τὰς ψυχὰς ὑμῶν (6 *b*)
21. 14. **A** ἐβδελυγμένην [**B** ἐκβεβλημένην] καὶ βεβηλωμένην †
26. 11. καὶ οὐ βδελύξεται ἡ ψυχή μου ὑμᾶς (2)
De. 7. 26. βδελύγματι βδελύξῃ (8 *b*)
— 23. 7 (8). οὐ βδελύξῃ Ἰδουμαῖον . . . οὐ βδελύξῃ Αἰγύπτιον (8 *b*, 8 *b*)
III Ki. 20 (21). 26. ἐβδελύχθη σφόδρα (8 *c*)
Ju. 9. 4. καὶ ἐβδελύξαντο μίασμα αἵματος αὐτῶν
Es. 4. 17. **B S** βδελύσσομαι κοίτην ἀπεριτμήτων
— 17. βδελύσσομαι τὸ σημεῖον τῆς ὑπερηφανίας μου
— 17. βδελύσσομαι αὐτὸ ὡς ῥάκος καταμηνίων
Jb. 9. 31. ἐβδελύξατο δέ με ἡ στολή (8 *b*)
15. 16. ἔα δὲ ἐβδελυγμένος καὶ ἀκάθαρτος ἀνήρ (8 *a*)
19. 19. ἐβδελύξαντό με οἱ ἰδόντες [**A** εἰδότες] με (8 *b*)
30. 10. ἐβδελύξαντο δέ με ἀποστάντες μακράν (8 *b*)
Ps. 5. 6. ἄνδρα αἱμάτων . . . βδελύσσεται κύριος (8 *b*)
13 (14). 1. ἐβδελύχθησαν ἐν ἐπιτηδεύμασιν (8 *c*)
52 (53). 1. ἐβδελύχθησαν ἐν ἀνομίαις (8 *c*)
55 (56). 5. ὅλην τὴν ἡμέραν τοὺς λόγους μου ἐβδελύσσοντο (4 ?)
105 (106). 40. ἐβδελύξατο τὴν κληρονομίαν αὐτοῦ (8 *b*)
106 (107). 18. πᾶν βρῶμα ἐβδελύξατο ἡ ψυχὴ αὐ. (8 *b*)
118 (119). 163. ἀδικίαν ἐμίσησα καὶ ἐβδελυξάμην (8 *b*)
Pr. 8. 7. ἐβδελυγμένα δὲ ἐναντίον ἐμοῦ χείλη ψευδῆ (8 *d*)
28. 9. αὐτὸς τὴν προσευχὴν αὐτοῦ ἐβδέλυκται (8 *d*)
Wi. 11. 24. οὐδὲν [**A** -ένα] βδελύσσῃ ὧν ἐποίησας
Si. 11. 2. μὴ βδελύξῃ ἄνθρωπον [**S** ἄνδρα] ἐν ὁράσει αὐτοῦ
16. 8. οὓς ἐβδελύξατο διὰ τὴν ὑπερηφανίαν αὐ.
20. 8. ὁ πλεονάζων λόγῳ [**A** -ον] βδελυχθήσεται
Ho. 9. 10. καὶ ἐγένοντο οἱ ἐβδελυγμένοι ὡς οἱ ἠγαπημένοι [**A** οἱ ἠγ. ὡς ἐβδ.] (6 *a*)
Am. 5. 10. λόγον ὅσιον ἐβδελύξαντο (8 *b*)
6. 8. βδελύσσομαι ἐγὼ πᾶσαν τὴν ὕβριν Ἰ. (7)
Mi. 3. 9. οἱ βδελυσσόμενοι κρίμα (8 *b*)
Is. 14. 19. νεκρὸς ἐβδελυγμένος μετὰ πολλῶν τεθνηκ. (8 *a*)
49. 7. ἁγιάσατε . . . τὸν βδελυσσόμ. ὑπὸ τῶν ἐθνῶν (8 *b*)
66. 5. τοῖς μισοῦσιν ἡμᾶς καὶ βδελυσσομένοις (3)

I Ma. 1. 48. βδελύξαι τὰς ψυχὰς αὐτῶν
II Ma. 5. 8. βδελυσσόμενος ὡς πατρίδος καὶ πολιτῶν δήμιος
III Ma. 2. 33. τοὺς ἀποχωροῦντας ἐξ αὐτῶν ἐβδελύσσοντο
3. 23. βδελύσσονται λόγῳ τε καὶ σιγῇ τοὺς . . . πρὸς ἡμᾶς γνησίως διακειμένους
6. 9. ὑπὸ δὲ ἐβδελυγμένων ἀνόμων ἐθνῶν ὑβριζομένοις
IV Ma. 5. 7. διὰ τί . . . καλλίστην τὴν τοῦδε τοῦ ζῴου σαρκοφαγίαν βδελύττῃ
[**Aq.** Jb. 9. 31.]
[**Th.** Is. 7. 16: Ez. 16. 57.]
[**Al.** Le. 11. 8: III Ki. 20. 43.]

βέβαιος.

Es. 3. 13. β. πίστει ἀποδεδειγμένος
Wi. 7. 23. πνεῦμα . . . βέβαιον ἀσφαλὲς ἀμέριμνον
III Ma. 5. 31. ὁλοσχερῆ β. πίστιν ἐξόχως Ἰουδαίων
7. 7. τήν τε τοῦ φίλου ἣν ἔχουσι βεβαίαν πρὸς ἡμᾶς
IV Ma. 17. 4. **S** τὴν ἐλπίδα . . . βεβαίαν [**A R** γενναίως] ἔχουσα
[**Sm.** Ge. 41. 32: I Ki. 23. 23: Ez. 33. 20.]
[**Al.** Ex. 6. 6.]
[**Quint.** Ho. 6. 3.]

βεβαιότης.

[**Aq.** Ps. 59 (60). 6: 142 (143). 1.]
[**Sm.** Ps. 35 (36). 6.]

βεβαιοῦν. (1) נָצַב hi. (2) קוּם pi.

Ps. 40 (41). 12. ἐβεβαίωσάς με ἐνώπιόν σου εἰς τὸν αἰῶνα (1)
118 (119). 28. βεβαίωσόν με ἐν τοῖς λόγοις σου (2)
III Ma. 5. 42. **R** ἀτελέστατον ἐβεβαίωσεν [**A** βεβαίως] ὅρκον

βεβαίως. (1) לִצְמִיתֻת

Le. 25. 30. κυρωθήσεται ἡ οἰκία . . . β. (1)
III Ma. 5. 42. **A** ἀτελέστατον βεβαίως [**R** ἐβεβαίωσεν] ὅρκον
[**Sm.** Ps. 88 (89). 22.]

βεβαίωσις. (1) צְמִיתֻת

Le. 25. 23. ἡ γῆ οὐ πραθήσεται εἰς βεβαίωσιν (1)
Wi. 6. 19. προσοχὴ δὲ νόμων βεβαίωσις ἀφθαρσίας
[**Sm.** Ps. 88 (89). 25.]

βέβηλος. (1) *a.* חֹל *b.* חָלָל (2) פִּגּוּל

Le. 10. 10. ἀνὰ μέσον τῶν ἁγίων καὶ τῶν β. (1 *a*)
I Ki. 21. 4 (5). οὐκ εἰσὶν ἄρτοι βέβηλοι ὑπὸ τὴν χεῖρά μου (1 *a*)
— 5 (6). αὕτη ἡ ὁδὸς βέβηλος (1 *a*)
Ez. 4. 14. **A**[2]**B** πᾶν κρέας βέβηλον [**A**[1]**R** ἕωλον] (2)
21. 25 (30). σὺ βέβηλε ἄνομε (1 *b*)
22. 26; 44. 23. ἀνὰ μέσον ἁγίου καὶ βεβήλου (1 *a*)
II Ma. 5. 16. **R** τὰ . . . ἀνατεθέντα [**A** -σταθέντα] . . . τοῖς β. χερσί
III Ma. 2. 2. ὑπὸ ἀνοσίου καὶ βεβήλου
— 14. ὁ θρασὺς καὶ βέβηλος οὗτος
4. 16. **R** β. στόματι τὰ μὲν [**A** *om.* τ. μ.] κωφὰ . . . ἐπαινῶν
7. 15. **R** μετὰ χαρᾶς τοὺς [**A** *om.*] β. χειρωσάμενοι
[**Aq.** I Ki. 20. 2: 22. 15: Ez. 48. 15.]
[**Al.** I Ki. 14. 45.]

βεβηλοῦν. (1) *a.* חָלַל *b.* חָלַל ni. *c.* pi. *d.* pu. *e.* hi. (2) טָמֵא pi.

Ex. 31. 14. ὁ βεβηλῶν αὐτὸ θανάτῳ θανατωθήσ. (1 *c*)
Le. 18. 21. οὐ βεβηλώσεις τὸ ὄνομα τὸ ἅγιον (1 *c*)
19. 8. τὰ ἅγια κυρίου ἐβεβήλωσε (1 *c*)
— 12. οὐ βεβηλώσετε τὸ ὄνομα (1 *c*)
— 29. οὐ βεβηλώσεις τὴν θυγατέρα σου (1 *c*)
20. 3. βεβηλώσῃ τὸ ὄνομα τῶν ἡγιασμ. μοι (1 *c*)
21. 6. οὐ βεβηλώσουσι τὸ ὄνομα τοῦ θεοῦ αὐ. (1 *c*)
— 7. γυναῖκα πόρνην καὶ βεβηλωμένην (1 *a*)
— 9. ἐὰν βεβηλωθῇ [**B**[2] ἐκβ.] τοῦ ἐκπορνεῦσαι τὸ ὄνομα τοῦ πατρὸς αὐτῆς αὐτὴ βεβηλοῖ (1 *b*, 1 *c*)
— 12. οὐ βεβηλώσει τὸ ἡγιασμ. τοῦ θ. αὐ. (1 *c*)
— 14. καὶ βεβηλωμένην καὶ πόρνην (1 *a*)
— 15. οὐ βεβηλώσει τὸ σπέρμα αὐτοῦ (1 *c*)
— 23. οὐ βεβηλώσει τὸ ἅγιον τοῦ θεοῦ αὐτοῦ [**A** *om.*] (1 *c*)

Le. 22. 2. οὐ βεβηλώσουσι τὸ ὄνομα τὸ ἅγιόν μου (1 *c*)
— 9. ἐὰν δὲ βεβηλώσουσιν [**A** -λῶσιν] αὐτά (1 *c*)
— 15. οὐ βεβηλώσουσι τὰ ἅγια τῶν υἱῶν Ἰσρ. (1 *c*)
— 32. οὐ βεβηλώσετε τὸ ὄνομα τοῦ ἁγίου (1 *c*)
Nu. 18. 32. τὰ ἅγια τῶν υἱῶν Ἰσρ. οὐ βεβηλώσετε (1 *c*)
25. 1. ἐβεβηλώθη ὁ λαὸς ἐκπορνεῦσαι (1 *e*)
30. 3. οὐ βεβηλώσει τὸ ῥῆμα αὐτοῦ (1 *e*)
Ne. 13. 17. βεβηλοῦτε τὴν ἡμ. τοῦ σαββ. (1 *c*)
— 18. βεβηλῶσαι τὸ σάββατον (1 *c*)
Ju. 9. 2. ἀλλογενῶν οἳ . . . ἐβεβήλωσαν μήτραν
— 8. ἐβουλεύσαντο γὰρ βεβηλῶσαι τὰ ἅγιά σου
Ps. 9. 26 (10. 5). βεβηλοῦνται αἱ ὁδοὶ αὐτοῦ ἐν παντὶ καιρῷ †
54 (55). 20. **B S**[2] ἐβεβήλωσαν τὴν διαθήκην αὐτοῦ (1 *c*)
73 (74). 7. ἐβεβήλωσαν τὸ σκήνωμα τοῦ ὀνόμ. σου (1 *c*)
88 (89). 31. ἐὰν τὰ δικαιώματά μου βεβηλώσουσιν (1 *c*)
— 34. οὐδὲ μὴ βεβηλώσω τὴν διαθήκην [**S**[1] ἐν τῇ δ.] μου (1 *c*)
— 39. ἐβεβήλωσας εἰς τὴν γῆν τὸ ἁγίασμα αὐτοῦ (1 *c*)
Si. 42. 10. ἐν παρθενίᾳ μή ποτε βεβηλωθῇ
47. 20. ἐβεβήλωσας τὸ σπέρμα σου
Am. 2. 7. ὅπως βεβηλῶσι [**A**[2] βεβηλώσωσιν] τὸ ὄνομα τοῦ θ. (1 *c*)
Ze. 3. 4. οἱ ἱερεῖς αὐτῆς βεβηλοῦσι τὰ ἅγια (1 *c*)
Ma. 1. 12. ὑμεῖς δὲ βεβηλοῦτε αὐτό (1 *c*)
2. 10. τοῦ βεβηλῶσαι τὴν διαθήκην (1 *c*)
— 11. ἐβεβήλωσεν Ἰ. τὰ ἅγια κυρίου (1 *c*)
Is. 48. 11. τὸ ἐμὸν ὄνομα βεβηλοῦται (1 *b*)
56. 2. φυλάσσων τὰ σάββατα μὴ β. (1 *c*)
— 6. τοὺς φυλασσομένους τὰ σάββατά μου μὴ β. (1 *c*)
Je. 16. 18. ἐφ' αἷς ἐβεβήλωσαν τὴν γῆν μου (1 *c*)
41 (34). 16. ἐβεβηλώσατε τὸ ὄνομά [**A** τὴν διαθήκην] μου (1 *c*)
La. 2. 2. ἐβεβήλωσε [**A** *add.* εἰς τὴν γῆν] βασιλέα αὐτῆς (1 *c*)
Ez. 7. 21, 22. βεβηλώσουσιν αὐτά (1 *c*)
13. 19. ἐβεβήλουν με πρὸς τὸν λαόν μου (1 *c*)
20. 9. ὅπως τὸ ὄνομά μου τὸ παράπαν μὴ βεβηλωθῇ (1 *b*)
— 13. τὰ σάββατά μου ἐβεβήλωσαν σφόδρα (1 *c*)
— 14. ὅπως τὸ ὄνομά μου τὸ παράπαν μὴ βεβηλωθῇ (1 *b*)
— 16, 21. τὰ σάββατά μου ἐβεβήλουν (1 *c*)
— 22. ὅπως τὸ ὄνομά μου τὸ παράπαν μὴ βεβηλωθῇ (1 *b*)
— 24. τὰ σάββατά μου ἐβεβήλουν (1 *c*)
— 39. τὸ ὄνομά μου τὸ ἅγιον οὐ βεβηλώσετε οὐκέτι (1 *c*)
— 44. ὅπως τὸ ὄνομά μου μὴ βεβηλωθῇ –
22. 8. τὰ σάββατά μου ἐβεβήλουν ἐν σοί (1 *c*)
— 26. ἐβεβήλουν τὰ ἅγιά μου (1 *c*)
— 26. καὶ ἐβεβηλούμην [**A** τὰ σάββατά μου ἐβεβήλουν] ἐν μέσῳ αὐτῶν (1 *b*)
23. 38. τὰ σάββατά μου ἐβεβήλουν (1 *c*)
— 39. τοῦ β. αὐτά (1 *c*)
24. 21. βεβηλῶ τὰ ἁγιά μου (1 *c*)
25. 3. ἐπεχάρητε ἐπὶ τὰ ἁγιά μου ὅτι ἐβεβηλώθη (1 *b*)
28. 18. ἐβεβήλωσα [**A** -ας] τὰ ἱερά σου (1 *c*)
36. 20. ἐβεβήλωσαν τὸ ὄνομά μου τὸ ἅγιον (1 *c*)
— 21. ὃ ἐβεβήλωσαν οἶκος Ἰσραήλ (1 *c*)
— 22. ὃ ἐβεβηλώσατε ἐν τοῖς ἔθνεσιν (1 *c*)
— 23. τὸ ὄνομά μου τὸ μέγα [**A** ἅγιον] τὸ βεβηλωθὲν ἐν τοῖς ἔθνεσιν ὃ ἐβεβηλώσατε ἐν μέσῳ αὐτῶν (1 *d*, 1 *c*)
39. 7. οὐ βεβηλωθήσεται τὸ ὄνομά μου τὸ ἅγιον οὐκέτι (1 *e*)
43. 7. οὐ βεβηλώσουσιν οὐκέτι οἶκος Ἰσραὴλ τὸ ὄνομα (2)
— 8. ἐβεβήλωσαν τὸ ὄνομα τὸ ἅγιόν μου (2)
44. 7. **A R** τοῦ γίνεσθαι ἐν τοῖς ἁγίοις μου καὶ β. [**B** ἐβ.] αὐτά (1 *c*)
Da. Th. 11. 31. βεβηλώσουσι τὸ ἁγίασμα τῆς δυναστείας (1 *c*)
I Ma. 1. 43. καὶ ἐβεβήλωσαν τὸ σάββατον [**A**[2] ἁγίασμα]
— 45. καὶ βεβηλῶσαι σάββατα
— 48. **S**[1]**R** βδελύξαι τὰς ψυχὰς αὐτῶν . . . καὶ βεβηλῶσει [**A S**[2] -ῶσαι]
— 63. ἵνα . . . μὴ βεβηλώσωσι διαθήκην ἁγίαν
2. 12. καὶ ἐβεβήλωσαν αὐτὰ τὰ ἔθνη

I Ma. 2. 34. βεβηλῶσαι τὴν ἡμ. τῶν σαββ.
3. 51. τὰ ἅγιά σου . . . βεβήλωται
4. 38. καὶ τὸ θυσιαστήριον βεβηλωμένον
— 44. περὶ τοῦ θυσιαστηρίου . . . τοῦ βεβηλωμένου
— 54. ἐβεβήλωσαν αὐτὸ τὰ ἔθνη
II Ma. 8. 2. τὸν ναὸν τὸν ὑπὸ τῶν ἀσεβῶν ἀνθρώπων βεβηλωθέντα
10. 5. ἐν ᾗ δὲ ἡμέρᾳ ὁ νεὼς ὑπὸ ἀλλοφ. ἐβεβηλώθη
[**Aq.** Ex. 20. 25: Ru. 1. 12: Is. 47. 6: 53. 5: 56. 2: Ez. 20. 9.]
[**Sm.** Ex. 20. 25: Is. 47. 5: Ez. 28. 18.]
[**Th.** Ex. 20. 25: Is. 47. 5: Ez. 22. 16, 26: 28. 7.]

βεβήλωσις. (1) חָלַל ni.

Le. 21. 4. εἰς βεβήλωσιν αὐτοῦ (1)
Ju. 4. 3. τὸ θυσιαστ. καὶ ὁ οἶκος ἐκ τῆς β. ἡγιασμένα ἦν
— 12. τοῦ μὴ δοῦναι . . . τὰ ἅγια εἰς βεβήλωσιν
8. 21. ζητήσει τὴν β. αὐτῶν
I Ma. 1. 48. βδελύξαι τὰς ψυχὰς αὐτῶν ἐν . . . βεβηλώσει [A βεβηλῶσαι]
III Ma. 1. 29. ἀντὶ τῆς τοῦ τόπου β.
2. 17. μηδὲ εὐθύνῃς ἡμᾶς ἐν βεβηλώσει

βεγαβρώθ.

[**Heb.** Ps. 7. 7.]

βεγεβουροθαῦ.

[**Heb.** Ps. 150. 2.]

βεδέκ. (1) בֶּדֶק

IV Ki. 12. 5 (6). αὐτοὶ κρατήσουσι τὸ [A τοῦ] β. τοῦ οἴκου εἰς πάντα οὗ ἐὰν εὑρεθῇ ἐκεῖ βεδέκ (1, 1)
— 6 (7). οὐκ ἐκραταίωσαν οἱ ἱερεῖς τὸ β. τοῦ οἴκου (1)
— 7 (8). τί ὅτι οὐκ ἐκραταιοῦτε τὸ β. τοῦ οἴκου (1)
— 7 (8). εἰς τὸ β. τοῦ οἴκου δώσετε αὐτό (1)
— 8 (9). **A R** τοῦ μὴ ἐνισχῦσαι τὸ β. [**B** βδέλυγμα] τοῦ οἴκου (1)
— 12 (13). τοῦ κατασχεῖν τὸ [A τὸν] β. οἴκου κυρίου (1)
22. 5. τοῦ κατισχῦσαι τὸ β. τοῦ οἴκου (1)
— 6. τοῦ κραταιῶσαι τὸ β. τοῦ οἴκου -
[**Th.** Ez. 27. 27.]

βεδέμ.

[**Heb.** Ge. 2. 8.]

βεελείμ.

Ez. 27. 4. τῷ β. υἱοί σου περιέθηκάν σοι κάλλος †

βεζέκ. (1) בָּזָק

Ez. 1. 14. **A** ἀνέκαμπτον ὡς εἶδος τοῦ β. (1)
[**Th.** Ez. 1. 14.]

βέθ. (1) בַּר

III Ki. 5. 11 (25). **A** εἴκοσι χιλιάδας β. [**B** βαιθ] ἐλαίου (1)

βεθθιείμ.

[**Th.** IV Ki. 23. 7.]

βειρά. (1) בִּירָה

Ne. 7. 2. τῷ Ἀνανίᾳ ἄρχοντι τῆς β. ἐν Ἱερουσαλήμ (1)

βελίαλ.

[**Heb.** Pr. 16. 27.]

βελοαῦ.

[**Heb.** Is. 8. 21.]

βελοθήκη.

[**Al.** Ps. 10 (11). 2.]

βέλος. (1) *a.* חֵץ *b.* חֵצִי (2) נֶשֶׁק (3) שֶׁבֶט (4) שֶׁלַח

De. 32. 23. τὰ β. μου συμπολεμήσω [A συντελέσω] αὐτοῖς (1 *a*)
— 42. μεθύσω τὰ β. μου ἀφ' αἵματος (1 *a*)
II Ki. 18. 14. ἔλαβεν Ἰωὰβ τρία βέλη ἐν τῇ χειρὶ αὐτοῦ (3)
22. 15. ἀπέστειλε βέλη (1 *a*)
IV Ki. 9. 24. ἐξῆλθε τὸ β. αὐτοῦ διὰ τῆς καρδίας αὐτοῦ (1 *b*)
IV Ki. 13. 15. λάβε τόξον καὶ βέλη καὶ ἔλαβε πρὸς ἑαυτὸν τόξον καὶ βέλη (1 *a*, 1 *a*)
— 17. βέλος σωτηρίας τῷ κυρίῳ καὶ βέλος σωτηρίας ἐν Σ. (1 *a*, 1 *a*)
19. 32. οὐ τοξεύσει ἐκεῖ βέλος (1 *a*)
II Ch. 26. 15. βάλλειν βέλεσι καὶ λίθοις μεγάλοις (1 *a*)
Jb. 6. 4. βέλη γὰρ κυρίου ἐν τῷ σώματί [**S** στόματι] μού ἐστιν (1 *a*)
16. 10 (9). βέλη πειρατῶν [A -ατηρίων] αὐτοῦ ἐπ' ἐμοὶ [**S** ἐμέ] †
20. 25. διεξέλθοι δὲ διὰ σώματος αὐτοῦ βέλος †
30. 13. βέλεσιν αὐτοῦ κατηκόντισέ με †
34. 6. βίαιον τὸ β. μου ἄνευ ἀδικίας (1 *a*)
39. 22. **A S**[c] συναντῶν βέλει [**B S** βασιλεῖ] καταγελᾷ (2)
Ps. 7. 13. τὰ β. αὐτοῦ τοῖς καιομένοις ἐξειργάσατο (1 *a*)
10 (11). 3. ἡτοίμασαν βέλη εἰς φαρέτραν (1 *a*)
17 (18). 14. ἐξαπέστειλε βέλη καὶ ἐσκόρπισεν αὐτούς (1 *a*)
37 (38). 2. τὰ β. σου ἐνεπάγησάν μοι (1 *a*)
44 (45). 5. τὰ β. σου ἠκονημένα (1 *a*)
56 (57). 4. οἱ ὀδόντες αὐτῶν ὅπλον [**S**[2] ὅπλα] καὶ βέλη (1 *a*)
63 (64). 7. βέλος νηπίων ἐγενήθησαν αἱ πληγαὶ αὐτῶν (1 *a*)
76 (77). 17. καὶ γὰρ τὰ β. σου διαπορεύονται (1 *a*)
90 (91). 5. ἀπὸ βέλους πετομένου ἡμέρας (1 *a*)
119 (120). 4. τὰ β. τοῦ δυνατοῦ ἠκονημένα (1 *a*)
126 (127). 4. ὡσεὶ βέλη ἐν χειρὶ δυνατοῦ (1 *a*)
143 (144). 6. ἐξαπόστειλον τὰ β. σου (1 *a*)
Wi. 5. 12. βέλους βληθέντος ἐπὶ σκοπόν
Si. 19. 12. **A R** βέλος πεπηγὸς [**B S** -γὼς] ἐν μηρῷ σαρκός
26. 12. ἔναντι βέλους ἀνοίξει φαρέτραν
Jl. 2. 8. ἐν τοῖς β. αὐτῶν πεσοῦνται (4)
Is. 5. 28. ὧν τὰ β. ὀξέα ἐστί (1 *a*)
7. 24. μετὰ βέλους καὶ τοξεύματος εἰσελεύσονται (1 *a*)
37. 33. οὐδὲ μὴ βάλῃ ἐπ' αὐτὴν β. (1 *a*)
49. 2. ἔθηκέ με ὡς β. ἐκλεκτόν (1 *a*)
La. 3. 12. ἐστήλωσέ με ὡς σκοπὸν εἰς β. (1 *a*)
I Ma. 6. 51. εἰς τὸ βάλλεσθαι βέλη καὶ σφενδόνας
II Ma. 5. 3. μαχαιρῶν σπασμοὺς καὶ βελῶν βολάς
12. 27. ὀργάνων καὶ βελῶν πολλαὶ παραθέσεις ὑπῆρχον
[**Aq.** I Ki. 20. 20, 36: IV Ki. 13. 18: Ps. 10 (11). 2: 63 (64). 8: Is. 7. 24: 37. 33: Je. 9. 8 (7): 50 (27). 9: Ez. 5. 16: 21. 21 (26).]
[**Sm.** Ex. 19. 13: IV Ki. 13. 18: Ps. 10 (11). 2: 63 (64). 8: 119 (120). 4: Is. 37. 33: Je. 9. 8 (7): 50 (27). 9: Ez. 5. 16: 21. 21 (26).]
[**Th.** I Ki. 20. 36: Ps. 126 (127). 4: Pr. 7. 23: 25. 18: Is. 37. 33: Ez. 5. 16: 21. 21 (26).]
[**Heb.** Ez. 21. 21 (26).]
[**Al.** I Ki. 20. 21.]

βελοστασία.

I Ma. 6. 20. **A** βελοστασίας [**S R** -στάσεις] καὶ [**S**[1] *om.*] μηχανάς
— 51. **S** βελοστασίας [**A R** -στάσεις] καὶ μηχανάς

βελόστασις. (1) דָּיֵק (2) מִסְפָּר (3) כַּר

Je. 28 (51). 27. ἐπιστήσατε ἐπ' αὐτὴν βελοστάσεις (2 ?)
Ez. 4. 2. τάξεις τὰς β. κύκλῳ (3)
17. 17. ἐν χαρακοβολίᾳ καὶ ἐν οἰκοδομῇ βελοστάσεων [A -ως] (1)
21. 22 (27). βαλεῖν χῶμα καὶ οἰκοδομῆσαι βελοστάσεις (1)
26. 8. **A** χάρακα καὶ βελοστάσεις [**B** περίστασιν] ὅπλων †
I Ma. 6. 20. **S R** βελοστάσεις [A -στασίας] καὶ [**S**[1] *om.*] μηχανάς
— 51. **A R** βελοστάσεις [**S** -στασίας] καὶ μηχανάς
[**Sm.** Ez. 21. 22 (27).]

βελτιοῦν, *cf.* **βελτύνειν.**

[**Aq.** Je. 35 (42). 15†.]

βελτίων, βέλτιστος. (1) *a.* טוֹב *b.* יָטַב qal. *c.* hi. *d.* מֵיטָב (2) יָפֶה (3) יָשָׁר (4) **βελτίων φαίνεσθαι** נָעֵם

Ge. 29. 19. βέλτιον δοῦναί με αὐτὴν σοί (1 *a*)
Ge. 47. 6. ἐν τῇ βελτίστῃ γῇ κατοίκισον τὸν πατ. σου (1 *d*)
— 11. ἐν τῇ βελτίστῃ γῇ ἐν γῇ Ῥαμ. (1 *d*)
Ex. 22. 5 (4). τὰ βέλτιστα τοῦ ἀγροῦ αὐτοῦ καὶ [A ἢ] τὰ βέλτιστα τοῦ ἀμπελῶνος αὐτοῦ (1 *d*, 1 *d*)
Nu. 14. 3. βέλτιόν [**A B**[1] *add.* ἡμῖν] ἐστιν ἀποστραφῆναι (1 *a*)
Jd. 9. 2. **A** ποῖον βέλτιόν ἐστιν τὸ ἄρχειν ὑμῶν ἑβδομήκ. ἄνδρας [**B** *al.*] (1 *a*)
18. 19. **A** μὴ βέλτιον [**B** ἀγαθὸν] εἶναί σε ἱερέα οἴκου (1 *a*)
Jb. 42. 15. οὐχ εὑρέθησαν κατὰ τὰς θυγατέρας Ἰὼβ βελτίους αὐτῶν (2)
Pr. 8. 19. βέλτιον ἐμὲ καρπίζεσθαι ὑπὲρ χρυσίον (1 *a*)
24. 40 (25). οἱ δὲ ἐλέγχοντες βελτίους φανοῦνται (4)
Wi. 13. 3. γνώτωσαν πόσῳ τούτων ὁ δεσπότης ἐστὶ βελτίων
Si. 30. 15. **R** ὑγίεια καὶ εὐεξία βέλτιον [**A B** βελτίων] παντὸς χρυσίου
— 16. οὐκ ἔστι πλοῦτος βελτίων ὑγιείας σώματος
Is. 17. 3. οὐ γὰρ σὺ β. εἶ τῶν υἱῶν Ἰσραήλ †
45. 9. ποῖον βέλτιον κατεσκεύασα †
Je. 22. 15. βέλτιόν [**A S** *add.* ἦν] σε ποιεῖν κρίμα (1 *a* ?)
33 (26). 13. βελτίους ποιήσατε τὰς ὁδοὺς ὑμῶν (1 *c*)
— 14. ὡς συμφέρει καὶ ὡς βέλτιον ὑμῖν (3)
42 (35). 15. βελτίω [A -ον] ποιήσατε τὰ ἐπιτηδεύματα ὑμῶν (1 *c*)
45 (38). 20. βέλτιον ἔσται σοι (1 *b*)
47 (40). 9. βέλτιον ἔσται ὑμῖν (1 *b*)
49 (42). 6. ἵνα βέλτιον ἡμῖν γένηται (1 *b*)
II Ma. 14. 30. νοήσας οὐκ ἀπὸ τοῦ βελτίστου τὴν αὐστηρίαν εἶναι
III Ma. 3. 26. ἐν εὐσταθείᾳ καὶ βελτίστῃ [A τῇ β.] διαθέσει
[**Aq.** **Th.** Jd. 18. 19: Is. 56. 5.]
[**Sm.** I Ki. 15. 22: Ec. 5. 4: 6. 3, 9: 7. 9 (8): 9. 4: Is. 56. 5: Ez. 32. 19.]

βελτύνειν, *cf.* **βελτιοῦν.**

[**Aq.** Je. 35 (42). 15†.]

βέν *vel* **βέ.** (1) בֵּן

II Ch. 28. 3. **A R** ἐν γὲ [A γῇ] β. Ἐννόμ [**B** βὲν Θόμ] (1)
33. 6. **A R** ἐν γὲ [A γῇ] β. [**B** βανὲ] Ἐ. (1)
[**Heb.** Ps. 9. 1.]

βερεχθάν *vel* **βερσεχθάν.**

I Ki. 6. 8. οὐ θήσετε ἐν θέματι β. [A Ἀργόζ] †

βετοῦ.

[**Heb.** Is. 26. 4.]

βεχί.

[**Heb.** Ma. 2. 13.]

βήθ. (1) בַּיִת

Ne. 3. 16. **S R** καὶ ἕως β. ἀγγαρίμ [**A B** *al.*] (1)
— 20. ἕως θύρας β. Ἐλιασούβ (1)
— 21. ἀπὸ θύρας β. Ἐλ. ἕως ἐκλείψεως [A ἐκθλίψ.] β. Ἐλ. (1, 1)

βῆμα. (1) מִגְדָּל (2) מִדְרָךְ

De. 2. 5. ἀπὸ τῆς γῆς αὐτῶν οὐδὲ βῆμα ποδός (2)
I Es. 9. 42. ἐπὶ τοῦ ξυλίνου β. τοῦ κατασκευασθέντος
Ne. 8. 4. ἔστη Ἔσδρας ὁ γραμματεὺς ἐπὶ β. ξυλίνου (1)
Si. 19. 30. βήματα [**S**[2] βῆμα ποδὸς] ἀνθρώπου ἀναγγέλλει
45. 9. ἠχῆσαι φωνὴν ἐν βήμασιν αὐτοῦ
II Ma. 13. 26. προσῆλθεν ἐπὶ τὸ β. Λυσίας
[**Aq.** I Ki. 20. 3: II Ki. 6. 13: Pr. 14. 15.]
[**Sm.** I Ki. 20. 3: II Ki. 6. 13.]
[**Th.** Is. 26. 6.]

βηματίζειν.

[**Al.** Za. 10. 11.]

βηρύλλιον. (1) שֹׁהַם

Ex. 28. 20; 36. 20 (39. 13). χρυσόλιθος καὶ β. (1)
Ez. 28. 13. πᾶν [A πάντα] λίθον χρηστὸν ἐνδέδεσαι . . . β. καὶ ὀνύχιον (1 ?)

βήρυλλος.

To. 13. 17. αἱ πλατεῖαι Ἱερουσαλὴμ ἐν βηρύλλῳ

βία. (1) אֶפֶס (2) יֶזַע (3) כְּבֵדֻת
(4) פֶּרֶךְ (5) קֶטֶב (6) תֹּקֶף

Ex. 1. 13. κατεδυνάστευον . . . τοὺς υἱοὺς Ἰσρ. βίᾳ (4)
— 14. ὧν κατεδουλοῦντο αὐτοὺς μετὰ βίας (4)
14. 25. ἤγαγεν [A ἦγεν] αὐτοὺς μετὰ βίας (3)
Ne. 5. 14. βίαν αὐτῶν οὐκ ἔφαγον †
— 15. τὰς β. τὰς πρώτας †
— 18. ἄρτους τῆς β. οὐκ ἐζήτησα †
Es. 3. 13. S[1] βίᾳ [A B S[2] om.] βιαίως εἰς τὸν ᾅδην κατελθόντες
Wi. 4. 4. ὑπὸ βίας ἀνέμων ἐκριζωθήσεται
5. 11. πνεῦμα κοῦφον καὶ σχιζόμενον βίᾳ ῥοίζου
7. 20. πνευμάτων βίας καὶ διαλογισμοὺς ἀνθρώπων
17. 5. πυρὸς μὲν οὐδεμία βία κατίσχυε φωτίζειν
— 18. ῥυθμὸς ὕδατος πορευομένου βίᾳ
19. 13. τῶν γεγονότων [A S προγεγ.] τεκμηρίων τῇ β. τῶν κεραυνῶν
Si. 20. 4. οὕτως ὁ ποιῶν ἐν [S[1] om.] βίᾳ κρίματα
30. 20. B[2] οὕτως ὁ ποιῶν ἐν βίᾳ κρίματα
Hb. 3. 6. διεθρύβη τὰ ὄρη βίᾳ †
Is. 17. 13. ὡς ὕδατος πολλοῦ βίᾳ φερομένου [A καταφ.] †
28. 2. χάλαζα . . . βίᾳ καταφερομένη [S[1] om. β. κ.] (5?)
30. 30. χάλαζα συγκαταφερομένη βίᾳ –
52. 4. εἰς Ἀσσυρίους βίᾳ ἤχθησαν (1?)
63. 1. ὡραῖος ἐν στολῇ βίᾳ μετὰ ἰσχύος †
Ez. 44. 18. οὐ περιζώσονται βίᾳ (2?)
Da: LXX. 11. 17. ἐπελθεῖν βίᾳ τὸ ἔργον αὐτοῦ (6)
I Ma. 6. 63. κατελάβετο τὴν πόλιν βίᾳ
III Ma. 2. 28. τοὺς δὲ ἀντιλέγοντας βίᾳ φερομένους
3. 15. ἡγησάμεθα μὴ βίᾳ δόρατος ἐπιεικείᾳ δέ
4. 7. εἵλκοντο μετὰ βίας
IV Ma. 11. 26. ἀδύνατος ἡ β. σου
17. 2. ὦ μήτηρ σὺν ἑπτὰ παισὶ καταλύσασα τὴν τοῦ τυράννου β.
— 9. ἐγκεκήδευνται διὰ τυράννου βίαν τὴν Ἑβραίων πολιτείαν
[Aq. Ps. 61 (62). 11: Is. 61. 8: Ez. 18. 16.]
[Sm. Jb. 35. 9: Is. 9. 5 (4).]
[Al. I Ki. 2. 16.]

βιάζεσθαι. (1) הָרַס (2) חָזַק hi. (3) כָּבַשׁ
(4) עָצַר (5) פָּצַר (6) פָּרַץ (7) תָּפַשׂ

Ge. 33. 11. καὶ ἐβιάσατο αὐτόν (5)
Ex. 19. 24. μὴ βιαζέσθωσαν ἀναβῆναι (1)
De. 22. 25. ἐὰν δὲ . . . βιασάμενος κοιμηθῇ (2)
— 28. ἐὰν δέ τις . . . βιασάμενος [A add. αὐτὴν] κοιμηθῇ (7)
Jd. 13. 15. A βιασώμεθα δή σε [B κατάσχωμεν ὧδέ σε] (4)
— 16. A ἐὰν βιάσῃ με [B ἐὰν κατάσχῃς] (4)
19. 7. ἐβιάσατο αὐτὸν ὁ γαμβρὸς αὐτοῦ (5)
II Ki. 13. 25. ἐβιάσατο αὐτόν (6)
— 27. ἐβιάσατο αὐτὸν Ἀβεσσαλώμ (6)
IV Ki. 5. 23. A καὶ ἐβιάσαντο αὐτόν (6)
Es. 7. 8. ὥστε καὶ τὴν γυναῖκα βιάζῃ [A ἐκβιάζῃ] (3)
Si. 4. 26. μὴ βιάζου ῥοῦν ποταμοῦ
34 (31). 21. εἰ ἐβιάσθης ἐν ἐδέσμασιν
Jn. 1. 13. B[1] καίπερ ἐβιάζοντο [A S καὶ παρεβ.] οἱ ἄνδρες †
II Ma. 14. 41. τὴν αὐλαίαν θύραν βιαζομένων
IV Ma. 2. 8. βιάζεται τὸν ἑαυτοῦ τρόπον
8. 24. μὴ βιαζώμεθα τὴν ἀνάγκην
11. 25. μήτε βιάσασθαι πρὸς τὴν μιαροφαγίαν
[Aq. Ps. 68 (69). 5: Ez. 18. 16: 22. 29.]
[Sm. I Ki. 13. 12: Jb. 24. 17: Is. 9. 5 (4): 38. 14.]
[Th. Jd. 13. 15: IV Ki. 5. 23.]

βίαιος. (1) אֱנָשׁ (2) עַז (3) עָיִם (4) צַר
(5) קָדִים

Ex. 14. 21. ἐν ἀνέμῳ νότῳ β. (2)
Jb. 34. 6. βίαιον τὸ βέλος μου ἄνευ ἀδικίας (1)
Ps. 47 (48). 7. ἐν πνεύματι βιαίῳ συντρίψεις πλοῖα (5?)
Wi. 13. 2. ἢ βίαιον ὕδωρ . . . θεοὺς ἐνόμισαν
19. 7. χλοηφόρον πεδίον ἐκ κλύδωνος βιαίου
Is. 11. 15. ἐπὶ τὸν ποταμὸν πνεύματι βιαίῳ (3)
30. 30. B κεραυνώσει βιαίῳ [A S R -αίως] †
58. 6. διάλυε στραγγαλιὰς βιαίων συναλλαγμάτων –
Is. 59. 19. ἥξει γὰρ ὡς ποταμὸς β. ἡ ὀργή (4)
III Ma. 4. 5. ποδῶν ἐπικύφων [A -κουφον] ἀνατροπῆς ὁρμῇ βιαίας
IV Ma. 2. 15. καὶ τῶν β. δὲ παθῶν
5. 16. οὐδεμίαν ἀνάγκην β. εἶναι νομίζομεν
7. 10. ὦ βασάνων βιαιότερε [A βιότερε] γέρων
[Aq. Ge. 10. 8: Je. 30 (37). 12, 15.]
[Sm. Ge. 6. 5 (4): 10. 8: Jb. 15. 2: Ps. 47 (48). 8: 54 (55). 10.]
[Th. Jb. 34. 6: Je. 30 (37). 15.]

βιαίως.

Es. 3. 13. ἐν ἡμέρᾳ μιᾷ β. εἰς [A S[2] om.] τὸν ᾅδην κατελθ. –
Is. 30. 30. A S R κεραυνώσει β. [B -ῳ] †
Je. 18. 14. ὕδωρ βιαίως ἀνέμῳ φερόμενον †
[Sm. Nu. 16. 13.]

βιβάζεσθαι. (1) רָבַע

Le. 18. 23. γυνὴ οὐ στήσεται πρὸς πᾶν τετρ. βιβασθῆναι (1)
20. 16. ἥτις προσελεύσεται πρὸς πᾶν κτῆνος βιβασθῆναι (1)

βιβλιαφόρος, βιβλιοφόρος. (1) רוּץ

Es. 3. 13. ἀπεστάλη διὰ βιβλιαφόρων (1)
8. 10. ἐξαπέστειλαν τὰ γράμμ. διὰ βιβλιαφόρων (1)

βίβλινος. (1) גֹּמֶא

Is. 18. 2. ἐπιστολὰς β. ἐπάνω τοῦ ὕδατος (1)

βιβλιοθήκη. (1) בֵּית סִפְרַיָּא (2) דִּבְרֵי הַיָּמִים

II Es. 6. 1. ἐν ταῖς β. ὅπου ἡ γάζα κεῖται ἐν Βαβ. (1)
Es. 2. 23. εἰς μνημόσυνον ἐν τῇ βασιλικῇ β. (2?)
II Ma. 2. 13. καταβαλλόμενος βιβλιοθήκην ἐπισυνήγαγε

βιβλίον (βυβ.). (1) דָּבָר (2) מְגִלָּה (3) מִדְרָשׁ
(4) a. מִסְפָּר b. סְפָר c. סֵפֶר d. סְפַר
(5) תּוֹרָה

Ex. 17. 14. κατάγραψον τοῦτο . . . εἰς βιβλίον [A ἐν β.] (4 c)
24. 7. λαβὼν τὸ β. τῆς διαθήκης (4 c)
Nu. 5. 23. γράψει ὁ ἱερεὺς τὰς ἀρὰς ταύτας εἰς βιβλίον (4 c)
21. 14. διὰ τοῦτο λέγεται ἐν βιβλίῳ [A βίβλῳ] (4 c)
De. 17. 18. γράψει αὑτῷ τὸ δευτερονόμιον τοῦτο εἰς βιβλίον (4 c)
24. 1, 3. γράψει αὐτῇ βιβλίον ἀποστασίου (4 c)
28. 58. πάντα τὰ ῥήμ. . . . τὰ γεγραμμένα ἐν τῷ β. τούτῳ (4 c)
— 61. ἐν τῷ β. τοῦ νόμου τούτου (4 c)
29. 20 (19). αἱ ἀραὶ . . . αἱ γεγραμμ. ἐν τῷ β. τούτῳ [A τοῦ νόμου τούτου] (4 c)
— 21 (20). ἐν τῷ βιβλίῳ τοῦ νόμου τούτου (4 c)
— 27 (26). τὰς γεγραμμένας ἐν τῷ β. τοῦ νόμου τούτου (4 c)
30. 10. τὰς κρίσεις τὰς γεγρ. ἐν τῷ β. τοῦ νόμου τούτου (4 c)
31. 9. ἔγραψε M. τὰ ῥήματα τοῦ νόμου τούτου εἰς βιβλίον –
— 24. γράφων πάντας τοὺς λόγους τοῦ νόμου τούτου εἰς βιβλίον (4 c)
— 26. λαβόντες τὸ β. τοῦ νόμου τούτου (4 c)
Jo. 18. 9. ἔγραψαν αὐτὴν . . . εἰς βιβλίον (4 c)
23. 6. τὰ γεγραμμένα ἐν τῷ β. τοῦ νόμου Μωυσῆ (4 c)
24. 26. ἔγραψε . . . εἰς βιβλίον νόμου τοῦ θεοῦ (4 c)
I Ki. 10. 25. καὶ ἔγραψεν ἐν βιβλίῳ (4 c)
II Ki. 1. 18. γέγραπται ἐπὶ βιβλίου τοῦ εὐθοῦς (4 c)
11. 14. ἔγραψε Δαυὶδ βιβλίον πρὸς Ἰωάβ (4 c)
— 15. ἔγραψεν ἐν βιβλίῳ (4 c)
III Ki. 8. 53. αὕτη γέγραπται ἐν βιβλίῳ [A βίβλῳ] τῆς ᾠδῆς –
11. 41. ταῦτα γέγραπται [A γεγραμμένα] ἐν βιβλίῳ ῥημάτων Σ. (4 c)
14. 19. A ἐπὶ βιβλίου ῥημάτων τῶν ἡμερῶν (4 c)
— 29. ἐν βιβλίῳ λόγων τῶν ἡμ. τοῖς βασ. Ἰούδα (4 c)
15. 7, 23. ἐπὶ βιβλίῳ [A -ίου] λόγων τῶν ἡμ. τοῖς βασιλεῦσιν Ἰ. (4 c)
— 31. ἐν βιβλίῳ λόγων τῶν ἡμ. τοῖς βασ. Ἰσρ. (4 c)
16. 5. ἐν [A ἐπὶ] βιβλίῳ λόγων τῶν ἡμ. τῶν βασ. Ἰσρ. (4 c)
— 14. ἐν βιβλίῳ λόγων τῶν ἡμ. τῶν βασ. Ἰσρ. (4 c)
III Ki. 16. 20. ἐν βιβλίῳ [A ἐπὶ βιβλίου] λόγων τῶν ἡμ. τῶν βασ. Ἰσρ. (4 c)
— 27. ἐν βιβλίῳ λόγων τῶν ἡμ. τῶν βασ. Ἰσρ. (4 c)
— 28 (22. 45 [46]). B ἐν βιβλίῳ λόγων τῶν ἡμ. τῶν βασ. Ἰούδα (4 c)
20 (21). 8. ἔγραψε βιβλίον ἐπὶ τῷ ὀνόματι Ἀχαάβ (4 c)
— 8. ἀπέστειλε τὸ β. πρὸς τοὺς πρεσβυτέρους (4 c)
— 9. ἐγέγραπτο ἐν τοῖς β. (4 c)
— 11. A R καθὰ ἐγέγραπτο [A γέγραπται] ἐν τοῖς β. (4 c)
22. 39. ἐν βιβλίῳ λόγων τῶν ἡμ. τῶν βασ. Ἰσρ. (4 c)
— 46. A R ἐν βιβλίῳ λόγων τῶν ἡμ. βασιλέων Ἰούδα [B λόγων Ἰωσαφάθ] (4 c)
IV Ki. 1. 18. R ἐν [A B ἐπὶ] βιβλίῳ [A -ίου] λόγων τῶν ἡμ. τοῖς βασ. Ἰσρ. (4 c)
5. 5. ἐξαποστελῶ βιβλίον πρὸς βασιλέα Ἰσρ. (4 c)
— 6. ἤνεγκε τὸ β. πρὸς τὸν βασ. Ἰσρ. (4 c)
— 6. ὡς ἂν ἔλθῃ τὸ β. τοῦτο πρὸς σέ (4 c)
— 7. ὡς ἀνέγνω βασιλεὺς [A ὁ β.] Ἰσραὴλ τὸ β. (4 c)
8. 23. γέγραπται ἐπὶ [A ἐν] βιβλίῳ λόγων τῶν ἡμ. τοῖς βασ. Ἰ. (4 c)
10. 1. ἔγραψεν Ἰοὺ [A Ἰηοὺ] βιβλίον (4 c)
— 2. ὡς ἂν ἔλθῃ τὸ β. τοῦτο πρὸς ὑμᾶς (4 c)
— 6. ἔγραψε πρὸς αὐτοὺς βιβλίον δεύτερον (4 c)
— 7. ὡς ἦλθε τὸ β. πρὸς αὐτούς (4 c)
— 34. A R ἐπὶ βιβλίου [B -ίῳ] λόγων τῶν ἡμ. τοῖς βασ. Ἰσρ. (4 c)
12. 19 (20). ἐπὶ βιβλίῳ [A -ίου] λόγων τῶν ἡμερῶν τοῖς βασ. Ἰ. (4 c)
13. 8, 12. ἐπὶ βιβλίῳ [A -ίου] λόγων τῶν ἡμ. τοῖς βασ. Ἰσραήλ (4 c)
14. 6. καθὼς γέγραπται ἐν βιβλίῳ νόμων [A βίβλῳ] Μωυσῆ (4 c)
— 15. γεγραμμένα ἐπὶ [A ἐν] βιβλίῳ λόγων τῶν ἡμ. τοῖς βασ. Ἰσρ. (4 c)
— 18. γεγραμμένα ἐπὶ βιβλίῳ λόγων τῶν ἡμ. τοῖς βασ. Ἰ. (4 c)
— 28. γεγραμμένα ἐπὶ βιβλίῳ λόγων τῶν ἡμ. τοῖς βασ. Ἰσρ. (4 c)
15. 6. A R γεγραμμένα ἐπὶ [A ἐν] βιβλίῳ [B -ίου] λόγων τῶν ἡμ. τοῖς βασ. Ἰ. (4 c)
— 11, 15, 21, 26, 31. γεγραμμένα ἐπὶ βιβλίῳ [A -ίου] λόγων τῶν ἡμ. τοῖς βασ. Ἰσρ. (4 c)
— 36. γεγραμμένα ἐπὶ βιβλίῳ [A -ίου] λόγων τῶν ἡμ. τοῖς βασ. Ἰ. (4 c)
16. 19. γεγραμμένα ἐπὶ βιβλίῳ λόγων τῶν ἡμ. τοῖς βασ. Ἰ. (4 c)
19. 14. ἔλαβεν Ἐζεκίας τὰ β. ἐκ χειρὸς τῶν [A om.] ἀγγέλων (4 c)
20. 12. ἀπέστειλε Μαρωδὰχ . . . βασιλεὺς Βαβ. βιβλία (4 c)
— 20. γεγραμμένα ἐπὶ βιβλίῳ λόγων [A om.] τῶν ἡμ. τοῖς βασ. Ἰ. (4 c)
21. 17. γεγραμμένα ἐπὶ βιβλίῳ λόγων τῶν ἡμ. τοῖς βασ. Ἰ. (4 c)
— 25. γεγραμμένα ἐπὶ βιβλίῳ [A -ίου] λόγων τῶν ἡμ. τοῖς βασ. Ἰ. (4 c)
22. 8. βιβλίον τοῦ νόμου εὗρον ἐν οἴκῳ κυρίου (4 c)
— 8. B ἔδωκε Χελκίας τὸ β. [A om. τὸ β.] πρὸς Σαπφάν (4 c)
— 10. βιβλίον ἔδωκέ μοι Χελκίας ὁ ἱερεύς (4 c)
— 11. ὡς ἤκουσεν ὁ βασ. τοὺς λόγους βιβλίου [A τοῦ β.] τοῦ νόμου (4 c)
— 13. περὶ τῶν λόγων τοῦ β. τοῦ εὑρεθέντος τούτου (4 c)
— 13. οὐκ ἤκουσαν οἱ πατέρες ἡμῶν τῶν λόγων τοῦ β. (4 c)
— 16. ἐπάγω . . . πάντας τοὺς λόγους τοῦ β. [A τῆς βίβλου] (4 c)
23. 2. πάντας τοὺς λόγους τοῦ β. τῆς διαθήκης (4 c)
— 3. τὰ γεγραμμένα ἐπὶ τὸ β. τοῦτο (4 c)
— 21. ἐπὶ βιβλίου [A -ίῳ] τῆς διαθήκης ταύτης (4 c)
— 24. R τοὺς λόγους τοῦ νόμου τοὺς γεγραμμένους [A τοῦ γεγραμμένου] ἐπὶ τοῦ β. [A B τῷ β.] (4 c)
— 28; 24. 5. γεγραμμένα ἐπὶ βιβλίῳ λόγων τῶν ἡμ. τοῖς βασ. Ἰ. (4 c)
I Ch. 9. 1. καταγεγραμμένοι ἐν βιβλίῳ τῶν βασ. Ἰσρ. (4 c)
27. 24. ἐν βιβλίῳ λόγων τῶν ἡμ. τοῦ βασιλέως Δαυ. (4 a)
II Ch. 13. 22. γεγραμμένοι ἐπὶ βιβλίῳ τοῦ προφήτου Ἀδδώ (3)

II Ch. 16. 11. γεγραμμένοι ἐν βιβλίῳ βασιλέων Ἰούδα (4 c)
20. 34. ὃς κατέγραψε βιβλίον βασιλέως Ἰσρ. (4 c)
25. 26. A R γεγραμμένοι ἐπὶ βιβλίου βασιλέων [B *om.*] Ἰούδα (4 c)
27. 7. γεγραμμένοι ἐπὶ βιβλίῳ [A -ων] βασιλέων Ἰούδα (4 c)
28. 26. γεγραμμέναι ἐπὶ βιβλίῳ βασιλέων Ἰούδα (4 c)
32. 17. βιβλίον ἔγραψεν ὀνειδίζειν τὸν κ. θεόν (4 c)
— 32. ἐπὶ βιβλίου βασιλέων Ἰούδα καὶ Ἰσραήλ (4 c)
34. 14. εὗρε Χελκίας . . . βιβλίον νόμου κυρίου (4 c)
— 15. βιβλίον νόμου εὗρον ἐν οἴκῳ κυρίου (4 c)
— 15. ἔδωκε Χελκίας τὸ β. τῷ Σαφάν (4 c)
— 16. εἰσήνεγκε Σαφὰν τὸ β. πρὸς τὸν βασιλέα (4 c)
— 18. βιβλίον [A *add.* νόμου] ἔδωκέν μοι Χελκίας (4 c)
— 21. περὶ τῶν λόγων τοῦ β. τοῦ εὑρεθέντος (4 c)
— 21. κατὰ πάντα τὰ γεγραμμένα ἐν τῷ β. τούτῳ (4 c)
— 24. τοὺς πάντας λόγους τοὺς γεγραμμένους ἐν τῷ β. (4 c)
— 30. πάντας λόγους βιβλίου τῆς διαθήκης (4 c)
— 31. τοὺς λόγους . . . τοὺς γεγραμμένους ἐπὶ τῷ β. τούτῳ (4 c)
35. 12. A B ὡς γέγραπται ἐν βιβλίῳ [R βίβλῳ, A *add.* νόμῳ] Μωυσῆ (4 c)
— 19. τοὺς λόγους . . . τοὺς γεγραμμένους ἐπὶ τοῦ β. –
— 27. γεγραμμένοι ἐπὶ βιβλίῳ βασιλέων Ἰσρ. (4 c)
36. 8. R ἐν [A B ἐπὶ] βιβλίῳ λόγων τῶν ἡμ. τοῖς βασ. Ἰ. (4 c)
I Es. 1. 11. κατὰ τὰ γεγραμμένα ἐν βιβλίῳ Μωυσῆ
— 33. ἐν τῷ β. [A τῇ βίβλῳ] τῶν βασιλέων Ἰσραήλ
2. 21. ἐν τοῖς ἀπὸ τῶν πατέρων σου βιβλίοις
9. 45. ἀναλαβὼν Ἔσδρας τὸ β. [A *add.* τοῦ νόμου]
II Es. 4. 15. A B ἐν βιβλίῳ [R βίβλῳ] ὑπομνηματισμοῦ τῶν πατ. (4 d)
6. 18. A B κατὰ τὴν γραφὴν βιβλίου [R βίβλου] Μωυσῆ (4 d)
7. 11. τῷ γραμματεῖ βιβλίου λόγων ἐντολῶν κυρίου (4 b)
— 17. ἑτοίμως ἔνταξον ἐν βιβλίῳ τούτῳ †
Ne. 7. 5. εὗρον βιβλίον τῆς συνοδίας (4 c)
8. 1. ἐνέγκαι τὸ β. νόμου Μωυσῆ (4 c)
— 3. ὦτα παντὸς τοῦ λαοῦ εἰς τὸ β. τοῦ νόμου (4 c)
— 5. ἤνοιξεν Ἔσδρας τὸ β. ἐνώπιον παντὸς τοῦ λαοῦ (4 c)
— 8. ἀνέγνωσαν ἐν βιβλίῳ νόμου τοῦ θεοῦ (4 c)
— 18. ἀνέγνω ἐν βιβλίῳ νόμου τοῦ θεοῦ (4 c)
9. 3. ἀνέγνωσαν ἐν βιβλίῳ νόμου θεοῦ αὐτῶν (4 c)
10. 34 (35). B ὡς γέγραπται ἐν βιβλίῳ [A S R τῷ νόμῳ] (5)
12. 23. ἐπὶ βιβλίῳ λόγων τῶν ἡμερῶν (4 c)
13. 1. ἀνεγνώσθη ἐν βιβλίῳ [S¹ -λῳ] Μωυσῆ (4 c)
To. 7. 14. S εἶπεν ἐνεγκεῖν βιβλίον [A B *al.*]
— 14. λαβὼν βιβλίον ἔγραψε συγγραφήν [S *add.* βιβλίου συνοικήσεως]
12. 20. γράψατε πάντα τὰ συντελεσθέντα εἰς βιβλίον [S *al.*]
Es. 9. 20. ἔγραψε δὲ Μαρδ. τοὺς λόγους . . . εἰς βιβλίον (4 c)
10. 2. ἐν βιβλίῳ [S¹ -λῳ] βασιλέων Περσῶν καὶ Μήδων (4 c)
Jb. 19. 23. τεθῆναι δὲ αὐτὰ ἐν βιβλίῳ [S -λῳ] εἰς τὸν αἰῶνα (4 c)
Ps. 39 (40). 7. ἐν κεφαλίδι βιβλίου γέγραπται περὶ ἐμοῦ (4 c)
138 (139). 16. ἐπὶ τὸ β. σου πάντες γραφήσονται (4 c)
Ec. 12. 12. ποιῆσαι β. πολλὰ οὐκ ἔστι περασμός (4 c)
Si. *prol.* 8. ἑαυτὸν δοὺς εἴς τε τὴν . . . τῶν . . . πατρίων β. ἀνάγνωσιν
— 18. τὰ λοιπὰ τῶν β. οὐ μικρὰν ἔχει τὴν διαφοράν
— 25. πρὸς τὸ ἐπὶ πέρας ἄγοντα [A S² ἀγαγόντα] τὸ β. ἐκδόσθαι
50. 27. παιδείαν . . . ἐχάραξα ἐν τῷ β. τούτῳ
Na. 1. 1. βιβλίον ὁράσεως N. τοῦ Ἐ. (4 c)
Ma. 3. 16. ἔγραψε βιβλίον μνημοσύνου ἐνώπιον αὐτοῦ (4 c)
Is. 29. 11. οἱ λόγοι τοῦ β. τοῦ ἐσφραγισμένου (4 c)
— 12. δοθήσεται τὸ β. τοῦτο εἰς χεῖρας (4 c)
— 18. ἀκούσονται . . . κωφοὶ λόγους βιβλίου (4 c)
30. 8. γράψον . . . εἰς βιβλίον (4 c)
34. 4. ἑλιγήσεται ὁ οὐρανὸς ὡς β. (4 c)

Is. 37. 14. ἔλαβεν Ἐζεκίας τὸ β. παρὰ τῶν ἀγγέλων (4 c)
50. 1. ποῖον τὸ β. τοῦ ἀποστασίου τῆς μητρὸς ὑμῶν (4 c)
Je. 3. 8. ἔδωκα αὐτῇ β. ἀποστασίου (4 c)
25. 13. πάντα τὰ γεγραμμένα ἐν τῷ β. τούτῳ (4 c)
28 (51). 60. ἔγραψεν Ἰερ. πάντα . . . ἐν βιβλίῳ [A S *add.* ἑνί] (4 c)
— 63. τοῦ ἀναγινώσκειν [A S ἀναγινώσκων] τὸ β. τοῦτο (4 c)
36 (29). 29. ἀνέγνω Σοφονίας τὸ β. (4 c)
37 (30). 2. γράψον πάντας τοὺς λόγους . . . ἐπὶ βιβλίου (4 c)
39 (32). 10. ἔγραψα εἰς β. (4 c)
— 11. ἔλαβον τὸ β. τῆς κτήσεως τὸ ἐσφραγισμένον (4 c)
— 12. γραφόντων ἐν τῷ β. τῆς κτήσεως (4 c)
— 14. λάβε τὸ β. τῆς κτήσεως τοῦτο καὶ τὸ β. τὸ ἀνεγνωσμένον (4 c, 4 c)
— 16. μετὰ τὸ δοῦναί με τὸ β. τῆς κτήσεως πρὸς B. (4 c)
— 25. ἔγραψα [A *add.* εἰς] β. –
— 44. γράψεις β. καὶ σφραγιῇ (4 c)
43 (36). 2. λάβε σεαυτῷ χαρτίον [A -την] βιβλίου (4 c)
— 4. ἔγραψεν . . . εἰς χαρτίον βιβλίου (4 c)
— 8. τοῦ ἀναγνῶναι ἐν τῷ β. λόγους κυρίου (4 c)
— 10. ἀνεγίνωσκε Βαρουχ ἐν τῷ β. τοὺς λόγους Ἱερ. (4 c)
— 11. ἤκουσε . . . ἅπαντας τοὺς λόγους κυρίου ἐκ τοῦ β. (4 c)
— 14. A τὸ β. [B S χαρτίον] ἐν ᾧ σὺ ἀναγινώσκεις (2)
— 18. ἔγραφον ἐν βιβλίῳ (4 c)
— 20. A τὸ β. [B S χαρτίον] ἔδωκαν φυλάσσειν (2)
— 25. A πρὸς τὸ [A S³ *add.* μὴ] κατακαῦσαι τὸ β. [B S χαρτίον] (2)
— 29. A σὺ κατέκαυσας τὸ β. [B S χαρτίον] τοῦτο (2)
— 32. τοὺς λόγους τοῦ β. οὓς κατέκαυσεν Ἰω. (4 c)
51. 31 (45. 1). ἔγραφε τοὺς λόγους τούτους ἐν τῷ β. (4 c)
Ba. 1. 1. οὗτοι οἱ λόγοι τοῦ β. οὓς ἔγραψε Βαρουχ
— 3. ἀνέγνω Βαροὺχ τοὺς λόγους τοῦ β. τούτου
— 14. ἀναγνώσεσθε τὸ β. τοῦτο
Ez. 2. 9. ἐν αὐτῇ κεφαλὶς βιβλίου (4 c)
27. 9. οἱ πρεσβύτεροι βιβλίων καὶ οἱ σοφοὶ αὐ. †
Da. LXX. 12. 1. ὁ λαὸς ὃς ἂν εὑρεθῇ ἐγγεγραμμένος ἐν τῷ β. (4 c)
— 4. σφραγίσαι τὸ β. ἕως καιροῦ συντελείας (4 c)
Da. TH. 12. 4. A ἔμφραξον τὸ β. [B τοὺς λόγους?] (1)
— 4. σφράγισον τὸ β. [A τοὺς λόγους] (4 c)
I Ma. 1. 44. καὶ ἀπέστειλεν ὁ βασιλεὺς βιβλία
— 56. τὰ β. τοῦ νόμου . . . ἐνεπύρισαν πυρί [S ἐν πυρί]
— 57. ὅπου εὑρίσκετο παρά τινι βιβλίον διαθήκης
3. 48. ἐξεπέτασαν τὸ β. τοῦ νόμου
12. 9. τὰ β. τὰ ἅγια τὰ ἐν ταῖς χερσὶν ἡμῶν
14. 23. R ἐν τοῖς ἀποδεδειγμένοις τοῦ δήμου [A S τῷ δ.] β.
16. 24. S R ἐπὶ βιβλίῳ [A -ου] ἡμερῶν ἀρχιερωσύνης αὐτοῦ
II Ma. 2. 13. A τὰ περὶ τῶν βασιλέων καὶ προφητῶν βιβλία [R *om.*]
— 23. δεδηλωμένα διὰ πέντε βιβλίων

[**Aq.** Ge. 5. 1 : Dt. 24. 3 (1) : III Ki. 14. 19 : Ps. 39 (40). 8 : 138 (139). 16 : Is. 18. 2 : 34. 16 : 50. 1 : Je. 32 (39). 44 : 36 (43). 4 : Da. 1. 17.]
[**Sm.** Dt. 24. 3 (1) : Ps. 21 (22). 31 : Is. 34. 16 : 50. 1 : Je. 32 (39). 44 : 36 (43). 4.]
[**Th.** Dt. 24. 3 (1) : Is. 34. 16 : 50. 1 : Je. 29 (36). 25.]
[**Al.** Jo. 8. 34 (9. 7).]

βιβλιοφόρος, *vid.* **βιβλιαφόρος.**

βιβλιοφυλάκιον.

I Es. 6. 21. ἐν τοῖς βασιλικοῖς β. τοῦ κυρίου
— 23. ἐν τοῖς [A *add.* βασιλικοῖς] β. τοῖς κειμ. ἐν Βαβ.

βίβλος (**βύβ.**). (1) *a.* סֵפֶר *b.* סְפַר *c.* סִפְרָה pu.

Ge. 2. 4. αὕτη ἡ β. γενέσεως οὐρανοῦ καὶ γῆς –
5. 1. αὕτη ἡ β. γενέσεως ἀνθρ. (1 a)
Ex. 32. 32. ἐξάλειψόν με ἐκ τῆς β. σου (1 a)

Ex. 32. 33. ἐξαλείψω αὐτοὺς ἐκ τῆς β. μου (1 a)
Nu. 21. 14. A λέγεται ἐν βίβλῳ [B -ίῳ] (1 a)
Jo. 1. 8. οὐκ ἀποστήσ. ἡ β. τοῦ νόμου τούτου ἐκ τοῦ στ. σου (1 a)
III Ki. 8. 53. A ἐν βιβλίῳ [B -ίῳ] τῆς ᾠδῆς –
IV Ki. 14. 6. A ἐν βίβλῳ νόμῳ [B -ίῳ νόμων] M. (1 a)
22. 16. A πάντας τοὺς λόγους τῆς β. [B τοῦ βιβλίου] (1 a)
II Ch. 17. 9. A R καὶ μετ' αὐτῶν β. [B βύβλος] νόμου κυρίου (1 a)
35. 12. R ὡς γέγραπται ἐν βίβλῳ [A B βιβλίῳ] Μωυσῆ (1 a)
I Es. 1. 33. A R ἐν τῇ β. [B βύβλῳ] τῶν ἱστορουμ. περὶ τῶν βασιλέων
— 33. A ἐν τῇ β. [B τῷ βιβλίῳ] τῶν βασ. Ἰσρ.
— 42. ἐν τῇ β. τῶν χρόνων τῶν βασ.
5. 49. τοῖς ἐν τῇ Μωυσέως β. . . . διηγορευμένοις
7. 6. ἀκολούθως τοῖς ἐν τῇ Μωυσέως β.
— 9. ἀκολούθως τῇ Μωυσέως β.
II Es. 4. 15. R ἐν βίβλῳ [A B βιβλίῳ] ὑπομνηματισμοῦ τῶν π. (1 b)
6. 18. R κατὰ τὴν γραφὴν βίβλου [A B βιβλίου] M. (1 b)
Ne. 13. 1. S¹ ἀνεγνώσθη ἐν βίβλῳ [A B -ίῳ] M. (1 a)
To. 1. 1. βίβλος λόγων Τωβὶτ τοῦ Τωβιὴλ
6. 12. S κατὰ τὴν κρίσιν τῆς β. Μωυσέως [A B *al.*]
7. 12. S κατὰ τὴν κρίσιν τῆς β. M. [A B *om.* τ. β. M.]
— 13. S κατὰ τὴν κρίσιν τὴν γεγραμμένην ἐν τῇ β. M. [A B *al.*]
Es. 10. 2. S¹ ἐν βίβλῳ [A B -ίῳ] βασιλέων Περσῶν (1 a)
Jb. 19. 23. S τεθῆναι δὲ αὐτὰ ἐν βίβλῳ [A B -ίῳ] (1 a)
37. 20. μὴ βίβλος ἢ γραμματεύς μοι παρέστηκεν (1 c?)
42. 18. οὗτος ἑρμηνεύεται ἐκ τῆς Συρ. β. –
— 18. A οὗτος ἑρμηνεύεται ἐκ τῆς Συρ. β. –
Ps. 68 (69). 28. ἐξαλειφθήτωσαν ἐκ βίβλου ζώντων (1 a)
subscr. B βίβλος ψαλμῶν [A S *al.*]
Si. *prol.* 23. τοῦ μεθερμηνεῦσαι τήνδε [A *om.*] τὴν β.
24. 23. ταῦτα πάντα βίβλος διαθήκης θεοῦ ὑψίστου
Je. 36 (29). 1. οἱ λόγοι τῆς β. οὓς ἀπέστειλεν Ἱερ. (1 a)
Ba. 1. 3. τῶν ἐρχομένων πρὸς τὴν β.
4. 1. αὕτη ἡ β. τῶν προσταγμάτων τοῦ θεοῦ
Da. LXX. 7. 10. καὶ βίβλοι ἠνεῴχθησαν (1 b)
9. 2. διενοήθην ἐν ταῖς β. τὸν ἀριθμὸν τῶν ἐτῶν (1 a)
Da. TH. 7. 10. καὶ βίβλοι ἠνεῴχθησαν (1 b)
9. 2. συνῆκα ἐν ταῖς β. τὸν ἀριθμὸν τῶν ἐτῶν (1 a)
12. 1. πᾶς ὁ γεγραμμένος ἐν τῇ β. (1 a)
II Ma. 6. 12. παρακαλῶ οὖν τοὺς ἐντυγχάνοντας τῇδε τῇ β.
8. 23. R παραγνοὺς [A παραναγνοὺς] τὴν ἱερὰν β.
[**Sm.** Ps. 138 (139). 16.]

βιβρώσκειν. (1) אָכַל *a.* qal. *b.* ni. *c.* pu.
(2) נִקֻּדִים

Ex. 12. 46. ἐν οἰκίᾳ μιᾷ βρωθήσεται (1 b)
13. 3. καὶ οὐ βρωθήσεται ζύμη (1 b)
21. 28. καὶ οὐ βρωθήσεται τὰ κρέα αὐτοῦ (1 b)
29. 34. οὐ βρωθήσεται· ἅγιασμα γάρ ἐστι (1 b)
Le. 6. 16 (9). ἄζυμα βρωθήσεται ἐν τόπῳ ἁγίῳ (1 b)
— 23 (16). B καὶ οὐ βρωθήσεται (1 b)
— 26 (19). ἐν τόπῳ ἁγίῳ βρωθήσεται (1 b)
— 30 (23). οὐ βρωθήσεται (1 b)
7. 5 (15). ἐν ᾗ ἡμέρᾳ δωρεῖται βρωθήσεται (1 b)
— 6 (16). ᾗ ἂν ἡμέρᾳ προσαγάγῃ τὴν θ. αὐ. βρωθήσεται (1 b)
— 9 (19). οὐ βρωθήσεται (1 b)
— 14 (24). εἰς βρῶσιν οὐ βρωθήσεται [A φάγεται] (1 a)
11. 13. οὐ βρωθήσεται· βδέλυγμά [B² -ματά] ἐστι (1 b)
— 41. βδέλυγμα τοῦτο ἔσται ὑμῖν· οὐ βρωθήσεται (1 b)
19. 6. ᾗ ἂν ἡμέρᾳ θύσητε βρωθήσεται (1 b)
— 7. ἐὰν δὲ βρώσει βρωθῇ τῇ ἡμ. τῇ τρίτῃ (1 b)
— 23. οὐ βρωθήσεται (1 b)
22. 30. τῇ ἡμέρᾳ ἐκείνῃ βρωθήσεται (1 b)
De. 12. 23. οὐ βρωθήσεται ἡ ψυχή (1 a)
Jo. 5. 11 (12). μετὰ τὸ βεβρωκέναι αὐτοὺς ἐκ τοῦ σίτου τῆς γῆς (1 a)
9. 5. ὁ ἄρτος [A οἱ ἄ.] αὐτῶν τοῦ ἐπισιτισμοῦ . . . βεβρωμένος [A -οι] (2?)
— 12. νῦν δὲ ἐξηράνθησαν καὶ γεγόνασι βεβρωμένοι (2?)

Jd. 14. 14. τί βρωτὸν ἐξῆλθεν ἐκ βιβρώσκοντος [A ἐκ τοῦ ἔσθοντος ἐξ. βρῶσις] (1 a)
I Ki. 30. 12. οὐ βεβρώκει ἄρτον (1 a)
Jb. 5. 3. εὐθέως [A εὐθὺς] ἐβρώθη αὐτῶν ἡ δίαιτα †
6. 6. ABS² εἰ βρωθήσεται ἄρτος ἄνευ ἁλός (1 b)
18. 13. βρωθείησαν αὐτοῦ κλῶνες ποδῶν (1 a)
Na. 1. 10. ὡς σμῖλαξ περιπλεκομένη βρωθήσεται (1 c)
Is. 9. 18 (17). ὡς ἄγρωστις ξηρὰ βρωθήσεται ὑπὸ πυρός (1 a)
28. 28. τὸ κύμινον μετὰ ἄρτου βρωθήσεται †
51. 8. ὡς γὰρ ἱμάτιον βρωθήσεται ὑπὸ χρόνου καὶ ὡς ἔρια βρωθήσεται ὑπὸ σητός (1 a, 1 a)
Je. 24. 2, 3, 8. οὐ βρωθήσεται ἀπὸ πονηρίας αὐτῶν (1 b)
37 (30). 16. πάντες οἱ ἔσθοντές σε [S ἐχθροί σου] βρωθήσονται (1 b)
Ep. Je. 72. αὐτά τε ἐξ ὑστέρου βρωθήσονται [A add. ἀπ' αὐτῶν]
Ez. 4. 14. θηριάλωτον οὐ βέβρωκα ἀπὸ γενέσεώς μου (1 a)
18. 15. ἐπὶ τῶν ὀρέων οὐ βέβρωκε [A οὐκ ἔφαγεν] (1 a)
Da. LXX. Bel. 6. οὐδὲν βέβρωκε πώποτε οὗτος
Da. TH. Bel. 7. καὶ οὐ βέβρωκεν
— 12. ἐὰν μὴ εὕρῃς πάντα βεβρωμ. ὑπὸ τοῦ Βήλ
II Ma. 2. 11. διὰ τὸ μὴ βεβρῶσθαι τὸ περὶ τῆς ἁμαρτίας ἀνηλώθη

[**Sm.** Jb. 6. 6.]
[**Th.** Jo. 9. 5 (11): Je. 29 (36). 17: Da. 14. 6.]
[**Al.** Le. 6. 16 (9): 7. 6, 18: 11. 47: Dt. 15. 20.]

βιθήρ.

[**Aq.** Ca. 2. 17.]

βικός. (1) בַּקְבֻּק

Je. 19. 1. κτῆσαι βικὸν πεπλασμένον ὀστράκινον (1)
— 10. συντρίψεις τὸν β. (1)

βίος. (1) הוֹן בַּיִת (2) חַי (3) a. יוֹם b. יְמֵי חַיִּים (4) לֶחֶם (5) נִכְסִין (6) צָבָא (7) שָׁנָה

I Es. 1. 31. μετήλλαξε τὸν β. αὐτοῦ
II Es. 7. 26. A R ἐάν τε εἰς ζημίαν τοῦ [B om.] β. (5)
Es. 3. 13. ἀκυμάτους διὰ παντὸς καταστῆσαι βίους
Jb. 7. 1. ὁ β. ἀνθρώπου [S τοῦ ἀ.] ἐπὶ τῆς γῆς (6 ?)
— 6. ὁ δὲ β. μού ἐστιν ἐλαφρότερος λαλιᾶς [A S² δρομέως] (3 a)
— 16. κενὸς γάρ μου ὁ β. (3 a)
8. 9. σκιὰ γάρ ἐστιν ἡμῶν ἐπὶ τῆς γῆς ὁ β. (3 a)
9. 25. ὁ δὲ β. μού ἐστιν ἐλαφρότερος δρομέως (3 a)
10. 5. ἢ ὁ β. σου ἀνθρώπινός ἐστιν [A om.] (3 a)
— 20. ἢ οὐκ ὀλίγος ἐστὶν ὁ β. τοῦ χρόνου [A χρόνος τοῦ β.] (3 a)
12. 12. ἐν δὲ πολλῷ [A μακρῷ] β. ἐπιστήμη (3 a)
14. 5. ἐὰν καὶ μία ἡμέρα [A μιᾶς ἡμέρας γένηται] ὁ β. αὐτοῦ (3 a)
— 6. εὐδοκήσῃ [A -σω] τὸν β. ὥσπερ ὁ μισθωτός (3 a)
— 14. ζήσεται συντελέσας ἡμέρας τοῦ β. αὐτοῦ (6 ?)
15. 20. πᾶς ὁ β. ἀσεβοῦς ἐν φροντίδι (3 a)
21. 13. συνετέλεσαν δὲ ἐν ἀγαθοῖς τὸν β. αὐτῶν (3 a)
Pr. 3. 2, 16. μῆκος γὰρ βίου καὶ ἔτη ζωῆς (3 a)
4. 10. ἵνα σοι γένωνται πολλαὶ ὁδοὶ βίου (2)
5. 9. ἵνα μὴ πρόῃ . . . σὸν βίον ἀνελεήμοσιν (7)
16. 17. μῆκος δὲ βίου ὁδοὶ δικαιοσύνης –
24. 71 (31. 3). καὶ τὸν σὸν νοῦν καὶ βίον †
31. 12. ἐνεργεῖ . . . ἀγαθὰ [A -ὸν καὶ οὐ κακὸν] πάντα τὸν β. (3 b)
— 14. συνάγει δὲ αὕτη τὸν β. [A S² αὐτῆς τὸν πλοῦτον] (4)
Ca. 8. 7. ἐὰν δῷ ἀνὴρ πάντα τὸν β. αὐτοῦ (1)
Wi. 2. 1. ὀλίγος ἐστὶ καὶ λυπηρὸς ὁ β. ἡμῶν
— 4. παρελεύσεται ὁ β. ἡμῶν ὡς ἴχνη νεφέλης
— 5. σκιᾶς γὰρ πάροδος ὁ β. [A¹ B² S καιρὸς] ἡμῶν
— 15. ἀνόμοιος τοῖς ἄλλοις ὁ β. αὐτοῦ
4. 9. ἡλικία γήρως βίος ἀκηλίδωτος
5. 4. τὸν β. αὐτοῦ ἐλογισάμεθα μανίαν
7. 6. μία δὲ πάντων εἴσοδος εἰς τὸν β. [S κόσμον]
8. 5. εἰ δὲ πλοῦτός ἐστιν ἐπιθυμητὸν κτῆμα ἐν βίῳ
— 7. ὧν χρησιμώτερον οὐδέν ἐστιν ἐν βίῳ ἀνθρώποις
10. 8. ἀπέλιπον τῷ β. μνημόσυνον [S¹ μνήμην]
14. 21. τοῦτο ἐγένετο τῷ β. εἰς ἔνεδρον
Wi. 14. 24. οὔτε βίους οὔτε γάμους καθαροὺς ἔτι φυλάσσουσιν
15. 9. βραχυτελῆ βίον ἔχει
— 10. πηλοῦ τε ἀτιμότερος ὁ β. αὐτοῦ
— 12. καὶ τὸν β. πανηγυρισμὸν ἐπικερδῆ
Si. 29. 22. κρείσσων βίος πτωχοῦ ὑπὸ σκέπην δοκῶν
34 (31). 4. ἐκοπίασε πτωχὸς ἐν ἐλαττώσει βίου
38. 19. βίος πτωχοῦ κατὰ καρδίας
40. 29. οὐκ ἔστιν αὐτοῦ ὁ β. ἐν λογισμῷ [S διαλ.] ζωῆς
II Ma. 4. 7. μεταλλάξαντος δὲ τὸν β. Σελεύκου
5. 5. ὡς μετηλλαχότος Ἀντιόχου τὸν β.
6. 19. μᾶλλον ἢ τὸν μετὰ μύσους β. ἀναδεξάμενος
— 27. ἀνδρείως μὲν νῦν διαλλάξας τὸν β.
7. 40. R οὗτος οὖν καθαρὸς τὸν β. [A om. τ. β.] μετήλλαξε
9. 28. οἰκτίστῳ μόρῳ κατέστρεψε τὸν β.
10. 13. φαρμακεύσας ἑαυτὸν ἐξέλιπε τὸν β.
14. 25. ἐγάμησεν εὐστάθησεν ἐκοινώνησε βίου
III Ma. 4. 4. λογιζομένους τὴν ἄδηλον τοῦ β. καταστροφήν
— 6. αἱ δὲ ἄρτι πρὸς βίου κοινωνίαν γαμικὸν ὑπεληλυθυῖαι
5. 49. ὑστάτην βίου ῥοπὴν αὐτοῖς ἐκείνην δόξαντες
6. 1. πάσῃ τῇ κατὰ τὸν β. ἀρετῇ κεκοσμημένος
— 10. εἰ δὲ ἀσεβείαις κατὰ τὴν ἀποικίαν ὁ β. ἡμῶν ἐνέσχηται
IV Ma. 1. 15. A νοῦς μετὰ ὀρθοῦ β. [S R λόγου] προτιμῶν τὸν σοφίας λόγον [S R βίον]
4. 1. τόν ποτε τὴν ἀρχιερωσύνην ἔχοντα διὰ βίου
5. 36. οὐδὲ νομίμου β. ἡλικίαν
6. 18. ζήσαντες τὸν μέχρι γήρως βίον
7. 8. ὦ σύμφωνε νόμου καὶ φιλόσοφε θείου β.
— 15. ὦ . . . βίου νομίμου ὃν πιστὴ θανάτου σφραγὶς ἐτελείωσεν
8. 8. μεταλαβόντες Ἑλληνικοῦ β.
— 23. τί ἐξάγομεν ἑαυτοὺς τοῦ ἡδίστου β.
10. 15. μὰ . . . τὸν ἀοίδιμον τῶν εὐσεβῶν β.
12. 19. σὲ δὲ καὶ ἐν τῷ νῦν β. καὶ θανόντα τιμωρήσεται
13. 24. τῷ δικαίῳ συντραφέντες β.
16. 18. καὶ τοῦ β. ἀπελαύσατε
17. 14. ὁ δὲ κόσμος καὶ ὁ τῶν ἀνθρώπων β. ἐθεώρει
18. 9. τὸν γὰρ τῆς εὐτεκνίας β. ἐπιζήσας [A -ζητήσας]

[**Sm.** Pr. 8. 18.]
[**Al.** Pr. 28. 16.]

βιότερος (?).

IV Ma. 2. 15. A καὶ τῶν βιοτέρων [S R βιαιοτ.] δὲ παθῶν κρατεῖν
7. 10. A ὦ βασάνων βιότερε [S R βιαιότερε] γέρων

βιοτεύειν.

Si. *prol.* 27. τὰ ἤθη ἐν νόμῳ [A ἐννόμως] βιοτεύειν

βιότευσις.

[**Aq.** Is. 29. 1.]

βιότης.

Pr. 5. 23. ἐκ δὲ πλήθους τῆς ἑαυτοῦ β. ἐξερρίφη †

βιοῦν. (1) πολὺν χρόνον β. הִרְבָּה יָמִים (2) חָיָה

Jb. 29. 18. ὥσπερ στέλεχος φοίνικος πολὺν χρόνον βιώσω (1)
Pr. 7. 2. φύλαξον ἐμὰς ἐντολὰς καὶ βιώσεις (2)
9. 6. A S² ζητήσατε φρόνησιν ἵνα βιώσητε [B S¹ om. ἵνα β.] (2)
Wi. 4. 4. S¹ ἐπισφαλῶς βεβιωκότα [A B βεβηκότα]
12. 23. τοὺς ἐν ἀφροσύνῃ [S -ύναις] ζωῆς βιώσαντας
Si. 40. 28. ζωὴν ἐπαιτήσεως μὴ βιώσῃς
IV Ma. 5. 22. ὥσπερ οὐ μετὰ εὐλογιστίας ἐν αὐτῇ βιούντων
17. 18. καὶ τὸν μακάριον βιοῦσιν αἰῶνα

[**Al.** Pr. 28. 16.]

βιρά, *vid.* **βειρά.**

βίωσις.

Si. *prol.* 12. διὰ τῆς ἐννόμου [S¹ ἐκ νόμου] β.

[**Sm.** Ps. 38 (39). 6.]

βλαβερός.

Pr. 10. 26. ὥσπερ ὄμφαξ ὀδοῦσι βλαβερόν [A -ός] –

βλάβη.

Wi. 11. 19. ἡ βλ. ἠδύνατο συνεκτρῖψαι [A S² ἐκτρ.] αὐτούς

βλαισός.

[**Al.** Le. 21. 18.]

βλάπτειν.

To. 12. 2. οὐ βλάπτομαι δοὺς αὐτῷ τὸ ἥμισυ
Pr. 25. 20. οὕτως λύπη ἀνδρὸς βλάπτει [S¹ βάπτει] καρδίαν †
Wi. 10. 8. οὐ μόνον ἐβλάβησαν τοῦ μὴ γνῶναι τὰ καλά
18. 2. οὐ βλάπτουσι [S βλαστοῦσιν, S² βλέπουσιν] προηδικημένοι
II Ma. 12. 22. ὥστε πολλάκις ὑπὸ τῶν ἰδίων βλάπτεσθαι
IV Ma. 9. 7. μὴ νομίσῃς ἡμᾶς βλάπτειν βασανίζων

[**Heb.** Jb. 7. 20.]

βλαστᾶν, βλαστάνειν, βλαστεῖν. (1) גָּמַל (2) דָּשָׁא a. qal. b. hi. (3) פָּרָה (4) פָּרַח (5) צוּץ hi. (6) צָמַח a. qal. b. pi. c. hi.

Ge. 1. 11. βλαστησάτω ἡ γῆ βοτάνην χόρτου (2 b)
Nu. 17. 8 (23). ἐβλάστησεν ἡ ῥάβδος Ἀαρὼν . . . καὶ ἐβλάστησε κάρυα (4, 1)
Jd. 16. 22. ἤρξατο θρὶξ [A ἡ θρ.] τῆς κεφ. αὐ. βλαστάνειν [A ἀνατεῖλαι] (6 b)
II Ki. 23. 5. οὐ μὴ βλαστήσῃ [A βαστάσῃ] ὁ παράνομος (6 c)
Ec. 2. 6. A S R τοῦ ποτίσαι ἀπ' αὐτῶν δρυμὸν βλαστῶντα ξύλα [B om.] (6 a)
Wi. 18. 2. S¹ οὐ βλαστοῦσιν [A B βλάπτουσι, S² βλέπουσιν] προηδικημένοι
Si. 24. 17. ὡς ἄμπελος βλαστήσασα [A S ἐβλάστησα] χάριν
39. 13. βλαστήσατε ὡς ῥόδον
Jl. 2. 22. ὅτι βεβλάστηκε τὰ πεδία τῆς ἐρήμου (2 a)
Is. 27. 6. βλαστήσει καὶ ἐξανθήσει Ἰσραήλ (5)
45. 8. ἀνατειλάτω ἡ γῆ καὶ βλαστησάτω [S om. κ. βλ.] ἔλεος (3)
55. 10. A ἐκτέκῃ καὶ βλαστήσει [B S ἐκβλαστήσῃ] (6 c)

[**Aq.** Ge. 1. 11: 40. 10: Jb. 14. 9: 30. 12: Ps. 71 (72). 7: Ca. 7. 12 (13): Is. 66. 14: Ez. 7. 10.]
[**Sm.** Ge. 40. 10: Jb. 31. 40: Ps. 91 (92). 8: Pr. 11. 28: Is. 55. 10: Ez. 17. 9, 23.]
[**Th.** Is. 42. 9: Ez. 7. 10.]
[**Sext.** Ca. 7. 12 (13).]

βλάστημα.

Si. 50. 12. ὡς βλάστημα κέδρου [A S -ων] ἐν τῷ Λιβάνῳ

[**Aq.** Ge. 1. 11: Ps. 47 (48). 3.]
[**Sm.** Ps. 64 (65). 11: Je. 23. 5: 48 (31). 9: Za. 6. 12.]

βλαστός. (1) טֶרֶף (2) יוֹנֶקֶת (3) נֵץ *vel* נִצָּה (4) a. עָנָף b. עָנֵף (5) a. פֶּרַח b. פִּרְחָה

Ge. 40. 10. θάλλουσα ἀνενηνοχυῖα βλαστούς (3)
49. 9. ἐκ βλαστοῦ, υἱέ μου, ἀνέβης (1)
Ex. 38. 15 (37. 18). ἐκ τῶν καλαμίσκων αὐ. οἱ β. ἐξέχοντες (5 a)
Nu. 17. 8 (23). ἐξήνεγκε [A ἐξήνθησεν] βλαστόν (5 a)
III Ki. 7. 24, 26 (A). ὡς ἔργον χείλους ποτηρίου βλαστὸς κρίνου (5 a)
II Ch. 4. 5. διαγεγλυμμένα βλαστοὺς κρίνου (5 a)
Jb. 15. 30. τὸν βλ. αὐτοῦ μαράναι ἄνεμος (2)
30. 12. ἐπὶ δεξιῶν βλαστοῦ [A τοῦ βλ.] ἐπανέστησαν (5 b)
Si. 50. 8. ὡς βλαστὸς Λιβάνου ἐν ἡμέραις θέρους
Ez. 17. 8. τοῦ ποιεῖν βλαστοὺς καὶ φέρειν καρπόν [A ποιῆσαι κ. καὶ ἐνέγκαι βλαστόν] (4 a)
— 23. ἐξοίσει βλαστόν (4 a)
19. 10. ὁ βλ. αὐτῆς ἐγένετο ἐξ ὕδατος πολλοῦ (4 b)

[**Aq.** Ex. 25. 30 (31), 32 (33): Ez. 17. 10.]
[**Sm.** Is. 60. 21.]
[**Th.** Jb. 30. 12: Is. 60. 21: Ez. 17. 6.]

βλασφημεῖν. (1) גָּדַף pi. (2) יָכַח hi. (3) נָאַץ hithpo. (4) *a.* אֲמַר שָׁלָה *b.* אֲמַר שָׁלוּ

IV Ki. 19. 4. βλασφημεῖν ἐν λόγοις οἷς [A βλ. λόγους οὓς] ἤκουσε κύριος (2 ?)
— 6. ὧν ἐβλασφήμησαν τὰ παιδάρια βασ. Ἀσσ. [A *add.* ἐμέ] (1)
— 22. τίνα ὠνείδισας καὶ ἐβλασφήμησας (1)
To. 1. 18. S περὶ τῶν βλασφημιῶν ὧν ἐβλασφήμησεν
Is. 52. 5. τὸ ὄνομά μου βλασφημεῖται ἐν τοῖς ἔθνεσιν (3)
Da. LXX. 3. 29 (96). ὃς ἂν βλασφημήσῃ εἰς τὸν κύριον τὸν θ. (4 *a** *vel* 4 *b*)
Da. TH. Bel. 9. ἐβλασφήμησεν εἰς τὸν Βήλ
II Ma. 10. 34. ἐβλασφήμουν καὶ λόγους ἀθεμίτους προΐοντο
12. 14. λοιδοροῦντες καὶ προσέτι βλασφημοῦντες
[**Aq.** Ps. 43 (44). 17 : Is. 37. 6, 23.]
[**Sm.** II Ki. 12. 14 : Ps. 43 (44). 17 : Is. 37. 6, 23 : 52. 5.]
[**Th.** Pr. 14. 31 : Is. 37. 6, 23.]
[**Al.** Le. 24. 11.]
[**Heb.** Jb. 2. 5.]
[**Quint.** Ho. 7. 16.]

βλασφημία. (1) נֶאָצָה (2) *a.* שָׁלָה *b.* שָׁלוּ

To. 1. 18. S περὶ τῶν βλ. ὧν ἐβλασφήμησεν
Ez. 35. 12. ἤκουσα τῆς φωνῆς τῶν βλ. σου (1)
Da. TH. 3. 29 (96). ἐὰν εἴπῃ βλασφημίαν κατὰ τοῦ θ. (2 *a** *vel* 2 *b*)
I Ma. 2. 6. εἶδε τὰς βλ. τὰς γινομένας ἐν Ἰούδα
II Ma. 8. 4. περὶ τῶν γενομένων εἰς τὸ ὄνυμα αὐτοῦ βλασφημιῶν
10. 35. πυρωθέντες τοῖς θυμοῖς διὰ τὰς βλ.
15. 24. οἱ μετὰ βλασφημίας παραγενόμενοι ἐπὶ τὸν . . . λαόν
[**Aq. Sm. Th.** Is. 43. 28 : 51. 7 : Ez. 5. 15.]

βλάσφημος. (1) מְבָרֵךְ אָוֶן

Wi. 1. 6. οὐκ ἀθῳώσει βλάσφημον ἀπὸ χειλέων αὐ.
Si. 3. 16. ὡς βλάσφημος ὁ ἐγκαταλιπὼν πατέρα
Is. 66. 3. ὁ διδοὺς Λίβανον εἰς μνημόσυνον ὡς βλ. (1 ?)
II Ma. 9. 28. ὁ μὲν οὖν ἀνδροφόνος καὶ βλάσφημος
10. 4. μὴ βλασφήμοις καὶ βαρβάροις ἔθνεσι παραδίδοσθαι
— 36. ζῶντας τοὺς βλ. κατέκαιον

βλέπειν. (1) *a.* **βλ. πρός** דֶּרֶךְ *b.* **βλ. κατά** דֶּרֶךְ (2) *a.* חָזָה *b.* חֲזָה (3) **ἐνώπιόν σου βλέποντος** לְעֵינֶיךָ (4) נָבַט hi. (5) נֶגֶד (6) עָנַן po. (7) פָּנָה *a.* qal. *b.* hi. *c.* ho. (8) פָּנֶה (9) פָּקַח (10) רָאָה *a.* qal. *b.* ni. *c.* יָכוֹל לִרְאוֹת (11) שָׁקַף ni.

Ge. 45. 12. ἰδοὺ οἱ ὀφθαλμοὶ ὑμῶν βλέπουσι (10 *a*)
48. 10. A² R οὐκ ἠδύνατο βλέπειν (10 *a*)
Ex. 4. 11. βλέποντα καὶ τυφλόν (9)
23. 8. τὰ γὰρ δῶρα ἐκτυφλοῖ ὀφθαλμοὺς βλεπόντων (9)
Nu. 21. 19. τὸ βλέπον κατὰ πρόσωπον τῆς ἐρήμου (11)
De. 4. 34. ὅσα ἐποίησε κύριος . . . ἐνώπιόν σου βλέποντος (3)
28. 32. οἱ ὀφθαλμοί σου βλέψονται [A ἔσονται] σφακελίζοντες (10 *a*)
— 34. διὰ τὰ ὁράματα τῶν ὀφθαλμῶν σου ἃ βλέψῃ (10 *a*)
29. 4 (3). καρδίαν εἰδέναι καὶ ὀφθαλμοὺς [A *add.* τοῦ] βλέπειν (10 *a*)
Jo. 18. 14. ἐπὶ τὸ μέρος [B¹ ὄρος] τὸ βλέπον παρὰ [A εἰς] θάλ. –
Jd. 9. 36. τὴν σκιὰν τῶν ὀρέων σὺ βλέπεις [A ὁρᾷς] (10 *a*)
— 37. A μία παραγείνεται ἀπὸ δρυὸς ἀποβλεπόντων [B *al.*] (6 ?)
13. 19, 20. Μανωὲ καὶ ἡ γυνὴ αὐτοῦ βλέποντες [A ἐθεώρουν] (10 *a*)
19. 30. πᾶς ὁ βλέπων [A ὁρῶν] ἔλεγεν (10 *a*)
I Ki. 3. 2. οὐκ ἠδύναντο βλέπειν (10 *a*)
4. 15. A B καὶ οὐκ ἔβλεπεν [R ἐπέβλ.] (10 *c*)
9. 9. πορευθῶμεν πρὸς τὸν βλέποντα (10 *a*)
— 9. τὸν προφήτην ἐκάλει ὁ λαὸς ἔμπροσθεν ὁ βλέπων (10 *a*)
I Ki. 9. 11. εἰ ἔστιν ἐνταῦθα ὁ βλέπων (10 *a*)
— 18. ποῖος ὁ [A *om.*] οἶκος τοῦ βλέποντος (10 *a*)
16. 4. εἰρήνη ἡ εἴσοδός σου, ὁ βλέπων –
25. 35. βλέπε, ἤκουσα τῆς φωνῆς σου (10 *a*)
26. 12. οὐκ ἦν ὁ βλέπων (10 *a*)
II Ki. 14. 24. τὸ πρόσωπόν μου μὴ βλεπέτω (10 *a*)
III Ki. 1. 48. καὶ οἱ ὀφθαλμοί μου βλέπουσι (10 *a*)
17. 23. βλέπε, ζῇ ὁ υἱός σου (10 *a*)
IV Ki. 2. 19. καθὼς ὁ κύριος βλέπει (10 *a*)
9. 17. κονιορτὸν ἐγὼ βλέπω (10 *a*)
I Ch. 9. 22. καὶ Σαμ. ὁ βλέπων τῇ πίστει αὐτῶν (10 *a*)
21. 3. οἱ ὀφθ. τοῦ κυρίου μου τοῦ βασ. βλέποντες –
29. 29. ἐν λόγοις Σαμουὴλ τοῦ βλέποντος (10 *a*)
— 29. ἐπὶ λόγων Γὰδ τοῦ βλέποντος (2 *a*)
II Ch. 4. 4. A οἱ τρεῖς βλέποντες βορρᾶν καὶ οἱ τρεῖς βλέποντες [B S *om.*] δυσμὰς καὶ οἱ τρεῖς βλέποντες [B S *om.*] νότον καὶ οἱ τρεῖς βλέποντες [B S *om.*] κατ' ἀνατολάς (7 *a quater*)
5. 9. ἐβλέποντο αἱ κεφαλαὶ τῶν ἀναφορέων (10 *b*)
— 9. οὐκ ἐβλέποντο ἔξω (10 *b*)
10. 16. νῦν βλέπε τὸν οἶκόν σου, Δαυίδ (10 *a*)
I Es. 4. 33. ἔβλεπον εἰς [A ἐνέβλεπον ἕτερος πρὸς] τὸν ἕτερον
Ne. 2. 17. ὑμεῖς βλέπετε τὴν πονηρίαν (10 *a*)
To. 3. 6. S ἢ βλέπειν ἀνάγκην πολλήν
5. 9. S οὐ βλέπω τὸ φῶς τοῦ οὐρανοῦ
— 9. S καὶ αὐτοὺς οὐ βλέπω
11. 15. ἰδοὺ βλέπω Τωβίαν τὸν υἱόν μου
— 16. ἐθαύμαζον . . . ὅτι ἔβλεψε [A B *al.*]
Ju. 9. 9. βλέψον εἰς ὑπερηφανίαν αὐτῶν
Es. 2. 15. εὑρίσκουσα χάριν παρὰ πάντων τῶν βλεπόντων (10 *a*)
5. 1. ἐν ἀκμῇ θυμοῦ ἔβλεψεν [A S¹ *om.*]
Jb. 10. 4. ἢ καθὼς ὁρᾷ ἄνθρωπος βλέψῃ [A -εις] (10 *a*)
Ps. 9. 32 (10. 11). ἀπέστρεψε τὸ πρόσωπον αὐτοῦ τοῦ μὴ βλέπειν εἰς τέλος (10 *a*)
— 35 (10. 14). βλέπεις ὅτι σὺ . . . θυμὸν κατανοεῖς [B¹ -νοήσεις] (10 *a*)
39 (40). 12. οὐκ ἠδυνάσθην τοῦ βλέπειν (10 *a*)
68 (69). 23. σκοτισθήτωσαν οἱ ὀφθ. αὐτῶν τοῦ μὴ βλ. (10 *a*)
Pr. 4. 25. οἱ ὀφθαλμοί σου ὀρθὰ βλεπέτωσαν (4)
12. 13. ὁ βλέπων λεῖα ἐλεηθήσεται –
16. 25. βλέπει εἰς πυθμένα ᾅδου †
Ec. 8. 16. ὕπνον . . . οὐκ ἔστι βλέπων [A βλέπειν] (10 *a*)
11. 4. βλέπων ἐν ταῖς νεφέλαις οὐ θερίσει (10 *a*)
— 7. ἀγαθὸν τοῖς ὀφθαλμοῖς τοῦ βλέπειν σὺν τὸν ἥλ. (10 *a*)
12. 3. σκοτάσουσιν αἱ βλέπουσαι ἐν ταῖς ὀπαῖς (10 *a*)
Ca. 1. 6. μὴ βλέψητέ με (10 *a*)
Wi. 2. 15. βαρύς ἐστιν ἡμῖν καὶ βλεπόμενος
13. 7. πείθονται τῇ ὄψει ὅτι καλὰ τὰ βλεπόμενα
16. 18. ἵνα . . . αὐτοὶ [S¹ *om.*] βλέποντες ἴδωσιν
17. 6. ἡγοῦντο χείρω τὰ βλεπόμενα
18. 2. S² οὐ βλέπουσιν [A B βλάπτουσι, S¹ βλαστοῦσιν] προηδικημένοι
Si. 15. 18. ἰσχυρὸς ἐν δυναστείᾳ καὶ βλέπων τὰ πάντα
25. 7. ζῶν καὶ βλέπων ἐπὶ πτώσει ἐχθρῶν
30. 20. βλέπων ἐν ὀφθαλμοῖς καὶ στενάζων
40. 29. ἀνὴρ βλέπων εἰς τράπεζαν ἀλλοτρίαν
51. 7. A ἔβλεπον [B S ἐμβλέπων] εἰς ἀντίληψιν
Am. 8. 2. τί σὺ βλέπεις [A ὁρᾷς] (10 *a*)
Na. 2. 8 (9). A οὐκ ἦν ὁ βλέπων [B S ἐπιβλ.] (7 *b*)
Hg. 2. 4 (3). πῶς ὑμεῖς βλέπετε αὐτὸν νῦν καθὼς οὐχ ὑπάρχοντα (10 *a*)
Za. 4. 2 ; 5. 2. τί σὺ βλέπεις (10 *a*)
Is. 6. 9. βλέποντες βλέψετε καὶ οὐ μὴ ἴδητε (10 *a*, 10 *a*)
8. 22. σκότος ὥστε μὴ βλέπειν †
21. 3. ἐσπούδασα τοῦ [A S τὸ] μὴ βλέπειν (10 *a*)
29. 18. A S³ ὀφθαλμοὶ τυφλῶν βλέψονται [B S ὄψονται] (10 *a*)
38. 14. ἐξέλιπον γάρ μου οἱ ὀφθαλμοὶ τοῦ βλ. εἰς τὸ ὕψος –
44. 18. ἀπημαυρώθησαν τοῦ βλ. τοῖς ὀφθαλμοῖς αὐτῶν (10 *a*)
Je. 5. 21. ὀφθαλμοὶ αὐτοῖς καὶ οὐ βλέπουσιν (10 *a*)
20. 18. τοῦ βλ. κόπους καὶ πόνους [S¹ μόχθους] (10 *a*)
49 (42). 2. καθὼς [S καθότι] οἱ ὀφθαλμοί σου βλέπουσι (10 *a*)
La. 3. 1. ἐγὼ ἀνὴρ ὁ βλέπων πτωχείαν (10 *a*)
Ez. 8. 3. τῆς πύλης [A *add.* τῆς ἐσωτέρας] τῆς βλεπούσης εἰς [A πρὸς] βορρᾶν (7 *a*)
— 5. A ἐπὶ τὴν πύλην . . . τὴν βλέπουσαν [B *om.*] πρὸς ἀνατολάς †
— 14. τῆς πύλης οἴκου κυρίου τῆς βλεπούσης πρὸς βορρᾶν –
9. 2. τῆς πύλης τῆς ὑψηλῆς τῆς βλεπούσης πρὸς βορρᾶν (7 *c*)
11. 1. ἐπὶ τὴν πύλην . . . τὴν βλέπουσαν κατὰ ἀνατολάς (7 *a*)
12. 2. ἔχουσιν ὀφθαλμοὺς τοῦ βλ. [A ὁρᾶν] καὶ οὐ βλέπουσι (10 *a*, 10 *a*)
13. 3. τὸ καθόλου μὴ βλέπουσιν (10 *a*)
— 6. ἐν ἡμέρᾳ κυρίου βλέποντες ψευδῆ (2 *a*)
40. 6. εἰς τὴν πύλην τὴν βλέπουσαν κατὰ ἀνατολάς (8)
— 19. ἐπὶ τὸ αἴθριον τῆς πύλης τῆς βλεπούσης ἔξω πήχεις ἑκατὸν τῆς βλεπούσης κατ' ἀνατολάς †, –
— 20. πύλη βλέπουσα πρὸς βορρᾶν τῇ αὐλῇ (8)
— 21. τῆς πύλης τῆς βλεπούσης κατὰ ἀνατολάς †
— 22. καθὼς ἡ πύλη ἡ βλέπουσα κατὰ ἀνατολάς (8)
— 23. πύλη . . . βλέπουσα ἐπὶ πύλην τοῦ βορρᾶ ὃν τρόπον τῆς πύλης τῆς βλεπούσης κατὰ ἀνατ. (5, –)
— 24. πύλη βλέπουσα πρὸς νότον (1 *a*)
— 32. εἰς τὴν πύλην τὴν βλέπουσαν κατὰ ἀνατολάς (1 *b*)
— 40. κατὰ νώτου τοῦ ῥύακος . . . τῆς βλεπούσης πρὸς βορρᾶν –
— 44. κατὰ νώτου τῆς πύλης τῆς βλεπούσης πρὸς βορρᾶν . . . κατὰ νώτου τῆς πύλης τῆς πρὸς νότον βλεπούσης δὲ πρὸς βορρᾶν (–, 8)
— 45. ἡ ἐξέδρα αὕτη ἡ βλέπουσα πρὸς νότον (8)
— 46. ἡ ἐξέδρα ἡ βλέπουσα πρὸς βορρᾶν τοῖς ἱερεῦσι (8)
42. 7. αἱ ἐξέδραι . . . αἱ βλέπουσαι ἀπέναντι τῶν ἐξεδρῶν (8)
— 8. τὸ μῆκος τῶν ἐξεδρῶν τῶν βλεπουσῶν εἰς τὴν αὐλήν –
— 15. τῆς πύλης τῆς βλεπούσης πρὸς [A B² κατ'] ἀνατολάς (8)
— 16. ἔστη κατὰ νώτου τῆς πύλης τῆς βλεπούσης κατὰ ἀνατολάς –
43. 1. ἐπὶ τὴν πύλην τὴν βλέπουσαν κατὰ ἀνατολάς (7 *a*)
— 2. A τὴν ὁδὸν τῆς πύλης τῆς βλεπούσης [B ὁ. τὴν] πρὸς ἀνατολάς –
— 4. τῆς πύλης τῆς βλεπούσης κατὰ ἀνατολάς (8)
— 17. οἱ κλιμακτῆρες αὐτοῦ βλέποντες κατ' ἀνατολάς (7 *a*)
44. 1. τῆς πύλης . . . τῆς βλεπούσης κατ' ἀνατολάς (7 *a*)
46. 1. ἡ πύλη ἡ ἐν τῇ αὐλῇ τῇ ἐσωτέρᾳ ἡ βλέπουσα πρὸς ἀνατολάς (7 *a*)
— 9. τῆς πύλης τῆς βλεπούσης [A *om.*] πρὸς βορρᾶν –
— 12. τὴν πύλην τὴν βλέπουσαν κατ' ἀνατολάς (7 *a*)
— 19. εἰς τὴν ἐξέδραν . . . τὴν βλέπουσαν πρὸς βορρᾶν (7 *a*)
47. 1. τὸ πρόσωπον τοῦ οἴκου ἔβλεπε [A ἐπέβλ.] κατ' ἀνατολάς –
— 2. τῆς αὐλῆς τῆς βλεπούσης κατ' ἀνατολάς (7 *a*)
Da. LXX. Su. 9. τοῦ μὴ βλέπειν εἰς τὸν οὐρανόν
— 51. νῦν μὴ βλέψητε ὅτι οὗτοί εἰσι πρεσβύτ.
3. (55). εὐλογητὸς εἶ ὁ βλέπων ἀβύσσους
Da. TH. Su. 9. τοῦ μὴ βλέπειν εἰς τὸν οὐρανόν
3. (55). A ὁ βλέπων [B ἐπιβλ.] ἀβύσσους
5. 23. τοὺς θεοὺς τοὺς χρυσοῦς . . . οἱ οὐ βλέπουσι (2 *b*)
I Ma. 12. 29. ἔβλεπον γὰρ τὰ φῶτα καιόμενα
II Ma. 2. 2. βλέποντες ἀγάλματα χρυσᾶ καὶ ἀργυρᾶ
IV Ma. 15. 18. οὐδὲ δεύτερος [A -ον] εἰς σὲ οἰκτρὸν βλέπων ἐν βασάνοις
[**Aq.** III Ki. 6. 18.]
[**Sm.** Ps. 48 (49). 11, 20 : Is. 30. 10 : Ez. 12. 2 : Hb. 1. 13].
[**Th.** III Ki. 6. 18 : Jb. 10. 4 : Ps. 39 (40). 13 : Is. 30. 10 : Ez. 12. 2.]

βλέφαρον. (1) עַפְעַפַּיִם

Jb. 16. 17 (16). ἐπὶ δὲ βλεφάροις [A -ων] μου σκιά [A S² σκ. θανάτου] (1)

Ps. 10 (11). 5. τὰ βλ. αὐτοῦ ἐξετάζει τοὺς υἱοὺς τῶν ἀνθρώπων (1)
131 (132). 4. εἰ δώσω . . . τοῖς βλ. μου νυσταγμόν (1)
Pr. 4. 25. τὰ δὲ βλ. σου νευέτω δίκαια (1)
6. 4. μηδὲ ἐπινυστάξῃς σοῖς βλεφάροις (1)
— 25. μηδὲ συναρπασθῇς [A -άσῃς] ἀπὸ τῶν αὐτῆς βλ. (1)
24. 36 (30. 13). τοῖς δὲ βλ. αὐτοῦ ἐπαίρεται (1)
Si. 26. 9. ἐν τοῖς βλ. αὐτῆς γνωσθήσεται
Je. 9. 18 (17). τὰ βλ. ὑμῶν ῥείτω ὕδωρ (1)
[**Aq.** Ps. 10 (11). 4.]

βλῆμα.

[**Al.** Ex. 30. 6.]

βοᾶν. (1) הָגָה (2) הָמָה (3) זָעַק *a.* qal. *b.* ni. *c.* hi. *d.* זְעַק (4) זְעָקָה (5) כָּנָה pi. (6) נָהַם (7) נָהַק (8) נָשָׂא (9) פָּצַח (10) צָהַל (11) צָוַח (12) צָעַק *a.* qal. *b.* ni. *c.* pi. (13) צָרַח hi. (14) *a.* קָרָא *b.* קְרָא (15) רוּעַ hi. (16) רָעַם (17) שָׁאַג (18) שָׁוַע pi. (19) שָׁעָה (20) אָמַר

Ge. 4. 10. φωνὴ αἵματος . . . βοᾷ πρὸς μέ (12 *a*)
29. 11. βοήσας τῇ φωνῇ αὐτοῦ (8)
39. 14. καὶ ἐβόησα φωνῇ μεγάλῃ (14 *a*)
— 15, 18. ὕψωσα τὴν φωνήν μου καὶ ἐβόησα (14 *a*)
Ex. 8. 12 (8). ἐβόησε M. πρὸς κύριον (12 *a*)
14. 15. τί βοᾷς πρὸς μέ (12 *a*)
15. 25 : 17. 4. ἐβόησε δὲ M. πρὸς κ. (12 *a*)
Nu. 12. 13. ἐβόησε M. πρὸς κ. (12 *a*)
De. 15. 9. A βοήσεται [B καταβοήσεται] κατὰ σοῦ πρὸς κ. (14 *a*)
22. 24. ὅτι οὐκ ἐβόησεν ἐν τῇ πόλει (12 *a*)
— 27. ἐβόησεν ἡ νεᾶνις ἡ μεμνηστευμένη (12 *a*)
Jo. 6. 9 (10). μὴ βοᾶτε [A βοάτω] (15)
15. 18. ἐβόησεν ἐκ [A ἀπὸ] τοῦ ὄνου †
Jd. 4. 10. ἐβόησε Βαρὰκ τὸν Ζαβουλὼν [A παρήγγειλε B. τῷ Z.] (3 *c*)
6. 7. ἐβόησαν [A ἐκέκραξαν] οἱ υἱοὶ Ἰσραὴλ πρὸς κύριον (3 *a*)
— 34. A R ἐβόησεν [B ἐφοβήθη] Ἀβιέζερ ὀπίσω αὐτοῦ (3 *b*)
— 35. A ἐβόησεν καὶ αὐτὸς ὀπίσω αὐτοῦ (3 *b*)
7. 23. ἐβόησαν [A -σεν] ἀνὴρ Ἰσραὴλ ἀπὸ [A ἐκ] Νεφθαλί (12 *b*)
— 24. ἐβόησε πᾶς ἀνὴρ Ἐφραΐμ (12 *b*)
9. 54. ἐβόησε ταχὺ [A τὸ τάχος] πρὸς τὸ παιδάριον (14 *a*)
10. 10. ἐβόησαν οἱ υἱοὶ Ἰσραὴλ πρὸς κύριον (3 *a*)
— 12. καὶ ἐβοήσατε [A ἐκεκράξατε] πρὸς μέ (12 *a*)
— 14. βοήσατε [A βοᾶτε] πρὸς τοὺς θεούς (3 *a*)
12. 1. ἐβόησεν ἀνὴρ Ἐφραΐμ [A συνήχθησαν οἱ υἱοὶ Ἐ.] (12 *b*)
— 2. ἐβόησα ὑμᾶς [A πρὸς ὑ.] (3 *a*)
15. 18. A ἐβόησεν [B ἔκλαυσε] πρὸς κύριον (14 *a*)
16. 28. A ἐβόησεν [B ἔκλαυσε] Σαμψὼν πρὸς κύριον (14 *a*)
18. 22. ἐβόησαν καὶ κατελάβοντο [A ἔκραζον κατοπίσω Δὰν καὶ ἐβόησαν πρὸς] τοὺς υἱοὺς Δάν (3 *b* [14 *a*])
— 23. τί ἔστι σοι ὅτι ἐβόησας (3 *b*)
I Ki. 5. 10. ἐβόησαν οἱ Ἀσκαλωνῖται λέγοντες (3 *a*)
7. 8. τοῦ μὴ βοᾶν πρὸς κύριον θεόν σου (3 *a*)
— 9. ἐβόησε Σαμουὴλ πρὸς κύριον περὶ Ἰσραὴλ (3 *a*)
8. 18. βοήσεσθε . . . ἐκ προσώπου βασιλέως ὑμῶν (3 *a*)
11. 7. ἐβόησαν ὡς ἀνὴρ εἷς †
12. 8. ἐβόησαν οἱ πατέρες ἡμῶν πρὸς κύριον (3 *a*)
— 10. ἐβόησαν πρὸς κύριον (3 *a*)
15. 11. ἐβόησε πρὸς κύριον ὅλην τὴν νύκτα (3 *a*)
20. 38. A ἐβόησεν [B ἀνεβ.] Ἰωνάθαν ὀπίσω τοῦ παιδαρίου (14 *a*)
24. 9. ἐβόησε Δαυὶδ ὀπίσω Σαούλ (14 *a*)
II Ki. 15. 2. ἐβόησε πρὸς αὐτὸν Ἀβεσσαλώμ (14 *a*)
18. 26. ἐβόησεν ὁ σκοπὸς πρὸς τῇ πύλῃ (14 *a*)
— 28. ἐβόησεν Ἀχιμάας (14 *a*)
20. 4. βόησόν μοι τὸν ἄνδρα Ἰούδα τρεῖς ἡμέρας (3 *c*)
— 5. ἐπορεύθη Ἀμεσσαῒ τοῦ βοῆσαι τὸν Ἰούδαν (3 *c*)
— 16. ἐβόησε γυνὴ σοφὴ ἐκ τοῦ τείχους (14 *a*)
22. 7. πρὸς τὸν θεόν μου βοήσομαι (14 *a*)
II Ki. 22. 42. βοήσονται καὶ οὐκ ἔστι [A ἔσται] βοηθός (19)
III Ki. 17. 10, 11. ἐβόησεν ὀπίσω αὐτῆς Ἠλιού (14 *a*)
18. 24. βοᾶτε ἐν ὀνόματι θεῶν [A θεοῦ] ὑμῶν (14 *a*)
21 (20). 39. οὗτος ἐβόα πρὸς τὸν βασιλέα (12 *a*)
IV Ki. 2. 12. Ἐλισαιὲ ἑώρα καὶ ἐβόα (12 *c*)
4. 1. γυνὴ μία . . . ἐβόα πρὸς Ἐλισαιέ (12 *a*)
6. 5. καὶ ἐβόησεν (12 *a*)
— 26. γυνὴ ἐβόησε πρὸς αὐτόν (12 *a*)
7. 10. ἐβόησαν πρὸς τὴν πύλην τῆς πόλεως (14 *a*)
— 11. ἐβόησαν οἱ θυρωροί (14 *a*)
8. 3. ἦλθε βοῆσαι πρὸς τὸν βασιλέα (12 *a*)
— 5. βοῶσα πρὸς τὸν βασιλέα περὶ τοῦ οἴκου ἑαυ. (12 *a*)
11. 14. ἐβόησε, Σύνδεσμος, σύνδεσμος (14 *a*)
18. 18. ἐβόησαν πρὸς Ἐζεκίαν (14 *a*)
— 28. A R ἐβόησε φωνῇ [B *om.*] μεγάλῃ Ἰουδαϊστί (14 *a*)
20. 11. ἐβόησεν Ἠσαίας ὁ προφήτης πρὸς κύριον (14 *a*)
I Ch. 5. 20. ὅτι πρὸς τὸν θεὸν ἐβόησαν ἐν τῷ πολέμῳ (3 *a*)
16. 32. A βοήσει [B S βομβήσει ἡ] θάλασσα (16)
21. 26. ἐβόησε πρὸς κύριον (14 *a*)
II Ch. 13. 14. ἐβόησαν πρὸς κύριον (12 *a*)
— 15. καὶ ἐβόησαν ἄνδρες Ἰούδα (15)
— 15. ἐν τῷ βοᾶν ἄνδρας Ἰούδα (15)
14. 11 (10). καὶ ἐβόησεν Ἀσὰ πρὸς κύριον (14 *a*)
18. 31. καὶ ἐβόησεν Ἰωσαφάτ (3 *a*)
20. 9. βοησόμεθα πρὸς σὲ ἀπὸ τῆς θλίψεως (3 *a*)
— 20. ἔστη Ἰωσαφὰτ καὶ ἐβόησε (20 ?)
23. 13. καὶ ἐβόησε [A *add.* καὶ εἶπεν] (20)
32. 18. ἐβόησε φωνῇ μεγάλῃ Ἰουδαϊστί (14 *a*)
— 20. A R καὶ ἐβόησαν [B -εν] εἰς τὸν οὐρανόν (3 *a*)
I Es. 5. 62. καὶ ἐβόησαν φωνῇ μεγάλῃ
Ne. 9. 4. ἐβόησαν φωνῇ μεγάλῃ [A *om.*] πρὸς κύριον (3 *a*)
To. 6. 17. βοήσατε πρὸς τὸν ἐλεήμονα θεόν [S *al.*] (3 *a*)
Ju. 4. 9. S ἐβόησαν [A B ἀνεβ.] . . . πρὸς τὸν θ.
— 12. ἐβόησαν [S ἀνεβ.] πρὸς τὸν θεὸν Ἰσρ.
— 15. ἐβόων πρὸς κύριον ἐκ πάσης δυνάμεως
6. 18. καὶ ἐβόησαν λέγοντες
7. 23. A ἐβόησαν [B S ἀνεβ.] φωνῇ μεγάλῃ
— 29. ἐβόησαν πρὸς κύριον τὸν θεὸν φωνῇ μεγ.
9. 1. ἐβόησε φωνῇ μεγάλῃ [A φωνὴν μεγ.] Ἰουδ. πρὸς κ.
10. 1. ὡς ἐπαύσατο βοῶσα πρὸς τὸν θεὸν Ἰσρ.
14. 16. ἐβόησε φωνῇ μεγάλῃ μετὰ κλαυθμοῦ
— 17. A καὶ ἐβόησεν [B κράζων, S λέγων]
Es. 1. 1. καὶ ἐβόησαν πρὸς τὸν θεόν
4. 1. ἐβόα φωνῇ μεγάλῃ (3 *a*)
10. 3. οἱ βοήσαντες πρὸς τὸν θεόν
Jb. 2. 12. βοήσαντες φωνῇ μεγάλῃ ἔκλαυσαν (8)
30. 7. ἀνὰ μέσον εὐήχων βοήσονται (7)
35. 9. βοήσονται ἀπὸ βραχίονος πολλῶν (18)
36. 13. οὐ βοήσονται ὅτι ἔδησεν [S^{1} ἐδέησεν] αὐτούς (18)
37. 4. ὀπίσω αὐτοῦ βοήσεται φωνῇ (17)
Ca. 1. 4. S βοῶσιν τὸ ὄνομα τῆς νύμφης –
Ho. 7. 14. καὶ οὐκ ἐβόησαν πρὸς μὲ αἱ καρδ. (3 *a*)
Jl. 1. 19. πρὸς σέ, κύριε, βοήσομαι (14 *a*)
Jn. 1. 5. A ἐβόων [B S ἀνεβόησαν] ἕκαστος πρὸς τὸν θ. (3 *a*)
2. 3. ἐβόησα ἐν θλίψει μου πρὸς κ. τὸν θ. (14 *a*)
Hb. 1. 2. βοήσομαι πρὸς σὲ ἀδικούμενος (3 *a*)
2. 11. λίθος ἐκ τοίχου βοήσεται (3 *a*)
Is. 5. 29. βοήσει [A -σεται] ὡς θηρίον (6)
— 30. βοήσει [A -σεται] δι' αὐτούς (6)
12. 4. βοᾶτε τὸ ὄνομα αὐτοῦ (14 *a*)
14. 7. ἡ γῆ βοᾷ μετ' εὐφροσύνης (9)
15. 4. ἡ ὀσφὺς τῆς Μωαβίτιδος βοᾷ (15)
— 5. ἡ καρδία τῆς Μωαβίτιδος βοᾷ (3 *a*)
— 5. βοᾷ σύντριμμα καὶ σεισμός (4)
22. 2. ἐνεπλήσθη ἡ πόλις βοώντων (2)
24. 14. A S οὗτοι βοῇ [S φωνῇ] βοήσονται [B φωνήσουσιν] (8)
▶ 27. 5. βοήσονται οἱ ἐνοικοῦντες ἐν αὐ. †
31. 4. βοήσῃ ὁ λέων ἢ ὁ σκύμνος (1)
33. 7. βοήσονται [A S^{3} φοβηθήσ.] ἀφ' ὑμῶν (12 *a* ?)
34. 14. βοήσονται [S^{1} -σουσιν] ἕτερος πρὸς τὸν ἕτερον (14 *a*)
36. 13. A S ἐβόησεν [B ἀνεβ.] φωνῇ μεγάλῃ Ἰουδαϊστί (14 *a*)
40. 3. φωνὴ βοῶντος ἐν τῇ ἐρήμῳ (14 *a*)
Is. 40. 6. φωνὴ λέγοντος, Βόησον· καὶ εἶπα, Τί βοήσω (14 *a*, 14 *a*)
42. 11. ἀπ' ἄκρου [A S -ων] τῶν ὀρέων βοήσουσι [A *om.*] (11)
— 13. βοήσεται ἐπὶ τοὺς ἐχθροὺς αὐτοῦ (13 *et* 15)
44. 5. οὗτος βοήσεται [A ἐρεῖ] ἐπὶ τῷ ὀνόματι Ἰ. (14 *a*)
— 5. ἐπὶ τῷ ὀνόματι Ἰσραὴλ βοήσεται [A S^{2} *om.*] (5)
— 23. βοήσατε ὄρη εὐφροσύνην (9)
46. 7. ὃς ἐὰν βοήσῃ πρὸς αὐτόν (12 *a*)
54. 1. ῥῆξον καὶ βόησον ἡ οὐκ ὠδίνουσα (10)
58. 9. βοήσῃ καὶ ὁ θεὸς εἰσακούσεταί σου (14 *a*)
Je. 12. 6. ἠθέτησάν σε καὶ αὐτοὶ ἐβόησαν (14 *a*)
22. 20. βόησον εἰς τὸ πέραν τῆς θαλάσσης (12 *a*)
31 (48). 31. βοήσατε ἐπ' ἄνδρας κειράδας [A κιδάρας] αὐχμοῦ (3 *a* ?)
Ba. 4. 21, 27. βοήσατε πρὸς τὸν θεόν
La. 2. 18. ἐβόησε καρδία αὐτῶν πρὸς κύριον (12 *a*)
3. 8. κεκράξομαι καὶ βοήσω (18)
Ep. Je. 32. ὠρύονται δὲ βοῶντες ἐναντίον τῶν θεῶν αὐτῶν
Da. TH. Su. 24. ἐβόησαν δὲ καὶ οἱ δύο πρεσβῦται [A -τεροι]
— 46. ἐβόησε φωνῇ μεγάλῃ
— 60. A ἐβόησαν [B εὐλόγησαν] τῷ θεῷ
3. 4. ὁ κῆρυξ ἐβόα ἐν ἰσχύϊ (14 *b*)
5. 7. ἐβόησεν ὁ βασιλεὺς ἐν ἰσχύϊ (14 *b*)
6. 20 (21). ἐβόησε φωνῇ ἰσχυρᾷ [A τῷ Δ. ἐβ. φωνῇ] (3 *d*)
Bel. 18. ἐβόησε φωνῇ μεγάλῃ
— 37. καὶ ἐβόησεν Ἀμβ. [A *om.*]
I Ma. 3. 50. καὶ ἐβόησαν φωνῇ εἰς τὸν οὐρανόν
— 54. καὶ ἐβόησαν φωνῇ μεγάλῃ
4. 10. νῦν βοήσωμεν [S -ομεν] εἰς οὐρανόν
▶ — 40. καὶ ἐβόησαν εἰς οὐρανόν
● 5. 33. καὶ ἐβόησαν ἐν προσευχῇ
13. 45. ἐβόησαν φωνῇ μεγάλῃ
— 50. ἐβόησαν πρὸς Σίμωνα δεξιὰς λαβεῖν
[**Aq.** I Ki. 26. 14 : Jb. 19. 7 : Is. 33. 7 : Je. 30 (37). 15.]
[**Sm.** Jd. 10. 12 : I Ki. 26. 14 : Ps. 3. 5 : 21 (22). 3 : 26 (27). 7 : 27 (28). 1 : 29 (30). 9 : 58 (59). 8 : 76 (77). 2 : 85 (86). 3 : Je. 20. 8 : Mi. 6. 9.]
[**Th.** Jd. 16. 28 : 18. 23 : I Ki. 26. 14 : Is. 5. 30 : 33. 7 : Je. 30 (37). 15 : Ez. 35. 13.]
[**Al.** I Ki. 10. 24.]

βοή. (1) הָמוֹן (2) זְעָקָה (3) צְעָקָה (4) קוֹל (5) רֶצַח (6) שַׁוְעָה (7) תְּחִנָּה

Ex. 2. 23. ἀνέβη ἡ β. αὐτῶν πρὸς τὸν θεόν (6)
I Ki. 4. 14. A R ἤκουσεν Ἡλὶ τὴν φωνὴν τῆς β. καὶ εἶπε, Τίς ἡ φωνὴ τῆς β. [B ἡ β. τῆς φ.] ταύτης (3, 1 [4])
9. 16. ἦλθε βοὴ αὐτῶν πρὸς μέ (3)
III Ki. 18. 41. B^{1} ὅτι φωνὴ τῶν β. [A B^{2} R ποδῶν] τοῦ ὑετοῦ (1)
II Ch. 33. 13. καὶ ἐπήκουσε τῆς β. αὐτοῦ (7)
Ju. 14. 16. μετὰ . . . στεναγμοῦ καὶ β. ἰσχυρᾶς
— 19. ἐγένετο αὐτῶν . . . β. μεγάλη σφόδρα
Es. 1. 1. ἀπὸ δὲ τῆς β. αὐτῶν ἐγένετο
Wi. 18. 10. ἀντήχει δ' ἀσύμφωνος ἐχθρῶν ἡ β.
Si. 30. 7. ἐπὶ πάσῃ β. ταραχθήσεται σπλάγχνα αὐτοῦ
Is. 15. 8. συνῆψε γὰρ ἡ βοὴ τὸ ὅριον [A ὄρος] (2)
24. 14. A B οὗτοι βοῇ [S φωνῇ] φωνήσουσιν [A S βοήσονται] (4)
Ez. 21. 22 (27). τοῦ διανοῖξαι στόμα ἐν βοῇ (5)
II Ma. 4. 22. μετὰ δᾳδουχίας καὶ βοῶν εἰσπεπόρευται [A εἰσεδέχθη]
III Ma. 1. 28. ἀνείκαστός τις ἦν βοή
4. 2. πανόδυρτος μετὰ δακρύων βοή
5. 7. δυσκαταπαύστῳ β. πάντες . . . ἐπεκαλέσαντο
7. 16. μετ' εὐφροσύνης καὶ βοῆς
[**Sm** Is. 30. 19.]

βοήθεια (-θία). (1) אֱיָלוּת (2) מָגֵן (3) מְצָד (4) נָצַל hi. (5) *a.* עֹז *b.* מָעוֹז (6) *a.* עָזַר qal. *b.* hi. *c.* עֵזֶר *d.* עֶזְרָה (7) רֶוַח (8) שַׁוְעָה (9) תּוּשִׁיָּה (10) תְּשׁוּעָה

Jd. 5. 23. οὐκ ἤλθοσαν εἰς βοήθειαν κυρίου εἰς βοήθειαν [A βοηθὸς ἡμῶν κύριος] ἐν δυνατοῖς [A μαχηταῖς δ.] (6 *d*, 6 *d*)

● = correction on page xxiv ▶ = additional entry on page xxiv

II Ki. 18. 3. βοήθεια τοῦ βοηθεῖν [A *om.* τοῦ β.] (– [6 *a vel* 6 *b**])
I Ch. 12. 16. ἦλθον . . . εἰς βοήθειαν τοῦ Δαυίδ (3 ?)
II Ch. 28. 21. οὐκ εἰς βοήθειαν αὐτῷ (6 *d*)
Ju. 6. 21. ἐπεκαλέσαντο τὸν θεὸν Ἰσραὴλ εἰς βοήθειαν
7. 31. καὶ μὴ ἔλθῃ ἐφ' ἡμᾶς βοήθεια
8. 11. B ἐὰν μὴ . . . ἐπιστρέψῃ ὁ κ. βοήθειαν [A R -θῆσαι, S -θεῖν] ὑμῖν
— 17. ἐπικαλεσώμεθα αὐτὸν εἰς βοήθειαν ἡμῶν
Es. 4. 14. ἄλλοθεν β. καὶ σκέπη ἔσται τοῖς Ἰ. (7)
Jb. 6. 14. βοήθεια δὲ ἀπ' ἐμοῦ ἄπεστιν (9)
31. 21. πολλή μοι βοήθεια περίεστιν [A S πάρεστιν] (6 *d*)
Ps. 7. 10. δικαία ἡ β. μου παρὰ τοῦ θεοῦ (2)
19 (20). 2. ἐξαποστείλαι σοι βοήθειαν ἐξ ἁγίου (6 *c*)
21 (22). 19. μὴ μακρύνῃς τὴν β. μου [S[1] σου] (1)
34 (35). 2. ἀνάστηθι εἰς βοήθειάν μου (6 *d*)
37 (38). 22. πρόσχες εἰς τὴν β. μου (6 *d*)
48 (49). 14. ἡ β. αὐτῶν παλαιωθήσεται [S[1] ἐπαλαιώθη] †
59 (60). 11. δὸς ἡμῖν βοήθειαν ἐκ θλίψεως (6 *d*)
61 (62). 7. ὁ θεὸς τῆς β. μου (5 *a*)
69 (70). 1. ὁ θεὸς εἰς τὴν β. μου πρόσχες (4)
70 (71). 12. S R εἰς τὴν β. μου πρόσχες (6 *d*)
88 (89). 19. ἐθέμην βοήθειαν ἐπὶ δυνατόν (6 *c*)
— 43. ἀπέστρεψας τὴν β. τῆς ῥομφαίας αὐτοῦ †
90 (91). 1. ὁ κατοικῶν ἐν βοηθείᾳ τοῦ ὑψίστου †
107 (108). 12. δὸς ἡμῖν βοήθειαν ἐκ θλίψεως (6 *d*)
120 (121). 1. πόθεν ἥξει ἡ β. μου (6 *c*)
— 2. ἡ β. μου παρὰ κυρίου (6 *c*)
123 (124). 8. ἡ β. ἡμῶν ἐν ὀνόματι κυρίου (6 *c*)
Pr. 21. 31. παρὰ δὲ κυρίου ἡ β. (10)
24. 6. βοήθεια δὲ μετὰ καρδίας βουλευτικῆς (10)
28. 12. διὰ βοήθειαν δικαίων πολλὴ γίνεται δόξα †
Wi. 13. 16. χρείαν ἔχει βοηθείας
Si. 8. 16. ὅπου οὐκ ἔστι β.
31 (34). 16. βοήθεια ἀπὸ πτώματος [A πτώσεως]
40. 24. ἀδελφοὶ καὶ βοήθεια εἰς καιρὸν θλίψεως
— 26. οὐκ ἔστιν ἐπιζητῆσαι ἐν αὐτῷ βοήθειαν
Is. 8. 20. νόμον γὰρ εἰς βοήθειαν ἔδωκεν †
20. 6. τοῦ φυγεῖν εἰς αὐτοὺς εἰς βοήθειαν (6 *d*)
30. 5. οὐκ ὠφελήσει αὐτοὺς [A S[3] *add.* οὔτε] εἰς βοήθειαν (6 *c*)
— 6. A S οὐκ ὠφελήσει αὐτοὺς εἰς βοήθειαν [B *om.* εἰς β.] –
— 32. ἡ ἐλπὶς τῆς β. †
31. 1. οἱ καταβαίνοντες εἰς Αἰγ. ἐπὶ βοήθειαν (6 *d*)
— 3. καὶ οὐκ ἔστι β. †
47. 14. οὗτοι ἔσονταί σοι β. –
Je. 16. 19. ἰσχύς μου καὶ β. μου (5 *b*)
29 (47). 4. ἀφανιῶ . . . πάντας τοὺς καταλοίπους τῆς β. αὐτῶν (6 *a*)
44 (37). 7. δύναμις Φ. ἡ ἐξελθοῦσα ὑμῖν εἰς βοήθειαν (6 *d*)
La. 3. 56. B εἰς τὴν β. μου ἤγγισας (8)
4. 17. εἰς τὴν β. ἡμῶν μάταια ἀποσκοπευόντων ἡμῶν (6 *d*)
Da. TH. 11. 34. A R βοηθήσονται (B βοηθηθ.) βοήθειαν μικράν (6 *c*)
I Ma. 5. 39. R Ἄραβας μεμίσθωται [A S Ἄραβες μεμίσθωνται] εἰς βοήθειαν αὐτοῖς
10. 24. ὅπως ὦσι σὺν ἐμοὶ εἰς βοήθειαν
— 74. συνήντησεν αὐτῷ . . . ἐπὶ βοήθειαν αὐτοῦ [S αὐτῷ]
11. 47. ἐκάλεσεν ὁ βασιλεὺς τοὺς Ἰουδαίους ἐπὶ βοήθειαν
12. 15. S R ἔχομεν γὰρ τὴν ἐξ οὐρανοῦ [A -ῶν] β. βοηθοῦσαν ἡμῖν
14. 1. ἐπορεύθη . . . τοῦ ἐπισπάσασθαι [A ἐπισπᾶσθαι] βοήθειαν αὐτῷ
16. 3. S R ἡ δὲ ἐκ τοῦ οὐρανοῦ β. ἔστω [A ἤτω] μεθ' ὑμῶν
— 18. δυνάμεις [S[1] -μις] εἰς βοήθειαν
II Ma. 8. 20. R διὰ τὴν γενομένην [A γιν.] αὐτοῖς ἀπ' οὐρανοῦ β.
— 23. δοὺς σύνθημα θεοῦ βοηθείας
— 35. ταπεινωθεὶς . . . τῇ τοῦ κυρίου β.
9. 2. τῶν πληθῶν ὁρμησάντων ἐπὶ τὴν τῶν ὅπλων β.
12. 11. διὰ τὴν παρὰ τοῦ θεοῦ β.
13. 13. R κρῖναι τὰ πράγματα τῇ τοῦ κυρίου [A θεοῦ] β.
15. 8. R τὴν . . . ἐσομένην αὐτοῖς νίκην καὶ βοήθειαν [A *om.* κ. β.]
— 35. φανερὸν τῆς τοῦ κυρίου β. σημεῖον
III Ma. 5. 35. τῆσδε τῆς β. αὐτοῦ τετευχότες

[**Aq.** I Ki. 4. 1: 5. 1: Ps. 26 (27). 9.]
[**Sm.** I Ki. 4. 1: Ps. 21 (22). 1: 59 (60). 13.]
[**Th.** I Ki. 4. 1: 5. 1.]
[**Al.** Ps. 120 (121). 1.]

βοηθεῖν. (1) חוּשׁ (2) חָזַק hithp. (3) יָשַׁע *a.* ni. *b.* hi. (4) *a.* סְעַד *b.* סָעַד (5) *a.* עוּז *b.* עָזַז (6) עָזַר *a.* qal. *b.* ni. *c.* hi. (7) *a.* עֵזֶר *b.* עֶזְרָה (8) עָמַד עַל־נֶפֶשׁ (9) β. εἰς עָרַךְ (10) עָשָׂה (11) שָׂגַב pi. (12) שׂוּם hi.

Ge. 49. 25. ἐβοήθησέ σοι ὁ θ. ὁ ἐμός (6 *a*)
De. 22. 27. οὐκ ἦν ὁ βοηθήσων [A -θῶν] αὐτῇ (3 *b*)
28. 29. οὐκ ἔσται ὁ βοηθῶν (3 *b*)
— 31. A R οὐκ ἔσται σοι ὁ βοηθῶν (3 *b*)
32. 38. καὶ βοηθησάτωσαν ὑμῖν (6 *a*)
Jo. 10. 4. καὶ βοηθήσατέ μοι (6 *a*)
— 6. καὶ βοήθησον ἡμῖν (3 *b*)
— 33. τότε ἀνέβη Ἐλὰμ . . . βοηθήσων τῇ Λ. (6 *a*)
I Ki. 7. 12. ἕως ἐνταῦθα ἐβοήθησεν ἡμῖν κύριος (6 *a*)
II Ki. 8. 5. βοηθῆσαι τῷ Ἀδρaαζάρ (6 *a*)
18. 3. ἔσῃ ἡμῖν . . . βοήθεια τοῦ βοηθεῖν [A *om.* τοῦ β.] (6 *a vel* 6 *c**)
21. 17. ἐβοήθησεν αὐτῷ Ἀβεσσά (6 *a*)
III Ki. 1. 7. ἐβοήθουν ὀπίσω Ἀδωνίου (6 *a*)
IV Ki. 14. 26. οὐκ ἦν ὁ βοηθῶν τῷ Ἰσραήλ (6 *a*)
I Ch. 12. 1. οὗτοι ἐν τοῖς δυνατοῖς βοηθοῦντες ἐν πολέμῳ (6 *a*)
— 18. ἐβοήθησέ σου ὁ θεός σου [S *om.*] (6 *a*)
— 19. B S οὐκ ἐβοήθησαν [A R -εν] αὐτοῖς (6 *a*)
— 33. βοηθῆσαι τῷ Δαυὶδ οὐ χεροκένως †
— 36. ἐκπορευόμενοι βοηθῆσαι εἰς πόλεμον (9)
18. 5. ἦλθε Σύρος . . . βοηθῆσαι Ἀδρaαζάρ (6 *a*)
19. 19. οὐκ ἠθέλησε Σύρος τοῦ βοηθῆσαι Ἀμμών (3 *b*)
II Ch. 19. 2. εἰ ἁμαρτωλῷ σὺ βοηθεῖς (6 *a*)
26. 13. βοηθῆσαι τῷ βασ. ἐπὶ τοὺς ὑπεναντίους (6 *a*)
— 15. A R ἐθαυμαστώθη τοῦ βοηθῆναι [B -ηθη.] (6 *b*)
28. 16. ἀπέστειλεν . . . βοηθῆσαι αὐτῷ (6 *a*)
32. 18. ἐβόησε . . . τοῦ βοηθῆσαι αὐτοῖς †
I Es. 2. 6. βοηθείτωσαν αὐτῷ . . . ἐν χρυσίῳ
— 9. οἱ περικύκλῳ αὐτῶν ἐβοήθησαν ἐν πᾶσιν
6. 2. συνόντων τῶν προφητῶν . . . βοηθούντων αὐτοῖς
II Es. 5. 2. μετ' αὐτῶν οἱ προφῆται τοῦ Θ. βοηθοῦντες αὐτοῖς (4 *a*)
10. 15. Σαββαθαΐ ὁ Λευίτης βοηθῶν αὐτοῖς (6 *a*)
Ju. 7. 25. S καὶ νῦν οὐκ ἔστι βοηθῶν [A B -θὸς] ἡμῖν
8. 11. A R ἐὰν μὴ . . . ἐπιστρέψῃ ὁ κ. βοηθῆσαι [B -θειαν, S -θεῖν] ὑμῖν
— 15. ἐὰν μὴ βούληται . . . βοηθῆσαι ἡμῖν
Es. 4. 17 *bis.* βοήθησόν μοι τῇ μόνῃ
8. 11. βοηθῆσαί τε [A *om.*] αὐτοῖς (8)
9. 16. καὶ ἑαυτοῖς ἐβοήθουν (8)
Jb. 4. 20. παρὰ τὸ μὴ δύνασθαι αὐτοὺς ἑαυτοῖς βοηθῆσαι (12 ?)
20. 14. οὐ μὴ δυνηθῇ βοηθῆσαι ἑαυτῷ †
26. 2. τίνι μέλλεις βοηθεῖν (6 *a*)
29. 12. ὀρφανῷ . . . ἐβοήθησα –
Ps. 9. 35 (10. 14). A S[1] ὀρφανῷ σὺ ἦσθα βοηθῶν [B S[2] -θός] (6 *a*)
21 (22). 11. οὐκ ἔστιν ὁ βοηθῶν [S[2] β. μοι] (6 *a*)
27 (28). 7. ἐβοηθήθην καὶ ἀνέθαλεν ἡ σάρξ μου (6 *b*)
36 (37). 40. A B S[2] βοηθήσει αὐτοῖς κύριος (6 *a*)
39 (40). 13. εἰς τὸ βοηθῆσαί μοι πρόσχες [A σπεῦσον] (7 *b*)
40 (41). 3. κύριος βοηθήσαι [A -σει] αὐτῷ (4 *b*)
43 (44). 26. ἀνάστα, κύριε, βοήθησον ἡμῖν (7 *b*)
45 (46). 5. βοηθήσει [S -σαι] αὐτῇ ὁ θεὸς τῷ προσώπῳ [A B[3] S[2] πρὸς πρωῒ πρωΐ] (6 *a*)
53 (54). 4. ἰδοὺ γὰρ ὁ θεὸς βοηθεῖ μοι (6 *a*)
69 (70). 1. B[2] S εἰς τὸ βοηθῆσαί μοι σπεῦσον [S[1] θέλησον] (7 *b*)
— 5. ὁ θεὸς βοήθησόν μοι (1 ?)
78 (79). 9. βοήθησον ἡμῖν, ὁ θεός (6 *a*)
85 (86). 17. ὅτι σύ, κύριε, ἐβοήθησάς μοι (6 *a*)
93 (94). 17. εἰ μὴ ὅτι κύριος ἐβοήθησέ μοι (7 *b*)
— 18. A S[2] R τὸ ἔλεός σου [A[1] *om.* τὸ ἔ. σου], κύριε, ἐβοήθει [B S[1] βοηθεῖ] μοι (4 *b*)
106 (107). 12. οὐκ ἦν ὁ βοηθῶν (6 *a*)
— 41. ἐβοήθησε πένητι ἐκ πτωχείας (11)
108 (109). 26. βοήθησόν μοι, κύριε (6 *a*)

Ps. 118 (119). 86. βοήθησόν μοι (6 *a*)
— 117. βοήθησόν μοι καὶ σωθήσομαι (4 *b*)
— 175. τὰ κρίματά σου βοηθήσει μοι (6 *a*)
Pr. 3. 27. ἡνίκα ἂν ἔχῃ ἡ χείρ σου βοηθεῖν [A εὖ ποιεῖ] (10)
13. 12. κρείσσων ἐναρχόμενος βοηθῶν [A S[2] -θεῖν] καρδίᾳ †
18. 19. ἀδελφὸς ὑπὸ ἀδελφοῦ βοηθούμενος †
20. 22. ὑπόμεινον τὸν κύριον ἵνα σοι βοηθήσῃ (3 *b*)
28. 18. ὁ πορευόμενος δικαίως βεβοήθηται (3 *a*)
Ec. 7. 20 (19). ἡ σοφία βοηθήσει τῷ σοφῷ ὑπὲρ δέκα (5 *b*)
Wi. 13. 16. ἀδυνατεῖ ἑαυτῷ βοηθῆσαι
Si. 12. 17. ὡς βοηθῶν ὑποσχάσει πτέρναν σου
29. 4. παρέσχον πόνον [A S κόπον] τοῖς βοηθήσασιν αὐτοῖς
51. 7. οὐκ ἦν ὁ βοηθῶν
Ho. 13. 9. τῇ διαφθορᾷ σου, Ἰσρ., τίς βοηθήσει (7 *a* ?)
Is. 10. 3. πρὸς τίνα καταφεύξεσθε τοῦ βοηθηθῆναι (7 *b*)
30. 2. τοῦ βοηθηθῆναι ὑπὸ Φαραώ (5 *a*)
31. 3. κοπιάσουσιν οἱ βοηθοῦντες (6 *a*)
41. 6. τῷ ἀδελφῷ βοηθῆσαι (6 *a*)
— 10. ἐβοήθησά σοι (6 *a*)
— 14. ἐγὼ ἐβοήθησά σοι (6 *a*)
44. 2. ἔτι βοηθηθήσῃ (6 *a*)
49. 8. ἐν ἡμέρᾳ σωτηρίας ἐβοήθησά σοι (6 *a*)
50. 9. κύριος βοηθήσει [A S[2] βοηθεῖ] μοι (6 *a*)
60. 15. οὐκ ἦν ὁ βοηθῶν †
Ba. 4. 17. ἐγὼ δὲ τί δυνατὴ [A δύναμαι] βοηθῆσαι ὑμῖν
La. 1. 7. οὐκ ἦν ὁ βοηθῶν αὐτῇ (6 *a*)
Ep. Je. 58. ἑαυτοῖς οὐ μὴ βοηθήσωσιν
Ez. 30. 8. συντριβῶσι [A -βήσονται] πάντες οἱ βοηθοῦντες αὐτῇ (6 *a*)
Da. LXX. 6. 14 (15). ἐβοήθει τοῦ ἐξελέσθαι αὐτόν †
10. 13. καὶ ἰδοὺ Μ. . . . ἐπῆλθε βοηθῆσαί μοι (6 *a*)
— 21. οὐθεὶς ἦν ὁ βοηθῶν μετ' ἐμοῦ (2)
11. 45. οὐκ ἔσται ὁ βοηθῶν αὐτῷ (6 *a*)
Da. TH. 10. 13. καὶ ἰδοὺ Μ. . . . ἦλθε βοηθῆσαί μοι (6 *a*)
11. 34. βοηθήσονται βοήθειαν μικράν (6 *b*)
I Ma. 3. 2. ἐβοήθουν αὐτῷ πάντες οἱ ἀδελφοὶ αὐτοῦ
— 15. ἀνέβη μετ' αὐτοῦ παρεμβολὴ . . . βοηθῆσαι αὐτῷ
— 53. ἐὰν μὴ σὺ βοηθήσῃς ἡμῖν
7. 20. δύναμιν τοῦ βοηθεῖν αὐτῷ
8. 13. R ὅσοις [A S οἷς] δ' ἂν βούλωνται βοηθεῖν
10. 72. καὶ οἱ λοιποὶ οἱ βοηθοῦντες ἡμῖν
12. 15. ἔχομεν γὰρ τὴν ἐξ οὐρανοῦ [A -ῶν] βοήθειαν βοηθοῦσαν ἡμῖν
— 53. οὐκ ἔχουσιν . . . βοηθοῦντα
II Ma. 6. 11. διὰ τὸ εὐλαβῶς ἔχειν βοηθῆσαι ἑαυτοῖς
III Ma. 1. 4. βοηθεῖν ἑαυτοῖς τε καὶ τοῖς τέκνοις
— 16. R βοηθεῖν τῇ ἐνεστώσῃ ἀνάγκῃ [A τοῖς ἐνεστῶσιν]
2. 12. ἐβοήθησας αὐτοῖς ἐν τῇ ταπεινώσει
3. 8. βοηθεῖν μὲν οὐκ ἔσθενον
4. 21. τῆς τοῦ βοηθοῦντος τοῖς Ἰουδαίοις . . . προνοίας
5. 25. ἐδέοντο . . . πάλιν αὐτοῖς βοηθῆσαι συντόμως
IV Ma. 3. 3. ἀλλὰ τῷ θυμῷ δυνατὸν βοηθῆσαι
14. 17. καθ' ὃν δύναται τρόπον βοηθεῖ τοῖς τέκνοις
[**Aq.** Jo. 10. 33: Ps. 9. 35 (10. 14): 29 (30). 11: 39 (40). 14: 40 (41). 4: Is. 41. 6, 13: 50. 9.]
[**Sm.** Jo. 10. 33: Is. 41. 13: 50. 9.]
[**Th.** Ps. 9. 35 (10. 14): 40 (41). 4: Is. 30. 7: 41. 13: 50. 9.]
[**Quint. Sext.** Ps. 9. 35 (10. 14): 29 (30). 11.]

βοήθημα.

Wi. 17. 12. προδοσία [S προσδοκία] τῶν ἀπὸ λογισμοῦ β.
II Ma. 15. 8. τὰ προγεγονότα αὐτοῖς ἀπ' οὐρανοῦ β.

βοηθός. (1) לִי (2) מַחֲסֶה (3) מִשְׂגָּב (4) סֵתֶר (5) *a.* עֹז *b.* מָעוֹז (6) *a.* עָזַר *b.* עֵזֶר *c.* עֶזְרָה *d.* β. γίγνεσθαι עָזַר (7) צוּר (8) יָשַׁע hi.

Ge. 2. 18. ποιήσωμεν αὐτῷ βοηθὸν κατ' αὐτόν (6 *b*)
— 20. τῷ δὲ Ἀδὰμ οὐχ εὑρέθη β. ὅμοιος αὐτῷ (6 *b*)
Ex. 15. 2. β. καὶ σκεπαστὴς ἐγένετό μοι (5 *a*)
18. 4. ὁ γὰρ θ. τοῦ πατρός μου βοηθός μου (6 *b*)
De. 33. 7. βοηθὸς ἐκ τῶν ἐχθρῶν ἔσῃ (6 *b*)
— 26. ὁ ἐπιβαίνων ἐπὶ τὸν οὐρανὸν βοηθός σου (6 *b*)

De. 33. 29. ὑπερασπιεῖ ὁ β. σου (6 b)
Jd. 5. 23. A βοηθὸς ἡμῶν κύριος ἐν μαχηταῖς [B al.] (6 c)
I Ki. 7. 12. Ἀβενέζερ, λίθος τοῦ β. (6 b)
II Ki. 22. 42. βοήσονται καὶ οὐκ ἔστι [A ἔσται] βοηθός (8)
I Ch. 12. 18. εἰρήνη τοῖς β. σου (6 a)
To. 8. 6. ἔδωκας αὐτῷ βοηθὸν Εὔαν
— 6. ποιήσομεν αὐτῷ βοηθὸν ὅμοιον αὐτῷ
Ju. 7. 25. καὶ νῦν οὐκ ἔστι βοηθὸς [S -θῶν] ἡμῶν
9. 4. καὶ ἐπεκαλέσαντό σε εἰς βοηθόν
— 11. ἐλαττόνων εἶ βοηθός
Es. 4. 17. καὶ μὴ ἐχούσῃ βοηθὸν εἰ μὴ σέ
— 17. A καὶ μὴ ἐχούσῃ βοηθὸν [B S om.] εἰ μὴ σέ
Jb. 22. 25. ἔσται οὖν σου [A S σοι] ὁ παντοκράτωρ βοηθὸς ἀπὸ ἐχθρῶν –
29. 12. ᾧ οὐκ ἦν [A ὑπῆρχεν] βοηθός (6 a)
Ps. 9. 9. ἐγένετο κύριος . . . βοηθὸς ἐν εὐκαιρίαις ἐν θλίψει (3)
— 35 (10. 14). ὀρφανῷ σὺ ἦσθα βοηθός [A S¹ -ῶν] (6 a)
17 (18). 2. A S R ὁ θεός μου βοηθός μου [B om.] (7)
18 (19). 14. κύριε, βοηθέ μου καὶ λυτρωτά μου (7)
26 (27). 9. βοηθός μου γενοῦ (6 c)
27 (28). 7. κύριος βοηθός μου (5 a)
29 (30). 10. κύριος ἐγενήθη βοηθός μου (6 a)
32 (33). 20. βοηθὸς καὶ ὑπερασπιστὴς ἡμῶν ἐστιν (6 b)
39 (40). 17. βοηθός μου καὶ ὑπερασπιστής μου εἶ σύ (6 c)
45 (46). 1. βοηθὸς ἐν θλίψεσι ταῖς εὑρούσαις ἡμᾶς σφόδρα (6 c)
51 (52). 7. ὃς οὐκ ἔθετο τὸν θεὸν βοηθὸν αὐτοῦ (5 b)
58 (59). 17. βοηθός μου, σοὶ ψαλῶ, ὁ θεός μου (5 a)
61 (62). 8. ὅτι ὁ θεὸς βοηθὸς ἡμῶν (2)
62 (63). 7. ὅτι ἐγενήθης βοηθός μου (6 c)
69 (70). 5. βοηθός μου καὶ ῥύστης μου εἶ σύ (6 b)
70 (71). 7. καὶ σὺ βοηθὸς κραταιός (2)
71 (72). 12. πένητα ᾧ οὐχ ὑπῆρχε βοηθός (6 a)
77 (78). 35. ὁ θεὸς βοηθὸς αὐτῶν ἐστι (7)
80 (81). 1. ἀγαλλιᾶσθε τῷ θεῷ τῷ β. ἡμῶν (5 a)
93 (94). 22. ὁ θεός μου εἰς βοηθὸν ἐλπίδος μου (7)
113. 17 (115. 9), 18 (115. 10), 19 (115. 11). βοηθὸς καὶ ὑπερασπιστὴς αὐτῶν ἐστιν (6 b)
117 (118). 6. κύριος ἐμοὶ βοηθός (1)
— 7. κύριος ἐμοὶ βοηθός (6 a)
118 (119). 114. βοηθός μου καὶ ἀντιλήπτωρ μου εἶ σύ (4)
145 (146). 5. μακάριος οὗ ὁ θεὸς Ἰ. βοηθός (6 b)
Si. 36. 29 (26). γυναῖκα . . . βοηθὸν κατ᾽ αὐτὸν [A κατὰ ταυτόν]
51. 2. σκεπαστὴς καὶ β. ἐγένου μοι
— 2. R ἔναντι τῶν παρεστηκότων ἐγένου β.
Na. 3. 9. καὶ Λ. ἐγένοντο βοηθοὶ αὐτῆς (6 c)
Is. 8. 13. S αὐτὸς ἔσται σοι βοηθός [A B φόβος] †
17. 10. κυρίου τοῦ β. σου οὐκ ἐμνήσθης (5 b)
25. 4. πάσῃ πόλει ταπεινῇ β. (5 b)
50. 7. κύριος β. μοι [A S μου] ἐγενήθη (6 d)
63. 5. ἐπέβλεψα καὶ οὐκ ἦν [A S κ. οὐδεὶς] β. (6 a)
Ez. 12. 14. πάντας τοὺς κύκλῳ αὐτοῦ τοὺς β. αὐτοῦ (6 b vel 6 c*)
II Ma. 3. 39. καὶ βοηθὸς ἐκείνου τοῦ τόπου
[Aq. Ps. 32 (33). 20: Ez. 32. 21.]
[Sm. Ps. 32 (33). 20: Is. 31. 3.]
[Th. Is. 31. 3.]
[Sext. Ps. 32 (33). 20.]

βοηλάτης.
[Sm. Is. 61. 5: Je. 51 (28). 23.]

βόησις.
[Th. Quint. Ps. 21 (22). 2.]

βόθρος. (1) בּוֹר (2) גּוּמָּץ (3) פִּתּוּחַ (4) צְרִיחַ (5) a. שׁוּחָה b. שַׁחַת c. שִׁיחָה
Jo. 8. 29. ἔρριψαν αὐτὸν εἰς τὸν β. †
I Ki. 13. 6. B καὶ ἐν τοῖς β. καὶ ἐν τοῖς λάκκοις (4)
Ps. 7. 15. ἐμπεσεῖται εἰς βόθρον (5 b)
56 (57). 6. ὤρυξαν πρὸ προσώπου μου βόθρον (5 c)
93 (94). 13. ἕως οὗ ὀρυγῇ τῷ ἁμαρτωλῷ βόθρος (5 b)
Pr. 22. 14. βόθρος βαθὺς στόμα παρανόμου (5 a)
26. 27. ὁ ὀρύσσων βόθρον [S βόθυνον] τῷ πλησίον (5 b)
Ec. 10. 8. ὁ ὀρύσσων βόθρον εἰς αὐτὸν [A S ἐν αὐτῷ] ἐμπεσεῖται (2)
Si. 12. 16. βουλεύσεται ἀνατρέψαι [S ἀναστρ.] σε εἰς βόθρον
21. 10. ἐπ᾽ ἐσχάτῳ [A -των, S -του] αὐτῆς βόθρος ᾅδου
27. 26. ὁ ὀρύσσων βόθρον εἰς αὐτὸν ἐμπεσεῖται
Am. 9. 7. καὶ τοὺς Σ. ἐκ βόθρου †
Za. 3. 10 (9). ἰδοὺ ἐγὼ ὀρύσσω βόθρον (3 ?)
Ez. 26. 20. πρὸς τοὺς καταβαίνοντας εἰς βόθρον . . . μετὰ καταβαινόντων εἰς βόθρον (1, 1)
31. 14. ἐν μέσῳ υἱῶν ἀνθρώπων προσκαταβαίνοντας εἰς β. (1)
32. 18. πρὸς τοὺς καταβαίνοντας εἰς βόθρον (1)
— 19. ἐν βάθει βόθρου γίνου †
— 23. A R ἡ ταφὴ αὐτῶν ἐν βάθει βόθρου [B θορύβου] (1)
— 25. μετὰ τῶν καταβαινόντων εἰς βόθρον (1)
— 29. μετὰ καταβαινόντων εἰς βόθρον (1)
— 30. μετὰ τῶν καταβαινόντων εἰς βόθρον (1)
[Aq. Ez. 19. 4, 8.]
[Al. Ps. 27 (28). 1: 39 (40). 3.]

βόθυνος. (1) גֵּב (2) מַקֶּבֶת (3) פַּחַת (4) שַׁחַת
II Ki. 18. 17. ἔρριψεν αὐτὸν [A om.] . . . εἰς τὸν β. τὸν μέγαν (3)
IV Ki. 3. 16. ποιήσατε τὸν χειμάρρουν τοῦτον βοθύνους βοθύνους (1, 1)
Pr. 26. 27. S ὁ ὀρύσσων βόθυνον [A B βόθρον] τῷ πλησίον (4)
Is. 24. 17. φόβος καὶ β. καὶ παγὶς ἐφ᾽ ὑμᾶς (3)
— 18. ἐμπεσεῖται εἰς τὸν β. καὶ ὁ ἐκβαίνων ἐκ τοῦ β. (3, 3)
47. 11. βόθυνος καὶ ἐμπεσῇ εἰς αὐτόν †
51. 1. ἐμβλέψατε . . . εἰς τὸν β. τοῦ λάκκου (2)
Je. 31 (48). 28. περιστεραὶ νοσσεύουσαι ἐν πέτραις στόματι βοθύνου (3)
— 43. παγὶς καὶ φόβος καὶ β. ἐπὶ σοί (3 ?)
— 44. ἐμπεσεῖται εἰς τὸν β. καὶ ὁ ἀναβαίνων ἐκ τοῦ β. (3, 3)
[Aq. Is. 30. 14: Je. 48 (31). 28: Ez. 16. 24.]
[Sm. Al. Ps. 139 (140). 11.]
[Th. Ec. 10. 8: Is. 33. 4.]
[Quint. Ps. 118 (119). 85.]

βοθυνώτης.
[Aq. IV Ki. 25. 12.]

βοΐδιον. (1) עֶגְלָה
Je. 27 (50). 11. ἐσκιρτᾶτε ὡς βοΐδια ἐν βοτάνῃ (1)

βόλβιτον. (1) a. גֵּל b. גָּלָל (2) a. צְפִיעַ b. צָפוּעַ
Si. 22. 2. βολβίτῳ κοπρίων [A S -ίῳ] συνεβλήθη ὀκνηρός
Ze. 1. 17. ἐκχεεῖ . . . τὰς σάρκας αὐτῶν ὡς βόλβιτα (1 b)
Ez. 4. 12. ἐν βολβίτοις κόπρου ἀνθρωπίνης (1 a)
— 15. δέδωκά σοι βόλβιτα βοῶν ἀντὶ τῶν β. τῶν ἀνθρωπίνων (2 a vel 2 b*, 1 a)
[Aq. Th. Ez. 4. 15.]

βολή. (1) טָחָה pil.
Ge. 21. 16. ὡσεὶ τόξου βολήν (1)
II Ma. 5. 3. καὶ βελῶν βολάς
III Ma. 5. 26. R οὔπω δὲ ἡλίου βολαὶ κατεσπείροντο [A -επείροντο]

βολίς. (1) חֵץ (2) יָרָה (3) פְּתִחוֹת (4) צְנִינִים (5) שֶׁלַח (6) שֶׁלֶט
Ex. 19. 13. ἢ βολίδι κατατοξευθήσεται (2)
Nu. 24. 8. ταῖς β. αὐτοῦ κατατοξεύσει ἐχθρόν (1)
33. 55. βολίδες ἐν ταῖς πλευραῖς ὑμῶν (4)
Jo. 23. 13. καὶ εἰς βολίδας ἐν τοῖς ὀφθαλμοῖς ὑμῶν (4)
I Ki. 14. 14. ὡς εἴκοσιν ἄνδρες [A -ας] ἐν βολίσι †
Ne. 4. 17 (11). ἐν μιᾷ ἐκράτει τὴν β. (5)
Ps. 54 (55). 21. αὐτοί εἰσι βολίδες (3)
Ca. 4. 4. πᾶσαι β. [S αἱ β.] τῶν δυνατῶν (6)
Wi. 5. 21. πορεύσονται εὔστοχοι β. ἀστραπῶν
Hb. 3. 11. εἰς φῶς βολίδες σου πορεύσονται (1)
Za. 9. 14. ἐξελεύσεται ὡς ἀστραπὴ βολίς (1)
Je. 9. 8 (7). β. τιτρώσκουσα ἡ γλῶσσα [A καρδία] αὐ. (1)
27 (50). 9. ὡς β. μαχητοῦ συνετοῦ (1)
Ez. 5. 16. ἐν τῷ ἐξαποστεῖλαί με τὰς β. μου τοῦ θυμοῦ (1)
[Al. Hb. 3. 9, 11.]

βόλος. (1) עֲרוּגָה
Ez. 17. 7. R σὺν τῷ β. [A B βώλῳ] τῆς φυτείας αὐτῆς (1)
— 10. R σὺν τῷ β. [A B βώλῳ] ἀνατολῆς αὐτῆς (1)

βομβεῖν. (1) הָמָה (2) רָעַם
I Ch. 16. 32. βομβήσει ἡ θάλασσα σὺν τῷ πληρώματι (2)
Je. 31 (48). 36. ὥσπερ αὐλοὶ βομβήσουσι . . . ὥσπερ αὐλὸς βομβήσει (1, 1)
38 (31). 35. ἐβόμβησε τὰ κύματα αὐτῆς (1)

βόμβησις.
Ba. 2. 29. ἡ β. μεγάλη ἡ πολλὴ αὕτη ἀποστρέψει

βοοζύγιον.
Si. 26. 7. βοοζύγιον σαλευόμενον γυνὴ πονηρά

βορά. (1) אֹכֶל (2) טֶרֶף (3) צַיִד
Jb. 4. 11. μυρμηκολέων ὤλετο παρὰ τὸ μὴ ἔχειν βοράν (2)
9. 26. ἢ ἀετοῦ πετομένου ζητοῦντος βοράν (1)
38. 39. θηρεύσεις δὲ λέουσι βοράν (2)
— 41. τίς δὲ ἡτοίμασε κόρακι βοράν (3)
III Ma. 6. 7. κατὰ γῆς ῥιφέντα θηρσὶ βορὰν Δανιήλ
[Sm. Jb. 9. 26.]

βοράς.
[Aq. Am. 7. 1.]

βορατῖναι.
[Aq. Ca. 1. 17.]

βόρατον.
[Sm. Ps. 103 (104). 17: Ca. 1. 17: Is. 60. 13.]

βόρβορος. (1) טִיט
Je. 45 (38). 6. οὐκ ἦν ὕδωρ ἀλλ᾽ ἢ β. καὶ ἦν ἐν τῷ β. (1, 1)

βορέας, βορέης, βορρᾶς. (1) a. צָפוֹן b. ὁ ἀπὸ βορρᾶ צְפוֹנִי
Ge. 13. 14. πρὸς βορρᾶν καὶ λίβα (1 a)
28. 14. A καὶ ἐπὶ [R om.] λίβα καὶ ἐπὶ [R om.] βορρᾶν (1 a)
Ex. 26. 18. ἐκ τοῦ κλίτους τοῦ πρὸς β. †
— 35. ἐπὶ μέρους τῆς σκηνῆς τὸ πρὸς β. (1 a)
27. 11. A τῷ κλίτει τῷ πρὸς βορρᾶν [B ἀπηλιώτην] (1 a)
37. 9 (38. 11). τὸ κλίτος τὸ πρὸς β. (1 a)
40. 22. A B ἐπὶ τὸ κλίτος τῆς σκ. . . . τὸ [A om.] πρὸς β. [R al.] (1 a)
Le. 1. 11. ἐκ πλαγίων τοῦ θυσιαστηρίου πρὸς β. (1 a)
Nu. 2. 25. τάγμα παρεμβολῆς Δὰν πρὸς βορρᾶν (1 a)
3. 35. παρεμβαλοῦσι πρὸς β. (1 a)
10. 6. αἱ παρεμβολαὶ αἱ παρεμβάλλουσαι πρὸς [A B² om.] β. –
34. 3. A τὸ κλίτος τὸ πρὸς βορρᾶ [B λίβα] †
— 7. τοῦτο ἔσται ὑμῖν τὰ ὅρια πρὸς β. (1 a)
— 9. τοῦτο ἔσται ὑμῖν ὅρια ἀπὸ βορρᾶ (1 a)
35. 5. τὸ κλίτος τὸ πρὸς β. (1 a)
De. 2. 3. ἐπιστράφητε οὖν ἐπὶ [A πρὸς] βορρᾶν (1 a)
3. 27. ἀναβλέψας τοῖς ὀφθαλμοῖς κατὰ θάλασσαν καὶ β. (1 a)
Jo. 15. 5. καὶ τὰ ὅρια αὐτῶν ἀπὸ βορρᾶ [A ἐπὶ βορρᾶν] (1 a)
— 6. παραπορεύεται ἀπὸ βορρᾶ ἐπὶ Βαιθ. (1 a)
— 8. ἐκ μέρους γῆς Ῥαφαῒν ἐπὶ βορρᾶ [A -ᾶν] (1 a)
— 10. ἐπὶ νώτου πόλιν Ἰαρὶν ἀπὸ βορρᾶ (1 a)
— 11. κατὰ νώτου Ἀκκαρὼν ἐπὶ βορρᾶν (1 a)
16. 6. εἰς Ἰκασμὼν ἀπὸ βορρᾶ Θερμὰ [A om.] (1 a)
17. 9. ἐπὶ τὸν βορρᾶν [A ἐπὶ βορρᾶ] εἰς τὸν χειμάρρουν (1 a)
— 10. ἐπὶ βορρᾶν Μανασσῇ [A τῷ M.] (1 a)
— 10. ἐπὶ Ἀσὴβ συνάψουσιν ἐπὶ βορρᾶν (1 a)
18. 5. οἱ υἱοὶ Ἰωσὴφ στήσονται αὐτοῖς [A om.] ἀπὸ βορρᾶ (1 a)
— 12. ἐγενήθη αὐτῶν τὰ ὅρια ἀπὸ βορρᾶ (1 a)
— 12. κατὰ νώτου Ἰεριχὼ ἀπὸ [A ἐπὶ] βορρᾶ (1 a)
— 16. ὅ ἐστιν ἐκ μέρους Ἐμὲκ Ῥαφαῒν ἀπὸ βορρᾶ (1 a)
— 18. κατὰ νώτου Βαιθάραβα ἀπὸ βορρᾶ (1 a)

Jo. 18. 18 (19). ἐπὶ νῶτον θάλασσαν [A νώτου Βαιθαλαγὰ] ἀπὸ βορρᾶ (1 a)
— 19. ἐπὶ λοφιὰν τῆς θαλάσσης τῶν ἁλῶν ἐπὶ βορρᾶν [A ἀπὸ βορρᾶ] (1 a)
19. 14. περιελεύσεται ὅρια ἐπὶ βορρᾶν [A π. ἐπὶ τὰ ὅ. βορρᾶ] (1 a)
— 27. καὶ Ἐκγαὶ καὶ Φθαιὴλ κατὰ βορρᾶν (1 a)
24. 30. ἀπὸ βορρᾶ τοῦ ὄρους τοῦ Γαλαάδ [A ὄ. Γαάς] (1 a)
Jd. 2. 9. ἐν ὄρει Ἐφραὶμ ἀπὸ βορρᾶ τοῦ ὄρους Γαάς (1 a)
7. 1. παρεμβολὴ Μαδιὰμ [A καὶ Ἀμαλὴκ] ἦν αὐτῷ ἀπὸ βορρᾶ (1 a)
12. 1. παρῆλθαν εἰς βορρᾶν [A ἦλθον εἰς Κεφεινά] (1 a)
21. 19. ἥ ἐστιν ἀπὸ βορρᾶ τῆς Βαιθήλ (1 a)
I Ki. 14. 5. B ἡ ὁδὸς ἡ μία ἀπὸ βορρᾶ ἐρχομένῳ Μαχμάς (1 a)
III Ki. 7. 25. οἱ τρεῖς ἐπιβλέποντες βορρᾶν (1 a)
IV Ki. 16. 14. ἐπὶ μηρὸν τοῦ θυσιαστ. κατὰ βορρᾶν (1 a)
I Ch. 9. 24. κατὰ ἀνατολὰς θάλασσαν βορρᾶν νότον (1 a)
26. 14. ἐξῆλθεν ὁ κλῆρος βορρᾶ (1 a)
— 17. βορρᾶ τῆς ἡμέρας τέσσαρες (1 a)
— 18. καὶ τῷ β. τέσσαρες –
II Ch. 4. 4. οἱ τρεῖς βλέποντες βορρᾶν (1 a)
14. 10 (9). ἐν τῇ φάραγγι κατὰ βορρᾶν Μαρησά †
Ju. 16. 4. ἦλθεν Ἀσσοὺρ ἐξ ὀρέων ἀπὸ βορρᾶ
Jb. 26. 7. SR ἐκτείνων βορέαν [AB -έα] ἐπ' οὐδέν (1 a)
37. 22. ἀπὸ βορρᾶ νέφη χρυσαυγοῦντα (1 a)
Ps. 47 (48). 2. ὄρη Σιὼν τὰ πλευρὰ τοῦ βορρᾶ (1 a)
88 (89). 12. R τὸν βορρᾶν καὶ θάλασσαν [A S² τὴν θ., BS¹ -ας] (1 a)
106 (107). 3. ἀπὸ ἀνατολῶν καὶ δυσμῶν καὶ βορρᾶ (1 a)
Pr. 25. 23. ἄνεμος βορέας ἐξεγείρει νέφη (1 a)
27. 16. βορέας σκληρὸς ἄνεμος †
Ec. 1. 6. καὶ κυκλοῖ πρὸς βορρᾶν [A βορρᾶ] (1 a)
11. 3. ἐὰν πέσῃ ξύλον ἐν τῷ νότῳ καὶ ἐὰν ἐν τῷ β. (1 a)
Ca. 4. 16. ἐξεγέρθητι, βορρᾶ, καὶ ἔρχου, νότε (1 a)
Si. 43. 17. καταιγὶς βορέου καὶ συστροφὴ πνεύματος
— 20. ψυχρὸς ἄνεμος βορέης [A S -έας] πνεύσει
Am. 8. 12. καὶ ἀπὸ βορρᾶ ἕως ἀνατολῶν (1 a)
Jl. 2. 20. τὸν ἀπὸ βορρᾶ ἐκδιώξω ἀφ' ὑμῶν (1 b)
Ze. 2. 13. ἐκτενεῖ τὴν χεῖρα αὐτοῦ [A S³ ἐκτενῶ τ. χ. μου] ἐπὶ βορρᾶν (1 a)
Za. 2. 6 (10). ὦ ὦ φεύγετε ἀπὸ γῆς βορρᾶ (1 a)
6. 6. ἐξεπορεύοντο ἐπὶ γῆν βορρᾶ (1 a)
— 8. ἰδοὺ οἱ ἐκπορευόμενοι ἐπὶ γῆν βορρᾶ καὶ [A S² om.] ἀνέπαυσαν τὸν θυμόν μου ἐν γῇ βορρᾶ (1 a, 1 a)
14. 4. κλινεῖ τὸ ἥμισυ τοῦ ὄρους πρὸς βορρᾶν (1 a)
Is. 14. 13. ἐπὶ τὰ ὄρη τὰ ὑψηλὰ τὰ πρὸς βορρᾶν (1 a)
— 31. καπνὸς ἀπὸ βορρᾶ ἔρχεται (1 a)
41. 25. ἐγὼ δὲ ἤγειρα τὸν ἀπὸ βορρᾶ (1 a)
43. 6. ἐρῶ τῷ β., Ἄγε (1 a)
49. 12. οὗτοι ἀπὸ βορρᾶ καὶ [A S³ add. οὗτοι ἀπὸ] θαλάσσης (1 a)
Je. 1. 13. τὸ πρόσωπον αὐτοῦ ἀπὸ προσώπου βορρᾶ (1 a)
— 14. ἀπὸ προσώπου βορρᾶ ἐκκαυθήσεται τὰ κακά (1 a)
— 15. R συγκαλῶ πάσας τὰς βασιλείας ἀπὸ [A add. προσώπου] βορρᾶ τῆς γῆς (1 a)
3. 12. ἀνάγνωθι [A -ωσον] τοὺς λόγους τούτους πρὸς βορρᾶν [A -ᾶ] (1 a)
— 18. ἥξουσιν ἐπὶ τὸ αὐτὸ ἀπὸ γῆς βορρᾶ (1 a)
4. 6. κακὰ ἐγὼ ἐπάγω ἀπὸ βορρᾶ (1 a)
6. 1. κακὰ ἐκκέκυφεν ἀπὸ βορρᾶ (1 a)
— 22. λαὸς ἔρχεται ἀπὸ βορρᾶ (1 a)
10. 22. σεισμὸς μέγας ἐκ γῆς βορρᾶ (1 a)
13. 20. ἴδε τοὺς ἐρχομένους ἀπὸ βορρᾶ (1 a)
16. 15. ἀνήγαγε τὸν οἶκον Ἰσραὴλ ἀπὸ γῆς βορρᾶ (1 a)
23. 8. συνήγαγεν ἅπαν τὸ σπέρμα Ἰσραὴλ ἀπὸ γῆς βορρᾶ (1 a)
25. 9. λήψομαι πατριὰν ἀπὸ [S ἐκ τοῦ] βορρᾶ (1 a)
26 (46). 6. μὴ ἀνασωζέσθω [A -έτω] ὁ ἰσχυρὸς ἐπὶ βορρᾶν (1 a)
— 10. θυσία τῷ κ. [A add. Σαβαὼθ] ἀπὸ γῆς βορρᾶ (1 a)
— 20. ἀπόσπασμα ἀπὸ βορρᾶ ἦλθεν ἐπ' αὐτήν (1 a)
— 24. παρεδόθη εἰς χεῖρας λαοῦ ἀπὸ βορρᾶ (1 a)
Je. 27 (50). 3. ἀνέβη ἐπ' αὐτὴν ἔθνος ἀπὸ βορρᾶ (1 a)
— 9. ἐγείρω ἐπὶ Βαβ. συναγωγὰς ἐθνῶν ἐκ γῆς βορρᾶ (1 a)
— 41. λαὸς ἔρχεται ἀπὸ βορρᾶ [A γῆς β.] (1 a)
29 (47). 2. ὕδατα ἀναβαίνει ἀπὸ βορρᾶ (1 a)
38 (31). 8. ἐγὼ ἄγω αὐτοὺς ἀπὸ βορρᾶ (1 a)
Ez. 1. 4. πνεῦμα ἐξαῖρον ἤρχετο ἀπὸ βορρᾶ (1 a)
8. 3. τῆς πύλης [A add. τῆς ἐσωτέρας] τῆς βλεπούσης εἰς [A πρὸς] βορρᾶν (1 a)
— 5. ἀνάβλεψον τοῖς ὀφθαλμοῖς σου πρὸς βορρᾶν· καὶ ἀνέβλεψα τοῖς ὀφθαλμοῖς μου πρὸς βορρᾶν· καὶ ἰδοὺ ἀπὸ βορρᾶ ἐπὶ τὴν πύλην (1 a ter)
— 14. τῆς πύλης οἴκου κυρίου τῆς βλεπούσης πρὸς βορρᾶν (1 a)
9. 2. ἀπὸ τῆς ὁδοῦ τῆς πύλης . . . τῆς βλεπούσης πρὸς βορρᾶν (1 a)
20. 47 (21. 3). κατακαυθήσεται . . . πᾶν πρόσωπον ἀπὸ ἀπηλιώτου ἕως βορρᾶ (1 a)
21. 4 (9). ἀπὸ ἀπηλιώτου ἕως βορρᾶ (1 a)
23. 24. πάντες ἥξουσιν ἐπὶ σὲ ἀπὸ βορρᾶ †
26. 7. ἐπάγω . . . βασιλέα Βαβ. ἀπὸ τοῦ β. (1 a)
32. 30. ἐκεῖ οἱ ἄρχοντες τοῦ β. (1 a)
38. 6. οἶκος τοῦ Θεργαμὰ ἀπ' ἐσχάτου βορρᾶ (1 a)
— 15. ἥξεις ἐκ τοῦ τόπου σου ἀπ' ἐσχάτου βορρᾶ (1 a)
39. 2. ἀναβιβῶ [A -βάσω] σε ἐπ' [A ἀπ'] ἐσχάτου τοῦ β. (1 a)
40. 19. ἤγαγέ [A εἰσήγαγέν] με ἐπὶ βορρᾶν (1 a)
— 20. πύλη βλέπουσα πρὸς βορρᾶν (1 a)
— 23. βλέπουσα ἐπὶ πύλην τοῦ β. (1 a)
— 35. εἰσήγαγέ με εἰς τὴν πύλην τὴν πρὸς βορρᾶν (1 a)
— 40. R τοῦ ῥύακος [AB ῥόα.] τῶν ὁλοκαυτωμάτων τῆς βλεπούσης πρὸς βορρᾶν (1 a)
— 44. κατὰ νώτου τῆς πύλης τῆς βλεπούσης πρὸς βορρᾶν . . . κατὰ νώτου τῆς πύλης τῆς πρὸς νότον βλεπούσης δὲ πρὸς βορρᾶν (1 a, 1 a)
— 46. ἡ ἐξέδρα ἡ βλέπουσα πρὸς βορρᾶν τοῖς ἱερεῦσι (1 a)
41. 11. τῆς θύρας τῆς μιᾶς τῆς πρὸς βορρᾶν (1 a)
42. 1. κατέναντι τῆς πύλης τῆς πρὸς βορρᾶν . . . ἐξέδραι . . . ἐχόμεναι τοῦ διορίζοντος πρὸς βορρᾶν (1 a, 1 a)
— 2. ἐπὶ πήχεις ἑκατὸν μῆκος πρὸς βορρᾶν (1 a)
— 4. τὰ θυρώματα αὐτῶν πρὸς βορρᾶν (1 a)
— 7. ἀπέναντι τῶν ἐξεδρῶν τῶν πρὸς βορρᾶν –
— 11. κατὰ τὰ μέτρα ἐξεδρῶν τῶν πρὸς βορρᾶν (1 a)
— 13. αἱ ἐξέδραι αἱ πρὸς βορρᾶν (1 a)
— 17. ἐπέστρεψε πρὸς βορρᾶν καὶ διεμέτρησε τὸ κατὰ πρόσωπον τοῦ β. (–, 1 a)
44. 4. κατὰ τὴν ὁδὸν τῆς πύλης τῆς πρὸς βορρᾶν (1 a)
46. 9. κατὰ τὴν ὁδὸν τῆς πύλης τῆς βλεπούσης [A om.] πρὸς βορρᾶν (1 a)
— 9. κατὰ τὴν ὁδὸν τῆς πύλης τῆς πρὸς βορρᾶν (1 a)
— 19. εἰς τὴν ἐξέδραν . . . τὴν βλέπουσαν πρὸς βορρᾶν (1 a)
47. 2. κατὰ τὴν ὁδὸν τῆς πύλης τῆς πρὸς βορρᾶν (1 a)
— 15. ταῦτα τὰ ὅρια τῆς γῆς τῆς πρὸς βορρᾶν (1 a)
— 17. ὅρια Δαμασκοῦ καὶ τὰ πρὸς βορρᾶν [A add. κατὰ βορρᾶν καὶ τὸ ὅριον Αἰμὰθ τὸ ὅριον βορρᾶ] (1 a ter)
48. 1. ἀπὸ τῆς ἀρχῆς τῆς πρὸς βορρᾶν . . . ὅριον Δαμασκοῦ πρὸς βορρᾶν (1 a, 1 a)
— 10. τοῖς ἱερεῦσι πρὸς βορρᾶν (1 a)
— 16. ἀπὸ τῶν πρὸς βορρᾶν πεντακόσιοι καὶ τετρακισχ. (1 a)
— 17. ἔσται διάστημα τῇ πόλει πρὸς βορρᾶν (1 a)
— 30. αἱ διεκβολαὶ τῆς πόλεως αἱ πρὸς βορρᾶν (1 a)
— 31. πύλαι τρεῖς πρὸς βορρᾶν (1 a)
Da. LXX. 8. 4. πρὸς ἀνατολὰς καὶ πρὸς βορρᾶν (1 a)
— 9. ἐπ' ἀνατολὰς καὶ ἐπὶ βορρᾶν †
11. 6. εἰσελεύσεται . . . εἰς τὴν βασιλείαν τὴν βορρᾶ (1 a)
— 7. ἥξει ἐπὶ τὴν δύναμιν . . . βασ. βορρᾶ (1 a)
— 8. ἔσται ἔτος βασιλεῖ βορρᾶ (1 a)
— 11. πολεμήσει μετὰ βασιλέως βορρᾶ (1 a)
— 13. ἐπιστρέψει βασιλεὺς βορρᾶ (1 a)
— 15. ἐπελεύσεται βασιλεὺς βορρᾶ (1 a)
— 40. ἐποργισθήσεται αὐτῷ βασιλεὺς βορρᾶ (1 a)
— 44. ἀπὸ ἀνατολῶν καὶ βορρᾶ (1 a)
Da. TH. 8. 4. A R κατὰ θάλασσαν καὶ βορρᾶν [B -ᾶ] (1 a)
11. 6. εἰσελεύσεται πρὸς βασιλέα τοῦ β. (1 a)
— 7. τὰ ὑποστηρίγματα τοῦ βασιλέως τοῦ β. (1 a)
— 8. στήσεται ὑπὲρ βασιλέα τοῦ β. (1 a)
Da. TH. 11. 11. πολεμήσει μετὰ τοῦ [A om.] βασιλέως τοῦ β. (1 a)
— 13. ἐπιστρέψει ὁ βασιλεὺς τοῦ β. (1 a)
— 15. εἰσελεύσεται βασιλεὺς [A ὁ β.] τοῦ β. (1 a)
— 40. συναχθήσεται ἐπ' αὐτὸν βασ. τοῦ β. (1 a)
— 44. ἐξ ἀνατολῶν καὶ ἀπὸ βορρᾶ (1 a)
[**Aq. Sm.** Jd. 12. 1: Ps. 88 (89). 13: Pr. 27. 16: Je. 15. 12: 25. 26 (32. 12): 46 (26). 10, 20.]
[**Th.** Jd. 12. 1: Ps. 88 (89). 13: Je. 25. 26 (32. 12): 46 (26). 10: Ez. 47. 17 *bis*.]
[**Al.** Jo. 13. 3.]
[**Quint.** Ps. 88 (89). 13: Pr. 27. 16.]
[**Hebr.** Ez. 20. 47 (21. 3).]

βόσκειν. (1) רָבַץ (2) רָעָה
Ge. 29. 6. A αὐτὴ γὰρ ἔβοσκεν τὰ πρόβατα –
— 7. ἀπελθόντες βόσκετε (2)
— 9. αὐτὴ γὰρ ἔβοσκε τὰ πρόβατα (2)
37. 12. βόσκειν τὰ πρόβατα τοῦ πατρὸς αὐτῶν (2)
— 16. ἀπάγγειλόν μοι ποῦ βόσκουσιν (2)
41. 2. καὶ ἐβόσκοντο ἐν τῷ ἄχει (2)
III Ki. 12. 16. νῦν βόσκε τὸν οἶκόν σου, Δαυίδ †
Jb. 1. 14. αἱ θήλειαι ὄνοι ἐβόσκοντο ἐχόμεναι αὐτῶν (2)
Is. 5. 17. βοσκηθήσονται οἱ διηρπασμένοι ὡς ταῦροι (2)
11. 6. ταῦρος καὶ λέων ἅμα βοσκηθήσονται –
— 7. A βοῦς καὶ ἄρκος ἅμα βοσκηθήσονται καὶ ἅμα τὰ παιδία αὐτῶν βοσκ. [BS ἔσονται] (2, 1?)
14. 30. βοσκηθήσονται πτωχοὶ δι' αὐτοῦ (2)
30. 23. βοσκηθήσεταί σου τὰ κτήνη (2)
34. 17. ἡ χεὶρ αὐτοῦ διεμέρισε βόσκεσθαι –
49. 9. ἐν πάσαις ταῖς ὁδοῖς βοσκηθήσονται (2)
65. 25. λύκοι καὶ ἄρνες βοσκηθήσονται ἅμα (2)
Je. 38 (31). 10. ὡς ὁ βόσκων ποίμνιον αὐτοῦ (2)
Ez. 34. 2. μὴ βόσκουσι ποιμένες ἑαυτούς; οὐ τὰ πρόβατα βόσκουσιν οἱ ποιμένες (2, 2)
— 3. τὰ πρόβατά μου οὐ βόσκετε [A οὐκ ἐβ.] (2)
— 8. ἐβόσκησαν οἱ ποιμένες ἑαυτούς τὰ δὲ πρόβατά μου οὐκ ἐβόσκησαν (2, 2)
— 10. οὐ βοσκήσουσιν ἔτι οἱ ποιμένες αὐτά (2)
— 13. βοσκήσω αὐτοὺς ἐπὶ τὰ ὄρη Ἰσραήλ (2)
— 14. ἐν [A om.] νομῇ ἀγαθῇ βοσκήσω αὐτοὺς . . . ἐν νομῇ πίονι βοσκηθήσονται (2, 2)
— 15. βοσκήσω τὰ πρόβατά μου (2)
— 16. βοσκήσω αὐτὰ μετὰ κρίματος (2)
Da. LXX. 4. 13. ἑπτὰ ἔτη βοσκηθῇ σὺν αὐτοῖς †
[**Aq.** Ge. 36. 24.]
[**Sm.** Is. 11. 7: 40. 11.]

βόσκημα. (1) *a.* מִרְעֶה *b.* מַרְעִית (2) מִשְׁלַח (3) צֹאן
II Ch. 7. 5. A R βοσκημάτων ἑκατὸν καὶ εἴκοσι χιλιάδας (3)
Is. 7. 25. εἰς β. προβάτου (2)
27. 10. ἔσται πολὺν χρόνον εἰς β. †
32. 14. βοσκήματα ποιμένων (1 a)
49. 11. θήσω . . . πᾶσαν τρίβον εἰς β. αὐτοῖς †
Je. 32 (25). 36. ὠλόθρευσε κύριος τὰ β. αὐτῶν (1 b)
II Ma. 12. 11. καὶ βοσκήματα δώσειν
[**Aq.** Ge. 37. 14: Le. 27. 26.]
[**Sm.** Ge. 30. 38 *bis*, 41, 42: 37. 14: Le. 27. 26: IV Ki. 3. 4: Ps. 43 (44). 12: 48 (49). 15: Je. 13. 20: 31 (38). 12.]

βόσκησις.
[**Sm.** Ec. 1. 14: 4. 16: Is. 6. 13.]
[**Al.** I Ch. 4. 10.]

βόστρυχος. (1) מַחְלָפוֹת (2) קְוֻצּוֹת
Jd. 16. 14. A ἐδιάσατο τοὺς ἑπτὰ β. τῆς κεφαλῆς αὐτοῦ [B al.] –
— 19. A ἐξύρησεν τοὺς ἑπτὰ β. τῆς κεφαλῆς αὐτοῦ [B al.] (1)
Ca. 5. 2. οἱ [S¹ om.] β. μου ψεκάδων νυκτός (2)
— 11. βόστρυχοι αὐτοῦ ἐλάται (2)
[**Aq. Sm.** Jd. 16. 13.]

βοτάνη. (1) דֶּשֶׁא (2) חָצִיר (3) עֵשֶׂב
Ge. 1. 11. βλαστησάτω ἡ γῆ βοτάνην χόρτου (1)
— 12. ἐξήνεγκεν ἡ γῆ βοτάνην χόρτου (1)
Ex. 9. 22. ἐπὶ πᾶσαν β. τὴν ἐπὶ τῆς γῆς (3)
— 25. πᾶσαν β. τὴν ἐν τῷ πεδίῳ (3)
10. 12. κατέδεται πᾶσαν β. τῆς γῆς (3)
— 15. κατέφαγε πᾶσαν β. τῆς γ. (3)
— 15. ἐν τοῖς ξύλοις καὶ ἐν πάσῃ β. τοῦ πεδίου (3)

III Ki. 18. 5. ἐάν πως εὕρωμεν βοτάνην (2)
IV Ki. 19. 26. ἐγένοντο χόρτος ἀγροῦ ἢ χλωρὰ βοτάνη [A ἢ χλωροβοτάνη] (1)
Jb. 8. 12. πρὸ τοῦ πιεῖν πᾶσα βοτάνη οὐχὶ [A πᾶσαν βοτάνην ἐὰν δὲ μὴ πίῃ] ξηραίνεται (2)
Wi. 16. 12. οὔτε βοτάνη . . . ἐθεράπευσεν αὐτούς
Za. 10. 1. δώσει . . . ἑκάστῳ βοτάνην ἐν ἀγρῷ (3)
Is. 58. 12. A τὰ ὀστᾶ σου ὡς β. ἀνατελεῖ –
66. 14. τὰ ὀστᾶ ὑμῶν ὡς β. ἀνατελεῖ (1)
Je. 14. 5. ἐγκατέλιπον ὅτι οὐκ ἦν β. (1)
27 (50). 11. ἐσκιρτᾶτε ὡς βοΐδια ἐν βοτάνῃ (1 ?)
[Sm. IV Ki. 4. 39: Is. 37. 27.]
[Th. Ge. 1. 11: Je. 14. 5.]
[Al. Hb. 3. 17.]

βοτρύδιον. (1) זַלְזַל
Is. 18. 5. ἀφελεῖ τὰ β. τὰ μικρά (1)

βότρυς. (1) אֶשְׁכֹּל
Ge. 40. 10. πέπειροι οἱ β. σταφυλῆς (1)
Nu. 13. 24 (23). ἦλθοσαν ἕως φάραγγος βότρυος (1)
— 24 (23). ἔκοψαν ἐκεῖθεν . . . βότρυν σταφυλῆς (1)
— 25 (24). φάραγξ βότρυος διὰ τὸν βότρυν (1, 1)
32. 9. ἀνέβησαν φάραγγα βότρυος (1)
De. 1. 24. ἦλθοσαν ἕως φάραγγος βότρυος (1)
32. 32. σταφυλὴ . . . βότρυς πικρίας αὐτοῖς (1)
Ca. 1. 14. A S R βότρυς τῆς κύπρου ἀδελφιδός μου ἐμοί (1)
7. 7 (8). καὶ οἱ μαστοί σου τοῖς β. (1)
— 8 (9). ἔσονται δὴ μαστοί σου ὡς βότρυες τῆς ἀμπέλου (1)
Mi. 7. 1. οὐχ ὑπάρχοντος βότρυος (1)
Is. 65. 8. εὑρεθήσεται ὁ ῥὼξ ἐν τῷ β. (1)

βούβαλος. (1) יַחְמוּר
De. 14. 5. A βούβαλον καὶ τραγέλαφον (1)

βούκεντρον. (1) דָּרְבוֹן
Ec. 12. 11. λόγοι σοφῶν ὡς τὰ β. (1)
[Aq. Al. I Ki. 13. 21.]

βουκόλιον. (1) בָּקָר (2) מַרְבֵּק (3) עֵדֶר (4) שֶׁגֶר
Ex. 13. 12. πᾶν διανοῖγον μήτραν ἐκ βουκολίων (4)
Le. 22. 19. ἐκ τῶν β. καὶ ἐκ τῶν προβάτων (1)
— 21. ἐκ τῶν β. ἢ ἐκ τῶν προβάτων (1)
23. 18. μόσχον ἕνα ἐκ βουκολίου [A -ων] (1)
De. 7. 13. τὰ β. τῶν βοῶν σου (4)
28. 4. εὐλογημένα . . . τὰ β. τῶν βοῶν σου (4)
— 18. ἐπικατάρατα . . . τὰ β. τῶν βοῶν σου (4)
— 51. ὥστε μὴ καταλιπεῖν . . . τὰ β. τῶν βοῶν σου (4)
I Ki. 8. 16. τὰ β. ὑμῶν τὰ ἀγαθὰ . . . λήψεται †
14. 32. ἔλαβεν ὁ λαὸς ποίμνια καὶ βουκόλια (1)
15. 9. τὰ ἀγαθὰ τῶν ποιμνίων καὶ τῶν β. (1)
— 21. ποίμνια καὶ βουκόλια τὰ πρῶτα τοῦ ἐξολοθρεύματος (1)
27. 9. ποίμνια καὶ βουκόλια καὶ ὄνους (1)
30. 20. ἔλαβε [A add. Δαυίδ] πάντα τὰ ποίμνια καὶ τὰ β. (1)
II Ki. 12. 2. τῷ πλουσίῳ ἦν . . . βουκόλια πολλὰ σφόδρα (1)
— 4. ἐκ τῶν ποιμνίων αὐτοῦ [A om.] καὶ ἐκ τῶν β. αὐτοῦ (1)
To. 8. 19. S εἰς τὸ β. βαδίσας
Ju. 2. 27. τὰ ποίμνια καὶ τὰ β. ἔδωκεν εἰς ἀφ.
3. 3. A B τὰ ποίμνια καὶ τὰ β.
Ec. 2. 7. καί γε κτῆσις βουκολίου (1)
Am. 6. 4. μοσχάρια ἐκ μέσου [A om.] βουκολίων γαλαθηνά (2 ?)
Jl. 1. 18. ἔκλαυσαν βουκόλια βοῶν (3)
Is. 17. 2. εἰς . . . ἀνάπαυσιν [A S² add. βουκολίων] †
65. 10. φάραγξ Ἀχὼρ εἰς ἀνάπαυσιν βουκολίων (1)
Ez. 46. 6. A μόσχον υἱὸν βουκολίου [B om. υἱ. β.] ἄμωμον (1)
[Aq. Is. 11. 7.]
[Sm. Je. 31 (38). 12.]
[Th. Ge. 36. 24: Ez. 46. 6.]
[Al. Le. 1. 5.]

βουκόλος.
[Aq. Sm. Th. Quint. Am. 7. 14.]

βουλάθ.
Jb. 37. 12. S¹ ἔθετο βουλάθ [A B S² al.] †

βούλεσθαι. (1) אָבָה (2) הָוָא צָבָא (3) cum neg. חָדַל (4) חָמַד (5) חָפֵץ a. verb. b. adj. c. חֵפֶץ (6) טוֹב בְּעֵינַיִם (7) יָעַץ a. qal. b. ni. (8) cum neg. מָאֵן a. pi. b. adj. (9) cum neg. מָאַס (10) ἑκουσίως β. נָשָׂא לֵב (11) עֵצָה (12) צָבָא (13) רָצוֹן (14) שִׂים לֵב (15) תַּחְבֻּלוֹת
Ge. 24. 5. A μή ποτε οὐ βούλεται [R βούληται] ἡ γυνή (1)
Ex. 4. 23. εἰ μὲν οὖν μὴ βούλει ἐξαποστεῖλαι (8 a)
8. 2 (7. 27). εἰ δὲ μὴ βούλει σὺ ἐξαποστεῖλαι (8 b)
— 21 (17). ἐὰν δὲ μὴ βούλῃ ἐξαποστεῖλαι –
9. 2. εἰ μὲν οὖν μὴ βούλει ἐξαποστεῖλαι (8 b)
10. 3. ἕως τίνος οὐ βούλει ἐντραπῆναί με (8 a)
— 7. ἢ εἰδέναι βούλει ὅτι ἀπόλωλεν Αἴγ. –
— 27. καὶ οὐκ ἐβουλήθη ἐξαποστεῖλαι αὐτούς (1)
16. 28. ἕως τίνος οὐ βούλεσθε εἰσακούειν (8 a)
22. 17 (16). καὶ μὴ βούληται ὁ πατὴρ αὐτῆς –
36. 2. τοὺς ἑκουσίως βουλομένους προσπορεύεσθαι (10)
Le. 26. 21. καὶ μὴ βούλησθε ὑπακούειν μου (1)
De. 25. 7. ἐὰν δὲ μὴ βούληται ὁ ἄνθρ. λαβεῖν (5 a)
— 8. οὐ βούλομαι λαβεῖν αὐτήν (5 a)
Jd. 13. 23. A εἰ οὖν βούλεται [B εἰ ἤθελεν ὁ] κύριος θανατῶσαι ἡμᾶς (5 a)
Ru. 3. 13. ἐὰν δὲ μὴ βούληται ἀγχιστεῦσαί σε (5 a)
I Ki. 2. 25. βουλόμενος ἐβούλετο κύριος διαφθεῖραι αὐτούς (–, 5 a)
8. 19. οὐκ ἐβούλετο ὁ λαὸς ἀκοῦσαι [A τοῦ ἀ.] τοῦ Σ. (8 a)
15. 9. οὐκ ἐβούλετο ἐξολοθρεῦσαι αὐτά (1)
18. 25. οὐ βούλεται ὁ βασιλεὺς ἐν δόματι (5 c)
20. 3. μὴ γνῶναι [A γνώτω] τοῦτο Ἰωνάθαν μὴ οὐ βούληται [A -εται] †
22. 17. οὐκ ἐβουλήθησαν οἱ παῖδες τοῦ βασιλέως ἐπενεγκεῖν (1)
24. 11. οὐκ ἠβουλήθην ἀποκτεῖναί σε †
28. 23. οὐκ ἐβουλήθη φαγεῖν (8 a)
31. 4. οὐκ ἐβούλετο ὁ αἴρων τὰ σκεύη αὐτοῦ (1)
II Ki. 2. 23. οὐκ ἐβούλετο τοῦ ἀποστῆναι (8 a)
6. 10. οὐκ ἐβούλετο Δ. τοῦ ἐκκλῖναι πρὸς αὐτὸν τὴν κιβ. (1)
20. 11. τίς ὁ βουλόμενος Ἰωάβ (5 a)
24. 3. ἵνα τί βούλεται ἐν τῷ λόγῳ τούτῳ (5 a)
III Ki. 12. 6. A πῶς ὑμεῖς βούλεσθε [B βουλεύεσθε] (7 b)
13. 33. ὁ βουλόμενος ἐπλήρου τὴν χεῖρα αὐτοῦ (5 b)
16. 28 (22. 49 [50]). B οὐκ ἐβούλετο Ἰωσαφάτ (1)
20 (21). 6. εἰ δὲ βούλῃ δώσω σοι ἀμπελῶνα ἄλλον (5 b)
I Ch. 10. 4. οὐκ ἐβούλετο ὁ αἴρων τὰ σκεύη αὐτοῦ (1)
11. 19. οὐκ ἐβούλετο πιεῖν αὐτό (1)
II Ch. 10. 6. A B πῶς ὑμεῖς βούλεσθε [R βουλεύεσθε] τοῦ ἀποκριθῆναι (7 b)
— 9. A B τί ὑμεῖς βούλεσθε [R βουλεύεσθε] (7 b)
21. 7. οὐκ ἐβούλετο κύριος ἐξολοθρεῦσαι (1)
25. 16. ὅτι ἐβούλετο ἐπὶ σοί (7 a)
I Es. 8. 10. προσέταξα τοὺς βουλομένους ἐκ τοῦ ἔθνους τῶν Ἰουδ.
— 16. ὅσα ἐὰν βούλῃ μετὰ τῶν ἀδ. σου ποιῆσαι
II Es. 4. 5. B βουλόμενοι διασκεδάσαι βουλήν [A R aliter] (7 a)
10. 3. ὡς ἂν βούλῃ (11)
— 8. S¹ ὃς ἂν βούλῃ [A B al.] (11)
To. 4. 19. ὃν ἐὰν θέλῃ ταπεινοῖ καθὼς βούλεται
5. 11. βούλομαι, ἀδελφέ, ἐπιγνῶναι τὸ γένος σου
— 13. S τὴν ἀλήθειαν ἐβουλόμην γνῶναι [A B al.]
6. 2. ἐβουλήθη καταπιεῖν τὸ παιδάριον [S al.]
Ju. 5. 7. οὐκ ἐβουλήθησαν ἀκολουθῆσαι τοῖς θ. τῶν πατ.
8. 15. ἐὰν μὴ βούληται . . . βοηθῆσαι ἡμῖν
Es. 3. 11. τῷ δὲ ἔθνει χρῶ ὡς βούλει (6)
— 13. ἐβουλήθην μὴ τῷ θράσει . . . ἐπαιρόμενος
8. 11. χρῆσθαι . . . τοῖς ἀντικειμένοις αὐ. ὡς βούλονται †
Jb. 9. 3. ἐὰν γὰρ βούληται κριθῆναι αὐτῷ [A μετ' αὐτοῦ] (5 a)
13. 3. ἐλέγξω δὲ ἐναντίον αὐτοῦ ἐὰν βούληται (5 a ?)
21. 14. ὁδούς σου εἰδέναι οὐ βούλομαι (5 a)
30. 14. κέχρηται δέ μοι ὡς βούλεται [A ἐβούλετο] †
34. 14. εἰ γὰρ βούλοιτο συνέχειν (14 ?)
35. 13. ἄτοπα γὰρ οὐ βούλεται ἰδεῖν ὁ κ. †
36. 12. παρὰ τὸ μὴ βούλεσθαι αὐτοὺς εἰδέναι τὸν κ. †
37. 10. οἰακίζει δὲ τὸ ὕδωρ ὡς ἐὰν βούληται †
Jb. 37. 12. S² ἔνθα ἐβούλετο θεὶς [? ἐν θεεβουλὰθ εἰς, A B S¹ al.] ἔργα αὐτῶν (15 ?)
39. 9. βουλήσεται δέ σοι μονόκερως [A ἀτράπελος μ.] δουλεῦσαι (1)
Ps. 35 (36). 3. οὐκ ἐβουλήθη συνιέναι τοῦ ἀγαθῦναι (3)
39 (40). 8. τοῦ ποιῆσαι τὸ θέλημά σου ὁ θεός μου ἐβουλήθην (5 a)
69 (70). 2. καταισχυνθείησαν οἱ βουλόμ. μοι κακά (5 b)
77 (78). 10. S² οὐκ ἠβουλήθησαν [B S¹ ἤθελον] πορεύεσθαι (8 a)
113. 11 (115. 3). S¹ ὅσα ἠβούλετο [A R ἠθέλησεν] ἐποίησε (5 a)
Pr. 1. 10. μηδὲ βουληθῇς ἐὰν παρακαλέσωσί σε (1)
12. 20. οἱ δὲ βουλόμ. εἰρήνην εὐφρανθήσονται (7 a)
18. 1. προφάσεις ζητεῖ ἀνὴρ βουλόμ. χωρίζεσθαι ἀπὸ φίλων †
21. 7. οὐ γὰρ βούλονται πράσσειν τὰ δίκαια (8 a)
Wi. 12. 7. ἐβουλήθης [S¹ ἐὰν βουληθῇς] ἀπολέσαι
14. 19. ὁ μὲν γὰρ τάχα κρατοῦντι βουλόμενος ἀρέσαι
16. 21. πρὸς ὅ τις ἐβούλετο μετεκιρνᾶτο [S²-εκρίνατο]
Si. prol. 26. τοῖς ἐν τῇ παροικίᾳ βουλομ. φιλομαθεῖν
Jn. 1. 14. ὃν τρόπον ἐβούλου πεποίηκας (5 a)
Is. 1. 11. αἷμα ταύρων καὶ τράγων οὐ βούλομαι (5 a)
— 29. ἀπὸ τῶν εἰδώλων αὐτῶν ἃ αὐτοὶ ἠβούλοντο (4)
8. 6. διὰ τὸ μὴ β. τὸν λαὸν τοῦτον τὸ ὕδωρ . . . ἀλλὰ β. ἔχειν τὸν Ῥασσίν (9, †)
30. 9. οὐκ ἠβούλοντο ἀκούειν τὸν νόμον (1)
— 15. οὐκ ἠβούλεσθε ἀκούειν (1)
36. 16. εἰ βούλεσθε εὐλογηθῆναι †
42. 24. οὐκ ἐβούλοντο ἐν ταῖς ὁδοῖς αὐτοῦ πορεύεσθαι (1)
53. 10. κύριος βούλεται καθαρίσαι αὐτόν (5 a)
— 10. βούλεται κύριος ἀφελεῖν ἀπὸ τοῦ πόνου (5 c)
65. 12. ἃ οὐκ ἐβουλόμην ἐξελέξασθε (5 a)
66. 4. ἃ οὐκ ἐβουλόμην ἐξελέξαντο (5 a)
Je. 6. 10. οὐ μὴ βουληθῶσιν αὐτό [A S² add. ἀκοῦσαι] (5 a)
13. 10. φθερῶ . . . τοὺς μὴ βουλομ. ὑπακούειν (8 b)
32 (25). 28. ὅταν μὴ βούλωνται δέξασθαι τὸ ποτήριον (8 a)
45 (38). 21. A εἰ μὴ βούλῃ [B S θέλεις] σὺ ἐξελθεῖν (8 b)
49 (42). 22. οὗ ὑμεῖς βούλεσθε [A βουλεύεσθε] εἰσελθεῖν (5 a)
Ep. Je. 45. ἢ ὃ βούλονται οἱ τεχνῖται αὐτὰ γενέσθαι [A om. οἱ τ. αὐ. γ.]
Ez. 3. 7. A οὐ βούλονται εἰσακούειν [B -οῦσαί] μου (1)
18. 23. A οὐ βούλομαι [B μὴ θελήσει θελήσω] τὸν θάνατον τοῦ ἀνόμου (5 a)
33. 11. οὐ βούλομαι τὸν θάνατον τοῦ ἀσεβοῦς [A ἁμαρτωλοῦ] (5 a)
Da. LXX. 4. 29. καὶ ᾧ ἐὰν βούληται δώσει αὐτήν (12)
11. 3. ποιήσει καθὼς ἂν βούληται (13)
Da. TH. 5. 19. οὓς ἠβούλετο αὐτὸς ἀνῄρει καὶ οὓς ἠβούλετο αὐτὸς ἔτυπτε καὶ οὓς ἠβούλετο αὐτὸς ὕψου καὶ οὓς ἠβούλετο αὐτὸς ἐταπείνου (2 quater)
I Ma. 3. 34. περὶ πάντων ὧν ἐβούλετο
4. 6. καθὼς [S ὡς] ἠβούλοντο
5. 48. οὐκ ἠβούλοντο ἀνοῖξαι αὐτῷ
— 67. R βουλόμενοι [S² -ου, A S add. αὐτοῦ] ἀνδραγαθῆσαι
7. 5. Ἄλκιμος . . . βουλόμενος ἱερατεύειν
— 30. οὐκ ἐβουλήθη ἔτι ἰδεῖν τὸ πρόσωπον αὐτοῦ
8. 13. οἷς δ' ἂν βούλωνται βοηθεῖν καὶ βασιλεύειν
— 13. οὓς δ' ἂν βούλωνται μεθιστῶσι
11. 45. ἠβούλοντο ἀνελεῖν τὸν βασιλέα
— 49. κατεκράτησαν οἱ Ἰουδαῖοι τῆς πόλεως ὡς [S¹ om.] ἠβούλοντο
— 63. βουλόμενοι μεταστῆσαι αὐτὸν τῆς χρείας
12. 14. οὐκ ἠβουλόμεθα οὖν παρενοχλεῖν [S -οχλῆσαι] ὑμῖν
— 34. ἤκουσε γὰρ ὅτι βούλονται τὸ ὀχύρωμα παραδοῦναι
14. 31. ἐβουλήθησαν οἱ ἐχθροὶ αὐτῶν ἐμβατεῦσαι
15. 3. S R βούλομαι [A βουλεύομαι] δὲ ἀντιποιήσασθαι τῆς βασιλείας
— 4. βούλομαι δὲ ἐκβῆναι κατὰ τὴν χώραν
— 27. οὐκ ἠβούλετο αὐτὰ δέξασθαι
16. 13. ἠβουλήθη κατακρατῆσαι τῆς χώρας
II Ma. 1. 3. καρδίᾳ μεγάλῃ καὶ ψυχῇ βουλομένῃ
2. 25. τοῖς μὲν βουλομένοις ἀναγινώσκειν ψυχαγωγίαν
11. 23. R βουλόμενοι [A -ου] τοὺς ἐκ τῆς βασιλείας ἀταράχους ὄντας γενέσθαι

II Ma. 11. 28. R εἰ [A om.] ἔρρωσθε εἴη ἂν ὡς βουλόμεθα
— 29. R βούλεσθαι [A βουλόμενος] κατελθόντας ὑμᾶς [A ἡμᾶς] γίνεσθαι πρὸς τοῖς ἰδίοις [A Ἰουδαίοις]
12. 8. τοὺς ἐν Ἰαμνείᾳ τὸν αὐτὸν ἐπιτελεῖν βουλομένους τρόπον
— 35. R βουλόμενος [A -ου] τὸν κατάρατον λαβεῖν ζωγρίαν [A -γρείαν]
14. 39. βουλόμενος δὲ Νικάνωρ πρόδηλον ποιῆσαι . . . δυσμένειαν
III Ma. 1. 11. R οὐδαμῶς ἠβούλετο πείθεσθαι [A ὁ δὲ οὐδαμῶς ἐπείθετο]
3. 19. οὐδὲν γνήσιον βούλονται φέρειν
— 21. ἐβουλήθημεν καὶ πολιτείας αὐτοὺς Ἀλεξ. καταξιῶσαι
— 28. μηνύειν δὲ τὸν βουλόμενον ἐφ᾽ ᾧ . . . λήψεται
5. 47. βουλόμενος ἀτρώτῳ καρδίᾳ . . . θεάσασθαι τὴν . . . καταστροφήν
IV Ma. 9. 27. εἰ φαγεῖν βούλοιτο
11. 13. εἰ βούλοιτο φαγὼν ἀπολύεσθαι
[Aq. Ps. 17 (18). 20: 50 (51). 8: 72 (73). 25: 118 (119). 35: 146 (147). 10: Pr. 18. 2.]
[Sm. Ez. 20. 39.]
[Th. Jd. 13. 23.]
[Al. Nu. 14. 8: 20. 21: III Ki. 22. 50.]

βουλεύειν. (1) בִּקֵּשׁ pi. (2) גָּמַל (3) זָמַם (4) a. חָפֵץ b. חָפֵץ (5) חָשַׁב (6) יָעַץ a. qal. b. ni. c. hithp. (7) כּוּן pil. (8) מָלַךְ ni. (9) נָגַשׁ hithp. (10) a. עוּץ b. עֵצָה (11) עֲשִׁית

Ge. 50. 20. ὑμεῖς ἐβουλεύσασθε κατ᾽ ἐμοῦ εἰς πονηρὰ ὁ δὲ θεὸς ἐβουλεύσατο περὶ ἐμοῦ εἰς ἀγαθά (5, 5)
II Ki. 16. 23. ἣν ἐβουλεύσατο ἐν ταῖς ἡμ. ταῖς πρώταις (6 a)
17. 7. ἣν ἐβουλεύσατο Ἀχιτόφελ τὸ ἅπαξ τοῦτο (6 a)
— 21. οὕτως ἐβουλεύσατο περὶ ὑμῶν Ἀχιτόφελ (6 a)
III Ki. 12. 6. πῶς ὑμεῖς βουλεύεσθε [A βούλεσθε] (6 b)
— 9. A τί ὑμεῖς βουλεύετε [B συμβουλ.] (6 b)
— 28. ἐβουλεύσατο ὁ βασιλεύς (6 b)
IV Ki. 6. 8. ἐβουλεύσατο πρὸς τοὺς παῖδας αὐτοῦ (6 b)
I Ch. 13. 1. ἐβουλεύσατο Δαυὶδ μετὰ τῶν χιλιάρχων (6 b)
II Ch. 10. 6. R πῶς ὑμεῖς βουλεύεσθε [A B βούλεσθε] (6 b)
— 9. R τί ὑμεῖς βουλεύεσθε [A B βούλεσθε] (6 b)
20. 21. καὶ ἐβουλεύσατο μετὰ τοῦ λαοῦ (6 b)
25. 17. καὶ ἐβουλεύσατο Ἀμασίας (6 b)
30. 2. ἐβουλεύσατο ὁ βασιλεύς (6 b)
— 23. ἐβουλεύσατο ἡ ἐκκλησία ἅμα ποιῆσαι (6 b)
32. 3. ἐβουλεύσατο μετὰ τῶν πρεσβυτέρων αὐτοῦ (6 b)
II Es. 4. 5. A R βουλευόμενοι [B βουλόμενοι] τοῦ διασκεδάσαι (6 a)
Ne. 5. 7. καὶ ἐβουλεύσατο καρδία μου ἐπ᾽ ἐμέ (8)
6. 7. καὶ νῦν δεῦρο βουλευσώμεθα ἐπὶ τὸ αὐτό (6 b)
Ju. 9. 6. καὶ παρέστησαν ἃ ἐβουλεύσω
— 8. ἐβουλεύσαντο γὰρ βεβηλῶσαι τὰ ἅγιά σου
— 13. κατὰ τῆς διαθήκης σου . . . ἐβουλεύσαντο σκληρά
11. 12. ἐβουλεύσαντο ἐπιβαλεῖν τοῖς κτήνεσιν
12. 4. ἕως ἂν ποιήσῃ κ. . . . ἃ ἐβουλεύσατο
Es. 1. 1. τί ὁ θεὸς βεβούλευται [A βουλεύεται] ποιῆσαι
3. 6. ἐβουλεύσατο ἀφανίσαι πάντας τοὺς . . . Ἰουδ. (1)
Jb. 26. 3. S¹ τίνι βεβούλευσαι (A B S² συμβεβ.) (6 a)
Ps. 30 (31). 13. τοῦ λαβεῖν τὴν ψυχήν μου ἐβουλεύσαντο (3)
61 (62). 4. τὴν τιμήν μου ἐβουλεύσαντο ἀπώσασθαι (6 a)
70 (71). 10. οἱ φυλάσσοντες τὴν ψυχήν μου ἐβουλεύσαντο ἐπὶ τὸ αὐτό (6 b)
82 (83). 3. ἐβουλεύσαντο κατὰ τῶν ἁγίων σου (6 c)
— 5. ἐβουλεύσαντο ἐν ὁμονοίᾳ ἐπὶ τὸ αὐτό (6 b)
Pr. 15. 22. ἐν δὲ καρδίαις βουλευομένων μένει βουλή (6 a)
Wi. 4. 17. τί ἐβουλεύσατο περὶ αὐτοῦ
18. 5. βουλευσαμένους αὐτοὺς τὰ τῶν ὁσίων ἀποκτεῖναι νήπια
Si. 9. 14. A S μετὰ σοφῶν βουλεύου [B συμβουλ.]
12. 16. ἐν τῇ καρδίᾳ αὐτοῦ βουλεύσεται ἀνατρέψαι [S ἀναστρ.] σε
37. 8. αὐτὸς ἑαυτῷ [S ἐν ἑ.] βουλεύσεται
— 10. μὴ βουλεύου μετὰ τοῦ ὑποβλεπομένου σε
Si. 44. 3. βουλεύσονται [A βουλεύεται, S βουλεύονται] ἐν συνέσει αὐτῶν
Mi. 6. 5. τί ἐβουλεύσατο κατὰ σοῦ B. (6 a)
Na. 1. 11. λογισμὸς κατὰ τοῦ κ. πονηρὰ βουλευόμενος ἐναντία [A al.] (6 a)
Hb. 2. 10. ἐβουλεύσω αἰσχύνην τῷ οἴκῳ σου (6 a)
Is. 3. 9. βεβούλευνται βουλὴν πονηράν (2)
7. 5. ἐβουλεύσαντο βουλὴν πονηράν [A S add. περὶ σοῦ] (6 a)
8. 10. ἣν ἂν βουλεύσησθε βουλήν (10 a)
14. 24. ὃν τρόπον βεβούλευμαι (6 a)
— 26. αὕτη ἡ βουλὴ ἣν βεβούλευται κύριος (6 a)
— 27. ἃ γὰρ ὁ θεὸς ὁ ἅγιος βεβούλευται (6 a)
16. 2. Ἀρνῶν πλείονα βουλεύου (10 b ?)
19. 12. τί βεβούλευται κύριος σαβαὼθ ἐπ᾽ Αἴγ. (6 a)
— 17. ἣν βεβούλευται κύριος ἐπ᾽ αὐτήν (6 a)
23. 8. τίς ταῦτα ἐβούλευσεν [S -σατο] ἐπὶ Τύρον (6 a)
— 9. ἐβουλεύσατο παραλῦσαι πᾶσαν [A om.] τὴν ὕβριν (6 a)
28. 29. βουλεύσασθε ὑψώσατε ματαίαν παράκλησιν (10 b)
31. 6. οἱ τὴν βαθεῖαν βουλὴν βουλευόμενοι [A -σάμενοι] †
32. 7. ἡ γὰρ βουλὴ τῶν πονηρῶν ἄνομα βουλεύσεται [A S¹ -εύεται] (6 a)
— 8. οἱ δὲ εὐσεβεῖς συνετὰ ἐβουλεύσαντο (6 a)
42. 21. ὁ θεὸς ἐβουλεύσατο ἵνα δικαιωθῇ (4 b)
45. 20. βουλεύσασθε ἅμα οἱ σῳζόμενοι (9 ?)
46. 10. πάντα ὅσα βεβούλευμαι ποιήσω (4 a)
— 11. ἀπὸ γῆς πόρρωθεν περὶ ὧν βεβούλευμαι (10 b)
51. 13. ὃν τρόπον γὰρ ἐβουλεύσατο τοῦ ἆραί [A ἀρέσαι] σε (7)
Je. 18. 23. A ἅπασαν τὴν βουλὴν αὐτῶν ἣν ἐβουλεύσαντο [B S om. ἣν ἐβ.] ἐπ᾽ ἐμέ –
27 (50). 45. ἣν βεβούλευται ἐπὶ Βαβ. (6 a)
29 (49). 20. ἣν ἐβουλεύσατο ἐπὶ τὴν Ἰδουμαίαν (6 a)
30 (49). 30. ἐβουλεύσατο ἐφ᾽ ὑμᾶς βασ. Βαβ. βουλήν (6 a)
49 (42). 22. A οὗ ὑμεῖς βουλεύεσθε [B S βούλεσθε] εἰσελθεῖν (4 b)
Ep. Je. 48. βουλεύονται πρὸς ἑαυτούς
Ez. 11. 2. οὗτοι οἱ ἄνδρες οἱ . . . βουλευόμενοι βουλὴν πονηράν (6 a)
Da. LXX. 6. 3 (4). ἐβουλεύσατο καταστῆσαι τὸν Δαν. (11)
— 3 (4). ὅτε δὲ ἐβουλεύσατο ὁ βασ. καταστῆσαι –
— 4 (5). βουλὴν καὶ γνώμην ἐβουλεύσαντο †
7. 26. βουλεύσονται μιᾶναι †
I Ma. 2. 41. A R ἐβουλεύσαντο τῇ ἡμέρᾳ ἐκείνῃ [S τὴν ἡ. ἐ.]
3. 31. S R ἐβουλεύσατο [A -σαντο] τοῦ πορευθῆναι
4. 44. ἐβουλεύσαντο περὶ τοῦ θυσιαστ. τῆς ὁλοκαυτώσεως
5. 2. ἐβουλεύσαντο [S¹ ὠργίσθησαν] τοῦ ἆραι τὸ γένος Ἰ.
— 16. S² R βουλεύσασθαι [A -εύεσθαι, S¹ om.] τί ποιήσωσι
8. 9. οἱ ἐκ τῆς Ἑλλάδος ἐβουλεύσαντο ἐλθεῖν
— 15. καθ᾽ ἡμέραν ἐβουλεύοντο
— 15. βουλευόμενοι διὰ παντὸς περὶ τοῦ πλήθους
— 30. ἐὰν δὲ . . . βουλεύσωνται . . . προσθεῖναι
9. 58. ἐβουλεύσαντο πάντες οἱ ἄνομοι
— 69. A R ἐβουλεύσατο [S -σαντο] τοῦ ἀπελθεῖν
12. 35. A R ἐβουλεύσατο [S -λεύετο] μετ᾽ αὐτῶν τοῦ οἰκοδομῆσαι
14. 35. τὴν δόξαν ἣν ἐβουλεύσατο ποιῆσαι
15. 3. A βουλεύομαι [S R βούλομαι] δὲ ἀντιποιήσασθαι τῆς βασ.
16. 13. ἐβουλεύετο δόλῳ κατὰ Σίμωνος
II Ma. 13. 13. ἐβουλεύσατο . . . κρῖναι τὰ πράγματα
15. 1. ἐβουλεύσατο τῇ τῆς καταπαύσεως ἡμέρᾳ . . . αὐτοῖς ἐπιβαλεῖν
III Ma. 1. 10. ἐνεθυμήθη βουλεύσασθαι εἰς τὸν ναὸν εἰσελθεῖν
[Aq. Ps. 31. (32). 8: Is. 8. 10: 32. 7: Na. 1. 11.]
[Sm. Ps. 31 (32). 8: 139 (140). 9: Is. 8. 10: 32. 7, 8: 40. 14.]
[Th. Is. 8. 10: 9. 6 (5): 32. 7.]

βούλευμα.
[Aq. Ps. 80 (81). 13: Pr. 1. 31.]

βουλευτήριον.
I Ma. 8. 15. βουλευτήριον ἐποίησαν ἑαυτοῖς
— 19. A R εἰσῆλθον [S εἰσήλθοσαν] εἰς τὸ β.
12. 3. S R εἰσῆλθον [A ἐπορεύθησαν] εἰς τὸ β.
IV Ma. 15. 25. ἐν βουλευτηρίῳ τῇ ἑαυτῆς ψυχῇ

βουλευτής. (1) יָעַץ
Jb. 3. 14. μετὰ βασιλέων βουλευτῶν [A καὶ β.] γῆς (1)
12. 17. διάγων βουλευτὰς [A add. γῆς] αἰχμαλώτους (1)

βουλευτικός. (1) יָעַץ
Pr. 24. 6. βοήθεια δὲ μετὰ καρδίας βουλευτικῆς (1)
[Sm. Jb. 12. 17: Is. 9. 6 (5).]

βουλή. (1) דַּעַת (2) a. יָעַץ b. מוֹעֵצָה c. עוּץ d. עֵטָא e. עֵצָה (3) כְּלִי (4) מְזִמָּה (5) מַחֲשָׁבָה (6) a. מֶלֶךְ b. מְלַךְ (7) סוֹד (8) a. מוֹעֵד b. עֵדָה (9) עֲצֻמוֹת (10) עָרְמָה (11) תּוּשִׁיָּה (12) β. καλή מְזִמָּה

Ge. 49. 6. εἰς βουλὴν αὐτῶν μὴ ἔλθοι ἡ ψυχή μου (7)
Nu. 16. 2. σύγκλητοι βουλῆς καὶ ἄνδρες ὀνομαστοί (8 a)
De. 32. 28. ἔθνος ἀπολωλεκὸς βουλήν ἐστι (2 e)
Jd. 19. 30. θέσθε ὑμῖν αὐτοὶ βουλήν [A al.] (2 c)
20. 7. δότε ἑαυτοῖς λόγον καὶ βουλὴν ἐκεῖ [A ὧδε] (2 e)
II Ki. 15. 31. διασκέδασον δὴ τὴν β. Ἀχιτόφελ (2 e)
— 34. διασκεδάσεις μοι τὴν β. Ἀχιτόφελ (2 e)
16. 20. φέρετε ἑαυτοῖς βουλήν (2 e)
— 23. ἡ β. Ἀχιτόφελ ἣν ἐβουλεύσατο (2 e)
— 23. οὕτως πᾶσα ἡ β. τοῦ [A τῷ] Ἀχιτόφελ (2 e)
17. 7. οὐκ ἀγαθὴ αὕτη ἡ β. (2 e)
— 14. ἀγαθὴ ἡ β. Χουσὶ τοῦ Ἀραχὶ ὑπὲρ τὴν β. Ἀχιτόφελ (2 e, 2 e)
— 14. κύριος ἐνετείλατο διασκεδάσαι τὴν β. Ἀχιτόφελ (2 e)
— 23. οὐκ ἐγενήθη ἡ β. αὐτοῦ (2 e)
III Ki. 12. 8. ἐγκατέλιπε [A -ειπεν] τὴν β. τῶν πρεσβυτ. (2 e)
— 13. ἐγκατέλιπε [A -ειπεν] Ῥοβ. τὴν β. τῶν πρεσβυτ. (2 e)
— 14. κατὰ τὴν β. τῶν παιδαρίων (2 e)
— 24. B διεσκέδασε Ῥοβ. τὴν β. αὐτῶν –
IV Ki. 18. 20. βουλὴ καὶ δύναμις εἰς πόλεμον (2 e)
I Ch. 12. 19. ἐν βουλῇ ἐγένετο παρὰ τῶν στρατηγῶν (2 e)
II Ch. 10. 8. κατέλιπε τὴν β. τῶν πρεσβυτέρων (2 e)
— 13. ἐγκατέλιπεν ὁ βασιλεὺς Ῥ. τὴν β. τῶν πρεσβυτ. (2 e)
— 14. ἐλάλησε πρὸς αὐτοὺς κατὰ τὴν β. τῶν νεωτ. (2 e)
22. 5. καὶ ἐν ταῖς β. αὐτῶν ἐπορεύθη (2 e)
I Es. 2. 17. καὶ οἱ ἐπίλοιποι τῆς β. αὐτῶν
5. 73. βουλὰς δημαγωγοῦντες [A ἐπιβουλὰς καὶ δημαγωγίας]
7. 15. ὅτι μετέστρεψε τὴν β. τοῦ βασιλέως
8. 22. A μηδὲ ἄλλα β. [B ἄλλη ἐπιβουλὴ] γίνηται
II Es. 4. 5. διασκεδάσαι βουλὴν αὐτῶν (2 e)
10. 3. S³ ἐν βουλῇ κυρίου [A B S al.] (2 e)
— 8. ὡς ἡ β. τῶν ἀρχόντων [S¹ al.] (2 e)
Ne. 4. 15 (9). διεσκέδασεν ὁ θεὸς τὴν β. αὐτῶν (2 e)
To. 4. 19. A B πᾶσαι αἱ τρίβοι καὶ β. σου εὐοδωθῶσι
— 19. A B διότι πᾶν ἔθνος οὐκ ἔχει βουλήν
— 19. S δώσει κύριος αὐτοῖς β. ἀγαθήν [A B al.]
Ju. 2. 2. ἔθετο μετ᾽ αὐτῶν τὸ μυστήριον τῆς β. αὐ.
— 4. ὡς συνετέλεσε τὴν β. αὐτοῦ
8. 16. μὴ ἐνεχυράζετε τὰς β. κ. τοῦ θεοῦ ἡμῶν
Es. 4. 17. στρέψον τὴν β. αὐτῶν ἐπ᾽ αὐτούς
9. 31. στήσαντες κατὰ τῆς ὑγιείας . . . τὴν β. αὐ. †
Jb. 5. 12. διαλλάσσοντα βουλὰς πανούργων (5)
— 13. βουλὴν [A -ὰς] δὲ πολυπλόκων [S¹ -τρόπων] ἐξέστησεν (2 e)
10. 3. βουλῇ δὲ ἀσεβῶν προσέσχες (2 e)
12. 13. αὐτῷ [A παρ᾽ αὐτῷ] βουλὴ καὶ σύνεσις (2 e)
18. 7. σφάλαι δὲ [A καὶ σφαλείη] αὐτοῦ ἡ β. (2 e)
22. 18. βουλὴ δὲ ἀσεβῶν πόρρω ἀπ᾽ αὐτοῦ (2 e)
29. 21. ἐσιώπησαν δὲ ἐπὶ τῇ ἐμῇ β. (2 e)
38. 2. τίς οὗτος ὁ κρύπτων με βουλήν (2 e)
42. 3. τίς γάρ ἐστιν ὁ κρύπτων σε βουλήν (2 e)
Ps. 1. 1. ὃς οὐκ ἐπορεύθη ἐν βουλῇ ἀσεβῶν (2 e)
— 5. οὐδὲ ἁμαρτωλοὶ [A οἱ ἁ.] ἐν βουλῇ δικαίων (8 b)
12 (13). 2. ἕως τίνος θήσομαι βουλὰς ἐν ψυχῇ μου (2 e)
13 (14). 6. βουλὴν πτωχοῦ κατῃσχύνατε (2 e)
19 (20). 4. πᾶσαν τὴν β. σου πληρώσαι [A -σει] (2 e)

Ps. 20 (21). 11. βουλὴν [A S^2 -ὰς] ἣν [A S^2 ἃς] οὐ μὴ δύνωνται στῆσαι [A S^2 στῆναι] (4)
32 (33). 10. κύριος διασκεδάζει βουλὰς ἐθνῶν (2 *e*)
— 10. A B S^2 καὶ ἀθετεῖ βουλὰς ἀρχόντων (5 ?)
— 11. ἡ δὲ β. τοῦ κυρίου εἰς τὸν αἰῶνα μένει (2 *e*)
65 (66). 5. φοβερὸς ἐν βουλαῖς ὑπὲρ τοὺς υἱοὺς τῶν ἀνθρ. †
72 (73). 24. ἐν τῇ β. σου ὡδήγησάς με (2 *e*)
88 (89). 7. ὁ θεὸς ἐνδοξαζόμενος ἐν βουλῇ ἁγίων (7)
105 (106). 13. οὐχ ὑπέμειναν τὴν β. αὐτοῦ (2 *e*)
— 43. αὐτοὶ δὲ παρεπίκραναν αὐτὸν ἐν τῇ β. αὐτῶν (2 *e*)
106 (107). 11. τὴν β. τοῦ ὑψίστου παρώξυναν (2 *e*)
110 (111). 1. ἐξομολογήσομαί σοι . . . ἐν βουλῇ εὐθέων (7)
Pr. 1. 25. ἀκύρους ἐποιεῖτε ἐμὰς βουλάς (2 *e*)
— 30. οὐδὲ ἤθελον ἐμαῖς προσέχειν βουλαῖς (2 *e*)
2. 11. βουλὴ καλὴ φυλάξει σε (12)
— 16. μή σε καταλάβῃ κακὴ βουλή †
3. 21. τήρησον δὲ ἐμὴν βουλὴν καὶ ἔννοιαν (11)
8. 12. ἐγὼ ἡ σοφία κατεσκήνωσα βουλήν (10)
— 14. ἐμὴ βουλὴ καὶ ἀσφάλεια (2 *e*)
9. 10. βουλὴ [S^1 -λημα] ἁγίων σύνεσις (1)
11. 13. ἀνὴρ δίγλωσσος ἀποκαλύπτει βουλάς (7)
— 14. σωτηρία δὲ ὑπάρχει ἐν πολλῇ β. (2 *a*)
15. 22. ἐν δὲ καρδίαις βουλευομένων μένει β. –
19. 21. ἡ δὲ β. τοῦ κυρίου εἰς τὸν αἰῶνα μένει (2 *e*)
20. 5. ὕδωρ βαθὺ βουλὴ ἐν καρδίᾳ ἀνδρός (2 *e*)
21. 30. οὐκ ἔστι βουλὴ πρὸς τὸν ἀσεβῆ (2 *e*)
22. 20. εἰς βουλὴν καὶ γνῶσιν (2 *b*)
24. 71 (31. 3). μετὰ βουλῆς πάντα ποίει μετὰ βουλῆς οἰνοπότει –, –
25. 28. ὃς οὐ μετὰ βουλῆς τι πράσσει †
Ec. 2. 12. ὃς [A *om.*] ἐπελεύσεται [S^2 ἀπ.] ὀπίσω τῆς β. (6 *a* ?)
Wi. 6. 3. καὶ τὰς β. διερευνήσει [S ἐξερ.]
— 4. οὐδὲ κατὰ τὴν β. τοῦ θεοῦ ἐπορεύθητε
9. 13. τίς γὰρ ἄνθρ. γνώσεται βουλὴν θεοῦ
— 17. βουλὴν δέ σου τίς ἔγνω
Si. 6. 2. ἐν βουλῇ ψυχῆς σου
19. 22. ὅπου [A S^1 *om.*] βουλὴ ἁμαρτωλῶν φρόνησις
21. 13. ἡ β. αὐτοῦ ὡς πηγὴ ζωῆς
22. 16. καρδία ἐστηριγμένη ἐπὶ διανοήματος βουλῆς
23. 1. μὴ ἐγκαταλίπῃς με ἐν βουλῇ αὐτῶν
24. 29. ἡ β. αὐτῆς [A -οῦ] ἀπὸ ἀβύσσου μεγ.
25. 4. ὡς ὡραῖον . . . πρεσβυτέροις ἐπιγνῶναι βουλήν
— 5. ὡς ὡραία . . . δεδοξασμένοις . . . βουλή
30. 21. μὴ θλίψῃς σεαυτὸν ἐν βουλῇ σου
35 (32). 18. ἀνὴρ βουλῆς οὐ μὴ παρίδῃ διανόημα
— 18. μετὰ τὸ ποιῆσαι μετ' αὐτοῦ ἄνευ βουλῆς
— 19. ἄνευ βουλῆς μηθὲν ποιήσῃς
37. 7. πᾶς σύμβουλος ἐξαίρει βουλήν
— 10. ἀπὸ τῶν ζηλούντων σε κρύψον βουλήν
— 13. βουλὴν καρδίας στῆσον
— 16. πρὸ πάσης πράξεως βουλή
38. 32. S^2 εἰς βουλὴν λαοῦ ζητηθήσονται
39. 7. αὐτὸς κατευθυνεῖ βουλὴν αὐτοῦ
40. 25. ὑπὲρ ἀμφότερα βουλὴ [B^1 γυνὴ] εὐδοκιμεῖται
47. 23. ὃς ἀπέστησε λαὸν ἐκ βουλῆς αὐτοῦ
Ho. 10. 6. καὶ αἰσχυνθήσεται 'I. ἐν τῇ β. αὐτοῦ (2 *e*)
Mi. 4. 9. ἦ ἡ β. σου ἀπώλετο (2 *a*)
— 12. οὐ συνῆκαν τὴν β. (2 *e*)
6. 16. ἐπορεύθητε ἐν ταῖς β. [B ὁδοῖς] αὐτῶν (2 *b*)
Za. 6. 13. β. εἰρηνικὴ ἔσται ἀνὰ μέσον ἀμφοτέρων (2 *e*)
Is. 3. 9. βεβούλευνται βουλὴν πονηράν –
4. 2. ἐπιλάμψει [A λάμψει] ὁ θεὸς ἐν βουλῇ †
5. 19. ἐλθάτω [A -θοι, S -ετω] ἡ β. τοῦ ἁγίου 'Ισραὴλ [A *om.*] (2 *e*)
7. 5. ἐβουλεύσαντο β. πονηράν [A S *add.* περὶ σοῦ] †
— 7. οὐ μὴ μείνῃ [A S ἐμμ.] ἡ β. αὕτη –
8. 10. ἣν ἂν βουλεύσησθε βουλὴν διασκεδάσει (2 *e*)
9. 6 (5). μεγάλης β. ἄγγελος (2 *a*)
10. 25. ὁ θυμός μου ἐπὶ τὴν β. αὐτῶν †
11. 2. πνεῦμα βουλῆς καὶ ἰσχύος (2 *e*)
14. 26. αὕτη ἡ β. ἣν βεβούλευται κύριος (2 *e*)
19. 3. τὴν β. αὐτῶν διασκεδάσω (2 *e*)
— 11. ἡ β. αὐτῶν μωρανθήσεται (2 *e*)
— 17. διὰ τὴν β. [A *add.* κυρίου σαβαὼθ] ἣν βεβούλευται (2 *e*)
25. 1. ἐποίησας . . . βουλὴν ἀρχαίαν ἀληθινήν (2 *e*)
— 7. ἡ γὰρ β. αὕτη ἐπὶ πάντα τὰ ἔθνη †
28. 8. ἀρὰ ἔδεται ταύτην τὴν β. αὕτη γὰρ ἡ β. †, †
29. 15. οἱ βαθέως βουλὴν ποιοῦντες . . . οἱ ἐν κρυφῇ βουλὴν ποιοῦντες (–, 2 *e*)
30. 1. ἐποιήσατε βουλὴν [A *add.* καὶ] οὐ δι' ἐμοῦ (2 *e*)
Is. 31. 6. οἱ τὴν βαθεῖαν β. βουλευόμενοι [A -σάμενοι] †
32. 7. ἡ γὰρ β. τῶν πονηρῶν ἄνομα βουλεύσεται (3 ?)
— 8. αὕτη ἡ β. μενεῖ †
36. 5. μὴ ἐν βουλῇ . . . παράταξις γίνεται (2 *c* ?)
41. 21. ἤγγισαν αἱ βουλαὶ ὑμῶν (9)
44. 25. τὴν β. αὐτῶν μωρεύων (1)
— 26. τὴν β. τῶν ἀγγέλων αὐτοῦ ἀληθεύων (2 *e*)
46. 10. πᾶσά μου ἡ β. στήσεται (2 *e*)
47. 13. κεκοπίακας ἐν ταῖς β. σου (2 *e*)
55. 7. ἀπολιπέτω . . . ἀνὴρ ἄνομος τὰς β. αὐτοῦ (5)
— 8. οὐ γάρ εἰσιν αἱ β. μου ὥσπερ αἱ β. ὑμῶν (5, 5)
Je. 18. 18. β. ἀπὸ συνετοῦ καὶ λόγος ἀπὸ προφήτου (2 *e*)
— 23. ἔγνως ἅπασαν τὴν β. αὐτῶν (2 *e*)
19. 7. σφάξω τὴν β. 'Ιούδα καὶ τὴν β. 'Ιερουσαλήμ (2 *e*, –)
27 (50). 45. ἀκούσατε τὴν β. κυρίου (2 *e*)
29 (49). 7. ἀπώλετο β. ἐκ συνετῶν (2 *e*)
— 20. ἀκούσατε βουλὴν κυρίου (2 *e*)
30 (49). 30. ἐβουλεύσατο ἐφ' ὑμᾶς βασ. Βαβ. βουλήν (2 *e*)
39 (32). 19. κύριος μεγάλης βουλῆς (2 *e*)
Ez. 7. 26. ἀπολεῖται . . . β. ἐκ πρεσβυτέρων (2 *e*)
11. 2. βουλευόμενοι βουλὴν πονηράν (2 *e*)
27. 9. οὗτοι ἐνίσχυον τὴν β. σου †
Da. LXX. 2. 14. τότε Δανιὴλ εἶπε βουλήν (2 *d*)
6. 4 (5). βουλὴν καὶ γνώμην ἐβουλεύσαντο †
7. 8. β. πολλαὶ ἐν τοῖς κέρασιν αὐτοῦ †
Da. TH. 2. 14. Δανιὴλ ἀπεκρίθη βουλὴν καὶ γνώμην (2 *d*)
4. 24. ἡ β. μου ἀρεσάτω σοι (6 *b*)
I Ma. 2. 31. S διεσκέδασαν τὴν β. [A R ἐντολὴν] τοῦ βασ.
— 65. ἀνὴρ βουλῆς ἐστιν
4. 45. R ἐπέπεσεν [A S ἔπεσεν] αὐτοῖς β. ἀγαθή
7. 31. ἀπεκαλύφθη ἡ β. αὐτοῦ
8. 4. κατεκράτησαν τοῦ τόπου παντὸς τῇ β. αὐτῶν
9. 60. A R ἐγνώσθη αὐτοῖς [S *om.*] ἡ β. αὐτῶν [S αὐτοῦ]
— 68. ἦν ἡ β. αὐτοῦ . . . κενή
14. 22. τὰ ὑπ' αὐτῶν εἰρημένα ἐν ταῖς β. τοῦ δήμου
II Ma. 14. 5. ἐν τίνι διαθέσει καὶ βουλῇ καθεστήκασιν
III Ma. 1. 25. R ἐξιστάνειν τῆς ἐντεθυμημένης β. [A ἐπιβ.]
3. 11. ἐν τῇ αὐτῇ διαμένειν β.
5. 7. τὴν κατ' αὐτῶν μεταστρέψαι β. ἀνοσίαν
7. 17. κατὰ κοινὴν αὐτῶν β. ἡμέρας ἑπτά
[**Aq.** Ps. 32 (33). 10: 118 (119). 24: Pr. 27. 9: 31. 13: Is. 8. 10: 16. 3: 28. 29: 36. 5: 46. 11.]
[**Sm.** Jb. 5. 13: Ps. 80 (81). 13: Pr. 12. 15: 19. 20: Ec. 2. 12: Is. 8. 10: 28. 29: 36. 5: 46. 11: Je. 32 (39). 19: Ho. 5. 4.]
[**Th.** Jb. 18. 7: Ps. 65 (66). 5: Pr. 20. 18: 31. 13: Is. 8. 10: 16. 3: 36. 5: 40. 13: 46. 11: Ez. 13. 9: Am. 3. 7.]
[**Quint.** Ps. 1. 1: 118 (119). 24.]
[**Sext.** Ps. 1. 1.]
[**Heb.** Ge. 49. 5, 6.]

βούλημα. (1) דַּעַת

Pr. 9. 10. S^1 βούλημα [A B S^2 -λὴ] ἁγίων σύνεσις (1)
II Ma. 15. 5. ἐπιτελέσαι τὸ σχέτλιον αὐτοῦ β.
IV Ma. 8. 18. τί β. κενοῖς ἑαυτοὺς εὐφραίνομεν
[**Aq.**, **Sm.**, **Quint.**, **Sext.** Ps. 1. 2.]

βούλησις.

[**Al.** Le. 22. 29.]

βουνίζειν. (1) צָבַט (2) צְבָתִים

Ru. 2. 14. ἐβούνισεν αὐτῇ Βοὸς ἄλφιτον (1)
— 16. παραβαλεῖτε αὐτῇ ἐκ τῶν βεβουνισμένων (2)

βουνός. (1) בָּמָה (2) גִּבְעָה (3) גַּל (4) הַר (5) יַעַר (6) צִבֻּרִים

Ge. 31. 46. καὶ ἐποίησαν βουνόν (3)
— 46. A ἔφαγον καὶ ἔπιον [R *om.* κ. ἔ.] ἐπὶ τοῦ β. (3)
— 46. ὁ β. οὗτος μαρτυρεῖ (3)
— 47. A β. μάρτυς [R τῆς μαρτυρίας] (5)
— 47. A β. μαρτυρεῖ [R μάρτυς] †
— 48. ἰδοὺ ὁ β. οὗτος (3)
— 48. μαρτυρεῖ ὁ β. οὗτος –
— 48. A ἐκλήθη τὸ ὄνομα αὐτοῦ [R *om.*] β. μαρτυρεῖ †
— 51. R ἰδοὺ ὁ β. οὗτος (3)
— 52. μηδὲ σὺ διαβῇς πρὸς μὲ τὸν β. τοῦτον (3)
Ex. 17. 9. ἕστηκα ἐπὶ τῆς κορυφῆς τοῦ β. (2)
— 10. ἀνέβησαν ἐπὶ τὴν κορυφὴν τοῦ β. (2)
Nu. 23. 9. ἀπὸ βουνῶν προσνοήσω αὐτόν (2)
De. 33. 15. ἀπὸ κορυφῆς βουνῶν ἀενάων (2)
Jo. 5. 3. βουνὸς τῶν ἀκροβυστιῶν (2)
I Ki. 7. 1. οἶκον 'Αμιναδὰβ τὸν ἐν τῷ β. (2)
10. 5. εἰσελεύσῃ εἰς τὸν β. τοῦ θεοῦ (2)
— 10. ἔρχεται ἐκεῖθεν εἰς τὸν β. [A *add.* τῶν προφητῶν] (2)
— 13. ἔρχεται εἰς τὸν β. (1)
13. 3. B τὸν Νασὶβ τὸν ἀλλόφυλον τὸν ἐν τῷ β. †
14. 2. B Σαοὺλ ἐκάθητο ἐπ' ἄκρου τοῦ β. (2)
22. 6. Σαοὺλ ἐκάθητο ἐν τῷ β. (2)
23. 19. ἀνέβησαν οἱ Ζιφαῖοι . . . ἐπὶ τὸν β. (2)
— 19. οὐκ ἰδοὺ Δαυὶδ κέκρυπται . . . ἐν τῷ β. τοῦ 'Εχελᾶ (2)
26. 1. ἔρχονται οἱ Ζιφαῖοι . . . εἰς τὸν β. (2)
— 1. Δαυὶδ σκεπάζεται μεθ' ἡμῶν [A παρ' ἡμῖν] ἐν τῷ β. (2)
— 3. παρενέβαλε Σαοὺλ ἐν τῷ β. (2)
II Ki. 2. 24. αὐτοὶ εἰσῆλθον ἕως τοῦ β. 'Αμμάν (2)
— 25. ἔστησαν ἐπὶ κεφαλὴν βουνοῦ ἑνός (2)
6. 3. εἰς οἶκον 'Αμιναδὰβ τοῦ ἐν τῷ β. (2)
— 4. A ἦραν αὐτὴν ἀπὸ οἴκου 'Αμιναδὰβ ἐν βουνῷ (2)
17. 9. αὐτὸς νῦν κέκρυπται ἐν ἑνὶ τῶν β. †
III Ki. 14. 23. καὶ ἄλση ἐπὶ πάντα β. ὑψηλόν (2)
15. 22. ᾠκοδόμησεν . . . πᾶν βουνὸν Βενιαμίν †
IV Ki. 2. 16. B ἢ ἐφ' ἕνα τῶν β. †
10. 8. θέτε αὐτὰς βουνοὺς δύο (6)
16. 4. ἐν τοῖς ὑψηλοῖς καὶ ἐπὶ τῶν β. (2)
17. 10. ἄλση ἐπὶ παντὶ βουνῷ ὑψηλῷ (2)
I Ch. 11. 31. ἐκ βουνοῦ Βενιαμίν (2)
Ju. 7. 4. οὔτε αἱ φάραγγες οὔτε οἱ β.
16. 4. ἡ ἵππος αὐτῶν ἐκάλυψε βουνούς
Ps. 64 (65). 12. ἀγαλλίασιν οἱ β. περιζώσονται (2)
71 (72). 3. ἀναλαβέτω τὰ ὄρη εἰρήνην τῷ λαῷ σου καὶ οἱ β. (2)
77 (78). 58. παρώργισαν αὐτὸν ἐπὶ τοῖς β. αὐτῶν (1)
113 (114). 4. καὶ οἱ β. ὡς ἀρνία προβάτων (2)
— 6. καὶ οἱ β., ὡς ἀρνία προβάτων (2)
148. 9. τὰ ὄρη καὶ πάντες βουνοί (2)
Pr. 8. 25. πρὸ δὲ πάντων βουνῶν γεννᾷ με (2)
Ca. 2. 8. οὗτος ἥκει . . . διαλλόμενος ἐπὶ τοὺς β. (2)
4. 6. πορεύσομαι ἐμαυτῷ . . . πρὸς τὸν β. τοῦ λιβάνου (2)
Ho. 4. 13. καὶ ἐπὶ τοὺς β. ἔθυον (2)
5. 8. σαλπίσατε σάλπιγγι ἐπὶ τοὺς β. (2)
9. 9. ἐφθάρησαν κατὰ τὰς ἡμέρας τοῦ β. (2)
10. 8. ἐροῦσι . . . τοῖς β., Πέσατε (2)
— 9. ἀφ' οὗ οἱ β. ἥμαρτεν 'I. (2)
— 9. οὐ μὴ καταλάβῃ αὐτοὺς ἐν τῷ β. πόλεμος (2)
Am. 9. 13. πάντες οἱ β. σύμφυτοι ἔσονται (2)
Mi. 4. 1. μετεωρισθήσεται ὑπεράνω τῶν β. (2)
6. 1. ἀκουσάτωσαν οἱ βουνοὶ φωνήν σου (2)
— 2. A ἀκούσατε βουνοὶ [B λαοί, R ὄρη] τὴν κρίσιν τοῦ κ. (4)
Jl. 3 (4). 18. καὶ οἱ β. ῥυήσονται γάλα (2)
Na. 1. 5. καὶ οἱ β. ἐσαλεύθησαν (2)
Hb. 3. 6. ἐτάκησαν β. αἰώνιοι πορείας αἰωνίας αὐτοῦ (2)
Ze. 1. 10. συντριμμὸς μέγας ἀπὸ τῶν β. (2)
Is. 2. 2. ὑψωθήσεται ὑπεράνω τῶν β. (2)
— 14. ἐπὶ πάντα β. ὑψηλόν (2)
9. 18 (17). τὰ κύκλῳ τῶν β. πάντα †
10. 18. τὰ ὄρη καὶ οἱ β. καὶ οἱ δρυμοί †
— 32. παρακαλεῖτε . . . οἱ β. οἱ ἐν 'Ιερ. (2)
30. 17. ὡς σημαίαν φέρων ἐπὶ βουνοῦ (2)
— 25. ἐπὶ παντὸς β. μετεώρου ὕδωρ (2)
40. 4. πᾶν ὄρος καὶ β. ταπεινωθήσεται (2)
41. 15. λεπτυνεῖς βουνούς (2)
42. 15. B ἐρημώσω ὄρη καὶ βουνούς (2)
44. 23. οἱ β. καὶ πάντα τὰ ξύλα τὰ ἐν αὐτοῖς †
49. 13. S^1 καὶ οἱ β. δικαιοσύνην –
54. 10. οὐδ' οἱ β. σου μετακινηθήσονται (2)
55. 12. τὰ γὰρ ὄρη καὶ οἱ β. ἐξαλοῦνται (2)
65. 7. ἐπὶ τῶν β. ὠνείδισάν με (2)
Je. 2. 20. A R πορεύσομαι ἐπὶ πάντα [B S πᾶν] βουνὸν ὑψηλόν (2)
3. 23. εἰς ψεῦδος ἦσαν οἱ β. (2)
4. 24. εἶδον . . . πάντας τοὺς β. ταρασσομένους (2)
13. 27. ἐπὶ τῶν β. καὶ ἐν τοῖς ἀγροῖς (2)
16. 16. θηρεύσουσιν αὐτοὺς . . . ἐπάνω παντὸς β. [A *add.* ὑψηλοῦ] (2)
27 (50). 6. ἐξ ὄρους ἐπὶ βουνὸν ᾤχοντο (2)
29 (49). 16. συνέλαβεν ἰσχὺν βουνοῦ ὑψηλοῦ (2)
38 (31). 39. ἐξελεύσεται . . . ἕως βουνῶν Γαρήβ (2)

Ez. 6. 3. τάδε λέγει [A *add.* ἀδωναΐ] κύριος . . . τοῖς β. (2)
— 13. ἐπὶ πάντα βουνὸν ὑψηλόν (2)
20. 28. ἴδον πάντα [A εἶδαν, AB^2 πᾶν] βουνὸν ὑψηλόν (2)
● 34. 6. διεσπάρη . . . ἐπὶ πᾶν [A πάντα] βοῦνον ὑψηλόν (2)
35. 8. ἐμπλήσω τῶν τραυματιῶν βουνούς σου (2)
36. 4. τάδε λέγει κύριος . . . τοῖς β. (2)
— 6. εἰπὸν τοῖς ὄρεσι καὶ τοῖς β. (2)
Da. LXX. TH. 3. (75). εὐλογεῖτε . . . βουνοὶ τὸν κύριον
[**Aq.** Ge. 49. 26: Ex. 17. 9: Dt. 12. 2: Jd. 7. 1: I Ki. 15. 34: Pr. 8. 25: Ca. 4. 6: Is. 30. 17: 40. 12: 54. 10: Je. 49. 16 (29. 17).]
[**Sm.** Ex. 17. 9: Nu. 21. 11: Dt. 12. 2: Jd. 7. 1: Pr. 8. 25: Ca. 2. 8: Is. 30. 17, 25: 40. 12: 42. 15: 54. 10: Je. 9. 11 (10): 49. 16 (29. 17): 51 (28). 37.]
[**Th.** Ex. 17. 9: Dt. 12. 2: Jd. 7. 1: II Ki. 2. 12, 24: Jb. 8. 17: Pr. 8. 25: Is. 30. 17: 40. 12: 42. 15.]

βοῦς. (1) *a.* אַלּוּף *b.* אֶלֶף (2) בָּקָר (3) *a.* פַּר *b.* פָּרָה (4) צֶמֶד (5) *a.* שׁוֹר *b.* תּוֹר

Ge. 13. 5. ἦν πρόβατα καὶ βόες (2)
18. 7. εἰς τὰς β. ἔδραμεν Ἀβραάμ (2)
26. 14. κτήνη προβάτων καὶ κτήνη βοῶν (2)
30. 43. κτήνη πολλὰ καὶ βόες –
32. 5 (6). βόες καὶ ὄνοι καὶ πρόβατα (5 *a*)
— 5 (6). A καὶ βόες [R παῖδες] καὶ παιδίσκαι †
— 7 (8). A τοὺς β. [R *add.* καὶ τὰς καμήλους] καὶ τὰ πρόβατα (2)
— 15 (16). βόας τεσσαράκοντα (3 *b*)
33. 13. τὰ πρόβατα καὶ αἱ β. λοχεύονται ἐπ' ἐμέ (2)
34. 28. τὰ πρόβατα αὐτῶν καὶ τοὺς β. αὐτῶν καὶ τ. ὄνους (2)
41. 2. ἀνέβαινον ἑπτὰ βόες καλαὶ τῷ εἴδει (3 *b*)
— 3. ἄλλαι δὲ ἑπτὰ βόες ἀνέβαινον (3 *b*)
— 3. A ἐνέμοντο αἱ β. [R παρὰ τὰς βόας] (3 *b*)
— 4. κατέφαγον αἱ ἑπτὰ β. αἱ αἰσχραὶ καὶ λεπταὶ ταῖς σαρξὶ τὰς ἑπτὰ β. τὰς καλάς (3 *b*, 3 *b*)
— 18. ἀνέβαινον ἑπτὰ βόες καλαὶ τῷ εἴδει (3 *b*)
— 19. ἑπτὰ βόες ἕτεραι ἀνέβαινον (3 *b*)
— 20. κατέφαγον αἱ ἑπτὰ β. αἱ αἰσχραὶ καὶ λεπταὶ τὰς ἑπτὰ β. τὰς πρώτας (3 *b*, 3 *b*)
— 26. αἱ ἑπτὰ β. αἱ καλαί (3 *b*)
— 27. αἱ ἑπτὰ β. αἱ λεπταί (3 *b*)
45. 10. A τὰ πρόβατά σου καὶ αἱ [R οἱ] β. σου (2)
46. 32. καὶ τὰ κτήνη καὶ τοὺς β. (2)
47. 1. καὶ τὰ κτήνη καὶ οἱ β. αὐτῶν (2)
— 17. ἀντὶ τῶν προβάτων καὶ ἀντὶ τῶν β. (2)
50. 8. τὰ πρόβατα καὶ τοὺς β. ὑπελίποντο (2)
Ex. 9. 3. καὶ βουσὶ καὶ προβάτοις (2)
10. 9. σὺν . . . προβάτοις καὶ βουσὶν ἡμῶν (2)
— 24. πλὴν τῶν προβάτων καὶ τῶν β. ὑπολείπεσθε (2)
12. 32. τὰ πρόβατα καὶ τοὺς β. ὑμῶν ἀναλαβόντες (2)
— 38. καὶ πρόβατα καὶ βόες (2)
20. 10. ὁ β. σου καὶ τὸ ὑποζύγιόν σου –
— 17. οὔτε τοῦ βοὸς αὐτοῦ οὔτε τοῦ ὑποζ. αὐτοῦ (5 *a*)
23. 4. ἐὰν δὲ συναντήσῃς τῷ β. τοῦ ἐχθροῦ σου (5 *a*)
— 12. ὁ β. σου καὶ τὸ ὑποζύγιόν σου (5 *a*)
29. 1. μοσχάριον ἐκ βοῶν (2)
34. 3. τὰ πρόβατα καὶ αἱ β. μὴ νεμέσθωσαν (2)
Le. 1. 2. ἀπὸ τῶν β. καὶ ἀπὸ τῶν προβάτων (2)
— 3. ἐκ τῶν β. ἄρσεν ἄμωμον (2)
3. 1. ἐὰν μὲν ἐκ τῶν β. αὐτοῦ προσαγάγῃ (2)
4. 3, 14. μόσχον ἐκ βοῶν ἄμωμον (2)
7. 13 (23). πᾶν στέαρ βοῶν καὶ προβάτων (5 *a*)
9. 2. μοσχάριον ἐκ βοῶν (2)
16. 3. ἐν μόσχῳ ἐκ βοῶν (2)
27. 32. πᾶσα δεκάτη βοῶν καὶ προβάτων (2)
Nu. 7. 3. ἓξ ἁμάξας λαμπηνικὰς καὶ δώδεκα βόας (2)
— 6. λαβὼν Μωυσῆς . . . τοὺς β. (2)
— 7. τοὺς τέσσαρας β. ἔδωκε τοῖς υἱοῖς Γ. (2)
— 8. τοὺς ὀκτὼ β. ἔδωκε τοῖς υἱοῖς Μερ. (2)
— 15, 21, 27, 33, 39, 45, 51, 57, 63, 69, 75, 81. μόσχον ἕνα ἐκ βοῶν (2)
— 87. πᾶσαι αἱ β. αἱ εἰς ὁλοκαύτωσιν (2)
— 88. πᾶσαι αἱ β. εἰς θυσίαν σωτηρίου (2)
8. 8. λήψονται μόσχον ἕνα ἐκ βοῶν . . . καὶ μόσχον ἐνιαύσιον ἐκ β. λήψῃ (2, 2)
11. 22. μὴ πρόβατα καὶ βόες σφαγήσονται αὐτοῖς (2)
Nu. 15. 3. εἰ μὲν ἀπὸ τῶν β. ἢ ἀπὸ τῶν προβάτων (2)
— 8. ἐὰν δὲ ποιῆτε ἀπὸ τῶν β. (2)
— 24. μόσχον ἕνα ἐκ βοῶν (2)
28. 11, 19, 27. μόσχους ἐκ βοῶν δύο (2)
29. 2. μόσχον ἕνα ἐκ βοῶν (2)
— 8. μόσχον ἐκ βοῶν ἕνα (2)
— 13. μόσχους ἐκ βοῶν τρεῖς καὶ δέκα (2)
31. 28, 30. ἀπὸ τῶν β. καὶ ἀπὸ τῶν προβάτων (2)
— 33. βόες [A -ῶν] δύο καὶ ἑβδομήκοντα χιλιάδες (2)
— 38, 44. βόες ἓξ καὶ τριάκοντα χιλιάδες (2)
De. 5. 14. ὁ βοῦς σου καὶ τὸ ὑποζύγιόν σου (5 *a*)
— 21 (18). οὐκ ἐπιθυμήσεις . . . τοῦ βοὸς αὐτοῦ (5 *a*)
7. 13. τὰ βουκόλια τῶν β. σου (1 *b*)
8. 13. τῶν β. σου καὶ τῶν προβάτων σου (2)
12. 6. τὰ πρωτότοκα τῶν β. ὑμῶν (2)
— 17. τὰ προτότοκα τῶν β. σου (2)
— 21. θύσεις ἀπὸ τῶν β. σου (2)
14. 4. μόσχον ἐκ βοῶν –
— 23. τὰ πρωτότοκα τῶν β. σου (2)
— 26. A R ἐπὶ βουσὶν ἢ ἐπὶ προβάτοις (2)
15. 19. ὃ ἐὰν τεχθῇ ἐν ταῖς [A τοῖς] β. σου (2)
16. 2. θύσεις τὰ πάσχα . . . πρόβατα καὶ βόας (2)
21. 3. δάμαλιν ἐκ βοῶν ἥτις οὐκ εἴργασται (2)
25. 4. οὐ φιμώσεις βοῦν ἀλοῶντα (5 *a*)
28. 4, 18, 51. τὰ βουκόλια τῶν β. σου (1 *b*)
32. 14. βούτυρον βοῶν καὶ γάλα προβάτων (2)
Jd. 3. 31. ἐν τῷ ἀροτρόποδι τῶν [A ἐκτὸς μόσχων] β. (2)
I Ki. 6. 7. δύο βόας πρωτοτοκούσας ἄνευ τῶν τέκνων καὶ ζεύξατε τὰς β. ἐν τῇ ἁμάξῃ (3 *b*, 3 *b*)
— 10. ἔλαβον δύο βόας πρωτοτοκούσας (3 *b*)
— 12. κατηύθυναν αἱ β. ἐν τῇ ὁδῷ (3 *b*)
— 14. τὰς β. ἀνήνεγκαν εἰς [A *om.*] ὁλοκαύτωσιν [A -κάρπωσιν] τῷ κ. (3 *b*)
11. 7. ἔλαβε δύο βόας (2)
— 7. κατὰ τάδε ποιήσουσι τοῖς βουσὶν αὐτοῦ (2)
14. 32. ποίμνια καὶ βουκόλια καὶ τέκνα βοῶν (2)
15. 14. καὶ φωνὴ τῶν β. ἣν [A ὧν] ἐγὼ ἀκούω (2)
— 15. τὰ κράτιστα τοῦ ποιμνίου καὶ τῶν β. (2)
16. 2. δάμαλιν βοῶν λάβε ἐν τῇ χειρί σου (2)
II Ki. 17. 29. πρόβατα καὶ σαφφὼθ βοῶν (2)
24. 22. ἰδοὺ οἱ β. εἰς ὁλοκαύτωμα [A -ματα] καὶ οἱ τροχοὶ καὶ τὰ σκεύη τῶν β. εἰς ξύλα (2, 2)
— 24. ἐκτήσατο Δαυὶδ . . . τοὺς β. (2)
III Ki. 1. 9. A ἐθυσίασεν Ἀδ. πρόβατα καὶ βόας [B μόσχους] (2)
3. 1 (4. 23: [5. 3]). B εἴκοσι βόες νομάδες (2)
4. 23 (5. 3). εἴκοσι βόες νομάδες (2)
7. 25. δώδεκα βόες ὑποκάτω τῆς θαλάσσης (2)
— 29. λέοντες καὶ βόες καὶ χερουβίμ (2)
— 29. ὑποκάτωθεν τῶν λεόντων καὶ τῶν β. χῶραι (2)
— 44. καὶ τοὺς β. δώδεκα ὑποκάτω τῆς θαλάσσης (2)
8. 5. θύοντες πρόβατα βόας [A καὶ β.] (2)
— 63. βοῶν δύο καὶ εἴκοσι χιλιάδας (2)
18. 23. δότωσαν ἡμῖν δύο βόας (3 *a*)
— 23. ἐγὼ ποιήσω τὸν β. τὸν ἄλλον (3 *a*)
19. 19. A αὐτὸς ἠροτρία ἐν βουσί· δώδεκα βοῶν [B ζεύγη] (–, 4)
— 20. κατέλιπεν Ἐλισαιὲ τὰς β. (2)
— 21. ἔλαβε τὰ ζεύγη [A τὸ ζεῦγος] τῶν β. (2)
— 21. ἥψησεν αὐτὰ ἐν τοῖς σκεύεσι τῶν β. [A *al.*] (2)
IV Ki. 5. 26. καὶ πρόβατα καὶ βόας καὶ παῖδας (2)
16. 17. τὴν θάλ. καθεῖλεν ἀπὸ τῶν β. τῶν χαλκῶν (2)
I Ch. 27. 29. ἐπὶ τῶν β. τῶν νομάδων (2)
— 29. ἐπὶ τῶν β. τῶν ἐν τοῖς αὐλῶσι Σ. (2)
II Ch. 13. 9. B ἐν μόσχῳ [A ἐξ μόσχοις, B ἐκ μόσχων] ἐκ βοῶν (2)
32. 29. ἀποσκευὴν προβάτων καὶ βοῶν (2)
II Es. 6. 9. υἱοὺς βοῶν καὶ κριῶν (5 *b*)
Ne. 10. 36 (37). τὰ πρωτότοκα τῶν β. ἡμῶν (2)
To. 8. 19. S ἤγαγεν βόας δύο
10. 11. S βόας καὶ πρόβατα
Ju. 2. 17. πρόβατα καὶ βόας καὶ αἶγας
Jb. 1. 3. ζεύγη βοῶν πεντακόσια (2)
— 14. τὰ ζεύγη τῶν β. ἠροτρία (2)
6. 5. εἰ δὲ καὶ ῥήξει φωνὴν βοῦς (5 *a*)
21. 10. ἡ β. αὐτῶν οὐκ ὠμοτόκησε (5 *a*)
24. 3. βοῦν χήρας ἠνεχύρασαν (5 *a*)
40. 10 (15). χόρτον ἴσα βουσὶν ἐσθίουσιν (2)
42. 12. ζεύγη βοῶν χίλια (2)
Ps. 8. 7. πάντα ὑπέταξας . . . πρόβατα καὶ βόας πάσας (1 *b*)
49 (50). 10. κτήνη ἐν τοῖς ὄρεσι καὶ βόες (1 *b* ?)
65 (66). 15. ποιήσω [B^2 S^2 ἀνοίσω] σοι βόας μετὰ χιμάρων (2)
143 (144). 14. οἱ β. αὐτῶν παχεῖς (1 *a*)
Pr. 7. 22. ὥσπερ δὲ βοῦς ἐπὶ σφαγὴν ἄγεται (5 *a*)
14. 4. οὗ μὴ εἰσὶ βόες φάτναι καθαραί· οὗ δὲ πολλὰ γενήματα φανερὰ βοὸς ἰσχύς (1 *b*, 5 *a*)
Si. 38. 25. βόας ἐλαύνων καὶ ἀναστρεφόμ. ἐν ἔργοις αὐτῶν
Jl. 1. 18. ἔκλαυσαν βουκόλια βοῶν (2)
Jn. 3. 7. οἱ ἄνθρωποι κ. τὰ κτήνη κ. οἱ β. (2)
Hb. 3. 17. οὐχ ὑπάρχουσι βόες ἐπὶ φάτναις (2)
Is. 1. 3. ἔγνω β. τὸν κτησάμενον (5 *a*)
5. 10. ἐργῶνται δέκα ζεύγη βοῶν †
7. 21. δάμαλιν βοῶν καὶ δύο πρόβατα (2)
— 25. εἰς βόσκημα προβάτου καὶ καταπάτημα βοός (5 *a*)
11. 7. β. καὶ ἄρκος ἅμα βοσκηθήσονται (3 *b*)
— 7. λέων ὡς [A S καὶ] β. φάγονται ἄχυρα (2)
30. 24. οἱ βόες οἱ ἐργαζόμενοι τὴν γῆν †
32. 20. οὗ β. καὶ ὄνος πατεῖ (5 *a*)
65. 25. λέων ὡς β. φάγεται ἄχυρα (2)
Ez. 4. 15. δέδωκά σοι βόλβιτα βοῶν (2)
43. 19. δώσεις τοῖς ἱερεῦσι . . . μόσχον ἐκ βοῶν (2)
— 23. προσοίσουσι μόσχον ἐκ βοῶν ἄμωμον (2)
— 25. ἑπτὰ ἡμέρας ποιήσεις . . . μόσχον ἐκ βοῶν (2)
45. 18. λήψεσθε μόσχον ἐκ βοῶν ἄμωμον (2)
Da. LXX. 4. 12. ἐν τοῖς ὄρεσι χόρτον ὡς βοῦς νέμηται †
— 29. χόρτον ὡς βοῦν σε ψωμίσουσι (5 *b*)
— 30. χόρτον ὡς βοῦν ἐψώμισάν με (5 *b*)
Da. TH. 4. 22, 29. χόρτον ὡς βοῦν ψωμιοῦσί σε (5 *b*)
— 30. χόρτον ὡς βοῦς ἤσθιε (5)
5. 21. χόρτον ὡς βοῦν ἐψώμιζον αὐτόν (5 *b*)
[**Aq.** Le. 27. 26: II Ki. 6. 13: Pr. 14. 4: 15. 17: Am. 4. 1]
[**Sm.** Le. 27. 26: II Ki. 6. 13: III Ki. 18. 25: Ps. 68 (69). 32: Pr. 14. 4: Is. 11. 7: Je. 31 (38). 12: Am. 4. 1: 6. 12.]
[**Th.** Jd. 3. 31: Pr. 14. 4: 15. 17: Am. 4. 1.]
[**Al.** I Ki. 11. 5: 14. 34: Hb. 3. 17.]

βούτομον. (1) אָחוּ (2) בִּצָּה

Jb. 8. 11. ἢ ὑψωθήσεται βούτομον ἄνευ πότου (1)
40. 16 (21). παρὰ πάπυρον καὶ κάλαμον καὶ βούτομον (2)

βούτυρον. (1) *a.* חֶמְאָה *b.* חֵמָה

Ge. 18. 8. ἔλαβε δὲ β. καὶ γάλα (1 *a*)
De. 32. 14. βούτυρον βοῶν καὶ γάλα προβάτων (1 *a*)
Jd. 5. 25. γάλα ἔδωκεν ἐν λεκάνῃ· ὑπερεχόντων προσήνεγκε βούτυρον [A *al.*] (1 *a*)
II Ki. 17. 29. καὶ μέλι καὶ βούτυρον καὶ πρόβατα (1 *a*)
Jb. 20. 17. μὴ ἴδοι . . . νομὰς μέλιτος καὶ βουτύρου (1 *a*)
29. 6. ἐχέοντο αἱ ὁδοί μου βουτύρῳ (1 *b*)
Pr. 24. 68 (30. 33). ἄμελγε γάλα καὶ ἔσται βούτυρον (1 *a*)
Is. 7. 15, 22. β. καὶ μέλι φάγεται (1 *a*)
[**Aq.**, **Th.** Is. 7. 22.]
[**Sm.** Ps. 54 (55). 22: Is. 7. 22.]

βραβεύειν.

Wi. 10. 12. ἀγῶνα ἰσχυρὸν ἐβράβευσεν αὐτῷ

βραγχιᾶν, βραγχνιᾶν. (1) חָרַר ni.

Ps. 68 (69). 3. ἐβραγχίασεν [B^1 S^1 ἐβραγχνίασεν] ὁ λάρυγξ μου (1)

βραδέως.

II Ma. 14. 17. A βραδέως [R βραχέως] δὲ . . . ἐπταικώς

βραδύγλωσσος. (1) כְּבַד לָשׁוֹן

Ex. 4. 10. ἰσχνόφωνος καὶ βρ. ἐγώ εἰμι (1)

βραδύνειν. (1) אָחַר pi. (2) מָהַהּ hithp.

Ge. 43. 10. εἰ μὴ γὰρ ἐβραδύναμεν (2)
De. 7. 10. οὐχὶ βραδυνεῖ τοῖς μισοῦσι (1)
Si. 32 (35). 18. ὁ κύριος οὐ μὴ βραδύνῃ
Is. 46. 13. τὴν σωτηρίαν τὴν παρ' ἐμοῦ οὐ βραδυνῶ (1)
[**Aq.** Ps. 126 (127). 2: Hb. 2. 3.]
[**Al.** Ex. 22. 29 (28).]

● = correction on page xxv

βραθύ.

[Sm. Is. 55. 13.]
[Th. Is. 37. 24: 41. 19: 55. 13: 60. 13.]

βρασμός.

[Aq. Is. 28. 19.]

βραχέως.

II Ma. 5. 17. ἀπώργισται βραχέως ὁ δεσπότης
7. 33. εἰ δὲ . . . ὁ ζῶν κ. ἡμῶν βραχέως ἐπώργισται
13. 11. τὸν ἄρτι βραχέως ἀνεψυχότα λαόν
14. 17. ℵ βραχέως [A βραδέως] δὲ . . . ἐπταικώς

βραχιάλιον, *cf.* **βραχιάριον.**

[Sm., Th. II Ki. 1. 10.]

βραχιάριον, *cf.* **βραχιάλιον.**

[Aq. II Ki. 1. 10.]
[Th. Is. 3. 20.]

βραχίων. (1) *a.* אֶזְרוֹעַ *b.* דְּרַע *c.* זְרוֹעַ (2) יָד (3) שׁוֹק

Ge. 24. 18. καθεῖλε τὴν ὑδρίαν ἐπὶ τὸν βρ. αὐτῆς (2)
— 46. καθεῖλε τὴν ὑδρίαν ἐπὶ τὸν βρ. αὐτῆς [ℵ *om.* ἐ. τ. βρ.] –
27. 16. περιέθηκεν ἐπὶ τοὺς βρ. αὐτοῦ (2)
49. 24. ἐξελύθη τὰ νεῦρα βραχιόνων χειρὸς [A -ων] (1 *c*)
Ex. 6. 1. ἐν βρ. ὑψηλῷ ἐκβαλεῖ αὐτούς (2)
— 6. λυτρώσομαι ὑμᾶς ἐν βρ. ὑψηλῷ (1 *c*)
15. 16. μεγέθει βραχίονός σου ἀπολιθωθήτωσαν (1 *c*)
29. 22. λήψῃ . . . τὸν βρ. τὸν δεξιόν (3)
— 27. ἁγιάσεις . . . τὸν βρ. τοῦ ἀφαιρέματος (3)
32. 11. ἐν τῷ βρ. σου τῷ ὑψηλῷ [A ἐν βρ. ὑ.] (2)
Le. 7. 22 (32). τὸν βρ. τὸν δεξιὸν δώσετε ἀφαίρεμα (3)
— 23 (33). αὐτῷ ἔσται ὁ βρ. ὁ δεξιὸς ἐν μερίδι (3)
— 24 (34). καὶ τὸν βρ. τοῦ ἀφαιρέματος εἴληφα (3)
8. 24 (25), 25 (26); 9. 21. τὸν βρ. τὸν δεξιόν (3)
10. 14, 15. τὸν βρ. τοῦ ἀφαιρέματος (3)
Nu. 6. 19. λήψεται ὁ ἱερεὺς τὸν βρ. ἑφθόν (1 *c*)
— 20. ἐπὶ τοῦ βρ. τοῦ ἀφαιρέματος (3)
18. 18. κατὰ τὸν βρ. τὸν δεξιὸν σοὶ ἔσται (3)
De. 3. 24. τὴν χεῖρα τὴν κραταιὰν καὶ τὸν βρ. τὸν ὑψηλόν –
4. 34; 5. 15. ἐν χειρὶ κραταιᾷ καὶ ἐν βρ. ὑψηλῷ (1 *c*)
6. 21; 7. 8 (AB[a]). ἐν χειρὶ κραταιᾷ καὶ ἐν βρ. ὑψηλῷ [B[1] *om.* κ. ἐν βρ. ὑ.] –
7. 19. τὴν χεῖρα τὴν κραταιὰν καὶ τὸν βρ. τὸν ὑψηλόν (1 *c*)
9. 26. ἐν τῷ βρ. σου τῷ ὑψηλῷ [A μεγάλῳ] –
— 29. ἐν τῷ βρ. σου τῷ ὑψ. (1 *c*)
11. 2. τὴν χεῖρα τὴν κραταιὰν καὶ τὸν βρ. τὸν ὑψ. (1 *c*)
18. 3. δώσει τῷ ἱερεῖ τὸν βρ. (1 *c*)
26. 8. ἐν χειρὶ κραταιᾷ καὶ ἐν βρ. ὑψηλῷ [A *al.*] (1 *c*)
29. 3 (2). AB[a] τὴν χεῖρα τὴν κραταιὰν καὶ τὸν βρ. τὸν ὑψηλόν –
33. 20. ὡς λέων ἀνεπαύσατο συντρίψας βραχίονα (1 *c*)
33. 27. ὑπὸ ἰσχὺν βραχιόνων ἀενάων (1 *c*)
Jd. 15. 14. τὰ καλώδια τὰ ἐπὶ [A ἐν τοῖς] βραχίοσιν αὐτοῦ (1 *c*)
— 14. A διελύθησαν οἱ δεσμοὶ ἀπὸ τῶν βρ. αὐτοῦ [B *al.*] (2)
16. 12. διέσπασεν [A ἔσπ.] αὐτὰ ἀπὸ βραχιόνων αὐτοῦ (1 *c*)
II Ki. 1. 10. τὸν χλιδῶνα τὸν ἐπὶ τοῦ βρ. αὐτοῦ (1 *c*)
22. 35. κατάξας τόξον χαλκοῦν ἐν βραχίονί [A τὰς βρ.] μου (1 *c*)
III Ki. 8. 42. A καὶ βραχίονά σου τὸν ἐκτεταμένον (1 *c*)
IV Ki. 9. 24. ἐπάταξε τὸν Ἰ. ἀνὰ μέσον τῶν βρ. αὐτοῦ (1 *c*)
17. 36. ἐν ἰσχύϊ μεγάλῃ καὶ ἐν βρ. ὑψηλῷ (1 *c*)
II Ch. 6. 32. τὸν βρ. σου τὸν ὑψηλόν (1 *c*)
32. 8. μετὰ αὐτοῦ βραχίονες σάρκινοι (1 *c*)
Ju. 9. 7. ἐγαυρίασαν ἐν βραχίονι πεζῶν
Jb. 26. 2. ᾧ [A ὁ] βρ. κραταιός ἐστι (1 *c*)
31. 22. ὁ δὲ βρ. μου ἀπὸ τοῦ ἀγκῶνος συντριβείη (1 *a*)
35. 9. βοήσονται ἀπὸ βραχίονος πολλῶν (1 *c*)
38. 15. βραχίονα δὲ ὑπερηφάνων συνέτριψας (1 *c*)
40. 4 (9). ἡ βραχίων σοί ἐστι κατὰ τοῦ κυρίου [A κατὰ κύριον] (1 *c*)
Ps. 9. 36 (10. 15). σύντριψον τὸν βρ. τοῦ ἁμαρτωλοῦ (1 *c*)
Ps. 17 (18). 34. ἔθου τόξον χαλκοῦν τοὺς βρ. μου (1 *c*)
36 (37). 17. βραχίονες ἁμαρτωλῶν συντριβήσονται (1 *c*)
43 (44). 3. ὁ βρ. αὐτῶν οὐκ ἔσωσεν αὐτοὺς ἀλλ' ἡ δεξιά σου καὶ ὁ βρ. σου (1 *c*, 1 *c*)
70 (71). 18. ἕως ἂν ἀπαγγείλω τὸν βρ. σου (1 *c*)
76 (77). 15. ἐλυτρώσω ἐν τῷ βρ. σου τὸν λαόν σου (1 *c*)
78 (79). 11. κατὰ τὴν μεγαλωσύνην τοῦ βρ. σου (1 *c*)
88 (89). 10. ἐν τῷ βρ. τῆς δυνάμεώς σου (1 *c*)
— 13. σὸς ὁ βρ. μετὰ δυναστείας (1 *c*)
— 21. ὁ βρ. μου κατισχύσει αὐτόν (1 *c*)
97 (98). 1. ἔσωσεν αὐτῷ . . . ὁ βρ. ὁ ἅγιος αὐτοῦ (1 *c*)
135 (136). 12. ἐν χειρὶ κραταιᾷ καὶ ἐν βρ. ὑψηλῷ (1 *c*)
Pr. 31. 17. ἤρεισε τοὺς βρ. αὐτῆς εἰς ἔργον (1 *c*)
Ca. 8. 6. ὡς σφραγῖδα ἐπὶ τὸν βρ. σου (1 *c*)
Wi. 5. 16. τῷ βρ. ὑπερασπιεῖ αὐτῶν
11. 21. κράτει βραχίονός σου τίς ἀντιστήσεται
16. 16. ἐν ἰσχύϊ βραχίονός σου ἐμαστιγώθησαν
Si. 7. 31. δὸς τὴν μερίδα αὐτῷ . . . δόσιν βραχιόνων
21. 21. ὡς χλιδὼν ἐπὶ βραχίονι δεξιῷ
33 (36). 6. δόξασον χεῖρα καὶ βραχίονα δεξιόν
38. 30. ἐν βραχίονι αὐτοῦ τυπώσει πηλόν
Ho. 7. 15. κἀγὼ κατίσχυσα τοὺς βρ. αὐτῶν (1 *c*)
11. 3. ἀνέλαβον αὐτὸν ἐπὶ τὸν βρ. μου (1 *c*)
Za. 11. 17. μάχαιρα ἐπὶ τοὺς βρ. αὐτοῦ (1 *c*)
— 17. ὁ βρ. αὐτοῦ ξηραινόμενος ξηρανθήσεται (1 *c*)
Is. 9. 20 (19). ἔσθων τὰς σάρκας τοῦ βρ. [A *add.* τοῦ ἀδελφοῦ] αὐτοῦ (1 *c*)
15. 2. πάντες βραχίονες κατατετμημένοι †
17. 5. σπέρμα σταχύων [A ℵ[1] *add.* ἐν τῷ βρ. αὐτοῦ] ἀμήσῃ (1 *c*)
26. 11. ὑψηλός σου ὁ βρ. (2)
30. 30. τὸν θυμὸν τοῦ βρ. αὐτοῦ δεῖξαι (1 *c*)
40. 10. ὁ βρ. μετὰ κυρίας (1 *c*)
— 11. τῷ βρ. αὐτοῦ συνάξει ἄρνας (1 *c*)
44. 12. εἰργάσατο αὐτὸ ἐν τῷ βρ. τῆς ἰσχύος αὐτοῦ (1 *c*)
51. 5. εἰς τὸν βρ. μου ἔθνη ἐλπιοῦσιν (1 *c*)
— 5. εἰς τὸν βρ. μου ἐλπιοῦσι (1 *c*)
— 9. ἔνδυσαι τὴν ἰσχὺν τοῦ βρ. σου (1 *c*)
52. 10. ἀποκαλύψει κύριος τὸν βρ. τὸν ἅγιον αὐτοῦ (1 *c*)
53. 1. ὁ βρ. κυρίου τίνι ἀπεκαλύφθη (1 *c*)
59. 16. ἠμύνατο αὐτοὺς τῷ βρ. αὐτοῦ (1 *c*)
62. 8. ὤμοσε . . . κατὰ τῆς ἰσχύος [ℵ δόξης] τοῦ βρ. αὐτοῦ (1 *c*)
63. 5. ἐρρύσατο αὐτοὺς ὁ βρ. μου (1 *c*)
— 12. ὁ ἀγαγὼν τῇ δεξιᾷ Μ. ὁ βρ. τῆς δόξης αὐτοῦ (1 *c*)
Je. 17. 5. στηρίσει σάρκα βραχίονος αὐτοῦ ἐπ' αὐτόν [ℵ *om.*] (1 *c*)
21. 5. ἐν βρ. [ℵ *add.* ὑψηλῷ] κραταιῷ μετὰ θυμοῦ (1 *c*)
28 (51). 14. ὤμοσε κύριος κατὰ τοῦ βρ. αὐτοῦ †
39 (32). 17. ἐποίησας . . . τῷ βρ. σου τῷ ὑψηλῷ (1 *c*)
— 21. ἐξήγαγες . . . ἐν βρ. ὑψηλῷ (1 *a*)
Ba. 2. 11. ἐξήγαγες τὸν λαόν σου . . . ἐν βρ. ὑψηλῷ
Ez. 4. 7. τὸν βρ. σου στερεώσεις (1 *c*)
13. 20. διαρρήξω αὐτὰ ἀπὸ τῶν βρ. ὑμῶν (1 *c*)
17. 9. οὐκ ἐν βρ. μεγάλῳ οὐδὲ ἐν λαῷ πολλῷ (1 *c*)
20. 33. ἐν βρ. ὑψηλῷ . . . βασιλεύσω ἐφ' ὑμᾶς (1 *c*)
— 34. εἰσδέξομαι ὑμᾶς . . . ἐν βρ. ὑψηλῷ (1 *c*)
30. 21. τοὺς βρ. Φαραὼ βασιλέως Αἰγ. συνέτριψα (1 *c*)
— 22. συντρίψω τοὺς βρ. αὐτοῦ τοὺς ἰσχυρούς (1 *c*)
— 24. κατισχύσω τοὺς βρ. βασιλέως Βαβ. (1 *c*)
— 25. ἐνισχύσω τοὺς βρ. βασιλέως Βαβ. οἱ δὲ βρ. Φ. πεσοῦνται (1 *c*, 1 *c*)
Da. LXX. 2. 32. τὸ στῆθος καὶ οἱ βρ. ἀργυροῖ (1 *b*)
9. 15. ὁ ἐξαγαγὼν . . . ἐξ Αἰγ. τῷ βρ. σου τῷ ὑψηλῷ (2)
10. 6. οἱ βρ. αὐτοῦ καὶ οἱ πόδες ὡσεὶ χαλκός (1 *c*)
11. 6. ὁ βρ. αὐτοῦ οὐ στήσει ἰσχύν (1 *c*)
— 6. ὁ βρ. αὐτοῦ ναρκήσει (1 *c*)
— 15. οἱ βρ. βασιλέως Αἰγ. στήσονται (1 *c*)
— 22. τοὺς βρ. τοὺς συντριβέντας συντρίψει (1 *c*)
— 31. βραχίονες παρ' αὐτοῦ στήσονται (1 *c*)
Da. TH. 2. 32. τὸ στῆθος καὶ οἱ βρ. αὐτῆς ἀργυροῖ (1 *b*)
10. 6. οἱ βρ. αὐτοῦ καὶ τὰ σκέλη ὡς ὅρασις (1 *c*)
11. 6. οὐ κρατήσει ἰσχύος βραχίονος (1 *c*)
— 15. οἱ βρ. τοῦ βασ. τοῦ νότου στήσονται (1 *c*)
— 22. βραχίονες τοῦ κατακλύζοντος κατακλυσθ. [A καὶ κ.] (1 *c*)
Da. TH. 11. 31. A βραχίονες καὶ [B *om.*] σπέρματα ἐξ αὐτοῦ ἀναστήσονται (1 *c*)
II Ma. 15. 24. μεγέθει βραχίονός σου καταπλαγείησαν
IV Ma. 9. 11. διέδησαν τὰς χεῖρας αὐτοῦ καὶ τοὺς βρ. ἱμᾶσιν
10. 6. τοὺς δακτύλους καὶ τοὺς βρ. καὶ τὰ σκέλη

[Aq. Ps. 82 (83). 9: Is. 33. 2: 51. 5, 9: Je. 48 (31). 25: Ez. 19. 14: 22. 6: Ma. 2. 3.]
[Sm. Dt. 33. 27: Jd. 15. 14: Ps. 88 (89). 14, 22: Is. 16. 6: 51. 5, 9: 62. 8: Je. 50 (27). 36: Ez. 22. 6.]
[Th. Jd. 15. 14: Jb. 35. 9: Is. 51. 5, 9: Ez. 22. 6: 30. 24: Da. 11. 6.]
[Al. Dt. 33. 20: Is. 59. 16.]
[Hebr. Ez. 13. 18.]

βραχύς. (1) מְעַט (2) מַת (3) קָטֹן

Ex. 18. 22. τὰ δὲ βραχέα τῶν κριμάτων (3)
De. 26. 5. παρῴκησεν ἐκεῖ ἐν ἀριθμῷ βρ. (1)
28. 62. καταλειφθήσεσθε ἐν ἀριθμῷ βρ. (1)
I Ki. 14. 29. ἐγευσάμην βραχὺ τοῦ μέλιτος τούτου (1)
— 43. γευόμενος [A γευσάμ.] ἐγευσάμην . . . βρ. μέλι (1)
II Ki. 16. 1. Δαυὶδ παρῆλθε βραχύ τι ἀπὸ τῆς Ῥώς (1)
19. 36 (37). ὡς βραχὺ διαβήσεται ὁ δοῦλός σου τὸν Ἰορδ. (1)
Ps. 8. 5. ἠλάττωσας αὐτὸν βραχύ τι παρ' ἀγγέλους (1)
93 (94). 17. παρὰ βραχὺ παρῴκησε τῷ ᾅδῃ ἡ ψυχή μου (1)
104 (105). 12. ἐν τῷ εἶναι αὐτοὺς ἀριθμῷ βραχεῖς (2?)
118 (119). 87. παρὰ βραχὺ συνετέλεσάν με ἐν τῇ γῇ (1)
Wi. 12. 8. ἵνα αὐτοὺς κατὰ βραχὺ ἐξολοθρεύσωσιν
— 10. κρίνων δὲ κατὰ βραχύ
16. 27. ὑπὸ βρ. ἀκτῖνος ἡλίου θερμαινόμενον
Is. 57. 17. δι' ἁμαρτίαν βραχύ τι ἐλύπησα αὐτόν †
Da. LXX. 11. 34. συνάξουσιν ἰσχὺν βρ. (1)
II Ma. 7. 36. ℵ βραχὺν ὑπενέγκαντες [A ἐπ.] πόνον
III Ma. 4. 14. τὴν ἔμπροσθε βραχεῖ προδεδηλωμένην
IV Ma. 9. 5. ὥσπερ οὐχὶ πρὸ βραχέος παρὰ Ἐλ. μαθών

[Aq. Jb. 8. 7: 30. 1: Ps. 67 (68). 28: Is. 60. 22: Za. 13. 7.]
[Sm. Ho. 8. 10.]
[Th. Is. 29. 17.]
[Hebr. Jb. 20. 5.]

βραχυτελής.

Wi. 15. 9. βραχυτελῆ βίον ἔχει

βρέφος.

Si. 19. 11. ὡς ἀπὸ προσώπου βρέφους ἡ τίκτουσα
I Ma. 1. 61. ἐκρέμασαν τὰ βρ. ἐκ τῶν τραχήλων αὐ.
II Ma. 6. 10. ἐκ τῶν μαστῶν κρεμάσαντες τὰ βρ.
III Ma. 5. 49. ἕτεραι δὲ νεογνὰ πρὸς μαστοὺς ἔχουσαι βρέφη
IV Ma. 4. 25. ὥστε καὶ γυναῖκας . . . μετὰ τῶν βρ. κατακρημνισθῆναι

[Aq. Ps. 8. 3: 16 (17). 14: Is. 65. 20.]

βρέχειν. (1) טָהַר pu. (2) יָרַד hi. (3) מָטַר *a.* ni. *b.* hi. (4) מָסָה hi. (5) מָסַס ni.

Ge. 2. 5. οὐ γὰρ ἔβρεξεν ὁ θ. ἐπὶ τὴν γῆν (3 *b*)
19. 24. κύριος ἔβρεξεν ἐπὶ Σ. . . . θεῖον (3 *b*)
Ex. 9. 23. καὶ ἔβρεξε κ. χάλαζαν (3 *b*)
Ps. 6. 6. ἐν δάκρυσί μου τὴν στρωμνήν μου βρέξω (4)
77 (78). 24. ἔβρεξεν αὐτοῖς μάννα φαγεῖν (3 *b*)
— 27. ἔβρεξεν ἐπ' αὐτοὺς ὡσεὶ χοῦν [ℵ χνοῦν] σάρκας (3 *b*)
Am. 4. 7. βρέξω ἐπὶ πόλιν μίαν ἐπὶ δὲ π. μ. οὐ βρέξω μερὶς μία βραχήσεται κ. μ. ἐφ' ἣν οὐ βρέξω ξηρανθήσ. (3 *b*, 3 *b*, 3 *a*, 3 *b*)
Jl. 2. 23. καὶ βρέξει ὑμῖν ὑετὸν πρώϊμον (2)
Is. 5. 6. τοῦ μὴ βρέξαι εἰς αὐτὸν ὑετόν (3 *b*)
34. 3. βραχήσεται τὰ ὄρη ἀπὸ τοῦ αἵματος (5)
Ez. 22. 24. σὺ εἶ γῆ ἡ οὐ βρεχομένη (1)
38. 22. πῦρ καὶ θεῖον βρέξω ἐπ' αὐτόν (3 *b*)

[Al. Ex. 16. 4.]

βρησίθ.

[Hebr. Ge. 1. 1.]

βρίθειν.

Wi. 9. 15. βρίθει τὸ γεῶδες σκῆνος νοῦν πολυφροντίδα

βρόγχος.
[**Aq., Sm., Th.** Is. 58. 1.]

βρόμος. (1) זִמָּה
Jb. 6. 7. βρόμον γὰρ ὁρῶ τὰ σῖτά μου †
17. 11. **A B S²** αἱ ἡμέραι μου παρῆλθον ἐν βρόμῳ [**A S²** δρόμῳ] (1?)
Wi. 11. 18. ἢ βρόμους [**A S** -μον] λικμωμένους καπνοῦ
Jl. 2. 20. καὶ ἀναβήσεται ὁ βρ. αὐτοῦ †
[**Aq.** Ez. 23. 20.]

βρομώδης.
[**Sm.** Jb. 41. 26.]

βροντᾶν. (1) רָעַם hi.
I Ki. 2. 10. κύριος ἀνέβη εἰς οὐρανοὺς καὶ ἐβρόντησεν (1)
7. 10. ἐβρόντησε κύριος ἐν φωνῇ μεγάλῃ (1)
II Ki. 22. 14. ἐβρόντησεν ἐξ οὐρανοῦ κύριος (1)
Jb. 37. 4. βροντήσει ἐν φωνῇ ὕβρεως αὐτοῦ (1)
— 5. βροντήσει ὁ ἰσχυρὸς ἐν φωνῇ αὐτοῦ θαυμάσια (1)
40. 4 (9). ἢ φωνῇ [**A** *add.* βροντῆς] κατ' αὐτοῦ [**A S** -ον] βροντᾷς [**A** βροντᾷ ἴσα] (1)
Ps. 17 (18). 13. ἐβρόντησεν ἐξ οὐρανοῦ κύριος (1)
28 (29). 3. ὁ θεὸς τῆς δόξης ἐβρόντησε (1)
Si. 46. 17. ἐβρόντησεν ἀπ' οὐρανοῦ κύριος
[**Aq.** Ps. 95 (96). 11.]

βροντή. (1) רַעַם
Es. 1. 1. βρονταὶ καὶ σεισμός
Jb. 26. 14. σθένος δὲ βροντῆς αὐτοῦ τίς οἶδεν (1)
40. 4 (9). **A** ἢ φωνῇ βροντῆς [**B S** *om.*] κατ' αὐτοῦ [**A S** -ον] –
Ps. 76 (77). 18. φωνὴ τῆς βρ. σου ἐν τῷ τροχῷ (1)
103 (104). 7. ἀπὸ φωνῆς βροντῆς σου δειλιάσουσιν (1)
Si. 35 (32). 10. πρὸ βροντῆς κατασπεύδει ἀστραπή
40. 13. ὡς βρ. μεγάλη ἐν ὑετῷ ἐξηχήσει
43. 17. φωνὴ βροντῆς αὐτοῦ ὠδίνησε γῆν [**A** γῇ]
Am. 4. 13. ἰδοὺ ἐγὼ στερεῶν βροντήν †
Is. 29. 6. μετὰ βροντῆς [**A** κραυγῆς] καὶ σεισμοῦ (1)
[**Aq.** Ps. 76 (77). 19: 80 (81). 8.]
[**Sm.** Jb. 26. 14: 28. 27: 38. 25: Ps. 76 (77). 19: 80 (81). 8: Ez. 10. 5.]
[**Th.** Ps. 76 (77). 19: Ez. 10. 5.]
[**Al.** Ex. 9. 23.]

βροτός. (1) אָדָם (2) אֱנוֹשׁ (3) בָּשָׂר
Jb. 4. 17. μὴ καθαρὸς ἔσται βροτὸς ἐναντίον τοῦ [**A S** ἔναντι] κ. (2)
9. 2. πῶς γὰρ ἔσται δίκαιος βροτὸς παρὰ κ. (2)
10. 4. ὥσπερ βροτὸς ὁρᾷ (3)
— 21. οὐκ ἔστι . . . ὁρᾶν ζωὴν βροτῶν †
11. 12. βροτὸς δὲ γεννητὸς γυναικὸς ἶσα [**A** *om.*] ὄνῳ (1?)
14. 1. βροτὸς γὰρ γεννητὸς γυναικὸς ὀλιγόβιος (1)
— 10. πεσὼν δὲ βροτὸς οὐκ ἔτι ἐστί (1)
15. 14. τίς γὰρ ὢν βροτὸς ὅτι [**A** *om.*] ἔσται ἄμεμπτος (2)
25. 4. πῶς γὰρ ἔσται δίκαιος βροτὸς ἔναντι κυρίου (2)
28. 4. **R** ἐκ βροτῶν ἐσαλεύθησαν [**A B S** *om.*] (2)
— 13. οὐκ οἶδε βροτὸς ὁδὸν αὐτῆς (2)
32. 8. πνεῦμά ἐστιν ἐν βροτοῖς (2)
— 21. οὐδὲ βροτὸν οὐ μὴ ἐντραπῶ (1)
33. 12. αἰώνιος γάρ ἐστιν ὁ ἐπάνω βροτῶν (2?)
34. 15. πᾶς δὲ βροτὸς [**A** βροτὸς δὲ] εἰς γῆν ἀπελεύσ. (1)
36. 25. ὅσοι τιτρωσκόμενοί εἰσι βροτοί (2?)
— 28. νέφη ἐπὶ ἀμυθήτῳ [**A S²** -ων] βροτῷ [**A S²** -ῶν] (1)

βροῦχος. (1) אַרְבֶּה (2) חָסִיל (3) יֶלֶק
Le. 11. 22. τὸν βρ. καὶ τὰ ὅμοια αὐτῷ (1)
III Ki. 8. 37. ὅτι ἔσται ἐμπυρισμὸς βροῦχος [**A** ἴκτερος βρ.] (1)
II Ch. 6. 28. ἀκρὶς καὶ βρ. ἐὰν γένηται (2)
Ps. 104 (105). 34. ἦλθεν ἀκρὶς καὶ βροῦχος (3)
Am. 7. 1. καὶ ἰδοὺ βροῦχος εἷς Γὼγ ὁ βασ. †
Jl. 1. 4. τὰ κατάλοιπα τῆς ἀκρίδος κατέφαγεν ὁ βρ. (3)
— 4. τὰ κατάλ. τοῦ βρ. κατέφαγεν ἡ ἐρυσίβη (3)
2. 25. ἡ ἀκρὶς κ. ὁ βρ. καὶ ἡ ἐρυσίβη (3)
Na. 3. 15. καὶ βαρυνθήσῃ ὡς βρ. (1 *et* 3)
— 16. βροῦχος ὥρμησε καὶ ἐξεπετάσθη (3)
[**Aq.** Ps. 77 (78). 46: Je. 51 (28). 27.]
[**Sm.** Je. 51 (28). 27.]

βροχή. (1) גֶּשֶׁם
Ps. 67 (68). 9. βροχὴν ἑκούσιον ἀφοριεῖς ὁ θεός (1)
104 (105). 32. ἔθετο τὰς βρ. αὐτῶν χάλαζαν (1)
[**Sm.** Pr. 25. 23.]

βροχθίζειν.
[**Aq.** Ge. 24. 17.]

βρόχος. (1) חֵלֶק (2) יָד (3) מוֹקֵשׁ
Pr. 6. 5. ἵνα σώζῃ ὥσπερ δορκὰς ἐκ βρόχων (2)
7. 21. βρόχοις τε τοῖς ἀπὸ χειλέων ἐξώκειλεν αὐτόν (1?)
22. 25. μή ποτε . . . λάβῃς βρόχους τῇ σῇ ψυχῇ (3)
Si. 27. 20. **S²** ἐξέφυγεν ὡς δορκὰς ἐκ βρόχων [**A B S¹** παγίδος]
III Ma. 4. 8. **R** οἵ τε τούτων συζυγεῖς βρόχοις [**A** -ους] ἀντὶ στεφέων
[**Aq.** Ps. 118 (119). 85: 128 (129). 4.]
[**Sm.** Ps. 128 (129). 4: Is. 5. 18: Ez. 3. 25.]
[**Al.** Jd. 15. 13.]

βροχωτός.
[**Aq.** Ex. 28. 14.]
[**Sm.** Ex. 28. 14, 22.]

βρυγμός. (1) נַהַם
Pr. 19. 12. βασιλέως ἀπειλὴ ὁμοία βρυγμῷ λέοντος (1)
Si. 51. 3. **R** ἐκ βρυγμῶν ἑτοίμων [**A** -μον, **B S** -μος] εἰς βρῶμα
[**Aq.** Ps. 37 (38). 9.]
[**Al.** Pr. 20. 2.]

βρυχᾶσθαι.
[**Aq.** Ps. 21 (22). 14: 37 (38). 9: 73 (74). 4.]
[**Sm.** Ps. 21 (22). 14: Je. 25. 30 (32. 16) *bis.*]

βρύχειν. (1) חָרַק
Jb. 16. 10 (9). ἔβρυξεν ἐπ' ἐμὲ [**S** ἐμοὶ] τοὺς ὀδόντας (1)
Ps. 34 (35). 16. ἔβρυξαν ἐπ' ἐμὲ τοὺς ὀδόντας αὐτῶν (1)
36 (37). 12. βρύξει ἐπ' αὐτὸν τοὺς ὀδόντας αὐτοῦ (1)
111 (112). 10. τοὺς ὀδόντας αὐτοῦ βρύξει (1)
La. 2. 16. ἐσύρισαν καὶ ἔβρυξαν ὀδόντας (1)
[**Sm.** Ps. 36 (37). 12.]

βρύχημα.
[**Aq.** Jb. 3. 24: Ps. 21 (22). 2: 31 (32). 3: Is. 5. 29.]
[**Sm.** Ez. 19. 7.]

βρῶμα. (1) *a.* אֹכֶל *b.* אָכְלָה *c.* מַאֲכָל (2) בְּלִיל (3) *a.* בָּרוּת *b.* בִּרְיָה (4) טֶרֶף (5) מַטְעַמּוֹת
Ge. 6. 21. ἀπὸ πάντων τῶν βρ. ἃ ἔδεσθε (1 *c*)
14. 11. τὴν ἵππον πᾶσαν . . . καὶ πάντα τὰ βρ. αὐτῶν (1 *a*)
41. 35. συναγαγέτωσαν πάντα τὰ βρ. τῶν ἑπτὰ ἐτῶν (1 *a*)
— 35. **A** βρώματα ἐν ταῖς πόλεσι συναχθήτω [**R** φυλαχθ.] (1 *a*)
— 36. ἔσται τὰ βρ. πεφυλαγμένα (1 *a*)
— 48. συνήγαγε πάντα τὰ βρ. τῶν ἑπτὰ ἐτῶν (1 *a*)
— 48. καὶ ἔθηκε τὰ βρ. ἐν ταῖς πόλεσι (1 *a*)
— 48. βρώματα τῶν πεδίων τῆς πόλεως τῶν κύκλῳ (1 *a*)
42. 2. πρίασθε ἡμῖν μικρὰ βρ. –
— 7. ἀγοράσαι βρώματα (1 *a*)
— 10. **A** ἤλθομεν πριάσασθαι [**R** πρίασθαι] βρώματα (1 *a*)
43. 2. πρίασθε ἡμῖν μικρὰ βρ. (1 *a*)
— 4. καὶ ἀγοράσωμέν σοι βρώματα (1 *a*)
— 20. κατέβημεν τὴν ἀρχὴν πρίασθαι βρώματα (1 *a*)
— 22. ἀγοράσαι βρώματα (1 *a*)
44. 1. πλήσατε τοὺς μαρσίππους . . . βρωμάτων (1 *a*)
— 25. ἀγοράσατε ἡμῖν μικρὰ βρ. (1 *a*)
Le. 11. 34. πᾶν βρ. ὃ ἔσθεται (1 *a*)
25. 6. ἔσται τὰ σάββατα τῆς γῆς βρώματά σοι (1 *b*)
— 37. **A B¹** πλεονασμὸν [**B² R** ἐπὶ πλεονασμῷ] οὐ δώσεις αὐτῷ τὰ βρ. σου (1 *a*)
De. 2. 6. ἀργυρίου βρώματα ἀγοράσατε (1 *a*)
— 28. βρώματα ἀργυρίου ἀποδώσῃ μοι (1 *a*)
23. 19 (20). οὐκ ἐκτοκιεῖς τῷ ἀδελφῷ σου . . . τόκον βρωμάτων (1 *a*)
II Ki. 13. 5. ποιησάτω κατ' ὀφθαλμούς μου βρῶμα (3 *b*)
— 7. ποίησον αὐτῷ βρῶμα [**A** τὸ βρ.] (3 *b*)
II Ki. 13. 10. εἰσένεγκε [**A** -κατε] τὸ βρ. εἰς τὸ ταμιεῖον (3 *b*)
III Ki. 10. 5. καὶ τὰ βρ. Σαλωμών (1 *c*)
12. 24. **B** ἐβάρυνε τὰ βρ. τῆς τραπέζης αὐτοῦ –
I Ch. 12. 40. ἔφερον αὐτοῖς . . . βρώματα (1 *c*)
II Ch. 2. 10 (9). εἰς βρώματα δέδωκα σῖτον –
9. 4. καὶ τὰ βρ. τῶν τραπεζῶν (1 *c*)
11. 11. ἔδωκεν . . . παραθέσεις βρωμάτων (1 *c*)
II Es. 3. 7. ἔδωκαν . . . βρώματα καὶ ποτά (1 *c*)
Ju. 11. 12. ἐπεὶ γὰρ ἐξέλιπεν [**A S** παρεξέλειπεν] αὐτοὺς τὰ βρ.
13. 10. ἐνέβαλεν αὐτὴν εἰς τὴν πήραν τῶν βρ. αὐτῆς
Jb. 6. 5. βοῦς ἐπὶ φάτνης ἔχων τὰ βρ. (2)
20. 21. οὐκ ἔστιν ὑπόλειμμα τοῖς βρ. αὐτοῦ (1 *a*)
Ps. 68 (69). 21. ἔδωκαν εἰς τὸ βρ. μου χολήν (3 *a*)
73 (74). 14. ἔδωκας αὐτὸν βρῶμα λαοῖς τοῖς Αἰθίοψι (1 *c*)
77 (78). 18. τοῦ αἰτῆσαι βρώματα ταῖς ψυχαῖς αὐτῶν (1 *a*)
78 (79). 2. ἔθεντο τὰ θνησιμαῖα . . . βρώματα τοῖς πετεινοῖς τοῦ οὐρ. (1 *c*)
106 (107). 18. πᾶν βρῶμα ἐβδελύξατο ἡ ψυχὴ αὐτῶν (1 *a*)
Pr. 23. 6. μηδὲ ἐπιθύμει τῶν βρ. αὐτοῦ (5)
31. 15. ἔδωκε βρώματα τῷ οἴκῳ (4)
Si. 13. 7. αἰσχυνεῖ σε ἐν τοῖς βρ. αὐτοῦ
30. 16. **B¹ S** *tit.* περὶ βρωμάτων
— 18. θέματα βρωμάτων παρακείμενα ἐπὶ τάφῳ
33. 13 (30. 25). λαμπρὰ καρδία . . . ἐπὶ ἐδέσμασιν τῶν βρ. αὐτῆς ἐπιμελήσεται
36. 23 (20). πᾶν βρ. φάγεται κοιλία ἔστι δὲ βρῶμα βρώματος κάλλιον
— 24 (21). φάρυγξ γεύεται [**S** γεύσ.] βρώματα θήρας
37. 30. ἐν πολλοῖς γὰρ βρ. ἔσται πόνος [**A S** νόσος]
51. 3. **R** ἐκ βρυγμῶν ἑτοίμων [**A** -μον, **B S** -μος] εἰς βρῶμα
Jl. 1. 16. κατέναντι τῶν ὀφθαλμ. ὑμῶν βρώματα ἐξωλοθρεύθη (1 *a*)
2. 23. ἔδωκεν ὑμῖν τὰ βρ. εἰς δικαιοσύνην †
Hb. 1. 16. καὶ τὰ βρ. αὐ. ἐκλεκτά (1 *c*)
Hg. 2. 13 (12). ἅψηται . . . παντὸς βρ. (1 *c*)
Ma. 1. 7. **A S³** τὰ ἐπιτιθέμ. βρ. [**B S** *om.*] ἐξουδενωμένα –
— 12. τὰ ἐπιτιθέμενα ἐξουδένωνται βρώματα αὐτοῦ (1 *a*)
Is. 3. 6. τὸ βρ. τὸ ἐμὸν ὑπὸ σὲ ἔστω †
62. 8. εἰ ἔτι δώσω τὸν σῖτόν σου καὶ τὰ βρ. σου [**S¹** *om.* κ. τ. βρ. σ.] (1 *c*)
Je. 41 (34). 20. **A** ἔσται τὰ θνησιμαῖα αὐτῶν βρώματα [**B S** βρῶσις] (1 *c*)
Ep. Je. 12. οὐ διασώζονται ἀπὸ ἰοῦ καὶ βρωμάτων
Ez. 4. 10. τὸ βρ. σου [**A** *add.* ὃ] φάγεσαι ἐν σταθμῷ [**A** -μίῳ] (1 *c*)
Da. LXX. Bel 10. παρετέθη τὰ βρ. ἐνώπιον τοῦ βασ.
20. καὶ εὗρεν τὰ βρ. τοῦ Βήλ
Da. Th. Bel 11. παράθες τὰ βρ.
14. ὁ βασ. παρέθηκε τὰ βρ. τῷ Βήλ
I Ma. 1. 63. ἵνα μὴ μιανθῶσι τοῖς βρ.
6. 53. **R** βρώματα δὲ οὐκ ἦν ἐν τοῖς ἀγγείοις [**A S** ἁγίοις]
9. 52. δυνάμεις καὶ παραθέσεις βρωμάτων
13. 33. ἔθετο βρώματα ἐν τοῖς ὀχυρώμασι
14. 10. **A R** ταῖς πόλεσιν ἐχορήγησε [**S** -ησαν] βρώματα
II Ma. 12. 14. τῇ τε τῶν βρ. παραθέσει
IV Ma. 1. 34. ἐπιθυμοῦντες . . . τετραπόδων καὶ παντοίων βρ. τῶν ἀπηγορευμένων ἡμῖν
6. 15. ἡμεῖς μέντοι τῶν ἡψημένων βρ. παραθήσομεν
[**Aq.** Jb. 39. 29: Pr. 6. 8.]
[**Th.** Jb. 20. 21.]

βρωματίζειν.
[**Aq.** Dt. 8. 3.]

βρωμεῖν.
[**Al.** Ex. 7. 18.]

βρώσιμος. (1) מַאֲכָל
Le. 19. 23; Ne. 9. 25; Ez. 47. 12. πᾶν ξύλον βρ. (1)
[**Aq. Sm. Th.** Ez. 47. 12.]

βρῶσις. (1) *a.* אֲכִילָה *b.* אָכַל qal. *c.* ni. *d.* אֹכֶל *e.* אָכְלָה *f.* מַאֲכָל (2) בָּרָה (3) לֶחֶם (4) מִכְלָה (5) פֶּה
Ge. 1. 29. ὑμῖν ἔσται εἰς βρῶσιν (1 *c*)

Ge. 1. 30. πάντα χόρτον χλωρὸν εἰς βρῶσιν (1 *e*)
2. 9. πᾶν ξύλον . . . καλὸν εἰς βρῶσιν (1 *f*)
— 16. ἀπὸ παντὸς ξύλου . . . βρώσει φαγῇ (1 *b*)
3. 6. ὅτι καλὸν τὸ ξύλον εἰς βρῶσιν (1 *f*)
9. 3. πᾶν ἑρπετὸν . . . ὑμῖν ἔσται εἰς βρῶσιν (1 *e*)
25. 28. ὅτι ἡ θήρα αὐτοῦ βρ. αὐτῷ (5)
47. 24. εἰς βρῶσιν ὑμῖν καὶ πᾶσιν τοῖς οἴκοις ὑ. (1 *d*)
Le. 7. 14 (24). εἰς βρῶσιν οὐ βρωθήσεται [A φάγεται] (1 *b*)
19. 7. ἐὰν δὲ βρώσει βρωθῇ τῇ ἡμέρᾳ τῇ τρίτῃ (1 *c*)
25. 7. ἔσται πᾶν τὸ γέννημα αὐτοῦ εἰς βρῶσιν (1 *b*)
De. 32. 24. τηκόμενοι λιμῷ καὶ βρώσει ὀρνέων (3)
Jd. 14. 14. A ἐκ τοῦ ἔσθοντος ἐξῆλθεν βρῶσις [B τί βρωτὸν ἐξ. ἐκ βιβρώσκοντος] (1 *f*)
I Ki. 2. 28. ἔδωκα . . . τὰ πάντα τοῦ πυρὸς υἱῶν Ἰσρ. εἰς βρῶσιν –
II Ki. 16. 2. εἰς βρῶσιν τοῖς παιδαρίοις (1 *b*)
19. 42 (43). μὴ βρώσει ἐφάγαμεν [A βρῶσιν ἐφάγομεν] ἐκ τοῦ βασ. (1 *b*)
III Ki. 19. 8. ἐπορεύθη ἐν τῇ ἰσχύϊ τῆς βρ. ἐκείνης (1 *a*)
Jb. 33. 20. ἡ ψυχὴ αὐτοῦ βρῶσιν ἐπιθυμήσει (1 *f*)
34. 3. λάρυγξ γεύεται βρῶσιν (1 *b*)
Ps. 13 (14). 4. οἱ κατέσθοντες [A -ίοντες, S ἐσθίοντες] . . . βρώσει [A ἐν βρ.] ἄρτου (1 *b*)
43 (44). 11. ἔδωκας ἡμᾶς ὡς πρόβατα βρώσεως (1 *f*)
52 (53). 4. AS[2]R οἱ κατεσθίοντες [BS[1] ἔσθοντες] . . . βρώσει ἄρτου (1 *b*)
77 (78). 30. ἔτι τῆς βρ. αὐτῶν οὔσης ἐν τῷ στόματι αὐ. (1 *d*)
103 (104). 21. ζητῆσαι παρὰ τοῦ θεοῦ βρῶσιν αὐτοῖς (1 *d*)
Wi. 4. 5. ἄωρος εἰς βρῶσιν καὶ εἰς οὐθὲν ἐπιτήδειος
Hb. 3. 17. τὰ πεδία οὐ ποιήσει βρῶσιν· ἐξέλιπεν ἀπὸ βρώσεως πρόβατα (1 *d*, 4)
Ma. 3. 11. διαστελῶ ὑμῖν εἰς [A *add.* τὴν] βρῶσιν (1 *b*)
Is. 55. 10. καὶ ἄρτον εἰς βρῶσιν (1 *b*)
Je. 7. 33. ἔσονται οἱ νεκροὶ τοῦ λαοῦ τούτου εἰς βρῶσιν [A κατάβρωμα] (1 *f*)
15. 3. τὰ πετεινὰ τοῦ οὐρανοῦ εἰς βρῶσιν (1 *b*)
19. 7. εἰς βρῶσιν τοῖς πετεινοῖς τοῦ οὐρανοῦ (1 *f*)
— 41 (34). 20. ἔσται τὰ θνησιμαῖα αὐτῶν βρ. [A βρώματα] τοῖς πετεινοῖς (1 *f*)
La. 1. 6. S[1] ἔδωκαν τὰ ἐπιθυμήματα αὐτῶν ἐν βρώσει –
— 11 ἔδωκαν τὰ ἐπιθυμήματα αὐτῶν ἐν βρώσει [S εἰς βρῶσιν] (1 *d*)
— 19. ἐζήτησαν βρῶσιν αὐτοῖς (1 *d*)
4. 10. ἐγενήθησαν εἰς βρῶσιν αὐταῖς (2)
Ez. 29. 5. A δέδωκά σε εἰς βρῶσιν [B κατάβρωμα] (1 *e*)
47. 12. ἔσται ὁ καρπὸς αὐτῶν εἰς βρῶσιν (1 *f*)
Da. LXX. TH. 1. 10. τὸν ἐκτάξαντα τὴν βρ. ὑμῶν (1 *f*)
[**Aq.** Ge. 1. 30: 2. 17: Ez. 23. 37.]
[**Sm.** Ge. 1. 29, 30: Ex. 16. 16: Ps. 43 (44). 12: 77 (78). 30: Ez. 23. 37.]
[**Th.** Ge. 1. 29, 30: Jd. 14. 14: Jb. 33. 20: Ez. 23. 37.]
[**Al.** Le. 25. 6.]

βρώσκειν, *vid.* **βιβρώσκειν.**

βρωστήρ.

[**Aq.** Ho. 5. 12.]

βρωτήρ.

[**Aq.** Is. 50. 9.]

βρωτός. (1) מַאֲכָל (2) **βρωτὸν σίτου** לֶחֶם

Jd. 14. 14. τί βρωτὸν ἐξῆλθεν ἐκ βιβρώσκοντος [A *al.*] (1)
I Es. 5. 54. ποτὰ καὶ βρωτὰ καὶ χάρα
Jb. 33. 20. πᾶν δὲ βρωτὸν σίτου οὐ μὴ δύνηται προσδέξασθαι (2)

βσαίμ.

[**Hebr.** Ps. 117 (118). 26.]

βύβλος, βυβλίον, *vid.* **βίβλος, βιβλίον.**

βύειν. (1) אָטַם hi.

Ps. 57 (58). 4. ὡσεὶ ἀσπίδος . . . βυούσης τὰ ὦτα αὐτῆς (1)
[**Aq.** III Ki. 6. 4: Pr. 17. 28: Is. 33. 15.]
[**Sm.** Ps. 57 (58). 5: Is. 33. 15.]
[**Th** Pr. 17. 28: Is. 33. 15.]

βυθίζειν.

II Ma. 12. 4. R ἐπαναχθέντας [A ἀχθέντας] αὐτοὺς ἐβύθισαν

βυθός. (1) *a.* מְצוֹלָה *b.* מְצוּלָה

Ex. 15. 5. κατέδυσαν εἰς βυθὸν ὡσεὶ λίθος (1 *a*)
Ne. 9. 11. ἔρριψας εἰς βυθὸν ὡσεὶ λίθον (1 *a*)
Ps. 67 (68). 22. ἐπιστρέψω ἐν βυθοῖς θαλάσσης (1 *b*)
68 (69). 2. ἐνεπάγην εἰς ἰλὺν [B[1] S ὕλην] βυθοῦ (1 *b*)
— 15. μηδὲ καταπιέτω με βυθός (1 *b*)
106 (107). 24. καὶ τὰ θαυμάσια αὐτοῦ ἐν τῷ β. (1 *b*)
[**Aq.** Ps. 87 (88). 7: Jn. 2. 4: Za. 14. 20.]
[**Sm.** Ps. 67 (68). 23.]

βυθοτρεφής.

III Ma. 6. 8. τόν τε βυθοτρεφοῦς ἐν γαστρὶ κήτους Ἰωνάν

βύρσα. (1) גֶּלֶד (2) עוֹר

Le. 8. 17. τὸν μόσχον καὶ τὴν β. αὐτοῦ (2)
9. 11. τὰ κρέα καὶ τὴν β. κατέκαυσεν (2)
Jb. 16. 16 (15). σάκκον ἔρραψαν [AS[2] ἔρριψαν] ἐπὶ βύρσης [AS[2] -ῃ] μου (1)
40. 26 (31). οὐ μὴ ἐνέγκωσι βύρσαν μίαν οὐρᾶς αὐτοῦ (2)

βύσσινος. (1) בַּד (2) בּוּץ (3) כַּרְפַּס (4) *a.* שֵׁשׁ *b.* שֵׁשִׁי (5) **στολαὶ β.** בּוּץ

Ge. 41. 42. ἐνέδυσεν αὐτὸν στολὴν β. (4 *a*)
Ex. 28. 35 (39). ποιήσεις κίδαριν β. (4 *a*)
36. 35 (39. 27). χιτῶνας β. ἔργον ὑφαντόν (4 *a*)
I Ch. 15. 27. περιεζωσμένος ἐν [AS[1] *om.*] στολῇ β. (2)
— 27. καὶ ἐπὶ Δαυὶδ στολὴ β. (1)
II Ch. 5. 12. τῶν ἐνδεδυμένων στολὰς β. (5)
I Es. 3. 6. δώσει αὐτῷ . . . κίδαριν β.
Es. 1. 6. ἐν αὐλῇ . . . κεκοσμημένη βυσσίνοις (3)
— 6. τεταμένοις ἐπὶ σχοινίοις β. καὶ πορφυροῖς (2)
6. 8. στολὴν β. ἣν ὁ βασιλεὺς περιβάλλεται †
8. 15. ἔχων . . . διάδημα β. πορφυροῦν (2)
Is. 3. 23. τὰ β. καὶ τὰ ὑακίνθινα †
Ez. 16. 13. τὰ περιβόλαιά σου βύσσινα (4 *b*)
Da. LXX. 10. 5. ἰδοὺ ἄνθρωπος εἷς ἐνδεδυμένος βύσσινα (1)
— 5. τὴν ὀσφὺν περιεζωσμένος βυσσίνῳ –
12. 6. τῷ ἑνὶ τῷ περιβεβλημένῳ τὰ β. (1)
— 7. ἤκουσα τοῦ περιβεβλημένου τὰ β. (1)

βύσσος. (1) בּוּץ (2) חוּרַי (3) סָדִין (4) שֵׁשׁ (5) **β. κεκλωσμένη** שֵׁשׁ

Ex. 25. 4. β. κεκλωσμένην (5)
26. 1. ἐκ β. κεκλωσμένης (4)
— 31. ἐξ . . . β. νενησμένης (4)
— 36. ἐξ . . . β. κεκλωσμένης (4)
27. 9. AR ἐκ β. κεκλωσμένης (4)
— 16. ἐξ . . . β. κεκλωσμένης τῇ ποικιλίᾳ τοῦ ῥαφιδευτοῦ (4)
— 18. ἐκ β. κεκλωσμένης (4)
28. 5. λήψονται . . . καὶ τὴν β. (4)
— 6. ἐκ β. κεκλωσμένης ἔργον ὑφαντὸν ποικιλτοῦ (4)
— 8, 15. ἐκ . . . β. κεκλωσμένης (4)
— 29 (33). ἐξ . . . β. κεκλωσμένης –
— 35 (39). οἱ κοσυμβωτοὶ [A κόσυμβοι] . . . ἐκ βύσσου (4)
31. 4. A καὶ τὴν β. τὴν κεκλωσμένην –
35. 6. β. κεκλωσμένην (5)
— 23. παρ᾽ ᾧ εὑρέθη β. [A *al.*] (4)
— 25. καὶ τὸ κόκκινον καὶ τὴν β. (4)
— 35. ὑφᾶναι τῷ κοκκίνῳ καὶ τῇ β. (4)
36. 9 (39. 2). ἐκ . . . β. κεκλωσμένης (4)
— 10 (39. 3). καὶ σὺν τῇ β. τῇ κεκλωσμένῃ (5)
— 12 (39. 5), 15 (39. 8). ἐκ . . . β. κεκλωσμένης (4)
— 32 (39. 24). ἐξ . . . β. κεκλωσμένης –
— 36 (39. 28). τὰς κιδάρεις ἐκ βύσσου καὶ τὴν μίτραν ἐκ β. καὶ τὰ περισκελῆ ἐκ β. κεκλωσμένης (4 *ter*)
— 37 (39. 29). καὶ τὰς ζώνας αὐτῶν ἐκ β. (4)
37. 3 (36. 35), 5 (36. 37). ἐξ . . . β. κεκλωσμένης (4)
— 7 (38. 9), 14 (38. 16). ἐκ β. κεκλωσμένης (4)
— 16 (38. 18). ἐξ . . . β. κεκλωσμένης (4)
— 21 (38. 23). ὑφᾶναι τῷ κοκκίνῳ καὶ τῇ β. (4)
39. 13 (1). A τὸ κόκκινον καὶ βύσσον [B *om.* κ. β.] –
II Ch. 2. 14 (13). ὑφαίνειν . . . ἐν τῇ β. (1)
3. 14. ἐποίησε τὸ καταπέτασμα . . . βύσσου (1)
Pr. 31. 22. ἐκ δὲ βύσσου καὶ πορφύρας ἑαυτῇ ἐνδύματα (4)
Is. 3. 23. κόκκινα καὶ τὴν βύσσον (3 ?)
19. 9. τοὺς ἐργαζομένους τὴν β. (2)
Ez. 16. 10. ἔζωσά σε βύσσῳ (4)
27. 7. β. μετὰ ποικιλίας ἐξ Αἰγύπτου ἐγένετό σοι στρωμνή (4)
[**Aq.**, **Sm.**, **Th.** Ex. 35. 23, 35: Ez. 27. 16.]

βχεννώρ.

[**Heb.** Ps. 91 (92). 4.]

βῶλαξ. (1) *a.* גּוּשׁ *b.* גִּישׁ

Jb. 7. 5. τήκω δὲ βώλακας γῆς ἀπὸ ἰχῶρος ξύων [A ξέων] (1 *a vel* 1 *b* *)

βωλοκοπεῖν.

[**Sm.** Is. 28. 24.]

βῶλος, *cf.* **βόλος.** (1) אֶגֶל (2) עֲרוּגָה

Jb. 38. 28. ὁ τετοκὼς βώλους [A συνοχὰς καὶ β.] δρόσου (1)
Si. 22. 15. βῶλον σιδήρου [AS[1] -ηροῦν] εὔκοπον ὑπενεγκεῖν
Ez. 17. 7. AB τοῦ ποτίσαι αὐτὴν σὺν τῷ β. [R βόλῳ] τῆς φυτείας αὐτῆς (2)
— 10. AB σὺν τῷ β. [R βώλῳ] ἀνατολῆς αὐτῆς ξηρανθήσεται [A *om.*] (2)

βωμός. (1) בָּמָה (2) מִזְבֵּחַ

Ex. 34. 13. τοὺς β. αὐτῶν καθελεῖτε (2)
Nu. 3. 10. φυλάξουσι . . . πάντα τὰ κατὰ τὸν β. †
23. 1. οἰκοδόμησόν μοι ἐνταῦθα ἑπτὰ βωμούς (2)
— 2. ἀνήνεγκε μόσχον καὶ κριὸν ἐπὶ τὸν β. (2)
— 4. τοὺς ἑπτὰ β. ἡτοίμασα καὶ ἀνεβίβασα μόσχον καὶ κριὸν ἐπὶ τὸν β. (2, 2)
— 14. ᾠκοδόμησεν ἐκεῖ ἑπτὰ βωμοὺς καὶ ἀνεβίβασε μόσχον καὶ κριὸν ἐπὶ τὸν β. (2, 2)
— 29. οἰκοδόμησόν μοι ὧδε ἑπτὰ β. (2)
— 30. ἀνήνεγκε μόσχον καὶ κριὸν ἐπὶ τὸν β. (2)
De. 7. 5. τοὺς β. αὐτῶν καθελεῖτε (2)
12. 3. κατασκάψετε τοὺς β. αὐτῶν (2)
Jo. 22. 10. βωμὸν ἐπὶ τοῦ Ἰορδάνου βωμὸν μέγαν τοῦ ἰδεῖν (2, 2)
— 11. βωμὸν ἐφ᾽ ὁρίων γῆς Χαναάν (2)
— 16. οἰκοδομήσαντες ὑμῖν ἑαυτοῖς βωμόν (2)
— 19. διὰ τὸ οἰκοδομῆσαι ὑμᾶς βωμόν (2)
— 23. εἰ ᾠκοδομήσαμεν ἑαυτοῖς βωμόν (2)
— 26. τοῦ οἰκοδομῆσαι τὸν β. τοῦτον (2)
— 34. ἐπωνόμασεν Ἰησοῦς τὸν β. τῶν [A τοῦ] Ῥουβήν (2)
Jd. 7. 1. A ἀπὸ τοῦ β. τοῦ Ἀβὼρ ἐν τῇ κοιλάδι [B *al.*] †
II Ch. 31. 1. κατέσπασαν τὰ ὑψηλὰ καὶ τοὺς β. (2)
Si. 50. 12. αὐτὸς ἑστὼς παρ᾽ ἐσχάρᾳ βωμοῦ
— 14. συντέλειαν λειτουργῶν ἐπὶ βωμῶν
Ho. 10. 8. καὶ ἐξαρθήσονται βωμοί (1)
Am. 7. 9. ἀφανισθήσονται βωμοὶ τοῦ γέλωτος (1)
Is. 15. 2. Δηβὼν οὗ ὁ β. ὑμῶν (1)
16. 12. ἐκοπίασε Μωὰβ ἐπὶ τοῖς β. (1)
17. 8. οὐ μὴ πεποιθότες ὦσιν ἐπὶ τοῖς β. (2)
27. 9. τοὺς λίθους τῶν β. κατακεκομμένους (2)
Je. 7. 31. ᾠκοδόμησαν τὸν β. τοῦ Ταφέθ (1)
— 32. β. τοῦ Ταφὲθ καὶ φάραγξ υἱοῦ Ἐννόμ –
11. 13. ἐτάξατε [AS -ξαν] βωμοὺς θυμιᾶν τῇ Βάαλ (2)
30 (49). 2. βωμοὶ αὐτῆς ἐν πυρὶ κατακαυθήσονται †
31 (48). 35. ἀπολῶ τὸν Μωὰβ . . . ἀναβαίνοντα ἐπὶ τὸν β. (1)
39 (32). 35. ᾠκοδόμησαν τοὺς β. τῇ Βάαλ τοὺς ἐν φάραγγι (1)
I Ma. 1. 46. SR βωμοὺς καὶ τεμένη καὶ εἰδωλεῖα [A εἴδωλα]
— 54. ἐν πόλεσιν Ἰούδα κύκλῳ ᾠκοδόμησαν βωμούς
— 59. θυσιάζοντες ἐπὶ τὸν β. ὃς ἦν ἐπὶ τοῦ θυσιαστηρίου
2. 23. προσῆλθεν . . . θυσιάσαι [A θυμιᾶσαι] ἐπὶ τοῦ β.
— 24. ἔσφαξεν αὐτὸν ἐπὶ τὸν β.
— 25. καὶ τὸν β. καθεῖλε
— 45. καὶ καθεῖλον τοὺς β. [A *add.* αὐτῶν]
5. 68. καθεῖλε τοὺς β. αὐτῶν
II Ma. 2. 19. κατὰ . . . τὸν τοῦ β. ἐγκαινισμόν
10. 2. τοὺς δὲ κατὰ τὴν ἀγορὰν β. . . . καθεῖλαν
13. 8. συνετελέσατο πολλὰ περὶ τὸν β. ἁμαρτήματα
[**Aq.** Je. 7. 31.]
[**Sm.** Je. 19. 5.]
[**Al.** Jo. 22. 10.]

βωρίθ.

[**Aq.** Ma. 3. 2.]

Γ

γαβαχά.

IV Ki. 25. 17. B τῷ στύλῳ τῷ δευτέρῳ ἐπὶ τῷ γ. [A R σαβ.] †

γαβής.

I Ch. 4. 9. ἔτεκον ὡς γ. †

γαβίν. (1) גְּבִים (2) יוֹגְבִים

IV Ki. 25. 12. R εἰς ἀμπελουργοὺς καὶ εἰς γ. [A γηβείν, B ταβείν] (1*, 2)

γαβίς (-είς). (1) גָּבִישׁ

Jb. 28. 18. μετέωρα καὶ γαβὶς οὐ μνησθήσεται (1)
[Th. Jb. 28. 18.]

γάζα. (1) גִּנְזַךְ (2) גְּנַזִין

II Es. 5. 17. ἐν τῷ οἴκῳ τῆς γ. τοῦ βασ. Βαβ. (2)
6. 1. ὅπου ἡ γ. κεῖται ἐν Βαβ. (2)
7. 20. δώσεις ἀπὸ οἴκων γάζης βασιλέως (2)
— 21. πάσαις ταῖς γ. ταῖς ἐν πέρα τοῦ ποταμοῦ (1)
Es. 4. 7. τὴν ἐπαγγελίαν . . . εἰς τὴν γ. ταλάντων μυρ. (2)
Is. 39. 2. πάντας τοὺς οἴκους τῶν σκευῶν τῆς γ. –
[Aq. Am. 7. 1.]
[Th. Ez. 27. 24.]

γάζαρα.

[Al. Le. 16. 22.]

γαζαρηνός. (1) גָּזַר

Da. LXX. 2. 27. οὐκ ἔστι σοφῶν . . . καὶ γαζαρηνῶν ἡ δήλωσις (1)
5. 7. φαρμακοὺς καὶ Χαλδαίους καὶ γαζαρηνοὺς (1)
— 8. οἱ ἐπαοιδοὶ καὶ οἱ φαρμακοὶ καὶ γ. †
Da. Th. 2. 27. οὐκ ἔστι σοφῶν . . . γαζαρηνῶν ἀναγγεῖλαι (1)
4. 4. οἱ ἐπαοιδοὶ μάγοι γαζαρηνοί (1)
5. 7. μάγους Χαλδαίους γαζαρηνούς (1)
— 11. ἄρχοντα ἐπαοιδῶν μάγων Χαλδαίων γαζαρηνῶν (1)
— 15. οἱ σοφοὶ μάγοι γαζαρηνοί –
[Th. Da. 2. 27: 4. 4.]

γαζερά.

[Aq. Th. Ez. 42. 1.]

γαζοφυλάκιον. (1) גְּנָזִים (2) *a.* לִשְׁכָּה *b.* נִשְׁכָּה

IV Ki. 23. 11. εἰς τὸ γ. Νάθαν βασιλέως τοῦ εὐνούχου (2 *a*)
I Es. 5. 45. δοῦναι εἰς τὸ ἱερὸν γ. τῶν ἔργων
8. 17. A δώσεις ἐκ τοῦ ἱεροῦ [B βασιλικοῦ] γ.
— 45. τὸν ἡγούμενον τὸν ἐν τῷ τόπῳ γαζοφυλακίου
II Es. 10. 6. ἐπορεύθη εἰς γαζοφυλάκιον Ἰωνάν (2 *a*)
Ne. 3. 30. ἐξ ἐναντίας γαζοφυλακίου αὐτοῦ (2 *b*)
● 10. 37 (38). B S εἰς τὸ γ. οἴκου τοῦ θ. [A *al.*] (2 *a*)
— 38 (39). εἰς τὰ γ. εἰς οἶκον τοῦ θεοῦ (2 *a*)
12. 44. κατέστησαν . . . ἄνδρας ἐπὶ τῶν γ. (2 *b*)
13. 4. οἰκῶν ἐν γαζοφυλακίῳ οἴκου θ. (2 *a*)
— 5. A B[2] S ἐποίησεν ἑαυτῷ γ. μέγα (2 *a*)
— 7. ποιῆσαι αὐτῷ γαζοφυλάκιον (2 *b*)
— 8. ἔρριψα πάντα τὰ σκεύη . . . ἀπὸ τοῦ γ. (2 *a*)
— 9. καὶ ἐκαθάρισαν τὰ γ. (2 *a*)
Es. 3. 9. διαγράψω εἰς τὸ γ. τοῦ βασ. ἀργυρίου τάλαντα (1)
Ez. 40. 17. A ἰδοὺ γαζοφυλάκια [B παστοφόρια] (2 *a*)
I Ma. 3. 28. A S[2] R ἤνοιξε τὸ γ. αὐτοῦ
14. 49. τὰ δὲ ἀντίγραφα αὐτῶν θέσθαι ἐν τῷ γ.
II Ma. 3. 6. περὶ τοῦ χρημάτων ἀμυθήτων γέμειν τὸ ἐν Ἰ. γ.
— 24. αὐτοῦ . . . κατὰ τὸ γ. ἤδη παρόντος
— 28. εἰς τὸ προειρημένον εἰσελθόντα γ.
— 40. κατὰ Ἡλιόδωρον καὶ τὴν τοῦ γ. τήρησιν
II Ma. 4. 42. αὐτὸν δὲ τὸν ἱερόσυλον παρὰ τὸ γ. ἐχειρώσαντο
5. 18. ὁ πεμφθεὶς . . . ἐπὶ τὴν ἐπίσκεψιν τοῦ γ.
IV Ma. 4. 3. S R ἐν τοῖς Ἰ. γ. τεθησαυρίσθαι [A -ισται]
— 6. ὅπως τὰ ἰδιωτικὰ τοῦ γ. λάβοι χρήματα
[Aq. I Ki. 9. 22: Ez. 40. 17.]

γαζοφύλαξ.

I Ch. 28. 1. ἐξεκκλησίασε . . . τοὺς γ. –
I Es. 2. 11. παρέδωκεν αὐτὰ Μιθρ. τῷ ἑαυτοῦ γ.
8. 19. προσέταξα τοῖς γ. Συρίας καὶ Φοινίκης
— 46. τοῖς ἐν τῷ τόπῳ γαζοφύλαξιν

γαί, *cf.* **γαιμελά.** (1) *a.* גַּי *b.* גֵּיא

Jo. 18. 16. A καταβήσεται ἐπὶ γ. Ὀννόμ [B *al.*] (1 *a*)
II Ch. 28. 3. B τοῖς εἰδώλοις αὐτῶν γαὶ Βενθόμ [A R *al.*] (1 *b*)
Ez. 39. 11. A κληθήσεται τὸ γ. [B κλ. τότε] τὸ πολυάνδριον τοῦ Γώγ (1 *b*)
— 15. A R ἕως ὅτου θάψωσιν αὐτὸ οἱ θάπτοντες εἰς τὸ γ. [B γέ] (1 *b*)

γαῖα. (1) אֲדָמָה (2) אֶרֶץ

IV Ki. 18. 35. A B[2] R τίς ἐν πᾶσι τοῖς θεοῖς τῶν γ. οἳ ἐξείλαντο τὰς γ. [B[1] γᾶς] αὐτῶν ἐκ χειρός μου (2, 2)
19. 11. B[2] R ὅσα ἐποίησαν βασιλεῖς Ἀσσυρίων πάσαις ταῖς γ. [A γενεαῖς, B[1] γαῖς] (2)
II Es. 3. 3. A R ἐν καταπλήξει ἐπ' αὐτοὺς ἀπὸ τῶν λαῶν τῶν γ. (2)
9. 1. οὐκ ἐχωρίσθη ὁ λαὸς Ἰσραὴλ . . . ἀπὸ λαῶν τῶν γ. (2)
— 2. παρήχθη σπέρμα τὸ ἅγιον ἐν λαοῖς τῶν γ. (2)
— 14. A R ἐπιγαμβρεῦσαι τοῖς λαοῖς τῶν γ. [B S[1] *om.* τ. γ.] †
Ps. 48 (49). 11. ἐπεκαλέσαντο τὰ ὀνόμ. αὐ. ἐπὶ τῶν γ. αὐ. (1)
Ez. 36. 24. ἀθροίσω ὑμᾶς ἐκ πασῶν τῶν γ. (2)
Da. LXX. 11. 42. ἀποστελεῖ χεῖρα αὐτοῦ ἐν ταῖς γ. (2)
[Aq. Le. 26. 39: Is. 37. 11: Je. 27 (34). 6: 28 (35). 8: 32 (39). 37: 40 (47). 11: Ez. 29. 12.]
[Sm. Le. 26. 39: Ps. 48 (49). 12: Je. 27 (34). 6: 32 (39). 37: Ez. 29. 12.]
[Th. Ps. 48 (49). 12: Ez. 29. 12.]
[Al. Je. 32 (39). 37.]

γαιμελά, *cf.* **γεμελέδ.** (1) *a.* גֵּיא־הַמֶּלַח *b.* גֵּי־מֶלַח

IV Ki. 14. 7. A αὐτὸς ἐπάταξε τὴν [A τὸν] Ἐδὼμ ἐν γ. [R γεμελέδ, A ῥεμελέ] (1 *a**, 1 *b*) ●

γαῖσος, *vel* **γαισός.** (1) כִּידוֹן

Jo. 8. 18. ἔκτεινον τὴν χεῖρά σου ἐν τῷ γ. (1)
— 19 (18). ἐξέτεινεν Ἰησοῦς τὴν χεῖρα αὐτοῦ τὸν γ. (1)
Ju. 9. 7. ἤλπισαν ἐν ἀσπίδι καὶ ἐν γαισῷ [A *om.* κ. ἐν γ.]
[Aq. Jo. 8. 18.]

γαιώδης, *vid.* **γεώδης.**

γάλα. (1) *a.* חָלָב *b.* חֵלֶב

Ge. 18. 8. ἔλαβε δὲ βούτυρον καὶ γ. (1 *a*)
49. 12. λευκοὶ οἱ ὀδόντες αὐτοῦ ἢ γ. (1 *a*)
Ex. 3. 8, 17. εἰς γῆν ῥέουσαν γ. καὶ μέλι (1 *a*)
13. 5. γῆν ῥέουσαν γάλα καὶ μέλι (1 *a*)
23. 19. οὐχ ἑψήσεις ἄρνα ἐν γάλακτι μητρὸς αὐ. (1 *a*)
33. 3. εἰς γῆν ῥέουσαν γ. καὶ μέλι (1 *a*)
34. 26. οὐχ ἑψήσεις ἄρνα ἐν γάλακτι μητρὸς αὐ. (1 *a*)
Le. 20. 24; Nu. 13. 28 (27). γῆν ῥέουσαν γ. καὶ μέλι (1 *a*)
Nu. 14. 8. γῆ ἥτις ἐστὶ ῥέουσα γ. καὶ μέλι (1 *a*)
16. 13, 14. εἰς γῆν ῥέουσαν γ. καὶ μέλι (1 *a*)
De. 6. 3; 11. 9. γῆν ῥέουσαν γ. καὶ μέλι (1 *a*)
14. 21. οὐχ ἑψήσεις ἄρνα ἐν γάλακτι μητρὸς αὐ. (1 *a*)
26. 9. γῆν ῥέουσαν γ. καὶ μέλι (1 *a*)
— 10. γῆν ῥέουσαν γ. καὶ μέλι –
— 15; 27. 3; 31. 20. γῆν ῥέουσαν γ. καὶ μέλι (1 *a*)
32. 14. βούτυρον βοῶν καὶ γάλα προβάτων (1 *a*)
● Jo. 5. 6. γῆν ῥέουσαν γάλα καὶ μέλει (1 *a*)
Jd. 4. 19. ἤνοιξε τὸν ἀσκὸν τοῦ γ. (1 *a*)
5. 25. γάλα ἔδωκεν [A ἔ. αὐτῷ] (1 *a*)
I Ki. 17. 18. A καὶ τὰς δέκα στρυφαλίδας τοῦ γ. τούτου (1 *a*)
Jb. 10. 10. ἢ οὐχ ὥσπερ γάλα με ἤμελξας (1 *a*)
29. 6. τὰ δὲ ὄρη μου ἐχέοντο γάλακτι †
Ps. 118 (119). 70. ἐτυρώθη ὡς γάλα ἡ καρδία αὐτῶν (1 *b*)
Pr. 24. 68 (30. 33). ἄμελγε γάλα καὶ ἔσται βούτυρον (1 *a*)
Ca. 4. 11. μέλι καὶ γάλα ὑπὸ τὴν γλῶσσάν σου (1 *a*)
5. 1. ἔπιον οἶνόν μου μετὰ γάλακτός μου (1 *a*)
— 12. ὡς περιστεραὶ . . . λελουσμέναι [A S -ουμέναι] ἐν γάλακτι (1 *a*)
Si. 39. 26. ἀρχὴ πάσης χρείας εἰς ζωὴν ἀνθρώπου . . . μέλι καὶ γάλα
46. 8. εἰς γῆν ῥέουσαν γάλα καὶ μέλι
Jl. 3 (4). 18. οἱ βουνοὶ ῥυήσονται γ. (1 *a*)
Is. 7. 22. ἀπὸ τοῦ πλεῖστον ποιεῖν γ. (1 *a*)
28. 9. οἱ ἀπογεγαλακτισμένοι ἀπὸ γάλακτος (1 *a*)
60. 16. θηλάσεις γ. ἐθνῶν (1 *a*)
Je. 11. 5; 39 (32). 22. γῆν ῥέουσαν γ. καὶ μέλι (1 *a*)
Ba. 1. 20. δοῦναι ἡμῖν γῆν ῥέουσαν γ. καὶ μέλι
La. 4. 7. ἔλαμψαν ὑπὲρ γ. (1 *a*)
Ez. 20. 6, 15. γῆν ῥέουσαν γ. καὶ μέλι (1 *a*)
34. 3. τὸ γ. κατέσθετε [A -θίετε] (1 *b*)
III Ma. 5. 49. τελευταῖον ἕλκοντα γάλα
[Aq. Is. 55. 1: Ez. 25. 4.]
[Sm. Ex. 23. 19: Is. 55. 1: La. 4. 7: Ez. 25. 4.]
[Th. Ez. 25. 4.]

γαλαθηνός. (1) חָלָב

I Ki. 7. 9. ἔλαβε Σαμουὴλ ἄρνα γαλαθηνὸν ἕνα (1)
Si. 46. 16. ἐν προσφορᾷ ἀρνὸς γαλαθηνοῦ
Am. 6. 4. μοσχάρια ἐκ μέσου [A *om.*] βουκολίων γαλαθηνά †
[Th. II Ki. 17. 29.]

γαλακτοποτεῖν, γαλακτοτροφεῖν.

IV Ma. 13. 21. A R ἀπὸ τῶν αὐτῶν γαλακτοποτοῦντες [S -τοτροφοῦντες] πηγῶν

γαλακτοτροφία.

IV Ma. 16. 7. ἄκαρποι τιθηνίαι καὶ ταλαίπωροι γ.

γαλεάγρα. (1) חָח

Ez. 19. 9. ἔθεντο αὐτὸν ἐν κημῷ καὶ [A *add.* ἤνεγκαν αὐτὸν] ἐν γαλεάγρᾳ (1)

γαλῆ. (1) חֹלֶד

Le. 11. 29. καὶ ταῦτα ὑμῖν ἀκάθαρτα . . . ἡ γ. (1)

γαλήνη.

[Sm. Ps. 106 (107). 29.]

γαληνός.

IV Ma. 13. 6. γαληνὸν παρέχουσι τοῖς εἰσπλέουσι τὸν ὅρμον

γαλιμά.

[Th. Ez. 27. 24.]

γαλουχεῖν.

[Sm. I Ki. 6. 7: Is. 49. 23.]

● = correction on page xxv

γαμβρεύειν. (1) חָתַן hithp. (2) יָבַם pi.
Ge. 38. 8. A καὶ γάμβρευσαι [R ἐπιγ.] αὐτήν (2)
De. 7. 3. οὐδὲ μὴ γαμβρεύσητε πρὸς αὐτούς (1)
II Es. 9. 14. B γαμβρεῦσαι [A S R ἐπιγαμ.] τοῖς λαοῖς (1)

γαμβρός. (1) *a.* חָתָן *b.* חֹתֵן
Ge. 19. 12. γαμβροὶ ἢ υἱοὶ ἢ θυγατέρες (1 *b*)
— 14. τοὺς γ. αὐτοῦ τοὺς εἰληφότας τὰς θυγ. (1 *b*)
— 14. ἔδοξε δὲ γελοιάζειν ἐναντίον τῶν γ. αὐ. (1 *b*)
Ex. 3. 1. τὰ πρόβατα Ἰοθὸρ τοῦ γ. αὐτοῦ (1 *a*)
4. 18. πρὸς Ἰοθὸρ τὸν γ. αὐτοῦ (1 *a*)
18. 1. Ἰοθὸρ ὁ ἱερεὺς Μαδιὰμ ὁ γ. Μωυσῆ (1 *a*)
— 2, 5. Ἰοθὸρ ὁ γ. Μωυσῆ (1 *a*)
— 6. ἰδοὺ ὁ γ. σου Ἰοθὸρ (1 *a*)
— 7. εἰς συνάντησιν τῷ γ. (1 *a*)
— 8. διηγήσατο Μ. τῷ γ. πάντα (1 *a*)
— 12. Ἰοθὸρ ὁ γ. Μωυσῆ (1 *a*)
— 12. συμφαγεῖν [A φ.] ἄρτον μετὰ τοῦ γ. Μ. (1 *a*)
— 15. καὶ λέγει Μ. τῷ γ. (1 *a*)
— 17. εἶπε δὲ ὁ γ. Μωυσῆ πρὸς αὐτόν (1 *a*)
— 24. ἤκουσε δὲ Μ. τῆς φωνῆς τοῦ γ. (1 *a*)
— 27. ἐξαπέστειλε δὲ Μ. τὸν ἑαυτοῦ γ. (1 *a*)
Nu. 10. 29. τῷ Μαδιανίτῃ τῷ γ. Μωυσῆ (1 *a*)
Jd. 1. 16. οἱ υἱοὶ Ἰ. τοῦ Κ. τοῦ γ. [A πενθεροῦ] Μ. (1 *a*)
4. 11. ἀπὸ τῶν υἱῶν Ἰωβὰβ γαμβροῦ Μ. (1 *a*)
15. 6. A Σαμψὼν ὁ γ. τοῦ Θαμναθαίου [B *al.*] (1 *b*)
19. 4. κατέσχεν [A εἰσήγαγεν] αὐτὸν ὁ γ. αὐτοῦ (1 *a*)
— 5. A εἶπεν ὁ πατὴρ τῆς νεάνιδος πρὸς τὸν γ. [B νύμφιον] αὐ. (1 *b*)
— 7. ἐβιάσατο αὐτὸν ὁ γ. αὐτοῦ (1 *a*)
— 9. εἶπεν αὐτῷ ὁ γ. αὐτοῦ (1 *a*)
I Ki. 18. 18. A ὅτι ἔσομαι γαμβρὸς τοῦ βασιλέως (1 *b*)
22. 14. τίς . . . ὡς Δαυὶδ πιστὸς καὶ γαμβρὸς τοῦ βασ. (1 *b*)
IV Ki. 8. 27. A γαμβρὸς γὰρ οἴκου Ἀχαὰβ ἐστιν (1 *b*)
Ne. 6. 18. ὅτι γ. ἦν τοῦ Σεχενία (1 *b*)
I Ma. 16. 12. ἦν γὰρ γαμβρὸς τοῦ ἀρχιερέως
[**Aq.** **Sm.** Jd. 15. 6.]
[**Th.** Jd. 15. 6 : 19. 5.]

γαμεῖν.
Es. 10. 3. ἦν ἐγάμησεν ὁ βασιλεύς
II Ma. 14. 25. παρεκάλεσεν αὐτὸν γῆμαι . . . ἐγάμησεν εὐστάθησεν
IV Ma. 16. 9. A R οἱ δὲ γαμήσαντες [S γήμαντες] ἀνόνητοι

γαμετή.
IV Ma. 2. 11. S R τῆς πρὸς γαμετὴν [A -ῆς] φιλίας ἐπικρατεῖ

γαμικός.
III Ma. 4. 6. γαμικὸν ὑπεληλυθυῖαι παστόν

γάμος. (1) מִשְׁתֶּה
Ge. 29. 22. καὶ ἐποίησε γάμον (1)
To. 6. 12. ποιήσομεν τὸν γ.
8. 19. ἐποίησεν αὐτοῖς γάμον ἡμερῶν δέκα τεσσάρων [S *al.*]
— 20. πρὶν ἢ συντελεσθῆναι τὰς ἡμέρας τοῦ γ. [S *al.*]
— 20. μὴ πληρωθῶσιν αἱ δέκα τέσσαρες ἡμέραι τοῦ γ. [S *al.*]
9. 3. αὐτὸν ἄγε μοι εἰς τὸν γ. [S *al.*]
— 5. S καλεῖ αὐτὸν εἰς τὸν γ.
— 6. ἦλθον εἰς τὸν γ.
10. 7. ἕως οὗ συνετελέσθησαν αἱ δέκα τέσσαρες ἡμέραι τοῦ γ.
11. 19. ἤχθη ὁ γ. Τωβία μετ' εὐφροσύνης ἡμέρας ἑπτὰ [S *al.*]
12. 1. S ὅτε ἐπετελέσθη ὁ γ.
Es. 1. 5. ὅτε δὲ ἀνεπληρώθησαν αἱ ἡμέραι τοῦ γ. [A S[3] πότου] †
2. 18. ὁ βασιλεὺς . . . ὕψωσε τοὺς γ. Ἐσθήρ (1)
9. 22. ἄγειν . . . ἡμέρας γάμων καὶ εὐφροσύνης (1)
Wi. 13. 17. περὶ δὲ . . . γάμων αὐτοῦ . . . προσευχόμενος [S εὐχ.]
14. 24. οὔτε γάμους καθαροὺς ἔτι φυλάσσουσιν
▶ — 26. γενέσεως ἐναλλαγὴ γάμων ἀταξία
I Ma. 9. 37. ποιοῦσι γάμον μέγαν
— 41. μετεστράφη ὁ γ. εἰς πένθος
10. 58. ἐποίησε τὸν γ. αὐτῆς ἐν Πτολεμαΐδι
III Ma. 4. 8. τὰς ἐπιλοίπους τῶν γ. ἡμέρας ἐν θρήνοις διῆγον

γάν.
[**Heb.** Ge. 2. 8.]

γανοζαή, γανοζάν (A).
II Ch. 36. 8. ἐτάφη ἐν γ. –

γάνωσις.
[**Aq.** Am. 7. 7.]

γάρ, *passim.*

γαρβαρηνός, *vid.* γασβαρηνός.

γαρείμ.
[**Th.** IV Ki. 9. 13.]

γαρέμ. (1) גֶּרֶם
IV Ki. 9. 13. ἐπὶ τὸ γ. τῶν ἀναβαθμῶν [A *al.*] (1)

γασβαρηνός (A γαρβ.) (1) גִּזְבָּר
● II Es. 1. 8. R ἐπὶ χεῖρα Μιθραδάτου γασβαρηνοῦ [B Ταρβ.] (1)

γαστήρ. (1) בֶּטֶן (2) ἐν γαστρὶ ἔχειν *a.* הָרָה verb. *b.* הָרֶה adj. *c.* הֵרָיָה *d.* ἐν γαστρὶ λαμβάνειν הָרָה (3) ἐν γαστρὶ λαμβάνειν יָחַם pi. (4) ἐν γαστρὶ ἔχειν עוּל (5) קֶרֶב (6) רֶחֶם
Ge. 16. 4. εἶδεν ὅτι ἐν γαστρὶ ἔχει (2 *a*)
— 5. ἰδοῦσα δὲ ὅτι ἐν γαστρὶ ἔχει (2 *a*)
— 11. ἐν γαστρὶ ἔχεις καὶ τέξῃ υἱόν (2 *b*)
25. 21. A ἔλαβεν [R συνέλ.] ἐν γαστρὶ Ῥ. (2 *a*)
— 23. δύο ἔθνη ἐν τῇ γ. σού εἰσι (1)
— 24. A ἦν δίδυμα ἐν τῇ γ. [R κοιλίᾳ] αὐτῆς (1)
30. 41. τὰ πρόβατα ἐν γαστρὶ λαμβάνοντα (3)
31. 10. R τὰ πρόβατα ἐν γαστρὶ λαμβάνοντα [A *om.* ἐν γ. λ.] –
38. 18. καὶ ἐν γαστρὶ ἔλαβεν ἐξ αὐτοῦ (2 *d*)
— 24. ἰδοὺ ἐν γαστρὶ ἔχει ἐκ πορνείας (2 *b*)
— 25. ἐκ τοῦ ἀνθρώπου . . . ἐγὼ ἐν γαστρὶ ἔχω (2 *b*)
— 27. R τῇδε ἦν δίδυμα ἐν τῇ γ. [A κοιλίᾳ] αὐτῆς (1)
Ex. 2. 2. ἐν γαστρὶ ἔλαβε (2 *d*)
— 22. ἐν γαστρὶ δὲ λαβοῦσα ἡ γυνή –
21. 22. πατάξωσι γυναῖκα ἐν γαστρὶ ἔχουσαν (2 *b*)
Nu. 5. 22. πρῆσαι γαστέρα (1)
11. 12. μὴ ἐγὼ ἐν γαστρὶ ἔλαβον (2 *a*)
Jd. 13. 3. A ἐν γαστρὶ ἕξεις (2 *a*)
— 5. σὺ ἐν γαστρὶ ἔχεις [A ἕξεις] (2 *b*)
— 5. A ἡγιασμένον Ναζειραῖον ἔσται τῷ θεῷ τὸ παιδάριον ἐκ τῆς γ. [B *al.*] (1)
— 7. σὺ ἐν γαστρὶ ἔχεις [A ἕξεις] (2 *b*)
— 7. θεοῦ ἅγιον ἔσται τὸ παιδάριον ἀπὸ γαστρός [A *al.*] (1)
II Ki. 11. 5. ἐν γαστρὶ ἔλαβεν ἡ γυνή (2 *d*)
— 5. ἐγώ εἰμι ἐν γαστρὶ ἔχω (2 *b*)
IV Ki. 4. 17. ἐν γαστρὶ ἔλαβεν ἡ γυνή (2 *d*)
8. 12. τὰς ἐν γαστρὶ ἐχούσας αὐτῶν ἀναρρήξεις (2 *b*)
15. 16. τὰς ἐν γαστρὶ ἐχούσας ἀνέρρηξεν (2 *b*)
I Ch. 7. 23. καὶ ἔλαβεν ἐν γαστρί (2 *d*)
Jb. 3. 10. οὐ συνέκλεισε πύλας γαστρὸς μητρός μου (1)
— 11. ἐκ γαστρὸς δὲ ἐξῆλθον (1)
10. 19. διὰ τί γὰρ ἐκ γαστρὸς εἰς μνῆμα οὐκ ἀπηλλάγην [A -ῆλθον] (1)
15. 2. ἐνέπλησε πόνον γαστρός [A *al.*] (1)
— 35. ἐν γαστρὶ δὲ λήψεται ὀδύνας [A *al.*] (2 *d*)
16. 17. ἡ γ. μου συγκέκαυται ἀπὸ κλαυθμοῦ †
20. 14. χολὴ ἀσπίδος ἐν γαστρὶ αὐτοῦ (5)
— 23. εἴ πως εἰ πληρῶσαι [A καὶ πληρώσει] γαστέρα αὐτοῦ (1)
● 21. 10. διεσώθη δὲ αὐτῶν ἐν [A ἡ ἐν] γαστρὶ ἔχουσα †
31. 15. πότερον οὐχ ὡς καὶ [A *om.*] ἐγὼ ἐγενόμην ἐν γαστρί (1)
— 18. ἐκ γαστρὸς μητρός μου ὡδήγησα (1)
32. 18. ὀλέκει γάρ με τὸ πνεῦμα τῆς γ. (1)
— 19. ἡ δὲ γ. μου ὥσπερ ἀσκὸς γλεύκους (1)
38. 29. ἐκ γαστρὸς δὲ τίνος ἐκπορεύεται ὁ [A S *om.*] κρύσταλλος (1)
40. 11 (16). ἡ δὲ δύναμις αὐτοῦ ἐπ' ὀμφαλοῦ γαστρός (1)
Ps. 16 (17). 14. τῶν κεκρυμμένων σου ἐπλήσθη ἡ γ. αὐτῶν (1)
21 (22). 9. σὺ εἶ ὁ ἐκσπάσας με ἐκ γαστρός (1)
— 10. S[2] ἀπὸ γαστρὸς [A B S ἐκ κοιλίας] μητρός μου (1)
Ps. 30 (31). 9. ἐταράχθη . . . ἡ γ. μου (1)
43 (44). 25. ἐκολλήθη εἰς γῆν ἡ γ. ἡμῶν (1)
57 (58). 3. ἐπλανήθησαν ἀπὸ γαστρός (1)
● 70 (71). 6. ἐπὶ σὲ ἐπεστηρίχθην ἐκ γαστρός (1)
109 (110). 3. ἐκ γαστρὸς πρὸ ἑωσφόρου ἐγέννησά [S[1] ἐξεγ.] σε (6)
126 (127). 3. ὁ μισθὸς τοῦ καρποῦ τῆς γ. (1)
138 (139). 13. ἀντελάβου μου ἐκ γαστρὸς μητρός μου (1)
Ec. 5. 14. καθὼς ἐξῆλθεν ἀπὸ γαστρὸς μητρὸς αὐ. (1)
11. 5. ὡς ὀστᾶ ἐν γαστρὶ κυοφορούσης (1)
Si. 37. 5. ἑταῖρος φίλῳ συμπονεῖ χάριν γαστρός [S *al.*]
40. 1. ἀφ' ἡμέρας ἐξόδου ἐκ γαστρὸς μητρὸς αὐ.
Ho. 14. 1. αἱ ἐν γαστρὶ ἔχουσαι αὐ. διαρραγήσονται (2 *c*)
Am. 1. 3. ἔπριζον πρίοσι σιδηροῖς τὰς ἐν γαστρὶ ἐχούσας –
— 13. ἀνέσχιζον τὰς ἐν γαστρὶ ἐχούσας (2 *b*)
Is. 7. 14. ἡ παρθένος ἐν γαστρὶ λήψεται [A S ἕξει] (2 *b*)
8. 3. ἐν γαστρὶ ἔλαβε (2 *a*)
26. 18. ἐν γαστρὶ ἐλάβομεν (2 *a*)
40. 11. ἐν γαστρὶ ἐχούσας παρακαλέσει (4 ?)
II Ma. 7. 27. τὴν ἐν γαστρὶ περιενέγκασάν σε
III Ma. 6. 8. βυθοτρεφοῦς ἐν γαστρὶ κήτους
7. 11. τοὺς γαστρὸς ἕνεκεν . . . παραβεβηκότας
IV Ma. 7. 6. S R γαστέρα ἐκοίνωσας [A ἐκοινώνησας] μιαροφαγίᾳ
13. 19. διὰ τῆς μητρῴας φυτεύσασα γ.
[**Aq.** Dt. 7. 13 : Jd. 13. 5 : Jb. 20. 15 : Ps. 16 (17). 14 : 77 (78). 71 : Is. 7. 14 : Ho. 9. 11.]
[**Sm.** Jb. 15. 2 : 20. 15 : Ps. 16 (17). 14 : 70 (71). 6 : Ho. 9. 11.]
[**Th.** Jd. 13. 3 : Jb. 20. 14, 15, 23 : Is. 33. 11 : 59. 4, 13 : Ho. 9. 11.]
[**Al.** Jb. 19. 17 : Ps. 126 (127). 3.]
[**Quint.** Ho. 9. 11.]
[**Sext.** Ps. 109 (110). 3.]

γαστριμαργία.
IV Ma. 1. 3. γαστριμαργίας τε καὶ ἐπιθυμίας

γαστρίμαργος.
IV Ma. 2. 7. γαστρίμαργος καὶ μέθυσος μεταπαιδεύεται

γαυρίαμα. (1) שֵׁן (2) תְּהִלָּה
Ju. 10. 8. εἰς γ. υἱῶν Ἰσραήλ
15. 9. σὺ γ. μέγα τοῦ Ἰσραήλ
Jb. 4. 10. γαυρίαμα δὲ δρακόντων ἐσβέσθη (1)
13. 12. A B[3] S R ἀποβήσεται δὲ ὑμῶν τὸ γ. [B ἀγ.] ἴσα σποδῷ †
Si. 43. 1. γαυρίαμα ὕψους στερέωμα καθαριότητος [S *al.*]
47. 4. καταβαλεῖν [S -έβαλεν] γαυρίαμα τοῦ Γ.
Is. 62. 7. R ποιήσῃ Ἱερουσαλὴμ γ. [A B S[1] ἀγ.] ἐπὶ τῆς γῆς (2)
Je. 31 (48). 2. R γ. [A B S ἀγαυρίαμα] ἐν Ἐσεβών (2)
[**Aq.** Hb. 3. 14.]

γαυριᾶν. (1) רָנָה (2) שִׂישׂ
Ju. 9. 7. ἐγαυρίασαν ἐν βραχίονι πεζῶν
Jb. 3. 14. R οἱ ἐγαυριῶντο [A B S ἠγ.] ἐπὶ ξίφεσιν †
39. 21. ἀνορύσσων ἐν πεδίῳ [S[2] ποδὶ] γαυριᾷ (2)
— 23. ἐπ' αὐτῷ γαυριᾷ τόξον (1)
[**Aq.** II Ki. 1. 20 : Ps. 5. 12 : 9. 3 : 24 (25). 2 : 59 (60). 8.]
[**Sm.** II Ki. 1. 20 : Ps. 9. 3 : 59 (60). 8 : 67 (68). 5 : 95 (96). 12 : Pr. 23. 16 : Is. 32. 13 : Hb. 3. 14.]
[**Th.** II Ki. 1. 20 : Is. 22. 2.]

γαυριοῦν, *cf.* γαυροῦν. (1) נָשָׂא hithp.
Nu. 23. 24. A B ὡς λέων γαυριωθήσεται [B[2] R -ρωθήσεται] (1)

γαυροῦν, *cf.* γαυριοῦν. (1) נָשָׂא hithp.
Nu. 23. 24. B[2] R ὡς λέων γαυρωθήσεται [A B γαυριωθήσεται] (1)
Wi. 6. 2. ἐνωτίσασθε . . . γεγαυρωμένοι ἐπὶ ὄχλοις [S[1] -ους] ἐθνῶν
III Ma. 3. 11. τῇ κατὰ τὸ παρὸν εὐημερίᾳ γεγαυρωμένος
6. 5. τὸν ἀναριθμήτοις δυνάμεσι γαυρωθέντα Σ.

γε (partic.) ***καί γε**, cf. **ἔγωγε, εὖγε**.*

● Ge. 26. 9 (ἆρά γε) : 37. 10 (ἆρά γε).
Ex. 35. 34†.
Jo. 9. 4* : 24. 3* †.
Jd. 1. 3* †, 22* † : 2. 10* † *bis*, 16*, 21* † : 3. 22*, 31* † : 5. 4* † : 6. 39* † : 8. 31* : 9. 19* †, 49* † *bis* : 11. 17* † : 19. 19*, 19* †.
Ru. 1. 5* † : 2. 15*, 16*, 21* : 3. 12* : 4. 10*.
I Ki. 18. 5* † : 19. 20* †, 24* †.
II Ki. 2. 6* †, 7* : 3. 12 (?)†, 19* † : 11. 12*, 17*, 21*, 24* : 12. 14* : 13. 36* : 14. 6*, 7* : 15. 20* †, 24* : 16. 23* *bis* : 17. 5* *bis*, 10*, 12*, 16* : 18. 2*, 22* †, 27* *bis* : 19. 30 (31)* †, 40 (41)*, 43 (44)* : 20. 26* : 21. 20* †.
III Ki. 1. 6*, 48* : 2. 5* : 7. 31* † : 22. 22*.
IV Ki. 2. 5* : 8. 1* : 9. 27* : 13. 6* † : 16. 3* : 17. 19*, 41* : 21. 11*, 16* : 22. 19* † : 23. 15* *bis*, 19*, 24*, 27* : 24. 4*.
I Ch. 10. 5* †.
II Ch. 6. 37* : 14. 15 (14)* : 18. 21* † : 19. 8* † : 35. 19* †.
II Es. 1. 1*.
Ne. 5. 14* † : 6. 1* †.
Es. 7. 2* †.
Jb. 13. 2* †, 9† : 15. 10* *bis* : 16. 4 (εἴ γε) † : 21. 25† : 22. 18 (ὅτε γε)† : 30. 2*, 24† : 31. 5 (εἴ γε) †.
Ps. 38 (39). 6 (μέντοι γε).
Ec. 1. 11*, 17* : 2. 1*, 7*, 8*, 8* †, 9*, 14*, 15* *bis*, 19*, 21*, 23* *bis*, 24*, 26* : 3. 11*, 13*, 19* : 4. 4*, 8* †, 8* *ter*, 11*, 14*, 16* *bis* : 5. 9*, 15*, 16*, 18* : 6. 2* †, 3*, 5*, 8*, 9* : 7. 7 (6)*, 15 (14)*, 19 (18)*, 22 (21)*, 23 (22)* : 8. 10*, 12* †, 14*, 17* : 9. 1* *bis*, 3*, 6* *ter*, 6* †, 11*, 11* †, 11*, 12*, 13* : 10. 3*, 20* : 11. 2* : 12. 5* †.
Ca. 1. 16* : 6. 8 (9)* † : 8. 1*.
Si. 34 (31). 12.
Ho. 5. 5* †.
Jl. 2. 29 (3. 2)* †.
Na. 3. 11* †.
Za. 3. 8 (7)* †.
Je. 4. 10 (ἆρά γε).
La. 1. 8* : 2. 9* : 3. 8*, 8* † : 4. 3*, 15*, 21*.
Ez. 10. 16* †.
Da. LXX. 3. 15 (εἰ δὲ μή γε) : Bel. 7 (εἰ δὲ μή γε).
Da. TH. 7. 25* † : 11. 8*.
III Ma. 1. 18 (πού γε)†.
IV Ma. 1. 30 (γε τοίνυν) † : 2. 17 (γέ τοι) : 4. 11 (γέ τοι)† : 5. 1 (γέ τοι) : 6. 8 (γέ τοι), 11 (γέ τοι), 34 (ὅπου γε καί) : 7. 24 (γέ τοι) : 9. 28† : 14. 11 (ὅπου γε καί), 14 (ὅπου γε καί), 19 (ὅπου γε καί) : 17. 17 (γέ τοι).
[**Aq**. Ex. 3. 9* : 4. 10* : 7. 11* : Jd. 8. 22* *ter* : Ru. 1. 12* : I Ki. 19. 20*, 24* : II Ki. 16. 11* : Jb. 1. 6* : Ps. 18 (19). 14* : 24 (25). 3* : 40 (41). 10* : 82 (83). 9* : 83 (84). 4* : Pr. 17. 28* : 25. 1* : 28. 9* : Is. 7. 13* : 13. 3* : 36. 5 (πλήν γε) : 66. 4* : Je. 5. 28* : 6. 15* : 8. 7* : 12. 2* : 25. 14* : 26 (33). 20* : 28 (35). 14* : 31 (38). 36* : 51 (28). 12*, 49* : Ez. 5. 8*, 11* : 9. 10* : 16. 52* : 18. 11* : 20. 12*, 15*, 23*, 25* : 24. 9* : Za. 9. 2* : 11. 8*.]
[**Sm**. I Ki. 19. 20*, 24* : 25. 34 (ἐπείτοιγε) : Jb. 18. 5 (μέντοι γε) : Pr. 11. 25* : 14. 13* : 17. 28* : 28. 9* : Is. 28. 29* : 35. 2* : 36. 5 (πλήν γε) : 46. 11* *bis* : 66. 4* : Je. 5. 28* : 28 (35). 14*.]
[**Th**. Ex. 7. 11* : I Ki. 19. 20*, 24* : Jb. 15. 10* *bis* : 19. 18* : 30. 2* : Ps. 40 (41). 10* : 82 (83). 9* : 88 (89). 6* : Pr. 22. 6* : 28. 9* : Is. 7. 13* : 13. 3* : 30. 33* : 36. 5 (πλήν γε) : 66. 4* : Je. 8. 12* *bis* : 25. 14* : 28 (35). 14* : 33 (40). 21*, 24 (ἆρά γε), 26* : Ez. 5. 8* : 16. 52* : 20. 15*, 23*, 25* : 21. 27 (32)* : 23. 37* : 24. 9*.]
[**Al**. I Ki. 1. 6* : 28. 15*, 19* *bis* : Ps. 43 (44). 10* : 128 (129). 2*.]
[**Quint**. Ps. 24 (25). 3*.]
[**Sext**. Ca. 1. 16*.]

γέ (subst.), *cf.* **γεμελέδ**. (1) גַּיְא

II Ch. 28. 3. R ἐν γὲ Βενεννόμ [A B *al.*] (1)
Ez. 39. 15. B τὸ γὲ [A R γαὶ] τὸ πολυάνδριον (1)
[**Al**. I Ch. 4. 14.]

γεδδείμ.

[**Th**. Is. 64. 6 (5).]

γεδδούρ. (1) גְּדוּד

I Ki. 30. 8. εἰ καταδιώξω ὀπίσω τοῦ γ. τούτου (1)
— 15. εἰ κατάξεις με ἐπὶ τὸ γ. τοῦτο (1)
— 15. κατάξω σε ἐπὶ τὸ γ. τοῦτο (1)
— 23. παρέδωκε κύριος τὸν γ. . . . εἰς χεῖρας ἡμῶν (1)
I Ch. 12. 21. αὐτοὶ συνεμάχησαν τῷ Δαυὶδ ἐπὶ τὸν γ. (1)
[**Aq**. II Ki. 3. 22.]

γεθθαίμ (**γεθέμ**). (1) בִּגְדְתֶּם

● I Ki. 14. 33. B ἐν [A R ἐκ] γ. κυλίσατε (1)

γεῖσος. (1) גְּבוּל (2) טֶפַח (3) כּוֹתֶרֶת *vel* כֹּתֶרֶת (4) שְׂפָתַיִם

III Ki. 7. 9. ἐκ τοῦ θεμελίου ἕως τῶν γ. (2)
Je. 52. 22. γ. ἐπ' αὐτοῖς χαλκοῦν . . . ὑπεροχὴ τοῦ γ. τοῦ ἑνὸς καὶ δίκτυον καὶ ῥοαὶ ἐπὶ τοῦ γ. κύκλῳ (3 *ter*)
Ez. 40. 43. παλαιστὴν ἕξουσι γ. λελαξευμένον (4)
41. 7. ἐκ τῶν γ. [A μέσων] ἐπὶ τὰ τριώροφα †
43. 13. γ. ἐπὶ τὸ χεῖλος [A τοῦ χ.] αὐτοῦ κυκλόθεν (1)
— 17. τὸ γ. αὐτῷ κυκλόθεν κυκλούμενον αὐτῷ (1)

γειτνιᾶν.

Da. LXX. TH. Su. 4. ἦν αὐτῷ παράδεισος γειτνιῶν τῷ οἴκῳ αὐ.
II Ma. 9. 25. καὶ γειτνιῶντας τῇ βασιλείᾳ [A τῆς β.]
[**Sm**. Jb. 26. 5.]

γειτονία.

[**Sm**. Ge. 49. 14.]

γείτων. (1) גּוּר (2) *a.* שָׁכֵן *b.* שָׁכֵן

Ex. 3. 22. παρὰ γείτονος καὶ συσκήνου αὐτῆς (2 *b*)
12. 4. τὸν γ. τὸν πλησίον αὐτοῦ (2 *b*)
● Ru. 4. 17. ἐκάλεσαν αὐτὸν αἱ γ. ὄνομα (2 *b*)
IV Ki. 4. 3. αἴτησον σεαυτῇ . . . παρὰ πάντων [A *om.*] τῶν γ. (2 *b*)
Jb. 19. 15. γείτονες οἰκίας [A οἰκεῖοι] (1)
● 26. 5. S[1] μὴ γείτονες [A B S[2] γίγαντες] μαιωθήσονται ὑποκάτωθεν ὕδατος καὶ τῶν γ. αὐτοῦ (†, 2 *a*)
Ps. 30 (31). 11. ἐγενήθην ὄνειδος καὶ τοῖς γ. μου σφόδρα (2 *b*)
43 (44). 13. ἔθου ἡμᾶς ὄνειδος [A εἰς ὄ.] τοῖς γ. ἡμῶν (2 *b*)
78 (79). 4. ἐγενήθημεν εἰς ὄνειδος τοῖς γ. ἡμῶν (2 *b*)
— 12. ἀπόδος τοῖς γ. ἡμῶν ἑπταπλάσια (2 *b*)
79 (80). 6. ἔθου ἡμᾶς εἰς ἀντιλογίαν τοῖς γ. ἡμῶν (2 *b*)
88 (89). 41. ἐγενήθη ὄνειδος τοῖς γ. αὐτοῦ (2 *b*)
Je. 6. 21. γ. καὶ ὁ πλησίον αὐτοῦ ἀπολοῦνται (2 *b*)
12. 14. περὶ πάντων τῶν γ. τῶν πονηρῶν [A σκληρῶν] (2 *b*)
29 (49). 10. ὤλοντο διὰ χεῖρα ἀδελφοῦ αὐ. γείτονός μου [A *al.*] (2 *b*)
III Ma. 3. 10. τινὲς γείτονές τε καὶ φίλοι
[**Aq**. Dt. 1. 7 : Pr. 27. 10 : Je. 49. 18 (29. 19) : 50 (27). 40.]
[**Sm**. Ps. 30 (31). 12 : Pr. 27. 10 : Je. 50 (27). 40.]
[**Th**. Jb. 26. 5 : Pr. 27. 10.]

γειώρας. (1) גֵּר

Ex. 12. 19. ἔν τε τοῖς γ. καὶ αὐτόχθοσι τῆς γῆς (1)
Is. 14. 1. ὁ γ. προστεθήσεται πρὸς αὐτούς (1)
[**Al**. Le. 19. 34.]

γελάμ. (1) עוֹלָם

I Ki. 27. 8. ἡ γῆ . . . ἡ ἀπὸ γ. Ψούρ [A *al.*] (1)

γελᾶν. (1) צָחַק (2) שָׂחַק (3) שָׂמַח

Ge. 17. 17. ἔπεσεν Ἀβραὰμ . . . καὶ ἐγέλασε (1)
18. 12. ἐγέλασε δὲ Σάρρα ἐν ἑαυτῇ (1)
— 13. R τί [A *om.*] ὅτι ἐγέλασε Σάρρα ἐν ἑαυτῇ (1)
— 15. ἠρνήσατο δὲ Σ. λέγουσα, Οὐκ ἐγέλασα (1)
— 15. οὐχὶ ἀλλὰ ἐγέλασας (1)
I Es. 4. 31. A B ἐὰν γελάσῃ [R προσγ.] αὐτῷ γελᾷ
Es. 4. 17. A μὴ γελασάτωσαν [B S καταγ.] ἐν τῇ πτώσει ἡ.
● Jb. 19. 7. ἰδοὺ γελῶ [A S[2] λαλῶ] ὀνείδει [A -δη] †
22. 19. ἰδόντες δίκαιοι ἐγέλασαν (3)
29. 24. ἐὰν γελάσω [A εἰ ἐγέλων] πρὸς αὐτούς (2)
Ps. 51 (52). 6. ἐπ' αὐτὸν γελάσονται (2)
Ec. 3. 4. καιρὸς τοῦ γελάσαι (2)
Je. 20. 8. πικρῷ λόγῳ μου γελάσομαι †
La. 1. 7. οἱ ἐχθροὶ αὐτῆς ἐγέλασαν (2)
Da. LXX. Bel. 18. ἐγέλασε Δανιὴλ σφόδρα
Da. TH. Bel. 7. εἶπε Δανιὴλ γελάσας
— 19. ἐγέλασε [A γελάσας] Δανιήλ
IV Ma. 5. 28. ἀλλ' οὐ γελάσεις κατ' ἐμοῦ τοῦτον τὸν γέλωτα
[**Aq**. **Sm**. Ps. 51 (52). 8 : Pr. 31. 25.]
[**Th**. Pr. 31. 25.]

γέλασμα.

[**Aq**. Hb. 1. 10.]

γελγέλ. (1) גַּלְגַּל

Ez. 10. 13. τοῖς δὲ τροχοῖς τούτοις [A τοῦτο] ἐπεκλήθη γ. (1)

γελοιάζειν. (1) צָחַק pi.

Ge. 19. 14. ἔδοξε δὲ γ. ἐναντίον τῶν γαμβρῶν (1)

γελοιασμός. (1) שְׂחוֹק

Je. 31 (48). 27. εἰ μὴ εἰς γελοιασμὸν ἦν [A *om.*] σοι Ἰσραήλ (1)

γελοιαστής. (1) שָׁוְא

Jb. 31. 5. εἰ δὲ ἤμην πεπορευμένος μετὰ γελοιαστῶν (1)

γελοῖος.

IV Ma. 1. 5. γελοῖον ἐπιχειροῦντες λέγειν
3. 1. A R ἔστι δὲ κομιδῇ γ. ὁ λόγος [A λογισμός]
6. 35. ἐπεὶ καὶ γελοῖον

γέλως, **γέλος** (?). (1) צְחוֹק (2) *a.* שְׂחוֹק *vel* שְׂחֹק *b.* יִשְׂחָק

Ge. 21. 6. γέλωτά μοι ἐποίησε κύριος (1)
Jb. 8. 21. ἀληθινῶν δὲ στόμα ἐμπλήσει γέλωτος (2 *a*)
17. 6. B S[2] γέλως [A γέλος] δὲ αὐτοῖς ἐπέβην †
Pr. 10. 23. ἐν γέλωτι ἄφρων πράσσει κακά (2 *a*)
Ec. 2. 2. τῷ γ. εἶπα περιφοράν (2 *a*)
7. 4 (3). ἀγαθὸν [S -ὸς] θυμὸς ὑπὲρ γέλωτα (2 *a*)
— 7 (6). οὕτως γέλως [A ὁ γ. ὁ] τῶν ἀφρόνων (2 *a*)
10. 19. εἰς γέλωτα ποιοῦσιν ἄρτον (2 *a*)
Wi. 5. 3. ὃν ἔσχομέν ποτε εἰς γέλωτα
Si. 19. 30. γέλως ὀδόντων . . . ἀναγγέλλει τὰ περὶ αὐτοῦ [A ἐμοῦ]
21. 20. μωρὸς ἐν γέλωτι ἀνυψοῖ φωνὴν αὐτοῦ
27. 13. ὁ γ. αὐτῶν ἐν σπατάλῃ [S ὡς σπατάλη] ἁμαρτίας
Am. 7. 9. καὶ ἀφανισθήσονται βωμοὶ τοῦ γέλωτος (2 *b* ?)
Mi. 1. 10. μὴ ἀνοικοδομεῖτε ἐξ οἴκου κατὰ γέλωτα [? καταγ.] †
— 10. κατὰ γέλωτα [? καταγ.] ὑμῶν κατοικοῦσα καλῶς τὰς πόλεις †
Je. 20. 7. ἐγενόμην εἰς γέλωτα (2 *a*)
31 (48). 26. ἔσται εἰς γέλωτα καὶ αὐτός (2 *a*)
— 39. ἐγένετο Μωὰβ εἰς γέλωτα (2 *a*)
La. 3. 14. ἐγενήθην γ. παντὶ λαῷ μου (2 *a*)
Ez. 23. 32. A ἔσται εἰς γέλωτα (1)
IV Ma. 5. 28. ἀλλ' οὐ γελάσεις κατ' ἐμοῦ τοῦτον τὸν γ.
[**Aq**. Pr. 10. 23.]
[**Sm**. Pr. 14. 13 : Ec. 2. 2 : Hb. 1. 10.]
[**Th**. Ez. 23. 32.]

γέμειν. (1) *a.* מָלֵא verb. *b.* מָלֵא adj. (2) נָשָׂא

Ge. 37. 25. οἱ κάμηλοι αὐ. ἔγεμον θυμιαμάτων (2)
II Ch. 9. 21. πλοῖα . . . γέμοντα χρυσίου καὶ ἀργυρίου [A *al.*] (2)
Jb. 32. 19. A ὥσπερ ἀσκὸς γλεύκους γέμων [B S ζέων] –
Ps. 9. 28 (10. 7). οὗ ἀρᾶς τὸ στόμα αὐτοῦ γέμει (1 *a*)
13 (14). 3. B S ὧν τὸ στόμα ἀρᾶς . . . γέμει –
Am. 2. 13. ἡ ἅμαξα ἡ γέμουσα καλάμης (1 *b*)
II Ma. 3. 6. περὶ τοῦ χρημάτων ἀμυθήτων γέμειν τὸ ἐν Ἰ. γαζοφ.
— 30. τὸ μικρῷ πρότερον δέους καὶ ταραχῆς γέμον ἱερόν

γεμελέδ, *cf.* γαιμελά. (1) *a.* גֵּר־הַמֶּלַח *b.* גֵּי־מֶלַח

IV Ki. 14. 7. **B** αὐτὸς ἐπάταξε τὴν [**A** τὸν] Ἐδὼμ ἐν γ. [**A** γαιμελά, **B** ῥεμελέ] (1 *a**, 1 *b*)

γεμίζειν. (1) טָעַן

Ge. 45. 17. **A** γεμίσατε τὰ πόρια [**R** φορεῖα] ὑμῶν (1)
III Ma. 5. 47. ὀργῇ βαρείᾳ γεμίσας δυσσεβῆ φρένα
IV Ma. 3. 14. **A R** ἐξ αὐτῆς ἐγέμισαν [**S** ἐκόμισαν] τῷ βασιλεῖ τὸ ποτόν

γενεά. (1) אַיִל (2) *a.* דּוֹר *et* דֹּר *b.* דַּר (3) זֶרַע (4) יוֹם (5) *a.* יָלִיד *b.* מוֹלֶדֶת *c.* תּוֹלֵדוֹת (6) מִשְׁפָּחָה (7) עַם (8) πέμπτη γ. חָמֵשׁ (9) τετάρτη γ. רִבֵּעַ (10) τρίτη γ. שִׁלֵּשִׁים

Ge. 6. 9. **B** τέλειος ὢν ἐν τῇ γ. [**A** γενέσει] αὐτοῦ (2 *a*)
7. 1. δίκαιον ἐναντίον μου ἐν τῇ γ. ταύτῃ (2 *a*)
9. 12. ἥ ἐστι μεθ' ὑμῶν εἰς γ. αἰωνίους (2 *a*)
15. 16. **B** τετάρτῃ δὲ γ. ἀποστραφήσονται ὧδε (2 *a*)
17. 7, 9. εἰς τὰς γ. αὐτῶν (2 *a*)
— 10. εἰς τὰς γ. αὐτῶν –
— 12. εἰς τὰς γ. ὑμῶν (2 *a*)
25. 13. **A** κατ' ὄνομα [**R** -ατα] τῶν γ. αὐτοῦ (5 *c*)
31. 3. ἀποστρέφου . . . εἰς τὴν γ. σου (5 *b*)
43. 7. ἐπηρώτησεν ἡμᾶς ὁ ἄνθρ. καὶ τὴν γ. ἡ. (5 *b*)
50. 23. παιδία ἕως τρίτης γ. (10)
Ex. 1. 6. ἐτελεύτησε δὲ . . . πᾶσα ἡ γ. ἐκείνη (2 *a*)
3. 15. μνημόσυνον γενεῶν [**A** *om.*] γενεαῖς (2 *a*, 2 *a*)
12. 14. εἰς πάσας [**A** *om.*] τὰς γ. ὑμῶν (2 *a*)
— 17. ποιήσετε τὴν ἡμέραν ταύτην εἰς γενεὰς ὑμῶν (2 *a*)
— 17. **A** νόμιμον αἰώνιον εἰς τὰς γ. ὑ. [**B** *om.* εἰς τὰς γ. ὑ.] –
— 42. ὥστε πᾶσι τοῖς υἱοῖς Ἰ. εἶναι εἰς γενεὰς αὐ. (2 *a*)
13. 18. πέμπτῃ δὲ γενεᾷ ἀνέβησαν οἱ υἱοὶ Ἰ. (8)
16. 32. εἰς ἀποθήκην εἰς τὰς γ. ὑμῶν (2 *a*)
— 33. εἰς διατήρησιν εἰς τὰς γ. ὑμῶν (2 *a*)
17. 16. ἀπὸ γενεῶν εἰς γενεάς (2 *a*, 2 *a*)
20. 5. ἕως τρίτης καὶ τετάρτης γ. [**A** ἐπὶ τρίτην . . . γ.] (10, 9)
27. 21. νόμιμον αἰώνιον εἰς τὰς γ. ὑμῶν (2 *a*)
29. 42. θυσίαν ἐνδελεχισμοῦ εἰς γενεὰς ὑμῶν (2 *a*)
30. 8. θυμίαμα ἐνδελεχισμοῦ . . . εἰς γενεὰς αὐτῶν (2 *a*)
— 10. καθαριεῖ αὐτὸ εἰς γ. [**A** τὰς γ.] αὐτῶν (2 *a*)
— 21. **B** νόμιμον αἰώνιον . . . ταῖς γ. αὐτοῦ (3 *et* 2 *a*)
— 31. ἅγιον . . . εἰς τὰς γ. ὑμῶν (2 *a*)
31. 13. σημεῖον . . . εἰς τὰς γ. ὑμῶν (2 *a*)
— 16. ποιεῖν αὐτὰ εἰς τὰς γ. αὐτῶν (2 *a*)
34. 7. ἐπὶ τρίτην καὶ τετάρτην γ. (10, 9)
40. 15. εἰς τὸν αἰῶνα εἰς τὰς γ. αὐτῶν (2 *a*)
Le. 3. 17. νόμιμον εἰς τὸν αἰῶνα εἰς τὰς γ. ὑμῶν (2 *a*)
6. 18 (11). νόμιμον αἰώνιον εἰς τὰς γ. ὑμῶν (2 *a*)
7. 26 (36). νόμιμον αἰώνιον εἰς τὰς γ. αὐτῶν (2 *a*)
10. 9. νόμιμον αἰώνιον εἰς τὰς γ. ὑμῶν (2 *a*)
17. 7. νόμιμον αἰώνιον ἔσται ὑμῖν εἰς τὰς γ. ὑμῶν (2 *a*)
20. 18. ἐκ τῆς γ. [**A** τοῦ γένους] αὐτῶν (7)
21. 17. εἰς τὰς γ. ὑμῶν . . . οὐ προσελεύσεται (2 *a*)
22. 3. εἰς τὰς γ. ὑμῶν . . . ἐξολοθρευθήσεται (2 *a*)
23. 14, 21, 31, 41. νόμιμον αἰώνιον εἰς τὰς γ. ὑμῶν (2 *a*)
— 43. ὅπως ἴδωσιν αἱ γ. ὑμῶν (2 *a*)
24. 3. νόμιμον αἰώνιον εἰς τὰς γ. ὑμῶν (2 *a*)
25. 30. κυρωθήσεται . . . εἰς τὰς γ. αὐτοῦ (2 *a*)
— 41. ἀπελεύσεται εἰς τὴν γ. αὐτοῦ [**A** γῆν ἑαυ.] (6)
Nu. 9. 10. ἢ ἐν ὁδῷ μακρὰν ὑμῖν ἢ ἐν ταῖς γ. ὑμῶν (2 *a*)
10. 8. νόμιμον αἰώνιον εἰς τὰς γ. ὑμῶν (2 *a*)
— 30. εἰς τὴν γῆν μου καὶ εἰς τὴν γ. μου (5 *b*)
● 13. 23 (22). Αἰχμὰν καὶ Σ. καὶ Θ. γενεαὶ Ἐνάχ (5 *a*)
— 29 (28). τὴν γ. Ἐνὰχ ἑωράκαμεν ἐκεῖ (5 *a*)
14. 18. **A R** ἕως τρίτης καὶ τετάρτης γ. [**B** *om.*] (10, 9)
15. 14. ὃς ἂν γένηται ἐν ὑμῖν ἐν ταῖς γ. ὑμῶν (2 *a*)
— 15. νόμος αἰώνιος εἰς τὰς γ. ὑμῶν (2 *a*)
— 21. δώσετε κυρίῳ ἀφαίρεμα εἰς τὰς γ. ὑμῶν (2 *a*)
Nu. 15. 23. συνέταξε κύριος . . . εἰς τὰς γ. ὑμῶν (2 *a*)
— 38. ποιησάτωσαν ἑαυτοῖς κράσπεδα . . . εἰς τὰς γ. αὐτῶν (2 *a*)
18. 23. νόμιμον αἰώνιον εἰς τὰς γ. αὐτῶν (2 *a*)
32. 13. πᾶσα ἡ γ. οἱ ποιοῦντες τὰ πονηρά (2 *a*)
35. 29. ἔσται ταῦτα ὑμῖν . . . εἰς τὰς γ. ὑμῶν (2 *a*)
De. 2. 14. διέπεσε πᾶσα γ. ἀνδρῶν πολεμιστῶν (2 *a*)
5. 9. ἐπὶ τρίτην καὶ τετάρτην γ. (10, 9)
7. 9. τοῖς φυλάσσουσι τὰς ἐντ. αὐ. εἰς χιλίας γ. (2 *a*)
23. 3 (4). ἕως δεκάτης γ. οὐκ εἰσελεύσεται (2 *a*)
— 8 (9). γενεᾷ τρίτῃ εἰσελεύσονται (2 *a*)
29. 22 (21). ἐροῦσιν ἡ γ. ἡ ἑτέρα οἱ υἱοὶ ὑμῶν (2 *a*)
32. 5. γ. σκολιὰ καὶ διεστραμμένη (2 *a*)
— 7. σύνετε ἔτη γενεῶν γενεαῖς [**A**[2] *al.*] (2 *a*, 2 *a*)
— 20. γενεὰ ἐξεστραμμένη ἐστίν (2 *a*)
Jo. 22. 27. καὶ ἀνὰ μέσον τῶν γ. [**A** τέκνων] ἡμῶν (2 *a*)
— 28. καὶ λαλήσωσι πρὸς ἡμᾶς ἢ ταῖς γ. ἡμῶν (2 *a*)
Jd. 2. 10. πᾶσα ἡ γ. ἐκείνη προσετέθησαν πρὸς τοὺς πατέρας αὐ. καὶ ἀνέστη γ. ἑτέρα μετ' αὐτούς (2 *a*, 2 *a*)
3. 2. πλὴν διὰ τὰς γ. υἱῶν [**A** τῶν υἱ.] Ἰσραήλ (2 *a*)
IV Ki. 19. 11. ὅσα ἐποίησαν . . . πάσαις ταῖς γ. [**B**[1] γαῖς, **B**[2] **R** γαίαις] †
I Ch. 16. 15. ὃν ἐνετείλατο εἰς χιλίας γ. (2 *a*)
I Es. 5. 5. ἐκ τοῦ οἴκου τοῦ Δ. ἐκ τῆς γ. Φ.
— 37. ἀπαγγεῖλαι τὰς πατριὰς αὐ. καὶ γενεάς
To. 1. 4. ᾠκοδομήθη εἰς πάσας τὰς γ. τοῦ αἰῶνος
5. 13. σὺ τυγχάνεις ἀδελφὸς μου ἐκ τῆς καλῆς καὶ ἀγαθῆς γ.
8. 5. **S** εἰς πάντας τοὺς αἰῶνας τῆς γ. [**A B** *al.*]
13. 10. εἰς πάσας τὰς γ. τοῦ αἰῶνος
— 11. γενεαὶ γενεῶν δώσουσί σοι ἀγαλλίαμα [**A** *al.*]
— 11. **S** εἰς τὰς γ. τοῦ αἰῶνος
14. 5. **A B**[2] εἰς πάσας τὰς γ. τοῦ αἰῶνος
Ju. 8. 18. ὅτι οὐκ ἀνέστη ἐν ταῖς γ. ἡμῶν
— 32. ὃ ἀφίξεται εἰς γενεὰς γενεῶν υἱοῖς τοῦ γένους ἡμῶν
Es. 9. 27 (28). ἐπιτελούμενον κατὰ γενεὰν καὶ γενεάν [**A** *om.* κ. γ.] (2 *a*, 2 *a*)
— 28. τὸ μνημόσυνον αὐτῶν οὐ μὴ ἐκλίπῃ ἐκ τῶν γ. (3)
10. 3. κατὰ γενεὰς εἰς τὸν αἰῶνα ἐν τῷ λαῷ
Jb. 8. 8. ἐπερώτησον γὰρ γ. πρώτην (2 *a*)
42. 16. εἶδεν Ἰὼβ . . . τετάρτην γ. (2 *a*)
Ps. 9. 27 (10. 6). οὐ μὴ σαλευθῶ ἀπὸ γενεᾶς εἰς γενεάν (2 *a*, 2 *a*)
11 (12). 7. διατηρήσεις ἡμᾶς ἀπὸ τῆς γ. ταύτης (2 *a*)
13 (14). 5. ὅτι ὁ θεὸς ἐν γ. δικαίᾳ [**A S**[2] -ων] (2 *a*)
21 (22). 30. ἀναγγελήσεται τῷ κ. γενεὰ ἡ ἐρχομένη (2 *a*)
23 (24). 6. αὕτη ἡ γ. ζητούντων αὐτόν (2 *a*)
32 (33). 11. λογισμοὶ τῆς καρδίας αὐτοῦ ἀπὸ γενεῶν εἰς γενεάς [**A S**[2] εἰς γενεὰν καὶ γενεάν] (2 *a*, 2 *a*)
44 (45). 17. μνησθήσονται [**S**[2] -σομαι] τοῦ ὀνόμ. σου ἐν πάσῃ γ. καὶ γ. (2 *a*, 2 *a*)
47 (48). 13. ὅπως ἂν διηγήσησθε εἰς γ. ἑτέραν (2 *a*)
48 (49). 11. σκηνώματα αὐ. εἰς γενεὰν καὶ γενεάν (2 *a*, 2 *a*)
— 19. εἰσελεύσεται ἕως γενεᾶς πατέρων αὐ. (2 *a*)
60 (61). 6. ἕως ἡμέρας γενεᾶς καὶ γενεᾶς (2 *a*, 2 *a*)
70 (71). 18. ἕως ἂν ἀπαγγείλω τὸν βραχίονά σου πάσῃ τῇ γ. τῇ ἐρχομένῃ (2 *a*)
71 (72). 5. καὶ πρὸ τῆς σελήνης γενεὰς γενεῶν (2 *a*, 2 *a*)
72 (73). 15. τῇ γ. τῶν υἱῶν σου ἠσυνθέτηκα (2 *a*)
76 (77). 8. ἀπὸ γενεᾶς καὶ γενεᾶς (2 *a*, 2 *a*)
77 (78). 4. οὐκ ἐκρύβη ἀπὸ τῶν τέκνων αὐ. εἰς γ. ἑτέραν (2 *a*)
— 6. ὅπως ἂν γνῷ γενεὰ ἑτέρα (2 *a*)
— 8. γενεὰ σκολιὰ καὶ παραπικραίνουσα γενεὰ ἥτις οὐ κατεύθυνεν ἐν τῇ καρδίᾳ αὐ. (2 *a*, 2 *a*)
78 (79). 13. εἰς γενεὰν καὶ γενεὰν ἐξαγγελοῦμεν τὴν αἴνεσίν σου (2 *a*, 2 *a*)
84 (85). 5. ἢ διατενεῖς τὴν ὀργήν σου ἀπὸ γενεᾶς εἰς γενεάν (2 *a*, 2 *a*)
88 (89). 1. εἰς γενεὰν καὶ γενεὰν ἀπαγγελῶ τὴν ἀλήθειάν σου (2 *a*, 2 *a*)
— 4. οἰκοδομήσω εἰς γενεὰν καὶ γενεὰν τὸν θρόνον σου (2 *a*, 2 *a*)
89 (90). 1. καταφυγὴ ἐγενήθης ἡμῖν ἐν γενεᾷ καὶ γενεᾷ (2 *a*, 2 *a*)
94 (95). 10. προσώχθισα τῇ γ. ἐκείνῃ (2 *a*)
Ps. 99 (100). 5. καὶ ἕως γενεᾶς καὶ γενεᾶς ἡ ἀλήθεια αὐτοῦ (2 *a*, 2 *a*)
101 (102). 12. καὶ τὸ μνημόσυνόν σου εἰς γενεὰν καὶ γενεάν (2 *a*, 2 *a*)
— 18. γραφήτω αὕτη εἰς γενεὰν ἑτέραν (2 *a*)
— 24. ἐν γενεᾷ γενεῶν τὰ ἔτη σου (2 *a*, 2 *a*)
104 (105). 8. λόγου οὗ ἐνετείλατο εἰς χιλίας γ. (2 *a*)
105 (106). 31. εἰς γενεὰν καὶ γενεὰν ἕως τοῦ αἰῶνος (2 *a*, 2 *a*)
108 (109). 13. ἐν γ. μιᾷ ἐξαλειφθείη τὸ ὄνομα αὐτοῦ (2 *a*)
111 (112). 2. γενεὰ εὐθέων εὐλογηθήσεται (2 *a*)
118 (119). 90. εἰς γενεὰν καὶ γενεὰν ἡ ἀλήθειά σου (2 *a*, 2 *a*)
134 (135). 13. τὸ μνημόσυνόν σου εἰς γενεὰν καὶ γενεάν (2 *a*, 2 *a*)
144 (145). 4. γενεὰ καὶ γενεὰ ἐπαινέσει τὰ ἔργα σου (2 *a*, 2 *a*)
— 13. ἡ δεσποτεία σου ἐν πάσῃ γ. καὶ γ. (2 *a*, 2 *a*)
145 (146). 10. ὁ θεός σου, Σιών, εἰς γενεὰν καὶ γενεάν (2 *a*, 2 *a*)
Pr. 22. 4. γενεὰ σοφίας φόβος κυρίου †
27. 24. οὐδὲ παραδίδωσιν ἐκ γενεᾶς εἰς γενεάν [**A** παρ. εἰς γενεὰς καὶ γενεάς] (2 *a*, 2 *a*)
Ec. 1. 4. γ. πορεύεται καὶ γ. ἔρχεται (2 *a*, 2 *a*)
Wi. 3. 19. γενεᾶς γὰρ ἀδίκου χαλεπὰ τὰ τέλη
7. 27. κατὰ γενεὰς εἰς ψυχὰς ὁσίας μεταβαίνουσα
Si. 2. 10. ἐμβλέψατε εἰς ἀρχαίας γενεάς
4. 16. ἐν κατασχέσει ἔσονται αἱ γ. αὐτοῦ
14. 18. οὕτως γενεὰ [**A S** καὶ γ.] σαρκὸς καὶ αἵματος
16. 27. ἐκόσμησεν . . . τὰς ἀρχὰς αὐτῶν εἰς γενεὰς αὐτῶν
24. 33. καταλείψω αὐτὴν εἰς γενεὰς [**A S** -ὰν] αἰώνων
39. 9. ὄνομα αὐ. ζήσεται [**A** ζητήσ.] εἰς γενεὰς γενεῶν
44. 7. πάντες οὗτοι ἐν γενεαῖς ἐδοξάσθησαν
— 14. τὸ ὄνομα αὐτῶν ζῇ εἰς γενεάς
— 16. μετετέθη ὑπόδειγμα μετανοίας ταῖς γ.
45. 26. καὶ τὴν δόξαν αὐτῶν εἰς γενεὰς [**A S** -ὰν] αὐτῶν
Jl. 1. 3. κ. τὰ τέκνα αὐτῶν εἰς γ. ἑτέραν (2 *a*)
2. 2. οὐ προστεθήσεται ἕως ἐτῶν εἰς γενεὰς γενεῶν (2 *a*, 2 *a*)
3 (4). 20. καὶ Ἰ. εἰς γενεὰς γενεῶν (2 *a*, 2 *a*)
Ze. 3. 9. μεταστρέψω ἐπὶ λαοὺς γλῶσσαν εἰς γενεὰν αὐτῆς [**A** -ὰς αὐτῶν] †
Is. 13. 20. οὐδὲ μὴ εἰσέλθωσιν εἰς αὐτὴν διὰ πολλῶν γ. (2 *a*)
24. 22. διὰ πολλῶν γ. ἐπισκοπὴ ἔσται αὐτῶν (4)
34. 10. εἰς γενεὰς αὐτῆς ἐρημωθήσεται (2 *a*)
— 17. γενεὰς [**A S**[3] εἰς γ.] γενεῶν ἀναπαύσονται (2 *a*, 2 *a*)
41. 4. ὁ καλῶν αὐτὴν ἀπὸ γενεῶν ἀρχῆς (2 *a*)
51. 8. τὸ δὲ σωτήριόν μου εἰς γενεὰς γενεῶν (2 *a*, 2 *a*)
— 9. ὡς ἐν ἀρχῇ ἡμέρας ὡς γ. αἰῶνος (2 *a*)
53. 8. τὴν γ. αὐτοῦ τίς διηγήσεται (2 *a*)
58. 12. **A** κληρονομήσουσι γενεὰς γενεῶν –
— 12. ἔσται τὰ θεμέλιά σου αἰώνια γενεῶν γενεαῖς (2 *a*, 2 *a*)
60. 15. εὐφροσύνην γενεῶν γενεαῖς (2 *a*, 2 *a*)
61. 3. κληθήσονται γενεαὶ δικαιοσύνης (1)
— 4. πόλεις ἐρήμους [**S**[1] αἰωνίους] ἐξερημωμένας εἰς γενεάς (2 *a*)
Je. 7. 29. ἀπώσατο τὴν γ. τὴν ποιοῦσαν ταῦτα (2 *a*)
8. 3. τοῖς καταλειφθεῖσιν ἀπὸ τῆς γ. ἐκείνης (6)
10. 25. ἔκχεον τὸν θυμόν [**A** τὴν ὀργήν] σου . . . ἐπὶ γενεάς (6)
La. 5. 19. ὁ θρόνος σου εἰς γενεὰν καὶ γενεάν (2 *a*, 2 *a*)
Ep. Je. 3. χρόνον μακρὸν ἕως γενεῶν ἑπτά
Da. LXX. 3. 33 (100). ἡ ἐξουσία αὐτοῦ εἰς γενεὰν καὶ γενεάν (2 *b*, 2 *b*)
4. 34. ταῖς οἰκούσαις ἐν πάσαις ταῖς χώραις γενεαῖς καὶ γενεαῖς –
— 34. ἡ ἐξουσία αὐτοῦ ἀπὸ γενεῶν εἰς γενεάς –
6. 26 (27). ζῶν εἰς γενεὰς γενεῶν –
9. 1. Δαρείου τοῦ Ξέρξου ἀπὸ τῆς γ. τῆς Μηδικῆς (3)
Da. TH. 3. 33 (100). ἡ ἐξουσία αὐτοῦ εἰς γενεὰν καὶ γενεάν [**A** εἰς γενεὰς γενεῶν] (2 *b*, 2 *b*)
4. 31. ἡ βασιλεία αὐτοῦ εἰς γενεὰν καὶ γενεάν (2 *b*, 2 *b*)
I Ma. 2. 51. **S R** ἃ ἐποίησαν ἐν [**A** *om.*] ταῖς γ. αὐ.
— 61. **S R** οὕτως ἐννοήθητε κατὰ γενεὰν καὶ γενεάν [**A** *om.* καὶ γ.]

● = correction on page xxv

III Ma. 6. 36. ἐπὶ πᾶσαν τὴν παροικίαν αὐτῶν εἰς γενεάς
[**Aq.** Le. 23. 41: Ps. 32 (33). 11 *bis*: 44 (45). 18: Is. 34. 10 *bis*: 38. 12: Je. 50 (27). 39 *bis*.]
[**Sm.** Ex. 20. 5: Le. 23. 41: Ps. 9. 27 (10. 6) *bis*: 32 (33). 11: 44 (45). 18: 47 (48). 14: 48 (49). 12, 20: 60 (61). 7 *bis*: 76 (77). 9: 77 (78). 8 *bis*: 88 (89). 5: 89 (90). 1: Is. 34. 10 *bis*: 38. 12: 51. 9: Je. 50 (27). 39 *bis*.]
[**Th.** Jb. 42. 16: Ps. 44 (45). 18: Is. 34. 10 *bis*: 38. 12: 41. 4: Da. 3. 33 (100) *bis*.]
[**Al.** Le. 25. 10: Ps. 11 (12). 8.]
[**Quint.** Ps. 32 (33). 11 *bis*.]

γενεαλογεῖσθαι. (1) יָחַשׂ hithp.

I Ch. 5. 1. οὐκ ἐγενεαλογήθη εἰς πρωτοτόκια (1)

γενέθλιος.

II Ma. 6. 7. εἰς τὴν κατὰ μῆνα τοῦ βασιλέως γενέθλιον ἡμέραν

γένειον.

IV Ma. 9. 28. μέχρι γε τῶν γ. τὴν σάρκα πᾶσαν
15. 15. μέχρι τῶν περὶ τὰ γ.

γενεσιάρχης.

Wi. 13. 3. ὁ γὰρ τοῦ κάλλους [S² κόσμου] γ. ἔκτισεν αὐτά

γενεσιουργός.

Wi. 13. 5. ἀναλόγως ὁ γ. αὐτῶν θεωρεῖται

γένεσις. (1) דּוֹר (2) זֶרַע (3) *a.* יָלַד ni. *b.* ho. *c.* מוֹלֶדֶת *d.* תּוֹלֵדֹת (4) מִשְׁפָּחָה (5) נְעוּרִים

Ge. *tit.* **A** γένεσις κόσμου [**R** *om.*]
2. 4. αὕτη ἡ βίβλος γενέσεως οὐρανοῦ καὶ γῆς (3 *d*)
5. 1. αὕτη ἡ βίβλος γενέσεως ἀνθρώπων (3 *d*)
6. 9. αὗται δὲ αἱ γενέσεις Νῶε (3 *d*)
— 9. **A** τέλειος ὢν ἐν τῇ γ. [**R** γενεᾷ] αὐτοῦ (1)
10. 1. αὗται δὲ αἱ γ. τῶν υἱῶν Νῶε (3 *d*)
— 32. αὗται αἱ φυλαὶ υἱῶν Νῶε κατὰ γενέσεις αὐ. (3 *d*)
11. 10. καὶ αὗται αἱ γ. Σήμ (3 *d*)
— 27. αὗται δὲ αἱ γ. Θάρρα (3 *d*)
25. 12. αὗται δὲ αἱ γ. Ἰσμαήλ (3 *d*)
— 19. καὶ αὗται αἱ γ. Ἰσαάκ (3 *d*)
31. 13. ἄπελθε εἰς τὴν γῆν τῆς γ. σου (3 *c*)
32. 9 (10). ἀπότρεχε εἰς τὴν γῆν τῆς γ. σου (3 *c*)
36. 1, 9. αὗται δὲ αἱ γ. Ἡσαῦ (3 *d*)
37. 2. αὗται δὲ αἱ γ. Ἰακώβ (3 *d*)
40. 20. ἡμέρα γενέσεως ἦν Φαραώ (3 *b*)
subscr. **A** γένεσις κόσμου [**B** γένεσις κατὰ τοὺς ἑβδομήκοντα]
Ex. 6. 24. αὗται αἱ γ. Κορέ (4)
— 25. αὗται αἱ ἀρχαὶ πατριᾶς Λ. κατὰ γενέσεις αὐτῶν (4)
28. 10. τὰ ὀνόματα τῶν υἱῶν Ἰ. . . . κατὰ τὰς γ. αὐτῶν (3 *d*)
— 21. **A** κατὰ τὰς γ. αὐτῶν –
Nu. 1. 18. ἐπηξονοῦσαν [**A** ἐπεσκέπησαν] κατὰ γενέσεις αὐτῶν (4)
3. 1. αὗται αἱ γενέσεις Ἀαρὼν καὶ Μωυσῆ (3 *d*)
Ru. 2. 11. καὶ τὴν γῆν γενέσεώς σου (3 *c*)
4. 17 (18). αὗται αἱ γ. Φαρές (3 *d*)
I Ch. 1. 29. αὗται δὲ αἱ γ. πρωτοτόκου (3 *d*)
4. 2. αὗται αἱ γ. τοῦ Ἀραθί (4)
— 21. καὶ γενέσεις οἰκιῶν Ἐφραθαβάκ (4)
— 38. ἐν ὀνόμασιν ἀρχόντων ἐν ταῖς γ. αὐτῶν (4)
5. 7. **A R** ἐν τοῖς καταλοχισμοῖς αὐ. κατὰ γενέσεις [**B** -σιν] αὐτῶν (3 *d*)
7. 2. ἰσχυροὶ δυνάμει κατὰ γενέσεις αὐτῶν (3 *d*)
— 4. ἐπ' [**A** μετ'] αὐτῶν κατὰ γενέσεις αὐτῶν (3 *d*)
— 9. ὁ ἀριθμὸς αὐτῶν κατὰ γενέσεις αὐτῶν (3 *d*)
8. 28. οὗτοι ἄρχοντες πατριῶν κατὰ γενέσεις αὐ. (3 *d*)
9. 9. ἀδελφοὶ αὐτῶν κατὰ γενέσεις αὐτῶν (3 *d*)
— 34. οὗτοι ἄρχοντες . . . κατὰ γενέσεις αὐτῶν (3 *d*)
26. 31. ὁ ἄρχων τῶν Χ. κατὰ γενέσεις αὐ. (3 *d*)
Ju. 12. 18. παρὰ πάσας τὰς ἡμέρας τῆς γ. μου
Ec. 7. 2 (1). **A S** ὑπὲρ ἡμέραν γενέσεως αὐτοῦ [**B** γεννήσεως] (3 *a*)
Wi. 1. 14. σωτήριοι αἱ γ. τοῦ κόσμου
3. 13. ἐπικατάρατος ἡ γ. [S¹ γέννησις] αὐτῶν
6. 22. ἀπ' ἀρχῆς γενέσεως ἐξιχνιάσω
7. 5. οὐδεὶς γὰρ βασ. ἑτέραν ἔσχε γενέσεως ἀρχήν
— 12. **B S** ἠγνόουν δὲ αὐτὴν γένεσιν [**A R** γενέτιν] εἶναι τούτων
Wi. 12. 10. πονηρὰ ἡ γ. αὐτῶν
14. 6. ἀπέλιπεν αἰῶνι σπέρμα γενέσεως
— 26. ψυχῶν μιασμὸς γενέσεως ἐναλλαγή
16. 26. οὐχ αἱ γ. τῶν καρπῶν [**A** ἀνθρώπων] τρέφουσιν ἄνθρωπον
18. 12. ἡ ἐντιμοτέρα γ. αὐτῶν διεφθάρη
19. 10. ἀντὶ μὲν γενέσεως ζῴων
— 11. εἶδον καὶ νέαν γένεσιν ὀρνέων
Si. 44. 1. αἰνέσωμεν . . . τοὺς πατέρας ἡμῶν τῇ γ.
Ho. 2. 3 (5). καθὼς ἡμέρα γενέσεως αὐτῆς (3 *a*)
Ez. 4. 14. ἀπὸ γενέσεώς μου ἕως τοῦ νῦν (5)
16. 3. ἡ ῥίζα σου καὶ ἡ γ. σου ἐκ γῆς Χαναάν (3 *c*)
— 4. ἡ γ. σου ἐν ᾗ ἡμέρᾳ ἐτέχθης (3 *c*)
Da. LXX. Su. 35. ὁ εἰδὼς τὰ πάντα πρὶν γενέσεως αὐ.
2. 43. συμμιγεῖς ἔσονται εἰς γένεσιν ἀνθρώπων (2)
Da. TH. Su. 42. ὁ εἰδὼς τὰ πάντα πρὶν γενέσεως αὐ.
II Ma. 7. 23. ὁ πλάσας ἀνθρώπου γένεσιν καὶ πάντων ἐξευρὼν γένεσιν
IV Ma. 15. 13. **R** ὦ φύσις ἱερὰ . . . καὶ γένεσις [**A** γονεῦσιν, **S** γεννήμασι] φιλόστοργε
— 25. φύσιν καὶ γένεσιν καὶ φιλοτεκνίαν
[**Aq.** Ge. 2. 4: Je. 46 (26). 16.]
[**Sm.** Ge. 2. 4.]

γενετή. (1) עֵקֶר מִשְׁפָּחָה

Le. 25. 47. **A B** τῷ παροίκῳ τῷ παρὰ σοὶ ἐκ [**R** ἢ ἐκ] γενετῆς προσηλύτῳ (1)
Es. 4. 17. **B S** ἐγὼ ἤκουον ἐκ γενετῆς μου [**A** *al.*]

γενέτις.

Wi. 7. 12. **A R** ἠγνόουν δὲ αὐτὴν γενέτιν [**B S** γένεσιν] εἶναι τούτων

γένημα, *vid.* **γέννημα.**

γενικός.

I Es. 5. 39. ζητηθείσης τῆς γ. γραφῆς

γενναῖος.

II Ma. 6. 28. τοῖς δὲ νέοις ὑπόδειγμα γ. καταλελοιπώς
7. 21. **R** γενναίῳ πεπληρωμένη [**A** -νῳ] φρονήματι
12. 42. ὁ δὲ γ. Ἰούδας παρεκάλεσε
III Ma. 2. 32. οἱ δὲ πλεῖστοι γενναίᾳ ψυχῇ ἐνίσχυσαν
IV Ma. 6. 10. καθάπερ γενναῖος ἀθλητής
7. 8. ἰδίῳ αἵματι καὶ γενναίῳ ἱδρῶτι
8. 3. καλοί τε καὶ αἰδήμονες καὶ γενναῖοι
11. 12. διὰ γενναιοτέρων πόνων ἐπιδείξασθαι
15. 24. ἡ γ. μήτηρ ἐξέλυσε
— 30. ὦ ἀρρένων πρὸς καρτερίαν γενναιοτέρα
16. 16. γενναῖος ὁ ἀγών
17. 24. ἔσχε τε αὐτοὺς γενναίους καὶ ἀνδρείους
[**Sm.** II Ki. 2. 7.]

γενναιότης.

II Ma. 6. 31. ὑπόδειγμα γενναιότητος . . . καταλιπών
IV Ma. 17. 2. ἐπιδείξασα τὴν τῆς πίστεως γ.

γενναίως.

I Ma. 4. 35. ἢ τεθνηκέναι γ.
II Ma. 6. 28. εἰς τὸ προθύμως καὶ γ. . . . ἀπευθανατίζειν
7. 5. σὺν τῇ μητρὶ γ. τελευτᾶν
— 11. καὶ γ. εἶπεν
8. 16. ἀγωνίσασθαι δὲ γ.
13. 14. παρακαλέσας τοὺς σὺν αὐτῷ γ. ἀγωνίσασθαι
14. 31. γ. ὑπὸ τοῦ ἀνδρὸς ἐστρατήγηται
— 43. ἀναδραμὼν γ. ἐπὶ τὸ τεῖχος
15. 17. γ. δὲ ἐμφέρεσθαι
IV Ma. 15. 32. γ. ὑπέμεινας τοὺς ὑπὲρ τῆς εὐσεβείας χειμῶνας
17. 3. ἐπὶ τοῦ στύλου τῶν παίδων γ. ἱδρυμένη
— 4. τὴν ἐλπίδα . . . γ. [**S** βεβαίαν] ἔχουσα

γεννᾶν. (1) בָּרָא ni. (2) גִּדֵּל pi. (3) הָיָה (4) הָרָה (5) חוּל pul. (6) יָלַד *a.* qal. *b.* ni. *c.* hi. *d.* pu. *e.* יִלּוֹד *f.* יַלְדוּת *g.* מוֹלֶדֶת (7) קָנָה hi. (8) שׂוּם

Ge. 4. 18. **R** ἐγεννήθη [**A** ἐγενήθη] δὲ τῷ Ἐνὼχ Γ. (6 *b*)
— 18. **A** Γαϊδὰδ ἐγέννησε τὸν Μ. καὶ Μ. ἐγέννησε τὸν Μαθ. καὶ Μαθ. ἐγέννησε τὸν Λάμεχ (6 *a ter*)
5. 3. ἐγέννησε κατὰ τὴν ἰδέαν αὐτοῦ (6 *c*)
— 4. μετὰ τὸ γεννῆσαι αὐτὸν τὸν Σήθ (6 *c*)
— 4. καὶ ἐγέννησεν υἱοὺς καὶ θυγατέρας (6 *c*)
— 6. καὶ ἐγέννησε τὸν Ἐνώς (6 *c*)
Ge. 5. 7. μετὰ τὸ γεννῆσαι αὐτὸν τὸν Ἐνώς (6 *c*)
— 7. καὶ ἐγέννησεν υἱοὺς καὶ θυγατέρας (6 *c*)
— 9. καὶ ἐγέννησε τὸν Καϊνᾶν (6 *c*)
— 10. μετὰ τὸ γεννῆσαι αὐτὸν τὸν Καϊνᾶν (6 *c*)
— 10. καὶ ἐγέννησεν υἱοὺς καὶ θυγατέρας (6 *c*)
— 12. καὶ ἐγέννησε τὸν Μαλελεήλ (6 *c*)
— 13. μετὰ τὸ γεννῆσαι αὐτὸν τὸν Μαλελεήλ (6 *c*)
— 13. καὶ ἐγέννησεν υἱοὺς καὶ θυγατέρας (6 *c*)
— 15. καὶ ἐγέννησε τὸν Ἰάρεδ (6 *c*)
— 16. μετὰ τὸ γεννῆσαι αὐτὸν τὸν Ἰάρεδ (6 *c*)
— 16. καὶ ἐγέννησεν υἱοὺς καὶ θυγατέρας (6 *c*)
— 18. καὶ ἐγέννησε τὸν Ἐνώχ (6 *c*)
— 19. μετὰ τὸ γεννῆσαι αὐτὸν τὸν Ἐνώχ (6 *c*)
— 19. καὶ ἐγέννησεν υἱοὺς καὶ θυγατέρας (6 *c*)
— 21. καὶ ἐγέννησε τὸν Μαθουσάλα (6 *c*)
— 22. μετὰ τὸ γεννῆσαι αὐτὸν τὸν Μαθουσάλα (6 *c*)
— 22. καὶ ἐγέννησεν υἱοὺς καὶ θυγατέρας (6 *c*)
— 25. καὶ ἐγέννησε τὸν Λάμεχ (6 *c*)
— 26. μετὰ τὸ γεννῆσαι αὐτὸν τὸν Λάμεχ (6 *c*)
— 26. καὶ ἐγέννησεν υἱοὺς καὶ θυγατέρας (6 *c*)
— 28. καὶ ἐγέννησεν υἱόν (6 *c*)
— 30. μετὰ τὸ γεννῆσαι αὐτὸν τὸν Νῶε (6 *c*)
— 30. καὶ ἐγέννησεν υἱοὺς καὶ θυγατέρας (6 *c*)
5. 32. καὶ ἐγέννησε τρεῖς υἱούς (6 *c*)
6. 1. καὶ θυγατέρες ἐγεννήθησαν αὐτοῖς (6 *d*)
— 4. καὶ ἐγεννῶσαν ἑαυτοῖς (6 *a*)
— 10. ἐγέννησε δὲ Νῶε τρεῖς υἱούς (6 *c*)
10. 1. καὶ ἐγεννήθησαν αὐτοῖς υἱοί (6 *b*)
— 8. Χοὺς δὲ ἐγέννησε τὸν Νεβρώδ (6 *a*)
— 13. καὶ Μεσραῒν ἐγέννησε τοὺς Λουδιείμ (6 *a*)
— 15. Χαναὰν δὲ ἐγέννησε τὸν Σιδῶνα (6 *a*)
— 21. **R** καὶ τῷ Σὴμ ἐγεννήθη [**A** ἐγενήθη] καὶ αὐτῷ (6 *d*)
— 24. καὶ Ἀρφ. ἐγέννησε τὸν Κ. καὶ Κ. ἐγέννησε τὸν Σ. Σ. δὲ ἐγέννησε τὸν Ἕ. (6 *a*, –, 6 *a*)
— 25. καὶ τῷ Ἕ. ἐγεννήθησαν δύο υἱοί (6 *d*)
— 26. Ἰεκτὰν δὲ ἐγέννησε τὸν Ἐλμωδάδ (6 *a*)
11. 10. ὅτε ἐγέννησε τὸν Ἀρφαξάδ (6 *c*)
— 11. μετὰ τὸ γεννῆσαι αὐτὸν τὸν Ἀρφαξάδ (6 *c*)
— 11. καὶ ἐγέννησεν υἱοὺς καὶ θυγατέρας (6 *c*)
— 12. καὶ ἐγέννησε τὸν Καϊνᾶν –
— 13. μετὰ τὸ γεννῆσαι αὐτὸν τὸν Καϊνᾶν –
— 13. καὶ ἐγέννησεν υἱοὺς καὶ θυγατέρας –
— 13 (12). καὶ ἐγέννησε τὸν Σαλά (6 *c*)
— 13. μετὰ τὸ γεννῆσαι αὐτὸν τὸν Σαλά (6 *c*)
— 13. καὶ ἐγέννησεν υἱοὺς καὶ θυγατέρας (6 *c*)
— 14. καὶ ἐγέννησε τὸν Ἕβερ (6 *c*)
— 15. μετὰ τὸ γεννῆσαι αὐτὸν τὸν Ἕβερ (6 *c*)
— 15. καὶ ἐγέννησεν υἱοὺς καὶ θυγατέρας (6 *c*)
— 16. καὶ ἐγέννησε τὸν Φαλέκ (6 *c*)
— 17. μετὰ τὸ γεννῆσαι αὐτὸν τὸν Φαλέκ (6 *c*)
— 17. καὶ ἐγέννησεν υἱοὺς καὶ θυγατέρας (6 *c*)
— 18. καὶ ἐγέννησε τὸν Ῥαγαῦ (6 *c*)
— 19. μετὰ τὸ γεννῆσαι αὐτὸν τὸν Ῥαγαῦ (6 *c*)
— 19. καὶ ἐγέννησεν υἱοὺς καὶ θυγατέρας (6 *c*)
— 20. καὶ ἐγέννησε τὸν Σερούχ (6 *c*)
— 21. μετὰ τὸ γεννῆσαι αὐτὸν τὸν Σερούχ (6 *c*)
— 21. καὶ ἐγέννησεν υἱοὺς καὶ θυγατέρας (6 *c*)
— 22. καὶ ἐγέννησε τὸν Ναχώρ (6 *c*)
— 23. μετὰ τὸ γεννῆσαι αὐτὸν τὸν Ναχώρ (6 *c*)
— 23. καὶ ἐγέννησεν υἱοὺς καὶ θυγατέρας (6 *c*)
— 24. καὶ ἐγέννησε τὸν Θάρα (6 *c*)
— 25. μετὰ τὸ γεννῆσαι αὐτὸν τὸν Θάρα (6 *c*)
— 25. καὶ ἐγέννησεν υἱοὺς καὶ θυγατέρας (6 *c*)
— 26. καὶ ἐγέννησε τὸν Ἅβραμ (6 *c*)
— 27. Θάρα δὲ ἐγέννησε τὸν Ἅβραμ (6 *c*)
— 27. καὶ Ἀρρὰν ἐγέννησε τὸν Λώτ (6 *c*)
— 28. **R** ἐν τῇ γῇ ᾗ ἐγεννήθη [**A** ἐγενήθη] (6 *g*)
17. 20. δώδεκα ἔθνη γεννήσει (6 *c*)
22. 23. καὶ Βαθ. ἐγέννησε τὴν Ῥεβ. (6 *a*)
24. 4. **R** εἰς τὴν γῆν μου οὗ ἐγεννήθην [**A S** ἐγενόμην] (6 *g*)
— 7. **R** ἐκ τῆς γῆς ἧς ἐγεννήθην [**A S** ἐγενή.] (6 *g*)
25. 3. Ἰεξὰν δὲ ἐγέννησε τὸν Σαβάν (6 *a*)
— 20 (19). Ἀβραὰμ ἐγέννησε τὸν Ἰσαάκ (6 *c*)
— 26. **A** ἐγέννησεν [**R** ἔτεκεν] αὐτοὺς Ῥεβέκκα (6 *a*)
46. 20. Μαχεὶρ δὲ ἐγέννησε τὸν Γαλαάδ –
— 21. Γηρὰ δὲ ἐγέννησε τὸν Ἀράδ –
— 22. **A** οὓς ἐγέννησεν Ἰακώβ [**R** *al.*] (6 *d*)
48. 6. τὰ δὲ ἔκγονα ἃ ἂν γεννήσῃς (6 *c*)
Ex. 6. 20. ἐγέννησεν αὐτῷ τόν τε Ἀαρὼν καὶ Μ. (6 *a*)
19. 16. **A** γεννηθέντος [**B** γενη.] πρὸς ὄρθρον (3)
Le. 18. 9. **A B¹** ἐνδογενοῦς γεγεννημένης ἢ [**B² R** ἢ γ.] ἔξω (6 *g*)

Nu. 4. 48. A ἐγεννήθησαν [B ἐγενή.] οἱ ἐπισκεπέντες (3)
26. 29. Μαχὶρ ἐγέννησε τὸν Γαλαάδ (6 c)
— 58. καὶ Καὰθ ἐγέννησε τὸν Ἀμράμ (6 c)
De. 4. 25. ἐὰν δὲ γεννήσῃς υἱούς (6 c)
23. 8 (9). A R υἱοὶ ἐὰν γεννηθῶσιν [B γενη.] αὐτοῖς (6 b)
28. 41. υἱοὺς καὶ θυγατέρας γεννήσεις (6 c)
32. 18. θεὸν τὸν γεννήσαντά σε ἐγκατέλιπες (6 a)
Jo. 5. 7. διὰ τὸ αὐτοὺς γεγεννῆσθαι [A γεγενῆσ.] κατὰ τὴν ὁδόν (3)
Jd. 11. 1. ἡ ἐγέννησε [A καὶ ἔτεκεν] τῷ Γαλ. τὸν Ἰ. (6 c)
Ru. 4. 13. A ἐγέννησεν [B ἔτεκεν] υἱόν (6 a)
● — 17 (18). Φαρὲς ἐγέννησε τὸν Ἐσρώμ [A -ών] (6 c)
— 18 (19). Ἐσρὼν ἐγέννησε τὸν Ἀρρὰν καὶ Ἀρρὰν ἐγέννησε τὸν Ἀμ. (6 c, 6 c)
— 19 (20). Ἀμ. ἐγέννησε τὸν Ναασσὼν καὶ Ν. ἐγέννησε τὸν Σαλμών (6 c, 6 c)
— 20 (21). Σαλμὼν ἐγέννησε τὸν Βοὸς καὶ Βοὸς ἐγέννησε τὸν Ὠβήδ (6 c, 6 c)
— 21 (22). Ὠβὴδ ἐγέννησε τὸν Ἰεσσαὶ καὶ Ἰ. ἐγέννησε τὸν Δαυίδ (6 c, 6 c)
II Ki. 5. 14. ταῦτα τὰ ὀνόματα τῶν γεννηθέντων αὐτῷ (6 e)
IV Ki. 20. 18. οὓς γεννήσεις λήψεται (6 c)
23. 25. A ὅμοιος αὐτῷ οὐκ ἐγεννήθη [B ἐγενήθη] (3)
I Ch. 1. 10. Χοὺς ἐγέννησε τὸν Νεβρώδ (6 a)
— 11. A Μεσραὶμ ἐγέννησεν τοὺς Λωδιείμ (6 a)
— 13. A Χαναὰν ἐγέννησεν τὸν Σιδῶνα (6 a)
— 18. A Ἀρφαξὰδ ἐγέννησεν τὸν Καϊνάν (6 a)
— 18. A Καϊνὰν ἐγέννησεν τὸν Σαλά –
— 18. A Σαλὰ ἐγέννησεν τὸν Ἔβερ (6 a)
— 19. A τῷ Ἔβερ ἐγεννήθησαν δύο υἱοί (6 d)
— 20. A Ἰεκτὰν ἐγέννησεν τὸν Ἐλμωδάδ (6 a)
— 34. ἐγέννησεν Ἀβραὰμ τὸν Ἰσαάκ (6 c)
2. 3. τρεῖς ἐγεννήθησαν αὐτῷ (6 b)
— 10. Ἀρὰμ ἐγέννησε τὸν Ἀμιναδάβ (6 c)
— 10. Ἀμιναδὰβ ἐγέννησε τὸν Ναασσών (6 c)
— 11. Ναασσὼν ἐγέννησε τὸν Σαλμὼν καὶ Σ. ἐγέννησε τὸν Βοόζ (6 c, 6 c)
— 12. Βοὸζ ἐγέννησε τὸν Ὠβήδ (6 c)
— 12. Ὠβὴδ ἐγέννησε τὸν Ἰεσσαί (6 c)
— 13. Ἰεσσαὶ ἐγέννησε τὸν πρωτότοκον αὐ. (6 c)
— 17. Ἀβιγαία ἐγέννησε τὸν Ἀμεσσάβ (6 a)
— 18. B Χαλὲβ . . . ἐγέννησεν [A R ἔλαβε] τὴν Γ. (6 c)
— 20. Ὢρ ἐγέννησε τὸν Οὐρί (6 c)
— 20. Οὐρὶ ἐγέννησε τὸν Βεσελεήλ (6 c)
— 22. Σεροὺχ ἐγέννησε τὸν Ἰαΐρ (6 c)
— 36. Ἐθὶ ἐγέννησε τὸν Ναθάν (6 c)
— 36. Ναθὰν ἐγέννησε τὸν Ζαβέδ (6 c)
— 37. Ζαβὲδ ἐγέννησε τὸν Ἀφαμήλ (6 c)
— 37. Ἀφαμὴλ ἐγέννησε τὸν Ὠβήδ (6 c)
— 38. Ὠβὴδ ἐγέννησε τὸν Ἰηού (6 c)
— 38. Ἰηοὺ ἐγέννησε τὸν Ἀζαρίαν (6 c)
— 39. Ἀζαρίας ἐγέννησε τὸν Χελλής (6 c)
— 39. Χελλὴς ἐγέννησε τὸν Ἐλεασά (6 c)
— 40. Ἐλεασὰ ἐγέννησε τὸν Σοσομαΐ (6 c)
— 40. Σοσομαῒ ἐγέννησε τὸν Σαλούμ (6 c)
— 41. Σαλοὺμ ἐγέννησε τὸν Ἰεχεμίαν (6 c)
— 41. Ἰεχεμίας ἐγέννησε τὸν Ἐλισαμά (6 c)
— 41. R Ἐλισαμὰ ἐγέννησε τὸν Ἰσμαήλ –
— 44. Σαμαὰ ἐγέννησε τὸν Ῥαέμ (6 c)
— 44. Ἰεκλὰν ἐγέννησε τὸν Σαμαΐ (6 c)
— 46. ἡ παλλακὴ Χαλὲβ ἐγέννησε τὸν Ἀρράν (6 a)
— 46. A B Ἀρρὰν ἐγέννησεν τὸν Γεζουέ (6 c)
— 48. ἡ παλλακὴ Χαλὲβ Μ. ἐγέννησε τὸν Σαβέρ (6 a)
— 49. ἐγέννησε Σαγαὲ πατέρα Μαδμηνά (6 a)
3. 4. ἓξ ἐγεννήθησαν αὐτῷ ἐν Χεβρών (6 b)
4. 2. Σουβὰλ ἐγέννησε τὸν Ἰέθ (6 c)
— 2. Ἰὲθ ἐγέννησε τὸν Ἀχιμαΐ (6 c)
— 8. Κωὲ ἐγέννησε τὸν Ἐνώβ (6 c)
— 11. Χαλὲβ . . . ἐγέννησε τὸν Μαχίρ (6 c)
— 12. A Ἀσσαθὼν [B om.] ἐγέννησε τὸν Βαθραίαν (6 c)
— 14. Μαναθὶ ἐγέννησε τὸν Γοφερά (6 c)
— 14. Σαραΐα ἐγέννησε τὸν Ἰωβάβ (6 c)
— 17. ἐγέννησεν Ἰεθὲρ τὸν Μαρών (4)
6. 4 (5. 30). Ἐλεάζαρ ἐγέννησε τὸν Φινεές (6 c)
— 4 (5. 30). Φινεὲς ἐγέννησε τὸν Ἀβισού (6 c)
— 5 (5. 31). Ἀβισοὺ ἐγέννησε τὸν Βοκκί (6 c)
— 5 (5. 31). Βοκκὶ ἐγέννησε τὸν Ὀζί (6 c)
— 6 (5. 32). Ὀζὶ ἐγέννησε τὸν Ζαραία (6 c)
— 6 (5. 32). Ζαραία ἐγέννησε τὸν Μαριήλ (6 c)
— 7 (5. 33). Μαριὴλ ἐγέννησε τὸν Ἀμαρία (6 c)

I Ch. 6. 7 (5. 33). Ἀμαρία ἐγέννησε τὸν Ἀχιτώβ (6 c)
— 8 (5. 34). Ἀχιτὼβ ἐγέννησε τὸν Σαδώκ (6 c)
— 8 (5. 34). Σαδὼκ ἐγέννησε τὸν Ἀχιμάας (6 c)
— 9 (5. 35). Ἀχιμάας ἐγέννησε τὸν Ἀζαρίαν (6 c)
— 9 (5. 35). Ἀζαρίας ἐγέννησε τὸν Ἰωανάν (6 c)
— 10 (5. 36). Ἰωανὰς ἐγέννησε τὸν Ἀζαρίαν (6 c)
— 11 (5. 37). ἐγέννησεν Ἀζαρίας τὸν Ἀμαρία (6 c)
— 11 (5. 37). Ἀμαρία ἐγέννησε τὸν Ἀχιτώβ (6 c)
— 12 (5. 38). Ἀχιτὼβ ἐγέννησε τὸν Σαδώκ (6 c)
— 12 (5. 38). Σαδὼκ ἐγέννησε τὸν Σαλώμ (6 c)
— 13 (5. 39). Σαλὼμ ἐγέννησε τὸν Χελκίαν (6 c)
— 13 (5. 39). Χελκίας ἐγέννησε τὸν Ἀζαρίαν (6 c)
— 14 (5. 40). Ἀζαρίας ἐγέννησε τὸν Σαραία (6 c)
— 14 (5. 40). Σαραίας ἐγέννησε τὸν Ἰωσαδάκ (6 c)
7. 15. A ἐγεννήθησαν [R ἐγενή.] δὲ τῷ Σαλπαὰδ θυγατέρες (3)
— 32. Χαβὲρ ἐγέννησε τὸν Ἰαφλήτ (6 c)
8. 1. Βενιαμεὶν ἐγέννησε Βαλὲ πρωτότοκον αὐ. (6 c)
— 7. ἐγέννησε τὸν Ἀζά (6 c)
— 8. Σααρὶν ἐγέννησεν ἐν τῷ πεδίῳ Μωάβ (6 c)
— 9. ἐγέννησεν ἐκ τῆς Ἀδὰ γυναικὸς αὐ. τὸν Ἰ. (6 c)
— 11. ἐκ τῆς Ὡσὶν ἐγέννησε τὸν Ἀβιτώλ (6 c)
— 32. Μακελὼθ ἐγέννησε τὸν Σαμαά (6 c)
— 33. Νὴρ ἐγέννησε τὸν Κίς (6 c)
— 33. Κὶς ἐγέννησε τὸν Σαούλ (6 c)
— 33. Σαοὺλ ἐγέννησε τὸν Ἰωνάθαν (6 c)
— 34. Μεριβαὰλ ἐγέννησε τὸν Μιχά (6 c)
— 36. Ἀχὰζ ἐγέννησε τὸν Ἰαδά (6 c)
— 36. Ἰαδὰ ἐγέννησε τὸν Σαλαιμάθ (6 c)
— 36. Ζαμβρὶ ἐγέννησε τὸν Μαισά (6 c)
— 37. Μαισὰ ἐγέννησε τὸν Βαανά (6 c)
9. 38. Μακελὼθ ἐγέννησε τὸν Σαμαά (6 c)
— 39. Νὴρ ἐγέννησε τὸν Κίς (6 c)
— 39. Κὶς ἐγέννησε τὸν Σαούλ (6 c)
— 39. Σαοὺλ ἐγέννησε τὸν Ἰωνάθαν (6 c)
— 40. Μεριβαὰλ ἐγέννησε τὸν Μιχά (6 c)
— 42. Ἀχὰζ ἐγέννησε τὸν Ἰαδά (6 c)
— 42. Ἰαδὰ ἐγέννησε τὸν Γαλεμέθ (6 c)
— 42. Ζαμβρὶ ἐγέννησε τὸν Μασσά (6 c)
— 43. Μασσὰ ἐγέννησε τὸν Βαανά (6 c)
II Ch. 11. 21. ἐγέννησεν υἱοὺς εἴκοσι ὀκτώ (6 c)
13. 21. ἐγέννησεν υἱοὺς εἴκοσι δύο (6 c)
24. 3. A R καὶ ἐγέννησαν [B -σεν] υἱοὺς καὶ θυγατέρας (6 c)
I Es. 4. 15. αἱ γυναῖκες ἐγέννησαν τὸν βασιλέα
II Es. 10. 3. S[4] καὶ τὰ γεννώμ. [A B S γενόμ.] ἐξ αὐτῶν (6 b)
— 44. καὶ ἐγέννησαν ἐξ αὐτῶν υἱούς (8)
Ne. 12. 10. Ἰησοῦς ἐγέννησε τὸν Ἰωακίμ (6 c)
— 10. Ἰωακὶμ ἐγέννησε τὸν Ἐλιασίβ (6 c)
— 11. Ἰωδαὲ ἐγέννησε τὸν Ἰωνάθαν (6 c)
— 11. Ἰωνάθαν ἐγέννησε τὸν Ἰαδού (6 c)
To. 1. 9. ἐγέννησα ἐξ αὐτῆς Τωβίαν
10. 13. S ὡς οἱ γεννήσαντές σε
Ju. 12. 20. ὅσον οὐκ ἔπιε . . . ἀφ' ἐγεννήθη
Jb. 3. 3. ἡ ἡμέρα ἐν ᾗ ἐγεννήθην [A ἐγενήθην] (6 b)
5. 7. ἄνθρωπος γεννᾶται κόπῳ [A ἐν κόπῳ γ.] (6 d)
12. 4. R ἐγενήθη [B S ἐγενήθη, A ἐγενόμην] εἰς χλεύασμα (3 ?)
15. 7. A R μὴ πρῶτος ἀνθρώπων ἐγεννήθης [B S ἐγενήθης] (6 b)
38. 21. τότε [A εἰς τοῦτο] γεγέννησαι (6 b)
42. 13. γεννῶνται δὲ αὐτῷ υἱοὶ ἑπτά (3)
— 18. γεννᾷ υἱὸν ᾧ ὄνομα Ἐννών –
Ps. 2. 7. ἐγὼ σήμερον γεγέννηκά σε (6 a)
44 (45). 16. B ἐγεννήθησάν [A S R ἐγενή.] σοι υἱοί (3)
86 (87). 4. R οὗτοι ἐγεννήθησαν [A B S[2] ἐγενή.] ἐκεῖ (6 d)
109 (110). 3. A S[2] R ἐκ γαστρὸς πρὸ ἑωσφόρου ἐγέννησά (S[1] ἐξεγ.) σε (6 f)
Pr. 8. 25. πρὸ δὲ πάντων βουνῶν γεννᾷ με (5)
11. 19. υἱὸς δίκαιος γεννᾶται εἰς ζωήν –
17. 17. τούτου γὰρ χάριν γεννῶνται (6 b)
23. 22. ἄκουε, υἱέ, πατρὸς τοῦ γεννήσαντός σε (6 a)
Ec. 3. 15. A τὸ γεννώμενον [B S γενόμενον] ἤδη ἐστί (3)
5. 13. ἐγέννησεν υἱόν (6 c)
6. 3. ἐὰν γεννήσῃ ἀνὴρ ἑκατόν (6 c)
Wi. 2. 2. αὐτοσχεδίως ἐγεννήθημεν [B[1] ἐγενή.]
4. 6. ἐκ γὰρ ἀνόμων ὕπνων τέκνα γεννώμενα
5. 13. A S R ἡμεῖς γεννηθέντες [B γενη.] ἐξελίπομεν [A -λείπομεν]
15. 8. A S R πρὸ μικροῦ ἐκ γῆς γεννηθεὶς [B γενη.]
Si. 3. 7. δουλεύσει ἐν [S[2] om.] τοῖς γεννήσασιν αὐτόν
7. 28. A S C αὐτῶν ἐγεννήθης [B ἐγενήθης]

Si. 14. 18. ἡ μὲν τελευτᾷ ἑτέρα δὲ γεννᾶται
22. 4. ἡ καταισχύνουσα εἰς λύπην γεννήσαντος [S[1] ἐγγενν.]
23. 14. θελήσεις εἰ μὴ ἐγεννήθης
41. 9. ἐὰν γεννηθῆτε εἰς κατάραν γεννηθήσεσθε
49. 15. R οὐδὲ ὡς Ἰωσὴφ ἐγεννήθη [A B S ἐγενήθη] ἀνήρ
Ho. 5. 7. τέκνα ἀλλότρια ἐγεννήθησαν αὐτοῖς (6 a)
9. 16. καὶ ἐὰν γεννήσωσιν ἀποκτενῶ (6 a)
Za. 13. 3 *bis*. ὁ πατὴρ αὐτοῦ κ. ἡ μήτηρ αὐ. οἱ γεννήσαντες αὐτόν (6 a)
— 5. ἄνθρωπος ἐγέννησέ με ἐκ νεότητός μου (7)
Is. 1. 2. υἱοὺς ἐγέννησα (2)
— 9. A ὡς Σ. ἂν ἐγεννήθημεν [B S ἐγενή.] (3)
9. 6 (5). παιδίον ἐγεννήθη [A ἐγενή.] ἡμῖν (6 d)
39. 7. ἀπὸ τῶν τέκνων σου ὧν γεννήσεις [A S ἐγέννησας] (6 c)
45. 10. ὁ λέγων τῷ πατρί, Τί γεννήσεις (6 c)
49. 21. τίς ἐγέννησέ μοι τούτους (6 a)
66. 9. οὐκ ἰδοὺ ἐγὼ γεννῶσαν καὶ στεῖραν ἐποίησα (6 c)
Je. 2. 27. σὺ ἐγέννησάς με (6 a)
16. 2. οὐ γεννηθήσεταί σοι υἱὸς οὐδὲ θυγάτηρ (3)
— 3. περὶ τῶν θυγατέρων τῶν γεννωμένων [S γεγενημ.] (6 e)
— 3. περὶ τῶν πατέρων αὐτῶν τῶν γεγεννηκότων αὐτούς (6 c)
Ba. 3. 26. ἐκεῖ ἐγεννήθησαν [A ἐγενή.] οἱ γίγαντες
Ez. 16. 20. τὰς θυγατέρας σου ἃς ἐγέννησας [A *om.* ἃς ἐ.] (6 a)
18. 10. ἐὰν γεννήσῃ [A -ῃς] υἱὸν λοιμόν (6 c)
— 14. ἐὰν δὲ γεννήσῃ [A -σῃς] υἱόν (6 c)
21. 30 (35). μὴ καταλύσῃς ἐν τῷ τόπῳ τούτῳ ᾧ γεγέννησαι (1)
22. 13. A τοῖς αἵμασί σου τοῖς γεγεννημ. [B γεγενη.] ἐν μέσῳ σου (3)
23. 37. τὰ τέκνα αὐτῶν ἃ ἐγέννησάν μοι (6 a)
31. 6. ἐγεννῶσαν πάντα τὰ θηρία (6 a)
— 7. A ἐγέννησαν [B ἐγενήθησαν] αἱ ῥίζαι αὐτοῦ (3)
36. 12. γεννήσω [A δώσω] ἐφ' ὑμᾶς ἀνθρώπους †
47. 22. οἵτινες ἐγέννησαν υἱοὺς ἐν μέσῳ ὑμῶν (6 c)
I Ma. 2. 7. S R ἵνα τί τοῦτο ἐγεννήθην [A ἐγενή.] ἰδεῖν
— 11. A ἐγεννήθη [S R ἐγένετο] εἰς δούλην
4. 35. A πλεοναστὸν πάλιν γεννηθέντα παραγενέσθαι [S R *al.*]
II Ma. 5. 27. A δέκατός που γεννηθεὶς [R γενη.]
IV Ma. 10. 2. ἡ αὐτὴ μήτηρ ἐγέννησε
11. 15. S R εἰς τὰ αὐτὰ γὰρ καὶ γεννηθέντες [A γενη.]
13. 19. τοῖς γεννωμένοις ἐμέρισε
14. 14. τὴν πρὸς τὰ ἐξ αὐτῶν γεννώμενα συμπάθειαν
15. 4. τοῖς γεννηθεῖσι τὰς μητέρας . . . συμπαθεστέρας

[**Aq.** Is. 9. 6 (5): Ho. 5. 7.]
[**Sm.** Ec. 4. 3, 14: Is. 9. 6 (5): 45. 10: Ho. 5. 7.]
[**Th.** Ps. 86 (87). 5, 6: Ho. 5. 7.]
[**Hebr. Sam.** Ge. 5. 25, 26.]
[**Al.** Nu. 11. 12: Ps. 50 (51). 7: 86 (87). 4.]
[**Quint.** Ps. 86 (87). 6.]

γέννημα, γένημα. (1) אֵב (2) בַּר (3) גְּדוּד (4) יְבוּל (5) יָצָא (6) יָרָה hi. (7) מְלֵאָה (8) *a.* פָּרָה *b.* פְּרִי (9) תְּבוּאָה (10) תְּנוּבָה

Ge. 40. 17. A ἀπὸ πάντων τῶν γ. [R γενῶν] –
41. 34. πάντα τὰ γ. τῆς γῆς Αἰγ. –
47. 24. καὶ ἔσται τὰ γ. αὐτῆς (9)
49. 21. ἐπιδιδοὺς ἐν τῷ γ. κάλλος †
Ex. 22. 5 (4). ἀποτίσει . . . κατὰ τὸ γ. αὐτοῦ –
23. 10. καὶ συνάξεις τὰ γ. αὐτῆς (9)
Le. 19. 25. πρόσθεμα ὑμῖν τὰ γ. αὐτοῦ (9)
23. 39. ὅταν συντελέσητε τὰ γ. τῆς γῆς (9)
25. 7. ἔσται πᾶν τὸ γ. αὐτοῦ [A σου] εἰς βρῶσιν (9)
— 12. ἀπὸ τῶν πεδίων φάγεσθε τὰ γ. αὐτῆς (9)
— 15. κατὰ ἀριθμὸν ἐνιαυτῶν γεννημάτων (9)
— 16. ἀριθμὸν γεννημάτων αὐτοῦ οὕτως ἀποδ. (9)
— 20. μηδὲ συναγάγωμεν τὰ γ. ἡμῶν (9)
— 21. καὶ ποιήσει τὰ γ. αὐτῆς εἰς τὰ τρία ἔτη (9)
— 22. καὶ φάγεσθε ἀπὸ τῶν γ. παλαιά (9)
— 22. ἕως ἂν ἔλθῃ τὸ γ. αὐτῆς (9)
26. 4. καὶ ἡ γῆ δώσει τὰ γ. αὐτῆς (4)

Nu. 18. 30. λογισθήσεται τοῖς Λευίταις ὡς γένημα ἀπὸ ἅλω καὶ ὡς γ. ἀπὸ ληνοῦ (9, 9)
De. 14. 22. δεκάτην ἀποδεκατώσεις παντὸς γ. [A πᾶν τὸ γ.] τοῦ σπέρματός σου τὸ γ. τοῦ ἀγροῦ σου (9, 5)
— 28. ἐξοίσεις πᾶν τὸ ἐπιδέκατον τῶν γ. σου (9)
16. 15. ἐὰν δὲ εὐλογήσῃ σε . . . ἐν πᾶσι γ. σου (9)
22. 9. ἵνα μὴ ἁγιασθῇ τὸ γ. καὶ τὸ σπέρμα . . . μετὰ τοῦ γ. τοῦ ἀμπελῶνός σου (7, 9)
26. 10. ἐνήνοχα τὴν ἀπαρχὴν τῶν γ. τῆς γῆς (8 b)
— 12. πᾶν τὸ ἐπιδέκατον τῶν γ. [A add. τῆς γῆς] σου (9)
● 28. 4. εὐλογημένα . . . τὰ γ. [A ἔκγονα] τῆς γῆς σου (8 b)
— 11. πληθυνεῖ σε . . . ἐπὶ τοῖς γ. τῆς γῆς σου (8 b)
— 18. ἐπικατάρατα . . . τὰ γ. τῆς γῆς σου (8 b)
— 42. τὰ γ. τῆς γῆς σου ἐξαναλώσει (8 b)
— 51. κατέδεται . . . τὰ γ. τῆς γῆς σου (8 b)
30. 9. ἐν τοῖς γ. τῆς γῆς σου (8 b)
32. 13. ἐψώμισεν αὐτοὺς γεννήματα ἀγρῶν (10)
— 22. καταφάγεται γῆν καὶ τὰ γ. αὐτῆς (4)
33. 14. καθ' ὥραν γεννημάτων ἡλίου τροπῶν (9)
Jd. 1. 10. ἐπάταξαν . . . γεννήματα τοῦ Ἐνάκ –
9. 11. μὴ ἀπολείψασα . . . τὰ γ. μου τὰ ἀγαθά [A *al.*] (10)
IV Ki. 8. 6. B ἐπίστρεψον πάντα αὐτῆς τὰ γεννήματα [A add. καὶ πάντα τὰ γ.] τοῦ ἀγροῦ [R *al.*] (–, 9)
II Ch. 31. 5. ἐπλεόνασεν Ἰσραὴλ . . . πᾶν γ. ἀγροῦ (9)
32. 28. πόλεις εἰς τὰ γ. σίτου (9)
To. 1. 6. τὰς ἀπαρχὰς καὶ τὰς δεκάτας τῶν γ. [S κτηνῶν]
— 6. πρὸς τὸ θυσιαστήριον πάντων τῶν γ. [S *al.*]
5. 13. ἀναφέροντες . . . τὰς δεκάτας τῶν γ. [S *al.*]
Jb. 39. 4. πληθυνθήσονται ἐν γεννήματι (2 ?)
Ps. 64 (65). 10. πλήθυνον τὰ γεννήματα αὐτῆς (3 ?)
106 (107). 37. ἐποίησαν καρπὸν γεννήματος (9)
Pr. 8. 19. τὰ δὲ ἐμὰ γεννήματα κρείσσω [A κρεῖσσον] ἀργυρίου ἐκλεκτοῦ (9)
14. 4. οὗ δὲ πολλὰ γ. φανερὰ βοὸς ἰσχύς (9)
15. 29 (16. 8). ἢ πολλὰ γεννήματα μετὰ ἀδικίας (9)
Ec. 5. 9. τίς ἠγάπησεν . . . γέννημα [S -ματα] (9)
Ca. 6. 10 (11). ἰδεῖν ἐν γεννήμασι [A S -ματι] τοῦ χειμάρρου (1)
Wi. 16. 19. ἵνα ἀδίκου γῆς γεννήματα διαφθείρῃ [A S καταφθ.]
Si. 1. 17. ἐμπλήσει . . . τὰ ἀποδοχεῖα ἀπὸ τῶν γ. αὐτῆς
6. 19. ταχὺ φάγεσαι τῶν γεννημάτων αὐτῆς
10. 18. οὐδὲ ὀργὴ θυμοῦ γεννήμασι γυναικῶν
24. 19. ἀπὸ τῶν γ. μου ἐμπλήσθητε
Ho. 10. 12. ἕως τοῦ ἐλθεῖν γεννήματα δικαιοσύνης ὑμῖν (6)
Am. 8. 6. ἀπὸ παντὸς γ. ἐμπορευσόμεθα (2)
Hb. 3. 17. οὐκ ἔσται γεννήματα ἐν ταῖς ἀμπέλοις (4)
Za. 8. 12. ἡ γῆ δώσει τὰ γ. αὐτῆς (4)
Is. 3. 10. τὰ γ. τῶν ἔργων αὐτῶν φάγονται (8 b)
29. 1. συναγάγετε γεννήματα –
30. 23. ὁ ἄρτος τοῦ γ. τῆς γῆς σου (9)
32. 12. ἀπὸ . . . ἀμπέλου γεννήματος (8 a)
● 65. 21. αὐτοὶ φάγονται τὰ γ. αὐτῶν (8 b)
Je. 2. 3. ἅγιος Ἰσρ. τῷ κυρίῳ ἀρχὴ γεννημάτων αὐ. (9)
7. 20. θυμός μου χεῖται [A ἐκχ.] . . . ἐπὶ τὰ γ. τῆς γῆς (8 b)
8. 10. συνάξουσι τὰ γ. αὐτῶν †
La. 4. 9. ἐκκεκεντημένοι ἀπὸ γεννημάτων ἀγρῶν (10)
Ez. 36. 30. πληθυνῶ . . . τὰ γ. τοῦ ἀγροῦ (10)
48. 18. ἔσται τὰ γ. αὐτῆς εἰς ἄρτους (9)
I Ma. 1. 38. ἐγένετο ἀλλοτρία τοῖς γ. αὐτῆς
3. 45. οὐκ ἦν . . . ἐκ τῶν γ. αὐτῆς
11. 34. ἀπὸ τῶν γ. τῆς γῆς
14. 8. ἡ γῆ ἐδίδου τὰ γ. αὐτῆς
IV Ma. 15. 13. S καὶ γεννήμασι [R γένεσις, A γονεῦσιν] φιλόστοργε

[Aq. Ge. 5. 1 : Jo. 5. 12 : Pr. 3. 9 : 10. 16 : 14. 4.]
[Sm. Le. 19. 25 : Jo. 5. 12 : Ps. 77 (78). 46 : 104 (105). 35 : Pr. 3. 9 : 10. 16 : 14. 4 *bis* : 18. 20.]
[Th. IV Ki. 8. 6 : Jb. 39. 4 : Pr 3. 9 : 10. 16 : 14. 4 *bis*.]
[Al. Le. 18. 9 *bis* : 25. 3.]
[Heb. Jb. 15. 14.]

γεννηματίζειν.
[Aq. Ps. 91 (92). 15 : Is. 55. 10.]
[Quint. Ps. 91 (92). 15.]

γέννησις. (1) יָלַד ni. (2) מִשְׁפָּחָה
I Ch. 4. 8. A B[1] καὶ γεννήσεις [B[2] -σις] ἀδελφοῦ Ῥηχάβ (2)
Ec. 7. 2. ὑπὲρ ἡμέραν γεννήσεως [A S γενέσεως] αὐτοῦ (1)
Wi. 3. 13. S[1] ἐπικατάρατος ἡ γ. [A B S[2] γένεσις] αὐτῶν
Si. 22. 3. αἰσχύνη πατρὸς ἐν γεννήσει ἀπαιδεύτου

γεννητής (?). (1) יָלַד
Jb. 25. 4. A[1] τίς ἂν ἀποκαθαρίσαι αὐτὸν γεννητῆς [B S -ὸς] γυναικός (1)

γεννητός. (1) יָלַד *a.* qal. *b.* ni.
Jb. 11. 2. εὐλογημένος γεννητὸς γυναικός †
— 12. βροτὸς δὲ γεννητὸς γυναικός (1 *b*)
14. 1. βροτὸς γὰρ γεννητὸς γυναικὸς ὀλιγόβιος (1 *a*)
15. 14. ἢ ὡς ἐσόμενος δίκαιος γεννητὸς γυναικός (1 *a*)
25. 4. τίς ἂν ἀποκαθαρίσαι αὐτὸν γεννητὸς [A[1] -ῆς ?] γυναικός (1 *a*)

γένος. (1) זַן (2) זֶרַע (3) טוּר (4) מִין (5) מִשְׁפָּחָה (6) עַם
Ge. 1. 11. σπεῖρον σπέρμα κατὰ γένος (4)
— 11. A κατὰ γένος εἰς ὁμοιότητα [R om. εἰς ὁ.] –
— 12. κατὰ γένος καὶ καθ' ὁμοιότητα (4)
— 12. κατὰ γένος ἐπὶ τῆς γῆς (4)
— 21. ἃ ἐξήγαγε τὰ ὕδατα κατὰ γένη αὐτῶν (4)
— 21. R πᾶν πετεινὸν πτερωτὸν κατὰ [A καὶ πᾶν] γένος (4)
— 24. ἐξαγαγέτω ἡ γῆ ψυχὴν ζῶσαν κατὰ γένος . . . καὶ θηρία τῆς γῆς κατὰ γ. (4, 4)
— 25. τὰ θηρία τῆς γῆς κατὰ γένος καὶ τὰ κτήνη κατὰ γ. αὐτῶν καὶ πάντα τὰ ἑρπετὰ τῆς γῆς κατὰ γένος (4 *ter*)
6. 20. ἀπὸ πάντων τῶν ὀρνέων τῶν πετεινῶν κατὰ γένος καὶ ἀπὸ π. τῶν κτηνῶν κατὰ γ. καὶ ἀπὸ π. τῶν ἑρπετῶν . . . κατὰ γ. αὐτῶν (4 *ter*)
7. 14. πάντα τὰ θηρία κατὰ γένος καὶ π. τὰ κτήνη κατὰ γ. καὶ πᾶν ἑρπετὸν . . . κατὰ γ. καὶ πᾶν πετεινὸν κατὰ γ. (4 *quater*)
8. 19. πάντα τὰ θηρία . . . κατὰ γένος αὐτῶν (5)
11. 6. ἰδοὺ γ. ἓν καὶ χεῖλος ἓν πάντων (6)
17. 14. ἐξολεθρευθήσεται . . . ἐκ τοῦ γ. αὐτῆς (6)
● 19. 39 (38). A ὁ [R om.] υἱὸς γένους μου (6)
25. 17. καὶ προσετέθη πρὸς τὸ γ. αὐτοῦ (6)
26. 10. A μικροῦ ἐκοιμήθη τις [R add. ἐκ] τοῦ γ. μου (6)
34. 16. καὶ ἐσόμεθα ὡς γ. ἕν (6)
35. 29. καὶ προσετέθη πρὸς τὸ γ. αὐτοῦ (6)
40. 17. R ἀπὸ πάντων τῶν γ. [A γεννημάτων] –
Ex. 1. 9. ἰδοὺ τὸ γ. [A ἔθνος] τῶν υἱῶν Ἰ. μέγα πλῆθος (6)
5. 14. οἱ γραμματεῖς τοῦ γ. τῶν υἱῶν Ἰσραὴλ –
Le. 20. 17. ἐνώπιον υἱῶν γένους αὐτῶν (6)
— 18. A B[1] ἐκ τοῦ γ. [B[2] R τῆς γενεᾶς] αὐτῶν (6)
21. 13. γυν. παρθένον ἐκ τοῦ γ. αὐτοῦ λήψεται –
— 17. ἄνθρωπος ἐκ τοῦ γ. σου (2)
Jo. 4. 14. ἐναντίον τοῦ παντὸς γ. Ἰσραὴλ –
11. 21. καὶ ἐκ παντὸς γ. [A ὄρους] Ἰσραὴλ †
II Ch. 4. 3. δύο γένη ἐχώνευσαν τοὺς μόσχους (3)
— 13. δύο γένη ῥοΐσκων (3)
16. 14. καὶ γένη μύρων μυρεψῶν (1)
I Es. 1. 32. γίνεσθαι ἀεὶ εἰς ἅπαν τὸ γ. Ἰσραὴλ
To. 1. 10. οἱ ἐκ τοῦ γ. μου ἤσθιον
— 16. S τοῖς ἀδ. μου τοῖς ἐκ τοῦ γ. μου [A B *al.*]
— 17. εἴ τινα ἐκ τοῦ γ. μου ἐθεώρουν τεθνηκότα [S *al.*]
2. 3. εἷς ἐκ τοῦ γ. [S ἔθνους] ἡμῶν
5. 8. S τί τὸ γ. αὐτοῦ
— 12. βούλομαι, ἀδελφέ, ἐπιγνῶναι τὸ γ. σου [S *al.*]
6. 11. σὺ μόνος εἶ ἐκ τοῦ γ. αὐτῆς [S *al.*]
— 15. ὑπὲρ τοῦ λαβεῖν σε γυναῖκα ἐκ τοῦ γ. σου [S *al.*]
Ju. 5. 10. καὶ οὐκ ἦν ἀριθμὸς τοῦ γ. αὐτῶν
6. 2. καὶ εἶπας τὸ γ. Ἰσραὴλ μὴ πολεμῆσαι
— 5. ἕως οὗ ἐκδικήσω τὸ γ. τῶν ἐξ Αἰγύπτου
— 19. ἐλέησον τὴν ταπείνωσιν τοῦ γ. ἡμῶν
8. 20. οὐχ ὑπερόψεται ἡμᾶς οὐδ' ἀπὸ τοῦ γ. [S ἔθνους] ἡμῶν
— 32. εἰς γενεὰς γενεῶν υἱοῖς τοῦ γ. ἡμῶν
Ju. 9. 14. οὐκ ἔστιν ἄλλος ὑπερασπίζων τοῦ γ. Ἰσραήλ
11. 10. οὐ γὰρ ἐκδικᾶται τὸ γένος ἡμῶν
12. 3. A οὐ γάρ ἐστι μεθ' ἡ. ἐκ τοῦ γ. [B ἔθνους] σου
13. 20. διὰ τὴν ταπείνωσιν τοῦ γ. ἡμῶν
15. 9. σὺ καύχημα μέγα τοῦ γ. ἡμῶν
16. 17. οὐαὶ ἔθνεσιν ἐπανισταμένοις τῷ γ. μου
— 24. διεῖλε . . . τοῖς ἔγγιστα τοῦ γ. αὐτῆς
Es. 2. 10. οὐχ ὑπέδειξεν Ἐ. τὸ γ. αὐτῆς (6)
3. 7. ἀπολέσαι ἐν μιᾷ ἡμέρᾳ τὸ γ. Μαρδοχαίου –
— 13. ἀφανίσαι τὸ γ. τῶν Ἰουδαίων –
6. 13. εἰ ἐκ γένους Ἰουδαίων Μαρδοχαῖος (2)
8. 13. ἀντ' ὀλεθρίας τοῦ ἐκλεκτοῦ γ.
Jb. 8. 8. ἐξιχνίασον δὲ κατὰ γένος πατέρων †
● 40. 25 (30). A S[2] καὶ μεριτεύονται αὐτὸν Φοινίκων γένη [B S *al.*] –
Ec. 1. 9. A τί τὸ γ. [B S γεγονός] †
Wi. 19. 6. ἐν ἰδίῳ γένει πάλιν ἄνωθεν διετυποῦτο
— 21. κρυσταλλοειδὲς γένος ἀμβροσίας τροφῆς
Si. 13. 16. πᾶσα σὰρξ κατὰ γένος συνάγεται
Is. 22. 4. τὸ σύντριμμα τῆς θυγατρὸς τοῦ γ. μου (6)
42. 6. εἰς διαθήκην γένους [S[1] *add.* μου] (6)
43. 20. ποτίσαι [A ποτιῶ] τὸ γ. μου τὸ ἐκλεκτόν (6)
49. 6. B S εἰς διαθήκην γένους –
— 8. εἰς διαθήκην [S[1] *add.* γένους εἰς φῶς] ἐθνῶν (6)
Je. 36 (29). 32. ἐπισκέψομαι . . . ἐπὶ τὸ γ. αὐτοῦ (2)
38 (31). 1. ἔσομαι εἰς θεὸν τῷ γ. Ἰσραὴλ (5)
— 37. οὐκ ἀποδοκιμῶ τὸ γ. Ἰσραὴλ (2)
— 36. τὸ γ. Ἰσραὴλ παύσεται γενέσθαι ἔθνος (2)
43 (36). 31. ἐπισκέψομαι . . . ἐπὶ τὸ γ. αὐτοῦ (2)
48 (41). 1. ἦλθεν Ἰσμαὴλ . . . ἀπὸ γένους τοῦ βασιλέως (2)
Ba. 2. 15. ἐπεκλήθη [A -κέκληται] . . . ἐπὶ τὸ γ. αὐτοῦ
Da. LXX. 1. 3. ἐκ τοῦ βασιλικοῦ γ. (2)
— 6. ἦσαν ἐκ τοῦ γ. τῶν υἱῶν Ἰσραὴλ –
3. 5. συμφωνίας καὶ παντὸς γ. μουσικῶν (1)
6. 28 (29). ὁ Βασ. Δαρεῖος προσετέθη πρὸς τὸ γ. αὐτοῦ –
7. 14. πάντα τὰ ἔθνη τῆς γῆς κατὰ γένη –
Da. TH. 3. 5, 7, 10, 15 (B). καὶ παντὸς γ. μουσικῶν (1)
I Ma. 3. 32. καὶ ἀπὸ γένους τῆς βασιλείας
5. 2. τοῦ ἆραι τὸ γ. Ἰακώβ
12. 21. εἰσὶν ἐκ γένους Ἀβραάμ
II Ma. 1. 10. ὄντι δὲ ἀπὸ τοῦ τῶν χριστῶν ἱερέων γένους
5. 22. τοῦ κακοῦν τὸ γ.
— 22. τὸ μὲν γ. Φρύγα
6. 12. πρὸς παιδείαν τοῦ γ. ἡμῶν εἶναι
7. 16. μὴ δόκει δὲ τὸ γ. ἡμῶν ὑπὸ τοῦ θεοῦ καταλελεῖφθαι
— 28. R τὸ τῶν ἀνθρώπων γ. οὕτως γεγένηται [A γίνεται]
— 38. τὴν ἐπὶ τὸ σύμπαν ἡμῶν γ. δικαίως ἐπηγμένην
8. 9. R τὸ σύμπαν τῶν Ἰουδαίων [A πᾶν τῆς Ἰ.] ἐξᾶραι γένος
12. 31. εἰς τὰ λοιπὰ πρὸς τὸ γ. εὐμενεῖς εἶναι
14. 8. τὸ σύμπαν ἡμῶν τὸ γ. οὐ μικρῶς ἀκληρεῖ
— 9. R τοῦ περιϊσταμένου γ. ἡμῶν προνοήθητι [A προσν.]
III Ma. 1. 3. τὸ γ. Ἰουδαῖος
3. 2. φήμη δυσμενὴς ἐξήχεῖτο κατὰ τοῦ γ.
— 6. τὴν μὲν οὖν περὶ τοῦ γ. . . . εὐπραξίαν
6. 4. φέγγος ἐπιφάνας ἐλέους Ἰσραὴλ γένει
— 9. R τοῖς ἀπὸ [A ἁγίοις] Ἰσραὴλ γένους
— 13. R δύναμιν ἔχων ἐπὶ σωτηρίᾳ [A -ίαν] Ἰακὼβ γένους
7. 10. τοὺς ἐκ τοῦ γ. τῶν Ἰουδαίων
IV Ma. 5. 4. τὸ γ. ἱερεύς
12. 18. ὅπως ἵλεως γένηται τῷ γ. μου [S ἔθνει ἡ.]
17. 10. S ἐξεδίκησαν τὸ γ. [A R ἔθνος]
[Aq. Ge. 1. 12.]
[Th. Is. 51. 4.]
[Al. Ex. 1. 9 : Le. 11. 14 : 18. 6 : 25. 47 : Da. 9. 20.]

γεραιός.
III Ma. 1. 23. ὑπό τε τῶν γ. καὶ τῶν πρεσβυτέρων
3. 27. ἀπὸ γεραιοῦ μέχρι νηπίου
4. 5. R ἤγετο γὰρ γεραιῶν πλῆθος [A *al.*]
IV Ma. 4. 9. S τῶν δὲ γ. [A R ἱερέων] . . . ἱκετευσάντων
6. 2. περιέδυσαν τὸν γ.
8. 3. ἀγόμενοι μετὰ γ. μητρός
16. 1. καὶ γυνὴ καὶ γεραιὰ καὶ ἑπτὰ παίδων μήτηρ

IV Ma. 17. 9. γέρων ἱερεὺς καὶ γυνὴ γεραιά

γεραίρειν.

III Ma. 5. 17. τὸ παρὸν τῆς συμποσίας ἐπὶ πολὺ γεραιρομένους

γέρας. (1) מִשְׁחָה
Nu. 18. 8. σοὶ δέδωκα αὐτὰ εἰς γέρας (1)
Es. 3. 13. δεύτερον τῶν βασιλειῶν [A S^1 -έων] γέρας
Wi. 2. 22. οὐδὲ ἔκριναν γέρας ψυχῶν ἀμώμων

γερουσία. (1) זָקֵן
Ex. 3. 16. συνήγαγε τὴν γ. τῶν υἱῶν Ἰσραήλ (1)
— 18. εἰσελεύσῃ σὺ καὶ ἡ γ. Ἰσραήλ (1)
4. 29. συνήγαγον τὴν γ. τῶν υἱῶν Ἰσραήλ (1)
12. 21. ἐκάλεσε δὲ M. πᾶσαν γ. υἱῶν [A om.] Ἰ. (1)
24. 9. ἑβδομήκοντα τῆς γ. [A τῶν πρεσβυτέρων] Ἰ. (1)
Le. 9. 1. ἐκάλεσε M. . . . τὴν γ. Ἰσραήλ (1)
— 3. καὶ τῇ γ. Ἰσραὴλ λάλησον †
Nu. 22. 4. εἶπε Μωὰβ τῇ γ. Μαδιάμ (1)
— 7. ἐπορεύθη ἡ γ. Μωὰβ καὶ ἡ γ. Μιδιάμ (1, 1)
De. 5. 23 (20). πάντες οἱ ἡγούμ. τῶν φυλῶν ὑ. καὶ ἡ γ. ὑμῶν (1)
19. 12. ἀποστελοῦσιν ἡ γερουσία τῆς πόλεως αὐ. (1)
21. 2. ἐξελεύσεται ἡ γ. σου καὶ οἱ κριταί σου (1)
— 3. λήψεται ἡ γ. τῆς πόλεως ἐκ. δάμαλιν (1)
— 4. καταβιβάσουσιν ἡ γ. τῆς πόλ. ἐκ. δάμαλιν (1)
— 6. πᾶσα ἡ γ. τῆς πόλεως ἐκείνης (1)
— 19. ἐξάξουσιν αὐτὸν ἐπὶ τὴν γ. τῆς πόλεως (1)
22. 15. ἐξοίσουσι τὰ παρθένια τῆς παιδὸς πρὸς τὴν γ. (1)
— 16. ἐρεῖ ὁ πατὴρ τῆς παιδὸς τῇ γ. (1)
— 17. ἀναπτύξουσι τὸ ἱμάτιον ἐναντίον τῆς γ. (1)
— 18. λήψεται ἡ γ. τῆς πόλ. ἐκ. τὸν ἄνδρ. ἐκεῖνον (1)
25. 7. ἀναβήσεται ἡ γυνὴ . . . ἐπὶ τὴν γ. (1)
— 8. καλέσουσιν αὐτὸν ἡ γ. τῆς πόλεως (1)
— 9. προσελθοῦσα ἡ γυνὴ τοῦ ἀδ. αὐτοῦ ἔναντι τῆς γ. (1)
27. 1. προσέταξε Μωυσῆς καὶ ἡ γ. Ἰσραὴλ λέγων (1)
29. 10 (9). οἱ ἀρχίφυλοι ὑμῶν καὶ ἡ γ. ὑμῶν (1)
Jo. 23. 2. πάντας τοὺς υἱοὺς Ἰσραὴλ καὶ [A κατὰ] τὴν γ. αὐ. (1)
Ju. 4. 8. καὶ ἡ γ. παντὸς δήμου [A λαοῦ] Ἰσραήλ
11. 14. μετοικίσαντας αὐτοῖς τὴν ἄφεσιν παρὰ τῆς γ.
15. 8. ἡ γ. τῶν υἱῶν Ἰσραήλ
I Ma. 12. 6. καὶ ἡ γ. τοῦ ἔθνους [A al.]
II Ma. 1. 10. οἱ ἐν τῇ Ἰουδαίᾳ καὶ ἡ γ.
4. 44. οἱ πεμφθέντες τρεῖς ἄνδρες ὑπὸ τῆς γ.
11. 27. βασιλεὺς Ἀντίοχος τῇ γ. τῶν Ἰουδαίων
III Ma. 1. 8. ἀπὸ τῆς γ. καὶ τῶν πρεσβυτέρων

γέρων. (1) זָקֵן
Jb. 32. 9. οὐδ᾽ οἱ γ. οἴδασι κρίμα (1)
Pr. 17. 6. στέφανος γερόντων τέκνα τέκνων (1)
31. 23. μετὰ τῶν γ. κατοίκων τῆς γῆς [A S^2 al.] (1)
Si. 8. 9. μὴ ἀστόχει διηγήματος γερόντων
25. 2. γέροντα μοιχὸν ἐλαττούμενον συνέσει [S^2 al.]
— 5. ὡς ὡραία γερόντων σοφία
— 6. στέφανος γερόντων πολυπειρία
II Ma. 6. 1. ἐξαπέστειλεν ὁ βασ. γέροντα Ἀθηναῖον
III Ma. 4. 5. A ἤγετο γὰρ γέρων πλήρης πολιᾶς [R al.]
IV Ma. 5. 31. οὐχ οὕτως εἰμὶ γέρων ἐγὼ καὶ ἄνανδρος
6. 6. ἀπεξαίνετο ταῖς μάστιξι τὰς σάρκας ὁ γ.
— 10. ἐνίκα τοὺς βασανίζοντας ὁ γ.
7. 10. S R ὦ βασάνων βιαιότερε [A βιότ.] γέρων
— 13. γέρων ὤν
— 16. S R εἰ δὴ [A δὲ] τοίνυν γέρων ἀνὴρ [A om.] . . . περιεφρόνησε
8. 1. μὴ δυνηθεὶς ἀναγκάσαι γέροντα μιαροφαγῆσαι
— 5. τὴν αὐτὴν τῷ προβασανισθέντι γ. μανίαν
9. 6. S R εἰ δ᾽ οἱ γ. τῶν Ἑ. . . . εὐσέβησαν [A ἀπέθανον]
— 6. S R ὁ παιδευτὴς ἡμῶν [A om.] γέρων ἐνίκησε
16. 17. τὸν μὲν γ. τοῦτον ὑπομένειν τὰς . . . ἀλγηδόνας
17. 9. ἐνταῦθα γέρων ἱερεύς
[**Aq.** Is. 37. 2.]
[**Sm.** Jb. 12. 20: Ps. 118 (119). 100.]
[**Al.** Nu. 22. 7.]

γεθθῖτις.

[**Aq. Th.** Ps. 8. 1.]

γεύειν. (1) בָּלַע (2) טָעַם (3) לָעַם hi.
Ge. 25. 30. γεῦσόν με ἀπὸ τοῦ ἑψήματος (3)
I Ki. 14. 24. οὐκ ἐγεύσατο πᾶς ὁ λαὸς ἄρτου (2)
— 29. ἐγευσάμην βραχὺ τοῦ μέλιτος τούτου (2)
— 43. γευόμενος [A γευσάμενος] ἐγευσάμην . . . βραχὺ μέλι (2, 2)
II Ki. 3. 35. οὐ μὴ γεύσωμαι ἄρτου ἢ ἀπὸ παντός τινος (2)
19. 35 (36). εἰ γεύσεται ὁ δοῦλός σου ἔτι ὃ φάγομαι (2)
I Es. 9. 2. ἄρτου οὐκ ἐγεύσατο οὐδὲ ὕδωρ ἔπιε
To. 2. 4. πρὶν ἢ γεύσασθαί με
7. 11. οὐ γεύομαι [A γεύσ.] οὐδέν [S al.]
Jb. 12. 11. λάρυγξ δὲ σῖτα γεύεται (2)
20. 18. πλοῦτον [A σχοίῃ δὲ πλ.] ἐξ οὗ οὐ γεύσεται (1)
34. 3. λάρυγξ γεύεται βρῶσιν (2)
Ps. 33 (34). 8. γεύσασθε καὶ ἴδετε (2)
Pr. 31. 18. ἐγεύσατο ὅτι καλόν ἐστι τὸ ἐργάζεσθαι (2)
Si. 36. 24 (21). φάρυγξ γεύεται [S γεύσ.] βρώματα θήρας
Jn. 3. 7. μὴ γευσάσθωσαν [A γευέσθ.] μηδέν (2)
II Ma. 6. 20. ὧν οὐ θέμις γεύσασθαι

γεῦμα. (1) טַעַם
Ex. 16. 31. τὸ δὲ γ. αὐτοῦ ὡς ἐγκρὶς ἐν μέλιτι (1)
Nu. 11. 8. ὡσεὶ γεῦμα ἐγκρὶς ἐξ ἐλαίου (1)
Jb. 6. 6. εἰ δὲ καὶ ἔστι γ. ἐν ῥήμασι κενοῖς (1)
Je. 31 (48). 11. ἔστη γ. αὐτοῦ ἐν αὐτῷ (1)
II Ma. 13. 18. A εἰληφὼς γεῦμα [R γεῦσιν] τῆς τῶν Ἰ. εὐτολμίας
[**Aq. Quint.** Ps. 33 (34). 1.]
[**Th.** Pr. 26. 16.]

γεῦσις. (1) טַעַם
Wi. 16. 2. εἰς ἐπιθυμίαν ὀρέξεως ξένην γεῦσιν [S^1 -σεως]
— 3. ξένης μετάσχωσι γεύσεως
— 20. πρὸς πᾶσαν ἁρμόνιον [S -αν] γεῦσιν
Da. TH. 5. 2. εἶπεν ἐν τῇ γ. τοῦ οἴνου (1)
II Ma. 13. 18. R εἰληφὼς γεῦσιν [A γεῦμα] τῆς τῶν Ἰ. εὐτολμίας

γέφυρα. (1) τιθέναι γέφυραν קוּר
Is. 37. 25. ἔθηκα γέφυραν (1)

γεφυροῦν.

II Ma. 12. 13. ἐπί τινα πόλιν γεφυροῦν ὀχυράν

γεώδης (γαι.)
Wi. 9. 15. βρίθει τὸ γ. [A γαι.] σκῆνος νοῦν πολυφροντίδα
15. 13. ὕλης γεώδους εὔθραυστα [A S -αστα] σκεύη

γεωμετρία.

Is. 34. 11. σπαρτίον γεωμετρίας ἐρήμου –

γεωμετρικός. (1) מִדָּה
Za. 2. 1 (5). ἐν τῇ χειρὶ αὐτοῦ σχοινίον γεωμετρικόν (1)

γεωργεῖν. (1) עָשָׂה מְלֶאכֶת הַשָּׂדֶה
I Ch. 27. 26. ἐπὶ τῶν γεωργούντων τὴν γῆν (1)
I Es. 4. 6. ἀλλὰ γεωργοῦσι τὴν γῆν
I Ma. 14. 8. ἦσαν γεωργοῦντες τὴν γῆν αὐτῶν
[**Sm.** II Ki. 9. 10.]

γεωργία.

Si. 7. 15. μὴ μισήσῃς . . . γεωργίαν ὑπὸ ὑψίστου ἐκτισμένην
II Ma. 12. 1. οἱ δὲ Ἰουδαῖοι περὶ τὴν γ. ἐγίνοντο

γεώργιον. (1) עֲבֻדָּה (2) צֶמֶד (3) שָׂדֶה
Ge. 26. 14. καὶ γεώργια πολλά (1)
Pr. 6. 7. ἐκείνῳ [A S^2 -ου] γὰρ γεωργίου μὴ ὑπάρχοντος †
9. 12. τοὺς δὲ ἄξονας τοῦ ἰδίου γ. πεπλάνηται –
16. 32. A S^2 ἀνὴρ φρόνησιν ἔχων γεωργίου μεγάλου –
24. 5. ἀνὴρ φρόνησιν ἔχων γεωργίου μεγάλου †
— 45 (30). ὥσπερ γεώργιον ἀνὴρ ἄφρων (3)
31. 16. θεωρήσασα γεώργιον ἐπρίατο (3)
Si. 27. 6. γεώργιον ξύλου ἐκφαίνει ὁ καρπὸς αὐ.
Je. 28 (51). 23. διασκορπιῶ ἐν σοὶ γεωργὸν καὶ τὸ γ. αὐ. (2)

γεωργός. (1) אֹהֵב הָאֲדָמָה (2) ἄνθρωπος γ. γῆς אִישׁ הָאֲדָמָה (3) אִכָּר (4) יָגֵב (5) עָבַד
Ge. 9. 20. ἤρξατο Νῶε ἄνθρωπος γεωργὸς γῆς (2)
Ge. 49. 15. καὶ ἐγενήθη ἀνὴρ γ. (5)
II Ch. 26. 10. ὅτι γ. [A φιλογεωργὸς] ἦν (1)
Wi. 17. 17. εἴ τε γὰρ γ. ἦν τις ἢ [S^1 om.] ποιμήν
Am. 5. 16. κληθήσεται γεωργὸς εἰς πένθος (3)
Jl. 1. 11. ἐξηράνθησαν [S^2 κατῃσχύνθ.] γεωργοί (3)
Je. 14. 4. ᾐσχύνθησαν οἱ γ. (3)
28 (51). 23. διασκορπιῶ ἐν σοὶ γεωργόν (3)
38 (31). 24. ἐνοικοῦντες . . . ἅμα γεωργῷ (3)
52. 16. κατέλιπεν . . . εἰς γεωργούς (4)
[**Aq. Th.** Is. 61. 5.]
[**Sm.** Ps. 140 (141). 7.]
[**Sam.** Ge. 49. 15.]

γῆ. (1) אֲדָמָה (2) *a.* אֲרַע *b.* אֲרַק *c.* אֶרֶץ (3) בּוֹר (4) בַּר (5) גְּבוּל (6) גּוֹי (7) *a.* גַּי *b.* גַּיְא (8) דֶּרֶךְ (9) הַר (10) חֶלֶד (11) חָרָבָה (12) *a.* יַבָּשָׁה *b.* יַבֶּשֶׁת (13) מָקוֹם (14) עִיר (15) עַם (16) עֵמֶק (17) עָפָר (18) ἀπὸ τῆς γ. φωνεῖν צִפְצֵף pilp. (19) שָׂדֶה (20) תֵּבֵל (21) תְּהוֹם (22) ἄνθρωπος γεωργὸς γῆς אִישׁ הָאֲדָמָה (23) γῆ ἄνυδρος *a.* יְשִׁימוֹן *b.* מִדְבָּר *c.* עֲרָבָה (24) ἐκ τῆς γ. φωνεῖν אוֹב (25) γῆ διψῶσα *a.* עֲרָבָה *b.* צִמָּאוֹן *c.* יְשִׁימוֹן
Ge. 1. 1. ἐποίησεν ὁ θεὸς τὸν οὐρ. καὶ τὴν γ. (2 *c*)
— 2. ἡ δὲ γ. ἦν ἀόρατος (2 *c*)
— 10. ἐκάλεσεν ὁ θεὸς τὴν ξηράν, γῆν (2 *c*)
— 11. βλαστησάτω ἡ γ. βοτάνην χόρτου (2 *c*)
— 11. A κατὰ γένος εἰς ὁμοιότητα [R om. εἰς ὁ.] ἐπὶ τῆς γ. (2 *c*)
— 12. ἐξήνεγκεν ἡ γ. βοτάνην χόρτου (2 *c*)
— 12. κατὰ γένος ἐπὶ τῆς γ. –
— 14. R εἰς φαῦσιν ἐπὶ [A om.] τῆς γ. –
— 15, 17. ὥστε φαίνειν ἐπὶ τῆς γ. (2 *c*)
— 20. πετεινὰ πετόμενα ἐπὶ τῆς γ. (2 *c*)
— 22. τὰ πετεινὰ πληθυνέσθωσαν ἐπὶ τῆς γ. (2 *c*)
— 24. ἐξαγαγέτω ἡ γ. ψυχὴν ζῶσαν (2 *c*)
— 24. καὶ θηρία τῆς γ. κατὰ γένος (2 *c*)
— 25. τὰ θηρία τῆς γ. κατὰ γένος (2 *c*)
— 25. πάντα τὰ ἑρπετὰ τῆς γ. κατὰ γένος (1)
— 26. καὶ τῶν κτηνῶν καὶ πάσης τῆς γ. (2 *c*)
— 26. τῶν ἑρπετῶν τῶν ἑρπόντων ἐπὶ τῆς γ. (2 *c*)
— 28. πληρώσατε τὴν γ. (2 *c*)
— 28. ἄρχετε . . . πάσης τῆς γ. καὶ π. τῶν ἑρπετῶν τῶν ἑρπόντων ἐπὶ τῆς γ. (–, 2 *c*)
— 29. ὅ ἐστιν ἐπάνω πάσης τῆς γ. (2 *c*)
— 30. πᾶσι τοῖς θηρίοις τῆς γ. (2 *c*)
— 30. παντὶ ἑρπετῷ τῷ ἕρποντι ἐπὶ τῆς γ. (2 *c*)
2. 1. συνετελέσθησαν ὁ οὐρανὸς καὶ ἡ γ. (2 *c*)
— 4. αὕτη ἡ βίβλος γενέσεως οὐρανοῦ καὶ γῆς (2 *c*)
— 4. ἐποίησε κ. ὁ θ. τὸν οὐρ. καὶ τὴν γ. (2 *c*)
— 5. πρὸ τοῦ γενέσθαι ἐπὶ τῆς γ. (2 *c*)
— 5. οὐ γὰρ ἔβρεξεν ὁ θεὸς ἐπὶ τὴν γ. (2 *c*)
— 5. A ἐργάζεσθαι τὴν γ. [R αὐτήν] (1)
— 6. πηγὴ δὲ ἀνέβαινεν ἐκ τῆς γ. (2 *c*)
— 6. ἐπότιζε πᾶν τὸ πρόσωπον τῆς γ. (1)
— 7. ἔπλασεν ὁ θ. ἄνθρωπον χοῦν ἀπὸ τῆς γ. (1)
— 9. ἐξανέτειλεν ὁ θ. ἔτι ἐκ τῆς γ. πᾶν ξύλον (1)
— 11. οὗτος ὁ κυκλῶν πᾶσαν τὴν γ. Εὐ. (2 *c*)
— 12. τὸ δὲ χρυσίον τῆς γ. ἐκείνης καλόν (2 *c*)
— 13. οὗτος ὁ κυκλῶν πᾶσαν τὴν γ. Αἰθ. (2 *c*)
— 19. ἔπλασεν ὁ θ. ἔτι ἐκ τῆς γ. π. τὰ θηρία (1)
3. 1. πάντων τῶν θηρίων τῶν ἐπὶ τῆς γ. (19)
— 14. ἀπὸ πάντων τῶν θηρίων τῶν ἐπὶ τῆς γ. (19)
— 14. γῆν φαγῇ πάσας τὰς ἡμέρας τῆς ζωῆς σου (17)
— 17. ἐπικατάρατος ἡ γ. ἐν τοῖς ἔργοις σου (1)
— 19. ἕως τοῦ ἀποστρέψαι σε εἰς τὴν γ. (1)
— 19. γ. εἶ καὶ εἰς γῆν ἀπελεύσῃ (17, 17)
— 23. ἐργάζεσθαι τὴν γ. (1)
4. 2. Κάϊν δὲ ἦν ἐργαζόμενος τὴν γ. (1)
— 3. ἤνεγκε Κάϊν ἀπὸ τῶν καρπῶν τῆς γ. (1)
— 10. βοᾷ πρός με ἐκ τῆς γ. (1)
— 11. A ἐπικατάρατος σὺ ἐπὶ [R ἀπὸ] τῆς γ. (1)
— 12. A ὅτι [R ὅτε] ἐργᾷ τὴν γ. (1)
— 12. στένων καὶ τρέμων ἔσῃ ἐπὶ τῆς γ. (2 *c*)
— 14. εἰ ἐκβαλεῖς με . . . ἀπὸ προσώπου τῆς γ. (1)
— 14. ἔσομαι στένων καὶ τρέμων ἐπὶ τῆς γ. (2 *c*)
— 16. ᾤκησεν ἐν γῇ Ναΐδ (2 *c*)

● = correction on page xxv

Ge. 5. 29. ἀπὸ τῆς γ. ἧς κατηράσατο κ. ὁ θ. (1)
6. 1. πολλοὶ γίνεσθαι ἐπὶ τῆς γ. (1)
— 4. οἱ δὲ γίγαντες ἦσαν ἐπὶ τῆς γ. (2 c)
— 5. ἐπληθύνθησαν αἱ κακίαι τῶν ἀν. ἐπὶ τῆς γ. (2 c)
— 6. ἐποίησε τὸν ἄνθρωπον ἐπὶ τῆς γ. (2 c)
— 7. ἀπαλείψω . . . ἀπὸ προσώπου τῆς γ. (1)
— 11. ἐφθάρη δὲ ἡ γ. ἐναντίον τοῦ θ. καὶ ἐπλήσθη ἡ γ. ἀδικίας (2 c, 2 c)
— 12. εἶδε κύριος ὁ θεὸς τὴν γ. (2 c)
— 12. τὴν ὁδὸν αὐτοῦ ἐπὶ τῆς γ. (2 c)
— 13. ἐπλήσθη ἡ γ. ἀδικίας ἀπ' αὐτῶν (2 c)
— 13. καταφθείρω αὐτοὺς καὶ τὴν γ. (2 c)
— 17. ἐπάγω τὸν κατακλυσμὸν ὕδωρ ἐπὶ τὴν γ. (2 c)
— 17. ὅσα ἐὰν ᾖ ἐπὶ τῆς γ. (2 c)
— 20. ἀπὸ π. τῶν ἑρπετῶν τῶν ἑρπόντων ἐπὶ τῆς γ. (1)
7. 3. διαθρέψαι σπέρμα ἐπὶ πᾶσαν τὴν γ. (2 c)
— 4. ἐπάγω ὑετὸν ἐπὶ τὴν γ. (2 c)
— 4. A ἐξαλείψω . . . ἀπὸ προσώπου [R *add.* πάσης] τῆς γ. (1)
— 6. A κατακλυσμὸς ἦν ἐπὶ τῆς γ. [R *al.*] (2 c)
— 8. ἀπὸ πάντων τῶν ἑρπόντων ἐπὶ τῆς γ. (1)
— 10. τὸ ὕδωρ τοῦ κατακλυσμοῦ ἐγένετο ἐπὶ τῆς γ. (2 c)
— 12. καὶ ἐγένετο ὁ ὑετὸς ἐπὶ τῆς γ. (2 c)
— 14. πᾶν ἑρπετὸν κινούμενον ἐπὶ τῆς γ. (2 c)
— 17. A ἐγένετο ὁ κατακλυσμὸς ἐπὶ τῆς γ. [R *om.*] τεσσεράκ. ἡμ. καὶ τ. νύκτας ἐπὶ τῆς γ. (–, 2 c)
— 17. τὸ ὕδωρ . . . ὑψώθη ἀπὸ τῆς γ. (2 c)
— 18. ἐπληθύνετο σφόδρα ἐπὶ τῆς γ. (2 c)
— 19. τὸ δὲ ὕδωρ ἐπεκράτει . . . ἐπὶ τῆς γ. (2 c)
— 21. πᾶσα σὰρξ κινουμένη ἐπὶ τῆς γ. (2 c)
— 21. πᾶν ἑρπετὸν κινούμενον ἐπὶ τῆς γ. (2 c)
— 23. A ὃ ἦν ἐπὶ προσώπου πάσης [R *om.*] τῆς γ. (1)
— 23. ἐξηλείφθησαν ἀπὸ τῆς γ. (2 c)
— 24. ὑψώθη τὸ ὕδωρ ἐπὶ τῆς γ. (2 c)
8. 1. ἐπήγαγεν ὁ θ. πνεῦμα ἐπὶ τὴν γ. (2 c)
— 3. ἐνεδίδου τὸ ὕδωρ πορευόμ. ἀπὸ τῆς γ. (2 c)
— 7. ἕως τοῦ ξηρανθῆναι τὸ ὕδωρ ἀπὸ τῆς γ. (2 c)
— 8. εἰ κεκόπακε τὸ ὕδωρ ἀπὸ τῆς γ. (1)
— 9. A ἐπὶ παντὶ προσώπῳ πάσης τῆς γῆς [R *al.*] (2 c)
— 11. κεκόπακε τὸ ὕδωρ ἀπὸ τῆς γ. (2 c)
— 13. ἐξέλιπε τὸ ὕδωρ ἀπὸ τῆς γ. (2 c)
— 13. ἐξέλιπε τὸ ὕδωρ ἀπὸ προσώπου τῆς γ. (1)
— 14. ἐξηράνθη ἡ γ. (2 c)
— 17. πᾶν ἑρπετὸν κινούμ. ἐπὶ τῆς γ. (2 c)
— 17. πληθύνεσθε ἐπὶ τῆς γ. (2 c)
— 19. πᾶν ἑρπετὸν κινούμενον ἐπὶ τῆς γ. (2 c)
— 21. τοῦ καταράσασθαι τὴν γ. (1)
— 22. πάσας τὰς ἡμέρας τῆς γ. (2 c)
9. 1. πληρώσατε τὴν γ. (2 c)
— 2. ἐπὶ πᾶσι τοῖς θηρίοις τῆς γ. (2 c)
— 2. ἐπὶ πάντα τὰ κινούμ. ἐπὶ τῆς γ. (1)
— 7. A πληρώσατε τὴν γ. καὶ πληθύνεσθε ἐπὶ τῆς γ. [R *al.*] (2 c, –)
— 10. καὶ πᾶσι τοῖς θηρίοις τῆς γ. (2 c)
— 11. τοῦ καταφθεῖραι πᾶσαν τὴν γ. (2 c)
— 13. ἀνὰ μέσον ἐμοῦ καὶ τῆς γ. (2 c)
— 14. ἐν τῷ συννεφεῖν με νεφέλας ἐπὶ τὴν γ. (2 c)
— 16. R ἀνὰ μέσον ἐμοῦ καὶ τῆς γ. [A *om.* κ. τ. γ.] –
— 16. ἐν πάσῃ σαρκὶ ἥ ἐστιν ἐπὶ τῆς γ. (2 c)
— 17. ἀνὰ μέσον πάσης σαρκὸς ἥ ἐστιν ἐπὶ τῆς γ. (2 c)
— 19. ἀπὸ τούτων διεσπάρησαν ἐπὶ πᾶσαν τὴν γ. (2 c)
— 20. ἤρξατο Νῶε ἄνθρωπος γεωργὸς γῆς (22)
10. 5. ἀφωρίσθησαν . . . ἐν τῇ γ. αὐτῶν (2 c)
— 8. οὗτος ἤρξατο εἶναι γίγας ἐπὶ τῆς γ. (2 c)
— 10. ἐν τῇ γ. Σεννααρ (2 c)
— 11. ἐκ τῆς γ. ἐκείνης ἐξῆλθεν Ἀσσούρ (2 c)
— 25. ἐν ταῖς ἡμέραις αὐτοῦ διεμερίσθη ἡ γ. (2 c)
— 32. διεσπάρησαν νῆσοι τῶν ἐθνῶν ἐπὶ τῆς γῆς (2 c)
11. 1. καὶ ἦν πᾶσα ἡ γ. χεῖλος ἕν (2 c)
— 2. εὗρον πεδίον ἐν γῇ Σενναάρ (2 c)
— 4. ἐπὶ προσώπου πάσης τῆς γ. (2 c)
— 8. ἐπὶ πρόσωπον πάσης τῆς γ. (2 c)
— 9. ἐκεῖ συνέχεε κ. τὰ χείλη πάσης τῆς γ. (2 c)
— 9. ἐπὶ πρόσωπον πάσης τῆς γ. (2 c)
— 28. ἐν τῇ γ. ᾗ ἐγεννήθη (2 c)
— 31. πορευθῆναι εἰς τὴν γ. Χαναάν (2 c)
— 32. R αἱ ἡμέραι Θάρρα ἐν γῇ [A *om.*] Χαρράν –

Ge. 12. 1. ἔξελθε ἐκ τῆς γ. σου (2 c)
— 1. εἰς τὴν γ. ἣν ἄν σοι δείξω (2 c)
— 3. πᾶσαι αἱ φυλαὶ τῆς γ. (1)
— 5. ἐξήλθοσαν πορευθῆναι εἰς γῆν Χαναάν (2 c)
— 5. A ἦλθον εἰς γῆν Χαναάν (2 c)
— 6. R διώδευσεν Ἀβρὰμ τὴν γ. [A *om.* τ. γ.] (2 c)
— 6. οἱ δὲ Χαναναῖοι τότε κατῴκουν τὴν γ. (2 c)
— 7. τῷ σπέρματί σου δώσω τὴν γ. ταύτην (2 c)
— 10. καὶ ἐγένετο λιμὸς ἐπὶ τῆς γ. (2 c)
— 10. ὅτι ἐνίσχυσεν ὁ λιμὸς ἐπὶ τῆς γ. (2 c)
13. 6. οὐκ ἐχώρει αὐτοὺς ἡ γ. κατοικεῖν ἅμα (2 c)
— 6. R οὐκ ἐχώρει αὐτοὺς ἡ γ. κατοικεῖν ἅμα [A *al.*] †
— 7. τότε κατῴκουν τὴν γ. (2 c)
— 9. πᾶσα ἡ γ. ἐναντίον σου (2 c)
— 10. καὶ ὡς ἡ γ. Αἰγύπτου (2 c)
— 12. Ἀβρὰμ δὲ κατῴκησεν ἐν γῇ Χαναάν (2 c)
— 15. πᾶσαν τὴν γ. ἣν σὺ ὁρᾷς (2 c)
— 16. ὡς τὴν ἄμμον τῆς γ. (2 c)
— 16. ἐξαριθμῆσαι τὴν ἄμμον τῆς γ. (2 c)
— 17. ἀναστὰς διόδευσον τὴν γ. (2 c)
14. 19, 22. ὃς ἔκτισε τὸν οὐρανὸν καὶ τὴν γ. (2 c)
15. 7. δοῦναί σοι τὴν γ. ταύτην (2 c)
— 13. πάροικον . . . ἐν γ. οὐκ ἰδίᾳ (2 c)
— 18. R τῷ σπέρματί σου δώσω τὴν γ. ταύτην (2 c)
16. 3. τοῦ οἰκῆσαι Ἀβρὰμ ἐν γῇ Χαναάν (2 c)
17. 8. τὴν γ. ἣν παροικεῖς πᾶσαν τὴν γ. Χαναάν (2 c, 2 c)
18. 2. προσεκύνησεν ἐπὶ τὴν γῆν (2 c)
— 18. πάντα τὰ ἔθνη τῆς γ. (2 c)
— 25. ὁ κρίνων πᾶσαν τὴν γ. (2 c)
— 27. ἐγὼ δέ εἰμι γῆ καὶ σποδός (17)
19. 1. προσεκύνησε τῷ προσώπῳ ἐπὶ τὴν γ. (2 c)
— 23. ὁ ἥλιος ἐξῆλθεν ἐπὶ τὴν γ. (2 c)
— 25. τὰ ἀνατέλλοντα ἐκ τῆς γ. (1)
— 28. A ἐπὶ πρόσωπον τῆς γ. [R *om.* τ. γ.] τῆς περιχώρου (2 c)
— 28. A ἀνέβαινεν φλὸξ [R *add.* ἐκ] τῆς γ. (2 c)
— 31. οὐδείς ἐστιν ἐπὶ τῆς γ. (2 c)
— 31. ὡς καθήκει πάσῃ τῇ γ. (2 c)
20. 1. εἰς γῆν πρὸς λίβα (2 c)
— 15. ἰδοὺ ἡ γ. μου ἐναντίον σου (2 c)
21. 21. A ἔλαβεν αὐτῷ . . . γυναῖκα ἐκ γῆς [R Φαρὰν] Αἰ. (2 c)
— 23. καὶ τῇ γ. ᾗ σὺ παρῴκησας ἐν αὐτῇ (2 c)
— 32. εἰς τὴν γ. τῶν Φυλιστιείμ (2 c)
— 34. ἐν τῇ γ. τῶν Φυλιστιείμ (2 c)
22. 2. πορεύθητι εἰς τὴν γ. τὴν ὑψηλήν (2 c)
— 18. R πάντα τὰ ἔθνη τῆς γ. [A *om.* τ. γ.] (2 c)
23. 2. Χεβρὼν ἐν τῇ γ. Χαναάν (2 c)
— 7. προσεκύνησε τῷ λαῷ τῆς γ. (2 c)
— 12. ἐναντίον τοῦ λαοῦ τῆς γ. (2 c)
— 13. A ἐναντίον παντὸς [R *om.*] τοῦ λαοῦ τῆς γ. (2 c)
— 15. R γῆ [A *om.*] τετρακοσίων διδράχμων (2 c)
— 19. Χεβρὼν ἐν τῇ γ. Χαναάν (2 c)
24. 3. R τὸν θεὸν τοῦ οὐρανοῦ καὶ τὸν θεὸν [A *om.* τ. θ.] τῆς γ. (2 c)
— 4. A εἰς τὴν γ. μου οὗ ἐγενόμην [R *al.*] (2 c)
— 5. πορευθῆναι μετ' ἐμοῦ ὀπίσω εἰς τὴν γ. ταύτην (2 c)
— 5. εἰς τὴν γ. ὅθεν ἐξῆλθες ἐκεῖθεν (2 c)
— 7. κ. ὁ θ. τοῦ οὐρ. καὶ ὁ θ. τῆς γ. –
— 7. A S ἐκ τῆς γ. ἧς ἐγενήθην [R ἐγενν.] (2 c)
— 7. σοὶ δώσω τὴν γ. ταύτην (2 c)
— 8. πορευθῆναι μετὰ σοῦ εἰς τὴν γ. ταύτην –
— 37. ἐν οἷς ἐγὼ παροικῶ ἐν τῇ γ. αὐ. (2 c)
— 52. προσεκύνησεν ἐπὶ τὴν γ. κυρίῳ (2 c)
— 62. κατῴκει ἐν τῇ γ. τῇ πρὸς λίβα (2 c)
25. 6. πρὸς ἀνατολὰς εἰς γῆν ἀνατολῶν (2 c)
26. 1. ἐγένετο δὲ λιμὸς ἐπὶ τῆς γ. (2 c)
— 2. κατοίκησον ἐν τῇ γ. (2 c)
— 3. καὶ παροίκει ἐν τῇ γ. ταύτῃ (2 c)
— 3. δώσω πᾶσαν τὴν γ. ταύτην (2 c)
— 4. δώσω . . . πᾶσαν τὴν γ. ταύτην (2 c)
— 4. πάντα τὰ ἔθνη τῆς γ. (2 c)
— 12. ἔσπειρε δὲ Ἰ. ἐν τῇ γ. ἐκείνῃ (2 c)
— 15. καὶ ἔπλησαν αὐτὰ γῆς (17)
— 22. καὶ ηὔξησεν ἡμᾶς ἐπὶ τῆς γ. (2 c)
27. 28. καὶ ἀπὸ τῆς πιότητος τῆς γ. (2 c)
— 39. ἀπὸ τῆς πιότητος τῆς γ. (2 c)
— 46. ἀπὸ τῶν θυγατέρων τῆς γ. ταύτης (2 c)
28. 4. κληρονομῆσαι τὴν γ. τῆς παροικήσεως (2 c)
— 12. κλῖμαξ ἐστηριγμένη ἐν τῇ γ. (2 c)
— 13. ἡ γ. ἐφ' ἧς σὺ καθεύδεις ἐπ' αὐτῆς (2 c)
— 14. R ὡς ἡ ἄμμος τῆς γ. [A θαλάσσης] (2 c)

Ge. 28. 14. πᾶσαι αἱ φυλαὶ τῆς γ. (1)
— 15. ἀποστρέψω σε εἰς τὴν γ. ταύτην (1)
29. 1. ἐπορεύθη εἰς γῆν ἀνατολῶν (2 c)
30. 25. εἰς τὸν τόπον μου καὶ εἰς τὴν γ. μου (2 c)
31. 3. ἀποστρέφου εἰς τὴν γ. τοῦ πατρός σου (2 c)
— 13. A ἄπελθε [R ἔξελθε] ἐκ τῆς γ. ταύτης (2 c)
— 13. ἄπελθε εἰς τὴν γ. τῆς γενέσεώς σου (2 c)
— 18. ἀπελθεῖν . . . εἰς γῆν Χαναάν (2 c)
32. 3 (4). εἰς γῆν Σηεὶρ εἰς χώραν Ἐδώμ (2 c)
— 9 (10). ἀπότρεχε εἰς τὴν γ. τῆς γενέσεώς σου (2 c)
33. 3. προσεκύνησεν ἐπὶ τὴν γ. ἑπτάκις (2 c)
— 18. ἥ ἐστιν ἐν γῇ Χαναάν (2 c)
34. 2. Ἐμμὼρ . . . ὁ ἄρχων τῆς γ. (2 c)
— 10. καὶ ἰδοὺ ἡ γ. πλατεῖα ἐναντίον ὑμῶν (2 c)
— 21. μεθ' ἡμῶν οἰκείτωσαν ἐπὶ τῆς γ. (2 c)
— 21. ἡ δὲ γ. ἰδοὺ πλατεῖα ἐναντίον αὐτῶν (2 c)
— 30. τοῖς κατοικοῦσι τὴν γ. (2 c)
35. 6. ἥ ἐστιν ἐν γῇ Χαναάν (2 c)
— 12. τὴν γ. ἣν δέδωκα Ἀ. καὶ Ἰ. (2 c)
— 12. τῷ σπ. σου μετὰ σὲ δώσω τὴν γ. ταύτην (2 c)
— 16. A ἤγγισεν Χαβραθὰ εἰς γῆν ἐλθεῖν Ἐφραθᾶ [R *al.*] (2 c)
— 21 (22). ἡνίκα κατῴκησεν Ἰ. ἐν τῇ γ. ἐκείνῃ (2 c)
— 27. Χεβρὼν ἐν γῇ Χαναάν –
36. 5. οἳ ἐγένοντο αὐτῷ ἐν γῇ Χαναάν (2 c)
— 6. ὅσα περιεποιήσατο ἐν γῇ Χαναάν (2 c)
— 6. A ἐπορεύθη [R *add.* Ἡσαῦ] ἐκ γῆς Χ. (2 c)
— 7. ἡ γ. τῆς παροικήσεως αὐτῶν (2 c)
— 16. ἡγεμόνες Ἐλιφὰς ἐν γῇ Ἰδουμαίᾳ (2 c)
— 17. ἡγεμόνες Ῥαγουὴλ ἐν γῇ Ἐδώμ (2 c)
— 20. τοῦ κατοικοῦντος τὴν γ. (2 c)
— 21. τοῦ υἱοῦ Σηεὶρ ἐν τῇ γ. Ἐδώμ (2 c)
— 30. ἐν ταῖς ἡγεμονίαις αὐτῶν ἐν γῇ Ἐδώμ (2 c)
— 34. Ἀσὼμ ἐκ τῆς γ. Θαιμανών (2 c)
— 43. ἐν τῇ γ. τῆς κτήσεως αὐτῶν (2 c)
37. 1. ἐν τῇ γ. οὗ παρῴκησεν ὁ πατὴρ αὐ. ἐν γῇ Χαναάν (2 c, 2 c)
— 10. προσκυνῆσαί σοι ἐπὶ τὴν γ. (2 c)
38. 9. ἐξέχεεν ἐπὶ τὴν γ. (2 c)
40. 15. κλοπῇ ἐκλάπην ἐκ γῆς Ἑβραίων (2 c)
41. 19. R ἐν ὅλῃ γῇ [A *om.*] Αἰγύπτῳ [R -ου] (2 c)
— 29. A ἐν πάσῃ γ. Αἰγύπτῳ [R -ου] (2 c)
— 30. A ἐν ὅλῃ τῇ γ. [R *om.* τ. γ.] Αἰγύπτῳ (2 c)
— 30. ἀναλώσει ὁ λιμὸς τὴν γ. (2 c)
— 31. οὐκ ἐπιγνωσθήσεται ἡ εὐθηνία ἐπὶ τῆς γ. (2 c)
— 33. ἐπὶ τῆς γ. Αἰγύπτου (2 c)
— 34. τοπάρχας ἐπὶ τῆς γ. (2 c)
— 34. πάντα τὰ γεννήματα τῆς γ. Αἰγ. (2 c)
● — 36. ἔσται τὰ βρώματα . . . τῃ γ. (2 c)
— 36. R ἐν γῇ Αἰγύπτου [A -ῳ] (2 c)
— 36. οὐκ ἐκτριβήσεται ἡ γ. ἐν τῷ λιμῷ (2 c)
— 41. A ἐπὶ πάσης γῆς [R πάσῃ γῇ] Αἰγ. (2 c)
— 43. ἐφ' ὅλης τῆς γ. Αἰγύπτου (2 c)
— 44. A ἐπὶ πάσῃ γ. [R πάσης γ.] Αἰγύπτου (2 c)
— 46. διῆλθε πᾶσαν γ. Αἰγύπτου (2 c)
— 47. καὶ ἐποίησεν ἡ γ. . . . δράγματα (2 c)
— 48. ἐν οἷς ἦν ἡ εὐθηνία ἐν γῇ Αἰγ. (2 c)
— 52. ἐν γῇ ταπεινώσεώς μου (2 c)
— 53. A ἃ ἐγένετο ἐν γῇ Αἰγύπτῳ [R *al.*] (2 c)
— 54. ἐγένετο λιμὸς ἐν πάσῃ τῇ γ. (2 c)
— 54. A ἐν δὲ πάσῃ γ. Αἰγύπτου [R *al.*] (2 c)
— 55. καὶ ἐπείνασε πᾶσα ἡ γ. Αἰγύπτου (2 c)
— 56. ἐπὶ προσώπου πάσης τῆς γ. (2 c)
— 57. ἐπεκράτησε γὰρ ὁ λιμὸς ἐν πάσῃ τῇ γ. (2 c)
42. 5. ἦν γὰρ ὁ λιμὸς ἐν γῇ Χαναάν (2 c)
— 6. Ἰωσὴφ δὲ ἦν ἄρχων τῆς γ. (2 c)
— 6. οὗτος ἐπώλει παντὶ τῷ λαῷ τῆς γ. (2 c)
— 6. προσεκύνησαν αὐτῷ ἐπὶ πρόσωπον ἐπὶ τὴν γ. (2 c)
— 7. ἐκ γῆς Χαναάν (2 c)
— 12. τὰ ἴχνη τῆς γ. ἤλθετε ἰδεῖν (2 c)
— 13. ἀδελφοὶ ἐν γῇ Χαναάν (2 c)
— 29. ἦλθον δὲ . . . εἰς γῆν Χαναάν (2 c)
— 30. ὁ ἄνθρωπος ὁ κύριος τῆς γ. (2 c)
— 30. ὡς κατασκοπεύοντας τὴν γ. (2 c)
— 32. A μετὰ τοῦ πατρὸς . . . εἰς γῆν [R ἐν γῇ] Χαναάν (2 c)
— 33. ὁ ἄνθρωπος ὁ κύριος τῆς γ. (2 c)
— 34. καὶ τῇ γ. ἐμπορεύεσθε (2 c)
43. 1. ὁ δὲ λιμὸς ἐνίσχυσεν ἐπὶ τῆς γ. (2 c)
— 3. R ὁ ἄνθρωπος ὁ κύριος τῆς γ. [A *om.* ὁ κ. τ. γ.] –
— 11. λάβετε ἀπὸ τῶν καρπῶν τῆς γ. (2 c)
— 26. προσεκύνησαν αὐτῷ ἐπὶ πρόσωπον ἐπὶ τὴν γ. (2 c)

● = correction on page xxv

Ge. 44. 8. ἀπεστρέψαμεν πρὸς σὲ ἐκ γῆς Χαναάν (2 c)
— 11. καθεῖλαν . . . τὸν μάρσιππον αὐ. ἐπὶ τὴν γ. (2 c)
— 14. ἔπεσον ἐναντίον αὐτοῦ ἐπὶ τὴν γ. (2 c)
45. 6. λιμὸς ἐπὶ τῆς γ. (2 c)
— 7. ὑπολείπεσθαι ὑμῖν κατάλειμμα ἐπὶ τῆς γ. (2 c)
— 8. ἄρχοντα πάσης γ. Αἰγύπτου (2 c)
— 9. κύριον πάσης γ. Αἰγύπτου –
— 10. κατοικήσεις ἐν γῇ Γεσὲμ Ἀραβίας (2 c)
— 17. ἀπέλθετε εἰς γῆν Χαναάν (2 c)
— 18. φάγεσθε τὸν μυελὸν τῆς γ. (2 c)
— 19. ἁμάξας ἐκ γῆς Αἰγύπτου (2 c)
— 25. ἦλθον εἰς γῆν Χαναάν (2 c)
— 26. ἄρχει πάσης τῆς γ. Αἰγύπτου (2 c)
46. 6. A τὴν κτῆσιν ἣν ἐκτήσαντο ἐκ γῆς [R ἐν γῇ] X. (2 c)
— 12. ἀπέθανε δὲ . . . ἐν γῇ Χαναάν (2 c)
— 20. A ἐγένοντο δὲ υἱοὶ Ἰωσὴφ ἐν γῇ Αἰγύπτῳ [R -ου] (2 c)
— 27. οἱ γενόμενοι αὐτῷ ἐν γῇ Αἰγύπτῳ –
— 28. καθ' Ἡρώων πόλιν εἰς γῆν Ῥαμεσσῆ (2 c)
— 31. οἳ ἦσαν ἐν γῇ Χαναάν (2 c)
— 34. ἵνα κατοικήσητε ἐν γῇ Γεσὲμ Ἀραβίας (2 c)
47. 1. ἦλθον ἐκ γῆς Χαναάν (2 c)
— 1. καὶ ἰδού εἰσιν ἐν γῇ Γεσέμ (2 c)
— 4. παροικεῖν ἐν τῇ γ. ἥκαμεν (2 c)
— 4. ἐνίσχυσε γὰρ ὁ λιμὸς ἐν γῇ Χαναάν (2 c)
— 4. κατοικήσομεν ἐν γῇ Γεσέμ (2 c)
— 4 (6). κατοικείτωσαν ἐν γῇ Γεσέμ (2 c)
— 6. ἰδοὺ ἡ γ. Αἰγύπτου ἐναντίον σού ἐστιν (2 c)
— 6. ἐν τῇ βελτίστῃ γ. κατοίκισον τὸν πατ. (2 c)
— 11. ἔδωκεν αὐτοῖς κατάσχεσιν ἐν γῇ Αἰγύπτῳ ἐν τῇ βελτίστῃ γ. ἐν γῇ Ῥαμεσσῆ (2 c ter)
— 13. σῖτος δὲ οὐκ ἦν ἐν πάσῃ τῇ γ. (2 c)
— 13. ἐξέλιπε δὲ ἡ γ. Αἰγ. καὶ ἡ γ. Χαναάν (2 c, 2 c)
— 14. τὸ εὑρεθὲν ἐν γῇ Αἰγύπτου [A -τῳ] καὶ ἐν γῇ Χαναάν (2 c, 2 c)
— 15. ἐκ γῆς Αἰγύπτου καὶ ἐκ γῆς X. (2 c, 2 c)
— 18. ἀλλ' ἢ τὸ ἴδιον σῶμα καὶ ἡ γ. ἡμῶν (1)
— 19. καὶ ἡ γ. ἐρημωθῇ [A -θήσεται] (1)
— 19. κτῆσαι ἡμᾶς καὶ τὴν γ. ἡμῶν (1)
— 19. ἐσόμεθα ἡμεῖς καὶ ἡ γ. ἡμῶν παῖδες (1)
— 19. A^2 R καὶ ἡ γ. οὐκ [A B om.] ἐρημωθήσεται (1)
— 20. ἐκτήσατο Ἰ. πᾶσαν τὴν γ. τῶν Αἰγ. (1)
— 20. ἀπέδοντο γὰρ οἱ Αἰγ. τὴν γ. αὐ. τῷ Φ. (19)
— 20. καὶ ἐγένετο ἡ γ. τῷ Φαραώ (2 c)
— 22. χωρὶς τῆς γ. τῶν ἱερέων μόνον (1)
— 22. οὐκ ἀπέδοντο τὴν γ. αὐτῶν (1)
— 23. ἰδοὺ κέκτημαι ὑμᾶς καὶ τὴν γ. ὑμῶν (1)
— 23. καὶ σπείρατε τὴν γ. (1)
— 24. εἰς σπέρμα [A -ατα] τῇ γ. (19)
— 26. A R ἐπὶ γῆς [B γῆν] Αἰγύπτου (1)
— 26. χωρὶς τῆς γ. τῶν ἱερέων μόνον [A -ων] (1)
— 27. κατῴκησε δὲ Ἰσραὴλ ἐν γῇ [A om.] Αἰγύπτῳ ἐπὶ γῆς Γεσέμ (2 c, 2 c)
— 28. ἐπέζησε δὲ Ἰακὼβ ἐν γῇ Αἰγύπτῳ (2 c)
48. 3. ἐν Λουζᾷ ἐν γῇ Χαναάν (2 c)
— 4. καὶ δώσω σοι τὴν γ. ταύτην (2 c)
— 5. A R οἱ γενόμενοί σοι ἐν γῇ [B om.] Αἰγύπτῳ (2 c)
— 7. ἀπέθανε Ῥαχὴλ . . . ἐν γῇ Χαναάν (2 c)
— 7. κατὰ τὸν ἱππόδρομον Χαβραθὰ τῆς γ. (2 c)
— 12. προσεκύνησαν αὐτῷ ἐπὶ πρόσωπον ἐπὶ τῆς γ. (2 c)
— 16. πληθυνθείησαν εἰς πλῆθος πολὺ ἐπὶ τῆς γ. (2 c)
— 21. ἀποστρέψει ὑμᾶς [A add. ἐκ τῆς γ. ταύτης] εἰς τὴν γ. τῶν πατ. ὑμῶν (–, 2 c)
49. 15. καὶ ἰδὼν . . . τὴν γ. (2 c)
— 25. εὐλογίαν γῆς ἐχούσης πάντα (21 ?)
— 30. τῷ ἀπέναντι Μαμβρῆ ἐν γῇ [A τῇ γ.] X. (2 c)
50. 5. ᾧ ὤρυξα ἐμαυτῷ ἐν γῇ Χαναάν (2 c)
— 7. οἱ πρεσβύτεροι τῆς γῆς [A om.] Αἰγ. (2 c)
— 8. ὑπελίποντο ἐν γῇ Γεσέμ (2 c)
— 11. οἱ κάτοικοι τῆς γ. Χαναάν (2 c)
— 13. ἀνέλαβον αὐτὸν . . . εἰς γῆν Χαναάν (2 c)
— 24. ἀνάξει ὑμᾶς ἐκ τῆς γ. ταύτης εἰς τὴν γ. (2 c, 2 c)
Ex. 1. 7. ἐπλήθυνε δὲ ἡ γ. αὐτούς (2 c)
— 10. ἐξελεύσονται ἐκ τῆς γ. (2 c)
2. 15. ᾤκησεν [A κατῴκ.] ἐν γῇ Μ. (2 c)
— 15. ἐλθὼν δὲ εἰς γῆν Μαδιάμ –
— 22. πάροικός εἰμι ἐν γῇ ἀλλοτρίᾳ (2 c)
3. 5. ὁ γὰρ τόπος . . . γ. ἁγία ἐστί (1)

Ex. 3. 8. ἐξαγαγεῖν αὐτοὺς ἐκ τῆς γ. ἐκείνης (2 c)
— 8. εἰς γῆν ἀγαθὴν καὶ πολλὴν εἰς γῆν ῥέουσαν γάλα (2 c, 2 c)
— 10. ἐξάξεις τὸν λαόν μου . . . ἐκ γῆς Αἰγ. –
— 11. ἐξάξω τοὺς υἱοὺς Ἰσραὴλ ἐκ γῆς Αἰγ. –
— 17. εἰς τὴν γ. τῶν Χαναναίων (2 c)
— 17. εἰς γῆν ῥέουσαν γάλα καὶ μέλι (2 c)
4. 3. ῥίψον αὐτὴν ἐπὶ τὴν γ. (2 c)
— 3. καὶ ἔρριψεν αὐτὴν ἐπὶ τὴν γ. (2 c)
5. 5. A πολυπληθεῖ ὁ λαὸς τῆς γ. [B om. τ. γ.] (2 c)
— 12. διεσπάρη ὁ λαὸς ἐν ὅλῃ γ. [A om.] Αἰγ. (2 c)
6. 1. ἐκβαλεῖ αὐτοὺς ἐκ τῆς γ. αὐτοῦ (2 c)
— 4. τὴν γ. τῶν Χαναναίων τὴν γ. ἣν παρῳκήκασιν (2 c, 2 c)
— 8. εἰσάξω ὑμᾶς εἰς τὴν γ. (2 c)
— 11. ἵνα ἐξαποστείλῃ τοὺς υἱοὺς Ἰ. ἐκ τῆς γ. αὐ. (2 c)
— 13. ὥστε ἐξαποστεῖλαι [A ἐξαγαγεῖν] . . . ἐκ γῆς Αἰγ. (2 c)
— 26. ἐξαγαγεῖν τοὺς υἱοὺς Ἰ. ἐκ γῆς [A ἐξ] Αἰγ. (2 c)
— 27. ἐξήγαγον τοὺς υἱοὺς Ἰ. ἐκ γῆς [A ἐξ] Αἰγ. –
— 28. ἐλάλησε κύριος Μωυσῇ ἐν γῇ Αἰγύπτῳ (2 c)
7. 2. ἐξαποστεῖλαι τοὺς υἱοὺς Ἰ. ἐκ τῆς γ. αὐ. (2 c)
— 3. πληθυνῶ τὰ σημεῖά μου . . . ἐν γῇ Αἰγ. (2 c)
— 4. ἐξάξω . . . τοὺς υἱοὺς Ἰ. ἐκ γῆς Αἰγ. (2 c)
— 9. ῥίψον [A add. αὐτὴν] ἐπὶ τὴν γ. –
— 19. καὶ ἐγένετο αἷμα ἐν πάσῃ γ. Αἰγ. (2 c)
— 21. καὶ ἦν τὸ αἷμα ἐν πάσῃ γ. Αἰγύπτου (2 c)
8. 6 (2). καὶ ἐκάλυψε τὴν γ. Αἰγύπτου (2 c)
— 7 (3). ἀνήγαγον τοὺς βατρ. ἐπὶ [A add. πᾶσαν] γῆν Αἰγ. (2 c)
— 14 (10). καὶ ὦζεσεν ἡ γ. (2 c)
— 16 (12). πάταξον τὸ χῶμα τῆς γ. (2 c)
— 16 (12). καὶ ἐν πάσῃ γ. Αἰγύπτου (2 c)
— 17 (13). καὶ ἐπάταξε τὸ χῶμα τῆς γ. (2 c)
— 17 (13). ἐν παντὶ χώματι τῆς γ. (2 c)
— 17 (13). A B^2 ἐν πάσῃ γ. Αἰγύπτου (2 c)
— 18 (14). B^3 ἐν παντὶ χώματι τῆς γ. –
— 21 (17). εἰς τὴν γ. ἐφ' ἧς εἰσιν ἐπ' αὐτῆς (1)
— 22 (18). παραδοξάσω . . . τὴν γ. Γεσέμ (2 c)
— 22 (18). κύριος ὁ θεὸς πάσης τῆς γ. (2 c)
— 23 (19). ἔσται [A add. τὸ σημεῖον] τοῦτο ἐπὶ τῆς γ. –
— 24 (20). εἰς πᾶσαν τὴν γ. Αἰγύπτου (2 c)
— 24 (20). ἐξωλεθρεύθη ἡ γ. ἀπὸ τῆς κυνομυίης (2 c)
— 25 (21). θύσατε κυρίῳ τῷ θεῷ ὑμῶν ἐν τῇ γ. (2 c) ●
9. 5. ποιήσει κ. τὸ ῥῆμα τοῦτο ἐπὶ τῆς γ. (2 c)
— 9. γενηθήτω κονιορτὸς ἐπὶ πᾶσαν τὴν γ. Αἰγ. (2 c)
— 9. ἐν πάσῃ γ. Αἰγύπτου (2 c)
— 11. καὶ ἐν πάσῃ γ. Αἰγύπτου –
— 14. οὐκ ἔστιν ὡς ἐγὼ ἄλλος [A om.] ἐν πάσῃ τῇ γ. (2 c)
— 15. καὶ ἐκτριβήσῃ ἀπὸ τῆς γ. (2 c)
— 16. ὅπως διαγγελῇ τὸ ὄνομά μου ἐν πάσῃ τῇ γ. (2 c)
— 22. ἔσται χάλαζα ἐπὶ πᾶσαν γῆν Αἰγύπτου (2 c)
— 22. ἐπὶ πᾶσαν βοτάνην τὴν ἐπὶ τῆς γ. (2 c)
— 23. διέτρεχε τὸ πῦρ ἐπὶ τῆς γ. (2 c)
— 23. ἔβρεξε κ. χάλαζαν ἐπὶ πᾶσαν γ. Αἰγ. (2 c)
— 25. ἐπάταξε δὲ ἡ χάλαζα ἐν πάσῃ γ. Αἰγ. (2 c)
— 26. πλὴν ἐν γῇ Γεσὲμ οὗ ἦσαν οἱ υἱοὶ Ἰσρ. (2 c)
— 29. ἵνα γνῷς ὅτι τοῦ κυρίου ἡ γ. (2 c)
— 33. ὁ ὑετὸς οὐκ ἔσταξεν [A ἐξεπέτασεν] ἔτι ἐπὶ τὴν γ. (2 c)
10. 5. καλύψει τὴν ὄψιν τῆς γ. καὶ οὐ δυνήσῃ κατιδεῖν τὴν γ. (2 c, 2 c)
— 5. καὶ κατέδεται πᾶν τὸ περισσὸν τῆς γ. [A om. τ. γ.] –
— 5. ξύλον τὸ φυόμενον ὑμῖν ἐπὶ τῆς γ. (19)
— 6. αἱ οἰκίαι ἐν πάσῃ γ. τῶν Αἰγυπτίων [A Αἰγύπτου] –
— 6. ἀφ' ἧς ἡμέρας γεγόνασιν ἐπὶ τῆς γ. (1)
— 12. ἔκτεινον τὴν χεῖρα [A add. σου] ἐπὶ γῆν Αἰγ. (2 c) ●
— 12. ἀναβήτω ἀκρὶς ἐπὶ τὴν γ. καὶ κατέδεται πᾶσαν βοτάνην τῆς γ. (2 c, 2 c)
— 13. ἐπήγαγεν ἄνεμον [A om.] νότον ἐπὶ τὴν γ. (2 c)
— 14. ἀνήγαγεν αὐτὴν ἐπὶ πᾶσαν γ. Αἰγύπτου (2 c)
— 15. ἐκάλυψε τὴν ὄψιν τῆς γ. καὶ ἐφθάρη ἡ γ. (2 c, 2 c)
— 15. καὶ κατέφαγε πᾶσαν βοτάνην τῆς γ. (2 c)
— 15. ἐν πάσῃ γ. Αἰγύπτου (2 c)

Ex. 10. 19. οὐχ ὑπελείφθη ἀκρὶς μία ἐν πάσῃ γ. Αἰγ. (5)
— 21. A B γενηθήτω σκότος ἐπὶ γῆν [R γῆς] Αἰγύπτου (2 c)
— 22. καὶ ἐγένετο σκότος . . . ἐπὶ πᾶσαν γ. Αἰγ. (2 c)
11. 5. τελευτήσει πᾶν πρωτότοκον ἐν γῇ Αἰγύπτῳ (2 c)
— 6. κραυγὴ μεγάλη κατὰ πᾶσαν γ. Αἰγ. (2 c)
— 9. πληθύνω μου τὰ σημεῖα . . . ἐν γῇ Αἰγύπτῳ (2 c)
— 10. ἐν γῇ Αἰγύπτῳ ἐναντίον Φαραώ –
— 10. ἐξαποστεῖλαι . . . ἐκ γῆς Αἰγ. [A τῆς γ. αὐτοῦ] (2 c)
12. 1. εἶπε δὲ κύριος . . . ἐν γῇ Αἰγύπτου [A -ῳ] (2 c)
— 12. διελεύσομαι ἐν γῇ Αἰγύπτῳ . . . πατάξω πᾶν πρωτότοκον ἐν γῇ Αἰγύπτῳ (2 c, 2 c)
— 13. ὅταν παίω ἐν γῇ Αἰγύπτῳ (2 c)
— 17. ἐξάξω τὴν δύναμιν ὑμῶν ἐκ γῆς Αἰγύπτου (2 c)
— 19. ἔν τε τοῖς γειώραις καὶ αὐτόχθοσι τῆς γ. (2 c)
— 25. εἰς τὴν γ. ἣν ἂν δῷ κύριος ὑμῖν (2 c)
— 29. πᾶν πρωτότοκον ἐν γῇ Αἰγύπτῳ (2 c)
— 30. κραυγὴ μεγάλη ἐν πάσῃ γ. Αἰγ. –
— 33. σπουδῇ ἐκβαλεῖν αὐτοὺς ἐκ [A ἀπὸ] τῆς γ. (2 c)
— 40. ἣν κατῴκησαν [A παρῴκ.] ἐν γῇ Αἰγύπτῳ καὶ ἐν γῇ Χαναάν –, –
— 41. ἐξῆλθε πᾶσα ἡ δύναμις κ. ἐκ γῆς Αἰγ. (2 c)
— 42. ὥστε ἐξαγαγεῖν αὐτοὺς ἐκ γῆς Αἰγ. (2 c)
— 48. ἔσται ὥσπερ καὶ ὁ αὐτόχθων τῆς γ. (2 c)
— 51. ἐξήγαγε κύριος τοὺς υἱοὺς Ἰ. ἐκ γῆς Αἰγ. (2 c)
13. 3. ἐν ᾗ ἐξήλθατε ἐκ γῆς [A ἐξ] Αἰγύπτου –
— 5. εἰς τὴν γ. τῶν Χαναναίων (2 c)
— 5. γῆν ῥέουσαν γάλα καὶ μέλι (2 c)
— 11. εἰς τὴν γ. τῶν Χαναναίων (2 c)
— 14. ἐξήγαγε κ. ἡμᾶς ἐκ γῆς Αἰγύπτου –
— 15. πᾶν πρωτότοκον ἐν γῇ Αἰγύπτῳ (2 c)
— 17. ὁδὸν γῆς Φυλιστιείμ (2 c)
— 18. ἀνέβησαν . . . ἐκ γῆς [A ἐξ] Αἰγύπτου (2 c)
14. 3. πλανῶνται οὗτοι ἐν τῇ γῇ (2 c)
— 11. παρὰ τὸ μὴ ὑπάρχειν μνήματα ἐν γῇ Αἰγ. –
15. 12. κατέπιεν αὐτοὺς γῆ (2 c)
16. 1. ἐξεληλυθότων αὐτῶν ἐκ γῆς Αἰγ. (2 c)
— 3. πληγέντες ὑπὸ κυρίου ἐν γῇ Αἰγ. (2 c)
— 6. ἐξήγαγεν ὑμᾶς ἐκ γῆς Αἰγύπτου (2 c)
— 14. ὡσεὶ πάγος ἐπὶ τῆς γ. (2 c)
— 32. ὡς ἐξήγαγεν ὑμᾶς κ. ἐκ γῆς Αἰγ. (2 c)
● — 35. A ἕως ἦλθον εἰς γῆν [B τὴν] οἰκουμένην (2 c)
18. 3. πάροικος ἤμην ἐν γῇ ἀλλοτρίᾳ (2 c)
— 27. καὶ ἀπῆλθεν εἰς τὴν γ. αὐτοῦ (2 c)
19. 1. τῆς ἐξόδου τῶν υἱῶν Ἰ. ἐκ γῆς Αἰγ. (2 c)
— 5. ἐμὴ γάρ ἐστι πᾶσα ἡ γ. (2 c)
20. 2. ὅστις ἐξήγαγόν [A ὁ ἐξαγαγών] σε ἐκ γῆς Αἰγ. (2 c)
— 4. καὶ ὅσα ἐν τῇ γ. κάτω (2 c)
— 4. ὅσα ἐν τοῖς ὕδασιν ὑποκάτω τῆς γ. (2 c)
— 11. τὸν οὐρανὸν καὶ τὴν γ. καὶ τὴν θάλ. (2 c)
— 12. ἐπὶ τῆς γ. τῆς ἀγαθῆς ἧς κ. ὁ θ. δίδωσί σοι (1)
— 24. θυσιαστήριον ἐκ γῆς ποιήσετέ μοι (1)
22. 21 (20). ἦτε γὰρ προσήλυτοι ἐν γῇ Αἰγ. (2 c)
23. 9. αὐτοὶ γὰρ προσήλυτοι ἦτε ἐν γῇ Αἰγ. (2 c)
— 10. ἓξ ἔτη σπερεῖς τὴν γ. σου (2 c)
— 19. τὰς ἀπαρχὰς τῶν πρωτογεννημάτων τῆς γ. [B^1 om. τ. γ.] σου (1)
— 20. εἰς τὴν γ. ἣν ἡτοίμασά σοι (13)
— 22. ἐμὴ [A ἐμοῦ] γάρ ἐστι πᾶσα ἡ γ. –
— 26. οὐκ ἔσται ἄγονος . . . ἐπὶ τῆς γ. σου (2 c)
— 29. ἵνα μὴ γένηται ἡ γ. ἔρημος (2 c)
— 29. τὰ θηρία τῆς γ. (19)
— 30. καὶ κληρονομήσῃς τὴν γ. (2 c)
— 31. τοὺς ἐγκαθημένους ἐν τῇ γ. (2 c)
— 33. οὐκ ἐγκαθήσονται ἐν τῇ γ. σου (2 c)
29. 46. ὁ ἐξαγαγὼν αὐτοὺς ἐκ γῆς Αἰγύπτου (2 c)
31. 17. ἐποίησε κ. τόν τε οὐρ. καὶ τὴν γ. (2 c)
● 32. 1. ὃς ἐξήγαγεν ἡμᾶς ἐκ γῆς Αἰγύπτου (2 c)
— 4. οἵτινες ἀνεβίβασάν σε ἐκ γῆς Αἰγ. (2 c)
— 7. ὃν [A οὓς] ἐξήγαγες ἐκ γῆς Αἰγ. (2 c)
— 9 (8). οἵτινες ἀνεβίβασάν σε ἐκ γῆς Αἰγ. (2 c)
— 11. οὓς ἐξήγαγες ἐκ γῆς Αἰγύπτου (2 c)
— 12. ἐξαναλῶσαι αὐτοὺς ἀπὸ τῆς γ. (1)
— 13. πᾶσαν τὴν γ. ταύτην ἣν εἶπας δοῦναι (2 c)
— 23. A ὃς ἐξήγαγεν ἡμᾶς ἐκ γῆς [B ἐξ] Αἰγ. (2 c)
33. 1. οὓς ἐξήγαγες ἐκ γῆς Αἰγ. εἰς τὴν γ. (2 c, 2 c)
— 3. εἰς γῆν ῥέουσαν γάλα καὶ μέλι (2 c)
— 16. τὰ ἔθνη ὅσα ἐπὶ τῆς γ. ἐστι (1)

● = correction on page xxv

Ex. 34. 8. κύψας ἐπὶ τὴν γ. (2 c)
— 10. ἐν πάσῃ τῇ γ. καὶ ἐν παντὶ ἔθνει (2 c)
— 12, 15. τοῖς ἐγκαθημένοις ἐπὶ τῆς γ. (2 c)
— 24. οὐκ ἐπιθυμήσει οὐθεὶς τῆς γ. σου (2 c)
— 26. τὰ πρωτογεννήματα τῆς γ. σου (1)
Le. 4. 27. ἐκ τοῦ λαοῦ τῆς γ. (2 c)
7. 16 (26). B^{1} ἐν πάσῃ τῇ γ. [A B^{2} R *om.*] κατοικίᾳ ὑμῶν –
11. 2. ἀπὸ πάντων τῶν κτηνῶν τῶν ἐπὶ τῆς γ. (2 c)
— 21. πηδᾶν ἐν αὐτοῖς ἐπὶ τῆς γ. (2 c)
— 29. ἀπὸ τῶν ἑρπετῶν τῶν ἐπὶ τῆς γ. (2 c)
— 31. ἀπὸ πάντων τῶν ἑρπετῶν τῶν ἐπὶ τῆς γ. –
— 41. πᾶν ἑρπετὸν ὃ ἕρπει ἐπὶ τῆς γ. (2 c)
— 42. τοῖς ἑρπετοῖς τοῖς ἕρπουσιν ἐπὶ τῆς γ. (2 c)
— 43. τοῖς ἑρπετοῖς τοῖς ἕρπουσιν ἐπὶ τῆς γ. –
— 44. τοῖς ἑρπετοῖς τοῖς κινουμένοις ἐπὶ τῆς γ. (2 c)
— 45. ὁ ἀναγαγὼν ὑμᾶς ἐκ γῆς Αἰγύπτου (2 c)
— 46. πάσης ψυχῆς ἑρπούσης ἐπὶ τῆς γ. (2 c)
14. 34. ὡς ἂν εἰσέλθητε εἰς τὴν γ. τῶν Χαν. (2 c)
— 34. ἐν ταῖς οἰκίαις τῆς γ. τῆς ἐγκτήτου ὑμῖν (2 c)
16. 22. λήψεται . . . τὰς ἀδικίας αὐ. εἰς γ. ἄβατον (2 c)
17. 13. καλύψει αὐτὸ τῇ γ. (17)
18. 3. A B κατὰ τὰ ἐπιτηδεύματα γῆς [R *om.*] Αἰγύπτου (2 c)
— 3. κατὰ τὰ ἐπιτηδεύματα γῆς Χαναάν (2 c)
— 25. A B καὶ ἐμιάνθη [R ἐξεμιάνθη] ἡ γ. (2 c)
— 25. προσώχθισεν ἡ γ. τοῖς ἐγκαθημένοις ἐπ' αὐτῆς [A *al.*] (2 c)
— 27. οἱ ἄνθρωποι τῆς γ. οἱ ὄντες πρότεροι ὑμῶν (2 c)
— 27. καὶ ἐμιάνθη ἡ γ. (2 c)
— 28. ἵνα μὴ προσοχθίσῃ ὑμῖν ἡ γ. (2 c)
19. 9. τὸν θερισμὸν τῆς γ. ὑμῶν (2 c)
— 23. ὅταν δὲ εἰσέλθητε εἰς τὴν γ. (2 c)
— 29. οὐκ ἐκπορνεύσει ἡ γ. καὶ ἡ γ. πλησθήσεται [A ἐμπλ.] ἀνομίας (2 c, 2 c)
— 33. προσήλυτος ἐν τῇ γ. ὑμῶν (2 c)
— 34. προσήλυτοι ἐγενήθητε ἐν γῇ Αἰγ. (2 c)
— 36. ὁ ἐξαγαγὼν ὑμᾶς ἐκ γῆς Αἰγύπτου (2 c)
20. 2. τὸ ἔθνος τὸ ἐπὶ τῆς γ. (2 c)
— 4. οἱ αὐτόχθονες τῆς γ. (2 c)
— 22. οὐ μὴ προσοχθίσῃ ὑμῖν [A ὑμᾶς] ἡ γ. (2 c)
— 24. A R κληρονομήσετε [B -ατε] τὴν γ. αὐ. (1)
— 24. γῆν ῥέουσαν γάλα καὶ μέλι (2 c)
— 25. ἐν πᾶσι τοῖς ἑρπετοῖς τῆς γ. (1)
22. 24. καὶ ἐπὶ τῆς γ. ὑμῶν οὐ ποιήσετε (2 c)
— 33. ὁ ἐξαγαγὼν ὑμᾶς ἐκ γῆς Αἰγ. (2 c)
23. 10. ὅταν εἰσέλθητε εἰς τὴν γ. (2 c)
— 22. τὸν θερισμὸν τῆς γ. ὑμῶν (2 c)
— 39. ὅταν συντελέσητε τὰ γεννήματα τῆς γ. (2 c)
— 43. ἐν τῷ ἐξαγαγεῖν με αὐτοὺς ἐκ γῆς Αἰγ. (2 c)
25. 2. ἐὰν εἰσέλθητε εἰς τὴν γ. (2 c)
— 2. καὶ ἀναπαύσεται ἡ γ. (2 c)
— 4. ἀνάπαυσις ἔσται τῇ γ. (2 c)
— 5. ἐνιαυτὸς ἀναπαύσεως ἔσται τῇ γ. (2 c)
— 6. ἔσται τὰ σάββατα τῆς γ. βρώματά σοι (2 c)
— 7. καὶ τοῖς θηρίοις τοῖς ἐν τῇ γ. σου (2 c)
— 9. διαγγελεῖτε σάλπιγγος φωνῇ ἐν π. τῇ γ. ὑμῶν –
— 9. διαγγελεῖτε σάλπιγγι ἐν π. τῇ γ. ὑμῶν (2 c)
— 10. διαβοήσετε ἄφεσιν ἐπὶ τῆς γ. (2 c)
— 18. B^{2} R κατοικήσετε ἐπὶ τῆς γ. [A B^{1} *om.* ἐ. τ. γ.] (2 c)
— 19. καὶ δώσει ἡ γ. τὰ ἐκφόρια αὐτῆς (2 c)
— 23. καὶ ἡ γ. οὐ πραθήσεται εἰς βεβαίωσιν· ἐμὴ γάρ ἐστιν ἡ γ. (2 c, 2 c)
— 24. κατὰ πᾶσαν γ. κατασχέσεως ὑμῶν λύτρα δώσετε τῆς γ. (2 c, 2 c)
— 31. A B^{1} πρὸς τὸν ἀγρὸν τῆς γ. λογισθήτωσαν [B^{2} R -θήσονται] (2 c)
— 38. ὁ ἐξαγαγὼν ὑμᾶς ἐκ γῆς Αἰγ. δοῦναι ὑμῖν τὴν γ. Χ. (2 c)
— 41. A ἀπελεύσεται εἰς τὴν γ. ἑαυτοῦ [B γενεὰν αὐτοῦ] †
— 42. οὓς ἐξήγαγον ἐκ γῆς Αἰγύπτου (2 c)
— 45. ὅσοι ἂν γένωνται ἐν τῇ γ. ὑμῶν (2 c)
— 55. οὓς ἐξήγαγον ἐκ γῆς Αἰγύπτου (2 c)
26. 1. οὐδὲ λίθον σκοπὸν θήσετε ἐν τῇ γ. ὑμῶν (2 c)
— 4. καὶ ἡ γ. δώσει τὰ γεννήματα αὐτῆς (2 c)
— 5. κατοικήσετε μετὰ ἀσφαλείας ἐπὶ τῆς γ. ὑμῶν καὶ πόλεμος οὐ διελεύσεται διὰ τῆς γ. ὑμῶν (2 c, –)
— 6. καὶ δώσω εἰρήνην ἐν τῇ γ. ὑμῶν (2 c)
— 6. καὶ ἀπολῶ θηρία πονηρὰ ἐκ τῆς γ. ὑμῶν (2 c)
Le. 26. 6. A B^{2} πόλεμος οὐ διελεύσεται διὰ τῆς γ. ὑμῶν (2 c)
— 13. ὁ ἐξαγαγὼν ὑμᾶς ἐκ γῆς Αἰγύπτου (2 c)
— 19. θήσω . . . τὴν γ. ὑμῶν ὡσεὶ χαλκῆν (2 c)
— 20. καὶ οὐ δώσει ἡ γ. ὑμῶν τὸν σπόρον αὐ. (2 c)
— 22. τὰ θηρία τὰ ἄγρια τῆς γ. (19)
— 32. καὶ ἐξερημώσω ἐγὼ τὴν γ. ὑμῶν (2 c)
— 33. καὶ ἔσται ἡ γ. ὑμῶν ἔρημος (2 c)
— 34. τότε εὐδοκήσει ἡ γ. τὰ σάββατα αὐτῆς (2 c)
— 34. καὶ ὑμεῖς ἔσεσθε ἐν τῇ γ. τῶν ἐχθρῶν ὑ. (2 c)
— 35 (34). τότε σαββατιεῖ ἡ γ. καὶ εὐδοκήσει ἡ γ. τὰ σάββατα αὐ. (2 c, –)
— 36. ἐν τῇ γ. τῶν ἐχθρῶν ὑμῶν (2 c)
— 38. κατέδεται ὑμᾶς ἡ γ. τῶν ἐχθρῶν ὑμῶν (2 c)
— 39. ἐν τῇ γ. τῶν ἐχθρῶν αὐτῶν τακήσονται (2 c)
— 41. ἀπολῶ αὐτοὺς ἐν τῇ γ. τῶν ἐχθρῶν αὐτῶν (2 c)
— 43. A B^{1} τῆς γ. μνησθήσομαι καὶ ἡ γ. ἐγκαταλειφθήσεται ὑπ' [B^{2} R ἀπ'] αὐτῶν (2 c, 2 c)
— 43. τότε προσδέξεται ἡ γ. τὰ σάββατα αὐτῆς –
— 44. ἐν τῇ γ. τῶν ἐχθρῶν αὐτῶν (2 c)
— 45. ὅτε ἐξήγαγον αὐτοὺς ἐκ γῆς Αἰγύπτου (2 c)
27. 21. ὥσπερ ἡ γ. ἡ [A *om.*] ἀφωρισμένη (19)
— 24. οὗ ἦν ἡ κατάσχεσις τῆς γ. (2 c)
— 30. πᾶσα δεκάτη τῆς γ. ἀπὸ τοῦ σπέρματος τῆς γ. (2 c, 2 c)
Nu. 1. 1. ἐξελθόντων αὐτῶν ἐκ γῆς Αἰγύπτου (2 c)
3. 13. ἐπάταξα πᾶν πρωτότ. ἐν γῇ Αἰγ. (2 c)
5. 17. λήψεται ὁ ἱερεὺς . . . τῆς γ. (17)
8. 17. ἐπάταξα πᾶν πρωτότ. ἐν γῇ Αἰγ. (2 c)
9. 1. ἐξελθόντων αὐτῶν ἐκ γῆς Αἰγύπτου (2 c)
— 14. ἐὰν δὲ προσέλθῃ πρὸς ὑμᾶς προσήλυτος ἐν τῇ γ. ὑμῶν –
— 14. τῷ προσηλύτῳ καὶ τῷ αὐτόχθονι τῆς γ. (2 c)
— 15. A ἦν ἐπὶ τῆς γ. [B σκηνῆς] †
10. 9. ἐὰν δὲ ἐξέλθητε εἰς πόλεμον ἐν τῇ γ. ὑμῶν (2 c)
— 30. οὐ πορεύσομαι ἀλλὰ εἰς τὴν γ. μου (2 c)
11. 12. εἰς τὴν γ. ἣν ὤμοσας (1)
— 31. ὡσεὶ δίπηχυ ἀπὸ τῆς γ. (2 c)
12. 3. παρὰ πάντας τοὺς ἀνθρώπους τοὺς ὄντας ἐπὶ τῆς γ. (1)
13. 3 (2). κατασκεψάσθωσαν τὴν γ. τῶν Χαν. (2 c)
— 17 (16), 18 (17). κατασκέψασθαι τὴν γ. (2 c)
— 19 (18). ὄψεσθε τὴν γ. τίς ἐστι (2 c)
— 20 (19). τίς ἡ γ. εἰς ἣν οὗτοι ἐγκάθηνται (2 c)
— 21 (20). τίς ἡ γ. ἢ πίων ἢ παρειμένη (2 c)
— 21 (20). λήψεσθε ἀπὸ τῶν καρπῶν τῆς γ. (2 c)
— 22 (21). ἀναβάντες κατεσκέψαντο τὴν γ. (2 c)
— 26 (25). κατασκεψάμενοι τὴν γ. (2 c)
— 28 (26). ἔδειξαν τὸν καρπὸν τῆς γ. (2 c)
— 28 (27). ἤλθαμεν εἰς τὴν γ. (2 c)
— 28 (27). γῆν ῥέουσαν γάλα καὶ μέλι –
— 29 (28). A τὸ ἔθνος τὸ κατοικοῦν τὴν γῆν [B κ. ἐπ' αὐτῆς] (2 c)
— 30 (29). κατοικεῖ ἐν τῇ γ. τῇ πρὸς νότον (2 c)
— 33 (32). ἐξήνεγκαν ἔκστασιν [B^{1} *add.* ἐπὶ] τῆς γ. (2 c)
— 33 (32). τὴν γ. ἣν παρήλθομεν αὐτήν (2 c)
— 33 (32). γῆ κατέσθουσα τοὺς κατοικοῦντας (2 c)
14. 3 (2). ὄφελον ἀπεθάνομεν ἐν γῇ Αἰγύπτῳ (2 c)
— 3. ἵνα τί κύριος εἰσάγει ἡμᾶς εἰς τὴν γ. ταύτην (2 c)
— 6. τῶν κατασκεψαμένων τὴν γ. (2 c)
— 7. ἡ γ. ἣν κατεσκεψάμεθα αὐτήν (2 c)
— 8. εἰσάξει ἡμᾶς εἰς τὴν γ. ταύτην (2 c)
— 8. γῆ ἥτις ἐστὶ ῥέουσα γάλα καὶ μέλι (2 c)
— 9. μὴ φοβηθῆτε τὸν λαὸν τῆς γ. (2 c)
— 14. πάντες οἱ κατοικοῦντες ἐπὶ τῆς γ. τ. (2 c)
— 16. εἰσαγαγεῖν τὸν λαὸν τοῦτον [A αὐτοὺς] εἰς τὴν γ. (2 c)
— 21. ἐμπλήσει ἡ δόξα κυρίου πᾶσαν τὴν γ. (2 c)
— 23. εἰ μὴν οὐκ ὄψονται τὴν γ. (2 c)
— 23. τούτοις δώσω τὴν γ. –
— 24. εἰσάξω αὐτὸν εἰς τὴν γ. (2 c)
— 30. εἰ ὑμεῖς εἰσελεύσεσθε εἰς τὴν γ. (2 c)
— 31. εἰσάξω αὐτοὺς εἰς τὴν γ. καὶ κληρονομήσουσι τὴν γ. (–, 2 c)
— 34. ὅσας κατεσκέψασθε τὴν γ. (2 c)
— 36. κατασκέψασθαι τὴν γ. (2 c)
— 36. ἐξενέγκαι ῥήματα πονηρὰ περὶ [A ἐπὶ] τῆς γ. (2 c)
— 37. οἱ κατείπαντες πονηρὰ κατὰ τῆς γ. (2 c)
— 38. κατασκέψασθαι τὴν γ. (2 c)
15. 2. ὅταν εἰσέλθητε εἰς τὴν γ. (2 c)
Nu. 15. 14. ἐὰν δὲ προσήλυτος ἐν ὑμῖν προσγένηται ἐν τῇ γ. ὑμῶν –
— 18. ἐν τῷ εἰσπορεύεσθαι ὑμᾶς εἰς τὴν γ. (2 c)
— 19. ὅταν ἔσθητε ὑμεῖς ἀπὸ τῶν ἄρτων τῆς γ. (2 c)
— 41. ὁ ἐξαγαγὼν ὑμᾶς ἐκ γῆς Αἰγύπτου (2 c)
16. 13, 14. εἰς γ. ῥέουσαν γάλα καὶ μέλι (2 c)
— 30. ἀνοίξασα ἡ γ. τὸ στόμα αὐτῆς (1)
— 31. ἐρράγη ἡ γ. ὑποκάτω [A *add.* τῶν ποδῶν] αὐτῶν (1)
— 32. ἠνοίχθη ἡ γῆ (2 c)
— 33. ἐκάλυψεν αὐτοὺς ἡ γ. (2 c)
— 34. μή ποτε καταπίῃ ἡμᾶς ἡ γ. (2 c)
18. 13. ὅσα ἐν τῇ γ. αὐτῶν (2 c)
— 20. ἐν τῇ γ. αὐτῶν οὐ κληρονομήσεις (2 c)
20. 12. οὐκ εἰσάξετε ὑμεῖς τὴν συναγωγὴν ταύτην εἰς τὴν γ. (2 c)
— 17. παρελευσόμεθα διὰ τῆς γ. σου (2 c)
— 23. ἐπὶ τῶν ὁρίων γῆς Ἐδώμ (2 c)
— 24. οὐ μὴ εἰσέλθητε εἰς τὴν γ. (2 c)
21. 4. περιεκύκλωσαν γῆν Ἐδώμ (2 c)
— 21 (22). παρελευσόμεθα διὰ τῆς γ. σου (2 c)
— 24. κατεκυρίευσαν τῆς γ. αὐτοῦ (2 c)
— 26. ἔλαβον πᾶσαν τὴν γ. αὐτοῦ (2 c)
— 34. πάντα τὸν λαὸν αὐ. καὶ π. τὴν γ. αὐτοῦ (2 c)
— 35. ἐκληρονόμησαν τὴν γ. αὐτῶν (2 c)
22. 5. ὅ ἐστιν ἐπὶ τοῦ ποταμοῦ γῆς (2 c)
— 5. κατεκάλυψε τὴν ὄψιν τῆς γ. (2 c)
— 6. ἐκβαλῶ αὐτοὺς ἐκ τῆς γ. (2 c)
— 11. κεκάλυφεν [A ἐκάλυψεν] τὴν ὄψιν τῆς γ. (2 c)
— 11. ἐκβαλῶ αὐτὸν ἀπὸ [A ἐκ] τῆς γ. –
26. 10. ἀνοίξασα ἡ γ. τὸ στόμα αὐτῆς (2 c)
— 19. ἀπέθανον Ἢρ καὶ Αὐνὰν ἐν γῇ Χαναάν (2 c)
— 53. τούτοις μερισθήσεται ἡ γ. (2 c)
— 55. διὰ κλήρων μερισθήσεται ἡ γ. (2 c)
27. 12. ἴδε τὴν γ. Χαναάν (2 c)
32. 4. τὴν γ. ἣν παραδέδωκε κύριος (2 c)
— 4. γῆ κτηνοτρόφος ἐστί (2 c)
— 5. δοθήτω ἡ γ. αὕτη τοῖς οἰκέταις [A παισίν] σου (2 c)
— 7. εἰς τὴν γ. ἣν κύριος δίδωσιν αὐτοῖς (2 c)
— 8. κατανοῆσαι τὴν γ. (2 c)
— 9. κατενόησαν τὴν γ. (2 c)
— 9. ὅπως μὴ εἰσέλθωσιν εἰς τὴν γ. (2 c)
— 11. τὴν γ. ἣν ὤμοσα τῷ Ἀβραάμ (1)
— 17. διὰ τοὺς κατοικοῦντας τὴν γ. (2 c)
— 22. καὶ κατακυριευθῇ ἡ γ. (2 c)
— 22. ἔσται ἡ γ. αὕτη ὑμῖν ἐν κατασχέσει (2 c)
— 29. καὶ κατακυριεύσητε τῆς γ. (2 c)
— 29. δώσετε αὐτοῖς τὴν γ. Γαλαάδ (2 c)
— 30. διαβιβάσετε τὴν ἀποσκευὴν . . . εἰς γῆν Χαναάν –
— 30. συγκατακληρονομηθήσονται ἐν ὑμῖν ἐν τῇ γ. Χ. (2 c)
— 32. διαβησόμεθα . . . εἰς γῆν Χ. (2 c)
— 33. τὴν γ. καὶ τὰς πόλεις . . . πόλεις τῆς γ. κύκλῳ (2 c, 2 c)
— 35. A καὶ τὴν γ. [B *om.*] Σ. †
33. 1. ὡς ἐξῆλθον ἐκ γῆς Αἰγύπτου (2 c)
— 4. πᾶν πρωτότοκον ἐν γῇ Αἰγύπτου –
— 37. Ὢρ τὸ ὄρος πλησίον γῆς Ἐδώμ (2 c)
— 38. τῆς ἐξόδου τῶν υἱῶν Ἰσρ. ἐκ γῆς Αἰγ. (2 c)
— 40. οὗτος κατῴκει ἐν γῇ Χαναάν (2 c)
— 51. διαβαίνετε τὸν Ἰορδ. εἰς γῆν Χαναάν (2 c)
— 52, 53. τοὺς κατοικοῦντας ἐν τῇ γ. (2 c)
— 53. ὑμῖν γὰρ δέδωκα τὴν γ. αὐτῶν (2 c)
— 54. κατακληρονομήσετε τὴν γ. (2 c)
— 55. τοὺς κατοικοῦντας ἐπὶ τῆς γῆς (2 c)
— 55. ἐχθρεύσουσιν ὑμῖν ἐπὶ τῆς γ. (2 c)
34. 2. ὑμεῖς εἰσπορεύεσθε εἰς τὴν γ. Χαναάν (2 c)
— 2. γῆ Χ. σὺν τοῖς ὁρίοις αὐτῆς (2 c)
— 12. αὕτη ἔσται ὑμῖν ἡ γ. (2 c)
— 13. αὕτη ἡ γ. ἣν κατακληρονομήσετε αὐτήν (2 c)
— 17. οἳ κληρονομήσουσιν ὑμῖν τὴν γ. (2 c)
— 18. κατακληρονομῆσαι ὑμῖν τὴν γ. (2 c)
— 29. καταμερίσαι . . . ἐν γῇ Χαναάν [A *al.*] (2 c)
35. 10. διαβαίνετε τὸν Ἰορδ. εἰς γῆν Χαναάν (2 c)
● — 14. τὰς τρεῖς πόλεις δώσετε . . . ἐν γῇ Χ. (2 c)
— 28. εἰς τὴν γ. τῆς κατασχέσεως αὐτοῦ (2 c)
— 32. τοῦ πάλιν κατοικεῖν ἐπὶ τῆς γ. (2 c)
— 33. οὐ μὴ φονοκτονήσητε τὴν γ. . . . τὸ γὰρ αἷμα τοῦτο φονοκτονεῖ τὴν γ. καὶ οὐκ ἐξιλασθήσεται ἡ γ. (2 c *ter*)
— 34. οὐ μιανεῖτε τὴν γ. (2 c)
36. 2. ἐνετείλατο κύριος ἀποδοῦναι τὴν γ. (2 c)
De. 1. 5. ἐν τῷ πέραν τοῦ Ἰορδ. ἐν γῇ Μωάβ (2 c)

● = correction on page xxv

De. 1. 7. πρὸς λίβα καὶ παραλίαν γ. Χαναναίων (2 c)
— 8. παραδέδωκεν ἐνώπιον ὑμῶν τὴν γ. (2 c)
— 8. κληρονομήσατε τὴν γ. (2 c)
● — 21. R παραδέδωκεν ἡμῖν κ. ὁ θ. ὑμῶν . . . τὴν γ. (2 c)
— 22. ἐφοδευσάτωσαν ἡμῖν τὴν γ. (2 c)
— 25. ἐλάβοσαν . . . ἀπὸ τοῦ καρποῦ τῆς γ. (2 c)
— 25. ἀγαθὴ ἡ γ. ἣν κ. ὁ θ. ἡμῶν δίδωσιν ἡμῖν (2 c)
— 27. ἐξήγαγεν ἡμᾶς ἐκ γῆς Αἰγύπτου (2 c)
— 30. ὅσα ἐποίησεν ὑμῖν ἐν γῇ Αἰγ. –
● — 35. τὴν γ. ἀγαθὴν ταύτην ἣν ὤμοσα (2 c)
— 36. τούτῳ δώσω τὴν γ. (2 c)
2. 5. οὐ γὰρ μὴ δῶ [A δώσω] ὑμῖν ἀπὸ τῆς γ. (2 c)
— 9. οὐ γὰρ μὴ δῶ ἀπὸ τῆς γ. αὐτῶν ὑμῖν (2 c)
— 12. ὃν τρόπον ἐποίησεν Ἰσρ. τὴν γ. τῆς κληρονομίας αὐ. (2 c)
— 19. οὐ γὰρ μὴ δῶ ἀπὸ τῆς γ. υἱῶν Ἀμμάν (2 c)
— 20. γῆ Ῥαφαῒν λογισθήσεται (2 c)
— 24. Σηὼν βασ. Ἐσεβὼν τὸν Ἀμ. καὶ τὴν γ. αὐτοῦ (2 c)
— 27. παρελεύσομαι διὰ τῆς γ. σου (2 c)
— 29. τὴν γ. ἣν κ. ὁ θ. ἡμῶν δίδωσιν ἡμῖν (2 c)
— 31. τὸν Σηὼν βασ. Ἐσεβὼν . . . καὶ τὴν γ. αὐ. (2 c)
— 31. ἔναρξαι κληρονομῆσαι τὴν γ. αὐτοῦ (2 c)
— 37. A εἰς γῆν [B ἐγγὺς] υἱῶν Ἀμμὰν οὐ προσήλθομεν (2 c)
3. 2. καὶ πᾶσαν τὴν γ. αὐτοῦ (2 c)
— 8. ἐλάβομεν ἐν τῷ καιρῷ ἐκείνῳ τὴν γ. (2 c)
● ● — 12. A R τὴν γῆν ἐκείνην ἐκληρονομήσαμεν [B ἐπρονομεύσ.] (2 c)
— 13. B πᾶσαν γ. [A τὴν, R *om.*] Βασὰν ἐκείνην –
— 13. γῆ Ῥαφαῒν λογισθήσεται (2 c)
— 18. ὁ θ. ὑμῶν ἔδωκεν ὑμῖν τὴν γ. ταύτην (2 c)
— 20. κατακληρονομήσουσι καὶ οὗτοι τὴν γ. (2 c)
— 24. ἐν τῷ οὐρανῷ ἢ ἐπὶ τῆς γ. (2 c)
— 25. ὄψομαι τὴν γ. τὴν ἀγαθήν (2 c)
— 28. κατακληρονομήσει αὐτοῖς πᾶσαν [A B^1 *om.*] τὴν γ. (2 c)
4. 1. ἵνα . . . κληρονομήσητε τὴν γ. (2 c)
— 5. ποιῆσαι οὕτως ἐν τῇ γ. (2 c)
— 10. ἃς [A B^2 ὅσας] αὐτοὶ ζῶσιν ἐπὶ τῆς γ. (1)
— 14. ποιεῖν ὑμᾶς αὐτὰ ἐπὶ τῆς γ. (2 c)
— 17. ὁμοίωμα παντὸς κτήνους τῶν ὄντων ἐπὶ τῆς γ. (2 c)
— 18. ὃ ἕρπει ἐπὶ τῆς γ. (1)
— 18. ὅσα ἐστὶν ἐν τοῖς ὕδασιν ὑποκάτω τῆς γ. (2 c)
— 20. ἐξήγαγεν ὑμᾶς ἐκ γῆς Αἰγύπτου –
— 21. ἵνα μὴ εἰσέλθω εἰς τὴν γ. (2 c)
— 22. ἀποθνήσκω ἐν τῇ γῇ ταύτῃ (2 c)
— 22. κληρονομήσετε τὴν γ. τὴν ἀγαθὴν ταύτην (2 c)
— 25. ἐὰν δὲ . . . χρονίσητε ἐπὶ τῆς γ. (2 c)
— 26. διαμαρτύρομαι ὑμῖν σήμερον τόν τε οὐρανὸν καὶ τὴν γ. ὅτι ἀπωλείᾳ ἀπολεῖσθε ἀπὸ τῆς γ. (2 c, 2 c)
— 32. ἧς ἔκτισεν ὁ θ. ἄνθρωπον ἐπὶ τῆς γ. (2 c)
— 36. ἐπὶ τῆς γ. ἔδειξέ σοι τὸ πῦρ αὐ. (2 c)
— 38. δοῦναί σοι τὴν γ. αὐτῶν (2 c)
— 39. ἐν τῷ οὐρ. ἄνω καὶ ἐπὶ τῆς γ. κάτω (2 c)
— 40. ὅπως μακροήμεροι [A μακροχρόνιοι] γένησθε ἐπὶ τῆς γ. (1)
— 43. τὴν Βοσὸρ . . . ἐν τῇ γ. τῇ πεδινῇ (2 c)
— 45. ἐξελθόντων αὐτῶν ἐκ γῆς Αἰγύπτου –
— 46. ἐν γῇ Σηὼν βασ. τῶν Ἀμ. (2 c)
— 46. ἐξελθόντων αὐτῶν ἐκ γῆς Αἰγύπτου –
— 47. ἐκληρονόμησαν τὴν γ. αὐτοῦ καὶ τὴν γ. Ὢγ (2 c, 2 c)
5. 6. ὁ ἐξαγαγών [A ὅστις ἐξήγαγόν] σε ἐκ γῆς Αἰγ. (2 c)
— 8. ὅσα ἐν τῇ γ. κάτω καὶ ὅσα ἐν τοῖς ὕδασι [A τῷ ὕδ.] ὑποκάτω τῆς γ. (2 c, 2 c)
— 14. B^1 ἐποίησεν κύριος . . . τὴν γ. –
— 15. οἰκέτης ἦσθα ἐν γῇ Αἰγύπτῳ (2 c)
— 16. A R ἵνα μακροχρόνιος γένῃ [B -οι ἦτε] ἐπὶ τῆς γ. (1)
— 31 (28). ἐν τῇ γ. ἣν ἐγὼ δίδωμι αὐτοῖς (2 c)
— 33 (30.) ὅπως . . . μακροημερεύσητε ἐπὶ τῆς γ. (2 c)
6. 1. ἐν τῇ γ. εἰς ἣν ὑμεῖς εἰσπορεύεσθε (2 c)
— 3. δοῦναί σοι γ. ῥέουσαν γάλα καὶ μέλι (2 c)
— 3. ἐξελθόντων αὐτῶν ἐκ γῆς Αἰγύπτου –
— 10. ὅταν εἰσαγάγῃ σε κ. ὁ θ. σου εἰς τὴν γ. (2 c)
— 12. τοῦ ἐξαγαγόντος σε ἐκ γῆς Αἰγύπτου (2 c)
— 15. μὴ . . . ἐξολεθρεύσῃ σε ἀπὸ προσώπου τῆς γ. (1)

De. 6. 18. ἵνα . . . κληρονομήσῃς τὴν γ. (2 c)
— 21. οἰκέται ἦμεν . . . ἐν γῇ Αἰγύπτῳ –
— 23. δοῦναι ἡμῖν τὴν γ. ταύτην (2 c)
7. 1. ἐὰν δὲ εἰσάγῃ σε κ. ὁ θ. σου εἰς τὴν γ. (2 c)
— 6. ὅσα ἐπὶ προσώπου τῆς γ. (1)
— 13. A R εὐλογήσει . . . τὸν καρπὸν τῆς γ. σου . . . ἐπὶ τῆς γ. ἧς [B ὡς] ὤμοσε κύριος (1, 1)
— 22. ἵνα μὴ γένηται ἡ γ. ἔρημος –
8. 1. ἵνα . . . κληρονομήσητε τὴν γ. (2 c)
— 7. εἰσάξει σε εἰς γ. ἀγαθήν (2 c)
— 8. γῆ πυροῦ καὶ κριθῆς . . . γῆ ἐλαίας ἐλαίου (2 c, 2 c)
— 9. γῆ ἐφ' ἧς οὐ μετὰ πτωχείας φάγῃ τὸν ἄρτον (2 c)
— 9. γῆ ἧς οἱ λίθοι σίδηρος (2 c)
— 10. ἐπὶ τῆς γ. τῆς ἀγαθῆς ἧς δέδωκέ σοι (2 c)
— 14. τοῦ ἐξαγαγόντος σε ἐκ γῆς Αἰγ. (2 c)
— 19. διαμαρτύρομαι ὑμῖν σήμερον τόν τε οὐρ. καὶ τὴν γ. –
9. 4. κληρονομῆσαι τὴν γ. (2 c)
— 5. κληρονομῆσαι τὴν γ. αὐτῶν (2 c)
— 6. κύριος ὁ θεός σου δίδωσί σοι τὴν γ. (2 c)
— 12. οὓς ἐξήγαγες ἐκ γῆς Αἰγύπτου –
— 23. κληρονομήσατε τὴν γ. (2 c)
— 26. οὓς ἐξήγαγες ἐκ γῆς Αἰγ. –
— 28. μὴ εἴπωσιν οἱ κατοικοῦντες τὴν γ. (2 c)
— 28. εἰσαγαγεῖν αὐτοὺς εἰς τὴν γ. (2 c)
— 29. οὓς ἐξήγαγες ἐκ γῆς Αἰγ. –
10. 7. Ἐτεβαθὰ [A Ἰετ.] γῆ χείμαρροι [A -ρου] ὑδάτων (2 c)
— 11. κληρονομείτωσαν τὴν γ. (2 c)
— 14. ἡ γ. καὶ πάντα ὅσα ἐστὶν ἐν αὐτῇ (2 c)
— 19. προσήλυτοι γὰρ ἦτε ἐν γῇ Αἰγύπτῳ (2 c)
11. 3. ὅσα ἐποίησεν ἐν . . . πάσῃ τῇ γ. αὐτοῦ (2 c)
— 6. ἀνοίξασα ἡ γ. τὸ στόμα αὐτῆς (2 c)
— 8. ἵνα . . . κληρονομήσητε τὴν γ. (2 c)
— 9. ἵνα μακροημερεύσητε ἐπὶ τῆς γ. . . . γῆν ῥέουσαν γάλα καὶ μέλι (1, 2 c)
— 10. ἔστι γὰρ ἡ γ. . . . οὐχ ὥσπερ γῆ Αἰγύπτου (2 c, 2 c)
— 11. ἡ δὲ γ. . . . γ. ὀρεινὴ καὶ πεδινή (2 c, 2 c)
— 12. γῆ ἣν κ. ὁ θ. σου ἐπισκοπεῖται αὐτήν (2 c)
— 14. δώσει τὸν ὑετὸν τῇ γ. [A τῆς γ.] σου (2 c)
— 17. ἡ γ. οὐ δώσει τὸν καρπὸν αὐτῆς καὶ ἀπολεῖσθε ἐν τάχει ἀπὸ τῆς γ. (1, 2 c)
— 21. ἐπὶ τῆς γ. ἧς ὤμοσε κύριος (1)
— 21. καθὼς αἱ ἡμέραι τοῦ οὐρ. ἐπὶ τῆς γ. (2 c)
— 25. ἐπὶ πρόσωπον [A -ου] πάσης τῆς γ. (2 c)
— 29. ὅταν εἰσαγάγῃ σε κ. ὁ θ. σου εἰς τὴν γ. (2 c)
— 30. ὀπίσω ὁδὸν δυσμῶν ἡλίου ἐν γῇ Χ. (2 c)
— 31. κληρονομῆσαι τὴν γ. (2 c)
12. 1. ἐν τῇ γ. ᾗ κ. ὁ θ. τῶν πατ. ὑμῶν δίδωσιν ὑμῖν (2 c)
— 1. ἃς ὑμεῖς ζῆτε ἐπὶ τῆς γ. (1)
— 10. κατοικήσετε ἐπὶ τῆς γ. (2 c)
— 16. ἐπὶ τὴν γ. ἐκχεεῖτε αὐτό (2 c)
— 19. ὅσον ἂν ζῇς [A ζῇ] ἐπὶ τῆς γ. (1)
— 24. ἐπὶ τὴν γ. ἐκχεεῖτε αὐτό (2 c)
— 29. κληρονομῆσαι τὴν γ. αὐτῶν –
— 29. καὶ κατοικήσῃς ἐν τῇ γ. αὐ. (2 c)
13. 5 (6). τοῦ ἐξαγαγόντος σε ἐκ γῆς Αἰγύπτου (2 c)
— 7 (8). ἀπ' ἄκρου τῆς γ. ἕως ἄκρου τῆς γ. (2 c, 2 c)
— 10 (11). τοῦ ἐξαγαγόντος σε ἐκ γῆς Αἰγ. (2 c)
— 13 (14). πάντας τοὺς κατοικοῦντας τὴν γ. [A πόλιν] αὐ. (14)
— 15 (16). πάντας τοὺς κατοικοῦντας ἐν τῇ γ. [A πόλει] ἐκείνῃ (14)
14. 2. ἀπὸ π. τῶν ἐθνῶν τῶν ἐπὶ προσώπου τῆς γῆς (1)
15. 4. εὐλογῶν εὐλογήσει σε κ. ὁ θ. σου ἐν τῇ γ. (2 c)
— 7. ἐν τῇ γ. ᾗ κ. ὁ θ. σου δίδωσί σοι (2 c)
— 11. οὐ γὰρ μὴ ἐκλίπῃ ἐνδεὴς ἀπὸ τῆς γ. σου (2 c)
— 11. τῷ ἐπιδεομένῳ [A δεομ.] τῷ ἐπὶ τῆς γ. σου (2 c)
— 15. οἰκέτης ἦσθα ἐν γῇ Αἰγύπτου (2 c)
— 23. ἐπὶ τὴν γ. ἐκχεεῖς αὐτό (2 c)
16. 3. τὴν ἡμέραν τῆς ἐξοδίας ὑμῶν ἐκ γῆς Αἰγ. (2 c)
— 6. ᾧ ἐξῆλθες ἐξ [A ἐκ γῆς] Αἰγ. –
— 12. οἰκέτης ἐγένου [A ἦσθα] ἐν γῇ Αἰγ. –
— 20 : 17. 14 : 18. 9. τὴν γ. ἣν κ. ὁ θ. σου δίδωσί σοι (2 c)
19. 1. ἃ ὁ θεὸς δίδωσί σοι τὴν γ. (2 c)
— 2. τρεῖς πόλεις . . . ἐν μέσῳ τῆς γ. σου (2 c)
— 3. τριμεριεῖς τὰ ὅρια τῆς γ. σου (2 c)
— 8. ἐὰν δὲ . . . δῷ σοι κ. πᾶσαν τὴν γ. (2 c)

De. 19. 10. οὐκ ἐκχυθήσεται αἷμα ἀναίτιον ἐν τῇ γ. (2 c)
— 14. ἐν τῇ γῇ ἣν κ. ὁ θ. σου δίδωσί σοι (2 c)
20. 1. ὁ ἀναβιβάσας σε ἐκ γῆς Αἰγύπτου (2 c)
— 15. κληρονομεῖν τὴν γ. αὐτῶν –
21. 1. ἐὰν δὲ εὑρεθῇ τραυματίας ἐν τῇ γ. (1)
— 8. A ἐκ γῆς Αἰγύπτου –
— 23. οὐ μὴ μιανεῖτε τὴν γ. (1)
22. 6. ἢ ἐπὶ παντὶ δένδρῳ ἢ ἐπὶ τῆς γ. (2 c)
23. 7 (8). πάροικος ἐγένου ἐν τῇ γ. αὐ. (2 c)
— 20 (21). ἐπὶ τῆς γ. εἰς ἣν εἰσπορεύῃ ἐκεῖ (2 c)
24. 4. οὐ μιανεῖτε τὴν γῆν (2 c)
— 18, 20. οἰκέτης ἦσθα ἐν γῇ Αἰγύπτῳ –
— 22. οἰκέτης ἦσθα ἐν γῇ Αἰγ. (2 c)
25. 15. ἵνα πολυήμερος γένῃ ἐπὶ τῆς γ. (1)
— 17. ἐκπορευομένου σου ἐκ γῆς [A ἐξ] Αἰγύπτου –
— 19. ἐν τῇ γ. ᾗ κ. ὁ θ. σου δίδωσί σοι (2 c)
26. 1. ἐὰν εἰσέλθῃς εἰς τὴν γ. (2 c)
— 2. ἀπὸ τῆς ἀπαρχῆς τῶν καρπῶν τῆς γ. σου (1 *et* 2 c)
— 3. εἰσελήλυθα εἰς τὴν γ. (2 c)
— 9. εἰσήγαγεν ἡμᾶς [A *add.* εἰς τὴν γ. ταύτην] . . . καὶ ἔδωκεν ἡμῶν τὴν γ. ταύτην γ. ῥέουσαν γάλα καὶ μέλι (13 ?, 2 c, 2 c)
— 10. τὴν ἀπαρχὴν τῶν γεννημάτων τῆς γῆς (1)
— 10. γ. ῥέουσαν γάλα καὶ μέλι –
— 12. A πᾶν τὸ ἐπιδέκατον τῶν γεννημάτων τῆς γ. [B *om.* τ. γ.] σου –
— 15. τὴν γ. ἣν ἔδωκας αὐτοῖς . . . γ. ῥέουσαν γάλα καὶ μέλι (1, 2 c)
27. 2. ᾗ ἂν ἡμέρᾳ διαβῆτε τὸν Ἰορδ. εἰς τὴν γ. (2 c)
— 3. ἡνίκα ἐὰν εἰσέλθητε εἰς τὴν γ. . . . γ. ῥέουσαν γάλα καὶ μέλι (2 c, 2 c)
28. 1. A εἰς τὴν γ. ἣν κ. ὁ θ. ὑμῶν δίδωσιν ὑμῖν –
— 1. ἐπὶ πάντα τὰ ἔθνη τῆς γ. [A *al.*] (2 c)
— 4. τὰ γεννήματα [A ἔκγονα] τῆς γ. σου (1)
— 8. ἐπὶ τῆς γ. ἧς κ. ὁ θ. σου δίδωσί σοι· (2 c)
— 10. ὄψονταί σε πάντα τὰ ἔθνη τῆς γ. (2 c)
— 11. ἐπὶ τοῖς γεννήμασι τῆς γ. σου ἐπὶ τῆς γ. (1, 1)
— 12. δοῦναι τὸν ὑετὸν τῇ γ. σου (2 c)
— 18. ἐπικατάρατα . . . τὰ γεννήμ. τῆς γ. σου (1)
— 21. ἕως ἂν ἐξαναλώσῃ σε ἀπὸ τῆς γ. (1)
— 23. ἔσται . . . ἡ γ. ἡ ὑποκάτω σου σιδηρᾶ (2 c)
— 24. R δῴη κ. ὁ θ. σου τὸν ὑετὸν τῆς γ. [A B τῇ γ.] σου κονιορτόν (2 c)
— 25. ἔσῃ διασπορὰ [A ἐν διασπορᾷ] ἐν πάσαις βασιλείαις τῆς γ. (2 c)
— 26. κατάβρωμα . . . τοῖς θηρίοις τῆς γ. (2 c)
— 33. A R τὰ ἐκφόρια [B ἐκφόρτια] τῆς γ. σου (1)
— 42. πάντα . . . τὰ γεννήματα τῆς γ. σου (1)
— 49. ἔθνος μακρόθεν ἀπ' ἐσχάτου τῆς γ. (2 c)
— 51. τὰ γεννήματα τῆς γ. σου (1)
— 52. ἕως ἂν καθαιρεθῶσι τὰ τείχη . . . ἐν πάσῃ τῇ γ. σου (2 c)
— 56. βαίνειν ἐπὶ τῆς γ. (2 c)
— 63. ἐξαρθήσεσθε ἐν τάχει [A *om.* ἐν τ.] ἀπὸ τῆς γ. (1)
— 64. ἀπ' ἄκρου τῆς γ. ἕως ἄκρου τῆς γ. (2 c, 2 c)
29. 1 (28. 69). οὓς ἐνετείλατο κύριος Μωυσῇ . . . ἐν γῇ Μωάβ (2 c)
— 2 (1). ὅσα ἐποίησε κύριος ἐν γῇ Αἰγύπτῳ (2 c)
— 2 (1). καὶ πάσῃ τῇ γ. αὐτοῦ (2 c)
— 8 (7). ἐλάβομεν τὴν γ. αὐτῶν (2 c)
— 16 (15). κατῳκήσαμεν ἐν γῇ Αἰγύπτῳ (2 c)
— 22 (21). ὃς ἂν ἔλθῃ ἐκ γῆς μακρόθεν καὶ ὄψονται τὰς πληγὰς τῆς γ. ἐκείνης (2 c, 2 c)
— 23 (22). πᾶσα ἡ γ. αὐτῆς οὐ σπαρήσεται (2 c)
— 24 (23). διὰ τί ἐποίησε κύριος οὕτω τῇ γ. ταύτῃ (2 c)
— 25 (24). ὅτε ἐξήγαγεν αὐτοὺς ἐκ γῆς Αἰγ. (2 c)
— 27 (26). ὠργίσθη θυμῷ κύριος ἐπὶ τὴν γ. ἐκείνην (2 c)
— 28 (27). ἐξῆρεν αὐτοὺς κ. ἀπὸ τῆς γ. αὐτῶν [A *om.* ἀπὸ τ. γ. αὐ.] . . . καὶ ἐξέβαλεν αὐτοὺς εἰς γ. ἑτέραν (1, 2 c)
30. 5. εἰσάξει σε ὁ θ. σου ἐκεῖθεν εἰς τὴν γ. (2 c)
— 9. εὐλογήσει [A πολυωρήσει] σε . . . ἐν τοῖς γεννήμασι τῆς γ. σου (1)
— 16. ἐν πάσῃ τῇ γ. εἰς ἣν εἰσπορεύῃ (2 c)
— 18. οὐ μὴ πολυήμεροι γένησθε ἐπὶ τῆς γ. (1)
— 19. διαμαρτύρομαι ὑμῖν σήμερον τόν τε οὐρ. καὶ τὴν γ. (2 c)
— 20. τὸ κατοικεῖν σε ἐπὶ τῆς γ. (1)
31. 4. καθὼς ἐποίησε Σηὼν καὶ Ὢγ . . . καὶ τῇ γ. αὐ. (2 c)

● = correction on page xxv

De. 31. 7. σὺ γὰρ εἰσελεύσῃ . . . εἰς τὴν γ. (2 c)
— 13. ὅσας αὐτοὶ ζῶσιν ἐπὶ τῆς γ. (1)
— 16. ὀπίσω θεῶν ἀλλοτρίων τῆς γ. (2 c)
— 20. εἰσάξω γὰρ αὐτοὺς εἰς τὴν γ. τὴν ἀγαθήν (1)
— 20. γ. ῥέουσαν γάλα καὶ μέλι –
— 21. πρὸ τοῦ εἰσαγαγεῖν με αὐτοὺς εἰς τὴν γ. τὴν ἀγαθήν (2 c)
— 23. εἰσάξεις τοὺς υἱοὺς Ἰσρ. εἰς τὴν γ. (2 c)
— 28. διαμαρτύρομαι αὐτοῖς τόν τε οὐρ. καὶ τὴν γ. (2 c)
32. 1. ἀκουέτω ἡ γ. ῥήματα (2 c)
— 10. ἐν δίψει καύματος ἐν γῇ [A om.] ἀνύδρῳ –
— 13. ἀνεβίβασεν αὐτοὺς ἐπὶ τὴν ἰσχὺν τῆς γ. (2 c)
— 22. καταφάγεται γῆν καὶ τὰ γεννήματα αὐ. (2 c)
— 24. μετὰ θυμοῦ συρόντων ἐπὶ γῆν [A τῆς γ.] (17)
— 43. ἐκκαθαριεῖ κ. τὴν γ. τοῦ λαοῦ αὐ. (1)
— 47. μακροημερεύσετε ἐπὶ τῆς γ. (1)
— 49. A R ὅ ἐστιν ἐν γῇ Μωὰβ [B Χαναάν] (2 c)
— 49. καὶ ἴδε τὴν γ. Χαναάν (2 c)
— 52. ἀπέναντι ὄψῃ τὴν γ. (2 c)
33. 13. A R ἀπ' [B ἐπ'] εὐλογίας κυρίου ἡ γ. αὐτοῦ (2 c)
— 16. καθ' ὥραν γῆς πληρώσεως (2 c)
— 17. A R ἕως ἀπ' [B ἐπ'] ἄκρου γῆς (2 c)
— 21. ἐκεῖ ἐμερίσθη γῆ ἀρχόντων –
— 28. κατασκηνώσει Ἰσρ. . . . ἐπὶ γῆς Ἰακὼβ †
34. 1. ἔδειξεν αὐτῷ κ. πᾶσαν τὴν γ. Γαλ. (2 c)
— 2. πᾶσαν τὴν γ. Νεφθαλὶ καὶ πᾶσαν τὴν γ. Ἐφραὶμ καὶ Μανασσῆ καὶ πᾶσαν τὴν γ. Ἰούδα (–, 2 c, 2 c)
— 4. αὕτη ἡ γ. ἣν ὤμοσα Ἀβραάμ (2 c)
— 5. ἐτελεύτησε Μ. . . . ἐν γῇ Μωάβ (2 c)
— 6. A ἐν γῇ Μωάβ (2 c)
— 11. ποιῆσαι αὐτὰ ἐν γῇ Αἰγύπτῳ Φαραὼ . . . καὶ πάσῃ τῇ γ. [A π. τὴν γ.] αὐ. (2 c, 2 c)
Jo. 1. 2. διάβηθι . . . εἰς τὴν γ. (2 c)
— 6. σὺ γὰρ ἀποδιελεῖς [B¹ διελ., A ἀποδιαστελεῖς] τῷ λαῷ τούτῳ τὴν γ. (2 c)
— 11. εἰσελθόντες κατασχεῖν τὴν γ. (2 c)
— 13. ἔδωκεν ὑμῖν τὴν γ. ταύτην (2 c)
— 14. κατοικείτωσαν ἐν τῇ γ. ᾗ ἔδωκεν ὑμῖν (2 c)
— 15. καὶ κληρονομήσωσι [A -σουσιν] καὶ οὗτοι τὴν γ. (2 c)
2. 1. ἴδετε τὴν γ. (2 c)
— 2. κατασκοπεῦσαι τὴν γ. (2 c)
— 3. κατασκοπεῦσαι γὰρ τὴν γ. ἥκασι (2 c)
— 9. ἔδωκεν ὑμῖν κύριος τὴν γ. (2 c)
— 10. ὅτε ἐξεπορεύεσθε ἐκ γῆς [A om.] Αἰγύπτου –
— 11. ἐν οὐρανῷ ἄνω καὶ ἐπὶ τῆς γ. κάτω (2 c)
— 24. παρέδωκεν κύριος πᾶσαν τὴν γ. ἐν χειρὶ ἡμῶν (2 c)
— 24. πᾶς ὁ κατοικῶν τὴν γ. ἐκείνην (2 c)
3. 11. ἡ κιβωτὸς διαθήκης κυρίου πάσης τῆς γ. (2 c)
— 13. τὴν κιβωτὸν τῆς διαθήκης κυρίου πάσης τῆς γ. (2 c)
4. 7. ἀπὸ προσώπου κιβωτοῦ διαθήκης κυρίου πάσης τῆς γ. –
— 18. ἔθηκαν τοὺς πόδας ἐπὶ τῆς γ. [A ξηρᾶς] (11)
— 24. ὅπως γνῶσι πάντα τὰ ἔθνη τῆς γ. (2 c)
5. 6. τῶν ἐξεληλυθότων ἐκ γῆς Αἰγύπτου –
— 6. μὴ ἰδεῖν αὐτοὺς τὴν γ. (2 c)
— 6. γῆν ῥέουσαν γάλα καὶ μέλι (2 c)
— 10 (11). ἐφάγοσαν ἀπὸ τοῦ σίτου τῆς γ. (2 c)
— 11 (12). μετὰ τὸ βεβρωκέναι αὐτοὺς ἐκ τοῦ σίτου τῆς γ. (2 c)
— 14. Ἰησοῦς ἔπεσεν ἐπὶ πρόσωπον ἐπὶ τὴν γ. (2 c)
6. 26 (27). ἦν τὸ ὄνομα αὐτοῦ κατὰ πᾶσαν τὴν γ. (2 c)
7. 2. A κατασκέψασθε τὴν γ. [B Γαί] (2 c)
— 2. A καὶ κατεσκέψαντο τὴν γ. [B om.] Γαί –
— 6. ἔπεσεν Ἰησοῦς ἐπὶ τὴν γ. ἐπὶ πρόσωπον (2 c)
— 9. καὶ πάντες οἱ κατοικοῦντες τὴν γ. (2 c)
— 9. ἐκτρίψουσιν ἡμᾶς ἀπὸ τῆς γ. (2 c)
— 21. A αὐτὰ ἐγκέκρυπται ἐν τῇ γ. [B om. ἐν τῇ γ.] (2 c)
— 22. A ταῦτα ἦν κεκρυμμένα ἐν τῇ γ. [B al.] †
8. 1. δέδωκα εἰς τὰς χεῖράς σου . . . τὴν γ. αὐτοῦ (2 c)
9. 6. ἐκ γῆς μακρόθεν ἥκαμεν (2 c)
— 9. ἐκ γῆς μακρόθεν σφόδρα ἥκασιν (2 c)
— 11. πάντες οἱ κατοικοῦντες τὴν γ. ἡμῶν (2 c)
— 24. δοῦναι ὑμῖν τὴν γ. ταύτην (2 c)
10. 40. ἐπάταξεν Ἰησοῦς πᾶσαν τὴν γ. τῆς ὀρεινῆς (2 c)
— 41. A πᾶσαν τὴν γ. [B om.] Γοσὸμ ἕως τῆς Γ. (2 c)

Jo. 10. 42. καὶ πάντας τοὺς β. αὐ. καὶ [A αὐτοῦ τοὺς κατὰ] τὴν γ. αὐτῶν (2 c)
11. 3. τοὺς ὑπὸ τὴν ἔρημον εἰς γῆν Μ. [A al.] (2 c)
— 16. A ἔλαβεν Ἰησοῦς πᾶσαν τὴν γ. τὴν ὀρεινὴν καὶ πᾶσαν τὴν γ. [B om.] τὴν Ναγὲβ καὶ πᾶσαν τὴν γ. Γοσόμ (2 c, –, 2 c)
— 23. ἔλαβεν Ἰησοῦς πᾶσαν τὴν γ. (2 c)
— 23. ἡ γ. κατέπαυσε πολεμουμένη (2 c)
12. 1. οὗτοι οἱ βασιλεῖς τῆς γ. (2 c)
— 1. κατεκληρονόμησαν τὴν γ. αὐτῶν (2 c)
— 1. καὶ πᾶσαν τὴν γ. [A om.] Ἄραβα –
— 5. R καὶ πᾶσαν τὴν γ. [A B om.] Βασάν –
13. 1. ἡ γ. ὑπολέλειπται πολλὴ εἰς κληρονομίαν (2 c)
— 2. αὕτη ἡ γ. [A γ. ἡ] καταλελειμμένη (2 c)
— 4. καὶ πάσῃ γ. [A τῇ γ.] Χαναάν (2 c)
— 5. καὶ πᾶσαν τὴν γ. Γαλιὰθ Φυλιστιείμ (2 c)
— 7. μέρισον τὴν γ. ταύτην ἐν κληρονομίᾳ (2 c)
— 21. A καὶ τοὺς κατοικοῦντας τὴν γ. [B κατ. Σιών] (2 c)
— 25. τὸ ἥμισυ γῆς υἱῶν Ἀμμών (2 c)
14. 1. οἱ κατακληρονομήσαντες υἱῶν Ἰσρ. ἐν τῇ γ. [A om. ἐν τῇ γ.] Χαναάν (2 c)
— 4. οὐκ ἐδόθη μερὶς ἐν τῇ γ. τοῖς Λευίταις (2 c)
— 5. ἐμέρισαν [A -σαντο] τὴν γ. (2 c)
— 7. κατασκοπεῦσαι τὴν γ. (2 c)
— 9. ἡ γ. ἐφ' ἣν [A ᾗς] ἐπέβης (2 c)
— 15. ἡ γ. ἐκόπασε τοῦ πολέμου (2 c)
15. 8. ἥ ἐστιν ἐκ μέρους γῆς Ῥαφαῒν [A -είμ] (16)
— 19. εἰς γῆν Ναγὲβ δέδωκάς με (2 c)
17. 5. R καὶ πεδίον Λαβὲκ ἐκ τῆς γ. [A B om.] Γαλ. (2 c)
— 6. ἡ δὲ γ. Γαλαὰδ ἐγενήθη τοῖς υἱοῖς Μαν. (2 c)
— 7. A ἐπὶ τὴν γ. [B ἐπὶ πηγὴν] Θαφθώθ †
— 12. κατοικεῖν ἐν τῇ γ. ταύτῃ (2 c)
18. 1. ἡ γ. ἐκρατήθη [A -ταιώθη] ὑπ' αὐτῶν (2 c)
— 3. ἕως τίνος ἐκλυθήσεσθε κληρονομῆσαι τὴν γ. (2 c)
— 4. διελθέτωσαν [A -άτωσαν] τὴν γ. (2 c)
— 6. μερίσατε τὴν γ. ἑπτὰ μερίδας (2 c)
— 8. τοῖς πορευομένοις χωροβατῆσαι τὴν γ. (2 c)
— 8. χωροβατήσατε τὴν γ. (2 c)
— 9. ἐχωροβάτησαν τὴν γ. (2 c)
19. 49, 51. ἐπορεύθησαν ἐμβατεῦσαι τὴν γ. (2 c)
21. 2. εἶπον πρὸς αὐτοὺς ἐν Σηλὼ ἐν γῇ Χ. (2 c)
— 37 (36). A τὴν Ῥαμὼθ ἐν γῇ [B τῇ] Γαλαάδ –
— 40. συνετέλεσεν Ἰησοῦς διαμερίσας τὴν γ. –
— 41. ἔδωκε κύριος τῷ Ἰσραὴλ πᾶσαν τὴν γ. (2 c)
22. 4. εἰς τὴν γ. τῆς κατασχέσεως ὑμῶν (2 c)
— 9. A ἀπὸ τῶν υἱῶν Ἰσραὴλ ἐκ [B ἐν] Σηλὼ ἐκ γῆς [B ἐν γῇ] Χαναὰν ἀπελθεῖν εἰς γῆν [B τὴν] Γαλαὰδ εἰς γῆν κατασχέσεως αὐτῶν (2 c ter)
— 10. ἥ ἐστιν ἐν γῇ Χαναάν (2 c)
— 11. βωμὸν ἐφ' ὁρίων τῆς Χαναάν (2 c)
— 13. ἀπέστειλαν οἱ υἱοὶ Ἰσραὴλ . . . εἰς γῆν Γαλ. (2 c)
— 15. R παρεγένοντο . . . εἰς γῆν [A B τὴν] Γαλαάδ (2 c)
— 19. εἰ μικρὰ ἡ γ. ὑμῶν τῆς κατασχέσεως ὑμῶν διάβητε εἰς [A ἐπὶ] τὴν γ. τῆς κυρίου κατασχέσεως (2 c, 2 c)
— 32. A ἀπέστρεψε . . . ἐκ γῆς [B τῆς] Γαλ. εἰς γῆν Χ. (2 c, 2 c)
— 33. ἐξολεθρεῦσαι τὴν γ. τῶν υἱῶν Ῥουβὴν (2 c)
23. 5. κατακληρονομήσατε τὴν γ. αὐ. (2 c)
— 13. ἕως ἂν ἀπόλησθε ἀπὸ τῆς γ. τῆς ἀγαθῆς ταύτης (1)
— 14. καθὰ καὶ πάντες οἱ ἐπὶ τῆς γ. (2 c)
— 15. ἕως ἂν ἐξολεθρεύσῃ ὑμᾶς ἀπὸ τῆς γ. τῆς ἀγαθῆς ταύτης (1)
24. 3. ὡδήγησα αὐτὸν ἐν πάσῃ τῇ γ. (2 c)
— 7. ὅσα ἐποίησε κύριος ἐν γῇ Αἰγύπτῳ –
— 8. ἤγαγεν ἡμᾶς [A ὑμᾶς] εἰς γῆν Ἀμορραίων (2 c)
— 8. κατεκληρονομήσατε τὴν γ. αὐτῶν (2 c)
— 13. ἔδωκεν ὑμῖν γῆν (2 c)
— 15. ἐν οἷς ὑμεῖς κατοικεῖτε ἐπὶ τῆς γ. αὐτῶν (2 c)
— 17. A ἀνήγαγεν ἡμᾶς . . . ἐκ γῆς [B ἐξ] Αἰγύπτου (2 c)
— 18. πάντα τὰ ἔθνη τὰ κατοικοῦντα τὴν γ. (2 c)
— 33. B² ἐν Γ. γῇ [A B¹ τῇ] ἑαυτοῦ –
— 33. B¹ εἰς τὴν γ. [A R om.] ἑαυτῶν πόλιν –
Jd. 1. 2. δέδωκα τὴν γ. ἐν χειρὶ αὐτοῦ (2 c)
— 14. εἰς γῆν νότου ἐκδέδοσαί με –
— 15. εἰς γῆν νότου ἐκδέδοσαί με (2 c)

Jd. 1. 26. ἐπορεύθη [A ἀπῆλθεν] ὁ ἀνὴρ εἰς γῆν Χεττίν (2 c)
— 27. κατοικεῖν ἐν τῇ γ. ταύτῃ (2 c)
— 32, 33. ἐν μέσῳ τοῦ Χαναναίου τοῦ κατοικοῦντος τὴν γ. (2 c)
2. 1. εἰσήγαγον ὑμᾶς εἰς τὴν γ. (2 c)
— 2. τοῖς ἐγκαθημένοις εἰς τὴν γ. ταύτην (2 c)
— 6. κατακληρονομῆσαι τὴν γ. (2 c)
— 12. τὸν ἐξαγαγόντα αὐτοὺς ἐκ γῆς Αἰγύπτου (2 c)
— 21. ὧν κατέλιπεν Ἰ. υἱὸς Ναυὴ ἐν τῇ γ. [A om. υἱ. N. ἐν τῇ γ.] –
3. 11. ἡσύχασεν ἡ γ. ἔτη τεσσαράκ. [A πεντήκ.] (2 c)
— 25. πεπτωκὼς ἐπὶ τὴν γ. τεθνηκώς (2 c)
— 27. ἡνίκα ἦλθεν Ἀὼδ εἰς γῆν Ἰσραὴλ [A om. Ἀ. εἰς γ. Ἰσ.] –
— 30. ἡσύχασεν ἡ γ. ὀγδοήκοντα ἔτη (2 c)
4. 21. διεξῆλθεν [A διήλασεν] ἐν τῇ γ. (2 c)
5. 4. γῆ ἐσείσθη (2 c)
— 32 (31). ἡσύχασεν ἡ γ. τεσσαράκοντα ἔτη (2 c)
6. 4. A διέφθειραν τὰ ἐκφόρια τῆς γ. [B al.] (2 c)
— 4. οὐ κατέλιπον ὑπόστασιν ζωῆς ἐν τῇ γ. Ἰσρ. [A al.] –
— 5. ἤρχοντο εἰς τὴν γ. [A παρεγίνοντο ἐν τῇ γ.] Ἰσρ. (2 c)
— 8. ὃς ἀνήγαγον ὑμᾶς ἐκ γῆς Αἰγ. [A al.] –
— 9. ἔδωκα ὑμῖν τὴν γ. αὐτῶν (2 c)
— 10. ἐν οἷς ὑμεῖς καθήσεσθε [R -θησθε, A ἐνοικεῖτε] ἐν τῇ γ. αὐ. (2 c)
— 11. R τὴν [A τὴν οὖσαν] ἐν Ἐφραθὰ ἐν γῇ [A τὴν τοῦ, B ἐν τῇ] Ἰωάς –
— 37. καὶ ἐπὶ πᾶσαν τὴν γ. ξηρασία (2 c)
— 39. καὶ ἐπὶ πᾶσαν τὴν γ. γενηθήτω δρόσος (2 c)
— 40. καὶ ἐπὶ πᾶσαν τὴν γ. ἐγενήθη [A -νετο] δρόσος (2 c)
7. 1. A παρενέβαλεν ἐπὶ τὴν γ. Ἰαὲρ [B al.] †
8. 28. ἡσύχασεν ἡ γ. τεσσαράκοντα ἔτη (2 c)
9. 37. ἀπὸ τοῦ ἐχόμενα ὀμφαλοῦ τῆς γ. (2 c)
10. 4. ἐν γῇ [A αἵ εἰσιν ἐν τῇ] Γαλαάδ (2 c)
— 8. ἐν γῇ τοῦ Ἀμορρὶ τοῦ ἐν Γαλαὰδ [A al.] (2 c)
11. 3. ᾤκησεν [A κατῴκ.] ἐν γῇ Τώβ (2 c)
— 5. λαβεῖν [A παραλ.] τὸν Ἰεφθάε ἀπὸ τῆς γ. [A ἐν γῇ] Τώβ (2 c)
— 12. τοῦ παρατάξασθαι ἐν τῇ γ. μου [A al.] (2 c)
— 13. ἔλαβεν Ἰσραὴλ τὴν γ. μου (2 c)
— 15. οὐκ ἔλαβεν Ἰσραὴλ [A Ἰεφθάε] τὴν γ. Μωὰβ καὶ τὴν γ. υἱῶν Ἀμμών (2 c, 2 c)
— 17. παρελεύσομαι δὴ ἐν τῇ γ. σου [A παρ. διὰ τῆς γ. σου] (2 c)
— 18. ἐκύκλωσε τὴν γ. Ἐδὼμ καὶ τὴν γ. Μωάβ· καὶ ἦλθεν ἀπὸ ἀνατολῶν ἡλίου τῇ γ. [A παρεγένετο κατ' ἀνατολὰς ἡ. τῆς γ.] Μωάβ (2 c ter)
— 19. παρέλθωμεν δὴ ἐν τῇ γ. σου [A παρελεύσομαι διὰ τῆς γ. σου] (2 c)
— 21. ἐκληρονόμησεν Ἰσρ. πᾶσαν τὴν γ. τοῦ Ἀμ. τοῦ κατοικοῦντος τὴν γ. ἐκείνην [A ἐν τῇ γ.] (2 c, 2 c)
— 26. ἐν γῇ Ἀροὴρ καὶ ἐν τοῖς ὁρίοις αὐτῆς [A al.] –
— 29. A διέβη τὴν γ. Γαλ. [B al.] –
12. 12. καὶ ἐτάφη . . . ἐν γῇ Ζαβουλών (2 c)
— 14 (15). ἐτάφη . . . ἐν γῇ Ἐφραΐμ (2 c)
13. 20. ἔπεσαν ἐπὶ πρόσωπον αὐ. ἐπὶ τὴν γ. (2 c)
16. 24. τὸν ἐρημοῦντα [A ἐξερ.] τὴν γ. ἡμῶν (2 c)
18. 2. τοῦ κατασκέψασθαι τὴν γ. (2 c)
— 2. ἐξιχνιάσατε [A ἐξερευνήσατε] τὴν γ. (2 c)
— 7. καὶ οὐκ ἔστι . . . καταισχύνων λόγον ἐν τῇ γ. [A al.] (2 c)
— 9. A ἐνεπεριεπατήσαμεν ἐν τῇ γ. –
— 9. A εὑρήκαμεν τὴν γ. [B εἴδομεν τὴν γ.] (2 c)
— 9. τοῦ κληρονομῆσαι [A καὶ κατακλ.] τὴν γ. (2 c)
— 10. καὶ ἡ γ. πλατεῖα [A εὐρύχωρος] (2 c)
— 10. ὑστέρημα παντὸς ῥήματος τῶν [A ὅσα] ἐν τῇ γ. (2 c)
— 14. κατασκέψασθαι τὴν γ. Λαϊσά (2 c)
— 17. κατασκέψασθαι τὴν γ. (2 c)
— 30. ἕως ἡμέρας ἀποικίας τῆς γ. [A al.] (2 c)
19. 30. ἀπὸ ἡμέρας ἀναβάσεως υἱῶν Ἰσρ. ἐκ γῆς Αἰγύπτου [A ἐξ Αἰ.] (2 c)
20. 1. καὶ γῆ τοῦ [A om.] Γαλαάδ (2 c)
— 21. δύο καὶ εἴκοσι χιλιάδας ἀνδρῶν ἐπὶ τὴν γ. (2 c)
— 25. ἔτι ὀκτὼ καὶ δέκα χιλιάδας ἀνδρῶν ἐπὶ τὴν γ. (2 c)

Jd. 21. 12. εἰς Σηλὼμ τὴν [A ἥ ἐστιν] ἐν γῇ Χαναάν (2 c)
— 21. πορεύεσθε [A ἀπελεύσεσθε] εἰς γῆν Βεν. (2 c)
Ru. 1. 1. καὶ ἐγένετο λιμὸς ἐν τῇ γ. (2 c)
— 7. τοῦ ἐπιστρέψαι εἰς τὴν [A *om.*] γ. Ἰούδα (2 c)
2. 10. προσεκύνησεν ἐπὶ τὴν γ. (2 c)
— 11. καὶ τὴν γ. γενέσεώς σου (2 c)
I Ki. 1. 21. καὶ πάσας τὰς δεκάτας τῆς γ. αὐτοῦ –
2. 5. A R οἱ πεινῶντες παρῆκαν γῆν [B *al.*] –
— 8. ἀνιστᾷ ἀπὸ γῆς πένητα (17)
— 10. ποιεῖν κρίμα . . . ἐν μέσῳ τῆς γ. –
— 10. αὐτὸς κρινεῖ ἄκρα γῆς (2 c)
— 27. ὄντων αὐτῶν ἐν γῇ [A τῇ] Αἰγύπτῳ δούλων –
3. 19. οὐκ ἔπεσεν ἀπὸ πάντων τῶν λόγων αὐ. ἐπὶ τὴν γ. (2 c)
— 21. ἀπ' ἄκρων τῆς γ. καὶ [A *om.*] ἕως ἄκρων –
4. 5. ἤχησεν ἡ γ. (2 c)
— 12. καὶ γῆ ἐπὶ τῆς κεφαλῆς αὐτοῦ (1)
5. 3, 4. Δαγὼν πεπτωκὼς ἐπὶ πρόσωπον αὐ. ἐπὶ τὴν γ. [B *om.* ἐπὶ τὴν γ.] (2 c)
6. 1. ἐξέζεσεν ἡ γ. αὐτῶν μύας –
— 5. τῶν μυῶν ὑμῶν τῶν διαφθειρόντων τὴν γ. (2 c)
— 5. ἀπὸ τῶν θεῶν ὑμῶν καὶ ἀπὸ τῆς γ. ὑμῶν (2 c)
7. 6. ἐξέχεαν ἐνώπιον κυρίου ἐπὶ τὴν γ. –
9. 2. ὑψηλὸς ὑπὲρ πᾶσαν τὴν γ. (15 ?)
— 4. διῆλθον διὰ τῆς γ. Σελχά [A Σαλισσά] (2 c)
— 4. διῆλθον διὰ τῆς γ. Σ. (2 c)
— 4. διῆλθον διὰ τῆς γ. Ἰ. (2 c)
— 5. A αὐτῶν δὲ ἐλθόντων εἰς γῆν [B τὴν] Σίφ (2 c)
— 16. A R ἀποστελῶ πρὸς σὲ ἄνδρα ἐκ γῆς [B τῆς] Βεν. (2 c)
13. 3. B Σαοὺλ σάλπιγγι σαλπίζει εἰς πᾶσαν τὴν γ. (2 c)
— 7. B οἱ διαβαίνοντες διέβησαν τὸν Ἰορδ. εἰς γῆν Γάδ (2 c)
— 17. A R ὁδὸν Γ. ἐπὶ γῆν [B τὴν] Σωγάλ (2 c)
— 19. B τέκτων σιδήρου οὐχ εὑρίσκετο ἐν πάσῃ γῇ Ἰσρ. (2 c)
— 20. B κατέβαινον πᾶς Ἰσρ. εἰς γῆν ἀλλοφύλων –
14. 15. ἐθάμβησεν ἡ γ. (2 c)
— 25. πᾶσα ἡ γ. ἠρίστα (2 c)
— 29. ἀπήλλαχεν ὁ πατήρ μου τὴν γ. (2 c)
— 32. ἔσφαξεν ἐπὶ τὴν γ. (2 c)
— 45. εἰ πεσεῖται τριχὸς τῆς κεφαλῆς αὐτοῦ ἐπὶ τὴν γῆν (2 c)
17. 44. καὶ τοῖς κτήνεσι [A θηρίοις] τῆς γ. (19)
— 46. καὶ τοῖς θηρίοις τῆς γ. (2 c)
— 46. γνώσεται πᾶσα ἡ γ. (2 c)
— 49. ἔπεσεν ἐπὶ πρόσωπον αὐ. ἐπὶ τὴν γ. (2 c)
20. 15. ἕκαστον ἀπὸ προσώπου τῆς γ. (1)
— 31. ἃς ὁ υἱὸς Ἰεσσαὶ ζῇ ἐπὶ τῆς γ. (1)
— 41. A ἔπεσεν ἐπὶ πρόσωπον αὐτοῦ ἐπὶ τὴν γ. [B *om.* ἐπὶ τὴν γ.] (2 c)
21. 11 (12). οὐχὶ οὗτος Δαυὶδ ὁ βασιλεὺς τῆς γ. (2 c)
22. 5. ἥξεις εἰς γῆν Ἰούδα (2 c)
23. 14. ἐν τῷ ὄρει Ζὶφ ἐν τῇ γ. τῇ αὐχμώδει [A *al.*] –
— 23. εἰ ἔστιν ἐπὶ τῆς γ. (2 c)
— 27. ἀλλόφυλοι ἐπέθεντο ἐπὶ τὴν γ. (2 c)
24. 9. ἔκυψε Δαυὶδ ἐπὶ πρόσωπον αὐτοῦ ἐπὶ τὴν γ. (2 c)
25. 24. προσεκύνησεν αὐτῷ ἐπὶ τὴν γ. (2 c)
— 41. προσεκύνησεν ἐπὶ τὴν γ. ἐπὶ πρόσωπον (2 c)
26. 7. καὶ τὸ δόρυ αὐτοῦ [A *om.*] ἐμπεπηγὸς εἰς τὴν γ. (2 c)
— 8. πατάξω αὐτὸν τῷ δόρατι εἰς τὴν γ. ἅπαξ (2 c)
— 20. μὴ πέσοι τὸ αἷμά μου ἐπὶ τὴν γ. (2 c)
27. 1. ἐὰν μὴ σωθῶ εἰς γῆν ἀλλοφύλων (2 c)
— 8. ἡ γ. κατῳκεῖτο ἀπὸ ἀνηκόντων [A *al.*] (2 c)
— 8. A R καὶ ἕως γῆς [B τῆς] Αἰγύπτου (2 c)
— 9. ἔτυπτε [A ἔ. Δαυὶδ] τὴν γ. (2 c)
28. 3. περιεῖλε . . . τοὺς γνώστας ἀπὸ τῆς γ. (2 c)
— 9. ἐξωλέθρευσε . . . τοὺς γνώστας ἀπὸ τῆς γ. (2 c)
— 13. θεοὺς ἑώρακα ἀναβαίνοντας ἐκ τῆς γ. (2 c)
— 14. ἄνδρα ὄρθιον [A ὄρθριον] ἀναβαίνοντα ἐκ τῆς γ. –
— 14. ἔκυψεν ἐπὶ πρόσωπον αὐτοῦ ἐπὶ τὴν γ. (2 c)
— 20. ἔπεσεν ἑστηκὼς ἐπὶ τὴν γ. (2 c)
— 23. ἀνέστη ἀπὸ τῆς γ. (2 c)
29. 11. φυλάσσειν τὴν γ. τῶν ἀλλοφύλων (2 c)
30. 16. ἐπὶ πρόσωπον πάσης τῆς γ. (2 c)

I Ki. 30. 16. οἷς ἔλαβον ἐκ γῆς ἀλλοφύλων καὶ ἐκ γῆς Ἰούδα (2 c, 2 c)
31. 9. ἀποστέλλουσιν αὐτὰ εἰς γῆν ἀλλοφύλων (2 c)
II Ki. 1. 2. καὶ γῆ ἐπὶ τῆς κεφαλῆς αὐτοῦ (1)
— 2. ἔπεσεν ἐπὶ [A ἐπὶ πρόσωπον ἐπὶ] τὴν γ. (2 c)
2. 22. ἵνα μὴ πατάξω σε εἰς τὴν γ. (2 c)
3. 12. A εἰς Θηλαμοὺ γῆν [? Θηλὰμ οὗ γ' ἦν, B Θαιλὰμ οὗ ἦν] (2 c)
4. 11. ἐξολεθρεύσω ὑμᾶς ἐκ τῆς γ. (2 c)
5. 6. πρὸς τὸν Ἰεβουσαῖον τὸν κατοικοῦντα τὴν γ. (2 c)
— 25. ἀπὸ Γαβαὼν ἕως τῆς γ. Γαζηρά [A ἕως τῆς Γάζης] †
7. 9. κατὰ τὸ ὄνομα τῶν μεγάλων τῶν ἐπὶ τῆς γ. (2 c)
— 23. τίς ὡς λαός σου Ἰσραὴλ ἔθνος ἄλλο ἐν τῇ γ. (2 c)
8. 2. κοιμίσας αὐτοὺς ἐπὶ τὴν γ. (2 c)
— 12. B ἐκ τῆς Ἰδουμαίας καὶ ἐκ γῆς [A R τῆς] Μωάβ –
9. 10. ἐργᾷ αὐτῷ τὴν γ. (1)
10. 2. παρεγένοντο οἱ παῖδες Δ. εἰς τὴν γ. υἱῶν Ἀμμών (2 c)
12. 16. ηὐλίσθη ἐπὶ [A καὶ ἐκοιμήθη ἐπὶ] τῆς γ. (2 c)
— 17. ἐγεῖραι αὐτὸν ἀπὸ τῆς γ. (2 c)
— 20. ἀνέστη Δαυὶδ ἐκ τῆς γ. (2 c)
13. 31. ἐκοιμήθη ἐπὶ τὴν γ. (2 c)
— 37. A R ἐπορεύθη . . . εἰς γῆν [B τὴν] Μαχάδ –
14. 4. ἔπεσεν ἐπὶ πρόσωπον αὐτῆς εἰς [A ἐπὶ] τὴν γ. (2 c)
— 7. ἐπὶ προσώπου τῆς γ. (1)
— 11. εἰ πεσεῖται ἀπὸ [A *om.*] τῆς τριχὸς τοῦ υἱοῦ σου ἐπὶ τὴν γ. (2 c)
— 14. ὥσπερ τὸ ὕδωρ τὸ καταφερόμενον [B -φθειρόμενον] ἐπὶ τῆς γ. (2 c)
— 20. τοῦ γνῶναι πάντα τὰ ἐν τῇ γ. (2 c)
— 22. ἔπεσεν Ἰωὰβ ἐπὶ πρόσωπον αὐ. ἐπὶ τὴν γ. (2 c)
— 33. ἔπεσεν ἐπὶ πρόσωπον αὐ. ἐπὶ τὴν γ. (2 c)
15. 4. τίς με καταστήσει κριτὴν ἐν τῇ γ. (2 c)
— 23. πᾶσα ἡ γ. ἔκλαιε φωνῇ μεγάλῃ (2 c)
— 32. καὶ γῆ ἐπὶ τῆς κεφαλῆς αὐτοῦ (1)
17. 12. ὡς πίπτει ἡ δρόσος ἐπὶ τὴν γ. (1)
— 26. παρενέβαλε πᾶς Ἰσρ. . . . εἰς τὴν γ. Γαλαάδ (2 c)
18. 8. διεσπαρμένος ἐπὶ πρόσωπον πάσης τῆς γ. (2 c)
— 9. ἀνὰ μέσον τοῦ οὐρ. καὶ ἀνὰ μέσον τῆς γ. (2 c)
— 11. τί ὅτι οὐκ ἐπάταξας αὐτὸν εἰς τὴν γ. (2 c)
— 28. προσεκύνησε τῷ βασ. ἐπὶ πρόσωπον αὐτοῦ ἐπὶ τὴν γ. (2 c)
19. 9 (10). πέφευγεν ἀπὸ τῆς γ. (2 c)
20. 10. ἐξεχύθη ἡ κοιλία αὐτοῦ εἰς τὴν γ. (2 c)
21. 14. τῶν ἡλιασθέντων ἐν γῇ Βεν. (2 c)
— 14. ἐπήκουσεν ὁ θεὸς τῇ γ. (2 c)
22. 8. ἐσείσθη ἡ γ. (2 c)
— 43. ἐλέανα αὐτοὺς ὡς χνοῦν γῆς (2 c)
23. 4. ὡς ἐξ ὑετοῦ χλόης ἀπὸ γῆς (2 c)
24. 6. A R ἦλθον . . . εἰς γῆν [B τὴν] Θ. (2 c)
— 8. περιώδευσαν ἐν πάσῃ τῇ γ. (2 c)
— 13. εἰ ἔλθῃ σοι τρία ἔτη λιμὸς ἐν τῇ γ. σου (2 c)
— 13. ἢ γενέσθαι τρεῖς ἡμέρας θάνατον ἐν τῇ γ. σου (2 c)
— 20. προσεκύνησε τῷ βασ. ἐπὶ πρόσωπον αὐ. ἐπὶ τὴν γ. (2 c)
— 25. ἐπήκουσε κύριος τῇ γ. (2 c)
III Ki. 1. 23. προσεκύνησε τῷ βασ. κατὰ πρόσωπον αὐτοῦ ἐπὶ τὴν γ. (2 c)
— 31. ἔκυψε Βηρσαβεὲ ἐπὶ πρόσωπον ἐπὶ τὴν γ. (2 c)
— 40. ἐρράγη ἡ γ. ἐν τῇ φωνῇ αὐτῶν (2 c)
— 52. εἰ πεσεῖται τῶν τριχῶν αὐτοῦ ἐπὶ τὴν γ. (2 c)
2. 2. ἐγώ εἰμι πορεύομαι ἐν ὁδῷ πάσης τῆς γ. (2 c)
3. 1 [B] : 4. 21 (5. 1) [A]. A ἀπὸ τοῦ ποταμοῦ γῆς ἀλλοφύλων (2 c)
— 1. B ἀπὸ τοῦ ποταμοῦ καὶ ἕως γῆς ἀλλοφύλων (2 c ?)
4. 10. καὶ πᾶσα ἡ γ. Ὀφέρ (2 c)
— 19. Γαβὲρ υἱὸς Ἀδαΐ ἐν τῇ γ. Γ. (2 c)
— 19. καὶ νασὲφ εἷς [A νασὶφ] ἐν γῇ Ἰούδα (2 c)
— 34 (5. 14). καὶ παρὰ πάντων τῶν βασιλέων τῆς γ. (2 c)
7. 46. ἐχώνευσεν αὐτὰ [A *add.* ὁ βασ.] ἐν τῷ πάχει τῆς γ. (1)
8. 9. ἐν τῷ ἐκπορεύεσθαι αὐτοὺς ἐκ γῆς Αἰγ. (2 c)
— 21. ἐν τῷ ἐξαγαγεῖν αὐτὸν αὐτοὺς ἐκ γῆς Αἰγ. (2 c)
— 23. ἐν τῷ οὐρανῷ ἄνω καὶ ἐπὶ τῆς γ. κάτω (2 c)

III Ki. 8. 27. εἰ ἀληθῶς κατοικήσει ὁ θεὸς μετὰ ἀνθρ. ἐπὶ τῆς γ. (2 c)
— 34. ἀποστρέψεις αὐτοὺς εἰς τὴν γ. (1)
— 36. δώσεις ὑετὸν ἐπὶ τὴν γ. (2 c)
— 37. A R λιμὸς ἐὰν γένηται ἐν τῇ γ. [B *al.*] (2 c)
— 40. αὐτοὶ ζῶσιν ἐπὶ [A *add.* προσώπου πάσης] τῆς γ. (1)
— 41. A καὶ ἔλθῃ ἀπὸ γῆς μακρόθεν (2 c)
— 43. ὅπως γνῶσι πάντες οἱ λαοὶ τῆς γ. [B *om.* τῆς γ.] (2 c)
— 46. εἰς γῆν [A τὴν γ. τοῦ ἐχθροῦ] μακρὰν καὶ ἐγγύς (2 c)
— 47. ἐπιστρέψουσι καρδίας αὐτῶν ἐν τῇ γ. (2 c)
— 47. καὶ ἐπιστρέψωσιν ἐν γῇ μετοικίας αὐτῶν (2 c)
— 48. ἐν τῇ γ. ἐχθρῶν αὐτῶν (2 c)
— 48. προσεύξονται [A -ωνται] πρὸς σὲ ὁδὸν γῆς αὐτῶν (2 c)
— 51. οὓς ἐξήγαγες ἐκ γῆς Αἰγύπτου –
— 53. εἰς κληρονομίαν ἐκ πάντων τῶν λαῶν τῆς γ. (2 c)
— 53. ἐν τῷ ἐξαγαγεῖν σε τοὺς πατ. ἡμῶν ἐκ γῆς [A ἐξ] Αἰγύπτου –
— 60. ὅπως γνῶσι πάντας οἱ λαοὶ τῆς γ. (2 c)
9. 7. ἐξαρῶ τὸν Ἰσραὴλ ἀπὸ τῆς γ. (1)
— 8. ἕνεκα τίνος ἐποίησε κύριος οὕτως τῇ γ. ταύτῃ (2 c)
— 11. εἴκοσι πόλεις ἐν τῇ γ. τῇ [A *om.* γ. τῇ] Γαλιλαίᾳ (2 c)
— 26. ἐπὶ τοῦ χείλους τῆς ἐσχάτης θαλάσσης ἐν γῇ Ἐδώμ (2 c)
10. 6. ὃν ἤκουσα ἐν τῇ γ. μου (2 c)
— 7. ἣν ἤκουσα ἐν τῇ γ. μου –
— 12. B οὐκ ἐληλύθει τοιαῦτα ξύλα πελέκητα [A *om.*, R ἀπελ.] ἐπὶ τῆς γ. [A *om.* ἐπὶ τῆς γ.] –
— 13. ἦλθεν εἰς τὴν γ. αὐτῆς (2 c)
— 15. καὶ τῶν σατραπῶν τῆς γ. (2 c)
— 22 [B] : 9. 18 [A]. A καὶ ἐν τῇ γ. πάσας τὰς πόλεις τῶν σκηνωμ. (2 c)
— 22 [B] : 9. 19 [A]. ἐν Ἱερουσαλὴμ [A *add.* καὶ ἐν τῷ Λιβ.] καὶ ἐν πάσῃ τῇ γ. (2 c)
— 22 [B] : 9. 21 [A]. τὰ τέκνα αὐτῶν τὰ ὑπολελειμμ. μετ' αὐτοὺς ἐν τῇ γ. (2 c)
— 23. A R ἐμεγαλύνθη Σαλ. ὑπὲρ πάντας τοὺς βασ. τῆς γ. [B *om.* τῆς γ.] (2 c)
— 24. πάντες βασιλεῖς τῆς γ. ἐζήτουν τὸ πρόσωπον Σαλ. (2 c)
— 26. ἀπὸ τοῦ ποταμοῦ καὶ ἕως γῆς ἀλλοφύλων –
11. 18. A καὶ γῆν ἔδωκεν αὐτῷ (2 c)
— 21. ἀποστρέψω εἰς τὴν γ. μου (2 c)
— 22. σὺ ζητεῖς ἀπελθεῖν εἰς τὴν γ. σου (2 c)
— 22. ἀνέστρεψεν Ἄδερ εἰς τὴν γ. αὐτοῦ –
— 22. R ἐβασίλευσεν ἐν γῇ [A τῷ, B τῇ] Ἐδώμ –
— 43. B ἔρχεται . . . εἰς τὴν γ. Σαριρά –
12. 24. B ἀπελεύσομαι ἐγὼ εἰς τὴν γ. μου –
— 24. B ἦλθεν εἰς γῆν Σαριρά –
— 28. οἱ ἀναγαγόντες [A οἳ ἀνήγαγόν] σε ἐκ γῆς Αἰγ. (2 c)
— 32. κατὰ τὴν ἑορτὴν τὴν ἐν γῇ Ἰούδα –
13. 34. εἰς ἀφανισμὸν ἀπὸ προσώπου τῆς γ. (1)
14. 17. A ἐπορεύθη εἰς γῆν Σαριρά –
— 24. σύνδεσμος ἐγενήθη ἐν τῇ γ. (2 c)
15. 12. ἀφεῖλε τὰς τελετὰς ἀπὸ τῆς γ. (2 c)
— 20. ἕως πάσης τῆς γ. Νεφθαλί (2 c)
16. 2. ὕψωσά σε ἀπὸ τῆς γ. (17)
— 28 (22. 46 [47]). B τὰ λοιπὰ τῶν συμπλοκῶν . . . ἐξῆρεν ἀπὸ τῆς γ. (2 c)
17. 7. οὐκ ἐγένετο ὑετὸς ἐπὶ τῆς γ. (2 c)
— 14. ἕως ἡμέρας τοῦ δοῦναι κύριον τὸν ὑετὸν ἐπὶ [A *add.* προσώπου] τῆς γ. (1)
18. 1. δώσω ὑετὸν ἐπὶ πρόσωπον τῆς γ. (1)
— 5. διέλθωμεν ἐπὶ τὴν γ. [A εἰς τὸ πεδίον] (2 c)
— 12. πνεῦμα κυρίου ἀρεῖ σε εἰς τὴν [A *om.*] γ. –
— 42. ἔκυψεν ἐπὶ τὴν γ. (2 c)
19. 3. ἔρχεται εἰς Βηρσαβεὲ γῆν [A τὴν] Ἰούδα †
21 (20). 7. A R πάντας τοὺς πρεσβυτέρους τῆς γ. [B *om.*] (2 c)
— 27. καὶ Συρία ἔπλησε τὴν γ. (2 c)
22. 36. ἕκαστος . . . εἰς τὴν ἑαυτοῦ γ. [A γ. ἀποτρεχέτω] (2 c)
— 47. A ἐπέλεξεν ἀπὸ τῆς γ. (2 c)
IV Ki. 2. 15. προσεκύνησαν αὐτῷ ἐπὶ τὴν γ. (2 c)
— 19. καὶ ἡ γ. ἀτεκνουμένη (2 c)
3. 20. ἐπλήσθη ἡ γ. ὕδατος (2 c)

IV Ki. 3. 27. ἐπέστρεψαν [A ὑπέστρ.] εἰς τὴν γ. (2 c)
4. 37. προσεκύνησεν ἐπὶ τὴν γ. (2 c)
— 38. ὁ λιμὸς ἐν τῇ γ. (2 c)
5. 2. ᾐχμαλώτευσαν ἐκ γῆς Ἰσρ. νεάνιδα μικράν (2 c)
— 4. ἡ νεᾶνις ἡ ἐκ γῆς Ἰσραήλ (2 c)
— 15. οὐκ ἔστι θεὸς ἐν πάσῃ τῇ γ. (2 c)
— 17. A γομὸρ ζεύγους [B^1 -γη] ἡμιόνων ἀπὸ τῆς γ. [B *om.* ἀπὸ τῆς γ.] (1)
— 17. R σύ μοι δώσεις ἐκ τῆς γ. τῆς πυρρᾶς –
— 19. ἀπῆλθεν παρ' αὐτοῦ εἰς δεβραθὰ [A αὐ. ἀπὸ] τῆς γ. [A γ. Ἰσρ.] (2 c)
6. 23. τοῦ ἐλθεῖν εἰς γῆν Ἰσραήλ (2 c)
7. 12. A ἐξελεύσονται ἐκ τῆς γ. [B πόλεως] (14)
8. 1. κέκληκε κύριος λιμὸν ἐπὶ τὴν γ. καί γε ἦλθεν ἐπὶ τὴν γ. ἑπτὰ ἔτη (–, 2 c)
— 2. παρῴκει ἐν γῇ ἀλλοφύλων ἑπτὰ ἔτη (2 c)
— 3. ἐπέστρεψεν ἡ γυνὴ ἐκ γῆς [A τῶν] ἀλλοφύλων (2 c)
— 6. ἀπὸ τῆς ἡμέρας ἧς κατέλιπε [A ἐγκατέλειπεν] τὴν γ. (2 c)
10. 10. οὐ πεσεῖται ἀπὸ τοῦ ῥήματος κυρίου εἰς τὴν γ. (2 c)
— 33. R ἀπὸ τοῦ Ἰορδάνου κατ' ἀνατολὰς ἡλίου πᾶσαν τὴν γ. [A B *om.*] Γαλ. (2 c)
11. 3. καὶ Γοθολία βασιλεύουσα ἐπὶ τῆς γ. (2 c)
— 14. καὶ πᾶς ὁ λαὸς τῆς γ. χαίρων (2 c)
— 18. εἰσῆλθε πάς ὁ λαὸς τῆς γ. (2 c)
— 19. καὶ πάντα τὸν λαὸν τῆς γ. (2 c)
— 20. ἐχάρη πᾶς ὁ λαὸς τῆς γ. (2 c)
12. 1. Ἀβιὰ ἐκ γῆς Βηρσαβεέ –
13. 18. πάταξον εἰς τὴν γ. (2 c)
— 20. μονόζωνοι Μωὰβ ἦλθον ἐν τῇ γ. (2 c)
14. 11. B ἐν B. γῇ [R τῇ] τοῦ Ἰούδα [A *al.*] –
15. 5. κρίνων [A -νειν] τὸν λαὸν τῆς γ. (2 c)
— 19. ἀνέβη Φουὰ βασιλεὺς Ἀσσ. ἐπὶ τὴν γ. (2 c)
— 20. οὐκ ἔστη ἐκεῖ ἐν τῇ γῇ (2 c)
— 29. καὶ τὴν Γαλιλαίαν πᾶσαν γ. Νεφθαλί (2 c)
16. 15. A καὶ τὴν ὁλοκαύτωσιν τοῦ λαοῦ τῆς γ. [B *om.* τ. γ.] (2 c)
17. 5. ἀνέβη ὁ βασ. Ἀσσυρίων ἐν πάσῃ τῇ γ. (2 c)
— 7. τῷ ἀναγαγόντι αὐτοὺς ἐκ γῆς Αἰγύπτου (2 c)
— 23. ἀπῳκίσθη Ἰσραὴλ ἐπάνωθεν τῆς γ. αὐ. (1)
— 26. οὐκ ἔγνωσαν τὸ κρίμα τοῦ θεοῦ τῆς γ. (2 c)
— 26. οὐκ οἴδασι τὸ κρίμα τοῦ θεοῦ τῆς γ. (2 c)
— 27. A R τὸ κρίμα τοῦ θεοῦ [B *om.* τοῦ θ.] τῆς γ. (2 c)
— 36. ὃς ἀνήγαγεν ὑμᾶς ἐκ γῆς Αἰγύπτου (2 c)
18. 25. ἀνάβηθι ἐπὶ τὴν γ. ταύτην (2 c)
— 32. A R καὶ λάβω ὑμᾶς εἰς γῆν ὡς γῆ ὑμῶν γῆ [B *om.*] σίτου καὶ οἴνου . . . γῆ ἐλαίας ἐλαίου καὶ μέλιτος (2 c *quater*)
— 35. οἳ ἐξείλαντο τὰς γ. [A B^2 γαίας] αὐτῶν ἐκ χειρός μου (2 c)
19. 7. ἀποστραφήσεται εἰς τὴν γ. αὐτοῦ (2 c)
— 7. καταβαλῶ αὐτὸν . . . ἐν τῇ γ. αὐτοῦ (2 c)
— 11. B^1 ὅσα ἐποίησαν βασιλεῖς Ἀσσυρίων πάσαις ταῖς γ. [A γενεαῖς, R γαίαις] (2 c)
— 15. σὺ εἶ ὁ θεὸς μόνος ἐν πάσαις ταῖς βασιλείαις τῆς γ. σὺ ἐποίησας τὸν οὐρανὸν καὶ τὴν γ. (2 c, 2 c)
— 17. A τὰ ἔθνη καὶ τὴν γ. αὐτῶν [B *om.* καὶ τὴν γ. αὐ.] (2 c)
— 19. γνώσονται πᾶσαι αἱ βασιλεῖαι τῆς γ. (2 c)
— 37. αὐτοὶ ἐσώθησαν [A διεσ.] εἰς γῆν Ἀραράθ (2 c)
20. 14. ἐκ γῆς πόρρωθεν ἥκασι πρός μέ (2 c)
21. 8. τοῦ σαλεῦσαι τὸν πόδα Ἰσρ. ἀπὸ τῆς γ. (1)
— 24. ἐπάταξεν ὁ [A πᾶς ὁ] λαὸς τῆς γ. πάντας τοὺς συστραφέντας (2 c)
— 24. ἐβασίλευσεν ὁ λαὸς τῆς γ. τὸν Ἰωσ. (2 c)
23. 24. τὰ γεγονότα ἐν γῇ Ἰούδα (2 c)
— 30. ἔλαβεν ὁ λαὸς τῆς γ. τὸν Ἰωάχαζ (2 c)
— 33. ἐν Ἀβλαὰ ἐν γῇ Ἐμάθ (2 c)
— 33. ἔδωκε ζημίαν ἐπὶ τὴν γ. [B *om.* ζ. ἐπὶ τὴν γ.] (2 c)
— 35. ἐτιμογράφησαν τὴν γ. (2 c)
— 35. ἔδωκαν τὸ ἀργύριον καὶ τὸ χρυσίον μετὰ τοῦ λαοῦ τῆς γ. (2 c)
24. 2. ἐξαπέστειλεν αὐτοὺς ἐν τῇ [A *om.*] γ. Ἰούδα –
— 7. ἐξελθεῖν ἐκ τῆς [A *om.*] γ. αὐτοῦ (2 c)
— 14. οὐχ ὑπελείφθη πλὴν οἱ πτωχοὶ τῆς γ. (2 c)
— 15. τοὺς ἰσχυροὺς τῆς γ. ἀπήγαγεν (2 c)
25. 3. οὐκ ἦσαν ἄρτοι τῷ λαῷ τῆς γ. (2 c)
IV Ki. 25. 12. ἀπὸ τῶν πτωχῶν τῆς γ. ὑπέλιπεν ὁ ἀρχιμάγ. (2 c)
— 19. τὸν ἐκτάσσοντα τὸν λαὸν τῆς γ. καὶ ἑξήκοντα [A ἑπτὰ] ἄνδρας τοῦ λαοῦ τῆς γ. (2 c, 2 c)
— 21. A B ἐν [R εἰς] Ῥεβλαθὰ ἐν γῇ Αἰμάθ (2 c)
— 21. ἀπῳκίσθη Ἰούδας ἐπάνωθεν τῆς γ. αὐτοῦ (1)
— 22. ὁ λαὸς ὁ καταλειφθεὶς ἐν τῇ γ. Ἰούδα [A ἐν τῇ Ἰουδαίᾳ] (2 c)
— 24. καθίσατε ἐν τῇ γ. (2 c)
I Ch. 1. 10. γίγας κυνηγὸς ἐπὶ τῆς γ. (2 c)
— 19. A ἐν ταῖς ἡμ. αὐτοῦ διεμερίσθη ἡ γῆ (2 c)
— 45. Ἀσὸμ ἐκ τῆς γ. Θαιμανών (2 c)
4. 14. A πατέρα γῆς ῥασείμ (7 b)
— 40. καὶ ἡ γῆ πλατεῖα ἐναντίον αὐτῶν (2 c)
5. 9. ὅτι κτήνη αὐτῶν πολλὰ ἐν γῇ Γαλαάδ (2 c)
— 11. R κατῴκησαν ἐν γῇ [A B τῇ] Βασάν (2 c)
— 23. A κατῴκησαν ἐν γῇ [B *om.* ἐν γ.] ἀπὸ Βασάν (2 c)
— 25. ὀπίσω θεῶν λαῶν τῆς γ. (2 c)
6. 55 (40). A R τὴν Χεβρὼν ἐν γῇ Ἰούδα [B Ἰουδαίᾳ] (2 c)
7. 21. οἱ τεχθέντες ἐν τῇ γ. (2 c)
10. 9. ἀπέστειλαν εἰς γῆν ἀλλοφύλων (2 c)
11. 4. οἱ κατοικοῦντες τὴν γ. (2 c)
13. 2. τοὺς ὑπολελειμμένους ἐν πάσῃ γῇ Ἰσρ. (2 c)
14. 17. ἐγένετο ὄνομα Δαυὶδ ἐν πάσῃ τῇ γῇ (2 c)
16. 14. ἐν πάσῃ τῇ γῇ τὰ κρίματα αὐτοῦ (2 c)
— 18. σοὶ δώσω τὴν γ. Χαναάν (2 c)
— 23. ᾄσατε τῷ κυρίῳ πᾶσα ἡ γῆ (2 c)
— 30. φοβηθήτω ἀπὸ προσώπου αὐτοῦ πᾶσα ἡ γῆ (2 c)
— 30. κατορθωθήτω ἡ γῆ καὶ μὴ σαλευθήτω (20)
— 31. ἀγαλλιάσθω ἡ γῆ (2 c)
— 33. ὅτι ἦλθε κρῖναι τὴν γ. (2 c)
17. 8. κατὰ τὸ ὄνομα τῶν μεγάλων τῶν ἐπὶ τῆς γ. (2 c)
— 21. οὐκ ἔστιν . . . ἔθνος ἔτι ἐπὶ τῆς γ. (2 c)
19. 2. ἦλθον παῖδες Δαυὶδ εἰς γῆν υἱῶν Ἀ. (2 c)
— 3. τοῦ κατασκοπῆσαι τὴν γ. (2 c)
21. 12. ῥομφαίαν κυρίου καὶ θάνατον ἐν τῇ γῇ (2 c)
— 16. ἀνὰ μέσον τῆς γ. καὶ τοῦ [A ἀνὰ μέσον τ.] οὐρανοῦ (2 c)
— 21. προσεκύνησε τῷ Δ. τῷ προσώπῳ ἐπὶ τὴν γ. (2 c)
22. 2. πάντας τοὺς προσηλύτους ἐν γῇ Ἰσρ. (2 c)
— 5. εἰς ὄνομα καὶ εἰς δόξαν εἰς πᾶσαν τὴν γ. (2 c)
— 8. αἵματα πολλὰ ἐξέχεας ἐπὶ τὴν γ. [A τῆς γ.] (2 c)
— 18. ἔδωκεν . . . τοὺς κατοικοῦντας τὴν γ. (2 c)
— 18. ὑπετάγη ἡ γῆ ἐναντίον κυρίου (2 c)
27. 12. Ἀβιέζερ ὁ ἐξ Ἀναθὼθ ἐκ γῆς Βεν. –
— 21. R τῷ ἡμίσει φυλῆς Μαν. τῷ ἐν γῇ [B τῇ, A *om.*] Γαλαάδ –
— 26. ἐπὶ τῶν γεωργούντων τὴν γῆν (19)
28. 8. ἵνα κληρονομήσητε τὴν γ. τὴν ἀγαθήν (2 c)
29. 11. πάντων τῶν ἐν τῷ οὐρ. καὶ ἐπὶ τῆς γ. (2 c)
— 15. ὡς σκιὰ αἱ ἡμέραι ἡμῶν ἐπὶ γῆς (2 c)
— 30. καὶ ἐπὶ πάσας βασιλείας τῆς γ. (2 c)
II Ch. 1. 9. ἐπὶ λαὸν πολὺν ὡς ὁ χοῦς τῆς γ. (2 c)
2. 12 (11). ὃς ἐποίησε τὸν οὐρανὸν καὶ τὴν γ. (2 c)
— 17 (16). τοὺς ἄνδρας τοὺς προσηλύτους ἐν γῇ Ἰσρ. (2 c)
4. 17. ἐν τῷ πάχει τῆς γ. ἐν οἴκῳ Σοκχώθ (1)
5. 10. ἐν τῷ ἐξελθεῖν αὐτοὺς ἐκ γῆς Αἰγύπτου –
6. 5. ἀνήγαγον τὸν λαόν μου ἐκ γῆς Αἰγύπτου (2 c)
— 14. ἐν οὐρανῷ καὶ ἐπὶ τῆς γ. (2 c)
— 18. εἰ ἀληθῶς κατοικήσει θ. μετὰ ἀνθρ. ἐπὶ τῆς γ. (2 c)
— 25. εἰς τὴν γ. ἣν ἔδωκας αὐτοῖς (1)
— 27. ἐπὶ τὴν γ. σου ἣν ἔδωκας (2 c)
— 28. λιμὸς ἐὰν γένηται ἐπὶ τῆς γ. (2 c)
— 28. B θάνατος ἐὰν γένηται ἐπὶ τῆς γ. [A R *om.* ἐ. τ. γ.] –
— 31. ἐπὶ προσώπου [A *add.* πάσης] τῆς γ. (1)
— 32. καὶ ἔλθῃ ἐκ γῆς μακρόθεν (2 c)
— 33. ὅπως γνῶσι πάντες οἱ λαοὶ τῆς γ. (2 c)
— 36. εἰς γῆν ἐχθρῶν εἰς γῆν μακρὰν ἢ ἐγγύς (–, 2 c)
— 37. ἐν τῇ γ. αὐτῶν οὗ μετήχθησαν ἐκεῖ (2 c)
— 38. ἐν γῇ αἰχμαλωτευσάντων αὐτούς (2 c)
— 38. προσεύξωνται ὁδὸν γῆς αὐτῶν (2 c)
7. 3. ἐπὶ πρόσωπον ἐπὶ τὴν γ. (2 c)
— 14. καὶ ἰάσομαι τὴν γ. αὐτῶν (2 c)
— 20. ἐξαρῶ ὑμᾶς ἀπὸ τῆς γ. (1)
— 21. χάριν τίνος ἐποίησε κ. τῇ γῇ ταύτῃ (2 c)
II Ch. 7. 22. τὸν ἐξαγαγόντα αὐτοὺς ἐκ γῆς Αἰγύπτου (2 c)
8. 8. τῶν καταλειφθέντων μετ' αὐτοῦ ἐν τῇ γῇ (2 c)
— 17. εἰς τὴν Αἰλὰμ . . . ἐν γῇ [A τῇ] Ἰδουμαίᾳ (2 c)
9. 5. ὁ λόγος ὃν ἤκουσα ἐν τῇ γῇ μου (2 c)
— 11. οὐκ ὤφθησαν τοιαῦτα ἔμπροσθεν ἐν γῇ Ἰούδα (2 c)
— 12. καὶ ἀπέστρεψεν εἰς τὴν γ. αὐ. (2 c)
— 14. τῶν βασιλέων τῆς Ἀραβίας καὶ σατραπῶν τῆς γ. (2 c)
— 23. πάντες οἱ βασιλεῖς τῆς γ. (2 c)
— 26. ἀπὸ τοῦ ποταμοῦ καὶ ἕως γῆς ἀλλοφύλων (2 c)
— 28. ἐξ Αἰγύπτου . . . καὶ ἐκ πάσης τῆς γ. (2 c)
12. 8. τὴν δουλείαν τῆς βασιλείας τῆς γ. (2 c)
13. 9. ἐκ τοῦ λαοῦ τῆς γ. πάσης (2 c)
14. 1 (13. 23). ἡσύχασεν ἡ γῆ Ἰούδα ἔτη δέκα (2 c)
— 6 (5). πόλεις τειχήρεις ἐν γῇ Ἰούδα –
— 6 (5). ὅτι εἰρήνευσεν ἡ γῆ (2 c)
— 7 (6). ἐνώπιον [A ἐν ᾧ] τῆς γ. κυριεύσομεν (2 c)
— 8 (7). ἐν γῇ Ἰούδα τριακόσιαι χιλιάδες –
— 8 (7). ἐν γῇ Βενιαμὶν πελτασταὶ καὶ τοξόται –
15. 8. ἀπὸ πάσης τῆς γ. Ἰούδα (2 c)
16. 9. ἐπιβλέπουσιν ἐν πάσῃ τῇ γῇ (2 c)
17. 6. ἐξῆρε . . . τὰ ἄλση ἀπὸ τῆς γ. Ἰούδα –
— 10. ταῖς βασιλείαις τῆς γ. κύκλῳ Ἰούδα (2 c)
19. 3. ἐξῆρας τὰ ἄλση ἀπὸ τῆς γ. Ἰούδα (2 c)
20. 7. B ἐξωλέθρευσας [A -ολεθρ.] τοὺς κατοικοῦντας τὴν γ. ταύτην (2 c)
— 10. ἐξελθόντων αὐτῶν ἐκ γῆς Αἰγύπτου (2 c)
— 24. πάντες νεκροὶ πεπτωκότες ἐπὶ τῆς γ. (2 c)
— 29. ἐπὶ πάσας τὰς βασιλείας τῆς γ. (2 c)
22. 12. Γοθολία ἐβασίλευσεν ἐπὶ τῆς γ. (2 c)
23. 13. R πᾶς ὁ λαὸς τῆς γ. [A B *om.* τῆς γ.] ηὐφράνθη (2 c)
— 17. εἰσῆλθε πᾶς ὁ λαὸς τῆς γ. εἰς οἶκον B. –
— 20. ἔλαβε . . . πάντα τὸν λαὸν τῆς γ. (2 c)
— 21. ηὐφράνθη πᾶς ὁ λαὸς τῆς γ. (2 c)
26. 1. ἔλαβε πᾶς ὁ λαὸς τῆς γ. τὸν Ὀζ. †
— 21. κρίνων τὸν λαὸν τῆς γ. (2 c)
28. 3. A ἐν γῇ Βεεννόμ [B *al.*] (7 b)
29. 9. ἐν αἰχμαλωσίᾳ ἐν γῇ οὐκ αὐτῶν –
30. 9. ἀποστρέψει [A ἐπιστρ.] εἰς τὴν γ. ταύτην (2 c)
— 25. οἱ προσήλυτοι οἱ εἰσελθόντες ἀπὸ γῆς Ἰσρ. (2 c)
31. 1. B ἀπὸ πάσης γῆς [A *om.*, R τῆς] Ἰουδαίας –
32. 13. θεοὶ τῶν ἐθνῶν πάσης τῆς γῆς (2 c)
— 17. θεοὶ τῶν ἐθνῶν τῆς γῆς (2 c)
— 19. A R ὡς καὶ ἐπὶ θεοὺς λαῶν [B θεοῦ Σαλωμὼν] τῆς γ. (2 c)
— 21. ἀπέστρεψε . . . εἰς τὴν γ. ἑαυτοῦ (2 c)
— 31. τὸ τέρας ὃ ἐγένετο ἐπὶ τῆς γ. (2 c)
33. 6. A ἐν γῇ Βεεννόμ [B *al.*] (7 a)
— 8. ἀπὸ τῆς γῆς ἧς ἔδωκα τοῖς πατράσιν αὐ. (1)
— 25. ἐπάταξεν ὁ λαὸς τῆς γ. τοὺς ἐπιθεμένους (2 c)
— 25. ἐβασίλευσεν ὁ λαὸς τῆς γ. τὸν Ἰωσίαν (2 c)
34. 7. τὰ ὑψηλὰ ἔκοψεν ἀπὸ πάσης τῆς γ. Ἰσρ. [A *al.*] (2 c)
— 8. τοῦ καθαρίσαι τὴν γ. καὶ τὸν οἶκον (2 c)
— 33. ἐκ πάσης τῆς [A *om.*] γ. ἣ ἦν υἱῶν Ἰσρ. (2 c)
35. 19. ἃ ἦν ἐν γῇ [A τῇ γ.] Ἰούδα –
36. 1. ἔλαβεν ὁ λαὸς τῆς γ. τὸν Ἰω. (2 c)
— 2. ἐν Δεβλαθὰ ἐν γῇ Αἰμάθ –
— 3. ἐπέβαλε φόρον ἐπὶ τὴν γ. (2 c)
— 4. B ἤρξατο ἡ γ. φορολογεῖσθαι –
— 4. ἀπῄτει τὸ ἀργύριον . . . παρὰ τοῦ λαοῦ τῆς γ. –
— 5. ἦλθε Ναβ. βασιλεὺς Βαβ. εἰς τὴν γ. –
— 14. καὶ οἱ ἱερεῖς καὶ ὁ λαὸς τῆς γ. –
— 21. ἕως τοῦ προσδέξασθαι τὴν γ. τὰ σάββατα αὐ. (2 c)
— 23. πάσαις ταῖς βασιλείαις [A π. τὰς β.] τῆς γ. (2 c)
I Es. 1. 58. ἕως τοῦ εὐδοκῆσαι τὴν γ. τὰ σάββατα αὐ.
4. 2. τὴν γ. καὶ τὴν θάλασσαν κατακρατοῦντες
— 6. ἀλλὰ γεωργοῦσι τὴν γ.
— 15. ὃς κυριεύει τῆς θαλάσσης καὶ τῆς γ.
— 34. μεγάλη ἡ γῆ καὶ ὑψηλὸς ὁ οὐρανός
— 36. πᾶσα ἡ γῆ τὴν ἀλήθειαν καλεῖ
5. 50. ἐκ τῶν ἄλλων ἐθνῶν τῆς γ.
— 50. πάντα τὰ ἔθνη τὰ ἐπὶ τῆς γ.
— 72. τὰ δὲ ἔθνη τῆς γ. ἐπικοιμώμενα τοῖς ἐν τῇ Ἰ.
6. 13. τοῦ κυρίου τοῦ κτίσαντος τὸν οὐρ. καὶ τὴν γ.
7. 13. ἀπὸ τῶν βδελυγμάτων τῶν ἐθνῶν τῆς γ.

I Es. 8. 69. τὰ ἀλλογενῆ ἔθνη τῆς γ.
— 70. εἰς τὰ ἀλλογενῆ ἔθνη τῆς γ.
— 77. τοῖς βασιλεῦσι τῆς γ.
— 83. ἡ γῆ εἰς ἣν εἰσέρχεσθε κληρονομῆσαι ἔστι γῆ μεμολυσμένη μολυσμῷ τῶν ἀλλογενῶν τῆς γ.
— 85. ἵνα ἰσχύσαντες φάγητε τὰ ἀγαθὰ τῆς γ.
— 87. τῇ ἀκαθαρσίᾳ τῶν ἐθνῶν τῆς γ.
— 92. γυναῖκας ἀλλογενεῖς ἐκ [A ἀπὸ] τῶν ἐθνῶν τῆς γ.
9. 9. χωρίσθητε ἀπὸ τῶν ἐθνῶν τῆς γ.
— 47. προσπεσόντες ἐπὶ τὴν γ.
II Es. 1. 2. A R πάσας τὰς βασιλείας τῆς γ. [B om. τ. γ.] (2 c)
4. 4. ἦν ὁ λαὸς τῆς γ. ἐκλύων τὰς χεῖρας τοῦ λαοῦ (2 c)
5. 11. δοῦλοι τοῦ θεοῦ τοῦ οὐρ. καὶ τῆς γ. (2 a)
6. 21. A R ὁ χωριζόμενος τῆς [B εἰς] ἀκαθαρσίας ἐθνῶν τῆς γ. (2 c)
9. 11. ἡ γῆ εἰς ἣν εἰσπορεύεσθε . . . γῆ μετακινουμένη ἐστίν (2 c, 2 c)
— 12. φάγητε τὰ ἀγαθὰ τῆς γ. (2 c)
10. 2, 11. ἀπὸ λαῶν τῆς γ. (2 c)
Ne. 4. 2 (3. 34). R μετὰ τὸ χῶμα γενέσθαι γῆς καυθέντας (17)
— 4 (3. 36). ἐν γῇ αἰχμαλωσίας (2 c)
5. 14. εἰς ἄρχοντα αὐτῶν ἐν γῇ Ἰούδα (2 c)
8. 6. προσεκύνησαν τῷ κυρίῳ ἐπὶ πρόσωπον ἐπὶ τὴν γ. (2 c)
9. 6. σὺ ἐποίησας . . . τὴν γ. (2 c)
— 8. δοῦναι αὐτῷ τὴν γ. τῶν Χαν. (2 c)
— 10. καὶ ἐν παντὶ τῷ λαῷ τῆς γ. αὐτοῦ (2 c)
— 15. κληρονομῆσαι τὴν γ. (2 c)
— 22. A R τὴν γ. Σηὼν βασιλέως Ἐσεβὼν [B S¹ om. β. Ἐ.] καὶ τὴν γ. [B om.] *Ὢγ βασ. B. (2 c, 2 c)
— 23. εἰσήγαγες αὐτοὺς εἰς τὴν γ. (2 c)
— 24. τοὺς κατοικοῦντας τὴν γ. τῶν Χαναναίων (2 c)
— 24. καὶ τοὺς λαοὺς τῆς γ. (2 c)
— 30. ἔδωκας αὐτοὺς ἐν χειρὶ λαῶν τῆς γ. (2 c)
— 35. ἐν τῇ γῇ τῇ πλατείᾳ καὶ λιπαρᾷ (2 c)
— 36. ἡ γῆ ἣν ἔδωκας τοῖς πατράσιν ἡμῶν (2 c)
10. 28 (29). ὁ προσπορευόμενος ἀπὸ λαῶν [A τοῦ λαοῦ] τῆς γ. (2 c)
— 30 (31). τοῦ μὴ δοῦναι θυγατέρας ἡμῶν τοῖς λαοῖς τῆς γ. (2 c)
— 31 (32). λαοὶ τῆς γ. οἱ φέροντες τοὺς ἀγορασμούς (2 c)
— 35 (36). ἐνέγκαι τὰ πρωτογεννήματα τῆς γ. ἡμῶν (1)
— 37 (38). B S δεκάτην γῆς ἡμῶν τοῖς Λευίταις (1)
— 38 (39). τὴν δεκάτην τῆς δεκάδος [A S³ δεκάτης, S¹ τῆς γῆς Χ. δεκάτης] –
11. 35. S³ καὶ Ὠνὼ γῇ ἀρασίμ (7 a)
To. 1. 4. ὅτε ἤμην . . . ἐν τῇ γῇ Ἰσρ.
3. 6. S ὅπως ἀπολυθῶ ἀπὸ προσώπου τῆς γῆς [A B om. ἀ. πρ. τ. γ.] καὶ γένωμαι γῆ
— 13. ἀπολῦσαί με ἀπὸ τῆς γῆς
— 15. οὐκ ἐμόλυνα . . . ἐν τῇ γῇ τῆς αἰχμαλωσίας μου
4. 12. A B τὸ σπέρμα αὐτῶν κληρονομήσει γῆν
6. 3. ἀνέβαλεν αὐτὸν ἐπὶ τὴν γῆν
7. 18. ὁ κύριος τοῦ οὐρ. καὶ τῆς γῆς [S om. κ. τ. γ.]
11. 1. S τῷ κυρίῳ τοῦ οὐρ. καὶ τῆς γῆς [A B al.]
12. 20. S εὐλογεῖτε ἐπὶ τῆς γῆς κύριον
13. 2. S κατωτάτω τῆς γῆς
— 6. ἐν τῇ γῇ τῆς αἰχμαλωσίας μου
— 11. S εἰς πάντα τὰ πέρατα τῆς γῆς
— 11. S κατοικεῖ πάντων τῶν ἐσχάτων τῆς γῆς
14. 4. οἱ ἀδ. ἡμῶν ἐν τῇ γῇ σκορπισθήσονται . . . ἀπὸ τῆς ἀγ. γῆς [S al.]
— 4. S ἔσται πᾶσα ἡ γῆ τοῦ Ἰσρ. ἔρημος
— 5. ἐπιστρέψει αὐτοὺς εἰς τὴν γῆν
— 6. S τὰ ἔθνη τὰ ἐν ὅλῃ τῇ γῇ [A B al.]
— 7. S οἰκήσουσιν . . . ἐν τῇ γῇ Ἀβραάμ
— 7. S ἐκλείψουσιν ἀπὸ πάσης τῆς γῆς
— 10. S οὐχὶ ζῶν κατηνέχθη εἰς τὴν γῆν
Ju. 1. 9. καὶ πᾶσαν γ. [S τὴν] Γεσέμ
— 11. πάντες οἱ κατοικοῦντες πᾶσαν τὴν γ.
— 12. ἐθυμώθη Ναβ. ἐπὶ πᾶσαν τὴν γ. ταύτην σφόδρα
— 12. A S R πάντας τοὺς κατοικοῦντας ἐν γῇ [B τῇ] Μ.
2. 1. ἐκδικῆσαι πᾶσαν τὴν γ.
— 2. συνετέλεσε πᾶσαν τὴν κακίαν τῆς γ.
— 5. ὁ β . ὁ μέγας ὁ κύριος πάσης τῆς γ.

Ju. 2. 6. εἰς συνάντησιν πάσῃ τῇ γῇ [S ὑπάντησιν πάσης τῆς γ.]
— 7. ἑτοιμάζειν γῆν καὶ ὕδωρ
— 7. καλύψω πᾶν τὸ πρόσωπον τῆς γ.
— 9. ἐπὶ τὰ ἄκρα πάσης τῆς γ.
— 11. εἰς φόνον καὶ ἁρπαγὴν ἐν πάσῃ τῇ γ. σου
— 19. καλύψαι πᾶν τὸ πρόσωπον τῆς γ.
— 20. καὶ ὡς ἡ ἄμμος τῆς γ.
3. 8. ἐξολεθρεῦσαι πάντας τοὺς θεοὺς [S φόρους?] τῆς γ.
4. 13. S ἐν πάσῃ γ. Ἰούδα [A B al.]
5. 7. οἱ ἐγένοντο ἐν γῇ Χαλδαίων
— 9. πορευθῆναι εἰς γῆν Χαναάν
— 10. ἐκάλυψε γὰρ τὸ πρόσωπον τῆς γ. Χ. λιμός
— 12. A S R ἐπάταξε πᾶσαν τὴν [B om. π. τ.] γ. Αἰγύπτου πληγαῖς
— 15. ᾤκησαν ἐν γῇ [S ᾠκ. γῆν] Ἀμορραίων
— 18. ᾐχμαλωτεύθησαν εἰς γῆν οὐκ ἰδίαν
— 21. ἐσόμεθα εἰς ὀνειδισμὸν ἐναντίον πάσης τῆς γ.
6. 3. ἐξολεθρεῦσαι αὐτοὺς ἀπὸ προσώπου τῆς γ.
— 4. ὁ βασιλεὺς Ναβουχ. ὁ κύριος πάσης τῆς γ.
7. 4. ἐκλείξουσιν οὗτοι τὸ πρόσωπον τῆς γ. πάσης
— 18. ἐκάλυψαν πᾶν τὸ πρόσωπον τῆς γ.
— 28. μαρτυρόμεθα ὑμῖν τὸν οὐρανὸν καὶ τὴν γ.
8. 22. ζητήσει . . . τὴν αἰχμαλωσίαν τῆς γ.
9. 12. δέσποτα τῶν οὐρανῶν καὶ τῆς γ.
10. 19. δυνήσονται κατασοφίσασθαι πᾶσαν τὴν γ.
11. 1. δουλεύειν βασιλεῖ Ναβουχ. πάσης τῆς γ.
— 7. ζῇ γὰρ βασιλεὺς Ναβουχ. πάσης τῆς γῆς
— 8. ἀνηγγέλη πάσῃ τῇ γῇ
— 16. ἐφ' οἷς ἐκστήσεται πᾶσα ἡ γῆ
— 21. ἀπ' ἄκρου ἕως ἄκρου τῆς γ.
— 23. ἔσῃ ὀνομαστὴ παρὰ πᾶσαν τὴν γῆν
13. 18. παρὰ πάσας τὰς γυναῖκας τὰς ἐπὶ τῆς γ.
— 18. ὃς ἔκτισε τοὺς οὐρανοὺς καὶ τὴν γ.
14. 2. καὶ ἐξέλθῃ ὁ ἥλιος ἐπὶ τὴν γ.
16. 21. ἔνδοξος ἐν πάσῃ τῇ γ.
Es. 1. 1. τάραχος ἐπὶ τῆς γ.
— 1. τάραχος μέγας ἐπὶ τῆς γ.
4. 17. ἐποίησας τὸν οὐρανὸν καὶ τὴν γ.
— 17. ἣν σεαυτῷ ἐλυτρώσω ἐκ γῆς Αἰγ.
10. 1. A S R τὴν βασιλείαν τῆς τε [B om.] γ. καὶ τῆς θαλ. (2 c)
Jb. 1. 3. ἔργα μεγάλα ἦν αὐτῷ ἐπὶ τῆς γ. –
— 6. A περιελθὼν τὴν γ. –
— 7. περιελθὼν τὴν γ. . . . πάρειμι (2 c)
— 8. οὐκ ἔστι κατ' αὐτὸν τῶν ἐπὶ τῆς γ. [A al.] (2 c)
— 10. τὰ κτήνη αὐ. πολλὰ ἐποίησας ἐπὶ τῆς γ. (2 c)
— 16. A πῦρ ἔπεσεν ἐκ τοῦ οὐρανοῦ ἐπὶ τὴν γ. [B S om. ἐπὶ τὴν γ.] –
— 20. A κατεπάσατο γῆν ἐπὶ τῆς κεφαλῆς αὐ. –
2. 2. A ἐμπεριπατήσας τὴν γῆν [B S σύμπασαν] (2 c)
— 3. οὐκ ἔστι κατ' αὐτὸν τῶν ἐπὶ τῆς γ. (2 c)
— 9. ἠφάνισταί σου τὸ μνημόσυνον ἀπὸ τῆς γ. –
— 12. καταπασάμενοι γῆν (17)
3. 14. μετὰ βασιλέων βουλευτῶν [A καὶ β.] γῆς (2 c)
5. 6. οὐ γὰρ μὴ ἐξέλθῃ ἐκ τῆς γ. κόπος (17)
— 10. τὸν διδόντα ὑετὸν ἐπὶ τὴν γ. [A τῆς γ.] (2 c)
— 17. A S² ὃν ἤλεγξεν ὁ κύριος ἐπὶ τῆς γῆς [B S¹ om. ἐπὶ τ. γ.] –
— 22. A ἀπὸ δὲ θηρίων ἀγρίων τῆς γ. [B S om. τ. γ.] (2 c)
7. 1. οὐχὶ πειρατήριόν ἐστιν ὁ βίος ἀνθρώπου ἐπὶ τῆς γ. (2 c)
— 5. τήκω δὲ βώλακας γῆς ἀπὸ ἰχῶρος ξύων [A ξέων] (17)
— 21. νυνὶ δὲ εἰς γῆν ἀπελεύσομαι (17)
8. 9. σκιὰ γάρ ἐστιν ἡμῶν ἐπὶ τῆς γ. ὁ βίος (2 c)
— 19. ἐκ δὲ γῆς ἄλλων [A ἄλλο] ἀναβλαστήσει (17)
10. 9. εἰς δὲ γῆν με πάλιν ἀποστρέφεις (17)
— 21. πρὸ τοῦ με πορευθῆναι . . . εἰς γῆν σκοτεινὴν καὶ γνοφερὰν εἰς γῆν σκότους αἰωνίου (2 c, 2 c)
11. 8. A γῆ δὲ βαθεῖα –
— 9. ἡ μακρότερα μέτρου γῆς [A μέτρων γ. ἐπίστασαι] (2 c)
12. 8. ἐκδιήγησαι γῇ ἐάν σοι φράσῃ (2 c)
— 15. ἐὰν κωλύσῃ τὸ ὕδωρ ξηρανεῖ τὴν γ. (2 c)
— 17. A διάγων βουλευτὰς γῆς [B S om.] αἰχμαλώτους –
— 17. κριτὰς δὲ γῆς ἐξέστησε –
— 19. δυνάστας δὲ γῆς κατέστρεψε –
— 24. διαλλάσσων καρδίας ἀρχόντων γῆς [A om.] (2 c)

Jb. 14. 5. ἐὰν καὶ μία ἡμέρα [A add. γένηται] ὁ βίος αὐ. ἐπὶ τῆς γ. –
— 8. ἐὰν γὰρ γηράσῃ ἐν γῇ ἡ ῥίζα αὐτοῦ (2 c)
— 19. κατέκλυσεν ὕδατα ὕπτια τοῦ χώματος τῆς γ. (2 c)
15. 19. αὐτοῖς μόνοις ἐδόθη ἡ γ. (2 c)
— 29. οὐ μὴ βάλῃ ἐπὶ τὴν γ. σκιάν (2 c)
16. 14 (13). ἐξέχεαν εἰς τὴν [A S om.] γ. τὴν χολήν [A S² ζωήν] μου (2 c)
— 16 (15). τὸ δὲ σθένος μου ἐν γῇ ἐσβέσθη [A εἰς γῆν ἔσβεσαν] (17)
— 19 (18). γῆ μὴ ἐπικαλύψῃς ἐφ' αἵματι τῆς σαρκός μου (2 c)
18. 4. A ἡ καταστραφήσεται ἡ γ. [B S ὄρη] †
— 10. κέκρυπται ἐν τῇ γ. σχοινίον αὐτοῦ (2 c)
— 17. τὸ μνημόσυνον αὐτοῦ ἀπόλοιτο ἐκ γῆς (2 c)
19. 25. ὁ ἐκλύειν με μέλλων ἐπὶ γῆς (17)
20. 4. ἀφ' οὗ ἐτέθη ἄνθρωπος ἐπὶ τῆς γ. (2 c)
— 27. γῆ δὲ ἐπανασταίη αὐτῷ (2 c)
21. 26. A ἐπὶ γῆς κοιμῶνται σαπρία δὲ αὐτοὺς ἐκάλυψεν ἐπὶ γῆς [B S om. ἐπὶ γ.] (17, †)
22. 8. ᾤκισας [A ἐκόμισας] δὲ τοὺς [A S² πτωχοὺς] ἐπὶ τῆς γ. (2 c)
24. 4. ὁμοθυμαδὸν δὲ ἐκρύβησαν πραεῖς γῆς (2 c)
— 13. ἐπὶ γῆς ὄντων [A ἔτι ὄντων] αὐτῶν †
— 18. καταραθείη ἡ μερὶς αὐτῶν ἐπὶ γῆς ἀναφανείη δὲ τὰ φυτὰ ἐπὶ γῆς ξηρά (2 c, †)
26. 7. κρεμάζων [A κρεμνῶν] γῆν ἐπ' οὐδενός (2 c)
27. 16. ἐὰν συναγάγῃ ὥσπερ γῆν ἀργύριον (17)
28. 2. σίδηρος μὲν γὰρ ἐκ γῆς γίνεται (17)
— 5. γῆ ἐξ αὐτῆς ἐξελεύσεται ἄρτος (2 c)
— 25. εἰδὼς τὰ ἐν τῇ γ. πάντα ἃ ἐποίησεν (2 c ?)
29. 23. ὥσπερ γῆ διψῶσα προσδεχομένη τὸν ὑετόν –
30. 8. κλέος ἐσβεσμένον ἀπὸ [A ἐπὶ] γῆς (2 c)
— 19. ἐν γῇ καὶ σποδῷ μου ἡ μερίς (17)
— 23. οἰκία γὰρ παντὶ θνητῷ γῆ †
31. 8. ἄρριζος δὲ γενοίμην ἐπὶ γῆς –
— 38. εἰ ἐπ' ἐμοί ποτε ἡ γ. ἐστέναξεν (1)
— 39. ψυχὴν κυρίου τῆς γ. ἐκλαβὼν [A ἐκβαλὼν] †
34. 13. ὃς ἐποίησε τὴν γ. (2 c)
— 15. πᾶς δὲ βροτὸς [A βρ. δὲ] εἰς γῆν ἀπελεύσ. (17)
35. 11. ὁ διορίζων με ἀπὸ τετραπόδων γῆς (2 c)
37. 3. τὸ φῶς αὐτοῦ ἐπὶ πτερύγων τῆς γ. (2 c)
— 6. γίνου ἐπὶ τῆς γῆς (2 c)
— 12. ταῦτα συντέτακται παρ' αὐτοῦ ἐπὶ τῆς γ. (20 et 2 c)
— 13. ἐὰν [A S ἐὰν τε] εἰς τὴν γ. αὐτοῦ (2 c)
— 17. ἡσυχάζεται δὲ ἐπὶ τῆς γ. (2 c)
38. 4. ἐν τῷ θεμελιοῦν με [A ὅτε ἐθεμελίωσα] τὴν γ. (2 c)
— 13. ἐπιλαβέσθαι πτερύγων γῆς (2 c)
— 14. ἢ σὺ λαβὼν γῆς πηλὸν ἔπλασας ζῷον καὶ λαλητὸν αὐτὸν [A S -ὸ] ἔθου ἐπὶ γῆς †, †
— 16. A ἦλθες δὲ ἐπὶ γῆν [B S πηγὴν] θαλάσσης †
— 19. ποίᾳ [A ἐν ποίᾳ] δὲ γῇ αὐλίζεται τὸ φῶς (8)
— 26. τοῦ ὑετίσαι ἐπὶ γῆν [A γῆς] οὗ οὐκ ἀνήρ (2 c)
— 37. οὐρανὸν δὲ εἰς γῆν ἔκλινε –
— 38. κέχυται δὲ ὥσπερ γῆ [A γῆς] κονία (17)
39. 14. ἀφήσει εἰς γῆν τὰ ᾠὰ [A ὦτα] αὐτῆς (2 c)
— 24. ὀργῇ ἀφανιεῖ τὴν γ. (2 c)
40. 8 (13). κρύψον δὲ [A S² δὲ αὐτοὺς] εἰς γῆν [A S γ. ἔξω] ὁμοθυμαδόν (17)
41. 16 (17). φόβος θηρίοις τετράποσιν ἐπὶ γῆς ἀλλομένοις †
— 24 (25). οὐκ ἔστιν οὐδὲν ἐπὶ τῆς γ. ὅμοιον αὐτῷ (17)
42. 6. ἥγημαι δὲ ἐμαυτὸν γῆν καὶ σποδόν (17)
— 18. ἐν μὲν γῇ κατοικῶν τῇ Αὐσίτιδι
— 18. A ἐν μὲν γῇ κατοικῶν τῇ Αὐσίτιδι
Ps. 1. 4. ὃν ἐκρίπτει ὁ ἄν. ἀπὸ προσώπου τῆς γ. –
2. 2. παρέστησαν οἱ βασιλεῖς τῆς γ. (2 c)
— 8. καὶ τὴν κατάσχεσίν σου τὰ πέρατα τῆς γ. (2 c)
— 10. παιδεύθητε πάντες οἱ κρίνοντες τὴν γ. (2 c)
7. 5. καταπατήσαι εἰς γῆν τὴν ζωήν μου (2 c)
8. 1, 9. ὡς θαυμαστὸν τὸ ὄνομά σου ἐν πάσῃ τῇ γ. (2 c)
9. 37 (10. 16). ἀπολεῖσθε [A B¹ -θαι] ἔθνη ἐκ τῆς γ. αὐ. (2 c)
— 39 (10. 18). ἵνα μὴ προσθῇ ἔτι μεγαλαυχεῖν ἄνθρωπος ἐπὶ τῆς γ. (2 c)
11 (12). 6. ἀργύριον πεπυρωμένον δοκίμιον τῇ γ. (2 c)

Ps. 15 (16). 3. τοῖς ἁγίοις τοῖς ἐν τῇ γ. αὐτοῦ (2 c)
16 (17). 11. τοὺς ὀφθαλμοὺς αὐ. ἔθεντο ἐκκλῖναι ἐν τῇ γ. (2 c)
— 14. A B^{2} S κύριε ἀπὸ ὀλίγων [B^{1} R κ. ἀπολύων] ἀπὸ γῆς (10)
17 (18). 7. ἔντρομος ἐγενήθη ἡ γ. (2 c)
18 (19). 4. εἰς πᾶσαν τὴν γ. ἐξῆλθεν ὁ φθόγγος αὐ. (2 c)
20 (21). 10. τὸν καρπὸν αὐτῶν ἀπὸ γῆς ἀπολεῖς (2 c)
21 (22). 27. ἐπιστραφήσονται πρὸς κύριον πάντα τὰ πέρατα τῆς γ. (2 c)
— 29. προσεκύνησαν πάντες οἱ πίονες τῆς γ. (2 c)
— 29. πάντες οἱ καταβαίνοντες εἰς τὴν [S^{2} om.] γ. (17)
23 (24). 1. τοῦ κυρίου ἡ γ. καὶ τὸ πλήρωμα αὐτῆς (2 c)
24 (25). 13. τὸ σπέρμα αὐτοῦ κληρονομήσει γῆν (2 c)
26 (27). 13. τοῦ ἰδεῖν τὰ ἀγαθὰ κυρίου ἐν γῇ ζώντων (2 c)
32 (33). 5. τοῦ ἐλέους κυρίου πλήρης ἡ γ. (2 c)
— 8. φοβηθήτω τὸν κύριον πᾶσα ἡ γ. (2 c)
— 14. ἐπέβλεψεν ἐπὶ πάντας τοὺς κατοικοῦντας τὴν γ. (2 c)
33 (34). 16. τοῦ ἐξολεθρεῦσαι ἐκ γῆς τὸ μνημόσυνον αὐ. (2 c)
36 (37). 3. καὶ κατασκήνου τὴν γ. (2 c)
— 9. αὐτοὶ κληρονομήσουσι τὴν γ. (2 c)
— 11. οἱ δὲ πραεῖς κληρονομήσουσι γῆν (2 c)
— 22. οἱ εὐλογοῦντες αὐτὸν κληρονομήσουσι γῆν (2 c)
— 29. δίκαιοι δὲ [S^{1} om.] κληρονομήσουσι γῆν (2 c)
— 34. ὑψώσει σε τοῦ κατακληρονομῆσαι τὴν γ. (2 c)
38 (39). 12. πάροικος ἐγώ εἰμι ἐν τῇ γ. [A S al.] †
40 (41). 2. κύριος . . . μακαρίσαι αὐτὸν ἐν τῇ γ. (2 c)
41 (42). 6. μνησθήσομαί σου [A S^{1} add. κύριε] ἐκ γῆς Ἰορδ. (2 c)
43 (44). 3. οὐ γὰρ ἐν τῇ ῥομφ. αὐ. ἐκληρονόμησαν γῆν (2 c)
— 25. ἐκολλήθη εἰς γῆν ἡ γαστὴρ ἡμῶν (2 c)
44 (45). 12. οἱ πλούσιοι τοῦ λαοῦ τῆς γ. [A S om. τῆς γ.] –
— 16. ἄρχοντας ἐπὶ πᾶσαν τὴν γ. (2 c)
45 (46). 2. ἐν τῷ ταράσσεσθαι τὴν γ. (2 c)
— 6. ἐσαλεύθη ἡ γ. (2 c)
— 8. ἃ ἔθετο τέρατα ἐπὶ τῆς γ. (2 c)
— 9. μέχρι τῶν περάτων τῆς γ. (2 c)
— 10. ὑψωθήσομαι ἐν τῇ γ. (2 c)
46 (47). 2. βασιλεὺς μέγας ἐπὶ πᾶσαν τὴν γ. (2 c)
— 7. ὅτι βασιλεὺς πάσης τῆς γ. ὁ θεός (2 c)
— 9. τοῦ θ. οἱ κραταιοὶ τῆς γ. σφόδρα ἐπήρθησαν (2 c)
47 (48). 2. εὐρίζων ἀγαλλιάματι πάσης τῆς γ. [A πάσῃ τῇ γ.] (2 c)
— 4. A οἱ βασιλεῖς τῆς γ. [B S om. τ. γ.] συνήχθησαν –
— 10. ἡ αἴνεσίς σου ἐπὶ τὰ πέρατα τῆς γ. (2 c)
49 (50). 1. καὶ ἐκάλεσε τὴν γ. (2 c)
— 4. καὶ τὴν γ. διακρῖναι τὸν λαὸν αὐ. (2 c)
51 (52). 5. καὶ τὸ ῥίζωμά σου ἐκ γῆς ζώντων (2 c)
54 (55). 9. S^{1} εἶδον . . . ἀντιλογίαν ἐν τῇ γ. [B πόλει] (14)
56 (57). 5, 11. καὶ ἐπὶ πᾶσαν τὴν γ. ἡ δόξα σου (2 c)
57 (58). 2. ἐν καρδίᾳ ἀνομίας ἐργάζεσθε ἐν τῇ γ. (2 c)
— 11. ἄρα ἐστὶν ὁ θεὸς κρίνων αὐτοὺς ἐν τῇ γ. (2 c)
58 (59). 13. ὁ θεὸς τοῦ Ἰ. δεσπόζει τῶν περάτων τῆς γ. (2 c)
59 (60). 2. συνέσεισας τὴν γ. (2 c)
60 (61). 2. ἀπὸ τῶν περάτων τῆς γ. πρὸς σὲ ἐκέκραξα (2 c)
62 (63). 1. ἐν γῇ ἐρήμῳ καὶ ἀβάτῳ καὶ ἀνύδρῳ (2 c)
— 9. εἰσελεύσονται εἰς τὰ κατώτατα τῆς γ. (2 c)
64 (65). 5. ἡ ἐλπὶς πάντων τῶν περάτων τῆς γ. (2 c)
— 8. S^{1} φοβηθήσονται οἱ κατοικοῦντες τὴν γ. [B S^{2} τὰ πέρατα] †
— 9. ἐπεσκέψω τὴν γ. (2 c)
65 (66). 1. ἀλαλάξατε τῷ θεῷ πᾶσα ἡ γ. (2 c)
— 4. πᾶσα ἡ γ. προσκυνησάτωσάν σοι (2 c)
66 (67). 2. τοῦ γνῶναι ἐν τῇ γ. τὴν ὁδόν σου (2 c)
— 4. ἔθνη ἐν τῇ γ. ὁδηγήσεις [S -σει] (2 c)
— 6. γῆ ἔδωκε τὸν καρπὸν αὐτῆς (2 c)
— 7. φοβηθήτωσαν αὐτὸν πάντα τὰ πέρατα τῆς γ. (2 c)
67 (68). 8. γῆ ἐσείσθη (2 c)
Ps. 67 (68). 32. αἱ βασιλεῖαι τῆς γ. ᾄσατε τῷ θ. (2 c)
68 (69). 34. αἰνεσάτωσαν αὐτὸν οἱ οὐ. καὶ ἡ γ. (2 c)
— 34. S^{1} θάλασσα καὶ πάντα τὰ πέρατα τῆς γ. [B S^{2} al.] †
70 (71). 20. ἐκ τῶν ἀβύσσων τῆς γ. πάλιν ἀνήγαγές με (2 c)
— 21. R ἐκ τῶν ἀβύσσων τῆς γ. [B om. τῆς γ.] πάλιν ἀνήγαγές με –
71 (72). 6. ὡσεὶ σταγόνες στάζουσαι ἐπὶ τὴν γ. (2 c)
— 11. S προσκυνήσουσιν αὐτῷ πάντες οἱ βασ. τῆς γ. [B om. τῆς γ.] –
— 16. ἔσται στήριγμα ἐν τῇ γ. (2 c)
— 16. ἐξανθήσουσιν ἐκ πόλεως ὡσεὶ χόρτος τῆς γ. (2 c)
— 17. εὐλογηθήσονται [S^{2} ἐνευλ.] ἐν αὐτῷ πᾶσαι αἱ φυλαὶ τῆς γ. –
— 19. S^{1} εὐλογητὸν τὸ ὄνομα τῆς δόξης αὐ. ἐν πάσῃ τῇ γῇ [B om. ἐν π. τ. γ.] –
— 19. B πληρωθήσεται τῆς δόξης αὐτοῦ πᾶσα ἡ γ. (2 c)
72 (73). 9. ἡ γλῶσσα αὐτῶν διῆλθεν ἐπὶ τῆς γ. (2 c)
— 25. παρὰ σοῦ τί ἠθέλησα ἐπὶ τῆς γ. (2 c)
73 (74). 7. ἐνεπύρισαν ἐν πυρὶ τὸ ἁγιαστήριόν σου εἰς τὴν γ. (2 c)
— 8. καταπαύσωμεν τὰς ἑορτὰς κυρίου [S τοῦ θ.] ἀπὸ τῆς γ. (2 c)
— 12. εἰργάσατο σωτηρίαν ἐν μέσῳ τῆς γ. (2 c)
— 17. σὺ ἐποίησας πάντα τὰ ὅρια τῆς γ. (2 c)
— 20. B ἐπληρώθησαν οἱ ἐσκοτωμένοι [B^{2} S ἐσκοτισμένοι] τῆς γ. οἴκων ἀνομιῶν (2 c)
74 (75). 3. ἐτάκη ἡ γ. (2 c)
— 8. πίονται πάντες οἱ ἁμαρτωλοὶ τῆς γ. (2 c)
75 (76). 8. γῆ ἐφοβήθη καὶ ἡσύχασεν (2 c)
— 9. B^{2} S^{2} τοῦ σῶσαι πάντας τοὺς πραεῖς τῆς γ. [B^{1} S^{1} τῇ καρδίᾳ] (2 c)
— 12. φοβερῷ παρὰ τοῖς βασιλεῦσι τῆς γ. (2 c)
76 (77). 18. ἐσαλεύθη καὶ ἔντρομος ἐγενήθη ἡ γ. (2 c)
77 (78). 12. ἃ ἐποίησε θαυμάσια ἐν γῇ Αἰγ. (2 c)
— 40. παρώργισαν αὐτὸν ἐν γῇ ἀνύδρῳ [S^{1} ἐν τῇ ἐρήμῳ] (23 a)
— 51. S R ἐπάταξε πᾶν πρωτότοκον ἐν γῇ [B om.] Αἰγ. –
— 69. ἐν τῇ γ. ἐθεμελίωσεν αὐτήν (2 c)
78 (79). 2. τὰς σάρκας τῶν ὁσίων σου τοῖς θηρίοις τῆς γ. (2 c)
79 (80). 9. ἐπλήσθη ἡ γ. [S^{2} ἐπλήρωσεν τὴν γ.] (2 c)
80 (81). 5. ἐν τῷ ἐξελθεῖν αὐτὸν ἐκ γῆς Αἰγύπτου (2 c)
— 10. ὁ ἀναγαγών σε ἐκ γῆς Αἰγύπτου (2 c)
81 (82). 5. σαλευθήσονται πάντα τὰ θεμέλια τῆς γ. (2 c)
— 8. ἀνάστα, ὁ θεός, κρῖνον τὴν γ. (2 c)
82 (83). 10. ἐγενήθησαν ὡσεὶ κόπρος τῇ γ. (1)
— 18. σὺ μόνος ὕψιστος ἐπὶ πᾶσαν τὴν γ. (2 c)
84 (85). 1. εὐδόκησας, κύριε, τὴν γ. σου (2 c)
— 9. τοῦ κατασκηνῶσαι δόξαν ἐν τῇ γ. ἡμῶν (2 c)
— 11. ἀλήθεια ἐκ τῆς γ. ἀνέτειλε (2 c)
— 12. ἡ γ. ἡμῶν δώσει τὸν καρπὸν αὐτῆς (2 c)
87 (88). 12. καὶ ἡ δικαιοσύνη σου ἐν γῇ ἐπιλελησμένῃ (2 c)
88 (89). 11. σή ἐστιν ἡ γ. (2 c)
— 27. ὑψηλὸν παρὰ τοῖς βασιλεῦσι τῆς γ. (2 c)
— 39. ἐβεβήλωσας εἰς τὴν γ. τὸ ἁγίασμα αὐ. (2 c)
— 44. τὸν θρόνον αὐτοῦ εἰς τὴν γ. κατέρραξας (2 c)
89 (90). 2. πρὸ τοῦ . . . πλασθῆναι τὴν γ. (2 c)
92 (93). tit. ὅτε κατῴκισται ἡ γ. –
93 (94). 2. ὑψώθητι ὁ κρίνων τὴν γ. (2 c)
94 (95). 3. A S^{2} καὶ βασιλεὺς μέγας ἐπὶ πᾶσαν τὴν γ. [B S^{1} πάντας τοὺς θεούς] †
— 4. ἐν τῇ χειρὶ αὐτοῦ τὰ πέρατα τῆς γ. (2 c)
95 (96). 1. ᾄσατε τῷ κυρίῳ πᾶσα ἡ γ. (2 c)
— 9. σαλευθήτω ἀπὸ προσώπου αὐ. πᾶσα ἡ γ. (2 c)
— 11. ἀγαλλιάσθω ἡ γ. (2 c)
— 13. ἔρχεται κρῖναι τὴν γ. (2 c)
96 (97). tit. ὅτε ἡ γ. αὐτοῦ καθίσταται –
— 1. ἀγαλλιάσεται ἡ γ. (2 c)
— 4. εἶδε καὶ ἐσαλεύθη ἡ γ. (2 c)
— 5. ἀπὸ προσώπου κυρίου [S om.] πάσης τῆς γ. (2 c)
— 9. σὺ εἶ [A S^{2} om.] κύριος ὁ ὕψιστος ἐπὶ πᾶσαν τὴν γ. (2 c)
97 (98). 3. εἴδοσαν πάντα τὰ πέρατα τῆς γ. τὸ σωτήριον τοῦ θεοῦ ἡμῶν (2 c)
— 4. A B^{2} S ἀλαλάξατε τῷ κυρίῳ [B^{1} R θεῷ] πᾶσα ἡ γ. (2 c)
— 9. ἥκει κρῖναι τὴν γ. (2 c)
Ps. 98 (99). 1. σαλευθήτω ἡ γ. (2 c)
99 (100). 1. ἀλαλάξατε τῷ κυρίῳ πᾶσα ἡ γ. (2 c)
100 (101). 6. ἐπὶ τοὺς πιστοὺς τῆς γ. (2 c)
— 8. πάντας τοὺς ἁμαρτωλοὺς τῆς γ. (2 c)
101 (102). 15. A S καὶ πάντες οἱ βασιλεῖς τῆς γ. [B om. τῆς γ.] τὴν δόξαν σου (2 c)
— 19. κύριος ἐξ οὐρανοῦ ἐπὶ τὴν γ. ἐπέβλεψε (2 c)
— 25. κατ' ἀρχὰς τὴν γ. σύ, κύριε, ἐθεμελίωσας (2 c)
102 (103). 11. κατὰ τὸ ὕψος τοῦ οὐρ. ἀπὸ τῆς γ. (2 c)
103 (104). 5. A S^{2} R ὁ θεμελιῶν [B S^{1} ἐθεμελίωσεν] τὴν γ. (2 c)
— 9. A S R οὐδὲ ἐπιστρέψουσι [B ἀποστρ.] καλύψαι τὴν γ. (2 c)
— 13. χορτασθήσεται ἡ γ. (2 c)
— 14. τοῦ ἐξαγαγεῖν ἄρτον ἐκ τῆς γ. (2 c)
— 24. ἐπληρώθη ἡ γ. τῆς κτίσεώς σου (2 c)
— 30. ἀνακαινιεῖς τὸ πρόσωπον τῆς γ. (1)
— 32. ὁ ἐπιβλέπων ἐπὶ τὴν γ. (2 c)
— 35. ἐκλείποισαν ἁμαρτωλοὶ ἀπὸ τῆς γ. (2 c)
104 (105). 7. ἐν πάσῃ τῇ γ. τὰ κρίματα αὐτοῦ (2 c)
— 11. σοὶ δώσω τὴν γ. Χαναάν (2 c)
— 16. ἐκάλεσε λιμὸν ἐπὶ τὴν γ. (2 c)
— 23. Ἰακὼβ παρῴκησεν ἐν γῇ Χάμ (2 c)
— 27. καὶ τῶν τεράτων ἐν γῇ Χάμ (2 c)
— 30. ἐξῆρψεν ἡ γ. αὐτῶν βατράχους (2 c)
— 32. πῦρ καταφλέγον ἐν τῇ γ. αὐτῶν (2 c)
— 35. κατέφαγε πάντα τὸν χόρτον ἐν τῇ γ. αὐ. καὶ κατέφαγε τὸν καρπὸν τῆς γ. αὐ. (2 c, 1)
— 36. ἐπάταξε πᾶν πρωτότοκον ἐκ τῆς γ. [A S ἐν τῇ γ.] αὐ. (2 c)
105 (106). 17. ἠνοίχθη ἡ γ. (2 c)
— 22. θαυμαστὰ [A S^{2} -σια] ἐν γῇ Χάμ (2 c)
— 24. ἐξουδένωσαν γῆν ἐπιθυμητήν (2 c)
— 38. ἐφονοκτονήθη ἡ γ. (2 c)
106 (107). 34. γῆν καρποφόρον εἰς ἅλμην (2 c)
— 35. καὶ γῆν ἄνυδρον εἰς διεξόδους ὑδάτων (2 c)
107 (108). 5. καὶ ἐπὶ πᾶσαν τὴν γ. ἡ δόξα σου (2 c)
108 (109). 15. ἐξολεθρευθείη ἐκ γῆς τὸ μνημόσυνον αὐ. (2 c)
109 (110). 6. συνθλάσει κεφαλὰς ἐπὶ γῆς πολλῶν [S^{1} γῆν πολλήν] (2 c)
111 (112). 2. δυνατὸν ἐν τῇ γ. ἔσται τὸ σπέρμα αὐ. (2 c)
112 (113). 6. τὰ ταπεινὰ ἐφορῶν ἐν τῷ οὐρ. καὶ ἐν τῇ γ. (2 c)
— 7. ὁ ἐγείρων ἀπὸ γῆς πτωχόν (17)
113 (114). 7. ἀπὸ προσώπου κυρίου ἐσαλεύθη ἡ γ. (2 c)
113. 11 (115. 3). ἐν τῇ γ. [S^{1} ἐπὶ τῆς γ.] πάντα . . . ἐποίησε –
— 23 (115. 15). τῷ κυρίῳ τῷ ποιήσαντι τὸν οὐρ. καὶ τὴν γ. (2 c)
— 24 (115. 16). τὴν δὲ γ. ἔδωκε τοῖς υἱοῖς τῶν ἀνθρ. (2 c)
118 (119). 19. πάροικος ἐγώ εἰμι ἐν τῇ γ. (2 c)
— 64. τοῦ ἐλέους σου, κύριε [A ἐλ. κυρίου], πλήρης ἡ γ. (2 c)
— 87. παρὰ βραχὺ συνετέλεσάν με ἐν τῇ γ. (2 c)
— 90. ἐθεμελίωσας τὴν γ. καὶ διαμένει (2 c)
— 119. πάντας τοὺς ἁμαρτωλοὺς τῆς γ. (2 c)
120 (121). 2. παρὰ κυρίου τοῦ ποιήσαντος . . . τὴν γ. (2 c)
123 (124). 8. ἐν ὀνόματι κυρίου τοῦ ποιήσαντος . . . τὴν γ. (2 c)
133 (134). 3. ὁ ποιήσας τὸν οὐρανὸν καὶ τὴν γ. (2 c)
134 (135). 6. πάντα . . . ἐποίησεν . . . ἐν τῇ γ. (2 c)
— 7. ἀνάγων νεφέλας ἐξ ἐσχάτου τῆς γ. (2 c)
— 12. ἔδωκε τὴν γ. αὐτῶν κληρονομίαν (2 c)
135 (136). 6. τῷ στερεώσαντι τὴν γ. ἐπὶ τῶν ὑδάτων [S^{1} τὸ ὕδωρ] (2 c)
— 21. καὶ δόντι τὴν γ. αὐτῶν κληρονομίαν (2 c)
136 (137). 4. πῶς ᾄσωμεν τὴν ᾠδὴν κ. ἐπὶ γῆς ἀλλοτρίας (1)
137 (138). 4. πάντες οἱ βασιλεῖς τῆς γ. (2 c)
138 (139). 15. ἐν τοῖς κατωτάτω [A S -τοις] τῆς γ. (2 c)
139 (140). 10. πεσοῦνται ἐπ' αὐτοὺς ἄνθρακες πυρὸς [A S^{2} ἐν πυρὶ] ἐπὶ τῆς γ. –
— 11. οὐ κατευθυνθήσεται ἐπὶ τῆς γ. (2 c)
140 (141). 7. ὡσεὶ πάχος γῆς διερράγη ἐπὶ τῆς γ. (2 c)
141 (142). 5. μερίς μου ἐν γῇ ζώντων (2 c)
142 (143). 3. ἐταπείνωσεν εἰς τὴν γ. τὴν ζωήν μου (2 c)

Ps. 142 (143). 6. ἡ ψυχή μου ὡς γῆ ἄνυδρός σοι (2 c)
— 10. A ὁδηγήσει με ἐν γῇ [B S τῇ] εὐθείᾳ (2 c)
145 (146). 4. ἐπιστρέψει εἰς τὴν γ. αὐτοῦ (1)
— 6. τὸν ποιήσαντα τὸν οὐρ. καὶ τὴν γ. (2 c)
146 (147). 6. ταπεινῶν δὲ ἁμαρτωλοὺς ἕως τῆς γ. (2 c)
— 8. τῷ ἑτοιμάζοντι τῇ γ. ὑετόν (2 c)
147. 4 (15). ὁ ἀποστέλλων τὸ λόγιον αὐτοῦ τῇ γ. (2 c)
148. 7. αἰνεῖτε τὸν κύριον ἐκ τῆς γ. (2 c)
— 11. βασιλεῖς τῆς γ. καὶ πάντες λαοὶ ἄρχοντες καὶ πάντες κριταὶ γῆς (2 c, 2 c)
13. ἡ ἐξομολόγησις αὐ. ἐπὶ γῆς καὶ οὐρ. (2 c)
Pr. 1. 11. κρύψωμεν δὲ εἰς γῆν ἄνδρα δίκαιον ἀδίκως –
— 12. ἄρωμεν αὐτοῦ τὴν μνήμην ἐκ γῆς †
2. 21. A S χρηστοὶ ἔσονται οἰκήτορες γῆς (2 c?)
— 21. εὐθεῖς κατασκηνώσουσι γῆν (2 c)
— 22. ὁδοὶ ἀσεβῶν ἐκ γῆς ὀλοῦνται (2 c)
3. 19. ὁ θεὸς τῇ σοφίᾳ ἐθεμελίωσε τὴν γ. (2 c)
8. 16. τύραννοι δι' ἐμοῦ κρατοῦσι γῆς (2 c)
— 23. πρὸ τοῦ τὴν γ. ποιῆσαι (2 c)
— 25. S πρὸ τοῦ . . . πλασθῆναι τὴν γ. [A B *om.* πλ. τὴν γ.] –
— 29. ἰσχυρὰ ἐποίει τὰ θεμέλια [A θελήματα] τῆς γ. (2 c)
9. 12. διαπορεύεται . . . γῆν διατεταγμ. ἐν διψώδεσι –
10. 30. A S R ἀσεβεῖς δὲ οὐκ οἰκήσουσι [B ἥκουσιν] γῆν (2 c)
12. 11. ὁ ἐργαζόμενος τὴν ἑαυτοῦ γ. (1)
15. 5. ὀλόρριζοι ἐκ γῆς ἀπολοῦνται [A S^2 ὀλ.] –
17. 24. οἱ δὲ ὀφθαλμοὶ τοῦ ἄφρονος ἐπ' ἄκρα γῆς (2 c)
24. 27 (30. 4). B S τίς ἐκράτησε τῶν [A R πάντων τῶν] ἄκρων τῆς γ. (2 c)
— 37 (30. 14). ὥστε ἀναλίσκειν καὶ κατεσθίειν [A *om.* καὶ κατ.] τοὺς ταπεινοὺς ἀπὸ τῆς γ. (2 c)
— 51 (30. 16). γῆ οὐκ ἐμπιπλαμένη ὕδατος (2 c)
— 56 (30. 21). διὰ τριῶν σείεται ἡ γ. (2 c)
— 59 (30. 24). τέσσαρα δὲ ἐλάχιστα ἐπὶ τῆς γ. (2 c)
25. 3. οὐρανὸς ὑψηλὸς γῆ δὲ βαθεῖα (2 c)
— 25. οὕτως ἀγγελία ἀγαθὴ ἐκ γῆς μακρόθεν (2 c)
28. 19. ὁ ἐργαζόμενος τὴν ἑαυτοῦ γ. (1)
31. 23. μετὰ τῶν γερόντων κατοίκων τῆς γ. [A S^2 *al.*] (2 c)
Ec. 1. 4. ἡ γῆ εἰς τὸν αἰῶνα ἕστηκε (2 c)
3. 21. εἰ καταβαίνει αὐτὸ κάτω εἰς γῆν (2 c)
5. 1. καὶ σὺ ἐπὶ τῆς γῆς [S^1 γ. κάτω] (2 c)
— 8. καὶ περισσεία γῆς (2 c)
7. 21 (20). ἄνθρωπος οὐκ ἔστι δίκαιος ἐν τῇ γῇ (2 c)
8. 14. ματαιότης ἣ πεποίηται ἐπὶ τῆς γῆς (2 c)
— 16. τὸν περισπασμὸν [A πειρασμὸν] τὸν πεποιημένον ἐπὶ τῆς γ. (2 c)
10. 7. ἄρχοντας πορευομένους ὡς δούλους ἐπὶ τῆς γῆς [S^1 *om.* ἐπὶ τῆς γ.] (2 c)
— 17. μακαρία σὺ γῆ (2 c)
11. 2. τί ἔσται πονηρὸν ἐπὶ τὴν γῆν (2 c)
— 3. ἐπὶ τὴν γ. ἐκχέουσι (2 c)
12. 6. S καὶ συντριβῇ ὑδρία ἐπὶ τὴν γ. [A ἐπὶ τὴν πηγήν, B ἐπὶ τῇ πηγῇ] †
— 7. ἐπιστρέψῃ ὁ χοῦς ἐπὶ τὴν γ. (2 c)
Ca. 2. 12. τὰ ἄνθη ὤφθη ἐν τῇ γ. (2 c)
— 12. S^2 R φωνὴ τῆς [A B S^1 τοῦ] τρυγόνος ἠκούσθη ἐν τῇ γῇ ἡμῶν (2 c)
Wi. 1. 1. οἱ κρίνοντες τὴν γ.
— 14. οὔτε ᾅδου βασίλειον ἐπὶ γῆς
5. 23. ἐρημώσει πᾶσαν τὴν γ. ἀνομία
6. 1. δικασταὶ περάτων γῆς
7. 3. ἐπὶ τὴν ὁμοιοπαθῆ κατέπεσον [S -σα] γῆν
9. 16. μόλις [A S μόγις] εἰκάζομεν τὰ ἐπὶ τῆς γ.
— 18. οὕτως διωρθώθησαν αἱ τρίβοι τῶν ἐπὶ γῆς
10. 4. κατακλυζομένην γ. πάλιν διέσωσε [A S ἔσωσεν] σοφία
11. 22. ὡς ῥανὶς δρόσου ὀρθρινὴ κατελθοῦσα ἐπὶ γῆν [S^2 γῆς]
12. 3. τοὺς παλαιοὺς [S πάλαι] οἰκήτορας τῆς ἁγίας σου γῆς
— 7. ἡ παρὰ σοὶ πασῶν [S^2 πάντων] τιμιωτάτη γῆ
13. 14. S^2 πᾶσαν κηλῖδα τὴν ἐν αὐτῷ καταχρίσας γῇ [A B *om.*]
15. 7. κεραμεὺς ἁπαλὴν γῆν θλίβων
— 8. πρὸ μικροῦ ἐκ γῆς γεννηθείς
— 10. γῆς εὐτελεστέρα ἡ ἐλπὶς αὐτοῦ
16. 19. ἵνα ἀδίκου γῆς γεννήματα διαφθείρῃ [A S καταφθ.]
18. 15. εἰς μέσον τῆς ὀλεθρίας ἥλατο γῆς
Wi. 18. 16. βεβήκει δ' ἐπὶ [S^1 *om.*] γῆς
19. 7. ξηρᾶς ἀνάδυσις γῆς ἐθεωρήθη
— 10. ἐξήγαγεν ἡ γῆ σκνῖπα [A S^2 σκνῖφας]
— 19. νηκτὰ μετέβαινεν ἐπὶ γῆς [S^1 εἰς γῆν]
Si. 1. 3. πλάτος γῆς . . . τίς ἐξιχνιάσει
10. 4. ἐν χειρὶ κυρίου ἐξουσία τῆς γ.
— 9. τί ὑπερηφανεύεται γῆ καὶ σποδός
— 9. S^2 καὶ ἐν γῇ αὐτοῦ ἐκρίψει τὰ ἐνδόσθια αὐ. [A B S^1 *al.*]
— 16. ἀπώλεσεν αὐτὰς ἕως [S^2 ἐκ] θεμελίων γῆς
— 17. κατέπαυσεν ἀπὸ [S ἐκ] γῆς τὸ μνημόσυνον αὐτῶν
16. 18. ἄβυσσος καὶ γῆ σαλευθήσονται
— 19. ἅμα τὰ ὄρη καὶ τὰ θεμέλια τῆς γ.
— 29. κύριος εἰς [A ἐπὶ] τὴν γ. ἐπέβλεψε
17. 1. κύριος ἔκτισεν ἐκ γῆς ἄνθρωπον
— 32. οἱ ἄνθρωποι πάντες γῆ καὶ σποδός
19. 3. S^1 σκώληκες κληρονομήσουσιν τὴν γ. [A B S^2 αὐτόν]
20. 28. ὁ ἐργαζόμενος γῆν ἀνυψώσει θημωνίαν αὐτοῦ
24. 3. ὡς ὁμίχλη [A -ην] κατεκάλυψα γῆν
— 6. ἐν πάσῃ τῇ γ. . . . ἐκτησάμην [S^2 ἡγησάμην]
36 (33). 10. ἐκ γῆς ἐκτίσθη Ἀδάμ
36. 22 (19). γνώσονται πάντες οἱ ἐπὶ τῆς γ.
38. 4. κύριος ἔκτισεν ἐκ γῆς φάρμακα
— 8. εἰρήνη παρ' αὐτοῦ ἐστιν ἐπὶ προσώπου τῆς γ.
39. 4. ἐν γῇ ἀλλοτρίων ἐθνῶν διελεύσεται
— 31. ἐπὶ τῆς γ. εἰς χρείας [A χεῖρας] ἑτοιμασθήσονται
40. 3. ἕως τεταπεινωμένου ἐν γῇ καὶ σποδῷ [A *al.*]
— 11. πάντα ὅσα ἀπὸ γῆς εἰς γῆν ἀναστρέφει [A -έψει]
41. 10. πάντα ὅσα ἐκ γῆς εἰς γῆν ἀπελεύσεται
43. 17. A R φωνὴ βροντῆς αὐτοῦ ὠδίνησε [B S ὠνείδισεν] γῆν [A γῇ]
— 19. πάχνην ὡς ἅλα ἐπὶ γῆς χέει
44. 17. A B S^2 ἐγενήθη κατάλειμμα τῇ γ.
— 21. A B S^2 πληθῦναι αὐτὸν ὡς χοῦν τῆς γ.
— 21. ἀπὸ ποταμοῦ ἕως ἄκρου γῆς
45. 22. πλὴν ἐν γῇ λαοῦ οὐ κληρονομήσει
46. 8. εἰσαγαγεῖν αὐτοὺς . . . εἰς γῆν ῥέουσαν γάλα καὶ μέλι
— 9. ἐπιβῆναι αὐτὸν ἐπὶ ὕψος τῆς γ.
— 20. ἀνύψωσεν ἐκ γῆς τὴν φωνὴν αὐτοῦ
47. 15. γῆν ἐπεκάλυψεν ἡ ψυχή σου
— 24. ἀποστῆσαι αὐτοὺς ἀπὸ τῆς γ. αὐτῶν
48. 15. ἕως ἐπρονομεύθησαν ἀπὸ τῆς γ. αὐτῶν καὶ ἐσκορπίσθησαν [A S διεσκ.] ἐν πάσῃ τῇ γ.
49. 14. οὐδὲ εἷς ἐκτίσθη οἷος Ἐνὼχ τοιοῦτος ἐπὶ τῆς γ. καὶ γὰρ αὐτὸς ἀνελήφθη ἀπὸ τῆς γ. [A *al.*]
50. 17. ἔπεσαν ἐπὶ πρόσωπον ἐπὶ τὴν γ.
51. 9. ἀνύψωσα ἐπὶ [A S ἀπὸ] γῆς [B^1 γῆν] ἱκετείαν μου
Ho. 1. 2. ἐκπορνεύσει ἡ γῆ ἀπὸ ὄπισθεν τοῦ κ. (2 c)
— 11 (2. 2). καὶ ἀναβήσονται ἐκ τῆς γῆς (2 c)
2. 3 (5). καὶ τάξω αὐτὴν ὡς γῆν ἄνυδρον (2 c)
— 12 (14). καὶ τὰ πετ. τοῦ οὐρ. καὶ τὰ ἑρπ. τῆς γ. –
— 15 (17). κατὰ τὰς ἡμέρας ἀναβάσεως αὐτῆς ἐκ γῆς Αἰγ. (2 c)
— 18 (20). τῶν πετ. τοῦ οὐ. καὶ τῶν ἑρπ. τῆς γ. (1)
— 18 (20). πόλεμον συντρίψω ἀπὸ τῆς γ. (2 c)
— 21 (23). αὐτὸς ἐπακούσεται τῇ γῇ (2 c)
— 22 (24). ἡ γ. ἐπακούσεται τὸν σῖτον (2 c)
— 23 (25). καὶ σπερῶ αὐτὴν ἐμαυτῷ ἐπὶ τῆς γ. (2 c)
4. 1. κρίσις τῷ κ. πρὸς τοὺς κατοικοῦντας τὴν γ. (2 c)
— 1. οὐδὲ ἐπίγνωσις θ. ἐπὶ τῆς γ. (2 c)
— 2. μοιχεία κέχυται ἐπὶ τῆς γ. –
— 3. διὰ τοῦτο πενθήσει ἡ γῆ (2 c)
— 3. καὶ σὺν τοῖς ἑρπετοῖς τῆς γ. –
6. 4 (3). ὡς ὑετὸς ἡμῖν πρόϊμος καὶ ὄψιμος γῇ (2 c)
7. 16. οὗτος ὁ φαυλισμὸς αὐτῶν ἐν γῇ Αἰ. (2 c)
8. 1. εἰς κόλπον αὐτῶν ὡς γῆ †
9. 3. οὐ κατῴκησαν ἐν τῇ γῇ τοῦ κ. (2 c)
10. 1. κατὰ τὰ ἀγαθὰ τῆς γῆς αὐτοῦ (2 c)
11. 11. ἐκστήσονται . . . ὡς περιστερὰ ἐκ γῆς Ἀσσ. (2 c)
12. 9 (10). ἀνήγαγόν σε ἐκ γῆς Αἰ. (2 c)
— 13 (14). ἐν προφήτῃ ἀνήγαγε κ. τὸν Ἰ. ἐκ γῆς [A *om.*] Αἰ. –
13. 4. κ. ὁ θ. σου ὁ . . . κτίζων γῆν –
— 4. ἐγὼ ἀνήγαγόν σε ἐκ γῆς Αἰ. (2 c)
— 5. ἐποίμαινόν σε . . . ἐν γῇ ἀοικήτῳ (2 c)
— 15. καταξηρανεῖ τὴν γ. αὐτοῦ †
Am. 1. 11. ἐλυμήνατο μητέρα [A μήτραν] ἐπὶ γῆς –
2. 7. τὰ πατοῦντα ἐπὶ τὸν χοῦν τῆς γῆς (2 c)
— 10. ἀνήγαγον ὑμᾶς ἐκ γῆς Αἰγ. (2 c)
— 10. τοῦ κατακληρονομῆσαι τὴν γ. τῶν Ἀ. (2 c)
3. 1. κατὰ πάσης φυλῆς ἧς ἀνήγαγον ἐκ γῆς Αἰ. (2 c)
— 2. πλὴν ὑμᾶς ἔγνων ἐκ πασῶν τῶν φυλῶν τῆς γ. (1)
— 5. A R εἰ πεσεῖται ὄρνεον ἐπὶ τῆς γ. [B τὴν γ.] ἄνευ ἰξευτοῦ (2 c)
— 5. εἰ σχασθήσεται [A^1 χασθήσεται] παγὶς ἐπὶ τῆς γ. (1)
— 11. Τ. κυκλόθεν ἡ γῆ σου ἐρημωθήσεται (2 c)
— 14. καὶ πεσοῦνται ἐπὶ τὴν γ. (2 c)
4. 13. καὶ ἐπιβαίνων ἐπὶ τὰ ὕψη τῆς γῆς (2 c)
5. 2. παρθένος τοῦ Ἰ. ἔσφαλεν ἐπὶ τῆς γῆς (1)
— 7. δικαιοσύνην εἰς γῆν ἔθηκεν (2 c)
— 8. καὶ ἐκχέων αὐτὸ ἐπὶ πρόσωπον [A -ου] τῆς γ. (2 c)
7. 2. ἐὰν συντελέσῃ τοῦ καταφαγεῖν τὸν χόρτον τῆς γ. (2 c)
— 10. οὐ μὴ δύνηται [A γένηται] ἡ γῆ ὑπενεγκεῖν (2 c)
— 11. ἀχθήσεται ἀπὸ τῆς γ. αὐτοῦ (1)
— 12. ἐκχώρησον σὺ εἰς γῆν Ἰ. (2 c)
— 17. ἡ γῆ σου ἐν σχοινίῳ καταμετρηθήσεται (1)
— 17. ἐν γῇ ἀκαθάρτῳ τελευτήσεις (1)
— 17. ἀχθήσεται ἀπὸ τῆς γ. αὐτοῦ (1)
8. 4. καταδυναστεύοντες πτωχοὺς ἀπὸ τῆς γ. (2 c)
— 8. οὐ ταραχθήσεται ἡ γῆ (2 c)
— 9. καὶ συσκοτάσει ἐπὶ τῆς γ. ἐν ἡμ. τὸ φῶς (2 c)
— 11. ἐξαποστελῶ λιμὸν ἐπὶ τὴν γ. (2 c)
9. 5. ὁ ἐφαπτόμενος τῆς γῆς (2 c)
— 6. τὴν ἐπαγγελίαν αὐτοῦ ἐπὶ τῆς γ. θεμελιῶν (2 c)
— 6. ἐκχέων αὐτὸ ἐπὶ πρόσωπον [A -που] τῆς γ. (2 c)
— 7. οὐ τὸν Ἰ. ἀνήγαγον ἐκ γῆς Αἰ. (2 c)
— 8. ἐξαρῶ αὐτὴν ἀπὸ προσώπου τῆς γ. (1)
— 9. οὐ μὴ πέσῃ σύντριμμα ἐπὶ τὴν γ. (2 c)
— 15. καταφυτεύσω αὐτοὺς ἐπὶ τῆς γ. αὐ. (1)
— 15. οὐ μὴ ἐκσπασθῶσιν οὐκέτι ἀπὸ τῆς γ. (1)
Mi. 1. 2. προσεχέτω ἡ γῆ (2 c)
— 3. ἐπιβήσεται ἐπὶ τὰ ὕψη τῆς γ. (2 c)
— 10. γῆν καταπάσασθε [A *al.*] (17)
4. 3. A ἕως εἰς γῆν [B *om.*] μακράν –
— 13. τῷ κυρίῳ πάσης τῆς γ. (2 c)
5. 4 (3). μεγαλυνθήσονται ἕως ἄκρων τῆς γῆς (2 c)
— 5 (4). Ἀ. ὅταν [A *add.* Ἀ.] ἐπέλθῃ ἐπὶ τὴν γ. ὑμῶν (2 c)
— 6 (5). ποιμανοῦσι . . . τὴν γ. τοῦ Ν. (2 c)
— 6 (5). ὅταν ἐπέλθῃ ἐπὶ τὴν γ. ὑμῶν (2 c)
— 11 (10). ἐξολεθρεύσω τὰς πόλεις τῆς γ. σου (2 c)
6. 2. αἱ φάραγγες θεμέλια τῆς γῆς (2 c)
— 4. ἀνήγαγόν σε ἐκ γῆς Αἰ. (2 c)
7. 2. ἀπόλωλεν εὐσεβὴς [A B^2 εὐλαβὴς] ἀπὸ τῆς γ. (2 c)
— 13. καὶ ἔσται ἡ γῆ εἰς ἀφανισμόν (2 c)
— 17. λείξουσι χοῦν ὡς ὄφεις σύροντες γῆν (2 c)
Jl. 1. 2. πάντες οἱ κατοικοῦντες τὴν γ. (2 c)
— 6. ἔθνος ἀνέβη ἐπὶ τὴν γ. μου ἰσχυρόν (2 c)
— 10. πενθείτω ἡ γῆ (1)
— 14. πάντας κατοικοῦντας γῆν (2 c)
2. 1. πάντες οἱ κατοικοῦντες τὴν γῆν (2 c)
— 3. ὡς παράδεισος τρυφῆς ἡ γῆ (2 c)
— 10. συγχυθήσεται ἡ γ. (2 c)
— 18. καὶ ἐζήλωσε κ. τὴν γ. αὐτοῦ (2 c)
— 20. ἐξώσω αὐτὸν εἰς γ. ἄνυδρον (2 c)
— 21. θάρσει γῆ (1)
— 30 (3. 3). δώσω . . . ἐπὶ τῆς γ. αἷμα κ. πῦρ (2 c)
3 (4). 2. καὶ τὴν γ. μου κατεδιείλαντο (2 c)
— 16. καὶ σεισθήσεται ὁ οὐρανὸς καὶ ἡ γῆ (2 c)
— 19. ἐξέχεαν αἷμα δίκαιον ἐν τῇ γῇ αὐ. (2 c)
Ob. 1. 3. τίς με κατάξει ἐπὶ τὴν γῆν (2 c)
— 20. γῆ τῶν Χ. ἕως Σ. †
Jn. 1. 13. τοῦ ἐπιστρέψαι πρὸς τὴν γ. (12 a)
2. 7. κατέβην εἰς γῆν (2 c)
4. 2. ἔτι ὄντος μου ἐν τῇ γῇ μου (1)
Na. 1. 5. ἀνεστάλη ἡ γῆ ἀπὸ προσώπου αὐτοῦ (2 c)
2. 13 (14). ἐξολεθρεύσω ἐκ τῆς γ. τὴν θήραν σου (2 c)
3. 13. ἀνοιχθήσονται πύλαι τῆς γ. σου (2 c)
Hb. 1. 6. τὸ πορευόμ. ἐπὶ τὰ πλάτη [A τὸ πλ.] τῆς γ. (2 c)
2. 8. ἀσεβείας γῆς καὶ πόλεως (2 c)
— 14. ἐμπλησθήσεται ἡ γ. [A ἐνεπλήσθη ἡ σύμπασα γ.] (2 c)
— 17. ἀσεβείας γῆς καὶ πόλεως (2 c)

Hb. 2. 20. εὐλαβείσθω ἀπὸ προσώπου αὐ. πᾶσα ἡ γ. (2 c)
3. 3. αἰνέσεως αὐτοῦ πλήρης ἡ γῆ (2 c)
— 6. ἐσαλεύθη ἡ γῆ (2 c)
— 7. πτοηθήσονται καὶ αἱ σκηναὶ γῆς Μ. (2 c)
— 9. ποταμῶν ῥαγήσεται γῆ (2 c)
— 12. ἐν ἀπειλῇ ὀλιγώσεις γῆν (2 c)
Ze. 1. 2. ἐκλιπέτω ἀπὸ προσώπου τῆς γ. (1)
— 3. ἐξαρῶ τοὺς ἀνόμους ἀπὸ προσώπου τῆς γ. (1)
— 18. καταναλωθήσεται πᾶσα ἡ γῆ (2 c)
— 18. ἐπὶ πάντας τοὺς κατοικοῦντας τὴν γῆν (2 c)
2. 3. ζητήσατε τὸν κύριον πάντες ταπεινοὶ γῆς (2 c)
— 5. Χ. γῆ ἀλλοφύλων (2 c)
— 11. πάντας τοὺς θεοὺς τῶν ἐθνῶν τῆς γ. (2 c)
— 14. ποίμνια καὶ πάντα τὰ θηρία τῆς γ. (6)
3. 8. καταναλωθήσεται πᾶσα ἡ γῆ (2 c) ●
— 19. εἰς καύχημα καὶ ὀνομαστοὺς ἐν πάσῃ τῇ γῇ (2 c)
— 20. ἐν πᾶσι τοῖς λαοῖς τῆς γ. (2 c)
Hg. 1. 10. ἡ γῆ ὑποστελεῖται τὰ ἐκφόρια αὐτῆς (2 c)
— 11. ἐπάξω ῥομφαίαν ἐπὶ τὴν γ. . . . καὶ ὅσα ἐκφέρει ἡ γῆ (2 c, 1)
2. 5 (4). πᾶς ὁ λαὸς τῆς γ. (2 c)
— 7 (6). σείσω τὸν οὐρανὸν κ. τὴν γ. (2 c)
— 22 (21). σείω τὸν οὐρανὸν κ. τὴν γ. (2 c)
Za. 1. 10. περιοδεῦσαι τὴν γ. (2 c)
— 11. περιωδεύσαμεν πᾶσαν τὴν γ. καὶ ἰδοὺ πᾶσα ἡ γῆ κατοικεῖται (2 c, 2 c)
— 21 (2. 4). τὰ ἔθνη τὰ ἐπαιρόμενα κέρας ἐπὶ τὴν γ. κυρίου (2 c)
2. 6 (10). φεύγετε ἀπὸ γῆς βορρᾶ (2 c)
— 12 (16). τὴν μερίδα αὐτοῦ ἐπὶ τὴν γ. τὴν ἁγίαν (1)
3. 10 (9). πᾶσαν τὴν ἀδικίαν τῆς γ. ἐκείνης (2 c)
4. 10. οἱ ἐπιβλέποντες ἐπὶ πᾶσαν τὴν γ. (2 c)
— 14. παρεστήκασι κυρίῳ πάσης τῆς γ. (2 c)
5. 3. ἐπὶ πρόσωπον [A -ου] πάσης τῆς γ. (2 c)
— 6. αὕτη ἡ ἀδικία αὐτῶν ἐν πάσῃ τῇ γῇ (2 c)
— 9. ἀνὰ μέσον τῆς γ. καὶ ἀνὰ μέσον τοῦ οὐρ. (2 c)
— 11. οἰκοδομῆσαι αὐτῷ οἰκίαν ἐν γῇ Β. (2 c)
6. 5. παραστῆναι τῷ κυρίῳ πάσης τῆς γ. (2 c)
— 6. ἐξεπορεύοντο ἐπὶ γῆν βορρᾶ (2 c)
— 6. ἐξεπορεύοντο ἐπὶ γῆν νότου (2 c)
— 7. S^{3} ἐξεπορεύοντο ἐπὶ γῆν νότου [A B S om. ἐ. γ. ν.] –
— 7. περιοδεῦσαι τὴν γ. (2 c)
— 7. περιοδεύσατε τὴν γ. καὶ περιώδευσαν τὴν γ. (2 c, 2 c)
— 8. οἱ ἐκπορευόμενοι ἐπὶ γῆν βορρᾶ (2 c)
— 8. ἀνέπαυσαν τὸν θυμόν μου ἐν γῇ βορρᾶ (2 c)
7. 5. εἶπον πρὸς ἅπαντα τὸν λαὸν τῆς γ. (2 c)
— 14. ἡ γῆ ἀφανισθήσεται . . . καὶ ἔταξαν γ. ἐκλεκτὴν εἰς ἀφαν. (2 c, 2 c)
8. 7. ἀπὸ γῆς ἀνατολῶν καὶ ἀπὸ γῆς δυσμῶν (2 c, 2 c)
— 12. ἡ γῆ δώσει τὰ γεννήματα αὐτῆς (2 c)
9. 1. ἐν γῇ Σ. καὶ Δ. θυσία αὐτοῦ (2 c)
— 10. ἕως θαλ. καὶ ποταμῶν διεκβολὰς γῆς (2 c)
— 16. λίθοι ἅγιοι κυλίονται ἐπὶ τῆς γ. αὐτοῦ (1)
10. 10. ἐπιστρέψω αὐτοὺς ἐκ γῆς Αἰ. (2 c)
11. 6. ἐπὶ τοὺς κατοικοῦντας τὴν γ. (2 c)
— 6. κατακόψουσι τὴν γῆν (2 c)
— 7. S^{1} εἰς γῆν [A B τὴν] Χαναανῖτιν †
— 16. ἐξεγείρω ποιμένα ἐπὶ τὴν γ. (2 c)
12. 1. κύριος ἐκτείνων οὐρανὸν καὶ θεμελιῶν γῆν (2 c)
— 3. πάντα τὰ ἔθνη τῆς γ. (2 c)
— 12. κόψεται ἡ γῆ κατὰ φυλάς (2 c)
13. 2. ἐξολεθρεύσω τὰ ὀνόματα τῶν εἰδώλων ἀπὸ τῆς γ. (2 c)
— 2. καὶ τὸ πνεῦμα τὸ ἀκάθαρτον ἐξαρῶ ἀπὸ τῆς γ. (2 c)
— 5. B S ἄνθρωπος ἐργαζόμενος τὴν γ. ἐγώ εἰμι (1)
— 8. καὶ ἔσται ἐν πάσῃ τῇ γῇ [A ἐν τῇ ἡμέρᾳ ἐκείνῃ] (2 c)
14. 9. ἔσται κ. εἰς βασιλέα ἐπὶ πᾶσαν τὴν γ. (2 c)
— 10. κυκλῶν πᾶσαν τὴν γ. (2 c)
— 17. ἐκ πασῶν τῶν φυλῶν τῆς γ. (2 c)
Ma. 3. 11. οὐ μὴ διαφθείρω ὑμῶν τὸν καρπὸν τῆς γ. (1)
— 12. ἔσεσθε ὑμεῖς γῆ θελητή (2 c)
4. 6 (3. 24). μὴ ἔλθω καὶ πατάξω τὴν γ. ἄρδην (2 c)
Is. 1. 2. ἄκουε οὐρανὲ καὶ ἐνωτίζου γῆ (2 c)
— 7. ἡ γ. ὑμῶν ἔρημος (2 c)
— 19. τὰ ἀγαθὰ τῆς γ. φάγεσθε (2 c)
2. 7. ἐνεπλήσθη ἡ γ. ἵππων (2 c)
— 8. ἐνεπλήσθη ἡ γ. βδελυγμάτων (2 c)
— 10. κρύπτεσθε εἰς τὴν γ. . . . ὅταν ἀναστῇ θραῦσαι τὴν γ. (17, –)

Is. 2. 19. εἰς τὰς τρώγλας τῆς γ. (17)
— 19, 21. ὅταν ἀναστῇ θραῦσαι τὴν γ. (2 c)
3. 26. εἰς τὴν γ. ἐδαφισθήσῃ (2 c)
4. 2. ἐν βουλῇ μετὰ δόξης ἐπὶ τῆς γ. (2 c)
5. 8. μὴ οἰκήσετε μόνοι ἐπὶ τῆς γ. (2 c)
— 26. ἀπ' ἄκρου τῆς γ. (2 c)
— 30. ἐμβλέψονται εἰς [S *add.* τὸν οὐρ. ἄνω καὶ εἰς] τὴν γ. (2 c)
6. 3. πλήρης πᾶσα ἡ γ. τῆς δόξης αὐτοῦ (2 c)
— 11. ἡ γ. καταλειφθήσεται ἔρημος (1)
— 12. οἱ καταλειφθέντες ἐπὶ τῆς γ. (2 c)
7. 16. καταλειφθήσεται ἡ γ. (1)
— 22. πᾶς ὁ καταλειφθεὶς ἐπὶ τῆς γ. (2 c)
— 24. χέρσος καὶ ἄκανθα ἔσται πᾶσα ἡ γ. (2 c)
8. 9. ἐπακούσατε ἕως ἐσχάτου τῆς γ. (2 c)
— 19. τοὺς ἀπὸ τῆς γ. φωνοῦντας (18 ?)
— 22. εἰς τὴν γ. κάτω ἐμβλέψονται (2 c)
9. 1 (8. 23). ἡ γ. Νεφθαλίμ (2 c)
— 19 (18). συγκέκαυται [A συγκαυθήσ.] ἡ γ. ὅλη (2 c)
11. 4. ἐλέγξει τοὺς ταπεινοὺς [S ἐνδόξους] τῆς γ. (2 c)
— 4. πατάξει γῆν τῷ λόγῳ τοῦ στόμ. αὐ. (2 c)
— 12. ἐκ τῶν τεσσάρων πτερύγων τῆς γ. (2 c)
— 16. ὅτε ἐξῆλθεν ἐκ γῆς Αἰγύπτου (2 c)
12. 5. ἀναγγείλατε ταῦτα ἐν πάσῃ τῇ γ. (2 c) ►
13. 5. ἔρχεσθαι ἐκ γῆς πόρρωθεν (2 c)
— 13. ἡ γ. σεισθήσεται ἐκ τῶν θεμελίων αὐ. (2 c)
14. 1. ἀναπαύσονται ἐπὶ τῆς γ. αὐτῶν (1)
— 2. πληθυνθήσονται ἐπὶ τῆς γ. (1)
— 7. πᾶσα ἡ γ. βοᾷ μετ' εὐφροσύνης (2 c)
— 9. οἱ γίγαντες οἱ ἄρξαντες τῆς γ. (2 c)
— 12. συνετρίβη εἰς τὴν γ. (2 c)
— 15. εἰς τὰ θεμέλια τῆς γ. (3 ?)
— 16. ὁ παροξύνων τὴν γ. (2 c)
— 20. τὴν γ. μου ἀπώλεσας (2 c)
— 21. τὴν γ. κληρονομήσωσι καὶ ἐμπλήσωσι τὴν γ. πολέμων (2 c, 20)
— 25. τοῦ ἀπολέσαι τοὺς Ἀσσ. ἐπὶ [A S^{3} ἀπό, S^{1} ἐκ] τῆς γ. τῆς ἐμῆς (2 c)
16. 1. ἀποστελῶ ὡς ἑρπετὰ ἐπὶ τὴν γ. [S τῆς γ.] (2 c)
— 4. ὁ καταπατῶν ἀπὸ [A S ἐπὶ] τῆς γ. (2 c)
18. 1. οὐαὶ γῆς πλοίων πτέρυγες (2 c)
— 2. οἱ ποταμοὶ τῆς γ. πάντες (2 c)
— 6. τοῖς πετεινοῖς τοῦ οὐρ. καὶ τοῖς θηρίοις τῆς γ. (2 c)
— 6. πάντα τὰ θηρία τῆς γ. ἐπ' αὐτὸν ἥξει (2 c)
19. 3. τοὺς ἐκ τῆς γ. φωνοῦντας (24 ?)
— 24. εὐλογημένος ἐν τῇ γ. (2 c)
— 25. B^{1} καὶ ἡ γ. [A S om.] κληρονομία μου –
21. 1. καταιγὶς . . . ἐρχομένη ἐκ γῆς (2 c)
— 9. συνετρίβησαν εἰς τὴν γ. (2 c)
23. 1. οὐκέτι ἔρχονται ἐκ γῆς Κιτιαίων (2 c)
— 8. ἔνδοξοι ἄρχοντες τῆς γ. (2 c)
— 9. πᾶν ἔνδοξον ἐπὶ τῆς γ. (2 c)
— 10. ἐργάζου τὴν γ. σου (2 c)
— 13. εἰς γῆν Χαλδαίων καὶ αὕτη ἠρήμωται (2 c)
— 17. B ἐπὶ πρόσωπον τῆς γ. (1)
24. 3. φθορᾷ φθαρήσεται ἡ γ. καὶ προνομῇ προνομευθήσ. ἡ γ. (2 c, –)
— 4. ἐπένθησεν ἡ γ. . . . ἐπένθησαν οἱ ὑψηλοὶ τῆς γ. (2 c, 2 c)
— 5. ἡ δὲ γῆ ἠνόμησε (2 c)
— 6. ἀρὰ ἔδεται τὴν γ. . . . οἱ ἐνοικοῦντες ἐν τῇ γ. (2 c, 2 c)
— 10. ἠρημώθη [S *add.* ὅλη ἡ γῆ] πᾶσα πόλις –
— 11. πᾶσα εὐφροσύνη τῆς γ. [B *om.* τ. γ.] –
— 11. R πᾶσα εὐφροσύνη τῆς γ. (2 c)
— 13. ἐν τῇ γ ἐν μέσῳ τῶν ἐθνῶν (2 c)
— 14. οἱ δὲ καταλειφθέντες ἐπὶ τῆς γ. –
— 16. ἀπὸ τῶν πτερύγων τῆς γ. (2 c)
— 17. τοὺς ἐνοικοῦντας ἐπὶ τῆς γ. [S ἐν τῇ γ.] (2 c)
— 18. σεισθήσεται τὰ θεμέλια τῆς γ. (2 c)
— 19. ταραχθήσεται ἡ γ. . . . ἀπορηθήσεται ἡ γ. (2 c, 2 c)
— 19. S^{1} σεισθήσεται ἡ γ. (2 c)
— 20. σεισθήσεται ὡς ὀπωροφυλάκιον ἡ γ. (2 c)
— 21. ἐπὶ τοὺς βασιλεῖς τῆς γ. (1)
25. 8. τὸ ὄνειδος τοῦ λαοῦ ἀφεῖλεν ἀπὸ πάσης τῆς γ. (2 c)
26. 1. τὸ ᾆσμα τοῦτο ἐπὶ γῆς τῆς Ἰουδαίας [A S γ. Ἰούδα] (2 c)
— 9. φῶς τὰ προστάγματά σου ἐπὶ τῆς γ. . . . οἱ ἐνοικοῦντες ἐπὶ τῆς γ. (2 c, 20)
— 10. οὐ μὴ μάθῃ δικαιοσύνην ἐπὶ τῆς γ. (2 c)

Is. 26. 15. πρόσθες κακὰ [A S *add.* πᾶσιν] τοῖς ἐνδόξοις τῆς γ. (2 c)
— 18. ἐποιήσαμεν ἐπὶ τῆς γ. . . . οἱ ἐνοικοῦντες ἐπὶ τῆς γ. (2 c, 20)
— 19. εὐφρανθήσονται οἱ ἐν τῇ γ. . . . ἡ δὲ γ. τῶν ἀσεβῶν πεσεῖται (17, 2 c)
— 21. τοὺς ἐνοικοῦντας ἐπὶ τῆς γ. καὶ ἀνακαλύψει ἡ γ. τὸ αἷμα αὐτῆς καὶ οὐ κατακ. [A *add.* ἡ γ.] (2 c, 2 c, –)
28. 2. τῇ γ. ποιήσει ἀνάπαυμα [A S -σιν] (2 c)
— 22. ἃ ποιήσει ἐπὶ πᾶσαν τὴν γ. (2 c)
— 24. πρὶν ἐργάσασθαι τὴν γ. (1)
29. 4. εἰς τὴν γ. οἱ λόγοι σου (2 c)
— 4. εἰς τὴν γ. οἱ λόγοι σου (17)
— 4. ὡς οἱ φωνοῦντες ἐκ τῆς γ. ἡ φωνή σου (2 c)
30. 23. τῷ σπέρματι τῆς γ. σου . . . τοῦ γεννήματος τῆς γ. σου (1, 1)
— 24. οἱ βόες οἱ ἐργαζόμενοι τὴν γ. (1)
32. 2. ἔνδοξος ἐν γῇ διψώσῃ (2 c)
— 13. ἡ γ. τοῦ λαοῦ μου (1)
33. 9. ἐπένθησεν ἡ γ. (2 c)
— 17. οἱ ὀφθαλμοὶ ὑμῶν ὄψονται γῆν πόρρωθεν (2 c)
34. 1. ἀκουσάτω ἡ γ. (2 c)
— 5. S^{1} καὶ ἐπὶ τὸν λαὸν τῆς γ. [A B ἀπωλείας] †
— 7. μεθυσθήσεται ἡ γ. (2 c)
— 9. καὶ ἡ γ. αὐτῆς εἰς θεῖον (17)
— 10. ἔσται ἡ γ. αὐτῆς ὡς πίσσα καιομένη (2 c)
— 15. ἔσωσεν ἡ γ. τὰ παιδία αὐτῆς –
35. 6. φάραγξ ἐν γῇ διψώσῃ (25 a)
— 7. εἰς τὴν διψῶσαν γῆν πηγὴ ὕδατος ἔσται [A^{2} *om.*] (25 b)
36. 10. B S ἀνάβηθι ἐπὶ τὴν γ. ταύτην (2 c)
— 17. λάβω ὑμᾶς εἰς γῆν ὡς ἡ γ. ὑμῶν γ. σίτου καὶ οἴνου (2 c *ter*)
— 20. ἐρρύσατο τὴν γ. αὐ. ἐκ χειρός μου (2 c)
37. 7. πεσεῖται μαχαίρᾳ ἐν τῇ γ. αὐτοῦ (2 c)
— 11. ἐποίησαν βασ. Ἀσσ. πᾶσαν τὴν γ. (2 c)
— 16. σὺ ἐποίησας τὸν οὐρ. καὶ τὴν γ. (2 c)
— 20. ἵνα γνῷ πᾶσα βασιλεία τῆς γ. [S^{1} τὴν γ.] (2 c)
38. 11. μὴ ἴδω τὸ σωτήριον τοῦ θ. ἐπὶ γῆς ζώντων [A S *om.*] (2 c)
— 11. B οὐκέτι μὴ ἴδω τὸ σωτήριον τοῦ Ἰσρ. ἐπὶ γῆς –
39. 3. ἐκ γῆς πόρρωθεν ἥκασι πρός με (2 c)
40. 12. τίς ἐμέτρησε . . . πᾶσαν τὴν γ. δρακί (17 *et* 2 c)
— 21. οὐκ ἔγνωτε τὰ θεμέλια τῆς γ. (2 c)
— 22. ὁ κατέχων τὸν γῦρον τῆς γ. (2 c)
— 23. τὴν δὲ γ. ὡς οὐδὲν ἐποίησεν (2 c)
— 24. οὐδὲ μὴ ῥιζωθῇ εἰς τὴν γ. ἡ ῥίζα αὐ. (2 c)
— 28. ὁ κατασκευάσας τὰ ἄκρα τῆς γ. (2 c)
41. 2. δώσει εἰς γῆν τὰς μαχαίρας αὐτῶν (17)
— 5. τὰ ἄκρα τῆς γ. ἤγγισαν (2 c)
— 9. οὗ ἀντελαβόμην ἀπ' ἄκρων τῆς γ. (2 c)
— 18. ποιήσω . . . τὴν διψῶσαν γ. ἐν ὑδραγωγοῖς (2 c)
— 19. θήσω εἰς τὴν ἄνυδρον γ. κέδρον (23 b *et* 23 c)
— 24. ἐκ γῆς βδέλυγμα ἐξελέξαντο ὑμᾶς †
42. 4. ἕως ἂν θῇ ἐπὶ τῆς γ. κρίσιν (2 c)
— 5. A^{1} ὁ ποιήσας τὸν οὐρανὸν καὶ τὴν γ. [B S *om.* τ. γ.] †
— 5. ὁ στερεώσας τὴν γ. (2 c)
— 10. ἀπ' [A ἐπ'] ἄκρου τῆς γ. (2 c)
43. 6. A S ἄγε τοὺς υἱούς μου ἀπὸ γῆς [B τῆς] πόρρωθεν –
— 6. A B τὰς θυγατέρας μου ἀπ' ἄκρων [S ἄκρου] τῆς γ. (2 c)
— 20. S ἐν γῇ διψώσῃ (25 c ?)
44. 23. σαλπίσατε τὰ θεμέλια τῆς γ. (2 c)
— 24. ἐστερέωσα τὴν γ. (2 c)
45. 8. ἀνατειλάτω ἡ γ. (2 c)
— 9. μὴ ὁ ἀροτριῶν ἀροτριάσει τὴν γ. (1)
— 12. ἐγὼ ἐποίησα γῆν (2 c)
— 18. ὁ θεὸς ὁ καταδείξας τὴν γ. (2 c)
— 19. οὐδὲ ἐν τόπῳ γῆς σκοτεινῷ (2 c)
— 22. σωθήσεσθε οἱ ἀπ' ἐσχάτου τῆς γ. (2 c)
46. 11. καλῶν ἀπ' ἀνατολῶν πετεινὸν καὶ ἀπὸ γῆς πόρρωθεν (2 c)
47. 1. κάθισον ἐπὶ τὴν γ. (17)
— 1. κάθισον εἰς τὴν γῆν [A S *al.*] (2 c)
48. 13. ἡ χείρ μου ἐθεμελίωσε τὴν γ. (2 c)
— 16. A S^{1} οὐδὲ ἐν τόπῳ γῆς σκοτεινῷ –
— 19. τὰ ἔκγονα τῆς κοιλίας σου ὡς ὁ χοῦς [S χνοῦς] τῆς γ. †

● = correction on page xxv ► = additional entry on page xxv

Is. 48. 20. S^1 φεύγων ἐκ γῆς [A B ἀπὸ τῶν] Χαλδαίων -
— 20. ἀναγγείλατε [A S ἀπ.] ἕως ἐσχάτου τῆς γ. (2 c)
49. 6. εἰς σωτηρίαν ἕως ἐσχάτου τῆς γ. (2 c)
— 8. τοῦ καταστῆσαι τὴν γ. (2 c)
— 12. ἄλλοι δὲ ἐκ γῆς Περσῶν (2 c)
— 13. ἀγαλλιάσθω ἡ γ. (2 c)
— 23. ἐπὶ πρόσωπον τῆς γ. προσκυνήσουσί σοι (2 c)
51. 6. ἐμβλέψατε εἰς τὴν γ. κάτω (2 c)
— 6. ἡ δὲ γ. ὡς ἱμάτιον παλαιωθήσεται (2 c)
— 6. A οἱ κατοικοῦντες τὴν γ. [B S *om.* τ. γ.] †
— 13. τὸν . . . θεμελιώσαντα τὴν γ. (2 c)
— 16. ἐθεμελίωσα τὴν γ. (2 c)
— 23. ἔθηκας ἴσα τῇ γ. τὰ μέσα [A S μετάφρενά] σου (2 c)
52. 10. ὄψονται πάντα [S^1 τὰ ἔθνη τὰ] ἄκρα τῆς γ. τὴν σωτηρίαν (2 c)
53. 2. ὡς ῥίζα ἐν γῇ διψώσῃ (2 c)
— 8. αἴρεται ἀπὸ τῆς γ. ἡ ζωὴ αὐτοῦ (2 c)
54. 5. αὐτὸς θεὸς Ἰσραὴλ πάσῃ τῇ γ. κληθήσεται (2 c)
— 9. ὤμοσα . . . τῇ γ. (2 c)
55. 9. ὡς ἀπέχει ὁ οὐρανὸς ἀπὸ τῆς γ. (2 c)
— 10. ἕως ἂν μεθύσῃ τὴν γ. (2 c)
57. 13. οἱ δὲ ἀντεχόμενοί μου κτήσονται γῆν (2 c)
58. 14. ἀναβιβάσει σε ἐπὶ τὰ ἀγαθὰ τῆς γ. (2 c)
60. 2. σκότος καλύψει γῆν (2 c)
— 18. οὐκ ἀκουσθήσεται ἔτι ἀδικία ἐν τῇ γ. σου (2 c)
— 21. δι' αἰῶνος κληρονομήσουσι τὴν γ. (2 c)
61. 7. ἐκ δευτέρας κληρονομήσουσι τὴν γ. (2 c)
— 11. ὡς γῆν αὔξουσαν τὸ ἄνθος αὐτῆς (2 c)
62. 4. ἡ γ. σου οὐ κληθήσεται ἔτι ἔρημος (2 c)
— 4. καὶ τῇ γ. σου Οἰκουμένη (2 c)
— 4. B ἡ γ. σου συνοικισθήσεται (2 c)
— 7. ποιήσῃ Ἱερ. ἀγαυρίαμα ἐπὶ τῆς γ. (2 c)
— 11. ἐποίησεν ἀκουστὸν ἕως ἐσχάτου τῆς γ. (2 c)
63. 3. κατέθλασα αὐτοὺς ὡς γῆν †
— 3. κατήγαγον τὸ αἷμα [S^1 τὰ ἱμάτια] αὐτῶν εἰς γῆν †
— 6. κατήγαγον τὸ αἷμα αὐτῶν εἰς γῆν (2 c)
— 11. A B^2 S ὁ ἀναβιβάσας ἐκ τῆς γῆς [B θαλάσσης] τὸν ποιμένα †
65. 16. ὃ εὐλογηθήσεται ἐπὶ τῆς γ. (2 c)
— 16. οἱ ὀμνύοντες ἐπὶ τῆς γ. (2 c)
— 17. ἔσται γὰρ ὁ οὐρ. καινὸς καὶ ἡ γ. καινή (2 c)
— 25. ὄφις δὲ γῆν ὡς ἄρτον (17)
66. 1. ἡ γ. ὑποπόδιον τῶν ποδῶν μου (2 c)
— 8. εἰ ὤδινε γῆ [S^2 γυνὴ] ἐν ἡμέρᾳ μιᾷ (2 c)
— 16. κριθήσεται [A καταναλωθήσ.] πᾶσα ἡ γ. -
— 22. ὃν τρόπον γὰρ ὁ οὐρ. καινὸς καὶ ἡ γ. καινή (2 c)
Je. 1. 1. ὃς κατῴκει ἐν Ἀναθὼθ ἐν γῇ Βενιαμείν (2 c)
— 14. ἐπὶ πάντας τοὺς κατοικοῦντας τὴν γ. (2 c)
— 15. συγκαλῶ πάσας τὰς βασιλείας ἀπὸ [A *add.* προσώπου] βορρᾶ τῆς γῆς -
— 18. τεῖχος χαλκοῦν ὀχυρὸν [S ἰσχ.] . . . τῷ λαῷ τῆς γ. (2 c)
2. 6. ὁ ἀναγαγὼν ἡμᾶς ἐκ γῆς Αἰγύπτου ὁ καθοδηγήσας ἡμᾶς . . . ἐν γῇ ἀπείρῳ καὶ ἀβάτῳ ἐν γῇ ἀνύδρῳ καὶ ἀκάρπῳ ἐν γῇ ἐν ᾗ οὐ διώδευσεν (2 c *quater*)
— 7. ἐμιάνατε τὴν γ. μου (2 c)
— 15. ἔταξαν τὴν γ. αὐτοῦ εἰς ἔρημον (2 c)
— 18. A τί σοι καὶ γῇ [B S τῇ ὁδῷ] Αἰγύπτου . . . τί σοι καὶ τῇ γῇ [B S ὁδῷ] Ἀσσυρίων (8, 8)
— 31. μὴ ἔρημος ἐγενόμην . . . ἢ γ. κεχερσωμένη (2 c)
3. 2. ἐμίανας τὴν γ. ἐν ταῖς πορνείαις σου (2 c)
— 16. ἐὰν . . . αὐξηθῆτε ἐπὶ τῆς γ. (2 c)
— 18. ἥξουσιν ἐπὶ τὸ αὐτὸ ἀπὸ γῆς βορρᾶ καὶ ἀπὸ πασῶν τῶν χωρῶν ἐπὶ τὴν γ. (2 c, 2 c)
— 19. δώσω σοι γῆν ἐκλεκτήν (2 c)
4. 5. σημάνατε ἐπὶ τῆς γ. σάλπιγγι (2 c)
— 7. τοῦ θεῖναι τὴν γ. εἰς ἐρήμωσιν [S^1 *al.*] (2 c)
— 16. συστροφαὶ ἔρχονται ἐκ γῆς μακρόθεν (2 c)
— 20. τεταλαιπώρηκε πᾶσα ἡ γ. (2 c)
— 23. ἐπέβλεψα ἐπὶ τὴν γ. (2 c)
— 27. ἔρημος ἔσται πᾶσα ἡ γ. (2 c)
— 28. ἐπὶ τούτοις πενθείτω ἡ γ. (2 c)
5. 19. ἐδουλεύσατε θεοῖς ἀλλοτρίοις ἐν τῇ γ. ὑμῶν οὕτως δουλεύσετε ἀλλοτρίοις ἐν γῇ οὐχ ὑμῶν [A *al.*] (2 c, 2 c)

Je. 5. 30. ἔκστασις καὶ φρικτὰ ἐγενήθη ἐπὶ τῆς γ. (2 c)
6. 8. μὴ ποιήσω σε ἄβατον γῆν (2 c)
— 12. ἐπὶ τοὺς κατοικοῦντας τὴν γ. ταύτην (2 c)
— 19. ἄκουε γ. [A S *add.* Ἰούδα] (2 c)
— 20. κιννάμωμον ἐκ γῆς μακρόθεν (2 c)
— 22. ἀπ' ἐσχάτου τῆς γ. (2 c)
— 29. A ἐξέλιπε φυσητὴρ ἀπὸ τῆς γῆς [B S πυρός] †
7. 7. ἐν γῇ ᾗ ἔδωκα τοῖς πατράσιν ὑμῶν (2 c)
— 20. ἐπὶ τὰ γεννήματα τῆς γ. (1)
— 22. ᾗ ἀνήγαγον αὐτοὺς ἐκ γῆς Αἰγύπτου (2 c)
— 25. ἐξήλθοσαν οἱ πατέρες αὐτῶν ἐκ γῆς Αἰγ. (2 c)
— 33. εἰς βρῶσιν [A κατάβρωμα] . . . τοῖς θηρίοις τῆς γ. (2 c)
— 34. εἰς ἐρήμωσιν ἔσται πᾶσα ἡ γ. (2 c)
8. 2. ἔσονται εἰς παράδειγμα ἐπὶ προσώπου [S -ον] τῆς γ. (1)
— 16. ἐσείσθη [A *add.* ἀπ' αὐτοῦ] πᾶσα ἡ γ. (2 c)
— 16. καὶ καταφάγεται τὴν γ. (2 c)
— 19. φωνὴ κραυγῆς θυγατρὸς λαοῦ μου ἀπὸ γῆς μακρόθεν (2 c)
9. 3 (2). ψεῦδος καὶ οὐ πίστις ἐνίσχυσεν ἐπὶ τῆς γ. (2 c)
— 12 (11). ἕνεκεν τίνος ἀπώλετο ἡ γ. (2 c)
— 19 (18). ἐγκατελίπομεν τὴν γ. (2 c)
— 21 (20). ἀνέβη θάνατος [A *add.* εἰς τὴν γ. ὑμῶν] †
— 21 (20). B S εἰσῆλθεν εἰς τὴν γ. ὑμῶν -
— 22 (21). ἐπὶ προσώπου τοῦ πεδίου τῆς γ. ὑμῶν -
— 24 (23). ὁ ποιῶν ἔλεος . . . ἐπὶ τῆς γ. (2 c)
10. 11. οἳ τὸν οὐρ. καὶ τὴν γ. οὐκ ἐποίησαν ἀπολέσθωσαν ἀπὸ τῆς γ. (2 b, 2 a)
— 12. κύριος ὁ ποιήσας τὴν γ. (2 c)
— 13. ἀνήγαγε νεφέλας ἐξ ἐσχάτου τῆς γ. (2 c)
— 18. σκελίζω τοὺς κατοικοῦντας τὴν γ. ταύτην (2 c)
— 22. σεισμὸς μέγας ἐκ γῆς βορρᾶ (2 c)
11. 4. ᾗ ἀνήγαγον αὐτοὺς ἐκ γῆς Αἰγύπτου (2 c)
— 5. γῆν ῥέουσαν γάλα καὶ μέλι (2 c)
— 19. ἐκτρίψωμεν αὐτὸν ἀπὸ γῆς ζώντων (2 c)
12. 4. ἕως πότε πενθήσει ἡ γ. (2 c)
— 5. A R ἐν γῇ εἰρήνης σου [B S^1 οὐ] πέποιθας (2 c)
— 11. δι' ἐμὲ ἀφανισμῷ ἠφανίσθη πᾶσα ἡ γ. (2 c)
— 12. ἀπ' ἄκρου τῆς γ. [A *add.* καὶ] ἕως ἄκρου τῆς γ. (2 c, 2 c)
— 14. ἀποσπῶ αὐτοὺς ἀπὸ τῆς γ. αὐτῶν (1)
— 15. A B S^2 ἕκαστον εἰς τὴν γ. αὐτοῦ (2 c)
13. 13. πληρῶ τοὺς κατοικοῦντας τὴν γ. ταύτην (2 c)
14. 2. ἐσκοτώθησαν ἐπὶ τῆς γ. (2 c)
— 4. τὰ ἔργα τῆς γ. ἐξέλιπεν (1)
— 8. ἐγενήθης ὡσεὶ πάροικος ἐπὶ τῆς γ. (2 c)
— 13. ἀλήθειαν καὶ εἰρήνην δώσω ἐπὶ τῆς γ. †
— 15. λιμὸς οὐκ ἔσται ἐπὶ τῆς γ. ταύτης (2 c)
— 18. ἐπορεύθησαν εἰς γῆν [A ὁδόν] (2 c)
15. 3. ἐκδικήσω ἐπ' αὐτοὺς . . . τὰ θηρία τῆς γ. (2 c)
— 4. πάσαις ταῖς βασιλείαις τῆς γ. (2 c)
— 10. A ἄνδρα . . . διακρινόμ. [B S *add.* ἐν πάσῃ] τῇ γ. (2 c)
— 14. καταδουλώσω [A -σουσίν] σε . . . ἐν τῇ γ. (2 c)
16. 3. τῶν γεγεννηκότων αὐτοὺς ἐν τῇ γ. ταύτῃ (2 c)
— 4. εἰς παράδειγμα ἐπὶ προσώπου τῆς γ. ἔσονται καὶ τοῖς θηρίοις τῆς γ. ἔσονται [A S *om.*] (1, 2 c)
— 13. ἀπορρίψω ὑμᾶς ἀπὸ τῆς γ. ταύτης εἰς τὴν γ. (2 c, 2 c)
— 14. ὁ ἀναγαγὼν τοὺς υἱοὺς Ἰσραὴλ ἐκ γῆς Αἰγ. (2 c)
— 15. ἀνήγαγε τὸν οἶκον Ἰσρ. ἀπὸ γῆς βορρᾶ (2 c)
— 15. ἀποκαταστήσω αὐτοὺς εἰς τὴν γ. αὐτῶν (1)
— 18. ἐβεβήλωσαν τὴν γ. μου ἐν τοῖς θνησιμαίοις (2 c)
— 19. ἔθνη ἥξουσιν ἀπ' ἐσχάτου τῆς γ. (2 c)
17. 6. κατασκηνώσει . . . ἐν γῇ ἁλμυρᾷ (2 c)
— 13. ἀφεστηκότες ἐπὶ τῆς γ. γραφήτωσαν (2 c)
— 26. ἥξουσιν . . . ἐκ γῆς Βεν. καὶ ἐκ γῆς [A S τῆς] πεδινῆς (2 c, -)
18. 16. τοῦ τάξαι τὴν γ. αὐτῶν εἰς ἀφανισμόν (2 c)
19. 7. δώσω τοὺς νεκροὺς αὐ. . . . τοῖς θηρίοις τῆς γ. (2 c)
— 12. S^1 ὡς τὴν διαπίπτουσαν γῆν [A B *om.*] -
22. 10. οὐδὲ ὄψεται [S καὶ οὐ μὴ ἴδῃ] τὴν γ. πατρίδος αὐ. (2 c)
— 12. τὴν γ. ταύτην οὐκ ὄψεται ἔτι (2 c)
— 26. ἀπορρίψω [A παραδώσω] σε . . . εἰς γῆν (2 c)

Je. 22. 27. εἰς δὲ τὴν γ. . . . οὐ μὴ ἀποστρέψωσιν [A ἐπιστρ.] (2 c)
— 28. ἐξεβλήθη εἰς γῆν (2 c)
— 29. γῆ γῆ ἄκουε λόγον κυρίου (2 c, 2 c)
23. 3. εἰσδέξομαι . . . ἐπὶ [A S ἀπὸ] πάσης τῆς γ. (2 c)
— 5. ποιήσει . . . δικαιοσύνην ἐπὶ τῆς γ. (2 c)
— 10. ἐπένθησεν ἡ γ. (2 c)
— 15. ἐξῆλθε μολυσμὸς πάσῃ τῇ γ. (2 c)
— 24. μὴ οὐχὶ τὸν οὐρ. καὶ τὴν γ. ἐγὼ πληρῶ (2 c)
— 7. ἀνήγαγε τὸν οἶκον [S λαὸν] Ἰσρ. ἐκ γῆς Αἰγ. (2 c)
— 8. συνήγαγεν ἅπαν τὸ σπέρμα Ἰσρ. ἀπὸ γῆς βορρᾶ (2 c)
— 8. κατέστησεν αὐτοὺς εἰς τὴν γ. αὐ. (1)
24. 5. οὓς ἐξαπέσταλκα [A -ας] . . . εἰς γῆν Χαλδαίων (2 c)
— 6. ἀποκαταστήσω αὐτοὺς εἰς τὴν γ. ταύτην (2 c)
— 8. τοὺς ὑπολελειμμένους ἐν τῇ γ. [A πόλει] ταύτῃ (2 c)
— 9. εἰς πάσας τὰς βασιλείας τῆς γ. (2 c)
— 10. ἕως ἂν ἐκλίπωσιν ἀπὸ τῆς γ. (1)
25. 5. κατοικήσετε ἐπὶ τῆς γ. (1)
— 9. ἄξω αὐτοὺς ἐπὶ τὴν γ. ταύτην (2 c)
— 11. ἔσται πᾶσα ἡ γ. εἰς ἀφανισμόν (2 c)
— 13. ἐπάξω ἐπὶ τὴν γ. ἐκείνην (2 c)
26 (46). 8. κατακαλύψω τὴν γ. (2 c)
— 10. θυσία τῷ κυρίῳ [A *add.* σαβ.] ἀπὸ γῆς βορρᾶ (2 c)
— 12. τῆς κραυγῆς σου ἐπλήσθη ἡ γ. (2 c)
— 13. τοῦ κόψαι γῆν Αἰγύπτου [A *al.*] (2 c)
27 (50). 3. θήσει τὴν γ. αὐτῆς εἰς ἀφανισμόν (2 c)
— 8. ἀπαλλοτριώθητε . . . ἀπὸ γῆς Χαλδαίων (2 c)
— 9. ἐγείρω . . . συναγωγὰς ἐθνῶν ἐκ γῆς βορρᾶ (2 c)
— 13. ἔσται εἰς ἀφανισμὸν πᾶσα [A *add.* ἡ γ.] -
— 16. ἕκαστος εἰς τὴν γ. [A τὸν οἶκον] αὐ. (2 c)
— 18. ἐκδικῶ . . . ἐπὶ τὴν γ. αὐτοῦ (2 c)
— 19. A νεμήσεται ἐν τῷ Καρμήλῳ . . . καὶ ἐν γῇ [B S τῷ] Γαλαάδ -
— 20 (21). τοῖς ὑπολελειμμένοις ἐπὶ τῆς γ. (2 c)
— 22. συντριβὴ μεγάλη ἐν γῇ Χαλδαίων (2 c)
— 23. συνετρίβη ἡ σφῦρα πάσης τῆς γ. (2 c)
— 25. ἔργον τῷ κυρίῳ θ. [A *om.*] ἐν γῇ Χαλδαίων (2 c)
— 28. φωνὴ . . . ἀνασωζομένων ἐκ γῆς Βαβ. (2 c)
— 34. ὅπως ἐξάρῃ τὴν γ. (2 c)
— 38. γ. τῶν γλυπτῶν ἐστι (2 c)
— 41. λαὸς ἔρχεται ἀπὸ [A *add.* γῆς] βορρᾶ -
— 41. ἐξεγερθήσονται ἀπ' ἐσχάτου τῆς γ. (2 c)
— 46. σεισθήσεται ἡ γ. (2 c)
28 (51). 2. λυμανοῦνται τὴν γ. αὐτῆς (2 c)
— 4. πεσοῦνται τραυματίαι ἐν γῇ Χαλδαίων (2 c)
— 5. ἡ γ. αὐτῶν ἐπλήσθη ἀδικίας (2 c)
— 7. ποτήριον . . . μεθύσκον πᾶσαν τὴν γ. (2 c)
— 9. ἕκαστος εἰς τὴν γ. αὐτοῦ (2 c)
— 15. ποιῶν γῆν ἐν τῇ ἰσχύϊ αὐτοῦ (2 c)
— 16. ἀνήγαγε νεφέλας ἀπ' ἐσχάτου τῆς γ. (2 c)
— 25. τὸ διαφθεῖρον πᾶσαν τὴν γ. (2 c)
— 27. ἄρατε σημεῖον ἐπὶ τῆς γ. (2 c)
— 28. τὸν βασιλέα . . . πάσης τῆς γ. -
— 28. A καὶ πάσης τῆς γῆς ἐξουσίας αὐτοῦ (2 c)
— 29. ἐσείσθη ἡ γ. (2 c)
— 29. τοῦ θεῖναι τὴν γ. Βαβ. εἰς ἀφανισμόν (2 c)
— 36. A S ξηρανῶ [S ἐξαρῶ] τὴν γῆν [B πηγὴν] αὐ. †
— 41. ἐθηρεύθη τὸ καύχημα πάσης τῆς γ. (2 c)
— 43. ἐγενήθησαν αἱ πόλεις αὐτῆς ὡς [A S *om.*] γ. ἄνυδρος (2 c)
— 49. πεσοῦνται τραυματίαι πάσης τῆς γ. [S *al.*] (2 c)
— 50. ἀνασωζόμενοι ἐκ γῆς πορεύεσθε †
— 50. S^1 εἰς γῆν [A B οἱ] μακρόθεν μνήσθητε τοῦ κ. -
— 52. ἐν πάσῃ τῇ γ. αὐτῆς πεσοῦνται (2 c)
— 54. συντριβὴ μεγάλη ἐν γῇ [A ἐκ γῆς] X. (2 c)
29 (47). 2. κατακλύσει γῆν (2 c)
— 2. ἅπαντες οἱ κατοικοῦντες τὴν γ. (2 c)
29 (49). 21. ἐφοβήθη [A ἐσείσθη] ἡ γ. (2 c)
31 (48). 21. κρίσις ἔρχεται εἰς γῆν τοῦ M. (2 c)
32 (25). 26. πάσας βασιλείας τὰς ἐπὶ προσώπου τῆς γ. (1)
— 29. ἐπὶ τοὺς καθημένους ἐπὶ τῆς γ. (2 c)
— 30. ἐπὶ καθημένους τὴν γ. (2 c)
— 31. ἥκει ὄλεθρος ἐπὶ μέρος τῆς γ. (2 c)

Je. 32 (25). 32. λαῖλαψ μεγάλη ἐκπορεύεται ἀπ' ἐσχάτου τῆς γ. (2 c)
— 33. ἐκ μέρους τῆς γ. καὶ ἕως εἰς μέρος τῆς γ. (2 c, 2 c)
— 33. ἐπὶ προσώπου τῆς γ. ἔσονται (1)
— 38. ἐγενήθη ἡ γ. αὐτῶν εἰς ἄβατον (2 c)
33 (26). 6. πᾶσι τοῖς ἔθνεσι πάσης τῆς γ. (2 c)
— 17. ἄνδρες τῶν πρεσβυτέρων τῆς γ. (2 c)
— 20. ἐπροφήτευσε περὶ τῆς γ. ταύτης (2 c)
34 (27). 5. ἐγὼ ἐποίησα τὴν γ. (2 c)
— 6. ἔδωκα τὴν γ. [A *add.* πᾶσαν] τῷ Ναβ. (2 c)
— 10. πρὸς τὸ μακρῦναι ὑμᾶς ἀπὸ τῆς γ. ὑμῶν (1)
— 11. καταλείψω αὐτὸν ἐπὶ τῆς γ. αὐτοῦ (1)
35 (28). 8. ἐπροφήτευσαν ἐπὶ γῆς πολλῆς (2 c)
— 16. ἐξαποστέλλω σε ἀπὸ προσώπου τῆς γ. (1)
36 (29). 7. ζητήσατε εἰς εἰρήνην τῆς γ. (14)
37 (30). 3. ἀποστρέψω αὐτοὺς εἰς τὴν γ. (2 c)
38 (31). 8. συνάξω αὐτοὺς ἀπ' [A ἐπ'] ἐσχάτου τῆς γ. (2 c)
— 12. ἥξουσιν ἐπ' ἀγαθὰ κυρίου ἐπὶ γῆν σίτου –
— 16. ἐπιστρέψουσιν ἐκ γῆς ἐχθρῶν (2 c)
— 23. ἐροῦσι τὸν λόγον τοῦτον ἐν γῇ Ἰούδα (2 c)
— 24. ἐνοικοῦντες . . . ἐν πάσῃ τῇ γ. αὐτοῦ [A S *al.*] (14)
— 32. ἐξαγαγεῖν αὐτοὺς ἐκ γῆς Αἰγύπτου (2 c)
— 37. ἐὰν ταπεινωθῇ τὸ ἔδαφος τῆς γ. κάτω (2 c)
39 (32). 8. τὸν ἀγρόν μου τὸν ἐν γῇ Βενιαμίν (2 c)
— 15. κτισθήσονται ἀγροὶ . . . ἐν τῇ γ. ταύτῃ (2 c)
— 17. ἐποίησας τὸν οὐρανὸν καὶ τὴν γ. (2 c)
— 20. ἐποίησας . . . τέρατα ἐν γῇ Αἰγύπτῳ [S -ου] (2 c)
— 21. ἐξήγαγες τὸν λαόν σου Ἰσρ. ἐκ γῆς Αἰγύπτου (2 c)
— 22. ἔδωκας αὐτοῖς τὴν γ. ταύτην . . . γῆν ῥέουσαν γάλα (2 c, 2 c)
— 29. A πολεμοῦντες ἐπὶ τὴν γῆν [B S πόλιν] ταύτην (14)
— 37. συνάγω αὐτοὺς ἐκ πάσης τῆς γ. (2 c)
— 41. φυτεύσω αὐτοὺς ἐν τῇ γ. ταύτῃ (2 c)
— 43. κτηθήσονται ἔτι ἀγροὶ ἐν τῇ γ. (2 c)
— 44. διαμαρτύρῃ μάρτυρας ἐν γῇ Βενιαμίν (2 c)
40 (33). 2. ποιῶν γῆν καὶ πλάσσων αὐτήν †
— 9. παντὶ τῷ λαῷ τῆς γ. (2 c)
— 11. πᾶσαν τὴν ἀποικίαν τῆς γ. ἐκείνης (2 c)
— 13. ἐν γῇ Βενιαμὶν καὶ ἐν ταῖς κύκλῳ Ἰερ. (2 c)
41 (34). 1. καὶ πᾶσα ἡ γῆ ἀρχῆς αὐτοῦ (2 c)
— 13. ἐξειλάμην αὐτοὺς ἐκ γῆς Αἰγύπτου (2 c)
— 17. εἰς διασπορὰν πάσαις ταῖς βασιλείαις τῆς γ. (2 c)
— 20. βρῶσις [A βρώματα] . . . τοῖς θηρίοις τῆς γ. (2 c)
— 22. ἐπιστρέψω αὐτοὺς εἰς τὴν γ. ταύτην (14)
42 (35). 7. ζήσητε ἡμέρας πολλὰς ἐπὶ τῆς γ. (1)
— 11. ἀνέβη Ναβουχοδονόσορ ἐπὶ τὴν γ. (2 c)
— 15. οἰκήσετε ἐπὶ τῆς γ. (1)
— 19. πάσας τὰς ἡμέρας τῆς γ. –
43 (36). 29. ἐξολεθρεύσει τὴν γ. ταύτην (2 c)
— 31. ἐπάξω . . . ἐπὶ γῆν Ἰούδα [S¹ τὴν Ἰδουμ., S² τὴν Ἰουδαίαν] †
44 (37). 2. οἱ παῖδες αὐτοῦ καὶ ὁ λαὸς τῆς γ. (2 c)
— 7. ἀποστρέψουσιν εἰς γῆν Αἰγύπτου (2 c)
— 8. A οἱ πολεμοῦντες τὴν γ. ταύτην [B S *al.*] (14)
— 12. τοῦ πορευθῆναι εἰς γῆν Βενιαμίν (2 c)
— 19. οὐ μὴ ἔλθῃ βασ. Βαβ. ἐπὶ τὴν γ. ταύτην (2 c)
46 (39). 16. A φέρω τοὺς λόγους μου εἰς τὴν γ. [B S ἐπὶ τ. πόλιν] ταύτην (14)
47 (40). 5. ὃν κατέστησε βασ. Βαβ. ἐν γῇ Ἰούδα (14)
— 5. ἐν μέσῳ τοῦ λαοῦ ἐν γῇ Ἰούδα –
— 6. ἐν μέσῳ τοῦ λαοῦ τοῦ καταλειφθέντος ἐν τῇ γ. (2 c)
— 7. κατέστησε βασ. Βαβ. τὸν Γοδ. ἐν τῇ γ. (2 c)
— 9. κατοικήσατε ἐν τῇ γ. (2 c)
— 11. πάντες οἱ Ἰουδαῖοι οἱ ἐν [A *add.* γῇ] Μωάβ –
— 11. καὶ οἱ ἐν πάσῃ τῇ γ. (2 c)
— 12. ἦλθον πρὸς Γοδολίαν εἰς γῆν Ἰούδα (2 c)
48 (41). 2. ὃν κατέστησε βασ. Βαβ. ἐπὶ τῆς γ. (2 c)
► — 18. ὃν κατέστησεν βασ. Βαβ. ἐν τῇ γ. (2 c)
49 (42). 10. ἐὰν καθίσαντες καθίσητε ἐν τῇ γ. ταύτῃ (2 c)
— 12. ἐπιστρέψω ὑμᾶς εἰς τὴν γ. ὑμῶν (1)
— 13. οὐ μὴ καθίσωμεν ἐν τῇ γ. ταύτῃ (2 c)
— 14. εἰς γῆν Αἰγύπτου εἰσελευσόμεθα (2 c)
— 16. εὑρήσει ὑμᾶς ἐν γῇ Αἰγύπτου [A -ῳ] (2 c)
Je. 49 (42). 17. οἱ θέντες τὸ πρόσωπον αὐτῶν εἰς γῆν Αἰγ. †
50 (43). 4. κατοικῆσαι ἐν γῇ Ἰούδα (2 c)
— 5. τοὺς ἀποστρέψαντας κατοικεῖν [S εἰς μετοικεσίαν] ἐν τῇ γ. (2 c)
— 11. πατάξει γῆν Αἰγύπτου (2 c)
— 12. φθειριεῖ γῆν Αἰγύπτου [A αὐτοῦ] (2 c)
51 (44). 1. τοῖς κατοικοῦσιν [S *add.* Ἰούδα τοῖς] ἐν γῇ [S *om.*] Αἰγύπτου [A S -ῳ] (2 c)
— 1. καὶ τοῖς καθημένοις . . . ἐν γῇ [A *om.*] Παθούρης (2 c)
— 8. θυμιᾶν θεοῖς ἑτέροις ἐν γῇ Αἰγύπτῳ [S *al.*] (2 c)
— 8. εἰς ὀνειδισμὸν ἐν [A *om.*] πᾶσι τοῖς ἔθνεσι τῆς γ. (2 c)
— 9. ὧν ἐποίησαν ἐν γῇ [A πόλεσιν] Ἰούδα (2 c)
— 13. ἐπὶ τοὺς καθημένους ἐν γῇ [A *om.*] Αἰγύπτῳ (2 c)
— 14. τῶν παροικούντων ἐν γῇ Αἰγύπτῳ τοῦ ἐπιστρέψαι εἰς γῆν Ἰούδα (2 c, 2 c)
— 15. οἱ καθήμενοι ἐν γῇ [A *om.*] Αἰγύπτῳ (2 c)
— 21. οἱ ἄρχοντες ὑμῶν καὶ ὁ λαὸς τῆς γ. (2 c)
— 22. ἐγενήθη [A -νετο] ἡ γ. ὑμῶν εἰς ἐρήμωσιν (2 c)
— 26. πᾶς Ἰούδα οἱ καθήμενοι ἐν γῇ Αἰγύπτῳ (2 c)
— 26. ζῇ κύριος [A S *add.* κύριος] ἐπὶ πάσῃ γῇ Αἰγύπτῳ [S -ου] (2 c)
— 27. οἱ κατοικοῦντες ἐν γῇ Αἰγύπτῳ [A S -ου] (2 c)
— 28. ἐπιστρέψουσιν εἰς γῆν Ἰούδα (2 c)
— 28. οἱ καταστάντες [A -βαίνοντες, S παροικοῦντες] ἐν γῇ Αἰγύπτῳ [A S -ου] (2 c)
52. 6. οὐκ ἦσαν ἄρτοι τῷ λαῷ τῆς γ. (2 c)
— 25. τὸν γραμματεύοντα τῷ λαῷ τῆς γ. καὶ ἑξήκοντα ἀνθρώπους ἐκ τοῦ λαοῦ τῆς γ. (2 c, 2 c)
— 27. ἐν Δεβλαθὰ ἐν γῇ Αἰμάθ (2 c)
Ba. 1. 8. ἀποστρέψαι εἰς γῆν Ἰούδα
— 9. μετὰ τὸ ἀποικίσαι . . . τὸν λαὸν τῆς γ.
— 11. ὡς αἱ ἡμέραι τοῦ οὐρανοῦ ἐπὶ τῆς γ.
— 19. ἐξήγαγε κύριος τοὺς πατέρας ἡ. ἐκ γῆς Αἰγ.
— 20. ἐξήγαγε τοὺς πατέρας ἡμῶν ἐκ γῆς Αἰγ.
— 20. δοῦναι ἡμῖν γῆν ῥέουσαν γάλα καὶ μέλι
2. 11. ὃς ἐξήγαγες τὸν λαόν σου ἐκ γῆς Αἰγύπτου
— 15. ἵνα γνῷ πᾶσα ἡ γ.
— 21. καθίσατε ἐπὶ τὴν γ. [A τῆς γ.]
— 23. ἔσται πᾶσα ἡ γ. εἰς ἄβατον
— 30, 32. ἐν γῇ ἀποικισμοῦ αὐτῶν
— 34. ἀποστρέψω αὐτοὺς εἰς τὴν γ.
— 35. οὐ κινήσω ἔτι τὸν λαόν μου Ἰσρ. ἀπὸ τῆς γ.
3. 10. τί [A *om.*] ὅτι ἐν γῇ τῶν ἐχθρῶν εἶ
— 10. ἐπαλαιώθης ἐν γῇ ἀλλοτρίᾳ
— 16. οἱ κυριεύοντες τῶν θηρίων τῶν ἐπὶ τῆς γ.
— 20. κατῴκησαν ἐπὶ τῆς γ.
— 23. υἱοὶ Ἄγαρ οἱ ἐκζητοῦντες τὴν σύνεσιν οἱ ἐπὶ τῆς γ.
— 32. ὁ κατασκευάσας τὴν γ.
— 37. μετὰ τοῦτο ἐπὶ τῆς γ. ὤφθη
5. 7. φάραγγας πληροῦσθαι εἰς ὁμαλισμὸν τῆς γ.
La. 2. 1. κατέρριψεν ἐξ οὐρανοῦ εἰς γῆν δόξασμα Ἰσρ. (2 c)
— 2. τὰ ὀχυρώμ. τῆς θυγατρὸς Ἰ. ἐκόλλησεν εἰς τὴν γ. (2 c)
— 2. ἐβεβήλωσε [A *add.* εἰς τὴν γ.] βασιλέα αὐτῆς –
— 9. ἐνεπάγησαν εἰς γῆν πύλαι αὐτῆς (2 c)
— 10. ἐκάθισαν εἰς τὴν γ. (2 c)
— 10. κατήγαγον εἰς γῆν ἀρχηγοὺς παρθένους (2 c)
— 11. ἐξεχύθη εἰς τὴν γ. ἡ δόξα μου (2 c)
— 15. στέφανος [A B² S *add.* δόξης] εὐφροσύνης πάσης τῆς γ. (2 c)
3. 34. τοῦ ταπεινῶσαι . . . πάντας δεσμίους γῆς (2 c)
4. 12. οὐκ ἐπίστευσαν βασιλεῖς γῆς (2 c)
— 21. θύγατερ Ἰδουμαίας ἡ κατοικοῦσα ἐπὶ γῆς (2 c)
Ep. Je. 20. τῶν ἀπὸ τῆς γ. ἑρπετῶν κατεσθόντων
— 21. ἀπὸ τοῦ καπνοῦ τοῦ ἐκ τῆς οἰκίας [A γ. καιομένου]
— 27. διὰ τὸ μή ποτε ἐπὶ τὴν γ. πέσῃ
— 54. κορῶναι ἀνὰ μέσον τοῦ οὐρ. καὶ τῆς γ.
Ez. 1. 3. ἐγένετο λόγος κυρίου . . . ἐν γῇ Χ. (2 c)
— 15. τροχὸς εἷς ἐπὶ τῆς γ. (2 c)
— 19. ἐν τῷ ἐξαίρειν τὰ ζῷα ἀπὸ τῆς γ. (2 c)
— 21. ἐν τῷ ἐξαίρειν αὐτὰ ἀπὸ τῆς γ. (2 c)
6. 14. θήσομαι τὴν γ. εἰς ἀφανισμόν (2 c)
Ez. 7. 2. τῇ γ. τοῦ Ἰσραὴλ πέρας ἥκει τὸ πέρας ἥκει ἐπὶ τὰς τέσσ. πτέρυγας τῆς γ. (1, 2 c)
— 3 (7). ἐπὶ σὲ τὸν κατοικοῦντα τὴν γ. (2 c)
— 21. παραδώσω αὐτὰ . . . τοῖς λοιμοῖς τῆς γ. (2 c)
— 23. ἡ γῆ πλήρης λαῶν (2 c)
— 27. αἱ χεῖρες τοῦ λαοῦ τῆς γ. παραλυθήσονται (2 c)
8. 3. ἀνέλαβέ με πνεῦμα ἀνὰ μέσον τῆς γῆς (2 c)
— 12. ἐγκαταλέλοιπε κύριος [A *add.* οὐκ ἐφορᾷ ὁ κ.] τὴν γ. (2 c)
— 17. A R ἔπλησαν [B¹ ἐπλάνησαν] τὴν γ. ἀνομίας (2 c)
9. 9. ἐπλήσθη ἡ γ. λαῶν πολλῶν . . . ἐγκαταλέλοιπεν κ. τὴν γ. (2 c, 2 c)
10. 16. τοῦ μετεωρίζεσθαι ἀπὸ τῆς γ. (2 c)
— 19. ἐμετεωρίσθησαν ἀπὸ τῆς γ. (2 c)
11. 15. ἡμῖν δέδοται ἡ γ. εἰς κληρονομίαν (2 c)
— 16. διασκορπιῶ αὐτοὺς εἰς πᾶσαν γῆν (2 c)
— 17. δώσω αὐτοῖς τὴν γ. τοῦ Ἰσραήλ (1)
— 24. ἤγαγέ με εἰς γῆν Χαλδαίων †
12. 6. οὐ μὴ ἴδῃς τὴν γ. (2 c)
— 12. αὐτὸς τὴν γ. οὐκ ὄψεται (2 c)
— 13. ἄξω αὐτὸν εἰς Βαβ. εἰς γῆν Χ. (2 c)
— 19. ἐρεῖς πρὸς τὸν λαὸν τῆς γῆς (2 c)
— 19. τοῖς κατοικοῦσιν Ἱερ. ἐπὶ τῆς γ. τοῦ Ἰσραὴλ . . . ὅπως ἀφανισθῇ ἡ γ. (1, 2 c)
— 20. ἡ γ. εἰς ἀφανισμὸν ἔσται (2 c)
— 22. τίς ἡ παραβολὴ ὑμῖν ἐπὶ τῆς γ. τοῦ Ἰσρ. (1)
13. 9. εἰς τὴν γ. τοῦ Ἰσραὴλ οὐκ εἰσελεύσονται (1)
— 14. θήσω αὐτὸν ἐπὶ τὴν γ. (2 c)
14. 13. γ. ἣ [A *om.*] ἐὰν ἁμάρτῃ μοι (2 c)
— 15. ἐὰν καὶ θηρία πονηρὰ ἐπάγω [A -γάγω] ἐπὶ τὴν γ. (2 c)
— 16. ἡ δὲ γ. ἔσται εἰς ὄλεθρον (2 c)
— 17. ῥομφαίαν ἐὰν ἐπάγω [A -γάγω] ἐπὶ τὴν γ. ἐκ. (2 c)
— 17. ῥομφαία διελθάτω διὰ τῆς γ. (2 c)
— 19. θάνατον ἐπαποστέλλω [A ἐπάγω] ἐπὶ τὴν γ. ἐκείνην (2 c)
15. 8. δώσω τὴν γ. εἰς ἀφανισμόν (2 c)
16. 3. ἡ γένεσίς σου ἐκ γῆς Χανάαν (2 c)
— 29. ἐπλήθυνας τὰς διαθήκας [A τὴν δ.] σου πρὸς γῆν Χ. (2 c)
17. 4. ἤνεγκεν αὐτὰ εἰς γῆν Χ. (2 c)
— 5. ἔλαβεν ἀπὸ τοῦ σπέρματος τῆς γ. (2 c)
— 13. τοὺς ἡγεμόνας [A ἡγουμένους] τῆς γ. λήψεται (2 c)
18. 2. A τί ὑμῖν ἡ παραβολὴ αὕτη ἐπὶ τῆς γ. [B *om.* ἐ. τ. γ.] (1)
19. 4. ἤγαγον αὐτὸν ἐν κημῷ εἰς γῆν Αἰγ. (2 c)
— 7. ἠφάνισε γῆν (2 c)
— 12. ἐπὶ γῆν ἐρρίφη (2 c)
— 13. πεφύτευκαν αὐτὴν ἐν τῇ ἐρήμῳ ἐν γῇ ἀνύδρῳ (2 c)
20. 5. ἐγνώσθην αὐτοῖς ἐν γῇ Αἰγύπτου [A -τῳ] (2 c)
— 6. τοῦ ἐξαγαγεῖν αὐτοὺς ἐκ γῆς [A εἰς γῆν] Αἰγύπτου εἰς τὴν γ. ἣν ἡτοίμασα [A ὤμοσα] αὐτοῖς γῆν ῥέουσαν γάλα καὶ μέλι κηρίον ἐστὶ παρὰ πᾶσαν τὴν γ. (2 c, 2 c, –, 2 c)
— 8. A B ἐν μέσῳ γῆς [R τῆς] Αἰγύπτου (2 c)
— 9. τοῦ ἐξαγαγεῖν αὐτοὺς ἐκ γῆς Αἰγύπτου (2 c)
— 10. A ἐξήγαγον αὐτοὺς ἐκ γῆς Αἰγύπτου (2 c)
— 15. τοῦ μὴ εἰσαγαγεῖν αὐτοὺς εἰς τὴν γ. (2 c)
— 15. γῆν ῥέουσαν γάλα καὶ μέλι κηρίον ἐστὶ παρὰ πᾶσαν τὴν γ. (–, 2 c)
— 28. εἰσήγαγον αὐτοὺς εἰς τὴν γ. (2 c)
— 32. ἐσόμεθα . . . ὡς αἱ φυλαὶ τῆς γ. (2 c)
— 36. ἐν τῇ ἐρήμῳ [A *add.* ὅτε ἐξήγαγον αὐτοὺς ἐκ] γῆς Αἰγύπτου (2 c)
— 38. εἰς τὴν γ. τοῦ Ἰσραὴλ οὐκ εἰσελεύσονται (1)
— 42. ἐν τῷ εἰσαγαγεῖν με ὑμᾶς εἰς τὴν γ. τοῦ Ἰσρ. εἰς τὴν γ. ἣν ἦρα τὴν χεῖρά μου (1, 2 c)
21. 2 (7). προφητεύσεις ἐπὶ τὴν γ. τοῦ Ἰσραὴλ (1)
— 3 (8). ἐρεῖς πρὸς τὴν γ. τοῦ Ἰσραήλ (1)
— 30 (35). ἐν τῇ γ. τῇ ἰδίᾳ σου κρινῶ σε (2 c)
— 32 (37). τὸ αἷμά σου ἔσται ἐν μέσῳ τῆς γ. σου (2 c)
22. 24. σὺ εἶ γῆ ἡ οὐ βρεχομένη (2 c)
— 29. λαὸν τῆς γ. ἐκπιεζοῦντες (2 c)
— 30. B ἐν καιρῷ τῆς γ. [A R ὀργῆς] (2 c)
23. 15. ὁμοίωμα υἱῶν Χαλ. γῆς πατρίδος αὐτοῦ (2 c)
— 16. ἐξαπέστειλεν ἀγγέλους . . . εἰς γῆν Χαλ. †

► = additional entry on page xxv

Ez. 23. 27. ἀποστρέψω . . . τὴν πορνείαν σου ἐκ γῆς Αἰγ. (2 c)
— 48. ἀποστρέψω ἀσέβειαν ἐκ [A ἀπὸ] τῆς γ. (2 c)
24. 7. οὐκ ἐκκέχυκα αὐτὸ ἐπὶ τὴν γ. τοῦ καλύψαι ἐπ' αὐτὸ γῆν [A[1] κ. αὐτῷ ἐπὶ τὴν γ.] (2 c, 17)
25. 3. ἐπεχάρητε . . . ἐπὶ τὴν γ. τοῦ Ἰσραήλ (1)
— 6. ἐπέχαρας . . . ἐπὶ τὴν γ. τοῦ Ἰσραήλ (1)
— 9. παραλύω . . . ἐκλεκτὴν γῆν (2 c)
26. 11. τὴν ὑπόστασιν τῆς ἰσχ. σου ἐπὶ τὴν γ. κατάξει (2 c)
— 16. ἐπὶ γῆν καθεδοῦνται [A[2] καθελοῦνται ?] (2 c)
— 20. κατοικιῶ σε εἰς βάθη τῆς γ. . . . μηδὲ ἀναστῇς [A -σταθῇς] ἐπὶ γῆς ζωῆς (2 c, 2 c)
27. 29. οἱ πρωρεῖς τῆς θαλάσσης ἐπὶ τὴν γ. [A τῆς γ.] στήσονται (2 c)
— 30. ἐπιθήσουσιν ἐπὶ τὴν κεφαλὴν αὐτῶν γῆν (17)
— 33. ἐπλούτισας πάντας βασιλεῖς τῆς γ. (2 c)
28. 17. ἐπὶ τὴν γ. ἔρριψά σε (2 c)
— 18. δώσω σε [A *add.* εἰς] σποδὸν ἐπὶ τῆς γ. σου (2 c)
— 25. κατοικήσουσιν ἐπὶ τῆς γ. αὐτῶν (1)
29. 5. τοῖς θηρίοις τῆς γ. [A τοῦ ἀγροῦ] . . . δέδωκά σε (2 c)
— 9. ἔσται [A *add.* πᾶσα] ἡ γῆ Αἰγ. ἀπώλεια (2 c)
— 10. δώσω γῆν Αἰγύπτου εἰς ἔρημον (2 c)
— 12. δώσω τὴν γ. αὐτῆς ἀπώλειαν ἐν μέσῳ γῆς ἠρημωμένης [A *al.*] (2 c, 2 c)
— 14. κατοικίσω αὐτοὺς ἐν γῇ Φαθωρῆς ἐν τῇ γῇ ὅθεν ἐλήφθησαν (2 c, 2 c)
— 19. δίδωμι τῷ Ναβ. βασ. Βαβ. γῆν Αἰγύπτου (2 c)
— 20. δέδωκα αὐτῷ γῆν Αἰγύπτου (2 c)
30. 4. ἔσται ταραχὴ ἐν γῇ [A τῇ] Αἰθιοπίᾳ –
— 11. ἀπεσταλμένοι ἀπολέσαι γῆν [A *al.*] (2 c)
— 11. πλησθήσεται ἡ γῆ τραυματιῶν (2 c)
— 12. A ἀποδώσομαι τὴν γ. (2 c)
— 12. ἀπολῶ τὴν γ. αὐτῶν (2 c)
— 13. ἀπολῶ . . . ἄρχοντας M. [A T.] ἐκ γῆς Αἰγ. (2 c)
— 13. A δώσω φόβον ἐν γῇ Αἰγύπτῳ (2 c)
— 14. ἀπολῶ γῆν Φαθωρῆς [A *al.*] –
— 25. ἐκτενεῖ αὐτὴν ἐπὶ γῆν Αἰγύπτου (2 c)
31. 12. ἐν παντὶ πεδίῳ τῆς γ. (2 c)
— 14. ἐδόθησαν εἰς θάνατον εἰς γῆς βάθος [A γῆν βάθους] (2 c)
— 16. παρεκάλουν αὐτὸν ἐν γῇ [A *add.* κάτω] (2 c)
— 18. καταβιβάσθητι . . . εἰς γῆς βάθος [A γῆν βάθους] (2 c)
32. 4. ἐκτενῶ σε ἐπὶ τὴν γ. (2 c)
— 4. πάντα τὰ θηρία πάσης τῆς γ. (2 c)
— 5. A ἐμπλήσω ἀπὸ τοῦ αἵματός σου πᾶσαν γ. [B *om.* π. γ.] (7 b)
— 6. ποτισθήσεται ἡ γῆ (2 c)
— 8. δώσω σκότος ἐπὶ τὴν γ. (2 c)
— 9. ἄγω αἰχμαλωσίαν σου . . . εἰς γῆν (2 c)
— 15. ἐρημωθῇ ἡ γῆ σὺν τῇ πληρώσει αὐτῆς (2 c)
— 18. A θρήνησον ἐπὶ τὴν γ. [B ἰσχὺν] Αἰγ. †
— 18. καταβιβάσουσιν αὐτῆς τὰς θυγατ. . . . εἰς τὸ βάθος τῆς γ. (2 c)
— 23. R οἱ δόντες τὸν φόβον αὐτῶν ἐπὶ γῆς [A B τῆς] ζωῆς (2 c)
— 24. οἱ καταβαίνοντες ἀπερίτμητοι εἰς γῆς βάθος [A γῆν βάθους] (2 c)
— 24. οἱ δεδωκότες αὐτῶν φόβον ἐπὶ γῆς [A τῆς] ζωῆς (2 c)
— 26. R οἱ δεδωκότες τὸν φόβον αὐτῶν ἐπὶ γῆς [A B τῆς] ζωῆς (2 c)
— 32. R δέδωκα τὸν φόβον αὐτοῦ ἐπὶ γῆς [A B τῆς] ζωῆς (2 c)
33. 2. γῆ ἐφ' ἣν ἂν ἐπάγω ῥομφαίαν [A *al.*] (2 c)
— 2. καὶ λάβῃ ὁ λαὸς τῆς γ. ἄνθρωπον ἕνα (2 c)
— 3. ἴδῃ τὴν ῥομφαίαν ἐρχομένην ἐπὶ τὴν γ. (2 c)
— 24. τὰς ἠρημωμένας ἐπὶ τῆς γ. τοῦ Ἰσρ. (1)
— 24. κατέσχε τὴν γ. . . . ἡμῖν δέδοται ἡ γ. (2 c, 2 c)
— 25, 26. A τὴν γ. κληρονομήσετε (2 c)
— 28. δώσω τὴν γ. ἔρημον (2 c)
— 29. ποιήσω τὴν γ. αὐτῶν ἔρημον (2 c)
34. 6. ἐπὶ προσώπου [A παντὶ προσώπῳ πάσης] τῆς γ. (2 c)
— 13. εἰσάξω αὐτοὺς εἰς τὴν γ. αὐτῶν (1)
— 13. ἐν πάσῃ κατοικίᾳ τῆς γ. (2 c)
— 25. ἀφανιῶ [A ἀπολῶ] θηρία πονηρὰ ἀπὸ τῆς γ. (2 c)

Ez. 34. 27. ἡ γ. δώσει τὴν ἰσχὺν [A τὸν καρπὸν] αὐτῆς (2 c)
— 27. κατοικήσουσιν ἐπὶ τῆς γ. αὐτῶν (1)
— 28. τὰ θηρία τῆς γ. οὐκέτι μὴ φάγωσιν [A πτοήσει] αὐτούς (2 c)
— 29. οὐκέτι ἔσονται ἀπολλύμενοι λιμῷ ἐπὶ τῆς γ. (2 c)
35. 14. ἐν τῇ εὐφροσύνῃ πάσης τῆς γ. (2 c)
36. 5. ἔδωκαν τὴν γ. μου ἑαυτοῖς εἰς κατάσχεσιν (2 c)
— 6. προφήτευσον ἐπὶ τὴν γ. τοῦ Ἰσραήλ (1)
— 17. κατῴκησεν ἐπὶ τῆς γ. αὐτῶν (1)
— 18. A οὗ ἐξέχεαν ἐν τῇ γ. (2 c)
— 20. ἐκ τῆς γ. αὐτοῦ ἐξεληλύθασι [A -ῶν ἐξήλθοσαν] (2 c)
— 24. εἰσάξω ὑμᾶς εἰς τὴν γ. ὑμῶν (1)
— 28. κατοικήσετε ἐπὶ τῆς γ. (2 c)
— 34. ἡ γ. ἠφανισμένη ἐργασθήσεται (2 c)
— 35. ἡ γ. ἐκείνη ἠφανισμένη ἐγενήθη (2 c)
37. 12. εἰσάξω ὑμᾶς εἰς τὴν γ. τοῦ Ἰσραήλ (1)
— 14. θήσομαι ὑμᾶς ἐπὶ τὴν γ. ὑμῶν (1)
— 21. εἰσάξω αὐτοὺς εἰς τὴν γ. τοῦ Ἰσραήλ (1)
— 22. δώσω αὐτοὺς εἰς ἔθνος ἐν τῇ γ. μου (2 c)
— 25. κατοικήσουσιν ἐπὶ τῆς γ. αὐτῶν (2 c)
38. 2. στήρισον τὸ πρόσωπόν σου ἐπὶ . . . τὴν γ. τοῦ M. (2 c)
— 8. ἥξει εἰς τὴν γ. τὴν ἀπεστραμμένην . . . ἐπὶ [A εἰς τὴν] γῆν Ἰσρ. (2 c, 9)
— 9. ἥξεις ὡς νεφέλη κατακαλύψαι γῆν (2 c)
— 11. ἀναβήσομαι ἐπὶ γῆν ἀπερριμμένην . . . πάντας κατοικοῦντας γῆν [A πόλεις] (2 c, –)
— 12. κατοικοῦντας ἐπὶ τὸν ὀμφαλὸν τῆς γ. (2 c)
— 16. ὡς νεφέλη καλύψαι γῆν . . . ἀνάξω σε ἐπὶ τὴν γ. μου (2 c, 2 c)
— 18. ᾗ ἂν ἔλθῃ Γὼγ ἐπὶ τὴν γ. Ἰσρ. (1)
— 19. ἔσται σεισμὸς μέγας ἐπὶ γῆς Ἰσραήλ (1)
— 20. τὰ ἑρπετὰ τὰ ἕρποντα ἐπὶ τῆς γ. καὶ πάντες οἱ ἄνθρωποι οἱ ἐπὶ προσώπου τῆς γ. . . . πᾶν τεῖχος ἐπὶ τὴν γ. πεσεῖται (1, 1, 2 c)
39. 12. ἵνα καθαρισθῇ ἡ γ. ἐν ἑπταμήνῳ (2 c)
— 13. κατορύξουσιν αὐτοὺς πᾶς ὁ λαὸς τῆς γ. (2 c)
— 14. ἐπιπορευομένους [A *add.* πᾶσαν] τὴν γ. θάψαι τοὺς καταλελειμμένους ἐπὶ προσώπου τῆς γ. (2 c, 2 c)
— 15. πᾶς ὁ διαπορευόμενος [A *add.* πᾶσαν] τὴν γ. (2 c)
— 16. καθαρισθήσεται ἡ γ. (2 c)
— 18. αἷμα ἀρχόντων τῆς γ. πίεσθε (2 c)
— 26. ἐν τῷ κατοικισθῆναι αὐτοὺς ἐπὶ τὴν γ. αὐτῶν (1)
40. 2. ἤγαγέ με . . . εἰς τὴν γ. Ἰσραήλ (2 c)
42. 6. ἐξείχοντο . . . τῶν μέσων ἀπὸ τῆς γ. (2 c)
43. 2. ἡ γ. ἐξέλαμπεν ὡς φέγγος (2 c)
45. 1. ἐν τῷ καταμετρεῖσθαι ὑμᾶς τὴν γ. (2 c)
— 1. ἀπαρχὴν τῷ κυρίῳ ἅγιον ἀπὸ τῆς γ. (2 c)
— 4. ἀπὸ τῆς γ. ἔσται τοῖς ἱερεῦσι (2 c)
— 7 (8). ἐπὶ τὰ ὅρια τὰ πρὸς ἀνατολὰς τῆς γ. (2 c)
— 8. τὴν γ. κατακληρονομήσουσιν οἶκος Ἰσραήλ (2 c)
— 9. A τὴν γ. κληρονομήσουσιν οἶκος τοῦ Ἰσραήλ –
— 22. ὑπὲρ παντὸς τοῦ λαοῦ τῆς γ. (2 c)
46. 3. προσκυνήσει ὁ λαὸς τῆς γ. (2 c)
— 9. ὅταν εἰσπορεύηται ὁ λαὸς τῆς γ. [A *om.* τ. γ.] (2 c)
47. 13. ταῦτα τὰ ὅρια κατακληρονομήσετε τῆς γ. (2 c)
— 14. πεσεῖται ἡ γ. αὕτη ὑμῖν ἐν κληρονομίᾳ (2 c)
— 15. ταῦτα τὰ ὅρια τῆς γ. (2 c)
— 18. ἀνὰ μέσον τῆς γ. τοῦ Ἰσρ. ὁ Ἰορδ. διορίζει (2 c)
— 21. διαμερίσετε [A διεμετρησεν] τὴν γ. ταύτην αὐτοῖς (2 c)
48. 12. ἐκ τῶν ἀπαρχῶν τῆς γ. [A τῶν ἁγίων] (2 c)
— 14. οὐδὲ ἀφαιρεθήσεται τὰ πρωτογεννήμ. τῆς γ. (2 c)
— 29. αὕτη ἡ γ. ἣν βαλεῖτε ἐν κλήρῳ (2 c)
Da. LXX. 1. 2. ἀπήνεγκεν αὐτὰ . . . εἰς γῆν Σεναάρ (2 c)
— 12. δοθήτω ἡμῖν ἀπὸ τῶν ὀσπρίων τῆς γ. –
— 20. παρὰ πάντας τοὺς αὐτοῦ ἐν πράγμασιν ἐν πάσῃ τῇ γ. αὐτοῦ –
2. 10. οὐδεὶς τῶν ἐπὶ τῆς γ. δυνήσεται εἰπεῖν (12 b)
— 35. ἐπάταξε πᾶσαν τὴν γ. (2 a)
— 39. ἡ κυριεύσει πάσης τῆς γ. (2 a)

Da. LXX. 2. 40. σεισθήσεται πᾶσα ἡ γ. †
3. 1. πάντας τοὺς κατοικοῦντας ἐπὶ τῆς γ. –
— (32). πονηροτάτῳ παρὰ πᾶσαν τὴν γ.
— (37). ἐσμὲν ταπεινοὶ ἐν πάσῃ τῇ γ. σήμερον
— (74). εὐλογείτω ἡ γ. τὸν κύριον
— (76). εὐλογεῖτε πάντα τὰ φυόμενα ἐπὶ τῆς γ. τὸν κύριον
— (81). εὐλογεῖτε . . . θηρία τῆς γ. τὸν κύριον
— 31 (98). τοῖς οἰκοῦσιν ἐν πάσῃ τῇ γ. (2 a)
4. 7. δένδρον ὑψηλὸν φυόμενον ἐπὶ τῆς γ. (2 a)
— 9. ἐσκίαζον πάντα τὰ θηρία τῆς γ. (4)
— 9. ἐφώτιζον πᾶσαν τὴν γ. –
— 12. ῥίζαν μίαν ἄφετε αὐτοῦ ἐν τῇ γ. ὅπως μετὰ τῶν θηρίων τῆς γ. . . . χόρτον ὡς βοῦς νέμηται (2 a, –)
— 14. πάντων τῶν ἐν τῷ οὐρανῷ καὶ τῶν ἐπὶ τῆς γ. †
— 15. τὸν χόρτον τῆς γ. ἤσθιε –
— 17. τὸ δένδρον τὸ ἐν τῇ γ. πεφυτευμένον –
— 18. ἡ ἰσχὺς τῆς γ. καὶ τῶν ἐθνῶν . . . ἕως τῶν περάτων τῆς γ. (–, 2 c ?)
— 19. τοὺς ἀνθρώπους τοὺς ὄντας ἐπὶ προσώπου πάσης τῆς γ. (2 c ?)
— 23. ἡ ἐξουσία αὐτοῦ ἐπὶ πάσῃ τῇ γ. –
— 29. ἀπὸ τῆς χλοῆς τῆς γ. ἔσται ἡ νομή σου –
— 30. ἀπὸ τῆς χλοῆς τῆς γ. ἤσθιον –
— 31. γυμνὸς περιεπάτουν μετὰ τῶν θηρίων τῆς γ. –
— 34. τῷ κτίσαντι τὸν οὐρανὸν καὶ τὴν γ. –
6. 25 (26). τοῖς οἰκοῦσιν ἐν πάσῃ τῇ γ. αὐτοῦ (2 a)
7. 4. ἤρθη ἀπὸ τῆς γ. (2 a)
— 14. πάντα τὰ ἔθνη τῆς γ. κατὰ γένη –
— 17. αἳ ἀπολοῦνται ἀπὸ τῆς γ. (2 a)
— 23. βασιλεία τετάρτη ἔσται ἐπὶ τῆς γ. ἥτις διοίσει παρὰ πᾶσαν τὴν γ. καὶ καταφάγεται πᾶσαν τὴν γ. (2 a, †, 2 a)
8. 5. ἤρχετο ἀπὸ δυσμῶν ἐπὶ προσώπου τῆς γ. (2 c)
— 5. καὶ οὐκ ἦν ἁπτόμενος τῆς γ. (2 c)
— 7. ἐσπάραξεν αὐτὸν ἐπὶ τὴν γ. (2 c)
— 10. ἐρράχθη ἐπὶ τὴν γ. ἀπὸ τῶν ἀστέρων (2 c)
— 11. ἔθηκεν αὐτὴν ἕως χαμαὶ ἐπὶ τὴν γ. †
9. 2. ἐγένετο πρόσταγμα τῇ γ. –
— 6. καὶ παντὶ ἔθνει ἐπὶ τῆς γ. (2 c)
10. 9. πεπτωκὼς ἐπὶ πρόσωπόν μου ἐπὶ τὴν γ. (2 c)
— 15. ἔδωκα τὸ πρόσωπόν μου ἐπὶ τὴν γ. (2 c)
11. 9. ἐπιστρέψει ἐπὶ τὴν γ. αὐτοῦ (1)
12. 2. πολλοὶ τῶν καθευδόντων ἐν τῷ πλάτει τῆς γ. (17)
— 4. καὶ πλησθῇ ἡ γ. ἀδικίας –
Bel 4. τὸν κτίσαντα τὸν οὐρανὸν καὶ τὴν γ.
Da. TH. 1. 2. ἤνεγκεν αὐτὰ εἰς γῆν Σενναάρ (2 c)
— 12. A δότωσαν ἡμῖν ἀπὸ τῶν σπερμάτων τῆς γ. [B *om.* τῆς γ.] –
2. 35. ἐπλήρωσε πᾶσαν τὴν γ. (2 a)
— 39. ἣ κυριεύσει πάσης τῆς γ. (2 a)
3. (32). πονηροτάτῳ παρὰ πᾶσαν τὴν γ.
— (37). ἐσμεν ταπεινοὶ ἐν πάσῃ τῇ γ.
— (74). εὐλογείτω ἡ γ. τὸν κύριον
— (76). πάντα τὰ φυόμενα ἐν τῇ γ.
— 31 (98). τοῖς οἰκοῦσιν ἐν πάσῃ τῇ γ. (2 a)
4. 7. δένδρον ἐν μέσῳ τῆς γ. (2 a)
— 8. τὸ κύτος αὐτοῦ εἰς τὸ πέρας ἁπάσης [A τὰ π. πάσης] τῆς γ. (2 a)
— 12. τὴν φυὴν τῶν ῥιζῶν αὐτοῦ ἐν τῇ γ. ἐάσατε (2 a)
— 12. μετὰ τῶν θηρίων ἡ μερὶς αὐτοῦ ἐν τῷ χόρτῳ τῆς γ. (2 a)
— 17. τὸ κύτος αὐτοῦ εἰς πᾶσαν τὴν γ. (2 a)
— 19. ἡ κυρεία [A κυριεία] σου εἰς τὰ πέρατα τῆς γ. (2 a)
— 20. τὴν φυὴν τῶν ῥιζῶν αὐτοῦ ἐάσατε ἐν τῇ γ. (2 a)
— 32. πάντες οἱ κατοικοῦντες τὴν γ. (2 a)
— 32. καὶ ἐν τῃ κατοικίᾳ τῆς γ. (2 a)
6. 25 (26). τοῖς οἰκοῦσιν ἐν πάσῃ τῇ γ. (2 a)
— 27 (28). ἐν οὐρανῷ καὶ ἐπὶ τῆς γ. (2 a)
7. 4. ἐξηρθη [A -ηγέρθη] ἀπὸ τῆς γ. (2 a)
— 17. τέσσαρες βασιλεῖαι ἀναστήσονται ἐπὶ τῆς γ. (2 a)
— 23. βασιλεία τετάρτη ἔσται ἐν τῇ γ. (2 a)
— 23. καταφάγεται πᾶσαν τὴν γ. (2 a)
8. 5. ἐπὶ πρόσωπον πάσης τῆς γ. καὶ οὐκ ἦν ἁπτόμενος [A ὁ ἁ.] τῆς γ. (2 c, 2 c)
— 7. ἔρριψεν αὐτὸν ἐπὶ τὴν γ. (2 c)
— 10. ἔπεσεν ἐπὶ τὴν γ. (2 c)
— 18. πίπτω ἐπὶ πρόσωπόν μου ἐπὶ τὴν γ. (2 c)

Da. TH. 9. 6. καὶ πρὸς πάντα τὸν λαὸν τῆς γ. (2 c)
— 7. ἐν πάσῃ τῇ γ. οὗ διέσπειρας αὐτοὺς ἐκεῖ (2 c)
— 15. ὃς ἐξήγαγες τὸν λαόν σου ἐκ γῆς Αἰγύπτου (2 c)
10. 9. τὸ πρόσωπόν μου ἐπὶ τὴν γ. (2 c)
— 15. ἔδωκα τὸ πρόσωπόν μου ἐπὶ τὴν γ. (2 c)
11. 9. ἀναστρέψει εἰς τὴν γ. αὐτοῦ (1)
— 16. στήσεται ἐν τῇ γ. τοῦ Σαβεί [A στήσονται ἐν γῇ τοῦ Σαββείρ] (2 c)
— 19. εἰς τὴν ἰσχὺν [A ἀρχὴν] τῆς γ. αὐτοῦ (2 c)
— 28 *bis*. ἐπιστρέψει εἰς τὴν γ. αὐτοῦ (2 c)
— 39. γῆν διελεῖ ἐν δώροις (1)
— 40. εἰσελεύσονται [A -σεται] εἰς τὴν γ. (2 c)
— 41. εἰσελεύσεται εἰς τὴν γ. (2 c)
— 42. ἐκτενεῖ τὴν χεῖρα [A χ. αὐτοῦ] ἐπὶ τὴν γ. καὶ γῆ Αἰγύπτου οὐκ ἔσται εἰς σωτηρίαν (2 c, 2 c)
12. 1. γεγένηται ἔθνος ἐν τῇ γ. [A ἐπὶ τῆς γ.] –
— 2. πολλοὶ τῶν καθευδόντων ἐν γῆς χώματι (17)
Bel 5. τὸν κτίσαντα τὸν οὐρανὸν καὶ τὴν γ.
I Ma. 1. 1. ὃς ἐξῆλθεν ἐκ τῆς γ. [S¹ εἰς γῆν] X.
— 2. S R ἔσφαξε βασιλεῖς τῆς γ. [A *om.* τῆς γ.]
— 3. διῆλθεν ἕως ἄκρων τῆς γ.
— 3. ἡσύχασεν ἡ γ. ἐνώπιον αὐτοῦ
— 9. ἐπλήθυναν κακὰ ἐν τῇ γ.
— 16. A S ὑπέλαβε βασιλεῦσαι γῆς [R τῆς] Αἰγύπτου
— 19. A R τὰς πόλεις τὰς ὀχυρὰς ἐν γῇ [S τῇ] Αἰγύπτῳ καὶ ἔλαβε τὰ σκῦλα γῆς [S τῆς] Αἰγύπτου
— 24. ἀπῆλθεν εἰς τὴν γ. αὐτοῦ
— 28. ἐσείσθη ἡ γ.
— 40. S¹ ἐπλήσθη ἡ γ. ἀτιμίᾳ [A S² R *al.*]
— 44. πορευθῆναι ὀπίσω νομίμων ἀλλοτρίων τῆς γ.
— 52. ἐποίησαν κακὰ ἐν τῇ γ.
2. 37. μαρτυρεῖ ἐφ' ἡμᾶς [S¹ *om.* ἐφ' ἡ.] ὁ οὐρανὸς καὶ ἡ γ.
— 40. A R ἡμᾶς ἐξολεθρεύσουσιν [S ὀλ.] ἀπὸ τῆς γ.
— 56. A ἔλαβε γῆν [S τὴν, R γῆς] κληρονομίαν
3. 9. ὠνομάσθη ἕως ἐσχάτου τῆς γ.
— 24. οἱ δὲ λοιποὶ ἔφυγον εἰς γῆν Φυλιστιείμ
— 29. ἧς κατεσκεύασεν ἐν τῇ γ.
— 36. S R κατακληροδοτῆσαι [A -ρονομῆσαι] τὴν γ. αὐτῶν
— 39. τοῦ ἐλθεῖν εἰς [S¹ *om.*] γῆν Ἰούδα
— 40. S R παρενέβαλον [A παρέβ.] . . . ἐν τῇ γ. τῇ πεδινῇ
— 41. δύναμις Συρίας καὶ γῆς ἀλλοφύλων
4. 22. ἔφυγον πάντες εἰς γῆν ἀλλοφύλων
— 40. A R ἔπεσον [S -σαν] ἐπὶ πρόσωπον ἐπὶ τὴν γ.
5. 45. ἐλθεῖν εἰς γῆν Ἰούδα
— 48. S R διελευσόμεθα διὰ τῆς γ. σου [A -σομαι εἰς τὴν γ. σ.]
— 48. τοῦ ἀπελθεῖν εἰς τὴν γ. ἡμῶν [S¹ ὑμῶν]
— 53. S R ἕως οὗ ἦλθον [A ἕ. ἦλθεν] εἰς γῆν Ἰούδα
— 55. S ἦν Ἰούδας καὶ Ἰωνάθαν ἐν γῇ [A R τῇ] Γαλαάδ
— 65. ἐπολέμουν τοὺς υἱοὺς Ἡ. ἐν τῇ γ. πρὸς [A S² τῇ πρὸς] νότον
— 66. τοῦ πορευθῆναι εἰς γῆν ἀλλοφύλων
— 68. ἐξέκλινεν Ἰούδας εἰς Ἄζωτον γῆν ἀλλοφύλων
— 68. S R ἐπέστρεψεν εἰς τὴν γ. Ἰούδα [A εἰς τὴν Ἰουδαίαν]
6. 5. A R αἱ πορευθεῖσαι εἰς γῆν [S τὴν] Ἰούδα
— 13. ἀπόλλυμαι λύπῃ μεγάλῃ ἐν γῇ ἀλλοτρίᾳ
— 46. ἔπεσεν ἐπὶ τὴν γ. ἐπάνω αὐτῶν
— 49. σάββατον ἦν τῇ γ.
7. 6. A S¹ ἡμᾶς ἐσκόρπισεν [S² R -σαν] ἀπὸ τῆς γ. ἡμῶν
— 10. S R ἦλθον [A -εν] μετὰ δυνάμεως πολλῆς εἰς γῆν Ἰούδα
— 22. κατεκράτησαν γῆν Ἰούδα
— 50. ἡσύχασεν ἡ γ. Ἰούδα ἡμέρας ὀλίγας
8. 4. τῶν ἐπελθόντων ἐπ' αὐτοὺς ἀπ' ἄκρου τῆς γ.
— 10. κατεκράτησαν [S¹ -σεν] τῆς γ. αὐτῶν [S¹ *om.*]
— 16. καὶ κυριεύειν [S¹ *om.*] πάσης τῆς γ. αὐτῶν
9. 1. ἀποστεῖλαι εἰς γῆν Ἰούδα
— 13. S R ἐσαλεύθη [A ἐσείσθη] ἡ γ.
— 57. ἡσύχασεν ἡ γ. Ἰούδα ἔτη δύο
— 69. τοῦ ἀπελθεῖν εἰς τὴν γ. αὐτοῦ
— 72. A R ἣν ᾐχμαλώτευσε τὸ πρότερον ἐκ γῆς [S τῆς] Ἰούδα· καὶ ἀποστρέψας ἀπῆλθεν εἰς τὴν γ. αὐτοῦ
10. 13. ἀπῆλθεν εἰς τὴν γ. αὐτοῦ
— 30. τοῦ λαβεῖν ἀπὸ τῆς γ. Ἰούδα
— 33. τὴν αἰχμαλωτισθεῖσαν ἀπὸ γῆς Ἰούδα
I Ma. 10. 37. προσέταξεν ὁ βασιλεὺς ἐν γῇ Ἰούδα
— 52. S R ἀνέστρεψα εἰς γῆν βασιλείας [A εἰς τὴν β.] μου
— 55. A R ἀνέστρεψας [S ἐπέστρ.] εἰς γῆν πατέρων σου [S¹ *om.*]
— 67. ἦλθε Δ. . . . εἰς τὴν γ. τῶν πατέρων αὐτοῦ
— 72. A R δὶς ἐτροπώθησαν [S διετροπ.] οἱ πατέρες σου ἐν τῇ γ. αὐτῶν
11. 34. ἀπὸ τῶν γεννημάτων τῆς γ.
— 38, 52. ἡσύχασεν ἡ γ. ἐνώπιον αὐτοῦ
— 71. ἐπέθετο γῆν ἐπὶ τὴν κεφαλὴν αὐτοῦ
12. 4. ὅπως προπέμπωσιν αὐτοὺς εἰς γῆν Ἰούδα
— 46. ἀπῆλθον εἰς γῆν Ἰούδα
— 51. ἦλθον πάντες μετ' εἰρήνης εἰς γῆν Ἰούδα
13. 1. τοῦ ἐλθεῖν εἰς γῆν Ἰούδα
— 12. A R εἰσελθεῖν [S ἐλθ.] εἰς γῆν Ἰούδα
— 24. ἀπῆλθεν εἰς τὴν γ. αὐτοῦ [S¹ τὴν αὐ. οἰκίαν]
— 32. ἐποίησε πληγὴν μεγάλην ἐπὶ τῆς γ.
14. 4. S R ἡσύχασεν ἡ γ. Ἰούδα [A *om.*]
— 8. ἦσαν γεωργοῦντες τὴν γ. αὐτῶν μετ' εἰρήνης καὶ ἡ γ. ἐδίδου τὰ γεννήματα αὐτῆς
— 10. ἕως ἄκρου γῆς
— 11. ἐποίησε τὴν εἰρήνην ἐπὶ τῆς γ.
— 13. ἐξέλιπεν ὁ [A -λειπεν] πολεμῶν αὐτοὺς ἐπὶ τῆς γ.
15. 9. ὥστε φανερὰν γενέσθαι . . . ἐν πάσῃ τῇ γ.
— 10. ἐξῆλθεν [S¹ καὶ ἦλ.] Ἀ. εἰς τὴν γ. τῶν πατέρων αὐτοῦ
— 14. ἀπὸ τῆς γ. καὶ τῆς [A ἀπὸ τ.] θαλάσσης
— 29. ἐποιήσατε [S¹ ποι.] πληγὴν μεγάλην ἐπὶ τῆς γ.
— 33. οὔτε γῆν ἀλλοτρίαν εἰλήφαμεν
— 35. A S ἐποίουν . . . πληγὴν μεγάλην καὶ [R κατὰ] τῇ γ. [S R τὴν χώραν] ἡμῶν
16. 10. R ἀπέστρεψεν εἰς γῆν Ἰούδα [A S εἰς τὴν Ἰουδαίαν]
II Ma. 1. 7. ἀπὸ τῆς ἁγίας γ. καὶ τῆς βασιλείας
3. 27. R πεσόντα [A ἔπεσον τὰ] πρὸς τὴν γ.
5. 15. εἰς τὸ πάσης τῆς γ. ἁγιώτατον ἱερὸν εἰσελθεῖν
— 21. τὴν μὲν γ. πλωτὴν [A πρώτην] . . . θέσθαι
7. 28. ἀναβλέψαντα εἰς τὸν οὐρανὸν καὶ τὴν γ.
9. 8. κατὰ γῆν γενόμενος
10. 25. γῇ τὰς κεφαλὰς καταπάσαντες
13. 7. R μηδὲ τῆς γ. τυχόντα [A τυγχάνοντα] Μενέλαον
14. 15. καταπασάμενοι γῆν
15. 5. κἀγώ, φησι, δυνάστης ἐπὶ τῆς γ.
III Ma. 2. 9. τὴν ἀπέραντον καὶ ἀμέτρητον γ.
— 14. τὸν ἐπὶ τῆς γ. ἀναδεδειγμένον . . . ἅγιον τόπον
6. 3. λαὸν ἐν ξένῃ γ. ξένον ἀδίκως ἀπολλύμενον
— 5. τὴν πᾶσαν ὑποχείριον ἤδη λαβόντα γῆν
— 7. λέουσι κατὰ γῆς ῥιφέντα
— 15. οὐδ' ἐν τῇ γ. τῶν ἐχθρῶν αὐτῶν ὄντων
7. 20. διά τε γῆς καὶ θαλάσσης καὶ ποταμοῦ
IV Ma. 15. 15. τοὺς . . . δακτύλους ἐπὶ γῆς σπαίροντας
18. 5. ἐπὶ γῆς τετιμώρηται

[**Aq.** GE. 1. 1, 2, 10, 20, 26 *bis*, 28 *bis*, 29 : 2. 6 : 6. 7 (6) : 19. 31 : 35. 16 : 47. 6 *ter* : EX. 1. 7 : 9. 24 : LE. 25. 2 : NU. 16. 13 : DT. 4. 5 : 11. 11 : 26. 2 : 28. 56 : 32. 13 : JO. 1. 4 : 5. 12 (?) : 7. 2 : III KI. 4. 21 (5. 1) : 11. 18 : 20 (21). 7 : 22. 47 : IV KI. 15. 5 : JB. 1. 1 : 7. 1 : 12. 24 : 37. 17 : PS. 11 (12). 7 : 16 (17). 11 : 17 (18). 8 : 21 (22). 30 : 32 (33). 14 : 34 (35). 20 : 46 (47). 10 : 47 (48). 3 : 49 (50). 1 : 57 (58). 9 ; 58 (59). 14 : 60 (61). 3 : 72 (73). 25 : 73 (74). 8, 20 : 75 (76). 10 : 88 (89). 28 : 89 (90). 2 : 94 (95). 4 : 95 (96). 9 : 113 (114). 7 : 118 (119). 119 : 138 (139). 15 : 140 (141). 7 : 142 (143). 6 : PR. 8. 26 : 30. 4 : IS. 8. 9 : 9. 1 (8. 23) *bis* : 11. 4 : 13. 14 : 14. 16, 25 : 18. 7 : 19. 18 : 26. 1 : 29. 4 : 30. 6 : 34. 6 : 36. 10 : 37. 38 : 38. 11 : 40. 12, 23 : 41. 18 : 46. 11 : 47. 1 : 49. 13 : 53. 2 : 54. 9 : 61. 7 : 62. 7 : 65. 16 : JE. 2. 2 : 3. 9 : 10. 10, 17 : 15. 7 : 23. 8, 10 : 25. 20 (32. 6) : 27 (34). 5 : 31 (38). 8, 22 : 34 (41). 1, 19 : 37 (44). 1 : 42 (49). 14 : 43 (50). 12, 13 : 45. 4 (51. 34) : 46 (26). 10, 16 : 50 (27). 1, 21, 26 : 51 (28). 28, 29, 54 : EZ. 6. 14 : 20. 40 : 26. 20 *bis* : 30. 5, 12 : 32. 23, 25, 32 : 36. 18 : 43. 14 : AM. 9. 9 : ZA. 9. 10.]

[**Sm.** GE. 1. 2, 10, 20, 28 *bis*, 29, 30 *bis* : 2. 7 : 3. 18 (17) : 9. 2 : 47. 6 *ter* : EX. 1. 7 : 16. 35 : NU. 16. 13 : DT. 11. 11 : 26. 2 : JO. 1. 4 : 5. 12 (?) : JD. 18. 7 : II KI. 8. 2 : 14. 14 : III KI. 4. 21 (5. 1) : 11. 18 : 20 (21). 7 : IV KI. 15. 5 : JB. 8. 17 : 12. 8, 24 : 14. 8 : 24. 4 : 35. 11 : 38. 13, 38 : 39. 6 : PS. 2. 2 : 16 (17). 11 : 18 (19). 5 : 21 (22). 30 : 34 (35). 20 : 40 (41). 3 : 41 (42). 7 : 45 (46). 7 : 46 (47). 10 : 47 (48). 3 : 49 (50). 1 : 51 (52). 7 : 58 (59). 14 : 60 (61). 3 : 62 (63). 2 : 64 (65). 10 : 65 (66). 4 : 66 (67). 7 : 67 (68). 9 : 72 (73). 9, 25 : 74 (75). 4, 9 : 75 (76). 10, 13 : 77 (78). 69 : 81 (82). 5, 8 : 88 (89). 28 : 89 (90). 2 : 94 (95). 4 : 95 (96). 9 : 103 (104). 14 : 118 (119). 119 : 138 (139). 15 : 140 (141). 7 : 142 (143). 10 : PR. 8. 26 : EC. 1. 4 : 3. 20 : 10. 16 : IS. 5. 8 : 7. 16 : 8. 9 : 9. 1 (8. 23) *bis* : 10. 23 : 11. 4 : 14. 16, 25 : 16. 4 : 18. 1, 7 : 19. 18 : 24. 5, 21 : 25. 8 : 26. 21 : 29. 4 *quater* : 30. 6 : 32. 13 : 34. 6 : 36. 10, 17 *bis* : 37. 38 ; 40. 12 : 46. 11 : 49. 8, 13 : 53. 2, 8 : 54. 9 : 61. 7 : 62. 4, 7 : 65. 16 : JE. 7. 34 : 10. 17 : 15. 7 : 31 (38). 8 : 37 (44). 1 : 42 (49). 14 : 43 (50). 7, 13 : 44 (51). 12 : 45. 4 (51. 34) : 46 (26). 10 : 50 (27). 45 : 51 (28). 28, 49, 54 : EZ. 10. 16 : 20. 40 : 26. 20 *bis* : 30. 5 : 32. 23, 25, 32 : JN. 1. 13 : MI. 7. 17.]

[**Th.** GE. 1. 2, 10, 20, 28 *bis*, 29, 30 *bis* : 2. 7 : 3. 18 (17) : 47. 6 *ter* : EX. 1. 7 : LE. 26. 39 : NU. 16. 13 : DT. 26. 2 : JO. 1. 4 : 5. 12 : JD. 6. 5 : 11. 19, 21 : II KI. 14. 14 : 18. 3 : IV KI. 15. 5 : JB. 1. 1 : 12. 24 : 14. 19 : 24. 4 : PS. 46 (47). 10 : 49 (50). 1 : 58 (59). 14 : 73 (74). 8 : 104 (105). 35 : 118 (119). 119 : IS. 7. 16 : 8. 9 : 9. 1 (8. 23) *bis* : 10. 23 : 11. 4 : 14. 16, 25 : 15. 9 : 16. 4 : 18. 7 : 19. 18 : 23. 17 : 24. 19 *ter*, 20, 21 : 30. 6 : 34. 6 : 36. 10 : 37. 38 : 38. 11 : 40. 12 : 45. 9 : 46. 11 : 47. 1 : 49. 13 : 53. 2, 8 : 54. 9 : 61. 7 : 62. 4, 7 : JE. 2. 2 : 3. 9 : 10. 10, 17 : 11. 7 : 14. 4 : 16. 6 : 23. 10 : 27 (34). 5 : 29 (36). 18 : 31 (38). 8 : 33 (40). 15, 25 : 39 (46). 5, 10 : 40 (47). 7 : 44 (51). 24 : 46 (26). 10 : 51 (28). 28, 43 : 52. 16, 27 : EZ. 20. 40 : 26. 20 *bis* : 30. 5, 12 : 32. 23, 25, 32 : 33. 25, 26 : 36. 18 : DA. 1. 2, 12† : 3. (76) : 7. 23 : 8. 5 : 11. 16, 42 : JN. 1. 13.]

[**Al.** GE. 9. 14 : EX. 8. 17 (13), 22 (18) : 10. 5 : 13. 17 : 22. 21 (20) : LE. 18. 25 : 20. 2, 4 : NU. 14. 36 : DT. 1. 7 : 2. 18 : 3. 13 : 7. 22 : 8. 10 : III KI. 22. 47 : I CH. 4. 14 : PS. 135 (136). 6 : 138 (139). 15 : IS. 24. 16 : JE. 3. 1 : 10. 10 : EZ. 32. 27 : 34. 29 : HB. 3. 6, 9, 12, 17 : ZA. 14. 10.]

[**Hebr.** GE. 47. 6 *ter* : DT. 32. 43 : III KI. 9. 7 : JB. 2. 13 : 10. 22 : ZA. 9. 10.]

[**Sam.** NU. 13. 33 (32).]

[**Quint.** IV KI. 15. 5 : PS. 34 (35). 20 : 46 (47). 10 : 60 (61). 3 : 75 (76). 10 : 118 (119). 119 : 140 (141). 7.]

[**Sext.** PS. 75 (76). 10.]

γηβείν. (1) גֵּבִים (2) יוֹגְבִים

IV Ki. 25. 12. A εἰς ἀμπελουργοὺς καὶ εἰς γ. [B ταβείν, R γαβίν] (1*, 2)

γηγενής. (1) *a.* אָדָם *b.* בֶּן אָדָם (2) רָפָה

Ps. 48 (49). 2. οἵ τε γ. καὶ οἱ υἱοὶ τῶν ἀνθρώπων (1 *b*)
Pr. 2. 18. καὶ παρὰ τῷ ᾅδῃ μετὰ τῶν γ. τοὺς ἄξονας [A αὔξ.] αὐτῆς (2)
9. 18. γηγενεῖς παρ' αὐτῇ ὄλλυνται (2)
Wi. 7. 1. γηγενοῦς ἀπόγονος πρωτοπλάστου
Je. 39 (32). 20. ἐποίησας σημεῖα . . . ἐν Ἰσραὴλ καὶ ἐν τοῖς γ. (1 *a*)

γήϊνος.

[**Sm.** JB. 4. 19.]

γῆρα.

[**Al.** LE. 27. 25.]

γῆρας. (1) *a.* זֹקֶן *b.* זִקְנָה *c.* זְקֻנִים (2) יְקָהָה (3) *a.* שֵׂיב *b.* שֵׂיבָה

Ge. 15. 15. A τραφεὶς ἐν γήρει [R γήρᾳ] καλῷ (3 *b*)
21. 2. ἔτεκεν . . . υἱὸν εἰς τὸ γ. (1 *c*)
— 7. A ὅτι ἔτεκον υἱὸν ἐν τῷ γήρει [R γήρᾳ] μου (1 *c*)
25. 8. A ἀπέθανεν Ἀ. ἐν γήρει [R γήρᾳ] καλῷ (3 *b*)
37. 3. A ὅτι υἱὸς γήρους [R γήρως] ἦν αὐτῷ (1 *c*)
42. 38. κατάξετέ μου τὸ γ. μετὰ λύπης εἰς ᾅδου (3 *b*)
44. 20. A παιδίον γήρως [R γήρους] νεώτερον αὐτῷ (1 *c*)

Ge. 44. 29. κατάξετέ μου τὸ γ. μετὰ λύπης εἰς ᾅδου (3 b)
— 31. κατάξουσιν οἱ παῖδές σου τὸ γ. του παιδός (3 b)
48. 10. B ἐβαρυώπησαν ἀπὸ τοῦ γήρους [A R γήρως] (1 a)
II Ki. 19. 33 (34). διαθρέψω τὸ γ. σου μετ' ἐμοῦ [A al.] †
III Ki. 11. 4. ἐγενήθη ἐν καιρῷ γήρους [A -ως] Σ. (2 b)
14. 4. A ἠμβλυώπουν οἱ ὀφθ. αὐ. ἀπὸ γήρους αὐτοῦ (3 a)
15. 23. ἐν τῷ καιρῷ τοῦ γήρως [A γήρους] αὐτοῦ (1 b)
I Ch. 29. 28. ἐτελεύτησεν ἐν γήρει καλῷ (3 b)
To. 3. 10. τὸ γ. αὐτοῦ κατάξω μετ' ὀδύνης εἰς ᾅδου
Ps. 70 (71). 9. μὴ ἀπορρίψῃς με εἰς καιρὸν γήρους [S[1] -ως] (1 b)
— 18. καὶ ἕως γήρους [B[2] -ως] καὶ πρεσβείου (1 b)
91 (92). 10. A B[2] S τὸ γ. μου ἐν ἐλαίῳ [B[1] R ἐλέῳ] πίονι †
— 14. πληθυνθήσονται ἐν γήρει πίονι (3 b)
Pr. 16. 31. στέφανος καυχήσεως γῆρας (3 b)
24. 52 (30. 17). ὀφθαλμὸν . . . ἀτιμάζοντα γῆρας μητρός (2 ?)
Wi. 3. 17. ἄτιμον ἐπ' ἐσχάτων τὸ γ. αὐτῶν
4. 8. γῆρας γὰρ τίμιον οὐ τὸ πολυχρόνιον
— 9. ἡλικία γήρως βίος ἀκηλίδωτος
— 16. πολυετὲς γῆρας ἀδίκου
Si. 3. 12. ἀντιλαβοῦ ἐν γήρᾳ πατρός σου
8. 6. μὴ ἀτιμάσῃς ἄνθρωπον [A ἄνδρα] ἐν γήρει [A S -ρᾳ] αὐ.
25. 3. πῶς ἂν εὕροις ἐν τῷ γήρᾳ σου
30. 24. πρὸ καιροῦ γῆρας [S[2] γήρους] ἄγει μέριμνα
46. 9. ἕως γήρους διέμεινεν αὐτῷ
Is. 46. 3 (4). παιδευόμενοι ἐκ [A ἀπὸ] παιδίου ἕως γήρως [A S[1] -ρους] (1 b)
Da. LXX. 5. 31. Δαρεῖος πλήρης τῶν ἡμερῶν καὶ ἔνδοξος ἐν γήρει †
II Ma. 6. 23. R ἄξιον . . . τῆς τοῦ γήρως [A -ους] ὑπεροχῆς
— 25. μύσος καὶ κηλῖδα τοῦ γήρως κατακτήσομαι
— 27. τοῦ μὲν γήρως ἄξιος φανήσομαι
III Ma. 4. 5. τὴν ἐκ τοῦ γήρως νωθρότητα ποδῶν
IV Ma. 5. 12. οἰκτειρήσεις τὸ σεαυτοῦ γ.
— 33. οὐχ οὕτως οἰκτειρήσω τὸ ἐμαυτοῦ γ.
— 36. οὐδὲ μιανεῖς μου τὸ σεμνὸν γήρως στόμα
6. 12. ἐλεοῦντες τὰ τοῦ γήρως αὐτοῦ
— 18. τὸν μέχρι γήρως βίον
7. 15. ὦ μακαρίου γήρως
8. 20. κατοικτειρήσωμεν τὸ τῆς μητρὸς γ.
[Aq. III Ki. 14. 4.]
[Sm. Ps. 70 (71). 9.]

γηράσκειν, γηρᾶν. (1) גָּוַע (2) זָקֵן a. qal. b. hi. c. זִקְנָה

Ge. 18. 13. ἐγὼ δὲ γεγήρακα (2 a)
24. 36. μετὰ τὸ γηρᾶσαι αὐτόν (2 c)
27. 1. A μετὰ τὸ γηρᾶσαι Ἰσαάκ [R τὸν Ἰ.] (2 a)
— 2. ἰδοὺ γεγήρακα (2 a)
Jo. 23. 2. ἐγὼ γεγήρακα (2 a)
Ru. 1. 12. γεγήρακα τοῦ μὴ εἶναι ἀνδρί (2 a)
I Ki. 8. 1. ὡς ἐγήρασε Σαμουήλ (2 a)
— 5. ἰδοὺ σὺ γεγήρακας (2 a)
12. 2. κἀγὼ γεγήρακα καὶ καθήσομαι (2 a)
II Ch. 24. 15. καὶ ἐγήρασεν Ἰωδαὲ πλήρης ἡμερῶν (2 a)
To. 14. 3. μεγάλως δὲ ἐγήρασε [S al.]
— 3. ἰδοὺ γεγήρακα [S al.]
— 13. ἐγήρασεν ἐντίμως [S al.]
Ju. 16. 23. ἐγήρασεν ἐν τῷ οἴκῳ τοῦ ἀνδρὸς αὐ.
Jb. 14. 8. ἐὰν γὰρ γηράσῃ ἐν γῇ ἡ ῥίζα αὐτοῦ (2 b)
29. 18. ἡ ἡλικία μου γηράσει (1 ?)
Ps. 36 (37). 25. νεώτερος ἐγενόμην καὶ γὰρ ἐγήρασα (2 a)
Pr. 23. 22. μὴ καταφρόνει ὅτι γεγήρακέ σου ἡ μήτηρ (2 a)
Si. 8. 6. καὶ γὰρ ἐξ ἡμῶν γηράσκουσι
I Ma. 16. 3. νῦν δὲ γεγήρακα
[Aq. Pr. 23. 22.]
[Sm. Jb. 29. 18: Ps. 36 (37). 25: 91 (92). 15.]
[Th. Ps. 91 (92). 15: Pr. 22. 6.]

γηροβοσκεῖν.

To. 14. 13. S ἐγηροβόσκησεν αὐτούς [A B al.]

γησρασείμ. (1) גֵּיא חֲרָשִׁים

I Ch. 4. 14. A πατέρα γ. [B S Ἀγεαδδαΐρ]

γιββώρ.

[Hebr. Is. 9. 6 (5).]

γίγαρτον. (1) זָג

Nu. 6. 4. ἀπὸ στεμφύλων ἕως γιγάρτου (1)
[Sm. Pr. 25. 4.]
[Th. Ez. 22. 18, 19.]

γιγαρτώδης.

[Th. Is. 1. 25: Ez. 22. 18.]

γίγας. (1) a. גִּבּוֹר b. אֵל גִּבּוֹר c. גִּבֹּר (2) נְפִילִים (3) עֲנָק (4) a. רְפָאִי b. רָפָה (5) a. רָפָא b. רָפָה

Ge. 6. 4. οἱ δὲ γ. ἦσαν ἐπὶ τῆς γῆς (2)
— 4. ἐκεῖνοι ἦσαν οἱ γ. οἱ ἀπ' αἰῶνος (1 c)
10. 8. οὗτος ἤρξατο εἶναι γ. ἐπὶ τῆς γῆς (1 c)
— 9. οὗτος ἦν γ. κυνηγὸς ἐναντίον κ. τοῦ θ. (1 c)
— 9. ὡς Ν. γ. κυνηγὸς ἐναντίον κ. (1 a)
14. 5. κατέκοψαν τοὺς γ. τοὺς ἐν Α. (4 a)
Nu. 13. 34 (33). ἐκεῖ ἑωράκαμεν τοὺς γίγαντας (2)
De. 1. 28. υἱοὺς γιγάντων ἑωράκαμεν ἐκεῖ (3)
Jo. 12. 4. *Ὠγ βασ. Βασὰν ὑπελείφθη ἐκ τῶν γ. (4 a)
13. 12. οὗτος κατελείφθη ἀπὸ τῶν γ. (4 a)
II Ki. 21. 11. Δὰν υἱὸς Ἰωὰ ἐκ τῶν ἀπογόνων τῶν γ. –
— 22. οἱ τέσσαρες οὗτοι ἐτέχθησαν [A om.] ἀπόγονοι τῶν γ. (5 b)
I Ch. 1. 10. ἤρξατο εἶναι γ. κυνηγὸς ἐπὶ τῆς γῆς (1 a)
11. 15. παρεμβολὴ τῶν ἀλλοφύλων ἐν τῇ κοιλάδι τῶν γ. (4 a)
14. 9. συνέπεσον [A S -αν] ἐν τῇ κοιλάδι τῶν γ. (4 a)
— 13. συνέπεσαν . . . ἐν τῇ κοιλάδι τῶν γ. –
20. 4. τὸν Σαφοὺτ ἀπὸ τῶν υἱῶν τῶν γ. (5 a)
— 6. οὗτος ἦν ἀπόγονος γιγάντων (5 a)
— 8. πάντες ἦσαν τέσσαρες γ. –
Ju. 16. 7. οὐδὲ ὑψηλοὶ γ. ἐπέθεντο αὐτῷ
Jb. 26. 5. μὴ γίγαντες [S[1] γείτονες] μαιωθήσονται (4 b)
Ps. 18 (19). 5. ἀγαλλιάσεται ὡς γίγας (1 a)
32 (33). 16. γίγας οὐ σωθήσεται (1 a)
Pr. 21. 16. ἐν συναγωγῇ γιγάντων ἀναπαύσεται (4 b)
Wi. 14. 6. ἀπολλυμένων ὑπερηφάνων γιγάντων
Si. 16. 7. οὐκ ἐξιλάσατο περὶ τῶν ἀρχαίων γ.
47. 4. ἐν νεότητι αὐτοῦ οὐχὶ ἀπέκτεινε γίγαντα
Is. 3. 2. γίγαντα καὶ ἰσχύοντα [S[1] om. κ. ἰ.] (1 a)
13. 3. γίγαντες ἔρχονται πληρῶσαι τὸν θυμόν μου (1 a)
14. 9. συνηγέρθησάν σοι πάντες οἱ γ. (4 b)
49. 24. μὴ λήψεταί τις παρὰ γίγαντος σκῦλα (1 a)
— 25. ἐάν τις αἰχμαλωτεύσῃ γίγαντα (1 a)
Ba. 3. 26. ἐκεῖ ἐγεννήθησαν οἱ γ. οἱ ὀνομαστοί
Ez. 32. 12. ἤξει σοι ἐν μαχαίραις γιγάντων (1 a)
— 19 (21). ἐροῦσί σοι οἱ γ. (1 b)
— 27. A ἐκοιμήθησαν μετὰ τῶν γ. . . . ἐξεφόβησαν γίγαντας [B πάντας] ἐν τῇ ζωῇ αὐτῶν (1 a, 1 a)
39. 18. κρέα γιγάντων φάγεσθε (1 a)
— 20. ἵππον καὶ ἀναβάτην καὶ γίγαντα (1 a)
I Ma. 3. 3. ἐνεδύσατο θώρακα ὡς γίγας
III Ma. 2. 4. γίγαντες ἦσαν ῥώμῃ
[Aq. Je. 50 (27). 9.]
[Sm. Is. 26. 19.]
[Th. Ge. 6. 5 (4): II Ki. 5. 18, 22: Jb. 26. 5: Pr. 9. 18: Is. 13. 3.]
[Al. Dt. 3. 11, 13.]
[Quint. Ps. 32 (33). 16.]

γίγνεσθαι, γίνεσθαι. (1) אִיתַי (2) אָמֵן (3) בּוֹא (4) בָּכַר pu. (5) בָּרָא ni. (6) a. הֲוָא b. הֲוָה c. הָוָה d. הָיָה qal. e. ni. (7) הִנֵּה (8) חָזָה (9) חָיָה (10) c. neg. חָלִיל (11) חָרָה (12) יָכֹל (13) יָלַד a. qal. b. ni. c. pu. d. hi. e. מוֹלֶדֶת (14) יָלַךְ vel הָלַךְ (15) יָסַף (16) יָצָא (17) יָצַר ni. (18) כּוּן a. qal. b. ni. (19) לָקַח pu. (20) מָדַד pi. (21) מָצָא (22) נָגַע hi. (23) נָדַד (24) a. נָפַל b. נְפַל (25) נָתַן a. qal. b. ni. (26) עֲבַד ith. (27) עָבַר (28) עָלָה a. qal. b. ni. (29) עָלַל po. (30) עָמַד (31) עָשָׂה a. qal. b. ni. (32) קָדַם hi. (33) קוּם (34) קָרָה (35) רָאָה ni. (36) רָבַץ (37) שִׂים (38) שָׁמַע ni. (39) αἰχμάλωτος γ. a. גָּלָה b. שָׁבָה ni. (40) ἀκάθαρτος γ. טָמֵא (41) ἀκουστὸς γ. שָׁמַע a. qal. b. hi. (42) ἄλαλος γ. אָלַם ni. (43) γ. ὁ ἀποθνήσκων מוּת (44) ἀποστάτης γ. מָרַד (45) βαρὺς γ. כָּבֵד (46) γ. βασιλεύς מָלַךְ hi. (47) βελτίων γ. יָטַב (48) βοηθὸς γ. עָזַר (49) γυμνὸς γ. עָרַר (50) διάδηλος γ. יָדַע ni. (51) δυνατώτερος γ. עָצַם (52) ἐγκάθετος γ. אָרַב (53) εἶναι γινόμενος עָשָׂה ni. (54) ἐλάσσων γ. מָעַט (55) ἐμφανὴς γ. a. דָּרַשׁ ni. b. יָדַע ni. (56) ἐνδεὴς γ. חָסֵר (57) ἔντιμος γ. יָקַר (58) ἔντρομος γ. רָעַשׁ (59) ἐπιχαρὴς γ. שָׂמַח (60) ἐπονείδιστος γ. חָסַד pi. (61) εὖ γ. יָטַב (62) ἡδέως γ. טוֹב (63) ἡδὺς γ. עָרַב (64) θερμὸς γ. חָמַם (65) θηριάλωτος γ. טָרַף a. qal. b. ni. (66) θηριόβρωτος γ. טָרַף a. qal. b. pu. (67) ἵλεως γ. a. כָּפַר pi. b. נָחַם ni. c. נָשָׂא d. סָלַח (68) καθαρὸς γ. a. זָכָה hithp. b. כָּפַר pi. (69) καλὸς γ. יָפָה (70) λεπτὸς γ. a. דָּקַק b. דְּקַק (71) μακρὰν γ. a. רָבָה b. רָחַק hi. (72) μακροήμερος γ. אָרַךְ יָמִים hi. (73) μακροχρόνιος γ. אָרַךְ יָמִים hi. (74) μέγας γ. a. גָּבַהּ b. גָּדַל (75) μνεία γ. זָכַר ni. (76) ξηρὸς γ. יָבֵשׁ (77) ὅμοιος γ. שָׁוָה (78) πανουργότερος γ. a. חָכַם b. עָרַם hi. (79) πεποιθὼς γ. שָׁעַן ni. (80) περίβλεπτος γ. יָדַע ni. (81) περίλυπος γ. חָרָה (82) περιχαρὴς γ. שִׂישׂ (83) πικρὸς γ. מָרַר (84) πλείων γ. רָבָה (85) πλήρης γ. שָׂבַע (86) πολυήμερος γ. אָרַךְ יָמִים hi. (87) πολὺς γ. a. רָבַב b. רָבָה c. רַב (88) πονηρὸς γ. רָעַע (89) πόρρω γ. רָחַק (90) σαυτοῦ γ. יָטַב לִבֶּךָ (91) σκληρὸς γ. קָשָׁה hi. (92) σοφὸς γ. חָכַם (93) γ. σοφώτερος חָכַם (94) ὑετὸς γ. גָּשַׁם pu. (95) φανερὸς γ. בָּחַן ni. (96) φίλος γ. שָׁלֵם hi. (97) χυδαῖος γ. רָבָה (98) ψευδὴς γ. a. כָּזַב ni. b. כָּחַשׁ pi.

Ge. 1. 3. γενηθήτω φῶς καὶ ἐγένετο φῶς (6 d, 6 d)
— 5. καὶ ἐγένετο ἑσπέρα καὶ ἐγένετο πρωΐ (6 d, 6 d)
— 6. γενηθήτω στερέωμα ἐν μέσῳ τοῦ ὕδατος (6 d)
— 6. καὶ ἐγένετο οὕτως –
— 8. καὶ ἐγένετο ἑσπέρα καὶ ἐγένετο πρωΐ (6 d, 6 d)
— 9, 11. καὶ ἐγένετο οὕτως (6 d)
— 13. καὶ ἐγένετο ἑσπέρα καὶ ἐγένετο πρωΐ (6 d, 6 d)
— 14. γενηθήτωσαν φωστῆρες ἐν τῷ στερεώματι (6 d)
— 15. καὶ ἐγένετο οὕτως (6 d)
— 19. καὶ ἐγένετο ἑσπέρα καὶ ἐγένετο πρωΐ (6 d, 6 d)
— 20. καὶ ἐγένετο οὕτως –
— 23. καὶ ἐγένετο ἑσπέρα καὶ ἐγένετο πρωΐ (6 d, 6 d)
— 24, 30. καὶ ἐγένετο οὕτως (6 d)
— 31. καὶ ἐγένετο ἑσπέρα καὶ ἐγένετο πρωΐ (6 d, 6 d)
2. 4. ἡ βίβλος γενέσεως . . ὅτε ἐγένετο (5)

● = correction on page xxv

Ge. 2. 5. πρὸ τοῦ γενέσθαι ἐπὶ τῆς γ. (6 d)
— 7. ἐγένετο ὁ ἄνθρωπος εἰς ψυχὴν ζῶσαν (6 d)
3. 22. ἰδοὺ Ἀδὰμ γέγονεν ὡς εἷς ἐξ ἡμῶν (6 d)
4. 2. ἐγένετο Ἅβελ ποιμὴν προβάτων (6 d)
— 3. καὶ ἐγένετο μεθ' ἡμέρας ἤνεγκε Κάϊν (6 d)
— 6. ἵνα τί περίλυπος ἐγένου (81)
— 8. καὶ ἐγένετο ἐν τῷ εἶναι αὐτοὺς ἐν τῷ πεδίῳ (6 d)
— 18. A ἐγενήθη [R ἐγεννήθη] δὲ τῷ Ἐνὼχ Γαϊδάδ (13 b)
— 26. καὶ τῷ Σὴθ ἐγένετο υἱός (13 c)
5. 4. ἐγένοντο δὲ αἱ ἡμέραι Ἀδάμ (6 d)
— 5. ἐγένοντο πᾶσαι αἱ ἡμέραι Ἀδάμ (6 d)
— 8. ἐγένοντο πᾶσαι αἱ ἡμέραι Σήθ (6 d)
— 11. ἐγένοντο πᾶσαι αἱ ἡμέραι Ἐνώς (6 d)
— 14. ἐγένοντο πᾶσαι αἱ ἡμέραι Καϊνᾶν (6 b)
— 17. ἐγένοντο πᾶσαι αἱ ἡμέραι Μαλελεήλ (6 d)
— 20. ἐγένοντο πᾶσαι αἱ ἡμέραι Ἰάρεδ (6 d)
— 23. ἐγένοντο πᾶσαι αἱ ἡμέραι Ἐνώχ (6 d)
— 27. ἐγένοντο πᾶσαι αἱ ἡμέραι Μαθουσάλα (6 d)
— 31. ἐγένοντο πᾶσαι αἱ ἡμέραι Λάμεχ (6 d)
6. 1. ἐγένετο ἡνίκα ἤρξαντο οἱ ἄνθρωποι πολλοὶ γίνεσθαι ἐπὶ τῆς γῆς (6 d, 87 a)
— 1. A καὶ θυγατέρες ἐγενήθησαν [R ἐγεννήθησαν] αὐτοῖς (13 c)
7. 6. R ὁ κατακλυσμὸς τοῦ ὕδατος ἐγένετο [A ἦν] (6 d)
— 10. καὶ ἐγένετο μετὰ τὰς ἑπτὰ ἡμέρας καὶ τὸ ὕδωρ . . ἐγένετο ἐπὶ τῆς γῆς (6 d, 6 d)
— 12. καὶ ἐγένετο ὁ ὑετὸς ἐπὶ τῆς γῆς (6 d)
— 17. καὶ ἐγένετο ὁ κατακλυσμός (6 d)
8. 6. καὶ ἐγένετο μετὰ τεσσεράκ. ἡμέρας (6 d)
— 13. καὶ ἐγένετο . . . ἐξέλιπε τὸ ὕδωρ (6 d)
9. 27. καὶ γενηθήτω Χαναὰν παῖς αὐ. (6 d)
— 29. ἐγένοντο πᾶσαι αἱ ἡμέραι Νῶε (6 d)
10. 1. A ἐγενήθησαν [R ἐγενν.] αὐτοῖς υἱοί (13 b)
— 10. καὶ ἐγένετο ἀρχὴ τῆς βασ. αὐτοῦ (6 d)
— 19. A καὶ ἐγένοντο [R -νετο] τὰ ὅρια Χαν. (6 d)
— 21. A τῷ Σὴμ ἐγενήθη [R ἐγενν.] . . . Ἔβερ (13 c)
— 30. καὶ ἐγένετο ἡ κατοίκησις αὐτῶν (6 d)
11. 2. καὶ ἐγένετο . . . εὗρον πεδίον (6 d)
— 3. ἐγένετο αὐτοῖς ἡ πλίνθος εἰς λίθον (6 d)
— 28. A ἐν τῇ γῇ ᾗ ἐγενήθη [R ἐγενν.] (13 e)
— 32. A καὶ ἐγένοντο [R add. πᾶσαι] αἱ ἡμέραι Θ. (6 d)
12. 10. καὶ ἐγένετο λιμὸς ἐπὶ τῆς γῆς (6 d)
— 11. ἐγένετο δὲ ἡνίκα ἤγγισεν Ἅβραμ (6 d)
— 13. ὅπως ἂν εὖ μοι γένηται διὰ σέ (61)
— 14. ἐγένετο δὲ ἡνίκα εἰσῆλθεν Ἅβραμ (6 d)
— 16. καὶ ἐγένοντο αὐτῷ πρόβατα (6 d)
13. 7. καὶ ἐγένετο μάχη ἀνὰ μέσον τῶν ποιμένων (6 d)
14. 1. ἐγένετο δὲ ἐν τῇ βασιλείᾳ (6 d)
15. 1. ἐγενήθη ῥῆμα κυρίου πρὸς Ἅβραμ (6 d)
— 4. R φωνὴ κυρίου ἐγένετο πρὸς αὐτόν –
— 17. R ἐπεὶ δὲ ὁ ἥλιος ἐγένετο πρὸς δυσμὰς φλὸξ ἐγένετο (6 d, 6 d)
17. 1. ἐγένετο δὲ Ἅβραμ ἐτῶν ἐνενή. (6 d)
— 1. καὶ γίνου ἄμεμπτος (6 d)
— 17. εἰ τῷ ἑκατονταετεῖ γενήσεται υἱός (13 b)
— 17. A εἰ ἡ Σ. ἐνενήκ. ἐτῶν γενήσεται [R τέξεται] (13 a)
18. 11. ἐξέλιπε δὲ . . . γίνεσθαι τὰ γυναικεῖα (6 d)
— 12. οὔπω μέν μοι γέγονεν ἕως τοῦ νῦν (6 d)
— 18. Ἀβραὰμ δὲ γινόμενος ἔσται εἰς ἔθνος (6 d)
19. 15. A ἡνίκα δὲ ὄρθρος ἐγίνετο [R ἐγέν.] (28 a)
— 17. καὶ ἐγένετο . . . καὶ εἶπαν (6 d)
— 26. καὶ ἐγένετο στήλη ἁλός (6 d)
— 29. καὶ ἐγένετο . . . ἐμνήσθη ὁ θεός (6 d)
— 34. ἐγένετο δὲ τῇ ἐπαύριον (6 d)
20. 12. ἐγενήθη δέ μοι εἰς γυναῖκα (6 d)
— 13. ἐγένετο δὲ . . . καὶ εἶπα (6 d)
21. 3. τοῦ υἱοῦ αὐτοῦ τοῦ γενομένου αὐτῷ (13 b)
— 5. ἡνίκα ἐγένετο αὐτῷ Ἰσαὰκ ὁ υἱὸς αὐ. (13 b)
— 9. ὃς ἐγένετο τῷ Ἀβραάμ (13 a)
— 20. ἐγένετο δὲ τοξότης (6 d)
— 22. ἐγένετο δὲ ἐν τῷ καιρῷ ἐκείνῳ (6 d)
22. 1. καὶ ἐγένετο μετὰ τὰ ῥήματα τ. (6 d)
— 20. ἐγένετο δὲ μετὰ τὰ ῥήματα τ. (6 d)
23. 1. ἐγένετο δὲ ἡ ζωὴ Σάρρας (6 d)
— 11. παρ' ἐμοὶ γενοῦ κύριε †
24. 4. A S εἰς τὴν γῆν μου οὗ ἐγενόμην [R ἐγεννήθην] (13 e ?)
— 7. A S ἐκ τῆς γῆς ἧς ἐγενήθην [R ἐγενν.] (13 e)
— 15. καὶ ἐγένετο . . . καὶ ἰδοὺ Ῥ. (6 d)
— 22. ἐγένετο δὲ . . . ἔλαβεν ὁ ἄνθρωπος (6 d)
— 30. καὶ ἐγένετο . . . καὶ ἦλθε (6 d)

Ge. 24. 45. καὶ ἐγένετο . . . εὐθὺς Ῥ. ἐξεπορεύετο –
— 52. ἐγένετο δὲ . . . προσεκύνησεν (6 d)
— 60. γίνου εἰς χιλιάδας μυριάδων (6 d)
— 67. καὶ ἐγένετο αὐτοῦ γυνή (6 d)
25. 3. A υἱοὶ δὲ Δαιδὰν ἐγένοντο [R om.] (6 d)
— 11. ἐγένετο δὲ . . . εὐλόγησεν ὁ θεός (6 d)
— 22. εἰ οὕτως μοι μέλλει γίνεσθαι –
26. 1. ἐγένετο δὲ λιμὸς ἐπὶ τῆς γῆς (6 d)
— 1. A τοῦ λιμοῦ . . . ὃς ἐγενήθη [R ἐγένετο] (6 d)
— 8. ἐγένετο δὲ πολυχρόνιος ἐκεῖ (6 d)
— 13. προβαίνων μείζων ἐγίνετο (14)
— 13. ἕως οὗ μέγας ἐγίνετο σφόδρα (74 b)
— 14. ἐγίνετο δὲ αὐτῷ κτήνη (6 d)
— 16. δυνατώτερος ἡμῶν ἐγένου σφόδρα (51)
— 28. γενέσθω ἀρὰ ἀνὰ μέσον ἡμῶν (6 d)
— 32. ἐγένετο δὲ . . . ἀπήγγειλαν (6 d)
27. 1. ἐγένετο δὲ . . . καὶ ἠμβλύνθησαν (6 d)
— 29. καὶ γίνου κύριος τοῦ ἀδελφοῦ σου (6 c)
— 30. καὶ ἐγένετο . . . καὶ ἐγένετο . . . καὶ . . . ἦλθεν (6 d, 6 d)
— 34. ἐγένετο δὲ . . . ἀνεβόησε φωνήν –
29. 10. ἐγένετο δὲ . . . καὶ προσελθὼν Ἰ. (6 d)
— 13. A καὶ ἐγένετο [R ἐγ. δὲ] . . . ἔδραμεν (6 d)
— 23. καὶ ἐγένετο ἑσπέρα (6 d)
— 25. ἐγένετο δὲ πρωΐ (6 d)
30. 25. ἐγένετο δὲ . . . εἶπεν Ἰακώβ (6 d)
— 41. ἐγένετο δὲ . . . ἔθηκεν Ἰακώβ (6 d)
— 42. A ἐγένετο δὲ τὰ [R add. μὲν] ἄσημα τοῦ Λ. (6 d)
— 43. ἐγένετο αὐτῷ κτήνη πολλά (6 d)
31. 10. καὶ ἐγένετο . . . καὶ εἶδον (6 d)
— 40. ἐγενόμην τῆς ἡμέρας συγκαιόμενος (6 d)
32. 5 (6). καὶ ἐγένοντό μοι βόες καὶ ὄνοι (6 d)
— 10 (11). γέγονα εἰς δύο παρεμβολάς (6 d)
34. 15. ἐὰν γένησθε ὡς ἡμεῖς καὶ ὑμεῖς (6 d)
— 25. ἐγένετο δὲ . . . ἔλαβον οἱ δύο υἱοὶ Ἰ. (6 d)
35. 5. καὶ ἐγένετο φόβος θεοῦ ἐπὶ τὰς πόλεις (6 d)
— 16. ἐγένετο δὲ ἡνίκα ἤγγισεν (6 d)
— 17. ἐγένετο δὲ . . . εἶπεν αὐτῇ ἡ μαῖα (6 d)
— 18. ἐγένετο δὲ . . . ἐκάλεσε τὸ ὄνομα (6 d)
— 21 (22). ἐγένετο δὲ . . . ἐπορεύθη Ῥουβήν (6 d)
— 26. οἱ ἐγένοντο αὐτῷ ἐν Μεσοποταμίᾳ (13 c)
— 28. ἐγένοντο δὲ αἱ ἡμέραι Ἰσαὰκ . . . ἔτη ἑκ. ὀγ. (6 d)
36. 5. οἱ ἐγένοντο αὐτῷ ἐν γῇ Χαναάν (13 c)
— 11. A ἐγένοντο δὲ οἱ υἱοὶ Ἐλιφάς [R al.] (6 d)
— 22. ἐγένοντο δὲ υἱοὶ Λωτάν (6 d)
37. 23. ἐγένετο δὲ . . . ἐξέδυσαν (6 d)
38. 1. ἐγένετο δὲ . . . κατέβη Ἰούδας (6 d)
— 7. ἐγένετο δὲ Ἢρ . . . πονηρός (6 d)
— 9. A ἐγίνετο [R ἐγέν.] . . . ἐξέχεεν (6 d)
— 11. ἕως μέγας γένηται Σηλὼμ ὁ υἱός μου (74 b)
— 14. μέγας γέγονε Σηλώμ (74 b)
— 21. ἡ πόρνη ἡ γενομένη ἐν Αἰνάν –
— 24. A ἐγένετο δὲ . . . ἀπηγγέλη [R ἀν.] (6 d)
— 27. ἐγένετο δὲ . . . καὶ τῇδε ἦν δίδυμα (6 d)
— 28. ἐγένετο δὲ . . . ὁ εἷς προεξήνεγκε (6 d)
39. 2. καὶ ἐγένετο ἐν τῷ οἴκῳ παρὰ τῷ κυρίῳ (6 d)
— 5. ἐγένετο δὲ . . . καὶ ηὐλόγησε κύριος (6 d)
— 5. καὶ ἐγενήθη εὐλογία κυρίου (6 d)
— 7. καὶ ἐγένετο . . . καὶ ἐπέβαλεν (6 d)
— 11. R ἐγένετο δὲ . . . καὶ [A om.] εἰσῆλθεν (6 d)
— 13. καὶ ἐγένετο . . . καὶ ἐκάλεσε (6 d)
— 19. ἐγένετο δὲ ὡς ἤκουσεν (6 d)
40. 1. ἐγένετο δὲ . . . ἥμαρτεν ὁ ἀρχιοινοχόος (6 d)
— 14. ὅταν εὖ γένηταί σοι (61)
— 20. ἐγένετο δὲ . . . ἡμέρα γενέσεως ἦν (6 d)
41. 1. ἐγένετο δὲ . . . Φαραὼ εἶδεν (6 d)
— 8. ἐγένετο δὲ πρωΐ (6 d)
— 13. ἐγενήθη δὲ . . . ἐμέ τε ἀποκατασταθῆναι (6 d)
— 21. καὶ οὐ διάδηλοι ἐγένοντο (50)
— 50. τῷ δὲ Ἰωσὴφ ἐγένοντο υἱοὶ δύο (13 c)
— 53. A ἃ ἐγένετο [R -νοντο] ἐν γῇ Αἰγύπτῳ (6 d)
— 54. καὶ ἐγένετο λιμὸς ἐν πάσῃ τῇ γῇ (6 d)
42. 16. ἕως τοῦ φανερὰ γενέσθαι τὰ ῥήμ. ὑμῶν (95)
— 25. καὶ ἐγενήθη αὐτοῖς οὕτως (31 a)
— 35. ἐγένετο δὲ . . . καὶ ἦν ἑκάστου ὁ δεσμός (6 d)
— 36. ἐπ' ἐμὲ ἐγένετο ταῦτα πάντα (6 d)
43. 2. ἐγένετο δὲ . . . καὶ εἶπεν αὐτοῖς (6 d)
— 21. A καὶ ἐγένετο [R ἐγέν. δὲ] . . . καὶ τόδε τὸ ἀργ. (6 d)
44. 2. ἐγενήθη δὲ κατὰ τὸ ῥῆμα Ἰωσήφ (31 a)
— 7. A²R μὴ γένοιτο τοῖς παισί σου ποιῆσαι (10)
— 17. μή μοι γένοιτο ποιῆσαι (10)
— 24. ἐγένετο δὲ . . . ἀπηγγείλαμεν (6 d)

Ge. 44. 28. θηριόβρωτος γέγονε (66 a et 66 b)
45. 2. ἀκουστὸν ἐγένετο εἰς τὸν οἶκον Φ. (41 a)
46. 12. ἐγένοντο δὲ υἱοὶ Φαρές (6 d)
— 20. ἐγένοντο δὲ υἱοὶ Ἰωσὴφ ἐν γῇ Αἰγ. (13 b)
— 20. ἐγένοντο δὲ υἱοὶ Μανασσῆ –
— 21. ἐγένοντο δὲ υἱοὶ Βαλά –
— 27. οἱ γενόμενοι αὐτῷ ἐν γῇ Αἰγύπτῳ (13 c)
47. 9. μικραὶ καὶ πονηραὶ γεγόνασιν αἱ ἡμέραι (6 d)
— 20. καὶ ἐγένετο ἡ γῆ τῷ Φαραώ (6 d)
— 28. ἐγένοντο αἱ ἡμέραι Ἰ. . . . ἑκ. τεσ. ἔτη (6 d)
48. 1. ἐγένετο δὲ . . . ἀπηγγέλη [A ἀν.] (6 d)
— 5. A R οἱ γενόμενοί σοι ἐν γῇ [B om.] Αἰγ. (13 b)
49. 15. καὶ ἐγενήθη ἀνὴρ γεωργός (6 d)
— 17. καὶ γενηθήτω [A ἐγενήθη τῷ] Δὰν ὄφις (6 d)
50. 9. ἐγένετο ἡ παρεμβολὴ μεγάλη σφόδρα (6 d)
— 20. ὅπως ἂν γενηθῇ ὡς σήμερον (31 a)
Ex. 1. 7. καὶ χυδαῖοι ἐγένοντο (97)
— 12. τοσούτῳ πλείους ἐγίγνοντο (84)
2. 10. καὶ ἐγενήθη αὐτῇ εἰς υἱόν (6 d)
— 11. ἐγένετο δὲ . . . ἐξῆλθε (6 d)
— 11. μέγας γενόμενος Μωυσῆς (74 b)
— 14. εἰ οὕτως ἐμφανὲς γέγονε τὸ ῥῆμα τοῦτο (55 b)
4. 3. καὶ ἐγένετο ὄφις (6 d)
— 4. ἐγένετο ῥάβδος ἐν τῇ χειρὶ αὐτοῦ (6 d)
— 6. καὶ ἐγενήθη ἡ χεὶρ αὐτοῦ [A M.] (7)
— 24. ἐγένετο δὲ ἐν τῇ ὁδῷ (6 d)
7. 10. καὶ ἐγένετο δράκων (6 d)
— 12. καὶ ἐγένοντο δράκοντες (6 d)
— 19. ἐγένετο αἷμα ἐν πάσῃ γῇ Αἰγ. (6 d)
8. 15 (11). ἰδὼν δὲ Φ. ὅτι γέγονεν ἀνάψυξις (6 d)
— 17 (13) *bis*, 18 (14). ἐγένοντο οἱ σκνῖφες (6 d)
— 18 (14). B³ ἐγένοντο οἱ σκνῖπες –
— 26 (22). οὐ δυνατὸν γενέσθαι οὕτως (31 a)
9. 9. καὶ γενηθήτω κονιορτός (6 d)
— 10. καὶ ἐγένετο [A² -οντο] ἕλκη (6 d)
— 11. ἐγένετο [A² -οντο] γὰρ τὰ ἕλκη (6 d)
— 18, 24. ἥτις τοιαύτη οὐ γέγονεν ἐν Αἰγ. (6 d)
— 24. ἀφ' ἧς ἡμέρας [A ἀφ' οὗ] γεγένηται ἐπ' αὐτῆς ἔθνος (6 d)
— 26. ἐν γῇ Γεσὲμ . . . οὐκ ἐγένετο ἡ χάλαζα (6 d)
— 28. παυσάσθω τοῦ γενηθῆναι φωνὰς θεοῦ (6 d)
10. 6. ἀφ' ἧς ἡμέρας γεγόνασιν ἐπὶ τῆς γῆς (6 d)
— 13. τὸ πρωῒ ἐγενήθη (6 d)
— 14. προτέρα αὐτῆς οὐ γέγονε τοιαύτη ἀκρίς (6 d)
— 21. A B γενηθήτω σκότος ἐπὶ γῆν [R γῆς] Αἰγ. (6 d)
— 22. καὶ ἐγένετο σκότος (6 d)
11. 3. ὁ ἄνθρ. M. μέγας ἐγενήθη σφόδρα –
— 6. ἥτις τοιαύτη οὐ γέγονε (6 e)
12. 29. ἐγενήθη δὲ . . . καὶ κύριος ἐπάταξε (6 d)
— 30. καὶ ἐγενήθη κραυγὴ μεγάλη (6 d)
— 41. καὶ ἐγένετο [A ἐγέν. δὲ] . . . ἐξῆλθε πᾶσα ἡ δ. (6 d)
— 51. καὶ ἐγένετο . . . ἐξήγαγε κύριος (6 d)
13. 9. ὅπως ἂν γένηται ὁ νόμος κ. ἐν τῷ στ. (6 d)
— 12. ὅσα ἐὰν γένηταί σοι (6 d)
14. 20. καὶ ἐγένετο σκότος (6 d)
— 24. ἐγενήθη δὲ . . . καὶ ἐπέβλεψε κύριος (6 d)
15. 2. βοηθὸς καὶ σκεπαστὴς ἐγένετό μοι (6 d)
16. 13. ἐγένετο δὲ [A καὶ ἐγ.] ἑσπέρα (6 d)
— 13. τὸ πρωῒ [A add. δὲ] ἐγένετο (6 d)
— 22. ἐγένετο δὲ . . . συνέλεξαν τὰ δέοντα (6 d)
— 24. οὐδὲ σκώληξ ἐγένετο ἐν αὐτῷ (6 d)
— 27. ἐγένετο δὲ . . . ἐξήλθοσάν τινες (6 d)
17. 11. καὶ ἐγένετο [A ἐγίν.] ὅταν ἐπῆρε M. (6 d)
— 12. καὶ ἐγένοντο αἱ χεῖρες M. ἐστηριγμ. (6 d)
18. 8. τὸν μόχθον τὸν γενόμ. αὐτοῖς (21)
— 13. καὶ ἐγένετο . . . συνεκάθισε M. (6 d)
— 16. ὅταν γὰρ γένηται αὐτοῖς ἀπολογία (6 d)
— 19. γίνου σὺ τῷ λαῷ τὰ πρὸς τὸν θ. (6 d)
19. 15. γίνεσθε ἕτοιμοι (6 d)
— 16. A B ἐγένετο δὲ τῇ ἡμέρᾳ τῇ τρίτῃ γενηθέντος πρὸς ὄρθρον καὶ [A om.] ἐγίνοντο [R ἐγέν.] φωναί (6 d ter)
— 19. ἐγίνοντο δὲ αἱ φωναὶ . . . προβαίνουσαι (6 d)
20. 12. B ἵνα εὖ σοι γένηται –
— 12. ἵνα μακροχρόνιος γένῃ ἐπὶ τῆς γῆς τῆς ἀγ. (73)
— 20. ὅπως ἂν γένηται ὁ φόβος αὐτοῦ ἐν ὑμῖν (6 d)
22. 10 (9). ἢ αἰχμάλωτον γένηται (39 b)
— 13 (12). ἐὰν δὲ θηριάλωτον γένηται (65 a et 65 b)
— 14 (13). ἢ αἰχμάλωτον γένηται –
23. 1. γενέσθαι μάρτυς ἄδικος (6 d)
— 29. ἵνα μὴ γένηται ἡ γῆ ἔρημος καὶ πολλὰ γένηται ἐπὶ σὲ τὰ θηρία τῆς γῆς (6 d, 87 a)
32. 1. οὐκ οἴδαμεν τί γέγονεν αὐτῷ (6 d)
— 12. ἵλεως γενοῦ ἐπὶ τῇ κακίᾳ τοῦ λαοῦ σου (67 b)

Ex. 32. 23. οὐκ οἴδαμεν τί γέγονεν αὐτῷ (6 d)
— 30. καὶ ἐγένετο . . . εἶπε Μ. (6 d)
33. 7. B καὶ ἐγένετο (6 d)
34. 2. καὶ γίνου ἕτοιμος εἰς τὸ πρωΐ (6 d)
— 10. ἃ οὐ γέγονεν ἐν πάσῃ τῇ γῇ (5)
— 12. μή σοι [A ποτε] γένηται πρόσκομμα (6 d)
39. 1 (38. 24). πᾶν τὸ χρυσίον . . . ἐγένετο χρυσίου [A ἐκ χ.] (6 d)
— 4 (38. 27). ἐγενήθη τὰ ἑκατὸν τάλαντα . . . εἰς τὴν χώνευσιν (6 d)
40. 17. καὶ ἐγένετο ἐν τῷ μηνὶ τῷ πρώτῳ (6 d)
Le. 8. 28 (29). καὶ ἐγένετο Μωυσῇ ἐν μερίδι (6 d)
9. 1. καὶ ἐγενήθη τῇ ἡμέρᾳ τῇ ὀγδόῃ (6 d)
13. 2. ἀνθρώπῳ ἐάν τινι γένηται . . . οὐλή (6 d)
— 2. καὶ γένηται ἐν δέρματι χρωτὸς αὐ. ἁφή (6 d)
— 9. ἁφὴ λέπρας ἐὰν γένηται ἐν ἀνθρώπῳ (6 d)
— 18. ἐὰν γένηται ἐν τῷ δέρματι . . . ἕλκος (6 d)
— 19. καὶ γένηται ἐν τῷ τόπῳ τοῦ ἕλκους οὐλή (6 d)
— 24. ἐὰν γένηται ἐν τῷ δέρματι . . . κατάκαυμα (6 d)
— 24. καὶ γένηται ἐν τῷ δέρ. τὸ ὑγ. . . . αὐγάζον (6 d)
— 29. ἐὰν γένηται ἐν αὐτοῖς ἁφὴ λ. (6 d)
— 38. ἐὰν γένηται ἐν δέρματι . . . αὔγασμα (6 d)
— 42. ἐὰν δὲ γένηται ἐν τῷ φαλακρώματι . . . ἁφὴ λευκή (6 d)
— 47. ἐὰν γένηται ἁφὴ ἐν αὐτῷ λέπρας (6 d)
— 49. καὶ γένηται ἡ ἁφὴ χλωρίζουσα (6 d)
— 52. A ἐν ᾧ ἐὰν γένηται ἡ ἁφή [B *al.*] (6 d)
14. 36. καὶ οὐ μὴ ἀκάθαρτα γένηται (40)
15. 2. ἀνδρὶ ἀνδρὶ ᾧ ἐὰν γένηται ῥύσις (6 d)
— 24. καὶ γένηται ἡ ἀκαθαρσία αὐτῆς ἐπ' αὐτῷ (6 d)
18. 30. ὃ γέγονε πρὸ τοῦ ὑμᾶς (31 b)
19. 34. προσήλυτοι ἐγενήθητε ἐν γῇ Αἰγύπτῳ (6 d)
20. 2. τῶν γεγενημένων [A προσγεγενν.] προσηλύτων †
— 27. ὃς ἂν γένηται αὐτῶν ἐγγαστρίμυθος (6 d)
22. 12. ἐὰν γένηται ἀνδρὶ ἀλλογενεῖ (6 d)
— 13. ἐὰν γένηται χήρα ἐκβεβλημένη (6 d)
25. 44. ὅσοι ἂν γένωνταί σοι ἀπὸ τῶν ἐθ. (6 d)
— 45. ὅσοι ἂν γένωνται ἐν τῇ γῇ ὑμῶν (13 d)
27. 26. ὃ ἐὰν γένηται ἐν τοῖς κτήνεσι (4)
Nu. 1. 20. καὶ ἐγένοντο οἱ υἱοὶ 'Ρ. (6 d)
— 45. καὶ ἐγένετο πᾶσα ἡ ἐπίσκεψις (6 d)
3. 43. ἐγένοντο πάντα τὰ πρωτότοκα (6 d)
4. 36, 40 (B). καὶ ἐγένετο ἡ ἐπίσκεψις αὐτῶν (6 d)
— 44. καὶ ἐγενήθη [A -νετο] ἡ ἐπίσκεψις αὐ. (6 d)
— 48. καὶ ἐγενήθησαν [A ἐγενν.] οἱ ἐπισκεπέντες (6 d)
5. 22. ἐρεῖ ἡ γυνή, Γένοιτο γένοιτο (2, 2)
6. 4. ὅσα γίνεται ἐξ ἀμπέλου (31 b)
7. 1. καὶ ἐγένετο . . . καὶ ἔχρισεν (6 d)
9. 10. ὃς ἐὰν γένηται ἀκάθαρτος (6 d)
— 16. οὕτως ἐγίνετο διὰ παντός (6 d)
— 21. ὅταν γένηται ἡ νεφέλη ἀφ' ἑσπέρας (6 d)
10. 11. ἐγένετο ἐν τῷ ἐνιαυτῷ τῷ δευτ. (6 d)
— 35. ἐγένετο ἐν τῷ ἐξαίρειν (6 d)
— 34. ἡ νεφέλη ἐγένετο σκιάζουσα †
11. 35. ἐγένετο ὁ λαὸς ἐν 'Ασηρώθ (6 d)
12. 6. ἐὰν γένηται προφήτης ὑμῶν κυρίου (6 d)
— 12. μὴ γένηται [A γένοιτο] ὡσεὶ ἴσον θανάτῳ (6 d)
14. 9. μὴ ἀποστάται γίνεσθε (44)
— 19. ἵλεως ἐγένου αὐτοῖς (67 c)
— 24. ὅτι ἐγενήθη πνεῦμα ἕτερον ἐν αὐτῷ (6 d)
15. 14. ὃς ἂν γένηται ἐν ὑμῖν -
— 24. ἐὰν ἐξ ὀφθαλμῶν τῆς συναγωγῆς γενηθῇ (31 b)
16. 16. γίνεσθε ἕτοιμοι ἔναντι κυρίου (6 d)
— 38 (17. 3). ἐγένοντο εἰς σημεῖον [A *add.* ἐν] τοῖς υἱοῖς 'Ισ. (6 d)
— 42 (17. 7). ἐγένετο ἐν τῷ ἐπισυστρέφεσθαι τὴν συναγ. (6 d)
— 49 (17. 14). καὶ ἐγένοντο οἱ τεθνηκότες (6 d)
17. 8 (23). καὶ ἐγένετο τῇ ἐπαύριον (6 d)
21. 9. ἐγένετο ὅταν ἔδακνεν ὄφις ἄνθρωπον (6 d)
22. 41. καὶ ἐγενήθη πρωΐ (6 d)
23. 6. ἐγενήθη πνεῦμα θεοῦ ἐπ' αὐτῷ -
— 10. γένοιτο τὸ σπέρμα μου ὡς τὸ σπ. τούτων (6 d)
24. 2. A R ἐγένετο ἐπ' [B ἐν] αὐτῷ πνεῦμα θεοῦ (6 d)
— 22. ἐὰν γένηται τῷ B. νοσσιὰ πανουργίας (6 d)
25. 9. ἐγένοντο οἱ τεθνηκότες ἐν τῇ πληγῇ (6 d)
26. 1 (25. 19). καὶ ἐγένετο μετὰ τὴν πληγήν (6 d)
— 7. ἐγένετο ἡ ἐπίσκεψις αὐτῶν (6 d)

Nu. 26. 10. ἐγενήθησαν ἐν σημείῳ (6 d)
— 20. ἐγένοντο οἱ υἱοὶ 'Ιούδα κατὰ δήμους αὐ. (6 d)
— 21. ἐγένοντο οἱ υἱοὶ Φαρές (6 d)
— 33. τῷ Σαλπαὰδ . . . οὐκ ἐγένοντο αὐτῷ υἱοί (6 d)
— 40. ἐγένοντο οἱ υἱοὶ Βαλὲ 'Α. καὶ Ν. (6 d)
— 60. ἐγενήθησαν [A ἐτέχθησαν] τῷ 'Ααρὼν ὅ τε Ν. καὶ 'Αβ. (13 b)
— 62. ἐγενήθησαν . . . τρεῖς καὶ εἴκοσι χιλιάδες (6 d)
27. 3. υἱοὶ οὐκ ἐγένοντο αὐτῷ (6 d)
28. 6. ἡ γενομένη ἐν τῷ ὄρει Σινᾶ εἰς ὀσμήν (31 a)
30. 7. ἐὰν δὲ γενομένη γένηται ἀνδρί (6 d, 6 d)
31. 16. ἐγένετο ἡ πληγὴ ἐν τῇ συναγωγῇ κ. (6 d)
— 32. ἐγενήθη τὸ πλεόνασμα τῆς προνομῆς (6 d)
— 36. ἐγενήθη τὸ ἡμίσευμα ἡ μερίς (6 d)
— 37. ἐγένετο τὸ τέλος κυρίῳ ἀπὸ τῶν προβ. (6 d)
— 43. ἐγένετο τὸ ἡμίσευμα ἀπὸ [A B² τὸ] τῆς συναγωγῆς (6 d)
— 52. ἐγένετο πᾶν τὸ χρυσίον τὸ ἀφαίρεμα (6 d)
36. 3. οἷς ἂν γένωνται γυναῖκες (6 d)
— 4. ἐὰν δὲ γένηται ἡ ἄφεσις [A ἀφαίρεσις] τῶν υἱῶν 'Ισρ. (6 d)
— 4. οἷς ἂν γένωνται γυναῖκες (6 d)
— 11. ἐγένοντο Θ. καὶ 'Ε. . . . θυγατέρες Σ. (6 d)
— 12. A R ἐγενήθησαν γυναῖκες καὶ ἐγενήθη [B ἐγένετο] ἡ κληρονομία αὐτῶν (6 d, 6 d)
De. 1. 3. ἐγενήθη ἐν τῷ τεσσερακοστῷ ἔτει (6 d)
2. 16. R ἐγενήθη ἐπειδὴ ἔπεσαν [A B ἐπεὶ διέπεσαν] (6 d)
— 36. οὐκ ἐγενήθη [A ἦν] πόλις (6 d)
4. 32. ἡμέρας προτέρας τὰς γενομ. προτέρας σου (6 d)
— 32. εἰ γέγονε κατὰ τὸ ῥῆμα τὸ μέγα τοῦτο (6 e)
— 36. ἀκουστὴ ἐγένετο ἡ φωνὴ αὐ. [A *al.*] (41 b)
— 40. ἵνα εὖ σοι γένηται καὶ τοῖς υἱοῖς σου μετὰ σὲ ὅπως μακροήμεροι [A μακροχρόνιοι] γένησθε (61, 72)
5. 16. ἵνα εὖ σοι γένηται (61)
— 16. A R ἵνα μακροχρόνιος γένῃ [B -οι ἦτε] (73)
— 23 (20). ἐγένετο ὡς ἠκούσατε τὴν φωνήν (6 d)
6. 18. ἵνα εὖ σοι γένηται (61)
7. 22. ἵνα μὴ γένηται ἡ γῆ ἔρημος -
9. 11. ἐγένετο διὰ τεσσαράκοντα ἡμερῶν (6 d)
— 21. ἕως ἐγένετο λεπτὸν καὶ ἐγένετο [A -νήθη] ὡσεὶ κονιορτός (70 a, -)
12. 25. ἵνα εὖ σοι γένηται (61)
— 26. τὰ ἅγιά σου ἐὰν [A ἃ ἂν] γένηταί σοι (6 d)
— 28. ἵνα εὖ σοι γένηται (61)
13. 14 (15). γεγένηται τὸ βδέλυγμα τοῦτο ἐν ὑμῖν (31 b)
14. 2. γενέσθαι σε αὐτῷ λαὸν περιούσιον (6 d)
— 24. ἐὰν δὲ μακρὰν γένηται ἡ ὁδὸς ἀπὸ σοῦ (71 a)
15. 7. ἐὰν δὲ γένηται ἐν σοὶ ἐνδεής (6 d)
— 9. μὴ γένηται ῥῆμα κρυπτόν (6 d)
16. 12. οἰκέτης ἐγένου [A ἦσθα] ἐν γῇ Αἰγ. (6 d)
17. 4. ἀληθῶς γέγονε τὸ ῥῆμα γεγένηται τὸ βδέλυγμα τοῦτο ἐν 'Ισρ. (18 b, 31 b)
— 9. ὃς ἂν γένηται ἐν ταῖς ἡμέραις ἐκ. (6 d)
— 12. A ὃς ἂν γένηται [B ᾖ] ἐν ταῖς ἡμ. ἐκ. -
18. 22. ὅσα ἐὰν . . . μὴ γένηται (6 d)
19. 11. ἐὰν δὲ γένηται ἐν σοὶ [A *om.* ἐν σ.] ἄνθρωπος (6 d)
21. 8. ἵλεως γενοῦ τῷ λαῷ σου 'Ισραήλ (67 a)
— 8. ἵνα μὴ γένηται αἷμα ἀναίτιον (25 a)
— 15. ἐὰν δὲ γένωνται ἀνθρώπῳ δύο γυναῖκες (6 d)
— 15. καὶ γένηται υἱὸς πρωτότοκος τῆς μισουμ. (6 d)
— 22. ἐὰν δὲ γένηται ἔν τινι ἁμαρτία (6 d)
22. 7. ἵνα εὖ σοι γένηται καὶ πολυήμερος γένῃ [A ἔσῃ] (61, 86)
— 20. ἐὰν δὲ ἐπ' ἀληθείας γένηται ὁ λόγος οὗτος (6 d)
— 23. ἐὰν δὲ γένηται παῖς παρθένος (6 d)
23. 7 (8). πάροικος ἐγένου ἐν τῇ γῇ αὐτοῦ (6 d)
— 8 (9). B υἱοὶ ἐὰν γενηθῶσιν [A R γενν.] αὐτοῖς (13 b)
24. 2. καὶ ἀπελθοῦσα γένηται ἀνδρὶ ἑτέρῳ (6 d)
25. 1. ἐὰν δὲ γένηται ἀντιλογία ἀνὰ μέσον ἀνθρώπων (6 d)
— 15. ἵνα πολυήμερος γένῃ ἐπὶ τῆς γῆς (86)
26. 5. ἐγένετο ἐκεῖ εἰς ἔθνος μέγα (6 d)
— 18. γενέσθαι σε αὐτῷ λαὸν περιούσιον (6 d)
27. 9. γέγονας εἰς λαὸν κυρίῳ τῷ θεῷ σου (6 e)
— 15. πᾶς ὁ λαὸς ἐροῦσι, Γένοιτο (2)

De. 27. 16. ἐροῦσι πᾶς ὁ λαός, Γένοιτο [A *add.* γένοιτο] (2, -)
— 17, 18, 19, 20, 21, 22, 23. ἐροῦσι πᾶς ὁ λαός, Γένοιτο (2)
— 23. B ἐροῦσι πᾶς ὁ λαός, Γένοιτο -
— 24, 25, 26. ἐροῦσι πᾶς ὁ λαός, Γένοιτο (2)
28. 65. οὐ μὴ γένηται στάσις τῷ ἴχνει τοῦ ποδός σου (6 d)
— 67. πῶς ἂν γένοιτο ἑσπέρα (25 a)
— 67. πῶς ἂν γένοιτο πρωΐ (25 a)
29. 19 (18). ὅσιά μοι γένοιτο (6 d)
30. 18. οὐ μὴ πολυήμεροι γένησθε ἐπὶ τῆς γῆς (86)
31. 19. ἵνα γένηταί μοι ἡ ᾠδὴ αὕτη (6 d)
32. 9. ἐγενήθη μερὶς κυρίου λαὸς αὐτοῦ 'Ιακώβ -
— 38. γενηθήτωσαν ὑμῖν σκεπασταί (6 d)
Jo. 1. 1. καὶ ἐγένετο μετὰ τὴν τελευτὴν Μωυσῆ (6 d)
2. 8 (7). καὶ ἐγένετο ὡς ἐξήλθοσαν [A -θον] -
— 19. ὅσοι ἐὰν γένωνται μετὰ σοῦ ἐν τῇ οἰκίᾳ σου (6 d)
3. 2. καὶ ἐγένετο [A -νήθη] μετὰ τρεῖς ἡμέρας (6 d)
4. 9. ἐν τῷ γενομένῳ τόπῳ ὑπὸ τοὺς πόδας τῶν ἱερέων -
— 11. καὶ ἐγένετο ὡς συνετέλεσε πᾶς ὁ λαὸς διαβῆναι (6 d)
— 18. καὶ ἐγένετο ὡς ἐξέβησαν οἱ ἱερεῖς (6 d)
5. 1. καὶ ἐγένετο ὡς ἤκουσαν οἱ βασ. τῶν 'Αμ. (6 d)
— 4. ὅσοι ποτὲ ἐγένοντο ἐν τῇ ὁδῷ -
— 7. A διὰ τὸ αὐτοὺς γεγενῆσθαι [B γεγενν.] . . . ἀπεριτμήτους (6 d)
— 12. καὶ ἐγένετο ὡς ἦν 'Ιησοῦς ἐν 'Ιεριχώ (6 d)
6. 15. R καὶ ἐγένετο [A B *om.*] τῇ περιόδῳ τῇ ἑβδόμῃ (6 d)
7. 5. καὶ ἐγένετο ὥσπερ ὕδωρ (6 d)
— 12. ὅτι ἐγενήθησαν ἀνάθεμα (6 d)
8. 4. μὴ μακρὰν γίνεσθε ἀπὸ [A *om.*] τῆς πόλεως (71 b)
— 14. καὶ ἐγένετο ὡς εἶδε βασιλεὺς Γαί (6 d)
— 22. ἐγενήθησαν ἀνὰ μέσον τῆς παρεμβολῆς (6 d)
— 25. ἐγενήθησαν οἱ πεσόντες . . . δώδεκα χιλιάδες (6 d)
9. 12. καὶ γεγόνασι βεβρωμένοι (6 d)
— 16. καὶ ἐγένετο μετὰ τρεῖς ἡμέρας (6 d)
— 27. B ἐγένοντο οἱ κατοικοῦντες Γ. ξυλοκόποι -
10. 11. ἐγένοντο πλείους οἱ ἀποθανόντες (43)
— 14. οὐκ ἐγένετο ἡμέρα τοιαύτη (6 d)
— 20. καὶ ἐγένετο ὡς κατέπαυσεν 'Ιησοῦς (6 d)
— 27. καὶ ἐγενήθη πρὸς ἡλίου δυσμάς (6 d)
11. 20. διὰ κυρίου ἐγένετο (6 d)
13. 16. καὶ ἐγενήθη αὐτῶν [A -ῷ] τὰ ὅρια (6 d)
— 23. ἐγένετο δὲ τὰ ὅρια 'Ρουβήν (6 d)
— 25. ἐγένετο τὰ ὅρια αὐτῶν 'Ιαζήρ (6 d)
— 28. B ἐγενήθη κατὰ δήμους αὐ. αἱ πόλεις αὐ. -
— 30. ἐγένετο τὰ ὅρια αὐτῶν ἀπὸ Μ. (6 d)
— 31. A² ἐγενήθησαν τὰ ὅρια κατὰ φυλὰς αὐ. -
14. 14. ἐγενήθη ἡ Χεβρὼν τῷ Χάλεβ (6 d)
15. 1. καὶ ἐγένετο τὰ ὅρια φυλῆς 'Ιούδα (6 d)
— 2. καὶ ἐγενήθη αὐτῶν τὰ ὅρια (6 d)
— 18. καὶ ἐγένετο [A -νήθη] ἐν τῷ ἐκπορεύεσθαι [A εἰσπ.] αὐτήν (6 d)
— 21. ἐγενήθησαν δὲ πόλεις [A αἱ π.] αὐτῶν (6 d)
16. 1. καὶ ἐγένετο τὰ ὅρια υἱῶν 'Ιωσήφ (16)
— 5. καὶ ἐγενήθη ὅρια [A τὰ ὅ.] υἱῶν 'Εφραΐμ (6 d)
— 5. καὶ ἐγενήθη τὰ ὅρια τῆς κληρονομίας αὐτῶν (6 d)
17. 1. καὶ ἐγένετο τὰ ὅρια φυλῆς υἱῶν Μανασσῆ (6 d)
— 2. καὶ ἐγενήθη τοῖς υἱοῖς Μανασσῆ τοῖς λοιποῖς (6 d)
— 6. ἡ δὲ γῆ Γ. ἐγενήθη τοῖς υἱοῖς Μαν. (6 d)
— 7. καὶ ἐγενήθη ὅρια υἱῶν Μανασσῆ (6 d)
— 13. καὶ ἐγενήθη καὶ ἐπεὶ κατίσχυσαν οἱ υἱοὶ 'Ισρ. (6 d)
18. 12. καὶ ἐγενήθη αὐτῶν τὰ ὅρια ἀπὸ βορρᾶ (6 d)
— 21. καὶ ἐγενήθησαν αἱ πόλεις τῶν υἱῶν Βενιαμίν (6 d)
19. 1. καὶ ἐγενήθη ἡ κληρονομία αὐτῶν (6 d)
— 2. καὶ ἐγενήθη ὁ κλῆρος αὐτῶν (6 d)
— 9. ἐγενήθη ἡ μερὶς υἱῶν 'Ιούδα μείζων τῆς αὐτῶν (6 d)
— 18, 25. καὶ ἐγενήθη τὰ ὅρια αὐτῶν (6 d)
— 33. καὶ ἐγενήθη [A -νετο] τὰ ὅρια αὐτῶν (6 d)
— 33. καὶ ἐγενήθησαν αἱ διέξοδοι αὐτοῦ ὁ 'Ιορδάνης (6 d)
— 41. καὶ ἐγενήθη τὰ ὅρια αὐτῶν (6 d)
— 47. καὶ ἐγένοντο αὐτοῖς εἰς φόρον -
21. 4. καὶ ἐγένετο τοῖς υἱοῖς 'Ααρών (6 d)
— 10. τούτοις ἐγενήθη ὁ κλῆρος (6 d)

●De. 21. 20. ἐγενήθη πόλις τῶν ἱερέων [A ὁρίων] αὐτῶν (6 d)
— 38. καὶ ἐγενήθη τὰ ὅρια αἱ πόλεις δέκα δύο (6 d)
— 40. τοὺς υἱοὺς Ἰσραὴλ τοὺς γενομ. ἐν τῇ ὁδῷ –
22. 16. ἀποστάτας ὑμᾶς γενέσθαι ἀπὸ τοῦ κυρίου (44)
— 17. ἐγενήθη πληγὴ ἐν τῇ συναγωγῇ κυρίου (6 d)
— 19. μὴ ἀπὸ θεοῦ [A κυρίου] ἀποστάται γενήθητε (44)
— 20. ἐπὶ πᾶσαν συναγωγὴν Ἰσραὴλ ἐγενήθη ὀργή (6 d)
— 28. ἐὰν γένηταί ποτε (6 d)
— 29. μὴ γένοιτο οὖν ἡμᾶς ἀποστραφῆναι [A -στῆναι] (10)
23. 1. καὶ ἐγένετο μεθ' ἡμέρας πλείους (6 d)
24. 4. ἐγένοντο ἐκεῖ εἰς ἔθνος μέγα –
— 16. μὴ γένοιτο ἡμῖν καταλιπεῖν κύριον (10)
— 29. καὶ ἐγένετο μετ' ἐκεῖνα (6 d)
— 33. καὶ ἐγένετο μετὰ ταῦτα –
Jd. 1. 1. καὶ ἐγένετο μετὰ τὴν τελευτὴν Ἰησοῦ (6 d)
— 14. καὶ ἐγένετο ἐν τῇ εἰσόδῳ αὐτῆς [A al.] (6 d)
— 28. καὶ ἐγένετο ὅτε ἐνίσχυσεν Ἰσραήλ (6 d)
— 29. καὶ ἐγένετο εἰς φόρον –
— 30. καὶ ἐγένετο αὐτῷ [A om.] εἰς φόρον (6 d)
— 31. καὶ ἐγένετο αὐτῷ εἰς φόρον –
— 33. ἐγένοντο [A -νήθησαν] αὐτοῖς εἰς φόρον (6 d)
— 35. ἐγενήθη αὐτοῖς [A ἐγένετο] εἰς φόρον (6 d)
2. 4. καὶ ἐγένετο ὡς ἐλάλησεν ὁ ἄγγελος κυρίου (6 d)
— 19. καὶ ἐγένετο ὡς ἀπέθνησκεν ὁ κριτής (6 d)
3. 4. καὶ ἐγένετο ὥστε πειρᾶσαι ἐν αὐτοῖς τὸν Ἰσρ. (6 d)
— 10. καὶ ἐγένετο ἐπ' αὐτὸν πνεῦμα κυρίου (6 d)
— 18. καὶ ἐγένετο ἡνίκα [A ὡς] συνετέλεσεν Ἀώδ (6 d)
— 21. καὶ ἐγένετο ἅμα τῷ [A τοῦ] ἀναστῆναι –
— 27. καὶ ἐγένετο ἡνίκα ἦλθεν Ἀώδ [A om.] (6 d)
6. 3. καὶ ἐγένετο ἐὰν ἔσπειραν οἱ υἱοὶ Ἰσραὴλ [A al.] (6 d)
— 8. A καὶ ἐγένετο ἐπεὶ ἐκέκραξαν οἱ υἱοὶ Ἰσρ. (6 d)
— 25. καὶ ἐγένετο ἐν [A -νήθη] τῇ νυκτὶ ἐκείνῃ (6 d)
— 27. καὶ ἐγενήθη ὡς ἐφοβήθη τὸν οἶκον (6 d)
— 37. ἐὰν δρόσος γένηται ἐπὶ τὸν πόκον μόνον (6 d)
— 38. καὶ ἐγένετο οὕτως (6 d)
— 39. γενέσθω ἡ [A γενηθήτω] ξηρασία ἐπὶ τὸν [A τὴν] πόκον μόνον καὶ ἐπὶ [A ἐπὶ δὲ] πᾶσαν τὴν γῆν γενηθήτω δρόσος (6 d, 6 d)
— 40. καὶ ἐγένετο ξηρασία ἐπὶ τὸν πόκον μόνον καὶ ἐπὶ πᾶσαν τὴν γῆν ἐγενήθη [A -νετο] δρόσος (6 d, 6 d)
7. 6. καὶ ἐγένετο ὁ [A πᾶς ὁ] ἀριθμός (6 d)
— 9. καὶ ἐγενήθη ἐν τῇ νυκτὶ ἐκείνῃ (6 d)
— 15. καὶ ἐγένετο ὡς ἤκουσε Γεδεών (6 d)
8. 26. καὶ ἐγένετο [A -νήθη] ὁ σταθμός (6 d)
— 27. καὶ ἐγένετο τῷ Γεδεὼν . . . εἰς σκῶλον [A σκάνδαλον] (6 d)
— 33. A R καὶ ἐγενήθη ὡς [B ἐγένετο καθὼς] ἀπέθανε Γ. (6 d)
9. 35. A καὶ ἐγένετο πρωΐ –
— 42. καὶ ἐγένετο [A -νήθη] τῇ ἐπαύριον (6 d)
10. 4. A καὶ ἐγένοντο [B ἦσαν] αὐτῷ τριάκοντα καὶ δύο υἱοί (6 d)
11. 4. A καὶ ἐγένετο μεθ' ἡμέρας (6 d)
— 4 (5). καὶ ἐγένετο ἡνίκα παρετάξαντο [A al.] (6 d)
— 29. καὶ ἐγένετο [A -νήθη] ἐπὶ Ἰ. πνεῦμα κ. (6 d)
— 35. καὶ ἐγένετο ὡς [A -νήθη ἡνίκα] εἶδεν αὐτήν (6 d)
— 35. A εἰς σκῶλον ἐγένου ἐν ὀφθαλμοῖς μου [B al.] (6 d)
— 39. καὶ ἐγένετο ἐν τέλει τῶν [A μετὰ τέλος] δύο μηνῶν (6 d)
— 39. καὶ ἐγένετο [A -νήθη] εἰς πρόσταγμα ἐν Ἰσρ. (6 d)
12. 5. A καὶ ἐγενήθη ὅτι [B om. ἐγ. ὅτι] εἶπαν αὐτοῖς (6 d)
— 9. A καὶ ἐγένοντο [B ἦσαν] αὐτῷ τριάκοντα υἱοί (6 d)
— 13 (14). A καὶ ἐγένοντο [B ἦσαν] αὐτῷ τεσσαράκοντα υἱοί (6 d)
13. 2. A καὶ ἐγένετο ἀνὴρ ἐκ [B ἦν ἀ. εἷς ἀπὸ] Σαραά (6 d)
— 20. καὶ ἐγένετο ἐν τῷ ἀναβῆναι τὴν φλόγα (6 d)
14. 11. καὶ ἐγένετο ὅτε εἶδον αὐτόν [A al.] (6 d)
— 15. καὶ ἐγένετο ἐν τῇ ἡμέρᾳ τῇ τετάρτῃ (6 a)

Jd. 14. 17. καὶ ἐγένετο ἐν τῇ ἡμέρᾳ τῇ ἑβδόμῃ (6 d)
— 20. καὶ ἐγένετο ἡ γυνὴ Σ. ἑνὶ τῶν φίλων αὐ. [A al.] (6 d)
15. 1. καὶ ἐγένετο μεθ' ἡμέρας (6 d)
— 14. καὶ ἐγενήθη [A -νοντο] τὰ καλώδια . . . ὡσεὶ στιππύον (6 d)
— 17. καὶ ἐγένετο ὡς ἐπαύσατο λαλῶν [A al.] (6 d)
16. 4. καὶ ἐγένετο μετὰ τοῦτο [A ταῦτα] (6 d)
— 11. οἷς οὐκ ἐγένετο ἐν αὐτοῖς ἔργον [A ἐν οἷς οὐκ ἐγενήθη ἐ.] (31 b)
— 14. καὶ ἐγένετο ἐν τῷ κοιμᾶσθαι αὐτὸν [A al.] –
— 16. καὶ ἐγένετο ὅτε ἐξέθλιψεν [A κατειργάσατο] αὐτόν (6 d)
— 25. A καὶ ἐγένετο [B om.] ὅτε ἠγαθύνθη (6 d)
— 30. A καὶ ἐγένοντο [B ἦσαν] οἱ τεθνηκότες (6 d)
17. 1. καὶ ἐγένετο ἀνὴρ ἀπὸ [A -νήθη ἀ. ἐξ] ὄρους Ἐ. (6 d)
— 4. ἐγενήθη ἐν [A -νετο ἐν τῷ] οἴκῳ M. (6 d)
— 5. καὶ ἐγένετο αὐτῷ [A -νήθη] εἰς ἱερέα (6 d)
— 7. καὶ ἐγενήθη νεανίας [A -νετο παιδάριον] ἐκ B. (6 d)
— 8. A καὶ ἐγενήθη εἰς ὄρος [B ἦλθεν ἕως ὄρους] Ἐ. (3)
— 10. γίνου [A γενοῦ] μοι εἰς πατέρα (6 d)
— 11. καὶ ἐγενήθη ὁ νεανίας παρ' αὐτῷ [A R al.] (6 d)
— 12. ἐγένετο αὐτῷ εἰς ἱερέα καὶ ἐγένετο ἐν τῷ οἴκῳ M. [A al.] (6 d, 6 d)
— 13. ἐγένετό [A -νήθη] μοι ὁ Λευίτης εἰς ἱερέα (6 d)
18. 4. ἐγενόμην [A -νήθην] αὐτῷ εἰς ἱερέα (6 d)
— 19. γενοῦ [A ἔσῃ] ἡμῖν εἰς πατέρα (6 d)
— 19. ἢ γενέσθαι [A γίν.] σε ἱερέα φυλῆς (6 d)
— 29. A ὃς ἐγενήθη [B ἐτέχθη] τῷ Ἰσραήλ (13 c)
— 31 (19. 1). καὶ ἐγένετο ἐν ταῖς ἡμέραις ἐκ. (6 d)
19. 1. καὶ ἐγένετο ἀνὴρ Λευίτης (6 d)
— 2. A καὶ ἐγένετο ἐκεῖ ἡμέρας τετράμηνον [B al.] (6 d)
— 5. καὶ ἐγένετο τῇ ἡμέρᾳ τῇ τετάρτῃ (6 d)
— 30. καὶ ἐγένετο πᾶς ὁ βλέπων [A ὁρῶν] ἔλεγεν, Οὐκ ἐγένετο [A Οὔτε ἐγενήθη] (6 d, 6 e)
— 30. A εἰ γέγονεν κατὰ τὸ ῥῆμα τοῦτο –
20. 3. ποῦ ἐγένετο ἡ πονηρία [A κακία] αὕτη (6 e)
— 12. τίς ἡ πονηρία [A κακία] αὕτη ἡ γενομ. ἐν ὑμῖν (6 e)
— 46. A R καὶ ἐγένοντο πάντες οἱ πεπτωκότες [B πίπτοντες] (6 d)
21. 3. εἰς τί [A ἵνα τί] . . . ἐγενήθη αὕτη (6 d)
— 4. καὶ ἐγένετο τῇ [A ἐν τῇ] ἐπαύριον (6 d)
●Ru. 1. 1. καὶ ἐγένετο [A ἐγ. ἐν ταῖς ἡμέραις ἐν] τῷ κρίνειν τοὺς κριτὰς καὶ ἐγένετο λιμὸς ἐν τῇ γῇ (6 d, 6 d)
— 12. ἔστι μοι ὑπόστασις τοῦ γενηθῆναί με ἀνδρί (6 d)
— 13. τοῦ μὴ γενέσθαι ἀνδρί (6 d)
— 19. R καὶ ἐγένετο ἐν τῷ ἐλθεῖν αὐτὰς εἰς Bηθ. (6 d)
2. 12. γένοιτο ὁ μισθός σου πλήρης (6 d)
— 17. καὶ ἐγενήθη ὡς οἰφὶ κριθῶν (6 d)
3. 1. ἵνα εὖ γένηταί σοι (61)
— 8. ἐγένετο δὲ ἐν τῷ μεσονυκτίῳ (6 d)
4. 12. γένοιτο ὁ οἶκός σου ὡς ὁ οἶκος Φ. (6 d)
— 13. A R ἐγένετο [R -νήθη] αὐτῷ εἰς γυναῖκα (6 d)
— 16. ἐγενήθη αὐτῷ εἰς τιθηνόν (6 d)
I Ki. 1. 1. A καὶ ἐγένετο ἄνθρωπος εἷς ἐξ Ἀρμαθαὶμ [B al.] (6 d)
— 4. καὶ ἐγενήθη ἡμέρα (6 d)
— 12. καὶ ἐγενήθη ὅτε ἐπλήθυνε προσευχομένη (6 d)
— 20. καὶ ἐγενήθη τῷ [A ἐν τῷ] καιρῷ τῶν ἡμερῶν (6 d)
3. 2. καὶ ἐγένετο ἐν τῇ ἡμέρᾳ ἐκείνῃ (6 d)
— 21. ἐπιστεύθη Σαμ. προφήτης γενέσθαι –
4. 1. καὶ ἐγενήθη ἐν ταῖς ἡμέραις ἐκείναις (6 d)
— 5. καὶ ἐγενήθη ὡς ἦλθεν ἡ κιβωτός (6 d)
— 8 (7). οὐ γέγονε τοιαύτη ἐχθὲς καὶ τρίτην [A -ης] (6 d)
— 9. γίνεσθε εἰς ἄνδρας (6 d)
— 10. καὶ ἐγένετο πληγὴ μεγάλη σφόδρα (6 d)
— 16. τί τὸ γεγονὸς ῥῆμα (6 d)
— 17. καὶ ἐγένετο πληγὴ μεγάλη ἐν τῷ λαῷ (6 d)
— 18. καὶ ἐγένετο ὡς ἐμνήσθη τῆς κιβωτοῦ (6 d)
5. 4. καὶ ἐγένετο ὅτε ὤρθρισαν τὸ πρωΐ –
— 6. καὶ ἐγένετο σύγχυσις [A χύσις] θανάτου μεγάλη –
— 9. καὶ ἐγενήθη μετὰ τὸ μετελθεῖν αὐτὴν καὶ γίνεται χεὶρ κυρίου τῇ [A ἐν τῇ] πόλει (6 d, 6 d)

I Ki. 5. 10. B καὶ ἐγενήθη ὡς εἰσῆλθε κιβωτὸς θεοῦ (6 d)
— 12 (11). ἐγενήθη σύγχυσις [A σ. θανάτου] ἐν ὅλῃ τῇ πόλει (6 d)
6. 9. σύμπτωμα τοῦτο γέγονεν ἡμῖν (6 d)
7. 2. καὶ ἐγενήθη ἀφ' ἧς ἡμέρας ἦν ἡ κιβωτὸς ἐν Καρ. (6 d)
— 2. καὶ ἐγένοντο εἴκοσι ἔτη (6 d)
— 13. καὶ ἐγενήθη [A -νετο] χεὶρ κυρίου ἐπὶ τοὺς ἀλλοφ. (6 d)
8. 1. καὶ ἐγένετο ὡς ἐγήρασε Σαμουήλ (6 d)
9. 26. καὶ ἐγένετο ὡς ἀνέβαινεν ὁ ὄρθρος (6 d)
10. 9. καὶ ἐγενήθη ὥστε ἐπιστραφῆναι τῷ ὤμῳ αὐ. (6 d)
— 11. καὶ ἐγενήθησαν πάντες οἱ εἰδότες [A ἰδόντες] αὐτόν (6 d)
— 11. τί τοῦτο τὸ γεγονὸς τῷ υἱῷ Κείς (6 d)
— 12. διὰ τοῦτο ἐγενήθη εἰς παραβολήν (6 d)
11. 1 (10. 27). καὶ ἐγενήθη ὡς μετὰ μῆνα (6 d)
— 11. καὶ ἐγενήθη μετὰ τὴν αὔριον (6 d)
— 11. ἐγενήθησαν οἱ ὑπολελειμμένοι διεσπάρησαν (6 d)
13. 10. B καὶ ἐγένετο ὡς συνετέλεσεν (6 d)
— 22. B καὶ ἐγενήθη ἐν ταῖς ἡμέραις τοῦ πολέμου M. (6 d)
14. 1. B καὶ γίνεται ἡμέρα (6 d)
— 14. καὶ ἐγενήθη ἡ πληγὴ ἡ πρώτη (6 d)
— 15. καὶ ἐγενήθη ἔκστασις ἐν τῇ παρεμβολῇ (6 d)
— 15. καὶ ἐγενήθη ἔκστασις παρὰ κυρίου (6 d)
— 19. καὶ ἐγενήθη ὡς ἐλάλει Σαούλ (6 d)
— 20. ἐγένετο ῥομφαία ἀνδρὸς ἐπὶ τὸν πλησίον αὐ. (6 d)
— 38. ἐν τίνι γέγονεν ἡ ἁμαρτία αὕτη σήμερον (6 d)
15. 10. καὶ ἐγενήθη ῥῆμα κυρίου πρὸς Σαμουήλ (6 d)
16. 6. καὶ ἐγενήθη ἐν τῷ εἰσιέναι αὐτούς (6 d)
— 21. καὶ ἐγενήθη αὐτῷ αἴρων τὰ σκεύη αὐ. (6 d)
— 23. καὶ ἐγενήθη ἐν τῷ εἶναι πνεῦμα πονηρὸν ἐπὶ Σ. (6 d)
18. 1. A καὶ ἐγένετο ὡς συνετέλεσεν λαλῶν πρὸς Σ. (6 d)
— 6. A καὶ ἐγενήθη ἐν τῷ εἰσπορεύεσθαι αὐτούς (6 d)
— 10. A καὶ ἐγενήθη ἀπὸ τῆς ἐπαύριον (6 d)
— 17. A γίνου μοι εἰς υἱὸν δυνάμεως (6 d)
— 19. A καὶ ἐγένετο ἐν τῷ καιρῷ τοῦ δοθῆναι τὴν M. (6 d)
— 29. A καὶ ἐγένετο Σαοὺλ ἐχθρεύων τὸν Δαυίδ (6 d)
— 30. A καὶ ἐγένετο ἀφ' ἱκανοῦ ἐξοδίας αὐτῶν (6 d)
19. 8. προσέθετο ὁ πόλεμος γενέσθαι [A γίν.] (6 d)
— 9. καὶ ἐγένετο πνεῦμα θεοῦ [A κυρίου] πονηρὸν ἐπὶ Σ. (6 d)
— 11. καὶ ἐγενήθη ἐν τῇ νυκτὶ ἐκείνῃ –
— 20. καὶ ἐγενήθη ἐπὶ τοὺς ἀγγέλους τοῦ Σ. πνεῦμα θ. (6 d)
— 23. καὶ ἐγενήθη καὶ ἐπ' αὐτῷ πνεῦμα θεοῦ (6 d)
20. 27. καὶ ἐγενήθη τῇ ἐπαύριον (6 d)
— 35. καὶ ἐγενήθη πρωΐ (6 d)
21. 5 (6). γέγονε πάντα τὰ παιδάρια ἡγνισμένα (6 d)
22. 3. γινέσθωσαν δὴ ὁ πατήρ μου καὶ ἡ μήτηρ μου παρὰ σοί (16)
23. 6. καὶ ἐγένετο ἐν τῷ φυγεῖν Ἀβιάθαρ (6 d)
— 26. A καὶ ἐγένετο [B ἦν] Δαυὶδ σκεπαζόμενος (6 d)
24. 2. καὶ ἐγενήθη ὡς ἀνέστρεψε Σαούλ (6 d)
— 6. καὶ ἐγενήθη μετὰ ταῦτα (6 d)
— 16. γένοιτο κύριος εἰς κριτήν (6 d)
— 17. καὶ ἐγένετο ὡς συνετέλεσε Δαυίδ (6 d)
25. 2. ἐγενήθη ἐν τῷ κείρειν τὸ ποίμνιον [A τὰ ποίμνια] αὐ. (6 d)
— 20. καὶ ἐγενήθη (6 d)
— 26. γένοιντο ὡς Νάβαλ οἱ ἐχθροί σου (6 d)
— 37. καὶ ἐγένετο πρωΐ (6 d)
— 37. καὶ αὐτὸς γίνεται ὡς λίθος (6 d)
— 38. καὶ ἐγένετο ὡσεὶ δέκα ἡμέραι (6 d)
— 42. καὶ γίνεται αὐτῷ εἰς γυναῖκα (6 d)
27. 6. ἐγενήθη Σ. [A om. ἐ. Σ.] τῷ βασ. τῆς Ἰουδ. (6 d)
— 7. καὶ ἐγενήθη ὁ ἀριθμὸς τῶν ἡμερῶν (6 d)
28. 1. καὶ ἐγενήθη [A -νετο] ἐν ταῖς ἡμέραις ἐκ. (6 d)
— 16. καὶ γέγονε μετὰ τοῦ πλησίον σου (6 d)
29. 3. γέγονε μεθ' ἡμῶν ἡμέρας τοῦτο δεύτερον ἔτος (6 d)
— 4. μὴ γινέσθω ἐπίβουλος τῆς παρεμβολῆς (6 d)
30. 1. καὶ ἐγενήθη εἰσελθόντος Δαυίδ (6 d)

● = correction on page xxv

I Ki. 30. 25. καὶ ἐγενήθη ἀπὸ τῆς ἡμέρας ἐκείνης καὶ ἐπάνω καὶ ἐγένετο εἰς πρόσταγμα (6 *d*, 37)
31. 8. καὶ ἐγενήθη τῇ ἐπαύριον (6 *d*)
— 13. καὶ ἐγένετο μετὰ τὸ ἀποθανεῖν Σ. –
II Ki. 1. 1. καὶ ἐγένετο μετὰ τὸ ἀποθανεῖν Σαούλ (6 *d*)
— 2. καὶ ἐγενήθη τῇ [A ἐν τῇ] ἡμέρᾳ τῇ τρίτῃ (6 *d*)
— 2. καὶ ἐγένετο ἐν τῷ εἰσελθεῖν αὐτὸν πρὸς Δ. (6 *d*)
2. 1. καὶ ἐγένετο μετὰ ταῦτα (6 *d*)
● — 7. γίνεσθε εἰς υἱοὺς δυνατούς (6 *d*)
● — 11. καὶ ἐγένοντο αἱ ἡμέραι (6 *d*)
— 17. καὶ ἐγένετο ὁ πόλεμος σκληρὸς ὥστε λίαν (6 *d*)
— 18. καὶ ἐγένοντο ἐκεῖ τρεῖς υἱοὶ Σαρουία (6 *d*)
— 23. καὶ ἐγένετο πᾶς ὁ ἐρχόμενος ἕως τοῦ τόπου (6 *d*)
— 25. καὶ ἐγενήθησαν εἰς συνάντησιν μίαν (6 *d*)
3. 1. καὶ ἐγένετο ὁ πόλεμος ἐπὶ πολύ (6 *d*)
— 6. καὶ ἐγένετο ἐν τῷ εἶναι τὸν πόλεμον (6 *d*)
— 37. οὐκ ἐγένετο παρὰ τοῦ βασ. θανατῶσαι τὸν Ἀβ. (6 *d*)
4. 4. καὶ ἐγένετο ἐν τῷ σπεύδειν αὐτόν (6 *d*)
5. 13. καὶ ἐγένοντο τῷ Δαυὶδ ἔτι υἱοὶ καὶ θυγ. (13 *b*)
6. 16. ἐγένετο τῆς κιβωτοῦ [A κ. κυρίου] παραγινομένης (6 *d*)
— 23. τῇ Μελχὸλ θυγατρὶ Σ. οὐκ ἐγένετο παιδίον (6 *d*)
7. 1. καὶ ἐγένετο ὅτε ἐκάθισεν ὁ [A Δαυὶδ ὁ] βασ. (6 *d*)
— 4. καὶ ἐγένετο τῇ [A ἐν τῇ] νυκτὶ ἐκείνῃ καὶ ἐγένετο ῥῆμα κυρίου πρὸς Νάθαν (6 *d*, 6 *d*)
— 24. σύ, κύριε, ἐγένου αὐτοῖς εἰς θεόν (6 *d*)
8. 1. καὶ ἐγένετο μετὰ ταῦτα (6 *d*)
— 2. καὶ ἐγένετο [A -νοντο] τὰ δύο σχοινίσματα (20)
— 2. καὶ ἐγένετο Μωὰβ τῷ Δαυὶδ [A *om.* τ. Δ.] εἰς δούλους (6 *d*)
— 6. καὶ ἐγένετο ὁ Σύρος τῷ Δαυὶδ εἰς δούλους (6 *d*)
— 14. ἐγένοντο πάντες οἱ Ἰδουμαῖοι δοῦλοι τῷ βασ. (6 *d*)
10. 1. καὶ ἐγένετο μετὰ ταῦτα (6 *d*)
— 9. ἐγενήθη πρὸς αὐτὸν ἀντιπρόσωπον τοῦ πολέμου (6 *d*)
11. 1. καὶ ἐγένετο ἐπιστρέψαντος τοῦ ἐνιαυτοῦ (6 *d*)
— 2. καὶ ἐγένετο πρὸς ἑσπέραν (6 *d*)
— 14. καὶ ἐγένετο πρωΐ (6 *d*)
— 16. ἐγενήθη ἐν τῷ φυλάσσειν Ἰ. ἐπὶ τὴν πόλιν (6 *d*)
— 23. ἐγενήθημεν ἐπ' αὐτούς (6 *d*)
— 27. καὶ ἐγενήθη αὐτῷ εἰς γυναῖκα (6 *d*)
12. 18. καὶ ἐγένετο ἐν τῇ ἡμέρᾳ τῇ ἑβδόμῃ (6 *d*)
13. 1. καὶ ἐγενήθη μετὰ ταῦτα (6 *d*)
— 20. μὴ Ἀμνὼν ὁ ἀδελφός σου [A μου] ἐγένετο μετὰ σοῦ (6 *d*)
— 23. καὶ ἐγένετο εἰς διετηρίδα ἡμερῶν (6 *d*)
— 28. γίνεσθε εἰς υἱοὺς δυνάμεως (6 *d*)
— 30. καὶ ἐγένετο αὐτῶν ὄντων ἐν τῇ ὁδῷ (6 *d*)
— 35. κατὰ τὸν λόγον τοῦ δούλου σου οὕτως ἐγένετο (6 *d*)
— 36. καὶ ἐγένετο ἡνίκα συνετέλεσε λαλῶν (6 *d*)
14. 26. καὶ ἐγένετο ἀπ' ἀρχῆς ἡμερῶν εἰς ἡμέρας (6 *d*)
— 27. καὶ γίνεται γυνὴ τῷ Ῥοβοάμ –
15. 1. καὶ ἐγένετο μετὰ ταῦτα (6 *d*)
— 2. καὶ ἐγένετο πᾶς ἀνὴρ ᾧ ἐγένετο κρίσις (6 *d*)
— 5. καὶ ἐγένετο ἐν τῷ ἐγγίζειν ἄνδρα (6 *d*)
— 7. καὶ ἐγένετο ἀπὸ τέλους τεσσαράκ. ἐτῶν (6 *d*)
— 12. καὶ ἐγένετο σύντριμμα [A σύστρεμμα] ἰσχυρόν (6 *d*)
— 13. ἐγενήθη ἡ καρδία ἀνδρῶν Ἰσρ. ὀπίσω Ἀβ. (6 *d*)
16. 16. καὶ ἐγενήθη ἡνίκα ἦλθε Χουσί (6 *d*)
17. 9. ἐγενήθη θραῦσις ἐν τῷ λαῷ τῷ ὀπίσω Ἀβεσσαλώμ (6 *d*)
— 21. ἐγένετο δὲ μετὰ τὸ ἀπελθεῖν αὐτούς (6 *d*)
— 23. οὐκ ἐγενήθη ἡ βουλὴ αὐτοῦ (31 *b*)
— 27. καὶ ἐγένετο ἡνίκα ἦλθε Δαυὶδ εἰς Μ. (6 *d*)
18. 6. καὶ ἐγένετο ὁ πόλεμος ἐν τῷ δρυμῷ Ἐ. (6 *d*)
— 7. καὶ ἐγένετο ἡ θραῦσις μεγάλη (6 *d*)
— 8. καὶ ἐγένετο ἐκεῖ ὁ πόλεμος διεσπαρμένος (6 *d*)
— 25. A καὶ ἐγένετο [B ἐπορεύετο] πορευόμενος (14)
— 32. γένοιντο ὡς τὸ παιδάριον οἱ ἐχθροὶ τοῦ κυρίου μου τοῦ βασ. (6 *d*)

II Ki. 19. 2 (3). καὶ ἐγένετο ἡ σωτηρία ἐν τῇ ἡμέρᾳ ἐκ. εἰς πένθος (6 *d*)
— 11 (12), 12 (13). ἵνα τί γίνεσθε ἔσχατοι (6 *d*)
— 22 (23). γίνεσθέ μοι [A *om.*] σήμερον εἰς ἐπίβουλον (6 *d*)
— 25 (26). καὶ ἐγένετο ὅτε εἰσῆλθεν (6 *d*)
21. 1. καὶ ἐγένετο λιμὸς ἐν ταῖς ἡμέραις Δ. (6 *d*)
— 15. καὶ ἐγενήθη ἔτι πόλεμος (6 *d*)
— 18. καὶ ἐγενήθη μετὰ ταῦτα ἔτι πόλεμος (6 *d*)
— 19. καὶ ἐγένετο ὁ πόλεμος ἐν Ῥόμ (6 *d*)
— 20. ἐγένετο ἔτι πόλεμος ἐν Γέθ (6 *d*)
22. 19. ἐγένετο κύριος ἐπιστήριγμά μου (6 *d*)
23. 19. καὶ ἐγένετο αὐτοῖς εἰς [A ἐπ'] ἄρχοντα (6 *d*)
24. 9. καὶ ἐγένετο Ἰσραὴλ ὀκτακόσιαι χιλιάδες (6 *d*)
— 11. καὶ λόγος κυρίου ἐγένετο πρὸς Γάδ (6 *d*)
— 13. B ἔκλεξαι σεαυτῷ γενέσθαι –
— 13. ἡ γενέσθαι τρεῖς ἡμέρας θάνατον (6 *d*)
— 17. γενέσθω δὴ ἡ χείρ σου ἐν ἐμοί (6 *d*)
III Ki. 1. 7. καὶ ἐγένοντο οἱ λόγοι αὐτοῦ μετὰ Ἰωάβ (6 *d*)
— 27. εἰ διὰ τοῦ κυρίου μου τοῦ βασ. γέγονε τὸ ῥῆμα τοῦτο (6 *e*)
— 36. γένοιτο οὕτως (2)
— 52. ἐὰν γένηται εἰς υἱὸν δυνάμεως (6 *d*)
2. 14. καὶ ἐγενήθη τῷ ἀδελφῷ μου ὅτι παρὰ κυρίου ἐγένετο αὐτῷ (6 *d*, 6 *d*)
— 29. τί γέγονέ σοι –
— 33. γένοιτο εἰρήνη ἕως αἰῶνος (6 *d*)
3. 1 (2. 39). καὶ ἐγενήθη μετὰ τὰ τρία ἔτη (6 *d*)
— 12. ὡς σὺ οὐ γέγονεν ἔμπροσθέν σου (6 *d*)
— 13. ὡς οὐ γέγονεν ἀνὴρ [A *om.*] ὅμοιός σοι (6 *d*)
— 18. καὶ ἐγενήθη ἐν τῇ ἡμέρᾳ τῇ τρίτῃ (6 *d*)
4. 7. μῆνα ἐν τῷ [A *om.* ἐν τῷ] ἐνιαυτῷ ἐγίνετο (6 *d*)
5. 7 (21). καὶ ἐγενήθη καθὼς ἤκουσε Χιράμ (6 *d*)
6. 1. καὶ ἐγενήθη ἐν τῷ τεσσαρακοστῷ καὶ τετρακοσιοστῷ ἔτει (6 *d*)
— 11. A καὶ ἐγένετο λόγος κυρίου πρὸς Σ. (6 *d*)
8. 1. B καὶ ἐγένετο ὡς συνετέλεσε Σαλωμών –
— 8. A καὶ ἐγένοντο ἐκεῖ ἕως τῆς ἡμέρας ταύτης (6 *d*)
— 10. καὶ ἐγένετο ὡς ἐξῆλθον οἱ ἱερεῖς (6 *d*)
— 17. καὶ ἐγένετο ἐπὶ τῆς καρδίας τοῦ [A Δ. τοῦ] πατρός μου (6 *d*)
— 18. ὅτι ἐγενήθη ἐπὶ τὴν καρδίαν σου (6 *d*)
— 35. καὶ μὴ γενέσθαι ὑετόν (6 *d*)
— 37. λιμὸς ἐὰν γένηται [A *add.* ἐν τῇ γῇ] θάνατος ἐὰν γένηται . . . ἐρυσίβη ἐὰν γένηται (6 *d ter*)
— 38. πᾶσαν δέησιν ἐὰν γένηται παντὶ ἀνθρώπῳ (6 *d*)
— 54. καὶ ἐγένετο ὡς συνετέλεσε Σαλωμών (6 *d*)
— 57. γένοιτο κύριος ὁ θεὸς ἡμῶν μεθ' ἡμῶν (6 *d*)
9. 1. καὶ ἐγενήθη ὡς συνετέλεσε Σαλωμών (6 *d*)
— 9 (10). A καὶ ἐγένετο [B *om.* κ. ἐ.] ἐν ταῖς ἡμέραις ἐκείναις (6 *d*)
10. 5. καὶ ἐξ ἑαυτῆς ἐγένετο (6 *d*)
— 9. γένοιτο κύριος ὁ θεός σου εὐλογημένος (6 *d*)
— 20. οὐ γέγονεν οὕτως πάσῃ βασιλείᾳ (31 *b*)
— 21. B πάντα τὰ σκεύη τὰ ὑπὸ τοῦ Σαλ. γεγονότα χρυσᾶ [A *al.*] –
11. 4. καὶ ἐγενήθη ἐν καιρῷ γήρους Σαλωμών (6 *d*)
— 11. ἀνθ' ὧν ἐγένετο ταῦτα μετὰ σοῦ (6 *d*)
— 14 [B], 25 [A]. A καὶ ἐγένετο ἀντικείμενος τῷ Ἰσρ. [B *al.*] (6 *d*)
— 15. καὶ ἐγένετο ἐν τῷ ἐξολεθρεῦσαι Δ. τὸν Ἐ. (6 *d*)
— 29. καὶ ἐγενήθη ἐν τῷ καιρῷ ἐκείνῳ (6 *d*)
— 43 [B], 12. 2 [A]. καὶ ἐγενήθη [A -νετο] ὡς ἤκουσεν Ἰερ. (6 *d*)
12. 20. καὶ ἐγένετο ὡς ἤκουσε πᾶς [A *om.*] Ἰσραήλ (6 *d*)
— 22. καὶ ἐγένετο λόγος κυρίου πρὸς Σαμαίαν (6 *d*)
— 24. παρ' ἐμοῦ γέγονε τὸ ῥῆμα τοῦτο (6 *e*)
— 24. B καὶ ἐγένετο ἐλθούσης αὐτῆς εἰς τὴν πόλιν –
— 24. B καὶ ἐγένετο ὡς εἰσῆλθεν εἰς τὴν Σαριρά –
— 24. B λόγος κυρίου ἐγένετο πρὸς Σαμαίαν –
— 24. B καὶ ἐγένετο ἐνισταμένου τοῦ ἐνιαυτοῦ –
— 24. B καὶ ἐγένετο ῥῆμα κυρίου πρὸς Σαμαίαν –
— 24. B παρ' ἐμοῦ γέγονε τὸ ῥῆμα τοῦτο –
— 30. καὶ ἐγένετο ὁ λόγος οὗτος εἰς ἁμαρτίαν (6 *d*)
13. 4. καὶ ἐγένετο ὡς ἤκουσεν ὁ βασ. Ἱεροβοάμ (6 *d*)
— 6. καὶ ἐγένετο καθὼς τὸ πρότερον (6 *d*)
— 20. καὶ ἐγένετο αὐτῶν καθημένων ἐπὶ τῆς τραπ. καὶ ἐγένετο λόγος κυρίου πρὸς τὸν προφήτην (6 *d*, 6 *d*)

III Ki. 13. 23. καὶ ἐγένετο μετὰ τὸ φαγεῖν αὐτὸν ἄρτον (6 *d*)
— 31. καὶ ἐγένετο μετὰ τὸ κόψασθαι αὐτόν (6 *d*)
— 32. γινόμενον ἔσται τὸ ῥῆμα (6 *d*)
— 33. καὶ ἐγένετο ἱερεὺς εἰς τὰ ὑψηλά (6 *d*)
— 34. καὶ ἐγένετο τὸ ῥῆμα τοῦτο εἰς ἁμαρτίαν (6 *d*)
14. 5. A καὶ ἐγένετο ἐν τῷ εἰσέρχεσθαι αὐτήν (6 *d*)
— 6. A καὶ ἐγένετο ὡς ἤκουσεν Ἀχιά (6 *d*)
— 8. A οὐκ ἐγένου ὡς ὁ δοῦλός μου Δαυίδ (6 *d*)
— 9. A ὅσοι ἐγένοντο εἰς πρόσωπόν σου (6 *d*)
— 17. A καὶ ἐγένετο ὡς εἰσῆλθεν –
— 24. σύνδεσμος ἐγενήθη ἐν τῇ γῇ (6 *d*)
— 25. καὶ ἐγένετο ἐν τῷ ἐνιαυτῷ τῷ πέμπτῳ (6 *d*)
— 28. καὶ ἐγένετο ὅτε εἰσεπορεύετο ὁ βασιλεύς (6 *d*)
15. 21. καὶ ἐγένετο ὡς ἤκουσε Βαασά (6 *d*)
— 29. καὶ ἐγένετο ὡς ἐβασίλευσε (6 *d*)
16. 1. καὶ ἐγένετο λόγος κυρίου ἐν χειρὶ Ἰού (6 *d*)
— 11. B καὶ ἐγενήθη ἐν τῷ βασιλεῦσαι αὐτόν (6 *d*)
— 18. καὶ ἐγενήθη ὡς εἶδε Ζαμβρί (6 *d*)
— 21. ἥμισυ τοῦ λαοῦ γίνεται ὀπίσω Θαμνί (6 *d*)
— 21. τὸ ἥμισυ τοῦ λαοῦ γίνεται ὀπίσω Ἀμβρί –
— 25. ὑπὲρ πάντας τοὺς γενομένους ἔμπροσθεν αὐτοῦ –
— 33. ὑπὲρ πάντας τοὺς βασ. Ἰσρ. τοὺς γενομ. ἔμπροσθεν αὐ. (6 *d*)
17. 2. καὶ ἐγένετο ῥῆμα [A λόγος] κυρίου πρὸς Ἠλιού (6 *d*)
— 7. καὶ ἐγένετο μεθ' ἡμέρας (6 *d*)
— 7. οὐκ ἐγένετο ὑετὸς ἐπὶ τῆς γῆς (6 *d*)
— 8. καὶ ἐγένετο ῥῆμα κυρίου πρὸς Ἠλιού (6 *d*)
— 17. καὶ ἐγένετο μετὰ ταῦτα [A τὰ ῥήματα ταῦτα] (6 *d*)
— 22. καὶ ἐγένετο οὕτως (9)
18. 1. καὶ ἐγένετο μεθ' ἡμέρας πολλὰς καὶ ῥῆμα κυρίου ἐγένετο πρὸς Ἠλιού (6 *d*, 6 *d*)
— 4. καὶ ἐγένετο ἐν τῷ τύπτειν τὴν Ἰεζ. τοὺς προφήτας κυρίου (6 *d*)
— 17. B καὶ ἐγένετο ὡς εἶδεν Ἀχαὰβ τὸν Ἠλιού (6 *d*)
— 27. καὶ ἐγένετο μεσημβρία (6 *d*)
— 29. A καὶ ἐγένετο ὡς παρῆλθεν τὸ δειλινόν [B *al.*] (6 *d*)
— 36. A καὶ ἐγένετο κατὰ ἀνάβασιν τὸ ὕδωρ (6 *d*)
— 44. καὶ ἐγένετο ἐν τῷ ἑβδόμῳ (6 *d*)
— 45. καὶ ἐγένετο ἕως ὧδε καὶ [A καὶ ἕως] ὧδε (6 *d*)
— 45. καὶ ἐγένετο ὁ ὑετὸς μέγας (6 *d*)
— 46. A καὶ χεὶρ κυρίου ἐγένετο [B *om.*] ἐπὶ τὸν Ἠλιού (6 *d*)
19. 13. καὶ ἐγένετο ὡς ἤκουσεν Ἠλιού (6 *d*)
20 (21). 1. A ἐγένετο μετὰ τὰ ῥήματα ταῦτα (6 *d*)
— 3. μὴ γένοιτό μοι [A *om.*] παρὰ θεοῦ μου (10)
— 4. B καὶ ἐγένετο τὸ πνεῦμα Ἀχαὰβ τεταραγμ. [A *al.*] †
— 7. καὶ σαυτοῦ γενοῦ (90)
— 15. καὶ ἐγένετο ὡς ἤκουσεν Ἰεζάβελ (6 *d*)
— 16. καὶ ἐγένετο ὡς ἤκουσεν Ἀχαάβ (6 *d*)
— 16. καὶ ἐγένετο μετὰ ταῦτα –
— 28. καὶ ἐγένετο ῥῆμα κυρίου ἐν χειρὶ δούλου αὐ. Ἠ. (6 *d*)
21 (20). 12. καὶ ἐγένετο ὅτε [A ὡς] ἀπεκρίθη αὐτῷ τὸν λόγον τ. (6 *d*)
— 15. A R καὶ ἐγένοντο [B -ετο] διακόσια τριάκοντα [A τριακόσιοι τρ. δύο] (6 *d*)
— 26. καὶ ἐγένετο ἐπιστρέψαντος τοῦ ἐνιαυτοῦ (6 *d*)
— 29. καὶ ἐγένετο ἐν τῇ ἡμέρᾳ τῇ ἑβδόμῃ (6 *d*)
— 39. καὶ ἐγένετο ὡς παρεπορεύετο ὁ βασ. (6 *d*)
— 40. καὶ ἐγενήθη περιεβλέψατο ὁ δοῦλός σου (6 *d*)
22. 2. ἐγενήθη [A -νετο] ἐν τῷ ἐνιαυτῷ τῷ τρίτῳ (6 *d*)
— 13. γίνου δὴ καὶ σὺ εἰς λόγους σου (6 *d*)
— 32, 33. καὶ ἐγένετο ὡς εἶδον οἱ ἄρχοντες (6 *d*)
— 54. κατὰ πάντα τὰ γενόμενα ἔμπροσθεν αὐτοῦ (31 *a*)
IV Ki. 2. 1. καὶ ἐγένετο ἐν τῷ ἀνάγειν κύριον τὸν Ἠλιού (6 *d*)
— 9. καὶ ἐγένετο ἐν τῷ διαβῆναι αὐτούς (6 *d*)
— 9. γενηθήτω δὴ διπλᾶ ἐν πνεύματί σου ἐπ' ἐμέ (6 *d*)
— 10. καὶ ἐὰν μὴ οὐ μὴ γένηται (6 *d*)
— 11. καὶ ἐγένετο αὐτῶν πορευομένων (6 *d*)
3. 5. καὶ ἐγένετο μετὰ τὸ ἀποθανεῖν Ἀχαάβ (6 *d*)

● = correction on page xxv

IV Ki. 3. 15. καὶ ἐγένετο ὡς ἔψαλλεν ὁ ψάλλων καὶ ἐγένετο ἐπ' αὐτὸν χεὶρ κυρίου (6 *d*, 6 *d*)
— 20. καὶ ἐγένετο πρωΐ (6 *d*)
— 27. καὶ ἐγένετο μετάμελος μέγας ἐπὶ Ἰσραήλ (6 *d*)
4. 8. καὶ ἐγένετο ἡμέρα (6 *d*)
— 8. καὶ ἐγένετο ἀφ' ἱκανοῦ τοῦ εἰσπορεύεσθαι αὐτόν (6 *d*)
— 11. καὶ ἐγένετο ἡμέρα (6 *d*)
— 18. καὶ ἐγένετο ἡνίκα ἐξῆλθε πρὸς τὸν πατέρα αὐτοῦ (6 *d*)
— 25. καὶ ἐγένετο ὡς εἶδεν Ἐλισαιὲ ἐρχομένην αὐτήν (6 *d*)
— 40. καὶ ἐγένετο ἐν τῷ ἐσθίειν αὐτούς (6 *d*)
— 41. καὶ οὐκ ἐγενήθη ἔτι [A *om.*] ἐκεῖ ῥῆμα πονηρόν (6 *d*)
5. 7. καὶ ἐγένετο ὡς ἀνέγνω βασιλεὺς Ἰσρ. τὸ βιβλίον (6 *d*)
— 8. καὶ ἐγένετο ὡς ἤκουσεν Ἐλισαιέ (6 *d*)
6. 20. καὶ ἐγένετο ὡς εἰσῆλθον [A -θεν] εἰς Σαμάρειαν (6 *d*)
— 24. καὶ ἐγένετο μετὰ ταῦτα (6 *d*)
— 25. καὶ ἐγένετο λιμὸς μέγας ἐν Σαμαρείᾳ (6 *d*)
— 25. ἐγενήθη κεφαλὴ ὄνου πεντήκοντα ἀργυρίου [B^{2} σίκλων ἀ.] (6 *d*)
— 30. καὶ ἐγένετο ὡς ἤκουσεν ὁ βασ. (6 *d*)
7. 16. καὶ ἐγένετο μέτρον σεμιδάλεως σίκλου (6 *d*)
— 18. καὶ ἐγένετο καθὰ ἐλάλησεν Ἐλισαιέ (6 *d*)
— 20. καὶ ἐγένετο οὕτως [A αὐτῷ οὕ.] (6 *d*)
8. 3. καὶ ἐγένετο μετὰ τὸ τέλος τῶν ἑπτὰ ἐτῶν (6 *d*)
— 5. καὶ ἐγένετο αὐτοῦ ἐξηγουμένου τῷ βασιλεῖ (6 *d*)
— 15. καὶ ἐγένετο τῇ ἐπαύριον (6 *d*)
— 21. καὶ ἐγένετο αὐτοῦ ἀναστάντος (6 *d*)
9. 20. ἐν παραλλαγῇ ἐγένετο †
— 22. καὶ ἐγένετο ὡς εἶδεν Ἰωρὰμ τὸν Ἰού (6 *d*)
10. 7. καὶ ἐγένετο ὡς ἦλθε τὸ βιβλίον πρὸς αὐτούς (6 *d*)
— 9. καὶ ἐγένετο πρωΐ [A ἐν πρωΐᾳ] (6 *d*)
— 25. καὶ ἐγένετο ὡς συνετέλεσε ποιῶν τὴν ὁλοκαύτωσιν (6 *d*)
11. 8. A B καὶ ἐγένετο [R ἔσονται] μετὰ τοῦ βασιλέως (6 *d*)
12. 6 (7). καὶ ἐγενήθη ἐν τῷ εἰκοστῷ καὶ τρίτῳ ἔτει (6 *d*)
— 10 (11). καὶ ἐγένετο ὡς εἶδεν [A *add.* αὐτόν] (6 *d*)
— 16 (17). τοῖς ἱερεῦσιν ἐγένετο (6 *d*)
13. 21. καὶ ἐγένετο αὐτῶν θαπτόντων τὸν ἄνδρα (6 *d*)
14. 5. καὶ ἐγένετο ὅτε κατίσχυσεν ἡ βασιλεία (6 *d*)
15. 12. καὶ ἐγένετο οὕτως (6 *d*)
17. 3. καὶ ἐγενήθη αὐτῷ Ὡσηὲ δοῦλος (6 *d*)
— 7. καὶ ἐγένετο ὅτι [A ὅτε] ἥμαρτον οἱ υἱοὶ Ἰσραήλ (6 *d*)
— 25. καὶ ἐγένετο ἐν ἀρχῇ τῆς καθέδρας αὐτῶν (6 *d*)
18. 1. καὶ ἐγένετο ἐν ἔτει τρίτῳ (6 *d*)
— 5. οὐκ ἐγενήθη ὅμοιος αὐτῷ ἐν [A ἐν πᾶσιν] βασ. Ἰ. καὶ ἐν [A *om.*] τοῖς γενομ. ἔμπροσθεν αὐτοῦ (6 *d*, 6 *d*)
— 9. καὶ ἐγένετο ἐν τῷ ἔτει τῷ τετάρτῳ (6 *d*)
19. 1. καὶ ἐγένετο ὡς ἤκουσεν ὁ βασιλεὺς Ἐζ. (6 *d*)
— 25. A R καὶ ἐγένετο εἰς ἐπάρσεις ἀποικεσιῶν [B ἀπὸ οἰκ.] (6 *d*)
— 26. ἐγένοντο χόρτος ἀγροῦ (6 *d*)
— 35. καὶ ἐγένετο νυκτός [A ἕως ν.] (6 *d*)
— 37. καὶ ἐγένετο αὐτοῦ προσκυνοῦντος (6 *d*)
20. 4. καὶ ῥῆμα κυρίου ἐγένετο πρὸς αὐτόν (6 *d*)
22. 3. καὶ ἐγενήθη ἐν τῷ ὀκτωκαιδεκάτῳ ἔτει (6 *d*)
— 11. καὶ ἐγένετο ὡς ἤκουσεν ὁ βασιλεύς (6 *d*)
23. 22. οὐκ ἐγενήθη τὸ πάσχα τοῦτο (31 *b*)
— 23. ἐγενήθη τὸ πάσχα τῷ [A τοῦτο τῷ] κυρίῳ (31 *b*)
— 24. πάντα τὰ προσοχθίσματα τὰ γεγονότα ἐν γῇ Ἰούδα (35)
— 25. ὅμοιος αὐτῷ οὐκ ἐγενήθη [A ἐγενν.] (6 *d*)
24. 1. καὶ ἐγενήθη αὐτῷ Ἰωακὶμ δοῦλος τρία ἔτη (6 *d*)
25. 1. καὶ ἐγενήθη [A -νετο] ἐν τῷ ἔτει τῷ ἐνάτῳ (6 *d*)
— 25. καὶ ἐγενήθη ἐν [A *om.*] τῷ ἑβδόμῳ μηνί (6 *d*)
— 27. καὶ ἐγενήθη ἐν τῷ τριακοστῷ καὶ ἑβδόμῳ ἔτει (6 *d*)
I Ch. 6. 54 (39). ὅτι αὐτοῖς ἐγένετο ὁ κλῆρος (6 *d*)
— 66 (51). ἐγένοντο πόλεις τῶν ὁρίων αὐτῶν (6 *d*)
7. 15. R ἐγενήθησαν δὲ [A καὶ ἐγενν.] τῷ Σ. θυγατέρες (6 *d*)
— 23. ἐν κακοῖς ἐγένετο ἐν οἴκῳ μου (6 *d*)

I Ch. 10. 8. καὶ ἐγένετο τῇ ἐχομένῃ (6 *d*)
11. 6. καὶ ἐγένετο εἰς ἄρχοντα (6 *d*)
12. 19. ἐν βουλῇ ἐγένετο παρὰ τῶν στρατηγῶν †
14. 17. ἐγένετο ὄνομα Δ. ἐν πάσῃ τῇ γῇ (16)
15. 26. καὶ ἐγένετο ἐν τῷ κατισχῦσαι (6 *d*)
— 29. καὶ ἐγένετο κιβωτὸς διαθήκης κυρίου (6 *d*)
16. 19. ἐν τῷ γενέσθαι [A λέγεσθαι] αὐτοὺς ὀλιγοστούς (6 *d*)
— 40. S^{1} ὅσα ἐγένετο [A B ἐνετείλατο] ἐφ' υἱοῖς Ἰσ. †
17. 1. καὶ ἐγένετο ὡς κατῴκησε Δαυίδ (6 *d*)
— 3. καὶ ἐγένετο . . . καὶ ἐγένετο λόγος κ. πρὸς Νάθαν (6 *d*, 6 *d*)
— 22. R σὺ κύριος ἐγενήθης [A B S *om.*] αὐτοῖς εἰς θεόν (6 *d*)
18. 1; 19. 1. καὶ ἐγένετο μετὰ ταῦτα (6 *d*)
19. 10. ὅτι γεγόνασι [A S^{1} -αν] ἀντιπρόσωποι (6 *d*)
20. 1. καὶ ἐγένετο ἐν τῷ ἐπιόντι ἔτει (6 *d*)
— 4. καὶ ἐγένετο μετὰ ταῦτα καὶ ἐγένετο ἔτι πόλεμος (6 *d*, 30)
— 5. καὶ ἐγένετο ἔτι πόλεμος μετὰ τῶν ἀλλοφύλων (30)
— 6. καὶ ἐγένετο ἔτι πόλεμος ἐν Γέθ (6 *d*)
— 8. A R οὗτοι ἐγένοντο [B οὗτος ἐγένετο] τῷ Ῥαφὰ ἐν Γέθ (13 *b*)
21. 3. ἵνα μὴ γένηται εἰς ἁμαρτίαν τῷ Ἰσρ. (6 *d*)
— 17. γενηθήτω ἡ χείρ σου ἐν ἐμοί (6 *d*)
22. 7. ἐμοὶ ἐγένετο ἐπὶ ψυχῇ (6 *d*)
— 8. καὶ ἐγένετό μοι [A ἐπ' ἐμὲ] λόγος κυρίου (6 *d*)
23. 3. καὶ ἐγένετο ὁ ἀριθμὸς αὐτῶν (6 *d*)
— 11. A R ἐγένοντο [B -νετο] εἰς οἶκον πατριᾶς (6 *d*)
25. 1, 7. καὶ ἐγένετο ὁ ἀριθμὸς αὐτῶν (6 *d*)
27. 24. ἐγένετο ἐν τούτοις ὀργὴ ἐπὶ Ἰσρ. (6 *d*)
28. 2. ἐμοὶ ἐγένετο ἐπὶ καρδίαν –
— 4. τοῦ γενέσθαι με βασιλέα (46)
29. 25. ὃ οὐκ ἐγένετο ἐπὶ παντὸς βασ. (6 *d*)
— 30. οἳ ἐγένοντο ἐπ' αὐτῷ (27)
II Ch. 1. 11. ἀνθ' ὧν ἐγένετο τοῦτο ἐν τῇ καρδίᾳ σου (6 *d*)
— 12. ὡς [A *add.* σὺ] οὐκ ἐγενήθη ὅμοιός σοι (6 *d*)
— 14. ἐγένοντο αὐτῷ χίλια καὶ τετρακόσια ἅρματα (6 *d*)
5. 11. καὶ ἐγένετο ἐν τῷ ἐξελθεῖν τοὺς ἱερεῖς (6 *d*)
— 13. καὶ ἐγένετο μία φωνὴ ἐν τῷ σαλπίζειν (6 *d*)
6. 6. A R γενέσθαι τοῦ εἶναι [R *om.* τ. εἶ.] τὸ ὄνομά μου ἐκεῖ (6 *d*)
— 7. καὶ ἐγένετο ἐπὶ καρδίαν Δαυίδ (6 *d*)
— 8. διότι ἐγένετο ἐπὶ καρδίαν σου (6 *d*)
— 8. ὅτι ἐγένετο ἐπὶ τὴν καρδίαν σου (6 *d*)
— 10. ἐγενήθην ἀντὶ Δαυὶδ πατρός μου (33)
— 26. ἐν τῷ . . . μὴ γενέσθαι ὑετόν (6 *d*)
— 28. λιμὸς ἐὰν γένηται ἐπὶ τῆς γῆς (6 *d*)
— 28. θάνατος ἐὰν γένηται (6 *d*)
— 28. ἀκρὶς καὶ βροῦχος ἐὰν γένηται (6 *d*)
— 29. πᾶσα δέησις ἣ ἐὰν γένηται παντὶ ἀνθρ. (6 *d*)
7. 13. καὶ μὴ γένηται ὑετός (6 *d*)
8. 1. καὶ ἐγένετο μετὰ εἴκοσι ἔτη (6 *d*)
9. 4. καὶ ἐξ ἑαυτῆς ἐγένετο (6 *d*)
— 19. οὐκ ἐγενήθη οὕτως ἐν πάσῃ τῇ βασιλείᾳ (31 *b*)
10. 2. καὶ ἐγένετο ὡς ἤκουσεν (6 *d*)
— 7. ἐὰν . . . γένῃ εἰς ἀγαθὸν τῷ λαῷ τούτῳ (6 *d*)
11. 2. ἐγένετο λόγος θεοῦ πρὸς Σαμαίαν (6 *d*)
— 4. ὅτι παρ' ἐμοῦ ἐγένετο τὸ ῥῆμα τοῦτο (6 *e*)
12. 1. καὶ ἐγένετο ὡς ἡτοιμάσθη (6 *d*)
— 2. καὶ ἐγένετο ἐν τῷ πέμπτῳ ἔτει (6 *d*)
— 7. καὶ ἐγένετο λόγος κυρίου πρὸς Σαμαίαν (6 *d*)
— 11. καὶ ἐγένετο ἐν τῷ εἰσελθεῖν (6 *d*)
13. 9. ἐγίνετο εἰς ἱερέα τῷ μὴ ὄντι θεῷ (6 *d*)
— 13. καὶ ἐγένετο ἔμπροσθεν Ἰούδα (6 *d*)
— 15. καὶ ἐγένετο ἐν τῷ βοᾶν (6 *d*)
14. 8 (7). καὶ ἐγένετο τῷ Ἀσὰ δύναμις ὁπλοφόρων (6 *d*)
— 14 (13). ὅτι ἐγενήθη ἔκστασις κυρίου ἐπ' αὐτούς (6 *d*)
— 14 (13). ὅτι πολλὰ σκῦλα ἐγενήθη αὐτοῖς (6 *d*)
15. 1. ἐγένετο ἐπ' αὐτὸν πνεῦμα κυρίου (6 *d*)
— 17. ἡ καρδία Ἀσὰ ἐγένετο πλήρης (6 *d*)
16. 5. καὶ ἐγένετο ἐν τῷ ἀκοῦσαι Βαασά (6 *d*)
17. 3. καὶ ἐγένετο κύριος μετὰ Ἰωσαφάτ (6 *d*)
— 5. καὶ ἐγένετο αὐτῷ πλοῦτος καὶ δόξα πολλή (6 *d*)
— 10. καὶ ἐγένετο ἔκστασις κ. ἐπὶ πάσαις ταῖς βασ. (6 *d*)
— 13. A R ἔργα πολλὰ ἐγένετο αὐτῷ [B *om.*] (6 *d*)
18. 1. καὶ ἐγενήθη τῷ Ἰ. ἔτι πλοῦτος (6 *d*)
— 31, 32. καὶ ἐγένετο ὡς εἶδον (6 *d*)
19. 2. ἐγένετο ἐπὶ σὲ ὀργὴ παρὰ κυρίου –

II Ch. 19. 7. καὶ νῦν γενέσθω φόβος κυρίου ἐφ' ὑμᾶς (6 *d*)
20. 14. ἐγένετο ἐπ' αὐτὸν πνεῦμα κυρίου (6 *d*)
— 25. καὶ ἐγένοντο ἡμέραι τρεῖς σκυλευόντων αὐτῶν (6 *d*)
— 26. καὶ ἐγένετο [A *om.*] . . . ἐπισυνήχθησαν –
— 29. καὶ ἐγένετο ἔκστασις κ. ἐπὶ πάσας τὰς βασ. (6 *d*)
21. 9. καὶ ἐγένετο καὶ ἠγέρθη νυκτός (6 *d*)
— 19. καὶ ἐγένετο ἐξ ἡμερῶν εἰς ἡμέρας (6 *d*)
22. 7. παρὰ τοῦ θεοῦ ἐγένετο καταστροφὴ Ὀχ. (6 *d*)
— 8. καὶ ἐγένετο ὡς ἐξεδίκησεν (6 *d*)
24. 4. καὶ ἐγένετο μετὰ ταῦτα καὶ ἐγένετο ἐπὶ καρδίαν (6 *d*, 6 *d*)
— 8. γενηθήτω γλωσσόκομον (31 *a*)
— 11. καὶ ἐγένετο . . . ἦλθεν ὁ γραμματεύς (6 *d*)
— 17. καὶ ἐγένετο μετὰ τὴν τελευτὴν Ἰ. –
— 18. ἐγένετο ὀργὴ ἐπὶ Ἰούδαν (6 *d*)
— 23. καὶ ἐγένετο μετὰ τὴν συντέλειαν (6 *d*)
25. 3. καὶ ἐγένετο ὡς κατέστη (6 *d*)
— 14. καὶ ἐγένετο μετὰ τὸ ἐλθεῖν (6 *d*)
— 15. καὶ ἐγένετο ὀργὴ κυρίου ἐπὶ Ἀμασίαν (11)
— 16. καὶ ἐγένετο ἐν τῷ λαλῆσαι αὐτῷ (6 *d*)
— 20. παρὰ κυρίου ἐγένετο –
26. 11. A B καὶ ἐγένετο τῷ Ὀζίᾳ δυνάμεις [R -ις] (6 *d*)
28. 23. αὐτοὶ ἐγένοντο αὐτῷ εἰς σκῶλον (6 *d*)
29. 3. καὶ ἐγένετο ὡς ἔστη –
— 32. καὶ ἐγένετο ὁ ἀριθμὸς τῆς ὁλοκαυτώσεως (6 *d*)
— 36. ὅτι ἐξάπινα ἐγένετο ὁ λόγος (6 *d*)
30. 7. μὴ γίνεσθε καθὼς οἱ πατέρες ὑμῶν (6 *d*)
— 10. καὶ ἐγένοντο ὡς καταγελῶντες αὐτῶν (6 *d*)
— 12. καὶ ἐγένετο χεὶρ κ. δοῦναι αὐτοῖς καρδίαν (6 *d*)
— 26. καὶ ἐγένετο εὐφροσύνη μεγάλη ἐν Ἱερ. (6 *d*)
— 26. οὐκ ἐγένετο τοιαύτη ἑορτὴ ἐν Ἱερ. –
32. 25. καὶ ἐγένετο ἐπ' αὐτὸν ὀργή (6 *d*)
— 27. καὶ ἐγένετο τῷ Ἐζ. πλοῦτος (6 *d*)
— 31. τὸ τέρας ὃ ἐγένετο ἐπὶ τῆς γῆς (6 *d*)
34. 19. καὶ ἐγένετο ὡς ἤκουσε (6 *d*)
35. 18. καὶ οὐκ ἐγένετο φασὲκ ὅμοιον αὐτῷ (31 *b*)
— 19. ὅμοιος αὐτῷ οὐκ ἐγενήθη –
I Es. 1. 10. ταῦτα τὰ γενόμενα [A τούτων γενομένων]
— 32. ἐξεδόθη τοῦτο γίνεσθαι ἀεί
2. 28. ὅπως μηδὲν παρὰ ταῦτα γένηται
3. 3. καὶ ἔξυπνος ἐγένετο
— 23. A ὅταν ἀπὸ τοῦ οἴνου γενηθῶσιν [B ἐγερθῶσιν]
4. 16. καὶ ἐξ αὐτῶν ἐγένοντο
— 16. τοὺς ἀμπελῶνας ἐξ ὧν ὁ οἶνος γίνεται
— 26. δοῦλοι ἐγένοντο δι' αὐτάς
6. 5. ἐπισκοπῆς γενομένης ἐπὶ τὴν αἰχμαλωσίαν
— 10. τὰ ἔργα ἐκεῖνα ἐπὶ σπουδῆς [A -ῆν] γινόμενα
— 22. μετὰ τῆς γνώμης Κύρου . . . γενομένην τὴν οἰκοδομήν
— 34. δεδογμάτικα ἐπιμελῶς κατὰ ταῦτα γίνεσθαι
7. 3. εὔοδα ἐγίνετο τὰ ἱερὰ ἔργα
8. 21. ἕνεκα τοῦ μὴ γενέσθαι ὀργὴν εἰς τὴν βασ.
— 22. μηδὲ ἄλλη ἐπιβουλὴ [A βουλὴ] γίνηται
— 27. ἐγὼ εὐθαρσὴς ἐγενόμην κατὰ τὴν ἀντίληψιν κ.
— 62. γενομένης αὐτόθι ἡμέρας τρίτης
— 71. A καὶ ἐγένετο [B *om.*] ἅμα τῷ ἀκοῦσαί με
— 78. κατὰ πόσον τι ἐγενήθη ἡμῖν ἔλεος
— 86. τὰ συμβαίνοντα πάντα ἡμῖν γίνεται
— 93. A R γινέσθω [B γεν.] ἡμῖν ὁρκωμοσία
9. 3. καὶ ἐγένετο κήρυγμα ἐν ὅλῃ τῇ Ἰουδαίᾳ
II Es. 4. 15. A R φυγαδεῖα δούλων γίνονται [B *om.*] †
— 19. A R φυγαδεῖαι [B -εία] γίνονται ἐν αὐτῇ (26)
— 20. A B γίνονται ἐπὶ [R ἐγένοντο ἐν] Ἱερ. (6 *b*)
5. 8. τὸ ἔργον ἐκεῖνο ἐπιδέξιον γίνεται (26)
— 17. B ἐγένετο [A R ἐτέθη] γνώμη οἰκοδομῆσαι (37)
7. 21. πᾶν . . . ἑτοίμως γινέσθω (26)
— 23. πᾶν ὅ ἐστιν ἐν γνώμῃ θεοῦ τοῦ οὐρ. γινέσθω (26)
— 23. μή ποτε γένηται ὀργὴ ἐπὶ τὴν βασ. τοῦ βασ. (6 *a*)
— 26. τὸ κρίμα ἔσται γινόμενον ἐξ αὐτοῦ (26)
8. 33. καὶ ἐγενήθη τῇ ἡμέρᾳ τῇ τετάρτῃ –
10. 3. καὶ τὰ γενόμενα [S^{4} γεννώμ.] ἐξ αὐτῶν (13 *b*)
— 3. καὶ ὡς ὁ νόμος γενηθήτω [S^{3} *al.*] (31 *b*)
Ne. 1. 1. καὶ ἐγένετο ἐν μηνὶ Χασελεῦ (6 *d*)
— 4. καὶ ἐγένετο ἐν τῷ ἀκοῦσαί με (6 *d*)

Ne. 2. 1. καὶ ἐγένετο ἐν μηνὶ Νισάν (6 *d*)
— 3. διὰ τί οὐ μὴ γένηται πονηρὸν τὸ πρόσωπόν σου (88)
— 10. πονηρὸν αὐτοῖς ἐγένετο (88)
3. 16. ἕως τῆς κολυμβήθρας τῆς γεγονυίας (31 *a*)
4. 1 (3. 33). καὶ ἐγένετο ἡνίκα ἤκουσε (6 *d*)
— 2 (3. 34). R μετὰ τὸ χῶμα γενέσθαι γῆς καυθέντας –
— 4 (3. 36). ὅτι ἐγενήθημεν εἰς μυκτηρισμόν (6 *d*)
— 7 (1). καὶ ἐγένετο ὡς ἤκουσε (6 *d*)
— 12 (6). καὶ ἐγένετο ὡς ἤλθοσαν (6 *d*)
— 15 (9). καὶ ἐγένετο ἡνίκα ἤκουσαν (6 *d*)
— 16 (10). καὶ ἐγένετο ἀπὸ τῆς ἡμέρας ἐκ. (6 *d*)
5. 18. ἦν γινόμενον εἰς ἡμέραν μίαν (31 *b*)
— 18. πρόβατα ἓξ ἐκλεκτὰ . . . ἐγίνοντό μοι (31 *b*)
6. 1. καὶ ἐγένετο καθὼς ἠκούσθη (6 *d*)
— 6. A S καὶ σὺ γίνῃ [B ἔσῃ] αὐτοῖς εἰς βασιλέα (6 *c*)
— 8. οὐκ ἐγενήθη ὡς οἱ λόγοι οὗτοι (6 *e*)
— 13. καὶ γένωμαι αὐτοῖς εἰς ὄνομα πονηρόν (6 *d*)
— 16. καὶ ἐγένετο ἡνίκα ἤκουσαν (6 *d*)
— 16. παρὰ τοῦ θεοῦ ἡμῶν ἐγενήθη (31 *b*)
7. 1. καὶ ἐγένετο ἡνίκα ᾠκοδομήθη (6 *d*)
— 66. καὶ ἐγένετο πᾶσα ἡ ἐκκλησία –
8. 5. καὶ ἐγένετο ἡνίκα ἤνοιξεν αὐτό (6 *d*)
— 17. καὶ ἐγένετο εὐφροσύνη μεγάλη (6 *d*)
13. 3. καὶ ἐγένετο ὡς ἤκουσαν (6 *d*)
— 19. καὶ ἐγένετο ἡνίκα κατέστησαν (6 *d*)
To. 1. 9. ὅτε ἐγενόμην [S -νήθην] ἀνήρ
2. 1. ἐγενήθη ἄριστον καλόν μοι
— 10. B ἐγενήθη λευκώμ. ἐν τοῖς ὀφθ. μου [S *al.*]
3. 1. S περίλυπος γενόμενος τῇ ψυχῇ [A B *al.*]
— 6. ὅπως . . . γένωμαι γῆ
— 8. πρὶν ἢ γενέσθαι αὐτοὺς μετ' αὐτῆς
4. 19. ὅπως αἱ ὁδοί σου εὐθεῖαι γένωνται
5. 6. S πολλάκις ἐγὼ ἐγενόμην ἐκεῖ [A B *al.*]
— 9. S χαίρειν σοι πολλὰ γένοιτο
— 15. S εὐλογία σοι γένοιτο
— 16. ἕτοιμος γίνου πρὸς τὴν ὁδόν [S *al.*]
— 18. περίψημα τοῦ παιδίου ἡμῶν γένοιτο
6. 3. S καὶ ἐγκρατὴς τοῦ ἰχθύος γενοῦ [A B *al.*]
— 17. S ὅταν μέλλῃς γίνεσθαι μετ' αὐτῆς [A B *al.*]
— 17. S ἵνα ἔλεος γένηται . . . ἐφ' ὑμᾶς
7. 7. S εὐλογία σοι γένοιτο
— 9. πίε καὶ ἡδέως γίνου [S γενοῦ]
— 11. τὸ νῦν ἔχον ἡδέως γίνου [S *al.*]
8. 5. S ὅπως γένηται αὐτοῖς σωτηρία
— 6. ἐκ τούτων ἐγενήθη τὸ ἀνθρώπων σπέρμα
— 10. S καὶ γενώμεθα καταγέλως
— 16. οὐκ ἐγένετό μοι καθὼς ὑπενόουν
— 18. S πρὸ τοῦ ὄρθρον γενέσθαι
10. 6. S περισπασμὸς αὐτοῖς ἐγένετο ἐκεῖ
11. 14. S γένοιτο τὸ ὄνομα τὸ μέγα αὐτοῦ ἐφ' ἡμᾶς
— 15. τὰ μεγαλεῖα τὰ γενόμενα αὐτῷ [S *al.*]
— 17. ἐγένετο χαρὰ πᾶσι τοῖς ἐν N. ἀδελφοῖς
13. 16. S ἂν γένηται τὸ κατάλειμμα τοῦ σπέρμ.
14. 2. S ἐγένετο ἀνάπηρος τοῖς ὀφθαλμοῖς [A B *al.*]
— 9. γενοῦ [A γίνου] φιλελεήμων [S *al.*]
Ju. 2. 1. ἐγένετο λόγος ἐν οἴκῳ Ναβ.
— 4. καὶ ἐγένετο ὡς συνετέλεσε
5. 7. οἱ ἐγένοντο ἐν γῇ Χαλ.
— 10. ἐγένοντο ἐκεῖ εἰς πλῆθος πολύ
— 18. ὁ ναὸς τοῦ θεοῦ αὐτῶν ἐγενήθη εἰς ἔδαφος
— 22. καὶ ἐγένετο ὡς ἐπαύσατο
7. 9. ἵνα μὴ γένηται θραῦσμα ἐν τῇ δυνάμει μου
— 11. καθὼς γίνεται πόλεμος παρατάξεως
— 27. κρεῖσσον γὰρ ἡμῖν [A S ἡμᾶς] γενηθῆναι αὐτοῖς
— 29. καὶ ἐγένετο κλαυθμὸς μέγας
8. 18. καθάπερ ἐγένετο ἐν ταῖς πρότερον ἡμέραις
— 26. ὅσα ἐγένετο τῷ Ἰακὼβ ἐν Μεσοπ.
9. 5. καὶ ἐγενήθησαν ἃ ἐνενοήθης
10. 1. καὶ ἐγένετο ὡς ἐπαύσατο
— 18. καὶ ἐγένετο συνδρομὴ ἐν πάσῃ τῇ παρεμβολῇ
11. 4. καθὰ γίνεται τοῖς δούλοις τοῦ κυρίου μου
— 11. ἵνα μὴ γένηται ὁ κύριός μου ἔκβολος
— 22. τοῦ γενηθῆναι ἐν χερσὶν ἡμῶν κράτος
12. 2. ἵνα μὴ γένηται σκάνδαλον
— 10. καὶ ἐγένετο ἐν τῇ ἡμέρᾳ τῇ τετάρτῃ
— 13. γενηθῆναι . . . ὡς θυγάτηρ μία τῶν υἱῶν Ἀ.
— 17. γενήθητι μεθ' ἡμῶν εἰς εὐφροσύνην
13. 1. ὡς δὲ ὀψία ἐγένετο
— 1. διὰ τὸ ἐπὶ πλεῖον γεγονέναι τὸν πότον
— 12. καὶ ἐγένετο ὡς ἤκουσαν
— 20. καὶ εἶπαν πᾶς ὁ λαὸς Γένοιτο γένοιτο [A *om.*]

Ju. 14. 19. ἐγένετο αὐτῶν κραυγὴ καὶ βοὴ μεγάλη
15. 1. ἐξέστησαν ἐπὶ τὸ γεγονός
— 5. ἀνήγγειλαν γὰρ αὐτοῖς τὰ γεγονότα τῇ παρ.
— 10. εὐλογημένη γίνου παρὰ τῷ παντοκράτορι κ.
— 10. καὶ εἶπε πᾶς ὁ λαὸς Γένοιτο
16. 14. ὅτι εἶπας καὶ ἐγενήθησαν
— 21. ἐγένετο κατὰ τὸν καιρὸν αὐτῆς ἔνδοξος
Es. 1. 1. καὶ ἐγένετο αὐτῶν φωνὴ μεγάλη [A *al.*]
— 1. ἀπὸ δὲ τῆς βοῆς αὐτῶν ἐγένετο
— 1. καὶ ἐγένετο μετὰ τοὺς λόγους τούτους (6 *d*)
— 8. ὁ δὲ πότος . . . οὐ [S^1 *om.*] κατὰ προκ. νόμον ἐγένετο [A ἐγίν.] †
— 10. ἡδέως γενόμενος ὁ βασιλεύς (62)
4. 4. ἐταράχθη ἀκούσασα τὸ γεγονός –
— 7. ὁ δὲ Μαρδ. ὑπέδειξεν αὐτῷ τὸ γεγονός (34)
5. 1. καὶ ἐγενήθη ἐν τῇ ἡμέρᾳ τῇ τρίτῃ (6 *d*)
— 1. καὶ γενηθεῖσα [S^1 ἐγενήθη] ἐπιφανής
8. 16. τοῖς δὲ Ἰουδαίοις ἐγένετο φῶς (6 *d*)
9. 14. B S καὶ ἐπέτρεψεν οὕτως γενέσθαι (31 *b*)
— 25. κακὰ ἐπ' αὐτὸν ἐγένοντο [A -ετο] †
— 26. καὶ ὅσα αὐτοῖς ἐγένετο (22)
10. 3. παρὰ τοῦ θεοῦ ἐγένετο ταῦτα
— 3. ἡ μικρὰ πηγὴ ἣ [A S^1 *om.*] ἐγένετο ποταμός
— 3. ἃ οὐ γέγονεν ἐν [A *om.* γ. ἐν] τοῖς ἔθνεσιν
Jb. 1. 2. ἐγένοντο δὲ αὐτῷ υἱοὶ ἑπτά (13 *b*)
— 6. A R ἐγένετο ὡς [B S ὡς ἐγ.] ἡ ἡμέρα αὕτη (6 *d*)
— 13. A ἐγένετο [B S ἦν] ὡς ἡ ἡμέρα αὕτη (6 *d*)
— 21. οὕτως [A S^2 οὕτω καὶ] ἐγένετο –
2. 1. ἐγένετο δὲ ὡς ἡ ἡμέρα αὕτη (6 *d*)
3. 3. A ἐν ᾗ ἐγενήθην ἐν αὐτῇ [B S ἐγεννήθην] (13 *b*)
— 22. περιχαρεῖς δὲ ἐγένοντο [S^1 ἐγίν.] (82)
4. 12. εἰ δέ τι ῥῆμα ἀληθινὸν ἐγεγόνει †
5. 4. πόρρω γένοιντο [A ἐγένοντο] οἱ υἱοὶ αὐτῶν (89)
6. 17. θέρμης γενομένης οὐκ ἐπεγνώσθη [A οὐκέτι ἐγ.] (64)
● — 18. ἀπωλόμην δὲ καὶ ἔξοικος ἐγενόμην †
7. 4. πλήρης δὲ γίνομαι ὀδυνῶν (85)
9. 4. τίς σκληρὸς γενόμενος ἐναντίον αὐτοῦ (91)
10. 19. ὥσπερ οὐκ ὢν ἐγενόμην [A ἐγεγόνειν] (6 *d*)
11. 3. μὴ πολὺς ἐν ῥήμασι γίνου †
12. 4. B S ἐγενήθη [A -νόμην, R ἐγεννήθη] εἰς χλεύασμα (6 *d* ?)
13. 8. ὑμεῖς δὲ αὐτοὶ κριταὶ γίνεσθε [A S γενέσθαι] †
14. 5. A ἐὰν καὶ μιᾶς ἡμέρας γένηται [B S *om.*] ὁ βίος αὐτοῦ †
— 14. ὑπομενῶ ἕως [A S ἕως ἂν] πάλιν γένωμαι (3)
— 21. πολλῶν δὲ γενομένων τῶν υἱῶν αὐτοῦ †
— 21. ἐὰν δὲ ὀλίγοι γένωνται †
15. 7. B S μὴ πρῶτος ἀνθρώπων [A -ος] ἐγενήθης [A R ἐγεννήθης] (13 *b*)
16. 9 (8). εἰς μαρτύριον ἐγενήθη [A S -θην] (6 *d*)
19. 14. φίλοι δέ μου ἀνελεήμονες γεγόνασιν †
— 15. A ἀλλογενὴς ἐγενόμην [B S ἤμην] ἐναντίον αὐτῶν (6 *d*)
22. 21. γενοῦ δὴ [A S δὲ] σκληρός †
23. 2. ἡ χεὶρ αὐτοῦ βαρεῖα γέγονεν [A *al.*] (45)
24. 20. ὥσπερ δὲ ὁμίχλη δρόσου ἀφανὴς ἐγένετο †
27. 14. ἐὰν δὲ πολλοὶ γένωνται οἱ υἱοὶ αὐ. (87 *b*)
28. 1. ἔστι γὰρ ἀργυρίῳ τόπος ὅθεν γίνεται –
— 2. σίδηρος μὲν γὰρ ἐκ γῆς γίνεται (19)
29. 22. περιχαρεῖς δὲ ἐγίνοντο †
30. 29. ἀδελφὸς γέγονα σειρήνων (6 *d*)
31. 8. ἄρριζος δὲ γενοίμην ἐπὶ γῆς †
— 9. εἰ καὶ ἐγκάθετος ἐγενόμην ἐπὶ θύραις αὐ. (52)
— 15. πότερον οὐχ ὡς καὶ ἐγὼ ἐγενόμην ἐν γαστρὶ καὶ ἐκεῖνοι γεγόνασι; γεγόναμεν δὲ ἐν τῇ αὐτῇ κοιλίᾳ (31 *a*, 31 *a*, 18 *a*)
— 25. πολλοῦ πλούτου μοι γενομένου (87 *c*)
— 29. εἰ δὲ καὶ ἐπιχαρὴς ἐγενόμην (59)
34. 26. A καὶ ὁρατοὶ ἐγένοντο [B S *al.*] †
37. 6. γίνου ἐπὶ γῆς (6 *c*)
38. 7. ὅτε ἐγενήθησαν ἄστρα †
— 33. τὰ ὑπ' οὐρανὸν ὁμοθυμαδὸν γινόμενα †
40. 18 (23). ἐὰν γένηται πλημμύρα †
— 27 (32). μνησθεὶς πόλεμον τὸν γινόμενον [A πολέμου τοῦ γιγνομ.] –
— 27. A S^2 R καὶ μηκέτι γινέσθω (15 ?)
42. 7. ἐγένετο δὲ μετὰ τὸ λαλῆσαι τὸν κύριον (6 *d*)
Ps. 9. 9. ἐγένετο κύριος καταφυγὴ τῷ πένητι (6 *d*)
17 (18). 7. ἔντρομος ἐγενήθη ἡ γῆ (58)
— 18. ἐγένετο κύριος ἀντιστήριγμά μου (6 *d*)

Ps. 21 (22). 14. ἐγενήθη ἡ καρδία μου ὡσεὶ κηρὸς τηκόμενος (6 *d*)
26 (27). 9. βοηθός μου γενοῦ (6 *d*)
29 (30). 7. καὶ ἐγενήθην τεταραγμένος (6 *d*)
— 10. κύριος ἐγενήθη βοηθός μου (6 *d*)
30 (31). 2. γενοῦ μοι εἰς θεὸν ὑπερασπιστήν (6 *d*)
— 11. παρὰ πάντας τοὺς ἐχθρούς μου ἐγενήθην ὄνειδος (6 *d*)
— 12. ἐγενήθην ὡσεὶ σκεῦος ἀπολωλός (6 *d*)
— 18. A S R ἄλαλα γενηθήτω [B -ωσαν] τὰ χείλη τὰ δόλια (42)
31 (32). 9. μὴ γίνεσθε ὡς ἵππος καὶ ἡμίονος (6 *d*)
32 (33). 9. αὐτὸς εἶπε καὶ ἐγενήθησαν (6 *d*)
— 22. γένοιτο τὸ ἔλεός σου, κύριε, ἐφ' ἡμᾶς (6 *d*)
34 (35). 5. γενηθήτωσαν ὡσεὶ χνοῦς (6 *d*)
— 6. γενηθήτω ἡ ὁδὸς αὐτῶν σκότος (6 *d*)
36 (37). 25. νεώτερος ἐγενόμην (6 *d*)
37 (38). 14. ἐγενόμην ὡσεὶ ἄνθρωπος οὐκ ἀκούων (6 *d*)
40 (41). 13. γένοιτο γένοιτο (2, 2)
41 (42). 3. ἐγενήθη τὰ δάκρυά μου ἐμοὶ ἄρτος (6 *d*)
44 (45). 16. A B^3 ἐγενήθησάν [B ἐγενν., S ἐγενήθη] σοι υἱοί (6 *d*)
58 (59). 16. ὅτι ἐγενήθης ἀντιλήπτωρ μου (6 *d*)
60 (61). 3. ὅτι ἐγενήθης ἐλπίς μου (6 *d*)
62 (63). 7. ὅτι ἐγενήθης βοηθός μου (6 *d*)
63 (64). 7. βέλος νηπίων ἐγενήθησαν αἱ πληγαὶ αὐ. (6 *d*)
68 (69). 8. ἀπηλλοτριωμένος ἐγενήθην τοῖς ἀδ. μου (6 *d*)
— 10. S^2 R ἐγενήθη εἰς ὀνειδισμοὺς [B S^1 -ὸν] ἐμοί (6 *d*)
— 11. ἐγενόμην [S^1 -νήθην] αὐτοῖς εἰς παραβ. (6 *d*)
— 22. γενηθήτω ἡ τράπεζα αὐτῶν . . . εἰς παγίδα (6 *d*)
— 25. γενηθήτω ἡ ἔπαυλις αὐτῶν ἠρημωμένη (6 *d*)
70 (71). 3. γενοῦ μοι εἰς θεὸν ὑπερασπιστήν (6 *d*)
— 7. ὡσεὶ τέρας ἐγενήθην τοῖς πολλοῖς (6 *d*)
71 (72). 19. γένοιτο γένοιτο (2, 2)
72 (73). 14. ἐγενόμην μεμαστιγωμένος ὅλην τὴν ἡμ. (6 *d*)
— 19. πῶς ἐγένοντο εἰς ἐρήμωσιν (6 *d*)
— 23. κτηνώδης ἐγενόμην [S -νήθην] παρὰ σοί (6 *d*)
75 (76). 2. ἐγενήθη ἐν εἰρήνῃ ὁ τόπος αὐτοῦ (6 *d*)
76 (77). 18. ἔντρομος ἐγενήθη ἡ γῆ (58)
77 (78). 8. ἵνα μὴ γένωνται ὡς οἱ πατέρες αὐτῶν (6 *d*)
78 (79). 4. ἐγενήθημεν εἰς ὄνειδος τοῖς γείτοσιν ἡμῶν (6 *d*)
79 (80). 17. γενηθήτω ἡ χείρ σου ἐπ' ἄνδρα δεξιᾶς [A -άν] σου (6 *d*)
82 (83). 8. ἐγενήθησαν εἰς ἀντίληψιν τοῖς υἱοῖς Λώτ (6 *d*)
— 10. ἐγενήθησαν ὡσεὶ κόπρος τῇ γῇ (6 *d*)
86 (87). 4. A B S^2 οὗτοι ἐγενήθησαν [R ἐγενν.] ἐκεῖ (13 *c*)
— 5. ἄνθρωπος ἐγενήθη ἐν αὐτῇ (13 *c*)
— 6. ἐν γραφῇ . . . ἀρχόντων τούτων τῶν γεγενημ. ἐν αὐτῇ (13 *c*)
87 (88). 4. ἐγενήθην ὡς ἄνθρωπος ἀβοήθητος (6 *d*)
88 (89). 41. ἐγενήθη ὄνειδος τοῖς γείτοσιν αὐτοῦ (6 *d*)
— 52. γένοιτο γένοιτο (2, 2)
89 (90). 1. καταφυγὴ ἐγενήθης ἡμῖν (6 *d*)
— 2. πρὸ τοῦ ὄρη γενηθῆναι [S^1 ἑδρασθῆναι] (13 *c*)
93 (94). 22. ἐγένετό μοι κύριος εἰς καταφυγήν (6 *d*)
98 (99). 8. ὁ θεὸς, εὐίλατος ἐγίνου [S^1 ἐγένου] αὐτοῖς (6 *d*)
101 (102). 6. ἐγενήθην ὡσεὶ νυκτικόραξ ἐν οἰκοπέδῳ (6 *d*)
— 7. ἐγενήθην [A S^2 -νόμην] ὡσεὶ στρουθίον (6 *d*)
103 (104). 20. ἔθου σκότος καὶ ἐγένετο νύξ (6 *d*)
105 (106). 36. ἐγενήθη αὐτοῖς εἰς σκάνδαλον (6 *d*)
— 48. ἐρεῖ πᾶς ὁ λαὸς, Γένοιτο γένοιτο [S *om.*] (2, –)
108 (109). 7. ἡ προσευχὴ αὐτοῦ γενέσθω εἰς ἁμαρτίαν (6 *d*)
— 8. γενηθήτωσαν αἱ ἡμέραι αὐ. ὀλίγαι (6 *d*)
— 9. γενηθήτωσαν οἱ υἱοὶ αὐ. ὀρφανοί (6 *d*)
— 12. μηδὲ γενηθήτω οἰκτίρμων τοῖς ὀρφανοῖς αὐ. (6 *d*)
— 13. γενηθήτω τὰ τέκνα αὐ. εἰς ἐξολέθρευσιν (6 *d*)
— 15. γενηθήτωσαν ἐναντίον κυρίου διὰ παντός (6 *d*)
— 19. γενηθήτω αὐτῷ ὡς ἱμάτιον (6 *d*)
— 25. καὶ ἐγὼ ἐγενήθην ὄνειδος αὐτοῖς (6 *d*)
113 (114). 2. ἐγενήθη Ἰουδαία ἁγίασμα αὐτοῦ (6 *d*)

● = correction on page xxv

Ps. 113. 16 (115. 8). ὅμοιοι αὐτοῖς [A -ῶν] γένοιντο οἱ ποιοῦντες αὐτά (6 d)
117 (118). 14. καὶ ἐγένετό μοι εἰς σωτηρίαν (6 d)
— 21. καὶ ἐγένου μοι εἰς σωτηρίαν (6 d)
— 22. οὗτος ἐγενήθη εἰς κεφαλὴν γωνίας (6 d)
— 23. παρὰ κυρίου ἐγένετο αὕτη (6 d)
— 28. καὶ ἐγένου μοι εἰς σωτηρίαν –
118 (119). 56. αὕτη ἐγενήθη μοι (6 d)
— 76. γενηθήτω δὴ τὸ ἔλεός σου τοῦ παρακαλέσαι με (6 d)
— 80. γενηθήτω ἡ καρδία μου ἄμωμος (6 d)
— 83. ἐγενήθην ὡς ἀσκὸς ἐν πάχνῃ (6 d)
— 173. γενέσθω ἡ χείρ σου τοῦ σῶσαί με (6 d)
121 (122). 7. γενέσθω δὴ εἰρήνη ἐν τῇ δυνάμει σου (6 d)
125 (126). 1. ἐγενήθημεν ὡς παρακεκλημένοι (6 d)
— 3. ἐγενήθημεν εὐφραινόμενοι (6 d)
128 (129). 6. γενηθήτωσαν ὡσεὶ χόρτος δωμάτων (6 d)
129 (130). 2. γενηθήτω τὰ ὦτά σου προσέχοντα (6 d)
134 (135). 18. A S[1] ὅμοιοι αὐτοῖς γένοιντο πάντες [S[2] R om.] οἱ ποιοῦντες αὐτά (6 d)
138 (139). 22. εἰς ἐχθροὺς ἐγένοντό μοι (6 d)
148. 5. αὐτὸς εἶπε καὶ ἐγενήθησαν (5)
Pr. 1. 14. μαρσίππιον ἓν γενηθήτω ἡμῖν (6 d)
— 22. ἀσεβεῖς γενόμενοι ἐμίσησαν αἴσθησιν καὶ ὑπεύθυνοι ἐγένοντο [S[1] ὑπευθύνοντο] ἐλέγχοις –, †
4. 3. υἱὸς γὰρ ἐγενόμην κἀγὼ πατρὶ ὑπήκοος (6 d)
— 10. ἵνα σοι γένωνται πολλαὶ ὁδοὶ βίου (87 b)
5. 14. παρ' ὀλίγον ἐγενόμην ἐν παντὶ κακῷ (6 d)
6. 6. γενοῦ ἐκείνου σοφώτερος (93)
8. 21. ἐὰν ἀναγγείλω ὑμῖν τὰ καθ' ἡμέραν γινόμ. –
9. 12. ἐὰν σοφὸς γένῃ σεαυτῷ (92)
— 13. γυνὴ ἄφρων . . . ἐνδεὴς ψωμοῦ γίνεται †
10. 5. ἀνεμόφθορος δὲ γίνεται ἐν ἀμητῷ –
11. 4. πρόχειρος δὲ γίνεται –
— 16. πλούτου ὀκνηροὶ ἐνδεεῖς γίνονται –
13. 11. ὕπαρξις ἐπισπουδαζομ. μετὰ ἀνομίας ἐλάσσων γίνεται (54)
15. 28 (16. 7). διὰ δὲ αὐτῶν καὶ οἱ ἐχθροὶ φίλοι γίνονται (96)
19. 6. γίνεται ὄνειδος [A ἄδικος] ἀνδρί –
— 20. ἵνα σοφὸς γένῃ ἐπ' ἐσχάτων σου (92)
— 25. ἄφρων πανουργότερος γίνεται [A ἔσται] (78 b)
20. 25. μετὰ γὰρ τὸ εὔξασθαι μετανοεῖν γίνεται †
21. 11. πανουργότερος γίνεται ὁ ἄκακος (78 a)
22. 19. ἵνα σου γένηται ἐπὶ κύριον ἡ ἐλπίς (6 d)
23. 15. ἐὰν σοφὴ γένηταί σου ἡ καρδία (92)
— 19. ἄκουε, υἱέ, καὶ σοφὸς γίνου [B[1] γενοῦ] (92)
— 30. οὐ τῶν ἰχνευόντων ποῦ πότοι γίνονται –
24. 6. μετὰ κυβερνήσεως γίνεται πόλεμος (31 a)
— 20. οὐ γὰρ μὴ γένηται ἔκγονα πονηρῷ [A S -ῶν] (6 d)
— 29 (30. 6). ἵνα μὴ . . . ψευδὴς γένῃ (98 a)
— 32 (30. 9). ἵνα μὴ πλησθεὶς ψευδὴς γένωμαι (98 b)
— 46 (31). καὶ γίνεται ἐκλελειμμένος †
25. 10. ἵνα μὴ ἐπονείδιστος γένῃ (60)
26. 4. ἵνα μὴ ὅμοιος γένῃ αὐτῷ (77)
— 11. ὥσπερ κύων ὅταν . . . μισητὸς γένηται –
27. 11. σοφὸς γίνου, υἱέ (78 a)
28. 12. διὰ βοήθειαν δικαίων πολλὴ γίνεται δόξα –
29. 16. πολλοὶ γίνονται ἁμαρτίαι οἱ δὲ δίκαιοι . . . κατάφοβοι γίνονται (87 b, †)
— 26. παρὰ δὲ κυρίου γίνεται τὸ δίκαιον ἀνδρί –
31. 14. ἐγένετο ὡσεὶ ναῦς ἐμπορευομ. μακρόθεν (6 d)
— 23. περίβλεπτος δὲ γίνεται . . . ὁ ἀνὴρ αὐ. (80)
Ec. 1. 9. τί τὸ γεγονός; αὐτὸ τὸ γενησόμενον (6 d, 6 d)
— 10. γέγονεν ἐν [A om.] τοῖς αἰῶσι τοῖς γενομένοις ἀπὸ ἔμπροσθεν ἡμῶν (6 d, 6 d)
— 11. καί γε τοῖς ἐσχάτοις γενομ. οὐκ ἔσται [A ἔστιν] αὐτῶν μνήμη μετὰ τῶν γενησομ. [A γενηθησ.] εἰς τὴν ἐσχάτην (6 d, 6 d)
— 12. ἐγὼ ἐκκλησιαστὴς ἐγενόμην βασιλεὺς (6 d)
— 13. περὶ [S[1] ὑπὲρ] πάντων τῶν γινομ. [A γεν.] (31 b)
— 16. οἳ [S οἷς] ἐγένοντο ἔμπροσθέν μου (6 d)
2. 7. οἰκογενεῖς ἐγένοντό μοι καί γε κτῆσις . . . ἐγένετό μοι ὑπὲρ πάντας τοὺς γενομ. ἔμπροσθέν μου ἐν Ἱερ. (6 d ter)
— 9. παρὰ πάντας τοὺς γενομ. ἀπὸ [A S om.] ἔμπροσθέν μου ἐν Ἱερ. (6 d)
— 10. τοῦτο ἐγένετο μερίς μου (6 d)
— 18. ἀφίω αὐτὸν τῷ ἀνθρώπῳ τῷ γινομ. [A γενησομ.] μετ' ἐμέ (6 d)

Ec. 2. 22. γίνεται ἐν [A S om.] τῷ ἀνθρ. ἐν παντὶ μόχθῳ αὐ. (6 c)
3. 15. τὸ γενόμ. [A γεννώμ.] ἤδη ἐστί (6 d)
— 15. ὅσα τοῦ γίνεσθαι [S[2] γενέσθαι] ἤδη γέγονε (6 d, 6 d)
— 20. τὰ πάντα ἐγένετο ἀπὸ τοῦ χοός (6 d)
— 22. ἐν ᾧ ἐὰν γένηται μετ' αὐτόν [S[1] -ῶν] (6 d)
4. 1. A S[1] R τὰς συκοφαντίας τὰς γενομ. [B S[2] γιν.] ὑπὸ τὸν ἥλιον (31 b)
— 3. A B S[2] ὅστις οὔπω ἐγένετο (6 d)
— 14. ἐν βασιλείᾳ αὐτοῦ ἐγενήθη πένης (13 b)
— 16. οἳ [A ὅσοι, S ὅτι] ἐγένοντο [S -νετο] ἔμπροσθεν αὐτῶν (6 d)
6. 3. ταφὴ οὐκ ἐγένετο αὐτῷ (6 d)
— 10. εἴ [A ἤ] τι ἐγένετο ἤδη (6 d)
7. 11 (10). μὴ εἴπῃς, Τί ἐγένετο (6 d)
— 17 (16). μὴ γίνου δίκαιος πολύ (6 d)
— 18 (17). μὴ γίνου σκληρός (6 d)
8. 11. οὐκ ἔστι γινομένη ἀντίρρησις (53)
10. 14. S[1] οὐκ ἔγνω ἄνθρωπος τί τὸ γενόμ. καὶ τί τὸ γενησόμ. [A B S[2] ἐσόμ.] (6 d, 6 d)
12. 9. ἐγένετο ἐκκλησιαστὴς σοφός (6 d)
Ca. 1. 7. μή ποτε γένωμαι ὡς περιβαλλομένη (6 d)
8. 11. ἀμπελὼν ἐγενήθη [A -ήθην] τῷ Σαλ. (6 d)
Wi. 2. 2. B[1] αὐτοσχεδίως ἐγενήθημεν [A B[2] S ἐγενν.]
— 14. ἐγένετο ἡμῖν εἰς ἔλεγχον ἐννοιῶν ἡμῶν
— 16. S[1] εἰς κίβδηλον ἐγενήθημεν [A B S[2] ἐλογίσθημεν] αὐτῷ
3. 17. ἐάν τε γὰρ μακρόβιοι γένωνται
4. 10. εὐάρεστος τῷ θεῷ γενόμενος ἠγαπήθη
5. 13. B ἡμεῖς γενηθέντες [A S R γενν.] ἐξελίπομεν
6. 5. κρίσις ἀπότομος ἐν τοῖς ὑπερέχουσιν γίνεται
— 22. καὶ πῶς ἐγένετο
7. 3. καὶ ἐγὼ δὲ γενόμενος ἔσπασα τὸν κοινὸν ἀέρα
8. 2. ἐραστὴς ἐγενόμην τοῦ κάλλους αὐ.
9. 2. ἵνα δεσπόζῃ τῶν ὑπὸ σοῦ γενομ. κτισμάτων
10. 17. ἐγένετο αὐτοῖς εἰς σκέπην ἡμέρας
14. 7. δι' οὗ γίνεται δικαιοσύνη
— 11. εἰς βδέλυγμα ἐγενήθησαν
— 21. τοῦτο ἐγένετο τῷ βίῳ εἰς ἔνεδρον
15. 8. B πρὸ μικροῦ ἐκ γῆς γενηθεὶς [A S R γενν.]
16. 3. ἐπ' ὀλίγον ἐνδεεῖς γενόμενοι
— 11. ἵνα μὴ . . . ἀπερίσπαστοι γένωνται τῆς σῆς εὐεργεσίας
18. 20. θραῦσις ἐν ἐρήμῳ ἐγένετο πλήθους
19. 13. οὐκ ἄνευ τῶν γεγονότων [A S προγεγ.] τεκμηρίων
— 18. ἐκ τῆς τῶν γεγονότων ὄψεως
Si. *prol.* 5. οὐ μόνον αὐτοὺς τοὺς ἀναγινώσκοντας δέον ἐστὶν ἐπιστήμονας γίνεσθαι [S γενέσθαι]
— 11. τούτων [S[1] οἱ τούτων] ἔνοχοι [A S[2] ἔνηχοι] γενόμενοι
2. 5. S[1] ἐπ' αὐτῷ πεποιθὼς γίνου
4. 10. γίνου ὀρφανοῖς ὡς πατήρ
— 29. μὴ γίνου τραχὺς [A S[1] ταχὺς, S[2] θρασὺς] ἐν γλώσσῃ σου
5. 4. ἥμαρτον καὶ τί μοι ἐγένετο
— 5. περὶ ἐξιλασμοῦ μὴ ἄφοβος γίνου
— 11. γίνου ταχὺς ἐν ἀκροάσει σου
6. 1. ἀντὶ φίλου μὴ γίνου ἐχθρός
— 27. ἐγκρατὴς γενόμενος μὴ ἀφῇς αὐτήν
7. 6. μὴ ζήτει γενέσθαι κριτής
— 28. δι' αὐτῶν ἐγενήθης [A S ἐγεννήθης]
8. 12. ὡς ἀπολωλεκὼς γίνου
13. 9. προσκαλεσαμένου σε δυνάστου ὑποχωρῶν γίνου
18. 23. μὴ γίνου ὡς ἄνθρωπος πειράζων τὸν κ.
— 33. μὴ γίνου πτωχὸς συμβολοκοπῶν ἐκ δανεισμοῦ●
19. 15. πολλάκις γὰρ γίνεται διαβολή
22. 3. θυγάτηρ δὲ ἐπ' ἐλαττώσει γίνεται
24. 31. ἐγένετό μοι [A μου] ἡ διῶρυξ εἰς ποταμὸν καὶ ὁ ποταμός μου ἐγένετο εἰς θάλασσαν
30. 31 (33. 22). ἐν πᾶσι τοῖς ἔργοις σου γίνου ὑπεράγων
34 (31). 4. ἐν τῇ ἀναπαύσει ἐπιδεὴς γίνεται
— 6. ἐγενήθη ἀπώλεια αὐ. κατὰ πρόσωπον αὐ.
— 22. ἐν π. τοῖς ἔργοις [A λόγοις] σου γίνου ἐντρεχής
— 29. A πικρία ψυχῆς οἶνος γινόμενος [B S πιν.] πολὺς ἐν ἐρεθισμῷ
35 (32). 1. γίνου ἐν [S om.] αὐτοῖς ὡς εἷς ἐξ αὐτῶν
— 8. γίνου ὡς [A om.] γινώσκων
40. 10. δι' αὐτοὺς ἐγένετο ὁ κατακλυσμός
41. 5. τέκνα βδελυκτὰ [A S -υρὰ] γίνεται τέκνα ἁμαρτωλῶν

Si. 42. 10. καὶ ἐν τοῖς πατρικοῖς αὐτῆς ἔγκυος γένηται
— 15. S[2] γέγονεν ἐν εὐλογίᾳ αὐτοῦ κρίμα
43. 19. παγεῖσα γίνεται σκολόπων ἄκρα
44. 9. ἐγένοντο ὡς οὐ γεγονότες
— 17. ἐν καιρῷ ὀργῆς ἐγένετο [S[1] -οντο] ἀντάλλαγμα
— 17. A B S[2] ἐγενήθη κατάλειμμα τῇ γῇ
— 17. διὰ τοῦτο [A S[2] ὅτε] ἐγένετο κατακλυσμός
— 20. ἐγένετο ἐν διαθήκῃ μετ' αὐτοῦ
45. 13. πρὸ αὐτοῦ οὐ γέγονε τοιαῦτα ἕως αἰῶνος
— 15. ἐγενήθη αὐτῷ εἰς διαθήκην αἰώνιον [S αἰῶνος]
46. 1. ὃς ἐγένετο κατὰ τὸ ὄνομα αὐτοῦ μέγας
— 4. μία ἡμέρα ἐγενήθη πρὸς δύο
47. 21. γενέσθαι δίχα τυραννίδα [S[2] -ος]
49. 15. A B S οὐδὲ ὡς Ἰωσὴφ ἐγενήθη [R ἐγενν.] ἀνήρ
50. 23. γενέσθαι εἰρήνην ἐν ἡμέραις ἡμῶν ἐν Ἰσρ.
51. 2. βοηθὸς ἐγένου μοι
— 2. ἔναντι τῶν παρεστηκότων ἐγένου βοηθός
— 17. προκοπὴ ἐγένετό μοι ἐν αὐτῇ
Ho. 1. 1. λόγος κ. ὃς ἐγενήθη πρὸς Ὠ. (6 d)
3. 3. οὐδὲ μὴ γένῃ ἀνδρί (6 d)
5. 1. ὅτι παγὶς ἐγενήθητε (6 d)
— 9. Ἐ. εἰς ἀφανισμὸν ἐγένετο (6 d)
— 10. ἐγένοντο οἱ ἄρχοντες Ἰ. ὡς μετατιθέντες ὅρια (6 d)
7. 2. ἀπέναντι τοῦ προσώπου μου ἐγένοντο (6 d)
— 6. A πρωῒ ἐγενήθη [B ἐνεγ.] –
— 8. Ἐ. ἐγένετο ἐγκρυφίας οὐ μεταστρεφόμενος (6 d)
— 16. ἐγένοντο ὡς τόξον ἐντεταμένον (6 d)
8. 8. νῦν ἐγένετο . . . ὡς σκεῦος ἄχρηστον (6 d)
— 11. ἐγένοντο αὐτῷ θυσιαστήρια ἠγαπημένα (6 d)
9. 10. καὶ ἐγένοντο οἱ ἐβδελυγμ. ὡς οἱ ἠγαπημ. (6 d)
Am. 1. 1. οἳ ἐγένοντο ἐν ἀ. (6 d)
4. 11. καὶ ἐγένεσθε ὡς δαλός (6 d)
7. 2. καὶ εἶπα, Κύριε κύριε ἵλεως γενοῦ (67 d)
— 6. καὶ τοῦτο οὐ μὴ γένηται, λέγει κ. (6 d)
— 10. A οὐ μὴ γένηται [B δύνηται] ἡ γῆ ὑπενεγκεῖν (12)
9. 10. οὐδὲ μὴ γένηται ἐφ' ἡμᾶς τὰ κακά (32)
Mi. 1. 1. καὶ ἐγένετο λόγος κυρίου πρὸς Μ. (6 d)
— 14. εἰς κενὸν [A κενὰ] ἐγένοντο [A -ετο] –
2. 1. ἐγένοντο λογιζόμενοι κόπους †
7. 1. ἐγενήθην [A -όμην] ὡς συνάγων καλάμην (6 d)
Jl. 1. 1. λόγος κ. ὃς ἐγενήθη πρὸς Ἰ. (6 d)
— 2. εἰ γέγονε τοιαῦτα ἐν ταῖς ἡμέραις ὑμῶν (6 d)
2. 2. ὅμοιος αὐτῷ [A αὐτοῦ] οὐ γέγονεν (6 e)
Jn. 1. 1. καὶ ἐγένετο λόγος κ. πρὸς Ἰ. (6 d)
— 4. καὶ ἐγένετο κλύδων μέγας ἐν τῇ θαλάσσῃ (6 d)
3. 1. καὶ ἐγένετο λόγος κ. πρὸς Ἰ. (6 d)
4. 8. καὶ ἐγένετο ἅμα τῷ ἀνατεῖλαι τὸν ἥλιον (6 d)
— 10. ἣ ἐγενήθη ὑπὸ νύκτα (6 d)
Na. 3. 9. καὶ Λ. ἐγένοντο βοηθοὶ αὐτῆς (6 d)
Hb. 1. 3. ἐξ ἐναντίας μου γέγονε κρίσις (6 d)
Ze. 1. 1. λόγος κ. ὃς ἐγενήθη πρὸς Σ. (6 d)
2. 2. πρὸ τοῦ γενέσθαι ὑμᾶς ὡς ἄνθος (13 a)
3. 1 (2. 15). πῶς ἐγενήθη εἰς ἀφανισμόν (6 d)
Hg. 1. 1. ἐγένετο λόγος κ. ἐν χειρὶ Ἀ. (6 d)
— 3. καὶ ἐγένετο λόγος κ. ἐν χειρὶ Ἀ. (6 d)
— 9. καὶ ἐγένετο [A -οντο] ὀλίγα (7)
2. 11 (10). ἐγένετο λόγος κ. πρὸς Ἀ. τὸν προφήτην (6 d)
— 17 (16). καὶ ἐγένετο κριθῆς δέκα σάτα (6 d)
— 17 (16). ἐγένοντο εἴκοσι [S εἰς εἴκοσι] (6 d)
— 21 (20). καὶ ἐγένετο λόγος κ. ἐκ δευτέρου πρὸς Ἀ. (6 d)
Za. 1. 1. ἐγένετο λόγος κ. πρὸς Ζ. (6 d)
— 4. μὴ γένεσθε καθὼς οἱ πατέρες (6 d)
— 7. ἐγένετο λόγος κ. πρὸς Ζ. (6 d)
4. 8: 6. 9. καὶ ἐγένετο λόγος κ. πρὸς μέ (6 d)
7. 1. καὶ ἐγένετο ἐν τῷ τετάρτῳ ἔτει ἐπὶ Δ. τοῦ βασ. ἐγένετο λόγος κ. πρὸς Ζ. (6 d, 6 d)
— 4. καὶ ἐγένετο λόγος κ. τῶν δυνάμεων πρὸς μέ (6 d)
— 8. καὶ ἐγένετο λόγος κ. πρὸς Ζ. (6 d)
— 12. καὶ ἐγένετο ὀργὴ [A ὁρμὴ] μεγάλη παρὰ κυρίου (6 d)
8. 1. καὶ ἐγένετο λόγος κ. (6 d)
— 18. καὶ ἐγένετο λόγος κ. παντοκράτ. πρὸς μέ (6 d)
Ma. 1. 9. ἐν χερσὶν ὑμῶν γέγονε ταῦτα (6 d)
2. 11. βδέλυγμα ἐγένετο ἐν τῷ Ἰσραήλ (31 b)
Is. 1. 9. ὡς Σόδομα ἂν ἐγενήθημεν [A ἐγενν.] (6 d)
— 14. ἐγενήθητέ μοι εἰς πλησμονήν (6 d)
— 16. λούσασθε καθαροὶ γένεσθε (68 a)
— 21. πῶς ἐγένετο πόρνη πόλις πιστή (6 d)

● = correction on page xxv

Is. 2. 1. ὁ λόγος ὁ γενόμενος [A S *add.* παρὰ κυρίου] (8)
— 6. τέκνα πολλὰ ἀλλόφυλα ἐγενήθη αὐτοῖς †
3. 6. ἀρχηγὸς ἡμῶν γενοῦ (6 *d*)
5. 1. ἀμπελὼν ἐγενήθη τῷ ἠγαπημένῳ (6 *d*)
— 9. ἐὰν γὰρ γένωνται οἰκίαι πολλαί †
— 13. αἰχμάλωτος ὁ λαός μου ἐγενήθη . . . πλῆθος ἐγενήθη νεκρῶν (39 *a*, –)
— 25. ἐγενήθη τὰ θνησιμαῖα αὐτῶν ὡς κοπρία (6 *d*)
6. 1. ἐγένετο τοῦ ἐνιαυτοῦ οὗ ἀπέθανεν –
7. 1. ἐγένετο ἐν ταῖς ἡμέραις Ἄχαζ (6 *d*)
— 4. ὅταν γὰρ ὀργὴ τοῦ θυμοῦ μου γένηται †
9. 5 (4). εἰ ἐγένοντο [A S -ήθησαν] πυρίκαυστοι (6 *d*)
— 6 (5). A παιδίον ἐγενήθη [B S ἐγενν.] ἡμῖν (13 *c*)
— 6 (5). οὗ ἡ ἀρχὴ ἐγενήθη ἐπὶ τοῦ ὤμου αὐτοῦ (6 *d*)
10. 22. ἐὰν γένηται ὁ λαὸς Ἰσραὴλ ὡς ἡ ἄμμος (6 *d*)
12. 2. ἐγένετό μοι εἰς σωτηρίαν (6 *d*)
14. 28. ἐγενήθη τὸ ῥῆμα τοῦτο (6 *d*)
22. 1. τί ἐγένετό σοι ὅτι νῦν ἀνέβητε –
23. 2. τίνι ὅμοιοι γεγόνασιν οἱ ἐνοικοῦντες †
— 5. ὅταν δὲ ἀκουστὸν γένηται [A S[2] *add.* ἐν] Αἰγύπτῳ –
— 16. ᾆσον ἵνα σου μνεία γένηται (75)
24. 9. πικρὸν ἐγένετο τὸ σίκερα τοῖς πίνουσιν (83)
25. 1. γένοιτο [A S *add.* κύριε] ὅτι ἔθηκας πόλεις †
— 4. ἐγένου γὰρ πάσῃ πόλει ταπεινῇ βοηθός (6 *d*)
26. 7. ὁδὸς εὐσεβῶν εὐθεῖα ἐγένετο –
— 16. S[1] ἡ παιδεία σου ἐγενήθη [A B *om.*] ἡμῖν –
— 17. οὕτως ἐγενήθημεν τῷ ἀγαπητῷ σου (6 *d*)
30. 12. πεποιθὼς ἐγένου ἐπὶ τῷ λόγῳ τούτῳ (79)
— 15. ματαία ἡ ἰσχὺς ὑμῶν ἐγενήθη (6 *d*)
32. 11. ἐκδύσασθε γυμναὶ γένεσθε (49)
33. 2. ἐγενήθη τὸ σπέρμα τῶν ἀπειθούντων εἰς ἀπώλειαν (6 *d*)
— 9. ἕλη ἐγένετο ὁ Σάρων (6 *d*)
36. 1. ἐγένετο τοῦ τεσσαρεσκαιδεκ. ἔτους βασιλεύοντος Ἐζ. (6 *d*)
— 5. μὴ ἐν βουλῇ . . . παράταξις γίνεται –
37. 1. ἐγένετο ἐν τῷ ἀκοῦσαι τὸν βασιλέα (6 *d*)
— 27. ἐγένοντο ὡς χόρτος ξηρὸς [A χλωρὸς] ἐπὶ δωμάτων (6 *d*)
38. 1. ἐγένετο δὲ ἐν τῷ καιρῷ ἐκείνῳ –
— 4. ἐγένετο λόγος κυρίου πρὸς Ἡσαΐαν (6 *d*)
— 12. ὡς ἱστὸς τὸ πνεῦμά μου παρ' ἐμοὶ ἐγένετο †
39. 8. γενέσθω [S γενηθήτω] δὴ εἰρήνη (6 *d*)
40. 13. τίς αὐτοῦ σύμβουλος ἐγένετο –
42. 22. ἐγένετο ὁ λαὸς πεπρονομευμένος –
— 22. ἐγένοντο εἰς προνομήν (6 *d*)
43. 4. ἀφ' οὗ ἔντιμος ἐγένου ἐναντίον ἐμοῦ (57)
— 10. γένεσθέ μοι μάρτυρες –
— 10. ἔμπροσθέν μου οὐκ ἐγένετο ἄλλος θεός (17)
44. 11. πάντες ὅθεν ἐγένοντο ἐξηράνθησαν †
46. 1. ἐγένετο τὰ γλυπτὰ αὐτῶν εἰς θηρία (6)
— 10. τὰ ἔσχατα πρὶν [A S *add.* αὐτὰ] γενέσθαι (31 *b*)
47. 11. οὐ μὴ δυνήσῃ καθαρὰ γενέσθαι (68 *b*)
48. 3. ἀκουστὸν ἐγένετο (41 *b*)
— 6. ἃ μέλλει γίνεσθαι †
— 7. νῦν γίνεται καὶ οὐ πάλαι (5)
— 16. ἡνίκα ἐγένετο [S ἐγίν.] ἐκεῖ ἤμην (6 *d*)
— 18. ἐγένετο ἂν ὡσεὶ ποταμὸς ἡ εἰρήνη σου (6 *d*)
— 19. ἐγένετο ἂν ὡς ἡ ἄμμος [S *add.* τῆς θαλάσσης] τὸ σπέρμα σου (6 *b*)
— 20. ἀκουστὸν γενέσθω τοῦτο (41 *b*)
— 20. S[1] ἀκουστὸν γενέσθω τοῦτο –
50. 7. κύριος βοηθός μοι [A S μου] ἐγενήθη (48)
— 11. δι' ἐμὲ ἐγένετο ταῦτα ὑμῖν (6 *d*)
59. 9. φῶς ἐγένετο αὐτοῖς σκότος (7)
60. 15. διὰ τὸ γεγενῆσθαί σε ἐγκαταλελειμμένην (6 *d*)
63. 8. ἐγένετο αὐτοῖς εἰς σωτηρίαν (6 *d*)
● — 19. ἐγενόμεθα ὡς τὸ ἀπ' ἀρχῆς (6 *d*)
64. 6 (5). ἐγενήθημεν ὡς ἀκάθαρτοι πάντες ἡμεῖς (6 *d*)
— 10 (9). ἐγενήθη ἔρημος Σιὼν ὡς ἔρημος ἐγενήθη (6 *d*, 6 *d*)
— 11 (10). ἡ δόξα . . . ἐγενήθη πυρίκαυστος (6 *d*)
65. 1. ἐμφανὴς ἐγενήθην [A S[1] -όμην] τοῖς ἐμὲ μὴ ἐπερωτῶσιν [A S ζητοῦσιν] (55 *a*)
— 20. οὐ μὴ γένηται ἔτι [A S *om.*] ἐκεῖ ἄωρος (6 *d*)
Je. 1. 1. τὸ ῥῆμα τοῦ θεοῦ ὃ ἐγένετο ἐπὶ Ἱερεμίαν –
— 2. ὃς ἐγενήθη λόγος τοῦ θεοῦ πρὸς αὐτόν (6 *d*)
— 3. ἐγένετο ἐν ταῖς ἡμέραις Ἰωακείμ (6 *d*)
— 4. ἐγένετο λόγος κυρίου πρὸς αὐτόν [A μέ] (6 *d*)
— 11. ἐγένετο λόγος κυρίου πρὸς μέ (6 *d*)

Je. 1. 13. ἐγένετο λόγος κυρίου ἐκ δευτέρου πρὸς μέ (6 *d*)
2. 10. ἴδετε εἰ γέγονε τοιαῦτα (6 *d*)
— 14. διὰ τί εἰς προνομὴν ἐγένετο (6 *d*)
— 31. μὴ ἔρημος ἐγενόμην [A -άμην] τῷ Ἰσραήλ (6 *d*)
3. 1. γένηται ἀνδρὶ ἑτέρῳ (6 *d*)
— 3. ὄψις πόρνης ἐγένετό σοι (6 *d*)
— 9. ἐγένετο εἰς οὐθὲν ἡ πορνεία αὐτῆς (6 *d*)
— 19. A S R γένοιτο, κύριε, ὅτι τάξω σε εἰς τέκνα [B ἔθνη] –
4. 17. ὡς φυλάσσοντες ἀγρὸν ἐγένοντο [S -ετο] ἐπ' αὐτὴν κύκλῳ (6 *d*)
5. 7. ποίᾳ τούτων ἵλεως γένωμαί [S ἔσομαί] σοι (67 *d*)
— 8. ἵπποι θηλυμανεῖς ἐγενήθησαν (6 *d*)
— 23. τῷ δὲ λαῷ τούτῳ ἐγενήθη καρδία ἀνήκοος (6 *d*)
— 30. ἔκστασις καὶ φρικτὰ ἐγενήθη ἐπὶ τῆς γῆς (6 *e*)
6. 1. συντριβὴ μεγάλη γίνεται –
— 10. τὸ ῥῆμα κυρίου ἐγένετο αὐτοῖς εἰς ὀνειδισμόν (6 *d*)
7. 24. ἐγενήθησαν εἰς τὰ ὄπισθεν (6 *d*)
8. 8. εἰς μάτην ἐγενήθη σχοῖνος ψευδής (31 *a*)
11. 1. ὁ λόγος ὁ γενόμενος παρὰ κυρίου πρὸς Ἱερ. (6 *d*)
— 5. εἶπα, Γένοιτο, κύριε (2)
12. 8. ἐγενήθη ἡ κληρονομία μου ἐμοὶ ὡς λέων (6 *d*)
— 11. A ἐγενήθη [B S ἐτέθη] εἰς ἀφανισμὸν ἀπωλείας (37)
13. 3. ἐγενήθη [A -νετο] λόγος κυρίου πρὸς μέ (6 *d*)
— 6. ἐγένετο μεθ' ἡμέρας πολλάς (6 *d*)
— 8. ἐγενήθη λόγος κυρίου πρὸς μέ (6 *d*)
— 11. τοῦ γενέσθαι μοι εἰς λαὸν ὀνομαστόν (6 *d*)
14. 1. ἐγένετο λόγος κυρίου πρὸς Ἱερ. [A *al.*] (6 *d*)
— 8. ἐγενήθης ὡσεὶ πάροικος ἐπὶ τῆς γῆς (6 *d*)
15. 11. γένοιτο δέσποτα κατευθυνόντων αὐτῶν †
— 18. γινομένη ἐγενήθη μοι ὡς ὕδωρ ψευδές [A S -δος] (6 *d*, 6 *d*)
● 17. 17. μὴ γενηθῇς μοι εἰς ἀλλοτρίωσιν (6 *d*)
18. 1. ὁ λόγος ὁ γενόμενος παρὰ κυρίου πρὸς Ἱερ. (6 *d*)
— 5. ἐγένετο λόγος κυρίου πρὸς μέ (6 *d*)
— 21. γενέσθωσαν αἱ γυναῖκες αὐτῶν ἄτεκνοι (6 *d*)
— 21. γενέσθωσαν ἀνῃρημένοι θανάτῳ [A *al.*] (6 *d*)
— 22. γενηθήτω κραυγὴ ἐν ταῖς οἰκίαις αὐτῶν (38)
— 23. γενέσθω ἡ ἀσθένεια αὐτῶν ἐναντίον σου (6 *d*)
20. 7. ἐγενόμην εἰς γέλωτα (6 *d*)
— 8. ἐγενήθη λόγος κυρίου εἰς ὀνειδισμὸν ἐμοί (6 *d*)
— 9. ἐγένετο ὡς πῦρ καιόμενον (6 *d*)
— 14. A ἐπικατάρατος ἡ ἡμ. ᾗ ἐγενήθην [B S ἐν ᾗ ἐτέχθην] (13 *c*)
— 17. ἐγένετό μοι ἡ μήτηρ μου τάφος μου (6 *d*)
21. 1. ὁ λόγος ὁ γενόμενος παρὰ κυρίου πρὸς Ἱερ. (6 *d*)
22. 24. ἐὰν γενόμενος γένηται Ἰ. . . . βασ. Ἰ. ἀποσφράγισμα (–, 6 *d*)
23. 9. ἐγενήθην ὡς ἀνὴρ συντετριμμένος (6 *d*)
— 10. ἐγένετο ὁ δρόμος αὐτῶν πονηρός (6 *d*)
— 12. γενέσθω ἡ ὁδὸς αὐτῶν αὐτοῖς εἰς ὀλίσθημα (6 *d*)
— 14. ἐγενήθησάν [S γενέσθωσάν] μοι πάντες ὡς Σόδομα (6 *d*)
24. 4. ἐγένετο λόγος κυρίου πρὸς μέ (6 *d*)
25. 1. ὁ λόγος ὁ γενόμενος [A -νάμ.] πρὸς Ἱερεμίαν (6 *d*)
26 (46). 1. ἐγένετο ὁ λόγος οὗτος περὶ [A ἐπὶ] Αἰλάμ (6 *d*)
27 (50). 6. πρόβατα ἀπολωλότα ἐγενήθη ὁ λαός μου (6 *d*)
— 8. γένεσθε ὥσπερ δράκοντες (6 *d*)
— 23. ἐγενήθη εἰς ἀφανισμὸν B. ἐν ἔθνεσιν (6 *d*)
— 26. μὴ γενέσθω αὐτῆς κατάλειμμα (6 *d*)
28 (51). 30. ἐγενήθησαν ὡσεὶ γυναῖκες (6 *d*)
— 41. πῶς ἐγένετο Βαβυλὼν εἰς ἀφανισμόν (6 *d*)
— 43. ἐγενήθησαν αἱ πόλεις αὐτῆς ὡς [A S *om.*] γῆ ἄνυδρος (6 *d*)
31 (48). 19. εἰπόν, Τί ἐγένετο (6 *e*)
— 28. ἐγενήθησαν ὥσπερ περιστεραὶ νοσσεύουσαι (6 *d*)
— 39. ἐγένετο [S[1] *om.*] Μωὰβ εἰς γέλωτα (6 *d*)
32 (25). 38. ἐγενήθη ἡ γῆ αὐτῶν εἰς ἄβατον (6 *d*)
33 (26). 1. ἐγενήθη ὁ λόγος οὗτος παρὰ κυρίου (6 *d*)
— 8. ἐγένετο Ἱερεμίου παυσαμένου λαλοῦντος πάντα (6 *d*)
35 (28). 1. ἐγένετο ἐν τῷ τετάρτῳ ἔτει Σεδ. [A *al.*] (6 *d*)

Je. 35 (28). 8. οἱ προφῆται οἱ γεγονότες πρότεροί μου (6 *d*)
— 12. ἐγένετο λόγος κυρίου πρὸς Ἱερεμίαν (6 *d*)
36 (29). 26. γενέσθαι ἐπιστάτην ἐν τῷ οἴκῳ κυρίου (6 *d*)
— 30. ἐγένετο λόγος κυρίου πρὸς Ἱερεμίαν (6 *d*)
37 (30). 1. ὁ λόγος ὁ γενόμενος [A -νάμ.] πρὸς Ἱερ. (6 *d*)
— 7. ἐγενήθη ὅτι μεγάλη ἡ ἡμέρα ἐκείνη †
38 (31). 9. S ἐγενόμην τῷ Ἰσραὴλ εἰς πατέρα καὶ Ἐφραῒμ πρωτότοκός μου ἐγενήθη [A B ἐστιν] (6 *d*, –)
— 26. ὁ ὕπνος μου ἡδύς μοι ἐγενήθη [A -νετο] (63)
— 36. τὸ γένος Ἰσραὴλ παύσεται γενέσθαι ἔθνος (6 *d*)
39 (32). 1. ὁ λόγος ὁ γενόμενος [A -νάμ.] παρὰ κυρίου (6 *d*)
— 6. λόγος κυρίου ἐγενήθη [A ἐγένετο λ. κ.] (6 *d*)
— 24. ὡς ἐλάλησας οὕτως ἐγένετο (6 *d*)
— 26. ἐγένετο λόγος κυρίου πρὸς μέ (6 *d*)
40 (33). 1. ἐγένετο λόγος κυρίου πρὸς Ἱερεμίαν (6 *d*)
41 (34). 1, 8. ὁ λόγος ὁ γενόμενος [A -νάμ.] πρὸς Ἱερεμίαν (6 *d*)
— 12. ἐγενήθη [A -νετο] λόγος κυρίου πρὸς Ἱερ. (6 *d*)
42 (35). 1. ὁ λόγος ὁ γενόμενος [A -νάμ.] πρὸς Ἱερ. (6 *d*)
— 9. σπέρμα οὐκ ἐγένετο ἡμῖν (6 *d*)
— 11. ἐγενήθη ὅτε ἀνέβη Ναβουχοδονόσορ (6 *d*)
— 12. ἐγένετο λόγος κυρίου πρὸς μέ (6 *d*)
43 (36). 1. ἐγενήθη λόγος κυρίου πρὸς μέ (6 *d*)
— 9. ἐγενήθη ἐν τῷ ἔτει τῷ ὀγδόῳ [A πέμπτῳ] (6 *d*)
— 16. ἐγενήθη [S -νετο] ὡς ἤκουσαν πάντας τοὺς λόγους (6 *d*)
— 23. ἐγενήθη ἀναγινώσκοντος Ἰουδὶν τρεῖς σελίδας (6 *d*)
— 27 : 44 (37). 6. ἐγένετο λόγος κυρίου πρὸς Ἱερεμίαν (6 *d*)
44 (37). 11. ἐγένετο ὅτε ἀνέβη ἡ δύναμις τῶν Χαλδαίων (6 *d*)
— 13. ἐγένετο αὐτὸς ἐν πύλῃ Βενιαμίν (6 *d*)
46 (39). 1. ἐγένετο τῷ μηνὶ [A ἔτει] τῷ ἐνάτῳ τοῦ Σεδεκία –
— 15. πρὸς Ἱερεμίαν ἐγένετο λόγος κυρίου (6 *d*)
47 (40). 1. ὁ λόγος ὁ γενόμενος [A -νάμ.] παρὰ κυρίου (6 *d*)
48 (41). 1. ἐγένετο τῷ μηνὶ τῷ ἑβδόμῳ (6 *d*)
— 4. ἐγένετο τῇ ἡμέρᾳ τῇ δευτέρᾳ (6 *d*)
— 7. ἐγένετο εἰσελθόντων αὐτῶν (6 *d*)
— 13. ἐγένετο ὅτε εἶδε πᾶς ὁ λαός (6 *d*)
49 (42). 6. ἵνα βέλτιον ἡμῖν γένηται (47)
— 7. ἐγενήθη μεθ' ἡμέρας δέκα ἐγενήθη [S[1] *om.*, S[3] -νετο] λόγος κυρίου (6 *d*, 6 *d*)
50 (43). 1. ἐγενήθη ὡς ἐπαύσατο Ἱερεμίας (6 *d*)
— 8. ἐγένετο λόγος κυρίου πρὸς Ἱερεμίαν (6 *d*)
51 (44). 1. ὁ λόγος ὁ γενόμενος [A -νάμ.] πρὸς Ἱερεμίαν (6 *d*)
— 6. ἐγενήθησαν εἰς ἐρήμωσιν (6 *d*)
— 8. ἵνα γένησθε εἰς κατάραν (6 *d*)
— 17. ἐγενόμεθα [A -νάμ.] χρηστοί (6 *d*)
— 22. ἐγενήθη [A -νετο] ἡ γῆ ὑμῶν εἰς ἐρήμωσιν (6 *d*)
— 26. ἐὰν γένηται ἔτι ὄνομά μου ἐν τῷ στόματι (6 *d*)
52. 4. ἐγένετο [A *add.* ἐν] τῷ ἔτει τῷ ἐνάτῳ (6 *d*)
— 31. ἐγένετο ἐν τῷ τριακοστῷ καὶ ἑβδόμῳ ἔτει (6 *d*)
Ba. 2. 5. ἐγενήθησαν ὑποκάτω καὶ οὐκ ἐπάνω
3. 21. οἱ υἱοὶ αὐτῶν ἀπὸ τῆς ὁδοῦ αὐτῶν πόρρω ἐγενήθησαν
— 26. A ἐκεῖ ἐγενήθησαν [B ἐγενν.] οἱ γίγαντες οἱ ὀνομαστοὶ οἱ ἀπ' ἀρχῆς γενόμ.
4. 28. ἐγένετο ἡ διάνοια ὑμῶν εἰς τὸ πλανηθῆναι
La. 1 *tit.* ἐγένετο μετὰ τὸ αἰχμαλωτισθῆναι τὸν Ἰσραήλ –
— 1. ἐγενήθη ὡς χήρα πεπληθυμμένη . . . ἐγενήθη εἰς φόρον (6 *d*, 6 *d*)
— 2. ἐγένοντο αὐτῇ εἰς ἐχθρούς (6 *d*)
— 5. ἐγένοντο οἱ θλίβοντες αὐτὴν εἰς κεφαλήν (6 *d*)
— 6. ἐγένοντο οἱ ἄρχοντες αὐτῆς ὡς κριοί (6 *d*)
— 8. εἰς σάλον ἐγένετο (6 *d*)
— 11. ἐπίβλεψον ὅτι ἐγενήθη [A S[1] -ην] ἠτιμωμένη (6 *d*)
— 12. κατὰ τὸ ἄλγος μου ὃ ἐγενήθη (29)
— 16. ἐγένοντο οἱ υἱοί μου ἠφανισμένοι (6 *d*)
— 17. ἐγενήθη Ἱερουσαλὴμ εἰς ἀποκαθημένην (6 *d*)

● = correction on page xxv

La. 1. 21. ἐγένοντο ὅμοιοι ἐμοί [A al.] (6 d)
2. 5. ἐγενήθη κύριος ὡς ἐχθρός (6 d)
— 22. οὐκ ἐγένοντο [A -νετο] . . . ἀνασωζόμενος (6 d)
3. 14. ἐγενήθην γέλως παντὶ λαῷ μου (6 d)
— 37. τίς [A κύριος] οὕτως εἶπε καὶ ἐγενήθη (6 d)
— 47. φόβος καὶ θυμὸς ἐγενήθη ἡμῖν (6 d)
4. 8. ἐγενήθησαν ὥσπερ ξύλον (6 d)
— 10. ἐγενήθησαν εἰς βρῶσιν αὐταῖς (6 d)
— 19. κοῦφοι ἐγένοντο οἱ διώκοντες ἡμᾶς (6 d)
5. 1. μνήσθητι, κύριε, ὅ τι ἐγενήθη ἡμῖν (6 d)
— 3. ὀρφανοὶ ἐγενήθημεν (6 d)
— 17. ἐγενήθη ὀδύνη [A om.] ὀδυνηρὰ ἡ καρδία ἡμῶν (6 d)
Ep. Je. 17. σκεῦος ἀνθρώπου συντριβὲν ἀχρεῖον [A -ρηστον] γίνεται
— 44. B R πάντα τὰ γενόμενα [A γιν.] ἐν [A παρ', B om.] αὐτοῖς
— 45. οὐθὲν ἄλλο μὴ γένηται [A al.]
— 45. βούλονται οἱ τεχνῖται αὐτὰ γενέσθαι [A om. οἱ τ. αὐ. γ.]
— 46. οἱ κατασκευάζοντες αὐτὰ οὐ μὴ γένωνται πολυχρόνιοι
Ez. 1. 1. ἐγένετο ἐν τῷ τριακοστῷ ἔτει (6 d)
— 3. ἐγένετο λόγος κυρίου πρὸς Ἰεζεκιὴλ . . . ἐγένετο [A add. ἐκεῖ] ἐπ' ἐμὲ χεὶρ κυρίου (6 d, 6 d)
2. 8. μὴ γίνου παραπικραίνων (6 d)
3. 3. ἐγένετο ἐν τῷ στόματί μου ὡς μέλι γλυκάζον (6 d)
— 14. χεὶρ κυρίου ἐγένετο ἐπ' ἐμὲ κραταιά –
— 16. ἐγένετο μετὰ τὰς ἑπτὰ ἡμέρας λόγος κ. (6 d)
— 22. ἐγένετο ἐπ' ἐμὲ χεὶρ κυρίου (6 d)
4. 17. ὅπως ἐνδεεῖς γένωνται ἄρτου καὶ ὕδατος (56)
6. 1. ἐγένετο λόγος κυρίου πρὸς μέ (6 d)
— 8. ἐν τῷ γενέσθαι ἐξ ὑμῶν ἀνασωζομένους (6 d)
7. 1. ἐγένετο λόγος κυρίου πρὸς μέ (6 d)
— 19. βάσανος τῶν ἀδικιῶν αὐτῶν ἐγένετο (6 d)
8. 1. ἐγένετο ἐν τῷ ἕκτῳ ἔτει . . . ἐγένετο ἐπ' ἐμὲ χεὶρ [A add. ἀδωναΐ] κυρίου (6 d, 24 a)
9. 4. ἐπὶ πάσαις ταῖς ἀνομίαις ταῖς γινομέναις ἐν μέσῳ αὐτῶν [A -ῆς] (31 b)
— 8. ἐγένετο ἐν τῷ κόπτειν αὐτούς (6 d)
10. 6. ἐγένετο ἐν τῷ ἐντέλλεσθαι αὐτὸν τῷ ἀνδρί (6 d)
11. 11. A οὐ μὴ γένησθε ἐν μέσῳ αὐτῆς εἰς κρέα (6 d)
— 13. ἐγένετο ἐν τῷ προφητεύειν με (6 d)
— 14 (12. 1). ἐγένετο λόγος κυρίου πρὸς μέ (6 d)
12. 8. ἐγένετο λόγος κυρίου πρὸς μὲ τὸ πρωΐ (6 d)
— 17, 21, 26; 13. 1; 14. 2, 12; 15. 1. ἐγένετο λόγος κυρίου πρὸς μέ (6 d)
15. 2. τί ἂν γένοιτο τὸ ξύλον τῆς ἀμπέλου (6 d)
16. 1. ἐγένετο λόγος κυρίου πρὸς μέ (6 d)
— 8. ἐγένου μοι (6 d)
— 13. ἐγένου καλὴ σφόδρα (69)
— 16. οὐδὲ μὴ γένηται (6 d)
— 19. καὶ ἐγένετο [A add. μετὰ ταῦτα] (6 d)
— 23. ἐγένετο μετὰ πάσας τὰς κακίας σου (6 d)
— 31. ἐγένου ὡς πόρνη συνάγουσα μισθώματα (6 d)
— 34. ἐγένετο ἐν [A om.] σοὶ διεστραμμένον [A ἐξεσ.] (6 d)
— 34. ἐγένετο ἐν σοὶ διεστραμμένα [A ἐξεσ.] (6 d)
17. 1. ἐγένετο λόγος κυρίου πρὸς μέ (6 d)
— 6. ἐγένετο εἰς ἄμπελον ἀσθενοῦσαν [A εὐθην.] (6 d)
— 6. ἐγένετο εἰς ἄμπελον [A add. μεγάλην] (6 d)
— 7. ἐγένετο ἀετὸς ἕτερος μέγας (6 d)
— 11. ἐγένετο λόγος κυρίου πρὸς μέ (6 d)
— 14. τοῦ γενέσθαι εἰς βασιλείαν ἀσθενῆ (6 d)
18. 1. ἐγένετο λόγος κυρίου πρὸς μέ (6 d)
— 3. ἐὰν γένηται ἔτι λεγομένη ἡ παραβολὴ αὕτη (6 d)
19. 2. σκύμνος ἐν μέσῳ λεόντων ἐγενήθη (36)
— 3, 6. λέων ἐγένετο (6 d)
— 10. ὁ βλαστὸς αὐ. ἐγένετο ἐξ ὕδατος πολλοῦ (6 d)
— 11. ἐγένετο αὐτῇ ῥάβδος [A ἐγένοντο αὐτῇ ῥ. ἰσχύος] (6 d)
20. 1. ἐγένετο ἐν τῷ ἔτει τῷ ἑβδόμῳ (6 d)
— 2, 45 (21. 1); 21. 1 (6), 8 (13). ἐγένετο λόγος κυρίου πρὸς μέ (6 d)
21. 10 (15). ὅπως γένῃ εἰς στίλβωσιν (6 d)
— 12 (17). αὕτη ἐγένετο ἐν τῷ λαῷ μου . . . ἐπὶ ῥομφαίᾳ [B² ἐπεὶ ῥομφαία] ἐγένετο ἐν τῷ λαῷ μου (6 d, 6 d)
— 15 (20). εὖ γέγονεν εἰς σφαγὴν εὖ γέγονεν εἰς στίλβωσιν †, †
Ez. 21. 18 (23). ἐγένετο λόγος κυρίου πρὸς μέ (6 d)
— 22 (27). ἐγένετο τὸ μαντεῖον ἐπὶ Ἰερουσαλήμ (6 d)
— 32 (37). οὐ μὴ γένηταί σου μνεία (75)
22. 1. ἐγένετο λόγος κυρίου πρὸς μέ (6 d)
— 13. ἐπὶ τοῖς αἵμασι τοῖς γεγενημένοις [A γεγενν.] ἐν μέσῳ σου (6 d)
— 17. ἐγένετο λόγος κυρίου πρὸς μέ (6 d)
— 18. γεγόνασί μοι ὁ οἶκος Ἰσραὴλ ἀναμεμιγμένοι [A al.] (6 d)
— 19. ἐγένεσθε εἰς σύγκρασιν μίαν (6 d)
— 23. ἐγένετο λόγος κυρίου πρὸς μέ (6 d)
— 24. οὐδὲ ὑετὸς ἐγένετο ἐπὶ σέ [A ὑ. καταβήσεταί σοι] (94)
23. 1. ἐγένετο λόγος κυρίου πρὸς μέ (6 d)
— 4. ἐγένοντό μοι (6 d)
— 10. ἐγένετο λάλημα εἰς γυναῖκας (6 d)
24. 1, 15. ἐγένετο λόγος κυρίου πρὸς μέ (6 d)
— 20. λόγος κυρίου ἐγένετο πρὸς μέ [A al.] (6 d)
25. 1. ἐγένετο λόγος κυρίου πρὸς μέ (6 d)
— 10. ὅπως μὴ μνεία γένηται τῶν υἱῶν Ἀ. (75)
26. 1. ἐγενήθη ἐν τῷ ἑνδεκάτῳ [A ἐγένετο ἐν τῷ δωδ.] ἔτει (6 d)
— 1. ἐγένετο λόγος κυρίου πρὸς μέ (6 d)
— 17. A ἐγενήθη ἰσχυρὰ ἐν θαλάσσῃ (6 d)
27. 1. ἐγένετο λόγος κυρίου πρὸς μέ (6 d)
— 7. βύσσος . . . ἐξ Αἰγ. ἐγένετό σοι στρωμνή (6 d)
— 7. ἐγένετο περιβόλαιά σου (6 d)
— 8. Ἀράδιοι ἐγένοντο κωπηλάταί σου (6 d)
— 9. οἱ κωπηλάται αὐτῶν ἐγένοντό σοι ἐπὶ δυσμὰς δυσμῶν (6 d)
— 36. ἀπώλεια ἐγένου (6 d)
28. 1, 11. ἐγένετο λόγος κυρίου πρὸς μέ (6 d)
— 13. ἐν τῇ τρυφῇ τοῦ παραδείσου τοῦ θ. ἐγενήθης (6 d)
— 14. ἐγενήθης [A om.] ἐν μέσῳ λίθων πυρίνων (6 d)
— 15. ἐγενήθης ἄμωμος σὺ ἐν ταῖς ἡμέραις σου –
— 19. ἀπώλεια ἐγένου (6 d)
— 20; 29. 1. ἐγένετο λόγος κυρίου πρὸς μέ (6 d)
29. 6. ἐγενήθης ῥάβδος καλαμίνη τῷ οἴκῳ Ἰσραήλ (6 d)
— 17. ἐγένετο ἐν τῷ ἑβδόμῳ καὶ εἰκοστῷ ἔτει (6 d)
— 17. ἐγένετο λόγος κυρίου πρὸς μέ (6 d)
— 18. μισθὸς οὐκ ἐγενήθη αὐτῷ (6 d)
30. 1. ἐγένετο λόγος κυρίου πρὸς μέ (6 d)
— 20; 31. 1. ἐγένετο ἐν τῷ ἑνδεκάτῳ ἔτει . . . ἐγένετο λόγος κυρίου πρὸς μέ (6 d, 6 d)
31. 3. εἰς μέσον νεφελῶν ἐγένετο ἡ ἀρχὴ αὐτοῦ (6 d)
— 7. ἐγένετο καλὸς ἐν τῷ ὕψει αὐτοῦ (69)
— 7. ἐγενήθησαν [A -ννησαν] αἱ ῥίζαι αὐ. εἰς ὕδωρ πολύ (6 d)
— 8. A κυπάρισσοι τοιαῦται οὐκ ἐγενήθησαν [B om. οὐκ ἐ.] †
— 8. ἐλάται οὐκ ἐγένοντο ὅμοιαι τοῖς κλάδοις αὐτοῦ (6 d)
— 10. ἐγένου μέγας τῷ μεγέθει (74 a)
— 13. ἐπὶ τὰ στελέχη αὐτοῦ ἐγίνοντο [A ἐγέν.] πάντα τὰ θηρία (6 d)
32. 1. R ἐγένετο ἐν τῷ δεκάτῳ [A ἑνδ., B δωδ.] ἔτει . . . ἐγένετο λόγος κυρίου πρὸς μέ (6 d, 6 d)
— 17. ἐγενήθη [A -νετο] ἐν τῷ δωδεκάτῳ ἔτει . . . ἐγένετο λόγος κυρίου πρὸς μέ (6 d, 6 d)
— 19. ἐν βάθει βόθρου γίνου –
— 23. ἐγενήθη ἡ συναγωγὴ αὐτοῦ (6 d)
— 23. A ἐγενήθη ἐκκλησία (6 d?)
— 27. ἐγενήθησαν αἱ ἀνομίαι αὐ. ἐπὶ τῶν ὀστῶν αὐ. (6 d)
33. 1. ἐγένετο λόγος κυρίου πρὸς μέ (6 d)
— 21. ἐγενήθη [A -νετο] ἐν τῷ δωδεκάτῳ ἔτει (6 d)
— 22. ἐγενήθη [A -νετο] ἐπ' ἐμὲ χεὶρ κυρίου (6 d)
— 23. ἐγενήθη [A -νετο] λόγος κυρίου πρὸς μέ (6 d)
— 32. γίνῃ αὐτοῖς ὡς φωνὴ ψαλτηρίου (7)
34. 1. ἐγένετο λόγος κυρίου πρὸς μέ (6 d)
— 5. ἐγενήθη [A -ησαν] εἰς κατάβρωμα πᾶσι τοῖς θηρίοις (6 d)
— 8. ἀντὶ τοῦ γενέσθαι τὰ πρόβατά μου εἰς προνομὴν καὶ γενέσθαι τὰ πρόβατά μου εἰς κατάβρωμα (6 d, 6 d)
35. 1. ἐγένετο λόγος κυρίου πρὸς μέ (6 d)
— 5. ἀντὶ τοῦ γενέσθαι σε ἔχθραν αἰωνίαν (6 d)
Ez. 36. 2. ἔρημα αἰώνια εἰς κατάσχεσιν ἡμῖν ἐγενήθη (6 d)
— 3. A ἐγένεσθε [B ἀνέβητε] λάλημα γλώσσης [B -σῃ] (28 b)
— 4. ἐγένοντο εἰς προνομήν (6 d)
— 13. ἠτεκνωμένη ὑπὸ τοῦ ἔθνους σου ἐγένου (6 d)
— 16. ἐγένετο λόγος κυρίου πρὸς μέ (6 d)
— 17. ἐγενήθη ἡ ὁδὸς αὐτῶν (6 d)
— 34. ἠφανισμένη ἐγενήθη κατ' ὀφθαλμούς (6 d)
— 35. ἡ γῆ ἐκείνη ἠφανισμένη ἐγενήθη (6 d)
37. 1. ἐγένετο ἐπ' ἐμὲ χεὶρ κυρίου (6 d)
— 7. ἐγένετο [A add. φωνὴ] ἐν τῷ ἐμὲ προφητεῦσαι (6 d)
— 11. ξηρὰ γέγονε τὰ ὀστᾶ ἡμῶν (76)
— 15; 38. 1. ἐγένετο λόγος κυρίου πρὸς μέ (6 d)
38. 8. ἡ ἐγενήθη ἔρημος δι' ὅλου (6 d)
40. 1. ἐγένετο ἐν τῷ πέμπτῳ καὶ εἰκοστῷ ἔτει . . . ἐγένετο ἐπ' ἐμὲ χεὶρ κυρίου (–, 6 d)
— 21. ἐγένετο κατὰ τὰ μέτρα τῆς πύλης (6 d)
44. 7. τοῦ γ. [A γεν.] ἐν τοῖς ἁγίοις μου (6 d)
— 12. ἐγένετο τῷ οἴκῳ [A om.] Ἰσρ. εἰς κόλασιν ἀδικίας (6 d)
— 22. χήρα ἐὰν γένηται ἐξ ἱερέως (6 d)
— 25. ᾗ οὐ γέγονεν ἀνδρί (6 d)
46. 23. μαγειρεῖα γεγονότα ὑποκάτω τῶν ἐξεδρῶν κύκλῳ (31 a)
48. 35. ἀφ' ἧς ἂν ἡμέρας γένηται †
Da. LXX. Su. 12. ὡς ἐγένετο [cod. ἐγίν.] ὄρθρος
2. 1. ὁ ὕπνος αὐτοῦ ἐγένετο ἀπ' αὐτοῦ (6 e)
— 11. οὐκ ἂν δέχεται γενέσθαι (1)
— 12. ὁ βασιλεὺς στυγνὸς γενόμενος –
— 28. ἃ δεῖ γενέσθαι ἐπ' ἐσχάτων τῶν ἡμ. (6 a)
— 29. ἃ δεῖ γενέσθαι (6 a)
— 35. λεπτὰ ἐγένετο ἅμα ὁ σίδηρος καὶ τὸ ὄστρακον (70 b)
— 35. ἐγένετο ὡσεὶ λεπτότερον ἀχύρου (6 b)
— 35. ὁ λίθος ὁ πατάξας τὴν εἰκόνα ἐγένετο ὄρος μέγα (6 b)
3. (30). ἵνα εὖ ἡμῖν γένηται
— (33). ὄνειδος ἐγενήθη τῶν δούλων σου
— (40). οὕτω γενέσθω ἡμῶν ἡ θυσία
— 24 (91). ἐγένετο ἐν τῷ ἀκοῦσαι τὸν βασιλέα –
— 25 (92). φθορὰ οὐδεμία ἐγενήθη ἐν αὐτοῖς (1)
4. 24. καὶ πολυήμερος γένῃ ἐπὶ τοῦ θρόνου (6 b)
— 31. αἱ τρίχες μου ἐγένοντο ὡς πτέρυγες ἀετοῦ –
— 34. περὶ πάντων τῶν γενηθέντων αὐτῷ –
8. 11. εὐωδώθησαν καὶ ἐγενήθη †
— 12. ἐγενήθησαν ἐπὶ τῇ θυσίᾳ αἱ ἁμαρτίαι (25 b)
— 15. ἐγένετο ἐν τῷ θεωρεῖν με (6 d)
9. 2. ἐγένετο πρόσταγμα τῇ γῇ (6 d)
— 12. οἷα οὐκ ἐγενήθη ὑπὸ τὸν οὐρανὸν καθότι ἐγενήθη ἐν Ἰερουσαλήμ (31 b, 31 b)
10. 4. ἐγένετο τῇ ἡμέρᾳ τῇ τετάρτῃ καὶ εἰκάδι –
11. 36. εἰς αὐτὸν γὰρ συντέλεια γίνεται (31 b)
12. 1. οἷα οὐκ ἐγενήθη ἀφ' οὗ ἐγενήθησαν (6 e, 6 d)
Bel. 8. γινέσθω οὕτως
— 13. καὶ ἐγένετο οὕτως
— 14. καὶ ἐγένετο τῇ ἐπαύριον
— 15. μή τι σοι ἀσύμφωνον γεγένηται
— 27. Ἰουδαῖος γέγονεν ὁ βασιλεύς
— 32. ἐγένετο τῇ ἡμέρᾳ τῇ ἕκτῃ
Da. TH. Su. 7. ἐγένετο ἡνίκα ἀπέτρεχεν ὁ λαός
— 8. ἐγένοντο ἐν ἐπιθυμίᾳ αὐτῆς
— 15. ἐγένετο ἐν τῷ παρατηρεῖν αὐτούς
— 19. ἐγένετο ὡς ἐξήλθοσαν τὰ κοράσια
— 20. γενοῦ μεθ' ἡμῶν
— 28. ἐγένετο τῇ ἐπαύριον
— 39. οὐκ ἠδυνήθημεν ἐγκρατεῖς [A περικρ.] γενέσθαι
— 64. Δανιὴλ ἐγένετο μέγας
1. 6. ἐγένετο ἐν [A om.] αὐτοῖς ἐκ τῶν υἱῶν Ἰ. (6 d)
— 16. ἐγένετο Ἀμελσὰδ ἀναιρούμενος (6 d)
— 21. ἐγένετο Δανιὴλ ἕως ἔτους ἑνὸς Κύρου (6 d)
2. 1. ὁ ὕπνος αὐτοῦ ἐγένετο ἀπ' αὐτοῦ (6 e)
— 28. ἃ δεῖ γενέσθαι ἐπ' ἐσχάτων τῶν ἡμ. (6 a)
— 29. τί δεῖ γενέσθαι μετὰ ταῦτα (6 a)
— 29. ἐγνώρισέ σοι ἃ δεῖ γενέσθαι (6 a)
— 35. ἐγένετο [A -οντο] ὡσεὶ κονιορτός (6 b)
— 35. ὁ λίθος . . . ἐγενήθη ὄρος μέγα (6 b)
— 45. ἃ δεῖ γενέσθαι μετὰ ταῦτα (6 a)
3. 7. ἐγένετο ὅταν ἤκουον [A ἤκουσαν] †
— (30). ἵνα εὖ ἡμῖν γένηται
— (33). A B αἰσχύνη καὶ ὄνειδος ἐγενήθη [R -θημεν]
— (40). οὕτως γενέσθω θυσία ἡμῶν ἐνώπιόν σου
4. 28. φωνὴ ἀπ' [A ἐκ τοῦ] οὐρανοῦ ἐγένετο (24 b)

Da. TH. 6. 18 (19). A ὁ ὕπνος ἐγένετο [B ἀπέστη] ἀπ' αὐτοῦ (23)
8. 11. A καὶ ἐγενήθη †
— 15. ἐγένετο ἐν τῷ ἰδεῖν με . . . τὴν ὅρασιν (6 d)
9. 2. ὃς ἐγενήθη λόγος κυρίου (6 d)
— 12. οἷα [A ἃ] οὐ γέγονεν ὑποκάτω παντὸς τοῦ οὐρ. κατὰ τὰ γενόμ. [A γεγραμμ.] ἐν 'I. (31 b, 31 b)
— 16. ὁ λαός σου εἰς ὀνειδισμὸν ἐγένετο –
11. 36. εἰς γὰρ συντέλειαν γίνεται (31 b)
12. 1. οἵα οὐ γέγονεν ἀφ' ἧς [B[1] οὗ] γεγένηται ἔθνος (6 e, 6 d)
Bel. 9. γινέσθω κατὰ τὸ ῥῆμά σου
— 14. ἐγένετο ὡς ἐξῆλθοσαν ἐκεῖνοι
— 18. ἐγένετο ἅμα τῷ ἀνοῖξαι τὰς θύρας
— 28. ἐγένετο ὡς ἤκουσαν οἱ B.
— 28. 'Ιουδαῖος γέγονεν ὁ βασιλεύς
I Ma. 1. 1. ἐγένετο μετὰ τὸ πατάξαι
— 4. A R ἐγένοντο [S -ετο] αὐτῷ εἰς φόρον [S φοβερόν]
— 25. ἐγένετο πένθος μέγα ἐπὶ 'Ισραήλ
— 27. A R καθημένη ἐν παστῷ ἐγένετο ἐν πένθει [S *al.*]
— 33. ἐγένετο αὐτοῖς εἰς ἄκραν
— 35. R ἐγένοντο [A S -ετο] εἰς μεγάλην παγίδα
— 36. ἐγένετο εἰς ἔνεδρον τῷ ἁγιάσματι
— 38. ἐγένετο κατοικία ἀλλοτρίων
— 38. ἐγένετο ἀλλοτρία τοῖς γεννήμασιν αὐτῆς
— 64. ἐγένετο ὀργὴ μεγάλη ἐπὶ 'Ισραὴλ σφόδρα
2. 6. A R τὰς βλασφημίας τὰς γινομ. [S γεν.] ἐν 'I.
— 7. A ἵνα τί τοῦτο ἐγενήθην [S R ἐγενν.]
— 8. R ἐγένετο ὁ ναὸς αὐτῆς ὡς ἀνὴρ ἄδοξος [A S ἔνδ.]
— 11. ἀντὶ ἐλευθέρας ἐγένετο [A ἐγεννήθη] εἰς δούλην
— 43. ἐγένοντο αὐτοῖς εἰς στήριγμα
— 53. καὶ ἐγένετο κύριος Αἰγύπτου
— 55. ἐγένετο κριτὴς ἐν 'Ισραήλ
3. 58. S R γίνεσθε [A γέν.] εἰς υἱοὺς δυνατοὺς [S δυνάμεως] καὶ γίνεσθε ἕτοιμοι
4. 20. ἐνεφάνιζε τὸ γεγονός
— 25. R ἐγένετο [A S -νήθη] σωτηρία μεγάλη
— 27. S τοιαῦτα ἐγεγόνει [A γέγονεν, R γεγόνει] τῷ 'I.
— 35. ἰδὼν δὲ Λυσίας τὴν γενομένην τροπὴν . . . τῆς δὲ 'Ιούδα τὸ γεγενημένον θάρσος
— 35. R πλεονάσας τὸν γενηθέντα στρατόν [A S *al.*]
— 45. μή ποτε γένηται αὐτοῖς εἰς ὄνειδος
— 58. ἐγενήθη εὐφροσύνη μεγάλη
5. 1. καὶ ἐγένετο ὅτε ἤκουσαν
— 30. ἐγένετο ἑωθινή [S[2] τῇ ἑ.]
— 61. ἐγενήθη τροπὴ μεγάλη
6. 8. καὶ ἐγένετο ὡς ἤκουσεν ὁ βασιλεύς
— 8. οὐκ ἐγένετο αὐτῷ καθὼς ἐνεθυμεῖτο
7. 2. καὶ ἐγένετο [S[1] ἐπονεῖτο] ὡς εἰσεπορεύετο
8. 23. καλῶς γένοιτο 'Ρωμαίοις
9. 10. A R μή μοι [S *om.*] γένοιτο ποιῆσαι τὸ πρᾶγμα τοῦτο [S *om.*]
— 13. S R ἐγένετο ὁ πόλεμος συνημμένος [A συνηγμ.]
— 23. A S[1] ἐγένετο μετὰ τὴν τελευτὴν 'Ιούδου [S[2] R -δα]
— 24. S R ἐγενήθη λιμὸς μέγας [A μεγάλη] σφόδρα
— 27. ἐγένετο θλίψις μεγάλη ἐν τῷ 'Ισρ. ἥτις οὐκ ἐγένετο
10. 38. τοῦ γενέσθαι ὑφ' ἕνα
— 47. ἐγένετο αὐτοῖς ἀρχηγὸς λόγων εἰρηνικῶν
— 64. καὶ ἐγένετο ὡς ἴδον
— 70. ἐγὼ δὲ ἐγενήθην εἰς καταγέλωτα
— 85. ἐγένοντο [S[1] -νετο] οἱ πεπτωκότες μαχαίρᾳ
— 88. καὶ ἐγένετο ὡς ἤκουσεν
13. 5. μή μοι γένοιτο φείσασθαί μου τῆς ψυχῆς
— 40. γινέσθω [S[1] -θωσαν] ἀνὰ μέσον ἡμῶν εἰρήνη
— 44. ἐγένετο κίνημα μέγα ἐν τῇ πόλει
14. 17. Σ. ὁ ἀδ. αὐ. γέγονεν ἀντ' αὐτοῦ ἀρχιερεύς
— 29. πολλάκις ἐγενήθησαν [S[1] -θημεν] πόλεμοι
— 30. ἐγενήθη [A ἐγένη] αὐτοῖς ἀρχιερεύς
15. 9. ὥστε φανερὰν γενέσθαι τὴν δόξαν ὑμῶν
16. 3. γίνεσθε ἀντ' ἐμοῦ καὶ τοῦ ἀδ. μου
— 24. ἀφ' οὗ ἐγενήθη ἀρχιερεὺς μετὰ τὸν πατέρα αὐ.
II Ma. 1. 13. γενόμενος γὰρ ὁ ἡγεμών
— 22. R ὡς δὲ ἐγένετο τοῦτο [A *om.*]
— 32. ὡς δὲ τοῦτο ἐγενήθη
— 33. ὡς δὲ φανερὸν ἐγενήθη τὸ πρᾶγμα
2. 4. χρηματισμοῦ γενηθέντος
— 7. R καὶ ἵλεως [A ἔλεος] γένηται

II Ma. 2. 14. διὰ τὸν πόλεμον τὸν γεγονότα ἡμῖν
— 21. τὰς ἐξ οὐρανοῦ γενομ. ἐπιφανείας
— 22. R τοῦ κυρίου . . . ἵλεω [A -εως] γενομ. αὐτοῖς
3. 9. ἀνέθετο περὶ τοῦ γεγονότος ἐμφανισμοῦ
— 17. R πρόδηλον ἐγένετο [A ἐγί.] τοῖς θεωροῦσι
— 32. ὕποπτος δὲ γενόμενος ὁ ἀρχιερεύς
— 34. ἀφανεῖς ἐγένοντο
4. 1. ὁ τῶν χρημ. καὶ τῆς πατρίδος ἐνδείκτης γεγονώς
— 5. οὐ γινόμενος τῶν πολιτῶν κατήγορος
— 21. R τῶν αὐτῶν γεγονέναι [A -οῦ γεγονότων] πραγμάτων
— 39. γενομένων δὲ πολλῶν ἱεροσυλημάτων
5. 3. καὶ προσβολὰς γινομένας
— 4. R ἐπ' ἀγαθῷ τὴν ἐπιφάνειαν γενέσθαι [A γεγενῆσθαι]
— 5. γενομένης δὲ λαλιᾶς ψευδοῦς
— 10. ἀπένθητος ἐγενήθη
— 11. προσπεσόντων δὲ τῷ βασ. περὶ τῶν γεγονότων
— 13. R ἐγίνοντο [A -νετο] δὲ νέων . . . ἀναιρέσεις [A -σις]
— 15. τὸν καὶ τῶν νόμων . . . προδότην γεγονότα
— 17. γέγονε περὶ τὸν τόπον παρόρασις
— 20. τῶν [A *om.*] τοῦ ἔθνους δυσπετημάτων γενομ.
— 27. R δέκατός που γενηθεὶς [A γενν.]
6. 7. γενομένης δὲ Διονυσίων ἑορτῆς
7. 2. εἷς δὲ αὐτῶν γενόμενος προήγορος
— 3. ἔκθυμος δὲ γενόμενος ὁ βασιλεύς
— 4. τὸν γενόμενον αὐτῶν προήγορον
— 5. R ἄχρηστον δὲ αὐτὸν τοῖς ὅλοις [A λοιποῖς] γενόμενον
— 9. ἐν ἐσχάτῃ δὲ πνοῇ γενόμενος
— 14. R γενόμενος πρὸς τὸ [A τῷ] τελευτᾶν
— 19. ἄξια θαυμασμοῦ γέγονε
— 25. γενέσθαι τοῦ μειρακίου σύμβουλον
— 28. R τὸ τῶν ἀνθρώπων γένος οὕτως γεγένηται [A γίνεται]
— 29. R τῶν ἀδελφῶν [A ἀ. σου] ἄξιος γενόμενος
— 31. πάσης κακίας εὑρετὴς γενόμενος
— 37. R ἵλεων [A -ως] ταχὺ τῷ ἔθνει γενέσθαι
— 39. ἔκθυμος δὲ γενόμενος ὁ βασιλεύς
8. 3. μέλλουσαν ἰσόπεδον γίνεσθαι
— 4. περὶ τῶν γενομ. εἰς τὸ ὄνομα αὐτοῦ βλασφημιῶν
— 5. R γενόμ. δὲ ἐν συστήματι [A -τέμ.] ὁ M. ἀνυπόστατος ἤδη τοῖς ἔθνεσιν ἐγίνετο
— 19. τὰς ἐπὶ τῶν προγόνων γενομ. ἀντιλήψεις
— 20. R τὴν πρὸς αὐτοὺς [A τοὺς] Γαλάτας παράταξιν γενομ.
— 20. R διὰ τὴν γενομ. [A γιν.] αὐτοῖς ἀπ' οὐρ. βοήθειαν
— 24. γενομένου δὲ αὐτοῖς τοῦ παντοκράτορος συμμάχου
— 27. περὶ τὸ σάββατον ἐγίνοντο
— 30. ὀχυρωμ. ὑψηλῶν εὖ μάλα ἐγκρατεῖς ἐγένοντο
9. 3. τὰ κατὰ N. καὶ τοὺς περὶ T. γεγονότα
— 8. κατὰ γῆν γενόμενος
10. 5. τὸν καθαρισμὸν γενέσθαι τοῦ ναοῦ
— 10. υἱὸν δὲ τοῦ ἀσεβοῦς γενόμενον
— 12. R διὰ τὴν γεγονυῖαν εἰς [A πρὸς] αὐτοὺς ἀδικίαν
— 14. Γοργίας δὲ γενόμενος στρατηγός
— 16. ἀξιώσαντες τὸν θεὸν σύμμαχον αὐτοῖς γενέσθαι
— 17. ἐγκρατεῖς ἐγένοντο τῶν τόπων
— 21. προσαγγελθέντος δὲ τῷ M. περὶ τοῦ γεγονότος
— 22. τούτους μὲν οὖν προδότας γενομένους ἀπέκτεινε
— 24. τοὺς τῆς 'Ασίας γενομένους ἵππους
— 26. R ἵλεων [A -ως] αὐτοῖς γενόμενον
— 27. γενόμενοι δὲ ἀπὸ τῆς δεήσεως
— 29. R γενομένης [A γιν.] δὲ καρτερᾶς μάχης
11. 1. λίαν βαρέως φέρων ἐπὶ τοῖς γεγονόσι
— 13. τὸ γεγονὸς περὶ ἑαυτὸν ἐλάσσωμα
— 14. φίλον αὐτοῖς ἀναγκάζειν γενέσθαι
— 19. R παραίτιος ὑμῖν [A *om.*] ἀγαθῶν γενέσθαι
— 23. τοὺς ἐκ τῆς βασιλείας ἀταράχους ὄντας γενέσθαι
— 29. R γίνεσθαι πρὸς τοῖς ἰδίοις [A 'Ιουδαίοις]
12. 1. γενομένων τῶν συνθηκῶν τούτων
— 1. οἱ δὲ 'Ιουδαῖοι περὶ τὴν γεωργίαν ἐγίνοντο
— 5. τὴν γεγονυῖαν εἰς τοὺς ὁμοεθνεῖς ὠμότητα
— 11. γενομένης δὲ καρτερᾶς μάχης
— 22. γενομένου δέους ἐπὶ τοὺς πολεμίους
— 22. φόβου τε . . . γενομένου ἐπ' αὐτούς

II Ma. 12. 39. R καθ' ὃν τρόπον [A χρόνον] τὸ τῆς χρείας ἐγεγόνει
— 40. τοῖς δὲ πᾶσι σαφὲς ἐγένετο
— 42. τὸ γεγονὸς ἁμάρτημα τελείως ἐξαλειφθῆναι
— 42. ἑωρακότας [A[1] -ες] τὰ γεγονότα
13. 9. τὰ χείριστα τῶν ἐπὶ τοῦ πατρὸς αὐτοῦ γεγονότων
— 11. τοῖς δυσφήμοις ἔθνεσιν ὑποχειρίους γενέσθαι
— 13. καθ' ἑαυτὸν δὲ σὺν τοῖς πρεσβυτέροις γενόμενος
— 13. γενέσθαι τῆς πόλεως ἐγκρατεῖς
— 17. τοῦτο ἐγεγόνει
— 23. ἥττων ἐγένετο
14. 12. Νικάνορα τὸν γενόμ. ἐλεφαντάρχην
— 20. πλείονος δὲ γενομένης περὶ τούτων ἐπισκέψεως
— 22. μή ποτε ἐκ τῶν πολεμίων . . . κακουργία γένηται
— 26. καὶ τὰς γενομένας συνθήκας
— 27. ὁ δὲ βασιλεὺς ἔκθυμος γενόμενος
— 35. R ναὸν τῆς σῆς κατασκηνώσεως [A σκην.] ἐν ἡμῖν γενέσθαι
— 41. περικατάληπτος γενόμενος
— 42. τοῖς ἀλιτηρίοις ὑποχείριος γενέσθαι
— 44. γενομένου διαστήματος
— 46. R παντελῶς ἔξαιμος ἤδη γενόμενος [A γιν.]
15. 12. 'Ονίαν τὸν γενόμενον ἀρχιερέα
— 28. γενόμενοι δὲ ἀπὸ τῆς χρείας
— 29. γενομένης δὲ κραυγῆς
III Ma. 1. 1. R τὴν γενομ. [A γιν.] τῶν ὑπ' αὐτοῦ κρατουμ. τόπων ἀφαίρεσιν
— 4. γενομένης δὲ καρτερᾶς μάχης
— 11. μὴ καθήκειν γίνεσθαι τοῦτο
— 15. R γενομένου [A γι.] δέ φησι τούτου
— 17. ἄδηλον τιθέμενοι τὸ γινόμενον
2. 5. R διαδήλους [A ἀδ.] ταῖς κακίαις γενομένους
— 10. ἐὰν γένηται ἡμῶν ἀποστροφή
3. 7. R ὁμοσπόνδους τοὺς ἀνθρ. γενέσθαι [A γί.]
— 8. συνδρομὰς ἀπροσκόπους γινομένας
— 14. ἐκ τῆς εἰς τὴν 'A. γενομ. ἡμῖν ἐπιστρατείας
— 29. ἄβατος καὶ πυριφλεγὴς γινέσθω
4. 12. ὡς δὲ τοῦτο ἐγενήθη
— 15. ἐγίνετο μὲν οὖν ἡ τουτων ἀπογραφή
5. 17. οὗ καὶ γενομένου
— 42. τὰς γινομ. πρὸς ἐπισκοπὴν . . . μεταβολὰς τῆς ψυχῆς
— 50. τὰς ἔμπροσθεν αὐτῶν γεγενημ. ἀντιλήψεις
6. 20. ὑπόφρικον καὶ τὸ τοῦ βασ. σῶμα ἐγενήθη
— 33. ἐπὶ τῇ παραδόξῳ γενηθείσῃ αὐτῷ σωτηρίᾳ
— 36. σωτηρίας δὲ τῆς διὰ θεὸν γενομένης αὐτοῖς
7. 8. R μήτε ὀνειδίζειν [A -ζοντος] περὶ τῶν γεγενημ. παρὰ λόγον
— 10. R οὐκ ἐσπούδασαν εὐθέως γενέσθαι [A *om.*] περὶ τὴν ἄφοδον
IV Ma. 3. 8. γενομένης ἑσπέρας
5. 13. S R ἐπὶ πάσῃ [A πᾶσιν] δι' ἀνάγκην παρανομίᾳ γινομένῃ
6. 19. γενοίμεθα τοῖς νέοις ἀσεβείας τύπος ἵνα παράδειγμα γενώμεθα τῆς μιαροφαγίας
— 28. ἵλεως γενοῦ τῷ ἔθνει σου
9. 13. ὁ εὐγενὴς νεανίας ἔξαρθρος [A -θος] ἐγίνετο
— 24. ἡ . . . πρόνοια τῷ ἔθνει γενηθεῖσα
11. 15. A εἰς τὰ αὐτὰ γὰρ καὶ γενηθέντες [S R γενν.]
12. 13. ἐκ τῶν αὐτῶν γεγονότας στοιχείων
— 18. ὅπως ἵλεως γένηται τῷ γένει μου
14. 9. ὧν τί ἂν γένοιτο ἐπαλγέστερον
15. 6. A R ἐγένετο ἡ τῶν ἑπτὰ μήτηρ φιλοτεκνοτέρα
16. 6. ἑπτὰ παῖδας τεκοῦσα οὐδενὸς μήτηρ γεγένημαι
17. 11. ἀγὼν θεῖος ὁ δι' αὐτῶν γεγενημ.
— 22. ὥσπερ ἀντίψυχον γεγονότας [S -νας] τῆς . . . ἁμαρτίας
18. 7. ἐγὼ ἐγενήθην παρθένος ἁγνή
— 9. τούτων δὲ ἐνηλίκων γενομένων

[Aq. GE. 1. 3 *bis*, 6, 14 : 2. 7 : 18. 12 : 38. 23 : EX. 7. 19 : 14. 20 : NU. 1. 45 : JO. 3. 14 : 9. 5 (11) : JD. 11. 29 : 16. 11 : I KI. 13. 21 : II KI. 6. 13 : 23. 19 : III KI. 9. 10 : 14. 5, 6, 8, 9, 17 : 18. 36 ; 21 (20). 1 : JB. 6. 29 : PS. 26 (27). 9 : 29 (30). 11 : 30 (31). 12, 13 : 32 (33). 9, 22 : 63 (64). 8 : 68 (69). 11, 12 : 82 (83). 9, 11 : 123 (124). 1 : PR. 5. 14 : 24. 28 : CA. 8. 10 : IS. 3. 8 : 9. 6 (5) : 16. 4 : 29. 13 : 33. 2 : 59. 15 : 66. 2 : JE. 7. 1 : 15. 18 : 16. 1, 2 : 20. 3 : 25. 3 : 27

(34). 1, 17: 31 (38). 9: 34 (41). 5: 36 (43). 1: 40 (47). 3: 41 (48). 6: 47 (29). 1: 51 (28). 2, 43: Ez. 3. 16: 13. 4.]
[**Sm.** Ge. 1. 2, 3, 6: 2. 7: 3. 23 (22): 4. 26: 18. 12: 34. 7: 38. 23: Ex. 7. 19: Le. 27. 26: Jo. 9. 5 (11): I Ki. 2. 5: 14. 38: 16. 23: 18. 20: II Ki. 2. 7: III Ki. 9. 10: 18. 46: Jb. 21. 2, 5: 24. 13, 17: 38. 38: Ps. 29 (30). 8, 11: 30 (31). 12, 13, 19: 31 (32). 4: 32 (33). 6, 9: 36 (37). 25: 38 (39). 3, 10: 44 (45). 17: 54 (55). 19: 57 (58). 10: 60 (61). 4: 61 (62). 11: 67 (68). 13: 68 (69). 11, 12, 23: 70 (71). 7: 72 (73). 5: 82 (83). 9: 101 (102). 4: 117 (118). 23: 118 (119). 63, 100: 134 (135). 18: Pr. 9. 12: 24. 28: Ec. 2. 17: 4. 3: 5. 1: 7. 7 (6), 24 (23): 8. 11, 12: Is. 3. 8: 28. 20: 29. 13: 32. 14: 33. 2: 46. 11: 59. 9, 15: 63. 19: 64. 11 (10): 66. 2: Je. 7. 1, 11: 9. 12 (11): 14. 9: 15. 18: 16. 1: 20. 7: 27 (34). 17: 36 (43). 1: 41 (48). 6: 47 (29). 1: 51 (28). 2, 32, 43: La. 1. 17: 4. 14: Ez. 3. 16: 13. 4: 16. 56: 20. 32: 21. 15 (20): 22. 18: 27. 19: Da. 4. 16.]
[**Th.** Ge. 1. 3 *bis*, 6: 2. 7: Ex. 7. 19: 8. 22 (18): 37. 14: Le. 27. 26: Jo. 3. 14: Jd. 6. 25, 39: 8. 33: 11. 29: 12. 14: 13. 2: 17. 7: 19. 2: III Ki. 18. 36: Ps. 30 (31). 3: 86 (87). 5: Pr. 24. 28: Is. 29. 13: 33. 2: 59. 15: 66. 2: Je. 2. 1: 7. 1: 20. 3: 25. 3: 27 (34). 17: 33 (40). 19, 23: 36 (43). 1: 39 (46). 4: 40 (47). 3: 41 (48). 6: Ez. 3. 16: 5. 16: 22. 18: 26. 17: 27. 19, 36: 32. 23: 34. 8: Da. 2. 1†, 28, 29: 8. 2†: 9. 16: 11. 36.]
[**Al.** Ex. 8. 17 (13): 12. 41: Le. 11. 32: 13. 24: 15. 17: Nu. 13. 34 (33): Dt. 17. 4: Jo. 11. 19: Jd. 5. 31: I Ki. 28. 16: I Ch. 16. 36: Ps. 9. 35 (10. 14): 121 (122). 7: 138 (139). 17: Is. 5. 12: La. 4. 18: Ez. 32. 27.]
[**Hebr.** III Ki. 9. 10: Jb. 20. 14.]
[**Quint.** Ps. 29 (30). 11: 32 (33). 6: 86 (87). 5: Ho. 8. 6.]
[**Sext.** Ps. 29 (30). 11: 86 (87). 5.]

γιγνώσκειν, γινώσκειν. (1) אָמַר (2) בִּין *a.* qal. *b.* hi. *c.* hithpal. (3) חָזָה (4) יָדַע *a.* qal. *b.* ni. *c.* hi. *d.* ho. *e.* hith. *f.* דַּעַת *g.* יְדַע *h.* דֵּעָה (5) יָעַד ni. (6) יָעַץ ni. (7) כָּלָה (8) לָקַח (9) מָצָא (10) נָגַד hi. (11) נָכַר hi. (12) רָאָה (13) שָׁמַע (14) תָּכַן *a.* qal. *b.* pi.

Ge. 2. 17. τοῦ γινώσκειν καλὸν καὶ πονηρόν (4 *f*)
3. 5. ὡς θεοὶ γινώσκοντες καλὸν καὶ πονηρόν (4 *a*)
— 7. ἔγνωσαν ὅτι γυμνοὶ ἦσαν (4 *a*)
— 22. τοῦ γινώσκειν καλὸν καὶ πονηρόν (4 *a*)
4. 1. Ἀδὰμ δὲ ἔγνω Εὔαν τὴν γυναῖκα αὐ. (4 *a*)
— 9. καὶ εἶπεν, Οὐ γινώσκω (4 *a*)
— 17. καὶ ἔγνω Κάϊν τὴν γυναῖκα αὐ. (4 *a*)
— 25. ἔγνω δὲ Ἀδὰμ Εὔαν τὴν γυναῖκα αὐ. (4 *a*)
8. 11. ἔγνω Νῶε ὅτι κεκόπακε τὸ ὕδωρ (4 *a*)
9. 24. ἔγνω ὅσα ἐποίησεν αὐτῷ ὁ υἱὸς αὐ. (4 *a*)
12. 11. γινώσκω ἐγὼ ὅτι γυνὴ εὐπρόσωπος εἶ (4 *a*)
15. 8. κατὰ τί γνώσομαι ὅτι κληρονομήσω (4 *a*)
— 13. γινώσκων γνώσῃ ὅτι πάροικον ἔσται (4 *a*, 4 *a*)
18. 21. εἰ δὲ μὴ ἵνα γνῶ (4 *a*)
19. 8. αἳ οὐκ ἔγνωσαν ἄνδρα (4 *a*)
20. 6. κἀγὼ ἔγνων ὅτι ἐν καθ. καρδίᾳ ἐποίησας (4 *a*)
— 7. A γνῶθι [R γνώσῃ] ὅτι ἀποθανῇ (4 *a*)
21. 26. οὐκ ἔγνων τίς ἐποίησε (4 *a*)
22. 12. νῦν γὰρ ἔγνων (4 *a*)
24. 14. ἐν τούτῳ γνώσομαι (4 *a*)
— 16. ἀνὴρ οὐκ ἔγνω αὐτήν (4 *a*)
— 21. παρεσιώπα τοῦ γνῶναι (4 *a*)
— 44. ἐν τούτῳ γνώσομαι –
27. 2. οὐ γινώσκω τὴν ἡμ. τῆς τελευτῆς (4 *a*)
29. 5. γινώσκετε Λάβαν τὸν υἱὸν Ν. (4 *a*)
— 5. οἱ δὲ εἶπαν, Γινώσκομεν (4 *a*)
30. 26. σὺ γὰρ γινώσκεις τὴν δουλείαν (4 *a*)
— 29. σὺ γινώσκεις ἃ δεδούλευκά σοι (4 *a*)
33. 13. ὁ κύριός μου γινώσκει (4 *a*)
38. 9. γνοὺς δὲ Αὐνὰν ὅτι οὐκ αὐτῷ ἔσται (4 *a*)
— 16. οὐ γὰρ ἔγνω ὅτι ἡ νύμφη αὐ. ἐστίν (4 *a*)
— 26. οὐ προσέθετο ἔτι τοῦ γνῶναι αὐτήν (4 *a*)
39. 8. εἰ ὁ κύριός μου οὐ γινώσκει δι' ἐμὲ οὐδέν (4 *a*)
— 23. οὐκ ἦν ὁ ἀρχ. γινώσκων δι' αὐτὸν οὐθέν (12)

Ge. 42. 33. A ἐν τούτῳ γνωσόμεθα [R -μαι] (4 *a*)
— 34. γνώσομαι ὅτι οὐ κατάσκοποί ἐστε (4 *a*)
44. 27. ὑμεῖς γινώσκετε ὅτι δύο ἔτεκέ μοι (4 *a*)
Ex. 2. 25. καὶ ἐγνώσθη αὐτοῖς (4 *a*)
6. 7. καὶ γνώσεσθε ὅτι ἐγὼ κ. ὁ θ. ὑμῶν (4 *a*)
7. 5. γνώσονται πάντες οἱ Αἰγ. (4 *a*)
— 17. ἐν τούτῳ γνώσῃ ὅτι ἐγὼ κύριος (4 *a*)
9. 29. ἵνα γνῷς ὅτι τοῦ κυρίου ἡ γῆ (4 *a*)
10. 2. καὶ γνώσεσθε ὅτι ἐγὼ [A *add.* εἰμι] κύριος (4 *a*)
14. 4. γνώσονται [A ἐπιγν.] πάντες οἱ Αἰγ. (4 *a*)
— 18. γνώσονται πάντες οἱ Αἰγ. (4 *a*)
16. 6. ἑσπέρας γνώσεσθε (4 *a*)
— 12. γνώσεσθε ὅτι ἐγὼ κ. ὁ θεὸς ὑμῶν (4 *a*)
18. 11. νῦν ἔγνων ὅτι μέγας κύριος (4 *a*)
22. 10 (9). καὶ μηδεὶς γνῷ (12)
25. 21 (22). καὶ γνωσθήσομαί σοι ἐκεῖθεν (4 *b*)
29. 42. ἐν οἷς γνωσθήσομαί σοι ἐκεῖθεν (5)
— 46. γνώσονται [A -σομαι] ὅτι ἐγώ εἰμι κ. ὁ θ. (4 *a*)
30. 6. ἐν οἷς γνωσθήσομαί σοι ἐκεῖθεν [A ἐκεῖ] (5)
— 36. ὅθεν γνωσθήσομαί σοι ἐκεῖθεν (5)
31. 13. ἵνα γνῶτε ὅτι ἐγὼ κύριος (4 *a*)
33. 13. ἵνα γνῶ ὅτι λαός σου τὸ ἔθνος τὸ μέγα τοῦτο (12)
Le. 4. 14. καὶ γνωσθῇ αὐτοῖς ἡ ἁμαρτία (4 *b*)
— 23, 28. καὶ γνωσθῇ αὐτῷ ἡ ἁμαρτία (4 *d*)
5. 3. μετὰ τοῦτο δὲ γνῷ (4 *a*)
— 4. καὶ οὗτος γνῷ (4 *a*)
— 17. καὶ οὐκ ἔγνω καὶ πλημμελήσῃ (4 *a*)
Nu. 11. 23. ἤδη γνώσῃ εἰ ἐπικαταλήψεταί σε ὁ λόγος μου (12)
12. 6. ἐν ὁράματι αὐτῷ γνωσθήσομαι (4 *e*)
14. 34. γνώσεσθε τὸν θυμὸν τῆς ὀργῆς μου (4 *a*)
16. 5. ἔγνω ὁ θεὸς τοὺς ὄντας αὐτοῦ (4 *c*)
— 28. γνώσεσθε ὅτι κύριος ἀπέστειλέ με (4 *a*)
— 30. γνώσεσθε ὅτι παρώξυναν οἱ ἄνθρ. οὗτοι τὸν κ. (4 *a*)
17. 4 (19). ἐν οἷς γνωσθήσομαί σοι ἐκεῖ (5)
22. 19. γνώσομαι τί προσθήσει κύριος λαλῆσαι (4 *a*)
31. 17. A R ἥτις ἔγνω [B -ωκεν] κοίτην (4 *a*)
— 18. A ἥτις οὐκ ἔγνω [B οἶδε] κοίτην (4 *a*)
— 35. αἳ οὐκ ἔγνωσαν κοίτην ἀνδρός (4 *a*)
32. 23. γνώσεσθε τὴν ἁμαρτίαν ὑμῶν (4 *a*)
De. 4. 39. γνώσῃ σήμερον (4 *a*)
7. 9. A R καὶ γνώσῃ [B[1] -σεσθε σήμ.] (4 *a*)
— 15. ὅσα ἔγνως οὐκ ἐπιθήσει ἐπὶ σέ (4 *a*)
8. 5. γνώσῃ τῇ καρδίᾳ σου (4 *a*)
9. 3. γνώσῃ σήμερον ὅτι κ. ὁ θ. σου οὗτος προπορεύσεται (4 *a*)
— 6. γνώσῃ σήμερον [A *om.*] (4 *a*)
— 24. ἀπὸ τῆς ἡμέρας ἧς [A ἀφ' ἧς ἡμ.] ἐγνώσθη ὑμῖν (4 *a*)
11. 2. γνώσεσθε σήμερον (4 *a*)
18. 21. πῶς γνωσόμεθα τὸ ῥῆμα (4 *a*)
29. 6 (5). ἵνα γνῶτε ὅτι κ. ὁ θ. ὑμῶν ἐγώ (4 *a*)
33. 9. A[2] τοὺς ἀδελφοὺς αὐτοῦ οὐκ ἔγνω [B ἐπέγνω] (11)
34. 10. ὃν ἔγνω κύριος αὐτόν (4 *a*)
Jo. 3. 7. ἄρχομαι ὑψῶσαί σε . . . ἵνα γνῶσιν (4 *a*)
— 10. ἐν τούτῳ γνώσεσθε (4 *a*)
4. 24. ὅπως γνῶσι πάντα τὰ ἔθνη τῆς γῆς (4 *a*)
22. 22. Ἰσραὴλ αὐτὸς γνώσεται (4 *a*)
— 31. σήμερον ἐγνώκαμεν ὅτι μεθ' ἡμῶν κύριος (4 *a*)
23. 13. γινώσκετε [A γνώσει γνώσεσθε] ὅτι οὐ μὴ προσθῇ κ. (4 *a*)
— 14. γνώσεσθε τῇ καρδίᾳ ὑμῶν (4 *a*)
Jd. 2. 7. ὅσοι ἔγνωσαν πᾶν τὸ ἔργον κυρίου τὸ μέγα (12)
— 10. οἱ [A ὅσοι] οὐκ ἔγνωσαν τὸν κύριον (4 *a*)
3. 1. πάντας τοὺς μὴ ἐγνωκότας τοὺς πολέμους X. (4 *a*)
— 2. οἱ ἔμπροσθεν αὐτῶν οὐκ ἔγνωσαν αὐτά (4 *a*)
— 4. γνῶναι εἰ ἀκούσονται (4 *a*)
4. 9. γίνωσκε ὅτι οὐκ ἔσται τὸ προτέρημά σου –
6. 29. ἔγνωσαν ὅτι [A εἶπαν] Γ. υἱὸς Ἰ. ἐποίησε (1)
— 37. γνώσομαι ὅτι σώσεις ἐν [A -ζεις ἐν τῇ] χειρί μου (4 *a*)
11. 39. αὕτη οὐκ ἔγνω ἄνδρα (4 *a*)
13. 16. οὐκ ἔγνω Μανωέ (4 *a*)
— 21. τότε ἔγνω Μανωέ (4 *a*)
14. 4. οὐκ ἔγνωσαν ὅτι παρὰ κυρίου ἐστίν (4 *a*)
— 18. οὐκ ἂν ἔγνωτε [A εὕρητε] τὸ πρόβλημά μου (9)
16. 9. οὐκ ἐγνώσθη ἡ ἰσχὺς αὐτοῦ (4 *b*)
— 14. A οὐκ ἐγνώσθη ἡ ἰσχὺς αὐτοῦ –

Jd. 16. 20. αὐτὸς οὐκ ἔγνω ὅτι ὁ κύριος ἀπέστη (4 *a*)
17. 13. νῦν ἔγνων ὅτι ἀγαθυνεῖ [A ἠγαθοποίησέν] μοι κύριος (4 *a*)
18. 5. γνωσόμεθα εἰ εὐοδωθήσεται [A κατευοδοῖ] ἡ ὁδὸς ἡμῶν (4 *a*)
— 14. ἔγνωτε ὅτι ἐστὶν ἐν τῷ οἴκῳ τούτῳ ἐφώδ [A *al.*] (4 *a*)
— 14. γνῶτε ὅ τι [A γν. τί] ποιήσετε (4 *a*)
19. 22. ἵνα γνῶμεν αὐτόν (4 *a*)
— 25. καὶ ἔγνωσαν αὐτήν (4 *a*)
20. 34. καὶ αὐτοὶ οὐκ ἔγνωσαν (4 *a*)
21. 11. A πᾶσαν γυναῖκα γινώσκουσαν κοίτην ἄρσενος [B *al.*] (4 *a*)
— 12. αἵτινες [A αἳ] οὐκ ἔγνωσαν ἄνδρα (4 *a*)
Ru. 3. 4. γνώσῃ τὸν τόπον (4 *a*)
— 14. μὴ γνωσθήτω ὅτι ἦλθε γυνή (4 *b*)
4. 4. ἀνάγγειλόν μοι καὶ γνώσομαι (4 *a*)
I Ki. 1. 19. ἔγνω [A *add.* Ἐλκ.] τὴν Ἄνναν γυναῖκα αὐτοῦ (4 *a*)
2. 10. συνιεῖν καὶ γινώσκειν τὸν κύριον –
3. 7. πρὶν γνῶναι [A ἢ γν. τὸν] θεόν (4 *a*)
— 20. καὶ ἔγνωσαν πᾶς Ἰσραήλ (4 *a*)
4. 6. ἔγνωσαν ὅτι κιβωτὸς κυρίου ἥκει (4 *a*)
6. 9. γνωσόμεθα ὅτι οὐ χεὶρ αὐτοῦ ἧπται ἡμῶν (4 *a*)
10. 24. ἔγνωσαν πᾶς ὁ λαός †
12. 17. γνῶτε καὶ ἴδετε ὅτι ἡ κακία ὑμῶν μεγάλη (4 *a*)
14. 29. καὶ ἔγνω Ἰωνάθαν –
— 38. γνῶτε καὶ ἴδετε ἐν τίνι γέγονεν ἡ ἁμαρτία αὕτη (4 *a*)
17. 18. A ὅσα ἂν χρῄζωσιν γνώσῃ (8)
— 46. γνώσεται πᾶσα ἡ γῆ (4 *a*)
— 47. γνώσεται πᾶσα ἡ ἐκκλησία αὕτη (4 *a*)
18. 28. A εἶδε Σαοὺλ καὶ ἔγνω [B *om.* καὶ ἔ.] (4 *a*)
20. 3. γινώσκων οἶδεν ὁ πατήρ σου (4 *a*)
— 3. μὴ γνῶναι [A γνώτω] τοῦτο Ἰωνάθαν (4 *a*)
— 7. γνῶθι ὅτι συντετέλεσται ἡ κακία παρ' αὐτοῦ (4 *a*)
— 9. ἐὰν γινώσκων γνῶ ὅτι συντετέλεσται ἡ κακία (4 *a*, 4 *a*)
— 33. B καὶ ἔγνω Ἰωνάθαν (4 *a*)
— 39. τὸ παιδάριον οὐκ ἔγνω οὐθέν [A *om.* οὐκ ἔ. οὐ.] (4 *a*)
21. 2 (3). μηδεὶς γνώτω [A μὴ γν. μηδεὶς] τὸ ῥῆμα (4 *a*)
22. 3. ἕως ὅτου γνῶ τί [A ὅ τι] ποιήσει μοι ὁ θ. (4 *a*)
— 6. ἔγνωσται Δαυὶδ καὶ οἱ ἄνδρες οἱ μετ' αὐτοῦ (4 *b*)
— 17. ἔγνωσαν ὅτι φεύγει αὐτός (4 *a*)
23. 9. καὶ ἔγνω Δαυίδ (4 *a*)
— 22. γνῶτε [A γν. καὶ ἴδετε] τὸν τόπον αὐτοῦ [A *om.*] (4 *a*)
— 23. ἴδετε καὶ γνῶτε [A γν. καὶ ἴδετε] (4 *a* [12])
24. 12. γνῶθι καὶ ἴδε σήμερον (4 *a*)
— 21. καὶ νῦν ἰδοὺ ἐγὼ γινώσκω (4 *a*)
25. 17. γνῶθι καὶ ἴδε σὺ τί ποιήσεις (4 *a*)
26. 4. ἔγνω ὅτι ἥκει Σαοὺλ ἕτοιμος ἐκ Κ. (4 *a*)
— 12. οὐκ ἦν ὁ γινώσκων (4 *a*)
28. 1. γινώσκων γνώσῃ ὅτι μετ' ἐμοῦ ἐξελεύσῃ (4 *a*, 4 *a*)
— 2. οὕτω νῦν γνώσῃ ἃ ποιήσει ὁ δοῦλός σου (4 *a*)
— 14. τί ἔγνως †
— 14. ἔγνω Σαοὺλ ὅτι οὗτος Σαμουήλ (4 *a*)
II Ki. 3. 25. γνῶναι τὴν ἔξοδόν σου καὶ τὴν εἴσοδόν σου (4 *a*)
— 25. καὶ γνῶναι ἅπαντα ὅσα σὺ ποιεῖς (4 *a*)
— 36. καὶ ἔγνω πᾶς ὁ λαός (11)
— 37. καὶ ἔγνω πᾶς ὁ λαός (4 *a*)
5. 12. ἔγνω Δαυὶδ ὅτι ἡτοίμασεν αὐτὸν κύριος (4 *a*)
14. 1. ἔγνω Ἰωὰβ . . . ὅτι ἡ καρδία τοῦ βασ. ἐπὶ Ἀβ. (4 *a*)
— 20. τοῦ γνῶναι πάντα τὰ ἐν τῇ γῇ (4 *a*)
— 22. σήμερον ἔγνω ὁ δοῦλός σου (4 *a*)
15. 11. οὐκ ἔγνωσαν πᾶν ῥῆμα (4 *a*)
17. 19. οὐκ ἐγνώσθη ῥῆμα (4 *b*)
18. 29. οὐκ ἔγνων τί ἐκεῖ (4 *a*)
19. 6 (7). ἔγνωκα σήμερον ὅτι εἰ Ἀβεσσαλὼμ ἔζη (4 *a*)
— 20 (21). ἔγνω ὁ δοῦλός σου ὅτι ἐγὼ ἥμαρτον (4 *a*)
— 35 (36). εἰ [A *om.*] μὴν [A μὴ] γνώσομαι ἀνὰ μέσον ἀγ. καὶ κακοῦ (4 *a*)
22. 44. R λαὸς ὃν οὐκ ἔγνω [A B ἔγνων] ἐδούλευσάν [A -σέν] μοι (4 *a*)
24. 2. γνώσομαι τὸν ἀριθμὸν τοῦ λαοῦ (4 *a*)
— 13. νῦν οὖν γνῶθι καὶ ἴδε (4 *a*)
III Ki. 1. 4. ὁ βασιλεὺς οὐκ ἔγνω αὐτήν (4 *a*)

III Ki. 1. 11. ὁ κύριος ἡμῶν Δαυὶδ [A βασ. Δ.] οὐκ ἔγνω (4 a)
— 18. σύ, κύριέ μου βασιλεῦ, οὐκ ἔγνως (4 a)
2. 5. σὺ ἔγνως ὅσα ἐποίησέ μοι Ἰωάβ (4 a)
— 9. γνώσῃ ἃ ποιήσεις αὐτῷ (4 a)
— 32. οὐκ ἔγνω τὸ αἷμα αὐτῶν (4 a)
3. 1 (2. 9). γνώσῃ ἃ ποιήσεις αὐτῷ –
— 1 (2. 37), 1 (2. 42). γινώσκων γνώσῃ ὅτι θανάτῳ ἀποθανῇ (4 a, 4 a)
— 1 (2. 44). A σὺ ἔγνως [B οἶδας] πᾶσαν τὴν κακίαν σου (4 a)
— 1 (2. 44). A B ἣν ἔγνω [R οἶδεν] ἡ καρδία σου (4 a)
8. 38. ὡς ἂν γνῶσιν ἕκαστος ἁφὴν καρδίας αὐτοῦ (4 a)
— 39. καθὼς ἂν γνῷς τὴν καρδίαν αὐτοῦ (4 a)
— 43. ὅπως γνῶσι πάντες οἱ λαοὶ [A *add.* τῆς γῆς] τὸ ὄν. σου (4 a)
— 43. καὶ γνῶσιν ὅτι τὸ ὄνομά σου ἐπικέκληται (4 a)
— 60. ὅπως γνῶσι πάντες οἱ λαοὶ τῆς γῆς (4 a)
14. 2. A οὐ γνώσονται ὅτι σὺ γυνὴ Ἱεροβοάμ (4 a)
17. 24. ἔγνωκα [A τοῦτο ἔγν.] ὅτι σὺ ἄνθρωπος θεοῦ [A θ. εἶ] (4 a)
18. 36. γνώτωσαν πᾶς ὁ λαὸς οὗτος [A σήμερον γνώτωσαν] (4 b)
— 37. γνώτω [A γνώτωσαν] ὁ λαὸς οὗτος (4 a)
21 (20). 7. γνῶτε δὴ καὶ ἴδετε (4 a)
— 13. γνώσῃ ὅτι ἐγὼ κύριος (4 a)
— 22. γνῶθι καὶ ἴδε τί ποιήσεις (4 a)
— 28. γνώσῃ ὅτι ἐγὼ κύριος (4 a)
— 41. A ἔγνω [B ἐπέγνω] αὐτὸν ὁ βασιλεὺς Ἰσραήλ (11)
IV Ki. 2. 3. εἰ ἔγνως ὅτι κύριος σήμερον λαμβάνει τὸν κ. σου (4 a)
— 3. κἀγὼ ἔγνωκα σιωπᾶτε (4 a)
— 5. εἰ ἔγνως ὅτι σήμερον λαμβάνει κ. τὸν κ. σου (4 a)
— 5. καί γε ἐγὼ ἔγνων [A ἔγνωκα] σιωπᾶτε (4 a)
4. 1. σὺ ἔγνως ὅτι δοῦλος ἦν φοβούμ. τὸν κ. (4 a)
— 9. ἰδοὺ δὴ ἔγνων [A ἔγνωκα] (4 a)
— 39. ὅτι οὐκ ἔγνωσαν (4 a)
5. 7. ὅτι πλὴν γνῶτε δὴ καὶ ἴδετε (4 a)
— 8. γνώτω ὅτι ἔστι προφήτης ἐν Ἰσραήλ (4 a)
— 15. ἔγνωκα ὅτι οὐκ ἔστι θεὸς ἐν πάσῃ τῇ γῇ (4 a)
7. 12. ἔγνωσαν ὅτι πεινῶμεν ἡμεῖς [A καὶ ἡ.] (4 a)
17. 26. οὐκ ἔγνωσαν τὸ κρίμα [A τὰ κρ.] τοῦ θεοῦ τῆς γῆς (4 a)
19. 19. γνώσονται πᾶσαι αἱ βασιλεῖαι τῆς γ. (4 a)
— 27. τὴν ἔξοδόν σου καὶ τὴν εἴσ. σου ἔγνων (4 a)
I Ch. 12. 32. γινώσκοντες σύνεσιν εἰς τοὺς καιροὺς γινώσκοντες τί ποιῆσαι Ἰσραήλ (4 a, 4 a)
14. 2. ἔγνω Δαυὶδ ὅτι ἡτοίμασεν αὐτὸν κ. (4 a)
21. 2. καὶ γνώσομαι τὸν ἀριθμὸν αὐτῶν (4 a)
28. 9. γνῶθι τὸν θεὸν τῶν πατέρων σου (4 a)
— 9. καὶ πᾶν ἐνθύμημα γινώσκει (2 b)
29. 17. ἔγνων, κύριε, ὅτι σὺ εἶ ὁ ἐτάζων καρδίας (4 a)
II Ch. 6. 29. ἐὰν γνῷ ἄνθρωπος τὴν ἁφὴν αὐτοῦ (4 a)
— 30. ὡς ἂν γνῷς τὴν καρδίαν αὐτοῦ (4 a)
— 30. μόνος [A μονώτατος] γινώσκεις τὴν καρδίαν (4 a)
— 33. ὅπως γνῶσι πάντες οἱ λαοὶ τῆς γῆς τὸ ὄν. σου (4 a)
— 33. τοῦ γνῶναι ὅτι ἐπικέκληται τὸ ὄν. σου (4 a)
12. 8. γνώσονται τὴν δουλείαν μου (4 a)
13. 5. οὐχ ὑμῖν γνῶναι ὅτι κ. . . . ἔδωκε βασιλέα (4 a)
25. 16. ὅτι γινώσκω ὅτι ἐβούλετο ἐπὶ σοί (4 a)
32. 13. οὐ γνώσεσθε ὅ τι ἐποίησα ἐγώ (4 a)
33. 13. ἔγνω Μανασσῆς ὅτι κ. αὐτός ἐστι θ. (4 a)
I Es. 2. 22. γνώσῃ ὅτι ἡ πόλις ἦν ἐκείνη ἀποστάτις
4. 22. δεῖ ὑμᾶς γνῶναι ὅτι αἱ γυναῖκες κυριεύουσιν ὑμῶν
II Es. 4. 15. εὑρήσεις καὶ γνώσῃ ὅτι ἡ πόλις ἐκείνη (4 g)
5. 17. ὅπως γνῷς ὅτι ἀπὸ βασ. K. ἐτέθη γνώμη –
— 17. γνοὺς ὁ βασ. περὶ τούτου πεμψάτω †
Ne. 2. 16. οἱ φυλάσσοντες οὐκ ἔγνωσαν τί ἐπορεύθην (4 a)
4. 11 (5). οὐ γνώσονται καὶ οὐκ ὄψονται (4 a)
— 15 (9). A ἡνίκα ἔγνωσαν [B S ἤκουσαν] οἱ ἐχθροὶ ἡ. (13)

Ne. 4. 15 (9). ὅτι ἐγνώσθη ἡμῖν (4 b)
6. 16. ἔγνωσαν ὅτι παρὰ τοῦ θεοῦ ἡμῶν ἐγενήθη (4 a)
9. 10. ὅτι ἔγνως ὅτι ὑπερηφάνησαν ἐπ' αὐτούς (4 a)
13. 10. ἔγνων ὅτι μερίδες τῶν Λευιτῶν οὐκ ἐδόθησαν (4 a)
To. 1. 19. S ἔγνω περὶ ἐμοῦ ὁ βασιλεύς
3. 14. σὺ γινώσκεις, κύριε
5. 2. οὐ γινώσκω αὐτόν
— 2. S καὶ αὐτὸς οὐ γινώσκει με
— 2. S τὰς ὁδοὺς τὰς εἰς Μηδείαν οὐ γινώσκω
— 4. S καὶ οὐκ ἔγνω [A B ᾔδει]
— 9. S πάσας τὰς ὁδοὺς αὐτῆς ἐγὼ γινώσκω
— 11. S γνῶναι τὰ κατ' ἀλήθειαν τίνος εἶ [A B *al.*]
— 13. S τὴν ἀλήθειαν ἐβουλόμην γνῶναι [A B *al.*]
— 13. A S ἐγίγνωσκον [B ἐπεγ.] γὰρ ἐγὼ Ἀνανίαν
6. 12. S διὰ τὸ γινώσκειν ὅτι σοὶ κληρονομία [A B *al.*]
— 15. S καὶ γινώσκω ἐγώ
7. 4. γινώσκετε T. τὸν ἀδ. ἡμῶν
— 4. οἱ δὲ εἶπον, Γινώσκομεν
8. 12. ἵνα θάψωμεν αὐτὸν καὶ μηδεὶς γνῷ [A γνώτω]
9. 4. S σὺ γὰρ γινώσκεις
10. 8. S γινώσκω γὰρ ἐγώ
11. 2. οὐ γινώσκεις, ἀδελφέ
13. 6. τίς γινώσκει εἰ θελήσει ὑμᾶς
14. 4. S γινώσκω ἐγὼ καὶ πιστεύω
Ju. 8. 20. A S ἕτερον θεὸν οὐκ ἔγνωμεν [B ἐπέγν.]
— 29. ἔγνω πᾶς ὁ λαὸς τὴν σύνεσίν σου
9. 7. οὐκ ἔγνωσαν ὅτι σὺ εἶ κύριος
16. 22. οὐκ ἔγνω ἀνὴρ αὐτήν
Es. 4. 11. τὰ ἔθνη πάντα τῆς βασιλείας γινώσκει (4 a)
— 17. σὺ πάντα γινώσκεις
— 17. γνώσθητι ἐν καιρῷ θλίψεως ἡμῶν
Jb. 5. 24. εἶτα γνώσῃ ὅτι εἰρηνεύσει σου ὁ οἶκος [A *al.*] (4 a)
— 25. γνώσῃ δὲ ὅτι πολὺ τὸ σπέρμα σου (4 a)
— 27. σὺ δὲ γνῶθι σεαυτῷ (4 a)
6. 17. A οὐκέτι ἐγνώσθη [B S οὐκ ἐπεγν.] ὅπερ ἦν †
9. 11. οὐδ' ὣς ἔγνων (2 b)
11. 6. γνώσῃ ὅτι ἄξιά σοι ἀπέβη [A παρέβη] (4 a)
12. 9. τίς οὖν οὐκ ἔγνω ἐν πᾶσι τούτοις (4 a)
— 20. σύνεσιν δὲ πρεσβυτέρων ἔγνω (8)
19. 2. γνῶτε μόνον ὅτι ὁ κύριος ἐποίησέ με οὕτως –
— 6. γνῶτε οὖν ὅτι κύριός ἐστιν ὁ ταράξας (4 a)
— 13. ἔγνωσαν ἀλλοτρίους ἢ ἐμέ (4 a)
— 29. τότε γνώσονται ποῦ ἐστιν αὐτῶν ἡ ὕλη [A *al.*] (4 a)
20. 4. μὴ ταῦτα ἔγνως (4 a)
21. 19. ἀνταποδώσει πρὸς αὐτὸν καὶ γνώσεται (4 a)
22. 13. τί ἔγνω ὁ ἰσχυρός (4 a)
23. 3. τίς δ' ἄρα γνοίη [A γνώῃ] (4 a)
— 5. γνοίην [A B^1 S^1 γνῴην] δὲ ἰάματα [A S^2 ῥήματα] (4 a)
24. 14. γνοὺς δὲ αὐτῶν τὰ ἔργα †
28. 7. τρίβος οὐκ ἔγνω αὐτὴν πετεινόν (4 a)
34. 4. γνῶμεν ἀνὰ μέσον ἑαυτῶν (4 a)
— 33. τί ἔγνως λάλησον (4 a)
35. 15. οὐκ ἔγνω παράπτωμά τι σφόδρα (4 a)
36. 5. γίνωσκε δὲ [A γινώσκω δὲ ἐγὼ] ὅτι ὁ κύριος οὐ μὴ ἀποποιήσηται τὸν ἄκακον †
— 26. ὁ ἰσχυρὸς πολὺς καὶ οὐ γνωσόμεθα (4 a)
37. 7. ἵνα γνῷ πᾶς ἄνθρωπος τὴν ἑαυ. ἀσθένειαν (4 a)
38. 31. A δεσμὸν δὲ Πλειάδος ἔγνως [B S *al.*] †
39. 1. εἰ [A ἢ] ἔγνως καιρὸν τοκετοῦ τραγελάφων πέτρας (4 a)
Ps. 1. 6. γινώσκει κύριος ὁδὸν δικαίων (4 a)
4. 3. γνῶτε ὅτι ἐθαυμάστωσε κύριος τὸν ὅσιον αὐ. (4 a)
9. 10. οἱ γινώσκοντες τὸ ὄνομά σου (4 a)
— 16. γινώσκεται κύριος κρίματα ποιῶν (4 b)
— 20. γνώτωσαν ἔθνη ὅτι ἄνθρωποί εἰσι (4 a)
13 (14). 3. B S ὁδὸν εἰρήνης οὐκ ἔγνωσαν –
— 4. A S R οὐχὶ γνώσονται πάντες οἱ ἐργαζόμενοι τὴν ἀνομίαν [B ἀδικίαν] (4 a)
17 (18). 43. λαὸς ὃν [A ὃς] οὐκ ἔγνων (4 a)
19 (20). 6. νῦν ἔγνων ὅτι ἔσωσε κύριος (4 a)
34 (35). 8. παγὶς ἣν οὐ γινώσκουσι [S^2 -κει] (4 a)
— 11. ἃ οὐκ ἐγίνωσκον ἐπηρώτων [A S ἠρ.] με (4 a)
— 15. συνήχθησαν ἐπ' ἐμὲ μάστιγες καὶ οὐκ ἔγνων (4 a)
35 (36). 10. παράτεινον τὸ ἔλεός σου τοῖς γινώσκουσί σε (4 a)

Ps. 36 (37). 18. γινώσκει κύριος τὰς ὁδοὺς τῶν ἀμώμων (4 a)
38 (39). 4. ἵνα γνῶ τί ὑστερῶ ἐγώ (4 a)
— 6. οὐ γινώσκει τίνι συνάξει [A^2 -άγει] αὐτά (4 a)
39 (40). 10. σὺ ἔγνως τὴν δικαιοσύνην μου [A S^2 σου] (4 a)
40 (41). 11. ἐν τούτῳ ἔγνων (4 a)
43 (44). 21. αὐτὸς γὰρ γινώσκει τὰ κρύφια τῆς καρδίας (4 a)
45 (46). 10. γνῶτε ὅτι ἐγώ εἰμι ὁ θεός (4 a)
47 (48). 3. ὁ θεὸς ἐν ταῖς βάρεσιν αὐ. γινώσκεται (4 b)
49 (50). 11. ἔγνωκα παντὰ τὰ πετεινὰ τοῦ οὐρ. (4 a)
50 (51). 3. ὅτι τὴν ἀνομίαν μου ἐγὼ γινώσκω (4 a)
52 (53). 4. οὐχὶ γνώσονται πάντες οἱ ἐργαζόμενοι τὴν ἀνομίαν (4 a)
55 (56). 9. ἰδοὺ ἔγνων ὅτι θεός μου εἶ σύ (4 a)
58 (59). 13. γνώσονται ὅτι ὁ θεὸς . . . δεσπόζει τῶν περάτων τῆς γῆς (4 a)
66 (67). 2. τοῦ γνῶναι ἐν τῇ γῇ τὴν ὁδόν σου (4 a)
68 (69). 5. σὺ ἔγνως τὴν ἀφροσύνην μου (4 a)
— 19. σὺ γὰρ γινώσκεις τὸν ὀνειδισμόν μου (4 a)
70 (71). 15. ὅτι οὐκ ἔγνω πραγματείας [B^2 S γραμματείας] (4 a)
72 (73). 11. πῶς ἔγνω ὁ θεός (4 a)
— 16. ὑπέλαβον τοῦ γνῶναι (4 a)
— 22. καὶ ἐγὼ ἐξουδενωμένος καὶ οὐκ ἔγνων (4 a)
73 (74). 5. καὶ οὐκ ἔγνωσαν (4 b)
— 9. καὶ ἡμᾶς οὐ γνώσεται ἔτι (4 a)
76 (77). 19. τὰ ἴχνη σου οὐ γνωσθήσονται (4 b)
77 (78). 3. ὅσα ἠκούσαμεν καὶ ἔγνωμεν αὐτά (4 a)
— 6. ὅπως ἂν γνῷ γενεὰ ἑτέρα (4 a)
78 (79). 6. ἔθνη τὰ μὴ ἐπεγνωκότα [S^1 εἰδότα, S^2 γινώσκοντά] σε (4 a)
— 10. γνωσθήτω . . . ἡ ἐκδίκησις τοῦ αἵματος (4 b)
80 (81). 5. γλῶσσαν ἣν οὐκ ἔγνω ἤκουσεν (4 a)
81 (82). 5. οὐκ ἔγνωσαν οὐδὲ συνῆκαν (4 a)
82 (83). 18. γνώτωσαν ὅτι ὄνομά σοι κύριος (4 a)
86 (87). 4. μνησθήσομαι Ῥαὰβ καὶ Βαβυλῶνος τοῖς γινώσκουσί με (4 a)
87 (88). 12. μὴ γνωσθήσεται ἐν τῷ σκότει τὰ θαυμάσιά σου (4 a)
88 (89). 15. μακάριος ὁ λαὸς ὁ γινώσκων ἀλαλαγμόν (4 a)
89 (90). 11. τίς γινώσκει τὸ κράτος τῆς ὀργῆς σου (4 a)
90 (91). 14. ὅτι ἔγνω τὸ ὄνομά μου (4 a)
91 (92). 6. ἀνὴρ ἄφρων οὐ γνώσεται (4 a)
93 (94). 11. γινώσκει τοὺς διαλογισμοὺς τῶν ἐθνῶν (4 a)
94 (95). 10. καὶ αὐτοὶ οὐκ ἔγνωσαν τὰς ὁδούς μου (4 a)
99 (100). 3. γνῶτε ὅτι κύριος αὐτός ἐστιν ὁ θ. [A S^2 θ. ἡμῶν] (4 a)
100 (101). 4. ἐκκλίνοντος ἀπ' ἐμοῦ τοῦ πονηροῦ οὐκ ἐγίνωσκον (4 a)
102 (103). 14. αὐτὸς ἔγνω τὸ πλάσμα ἡμῶν (4 a)
103 (104). 19. ὁ ἥλιος ἔγνω τὴν δύσιν αὐτοῦ (4 a)
108 (109). 27. γνώτωσαν ὅτι ἡ χείρ σου αὕτη (4 a)
118 (119). 75. ἔγνων, κύριε, ὅτι δικαιοσύνη τὰ κρίματά σου (4 a)
— 79. καὶ οἱ γινώσκοντες τὰ μαρτύριά σου (4 a)
— 125. γνώσομαι τὰ μαρτύριά σου (4 a)
— 152. κατ' ἀρχὰς ἔγνων ἐκ τῶν μαρτυρίων σου (4 a)
134 (135). 5. S^2 R ἐγὼ ἔγνωκα [A S^1 ἔγνων] ὅτι μέγας ὁ κύριος (4 a)
137 (138). 6. τὰ ὑψηλὰ ἀπὸ μακρόθεν γινώσκει (4 a)
138 (139). 1. ἐδοκίμασάς με καὶ ἔγνως με (4 a)
— 2. σὺ ἔγνως τὴν καθέδραν μου (4 a)
— 4. σὺ ἔγνως πάντα τὰ ἔσχατα (4 a)
— 14. ἡ ψυχή μου γινώσκει σφόδρα (4 a)
— 23. S^1 γνῶθι τὰς τρίβους σου –
— 23. γνῶθι τὴν καρδίαν μου (4 a)
— 23. γνῶθι τὰς τρίβους μου (4 a)
139 (140). 12. ἔγνων ὅτι ποιήσει κ. τὴν κρίσιν τοῦ πτωχοῦ (4 a)
141 (142). 3. καὶ σὺ ἔγνως τὰς τρίβους μου (4 a)
143 (144). 3. τί [A τίς] ἐστιν ἄνθρ. ὅτι ἐγνώσθης [S ἐγνωρίσθης] αὐτῷ (4 a)
Pr. 1. 2. γνῶναι σοφίαν καὶ παιδείαν (4 a)
4. 1. προσέχετε γνῶναι ἔννοιαν (4 a)
9. 10. τὸ γὰρ γνῶναι νόμον διανοίας ἐστὶν ἀγαθῆς –
10. 9. ὁ δὲ διαστρέφων τὰς ὁδοὺς αὐτοῦ γνωσθήσεται (4 b)

Pr. 13. 15. τὸ δὲ γνῶναι νόμον διανοίας ἐστὶν ἀγαθῆς –
— 20. ὁ δὲ συμπορευόμ. [A συνρεμβόμ.] ἄφροσι γνωσθήσεται †
15. 14. στόμα δὲ ἀπαιδεύτων [S^{1} ἀσεβῶν] γνώσεται κακά †
22. 17. ἵνα γνῷς [S^{1} γνοῖς] ὅτι καλοί εἰσι (4 *f*)
24. 12. γίνωσκε ὅτι κύριος καρδίας πάντων γινώσκει (14 *a*, 2 *a*)
— 22. τὰς δὲ τιμωρίας ἀμφοτέρων τίς γνώσεται (4 *a*)
— 26 (30. 3). γνῶσιν ἁγίων [A^{1} ἀνθρώπων] ἔγνωκα (4 *a*)
— 27 (30. 4). A τί ὄνομα τοῖς τέκνοις αὐ. ἵνα γνῷς [B S *om.* ἵνα γνῷς] (4 *a*)
27. 1. οὐ γὰρ γινώσκεις τί τέξεται ἡ ἐπιοῦσα (4 *a*)
29. 20. γίνωσκε ὅτι ἐλπίδα ἔχει μᾶλλον ὁ ἄφρων αὐτοῦ –
Ec. 1. 16. (17) ἔδωκα καρδίαν μου τοῦ γνῶναι [S ἐπιγ.] σοφίαν (4 *a*)
— 17. ἔγνων ἐγὼ [A *om.*] ὅτι καί γε τοῦτό ἐστι προαίρεσις (4 *a*)
2. 14. καὶ ἔγνων καί γε ἐγώ (4 *a*)
3. 12. ἔγνων ὅτι οὐκ ἔστιν ἀγαθὸν ἐν αὐτοῖς (4 *a*)
— 14. ἔγνων ὅτι πάντα . . . ἔσται εἰς τὸν αἰ. (4 *a*)
4. 13. ὃς οὐκ ἔγνω τοῦ προσέχειν ἔτι (4 *a*)
6. 5. οὐκ ἔγνω ἀναπαύσεις (4 *a*)
— 10. ἐγνώσθη [S ὃ ἐγ.] ὅ ἐστιν ἄνθρωπος (4 *b*)
7. 26 (25). ἐκύκλωσα ἐγὼ καὶ ἡ καρδία μου τοῦ γνῶναι (4 *a*)
— 26 (25). τοῦ γνῶναι ἀσεβοῦς ἀφροσύνην (4 *a*)
8. 5. οὐ γνώσεται ῥῆμα πονηρόν (4 *a*)
— 5. καιρὸν κρίσεως γινώσκει καρδία σοφοῦ (4 *a*)
— 7. οὐκ ἔστι γινώσκων τί τὸ ἐσόμενον (4 *a*)
— 12. γινώσκω ἐγὼ ὅτι ἔστιν [A S ἔσται] τοῖς φοβουμ. τὸν θ. (4 *a*)
— 16. ἔδωκα τὴν καρδίαν μου τοῦ γνῶναι τὴν σοφίαν (4 *a*)
— 17. ὅσα ἂν εἴπῃ σοφὸς τοῦ γνῶναι (4 *a*)
9. 5. οἱ ζῶντες γνώσονται ὅτι ἀποθανοῦνται (4 *a*)
— 5. οἱ νεκροὶ οὐκ εἰσὶ γινώσκοντες οὐδέν (4 *a*)
— 11. καί γε οὐ τοῖς γινώσκουσι χάρις (4 *a*)
— 12. οὐκ ἔγνω ὁ ἄνθρωπος τὸν καιρὸν αὐ. (4 *a*)
10. 14. οὐκ ἔγνω ἄνθρωπος τί τὸ γενόμενον (4 *a*)
— 15. ὃς οὐκ ἔγνω τοῦ πορευθῆναι εἰς πόλιν (4 *a*)
11. 2. οὐ γινώσκεις τί ἔσται πονηρὸν ἐπὶ τὴν γῆν (4 *a*)
— 5. οὐκ ἔστι γινώσκων τίς ἡ ὁδὸς τοῦ πνεύματος (4 *a*)
— 5. οὐ γνώσῃ τὰ ποιήματα τοῦ θεοῦ (4 *a*)
— 6. οὐ γινώσκεις ποῖον στοιχήσει (4 *a*)
— 9. γνῶθι [S^{1} γνώσῃ] ὅτι . . . ἄξει σε ὁ θ. ἐν κρίσει (4 *a*)
Ca. 1. 8. ἐὰν μὴ γνῷς σεαυτήν (4 *a*)
6. 11 (12). οὐκ ἔγνω ἡ [S *om.*] ψυχή μου (4 *a*)
Wi. 2. 1. οὐκ ἐγνώσθη ὁ ἀναλύσας ἐξ ᾅδου
— 19. ἵνα γνῶμεν τὴν ἐπιείκειαν αὐτοῦ
— 22. οὐκ ἔγνωσαν μυστήρια θεοῦ [B^{1} αὐτοῦ]
3. 13. ἥτις οὐκ ἔγνω κοίτην ἐν παραπτώματι
4. 1. καὶ παρὰ θεῷ γινώσκεται καὶ παρὰ ἀνθρώποις
5. 7. τὴν δὲ ὁδὸν κυρίου οὐκ ἔγνωμεν [S ἐπέγν.]
7. 21. ὅσα τέ ἐστι κρυπτὰ καὶ ἐμφανῆ ἔγνων
8. 20. γνοὺς δὲ ὅτι οὐκ ἄλλως [A καλῶς] ἔσομαι ἐγκρατής
9. 10. ἵνα . . . γνῶ τί εὐάρεστόν ἐστι παρὰ σοί
— 13. τίς γὰρ ἄνθρωπος γνώσεται βουλὴν θεοῦ
— 17. βουλὴν δέ σου τίς ἔγνω
10. 5. A S ἔγνω [B εὗρε] τὸν δίκαιον
— 8. ἐβλάβησαν τοῦ μὴ γνῶναι τὰ καλά
— 12. ἵνα γνῷ ὅτι παντὸς [S^{1} πάντως] δυνατωτέρα ἐστὶν εὐσέβεια
11. 9. ἔγνωσαν πῶς ἐν ὀργῇ [S μετ' ὀργῆς] . . . ἐβασανίζοντο
— 16. ἵνα γνῶσιν ὅτι δι' ὧν τις ἁμαρτάνει
13. 1. S ἔγνωσαν [A B ἐπέγν.] τὸν τεχνίτην
— 3. γνώτωσαν πόσῳ τούτων ὁ δεσπότης ἐστὶ βελτίων
16. 22. ἵνα γνῶσιν [S^{2} γνῶμεν] ὅτι τοὺς τῶν ἐχθρῶν [A ἐθνῶν] καρποὺς κατέφθειρε πῦρ
Si. 1. 6. τὰ πανουργεύματα [A S -ήματα] αὐτῆς τίς ἔγνω
4. 24. ἐν γὰρ λόγῳ γνωσθήσεται σοφία
6. 27. ζήτησον καὶ γνωσθήσεταί σοι
8. 18. οὐ γὰρ γινώσκεις τί τέξεται
11. 28. ἐν τέκνοις αὐτοῦ γνωσθήσεται ἀνήρ [A *om.*]
12. 1. ἐὰν εὖ ποιῇς γνῶθι τίνι ποιεῖς

Si. 12. 8. S^{2} οὐ γνωσθήσεται [A οὐκ ἐμβληθήσεται, B S^{1} οὐκ ἐκδικηθήσεται] ἐν ἀγαθοῖς ὁ φίλος
— 11. γνώσῃ ὅτι οὐκ εἰς τέλος κατίωσε [A -ωται]
16. 3. S^{2} ἐξαίφνης αὐτῶν συντέλειαν γνώσεται
— 17. A S ἐν λαῷ πλείονι οὐ μὴ γνωσθῶ [B μνησθῶ]
18. 28. πᾶς συνετὸς ἔγνω σοφίαν
23. 19. οὐκ ἔγνω ὅτι ὀφθαλμοὶ κυρίου . . . ἡλίου φωτεινότεροι
— 20. πρὶν ἢ κτισθῆναι τὰ πάντα ἔγνωσται αὐτῷ
24. 28. οὐ συνετέλεσεν ὁ πρῶτος γνῶναι αὐτήν
26. 9. ἐν τοῖς βλεφάροις αὐτῆς γνωσθήσεται
31 (34). 9. ἀνὴρ πεπαιδευμένος [A^{1} S πεπλανημ.] ἔγνω πολλά
35 (32). 8. γίνου ὡς [A *om.*] γινώσκων καὶ ἅμα σιωπῶν
36. 22 (19). S R γνώσονται πάντες . . . ὅτι σὺ [A B *om.*] κύριος εἶ
37. 8. γνῶθι πρότερον τίς αὐτοῦ χρεία
38. 5. εἰς τὸ γνωσθῆναι τὴν ἰσχὺν αὐτοῦ
42. 18. ἔγνω γὰρ ὁ κύριος [A S ὕψιστος] πᾶσαν εἴδησιν [S συνείδ.]
46. 6. ἵνα γνῶσιν ἔθνη πανοπλίαν αὐ.
— 15. ἐγνώσθη ἐν πίστει [A S ῥήμασιν] αὐτοῦ πιστὸς ὁράσεως
Ho. 2. 8 (10). καὶ αὕτη οὐκ ἔγνω ὅτι ἐγὼ ἔδωκα (4 *a*)
5. 3. ἐγὼ ἔγνων τὸν Ἐ. (4 *a*)
6. 4 (3). καὶ γνωσόμεθα (4 *a*)
— 4. διώξομεν τοῦ γνῶναι τὸν κ. (4 *a*)
7. 9 αὐτὸς δὲ οὐκ ἔγνω [A ἐπέγ.] (4 *a*)
— 9. καὶ αὐτὸς οὐκ ἔγνω (4 *a*)
8. 2. ἐμὲ κεκράξονται, Ὁ θεὸς, ἐγνώκαμέν σε (4 *a*)
9. 2. ἅλων καὶ ληνὸς οὐκ ἔγνω αὐτούς †
11. 3. καὶ οὐκ ἔγνωσαν ὅτι ἴαμαι αὐτούς (4 *a*)
— 12 (12. 1). νῦν ἔγνω αὐτοὺς ὁ θεός †
13. 4. καὶ θεὸν πλὴν ἐμοῦ οὐ γνώσῃ (4 *a*)
Am. 3. 2. πλὴν ὑμᾶς ἔγνων ἐκ πασῶν φυλῶν (4 *a*)
— 10. καὶ οὐκ ἔγνω ἃ ἔσται ἐναντίον αὐτῆς [A ἐν αὐτῇ] (4 *a*)
5. 12. ὅτι ἔγνων πολλὰς ἀσεβείας ὑμῶν (4 *a*)
Mi. 3. 1. οὐχ ὑμῖν ἐστι τοῦ γνῶναι τὸ κρίμα (4 *a*)
4. 9. καὶ νῦν ἵνα τί ἔγνως κακά †
— 12. αὐτοὶ δὲ οὐκ ἔγνωσαν τὸν λογισμὸν κ. (4 *a*)
6. 5. ὅπως γνωσθῇ ἡ δικαιοσύνη τοῦ κ. (4 *a*)
Jl. 3 (4). 17. S^{3} καὶ γνώσεσθε [A B S ἐπιγν.] (4 *a*)
Jn. 1. 10. διότι ἔγνωσαν οἱ ἄνδρες (4 *a*)
— 12. διότι ἔγνωκα ἐγώ (4 *a*)
4. 2. διότι ἔγνων ὅτι σὺ ἐλεήμων (4 *a*)
— 11. οἵτινες οὐκ ἔγνωσαν δεξιὰν αὐτῶν (4 *a*)
Na. 1. 7. γινώσκων τοὺς εὐλαβουμένους αὐτόν (4 *a*)
3. 17. καὶ οὐκ ἔγνω τὸν τόπον αὐτῆς (4 *b*)
Hb. 2. 14. ἐμπλησθήσεται ἡ γῆ τοῦ γνῶναι τὴν δόξαν κ. (4 *a*)
3. 2. ἐν μέσῳ δύο ζῴων γνωσθήσῃ (4 *c*)
● Ze. 3. 5. οὐκ ἔγνω ἀδικίαν ἐν ἀπαιτήσει (4 *a*)
Za. 2. 9 (13). γνώσεσθε [S^{1} -σονται] ὅτι κύριος παντοκράτωρ ἀπέσταλκέ με (4 *a*)
— 11 (15). S^{2} καὶ γνώσῃ [A B S ἐπιγν.] (4 *a*)
4. 5. οὐ γινώσκεις τί ἐστι ταῦτα (4 *a*)
6. 15. γνώσεσθε [A ἐπιγν.] ὅτι κ. . . . ἀπέσταλκέ με (4 *a*)
7. 14. τὰ ἔθνη ἃ οὐκ ἔγνωσαν (4 *a*)
11. 11. καὶ γνώσονται οἱ Χ. τὰ πρόβατα (4 *a*)
Ma. 2. 4. S καὶ γνώσεσθε [A B ἐπιγν.] (4 *a*)
Is. 1. 3. ἔγνω βοῦς τὸν κτησάμενον . . . Ἰσραὴλ δέ με οὐκ ἔγνω (4 *a*, 4 *a*)
5. 19. ἐλθάτω ἡ βουλὴ τοῦ ἁγ. Ἰσρ. ἵνα γνῶμεν (4 *a*)
7. 15. πρὶν ἢ γνῶναι αὐτόν (4 *a*)
— 16. πρὶν ἢ γνῶναι τὸ παιδίον ἀγαθόν (4 *a*)
8. 4. πρὶν ἢ γνῶναι τὸ παιδίον καλεῖν πατέρα (4 *a*)
— 9. γνῶτε ἔθνη καὶ ἡττᾶσθε †
9. 9 (8). γνώσονται πᾶς ὁ λαὸς τοῦ Ἐφραὶμ (4 *a*)
11. 9. ἐνεπλήσθη ἡ σύμπασα τοῦ γνῶναι τὸν κύριον (4 *h*)
15. 4. ἡ ψυχὴ αὐτῆς γνώσεται †
19. 21. γνώσονται οἱ Αἰγύπτιοι τὸν κύριον (4 *b*)
26. 11. γνόντες δὲ αἰσχυνθήσονται (3)
29. 15. τίς ἡμᾶς γνώσεται (4 *a*)
— 24. γνώσονται οἱ πλανώμ. τῷ πνεύμ. σύνεσιν (4 *a*)
30. 15. γνώσῃ ποῦ ἦσθα †
33. 13. γνώσονται οἱ ἐγγίζοντες τὴν ἰσχύν μου (4 *a*)
37. 20. ἵνα γνῷ πᾶσα βασιλεία τῆς γῆς (4 *a*)
40. 13. τίς ἔγνω νοῦν κυρίου (14 *b*)
— 21. οὐ γνώσεσθε; οὐκ ἀκούσεσθε (4 *a*)
— 21. οὐκ ἔγνωτε τὰ θεμέλια τῆς γῆς (2 *a*)

Is. 40. 28. νῦν οὐκ ἔγνως εἰ μὴ ἤκουσας (4 *a*)
41. 20. ἵνα ἴδωσι καὶ γνῶσι (4 *a*)
— 22. γνωσόμεθα τί τὰ ἔσχατα (4 *a*)
— 23. γνωσόμεθα ὅτι θεοί ἐστε (4 *a*)
— 26. τίς γὰρ ἀναγγελεῖ τὰ ἐξ ἀρχῆς ἵνα γνῶμεν (4)
42. 16. ἐν ὁδῷ ᾗ οὐκ ἔγνωσαν (4 *a*)
— 25. οὐκ ἔγνωσαν ἕκαστος αὐτῶν (4 *a*)
43. 10. ἵνα γνῶτε καὶ πιστεύσητε [A *add.* μοι] (4 *a*)
— 19. γνώσεσθε αὐτά (4 *a*)
44. 18. οὐκ ἔγνωσαν φρονῆσαι (4 *a*)
— 19. οὐδὲ ἔγνω τῇ φρονήσει (4 *f*)
— 20. γνῶθι [A S γνῶτε] ὅτι σποδὸς ἡ καρδία αὐτῶν †
45. 3. ἵνα γνῷς [A γνώσῃ] ὅτι ἐγὼ κύριος ὁ θεός (4 *a*)
— 4. σὺ δὲ οὐκ ἔγνως με (4 *a*)
— 6. ἵνα γνῶσιν οἱ ἀπ' ἀνατολῶν ἡλίου (4 *a*)
— 20. οὐκ ἔγνωσαν . . . γλύμμα αὐτῶν (4 *a*)
— 21. ἵνα γνῶσιν [A γνῶμεν] ἅμα (6)
47. 8. οὐδὲ γνώσομαι ὀρφανίαν (4 *a*)
— 10. γνῶθι [A S^{2} *add.* ὅτι] ἡ σύνεσις τούτων ἔσται †
— 11. ἥξει ἐπὶ σὲ ἀπώλεια καὶ οὐ μὴ γνῷς (4 *a*)
— 11. καὶ οὐ μὴ γνώσῃ [A S γνῷς] (4 *a*)
48. 4. γινώσκω [A S *add.* ἐγὼ] ὅτι σκληρὸς εἶ (4 *a*)
— 6. ἠκούσατε πάντα καὶ ὑμεῖς οὐκ ἔγνωτε (10)
— 7. μὴ εἴπῃς [A S^{3} *add.* ὅτι], Ναὶ γινώσκω αὐτά (4 *a*)
— 8. οὔτε ἔγνως οὔτε ἠπίστω (13)
— 8. ἔγνων γὰρ ὅτι ἀθετῶν ἀθετήσεις (4 *a*)
49. 23. γνώσῃ ὅτι ἐγὼ κύριος (4 *a*)
50. 4. τοῦ γνῶναι [A *add.* ἐν καιρῷ] ἡνίκα δεῖ εἰπεῖν λόγον (4 *a*)
— 7. ἔγνων ὅτι οὐ μὴ αἰσχυνθῶ (4 *a*)
51. 12. γνῶθι τίς οὖσα [A S τίνα εὐλαβηθεῖσα] ἐφοβήθης –
52. 6. γνώσεται ὁ λαός μου τὸ ὄνομά μου (4 *a*)
56. 10. ἐκτετύφλωνται πάντες οὐκ ἔγνωσαν [A *add.* φρονῆσαι] (4 *a*)
58. 2. γνῶναί μου τὰς ὁδοὺς ἐπιθυμοῦσιν (4 *a*)
— 3. καὶ οὐκ ἔγνως [A οὐ προσέσχες] (4 *a*)
59. 8. A ὁδὸν εἰρήνης οὐκ ἔγνωσαν [B S οἴδασι] (4 *a*)
— 12. τὰ ἀδικήματα ἡμῶν ἔγνωμεν (4 *a*)
60. 16. γνώσῃ ὅτι ἐγὼ κύριος ὁ σώζων σε (4 *a*)
61. 9. γνωσθήσεται ἐν τοῖς ἔθνεσι τὸ σπέρμα αὐ. (4 *b*)
63. 16. Ἀβραὰμ οὐκ ἔγνω ἡμᾶς (4 *a*)
66. 14. γνωσθήσεται ἡ χεὶρ κυρίου (4 *b*)
Je. 2. 16. υἱοὶ Μέμφεως καὶ Τάφνας ἔγνωσάν σε †
— 19. γνῶθι [S^{1} *om.*] καὶ ἴδε ὅτι πικρόν σοι (4 *a*)
— 23. γνῶθι τί ἐποίησας (4 *a*)
3. 13. γνῶθι τὴν ἀδικίαν σου (4 *a*)
4. 22. A τὸ δὲ καλὸν ποιοῦντες οὐκ ἔγνωσαν [B S *al.*] (4 *a*)
5. 1. ἴδετε καὶ γνῶτε καὶ ζητήσατε (4 *a*)
— 4. οὐκ ἔγνωσαν ὁδὸν κυρίου (4 *a*)
6. 15. τὴν ἀτιμίαν αὐτῶν οὐκ ἔγνωσαν [S ἐπέγ.] (4 *a*)
— 27. γνώσῃ με ἐν τῷ δοκιμάσαι με (4 *a*)
8. 7. ἡ ἀσίδα ἐν τῷ οὐρανῷ ἔγνω τὸν καιρὸν αὐ. (4 *a*)
— 7. ὁ δὲ λαός μου οὐκ ἔγνω τὰ κρίματα κ. (4 *a*)
9. 3 (2). ἐμὲ οὐκ ἔγνωσαν (4 *a*)
— 16 (15). εἰς οὓς οὐκ ἐγίνωσκον αὐτοί (4 *a*)
— 24 (23). συνιεῖν καὶ γ. ὅτι ἐγώ εἰμι κύριος (4 *a*)
11. 18. γνώρισόν μοι καὶ γνώσομαι (4 *a*)
— 19. ὡς ἀρνίον ἄκακον . . . οὐκ ἔγνων (4 *a*)
12. 3. σὺ, κύριε, γινώσκεις με (4 *a et* 12)
13. 12. μὴ γνόντες οὐ γνωσόμεθα (4 *a*, 4 *a*)
14. 20. ἔγνωμεν . . . ἁμαρτήματα ἡμῶν (4 *a*)
15. 12. εἰ γνωσθήσεται [S^{1} γνώσεται] σίδηρος †
— 15. γνῶθι ὡς ἔλαβον περὶ σοῦ ὀνειδισμόν (4 *a*)
16. 21. γνώσονται ὅτι [S^{1} *add.* ἐγὼ κύριος] ὄνομά μοι κύριος (4 *a*)
17. 9. ἄνθρωπός ἐστι καὶ τίς γνώσεται αὐτόν (4 *a*)
18. 23. ἔγνως ἅπασαν [S π.] τὴν βουλὴν αὐτῶν (4 *a*)
22. 16. οὐκ ἔγνωσαν οὐκ ἔκριναν κρίσιν ταπεινῷ [A -ῶν] –
— 16. οὐ τοῦτό [A *add.* σοι] ἐστι τὸ μὴ γνῶναί σε ἐμέ (4 *a*)
27 (50). 24. καὶ οὐ γνώσῃ [S *al.*] –
— 24. S^{3} καὶ οὐ γνώσῃ (4 *a*)
31 (48). 30. ἔγνων ἔργα αὐτοῦ (4 *a*)
33 (26). 15. γνόντες γνώσεσθε ὅτι . . . αἷμα ἀθῷον δίδοτε (4 *a*, 4 *a*)
35 (28). 9. γνώσονται τὸν προφήτην ὃν ἀπέστειλεν (4 *b*)

● = correction on page xxv

Je. 37 (30). 24. ἐπ' ἐσχάτων [A -ου, S -ῳ] τῶν ἡμερῶν γνώσεσθε [S ἐπιγ.] αὐτά (2 c)
38 (31). 19. καὶ ὕστερον τοῦ γνῶναί με (4 b)
— 34. γνῶθι τὸν κύριον (4 a)
39 (32). 8. ἔγνων ὅτι λόγος κυρίου ἐστί (4 a)
40 (33). 3. ἃ οὐκ ἔγνως αὐτά (4 a)
43 (36). 19. ἄνθρωπος μὴ γνώτω ποῦ ὑμεῖς [S ὑπάγεις] (4 a)
45 (38). 24. ἄνθρωπος μὴ γνώτω ἐκ τῶν λόγων τούτων (4 a)
47 (40). 14. εἰ γνώσει γινώσκεις (4 a)
— 15. πατάξω τὸν 'Ισμαὴλ καὶ μηδεὶς γνώτω (4 a)
48 (41). 4. ἄνθρωπος οὐκ ἔγνω (4 a)
49 (42). 19. γνόντες γνώσεσθε ὅτι ἐπονηρεύσασθε (4 a, 4 a)
51 (44). 3. θεοῖς ἑτέροις οἷς οὐκ ἔγνωτε (4 a)
— 15. ἀπεκρίθησαν . . . οἱ γνόντες ὅτι θυμιῶσιν (4 a)
— 28. γνώσονται οἱ κατάλοιποι 'Ιούδα (4 a)
Ba. 2. 15. ἵνα γνῷ πᾶσα ἡ γῆ ὅτι σὺ κύριος ὁ θεὸς ἡμῶν
— 30. ἔγνων ὅτι οὐ μὴ ἀκούσωσί [A εἰσακούσωσίν] μου
— 31. γνώσονται ὅτι ἐγὼ κύριος ὁ θεὸς αὐτῶν
3. 9. ἐνωτίσασθε γνῶναι φρόνησιν
— 14. τοῦ γνῶναι ἅμα ποῦ ἐστι μακροβίωσις καὶ ζωή
— 20. ὁδὸν δὲ ἐπιστήμης οὐκ ἔγνωσαν
— 23. ὁδὸν δὲ σοφίας οὐκ ἔγνωσαν
— 31. οὐκ ἔστιν ὁ γινώσκων τὴν ὁδὸν αὐτῆς
— 32. ὁ εἰδὼς τὰ πάντα γινώσκει αὐτήν
4. 13. δικαιώματα αὐτοῦ οὐκ ἔγνωσαν [A ἐφύλαξαν]
Ep. Je. 23. γνώσεσθε ὅτι οὐκ εἰσὶ θεοί
— 29. γνόντες οὖν ἀπὸ τούτων ὅτι οὐκ εἰσὶ θεοί
— 50. γνωσθήσεται μετὰ ταῦτα ὅτι ἐστὶ ψευδῆ
— 65. γνόντες οὖν ὅτι οὐκ εἰσὶ θεοὶ μὴ φοβηθῆτε αὐτούς
— 72. R γνωσθήσονται [A γνώσεσθε, B -σεται] ὅτι οὐκ εἰσὶ θεοί
Ez. 2. 5. γνώσονται ὅτι προφήτης εἶ σύ (4 a)
6. 13. γνώσεσθε διότι ἐγὼ κύριος (4 a)
7. 9. A γνώσῃ [R ἐπιγ.] ὅτι ἐγὼ κύριος (4 a)
— 27. γνώσονται ὅτι ἐγὼ κύριος (4 a)
10. 20. ἔγνων ὅτι χερουβίμ ἐστι (4 a)
12. 15. γνώσονται διότι ἐγὼ κύριος (4 a)
— 16. γνώσονται ὅτι ἐγὼ κύριος (4 a)
13. 9. γνώσονται διότι ἐγὼ [A ὅτι ἐγώ εἰμι ἀδωναΐ] κύριος (4 a)
— 23. γνώσεσθε [A ἐπιγ.] ὅτι ἐγὼ κύριος (4 a)
17. 24. γνώσονται πάντα τὰ ξύλα τοῦ πεδίου [A ἀγροῦ] (4 a)
20. 5. ἐγνώσθην αὐτοῖς ἐν γῇ Αἰγύπτου [A -τῳ] (4 b)
— 9. ἐγνώσθην πρὸς αὐτοὺς ἐνώπιον αὐτῶν (4 b)
— 12. τοῦ γνῶναι αὐτοὺς διότι ἐγὼ κύριος (4 a)
— 20. τοῦ γ. διότι ἐγὼ κύριος (4 a)
— 26. A ἵνα γνῶσιν ὅτι ἐγὼ κύριος (4 a)
22. 16. γνώσεσθε διότι [A γνώσῃ ὅτι] ἐγὼ κύριος (4 a)
23. 49. γνώσεσθε διότι ἐγὼ κύριος (4 a)
26. 6. γνώσονται ὅτι ἐγὼ [A add. εἰμι] κύριος (4 a)
28. 22. γνώσῃ ὅτι ἐγώ εἰμι κύριος (4 a)
— 23. γνώσονται διότι [A γνώσῃ ὅτι] ἐγώ εἰμι κύριος (4 a)
— 24, 26. γνώσονται ὅτι ἐγώ εἰμι κύριος (4 a)
29. 6. γνώσονται πάντες οἱ κατοικοῦντες Αἴγυπτον (4 a)
— 9, 16, 21. γνώσονται ὅτι ἐγώ εἰμι κύριος (4 a)
30. 8. γνώσονται [A add. πάντες] ὅτι ἐγώ εἰμι κύριος (4 a)
— 19, 25. γνώσονται ὅτι ἐγώ εἰμι κύριος (4 a)
— 26. γνώσονται πάντες [A ἐπιγ. π. οἱ Αἰγύπτιοι] (4 a)
32. 9. εἰς γῆν ἣν οὐκ ἔγνως (4 a)
— 15 : 33. 29. γνώσονται ὅτι ἐγώ εἰμι κύριος (4 a)
33. 33. γνώσονται ὅτι προφήτης ἦν (4 a)
34. 15. γνώσονται ὅτι [A[2] ἐπιγ. διότι] ἐγώ εἰμι κύριος –
— 27, 30. γνώσονται ὅτι ἐγώ εἰμι κύριος (4 a)
35. 4, 9. γνώσῃ ὅτι ἐγώ εἰμι κύριος (4 a)
— 11. γνωσθήσομαί σοι ἡνίκα ἂν κρινῶ σε (4 b)
— 12, 15. γνώσῃ ὅτι ἐγὼ εἰμι κύριος (4 a)
36. 11. γνώσεσθε ὅτι ἐγώ εἰμι κύριος (4 a)
— 23. γνώσονται τὰ ἔθνη ὅτι ἐγώ εἰμι κύριος (4 a)
— 36. γνώσονται τὰ ἔθνη (4 a)
— 38. γνώσονται ὅτι ἐγὼ [A add. εἰμι] κύριος (4 a)
37. 6. γνώσεσθε ὅτι [A διότι] ἐγώ εἰμι κύριος (4 a)

Ez. 37. 13. γνώσεσθε ὅτι ἐγώ εἰμι κύριος (4 a)
— 14. γνώσεσθε ὅτι ἐγὼ κύριος (4 a)
— 28. γνώσονται τὰ ἔθνη [A om. τ. ἔ.] ὅτι ἐγώ εἰμι κύριος (4 a)
38. 16. ἵνα γνῶσι πάντα τὰ ἔθνη ἐμέ (4 a)
— 23. γνωσθήσομαι ἐναντίον ἐθνῶν πολλῶν (4 b)
— 23 : 39. 6. γνώσονται ὅτι ἐγώ εἰμι κύριος (4 a)
39. 7. τὸ ὄνομά μου τὸ ἅγιον γνωσθήσεται (4 b)
— 7. γνώσονται [A add. πάντα] τὰ ἔθνη ὅτι ἐγώ εἰμι κύριος (4 a)
— 8. γνώσῃ ὅτι ἔσται –
— 22. γνώσονται οἶκος 'Ισραὴλ ὅτι ἐγώ εἰμι κύριος (4 a)
— 23. γνώσονται πάντα τὰ ἔθνη (4 a)
— 28. γνώσονται ὅτι ἐγὼ εἰμι κύριος (4 a)
Da. LXX. Su. 10. οὐδὲ ἡ γυνὴ ἔγνω τὸ πρᾶγμα τοῦτο
2. 9. γνώσομαι ὅτι καὶ τὴν τούτου κρίσιν δηλώσητε (4 g)
— 22. γινώσκων τὰ ἐν τῷ σκότει (4 a)
3. 15. εἰ δὲ μήγε γινώσκετε –
— (45). γνώτωσαν ὅτι σὺ εἶ μόνος κύριος ὁ θεός
4. 14. ἕως ἂν γνῷ τὸν κ. . . . ἐξουσίαν ἔχειν (4 g)
9. 25. γνώσῃ καὶ διανοηθήσῃ (4 a)
10. 20. γινώσκεις τί ἦλθον πρὸς σέ (4 a)
11. 32. ὁ δῆμος ὁ γινώσκων ταῦτα κατισχύσουσι (4 a)
— 38. θεὸν ὃν οὐκ ἔγνωσαν οἱ πατέρες αὐτοῦ (4 a)
Bel. 34. τὸν λάκκον οὐ γινώσκω ποῦ ἐστίν
Da. TH. 1. 4. νεανίσκους . . . γινώσκοντας γνῶσιν (4 a)
2. 3. τοῦ γνῶναι τὸ ἐνύπνιον (4 a)
— 9. γνώσομαι ὅτι τὴν σύγκρισιν αὐτοῦ ἀναγγελεῖτέ μοι (4 g)
— 22. γινώσκων τὰ ἐν τῷ σκότει (4 a)
— 30. ἵνα τοὺς διαλογισμοὺς τῆς καρδίας σου γνῷς (4 g)
3. (45). γνώτωσαν ὅτι σὺ εἶ κύριος
4. 6. ὃν ἐγὼ ἔγνων (4 g)
— 14. ἵνα γνῶσιν οἱ ζῶντες (4 g)
— 22. ἕως οὗ γνῷς ὅτι κυριεύει ὁ ὕψιστος (4 g)
— 23. ἀφ' ἧς ἂν γνῷς τὴν ἐξουσίαν τὴν οὐράνιον [A ἐπου.] (4 g)
— 29. ἕως [A ἕως οὗ] γνῷς ὅτι κυριεύει ὁ ὕψιστος (4 g)
5. 21. A R ἕως οὗ ἔγνω [B γνῷ] ὅτι κυριεύει ὁ ὕψιστος (4 g)
— 22. οὐ πάντα ταῦτα ἔγνως (4 g)
— 23. τοὺς θεοὺς . . . οἳ . . . οὐ γινώσκουσιν (4 g)
6. 10 (11). ἡνίκα ἔγνω ὅτι ἐνετάγη τὸ δόγμα (4 g)
— 15 (16). γνῶθι, βασιλεῦ (4 g)
9. 25. γνώσῃ καὶ συνήσεις (4 a)
11. 32. λαὸς γινώσκοντες [A -ων] θεόν (4 a)
— 38. θεὸν ὃν οὐκ ἔγνωσαν οἱ πατέρες αὐτοῦ (4 a)
12. 7. γνώσονται πάντα ταῦτα (7 ?)
Bel. 19. γνῶθι τίνος τὰ ἴχνη ταῦτα
— 35. τὸν λάκκον οὐ γινώσκω [A γ. ποῦ ἐστίν]
I Ma. 1. 5. ἔγνω ὅτι ἀποθνήσκει
2. 39. καὶ ἔγνω Ματταθίας
3. 11. καὶ ἔγνω 'Ιούδας
4. 11. R καὶ γνώσεται [A S -σονται] πάντα τὰ ἔθνη
6. 3. ἐγνώσθη [S[1] οὐκ ἐγν.] ὁ λόγος τοῖς ἐκ τῆς πόλεως
— 13. ἔγνων ὅτι χάριν τούτων
7. 3. ἐγνώσθη αὐτῷ τὸ πρᾶγμα
— 25. S R καὶ ἔγνω ὅτι οὐ [A om.] δύναται ὑποστῆναι αὐτούς
— 30. ἐγνώσθη ὁ λόγος τῷ 'Ιούδᾳ
— 31. καὶ ἔγνω Νικάνωρ
— 42. καὶ γνώτωσαν οἱ ἐπίλοιποι
8. 10. ἐγνώσθη ὁ λόγος αὐτοῖς
9. 32. καὶ ἔγνω Βακχίδης
— 33. καὶ ἔγνω 'Ιωνάθαν
— 34. καὶ ἔγνω Βακχίδης
— 60. A R ἐγνώσθη αὐτοῖς [S om.] ἡ βουλὴ αὐ.
— 63. καὶ ἔγνω Βακχίδης
10. 80. καὶ ἔγνω 'Ιωνάθαν
12. 22. ἀφ' οὗ ἔγνωμεν ταῦτα
— 29. οὐκ ἔγνωσαν ἕως πρωΐ
13. 17. καὶ ἔγνω Σίμων
16. 22. A ἔγνω [S R ἐπέγ.] γὰρ ὅτι ἐζήτουν
II Ma. 1. 27. γνώτωσαν τὰ ἔθνη
2. 7. ὡς δὲ ὁ 'Ιερεμίας ἔγνω
7. 28. γνῶναι ὅτι ἐξ οὐκ ὄντων ἐποίησεν αὐτὰ ὁ θ.
14. 32. R μὴ γινώσκειν [A -ων] ποῦ ποτ' ἐστὶν ὁ ζητούμ.

II Ma. 15. 21. R γινώσκων ὅτι οὐκ ἔστι δι' ὅπλων ἡ νίκη [A om. ἡ ν.]
III Ma. 7. 6. τὸν ἐπουράνιον θεὸν ἐγνωκότες
— 9. γινώσκετε γάρ
IV Ma. 4. 4. τούτων ἕκαστα γνοὺς ὁ 'A.
18. 2. γινώσκοντες ὅτι τῶν παθῶν δεσπότης ἐστίν

[**Aq.** Dt. 7. 15 : I Ki. 18. 28 : III Ki. 14. 2 : IV Ki. 10. 10 : Jb. 19. 29 : Ps. 30 (31). 8 : 34 (35). 8 : 45 (46). 11 : 72 (73). 11, 22 : 73 (74). 5 : 86 (87). 4 : 118 (119). 152 : 137 (138). 6 : 141 (142). 4 : 143 (144). 3 : Pr. 10. 32 : 12. 10 : 14. 7, 10, 33 : Ec. 4. 13 : Ca. 6. 11 (12) : Is. 7. 15 : 50. 4 : Je. 6. 18 : 10. 25 : 13. 12 : 15. 15 : 17. 9 : 28 (35). 9 : 31 (38). 19 : 36 (43). 19 : 38 (45). 24 : 40 (47). 14, 15 : 44 (51). 29 : 50 (27). 24 : 51 (28). 17.]

[**Sm.** Ge. 3. 23 (22) : 44. 15 : Dt. 9. 24 : I Ki. 3. 7 : 14. 38 : 18. 28 : Jb. 9. 21 : 19. 29 : 31. 7 : 37. 15 : 42. 3 : Ps. 13 (14). 4 : 30 (31). 8 : 40 (41). 12 : 45 (46). 11 : 47 (48). 4 : 72 (73). 11 : 87 (88). 13 : 88 (89). 16 : 118 (119). 152 : Pr. 12. 10 : 17. 27 : 20. 21 : Ec. 8. 16 : 11. 9 : Is. 7. 15 : 29. 24 : 40. 28 : 48. 4 : 50. 4 : 55. 5 : 59. 8, 12 : Je. 10. 25 : 15. 15 : 17. 9 : 28 (35). 9 : 38 (45). 24 : 44 (51). 29 : 51 (28). 17 : Ez. 19. 7 : Ho. 6. 3 : Am. 5. 16 : Za. 14. 7.]

[**Th.** Dt. 9. 24 : Jo. 2. 4 : I Ki. 17. 18 : 18. 28 : Jb. 12. 9 : 19. 29 : 20. 4 : 21. 19 : 35. 15 : 36. 26 : 39. 1 : Ps. 30 (31). 8 : 72 (73). 11 : 73 (74). 5 : Pr. 10. 32 : 12. 10 : 14. 7, 10, 33 : 20. 21 : Is. 44. 9 : 48. 4 : 55. 5 : Je. 8. 12 : 15. 15 : 44 (51). 29 : 50 (27). 24 : Ez. 19. 7 : Da. 2. 3, 9, 30 : 12. 7.]

[**Al.** Ge. 28. 8 : Dt. 4. 39 : 7. 9 : Jb. 5. 24 : 37. 5 : Ps. 4. 4 : 9. 17 : 47 (48). 4 : 138 (139). 6 : Pr. 30. 4.]

[**Sam.** Ex. 10. 7.]

[**Quint.** Ps. 30 (31). 8 : Pr. 10. 32.]

[**Sext.** Ps. 30 (31). 8 : 129 (130). 4.]

γλαύξ. (1) תַּחְמָס

Le. 11. 15 (16). ταῦτα ἃ βδελύξεσθε . . . γλαῦκα (1)
— 19. καὶ γλαῦκα καὶ ἀρωδιόν –
De. 14. 15. ταῦτα οὐ φάγεσθε . . . γλαῦκα (1)

γλεῦκος. (1) יַיִן

Jb. 32. 19. ὥσπερ ἀσκὸς γλεύκους ζέων [A γέμων] δεδεμένος (1)

γλυκάζειν. (1) מָתוֹק

Ez. 3. 3. ἐγένετο ἐν τῷ στόμ. μου ὡς μέλι γλυκάζον (1)

γλυκαίνειν. (1) מָתַק a. qal. b. hi. c. מָתוֹק

Ex. 15. 25. καὶ ἐγλυκάνθη τὸ ὕδωρ (1 a)
Jb. 20. 12. ἐὰν γλυκανθῇ [A ἐγλυκάνθη] ἐν στόμ. αὐ. κακία (1 b)
21. 33. ἐγλυκάνθησαν αὐτῷ χάλικες χειμάρρου (1 a)
Ps. 54 (55). 14. ὃς ἐπὶ τὸ αὐτὸ [S[1] add. μοι] ἐγλύκανας ἐδέσματα (1 b)
Pr. 24. 13. ἵνα γλυκανθῇ σου ὁ φάρυγξ (1 c)
Si. 12. 16. ἐν τοῖς χείλεσιν αὐτοῦ γλυκανεῖ ὁ ἐχθρός
27. 23. ἀπέναντι τῶν ὀφθ. σου γλυκανεῖ στόμα σου
38. 5. οὐκ ἀπὸ ξύλου ἐγλυκάνθη ὕδωρ
40. 18. ζωὴ αὐτάρκους ἐργάτου γλυκανθήσεται
— 30. ἐν στόμ. ἀναιδοῦς γλυκανθήσεται ἐπαίτησις [S ἀπ.]
47. 9. ἐξ ἤχους αὐτῶν γλυκαίνει μέλη
49. 1. ἐν παντὶ στόματι ὡς μέλι γλυκανθήσεται
50. 18. ἐγλυκάνθη [A S[2] ἐμεγαλύνθη] μέλος

[**Aq.** Ps. 54 (55). 15 : Pr. 27. 9.]

γλύκασμα. (1) a. מָתוֹק b. מַמְתַּקִּים

I Es. 9. 51. A R καὶ πίετε γλυκάσματα
Ne. 8. 10. καὶ πίετε γλυκάσματα (1 b)
Pr. 16. 24. γλ. δὲ αὐτοῦ ἴασις ψυχῆς (1 a)
Si. 11. 3. ἀρχὴ γλυκασμάτων ὁ καρπὸς αὐ.

γλυκασμός. (1) מַמְתַּקִּים (2) עָסִיס

Ca. 5. 16. φάρυγξ αὐτοῦ γλυκασμοί (1)
Am. 9. 13; Jl. 3 (4). 18. ἀποσταλάξει τὰ ὄρη γλυκασμόν (2)

[**Aq.** Ca. 4. 11.]

γλυκερός. (1) מָתַק

Pr. 9. 17. καὶ ὕδατος κλοπῆς γλυκεροῦ (1)

γλυκύς. (1) מָלַץ ni. (2) *a.* מָתוֹק *b.* מֶתֶק

Jd. 14. 14. καὶ ἀπὸ ἰσχυροῦ [A ἐξ ἰ. ἐξῆλθεν] γλυκύ (2 *a*)
— 18. τί γλυκύτερον μέλιτος (2 *a*)
Ps. 18 (19). 10. γλυκύτερα ὑπὲρ μέλι καὶ κηρίον (2 *a*)
118 (119). 103. ὡς γλυκέα τῷ λάρυγγί μου τὰ λόγιά σου (1)
Pr. 16. 21. οἱ δὲ γλυκεῖς ἐν λόγῳ πλείονα [A πλεῖον] ἀκούσονται (2 *b*)
27. 7. τὰ πικρὰ γλυκέα φαίνεται [S[1] φέρει] (2 *a*)
Ec. 5. 11. γλυκὺς ὕπνος τοῦ δούλου (2 *a*)
11. 7. γλυκὺ τὸ φῶς (2 *a*)
Ca. 2. 3. καρπὸς αὐτοῦ γλυκὺς ἐν λάρυγγί μου (2 *a*)
Si. 6. 5. λάρυγξ γλυκὺς πληθυνεῖ φίλους αὐτοῦ
23. 27. οὐθὲν γλυκύτερον τοῦ προσέχειν ἐντολαῖς κ.
24. 20. τὸ γὰρ μνημόσυνόν μου ὑπὲρ μέλι γλυκύ
Is. 5. 20. οἱ τιθέντες τὸ πικρὸν γλυκὺ καὶ τὸ γλ. πικρόν (2 *a*, 2 *a*)
IV Ma. 8. 23. ἐπιστεροῦμεν ἑαυτοὺς τοῦ γλ. κόσμου
[**Aq.** Jb. 28. 18.]
[**Sm.** Jb. 28. 18: Ps. 54 (55). 15: Pr. 16. 24.]
[**Th.** Jd. 14. 14: Pr. 16. 24.]

γλυκύτης. (1) מֹתֶק

Jd. 9. 11. μὴ [A *om.*] ἀπολείψασα ἐγὼ [A ἀφεῖσα] τὴν γλ. μου (1)
Wi. 16. 21. τὴν σὴν γλ. πρὸς τέκνα ἐνεφάνισε
[**Aq.** Ez. 3. 3.]
[**Sm., Th.** Pr. 16. 24.]

γλύμμα. (1) מִכְסֶה (2) פֶּסֶל (3) פִּתּוּחַ (4) תְּהִלָּה

Ex. 28. 11. γλ. σφραγῖδος διαγλύψεις (3)
35. 10 (11). A καὶ τὰ γλ. [B[2] R κατακαλύμματα] (1)
Si. 38. 27. οἱ γλύφοντες γλύμματα [S[1] γράμματα] σφραγίδων
45. 11. λίθοις πολυτελέσι γλύμματος σφραγῖδος
Is. 45. 20. οὐκ ἔγνωσαν οἱ αἴροντες τὸ ξύλον γλ. [S -ατα] αὐ. (2)
60. 18. αἱ πύλαι σου γλ. (4 ?)

γλυπτός. (1) אֱלוֹהַּ (2) מַסֵּכָה (3) סֶמֶל (4) עָצָב (5) *a.* פְּסִילִים *b.* פֶּסֶל (6) תְּרָפִים

Ex. 34. 13. τὰ γλ. τῶν θεῶν αὐ. κατακαύσετε —
Le. 26. 1. οὐ ποιήσετε ὑμῖν αὐτοῖς . . . γλυπτά (5 *b*)
De. 4. 16, 23. μὴ . . . ποιήσητε ὑμῖν ἑαυτοῖς γλυπτὸν ὁμοίωμα (5 *b*)
— 25. ἐὰν δὲ . . . ποιήσητε γλυπτὸν ὁμοίωμα παντός (5 *b*)
5. 8. A οὐ ποιήσεις σεαυτῷ γλυπτόν [B εἴδωλον] (5 *b*)
7. 5. τὰ γλ. τῶν θεῶν [B[2] *om.* τῶν θ.] αὐτῶν κατακαύσετε (5 *a*)
— 25. τὰ γλ. τῶν θεῶν αὐτῶν καύσετε πυρί [B ἐν π.] (5 *a*)
12. 3. τὰ γλ. τῶν θεῶν αὐτῶν κατακαύσετε πυρί (5 *a*)
27. 15. ἄνθρωπος ὅστις ποιήσει γλυπτόν (5 *b*)
Jd. 2. 2. τὰ γλ. αὐτῶν συντρίψετε —
3. 19. ὑπέστρεψεν [A ἀνέστρ.] ἀπὸ τῶν γλ. (5 *a*)
— 26. αὐτὸς παρῆλθε τὰ γλ. (5 *a*)
17. 3. τοῦ ποιῆσαι γλυπτόν (5 *b*)
— 4. ἐποίησεν αὐτὸ γλυπτὸν καὶ χωνευτόν (5 *b*)
18. 14. θεραφὶν καὶ γλυπτὸν καὶ χωνευτόν (5 *b*)
— 17. A ἔλαβον τὸ γλυπτόν (5 *b*)
— 18. ἔλαβον τὸ γλ. (5 *b*)
— 20. ἔλαβε . . . τὸ γλ. (5 *b*)
— 24. τὸ γλ. μου ὃ ἐποίησα ἐλάβετε (1)
— 30. ἔστησαν [A ἀνέστ.] ἑαυτοῖς οἱ υἱοὶ Δὰν τὸ γλ. (5 *b*)
— 31. ἔθηκαν ἑαυτοῖς [A ἔταξαν αὑτοῖς] τὸ γλ. (5 *b*)
IV Ki. 17. 41. τοῖς γλ. αὐ. ἦσαν δουλεύοντες (5 *a*)
21. 7. ἔθηκε τὸ γλ. τοῦ ἄλσους [A *al.*] (5 *b*)
II Ch. 28. 2. καὶ γὰρ γλυπτὰ ἐποίησε (2)
33. 7. ἔθηκε τὸ γλ. τὸ [A καὶ τὸ] χωνευτόν (5 *b*)
— 15. περιεῖλε . . . τὸ γλ. ἐξ οἴκου κυρίου (3)
— 19. καὶ ἔστησεν ἐκεῖ ἄλση καὶ γλυπτά (5 *a*)
34. 4. ἔκοψε τὰ ἄλση καὶ τὰ γλ. (5 *a*)
Ps. 77 (78). 58. ἐν τοῖς γλ. αὐτῶν παρεζήλωσαν αὐτόν (5 *a*)
96 (97). 7. πάντες οἱ προσκυνοῦντες [S[1] πεποιθότες ἐπὶ] τοῖς γλ. (5 *b*)
105 (106). 19. προσεκύνησαν τῷ γλ. (2)
— 36. ἐδούλευσαν τοῖς γλ. αὐτῶν (4)
— 38. ὧν ἔθυσαν τοῖς γλ. Χαναάν (4)
Wi. 14. 16. τυράννων ἐπιταγαῖς ἐθρησκεύετο τὰ γλ.
15. 13. ὕλης γεώδους . . . γλυπτὰ δημιουργῶν
Ho. 11. 2. καὶ τοῖς γλ. ἐθυμίων (5 *a*)
Mi. 1. 7. καὶ πάντα τὰ γλ. αὐτῆς κατακόψουσι (5 *a*)
5. 13 (12). ἐξολεθρεύσω τὰ γλ. σου (5 *a*)
Na. 1. 14. ἐξ οἴκου θεοῦ σου ἐξολεθρεύσω τὰ γλ. (5 *b*)
Hb. 2. 18. τί ὠφελεῖ γλυπτόν (5 *b*)
Is. 10. 10. ὀλολύξατε τὰ γλυπτά (5 *a*)
42. 8. οὐδὲ τὰς ἀρετάς μου τοῖς γλ. (5 *a*)
— 17. οἱ πεποιθότες ἐπὶ τοῖς γλ. (5 *b*)
44. 17. τὸ δὲ λοιπὸν ἐποίησεν εἰς [A *om.*] θεὸν γλυπτόν (5 *b*)
46. 1. ἐγένετο τὰ γλ. αὐτῶν εἰς θηρία (4)
48. 5. τὰ γλ. καὶ τὰ χωνευτὰ ἐνετείλατό μοι (5 *b*)
Je. 8. 19. παρώργισάν με ἐν τοῖς γλ. αὐτῶν (5 *a*)
10. 14. κατῃσχύνθη πᾶς χρυσοχόος ἐπὶ τοῖς γλ. αὐτοῦ (5 *b*)
27 (50). 38. ὅτι γῆ τῶν γλ. ἐστι (5 *a*)
28 (51). 17. κατῃσχύνθη πᾶς χρυσοχόος ἀπὸ τῶν γλ. αὐτοῦ (5 *b*)
— 52. ἐκδικήσω ἐπὶ [S *om.*] τὰ γλ. αὐτῆς (5 *a*)
Ez. 21. 21 (26). ἐπερωτῆσαι ἐν τοῖς γλ. (6)
Da. LXX. 5. 1. τοὺς θεοὺς τῶν ἐθνῶν τοὺς χωνευτοὺς καὶ γλ. —
I Ma. 5. 68. τὰ γλ. τῶν θεῶν αὐτῶν κατέκαυσε [S καὶ κατ.] πυρί
[**Aq.** Ex. 20. 4: Jd. 3. 19: Is. 40. 19.]
[**Sm.** Ex. 20. 4: Jd. 3. 19: II Ki. 5. 21: IV Ki. 21. 7: Is. 42. 17: Je. 44 (51). 19.]
[**Th.** Ex. 20. 4: Jd. 3. 19: Is. 44. 10, 15.]
[**Al.** Dt. 5. 8: Is. 1. 29.]
[**Hebr.** IV Ki. 21. 7.]

γλύφειν. (1) עָלָה hi. (2) עָשָׂה (3) *a.* פָּסַל *b.* פֶּסֶל (4) פָּתַח *a.* pi. *b.* pu.

Ex. 28. 9. γλύψεις ἐν [A ἐπ'] αὐτοῖς τὰ ὀνόματα (4 *a*)
36. 13 (39. 6). γεγλυμμένους καὶ ἐκκεκολαμμένους (4 *b*)
II Ch. 2. 7 (6). ἐπιστάμενον [A *add.* τοῦ] γλύψαι γλυφήν (4 *a*)
— 14 (13). εἰδότα . . . γλύψαι γλυφάς (4 *a*)
3. 5. ἔγλυψεν ἐπ' αὐτοῦ φοίνικας καὶ χαλαστά (1)
— 7. ἔγλυψε Χερουβὶμ ἐπὶ τῶν τοίχων (4 *a*)
Wi. 7. 2. ἐν κοιλίᾳ μητρὸς ἐγλύφην
13. 13. ξύλον . . . ἔγλυψεν
Si. 38. 27. οἱ γλύφοντες γλύμματα [S[1] γράμματα] σφραγίδων
Hb. 2. 18. τί ὠφελεῖ γλυπτὸν τί [A S ὅτι] ἔγλυψαν αὐτό (3 *a*)
Is. 44. 9. οἱ πλάσσοντες καὶ οἱ [A *om.*] γλύφοντες (3 *b*)
— 10. οἱ πλάσσοντες θεὸν καὶ γλύφοντες πάντες [A S *om.*] ἀνωφελῆ (3 *b*)
Ez. 41. 18. ἐφ' ὅλον τὸν τοῖχον [A οἶκον] . . . γεγλυμμένα Χερουβίμ (2)
[**Sm.** Za. 3. 9.]
[**Th.** Ez. 4. 1.]

γλυφή. (1) כֹּתֶרֶת (2) מִלֻּאִים (3) עָשָׂה (4) פִּתּוּחַ

Ex. 25. 6 (7). λίθους εἰς τὴν γλ. (2)
28. 21. γλυφαὶ σφραγίδων (4)
35. 9. λίθους εἰς τὴν γλ. (2)
III Ki. 7. 41. τοῦ καλύπτειν ἀμφότερα τὰ στρεπτὰ τῶν γλ. (1)
II Ch. 2. 7 (6). ἐπιστάμενον . . . γλύψαι γλυφήν (4)
— 14 (13). εἰδότα . . . γλύψαι γλυφάς (4)
Wi. 18. 24. ἐπὶ τετραστίχου λίθου [A -ων] γλυφῆς
Ez. 41. 25. καὶ γλ. ἐπ' αὐτῶν (3)
— 25. φοίνικες κατὰ τὴν γλ. τῶν ἁγίων (3)
[**Sm., Th.** Is. 54. 12: Za. 3. 9.]

γλῶσσα, γλῶττα. (1) כָּבוֹד (2) *a.* לָשׁוֹן *b.* לְשָׁן (3) פֶּה (4) שָׂפָה

Ge. 10. 5. ἕκαστος κατὰ γλῶσσαν ἐν ταῖς φυλαῖς αὐ. (2 *a*)
— 20. οὗτοι υἱοὶ Χὰμ . . . κατὰ γλώσσας αὐτῶν (2 *a*)
— 31. οὗτοι οἱ υἱοὶ Σὴμ . . . κατὰ γλώσσας αὐτῶν (2 *a*)
11. 7. συγχέωμεν αὐτῶν ἐκεῖ τὴν γλ. (4)
Ex. 11. 7. οὐ γρύξει κύων τῇ γλ. αὐτοῦ (2 *a*)
Jo. 7. 21. καὶ γλῶσσαν μίαν χρυσῆν πεντήκ. διδράχμων (2 *a*)
Jo. 10. 21. οὐκ ἔγρυξεν οὐδεὶς τῶν υἱῶν Ἰσρ. τῇ γλ. αὐ. (2 *a*)
Jd. 7. 5. πᾶς ὃς ἂν λάψῃ [A λήψῃ] τῇ γλ. αὐτοῦ (2 *a*)
— 6. A τῶν λαψάντων ἐν τῇ γλ. [B ἐν χειρὶ] αὐτῶν (3 ?)
II Ki. 23. 2. ὁ λόγος αὐτοῦ ἐπὶ γλώσσης μου (2 *a*)
Ne. 13. 24. S[3] ἀλλὰ κατὰ γλῶσσαν λαοῦ καὶ λαοῦ (2 *a*)
Ju. 3. 8. πᾶσαι αἱ γλ. καὶ πᾶσαι αἱ φυλαὶ αὐτῶν
11. 19. οὐ γρύξει κύων τῇ γλ. αὐτοῦ
Jb. 5. 21. ἀπὸ μάστιγος γλώσσης σε κρύψει (2 *a*)
6. 30. οὐ γάρ ἐστιν ἐν γλώσσῃ μου ἄδικον (2 *a*)
17. 6. S[2] γλῶσσα δὲ αὐτῷ ἀπέβην [A B *al.*] †
20. 12. κρύψει αὐτὴν ὑπὸ τὴν γλ. αὐτοῦ (2 *a*)
— 16. ἀνέλοι δὲ αὐτὸν γλῶσσα ὄφεως (2 *a*)
29. 10. γλῶσσα αὐτῶν τῷ λάρυγγι αὐτῶν ἐκολλήθη (2 *a*)
33. 2. ἐλάλησεν ἡ γλ. μου (2 *a*)
Ps. 5. 9. ταῖς γλ. αὐτῶν ἐδολιοῦσαν (2 *a*)
9. 28 (10. 7). ὑπὸ τὴν γλ. αὐτοῦ κόπος καὶ πόνος (2 *a*)
11 (12). 3. ἐξολεθρεύσαι [A -σει] κύριος . . . γλῶσσαν μεγαλορρήμονα (2 *a*)
— 4. τὴν γλ. ἡμῶν μεγαλυνοῦμεν (2 *a*)
13 (14). 3. B S ταῖς γλ. αὐτῶν ἐδολιοῦσαν —
14 (15). 3. ὃς οὐκ ἐδόλωσεν ἐν γλώσσῃ αὐτοῦ (2 *a*)
15 (16). 9. ἠγαλλιάσατο ἡ γλ. μου (1)
21 (22). 15. ἡ γλ. μου κεκόλληται τῷ λάρυγγί μου (2 *a*)
30 (31). 20. σκεπάσεις αὐτοὺς . . . ἀπὸ ἀντιλογίας γλωσσῶν (2 *a*)
33 (34). 13. παῦσον τὴν γλ. σου ἀπὸ κακοῦ (2 *a*)
34 (35). 28. ἡ γλ. μου μελετήσει τὴν δικαιοσύνην σου (2 *a*)
36 (37). 30. ἡ γλ. αὐτοῦ λαλήσει [S[1] μελετήσει] κρίσιν (2 *a*)
38 (39). 1. τοῦ μὴ ἁμαρτάνειν ἐν [A S[2] με ἐν] γλώσσῃ μου (2 *a*)
— 3. ἐλάλησα ἐν γλώσσῃ μου (2 *a*)
44 (45). 1. ἡ γλ. μου κάλαμος γραμματέως ὀξυγράφου (2 *a*)
49 (50). 19. ἡ γλ. σου περιέπλεκε δολιότητα [S[2] -as] (2 *a*)
50 (51). 14. ἀγαλλιάσεται ἡ γλ. μου τὴν δικαιοσύνην σου (2 *a*)
51 (52). 2. ὅλην τὴν ἡμέραν ἀδικίαν ἐλογίσατο ἡ γλ. σου
— 4. ἠγάπησας πάντα τὰ ῥήματα καταποντισμοῦ γλῶσσαν δολίαν (2 *a*)
54 (55). 9. καταδίελε τὰς γλ. αὐτῶν (2 *a*)
56 (57). 4. ἡ γλ. αὐτῶν μάχαιρα ὀξεῖα (2 *a*)
63 (64). 3. οἵτινες ἠκόνησαν ὡς ῥομφαίαν τὰς γλ. αὐτῶν (2 *a*)
— 8. ἐξουθένησαν αὐτὸν αἱ γλ. αὐτῶν [B S[2] *al.*] (2 *a*)
65 (66). 17. ὕψωσα ὑπὸ τὴν γλ. μου (2 *a*)
67 (68). 23. ἡ γλ. τῶν κυνῶν σου ἐξ ἐχθρῶν παρ' αὐτοῦ (2 *a*)
70 (71). 24. ἡ γλ. μου ὅλην τὴν ἡμέραν μελετήσει τὴν δικαιοσύνην σου (2 *a*)
72 (73). 9. ἡ γλ. αὐτῶν διῆλθεν ἐπὶ τῆς γῆς (2 *a*)
77 (78). 36. τῇ γλ. αὐτῶν ἐψεύσαντο αὐτῷ (2 *a*)
80 (81). 5. γλῶσσαν ἣν οὐκ ἔγνω ἤκουσεν (4)
108 (109). 2. ἐλάλησαν κατ' ἐμοῦ γλώσσῃ δολίᾳ (2 *a*)
118 (119). 172. S R φθέγξαιτο [A φθέγξεται] ἡ γλ. μου τὰ λόγιά [A S[1] τὸ λ.] σου (2 *a*)
119 (120). 2. ῥῦσαι τὴν ψυχήν μου . . . ἀπὸ γλώσσης δολίας (2 *a*)
— 3. τί προστεθείη σοι πρὸς γλῶσσαν δολίαν (2 *a*)
125 (126). 2. τότε ἐπλήσθη . . . ἡ γλ. ἡμῶν ἀγαλλιάσεως (2 *a*)
136 (137). 6. κολληθείη ἡ γλ. μου τῷ λάρυγγί μου (2 *a*)
138 (139). 4. οὐκ ἔστι λόγος ἄδικος [S[2] ἔστι δόλος] ἐν γλώσσῃ μου (2 *a*)
139 (140). 3. ἠκόνησαν γλῶσσαν αὐτῶν ὡσεὶ ὄφεως (2 *a*)
Pr. 3. 16. νόμον δὲ καὶ ἔλεον ἐπὶ γλώσσης φορεῖ —
6. 17. ὀφθαλμὸς ὑβριστοῦ γλῶσσα ἄδικος (2 *a*)
— 24. ἀπὸ διαβολῆς γλώσσης ἀλλοτρίας (2 *a*)
10. 20. ἄργυρος πεπυρωμένος γλῶσσα δικαίου (2 *a*)
— 31. γλῶσσα δὲ ἀδίκου ἐξολεῖται (2 *a*)
12. 18. γλῶσσαι δὲ σοφῶν ἰῶνται (2 *a*)
— 19. μάρτυς δὲ ταχὺς γλῶσσαν ἔχει ἄδικον (2 *a*)
15. 2. γλῶσσα σοφῶν καλὰ ἐπίσταται (2 *a*)
— 4. ἴασις γλώσσης δένδρον ζωῆς (2 *a*)

Pr. 17. 4. κακὸς ὑπακούει γλώσσης [S^2 -ῃ] παρανόμων (4)
— 20. ἀνὴρ εὐμετάβολος γλώσσῃ (2 a)
18. 21. θάνατος καὶ ζωὴ [A θ. ζωῆς] ἐν χειρὶ γλώσσης (2 a)
21. 6. ὁ ἐνεργῶν θησαυρίσματα γλώσσῃ ψευδεῖ (2 a)
— 23. ὃς φυλάσσει τὸ στόμα αὐτοῦ καὶ τὴν γλ. (2 a)
24. 23 (29. 27). μηδὲν ψεῦδος ἀπὸ γλώσσης βασιλεῖ λεγέσθω –
— 23 (29. 27). καὶ οὐδὲν ψεῦδος ἀπὸ γλώσσης αὐτοῦ οὐ μὴ ἐξέλθῃ –
— 23 (29. 27). μάχαιρα γλῶσσα βασιλέως καὶ οὐ σαρκίνη –
25. 15. γλῶσσα δὲ μαλακὴ συντρίβει ὀστᾶ (2 a)
— 23. πρόσωπον δὲ ἀναιδὲς γλῶσσαν ἐρεθίζει (2 a)
26. 28. γλῶσσα ψευδὴς μισεῖ ἀλήθειαν (2 a)
27. 20. οἱ ἀπαίδευτοι ἀκρατεῖς γλώσσῃ –
31. 24. τάξιν ἐστείλατο τῇ γλ. αὐτῆς –
Ca. 4. 11. μέλι καὶ γάλα ὑπὸ τὴν γλ. σου (2 a)
Wi. 1. 6. καὶ τῆς γλ. ἀκουστής
— 11. ἀπὸ καταλαλιᾶς φείσασθε γλώσσης
10. 21. ἡ σοφία . . . γλώσσας νηπίων ἔθηκε τρανάς
Si. *prol.* 17. ὅταν μεταχθῇ εἰς ἑτέραν γλῶσσαν
4. 24. γνωσθήσεται . . . παιδεία ἐν ῥήματι γλώσσης [S^1 γλωσσώδους]
— 29. μὴ γίνου τραχὺς [A S^1 ταχὺς, S^2 θρασὺς] ἐν γλώσσῃ σου
5. 13. γλῶσσα ἀνθρώπου πτῶσις αὐτῷ
— 14. τῇ γλ. σου μὴ ἐνέδρευε [B^1 -δρευθῇς]
6. 5. γλῶσσα εὔλαλος πληθυνεῖ εὐπροσήγορα
17. 6. διαβούλιον καὶ γλῶσσαν καὶ ὀφθαλμούς
19. 16. τίς οὐχ ἡμάρτησεν [A B^1 -τεν] ἐν τῇ γλ. αὐτοῦ
20. 16. οἱ ἔσθοντες τὸν ἄρτον μου φαῦλοι γλώσσῃ [S^1 -ης]
— 18. ὀλίσθημα ἀπὸ ἐδάφους μᾶλλον ἢ ἀπὸ γλώσσης
21. 7. γνωστὸς μακρόθεν ὁ δυνατὸς ἐν γλώσσῃ
22. 27. ἵνα μὴ . . . ἡ γλ. μου ἀπολέσῃ με
25. 7. τὸ δέκατον ἐρῶ ἐπὶ [A ἀπὸ] γλώσσης
— 8. ὃς ἐν γλώσσῃ οὐκ ὠλίσθησε
26. 6. μάστιξ γλώσσης πᾶσιν ἐπικοινωνοῦσα
28. 14. γλῶσσα τρίτη πολλοὺς ἐσάλευσε
— 15. γλῶσσα τρίτη γυναῖκας ἀνδρείας ἐξέβαλε
— 17. πληγὴ δὲ γλώσσης συγκλάσει ὀστᾶ
— 18. οὐχ ὡς οἱ πεπτωκότες διὰ γλῶσσαν
36. 28 (25). εἰ ἔστιν ἐπὶ γλώσσης αὐτῆς ἔλεος
37. 18. κυριεύουσα ἐνδελεχῶς αὐτῶν [A -ῷ] γλ. ἐστιν
40. 21. ὑπὲρ ἀμφότερα γλῶσσα ἡδεῖα
51. 2. ἐκ παγίδος διαβολῆς γλώσσης
— 5. ἀπὸ γλώσσης ἀκαθάρτου καὶ λόγου ψευδοῦς
— 6. διαβολὴ [A S -ῆς] γλώσσης ἀδίκου
— 22. ἔδωκε κύριος γλῶσσάν μοι [A S μου] μισθόν μου [S μοι]
Ho. 7. 16. δι᾽ ἀπαιδευσίαν γλώσσης αὐτῶν (2 a)
Mi. 6. 12. ἡ γλ. αὐτῶν ὑψώθη ἐν τῷ στόματι αὐ. (2 a)
Ze. 3. 9. τότε μεταστρέψω ἐπὶ λαοὺς γλῶσσαν (4)
— 13. οὐ μὴ εὑρεθῇ ἐν τῷ στόματι αὐτῶν γλ. δολία (2 a)
Za. 8. 23. δέκα ἄνδρες ἐκ πασῶν τῶν γλ. τῶν ἐθνῶν (2 a)
14. 12. ἡ γλ. αὐτῶν τακήσεται ἐν τῷ στόματι (2 a)
Is. 3. 8. αἱ γλ. αὐτῶν μετὰ ἀνομίας (2 a)
19. 18. λαλοῦσαι τῇ γλ. τῇ Χαναανίτιδι (4)
28. 11. διὰ γλώσσης ἑτέρας (2 a)
29. 24. αἱ γλ. αἱ ψελλίζουσαι –
32. 4. αἱ γλ. αἱ ψελλίζουσαι (2 a)
35. 6. τρανὴ δὲ ἔσται γλ. μογιλάλων (2 a)
41. 17. ἡ γλ. αὐτῶν ἀπὸ τῆς δίψης ἐξηράνθη (2 a)
45. 24. ὀμεῖται πᾶσα γλ. τὸν θεόν [A S^3 *al.*] (2 a)
50. 4. δίδωσί μοι γλῶσσαν παιδείας [A σοφίας] (2 a)
57. 4. ἐπὶ τίνα ἐχαλάσατε τὴν γλ. ὑμῶν (2 a)
59. 3. ἡ γλ. ὑμῶν ἀδικίαν μελετᾷ (2 a)
66. 18. ἔρχομαι συναγαγεῖν . . . τὰς γλ. (2 a)
Je. 5. 15. οὐκ ἀκούσει τῆς φωνῆς τῆς γλ. [A *om.* τ. γλ.] αὐ. (2 a)
9. 3 (2). ἐνέτειναν τὴν γλ. αὐτῶν ὡς τόξον (2 d)
— 5 (4). μεμάθηκεν ἡ γλ. αὐτῶν λαλεῖν ψευδῆ (2 a)
— 8 (7). βολὶς τιτρώσκουσα ἡ γλ. [A καρδία] αὐτῶν (2 a)
18. 18. πατάξωμεν αὐτὸν ἐν [A *om.*] γλώσσῃ (2 a)
23. 31. S R τοὺς ἐκβάλλοντας προφητείας γλώσσης [A *al.*] (2 a)
La. 4. 4. ἐκολλήθη ἡ γλ. θηλάζοντος πρὸς τὸν φάρυγγα αὐ. (2 a)
Ep. Je. 8. γλ. γὰρ αὐτῶν ἐστι κατεξυσμένη

Ez. 3. 6. οὐδὲ πρὸς λαοὺς . . . στιβαροὺς τῇ γλ. ὄντας (2 a)
— 26. τὴν γλ. σου συνδήσω (2 a)
36. 3. ἀνέβητε λάλημα γλώσσῃ [A ἐγένεσθε λ. γλώσσης] (2 a)
Da. LXX. 3. 2. πάντα τὰ ἔθνη καὶ φυλὰς καὶ γλώσσας –
— 4. ἔθνη καὶ χῶραι λαοὶ καὶ γλῶσσαι (2 b)
— 7. πάντα τὰ ἔθνη φυλαὶ καὶ γλῶσσαι (2 b)
— 29 (96). πᾶσαι φυλαὶ καὶ πᾶσαι γλ. (2 b)
— 31 (98). πᾶσι τοῖς λαοῖς φυλαῖς καὶ γλώσσαις (2 b)
4. 18. ἡ ἰσχὺς τῆς γῆς . . . καὶ τῶν γλ. πασῶν †
— 34. καὶ γλώσσαις πάσαις ταῖς οἰκούσαις –
6. 25 (26). πᾶσι τοῖς ἔθνεσι καὶ γλώσσαις (2 b)
Da. TH. 1. 4. γράμματα καὶ γλῶσσαν Χαλδαίων (2 a)
3. 4. ὑμῖν λέγεται λαοῖς [A ἔθνη λαοὶ] φυλαὶ γλῶσσαι (2 b)
— 7. πάντες οἱ λαοὶ φυλαὶ γλῶσσαι [A *om.* φ. γλ.] (2 b)
— 29 (96). πᾶς λαὸς φυλὴ γλῶσσα (2 b)
— 31 (98). πᾶσι τοῖς λαοῖς φυλαῖς καὶ [A *om.*] γλώσσαις (2 b)
5. 19. πάντες οἱ λαοὶ φυλαὶ γλῶσσαι (2 b)
6. 25 (26). πᾶσι τοῖς λαοῖς φυλαῖς γλώσσαις (2 b)
7. 14. πάντες οἱ λαοὶ φυλαὶ καὶ [A *om.*] γλῶσσαι (2 b)
II Ma. 3. 26. A κάλλιστοι δὲ τὴν γλ. [R τῇ δόξῃ]
7. 10. τὴν γλ. αἰτηθείς
15. 33. τὴν γλ. τοῦ δυσσεβοῦς Νικάνορος ἐκτεμών
III Ma. 2. 17. ἐν ὑπερηφανίᾳ γλώσσης αὐτῶν
6. 4. ἀνόμῳ θράσει καὶ γλώσσῃ μεγαλορρήμονι
IV Ma. 10. 17. ἐκέλευσε τὴν γλῶτταν αὐτοῦ ἐκτεμεῖν
— 19. ἰδοὺ προκεχάλασται ἡ γλ.
— 21. τὴν γὰρ τῶν θείων ὕμνων μελῳδὸν γλῶτταν ἐκτέμνεις
18. 21. καὶ γλώσσας ἐξέτεμε

[**Aq.** Ex. 4. 10 : Dt. 28. 49 : Jb. 15. 5 : Ps. 44 (45). 2 : 63 (64). 9 : 119 (120). 3 : Pr. 15. 4 : 25. 15 : 28. 23 : Is. 3. 8 : 11. 15 : Je. 5. 15.]
[**Sm.** Jb. 15. 5 : Ps. 38 (39). 2 : 44 (45). 2 : 50 (51). 16 : 54 (55). 10 : 63 (64). 9 : 65 (66). 17 : 67 (68). 24 : 72 (73). 9 : 119 (120). 3 : Pr. 31. 26 : Is. 11. 15 : 28. 11 : 33. 19 : Je. 5. 15.]
[**Th.** Ps. 38 (39). 2 : Pr. 21. 6 : 31. 26 : Is. 11. 15 : 30. 27 : 54. 17 : Je. 5. 15.]

γλωσσόκομον (-μος). (1) אָרוֹן

II Ki. 6. 11. A ἐκάθισεν ἐκεῖ γλωσσόκομον κυρίου [B *al.*] (1)
II Ch. 24. 8. γενηθήτω γλ. καὶ τεθήτω (1)
— 10. ἐνέβαλλον εἰς τὸ γλ. (1)
— 11. ὡς εἰσέφερον [A ἔφερον] τὸ γλ. (1)
— 11. καὶ ἐξεκένωσαν τὸ [A τὸν] γλ. (1)

[**Aq.** Ge. 50. 26 : Ex. 25. 9 (10) : 37 (38). 1 : I Ki. 5. 1 : 14. 18 : II Ki. 6. 2, 11, 13 : III Ki. 6. 19.]
[**Sm.** Je. 50 (27). 26.]
[**Th.** III Ki. 6. 19.]

γλωσσότμητος. (1) חָרוּץ

Le. 22. 22. τυφλὸν ἢ συντετριμμένον ἢ γλ. (1)

γλωσσοτομεῖν, γλωττοτομεῖν.

II Ma. 7. 4. προσέταξε γλωσσοτομεῖν [A -τιμ.]
IV Ma. 10. 19. οὐ γὰρ παρὰ τοῦτο τὸν λογισμὸν ἡμῶν γλωσσοτομήσεις [S γλωττ.]
12. 13. τοὺς ὁμοιοπαθεῖς . . . γλωττοτομῆσαι

γλωσσοχαριτοῦν. (1) חָלַק לָשׁוֹן hi.

Pr. 28. 23. χάριτας ἕξει μᾶλλον τοῦ γλωσσοχαριτοῦντος (1)

γλωσσώδης. (1) כַּעַס (2) לָשׁוֹן

Ps. 139 (140). 11. ἀνὴρ γλωσσώδης οὐ κατευθυνθήσεται ἐπὶ τῆς γῆς (2)
Pr. 21. 19. ἡ μετὰ γυναικὸς μαχίμου καὶ γλωσσώδους (1)
Si. 4. 24. S^1 γνωσθήσεται . . . παιδεία ἐν ῥήματι γλωσσώδους [A B S^2 γλώσσης]
8. 3. μὴ διαμάχου μετὰ ἀνθρώπου γλωσσώδους
9. 18. φοβερὸς ἐν πόλει αὐτοῦ ἀνὴρ γλωσσώδης
25. 20. οὕτως γυνὴ γλωσσώδης ἀνδρὶ ἡσύχῳ

γλῶττα, γλωττοτομεῖν, *vid.* γλῶσσα, γλωσσοτομεῖν.

γνάθος. (1) רַקָּה

Jd. 4. 21. A ἔθηκεν τὸν πάσσαλον ἐν τῇ γν. αὐ. [B *al.*] (1)
— 22. A καὶ ὁ πάσσαλος ἐν τῇ γν. [B τῷ κροτάφῳ] αὐτοῦ (1)
5. 26. A διήλασεν τὴν γν. αὐτοῦ [B *al.*] (1)

[**Th.** Jd. 4. 21 : 5. 26.]

γναφεύς (κναφεύς). (1) כָּבַס

IV Ki. 18. 17. ἐν τῇ ὁδῷ τοῦ ἀγροῦ τοῦ γν. (1)
Is. 7. 3. τῆς ἄνω ὁδοῦ ἀγροῦ τοῦ γν. (1)
36. 2. ἐν τῇ ὁδῷ τοῦ ἀγροῦ τοῦ γν. (1)

[**Aq.** Is. 36. 2.]
[**Sm.** Is. 36. 2 : Ma. 3. 2.]

γνήσιος.

Si. 7. 18. μὴ ἀλλάξῃς . . . ἀδελφὸν γνήσιον ἐν χρυσίῳ Σ.
III Ma. 3. 19. οὐδὲν γνήσιον βούλονται φέρειν

γνησίως.

II Ma. 14. 8. ὑπὲρ τῶν ἀνηκόντων τῷ βασιλεῖ γν. φρονῶν
III Ma. 3. 23. τοὺς ἐν αὐτοῖς ὀλίγους πρὸς ἡμᾶς γν. διακειμένους

γνοφερός. (1) צַלְמָוֶת

Jb. 10. 21. εἰς γῆν σκοτεινὴν καὶ γνοφεράν (1)

γνόφος. (1) *a.* אֹפֶל *b.* אָפֵל *c.* אֲפֵלָה *d.* מַאְפֵּל (2) חֹשֶׁךְ (3) סוּפָה (4) *a.* עָנָן *b.* עֲנָנָה (5) עֲרָפֶל (6) שְׂעָרָה

Ex. 10. 22. ἐγένετο σκότος γνόφος θύελλα (1 c)
14. 20. καὶ ἐγένετο σκότος καὶ γν. (2)
20. 21. εἰς τὸν γν. οὗ ἦν [A *add.* ἐκεῖ] ὁ θεός (5)
De. 4. 11 : 5. 22 (19). σκότος γνόφος θύελλα (4 a)
Jo. 24. 7. ἔδωκε νεφέλην καὶ γνόφον ἀνὰ μέσον ἡμῶν (1 d)
II Ki. 22. 10. καὶ γνόφος ὑποκάτω τῶν ποδῶν αὐτοῦ (5)
III Ki. 8. 12. A κύριος εἶπεν τοῦ σκηνῶσαι ἐν γνόφῳ (5)
— 53. A R κύριος εἶπε τοῦ κατοικεῖν ἐν γνόφῳ [B ἐκ γνόφου] –
II Ch. 6. 1. τοῦ κατασκηνῶσαι [A κατοικῆσαι] ἐν γνόφῳ (5)
Es. 1. 1. καὶ ἰδοὺ ἡμέρα σκότους καὶ γνόφου [A -ους]
Jb. 3. 5. ἐπέλθοι ἐπ᾽ αὐτὴν γνόφος (4 b)
9. 17. μὴ [A *add.* ἐν] γνόφῳ με ἐκτρίψῃ (6)
17. 13. ἐν δὲ γνόφῳ ἔστρωταί μου ἡ στρωμνή (2)
22. 13. ἡ κατὰ τοῦ γν. κρίνει (5)
23. 17. A ἐπελεύσεταί μοι γνόφος [B S σκότος] (2)
— 17. B S πρὸ προσώπου [A πρόσωπον] δέ μου ἐκάλυψε γνόφος [A σκότος] (1 b)
27. 20. νυκτὶ δὲ ὑφείλατο αὐτὸν γνόφος [S λαῖλαψ] (3)
Ps. 17 (18). 9. γνόφος ὑπὸ τοὺς πόδας αὐτοῦ (5)
96 (97). 2. νεφέλη καὶ γνόφος κύκλῳ αὐτοῦ (5)
Pr. 7. 9. A ἡνίκα ἂν ἡσυχία νυκτερινὴ [S *add.* ᾖ] καὶ γνόφος [B S γνοφώδης] (1 c)
Si. 45. 5. εἰσήγαγεν αὐτὸν εἰς τὸν γν.
Am. 5. 20. καὶ γνόφος οὐκ ἔχων φέγγος αὐτῇ (1 a)
Jl. 2. 2 : Ze. 1. 15. ἡμέρα σκότους καὶ γνόφου (1 c)
Is. 44. 22. ἀπήλειψα . . . ὡς γνόφον τὰς ἁμαρτ. σου (4 a)
60. 2. σκότος καλύψει γῆν καὶ γν. ἐπ᾽ ἔθνη (5)
Je. 23. 12. εἰς ὀλίσθημα ἐν γνόφῳ (1 c)
Ez. 34. 12. ἐν ἡμέρᾳ ὅταν ᾖ γν. [A ἡ. γνόφου] . . . ἐν ἡμέρᾳ νεφέλης καὶ γνόφου (–, 5)

[**Aq.** Ex. 20. 21 : III Ki. 8. 12.]
[**Sm.** Is. 60. 2 : Jn. 2. 4.]
[**Th.** Ex. 20. 21 : Jb. 27. 20.]

γνοφοῦν. (1) עוּב hi.

La. 2. 1. πῶς ἐγνόφωσεν . . . κύριος τὴν θυγατέρα Σιών (1)

[**Aq.** Ps. 64 (65). 13.]
[**Th.** Jb. 36. 28.]

γνοφώδης. (1) אֲפֵלָה (2) כָּבֵד

Ex. 19. 16. νεφέλη γν. ἐπ' ὄρους Σινᾶ (2)
Pr. 7. 9. ἡσυχία νυκτερινὴ καὶ γν. [A γνόφος] (1)

γνώμη. (1) דָּת (2) *a.* טַעַם *b.* טְעֵם (3) סוֹד

I Es. 6. 22. μετὰ τῆς γν. Κύρου τοῦ βασιλέως
7. 4. μετὰ τῆς γν. τοῦ [A *om.*] Κύρου
II Es. 4. 19. καὶ παρ' ἐμοῦ ἐτέθη γνώμη (2 *b*)
— 21. θέτε γνώμην καταργῆσαι τοὺς ἄνδρας ἐκ. (2 *b*)
— 21. ὅπως ἀπὸ τῆς γν. πεφυλαγμένοι ἦτε (2 *b*)
5. 3. τίς ἔθηκεν ὑμῖν γνώμην (2 *b*)
— 5. ἕως γνώμη τῷ Δαρείῳ ἀπηνέχθη (2 *b*)
— 9. τίς ἔθηκεν ὑμῖν γνώμην (2 *b*)
— 13. A R ἔθετο [B ἔθηκεν] γνώμην (2 *b*)
— 17. A R ἀπὸ βασιλέως Κύρου ἐτέθη [B ἐγένετο] γνώμη (2 *b*)
6. 1. τότε Δαρεῖος ὁ βασιλεὺς ἔθηκε γνώμην (2 *b*)
— 3. Κῦρος ὁ βασιλεὺς ἔθηκε γνώμην (2 *b*)
— 8. καὶ ἀπ' ἐμοῦ γνώμη ἐτέθη (2 *b*)
— 11. ἀπ' ἐμοῦ ἐτέθη γνώμη (2 *b*)
— 12. ἐγὼ Δαρεῖος ἔθηκα γνώμην (2 *b*)
— 14. κατηρτίσαντο ἀπὸ γνώμης θεοῦ Ἰσρ. καὶ ἀπὸ γνώμης . . . βασιλέων Περσῶν (2 *a*, 2 *b*)
7. 13. ἀπ' ἐμοῦ ἐτέθη γνώμη (2 *b*)
— 21. ἐγὼ Ἀρθ. βασιλεὺς ἔθηκα γνώμην (2 *b*)
— 23. ὅ ἐστιν ἐν γνώμῃ θεοῦ (2 *a*)
Ps. 82 (83). 3. κατεπανουργεύσαντο γνώμην (3)
Pr. 2. 16. καὶ ἀλλότριον τῆς δικαίας γν. †
12. 26. A αἱ δὲ γν. τῶν ἀσεβῶν ἀνεπιεικεῖς –
Wi. 7. 15. εἰπεῖν κατὰ γνώμην
Si. 6. 23. δέξαι γνώμην [A S ἔκδεξαι τὴν γν.] μου
Da. LXX. 2. 14. Δανιὴλ εἶπε βουλὴν καὶ γνώμην (2 *b*)
6. 4 (5). βουλὴν καὶ γνώμην ἐβουλεύσαντο †
Da. TH. 2. 14. Δανιὴλ ἀπεκρίθη βουλὴν καὶ γνώμην (2 *b*)
— 15. περὶ τίνος ἐξῆλθεν ἡ γν. (1)
II Ma. 4. 39. μετὰ τῆς Μενελάου γν.
9. 20. R τὰ ἴδια κατὰ γνώμην ἐστὶν [A ἔσται] ὑμῖν
11. 37. ὅπως καὶ ἡμεῖς ἐπιγνῶμεν ὁποίας ἐστὲ γν.
14. 20. καὶ φανείσης ὁμοψήφου [A ὁμοιοψ.] γν.
IV Ma. 9. 27. τὴν εὐγενῆ γν. ἤκουσαν
[Aq. I Ki. 25. 33.]
[Sm. Jb. 38. 2: Pr. 26. 16.]
[Th. Ho. 5. 4.]
[Al. Ps. 12 (13). 3: Pr. 12. 10.]

γνωρίζειν. (1) חָוָה *a.* pa. *b.* aph. (2) יָדַע *a.* qal. *b.* ni. *c.* hi. *d.* יְדַע aph. (3) יָעַד ni. (4) נָכַר hi. (5) נָשָׂא יָד

Ex. 21. 36. ἐὰν δὲ γνωρίζηται ὁ ταῦρος (2 *b*)
Ru. 3. 3. μὴ γνωρισθῇς τῷ ἀνδρί (2 *b*)
I Ki. 6. 2. γνωρίσατε ἡμῖν ἐν [A καὶ ἐν] τίνι ἀποστελοῦμεν αὐτήν (2 *c*)
10. 8. γνωρίσω σοι ἃ ποιήσεις (2 *c*)
14. 12. γνωριοῦμεν ὑμῖν ῥῆμα (2 *c*)
16. 3. γνωριῶ [A -ίσω] σοι ἃ ποιήσεις (2 *c*)
28. 15. κέκληκά σε γνωρίσαι μοι τί ποιήσω (2 *c*)
II Ki. 7. 21. γνωρίσαι τῷ δούλῳ [A τὸν δ.] σου (2 *c*)
III Ki. 1. 27. καὶ οὐκ ἐγνώρισας τῷ δούλῳ σου (2 *c*)
8. 53. ἥλιον ἐγνώρισεν ἐν οὐρανῷ –
I Ch. 16. 8. γνωρίσατε ἐν λαοῖς τὰ ἐπιτηδεύματα αὐ. (2 *c*)
I Es. 6. 12. εἵνεκεν τοῦ γνωρίσαι σοι καὶ γράψαι σοι
II Es. 4. 14. ἐγνωρίσαμεν τῷ βασιλεῖ (2 *d*)
— 16. γνωρίζομεν οὖν ἡμεῖς τῷ βασιλεῖ (2 *d*)
5. 10. τὰ ὀνόμ. αὐ. ἠρωτήσαμεν αὐτοὺς γνωρίσαι σοι (2 *d*)
7. 24. καὶ ὑμῖν ἐγνώρισται ἐν πᾶσι τοῖς ἱερεῦσι (2 *d*)
— 25. καὶ τῷ μὴ εἰδότι γνωριεῖτε (2 *d*)
Ne. 8. 12. οἷς ἐγνώρισεν αὐτοῖς (2 *c*)
9. 14. τὸ σάββατόν σου τὸ ἅγιον ἐγνώρισας αὐτοῖς (2 *c*)
Jb. 34. 25. ὁ γνωρίζων αὐτῶν τὰ ἔργα (4)
Ps. 15 (16). 11. ἐγνώρισάς μοι ὁδοὺς ζωῆς (2 *c*)
24 (25). 4. τὰς ὁδούς σου, κύριε, γνώρισόν μοι (2 *c*)
31 (32). 5. τὴν ἁμαρτίαν [A S² ἀνομίαν] μου ἐγνώρισα (2 *c*)
38 (39). 4. γνώρισόν μοι, κύριε, τὸ πέρας μου (2 *c*)
76 (77). 14. ἐγνώρισας ἐν τοῖς λαοῖς τὴν δύναμίν σου (2 *c*)
77 (78). 5. γνωρίσαι αὐτὸν τοῖς υἱοῖς αὐτῶν (2 *c*)
89 (90). 12. τὴν δεξιάν σου οὕτως γνώρισον (2 *c*)
97 (98). 2. ἐγνώρισε κύριος τὸ σωτήριον αὐτοῦ (2 *c*)
Ps. 102 (103). 7. ἐγνώρισε τὰς ὁδοὺς αὐτοῦ τῷ M. (2 *c*)
105 (106). 8. τοῦ γνωρίσαι τὴν δυναστείαν αὐτοῦ (2 *c*)
142 (143). 8. γνώρισόν μοι, κύριε, ὁδὸν ἐν ᾗ πορεύσομαι (2 *c*)
143 (144). 3. S ὅτι ἐγνωρίσθης [A B ἐγνώσθης] αὐτῷ (2 *a*)
144 (145). 12. τοῦ γνωρίσαι τοῖς υἱοῖς τῶν ἀνθρ. τὴν δυναστείαν [A δύναμίν] σου (2 *c*)
Pr. 3. 6. πάσαις [A ἐν π.] ὁδοῖς σου γνώριζε αὐτήν (2 *a*)
9. 9. γνώριζε δικαίῳ καὶ προσθήσει τοῦ δέχεσθαι (2 *c*)
15. 10. παιδεία ἀκάκου γνωρίζεται ὑπὸ τῶν παριόντων –
22. 19. ἵνα . . . γνωρίσῃ σοι τὴν ὁδόν σου [A S αὐτοῦ] (2 *c*)
Ho. 8. 4. οὐκ ἐγνώρισάν μοι τὸ ἀργ. αὐ. (2 *a*)
Am. 3. 3. ἐὰν μὴ γνωρίσωσιν ἑαυτούς (3 ?)
Je. 11. 18. γνώρισόν μοι καὶ γνώσομαι (2 *c*)
16. 21. γνωριῶ αὐτοῖς τὴν δύναμίν μου (2 *c*)
Ez. 20. 5. ἐγνωρίσθην τῷ σπέρματι οἴκου Ἰακώβ (5)
— 11. τὰ δικαιώματά μου ἐγνώρισα αὐτοῖς (2 *c*)
43. 11. πάντα τὰ νόμιμα αὐτοῦ γνωριεῖς αὐτοῖς (2 *c*)
44. 23. ἀνὰ μέσον ἀκαθάρτου καὶ καθαροῦ γνωριοῦσιν αὐτοῖς (2 *c*)
Da. TH. 2. 5. ἐὰν μὴ γνωρίσητέ μοι τὸ ἐνύπνιον (2 *d*)
— 6. ἐὰν δὲ τὸ ἐνύπνιον . . . γνωρίσητέ μοι (1 *b*)
— 10. τὸ ῥῆμα τοῦ βασιλέως δυνήσεται γνωρίσαι (1 *b*)
— 15. ἐγνώρισε δὲ τὸ ῥῆμα Ἀριὼχ τῷ Δ. [A τῷ βασ.] (2 *d*)
— 17. τοῖς φίλοις αὐτοῦ τὸ ῥῆμα ἐγνώρισε (2 *d*)
— 23. ἐγνώρισάς μοι ἃ ἠξιώσαμεν παρὰ σοῦ καὶ τὸ ὅραμα τοῦ βασιλέως ἐγνώρισάς μοι (2 *d*, 2 *d*)
— 28. ἐγνώρισε τῷ βασιλεῖ . . . ἃ δεῖ γενέσθαι (2 *d*)
— 29. ἐγνώρισέ σοι ἃ δεῖ γενέσθαι (2 *d*)
— 30. τοῦ τὴν σύγκρισιν τῷ βασιλεῖ γνωρίσαι (2 *d*)
— 45. ὁ θεὸς ὁ μέγας ἐγνώρισε τῷ βασιλεῖ (2 *d*)
4. 3. ὅπως τὴν σύγκρισιν τοῦ ἐνυπνίου γνωρίσωσί μοι (2 *d*)
— 4. τὴν σύγκρισιν αὐτοῦ οὐκ ἐγνώρισάν μοι (2 *d*)
5. 7. καὶ τὴν σύγκρισιν [A *add.* αὐτῆς] γνωρίσῃ μοι (1 *a*)
— 8. οὐδὲ τὴν σύγκρισιν γνωρίσαι τῷ βασ. (2 *d*)
— 15. καὶ τὴν σύγκρισιν αὐ. γνωρίσωσί μοι (2 *d*)
— 16. A R καὶ τὴν σύγκρισιν αὐτῆς γνωρίσαι [B -σῃς] μοι (2 *d*)
— 17. τὴν σύγκρισιν αὐτῆς γνωρίσω σοι (2 *d*)
7. 16. τὴν σύγκρισιν τῶν λόγων ἐγνώρισέ μοι (2 *d*)
8. 19. γνωρίζω [A -ιῶ] σοι τὰ ἐσόμενα (2 *c*)
I Ma. 14. 28. ἐπὶ συναγωγῆς μεγάλης . . . ἐγνώρισεν ἡμῖν
III Ma. 2. 6. ἐγνώρισας τὴν σὴν δυναστείαν ἐφ' αἷς ἐγνώρισας τὸ μέγα σου κράτος
3. 21. ἀμνησικακίαν ἅπασι γνωρίζοντες
[Aq. Jb. 38. 12: Ps. 24 (25). 14: 31 (32). 5: Is. 40. 14: Je. 11. 18: Ez. 20. 4: 22. 2, 26.]
[Sm. Jb. 4. 16: 21. 29: 35. 15: Ps. 30 (31). 12: 143 (144). 3: Is. 38. 19: 40. 14: Ez. 20. 4: 22. 2.]
[Th. Jb. 38. 12: Pr. 12. 16: Is. 40. 13, 14: Ez. 20. 4: Da. 11. 39†.]
[Al. Dt. 4. 9.]

γνώριμος. (1) *a.* יָדַע pu. *b.* מוֹדָע, מֹדַע *c.* מוֹדַעַת (2) מֵרֵעַ

Ru. 2. 1. τῇ N. ἀνὴρ γνώριμος τῷ ἀνδρὶ αὐ. (1 *a**, 1 *b*)
3. 2. οὐχὶ Βοὸς γνώριμος ἡμῶν (1 *c*)
II Ki. 3. 8. καὶ περὶ ἀδελφῶν καὶ περὶ [A B¹ *om.*] γνωρίμων (2)
Pr. 7. 4. τὴν δὲ φρόνησιν γνώριμον περιποίησαι σεαυτῷ (1 *b*)
Si. 30. 2. ἀνὰ μέσον γνωρίμων ἐπ' αὐτῷ καυχήσεται
Ep. Je. 16. γνώριμοί εἰσιν οὐκ ὄντες θεοί
IV Ma. 5. 4. πολλοῖς τῶν περὶ τὸν τύραννον διὰ τὴν ἡλικίαν γνώριμος
[Sm. Ps. 54 (55). 14: 73 (74). 5.]

γνωριστής. (1) יִדְּעֹנִי

IV Ki. 23. 24. τοὺς θελητὰς καὶ τοὺς [A *om.*] γν. (1)
[Al. Dt. 18. 11.]

γνωσιμαχεῖν.

[Sm. II Ch. 12. 7.]

γνῶσις. (1) *a.* דֵּעָה *b.* דַּעַת *c.* יָדַע *d.* יְדַע (2) טַעַם

Jo. 23. 13. A γνώσει [B *om.*] γνώσεσθε [B γινώσκετε] (1 *c*)
I Ki. 2. 3. A R θεὸς γνώσεων [B -ως] κύριος (1 *a*)
III Ki. 7. 14. B καὶ γνώσεως [A R ἐπιγν.] τοῦ ποιεῖν πᾶν ἔργον (1 *b*)
I Ch. 4. 10. ποιήσῃς γνῶσιν τοῦ μὴ ταπεινῶσαί με †
Es. 4. 17. πάντων γνῶσιν ἔχεις
Ps. 18 (19). 2. νὺξ νυκτὶ ἀναγγέλλει [A -ελεῖ] γνῶσιν (1 *b*)
72 (73). 11. εἰ ἔστι γνῶσις ἐν τῷ ὑψίστῳ (1 *a*)
93 (94). 10. ὁ διδάσκων ἄνθρωπον γνῶσιν (1 *b*)
118 (119). 66. παιδείαν καὶ γνῶσιν δίδαξόν με (1 *b*)
138 (139). 6. ἐθαυμαστώθη ἡ γν. σου ἐξ ἐμοῦ (1 *b*)
Pr. 2. 6. ἀπὸ προσώπου αὐτοῦ γνῶσις (1 *b*)
8. 9. καὶ ὀρθὰ τοῖς εὑρίσκουσι γνῶσιν (1 *b*)
— 10. λάβετε . . . γνῶσιν ὑπὲρ χρυσίον δεδοκιμασμ. (1 *b*)
— 12. γνῶσιν καὶ ἔννοιαν ἐγὼ ἐπεκαλεσάμην (1 *b*)
9. 6. κατορθώσατε ἐν γνώσει σύνεσιν †
13. 16. πᾶς πανοῦργος πράσσει μετὰ γνώσεως (1 *b*)
— 19. ἔργα δὲ ἀσεβῶν μακρὰν ἀπὸ γνώσεως †
16. 5. ὁ ζητῶν τὸν κύριον εὑρήσει γνῶσιν †
19. 23. ἐν τόποις οὗ οὐκ ἐπισκοπεῖται γνῶσις †
21. 11. συνίων δὲ σοφὸς δέξεται γνῶσιν (1 *b*)
22. 20. εἰς βουλὴν καὶ γνῶσιν ἐπὶ τὸ πλάτος τῆς καρδ. σου (1 *b*)
— 21. διδάσκω οὖν σε . . . γνῶσιν ἀγαθὴν [A ἀληθῆ] ὑπακούειν –
24. 26 (30. 3). γνῶσιν ἁγίων [A¹ ἀνθρώπων] ἔγνωκα (1 *b*)
27. 21. καρδία δὲ εὐθὴς ζητεῖ [A S ἐκζ.] γνῶσιν –
29. 7. ὁ δὲ ἀσεβὴς οὐ νοεῖ [A S² συνήσει] γνῶσιν (1 *b*)
Ec. 1. 16 (17). τοῦ γνῶναι [S ἐπιγ.] σοφίαν καὶ γνῶσιν (1 *b*)
— 17 (16). καρδία μου εἶδε πολλὰ σοφίαν καὶ γνῶσιν (1 *b*)
— 18. ἐν πλήθει σοφίας πλῆθος γνώσεως καὶ ὁ προστιθεὶς γνῶσιν [A προτ. γνώσει, S προσθεὶς γνῶσιν] προσθήσει ἄλγημα (2 ?, 1 *b*)
2. 21. μόχθος αὐτοῦ . . . ἐν γνώσει (1 *b*)
— 26. ἔδωκε σοφίαν καὶ γνῶσιν (1 *b*)
7. 13 (12). περίσσεια γνώσεως τῆς σοφίας [S¹ τῇ σ.] (1 *b*)
8. 6. γνῶσις τοῦ ἀνθρώπου πολλὴ ἐπ' αὐτόν
9. 10. οὐκ ἔστι . . . γνῶσις καὶ σοφία ἐν ᾅδῃ (1 *b*)
12. 9. ἐδίδαξε [S² ἐδίδασκεν] γνῶσιν σὺν τὸν ἄνθρ. (1 *b*)
Wi. 1. 7. τὸ συνέχον τὰ πάντα γνῶσιν ἔχει φωνῆς
2. 13. ἐπαγγέλλεται γνῶσιν ἔχειν θεοῦ
6. 22. θήσω εἰς τὸ ἐμφανὲς τὴν γν. αὐτῆς
7. 17. ἔδωκε τῶν ὄντων γνῶσιν ἀψευδῆ
10. 10. ἔδωκεν αὐτῷ γνῶσιν ἁγίων
14. 22. πλανᾶσθαι περὶ τὴν τοῦ θεοῦ γν.
Si. 1. 19. ἐπιστήμην καὶ γνῶσιν συνέσεως ἐξώμβρησε
21. 13. γνῶσις σοφοῦ ὡς κατακλυσμὸς πληθυνθήσ.
— 14. πᾶσαν γνῶσιν οὐ κρατήσει
— 18. γνῶσις ἀσυνέτου ἀδιεξέταστοι λόγοι
36 (33). 8. ἐν γνώσει κυρίου διεχωρίσθησαν
40. 5. ὕπνος νυκτὸς [S¹ καὶ νὺξ] ἀλλοιοῖ γνῶσιν αὐ.
Ho. 4. 6. ὡμοιώθη ὁ λαός μου ὡς οὐκ ἔχων γνῶσιν (1 *b*)
10. 12. φωτίσατε ἑαυτοῖς φῶς γνώσεως †
Ma. 2. 7. χείλη ἱερέως φυλάξεται γνῶσιν (1 *b*)
Is. 11. 2. πνεῦμα γνώσεως καὶ εὐσεβείας (1 *b*)
Je. 10. 14. ἐμωράνθη πᾶς ἄνθρωπος ἀπὸ γνώσεως (1 *b*)
28 (51). 17. ἐματαιώθη [A ἐμωράνθη] πᾶς ἄνθρωπος ἀπὸ γνώσεως (1 *b*)
47 (40). 14. εἶπαν αὐτῷ, Εἰ γνώσει γινώσκεις (1 *c*)
Da. LXX. 2. 30. ἃ ὑπέλαβες τῇ καρδίᾳ σου ἐν γνώσει (1 *d*)
Da. TH. 1. 4. νεανίσκους . . . γινώσκοντας γνῶσιν (1 *b*)
12. 4. καὶ πληθυνθῇ ἡ γν. (1 *b*)
II Ma. 6. 21. διὰ τὴν ἐκ τῶν παλαιῶν χρόνων πρὸς τὸν ἄνδρα γν.

II Ma. 6. 30. τῷ κυρίῳ τῷ τὴν ἅγιαν γν. ἔχοντι
IV Ma. 1. 16. γνῶσις θείων καὶ ἀνθρωπίνων πραγμάτων
9. 2. A καὶ γνώσει [S R Μωῦσεῖ] χρησαίμεθα
[**Aq.** Jb. 15. 2 : 32. 6 : 33. 3 : Pr. 1. 22 : 3. 20 : 5. 2 : 10. 14 : 11. 9 : 12. 1 : 14. 6, 18 : 18. 15 : 19. 25 : 22. 12 : 23. 12 : 24. 4 : Is. 40. 14 : 53. 11 : Je. 13. 12 : 40 (47). 14.]
[**Sm.** Jb. 15. 2 : 36. 26 : Ps. 138 (139). 6 : Pr. 1. 22 : 5. 2 : 12. 1, 23 : 14. 6 : 15. 7 : 17. 27 : 18. 15 *bis* : 19. 25 : 22. 12 : 23. 12 : 24. 4 : Is. 33. 6 : 40. 14 : 47. 10 : 53. 11.]
[**Th.** Jb. 32. 6 : 33. 3 : 36. 4 : Pr. 5. 2 : 12. 1 : 14. 6, 18 : 18. 15 : 19. 25 : 20. 15 : 22. 12 : 23. 12 : Ec. 8. 6 : Is. 40. 14 : 53. 11.]
[**Al.** Pr. 3. 20.]

γνωστέος.

Ep. Je. 52. τίνι οὖν γνωστέον ἐστὶν [A γνωστὸν οὐκ ἔσται] ὅτι οὐκ εἰσὶ θεοί

γνώστης. (1) *a.* יָדַע pu. *b.* יִדְּעֹנִי

I Ki. 28. 3. Σαοὺλ περιεῖλε . . . τοὺς γν. ἀπὸ τῆς γῆς (1 *b*)
— 9. ἐξωλέθρευσε . . . τοὺς γν. ἀπὸ τῆς γῆς (1 *b*)
IV Ki. 10. 11. A τοὺς γν. [B γνωστοὺς] αὐτοῦ καὶ τοὺς ἱερεῖς αὐτοῦ (1 *a*)
21. 6. γνώστας ἐπλήθυνε (1 *b*)
II Ch. 35. 19. τοὺς ἐγγαστριμύθους καὶ τοὺς γν. –
Ps. 54 (55). 13. S² ἡγεμών μου καὶ γνῶστά [B S¹ γνωστέ] μου (1 *a*)
Is. 19. 3. A S καὶ τοὺς γν. (1 *b*)
Da. TH. Su. 42. ὁ τῶν κρυπτῶν γν.
[**Aq. Th.** Dt. 18. 11 : Je. 29 (36). 23.]
[**Sm.** Dt. 18. 11.]
[**Al.** Le. 19. 31 : 20. 6, 27 : Is. 19. 3.]

γνωστός. (1) יָדַע *a.* ni. *b.* pu. *c.* יְדַע *d.* εἰδέναι γνωστόν דַּעַת

Ge. 2. 9. τοῦ εἰδέναι γνωστὸν καλοῦ καὶ πον. (1 *d*)
Ex. 33. 16. καὶ πῶς γνωστὸν ἔσται ἀληθῶς (1 *a*)
IV Ki. 10. 11. καὶ τοὺς γν. [A γνώστας] αὐ. καὶ τοὺς ἱερεῖς αὐ. (1 *b*)
I Es. 2. 18. καὶ νῦν γνωστὸν ἔστω τῷ κυρίῳ βασιλεῖ
6. 8. πάντα γνωστὰ ἔστω τῷ κυρίῳ ἡμῶν τῷ βασ.
II Es. 4. 12. γνωστὸν ἔστω τῷ βασιλεῖ (1 *c*)
— 13. νῦν οὖν γνωστὸν ἔστω τῷ βασιλεῖ (1 *c*)
5. 8. γνωστὸν ἔστω τῷ βασιλεῖ (1 *c*)
Ne. 5. 10. καὶ οἱ ἀδελφοί μου καὶ οἱ γν. μου †
To. 2. 14. ἰδοὺ γνωστὰ πάντα μετὰ σοῦ [S *al.*]
Ps. 30 (31). 11. καὶ φόβος τοῖς γν. μου (1 *b*)
54 (55). 13. ἡγεμών μου καὶ γνωστέ [S² γνῶστά] μου (1 *b*)
75 (76). 1. γνωστὸς ἐν τῇ Ἰουδαίᾳ ὁ θεός (1 *a*)
87 (88). 8. ἐμάκρυνας τοὺς γν. μου ἀπ' ἐμοῦ (1 *b*)
— 18. καὶ τοὺς γν. μου ἀπὸ ταλαιπωρίας (1 *b*)
Wi. 16. 28. ὅπως γνωστὸν ᾖ
Si. 21. 7. γνωστὸς μακρόθεν ὁ δυνατὸς ἐν γλώσσῃ
Za. 14. 7. ἡ ἡμέρα ἐκείνη γνωστὴ τῷ κυρίῳ (1 *a*)
Is. 19. 21. γν. ἔσται κύριος τοῖς Αἰγυπτίοις (1 *a*)
Ba. 4. 4. τὰ ἀρεστὰ τοῦ θ. [A τῷ θ.] ἡμῖν γνωστά ἐστι
Ep. Je. 52. A τίνι οὖν γνωστὸν οὐκ ἔσται [B γνωστέον ἐστίν]
Ez. 36. 32. γνωστόν ἐστιν [A ἔσται] ὑμῖν (1 *a*)
Da. TH. 3. 18. γνωστὸν ἔστω σοι, βασιλεῦ (1 *c*)
[**Aq.** Pr. 7. 4 : 22. 19 : Is. 53. 3.]
[**Sm.** Ps. 31 (32). 5 : 76 (77). 15 : 87 (88). 9, 19 : Pr. 22. 19 : 31. 23 : Is. 53. 3.]
[**Th.** Pr. 7. 4 : Is. 53. 3.]

γνωστῶς. (1) יָדַע

Ex. 33. 13. ἐμφάνισόν μοι σεαυτὸν γν. –
Pr. 27. 23. γν. ἐπιγνώσῃ ψυχὰς ποιμνίου σου (1)

γόβα.

[**Al.** Le. 11. 22.]

γογγύζειν. (1) אָנַן hithpo. (2) לוּן ni. (3) לִין *a.* qal. *b.* ni. *c.* hi. (4) רָגַן *a.* qal. *b.* ni.

Ex. 16. 7. A ὅτι γογγύζετε [B διαγογγ.] καθ' ἡμῶν (3 *a**, 3 *c*)
17. 3. A B ἐγόγγυζεν [R διεγόγγ. ἐκεῖ] ὁ λαὸς πρὸς M. (3 *c*)
Nu. 11. 1. ἦν ὁ λαὸς γογγύζων πονηρά (1)
Nu. 14. 27. ἃ αὐτοὶ γογγύζουσιν ἐναντίον μου (3 *c*)
— 27. ἣν ἐγόγγυσαν περὶ ὑμῶν (3 *c*)
— 29. ὅσοι ἐγόγγυσαν ἐπ' ἐμοί (3 *c*)
16. 41 (17. 6). ἐγόγγυσαν οἱ υἱοὶ Ἰσρ. τῇ ἐπαύριον (3 *b*)
17. 5 (20). ἃ αὐτοὶ γογγύζουσιν ἐφ' ὑμῖν (3 *c*)
Jd. 1. 14. καὶ ἐγόγγυζε [A *add.* ἐπάνω τοῦ ὑποζυγίου] –
Ju. 5. 22. ἐγόγγυσε πᾶς ὁ λαός
Ps. 58 (59). 15. B S¹ ἐὰν δὲ [S² R *add.* μὴ] χορτασθῶσι καὶ γογγύσουσιν (3 *a*)
105 (106). 25. ἐγόγγυσαν ἐν τοῖς σκηνώμασιν αὐ. (4 *b*)
Si. 10. 25. ἀνὴρ ἐπιστήμων οὐ γογγύσει
Is. 29. 24. οἱ δὲ γογγύζοντες μαθήσονται ὑπακούειν (4 *a*)
30. 12. καὶ ὅτι ἐγόγγυσας (2)
La. 3. 39. τί γογγύσει ἄνθρωπος ζῶν (1)
[**Aq.** Ps. 58 (59). 16.]

γόγγυσις. (1) תְּלוּנָה

Nu. 14. 27. τὴν γ. τῶν υἱῶν Ἰσραήλ (1)

γογγυσμός. (1) אָוֶן (2) תְּלוּנָה

Ex. 16. 7. τὸν γ. ὑμῶν ἐπὶ τῷ θεῷ (2)
— 8. τὸν γ. ὑμῶν ὃν ὑμεῖς διαγογγύζετε (2)
— 8. οὐ γὰρ καθ' ἡμῶν ἐστιν ὁ γ. ὑμῶν (2)
— 9. εἰσακήκοε γὰρ τὸν γ. ὑμῶν (2)
— 12. εἰσακήκοα τὸν γ. τῶν υἱῶν Ἰσρ. (2)
Nu. 17. 5 (20). τὸν γ. υἱῶν Ἰσραὴλ ἃ αὐτοὶ γογγύζουσιν (2)
— 10 (25). παυσάσθω ὁ γογγυσμὸς αὐτῶν (2)
Wi. 1. 10. θροῦς γογγυσμῶν οὐκ ἀποκρύπτεται
— 11. φυλάξασθε τοίνυν γογγυσμὸν ἀνωφελῆ
Si. 46. 7. κοπάσαι γογγυσμὸν πονηρίας
Is. 58. 9. ἐὰν ἀφέλῃς ἀπὸ σοῦ . . . ῥῆμα γογγυσμοῦ (1)
[**Sm.** Pr. 29. 21.]

γόγγυσος.

[**Th.** Pr. 16. 28.]

γογγυστής.

[**Sm.** Pr. 26. 22 : Is. 29. 24.]
[**Th.** Pr. 26. 20.]

γοερός.

III Ma. 5. 25. πολυδάκρυον ἱκετείαν ἐν μέλεσι γοεροῖς

γοητεία (-τία).

II Ma. 12. 24. ἠξίου μετὰ πολλῆς γ.

γοητικός.

[**Aq.** Pr. 26. 22.]

γολμή.

[**Hebr.** Ps. 138 (139). 16.]

γόμερ.

[**Al.** Le. 23. 11.]

γομόρ, γόμορ. (1) חֹמֶר (2) עֹמֶר

Ex. 16. 16. γ. κατὰ κεφαλήν (2)
— 18. B μετρήσαντες τῷ [A² τὸ, R *om.*] γ. (2)
— 22. τὰ δέοντα διπλᾶ δύο γ. τῷ ἑνί (2)
— 32. πλήσατε τὸ γ. τοῦ μάν (2)
— 33. πλῆρες τὸ γ. τοῦ μάν (2)
— 36. τὸ δὲ γ. τὸ δέκατον τῶν τριῶν μέτρων ἦν (2)
I Ki. 16. 20. ἔλαβεν Ἰεσσαὶ γ. ἄρτων †
25. 18. καὶ γ. ἐν σταφίδος †
IV Ki. 5. 17. A B δοθήτω δὴ τῷ δούλῳ σου γομὸρ [R -ος] ζεῦγος [B¹ -γη, A -γους] ἡμιόνων †
Ho. 3. 2. γ. κριθῶν καὶ νέβελ οἴνου (1)
Ez. 45. 11. τὸ δέκατον τοῦ γ. χοῖνιξ καὶ τὸ δέκατον τοῦ γ. [A ἡ χ. τὸ μέτρον] πρὸς τὸ γ. ἔσται τὸ [A *om.*] ἴσον (1 *ter*)
— 13. A ἀπὸ τοῦ γ. τοῦ πυροῦ . . . ἀπὸ τοῦ γ. [B *om.*] κόρου τῶν κριθῶν (1, 1)
— 14. αἱ δέκα κοτύλαι εἰσὶ γ. (1)
[**Th.** Ho. 3. 2.]
[**Al.** Le. 27. 16.]

γόμος. (1) מַשָּׂא

Ex. 23. 5. πεπτωκὸς ὑπὸ τὸν γ. αὐτοῦ (1)
IV Ki. 5. 17. R δοθήτω δὴ τῷ δούλῳ σου γόμος [A B γόμορ] ζεῦγος [A -ους, B¹ -η] ἡμιόνων (1)

γομφιάζειν. (1) קָהָה

Si. 30. 10. ἐπ' ἐσχάτῳ [A -ων] γομφιάσεις τοὺς ὀδόντας σου
Ez. 18. 2. οἱ ὀδόντες τῶν τέκνων ἐγομφίασαν (1)
[**Sm.** Ez. 18. 2.]

γομφιασμός. (1) נִקָּיוֹן

Am. 4. 6. δώσω ὑμῖν γομφιασμὸν ὀδόντων (1)

γονατίζειν.

[**Aq.** Ge. 24. 11 : 41. 43.]
[**Al.** Ge. 49. 9.]

γονεῖς. (1) *a.* אָב וָאֵם *b.* אֵם

To. 10. 13. αὐτοὶ νῦν γονεῖς σού εἰσιν
Ju. 5. 8. ἐξέβησαν ἐξ ὁδοῦ τῶν γ. αὐτῶν
Es. 2. 7. ἐν δὲ τῷ μεταλλάξαι αὐτῆς τοὺς γ. (1 *a*)
Pr. 29. 15. παῖς δὲ πλανώμενος αἰσχύνει γονεῖς αὐ. (1 *b*)
Wi. 4. 6. μάρτυρές εἰσι πονηρίας κατὰ γονέων
12. 6. αὐθέντας γονεῖς ψυχῶν ἀβοηθήτων
Da. LXX. Su. 3. οἱ γ. αὐτῆς δίκαιοι
Da. TH. Su. 3. οἱ γ. αὐτῆς δίκαιοι
— 30. οἱ γ. αὐτῆς καὶ τὰ τέκνα αὐτῆς
I Ma. 10. 9. ἀπέδωκεν αὐτοὺς τοῖς γ. αὐτῶν
II Ma. 12. 24. διὰ τὸ πλειόνων μὲν γονεῖς ὧν δὲ ἀδελφοὺς ἔχειν
III Ma. 5. 31. R εἴ σοι [A ὅσοι] γονεῖς παρῆσαν
— 49. γονεῖς παισὶ καὶ μητέρες νεάνισιν
6. 14. τὸ πᾶν πλῆθος τῶν νηπίων καὶ οἱ τούτων γ.
IV Ma. 2. 10. ὁ γὰρ νόμος καὶ τῆς πρὸς γονεῖς εὐνοίας κρατεῖ
15. 4. φιλότεκνα γονέων πάθη
— 13. A ὦ φύσις ἱερὰ καὶ φίλτρα γονέων καὶ γονεῦσιν [S γεννήμασι, R γένεσις] φιλόστοργε
[**Aq.** Jb. 18. 19.]

γονή.

III Ma. 5. 31. R εἴ σοι [A ὅσοι] γονεῖς παρῆσαν ἢ παίδων γοναί [A γόνοι]

γονοποιεῖν.

[**Al.** Le. 26. 9.]

γονορρυεῖν. (1) זוּב

Le. 22. 4. B³ λεπρᾷ ἢ γονορρυῇ [A B¹ γονορρυής] (1)

γονορρυής. (1) זוּב

Le. 15. 4. A B¹ ἐφ' ᾗ [B² ἣν, R ἧς] ἂν κοιμηθῇ ἐπ' αὐτῆς [A αὐτῇ] ὁ γ. (1)
— 4. ἐφ' ὃ ἂν καθίσῃ ἐπ' αὐτὸ ὁ γ. –
— 6. ἐφ' ὃ ἂν καθίσῃ ὁ γ. (1)
— 7. ὁ ἁπτόμενος χρωτὸς τοῦ γ. (1)
— 8. ἐὰν δὲ προσσιελίσῃ [A προσεγγίσῃ] ὁ γ. (1)
— 9. ἐφ' ὃ ἂν ἐπιβῇ [A καθίσῃ] ἐπ' αὐτὸ ὁ γ. (1)
— 11. ὅσων ἐὰν ἅψηται ὁ γ. (1)
— 12. σκεῦος ὀστράκινον οὗ ἂν ἅψηται ὁ γ. (1)
— 13. ἐὰν δὲ καθαρισθῇ ὁ γ. ἐκ τῆς ῥύσεως (1)
— 32. οὗτος ὁ νόμος τοῦ γ. (1)
— 33. ὁ γ. ἐν τῇ ῥύσει αὐτοῦ τῷ ἄρσενι ἢ τῇ θηλείᾳ (1)
22. 4. A B¹ λεπρὸς ἢ γ. [B³ R γονορρυῇ] (1)
Nu. 5. 2. πάντα λεπρὸν καὶ πάντα γ. (1)
II Ki. 3. 29. μὴ ἐκλίποι ἐκ τοῦ οἴκου Ἰωὰβ γονορρυής (1)

γόνος. (1) זוֹב

Le. 15. 3. ῥέων γόνον ἐκ σώματος αὐτοῦ (1)
III Ma. 5. 31. R ὅσοι γονεῖς παρῆσαν ἢ παίδων γόνοι [A *al.*]

γόνυ. (1) אַרְכֻּבָּה (2) בֶּרֶךְ (3) κάμπτειν τὰ γ. קָדַד

Ge. 30. 3. καὶ τέξεται ἐπὶ τῶν γ. μου (2)
48. 12. ἐξήγαγεν Ἰ. αὐτοὺς ἀπὸ τῶν γ. αὐτοῦ (2)
De. 28. 35. πατάξαι σε κύριος ἐν ἕλκει πονηρῷ ἐπὶ τὰ γ. (2)
Jd. 4. 21. A ἀπεσκάρισεν ἀνὰ μέσον τῶν γ. αὐτῆς [B *al.*] –
7. 5. πᾶς ὃς ἐὰν κλίνῃ ἐπὶ τὰ γ. αὐτοῦ πιεῖν [A *al.*] (2)
— 6. πᾶν τὸ κατάλοιπον τοῦ λαοῦ ἔκλιναν ἐπὶ τὰ γ. αὐτῶν πιεῖν ὕδωρ [A *al.*] (2)

Jd. 16. 19. ἐκοίμισε Δαλιδὰ τὸν Σαμψὼν ἐπὶ τὰ γ. αὐτῆς [A ἐκ. αὐτὸν ἀνὰ μέσον τῶν γ. αὐ.] (2)
III Ki. 8. 54. ὀκλακὼς ἐπὶ τὰ γόνατα [A γόνα] αὐτοῦ (2)
18. 42. ἔθηκε τὸ [A om.] πρόσωπον αὐτοῦ ἀνὰ μέσον τῶν γ. αὐτοῦ (2)
19. 18. πάντα γόνατα ἃ οὐκ ὤκλασαν γόνυ [A om.] τῷ B. (2, –)
IV Ki. 1. 13. ἔκαμψεν ἐπὶ τὰ γ. αὐ. [A ἑαυτοῦ] (2)
4. 20. ἐκοιμήθη ἐπὶ τῶν γ. αὐτῆς (2)
9. 24. ἔκαμψεν ἐπὶ τὰ γ. αὐτοῦ †
I Ch. 29. 20. κάμψαντες τὰ γ. προσεκύνησαν κυρίῳ (3)
II Ch. 6. 13. ἔπεσεν ἐπὶ τὰ γ. ἔναντι πάσης ἐκκλησίας Ἰσρ. (2)
I Es. 8. 73. κάμψας τὰ γ. καὶ ἐκτείνας τὰς χεῖρας
II Es. 9. 5. κλίνω ἐπὶ τὰ γ. μου (2)
Jb. 3. 12. ἵνα τί δὲ συνήντησάν μοι τὰ γ. (2)
4. 4. γόνασί τε ἀδυνατοῦσι θάρσος περιέθηκας (2)
16. 11 (10). ὀξεῖ ἔπαισέ με εἰς [A ἐπὶ] τὰ γ. †
Ps. 108 (109). 24. τὰ γ. μου ἠσθένησαν ἀπὸ νηστείας (2)
Si. 25. 23. χεῖρες παρειμέναι καὶ γ. παραλελυμένα
Na. 2. 10 (11). ὑπόλυσις γονάτων καὶ ὠδῖνες (2)
Is. 35. 3. ἰσχύσατε χεῖρες ἀνειμέναι καὶ γόνατα παραλελυμένα (2)
45. 23. ἐμοὶ κάμψει πᾶν γ. (2)
66. 12. ἐπὶ γονάτων παρακληθήσονται (2)
Da. LXX. 10. 10. ἤγειρέ με ἐπὶ τῶν γ. (2)
Da. TH. 5. 6. τὰ γ. αὐτοῦ συνεκροτοῦντο (1)
6. 10 (11). ἦν κάμπτων ἐπὶ τὰ γ. αὐτοῦ (2)
10. 10. ἤγειρέ με ἐπὶ τὰ γ. μου (2)
III Ma. 2. 1. R κάμψας τὰ γ.
5. 42. ἐν γόνασι καὶ ποσὶ θηρίων ᾐκισμένους
IV Ma. 11. 10. δήσαντες αὐτὸν ἐπὶ τὰ γ.
[Sm. Ez. 47. 4.]
[Th. Jd. 16. 19.]

γόος.
III Ma. 1. 18. γόων τε καὶ στεναγμῶν τὰς πλατείας ἐνεπίμπλων
4. 3. τίνες ἀγυιαὶ . . . γόων ἐπ' αὐτοῖς οὐκ ἐμπιπλῶντο
— 6. ἀντὶ τέρψεως μεταλαβοῦσαι γόους
5. 49. εἰς οἶκτον καὶ γόους τραπέντες

γοργεύειν.
[Sm. Ec. 10. 10.]

γοργότης.
[Sm. Ec. 2. 21 : 4. 4.]

γοῦζαν. (1) חַיִּים
I Ki. 20. 21. B εὑρέ μοι τὴν γοῦζαν [A R σχίζαν] (1?)

γοῦν.
II Ma. 5. 21†.
IV Ma. 2. 2, 5, 8 : 3. 6.
[Sm. Ex. 15. 11.]

γράμμα. (1) דָּבָר (2) a. כָּתַב b. כְּתָב c. כְּתֹבֶת d. מִכְתָּב (3) סֵפֶר
Ex. 36. 39 (39. 30). γράμματα ἐκτετυπωμένα [A ἐντετ.] σφραγῖδος (2 d)
Le. 19. 28. γρ. στικτὰ οὐ ποιήσετε ἐν ὑμῖν (2 c)
Jo. 15. 15. τὸ δὲ ὄνομα Δ. ἦν τὸ πρότερον πόλις γραμμάτων [A al.] (3)
— 16. ὃς ἂν λάβῃ καὶ ἐκκόψῃ [A om. καὶ ἐκ.] τὴν πόλιν τῶν γρ. (3)
— 49. πόλις γραμμάτων αὕτη [A add. ἐστὶν] Δαβίρ †
21. 29. καὶ Πηγὴν γραμμάτων καὶ τὰ ἀφωρισμένα [A add. τὰ πρὸς] αὐτῇ †
Jd. 1. 11. ἦν ἔμπροσθεν Καριασσωφὰρ [A om.] πόλις γραμμάτων (3)
— 12. ὃς ἂν πατάξῃ τὴν πόλιν τῶν γρ. (3)
I Ch. 2. 55. B πατριαὶ γραμμάτων [A R -τέων] †
I Es. 3. 9. δώσουσιν αὐτῷ τὸ γρ.
— 13. λαβόντες τὸ γρ. ἔδωκαν αὐτῷ
— 15. ἀνεγνώσθη τὸ γρ. ἐνώπιον αὐτῶν
Es. 4. 3. χώρα οὗ ἐξετίθετο τὰ γρ. [S³ τὸ πρόσταγμα] (1)
— 8. S³ τὸ ἀντίγραφον γρ. τὸ τοῦ δόγματος [A B S al.] (2 b)
6. 1. εἰσφέρειν γράμματα μνημόσυνα τῶν ἡμ. (3)
Es. 6. 2. εὗρε δὲ τὰ γρ. τὰ γραφέντα περὶ Μαρδ. (2 a)
8. 5. ἀποστραφῆναι τὰ γρ. τὰ ἀπεσταλμένα (3)
— 10. ἐξαπέστειλαν τὰ γρ. διὰ βιβλιαφόρων (3)
— 13. μὴ προσχρησάμενοι τοῖς . . . ἀποσταλεῖσι γρ.
9. 1. παρῆν τὰ γρ. τὰ γραφέντα ὑπὸ τοῦ βασ. (1)
Si. 38. 27. S¹ οἱ γλύφοντες γράμματα [A B S² γλύμματα]
Is. 29. 11. ἀνθρώπῳ ἐπισταμένῳ γράμματα (3)
— 12. μὴ ἐπισταμένου γράμματα (3)
— 12. οὐκ ἐπίσταμαι γράμματα (3)
Da. LXX. TH. 1. 4. διδάξαι αὐτοὺς γράμματα (3)
I Ma. 5. 10. ἀπέστειλαν γράμματα πρὸς Ἰούδαν
[Th. Da. 1. 4.]

γραμματεία. (1) סְפֹרָה
Ps. 70 (71). 15. B² S ὅτι οὐκ ἔγνων γραμματείας [R πραγματείας] (1)
Si. 44. 4. συνέσει γραμματείας λαοῦ [S al.]

γραμματεύειν. (1) צָבָא hi. (2) שָׁטַר
I Ch. 26. 29. τοῦ γραμματεύειν καὶ διακρίνειν (2)
Je. 52. 25. ἔλαβε . . . τὸν γραμματεύοντα τῷ λαῷ τῆς γῆς (1)

γραμματεύς. (1) דָּבָר (2) a. סָפַר b. סֵפֶר (3) עַל־הַבַּיִת (4) עֹשֵׂה הַמְּלָאכָה (5) שֹׁטֵר (6) שֹׁפֵט
Ex. 5. 6. τοῖς ἐργοδιώκταις τοῦ λαοῦ καὶ τοῖς γρ. (5)
— 10. οἱ ἐργοδιῶκται καὶ οἱ γρ. (5)
— 14. οἱ γρ. τοῦ γένους τῶν υἱῶν Ἰσραὴλ (5)
— 15, 19. οἱ γρ. τῶν υἱῶν Ἰσραὴλ (5)
Nu. 11. 16. πρεσβύτεροι τοῦ λαοῦ καὶ γραμματεῖς αὐ. (5)
De. 20. 5. λαλήσουσιν οἱ γρ. πρὸς τὸν λαὸν (5)
— 8. προσθήσουσιν οἱ γρ. λαλῆσαι (5)
— 9. ὅταν παύσωνται οἱ γρ. λαλοῦντες (5)
Jo. 1. 10. ἐνετείλατο Ἰησοῦς τοῖς γρ. τοῦ λαοῦ (5)
3. 2. διῆλθον οἱ γρ. διὰ τῆς παρεμβολῆς (5)
9. 2 (8. 33). καὶ οἱ δικασταὶ [A δ. αὐτῶν] καὶ οἱ γρ. αὐτῶν (5)
23. 2. καὶ τοὺς δικαστὰς αὐτῶν καὶ τοὺς γρ. αὐτῶν (5)
24. 1. καὶ τοὺς γρ. αὐτῶν καὶ τοὺς δικαστὰς αὐτῶν (5)
Jd. 5. 14. ἕλκοντες ἐν ῥάβδῳ διηγήσεως γραμματέως [A al.] (2 a)
II Ki. 8. 17. καὶ Ἀσὰ ὁ γρ. (2 a)
20. 25. καὶ Ἰησοῦς ὁ γρ. (2 a)
III Ki. 3. 1. B καὶ Σουβὰ γραμματεύς –
4. 3. Ἐλιὰφ καὶ Ἀχιὰ υἱὸς Σηβὰ γραμματεῖς (2 a)
IV Ki. 12. 10 (11). ἀνέβη ὁ γρ. τοῦ βασιλέως (2 a)
18. 18, 37. καὶ Σομνὰς ὁ γρ. (2 a)
19. 2. καὶ Σομνὰν τὸν γρ. (2 a)
22. 3. ἀπέστειλεν [A ἐξαπ.] ὁ βασ. τὸν Σ. . . . τὸν γρ. οἴκου κυρίου (2 a)
— 8. εἶπε Χελκίας . . . πρὸς Σαφφὰν τὸν γρ. (2 a)
— 10. εἶπε Σαφφὰν ὁ γρ. πρὸς τὸν βασιλέα (2 a)
— 12. καὶ τῷ Σαφφὰν τῷ γρ. (2 a)
25. 19. καὶ τὸν γρ. τοῦ ἄρχοντος τῆς δυνάμεως (2 a)
I Ch. 2. 55. A R πατριαὶ γραμματέων [B -τῶν] (2 a)
5. 12. Ἰανὶν ὁ γρ. ἐν Βασάν †
18. 16. καὶ Σουσὰ γραμματεύς (2 a)
23. 4. καὶ γραμματεῖς καὶ κριταὶ ἑξακισχίλιοι (5)
24. 6. ἔγραψεν αὐτοὺς Σαμαΐας . . . ὁ γρ. (2 a)
27. 1. γραμματεῖς οἱ λειτουργοῦντες τῷ λαῷ (5)
— 32. A καὶ γρ. αὐτός (2 a)
II Ch. 19. 11. οἱ γρ. καὶ οἱ Λευῖται πρὸ προσώπου ὑμῶν (5)
24. 11. ἦλθεν ὁ γρ. τοῦ βασιλέως (2 a)
26. 11. διὰ χειρὸς Ἰειὴλ τοῦ γρ. (2 a)
34. 13. γραμματεῖς καὶ κριταὶ καὶ πυλωροί (2 a)
— 15. καὶ εἶπε πρὸς Σαφὰν τὸν γρ. (2 a)
— 18. ἀπήγγειλε Σαφὰν ὁ γρ. τῷ βασ. λόγον [A om.] (2 a)
— 20. ἐνετείλατο . . . τῷ Σαφὰν τῷ γρ. (2 a)
I Es. 2. 16, 17. καὶ Σαμέλλιος ὁ γρ.
— 25. καὶ Σαμελλίῳ γραμματεῖ
— 30. καὶ Σαμέλλιος ὁ γρ.
8. 3. ὡς γρ. εὐφυὴς ὢν ἐν τῷ Μωυσέως νόμῳ
— 25. A R καὶ εἶπεν Ἔσδρας ὁ γρ.
II Es. 4. 8, 9. Ῥεοὺμ βαλτὰμ καὶ Σαμψὰ ὁ γρ. (2 b)
— 17. πρὸς Ῥεοὺμ βαλτὰμ καὶ Σαμψὰ γραμματέα (2 b)
II Es. 4. 23. ἐνώπιον Ῥεοὺμ καὶ Σ. γραμματέως (2 b)
7. 6. καὶ αὐτὸς γρ. ταχὺς ἐν νόμῳ Μωυσῆ (2 a)
— 11. τῷ Ἔσδρᾳ τῷ ἱερεῖ τῷ γρ. (2 a)
— 12. Ἔσδρᾳ γρ. νόμου κ. τοῦ θεοῦ τοῦ οὐρ. (2 b)
— 21. Ἔσδρας ὁ ἱερεὺς καὶ γρ. τοῦ νόμου τοῦ θεοῦ (2 b)
— 25. κατάστησον γραμματεῖς καὶ κριτάς (6)
Ne. 8. 1. εἶπαν τῷ Ἔσδρᾳ τῷ γρ. (2 a)
— 4. ἔστη Ἔσδρας ὁ γρ. [S¹ ἱερεὺς] ἐπὶ βήματος ξυλίνου (2 a)
— 9. Ἔσδρας ὁ ἱερεὺς καὶ γρ. (2 a)
— 13. πρὸς Ἔσδραν τὸν γρ. (2 a)
12. 26. Ἔσδρας ὁ ἱερεὺς καὶ ὁ γρ. (2 a)
— 36. Ἔσδρας ὁ γρ. ἔμπροσθεν αὐτῶν (2 a)
13. 13. ἐπὶ χεῖρα . . . Σαδὼκ τοῦ γρ. (2 a)
Es. 3. 12. ἐκλήθησαν οἱ γρ. τοῦ βασιλέως (2 a)
8. 9. ἐκλήθησαν δὲ οἱ γρ. ἐν τῷ πρώτῳ μηνί (2 a)
9. 3. καὶ οἱ τύραννοι καὶ οἱ βασιλικοὶ γρ. (4 ?)
Jb. 37. 20. μὴ βίβλος ἢ γραμματεύς μοι παρέστηκεν (1 ?)
Ps. 44 (45). 1. ἡ γλῶσσά μου κάλαμος γραμματέως ὀξυγράφου (2 a)
Si. 10. 5. προσώπῳ γραμματέως ἐπιθήσει δόξαν αὐ.
38. 24. σοφία γραμματέως ἐν εὐκαιρίᾳ σχολῆς
Is. 22. 15. A πρὸς Σωμνᾶν τὸν γραμματέα [B S ταμίαν] (3)
36. 3. Σωμνᾶς ὁ γρ. (2 a)
— 11. A S Σωμνᾶς ὁ γρ. [B om. ὁ γρ.] –
— 22. Σωμνᾶς ὁ γρ. τῆς δυνάμεως (2 a)
37. 2. Σωμνᾶν τὸν γρ. (2 a)
Je. 8. 8. εἰς μάτην ἐγενήθη σχοῖνος ψευδὴς γραμματεῦσιν (2 a)
43 (36). 10. ἐν οἴκῳ Γαμαρίου υἱοῦ Σαφὰν τοῦ γρ. (2 a)
— 12. κατέβη . . . εἰς τὸν οἶκον τοῦ γρ. . . . οἱ ἄρχοντες ἐκάθηντο Ἐλισαμὰ ὁ γρ. (2 a, 2 a)
— 23. ἀπέτεμεν αὐτὰς τῷ ξυρῷ τοῦ γρ. (2 a)
44 (37). 15. ἀπέστειλαν αὐτὸν εἰς τὴν οἰκίαν Ἰωνάθαν τοῦ γρ. (2 a)
— 20. τί ἀποστρέφεις με εἰς οἰκίαν Ἰωνάθαν τοῦ γρ. (2 a)
52. 25. ἔλαβεν . . . τὸν γρ. τῶν δυνάμεων τὸν γραμματεύοντα (2 a)
I Ma. 5. 42. ἔστησε τοὺς γρ. τοῦ λαοῦ ἐπὶ τοῦ χειμάρρου
7. 12. ἐπισυνήχθησαν . . . συναγωγὴ γραμματέων
II Ma. 6. 18. Ἐλεάζαρός τις τῶν πρωτευόντων γραμματέων
11. 15. A συνεχώρησεν ὁ γρ. [R βασιλεύς]
III Ma. 4. 17. R προσηνέγκαντο [A προην.] οἱ γρ. τῷ βασιλεῖ
[Aq. Ps. 44 (45). 2 : Is. 33. 18 : Je. 8. 8 : Ez. 9. 2.]
[Sm. Jd. 5. 14 : Pr. 6. 7 : Is. 33. 18 : Je. 37 (44). 15.]

γραμματικός. (1) יֹדֵעַ דַּעַת (2) a. סָפַר b. סֵפֶר
Is. 33. 18. ποῦ εἰσιν οἱ γραμματικοί (2 a)
Da. LXX. 1. 4. γραμματικοὺς καὶ συνετοὺς καὶ σοφούς (1)
— 17. φρόνησιν ἐν πάσῃ γρ. τέχνῃ (2 b)
Da. TH. 1. 17. φρόνησιν ἐν πάσῃ γρ. καὶ σοφίᾳ (2 b)
[Th. Da. 1. 17.]

γραμματοεισαγωγεύς. (1) שֹׁטֵר
Ex. 18. 21. A καταστήσεις . . . γραμματοεισαγωγεῖς [B om.] –
— 25. A ἐποίησεν αὐτοὺς . . . γραμματοεισαγωγεῖς [B om.] –
De. 1. 15. κατέστησα . . . γραμματοεισαγωγεῖς τοῖς κριταῖς ὑμῶν (1)
16. 18. κριτὰς καὶ γρ. ποιήσεις [A καταστήσεις] σεαυτῷ (1)
29. 10 (9). ὑμεῖς ἑστήκατε πάντες . . . οἱ γρ. ὑμῶν (1)
31. 28. ἐκκλησιάσατε πρὸς μὲ . . . τοὺς γρ. ὑμῶν (1)

γραπτόν. (1) מִכְתָּב
II Ch. 36. 22. κηρύξαι ἐν πάσῃ τῇ βασιλείᾳ αὐ. ἐν γραπτῷ (1)
I Es. 2. 2. καὶ ἅμα διὰ γραπτῶν λέγων
II Es. 1. 1. καί γε ἐν γραπτῷ λέγων (1)
II Ma. 11. 15. διὰ γραπτῶν περὶ τῶν Ἰουδαίων

γράφειν. (1) דָּת (2) חָקַק *a.* qal. *b.* po. (3) כָּתַב *a.* qal. *b.* ni. *c.* pi. *d.* כְּתַב *e.* כְּתָב (4) קָלַע (5) שִׂים

Ex. 24. 4. καὶ ἔγραψε Μ. πάντα τὰ ῥήμ. κ. (3 *a*)
— 12. ἃς ἔγραψα νομοθετῆσαι αὐτοῖς (3 *a*)
31. 18. πλάκας λιθ. γεγραμμένας τῷ δακτύλῳ τοῦ θ. (3 *a*)
32. 15. A γεγραμμέναι [B καταγεγρ.] ἐξ ἀμφ. τ. μερῶν αὐ. ἔνθεν καὶ ἔνθεν ἦσαν γεγραμμέναι (3 *a*, 3 *a*)
— 32. ἐκ τῆς βίβλου σου ἧς ἔγραψας (3 *a*)
34. 1. γράψω ἐπὶ τῶν πλακῶν τὰ ῥήματα (3 *a*)
— 27. γράψον σεαυτῷ τὰ ῥήματα ταῦτα (3 *a*)
— 28. ἔγραψεν ἐπὶ τῶν [A *add.* δύο] πλακῶν τὰ ῥ. (3 *a*)
36. 39 (39. 30). ἔγραψεν ἐπ' αὐτοῦ γράμματα (3 *a*)
Nu. 5. 23. γράψει ὁ ἱερεὺς τὰς ἀράς (3 *a*)
33. 2. ἔγραψε Μωυσῆς τὰς ἀπάρσεις αὐτῶν (3 *a*)
De. 4. 13 : 5. 22 (19). ἔγραψεν αὐτὰ ἐπὶ δύο πλάκας λιθ. (3 *a*)
6. 9. γράψετε αὐτὰ ἐπὶ τὰς φλιὰς τῶν οἰκ. ὑ. (3 *a*)
9. 10. τὰς δύο πλάκας τὰς λιθ. γεγραμμένας ἐν τῷ δακτ. τοῦ θ. καὶ ἐπ' αὐταῖς ἐγέγραπτο [A ἐπέγρ.] πάντες οἱ λόγοι (3 *a*, –)
10. 2. γράψεις [A -ψω] ἐπὶ τὰς πλάκας τὰ ῥήμ. (3 *a*)
— 4. ἔγραψεν ἐπὶ τὰς πλάκας κατὰ τὴν γραφὴν τὴν πρώτην (3 *a*)
11. 20. γράψετε αὐτὰ ἐπὶ τὰς φλιὰς τῶν οἰκ. ὑ. (3 *a*)
17. 18. γράψει αὐτῷ τὸ δευτερονόμιον τοῦτο (3 *a*)
24. 1, 3. γράψει αὐτῇ βιβλίον ἀποστασίου (3 *a*)
27. 3. γράψεις . . . πάντας τοὺς λόγους (3 *a*)
— 8. γράψεις . . . πάντα τὸν νόμον τοῦτον (3 *a*)
28. 58. πάντα τὰ ῥήματα τοῦ νόμου τούτου τὰ γεγραμμένα ἐν τῷ βιβλίῳ τούτῳ (3 *a*)
— 61. πᾶσαν πληγὴν τὴν μὴ γεγραμμένην καὶ πᾶσαν τὴν γεγραμμένην ἐν τῷ βιβλίῳ τοῦ νόμου τούτου (3 *a*, –)
29. 20 (19). πᾶσαι αἱ ἀραὶ τῆς διαθήκης ταύτης αἱ γεγρ. ἐν τῷ βιβλίῳ τούτῳ [A τοῦ νόμου τούτου] (3 *a*)
— 21 (20). κατὰ πάσας τὰς ἀρὰς τῆς διαθήκης τὰς γεγρ. [A τῆς γεγρ.] ἐν τῷ β. τοῦ νόμου τούτου (3 *a*)
— 27 (26). κατὰ πάσας τὰς κατάρας [A ἀρὰς τῆς διαθήκης] τὰς γεγραμμένας ἐν τῷ βιβλίῳ τοῦ νόμου τούτου (3 *a*)
30. 10. τὰς κρίσεις αὐτοῦ τὰς γεγρ. ἐν τῷ β. τοῦ νόμου τούτου (3 *a*)
31. 9. ἔγραψε Μωυσῆς τὰ ῥήματα τοῦ νόμου τούτου (3 *a*)
— 19. γράψατε τὰ ῥήματα τῆς ᾠδῆς ταύτης (3 *a*)
— 22. ἔγραψε Μωυσῆς τὴν ᾠδὴν ταύτην (3 *a*)
— 24. συνετέλεσε Μ. γράφων πάντας τοὺς λόγους (3 *a*)
32. 44. ἔγραψε Μωυσῆς τὴν ᾠδὴν ταύτην –
Jo. 1. 8. ἵνα εἰδῇς [A συνῇς] ποιεῖν πάντα τὰ γεγραμμένα (3 *a*)
9. 2 (8. 31). καθὰ γέγραπται ἐν τῷ νόμῳ Μωυσῆ (3 *a*)
— 2 (8. 32). A ἔγραψεν Ἰησοῦς ἐπὶ τῶν λίθων τὸ δευτερονόμιον νόμον Μωυσῆ ὃν ἔγραψεν [B *om.* ὃν ἔγρ.] ἐνώπιον τῶν υἱῶν Ἰσραήλ (3 *a*, 3 *a*)
— 2 (8. 34). κατὰ πάντα τὰ γεγραμμένα ἐν τῷ νόμῳ Μωυσῆ (3 *a*)
18. 9. ἔγραψαν αὐτὴν κατὰ πόλεις [A π. αὐτῆς] (3 *a*)
23. 6. ποιεῖν πάντα τὰ γεγραμμένα ἐν τῷ βιβλίῳ (3 *a*)
24. 26. ἔγραψε τὰ ῥήματα ταῦτα εἰς βιβλίον (3 *a*)
Jd. 8. 14. ἔγραψε πρὸς αὐτὸν τὰ ὀνόμ. τῶν ἀρχόντων Σ. [A *al.*] (3 *a*)
I Ki. 10. 25. καὶ ἔγραψεν ἐν βιβλίῳ (3 *a*)
II Ki. 1. 18. γέγραπται ἐπὶ βιβλίου τοῦ εὐθοῦς (3 *a*)
11. 14. ἔγραψε Δαυὶδ βιβλίον πρὸς Ἰωάβ (3 *a*)
— 15. ἔγραψεν ἐν βιβλίῳ (3 *a*)
III Ki. 2. 3. τὰ κρίματα τὰ γεγραμμ. ἐν τῷ νόμῳ Μ. [A *al.*] (3 *a*)
6. 29. ἔγραψε γραφίδι χερουβείν (4)
8. 53. οὐκ ἰδοὺ [A οὐχὶ] αὕτη γέγραπται –
11. 41. οὐκ ἰδοὺ ταῦτα γέγραπται [A γεγραμμένα] (3 *a*)
14. 19. A αὐτὰ γεγραμμένα ἐπὶ βιβλίου ῥημάτων (3 *a*)
III Ki. 14. 29. οὐκ ἰδοὺ ταῦτα γεγραμμένα ἐν βιβλίῳ λόγων (3 *a*)
15. 7. οὐκ ἰδοὺ ταῦτα γεγραμμένα ἐπὶ βιβλίῳ [A -ίου] λόγων (3 *a*)
— 23. οὐκ ἰδοὺ ταῦτα γεγραμμένα ἐστὶν ἐπὶ βιβλίῳ [A -ίου] (3 *a*)
— 31. οὐκ ἰδοὺ [A οὐχὶ] ταῦτα γεγραμμένα ἐστὶν [A *om.*] ἐν βιβλίῳ λόγων (3 *a*)
16. 5. οὐκ ἰδοὺ [A οὐχὶ] ταῦτα γεγραμμένα ἐν [A ἐπὶ] βιβλίῳ (3 *a*)
— 14. οὐκ ἰδοὺ ταῦτα γεγραμμένα ἐν βιβλίῳ (3 *a*)
— 20. οὐκ ἰδοὺ [A οὐχὶ] ταῦτα γεγραμμένα ἐν [A ἐπὶ] βιβλίῳ [A -ίου] (3 *a*)
— 27. οὐκ ἰδοὺ [A οὐχὶ] ταῦτα γεγραμμένα ἐν βιβλίῳ (3 *a*)
— 28 (22. 45 [46]). B οὐκ ἰδοὺ ταῦτα γεγραμμένα ἐν βιβλίῳ (3 *a*)
20 (21). 8. ἔγραψε βιβλίον ἐπὶ τῷ ὀνόματι Ἀχ. (3 *a*)
— 9. ἐγέγραπτο ἐν τοῖς βιβλίοις (3 *a*)
— 11. A R καθὰ γέγραπται [R ἐγέγραπτο] ἐν τοῖς βιβλίοις (3 *a*)
22. 39. ἰδοὺ ταῦτα γέγραπται ἐν βιβλίῳ λόγων (3 *a*)
— 46. A R οὐκ ἰδοὺ ταῦτα γεγραμμένα [B ἐγγεγρ.] ἐν βιβλίῳ λόγων [A *al.*] (3 *a*)
IV Ki. 1. 18. οὐκ ἰδοὺ ταῦτα γεγραμμένα ἐπὶ βιβλίῳ [A -ίου] (3 *a*)
8. 23. οὐκ ἰδοὺ ταῦτα γέγραπται ἐπὶ [A ἐν] βιβλίῳ (3 *a*)
10. 1. ἔγραψεν Ἰοὺ βιβλίον (3 *a*)
— 6. ἔγραψε πρὸς αὐτοὺς βιβλίον (3 *a*)
— 34. B οὐχὶ ταῦτα γεγραμμένα ἐπὶ βιβλίῳ [A R *al.*] (3 *a*)
12. 19 (20). οὐκ ἰδοὺ ταῦτα γεγραμμένα ἐπὶ βιβλίῳ [A -ου] (3 *a*)
13. 8. οὐχὶ [A οὐκ ἰδοὺ] ταῦτα γεγραμμένα ἐπὶ βιβλίῳ [A -ου] (3 *a*)
— 12. οὐχὶ ταῦτα γεγραμμένα ἐπὶ βιβλίῳ [A -ου] λόγων τῶν ἡμερῶν (3 *a*)
14. 6. καθὼς γέγραπται ἐν βιβλίῳ νόμων [A -ῳ] Μ. (3 *a*)
— 15. οὐχὶ [A οὐκ ἰδοὺ] ταῦτα γεγραμμένα ἐπὶ [A ἐν] βιβλίῳ (3 *a*)
— 18, 28. οὐχὶ ταῦτα γεγραμμένα ἐπὶ βιβλίῳ (3 *a*)
15. 6. οὐχὶ ταῦτα γεγραμμένα ἐπὶ [A ἐν] βιβλίῳ (3 *a*)
— 11, 15. εἰσὶ γεγραμμένα ἐπὶ βιβλίῳ [A -ου] (3 *a*)
— 21. οὐκ ἰδοὺ [A οὐχὶ] ταῦτα γεγραμμένα ἐπὶ βιβλίῳ [A -ου] (3 *a*)
— 26. εἰσὶ γεγραμμένα ἐπὶ βιβλίῳ [A -ου] (3 *a*)
— 31. ἐστὶν γεγραμμένα ἐπὶ βιβλίῳ [A -ου] (3 *a*)
— 36. οὐχὶ ταῦτα γεγραμμένα ἐπὶ βιβλίῳ [A -ου] (3 *a*)
16. 19. οὐχὶ ταῦτα γεγραμμένα ἐπὶ βιβλίῳ (3 *a*)
17. 37. τὰς ἐντολὰς ἃς ἔγραψεν ὑμῖν (3 *a*)
20. 20 : 21. 17. οὐχὶ ταῦτα γεγραμμένα ἐπὶ βιβλίῳ (3 *a*)
21. 25. οὐκ ἰδοὺ ταῦτα γεγραμμένα ἐπὶ βιβλίῳ [A -ου] (3 *a*)
22. 13. κατὰ πάντα τὰ γεγραμμένα καθ' ἡμῶν (3 *a*)
23. 3. τὰ γεγραμμένα ἐπὶ τὸ βιβλίον τοῦτο (3 *a*)
— 21. καθὼς γέγραπται ἐπὶ βιβλίου [A -ῳ] (3 *a*)
— 24. τοὺς λόγους τοῦ νόμου τοὺς γεγραμμ. [A τοῦ γεγρ.] ἐπὶ τῷ βιβλίῳ (3 *a*)
— 28. οὐχὶ ταῦτα γεγραμμένα ἐπὶ βιβλίῳ (3 *a*)
24. 5. οὐκ ἰδοὺ ταῦτα γεγραμμένα ἐπὶ βιβλίῳ (3 *a*)
I Ch. 4. 41. ἦλθοσαν οὗτοι γεγραμμένοι ἐπ' ὀνόματος (3 *a*)
16. 40. κατὰ πάντα τὰ γεγραμμένα ἐν νόμῳ κυρίου (3 *a*)
24. 6. ἔγραψεν αὐτοὺς Σαμαίας (3 *a*)
29. 29. οἱ δὲ λοιποὶ λόγοι . . . γεγραμμένοι εἰσίν (3 *a*)
II Ch. 9. 29. ἰδοὺ γεγραμμένοι ἐπὶ τῶν λόγων Ν. (3 *a*)
12. 15. οὐκ ἰδοὺ γεγραμμένοι ἐν τοῖς λόγοις Σ. (3 *a*)
13. 22. οἱ λόγοι αὐτοῦ γεγραμμένοι ἐπὶ βιβλίῳ (3 *a*)
16. 11. οἱ λόγοι . . . γεγραμμένοι ἐν βιβλίῳ (3 *a*)
20. 34. ἰδοὺ γεγραμμένοι ἐν λόγοις Ἰηού (3 *a*)
23. 18. καθὼς γέγραπται ἐν νόμῳ Μωυσῆ (3 *a*)
24. 27. ἰδοὺ γεγραμμένα ἐπὶ τὴν γραφήν (3 *a*)
25. 4. καθὼς γέγραπται ὡς ἐνετείλατο κ. (3 *a*)
— 26. οὐκ ἰδοὺ γεγραμμένοι ἐπὶ βιβλίου (3 *a*)
26. 22. γεγραμμένοι [A[2] ἰδού εἰσιν γ.] ὑπὸ Ἰεσσίου (3 *a*)
27. 7. οἱ λοιποὶ λόγοι . . . ἰδοὺ γεγραμμένοι ἐπὶ βιβλίῳ [A -ων] (3 *a*)
II Ch. 28. 26. ἰδοὺ γεγραμμέναι ἐπὶ βιβλίῳ βασιλέων (3 *a*)
30. 1. ἐπιστολὰς ἔγραψεν ἐπὶ τὸν Ἐφραίμ (3 *a*)
31. 3. εἰς τὰς ἑορτὰς τὰς γεγραμμένας ἐν τῷ νόμῳ κ. (3 *a*)
32. 17. βιβλίον ἔγραψεν ὀνειδίζειν τὸν κ. θ. Ἰσρ. (3 *a*)
— 32. ἰδοὺ γέγραπται ἐν τῇ προφητείᾳ Ἡσαΐου (3 *a*)
33. 19. ἰδοὺ γέγραπται ἐπὶ τῶν λόγων τῶν ὁρώντων (3 *a*)
34. 21. κατὰ πάντα τὰ γεγραμμένα ἐν τῷ β. (3 *a*)
— 24. τοὺς πάντας λόγους τοὺς γεγραμμ. ἐν τῷ βιβλίῳ (3 *a*)
— 31. τοὺς λόγους . . . τοὺς γεγραμμ. [A ἐγγεγρ.] ἐπὶ τῷ β. (3 *a*)
35. 12. ὡς γέγραπται ἐν βιβλίῳ [A *add.* νόμῳ] Μωυσῆ (3 *a*)
— 19. τοὺς λόγους τοῦ νόμου τοὺς γεγραμμ. ἐπὶ τοῦ β. –
— 25. ἰδοὺ γέγραπται ἐπὶ τῶν θρήνων (3 *a*)
— 26. γεγραμμένα ἐν νόμῳ κυρίου (3 *a*)
— 27. ἰδοὺ γεγραμμένοι ἐπὶ βιβλίῳ βασιλέων Ἰσρ. (3 *a*)
36. 8. οὐκ ἰδοὺ ταῦτα γεγραμμ. ἐπὶ βιβλίῳ (3 *a*)
I Es. 1. 11. κατὰ τὰ γεγραμμ. ἐν βιβλίῳ Μωυσῆ
2. 22. ἐν τοῖς ὑπομνηματισμοῖς τὰ γεγραμμ.
— 25. Ῥαθύμῳ τῷ γράφοντι τὰ προσπίπτοντα
— 30. ἀναγνωσθέντων τῶν παρὰ τοῦ βασ. Ἀρτ. γραφέντων
3. 8. γράψαντες ἕκαστος τὸν ἑαυτοῦ λόγον ἐσφραγίσαντο
— 9. δοθήσεται τὸ νῖκος [A -κημα] καθὼς γέγραπται
— 10. ὁ εἷς ἔγραψεν, Ὑπερισχύει ὁ οἶνος
— 11. ὁ ἕτερος ἔγραψεν, Ὑπερισχύει ὁ βασιλεύς
— 12. ὁ τρίτος [A ἄλλος] ἔγραψεν, Ὑπερισχύουσιν αἱ γυν.
— 17. ἀπαγγείλατε ἡμῖν περὶ τῶν γεγραμμένων
4. 42. αἴτησαι ὃ θέλεις πλείω τῶν γεγραμμένων
— 47. ἔγραψεν αὐτῷ τὰς ἐπιστολάς
— 48. πᾶσι τοῖς τοπάρχαις . . . ἔγραψεν ἐπιστολάς
— 49. ἔγραψε πᾶσι τοῖς Ἰουδαίοις
— 54. ἔγραψε δὲ καὶ τὴν χορηγίαν
— 55. τοῖς Λευίταις ἔγραψε δοῦναι τὴν χορηγίαν
— 56. τοῖς φρουροῦσι τὴν πόλιν ἔγραψε δοῦναι αὐτοῖς
5. 55. κατὰ τὸ πρόσταγμα τὸ γραφὲν αὐτοῖς παρὰ Κύρου
6. 7. ἀντίγραφον ἐπιστολῆς ἧς ἔγραψε Δαρείῳ
— 12. γνωρίσαι σοι καὶ γράψαι σοι τοὺς ἀνθρώπους
— 17. ἔγραψεν ὁ βασ. Κ. τὸν οἶκον τοῦτον οἰκοδομῆσαι [A οἰκοδομηθῆναι]
— 32. ὅσοι ἐὰν παραβῶσί τι τῶν γεγραμμένων [A προσγεγρ.]
8. 8. A R τοῦ γραφέντος προστάγματος
— 64. ἐγράφη πᾶσα ἡ ὁλκὴ αὐτῶν αὐτῇ τῇ ὥρᾳ
II Es. 3. 2. κατὰ τὰ γεγραμμένα ἐν νόμῳ Μωυσῆ (3 *a*)
— 4. ἐποίησαν τὴν ἑορτὴν . . . κατὰ τὸ γεγραμμένον (3 *a*)
4. 6. A R ἔγραψεν ἐπιστολὴν [B[1] *om.*] ἐπὶ οἰκοῦντας Ἰ. (3 *a*)
— 7. ἔγραψεν [A -αν] ἐν εἰρήνῃ Μιθραδάτῃ (3 *a*)
— 7. ἔγραψεν ὁ φορολόγος γραφὴν Συριστί (3 *e*)
— 8. ἔγραψαν [A -εν] ἐπιστολὴν μίαν κατὰ Ἱερουσαλήμ (3 *d*)
5. 7. καὶ τάδε γέγραπται ἐν αὐτῷ (3 *d*)
— 10. ὥστε γράψαι σοι τὰ ὀνόματα τῶν ἀνδρῶν (3 *d*)
6. 2. καὶ τοῦτο γεγραμμένον ἐν αὐτῇ ὑπόμνημα (3 *d*)
8. 34. καὶ ἐγράφη πᾶς ὁ σταθμός (3 *b*)
Ne. 6. 6. καὶ ἦν γεγραμμένον ἐν αὐτῇ (3 *a*)
7. 5. καὶ εὗρον γεγραμμένον ἐν αὐτῷ (3 *a*)
8. 14. εὕροσαν γεγραμμένον ἐν τῷ νόμῳ (3 *a*)
— 15. ποιῆσαι σκηνὰς κατὰ τὸ γεγραμμένον (3 *a*)
9. 38 (10. 1). διατιθέμεθα πίστιν καὶ γράφομεν (3 *a*)
10. 34 (35). A R ὡς γέγραπται ἐν τῷ νόμῳ [B ἐν βιβλίῳ] (3 *a*)
— 35 (37). ὡς γέγραπται ἐν τῷ νόμῳ (3 *a*)
12. 22. γεγραμμένοι ἄρχοντες τῶν πατριῶν (3 *a*)
— 23. ἄρχοντες τῶν πατριῶν γεγραμμένοι ἐπὶ βιβλίῳ (3 *a*)
13. 1. εὑρέθη γεγραμμένον ἐν αὐτῷ (3 *a*)
To. 1. 6. καθὼς γέγραπται παντὶ τῷ Ἰσραήλ
7. 13. S κατὰ τὴν κρίσιν τὴν γεγραμμ. [A B *al.*]
— 14. λαβὼν βιβλίον ἔγραψε συγγραφήν
12. 20. γράψατε πάντα τὰ συντελεσθέντα

To. 13. 1. A B Τωβὶτ ἔγραψε προσευχὴν εἰς ἀγαλλίασιν
Ju. 4. 6. ἔγραψεν [S[1] ἤκουσεν] Ἰωακὶμ ὁ ἱερεὺς ὁ μέγας
Es. 1. 1. ἔγραψεν ὁ βασιλεὺς τοὺς λόγους τ.
— 1. Μαρδοχαῖος ἔγραψε περὶ τῶν λόγων τούτων
— 19. καὶ γραφήτω κατὰ τοὺς νόμους Μήδων (3 b)
3. 10. σφραγίσαι κατὰ τῶν γεγραμμένων –
— 12. ἔγραψαν [S -εν, A ἐγράφησαν] ὡς ἐπέταξεν [A προσέτ.] (3 b)
— 13. βασιλεὺς μέγας Ἀρταξ. . . . τάδε γράφει
— 13. τοὺς σημαινομένους ὑμῖν ἐν τοῖς γεγραμμένοις ὑπὸ Ἀ.
6. 2. εὗρε δὲ τὰ γράμματα τὰ γραφέντα (3 a)
8. 5. τὰ γράμματα . . . τὰ γραφέντα (3 a)
— 8. γράψατε [A S[1] γράφετε] καὶ ὑμεῖς ἐκ τοῦ ὀνόματός μου (3 a)
— 8. ὅσα γὰρ γράφεται τοῦ βασ. ἐπιτάξαντος (3 c)
— 9. ἐγράφη τοῖς Ἰουδαίοις ὅσα ἐνετείλατο (3 b)
— 10. ἐγράφη δὲ διὰ τοῦ βασιλέως (3 a)
9. 1. παρῆν τὰ γράμματα τὰ γραφέντα ὑπὸ τοῦ βασ. (1 ?)
— 20. ἔγραψε δὲ Μαρδ. τοὺς λόγους τ. (3 a)
— 22. A S τὸν μῆνα ἐν ᾧ ἐγράφη [B ἐστράφη] αὐτοῖς †
— 23. καθὼς ἔγραψεν αὐτοῖς ὁ Μαρ. (3 a)
— 29. ἔγραψεν Ἐσθὴρ . . . ὅσα ἐποίησαν (3 a)
— 32. καὶ ἐγράφη εἰς μνημόσυνον (3 b)
10. 1. ἔγραψε δὲ ὁ βασιλεὺς [A *add.* τέλη] (5)
— 2. ἰδοὺ γέγραπται ἐν βιβλίῳ . . . εἰς μνημόσυνον (3 a)
Jb. 19. 23. τίς γὰρ ἂν δῴη γραφῆναι τὰ ῥήματά μου (3 b)
42. 18. γέγραπται δὲ αὐτὸν πάλιν ἀναστήσεσθαι –
Ps. 39 (40). 7. ἐν κεφαλίδι βιβλίου γέγραπται περὶ ἐμοῦ (3 a)
68 (69). 28. μετὰ δικαίων μὴ γραφήτωσαν (3 b)
101 (102). 18. γραφήτω αὕτη εἰς γενεὰν ἑτέραν (3 b)
138 (139). 16. ἐπὶ τὸ βιβλίον σου πάντες γραφήσονται (3 b)
Pr. 3. 3. A γράψον δὲ αὐτὰς ἐπὶ τὸ πλάτος τῆς καρδίας σου (3 a)
8. 15. οἱ δυνάσται γράφουσι δικαιοσύνην (2 b)
Ec. 12. 10. γεγραμμένον εὐθύτητος λόγους ἀληθείας (3 a)
Si. *prol.* 6. χρησίμους εἶναι καὶ [S *om.*] λέγοντας καὶ γράφοντας
Hb. 2. 2. γράψον ὅρασιν καὶ σαφῶς εἰς [A ἐπὶ] πυξίον (3 a)
Ma. 3. 16. ἔγραψε βιβλίον μνημοσύνου (3 b)
Is. 4. 3. πάντες οἱ γραφέντες εἰς ζωήν (3 b)
8. 1. γράψον εἰς αὐτὸν γραφίδι ἀνθρώπου (3 a)
10. 1. οὐαὶ τοῖς γράφουσι πονηρίαν γράφοντες γὰρ πονηρίαν γράφουσιν (2 a, 3 c, 3 c)
— 19. παιδίον γράψει αὐτούς (3 a)
22. 16. ἔγραψας σεαυτῷ ἐν πέτρᾳ σκηνήν (2 a)
30. 8. γράψον ἐπὶ πυξίου (3 a)
65. 6. γέγραπται ἐνώπιόν μου (3 a)
Je. 17. 13. ἀφεστηκότες ἐπὶ τῆς γῆς γραφήτωσαν [S[3] ἐγγρ.] (3 b)
22. 30. γράψον τὸν ἄνδρα τοῦτον ἐκκήρυκτον ἄνθρωπον (3 a)
25. 13. πάντα τὰ γεγραμμένα ἐν τῷ βιβλίῳ τούτῳ (3 a)
28 (51). 60. ἔγραψεν Ἱερεμίας πάντα τὰ κακὰ . . . πάντας τοὺς λόγους τούτους τοὺς γεγραμμ. [A λ. τοὺς ἐγγ.] (3 a, 3 a)
37 (30). 2. γράψον πάντας τοὺς λόγους (3 a)
38 (31). 33. ἐπὶ καρδίας αὐτῶν γράψω [A ἐπιγρ.] αὐτούς (3 a)
39 (32). 10. ἔγραψα εἰς βιβλίον (3 a)
— 12. κατ' ὀφθαλμοὺς τῶν ἀνδρῶν [A S *om.* τ. ἀ.] τῶν . . . γραφόντων ἐν τῷ βιβλίῳ (3 a)
— 25. ἔγραψα [A *add.* εἰς] βιβλίον –
— 44. γράψεις βιβλίον καὶ σφραγιῇ (3 a)
43 (36). 2. γράψον ἐπ' αὐτοῦ [A -ῷ] πάντας τοὺς λόγους (3 a)
— 4. ἔγραψεν . . . πάντας τοὺς λόγους (3 a)
— 17. ποῦ [A S πόθεν] ἔγραψας πάντας τοὺς λόγους τούτους (3 a)
— 18. ἔγραφον ἐν βιβλίῳ (3 a)
— 27. οὓς ἔγραψε Βαρούχ ἀπὸ στόματος Ἱερ. (3 a)
— 28. γράψον πάντας τοὺς λόγους (3 a)
— 29. διὰ τί ἔγραψας ἐπ' αὐτῷ [S -ό] (3 a)
Je. 43 (36). 32. ἔγραψεν ἐπ' αὐτῷ ἀπὸ στόματος Ἱερ. (3 a)
51. 31 (45. 1). ἔγραφε [A -ψεν] τοὺς λόγους τούτους (3 a)
Ba. 1. 1. οὓς ἔγραψε Βαρούχ
2. 2. κατὰ τὰ γεγραμμένα ἐν τῷ νόμῳ Μωυσῆ
— 28. γράψαι τὸν νόμον σου
Ez. 2. 10. ἐν αὐτῇ γεγραμμένα ἦν τὰ ἔμπροσθεν καὶ τὰ ὀπίσω [A τὰ ὄπισθεν κ. τ. ἔ.] καὶ ἐγέγραπτο [A *add.* εἰς αὐτὴν] θρῆνος (3 a, 3 a)
13. 9. οὐδὲ ἐν γραφῇ οἴκου Ἰσραὴλ γραφήσονται (3 b)
24. 2. γράψον σεαυτῷ εἰς ἡμέραν (3 a)
37. 16. γράψον ἐπ' αὐτὴν τὸν Ἰούδαν . . . γράψεις αὐτὴν τῷ Ἰωσήφ (3 a, 3 a)
— 20. A R ἐφ' αἷς [B ἃς] σὺ ἔγραψας ἐπ' αὐταῖς (3 a)
Da. LXX. 4. 34. ἔγραψε δὲ ὁ βασ. . . . ἐπιστολὴν ἐγκύκλιον –
5. 5. ἔγραψαν ἐπὶ τοῦ τοίχου τοῦ οἴκου αὐ. (3 d)
— 5. εἶδε χεῖρα γράφουσαν (3 d)
— 17. ἔστη ἡ γράψασα χείρ –
6. 25 (26). Δαρεῖος ἔγραψε πᾶσι τοῖς ἔθνεσι (3 d)
7. 1. τὸ ὅραμα ὃ εἶδεν ἔγραψεν (3 d)
9. 11. ὁ ὅρκος ὁ γεγραμμένος ἐν τῷ νόμῳ M. (3 a)
— 13. κατὰ τὰ γεγραμμένα ἐν διαθήκῃ M. (3 a)
Da. TH. 5. 5. ἔγραφον κατέναντι τῆς λαμπάδος (3 d)
— 5. τοὺς ἀστραγάλους τῆς χειρὸς τῆς γραφούσης (3 d)
6. 9 (10). ἐπέταξε γραφῆναι τὸ δόγμα (3 e?)
— 25 (26). Δαρεῖος ὁ βασ. ἔγραψε πᾶσι τοῖς λαοῖς (3 d)
7. 1. τὸ ἐνύπνιον αὐτοῦ [A *om.*] ἔγραψεν (3 d)
9. 11. ὁ ὅρκος ὁ γεγραμμένος ἐν νόμῳ M. (3 a)
— 12. A κατὰ τὰ γεγραμμένα [B γενόμενα] ἐν Ἰ. †
— 13. καθὼς γέγραπται ἐν νόμῳ M. (3 a)
12. 1. πᾶς ὁ [A ὁ εὑρεθεὶς ὁ] γεγραμμένος ἐν τῇ βίβλῳ (3 a)
I Ma. 1. 41. ἔγραψεν ὁ βασιλεύς
— 51. κατὰ πάντας τοὺς λόγους τούτους ἔγραψε
7. 16. κατὰ τὸν λόγον ὃν [A τοὺς λ. οὓς] ἔγραψε
8. 20. γραφῆναι ἡμᾶς συμμάχους
— 31. ἐγράψαμεν αὐτῷ λέγοντες
10. 17. καὶ ἔγραψεν ἐπιστολάς
— 24. γράψω αὐτοῖς κἀγὼ λόγους παρακλήσεως
— 56. ποίησω σοι ἃ ἔγραψας
— 59. ἔγραψεν Ἀλέξανδρος ὁ βασιλεύς
— 65. ἔγραψεν αὐτὸν τῶν πρώτων φίλων
11. 22. καὶ ἔγραψεν Ἰωνάθαν
— 29. καὶ ἔγραψε τῷ Ἰωνάθαν ἐπιστολάς
— 31. τὸ ἀντίγραφον τῆς ἐπιστολῆς ἧς ἐγράψαμεν
— 31. περὶ ὑμῶν γεγράφαμεν
— 57. ἔγραψεν Ἀντίοχος ὁ νεώτερος
12. 5. τῶν ἐπιστολῶν ὧν ἔγραψεν Ἰωνάθαν
— 22. καλῶς ποιήσετε γράφοντες ἡμῖν
13. 35. ἔγραψεν αὐτῷ ἐπιστολὴν τοιαύτην
— 37. γράφειν τοῖς ἐπὶ τῶν χρειῶν
— 40. εἴ τινες ἐπιτήδειοι ὑμῶν γραφῆναι
— 42. ἤρξατο ὁ λαὸς Ἰ. [S *om.*] γράφειν ἐν ταῖς συγγραφαῖς
14. 18. ἔγραψαν πρὸς αὐτὸν δέλτοις χαλκαῖς
— 23. A S[2] τὸ δὲ ἀντίγραφον τούτων ἔγραψαν [S[1] -ψα, R -ψαμεν]
— 43. ὅπως γράφωνται [S[1] -ονται] ἐπὶ τῷ ὀνόματι αὐ.
15. 15. ἐν αἷς ἐγέγραπτο τάδε [S ταῦτα]
— 19. ἤρεσεν οὖν ἡμῖν γράψαι
— 22. A S ταῦτα [R τὰ αὐτὰ] ἔγραψε [S[1] -αν] Δημητρίῳ
— 24. τὸ δὲ ἀντίγραφον αὐτῶν [S τούτων] ἔγραψαν [A -εν]
16. 18. ἔγραψε ταῦτα Πτολεμαῖος
— 24. S R ταῦτα γέγραπται ἐπὶ βιβλίῳ [A -ου] ἡμερῶν
II Ma. 1. 7. R ἡμεῖς οἱ Ἰουδαῖοι γεγραφήκαμεν [A -φαμεν] ὑμῖν
2. 16. μέλλοντες οὖν ἄγειν τὸν καθαρισμὸν ἐγράψαμεν ὑμῖν
8. 8. πρὸς Πτολεμαῖον . . . ἔγραψεν
9. 18. τὰ κατ' αὐτὸν ἀπελπίσας ἔγραψε πρὸς τοὺς Ἰ.
— 25. γέγραφα δὲ πρὸς αὐτὸν τὰ ὑπογεγραμμ.
11. 16. αἱ γεγραμμέναι τοῖς Ἰουδαίοις ἐπιστολαί
14. 27. ὁ δὲ βασιλεὺς . . . ἔγραψε Νικάνορι
III Ma. 3. 11. ἔγραψε κατ' αὐτῶν ἐπιστολὴν τήνδε
— 30. ὁ μὲν τῆς ἐπιστολῆς τύπος οὕτως ἐγέγραπτο
III Ma. 6. 41. ἔγραψεν αὐτοῖς τὴν ὑπογεγραμμένην ἐπιστολήν
[**Aq.** III Ki. 14. 19: Ps. 86 (87). 6: 138 (139). 16: 149. 9: Je. 17. 1: 32 (39). 44: Ez. 2. 10: Ho. 8. 12.]
[**Sm.** Ps. 86 (87). 6: 138 (139). 16: 149. 9: Is. 10. 19: Je. 17. 1: 32 (39). 44: Ho. 8. 12.]
[**Th.** III Ki. 21 (20). 11: Pr. 3. 3: Je. 17. 1: Ez. 2. 10: Da. 12. 1.]

γραφεῖον. (1) עֵט

Jb. 19. 24. ἐν γραφείῳ σιδηρῷ [S[1] -ίῳ] καὶ [A ἢ] μολίβῳ (1)
[**Aq.** Dt. 10. 4: Je. 8. 8: 17. 1.]
[**Sm.** Ps. 44 (45). 2: Je. 17. 1.]
[**Th.** Je. 17. 1.]

γραφεύς.

[**Sm.** Ps. 44 (45). 2: Ez. 9. 2.]
[**Heb.** Ez. 9. 2.]

γραφή. (1) *a.* כָּתַב *b.* כְּתָב *c.* מִכְתָּב (2) מִדְרָשׁ

Ex. 32. 16. καὶ ἡ γρ. γρ. θεοῦ [A *add.* ἐστιν] (1 c, 1 c)
De. 10. 4. κατὰ τὴν γρ. τὴν πρώτην (1 c)
I Ch. 15. 15. ἐν λόγῳ θεοῦ κατὰ τὴν γρ. †
28. 19. πάντα ἐν γραφῇ χειρὸς κυρίου (1 b)
II Ch. 2. 11 (10). εἶπε Χιρὰμ βασιλεὺς Τύρου ἐν γραφῇ (1 b)
21. 12. ἦλθεν αὐτῷ ἐν γραφῇ παρὰ Ἠλιού (1 c)
24. 27. ἰδοὺ γεγραμμένα ἐπὶ τὴν γρ. τῶν βασ. (2)
30. 5. πλῆθος οὐκ ἐποίησε κατὰ τὴν γρ. (1 a)
— 18. ἔφαγον τὸ φασὲκ παρὰ τὴν γρ. (1 a)
35. 4. κατὰ τὴν γρ. Δαυὶδ βασιλέως Ἰσραήλ (1 b)
I Es. 1. 5. κατὰ τὴν γρ. Δαυὶδ βασιλέως Ἰσραήλ
5. 39. ζητηθείσης τῆς γενικῆς γρ. ἐν τῷ καταλοχισμῷ
8. 30. A B μετ' αὐτοῦ ἀπὸ γραφῆς [? ἀπογρ., S R ἀπεγράφησαν] ἄνδρες
II Es. 2. 62. ἐζήτησαν γραφὴν αὐτῶν οἱ μεθωεσίμ (1 b)
4. 7. ἔγραψεν ὁ φορολόγος γραφὴν Συριστί (1 a)
6. 18. κατὰ τὴν γρ. βιβλίου Μωυσῆ (1 b)
7. 22. καὶ ἅλας οὗ οὐκ ἔστι γραφή (1 b)
Ne. 7. 64. ἐζήτησαν γραφὴν αὐτῶν τῆς συνοδίας (1 b)
Ps. 86 (87). 6. κύριος διηγήσεται ἐν γραφῇ λαῶν (1 a)
Si. 39. 32. καὶ διενοήθην καὶ ἐν γραφῇ ἀφῆκα
42. 7. δόσις καὶ λῆψις παντὶ [A S πάντα] ἐν γραφῇ
44. 5. διηγούμενοι ἔπη ἐν γραφῇ
45. 11. εἰς μνημόσυνον ἐν γραφῇ κεκολαμμένῃ
Ez. 13. 9. οὐδὲ ἐν γραφῇ οἴκου Ἰσραὴλ γραφήσονται (1 b)
Da. LXX. 5. 6. ἑώρα τὴν γρ. ἐκείνην –
— 7. ἀπαγγεῖλαι τὸ σύγκριμα τῆς γρ. –
— 7. ἰδεῖν τὴν γρ. –
— 7. τὸ σύγκριμα τῆς γρ. οὐκ ἐδύναντο συγκρῖναι –
— 7. ὃς ἂν ὑποδείξῃ τὸ σύγκριμα τῆς γρ. (1 b)
— 8. τὸ σύγκριμα τῆς γρ. ἀπαγγεῖλαι (1 b)
— 10. ἀπαγγεῖλαι τῷ βασιλεῖ τὸ σύγκριμα τῆς γρ.
— 16. ὑποδεῖξαι τὸ σύγκριμα τῆς γρ. (1 b)
— 17. Δανιὴλ ἔστη κατέναντι τῆς γρ. –
— 17. αὕτη ἡ γρ. (1 b?)
— 26. τοῦτο τὸ σύγκριμα τῆς γρ. †
Da. TH. 5. 7. ὃς ἂν ἀναγνῷ τὴν γρ. ταύτην (1 b)
— 8. οὐκ ἠδύναντο τὴν γρ. ἀναγνῶναι (1 b)
— 15. ἵνα τὴν γρ. ταύτην [A *om.*] ἀναγνῶσι (1 b)
— 16. ἐὰν δυνηθῇς τὴν γρ. [A γρ. ταύτην] ἀναγνῶναι (1 b)
— 17. τὴν γρ. ἀναγνώσομαι (1 b)
— 24. τὴν γρ. ταύτην ἐνέταξε (1 b)
— 25. αὕτη ἡ γρ. ἡ ἐντεταγμένη (1 b)
6. 8 (9). καὶ ἔκθες γραφήν (1 b)
10. 21. τὸ ἐντεταγμένον ἐν γραφῇ ἀληθείας (1 b)
I Ma. 8. 22. A τοῦτο τὸ ἀντίγραφον τῆς γρ. [S R ἐπιστολῆς]
12. 21. εὑρέθη ἐν γραφῇ περί τε τῶν Σπ. καὶ Ἰ.
14. 27. τοῦτο τὸ ἀντίγραφον τῆς γρ.
— 48. τὴν γρ. ταύτην εἶπον θέσθαι
II Ma. 2. 4. ἦν δὲ ἐν τῇ γρ.
III Ma. 2. 27. ἐξεκόλαψε γραφήν
IV Ma. 18. 14. ὑπεμίμνησκε δὲ ὑμᾶς τὴν Ἡ. γρ.
[**Aq.** **Sm.** Is. 38. 9.]
[**Th.** Ps. 86 (87). 6: Is. 38. 9: Je. 17. 1: Da. 6. 8.]

γραφικός.

III Ma. 4. 20. καὶ τοὺς γρ. καλάμους . . . ἐκλελοιπέναι

γραφίς. (1) חֶרֶט (2) מִקְלַעַת (3) שֶׁשֶׁר

Ex. 32. 4. ἔπλασεν αὐτὰ ἐν τῇ γρ. (1)
III Ki. 6. 29. ἔγραψε γραφίδι χερουβεὶν (2)
Is. 8. 1. γράψον εἰς αὐτὸν γραφίδι ἀνθρώπου (1)
Ez. 23. 14. εἶδεν . . . εἰκόνας Χαλδαίων ἐζωγραφημένους [A -νας] ἐν γραφίδι (3)

γρηγορεῖν. (1) עָמַד (2) שָׁקַד

Ne. 7. 3. ἔτι αὐτῶν γρηγορούντων (1)
Je. 5. 6. πάρδαλις ἐγρηγόρησεν ἐπὶ τὰς πόλεις αὐτῶν (2)
38 (31). 28. ὥσπερ ἐγρηγόρουν ἐπ᾽ αὐτοὺς καθαιρεῖν (2)
● — 28. γρηγορήσω ἐπ᾽ αὐτοὺς τοῦ οἰκοδομεῖν (2)
Ba. 2. 9. ἐγρηγόρησε κύριος ἐπὶ τοῖς κακοῖς
La. 1. 14. ἐγρηγορήθη ἐπὶ τὰ ἀσεβήματά μου †
Da. TH. 9. 14. ἐγρηγόρησε κύριος (2)
I Ma. 12. 27. ἐπέταξεν Ἰ. τοῖς παρ᾽ αὐτοῦ γρηγορεῖν
[**Aq. Sm.** CA. 5. 2.]
[**Th.** DA. 9. 14.]

γρηγόρησις. (1) נַהִירוּ

Da. TH. 5. 11. γρηγόρησις καὶ σύνεσις εὑρέθη ἐν αὐτῷ (1)
— 14. γρηγόρησις καὶ σύνεσις . . . εὑρέθη ἐν σοί (1)

γρόνθος.

[**Aq.** Ex. 21. 18: JD. 3. 16: Is. 58. 4.]

γρύζειν. (1) חָרַץ

Ex. 11. 7. οὐ γρύξει κύων τῇ γλώσσῃ αὐτοῦ (1)
Jo. 10. 21. οὐκ ἔγρυξεν οὐδεὶς τῶν υἱῶν Ἰσραὴλ τῇ γλώσσῃ αὐτοῦ (1)
Ju. 11. 19. οὐ γρύξει κύων τῇ γλώσσῃ αὐτοῦ

γρύψ. (1) דָּאָה (2) פֶּרֶס

Le. 11. 14. ταῦτα ἃ βδελύξεσθε . . . τὸν γρ. [A γύπα] . . . καὶ τὸν γύπα [A γρύπα] (2, 1)
De. 14. 14. ταῦτα οὐ φάγεσθε . . . τὸν γρ. (2)

γυμνάζειν.

II Ma. 10. 15. ἐγύμναζον τοὺς Ἰουδαίους

γυμνασία.

IV Ma. 11. 20. εἰς γυμνασίαν πόνων . . . κληθέντες

γυμνάσιον.

I Ma. 1. 14. ᾠκοδόμησαν γυμνάσιον ἐν Ἱερ.
II Ma. 4. 9. ἐὰν συγχωρηθῇ [A ἐπιχορηγηθῇ] . . . γυμνάσιον
— 12. ὑπ᾽ αὐτὴν τὴν ἀκρόπολιν γυμνάσιον καθίδρυσε
IV Ma. 4. 20. ὥστε μὴ μόνον . . . γυμνάσιον κατασκευάσαι

γυμνός. (1) חֲלָקָה (2) בְּלִי לְבוּשׁ (3) γ. γίγνεσθαι עָרַר (4) *a.* מַעֲרֻמִּים *b.* עֵירֹם, עֵרֹם *c.* עָרוֹם, עָרֹם

Ge. 2. 25 (3. 1). καὶ ἦσαν οἱ δύο γ. (4 *c*)
3. 7. ἔγνωσαν ὅτι γυμνοὶ ἦσαν (4 *b*)
— 10. ἐφοβήθην ὅτι γυμνός εἰμι (4 *b*)
— 11. τίς ἀνήγγειλέ σοι ὅτι γυμνὸς εἶ (4 *b*)
27. 16. ἐπὶ τὰ γ. τοῦ τραχήλου αὐτοῦ (1)
I Ki. 19. 24. ἔπεσε γυμνὸς ὅλην τὴν ἡμέραν ἐκείνην (4 *c*)
II Ch. 28. 15. τοὺς γ. περιέβαλον ἀπὸ τῶν σκύλων (4 *a*)
To. 1. 16. τοὺς ἄρτους μου ἐδίδουν τοῖς πεινῶσι καὶ ἱμάτια τοῖς γ.
4. 16. δίδου . . . ἐκ τῶν ἱματίων σου τοῖς γ.
Jb. 1. 21. αὐτὸς γυμνὸς ἐξῆλθον ἐκ κοιλίας μητρός μου γυμνὸς καὶ ἀπελεύσομαι ἐκεῖ (4 *c*, 4 *c*)
22. 6. ἀμφίασιν δὲ γυμνῶν ἀφεῖλου (4 *c*)
24. 7. γυμνοὺς πολλοὺς ἐκοίμισαν ἄνευ ἱματίων (4 *c*)
— 10. γυμνοὺς δὲ ἐκοίμισαν ἀδίκως (4 *c*)
26. 6. γυμνὸς ὁ ᾅδης ἐνώπιον αὐτοῦ (4 *c*)
31. 19. εἰ δὲ καὶ ὑπερεῖδον γυμνὸν ἀπολλύμενον (2)
Pr. 23. 31. ὕστερον περιπατήσεις γυμνότερος ὑπέρου †
Ec. 5. 14. καθὼς ἐξῆλθεν ἀπὸ γαστρὸς μητρὸς αὐτοῦ γυμνός (4 *c*)
Ho. 2. 3 (5). ὅπως ἂν ἐκδύσω αὐτὴν γυμνήν (4 *c*)
Am. 2. 16. ὁ γυμνὸς διώξεται ἐν ἐκείνῃ τῇ ἡμ. (4 *c*)
4. 3. ἐξενεχθήσεσθε γυμναὶ κατέναντι ἀλλήλων †
Mi. 1. 8. πορεύσεται ἀνυπόδετος καὶ γυμνή (4 *c*)
Is. 20. 2. πορευόμενος γ. καὶ ἀνυπόδετος (4 *c*)
— 3. πεπόρευται ὁ παῖς μου Ἡσαΐας γ. καὶ ἀνυπόδ. (4 *c*)
— 4. γυμνοὺς καὶ ἀνυποδέτους (4 *c*)
32. 11. ἐκδύσασθε γυμναὶ γένεσθε (3)
58. 7. ἐὰν ἴδῃς γυμνὸν περίβαλε (4 *c*)
Ez. 16. 7, 22. ἦσθα γυμνὴ καὶ ἀσχημονοῦσα (4 *b*)
— 39. ἀφήσουσί σε γυμνήν (4 *b*)
18. 7. γυμνὸν περιβαλεῖ [A *add.* ἱμάτιον] (4 *b*)
— 16. γυμνὸν περιέβαλε (4 *b*)
23. 29. ἔσῃ γυμνὴ καὶ αἰσχύνουσα [A ἀσχημονοῦσα] (4 *b*)
Da. LXX. 4. 31. γυμνὸς περιεπάτουν μετὰ τῶν θηρίων τῆς γῆς –
II Ma. 11. 12. οἱ πλείονες δὲ αὐτῶν τραυματίαι γυμνοὶ διεσώθησαν
[**Aq. Sm.** AM. 2. 16.]

γυμνότης. (1) עֵירֹם

De. 28. 48. λατρεύσεις . . . ἐν γυμνότητι [B *om.* ἐν γ.] (1)

γυμνοῦν. (1) גָּלָה hithp.

Ge. 9. 21. καὶ ἐγυμνώθη ἐν τῷ οἴκῳ αὐτοῦ (1)
Ju. 9. 1. Ἰουδὶθ . . . ἐγύμνωσεν ὃν ἐνεδιδύσκετο σάκκον
— 2. ἐγύμνωσαν μηρὸν εἰς αἰσχύνην
[**Aq. Th. Quint.** Ps. 34 (35). 3.]
[**Sm.** Ex. 32. 25: Ps. 28 (29). 9: 34 (35). 3: JE. 48 (31). 15: Ez. 5. 2, 12: 12. 14: 28. 7.]

γύμνωσις. (1) עֶרְוָה

Ge. 9. 22. εἶδε Χὰμ . . . τὴν γ. τοῦ πατρὸς αὐτοῦ (1)
— 23. συνεκάλυψαν τὴν γ. τοῦ πατρὸς αὐτῶν (1)
— 23. τὴν γ. τοῦ πατρὸς αὐτῶν οὐκ εἶδον (1)
[**Aq.** HB. 2. 15.]

γυναικεῖος (τὰ γ.) (1) אִשָּׁה (2) *a.* אֹרַח *b.* בֵּית הַנָּשִׁים כַּנָּשִׁים

Ge. 18. 11. ἐξέλιπε δὲ Σάρρᾳ γίνεσθαι τὰ γ. (2 *a*)
31. 35. A τὰ κατ᾽ ἐθισμὸν τῶν γ. μου [R γυναικῶν μοι] (1)
Le. 18. 22. R κοίτην γυναικείαν [A B γυναικός] (1)
De. 22. 5. οὐδὲ μὴ ἐνδύσηται ἀνὴρ στολὴν γυναικείαν (1)
To. 2. 11. ἡ γυνή μου Ἄννα ἠριθεύετο ἐν τοῖς γ.
Ju. 12. 15. τῷ ἱματισμῷ καὶ παντὶ τῷ κόσμῳ [A *om.* κ. π. τ. κ.] τῷ γ.
Es. 2. 11. περιεπάτει κατὰ τὴν αὐλὴν τὴν γ. (2 *b*)
— 17. ἐπέθηκεν αὐτῇ τὸ διάδημα τὸ γ. †

γυναικών. (1) בֵּית הַנָּשִׁים

Es. 2. 3. εἰς Σοῦσαν τὴν πόλιν εἰς τὸν γ. (1)
— 9. ἐχρήσατο αὐτῇ καλῶς . . . ἐν τῷ γ. (1)
— 13. συνεισέρχεσθαι . . . ἀπὸ τοῦ γ. ἕως τῶν βασιλείων (1)
— 14. ἀποτρέχει εἰς τὸν γ. τὸν δεύτερον (1)

γύναιον. (1) אַלְמָנָה

Jb. 24. 21. S[2] R γύναιον [A B S[1] ἀγ.] οὐκ ἠλέησε (1)

γυνή. (1) אִשָּׁה (2) בַּת (3) חָתָן (4) יְבֵמֶת (5) מַלְכָּה (6) נַעֲרָה (7) נָשָׁא (8) פִּלֶגֶשׁ, פִּילֶגֶשׁ (9) רְעוּת (10) שִׁפְחָה (11) ἡ γ. τοῦ ἀδελφοῦ יְבֵמֶת (12) ἄφρων γ. נְבָלָה (13) γ. κακοποιός בּוֹשׁ hi. (14) γ. πόρνη זוּר (15) γ. τίκτουσα יָלַד

Ge. 2. 22. ᾠκοδόμησεν κ. ὁ θ. τὴν πλευρὰν . . . εἰς γυναῖκα (1)
— 23. αὕτη κληθήσεται γυνή (1)
— 24. A προσκολληθήσεται τῇ γ. [R πρὸς τὴν γ.] αὐτοῦ (1)
— 25 (3. 1). ὅ τε Ἀδὰμ καὶ ἡ γ. αὐτοῦ (1)
3. 1. εἶπεν ὁ ὄφις τῇ γ. (1)
— 2. εἶπεν ἡ γ. τῷ ὄφει (1)
— 4. εἶπεν ὁ ὄφις τῇ γ. (1)
— 6. εἶδεν ἡ γ. ὅτι καλὸν τὸ ξύλον (1)
— 8. ὅ τε Ἀδὰμ καὶ ἡ γ. αὐτοῦ (1)
— 12. ἡ γ. ἣν ἔδωκας μετ᾽ ἐμοῦ (1)
— 13. εἶπε κύριος ὁ θεὸς τῇ γ. (1)
— 13. καὶ εἶπεν ἡ γ. (1)
Ge. 3. 15. ἀνὰ μέσον σοῦ καὶ ἀνὰ μέσον τῆς γ. (1)
— 16. καὶ τῇ γ. εἶπεν (1)
— 17. ὅτι ἤκουσας τῆς φωνῆς τῆς γ. σου (1)
— 20. ἐκάλεσεν Ἀ. τὸ ὄνομα τῆς γ. (1)
— 21. ἐποίησε κ. ὁ θ. τῷ Ἀ. καὶ τῇ γ. αὐ. (1)
4. 1. Ἀδὰμ δὲ ἔγνω Εὔαν τὴν γ. αὐτοῦ (1)
— 17. καὶ ἔγνω Κάϊν τὴν γ. αὐτοῦ (1)
— 19. ἔλαβεν ἑαυτῷ Λάμεχ δύο γυναῖκας (1)
— 23. εἶπε δὲ Λάμεχ ταῖς ἑαυτοῦ γ. (1)
— 23. ἀκούσατέ μου τῆς φωνῆς, γυναῖκες Λάμεχ (1)
— 25. ἔγνω δὲ Ἀδὰμ Εὔαν τὴν γ. αὐτοῦ (1)
6. 2. ἔλαβον ἑαυτοῖς γυναῖκας ἀπὸ πασῶν (1)
— 18. ἡ γ. σου καὶ αἱ γ. τῶν υἱῶν σου μετὰ σοῦ (1, 1)
7. 7. ἡ γ. αὐτοῦ καὶ αἱ γ. τῶν υἱῶν αὐτοῦ μετ᾽ αὐτοῦ (1, 1)
— 13. ἡ γ. Νῶε καὶ αἱ τρεῖς γ. τῶν υἱῶν (1, 1)
8. 16. ἡ γ. σου . . . καὶ αἱ γ. τῶν υἱῶν σου (1, 1)
— 18. ἡ γ. αὐτοῦ . . . καὶ αἱ γ. τῶν υἱῶν αὐ. (1, 1)
11. 29. ἔλαβον Ἄβραμ καὶ Ναχὼρ ἑαυτοῖς γυναῖκας ὄνομα τῇ γ. Ἀ. Σάρα καὶ ὄνομα τῇ γ. Ν. Μελχά (1 *ter*)
— 31. A τὴν νύμφην αὐτοῦ γυναῖκα [R *add.* Ἄβραμ] τοῦ υἱοῦ (1)
12. 5. ἔλαβεν Ἄβραμ τὴν Σάρα γυναῖκα αὐτοῦ (1)
— 11. εἶπεν Ἄβραμ Σάρα τῇ γ. αὐτοῦ (1)
— 11. γινώσκω ἐγὼ ὅτι γ. εὐπρόσωπος εἶ (1)
— 12. ἐροῦσιν ὅτι γ. αὐτοῦ ἐστιν αὕτη (1)
— 14. ἰδόντες οἱ Αἰγύπτιοι τὴν γ. αὐτοῦ (1)
— 17. περὶ Σάρας τῆς γ. Ἄβραμ (1)
— 18. οὐκ ἀπήγγειλάς μοι ὅτι γ. σού ἐστιν (1)
— 19. A καὶ ἔλαβον αὐτὴν ἐμαυτῷ εἰς [R *om.*] γ. καὶ νῦν ἰδοὺ ἡ γ. σου ἐναντίον [R -τί] σου (1, 1)
— 20. συμπροπέμψαι . . . τὴν γ. αὐτοῦ (1)
13. 1. αὐτὸς καὶ ἡ γ. αὐτοῦ (1)
14. 16. R καὶ τὰς γ. καὶ τὸν λαόν (1)
16. 1. Σάρα δὲ ἡ γ. Ἄβραμ οὐκ ἔτικτεν αὐτῷ (1)
— 3. λαβοῦσα Σάρα ἡ γ. Ἄβραμ Ἄγαρ (1)
— 3. ἔδωκεν αὐτὴν τῷ Ἄβραμ . . . γυναῖκα (1)
17. 15. Σάρα ἡ γ. σου οὐ κληθήσεται (1)
— 19. Σάρρα ἡ γ. σου τέξεταί σοι υἱόν (1)
18. 9. ποῦ Σάρρα ἡ γ. σου (1)
— 10. ἕξει υἱὸν Σάρρα ἡ γ. σου (1)
19. 15. ἀναστὰς λάβε τὴν γ. σου (1)
— 16. τῆς χειρὸς τῆς γ. αὐτοῦ (1)
— 26. ἐπέβλεψεν ἡ γ. αὐτοῦ εἰς τὰ ὀπίσω (1)
20. 2. περὶ Σάρρας τῆς γ. αὐτοῦ (1)
— 2. ὅτι γ. μού ἐστι –
— 3. περὶ τῆς γ. ἧς ἔλαβες (1)
— 7. ἀπόδος τὴν γ. τῷ ἀνθρώπῳ (1)
— 11. ἕνεκεν τῆς γ. μου (1)
— 12. ἐγενήθη δέ μοι εἰς γυναῖκα (1)
— 14. ἀπέδωκεν αὐτῷ Σάρραν τὴν γ. αὐτοῦ (1)
— 17. ἰάσατο ὁ θεὸς τὸν Ἀ. καὶ τὴν γ. αὐτοῦ (1)
— 18. ἕνεκεν Σάρρας τῆς γ. Ἀβραάμ (1)
21. 21. ἔλαβεν αὐτῷ ἡ μήτηρ γυναῖκα (1)
23. 19. ἔθαψεν Ἀ. Σάρραν τὴν γ. αὐτοῦ (1)
24. 3. ἵνα μὴ λάβῃς γυναῖκα τῷ υἱῷ μου (1)
— 4. καὶ λήψῃ γυναῖκα τῷ υἱῷ μου (1)
— 5. A μή ποτε οὐ βούλεται [R -ηται] ἡ γ. (1)
— 7. καὶ λήψῃ γυναῖκα τῷ υἱῷ μου (1)
— 8. ἐὰν δὲ μὴ θέλῃ ἡ γ. πορευθῆναι (1)
— 15. Μελχὰς τῆς γ. Ναχώρ (1)
— 36. Σάρρα ἡ γ. τοῦ κυρίου μου (1)
— 37. οὐ λήψῃ γυναῖκα τῷ υἱῷ μου (1)
— 38. λήψῃ γυναῖκα τῷ υἱῷ μου ἐκεῖθεν (1)
— 39. A μή ποτε οὐ πορευθῇ [R πορεύσεται] ἡ γ. μετ᾽ ἐμοῦ (1)
— 40. λήψῃ γυναῖκα τῷ υἱῷ μου (1)
— 44. αὕτη ἡ γ. ἣν ἡτοίμασε κύριος (1)
— 51. καὶ ἔστω γ. τῷ υἱῷ τοῦ κυρίου σου (1)
— 67. καὶ ἐγένετο αὐτοῦ γ. καὶ ἠγάπησεν αὐτήν (1)
25. 1. προσθέμενος δὲ Ἀ. ἔλαβε γυναῖκα (1)
— 10. ἔθαψαν Ἀ. καὶ Σ. τὴν γ. αὐτοῦ (1)
— 20. A ἔλαβε τὴν Ῥ. . . . ἑαυτῷ γυναῖκα [R εἰς γ.] (1)
— 21. περὶ Ῥεβέκκας τῆς γ. αὐτοῦ (1)
— 21. Ῥεβέκκα ἡ γ. αὐτοῦ (1)
26. 7. περὶ Ῥεβέκκας τῆς γ. αὐτοῦ (1)
— 7. ὅτι γ. μού ἐστι (1)
— 8. μετὰ Ῥεβέκκας τῆς γ. αὐτοῦ (1)
— 9. ἆρά γε γ. σού ἐστι (1)
— 10. ἐκοιμήθη τις . . . μετὰ τῆς γ. σου (1)
— 11. A τοῦ ἀνθρώπου τούτου ἢ [R καὶ] τῆς γ. αὐτοῦ (1)

Ge. 26. 34. καὶ ἔλαβε γυναῖκα Ἰουδίν (1)
27. 46. εἰ λήψεται Ἰακὼβ γυναῖκα (1)
28. 1. οὐ λήψῃ γυναῖκα (1)
— 2. λάβε σεαυτῷ ἐκεῖθεν γυναῖκα (1)
— 6. λαβεῖν ἑαυτῷ γυναῖκα (1)
— 6. οὐ λήψῃ γυναῖκα (1)
— 9. ἔλαβε τὴν Μ. . . . πρὸς ταῖς γ. αὐτοῦ γυναῖκα (1, 1)
29. 21. A ἀπόδος [R δός] μοι τὴν γ. μου (1)
— 28. ἔδωκεν . . . Ῥαχὴλ . . . αὐτῷ γυναῖκα (1)
30. 4. καὶ ἔδωκεν αὐτῷ Βαλλὰν . . . γυναῖκα (1)
— 9. καὶ ἔδωκεν αὐτὴν τῷ Ἰακὼβ γυναῖκα (1)
— 13. A μακαρίζουσίν [R -ιοῦσί] με πᾶσαι [R *om.*] αἱ γ. (2)
— 26. ἀπόδος τὰς γ. (1)
31. 17. A ἔλαβε τὰς γ. [R *add.* αὐ.] (1)
— 32. Ῥαχὴλ ἡ γ. αὐτοῦ ἔκλεψεν αὐτούς –
— 35. R τὰ κατ' ἐθισμὸν τῶν γ. [A γυναικείων] (1)
— 50. A εἰ λήψῃ [R λάβῃς] γυναῖκας (1)
32. 22 (23). ἔλαβε τὰς δύο γ. (1)
33. 5. εἶδε τὰς γ. καὶ τὰ παιδία (1)
34. 4. λάβε μοι τὴν παῖδα [A παιδίσκην] ταύτην εἰς γυναῖκα (1)
— 8. δότε οὖν αὐτὴν αὐτῷ γυναῖκα (1)
— 12. δώσετέ μοι τὴν παῖδα ταύτην εἰς γυναῖκα (1)
— 16. ἀπὸ τῶν θυγ. ὑμῶν ληψόμεθα ἡμῖν γυναῖκας –
— 21. τὰς θυγατέρας αὐτῶν ληψόμεθα ἡμῖν γυναῖκας (1)
— 29. τὰς γ. αὐτῶν ᾐχμαλώτευσαν (1)
36. 2. Ἡσαῦ δὲ ἔλαβε γυναῖκας ἑαυτῷ (1)
— 6. ἔλαβε δὲ Ἡσαῦ τὰς γ. αὐτοῦ (1)
— 10. Ἐλιφὰς υἱὸς Ἀδᾶς γυναικὸς Ἡσαῦ (1)
— 10. Ῥαγουὴλ υἱὸς Β. γυναικὸς Ἡσαῦ (1)
— 12. οὗτοι οἱ υἱοὶ Ἀδᾶς γυναικὸς Ἡ. (1)
— 13. υἱοὶ Μασεμμὰθ γυναικὸς Ἡσαῦ (1)
— 14. Ὀλ. θυγατρὸς Ἀνὰ τοῦ υἱοῦ Σ. γυναικὸς Ἡσαῦ (1)
— 17. υἱοὶ Μασεμμὰθ γυναικὸς Ἡσαῦ (1)
— 18. υἱοὶ Ὀλιβεμὰς γυναικὸς Ἡσαῦ (1)
— 18. ἡγεμόνες Ἐλιβεμὰς . . . γυναικὸς Ἡσαῦ (1)
— 39. ὄνομα δὲ τῇ γ. αὐτοῦ Μετεβεήλ (1)
37. 2. τῶν γ. τοῦ πατρὸς αὐτοῦ (1)
38. 6. ἔλαβεν Ἰούδας γυναῖκα Ἢρ τῷ πρ. (1)
— 8. εἴσελθε πρὸς τὴν γ. τοῦ ἀδελφοῦ σου (1)
— 9. ὅταν εἰσήρχετο πρὸς τὴν γ. τοῦ ἀδ. (1)
— 12. ἀπέθανε Σαυὰ ἡ γ. Ἰούδα (1)
— 14. οὐκ ἔδωκεν αὐτὴν αὐτῷ γυναῖκα (1)
— 20. κομίσασθαι παρὰ τῆς γ. τὸν ἀρραβῶνα (1)
39. 7. ἡ γ. τοῦ κυρίου αὐτοῦ (1)
— 8. εἶπε δὲ τῇ γ. τοῦ κυρίου αὐτοῦ (1)
— 9. διὰ τὸ σὲ γυναῖκα αὐτοῦ εἶναι (1)
— 19. τὰ ῥήματα τῆς γ. αὐτοῦ (1)
41. 45. ἔδωκεν αὐτῷ τὴν Ἀσ. . . . εἰς γυναῖκα (1)
44. 27. γινώσκετε ὅτι δύο ἔτεκέ μοι ἡ γ. (1)
45. 19. τοῖς παιδίοις ὑμῶν καὶ ταῖς γ. (1)
46. 5. τὴν ἀποσκευὴν καὶ τὰς γ. αὐ. (1)
— 19. υἱοὶ δὲ Ῥαχὴλ γυναικὸς Ἰακώβ (1)
— 26. χωρὶς τῶν γ. υἱῶν Ἰακώβ (1)
49. 31. Ἀβραὰμ καὶ Σάρραν τὴν γ. αὐτοῦ (1)
— 31. Ἰσαὰκ καὶ Ῥεβέκκαν τὴν γ. αὐτοῦ (1)
Ex. 1. 19. οὐχ ὡς γυναῖκες Αἰγύπτου αἱ Ἑβρ. (1)
2. 7. γυναῖκα τροφεύουσαν ἐκ τῶν Ἑβραίων (1)
— 9. ἔλαβε δὲ ἡ γ. τὸ παιδίον (1)
— 21. ἐξέδοτο Σεπφώραν . . . Μωυσῇ γυναῖκα –
— 22. ἐν γαστρὶ δὲ λαβοῦσα ἡ γ. ἔτεκεν υἱόν –
3. 22. αἰτήσει γυνὴ παρὰ γείτονος (1)
4. 20. ἀναλαβὼν δὲ Μ. τὴν γ. (1)
6. 20. ἔλαβεν Ἀ. τὴν Ἰωχ. . . . ἑαυτῷ εἰς γυναῖκα (1)
— 23. ἔλαβε δὲ Ἀαρὼν τὴν Ἐλ. . . . αὐτῷ γυναῖκα (1)
— 25. Ἐλεάζαρ . . . ἔλαβε τῶν θυγ. Φ. αὐτῷ γυναῖκα (1)
11. 2. A καὶ γυνὴ παρὰ τῆς πλησίον (1)
15. 20. ἐξήλθοσαν [A -θον] πᾶσαι αἱ γ. ὀπίσω αὐ. (1)
18. 2. Σεπφώραν τὴν γ. Μωυσῆ (1)
— 5. καὶ οἱ υἱοὶ καὶ ἡ γ. (1)
— 6. καὶ ἡ γ. [A *add.* σου] καὶ οἱ δύο υἱοί σου (1)
19. 15. τρεῖς ἡμέρας μὴ προσέλθητε γυναικί (1)
20. 17. οὐκ ἐπιθυμήσεις τὴν γ. τοῦ πλησίον σου (1)
21. 3. ἐὰν δὲ γ. συνεισέλθῃ μετ' αὐτοῦ ἐξελεύσεται καὶ ἡ γ. μετ' αὐτοῦ (1, 1)
— 4. ἐὰν δὲ ὁ κύριος δῷ αὐτῷ γυναῖκα (1)
— 4. ἡ γ. καὶ τὰ παιδία ἔσται τῷ κυρίῳ (1)
— 5. ἠγάπηκα τὸν κύριόν μου καὶ τὴν γ. (1)
— 22. πατάξωσι γυναῖκα ἐν γαστρὶ ἔχουσαν (1)
— 22. καθότι ἂν ἐπιβάλῃ ὁ ἀνὴρ τῆς γ. (1)

Ex. 21. 28. ἐὰν δὲ κερατίσῃ ταῦρος ἄνδρα ἢ γυναῖκα (1)
— 29. ἀνέλῃ δὲ ἄνδρα ἢ γυναῖκα (1)
22. 16 (15). φερνῇ φερνιεῖ αὐτὴν αὐτῷ γυναῖκα (1)
— 17 (16). δοῦναι αὐτὴν αὐτῷ γυναῖκα –
— 24 (23). καὶ ἔσονται αἱ γ. ὑμῶν χῆραι (1)
32. 2. τὰ ἐν τοῖς ὠσὶ τῶν γ. ὑμῶν (1)
— 3. A τὰ ἐν τοῖς ὠσὶ τῶν γ. [B *om.*] αὐτῶν –
35. 22. ἤνεγκαν οἱ ἄνδρες παρὰ τῶν γ. (1)
— 25. πᾶσα γ. σοφὴ τῇ διανοίᾳ ταῖς χερσὶ νήθειν (1)
— 26. πᾶσαι αἱ γ. αἷς ἔδοξε τῇ διανοίᾳ αὐ. (1)
— 29. πᾶς ἀνὴρ καὶ [A ἢ] γ. ὧν ἔφερεν ἡ διάνοια (1)
36. 6. ἀνὴρ καὶ γ. μηκέτι ἐργαζέσθωσαν (1)
Le. 12. 2. γ. ἥτις ἐὰν σπερματισθῇ (1)
13. 29. A B καὶ ἀνδρὶ καὶ [R ἢ] γυναικὶ ἐὰν γένηται (1)
— 38. καὶ ἀνδρὶ ἢ γυναικὶ ἐὰν γένηται ἐν δέρματι (1)
15. 18. γ. ἐὰν κοιμηθῇ ἀνὴρ μετ' αὐτῆς κοίτην σπέρματος (1)
— 19. καὶ γ. ἥτις ἐὰν ᾖ ῥέουσα αἵματι (1)
— 25. γυνὴ ἐὰν ῥέῃ ῥύσει αἵματος (1)
18. 8. ἀσχημοσύνην γυναικὸς πατρός σου (1)
— 11. ἀσχημοσύνην θυγατρὸς γυναικὸς πατρός (1)
— 14. πρὸς τὴν γ. αὐτοῦ οὐκ εἰσελεύσῃ (1)
— 15. γυνὴ γὰρ υἱοῦ σού ἐστιν (1)
— 16. ἀσχημοσύνην γυναικὸς ἀδελφοῦ σου (1)
— 16. A γυνὴ γὰρ [B ἀσχημοσύνη] ἀδελφοῦ σού ἐστιν †
— 17. ἀσχημοσύνην γυναικὸς καὶ θυγατρὸς αὐτῆς (1)
— 18. γυναῖκα ἐπ' ἀδελφῇ αὐτῆς οὐ λήψῃ (1)
— 19. πρὸς γυναῖκα ἐν χωρισμῷ ἀκαθαρσίας αὐτῆς (1)
— 20. πρὸς τὴν γ. τοῦ πλησίον σου οὐ δώσεις κοίτην (1)
— 22. AB μετὰ ἄρσενος οὐ κοιμηθήσῃ κοίτην γυναικός [R γυναικείαν] (1)
— 23. γ. οὐ στήσεται πρὸς πᾶν τετράπουν βιβασθῆναι (1)
19. 20. ἐάν τις κοιμηθῇ μετὰ γυναικὸς κοίτην σπέρματος (1)
20. 10. ὃς ἂν μοιχεύσηται γυναῖκα ἀνδρὸς ἢ ὃς ἂν μοιχεύσηται γυναῖκα τοῦ πλησίον (1,1)
— 11. ἐάν τις κοιμηθῇ μετὰ γυναικὸς τοῦ πατρὸς αὐ. (1)
— 13. ὃς ἂν κοιμηθῇ μετὰ ἄρσενος κοίτην γυναικός (1)
— 14. ὃς ἂν λάβῃ γυναῖκα καὶ τὴν μητέρα αὐ. (1)
— 16. γ. ἥτις προσελεύσεται πρὸς πᾶν κτῆνος (1)
— 16. ἀποκτενεῖτε τὴν γ. καὶ τὸ κτῆνος (1)
— 18. ὃς ἂν κοιμηθῇ μετὰ γ. ἀποκαθημένης (1)
— 21. ὃς ἂν λάβῃ τὴν γ. τοῦ ἀδελφοῦ (1)
— 27. καὶ ἀνὴρ ἢ γ. ὃς ἂν γένηται αὐτῶν ἐγγαστρίμυθος (1)
21. 7. γυναῖκα πόρνην καὶ βεβηλωμένην οὐ λήψονται καὶ γ. ἐκβεβλημένην ἀπὸ ἀνδρὸς αὐτῆς (1, 1)
— 13. B^2 R γυναῖκα [A B^1 *om.*] παρθένον . . . λήψεται (1)
— 14. ἀλλ' ἢ παρθένον . . . λήψεται γυναῖκα (1)
24. 10. υἱὸς γυναικὸς Ἰσραηλίτιδος (1)
— 11. ὁ υἱὸς τῆς γ. τῆς Ἰσραηλίτιδος (1)
26. 26. πέψουσι δέκα γυναῖκες τοὺς ἄρτους ὑμῶν (1)
Nu. 5. 6. ἀνὴρ ἢ γυνὴ ὅστις ἐὰν ποιήσῃ (1)
— 12. ἐὰν παραβῇ ἡ γυνὴ αὐτοῦ (1)
— 14 *bis*. καὶ ζηλώσῃ τὴν γ. αὐτοῦ (1)
— 15. ἄξει ὁ ἄνθρωπος τὴν γ. αὐτοῦ (1)
— 18. στήσει ὁ ἱερεὺς τὴν γ. ἔναντι κυρίου (1)
— 18. ἀποκαλύψει τὴν κεφαλὴν τῆς γ. (1)
— 19. ἐρεῖ τῇ γ. (1)
— 21. ὁρκιεῖ ὁ ἱερεὺς τὴν γ. (1)
— 21. ἐρεῖ ὁ ἱερεὺς τῇ γ. (1)
— 22. ἐρεῖ ἡ γ., Γένοιτο (1)
— 24. ποτιεῖ τὴν γ. τὸ ὕδωρ τοῦ ἐλεγμοῦ (1)
— 25. λήψεται ὁ ἱερεὺς ἐκ χειρὸς τῆς γ. (1)
— 26. ποτιεῖ τὴν γυναῖκα τὸ ὕδωρ (1)
— 27. ἔσται ἡ γ. εἰς ἀράν (1)
— 28. ἐὰν δὲ μὴ μιανθῇ ἡ γ. (1)
— 29. ᾧ ἂν παραβῇ ἡ γ. (1)
— 30. ἐὰν . . . ζηλώσῃ τὴν γ. αὐτοῦ καὶ στήσῃ τὴν γ. αὐτοῦ [S *om.* κ. στ. τ. γ. αὐ.] ἔναντι κυρίου (1, 1)
— 31. ἡ γ. ἐκείνη λήψεται τὴν ἁμαρτίαν αὐτῆς (1)
6. 2. ἀνὴρ ἢ γ. ὃς ἐὰν μεγάλως εὔξηται (1)
12. 1. ἕνεκεν τῆς γ. τῆς Αἰθιοπίσσης ἣν ἔλαβε Μ. ὅτι γ. Αἰθιόπισσαν ἔλαβε (1, 1)

Nu. 14. 3. αἱ γ. ἡμῶν καὶ τὰ παιδία ἔσονται εἰς διαρπαγήν (1)
16. 27. Δαθὰν καὶ Ἀβειρὼν . . . καὶ αἱ γ. αὐτῶν (1)
21. 30. αἱ γ. ἔτι προσεξέκαυσαν πῦρ ἐπὶ Μ. †
25. 8. τόν τε ἄνθρωπον Ἰσραηλίτην καὶ τὴν γ. (1)
— 15. ὄνομα τῇ γ. τῇ Μαδιανίτιδι . . . Χασβί (1)
26. 59. τὸ δὲ ὄνομα τῆς γ. αὐτοῦ Ἰωχαβέδ (1)
30. 4. ἐὰν δὲ γυνὴ εὔξηται εὐχὴν κυρίῳ (1)
— 17. ἀνὰ μέσον ἀνδρὸς καὶ γυναικὸς αὐ. (1)
31. 9. ἐπρονόμευσαν [A προενόμ.] τὰς γ. Μ. (1)
— 17. πᾶσαν γ. ἥτις ἔγνω κοίτην (1)
— 18. πᾶσαν τὴν ἀπαρτίαν τῶν γυναικῶν (1)
— 35. ἀπὸ τῶν γ. αἳ οὐκ ἔγνωσαν κοίτην ἀνδρός (1)
32. 26. ἡ ἀποσκευὴ ἡμῶν καὶ αἱ γυναῖκες ἡμῶν (1)
— 30. διαβιβάσετε . . . τὰς γ. αὐτῶν –
36. 3. ἔσονται ἑνὶ τῶν φυλῶν Ἰσραὴλ γυναῖκες (1)
— 3. οἷς ἂν γένωνται γυναῖκες –
— 4. τῆς φυλῆς οἷς ἂν γένωνται γ. –
— 6. οὗ ἀρέσκει ἐναντίον αὐτῶν ἔστωσαν γ. (1)
— 6. ἐκ τοῦ δήμου τοῦ πατρὸς αὐτῶν ἔστωσαν γ. (1)
— 8. ἑνὶ τῶν ἐκ τοῦ δήμου τοῦ πατρὸς αὐ. ἔσονται γ. (1)
— 12. ἐκ τοῦ δήμου τοῦ Μ. . . . ἐγενήθησαν γ. (1)
De. 2. 34; 3. 6. ἐξωλεθρεύσαμεν . . . τὰς γ. (1)
3. 19. πλὴν αἱ γ. ὑμῶν καὶ τὰ τέκνα ὑμῶν (1)
5. 21 (18). οὐκ ἐπιθυμήσεις τὴν γ. τοῦ πλησίον σου (1)
13. 6 (7). ἢ ἡ θυγάτηρ σου ἢ ἡ γ. σου (1)
17. 2. ἀνὴρ ἢ γυνὴ ὃς ποιήσει τὸ πονηρόν (1)
— 5. ἐξάξεις τὸν ἄνθρωπον ἐκεῖνον ἢ τὴν γ. ἐκείνην (1)
— 17. A R οὐ πληθυνεῖ ἑαυτῷ γυναῖκας [B^1 *om.*] (1)
20. 7. ὅστις μεμνήστευται γυναῖκα (1)
— 14. πλὴν τῶν γ. καὶ τῆς ἀποσκευῆς (1)
21. 11. ἐὰν δὲ . . . ἴδῃς . . . γ. καλὴν τῷ εἴδει (1)
— 11. καὶ λάβῃς αὐτὴν σεαυτῷ γυναῖκα (1)
— 13. ἔσται σου γυνή (1)
— 15. ἐὰν δὲ γένωνται ἀνθρώπῳ δύο γυναῖκες (1)
22. 5. οὐκ ἔσται σκεύη ἀνδρὸς ἐπὶ γυναικί (1)
— 13. ἐὰν δέ τις λάβῃ γυναῖκα (1)
— 14. τὴν γ. ταύτην εἴληφα (1)
— 16. τὴν θυγ. μου τ. δέδωκα τῷ ἀνθρ. τούτῳ γυναῖκα (1)
— 19. αὐτοῦ ἔσται γυνή (1)
— 22. ἄνθρωπος κοιμώμενος μετὰ γυναῖκος (1)
— 22. ἀποκτενεῖτε ἀμφοτέρους τὸν ἄνδρα κοιμώμ. μετὰ τῆς γ. καὶ τὴν γ. (1, 1)
— 24. ὅτι ἐταπείνωσε τὴν γ. τοῦ πλησίον (1)
— 29. αὐτοῦ ἔσται γυνή (1)
— 30 (23. 1). οὐ λήψεται ἄνθρωπος τὴν γ. τοῦ πατρὸς αὐτοῦ (1)
24. 1. ἐὰν δέ τις λάβῃ γυναῖκα (1)
— 3. ὃς ἔλαβεν αὐτὴν ἑαυτῷ γυναῖκα (1)
— 4. λαβεῖν αὐτὴν ἑαυτῷ γ. (1)
— 5. ἐὰν δέ τις λάβῃ γυναῖκα προσφάτως (1)
— 5. ἐνιαυτὸν ἕνα εὐφρανεῖ τὴν γ. (1)
25. 5. οὐκ ἔσται ἡ γ. τοῦ τεθνηκ. [A τετελευτηκ.] ἔξω ἀνδρί (1)
— 5. λήψεται αὐτὴν ἑαυτῷ γυναῖκα (1)
— 7. λαβεῖν τὴν γ. τοῦ ἀδελφοῦ αὐτοῦ καὶ ἀναβήσεται ἡ γ. (11, 4)
— 9. προσελθοῦσα ἡ γ. τοῦ ἀδελφοῦ αὐτοῦ (11)
— 11. ἐὰν δὲ . . . προσέλθῃ ἡ γ. ἑνὸς αὐτῶν (1)
27. 20. A R ὁ κοιμώμ. μετὰ γυναικὸς τοῦ [B ἐκ] πατρὸς αὐ. (1)
— 23. B ὁ κοιμώμ. μετὰ τῆς ἀδ. τῆς γ. αὐ. (3 ?)
28. 30. γυναῖκα λήψῃ καὶ ἀνὴρ ἕτερος ἕξει αὐτήν (1)
— 54. τὴν γ. τὴν ἐν τῷ κόλπῳ αὐτοῦ (1)
29. 11 (10). ὑμεῖς ἑστήκατε πάντες . . . αἱ γ. ὑμῶν (1)
— 18 (17). μή τίς ἐστιν ἐν ὑμῖν ἀνὴρ ἢ γυνή (1)
31. 12. ἐκκλησιάσας [A -άσατε] τὸν λαὸν τοὺς ἄνδρας καὶ τὰς γ. (1)
Jo. 1. 14. αἱ γ. ὑμῶν . . . κατοικείτωσαν ἐν τῇ γῇ (1)
2. 1. εἰσήλθοσαν εἰς οἰκίαν γυναικὸς πόρνης (1)
— 4. λαβοῦσα ἡ γ. τοὺς δύο [A *om.*] ἄνδρας (1)
6. 20 (21). ἀπὸ ἀνδρὸς καὶ ἕως γυναικός (1)
— 21 (22). εἰσέλθατε εἰς τὴν οἰκίαν τῆς γ. (1)
— 22 (23). εἰσῆλθον . . . εἰς τὴν οἰκίαν τῆς γ. –
8. 25. ἀπὸ ἀνδρὸς καὶ ἕως γυναικός (1)
9. 2 (8. 35). τοῖς ἀνδράσι καὶ ταῖς γ. (1)
15. 16. δώσω αὐτῷ τὴν Ἀσχὰν θυγατέρα μου εἰς γυναῖκα (1)
— 17. ἔδωκεν αὐτῷ τὴν Ἀσχὰν θυγατέρα αὐτοῦ γυναῖκα [A αὐτῷ εἰς γ.] (1)
Jd. 1. 12. δώσω αὐτῷ τὴν Ἀσχὰ θυγατέρα μου εἰς γυναῖκα (1)

Jd. 1. 13. ἔδωκεν αὐτῷ Χάλεβ [A om.] τὴν Ἀσχὰ θυγατέρα αὐτοῦ εἰς γυναῖκα (1)
3. 6. ἔλαβον τὰς θυγατέρας αὐ. ἑαυτοῖς εἰς γυναῖκας (1)
4. 4. Δεββῶρα γυνὴ προφῆτις γυνὴ Λαφιδώθ (1, 1)
— 9. ἐν χειρὶ γυναικὸς ἀποδώσεται κ. τὸν Σ. (1)
— 17. εἰς σκηνὴν Ἰαὴλ γυναικὸς Χαβέρ (1)
— 21. ἔλαβεν Ἰαὴλ γυνὴ Χαβὲρ τὸν πάσσαλον (1)
5. 24. εὐλογηθείη ἐν γυναιξὶν [A ἐκ γυναικῶν] Ἰαὴλ γυνὴ Χ. τοῦ Κ. ἀπὸ [A ἐκ] γυναικῶν ἐν σκηναῖς [A -ῇ] εὐλογηθείη (1 ter)
8. 30. γυναῖκες πολλαὶ ἦσαν αὐτῷ (1)
9. 49. ὡσεὶ χίλιοι ἄνδρες καὶ γυναῖκες (1)
— 51. ἔφυγον ἐκεῖ . . . αἱ γ. τῆς πόλεως [A al.] (1)
— 53. B ἔρριψε γυνὴ μία κλάσμα ἐπιμυλίου [B -ιον, A μύλου] (1)
— 54. γυνὴ ἀπέκτεινεν αὐτόν (1)
11. 1. αὐτὸς υἱὸς [A ἦν υἱ.] γυναικὸς πόρνης (1)
— 2. ἔτεκεν ἡ γ. Γαλαὰδ αὐτῷ υἱούς [A δύο υἱ.] (1)
— 2. ἡδρύνθησαν οἱ υἱοὶ τῆς γ. (1)
— 2. υἱὸς γυναικὸς ἑταίρας [A ἑτέρας εἶ] σύ (1)
12. 9. A τριάκοντα γυναῖκας εἰσήγαγεν [B θυγατέρας εἰσήνεγκε] (2)
13. 2. A B καὶ γυνὴ αὐτοῦ [B -ῷ] στεῖρα (1)
— 3. ὤφθη ἄγγελος κυρίου πρὸς τὴν γ. (1)
— 6. εἰσῆλθεν [A ἦλθεν] ἡ γ. (1)
— 9. ἦλθεν [A παρεγένετο] ὁ ἄγγελος τοῦ θεοῦ ἔτι πρὸς τὴν γ. (1)
— 10. ἐτάχυνεν ἡ γ. (1)
— 11. ἐπορεύθη Μανωὲ ὀπίσω τῆς γ. αὐτοῦ (1)
— 11. εἰ σὺ εἶ ὁ ἀνὴρ ὁ λαλήσας πρὸς τὴν γ. (1)
— 13. ἀπὸ πάντων ὧν εἴρηκα [A εἶπα] πρὸς τὴν γ. (1)
— 19, 20. Μανωὲ καὶ ἡ γ. αὐτοῦ βλέποντες [A ἐθεώρουν] (1)
— 21. ὀφθῆναι . . . πρὸς τὴν γ. αὐτοῦ (1)
— 22. εἶπε Μανωὲ πρὸς τὴν γ. αὐτοῦ (1)
— 23. εἶπεν αὐτῷ ἡ γ. αὐτοῦ (1)
— 24. ἔτεκεν ἡ γ. υἱόν [A om.] (1)
14. 1. A B εἶδε γυναῖκα ἐν [B εἰς] Θαμναθά (1)
— 2. γυναῖκα ἑώρακα ἐν Θαμναθά (1)
— 2. λάβετε αὐτήν μοι εἰς γυναῖκα (1)
— 3. καὶ ἐκ παντὸς τοῦ λαοῦ [A ἐν παντὶ τῷ λαῷ] μου γυνή (1)
— 3. σὺ πορεύῃ λαβεῖν γυναῖκα ἀπὸ [A ἐκ] τῶν ἀλλοφύλων (1)
— 7. ἐλάλησαν τῇ γ. (1)
— 10. κατέβη ὁ πατὴρ αὐτοῦ πρὸς τὴν γ. (1)
— 15. εἶπαν τῇ γ. Σαμψών (1)
— 16. ἔκλαυσεν ἡ γ. Σαμψὼν πρὸς αὐτόν (1)
— 20. καὶ ἐγένετο [A συνῴκησεν] ἡ γ. Σαμψὼν ἑνὶ τῶν φίλων [A τῷ νυμφαγωγῷ] αὐτοῦ (1)
15. 1. ἐπεσκέψατο Σαμψὼν τὴν γ. αὐτοῦ (1)
— 1. εἰσελεύσομαι πρὸς τὴν γ. μου (1)
— 6. ἔλαβε τὴν γ. αὐτοῦ (1)
16. 1. εἶδεν ἐκεῖ γυναῖκα πόρνην (1)
— 4. ἠγάπησε γυναῖκα ἐν Ἀλσωρὴχ [A al.] (1)
— 27. ὁ οἶκος πλήρης τῶν [A ἦν πλ.] ἀνδρῶν καὶ τῶν γ. (1)
— 27. A B ὡσεὶ τρισχίλιοι [B ὡς ἑπτακόσιοι] ἄνδρες καὶ γυναῖκες (1)
19. 1. ἔλαβεν αὐτῷ [A ὁ ἀνὴρ ἑαυτῷ] γ. παλλακήν (1)
— 26. ἦλθεν ἡ γ. (1)
— 27. ἡ γ. αὐτοῦ ἡ παλλακὴ πεπτωκυῖα (1)
20. 4. ὁ ἀνὴρ τῆς γ. τῆς φονευθείσης [A πεφονευμένης] (1)
— 4. A καὶ ἡ γ. μου καταλῦσαι [B al.] (7)
21. 1. οὐ δώσει θυγατέρα αὐ. τῷ Βεν. εἰς γυναῖκα (1)
— 7. τοῖς ὑπολειφθεῖσιν εἰς γυναῖκας (1)
— 7. τοῦ μὴ δοῦναι αὐτοῖς ἀπὸ τῶν θυγ. ἡμῶν εἰς γυναῖκας (1)
— 10. A καὶ τὰς γ. καὶ τὸν λαόν (1)
— 11. πᾶσαν γυναῖκα εἰδυῖαν [A γινώσκουσαν] κοίτην (1)
— 14. A τὰς γ. αἵτινες ἦσαν ἐκ τῶν γ. Ἰ. [B al.] (1,1)
— 16. τί ποιήσωμεν τοῖς περισσοῖς [A ἐπιλοίποις] εἰς γυναῖκας (1)
— 16. ἠφανίσθη ἀπὸ Βεν. γυνή [A al.] (1)
— 18. δοῦναι αὐτοῖς γυναῖκας ἀπὸ τῶν θυγ. ἡμῶν (1)
— 18. ἐπικατάρατος ὁ διδοὺς γυναῖκα τῷ Βεν. (1)
— 21. ἁρπάσατε ἑαυτοῖς ἀνὴρ γυναῖκα (1)
— 22. οὐκ ἐλάβομεν ἀνὴρ γυναῖκα αὐτοῦ (1)
Jd. 21. 23. ἔλαβον γυναῖκας εἰς [A κατὰ τὸν] ἀριθμὸν αὐτῶν (1)
Ru. 1. 1. αὐτὸς καὶ ἡ γ. αὐτοῦ (1)
— 2. A B καὶ ὄνομα τῇ γ. αὐτοῦ Νοεμμείν (1)
— 4. ἐλάβοσαν ἑαυτοῖς γυναῖκας Μωαβίτιδας (1)
— 5. κατελείφθη ἡ γ. ἀπὸ τοῦ ἀνδρὸς αὐτῆς (1)
3. 8. γυνὴ κοιμᾶται πρὸς ποδῶν αὐτοῦ (1)
— 11. γυνὴ δυνάμεως εἶ σύ (1)
— 14. A B ἦλθε γυνὴ εἰς τὸν ἅλω [B τὴν ἅλωνα] (1)
4. 5. καὶ παρὰ Ῥοὺθ τῆς Μωαβίτιδος γ. τοῦ τεθνηκ. (1)
— 10. τὴν γ. Μααλὼν κέκτημαι ἐμαυτῷ εἰς γυναῖκα (1, 1)
— 11. τὴν γ. σου τὴν εἰσπορευομ. εἰς τὸν οἶκόν σου (1)
— 13. A B ἐγένετο [B -νήθη] αὐτῷ εἰς γυναῖκα (1)
— 14. εἶπαν αἱ γ. πρὸς Ν. (1)
I Ki. 1. 2. καὶ τούτῳ δύο γυναῖκες (1)
— 4. ἔδωκε τῇ Φεννάνᾳ γ. αὐτοῦ . . . μερίδας (1)
— 15. γυνὴ ἡ σκληρὰ ἡμέρα ἐγώ εἰμι (1)
— 18. ἐπορεύθη ἡ γ. εἰς τὴν ὁδὸν αὐτῆς (1)
— 19. ἔγνω [A ἔ. Ἐλκανὰ] τὴν Ἄνναν γ. αὐτοῦ (1)
— 23. ἐκάθισεν ἡ γ. (1)
— 26. ἐγὼ ἡ γ. ἡ καταστᾶσα ἐνώπιόν σου (1)
2. 20. εὐλόγησεν Ἠλὶ τὸν Ἐλ. καὶ τὴν γ. αὐ. (1)
— 20. ἀποτίσαι σοι κύριος σπέρμα ἐκ τῆς γ. ταύτης (1)
— 22. A ὡς ἐκοίμιζον τὰς γ. (1)
4. 19. γυνὴ Φινεὲς συνειληφυῖα τοῦ τεκεῖν (1)
— 20. εἶπον αὐτῇ αἱ γ. αἱ παρεστηκυῖαι αὐτῇ –
14. 50. ὄνομα τῇ γ. αὐτοῦ Ἀχινοόμ (1)
15. 3. ἀποκτενεῖς ἀπὸ ἀνδρὸς καὶ ἕως γυναικός (1)
— 33. καθότι ἠτέκνωσε γυναῖκας ἡ ῥομφαία σου οὕτως ἀτεκνωθήσεται ἐκ γυναικῶν ἡ μήτηρ σου (1, 1)
18. 7. ἐξῆρχον αἱ γ. [A ἐξῆλθον αἱ γ. αἱ παίζουσαι] (1)
— 17. A αὐτὴν δώσω σοι εἰς γυναῖκα (1)
— 19. A αὐτὴ ἐδόθη τῷ Ἰσρ. τῷ Μοθ. εἰς γυναῖκα (1)
— 27. δίδωσιν αὐτῷ [A αὐ. Σαοὺλ] τὴν Μελχὸλ . . . εἰς γυναῖκα (1)
19. 11. ἀπήγγειλε τῷ Δαυὶδ Μελχὸλ ἡ γ. αὐτοῦ (1)
21. 4 (5). εἰ πεφυλαγμένα . . . πλὴν [B om.] ἀπὸ γυναικός (1)
— 5 (6). ἀπὸ γυναικὸς ἀπεσχήμεθα (1)
22. 19. ἀπὸ ἀνδρὸς ἕως γυναικός (1)
25. 3. καὶ ὄνομα τῇ γ. αὐτοῦ Ἀβιγαία (1)
— 3. καὶ ἡ γ. αὐτοῦ ἀγαθὴ συνέσει (1)
— 14. τῇ Ἀβ. γ. Νάβαλ ἀπήγγειλεν ἓν τῶν παιδαρίων (1)
— 37. ἀπήγγειλεν ἡ γ. αὐτοῦ τὰ ῥήματα ταῦτα (1)
— 39. λαβεῖν αὐτὴν ἑαυτῷ εἰς γυναῖκα (1)
— 40. λαβεῖν σε αὐτῷ εἰς γυναῖκα (1)
— 42. καὶ γίνεται αὐτῷ εἰς γυναῖκα (1)
— 43. ἀμφότεραι ἦσαν αὐτῷ γυναῖκες (1)
— 44. Σαοὺλ ἔδωκε Μ. . . . τὴν γ. Δ. τῷ Φ. (1)
27. 3. Δαυὶδ καὶ ἀμφότεραι αἱ γ. αὐτοῦ (1)
— 3. καὶ Ἀβιγαία ἡ γ. Νάβαλ τοῦ Καρμηλίου (1)
— 9. οὐκ ἐζωογόνει ἄνδρα καὶ γυναῖκα (1)
— 11. ἄνδρα καὶ γυναῖκα οὐκ ἐζωογόνησα (1)
28. 7. ζητήσατέ μοι γυναῖκα ἐγγαστρίμυθον (1)
— 7. ἰδοὺ γυνὴ ἐγγαστρίμυθος ἐν Ἀενδώρ (1)
— 8. ἔρχονται πρὸς τὴν γ. νυκτός (1)
— 9. εἶπεν πρὸς αὐτὸν ἡ γ. (1)
— 11. εἶπεν ἡ γ. (1)
— 12. εἶδεν ἡ γ. τὸν Σαμουήλ (1)
— 12. εἶπεν ἡ γ. πρὸς Σαούλ (1)
— 13. B εἶπεν αὐτῷ ἡ γ. [A B om. ἡ γ.] (1)
— 21. εἰσῆλθεν ἡ γ. πρὸς Σαούλ (1)
— 23. παρεβιάζοντο αὐτὸν οἱ παῖδες αὐτοῦ καὶ ἡ γ. (1)
— 24. τῇ γ. ἦν δάμαλις νομὰς ἐν τῇ οἰκίᾳ (1)
30. 2. τὰς γ. καὶ πάντα τὰ ἐν αὐτῇ (1)
— 2. οὐκ ἐθανάτωσαν [A -σεν] ἄνδρα καὶ γυναῖκα –
— 3. αἱ δὲ γ. αὐτῶν καὶ οἱ υἱοὶ αὐτῶν (1)
— 5. ἀμφότεραι αἱ γ. Δαυὶδ ᾐχμαλωτεύθησαν (1)
— 5. Ἀβιγαία ἡ γ. Νάβαλ τοῦ Καρμηλίου (1)
— 18. ἀμφοτέρας τὰς γ. αὐτοῦ ἐξείλατο [A ἐξ. Δ.] (1)
— 22. τὴν γ. αὐτοῦ καὶ τὰ τέκνα αὐτοῦ ἀπαγέσθωσαν [A ἐπ.] (1)
II Ki. 1. 26. ἡ ἀγάπησίς σου ἐμοὶ ὑπὲρ ἀγάπησιν [A -πην] γυναικῶν (1)
2. 2. καὶ ἀμφότεραι αἱ γ. αὐτοῦ (1)
II Ki. 2. 2. Ἀβιγαία ἡ γ. Νάβαλ τοῦ Καρμηλίου (1)
3. 5. ὁ ἕκτος Ἰεθεραὰμ τῆς Αἰγὰλ γυναικὸς Δ. (1)
— 8. καὶ ἐπιζητεῖς ἐπ᾽ ἐμὲ ὑπὲρ ἀδικίας γυναικός (1)
— 14. ἀπόδος μοι τὴν γ. μου τὴν Μελχόλ (1)
5. 13. ἔλαβε Δαυὶδ ἔτι γυναῖκας (8)
6. 19. ἀπὸ ἀνδρὸς ἕως γυναικός (1)
11. 2. εἶδε γυναῖκα λουομένην ἀπὸ τοῦ δώματος καὶ ἡ γ. καλὴ τῷ εἴδει σφόδρα (1, 1)
— 3. ἐζήτησε τὴν γ. καὶ εἶπεν, Οὐχὶ αὕτη Βηρσαβεὲ θυγάτηρ Ἐλιὰβ γυνὴ Οὐρίου τοῦ Χ. (1, 1)
— 5. ἐν γαστρὶ ἔλαβεν ἡ γ. (1)
— 11. καὶ κοιμηθῆναι μετὰ τῆς γ. μου (1)
— 21. οὐχὶ γυνὴ ἔρριψε κλάσμα μύλου ἐπ᾽ αὐτόν (1)
— 22. οὐχὶ γυνὴ ἔρριψεν ἐπ᾽ αὐτὸν κλάσμα μύλου –
— 26. ἤκουσεν ἡ γ. Οὐρίου (1)
— 27. ἐγενήθη αὐτῷ εἰς γυναῖκα (1)
12. 8. καὶ τὰς [A ἔδωκα τὰς] γ. τοῦ κυρίου σου (1)
— 9. τὴν γ. αὐτοῦ ἔλαβες σεαυτῷ εἰς γυναῖκα (1, 1)
— 10. ἔλαβες τὴν γ. τοῦ Οὐ. τοῦ Χ. τοῦ εἶναί σοι εἰς γυναῖκα (1, 1)
— 11. λήψομαι τὰς γ. σου κατ᾽ ὀφθαλμούς σου (1)
— 11. κοιμηθήσεται μετὰ τῶν γ. σου (1)
— 15. ὃ ἔτεκεν ἡ γ. Οὐρίου τῷ Δ. (1)
— 24. παρεκάλεσε Δαυὶδ Βηρσαβεὲ τὴν γ. αὐ. (1)
14. 2. ἔλαβεν ἐκεῖθεν γυναῖκα σοφήν (1)
— 2. ἔσῃ ὡς γυνὴ πενθοῦσα ἐπὶ τεθνηκότι (1)
— 4. εἰσῆλθεν ἡ γ. ἡ Θεκ. πρὸς τὸν βασ. (1)
— 5. καὶ μάλα γυνὴ χήρα ἐγώ εἰμι (1)
— 8. B εἶπεν ὁ βασιλεὺς πρὸς τὴν γ. [A B om. πρὸς τὴν γ.] (1)
— 9. εἶπεν ἡ γ. ἡ Θεκ. πρὸς τὸν βασ. (1)
— 12. A B εἶπεν ἡ γ. [B om. ἡ γ.] (1)
— 13. εἶπεν ἡ γ. (1)
— 17. εἶπεν ἡ γ. (9)
— 18. εἶπε πρὸς τὴν γ. (1)
— 18. εἶπεν ἡ γ. (1)
— 19. εἶπεν ἡ γ. τῷ βασιλεῖ (1)
— 27. αὕτη ἦν [A ἡ] γυνὴ καλὴ σφόδρα· καὶ γίνεται γυνὴ τῷ Ῥ. (1, –)
15. 16. ἀφῆκεν ὁ βασιλεὺς δέκα [A τὰς δ.] γυναῖκας τῶν παλλ. αὐ. (1)
17. 19. ἔλαβεν ἡ γ. (1)
— 20. ἦλθαν οἱ παῖδες Ἀβεσσαλὼμ πρὸς τὴν γ. (1)
— 20. εἶπεν αὐτοῖς ἡ γ. (1)
19. 5 (6). καὶ τὴν ψυχὴν τῶν γ. σου (1)
20. 3. ἔλαβεν ὁ βασ. τὰς δέκα γ. τὰς παλλακὰς [A -κίδας] αὐ. (1)
— 16. ἐβόησε γ. σοφὴ ἐκ τοῦ τείχους (1)
— 17. εἶπεν ἡ γ. (1)
— 21. εἶπεν ἡ γ. πρὸς Ἰωάβ (1)
— 22. εἰσῆλθεν ἡ γ. πρὸς πάντα τὸν λαόν (1)
III Ki. 2. 16 (17). δώσει μοι τὴν Ἀβ. τὴν Σωμ. εἰς [A om.] γυναῖκα 1)
— 21. δοθήτω δὴ Ἀβ. . . . τῷ Ἀδ. τῷ ἀδ. σου εἰς γυναῖκα (1)
3. 16. ὤφθησαν δύο γ. πόρναι τῷ βασιλεῖ (1)
— 17. εἶπεν ἡ γ. ἡ μία (1)
— 17. ἐγὼ καὶ ἡ γ. αὕτη ᾠκοῦμεν ἐν οἴκῳ ἑνί (1)
— 18. καὶ ἔτεκεν ἡ γ. αὕτη (1)
— 19. ἀπέθανεν ὁ υἱὸς τῆς γ. [A om. τῆς γ.] ταύτης τὴν νύκτα (1)
— 22. εἶπεν ἡ γ. ἡ ἑτέρα (1)
— 26. ἀπεκρίθη ἡ γ. ἧς ἦν ὁ υἱὸς ὁ ζῶν (1)
4. 11. Τεφὰθ θυγ. Σαλ. ἦν αὐτῷ εἰς γυναῖκα (1)
— 15. A B οὗτος ἔλαβε τὴν Β. . . . εἰς γυναῖκα [B om. εἰς γ.] (1)
— 34 (B), 3. 1 (A). ἔλαβε Σαλ. τὴν θυγ. Φ. αὐτῷ εἰς γυναῖκα –
— 34 (B), 9. 16 (A). ἔδωκεν αὐτὰς Φ. ἀποστολὰς θυγατρὶ αὐ. γυναικὶ Σαλ. (1)
7. 14. ἔλαβε τὸν Χιρὰμ ἐκ Τ. υἱὸν γυναικὸς χήρας (1)
10. 8. μακάριαι αἱ γ. σου +
11. 1 (3). A B ἦσαν αὐτῷ γυναῖκες [B om.] ἄρχουσαι ἑπτακόσιαι (1)
— 1. ἔλαβε γυναῖκας ἀλλοτρίας (1)
— 3. A καὶ ἔκλιναν γυναῖκες αὐ. τὴν καρδίαν αὐ. (1)
— 3 (4). ἐξέκλιναν αἱ γ. [A γ. αὐ.] αἱ ἀλλότριαι [A om. αἱ ἀ.] τὴν καρδίαν αὐ. (1)
— 8. οὕτως ἐποίησε πάσαις ταῖς γ. αὐτοῦ (1)
— 19. ἔδωκεν αὐτῷ γυναῖκα ἀδελφὴν τῆς γ. αὐτοῦ (1, 1)

III Ki. 11. 26. υἱὸς γυναικὸς χήρας [A *al.*] (1)
12. 24. B R καὶ ὄνομα τῆς μητρὸς αὐτοῦ Σαριρὰ γυνὴ [B *om.*] πόρνη –
— 24. B ἔδωκε τῷ Ἰ. τὴν Ἀ. ἀδ. Θ. τὴν πρεσβυτ. τῆς γ. αὐ. αὐτῷ εἰς γυναῖκα –, –
— 24. B εἶπε πρὸς Ἀνὼ τὴν γ. αὐτοῦ –
— 24 (*cf.* A 14. 2). B εἶπεν Ἱεροβοὰμ πρὸς τὴν γ. αὐτοῦ –
— 24 (*cf.* A 14. 4). B ἀνέστη ἡ γ. –
— 24. B ἔξελθε δὴ εἰς ἀπαντὴν Ἀνὼ τῇ γ. Ἱερ. –
— 24. B ἀπῆλθεν ἡ γ. ὡς ἤκουσε –
14. 2. A εἶπεν ὁ Ἱεροβοὰμ πρὸς τὴν γ. αὐτοῦ (1)
— 2. A οὐ γνώσονται ὅτι σὺ γυνὴ Ἱεροβοάμ (1)
— 4. A ἐποίησεν οὕτως γυνὴ Ἱεροβοάμ (1)
— 5. A ἰδοὺ γυνὴ Ἱεροβοὰμ εἰσέρχεται (1)
— 6. A εἴσελθε, γυνὴ Ἱεροβοάμ (1)
— 17. A ἀνέστη ἡ γ. Ἱεροβοάμ (1)
16. 31. ἔλαβε γυναῖκα τὴν Ἰεζάβελ (1)
17. 9. ἐντέταλμαι ἐκεῖ γυναικὶ χήρᾳ (1)
— 10. γυνὴ χήρα συνέλεγε ξύλα (1)
— 12. εἶπεν ἡ γ. –
— 15. ἐπορεύθη ἡ γ. –
— 17. ἠρρώστησεν ὁ υἱὸς τῆς γ. τῆς κυρίας τοῦ οἴκου (1)
— 19. εἶπεν Ἠλιοὺ πρὸς τὴν γ. –
— 24. εἶπεν ἡ γ. πρὸς Ἠλιού (1)
19. 1. ἀνήγγειλεν Ἀχ. τῇ Ἰεζ. γ. αὐτοῦ πάντα –
20 (21). 5. εἰσῆλθεν Ἰεζ. ἡ γ. αὐ. πρὸς αὐτόν (1)
— 7. εἶπε πρὸς αὐτὸν Ἰεζάβελ ἡ γ. αὐτοῦ (1)
— 25. ὡς μετέθηκεν αὐτὸν Ἰεζάβελ ἡ γ. αὐτοῦ (1)
21 (20). 3. αἱ γ. σου καὶ τὰ τέκνα σου [A σου τὰ καλὰ] ἐμά ἐστι (1)
— 5. A B τὰς γ. σου καὶ τὰ τέκνα σου [B *om.* καὶ τὰ τ. σου] δώσεις ἐμοί (1)
— 7. ἀπέσταλκε πρὸς μὲ περὶ τῶν γ. μου (1)
IV Ki. 4. 1. γυνὴ μία ἀπὸ τῶν υἱῶν τῶν προφητῶν (1)
— 8. καὶ ἐκεῖ γυνὴ μεγάλη (1)
— 9. εἶπεν ἡ γ. πρὸς τὸν ἄνδρα αὐτῆς –
— 17. ἐν γαστρὶ ἔλαβεν ἡ γ. (1)
— 37. εἰσῆλθεν ἡ γ. –
5. 2. ἦν ἐνώπιον τῆς γ. Ναιμάν (1)
6. 26. γυνὴ ἐβόησε πρὸς αὐτόν (1)
— 28. εἶπεν ἡ γ. (1)
— 30. A R ὡς ἤκουσεν ὁ βασιλεὺς Ἰσρ. [B *om.*] τοὺς λόγους τῆς γ. (1)
8. 1. Ἐλισαιὲ ἐλάλησε πρὸς τὴν γ. (1)
— 2. ἀνέστη ἡ γ. (1)
— 3. ἐπέστρεψεν ἡ γ. ἐκ γῆς [A τῶν] ἀλλοφύλων (1)
— 5. ἡ γ. ἧς ἐζωπύρησε τὸν υἱὸν αὐ. Ἐλ. (1)
— 5. κύριε βασιλεῦ, αὕτη ἡ γ. (1)
— 6. ἐπηρώτησεν ὁ βασιλεὺς τὴν γ. (1)
— 18. θυγάτηρ Ἀχαὰβ ἦν αὐτῷ εἰς γυναῖκα (1)
14. 9. δὸς τὴν θυγατέρα σου τῷ υἱῷ μου εἰς γυναῖκα (1)
23. 7. οὗ αἱ γ. ὕφαινον ἐκεῖ χεττιὶμ τῷ ἄλσει (1)
24. 15. καὶ τὰς γ. τοῦ βασιλέως (1)
I Ch. 1. 50. A ὄνομα τῇ γ. αὐτοῦ Μεταβεήλ (1)
2. 18. A R ἔλαβε [B ἐγέννησεν] τὴν Γαζουβὰ γυναῖκα (1)
— 24. καὶ ἡ γ. Ἐσρὼμ Ἀβιά (1)
— 26. καὶ ἦν γ. ἑτέρα τῷ Ἱεραμεήλ (1)
— 29. καὶ ὄνομα τῆς γ. Ἀβισοὺρ Ἀβιχαία (1)
— 35. ἔδωκε Σωσὰν τὴν θυγατέρα αὐτοῦ . . . εἰς γυναῖκα (1)
3. 3. ὁ ἕκτος . . . τῇ Ἀγλᾷ γ. αὐτοῦ (1)
4. 5. τῷ Ἀσοὺρ . . . ἦσαν δύο γυναῖκες (1)
— 18. ἡ γ. αὐτοῦ αὕτη Ἀδία ἔτεκε τὸν Ἰάρεδ (1)
— 19. υἱοὶ γυναικὸς τῆς Ἰδουΐας [A Ἰουδαίας] (1)
7. 4. ὅτι ἐπλήθυναν γυναῖκας καὶ υἱούς (1)
— 15. Μαχὶρ ἔλαβε γυναῖκα τῷ Ἀπφίν (1)
— 16. καὶ ἔτεκε Μοωχὰ γυνὴ Μαχὶρ υἱόν (1)
— 23. καὶ εἰσῆλθε πρὸς τὴν γ. αὐτοῦ (1)
8. 8. καὶ τὴν Βααδὰ γυναῖκα αὐτοῦ (1)
— 9. ἐγέννησεν ἐκ τῆς Ἀδὰ γυναικὸς αὐτοῦ τὸν Ἰωλ. (1)
— 29. καὶ ὄνομα γυναικὶ αὐτοῦ Μοαχά (1)
9. 35. καὶ ὄνομα γυναικὸς αὐτοῦ Μοωχά (1)
14. 3. ἔλαβε Δαυὶδ ἔτι γυναῖκας ἐν Ἱερουσαλήμ (1)
16. 3. ἀπὸ ἀνδρὸς καὶ ἕως γυναικός (1)
II Ch. 8. 11. κατοικήσει ἡ γ. μου ἐν πόλει Δαυίδ (1)
11. 18. ἔλαβεν ἑαυτῷ Ῥοβ. γυναῖκα τὴν Μ. (1)
— 21. ἠγάπησε Ῥ. τὴν Μααχὰ . . . ὑπὲρ πάσας τὰς γ. αὐτοῦ (1)

II Ch. 11. 21. ὅτι γυναῖκας δέκα ὀκτὼ εἶχε (1)
— 23. ᾐτήσατο πλῆθος γυναικῶν (1)
13. 21. ἔλαβεν ἑαυτῷ γυναῖκας δέκα τέσσαρας (1)
15. 13. ἀπὸ ἀνδρὸς ἕως γυναικός (1)
20. 13. πᾶς Ἰούδα . . . καὶ τὰ παιδία αὐτῶν καὶ αἱ γ. (1)
21. 6. ὅτι θυγάτηρ Ἀχαὰβ ἦν αὐτοῦ γυνή (1)
— 14. ἐν τοῖς υἱοῖς σου καὶ ἐν γυναιξί σου (1)
22. 11. γυνὴ Ἰωδαὲ τοῦ ἱερέως (1)
24. 3. ἔλαβεν Ἰωδαὲ δύο γυναῖκας ἑαυτῷ (1)
25. 18. δὸς τὴν θυγατέρα σου τῷ υἱῷ μου εἰς γυναῖκα (1)
28. 8. ᾐχμαλώτισαν . . . γυναῖκας υἱοὺς καὶ θυγατέρας (1)
29. 9. αἱ θυγατέρες ὑμῶν καὶ αἱ γ. ὑμῶν (1)
34. 22. πρὸς Ὀλδὰν τὴν προφῆτιν γυναῖκα Σελλήμ (1)
I Es. 1. 32. οἱ προκαθήμενοι σὺν γυναιξὶν ἐθρηνοῦσαν αὐτόν
3. 12. ὑπερισχύουσιν αἱ γ.
4. 13. ὁ εἴπας [A εἰπὼν] περὶ τῶν γ.
— 14. τίς ὁ κυριεύων αὐτῶν; οὐχ αἱ γ.
— 15. αἱ γ. ἐγέννησαν τὸν βασιλέα
— 17. οὐ δύνανται οἱ ἄνθρωποι χωρὶς τῶν γ. εἶναι
— 18. ἴδωσι [A ἀγαπῶσι] γυναῖκα μίαν καλὴν τῷ εἴδει
— 20. πρὸς τὴν ἰδίαν γ. κολλᾶται καὶ μετὰ τῆς γ. ἀφίησι τὴν ψυχήν
— 22. ὅτι αἱ γ. κυριεύουσιν ὑμῶν
— 22. πάντα ταῖς γ. δίδοτε καὶ φέρετε
— 25. ἀγαπᾷ ἄνθρωπος τὴν ἰδίαν γ. μᾶλλον ἢ τὸν πατ.
— 26. ἀπενοήθησαν ταῖς ἰδίαις διανοίαις διὰ τὰς γ.
— 27. ἐσφάλησαν καὶ ἡμάρτοσαν διὰ τὰς γ.
— 32. πῶς οὐχὶ ἰσχυραὶ αἱ γ.
— 34. ἄνδρες, οὐκ ἰσχυραὶ αἱ γ.
— 37. ἄδικοι αἱ γ.
5. 1. αἱ γ. αὐτῶν καὶ οἱ υἱοί
— 38. τοῦ λαβόντος Αὐγίαν γυναῖκα τῶν θυγ. Φαηζ.
8. 91. ἄνδρες καὶ γυναῖκες καὶ νεανίαι
— 92. A R συνῳκίσαμεν [B κατῴκησαν] γυναῖκας [B -κες] ἀλλογενεῖς
— 93. ἐκβαλεῖν πάσας τὰς γ. ἡμῶν
9. 7. A R συνῳκίσατε [B -κήσατε] γυναιξὶν [A -κας] ἀλλογενέσι
— 9. A R χωρίσθητε . . . ἀπὸ τῶν γ. [B *om.* τ. γ.] τῶν ἀλλογενῶν
— 12. ὅσοι ἔχουσι γυναῖκας ἀλλογενεῖς
— 17. A R τοὺς ἐπισυνέχοντας [B -αχθέντας] γυναῖκας ἀλλογ.
— 18. οἱ ἐπισυναχθέντες ἀλλογενεῖς γυναῖκας ἔχοντες
— 20. ἐκβαλεῖν τὰς γ. αὐτῶν
— 36. A R συνῴκισαν γυναῖκας ἀλλογενεῖς [B *al.*]
— 40. ἀπὸ ἀνθρώπου ἕως γυναικός
— 41. ἐνώπιον ἀνδρῶν τε καὶ γυναικῶν
II Es. 2. 61. ὃς ἔλαβεν ἀπὸ θυγατέρων Βερζ. . . . γυναῖκα (1)
10. 1. ἄνδρες καὶ γυναῖκες καὶ νεανίσκοι (1)
— 2. ἐκαθίσαμεν γ. ἀλλοτρίας ἀπὸ λαῶν τῆς γῆς (1)
— 3. ἐκβαλεῖν πάσας τὰς γ. (1)
— 10. ἐκαθίσατε [S^3 ἐλάβετε] γ. ἀλλοτρίας (1)
— 11. διαστάλητε . . . ἀπὸ τῶν γ. τῶν ἀλλοτρίων (1)
— 14. ὃς ἐκάθισε γ. ἀλλοτρίας (1)
— 17, 18. οἳ ἐκάθισαν γ. ἀλλοτρίας (1)
— 19. τοῦ ἐξενέγκαι γυναῖκας ἑαυτῶν (1)
— 44. πάντες οὗτοι ἐλάβοσαν γ. ἀλλοτρίας (1)
Ne. 4. 14 (8). παρατάξασθε περὶ . . . γυναικῶν ὑμῶν (1)
5. 1. κραυγὴ τοῦ λαοῦ καὶ γυναικῶν αὐ. μεγάλη (1)
6. 18. ἔλαβε τὴν θυγατέρα Μεσουλὰμ . . . εἰς γυναῖκα –
7. 63. ἔλαβον ἀπὸ θυγατέρων Βερζελλὶ . . . γυναῖκας (1)
8. 2. ἀπὸ ἀνδρὸς ἕως [A S καὶ ἕ.] γυναικός (1)
— 3. ἀπέναντι τῶν ἀνδρῶν καὶ τῶν γ. (1)
10. 28 (29). γυναῖκες αὐτῶν υἱοὶ αὐτῶν θυγατέρες αὐτῶν (1)
12. 43. αἱ γ. αὐ. καὶ τὰ τέκνα αὐ. ηὐφράνθησαν (1)
13. 23. τοὺς Ἰουδαίους οἳ ἐκάθισαν γ. Ἀζωτίας (1)
— 26. τοῦτον ἐξέκλιναν αἱ γ. αἱ ἀλλότριαι (1)
— 27. πονηρίαν ταύτην . . . καθίσαι γ. ἀλλοτρίας (1)
To. 1. 9. ἔλαβον Ἄνναν γυναῖκα
— 20. οὐ κατελείφθη μοι οὐδὲν πλὴν Ἄννας τῆς γ. μου
2. 1. ἀπεδόθη μοι Ἄννα ἡ γ. μου
— 11. ἡ γ. μου Ἄννα ἠριθεύετο ἐν τοῖς γυναικείοις

To. 3. 8. πρὶν ἢ γενέσθαι αὐτοὺς μετ᾽ αὐτῆς ὡς ἐν γυναιξί
— 15. ἵνα συντηρήσω ἐμαυτὴν αὐτῷ γυναῖκα
— 17. Σ. τὴν τοῦ Ῥ. δοῦναι Τωβίᾳ τῷ υἱῷ Τωβὶτ γυναῖκα
4. 12. A B γυναῖκα πρῶτον λάβε
— 12. A B μὴ λάβῃς γυναῖκα ἀλλοτρίαν
— 12. A B ὅτι αὐτοὶ πάντες ἔλαβον γυναῖκας
— 13. A B λαβεῖν σεαυτῷ ἐξ αὐτῶν γυναῖκα
6. 7. ταῦτα δεῖ καπνίσαι ἐνώπιον ἀνθρώπου ἢ γυναικός
— 10. A B τοῦ δοθῆναί σοι αὐτὴν εἰς γυναῖκα
— 15. ὑπὲρ τοῦ λαβεῖν σε γυναῖκα ἐκ τοῦ γένους σου
— 15. διότι σοι ἔσται εἰς γυναῖκα [S *al.*]
— 15. τὴν νύκτα ταύτην δοθήσεταί σοι αὕτη εἰς γυναῖκα [S *al.*]
7. 2. εἶπε Ῥαγουὴλ Ἔδνᾳ τῇ γ. αὐτοῦ
— 8. καὶ Ἔδνα ἡ γ. αὐτοῦ καὶ Σάρρα ἡ θυγάτηρ αὐτοῦ ἔκλαυσαν
— 13. παρέδωκεν αὐτὴν Τωβίᾳ γυναῖκα [S *al.*]
— 13. S δοῦναί σοι τὴν γ. [A B *al.*]
— 14. ἐκάλεσεν Ἔδναν τὴν γ. αὐτοῦ [S *al.*]
— 14. S ὡς δίδωσιν αὐτὴν αὐτῷ γυναῖκα
— 16. ἐκάλεσε Ῥαγουὴλ Ἔδναν τὴν γ. αὐτοῦ
8. 6. ἔδωκας αὐτῷ βοηθὸν Εὔαν στήριγμα τὴν γ. αὐτοῦ
— 11. S καὶ ἐκάλεσεν τὴν γ. αὐτοῦ
— 12. εἶπεν Ἔδνᾳ τῇ γ. αὐτοῦ [S *al.*]
— 19. S καὶ τῇ γ. εἶπεν
— 21. ὅταν ἀποθάνω καὶ ἡ γ. μου
9. 5. S ὅτι ἔλαβεν γυναῖκα
— 6. εὐλόγησε Τωβίας τὴν γ. αὐτοῦ [S *al.*]
— 6. S καὶ τῇ γ. σου καὶ τῷ πατρί σου καὶ τῇ μητρὶ τῆς γ. σου
10. 4. εἶπε δὲ αὐτῷ ἡ γ. [S *al.*]
— 11. Ῥαγουὴλ ἔδωκεν αὐτῷ Σάρραν τὴν γ. αὐτοῦ
— 12. S καὶ Σάρραν τὴν γ. σου
11. 1. κατευλόγει Ῥαγουὴλ καὶ Ἔδναν τὴν γ. αὐ. [S *al.*]
— 3. προδράμωμεν ἔμπροσθεν τῆς γ. σου
— 15. S ἔλαβεν Σάρραν . . . γυναῖκα
— 17. S Σάρρᾳ τῇ γ. Τ. [A B *al.*]
12. 3. τὴν γ. μου ἐθεράπευσε
14. 12. ἀπῆλθε δὲ Τωβίας μετὰ τῆς γ. αὐτοῦ [S *al.*]
Ju. 4. 10. αὐτοὶ καὶ αἱ γ. αὐτῶν καὶ τὰ νήπια αὐτῶν
— 11. πᾶς ἀνὴρ Ἰσραὴλ καὶ γυνή
— 12. τοῦ μὴ δοῦναι . . . τὰς γ. εἰς προνομήν
6. 16. συνέδραμον πᾶς νεανίσκος αὐτῶν καὶ αἱ γ.
7. 14. αὐτοὶ καὶ αἱ γ. αὐτῶν
— 22. ἠθύμησαν τὰ νήπια αὐτῶν καὶ αἱ γ.
— 23. οἱ νεανίσκοι καὶ αἱ γ. καὶ τὰ παιδία
— 27. τὰς γ. καὶ τὰ τέκνα ἡμῶν
— 32. τὰς γ. καὶ τὰ τέκνα εἰς τοὺς οἴκους αὐτῶν ἀπέστειλε
8. 31. δεήθητι περὶ ἡμῶν ὅτι γ. εὐσεβὴς εἶ
9. 4. ἔδωκας γυναῖκας αὐτῶν εἰς προνομήν
10. 19. ὃς ἔχει ἐν ἑαυτῷ γυναῖκας τοιαύτας
11. 1. θάρσησον, γύναι, μὴ φοβηθῇς τῇ καρδίᾳ
— 21. οὐκ ἔστι τοιαύτη γ.
12. 11. πεῖσον δὴ πορευθεὶς τὴν γ. τὴν Ἑβραίαν
— 12. εἰ γυναῖκα τοιαύτην παρήσομεν
13. 18. παρὰ πάσας τὰς γ. τὰς ἐπὶ τῆς γῆς
14. 18. ἐποίησεν αἰσχύνην μία γυνὴ τῶν Ἑβραίων
15. 12. συνέδραμε πᾶσα γ. Ἰσραὴλ τοῦ ἰδεῖν αὐτήν
— 12. ἔδωκε ταῖς γ. ταῖς μετ᾽ αὐτῆς
— 13. προῆλθε . . . ἡγουμένη πασῶν τῶν γ.
Es. 1. 9. ἡ βασίλισσα ἐποίησε πότον ταῖς γ. ἐν τοῖς βασ. (1)
— 19. δότω ὁ βασιλεὺς γυναικὶ κρείττονι αὐτῆς (9)
— 20. αἱ γ. περιθήσουσι τιμὴν τοῖς ἀ. ἑαυτῶν (1)
2. 3. τῷ εὐνούχῳ τοῦ β. τῷ φύλακι τῶν γ. (1)
— 4. ἡ γ. ἢ ἂν ἀρέσῃ τῷ β. (6)
— 7. ἐπαίδευσεν αὐτὴν ἑαυτῷ εἰς γυναῖκα †
— 8. πρὸς Γαὶ τὸν φύλακα τῶν γ. (1)
— 12. ἐν τοῖς σμήγμασι τῶν γ. (1)
— 14. ὁ εὐνοῦχος τοῦ βασιλέως ὁ φύλαξ τῶν γ. (8)
— 15. ὁ εὐνοῦχος ὁ φύλαξ [A *om.* ὁ φ.] τῶν γ. (1)
3. 13. πάντας σὺν γυναιξὶ καὶ τέκνοις ἀπολέσαι
4. 11. πᾶς ἄνθρωπος ἢ [A καὶ] γ. ὃς εἰσελεύσεται (1)
5. 10. ἐκάλεσε τοὺς φίλους καὶ Ζωσάραν τὴν γ. αὐτοῦ (1)
— 14. εἶπε πρὸς αὐτὸν Ζωσάρα ἡ γ. αὐτοῦ (1)
6. 13. διηγήσατο . . . Ζωσάρᾳ τῇ γ. αὐτοῦ (1)
— 13. εἶπαν πρὸς αὐτὸν οἱ φίλοι καὶ ἡ γ. (1)
7. 8. ὥστε καὶ τὴν γ. βιάζῃ ἐν τῇ οἰκίᾳ μου (5)

Es. 8. 11. S^{3} νήπια καὶ γυναῖκας καὶ τὰ σκῦλα αὐ. (1)
Jb. 2. 9. εἶπεν αὐτῷ [A τῷ Ἰὼβ] ἡ γ. αὐτοῦ (1)
— 10. ὥσπερ μία τῶν ἀφρόνων γ. ἐλάλησας [A οὕτως ἐλ.] (12)
11. 2. εὐλογημένος γεννητὸς γυναικὸς ὀλιγόβιος –
— 12. βροτὸς δὲ γεννητὸς γυναικὸς ἴσα [A *om.*] ὄνῳ ἐρημίτῃ –
14. 1. βροτὸς γὰρ γεννητὸς γυναικὸς ὀλιγόβιος (1)
15. 14. ἢ ὡς ἐσόμενος δίκαιος γεννητὸς γυναικός (1)
19. 17. ἱκέτευον τὴν γ. μου (1)
25. 4. τίς ἂν ἀποκαθαρίσαι αὐτὸν γεννητὸς γυναικός (1)
31. 9. εἰ ἐξηκολούθησεν ἡ καρδία μου γυναικὶ ἀνδρὸς ἑτ. (1)
— 10. ἀρέσαι ἄρα καὶ ἡ γ. μου ἑτέρῳ [S ἑταίρῳ] (1)
— 11. τὸ μιᾶναι ἀνδρὸς γυναῖκα †
38. 36. τίς δὲ ἔδωκε γυναιξὶν [A -κὶ] ὑφάσματος σοφίαν –
42. 18. λαβὼν δὲ γυναῖκα Ἀράβισσαν γεννᾷ υἱόν –
Ps. 108 (109). 9. καὶ ἡ γ. αὐτοῦ χήρα (1)
127 (128). 3. ἡ γ. σου ὡς ἄμπελος εὐθηνοῦσα (1)
Pr. 5. 2. μὴ πρόσεχε φαύλῃ γυναικί –
— 3. ἀπὸ χειλέων γυναικὸς πόρνης (14)
— 18. συνευφραίνου μετὰ γυναικὸς τῆς ἐκ νεότητός σου (1)
6. 24. τοῦ διαφυλάσσειν σε ἀπὸ γυναικὸς ὑπάνδρου (1)
— 26. γυνὴ δὲ ἀνδρῶν τιμίας ψυχὰς ἀγρεύει (1)
— 29. ὁ εἰσελθὼν πρὸς γυναῖκα ὕπανδρον (1)
7. 5. ἵνα σε τηρήσῃ ἀπὸ γυναικὸς ἀλλοτρίας (1)
— 10. ἡ δὲ γ. συναντᾷ αὐτῷ (1)
9. 13. γυνὴ ἄφρων καὶ θρασεῖα ἐνδεὴς ψωμοῦ γίνεται (1)
11. 16. γυνὴ εὐχάριστος ἐγείρει ἀνδρὶ δόξαν θρόνος δὲ ἀτιμίας γυνὴ μισοῦσα δίκαια (1, –)
— 22. οὕτως γυναικὶ κακόφρονι κάλλος (1)
12. 4. γυνὴ ἀνδρεία στέφανος τῷ ἀνδρὶ αὐτῆς (1)
— 4. οὕτως ἄνδρα ἀπόλλυσι γυνὴ κακοποιός (13)
14. 1. σοφαὶ γυναῖκες ᾠκοδόμησαν οἴκους (1)
18. 22. ὃς εὗρε γυναῖκα ἀγαθὴν εὗρε χάριτας (1)
— 22. ὃς ἐκβάλλει γυναῖκα ἀγαθήν –
19. 14. παρὰ δὲ κυρίου ἁρμόζεται γυνὴ ἀνδρί (1)
21. 9. B^{3} μετὰ γυναικὸς μαχίμης (1)
— 19. ἢ μετὰ γυναικὸς μαχίμου καὶ γλωσσώδους (1)
24. 51 (30. 16). ᾅδης [A^{1} ἄρης] καὶ ἔρως γυναικός –
— 55 (30. 20). τοιαύτη ὁδὸς γυναικὸς μοιχαλίδος (1)
— 58 (30. 23). καὶ μισητὴ γυνὴ ἐὰν τύχῃ ἀνδρὸς ἀγαθοῦ (10 ?)
— 71 (31. 3). μὴ δῷς γυναιξὶ σὸν πλοῦτον (1)
25. 24. ἢ μετὰ γυναικὸς λοιδόρου ἐν οἰκίᾳ κοινῇ (1)
27. 15. ὡσαύτως καὶ γυνὴ λοίδορος ἐκ [S ἀπὸ] τοῦ ἰδίου οἴκου (1)
31. 10. γυναῖκα ἀνδρείαν τίς εὑρήσει (1)
— 30. μάταιον κάλλος γυναικὸς γυνὴ γὰρ συνετὴ εὐλογεῖται (–, 1)
Ec. 7. 27 (26). σὺν τὴν γ. ἥτις ἐστὶ θήρευμα [A S -ματα] (1)
— 29 (28). γυναῖκα ἐν πᾶσι τούτοις οὐχ εὗρον (1)
9. 9. ἴδε ζωὴν μετὰ γυναικὸς ἧς ἠγάπησας (1)
Ca. 1. 8. ἐὰν μὴ γνῷς σεαυτήν, ἡ καλὴ ἐν γυναιξίν (1)
5. 9, 17 (6. 1). ἡ καλὴ ἐν γυναιξί (1)
Wi. 3. 12. αἱ γ. αὐτῶν ἄφρονες
Si. 7. 19. μὴ ἀστόχει γυναικὸς σοφῆς καὶ ἀγαθῆς
— 26. γυνὴ σοί ἐστι κατὰ ψυχήν
9. 1. μὴ ζήλου γυναῖκα τοῦ κόλπου σου
— 2. μὴ δῷς γυναικὶ τὴν ψυχήν σου
— 3. μὴ ὑπάντα γυναικὶ ἑταιριζομένῃ
— 8. ἀπόστρεψον ὀφθαλμὸν ἀπὸ γυναικὸς εὐμόρφου
— 8. ἐν κάλλει γυναικὸς πολλοὶ ἐπλανήθησαν
— 9. μετὰ ὑπάνδρου γυναικὸς μὴ κάθου τὸ σύνολον
10. 18. οὐδὲ ὀργὴ θυμοῦ γεννήμασι γυναικῶν
15. 2. ὡς γυνὴ παρθενίας προσδέξεται αὐτόν
19. 2. οἶνος καὶ γυναῖκες ἀποστήσουσι συνετούς
23. 22. οὕτως καὶ γυνὴ καταλιποῦσα τὸν ἄνδρα
25. 1. γυνὴ καὶ ἀνὴρ ἑαυτοῖς συμπεριφερόμενοι
— 8. μακάριος ὁ συνοικῶν γυναικὶ συνετῇ
— 13. πᾶσαν πονηρίαν καὶ μὴ πονηρίαν γυναικός
— 16. ἐνοικῆσαι [A S^{2} συνοικ.] μετὰ γ. πονηρᾶς
— 17. πονηρία γυναικὸς ἀλλοιοῖ τὴν ὅρασιν αὐ.
— 19. μικρὰ πᾶσα κακία πρὸς κακίαν γυναικός
— 20. οὕτως γυνὴ γλωσσώδης ἀνδρὶ ἡσύχῳ

Si. 25. 21. μὴ προσπέσῃς ἐπὶ κάλλος [S^{2}-ους] γυναικὸς καὶ γυναῖκα [A S γ. ἐν κάλλει] μὴ ἐπιποθήσῃς
— 22. ὀργὴ καὶ ἀναίδεια καὶ αἰσχύνη μεγάλη γυνή
— 23. πληγὴ καρδίας γυνὴ πονηρά
— 24. ἀπὸ γυναικὸς ἀρχὴ ἁμαρτίας
— 25. μηδὲ γυναικὶ πονηρᾷ ἐξουσίαν [A S παρρησίαν]
26. 1. γυναικὸς ἀγαθῆς μακάριος ὁ ἀνήρ
— 2. γυνὴ ἀνδρεία εὐφραίνει τὸν ἄνδρα αὐτῆς
— 3. γυνὴ ἀγαθὴ μερὶς ἀγαθή
— 6. πένθος γυνὴ ἀντίζηλος ἐπὶ γυναικί
— 7. βοοζύγιον σαλευόμενον γυνὴ πονηρά
— 8. ὀργὴ μεγάλη γυνὴ μέθυσος
— 9. πορνεία γυναικὸς ἐν μετεωρισμοῖς ὀφθαλμῶν
— 13. χάρις γυναικὸς τέρψει τὸν ἄνδρα αὐτῆς
— 14. δόσις κυρίου γυνὴ σιγηρά
— 15. χάρις ἐπὶ χάριτι γυνὴ αἰσχυντηρά
— 16. κάλλος ἀγαθῆς γ. ἐν κόσμῳ οἰκίας αὐ.
28. 15. γλῶσσα τρίτη γυναῖκας ἀνδρείας ἐξέβαλε
30. 28 (33. 19). γυναικὶ . . . μὴ δῷς ἐξουσίαν ἐπὶ σέ
36. 26 (23). πάντα ἄρρενα ἐπιδέξεται γυνή
— 27 (24). κάλλος γυναικὸς ἱλαρύνει πρόσωπον
— 29 (26). ὁ κτώμενος γυναῖκα ἐνάρχεται κτήσεως
— 30 (27). οὗ οὐκ ἔστι γυνὴ στενάξει πλανώμενος
37. 11. μετὰ γυναικὸς περὶ τῆς ἀντιζήλου αὐτῆς
40. 19. ὑπὲρ ἀμφότερα γυνὴ ἄμωμος λογίζεται
— 23. ὑπὲρ ἀμφότερα γυνὴ μετὰ ἀνδρός
— 25. B^{1} ὑπὲρ ἀμφότερα γυνὴ [A S R βουλὴ] εὐδοκιμεῖται
41. 20. ἀπὸ ὁράσεως γυναικὸς ἑταίρας [A S ἑτέρας]
— 21. ἀπὸ κατανοήσεως γυναικὸς ὑπάνδρου
42. 6. ἐπὶ γυναικὶ πονηρᾷ καλὸν σφραγίς
— 12. ἐν μέσῳ γυναικῶν μὴ συνέδρευε
— 13. ἀπὸ γυναικὸς πονηρία γυναικός
— 14. κρείσσων πονηρία ἀνδρὸς ἢ ἀγαθοποιὸς γυνὴ καὶ γυνὴ καταισχύνουσα εἰς ὀνειδισμόν
47. 19. R παρενέκλινας [A B παρανέκλ., S παρέκλ.] τὰς λαγόνας σου γυναιξί
Ho. 1. 2. λάβε σεαυτῷ γυναῖκα πορνείας (1)
2. 2 (4). ὅτι αὕτη οὐ γυνή μου (1)
3. 1. ἀγάπησον γυναῖκα ἀγαπῶσαν πονηρά (1)
12. 12 (13). ἐδούλευσεν Ἰ. ἐν γυναικὶ καὶ ἐν γυναικὶ ἐφυλάξατο (1, 1)
Am. 7. 17. ἡ γ. σου ἐν τῇ πόλει πορνεύσει (1)
Na. 3. 13. ἰδοὺ ὁ λαός σου ὡς γυναῖκες ἐν σοί (1)
Za. 5. 7. γυνὴ μία ἐκάθητο ἐν μέσῳ τοῦ μέτρου [A ταλάντου] (1)
— 9. ἰδοὺ δύο γυναῖκες ἐκπορευόμεναι (1)
12. 12. A καὶ αἱ γ. αὐτῶν καθ' ἑαυτάς –
— 12 *bis*, 13 *bis*, 14. κ. αἱ γ. αὐτῶν καθ' ἑαυτάς (1)
14. 2. αἱ γ. μολυνθήσονται (1)
Ma. 2. 14. ἀνὰ μέσον σου κ. ἀνὰ μ. γυναικὸς νεότητός σου (1)
— 14. καὶ αὕτη κοινωνός σου καὶ γυνὴ διαθήκης σου (1)
— 15. γυναῖκα νεότητός σου μὴ ἐγκαταλίπῃς (1)
Is. 4. 1. ἐπιλήψονται ἑπτὰ γυναῖκες (1)
13. 8. ὠδῖνες αὐτοὺς ἕξουσιν ὡς γ. τικτούσης (15)
— 16. τὰς γ. αὐτῶν ἕξουσιν (1)
19. 16. ἔσονται οἱ Αἰγύπτιοι ὡς γυναῖκες ἐν φόβῳ (1)
27. 11. γυναῖκες ἐρχόμεναι ἀπὸ θέας δεῦτε (1)
32. 9. γυναῖκες πλούσιαι ἀνάστητε (1)
49. 15. μὴ ἐπιλήσεται γ. [A μήτηρ] τοῦ παιδίου αὐτῆς (1)
— 15. εἰ δὲ καὶ ταῦτα ἐπιλάθοιτο γ. –
54. 6. οὐχ ὡς γυναῖκα καταλελειμμένην καὶ ὀλιγόψυχον [A^{1} *om.* κ. ὀ.] κέκληκέ σε ὁ κ. οὐδ' ὡς γυναῖκα ἐκ νεότητος μεμισημένην (1, 1)
66. 8. S^{2} εἰ ὤδινε γυνὴ [A B S^{1} γῆ] ἐν ἡμέρᾳ μιᾷ †
Je. 3. 1. ἐὰν ἐξαποστείλῃ ἀνὴρ τὴν γ. αὐτοῦ (1)
— 1. οὐ μιαινομένη μιανθήσεται ἡ γ. ἐκείνη †
— 20. ὡς ἀθετεῖ γ. εἰς τὸν συνόντα αὐτῇ (1)
5. 8. ἕκαστος ἐπὶ τὴν γ. τοῦ πλησίον αὐ. ἐχρεμέτιζον (1)
6. 11. ἀνὴρ καὶ γ. συλληφθήσονται (1)
— 12. ἀγροὶ καὶ αἱ γ. αὐτῶν ἐπὶ τὸ αὐτό (1)
7. 18. αἱ γ. αὐτῶν τρίβουσι σταῖς (1)
8. 10. δώσω τὰς γ. αὐτῶν ἑτέροις (1)
9. 20 (19). ἀκούσατε δὴ γυναῖκες λόγον θεοῦ [A κυρίου] (1)
— 20 (19). διδάξατε . . . γυνὴ τὴν πλησίον αὐ. θρῆνον (1)

Je. 13. 21. οὐκ ὠδῖνες καθέξουσί σε καθὼς γυναῖκα τίκτουσαν (1)
14. 16. ἔσονται ἐρριμμένοι . . . αἱ γ. αὐτῶν καὶ οἱ υἱοὶ αὐτῶν (1)
16. 2. σὺ μὴ λάβῃς γυναῖκα (1)
18. 21. γενέσθωσαν αἱ γ. αὐτῶν ἄτεκνοι (1)
27 (50). 37. ἔσονται ὡσεὶ γυναῖκες (1)
28 (51). 22. διασκορπιῶ ἐν σοὶ ἄνδρα καὶ γυναῖκα (1)
— 30. ἐγενήθησαν ὡσεὶ γυναῖκες (1)
29 (49). 22. ὡς καρδία γυναικὸς ὠδινούσης (1)
36 (29). 6. λάβετε γυναῖκας καὶ τεκνοποιήσατε [S -σασθε] (1)
— 6. λάβετε τοῖς υἱοῖς ὑμῶν γυναῖκας (1)
— 23. ἐμοιχῶντο τὰς γ. τῶν πολιτῶν αὐτῶν (1)
42 (35). 8. ἡμεῖς καὶ αἱ γ. ἡμῶν [A *om.* ἡ. κ. αἱ γ. ἡ.] καὶ οἱ υἱοὶ ἡμῶν (1)
45 (38). 22. πᾶσαι αἱ γ. αἱ καταλειφθεῖσαι ἐν οἰκίᾳ . . . ἐξήγοντο (1)
— 23. τὰς γ. σου καὶ τὰ τέκνα σου ἐξάξουσι (1)
47 (40). 7. παρεκατέθεντο αὐτῷ ἄνδρας καὶ γυναῖκας αὐτῶν (1)
48 (41). 16. ἔλαβεν . . . τὰς γ. καὶ τὰ λοιπά (1)
50 (43). 6. τοὺς δυνατοὺς ἄνδρας καὶ τὰς γ. (1)
51 (44). 7. ἐκκόψαι [A -ψω ἀφ'] ὑμῶν ἄνθρωπον καὶ γυναῖκα (1)
— 9. μὴ ἐπιλέλησθε . . . τῶν κακῶν τῶν γ. ὑμῶν (1)
— 15. ἀπεκρίθησαν . . . οἱ ἄνδρες οἱ γνόντες ὅτι θυμιῶσιν αἱ γ. αὐτῶν [A *add.* θεοῖς ἑτέροις] καὶ πᾶσαι αἱ γ. (1, 1)
— 20. εἶπεν . . . τοῖς δυνατοῖς καὶ ταῖς γ. (1)
— 24. εἶπεν Ἰερεμίας τῷ λαῷ καὶ ταῖς γ. (1)
— 25. ὑμεῖς γ. τῷ στόματι ὑμῶν ἐλαλήσατε (1)
La. 2. 20. εἰ φάγονται γυναῖκες καρπὸν κοιλίας αὐτῶν (1)
4. 10. χεῖρες γυναικῶν οἰκτιρμόνων ἥψησαν τὰ παιδία αὐ. (1)
5. 11. γυναῖκας ἐν Σιὼν ἐταπείνωσαν (1)
Ep. Je. 28. αἱ γ. ἀπ' αὐτῶν ταριχεύουσαι
— 30. γυναῖκες παρατιθέασι θεοῖς ἀργυροῖς
— 33. οἱ ἱερεῖς ἐνδύσουσι τὰς γ. αὐτῶν
— 43. αἱ δὲ γ. περιθέμεναι σχοινία ἐν ταῖς ὁδοῖς ἐγκάθηνται
Ez. 8. 14. ἐκεῖ γυναῖκες καθήμ. θρηνοῦσαι τὸν Θαμμούζ (1)
9. 6. γυναῖκας ἀποκτείνατε εἰς ἐξάλειψιν (1)
16. 30. ἔργα γυναικὸς πόρνης (1)
— 32. ἡ γ. ἡ [A ὡς γ.] μοιχωμένη ὁμοία σοι (1)
— 34. ἐγένετο ἐν [A *om.*] σοὶ διεστραμμένον [A ἐξεσ.] παρὰ τὰς γ. (1)
— 41. ποιήσουσιν ἐν σοὶ ἐκδικήσεις ἐνώπιον γ. πολλῶν (1)
18. 6. τὴν γ. τοῦ πλησίον αὐτοῦ οὐ μὴ μιάνῃ καὶ πρὸς γυναῖκα ἐν ἀφέδρῳ οὖσαν οὐ προσεγγιεῖ (1, 1)
— 11. τὴν γ. τοῦ πλησίον αὐτοῦ ἐμίανε (1)
— 15. τὴν γ. τοῦ πλησίον αὐτοῦ οὐκ ἐμίανε (1)
22. 11. ἕκαστος τὴν γ. τοῦ πλησίον αὐτοῦ ἠνομοῦσαν (1)
23. 2. δύο γυναῖκες ἦσαν θυγατέρες μητρὸς μιᾶς (1)
— 10. ἐγένετο λάλημα εἰς γυναῖκας (1)
— 43. A ἔργα γυναικὸς πόρνης ἐποίεις [B *al.*] †
— 44. εἰσπορεύονται πρὸς γυναῖκα πόρνην (1)
— 48. παιδευθήσονται πᾶσαι αἱ γ. (1)
24. 18. A ἀπέθανεν ἡ γ. μου (1)
30. 17. αἱ γ. ἐν αἰχμαλωσίᾳ πορεύσονται [A αἱ πόλεις αἰχμαλωτισθήσονται] †
44. 22. χήραν καὶ ἐκβεβλημένην οὐ λήψονται ἑαυτοῖς εἰς γυναῖκα (1)
Da. LXX. Su. 2. ἔλαβε γυναῖκα ᾗ ὄνομα Σουσάννα
— 7. ἰδόντες γυναῖκα ἀστείαν τῷ εἴδει γυναῖκα ἀδελφοῦ αὐτῶν . . . γυναῖκα Ἰωακείμ
— 10. οὐδὲ ἡ γ. ἔγνω τὸ πρᾶγμα τοῦτο
— 29. ἥτις ἐστὶ γυνὴ Ἰωακείμ
— 30. ὡς δὲ παρεγενήθη ἡ γ.
— 31. ἦν δὲ ἡ γ. τρυφερὰ σφόδρα
6. 24 (25). αὐτοὶ καὶ αἱ γ. (7)
11. 37. ἐν ἐπιθυμίᾳ γυναικὸς οὐ μὴ προνοηθῇ (1)
Bel 9. χωρὶς γυναικῶν καὶ τέκνων
— 19. ἀνδρῶν καὶ γυναικῶν καὶ παιδίων
Da. TH. Su. 2. ἔλαβε γυναῖκα ᾗ ὄνομα Σουσάννα
— 29. ἥ ἐστι γυνὴ Ἰωακείμ
— 63. Χελκίας δὲ καὶ ἡ γ. αὐτοῦ
6. 24 (25). οἱ υἱοὶ αὐτῶν καὶ αἱ γ. αὐτῶν (7)
11. 17. θυγατέρα τῶν γ. δώσει αὐτῷ (1)
— 37. καὶ ἐπιθυμία [A -αν] γυναικῶν (1)

Da. TH. Bel 10. ἐκτὸς [A χωρὶς] γυναικῶν καὶ τέκνων
— 15. καὶ αἱ γ. καὶ τὰ τέκνα αὐτῶν
— 20. ἀνδρῶν καὶ γυναικῶν καὶ παιδίων
— 21. τοὺς ἱερεῖς καὶ τὰς γ. καὶ τὰ τέκνα αὐτῶν
I Ma. 1. 26. τὸ κάλλος τῶν γ. ἠλλοιώθη
— 32. ᾐχμαλώτευσαν [A -σεν] τὰς γ.
— 60. τὰς γ. τὰς περιτετμηκυίας τὰ τέκνα αὐτῶν
2. 30. οἱ υἱοὶ αὐτῶν καὶ αἱ γ. αὐτῶν
— 38. αἱ γ. αὐτῶν καὶ τὰ τέκνα αὐτῶν
3. 20. τοῦ ἐξᾶραι ἡμᾶς καὶ τὰς γ. ἡμῶν
— 56. καὶ μνηστευομένοις γυναῖκας
5. 13. ᾐχμαλωτίκασι [S^{2} -ωτεύκ.] τὰς γ. αὐτῶν [S *om.*]
— 23. σὺν ταῖς γ. καὶ τοῖς τέκνοις
— 45 : 8. 10. τὰς γ. αὐ. καὶ τὰ τέκνα αὐ.
10. 54. δός μοι τὴν θυγατέρα σου εἰς γυναῖκα
13. 6. καὶ περὶ τῶν γ. καὶ τῶν τέκνων ἡμῶν [S ὑ.]
— 45. σὺν ταῖς γ. καὶ τοῖς τέκνοις
II Ma. 3. 19. ὑπεζωσμέναι δὲ ὑπὸ τοὺς μαστοὺς αἱ γ.
5. 13. γυναικῶν καὶ τέκνων ἀφανισμός
— 24. τὰς δὲ γ. καὶ νεωτέρους πωλεῖν
6. 4. ἐν τοῖς ἱεροῖς περιβόλοις [A -ων] γυναιξὶ πλησιαζόντων
— 10. δύο γὰρ γ. ἀνηνέχθησαν [A ἀνήχθ.]
12. 3. σὺν γυναιξὶ καὶ τέκνοις
— 21. προεξαπέστειλε . . . τὰς γ.
15. 18. περὶ γυναικῶν καὶ τέκνων
III Ma. 1. 4. βοηθεῖν ἑαυτοῖς τε καὶ τοῖς τέκνοις καὶ γυναιξί
3. 25. σὺν γυναιξὶ καὶ τέκνοις
IV Ma. 2. 5. οὐκ ἐπιθυμήσεις τὴν γ. τοῦ πλησίον σου
4. 9. μετὰ γυναικῶν καὶ παιδίων
— 25. ὥστε καὶ γυναῖκας . . . κατακρημνισθῆναι
14. 11. ὅπου γε καὶ γυναικὸς νοῦς
15. 17. ὦ μόνη γ. τὴν εὐσέβειαν ὁλόκληρον ἀποκυήσασα
16. 1. καὶ γυνὴ καὶ γεραιὰ καὶ ἑπτὰ παίδων μήτηρ
— 2. γυνὴ τῶν μεγίστων βασάνων ὑπερεφρόνησε
— 5. εἰ δειλόψυχος ἦν ἡ γ.
— 10. γυνὴ χήρα καὶ μόνη πολύθρηνος
— 14. στρατιῶτι πρεσβῦτι καὶ γυνή [S γύναι]
17. 9. γέρων ἱερεὺς καὶ γυνὴ γεραιά
[**Aq.** Ge. 20. 2 : III Ki. 11. 3, 26 : 14. 2 *bis*, 4, 5, 6, 17 : IV Ki. 23. 7 : Jb. 2. 9 : Ps. 57 (58). 9 : Pr. 6. 32 : 19. 13, 14 : 31. 30 : Is. 27. 11 : 34. 15 : 54. 6 : Je. 3. 3 : 16. 2 : 30 (37). 6 : 44 (51). 20 : 48 (31). 41 : 50. (27). 37 : Ez. 23. 44 : Da. 11. 37.]
[**Sm.** IV Ki. 23. 7 : Jb. 25. 4 : Ps. 57 (58). 9 : Pr. 2. 16 : 11. 16, 22 : 19. 13, 14 : 21. 9 : 27. 15 : 30. 23 : Is. 27. 11 : 54. 6 *bis* : Je. 3. 3 : 30 (37). 6 : 44 (51). 9, 20, 24 : 50 (27). 37.]
[**Th.** I Ki. 18. 19 : Jb. 2. 9 : Ps. 57 (58). 9 : Pr. 11. 22 : 19. 14 : 21. 9 : Is. 27. 11 : Je. 3. 3 : 30 (37). 6 : 48 (31). 41 : Ez. 33. 26 : Da. 11. 37.]
[**Al.** Le. 13. 29 : 20. 20 : I Ki. 21. 5 (6) : IV Ki. 4. 1.]
[**Sam.** Le. 20. 11, 20.]
[**Hebr.** Jb. 15. 14.]

γυρίζειν.
[**Al.** Ex. 13. 18.]

γῦρις.
[**Aq.** Ge. 40. 16.]

γῦρος. (1) חוּג
Jb. 22. 14. γῦρον οὐρανοῦ διαπορεύεται [A S -σεται] (1)
Si. 24. 5. γῦρον οὐρανοῦ ἐκύκλωσα μόνη
Is. 40. 22. ὁ κατέχων τὸν γ. τῆς γῆς (1)
[**Aq.** Pr. 8. 27 : Is. 40. 22.]
[**Sm.** Is. 40. 22 : 50. 4 (?).]
[**Th.** Jb. 22. 14 : Pr. 8. 27 : Is. 40. 22.]

γυροῦν. (1) חוּג
Jb. 26. 10. πρόσταγμα ἐγύρωσεν ἐπὶ πρόσωπον ὕδατος (1)
Si. 43. 12. ἐγύρωσεν οὐρανὸν ἐν κυκλώσει δόξης
[**Th.** Jb. 26. 10.]

γύρωσις.
[**Aq.** Is. 19. 17.]

γύψ. (1) אַיָּה (2) דָּאָה (3) פֶּרֶס (4) רָאָה (5) רֶשֶׁף
Le. 11. 14. B ταῦτα ἃ βδελύξεσθε τὸν γρύπα [A γύπα] . . . καὶ τὸν γ. [A γρύπα] (3, 2)
De. 14. 14. ταῦτα οὐ φάγεσθε . . . τὸν γ. (4)
Jb. 5. 7. νεοσσοὶ δὲ γυπὸς [A S^{2} -ῶν] τὰ ὑψηλὰ πέτονται (5 ?)
15. 23. κατατέτακται δὲ εἰς σῖτα γυψίν †
28. 7. οὐ παρέβλεψεν αὐτὴν ὀφθαλμὸς γυπός (1)
39. 28. γὺψ δὲ ἐπὶ νοσσιᾶς αὐτοῦ καθεσθεὶς αὐλίζεται †

γωείμ. (1) גּוֹיִם
Jo. 12. 23. A βασιλέα τῆς Γελγεά [B *al.*] (1)

γωί.
[**Hebr.** Is. 26. 2.]

γωλάθ. (1) גֻּלֹּת
II Ch. 4. 12. ἐπ' αὐτῶν γ. τῇ χωθαρέθ (1)
— 13. τοῦ συγκαλύψαι τὰς δύο γ. (1)

γωληλά. (1) גֵּיא לַיְלָה
Ne. 2. 13. ἐξῆλθον ἐν πύλῃ τοῦ γ. (1)

γωνία. (1) כָּתֵף (2) *a.* מִקְצוֹעַ *b.* קָצַע pu. (3) *a.* פִּנָּה *b.* פָּנָה
Ex. 26. 23. ἐπὶ τῶν γ. τῆς σκηνῆς ἐκ τῶν ὀπισθίων (2 *b*)
— 24. ἀμφοτέραις ταῖς δυσὶ γ. (2 *a*)
27. 2. τὰ κέρατα ἐπὶ τῶν τεσσάρων γ. (3 *a*)
I Ki. 14. 38. προσαγάγετε ἐνταῦθα πάσας τὰς γ. τοῦ 'Ισρ. (3 *a*)
III Ki. 7. 34. αἱ τέσσαρες ὠμίαι ἐπὶ τῶν τεσσάρων γ. τῆς μεχωνὼθ τῆς μιᾶς (3 *a*)
IV Ki. 14. 13. ἕως πύλης τῆς γ. [A τῆς π. τῶν γ.] (3 *a*)
II Ch. 4. 10. ἀπὸ γωνίας τοῦ οἴκου ἐκ δεξιῶν (1)
25. 23. ἕως πύλης γωνίας (3 *b*)
26. 9. καὶ ἐπὶ τὴν πύλην τῆς γ. (3 *a*)
— 9. A B^{1} καὶ ἐπὶ τὴν πύλην [A B^{1} *add.* γωνίας, B^{2} γωνίαν] τῆς φάραγγος –
— 9. καὶ ἐπὶ τῶν γ. (2 *a*)
— 15. τοῦ εἶναι ἐπὶ τῶν πύργων καὶ ἐπὶ τῶν γ. (3 *a*)
28. 24. ἐποίησεν ἑαυτῷ θυσιαστήρια ἐν πάσῃ γ. (3 *a*)
Ne. 3. 19. πύργου ἀναβάσεως τῆς συναπτούσης τῆς γ. (2 *a*)
— 20. μέτρον δεύτερον ἀπὸ τῆς γ. (2 *a*)
— 24. μέτρον δεύτερον ἀπὸ Βηθαζαρία ἕως τῆς γ. (2 *a*)
— 25. καὶ ἕως τῆς καμπῆς . . . ἐξ ἐναντίας τῆς γ. (2 *a*)
Jb. 1. 19. ἥψατο τῶν τεσσάρων γ. τῆς οἰκίας (3 *a*)
Ps. 117 (118). 22. οὗτος ἐγενήθη εἰς κεφαλὴν γωνίας (3 *a*)
Pr. 7. 8. παραπορευόμενον παρὰ γωνίαν (3 *a*)
— 12. παρὰ πᾶσαν γωνίαν ἐνεδρεύει (3 *a*)
21. 9. κρεῖσσον οἰκεῖν ἐπὶ γωνίας ὑπαίθρου (3 *a*)
25. 24. κρεῖσσον οἰκεῖν ἐπὶ γωνίας δώματος (3 *a*)
Ze. 1. 16. καὶ ἐπὶ τὰς γ. τὰς ὑψηλάς (3 *a*)
3. 6. ἠφανίσθησαν γωνίαι αὐτῶν (3 *a*)
Za. 14. 10. ἕως τῆς πύλης τῶν γωνιῶν (3 *a*)
Je. 28 (51). 26. οὐ μὴ λάβωσιν ἀπὸ σοῦ λίθον εἰς γωνίαν (3 *a*)
38 (31). 38. ἀπὸ πύργου 'Αναμεὴλ ἕως πύλης τῆς γωνίας (3 *a*)
— 40. ἕως γωνίας πύλης ἵππων ἀνατολῆς (3 *a*)
Ez. 41. 15. αἱ γ. καὶ τὸ αἰλὰμ τὸ ἐξώτερον πεφατνωμένα †
43. 20. ἐπὶ τὰς τέσσαρας γ. τοῦ ἱλαστηρίου (3 *a*)
45. 19. ἐπὶ τὰς τέσσαρας γ. τοῦ ἱεροῦ (3 *a*)
Da. TH. Su. 38. ἡμεῖς δὲ ὄντες ἐν τῇ γ. τοῦ παραδείσου
[**Aq.** I Ki. 14. 38.]
[**Al.** Ez. 46. 22.]

γωνιαῖος. (1) פִּנָּה
Jb. 38. 6. τίς δέ ἐστιν ὁ βαλὼν λίθον γωνιαῖον ἐπ' αὐτῆς (1)

Δ

δαάρ.
[**Th.** Is. 41. 19 : 60. 13.]

δαβείρ, δαβίρ. (1) דְּבִיר
III Ki. 6. 5. τῷ ναῷ καὶ τῷ δ. (1)
— 16. ἐποίησεν ἐκ τοῦ δ. [A *al.*] (1)
— 19. κατὰ πρόσωπον τοῦ δ. (1)
— 20. A εἰς πρόσωπον τοῦ δ. (1)
— 20 (21). κατὰ πρόσωπον τοῦ δ. (1)
— 22. A ὅλον τὸ ἔσω τοῦ δ. (1)
— 23. ἐποίησεν ἐν τῷ δ. (1)
— 31. τῷ θυρώματι τοῦ δ. ἐποίησε θύρας (1)
7. 49. κατὰ πρόσωπον τοῦ δ. (1)
8. 6. εἰς τὸ δ. τοῦ οἴκου (1)
— 8. εἰς πρόσωπον τοῦ δ. (1)
II Ch. 3. 16. ἐποίησε σερσερὼθ ἐν τῷ δ. (1)
4. 20. κατὰ πρόσωπον τοῦ δ. (1)
5. 7. εἰς τὸ δ. τοῦ οἴκου εἰς τὰ ἅγια τῶν ἁγίων (1)
— 9. ἐκ τῶν ἁγίων εἰς πρόσωπον τοῦ δ. (1)
[**Th.** III Ki. 6. 16, 20 : Ps. 27 (28). 2.]

δαγών, *cf.* **δαρόμ.**
Ez. 20. 46 (21. 2). A B ἐπίβλεψον ἐπὶ δ. [R δαρόμ] †

δᾳδουχία.
II Ma. 4. 22. παραδεχθεὶς [A ἀποδ.] μετὰ δᾳδουχίας

δαιμονίζειν.
[**Aq.** Ps. 90 (91). 6.]

δαιμόνιον. (1) אֱלִיל (2) גַּד (3) צִיִּי (4) שָׂעִיר (5) *a.* שֵׁד *b.* שׁוּד
De. 32. 17. ἔθυσαν δαιμονίοις καὶ οὐ θεῷ (5 *a*)
To. 3. 8. 'Ασμοδαῖος τὸ πονηρὸν δ. ἀπέκτεινεν αὐτούς
— 17. δῆσαι [S λῦσαι] 'Ασμοδαῖον τὸ πονηρὸν δ.
6. 7. A B ἐάν τινα ὀχλῇ δ.
— 7. S ᾧ ἀπάντημα δαιμονίου [A B *al.*]
— 13. S δαιμόνιον ἀποκτέννει αὐτούς
— 14. ὅτι δαιμόνιον φιλεῖ αὐτήν
To. 6. 15. τοῦ δαιμονίου μηδένα λόγον ἔχε
— 17. ὀσφρανθήσεται τὸ δ. καὶ φεύξεται
8. 3. ὅτε δὲ ὠσφράνθη τὸ δ. . . . τῆς ὀσμῆς [S *al.*]
Ps. 90 (91). 6. ἀπὸ . . . δαιμονίου μεσημβρινοῦ (5 *b* ?)
95 (96). 5. πάντες οἱ θεοὶ τῶν ἐθνῶν δαιμόνια (1)
105 (106). 37. ἔθυσαν τοὺς υἱοὺς αὐτῶν . . . τοῖς δ. (5 *a*)
Is. 13. 21. δαιμόνια ἐκεῖ ὀρχήσονται (4)
34. 14. συναντήσουσι δαιμόνια ὀνοκενταύροις (3 ?)
65. 3. θυμιῶσιν ἐπὶ ταῖς πλίνθοις τοῖς δ. †
— 11. ἑτοιμάζοντες τῷ δ. [S δαίμονι] τράπεζαν (2)
Ba. 4. 7. θύσαντες δαιμονίοις καὶ οὐ θεῷ
— 35. κατοικηθήσεται ὑπὸ δαιμονίων
[**Sm.** Is. 13. 21.]

δαιμονιώδης.
[**Sm.** Ps. 90 (91). 6.]

δαίμων. (1) גַּד
Is. 65. 11. S ἑτοιμάζοντες τῷ δ. [A B δαιμονίῳ] τράπεζαν (1)

δάκνειν. (1) נָשַׁךְ *a.* qal. *b.* pi. (2) שָׂרַף

Ge. 49. 17. δάκνων πτέρναν ἵππου (1 *a*)
Nu. 21. 6. ἔδακνον τὸν λαόν (1 *b*)
— 8. ἔσται ἐὰν δάκῃ ὄφις ἄνθρωπον πᾶς ὁ δεδηγμένος ἰδὼν αὐτὸν ζήσεται (–, 1 *a*)
— 9. ὅταν ἔδακνεν [A ἔδακεν] ὄφις ἄνθρωπον (1 *a*)
De. 8. 15. ὄφις δάκνων καὶ σκορπίος καὶ δίψα (2)
To. 11. 8. δηχθεὶς διατρίψει [S *al.*]
Ec. 10. 8. δήξεται αὐτὸν ὄφις (1 *a*)
— 11. ἐὰν δάκῃ ὄφις ἐν οὐ ψιθυρισμῷ (1 *a*)
Si. 21. 2. ἐὰν γὰρ προσέλθῃς δήξεταί σε
Am. 5. 19. ἐὰν . . . δάκῃ αὐτὸν ὄφις (1 *a*)
9. 3. καὶ δήξεται αὐτούς (1 *a*)
Mi. 3. 5. τοὺς δάκνοντας ἐν τοῖς ὀδοῦσιν αὐτῶν (1 *a*)
Hb. 2. 7. ἐξαίφνης ἀναστήσονται δάκνοντες αὐτόν (1 *a*)
Je. 8. 17. δήξονται ὑμᾶς ἀνίατα (1 *b*)

δάκρυ, δάκρυον. (1) דִּמְעָה (2) נָטַף hi.

IV Ki. 20. 5. εἶδον τὰ δ. σου (1)
To. 7. 17. ἀπεδέξατο τὰ δ. τῆς θυγατρὸς αὐτῆς
Ps. 6. 6. ἐν δάκρυσί μου τὴν στρωμνήν μου βρέξω (1)
38 (39). 12. τῶν δ. μου μὴ παρασιωπήσῃς (1)
41 (42). 3. A S² R ἐγενήθη τὰ δ. μου ἐμοὶ [B S¹ *om.*] ἄρτος (1)
55 (56). 8. ἔθου τὰ δ. μου ἐνώπιόν σου (1)
— 13. B² S² ἐρρύσω . . . τοὺς ὀφθ. μου ἀπὸ δακρύων [B¹ S¹ R *om.* τοὺς ὀ. μου ἀπὸ δ.] –
79 (80). 5. ψωμιεῖς ἡμᾶς ἄρτον δακρύων καὶ ποτιεῖς ἡμᾶς ἐν δάκρυσιν ἐν μέτρῳ (1, 1)
114 (116). 8. ἐξείλατο . . . τοὺς ὀφθ. μου ἀπὸ δακρύων (1)
125 (126). 5. οἱ σπείροντες ἐν δάκρυσιν (1)
Ec. 4. 1. δάκρυον τῶν συκοφαντουμένων (1)
Si. 22. 19. ὁ νύσσων ὀφθαλμὸν [A -οὺς] κατάξει δάκρυα
32 (35). 15. οὐχὶ δάκρυα χήρας ἐπὶ σιαγόνα [A -όνι] καταβαίνει
38. 16. ἐπὶ νεκρῷ κατάγαγε δάκρυα
Ho. 13. 3. καὶ ὡς ἀτμὶς ἀπὸ δακρύων [A *al.*] †
Mi. 2. 6. μὴ κλαίετε δάκρυσι (2)
Ma. 2. 13. ἐκαλύπτετε δάκρυσι τὸ θυσιαστ. κ. (1)
Is. 25. 8. ἀφεῖλε κύριος [A *om.*] ὁ θεὸς πᾶν δ. (1)
38. 5. εἶδον τὰ δ. σου (1)
Je. 9. 1 (8. 23). τίς δώσει . . . ὀφθαλμοῖς μου πηγὴν δακρύων (1)
— 18 (17). καταγαγέτωσαν οἱ ὀφθαλμοὶ ὑμῶν δάκρυα (1)
13. 17. κατάξουσιν οἱ ὀφθαλμοὶ ὑμῶν δάκρυα (1)
14. 17. καταγάγετε ἐπ' ὀφθαλμοὺς ὑμῶν δάκρυα (1)
38 (31). 16. οἱ ὀφθαλμοί σου ἀπὸ δακρύων σου (1)
La. 1. 2. τὰ δ. αὐτῆς ἐπὶ τῶν σιαγόνων αὐτῆς (1)
2. 11. ἐξέλειπον ἐν δάκρυσιν οἱ ὀφθαλμοί μου (1)
— 18. καταγάγετε [A -τωσαν] ὡς χειμάρρους δάκρυα (1)
II Ma. 11. 6. μετ' ὀδυρμῶν καὶ δακρύων ἱκέτευον
III Ma. 1. 4. μετὰ οἴκτου καὶ δακρύων
— 16. κραυγῆς τε μετὰ δακρύων
4. 2. πανόδυρτος μετὰ δακρύων βοή
5. 7. πάντες μετὰ δακρύων ἐπεκαλέσαντο
6. 14. ἱκετεύει σε . . . μετὰ δακρύων
— 22. μετεστράφη . . . ἡ ὀργὴ εἰς οἶκτον καὶ δάκρυα
IV Ma. 4. 11. μετὰ δακρύων τοὺς Ἑβραίους παρεκάλει
[Aq. Je. 14. 17 : Ma. 2. 13.]
[Sm. Ps. 55 (56). 9 : 79 (80). 6 *bis* : Ec. 4. 1 : Is. 25. 8 : Je. 14. 17 : La. 1. 16 : Ma. 2. 13.]
[Th. Ez. 24. 16 : Ma. 2. 13.]
[Al. Jb. 31. 16.]

δακρύειν. (1) בָּכָה (2) נָטַף hi. (3) נָתַךְ (4) רָעַם

Jb. 3. 24. δακρύω δὲ ἐγὼ συνεχόμενος φόβῳ (3 ?)
Si. 12. 16. ἐν ὀφθαλμοῖς αὐ. δακρύσει ὁ ἐχθρός
34 (31). 13. ἀπὸ παντὸς προσώπου δακρύει
Mi. 2. 6. μηδὲ δακρυέτωσαν ἐπὶ τούτοις [A τούτῳ] (2)
La. 1. 2. A κλαίουσα ἐδάκρυσεν [B S ἔκλαυσεν] ἐν νυκτί (1)
Ez. 27. 35. ἐδάκρυσε τὸ πρόσωπον [A -σαν τῷ πρ.] αὐτῶν (4)
II Ma. 4. 37. δακρύσας διὰ τὴν . . . σωφροσύνην
III Ma. 4. 4. δακρύειν αὐτῶν τρισάθλιον [A τὴν δυσάθλ.] ἐξαποστολήν
III Ma. 6. 23. δακρύσας μετὰ ὀργῆς . . . διηπειλεῖτο
IV Ma. 15. 20. οὐκ ἐδάκρυσας
[Aq. Je. 13. 17 *bis*: Ez. 24. 16.]
[Sm. Ez. 24. 16.]
[Th. II Ki. 18. 33 (19. 1) : Je. 13. 17 *bis* : Ez. 24. 16.]

δακτυλήθρα.

IV Ma. 8. 13. τήγανά τε καὶ δακτυλήθρας

δακτύλιον.

[Al. Ex. 26. 24.]

δακτύλιος. (1) *a.* חֹתָם *b.* חֹתֶמֶת (2) טַבַּעַת (3) עִזְקָא

Ge. 38. 18. τὸν δ. σου καὶ τὸν ὁρμίσκον (1 *a*)
— 25. τίνος ὁ δ. καὶ ὁ ὁρμίσκος (1 *b*)
41. 42. περιελόμενος Φ. τὸν δ. ἀπὸ τῆς χειρὸς αὐ. (2)
Ex. 25. 11 (12). τέσσαρας δ. χρυσοῦς (2)
— 11 (12). δύο δακτυλίους ἐπὶ τὸ κλίτος τὸ ἕν (2)
— 11 (12). δύο δ. ἐπὶ τὸ κλίτος τὸ δεύτερον (2)
— 13 (14). εἰς τοὺς δ. τοὺς ἐν τοῖς κλίτεσι τῆς κιβ. (2)
— 14 (15). ἐν τοῖς δ. τῆς κιβωτοῦ [A διαθήκης] (2)
— 25 (26). τέσσαρας δ. χρυσοῦς (2)
— 25 (26). B ἐπιθήσεις τοὺς τέσσαρας δ. (2)
— 26 (27). ἔσονται οἱ δ. εἰς θήκας (2)
26. 29. τοὺς δ. ποιήσεις χρυσοῦς (2)
27. 4. τέσσαρας δ. χαλκοῦς (2)
— 7. A B¹ εἰσάξεις τοὺς φορεῖς [B² R ἀναφ.] εἰς τοὺς δ. (2)
30. 4. δύο δ. χρυσοῦς καθαρούς (2)
35. 22. σφραγῖδας καὶ ἐνώτια καὶ δακτυλίους (2)
36. 23 (39. 16). δύο δ. χρυσοῦς (2)
— 24 (39. 16). τοὺς δύο δ. τοὺς χρυσοῦς (2)
— 25 (39. 17). ἐπὶ τοὺς [A *add.* δύο] δ. (2)
— 27 (39. 19), 28 (39. 20). ἐποίησαν δύο δ. χρυσοῦς (2)
— 29 (39. 21). ἀπὸ τῶν δ. τῶν ἐπ' αὐτοῦ εἰς τοὺς δ. τῆς ἐπωμίδος (2, 2)
38. 3 (37. 3). τέσσαρας δ. χρυσοῦς (2)
— 10 (37. 13). ἐχώνευσεν αὐτῇ τέσσαρας δ. (2)
— 10 (37. 13). A δύο δακτυλίους ἐπὶ τὸ κλίτος τὸ ἓν καὶ δύο δακτυλίους ἐπὶ τὸ κλ. τὸ δεύτ. [B *al.*] (2, –)
— 18 (36. 34). ἐχώνευσε τῷ στύλῳ [A τοῖς στ.] δ. χρυσοῦς (2)
— 24 (5). τέσσαρας δ. ἐκ τῶν τεσσάρων μερῶν (2)
Nu. 31. 50. ψέλλιον καὶ δακτύλιον (2)
To. 1. 22. Ἀχ. δὲ ἦν ὁ οἰνοχόος καὶ ἐπὶ τοῦ δ.
Ju. 10. 4. περιέθετο τοὺς χλιδῶνας . . . καὶ τοὺς δ.
Es. 3. 10. περιελόμενος ὁ βασιλεὺς τὸ δ. (2)
8. 2. ἔλαβε δὲ ὁ βασιλεὺς τὸν δ. (2)
— 8. σφραγίσατε τῷ δ. μου (2)
— 8. ὅσα γὰρ . . . σφραγισθῇ τῷ δ. μου (2)
— 10. καὶ ἐσφραγίσθη τῷ δ. αὐτοῦ (2)
Is. 3. 20. A B S² τοὺς δ. καὶ τὰ περιδέξια (2)
Da. LXX. 6. 17 (18). ἐσφραγίσατο ὁ βασ. ἐν τῷ δ. ἑαυτοῦ καὶ ἐν τοῖς δ. τῶν μεγιστάνων αὐτοῦ (3, 3)
Bel 13. σφραγίσαι τῷ τοῦ βασ. δ. καὶ τοῖς δ. τῶν ἐνδόξων ἱερέων
Da. TH. 6. 17. ἐσφραγίσατο ὁ βασ. [A *om.* ὁ β.] ἐν τῷ δ. αὐτοῦ καὶ ἐν τῷ δ. τῶν μεγιστάνων αὐτοῦ (3, 3)
Bel 11. σφράγισον τῷ δ. [A -λῳ] σου
— 14. ἐσφραγίσαντο ἐν [A -ισαν] τῷ δ. τοῦ βασιλέως
I Ma. 6. 15. ἔδωκεν αὐτῷ . . . τὸν δ.
[Th. Ex. 28. 23 *bis*, 24, 26, 27, 28 *bis* : 37. 5, 13 *bis*, 14.]
[Al. Ex. 26. 6.]

δακτυλοδεικτεῖν.

[Sm. Pr. 6. 13.]

δάκτυλος. (1) אֶצְבַּע (2) יָד (3) כַּף (4) μικρὸς δάκτυλος קֹטֶן

Ex. 8. 19 (15). δ. θεοῦ ἐστι τοῦτο (1)
29. 12. θήσεις [A¹ ἐπιθ.] ἐπὶ τῶν κεράτων . . . τῷ δ. σου (1)
31. 18. γεγραμμένας τῷ δ. τοῦ θεοῦ (1)
Le. 4. 6. βάψει ὁ ἱερεὺς τὸν δ. εἰς τὸ αἷμα (1)
— 17. βάψει ὁ ἱερεὺς τὸν δ. ἀπὸ τοῦ αἵματος (1)
— 25. ἐπιθήσει ὁ ἱερεὺς ἀπὸ τοῦ αἵμ. . . . τῷ δ. (1)
Le. 4. 30. λήψεται ὁ ἱερεὺς ἀπὸ τοῦ αἵμ. . . . τῷ δ. (1)
— 34. λαβὼν ὁ ἱερεὺς ἀπὸ τοῦ αἵμ. . . . τῷ δ. (1)
8. 15. ἐπέθηκεν ἐπὶ τὰ κέρατα . . . τῷ δ. (1)
9. 9. ἔβαψε τὸν δ. εἰς τὸ αἷμα (1)
14. 16. βάψει τὸν δ. τὸν δεξιὸν ἀπὸ τοῦ ἐλαίου (1)
— 16. καὶ ῥανεῖ [A *add.* ὁ ἱερεὺς] τῷ δ. ἑπτάκις (1)
— 27. καὶ ῥανεῖ ὁ ἱερεὺς τῷ δ. τῷ δεξιῷ (1)
16. 14. καὶ ῥανεῖ τῷ δ. ἐπὶ τὸ ἱλαστήριον (1)
— 14. ῥανεῖ ἑπτάκις ἀπὸ τοῦ αἵματος τῷ δ. (1)
— 19. ῥανεῖ ἐπ' αὐτοῦ ἀπὸ τοῦ αἵμ. τῷ δ. ἑπτ. (1)
De. 9. 10. τὰς δύο πλάκας . . . γεγραμμ. ἐν τῷ δ. τοῦ θ. (1)
II Ki. 21. 20. οἱ δ. τῶν χειρῶν αὐ. καὶ οἱ δ. τῶν ποδῶν αὐ. (1, 1)
III Ki. 7. 15. τεσσάρων δ. τὰ κοιλώματα –
I Ch. 20. 6. δάκτυλοι αὐτοῦ ἓξ καὶ ἓξ εἴκοσι τέσσαρες (1)
II Ch. 10. 10. ὁ μικρὸς δ. μου παχύτερος τῆς ὀσφύος (4)
Jb. 29. 9. δάκτυλον ἐπιθέντες ἐπὶ στόματι (3)
Ps. 8. 3. ὄψομαι τοὺς οὐρανοὺς ἔργα τῶν δ. σου (1)
143 (144). 1. ὁ διδάσκων . . . τοὺς δ. μου εἰς πόλεμον (1)
151. 2. οἱ δ. μου ἥρμοσαν ψαλτήριον
Pr. 6. 13. διδάσκει δὲ ἐννεύμασι δακτύλων (1)
7. 3. περίθου δὲ αὐτοὺς [A -οῖς] σοῖς δακτύλοις (1)
Ca. 5. 5. ἔσταξαν . . . δάκτυλοί μου σμύρναν πλήρη (1)
Wi. 15. 15. οὔτε δάκτυλοι χειρῶν εἰς ψηλάφησιν
Is. 2. 8. A S R προσεκύνησαν οἷς ἐποίησαν [B *om.* οἷς ἐ.] οἱ δ. αὐτῶν (1)
17. 8. ἃ ἐποίησαν οἱ δ. αὐτῶν (1)
31. 7. S¹ ἃ ἐποίησαν οἱ δ. [A B αἱ χεῖρες] αὐ. (2)
59. 3. οἱ δ. ὑμῶν ἐν ἁμαρτίαις (1)
Je. 52. 21. τὸ πάχος [S πλάτος] αὐτοῦ δακτύλων τεσσάρων κύκλῳ (1)
Da. LXX. 2. 41. ὡς ἑώρακας . . . τοὺς δ. (1)
— 42. οἱ δ. τῶν ποδῶν μέρος μέν τι σιδηροῦν (1)
5. 1. ἐξῆλθον δάκτυλοι ὡσεὶ ἀνθρώπου –
— 5. ἐξῆλθον δάκτυλοι ὡσεὶ χειρὸς ἀνθρώπου (1)
Da. TH. 2. 41. ὅτι εἶδες . . . τοὺς δ. (1)
— 42. οἱ δ. τῶν ποδῶν μέρος μέν τι σιδηροῦν (1)
5. 5. ἐξῆλθον δάκτυλοι χειρὸς ἀνθρώπου (1)
Bel 11. A σφράγισον τῷ δ. [B -λίῳ] σου
IV Ma. 10. 6. τοὺς δ. . . . περιέκλων
— 7. σὺν ἄκραις ταῖς τῶν δ. κορυφαῖς
15. 15. τοὺς τῶν ποδῶν καὶ χειρῶν δ. ἐπὶ γῆς σπαίροντας
[Aq. Pr. 6. 13 : Is. 58. 9.]
[Sm. Is. 58. 9.]
[Th. Is. 58. 9 : Da. 2. 41.]
[Al. Jd. 5. 30 : Pr. 6. 13.]

δαλός. (1) אוּד (2) כִּיּוֹר (3) מְדוּרָה

Am. 4. 11 : Za. 3. 3 (2). ὡς δαλὸς ἐξεσπασμένος ἐκ πυρός (1)
Za. 12. 6. ὡς δαλὸν πυρὸς ἐν ξύλοις (2)
Is. 7. 4. ἀπὸ τῶν δύο ξύλων τῶν δ. τῶν καπνιζομ. (1)
Ez. 24. 9. A R μεγαλυνῶ τὸν δ. [B λαόν] (3)
[Aq. Sm. Jb. 41. 11 : Za. 3. 2.]
[Th. Jb. 41. 11.]

δαμάζειν. (1) חֲשַׁל (2) רְעַע pa.

Da. LXX. 2. 40. ὥσπερ ὁ σίδηρος ὁ δαμάζων πάντα (1)
Da. TH. 2. 40. ὃν τρόπον ὁ σίδηρος . . . δαμάζει πάντα οὕτως πάντα λεπτυνεῖ καὶ δαμάσει [A -άζει] (1, 2)

δαμάλης.

[Aq. III Ki. 18. 25 : Ps. 21 (22). 13.]

δάμαλις. (1) בָּקָר (2) *a.* עֵגֶל *b.* עֶגְלָה (3) *a.* פַּר *b.* פָּרָה

Ge. 15. 9. λάβε μοι δάμαλιν τριετίζουσαν (2 *b*)
Nu. 7. 17, 23, 29, 35, 41, 47, 53, 59, 65, 71, 77, 83. εἰς θυσίαν σωτηρίου δαμάλεις δύο (1)
— 88. εἰς θυσίαν σωτηρίου δαμάλεις εἴκοσι τέσσαρες (3 *a*)
19. 2. λαβέτωσαν πρὸς σὲ δ. πυρράν (3 *b*)
— 6. ἐμβαλοῦσιν εἰς μέσον τοῦ κατακαύματος τῆς δ. (3 *b*)
— 9. συνάξει ἄνθρ. καθαρὸς τὴν σποδὸν τῆς δ. (3 *b*)
— 10. ὁ συνάγων τὴν σποδιὰν [A -δὸν] τῆς δ. (3 *b*)
De. 21. 3. δάμαλιν ἐκ βοῶν ἥτις οὐκ εἴργασται (2 *b*)

De. 21. 4. καταβιβάσουσιν ἡ γερουσία τῆς πόλ. ἐκ. δάμαλιν . . . καὶ νευροκοπήσουσι τὴν δ. (2 *b*, 2 *b*)
— 6. νίψονται τὰς χεῖρας ἐπὶ τὴν κεφαλὴν τῆς δ. (2 *b*)
Jd. 14. 18. εἰ μὴ ἠροτριάσατε ἐν τῇ δ. μου [A κατεδαμάσατέ μου τὴν δ.] (2 *b*)
I Ki. 16. 2. δάμαλιν βοῶν λάβε ἐν τῇ χειρί σου (2 *b*)
28. 24. τῇ γυναικὶ ἦν δάμαλις νομάς (2 *a*)
III Ki. 12. 28. ἐποίησε δύο δαμάλεις χρυσᾶς (2 *a*)
— 32. τοῦ θύειν ταῖς δ. (2 *a*)
IV Ki. 10. 29. αἱ δ. αἱ χρυσαῖ ἐν [A αἱ ἐν] B. καὶ ἐν Δ. (2 *a*)
17. 16. ἐποίησαν ἑαυτοῖς χώνευμα δύο δαμάλεις (2 *a*)
To. 1. 5. ἔθυον τῇ Βάαλ τῇ δ. [S¹ *al.*]
Ps. 67 (68). 30. ἡ συναγωγὴ τῶν ταύρων ἐν ταῖς δ. τῶν λαῶν (2 *a*)
Si. 38. 26. ἡ ἀγρυπνία αὐτοῦ εἰς χορτάσματα δαμάλεων
Ho. 4. 16. ὡς δ. παροιστρῶσα παροίστρησεν Ἰ. (3 *b*)
10. 11. Ἐ. δάμαλις δεδιδαγμ. ἀγαπᾶν νεῖκος (2 *b*)
Am. 4. 1. δαμάλεις τῆς B. αἱ ἐν τῷ ὄρει τῆς Σ. (3 *b*)
Jl. 1. 17. ἐσκίρτησαν δαμάλεις ἐπὶ ταῖς φάτναις αὐτῶν †
Is. 5. 18. ζυγοῦ ἱμάντι δαμάλεως †
7. 21. θρέψει ἄνθρωπος δάμαλιν βοῶν (2 *b*)
15. 5. δ. γάρ ἐστι τριετής (2 *b*)
Je. 26 (46). 20. δ. κεκαλλωπισμένη Αἴγυπτος (2 *b*)
[**Aq.** JB. 21. 10 : Is. 11. 7 : 34. 7 : JE. 48 (31). 34 : HO. 10. 5.]
[**Sm.** JE. 48 (31). 34.]
[**Th.** JD. 14. 18 : Is. 11. 7.]
[**Al.** LE. 9. 2.]
[**Hebr.** JE. 2. 24.]

δάμαλος.
[**Aq.** Ps. 21 (22). 13.]

δανείζειν, δανίζειν. (1) לָוָה *a.* qal. *b.* hi. (2) עָבַט *a.* qal. *b.* hi. (3) שָׁאַל

De. 15. 6. δανιεῖς ἔθνεσι πολλοῖς σὺ δὲ οὐ δανιῇ (2 *b*, 2 *a*)
— 8. αὐτῷ δάνιον δανιεῖς (2 *b*)
— 10. αὐτῷ δάνιον δανιεῖς -
28. 12. δανιεῖς ἔθνεσι πολλοῖς σὺ δὲ οὐ δανιῇ (1 *b*, 1 *a*)
— 44. οὗτος δανιεῖ σοι σὺ δὲ τούτῳ οὐ δανιεῖς (1 *b*, 1 *b*)
Ne. 5. 4. ἐδανισάμεθα ἀργύριον εἰς φόρους τοῦ βασ. (1 *a*)
Ps. 36 (37). 21. δανίζεται ὁ ἁμαρτωλός (1 *a*)
— 26. ὅλην τὴν ἡμέραν ἐλεεῖ καὶ δανίζει (1 *b*)
Pr. 19. 17. δανίζει θεῷ ὁ ἐλεῶν πτωχόν (1 *b*)
20. 4. ὡσαύτως καὶ ὁ δανιζόμ. σῖτον ἐν ἀμητῷ (3)
22. 7. οἰκέται ἰδίοις δεσπόταις δανιοῦσιν (1 *b*)
Wi. 15. 16. τὸ πνεῦμα δεδανισμένος ἔπλασεν αὐτούς
Si. 8. 12. μὴ δανίσῃς ἀνθρώπῳ ἰσχυροτέρῳ σου καὶ ἐὰν δανίσῃς ὡς ἀπολωλεκὼς γίνου
20. 15. σήμερον δανιεῖ
29. 1. ὁ ποιῶν ἔλεος δανιεῖ τῷ πλησίον
— 2. δάνισον τῷ πλησίον
Is. 24. 2. ὁ δανείζων ὡς ὁ δανειζόμενος (1 *b*, 1 *a*)
IV Ma. 2. 8. τοῖς δεομένοις δανείζων χωρὶς τόκων
[**Aq.** Ps. 36 (37). 26 : JE. 15. 10 *bis.*]
[**Sm.** PR. 22. 7 *bis* : JE. 15. 10 *bis.*]
[**Th.** PR. 22. 7 *bis.*]

δάνειον (-νιον). (1) נְשֶׁה (2) עֲבַט hi.

De. 15. 8. αὐτῷ δάνιον δανιεῖς (2)
— 10. αὐτῷ δάνιον δανιεῖς -
24. 11. ὁ ἄνθρωπος οὗ τὸ δ. σού ἐστιν ἐν αὐτῷ (1)
IV Ma. 2. 8. τὸ δ. τῶν ἑβδομάδων . . . χρεοκοπούμενος

δανεισμός (-νισμ.).
Si. 18. 33. συμβολοκοπῶν ἐκ δανισμοῦ

δανειστής (-νισ.). (1) נֹשֶׁה (2) רֵשׁ

IV Ki. 4. 1. ὁ δ. [A *add.* μου] ἦλθε (1)
Ps. 108 (109). 11. ἐξερευνησάτω δανειστὴς πάντα (1)
Pr. 29. 13. δανιστοῦ καὶ χρεωφειλέτου ἀλλήλοις [A -ων] συνελθόντων (2)
Si. 29. 28. ἐπιτίμησις οἰκίας καὶ ὀνειδισμὸς δανιστοῦ
[**Th.** Is. 3. 12.]

δάνος.
Si. 29. 4. πολλοὶ ὡς εὕρεμα ἐνόμισαν δάνος

δαπανᾶν.
To. 1. 7. ἐδαπάνων αὐτὰ ἐν Ἱεροσολύμοις
Ju. 11. 12. πάντα . . . διέγνωσαν δαπανῆσαι
12. 4. οὐ δαπανήσει ἡ δούλη σου τὰ ὄντα μετ' ἐμοῦ
Da. LXX. Bel 5. ὅσα εἰς αὐτὸν δαπανᾶται
— 17. εἴδοσαν δεδαπανημένα πάντα τὰ παρατεθέντα
— 20. ἐδαπάνων τὰ παρατιθέμενα τῷ Βήλ
Da. TH. Bel 3. ἐδαπανῶντο εἰς αὐτὸν . . . ἀρτάβαι δώδεκα
— 21. ἐδαπάνων τὰ ἐπὶ τῇ τραπέζῃ
I Ma. 14. 32. ἐδαπάνησε χρήματα πολλὰ τῶν ἑαυτοῦ
II Ma. 1. 23. δαπανωμένης τῆς θυσίας
— 32. τοῦ δὲ . . . ἀντιλάμψαντος φωτὸς ἐδαπανήθη
2. 10. τὰ τῆς θυσίας ἐδαπάνησεν

δαπάνη. (1) נִפְקָא

II Es. 6. 4. ἡ δ. ἐξ οἴκου τοῦ βασιλέως δοθήσεται (1)
— 8. δαπάνη ἔστω διδομένη τοῖς ἀνδράσιν ἐκείνοις (1)
Da. LXX. Bel 21. τὴν δ. τὴν εἰς αὐτὸν ἔδωκε τῷ Δ.
Da. TH. Bel 8. τίς ὁ κατέσθων [A -ίων] τὴν δ. ταύτην
I Ma. 3. 30. εἰς τὰς δ. καὶ τὰ δόματα
10. 39. A εἰς τὴν προκαθήκουσαν [S καθ., R προσήκ.] δ. τοῖς ἁγίοις
— 44, 45. ἡ δ. δοθήσεται ἐκ τοῦ λόγου τοῦ βασ.
II Ma. 4. 19. εἰς ἑτέραν δὲ καταθέσθαι δ.

δαπάνημα.
I Es. 6. 25. τὸ δ. δοθῆναι ἐκ τοῦ οἴκου Κύρου
II Ma. 3. 3. πάντα τὰ πρὸς τὰς λειτουργίας . . . δ.
11. 31. χρῆσθαι τοὺς Ἰουδ. τοῖς ἑαυτῶν δ.

δαρόμ, *cf.* **δαγών.** (1) דָּרוֹם

Ez. 20. 46 (21. 2). R ἐπίβλεψον ἐπὶ δ. [A B δαγών] (1)

δαρώρ.
[**Al.** LE. 25. 10.]

δάσος. (1) סְבַךְ (2) שָׂדֶה (3) שׂוֹבֶךְ

II Ki. 18. 9. ὑπὸ τὸ δ. [A ὑπὸ δράσος] τῆς δρυὸς τῆς μεγ. (3)
Ps. 131 (132). 6. A S¹ ἐν ταῖς [τοῖς ?] δ. [R πεδίοις] τοῦ δρυμοῦ (2)
Is. 9. 18 (17). καυθήσεται ἐν τοῖς δ. τοῦ δρυμοῦ (1)

δασύπους. (1) אַרְנֶבֶת (2) שָׁפָן

Le. 11. 5. καὶ τὸν δ. ὅτι ἀνάγει μηρυκισμὸν τοῦτο (1 ?, 2 ?)
De. 14. 7. οὐ φάγεσθε . . . τὸν κάμηλον καὶ δ. (1)

δασύς. (1) עָבֹת (2) רַעֲנָן (3) *a.* שָׂעִיר *b.* שֵׂעָר *c.* בַּעַל שֵׂעָר

Ge. 25. 25. ὅλος ὡσεὶ δορὰ δασύς (3 *b*)
27. 11. ἔστιν Ἠσαῦ ὁ ἀδελφός μου ἀνὴρ δ. (3 *a*)
— 23. ἦσαν γὰρ αἱ χεῖρες . . . δασεῖαι (3 *a*)
Le. 23. 40. καὶ κλάδους ξύλου δασεῖς (1)
De. 12. 2. ὑποκάτω δένδρου δασέως (2)
IV Ki. 1. 8. ἀνὴρ δ. καὶ ζώνην δερματίνην περιεζωσμένος (3 *c*)
Ne. 8. 15. φύλλα φοινίκων καὶ φύλλα ξύλου δασέος [A S -ως] (1)
Si. 14. 18. ὡς φύλλον θάλλον ἐπὶ δένδρου δασέος [A S -ως]
Hb. 3. 3. ἐξ ὄρους Φ. κατασκίου δασέος -
Is. 57. 5. οἱ παρακαλοῦντες [S *add.* ἐπὶ] τὰ εἴδωλα ὑπὸ δένδρα δασέα (2)
Ez. 6. 13. A ὑποκάτω πάσης δρυὸς δασείας (1)
[**Aq.** Ez. 6. 13 : 19. 11 : 20. 28 : 31. 3.]
[**Sm.** Ez. 6. 13 : 20. 28.]
[**Th.** Ez. 6. 13 : 19. 11 : 31. 3.]

δαψιλεύεσθαι. (1) דָּאַג

I Ki. 10. 2. ἐδαψιλεύσατο δι' ὑμᾶς (1)

δαψιλής.
Wi. 11. 7. ἔδωκας αὐτοῖς δαψιλὲς ὕδωρ ἀνελπίστως
I Ma. 3. 30. ἃ ἐδίδου ἔμπροσθεν δαψιλεῖ χειρί
III Ma. 5. 2. δ. δράκεσι λιβανωτοῦ
— 31. τήνδε . . . ἐσκεύασαν ἂν δ. θοίναν

δέ, *passim.*

δεβραθά.
IV Ki. 5. 19. εἰς δ. τῆς γῆς [A ἀπὸ τῆς γ. Ἰσραήλ] †

δέησις. (1) אֲרֶשֶׁת (2) עֱנוּת (3) צְעָקָה (4) רְוָחָה (5) רִנָּה (6) שִׂיחַ (7) *a.* שַׁוַע *b.* שֶׁוַע *c.* שַׁוְעָה (8) *a.* תְּחִנָּה *b.* תַּחֲנוּן (9) תְּפִלָּה

III Ki. 8. 28. ἐπιβλέψῃ ἐπὶ τὴν δ. μου [A *al.*] (8 *a*)
— 30. εἰσακούσῃ τῆς δ. [A φωνῆς] τοῦ δούλου σου (8 *a*)
— 38. πᾶσαν δ. ἐὰν γένηται παντὶ ἀνθρώπῳ (8 *a*)
— 45. εἰσακούσῃ . . . τῆς δ. αὐτῶν καὶ τῆς προσευχῆς [A τ. πρ. αὐ. κ. τ. δ.] αὐ. (9 [8 *a*])
— 49. A τὴν προσευχὴν αὐτῶν καὶ τὴν δ. αὐ. (8 *a*)
— 52. ἠνεῳγμένα εἰς τὴν δ. τοῦ δούλου σου καὶ εἰς τὴν δ. τοῦ λαοῦ σου (8 *a*, 8 *a*)
— 54. ὅλην τὴν προσευχὴν καὶ τὴν δ. ταύτην (8 *a*)
9. 3. καὶ τῆς δ. σου [A *om.*] ἧς ἐδεήθης (8 *a*)
II Ch. 6. 19. ἐπὶ τὴν προσευχὴν παιδός σου καὶ ἐπὶ τὴν δ. μου (8 *a*)
— 19. τοῦ ἐπακοῦσαι τῆς δ. (5)
— 21. ἀκούσῃ τῆς δ. τοῦ παιδός σου (8 *b*)
— 29. πᾶσα προσευχὴ καὶ πᾶσα δ. (8 *a*)
— 35. ἀκούσῃ . . . τῆς δ. αὐτῶν (9)
— 39. ἀκούσῃ . . . τῆς δ. αὐτῶν (8 *a*)
— 40. εἰς τὴν δ. τοῦ τόπου τούτου (9)
Ju. 9. 12. σὺ εἰσάκουσον τῆς δ. μου
Es. 4. 17. ἐπάκουσον τῆς δ. μου
Jb. 8. 6. δεήσεως ἐπακούσεταί σου †
16. 21. A B S² ἀφίκοιτό μου ἡ δ. πρὸς κύριον †
27. 9. ἢ τὴν δ. αὐτοῦ εἰσακούσεται ὁ θεός [A *al.*] (3)
36. 19. μή σε ἐκκλινάτω [A -νῃ] ἑκὼν ὁ νοῦς δεήσεως (7 *a*)
40. 22 (27). λαλήσει δέ σοι δεήσει [A -εις] (8 *b*)
Ps. 5. 2. A R τῇ φωνῇ [B S τῆς φ.] τῆς δ. μου (7 *b*)
6. 9. εἰσήκουσε [A S ἤκ.] κύριος τῆς δ. μου (8 *a*)
9. 12. οὐκ ἐπελάθετο τῆς δ. [A φωνῆς, S κραυγῆς] τῶν πενήτων (3)
16 (17). 1. πρόσχες τῇ δ. μου (5)
20 (21). 2. τὴν δ. [S² θέλησιν] τῶν χειλέων αὐτοῦ (1)
21 (22). 24. οὐδὲ προσώχθισε τῇ δ. τοῦ πτωχοῦ (2)
27 (28). 2. εἰσάκουσον [S² *add.* κύριε] τῆς φωνῆς τῆς δ. μου (8 *b*)
— 6. εἰσήκουσε τῆς φωνῆς τῆς δ. μου (8 *b*)
30 (31). 22. εἰσήκουσας, κύριε [A S *om.*], τῆς φωνῆς τῆς δ. μου (8 *b*)
33 (34). 15. καὶ ὦτα αὐτοῦ εἰς δέησιν αὐτῶν (7 *c*)
38 (39). 12. τῆς δ. μου ἐνώτισαι (7 *c*)
39 (40). 1. εἰσήκουσε τῆς δ. μου (7 *c*)
54 (55). 1. μὴ ὑπερίδῃς τὴν δ. μου (8 *a*)
60 (61). 1. εἰσάκουσον, ὁ θεός, τῆς δ. μου (5)
65 (66). 19. S² προσέσχε τῇ φωνῇ τῆς δ. [B S¹ προσευχῆς] μου (9)
85 (86). 6. πρόσχες τῇ φωνῇ τῆς δ. μου (8 *b*)
87 (88). 2. κλῖνον τὸ οὖς σου εἰς τὴν δ. μου (5)
101 (102). *tit.* καὶ ἐναντίον κυρίου ἐκχέῃ τὴν δ. αὐτοῦ (6)
— 17. οὐκ ἐξουδένωσε τὴν δ. αὐτῶν (9)
105 (106). 44. ἐν τῷ αὐτὸν εἰσακοῦσαι τῆς δ. αὐτῶν (5)
114 (116). 1. εἰσακούσεται κύριος τῆς φωνῆς τῆς δ. μου (8 *b*)
118 (119). 169. ἐγγισάτω ἡ δ. μου ἐνώπιόν σου (5)
129 (130). 2. προσέχοντα εἰς τὴν φωνὴν τῆς δ. μου (8 *b*)
139 (140). 6. ἐνώτισαι, κύριε, τὴν φωνὴν τῆς δ. μου (8 *b*)
140 (141). 1. πρόσχες τῇ φωνῇ [S τῆς φωνῆς] τῆς δ. μου -
141 (142). 2. ἐκχεῶ ἐναντίον αὐτοῦ τὴν δ. μου (6)
— 6. πρόσχες πρὸς [A εἰς] τὴν δ. μου (5)
142 (143). 1. ἐνώτισαι τὴν δ. μου (8 *b*)
144 (145). 19. τῆς δ. αὐτῶν ἐπακούσεται (7 *c*)
Wi. 12. 20. μετὰ τοσαύτης . . . προσοχῆς καὶ [A S *om.*] δ. [A *om.*, S διέσεως]
Si. 4. 6. τῆς δ. αὐτοῦ ἐπακούσεται [S εἰσακ.]
21. 5. δέησις πτωχοῦ ἐκ στόματος
32 (35). 13. δέησιν ἠδικημένου εἰσακούσεται
— 16. ἡ δ. αὐτοῦ ἕως νεφελῶν συνάψει
36. 22 (19). εἰσάκουσον, κύριε, δεήσεως τῶν ἱκετῶν [A S οἰκετῶν] σου
38. 34. ἡ δ. αὐτῶν ἐν ἐργασίᾳ τέχνης

Si. 51. 11. εἰσηκούσθη ἡ δ. μου
Is. 1. 15. ἐὰν πληθύνητε τὴν δ. (9)
Je. 3. 21. φωνὴ . . . δεήσεως υἱῶν Ἰσραήλ (8 b)
11. 14. μὴ ἀξίου περὶ αὐτῶν ἐν δεήσει (5)
14. 12. οὐκ εἰσακούσομαι τῆς δ. αὐτῶν (5)
Ba. 2. 14. εἰσάκουσον . . . τῆς δ. ἡμῶν
4. 20. ἐνεδυσάμην δὲ σάκκον τῆς δ. μου
La. 3. 56. B μὴ κρύψῃς τὰ ὦτά σου εἰς τὴν δ. μου (4)
Da. LXX. Su. 35. εἰσήκουσε κύριος τῆς δ. αὐ.
2. 18. παρήγγειλε νηστείαν καὶ δέησιν †
4. 31. ἔδωκα τὴν ψυχήν μου εἰς δέησιν
9. 17. ἐπάκουσον . . . ἐπὶ τὰς δ. μου (8 b)
— 23. ἐν ἀρχῇ τῆς δ. σου (8 b)
Da. TH. 9. 3. τοῦ ἐκζητῆσαι . . . δεήσεις [A -σιν] (8 b)
— 17. εἰσάκουσον . . . τῶν δ. αὐτοῦ (8 b)
— 23. ἐν ἀρχῇ τῆς δ. σου (8 b)
I Ma. 7. 37. εἶναι οἶκον . . . δεήσεως τῷ λαῷ σου
11. 49. ἐκέκραξαν πρὸς τὸν βασ. μετὰ δεήσεως
II Ma. 1. 5. A ὑπακοῦσαι [R ἐπ.] ὑμῶν τῶν δ.
10. 27. γενόμενοι δὲ ἀπὸ τῆς δ.
III Ma. 1. 21. ποικίλη δὲ ἦν . . . ἡ δ.
— 23. ἐπὶ τὴν αὐτὴν τῆς δ. ἔστησαν [A παρῆσαν] στάσιν
2. 1. ἐποιήσατο τὴν δ. τοιαύτην
— 11. εἰσακούσῃ τῆς δ. ἡμῶν
[**Aq.** Ps. 27 (28). 2, 6 : 118 (119). 170 : Je. 7. 16.]
[**Th.** Da. 9. 17.]
[**Heb.** Jb. 40. 22 (27).]
[**Quint.** Ps. 30 (31). 23 : 39 (40). 2.]
[**Sext.** Ps. 21 (22). 2.]
[**Al.** Is. 38. 5.]

δείδειν. (1) יָגֹר (2) שָׁחַח (3) cum neg. חָפְשִׁי

Jb. 3. 19. θεράπων δεδοικὼς [A S³ οὐ δ.] τὸν κύριον αὐ. † [3 ?]
— 25. ὃν ἐδεδοίκειν συνήντησέ μοι (1)
7. 2. ὥσπερ θεράπων δεδοικὼς τὸν κύριον αὐ. †
26. 13. κλεῖθρα δὲ οὐρανοῦ δεδοίκασιν αὐτόν †
29. 14. A S¹ δικαιοσύνην δὲ ἐδεδοίκειν [B S² ἐνδεδύκειν] †
31. 35. χεῖρα δὲ κυρίου εἰ μὴ ἐδεδοίκειν †
38. 40. δεδοίκασι γὰρ ἐν κοίταις αὐτῶν (2)
41. 1 (2). οὐ δέδοικας ὅτι ἡτοίμασταί μοι †
Is. 60. 14. πορεύσονται πρὸς σὲ δεδοικότες (2)
[**Th.** Jb. 31. 35.]

δεικνύειν, δεικνύναι. (1) אָרַךְ hi. (2) בָּרָא (3) גָּלָה ni. (4) יָדַע a. qal. b. hi. (5) יָצָא hi. (6) יָרָה hi. (7) לָכַד (8) לָמַד pi. (9) נָגַד hi. (10) נָחָה hi. ● (11) נָתַן (12) רָאָה a. qal. b. hi. c. ho.

Ge. 12. 1. εἰς τὴν γῆν ἣν ἄν σοι δείξω (12 b)
41. 25. ὅσα . . . ἔδειξε τῷ Φαραώ (9)
— 28. ὅσα . . . ἔδειξε τῷ Φαραώ (12 b)
— 39. ἔδειξεν ὁ θεός σοι πάντα ταῦτα (4 b)
48. 11. ἔδειξέ μοι ὁ θεὸς καὶ τὸ σπέρμα σου (12 b)
Ex. 13. 21. δεῖξαι αὐτοῖς τὴν ὁδόν (10)
15. 25. καὶ ἔδειξεν αὐτῷ κύριος ξύλον (6)
25. 8 (9). ὅσα [A *add.* ἐγώ] σοι δεικνύω (12 b)
— 39 (40). τὸν τύπον τὸν δεδειγμ. σοι ἐν τῷ ὄρει (12 c)
26. 30. τὸ εἶδος τὸ δεδειγμ. σοι ἐν τῷ ὄρει (12 c)
33. 5. καὶ δείξω σοι ἃ ποιήσω σοι (4 a)
— 18. A δεῖξόν μοι τὴν σεαυτοῦ δόξαν [B *al.*] (12 b)
Le. 13. 49. καὶ δείξει τῷ ἱερεῖ (12 c)
Nu. 8. 4. ὃ ἔδειξε κύριος τῷ Μωυσῇ (12 b)
13. 28 (26). ἔδειξαν τὸν καρπὸν τῆς γῆς (12 b)
16. 30. ἐν φάσματι δείξει κύριος (2)
22. 41. ἔδειξεν αὐτῷ ἐκεῖθεν μέρος τι τοῦ λαοῦ (12 a)
23. 3. ῥῆμα ὃ ἐάν μοι δείξῃ ἀναγγελῶ σοι (12 b)
24. 17. δείξω αὐτῷ καὶ οὐχὶ νῦν (12 a)
De. 1. 33. δεικνύων ὑμῖν τὴν ὁδόν (12 b)
3. 24. σὺ ἤρξω δεῖξαι τῷ σῷ θεράποντι (12 b)
4. 5. δέδειχα ὑμῖν δικαιώματα καὶ κρίσεις (8)
— 36. ἐπὶ τῆς γῆς ἔδειξέ σοι τὸ πῦρ αὐτοῦ (12 b)
5. 24 (21). ἔδειξεν ἡμῖν κ. ὁ θ. ἡμῶν τὴν δόξαν αὐ. (12 b)
32. 20. δείξω τί ἔσται αὐτοῖς (12 a)
34. 1. ἔδειξεν αὐτῷ κ. πᾶσαν τὴν γῆν Γ. (12 b)
— 4. ἔδειξα τοῖς ὀφθαλμοῖς σου (12 b)
Jo. 7. 14. ἣν ἂν δείξῃ κύριος (7)
Jo. 7. 14 *bis.* ὃν ἂν δείξῃ [A ἐνδ.] κύριος (7)
Jd. 1. 24. δεῖξον ἡμῖν τῆς πόλεως τὴν εἴσοδον (12 b)
— 25. ἔδειξεν αὐτοῖς τὴν εἴσοδον τῆς πόλεως (12 b)
4. 22. δείξω σοι τὸν ἄνδρα ὃν σὺ ζητεῖς (12 b)
13. 23. οὐκ ἂν ἔδειξεν ἡμῖν ταῦτα πάντα [A *al.*] (12 b)
I Ki. 12. 23. B δείξω ὑμῖν τὴν ὁδὸν τὴν ἀγαθήν (6)
II Ki. 15. 25. δείξει μοι [A *om.*] αὐτήν (12 b)
III Ki. 13. 12. δεικνύουσιν αὐτῷ οἱ υἱοὶ αὐτοῦ τὴν ὁδόν (12 a)
IV Ki. 6. 6. ἔδειξεν αὐτῷ τὸν τόπον (12 b)
8. 10. ἔδειξέ μοι κύριος ὅτι θανάτῳ ἀποθανῇ (12 b)
— 13. A B ἔδειξέ μοι κύριός σε βασιλεύοντα ἐπὶ Ἰσρ. [R Συρίαν] (12 b)
11. 4. ἔδειξεν αὐτοῖς Ἰ. τὸν υἱὸν τοῦ βασ. (12 b)
16. 14. ἔδειξεν αὐτὸ ἐπὶ μηρὸν τοῦ θυσιαστηρίου (11)
20. 13. ἔδειξεν αὐτοῖς ὅλον τὸν οἶκον τοῦ νεχ. (12 b)
— 13. ὃν οὐκ ἔδειξεν αὐτοῖς Ἐζεκίας (12 b)
— 15. ὃ οὐκ ἔδειξα αὐτοῖς (12 b)
II Ch. 23. 3. ἔδειξεν αὐτοῖς τὸν υἱὸν τοῦ βασιλέως †
To. 13. 6. A B δεικνύω τὴν ἰσχύν
Ju. 10. 13. δείξω πρὸ προσώπου αὐτοῦ ὁδόν
13. 15. προελοῦσα τὴν κεφ. ἐκ τῆς πήρας ἔδειξε
Es. 1. 4. μετὰ τὸ δεῖξαι αὐτοῖς τὸν πλοῦτον τῆς βασ. (12 b)
— 11. δεῖξαι αὐτὴν τοῖς ἄρχουσι (12 b)
4. 8. ἔδωκεν αὐτῷ δεῖξαι τῇ Ἐσθήρ (12 b)
Jb. 28. 11. ἔδειξε δὲ αὐτοῦ δύναμιν (5)
33. 23. τὴν δὲ ἄνοιαν αὐτοῦ δείξῃ (9 ?)
34. 32. σὺ δεῖξόν μοι [A δίδαξόν με] (6)
Ps. 4. 6. τίς δείξει ἡμῖν τὰ ἀγαθά (12 b)
49 (50). 23. ᾗ [S² ἦν] δείξω αὐτῷ τὸ σωτήριον τοῦ θ. (12 b)
58 (59). 10. ὁ θεός μου δείξει μοι ἐν τοῖς ἐχθροῖς μου (12 b)
59 (60). 3. ἔδειξας τῷ λαῷ σου σκληρά (12 b)
70 (71). 20. ὅτι ἔδειξάς μοι θλίψεις πολλάς (12 b)
77 (78). 11. τῶν θαυμασίων αὐ. ὧν ἔδειξεν αὐτοῖς (12 b)
84 (85). 7. δεῖξον ἡμῖν, κύριε, τὸ ἔλεός σου (12 b)
90 (91). 16. δείξω αὐτῷ τὸ σωτήριόν μου (12 b)
Ec. 2. 24. ὃ δείξει τῇ ψυχῇ αὐτοῦ ἀγαθόν (12 b)
3. 18. τοῦ [A S² τοῦτο, S¹ *om.*] δεῖξαι ὅτι αὐτοὶ κτήνη εἰσί (12 a)
Ca. 2. 14. δεῖξόν μοι τὴν ὄψιν σου (12 b)
Wi. 5. 13. ἀρετῆς μὲν σημεῖον οὐδὲν ἔσχομεν δεῖξαι
10. 10. ἔδειξεν αὐτῷ βασιλείαν θεοῦ
— 14. ψευδεῖς τε ἔδειξε τοὺς μωμησαμ. αὐτόν
11. 8. δείξας διὰ τοῦ τότε δίψους
12. 13. ἵνα δείξῃς ὅτι οὐκ ἀδίκως ἔκρινας
14. 4. δεικνὺς ὅτι δύνασαι ἐκ παντὸς σώζειν
16. 3. A B S διὰ τὴν δειχθεῖσαν [R εἰδέχθειαν] τῶν ἐπαπεσταλμ. καὶ τὴν ἀναγκαίαν ὄρεξιν
— 4. τούτοις δὲ μόνον δειχθῆναι
18. 21. δεικνὺς ὅτι σός ἐστι θεράπων
Si. 17. 8. δεῖξαι αὐτοῖς τὸ μεγαλεῖον τῶν ἔργων αὐτοῦ
18. 21. ἐν καιρῷ ἁμαρτημάτων δεῖξον ἐπιστροφήν
45. 3. ἔδειξεν αὐτῷ τῆς δόξης αὐτοῦ
Ho. 5. 9. ἐν ταῖς φυλαῖς τοῦ Ἰ. ἔδειξα πιστά (4 b)
Am. 7. 1. οὕτως ἔδειξέ μοι κ. ὁ θ. (12 b)
— 4, 7. οὕτως ἔδειξέ μοι κύριος (12 b)
8. 1. οὕτως ἔδειξέ μοι κύριος κύριος [A *om.*] (12 b)
Mi. 4. 2. δείξουσιν ἡμῖν τὴν ὁδὸν αὐτοῦ (6)
Na. 3. 5. δείξω ἔθνεσι τὴν αἰσχύνην [A ἀσχημοσύνην] σου (12 b)
Hb. 1. 3. ἵνα τί ἔδειξάς μοι κόπους (12 b)
Za. 1. 9. ἐγὼ δείξω σοι τί ἐστι ταῦτα (12 b)
— 20 (2. 3). ἔδειξέ μοι κύριος τέσσαρας τέκτονας (12 b)
3. 1. ἔδειξέ μοι κύριος τὸν Ἰ. . . . ἑστῶτα (12 b)
8. 11. ἀλλ' ἢ δείξω εἰρήνην †
Is. 11. 11. τοῦ δεῖξαι τὴν χεῖρα αὐτοῦ †
30. 30. δεῖξαι μετὰ θυμοῦ καὶ ὀργῆς (12 b)
39. 2. ἔδειξεν αὐτοῖς τὸν οἶκον τοῦ νεχωθά (12 b)
— 2. ὃ οὐκ ἔδειξεν Ἐζεκίας ἐν τῷ οἴκῳ αὐτοῦ (12 b)
40. 14. τίς ἔδειξεν αὐτῷ κρίσιν (8)
— 14. ἢ ὁδὸν συνέσεως τίς ἔδειξεν αὐτῷ (4 b)
48. 9. δείξω σοι τὸν θυμόν μου (1 ?)
— 17. δέδειχά σοι τοῦ εὑρεῖν σε τὴν ὁδόν (8)
53. 11. δεῖξαι αὐτῷ φῶς (12 a)
Je. 18. 17. δείξω αὐτοῖς ἡμέραν ἀπωλείας αὐτῶν (12 a)
24. 1. ἔδειξέ μοι κύριος δύο καλάθους σύκων (12 b)
45 (38). 21. ὃν ἔδειξέ μοι κύριος (12 b)
Ba. 5. 3. ὁ γὰρ θεὸς δείξει . . . τὴν σὴν λαμπρότητα
Ep. Je. 4. ὄψεσθε ἐν Βαβυλῶνι θεοὺς . . . δεικνύντας φόβον
— 67. σημεῖα . . . οὐ μὴ δείξωσιν
Ez. 11. 25. τοὺς λόγους τοῦ κ. οὓς ἔδειξέ μοι (12 b)
40. 4. ὅσα ἐγὼ δεικνύω σοι διότι ἕνεκα τοῦ δεῖξαί σοι εἰσελήλυθας ὧδε καὶ δείξεις πάντα (12 b, 12 b, 9)
43. 10. δεῖξον τῷ οἴκῳ Ἰσραὴλ τὸν οἶκον (9)
Da. LXX. 10. 1. πρόσταγμα ἐδείχθη τῷ Δ. (3)
Bel 26. ἔδειξεν αὐτὸν τῷ βασιλεῖ
Da. TH. Bel 9. ἐὰν δὲ δείξητε [A ἀποδ.]
— 21. ἔδειξαν αὐτῷ τὰς κρυπτὰς θύρας
I Ma. 6. 34. A R τοῖς ἐλέφασιν ἔδειξαν [S -εν] αἷμα σταφυλῆς
7. 3. μή μοι δείξητε τὰ πρόσωπα αὐτῶν
— 33. δεῖξαι αὐτῷ τὴν ὁλοκαύτωσιν
11. 4. ἔδειξαν αὐτῷ τὸ ἱερὸν Δαγών
III Ma. 5. 13. δεῖξαι τῆς . . . χειρὸς κράτος ἔθνεσιν ὑπερηφάνοις
6. 5. ἔκδηλον δεικνὺς . . . τὸ σὸν κράτος
— 15. δειχθήτω πᾶσιν ἔθνεσιν
IV Ma. 17. 2. S δείξασα [A R ἐπιδ.] τὴν τῆς πίστεως γενναιότητα
[**Aq.** Ps. 70 (71). 20.]
[**Sm.** Ps. 49 (50). 23 : 70 (71). 20 : Je. 11. 18.]
[**Th.** Jb. 34. 32.]
[**Al.** Ex. 33. 18 : Ec. 3. 18.]

δειλαίνειν.

I Ma. 5. 41. S ἐὰν δὲ δειλανθῇ [A R -λωθῇ]

δείλαιος. (1) נְדוּפָה (2) a. שֹׁד b. שָׁדַד pu.

Ho. 7. 13. δείλαιοί εἰσιν ὅτι ἠσέβησαν εἰς ἐμέ (2 a)
Na. 3. 7. δειλαία N. τίς στενάξει αὐτήν (2 b)
Ba. 4. 31. δείλαιοι οἱ σὲ κακώσαντες
— 32. δείλαιαι αἱ πόλεις . . . δειλαία ἡ δεξαμένη τοὺς υἱούς σου
Ez. 5. 15. A ἔσῃ στενακτὴ καὶ δειλαία [B δηλαϊστή] (1)

δειλανδρεῖν.

II Ma. 8. 13. οἱ δειλανδροῦντες καὶ ἀπιστοῦντες
IV Ma. 10. 14. ὥστε με δειλανδρῆσαι
13. 10. A R μὴ δειλανδρήσωμεν πρὸς τὴν τῆς εὐσεβείας ἀπόδειξιν [S ἐπίδ.]

δείλη. (1) עֶרֶב

Ge. 24. 63. ἀδολεσχῆσαι . . . τὸ πρὸς δείλης (1)
Ex. 18. 13. ἀπὸ πρωΐθεν ἕως δείλης [A ἑσπέρας] (1)
— 14. ἀπὸ πρωΐθεν [A πρωΐ] ἕως δείλης (1)
I Ki. 20. 5. κρυβήσομαι [A πορεύσ.] . . . ἕως δείλης [A δ. τῆς τρίτης] (1)
30. 17. ἀπὸ ἑωσφόρου ἕως δείλης (1)
II Ki. 1. 12. ἐνήστευσαν ἕως δείλης ἐπὶ Σαούλ (1)
III Ki. 17. 6. καὶ κρέα [A ἄρτον καὶ κρέας] τὸ δείλης (1)
II Ch. 2. 4 (3). τὸ πρωῒ καὶ τὸ δείλης (1)
13. 11. θυμιῶσι τῷ κ. ὁλοκαύτωμα πρωῒ καὶ δείλης (1)
— 11. οἱ λυχνοὶ τῆς καύσεως ἀνάψαι δείλης (1)
Es. 2. 14. δείλης εἰσπορεύεται (1)
Ze. 2. 7. δείλης καταλύσουσιν ἀπὸ προσώπου υἱῶν Ἰ. (1)
Je. 31 (48). 33. οὐδὲ δείλης οὐκ ἐποίησαν †
I Ma. 10. 80. A S ἐκ πρωΐθεν ἕως δείλης [R ἑσπέρας]
[**Aq.**, **Sm.**, **Th.** III Ki. 17. 6.]

δειλία. (1) אֵימָה (2) מְחִתָּה (3) מֹרֶךְ (4) עַצְלָה

Le. 26. 36. A ἐπάξω δειλίαν [B δουλείαν] εἰς τὴν καρδίαν (3)
Jb. 13. 11. A πότερον οὐχὶ δειλία [B S δῖνα] αὐτοῦ στροβήσει ὑμᾶς †
Ps. 54 (55). 4. δειλία θανάτου ἐπέπεσεν ἐπ' ἐμέ (1)
88 (89). 40. ἔθου τὰ ὀχυρώματα αὐτοῦ δειλίαν (2)
Pr. 19. 15. A S² R δειλία κατέχει ἀνδρόγυνον [B S¹ -ναιον] (4 ?)
Si. 4. 17. φόβον δὲ καὶ δειλίαν ἐπάξει
I Ma. 4. 32. δὸς αὐτοῖς δειλίαν
II Ma. 3. 24. εἰς ἔκλυσιν καὶ δειλίαν τραπῆναι
III Ma. 6. 19. τὴν δύναμιν . . . ἐπλήρωσαν ταραχῆς καὶ δειλίας
IV Ma. 6. 20. καταγελώμενοι πρὸς ἁπάντων [S ὑπὸ π.] ἐπὶ δειλίᾳ
[**Aq.** Je. 48 (31). 39.]
[**Sm.** Pr. 10. 15, 29 : 21. 15 : Je. 48 (31). 39.]
[**Th.** Pr. 21. 15.]

δειλιάζειν.

II Ma. 13. 25. A ἐδειλίαζον [R ἐδείναζον] γὰρ . . . τὰς διαστάλσεις

● = correction on page xxv

δειλιαίνειν. (1) מָסַס ni.
De. 20. 8. ἵνα μὴ δειλιάνῃ τὴν καρδίαν (1)

δειλιᾶν. (1) חָפַז ni. (2) חָתַת ni. (3) מָסַס ni. (4) נוּד (5) עָרַץ (6) פָּחַד
De. 1. 21. μὴ φοβεῖσθε μηδὲ δειλιάσητε (2)
31. 6. μὴ φοβοῦ μηδὲ δειλιάσῃς [A -ία] (5)
— 8. μὴ φοβοῦ μηδὲ δειλία (2)
Jo. 1. 9. μὴ δειλιάσῃς μηδὲ φοβηθῇς (5)
8. 1. μὴ φοβηθῇς μηδὲ δειλιάσῃς (2)
10. 25. μὴ φοβηθῆτε αὐτοὺς μηδὲ δειλιάσητε (2)
Ps. 13 (14). 5. ἐκεῖ ἐδειλίασαν φόβῳ (6)
26 (27). 1. ἀπὸ τίνος δειλιάσω (6)
77 (78). 53. καὶ οὐκ ἐδειλίασαν (6)
103 (104). 7. ἀπὸ φωνῆς βροντῆς σου δειλιάσουσιν (1)
118 (119). 161. ἀπὸ τῶν λόγων σου ἐδειλίασεν ἡ καρδ. μου (6)
Si. 22. 16. ἐν καιρῷ οὐ δειλιάσει
31 (34). 14. οὐ μὴ δειλιάσει ὅτι αὐτὸς ἐλπὶς αὐτοῦ
Is. 13. 7. πᾶσα ψυχὴ ἀνθρώπου δειλιάσει (3)
Je. 15. 5. τίς δειλιάσει ἐπὶ σοί (4)
II Ma. 15. 8. μὴ δειλιᾶν τὴν τῶν ἐθνῶν ἔφοδον
IV Ma. 14. 4. οὐδεὶς ἐκ τῶν ἑπτὰ μειρακίων ἐδειλίασεν
[Th. Je. 30 (37). 10.]
[Al. Dt. 7. 21.]

δειλινός (τὸ δειλινόν, ἡ δειλινή). (1) רוּחַ הַיּוֹם (2) *a.* עֶרֶב *b.* בֵּין הָעַרְבַּיִם (3) צָהֳרַיִם
Ge. 3. 8. περιπατοῦντος ἐν τῷ παραδείσῳ τὸ δ. (1)
Ex. 29. 39, 41. τὸν ἀμνὸν τὸν δεύτερον ποιήσεις τὸ δ. (2 *b*)
Le. 6. 20 (13). B καὶ τὸ ἥμισυ αὐτῆς τὸ δ. (2 *a*)
III Ki. 18. 29. παρῆλθε τὸ δ. (3 ?)
II Ch. 31. 3. εἰς τὰς ὁλοκαυτώσεις τὴν πρωϊνὴν καὶ τὴν δ. (2 *a*)
I Es. 5. 50. ὁλοκαυτώματα κυρίῳ τὸ πρωϊνὸν καὶ τὸ δ.
8. 72. ἐκαθήμην περίλυπος ἕως τῆς δ. θυσίας
Da. LXX. Su. 7. περιπατοῦσαν ἐν τῷ παραδείσῳ . . . τὸ δ.

δειλός. (1) חָרֵד (2) יָרֵא (3) רַךְ
De. 20. 8. τίς ὁ ἄνθρ. ὁ φοβούμ. καὶ δ. τῇ καρδίᾳ (3)
Jd. 7. 3. τίς ὁ φοβούμενος καὶ δειλός [A τίς δ. καὶ φ.] (1 [2])
9. 4. ἐμισθώσατο ἑαυτῷ Ἀβ. ἄνδρας κενοὺς καὶ δ. [A θαμβουμ.] †
II Ch. 13. 7. Ῥοβοὰμ ἦν νεώτερος καὶ δ. τῇ καρδίᾳ (3)
Wi. 4. 20. ἐλεύσονται ἐν συλλογισμῷ ἁμαρτημάτων αὐ. δειλοί [S^2 δῆλοι]
9. 14. λογισμοὶ γὰρ θνητῶν δειλοί
17. 11. δειλὸν γὰρ ἰδίως πονηρία μαρτυρεῖ [A S -ρι] καταδικαζομένη
Si. 2. 12. οὐαὶ καρδίαις δειλαῖς
22. 18. καρδία δειλὴ ἐπὶ διανοήματος μωροῦ . . . οὐ μὴ ὑπομείνῃ
37. 11. μετὰ δειλοῦ περὶ πολέμου
I Ma. 3. 56. καὶ φυτεύουσιν ἀμπελῶνας καὶ δειλοῖς

δειλοῦσθαι.
I Ma. 4. 8. τὸ ὅρμημα αὐτῶν μὴ δειλωθῆτε [A διωθῆται, S αἰδεσθῆτε]
— 21. οἱ δὲ ταῦτα συνιδόντες ἐδειλώθησαν σφόδρα
5. 41. A R ἐὰν δὲ δειλωθῇ [S δειλανθῇ]
16. 6. εἶδε τὸν λαὸν δειλούμ. διαπερᾶσαι τὸν χειμ.

δειλόψυχος.
IV Ma. 8. 16. εἰ δ. τινες ἦσαν
16. 5. εἰ δ. ἦν [S *om.*] ἡ γυνή

δεῖμα.
Wi. 17. 8. οἱ γὰρ ὑπισχνούμενοι δείματα

δεῖν (*necesse esse*), *cf.* **δεῖσθαι.**
(*a*) verbum impers. incl. **δέον εἶναι** (1) verbum in imperf. (2) verbum in infin. cum לְ (3) חָזָה
Le. 5. 17. ὧν οὐ δεῖ ποιεῖν (1)
Jo. 18. 4. A B καθὰ δεήσει διελθεῖν [R -ελεῖν] αὐτήν †
Ru. 4. 5. αὐτὴν κτήσασθαί σε δεῖ (2)
II Ki. 4. 10. ᾧ ἔδει με δοῦναι εὐαγγέλια (2)
IV Ki. 4. 13. τί δεῖ ποιῆσαί σοι (2)
— 14. τί δεῖ ποιῆσαι αὐτῇ (2)
I Es. 4. 22. ἐντεῦθεν δεῖ ὑμᾶς γνῶναι
To. 6. 7. R ταῦτα δεῖ [A ἔδει, B δὲ] καπνίσαι [S *al.*]
— 10. S τὴν νύκτα ταύτην δεῖ ἡμᾶς αὐλισθῆναι [A B *al.*]
12. 1. προσθεῖναι αὐτῷ δεῖ [S *al.*]
Es. 1. 15. ὡς δεῖ ποιῆσαι Ἀστὶν τῇ βασιλίσσῃ (2)
4. 16. A ? R ἐὰν καὶ ἀπολέσθαι με δέῃ [B S ᾖ] †
Jb. 15. 3. ἐν ῥήμασιν οἷς οὐ δεῖ [A ῥ. κενοῖς] †
19. 4. λαλῆσαι ῥήματα ἃ οὐκ ἔδει –
Pr. 22. 14. ἀποστρέφειν δὲ δεῖ ἀπὸ ὁδοῦ σκολιᾶς –
— 29. ὁρατικὸν ἄνδρα . . . βασιλεῦσι δεῖ παρεστάναι (1)
23. 2. τοιαῦτά σε δεῖ παρασκευάσαι †
Wi. 12. 19. δεῖ τὸν δίκαιον εἶναι φιλάνθρωπον
15. 12. δεῖν γάρ φησιν [A φασιν] . . . ἐκ κακοῦ πορίζειν
16. 4. ἔδει γὰρ ἐκείνοις μὲν ἀπαραίτητον ἔνδειαν ἐπελθεῖν τυραννοῦσι
— 28. δεῖ φθάνειν τὸν ἥλιον
Si. *prol.* 3. ὑπὲρ ὧν δέον ἐστὶν ἐπαινεῖν τὸν Ἰσρ.
— 4. αὐτοὺς τοὺς ἀναγινώσκοντας δέον ἐστὶν ἐπιστήμονας γίνεσθαι [S γεν.]
— 8. S τὴν . . . τῶν ἄλλων τῶν δεόντων [A B *om.* τῶν δ.] πατρίων βιβλίων ἀνάγνωσιν
Is. 30. 29. μὴ διὰ παντὸς δεῖ ὑμᾶς εὐφραίνεσθαι †
50. 4. ἡνίκα δεῖ εἰπεῖν λόγον (2)
Ep. Je. 6. σοὶ δεῖ προσκυνεῖν, δέσποτα
Ez. 13. 19. ἃς οὐκ ἔδει ἀποθανεῖν . . . ἃς οὐκ ἔδει ζῆσαι [A ζῆν] (1, 1)
Da. LXX. 2. 28. ἃ δεῖ γενέσθαι ἐπ' ἐσχάτων τῶν ἡμερῶν (2)
— 29. ἃ δεῖ γενέσθαι (2)
3. 19. παρ' ὃ ἔδει αὐτὴν καῆναι (3)
Da. TH. 2. 28. ἃ δεῖ γενέσθαι ἐπ' ἐσχάτων τῶν ἡμερῶν (2)
— 29. τί δεῖ γενέσθαι μετὰ ταῦτα (2)
— 29. ἃ δεῖ γενέσθαι (2)
— 45. ἃ δεῖ γενέσθαι μετὰ ταῦτα (2)
6. 15 (16). στάσιν . . . οὐ δεῖ παραλλάξαι (2)
I Ma. 12. 11. ὡς δέον ἐστὶ καὶ πρέπον
II Ma. 1. 18. δέον ἡγησάμεθα διασαφῆσαι ὑμῖν
6. 20. καθ' ὃν ἔδει τρόπον
11. 18. ὅσα μὲν οὖν ἔδει
III Ma. 1. 12. δεῖν εἰσελθεῖν λέγων . . . ἐμὲ οὐ δεῖ
5. 37. ποσάκις σοι δεῖ περὶ τούτων αὐτῶν προστάττειν
IV Ma. 7. 8. A S τοιούτους δὴ δεῖ εἶναι τοὺς δημιουργοῦντας [R ἱερουργ.]
14. 18. τί δεῖ . . . ἐπιδεικνύναι
[Sm. Ge. 34. 7.]
[Th. Da. 2. 28, 29.]
(*b*) **τὰ δέοντα.** (1) לֶחֶם (2) פַּת־בַּג (3) שְׁאֵר
Ex. 16. 22. συνέλεξαν τὰ δ. διπλᾶ (1)
21. 10. τὰ δ. καὶ τὸν ἱματισμόν (3)
III Ki. 4. 22 (5. 2). καὶ ταῦτα τὰ δ. τῷ Σαλ. (1)
To. 5. 14. δραχμὴν τῆς ἡμ. καὶ τὰ δ. σοι
Pr. 24. 31 (30. 8). σύνταξον δέ μοι τὰ δ. (1)
Da. TH. 11. 26. φάγονται τὰ δ. αὐτοῦ (2)
II Ma. 13. 20. τοῖς δὲ ἔνδον Ἰ. τὰ δ. εἰσέπεμψε
[Sm. IV Ki. 12. 5 (6) : Pr. 6. 8 : 27. 27.]
[Th. Pr. 27. 27.]

δεῖν (*vincire*). (1) אָסַר *a.* qal. *b.* ni. *c.* pu. *d.* אָסִיר (2) חָבַשׁ (3) עָצַר (4) לֹא פֻתַּח ni. (5) צוּר (6) קָשַׁר (7) רָתַק pu. (8) שׂוּם
Ge. 38. 28. ἔδησεν ἐπὶ τὴν χεῖρα αὐτοῦ κόκκινον (6)
42. 24. καὶ ἔδησεν αὐτὸν ἐναντίον αὐτῶν (1 *a*)
Jd. 15. 4. καὶ ἔδησε [A ἐν τῷ μέσῳ] –
— 10. δῆσαι τὸν Σαμψὼν ἀνέβημεν (1 *a*)
— 12. δῆσαί [A τοῦ δ.] σε κατέβημεν (1 *a*)
— 13. δεσμῷ δήσομέν σε (1 *a*)
— 13. ἔδησαν αὐτὸν ἐν δυσὶ [A αὐ. δύο] καλωδίοις καινοῖς (1 *a*)
16. 5. δήσομεν αὐτὸν τοῦ [A ὥστε] ταπεινῶσαι αὐτόν (1 *a*)
— 6. ἐν τίνι δεθήσῃ τοῦ ταπεινωθῆναί σε (1 *b*)
— 7. ἐὰν δήσωσί με ἐν ἑπτὰ νευραῖς ὑγραῖς μὴ διεφθαρμέναις [A ἠρημωμέναις] (1 *a*)
— 8. ἔδησεν αὐτὸν ἐν αὐταῖς (1 *a*)
Jd. 16. 10. ἐν τίνι δεθήσῃ (1 *b*)
— 11. ἐὰν δεσμεύοντες δήσωσί με ἐν καλωδίοις καινοῖς [A δεσμῷ δήσουσίν με ἐν ἑπτὰ καλ.] (1 *a*)
— 12. ἔδησεν αὐτὸν ἐν αὐτοῖς (1 *a*)
— 13. ἐν τίνι δεθήσῃ (1 *b*)
— 21. A ἔδησαν [B ἐπέδ.] αὐτὸν ἐν πέδαις (1 *a*)
II Ki. 3. 34. αἱ χεῖρές σου οὐκ ἐδέθησαν (1 *a*)
IV Ki. 5. 23. A ἔδησεν διτάλαντον ἀργυρίου [B *al.*] (5)
7. 10. A ἵππος δεδεμένος καὶ ὄνος δεδεμένος [B *om.*] (1 *a*, 1 *a*)
12. 20. ἔδησαν πάντα σύνδεσμον (6)
17. 4. ἔδησεν αὐτὸν ἐν οἴκῳ φυλακῆς (1 *a*)
25. 7. ἔδησεν αὐτὸν ἐν πέδαις (1 *a*)
II Ch. 33. 11. καὶ ἔδησαν αὐτὸν ἐν πέδαις (1 *a*)
36. 2. ἔδησεν αὐτὸν Φαραὼ Νεχαὼ ἐν Δ. –
— 6. ἔδησεν αὐτὸν ἐν χαλκαῖς πέδαις (1 *a*)
I Es. 1. 38. ἔδησεν Ἰωακὶμ τοὺς μεγιστᾶνας
— 40. ἔδησεν [A δήσας] αὐτὸν ἐν χαλκείῳ δεσμῷ
To. 3. 17. δῆσαι [S λῦσαι] Ἀσμοδαῖον τὸ πονηρὸν δαιμ.
8. 3. ἔδησεν αὐτὸ ὁ ἄγγελος [S *al.*]
Ju. 6. 13. ἔδησαν τὸν Ἀχιώρ
16. 8. ἐδήσατο [S^2 ἀνεδ.] τὰς τρίχας αὐ. ἐν μίτρᾳ
Jb. 32. 19. ὥσπερ ἀσκὸς γλεύκους ζέων [A γέμων] δεδεμένος ἢ ὥσπερ φυσητὴρ [S^1 -ῆς] χαλκέως δεδεμένος (4, –)
36. 13. ὅτι ἔδησεν [S^1 -ήσεν] αὐτούς (1 *a*)
39. 10. δήσεις δὲ ἐν ἱμᾶσι ζυγὸν αὐτοῦ (6)
40. 21 (26). εἰ δήσεις κρίκον ἐν τῷ μυκτῆρι αὐ. [A *al.*] (8)
— 24 (29). ἢ δήσεις αὐτὸν ὥσπερ στρουθίον παιδίῳ (6)
Ps. 149. 8. τοῦ δῆσαι τοὺς βασιλεῖς αὐ. ἐν πέδαις (1 *a*)
Pr. 15. 7. χείλη σοφῶν δέδεται αἰσθήσει †
25. 12. εἰς ἐνώτιον χρυσοῦν καὶ [A *om.*] σάρδιον πολυτελὲς δέδεται †
Ca. 7. 5 (6). βασιλεὺς δεδεμένος ἐν παραδρομαῖς (1 *a*)
Wi. 17. 17. μιᾷ γὰρ ἁλύσει σκότους πάντες ἐδέθησαν
Si. 28. 19. ἐν [A *om.*] τοῖς δεσμοῖς [A θεσμοῖς] αὐτῆς οὐκ ἐδέθη
Ho. 10. 6. καὶ αὐτὸν εἰς Ἀ. δήσαντες ἀπήνεγκαν ξένια τῷ βασ. –
Na. 3. 10. οἱ μεγιστᾶνες αὐ. δεθήσονται χειροπέδαις (7)
Is. 3. 10. δήσωμεν τὸν δίκαιον †
22. 3. οἱ ἁλόντες σκληρῶς δεδεμένοι [A -εγμένοι] εἰσί (1 *c*)
42. 7. ἐξαγαγεῖν ἐκ δεσμῶν δεδεμένους (1 *d*)
43. 14. Χαλδαῖοι ἐν πλοίοις [A S^2 κλ.] δεθήσονται †
45. 14. ὀπίσω σου ἀκολουθήσουσι δεδεμένοι χειροπέδαις –
Je. 40 (33). 1. ἦν ἔτι δεδεμένος ἐν τῇ αὐλῇ τῆς φυλακῆς (3)
52. 11. ἔδησεν αὐτὸν ἐν πέδαις (1 *a*)
Ez. 3. 25. δήσουσί σε ἐν αὐτοῖς (1 *a*)
16. 4. οὐκ ἔδησας [A -σαν] τοὺς μαστούς σου †
27. 24. θησαυροὺς ἐκλεκτοὺς δεδεμένους σχοινίοις (2)
37. 17. εἰς ῥάβδον μίαν τοῦ δῆσαι αὐτάς †
Da. LXX. 4. 15. ἐν χειροπέδαις χαλκαῖς ἐδέθη ὑπ' αὐτῶν –
— 29. ἀντὶ τῆς δόξης σου δήσουσί σε –
III Ma. 6. 19. τὴν δύναμιν . . . ἀκινήτοις ἔδησαν πέδαις
IV Ma. 11. 9. οἱ δορυφόροι δήσαντες αὐτόν
— 10. ἐφ' ὃν δήσαντες αὐτὸν ἐπὶ τὰ γόνατα
[Aq. Ge. 42. 16 : IV Ki. 7. 10 : Ps. 117 (118). 27 : Ca. 7. 5 (6) : Is. 61. 1 : Je. 40 (47). 1.]
[Sm. Ge. 39. 22 : 42. 16 : IV Ki. 7. 10 : Ps. 67 (68). 7 : Is. 8. 16 : 61. 1 : Je. 40 (47). 1.]
[Th. IV Ki. 5. 23 : 7. 10 : Jb. 36. 13 : 40. 21 (26) : Is. 22. 3 : 61. 1 : Je. 39 (46). 7 : Ez. 5. 3.]
[Al. Ex. 14. 6.]
[Quint. IV Ki. 7. 10.]

δεῖνα.
[Aq. Ru. 4. 1 : I Ki. 21. 2 (3) : IV Ki. 6. 8.]
[Sm. I Ki. 21. 2 (3).]

δεινάζειν.
II Ma. 4. 35. πολλοὶ δὲ καὶ τῶν ἄλλων ἐθνῶν ἐδείναζον
13. 25. R ἐδείναζον [A ἐδειλίαζον] γὰρ . . . τὰς διαστάλσεις

δεινός. (1) δεινὸς εἶναι גָּדֹל (2) σκότος δ. שָׁבָץ (3) δ. φόβος תַּרְדֵּמָה

II Ki. 1. 9. κατέσχε με σκότος δ. (2)
Jb. 2. 13. ἑώρων γὰρ τὴν πληγὴν δεινὴν οὖσαν (1)
13. 11. οὐχὶ δεινὰ [? δῖνα, A δειλία] αὐ. στροβήσει ὑμᾶς †
33. 15. ὅταν ἐπιπίπτῃ δεινὸς φόβος ἐπ' ἀνθρώπους (3)
Wi. 5. 2. ἰδόντες ταραχθήσονται φόβῳ δεινῷ
11. 18. δεινοὺς ἀπ' ὀμμάτων σπινθῆρας ἀστράπτοντας
12. 9. ἢ θηρίοις δεινοῖς ἢ λόγῳ ἀποτόμῳ
16. 5. ὅτε αὐτοῖς δεινὸς ἐπῆλθε θηρίων θυμός
18. 17. A S φαντασίαι μὲν ὀνείρων δεινῶν [B -ῶς]
19. 16. δεινοῖς ἐκάκωσαν πόνοις
Si. 38. 16. ὡς δεινὰ πάσχων ἔναρξαι θρήνου
IV Ma. 4. 15. ἀνὴρ ὑπερήφανος καὶ δ.
8. 9. ἐπὶ δ. κολάσεσιν ἕνα ἕκαστον . . . ἀπολέσαι
— 15. ἀκούσαντες ἐπαγωγὰ καὶ ὁρῶντες δεινά
15. 25. δεινοὺς ὁρῶσα συμβούλους
[Th. Je. 16. 7.]

δεινῶς. (1) δ. ὀλέκειν פָּלָא hithpa. (2) δ. χρᾶσθαι חָרָה hi.

Jb. 10. 16. πάλιν γὰρ μεταβαλὼν δ. με ὀλέκεις (1)
19. 11. δ. δέ μοι ὀργῇ ἐχρήσατο (2)
Wi. 17. 3. θαμβούμενοι δεινῶς
18. 17. φαντασίαι μὲν ὀνείρων δεινῶς [A S -ῶν] ἐξετάραξαν αὐτούς
IV Ma. 12. 2. καίπερ δ. . . . κακισθείς

δειπνεῖν. (1) לָחַם

To. 7. 8. S καὶ ἀνέπεσαν δειπνῆσαι
8. 1. ὅτε δὲ συνετέλεσαν δειπνοῦντες
Pr. 23. 1. ἐὰν καθίσῃς δειπνεῖν ἐπὶ τραπέζης δυνάστου (1)
Da. LXX. 11. 27. δειπνήσουσιν ἐπὶ τὸ αὐτό †

δεῖπνον. (1) לֶחֶם (2) פַּת־בַּג

Da. LXX. 1. 8. ὅπως μὴ ἀλισγηθῇ ἐν τῷ δ. τοῦ βασ. (2)
— 13. τοὺς ἐσθίοντας ἀπὸ τοῦ βασιλικοῦ δ. (2)
— 15. τῶν ἐσθιόντων τὸ βασιλικὸν δ. (2)
— 16. ἦν Ἀβ. ἀναιρούμενος τὸ δ. αὐτῶν (2)
Da. TH. 1. 16. ἐγένετο Ἀμ. ἀναιρούμενος τὸ δ. αὐτῶν (2)
5. 1. Βαλτ. . . . ἐποίησε δ. μέγα [A om.] (1)
IV Ma. 3. 9. πάντες ἐπὶ τὸ δ. ἦσαν

δεισαλία.

[Th. Is. 28. 8, 13 *bis* : 30. 22.]

δεῖσθαι. (1) אָנָּא (2) אֲהָהּ (3) אֶבְיוֹן (4) בִּי (5) בָּעָה (6) דָּרַשׁ (7) חָלָה pi. (8) חָנַן *a.* qal. *b.* pi. *c.* hithp. *d.* ithp. (9) *a.* נָא *b.* אַל־נָא (10) נָפַל *a.* hi. *b.* hithp. (11) נָשָׂא תְפִלָּה (12) עָתַר (13) צְלָא pa. (14) שִׂיחַ (15) שָׁוַע pi.

Ge. 19. 18. δέομαι, κύριε (9 *b*)
25. 21. A ἐδεῖτο [R -έετο] δὲ Ἰσ. κυρίου περὶ Ῥ. (12)
43. 20. A δεώμεθα [R δεόμεθα], κύριε (4)
44. 18 ; Ex. 4. 10, 13. δέομαι, κύριε (4)
Ex. 5. 22. δέομαι [A om.], κύριε –
32. 11. ἐδεήθη M. ἔναντι [A κατέν.] κυρίου (7)
— 31. δέομαι, κύριε (3)
Nu. 12. 11. δέομαι, κύριε, μὴ συνεπιθῇ ἡμῖν ἁμαρτίαν (4)
— 13. ὁ θεός, δέομαί σου, ἴασαι αὐτήν (9 *a*)
De. 3. 23. ἐδεήθην [B¹ *add.* ἐναντίον] κυρίου (8 *c*)
9. 18. ἐδεήθην ἐναντίον κυρίου δεύτερον (10 *b*)
— 25. ἐδεήθην ἔναντι κ. τεσσαράκοντα ἡμ. καὶ τ. νύκτας ὅσας ἐδεήθην (10 *b*, 10 *b*)
15. 11. A τῷ πένητι καὶ τῷ δεομένῳ [B ἐπιδ.] (1)
Jo. 7. 7. δέομαι, κύριε [A κ. κύριε] (2)
Jd. 13. 8. A ἐδεήθη Μανωὲ τοῦ κυρίου [B *al.*] (12)
I Ki. 13. 12. B τοῦ προσώπου τοῦ κυρίου οὐκ ἐδεήθην (7)
III Ki. 8. 33. δεηθήσονται ἐν [A πρὸς σὲ ἐν] τῷ οἴκῳ τούτῳ (8 *c*)
— 47. καὶ δεηθῶσί σου (8 *c*)
— 59. ὡς [A οὓς] δεδέημαι ἐνώπιον κυρίου θ. ἡμῶν (8 *c*)

III Ki. 9. 3. ἧς ἐδεήθης ἐνώπιον ἐμοῦ (8 *c*)
13. 6. A R δεήθητι τοῦ προσώπου [A τῷ πρ., B¹ *om.* προσώπου] κυρίου τοῦ [B *om.* κ. τοῦ] θ. σου (7 *et* 9 *a*)
— 6. ἐδεήθη ὁ ἄνθρ. τοῦ θ. τοῦ προσώπου κυρίου (7)
IV Ki. 1. 13. καὶ ἐδεήθη αὐτοῦ (8 *c*)
13. 4. ἐδεήθη Ἰωαχὰζ τοῦ προσώπου κυρίου (7)
II Ch. 6. 24. καὶ δεηθῶσιν ἐναντίον σου (8 *c*)
— 37. καὶ δεηθῶσί σου ἐν τῇ αἰχμαλωσίᾳ αὐ. (8 *c*)
I Es. 4. 46. δέομαι οὖν ἵνα ποιήσῃς τὴν εὐχήν
8. 53. πάλιν ἐδεήθημεν τοῦ κ. ἡμῶν πάντα [A κατὰ] ταῦτα
To. 3. 10. S ἀλλὰ δεηθῆναι τοῦ κυρίου
— 11. ἐδεήθη πρὸς τῇ θυρίδι [S *al.*]
6. 17. S δεήθητε τοῦ κυρίου τοῦ οὐρανοῦ
8. 4. S δεηθῶμεν τοῦ κυρίου ἡμῶν [A B *al.*]
— 5. S καὶ ἤρξαντο προσεύχεσθαι καὶ δεηθῆναι
Ju. 8. 31. καὶ νῦν δεήθητι περὶ ἡμῶν
12. 8. ἐδέετο τοῦ κυρίου
Es. 4. 17. καὶ ἐδεήθη κυρίου
— 17. καὶ ἐδεῖτο [A -έετο] κυρίου θεοῦ Ἰσραήλ
8. 3. S³ καὶ ἐδεήθη αὐτοῦ (8 *c*)
Jb. 5. 8. ἐγὼ δεηθήσομαι κυρίου (6)
8. 5. σὺ δὲ ὄρθριζε πρὸς κύριον παντοκρ. δεόμενος (8 *c*)
9. 15. τοῦ κρίματος αὐτοῦ δεηθήσομαι (8 *c*)
11. 19. μεταβαλόμενοι [A -ου] δὲ πολλοί σου δεηθήσονται (7)
17. 1. A B S² δέομαι δὲ ταφῆς καὶ οὐ τυγχάνω †
19. 16. στόμα δέ μου ἐδέετο (8 *c*)
30. 24. ἢ δεηθείς γε [A δεηθῆναι] ἑτέρου †
34. 20. τὸ κεκραγέναι καὶ δεῖσθαι ἀνδρός †
Ps. 27 (28). 2. ἐν τῷ δέεσθαί με [A ἧς ἐκέκραξα] πρὸς σέ (15)
29 (30). 8. πρὸς τὸν θεόν μου δεηθήσομαι (8 *c*)
63 (64). 1. ἐν τῷ δέεσθαί με πρὸς σέ [S¹ *om.* πρὸς σέ] (14)
118 (119). 58. ἐδεήθην τοῦ προσώπου σου (7)
141 (142). 1. φωνῇ μου πρὸς κύριον ἐδεήθην [A *al.*] (8 *c*)
Pr. 26. 25. ἐάν σου δέηται ὁ ἐχθρὸς μεγάλῃ τῇ φωνῇ (8 *b*)
Wi. 8. 20. ἐνέτυχον τῷ κυρίῳ καὶ ἐδεήθην αὐτοῦ
16. 25. πρὸς τὴν τῶν δεομένων θέλησιν
18. 2. τοῦ διενεχθῆναι χάριν ἐδέοντο
Si. 4. 5. ἀπὸ δεομένου [S¹ προσδ.] μὴ ἀποστρέψῃς ὀφθαλμόν
17. 25. δεήθητι κατὰ πρόσωπον
21. 1. περὶ τῶν προτέρων σου δεήθητι
26. 5. ἐπὶ τῷ τετάρτῳ προσώπῳ ἐδεήθην [A S² ἐφοβήθην, S¹ ἐδόθην]
28. 2. δεηθέντος σου αἱ ἁμαρτίαι σου λυθήσονται
— 4. περὶ τῶν ἁμαρτιῶν αὐτοῦ δεῖται
30. 28 (19). ἵνα μὴ μεταμεληθεὶς δέῃ περὶ αὐτῶν
— 30 (21). κρεῖσσον γάρ ἐστι τὰ τέκνα δεηθῆναί σου
37. 15. ἐπὶ πᾶσι τούτοις δεήθητι ὑψίστου
38. 14. αὐτοὶ κυρίου δεηθήσονται
39. 5. ἔναντι ὑψίστου δεηθήσεται
— 5. περὶ τῶν ἁμαρτιῶν αὐ. δεηθήσεται
50. 19. ἐδεήθη ὁ λαὸς κυρίου ὑψίστου
51. 9. ὑπὲρ θανάτου [A ἀπὸ ἀθανάτου] ῥύσεως ἐδεήθην
Ho. 12. 4 (5). ἔκλαυσαν καὶ ἐδεήθησάν μου (8 *c*)
Za. 8. 21. πορευθῶμεν δεηθῆναι τοῦ προσώπου κ. (7)
Ma. 1. 9. καὶ δεήθητε αὐτοῦ (8 *a*)
Is. 37. 4. δεηθήσῃ πρὸς κύριόν σου [A S³ *om.*] (11)
Je. 33 (26). 19. ἐδεήθησαν τοῦ προσώπου κυρίου [A αὐτοῦ] (7)
Ba. 2. 8. οὐκ ἐδεήθημεν τοῦ προσώπου κυρίου
Da. LXX. 4. 24. αὐτοῦ δεήθητι περὶ τῶν ἁμαρτιῶν σου †
— 31. τοῦ θεοῦ τῶν θεῶν τοῦ μεγάλου ἐδεήθην –
— 32. ἐδεήθην . . . τοῦ θεοῦ τῶν θεῶν τοῦ μεγάλου –
6. 5 (6). δεῖται κυρίου . . . τρὶς τῆς ἡμέρας –
— 10 (11). καὶ ἐδεῖτο (13)
— 13 (14). δεόμενον τοῦ προσώπου τοῦ θεοῦ (5)
9. 18. ἡμεῖς δεόμεθα ἐν ταῖς προσευχαῖς ἡμῶν (10 *a*)
— 20. καὶ δεόμενος ἐν ταῖς προσευχαῖς (10 *a*)
Da. TH. 6. 11 (12). καὶ δεόμενον τοῦ θεοῦ αὐτοῦ (8 *d*)
9. 13. οὐκ ἐδεήθημεν τοῦ προσώπου κυρίου (7)
II Ma. 1. 8. ἐδεήθημεν τοῦ κυρίου
III Ma. 1. 16. δεομένων τοῦ μεγίστου θεοῦ
— 24. τὸ μὲν πλῆθος . . . ἀνεστρέφετο δεόμενον
2. 10. καὶ ἐλθόντες . . . δεηθῶμεν
5. 7. μετὰ δακρύων ἐπεκαλέσαντο δεόμενοι

III Ma. 5. 25. ἐδέοντο τοῦ μεγίστου θεοῦ
IV Ma. 2. 8. τοῖς δεομένοις δανείζων χωρὶς τόκων
[Aq. Ho. 12. 4 (5).]
[Sm. IV Ki. 12. 5 (6) : Ho. 12. 4 (5).]
[Th. Jd. 13. 8 : Jb. 9. 15 : 33. 26 : Ho. 12. 4 (5).]

δέκα.

Ge. 5. 10, 14 : 7. 20 : 14. 14 : 16. 3 : 17. 25 : 18. 32 *bis* : 24. 10, 22, 55 : 31. 7, 41 *bis* : 32. 15 *bis* : 37. 2 : 42. 3 : 45. 23 *bis* : 46. 18, 22 : 47. 28 : 50. 22, 26.
Ex. 26. 1, 16, 25 : 27. 12 *bis*, 13 *bis*, 14, 15 : 28. 21 *bis* : 34. 28 : 37. 1 (36. 8), 10 (38. 12) *bis*, 12 (38. 14), 13 (38. 15).
Le. 12. 4† : 26. 26 : 27. 5, 7 *bis*.
Nu. 7. 14, 20, 26, 32, 38, 44, 50, 56, 62, 68, 74, 80 : 11. 19, 32 ; 16. 49 (17. 14) : 29. 13 *bis*, 14, 15, 17, 20, 23 *bis*, 26, 29, 32 : 31. 40†, 46, 52†.
De. 4. 13 : 10. 4.
Jo. 15. 36, 41, 44, 51† : 18. 25†, 28 : 19. 6, 38† : 21. 4, 5, 6, 19, 26, 33, 38† : 22. 14 : 24. 29, 33.
Jd. 1. 4 : 2. 8 : 3. 14, 29 : 4. 6, 10, 14 : 6. 27 : 7. 3 : 8. 10 : 10. 8 : 12. 11 : 17. 10 (δέκα ἀργυρίου) : 20. 10, 25, 34, 44.
Ru. 1. 4 : 4. 2.
I Ki. 1. 8 : 14. 2 : 15. 4 *bis* † : 17. 17†, 18† : 25. 5, 38.
II Ki. 2. 30 : 8. 13 : 9. 10 : 15. 16 : 17. 28 *bis* : 18. 3, 11 (δέκα ἀργυρίου), 15 : 19. 17 (18), 43 (44) : 20. 3.
III Ki. 3. 1 (4. 23)† : 4. 23 (5. 3) : 5. 14 (28) : 6. 3†, 23, 24, 25†, 26† : 7. 15 *bis*, 23, 24, 27, 37, 38 *bis*, 43 *bis*, 4† : 8. 65† : 11. 31 *bis*, 35 : 12. 24 *ter*† : 14. 21 : 15. 2†.
IV Ki. 1. 18 (3. 1)† : 5. 5 *bis* : 13. 1, 7 *bis* : 14. 7, 17, 21 : 15. 17, 23†, 33 : 16. 17† : 20. 6, 9, 9†, 10 *bis*, 11 : 24. 8, 14 : 25. 17, 25†.
I Ch. 6. 61 (46), 62 (47)†, 63 (48) : 7. 11 : 9. 22 : 12. 31 : 15. 4†, 10† : 18. 12 : 24. 4† : 25. 5, 9, 10, 11, 12, 13, 14, 15, 16, 17, 18, 19, 20, 21, 22, 23, 24, 25, 26, 27, 28, 29, 30, 31 : 26. 9, 11 : 29. 7.
II Ch. 4. 1, 2, 3, 6, 7, 8, 14 : 11. 21 : 12. 13 : 13. 21, 21† : 14. 1 (13. 23) : 25. 11, 12, 25 : 26. 1†, 3† : 27. 1†, 5 *bis*, 8† : 28. 1 : 30. 24 : 33. 1 : 36. 9†, 9.
I Es. 1. 43†, 44 : 2. 13 : 4. 52 *bis* : 5. 11†, 16†, 25 : 8. 35, 38, 47, 54† *bis*, 57†.
II Es. 1. 10† : 2. 6, 18 : 8. 9, 12, 18, 24†.
Ne. 5. 18 : 7. 11, 24†, 42 : 11. 1.
To. 1. 14 : 4. 20 : 8. 19†, 20 : 10. 7 : 14. 14†.
Ju. 2. 5, 15 : 7. 2.
Es. 2. 12 : 9. 10, 13†.
Ec. 7. 20 (19).
Si. 41. 4 : 44. 23.
Ho. 3. 2.
Am. 5. 3 : 6. 9.
Hg. 2. 17 (16).
Za. 5. 2 : 8. 23.
Is. 5. 10 : 38. 6, 8 *ter*.
Je. 39 (32). 9 (δέκα ἀργυρίου) : 48 (41). 1†, 2†, 8 : 49 (42). 7.
Ez. 40. 9†, 11 *bis*, 48, 49 : 41. 2 : 42. 1†, 4 : 43. 17 *bis* : 45. 5 (?), 12†, 12, 14 *bis*, 15 : 48. 10, 13, 18 *bis*, 35.
Da. LXX. 1. 12, 14, 15 : 7. 7, 20, 24 *bis* : Bel 2.
Da. TH. 1. 12, 14, 15 : 7. 7†, 7, 20, 24 *bis* : Bel 3†.
●I Ma. 4. 29 : 5. 34† : 10. 40, 74 : 11. 47.
[Aq. Ge. 31. 7 : II Ki. 18. 3 : III Ki. 7. 38 (24): Is. 38. 5 : Je. 42 (49). 7 : Ez. 45. 14.]
[Sm. III Ki. 7. 38 (24) : Is. 38. 5, 8 : Je. 41 (48). 8 : 52. 21.]
[Th. II Ki. 18. 3 : Is. 38. 5 : Ez. 45. 14 : Da. 1. 15.]

δεκάδαρχος. (1) שַׂר עֲשָׂרֹת

Ex. 18. 21. καταστήσεις . . . δεκαδάρχους (1)
— 25. καὶ ἐποίησεν αὐτοὺς . . . δεκαδάρχους (1)
De. 1. 15. A B καὶ δεκαδάρχους [R δεκάρχους] (1)
I Ma. 3. 55. A S κατέστησεν Ἰούδας . . . δεκαδάρχους [R δεκάρχους]

δεκαδύο, *vid. sub vocc.* **δέκα** *et* **δύο**.

δεκαεννέα, *vid. sub vocc.* **δέκα** *et* **ἐννέα**.

δεκαέξ, *vid. sub vocc.* δέκα *et* ἕξ.

δεκαεπτά, *vid. sub vocc.* δέκα *et* ἑπτά.

δεκακαιοκτώ, *vid. sub vocc.* δέκα *et* ὀκτώ.

δεκάκις.
[Aq. Ge. 31. 41.]
[Sm. Ge. 31. 7.]

δεκαμηνιαῖος.
Wi. 7. 2. ἐγλύφην σὰρξ δεκαμηνιαίῳ χρόνῳ

δεκάμηνος.
IV Ma. 16. 7. καὶ ἀνόνητοι ἑπτὰ δεκάμηνοι

δεκαοκτώ, *vid. sub vocc.* δέκα *et* ὀκτώ.

δεκαπέντε, *vid. sub vocc.* δέκα *et* πέντε.

δεκάπηχυς. (1) עֶשֶׂר אַמּוֹת
III Ki. 7. 10. λίθοις δ. καὶ τοῖς ὀκταπήχεσι (1)

δεκαπλασιάζειν.
Ba. 4. 28. δεκαπλασιάσατε ἐπιστραφέντες ζητῆσαι αὐτόν

δεκαπλασίων. (1) עֶשֶׂר יָדוֹת
Da. TH. 1. 20. εὗρεν αὐτοὺς δ. παρὰ πάντας τοὺς ἐπαοιδούς (1)

δεκαπλασίως. (1) עֶשֶׂר יָדוֹת
Da. LXX. 1. 20. σοφωτέρους δ. ὑπὲρ τοὺς σοφιστάς (1)

δέκαρχος. (1) שַׂר עֲשָׂרֹת
De. 1. 15. R καὶ δεκάρχους [A B δεκαδάρχους] (1)
I Ma. 3. 55. R κατέστησεν Ἰούδας . . . δεκάρχους [A S δεκαδάρχους]

δεκάς. (1) מַעֲשֵׂר
Ne. 10. 38. οἱ Λευῖται ἀνοίσουσι τὴν δεκάτην τῆς δ. [A S^{3} δεκάτης, S^{1} γῆς X. δεκάτης] (1)
[Aq. Ps. 32 (33). 2: 91 (92). 4.]

δεκατέσσαρες, *vid. sub vocc.* δέκα *et* τέσσαρες.

δέκατος (*incl.* δεκάτη). (1) *a.* עָשׂוֹר *b.* עֲשִׂירִי *c.* מַעֲשֵׂר *d.* עָשַׂר pi. *e.* hi. *f.* עִשָּׂרוֹן *g.* עֶשֶׂר פְּעָמִים *h.* עֲשָׂרָה *i.* עָשָׂר

Ge. 8. 4 (5). ἕως τοῦ δ. μηνός (1 *b*)
— 5. R ἐν δὲ τῷ δ. [A ἑνδεκάτῳ] μηνί (1 *b*)
14. 20. A ἔδωκεν αὐτῷ [R *add.* Ἀβραμ] δεκάτην (1 *c*)
28. 22. δεκάτην ἀποδεκατώσω αὐτά σοι (1 *d*)
Ex. 12. 3. τῇ δ. τοῦ μηνὸς τούτου (1 *a*)
16. 36. τὸ δὲ γομὸρ τὸ δ. τῶν τριῶν μέτρων ἦν (1 *b*)
29. 40. δέκατον σεμιδάλεως (1 *f*)
Le. 5. 11. τὸ δ. τοῦ οἰφὶ σεμιδάλεως [A -λιν] (1 *b*)
6. 20 (13). B τὸ δ. τοῦ οἰφὶ σεμιδάλεως (1 *b*)
14. 10. καὶ τρία δ. σεμιδάλεως (1 *f*)
— 21. δέκατον σεμιδάλεως πεφυραμένης (1 *f*)
16. 29. B^{2}R δεκάτῃ τοῦ μηνός (1 *a*)
19. 5. A B δεκάτην [R δεκτὴν] ὑμῶν θύσετε †
23. 13. δύο δέκατα σεμιδάλεως ἀναπεποιημένης (1 *f*)
— 17. ἐκ δύο δεκάτων σεμιδάλεως ἔσονται (1 *f*)
— 27. τῇ δ. τοῦ μηνὸς τοῦ ἑβδόμου τούτου (1 *a*)
24. 5. δύο δεκάτων ἔσται ὁ ἄρτος ὁ εἷς (1 *f*)
25. 9. τῇ δ. τοῦ μηνός (1 *a*)
27. 30. πᾶσα δ. τῆς γῆς (1 *c*)
— 31. ἐὰν δὲ λυτρῶται . . . τὴν δ. αὐτοῦ (1 *c*)
— 32. πᾶσα δ. βοῶν καὶ προβάτων (1 *c*)
— 32. τὸ δ. ἔσται ἅγιον τῷ κυρίῳ (1 *b*)
Nu. 5. 15. τὸ δ. τοῦ οἰφὶ ἄλευρον κρίθινον (1 *b*)
7. 66. τῇ ἡμέρᾳ τῇ δ. (1 *b*)
14. 22. ἐπείρασάν με τοῦτο δέκατον (1 *g*)
15. 4. θυσίαν σεμιδάλεως δέκατον τοῦ οἰφί (1 *f*)
— 6. ποιήσεις [A *om.*] θυσίαν σεμιδάλεως δύο δ. (1 *f*)
— 9. θυσίαν σεμιδάλεως τρία δ. (1 *f*)
28. 5. ποιήσεις τὸ δ. τοῦ οἰφί (1 *b*)
— 9. προσάξετε . . . δύο δέκατα σεμιδάλεως (1 *f*)
— 12. τρία δέκατα σεμιδάλεως . . . καὶ δύο δ. σεμιδάλεως (1 *f*, 1 *f*)
Nu. 28. 13. δέκατον δέκατον σεμιδάλεως (1 *f*, 1 *f*)
— 20. τρία δέκατα τῷ μόσχῳ τῷ ἑνί (1 *f*)
— 20. καὶ δύο δέκατα τῷ κριῷ τῷ ἑνί (1 *f*)
— 21. δέκατον δέκατον ποιήσεις τῷ ἀμνῷ τῷ ἑνί (1 *f*, 1 *f*)
— 28. τρία δ. τῷ μόσχῳ τῷ ἑνὶ καὶ δύο δ. τῷ κριῷ τῷ ἑνί (1 *f*, 1 *f*)
— 29. δέκατον δέκατον τῷ ἀμνῷ τῷ ἑνί (1 *f*, 1 *f*)
29. 3. τρία δ. τῷ μόσχῳ τῷ ἑνὶ καὶ δύο δ. τῷ κριῷ τῷ ἑνί (1 *f*, 1 *f*)
— 4. δέκατον δέκατον τῷ ἀμνῷ τῷ ἑνί (1 *f*, –)
— 7. τῇ δ. τοῦ μηνὸς τούτου ἐπίκλητος ἁγία ἔσται (1 *a*)
— 9. τρία δ. τῷ μόσχῳ τῷ ἑνὶ καὶ δύο δ. τῷ κριῷ τῷ ἑνί (1 *f*, 1 *f*)
— 10. δέκατον δέκατον τῷ ἀμνῷ τῷ ἑνί (1 *f*, 1 *f*)
— 14. τρία δ. τῷ μόσχῳ τῷ ἑνὶ . . . καὶ δύο δ. τῷ κριῷ τῷ ἑνί (1 *f*, 1 *f*)
— 15. δέκατον δέκατον τῷ ἀμνῷ τῷ ἑνί (1 *f*, 1 *f*)
De. 14. 22. δεκάτην ἀποδεκατώσεις παντὸς γενήματος [A πᾶν τὸ γ.] (1 *d*)
23. 3 (4). ἕως δεκάτης γενεᾶς οὐκ εἰσελεύσεται (1 *b*)
Jo. 4. 19. δεκάτῃ τοῦ μηνὸς τοῦ πρώτου (1 *a*)
I Ki. 1. 21. καὶ πάσας τὰς δ. τῆς γῆς αὐτοῦ –
IV Ki. 25. 1. ἐν τῷ μηνὶ τῷ δ. [A δευτέρῳ] (1 *b*)
I Ch. 12. 13. Ἱερεμία ὁ δ. (1 *b*)
24. 11. τῷ Σεχενίᾳ ὁ δ. (1 *b*)
25. 17. ὁ δ. Σεμεΐα (1 *b*)
27. 13. ὁ δ. τῷ μηνὶ τῷ δ. Μεηρά (1 *b*, 1 *b*)
II Ch. 34. 3. A ἐν τῷ δ. [B δωδεκ.] ἔτει τῆς βασιλείας (1 *h*?)
I Es. 9. 16. τῇ νουμηνίᾳ τοῦ μηνὸς τοῦ δ.
II Es. 10. 16. A S R ἐν ἡμέρᾳ μιᾷ [B *om.*] τοῦ μηνὸς τοῦ δ. [S^{3} δωδεκ.] (1 *b*)
Ne. 10. 37 (38). B S δεκάτην [S^{1} -ας] γῆς ἡμῶν τοῖς Λευίταις (1 *c*)
— 38 (39). ἐν τῇ δ. τοῦ Λευίτου (1 *e*)
— 38 (39). B ἀνοίσουσι τὴν δ. τῆς δεκάδος [A S^{3} δεκάτης, S^{1} δ. τῆς γῆς X. δεκάτης] (1 *c*, 1 *c*)
12. 44. τοῖς θησαυροῖς ταῖς ἀπαρχαῖς καὶ ταῖς δ. (1 *c*)
13. 5. διδόντες . . . τὴν δ. τοῦ σίτου (1 *c*)
— 12. ἤνεγκαν δεκάτην τοῦ πυροῦ (1 *c*)
To. 1. 6. τὰς ἀπαρχὰς καὶ τὰς δ. τῶν γεννημάτων [S *al.*]
— 7. τὴν δ. ἐδίδουν τοῖς υἱοῖς Λευί [S *al.*]
— 7. τὴν δευτέραν δ. ἀπεπρατιζόμην [S *al.*]
5. 13. ἀναφέροντες τὰ πρωτότοκα καὶ τὰς δ. τῶν γεννημάτων [S *al.*]
Ju. 11. 13. τὰς ἀπαρχὰς τοῦ σίτου καὶ τὰς δ. τοῦ οἴνου
Es. 2. 16. S^{3} εἰσῆλθεν . . . τῷ δ. [A B S δωδ.] μηνί (1 *b*)
9. 21. καὶ τὴν πεντεκαιδεκ. [S^{3} πέμπτην καὶ δ.] τοῦ Ἀδάρ (1 *i*)
Si. 25. 7. τὸ δ. ἐρῶ ἐπὶ [A ἀπὸ] γλώσσης
32 (35). 9. ἐν εὐφροσύνῃ ἁγίασον δεκάτην
Za. 8. 19. νηστεία ἡ ἑβδόμη καὶ νηστεία ἡ δεκάτη (1 *b*)
Je. 39 (32). 1. ἐν τῷ ἐνιαυτῷ δ. [B^{2} δωδ.] βασιλεῖ Σ. (1 *b*)
46 (39). 1. A ἐν τῷ μηνὶ τῷ δ. (1 *b*)
52. 4. δεκάτῃ τοῦ μηνὸς ἦλθε Ναβ. (1 *a*)
— 12. ἐν μηνὶ πέμπτῳ δεκάτῃ τοῦ μηνός (1 *a*)
Ba. 1. 8. ἀποστρέψαι εἰς γῆν Ἰ. τῇ δ. τοῦ Σειουάν
Ez. 20. 1. A ἐν τῷ πέμπτῳ μηνὶ δεκάτῃ [B τῇ πεντεκαιδ.] τοῦ μηνός (1 *a*)
24. 1. ἐν τῷ μηνὶ τῷ δ. δεκάτῃ τοῦ μηνός (1 *b*, 1 *a*)
29. 1. ἐν τῷ ἔτει τῷ δωδεκ. [A δεκ.] ἐν τῷ δ. [A ἑνδ.] μηνί (1 *b*, 1 *b*)
32. 1. R ἐγένετο ἐν τῷ δ. [A ἑνδ., B δωδ.] ἔτει ἐν τῷ δ. [A δωδ.] μηνί (1 *h*?, 1 *i*)
33. 21. R ἐγενήθη [A -νετο] ἐν τῷ δ. [A B δωδ.] ἔτει (1 *h*?, 1 *b*)
40. 1. ἐν τῷ πρώτῳ μηνὶ δεκάτῃ τοῦ μηνός (1 *a*)
45. 11. τὸ δ. τοῦ γομὸρ χοῖνιξ καὶ τὸ δ. τοῦ γομὸρ [A χ. τὸ μέτρον] πρὸς τὸ γομὸρ ἔσται τὸ ἴσον (1 *c*, 1 *b*)
I Ma. 3. 49. τὰ πρωτογεννήματα καὶ τὰς δ.
● 10. 31. αἱ δ. καὶ τὰ τέλη
11. 35. τῶν δεκατῶν καὶ τῶν τελῶν
II Ma. 5. 27. R Ἰούδας δὲ . . . δ. που γενηθεὶς [A γενν.]
10. 8. A ἄγειν τὰς δ. [R τάσδε τὰς] ἡμέρας
II Ma. 11. 33, 38. R Ξανθικοῦ πέμπτῃ καὶ δ. [A πεντεκαιδεκάτῃ]
III Ma. 5. 14. μεσούσης δὲ ἤδη τῆς δ. ὥρας σχεδόν
[Aq. Je. 39 (46). 1: Ez. 20. 40: 32. 1, 17: Za. 8. 19.]
[Sm. Jb. 19. 3: Ez. 32. 1: 33. 21†: Za. 8. 19.]
[Th. Jb. 19. 3: Ez. 32. 17: Za. 8. 19.]

δεκατοῦν. (1) עָשַׂר pi.
Ne. 10. 37 (38). αὐτοὶ οἱ Λ. δεκατοῦντες ἐν πάσαις πόλεσι (1)

δεκατρεῖς, *vid. sub vocc.* δέκα *et* τρεῖς.

δεκάχορδος. (1) עָשׂוֹר
Ps. 32 (33). 2. ἐν ψαλτηρίῳ δ. ψάλατε αὐτῷ (1)
91 (92). 3. ἐν δεκαχόρδῳ ψαλτηρίῳ μετ᾽ ᾠδῆς ἐν κιθάρᾳ (1)
143 (144). 9. ἐν ψαλτηρίῳ δ. ψαλῶ σοι (1)
[Sm. Ps. 91 (92). 4.]

δεκτέον.
Ep. Je. 56. A πῶς οὖν ἢ νομιστέον ἢ δεκτέον [B ἐκδ.]

● **δεκτός.** (1) נָתַן (2) רָצָה *a.* qal. *b.* ni. *c.* רָצוֹן *d.* δ. εἶναι רָצָה
Ex. 28. 34 (38). δεκτὸν αὐτοῖς ἔναντι κυρίου (2 *c*)
Le. 1. 3. προσοίσει αὐτὸ δ. ἐναντίον κυρίου (2 *c*)
— 4. δεκτὸν αὐτῷ ἐξιλάσασθαι περὶ αὐτοῦ (2 *b*)
17. 4. εἰς ὁλοκαύτωμα ἢ σωτήριον κυρίῳ δεκτόν –
19. 5. R δεκτὴν [A B δεκάτην] ὑμῶν θύσετε (2 *c*)
22. 19. δεκτὰ ὑμῖν ἄμωμα ἄρσενα (2 *c*)
— 20. διότι οὐ δεκτὸν ἔσται [A ἐστι] ὑμῖν (2 *c*)
23. 11. ἀνοίσει τὸ δράγμα ἔναντι κ. δεκτὸν ὑμῖν (2 *c*)
De. 33. 16. A R τὰ δ. τῷ ὀφθέντι ἐν τῇ [B τῷ] βάτῳ (2 *c*)
— 23. Νεφθαλὶ πλησμονὴ δεκτῶν (2 *c*)
— 24. ἔσται δεκτὸς τοῖς ἀδελφοῖς αὐτοῦ (2 *a*)
Jb. 33. 26. δεκτὰ αὐτῷ ἔσται [S^{1} *al.*] (2 *d*)
Pr. 10. 24. ἐπιθυμία δὲ δικαίου δεκτή (1)
11. 1. στάθμιον δὲ δίκαιον δεκτὸν αὐτῷ (2 *c*)
12. 22. ὁ δὲ ποιῶν πίστεις δεκτὸς παρ᾽ αὐτῷ (2 *c*)
14. 9. οἰκίαι δὲ δικαίων δεκταί (2 *c*)
— 35. δεκτὸς βασιλεῖ ὑπηρέτης νοήμων (2 *c*)
15. 8. εὐχαὶ δὲ κατευθυνόντων δεκταὶ παρ᾽ αὐτῷ (2 *c*)
— 28 (16. 7). δεκταὶ παρὰ κυρίῳ ὁδοὶ ἀνθρώπων δικαίων (2 *a*)
16. 5. δεκτὰ δὲ παρὰ θεῷ μᾶλλον ἢ θύειν θυσίας –
— 13. δεκτὰ βασιλεῖ χείλη δίκαια (2 *c*)
22. 11. δεκτοὶ δὲ αὐτῷ πάντες ἄμωμοι †
Si. 2. 5. ἄνθρωποι δεκτοὶ ἐν καμίνῳ ταπεινώσεως
3. 17. ὑπὸ ἀνθρώπου δεκτοῦ ἀγαπηθήσῃ
32 (35). 7. θυσία ἀνδρὸς δικαίου δεκτή
Ma. 2. 13. ἔτι ἄξιον ἐπιβλέψαι εἰς θυσίαν ἢ λαβεῖν δεκτὸν (2 *c*)
Is. 49. 8. καιρῷ δεκτῷ ἐπήκουσά σου (2 *c*)
56. 7. αἱ θυσίαι αὐτῶν ἔσονται δεκταί (2 *c*)
58. 5. οὐδ᾽ οὕτω καλέσετε νηστείαν δεκτήν (2 *c*)
60. 7. ἀνενεχθήσεται [S^{1} *add.* δῶρα] δεκτὰ ἐπὶ τὸ θυσιαστ. μου (2 *c*)
61. 2. καλέσαι ἐνιαυτὸν κυρίου δεκτόν (2 *c*)
Je. 6. 20. τὰ ὁλοκαυτώματα ὑμῶν οὐκ εἰσὶ δεκτά (2 *c*)
[Th. Ge. 4. 7.]
[Al. Pr. 11. 27.]

δέλτος.
I Ma. 8. 22. ἧς ἀντέγραψαν ἐπὶ δ. χαλκαῖς
14. 18. ἔγραψαν πρὸς αὐτὸν δ. χαλκαῖς
— 27. κατέγραψαν ἐν δ. χαλκαῖς
— 48. εἶπον θέσθαι ἐν δ. χαλκαῖς

δεμά.
[Hebr. Ma. 2. 13.]

δεμμηνοῦ.
[Hebr. Ps. 47 (48). 10.]

δένδρον. (1) אִילָן (2) אֲשֵׁרָה (3) עֵץ (4) *a.* παντοδαπὰ δ. *b.* δ. μεγάλα צֶאֱלִים (5) δ. συσκιάζον אֵלָה (6) δ. βαλάνου אַלּוֹן
Ge. 18. 4. καταψύξατε ὑπὸ τὸ δ. (3)
— 8. αὐτὸς δὲ παρειστήκει αὐτοῖς ὑπὸ τὸ δ. (3)
23. 17. πᾶν δ. ὃ ἦν ἐν τῷ ἀγρῷ (3)
Nu. 13. 21 (20). εἰ ἔστιν ἐν αὐτῇ δένδρα ἢ οὔ (3)
De. 12. 2. ὑποκάτω δένδρου δασέως (3)

● = correction on page xxv

De. 20. 19. οὐκ ἐξολεθρεύσεις τὰ δ. αὐτῆς (3)
22. 6. ἐπὶ παντὶ δένδρῳ [A B[1] -ει] ἢ ἐπὶ τῆς γῆς (3)
Jb. 14. 7. ἔστι γὰρ δένδρῳ ἐλπίς (3)
19. 10. ἐξέκοψε δὲ ὥσπερ δένδρον τὴν ἐλπίδα μου (3)
40. 16 (21). ὑπὸ παντοδαπὰ δένδρα κοιμᾶται (4)
— 17 (22). σκιάζονται δὲ ἐν [A om.] αὐτῷ δένδρα μεγάλα (4)
Pr. 11. 30. ἐκ καρποῦ δικαιοσύνης φύεται δένδρον ζωῆς (3)
13. 12. δένδρον γὰρ ζωῆς ἐπιθυμία ἀγαθή [A κακή] (3)
15. 4. ἴασις γλώσσης δένδρον ζωῆς (3)
Si. 14. 18. ὡς φύλλον θάλλον ἐπὶ δένδρου δασέος [A S -ως]
Ho. 4. 13. ἔθυον ὑποκάτω . . . δ. συσκιάζοντος (5)
Is. 2. 13. ἐπὶ πᾶν δ. βαλάνου Βασάν (6)
16. 9. τὰ δ. σου κατέβαλεν [S -έλαβεν] Ἐσεβών †
17. 8. οὐκ ὄψονται τὰ δ. [A τὰ ἄλση αὐτῶν, S *add.* ἐπὶ τὰ ἄ. αὐ.] (2)
27. 9. οὐ μὴ μείνῃ τὰ δ. αὐτῶν (2)
57. 5. οἱ παρακαλοῦντες [S *add.* ἐπὶ] τὰ εἴδωλα ὑπὸ δένδρα δασέα (3)
Ez. 6. 13. ὑποκάτω δένδρου συσκίου (3)
47. 7. δένδρα πολλὰ σφόδρα [A *om.*] ἔνθεν καὶ ἔνθεν (3)
Da. LXX. Su. 54. ὑπὸ τί δ. . . . ἑώρακας αὐτούς
— 58. ὑπὸ τί δ. . . . κατέλαβες αὐτούς
2. 40. ὡς ὁ σίδηρος πᾶν δ. ἐκκόπτων †
4. 7. δ. ὑψηλὸν φυόμενον ἐπὶ τῆς γῆς (1)
— 17. τὸ δ. τὸ ἐν τῇ γῇ πεφυτευμένον (1)
— 19. τὸ δὲ ἀνυψωθῆναι τὸ δ. ἐκεῖνο –
— 20. ἐξᾶραι τὸ δ. (1)
— 23. ἡ ῥίζα τοῦ δ. ἡ ἀφεθεῖσα (1)
Da. TH. Su. 54. ὑπὸ τί δ. εἶδες [A κατέλαβες] αὐτούς
— 58. ὑπὸ τί δ. κατέλαβες αὐτούς
4. 7. ἰδοὺ δένδρον ἐν μέσῳ τῆς γῆς (1)
— 8. ἐμεγαλύνθη τὸ δ. [A δ. ἐκεῖνο] (1)
— 11. ἐκκόψατε τὸ δ. (1)
— 17. τὸ δ. ὃ εἶδες τὸ μεγαλυνθέν (1)
— 20. ἐκτίλατε τὸ δ. (1)
— 23. ἐάσατε τὴν φυὴν τῶν ῥιζῶν [A *om.* τ. ῥ.] τοῦ δ. (1)
IV Ma. 14. 16. φαράγγων ἀπορρῶγας καὶ δένδρων ὀπάς
[Sm. Ec. 11. 3: Is. 37. 30.]
[Th. Ho. 4. 13.]
[Al. Le. 23. 40: 26. 4, 20: 27. 30.]

δένδρος (?). (1) עֵץ
De. 22. 6. A B[1] ἢ ἐπὶ παντὶ δένδρει [B[2] R -ρῳ] (1)

δενδροτομεῖν.
IV Ma. 2. 14. μηδὲ δενδροτομῶν τὰ ἥμερα . . . φυτά

δένδρωμα.
[Aq. I Ki. 22. 6.]

δενδρών.
[Aq. Ge. 21. 33: I Ki. 31. 13.]

δεξαμενή. (1) רַהַט
Ex. 2. 16. ἤντλουν ἕως ἔπλησαν τὰς δ. (1)
[Sm. Ec. 2. 6.]

δεξιάζειν.
II Ma. 4. 34. A δεξιασθεὶς [? δεξιὰς θεὶς] μεθ' ὅρκων [R *al.*]

δεξιός (*incl.* ἡ δεξιά). (1) אָן (2) *a.* יָמִין *b.* יָמַן hi. *c.* יְמָנִי *d.* יַד יָמִין (3) χεὶρ δ. יָמִין
Ge. 13. 9. εἰ σὺ εἰς ἀριστερὰ ἐγὼ εἰς δεξιά (2 *b*)
— 9. εἰ δὲ σὺ εἰς δεξιὰ ἐγὼ εἰς ἀριστερά (2 *a*)
24. 49. A ἵνα ἐπιστρέψω εἰς δεξιάν (2 *a*)
48. 13. τόν τε Ἐφραὶμ ἐν τῇ δ. (2 *a*)
— 13. ἐκ δεξιῶν δὲ Ἰσραήλ (2 *a*)
— 14. ἐκτείνας δὲ Ἰ. τὴν χεῖρα τὴν δ. (3)
— 17. B ἐπέβαλεν . . . τὴν δ. [A R τὴν χεῖρα τὴν δ.] (2 *d* [2 *a*])
— 18. ἐπίθες τὴν δ. σου (2 *a*)
Ex. 14. 22, 29. τεῖχος ἐκ δεξιῶν (2 *a*)
15. 6. ἡ δ. σου, κύριε, δεδόξασται (2 *a*)
— 6. ἡ δ. σου χείρ, κύριε, ἔθραυσεν ἐχθρούς (3)
— 12. ἐξέτεινας τὴν δ. σου (2 *a*)
Ex. 29. 20. τοῦ ὠτὸς Ἀαρὼν τοῦ δ. (2 *c*)
— 20. τὸ ἄκρον τῆς δ. χειρός (2 *c*)
— 20. τὸ ἄκρον τοῦ ποδὸς τοῦ δ. (2 *c*)
— 20. τοὺς λοβοὺς τῶν ὤτων . . . τῶν δ. –
— 20. τὰ ἄκρα τῶν χειρῶν αὐτῶν τῶν δ. –
— 20. τὰ ἄκρα τῶν ποδῶν αὐτῶν τῶν δ. –
— 22. τὸν βραχίονα τὸν δ. (2 *a*)
Le. 7. 22 (32). τὸν βραχίονα τὸν δ. δώσετε ἀφαίρεμα (2 *a*)
— 23 (33). αὐτῷ ἔσται ὁ βραχίων ὁ δ. ἐν μερίδι (2 *a*)
8. 22 (23). τοῦ ὠτὸς Ἀαρὼν τοῦ δ. (2 *c*)
— 22 (23). τῆς χειρὸς τῆς δ. (2 *c*)
— 22 (23). τοῦ ποδὸς τοῦ δ. (2 *c*)
— 23 (24). τῶν ὤτων τῶν δ. (2 *c*)
— 23 (24). τῶν χειρῶν αὐτῶν τῶν δ. (2 *c*)
— 23 (24). τῶν ποδῶν αὐτῶν τῶν δ. (2 *c*)
— 24 (25), 25 (26); 9. 21. τὸν βραχίονα τὸν δ. (2 *a*)
14. 14. τοῦ ὠτὸς . . . τοῦ δ. (2 *c*)
— 14. τῆς χειρὸς τῆς δ. (2 *c*)
— 14. τοῦ ποδὸς τοῦ δ. (2 *c*)
— 16. τὸν δάκτυλον τὸν δ. (2 *c*)
— 17. τοῦ ὠτὸς . . . τοῦ δ. (2 *c*)
— 17. τῆς χειρὸς τῆς δ. (2 *c*)
— 17. τοῦ ποδὸς τοῦ δ. (2 *c*)
— 25. τοῦ ὠτὸς . . . τοῦ δ. (2 *c*)
— 25. τῆς χειρὸς τῆς δ. (2 *c*)
— 25. τοῦ ποδὸς τοῦ δ. (2 *c*)
— 27. τῷ δακτύλῳ τῷ δ. (2 *c*)
— 28. τοῦ ὠτὸς . . . τοῦ δ. (2 *c*)
— 28. τῆς χειρὸς αὐτοῦ τῆς δ. (2 *c*)
— 28. τοῦ ποδὸς αὐτοῦ τοῦ δ. (2 *c*)
Nu. 18. 18. κατὰ τὸν βραχίονα τὸν δ. σοὶ ἔσται (2 *a*)
20. 17. οὐκ ἐκκλινοῦμεν δεξιὰ οὐδὲ εὐώνυμα (2 *a*)
22. 26. οὐκ ἦν ἐκκλῖναι δεξιὰν οὐδ' ἀριστεράν (2 *a*)
De. 2. 27. οὐκ ἐκκλινῶ δεξιὰ οὐδ' ἀριστερά (2 *a*)
5. 32 (29). οὐκ ἐκκλινεῖτε εἰς δεξιά [A -νεῖς δεξιά] (2 *a*)
17. 11. οὐκ ἐκκλινεῖς ἀπὸ τοῦ ῥήματος . . . δεξιά (2 *a*)
— 20. ἵνα μὴ παραβῇ ἀπὸ τῶν ἐντολῶν δεξιά (2 *a*)
28. 14. οὐ παραβήσῃ . . . δεξιά (2 *a*)
32. 40. ὀμοῦμαι τὴν δ. μου –
33. 2. ἐκ δεξιῶν αὐτοῦ ἄγγελοι μετ' αὐτοῦ (2 *a*)
Jo. 1. 7. οὐκ ἐκκλινεῖς ἀπ' αὐτῶν εἰς [A *om.*] δεξιά (2 *a*)
23. 6. A R ἵνα μὴ ἐκκλίνητε εἰς δεξιά [B -άν] (2 *a*)
Jd. 3. 16. ἐπὶ τὸν μηρὸν αὐτοῦ τὸν δ. (2 *a*)
— 21. ἐπάνωθεν [A ἀπὸ] τοῦ μηροῦ αὐτοῦ τοῦ δ. (2 *a*)
5. 26. B καὶ δεξιὰν αὐτῆς εἰς σφῦραν κοπιώντων [A *al.*] (2 *a*)
7. 20. καὶ ἐν χερσὶ τῇ δ. αὐτῶν τὰς κερατίνας [A τῇ χειρὶ τῇ δ. αἱ κ.] (2 *a*)
16. 29. ἕνα τῇ [A ἐν τῇ] δ. αὐτοῦ (2 *a*)
I Ki. 6. 12. οὐ μεθίσταντο δεξιὰ οὐδὲ ἀριστερά (2 *a*)
11. 2. ἐν τῷ ἐξορύξαι ὑμῶν [A *om.*] πάντα ὀφθαλμὸν δ. (2 *a*)
23. 19. ἐν τῷ βουνῷ τοῦ Ἐχ. τοῦ ἐκ δεξιῶν τοῦ Ἰ. (2 *a*)
— 24. ἐκ δεξιῶν τοῦ Ἰεσσαιμοῦ (2 *a*)
II Ki. 2. 19. τοῦ πορεύεσθαι εἰς δεξιά (2 *a*)
— 21. ἔκκλινον σὺ εἰς τὰ δ. (2 *a*)
14. 19. εἰ ἔστιν εἰς τὰ δ. ἢ εἰς τὰ ἀριστερά (2 *b*)
16. 6. καὶ πάντες οἱ δυνατοὶ ἐκ δεξιῶν αὐτοῦ (2 *a*)
20. 9. ἐκράτησεν ἡ χεὶρ ἡ δ. Ἰ. [A *om.*] τοῦ πώγωνος Ἀμ. (2 *a*)
24. 5. ἐν Ἀροὴρ ἐκ δεξιῶν τῆς πόλεως (2 *a*)
III Ki. 2. 19. ἐκάθισεν ἐκ δεξιῶν αὐτοῦ (2 *a*)
3. 1 (2. 42). καὶ πορευθῇς εἰς δεξιά (1)
6. 8. ὑπὸ τὴν ὠμίαν τοῦ οἴκου τὴν δ. (2 *c*)
7. 39. A R ἀπὸ τῆς ὠμίας τοῦ οἴκου ἐκ δεξιῶν [B *om.* ἐκ δ.] (2 *a*)
— 39. ἀπὸ τῆς ὠμίας [A -ίδος] τοῦ οἴκου ἐκ δεξιῶν (2 *c*)
— 49. πέντε ἐξ ἀριστερῶν καὶ πέντε ἐκ δεξιῶν (2 *a*)
22. 19. ἐκ δεξιῶν αὐτοῦ [A *om.*] καὶ ἐξ εὐωνύμων αὐτοῦ (2 *a*)
IV Ki. 11. 11. ἀπὸ τῆς ὠμίας τοῦ οἴκου τῆς δ. [A εὐωνύμου] (2 *c*)
22. 2. οὐκ ἀπέστη δεξιά (2 *a*)
23. 13. τὸν ἐκ δεξιῶν τοῦ ὄρους τοῦ Μ. (2 *a*)
I Ch. 6. 39 (24). ὁ ἑστηκὼς ἐν δεξιᾷ αὐτοῦ (2 *a*)
12. 2. καὶ τόξῳ ἐκ δεξιῶν καὶ ἐξ ἀριστερῶν (2 *b*)
II Ch. 3. 17. ἕνα ἐκ δεξιῶν καὶ τὸν ἕνα ἐξ εὐωνύμων (2 *a*)
— 17. τὸ ὄνομα τοῦ ἐκ δεξιῶν Κατόρθωσις (2 *c*, 2 *a**)
II Ch. 4. 6. τοὺς πέντε ἐκ δεξιῶν καὶ τοὺς πέντε ἐξ ἀριστ. (2 *a*)
— 7. πέντε ἐκ δεξιῶν καὶ πέντε ἐξ ἀριστερῶν (2 *a*)
— 8. πέντε ἐκ δεξιῶν καὶ πέντε ἐξ εὐωνύμων (2 *a*)
— 10. ἀπὸ γωνίας τοῦ οἴκου ἐκ δεξιῶν (2 *c*)
18. 18. παρειστήκει ἐκ δεξιῶν αὐτοῦ καὶ ἐξ ἀριστερῶν (2 *a*)
23. 10. ἀπὸ τῆς ὠμίας τοῦ οἴκου τῆς δ. (2 *c*)
34. 2. οὐκ ἐξέκλινε δεξιὰ καὶ [A ἢ] ἀριστερά (2 *a*)
I Es. 4. 29. καθημένην ἐν δεξιᾷ τοῦ βασιλέως
9. 43. ἔστησαν . . . ἐκ δεξιῶν
Ne. 8. 4. καὶ Χ. καὶ Μ. ἐκ δεξιῶν αὐτοῦ (2 *a*)
12. 31. διῆλθον ἐκ δεξιῶν ἐπάνω τοῦ τείχους (2 *a*)
To. 1. 2. ἥ ἐστιν ἐκ δεξιῶν κυδίως τῆς Νεφθαλί
Ju. 9. 11. S[1] οὐδὲ ἡ δ. [A B δυναστεία] σου ἐν ἰσχύουσιν
Jb. 23. 9. περιβαλεῖ δεξιὰ καὶ οὐκ ὄψομαι (2 *a*)
30. 12. ἐπὶ δεξιῶν βλαστοῦ ἐπανέστησαν (2 *a*)
40. 9 (14). δύναται ἡ δ. σου σῶσαι (2 *a*)
Ps. 15 (16). 8. ἐκ δεξιῶν μού ἐστιν (2 *a*)
— 11. τερπνότητες [A S[4] -ότης] ἐν τῇ δ. σου εἰς τέλος (2 *a*)
16 (17). 7. ἐκ τῶν ἀνθεστηκότων τῇ δ. σου (2 *a*)
17 (18). 35. ἡ δ. σου ἀντελάβετό μου (2 *a*)
19 (20). 6. ἐν δυναστείαις ἡ σωτηρία τῆς δ. αὐτοῦ (2 *a*)
20 (21). 8. ἡ δ. σου εὕροι πάντας τοὺς μισοῦντάς σε (2 *a*)
25 (26). 10. ἡ δ. αὐτῶν ἐπλήσθη δώρων (2 *a*)
43 (44). 3. ἀλλ' ἡ δ. σου καὶ ὁ βραχίων σου (2 *a*)
44 (45). 4. ὁδηγήσει σε θαυμαστῶς ἡ δ. σου (2 *a*)
— 9. παρέστη ἡ βασίλισσα ἐκ δεξιῶν σου (2 *a*)
47 (48). 10. δικαιοσύνης πλήρης ἡ δ. σου (2 *a*)
59 (60). 5. σῶσον τῇ δ. σου (2 *a*)
62 (63). 8. ἐμοῦ ἀντελάβετο ἡ δ. σου (2 *a*)
72 (73). 23. ἐκράτησας τῆς χειρὸς τῆς δ. μου (2 *a*)
73 (74). 11. καὶ τὴν δ. σου [S[1] *om.* καὶ τὴν δ. σου] ἐκ μέσου τοῦ κόλπου σου εἰς τέλος (2 *a*)
76 (77). 10. αὕτη ἡ ἀλλοίωσις τῆς δ. τοῦ ὑψίστου (2 *a*)
77 (78). 54. ὄρος τοῦτο ὃ ἐκτήσατο ἡ δ. αὐτοῦ (2 *a*)
79 (80). 15. ἣν ἐφύτευσεν ἡ δ. σου (2 *a*)
— 17. γενηθήτω ἡ χείρ σου ἐπ' ἄνδρα δεξιᾶς [A -άν] σου (2 *a*)
88 (89). 13. ὑψωθήτω ἡ δ. σου (2 *a*)
— 25. καὶ ἐν ποταμοῖς δεξιὰν αὐτοῦ (2 *a*)
— 42. ὕψωσας τὴν δ. τῶν ἐχθρῶν αὐ. [A S[2] τῶν θλιβόντων αὐτόν] (2 *a*)
89 (90). 12. A S[2]R τὴν δ. σου οὕτως [B S[1] *om.*] γνώρισον †
90 (91). 7. καὶ μυριὰς ἐκ δεξιῶν σου (2 *a*)
97 (98). 1. ἔσωσεν αὐτῷ [B[2] -ὸν] ἡ δ. αὐτοῦ (2 *a*)
107 (108). 6. σῶσον τῇ δ. σου (2 *a*)
108 (109). 6. διάβολος στήτω ἐκ δεξιῶν αὐτοῦ (2 *a*)
— 31. παρέστη ἐκ δεξιῶν πένητος (2 *a*)
109 (110). 1. κάθου ἐκ δεξιῶν μου (2 *a*)
— 5. κύριος ἐκ δεξιῶν σου συνέθλασεν . . . βασιλεῖς (2 *a*)
117 (118). 15. δεξιὰ κυρίου ἐποίησε δύναμιν (2 *a*)
— 16. δεξιὰ κυρίου ὕψωσέ με (2 *a*)
— 16. A S[2]R δεξιὰ κυρίου ἐποίησε δύναμιν –
120 (121). 5. κύριος σκέπη σου ἐπὶ χεῖρα δεξιάν [A[2] -ᾶς] σου (2 *a*)
136 (137). 5. ἐπιλησθείη ἡ δ. μου (2 *a*)
137 (138). 7. ἔσωσέ με ἡ δ. σου (2 *a*)
138 (139). 10. καθέξει με ἡ δ. σου (2 *a*)
141 (142). 4. κατενόουν εἰς τὰ δ. (2 *a*)
143 (144). 8, 11. ἡ δ. αὐτῶν δεξιὰ ἀδικίας (2 *a*, 2 *a*)
Pr. 3. 16. ἔτη ζωῆς ἐν τῇ δ. αὐτῆς (2 *a*)
4. 27. μὴ ἐκκλίνῃς εἰς τὰ δ. (2 *a*)
— 27. ὁδοὺς γὰρ τὰς ἐκ δεξιῶν οἶδεν ὁ θεός –
Ec. 10. 2. καρδία σοφοῦ εἰς δεξιὸν αὐτοῦ (2 *a*)
Ca. 2. 6: 8. 3. ἡ δ. αὐτοῦ περιλήψεταί με (2 *a*)
Wi. 5. 16. τῇ δ. [S δεξιὰ κυρίου] σκεπάσει αὐτούς
Si. 12. 12. μὴ καθίσῃς αὐτὸν ἐκ δεξιῶν σου
21. 19. ὡς χειροπέδαι ἐπὶ χειρὸς δεξιᾶς
— 21. ὡς χλιδὼν ἐπὶ βραχίονι δ.
33 (36). 6. δόξασον χεῖρα καὶ βραχίονα δ.
47. 5. ἔδωκεν ἐν τῇ δ. αὐτοῦ κράτος
49. 11. αὐτὸς ὡς σφραγὶς ἐπὶ δεξιᾶς χειρός
Jn. 4. 11. οὐκ ἔγνωσαν δεξιὰν αὐτῶν (2 *a*)
Hb. 2. 16. ἐκύκλωσεν ἐπὶ σὲ ποτήριον δεξιᾶς κυρίου (2 *a*)
Za. 3. 1. ὁ διάβολος εἱστήκει ἐκ δεξιῶν αὐτοῦ (2 *a*)
4. 3. μία ἐκ δεξιῶν τοῦ λαμπαδίου (2 *a*)

Za. 4. 11. αἱ ἐκ δεξιῶν τῆς λυχνίας (2 a)
6. 13. ἔσται ὁ ἱερεὺς ἐκ δεξιῶν αὐτοῦ †
11. 17. ἐπὶ τὸν ὀφθαλμὸν τὸν δ. αὐτοῦ (2 a)
— 17. ὁ ὀφθαλμὸς ὁ δ. αὐ. ἐκτυφλούμ. (2 a)
12. 6. καταφάγονται ἐκ δεξιῶν (2 a)
Is. 9. 20 (19). ἐκκλινεῖ εἰς τὰ δ. (2 a)
30. 21. εἴτε δεξιὰ εἴτε ἀριστερά (2 b)
41. 10. ἠσφαλισάμην σε τῇ δ. τῇ δικαίᾳ μου (2 a)
— 13. ὁ κρατῶν τῆς δ. σου (2 a)
44. 20. ψεῦδος ἐν τῇ δ. μου (2 a)
45. 1. οὗ [S^{1} οὐκ] ἐκράτησα τῆς δ. (2 a)
48. 13. ἡ δ. μου ἐστερέωσε τὸν οὐρανόν (2 a)
51. 16. A ὑπὸ τὴν δ. σκεπάσω σε [B S *al.*] †
54. 3. εἰς τὰ δ. καὶ τὰ ἀριστερὰ ἐκπέτασον (2 a)
62. 8. B^{2} ὤμοσε κύριος κατὰ τῆς δ. [A B^{1} R δόξης] αὐτοῦ (2 a)
63. 12. ὁ ἀγαγὼν τῇ δ. Μωσῆν (2 a)
Je. 22. 24. ἀποσφράγισμα ἐπὶ τῆς χειρὸς τῆς δ. μου (2 a)
La. 2. 3. ἀπέστρεψεν [A *add.* εἰς τὰ] ὀπίσω δεξιὰν αὐτοῦ [S^{1} *om.* δ. αὐ.] (2 a)
— 4. ἐστερέωσε δεξιὰν αὐτοῦ (2 a)
Ep. Je. 15. ἔχει δὲ ἐγχειρίδιον δεξιᾷ [A ἐν τῇ δ.]
Ez. 1. 10. πρόσωπον λέοντος ἐκ δεξιῶν (2 a)
4. 6. κοιμηθήσῃ ἐπὶ τὸ πλευρόν σου τὸ δ. (2 c, 2 a*)
10. 3. τὰ χερουβὶμ εἱστήκει ἐκ δεξιῶν τοῦ οἴκου (2 a)
16. 46. ἡ κατοικοῦσα ἐκ δεξιῶν σου (2 a)
21. 16 (21). ὀξύνου ἐκ δεξιῶν καὶ ἐξ εὐωνύμων (2 b)
— 22 (27). R κατασκοπήσασθαι [A B ἠπατοσκ.] ἐκ δεξιῶν αὐτοῦ (2 a)
39. 3. ἀπολῶ . . . τὰ τοξεύμ. σου ἀπὸ τῆς χειρός σου τῆς δ. (2 a)
47. 1. τὸ ὕδωρ κατέβαινεν ἀπὸ τοῦ κλίτους τοῦ δ. (2 c)
— 2. τὸ ὕδωρ κατεφέρετο ἀπὸ τοῦ κλίτους τοῦ δ. (2 c)
Da. LXX. 12. 7. ὕψωσε τὴν δ. (2 a)
Da. TH. 12. 7. ὕψωσε τὴν δ. αὐτοῦ (2 a)
I Ma. 2. 22. παρελθεῖν . . . δεξιὰν ἢ ἀριστεράν
5. 46. ἐκκλῖναι ἀπ' αὐτῆς δεξιὰν ἢ ἀριστεράν
● 6. 45. ἐθανάτου δεξιὰ καὶ εὐώνυμα
— 58. δῶμεν δεξιὰν τοῖς ἀνθρώποις τούτοις
7. 47. καὶ τὴν δ. αὐτοῦ ἣν ἐξέτεινεν ὑπερηφάνως
9. 1. καὶ τὸ δ. κέρας μετ' αὐτῶν
— 12. Βακχίδης δὲ ἦν ἐν τῷ δ. κέρατι
— 14. A R τὸ στερέωμα τῆς παρεμβολῆς ἐν [S *om.*] τοῖς δ.
— 15. A R συνετρίβη τὸ δ. κέρας [S μέρος] ἀπ' αὐτῶν
— 16. συνετρίβη τὸ δ. κέρας
11. 50. A R δὸς ἡμῖν δεξιάς [S -άν]
— 62. ἔδωκεν αὐτοῖς δεξιάς [S^{1} -άν]
— 66. ἠξίωσαν αὐτὸν τοῦ δεξιὰς [S^{1} -ὰν] λαβεῖν
13. 45. ἀξιοῦντες Σίμωνα δεξιὰς αὐτοῖς δοῦναι
— 50. ἐβόησαν πρὸς Σίμωνα δεξιὰς λαβεῖν
II Ma. 4. 34. A δεξιὰς θεὶς [? δεξιασθεὶς] μεθ' ὅρκων δοὺς δεξιάν [R δεξιὰς μεθ' ὅ. δοὺς]
11. 26. καὶ δοὺς δεξιάς
— 30. ὑπάρξει δεξιὰ μετὰ τῆς ἀδείας
12. 11. δοῦναι τὸν Ἰούδαν δεξιὰν αὐτοῖς
— 12. λαβόντες δεξιὰς . . . ἐχωρίσθησαν
13. 22. δεξιὰν ἔδωκεν
14. 19. δοῦναι καὶ λαβεῖν δεξιάς
— 33. R προτείνας τὴν δ. εἰς [A ἐπὶ] τὸν νεὼ
15. 15. προτείναντα δὲ τὸν Ἱερ. τὴν δ.
[Aq. Le. 8. 25: Dt. 33. 2: Jo. 17. 7: Jb. 30. 12: Ps. 44 (45). 5, 10: 76 (77). 11: 88 (89). 13: Pr. 27. 16: Is. 62. 8.]
[Sm. Le. 8. 25: Jo. 17. 7: Ps. 20 (21). 9: 44 (45). 5, 10: 76 (77). 11: 77 (78). 54: 88 (89). 13, 14, 22: 137 (138). 7: 138 (139). 10: Pr. 27. 16.]
[Th. Le. 8. 25: Jb. 30. 12: Ps. 16 (17). 15: 44 (45). 10: 76 (77). 11: 88 (89). 13: Pr. 27. 16: Is. 62. 8.]
[Quint. Ps. 76 (77). 11.]
[Al. Ps. 120 (121). 5.]

δέος.
II Ma. 3. 17. δ. τι καὶ φρικασμὸς σώματος
— 30. τὸ μικρῷ πρότερον δέους καὶ ταραχῆς γέμον ἱερόν
12. 22. γενομένου δέους ἐπὶ τοὺς πολεμίους
13. 16. τὴν παρεμβολὴν δέους . . . ἐπλήρωσαν
15. 23. R εἰς δέος καὶ τρόμον [A τρόπον]

δέρειν. (1) פָּשַׁט hi.
Le. 1. 6. A B^{2} δείραντες [B^{1} R ἐκδ.] τὸ ὁλοκαύτωμα (1)
II Ch. 29. 34. A οὐκ ἠδύναντο δεῖραι [B ἐκδ.] τὴν ὁλοκαύτωσιν (1)
35. 11. B οἱ Λευῖται ἔδειραν [A R ἐξέδ.] (1)
[Aq. Pr. 10. 8.]

δέρμα. (1) עוֹר
Ge. 27. 16. τὰ δ. τῶν ἐρίφων (1)
Ex. 25. 5. δ. κριῶν ἠρυθροδανωμένα καὶ δ. ὑακίνθινα (1, 1)
26. 14. δέρματα κριῶν ἠρυθροδανωμένα (1)
— 14. ἐπικαλύμματα δ. ὑακίνθινα ἐπάνωθεν (1)
29. 14. τὸ δ. καὶ τὴν κόπρον κατακαύσεις (1)
35. 7. δ. κριῶν ἠρυθροδανωμένα καὶ δ. ὑακίνθινα (1, 1)
— 23. δ. ὑακίνθινα καὶ δ. κριῶν ἠρυθροδανωμένα [A *add.* καὶ δ. ἅγια] (1, 1, -)
39. 21 (34). τὰς διφθέρας δ. κριῶν ἠρυθροδανωμένα (1)
— 21 (34). A B καὶ τὰ καλύμματα [A κατακ.] δ. [R *om.*] ὑακίνθινα (1)
Le. 4. 11. τὸ δ. τοῦ μόσχου (1)
6. 38 (7. 8). τὸ δ. τῆς ὁλοκαυτώσεως . . . αὐτῷ ἔσται (1)
11. 32. ἀπὸ παντὸς σκεύους ξυλίνου . . . ἢ δ. [A *al.*] (1)
13. 2. ἐάν τινι γένηται ἐν δέρματι χρωτὸς αὐ. (1)
— 2. καὶ γένηται ἐν δέρματι χρωτὸς αὐτοῦ (1)
— 3. τὴν ἁφὴν ἐν δέρματι χρωτὸς αὐτοῦ (1)
— 3. ἡ ὄψις . . . ταπεινὴ ἀπὸ τοῦ δ. τοῦ χρωτός (1)
— 4. ἐν τῷ δ. τοῦ χρωτός (1)
— 4. ταπεινὴ μὴ ᾖ [A *om.* μὴ ᾖ] ἡ ὄψις αὐτῆς ἀπὸ τοῦ δ. (1)
— 5, 6. οὐ μετέπεσεν ἡ ἁφὴ ἐν τῷ δ. (1)
— 7. ἐὰν δὲ . . . μεταπέσῃ ἡ σημασία ἐν τῷ δ. (1)
— 8. ἰδοὺ μετέπεσεν ἡ σημασία ἐν τῷ δ. (1)
— 10. οὐλὴ λευκὴ ἐν τῷ δ. (1)
— 11. λέπρα παλαιουμ. ἐστὶν ἐν τῷ δ. τοῦ χρωτός (1)
— 12. ἐὰν δὲ . . . ἐξανθήσῃ λέπρα ἐν τῷ δ. καὶ καλύψῃ ἡ λέπρα πᾶν τὸ δ. τῆς ἁφῆς (1, 1)
— 13. ἐκάλυψεν ἡ λέπρα πᾶν τὸ δ. τοῦ χρωτός -
— 18. ἐὰν γένηται ἐν τῷ δ. αὐτοῦ ἕλκος (1)
— 20. καὶ ἰδοὺ ἡ ὄψις ταπεινοτέρα τοῦ δ. (1)
— 21. καὶ ταπεινὸν μὴ ᾖ ἀπὸ τοῦ δ. τοῦ χρωτός (1)
— 22. A B ἐὰν δὲ [R *add.* διαχύσει] διαχέηται ἐν τῷ δ. (1)
— 24. ἐὰν γένηται ἐν τῷ δ. αὐτοῦ κατάκαυμα πυρός (1)
— 24. καὶ γένηται ἐν τῷ δ. αὐτοῦ τὸ ὑγ. . . . αὐγάζον -
— 25. καὶ ἡ ὄψις αὐτοῦ ταπεινὴ ἀπὸ τοῦ δ. (1)
— 26. καὶ ταπεινὸν μὴ ᾖ ἀπὸ τοῦ δ. (1)
— 27. ἐὰν δὲ διαχύσει διαχέηται ἐν τῷ δ. (1)
— 28. καὶ μὴ διαχυθῇ ἐν τῷ δ. (1)
— 30. ἡ ὄψις αὐτῆς ἐγκοιλοτέρα τοῦ δ. (1)
— 31. οὐχ ἡ ὄψις ἐγκοιλοτέρα τοῦ δ. (1)
— 32. ἡ ὄψις τοῦ θραύσμ. οὐκ ἔστι κοίλη ἀπὸ τοῦ δ. (1)
— 33. καὶ ξυρηθήσεται τὸ δ. -
— 34. οὐ διεχύθη τὸ θραῦσμα ἐν τῷ δ. (1)
— 34. ἡ ὄψις τοῦ θραύσμ. οὐκ ἔστι κοίλη ἀπὸ τοῦ δ. (1)
— 35. ἐὰν δὲ διαχύσει διαχέηται τὸ θραῦσμα ἐν τῷ δ. (1)
— 36. καὶ ἰδοὺ διακέχυται τὸ θραῦσμα ἐν τῷ δ. (1)
— 38. ἐὰν γένηται ἐν δέρματι τῆς σαρκὸς αὐτοῦ αὐγάσματα [A B^{1} -μα] (1)
— 39. καὶ ἰδοὺ ἐν δέρματι τῆς σαρκὸς αὐτοῦ αὐγάσματα (1)
— 39. ἐξανθεῖ ἐν τῷ δ. τῆς σαρκὸς αὐτοῦ (1)
— 43. ὡς εἶδος λέπρας ἐν δέρματι τῆς σαρκὸς αὐτοῦ (1)
— 48. ἢ ἐν δέρματι ἢ ἐν παντὶ ἐργασίμῳ δ. (1, 1)
— 49. χλωρίζουσα ἢ πυρρίζουσα ἐν τῷ δ. . . . ἢ ἐν παντὶ σκεύει ἐργασίμῳ δέρματος (1, 1)
— 51. ἐν τῷ ἱματίῳ . . . ἢ ἐν τῷ δ. (1)
— 51. πάντα ὅσα ἐὰν ποιηθῇ δέρματα (1)
— 56. ἀπορρήξει αὐτὸ . . . ἀπὸ τοῦ δ. (1)
15. 17. πᾶν δ. ἐφ' ὃ ἐὰν ᾖ ἐπ' αὐτὸ κοίτη σπέρματος (1)
Le. 16. 27. τὰ δ. αὐτῶν καὶ τὰ κρέα αὐτῶν (1)
Nu. 4. 6. ἐπιθήσουσιν ἐπ' αὐτὸ κατακάλυμμα δέρμα ὑακίνθινον (1)
— 12. A καλύψουσιν αὐτὰ καλύμματι δέρματι [B -ματίνῳ] (1)
19. 5. τὸ δ. καὶ τὰ κρέα αὐτῆς . . . κατακαυθήσεται (1)
Jb. 2. 4. δέρμα ὑπὲρ δέρματος (1, 1)
10. 11. δέρμα δὲ καὶ κρέας με ἐνέδυσας (1)
19. 20. ἐν δέρματί μου ἐσάπησαν αἱ σάρκες μου (1)
— 26. ἀναστῆσαι τὸ δ. μου τὸ ἀναντλοῦν ταῦτα [A S^{2} *al.*] (1)
30. 30. τὸ δὲ δ. μου ἐσκότωται [A μεμελάνωται] μεγάλως (1)
Mi. 3. 2. ἁρπάζοντες τὰ δ. αὐτῶν ἀπ' αὐτῶν (1)
— 3. τὰ δ. αὐτῶν ἀπ' αὐτῶν [A ἀπὸ τῶν ὀστέων αὐ.] ἐξέδειραν (1)
Je. 13. 23. εἰ ἀλλάξεται Αἰθίοψ τὸ δ. αὐτοῦ (1)
La. 3. 4. σάρκα [A τὰς σάρκας] μου καὶ δ. μου (1)
4. 8. ἐπάγη δέρμα αὐτῶν ἐπὶ τὰ ὀστέα αὐτῶν (1)
5. 10. τὸ δ. ἡμῶν ὡς κλίβανος ἐπελιώθη (1)
Ez. 37. 6. ἐκτενῶ ἐφ' ὑμᾶς δ. (1)
— 8. ἀνέβαινεν ἐπ' αὐτὰ δέρματα [A -μα] ἐπάνω (1)
II Ma. 7. 7. τὸ τῆς κεφαλῆς δ. . . . περισύροντες
IV Ma. 10. 7. A R περισύραντες τὸ δ. [S περιλύσαντες τὰ ὄργανα]
[Aq., Sm. Ex. 35. 23: Jb. 19. 20: 40. 26 (31).]
[Th. Ex. 35. 23.]
[Al. Le. 8. 17: 13. 24: Ps. 103 (104). 2.]

δερμάτινος. (1) עוֹר
Ge. 3. 21. ἐποίησε κ. ὁ θ. τῷ Ἀδὰμ . . . χιτῶνας δ. (1)
Le. 11. 32. A ἀπὸ παντὸς σκεύους ξυλίνου ἢ δ. [B *al.*] (1)
13. 52, 53, 57. ἢ ἐν παντὶ σκεύει δ. (1)
— 58. ἢ πᾶν σκεῦος δ. (1)
— 59. ἢ παντὸς σκεύους δ. (1)
Nu. 4. 8. καλύψουσιν αὐτὴν καλύμματι δ. (1)
— 10. ἐμβαλοῦσιν αὐτὴν . . . εἰς κάλυμμα δ. (1)
— 11. καλύψουσιν [A ἐπικ.] αὐτὸ καλύμματι δ. [A δέρματι] (1)
— 12. καλύψουσιν αὐτὰ καλύμματι δ. [A δέρματι] (1)
— 14. ἐπιβαλοῦσιν ἐπ' αὐτὸ κάλυμμα δ. (1)
— 14. ἐμβαλοῦσιν αὐτὸ [A -ὰ] εἰς κάλυμμα δ. -
31. 20. πᾶν περίβλημα καὶ πᾶν σκεῦος δ. (1)
IV Ki. 1. 8. καὶ ζώνην δ. περιεζωσμένος (1)

δέρρις. (1) אַדֶּרֶת (2) אֹהֶל (3) יְרִיעָה (4) מֵיתָר (5) שְׂמִיכָה
Ex. 26. 7. καὶ ποιήσεις δέρρεις τριχίνας (3)
— 7. ἕνδεκα δέρρεις ποιήσεις αὐτάς (3)
— 8. τὸ μῆκος τῆς δ. τῆς μιᾶς (3)
— 8. τὸ εὖρος τῆς δ. τῆς μιᾶς (3)
— 8. τὸ αὐτὸ μέτρον ἔσται ταῖς ἕνδεκα δ. (3)
— 9. συνάψεις τὰς πέντε δ. ἐπὶ τὸ αὐτὸ καὶ τὰς ἓξ δ. ἐπὶ τὸ αὐτό (3, 3)
— 9. ἐπιδιπλώσεις τὴν δ. τὴν ἕκτην (3)
— 10. ἐπὶ τοῦ χείλους τῆς δ. τῆς μιᾶς (3)
— 10. ἐπὶ τοῦ χείλους τῆς δ. τῆς συναπτούσης (3)
— 11. καὶ συνάψεις τὰς δ. (2)
— 12. ὑποθήσεις τὸ πλεονάζον ἐν ταῖς δ. τῆς σκηνῆς (3)
— 12. R τὸ ἥμισυ τῆς δ. τὸ ὑπολελειμμ. (3)
— 12. A R τὸ πλεονάζον τῶν δ. τῆς σκηνῆς -
— 13. ἐκ τοῦ ὑπερέχοντος τῶν δ. -
— 13. B ἐκ τοῦ μήκους τῶν δ. τῆς σκηνῆς (3)
Nu. 4. 25. ἀρεῖ τὰς δ. [B^{2} σκεύη] τῆς σκηνῆς (3)
Jd. 4. 18. A συνεκάλυψεν αὐτὸν ἐν τῇ δ. αὐτῆς [B *al.*] (5)
— 21. A συνεκάλυψεν αὐτὸν ἐν τῇ δ. αὐτῆς -
I Ch. 17. 1. ἡ κιβωτὸς διαθήκης κ. ὑποκάτω δέρρεων (3)
Ps. 103 (104). 2. ἐκτείνων τὸν οὐρανὸν ὡσεὶ δέρριν (3)
Ca. 1. 5. ὡς δέρρεις Σαλωμών (3)
Za. 13. 4. ἐνδύσονται δέρριν τριχίνην (1)
Je. 4. 20. διεσπάσθησαν αἱ δ. μου (3)
10. 20. πᾶσαι αἱ δ. σου διεσπάσθησαν . . . οὐκ ἔστιν ἔτι . . . τόπος τῶν δ. μου (4, 3)
[Aq. Ex. 26. 1: Is. 54. 2: Je. 49. 29 (30. 7).]
[Sm. Is. 54. 2: Je. 49. 29 (30. 7).]
[Th. Is. 54. 2.]
[Hebr. II Ki. 7. 2.]
[Al. Hb. 3. 7.]

● = correction on page xxv

δερώρ.
[Th. Ez. 46. 17.]

δέσις.
Si. 45. 11. A B S[2] ἐν δέσει [S[1] εἰδέσει] χρυσίου ἔργῳ [B -ων] λιθουργοῦ

δεσμεύειν. (1) אָלַם pi. (2) אָסַר (3) חָבַל (4) חָבַשׁ pi. (5) צָרָה (6) צָרַר
Ge. 37. 7. ᾤμην ὑμᾶς δεσμεύειν δράγματα (1)
49. 11. δεσμεύων πρὸς ἄμπελον τὸν πῶλον αὐ. (2)
Jd. 16. 11. ἐὰν δεσμεύοντες δήσωσί με [A δεσμῷ δήσουσίν με] (2)
I Ki. 24. 12. καὶ σὺ δεσμεύεις τὴν ψυχήν μου (5)
Ju. 8. 3. ἐπὶ τοῦ δεσμεύοντος [A S τοὺς δ.] τὸ δράγμα
Jb. 26. 8. δεσμεύων ὕδωρ ἐν νεφέλαις αὐτοῦ (6)
Ps. 146 (147). 3. καὶ δεσμεύων τὰ συντρίμματα αὐτῶν (4)
Si. 12. 12. B[2] μὴ δεσμεύσῃς δὶς ἁμαρτίαν
Am. 2. 8. τὰ ἱμάτια αὐτῶν δεσμεύοντες σχοινίοις (3)
III Ma. 5. 5. τὰς τῶν ταλαιπώρων [A -ρούντων] ἐδέσμευον χεῖρας

δέσμη. (1) אֲגֻדָּה
Ex. 12. 22. λήψεσθε δὲ δέσμην ὑσσώπου (1)
[Aq. II Ki. 2. 25: Am. 9. 6.]
[Sm., Th. Am. 9. 6.]

δέσμιος. (1) a. אָסַר b. אַסִּיר
Ec. 4. 14. ἐξ οἴκου τῶν δ. [A S -μῶν] ἐξελεύσεται (1 a)
Wi. 17. 2. δέσμιοι σκότους καὶ μακρᾶς πεδῆται νυκτός
Za. 9. 11. ἐξαπέστειλας δεσμίους σου ἐκ λάκκου (1 b)
— 12. καθήσεσθε [A καὶ θήσονται] ἐν ὀχυρώμασι δέσμιοι τῆς συναγ. (1 b)
La. 3. 34. τοῦ ταπεινῶσαι . . . πάντας δ. γῆς (1 b)
II Ma. 8. 16. A μὴ καταπλαγῆναι τοῖς δ. [R τοὺς πολεμίους]
14. 27. τὸν Μακκαβαῖον δέσμιον ἐξαποστέλλειν
— 33. ἐὰν μὴ δέσμιόν μοι τὸν Ἰούδαν παραδῶτε
III Ma. 4. 7. δέσμιαι δὲ δημόσιαι [A -ίᾳ] . . . εἵλκοντο
7. 5. δεσμίους καταγαγόντες αὐτούς
[Aq. Jb. 3. 18: Is. 14. 17.]
[Sm. Is. 14. 17: 24. 22.]
[Th. Jb. 3. 18: Is. 14. 17.]

δεσμός. (1) a. אָסַר b. אֵסוּר c. אֱסָר d. אֱסוּר
● e. מוֹסֵר (2) חוֹחַ (3) מוֹטָה (4) מַסְגֵּר (5) מַעֲדַנּוֹת (6) עֲבֹת (7) צָמִיד (8) צְרוֹר, צְרֹר (9) קֶשֶׁר (10) ἐκ δεσμῶν ἀνειμένος מַרְבֵּק
Ge. 42. 27. εἶδε τὸν δ. τοῦ ἀργυρίου αὐτοῦ –
— 35. καὶ ἦν ἑκάστου ὁ δ. τοῦ ἀργυρίου (8)
— 35. καὶ εἶδον τοὺς δ. τοῦ ἀργυρίου αὐτῶν (8)
Le. 26. 13. καὶ συνέτριψα τὸν δ. τοῦ ζυγοῦ ὑμῶν (3)
Nu. 19. 15. ὅσα οὐχὶ [A B[1] οὐκ ἔχει] δεσμὸν καταδέδεται (7)
30. 14. πᾶσα εὐχὴ καὶ πᾶς ὅρκος δεσμοῦ (1 c)
Jd. 15. 13. δεσμῷ δήσομέν σε (1 a)
— 14. ἐτάκησαν δεσμοὶ αὐτοῦ [A διελύθησαν οἱ δ.] (1 b)
16. 11. A ἐὰν δεσμῷ δήσουσίν με [B δεσμεύοντες δήσωσί με] (1 a)
I Ki. 25. 29. ἐνδεδεμένη ἐν δεσμῷ τῆς ζωῆς (8)
IV Ki. 12. 20 (21). B[1] ἔδησαν πάντα δ. [A B[2] R σύνδ.] (9)
II Ch. 33. 11. κατέλαβον τὸν Μανασσῆ ἐν δεσμοῖς (2)
I Es. 1. 40. ἔδησεν αὐτὸν ἐν χαλκείῳ δ.
II Es. 7. 26. A ἐάν τε εἰς δεσμὰ [B παράδοσιν] (1 d)
Jb. 38. 31. συνῆκας δὲ δεσμὸν Πλειάδος [A συνῆκας; δεσμὸν δὲ Πλειάδος ἔγνως] (5)
39. 5. δεσμοὺς δὲ αὐτοῦ τίς ἔλυσεν (1 e)
Ps. 2. 3. διαρρήξωμεν τοὺς δ. αὐτῶν (1 e)
106 (107). 14. τοὺς δ. αὐτῶν διέρρηξεν (1 e)
115. 7 (116. 16). διέρρηξας τοὺς δ. μου (1 e)
Pr. 7. 22. ὥσπερ κύων ἐπὶ δεσμούς †
Ec. 4. 14. A S ἐξ οἴκου τῶν δ. [B -μίων] ἐξελεύσεται (1 a)
Ec. 7. 27 (26). δεσμὸς εἰς χεῖρας αὐτῆς (1 b)
Wi. 10. 13. ἐν δεσμοῖς οὐκ ἀφῆκεν αὐτόν
Si. 6. 25. μὴ προσοχθίσῃς τοῖς [S[1] ἐν τ.] δ. αὐτῆς
— 30. οἱ δ. αὐτῆς κλῶσμα ὑακίνθινον
13. 12. οὐ μὴ φείσηται περὶ κακώσεως καὶ δεσμῶν
28. 19. ἐν [A om.] τοῖς δεσμοῖς [A θεσμοῖς] αὐτῆς οὐκ ἐδέθη
— 20. οἱ δ. αὐτῆς δεσμοὶ χάλκεοι
Ho. 11. 4. ἐξέτεινα αὐτοὺς ἐν δεσμοῖς ἀγαπήσεώς μου (6)
Na. 1. 13. τοὺς δεσμοὺς διαρρήξω (1 e)
Hb. 3. 13. ἐξήγειρας δεσμοὺς ἕως τραχήλου †
Hg. 1. 6. συνήγαγεν εἰς δ. τετρυπημένον (8)
▶ Ma. 4. 2 (3. 20). ὡς μοσχάρια ἐκ δεσμῶν ἀνειμένα (10)
Is. 28. 22. μηδὲ ἰσχυσάτωσαν ὑμῶν οἱ δ. (1 e)
42. 7. ἐξαγαγεῖν ἐκ δεσμῶν δεδεμένους (4)
49. 9. λέγοντα τοῖς ἐν δεσμοῖς, Ἐξέλθατε (1 a)
52. 2. A S R ἔκδυσαι [B ἔκλ.] τὸν δ. τοῦ τραχήλου σου (1 e)
Je. 2. 20. διέσπασας τοὺς δεσμούς σου (1 e)
5. 5. διέρρηξαν δεσμούς (1 e)
34 (27). 2. ποίησον δεσμοὺς καὶ κλοιούς (1 e)
37 (30). 8. τοὺς δ. αὐτῶν διαρρήξω (1 e)
Ez. 3. 25. δέδονται ἐπὶ σὲ δεσμοί (6)
4. 8. δέδωκα ἐπὶ σὲ δεσμούς (6)
Da. Th. 4. 12. ἐν δ. σιδηρῷ καὶ χαλκῷ (1 d)
▶ — 20. ἐν δ. σιδηρῷ καὶ ἐν [A om.] χαλκῷ (1 d)
III Ma. 5. 6. τὴν . . . περιέχουσαν αὐτοὺς μετὰ δεσμῶν ἀνάγκην
6. 27. ἐκλύσατε ἄδικα δ.
IV Ma. 12. 3. ὁρῶν ἤδη τὰ δ. περικείμενον
[Aq. II Ki. 2. 25: Ez. 20. 37.]
[Sm. Pr. 7. 22: Is. 58. 6.]
[Th. Is. 10. 4: Da. 5. 16 †.]

δεσμωτήριον. (1) a. אָסִיר b. אָסַר (2) בֵּית הַסֹּהַר
Ge. 39. 22. ἔδωκεν ὁ ἀρχιδεσμοφύλαξ τὸ δ. (2)
— 22. ὅσοι ἐν τῷ δ. (2)
— 23. R ὁ ἀρχιδεσμοφύλαξ τοῦ δ. [A om. τ. δ.] (2)
40. 3. A ἐν φυλακῇ παρὰ τῷ ἀρχιδ. [R om. π. τ. ἀ.] εἰς τὸ δ. (2)
— 5. οἱ ὄντες ἐν τῷ δ. (2)
Jd. 16. 21. ἦν ἀλήθων ἐν οἴκῳ τοῦ δ. [A τῆς φυλακῆς] (1 a*, 1 b)
— 25. B R ἐκάλεσαν τὸν Σ. ἐξ [B ἀπὸ] οἴκου δεσμωτηρίου [A al.] (1 a*, 1 b)
Is. 24. 22. συνάξουσι συναγωγὴν αὐτῆς εἰς δ. [A S al.] (1 a)
[Aq. Ge. 39. 20.]
[Sm. Ex. 12. 29: Ec. 7. 7 (6): Je. 37 (44). 15.]

δεσμώτης. (1) a. אָסַר b. אָסִיר (2) מַסְגֵּר
Ge. 39. 20. ἐν ᾧ οἱ δ. τοῦ βασ. κατέχονται (1 a*, 1 b)
Je. 24. 1. μετὰ τὸ ἀποικίσαι . . . τοὺς δ. (2)
36 (29). 2. ἐξελθόντος . . . παντὸς ἐλευθέρου καὶ δ. (2)
Ba. 1. 9. μετὰ τὸ ἀποικίσαι . . . τοὺς δ.
[Sm. Jb. 3. 18: Ps. 68 (69). 34.]

δεσπόζειν. (1) מָשַׁל
I Ch. 29. 11. σὺ πάντων . . . δεσπόζεις †
I Es. 4. 3. κυριεύει αὐτῶν καὶ δεσπόζει αὐτῶν
— 14. τίς οὖν ὁ δεσπόζων αὐτῶν
Ps. 21 (22). 28. αὐτὸς δεσπόζει τῶν ἐθνῶν (1)
58 (59). 13. ὁ θεὸς τοῦ Ἰ. δεσπόζει τῶν περάτων τῆς γῆς (1)
65 (66). 7. τῷ δεσπόζοντι ἐν τῇ δυναστείᾳ αὐ. τοῦ αἰῶνος (1)
88 (89). 9. δεσπόζεις τοῦ κράτους τῆς θαλάσσης (1)
102 (103). 19. ἡ βασ. αὐτοῦ πάντων δεσπόζει (1)
Wi. 9. 2. ἵνα δεσπόζῃ τῶν ὑπὸ σοῦ γενομ. κτισμάτων
12. 16. τὸ πάντων σε δεσπόζειν
— 18. σὺ δὲ δεσπόζων ἰσχύος
II Ma. 14. 46. ἐπικαλεσάμενος τὸν δεσπόζοντα τῆς ζωῆς
III Ma. 7. 9. τὸν πάσης δεσπόζοντα δυνάμεως θεόν
IV Ma. 1. 5. πῶς οὖν . . . ἀγνοίας οὐ δεσπόζει
2. 12. τῆς φίλων συνηθείας δεσπόζει
— 16. καὶ γὰρ τούτου δεσπόζει
5. 38. οὔτε λόγους δεσπόσεις

δέσποινα.
[Sm. Is. 47. 5: Je. 13. 18.]

δεσποτεία, δεσποτία. (1) מֶמְשָׁלָה
Ps. 102 (103). 22. A S[2] ἐν παντὶ τόπῳ τῆς δεσποτίας [B S[1] δυναστείας] αὐ. (1)
144 (145). 13. ἡ δ. σου ἐν πάσῃ γενεᾷ καὶ γενεᾷ (1)

δεσποτεύειν.
III Ma. 5. 28. ἡ ἐνέργεια τοῦ πάντα δεσποτεύοντος θεοῦ

δεσπότης. (1) a. אָדוֹן b. אֲדֹנָי (2) אֱלוֹהַּ (3) יְהוָֹה (4) מֹשֵׁל
Ge. 15. 2. R δέσποτα κύριε, τί μοι δώσεις (1 b)
— 8. δέσποτα κύριε, κατὰ τί γνώσομαι (1 b)
Jo. 5. 14. δέσποτα, τί προστάσσεις τῷ σῷ οἰκέτῃ (1 a)
I Es. 4. 60. καὶ σοὶ ὁμολογῶ, δέσποτα τῶν πατέρων
To. 3. 14. S σὺ γινώσκεις, δέσποτα [A B κύριε]
8. 17. ποίησον αὐτοῖς, δέσποτα, ἔλεος
Ju. 5. 20. καὶ νῦν, δέσποτα κύριε
— 24. δέσποτα Ὀλοφέρνη
7. 9. ἀκουσάτω δὴ λόγον ὁ δ. ἡμῶν
— 11. καὶ νῦν, δέσποτα, μὴ πολέμει πρὸς αὐτούς
9. 12. δέσποτα τῶν οὐρανῶν καὶ τῆς γῆς
11. 10. διὸ [A δή], δέσποτα κύριε
Jb. 5. 8. κύριον δὲ τὸν πάντων δ. [A παντοκράτορα] ἐπικαλέσομαι –
Pr. 6. 7. μηδὲ ὑπὸ δεσπότην ὤν (4)
17. 2. οἰκέτης νοήμων κρατήσει δεσποτῶν ἀφρόνων †
22. 7. οἰκέται ἰδίοις δεσπόταις δανιοῦσιν †
24. 33 (30. 10). μὴ παραδῷς οἰκέτην εἰς χεῖρας δεσπότου (1 a)
29. 25. ὃς δὲ πέποιθεν ἐπὶ τῷ δ. [S σωτῆρι] σωθήσεται (3)
Wi. 6. 7. οὐ γὰρ ὑποστελεῖται πρόσωπον ὁ πάντων δ.
8. 3. ὁ πάντων δ. ἠγάπησεν αὐτήν
11. 26. σά ἐστι [A add. πάντα], δέσποτα φιλόψυχε
13. 3. γνώτωσαν πόσῳ τούτων ὁ δ. ἐστὶ βελτίων
— 9. τὸν τούτων δ. πῶς τάχιον οὐχ εὗρον
18. 11. ὁμοίᾳ δὲ δίκῃ δοῦλος ἅμα δεσπότῃ κολασθείς
Si. 3. 7. ὡς δεσπόταις δουλεύσει ἐν [S[2] om.] τοῖς γεννήσασιν αὐτόν
23. 1. κύριε, πάτερ καὶ δέσποτα [A πατὴρ καὶ θεὸς] ζωῆς μου
31 (34). 24. τίνος φωνῆς εἰσακούσεται ὁ δ.
33 (36). 1. ἐλέησον ἡμᾶς, δέσποτα [A om.] ὁ θεὸς πάντων
Jn. 4. 3. καὶ νῦν, δέσποτα κύριε (3?)
Is. 1. 24. τάδε λέγει κύριος ὁ δ. σαβαώθ (3)
3. 1. ὁ δ. κύριος σαβαὼθ ἀφελεῖ (1 a)
10. 33. ὁ δ. κ. σαβ. συνταράσσει τοὺς ἐνδόξους (1 a)
Je. 1. 6. ὁ ὢν δέσποτα κύριε (1 b)
4. 10. ὦ δέσποτα κύριε (1 b)
14. 13. εἶπα, ὁ ὢν [A add. δέσποτα] κύριε (1 b)
15. 11. γένοιτο δέσποτα κατευθυνόντων αὐτῶν †
Ep. Je. 6. σοὶ δεῖ προσκυνεῖν, δέσποτα
Da. LXX. Su. 5. περὶ ὧν ἐλάλησεν ὁ δ.
3. (37). ὅτι, δέσποτα, ἐσμικρύνθημεν
9. 8. δέσποτα, ἡμῖν ἡ αἰσχύνη τοῦ προσώπου (1 b)
— 15. δέσποτα κύριε ὁ θεὸς ἡμῶν (1 b)
— 16. δέσποτα, κατὰ τὴν δικαιοσύνην σου (1 b)
— 17. ἐπάκουσον, δέσποτα, τῆς προσευχῆς (2)
— 17. ἕνεκεν τῶν δούλων σου, δέσποτα (1 b)
— 19. μὴ χρονίσῃς ἕνεκα σεαυτοῦ, δέσποτα (2)
Da. Th. Su. 5. περὶ ὧν ἐλάλησεν ὁ δ.
3. (37). ὅτι, δέσποτα, ἐσμικρύνθημεν
II Ma. 5. 17. ἀπώργισται βραχέως ὁ δ.
— 20. ἐν τῇ τοῦ μεγάλου δ. καταλλαγῇ
6. 14. ἀναμένει μακροθυμῶν ὁ δ.
9. 13. τὸν οὐκέτι αὐτὸν ἐλεήσοντα δ.
15. 22. σύ, δέσποτα, ἀπέστειλας τὸν ἄγγελόν σου
III Ma. 2. 2. καὶ δέσποτα πάσης κτίσεως
5. 12. κατεσχέθη τῇ ἐνεργείᾳ τοῦ δ.
6. 5. Σενναχηρεὶμ . . . δέσποτα, ἔθραυσας
● — 10. δέσποτα, ἀπόλεσον ἡμᾶς μόρῳ
● IV Ma. 6. 31. δεσπότης ἐστὶ τῶν παθῶν ὁ εὐσεβὴς λογισμός
18. 2. τῶν παθῶν δεσπότης ἐστὶν ὁ εὐσεβὴς λογισμός
[Aq. Ps. 11 (12). 5: 61 (62). 13: Pr. 19. 10.]
[Sm. Ps. 29 (30). 9: 38 (39). 8: 43 (44). 24: 54 (55). 10: 67 (68). 21: 109 (110). 1: Pr. 19. 10.]
[Th. Pr. 19. 10: Je. 46 (26). 10.]

● = correction on page xxv ▶ = additional entry on page xxv

δεσποτία, *vid.* δεσποτεία.

δεῦρο. (1) אֲתִי (2) בּוֹא (3) הָלַךְ (4) עָלָה
Ge. 12. 1. R δ. [A *om.*] εἰς τὴν γῆν –
19. 32. δ. οὖν ποτίσωμεν (3)
24. 31. δ. εἴσελθε (3)
31. 44. νῦν οὖν δ. διαθώμεθα (3)
37. 13. δ. ἀποστείλω σε πρὸς αὐτούς (3)
Ex. 3. 10. δ. ἀποστείλω σε (3)
Nu. 10. 29. δ. μεθ' ἡμῶν (3)
22. 6. δ. ἄρασαί [A κατάρ.] μοι τὸν λαὸν τοῦτον (3)
— 11. δ. ἄρασαί μοι αὐτόν (3)
— 17. δ. ἐπικατάρασαί μοι τὸν λαὸν τ. (3)
23. 7. δ. ἄρασαί μοι τὸν Ἰακὼβ καὶ δ. ἐπικατάρασαί μοι τὸν Ἰσραήλ (3, 3)
— 13. δ. ἔτι μετ' ἐμοῦ εἰς τόπον ἄλλον (3)
— 27. δ. παραλάβω σε εἰς τόπον ἄλλον (3)
24. 14. δ. συμβουλεύσω σοι (3)
Jd. 4. 22. δ. καὶ δείξω σοι τὸν ἄνδρα (3)
9. 10. δ. βασίλευσον ἐφ' ἡμῶν (3)
— 12. A R δ. [B δ. σὺ] βασίλευσον ἐφ' ἡμῶν (3)
— 14. δ. σὺ βασίλευσον ἐφ' ἡμῶν (3)
11. 6. δ. καὶ ἔσῃ ἡμῖν εἰς ἀρχηγόν [A ἡγούμενον] (3)
18. 19. δ. [A ἐλθὲ] μεθ' ἡμῶν (3)
19. 11. δ. δὴ καὶ ἐκκλίνωμεν (3)
— 13. δ. καὶ ἐγγίσωμεν [A ἔλθωμεν] (3)
I Ki. 9. 5. A R δ. καὶ ἀποστρέψωμεν [B ἀναστρ.] (3)
— 9. δ. [A δεῦτε] καὶ πορευθῶμεν (3)
— 10. δ. καὶ πορευθῶμεν (3)
14. 1. B δ. καὶ διαβῶμεν (3)
— 6. B δ. διαβῶμεν εἰς Μεσσάβ (3)
16. 1. δ. ἀποστείλω σε (3)
17. 44. δ. πρός με (3)
20. 21. A R δ. εὑρέ μοι τὴν σχίζαν [B γούζαν] (3)
23. 27. σπεῦδε καὶ δ. (3)
II Ki. 13. 11. δ. κοιμήθητι μετ' ἐμοῦ (2)
15. 22. δ. καὶ διάβαινε μετ' ἐμοῦ (3)
18. 22. δ. οὐκ ἔστι σοι εὐαγγέλια [*vel* -ία] (3)
III Ki. 1. 12. δ. συμβουλεύσω σοι δὴ συμβουλίαν (3)
— 13. δ. εἴσελθε πρὸς τὸν βασιλέα Δαυίδ (3)
— 53. δ. εἰς τὸν οἶκόν σου (3)
13. 15. δ. μετ' ἐμοῦ [A ἐ. εἰς τὴν οἰκίαν] (3)
15. 19. δ. διασκέδασον τὴν διαθήκην σου (3)
18. 5. δ. καὶ διέλθωμεν (3)
IV Ki. 1. 3. ἀναστὰς δ. [A ἀνάστηθι καὶ πορεύθητι] εἰς συνάντησιν (4)
3. 13. δ. πρὸς τοὺς προφήτας τοῦ πατρός σου (3)
4. 3. δ. αἴτησον σεαυτῇ σκεύη (3)
— 7. δ. καὶ ἀπόδου τὸ ἔλαιον (3)
— 24 (25). δ. καὶ πορεύσῃ (3 ?)
— 29. λάβε τὴν βακτηρίαν μου ἐν τῇ χειρί σου [A *om.*] καὶ δ. (3)
5. 5. δ. εἴσελθε (3)
— 19. δ. εἰς εἰρήνην (3)
6. 3. δ. μετὰ τῶν δούλων σου (3)
7. 9. δ. καὶ εἰσέλθωμεν (3)
8. 1. καὶ δ. σὺ καὶ ὁ οἶκός σου (3)
— 8. καὶ δ. εἰς ἀπαντὴν [A -ησιν] τῷ ἀνθρ. τοῦ θ. (3)
— 10. δ. εἶπον (3)
9. 1. καὶ δ. εἰς Ῥεμμὼθ Γαλαάδ (3)
10. 16. δ. μετ' ἐμοῦ (3)
14. 8. δ. ὀφθῶμεν προσώποις (3)
II Ch. 16. 3. δ. καὶ διασκέδασον ἀπ' ἐμοῦ τὸν Β. (3)
25. 17. A R δ. ὀφθῶμεν προσώποις (3)
Ne. 6. 2. δ. καὶ συναχθῶμεν ἐπὶ τὸ αὐτό (3)
— 7. καὶ νῦν δ. βουλευσώμεθα ἐπὶ τὸ αὐτό (3)
Pr. 7. 18. δ. καὶ ἐγκυλισθῶμεν ἔρωτι –
Ec. 2. 1. δ. δὴ πειράσω σε (3)
9. 7. δ. φάγε ἐν εὐφροσύνῃ (3)
Ca. 4. 8. δ. ἀπὸ Λιβάνου, νύμφη, δ. ἀπὸ Λιβάνου (1, 1)
Da. LXX. Bel 18. δ. ἴδε τὸν δόλον τῶν ἱερέων
Da. TH. Su. 50. δ. κάθισον ἐν μέσῳ ἡμῶν
12. 9. καὶ εἶπε, Δ. Δανιήλ (3)
— 13. καὶ σὺ δ. καὶ ἀναπαύου (3)
I Ma. 11. 9. δ. συνθώμεθα πρὸς ἑαυτοὺς διαθήκην
12. 45. δ. μετ' ἐμοῦ εἰς Πτολεμαΐδα
II Ma. 14. 7. R δ. [A δεύτερον] νῦν ἐλήλυθα
[Th. IV Ki. 8. 1 : Da. 12. 13.]

δεῦτε. (1) a. אֲתָה b. אֲתָה (2) בּוֹא (3) הָלַךְ (4) יָהַב
Ge. 11. 3. δ. πλινθεύσωμεν πλίνθους (4)
— 4. δ. οἰκοδομήσωμεν ἑαυτοῖς πόλιν (4)
Ge. 11. 7. δ. καὶ καταβάντες συγχέωμεν (4)
37. 20. νῦν οὖν δ. ἀποκτείνωμεν αὐτόν (3)
— 27. δ. ἀποδώμεθα αὐτόν (3)
Ex. 1. 10. δ. οὖν κατασοφισώμεθα αὐτούς (4)
Jo. 10. 4. δ. ἀνάβητε πρός με –
Jd. 9. 15. δ. ὑπόστητε ἐν τῇ σκιᾷ μου [A *al.*] (2)
I Ki. 9. 9. A δ. [B δεῦρο] καὶ πορευθῶμεν (3)
IV Ki. 1. 2. δ. καὶ ἐπιζητήσατε [A ἐπερωτήσατε] (3)
— 6. δ. ἐπιστράφητε πρὸς τὸν βασιλέα (3)
6. 2. καὶ εἶπε, Δ. (3)
— 13. δ. ἴδετε ποῦ οὗτος [A αὐτός] (3)
— 19. δ. ὀπίσω μου (3)
7. 4. δ. καὶ ἐμπέσωμεν εἰς τὴν παρεμβολὴν Σ. (3)
— 14. δ. καὶ ἴδετε (3)
22. 13. δ. ἐκζητήσατε τὸν κύριον (3)
Ne. 2. 17. δ. καὶ διοικοδομήσωμεν τὸ τεῖχος (3)
Jb. 17. 10. A B S² πάντες ἐρείδετε [S² κρίνατε] καὶ δ. δή (2)
Ps. 33 (34). 11. δ. τέκνα, ἀκούσατέ μου (3)
45 (46). 8. δεῦτε καὶ ἴδετε τὰ ἔργα τοῦ κ. [A S² θεοῦ] (3)
65 (66). 5. δ. [B¹ δ. τέκνα] καὶ ἴδετε τὰ ἔργα τοῦ θεοῦ (3)
— 16. δεῦτε ἀκούσατε (3)
73 (74). 8. δ. καταπαύσωμεν τὰς ἑορτὰς κ. [S τοῦ θεοῦ] –
82 (83). 4. δ. καὶ ἐξολεθρεύσωμεν αὐτούς (3)
94 (95). 1. δ. ἀγαλλιασώμεθα τῷ κυρίῳ (3)
— 6. δ. προσκυνήσωμεν (2)
Wi. 2. 6. δεῦτε οὖν καὶ ἀπολαύσωμεν τῶν ὄντων ἀγ.
Mi. 4. 2. δεῦτε ἀναβῶμεν εἰς τὸ ὄρος κ. (3)
Jn. 1. 7. δεῦτε βάλωμεν κλήρους (3)
Is. 1. 18. δ. διελεγχθῶμεν (3)
2. 3. δ. καὶ ἀναβῶμεν (3)
— 5. δ. πορευθῶμεν (3)
9. 10 (9). δ. λαξεύσωμεν λίθους –
27. 11. γυναῖκες ἐρχόμεναι ἀπὸ θέας δ. †
56. 9. πάντα τὰ θηρία τὰ ἄγρια, δ. φάγετε (1 a)
Je. 11. 19. δ. καὶ ἐμβάλωμεν ξύλον –
18. 18. δ. λογισώμεθα ἐπὶ Ἰερεμίαν λογισμὸν . . . δ. καὶ πατάξωμεν αὐτὸν ἐν [A *om.*] γλώσσῃ (3, 3)
28 (51). 10. δ. καὶ ἀναγγείλωμεν ἐν [A εἰς] Σιὼν τὰ ἔργα (2)
Da. LXX. 6. 5 (6). δ. στήσωμεν ὁρισμὸν καθ' ἑαυτῶν –
Da. TH. 3. 26 (93). ἐξέλθετε καὶ δ. (1 b)
[Aq. Je. 35 (42). 11 : 51 (28). 10.]
[Sm. Je. 35 (42). 11.]
[Th. Is. 56. 12.]

δευτερεύειν. (1) מִשְׁנֶה
I Ch. 16. 5. δευτερεύων [A δεύτερος ὤν, S δευτερῶν] αὐτῷ Ζαχ. (1)
II Ch. 35. 24. ἐπὶ τὸ ἅρμα τὸ δευτερεῦον (1)
Es. 4. 8. Ἀμὰν ὁ δευτερεύων τῷ βασιλεῖ –
Je. 52. 24. S τὸν ἱερέα τὸν δευτερεύοντα [A B -ροῦντα] (1)

δευτέριος.
I Es. 1. 31. ἀνέβη ἐπὶ τὸ ἅρμα τὸ δ. [B² -ρον] αὐτοῦ
[Aq. De. 28. 57.]

δευτερόγονος.
[Aq. Ge. 30. 42 *bis.*]

δευτερολογεῖν.
II Ma. 13. 22. ἐδευτερολόγησεν ὁ βασ. τοῖς ἐν Βαιθ.

δευτερονόμιον. (1) a. מִשְׁנֵה הַתּוֹרָה b. מִשְׁנֵה תּוֹרָה
De. *tit.* δευτερονόμιον
17. 18. γράψει αὐτῷ τὸ δ. τοῦτο εἰς βιβλίον (1 a)
subscr. A B δευτερονόμιον [R τέλος τοῦ δ.]
Jo. 9. 2 (8. 32). ἔγραψεν Ἰησοῦς ἐπὶ τῶν λίθων τὸ δ. (1 b)

δεύτερος. (1) אֶחָד (2) a. אַחֵר b. אַחֲרוֹן (3) מִזֶּה (4) מִשְׁנֶה (5) פַּעֲמַיִם (6) קָטָן (7) שְׂמָאלִי (8) שְׁאָר ni. (9) a. שְׁנַיִם b. שֵׁנִי c. תְּרֵין d. תִּנְיָן e. תִּנְיָנוּת (10) δ. ἔτος שְׁנָתַיִם (11) δ. ἔτος שְׁנַיִם
Ge. 1. 8. καὶ ἐγένετο πρωῒ ἡμέρα δ. (9 b)
Ge. 2. 13. καὶ ὄνομα τῷ ποταμῷ τῷ δ. (9 b)
4. 19. ὄνομα τῇ δευτέρᾳ Σελλά (9 b)
7. 11. τοῦ δ. μηνός (9 b)
8. 14. ἐν δὲ τῷ μηνὶ τῷ δ. (9 b)
11. 10. δ. ἔτους μετὰ τὸν κατακλυσμόν (10)
22. 15. ἐκάλεσεν ἄγγελος κυρίου τὸν Ἀ. δεύτερον (9 b)
27. 36. A ἐπτέρνικε γάρ με ἤδη [R ἰδοὺ] δ. τοῦτο (5)
29. 33. ἔτεκεν υἱὸν δ. τῷ Ἰακώβ –
30. 7. ἔτεκεν υἱὸν δ. τῷ Ἰακώβ (9 b)
— 12. A ἔτεκεν ἔτι [R *om.*] τῷ Ἰακὼβ υἱὸν δ. (9 b)
32. 8 (9). ἡ παρεμβολὴ ἡ δ. (8)
— 19 (20). τῷ πρώτῳ καὶ τῷ δ. καὶ τῷ τρίτῳ (9 b)
41. 5. καὶ ἐνυπνιάσθη τὸ δ. (9 b)
— 43. τὸ ἅρμα τὸ δ. τῶν αὐτοῦ (4)
— 52. τὸ δὲ ὄνομα τοῦ δ. (9 b)
45. 6. τοῦτο γὰρ δ. ἔτος (10)
47. 18. ἐν τῷ ἔτει τῷ δ. (9 b)
Ex. 1. 15. τὸ ὄνομα τῆς δ. (9 b)
2. 13. τῇ ἡμέρᾳ τῇ δ. (9 b)
4. 8. R τῆς φωνῆς τοῦ σημείου τοῦ δ. [A B ἐσχάτου] (2 b)
16. 1. τῷ μηνὶ τῷ δ. (9 b)
18. 4. τὸ ὄνομα τοῦ δ. (1)
25. 11 (12). ἐπὶ τὸ κλίτος τὸ δ. (9 b)
— 18 (19). ἐκ τοῦ κλίτους τοῦ δ. (3)
— 31 (32). ἐκ τοῦ κλίτους τοῦ δ. (9 b)
26. 4. πρὸς τῇ συμβολῇ τῇ δ. (9 b)
— 5. κατὰ τὴν συμβολὴν τῆς δ. (9 b)
— 10. τῆς δέρρεως τῆς συναπτούσης τῆς δ. (9 b)
— 20. τὸ κλίτος τὸ δ. (9 b)
— 27. τῷ ἑνὶ [A *om.*] κλίτει τῆς σκηνῆς τῷ δ. (9 b)
27. 15. τὸ κλίτος τὸ δ. (9 b)
28. 10. ἐπὶ τὸν λίθον τὸν δ. (9 b)
— 18. ὁ στίχος ὁ δ. (9 b)
29. 19. τὸν κριὸν τὸν δ. (9 b)
— 39, 41. τὸν ἀμνὸν τὸν δ. (9 b)
36. 18 (39. 11). ὁ στίχος ὁ δ. (9 b)
37. 18 (38. 15). ἐπὶ τοῦ νώτου τοῦ δ. (9 b)
38. 3 (37. 3). ἐπὶ τὸ κλίτος τὸ δ. (9 b)
● — 7 (37. 8). ἐπὶ τὸ ἄκρον τοῦ ἱλαστηρίου τὸ δ. (3)
— 10 (37. 13). ἐπὶ τοῦ κλίτους τοῦ δ. †
40. 17. τῷ δ. ἔτει ἐκπορευομένων αὐτῶν (9 b)
Le. 5. 10. τὸ δ. ποιήσει [A -εις] ὁλοκαύτωμα (9 b)
8. 21 (22). τὸν κριὸν τὸν δ. (9 b)
13. 5. ἀφοριεῖ αὐτὸν ὁ ἱερεὺς . . . τὸ δ. (9 b)
— 6. καὶ ὄψεται ὁ ἱερεὺς αὐτὸν . . . τὸ δ. (9 b)
— 7. καὶ ὀφθήσεται τὸ δ. τῷ ἱερεῖ (9 b)
— 33. ἀφοριεῖ ὁ ἱερεὺς τὸ θραῦσμα ἑπτὰ ἡμ. τὸ δ. (9 b)
— 54. καὶ ἀφοριεῖ ὁ ἱερεὺς . . . τὸ δ. (9 b)
— 58. καὶ πλυθήσεται τὸ δ. (9 b)
Nu. 1. 1. ἐν μιᾷ τοῦ μηνὸς τοῦ δ. ἔτους δευτέρου (9 b, 9 b)
— 18. ἐν μιᾷ τοῦ μηνὸς τοῦ δ. ἔτους (9 b)
2. 16. δεύτεροι ἐξαροῦσι [A ἀναζεύξουσιν] (9 b)
7. 18. τῇ ἡμέρᾳ τῇ δ. προσήνεγκε Ναθαναήλ (9 b)
9. 1. ἐν τῷ ἔτει τῷ δ. ἐξελθόντων αὐτῶν (9 b)
— 11. ποιήσει τὸ πάσχα τῷ κ. ἐν τῷ μηνὶ τῷ δ. (9 b)
10. 6. σαλπιεῖτε σημασίαν δ. [B² -ον] (9 b)
— 11. ἐγένετο ἐν τῷ ἐνιαυτῷ τῷ δ. ἐν τῷ μηνὶ τῷ δ. (9 b, 9 b)
11. 26. ὄνομα τῷ δ. Μωδάδ (9 b)
28. 4, 8. τὸν ἀμνὸν τὸν δ. ποιήσεις (9 b)
29. 17. τῇ ἡμέρᾳ τῇ δ. μόσχους δώδεκα (9 b)
De. 9. 18. ἐδεήθην ἐναντίον κυρίου δεύτερον –
26. 12. τὸ δ. ἐπιδέκατον δώσεις τῷ Λευίτῃ †
Jo. 5. 2. A R περίτεμε τοὺς υἱοὺς Ἰσραὴλ ἐκ δευτέρου [B *om.* ἐκ δ.] (9 b)
6. 11 (12). τῇ ἡμέρᾳ τῇ δ. ἀνέστη Ἰησοῦς τὸ πρωΐ –
10. 32. ἔλαβεν αὐτὴν ἐν τῇ ἡμέρᾳ τῇ δ. (9 b)
19. 1. ἐξῆλθεν ὁ δ. κλῆρος τῶν υἱῶν [A ὁ κλ. δ. τῷ] Συμεών (9 b)
Jd. 6. 25. καὶ μόσχον δ. ἑπταετῆ (9 b)
— 26. λήψῃ τὸν μόσχον τὸν δ. (9 b)
— 28. εἶδαν τὸν μόσχον τὸν δ. [A *al.*] (9 b)
20. 24. προσῆλθον οἱ υἱοὶ Ἰσρ. . . . ἐν τῇ ἡμέρᾳ τῇ δ. (9 b)
— 25. ἐξῆλθον [A -εν] . . . ἐν τῇ ἡμέρᾳ τῇ δ. (9 b)
Ru. 1. 4. ὄνομα τῇ δ. Ῥούθ (9 b)
I Ki. 1. 2. ὄνομα τῇ δ. Φεννάνα (9 b)
3. 6. ἐπορεύθη πρὸς Ἡλὶ τὸ δ. –
8. 2. ὄνομα τοῦ δ. [A δ. αὐτοῦ] Ἀβιά (4)
14. 49. ὄνομα τῇ δ. Μελχόλ (6)
17. 13. A καὶ ὁ δ. αὐτοῦ Ἀμιναδάβ (4)
20. 27. τῇ ἐπαύριον τοῦ μηνὸς τῇ ἡμέρᾳ [A *om.* τῇ ἡ.] τῇ δ. (9 b)

I Ki. 20. 34. οὐκ ἔφαγεν ἐν τῇ [A ἡμέρᾳ τῇ] δ. τοῦ μηνὸς ἄρτον (9 b)
23. 17. ἔσομαί σοι εἰς δεύτερον (4)
29. 3. γέγονε μεθ' ἡμῶν ἡμέρας τοῦτο δ. ἔτος (11)
II Ki. 3. 3. καὶ ὁ δ. αὐτοῦ Δαλουΐα (4)
4. 2. ὄνομα τῷ δ. Ῥηχάβ (9 b)
14. 29. ἀπέστειλεν ἐκ δευτέρου πρὸς αὐτόν (9 b)
16. 19. καὶ τὸ δ. τίνι ἐγὼ δουλεύσω (9 b)
III Ki. 6. 1. ἐν μηνὶ τῷ δ. βασιλεύοντος τοῦ βασ. Σαλ. (9 b)
— 1 (37). καὶ τῷ δ. [B[1] om.] μηνί –
— 24. καὶ πέντε πήχεων πτερύγιον αὐτοῦ τὸ δ. (9 b)
— 25. οὕτως τῷ χερουβ τῷ δ. (9 b)
— 26. B οὕτω τὸ χερουβεὶν τὸ δ. [A τοῦ χερουβ τοῦ δ., R τῷ χερουβὶμ τῷ δ.] (9 b)
— 27. A R πτέρυξ [A ἡ πτ. τοῦ ἑνὸς] χερουβὶμ τοῦ δ. [B om. χ. τοῦ δ.] ἥπτετο τοῦ τοίχου τοῦ δ. (9 b, 9 b)
— 34. ἡ θύρα ἡ δ. στρεφόμενα (9 b)
7. 15. οὕτως ὁ στῦλος ὁ δ. (9 b)
— 16. A R καὶ πέντε πήχεις τὸ ὕψος τοῦ ἐπιθέμ. τοῦ δ. (9 b)
— 17. καὶ δίκτυον τῷ ἐπιθέματι τῷ δ. (9 b)
— 18. οὕτως ἐποίησε τῷ ἐπιθέματι τῷ δ. (9 b)
— 21. ἔστησε τὸν στῦλον τὸν δ. (7)
— 20. A πέντε στίχοι κύκλῳ ἐπὶ τῆς κεφαλίδος τῆς δ. (9 b)
9. 2. ὤφθη κύριος τῷ Σαλωμὼν δεύτερον (9 b)
15. 25. ἐν ἔτει δευτέρῳ τοῦ Ἀσὰ βασ. Ἰ. (9 a)
16. 29. ἐν ἔτει δευτέρῳ τοῦ Ἰωσ. βασ. Ἰ. [A al.] †
19. 7. ἐπέστρεψεν ὁ ἄγγελος κυρίου ἐκ δευτέρου (9 b)
IV Ki. 1. 18 (3. 3). A ἐν ἔτει δευτέρῳ Ἰωράμ –
6. 29. εἶπον πρὸς αὐτὴν τῇ ἡμέρᾳ τῇ δ. (2 a)
9. 19. ἀπέστειλεν ἐπιβάτην ἵππου δεύτερον (9 b)
10. 6. ἔγραψε πρὸς αὐτοὺς βιβλίον δεύτερον (9 b)
14. 1. ἐν ἔτει δ. τῷ Ἰωάς (9 a)
15. 27. ἐν ἔτει πεντηκοστῷ καὶ δ. τοῦ Ἀζαρίου (9 a)
— 32. ἐν ἔτει δ. Φακεέ (9 a)
19. 29. καὶ τῷ ἔτει τῷ δ. τὰ ἀνατέλλοντα (9 b)
25. 1. A ἐν τῷ μηνὶ τῷ δ. [B δεκάτῳ] †
— 17. τῷ στύλῳ τῷ δ. ἐπὶ τῷ σαβαχά (9 b)
I Ch. 2. 13. Ἀμιναδὰβ ὁ δ. (9 b)
3. 1. ὁ δ. Δαμνιήλ (9 b)
— 15. ὁ δ. Ἰωακίμ (9 b)
5. 12. Σαφὰμ ὁ δ. (4)
7. 15. A R καὶ ὄνομα τῷ δ. [B τῇ δ.] Σαπφαάδ (9 b)
8. 1. Ἀσβὴλ τὸν δ. (9 b)
— 39. Ἰὰς ὁ δ. (9 b)
12. 9. Ἀβδία ὁ δ. (9 b)
15. 18. οἱ ἀδελφοὶ αὐτῶν οἱ δ. (4)
16. 5. A δεύτερος ὢν [B δευτερεύων, S δευτερῶν] αὐτῷ Ζαχαρίας (4)
23. 11. Ζιζὰ ὁ δ. (9 b)
— 19. Ἀμαριὰ ὁ δ. (9 b)
— 20. Ἰσιὰ ὁ δ. (9 b)
24. 7. τῷ Ἰεδιὰ ὁ δ. (9 b)
— 17. τῷ Γαμοὺλ ὁ δ. καὶ εἰκοστός (9 a)
— 23. Ἀμαδιὰ ὁ δ. (9 b)
25. 9. ὁ δ. Ἡνεία (9 b)
— 29. ὁ εἰκοστὸς δ. Γοδολλαθί (9 a)
26. 2. A R Ἰαδιὴλ ὁ δ. [B om. ὁ δ.] (9 b)
— 4. A R Ἰωζαβὰθ ὁ δ. [B om. ὁ δ.] (9 b)
— 10. τῆς διαιρέσεως τῆς δ. –
— 11. A R Χελκίας ὁ δ. (9 b)
— 16. εἰς δεύτερον τῷ Ὀσᾷ πρὸς δυσμαῖς [A al.] †
27. 4. ἐπὶ τῆς διαιρέσεως τοῦ μηνὸς τοῦ δ. (9 b)
29. 22. A R ἐβασίλευσαν ἐκ δευτέρου [B om. ἐκ δ.] τὸν Σ. (9 b)
II Ch. 3. 2. ἐν τῷ μηνὶ τῷ δ. (9 b)
27. 5. ἐν τῷ πρώτῳ ἔτει καὶ τῷ δ. (9 b)
30. 2. τῷ μηνὶ τῷ δ. (9 b)
— 13. ἐν τῷ μηνὶ τῷ δ. (9 b)
— 15. τῇ τεσσαρεσκαιδεκάτῃ τοῦ μηνὸς τοῦ δ. (9 b)
I Es. 1. 31. ἐπὶ τὸ ἅρμα τὸ δευτέριον [B[2] -ρον] αὐ.
2. 30. μεχρὶ τοῦ δ. ἔτους τῆς βασιλείας Δαρείου
3. 7. δεύτερος καθιεῖται Δαρείου
4. 1. καὶ ἤρξατο ὁ δ. λαλεῖν
5. 6. ἐν τῷ δ. ἔτει τῆς βασιλείας αὐτοῦ
— 56. τῷ δ. ἔτει
— 56. μηνὸς δ.
— 57. τῇ νουμηνίᾳ τοῦ δ. μηνὸς τοῦ δ. ἔτους
6. 1. ἐν δὲ τῷ δ. ἔτει τῆς Δαρείου βασιλείας
8. 6. B οὗτος ἐνιαυτὸς ὁ δ. [A R ἑβδ. τῷ] βασιλεῖ
II Es. 3. 8. ἐν τῷ ἔτει τῷ δ. τοῦ ἐλθεῖν αὐτούς (9 b)
II Es. 3. 8. ἐν μηνὶ τῷ δ. (9 b)
4. 24. A R ἕως δ. ἔτους τῆς βασιλείας [B om. τ. β.] Δαρείου (9 c)
Ne. 3. 11. δεύτερος ἐκράτησε Μελχίας (9 b)
— 19. μέτρον δ. πύργου ἀναβάσεως (9 b)
— 20. μέτρον δ. ἀπὸ τῆς γωνίας (9 b)
— 21. μέτρον δ. ἀπὸ θύρας (9 b)
— 24. μέτρον δ. ἀπὸ Βηθαζαρία ἕως τῆς γωνίας (9 b)
— 27. μέτρον δ. ἐξ ἐναντίας τοῦ πύργου (9 b)
— 30. μέτρον δ. (9 b)
5. 14. ἕως ἔτους τριακοστοῦ καὶ δευτέρου (9 a)
8. 13. ἐν τῇ ἡμέρᾳ τῇ δ. (9 b)
11. 9. δεύτερος ἀπὸ τῶν ἱερέων (4)
— 17. S[3] καὶ B. δεύτερος ἐκ τῶν ἀδ. ἑαυ. (4)
12. 38. S[3] ἡ δ. ἐπορεύετο συναντῶσα αὐτοῖς (9 b)
13. 6. ἐν ἔτει τριακοστῷ καὶ δ. (9 a)
To. 1. 7. τὴν δ. δεκάτην ἀπεπρατιζόμην [S al.]
— 22. κατέστησεν αὐτὸν ὁ Σαχερδονὸς ἐκ δευτέρας
Ju. 2. 1. δευτέρᾳ καὶ εἰκάδι τοῦ πρώτου μηνός
— 4. δεύτερον ὄντα μετ' αὐτόν
7. 6. τῇ δὲ ἡμέρᾳ τῇ δ.
Es. 1. 1. ἔτους δ. βασιλεύοντος Ἀρταξέρξου
2. 14. εἰς τὸν γυναικῶνα τὸν δ. (9 b)
3. 13. δεύτερον τῶν βασιλειῶν [A S[1] -λέων] γέρας
— 13. καὶ δ. πατρὸς ἡμῶν
7. 2. τῇ δ. ἡμέρᾳ ἐν τῷ πότῳ (9 b)
8. 9. S[1] τρίτῃ καὶ εἰκάδι τοῦ δ. [A B αὐτοῦ] ἔτους †
— 13. τὸ δ. τοῦ βασιλικοῦ θρόνου πρόσωπον
Jb. 33. 14. ἐν γὰρ τῷ ἅπαξ λαλῆσαι ὁ κ. ἐν δὲ τῷ δ. (9 a)
39. 35 (40. 5). ἐπὶ δὲ τῷ δ. οὐ προσθήσω (9 a)
42. 14. τὴν δὲ δ. Κασίαν (9 b)
●Ps. 47 (48). tit. B S δευτέρᾳ σαββάτου [A om.] –
Ec. 4. 8. οὐκ ἔστι δεύτερος (9 b)
— 10. καὶ μὴ ᾖ δεύτερος ἐγεῖραι [A S τοῦ ἐ.] αὐτόν (9 b)
— 15. μετὰ τοῦ νεανίσκου τοῦ δ. (9 b)
Ca. 3. 5. S τὰς νεάνιδας ὁρκίζει ἡ νύμφη τοῦτο δ.
Si. 23. 23. δεύτερον εἰς ἄνδρα ἑαυτῆς ἐπλημμέλησε
Jn. 3. 1. ἐγένετο λόγος κ. πρὸς Ἰ. ἐκ δευτέρου (9 b)
Ze. 1. 10. ὀλολυγμὸς ἀπὸ τῆς δ. (4)
Hg. 1. 1. ἐν τῷ δ. ἔτει ἐπὶ Δ. τοῦ βασιλέως (9 a)
2. 1 (1. 15). τῷ δ. ἔτει ἐπὶ Δ. τοῦ βασ. (9 a)
— 11 (10). ἔτους δ. ἐπὶ Δ. (9 a)
— 21 (20). ἐγένετο λόγος κ. ἐκ δευτέρου πρὸς Ἀ. (9 b)
Za. 1. 1. ἐν τῷ ὀγδόῳ μηνὶ ἔτους δευτέρου (9 a)
— 7. ἐν τῷ δ. ἔτει ἐπὶ Δ. (9 a)
4. 12. καὶ ἐπηρώτησα ἐκ δευτέρου (9 b)
6. 2. ἐν τῷ ἅρματι τῷ δ. ἵπποι μέλανες (9 b)
11. 14. ἀπέρριψα τὴν ῥάβδον τὴν δ. (9 b)
Is. 37. 30. τῷ δὲ ἐνιαυτῷ τῷ δ. τὸ κατάλειμμα (9 b)
61. 7. ἐκ δευτέρας κληρονομήσουσι τὴν γῆν (4)
Je. 1. 13. ἐγένετο λόγος κυρίου ἐκ δευτέρου πρὸς μέ (9 b)
40 (33). 1. ἐγένετο λόγος κ. πρὸς Ἱερ. δεύτερον [A ἐκ δευτέρου] (9 b)
48 (41). 4. ἐγένετο τῇ ἡμέρᾳ τῇ δ. (9 b)
52. 1. A ὄντος δευτέρου καὶ εἰκοστοῦ [B εἰ. καὶ ἑνὸς] ἔτους †
— 22. κατὰ ταῦτα τῷ στύλῳ τῷ δ. ὀκτὼ ῥοαί (9 b)
— 24. S[1] ἔλαβεν . . . τὸν ἱερέα τὸν δ. [A B πρῶτον] †
Ez. 10. 14. A τὸ πρόσωπον τοῦ δ. πρόσωπον ἀνθρώπου (9 b)
37. 16. ῥάβδον δευτέραν λήψῃ σεαυτῷ (1)
40. 7. τὸ θεὲ τὸ δ. ἴσον τῷ καλάμῳ πλάτος †
— 38. τὰ αἰλαμμὼν αὐ. ἐπὶ τῆς πύλης τῆς δ. †
— 40. πρὸς ἀνατολὰς κατὰ νώτου τῆς δ. (2 a ?)
41. 24. δύο θυρώματα τῇ θύρᾳ τῇ δ. (2 a)
43. 22. τῇ ἡμέρᾳ τῇ δ. λήψονται ἐρίφους δύο (9 b)
Da. LXX. 2. 1. ἐν τῷ ἔτει τῷ δ. τῆς βασιλείας (9 a)
— 7. ἀπεκρίθησαν δὲ ἐκ δευτέρου (9 e)
Da. TH. 2. 1. ἐν τῷ ἔτει τῷ δ. τῆς βασιλείας (9 a)
— 7. ἀπεκρίθησαν δεύτερον [A ἐκ δευτέρου] (9 e)
7. 5. θηρίον δ. ὅμοιον ἄρκῳ (9 d)
I Ma. 9. 1. τὸν Ἄλκιμον ἐκ δευτέρου ἀποστεῖλαι
— 3. τοῦ μηνὸς τοῦ πρώτου ἔτους τοῦ δ.
— 54. τῷ μηνὶ τῷ δ. ἐπέταξεν Ἄλκιμος
10. 57. ἔτους δ. καὶ ἑξηκοστοῦ καὶ ἑκατοστοῦ
13. 51. τῇ τρίτῃ καὶ εἰκάδι τοῦ δ. μηνός
14. 1. ἐν ἔτει δ. καὶ ἑβδομηκοστῷ καὶ ἑκατοστῷ
— 27. ἔτους δ. καὶ ἑβδομηκοστοῦ καὶ ἑκατοστοῦ
15. 25. παρενέβαλεν [S[1] παρέβ.] . . . ἐν τῇ δ. [S[2] δ. ἡμέρᾳ]
II Ma. tit. Μακκαβαίων δεύτερος
5. 1. τὴν δ. ἔφοδον [A ἄφ.] ὁ Ἀντ. εἰς Αἰγ. ἐστείλατο
7. 7. τὸν δ. ἦγον ἐπὶ τὸν ἐμπαιγμόν
14. 7. A δεύτερον [R δεῦρο] νῦν ἐλήλυθα
— 8. δεύτερον δὲ καὶ τῶν ἰδίων πολιτῶν στοχαζόμενος
IV Ma. 9. 26. τὸν καθ' ἡλικίαν τοῦ προτέρου [S πρεσβυτέρου] δ.
15. 18. S R οὐδὲ δεύτερος [A -ον] εἰς σὲ οἰκτρὸν βλέπων

[Aq. III Ki. 6. 27 : Ps. 61 (62). 12 : Is. 11. 11 : 61. 7 : Je. 13. 3 : Ez. 4. 6 : 40. 40 : Ma. 2. 13.]
[Sm. III Ki. 6. 27 : Jb. 33. 14 : Ps. 61 (62). 12 : Ec. 4. 8 : Is. 11. 11 : 61. 7 : Je. 13. 3 : Ez. 40. 40 : Ma. 2. 13.]
[Th. III Ki. 6. 27 : IV Ki. 1. 17 : Is. 61. 7 : Je. 13. 3 : Ez. 4. 6 : 10. 14 : Ma. 2. 13.]

δευτεροῦν. (1) שָׁנָה *a.* qal. *b.* ni. *c.* pi. *d.* מִשְׁנֶה

Ge. 41. 32. περὶ δὲ τοῦ δευτερῶσαι τὸ ἐν. (1 b)
I Ki. 26. 8. οὐ δευτερώσω αὐτῷ (1 a)
II Ki. 20. 10. οὐκ ἐδευτέρωσεν αὐτῷ (1 a)
III Ki. 18. 34. καὶ εἶπε, Δευτερώσατε· καὶ ἐδευτέρωσαν (1 a, 1 a)
21 (20). 20. B ἐδευτέρωσεν ἕκαστος τὸν παρ' αὐτοῦ –
I Ch. 16. 5. S καὶ δευτερῶν [A -ρος ὤν, B -ρεύων] αὐτῷ Ζ. (1 d)
●Ne. 13. 21. ἐὰν δευτερώσητε ἐκτενῶ χεῖρά μου ἐν ὑμῖν (1 a)
Si. 7. 14. μὴ δευτερώσῃς λόγον ἐν προσευχῇ σου
19. 7. μηδέποτε δευτερώσῃς λόγον [S[2] λ. ἐν εὐχῇ]
— 14. ἵνα μὴ δευτερώσῃ
50. 21. ἐδευτέρωσεν ἐν [A ἐπὶ] προσκυνήσει
Je. 2. 36. κατεφρόνησας σφόδρα τοῦ δευτερῶσαι τὰς ὁδούς σου (1 c)
52. 24. τὸν ἱερέα τὸν δευτερεύοντα [S -ρεύοντα] (1 d)

[Aq. Dt. 6. 7 : 15. 18 : Pr. 26. 11.]
[Sm. Pr. 17. 9.]
[Th. Pr. 17. 9 : 26. 11.]

δευτέρωσις. (1) מִשְׁנֶה

IV Ki. 23. 4. καὶ τοῖς ἱερεῦσι τῆς δ. (1)
25. 18. τὸν Σοφονίαν υἱὸν τῆς δ. (1)
Si. 42. 1. ἀπὸ δευτερώσεως καὶ [S om.] λόγου ἀκοῆς

[Aq. Dt. 28. 37.]
[Sm. II Ch. 34. 22.]

δέχεσθαι. (1) זָרַק (2) חָזַק hi. (3) כּוּל hi. (4) לָקַח (5) נָשָׂא (6) קִבֵּל pi. (7) רָצָה *a.* qal. *b.* ni. (8) שׁוּב hi.

Ge. 4. 11. δέξασθαι τὸ αἷμα τοῦ ἀδελφοῦ σου (4)
33. 10. δέξαι τὰ δῶρα διὰ τῶν ἐμῶν χειρῶν (4)
50. 17. καὶ νῦν δέξαι τὴν ἀδικίαν (5)
Ex. 29. 25. A δέξῃ [B λήψῃ] αὐτὰ ἐκ τῶν χειρῶν (4)
32. 4. καὶ ἐδέξατο ἐκ τῶν χειρῶν αὐτῶν (4)
Le. 7. 8 (18). οὐ δεχθήσεται αὐτῷ τῷ προσφέροντι αὐτό (7 b)
19. 7. ἄθυτόν ἐστιν οὐ δεχθήσεται (7 b)
22. 23. B[2] R εἰς δὲ εὐχήν σου οὐ [B[2] om.] δεχθήσεται [A[2] B[1] προσδ.] (7 b)
— 25. οὐ δεχθήσεται ταῦτα ὑμῖν (7 b)
— 27. δεχθήσεται εἰς δῶρα (7 b)
De. 30. 1. δέξῃ εἰς τὴν καρδίαν σου (8)
32. 11. διεὶς τὰς πτέρυγας αὐ. ἐδέξατο αὐτούς (4)
33. 3. ἐδέξατο ἀπὸ τῶν λόγων αὐτοῦ νόμον (5)
— 11. τὰ ἔργα τῶν χειρῶν αὐτοῦ δέξαι (7 a)
Jd. 13. 23. A οὐκ ἂν ἐδέξατο ἐκ τῶν χειρῶν ἡμῶν ὁλοκαύτωμα [B al.] (4)
II Ch. 7. 7. οὐκ ἐξεποίει [A ἐποίει] δέξασθαι τὰ ὁλοκαυτώματα (3)
29. 16. ἐδέξαντο οἱ Λευῖται ἐκβαλεῖν εἰς τὸν χειμάρρουν (6)
— 22. ἐδέξαντο οἱ ἱερεῖς τὸ αἷμα (6)
30. 16. οἱ ἱερεῖς ἐδέχοντο τὰ αἵματα ἐκ χειρὸς τῶν Λευιτ. (1 ?)
II Es. 8. 30. ἐδέξαντο οἱ ἱερεῖς . . . σταθμὸν τοῦ ἀργυρίου (6)
Ju. 3. 7. ἐδέξαντο αὐτὸν αὐτοὶ καὶ πᾶσα ἡ περίχωρος
11. 5. δέξαι τὰ ῥήματα τῆς δούλης σου
Jb. 2. 10. εἰ τὰ [A τὰ μὲν] ἀγαθὰ ἐδεξάμεθα (6)

● = correction on page xxv

Jb. 4. 12. πότερον οὐ δέξεταί μου τὸ οὖς ἐξαίσια παρ' αὐτοῦ [A al.] (4)
8. 20. πᾶν δὲ δῶρον ἀσεβοῦς οὐ δέξεται (2?)
36. 18. δώρων ὧν ἐδέχοντο ἐπ' ἀδικίαις [A -ίας] †
40. 19 (24). ἐν τῷ ὀφθαλμῷ αὐτοῦ δέξεται αὐτόν (4)
Ps. 49 (50). 9. οὐ δέξομαι ἐκ τοῦ οἴκου σου μόσχους (4)
Pr. 1. 3. δέξασθαί τε στροφὰς λόγων (4)
— 9. στέφανον γὰρ χαρίτων δέξῃ [A ἕξῃ] σῇ κορυφῇ †
2. 1. ἐὰν δεξάμενος ῥῆσιν ἐμῆς ἐντολῆς κρύψῃς παρὰ σεαυτῷ (4)
4. 10. δέξαι ἐμοὺς λόγους (4)
9. 9. προσθήσει τοῦ δέχεσθαι †
10. 8. σοφὸς καρδίᾳ δέξεται ἐντολάς (4)
16. 17. ὁ δεχόμενος παιδείαν ἐν ἀγαθοῖς ἔσται –
21. 11. συνιὼν δὲ σοφὸς δέξεται γνῶσιν (4)
24. 23 (29. 27). δεχόμενος δὲ ἐδέξατο αὐτόν –
— 23 (29. 27). δεξάμενος αὐτοὺς μετανόει –
Wi. 12. 7. ἵνα [S¹ κατὰ] ἀξίαν ἀποικίαν δέξηται θεοῦ παιδῶν ἡ [S¹ om.] . . . γῆ
19. 14. οἱ μὲν γὰρ τοὺς ἀγνοοῦντας οὐκ ἐδέχοντο παρόντας
Si. 2. 4. πᾶν ὃ ἐὰν ἐπαχθῇ σοι δέξαι
6. 23. δέξαι γνώμην [A S ἐκδ. τὴν γν.] μου
32 (35). 16. θεραπεύων ἐν εὐδοκίᾳ δεχθήσεται
41. 1. S ἔτι ἰσχύοντι δέξασθαι [A B ἐπιδ.] τροφήν
50. 12. ἐν δὲ τῷ δέχεσθαι μέλη ἐκ χειρῶν ἱερέων
51. 16. ἔκλινα ὀλίγον τὸ οὖς μου καὶ ἐδεξάμην
Ho. 4. 11. μέθυσμα ἐδέξατο καρδία λαοῦ μου (4)
10. 6. ἐν δόματι 'Ε. δέξεται (4)
Am. 5. 11. δῶρα ἐκλεκτὰ ἐδέξασθε παρ' αὐτῶν (4)
Ze. 3. 2. οὐκ ἐδέξατο παιδείαν (4)
— 7. δέξασθε παιδείαν (4)
Za. 1. 6. πλὴν τοὺς λόγους μου κ. τὰ νόμιμά μου δέχεσθε –
Is. 22. 3. A οἱ ἁλόντες σκληρῶς δεδεγμένοι [B S -εμένοι] εἰσί †
40. 2. ἐδέξατο ἐκ χειρὸς κυρίου διπλᾶ τὰ ἁμαρτήμ. αὐ. (4)
Je. 2. 30. παιδείαν οὐκ ἐδέξασθε (4)
5. 3. οὐκ ἠθέλησαν δέξασθαι παιδείαν (4)
7. 28. οὐδὲ ἐδέξατο παιδείαν (4)
9. 20. δεξάσθω τὰ ὦτα ὑμῶν λόγους στόματος αὐτοῦ (4)
17. 23. B S τοῦ μὴ δέξασθαι παιδείαν (4)
32 (25). 28. ὅταν μὴ βούλωνται δέξασθαι τὸ ποτήριον (4)
Ba. 4. 32. δειλαία ἡ δεξαμένη τοὺς υἱούς σου
Da. LXX. 2. 11. οὐκ ἂν δέχεται γενέσθαι –
I Ma. 2. 51. δέξασθε δόξαν μεγάλην
15. 20. ἔδοξε δὲ ἡμῖν δέξασθαι τὴν ἀσπίδα
— 27. οὐκ ἠβούλετο αὐτὰ δέξασθαι
[Sm. Jb. 4. 12: Je. 35 (42). 13: Ma. 2. 13.]
[Th. Jd. 13. 23: Jb. 40. 19 (24).]

δή.
Ge. 15. 5: 18. 4: 27. 34, 38.
Ex. 12. 32†.
De. 32. 26†.
Jd. 1. 15†: 4. 19, 20†: 6. 17†, 39† bis: 7. 3: 8. 5, 21†: 9. 2, 38†: 11. 17†, 19†, 37†: 12. 6: 13. 3†, 4†, 8, 15†: 14. 15: 15. 2: 16. 6†, 10†, 13, 26†, 28: 18. 5, 25: 19. 6†, 8†, 9, 11, 23, 24†, 30†: 21. 19†.
Ru. 1. 8, 8†, 11, 12, 13, 15, 20†: 2. 2, 7.
I Ki. 3. 17†: 6. 3: 9. 6, 18: 10. 15: 14. 17, 41†, 41: 15. 25, 30: 16. 15, 16, 17, 22: 17. 17†, 32: 19. 19†: 20. 5, 29 bis: 22. 3, 7, 12: 23. 22: 25. 8, 24, 25, 28: 26. 11, 16, 19†: 27. 5 bis: 28. 9 bis, 21, 22: 30. 15.
II Ki. 1. 9: 2. 14: 3. 21: 7. 2: 13. 5†, 6, 7, 13, 17, 24 bis, 25, 26: 14. 2, 11, 12, 15, 16†, 17†, 18 bis, 21: 15. 7, 31: 16. 9: 17. 1, 5: 18. 19, 31†: 19. 19 (20)†, 37 (38): 20. 16: 24. 2, 10, 14, 17.
III Ki. 1. 12: 2. 16, 21: 8. 26: 12. 24†: 17. 10, 11, 21: 19. 4†: 21 (20). 7, 31† bis, 32, 35, 37†: 22. 5, 13 bis.
IV Ki. 1. 14: 2. 2, 4, 6, 9, 16 bis: 4. 9, 10†, 13, 22, 25†: 5. 7, 8, 11†, 15†, 17, 18, 22: 6. 1, 2, 17†, 18, 20: 7. 12, 13: 8. 4: 9. 12, 26, 34: 18. 19, 23, 26: 20. 3†, 3.
I Ch. 21. 2†, 8, 13.
II Ch. 1. 9†: 6. 17, 40: 18. 4, 12.
II Es. 10. 14.
Ne. 1. 5†, 6, 8, 11 bis: 5. 10†, 11.
To. 12. 11†.
Ju. 5. 3†, 5, 18†, 21†, 24: 7. 9: 8. 11: 11. 10†: 12. 6, 11, 13, 17, 18: 13. 11: 14. 1, 13.
Jb. 6. 3, 21†, 29: 12. 7: 15. 17: 16. 11†: 17. 10†: 19. 4, 19†, 29†: 22. 21†: 23. 2: 27. 11, 12†: 28. 20†: 38. 18†: 40. 5 (10)†, 10 (15)† bis, 11 (16): 42. 4†.
Ps. 7. 9: 21 (22). 23†: 49 (50). 22: 65 (66). 1, 4†: 79 (80). 14: 81 (82). 7†: 93 (94). 8: 117 (118). 2, 3, 4†, 25 bis: 118 (119). 76, 108†, 169†: 121 (122). 6, 7†, 8†: 123 (124). 1: 128 (129). 1: 132 (133). 1: 133 (134). 1.
Ec. 2. 1.
Ca. 3. 2: 7. 8 (9).
Wi. 8. 20†: 15. 12†: 17. 16 (δή ποτε).
Si. 42. 15†: 44. 1.
Am. 7. 5: 8. 4.
Mi. 3. 1, 9: 6. 1, 5.
Jl. 1. 2†.
Hg. 1. 1†, 5†: 2. 3 (2), 12 (11)†, 16 (15), 19 (18).
Za. 3. 9.
Ma. 1. 1, 8: 3. 10.
Is. 3. 1: 5. 1: 7. 13: 10. 33†: 22. 17: 33. 7: 39. 8: 47. 13†.
Je. 5. 21†, 24: 8. 6: 9. 20: 14. 21†: 18. 11, 13: 44 (37). 3, 20†: 45 (38). 4†, 14†, 25†: 47 (40). 15: 49 (42). 1, 20†.
Ba. 2. 13†: 3. 4: 4. 8†.
La. 1. 18, 21: 5. 16†.
Ep. Je. 46†.
Ez. 8. 8†: 17. 12: 18. 25.
Da. LXX. 1. 12.
Da. TH. Su. 13, 17: 1. 12: 3. (34): 9. 16: Bel 19, 27†.
I Ma. 9. 44†.
II Ma. 9. 2, 4: 14. 7†.
III Ma. 1. 9, 29: 2. 10†, 11, 13†.
IV Ma. 1. 3, 12, 13, 15, 16, 17, 19†, 31: 3. 8, 21: 5. 17: 7. 8, 16†: 8. 2: 13. 1, 23: 16. 1: 18. 6†.
[Aq. Ge. 18. 30: 50. 17: Jd. 12. 6: I Ki. 30. 7: Jb. 13. 15: 40. 5 (10): Ps. 114 (116). 4: 117 (118). 25 quater: Is. 1. 18: 5. 3, 5: 7. 13: 29. 11: 32. 9: 36. 4, 8, 11: 38. 3: Je. 5. 1: 17. 15: 36 (43). 15: 37 (44). 20: 45. 3 (51. 33): Ez. 8. 8: 33. 30.]
[Sm. Ps. 117 (118). 25 quater: Is. 1. 18: 5. 1, 3, 5: 7. 13: 29. 11: 32. 9: 36. 4, 8, 11: 38. 3: Je. 44 (51). 4: 45. 3 (51. 33): Ez. 33. 30: Ma. 3. 10.]
[Th. Jd. 13. 12, 15: Ps. 93 (94). 8: 117 (118). 25 quater: Is. 1. 18: 5. 3, 5: 7. 13: 29. 11: 32. 9: 36. 4, 8, 11: 38. 3: Je. 17. 15: 27 (34). 18: 38 (45). 12: Ez. 33. 30: Da. 9. 4†.]
[Al. Ex. 10. 11: Nu. 14. 19: Ps. 49 (50). 22.]
[Quint. Ps. 117 (118). 25 quater.]

δῆγμα.
Wi. 16. 5. δήγμασί τε σκολιῶν διεφθείροντο [S¹ ἐφθ.] ὄφεων
— 9. οὓς μὲν γὰρ ἀκρίδων καὶ μυιῶν ἀπέκτεινε δήγματα
Mi. 5. 5 (4). ἑπτὰ ποιμένες καὶ ὀκτὼ δήγματα ἀνθρώπων †

δηγμός.
[Aq. Ps. 90 (91). 6.]

δηλαϊστός. (1) גְּדוּפָה
Ez. 5. 15. ἔσῃ στενακτὴ καὶ δηλαϊστὴ [A δειλαία] ἐν τοῖς ἔθνεσι (1)

δῆλος (*incl.* δῆλοι *subst.*). (1) אוּר (2) *a.* תֹּם *b.* תֻּמִּים (3) תְּרָפִים
Nu. 27. 21. τὴν κρίσιν τῶν δήλων ἔναντι κυρίου (1)
De. 33. 8. δότε Λευὶ δήλους αὐτοῦ (2 a)
I Ki. 14. 41. δὸς δήλους (2 b)
28. 6. καὶ ἐν τοῖς δ. καὶ ἐν τοῖς προφήταις (1)
Wi. 4. 20. S² ἐλεύσονται . . . δῆλοι [A B S¹ δειλοί]
Si. 36 (33). 3. A S ὡς ἐρώτημα [S ἐπερ.] δήλων [B δικαίων]
45. 10. λογείῳ κρίσεως δήλοις ἀληθείας
Ho. 3. 4. οὐδὲ ὄντος θυσιαστ. . . . οὐδὲ δήλων (3)
IV Ma. 2. 7. εἰ μὴ δῆλον ὅτι κύριός ἐστι τῶν παθῶν ὁ λογισμός
[Sm. I Ki. 28. 6.]
[Al. Ne. 7. 65.]

δηλοῦν. (1) גְּלָא (2) חֲוָה *a.* pa. *b.* aph. (3) יָדַע *a.* qal. *b.* ni. *c.* hi. *d.* יְדַע aph. (4) יָרָה hi. (5) רָאָה ni. (6) שָׁמַע hi.
Ex. 6. 3. τὸ ὄνομά μου κύριος οὐκ ἐδήλωσα αὐτοῖς (3 b)
33. 12. σὺ δὲ οὐκ ἐδήλωσάς μοι (3 c)
De. 33. 10. δηλώσουσι τὰ δικαιώματά σου τῷ 'I. (4)
Jo. 4. 7. καὶ σὺ δηλώσεις τῷ υἱῷ σου –
I Ki. 3. 21. προσέθετο κύριος δηλωθῆναι ἐν Σηλώμ (5)
III Ki. 8. 36. δηλώσεις αὐτοῖς τὴν ὁδὸν τὴν ἀγαθήν (4)
II Ch. 6. 27. ὅτι δηλώσεις αὐτοῖς τὴν ὁδὸν τὴν ἀγ. (4)
I Es. 3. 16. καὶ αὐτοὶ δηλώσουσι τοὺς λόγους ἑαυτῶν
To. 10. 9. δηλώσουσιν αὐτῷ τὰ κατὰ σέ [S al.]
Es. 2. 22. ἐδηλώθη Μαρδοχαίῳ ὁ λόγος (3 b)
Ps. 24 (25). 14. ἡ διαθήκη αὐ. τοῦ δηλῶσαι [S² αὐ. δηλώσει] αὐτοῖς (3 c)
41 (42). 8. καὶ νυκτὸς δηλώσει [A S² al.] †
50 (51). 6. τὰ κρύφια τῆς σοφίας σου ἐδήλωσάς μοι (3 c)
147. 9 (20). τὰ κρίματα αὐ. οὐκ ἐδήλωσεν αὐτοῖς (3 a)
Is. 42. 9. πρὸ τοῦ ἀναγγεῖλαι [A ἀνατεῖλαι] ἐδηλώθη ὑμῖν (6)
Je. 16. 21. δηλώσω αὐτοῖς ἐν τῷ καιρῷ τ. τὴν χεῖρά μου (3 c)
Da. LXX. 2. 5. ἐὰν μὴ . . . τὴν τούτου σύγκρισιν δηλώσητέ μοι –
— 6. δηλώσατέ μοι τὸ ἐνύπνιον (2 b)
— 9. ἐὰν μὴ . . . τὴν τούτου σύγκρισιν δηλώσητε –
— 9. τὴν τούτου κρίσιν δηλώσητε (2 b)
— 11. ὃς δηλώσει ταῦτα τῷ βασιλεῖ (2 a)
— 16. καὶ δηλώσῃ πάντα ἐπὶ τοῦ βασ. (2 b)
— 23. τοῦ δηλῶσαι τῷ βασιλεῖ πρὸς ταῦτα (3 d)
— 24. ἕκαστα τῷ βασιλεῖ δηλώσω (2 a)
— 25. ὃς τῷ βασιλεῖ δηλώσει ἕκαστα (3 d)
— 26. δυνήσῃ δηλῶσαί μοι τὸ ὅραμα (3 d)
— 28. ὃς ἐδήλωσε τῷ βασ. Ναβ. (3 d)
— 29. ἐδήλωσέ σοι ἃ δεῖ γενέσθαι (3 d)
— 30. ἕνεκεν τοῦ δηλωθῆναι τῷ βασιλεῖ (3 d)
— 47. ἐδυνάσθης δηλῶσαι τὸ μυστήριον τοῦτο (1)
7. 16. τὴν κρίσιν τῶν λόγων ἐδήλωσέ μοι (3 d)
Da. TH. 4. 15. οὐ δύνανται τὸ σύγκριμα αὐτοῦ δηλῶσαί μοι (3 d)
I Ma. 11. 12. S καὶ ἐδηλώθη [A R al.]
II Ma. 2. 8. ὡς ἐπὶ Μωσῆ ἐδηλοῦτο
— 23. ὑπὸ 'Ιάσωνος . . . δεδηλωμένα διὰ πέντε βιβλίων
4. 17. ταῦτα ὁ ἀκόλουθος καιρὸς δηλώσει
7. 42. τὰ μὲν οὖν περὶ σπλαγχνισμοὺς . . . ἐπὶ τοσοῦτον δεδηλώσθω
10. 10. R τὰ κατὰ τὸν Εὐπάτορα [A ὕπατον] . . . δηλώσομεν
IV Ma. 4. 14. δηλώσων τῷ βασιλεῖ τὰ συμβάντα αὐτῷ
[Sm. Ge. 46. 28: I Ki. 20. 2: 28. 15: Jb. 12. 7: 39. 24: Ps. 24 (25). 14: Pr. 12. 16: Is. 27. 11.]
[Th. I Ki. 28. 15: Ps. 24 (25). 14: Is. 27. 11.]
[Al. I Ki. 6. 2: 28. 15.]

δήλωσις. (1) אוּר pl. (2) חֲוָה aph. (3) פֵּתַח
Ex. 28. 26 (30): Le. 8. 8. τὴν δ. καὶ τὴν ἀλήθειαν (1)
I Es. 5. 40. ἀρχιερεὺς ἐνδεδυμένος τὴν δ. καὶ τὴν ἀλήθειαν
Ps. 118 (119). 130. ἡ δ. τῶν λόγων σου φωτιεῖ . . . νηπίους (3)
Da. LXX. 2. 27. οὐκ ἔστι σοφῶν . . . ἡ δ. (2)
[Al. I Ki. 14. 41.]

δημαγωγεῖν.
I Es. 5. 73. βουλὰς δημαγωγοῦντες [A ἐπιβουλὰς καὶ δημαγωγίας]

δημαγωγία.
I Es. 5. 73. A ἐπιβουλὰς καὶ δημαγωγίας [B βουλὰς δημαγωγοῦντες]

δημεύειν. (1) נְוָלִי שְׁוָה ithp.
Da. LXX. 3. 29. ἡ οἰκία αὐτοῦ δημευθήσεται (1)

δημηγορεῖν.

Pr. 24. 66 (30. 31). βασιλεὺς δημηγορῶν ἐν ἔθνει †
IV Ma. 5. 15. ἤρξατο δημηγορεῖν οὕτως

δήμιος.

II Ma. 5. 8. ὡς πατρίδος καὶ πολιτῶν δήμιος
7. 29. μὴ φοβηθῇς τὸν δ. τοῦτον

δημιουργεῖν.

Wi. 15. 13. σκεύη καὶ γλυπτὰ δημιουργῶν
II Ma. 10. 2. τοὺς δὲ . . . βωμοὺς ὑπὸ τῶν ἀλλοφύλων δεδημιουργημένους
IV Ma. 7. 8. A S τοὺς δημιουργοῦντας [R ἱερουργ.] τὸν νόμον
[Sm. Jb. 38. 4.]

δημιουργός.

II Ma. 4. 1. καὶ τῶν κακῶν δημιουργὸς καθεστηκώς

δημοκατάρατος.

[Th. Pr. 11. 26.]

δῆμος. (1) מִשְׁפָּחָה (2) עַם (3) רֹבַע (4) שֵׁבֶט (5) δ. τοῦ Γεδσών גֵּרְשֻׁנִּי

Nu. 1. 20, 22, 26, 28, 30, 32, 34, 36, 24, 38, 40, 42 : 2. 34 : 3. 15, 18, 19, 20. κατὰ δήμους αὐτῶν (1)
3. 20. οὗτοί εἰσι δῆμοι τῶν Λευιτῶν (1)
— 21. τῷ Γεδσὼν δῆμος τοῦ Λοβενὶ καὶ δῆμος τοῦ Σεμεΐ· οὗτοι δῆμοι τοῦ Γεδσών (1 *ter*)
— 24. ὁ ἄρχων οἴκου πατριᾶς τοῦ δ. τοῦ Γ. (5)
— 27. τῷ Καὰθ δῆμος ὁ Ἀμρὰμ εἷς καὶ δ. ὁ Ἰσσαὰρ εἷς καὶ δ. ὁ Χ. εἷς καὶ δ. ὁ Ὀζιὴλ εἷς· οὗτοί εἰσιν δῆμοι τοῦ Καάθ (1 *quinquiens*)
— 29. οἱ δ. τῶν υἱῶν Καάθ (1)
— 30. ὁ ἄρχων οἴκου πατριῶν τῶν δ. τοῦ Καάθ (1)
— 33. τῷ Μεραρὶ δῆμος ὁ Μοολὶ καὶ δ. ὁ Μουσί οὗτοί εἰσι δῆμοι τοῦ Μεραρί (1 *ter*)
— 35. ὁ ἄρχων οἴκου πατριῶν τοῦ δ. τοῦ Μ. (1)
— 39 : 4. 2. κατὰ δήμους αὐτῶν (1)
4. 4. A κατὰ δήμους αὐτῶν –
— 18. μὴ ὀλεθρεύσητε [A ἐξολ.] τῆς φυλῆς τὸν δ. τὸν Καάθ (1)
— 22. B κατὰ δήμους αὐτῶν (1)
— 24. αὕτη ἡ λειτουργία τοῦ δ. τοῦ Γεδσών (1)
— 29. οἱ υἱοὶ Μεραρὶ κατὰ δήμους αὐτῶν (1)
— 33. αὕτη ἡ λειτουργία δήμου υἱῶν Μεραρί (1)
— 34, 36. κατὰ δήμους αὐτῶν (1)
— 37. αὕτη ἡ ἐπίσκεψις δήμου Καάθ (1)
— 38, 40. κατὰ δήμους αὐτ. (1)
— 41. αὕτη ἡ ἐπίσκεψις δήμου υἱῶν Γεδσών (1)
— 42. δῆμος υἱῶν Μεραρὶ κατὰ δήμους αὐ. (1, 1)
— 44. κατὰ δήμους αὐ. [A *al.*] (1)
— 45. αὕτ ἡ ἐπίσκεψις δήμου υἱῶν Μεραρί (1)
— 46. οὓς ἐπεσκέψατο Μ. . . . κατὰ δήμους (1)
11. 10. κλαιόντων αὐτῶν κατὰ δήμους αὐ. (1)
13. 3 (2). κατὰ δήμους πατριῶν αὐ. –
18. 2. φυλὴν Λευὶ δῆμον τοῦ πατρός σου (4)
23. 10. τίς ἐξαριθμήσεται δήμους Ἰσραήλ (3)
26. 5. δῆμος τοῦ Ἐνὼχ . . . δῆμος τοῦ Φαλλουί (1, 1)
— 6. δῆμος τοῦ Ἀσρωνὶ . . . δῆμος τοῦ Χαρμί (1, 1)
— 7. οὗτοι δῆμοι Ῥουβήν (1)
— 12. ὁ δ. τῶν υἱῶν Συμεὼν . . . δ. ὁ Ναμουηλὶ . . . δ. ὁ Ἰαμινὶ . . . δ. Ἰαχινί (1 *quater*)
— 13. δ. ὁ Ζαραῒ . . . δ. ὁ Σαουλί (1, 1)
— 14. οὗτοι δῆμοι Συμεών (1)
— 20. ἐγένοντο οἱ υἱοὶ Ἰούδα κατὰ δήμους αὐτῶν . . . δ. ὁ Σηλωνὶ . . . δ. ὁ Φαρεσὶ . . . δ. ὁ Ζαραΐ (1 *quater*)
— 21. δ. ὁ Ἀσρωνὶ . . . δ. ὁ Ἰαμουνί (1, 1)
— 22. οὗτοι δῆμοι τοῦ Ἰούδα (1)
— 23. υἱοὶ Ἰσσάχαρ κατὰ δήμους αὐτῶν . . . δ. ὁ Θωλαῒ . . . δ. ὁ Φουαΐ (1 *ter*)
— 24. δ. ὁ Ἰασουβὶ . . . δ. ὁ Σαμραμί (1, 1)
— 25. οὗτοι δῆμοι Ἰσσάχαρ (1)
— 26. υἱοὶ Ζαβουλὼν κατὰ δήμους αὐτῶν . . . δ. ὁ Σαρεδὶ . . . δ. ὁ Ἀλλωνὶ . . . δ. ὁ Ἀλληλί (1 *quater*)
— 27. οὗτοι δῆμοι Ζαβουλών (1)
— 15. υἱοὶ Γὰδ κατὰ δήμους αὐτῶν . . . δ. ὁ Σαφωνὶ δ. ὁ Ἀγγὶ . . . δ. ὁ Σουνί (1 *quater*)
— 16. δ. ὁ Ἀζενὶ . . . δ. ὁ Ἀδδί (1, 1)
— 17. δ. ὁ Ἀροαδὶ . . . δ. ὁ Ἀριηλί (1, 1)
Nu. 26. 18. οὗτοι δῆμοι υἱῶν [A *om.*] Γάδ (1)
— 44. υἱοὶ Ἀσὴρ κατὰ δήμους αὐτῶν . . . δ. ὁ Ἰαμινὶ . . . δ. ὁ Ἰεσουῒ . . . δ. ὁ Βαριαΐ (1 *quater*)
— 45. δ. ὁ Χοβερὶ . . . δ. ὁ Μελχιηλί (1, 1)
— 47. οὗτοι δῆμοι Ἀσήρ (1)
— 28. υἱοὶ Ἰωσὴφ κατὰ δήμους αὐτῶν (1)
— 29. δ. ὁ Μαχιρὶ . . . δ. ὁ Γαλααδί (1, 1)
— 30. δ. ὁ Ἀχιεζερὶ . . . δ. ὁ Χελεγί (1, 1)
— 31. δ. ὁ Ἐσριηλὶ . . . δ. ὁ Συχεμί (1, 1)
— 32. δ. ὁ Συμαερὶ . . . δ. ὁ Ὀφερί (1, 1)
— 34. οὗτοι δῆμοι Μανασσῆ (1)
— 35. δ. ὁ Σουθαλὰν . . . δ. ὁ Ταναχί (1, 1)
— 36. δ. ὁ Ἐδενί (1)
— 37. οὗτοι δῆμοι Ἐφραῒμ . . . οὗτοι δῆμοι υἱῶν Ἰωσὴφ κατὰ δήμους αὐτῶν (1, –, 1)
— 38. υἱοὶ Βενιαμὶν κατὰ δήμους αὐτῶν . . . δ. ὁ Βαλὶ . . . δ. ὁ Ἀσυβηρὶ . . . δ. ὁ Ἰαχιρανί (1 *quater*)
— 39. δ. ὁ Σωφανί (1)
— 40. B δ. ὁ Ἀδαρὶ . . . δ. ὁ Νοεμανί (1, 1)
— 41. οὗτοι υἱοὶ Βενιαμὶν κατὰ δήμους αὐτῶν (1)
— 42. υἱοὶ Δὰν κατὰ δήμους αὐτῶν . . . δ. ὁ Σαμεΐ· οὗτοι δ. Δὰν κατὰ δ. αὐτῶν (1 *quater*)
— 43. πάντες οἱ δ. Σαμεῒ κατ᾽ ἐπισκοπὴν αὐτῶν (1)
— 48. υἱοὶ Νεφθαλὶ κατὰ δήμους αὐτῶν . . . δ. ὁ Ἀσιηλὶ . . . δ. ὁ Γαυνί (1 *ter*)
— 49. δ. ὁ Ἰεσερὶ . . . δ. ὁ Σελλημί (1, 1)
— 50. οὗτοι δ. Νεφθαλὶ ἐξ ἐπισκέψεως αὐτῶν (1)
— 57. υἱοὶ Λευὶ κατὰ δήμους αὐτῶν . . . δ. ὁ Γεδσωνὶ . . . δ. ὁ Καaθὶ . . . δ. ὁ Μεραρί (1 *quater*)
— 58. οὗτοι δ. υἱῶν Λευί· δ. ὁ Λοβενὶ δ. ὁ Χεβρωνὶ δ. ὁ Κορὲ [A *om.* δ. ὁ Κ.] καὶ δ. ὁ Μουσί [A Ὀμουσὶ, καὶ δ. ὁ Κορέ] (1 *sexiens*)
27. 1. υἱοῦ Ὀφὲρ . . . τοῦ δ. Μανασσῆ (1)
— 3 (4). μὴ ἐξαλειφθήτω . . . ἐκ μέσου τοῦ δ. αὐ. (1)
36. 6. ἐκ τοῦ δ. τοῦ πατρὸς αὐ. ἔστωσαν γυναῖκες (1)
— 8. ἑνὶ τῶν ἐκ τοῦ δ. τοῦ πατρὸς αὐ. ἔσονται γυναῖκες (1)
— 12. ἐκ τοῦ δ. τοῦ Μανασσῆ υἱῶν Ἰ. (1)
— 12. ἐπὶ τὴν φυλὴν δήμου τοῦ πατρὸς αὐτῶν (1)
Jo. 7. 14. προσάξετε κατὰ δήμους· καὶ τὸν δ. ὃν ἂν δείξῃ [A ἐνδ.] κύριος (1, 1)
— 17. προσήχθη κατὰ δήμους καὶ ἐνεδείχθη δῆμος Ζ. (1, 1)
— 18 (17). A προσήχθη δῆμος ὁ Ζ. [B *om.* δ. ὁ Ζ.] κατ᾽ ἄνδρας (1)
13. 15, 23, 24, 28. κατὰ δήμους αὐτῶν (1)
— 28 [A R], 28 [B]. κατὰ δήμους αὐ. –
— 29, 31 : 15. 1, 12 : 16. 5, 8 : 17. 2 *bis* : 18. 11. κατὰ δήμους αὐτῶν (1)
18. 20. τὰ ὅρια αὐτῆς κύκλῳ κατὰ δήμους (1)
— 21, 28. κατὰ δήμους αὐτῶν (1)
19. 8. κατὰ δήμους [A κλήρους] αὐτῶν (1)
— 10, 16, 23, 24 [A R], 31, 48. κατὰ δήμους αὐτῶν (1)
21. 4. ἐξῆλθεν ὁ κλῆρος τῷ δ. Καάθ (1)
— 7. τοῖς [B[1] ἐν τοῖς] υἱοῖς Μεραρὶ κατὰ δήμους αὐ. (1)
— 10. ἐπεκλήθησαν [A -κληρώθησαν] . . . ἀπὸ τοῦ δ. τοῦ Κ. (1)
— 20. τοῖς δ. υἱοῖς [A -ῶν] Καὰθ τοῖς Λευίταις (1)
— 26. τοῖς δ. υἱῶν Καὰθ τοῖς ὑπολελειμμένοις (1)
— 33. πᾶσαι αἱ πόλεις τοῦ Γ. κατὰ δήμους αὐ. (1)
— 34. τῷ δ. υἱῶν Μεραρὶ τοῖς Λευίταις τοῖς λοιποῖς (1)
— 38. κατὰ δήμους αὐτῶν (1)
Jd. 13. 2. ἀπὸ δήμου συγγενείας τοῦ Δανί [A *al.*] (1)
17. 7. ἐκ Βηθλεὲμ δήμου Ἰούδα (1)
— 9. A ἐκ Βηθλεὲμ δήμου Ἰούδα [R ἐκ Β. Ἰ., B ἀπὸ Β. Ἰ.] –
18. 2. ἀπέστειλαν . . . ἀπὸ δήμων αὐ. πέντε ἄνδρας [A *al.*] (1)
— 11. ἀπῆραν ἐκεῖθεν ἀπὸ δήμων τοῦ Δάν [A *al.*] (1)
— 19. ἢ γενέσθαι σε ἱερέα φυλῆς καὶ οἴκου εἰς δῆμον Ἰσρ. [A *al.*] (1)
I Es. 9. 53. οἱ Λευῖται ἐκέλευον τῷ δ. πάντα
Ne. 4. 13 (7). ἔστησα τὸν λαὸν κατὰ δήμους (1)
Ju. 4. 8. ἡ γερουσία παντὸς δ. [A λαοῦ] Ἰσραήλ
6. 1. ἐναντίον παντὸς τοῦ δ. ἀλλοφύλων
— 2. S[2] ἐναντίος παντὸς δ. ἀλλοφύλων
8. 18. οὔτε φυλὴ οὔτε πατριὰ οὔτε δ.
Wi. 6. 24. βασιλεὺς φρόνιμος εὐστάθεια δήμου
Da. LXX. 8. 24. φθερεῖ δυνάστας καὶ δῆμον ἁγίων (2)
9. 16. ὁ δ. σου, κύριε, εἰς ὀνειδισμόν (2)
11. 23. δήμου συνταγέντος μετ᾽ αὐτοῦ –
— 32. ὁ δ. ὁ γινώσκων ταῦτα (2)
I Ma. 8. 29. ἔστησαν Ῥωμαῖοι τῷ δ. τῶν Ἰουδαίων
12. 6. καὶ ὁ λοιπὸς δ. τῶν Ἰουδαίων
14. 20. καὶ τῷ λοιπῷ δ. τῶν Ἰουδαίων
— 21. οἱ ἀποσταλέντες πρὸς τὸν δ. ἡμῶν
— 22. ἀνεγράψαμεν . . . ἐν ταῖς βουλαῖς τοῦ δ.
— 23. ἤρεσε τῷ δ.
— 23. ἐν τοῖς ἀποδεδειγμένοις τῷ δ. βιβλίοις τοῦ μνημόσυνον ἔχειν τὸν δ. τῶν Σπαρτιατῶν
— 25. ὡς δὲ ἤκουσεν ὁ δ. τῶν λόγων τούτων
15. 17. ἀπεσταλμένοι ἀπὸ . . . τοῦ δ. τῶν Ἰουδαίων
II Ma. 4. 48. R οἱ ὑπὲρ [A περὶ] πόλεως καὶ δήμων . . . προαγορεύσαντες [A προηγορήσαντες]
11. 34. πρεσβῦται Ῥωμαίων τῷ δ. τῶν Ἰουδ.
[Al. Nu. 4. 18.]

δήμοσιος.

II Ma. 6. 10. δημοσίᾳ περιαγαγόντες αὐτὰς τὴν πόλιν
III Ma. 2. 27. δημοσίᾳ κατὰ τοῦ ἔθνους διαδοῦναι ψόγον
4. 7. R δέσμιαι δὲ δημόσιαι [A -ίᾳ] . . . εἵλκοντο

δημοτελής.

III Ma. 4. 1. δημοτελὴς συνίστατο τοῖς ἔθνεσιν εὐωχία

δημότης.

Wi. 18. 11. δημότης βασιλεῖ τὰ αὐτὰ [S ταῦτα] πάσχων

δή ποτε, *vid. sub* δή.

διά.

I. *c. gen.* †† διὰ χειρός (*cf.* διὰ παντός *infra*).

Ge. 4. 1 : 24. 62 : 26. 8 : 30. 35†† : 32. 16 (17)††† : 33. 10 : 39. 4††, 22††, 23†† : 40. 8, 14.
Ex. 14. 29 : 15. 8, 19 : 17. 1 : 22. 9 (8) : 32. 27 : 35. 29 : 37. 19 (38. 21).
Le. 10. 11†† : 15. 3 *bis* : 24. 12 : 26. 5, 7†, 16 (διὰ κενῆς), 43†.
Nu. 3. 16, 39, 51 : 4. 8†, 27†, 37, 41, 45, 49 : 5. 8 : 7. 8 : 9. 18 *bis*, 20 *bis*, 23 *bis* : 10. 13 : 12. 8 : 13. 4 : 20. 17 *ter*, 18, 20, 21 : 21. 21, 23 : 25. 8 : 26. 55 : 31. 23 *bis* : 33. 2, 8, 38 : 35. 30 : 36. 5.
De. 1. 22 : 2. 4, 27, 30 : 5. 29 (26) (δι᾽ αἰῶνος) : 8. 3, 7 *bis*, 15 : 9. 11, 11† : 12. 28 (δι᾽ αἰῶνος) : 15. 1 : 23. 23 (24) : 28. 57 : 34. 5.
Jo. 2. 15, 18, 18† : 3. 2, 17 : 4. 18 : 11. 20 : 15. 13† : 17. 4††, 4 : 19. 50 : 20. 2 : 21. 3, 40† : 22. 9 : 24. 17.
Jd. 1. 1† : 5. 28, 28† : 9. 37† : 11. 17†, 19†, 20†.
I Ki. 9. 4 *quater* : 17. 49 : 19. 12 : 22. 10, 13, 15 : 23. 2, 4 : 28. 6 : 30. 8.
II Ki. 5. 19, 23 : 6. 16 : 12. 31 : 20. 21.
III Ki. 1. 27 : 4. 33 (5. 13) : 6. 10, 15, 18† : 9. 8 : 10. 8 (δι᾽ ὅλου), 13††, 22 : 17. 2 : 22. 7, 8.
IV Ki. 1. 2 *bis* : 9. 24, 30 : 14. 27†††.
I Ch. 11. 3†† : 14. 10 : 15. 29 : 24. 19†† : 26. 28†† : 29. 5††, 8††.
II Ch. 7. 6†† : 9. 21 : 13. 8†† : 18. 2, 7 : 20. 10 : 23. 15, 18†† *bis*, 20 : 24. 11††, 21 : 26. 11†† *bis* : 28. 3, 5†† : 29. 15, 25 : 31. 13, 15†† *bis* : 32. 4 : 33. 14 : 34. 14†† : 35. 4††, 6††, 22 : 36. 21, 22.
I Es. 1. 50 : 2. 2, 12 : 3. 21 : 5. 61†, 64 : 6. 9, 14, 24, 25 : 7. 4.
Ju. 4. 7 : 11. 7, 19 (διὰ μέσου) : 13. 14††.
Es. 1. 15 : 3. 12, 13, 13 (διὰ τέλους) : 4. 1 : 5. 1 : 6. 9, 11 : 8. 10 *bis*, 13, 13 (διὰ τάχους).
Jb. 2. 3 (διὰ κενῆς) : 3. 18 (δι᾽ αἰῶνος)† : 6. 5 (διὰ κενῆς) : 9. 17 (διὰ κενῆς) : 20. 25 : 22. 6 (διὰ κενῆς) : 38. 1 : 40. 1 (6)†.
Ps. 6. 10 (διὰ τάχους) : 15 (16). 4 : 24 (25). 3 (διὰ κενῆς) : 30 (31). 6 (διὰ κενῆς) : 49 (50). 16 : 65 (66). 12 : 77 (78). 49 : 88 (89). 34 : 135 (136). 14 (διὰ μέσου)†.
Pr. 6. 35† : 7. 20 : 8. 15, 16 *bis* : 9. 12 : 15. 28 (16. 7) : 23. 29 (διὰ κενῆς) : 24. 56 (30. 21) : 26. 6 : 27. 21 : 28. 2.

Ca. 2. 9 *bis*.

Wi. 4. 18 (δι' αἰῶνος)† : 7. 23, 24 : 10. 4, 18 : 11. 5 *bis*, 8, 13, 16 *bis* : 12. 6, 19, 20, 23 : 14. 7, 17 : 16. 1 *bis* : 18. 4 : 19. 8, 18.

Si. *prol.* 1, 12 : 7. 28 : 11. 21 (διὰ τάχους) : 14. 23 : 23. 11 (διὰ κενῆς) : 35 (32). 2†.

Ho. 8. 4.

Am. 5. 17 (διὰ μέσου).

Mi. 2. 13 *bis*.

Jl. 2. 9 : 3 (4). 17.

Na. 1. 15 (2. 1)†.

Ze. 3. 1 (2. 15).

Za. 13. 9.

Is. 11. 4 : 13. 20 : 14. 30, 32 : 19. 7 : 21. 1 : 24. 22 : 28. 11 : 29. 15 : 30. 1 *bis*, 27, 31† : 34. 10† : 37. 24 : 43. 2 *bis* : 48. 21 : 49. 1, 10 : 51. 20 : 52. 1 : 54. 15 : 59. 14 (δι' εὐθείας) : 60. 21 (δι' αἰῶνος) : 62. 6 (διὰ τέλους), 10 : 63. 13 *ter*.

Je. 3. 23 : 9. 21 : 17. 16, 24, 25 : 18. 16† : 20. 11 (δι' αἰῶνος) : 22. 8 : 23. 13 : 27 (50). 13 : 36 (29). 28 : 44 (37). 4 (διὰ μέσου)†.

La. 4. 12.

Ep. Je. 27 *bis*.

Ez. 12. 6, 12 *bis* : 14. 17 : 16. 8 : 23. 37 : 27. 21†† : 30. 10†† : 37. 19†† : 38. 8 (δι' ὅλου), 17†† : 42. 9, 12 : 44. 2 *bis* : 45. 17.

Da. LXX. Su. 62 (διὰ μέσου) : 4. 32 : 7. 8, 20 : 9. 10 : Bel 14, 20.

Da. TH. Su. 26 : 4. 3, 14 : Bel 13†, 13 (δι' ὅλου)†, 21.

I Ma. 5. 46 (διὰ μέσου), 48, 51, 62†† : 6. 12 (διὰ κενῆς), 18 (δι' ὅλου), 27 (διὰ τάχους), 31 : 8. 32 *bis* : 12. 27 : 13. 21, 45† : 14. 42†.

II Ma. 2. 18, 23 *bis*, 25 : 3. 17†, 19 : 4. 3, 8, 9, 11 : 5. 2 : 6. 17 (δι' ὀλίγων), 21, 29† : 7. 6, 24 *bis*, 30† : 8. 35 : 11. 15, 17 : 12. 25 : 13. 10, 18 : 14. 1, 18 : 15. 16, 21.

III Ma. 2. 25, 29 : 3. 23†, 23 (διὰ τάχους) : 5. 43 (διὰ τάχους) : 7. 10†, 20.

IV Ma. 1. 11, 17, 30 : 2. 12†, 15†, 22 : 3. 6, 7, 10 : 4. 1, 24, 26 : 5. 21, 24, 33, 38 : 6. 16, 25 : 7. 9, 10, 11, 12, 14† : 8. 9 *bis*, 12, 15, 29† : 9. 5, 8, 9†, 18, 24 : 10. 16 : 11. 12 : 13. 5, 19 *bis*, 20, 21, 22 : 14. 5, 9, 18 : 15. 20, 29 : 16. 24 : 17. 3, 11, 12, 22† : 18. 14.

[**Aq.** Jb. 4. 15 : Ps. 65 (66). 7 (δι' αἰῶνος) : 67 (68). 11 : 87 (88). 1 : 88 (89). 20 : Je. 7. 2 : 9. 21 (20) : 17. 21.]

[**Sm.** Ge. 3. 9 (8) : 27. 35 : Ex. 7. 11, 22 : 8. 7 (3) : 23. 19 : 35. 35 : Jd. 5. 26 : I Ki. 6. 18 : 28. 6 : II Ki. 1. 22 (διὰ κενῆς) : 2. 29 : 6. 18 : 12. 14 : III Ki. 6. 18 : 20 (21). 14 : IV Ki. 1. 2 : 8. 8 : 23. 10 : I Ch. 25. 1, 3 : Jb. 7. 15 : 9. 17 : 11. 12 (διὰ κενῆς) : 12. 24 : 25. 4 : 33. 19 : 36. 3 (διὰ μακροῦ), 31 : Ps. 3. 3 : 4. 1 : 6. 1 : 16 (17). 1 : 22 (23). 3 : 28 (29). 11 : 29 (30). 13 (δι' αἰῶνος) : 31 (32). 9 : 32 (33). 16 (?), 17 : 37 (38). 15 : 38 (39). 2 : 40 (41). 13 (δι' αἰῶνος) : 41 (42). 11 : 43 (44). 16 : 44 (45). 14 : 47 (48). 8 : 52 (53). 1 : 53 (54). 1 : 54 (55). 1, 13 : 55 (56). 5, 6, 11, 14 : 60 (61). 5 (δι' αἰῶνος) : 61 (62). 1 : 62 (63). 6 : 67 (68). 5, 8, 11 : 73 (74). 22 : 76 (77). 1 : 77 (78). 2 : 79 (80). 7 : 80 (81). 6, 8 : 87 (88). 1, 17 : 88 (89). 20 : 91 (92). 4 *bis* : 118 (119). 9 : 137 (138). 7 (διὰ μέσου) : 142 (143). 10 : 146 (147). 7 : 150. 3 *bis*, 4 : Pr. 22. 16 (δι' ὅλου) : Ec. 5. 6 : 7. 7 (6), 10 (9) : 11. 8 : 12. 3 : Ca. 4. 9 : Is. 18. 2 : 28. 11 : 37. 4 : 38. 8 : 61. 4 (δι' αἰῶνος) : Je. 7. 2 : 9. 21 (20) : 11. 21 : 27 (34). 3 : 32 (39). 30 (δι' ὅλου) : 49 (30). 3 : 50 (27). 21 : La. 1. 14 : Ez. 5. 17 : 8. 10 (δι' ὅλου), 17 : 20. 11, 25, 37 : 25. 14†† : 33. 19 : 40. 6 : 44. 4 : Am. 6. 12 : Hg. 1. 1.]

[**Th.** Ge. 4. 24 : Jd. 5. 28 : 11. 19 : Ps. 43 (44). 9 (δι' αἰῶνος) : 67 (68). 11 : 87 (88). 1 : Je. 7. 2.]

[**Al.** Dt. 2. 30 : Jo. 21. 4 : Jd. 2. 22 : IV Ki. 2. 11 : II Ch. 34. 17 : Ps. 9. 25 (10. 4) : 48 (49). 5 : 150. 2 : Hb. 3. 10.]

[**Sam.** Nu. 31. 16.]

[**Heb.** Ez. 20. 47 (21. 3).]

[**Quint.** Ho. 6. 9.]

II. διὰ παντός.

Ex. 25. 29 (30) : 27. 20 : 28. 26 (30), 34 (38) : 30. 8†.

Le. 6. 13 (6), 20 (13)† : 11. 42 : 24. 3, 8 : 25. 31, 32.

Nu. 4. 7 : 9. 16 : 28. 10, 15, 23, 24, 30 : 29. 6, 11, 16, 19, 22, 25, 28, 31, 34, 38.

De. 11. 12 : 33. 10.

Jo. 4. 6.

II Ki. 9. 7, 10, 13.

IV Ki. 4. 9† : 25. 29, 30†.

I Ch. 16. 6, 11, 37, 40 : 23. 31.

II Ch. 2. 4 (3) *bis* : 9. 7 : 24. 14.

Ju. 16. 16.

Es. 3. 13 *bis* : 8. 13.

Ps. 15 (16). 8 : 18 (19). 14 : 24 (25). 15 : 33 (34). 1 : 34 (35). 27 : 37 (38). 17 : 39 (40). 11, 16, 16† : 49 (50). 8 : 50 (51). 3 : 68 (69). 23 : 69 (70). 4 : 70 (71). 6, 14 : 71 (72). 15 : 72 (73). 23 : 73 (74). 23 : 104 (105). 4 : 108 (109). 15, 19 : 118 (119). 33, 44, 109, 112†, 117, 119†.

Pr. 6. 21 : 13. 9 : 15. 15.

Si. 6. 37 : 17. 15 : 23. 10 : 27. 11 : 38. 29 : 45. 13.

Ho. 12. 6 (7).

Na. 3. 19.

Hb. 1. 17.

Is. 16. 3 : 21. 8 : 30. 29 *bis* : 49. 16 : 52. 5 : 57. 16 : 58. 10 : 60. 11 : 65. 3†.

Je. 6. 7 : 52. 33, 34.

Ez. 3. 8 : 39. 14 : 42. 14 : 46. 15 *bis*.

Da. LXX. 12. 11.

Da. TH. 12. 11†.

I Ma. 1. 36 : 8. 15 : 15. 25.

II Ma. 14. 24, 34.

III Ma. 7. 6, 9.

[**Aq.** Je. 52. 34.]

[**Sm.** Ex. 28. 29 : Ps. 68 (69). 24 : 72 (73). 23 : 118 (119). 109 : Pr. 15. 15 : Is. 52. 5 : 62. 6 : Je. 52. 34.]

[**Th.** Ex. 28. 29 : Je. 52. 34.]

[**Al.** Le. 24. 3.]

[**Quint.** Ps. 3. 3 : 19 (20). 4 : 38 (39). 6.]

[**Sext.** Ps. 74 (75). 4.]

III. *c. acc.* †† διὰ τοῦτο. * διὰ τί. ** διὰ τό *c. inf. et c. inf. cum acc.*

Ge. 6. 3** : 7. 7 : 8. 21 : 10. 9†† : 11. 9†† : 12. 13, 16 : 18. 26 : 19. 22†† : 20. 2 : 21. 31†† : 22. 12, 16 : 25. 30††† : 26. 9, 24, 33†† : 27. 46 : 29. 34††, 35†† : 30. 6†† : 31. 48†† : 33. 17†† : 38. 29 : 39. 5, 8, 9**, 23, 23** : 43. 18 : 47. 22†† : 49. 24 : 50. 11††.

Ex. 2. 13*, 18*† : 5. 8††, 14*, 17††, 22*† : 9. 11 : 13. 8††, 15†† : 15. 23†† : 16. 8**, 29†† : 17. 7, 7** : 18. 14* : 19. 18** : 20. 11†† : 33. 3**.

Le. 10. 17* : 15. 31 : 17. 12†† : 18. 25 : 19. 17 : 22. 9 *bis* : 26. 39, 39†, 43†.

Nu. 11. 11* : 12. 8* : 13. 25 : 16. 3* : 18. 24††, 32 : 20. 12†† : 21. 14††, 27†† : 22. 32*, 37* : 25. 18 *ter* : 27. 3 : 32. 17 : 35. 20, 21, 22.

De. 1. 27**, 36**, 37 : 4. 37** : 5. 15†† : 7. 25 : 9. 4, 4†, 5 *ter*, 6, 19 : 10. 9†† : 15. 10, 11††, 15†† : 19. 7†† : 24. 18††, 20††, 22†† : 28. 20, 34, 47, 55**, 56, 56†, 57 : 29. 24 (23)* : 31. 18 : 32. 19, 27.

Jo. 5. 7** : 7. 7*†, 26†† : 9. 20, 22*, 27††† : 10. 11 : 14. 14††, 14** : 17. 14* : 21. 40† : 22. 19**.

Jd. 2. 5††† : 3. 2, 12** : 5. 28*† *bis* : 8. 7†††, 15† : 10. 13†† : 11. 7*†, 8†††, 27*† : 12. 1*† : 15. 19†† : 18. 12††.

I Ki. 1. 6††, 8*† : 2. 30†† : 4. 22**† : 5. 5†† : 9. 12, 13 : 10. 2, 12†† : 12. 22† : 15. 20** : 19. 24†† : 20. 29†† : 21. 5 (6) : 23. 10, 28†† : 26. 15* : 27. 6††† : 28. 18††.

II Ki. 5. 9††, 12, 20†† : 7. 21, 27†† : 9. 7 : 13. 2 : 21. 1**†, 7 : 22. 50††.

III Ki. 1. 6* : 9. 9†† : 10. 9** : 11. 12, 13 *bis*, 32 *bis*, 34, 39† : 14. 10††† : 15. 4 : 18. 36 : 20 (21). 19†† : 21 (20). 23††.

IV Ki. 8. 19 : 13. 14, 23 : 19. 27**, 34 *bis* : 20. 6 *bis*.

I Ch. 11. 7†† : 13. 10** : 14. 2, 11†† : 17. 25††.

II Ch. 6. 32 : 7. 22††† : 16. 7†† : 19. 2†† : 20. 26†† : 21. 7 : 24. 6* : 28. 19 : 29. 36** : 36. 5.

I Es. 1. 52 : 2. 23 : 3. 7 : 4. 26 *bis*, 27 : 5. 61†, 65 : 6. 33 : 8. 77, 86 : 9. 6†.

II Es. 4. 14††, 15 : 9. 13†.

Ne. 2. 2*, 3*, 3*† : 6. 6*†††† : 13. 11*, 21*.

To. 2. 9† : 6. 12**† : 8. 7.

Ju. 5. 4* : 8. 25† : 11. 7 : 13. 1**, 20.

Es. 4. 8*† : 8. 13**, 17† : 9. 19††, 26††, 26 *ter* : 10. 3†††.

Jb. 3. 11* : 7. 14*†, 20*, 21* : 9. 29* : 10. 2*, 19* : 13. 24* : 17. 4†† : 18. 3*† : 19. 22* : 20. 20†††, 21††† : 21. 4*, 7* : 23. 14†† : 24. 1*, 13* : 27. 12*† : 33. 13* : 36. 18 : 37. 19* : 41. 3, 7 (8)† : 42. 8, 9.

Ps. 1. 5†† : 9. 36 (10. 15)† : 15 (16). 9†† : 16 (17). 4 : 17 (18). 49†† : 24 (25). 8†† : 30 (31). 22†† : 32 (33). 16 : 40 (41). 12 : 41 (42). 6††, 9* : 44 (45). 2††, 7††, 17†† : 45 (46). 2†† : 51 (52). 5†† : 65 (66). 19†† : 72 (73). 6††, 10††, 18, 19 : 77 (78). 21†† : 105 (106). 32 : 106 (107). 17 : 108 (109). 24 : 109 (110). 7†† : 118 (119). 67††, 104††, 112†, 119††, 127††, 128††, 129††, 154.

Pr. 5. 23 : 6. 3, 15††, 16, 32 : 12. 13† : 28. 12, 14†.

Ec. 5. 1††† : 8. 11††.

Ca. 1. 3††.

Wi. 1. 8†† : 4. 14†† : 5. 3, 16†† : 6. 15 : 7. 7††, 14, 24, 25†† : 8. 10, 13 : 10. 4, 20†† : 12. 25†† : 14. 5††, 11††, 14††, 17**, 20 : 16. 1††, 3, 7 *bis*, 25†† : 17. 1†† : 18. 13, 18, 19.

Si. 2. 13†† : 10. 8, 13††, 30 *bis* : 15. 11 : 16. 8 : 18. 11††, 12†† : 20. 22 : 22. 26 : 25. 24 : 26. 28 : 28. 18 : 29. 10 ; 34 (31). 13†† : 35 (32). 2 : 36 (33). 7* : 37. 31 : 39. 32†† : 40. 10 : 41. 7 : 43. 14††, 26 : 44. 12†, 17††† *bis*, 21††, 22 : 45. 24†† : 47. 12 : 51. 12††, 20††, 21††.

Ho. 2. 6 (8)††, 9 (11)††, 14 (16)†† : 4. 3††, 13†† : 6. 6 (5)†† : 7. 16 : 8. 10†† : 9. 6††, 15 : 10. 5††† : 12. 8 (9) : 13. 3††.

Am. 2. 13†† : 3. 2††, 11†† : 4. 12†† : 5. 3†††, 11††, 13††, 16†† : 6. 7†† : 7. 17††.

Mi. 1. 5 *bis*, 14†† : 2. 3††, 5††, 9†††, 9 : 3. 6††, 12††, 12 : 5. 3 (2)††.

Ob. 1. 10, 16†††.

Jn. 1. 12 : 4. 2††.

Hb. 1. 4††, 17†† : 2. 8, 17.

Ze. 2. 9†† : 3. 6***†, 8††.

Hg. 1. 9††, 10††.

Za. 1. 16†† : 9. 4†† : 10. 2†† : 11. 6††.

Is. 1. 24†† : 3. 24 : 5. 13**, 13, 24††, 30 : 7. 14†† : 8. 6**, 7††, 15†† : 9. 17 (16)††, 19 (18) : 10. 24 †† : 13. 7††, 13 : 15. 4†† : 16. 9††, 11†† : 17. 10†† : 19. 17, 20 : 21. 3††, 15 *quinquiens* : 22. 4†† : 24. 5, 6†† *bis*, 15†† : 25. 3††, 4 : 26. 14††, 18 : 27. 4, 4††, 9††, 11**, 11†† : 28. 7, 7†, 7, 11, 14††, 16†† : 29. 14††, 19, 22††, 23 : 30. ● 12††, 13††, 16†† *bis*, 17 *bis*, 18††, 31† : 33. 3 : 35. 10 : 36. 21** : 37. 33††, 35 *bis* : 49. 4†† : 50. 7††, 11 : 51. 21†† : 52. 5, 6†† : 53. 5 *bis*, 7**, 12††, 12 : 57. 10††, 17 : 59. 2, 9†† : 60. 9, 9**, 10 *bis*, 15** : 62. 1 *bis* : 63. 2*, 9**, 17 *bis* : 64. 5 (4)††, 6 (5), 7 (6) : 65. 4, 13††, 14.

Je. 2. 9††, 14*†, 31* : 5. 2††, 4†††, 6††, 14††, 27†† : 6. 15††, 18††, 21†† : 7. 20††, 32††, 32**† : 8. 5*†, 10††, 19*†, 22* : 9. 7 (6)††, 13 (12)**, 15 (14)†† : 10. 21†† : 11. 11††, 21†† : 12. 8††, 11 : 13. 22*†, 22 : 14. 15††, 21 : 15. 4, 7, 13, 19†† : 16. 10*, 14††, 18†, 21†† : 18. 13††, 21†† : 19. 6†† : 20. 4†††, 11†† : 22. 8*, 18†† : 23. 2††, 12††, 15††, 30††, 32†††, 37*†, 38††, 39††, 7†† : 25. 8†† : 26 (46). 15*, ● 19** : 27 (50). 18††, 30††, 39††, 45†† : 28 (51). 5*†, 7††, 36††, 52†† : 29 (49). 10, 20†† : 30 (49). 1*†, 2††, 26†† : 31 (48). 11††, 12††, 31††, 36†† *bis* : 35 (28). 16†† : 36 (29). 23, 27*, 28††, 32†† : 37 (30). 16†† : 38 (31). 3††, 20††, 26††, 27††† : 39 (32). 3*, 28††, 32 : 41 (34). 17†† : 42 (35). 17††, 18††† : 43 (36). 29*, 30†† : 49 (42). 15†† : 51 (44). 11††, 26††.

Ba. 2. 26 : 3. 7††, 28 : 4. 6**, 12.

La. 1. 8†† : 3. 21††, 24†††.

Ep. Je. 2, 13, 27**.

Ez. 5. 7††, 8††, 10††, 11†† : 11. 4††, 7††, 16††, 17†† : 12. 23††, 28†† : 13. 8†† *bis*, 13††, 20††, 23†† : 14. 4††, 6†† : 15. 6†† : 16. 35††, 37†† : 17. 9††, 16†††, 19††, 22††† : 18. 30††† : 20. 27††, 30††, 33†† : 21. 2 (7)††, 13 (18)††, 24 (29) †† : 22. 4††, 19†† *bis* : 23. 9††, 22††, 35†† : 24. 6††, 9††, 14†† : 25. 4††, 7††, 9††, 13††, 15††, 16†† : 26. 3††, 7††† : 28. 6††, 17, 18 : 29. 8††, 10††, 19††† : 30. 22†† : 31. 7, 9, 10†† : 33. 6, 25††, 26†††, 28**, 29 : 34. 5**, 7††, 20†† : 35. 6††, 10**†, 11†† : 36. 3††, 4††, 5††, 6††, 7††, 14††, 21, 22††, 22, 32 : 37. 12†† : 38. 14†† : 39. 23, 25††, 25 : 42. 6†† : 44. 9††.

Da. LXX. Su. 4**, 56*, 63†† : 3. 14*, (28), (34), (35) *bis*, (37) : 8. 11 : 9. 18 : Bel 3*.

● = correction on page xxv

Da. TH. Su. 4**, 21††, 39** : 3. (28), (34), (35) *bis*, (37) : 4. 24†† : 5. 24†† : 8. 11 : Bel 4*.
I Ma. 1. 38 : 6. 53** : 8. 31* : 10. 42**, 70, 70*, 77** : 11. 2** : 13. 15, 22 : 14. 35**.
II Ma. 2. 11**, 14, 24, 27 : 3. 1, 13, 17†, 18**, 29, 33, 38** : 4. 13, 19**, 20, 21, 28, 30**, 35, 37, 42, 49, 50 : 5. 9, 17, 19 *bis*, 21 : 6. 11**, 12, 20†, 21, 22, 25, 25**, 25, 29**†, 30 : 7. 11, 18, 20, 23, 30†, 32 : 8. 15 *bis*, 20, 26, 36, 36** : 9. 8, 10 : 10. 12, 13**, 35 : 11. 24† : 12. 11, 21, 24**, 40, 42 : 13. 17 : 14. 17, 43 : 15. 17**.
III Ma. 1. 11**, 13, 15 : 2. 13 : 3. 4, 18, 21 : 4. 17 : 5. 6, 30**, 32, 41 : 6. 36 : 7. 4, 7†, 10†, 17.
IV Ma. 1. 34†, 34 : 2. 9, 10, 11 *bis*, 12†, 13, 19* : 3. 20 : 5. 4, 7*, 8†, 13, 31 : 6. 27, 30 : 7. 4, 16, 20, 22 *bis*, 24†† : 8. 14, 22 : 9. 6, 7, 8, 9, 29, 30, 31 : 10. 10, 11 : 11. 20, 27†† : 12. 4 : 13. 12, 27 : 15. 4, 7, 8, 9, 14, 24 : 16. 14 *bis*, 17, 18, 19††, 19, 20†, 21, 25 : 17. 7, 9, 18, 20†, 20 : 18. 3, 4.

[**Aq.** Ge. 30. 15†† : III Ki. 11. 39 : 14. 10†† : 15. 4 : IV Ki. 1. 16†† : 19. 32†† : Jb. 21. 4* : Ps. 5. 9 : 8. 3 : 24 (25). 7, 8††, 11 : 26 (27). 11 : 30 (31). 4 : 40 (41). 13 : 43 (44). 27 : 44 (45). 18†† : Ec. 7. 11 (10)* : Is. 7. 14†† : 37. 35 : 52. 6†† : 61. 7†† : 66. 5 : Je. 6. 18†† : 8. 18** : 30 (37). 6*, 15 : 31 (38). 20†† : 44 (51). 23†† : 46 (26). 19** : Ez. 18. 30†† : 20. 9, 44 : 21. 4 (9)†† : Mi. 3. 12††.]

[**Sm.** Le. 26. 39 *bis* : Jd. 5. 16* : II Ki. 3. 11** : 14. 13* : III Ki. 15. 4 : IV Ki. 1. 4††, 16†† : 19. 32†† : Jb. 6. 3†† : 17. 4†† : 21. 4* : 32. 1** : 35. 9 : 42. 3††, 6†† : Ps. 5. 9 : 6. 8 : 11 (12). 6 *bis* : 24 (25). 7, 8††, 11 : 26 (27). 11 : 30 (31). 10, 11 : 32 (33). 16 *bis* : 37 (38). 4 : 38 (39). 12 : 40 (41). 12††, 13 : 43 (44). 27 : 44 (45). 18†† : 55 (56). 8 : 67 (68). 30 : Pr. 5. 23 : 20. 4 : 26. 26 : Ec. 5. 2 : 8. 4**, 11** : 10. 18 : Ca. 3. 8 : Is. 5. 25†† : 7. 14†† : 10. 24 : 24. 6 †† : 37. 35 : 40. 27* : 48. 4** : 52. 6†† : 53. 8 : 58. 3* : 59. 9†† : 61. 7†† : 66. 5 : Je. 11. 22†† : 12. 4 : 13. 17 : 14. 19* : 15. 17 : 17. 3 : 30 (37). 6* : 31 (38). 20††, 37 : 38 (45). 19 : 44 (51). 3, 22, 23†† : 46 (26). 19** : La. 1. 5 : Ez. 12. 19 : 18. 30†† : 20. 26 : 21. 4 (9)††, 24 (29)**.]

[**Th.** Le. 26. 39 : Jd. 2. 5†† : III Ki. 15. 4 : Jb. 17. 4†† : 22. 4 : 41. 4 : Ps. 8. 3 : 44 (45). 18†† : Pr. 16. 4 : Is. 5. 25†† : 37. 35 : 45. 15†† : 48. 4** : 52. 6†† : 61. 7†† : 66. 5 : Je. 8. 12†† : 11. 22†† : 30 (37). 15 : 46 (26). 19** : Ez. 18. 30†† : 20. 44 : 21. 4 (9)†† : Da. 3. (35).]

[**Al.** Ge. 32. 29 (30) : Nu. 20. 4* : 21. 27†† : I Ki. 1. 6** : 3. 14†† : 28. 18†† : IV Ki. 13. 4 : Ps. 47 (48). 12 : 113. 9 (115. 1) : 124 (125). 3††.]

[**Quint.** Ho. 7. 16.]

[**Sext.** Hb. 3. 13.]

διαβάθρα.

II Ki. 23. 21. B δόρυ ὡς ξύλον διαβάθρας –

διαβαίνειν, διαβέννειν. (1) בּוֹא (2) הָלַךְ (3) יָרַד (4) מָלַט ni. (5) עָבַר *a.* qal. *b.* ni. *c.* hi. (6) עָלָה (7) עָמַד (8) צָעַד

Ge. 31. 21. *διέβη τὸν ποταμόν* (5 *a*)
— 52. *ἐάν τε γὰρ ἐγὼ μὴ διαβῶ πρὸς σὲ μήτε σὺ διαβῇς πρὸς μὲ τὸν βουνὸν τοῦτον* (5 *a*, 5 *a*)
32. 10 (11). *διέβην τὸν Ἰορδάνην τοῦτον* (5 *a*)
— 22 (23). A *διέβη τὴν διάβασιν τοῦ Ἰ.* (5 *a*)
— 23 (24). *καὶ διέβη τὸν χειμάρρουν* (5 *c*)
Ex. 21. 21. A *ἐὰν δὲ διαβῶσιν* [B *-βιώσῃ*] *ἡμέραν μίαν* (7)
Nu. 32. 7. *μὴ διαβῆναι* [A *ἀναβ.*] *εἰς τὴν γῆν* (5 *a*)
— 29. *ἐὰν διαβῶσιν οἱ υἱοὶ Ῥουβήν* (5 *a*)
— 30. *ἐὰν δὲ μὴ διαβῶσιν ἐνωπλισμένοι* (5 *a*)
— 32. *διαβησόμεθα ἐνωπλισμένοι* (5 *a*)
33. 8. *διέβησαν μέσον τῆς θαλάσσης* (5 *a*)
— 51 : 35. 10. *ὑμεῖς διαβαίνετε* [A *-βένν.*] *τὸν Ἰορδάνην* (5 *a*)
De. 3. 21. *ἐφ' ἃς σὺ διαβαίνεις* [A *-βέννεις*] *ἐκεῖ* (5 *a*)
— 25. *διαβὰς οὖν ὄψομαι τὴν γῆν τὴν ἀγαθήν* (5 *a*)
— 27. *οὐ διαβήσῃ τὸν Ἰορδάνην τοῦτον* (5 *a*)
— 28. *διαβήσεται πρὸ προσώπου τοῦ λαοῦ* (5 *a*)
4. 21. *ἵνα μὴ διαβῶ τὸν Ἰορδάνην τοῦτον* (5 *a*)
— 22. *οὐ διαβαίνω τὸν Ἰορδάνην τοῦτον ὑμεῖς δὲ διαβαίνετε* (5 *a*, 5 *a*)
De. 4. 26. *εἰς ἣν ὑμεῖς διαβαίνετε* [A *-βένν.*] *τὸν Ἰορδ.* (5 *a*)
— 9. 1. *διαβαίνεις σήμερον τὸν Ἰορδ.* (5 *a*)
11. 8. *εἰς ἣν ὑμεῖς διαβαίνετε* [A *-βένν.*] *τὸν Ἰορδ.* (5 *a*)
— 29. *εἰς ἣν διαβαίνεις* [A *-βέννεις*] *ἐκεῖ* (1)
— 31. *ὑμεῖς γὰρ διαβαίνετε τὸν Ἰορδ.* (5 *a*)
12. 10. *διαβήσεσθε τὸν Ἰορδάνην* (5 *a*)
27. 2. *ᾗ ἂν ἡμέρᾳ διαβῆτε τὸν Ἰορδ.* (5 *a*)
— 3, 4. *ὡς ἂν διαβῆτε τὸν Ἰορδάνην* (5 *a*)
— 12. *οὗτοι στήσονται . . . διαβάντες τὸν Ἰ.* (5 *a*)
28. 1. A *ὡς ἂν διαβῆτε τὸν Ἰ. εἰς τὴν γῆν* –
30. 18. *εἰς ἣν ὑμεῖς διαβαίνετε τὸν Ἰ.* (5 *a*)
31. 2. *οὐ διαβήσῃ τὸν Ἰορδάνην τοῦτον* (5 *a*)
— 13 : 32. 47. *εἰς ἣν ὑμεῖς διαβαίνετε τὸν Ἰ.* (5 *a*)
Jo. 1. 2. *διάβηθι τὸν Ἰορδάνην* (5 *a*)
— 11. *διαβαίνετε* [A *-βήσεσθε*] *τὸν Ἰορδ. τοῦτον* (5 *a*)
— 14. *ὑμεῖς δὲ διαβήσεσθε εὔζωνοι* (5 *a*)
2. 23. *διέβησαν πρὸς Ἰησοῦν* (5 *a et* 1)
3. 1. *κατέλυσαν ἐκεῖ πρὸ τοῦ διαβῆναι* (5 *a*)
— 11. *ἡ κιβωτὸς διαθήκης . . . διαβαίνει τὸν Ἰορδ.* (5 *a*)
— 14. *ἀπῆρεν ὁ λαὸς . . . διαβῆναι τὸν Ἰορδ.* (5 *a*)
— 17. *πάντες οἱ υἱοὶ Ἰσρ. διέβαινον διὰ ξηρᾶς ἕως συνετέλεσε πᾶς ὁ λαὸς διαβαίνων τὸν Ἰορδ.* (5 *a*, 5 *a*)
4. 1. *ἐπεὶ συνετέλεσε πᾶς ὁ λαὸς διαβαίνων τὸν Ἰορδ.* (5 *a*)
— 7. *ὡς διέβαινεν αὐτόν* (5 *a*)
— 10. *ἔσπευσεν ὁ λαὸς καὶ διέβησαν* [A *-έβη*] (5 *a*)
— 11. *ὡς συνετέλεσε πᾶς ὁ λαὸς διαβῆναι καὶ διέβη ἡ κιβωτὸς τῆς διαθήκης κυρίου* (5 *a*, 5 *a*)
— 12. *διέβησαν οἱ υἱοὶ Ῥουβήν* (5 *a*)
— 13. *τετρακισμύριοι εὔζωνοι εἰς μάχην διέβησαν* (5 *a*)
— 22. *ἐπὶ ξηρᾶς διέβη Ἰσραὴλ τὸν Ἰορδάνην τοῦτον* [A *om.*] (5 *a*)
— 23. *μέχρις οὗ διέβησαν* (5 *a*)
5. 1. *ἐν τῷ διαβαίνειν* [A *-βῆναι*] *αὐτούς* (5 *a*)
22. 19. *διάβητε εἰς* [A *ἐπὶ*] *τὴν γῆν τῆς κατασχέσεως κυρίου* (5 *a*)
24. 11. *διέβητε τὸν Ἰορδάνην* (5 *a*)
Jd. 3. 28. *οὐκ ἀφῆκεν* [A *-αν*] *ἄνδρα διαβῆναι* (5 *a*)
6. 33. A *διέβησαν* [B *om.*] *καὶ παρενέβαλον* (5 *a*)
8. 4. *καὶ διέβη αὐτός* (5 *a*)
10. 9. *διέβησαν οἱ υἱοὶ Ἀμμὼν τὸν Ἰορδάνην* (5 *a*)
11. 29. A *διέβη τὴν γῆν Γαλαάδ* [B *al.*] (5 *a*)
— 29. A *διέβη τὴν σκοπιὰν Γαλ.* [B *al.*] (5 *a*)
— 32. A *διέβη* [B *παρῆλθεν*] *Ἰ. πρὸς τοὺς υἱοὺς Ἀμμών* (5 *a*)
12. 3. A *διέβην πρὸς τοὺς* [B *παρῆλθον πρὸς*] *υἱοὺς Ἀμμών* (5 *a*)
— 5. *διαβῶμεν* (5 *a*)
19. 18. A *διαβαίνομεν ἡμεῖς ἐκ Βηθλεὲμ τῆς Ἰούδα* [B *al.*] (5 *a*)
I Ki. 13. 7. B *οἱ διαβαίνοντες διέβησαν τὸν Ἰορδάνην* (†, 5 *a*)
14. 1. B *διαβῶμεν εἰς Μεσσὰβ τῶν ἀλλοφύλων* (5 *a*)
— 4. B *οὗ ἐζήτει Ἰωνάθαν διαβῆναι* (5 *a*)
— 6. B *διαβῶμεν εἰς Μεσσὰβ τῶν ἀπεριτμήτων τούτων* (5 *a*)
— 8. B *ἰδοὺ ἡμεῖς διαβαίνομεν πρὸς τοὺς ἄνδρας* (5 *a*)
20. 29. R *διαβήσομαι* [A B *σωθήσομαι*] *δή* (4)
26. 13. *διέβη Δαυὶδ εἰς τὸ πέραν* (5 *a*)
27. 2. A *καὶ διέβη αὐτός* (5 *a*)
II Ki. 2. 29. B *διέβαιναν* [A R *-ον*] *τὸν Ἰορδάνην* (5 *a*)
10. 17. *διέβη τὸν Ἰορδάνην* (5 *a*)
15. 22. *διάβαινε μετ' ἐμοῦ* (5 *a*)
— 23. *καὶ ὁ βασιλεὺς διέβη τὸν χειμάρρουν Κ.* [A *al.*] (5 *a*)
— 33. *ἐὰν μὲν* [A *om.*] *διαβῇς μετ' ἐμοῦ* (5 *a*)
16. 9. *διαβήσομαι δή* (5 *a*)
17. 16. *καί γε διαβαίνων σπεῦσον* (5 *a*)
— 21. *διάβητε ταχέως τὸ ὕδωρ* (5 *a*)
— 22. *διέβησαν τὸν Ἰορδάνην* (5 *a*)
— 24. *Ἀβεσσαλὼμ διέβη* [A *διῆλθεν*] *τὸν Ἰορδάνην* (5 *a*)
19. 18 (19). *διέβη ἡ διάβασις* (5 *a*)
— 18 (19). *διαβαίνοντος αὐτοῦ τὸν Ἰορδάνην* (5 *a*)
— 31 (32). *διέβη μετὰ τοῦ βασιλέως τὸν Ἰορδάνην* (5 *a*)
— 33 (34). *σὺ διαβήσῃ μετ' ἐμοῦ* (5 *a*)
— 36 (37). *ὡς βραχὺ διαβήσεται ὁ δοῦλός σου τὸν Ἰορδ.* (5 *a*)
II Ki. 19. 37 (38). *ὁ δοῦλός σου Χαμαὰμ διαβήσεται* (5 *a*)
— 38 (39). *μετ' ἐμοῦ διαβήτω Χ.* (5 *a*)
— 39 (40). *διέβη πᾶς ὁ λαὸς τὸν Ἰορδάνην καὶ ὁ βασιλεὺς διέβη* (5 *a*, 5 *a*)
— 40 (41). *διέβη ὁ βασ.* [A *πᾶς ὁ λαὸς*] *εἰς Γ. καὶ Χ. διέβη μετ' αὐτοῦ καὶ πᾶς ὁ λαὸς Ἰ. διαβαίνοντες μετὰ τοῦ βασ.* (5 *a*, 5 *a*, 5 *c*)
24. 5. *διέβησαν τὸν Ἰορδάνην* (5 *a*)
III Ki. 3. 1 (2. 37). *διαβήσῃ τὸν χειμάρρουν Κέδρων* (5 *a*)
IV Ki. 2. 8. *διέβησαν ἀμφότεροι ἐν ἐρήμῳ* (5 *a*)
— 9. *ἐν τῷ διαβῆναι αὐτούς* (5 *a*)
— 14. *καὶ διέβη Ἑλ.* (5 *a*)
4. 8. *διέβη Ἑλ. εἰς Σ.* (5 *a*)
I Ch. 12. 15. *οὗτοι οἱ διαβάντες τὸν Ἰορδάνην* (5 *a*)
19. 17. *διέβη τὸν Ἰορδάνην* (5 *a*)
To. 11. 16. S *διαβαίνοντα αὐτὸν πάσῃ τῇ ἰσχ. αὐ.*
Ju. 2. 24. S *καὶ διέβη* [A B *παρῆλθεν*] *τὸν Εὐφράτην*
5. 15. *διαβάντες τὸν Ἰορδάνην*
Jb. 19. 8. *καὶ οὐ μὴ διαβῶ* (5 *a*)
Ps. 67 (68). 7. *ἐν τῷ διαβαίνειν σε τὴν ἔρημον* [S *ἐν τῇ ἐρήμῳ*] (8)
118 (119). 136. A *διεξόδους ὑδάτων διέβησαν* [S R *κατέβ.*] *οἱ ὀφθ. μου* (3 ?)
Pr. 9. 18. *οὕτως γὰρ διαβήσῃ* [S^1 *-σεται*] *ὕδωρ ἀλλότριον* –
24. 64 (30. 29). *τέταρτον ὃ καλῶς διαβαίνει* (2)
Wi. 5. 10. *ἧς διαβάσης οὐκ ἔστιν ἴχνος εὑρεῖν*
Si. 9. 13. *ἐν μέσῳ παγίδων* [A *-ος*] *διαβαίνεις*
Am. 5. 5. *ἐπὶ τὸ φρέαρ τοῦ ὅρκου μὴ διαβαίνετε* [A *ἀναβ.*] (5 *a*)
6. 2. *διάβητε πάντες καὶ ἴδετε* (5 *a*)
Is. 16. 8. *διέβησαν γὰρ τὴν θάλασσαν* [A S^1 *ἔρημον*] (5 *a*)
43. 2. *ἐὰν διαβαίνῃς δι' ὕδατος* (5 *a*)
45. 14. *οἱ Σ. ἄνδρες ὑψηλοὶ ἐπὶ σὲ διαβήσονται* (5 *a*)
— 14. B *διαβήσονται πρὸς σέ* (5 *a*)
47. 2. *διάβηθι ποταμούς* (5 *a*)
Je. 6. 5. A *διαβῶμεν* [B S *ἀναβ.*] *ἐν τῇ* [B *ἐπ' αὐτὴν*] *νυκτί* (6)
Ba. 3. 30. *τίς διέβη πέραν τῆς θαλάσσης*
Ez. 47. 5. *ὃν* [A *ὃ*] *οὐ διαβήσονται* (5 *b*)
I Ma. 5. 24. *διέβησαν τὸν Ἰορδάνην*
— 40. *ἐὰν διαβῇ πρὸς ἡμᾶς πρότερος*
— 52. *διέβησαν τὸν Ἰορδάνην*
9. 48. *οὐ διέβησαν ἐπ' αὐτοὺς τὸν Ἰορδάνην*
— 49. A *καὶ διέβησαν* [S *ἔπεσον δέ*, R *καὶ διέπεσον*] *. . . εἰς χιλίους ἄνδρας*
12. 30. *διέβησαν γὰρ τὸν Ἐλεύθερον ποταμόν*

[**Aq.** Jo. 1. 11 : Is. 33. 21 : Je. 41 (48). 10 : 48 (31). 32.]

[**Sm.** Dt. 11. 11 : Jo. 1. 11 : Jd. 10. 17 : I Ki. 30. 10 : II Ki. 6. 13 : Ps. 65 (66). 6.]

[**Th.** Jo. 1. 11 : 4. 11 : Jd. 11. 32 : 19. 18 : Is. 45. 14.]

διαβάλλειν. (1) אָכַל קֶרֶץ (2) שָׂטָן

Nu. 22. 22. R *ἀνέστη ὁ ἄγγ. τοῦ κ. διαβαλεῖν* [B *ἐνδ.*, A *ἐνδιαβάλλειν*] *αὐτόν* (2)
Da. LXX. 3. 8. *ἄνδρες Χαλδαῖοι διέβαλον τοὺς Ἰουδαίους* (1)
Da. TH. 3. 8. A B^1 *διέβαλλον* [B^2 R *-βαλον*] *τοὺς Ἰουδαίους τῷ βασ.* (1)
6. 24 (25). *τοὺς ἄνδρας τοὺς διαβαλόντας τὸν Δανιήλ* (1)
II Ma. 3. 11. A *οὐχ οὕτως* [R *ὥσπερ ἦν*] *διαβάλλων ὁ δυσσεβὴς Σ.*
IV Ma. 4. 1. *πάντα τρόπον διαβάλλων*

[**Sm.** Pr. 30. 10.]

διάβασις. (1) *a.* עֲבַר *b.* עֲבָרָה *c.* מַעֲבָר *d.* מַעְבָּרָה

Ge. 32. 22 (23). *καὶ διέβη τὴν δ. τοῦ Ἰαβόκ* (1 *c*)
Jo. 2. 7. *ὁδὸν τὴν ἐπὶ τοῦ Ἰορδάνου ἐπὶ τὰς δ.* (1 *d*)
4. 8. *ἐν τῇ συντελείᾳ τῆς δ. τῶν υἱῶν Ἰσραήλ* †
Jd. 3. 28. *προκατελάβοντο τὰς δ. τοῦ Ἰορδάνου* (1 *d*)
12. 5. *προκατελάβετο Γ. τὰς δ. τοῦ Ἰορδ.* [A *al.*] (1 *d*)
— 6. *ἔθυσαν αὐτὸν πρὸς τὰς δ. τοῦ Ἰορδ.* [A *al.*] (1 *d*)
I Ki. 14. 4. B *ἀνὰ μέσον τῆς δ. οὗ ἐζήτει Ἰ. διαβῆναι* (1 *d*)
II Ki. 19. 18 (19). *διέβη ἡ* [A *om.*] *δ.* (1 *b*)
Ju. 4. 7. A S^2 *στενῆς τῆς δ.* [B *προσβ.*, S^1 *ἀναβ.*] *οὔσης*

Is. 51. 10. ἡ θεῖσα τὰ βάθη τῆς θαλ. ὁδὸν διαβάσεως (1 *a*)
Je. 28 (51). 32. ἀπ' ἐσχάτου τῶν δ. [S¹ τῆς δ.] αὐ. (1 *d*)
[**Aq.** Is. 16. 2.]
[**Sm.** DT. 32. 49.]
[**Th.** I KI. 13. 23 : Is. 16. 2.]

διαβαστάζειν.

[**Aq.** Ps. 30 (31). 4 : Is. 51. 18.]
[**Sm.** Ex. 15. 13 : Ps. 41 (42). 5.]

διάβημα. (1) אֲשׁוּר (2) פַּעַם (3) *a.* צַעַד *b.* מִצְעָד

II Ki. 22. 37. ἐπλήθυνέ με εἰς πλατυσμὸν εἰς τὰ δ. μου (3 *a*)
Jb. 31. 4. A B¹ S πάντα τὰ δ. μου ἐξαριθμηθήσεται [B³ R -μήσ.] (3 *a*)
Ps. 16 (17). 5. κατάρτισαι τὰ δ. μου ἐν ταῖς τρίβοις σου ἵνα μὴ σαλευθῇ [A S -θῶσιν] τὰ δ. μου (1, 2)
17 (18). 36. ἐπλάτυνας τὰ δ. μου ὑποκάτω μου (3 *a*)
21 (22). 14. S¹ διεσκορπίσθη πάντα τὰ δ. [A B S² ὀστᾶ] μου †
36 (37). 23. παρὰ κυρίου τὰ δ. ἀνθρ. [S¹ ἀνδρὶ] κατευθύνεται (3 *b*)
— 31. οὐχ ὑποσκελισθήσεται τὰ δ. αὐτοῦ (1)
39 (40). 2. κατηύθυνε τὰ δ. μου (1)
72 (73). 2. παρ' ὀλίγον ἐξεχύθη τὰ δ. μου (1)
84 (85). 13. θήσει εἰς ὁδὸν τὰ δ. αὐτοῦ (2)
118 (119). 133. τὰ δ. μου κατεύθυνον κατὰ τὸ λόγιόν σου (2)
139 (140). 4. οἵτινες ἐλογίσαντο ὑποσκελίσαι τὰ δ. μου (2)
Pr. 4. 12. οὐ συγκλεισθήσεταί σου τὰ δ. (3 *a*)
16. 1 (9). ἵνα ὑπὸ τοῦ θεοῦ διορθωθῇ τὰ δ. αὐτοῦ (3 *a*)
20. 24. παρὰ κυρίου εὐθύνεται τὰ [A *om.*] δ. ἀνδρί (3 *b*)
Ca. 7. 1 (2). ὡραιώθησαν [A τί ὡ.] διαβήματά σου (2)
[**Aq. Sm.** II KI. 5. 24 : JB. 14. 16.]
[**Th.** JB. 14. 16.]
[**Quint.** Ps. 43 (44). 19.]
[**Al.** LA. 3. 40.]

διαβηματίζειν.

[**Aq.** II KI. 6. 13.

διάβητον (?).

[**Sm.** Is. 28. 17.]

διαβιάζεσθαι. (1) עָפַל hi.

Nu. 14. 44. διαβιασάμενοι ἀνέβησαν ἐπὶ τὴν κορυφήν (1)

διαβιβάζειν. (1) עָבַר hi.

Ge. 32. 23 (24). καὶ διεβίβασε πάντα τὰ αὐτοῦ (1)
Nu. 32. 5. μὴ διαβιβάσῃς ἡμᾶς τὸν Ἰορδάνην (1)
— 30. B διαβιβάσατε [A R -ετε] τὴν ἀποσκευὴν αὐτῶν –
Jo. 7. 7. ἵνα τί διεβίβασεν ὁ παῖς σου τὸν λαὸν τ. τὸν Ἰορδ. (1)
II Ki. 19. 15 (16). διαβιβάσαι τὸν βασ. [A *om.* τὸν β.] τὸν Ἰορδ. (1)
— 18 (19). τὴν λειτουργίαν τοῦ διαβιβάσαι τὸν βασιλέα [A τοῦ β. τοῦ δ. αὐτόν] –
— 41 (42). διεβίβασαν τὸν βασιλέα (1)
Wi. 10. 18. διεβίβασεν αὐτοὺς θάλασσαν [S εἰς θ.] ἐρυθράν

[**Aq.** JE. 17. 4.]

διαβιοῦν. (1) עָמַד

Ex. 21. 21. ἐὰν δὲ διαβιώσῃ [A -βῶσιν] ἡμέραν μίαν ἢ δύο (1)

διάβλεψις.

[**Aq.** Is. 61. 1.]

διαβοᾶν. (1) קָרָא (2) שָׁמַע ni.

Ge. 45. 16. καὶ διεβοήθη ἡ φωνὴ εἰς τὸν οἶκον Φ. (2)
Le. 25. 10. διαβοήσετε ἄφεσιν ἐπὶ τῆς γῆς (1)
Ju. 10. 18. διεβοήθη γὰρ εἰς τὰ σκηνώμ. ἡ παρουσία

διαβολή. (1) חֶלְקָה (2) שָׂטָן

Nu. 22. 32. ἐγὼ ἐξῆλθον εἰς διαβολήν σου (2)
Pr. 6. 24. ἀπὸ διαβολῆς γλώσσης ἀλλοτρίας (1)
Si. 19. 15. πολλάκις γὰρ γίνεται διαβολή
26. 5. διαβολὴν πόλεως καὶ ἐκκλησίαν ὄχλου
Si. 28. 9. A S R ἀνὰ μέσον εἰρηνευόντων ἐμβαλεῖ [B ἐκβάλλει] διαβολήν
38. 17. ποίησον τὸ πένθος . . . χάριν διαβολῆς
51. 2. ἐλυτρώσω τὸ σῶμά μου . . . ἐκ παγίδος διαβολῆς [A -βουλῆς] γλώσσης
— 6. βασιλεῖ διαβολὴ [A S -ῆς] γλώσσης ἀδίκου
II Ma. 14. 27. ταῖς τοῦ παμπονήρου ἐρεθισθεὶς δ.
III Ma. 6. 7. τὸν διαβολαῖς φθόνου λέουσι . . . ῥιφέντα
[**Aq.** NU. 14. 37.]
[**Sm.** GE. 37. 2 : Ps. 30 (31). 14.]

διάβολος. (1) *a.* צַר *b.* צָרַר (2) שָׂטָן

I Ch. 21. 1. καὶ ἔστη δ. ἐν τῷ Ἰσραήλ (2)
Es. 7. 4. οὐ γὰρ ἄξιος ὁ δ. τῆς αὐλῆς τοῦ βασιλέως (1 *a*)
8. 1. ὅσα ὑπῆρχεν Ἀμὰν τῷ δ. [S¹ *om.* τ. δ.] (1 *b*)
Jb. 1. 6. ὁ δ. ἦλθε μετ' αὐτῶν (2)
— 7. εἶπεν ὁ κύριος τῷ δ. [A πρὸς τὸν δ.] (2)
— 7. καὶ ἀποκριθεὶς ὁ δ. τῷ κυρίῳ εἶπε (2)
— 9. ἀπεκρίθη δὲ ὁ δ. (2)
— 12. εἶπεν ὁ κύριος τῷ δ. (2)
— 12. ἐξῆλθεν ὁ δ. παρὰ τοῦ [A ἀπὸ προσώπου] κυρίου (2)
2. 1. ὁ δ. ἦλθεν ἐν μέσῳ αὐτῶν (2)
— 2. εἶπεν ὁ κύριος τῷ δ. (2)
— 2. εἶπεν ὁ δ. ἐνώπιον τοῦ [A ἔναντι] κυρίου (2)
— 3. εἶπε δὲ ὁ κύριος πρὸς τὸν δ. [A Σαταναν] (2)
— 4. ὑπολαβὼν δὲ ὁ δ. εἶπε τῷ κυρίῳ (2)
— 6. εἶπε δὲ ὁ κύριος τῷ δ. (2)
— 7. ἐξῆλθε δὲ ὁ δ. ἀπὸ [A παρὰ] τοῦ κυρίου (2)
Ps. 108 (109). 6. διάβολος στήτω ἐκ δεξιῶν αὐτοῦ (2)
Wi. 2. 24. φθόνῳ δὲ διαβόλου θάνατος εἰσῆλθεν
Za. 3. 1. ὁ διάβολος εἱστήκει ἐκ δεξιῶν αὐτοῦ (2)
— 2. εἶπε κύριος πρὸς τὸν δ. (2)
— 3 (2). ἐπιτιμήσαι κύριος ἐν σοί, διάβολε (2)
I Ma. 1. 36. ἐγένετο . . . εἰς δ. πονηρὸν τῷ Ἰσρ.
[**Aq.** PR. 11. 13.]

διαβουλεύεσθαι. (1) מָרַר pi.

Ge. 49. 23. εἰς ὃν διαβουλευόμενοι ἐλοιδόρουν (1)

διαβουλή.

Si. 51. 2. A ἐκ παγίδος διαβουλῆς [B S -βολῆς] γλώσσης

διαβουλία. (1) מוֹעֵצָה

Ps. 5. 10. ἀποπεσάτωσαν ἀπὸ τῶν δ. αὐτῶν (1)
Si. 17. 6. S¹ διαβουλίαν [A B S² -ιον] καὶ γλῶσσαν
Ho. 11. 6. καὶ φάγονται ἐκ τῶν δ. [*vel* -ίων] αὐ. (1)
[**Sm.** PR. 1. 31.]
[**Th.** PR. 1. 31 : 8. 12 : 14. 17.]

διαβούλιον. (1) מוֹעֵצָה (2) מְזִמָּה (3) מַעֲלָל (4) מַעֲלָל

Ps. 9. 23 (10. 2). συλλαμβάνονται ἐν διαβουλίοις (2)
Wi. 1. 9. ἐν γὰρ διαβουλίοις ἀσεβοῦς ἐξέτασις ἔσται
Si. 15. 14. ἀφῆκεν αὐτὸν ἐν χειρὶ διαβουλίου αὐτοῦ
17. 6. διαβούλιον [S¹ -αν] καὶ γλῶσσαν . . . ἔδωκε
44. 4. ἡγούμενοι λαοῦ ἐν διαβουλίοις
Ho. 4. 9. καὶ τὰ δ. αὐτοῦ ἀνταποδώσω αὐτῷ (4)
5. 4. οὐκ ἔδωκαν τὰ δ. αὐτῶν τοῦ ἐπιστρέψαι πρὸς τὸν θ. (4)
7. 2. νῦν ἐκύκλωσαν αὐτοὺς τὰ δ. αὐτῶν (4)
11. 6. καὶ φάγονται ἐκ τῶν δ. [*vel* -ιῶν] αὐτῶν (1)
Ez. 11. 5. τὰ δ. τοῦ πνεύματος ὑμῶν ἐγὼ ἐπίσταμαι (3)

διαγγέλλειν. (1) אָמַר (2) סָפַר pi. (3) עָבַר hi.

Ex. 9. 16. ὅπως διαγγελῇ τὸ ὄνομά μου ἐν πάσῃ τῇ γῇ (2)
Le. 25. 9. καὶ διαγγελεῖτε σάλπιγγος φωνῇ (3)
— 9. διαγγελεῖτε σάλπιγγι (3)
Jo. 6. 9 (10). ἕως ἂν ἡμέραν διαγγείλῃ αὐτὸς ἀναβοῆσαι (1)
Ps. 2. 6. διαγγέλλων [A -ελῶν] τὸ πρόσταγμα κ. (2)
58 (59). 13. διαγγελήσονται συντέλειαι [S² ἐν συντελείᾳ] (2)
Si. 43. 2. ἥλιος ἐν ὀπτασίᾳ διαγγέλλων [S² ἀγγ., A -ελῶν] ἐν ἐξόδῳ
II Ma. 1. 33. καὶ διηγγέλη τῷ βασιλεῖ τῶν Περσῶν
3. 34. διάγγελλε πᾶσι τὸ μεγαλεῖον τοῦ θεοῦ κράτος

διάγγελμα. (1) קָרַב

III Ki. 4. 27 (5. 7). B καὶ πάντα [A R *add.* τὰ] δ. ἐπὶ τὴν τράπεζαν τοῦ βασ. (1 ?)

διάγειν. (1) בּוֹא hi. (2) הָלַךְ hi. (3) עָבַר hi. (4) פָּסַק pi.

II Ki. 12. 31. διήγαγεν [A ἀπήγ.] αὐτοὺς διὰ τοῦ πλινθίου (3)
IV Ki. 16. 3. A R τὸν υἱὸν αὐτοῦ διῆγεν ἐν [B *om.*] πυρί (3)
17. 17. διῆγον τοὺς υἱοὺς αὐτῶν . . . ἐν πυρί (3)
21. 6. διῆγε τοὺς υἱοὺς αὐτοῦ ἐν πυρί (3)
23. 10. τοῦ διαγαγεῖν [A διάγειν] ἄνδρα τὸν υἱὸν αὐτοῦ . . . ἐν πυρί (3)
II Ch. 28. 3. διῆγε τὰ τέκνα αὐτοῦ διὰ πυρός †
33. 6. διήγαγε [A -ῆγεν] τὰ τέκνα αὐτοῦ ἐν πυρί (3)
Jb. 12. 17. διάγων βουλευτὰς [A β. γῆς] αἰχμαλώτους (2)
Ps. 77 (78). 13. διέρρηξε θάλασσαν καὶ διήγαγεν αὐτούς (3)
135 (136). 14. A S² R καὶ διαγαγόντι τὸν Ἰσρ. διὰ μέσου [B S¹ ἐν μέσῳ] αὐτῆς (3)
— 16. τῷ διαγαγόντι τὸν λαὸν αὐτοῦ ἐν τῇ ἐρήμῳ (2)
Wi. 10. 18. διήγαγεν αὐτοὺς δι' ὕδατος πολλοῦ
Si. 38. 27. ὅστις νύκτωρ ὡς ἡμέρᾳ [A S -ας] διάγει
Za. 13. 9. διάξω τὸ τρίτον διὰ πυρός (1)
Ez. 16. 25. διήγαγες [A ἤγ.] τὰ σκέλη σου παντὶ παρόδῳ (4)
20. 37. διάξω ὑμᾶς ὑπὸ τὴν ῥάβδον μου (3)
23. 37. τὰ τέκνα αὐ. . . . διήγαγον αὐτοῖς [A -ῆγον αὐτὰ] δι' ἐμπύρων (3)
II Ma. 12. 38. R αὐτόθι τὸ σάββατον διήγαγον [A -ῆγεν]
III Ma. 1. 3. R τοῦτον δὲ διαγαγὼν [A -άγων] Δωσίθεος
4. 8. τὰς ἐπιλοίπους . . . ἡμέρας ἐν θρήνοις διῆγον
6. 35. R τὸν προειρημένον χορὸν [A χρόνον] . . . διῆγον
[**Aq.** DT. 18. 10 : JE. 32 (39). 35 : Ez. 20. 26.]
[**Sm.** DT. 18. 10 : JB. 12. 17 : JE. 32 (39). 35 : Ez. 20. 26.]
[**Th.** DT. 18. 10 : Ez. 20. 26.]
[**Al.** Ez. 20. 31.]
[**Quint.** Ho. 7. 16.]

διαγίνεσθαι.

II Ma. 11. 26. R καὶ ἡδέως διαγίνωνται πρὸς τὴν [A τῇ] τῶν ἰδίων ἀντίληψιν [A -ψει]

διαγινώσκειν. (1) דָּמָה pi. (2) יָדַע *a.* qal. *b.* ni.

Nu. 33. 56. καθότι διεγνώκειν ποιῆσαι αὐτούς [A *al.*] (1)
De. 2. 7. διάγνωθι πῶς διῆλθες τὴν ἔρημον (2 *a*)
8. 2. ὅπως ἂν . . . διαγνωσθῇ τὰ ἐν τῇ καρδίᾳ σου (2 *a*)
Ju. 11. 12. πάντα . . . διέγνωσαν δαπανῆσαι
Pr. 14. 33. ἐν δὲ καρδίᾳ ἀφρόνων οὐ διαγινώσκεται (2 *b*)
II Ma. 3. 23. τὸ διεγνωσμένον ἐπετέλει
9. 15. R οὓς [A ὡς] διεγνώκει μηδὲ ταφῆς ἀξιῶσαι
15. 6. R διεγνώκει κοινὸν . . . συστήσασθαι τρόπαιον [A τρόπον]
— 17. R διέγνωσαν μὴ στρατοπεδεύεσθαι [A στρατεύεσθαι]

διαγλύφειν. (1) עָשָׂה (2) פָּתַח pi.

Ex. 28. 11. γλύμμα σφραγῖδος διαγλύψεις (2)
— 11. A τοὺς δύο λίθους διαγλύψεις [B *om.*] –
II Ch. 4. 5. διαγεγλυμμένα βλαστοὺς κρίνου –
Ez. 41. 19. διαγεγλυμμένος ὁ οἶκος κυκλόθεν (1)
— 20. οἱ φοίνικες διαγεγλυμμένοι (1)
[**Aq.** ZA. 3. 9.]

διάγνωσις.

Wi. 3. 18. οὐδὲ ἐν ἡμέρᾳ διαγνώσεως παραμύθιον

διαγογγύζειν. (1) לוּן, לִין *a.* ni. *b.* hi. (2) רָנַן ni.

Ex. 15. 24. διεγόγγυζεν ὁ λαὸς ἐπὶ [A κατὰ] M. (1 *a*)
16. 2. διεγόγγυζε πᾶσα συναγωγὴ υἱῶν Ἰ. (1 *a*, 1 *b**)
— 7. ὅτι διαγογγύζετε [A γογγύζ.] καθ' ἡμῶν (1 *b*, 1 *a**)
— 8. ὃν ὑμεῖς διαγογγύζετε καθ' ἡμῶν (1 *b*)
17. 3. R διεγόγγυζεν [A B ἐγόγγ.] ἐκεῖ ὁ λαός (1 *b*)
Nu. 14. 2. διεγόγγυζον ἐπὶ M. καὶ Ἀ. πάντες οἱ υἱοὶ Ἰσρ. (1 *a*)

Nu. 14. 36. παραγενηθέντες διεγόγγυσαν κατ' αὐτῆς (1 *b*, 1 *a**)
16. 11. διαγογγύζετε κατ' αὐτοῦ (1 *b*, 1 *a**)
De. 1. 27. διεγογγύζετε [A -ύσατε] ἐν ταῖς σκηναῖς ὑμῶν (2)
Jo. 9. 18. διεγόγγυσαν πᾶσα ἡ συναγωγὴ ἐπὶ τοῖς ἄρχουσι (1 *a*)
Si. 34 (31). 24. πονηρῷ ἐπ' ἄρτῳ διαγογγύσει πόλις

διαγορεύειν.

I Es. 5. 49. τοῖς ἐν τῇ Μ. βίβλῳ . . . διηγορευμένοις
Da. LXX. Su. 61. ὡς ὁ νόμος διαγορεύει

διαγράφειν. (1) חָקָה pu. (2) חָקַק (3) כָּתַב (4) *a.* צוּר *b.* צוּרָה (5) שָׁקַל

Jo. 18. 4. διαγραψάτωσαν αὐτὴν ἐναντίον μου (3)
Es. 3. 9. διαγράψω εἰς τὸ γαζοφυλάκιον [S^3 *al.*] (5)
Ca. 8. 9. διαγράψωμεν ἐπ' αὐτὴν σανίδα κεδρίνην (4 *a*)
Ez. 4. 1. διαγράψεις ἐπ' αὐτὴν πόλιν τὴν Ἱερ. (2)
8. 10. τὰ εἴδωλα οἴκου Ἰσρ. διαγεγραμμένα ἐπ' αὐτοῦ (1)
42. 3. ἐξέδραι . . . διαγεγραμμέναι –
43. 11. διαγράψεις τὸν οἶκον . . . διαγράψεις [A -φεις] ἐναντίον αὐτῶν (4 *b*, 3)
II Ma. 4. 9. A ἕτερα διαγράφειν [R -άψαι] πεντήκοντα
[**Aq.** **Sm.** Jo. 18. 8.]
[**Th.** Jo. 18. 8 : Pr. 7. 16 : Is. 30. 8.]

διαγραφή. (1) תּוֹרָה

Ez. 43. 12. τὴν δ. τοῦ οἴκου ἐπὶ τῆς κορυφῆς τοῦ ὄρους (1)

διαγωγή.

Es. 3. 13. διαγωγὴν νόμων ξενίζουσαν [S^1 -σα]

διαγωνιᾶν.

II Ma. 3. 21. R τοῦ μεγάλως διαγωνιῶντος [A ἀγ.] ἀρχιερέως

διαδεῖν.

IV Ma. 9. 11. διέδησαν τὰς χεῖρας αὐτοῦ

διαδέχεσθαι. (1) מִשְׁנֶה (2) פַּרְבָּר

I Ch. 26. 18. εἰς τὸν ἐσεφὶμ δύο εἰς διαδεχομένους (2)
— 18. ἐσεφὶμ δύο εἰς διαδεχομένους –
— 18. εἰς τὸν τρίβον δύο διαδεχομένους (2)
II Ch. 31. 12. Σεμεΐ ὁ ἀδελφὸς αὐτοῦ διαδεχόμενος (1)
Es. 10. 3. διεδέχετο τὸν βασιλέα Ἀρτ. (1)
Wi. 7. 30. τοῦτο μὲν γὰρ διαδέχεται νύξ
17. 21. εἰκὼν τοῦ μέλλοντος αὐτοὺς διαδέχεσθαι σκότους
Si. 14. 20. A ὃς ἐν συνέσει αὐτοῦ διαδεχθήσεται [B S διαλεχθ.]
II Ma. 4. 31. τὸν διαδεχόμενον Ἀνδρ. τῶν ἐν ἀξιώματι κειμένων
9. 23. R ἀνέδειξε τὸν διαδεξόμενον [A -άμενον]
10. 28. R ἄρτι δὲ τῆς ἀνατολῆς διαδεχομένης [A διαχεομ.]
IV Ma. 4. 15. διαδέχεται τὴν ἀρχὴν ὁ υἱὸς αὐτοῦ
8. 3. A ταῦτα διαδεξαμένου [S R διαταξ.] τοῦ τυράννου
[**Sm.** Ps. 72 (73). 24.]
[**Sam.** Ex. 26. 5.]

διάδηλος. (1) **δ. γίνεσθαι** יָדַע ni.

Ge. 41. 21. καὶ οὐ διάδηλοι ἐγένοντο (1)
III Ma. 2. 5. R διαδήλους [A ἀδήλους] ταῖς κακίαις γενομένους

διάδημα. (1) כֶּתֶר (2) *a.* צָנוּף *b.* צָנִיף (3) תַּכְרִיךְ

I Es. 4. 30. ἀφαιροῦσαν τὸ δ. ἀπὸ τῆς κεφαλῆς τοῦ βασ.
Es. 1. 11. καὶ περιθεῖναι αὐτῇ τὸ δ. (1)
2. 17. ἐπέθηκεν αὐτῇ τὸ δ. τὸ γυναικεῖον (1)
6. 8. S^3 δοθήτω διάδημα βασιλείας (1)
8. 15. ἔχων . . . δ. βύσσινον πορφυροῦν (3)
Wi. 5. 16. λήψονται . . . τὸ δ. τοῦ κάλλους
18. 24. μεγαλωσύνη σου ἐπὶ διαδήματος κεφαλῆς αὐτοῦ
Si. 11. 5. ὁ δὲ ἀνυπονόητος ἐφόρεσε διάδημα
47. 6. ἐν τῷ φέρεσθαι αὐτῷ διάδημα δόξης
Is. 62. 3. δ. βασιλείας ἐν χειρὶ θεοῦ σου (2 *a**, 2 *b*)
I Ma. 1. 9. ἐπέθεντο πάντες διαδήματα
6. 15. ἔδωκεν αὐτῷ τὸ δ.
8. 14. οὐκ ἐπέθεντο οὐδεὶς αὐτῶν διάδημα
11. 13. A S περιέθετο τὸ δ. τῆς Ἀσίας
— 13. περιέθετο δύο δ. περὶ τὴν κεφαλὴν αὐτοῦ
— 54. καὶ ἐπέθετο διάδημα
12. 39. καὶ περιθέσθαι τὸ δ.
13. 32. καὶ περιέθετο τὸ δ. τῆς Ἀσίας
[**Sm.** II Ki. 1. 10.]
[**Th.** II Ki. 1. 10 : Ps. 44 (45). 10.]

διαδηματίζεσθαι.

[**Aq.** Ps. 21 (22). 13.]

διαδιδόναι. (1) חָלַק pi. (2) נָפַל hi. (3) נָתַן

Ge. 49. 20. A διαδώσει τροφὴν [B δώσει τρυφὴν] ἄρχουσι (3)
— 27. A εἰς τὸ ἑσπέρας διαδώσει [B δίδωσι] τροφήν (1)
Jo. 13. 6. διάδος αὐτὴν ἐν κλήρῳ τῷ Ἰσραήλ (2)
To. 4. 16. A ἐκ τοῦ ἄρτου σου διαδίδου [B δίδου] πεινῶντι
Si. 23. 25. οὐ διαδώσουσι τὰ τέκνα αὐτῆς εἰς ῥίζαν
24. 15. διέδωκα [A S^1 δέδωκα] εὐωδίαν
30. 32 (33. 23). ἐν καιρῷ τελευτῆς διάδος κληρονομίαν
39. 14. διάδοτε ὀσμὴν καὶ αἰνέσατε ᾆσμα
II Ma. 4. 39. διαδοθείσης ἔξω τῆς φήμης
7. 5. R τῆς δὲ ἀτμίδος . . . διαδιδούσης [A διδ.] τοῦ τηγάνου
III Ma. 2. 27. δημοσίᾳ κατὰ τοῦ ἔθνους διαδοῦναι ψόγον
IV Ma. 4. 22. φήμης διαδοθείσης περὶ τοῦ τεθνάναι αὐτόν

διαδιδράσκειν.

Si. 11. 10. οὐ μὴ ἐκφύγῃς διαδράς
II Ma. 8. 13. τὴν τοῦ θεοῦ δίκην διεδίδρασκον
[**Sm.** Ps. 89 (90). 9.]

διαδικάζεσθαι.

[**Sm.** Jb. 23. 6 : 33. 13.]

διαδικασία.

[**Sm.** Ps. 54 (55). 10.]

διαδικασμός.

[**Aq.** Ez. 48. 28.]

διαδοχή.

[**Sext.** Ps. 10 (11). 3.]

διάδοχος. (1) לְיַד (2) מִשְׁנֶה (3) שַׂר

I Ch. 18. 17. υἱοὶ Δαυὶδ οἱ πρῶτοι δ. τοῦ βασ. (1)
II Ch. 26. 11. διὰ χειρὸς Ἀνανίου τοῦ δ. τοῦ βασιλέως (3)
28. 7. τὸν Ἐλκανὰ τὸν δ. τοῦ βασιλέως (2)
Si. 46. 1. διάδοχος Μωυσῆ ἐν προφητείαις
48. 8. ὁ χρίων . . . προφήτας διαδόχους μετ' αὐτόν
II Ma. 4. 29. ἀπέλιπε τῆς ἀρχιερωσύνης διάδοχον Λυσίμαχον
14. 26. R Ἰούδαν διάδοχον ἀναδέδειχεν [A ἀπέδειξεν]

διαδραμεῖν, *vid.* **διατρέχειν.**

διαδύνειν. (1) טָבַע

I Ki. 17. 49. διέδυ ὁ λίθος διὰ τῆς περικεφαλαίας (1)

διάζεσθαι.

Jd. 16. 14. A ἐδιάσατο τοὺς ἑπτὰ βοστρύχους τῆς κεφ. αὐ. [B *al.*] –
Is. 19. 10. S^3 οἱ διαζόμενοι [A διαλογιζ., B S ἐργαζ.] αὐτά †
[**Aq.** Ps. 2. 6 : Is. 30. 1.]
[**Th.** Is. 30. 1.]
[**Quint.** Ps. 2. 6.]

διαζῆν.

II Ma. 5. 27. ἐν τοῖς ὄρεσι διέζη σὺν τοῖς μετ' αὐτοῦ

διαζώνη.

[**Aq.** Ex. 29. 9.]

διαζωννύναι. (1) חָגוֹר

Ez. 23. 15. A διεζωσμένους [B ἐζ.] ποικίλματα (1)

διάζωσμα.

[**Aq.** Ex. 28. 27 : Le. 8. 7.]

διαθερμαίνειν. (1) חָמַם

Ex. 16. 21. ἡνίκα δὲ διεθέρμαινεν ὁ ἥλιος (1)
I Ki. 11. 9. διαθερμάναντος τοῦ ἡλίου (1)
— 11. ἕως διεθερμάνθη ἡ ἡμέρα (1)
IV Ki. 4. 34. διεθερμάνθη ἡ σὰρξ τοῦ παιδαρίου (1)

διάθεσις. (1) מִפְלָשׂ (2) מַשְׂכִּית

Es. 8. 13. τοῦ κατευθύνοντος . . . τὴν βασιλ. ἐν τῇ καλλίστῃ δ. [S^1 *al.*]
Jb. 37. 16. S ἐπίσταται [A -ασαι] δὲ διάθεσιν [A B -κρισιν] νεφῶν (1)
Ps. 72 (73). 7. διῆλθον εἰς διάθεσιν καρδίας (2)
II Ma. 5. 23. R ἀπεχθῆ [A -ήχθη] δὲ πρὸς τοὺς πολίτας Ἰουδ. ἔχων διάθεσιν
14. 5. ἐν τίνι δ. . . . καθεστήκασιν οἱ Ἰουδαῖοι
III Ma. 2. 28. εἰς . . . οἰκετικὴν δ. ἀχθῆναι
3. 2. ἀφορμῆς διδομένης εἰς διάθεσιν
— 8. τυραννικὴ γὰρ ἦν ἡ δ.
— 26. τὰ πράγματα ἐν . . . τῇ βελτίστῃ δ. κατασταθήσεσθαι
IV Ma. 1. 25. ἐν δὲ τῇ ἡδονῇ ἐστι [S ἔνεστιν] καὶ ἡ κακοήθης δ.
[**Aq.** Ez. 25. 6.]

διαθήκη. (1) אַחֲוָה (2) בְּרִית (3) דָּבָר (4) כָּתַב (5) עֵדוּת (6) תּוֹרָה (7) **διατιθέναι διαθήκην** שָׁלַם hi.

Ge. 6. 18. A καὶ στήσω τὴν δ. μου πρὸς σέ [R μετὰ σοῦ] (2)
9. 9. ἀνίστημι τὴν δ. μου ὑμῖν (2)
— 11. καὶ στήσω τὴν δ. μου πρὸς ὑμᾶς (2)
— 12. τοῦτο τὸ σημεῖον τῆς δ. (2)
— 13. ἔσται εἰς σημεῖον διαθήκης (2)
— 15. καὶ μνησθήσομαι τῆς δ. μου (2)
— 16. καὶ ὄψομαι τοῦ μνησθῆναι δ. αἰώνιον (2)
— 17. τοῦτο τὸ σημεῖον τῆς δ. (2)
15. 18. R διέθετο κύριος τῷ Ἅβραμ διαθήκην (2)
17. 2. θήσομαι τὴν δ. μου ἀνὰ μέσον ἐμοῦ (2)
— 4. καὶ ἐγὼ ἰδοὺ ἡ δ. μου μετὰ σοῦ (2)
— 7. στήσω τὴν δ. μου ἀνὰ μέσον ἐμοῦ (2)
— 7. εἰς δ. αἰώνιον (2)
— 9. σὺ δὲ τὴν δ. μου διατηρήσεις (2)
— 10. αὕτη ἡ δ. ἣν διατηρήσεις (2)
— 11. A ἔσται ἐν σημείῳ [R εἰς σημεῖον] διαθήκης (2)
— 13. ἔσται ἡ δ. μου ἐπὶ τῆς σαρκὸς ὑμῶν εἰς δ. αἰώνιον (2, 2)
— 14. ὅτι τὴν δ. μου διεσκέδασε (2)
— 19. στήσω τὴν δ. μου πρὸς αὐτὸν εἰς δ. αἰώνιον (2, 2)
— 21. τὴν δὲ δ. μου στήσω πρὸς Ἰσαάκ (2)
21. 27. διέθεντο ἀμφότεροι διαθήκην (2)
— 32. διέθεντο διαθήκην ἐν τῷ φρέατι (2)
26. 28. διαθησόμεθα μετὰ σοῦ διαθήκην (2)
31. 44. A^2 διαθώμεθα [R διαθῶμαι] διαθήκην (2)
Ex. 2. 24. ἐμνήσθη ὁ θεὸς τῆς δ. αὐτοῦ τῆς πρὸς Ἀβραάμ (2)
6. 4. ἔστησα τὴν δ. μου πρὸς αὐτούς (2)
— 5. ἐμνήσθην τῆς δ. ὑμῶν (2)
19. 5. καὶ φυλάξητε τὴν δ. μου (2)
23. 22. καὶ φυλάξητε τὴν δ. μου –
— 32. οὐ συγκαταθήσῃ αὐτοῖς . . . διαθήκην (2)
24. 7. καὶ λαβὼν τὸ βιβλίον τῆς δ. (2)
— 8. ἰδοὺ τὸ αἷμα τῆς δ. (2)
25. 14 (15). A ἐν τοῖς δακτυλίοις τῆς δ. [B κιβωτοῦ] †
27. 21. τοῦ καταπετάσματος τοῦ ἐπὶ τῆς δ. (5)
31. 7. καὶ τὴν κιβωτὸν τῆς δ. (5)
— 16. δ. αἰώνιος ἐν ἐμοὶ καὶ τοῖς υἱοῖς Ἰ. (2)
34. 10. ἰδοὺ ἐγὼ τίθημί σοι [A *om.*] διαθήκην (2)
— 12, 15. μή ποτε θῇς [A διαθῇ] διαθήκην τοῖς ἐγκαθ. (2)
— 27. τέθειμαί [B^2 τίθεμαί] σοι διαθήκην (2)
— 28. τὰ ῥήματα ταῦτα ἐπὶ τῶν πλακῶν τῆς δ. [A *al.*] (2)
39. 15 (35). τὴν κιβωτὸν τῆς δ. (5)
Le. 2. 13. A B ἅλα [R ἅλας] διαθήκης κυρίου (2)
24. 8. διαθήκην αἰώνιον (2)
26. 9. στήσω τὴν δ. μου μεθ' ὑμῶν (2)
— 11. A B καὶ θήσω τὴν δ. [R σκηνήν] μου ἐν ὑμῖν †
— 15. ὥστε διασκεδάσαι τὴν δ. μου (2)
— 25. μάχαιραν ἐκδικοῦσαν δίκην διαθήκης (2)

Le. 26. 42. μνησθήσομαι τῆς δ. Ἰακὼβ καὶ τῆς δ. Ἰσαὰκ καὶ τῆς δ. Ἀβραὰμ μνησθήσομαι (2 *ter*)
— 44. τοῦ διασκεδάσαι τὴν δ. μου τὴν πρὸς αὐτούς (2)
— 45. μνησθήσομαι αὐτῶν τῆς δ. τῆς προτέρας (2)
Nu. 10. 33. ἡ κιβωτὸς τῆς [A *om.*] δ. κυρίου προεπορεύετο (2)
14. 44. ἡ δὲ κ. τῆς δ. κ. καὶ M. οὐκ ἐκινήθησαν (2)
18. 19. διαθήκη ἁλὸς αἰωνίου (2)
25. 12. ἐγὼ δίδωμι αὐτῷ [A *add.* τὴν δ. μου] διαθήκην εἰρήνης (2, –)
— 13. καὶ ἔσται . . . διαθήκη ἱερατείας (2)
De. 4. 13. ἀνήγγειλεν ὑμῖν τὴν δ. αὐτοῦ (2)
— 23. μὴ ἐπιλάθησθε τὴν δ. κυρίου (2)
— 31. οὐκ ἐπιλήσεται τὴν δ. τῶν πατέρων σου (2)
5. 2. κύριος . . . διέθετο πρὸς ὑμᾶς διαθήκην (2)
— 3. οὐχὶ τοῖς πατράσιν ὑμῶν διέθετο κ. [A *om.*] τὴν δ. ταύτην (2)
7. 2. οὐ διαθήσῃ πρὸς αὐτοὺς διαθήκην (2)
— 9. θεὸς πιστὸς ὁ φυλάσσων [A B[2] *add.* τὴν] διαθήκην (2)
— 12. διαφυλάξει κύριος ὁ θεός σού σοι τὴν δ. (2)
8. 18. ἵνα στήσῃ τὴν δ. (2)
9. 5. τὴν δ. αὐτοῦ [A *om.*] ἣν ὤμοσε (3)
— 9. πλάκας διαθήκης ἃς διέθετο κύριος (2)
— 11. τὰς δύο πλάκας τὰς λιθίνας πλάκας [A *add.* τῆς] διαθήκης (2)
10. 8. τὴν κιβωτὸν τῆς δ. κυρίου (2)
17. 2. παρελθεῖν τὴν δ. αὐτοῦ (2)
29. 1 (28. 69). οὗτοι οἱ λόγοι τῆς δ. . . . πλὴν τῆς δ. ἧς διέθετο αὐτοῖς (2, 2)
— 9 (8). πάντας τοὺς λόγους τῆς δ. ταύτης (2)
— 12 (11). παρελθεῖν ἐν τῇ δ. [A τὴν διαθήκην] κ. τοῦ θ. ὑμῶν (2)
— 14 (13). οὐχ ὑμῖν μόνοις ἐγὼ διατίθεμαι τὴν δ. ταύτην (2)
— 20 (19). πᾶσαι αἱ ἀραὶ τῆς δ. ταύτης –
— 21 (20). κατὰ πάσας τὰς ἀρὰς τῆς δ. (2)
— 25 (24). ὅτι κατέλιπον τὴν δ. κυρίου (2)
— 27 (26). κατὰ πάσας τὰς κατάρας [A ἀρὰς τῆς διαθήκης] –
31. 9. τὴν κιβωτὸν τῆς δ. κυρίου (2)
— 16, 20. διασκεδάσουσι τὴν δ. μου (2)
— 25. τοῖς αἴρουσι τὴν κιβωτὸν τῆς δ. κ. (2)
— 26. ἐκ πλαγίων τῆς κιβωτοῦ τῆς δ. κ. (2)
33. 9. τὴν δ. σου διετήρησε (2)
Jo. 3. 3. ὅταν ἴδητε τὴν κιβωτὸν τῆς δ. κ. τοῦ θ. ἡμῶν (2)
— 6. ἄρατε τὴν κιβωτὸν τῆς δ. κυρίου (2)
— 6. ἦραν οἱ ἱερεῖς τὴν κιβωτὸν τῆς δ. κυρίου (2)
— 8. τοῖς αἴρουσι τὴν κιβωτὸν τῆς δ. (2)
— 11. ἡ κιβωτὸς [A *add.* τῆς] διαθήκης κυρίου πάσης τῆς γῆς (2)
— 13. τῶν αἰρόντων τὴν κιβωτὸν τῆς δ. κυρίου –
— 14. ἤροσαν τὴν κιβωτὸν τῆς δ. κυρίου (2)
— 15. οἱ ἱερεῖς οἱ αἴροντες τὴν κιβωτὸν τῆς δ. –
— 15. τῶν ἱερέων τῶν αἰρόντων τὴν κιβωτὸν τῆς δ. κυρίου [A *om.* τῆς δ. κ.] –
— 17. οἱ ἱερεῖς οἱ αἴροντες τὴν κιβωτὸν τῆς δ. κυρίου (2)
4. 7. ἀπὸ προσώπου κιβωτοῦ διαθήκης κυρίου (2)
— 9. τῶν ἱερέων τῶν αἰρόντων τὴν κιβωτὸν τῆς δ. κυρίου (2)
— 10. οἱ ἱερεῖς οἱ αἴροντες τὴν κιβωτὸν τῆς δ. –
— 11. διέβη ἡ κιβωτὸς τῆς δ. κυρίου –
— 16. τοῖς αἴρουσι τὴν κιβωτὸν τῆς δ. τοῦ μαρτ. κ. (5 ?)
— 18. οἱ ἱερεῖς οἱ αἴροντες τὴν κιβωτὸν τῆς δ. κυρίου (2)
6. 7 (8). ἡ κιβωτὸς τῆς δ. κυρίου ἐπακολουθείτω (2)
— 8 (9). οἱ οὐραγοῦντες ὀπίσω τῆς κιβωτοῦ τῆς δ. κυρίου –
— 10 (11). περιελθοῦσα ἡ κιβωτὸς τῆς δ. τοῦ θεοῦ [A θ. τὴν πόλιν] –
— 11 (12). ἦραν οἱ ἱερεῖς τὴν κιβωτὸν τῆς δ. [A *om.* τῆς δ.] κυρίου –
— 13 (14). ὁ λοιπὸς ὄχλος ὄπισθεν τῆς κιβωτοῦ τῆς δ. κυρίου –
7. 11. παρέβη τὴν δ. [A δ. μου] (2)
— 15. παρέβη τὴν δ. κυρίου (2)
9. 2 (8. 33). οἱ Λευῖται ἦραν τὴν κιβωτὸν τῆς δ. κυρίου (2)
— 6. διάθεσθε ἡμῖν διαθήκην (2)
— 7. πῶς σοι διαθῶμαι διαθήκην (2)

Jo. 9. 11. διάθεσθε ἡμῖν διαθήκην (2)
— 15. διέθεντο [A -ετο] πρὸς αὐτοὺς διαθήκην (2)
— 16. μετὰ τὸ διαθέσθαι πρὸς αὐτοὺς διαθήκην (2)
23. 16. ἐν τῷ παραβῆναι ὑμᾶς τὴν δ. κ. τοῦ θ. ἡμῶν [A *al.*] (2)
24. 25. διέθετο Ἰησοῦς διαθήκην πρὸς τὸν λαόν (2)
— 33. A λαβόντες οἱ υἱοὶ Ἰσραὴλ τὴν κιβωτὸν τῆς δ. [B *om.* τῆς δ.] τοῦ θεοῦ –
Jd. 2. 1. οὐ διασκεδάσω τὴν δ. μου τὴν μεθ' ὑμῶν (2)
— 2. ὑμεῖς οὐ διαθήσεσθε διαθήκην (2)
— 20. ἐγκατέλιπον τὸ ἔθνος τοῦτο τὴν δ. μου (2)
8. 33. B ἔθηκαν ἑαυτοῖς τῷ Βάαλ διαθήκην [A *al.*] (2)
9. 4. A ἐκ τοῦ οἴκου Βάαλ διαθήκης [B *al.*] (2)
— 46. A εἰς τὸ ὀχύρωμα οἴκου τοῦ Βάαλ διαθήκης [B *al.*] (2)
20. 27. ἐκεῖ κιβωτὸς διαθήκης κυρίου τοῦ θεοῦ (2)
I Ki. 4. 3. A τὴν κιβωτὸν τῆς δ. τοῦ θεοῦ ἡμῶν [B *al.*] (2)
— 4. A τὴν κιβωτὸν τῆς δ. [B *om.* τῆς δ.] κυρίου (2)
— 4. A μετὰ τῆς κιβωτοῦ τῆς δ. τοῦ θεοῦ [B *om.* τῆς δ. τοῦ θ.] (2)
— 5. A ὡς ἦλθεν κιβωτὸς διαθήκης [B *om.*] κυρίου εἰς τὴν παρεμβ. (2)
5. 4. ἐνώπιον κιβωτοῦ διαθήκης κυρίου –
6. 3. τὴν κιβωτὸν διαθήκης κυρίου θεοῦ Ἰσραὴλ –
— 18. οὗ ἐπέθηκαν [A -έθεσαν] ἐπ' αὐτοῦ τὴν κιβωτὸν διαθήκης κυρίου –
7. 1. ἀνάγουσι τὴν κιβωτὸν διαθήκης κυρίου –
— 1. φυλάσσειν τὴν κιβωτὸν διαθήκης κυρίου –
11. 1. διάθου ἡμῖν διαθήκην (2)
— 2. ἐν ταύτῃ διαθήσομαι ὑμῖν διαθήκην [A τῇ δ. διαθήσ. ὑ.] –
20. 8. εἰσήγαγες εἰς διαθήκην κυρίου τὸν δοῦλόν σου μετὰ σεαυτοῦ (2)
22. 8. ἐν τῷ διαθέσθαι τὸν υἱόν μου διαθήκην –
23. 18. διέθεντο ἀμφότεροι διαθήκην ἐνώπιον κυρίου (2)
II Ki. 3. 12. διάθου διαθήκην σου [A σὺ] μετ' ἐμοῦ (2)
— 13. ἐγὼ καλῶς διαθήσομαι πρὸς σὲ διαθήκην (2)
— 21. διαθήσομαι μετ' αὐτοῦ διαθήκην (2)
5. 3. διέθετο αὐτοῖς ὁ Βασ. Δαυὶδ διαθήκην (2)
6. 10. τοῦ ἐκκλῖναι πρὸς αὐτὸν τὴν κιβωτὸν διαθήκης κυρίου –
10. 19. B[2] καὶ διέθεντο διαθήκην (7)
15. 24. αἴροντες τὴν κιβωτὸν διαθήκης κυρίου (2)
23. 5. διαθήκην γὰρ αἰώνιον ἔθετό μοι (2)
III Ki. 2. 26. ἦρας τὴν κιβωτὸν τῆς [A *om.*] δ. κυρίου –
3. 15. τοῦ κατὰ πρόσωπον κιβωτοῦ διαθήκης κυρίου (2)
5. 12 (26). διέθεντο διαθήκην ἀνὰ μέσον ἑαυτῶν (2)
6. 19. δοῦναι ἐκεῖ τὴν κιβωτὸν διαθήκης κυρίου (2)
8. 1. τοῦ ἐνεγκεῖν [A ἀνεν.] τὴν κιβωτὸν διαθήκης κ. (2)
— 6. A εἰσφέρουσιν οἱ ἱερεῖς τὴν κιβωτὸν διαθήκης κ. [B *om.* δ. κ.] (2)
— 9. A R πλάκες τῆς δ. ἃς [B ἃ] ἔθηκε Μωυσῆς –
— 21. ἐν ᾗ ἐστιν ἐκεῖ διαθήκη κυρίου (2)
— 23. φυλάσσων διαθήκην καὶ ἔλεος τῷ δούλῳ σου (2)
15. 19. διάθου διαθήκην ἀνὰ μέσον ἐμοῦ (2)
— 19. διασκέδασον τὴν δ. σου (2)
19. 14. R ἐγκατέλιπον τὴν δ. [A B *om.* τὴν δ.] σου [A B σε] οἱ υἱοὶ Ἰσραὴλ [B *add.* τὴν δ. σου] (2)
21 (20). 34. ἐγὼ ἐν διαθήκῃ [A Δαμασκῷ] ἐξαποστελῶ σε (2)
— 34. διέθετο αὐτῷ διαθήκην (2)
IV Ki. 11. 4. διέθετο αὐτοῖς διαθήκην κυρίου (2)
— 4. A ὥρκισεν αὐτοὺς ἐν τῇ δ. κυρίου [B ὥρκωσε] †
— 17. διέθετο Ἰωδαὲ διαθήκην (2)
13. 23. ἐπέβλεψεν ἐπ' αὐτοὺς διὰ τὴν δ. αὐ. (2)
17. 35. διέθετο κύριος μετ' αὐτῶν [A *om.* μετ' αὐ.] διαθήκην (2)
— 38. τὴν δ. ἣν διέθετο μεθ' ὑμῶν οὐκ ἐπιλήσεσθε (2)
18. 12. παρέβησαν τὴν δ. αὐτοῦ (2)
23. 2. πάντας τοὺς λόγους τοῦ βιβλίου τῆς δ. (2)
— 3. διέθετο διαθήκην ἐνώπιον κυρίου (2)
— 3. τοῦ ἀναστῆσαι τοὺς λόγους τῆς δ. ταύτης (2)

IV Ki. 23. 3. ἔστη πᾶς ὁ λαὸς ἐν τῇ δ. (2)
— 21. καθὼς γέγραπται ἐπὶ βιβλίου [A -ῳ] τῆς δ. ταύτης (2)
I Ch. 11. 3. διέθετο αὐτοῖς ὁ βασιλεὺς Δαυὶδ διαθήκην (2)
15. 25. τοῦ ἀναγαγεῖν τὴν κιβωτὸν τῆς δ. (2)
— 26. αἴροντας τὴν κιβωτὸν τῆς δ. κυρίου (2)
— 27. αἴροντες τὴν κιβωτὸν [S *add.* τῆς] διαθήκης κυρίου –
— 28. ἀνάγοντες τὴν κιβωτὸν διαθήκης κυρίου (2)
— 29. καὶ ἐγένετο κιβωτὸς [A *add.* τῆς] διαθήκης κυρίου (2)
16. 4. κατὰ πρόσωπον τῆς κιβωτοῦ διαθήκης κ. –
— 6. ἐναντίον τῆς κιβωτοῦ τῆς δ. (2)
— 15. R μνημονεύομεν [A -ων, B S -ομεν] εἰς αἰῶνα διαθήκης (2)
— 17. τῷ Ἰσραὴλ διαθήκην αἰώνιον (2)
— 37. ἔναντι [A -ίον] τῆς κιβωτοῦ διαθήκης κυρίου (2)
17. 1. ἡ κιβωτὸς διαθήκης κ. ὑποκάτω δέρρεων (2)
22. 19. τοῦ εἰσενέγκαι τὴν κιβωτὸν διαθήκης κ. (2)
28. 2. οἶκον ἀναπαύσεως τῆς κιβ. διαθήκης κ. (2)
— 18. σκιαζόντων ἐπὶ τῆς κιβωτοῦ διαθήκης κ. (2)
II Ch. 5. 2. τοῦ ἀνενέγκαι κιβωτὸν διαθήκης κυρίου (2)
— 7. εἰσήνεγκαν οἱ ἱερεῖς τὴν κιβ. διαθήκης κ. (2)
6. 11. διαθήκη κυρίου ἣν διέθετο τῷ Ἰσραὴλ (2)
— 14. φυλάσσων τὴν δ. καὶ τὸ ἔλεος (2)
13. 5. B διαθήκῃ [A -ην, R -η] ἁλός (2)
15. 12. διῆλθεν ἐν διαθήκῃ ζητῆσαι κύριον θεόν (2)
16. 3. διάθου διαθήκην ἀνὰ μέσον ἐμοῦ (2)
21. 7. διὰ τὴν δ. ἣν διέθετο τῷ Δαυίδ (2)
23. 3. διέθεντο πᾶσα ἐκκλησία Ἰούδα διαθήκην (2)
— 16. διέθετο Ἰ. διαθήκην ἀνὰ μέσον αὐτοῦ (2)
25. 4. κατὰ τὴν δ. τοῦ νόμου κυρίου (4)
29. 10. διαθέσθαι διαθήκην μου [A *om.* δ. μ.] διαθήκην κυρίου θ. (–, 2)
34. 30. πάντας λόγους βιβλίου τῆς [A *om.*] δ. (2)
— 31. διέθετο διαθήκην ἐναντίον κυρίου (2)
— 31. τοὺς λόγους τῆς δ. τοὺς γεγραμμ. [A ἐγγεγρ.] (2)
— 32. ἐποίησαν οἱ κατοικοῦντες Ἱερ. διαθήκην (2)
II Es. 10. 3. διαθώμεθα διαθήκην τῷ θεῷ ἡμῶν (2)
Ne. 1. 5. φυλάσσων τὴν δ. (2)
9. 8. διέθου πρὸς αὐτὸν διαθήκην (2)
— 32. φυλάσσων τὴν δ. σου [A *om.*] (2)
13. 29. ἐπὶ ἀγχιστεία τῆς . . . διαθήκης τῆς ἱερατ. (2)
Ju. 9. 13. οἳ κατὰ τῆς δ. σου . . . ἐβουλεύσαντο
Jb. 5. 23. A μετὰ τῶν λίθων τοῦ ἀγροῦ ἡ δ. σου (2)
31. 1. διαθήκην ἐθέμην τοῖς ὀφθ. [S[1] ἀδελφοῖς] μου (2)
40. 23 (28). θήσεται δὲ μετὰ σοῦ διαθήκην (2)
Ps. 24 (25). 10. τοῖς ἐκζητοῦσι τὴν δ. αὐτοῦ (2)
— 14. ἡ δ. αὐ. τοῦ δηλῶσαι [S[2] αὐ. δηλώσει] αὐτοῖς (2)
43 (44). 17. οὐκ ἠδικήσαμεν ἐν διαθήκῃ σου (2)
49 (50). 5. τοὺς διατιθεμένους τὴν δ. αὐτοῦ (2)
— 16. ἀναλαμβάνεις τὴν δ. μου διὰ στόμ. σου (2)
54 (55). 20. B S[2] ἐβεβήλωσαν τὴν δ. αὐτοῦ (2)
73 (74). 20. ἐπίβλεψον εἰς τὴν δ. σου (2)
77 (78). 10. B[2] S R οὐκ ἐφύλαξαν [B[1] -αντο] τὴν δ. τοῦ θεοῦ (2)
— 37. οὐδὲ ἐπιστώθησαν ἐν τῇ δ. αὐτοῦ (2)
82 (83). 5. κατὰ σοῦ διαθήκην διέθεντο (2)
88 (89). 3. διεθέμην διαθήκην τοῖς ἐκλεκτοῖς μου (2)
— 28. ἡ δ. μου πιστὴ αὐτῷ (2)
— 34. οὐδὲ μὴ βεβηλώσω τὴν δ. [S[1] ἐν τῇ δ.] μου (2)
— 39. κατέστρεψας τὴν δ. τοῦ δούλου σου (2)
102 (103). 18. τοῖς φυλάσσουσι τὴν δ. αὐτοῦ (2)
104 (105). 8. ἐμνήσθη εἰς τὸν αἰῶνα διαθήκης αὐτοῦ (2)
— 10. A B S[1] ἔστησεν αὐτὴν . . . τῷ Ἰσρ. [S[2] R *add.* εἰς] διαθήκην αἰών. (2)
105 (106). 45. ἐμνήσθη τῆς δ. αὐτοῦ [A[1] *om.*] (2)
110 (111). 5. μνησθήσεται εἰς τὸν αἰῶνα διαθήκης αὐτοῦ (2)
— 9. ἐνετείλατο εἰς τὸν αἰῶνα διαθήκην [S[2] -ης] αὐ. (2)
131 (132). 12. ἐὰν φυλάξωνται οἱ υἱοί σου τὴν δ. μου [A[1] σου] (2)
Pr. 2. 17. διαθήκην θείαν ἐπιλελησμένη (2)
Wi. 18. 22. ὅρκους πατέρων καὶ διαθήκας ὑπομνήσας
Si. 11. 20. στῆθι ἐν διαθήκῃ σου
14. 12. διαθήκη ᾅδου οὐχ ὑπεδείχθη [S[2] ὑποδειχθήσεται] σοι

Si. 14. 17. ἡ γὰρ δ. ἀπ' αἰῶνος, θανάτῳ ἀποθανῇ
16. 22. μακρὰν γὰρ ἡ δ.
17. 12. διαθήκην αἰῶνος [A αἰώνιον] ἔστησε μετ' αὐτῶν
24. 23. ταῦτα πάντα βίβλος διαθήκης θ. ὑψίστου
28. 7. μνήσθητι . . . διαθήκην ὑψίστου
38. 33. διαθήκην κρίματος οὐ διανοηθήσονται
39. 8. ἐν νόμῳ διαθήκης κυρίου καυχήσεται
41. 19. ἀπὸ ἀληθείας θεοῦ καὶ διαθήκης
42. 2. περὶ νόμου ὑψίστου καὶ διαθήκης
44. 11. ἔκγονα αὐτῶν ἐν ταῖς δ.
— 18. διαθῆκαι αἰῶνος ἐτέθησαν πρὸς αὐτόν
— 20. ἐγένετο ἐν διαθήκῃ μετ' αὐτοῦ
— 20. ἐν σαρκὶ αὐτοῦ ἔστησε [S ἐζήτησεν] διαθήκην
— 22. ἔστησεν οὕτως . . . διαθήκην
45. 5. διδάξαι τὸν Ἰακὼβ διαθήκην
— 7. A R ἔστησεν αὐτῷ [B S -όν] διαθήκην αἰῶνος
— 15. ἐγενήθη αὐτῷ εἰς διαθήκην αἰώνιον [S αἰῶνος]
— 17. ἔδωκεν . . . ἐξουσίαν ἐν διαθήκαις κριμάτων
— 24. ἐστάθη αὐτῷ διαθήκη εἰρήνης
— 25. διαθήκην τῷ Δαυὶδ υἱῷ [S[1] -ῶν, A S[2] υἱῷ Ἰεσσαί]
47. 11. ἔδωκεν αὐτῷ διαθήκην βασιλέων
Ho. 2. 18 (20). καὶ διαθήσομαι αὐτοῖς διαθήκην (2)
6. 8 (7). ὡς ἄνθρωπος παραβαίνων διαθήκην (2)
8. 1. παρέβησαν τὴν δ. μου (2)
10. 4. διαθήσεται διαθήκην (2)
12. 1 (2). καὶ διαθήκην μετὰ Ἀ. διέθετο (2)
Am. 1. 9. οὐκ ἐμνήσθησαν διαθήκης ἀδελφῶν (2)
Ob. 1. 7. πάντες οἱ ἄνδρες τῆς δ. σου ἀντέστησάν σοι (2)
Za. 9. 11. ἐν αἵματι διαθήκης σου [A om.] ἐξαπέστειλας δεσμίους (2)
11. 10. τοῦ διασκεδάσαι τὴν δ. μου (2)
— 14. A τοῦ [S[3] ὥστε] διασκεδάσαι τὴν δ. μου [B S τὴν κατάσχεσιν] (1)
Ma. 2. 4. τοῦ εἶναι τὴν δ. μου πρὸς τοὺς Λ. (2)
— 5. ἡ δ. μου ἦν μετ' αὐτοῦ τῆς ζωῆς (2)
— 8. διεφθείρατε [A -ρα] τὴν δ. τοῦ Λευί (2)
— 10. τοῦ βεβηλῶσαι τὴν δ. τῶν πατ. ὑμῶν (2)
— 14. αὕτη . . . γυνὴ διαθήκης σου (2)
3. 1. καὶ ὁ ἄγγελος τῆς δ. (2)
Is. 24. 5. ἤλλαξαν τὰ προστάγμ. [A *add.* κυρίου, S *add.* διεσκέδασαν] διαθήκην αἰώνιον (2)
28. 15. ἐποιήσαμεν διαθήκην μετὰ τοῦ ᾅδου [A λαοῦ] (2)
— 18. μὴ καὶ ἀφέλῃ ὑμῶν τὴν δ. τοῦ θανάτου (2)
33. 8. ἡ πρὸς τούτους δ. αἴρεται (2)
42. 6. εἰς διαθήκην γένους [S[1] *add.* μου] (2)
49. 6. B S εἰς διαθήκην γένους –
— 8. εἰς διαθήκην [S[1] *add.* γένους εἰς φῶς] ἐθνῶν (2)
54. 10. ἡ δ. τῆς εἰρήνης σου οὐ μὴ μεταστῇ (2)
55. 3. διαθήσομαι ὑμῖν διαθήκην αἰώνιον (2)
56. 4. ἀντέχωνται τῆς δ. μου (2)
— 6. ἀντεχομένους [S[1] -οις] τῆς δ. μου (2)
59. 21. αὕτη αὐτοῖς ἡ παρ' ἐμοῦ δ. (2)
61. 8. διαθήκην αἰώνιον διαθήσομαι αὐτοῖς (2)
Je. 3. 16. κιβωτὸς διαθήκης ἁγίου Ἰσραήλ (2)
11. 2. ἀκούσατε τοὺς λόγους τῆς δ. ταύτης (2)
— 3. οὐκ ἀκούσεται τῶν λόγων [S -σει τῆς φωνῆς] τῆς δ. ταύτης (2)
— 6. ἀκούσατε τοὺς λόγους τῆς δ. ταύτης (2)
— 10. A R διεσκέδασεν [B S -αν] οἶκος Ἰσραὴλ . . . τὴν δ. μου (2)
14. 21. μὴ διασκεδάσῃς τὴν δ. σου τὴν [A om.] μεθ' ἡμῶν (2)
22. 9. ἐγκατέλιπον τὴν διαθήκην κυρίου (2)
27 (50). 5. δ. γὰρ αἰώνιος οὐκ ἐπιλησθήσεται (2)
38 (31). 31. διαθήσομαι . . . δ. καινήν [S[1] *om.*] (2)
— 32. οὐ κατὰ τὴν δ. ἣν διεθέμην (2)
— 32. οὐκ ἐνέμειναν ἐν τῇ δ. μου (2)
— 33. αὕτη ἡ δ. μου [A S *om.*] ἣν διαθήσομαι (2)
39 (32). 40. διαθήσομαι αὐτοῖς διαθήκην αἰωνίαν [A S -ον] (2)
41 (34). 8. μετὰ τὸ συντελέσαι τὸν βασ. Σεδ. διαθήκην (2)
— 10. οἱ εἰσελθόντες ἐν τῇ δ. [A ἐλθόντες εἰς τὴν δ.] (2)
— 13. A R διεθέμην [B S ἐθ.] διαθήκην πρὸς τοὺς πατ. ὑμῶν (2)
— 15. συνετέλεσαν διαθήκην (2)

Je. 41 (34). 16. A ἐβεβηλώσατε τὴν δ. [B S τὸ ὄνομά] μου
— 18. τοὺς παρεληλυθότας τὴν δ. μου τοὺς μὴ στήσαντας τὴν δ. μου [A S[1] *om.* τ. μ. στ. τ. δ. μ.] (2, 2)
Ba. 2. 35. στήσω αὐτοῖς διαθήκην αἰώνιον
Ez. 16. 8. εἰσῆλθον ἐν διαθήκῃ μετὰ σοῦ (2)
— 29. ἐπλήθυνας τὰς δ. [A τὴν δ.] σου †
— 59. τοῦ παραβῆναι τὴν δ. μου (2)
— 60. μνησθήσομαι ἐγὼ τῆς δ. μου (2)
— 60. καὶ ἀναστήσω σοι διαθήκην αἰώνιον (2)
— 61. καὶ οὐκ ἐκ διαθήκης σου [A μου] (2)
— 62. ἀναστήσω ἐγὼ τὴν δ. μου μετὰ σοῦ (2)
17. 13. διαθήσεται πρὸς αὐτὸν διαθήκην (2)
— 14. τοῦ φυλάσσειν τὴν δ. αὐτοῦ (2)
— 15. παραβαίνων διαθήκην εἰ διασωθήσεται [A σω.] (2)
— 16. ὃς παρέβη τὴν δ. μου (2)
— 18. τοῦ παραβῆναι διαθήκην (2)
— 19. τὴν δ. μου ἣν παρέβη (2)
30. 5. οἱ ἐπίμικτοι καὶ [A ἐπ' αὐτὴν ἀπὸ] τῶν υἱῶν τῆς δ. μου (2)
34. 25. διαθήσομαι τῷ Δαυὶδ διαθήκην εἰρήνης (2)
37. 26. διαθήσομαι αὐτοῖς διαθήκην εἰρήνης [A *add.* καὶ] δ. αἰωνία ἔσται μετ' αὐτῶν (2, 2)
44. 7. παρεβαίνετε τὴν δ. μου (2)
Da. LXX. 3. (34). μὴ διασκεδάσῃς σου τὴν δ.
9. 4. ὁ θεὸς . . . τηρῶν τὴν δ. (2)
— 13. κατὰ τὰ γεγραμμένα ἐν διαθήκῃ Μωσῆ (6)
— 27. δυναστεύσει ἡ δ. εἰς πολλούς (2)
— 27. ἐν τῷ κατισχῦσαι τὴν δ. –
11. 22. καὶ μετὰ τῆς δ. (2)
— 28. ἡ καρδία αὐτοῦ ἐπὶ τὴν δ. τοῦ ἁγίου (2)
— 30. ὀργισθήσεται [*cod.* -σονται] ἐπὶ τὴν δ. τοῦ ἁγίου (2)
— 30. ἐγκατέλιπον τὴν δ. τοῦ ἁγίου (2)
— 32. ἐν ἁμαρτίαις διαθήκης μιανοῦσιν (2)
Da. TH. 3. (34). μὴ διασκεδάσῃς τὴν δ. σου
9. 4. ὁ φυλάσσων τὴν δ. σου (2)
— 27. δυναμώσει διαθήκην πολλοῖς (2)
— 27. A B[2] δυναμώσει διαθήκην πολλοῖς –
11. 22. καὶ ἡγούμενος διαθήκης (2)
— 28. ἡ καρδία αὐτοῦ ἐπὶ δ. ἁγίαν (2)
— 30. θυμωθήσεται ἐπὶ δ. ἁγίαν (2)
— 30. τοὺς καταλιπόντας δ. ἁγίαν (2)
— 32. διαθήκην ἐπάξουσιν [A ἐξάξ.] ἐν ὀλισθήμασι (2)
I Ma. 1. 11. R διαθώμεθα [A S[2] -θῶμεν, S[1] διέλθωμεν] διαθήκην μετὰ τῶν ἐθνῶν
— 15. ἀπέστησαν ἀπὸ δ. ἁγίας
— 57. ὅπου εὑρίσκετο παρά τινι βιβλίον διαθήκης
— 63. καὶ μὴ βεβηλώσωσι δ. ἁγίαν
2. 20. πορευσόμεθα ἐν διαθήκῃ πατέρων ἡμῶν
— 27. ἱστῶν διαθήκην ἐξελθέτω ὀπίσω μου
— 50. δότε τὰς ψυχὰς ὑμῶν ὑπὲρ διαθήκης πατέρων ἡμῶν [S ὑ.]
— 54. ἔλαβε διαθήκην [S κλῆρον διαθήκης] ἱερωσύνης
4. 10. μνησθήσεται διαθήκης πατέρων
11. 9. συνθώμεθα πρὸς ἑαυτοὺς διαθήκην
II Ma. 1. 2. A μνησθῆναι [R -θείη] τῆς δ. αὐτοῦ
7. 36. ὑπὸ διαθήκην θεοῦ πεπτώκασι
8. 15. διὰ τὰς πρὸς τοὺς πατέρας αὐτῶν δ.
[**Aq.** Ps. 49 (50). 5 : Is. 56. 6 : Ez. 20. 37.]
[**Sm.** III Ki. 6. 19 : Ps. 49 (50). 5 : Is. 54. 10 : 56. 6 : Je. 50 (27). 5.]
[**Th.** IV Ki. 11. 4 : Jb. 31. 1 : Ps. 49 (50). 5 : Je. 11. 2, 8 : 33 (40). 20 *bis*, 21, 25 : 34 (41). 18 : Ez. 20. 37 : Da. 9. 27 : 11. 30.]
[**Al.** III Ki. 2. 3 : IV Ki. 13. 4 : Jb. 5. 23.]
[**Quint.** IV Ki. 11. 4.]
[**Sext.** Ps. 2. 7.]

διαθρεῖν.

[**Sm.** Ec. 1. 13 : 7. 26 (25).]

διαθρύπτειν. (1) נָתַץ ni. (2) פּוּץ hithpal. (3) פָּרַס (4) פָּתַת

Le. 2. 6. καὶ διαθρύψεις αὐτὰ κλάσματα (4)
Si. 43. 15. διεθρύβησαν λίθοι χαλάζης
Na. 1. 6. αἱ πέτραι διεθρύβησαν ἀπ' αὐτοῦ (1)
Hb. 3. 6. διεθρύβη τὰ ὄρη βίᾳ [S[1] -αν] (2)
Is. 58. 7. διάθρυπτε πεινῶντι τὸν ἄρτον σου (3)
[**Sm.** Ps. 117 (118). 10.]
[**Al.** Hb. 3. 6.]

διαιρεῖν. (1) בָּדַל hi. (2) בָּתַר *a.* qal. *b.* pi. (3) נָזַר (4) חָלַק *a.* qal. *b.* ni. *c.* pi. *d.* hithpa. (5) חָצָה *a.* qal. *b.* ni. (6) חָצַץ pu. (7) נָחַל hi. (8) נָתַח pi. (9) פָּלַג (10) פָּרַס peil.

Ge. 4. 7. οὐκ ἐὰν ὀρθῶς προσενέγκῃς ὀρθῶς δὲ μὴ διέλῃς †
15. 10. καὶ διεῖλεν αὐτὰ μέσα (2 *b*)
— 10. τὰ δὲ ὄρνεα οὐ διεῖλε (2 *a*)
32. 7 (8). διεῖλε τὸν λαὸν τὸν μετ' αὐτοῦ (5 *a*)
33. 1. R διεῖλεν [A ἐπιδ.] Ἰ. τὰ παιδία (5 *a*)
Ex. 21. 35. A[2] B καὶ διελοῦνται τὸ ἀργύριον αὐτοῦ καὶ τὸν ταῦρον τὸν τεθνηκότα διελοῦνται (5 *a*, 5 *a*)
Le. 1. 12. καὶ διελοῦσιν αὐτὸ κατὰ μέλη (8)
— 17 : 5. 8. καὶ οὐ διελεῖ (1)
Nu. 31. 27. διελεῖτε τὰ σκῦλα (5 *a*)
— 42. οὓς διεῖλε Μωυσῆς (5 *a*)
Jo. 1. 6. B[1] διελεῖς [B[2] R ἀποδ., A ἀποδιαστελεῖς] . . . τὴν γῆν (7)
18. 4. B[2] R καθὰ δεήσει διελεῖν [A B[1] διελθεῖν] αὐτήν †
— 5. διεῖλεν αὐτοῖς ἑπτὰ μερίδας (4 *d*)
22. 8. διείλαντο τὴν προνομὴν τῶν ἐχθρῶν (4 *a*)
Jd. 7. 16. διεῖλε τοὺς τριακοσίους ἄνδρας (5 *a*)
9. 43. διεῖλεν αὐτοὺς εἰς [A αὐτὸν] τρεῖς ἀρχάς (5 *a*)
I Ki. 15. 29. διαιρεθήσεται Ἰσραὴλ εἰς δύο †
II Ki. 19. 29 (30). σὺ καὶ Σιβὰ διελεῖσθε τὸν ἀγρόν (4 *a*)
III Ki. 3. 25. διέλετε τὸ παιδίον τὸ θηλάζον τὸ ζῶν (3)
— 26. μήτε ἐμοὶ μήτε αὐτῇ ἔστω, διέλετε [A δ. αὐτό] (3)
IV Ki. 2. 8. διῃρέθη [A -ερρεθῇ] τὸ ὕδωρ ἔνθα καὶ ἔνθα (4 *b*)
I Ch. 23. 6. διεῖλεν αὐτοὺς Δαυίδ (4 *b*)
24. 3. διεῖλειν [A -εῖδεν] αὐτοὺς Δ. (4 *b*)
— 4. διεῖλεν αὐτοὺς τοῖς υἱοῖς Ἐλεάζαρ (4 *a*)
— 5. διεῖλεν αὐτοὺς κατὰ κλήρους (4 *a*)
To. 5. 3. S καὶ διεῖλον εἰς δύο
Ju. 16. 24. διεῖλε τὰ ὑπάρχοντα αὐτῆς
Jb. 21. 21. ἀριθμοὶ μηνῶν αὐτοῦ διῃρέθησαν (6)
Ps. 67 (68). 12. καὶ ὡραιότητι τοῦ οἴκου διελέσθαι [B[2] -θε] σκῦλα (4 *c*)
Pr. 16. 19. ὃς διαιρεῖται σκῦλα (4 *c*)
17. 2. ἐν δὲ ἀδελφοῖς διελεῖται μέρη (4 *a*)
Si. 27. 25. πληγὴ δολία διελεῖ [A[1] ἐλεῖ] τραύματα
Am. 5. 9. ὁ [A *om.*] διαιρῶν συντριμμὸν ἐπ' ἰσχύν –
Is. 9. 3 (2). οἱ διαιρούμενοι σκῦλα (4 *c*)
30. 28. διαιρεθήσεται τοῦ ταράξαι ἔθνη (5 *a*)
Ez. 37. 22. οὐδὲ μὴ διαιρεθῶσιν οὐκέτι εἰς δύο βασιλείας (5 *b*)
Da. TH. 2. 41. βασιλεία διῃρημένη ἔσται (9)
5. 28. διῄρηται ἡ βασιλεία σου (10)
11. 4. διαιρεθήσεται εἰς τοὺς τέσσαρας ἀνέμους (5 *b*)
— 39. γῆν διελεῖ ἐν δώροις (4 *c*)
I Ma. 1. 6. διεῖλεν αὐτοῖς [S[1] -οῦ] τὴν βασιλείαν αὐ.
6. 35. S R διεῖλον τὰ θηρία εἰς τὰς φάλαγγας [A φάρ.]
16. 7. καὶ διεῖλε τὸν λαόν
[**Aq.** Jb. 38. 25 : Je. 34 (41). 18.]
[**Th.** Jb. 21. 21.]
[**Al.** Le. 8. 20 : Pr. 28. 10.]

διαίρειν. (1) נָשָׂא

Ne. 4. 17 (11). S οἱ διαίροντες [A B αἴροντες] ἐν τοῖς ἀρτῆρσιν (1)
[**Aq.** Dt. 3. 5 : Is. 36. 1.]

διαίρεσις. (1) נֵזֶר (2) מַחֲלֹקֶת (3) נַחֲלָה (4) *a.* פְּלַגָּה *b.* פְּלֻגָּה *c.* מִפְלַגָּה

Jo. 19. 51. αὗται αἱ δ. ἃς κατεκληρονόμησεν (3)
Jd. 5. 15. A διαιρέσεις Ῥ. μεγάλοι ἀκριβασμοὶ καρδίας [B *al.*] (4 *a*)
— 16. B εἰς διαιρέσεις Ῥουβήν [A *al.*] (4 *a*)
I Ch. 24. 1. τοὺς υἱοὺς [A τοῖς υἱ.] Ἀαρὼν διαιρέσει [A[2] *al.*] (2)
26. 1. εἰς διαιρέσεις τῶν πυλῶν [A καὶ διαιρέσις τῶν π.] (2)
— 10 (11). ἄρχοντα τῆς δ. τῆς δευτέρας †
— 12. τούτοις αἱ δ. [A ἡ δ.] τῶν πυλῶν τοῖς ἄρχουσι (2)

I Ch. 26. 19. αὗται αἱ δ. τῶν πυλωρῶν (2)
27. 1. γραμματεῖς οἱ λειτουργοῦντες . . . κατὰ διαιρέσεις (2)
— 1. δ. μία εἴκοσι καὶ τέσσαρες χιλιάδες (2)
— 2. ἐπὶ τῆς δ. τῆς πρώτης (2)
— 2. ἐπὶ τῆς δ. αὐτοῦ εἴκοσι καὶ τέσσ. χιλιάδες (2)
— 4. ἐπὶ τῆς δ. τοῦ μηνὸς τοῦ δευτέρου (2)
— 4. ἐπὶ τῆς δ. αὐτοῦ (2)
— 4. R ἐπὶ τῆς δ. αὐτοῦ (2)
— 5. ἐπὶ τῆς δ. αὐτοῦ τέσσαρες καὶ εἴκοσι χιλιάδες (2)
— 6. ἐπὶ τῆς δ. αὐτοῦ Ζ. ὁ υἱὸς αὐτοῦ (2)
— 7, 8, 9, 10, 11, 12, 13, 14, 15. ἐπὶ τῆς δ. αὐτοῦ τέσσαρες καὶ εἴκοσι χιλιάδες (2)
II Ch. 8. 14. ἔστησε . . . τὰς δ. τῶν ἱερέων (2)
— 14. κατὰ τὰς δ. αὐτῶν εἰς πύλην καὶ πύλην (2)
35. 5. κατὰ τὰς δ. οἴκων πατριῶν ὑμῶν (4 *b*)
— 10. οἱ Λευῖται ἐπὶ τὰς δ. αὐτῶν (2)
— 12. κατὰ τὴν δ. κατ' οἴκους πατριῶν (4 *c*)
II Es. 6. 18. B ἔστησαν τοὺς ἱερεῖς ἐν διαιρέσει [A R -σεσιν] αὐ. (4 *b*)
Ju. 9. 4. ἔδωκας . . . εἰς διαίρεσιν υἱῶν ἠγαπημένων
Ps. 135 (136). 13. καταδιελόντι τὴν ἐρυθρὰν θάλ. εἰς διαιρέσεις (1)
Si. 14. 15. καὶ τοὺς κόπους σου εἰς διαίρεσιν [A S^2 -σεις] κλήρου [A -ων]
[**Aq.** Jd. 5. 16 : Ps. 45 (46). 5 : 64 (65). 10.]
[**Sm.** Ps. 45 (46). 5 : 118 (119). 136 : Is. 30. 25.]
[**Th.** I Ki. 23. 28.]

δίαιτα. (1) אֹהֶל (2) בַּיִת (3) *a.* נָוֶה *b.* נָוָה
Ju. 12. 15. εἰς τὴν καθημερινὴν δ. αὐτῆς
Jb. 5. 3. εὐθέως [A -ὺς] ἐβρώθη αὐτῶν ἡ δ. (3 *a*)
— 24. ἡ δὲ δ. τῆς σκηνῆς σου οὐ μὴ ἁμάρτῃ †
8. 6. ἀποκαταστήσει δέ σοι δίαιταν δικαιοσύνης (3 *b*)
— 22. δίαιτα δὲ ἀσεβοῦς [S^1 -ῶν] οὐκ ἔσται (1)
11. 14. ἀδικία δὲ ἐν διαίτῃ σου μὴ αὐλισθήτω (1)
18. 6. τὸ φῶς αὐτοῦ σκότος ἐν διαίτῃ (1)
— 14. ἐκραγείη δὲ ἐκ διαίτης αὐτοῦ ἴασις (1)
20. 19. δίαιταν δὲ [S^2 *add.* αὐτῶν] ἥρπασε (2)
— 25. ἄστρα [A ἄνδρα] δὲ ἐν διαίταις [S -ῃ] αὐτοῦ †
22. 23. πόρρω ἐποίησας [A^1 ποιήσης, A^2 ποίησον] ἀπὸ διαίτης σου ἄδικον [S^1 κακόν, A^1 τὸ κ., A^2 S^3 τὸ ἀ.] (1)
— 28. ἀποκαταστήσει δέ σοι δίαιταν δικαιοσύνης †
39. 6. ἐθέμην δὲ τὴν δ. αὐτοῦ ἔρημον (2)
[**Sm.** Ps. 67 (68). 13 : 82 (83). 13 : Pr. 24. 15 : 30. 8.]

διαιτᾶν. (1) סָפַח pu.
I Es. 8. 14. εἰς τὸ ἱερὸν τοῦ κ. αὐτῶν [A^2 διαιτῶν]
Jb. 30. 7. οἱ ὑπὸ φρύγανα ἄγρια διῃτῶντο (1)
IV Ma. 2. 17. λογισμῷ τὸν θυμὸν διῄτησεν
[**Sm.** I Ki. 19. 18.]
[**Quint.** Ho. 8. 9.]

διαιτεῖν.
Ju. 8. 16. οὐδ' ὡς υἱὸς ἀνθρώπου διαιτηθῆναι

διακαθιζάνειν. (1) יָשַׁב
De. 23. 13 (14). ἔσται ὅταν διακαθιζάνῃς ἔξω (1)

διακαθίζειν. (1) צוּר
II Ki. 11. 1. διεκάθισαν [A ἐκάθ.] ἐπὶ Ῥαββάθ (1)

διακαίειν.
IV Ma. 11. 19. τὰ σπλάγχνα διέκαιον

διακαλεῖν.
I Ma. 2. 2. R ὁ [S^1 *om.*] διακαλούμενος [A S ἐπικ.] Καδδὶς

διακάμπτειν. (1) גָּהַר
IV Ki. 4. 34. διέκαμψεν ἐπ' αὐτόν (1)

διακαρτερεῖν.
Ju. 7. 30. διακαρτερήσωμεν ἔτι [A ἐπὶ] πέντε ἡμέρας
IV Ma. 6. 9. διεκαρτέρει τοὺς αἰκισμούς

διακατέχειν.
Ju. 4. 7. διακατασχεῖν τὰς ἀναβάσεις τῆς ὀρεινῆς

διάκεισθαι.
II Ma. 9. 21. R κἀγὼ δὲ ἀσθενῶς διεκείμην
III Ma. 3. 23. τοὺς ἐν αὐτοῖς ὀλίγους πρὸς ἡμᾶς γνησίως διακειμένους
4. 10. τῷ καθύπερθε πυκνῷ σανιδώματι διακειμένῳ

διάκενος. (1) קְלֹקֵל
Nu. 21. 5. ἐν τῷ ἄρτῳ τῷ διακένῳ (1)

διακινδυνεύειν.
II Ma. 11. 7. τοὺς ἄλλους ἅμα αὐτῷ διακινδυνεύοντας

διακινεῖν.
III Ma. 5. 23. ὁ Ἕρμων ἐν τῷ μεγάλῳ περιστύλῳ διεκίνει
[**Aq.** Jb. 26. 11.]

διακλᾶν. (1) פָּרַשׂ
La. 4. 4. ὁ διακλῶν [A κλῶν] οὐκ ἔστιν αὐτοῖς

διακλείειν.
I Ma. 5. 5. A διεκλείσθησαν [S R συνεκλ.] ὑπ' αὐτοῦ

διακλέπτειν. (1) גָּנַב hithpa.
II Ki. 19. 3 (4). διεκλέπτετο ὁ λαὸς ἐν τῇ ἡμέρᾳ ἐκείνῃ (1)
— 3 (4). καθὼς διακλέπτεται ὁ λαός (1)

διακολυμβᾶν.
I Ma. 9. 48. διεκολύμβησαν εἰς τὸ πέραν

διακομίζειν. (1) עָבַר hi.
Jo. 4. 3. A R τούτους διακομίσαντες ἅμα ὑμῖν αὐτοῖς [B καὶ αὐ.] (1)
— 8. διεκόμισαν ἅμα ἑαυτοῖς (1)
I Es. 2. 14. A τὰ δὲ πάντα σκεύη διεκομίσθη [B ἐκομίσθη]
II Ma. 4. 5. R ὡς [A πρὸς] τὸν βασιλέα διεκομίσθη [A -κοσμήθη]
9. 29. πρὸς Πτολεμαῖον τὸν Φιλομήτορα εἰς Αἴγ. διεκομίσθη
III Ma. 1. 2. διεκομίσθη νύκτωρ ἐπὶ τὴν τοῦ Πτ. σκηνήν
— 9. διακομισθεὶς δὲ εἰς Ἱεροσόλυμα
2. 7. τοὺς δὲ ἐμπιστεύσαντας ἐπὶ σοὶ . . . σώους διεκόμισας
— 25. διακομισθεὶς δὲ εἰς τὴν Αἴγυπτον
3. 20. καὶ μετὰ νίκης διακομισθέντες

διακονία. (1) נַעַר (2) שָׁרַת pi.
Es. 6. 3. A οἱ ἐκ τῆς δ. [B S οἱ διάκονοι τοῦ βασ.] (1 *et* 2)
— 5. A οἱ ἐκ τῆς δ. [B S οἱ διάκονοι] τοῦ βασ. (1)
I Ma. 11. 58. ἀπέστειλεν αὐτῷ . . . διακονίαν

διάκονος. (1) נַעַר (2) שָׁרַת pi.
Es. 1. 10. τοῖς ἑπτὰ εὐνούχοις τοῖς δ. τοῦ βασ. (2)
2. 2. καὶ εἶπαν οἱ δ. τοῦ βασ. [A πρὸς τὸν βασ.] (1 *et* 2)
6. 1. R εἶπε τῷ δ. [A B S διδασκάλῳ] αὐ. –
— 3. οἱ δ. τοῦ βασ. [A οἱ ἐκ τῆς διακονίας] (1 *et* 2)
— 5. οἱ δ. [A οἱ ἐκ τῆς διακονίας] τοῦ βασ. (1)
Pr. 10. 4. τῷ δὲ ἄφρονι δ. χρήσεται –
IV Ma. 9. 17. ὦ μιαροὶ δ.

διακοπή. (1) *a.* פָּרַץ *b.* פֶּרֶץ *c.* מִפְרָץ
Jd. 5. 17. A ἐπὶ τὰς δ. αὐτοῦ κατεσκήνωσεν [B *al.*] (1 *c*)
21. 15. ἐποίησε κύριος διακοπήν (1 *b*)
II Ki. 5. 20. ἦλθε Δαυὶδ ἐκ τῶν ἐπάνω δ. (1 *b*)
— 20. ἐκλήθη τὸ ὄν. τοῦ τόπου ἐκείνου Ἐπάνω διακοπῶν (1 *b*)
6. 8. διέκοψε κύριος διακοπήν (1 *b*)
— 8. ἐκλήθη ὁ τόπος ἐκεῖνος Διακοπὴ Ὀζά (1 *b*)
I Ch. 13. 11. διέκοψε κύριος διακοπὴν ἐν Ὀζὰ καὶ ἐκάλεσε τὸν τόπον ἐκεῖνον Διακοπὴ Ὀζά (1 *b*, 1 *b*)
14. 11. ὡς διακοπὴ ὕδατος (1 *b*)
— 11. ἐκάλεσε τὸ ὄνομα τοῦ τόπου ἐκ. Διακοπὴ [S -ὴν] Φαρασίν (1 *b*)
Jb. 28. 4. διακοπὴ χειμάρρου ἀπὸ κονίας (1 *a*)
Pr. 6. 15. διακοπὴ καὶ συντριβὴ ἀνίατος †
Mi. 2. 13. διὰ τῆς δ. πρὸ προσώπου αὐτῶν διέκοψαν (1 *a*)
[**Aq.** Ge. 38. 29 : II Ki. 5. 20 : Is. 28. 21 : 30. 13 : 58. 12 : Ez. 13. 5.]
[**Sm.** Dt. 24. 3 (1) : Jb. 28. 4 : Ps. 143 (144). 14 : Is. 28. 21 : 30. 13 : 58. 12 : Ez. 13. 5.]
[**Th.** Jb. 28. 4 : Is. 28. 21 : 30. 13 : 58. 12 : Ez. 13. 5 : 22. 30.]
[**Heb.** Ge. 38. 29.]

διακόπτειν. (1) בָּצַע (2) בָּקַע *a.* ni. *b.* hi. (3) חָצַב (4) נָכָה hi. (5) נָקַב (6) *a.* פָּרַץ *b.* פֶּרֶץ
Ge. 38. 29. τί διεκόπη διὰ σὲ φραγμός (6 *a*)
II Ki. 5. 20. A διέκοψεν [B ἔκ.] τοὺς ἀλλοφύλους ἐκεῖ (4)
— 20. διέκοψε κύριος τοὺς ἐχθροὺς [A ἐ. μου τοὺς] ἀλλοφύλους ἐνώπιον ἐμοῦ ὡς διακόπτεται ὕδατα (6 *a*, 6 *b*)
6. 8. διέκοψε κύριος διακοπὴν ἐν τῷ Ὀζᾷ (6 *a*)
III Ki. 3. 1. διέκοψε τὴν πόλιν Δαυίδ –
IV Ki. 3. 26. διακόψαι πρὸς βασιλέα Ἐδώμ (2 *b*)
14. 13. A διέκοψεν ἐν [B καθεῖλεν ἐν τῷ] τείχει Ἱερ. (6 *a*)
I Ch. 13. 11. διέκοψε κύριος διακοπὴν ἐν Ὀζά (6 *a*)
14. 11. A R διέκοψεν ὁ θεὸς τοὺς ἐχθρούς μου [B S *al.*] (6 *a*)
15. 13. διέκοψεν ὁ θεὸς ἡμῶν [S ὑ.] ἐν ἡμῖν (6 *a*)
Ju. 2. 23. διέκοψε τὸ [A S τοὺς] Φοὺδ καὶ Λοὺδ
Ps. 28 (29). 7. φωνὴ κυρίου διακόπτοντος φλόγα πυρός (3)
73 (74). 5. S^1 ἀξίναις διέκοψαν [B S^2 ἐξέκ.] τὰς θύρας αὐτῆς †
Wi. 18. 23. S^2 διέκοψεν [A B S^1 διέσχισε] τὴν πρὸς τοὺς ζῶντας ὁδόν
Am. 9. 1. διάκοψον εἰς κεφαλὰς πάντων (1)
Mi. 2. 13. διὰ τῆς διακοπῆς πρὸ προσώπου αὐ. διέκοψαν (6 *a*)
Hb. 3. 14. διέκοψας ἐν ἐκστάσει κεφαλὰς δυναστῶν (5)
Je. 52. 7. διεκόπη ἡ πόλις (2 *a*)
II Ma. 10. 30. A συγχυθέντες ἀορασίᾳ διεκόπτοντο [R κατεκ.]
— 36. οἱ δὲ τὰς πύλας διέκοπτον
[**Aq.** Ge. 38. 29 : Ex. 19. 22, 24 : I Ki. 3. 1 : Is. 54. 3 : Ez. 7. 22.]
[**Sm.** Ps. 2. 3 : 59 (60). 3 : Is. 54. 3.]
[**Th.** Ps. 118 (119). 119 : Pr. 11. 16.]
[**Heb.** Ge. 38. 29.]
[**Quint.** Ps. 118 (119). 119.]

διακόσιοι.
Ge. 5. 3, 6, 22 : 11. 17†, 19, 21, 23, 32 : 32. 14 (15) *bis*.
Ex. 30. 23 *bis*.
Nu. 1. 35† : 2. 21† : 3. 43, 46 : 4. 36†, 44 : 16. 2, 17, 35 : 26. 10, 14.
Jo. 7. 21.
Jd. 8. 4† : 17. 4.
I Ki. 25. 13, 18 *bis* : 30. 10, 12†, 21†.
II Ki. 14. 26 : 15. 11 : 16. 1.
III Ki. 21 (20). 15†.
I Ch. 5. 21 : 7. 9, 11 : 9. 22 : 12. 32 : 15. 6, 8 : 25. 7.
II Ch. 8. 10 : 9. 15 : 12. 3 : 14. 8 : 17. 15, 16, 17 : 29. 32.
I Es. 5. 12†, 22†, 24†, 25† *bis*, 42, 43 : 7. 7 : 8. 31, 32†, 32, 35, 49.
II Es. 2. 7, 12, 19, 28†, 31, 38, 65, 66† : 6. 17 : 8. 4, 9, 20.
Ne. 7. 12†, 24†, 34, 41, 67, 68†, 71† *bis* : 11. 13, 18.
Jb. 42. 16.
Ca. 8. 12†.
Ez. 48. 17† *ter*, 17.
Da. LXX. TH. 12. 11.
II Ma. 3. 11 : 12. 4, 9.
[**Aq., Sm., Th.** I Ki. 15. 4 : 18. 27.]

διακοσμεῖν.
II Ma. 3. 25. καλλίστῃ σαγῇ διακεκοσμημένος
4. 5. A πρὸς [R ὡς] τὸν βασιλέα διεκοσμήθη [R -κομίσθη]
[**Sm.** Dt. 4. 19.]

διακόσμησις.

II Ma. 2. 29. τὰ ἐπιτήδεια πρὸς διακόσμησιν ἐξεταστέον
[Sm. Ps. 32 (33). 6 : Ca. 7. 5 (6).]

διακούειν. (1) שִׁית יָד hi. (2) שָׁמַע

De. 1. 16. διακούετε ἀνὰ μέσον τῶν ἀδ. ὑμῶν (2)
Jb. 9. 33. διακούων ἀνὰ μέσον ἀμφοτέρων [A al.] (1)

διακρατεῖν.

I Es. 4. 50. ἃς διακρατοῦσι τῶν Ἰουδαίων
Ju. 6. 12. διεκράτησαν τὴν ἀνάβασιν

διακριβάζεσθαι.

Si. 51. 19. B[1] S ἐν ποιήσει λιμοῦ [A μου] διηκριβασάμην [A -βησ., B[2] R -βωσ.]

διακρίβεια. (1) חֹק

III Ki. 11. 33. A καὶ διακριβείας μου καὶ κρίσεις μου (1)
[Aq. III Ki. 11. 33.]

διακριβεῖν (?)

Si. 51. 19. A ἐν ποιήσει μου διηκριβησάμην [B S al.]

διακριβοῦν.

Si. 51. 19. B[2] R ἐν ποιήσει λιμοῦ [A μου] διηκριβωσάμην [A -ησάμην, B[1] S -ασάμην]
II Ma. 2. 28. τὸ μὲν διακριβοῦν περὶ ἑκάστων

διακρίνειν. (1) בָּחַן (2) בָּחַר (3) בָּרַר (4) a. דִּין b. מָדוֹן (5) פָּרַשׁ (6) רִיב (7) שִׁית יָד (8) שָׁפַט a. qal. b. ni. c. מִשְׁפָּט

Ex. 18. 16. διακρίνω ἕκαστον (8 a)
Le. 24. 12. διακρῖναι αὐτὸν διὰ προστάγματος κ. (5)
De. 33. 7. αἱ χεῖρες αὐτοῦ διακρινοῦσιν αὐτῷ (6)
III Ki. 3. 9. καὶ διακρίνειν τὸν λαόν σου (8 a)
I Ch. 26. 29. τοῦ γραμματεύειν καὶ διακρίνειν (8 a)
Es. 8. 13. τὰ δὲ ὑπὸ τὴν ὄψιν ἐρχόμενα διακρίνοντες
Jb. 9. 14. A ἐὰν δέ μου εἰσακούσῃ ἢ διακρίνῃ τὰ ῥήμ. μου [B S al.] (2)
— 33. A ὁ διελέγχων καὶ διακρίνων [B S al.] (7)
12. 11. νοῦς μὲν γὰρ ῥήματα διακρίνει (1)
15. 5. οὐδὲ [A καὶ οὐ, S οὐδὲν] διέκρινας ῥήματα [B[2] S[1] -μα] δυναστῶν (2)
21. 22. αὐτὸς δὲ φόνους [A σοφοὺς] διακρίνει [vel -κρινεῖ] (8 a)
23. 10. διέκρινε δέ με ὥσπερ τὸ χρυσίον (1)
Ps. 49 (50). 4. διακρῖναι [A S[2] τοῦ δ.] τὸν λαὸν αὐτοῦ (4 a)
81 (82). 1. ἐν μέσῳ δὲ θεοὺς διακρινεῖ [vel -κρίνει] (8 a)
Pr. 31. 9. S διάκρινε [A κρίναι, B κρῖνε] δικαίως (8 a)
— 9. διάκρινε δὲ πένητα καὶ ἀσθενῆ (4 a)
Ec. 3. 18. διακρινεῖ αὐτοὺς ὁ θεός (3)
Wi. 9. 12. διακρινῶ τὸν λαόν σου δικαίως
Jl. 3 (4). 2. διακριθήσομαι πρὸς αὐτοὺς ἐκεῖ (8 b)
— 12. τοῦ διακρῖναι πάντα τὰ ἔθνη κυκλόθεν (8 a)
Za. 3. 8 (7). καὶ σὺ διακρινεῖς τὸν οἶκόν μου (4 a)
Je. 15. 10. ὡς τινά με ἔτεκες ἄνδρα . . . διακρινόμενον (4 b)
Ep. Je. 54. κρίσιν τε οὐ μὴ διακρίνωσιν ἑαυτῶν
Ez. 17. 20. A διακριθήσομαι μετ' αὐτοῦ ἐκεῖ τὴν ἀδικίαν αὐτοῦ (8 b)
20. 35. διακριθήσομαι πρὸς ὑμᾶς ἐκεῖ (8 b)
— 36. ὃν τρόπον διεκρίθην πρὸς τοὺς πατέρας ὑμῶν (8 b)
34. 17. διακρινῶ ἀνὰ μέσον προβάτου καὶ προβάτου (8 a)
— 20. διακρινῶ ἀνὰ μέσον προβάτου ἰσχυροῦ (8 a)
44. 24. ἐπὶ κρίσιν αἵματος οὗτοι ἐπιστήσονται τοῦ δ. (8 c, 8 a*)
IV Ma. 1. 14. διακρίνωμεν δὲ [S -ομεν] τί ποτέ ἐστι λογισμός
[Aq. Ps. 105 (106). 33.]
[Sm. Ge. 40. 8 : I Ki. 12. 7 : Is. 66. 16.]
[Th. I Ki. 12. 7.]

διάκρισις. (1) מִפְלָשׂ

Jb. 37. 16. ἐπίσταται [A -ασαι] δὲ διάκρισιν [S -θεσιν] νεφῶν (1)
[Sm. Ge. 40. 8.]

διακρύπτειν. (1) כָּחַד pi.

I Ki. 3. 17. A μὴ διακρύψῃς [B δὴ κρύψῃς] ἀπ' ἐμοῦ (1)

διακυβερνᾶν.

Wi. 14. 3. ἡ δὲ σή, πάτερ, διακυβερνᾷ πρόνοια
III Ma. 6. 2. τὴν πᾶσαν διακυβερνῶν ἐν οἰκτιρμοῖς κτίσιν

διακύπτειν. (1) צוּץ hi. (2) שָׁקַף a. ni. b. hi.

Jd. 5. 28. A διὰ τῆς θυρίδος διέκυπτεν [B al.] (2 a)
II Ki. 6. 16. διέκυπτε διὰ τῆς θυρίδος (2 a)
24. 20. διέκυψεν Ὀρνά (2 b)
IV Ki. 9. 30. διέκυψε διὰ τῆς θυρίδος (2 b)
Ps. 13 (14). 2 (A[2] B S) : 52 (53). 2. διέκυψεν ἐπὶ τοὺς υἱοὺς τῶν ἀνθρ. (2 b)
84 (85). 11. δικαιοσύνη ἐκ τοῦ οὐρανοῦ διέκυψε (2 a)
91 (92). 7. διέκυψαν πάντες οἱ ἐργαζόμ. τὴν ἀνομίαν (1)
La. 3. 50. ἕως οὗ διακύψῃ καὶ ἴδῃ κύριος (2 b)
Ez. 41. 16. αἱ θυρίδες δικτυωταὶ . . . ὥστε δ. †
— 16. ἀναπτυσσόμεναι τρισσῶς εἰς τὸ δ. †
II Ma. 3. 19. A τινὲς δὲ διὰ τῶν θυρίδων διέκυπτον [R διεξέκ.]
[Th. III Ki. 6. 4.]

διακωλύειν.

Ju. 4. 7. ἦν εὐχερῶς διακωλῦσαι αὐτοὺς προσβαίνοντας [S δ. τοὺς προβ.]
12. 7. μὴ διακωλύειν αὐτήν

διαλακτίζειν.

[Sm. Ps. 67 (68). 31.]

διαλαλεῖν.

[Sm. Ps. 50 (51). 16 : 76 (77). 4, 7 : 77 (78). 65 : 142 (143). 5.]

διαλαμβάνειν.

Ju. 8. 14. A B λόγους τῆς διανοίας αὐτοῦ οὐ διαλήψεσθε [S καταλήψ.]
Es. 3. 13. διειληφότες οὖν τόδε τὸ ἔθνος μονώτατον
8. 13. A S[1] διαλαμβάνουσιν [B S[2] ὑπολ.] ἐκφεύξεσθαι
II Ma. 5. 11. διέλαβεν ἀποστατεῖν τὴν Ἰουδαίαν
6. 29. R ὡς αὐτοὶ διελάμβανον [A ὑπελ.]
III Ma. 3. 26. διειλήφαμεν εἰς τὸν ἐπίλοιπον χρόνον

διαλανθάνειν. (1) מָלַט ni.

II Ki. 4. 6. οἱ ἀδελφοὶ διέλαθον (1)

διαλέγεσθαι. (1) דָּבַר pi. (2) רִיב

Ex. 6. 27. οὗτοί εἰσιν οἱ διαλεγόμενοι πρὸς Φ. (1)
Jd. 8. 1. διελέξαντο πρὸς αὐτὸν ἰσχυρῶς [A al.] (2)
I Es. 8. 46. A R ἐντειλάμενος αὐτοῖς διαλεχθῆναι [B διαλεγῆναι] Λοδ.
Es. 5. 2. ἐν δὲ τῷ διαλέγεσθαι αὐτήν –
Si. 14. 20. ὃς ἐν συνέσει αὐτοῦ διαλεχθήσεται [A διαδεχθ.]
Is. 63. 1. διαλέγομαι δικαιοσύνην (1)
II Ma. 11. 20. ἐντέταλμαι . . . διαλεχθῆναι ὑμῖν
[Sm. Jb. 7. 11 : Ps. 4. 5 : 72 (73). 21 : Je. 12. 1.]
[Al. Jb. 22. 4.]

διαλείπειν. (1) דָּוָה (2) חָדַל (3) יָחַל a. pi. b. hi. (4) מִישׁ (5) מָנַע (6) שׁוּב (7) שָׁלָה ni.

I Ki. 10. 8. ἑπτὰ ἡμέρας διαλείψεις (3 b)
13. 8. B διέλιπεν ἑπτὰ ἡμέρας (3 b, 3 a*)
III Ki. 15. 21. διέλιπε [A om.] τοῦ οἰκοδομεῖν τὴν Ῥ. (2)
II Ch. 29. 11. καὶ νῦν μὴ διαλίπητε [A -λείπ.] (7)
Is. 5. 14. διήνοιξε τὸ στόμα αὐτοῦ τοῦ μὴ διαλιπεῖν [A -λείπειν] †
Je. 8. 6. διέλιπεν [A S[3] -λειπεν] ὁ τρέχων ἀπὸ [A S[2] ἐκ] τοῦ δρόμου αὐτοῦ (6)
9. 5 (4). οὐ διέλιπον [A S[3] -λειπον] τοῦ ἐπιστρέψαι †
14. 17. μὴ διαλιπέτωσαν [A -λειπ.] (1)
17. 8. οὐ διαλείψει ποιῶν [S[3] -οῦν] καρπόν (4)
38 (31). 16. B S διαλιπέτω [A R -λειπ.] ἡ φωνή σου ἀπὸ κλαυθμοῦ (5)
51 (44). 18. διελίπομεν [A -λείπ.] θυμιῶντες τῇ βασιλίσσῃ τοῦ οὐρ. (2)
Da. LXX. 3. (46). οὐ διέλιπον οἱ ἐμβάλλοντες αὐτοὺς
Da. Th. 3. (46). οὐ διέλειπον οἱ ἐμβάλλοντες αὐτούς
[Aq. Ge. 2. 2 : Ex. 12. 15 : 31. 17 : Pr. 18. 18.]
[Sm. Ec. 9. 8 : Je. 44 (51). 18 : Ho. 8. 10.]
[Th. Da. 3. (46) : Ho. 8. 10.]
[Al. I Ki. 12. 23.]

διάλειψις.

[Al. Le. 25. 6.]

διάλεκτος. (1) לָשׁוֹן

Es. 9. 26. τῇ δ. αὐτῶν καλοῦνται Φρουραί †
Da. LXX. 1. 4. διδάξαι αὐτοὺς . . . διάλεκτον Χαλδαϊκήν (1)
[Sm. Is. 33. 19.]

διάλεξις.

[Sm. Ps. 103 (104). 34 : Ca. 6. 5 (6).]

διάλευκος. (1) טָלֹא (2) עָקֹד

Ge. 30. 32. R πᾶν δ. καὶ ῥαντόν [A al.] (1)
— 33. πᾶν ὃ ἐὰν μὴ ᾖ ῥαντὸν καὶ δ. (1)
— 35. τοὺς τράγους τοὺς ῥαντοὺς καὶ τοὺς δ. (1)
— 35. τὰς αἶγας τὰς ῥαντὰς καὶ τὰς δ. (1)
— 39. ἔτικτον τὰ πρόβατα δ. καὶ ποικίλα (2)
— 40. κριὸν δ. καὶ πᾶν ποικίλον (2)
31. 10. οἱ κριοὶ . . . διάλευκοι καὶ ποικίλοι (2)
— 12. τοὺς κριοὺς . . . διαλεύκους καὶ ποικίλους (2)

διάληψις.

II Ma. 3. 32. μή ποτε διάληψιν ὁ βασιλεὺς σχῇ

διαλιμπάνειν.

To. 10. 7. οὐ διελίμπανε θρηνοῦσα Τωβίαν [S al.]

διαλλαγή.

Si. 22. 22. ἔστι γὰρ διαλλαγή
27. 21. λοιδορίας ἐστὶ διαλλαγή
[Sm. Ps. 29 (30). 6 : 68 (69). 14 : Is. 60. 10.]

διαλλάσσειν. (1) סוּר hi. (2) פָּרַר hi. (3) רָצָה hithpa. (4) שׁוּב hi.

Jd. 19. 3. A διαλλάξαι αὐτὴν ἑαυτῷ [B al.] (4 ?)
I Ki. 29. 4. ἐν τίνι διαλλαγήσεται οὗτος τῷ κυρίῳ αὐτοῦ (3)
I Es. 4. 31. κολακεύει αὐτὴν ὅπως διαλλαγῇ αὐτῷ
Jb. 5. 12. διαλλάσσοντα βουλὰς πανούργων (2)
12. 20. διαλλάσσων χείλη πιστῶν (1)
— 24. διαλλάσσων [S[1] -ον] καρδίας ἀρχόντων γῆς [A om.] (1)
36. 28. οὐδὲ διαλλάσσεταί σου ἡ καρδία –
Wi. 15. 4. εἶδος σπιλωθὲν χρώμασι διηλλαγμένοις [S[1] -νοις]
19. 18. ἐν ψαλτηρίῳ φθόγγοι τοῦ ῥυθμοῦ τὸ ὄνομα διαλλάσσουσι
II Ma. 6. 27. διαλλάξας τὸν βίον
[Aq. Ge. 38. 22 : Ho. 4. 14.]

διάλλεσθαι. (1) קָפַץ pi.

Ca. 2. 8. διαλλόμενος ἐπὶ τοὺς βουνούς (1)

διαλογή. (1) שִׂיחַ

Ps. 103 (104). 34. ἡδυνθείη αὐτῷ ἡ δ. μου (1)

διαλογίζεσθαι. (1) זָמַם (2) חָשַׁב a. qal. b. pi.

II Ki. 14. 14. A καὶ διαλογιζόμενος λογισμοὺς [B al.] (2 a)
19. 19 (20). A B μὴ διαλογισάσθω [R δὴ λογ.] ὁ κύριός μου ἀνομίαν (2 a)
Ps. 9. 23 (10. 2). ἐν διαβουλίοις οἷς διαλογίζονται (2 a)
20 (21). 11. διελογίσαντο βουλήν [A S[2] -άς] (2 a)
34 (35). 20. ἐπ' ὀργῇ [A S -ην] δόλους διελογίζοντο (2 a)
35 (36). 4. A S ἀνομίαν διελογίσατο [B ἐλ.] (2 a)
76 (77). 5. διελογισάμην ἡμέρας ἀρχαίας (2 b)
118 (119). 59. A S[1] διελογισάμην κατὰ [S[2] R om.] τὰς ὁδούς σου (2 b)
139 (140). 8. διελογίσαντο κατ' ἐμοῦ (1)
Pr. 16. 30. διαλογίζεται [A S λογ.] διεστραμμένα (2 a)
17. 12. οἱ δὲ ἄφρονες διαλογιοῦνται κακά †
Is. 19. 10. A οἱ διαλογιζόμ. [B S ἐργαζόμ., S[3] διαζόμ.] αὐτά †

Je. 27 (50). 45. A οὓς διελογίσατο [B S ἐλ.] ἐπὶ τοὺς κατοικοῦντας (2 *a*)
I Ma. 11. 8. διελογίζετο περὶ Ἀλ. λογισμοὺς πονηρούς
II Ma. 12. 43. R ὑπὲρ ἀναστάσεως διαλογιζόμενος [A ἀναλ.]
IV Ma. 8. 11. οὐ διαλογιεῖσθε τοῦτο
[Aq. Ps. 118 (119). 119.]

διαλογισμός. (1) מְזִמָּה (2) מַחֲשָׁבָה (3) עֶשְׁתֹּנוֹת (4) *a.* רֵעַ *b.* רַעְיוֹן

Ps. 39 (40). 5. A B S τοῖς δ. σου οὐκ ἔστι τίς ὁμοιωθήσεταί [R ὁ. σοι] (2)
55 (56). 5. κατ' ἐμοῦ πάντες οἱ δ. αὐτῶν εἰς κακόν [S^{2} κακά] (2)
91 (92). 5. B^{2} S^{2} R σφόδρα ἐβαθύνθησαν [A B^{1} S^{1} ἐβαρύνθ.] οἱ δ. σου (2)
93 (94). 11. κύριος γινώσκει τοὺς δ. τῶν ἀνθρώπων (2)
138 (139). 2. B S^{1} σὺ συνῆκας πάντας [A S^{2} R *om.*] τοὺς δ. μου ἀπὸ μακρόθεν (4 *a*)
— 20. ὅτι ἐρεῖς εἰς διαλογισμόν [S^{2} *al.*] (1)
145 (146). 4. ἀπολοῦνται πάντες οἱ δ. αὐτῶν (3)
Wi. 7. 20. πνευμάτων βίας καὶ διαλογισμοὺς ἀνθρώπων
Si. 9. 15. μετὰ συνετῶν ἔστω ὁ δ. σου
13. 26. εὕρεσις [A -σεις] παραβολῶν διαλογισμοὶ μετὰ κόπου [A S -ων]
27. 5. πειρασμὸς ἀνθρώπου ἐν διαλογισμῷ [A S^{2} λογ.] αὐ.
36 (33). 5. ὡς ἄξων στρεφόμενος ὁ δ. αὐτοῦ
40. 2. τοὺς δ. αὐτῶν καὶ φόβον καρδίας
— 29. S οὐκ ἔστιν αὐτοῦ ὁ βίος ἐν διαλογισμῷ [A B λογ.] ζωῆς
Is. 59. 7. οἱ δ. αὐτῶν δ. [B^{1} *om.*] ἀπὸ φόνων [A S^{1} δ. ἀφρόνων] (2, 2)
Je. 4. 14. ἕως πότε ὑπάρχουσιν [A -άρξ.] ἐν σοὶ διαλογισμοὶ [B^{2} S λογ.] πόνων σου (2)
27 (50). 45. A ἀκούσατε . . . διαλογισμοὺς [B S λογ.] αὐτοῦ (2)
La. 3. 60. εἰς [A καὶ] πάντας διαλογισμοὺς αὐτῶν ἐν ἐμοί (2)
— 61. ἤκουσας . . . πάντας τοὺς δ. αὐ. κατ' ἐμοῦ (2)
Da. LXX. 7. 15. ἐτάρασσόν με οἱ δ. μου †
Da. TH. 2. 29. οἱ δ. σου ἐπὶ τῆς κοίτης σου ἀνέβησαν (4 *b*)
— 30. ἵνα τοὺς δ. τῆς καρδίας σου γνῷς (4 *b*)
4. 16 : 5. 6. οἱ δ. αὐ. συνετάρασσον αὐτόν (4 *b*)
5. 10. μὴ ταρασσέτωσάν σε οἱ δ. σου (4 *b*)
7. 28. οἱ δ. μου ἐπὶ πολὺ συνετάρασσόν με (4 *b*)
11. 24. A λογιεῖται διαλογισμοὺς αὐτοῦ [B λογ.] (2)
I Ma. 2. 63. ὁ δ. αὐτοῦ ἀπώλετο [S ἀπολεῖται]
[Aq. Jd. 5. 15 : Is. 55. 8 : Je. 6. 19.]
[Sm. Ps. 39 (40). 6 : 55 (56). 6 : 91 (92). 6 : 138 (139). 20 : Is. 55. 8.]
[Th. Ps. 138 (139). 20 : Is. 55. 8 : Da. 2. 29, 30.]

διάλογος. (1) שִׂיחַ

Jb. 7. 13. A ἀνοίσω δὲ πρὸς ἐμαυτὸν διάλογον ἰδίᾳ [B S ἰ. λόγον] τῇ κοίτῃ μου (1)

διαλοιδόρησις.

Si. 27. 15. ἡ δ. αὐτῶν ἀκοὴ μοχθηρά [S^{2} πονηρά]

διαλύειν. (1) אָבָה (2) חָבַל (3) מָסַס ni. (4) נָתַר hi. (5) פָּרַק pi. (6) שָׁבַר ni. (7) לֹא שָׁכַב (8) שְׁרָא ithpa.

Jd. 15. 14. A διελύθησαν οἱ δεσμοὶ ἀπὸ τῶν βραχ. αὐ. [B *al.*] (3)
III Ki. 19. 11. πνεῦμα μέγα κραταιὸν διαλῦον ὄρη (5)
Ne. 1. 7. διαλύσει διελύσαμεν (2)
Jb. 30. 17. τὰ δὲ νεῦρά μου διαλέλυται (7)
Pr. 6. 35. οὐδὲ μὴ διαλυθῇ [A διὰ] πολλῶν δώρων (1)
Si. 22. 16. ἱμάντωσις ξυλίνη . . . οὐ διαλυθήσεται
— 20. ὁ ὀνειδίζων φίλον διαλύσει φιλίαν
Jn. 1. 4. A S^{3} ἐκινδύνευε τοῦ διαλυθῆναι [B S^{1} συντριβῆναι] (6)
Is. 58. 6. διάλυε στραγγαλιὰς βιαίων συναλλαγμάτων (4)
Da. TH. 5. 6. οἱ σύνδεσμοι τῆς ὀσφύος αὐτοῦ διελύοντο (8)
III Ma. 1. 2. καὶ ἐν τούτῳ διαλῦσαι τὸν πόλεμον
● IV Ma. 14. 10. ἡ . . . δύναμις ταχέως διέλυσε τὰ σώματα
[Aq. Ec. 5. 5 : Ez. 19. 12.]
[Sm. Jb. 5. 12 : Ps. 32 (33). 10 : 38 (39). 12 : 45 (46). 7 : 57 (58). 8, 9 : Pr. 13. 18 : 25. 23 : Ec. 12. 5 : Is. 28. 7 : 58. 6 *bis* : Je. 11. 10 : 31 (38). 32 : Ez. 19. 12 : 21. 7 (12).]
[Th. Is. 28. 20 : 51. 9 : 52. 2 : 58. 6.]
[Al. Nu. 30. 3.]

διάλυσις. (1) חֲבַל

Ne. 1. 7. διαλύσει διελύσαμεν (1)

διάλυτος. (1) קָרַע ni.

Ex. 36. 31 (39. 23). A τὸ περιστόμιον δ. [B ἀδ.] (1)

διαμαρτάνειν. (1) חָטָא hi. (2) שָׁנָה

Nu. 15. 22. ὅταν δὲ διαμάρτητε [A διαμαρτύρητε] (2)
Jd. 20. 16. A καὶ οὐ διαμαρτάνοντες [B καὶ οὐκ ἐξαμ.] (1)
[Aq. Jb. 5. 24.]

διαμαρτυρεῖν, *cf.* **διαμαρτύρεσθαι.** (1) יָדַע po. (2) עוּד hi.

Ge. 43. 3. A διαμαρτυρίᾳ διαμεμαρτύρηται [R μεμαρ.] ἡμῖν (2)
Ex. 19. 23. σὺ γὰρ διαμεμαρτύρησαι ἡμῖν (2)
21. 36. καὶ διαμεμαρτυρημένοι [B^{1} μεμ.] ὦσι τῷ κυρίῳ –
Nu. 15. 22. ὅταν δὲ διαμάρτητε [A διαμαρτύρητε] †
I Ki. 21. 2 (3). τοῖς παιδαρίοις διαμεμαρτύρημαι ἐν τῷ τόπῳ (1)
Ne. 9. 26. A τοὺς προφήτας οἳ διεμαρτυροῦντο [B S -αντο] (2)

διαμαρτύρεσθαι, *cf.* **διαμαρτυρεῖν.** (1) זָהַר hi. (2) יָדַע hi. (3) עוּד *a.* hi. *b.* hoph.

Ex. 18. 20. καὶ διαμαρτύρῃ αὐτοῖς τὰ προστάγματα (1)
19. 10. καταβὰς διαμάρτυραι τῷ λαῷ –
— 21. καταβὰς διαμάρτυραι τῷ λαῷ (3 *a*)
21. 29. καὶ διαμαρτύρωνται τῷ κυρίῳ αὐ. (3 *b*)
De. 4. 26. διαμαρτύρομαι ὑμῖν σήμερον τόν τε οὐρ. καὶ τὴν γῆν (3 *a*)
8. 19 : 30. 19. διαμαρτύρομαι ὑμῖν σήμερον (3 *a*)
31. 28. διαμαρτύρομαι [A -ωμαι] αὐτοῖς τόν τε οὐρ. καὶ τὴν γῆν (3 *a*)
32. 46. οὓς ἐγὼ διαμαρτύρομαι ὑμῖν σήμερον (3 *a*)
I Ki. 8. 9. διαμαρτυρόμενος διαμαρτύρῃ αὐτοῖς (3 *a*, 3 *a*)
IV Ki. 17. 13. διεμαρτύρατο κύριος ἐν τῷ Ἰσραὴλ (3 *a*)
— 15. ὅσα διεμαρτύρατο αὐτοῖς (3 *a*)
II Ch. 24. 19. B διεμαρτύραντο [A R -ατο] αὐτοῖς (3 *a*)
Ne. 9. 26. τοὺς προφήτας . . . οἳ διεμαρτύραντο [A -οῦντο] (3 *a*)
— 34. τὰ μαρτύριά σου ἃ διεμαρτύρω αὐτοῖς (3 *a*)
13. 21. A S διεμαρτυράμην [B ἐπεμαρ.] ἐν αὐτοῖς (3 *a*)
Ju. 7. 28. S διαμαρτυρόμεθα [A B μαρτυρ.] ὑμῖν τὸν οὐρανόν
Ps. 49 (50). 7. καὶ διαμαρτύρομαί [S^{2} -οῦμαί] σοι (3 *a*)
80 (81). 8. καὶ διαμαρτύρομαί [A -οῦμαί] σοι (3 *a*)
Za. 3. 7 (6). διεμαρτύρατο ὁ ἄγγελος κυρίου πρὸς Ἰ. (3 *a*)
Ma. 2. 14. κύριος διεμαρτύρατο ἀνὰ μέσον σου κ. ἀνὰ μ. γυναικ. (3 *a*)
Je. 6. 10. πρὸς τίνα λαλήσω καὶ διαμαρτύρωμαι [A -ομαι] (3 *a*)
39 (32). 10. διεμαρτυράμην μάρτυρας (3 *a*)
— 44. διαμαρτύρῃ μάρτυρας ἐν γῇ Βεν. (3 *a*)
Ez. 16. 2. διαμάρτυραι τῇ Ἰερ. τὰς ἀνομίας αὐτῆς (2)
20. 4. τὰς ἀνομίας τῶν πατ. αὐ. διαμάρτυραι αὐτοῖς (2)
[Aq. Je. 42 (49). 19.]
[Sm. Ps. 88 (89). 38.]

διαμαρτυρία. (1) עוּד hi.

Ge. 43. 3. A διαμαρτυρίᾳ διαμεμαρτύρηται [R μεμαρ.] ἡμῖν (1)
IV Ma. 16. 16. ὑπὲρ τῆς δ. τοῦ ἔθνους ἐναγωνίσασθε
[Sm. Ps. 77 (78). 5.]

διαμασᾶσθαι.

Si. 34 (31). 16. μὴ διαμασῶ [S^{1} -ου] μὴ μισηθῇς

διαμάχεσθαι. (1) לָחַם ni.

Si. 8. 1. μὴ διαμάχου μετὰ ἀνθρώπου δυνάστου
— 3. μὴ διαμάχου μετὰ ἀνθρώπου γλωσσώδους
38. 28. ἐν θέρμῃ καμίνου διαμαχήσεται
51. 19. R διαμεμάχηται [A B S -χισται] ἡ ψυχή μου ἐν αὐτῇ
Da. LXX. 10. 20. ἐπιστρέψω διαμάχεσθαι μετὰ τοῦ στρατηγοῦ (1)
[Aq. Ex. 2. 13 : 21. 18 : Ps. 36 (37). 1 : Pr. 24. 19.]
[Sm. Ex. 2. 13 : Ca. 1. 6.]
[Th. Pr. 24. 19.]

διαμαχίζεσθαι.

Si. 51. 19. A B S διαμεμάχισται [R -χηται] ἡ ψυχή μου ἐν αὐτῇ

διαμελετᾶν.

[Sm. Ps. 76 (77). 13.]

διαμελίζειν. (1) הַדָּמִין עֲבַד ithpe.

Da. LXX. 3. 29 (96). ἵνα πᾶν ἔθνος . . . διαμελισθήσεται (1)

διαμένειν. (1) יָצַב hithpa. (2) יָשַׁב (3) נוּן *a.* ni. *b.* hi. (4) נָטַר (5) נָצַב ni. (6) עָמַד

Ne. 11. 23. S^{3} διέμεινεν ἐπὶ τοῖς ᾠδοῖς †
Ps. 5. 5. A S^{2} R οὐδὲ [B S^{1} οὐ] διαμενοῦσι παράνομοι κατέναντι τῶν ὀφθ. σου (1)
18 (19). 9. ὁ φόβος κυρίου ἁγνὸς διαμένων εἰς αἰῶνα αἰῶνος (6)
60 (61). 7. διαμενεῖ εἰς τὸν αἰῶνα (2)
71 (72). 17. πρὸ τοῦ ἡλίου διαμενεῖ τὸ ὄνομα αὐτοῦ (3 *a**, 3 *b*)
101 (102). 26. αὐτοὶ ἀπολοῦνται σὺ δὲ διαμένεις (6)
118 (119). 89. ὁ λόγος σου διαμένει ἐν τῷ οὐρανῷ (5)
— 90. ἐθεμελίωσας τὴν γῆν καὶ διαμένει (6)
— 91. τῇ διατάξει σου διαμένει ἡ ἡμέρα (6)
Wi. 11. 25. S πῶς δὲ διέμεινεν [A B ἔμεινεν] ἄν τι [S^{1} ἔναντι]
Si. 12. 15. ὥραν μετὰ σοῦ διαμενεῖ
22. 23. ἐν καιρῷ θλίψεως διάμενε αὐτῷ
27. 4. ἐν σείσματι κοσκίνου [S^{1} κοκκ.] διαμένει κοπρία
40. 17. ἐλεημοσύνη [S^{1} ἐν ἐλ.] εἰς τὸν αἰῶνα διαμένει
41. 12. αὐτὸ γάρ σοι διαμένει [*vel* -μενεῖ]
— 13. ἀγαθὸν ὄνομα εἰς αἰῶνα διαμένει [*vel* -μενεῖ]
44. 11. μετὰ τοῦ σπέρμ. αὐ. διαμενεῖ ἀγαθὴ κληρονομία
— 13. S^{2} διαμενεῖ [A B μενεῖ] σπέρμα αὐτῶν
46. 9. ἕως γήρους διέμεινεν αὐτῷ
Je. 3. 5. μὴ διαμενεῖ εἰς τὸν αἰῶνα (4)
39 (32). 14. A S R ἵνα διαμείνῃ [B -μένῃ] ἡμέρας πλείους (6)
III Ma. 3. 11. διηνεκῶς ἐν τῇ αὐτῇ διαμένειν βουλῇ
[Aq. Is. 57. 11.]
[Sm. III Ki. 11. 36 : Jb. 21. 8 : Ps. 32 (33). 11 : 101 (102). 27, 29 : 129 (130). 5 : 139 (140). 14 : 148. 6 : Ec. 3. 14 : Is. 7. 9 : Je. 15. 18.]
[Th. Ps. 101 (102). 27.]
[Sam. Ge. 49. 24.]

διαμερίζειν. (1) חָלַק *a.* qal. *b.* pi. *c.* pu. *d.* חֵלֶק (2) נָחַל hi. (3) פָּלַג ni.

Ge. 10. 25. ἐν ταῖς ἡμ. αὐ. διεμερίσθη ἡ γῆ (3)
49. 7. διαμεριῶ αὐτοὺς ἐν Ἰακώβ (1 *b*)
De. 32. 8. ὅτε διεμέριζεν ὁ ὕψιστος ἔθνη (2)
Jo. 21. 40. συνετέλεσεν Ἰ. διαμερίσας τὴν γῆν –
Jd. 5. 30. οὐχ [A οὐχὶ] εὑρήσουσιν αὐτὸν διαμερίζοντα σκῦλα (1 *b*)
II Ki. 6. 19. διεμέρισε παντὶ τῷ λαῷ (1 *b*)
I Ch. 1. 19. A ἐν ταῖς ἡμέραις αὐτοῦ διεμερίσθη ἡ γῆ (3)
16. 3. διεμέρισε παντὶ ἀνδρὶ [S *om.*] Ἰσραὴλ (1 *b*)
Ne. 9. 22. A καὶ λαοὺς διεμέρισας [B καὶ ἐμ., S ἐμ.] αὐτοῖς (1 *a*)
Jb. 31. 2. τί [B ἔτι, A S^{1} *om.*] διεμέρισεν [A ἐπεμ., B S^{2} ἐμ.] ὁ θεὸς ἄνωθεν [S^{2} ἀπάν.] (1 *d*)

● = correction on page xxv

Ps. 16 (17). 14. διαμέρισον αὐτοὺς ἐν τῇ ζωῇ αὐτῶν (1 *d*)
21 (22). 18. διεμερίσαντο [S^{1} -σαν] τὰ ἱμάτιά μου ἑαυτοῖς (1 *b*)
54 (55). 21. διεμερίσθησαν ἀπὸ ὀργῆς τοῦ προσώπου αὐτοῦ (1 *a*)
59 (60). 6: 107 (108). 7. καὶ διαμεριῶ Σίκιμα (1 *b*)
Mi. 2. 4. οἱ ἀγροὶ ἡμῶν διεμερίσθησαν [A διεμετρήθησαν] (1 *b*)
Za. 14. 1. A S^{1}R διαμερισθήσονται [B S^{3} -σεται] τὰ σκῦλά σου ἐν σοί (1 *c*)
Is. 34. 17. ἡ χεὶρ αὐτοῦ διεμέρισε βόσκεσθαι (1 *b*)
Ez. 47. 21. διαμερίσετε [A διεμέτρησεν] τὴν γῆν ταύτην αὐτοῖς (1 *b*)
II Ma. 8. 28. A τὰ λοιπὰ αὐτοὶ καὶ τὰ παιδία διεμερίσαντο [R ἐμερ.]
[**Sm.** Jb. 40. 25 (30): Is. 53. 12.]
[**Al.** Jo. 1. 6: Jd. 5. 30: Ps. 47 (48). 14.]

διαμερισμός. (1) מַחֲלֹקֶת
Mi. 7. 12. αἱ πόλεις σου ἥξουσιν . . . εἰς διαμερισμὸν 'A. †
— 12. καὶ αἱ πόλεις σου αἱ ὀχυραὶ εἰς δ. †
Ez. 48. 29. οὗτοι οἱ δ. αὐτῶν (1)

διαμετρεῖν. (1) חָלַק pi. (2) מָדַד *a.* qal. *b.* pi.
II Ki. 8. 2. διεμέτρησεν αὐτοὺς ἐν [A αὐτὴν] σχοινίοις (2 *b*)
Ps. 59 (60). 6. τὴν κοιλάδα τῶν σκηνῶν διαμετρήσω (2 *b*)
107 (108). 7. A R τὴν κοιλάδα τῶν σκηνῶν [S -νωμάτων] διαμετρήσω [S ἐκμετρ.] (2 *b*)
Mi. 2. 4. A οἱ ἀγροὶ ἡμῶν διεμετρήθησαν [B -μερισθ.] (1)
Za. 2. 2 (6). διαμετρῆσαι τὴν 'I. (2 *a*)
Ez. 40. 5. διεμέτρησε τὸ προτείχισμα (2 *a*)
— 6. διεμέτρησε [A *add.* τὸ θεὲ ἐξ ἔνθεν καὶ ἐξ ἔνθεν καὶ] τὸ αἰλάμ (2 *a*)
— 9. A διεμέτρησεν τὸ αἰλὰμ τῆς πύλης (2 *a*)
— 11. διεμέτρησε τὸ πλάτος τῆς θύρας τοῦ πυλῶνος πηχῶν δέκα (2 *a*)
— 13. διεμέτρησε τὴν πύλην (2 *a*)
— 19. διεμέτρησε τὸ πλάτος τῆς αὐλῆς (2 *a*)
— 20. διεμέτρησεν αὐτήν (2 *a*)
— 23. διεμέτρησε τὴν αὐλήν (2 *a*)
— 24. διεμέτρησεν αὐτήν (2 *a*)
— 27. διεμέτρησε τὴν αὐλήν (2 *a*)
— 28. διεμέτρησε τὴν πύλην (2 *a*)
— 32. διεμέτρησεν αὐτὴν κατὰ τὰ μέτρα ταῦτα (2 *a*)
— 35. διεμέτρησε κατὰ τὰ μέτρα ταῦτα (2 *a*)
— 47. διεμέτρησε τὴν αὐλὴν μῆκος πήχεων ἑκατόν (2 *a*)
— 48. διεμέτρησε τὸ αἲλ τοῦ αἰλάμ [A τὸ αἰλάμ] (2 *a*)
41. 1. διεμέτρησε τὸ αἰλάμ (2 *a*)
— 2. διεμέτρησε τὸ μῆκος αὐ. (2 *a*)
— 3. διεμέτρησε τὸ αἲλ τοῦ θυρώματος (2 *a*)
— 4. διεμέτρησε τὸ μῆκος τῶν θυρῶν [A *al.*] (2 *a*)
— 5. διεμέτρησε τὸν τοῖχον τοῦ οἴκου (2 *a*)
— 13. διεμέτρησε κατέναντι τοῦ οἴκου μῆκος (2 *a*)
— 15. διεμέτρησε μῆκος [A τὸν τοῖχον] τοῦ διορίζοντος (2 *a*)
— 26. διεμέτρησεν ἔνθεν καὶ ἔνθεν †
42. 15. διεμέτρησε τὸ ὑπόδειγμα τοῦ οἴκου (2 *a*)
— 16. διεμέτρησε πεντακοσίους ἐν τῷ καλάμῳ τοῦ μέτρου (2 *a*)
— 17. διεμέτρησε τὸ κατὰ πρόσωπον τοῦ βορρᾶ (2 *a*)
— 18. διεμέτρησε τὸ κατὰ πρόσωπον θαλάσσης (2 *a*)
— 19. διεμέτρησε κατέναντι [A κατὰ πρόσωπον] τοῦ νότου [B^{2} ναοῦ] (2 *a*)
45. 3. διαμετρήσεις μῆκος πέντε καὶ εἴκοσι χιλιάδας (2 *a*)
47. 3. διεμέτρησε χιλίους ἐν τῷ μέτρῳ (2 *a*)
— 4. διεμέτρησε [A -εν ἐν τῷ μέτρῳ] χιλίους . . . διεμέτρησε χιλίους (2 *a*, 2 *a*)
— 5. διεμέτρησε χιλίους [A *add.* χειμάρρους] (2 *a*)
— 21. A διεμέτρησεν [B διαμερίσετε] τὴν γῆν ταύτην αὐτοῖς (1)
[**Sm.** II Ki. 8. 2: Ps. 47 (48). 14.]
[**Al.** Hb. 3. 6.]

διαμέτρησις. (1) מִדָּה (2) *a.* קַו *b.* קָוֶה
II Ch. 3. 3. μῆκος πήχεων ἡ δ. ἡ πρώτη πήχεων ἑξήκ. (1)
4. 2. πήχεων δέκα τὴν δ. †
Je. 38 (31). 39. ἐξελεύσεται ἡ δ. αὐτῆς (2 *a* [2 *b* *] *et* 1)
Ez. 42. 15. συνετελέσθη ἡ δ. τοῦ οἴκου ἔσωθεν (1)
45. 3. ἐκ ταύτης τῆς δ. διαμετρήσεις μῆκος (1)

διαναβαίνειν.
[**Al.** Dt. 1. 21.]

διαναπαύειν. (1) נָחַם pi.
Ge. 5. 29. διαναπαύσει ἡμᾶς ἀπὸ τῶν ἔργων (1)

διαναφέρειν. (1) קָטַר hi.
Le. 4. 10. B διανοίσει [AR καὶ ἀνοίσει] ὁ ἱερεὺς ἐπὶ τὸ θ. (1)

διανέμειν. (1) חָלַק
De. 29. 26 (25). οὐδὲ διένειμεν αὐτοῖς (1)
[**Sm.** Ps. 59 (60). 8: 67 (68). 13: Is. 33. 23.]

διανεύειν. (1) קָרַץ
Ps. 34 (35). 19. οἱ . . . διανεύοντες ὀφθαλμοῖς (1)
Si. 27. 22. διανεύων [A καὶ ἐννεύων] ὀφθαλμῷ

διανήθειν. (1) *a.* תּוֹלַעַת שָׁנִי *b.* תּוֹלַעַת הַשָּׁנִי
Ex. 28. 8, 29 (33). κοκκίνου διανενησμένου (1 *a*)
35. 6. κόκκινον διπλοῦν διανενησμένον (1 *a*)
36. 10 (39. 3). σὺν . . . τῷ κοκκίνῳ τῷ διανενησμένῳ (1 *b*)
— 12 (39. 5), 15 (39. 8). κοκκίνου διανενησμένου (1 *a*)

διανθίζειν.
Es. 1. 6. B στρωμναὶ . . . ποικίλως διηνθισμέναι [A S *al.*] †

διανιστάναι. (1) קוּם
De. 6. 7. καὶ κοιταζόμενος καὶ διανιστάμενος [A ἀνιστ.] (1)
11. 19. καὶ διανισταμένου σου [A -νους] (1)
Ju. 12. 15. διαναστᾶσα [A ἀναστᾶσα] ἐκοσμήθη
[**Aq., Sm., Th.** Dt. 11. 19.]

διανοεῖσθαι. (1) אָמַר (2) בִּין *a.* qal. *b.* hi. *c.* הָיָה מֵבִין *d.* בִּינָה (3) זָמַם (4) חָשַׁב *a.* qal. *b.* pi. *c.* יֵצֶר מַחֲשָׁבוֹת (5) כָּשַׁל ni. (6) *a.* אֶל לֵב *b.* עָצַב אֶל לֵב hithpa. (7) מוּק hi. (8) עָלָה (9) שָׂכַל hi.
Ge. 6. 5. πᾶς τις διανοεῖται ἐν τῇ καρδίᾳ αὐ. (4 *c*)
— 6. καὶ διενοήθη (6 *b*)
8. 21. εἶπε κύριος ὁ θεὸς διανοηθείς (6 *a*)
Ex. 31. 4. ἐν παντὶ ἔργῳ διανοεῖσθαι (4 *a*)
II Ki. 21. 16. διενοεῖτο πατάξαι τὸν Δαυίδ (1)
II Ch. 2. 14 (13). εἰδότα . . . διανοεῖσθαι πᾶσαν διανόησιν (4 *a*)
11. 22. ὅτι βασιλεῦσαι διενοεῖτο αὐτόν –
Ju. 9. 5. καὶ τὰ νῦν καὶ τὰ ἐπερχόμενα διενοήθης
— 9. ὃ διενοήθην κράτος
Ps. 72 (73). 8. διενοήθησαν καὶ ἐλάλησαν ἐν πονηρίᾳ (7)
Si. 3. 22. ἃ προσετάγη σοι ταῦτα διανοοῦ
— 29. καρδία συνετοῦ διανοηθήσεται παραβολήν [S^{1} ἐν παραβολῇ]
6. 37. διανοοῦ ἐν τοῖς προστάγμασι κυρίου
14. 21. ὁ [A *om.*] διανοούμενος τὰς ὁδοὺς αὐτῆς
16. 20. ἐπ' αὐτοῖς οὐ διανοηθήσεται καρδία
— 23. ἐλαττούμενος καρδίᾳ διανοεῖται ταῦτα
— 23. ἀνὴρ ἄφρων καὶ πλανώμενος διανοεῖται μωρά
17. 6. ὦτα καὶ καρδίαν ἔδωκε διανοεῖσθαι αὐτοῖς
21. 17. τοὺς λόγους αὐτοῦ διανοηθήσεται [A S -σονται] ἐν καρδίᾳ
27. 12. εἰς μέσον δὲ διανοουμένου [A S -ων] ἐνδελέχιζε
34 (31). 15. ἐπὶ παντὶ πράγματι διανοοῦ
38. 33. διαθήκην κρίματος οὐ διανοηθήσονται
— 34. πλὴν τοῦ . . . διανοουμένου [A -ῳ] ἐν νόμῳ ὑψίστου
39. 7. ἐν τοῖς ἀποκρύφοις αὐτοῦ διανοηθήσεται
— 12. ἔτι διανοηθεὶς ἐκδιηγήσομαι
— 32. διενοήθην καὶ ἐν γραφῇ ἀφῆκα
42. 18. ἐν πανουργεύμασιν [A S^{1} -ήμασιν] αὐτῶν διενοήθην [A S -η]
Si. 51. 18. διενοήθην γὰρ τοῦ ποιῆσαι [A π. με] αὐτήν
Za. 8. 14. ὃν τρόπον διενοήθην τοῦ κακῶσαι ὑμᾶς (3)
— 15. διανενόημαι . . . τοῦ καλῶς ποιῆσαι (3)
Je. 7. 31. καὶ οὐ διενοήθην ἐν τῇ καρδίᾳ μου (8)
19. 5. οὐδὲ διενοήθην ἐν τῇ καρδίᾳ μου (8)
Da. LXX. 8. 5. καὶ ἐγὼ διενοούμην (2 *c*)
— 15. τὸ ὅραμα ἐζήτουν διανοηθῆναι (2 *d*)
— 17. διανοήθητι, υἱὲ ἀνθρώπου (2 *b*)
— 23. διανοούμενος αἰνίγματα (2 *b*)
— 27. οὐδεὶς ἦν ὁ διανοούμενος (2 *b*)
9. 2. διενοήθην ἐν ταῖς βίβλοις τὸν ἀριθμὸν [*cod.* τῶν ἀ.] ἐτῶν (2 *a*)
— 13. διανοηθῆναι τὴν δικαιοσύνην σου (9)
— 23. διανοήθητι τὸ πρόσταγμα (2 *b*)
— 24. διανοηθῆναι τὸ ὅραμα †
— 25. γνώσῃ καὶ διανοηθήσῃ (9)
10. 1. τὸ πλῆθος τὸ ἰσχυρὸν διανοηθήσεται τὸ πρόσταγμα καὶ διενοήθην αὐτὸ ἐν ὁράματι (2 *a*, 2 *d*)
— 11. διανοήθητι τοῖς προστάγμασιν (2 *b*)
— 12. διανοηθῆναι καὶ ταπεινωθῆναι ἐναντίον κυρίου (2 *b*)
11. 24. ἐπὶ τὴν πόλιν τὴν ἰσχυρὰν διανοηθήσεται (4 *b*)
— 25. διανοηθήσεται ἐπ' αὐτὸν διάνοια (4 *a*)
— 30. διανοηθήσεται ἐπ' αὐτούς (2 *b*)
— 35. ἐκ τῶν συνιέντων διανοηθήσονται (5)
12. 8. οὐ διενοήθην παρ' αὐτὸν τὸν καιρόν (2 *b*)
— 10. οὐ μὴ διανοηθῶσι πάντες οἱ ἁμαρτωλοὶ καὶ οἱ διανοούμενοι προσέξουσιν (2 *a*, 9)
Da. Th. 1. 4. καὶ διανοουμένους φρόνησιν (2 *b*)
III Ma. 1. 2. ἐκπληρῶσαι τὴν ἐπιβουλὴν διανοηθείς
— 22. τὸ τῆς προθέσεως αὐτοῦ [A *om.*] ἐκπληροῦν διανοουμένου
[**Al.** Ge. 27. 42.]

διανόημα. (1) גִּלּוּלִים (2) מַחֲשָׁבָה (3) שֵׂכֶל
Pr. 14. 14. ἀπὸ δὲ τῶν δ. αὐτοῦ ἀνὴρ ἀγαθός †
15. 24. ὁδοὶ ζωῆς διανοήματα συνετοῦ †
Si. 22. 16. καρδία ἐστηριγμένη ἐπὶ διανοήματος βουλῆς
— 18. καρδία δειλὴ ἐπὶ διανοήματος μωροῦ . . . οὐ [A^{1} *om.*] μὴ ὑπομείνῃ
23. 2. τίς ἐπιστήσει (A -σῃ) ἐπὶ τοῦ δ. μου μάστιγας
24. 29. ἀπὸ γὰρ θαλάσσης ἐπληθύνθη διανόημα [A -ματα] αὐτῆς
25. 5. καὶ δεδοξασμένοις διανόημα καὶ βουλή
35 (32). 18. ἀνὴρ βουλῆς οὐ μὴ παρίδῃ διανόημα
42. 20. οὐ παρῆλθεν αὐτὸν πᾶν διανόημα
Is. 55. 9. τὰ δ. ὑμῶν ἀπὸ τῆς διανοίας μου (2)
Ez. 14. 3. ἔθεντο τὰ δ. αὐ. ἐπὶ τὰς καρδίας αὐ. (1)
— 4. ὃς ἂν θῇ τὰ δ. αὐτοῦ ἐπὶ τὴν καρδίαν αὐ. (1)
Da. LXX. 8. 25. ἐπὶ τοὺς ἁγίους τὸ δ. αὐτοῦ (3 ?)

διανόησις. (1) מַחֲשֶׁבֶת
II Ch. 2. 14 (13). εἰδότα . . . διανοεῖσθαι πᾶσαν δ. (1)

διάνοια. (1) בִּינָה (2) גִּלּוּלִים (3) *a.* לֵב *b.* לֵבָב (4) *a.* מַחֲשָׁבָה *b.* יֵצֶר מַחְשְׁבוֹת (5) קֶרֶב (6) **διάνοια ἀγαθή** בִּינָה
Ge. 8. 21. ἔγκειται ἡ δ. τοῦ ἀνθρώπου ἐπιμελῶς (3 *a*)
17. 17. καὶ εἶπεν ἐν τῇ δ. αὐτοῦ (3 *a*)
24. 15. λαλοῦντα ἐν τῇ δ. –
— 45. πρὸ τοῦ συντελέσαι με λαλοῦντα ἐν τῇ δ. μου [S *om.*] (3 *a*)
27. 41. εἶπε δὲ 'Ησαῦ ἐν τῇ δ. αὐτοῦ (3 *a*)
34. 3. ἐλάλησε κατὰ τὴν δ. τῆς παρθένου αὐτῇ (3 *a*)
45. 26. A ἐξέστη ἡ δ. [R τῇ δ.] 'Ιακώβ (3 *a*)
Ex. 9. 21. ὃς δὲ μὴ προσέσχε τῇ δ. εἰς τὸ ῥῆμα κυρίου (3 *a*)
28. 3. λάλησον πᾶσι τοῖς σοφοῖς τῇ δ. (3 *a*)
35. 9 (10). A πᾶς σοφὸς τῇ δ. [B καρδίᾳ] ἐν ὑμῖν (3 *a*)
— 22. ᾧ ἔδοξε τῇ δ. (3 *a*)
— 25. πᾶσα γυνὴ σοφὴ τῇ δ. (3 *a*)
— 26. αἷς ἔδοξε τῇ δ. αὐτῶν (3 *a*)
— 29. ὧν ἔφερεν ἡ δ. αὐτῶν (3 *a*)
— 34. B προβιβάσαι γε ἔδωκεν αὐτῷ [AR *om.*] ἐν τῇ δ. (3 *a*)
— 35. B ἐνέπλησεν αὐτοὺς σοφίας καὶ [A R *om.*] συνέσεως [A *om.*] διανοίας (3 *a*)
36. 1. καὶ πᾶς σοφὸς τῇ δ. (3 *a*)

Ex. 36. 8. A πᾶς σοφὸς τῇ δ. [B om. τ. δ.] (3 a)
Le. 19. 17. οὐ μισήσεις τὸν ἀδ. σου τῇ δ. σου (3 b)
Nu. 15. 39. οὐ διαστραφήσεσθε ὀπίσω τῶν δ. ὑμῶν (3 b)
22. 18. ποιῆσαι αὐτὸ μικρὸν ἢ μέγα ἐν τῇ δ. μου –
32. 7. ἵνα τί διαστρέφετε τὰς διανοίας [A καρδίας] (3 a)
De. 4. 39. ἐπιστραφήσῃ τῇ δ. (3 b)
6. 5. ἀγαπήσεις κ. τὸν θ. σου ἐξ ὅλης τῆς δ. [A καρδίας] σου (3 b)
7. 17. ἐὰν δὲ λέγῃς ἐν τῇ δ. σου (3 b)
28. 28. πατάξαι σε κ. . . . ἐκστάσει διανοίας (3 b)
— 47. οὐκ ἐλάτρευσας κ. τῷ θ. σου ἐν . . . ἀγαθῇ δ. [A καρδίᾳ] (3 b)
29. 18 (17). τίνος ἡ δ. ἐξέκλινεν ἀπὸ κυρίου τοῦ θ. ὑμῶν (3 b)
Jo. 5. 1. ἐτάκησαν [A κατετ.] αὐτῶν αἱ δ. (3 b)
14. 8. A μετέστησαν τὴν δ. [B καρδίαν] τοῦ λαοῦ (3 a)
22. 5. λατρεύειν αὐτῷ ἐξ ὅλης τῆς δ. [A καρδίας] ὑμῶν (3 b)
I Ch. 29. 18. ἐν διανοίᾳ καρδίας λαοῦ σου (4 b)
I Es. 3. 18. πάντας τοὺς ἀνθρώπους . . . πλανᾷ τὴν δ. [A τῇ δ.]
— 19. τοῦ τε βασ. καὶ τοῦ ὀρφ. ποιεῖ τὴν δ. μίαν
— 20. πᾶσαν δ. μεταστρέφει εἰς εὐωχίαν
4. 26. ἀπενοήθησαν ταῖς ἰδίαις δ. διὰ τὰς γυναῖκας
Ju. 8. 14. A B λόγους τῆς δ. αὐτοῦ οὐ διαλήψεσθε [S καταλ., R λήψ.]
Jb. 1. 5. μή ποτε οἱ υἱοί μου ἐν τῇ δ. [A καρδίᾳ] αὐτῶν κακὰ ἐνενόησαν (3 b)
— 8. προσέσχες τῇ δ. σου κατὰ τοῦ παιδός [A θεράποντός] μου (3 a)
9. 4. σοφὸς γάρ ἐστι διανοίᾳ (3 b)
36. 28. ἐπὶ τούτοις πᾶσιν οὐκ ἐξίσταταί [A -ατό] σου ἡ δ. –
Pr. 2. 10. A S R ἐὰν γὰρ ἔλθῃ ἡ σοφία εἰς σὴν [B τὴν] δ. (3 a)
4. 4. S ἐρειδέτω ὁ ἡμέτερος λόγος εἰς σὴν δ. [A B καρδίαν] (3 a)
9. 10. τὸ γὰρ γνῶναι νόμον διανοίας ἐστὶν ἀγαθῆς (6)
13. 15. τὸ δὲ γνῶναι νόμον διανοίας ἐστὶν ἀγαθῆς –
27. 19. οὕτως οὐδὲ αἱ δ. [A S² καρδίαι, S¹ add. ὅμοιαι] τῶν ἀνθρ. (3 a)
Wi. 4. 15. μηδὲ θέντες ἐπὶ διανοίᾳ τὸ τοιοῦτο
Si. 3. 24. ὑπόνοια πονηρὰ ὠλίσθησε διανοίας [A¹ -θη ἐν διανοίᾳ, A² S -αν] αὐ.
22. 17. καρδία ἡδρασμένη ἐπὶ διανοίας [A S² -ᾳ] συνέσεως
29. 17. ἀχάριστος ἐν διανοίᾳ
Is. 14. 13. A S R εἶπας ἐν [B om.] τῇ διανοίᾳ [S καρδίᾳ] σου (3 b)
35. 4. παρακαλέσατε οἱ ὀλιγόψυχοι τῇ δ. (3 a)
55. 9. τὰ διανοήματα ὑμῶν ἀπὸ τῆς δ. μου (4 a)
57. 11. οὐδὲ ἔλαβές με εἰς τὴν δ. (3 a)
59. 15. μετέστησαν τὴν δ. [A² S add. αὐτῶν] τοῦ συνιέναι †
Je. 38 (31). 33. δώσω [A om.] νόμους [S¹ -ον] μου εἰς τὴν δ. [S¹ καρδίαν] αὐ. (5)
Ba. 1. 22. ἕκαστος ἐν διανοίᾳ καρδίας αὐτοῦ [A ἡμῶν]
4. 28. ἐγένετο ἡ δ. ὑμῶν εἰς τὸ πλανηθῆναι
Ep. Je. 6. B εἴπατε δὲ τῇ δ.
Ez. 14. 4. ἐν οἷς ἐνέχεται ἡ δ. αὐτοῦ (2)
Da. LXX. 9. 22. ἄρτι ἐξῆλθον ὑποδεῖξαί σοι διάνοιαν (1)
11. 14. διάνοιαι ἀναστήσονται ἐπὶ τὸν βασ. Αἰγ. †
— 25. διανοηθήσεται ἐπ' αὐτὸν διάνοια (4 a)
I Ma. 10. 74. ἐκινήθη τῇ δ.
11. 49. ἠσθένησαν ταῖς δ. αὐτῶν
II Ma. 2. 2. ἵνα μὴ ἀποπλανηθῶσι ταῖς δ.
3. 16. τιτρώσκεσθαι τὴν δ.
5. 17. ἐμετεωρίζετο τὴν δ. ὁ Ἀντίοχος
III Ma. 4. 1. ὡς ἂν τῆς προκατεσκιρρωμένης αὐτοῖς πάλαι κατὰ διάνοιαν
5. 28. λήθην κατὰ διάνοιαν ἐντεθεικότος
— 39. R τὴν ἄστατον [A ἀσταθῆ] δ. αὐτοῦ θαυμάζοντες
IV Ma. 2. 2. διανοίᾳ περιεκράτησε τῆς ἡδυπαθείας
7. 5. τὴν ἑαυτοῦ δ. ὁ πατὴρ Ἐλ. ἐκτείνας
11. 14. S R τῇ δὲ δ. [A ἀνοίᾳ] ἡλικιώτης
13. 4. οὐκ ἔστι παριδεῖν τὴν ἡγεμονίαν τῆς δ.
[Aq. Ec. 1. 16.]
[Sm. Ex. 35. 22 : II Ki. 7. 27 : Ps. 12 (13). 3 : Ec. 1. 16 : 7. 3 (2).]
[Th. Ps. 63 (64). 7.]

διανοίγειν. (1) יָצָא hi. (2) פּוּץ hi. (3) *a.* פֶּטֶר *b.* פִּטְרָה (4) פָּעַר (5) פָּצָה (6) פָּקַח *a.* qal. *b.* ni. (7) פָּרַשׂ (8) פָּתַח *a.* qal. *b.* ni. *c.* פִּתֵּחַ
Ge. 3. 5. διανοιχθήσονται ὑμῶν οἱ ὀφθαλμοί (6 b)
— 7. διηνοίχθησαν οἱ ὀφθαλμοὶ τῶν δύο (6 b)
Ex. 13. 2. πᾶν πρωτότοκον πρωτογενὲς [A add. καὶ] διανοῖγον πᾶσαν μήτραν (3 a)
— 12. ἀφελεῖς [A ἀφοριεῖς] πᾶν διανοῖγον μήτραν (3 a)
— 12. πᾶν διανοῖγον μήτραν ἐκ βουκολίων (3 a)
— 13. πᾶν διανοῖγον μήτραν ὄνου (3 a)
— 15. θύω . . . πᾶν διανοῖγον μήτραν (3 a)
34. 19. πᾶν διανοῖγον μήτραν ἐμοὶ τὰ ἀρσενικά (3 a)
Nu. 3. 12. ἀντὶ παντὸς πρωτοτόκου διανοίγοντος μήτραν (3 a)
8. 16. ἀντὶ τῶν διανοιγόντων πᾶσαν μήτραν (3 b)
18. 15. πᾶν διανοῖγον [A add. πᾶσαν] μήτραν (3 a)
IV Ki. 6. 17. διάνοιξον δὴ τοὺς ὀφθ. τοῦ παιδαρίου (6 a)
— 17, 20. διήνοιξε κύριος τοὺς ὀφθ. αὐτοῦ (6 a)
Jb. 27. 19. ὀφθαλμοὺς [A -ὸς] αὐτοῦ διήνοιξε (6 a)
29. 19. ἡ ῥίζα διήνοικται ἐπὶ ὕδατος (8 a)
38. 32. ἢ διανοίξεις μαζουρὼθ ἐν καιρῷ αὐτοῦ (1)
Pr. 20. 13. διάνοιξον τοὺς ὀφθαλμούς σου (6 a)
31. 20. χεῖρας δὲ αὐτῆς διήνοιξε πένητι (7)
— 24 (26). στόμα [S -ατα] αὐτῆς διήνοιξε προσεχόντως (8 a)
Ho. 2. 15 (17). διανοῖξαι σύνεσιν αὐτῆς (8 c)
Na. 2. 6 (7). πύλαι τῶν πόλεων [S¹ ποταμῶν] διηνοίχθησαν (8 b)
Hb. 3. 14. διανοίξουσι χαλινοὺς αὐτῶν (2 ?)
Za. 11. 1. διάνοιξον ὁ Λ. τὰς θύρας σου (8 a)
12. 4. διανοίξω τοὺς ὀφθαλμοὺς μου (6 a)
13. 1. ἔσται πᾶς τόπος διανοιγόμενος τῷ [A ἐν τῷ] οἴκῳ Δ. (8 b)
Is. 5. 14. διήνοιξε τὸ στόμα αὐτοῦ (4)
La. 2. 16. διήνοιξαν ἐπὶ σὲ στόμα αὐτῶν (5)
3. 46. διήνοιξαν [B¹ -ας] ἐφ' ἡμᾶς τὸ στόμα αὐτῶν (5)
Ez. 3. 2. διήνοιξε τὸ στόμα μου (8 a)
20. 26. ἐν τῷ διαπορεύεσθαί με πᾶν διανοῖγον μήτραν (3 a)
21. 22 (27). τοῦ διανοῖξαι στόμα ἐν βοῇ (8 a)
24. 27. διανοιχθήσεται τὸ στόμα σου (8 b)
II Ma. 1. 4. διανοίξαι τὴν καρδίαν ὑμῶν
[Aq. Ez. 20. 26.]
[Sm. Za. 13. 1.]
[Th. Jb. 38. 32 : Ho. 2. 15 (17) : Za. 13. 1.]

διάνοιξις.
[Th. Is. 61. 1.]

διανύειν.
II Ma. 12. 17. σταδίους ἑπτακοσίους πεντήκοντα διήνυσαν

διανυκτερεύειν.
Jb. 2. 9. κάθησαι [A -ισαι, S¹ om.] διανυκτερεύων αἴθριος –

διαξαίνειν.
Ju. 10. 3. S διέξανε [A -έταξε, B -έτασσε] τὰς τρίχας τῆς κεφαλῆς

διαπαλαίειν.
[Sm. Ge. 25. 22.]

διαπαρατηρεῖσθαι. (1) הָרַג
II Ki. 3. 30. διεπαρετηροῦντο τὸν Ἀβεννὴρ (1 ?)

διαπαρθενεύειν. (1) עָשָׂה דַּדֵּי בְּתוּלִים pi.
Ez. 23. 3. ἐκεῖ διεπαρθενεύθησαν (1)
— 8. αὐτοὶ διεπαρθένευσαν αὐτήν (1)
[Heb. Ez. 16. 8.]

διαπαριέναι (?).
[Th. Pr. 7. 23.]

διαπαύειν. (1) כָּהָה (2) שָׁבַת hi.
Le. 2. 13. οὐ διαπαύσετε [A -αι] ἅλα διαθήκης κ. (2)
Ho. 5. 13. καὶ οὐ μὴ διαπαύσῃ ἐξ ὑμῶν ὀδύνη (1)

διαπειλεῖν. (1) זָהַר hi.
Ez. 3. 17. διαπειλήσῃ αὐτοῖς παρ' ἐμοῦ (1)
III Ma. 6. 23. μετ' ὀργῆς τοῖς φίλοις διηπειλεῖτο
7. 6. ἐπὶ τούτοις σκληρότερον διαπειλησάμενοι

διαπειράζειν.
III Ma. 5. 40. R ὡς ἀλόγους [A om.] ἡμᾶς διαπειράζεις

διαπείρειν.
IV Ma. 11. 19. A R τὰ πλευρὰ διαπείραντες [S -φθείραντες]

διαπελάζειν.
[Aq. Ps. 89 (90). 10.]

διαπέμπειν. (1) שָׁלַח pi.
I Es. 1. 26. διεπέμψατο πρὸς αὐτὸν βασ. Αἰγ.
Ju. 14. 12. διέπεμψαν ἐπὶ τοὺς ἡγουμένους αὐτῶν
Pr. 16. 28. ἀνὴρ σκολιὸς διαπέμπεται κακά (1)
II Ma. 3. 37. ἐπιτήδειος . . . διαπεμφθῆναι εἰς Ἱεροσόλυμα
11. 26. διαπεμψάμενος πρὸς αὐτούς
III Ma. 1. 8. τῶν δὲ Ἰουδ. διαπεμψαμένων πρὸς αὐτόν

διαπερᾶν. (1) עָבַר
De. 30. 13. A B² R τίς διαπεράσει ἡμῖν εἰς τὸ πέραν τῆς θαλ. (1)
Is. 23. 2. μετάβολοι Φοινίκης διαπερῶντες τὴν θάλασσαν (1)
I Ma. 3. 37. διεπέρασε [S² -πορεύετο] τὸν Εὐφρ. ποταμόν
5. 6. διεπέρασεν ἐπὶ τοὺς υἱοὺς Ἀμμών
— 41. διαπεράσομεν πρὸς αὐτόν
— 43. διεπέρασεν ἐπ' αὐτοὺς πρότερος [A πρὸς αὐ. πρότερον]
16. 6. δειλούμενον διαπερᾶσαι τὸν χειμάρρουν καὶ διεπέρασε πρῶτος
● — 6. καὶ διεπέρασαν κατόπισθεν αὐτοῦ [S¹ -ῶν]
[Sm. Ca. 2. 11 : Is. 33. 21.]

διαπετάζειν, διαπεταννύειν, διαπεταννύναι. (1) חָמַס (2) פָּטַר (3) פָּרַשׂ *a.* qal. *b.* pi. (4) שָׁטַח pi.
II Ki. 17. 19. διεπέτασε τὸ ἐπικάλυμμα (3 a)
III Ki. 6. 27. διεπέτασε τὰς πτέρυγας αὐτῶν (3 a)
— 32. A καὶ πέταλα διαπεπετασμένα (2)
— 35. καὶ διαπεπετασμένα πέταλα (2)
8. 7. τὰ χερουβεὶν διαπεπετασμένα ταῖς πτέρυξιν (3 a)
— 22. διεπέτασε χεῖρας αὐτοῦ (3 a)
— 38. καὶ διαπετάσῃ τὰς χεῖρας αὐτοῦ (3 a)
— 54. καὶ αἱ χεῖρες αὐτοῦ διαπεπετασμέναι (3 a)
I Ch. 28. 18. τῶν χερουβὶμ τῶν διαπεπετασμένων ταῖς πτέρ. (3 a)
II Ch. 3. 13. αἱ πτέρυγες τῶν χερουβὶμ διαπεπετασμέναι (3 a)
5. 8. ἦν τὰ χερουβὶμ διαπεπετακότα τὰς πτέρυγας (3 a)
6. 12. διεπέτασε τὰς χεῖρας αὐτοῦ (3 a)
— 13. διεπέτασε τὰς χεῖρας αὐτοῦ εἰς τὸν οὐρανόν (3 a)
— 29. διαπετάσῃ τὰς χεῖρας αὐτοῦ εἰς τὸν οἶκον τοῦτον (3 a)
To. 3. 11. S διαπετάσασα τὰς χεῖρας
Ps. 43 (44). 20. εἰ διεπετάσαμεν χεῖρας ἡμῶν (3 a)
87 (88). 9. διεπέτασα τὰς χεῖράς μου [A B² S² al.] (4)
104 (105). 39. διεπέτασε νεφέλην [S¹ -η] εἰς σκέπην αὐτοῖς (3 a)
142 (143). 6. διεπέτασα πρὸς σὲ τὰς χεῖράς μου (3 b)
La. 1. 13. διεπέτασε δίκτυον τοῖς ποσί μου (3 a)
— 17. διεπέτασε Σιὼν χεῖρας αὐτῆς (3 b)
2. 6. διεπέτασεν ὡς ἄμπελον τὸ σκήνωμα αὐτοῦ (1 ?)
Ez. 16. 8. διεπέτασα τὰς πτέρυγάς μου ἐπὶ σέ (3 a)
[Aq. Ps. 89 (90). 10.]
[Sm. Ps. 87 (88). 10.]

διαπέτασμα.
[Th. Ez. 27. 7.]

● = correction on page xxv

διαπέτεσθαι.
Wi. 5. 11. A B² S ὡς ὀρνέου διαπτάντος [B¹ R διϊπτάντος] ἀέρα

διάπηγμα.
[Aq. IV Ki. 16. 17.]

διάπηγος (?). (1) מִסְגֶּרֶת
III Ki. 7. 31. A καὶ διάπηγα αὐτῶν τετράγωνα (1)
— 32. A καὶ τέσσαρες τροχοὶ εἰς ὑποκάτωθεν τῶν δ. (1)

διαπηδᾶν.
[Sm. Ca. 2. 8.]

διαπίπτειν. (1) מוּג ni. (2) נָבֵל (3) נָפַל a. qal. b. hi. (4) עָצַב ni. (5) שָׁחַת ni. (6) תָּמַם (7) תֹּפֶת
Nu. 5. 21. ἐν τῷ δοῦναι κύριον τὸν μηρόν σου διαπεπτωκότα (3 a)
— 22. διαπεσεῖν μηρόν σου (3 b)
— 27. διαπεσεῖται ὁ μηρὸς αὐτῆς (3 a)
De. 2. 14. ἕως οὗ διέπεσε πᾶσα γενεὰ ἀνδρῶν πολεμ. (5)
— 15. ἕως οὗ διέπεσαν (5)
— 16. A B ἐπεὶ διέπεσαν [R ἐπειδὴ ἔπεσαν] πάντες οἱ ἄνδρες οἱ πολεμισταί (5)
Jo. 21. 43. οὐ διέπεσεν ἀπὸ πάντων τῶν ῥημ. τῶν καλῶν (3 a)
Ne. 8. 10. μὴ διαπέσητε ὅτι ἐστὶν ἰσχὺς ἡμῶν [A S² ὑ.] (4)
To. 14. 4. S οὐ μὴ διαπέσῃ ῥῆμα ἐκ τῶν λόγων
Ju. 6. 9. καὶ οὐδὲν διαπεσεῖται τῶν ῥημάτων μου
Jb. 14. 18. πλὴν ὄρος πίπτον διαπεσεῖται [A πεσεῖται] (2)
Na. 2. 6 (7). τὰ βασίλεια διέπεσε [A -αν] (1)
Je. 18. 4. S διέπεσε [A B ἔπ.] τὸ ἀγγεῖον (6)
19. 12. τοῦ δοθῆναι τὴν πόλιν ταύτην ὡς τὴν διαπίπτουσαν [S¹ add. γῆν] (7 ?)
— 13. ἔσονται καθὼς ὁ τόπος ὁ διαπίπτων (7 ?)
I Ma. 9. 49. R καὶ διέπεσον [A καὶ διέβησαν, S ἔπεσον δὲ] . . . εἰς χιλίους [S τρισχ.] ἄνδρας
II Ma. 2. 14. τὰ διαπεπτωκότα διὰ τὸν γεγονότα πόλεμον
9. 9. ἀλγηδόσι τὰς σάρκας αὐτοῦ διαπίπτειν
[Sm. Je. 14. 2.]
[Al. I Ch. 4. 10.]

διαπλατύνειν. (1) רָחַב
Ez. 41. 7. ὅπως διαπλατύνηται ἄνωθεν (1)

διαπληκτίζεσθαι. (1) נָצָה ni.
Ex. 2. 13. δύο ἄνδρας Ἐβραίους διαπληκτιζομένους (1)

διαπλοκή.
[Aq. Ps. 124 (125). 5.]

διαπλοῦν.
[Heb. Ge. 38. 29.]

διαπνεῖν. (1) פּוּחַ a. qal. b. hi.
Ca. 2. 17. ἕως οὗ διαπνεύσῃ ἡ ἡμέρα (1 a)
4. 6. ἕως οὗ [A om.] διαπνεύσῃ ἡ ἡμέρα (1 a)
— 16. διάπνευσον κῆπόν μου (1 b)
[Sm. Ez. 12. 22.]

διαπονεῖν. (1) עָצַב ni.
Ec. 10. 9. ἐξαίρων λίθους διαπονηθήσεται ἐν αὐτοῖς (1)
II Ma. 2. 28. R τὸ δὲ ἐπιπορεύεσθαι . . . διαπονοῦντες [A ἀτονοῦντες]
[Aq. Ge. 6. 7 (6) : 34. 7 : I Ki. 20. 3, 34.]

διαπόνημα.
[Aq. II Ki. 5. 21 : Ps. 15 (16). 4 : 126 (127). 2 : Is. 58. 3.]

διαπόνησις.
[Aq. Is. 50. 11.]

διαπορεῖν.
[Sm. Ps. 76 (77). 5 : Da. 2. 1.]

διαπορεύεσθαι. (1) אָחַד hithpa. (2) בּוֹא (3) דָּרַךְ hi. (4) הָלַךְ a. qal. b. pi. c. hithp. d. מַהֲלַךְ הֲוָה (5) יָצָא (6) עָבַר a. qal. b. hi. (7) a. פֶּלֶג b. פַּלְגֵי יָבָל (8) שׁוּט
Ge. 24. 62. R Ἰσαὰκ δὲ διεπορεύετο [A ἐπορεύετο] (2)
Nu. 11. 8. καὶ διεπορεύετο ὁ λαός (8)
31. 23. ὅσα ἐὰν μὴ διαπορεύηται διὰ πυρός [A al.] (2)
Jo. 15. 3. διαπορεύεται ἀπέναντι τῆς προσαναβάσεως Ἀκρ. (5)
Jd. 9. 25. A ἀνήρπαζον πάντας τοὺς διαπορευομ. ἐπ᾿ αὐτοὺς [B al.] (6 a)
I Ki. 12. 2. ὁ βασιλεὺς διαπορεύεται ἐνώπιον ὑμῶν (4 c)
29. 3. τίνες οἱ διαπορευόμενοι οὗτοι †
II Ki. 5. 10. διεπορεύετο [A ἐπορ.] Δαυὶδ πορευόμενος (4 a)
III Ki. 9. 8. πᾶς ὁ διαπορευόμενος δι᾿ αὐτοῦ (6 a)
18. 35. διεπορεύετο τὸ ὕδωρ (4 a)
IV Ki. 4. 9. διαπορεύεται ἐφ᾿ ἡμᾶς διὰ παντός [A om. διὰ π.] (6 a)
6. 26. ἦν ὁ βασ. Ἰσρ. διαπορευόμ. ἐπὶ τοῦ τείχους (6 a)
— 30. αὐτὸς διεπορεύετο ἐπὶ τοῦ τείχους (6 a)
II Ch. 7. 21. πᾶς ὁ διαπορευόμενος αὐτόν [A πρὸς αὐ.] (6 a)
30. 10. ἦσαν οἱ τρέχοντες διαπορευόμ. πόλιν ἐκ πόλεως (6 a)
Jb. 2. 2. διαπορευθεὶς τὴν ὑπ᾿ οὐρανόν (8)
22. 14. γῦρον οὐρανοῦ διαπορεύεται [A S -σεται] (4 c)
Ps. 8. 8. τὰ διαπορευόμενα τρίβους θαλασσῶν (6 a)
38 (39). 6. μέντοι γε ἐν εἰκόνι διαπορεύεται ἄνθρωπος (4 c)
57 (58). 7. ἐξουδενωθήσονται ὡς ὕδωρ διαπορευόμενον (4 c)
67 (68). 21. κορυφὴν τριχὸς διαπορευομένων ἐν πλημμελείαις [S¹ -ᾳ] αὐ. (4 c)
76 (77). 17. καὶ γὰρ τὰ βέλη σου διαπορεύονται (4 c)
81 (82). 5. ἐν σκότει διαπορεύονται (4 c)
90 (91). 6. ἀπὸ πράγματος διαπορευομένου ἐν σκότει (4 a)
100 (101). 2. διεπορευόμην ἐν ἀκακίᾳ καρδίας μου (4 c)
103 (104). 26. A B² S R ἐκεῖ πλοῖα διαπορεύονται (4 b)
Pr. 5. 16. εἰς δὲ σὰς πλατείας διαπορευέσθω τὰ σὰ ὕδατα (7 a)
9. 12. διαπορεύεται δὲ δι᾿ ἀνύδρου ἐρήμου –
Si. 8. 16. μὴ διαπορεύου μετ᾿ αὐτοῦ τὴν ἔρημον
Ze. 3. 1 (2. 15). πᾶς ὁ διαπορευόμενος [A παραπορ.] δι᾿ αὐτῆς (6 a)
Za. 9. 8. τοῦ μὴ διαπορεύεσθαι μηδὲ ἀνακάμπτειν (6 a)
Is. 11. 15. ὥστε δ. αὐτὸν ἐν ὑποδήμασι (3)
30. 25. ὕδωρ διαπορευόμενον ἐν τῇ ἡμέρᾳ ἐκείνῃ (7 b)
Je. 18. 16. οἱ διαπορευόμενοι [A παραπ.] δι᾿ [B¹ om.] αὐτῆς (6 a)
Ez. 20. 26. ἐν τῷ δ. με πᾶν διανοῖγον μήτραν (6 b)
21. 16 (21). διαπορεύου ὀξύνου (1)
33. 15. ἐν προστάγμασι [A -τι] ζωῆς διαπορεύηται (4 a)
— 28. διὰ τὸ μὴ εἶναι διαπορευόμενον (6 a)
39. 15. πᾶς ὁ διαπορευόμενος τὴν γῆν (6 a)
Da. LXX. 4. 26. ἐπὶ τῶν πύργων αὐτῆς διεπορεύετο (4 d)
I Ma. 3. 37. S² διεπορεύετο [A S¹ R -πέρασε] τὸν Εὐφρ. ποταμὸν καὶ διεπορεύετο τὰς ἐπάνω χώρας
5. 66. διεπορεύετο τὴν Σαμάρειαν
6. 1. διεπορεύετο τὰς ἐπάνω χώρας
11. 60. διεπορεύετο πέραν τοῦ ποταμοῦ
[Th. Jb. 22. 14 : Ez. 1. 13.]

διάπρασις. (1) מִמְכָּר
Le. 25. 33. ἡ δ. αὐτῶν οἰκιῶν πόλεως κατασχέσεως αὐτῶν (1)

διαπράσσειν.
II Ma. 8. 29. ταῦτα δὲ διαπραξάμενοι
10. 38. ταῦτα δὲ διαπραξάμενοι μεθ᾿ ὕμνων
[Sm. Ps. 45 (46). 9 : Ec. 2. 11.]

διαπρέπεια.
[Aq. Ps. 28 (29). 2, 4 : 44 (45). 4 : 103 (104). 1 : 109 (110). 3 : Is. 35. 2 *bis* : 53. 2.]

διαπρέπειν.
[Aq. Is. 63. 1.]
[Sm. Ps. 71 (72). 16.]

διαπρεπής.
II Ma. 3. 26. διαπρεπεῖς δὲ τὴν περιβολήν
10. 29. ἐφάνησαν . . . πέντε ἄνδρες δ.

διαπρίειν. (1) שׂוּר
I Ch. 20. 3. διέπρισε πρίοσι καὶ ἐν σκεπάρνοις σιδηροῖς (1)

διάπτωσις. (1) תֹּפֶת
Je. 19. 6. οὐ κληθήσεται τῷ τόπῳ τούτῳ ἔτι Δ. (1)
— 14. ἦλθεν Ἱερεμίας ἀπὸ τῆς δ. (1)
[Al. I Ch. 4. 9.]

διάπυρος.
Da. LXX. 3. (46). ἡ κάμινος ἦν δ.
III Ma. 6. 6. διάπυρον δροσίσας κάμινον

διαπυροῦν.
IV Ma. 3. 15. S R καίπερ [A καὶ περὶ] τὴν δίψαν [R τῇ δ.] διαπυρούμενος

διάραντος. (1) טָלֻא
Ge. 30. 32. A πᾶν δ. καὶ λευκόν [R al.] (1)

διαριθμεῖν.
III Ma. 3. 6. τὴν μὲν οὖν . . . εὐπραξίαν οἱ ἀλλόφυλοι οὐδαμῶς διηριθμήσαντο

διαρκεῖν.
III Ma. 2. 26. οὐ μόνον ταῖς ἀναριθμήτοις ἀσελγείαις διηρκέσθη

δίαρμα.
[Aq. II Ki. 24. 7 : Is. 34. 13.]

διαρπαγή. (1) בַּג (2) a. בַּז b. בִּזָּה (3) בָּעַר pi. (4) הֶרֶג (5) טֶרֶף (6) מִרְמָס (7) a. מְשׁוּסָּה b. מְשִׁסָּה (8) שָׁלָל (9) נְוָלִי
Nu. 14. 3. ἔσονται εἰς διαρπαγήν (2 a)
— 31. ἃ εἴπατε ἐν διαρπαγῇ ἔσεσθαι [A εἰς δ. ἔσονται] (2 a)
De. 1. 39. A ἃ εἴπατε ἐν διαρπαγῇ ἔσεσθαι (2 a)
IV Ki. 21. 14. ἔσονται εἰς διαρπαγήν (2 a)
II Es. 9. 7. παρεδόθημεν . . . ἐν διαρπαγῇ (2 b)
To. 3. 4. ἔδωκας ἡμᾶς εἰς διαρπαγὴν [S ἁρπ.]
Ju. 2. 7. δώσω αὐτοὺς εἰς διαρπαγὴν αὐτοῖς
4. 12. τοῦ μὴ δοῦναι εἰς διαρπαγὴν τὰ νήπια αὐτῶν
7. 27. γενηθῆναι αὐτοῖς εἰς διαρπαγήν
8. 19. ἐδόθησαν εἰς ῥομφαίαν καὶ εἰς διαρπαγήν
Es. 7. 4. εἰς ἀπώλειαν καὶ διαρπαγήν [A om. κ. δ.] (4)
Hb. 2. 7. ἔσῃ εἰς διαρπαγὴν αὐτοῖς (7 b)
Ze. 1. 13. ἔσται ἡ δύναμις αὐτῶν εἰς διαρπαγήν (7 b)
Ma. 3. 10. ἔσται ἡ δ. αὐτοῦ ἐν τῷ οἴκῳ αὐτοῦ [S² al.] (5)
Is. 5. 5. ἔσται εἰς διαρπαγήν (3)
— 5. A ἔσται εἰς διαρπαγὴν [B S καταπάτημα] (6)
10. 2. R χήραν εἰς διαρπαγὴν [A B S ἁρπ.] (9)
42. 24. ἔδωκεν εἰς διαρπαγὴν Ἰακώβ (7 a*, 7 b)
Ez. 23. 46. δὸς ἐν αὐταῖς [A ἐπ᾿ αὐτὰς] ταραχὴν καὶ διαρπαγήν (2 a)
25. 7. δώσω σε εἰς διαρπαγὴν ἐν τοῖς ἔθνεσι (1*, 2 a)
Da. Th. 3. 29 (96). οἱ οἶκοι αὐτῶν εἰς διαρπαγήν [A διαρπαγήσονται] (8)
11. 33. καὶ ἐν διαρπαγῇ ἡμερῶν (2 b)
[Aq. Dt. 1. 39 : Je. 30 (37). 16 : Ez. 26. 5.]
[Sm. Je. 17. 3 : 30 (37). 16 : Ez. 26. 5 : Hb. 2. 17.]
[Al. Dt. 1. 39.]

διαρπάζειν. (1) a. בַּז b. בָּזַז qal. c. ni. (2) גָּזַל (3) עָזַב (4) עָשַׁק (5) שׂוּם נְוָלִי ithpe. (6) נְוָלִי שָׁוָה ithpa. (7) בַּבִּזָּה שָׁלַח יָד (8) שָׁסָה (9) שָׁסַס a. qal. b. ni.
Ge. 34. 27. καὶ διήρπασαν τὴν πόλιν (1 b)
— 29. διήρπασαν ὅσα τε ἦν ἐν τῇ πόλει (1 b)
De. 28. 29. ἔσῃ τότε ἀδικούμενος καὶ διαρπαζόμενος (2)
Jd. 9. 25. διήρπαζον πάντα [A al.] (2)

Jd. 21. 23. A ἃς διήρπασαν [B ὧν ἥρπ.] (2)
I Ki. 14. 36. διαρπάσωμεν ἐν αὐτοῖς (1 *b*)
23. 1. καὶ αὐτοὶ διαρπάζουσι (8)
IV Ki. 7. 16. διήρπασε τὴν παρεμβολὴν Συρίας (1 *b*)
17. 20. ἐν χειρὶ διαρπαζόντων αὐτούς (8)
To. 1. 20. διηρπάγη πάντα τὰ ὑπάρχοντά μου [S *al.*]
Es. 3. 13. καὶ διαρπάσαι [S² *add.* καὶ] τὰ ὑπάρχ. αὐτῶν (1 *b*)
9. 10. διήρπασαν ἐν αὐτῇ τῇ ἡμέρᾳ (7)
— 15. καὶ οὐδὲν διήρπασαν (7)
— 16. B S¹ καὶ οὐδὲν διήρπασαν (7)
Ps. 34 (35). 10. ῥυόμενος [A -ον] . . . ἀπὸ τῶν διαρπαζόντων αὐτόν (2)
43 (44). 10. οἱ μισοῦντες ἡμᾶς διήρπαζον ἑαυτοῖς (8)
88 (89). 41. διήρπασαν [S² -ζον] αὐτὸν πάντες (9 *a*)
108 (109). 11. διαρπασάτωσαν ἀλλότριοι τοὺς πόνους αὐ. (1 *b*)
Si. 6. 2. ἵνα μὴ διαρπαγῇ [S ἁρπ.] . . . ἡ ψυχή σου
36. 30 (27). διαρπαγήσεται κτῆμα
Am. 3. 11. διαρπαγήσονται αἱ χῶραί σου (1 *c*)
Mi. 2. 2. διήρπαζον ὀρφανούς (2)
— 2. διήρπαζον ἄνδρα καὶ τὸν οἶκον αὐτοῦ (4)
Na. 2. 9 (10). A S R διήρπαζον [B -ασαν] τὸ ἀργύριον διήρπαζον τὸ χρυσίον (1 *b*, 1 *b*)
Ze. 2. 4. Γ. διηρπασμένη ἔσται (3)
— 9. οἱ κατάλοιποι λαοῦ μου διαρπῶνται αὐτούς (1 *b*)
Za. 14. 2. διαρπαγήσονται αἱ οἰκίαι (9 *b*)
Is. 5. 17. βοσκηθήσονται οἱ διηρπασμένοι †
42. 22. ἐγένετο ὁ λαὸς πεπρονομευμένος καὶ διηρπασμένος (8)
Je. 21. 12. ἐξέλεσθε διηρπασμένον (2)
22. 3. ἐξαιρεῖσθε διηρπασμένον (2)
27 (50). 11. διαρπάζοντες τὴν κληρονομίαν μου (8)
Ez. 7. 21. τοῦ διαρπάσαι [A διαφθεῖραι] αὐτά (1 *a*)
22. 29. διαρπάζοντες ἁρπάγματα (2)
Da. TH. 2. 5. οἱ οἶκοι ὑμῶν διαρπαγήσονται (5)
3. 29 (96). A οἱ οἶκοι αὐτῶν διαρπαγήσονται [B εἰς διαρπαγήν] (6)
I Ma. 6. 24. αἱ κληρονομίαι ἡμῶν διηρπάζοντο [S¹ *om.*]
III Ma. 5. 41. κινδυνεύει πολλάκις διαρπασθῆναι
[Aq. Dt. 3. 7: 20. 14: I Ki. 17. 53: Is. 18. 7: 33. 23: Je. 20. 5: 30 (37). 16.]
[Sm. I Ki. 17. 53: Ps. 43 (44). 11: Is. 18. 7: Je. 30 (37). 16: 49. 28 (30. 6).]
[Th. I Ki. 17. 53: Jb. 18. 4: Ps. 136 (137). 8: Is. 18. 7: Je. 20. 5.]
[Al. Nu. 31. 9, 53: I Ki. 14. 48.]

διάρπασμα.

[Aq. Is. 33. 23.]

διαρραίνειν. (1) נוּף

Pr. 7. 17. διέρραγκα [S -ακα] τὴν κοίτην μου κροκίνῳ [A B¹ S² κρόκῳ] (1)

διαρρεῖν.

II Ma. 10. 20. εἴασάν τινας διαρρυῆναι

διαρρηγνύειν, διαρρηγνύναι, διαρρήσσειν.

(1) בָּצַע (2) בָּקַע *a.* qal. *b.* ni. *c.* pi. *d.* pu. (3) חָצָה ni. (4) נָתַק *a.* ni. *b.* pi. (5) פָּרַם (6) פָּתַח *a.* qal. *b.* pi. (7) קָרַע *a.* qal. *b.* ni. *c.* קְרָעִים

Ge. 37. 29. καὶ διέρρηξε τὰ ἱμάτια αὐτοῦ (7 *a*)
— 34. διέρρηξε δὲ Ἰακὼβ τὰ ἱμάτια αὐτοῦ (7 *a*)
44. 13. διέρρηξαν τὰ ἱμάτια αὐτῶν (7 *a*)
Le. 10. 6. τὰ ἱμάτια ὑμῶν οὐ διαρρήξετε (5)
21. 10. καὶ τὰ ἱμάτια οὐ διαρρήξει (5)
Nu. 14. 6. διέρρηξαν τὰ ἱμάτια αὐτῶν (7 *a*)
Jo. 7. 6. διέρρηξεν Ἰησοῦς τὰ ἱμάτια αὐτοῦ (7 *a*)
Jd. 11. 35. διέρρηξε τὰ ἱμάτια αὐτοῦ [A -ῆς] (7 *a*)
16. 9. A διέρρηξεν [B -έσπασε] τὰς νευράς (4 *b*)
I Ki. 4. 12. καὶ τὰ ἱμάτια αὐτοῦ διερρηγότα (7 *a*)
15. 27. διέρρηξεν αὐτό (7 *b*)
— 28. διέρρηξε κύριος τὴν βασιλείαν σου (7 *a*)
28. 17. διαρρήξει κύριος τὴν βασιλείαν σου (7 *a*)
II Ki. 1. 2. καὶ τὰ ἱμάτια αὐτοῦ διερρωγότα [A -ηγότα] (7 *a*)
— 11. καὶ διέρρηξεν αὐτά (7 *a*)
— 11. B διέρρηξαν τὰ ἱμάτια αὐτῶν –
3. 31. διαρρήξατε τὰ ἱμάτια ὑμῶν (7 *a*)
13. 19. τὸν χιτῶνα τὸν καρπωτὸν τὸν ἐπ' αὐτῆς διέρρηξε (7 *a*)

II Ki. 13. 31. διέρρηξε τὰ ἱμάτια αὐτοῦ (7 *a*)
— 31. διέρρηξαν τὰ ἱμάτια αὐτῶν (7 *a*)
14. 30. διερρηχότες τὰ ἱμάτια αὐτῶν –
15. 32. διερρηχὼς τὸν χιτῶνα [A τὰ ἱμάτια] αὐτοῦ (7 *a*)
23. 16. διέρρηξαν οἱ τρεῖς δυνατοὶ ἐν τῇ παρεμβολῇ (2 *a*)
III Ki. 11. 11. διαρρήσσων διαρρήξω τὴν βασιλείαν σου (7 *a*, 7 *a*)
— 30. διέρρηξεν αὐτὸ [A -ὰ] δώδεκα ῥήγματα (7 *a*)
20 (21). 16. διέρρηξε τὰ ἱμάτια αὐ. –
— 27. διέρρηξε τὸν χιτῶνα αὐτοῦ (7 *a*)
IV Ki. 2. 12. διέρρηξεν αὐτὰ εἰς δύο ῥήγματα (7 *a*)
— 14. διερράγησαν ἔνθα καὶ ἔνθα [A ἔνθεν καὶ ἔνθεν] (3)
5. 7. διέρρηξε τὰ ἱμάτια αὐτοῦ (7 *a*)
— 8. διέρρηξεν ὁ βασ. Ἰσραὴλ τὰ ἱμάτια ἑαυτοῦ (7 *a*)
— 8. ἵνα τί διέρρηξας τὰ ἱμάτιά σου (7 *a*)
6. 30. διέρρηξε τὰ ἱμάτια αὐτοῦ (7 *a*)
11. 14. διέρρηξε Γοθολία τὰ ἱμάτια ἑαυτῆς (7 *a*)
18. 37. διερρηχότες τὰ ἱμάτια (7 *a*)
19. 1. διέρρηξε τὰ ἱμάτια ἑαυτοῦ (7 *a*)
22. 11. διέρρηξε [A ἔρρ.] τὰ ἱμάτια ἑαυτοῦ (7 *a*)
— 19. διέρρηξας τὰ ἱμάτιά σου (7 *a*)
I Ch. 11. 18. A B S² διέρρηξαν οἱ τρεῖς τὴν παρεμβολήν (2 *a*)
II Ch. 23. 13. διέρρηξε Γοθολία τὴν στολὴν αὐ. (7 *a*)
25. 12. καὶ πάντες διερρήγνυντο (2 *b*)
34. 19. διέρρηξε τὰ ἱμάτια αὐτοῦ (7 *a*)
— 27. καὶ διέρρηξας τὰ ἱμάτιά σου (7 *a*)
I Es. 8. 71. A διέρρηξα [B ἔρρηξα] τὰ ἱμάτια
— 73. διερρηγμένα ἔχων τὰ ἱμάτια
II Es. 9. 3. διέρρηξα τὰ ἱμάτιά μου (7 *a*)
— 5. ἐν τῷ διαρρῆξαί με τὰ ἱμάτιά μου (7 *a*)
Ne. 9. 21. πόδες [A S ὑποδήματα] αὐτῶν οὐ διερράγησαν (1)
Ju. 14. 16. καὶ διέρρηξε τὰ ἱμάτια αὐτοῦ
— 19. τοὺς χιτῶνας αὐτῶν διέρρηξαν
Es. 4. 1. διέρρηξε τὰ ἱμάτια ἑαυτοῦ (7 *a*)
Jb. 1. 20. A B S διέρρηξεν [R ἔρρηξε] τὰ ἱμάτια ἑαυτοῦ (7 *a*)
28. 10. R δίνας δὲ ποταμῶν διέρρηξε [A B S ἔρρηξεν] (2 *c*)
Ps. 2. 3. διαρρήξωμεν τοὺς δεσμοὺς αὐτῶν (4 *b*)
29 (30). 11. διέρρηξας τὸν σάκκον μου (6 *b*)
73 (74). 15. σὺ διέρρηξας πηγὰς καὶ χειμάρρους (2 *a*)
77 (78). 13. διέρρηξε θάλασσαν καὶ διήγαγεν αὐτούς (2 *a*)
— 15. διέρρηξε πέτραν ἐν [S ἐν τῇ] ἐρήμῳ (2 *c*)
104 (105). 41. διέρρηξε πέτραν καὶ ἐρρύησαν ὕδατα (6 *a*)
106 (107). 14. τοὺς δεσμοὺς αὐτῶν διέρρηξεν (4 *b*)
115. 7 (116. 16). διέρρηξας τοὺς δεσμούς μου (6 *b*)
140 (141). 7. ὡσεὶ πάχος γῆς διερράγη [S² ἐρρ.] ἐπὶ τῆς γῆς (2 *a*)
Pr. 23. 21. ἐνδύσεται διερρηγμένα καὶ ῥακώδη (7 *c*)
Ho. 13. 8. καὶ διαρρήξω συγκλεισμὸν καρδίας αὐτῶν (7 *a*)
14. 1. καὶ αἱ ἐν γαστρὶ ἔχουσαι αὐτῶν διαρραγήσονται (2 *d*)
Jl. 2. 13. διαρρήξατε τὰς καρδίας ὑμῶν κ. μὴ τὰ ἱμάτια (7 *a*)
Na. 1. 13. τοὺς δεσμοὺς [A S² *add.* σου] διαρρήξω (4 *b*)
Is. 33. 20. τὰ σχοινία αὐτῆς οὐ μὴ διαρραγῶσιν (4 *a*)
45. 1. ἰσχὺν βασιλέων διαρρήξω (6 *b*)
Je. 5. 5. διέρρηξαν δεσμούς (4 *b*)
37 (30). 8. τοὺς δεσμοὺς αὐτῶν διαρρήξω (4 *b*)
43 (36). 24. οὐ [S¹ *om.*] διέρρηξαν τὰ ἱμάτια αὐτῶν (7 *a*)
48 (41). 5. διερρηγμένοι [A -ηχότες] τὰ ἱμάτια [S¹ *om. τ. ἱ.*] (7 *a*)
Ep. Je. 31. ἔχοντες τοὺς χιτῶνας διερρωγότας
— 43. οὔτε τὸ σχοινίον αὐτῆς διερράγη
Ez. 13. 20. διαρρήξω αὐτὰ ἀπὸ τῶν βραχιόνων ὑμῶν (7 *a*)
— 21. διαρρήξω τὰ ἐπιβόλαια [A περιβ.] ὑμῶν (7 *a*)
Da. LXX. Bel 26. καὶ φαγὼν διερράγη
Da. TH. Bel 27. καὶ φαγὼν διερράγη ὁ δράκων
I Ma. 2. 14. διέρρηξε Ματτ. . . . τὰ ἱμάτια
3. 47. διέρρηξαν τὰ ἱμάτια αὐτῶν
4. 39. διέρρηξαν [S ἔρρ.] τὰ ἱμάτια αὐτῶν
5. 14. διερρηχότες τὰ ἱμάτια
11. 71. διέρρηξεν Ἰωνάθαν τὰ ἱμάτια αὐτοῦ

I Ma. 13. 45. διερρηχότες τὰ ἱμάτια αὐτῶν
IV Ma. 9. 11. διαρρήξαντες τὸν χιτῶνα
[Aq. Jd. 16. 9: I Ki. 4. 12: Ps. 34 (35). 7: Is. 36. 22: Ez. 29. 7.]
[Sm. Is. 36. 22: Je. 52. 7.]
[Th. Is. 36. 22.]

διαρριπτεῖν (-ίπτειν). (1) מָלַט hithpa. (2) סָקַל pi.

Jb. 41. 10 (11). διαρριπτοῦνται ἐσχάραι πυρός (1)
Is. 62. 10. τοὺς λίθους ἐκ τῆς ὁδοῦ διαρρίψατε (2)

διαρτᾶν. (1) כָּזַב pi.

Nu. 23. 19. οὐχ ὡς ἄνθρωπος ὁ θεὸς διαρτηθῆναι (1)

διαρτίζειν. (1) קָרַץ pu.

Jb. 33. 6. ἐκ πηλοῦ διήρτισαι σὺ ὡς καὶ ἐγὼ ἐκ τοῦ αὐτοῦ διηρτίσμεθα [A S² *add.* πηλοῦ] (–, 1)

διαρτισμός.

[Sm. Ez. 4. 12.]

διαρυθμίζειν.

II Ma. 7. 22. τὴν ἑκάστου στοιχείωσιν οὐκ ἐγὼ διερύθμισα

διασαλεύειν.

Hb. 2. 16. S² καὶ διασαλεύθητι [A B S *al.*] †

διασαφεῖν. (1) בֵּאֵר pi. (2) חָוָה aph.

De. 1. 5. διασαφῆσαι τὸν νόμον τοῦτον (1)
Da. LXX. 2. 6. ἐὰν δὲ τὸ ἐνύπνιον διασαφήσητέ μοι (2)
I Ma. 12. 8. ἐν αἷς διεσαφεῖτο περὶ συμμαχίας
II Ma. 1. 18. δέον ἡγησάμεθα διασαφῆσαι ὑμῖν
— 20. R ὡς δὲ διεσάφησαν [A -ισαν] ἡμῖν
2. 9. διεσαφεῖτο δὲ καὶ . . . ἀνήνεγκε θυσίαν
3. 9. R τίνος ἕνεκεν πάρεστι διεσάφησεν [A -σαφήνισεν]
7. 6. καθάπερ . . . διεσάφησε Μωσῆς
10. 26. καθὼς καὶ ὁ νόμος διασαφεῖ
11. 18. ὅσα μὲν οὖν ἔδει . . . διεσάφησα
III Ma. 5. 27. A τὸ διασαφούμενον ἔτι [R *al.*]
[Sm. Jb. 34. 32.]

διασαφηνίζειν.

II Ma. 3. 9. A τίνος ἕνεκεν πάρεστι διεσαφήνισεν [R -σάφησεν]

διασάφησις. (1) פַּרְשֶׁגֶן (2) פִּתְרוֹן

Ge. 40. 8. οὐχὶ διὰ τοῦ θεοῦ ἡ δ. αὐτῶν ἐστί (2)
II Es. 5. 6. διασάφησις ἐπιστολῆς [A -ῇ] (1)
7. 11. αὕτη ἡ δ. τοῦ διατάγματος (1)

διασαφίζειν.

II Ma. 1. 20. A ὡς διεσάφισαν [R -ησαν] ἡμῖν

διασείειν. (1) פָּחַד hi.

Jb. 4. 14. μεγάλως μου τὰ ὀστᾶ διέσεισε [A¹ συνέπεσεν, A² S συνέσεισεν] (1)
III Ma. 7. 21. ὑπὸ μηδενὸς διασεισθέντες τῶν ὑπαρχόντων

δίασις.

[Th. Is. 28. 20.]

διασκάπτειν.

Ju. 2. 24. διέσκαψε [A S κατέσκαψε] πάσας τὰς πόλεις τὰς ὑψ.

διασκεδάζειν, -αννύειν, -αννύναι. (1) אָרַר (2) בָּלַע pi. (3) חָתַת hi. (4) סָכַךְ pil. (5) סָכַל pi. (6) פּוּג (7) פּוּץ hi. (8) פּוּר hi. (9) פָּרַע (10) פָּרַר *a.* pilp. *b.* hi. *c.* hoph.

Ge. 17. 14. ὅτι τὴν διαθήκην μου διεσκέδασε (10 *b*)
Ex. 32. 25. ἰδὼν Μ. τὸν λαὸν ὅτι διεσκέδασται (9)
— 25. διεσκέδασε γὰρ αὐτοὺς Ἀαρών (9)
Le. 26. 15. ὥστε διασκεδάσαι τὴν διαθήκην μου (10 *b*)
— 44. τοῦ διασκεδάσαι τὴν διαθήκην μου (10 *b*)
Nu. 15. 31. τὰς ἐντολὰς αὐτοῦ διεσκέδασεν (10 *b*)
De. 31. 16, 20. διασκεδάσουσι τὴν διαθήκην μου (10 *b*)

Jd. 2. 1. οὐ διασκεδάσω τὴν διαθήκην μου (10 *b*)
II Ki. 15. 31. διασκέδασον δὴ τὴν βουλὴν Ἀχιτόφελ (5)
— 34. διασκεδάσεις μοι τὴν βουλὴν Ἀχιτόφελ (10 *b*)
17. 14. διασκεδάσαι τὴν βουλὴν Ἀχ. (10 *b*)
III Ki. 12. 24. B διεσκέδασε Ῥοβοὰμ τὴν βουλὴν αὐτῶν –
15. 19. διασκέδασον τὴν διαθήκην σου (10 *b*)
II Ch. 16. 3. διασκέδασον ἀπ' ἐμοῦ τὸν Βαασά (10 *b*)
II Es. 4. 5. διασκεδάσαι [A τοῦ δ.] βουλὴν αὐτῶν (10 *b*)
9. 14. διασκεδάσαι ἐντολάς σου (10 *b*)
Ne. 4. 15 (9). διεσκέδασεν ὁ θ. τὴν βουλὴν αὐ. (10 *b*)
Jb. 16. 13 (12). εἰρηνεύοντα διεσκέδασέ με (10 *a*)
24. 17. A αὐτοῖς τὸ πρωὶ διεσκέδασεν [B S *al.*] †
38. 24. ἢ διασκεδάννυται νότος (7)
Ps. 32 (33). 10. κύριος διασκεδάζει βουλὰς ἐθνῶν (8)
88 (89). 33. τὸ δὲ ἔλεός μου οὐ μὴ διασκεδάσω (8)
118 (119). 126. διεσκέδασαν τὸν νόμον σου (10 *b*)
Ec. 12. 5. καὶ διασκεδασθῇ ἡ κάππαρις (10 *b*)
Wi. 2. 4. ὡς ὁμίχλη διασκεδασθήσεται
Hb. 1. 4. διὰ τοῦτο διεσκέδασται νόμος (6)
Za. 11. 10. τοῦ διασκεδάσαι τὴν διαθήκην μου (8)
— 11. διασκεδασθήσεται [A -σονται] ἐν τῇ ἡμέρᾳ ἐκείνῃ (10 *c*)
— 14. τοῦ [S[3] ὥστε] διασκεδάσαι τὴν κατάσχεσιν [A διαθήκην μου] (10 *b*)
Ma. 2. 2. καὶ διασκεδάσω τὴν εὐλογίαν ὑμῶν (1)
Is. 8. 10. ἣν ἂν βουλεύσησθε βουλὴν διασκεδάσει κύριος (10 *c*)
9. 4 (3). τὴν γὰρ ῥάβδον τῶν ἀπαιτούντων διεσκέδασεν (3)
— 11 (10). τοὺς ἐχθροὺς διασκεδάσει (4)
14. 27. ἃ γὰρ ὁ θεὸς ὁ ἅγιος βεβούλευται τίς διασκεδάσει (10 *b*)
19. 3. τὴν βουλὴν αὐτῶν διασκεδάσω (2)
24. 5. S διεσκέδασαν [A B *om.*] διαθήκην αἰώνιον (10 *b*)
32. 7. διασκεδάσαι λόγους [A -γισμούς] –
44. 25. τίς ἕτερος διασκεδάσει [A -εσκέδασεν] σημεῖα ἐγγαστριμύθων (10 *b*)
Je. 11. 10. B S διεσκέδασαν [A R -εν] οἶκος Ἰσραὴλ . . . τὴν διαθήκην μου (10 *b*)
14. 21. μὴ διασκεδάσῃς τὴν διαθήκην σου τὴν [A *om.*] μεθ' ἡμῶν (10 *b*)
Da. LXX. 3. (34). μὴ διασκεδάσῃς σου τὴν διαθήκην
Da. TH. 3. (34). μὴ διασκεδάσῃς τὴν διαθήκην σου
I Ma. 2. 31. A R διεσκέδασαν τὴν ἐντολὴν [S βουλὴν] τοῦ βασ.
6. 59. τῶν νομίμων αὐτῶν ὧν διεσκεδάσαμεν
III Ma. 2. 19. διασκέδασον τὰς ἀμπλακίας ἡμῶν
5. 30. διὰ τὸ . . . διεσκέδασθαι πᾶν αὐτοῦ τὸ νόημα
[**Aq.** Ps. 143 (144). 12: Pr. 19. 3: Is. 8. 10: Je. 31 (38). 32: 52. 8: Ez. 24. 14.]
[**Sm.** Ps. 73 (74). 13: 118 (119). 126: Pr. 1. 25: 19. 3: Is. 8. 10: Je. 33 (40). 20: 52. 8.]
[**Th.** Ex. 5. 4: 32. 25 *bis*: Jb. 5. 12: Pr. 1. 25: 15. 22: Is. 8. 10: 24. 19: Je. 33 (40). 20, 21: Ez. 24. 14.]
[**Quint. Sext.** Ps. 118 (119). 126.]
[**Al.** Hb. 3. 9.]

διασκέδασις.
[**Th.** Is. 24. 19.]

διασκευάζειν. (1) חָמַשׁ
Jo. 4. 12. διεσκευασμένοι ἔμπροσθεν τῶν υἱῶν Ἰσρ. (1)
I Ma. 6. 33. διεσκευάσθησαν αἱ δυνάμεις εἰς τὸν πόλεμον

διασκευή. (1) כְּלִי
Ex. 31. 7. καὶ τὴν δ. τῆς σκηνῆς (1)
II Ma. 11. 10. R προσῆγον [A προῆγον] ἐν διασκευῇ

διασκιρτᾶν.
Wi. 19. 9. ὡς ἀμνοὶ διεσκίρτησαν αἰνοῦντές σε

διασκορπίζειν. (1) בִּדַּר pa. (2) בָּזַז pu. (3) בָּזַר *a.* qal. *b.* pi. (4) זָרָה *a.* qal. *b.* pi. (5) זָרַק (6) נָדַח hi. (7) נוּעַ *a.* qal. *b.* hi. (8) נַעַר (9) *a.* נָפַץ pi. *b.* מַפֵּץ (10) פּוּץ *a.* qal. *b.* ni. *c.* hi. (11) פָּזַר *a.* ni. *b.* pi. (12) פָּרַד hithpa.
Ge. 49. 7. A διασκορπιῶ [B διασπερῶ] αὐτοὺς ἐν Ἰσ. (10 *c*)
Nu. 10. 35. διασκορπισθήτωσαν οἱ ἐχθροί σου (10 *a*)
De. 30. 1. οὗ ἐὰν διασκορπίσῃ σε κ. ἐκεῖ (6)
— 3. εἰς οὓς διεσκόρπισέ σε κ. ἐκεῖ (10 *c*)
Ne. 1. 8. ἐγὼ διασκορπιῶ ὑμᾶς ἐν τοῖς λαοῖς (10 *c*)
To. 3. 4. S ἐν οἷς ἡμᾶς διεσκόρπισας [A B οἷς ἐσκορπίσμεθα]
13. 5. S ὅπου ἂν διασκορπισθῆτε [A B *al.*]
Jb. 37. 11. διασκορπιεῖ [A -ίσει] νέφος φῶς αὐτοῦ (10 *c*)
Ps. 21 (22). 14. διεσκορπίσθη πάντα τὰ ὀστᾶ [S[1] διαβήματά] μου (12)
52 (53). 5. ὁ θεὸς διεσκόρπισεν ὀστᾶ ἀνθρωπαρέσκων (11 *b*)
58 (59). 11. διασκόρπισον αὐτοὺς ἐν τῇ δυνάμει σου (7 *b*)
— 15. αὐτοὶ διασκορπισθήσονται τοῦ φαγεῖν (7 *a**, 7 *b*)
67 (68). 1. διασκορπισθήτωσαν οἱ ἐχθροὶ αὐτοῦ (10 *a*)
— 30. διασκόρπισον ἔθνη τὰ τοὺς πολέμους θέλοντα (3 *b*)
88 (89). 10. διεσκόρπισας τοὺς ἐχθρούς σου (11 *b*)
91 (92). 9. διασκορπισθήσονται πάντες οἱ ἐργαζόμ. τὴν ἀνομίαν (12)
105 (106). 27. καὶ διασκορπίσαι αὐτοὺς ἐν ταῖς χώραις (4 *a*)
140 (141). 7. διεσκορπίσθη [S[1] -ησαν] τὰ ὀστᾶ ἡμῶν (11 *a*)
Wi. 17. 3. S ἀφεγγεῖ λήθης παρακαλύμματι διεσκορπίσθησαν [B ἐσκ., A ἐσκοτίσθησαν]
Si. 48. 15. A S διεσκορπίσθησαν [B ἐσκ.] ἐν πάσῃ τῇ γῇ
Za. 1. 19 (2. 2), 21 (2. 4). ταῦτα τὰ κέρατα τὰ διασκορπίσαντα τὸν Ἰ. (4 *b*)
— 21 (2. 4). τοῦ διασκορπίσαι αὐτήν (4 *b*)
11. 16. A τὸ διεσκορπισμένον [B S ἐσκ.] οὐ μὴ ζητήσῃ [S[1] ἐπισκέψηται] (8)
13. 7. S[2] διασκορπισθήτω [A -θήσονται, B S[1] ἐκσπάσατε] τὰ πρόβατα (10 *a*)
Je. 9. 16 (15). διασκορπιῶ αὐτοὺς ἐν τοῖς ἔθνεσιν (10 *c*)
10. 21. καὶ διεσκορπίσθησαν (10 *b*)
13. 14. διασκορπιῶ αὐτούς (9 *a*)
● 23. 1. ὦ ποιμένες οἱ . . . διασκορπίζοντες τὰ πρόβατα [S *al.*] (10 *c*)
— 2. ὑμεῖς διεσκορπίσατε τὰ πρόβατά μου (10 *c*)
27 (50). 37. καὶ διασκορπισθήσονται (2)
28 (51). 20. διασκορπίζεις σύ μοι σκεύη πολέμου καὶ διασκορπιῶ ἐν σοὶ ἔθνη (9 *b*, 9 *a*)
— 21. διασκορπιῶ ἐν σοὶ ἵππον . . . καὶ διασκορπιῶ ἐν σοὶ ἅρματα (9 *a*, 9 *a*)
— 22. διασκορπιῶ ἐν σοὶ νεανίσκον καὶ παρθένον καὶ διασκορπιῶ ἐν σοὶ ἄνδρα καὶ γυναῖκα (9 *a*, 9 *a*)
— 23. διασκορπιῶ ἐν σοὶ ποιμένα . . . καὶ διασκορπιῶ ἐν σοὶ γεωργὸν . . . καὶ διασκορπιῶ ἐν σοὶ ἡγεμόνας [A -α] (9 *a ter*)
Ez. 5. 2. A R τὸ τέταρτον διασκορπιεῖς [B -ίσεις] τῷ πνεύματι (4 *a*)
— 10. διασκορπιῶ πάντας τοὺς καταλοίπους σου (4 *b*)
6. 5. διασκορπιῶ τὰ ὀστᾶ ὑμῶν (4 *b*)
10. 2. διασκόρπισον ἐπὶ τὴν πόλιν (5)
11. 16. διασκορπιῶ αὐτοὺς εἰς πᾶσαν γῆν (10 *c*)
12. 15. ἐν τῷ διασκορπίσαι με αὐτοὺς ἐν τοῖς ἔθνεσι (10 *c*)
20. 23. A τοῦ διασκορπίσαι αὐτοὺς ἐν τοῖς ἔθνεσι καὶ τοῦ διασκορπίσαι [B ἔ. διασπεῖραι] αὐτοὺς ἐν ταῖς χώραις (10 *c*, 4 *b*)
— 34. οὗ διεσκορπίσθητε ἐν αὐταῖς (10 *b*)
— 41. διεσκορπίσθητε ἐν αὐταῖς (10 *b*)
▶ 22. 15. διασκορπιῶ σε ἐν τοῖς ἔθνεσι (10 *c*)
28. 25; 29. 13. οὗ διεσκορπίσθησαν ἐκεῖ (10 *b*)
46. 18. ὅπως μὴ διασκορπίζηται ὁ λαός μου (10 *a*)
Da. LXX. 9. 7. εἰς ἃς διεσκόρπισας αὐτοὺς ἐκεῖ (6)
Da. TH. 4. 11. διασκορπίσατε τὸν καρπὸν [A τοὺς κ.] αὐτοῦ (1)
11. 24. ὕπαρξιν αὐτοῖς [A *om.*] διασκορπιεῖ [A -ίσει] (3 *a*)
[**Aq.** Pr. 5. 16: Is. 24. 1: 28. 25: Je. 10. 21: 43 (50). 5: Hb. 3. 14.]
[**Sm.** Ps. 52. (53). 6: Je. 10. 21: 13. 24: Ze. 3. 10.]
[**Th.** Is. 24. 1: Je. 30 (37). 11: 43 (50). 5.]
[**Quint.** Ps. 140 (141). 7.]

διασκορπισμός. (1) זְוָעָה! (2) זַעֲוָה (3) זָרָה ni. (4) נָפַץ pi. (5) פָּרַח
Je. 24. 9. δώσω αὐτοὺς εἰς διασκορπισμόν (1*, 2)
Ez. 6. 8. ἐν τῷ δ. ὑμῶν ἐν ταῖς χώραις (3)
13. 20. ἐκστρέφετε τὰς ψυχὰς αὐτῶν εἰς διασκορπισμόν (5)
Da. TH. 12. 7. ἐν τῷ συντελεσθῆναι [A -έσαι] διασκορπισμόν (4)
[**Aq.**, **Sm.** Ez. 9. 2.]

δίασμα. (1) מַסֵּכָה
Jd. 16. 13. ἐὰν ὑφάνῃς τὰς ἑπτὰ σειρὰς τῆς κεφ. μου σὺν τῷ δ. [A μετὰ τοῦ δ.] (1)
— 14. καὶ ὕφανεν ἐν τῷ δ. [A *al.*] –
— 14. A καὶ τὸ δ. (1)
[**Aq.**, **Th.** Is. 30. 1.]

διασπᾶν. (1) בִּקַּע pi. (2) נָתַץ (3) נָתַק *a.* ni. *b.* pi. (4) פּוּץ (5) שִׁסַּע pi.
Jd. 14. 6. A διέσπασεν αὐτὸν ὡσεὶ διασπάσαι ἔριφον αἰγῶν [B *al.*] (5, 5)
16. 9. διέσπασε [A -έρρηξεν] τὰς νευράς (3 *b*)
— 9. A ὃν τρόπον διασπᾶται κλῶσμα [B *al.*] (3 *a*)
— 12. διέσπασεν αὐτὰ ἀπὸ βραχιόνων αὐ. [A *al.*] (3 *b*)
Jb. 19. 10. διέσπασέ με κύκλῳ (2)
Ho. 13. 8. θηρία ἀγροῦ διασπάσει αὐτούς (1)
Ze. 3. 10. S[1] ἐν διεσπασμένοις [B S[2] -σπαρμ.] μου (4)
Is. 58. 6. πᾶσαν συγγραφὴν ἄδικον διάσπα (3 *b*)
Je. 2. 20. διέσπασας τοὺς δεσμούς σου (3 *a*)
4. 20. διεσπάσθησαν αἱ δέρρεις μου †
10. 20. αἱ δέρρεις σου διεσπάσθησαν (3 *a*)
[**Aq.**, **Sm.** I Ki. 15. 33.]
[**Th.** Jd. 16. 9: Is. 58. 6.]

διασπασμός. (1) סָחַב
Je. 15. 3. τοὺς κύνας εἰς διασπασμόν (1)
[**Al.** I Ch. 4. 9.]

διασπείρειν. (1) זָרָה *a.* qal. *b.* pi. (2) נָדַח *a.* ni. *b.* hi. (3) נָכָה hi. (4) נָפַץ (5) פָּאָה hi. (6) פּוּץ *a.* qal. *b.* ni. *c.* hi. (7) פָּזַר *a.* pi. *b.* pu. (8) פָּרַד *a.* ni. *b.* hi. *c.* pu. (9) פְּרָזִי (10) פָּרַשׂ ni. (11) רוּק hi. (12) שָׁנָה
Ge. 9. 19. ἀπὸ τούτων διεσπάρησαν ἐπὶ πᾶσαν τὴν γῆν (4)
10. 18. μετὰ τοῦτο διεσπάρησαν αἱ φυλαὶ τῶν Χαν. (6 *b*)
— 32. ἀπὸ τούτων διεσπάρησαν νῆσοι τῶν ἐθνῶν (8 *a*)
11. 4. A πρὸ τοῦ διασπαρῆναι [R *add.* ἡμᾶς] (6 *a*)
— 8. διέσπειρεν αὐτοὺς κ. ἐκεῖθεν (6 *c*)
— 9. ἐκεῖθεν διέσπειρεν αὐτοὺς κ. ὁ θ. (6 *c*)
49. 7. καὶ διασπερῶ [A διασκορπιῶ] αὐτοὺς ἐν Ἰσραήλ (6 *c*)
Ex. 5. 12. διεσπάρη ὁ λαὸς ἐν ὅλῃ γῇ [A *om.*] Αἰγ. (6 *c*)
Le. 26. 33. καὶ διασπερῶ ὑμᾶς εἰς τὰ ἔθνη (1 *b*)
De. 4. 27. διασπερεῖ κ. ὑμᾶς ἐν πᾶσι τοῖς ἔθνεσιν (6 *c*)
28. 64. διασπερεῖ σε κ. ὁ θ. σου (6 *c*)
32. 8. ὡς [A[2] οὓς] διέσπειρεν υἱοὺς Ἀδάμ (8 *b*)
— 26. εἶπα, Διασπερῶ αὐτούς (5)
I Ki. 11. 11. A B ἐγενήθησαν οἱ [R -θη καὶ] ὑπολελειμμένοι διεσπάρησαν (6 *a*)
13. 8. B διεσπάρη ὁ λαὸς αὐτοῦ ἀπ' αὐτοῦ (6 *c*)
— 11. B ὡς διεσπάρη ὁ λαὸς ἀπ' ἐμοῦ (4)
14. 23. ἦν ὁ πόλεμος διεσπαρμένος εἰς ὅλην πόλιν –
— 34. διασπάρητε ἐν τῷ λαῷ (6 *a*)

II Ki. 18. 8. ἐγένετο ἐκεῖ ὁ πόλεμος διεσπαρμ. (6 *b*, 4*)
20. 22. διεσπάρησαν ἀπὸ τῆς πόλεως ἀπ' αὐτοῦ (6 *a*)
III Ki. 12. 24. B διεσπάρη πᾶς ὁ λαὸς ἐκ Σικίμων –
22. 17. ἑώρακα πάντα τὸν Ἰσραὴλ διεσπαρμένους (6 *b*)
IV Ki. 25. 5. πᾶσα ἡ δύναμις αὐτοῦ διεσπάρη (6 *b*)
II Ch. 18. 16. διεσπαρμένους ἐν τοῖς ὄρεσιν (6 *b*)
To. 13. 3. διέσπειρεν ἡμᾶς [S ὑ.] ἐν αὐτοῖς
Ju. 5. 19. οὗ διεσπάρησαν ἐκεῖ
Es. 3. 8. ἔθνος διεσπαρμένον [S^2 ἐνδ.] ἐν τοῖς ἔθνεσιν (7 *b*, 8 *c*)
9. 19. οἱ Ἰ. οἱ [A S *om.*] διεσπαρμ. [S^2 *add.* οἰκοῦντες] ἐν πάσῃ χώρᾳ (9)
Ps. 43 (44). 11. ἐν τοῖς ἔθνεσι διέσπειρας ἡμᾶς (1 *b*)
Jl. 3 (4). 2. οἳ διεσπάρησαν ἐν τοῖς ἔθνεσι (7 *a*)
Ze. 3. 10. B προσδέξομαι ἐν διεσπαρμένοις [S^1 -σπασμ.] μου (6 *a*)
Is. 11. 12. τοὺς διεσπαρμένους Ἰούδα συνάξει (4)
24. 1. διασπερεῖ τοὺς ἐνοικοῦντας ἐν αὐτῇ (6 *c*)
32. 6. τοῦ διασπεῖραι [A διαφθεῖραι] ψυχὰς πεινώσας (11)
33. 3. διεσπάρησαν τὰ ἔθνη (4)
35. 8. οἱ δὲ διεσπαρμένοι πορεύσονται ἐπ' αὐτῆς †
41. 16. καταιγὶς διασπερεῖ αὐτούς (6 *c*)
56. 8. εἶπε κύριος ὁ συνάγων τοὺς διεσπαρμ. Ἰσρ. (2 *a*)
Je. 13. 24. διέσπειρα [A -έφθειρα] αὐτοὺς ὡς φρύγανα (6 *c*)
15. 7. διασπερῶ αὐτοὺς [S^1 *om.* δ. αὐ.] ἐν διασπορᾷ [A *al.*] (1 *a*)
18. 17. ὡς ἄνεμον καύσωνα διασπερῶ αὐτούς (6 *c*)
23. 3. S οὗ διέσπειρα αὐτούς (2 *b* ?)
25. 15 (49. 36). διασπερῶ αὐτοὺς ἐν πᾶσι τοῖς ἀνέμοις τ. (1 *b*)
30 (49). 5. διασπαρήσεσθε ἕκαστος εἰς πρόσωπον αὐ. (2 *a*)
39 (32). 37. οὗ διέσπειρα αὐτοὺς ἐκεῖ (2 *b*)
47 (40). 15. διασπαρῇ πᾶς Ἰούδα [A -ρήσονται πάντες οἱ Ἰουδαῖοι] (6 *b*)
52. 8. οἱ παῖδες αὐτοῦ διεσπάρησαν ἀπ' αὐτοῦ (6 *b*)
Ba. 2. 4. οὗ διέσπειρεν αὐτοὺς κύριος ἐκεῖ
— 13. οὗ διέσπειρας ἡμᾶς ἐκεῖ
— 29. οὗ διασπερῶ αὐτοὺς ἐκεῖ
3. 8. οὗ διέσπειρας ἡμᾶς ἐκεῖ εἰς ὀνειδισμόν
Ez. 5. 12. A τὸ τέταρτόν σου εἰς πάντα ἄνεμον διασπερῶ [B σκορπιῶ] αὐτούς (1 *b*)
11. 17. οὗ διέσπειρα αὐτοὺς ἐν αὐταῖς (6 *b*)
12. 14. τοὺς ἀντιλαμβανομένους αὐτοῦ διασπερῶ (1 *b*)
— 15. διασπερῶ αὐτοὺς ἐν ταῖς χώραις (1 *b*)
17. 21. τοὺς καταλοίπους εἰς πάντα ἄνεμον διασπερῶ (10)
20. 23. διασπεῖραι [A τοῦ διασκορπίσαι] αὐτοὺς ἐν ταῖς χώραις (1 *b*)
22. 15. διασπερῶ σε ἐν ταῖς χώραις (1 *b*)
29. 12. διασπερῶ Αἴγυπτον ἐν τοῖς ἔθνεσι (6 *c*)
30. 23, 26. διασπερῶ Αἴγυπτον εἰς τὰ ἔθνη (6 *c*)
32. 15. ὅταν διασπείρω πάντας τοὺς κατοικοῦντας ἐν αὐτῇ (3)
34. 5. διεσπάρη [A -ησαν] τὰ πρόβατά μου (6 *a*)
— 6. διεσπάρη [A -ησαν] τὰ πρόβατά μου . . . ἐπὶ προσώπου [A παντὶ προσώπῳ πάσης] τῆς γῆς διεσπάρη (12, 6 *b*)
— 12. οὗ διεσπάρησαν ἐκεῖ ἐν ἡμέρᾳ νεφέλης (6 *b*)
36. 19. διέσπειρα αὐτοὺς εἰς τὰ ἔθνη (6 *c*)
Da. TH. 9. 7. οὗ διέσπειρας αὐτοὺς ἐκεῖ (2 *b*)
I Ma. 11. 47. διεσπάρησαν ἐν τῇ πόλει
[**Aq.** Je. 13. 24: 27 (34). 10.]
[**Sm.** Is. 33. 3.]
[**Th.** Je. 27 (34). 10: 29 (36). 14, 18.]

διασπορά. (1) זְוָעָה (2) זַעֲוָה (3) חֶרְפָּה (4) מִזְרֶה (5) נָדַח ni. (6) *a.* נָצַר *b.* נָצִיר (7) שָׁחַת hi.

De. 28. 25. ἔσῃ διασπορὰ [A ἐν διασπορᾷ] ἐν πάσαις βασ. τῆς γῆς (2)
30. 4. ἐὰν ᾖ ἡ δ. σου ἀπ' ἄκρου τοῦ οὐρ. (5)
Ne. 1. 9. ἐὰν ᾖ ἡ [S^1 *om.*] δ. ὑμῶν ἀπ' ἄκρου τοῦ οὐρ. (5)
Ju. 5. 19. ἀνέβησαν ἐκ τῆς δ.
Ps. 138 (139). *tit.* A τῷ Δαυὶδ ψαλμὸς Ζαχαρίου [B S εἰς τὸ τέλος ψ. τῷ Δ.] ἐν τῇ δ. [A^1 B S *om.* ἐν τῇ δ.] –
146 (147). 2. τὰς δ. τοῦ Ἰσραὴλ ἐπισυνάξει (5)
Is. 49. 6. τὴν δ. τοῦ Ἰσραὴλ ἐπιστρέψαι (6 *a*, 6 *b* *)
Je. 13. 14. S^1 οὐκ οἰκτειρήσω ἀπὸ διασπορᾶς [A B S^2 διαφθορᾶς] αὐ. (7)
15. 7. διασπερῶ αὐτοὺς [S^1 *om.* δ. αὐ.] ἐν διασπορᾷ [A *al.*] (4)
41 (34). 17. δώσω ὑμᾶς εἰς διασποράν (1*, 2)
Da. LXX. 12. 2. οἱ δὲ εἰς διασπορὰν καὶ αἰσχύνην αἰώνιον (3 ?)
II Ma. 1. 27. ἐπισυνάγαγε τὴν δ. ἡμῶν

διασταθμίζειν.

[**Aq.**, **Quint.** Ps. 57 (58). 3.]
[**Sm.** Is. 33. 18.]
[**Th.** Ps. 57 (58). 3: Is. 33. 18.]

διάσταλσις.

II Ma. 13. 25. R ἐδείναζον [A ἐδειλίαζον] γὰρ . . . ἀθετεῖν τὰς δ.

διάστασις.

III Ma. 3. 7. τὴν δὲ . . . δ. ἐθρύλλουν
[**Th.** Is. 40. 12.]

διαστέλλειν. (1) בָּדַל *a.* ni. *b.* hi. (2) בָּטָא pi. (3) גָּזַז ni. (4) גָּעַר (5) זָהַר *a.* ni. *b.* hi. (6) חָלַק (7) יָדַע hi. (8) נָקַב (9) סוּר hi. (10) פָּלָא pi. (11) פָּצָה (12) פָּרָא hi. (13) פָּרַד *a.* ni. *b.* hi. (14) פָּרַע (15) פָּרַץ ni. (16) פָּרַשׁ pi. (17) קָדַשׁ hi. (18) קָרָה hi. (19) קָרַע (20) רָמַס (21) שׂוּם

Ge. 25. 23. δύο λαοὶ ἐκ τῆς κοιλίας σου διασταλήσονται (13 *a*)
30. 28. διάστειλον τὸν μισθόν σου πρὸς μέ (8)
— 35. διέστειλεν . . . τοὺς τράγους τοὺς ῥαντούς (9)
— 40. τοὺς δὲ ἀμνοὺς διέστειλεν Ἰακώβ (13 *b*)
Le. 5. 4. ἡ ψυχὴ . . . ἡ διαστέλλουσα τοῖς χείλεσι (2)
— 4. ὅσα ἐὰν διαστείλῃ ὁ ἄνθρ. μεθ' ὅρκου (2)
10. 10. διαστεῖλαι ἀνὰ μέσον τῶν ἁγίων καὶ τῶν β. (1 *b*)
11. 47. διαστεῖλαι ἀνὰ μέσον τῶν ἀκαθάρτων (1 *b*)
16. 26. τὸν χίμαρον τὸν διεσταλμένον εἰς ἄφεσιν †
22. 21. διαστείλας εὐχήν (10)
Nu. 8. 14. διαστελεῖς τοὺς Λευίτας (1 *b*)
16. 9. διέστειλεν ὁ θεὸς Ἰσρ. ὑμᾶς (1 *b*)
35. 11. διαστελεῖτε ὑμῖν αὐτοῖς πόλεις (18)
De. 10. 8. διέστειλε κύριος τὴν φυλὴν τὴν Λευί (1 *b*)
19. 2, 7. τρεῖς πόλεις διαστελεῖς σεαυτῷ (1 *b*)
29. 21 (20). διαστελεῖ αὐτὸν κύριος εἰς κακά (1 *b*)
Jo. 20. 7. διέστειλε [A -αν] τὴν Κάδης . . . τῷ Νεφθ. (17)
Jd. 1. 19. Ῥηχὰβ διεστείλατο αὐτοῖς [A -ήν] †
Ru. 1. 17. θάνατος διαστελεῖ ἀνὰ μέσον ἐμοῦ καὶ σοῦ (13 *b*)
I Ki. 3. 1. οὐκ ἦν ὅρασις διαστέλλουσα (15)
III Ki. 8. 53. A R σὺ διέστειλας αὐτοὺς [B *om.*] σαυτῷ (1 *b*)
IV Ki. 2. 11. διέστειλεν [A -αν] ἀνὰ μέσον ἀμφοτέρων (13 *b*)
6. 10. A καὶ διεστείλατο αὐτῷ (5 *b*)
I Ch. 23. 13. διεστάλη Ἀαρὼν τοῦ ἁγιασθῆναι ἅγια ἁγίων (1 *a*)
II Ch. 19. 10. καὶ διαστελεῖσθε αὐτοῖς (5 *b*)
23. 18. ἃς [A^2 *om.*] διέστειλε Δαυίδ (6)
II Es. 8. 24. διέστειλα ἀπὸ ἀρχόντων . . . δώδεκα (1 *b*)
10. 8. αὐτὸς διασταλήσεται ἀπὸ ἐκκλησίας τῆς ἀποικίας (1 *a*)
— 11. διαστάλητε ἀπὸ λαῶν τῆς γῆς (1 *a*)
— 16. διεστάλησαν [S^2 -έστειλεν] Ἔσδρας ὁ ἱερεὺς καὶ ἄνδρες ἄρχοντες (1 *a*)
Ne. 8. 8. καὶ διέστελλεν ἐν [A *om.*] ἐπιστήμῃ (21)
Ju. 11. 12. ὅσα διεστείλατο αὐτοῖς ὁ θ.
14. 15. διαστείλας εἰσῆλθεν εἰς τὸν κοιτῶνα
Ps. 65 (66). 14. ἃς διέστειλε τὰ χείλη μου (11)
67 (68). 14. ἐν τῷ διαστέλλειν τὸν ἐπουράνιον βασιλεῖς (16)
105 (106). 33. A S^2 R διέστειλεν ἐν [S^1 *om.*] τοῖς χείλεσιν αὐτοῦ (2)
Si. 16. 26. A S^2 R διέστειλε [B S^1 -ελλε] μερίδας αὐτῶν
Si. 44. 23. διέστειλε [A -έστησεν] μερίδας αὐτοῦ
Ho. 13. 15. οὗτος ἀνὰ μέσον ἀδελφῶν διαστελεῖ [A -έλλει] (12 ?)
Mi. 5. 8 (7). ὅταν διέλθῃ καὶ διαστείλας ἁρπάσῃ (20)
Na. 1. 12. καὶ οὕτως διασταλήσονται (3)
Ma. 3. 11. διαστελῶ ὑμῖν εἰς [A τὴν] βρῶσιν (4)
Je. 22. 14. ὑπερῷα ῥιπιστὰ διεσταλμένα θυρίσι (19)
Ez. 3. 18. οὐ διεστείλω αὐτῷ οὐδὲ ἐλάλησας τοῦ διαστείλασθαι τῷ ἀνόμῳ (5 *b*, 5 *b*)
— 19. σὺ ἐὰν διαστείλῃ τῷ ἀνόμῳ (5 *b*)
— 20. οὐ διεστείλω αὐτῷ (5 *b*)
— 21. ἐὰν διαστείλῃ τῷ δικαίῳ τοῦ μὴ ἁμαρτεῖν [A -τάνειν] (5 *b*)
— 21. ὅτι διεστείλω αὐτῷ (5 *a*)
22. 26. ἀνὰ μέσον ἁγίου καὶ βεβήλου οὐ διέστελλον (1 *b*)
— 26. ἀνὰ μέσον ἀκαθάρτου καὶ τοῦ καθαροῦ οὐ διέστελλον (7)
24. 14. οὐ διαστελῶ οὐδὲ μὴ ἐλεήσω (14)
39. 14. ἄνδρας διὰ παντὸς διαστελοῦσιν ἐπιπορευομένους (1 *b*)
42. 20. τοῦ δ. ἀνὰ μέσον τῶν ἁγίων καὶ ἀνὰ μέσον τοῦ προτειχίσματος (1 *b*)
Da. LXX. Su. 48. διαστείλας δὲ Δ. τὸν ὄχλον
II Ma. 14. 28. εἰ τὰ διεσταλμένα ἀθετήσει
[**Aq.** Ex. 18. 20: IV Ki. 6. 10: Jb. 38. 25: Ez. 3. 17, 18, 21.]
[**Sm.** Ge. 1. 4: Dt. 6. 8: Pr. 16. 28: 18. 18: Ez. 3. 21.]
[**Th.** Jb. 38. 25: Pr. 18. 18: Ez. 33. 9.]
[**Al.** Le. 24. 12: II Es. 9. 1.]

διάστεμα, διάστημα. (1) בּוֹא (2) אַצִּיל (3) בִּנְיָן (4) גִּזְרָה (5) גִּזְרָה (6) מִגְרָעוֹת (7) מִגְרָשׁ (8) מִדָּה (9) *a.* יְסוֹד *b.* מוּסָדָה (10) רֶוַח

Ge. 32. 16 (17). διάστημα ποιεῖτε ἀνὰ μέσον ποίμνης καὶ ποίμνης (10)
III Ki. 6. 6. διάστημα [A -ματα] ἔδωκε τῷ οἴκῳ (6)
7. 9. ἐκ διαστήματος ἔσωθεν (8)
Si. *prol.* 24. ἐν τῷ δ. τοῦ χρόνου
Ez. 41. 6. δ. ἐν τῷ τοίχῳ τοῦ οἴκου ἐν τοῖς πλευροῖς (1)
— 8. δ. τῶν πλευρῶν ἴσον τῷ καλάμῳ πήχεων ἕξ [A *om.*] (9 *a* * ?, 9 *b*)
— 8. διαστήματα [A -μα] καὶ εὖρος τοῦ τοίχου (2)
42. 5. τὸ δ. οὕτως περίστυλον καὶ δ. (3, –)
— 12. ὡς ἐπὶ φῶς διαστήματος καλάμου (4)
— 13. αἱ ἐξέδραι αἱ πρὸς νότον οὖσαι κατὰ πρόσωπον τῶν δ. (5)
45. 2. A R πήχεις πεντήκοντα δ. αὐτῶν [B -ῷ] κυκλόθεν (7)
48. 15. προτείχισμα ἔσται τῇ πόλει . . . εἰς δ. αὐτοῦ (7)
— 17. ἔσται δ. τῇ πόλει πρὸς βορρᾶν (7)
II Ma. 14. 44. γενομένου δ.
III Ma. 4. 17. μετὰ δὲ τὸ προειρημένον τοῦ χρόνου δ.
[**Aq.**, **Sm.** Jb. 41. 8.]

διαστηρίζειν.

Si. 28. 1. A B S τὰς ἁμαρτίας αὐτοῦ διαστηριῶν διαστηρίσει [S^1 -ριεῖ, R διατηρῶν διατηρήσει]

διαστολή. (1) חֻקָּה (2) מִבְטָא (3) פְּדוּת

Ex. 8. 23 (19). καὶ δώσω διαστολὴν ἀνὰ μέσον τοῦ ἐμοῦ λαοῦ (3)
Nu. 19. 2. αὕτη ἡ δ. τοῦ νόμου (1)
30. 7. κατὰ τὴν δ. τῶν χειλέων αὐτῆς (2)
I Ma. 8. 7. διδόναι ὅμηρα καὶ διαστολήν
[**Sm.** Ps. 105 (106). 33.]

διαστορεννύναι.

I Ki. 9. 25. διέστρωσαν τῷ Σαοὺλ ἐπὶ τῷ δώματι †
[**Sm.** Ps. 77 (78). 50.]

διαστράπτειν.

Wi. 16. 22. πῦρ . . . ἐν τοῖς [S^2 ξένοις] ὑετοῖς διαστράπτον

διαστρέφειν. (1) *a.* הָפַךְ hithpa. *b.* הֵפֶךְ *c.* הָפַךְ *d.* תַּהְפֻּכָה (2) כָּאַב hi. (3) כָּאָה hi. (4) נוּא *a.* qal. *b.* hi. (5) נָטָה hi. (6) עָוַת *a.* pi. *b.* pu. *c.* hithpa. (7) עָכַר (8) *a.* עָקַל pu. *b.* עֲקַלְקַל (9) *a.* עָקַשׁ pi. *b.* עִקֵּשׁ (10) פָּרַע hi. (11) *a.* פָּתַל hithpa. *b.* פְּתַלְתֹּל (12) צוּד pil. (13) תּוּר (14) תָּפַשׂ

Ex. 5. 4. ἵνα τί . . . διαστρέφετε τὸν λαόν μου (10)
23. 6. οὐ διαστρέψεις κρίμα πένητος (5)
Nu. 15. 39. οὐ διαστραφήσεσθε ὀπίσω τῶν διανοιῶν ὑμῶν (13)
32. 7. ἵνα τί διαστρέφετε τὰς διανοίας [A καρδίας] (4 *a**, 4 *b*)
De. 32. 5. γενεὰ σκολιὰ καὶ διεστραμμένη (11 *b*)
Jd. 5. 6. ἐπορεύθησαν ὁδοὺς διεστραμμένας [A -στρεμμένας] (8 *b*)
II Ki. 22. 27. A μετὰ στρεβλοῦ διαστρέψεις [B στρεβλωθήσῃ] (11 *a*)
III Ki. 18. 17. εἰ σὺ εἶ αὐτὸς ὁ διαστρέφων τὸν Ἰσραήλ (7)
— 18. οὐ διαστρέφω τὸν Ἰσραήλ (7)
Jb. 37. 12. αὐτὸς κυκλώματα διαστρέψει [S -φει] (1 *a*)
Ps. 17 (18). 26. μετὰ στρεβλοῦ διαστρέψεις (11 *a*)
Pr. 4. 27. διεστραμμέναι δέ εἰσιν αἱ [S *om.*] ἐξ ἀριστερῶν –
6. 14. διεστραμμένῃ [*vel* -η] καρδίᾳ [*vel* -α] τεκταίνεται [B² κατασκευάζει] κακά (1 *d*)
8. 13. μεμίσηκα δὲ ἐγὼ διεστραμμένας ὁδοὺς κακῶν (1 *d*)
10. 9. ὁ δὲ διαστρέφων τὰς ὁδοὺς αὐτοῦ (9 *a*)
11. 20. βδέλυγμα κυρίῳ διεστραμμέναι ὁδοί (9 *b*)
16. 30. διαλογίζεται [A λογ.] διεστραμμένα (1 *d*)
22. 9. A αὐτὸς διαστραφήσεται [B S -ατρ.] †
Ec. 1. 15. διεστραμμένον οὐ δυνήσεται ἐπικοσμηθῆναι [A κ.] (6 *b*)
7. 14 (13). ὃν ἂν ὁ θεὸς διαστρέψῃ [S -ει] αὐτόν (6 *a*)
12. 3. καὶ διαστραφῶσιν ἄνδρες τῆς δυνάμεως (6 *c*)
Si. 11. 34. διαστρέψει σε ἐν ταραχαῖς [S -ῃ]
19. 25. ἔστι διαστρέφων χάριν τοῦ ἐκφᾶναι κρίμα
27. 23. ὕστερον δὲ διαστρέψει τὸ στόμα αὐτοῦ
Mi. 3. 9. πάντα τὰ ὀρθὰ διαστρέφοντες (9 *a*)
Hb. 1. 4. ἐξελεύσεται τὸ κρίμα διεστραμμένον (8 *a*)
Is. 59. 8. αἱ γὰρ τρίβοι αὐτῶν διεστραμμέναι (9 *a*)
Ez. 13. 18. τοῦ δ. ψυχάς· αἱ ψυχαὶ διεστράφησαν τοῦ λαοῦ μου (12, 12)
— 22. διεστρέφετε [A διασ.] καρδίαν δικαίου [A *add.* ἀδίκως] καὶ ἐγὼ οὐ διέστρεφον αὐτόν (3, 2)
14. 5. A ὅπως μὴ διαστρέψωσιν [B ὅ. πλαγιάσῃ] τὸν οἶκον τοῦ Ἰσρ. (14)
16. 34. ἐγένετο ἐν [A *om.*] σοὶ διεστραμμένον [A ἐξεσ.] (1 *b*)
— 34. ἐγένετο ἐν σοὶ διεστραμμένα [A ἐξεσ.] (1 *c*)
Da. LXX. Su. 9. διέστρεψαν τὸν νοῦν αὐτῶν
— 56. διὰ τί διεστραμμένον τὸ σπέρμα σου
Da. TH. Su. 9. διέστρεψαν τὸν ἑαυτῶν νοῦν
— 56. ἐπιθυμία διέστρεψε τὴν καρδίαν σου
[**Aq. Sm.** Pr. 8. 8.]
[**Th.** Jb. 37. 12: Ps. 124 (125). 5: Pr. 8. 8.]
[**Al.** Ps. 100 (101). 4: Pr. 2. 12.]
[**Heb.** Ez. 13. 18.]

διαστροφᾶσθαι.

[**Sm.** Ps. 54 (55). 5.]

διαστροφή. (1) תַּהְפֻּכָה

Pr. 2. 14. χαίροντες ἐπὶ διαστροφῇ κακῇ (1)

διάστροφος.

[**Quint.** Ho. 7. 16.]

διασύρειν.

[**Aq.** De. 31. 20: I Ki. 2. 17: II Ki. 12. 14 *bis*: Ps. 9. 24 (10. 3): Pr. 1. 30: 15. 5: Is. 52. 5.]
[**Sm.** Is. 1. 4: Je. 50 (27). 45.]

διασυρίζειν.

Wi. 17. 18. S¹ εἴ τε πνεῦμα διασυρίζον [A B S² συρ.]
Da. LXX. 3. (50). ὡσεὶ πνεῦμα δρόσου διασυρίζον
Da. TH. 3. (50). ὡς πνεῦμα δρόσου διασυρίζον

διασφαγή. (1) פֶּרֶץ

Ne. 4. 7 (1). ὅτι ἤρξαντο αἱ δ. ἀναφράσσεσθαι (1)

διασφάλλειν.

III Ma. 5. 12. τῆς ἀθέσμου μὲν προθέσεως πολὺ διεσφαλμένος

διασφραγίζεσθαι. (1) חָתַם

Je. 39 (32). 10. A S καὶ διεσφραγισάμην [B ἐσ.] (1)

διασχίζειν. (1) בָּקַע ni. (2) מְגֵרָה (3) קָרַע

Ex. 14. 21. A καὶ διεσχίσθη [B ἐσχίσθη] τὸ ὕδωρ (1)
I Ch. 20. 3. R καὶ ἐν διασχίζουσι (2)
Ps. 34 (35). 15. διεσχίσθησαν καὶ οὐ κατενύγησαν (3)
Wi. 18. 23. διέσχισε [S² διέκοψεν] τὴν πρὸς τοὺς ζῶντας ὁδόν
[**Aq.** Ps. 140 (141). 7.]

διασῴζειν. (1) חָיָה pi. (2) יָשַׁע *a.* ni. *b.* hi. (3) מָלַט *a.* ni. *b.* pi. (4) עָשַׁת hithpa. (5) פָּלַט *a.* pi. *b.* hi. *c.* פָּלִיט *d.* פָּלִיט *e.* פְּלֵיטָה (6) *a.* שָׂרַד *b.* שָׂרִיד

Ge. 19. 19. οὐ δυνήσομαι διασωθῆναι εἰς τὸ ὄρος (3 *a*)
— 20. R ἐκεῖ διασωθήσομαι [A σω.] (3 *a*)
35. 3. καὶ διέσωσέ με ἐν τῇ ὁδῷ –
Nu. 10. 9. διασωθήσεσθε ἀπὸ τῶν ἐχθρῶν ὑμῶν (2 *a*)
21. 29. ἀπεδόθησαν οἱ υἱοὶ αὐτῶν διασῴζεσθαι (5 *c*)
De. 20. 4. ὁ προπορευόμ. μεθ' ὑμῶν . . . διασῶσαι ὑμᾶς (2 *b*)
Jo. 6. 25 (26). ἐν τῷ ἐλαχίστῳ διασωθέντι –
9. 15. διέθεντο [A -ετο] διαθήκην πρὸς αὐτοὺς τοῦ διασῶσαι αὐτούς (1)
10. 20. οἱ διασῳζόμενοι διεσώθησαν (6 *b*, 6 *a*)
— 28. οὐ κατελείφθη οὐδεὶς ἐν αὐτῇ διασεσωσμένος (6 *b*)
— 30. οὐ κατελείφθη ἐν αὐτῇ [A αὐ. οὐδὲ εἷς] διασεσωσμένος (6 *b*)
— 37. οὐκ ἦν διασεσωσμένος (6 *b*)
— 39. οὐ κατέλιπον αὐτῇ [A -έλειπον] οὐδένα διασεσωσμ. (6 *b*)
— 40. A οὐ κατέλειπαν ἐν αὐτῇ διασεσωσμένον [B *al.*] (6 *b*)
11. 8. ἕως τοῦ μὴ καταλειφθῆναι αὐτῶν διασεσωσμένον (6 *b*)
Jd. 3. 26. Ἀὼδ διεσώθη (3 *a*)
— 26. διεσώθη εἰς Σετειρωθά [A ἕως Σεειρ.] (3 *a*)
— 29. οὐ διεσώθη ὁ ἀνήρ (3 *a*)
12. 4. εἶπαν οἱ διασῳζόμενοι [A -σεσωσμένοι] τοῦ Ἐφρ. (5 *d*)
— 5. εἶπαν αὐτοῖς οἱ διασῳζόμενοι Ἐφ. [A -σεσωσμένοι τοῦ Ἐ.] (5 *d*)
21. 17. κληρονομία διασῳζομένων τῶν [A -σεσωσμένῃ τῷ] Βεν. (5 *e*)
I Ki. 19. 10. Δαυὶδ ἀνεχώρησε καὶ διεσώθη [A ἐξεσπάσθη] (3 *a*)
— 17. καὶ διεσώθη (3 *a*)
— 18. Δαυὶδ ἔφυγε καὶ διεσώθη [A ἐσώθη] (3 *a*)
20. 29. A B διασωθήσομαι [R -βήσομαι] δή (3 *a*)
22. 1. καὶ διεσώθη (3 *a*)
— 20. διασῴζεται υἱὸς εἷς τῷ Ἀβ. υἱῷ Ἀχ. (3 *a*)
23. 13. διασέσωσται [B¹ -σωται] Δαυὶδ ἐκ Κεϊλά (3 *a*)
II Ki. 1. 3. ἐκ τῆς παρεμβολῆς Ἰσρ. ἐγὼ διασέσωσμαι [B¹ -σωμαι] (3 *a*)
IV Ki. 10. 24. ὃς ἐὰν διασωθῇ ἀπὸ τῶν ἀνδρῶν (3 *a*)
19. 30. προσθήσει τὸν [A τὸ] διασεσωσμένον οἴκου Ἰούδα (5 *e*)
— 37. A καὶ αὐτοὶ διεσώθησαν [B ἐσ.] εἰς γῆν Ἀ. (3 *a*)
II Es. 9. 14. τοῦ μὴ εἶναι ἐγκατάλειμμα καὶ διασῳζόμενον [A *om.*] (5 *e*)
— 15. ὅτι κατελείφθημεν [A *om.* ὅ.κ.] διασῳζόμενοι (5 *e*)
To. 5. 17. S διασῶσαι ὑμᾶς ἐκεῖ [A B *al.*]
Jb. 21. 10. διεσώθη δὲ αὐτῶν ἐν [A ἡ ἐν] γαστρὶ ἔχουσα [S¹ *om.*] (5 *a*)
— 20. ἀπὸ δὲ [A καὶ ὑπὸ] κυρίου μὴ διασωθείη †
22. 30. διασώθητι [A S² -θήσῃ] ἐν καθαραῖς χερσί σου (3 *a*)
Jb. 29. 12. διέσωσα [S¹ -ας] γὰρ πτωχὸν ἐκ χειρὸς δυνάστου (3 *b*)
36. 12. ἀσεβεῖς δὲ οὐ διασῴζει †
Pr. 10. 5. διεσώθη ἀπὸ καύματος υἱὸς νοήμων †
Ec. 8. 8. οὐ διασώσει ἀσέβεια τὸν παρ' αὐτῆς (3 *b*)
9. 15. καὶ διασώσῃ [A S -ει] αὐτὸς τὴν πόλιν (3 *b*)
Wi. 10. 4. κατακλυζομ. γῆν πάλιν διέσωσε [A S ἔσωσεν] σοφία
14. 5. διελθόντες κλύδωνα σχεδίᾳ διεσώθησαν
16. 11. ὀξέως διεσῴζοντο
Si. 31 (34). 12. διεσώθην τούτων χάριν
46. 8. διεσώθησαν ἀπὸ ἑξακοσίων χιλιάδων πεζῶν
Ho. 13. 10. καὶ διασωσάτω σε (2 *b*)
Am. 2. 15. A²B ὁ ὀξὺς τοῖς ποσὶν αὐτοῦ οὐ μὴ διασωθῇ (3 *b*)
9. 1. καὶ οὐ μὴ διασωθῇ ἐξ αὐτῶν ἀνασῳζόμενος (3 *a*)
Mi. 6. 14. ἐκνεύσει καὶ σὺ οὐ μὴ διασωθῇς καὶ ὅσοι ἐὰν διασωθῶσιν εἰς ῥομφαίαν παραδοθήσονται (5 *b*, 5 *a*)
Jn. 1. 6. ὅπως [A εἴ πως] διασώσῃ ὁ θεὸς ἡμᾶς (4)
Za. 8. 13. οὕτως διασώσω ὑμᾶς (2 *b*)
Is. 37. 38. αὐτοὶ δὲ διεσώθησαν εἰς Ἀρμενίαν (3 *a*)
Je. 8. 20. ἡμεῖς οὐ διεσώθημεν (2 *a*)
Ep. Je. 12. οὐ διασῴζονται ἀπὸ ἰοῦ καὶ βρωμάτων
— 55. φεύξονται καὶ διασωθήσονται
— 57. R ἀπὸ λῃστῶν οὐ μὴ διασωθῶσι [A -ώσουσιν, B διαθ.] θεοί
— 59. θύρα ἐν οἰκίᾳ διασῴζουσα τὰ ἐν αὐτῇ ὄντα
Ez. 17. 15. εἰ διασωθήσεται ὁ ποιῶν ἐναντία; καὶ παραβαίνων διαθήκην εἰ διασωθήσεται [A σω.] (3 *a*, 3 *a*)
Da. LXX. 11. 42. οὐκ ἔσται ἐν αὐτῇ διασῳζόμενος (5 *e*)
Da. TH. 11. 41. οὗτοι διασωθήσονται ἐκ χειρὸς αὐτοῦ (3 *a*)
I Ma. 4. 26. ὅσοι δὲ τῶν ἀλλοφύλων διεσώθησαν
9. 46. ὅπως διασωθῆτε ἐκ χειρὸς ἐχθρῶν ὑμῶν
II Ma. 1. 25. ὁ διασῴζων τὸν Ἰσραὴλ ἐκ παντὸς κακοῦ
3. 38. A ἐάνπερ καὶ διασωθῇ [R -είη]
8. 27. τῷ κυρίῳ τῷ διασώσαντι αὐτούς [A *om.*]
11. 12. R οἱ πλείονες δὲ αὐτῶν . . . διεσώθησαν [A δὲ ἐσ.] καὶ αὐτὸς δὲ ὁ Λυσίας . . . διεσώθη
IV Ma. 2. 14. τὰ δὲ τῶν ἐχθρῶν τοῖς ἀπολέσασι διασῴζων
4. 14. ὁ μὲν παραδόξως διασωθείς
17. 22. ἡ θεία πρόνοια τὸν Ἰσρ. προκακωθέντα διέσωσε
[**Aq.** Ps. 17 (18). 44: 30 (31). 2: 31 (32). 7: 55 (56). 8: Mi. 6. 14.]
[**Sm.** Ex. 9. 20: Jb. 20. 20: 39. 3: Ps. 30 (31). 2: 32 (33). 17, 19: Ec. 7. 13 (12): Is. 49. 24: 66. 7: Je. 49. 11 (29. 13): Ob. 18: Mi. 6. 14.]
[**Th.** Jb. 39. 3: Da. 11. 41: Mi. 6. 14.]
[**Quint.** Ps. 32 (33). 19: 55 (56). 8.]
[**Sext.** Ps. 2. 6.]

διασωσμός.

[**Aq., Th.** Ps. 54 (55). 9.]

διαταγή. (1) פַּרְשֶׁגֶן

II Es. 4. 11. αὕτη ἡ δ. τῆς ἐπιστολῆς (1)

διάταγμα. (1) נִשְׁתְּוָן

II Es. 7. 11. αὕτη ἡ διασάφησις τοῦ δ. (1)
Es. 3. 13. τά τε τῶν βασ. παραπέμποντας [S¹ -ες] . . . διατάγματα [B¹ προστ.]
Wi. 11. 7. εἰς ἔλεγχον νηπιοκτόνου διατάγματος
[**Sm.** Is. 8. 16.]

διάταξις. (1) מַחְלֹקֶת (2) מִשְׁפָּט (3) שְׂדֵרָה (4) תַּבְנִית

III Ki. 6. 1 (38). καὶ εἰς πᾶσαν διάταξιν αὐτοῦ (2)
— 9. A ἐκοιλοστάθμησε τὸν οἶκον φατνώσεσιν καὶ διατάξεσιν [B *om.* φ. καὶ δ.] κέδροις (3)
II Ch. 31. 16. ἐφημερίαις διατάξεως αὐτῶν (1)
— 17. οἱ Λευῖται ἐν ταῖς ἐφημερίαις αὐτῶν . . . ἐν διατάξει (1)
Ju. 1. 4. A S R καὶ [B *add.* αἱ] διατάξεις τῶν πεζῶν αὐτοῦ
8. 36. ἐπορεύθησαν ἐπὶ τὰς δ. αὐτῶν
Ps. 118 (119). 91. τῇ δ. σου διαμενεῖ ἡ ἡμέρα (2)

Ez. 42. 15. διεμέτρησε τὸ ὑπόδειγμα τοῦ οἴκου κυκλόθεν ἐν διατάξει †
— 20. ἀνὰ μέσον τοῦ προτειχίσματος τοῦ ἐν διατάξει τοῦ οἴκου †
43. 10. δεῖξον . . . τὴν ὅρασιν αὐτοῦ καὶ τὴν δ. αὐτοῦ (4)
[**Sm.** IV Ki. 23. 4: Je. 8. 2: 19. 13.]
[**Th.** IV Ki. 23. 4.]

διαταράσσειν.

[**Sm.** III Ki. 20 (21). 43.]

διατάσσειν. (1) אָמַר (2) בָּרָא (3) חָקַק (4) מָדַד (5) מָנָה pi. (6) *a.* פָּטַר *b.* פָּטִיר (7) שִׂים (8) שָׁמַר

Jd. 3. 23. **B** ἐξῆλθε τοὺς διατεταγμένους –
5. 9. ἡ καρδία μου εἰς τὰ διατεταγμένα τῷ Ἰσραήλ (3)
I Ki. 13. 11. **B** ὡς διετάξω ἐν τῷ μαρτυρίῳ τῶν ἡμερῶν –
III Ki. 11. 18. καὶ ἄρτους διέταξεν αὐτῷ (1)
I Ch. 9. 33. διατεταγμέναι [S² -οι] ἐφημερίαι [S -ᾳ] (6 *a*, 6 *b* *)
II Ch. 5. 11. οὐκ ἦσαν διατεταγμένοι κατ' ἐφημερίαν (8)
Ju. 2. 16. διέταξεν αὐτούς
10. 3. διέταξε [S διέξανε] τὰς τρίχας τῆς κεφ. αὐ.
Pr. 9. 12. γῆν διατεταγμένην ἐν διψώδεσι –
Wi. 11. 20. πάντα μέτρῳ καὶ ἀριθμῷ καὶ σταθμῷ διέταξας
Ez. 21. 19 (24). διάταξον σεαυτῷ δύο ὁδούς (7)
— 20 (25). ἐπ' ἀρχῆς ὁδοῦ διατάξεις (2 *et* 7)
42. 20. διέταξεν αὐτόν (4)
44. 8. διετάξατε τοῦ φυλάσσειν φυλακάς (8)
Da. TH. 1. 5. διέταξεν αὐτοῖς ὁ βασ. τὸ τῆς ἡμέρας (5)
I Ma. 6. 35. **A S** ἵππος διατεταγμένη ἑκάστῳ θηρίῳ [**R** *al.*]
II Ma. 5. 3. καὶ ἴλας ἵππων διατεταγμένας
12. 20. **A** διατάξας τὴν περὶ αὐτὸν [**R** τὴν ἑαυτοῦ] στρατιάν
14. 22. διέταξεν Ἰούδας ἐνόπλους ἑτοίμους
III Ma. 1. 19. **R** τοὺς πρὸς ἀπάντησιν διατεταγμένους παστούς [**A** *al.*]
5. 44. διέτασσον τὰς δυνάμεις
IV Ma. 8. 3. **S R** ταῦτα διαταξαμένου [**A** διαδεξ.] τοῦ τυράννου
[**Sm.** Jb. 38. 33: Ps. 73 (74). 16: Pr. 30. 8.]
[**Th.** Jb. 28. 27.]

διατείνειν. (1) דָּרַךְ (2) מָשַׁךְ (3) מָתַח (4) פָּרַשׂ

Ps. 84 (85). 5. ἢ διατενεῖς τὴν ὀργήν σου (2)
139 (140). 5. σχοινία διέτειναν παγίδας τοῖς ποσί μου (4)
Wi. 8. 1. διατείνει δὲ ἀπὸ πέρατος εἰς [A² S ἐπὶ] πέρας
Is. 21. 15. διὰ τὸ πλῆθος τῶν τοξευμ. τῶν διατεταμένων (1)
40. 22. διατείνας ὡς σκηνὴν κατοικεῖν (3)

διατελεῖν. (1) הָיָה (2) כָּלָה

De. 9. 7. ἀπειθοῦντες διετελεῖτε τὰ πρὸς κύριον (1)
Es. 8. 13. τὸ δεύτερον τοῦ βασ. θρόνου πρόσωπον διατελεῖν
Je. 20. 7. πᾶσαν ἡμέραν διετέλεσα μυκτηριζόμενος †
— 18. διετέλεσαν ἐν αἰσχύνῃ αἱ ἡμέραι μου (2)
II Ma. 5. 27. τὴν χορτώδη τροφὴν σιτούμενοι διετέλουν
[**Sm.** Jb. 9. 4: Ps. 48 (49). 10: 72 (73). 14, 22: Ec. 9. 4.]

διατέμνειν.

[**Aq.**, **Sm.**, **Th.** II Ki. 18. 23.]

διατήκειν. (1) נָתַךְ hi.

Hb. 3. 6. ἐπέβλεψε καὶ διετάκη [S¹ ἐτάκη] ἔθνη (1)

διατηρεῖν. (1) הָלַךְ hi. (2) נָטַר (3) נָצַר (4) עָמַד hi. (5) *a.* שָׁמַר *b.* מִשְׁמֶרֶת

Ge. 17. 9. σὺ δὲ τὴν διαθήκην μου διατηρήσεις (5 *a*)
— 10. αὕτη ἡ διαθήκη ἣν διατηρήσεις (5 *a*)
37. 11. ὁ δὲ πατὴρ αὐτοῦ διετήρησε τὸ ῥῆμα (5 *a*)
Ex. 2. 9. διατήρησόν μοι τὸ παιδίον τοῦτο (1)
9. 16. ἕνεκεν τούτου διετηρήθης (4)
12. 6. καὶ ἔσται ὑμῖν διατετηρημένον (5 *b*)
34. 7. δικαιοσύνην διατηρῶν (3)
Nu. 18. 7. διατηρήσετε τὴν ἱερατείαν ὑμῶν (5 *a*)
28. 2. τὰ δῶρά μου . . . διατηρήσετε [**A** -σατε] προσφέρειν (5 *a*)
De. 7. 8. διατηρῶν τὸν ὅρκον (5 *a*)
33. 9. τὴν διαθήκην σου διετήρησε (3)
Ju. 2. 10. διατηρήσεις ἐμοὶ αὐτούς
Jb. 2. 6. **A** τὴν ψυχὴν αὐτοῦ διατήρησον [**B S** -φύλαξον] (5 *a*)
Ps. 11 (12). 7. διατηρήσεις [**A** -σῃς] ἡμᾶς ἀπὸ τῆς γενεᾶς ταύτης (3)
Pr. 21. 23. διατηρεῖ ἐκ θλίψεως τὴν ψυχὴν αὐτοῦ (5 *a*)
22. 12. οἱ δὲ ὀφθαλμοὶ κυρίου διατηροῦσιν [**A** -ρήσουσιν] αἴσθησιν (3)
Wi. 11. 25. ἢ τὸ μὴ κληθὲν ὑπὸ σοῦ διετηρήθη
16. 26. τὸ ῥῆμά σου τοὺς σοὶ πιστεύοντας διατηρεῖ
Si. 1. 25. διατήρησον ἐντολάς
28. 1. **R** τὰς ἁμαρτίας αὐτοῦ διατηρῶν διατηρήσει [**A B S** διαστηριῶν διαστηρίσει]
— 5. αὐτὸς σὰρξ ὢν διατηρεῖ μῆνιν
Is. 56. 2. διατηρῶν τὰς χεῖρας [S¹ *om.*] αὐτοῦ (5 *a*)
Da. TH. 7. 28. τὸ ῥῆμα ἐν τῇ καρδίᾳ μου διετήρησα (2)
II Ma. 14. 36. διατήρησον εἰς αἰῶνα ἀμίαντον τόνδε . . . οἶκον
15. 34. ὁ διατηρήσας τὸν ἑαυτοῦ τόπον ἀμίαντον
[**Aq.** Ps. 24 (25). 10: 30 (31). 24: 31 (32). 7: 60 (61). 8: 118 (119). 100: Pr. 20. 28: 24. 12: 27. 18: Is. 65. 4.]
[**Sm.** Ps. 24 (25). 10: 118 (119). 100: Pr. 4. 26: 20. 28: 27. 18: Is. 65. 4.]
[**Th.** Pr. 24. 12: Am. 1. 11.]
[**Sext.** Am. 1. 11.]

διατήρησις. (1) מִשְׁמֶרֶת

Ex. 16. 33. εἰς διατήρησιν εἰς τὰς γενεὰς ὑμῶν (1)
— 34. ἀπέθηκεν Ἀ. . . . εἰς διατήρησιν (1)
Nu. 17. 10 (25). ἐνώπιον τῶν μαρτυρίων εἰς διατήρησιν (1)
18. 8. δέδωκα ὑμῖν τὴν δ. τῶν [B¹ αὐτῶν] ἀπαρχῶν (1)
19. 9. ἔσται τῇ συναγωγῇ υἱῶν Ἰσραὴλ εἰς διατήρησιν (1)

διατιθέναι. (1) כָּרַת (2) נָתַן (3) צִוָּה pi. (4) קוּם hi. (5) שָׁלֵם hi. (6) δ. διαθήκην שָׁלֵם hi.

Ge. 9. 17. ἧς διεθέμην ἀνὰ μέσον ἐμοῦ (4)
15. 18. **R** διέθετο κύριος τῷ Ἄβραμ διαθήκην (1)
21. 27. διέθεντο ἀμφότεροι διαθήκην (1)
— 32. διέθεντο διαθήκην ἐν τῷ φρέατι (1)
26. 28. διαθησόμεθα μετὰ σοῦ διαθήκην (1)
31. 44. A² διαθώμεθα [**R** διαθῶμαι] διαθήκην (1)
Ex. 24. 8. ἧς διέθετο κ. πρὸς ὑμᾶς (1)
34. 12, 15. **A** μή ποτε διαθῇ [**B** θῇς] διαθήκην (1)
De. 4. 23. ἣν διέθετο πρὸς ὑμᾶς (1)
5. 2. κύριος . . . διέθετο πρὸς ὑμᾶς διαθήκην (1)
— 3. οὐχὶ τοῖς πατρ. ὑμῶν διέθετο κ. [**A** *om.*] τὴν διαθήκην τ. (1)
7. 2. οὐ διαθήσῃ πρὸς αὐτοὺς διαθήκην (1)
9. 9. ἃς διέθετο κύριος πρὸς ὑμᾶς (1)
29. 1 (28. 69). ἧς διέθετο αὐτοῖς ἐν Χωρήβ (1)
— 12 (11). ὅσα κ. ὁ θ. σου διατίθεται πρὸς σὲ σήμερον (1)
— 14 (13). οὐχ ὑμῖν μόνοις ἐγὼ διατίθεμαι τὴν διαθήκην τ. (1)
— 25 (24). ἃ διέθετο τοῖς πατράσιν αὐτῶν (1)
31. 16. ἣν διεθέμην αὐτοῖς (1)
— 20. **A** ἣν διεθέμην αὐτοῖς –
Jo. 7. 11. ἣν διεθέμην πρὸς αὐτούς (3)
9. 6. διάθεσθε ἡμῖν διαθήκην (1)
— 7. πῶς σοι διαθῶμαι διαθήκην (1)
— 11. διάθεσθε ἡμῖν διαθήκην (1)
— 15. διέθεντο [**A** -ετο] πρὸς αὐτοὺς διαθήκην (1)
— 16. μετὰ τὸ διαθέσθαι πρὸς αὐτοὺς διαθήκην (1)
24. 25. διέθετο Ἰησοῦς διαθήκην πρὸς τὸν λαόν (1)
Jd. 2. 2. ὑμεῖς οὐ διαθήσεσθε διαθήκην (1)
I Ki. 11. 1. διάθου ἡμῖν διαθήκην (1)
— 2. ἐν ταύτῃ διαθήσομαι ὑμῖν διαθήκην [**A** τῇ διαθήκῃ διαθήσ. ὑ.] (1)
18. 3. **A** διέθετο Ἰωνάθαν καὶ Δαυίδ (1)
22. 8. ἐν τῷ διαθέσθαι τὸν υἱόν μου διαθήκην (1)
I Ki. 23. 18. διέθεντο ἀμφότεροι διαθήκην ἐνώπιον κυρίου (1)
II Ki. 3. 12. διάθου διαθήκην σου [**A** σὺ] μετ' ἐμοῦ (1)
— 13. ἐγὼ καλῶς διαθήσομαι πρὸς σὲ διαθήκην (1)
— 21. διαθήσομαι μετ' αὐτοῦ διαθήκην (1)
5. 3. διέθετο αὐτοῖς ὁ βασ. Δαυὶδ διαθήκην (1)
10. 19. B² καὶ διέθεντο διαθήκην (6)
III Ki. 5. 12 (26). διέθεντο διαθήκην ἀνὰ μέσον ἑαυτῶν (1)
8. 9. ἃ διέθετο κύριος μετὰ τῶν υἱῶν Ἰσρ. (1)
— 21. ἣν διέθετο κύριος μετὰ τῶν πατέρων ἡμῶν (1)
15. 19. διάθου διαθήκην ἀνὰ μέσον ἐμοῦ –
21 (20). 34. διέθετο αὐτῷ διαθήκην (1)
IV Ki. 11. 4. διέθετο αὐτοῖς διαθήκην κυρίου (1)
— 17. διέθετο Ἰωδαὲ διαθήκην (1)
17. 35. διέθετο κύριος μετ' αὐτῶν [**A** *om.* μετ' αὐ.] διαθήκην (1)
— 38. τὴν διαθήκην ἣν διέθετο μεθ' ὑμῶν (1)
23. 3. διέθετο διαθήκην ἐνώπιον κυρίου (1)
I Ch. 11. 3. διέθετο αὐτοῖς ὁ βασιλεὺς Δαυὶδ διαθήκην (1)
16. 16. ὃν διέθετο τῷ Ἀβραάμ (1)
19. 19. διέθεντο μετὰ Δαυίδ (5)
II Ch. 5. 10. ἃ διέθετο κύριος μετὰ τῶν υἱῶν Ἰσραήλ (1)
6. 11. διαθήκη κυρίου ἣν διέθετο τῷ Ἰσραήλ (1)
7. 18. ὡς διεθέμην Δαυὶδ τῷ πατρί σου (1)
16. 3. διάθου διαθήκην ἀνὰ μέσον ἐμοῦ –
21. 7. διὰ τὴν διαθήκην ἣν διέθετο τῷ Δαυίδ (1)
23. 3. διέθετο πᾶσα ἐκκλησία Ἰούδα διαθήκην (1)
— 16. διέθετο Ἰωδαὲ διαθήκην ἀνὰ μέσον αὐτοῦ (1)
29. 10. διαθέσθαι διαθήκην μου (1)
34. 31. διέθετο διαθήκην ἐναντίον κυρίου (1)
II Es. 10. 3. διαθώμεθα διαθήκην τῷ θεῷ ἡμῶν (1)
Ne. 9. 8. διέθου πρὸς αὐτὸν διαθήκην (1)
— 38 (10. 1). ἐν πᾶσι τούτοις ἡμεῖς [S¹ *om.*] διατιθέμεθα πίστιν (1)
Ju. 5. 18. ἧς διέθετο αὐτοῖς
Ps. 49 (50). 5. τοὺς διατιθεμένους τὴν διαθήκην αὐτοῦ ἐπὶ θυσίαις (1)
82 (83). 5. κατὰ σοῦ διαθήκην διέθεντο (1)
83 (84). 5. ἀναβάσεις ἐν τῇ καρδίᾳ αὐτοῦ διέθετο †
88 (89). 3. διεθέμην διαθήκην τοῖς ἐκλεκτοῖς μου (1)
104 (105). 9. ὃν διέθετο τῷ Ἀβραάμ (1)
Wi. 18. 9. τὸν τῆς θειότητος [S ὁσιότητος] νόμον ἐν ὁμονοίᾳ διέθεντο
Ho. 2. 18 (20). καὶ διαθήσομαι αὐτοῖς διαθήκην (1)
10. 4. διαθήσεται διαθήκην (1)
11. 8. τί σε διαθῶμαι [**A** -θῶ], Ἐ.; ὑπερασπιῶ σου, Ἰ., τί σε διαθῶ (2, 2)
12. 1 (2). καὶ διαθήκην μετὰ Ἀ. διέθετο (1)
Za. 11. 10. ἣν διεθέμην πρὸς πάντας τοὺς λαούς (1)
Is. 55. 3. διαθήσομαι ὑμῖν διαθήκην αἰώνιον (1)
61. 8. διαθήκην αἰώνιον διαθήσομαι αὐτοῖς (1)
Je. 11. 10. ἣν διεθέμην πρὸς τοὺς πατέρας αὐτῶν (1)
38 (31). 31. διαθήσομαι τῷ οἴκῳ Ἰσραὴλ . . . διαθήκην (1)
— 32. ἣν διεθέμην τοῖς πατράσιν αὐτῶν [S ὑμῶν] (1)
— 33. ἣν διαθήσομαι τῷ οἴκῳ Ἰσραήλ (1)
39 (32). 40. διαθήσομαι αὐτοῖς διαθήκην αἰωνίαν [**A S** -ον] (1)
41 (34). 13. **A R** διεθέμην [**B S** ἔθ.] διαθήκην πρὸς τοὺς πατ. ὑ. (1)
Ep. Je. 57. **B** ἀπὸ λῃστῶν οὐ μὴ διαθῶσι [**R** διασωθ., **A** διασώσουσιν] θεοί
Ez. 16. 30. τί διαθῶ τὴν θυγατέρα σου †
17. 13. διαθήσεται πρὸς αὐτὸν διαθήκην (1)
34. 25. διαθήσομαι τῷ Δαυὶδ διαθήκην εἰρήνης (1)
37. 26. διαθήσομαι αὐτοῖς διαθήκην εἰρήνης (1)
I Ma. 1. 11. **R** διαθώμεθα [**A** S² -θῶμεν, S¹ διέλθωμεν] διαθήκην μετὰ τῶν ἐθνῶν
II Ma. 9. 28. ὡς ἑτέρους διέθηκεν
IV Ma. 8. 9. ἐὰν ὀργίλως με διαθῆσθε
[**Th.** Jb. 40. 23 (28): Is. 57. 8: Je. 34 (41). 8.]

διατίλλειν. (1) פּוּץ pilp.

Jb. 16. 13. λαβών με τῆς κόμης διέτιλε [**A** -έτειλε] (1)

διατιμᾶν.

[**Sam.** Le. 27. 14.]

διατίμησις.

[**Al.** Le. 27. 2, 8, 13.]

διατινάσσειν.
[**Aq.** II Ki. 6. 16.]
[**Heb.** Jb. 16. 12.]

διατόνιον. (1) קֶרֶשׁ
Ex. 35. 10 (11). καὶ τὰ δ. καὶ τοὺς μοχλοὺς καὶ τοὺς στύλους (1)

διατορεύειν.
[**Aq., Th.** III Ki. 6. 18.]

διατόρευμα. (1) מִקְלַעַת
III Ki. 7. 31. **A** ἐπὶ στόματος αὐτοῦ διατορεύματα (1)

διατρέπειν. (1) זָעַף (2) חָפָה (3) עָרַץ
Jd. 18. 7. καὶ οὐκ ἔστι διατρέπων [**A** *al.*] †
Es. 7. 8. Ἀμὰν δὲ ἀκούσας διετράπη τῷ προσώπῳ (2)
Jb. 31. 34. οὐ γὰρ διετράπην πολυοχλίαν πλήθους [**A** λαοῦ] (3)
Da. LXX. 1. 10. ἵνα μὴ ἴδῃ τὰ πρόσωπα ὑμῶν διατετραμμένα (1)
— 13. ἐὰν φανῇ ἡ ὄψις ἡμῶν διατετραμμένη †
[**Aq.** Jd. 18. 7.]
[**Sm.** I Ki. 1. 18 : Is. 29. 22.]

διατρέφειν. (1) בָּרַךְ pu. (2) חָיָה *a.* pi. *b.* hi. (3) כּוּל pilp. (4) נָהַל pi.
Ge. 7. 3. διαθρέψαι σπέρμα ἐπὶ πᾶσαν τὴν γῆν (2 *a*)
50. 20. **A** ἵνα διατραφῇ [**B** τραφῇ] λαὸς πολύς (2 *b*)
— 21. ἐγὼ διαθρέψω ὑμᾶς καὶ τὰς οἰκίας ὑμῶν (3)
Jo. 14. 10. διέθρεψέ με κύριος (2 *b*)
Ru. 4. 15. τοῦ διαθρέψαι τὴν πολιάν σου (3)
II Ki. 19. 32 (33). αὐτὸς διέθρεψε τὸν βασιλέα (3)
— 33 (34). διαθρέψω τὸ γῆράς [**A** τὸν οἶκόν] σου (3)
20. 3. διέθρεψεν αὐτάς (3)
III Ki. 17. 4. τοῖς κόραξιν ἐντελοῦμαι δ. σε ἐκεῖ (3)
— 9. ἐντέταλμαι ἐκεῖ γυναικὶ χήρᾳ τοῦ δ. σε (3)
18. 4. διέτρεφεν αὐτοὺς ἐν ἄρτῳ καὶ ὕδατι (3)
Ne. 9. 21. τεσσαράκοντα ἔτη διέθρεψας αὐτούς (3)
Ju. 5. 10. παρῴκησαν ἐκεῖ μέχρις οὗ διετράφησαν
Ps. 30 (31). 3. καὶ διαθρέψεις με (4)
32 (33). 19. διαθρέψαι αὐτοὺς ἐν λιμῷ (2 *a*)
54 (55). 22. αὐτός σε διαθρέψει (3)
Pr. 22. 9. ὁ ἐλεῶν πτωχὸν αὐτὸς διατραφήσεται [**A** διαστρ.] (1)
[**Sm.** Ps. 32 (33). 19.]

διατρέχειν. (1) הָלַךְ (2) פָּסַח pi. (3) רוּץ *a.* pil. *b.* hi.
Ex. 9. 23. καὶ διέτρεχε τὸ πῦρ ἐπὶ τῆς γῆς (1)
I Ki. 17. 17. **A** διάδραμε εἰς τὴν παρεμβολήν (3 *b*)
III Ki. 18. 26. διέτρεχον ἐπὶ τοῦ θυσιαστηρίου (2)
Wi. 3. 7. ὡς σπινθῆρες ἐν καλάμῃ διαδραμοῦνται
Na. 2. 4 (5). ὡς ἀστραπαὶ διατρέχουσαι (3 *a*)

διατρίβειν. (1) נוּר (2) יָשַׁב
Le. 14. 8. διατρίψει ἔξω τοῦ οἴκου ἑπτὰ ἡμέρας (2)
To. 11. 8. δηχθεὶς διατρίψει [**S** *al.*]
— 12. **A B** διέτριψε τοὺς ὀφθαλμοὺς αὐτοῦ
Ju. 10. 2. ἐν ᾧ διέτριβεν ἐν αὐτῷ
Je. 42 (35). 7. ἐφ᾽ ἧς διατρίβετε ὑμεῖς ἐπ᾽ αὐτῆς (1)
II Ma. 14. 23. διέτριβεν δὲ ὁ Νικάνωρ ἐν Ἱεροσ.
[**Sm.** Jd. 19. 8 : II Ki. 5. 9.]

διατριβή. (1) אִוֶּלֶת (2) הֲלִיכָה (3) מוֹשָׁב (4) מָעוֹן
Le. 13. 46. ἔξω τῆς παρεμβολῆς αὐτοῦ ἔσται ἡ δ. (3)
Pr. 12. 11. ὅς ἐστιν ἡδὺς ἐν οἴνων διατριβαῖς –
14. 24. ἡ δὲ δ. ἀφρόνων κακή (1)
31. 26 (27). στεγναὶ διατριβαὶ οἴκων αὐτῆς (2)
Je. 30 (49). 33. ἔσται ἡ αὐλὴ δ. στρουθῶν (4)

διατροποῦν.
I Ma. 10. 72. **S** διετροπώθησαν [**A R** δὶς ἐτρ.] οἱ πατέρες σου

διατροφή.
I Ma. 6. 49. οὐκ ἦν αὐτοῖς ἐκεῖ διατροφή
[**Aq.** III Ki. 5. 11 (25).]

διατυποῦν.
Wi. 19. 6. ἡ κτίσις ἐν ἰδίῳ γένει πάλιν ἄνωθεν διετυποῦτο

διαυγάζειν.
[**Aq.** Jb. 25. 5.]

διαύγασμα.
[**Al.** Hb. 3. 4.]

διαυγής.
[**Aq.** Pr. 16. 2.]

διαυγίζειν.
[**Aq.** Jb. 25. 5.]

διαφαίνειν.
Wi. 17. 6. διεφαίνετο δ᾽ αὐτοῖς μόνον αὐτομάτη πυρά
18. 10. **A** οἰκτρὰ διεφένετο φωνὴ θρηνουμένων παίδων [**B S** *al.*]

διαφαιρεῖν (?). (1) סוּר hi.
I Ki. 17. 39. **A** διαφέρουσιν [? -φαιρ., **B** ἀφαιροῦσιν] αὐτὰ ἀπ᾽ αὐτοῦ (1)

διαφανής. (1) זַךְ (2) διαφανῆ Λακωνικά גִּלָּיוֹן
Ex. 30. 34. καὶ λίβανον δ. (1)
Es. 1. 6. στρωμναὶ δ. ποικίλως διηνθισμέναι [**A S** *al.*] –
Is. 3. 21 (23). τὰ δ. Λακωνικὰ καὶ τὰ βύσσινα (2)
[**Sm.** Ge. 6. 17 (16).]
[**Al.** Le. 24. 2, 7.]

διαφαύσκειν. (1) אוֹר *a.* qal. *b.* ni. *c.* אוֹר subst.
Ge. 44. 3. τὸ πρωῒ διέφαυσε (1 *a*)
Jd. 16. 2. **B** ἕως διαφαύσῃ ὁ ὄρθρος [**A** *al.*] (1 *a*)
19. 26. **A R** ἕως οὗ διέφαυσε [**B**^{1} ἕως τοῦ διαφῶσαι, **B**^{2} ἕως τοῦ διαφαῦσαι] (1 *c*)
I Ki. 14. 36. ἕως διαφαύσῃ [**A** -φώσῃ ἡ] ἡμέρα (1 *a*)
II Ki. 2. 32. διέφαυσεν αὐτοῖς ἐν Χεβρών (1 *b*)
Ju. 14. 2. ἡνίκα ἐὰν [**S** ἂν] διαφαύσῃ ὁ ὄρθρος
[**Sm.** I Ki. 29. 10.]

διαφέρειν. (1) שְׁנָא *a.* pe. *b.* ithpa.
I Ki. 17. 39. **A** διαφέρουσιν [? -φαιρ., **B** ἀφαιροῦσιν] αὐτά †
I Es. 5. 55. διαφέρειν σχεδίας εἰς τὸν Ἰόππης λιμένα
Es. 3. 13. σωφροσύνῃ παρ᾽ ἡμῖν διενέγκας [**A** *al.*]
Pr. 20. 2. οὐ διαφέρει ἀπειλὴ βασιλέως θυμοῦ λέοντος †
27. 14. καταρωμένου οὐδὲν διαφέρειν [**A** -ει] δόξει †
Wi. 18. 2. τοῦ διενεχθῆναι χάριν ἐδέοντο [**S**^{1} ὀδόντων]
— 10. οἰκτρὰ διεφέρετο [**A** -ένετο] θρηνουμένων [**A S** φωνὴ θρ.] παίδων
Da. LXX. 7. 3. διαφέροντα ἓν παρὰ τὸ ἕν (1 *a*)
— 23. ἥτις διοίσει παρὰ πᾶσαν τὴν γῆν (1 *a*)
— 24. αὐτὸς διοίσει κακοῖς ὑπὲρ τοὺς πρώτους (1 *a*)
— 28. ἡ ἕξις μου διήνεγκεν ἐμοί (1 *b*)
Da. TH. 7. 3. τέσσαρα θηρία . . . διαφέροντα ἀλλήλων (1 *a*)
— 19. ἦν διαφέρον [**A** -φορον] παρὰ πᾶν θηρίον (1 *a*)
II Ma. 3. 4. Σίμων δέ τις . . . διηνέχθη τῷ ἀρχιερεῖ
4. 39. χρυσωμάτων ἤδη πολλῶν διενηνεγμένων
15. 13. ἄνδρα πολιᾷ καὶ δόξῃ διαφέροντα
III Ma. 6. 26. τοὺς . . . κατὰ πάντα διαφέροντας πάντων ἐθνῶν

διαφεύγειν. (1) מָלַט ni. (2) נָדַד (3) נוּס (4) עָלַז (5) פָּלִיט (6) שָׂגַב (7) שָׂרִיד
De. 2. 36. ἥτις διέφυγεν ἡμᾶς (6)
Jo. 8. 22. ἕως τοῦ μὴ καταλειφθῆναι αὐτῶν σεσωσμένον καὶ διαπεφευγότα (5)
10. 28. οὐ κατελείφθη ἐν αὐτῇ οὐδεὶς διασεσωσμένος καὶ διαπεφευγώς (7)
— 30. οὐ κατελείφθη ἐν αὐτῇ [**A** αὐ. οὐδὲ εἷς] διασεσωσμένος καὶ διαπεφευγώς (7)
— 33. ἕως τοῦ μὴ καταλειφθῆναι αὐτῶν [**A** -ῷ] σεσωσμένον καὶ διαπεφευγότα (7)
IV Ki. 9. 15. μὴ [**B**^{1} καὶ] ἐξελθέτω . . . διαπεφευγὼς τοῦ πορευθῆναι (5)
Ju. 7. 19. καὶ οὐκ ἦν διαφυγεῖν ἐκ μέσου αὐτῶν
Pr. 19. 5. ὁ δὲ ἐγκαλῶν ἀδίκως οὐ διαφεύξεται (1)
Am. 9. 1. οὐ μὴ διαφύγῃ [**A** διαφεύξῃ] ἐξ αὐτῶν φεύγων (3)
Is. 10. 14. οὐκ ἔστιν ὃς διαφεύξεταί με [**A** μοι] (2 ?)
Je. 11. 15. ἢ τούτοις διαφεύξῃ (4 ?)
I Ma. 15. 21. εἴ τινες οὖν λοιμοὶ διαπεφεύγασιν
II Ma. 7. 31. οὐ μὴ διαφύγῃς τὰς χεῖρας τοῦ θεοῦ
II Ma. 12. 35. διέφυγεν ὁ Γοργίας εἰς Μαρισά
III Ma. 5. 13. τὴν προσημανθεῖσαν ὥραν διαφυγόντες
[**Sm.** Ge. 14. 13 : Jb. 22. 30 : Ps. 32 (33). 16 : Is. 45. 20 : Ez. 24. 27.]

διάφευξις.
[**Sm.** Je. 25. 35 (32. 21).]

διαφθείρειν. (1) *a.* חָבַל pi. *b.* חֲבַל pa. *c.* ithpa. (2) חָרֵב pu. (3) מוּת hi. (4) פָּלַל pi. (5) רוּק hi. (6) שָׁחַת *a.* ni. *b.* pi. *c.* hi. *d.* hoph. *e.* שְׁחַת (7) שָׁמֵם
Jd. 2. 19. πάλιν διέφθειραν ὑπὲρ τοὺς πατέρας αὐ. (6 *c*)
6. 4. **A R** διέφθειραν τὰ ἐκφόρια τῆς γῆς [**B** *al.*] (6 *c*)
— 5. καὶ διέφθειρον [**A** τοῦ διαφθείρειν] αὐτήν (6 *b*)
16. 7. ἐν ἑπτὰ νευραῖς ὑγραῖς μὴ διεφθαρμ. [**A** *al.*] (2)
— 8. ἑπτὰ νευρὰς ὑγρὰς μὴ διεφθαρμ. [**A** ἠρημωμ.] (2)
20. 21. διέφθειραν . . . δύο καὶ εἴκοσι χιλιάδας ἀνδρῶν (6 *c*)
— 25. διέφθειραν [**A** -εν] . . . ὀκτὼ καὶ δέκα χιλιάδας ἀνδρῶν (6 *c*)
— 35. διέφθειραν οἱ υἱοὶ Ἰσραὴλ . . . εἴκοσι καὶ πέντε χιλιάδας (6 *c*)
— 42. οἱ ἀπὸ τῶν πόλεων διέφθειρον αὐτούς [**A** -αν αὐτόν] (6 *c*)
Ru. 4. 6. μή ποτε διαφθείρω τὴν κληρονομίαν μου (6 *c*)
I Ki. 2. 25. βουλόμενος ἐβούλετο κύριος διαφθεῖραι αὐτούς (3)
6. 5. ὁμοίωμα τῶν μυῶν ὑμῶν τῶν διαφθειρόντων τὴν γῆν (6 *c*)
13. 17. **B** ἐξῆλθε διαφθείρων ἐξ ἀγροῦ ἀλλοφύλων (6 *c*)
14. 15. οἱ διαφθείροντες ἐξέστησαν (6 *c*)
23. 10. διαφθεῖραι [**A** -ειν] τὴν πόλιν δι᾽ ἐμέ (6 *b*)
26. 9. **A** μὴ διαφθείρῃς [**B** ταπεινώσῃς] αὐτόν (6 *c*)
— 15. διαφθεῖραι τὸν βασιλέα κύριόν σου (6 *c*)
II Ki. 1. 14. διαφθεῖραι τὸν χριστὸν [**A**^{1} δ. χρηστὸν] κυρίου (6 *b*)
11. 1. διέφθειραν τοὺς υἱοὺς Ἀμμών (6 *c*)
14. 11. πληθυνθῆναι [**A** -θῦναι] ἀγχιστέα τοῦ αἵματος τοῦ διαφθεῖραι (6 *b*)
20. 20. **A** καὶ εἰ διαφθείρω [**B** φθερῶ] (6 *c*)
24. 16. τοῦ διαφθεῖραι αὐτήν (6 *b*)
— 16. εἶπε τῷ ἀγγέλῳ τῷ διαφθείροντι ἐν τῷ λαῷ (6 *c*)
IV Ki. 8. 19. οὐκ ἠθέλησε κύριος διαφθεῖραι τὸν Ἰ. (6 *c*)
13. 23. οὐκ ἠθέλησε κύριος διαφθεῖραι αὐτούς (6 *c*)
18. 25. τοῦ διαφθεῖραι αὐτόν (6 *c*)
— 25. καὶ διάφθειρον αὐτήν (6 *c*)
19. 12. οὓς [**B**^{1} οὐ] διέφθειραν οἱ πατέρες μου (6 *b*)
Ps. 13 (14). 1. διέφθειραν [**A S**^{2} -φθάρησαν] καὶ ἐβδελύχθησαν (6 *c*)
52 (53). 1. διέφθειραν [**S**^{2} -φθάρησαν] καὶ ἐβδελύχθησαν (6 *c*)
56 (57). *tit.*, 57 (58). *tit.*, 58 (59). *tit.*, 74 (75). *tit.* εἰς τὸ τέλος μὴ διαφθείρῃς (6 *c*)
77 (78). 38. καὶ οὐ διαφθερεῖ (6 *c*)
— 45. καὶ βάτραχον καὶ διέφθειρεν αὐτούς (6 *c*)
Ec. 5. 5. καὶ διαφθείρῃ τὰ ποιήμ. χειρῶν σου (1 *a*)
Wi. 16. 5. δήγμασί τε σκολιῶν διεφθείροντο [**S**^{1} ἐφθ.] ὄφεων
— 19. ἵνα ἀδίκου γῆς γεννήματα διαφθείρῃ [**A S** καταφθ.]
— 27. **S** τὸ γὰρ ὑπὸ πυρὸς μὴ [**S**^{1} *om.*] διαφθειρομένων [**A B** φθειρόμενον]
18. 12. ἡ ἐντιμοτέρα γένεσις αὐ. διεφθάρη [**A S** -αρτο]
Si. 47. 22. οὐ μὴ διαφθαρῇ [**A S**^{2} -είρῃ] ἀπὸ τῶν ἔργων αὐ.
Mi. 2. 10. διεφθάρητε φθορᾷ (1 *a*)
Na. 2. 2 (3). τὰ κλήματα αὐτῶν διέφθειραν (6 *b*)
Ze. 3. 7. **A S**^{2} διέφθαρται [**B S**^{1} ἔφθ.] πᾶσα ἡ ἐπιφυλλὶς αὐ. (6 *c*)
Ma. 1. 14. καὶ θύει διεφθαρμένον τῷ κυρίῳ (6 *d*)
2. 8. διεφθείρατε [? -έφθειρά τε, **A** καὶ διέφθειρα] τὴν διαθήκην (6 *b*)
3. 11. οὐ μὴ διαφθείρω [**A** -ερῶ] ὑμῶν τὸν καρπὸν τῆς γῆς (6 *c*)

Is. 32. 6. A τοῦ διαφθεῖραι [B S διασπεῖραι] ψυχὰς πεινώσας (5)
36. 10. B διάφθειρον [S¹ κατάφθ.] αὐτήν (6 c)
49. 19. A S³ τὰ διεφθαρμένα [B S κατεφ.] καὶ τὰ πεπτωκότα (7)
Je. 5. 26. τοῦ [A S *om.*] διαφθεῖραι ἄνδρας (6 c)
6. 5. διαφθείρωμεν τὰ θεμέλια αὐτῆς (6 c)
— 28. πάντες διεφθαρμένοι εἰσίν (6 c)
12. 10. διέφθειραν τὸν ἀμπελῶνά μου (6 b)
13. 7. διεφθαρμένον ἦν ὃ οὐ μὴ χρησθῇ (6 a)
— 24. A διέφθειρα [B S -έσπειρα] αὐτούς †
15. 6. καὶ διαφθερῶ σε (6 c)
— 7. A διαφθερῶ ἐν διαφθορᾷ [B S² *al.*] †
27 (50). 45. ἐὰν μὴ διαφθαρῇ [A¹ -θείρω] τὰ ἀρνία †
28 (51). 1. ἐξεγείρω . . . ἄνεμον καύσωνα διαφθείροντα (6 c)
— 25. ἐγὼ πρὸς σὲ τὸ ὄρος τὸ διεφθαρμένον τὸ διαφθεῖρον πᾶσαν τὴν γῆν (6 c, 6 c)
La. 2. 5. διέφθειρε τὰ ὀχυρώματα αὐτοῦ [A -ῆς] (6 b)
— 6. διέφθειρεν ἑορτὴν αὐτοῦ (6 b)
— 8. διαφθεῖραι [A S τοῦ δ.] τεῖχος θυγατρὸς Σιών (6 c)
Ep. Je. 31. A ἐν τοῖς οἴκοις αὐτῶν οἱ ἱερεῖς διαφθείρουσιν [B διφρεύου.]
Ez. 7. 21. A τοῦ διαφθεῖραι [B διαρπάσαι] αὐτά †
16. 52. A ἐν ᾗ διέφθειρας [B ἔφθ.] τὰς ἀδελφάς σου (4 ?)
20. 44. κατὰ τὰ ἐπιτηδεύμ. ὑμῶν τὰ διεφθαρμ. (6 a)
23. 11. διέφθειρε τὴν ἐπίθεσιν αὐτῆς (6 c)
28. 17. διεφθάρη ἡ ἐπιστήμη σου μετὰ τοῦ κάλλους σου (6 b)
Da. LXX. 7. 19. τοῦ θηρίου τοῦ τετάρτου τοῦ διαφθείροντος πάντα †
Da. TH. 2. 9. ῥῆμα ψευδὲς καὶ διεφθαρμένον (6 e)
— 44. ἥτις εἰς τοὺς αἰῶνας [A τὸν αἰ.] οὐ διαφθαρήσεται (1 c)
4. 20. καὶ διαφθείρατε αὐτό (1 b)
6. 26 (27): 7. 14. ἡ βασιλεία αὐτοῦ οὐ διαφθαρήσεται (1 c)
8. 24. θαυμαστὰ διαφθερεῖ (6 c)
— 24. καὶ διαφθερεῖ ἰσχυρούς (6 c)
— 25. δόλῳ διαφθερεῖ πολλούς (6 c)
9. 26. καὶ τὸ ἅγιον διαφθερεῖ (6 c)
11. 17. δῶσει αὐτῷ τοῦ διαφθεῖραι αὐτήν (6 c)
II Ma. 12. 23. διέφθειρε δὲ εἰς μυριάδας τρεῖς ἀνδρῶν
III Ma. 1. 5. τοὺς ἀντιπάλους ἐν χειρονομίαις διαφθαρῆναι
2. 4. τοὺς ἔμπροσθεν ἀδικίαν ποιήσαντας . . . διέφθειρας
IV Ma. 11. 19. S τὰ πλευρὰ διαφθείραντες [A R -πείραντες]
18. 8. οὐ διέφθειρέ [S οὐδὲ ἔφθειρέ] με λυμεών

[**Aq.** GE. 38. 9: DT. 9. 12: 10. 10: 31. 29: 32. 5: PR. 11. 9: CA. 8. 5: Is. 1. 4: 36. 10 *bis*: 54. 16: JE. 36 (43). 29: Ez. 5. 16: 16. 47: DA. 9. 26: AM. 1. 11.]
[**Sm.** GE. 38. 9: EX. 19. 22, 24: DT. 10. 10: 32. 5: I KI. 13. 17: Ps. 52 (53). 2: 77 (78). 38, 45: PR. 11. 9: EC. 12. 3: CA. 2. 15: Is. 1. 4: 36. 10 *bis*: 38. 17: 51. 13: 54. 16: 65. 8: JE. 36 (43). 29: 49. 10 (29. 11): 51 (28). 56: Ez. 16. 47: AM. 1. 11: MI. 6. 14.]
[**Th.** DT. 10. 10: JD. 6. 5: PR. 11. 9: Is. 1. 4: 10. 27: 36. 10 *bis*: 51. 13: 54. 16: Ez. 16. 47: 43. 3: DA. 9. 26.]
[**Al.** DT. 4. 16.]
[**Quint.** Ps. 52 (53). 2: CA. 2. 15.]
[**Sext.** Ps. 52 (53). 2.]

διαφθορά. (1) *a.* חֶבֶל *b.* חֲבָל (2) חֶבֶל
(3) מַדְחֵפוֹת (4) מַכְאוֹב (5) שָׁחַת
a. pi. *b.* hi. *c.* שְׁחוּת *d.* שְׁחִית *e.* שַׁחַת
f. מַשְׁחִית

I Es. 4. 39. A¹ λαμβάνειν πρόσωπα οὐδὲ διαφθορά (?) [A² B διάφορα]
Jb. 33. 28. τοῦ μὴ ἐλθεῖν [A ἐξελθεῖν] εἰς διαφθοράν (5 e)
— 31. A τοῦ ἐπιστρέψαι ψυχὴν αὐτοῦ ἐκ διαφθορᾶς –
Ps. 9. 15. ἐνεπάγησαν ἔθνη ἐν διαφθορᾷ (5 e)
15 (16). 10. οὐδὲ δώσεις τὸν ὅσιόν σου ἰδεῖν διαφθοράν (5 e)
29 (30). 9. ἐν τῷ καταβῆναί [S² -βαίνειν] με εἰς διαφθοράν (5 e)
Ps. 34 (35). 7. δωρεὰν ἔκρυψάν μοι διαφθορὰν παγίδος αὐτῶν (5 e)
54 (55). 23. κατάξεις αὐτοὺς εἰς φρέαρ διαφθορᾶς (5 e)
106 (107). 20. ἐρρύσατο αὐτοὺς ἐκ τῶν δ. αὐτῶν (5 d)
139 (140). 11. A S ἄνδρα ἄδικον κακὰ θηρεύσει εἰς διαφθοράν [B καταφθ.] (3)
Pr. 28. 10. εἰς διαφθορὰν αὐτὸς ἐμπεσεῖται (5 c)
Si. 34 (31). 5. ὁ διώκων διαφθορὰν αὐτὸς [S οὗτος] πλησθήσεται
Ho. 11. 4. ἐν δ. ἀνθρώπων ἐξέτεινα αὐτούς (2 ?)
13. 9. τῇ δ. σου, Ἰ., τίς βοηθήσει (5 a)
Ze. 3. 6. ἐν διαφθορᾷ [S¹ καταφθ.] κατέσπασα ὑπερηφάνους –
Je. 13. 14. οὐκ οἰκτειρήσω ἀπὸ διαφθορᾶς [S¹ διασπορᾶς] αὐτῶν (5 b)
15. 3. τὰ πετεινὰ τοῦ οὐρανοῦ εἰς βρῶσιν καὶ [A S *add.* εἰς] διαφθοράν (5 b)
— 7. A καὶ διαφθερῶ ἐν διαφθορᾷ [B S *al.*] †
28 (51). 8. λάβετε ῥητίνην τῇ δ. αὐτῆς (4)
La. 4. 20. χριστὸς κύριος συνελήφθη ἐν ταῖς δ. αὐτῶν (5 d)
Ez. 19. 4. ἐν τῇ δ. αὐτῶν συνελήφθη (5 e)
— 8. ἐν διαφθορᾷ αὐτῶν [A *add.* καὶ] συνελήφθη (5 e)
21. 31 (36). εἰς χεῖρας ἀνδρῶν βαρβάρων τεκταινόντων διαφθοράς [A -άν] (5 f)
Da. TH. 3. 25 (92). διαφθορὰ οὐκ ἔστιν ἐν [A *om.*] αὐτοῖς (1 a)
6. 23 (24). πᾶσα δ. οὐχ εὑρέθη ἐν αὐτῷ (1 b)
10. 8. ἡ δόξα [A ἕξις] μου μετεστράφη εἰς διαφθοράν (5 f)
II Ma. 8. 35. R δυσημερήσας ἐπὶ τῇ τοῦ στρατοῦ δ. [A *al.*]

[**Aq.** DT. 31. 29: JB. 9. 31: 33. 22: Ps. 7. 16: 29 (30). 10: PR. 26. 27: Ez. 9. 1, 6: 28. 8.]
[**Sm.** IV KI. 11. 6: JB. 21. 17: 33. 22: Ps. 7. 16: 29 (30). 10: 31 (32). 4: 34 (35). 7: 48. (49). 10: 54 (55). 24: PR. 26. 27: JE. 18. 20, 22: Ez. 9. 1, 6: 28. 8: Ho. 7. 13.]
[**Th.** IV KI. 11. 6: JB. 33. 22, 30: Is. 51. 14: Ez. 5. 16: 9. 1, 6: 28. 8.]

διαφλέγειν. (1) בָּעַר

Ps. 82 (83). 14. ὡσεὶ πῦρ ὃ διαφλέξει δρυμόν (1)

διαφορά.

I Es. 4. 39. οὐδὲ διαφορά [? διάφορα, A διαφθ.]
Wi. 7. 20. διαφορὰς φυτῶν καὶ δυνάμεις ῥιζῶν
Si. *prol.* 19. τὰ λοιπὰ τῶν βιβλίων οὐ μικρὰν ἔχει τὴν δ.
I Ma. 3. 18. οὐκ ἔστι διαφορὰ ἐναντίον τοῦ θ. [A *om.* τ. θ.] τοῦ οὐρ.

[**Sm.** Ec. 6. 5.]

διαφορεῖν. (1) שָׁסַס

Je. 37 (30). 16. ἔσονται οἱ διαφοροῦντές σε εἰς διαφόρημα [S¹ *al.*] (1)

διαφόρημα. (1) מְשִׁסָּה

Je. 37 (30). 16. ἔσονται οἱ διαφοροῦντές σε εἰς δ. [S¹ *al.*] (1)

διάφορος. (1) כִּלְאַיִם (2) שָׁנָא *a.* pe. *b.* pa.
(3) שְׁנַיִם

Le. 19. 19. τὸν ἀμπελῶνά σου οὐ κατασπερεῖς διάφορον (1)
De. 22. 9. A R οὐ κατασπερεῖς τὸν [B¹ -εῖ σὸν] ἀμπελῶνά σου διάφορον [B δίφορον] (1)
I Es. 4. 39. λαμβάνειν πρόσωπα οὐδὲ διάφορα [? διαφορά, A¹ διαφθορά]
II Es. 8. 27. σκεύη χαλκοῦ . . . διάφορα ἐπιθυμητὰ ἐν χρυσίῳ (3)
Si. 27. 1. S¹ χάριν διαφόρου [A B S² ἀδ.] πολλοὶ ἥμαρτον
42. 5. A S περὶ διαφόρου [B ἀδ.] πράσεως [B *add.* καὶ] ἐμπόρων
Da. TH. 7. 7. καὶ αὐτὸ δ. περισσῶς παρὰ πάντα τὰ θηρία (2 b)
— 19. A ἦν διάφορον [B -φέρον] παρὰ πᾶν θηρίον (2 a)
II Ma. 1. 35. πολλὰ δ. ἐλάμβανε
3. 6. A ὥστε τὸ πλῆθος τῶν δ. ἀναρίθμητον [R ἐν.] εἶναι
4. 28. A τῶν δ. [R φόρων] πρᾶξις
II Ma. 14. 21. R διαφόρους [A δίφραξ] ἔθεσαν δίφρους

[**Aq.** Ex. 25. 4: 28. 5: 35. 23, 35.]
[**Sm.** GE. 1. 27.]
[**Th.** Ex. 28. 5.]
[**Al.** LE. 14. 4.]

διαφόρως. (1) δ. χρᾶσθαι שְׁנָא pa.

Da. LXX. 7. 7. δ. χρώμενον παρὰ πάντα τὰ πρὸ αὐτοῦ θηρία (1)

διαφρύγειν.

IV Ma. 3. 11. S τις αὐτὸν ἀλόγιστος ἐπιθυμία . . . διέφρυγε [A R συνέφρ.]

διαφυλάσσειν, διαφυλάττειν. (1) חָרַף ni.
(2) נָצַר (3) שָׁמַר *a.* qal. *b.* ni.

Ge. 28. 15. διαφυλάσσων σε ἐν τῇ ὁδῷ πάσῃ (3 a)
— 20. διαφυλάξῃ με ἐν τῇ ὁδῷ ταύτῃ (3 a)
Le. 19. 20. οἰκέτις διαπεφυλαγμένη ἀνθρώπῳ (1)
De. 7. 12. διαφυλάξει κ. ὁ θ. σού σοι τὴν διαθήκην (3 a)
32. 10. καὶ διεφύλαξεν αὐτόν (2)
Jo. 24. 17. διεφύλαξεν ἡμᾶς ἐν πάσῃ τῇ ὁδῷ (3 a)
Ju. 7. 12. διαφυλάσσων πάντα ἄνδρα ἐκ τῆς δυνάμεώς σου
11. 13. ἃ διεφύλαξαν ἁγιάσαντες τοῖς ἱερεῦσι
13. 16. ὃς διεφύλαξέ με ἐν τῇ ὁδῷ μου
Jb. 2. 6. τὴν ψυχὴν αὐτοῦ διαφύλαξον [A -τήρησον] (3 a)
Ps. 30 (31). 6. A R ἐμίσησας τοὺς διαφυλάσσοντας [B S φυλ.] ματαιότητας [S² -τα] διὰ κενῆς (3 a)
40 (41). 2. A S κύριος διαφυλάξαι [B φυλ.] αὐτόν (3 a)
90 (91). 11. τοῦ διαφυλάξαι σε ἐν πάσαις ταῖς ὁδοῖς σου (3 a)
Pr. 2. 8. ὁδὸν εὐλαβουμένων αὐτὸν διαφυλάξει (3 a)
6. 24. τοῦ διαφυλάσσειν [S¹ φ.] σε ἀπὸ γυναικὸς ὑπάνδρου (3 a)
Wi. 10. 1. αὕτη πρωτόπλαστον πατέρα κόσμου . . . διεφύλαξε
— 12. διεφύλαξεν [S¹ καὶ ἐφ.] αὐτὸν ἀπὸ ἐχθρῶν
17. 4. οὐδὲ γὰρ ὁ κατέχων αὐτοὺς μυχὸς ἀφόβως διεφύλασσεν [A μῦθος ἀφόβους διεφύλαττεν]
Si. 41. 16. οὐ γάρ ἐστι πᾶσαν αἰσχύνην διαφυλάξαι [S² ἀποκαλύψαι] καλόν
Ho. 12. 13 (14). καὶ ἐν προφήτῃ διεφυλάχθη (3 b)
Za. 3. 8 (7). ἐὰν διαφυλάσσῃς [A φυλάξῃς καίγε] τὴν αὐλήν (3 a)
Je. 3. 5. A S διαφυλαχθήσεται [B φυλ.] εἰς νῖκος (3 a)
II Ma. 1. 26. διαφύλαξον τὴν μερίδα σου
3. 15. ταῦτα σῶα διαφυλάξαι
— 22. τὰ πεπιστευμένα . . . σῶα διαφυλάσσειν
6. 6. οὔτε πατρῴους ἑορτὰς διαφυλάττειν
10. 30. τὸν Μακκαβαῖον . . . ἄτρωτον διεφύλασσον
15. 30. ὁ τὴν τῆς ἡλικίας εὔνοιαν . . . διαφυλάξας
III Ma. 3. 3. R πίστιν ἀδιάστροφον ἦσαν διαφυλάσσοντες [A φυλ.]

διαφωνεῖν. (1) נָזַר ni. (2) נָפַל (3) עָדַר ni.
(4) פָּקַד ni.

Ex. 24. 11. τῶν ἐπιλέκτων τοῦ Ἰ. οὐ διεφώνησεν οὐδὲ εἷς †
Nu. 31. 49. οὐ διαπεφώνηκεν ἀπ' αὐτῶν οὐδὲ εἷς (4)
Jo. 23. 14. οὐ [A ἐν οὐ] διεφώνησεν [A διαπεφώνηκεν] ἐξ αὐτῶν (2)
I Ki. 30. 19. οὐ διεφώνησεν αὐτοῖς ἀπὸ μικροῦ ἕως μεγάλου (3)
III Ki. 8. 56. οὐ διεφώνησε λόγος [A -οις] εἷς (2)
Ju. 10. 13. οὐ διαφωνήσει τῶν ἀνδρῶν αὐτοῦ σὰρξ μία
Ez. 37. 11. ἀπόλωλεν ἡ ἐλπὶς ἡμῶν διαπεφωνήκαμεν (1)

[**Sm.** I KI. 25. 21: II KI. 2. 30: Ps. 57 (58). 9: JE. 23. 4.]

διαφώσκειν. (1) אוֹר ni. (2) אוֹר subst.

Jd. 19. 26. B¹ ἕως τοῦ διαφῶσαι [B² ἕως τοῦ διαφαῦσαι, A R ἕως οὗ διέφαυσεν] (1)
I Ki. 14. 36. A ἕως διαφώσῃ ἡ [B -φαύσῃ] ἡμέρα (2)

διαφωτίζειν. (1) אוֹר

Ne. 8. 3. ἀπὸ τῆς ὥρας τοῦ διαφωτίσαι [S¹ φ.] τὸν ἥλιον (1)

διαχαράσσειν.
[Th. Is. 49. 16.]

διαχεῖν. (1) נָטַשׁ (2) פּוּץ (3) פִּזַּר pi. (4) פָּרַשׂ hi. (5) פָּשָׂה (6) צָעָה (7) שָׁקָה pu.

Le. 13. 22. A B ἐὰν δὲ [R add. διαχύσει] διαχέηται ἐν τῷ δέρματι (5)
— 23. ἐὰν δὲ . . . μὴ διαχέηται (5)
— 27. ἐὰν δὲ διαχύσει διαχέηται ἐν τῷ δέρματι (5)
— 28. καὶ μὴ διαχυθῇ ἐν τῷ δέρματι (5)
— 32. καὶ ἰδοὺ οὐ διεχύθη τὸ θραῦσμα (5)
— 34. καὶ ἰδοὺ οὐ διεχύθη τὸ θραῦσμα ἐν τῷ δέρματι (5)
— 35. ἐὰν δὲ διαχύσει διαχέηται τὸ θραῦσμα (5)
— 36. καὶ ἰδοὺ διακέχυται τὸ θραῦσμα ἐν τῷ δέρματι (5)
— 51. ἐὰν δὲ διαχέηται ἡ ἁφὴ ἐν τῷ ἱματίῳ (5)
— 53. καὶ μὴ διαχέηται ἡ ἁφὴ ἐν τῷ ἱματίῳ (5)
— 55. καὶ ἡ ἁφὴ οὐ διαχεῖται [A -χεεῖται] (5)
14. 39. καὶ ἰδοὺ οὐ διεχύθη ἡ ἁφὴ ἐν τοῖς τοίχοις (5)
— 44. εἰ διακέχυται ἡ ἁφὴ ἐν τῇ οἰκίᾳ (5)
— 48. καὶ ἰδοὺ οὐ διαχύσει οὐ διαχεῖται ἡ ἁφή (5)
I Ki. 30. 16. ἰδοὺ οὗτοι διακεχυμένοι ἐπὶ πρόσωπον πάσης τῆς γῆς (1)
Jb. 21. 24. μυελὸς δὲ αὐτοῦ διαχεῖται (7)
Pr. 23. 32. ὥσπερ ὑπὸ κεράστου διαχεῖται αὐτῷ [A -οῦ] ὁ ἰός (4)
Wi. 2. 3. τὸ πνεῦμα διαχυθήσεται ὡς χαῦνος ἀήρ
5. 14. ὡς καπνὸς ὑπὸ ἀνέμου διεχύθη
Za. 1. 17. ἔτι διαχυθήσονται πόλεις ἐν ἀγαθοῖς (2)
Je. 2. 20. ἐκεῖ διαχυθήσομαι ἐν τῇ πορνείᾳ μου (6 ?)
3. 13. διέχεας τὰς ὁδούς σου εἰς ἀλλοτρίους (3)
Ez. 30. 16. διαχυθήσεται ὕδατα †
Da. LXX. TH. 3. (47). διεχεῖτο ἡ φλὸξ ἐπάνω τῆς καμίνου
II Ma. 8. 7. R λαλιά τις . . . διεχεῖτο πανταχῇ [A al.]
10. 28. A ἄρτι δὲ τῆς ἀνατολῆς διαχεομένης [R διαδεχομ.]
[Sm. Ps. 41 (42). 5.]
[Th. Le. 13. 6, 8 : Ez. 19. 12.]
[Al. Le. 13. 5.]

διαχρίειν. (1) מָשַׁח
Le. 2. 4 : 7. 2 (12). λάγανα ἄζυμα διακεχρισμένα ἐν ἐλαίῳ (1)

διάχρυσος. (1) אוֹפִיר
Ps. 44 (45). 9. παρέστη ἡ βασίλισσα . . . ἐν ἱματισμῷ δ. (1)
II Ma. 5. 2. ἱππεῖς δ. στολὰς ἔχοντας

διάχυσις. (1) פָּשָׂה
Le. 13. 22. R ἐὰν δὲ διαχύσει [A B om.] διαχέηται ἐν τῷ δέρματι (1)
— 27. ἐὰν δὲ διαχύσει διαχέηται ἐν τῷ δέρματι (1)
— 35. ἐὰν δὲ διαχύσει διαχέηται τὸ θραῦσμα ἐν τῷ δέρματι (1)
14. 48. A B καὶ ἰδοὺ οὐ [R om.] διαχύσει οὐ διαχεῖται ἡ ἁφή –
[Al. Jd. 5. 17.]

διαχώρησις.
[Sm. Ez. 4. 12.]

διαχωρίζειν. (1) בָּדַל a. ni. b. hi. (2) סוּר hi. (3) פָּלָא hi. (4) פָּרַד a. ni. b. hi. (5) פָּרַשׁ ni. (6) שִׁית

Ge. 1. 4. διεχώρισεν ὁ θεὸς ἀνὰ μέσον τοῦ φωτός (1 b)
— 6. ἔστω διαχωρίζον ἀνὰ μέσον ὕδατος (1 b)
— 7. διεχώρισεν ὁ θεὸς ἀνὰ μέσον τοῦ ὕδατος (1 b)
— 14. A καὶ [R τοῦ] διαχωρίζειν ἀνὰ μέσον τῆς ἡμέρας (1 b)
— 18. καὶ διαχωρίζειν ἀνὰ μέσον τοῦ φωτός (1 b)
13. 9. διαχωρίσθητι ἀπ' ἐμοῦ (4 a)
— 11. διεχωρίσθησαν ἕκαστος ἀπὸ τοῦ ἀδελφοῦ (4 a)
— 14. μετὰ τὸ διαχωρισθῆναι τὸν Λὼτ ἀπ' αὐτοῦ (4 a)
30. 32. διαχώρισον ἐκεῖθεν πᾶν πρόβατον (2)
— 40. διεχώρισεν ἑαυτῷ ποίμνια καθ' ἑαυτόν (6)

Nu. 32. 12. Χάλεβ υἱὸς Ἰεφοννὴ ὁ διακεχωρισμένος †
Jd. 13. 19. διεχώρισε ποιῆσαι [A al.] (3)
II Ki. 1. 23. ὡραῖοι οὐ διακεχωρισμένοι †
— 23. ἐν τῷ θανάτῳ αὐτῶν οὐ διεχωρίσθησαν (4 a)
I Ch. 12. 8. A διεχωρίσθησαν [B S ἐχ.] πρὸς Δ. (1 a)
II Ch. 25. 10. διεχώρισεν Ἀμασίας τῇ δυνάμει . . . ἀπελθεῖν (1 b)
Pr. 16. 28. ἀνὴρ σκολιὸς . . . διαχωρίζει φίλους (4 b)
Si. 6. 13. ἀπὸ τῶν ἐχθρῶν σου διαχωρίσθητι
12. 9. ἐν τοῖς κακοῖς αὐτοῦ καὶ ὁ φίλος διαχωρισθήσεται
36 (33). 8. ἐν γνώσει κυρίου διεχωρίσθησαν
— 11. ἐν πλήθει ἐπιστήμης κύριος διεχώρισεν αὐτούς
Ez. 34. 12. ἐν μέσῳ προβάτων [A add. αὐ.] διακεχωρισμένων (5)
Da. LXX. Su. 51. διαχωρίσατέ μοι αὐτοὺς ἀπ' ἀλλήλων
— 51. ὡς δὲ διεχωρίσθησαν
Da. TH. Su. 14. διεχωρίσθησαν ἀπ' ἀλλήλων
— 51. διαχωρίσατε αὐτοὺς ἀπ' ἀλλήλων μακράν
— 52. ὡς δὲ διεχωρίσθησαν
I Ma. 12. 36. A S[2] R εἰς τὸ διαχωρίζειν [A -ρῆσαι] αὐτὴν τῆς πόλεως
[Aq. Ge. 1. 4, 6 : Is. 56. 3 bis : 59. 2.]
[Sm. Ge. 1. 6 : Pr. 17. 9.]
[Th. Ge. 1. 6.]

διάψαλμα. (1) סֶלָה
Ps. 2. 2. A B S διάψαλμα [R om.] –
3. 2, 4 : 4. 2, 4 : 7. 5. διάψαλμα (1)
9. 16. ᾠδὴ διαψάλματος (1)
— 20 : 19 (20). 3 : 20 (21). 2 : 23 (24). 6 [B S] : 31 (32). 4 [B S], 5, 7. διάψαλμα (1)
33 (34). 10. διάψαλμα [A[1] om.] –
38 (39). 5. διάψαλμα (1)
— 7. R διάψαλμα –
— 11 [B S] : 43 (44). 8 [B S] : 45 (46). 3, 7 [A[2] B S] : 46 (47). 4 [B S] : 47 (48). 8 [B S] : 48 (49). 13 [A[2] B S], 15 [B S] : 49 (50). 6. διάψαλμα [B S] (1)
49 (50). 15. B S διάψαλμα –
51 (52). 3, 5 : 53 (54). 3 : 54 (55). 7, 19. διάψαλμα (1)
56 (57). 2. B διάψαλμα –
— 3 [S], 6 : 58 (59). 5, 13 : 59 (60). 4 : 60 (61). 4 : 61 (62). 4, 8 : 65 (66). 4, 7, 15 : 66 (67). 1, 4. διάψαλμα (1)
67 (68). 3. B διάψαλμα –
— 7. διάψαλμα (1)
— 13. διάψαλμα –
— 19, 32 : 74 (75). 3 : 75 (76). 3, 9 : 76 (77). 3, 9, 15. διάψαλμα (1)
79 (80). 7. B διάψαλμα –
80 (81). 7 [B S] : 81 (82). 2 : 82 (83). 8 [B S] : 83 (84). 4 [B S], 8 [B S] : 84 (85). 2 [A[3] B S] : 86 (87). 3 [A[2] B S], 6 [B S] : 87 (88). 7 [A[2] B S] : 88 (89). 4 [B S], 37 [A[2] B S], 45, 48. διάψαλμα (1)
93 (94). 15. A[2] B S διάψαλμα –
139 (140). 3, 5, 8 [B S] : 142 (143). 6 : Hb. 3. 3, 9, 13. διάψαλμα (1)
[Sm. Ps. 3. 3, 5 : 4. 5 : 9. 17 : 19 (20). 4 : 74 (75). 4 : 75 (76). 4, 10.]
[Th. Ps. 3. 3 : 4. 5 : 19 (20). 4 : 58 (59). 14 : 74 (75). 4 : 75 (76). 4.]
[Al. Hb. 3. 3.]

διαψεύδεσθαι. (1) כָּזַב pi.
IV Ki. 4. 16. μὴ διαψεύσῃ τὴν δούλην σου (1)
I Ma. 13. 19. καὶ διεψεύσατο
III Ma. 5. 12. τοῦ δὲ ἀμεταθέτου λογισμοῦ μεγάλως διεψευσμένος
[Aq. Nu. 23. 19 : Jb. 41. 1 : Ez. 13. 19 : Hb. 2. 3.]
[Sm. Nu. 23. 19 : Ps. 115. 2 (116. 11) : Hb. 2. 3.]
[Th. Nu. 23. 19 : Jb. 41. 1 : Ez. 13. 19.]
[Al. Ge. 47. 18.]

διάψευσμα.
[Aq. Ps. 61 (62). 5 : 115. 2 (116. 11).]

διαψηλαφᾶν.
[Aq. Ge. 31. 34.]
[Sm. Is. 59. 10.]

διαψιθυρίζειν.
Si. 12. 18. πολλὰ διαψιθυρίσει [A -ίζει]

διβαφής.
[Sm., Th. Ex. 25. 4.]

δίβαφος.
[Sm. Ex. 28. 5 : 35. 23, 35.]

δίγλωσσος. (1) רָכִיל
Pr. 11. 13. ἀνὴρ δ. ἀποκαλύπτει βουλὰς ἐν συνεδρίῳ (1)
Si. 5. 9. οὕτως ὁ ἁμαρτωλὸς ὁ δ.
— 14. κατάγνωσις πονηρὰ ἐπὶ διγλώσσου
6. 1. οὕτως ὁ ἁμαρτωλὸς ὁ δ.
28. 13. ψίθυρον καὶ δίγλωσσον καταρᾶσθαι [A -άσασθε, S[1] -άσασθαι]

διγομία. (1) מִשְׁפְּתַיִם
Jd. 5. 16. εἰς τί ἐκάθισαν ἀνὰ μέσον τῆς δ. [A al.] (1)

διδακτήρ.
[Aq. Jd. 3. 31.]

διδακτός. (1) לִמּוּד
Is. 54. 13. πάντας τοὺς υἱούς σου διδακτοὺς θεοῦ (1)
I Ma. 4. 7. καὶ οὗτοι δ. πολέμου
[Aq. Is. 8. 16 : 29. 13.]
[Sm., Th. Is. 29. 13.]

διδασκαλία. (1) אַלּוּף (2) לָמַד pu.
Pr. 2. 17. ἡ ἀπολείπουσα [S -λιπ.] διδασκαλίαν νεότητος (1)
Si. 24. 33. ἔτι διδασκαλίαν ὡς προφητείαν ἐκχεῶ
39. 8. αὐτὸς ἐκφαίνει παιδείαν διδασκαλίας αὐτοῦ
Is. 29. 13. ἐντάλματα ἀνθρώπων καὶ διδασκαλίας (2)
[Al. Ps. 10 (11). 3.]

διδάσκαλος.
Es. 6. 1. A B S εἶπε τῷ δ. [R διακόνῳ] αὐτοῦ –
II Ma. 1. 10. Ἀριστοβούλῳ δ. Πτολεμαίου τοῦ βασ.
[Al. Da. 1. 3.]

διδάσκειν. (1) אָלַף pi. (2) בִּין hi. (3) חָוָה pi. (4) חָיָה pi. (5) יָדַע hi. (6) יָצָא hi. (7) יָרָה hi. (8) לָמַד a. qal. b. pi. c. pu. (9) סָכַן (10) פָּרַשׁ pu. (11) שׁוּט pil.

De. 4. 1. ὅσα ἐγὼ διδάσκω ὑμᾶς σήμερον ποιεῖν (8 b)
— 10. τοὺς υἱοὺς αὐτῶν διδάξουσι (8 b)
— 14. ἐμοὶ ἐνετείλατο κύριος . . . διδάξαι ὑμᾶς (8 b)
5. 31 (28). τὰ κρίματα ὅσα διδάξεις αὐτούς (8 b)
6. 1. διδάξαι ὑμᾶς ποιεῖν οὕτως (8 b)
11. 19. διδάξετε αὐτὰ τὰ τέκνα ὑμῶν (8 b)
20. 18. ἵνα μὴ διδάξωσιν ὑμᾶς ποιεῖν (8 b)
31. 19. B διδάξετε [A R -ατε] αὐτὴν [A om.] τοὺς υἱοὺς Ἰσραήλ (8 b)
— 22. ἐδίδαξεν αὐτὴν τοὺς υἱοὺς Ἰσραήλ (8 b)
32. 44. ἐδίδαξεν αὐτὴν τοὺς υἱοὺς Ἰσραήλ –
Jd. 3. 2. τοῦ διδάξαι αὐτοὺς πόλεμον (8 b)
II Ki. 1. 18. εἶπε τοῦ διδάξαι τοὺς υἱοὺς Ἰούδα [A Ἰσραὴλ τόξον] (8 b)
22. 35. διδάσκων χεῖράς μου εἰς πόλεμον (8 b)
I Ch. 5. 18. καὶ δεδιδαγμένοι πόλεμον (8 a)
25. 7. δεδιδαγμένοι ᾄδειν κυρίῳ (8 c)
II Ch. 17. 7. διδάσκειν ἐν πόλεσιν Ἰούδα (8 b)
— 9. καὶ ἐδίδασκον ἐν Ἰούδᾳ (8 b)
— 9. καὶ ἐδίδασκον τὸν λαόν (8 b)
I Es. 8. 7. A R διδάξαι [B om.] πάντα τὸν Ἰσρ. δικαιώματα
— 23. τοὺς μὴ ἐπισταμένους διδάξεις
9. 48. ἐδίδασκον τὸν νόμον κυρίου
— 49. τοῖς Λ. τοῖς διδάσκουσι τὸ πλῆθος ἐπὶ πάντας
— 55. ἐν τοῖς ῥήμασιν οἷς ἐδιδάχθησαν
II Es. 7. 10. καὶ διδάσκειν ἐν [A om.] Ἰσραὴλ προστάγματα (8 b)
Ne. 8. 8. ἐδίδασκεν Ἔσδρας καὶ διέστελλεν (10)
Jb. 6. 24. διδάξατέ με ἐγὼ δὲ κωφεύσω (7)
8. 10. οὐχ οὗτοί σε διδάξουσι [A add. ῥήματα] (7)
— 10. A ἐκ καρδίας σε διδάξουσιν [B S κ. ἐξάξουσι] ῥήματα (6)
10. 2. μή με ἀσεβεῖν δίδασκε (5)
13. 23. δίδαξόν με τίνες εἰσί (5)
21. 22. πότερον οὐχὶ ὁ κύριός ἐστιν ὁ διδάσκων σύνεσιν (8 b)

Jb. 22. 2. πότερον οὐχὶ ὁ κύριός ἐστιν ὁ διδάσκων σύνεσιν (9 ?)
32.8. πνοὴ δὲ παντοκράτορός ἐστιν ἡ διδάσκουσα [A add. με, S[1] add. σε] (2)
33. 4. πνοὴ δὲ παντοκράτορος ἡ διδάσκουσά με (4)
— 33. καὶ διδάξω σε [A S add. σοφίαν] (1)
34. 32. A σὺ δίδαξόν με [B S δεῖξόν μοι] (7)
36. 2. ἵνα διδάξω σε (3)
37. 19. διὰ τί δίδαξόν με τί ἐροῦμεν αὐτῷ (5)
42. 4. σὺ δέ με δίδαξον (5)
Ps. 17 (18). 34. διδάσκων χεῖράς μου εἰς πόλεμον (8 b)
— 35. ἡ παιδεία σου αὕτη με διδάξει †
24 (25). 4. τὰς τρίβους σου δίδαξόν με (8 b)
— 5. ὁδήγησόν με . . . καὶ δίδαξόν με (8 b)
— 9. A B[2] S R διδάξει πραεῖς ὁδοὺς αὐτοῦ (8 b)
33 (34). 11. φόβον κυρίου διδάξω ὑμᾶς (8 b)
50 (51). 13. διδάξω ἀνόμους τὰς ὁδούς σου (8 b)
70 (71). 17. ἐδίδαξάς με, ὁ θεός, ἐκ νεότητός μου [S[2] al.] (8 b)
93 (94). 10. ὁ διδάσκων ἄνθρωπον γνῶσιν (8 b)
— 12. καὶ ἐκ τοῦ νόμου σου διδάξῃς αὐτόν (8 b)
118 (119). 12, 26. δίδαξόν με τὰ δικαιώματά σου (8 b)
— 64. τὰ δικαιώματά σου δίδαξόν με (8 b)
— 66. χρηστότητα καὶ παιδείαν καὶ γνῶσιν δίδαξόν με (8 b)
— 68. ἐν τῇ χρηστότητί σου δίδαξόν με τὰ δικαιώματά σου (8 b)
— 99. ὑπὲρ πάντας τοὺς διδάσκοντάς με συνῆκα (8 b)
— 108. τὰ κρίματά σου δίδαξόν με (8 b)
— 124. S κατὰ [A R om.] τὰ δικαιώματά σου δίδαξόν με (8 b)
— 135. δίδαξόν με τὰ δικαιώματά σου (8 b)
— 171. ὅταν διδάξῃς με τὰ δικαιώματά σου (8 b)
131 (132). 12. ἃ διδάξω αὐτούς (8 b)
142 (143). 10. δίδαξόν με τοῦ ποιεῖν τὸ θέλημά σου (8 b)
143 (144). 1. ὁ διδάσκων τὰς χεῖράς μου εἰς παράταξιν (8 b)
Pr. 1. 23. διδάξω δὲ ὑμᾶς τὸν ἐμὸν λόγον (5)
4. 4. οἳ ἔλεγον καὶ ἐδίδασκόν με (7)
— 11. ὁδοὺς γὰρ σοφίας διδάσκω σε (7)
5. 13. οὐκ ἤκουον φωνὴν . . . διδάσκοντός με (8 b)
6. 13. διδάσκει δὲ ἐννεύμασι δακτύλων (7)
22. 21. διδάσκω οὖν σε ἀληθῆ λόγον . . . ὑπακούειν (5)
24. 26 (30. 3). θεὸς δεδίδαχέ [S ὁ θ. ἐδίδαξέν] με σοφίαν (8 a)
Ec. 12. 9. ὅτι ἐδίδαξε [S[2] -ασκεν] γνῶσιν σὺν τὸν ἄνθρωπον (8 b)
Ca. 3. 8. πάντες . . . δεδιδαγμένοι πόλεμον (8 c)
Wi. 6. 10. οἱ διδαχθέντες αὐτὰ εὑρήσουσιν ἀπολογίαν
7. 22. ἡ γὰρ πάντων τεχνῖτις ἐδίδαξέ με σοφία
9. 18. τὰ ἀρεστά σου ἐδιδάχθησαν ἄνθρωποι
12. 19. ἐδίδαξας δέ σου τὸν λαὸν διὰ τῶν τοιούτων ἔργων
Si. 9. 1. μηδὲ διδάξῃς ἐπὶ σεαυτὸν παιδείαν [S καρδίαν] πονηράν
18. 13. διδάσκων . . . ὡς ποιμὴν τὸ ποίμνιον αὐτοῦ
22. 7. συγκολλῶν ὄστρακον [S -ων] ὁ διδάσκων μωρόν
30. 3. ὁ διδάσκων τὸν υἱὸν αὐτοῦ παραζηλώσει τὸν ἐχθρόν
— 36 (27). πολλὴν γὰρ κακίαν ἐδίδαξεν ἡ ἀργία
45. 5. διδάξαι τὸν Ἰακὼβ διαθήκην
— 17. διδάξαι τὸν Ἰακὼβ τὰ μαρτύρια [A Ἰ. μαρτυρίαν]
Ho. 10. 11. Ἐ. δάμαλις δεδιδαγμένη ἀγαπᾶν νεῖκος (8 c)
Is. 9. 15 (14). προφήτην διδάσκοντα ἄνομα (7)
29. 13. μάτην δὲ σέβονταί με διδάσκοντες ἐντάλματα (8 c)
55. 12. ἐν χαρᾷ διδαχθήσεσθε †
Je. 9. 14 (13). ἃ ἐδίδαξαν αὐτοὺς οἱ πατέρες αὐτῶν (8 b)
— 20 (19). διδάξατε τὰς θυγατέρας ὑμῶν οἶκτον [A S[1] οἰκτρόν] (8 b)
12. 16. ἐδίδαξαν τὸν λαόν μου ὀμνύειν τῇ Βάαλ (8 b)
13. 21. ἐδίδαξας αὐτοὺς ἐπὶ σὲ μαθήματα [A -ητάς] (8 b)
38 (31). 18. ὥσπερ μόσχος οὐκ ἐδιδάχθην (8 c)
— 34. A R οὐ μὴ διδάξωσιν [B οὐ διδάξουσιν] ἕκαστος τὸν πολίτην [A ἀδελφὸν] αὐ. (8 b)
39 (32). 33. A ἐδίδαξα αὐτοὺς ὄρθρου [B S add. καὶ ἐδίδαξα] (8 b, 8 b)
Ez. 44. 23. τὸν λαόν μου διδάξουσιν ἀνὰ μέσον ἁγίου καὶ βεβήλου (7)
Da. LXX. Su. 3. ἐδίδαξαν τὴν θυγατέρα αὐτῶν κατὰ τὸν νόμον M.
1. 4. διδάξαι αὐτοὺς γράμματα (8 b)
11. 4. ἑτέρους διδάξει ταῦτα †
Da. TH. Su. 3. ἐδίδαξαν τὴν θυγατέρα αὐτῶν κατὰ τὸν νόμον M.
1. 4. διδάξαι αὐτοὺς γράμματα (8 b)
12. 4. ἕως διδαχθῶσι πολλοί (11 ?)
IV Ma. 5. 24. R καὶ εὐσέβειαν διδάσκει [A -ειν, S ἐκδιδάσκειν]
18. 10. ὃς ἐδίδασκεν ὑμᾶς
— 12. ἐδίδασκε δὲ ὑμᾶς τοὺς ἐν πυρί
— 18. A R ᾠδὴν μὲν γὰρ ἣν ἐδίδαξε [S -ασκεν] Μωυσῆς . . . τὴν διδάσκουσαν [S -κων]
[Aq. Ps. 70 (71). 17 : Is. 40. 14.]
[Sm. Jd. 5. 14 : Jb. 21. 22 : 33. 33 : 35. 11 : Ps. 24 (25). 4, 5 : Is. 40. 14 *bis* : Je. 12. 16 *bis* : 13. 21 : Ez. 22. 26.]
[Th. Jb. 33. 33 : Ps. 17 (18). 36 : Is. 40. 14.]
[Quint. Ps. 67 (68). 28.]
[Sext. Ps. 83 (84). 7.]
[Heb. Je. 2. 24.]

διδαχή. (1) לָמַד pi.
Ps. 59 (60). *tit.* τῷ Δαυὶδ εἰς διδαχήν (1)
[Sm. Dt. 33. 8 : Ps. 59 (60). 1.]

διδόναι. (1) אוּר hi. (2) בּוֹא hi. (3) בָּזַר (4) בָּנָה (5) הָיָה (6) הָלַךְ hi. (7) הָלַל hi. (8) חָזַק pi. (9) חָלַק pi. (10) *a.* יְהַב *b.* יְהַב peal. *c.* peil. *d.* ithpe. (11) יָסַף hi. (12) יָצַק (13) יָצַת ni. (14) יָרַד hi. (15) יָרַשׁ hi. (16) כּוּן hi. (17) כָּלָה pi. (18) מָכַר (19) מָלַךְ hi. (20) מָנָה pi. (21) נָגַהּ hi. (22) נָגַשׁ (23) נוּחַ hi. (24) נָשָׂא pi. (25) נְתִינִים (26) נָתַן *a.* qal. *b.* ni. *c.* hoph. *d.* נְתַן (27) עָטָה (28) עָמַד hi. (29) עָרַב (30) עָשָׂה (31) פּוּק hi. (32) צָוָה pi. (33) צָפַן ni. (34) קוּם aph. (35) קָשַׁב (36) רוּם hi. (37) שׂוּם, שִׂים (38) שׁוּב *a.* qal. *b.* hi. *c.* תּוּב aph. (39) שִׁית (40) שָׁלַם pi. (41) שָׁפַת (42) תָּנָה pi. (43) **τιμὴν διδόναι** עָרַךְ (44) **διδόναι φαγεῖν** אָכַל hi. (45) **διδόναι ἀνταπόκρισιν** שׁוּב hi. (46) **διδόναι ἀπόκρισιν** עָנָה (47) **διδόναι ἀποδοῦναι** שָׁלַם pi. (48) **διδόναι ἀπόκρισιν** שׁוּב hi. (49) **διδόναι εἰς μνημόσυνον** זָכַר hi. (50) **διδόναι σημεῖον** תָּוָה תָּו hi. (51) **διδόσθαι ἰσχύν** חָזַק (52) **διδόναι σύνεσιν** בִּין hi. (53) **δ. φυλάσσειν** פָּקַד hi.

Ge. 1. 29. ἰδοὺ δέδωκα ὑμῖν πάντα χόρτον (26 a)
3. 6. ἔδωκε καὶ τῷ ἀνδρὶ αὐτῆς (26 a)
— 12. ἡ γυνὴ ἣν ἔδωκας μετ' ἐμοῦ αὕτη μοι ἔδωκεν ἀπὸ τοῦ ξύλου (26 a, 26 a)
4. 12. οὐ προσθήσει τὴν ἰσχὺν αὐτῆς δοῦναί σοι (26 a)
9. 2. ὑπὸ χεῖρας ὑμῖν δέδωκα (26 b)
— 3. A ἔδωκα [R δέδωκα] ὑμῖν τὰ πάντα (26 a)
— 12. τὸ σημεῖον τῆς διαθήκης ὃ ἐγὼ δίδωμι (26 a)
12. 7. τῷ σπέρματί σου δώσω τὴν γῆν ταύτην (26 a)
13. 15. σοὶ δώσω αὐτήν (26 a)
— 17. σοὶ δώσω αὐτὴν καὶ τῷ σπέρματί σου (26 a)
14. 20. A ἔδωκεν αὐτῷ [R add. Ἄβραμ] δεκάτην (26 a)
— 21. δός μοι τοὺς ἄνδρας (26 a)
15. 2. R δέσποτα κύριε, τί μοι δώσεις (26 a)
— 3. R ἐπειδὴ ἐμοὶ οὐκ ἔδωκας σπέρμα (26 a)
— 7. δοῦναί σοι τὴν γῆν ταύτην (26 a)
— 18. R τῷ σπέρματί σου δώσω τὴν γῆν ταύτην (26 a)
16. 3. ἔδωκεν αὐτὴν τῷ Ἄβραμ . . . γυναῖκα (26 a)
— 5. δέδωκα τὴν παιδίσκην μου εἰς τὸν κόλπον σου (26 a)
Ge. 17. 8. δώσω σοι καὶ τῷ σπέρματι . . . τὴν γῆν (26 a)
— 16. δώσω σοι ἐξ αὐτῆς τέκνον (26 a)
— 20. δώσω αὐτὸν εἰς ἔθνος μέγα (26 a)
18. 7. καὶ ἔδωκε τῷ παιδί (26 a)
20. 14. καὶ ἔδωκε τῷ Ἀβραάμ (26 a)
— 16. δέδωκα χίλια δίδραχμα τῷ ἀδελφῷ σου (26 a)
21. 14. A καὶ ἔδωκε [R add. τῇ] Ἄγαρ (26 a)
— 27. καὶ ἔδωκε τῷ Ἀβιμέλεχ (26 a)
23. 4. δότε οὖν μοι κτῆσιν τάφου (26 a)
— 9. δότω μοι τὸ σπήλαιον τὸ διπλοῦν (26 a)
— 9. A ἀργυρίου τοῦ ἀξίου δότε [R δότω] μοι αὐτό (26 a)
— 11. τὸ σπήλαιον τὸ ἐν αὐτῷ σοὶ δίδωμι (26 a)
— 11. A ἐναντίον [R add. πάντων] τῶν πολιτῶν μου δέδωκά σοι (26 a)
24. 7. σοὶ δώσω τὴν γῆν ταύτην (26 a)
— 32. ἔδωκεν ἄχυρα καὶ χ. ταῖς καμήλοις (26 a)
— 35. ἔδωκεν αὐτῷ πρόβατα (26 a)
— 36. ἔδωκεν αὐτῷ [S[2] add. πάντα] ὅσα ἦν αὐτῷ (26 a)
— 41. καὶ μὴ δῶσί σοι (26 a)
— 53. ἐξενέγκας . . . ἔδωκε Ῥεβέκκᾳ (26 a)
— 53. καὶ δῶρα ἔδωκε τῷ ἀδελφῷ αὐτῆς (26 a)
25. 5. ἔδωκε δὲ Ἀ. πάντα τὰ ὑπάρχοντα (26 a)
— 6. τοῖς υἱοῖς . . . ἔδωκεν Ἀ. δόματα (26 a)
— 34. Ἰακὼβ δὲ ἔδωκε τῷ Ἡσαῦ ἄρτον (26 a)
26. 3. σοὶ γὰρ . . . δώσω πᾶσαν τὴν γῆν ταύτην (26 a)
— 4. δώσω τῷ σπέρματί σου π. τὴν γ. ταύτην (26 a)
27. 17. καὶ ἔδωκε τὰ ἐδέσματα (26 a)
— 28. καὶ δῴη σοι ὁ θ. ἀπὸ τῆς δρόσου (26 a)
28. 4. καὶ δῴη σοι τὴν εὐλογίαν Ἀβραάμ (26 a)
— 4. A ἣν δέδωκεν [R ἔδωκεν] ὁ θ. τῷ Ἀβραάμ (26 a)
— 13. σοὶ δώσω αὐτὴν καὶ τῷ σπέρματί σου (26 a)
— 20. καὶ δῷ μοι ἄρτον φαγεῖν (26 a)
— 22. πάντων ὧν ἐάν μοι δῷς (26 a)
29. 19. βέλτιον δοῦναί με αὐτὴν σοὶ ἢ δοῦναί με αὐτὴν ἀνδρὶ ἑτέρῳ (26 a, 26 a)
— 21. R δός [A ἀπόδος] μοι τὴν γυναῖκά μου (10 a)
— 24. ἔδωκε δὲ Λάβαν Ζελφὰν Λείᾳ (26 a)
— 26. δοῦναι τὴν νεωτέραν πρὶν ἢ τὴν πρ. (26 a)
— 27. δώσω σοι καὶ ταύτην ἀντὶ τῆς ἐργασίας (26 b)
— 28. A ἔδωκεν [R add. αὐτῷ] Λάβαν Ῥαχὴλ (26 a)
— 29. A ἔδωκε δὲ Λάβαν Ῥαχὴλ [R om.] τῇ θυγ. αὐ. Βαλλάν (26 a)
— 32. R καὶ ἔδωκέ μοι υἱόν –
30. 1. καὶ εἶπε τῷ Ἰακώβ, Δός μοι τέκνα (10 a)
— 4. καὶ ἔδωκεν αὐτῷ Βαλλὰν . . . γυναῖκα (26 a)
— 6. καὶ ἔδωκέ μοι υἱόν (26 a)
— 9. καὶ ἔδωκεν αὐτὴν τῷ Ἰακὼβ γυναῖκα (26 a)
— 14. δός μοι τῶν μανδραγορῶν τοῦ υἱοῦ σου (26 a)
— 18. δέδωκέ μοι ὁ θεὸς τὸν μισθόν μου (26 a)
— 18. A ἀνθ' ὧν [R οὗ] ἔδωκα τὴν παιδίσκην μου (26 a)
— 28. A καὶ δώσω σοι [R om.] (26 a)
— 31. τί σοι δώσω (26 a)
— 31. οὐ δώσεις μοι οὐθέν (26 a)
— 35. ἔδωκε διὰ χειρὸς τῶν υἱῶν αὐτοῦ (26 a)
31. 7. οὐκ ἔδωκεν αὐτῷ ὁ θ. κακοποιῆσαί με (26 a)
— 9. καὶ ἔδωκέ μοι αὐτά (26 a)
32. 16 (17). A καὶ ἔδωκε διὰ χειρὸς [R ἔδ. αὐτὰ] τοῖς παισὶν αὐ. (26 a)
34. 8. δότε οὖν αὐτὴν αὐτῷ γυναῖκα (26 a)
— 9. τὰς θυγατέρας ὑμῶν δότε ἡμῖν (26 a)
— 11. A ὃ ἐὰν εἴπητε ἡμῖν [R om.] δώσομεν (26 a)
— 12. καὶ δώσω καθότι ἂν εἴπητέ μοι (26 a)
— 12. καὶ δώσετέ μοι τὴν παῖδα ταύτην εἰς γυναῖκα (26 a)
— 14. δοῦναι τὴν ἀδελφὴν ἡμῶν ἀνθρώπῳ (26 a)
— 16. δώσομεν τὰς θυγατέρας ἡμῶν ὑμῖν (26 a)
— 21. τὰς θυγατέρας ἡμῶν δώσομεν αὐτοῖς (26 a)
35. 4. καὶ ἔδωκαν τῷ Ἰακὼβ τοὺς θεοὺς τοὺς ἀλλ. (26 a)
— 12. A τὴν γῆν ἣν δέδωκα [R ἔδωκα] Ἀ. καὶ Ἰ. σοὶ δέδωκα αὐτήν (26 a, 26 a)
— 12. τῷ σπέρματί σου μετὰ σὲ δώσω τὴν γῆν ταύτην (26 a)
38. 9. τοῦ μὴ δοῦναι σπέρμα τῷ ἀδελφῷ (26 a)
— 14. αὐτὸς δὲ οὐκ ἔδωκεν αὐτὴν αὐτῷ γυναῖκα (26 b)
— 16. τί μοι δώσεις ἐὰν εἰσέλθῃς πρός με (26 a)
— 17. A ἐὰν δῷς [R add. μοι] ἀρραβῶνα (26 a)
— 18. τίνα τὸν ἀρραβῶνά σοι δώσω (26 a)
— 18. καὶ ἔδωκεν αὐτῇ (26 a)
— 26. οὐκ ἔδωκα αὐτὴν Σηλὼμ τῷ υἱῷ μου (26 a)
39. 4. πάντα . . . ἔδωκε διὰ χειρὸς Ἰωσήφ (26 a)

Ge. 39. 8. πάντα . . . ἔδωκεν εἰς τὰς χεῖράς μου (26 *a*)
— 21. ἔδωκεν αὐτῷ χάριν ἐναντίον τοῦ ἀρ. (26 *a*)
— 22. ἔδωκεν ὁ ἀρχιδεσμ. τὸ δεσμωτήριον (26 *a*)
40. 11. **A** ἔδωκα τὸ ποτήριον εἰς τὰς χεῖρας [**R** τὴν χ.] Φ. (26 *a*)
— 13. δώσεις τὸ ποτήριον Φ. εἰς τὴν χεῖρα αὐτοῦ (26 *a*)
— 21. ἔδωκε τὸ ποτήριον εἰς τὴν χεῖρα Φ. (26 *a*)
41. 45. ἔδωκεν αὐτῷ τὴν 'Ασ. . . . εἰς γυναῖκα (26 *a*)
42. 25. καὶ δοῦναι αὐτοῖς ἐπισιτισμὸν εἰς τὴν ὁδόν (26 *a*)
— 27. δοῦναι χορτάσματα τοῖς ὄνοις αὐτοῦ (26 *a*)
— 37. δὸς αὐτὸν εἰς τὴν χεῖρά μου (26 *a*)
43. 14. ὁ δὲ θεός μου δῴη ὑμῖν χάριν (26 *a*)
— 23. ὁ θεὸς ὑμῶν . . . ἔδωκεν ὑμῖν θησαυρούς (26 *a*)
— 24. **R** ἔδωκε [**A** ἤνεγκε] χορτάσματα τοῖς ὄνοις αὐ. (26 *a*)
45. 18. καὶ δώσω ὑμῖν πάντων τῶν ἀγαθῶν (26 *a*)
— 21. ἔδωκε δὲ 'Ιωσὴφ αὐτοῖς ἁμάξας (26 *a*)
— 21. καὶ ἔδωκεν αὐτοῖς ἐπισιτισμὸν εἰς τὴν ὁδόν (26 *a*)
— 22. καὶ πᾶσιν ἔδωκεν δισσὰς στολάς (26 *a*)
— 22. καὶ τῷ Βεν. ἔδωκε τριακοσ. χρυσοῦς (26 *a*)
46. 18. ἣν ἔδωκε Λάβαν Λείᾳ (26 *a*)
— 25. ἣν ἔδωκε Λάβαν 'Ραχήλ (26 *a*)
47. 11. καὶ ἔδωκεν αὐτοῖς κατάσχεσιν (26 *a*)
— 15. δὸς ἡμῖν ἄρτους (10 *a*)
— 16. δώσω ὑμῖν ἄρτους ἀντὶ τῶν κτηνῶν (26 *a*)
— 17. ἔδωκεν αὐτοῖς 'Ι. ἄρτους ἀντὶ τῶν ἵππων (26 *a*)
— 19. δὸς σπέρμα [**A** -ατα] (26 *a*)
— 22. ἐν δόσει γὰρ ἔδωκε δόμα [**A** δόματα] τοῖς ἱερ. –
— 22. τὴν δόσιν ἣν ἔδωκεν αὐτοῖς Φαραώ (26 *a*)
— 24. δώσετε τὸ πέμπτον μέρος τῷ Φ. (26 *a*)
48. 4. καὶ δώσω σοι τὴν γῆν ταύτην (26 *a*)
— 9. οὓς ἔδωκέ μοι ὁ θεὸς ἐνταῦθα (26 *a*)
— 22. ἐγὼ δὲ δίδωμί σοι σίκιμα ἐξαίρετον (26 *a*)
49. 20. δώσει τρυφὴν ἄρχουσι [**A** *al.*] (26 *a*)
— 27. εἰς τὸ ἑσπέρας δίδωσι [**A** διαδώσει] τροφήν (9)
Ex. 2. 9. ἐγὼ δὲ δώσω σοι τὸν μισθόν (26 *a*)
3. 21. καὶ δώσω χάριν τῷ λαῷ τούτῳ (26 *a*)
4. 11. τίς ἔδωκε στόμα ἀνθρώπῳ (37)
— 15. καὶ δώσεις τὰ ῥήματά μου εἰς τὸ στόμα (37)
— 21. **A B** ἃ ἔδωκα [**R** δέδ.] ἐν ταῖς χερσί σου (37)
5. 7. **A R** οὐκέτι προστεθήσεσθε [**B** -σεται] διδόναι ἄχυρον (26 *a*)
— 10. οὐκέτι δίδωμι ὑμῖν ἄχυρα (26 *a*)
— 13. ὅτε τὸ ἄχυρον ἐδίδοτο [**A** -ετο] ὑμῖν (5)
— 16. ἄχυρον οὐ δίδοται τοῖς οἰκέταις σου (26 *b*)
— 18. τὸ γὰρ ἄχυρον οὐ δοθήσεται ὑμῖν (26 *b*)
— 21. δοῦναι ῥομφαίαν εἰς τὰς χεῖρας αὐτοῦ (26 *a*)
6. 4. ὥστε δοῦναι αὐτοῖς τὴν γῆν τῶν Χαν. (26 *a*)
— 8. δοῦναι αὐτὴν τῷ 'Α. (26 *a*)
— 8. δώσω ὑμῖν αὐτὴν ἐν κλήρῳ (26 *a*)
7. 1. ἰδοὺ δέδωκά σε θεὸν Φαραώ (26 *a*)
— 9. δότε ἡμῖν σημεῖον ἢ τέρας (26 *a*)
8. 23 (19). δώσω διαστολὴν ἀνὰ μέσον τοῦ ἐμοῦ λαοῦ (37)
9. 5. καὶ ἔδωκεν ὁ θεὸς ὅρον (37)
— 23. καὶ κύριος ἔδωκε φωνὰς καὶ χάλαζαν (26 *a*)
10. 25. δώσεις ἡμῖν ὁλοκαυτώματα (26 *a*)
11. 3. κύριος δὲ ἔδωκε τὴν χάριν τῷ λαῷ αὐ. (26 *a*)
12. 25. τὴν γῆν ἣν ἂν δῷ κύριος ὑμῖν (26 *a*)
— 36. ἔδωκε κύριος τὴν χάριν τῷ λαῷ αὐ. (26 *a*)
13. 5. ἣν ὤμοσε τοῖς πατράσι σου δοῦναί σοι [**B**^{1} *om.* δ. σ.] (26 *a*)
— 11. καὶ δώσει [**A** δῷ] σοι αὐτήν (26 *a*)
16. 8. ἐν τῷ διδόναι κύριον ὑμῖν ἑσπέρας κρέα φαγεῖν (26 *a*)
— 15. ὃν ἔδωκε κύριος ὑμῖν φαγεῖν (26 *a*)
— 29. ὁ γὰρ κύριος ἔδωκεν ὑμῖν τὴν ἡμ. ταύτην (26 *a*)
— 29. ἔδωκεν ὑμῖν . . . ἄρτους (26 *a*)
17. 2. δὸς ἡμῖν ὕδωρ ἵνα πίωμεν (26 *a*)
— 14. καὶ δὸς εἰς τὰ ὦτα 'Ιησοῖ [**A** -σοῦ] (37)
20. 12. ἧς κ. ὁ θ. σου δίδωσί σοι (26 *a*)
21. 4. ἐὰν δὲ ὁ κύριος δῷ αὐτῷ γυναῖκα (26 *a*)
— 13. δώσω σοι τόπον οὗ φεύξεται (37)
— 22. δώσει μετὰ ἀξιώματος (26 *a*)
— 23. δώσει ψυχὴν ἀντὶ ψυχῆς (26 *a*)
— 30. δώσει λύτρα τῆς ψυχῆς αὐτοῦ (26 *a*)
— 32. ἀργυρίου τριάκοντα δίδραχμα δώσει τῷ κυρίῳ (26 *a*)
— 34. ἀργύριον δώσει τῷ κυρίῳ αὐτῶν (38 *b*)
22. 7 (6). ἐὰν δέ τις δῷ τῷ πλησίον ἀργ. (26 *a*)
— 10 (9). ἐὰν δέ τις δῷ τῷ πλησίον ὑποζύγιον (26 *a*)

Ex. 22. 17 (16). δοῦναι αὐτὴν αὐτῷ γυναῖκα (26 *a*)
— 29 (28). τὰ πρωτότοκα τῶν υἱῶν σου δώσεις ἐμοί (26 *a*)
— 30 (29). **A** δώσεις [**B** ἀποδώσῃ] μοι αὐτό (26 *a*)
23. 27. δώσω πάντας τοὺς ὑπεν. σου φυγάδας (26 *a*)
24. 12. δώσω σοι τὰ πυξία τὰ λίθινα (26 *a*)
25. 15 (16), 20 (21). τὰ μαρτύρια ἃ ἂν δῶ σοι (26 *a*)
30. 12. δώσουσιν ἕκαστος λύτρα τῆς ψ. (26 *a*)
— 13. τοῦτό ἐστιν ὃ δώσουσιν (26 *a*)
— 14. δώσουσι τὴν εἰσφορὰν κυρίῳ (26 *a*)
— 15. ἐν τῷ διδόναι τὴν εἰσφορὰν κυρίῳ (26 *a*)
— 16. δώσεις αὐτὸ εἰς κάτεργον τῆς σκηνῆς (26 *a*)
— 33. ὃς ἂν δῷ ἀπ' αὐτοῦ ἀλλογενεῖ (26 *a*)
31. 6. καὶ ἐγὼ ἔδωκα [**A** δέδωκα] αὐτόν (26 *a*)
— 6. καὶ παντὶ συνετῷ καρδίᾳ δέδωκα σύνεσιν (26 *a*)
— 18. καὶ ἔδωκε Μ. . . . τὰς δύο πλάκας (26 *a*)
32. 13. ἣν εἶπας δοῦναι αὐτοῖς (26 *a*)
— 24. καὶ ἔδωκάν μοι (26 *a*)
— 29. δοθῆναι ἐφ' ὑμᾶς εὐλογίαν (26 *a*)
33. 1. τῷ σπέρματι ὑμῶν δώσω αὐτήν (26 *a*)
34. 16. τῶν θυγατέρων σου δῷς [**A** δώσεις] τοῖς υἱοῖς –
— 20. ἐὰν δὲ μὴ λυτρώσῃ αὐτὸ [**A** *om.*] τιμὴν δώσεις (43)
35. 34. προβιβάσαι γε ἔδωκεν αὐτῷ [**A** *al.*] (26 *a*)
36. 1. ᾧ ἐδόθη σοφία καὶ ἐπιστήμη ἐν αὐτοῖς (26 *a*)
— 2. ᾧ ἔδωκεν ὁ θεὸς ἐπιστήμην (26 *a*)
Le. 5. 16. καὶ δώσει αὐτὸ τῷ ἱερεῖ (26 *a*)
6. 17 (10). μερίδα αὐτὴν ἔδωκα αὐτοῖς (26 *a*)
7. 22 (32). τὸν βραχίονα τὸν δεξ. δώσετε ἀφαίρεμα (26 *a*)
— 24 (34). ἔδωκα αὐτὰ 'Ααρὼν τῷ ἱερεῖ (26 *a*)
— 26 (36). καθὰ ἐνετείλατο κύριος δοῦναι αὐτοῖς (26 *a*)
10. 14. νόμιμον τοῖς υἱοῖς σου ἐδόθη (26 *b*)
— 17. τοῦτο ἔδωκεν ὑμῖν φαγεῖν (26 *a*)
14. 34. ἣν ἐγὼ δίδωμι ὑμῖν ἐν κτήσει (26 *a*)
— 34. δώσω ἁφὴν λέπρας ἐν ταῖς οἰκίαις τῆς γῆς (26 *a*)
15. 14. δώσει αὐτὰ τῷ ἱερεῖ (26 *a*)
17. 11. δέδωκα αὐτὸ ὑμῖν ἐπὶ τοῦ θυσιαστηρίου (26 *a*)
18. 20. πρὸς τὴν γυναῖκα τοῦ πλησίον σου οὐ δώσεις κοίτην (26 *a*)
— 21. ἀπὸ τοῦ σπέρματός σου οὐ δώσεις λατρεύειν (26 *a*)
— 23. πρὸς πᾶν τετράπουν οὐ δώσεις τὴν κοίτην σου (26 *a*)
19. 20. ἡ ἐλευθερία οὐκ ἐδόθη αὐτῇ (26 *b*)
— 23. ἣν κ. ὁ θεὸς ὑμῶν δίδωσιν ὑμῖν –
20. 2. ὃς ἂν δῷ [**A** *add.* ἀπὸ] τοῦ σπέρματος αὐτοῦ ἄρχοντι (26 *a*)
— 3. τοῦ σπέρματος αὐτοῦ ἔδωκεν ἄρχοντι (26 *a*)
— 4. ἐν τῷ δοῦναι αὐτὸν τοῦ σπέρματος αὐτοῦ ἄρχοντι (26 *a*)
— 15. ὃς ἂν δῷ κοιτασίαν αὐτοῦ (26 *a*)
— 24. δώσω ὑμῖν αὐτὴν ἐν κτήσει (26 *a*)
22. 14. δώσει τῷ ἱερεῖ τὸ ἅγιον (26 *a*)
— 22. εἰς κάρπωσιν οὐ δώσετε ἀπ' αὐτῶν (26 *a*)
23. 10. ἣν ἐγὼ δίδωμι ὑμῖν (26 *a*)
— 38. ἃ ἂν δῶτε τῷ κυρίῳ (26 *a*)
24. 19. **R** ἐάν τις δῷ [**A B** δῇ] μῶμον τῷ πλησίον (26 *a*)
— 20. καθότι ἂν δῷ μῶμον τῷ ἀνθρώπῳ οὕτως δοθήσεται αὐτῷ (26 *a*, 26 *b*)
25. 2. ἣν ἐγὼ δίδωμι ὑμῖν (26 *a*)
— 2. ἣν ἐγὼ δίδωμι ὑμῖν –
— 19. δώσει ἡ γῆ τὰ ἐκφόρια αὐτῆς (26 *a*)
— 24. λύτρα δώσετε τῆς γῆς (26 *a*)
— 37. **AB**^{1} τὸ ἀργ. σου οὐ δώσεις αὐτῷ ἐπὶ τόκῳ καὶ πλεονασμὸν [**B**^{2} **R** ἐπὶ πλεονασμῷ] οὐ δώσεις αὐτῷ τὰ βρώμ. σου (26 *a*, 26 *a*)
— 38. δοῦναι ὑμῖν τὴν γῆν Χαναάν (26 *a*)
26. 4. δώσω τὸν ὑετὸν ὑμῖν ἐν καιρῷ αὐτοῦ καὶ ἡ γῆ δώσει τὰ γεννήμ. αὐτῆς (26 *a*, 26 *a*)
— 6. δώσω εἰρήνην ἐν τῇ γῇ ὑμῶν (26 *a*)
— 20. οὐ δώσει ἡ γῆ ὑμῶν τὸν σπόρον αὐ. καὶ τὸ ξύλον τοῦ ἀγροῦ ὑμῶν οὐ δώσει τὸν καρπὸν αὐ. (26 *a*, 26 *a*)
— 46. ὃν ἔδωκε κύριος ἀνὰ μέσον αὐτοῦ (26 *a*)
27. 9. **R** ὃς ἂν δῷ [**A B** δῇ] ἀπὸ τούτων (26 *a*)
Nu. 3. 9. δώσεις τοὺς Λευίτας 'Ααρών (26 *a*)
— 9. δεδομένοι δόμα οὗτοί μοί [**A** μόνοι] εἰσιν (26 *a*)
— 48. δώσεις τὸ ἀργύριον 'Ααρών (26 *a*)
— 51. ἔδωκε Μωυσῆς τὰ λύτρα (26 *a*)
5. 10. ἀνὴρ ὃς ἐὰν δῷ τῷ ἱερεῖ (26 *a*)

Nu. 5. 18. δώσει ἐπὶ τὰς χεῖρας αὐτῆς τὴν θυσίαν (26 *a*)
— 20. εἰ . . . ἔδωκέ τις τὴν κοίτην αὐτοῦ ἐν σοί (26 *a*)
— 21. δῴη κύριός σε ἐν ἀρᾷ (26 *a*)
— 21. ἐν τῷ δοῦναι κύριον τὸν μηρόν σου διαπεπτωκότα (26 *a*)
6. 26. δῴη σοι εἰρήνην (37)
7. 5. δώσεις αὐτὰ τοῖς Λευίταις (26 *a*)
— 6. ἔδωκεν αὐτὰ τοῖς Λευίταις (26 *a*)
— 7. τοὺς τέσσ. βόας ἔδωκε τοῖς υἱοῖς Γ. (26 *a*)
— 8. τοὺς ὀκτὼ βόας ἔδωκε τοῖς υἱοῖς Μ. (26 *a*)
— 9. **A B** τοῖς υἱοῖς Καὰθ οὐκ ἔδωκεν [**R** οὐ δέδ.] (26 *a*)
8. 19. ἀπέδωκα τοὺς Λ. ἀπόδομα δεδομένους (26 *a*)
10. 29. τοῦτον δώσω ὑμῖν (26 *a*)
11. 13. πόθεν μοι κρέα δοῦναι (26 *a*)
— 13. δὸς ἡμῖν κρέα ἵνα φάγωμεν (26 *a*)
— 18. δώσει κύριος ὑμῖν κρέα φαγεῖν (26 *a*)
— 21. **A**^{2}**B** κρέα δώσω αὐτοῖς φαγεῖν [**A**^{2} *om.*] (26 *a*)
— 29. τίς δῴη πάντα τὸν λαὸν κυρίου προφήτας ὅταν δῷ κύριος τὸ πνεῦμα (26 *a*, 26 *a*)
13. 3 (2). ἣν ἐγὼ δίδωμι (26 *a*)
14. 1. **A** πᾶσα ἡ συναγωγὴ ἔδωκεν φωνήν [**B** ἐνέδ. φωνῇ] (26 *a*)
— 4. δῶμεν ἀρχηγόν (26 *a*)
— 8. δώσει αὐτὴν ἡμῖν (26 *a*)
— 23. τούτοις δώσω τὴν γῆν –
15. 2. ἣν ἐγὼ δίδωμι ὑμῖν (26 *a*)
— 21. δώσετε κυρίῳ ἀφαίρεμα εἰς τὰς γενεὰς ὑμῶν (26 *a*)
16. 14. **A R** ἔδωκας ἡμῖν κλῆρον [**B** καιρὸν] ἀγροῦ (26 *a*)
17. 3 (18). κατὰ φυλὴν οἴκου πατριῶν αὐτῶν δώσουσι –
— 6 (21). ἔδωκεν αὐτῷ πάντες οἱ ἄρχοντες αὐ. ῥάβδον (26 *a*)
18. 6. εἴληφα . . . τοὺς Λ. . . . δόμα δεδομ. κυρίῳ (26 *a*)
— 8. δέδωκα ὑμῖν τὴν διατήρησιν τῶν ἀπαρχῶν (26 *a*)
— 8. σοὶ δέδωκα αὐτὰ εἰς γέρας (26 *a*)
— 11. σοὶ δέδωκα αὐτὰ καὶ τοῖς υἱοῖς σοῦ (26 *a*)
— 12. ὅσα ἂν δῶσι [**B**^{2} -σει] τῷ κυρίῳ σοὶ δέδωκα αὐτά (26 *a*, 26 *a*)
— 19. πᾶν ἀφαίρεμα τῶν ἁγίων . . . σοὶ δέδωκα (26 *a*)
— 21. τοῖς υἱοῖς Λ. ἰδοὺ δέδωκα πᾶν ἐπιδέκατον (26 *a*)
— 24. ἀφαίρεμα δέδωκα τοῖς Λ. ἐν κλήρῳ (26 *a*)
— 26. τὸ ἐπιδέκατον ὃ δέδωκα ὑμῖν (26 *a*)
— 28. δώσετε ἀπ' αὐτῶν ἀφαίρεμα [**A** *add.* κυρίῳ] (26 *a*)
19. 3. δώσεις αὐτὴν πρὸς 'Ελεαζάρ (26 *a*)
20. 8. δώσει τὰ ὕδατα αὐτῆς (26 *a*)
— 12. ἣν δέδωκα [**A** ἔδ.] αὐτοῖς (26 *a*)
— 19. δώσω τιμήν σοι (26 *a*)
— 21. οὐκ ἠθέλησεν 'Εδὼμ δοῦναι τῷ 'Ισρ. (26 *a*)
— 24. ἣν δέδωκα [**A** ἔδ.] τοῖς υἱοῖς 'Ισρ. (26 *a*)
21. 16. δώσω αὐτοῖς ὕδωρ πιεῖν (26 *a*)
— 23. οὐκ ἔδωκε Σηὼν τῷ 'Ισρ. παρελθεῖν (26 *a*)
22. 18. ἐὰν δῷ μοι Β. πλήρη τὸν οἶκον αὐτοῦ (26 *a*)
24. 13. ἐάν μοι δῷ Β. πλήρη τὸν οἶκον αὐ. (26 *a*)
25. 12. ἐγὼ δίδωμι αὐτῷ διαθήκην εἰρήνης [**A** *al.*] (26 *a*)
26. 54. καθὼς ἐπεσκέπησαν δοθήσεται ἡ κληρονομία αὐ. (26 *c*)
— 62. οὐ δίδοται αὐτοῖς κλῆρος (26 *b*)
27. 3 (4). δότε ἡμῖν κατάσχεσιν (26 *a*)
— 6. δόμα δώσεις αὐταῖς κατάσχεσιν (26 *a*)
— 9. δώσετε τὴν κληρονομίαν τῷ ἀδ. αὐ. (26 *a*)
— 10. δώσετε τὴν κλ. τῷ ἀδ. τοῦ πατρὸς αὐ. (26 *a*)
— 11. δώσετε τὴν κλ. τῷ οἰκείῳ τῷ ἔγγιστα (26 *a*)
— 12. ἣν ἐγὼ δίδωμι τοῖς υἱοῖς 'Ισρ. (26 *a*)
— 20. δώσεις τῆς δόξης σου ἐπ' αὐτόν (26 *a*)
31. 29. δώσεις 'Ελ. τῷ ἱερεῖ τὰς ἀπαρχὰς κ. (26 *a*)
— 30. δώσεις αὐτὰ τοῖς Λευίταις (26 *a*)
— 41. ἔδωκε Μωυσῆς τὸ τέλος κυρίῳ (26 *a*)
— 47. ἔδωκεν αὐτὰ τοῖς Λευίταις (26 *a*)
32. 5. δοθήτω ἡ γ. αὕτη τοῖς οἰκέταις [**A** παισίν] σου (26 *c*)
— 7. ἣν κύριος δίδωσιν αὐτοῖς (26 *a*)
— 9. ἣν ἔδωκε κύριος αὐτοῖς (26 *a*)
— 29. δώσετε αὐτοῖς τὴν γῆν Γαλ. (26 *a*)
— 32. δώσετε τὴν κατάσχεσιν ἡμῖν †
— 33. ἔδωκεν αὐτοῖς Μ. τοῖς υἱοῖς Γάδ (26 *a*)
— 40. ἔδωκε Μ. τὴν Γαλ. τῷ Μ. (26 *a*)
33. 53. ὑμῖν γὰρ δέδωκα τὴν γῆν αὐτῶν (26 *a*)
34. 13. ὃν τρόπον συνέταξε κύριος δοῦναι αὐτήν (26 *a*)

Nu. 35. 2. δώσουσι τοῖς Λευίταις . . . πόλεις κατοικεῖν (26 a)
— 2. τὰ προάστεια τῶν πόλ. κύκλῳ αὐ. δώσουσι τοῖς Λ. (26 a)
— 4. ἃς δώσετε τοῖς Λ. (26 a)
— 6. τὰς πόλεις [A *add.* ἃς] δώσετε τοῖς Λ. (26 a)
— 6. τὰς ἓξ πόλεις τῶν φυγαδευτ. ἃς δώσετε (26 a)
— 7. πάσας τὰς πόλεις [A *add.* ἃς] δώσετε τοῖς Λ. (26 a)
— 8. ἃς δώσετε ἀπὸ τῆς κατασχέσεως υἱῶν Ἰσρ. (26 a)
— 8. δώσουσιν ἀπὸ τῶν πόλεων τοῖς Λ. (26 a)
— 13. αἱ πόλεις ἃς δώσετε (26 a)
— 14. τὰς τρεῖς πόλεις δώσετε . . . καὶ τὰς τρ. π. δώσετε ἐν τῇ γῇ Χ. (26 a, 26 a)
36. 2. δοῦναι τὴν κληρονομίαν Σαλπ. (26 a)
De. 1. 8. ἣν ὤμοσα τοῖς πατράσιν ὑμῶν . . . δοῦναι αὐτοῖς (26 a)
— 13. δότε ἑαυτοῖς ἄνδρας σοφούς (10 a)
— 20. ὃ ὁ κ. ὁ θ. ἡμῶν δίδωσιν ὑμῖν [A ἡμῖν] (26 a)
— 25. ἣν κύριος ὁ θεὸς ἡμῶν δίδωσιν ἡμῖν (26 a)
— 36. τούτῳ δώσω τὴν γῆν (26 a)
— 39. τούτοις δώσω αὐτήν (26 a)
2. 5. οὐ γὰρ μὴ δῶ [A δώσω] ὑμῖν ἀπὸ τῆς γῆς . . . ὅτι ἐν κλήρῳ . . . δέδωκα τὸ ὄρος τὸ Σηείρ (26 a, 26 a)
— 9. οὐ γὰρ μὴ δῶ ἀπὸ τῆς γῆς αὐτῶν (26 a)
— 9. δέδωκα τὴν Ἀρ. κληρονομεῖν (26 a)
— 12. ἣν δέδωκε [A ἔδ.] κύριος αὐτοῖς (26 a)
— 19. οὐ γὰρ μὴ δῶ ἀπὸ τῆς γ. υἱῶν Ἀμμάν (26 a)
— 19. τοῖς υἱοῖς Λὼτ δέδωκα αὐτὴν ἐν κλήρῳ (26 a)
— 25. ἐνάρχου δοῦναι τὸν τρόμον σου (26 a)
— 29. ἣν κ. ὁ θ. ἡμῶν δίδωσιν ἡμῖν (26 a)
3. 12. τὰς πόλεις αὐτοῦ ἔδωκα τῷ Ῥ. (26 a)
— 13. βασιλείαν Ὢγ ἔδωκα τῷ ἡμίσει φυλῆς Μ. (26 a)
— 15. τῷ Μαχὶρ ἔδωκα τὴν Γαλαάδ (26 a)
— 16. B^1 R τῷ Γὰδ δέδωκα [A B^2 ἔδ.] ἀπὸ [R ὑπὸ] τῆς Γαλ. (26 a)
— 18. κ. ὁ θ. ὑμῶν ἔδωκεν [A δέδ.] ὑμῖν τὴν γῆν τ. (26 a)
— 19. αἷς ἔδωκα ὑμῖν (26 a)
— 20. ἣν κ. ὁ θ. ἡμῶν δίδωσιν αὐτοῖς (26 a)
— 20. ἣν ἔδωκα ὑμῖν (26 a)
4. 1. ἣν κύριος . . . δίδωσιν ὑμῖν (26 a)
— 8. ὃν ἐγὼ δίδωμι (26 a)
— 21. ἣν κύριος ὁ θεός σου δίδωσί σοι (26 a)
— 38. δοῦναί σοι τὴν γῆν αὐτῶν κληρονομεῖν (26 a)
— 40: 5. 16. ἧς κ. ὁ θ. σου δίδωσί σοι (26 a)
5. 22 (19). καὶ ἔδωκέ μοι (26 a)
— 29 (26). τίς δώσει εἶναι οὕτως τὴν καρδίαν αὐ. (26 a)
— 31 (28). ἣν ἐγὼ δίδωμι αὐτοῖς ἐν κλήρῳ (26 a)
6. 3. δοῦναί σοι γῆν ῥέουσαν γάλα καὶ μέλι –
— 10. δοῦναί σοι πόλεις μεγάλας καὶ καλάς (26 a)
— 18. A ἣν ὤμοσε κύριος δοῦναι [B *om.*] –
— 22. ἔδωκε κύριος σημεῖα (26 a)
— 23. δοῦναι ἡμῖν τὴν γῆν τ. ἣν ὤμοσε δοῦναι [A ὤ. κ. ὁ θ. ἡμῶν τοῖς πατρ. ἡμῶν δοῦναι ἡμῖν] (26 a, –)
7. 3. τὴν θυγατέρα σου οὐ δώσεις τῷ υἱῷ αὐ. (26 a)
— 13. A R ἧς [B ὡς] ὤμοσε κ. τοῖς πατρ. δοῦναί σοι (26 a)
— 16. ἃ κ. ὁ θ. σου δίδωσί σοι (26 a)
8. 10. A B ἧς ἔδωκέ [R δέδ.] σοι (26 a)
— 18. δίδωσιν τὴν ἰσχὺν τοῦ ποιῆσαι δύναμιν (26 a)
9. 6. κ. ὁ θ. σου δίδωσί σοι τὴν γῆν (26 a)
— 10, 11. ἔδωκε κύριος ἐμοὶ τὰς δύο πλάκας (26 a)
— 23. ἣν δίδωμι ὑμῖν (26 a)
10. 4. ἔδωκεν αὐτὰς κύριος ἐμοί (26 a)
— 11. ἣν ὤμοσα τοῖς πατρ. αὐ. [A ὑμῶν] δοῦναι [A *add.* αὐτὴν] αὐτοῖς (26 a)
— 18. δοῦναι αὐτῷ ἄρτον καὶ ἱμάτιον (26 a)
11. 9. ἧς ὤμοσε κ. τοῖς πατρ. ὑμῶν δοῦναι αὐτοῖς (26 a)
— 14. δώσει τὸν ὑετὸν τῇ γῇ [A τῆς γ.] σου (26 a)
— 15. δώσει [A -εις] χορτάσματα (26 a)
— 17. ἡ γῆ οὐ δώσει τὸν καρπὸν αὐτῆς (26 a)
— 17. ἧς ἔδωκεν ὁ κύριος ὑμῖν (26 a)
— 21. ἧς ὤμοσε κ. τοῖς πατρ. ὑμῶν δοῦναι αὐτοῖς (26 a)
— 26. ἐγὼ δίδωμι ἐνώπιον ὑμῶν σήμερον τὴν εὐλογίαν [A *al.*] (26 a)
— 29. δώσεις εὐλογίαν ἐπ' ὄρος Γ. (26 a)
— 31. ἣν κ. ὁ θ. ὑμῶν δίδωσιν ὑμῖν (26 a)
— 32. ὅσας [A ἃς] ἐγὼ δίδωμι (26 a)
De. 12. 1. ᾗ [A ἧς] κ. ὁ θ. τῶν πατ. ἡμῶν δίδωσιν ὑμῖν (26 a)
— 9. ἣν κ. ὁ θ. ἡμῶν δίδωσιν ὑμῖν (26 a)
— 15. ἣν ἔδωκέ σοι (26 a)
— 21. ὧν ἂν δῷ ὁ θεός σοι [A *al.*] (26 a)
13. 1 (2). καὶ δῷ σοι [A δώσει] σημεῖον (26 a)
— 12 (13). ὧν κ. ὁ θ. σου δίδωσί σοι (26 a)
— 17 (18). καὶ δώσει σοι ἔλεος [*al.* δώσῃ] (26 a)
14. 21. τῷ παροίκῳ τῷ ἐν ταῖς πόλ. σου δοθήσεται (26 a)
— 26. δώσεις ἀργύριον ἐπὶ παντός (26 a)
15. 4, 7. ᾗ κύριος ὁ θεός σου δίδωσί σοι (26 a)
— 9. καὶ οὐ δώσεις αὐτῷ (26 a)
— 10. διδοὺς δώσεις αὐτῷ . . . καὶ οὐ λυπηθήσῃ [A -πήσῃ] τῇ καρδίᾳ σου διδόντος σου αὐτῷ (26 a *ter*)
— 14. καθὰ εὐλόγησέ σε κ. ὁ θ. σου δώσεις αὐτῷ (26 a)
16. 5. ὧν κύριος ὁ θεός σου δίδωσί σοι (26 a)
— 10. ὅσα ἂν δῷ [A *add.* σοι] (26 a)
— 17. ἣν ἔδωκέ σοι (26 a)
— 18. αἷς κ. ὁ θ. σου δίδωσί σοι (26 a)
— 20. ἣν κύριος ὁ θεός σου δίδωσί σοι (26 a)
17. 2. ὧν κ. ὁ θ. σου δίδωσί σοι (26 a)
— 14. ἣν κ. ὁ θ. σου δίδωσί σοι (26 a)
18. 3. δώσει τῷ ἱερεῖ τὸν βραχίονα (26 a)
— 4. τὴν ἀπαρχὴν τῶν κουρῶν τῶν προβ. σου δώσεις αὐτῷ (26 a)
— 9. ἣν κ. ὁ θ. σου δίδωσί σοι (26 a)
— 14. σοὶ οὐχ οὕτως ἔδωκε κ. ὁ θ. σου (26 a)
— 18. δώσω τὰ ῥήματά [A τὸ ῥ.] μου ἐν τῷ στόματι αὐ. (26 a)
19. 1. ἃ ὁ θεὸς δίδωσί σοι τὴν γῆν (26 a)
— 2. ἧς κ. ὁ θ. σου δίδωσί σοι (26 a)
— 8. ἐὰν δὲ . . . δῷ σοι κ. πᾶσαν τὴν γῆν [B^1 *om.* π. τ. γ.] (26 a)
— 8. ἣν εἶπε δοῦναι τοῖς πατράσι σου (26 a)
— 10, 14. ᾗ [A ἣν] κ. ὁ θ. σου δίδωσί σοι (26 a)
— 21. A B^2 καθότι ἂν δῷ μῶμον τῷ πλησίον οὕτως δοθήσεται αὐτῷ –, –
20. 14, 15 (16). ὧν κύριος ὁ θ. σου δίδωσί σοι (26 a)
21. 1. ᾗ [A ἣν] κύριος ὁ θεός σου δίδωσί σοι (26 a)
— 17. δοῦναι αὐτῷ διπλᾶ ἀπὸ πάντων (26 a)
— 23. ἣν κύριος ὁ θ. σου δίδωσί σοι (26 a)
22. 16. τὴν θυγατέρα μου ταύτην δέδωκα (26 a)
— 19. δώσουσι τῷ πατρὶ τῆς νεάνιδος (26 a)
— 29. δώσει ὁ ἄνθρωπος ὁ κοιμηθεὶς μετ' αὐτῆς (26 a)
24. 1. καὶ δώσει [A^2 *om.* κ. δ.] εἰς τὰς χεῖρας αὐ. (26 a)
— 3. καὶ δώσει εἰς τὰς χεῖρας αὐ. (26 a)
— 4. ἣν κύριος ὁ θεός σου δίδωσί σοι [A *al.*] (26 a)
25. 15. ἧς κύριος ὁ θεός σου δίδωσί σοι (26 a)
— 19. ᾗ κ. ὁ θεός σου δίδωσί σοι (26 a)
26. 1. ἣν κ. ὁ θεός σου δίδωσί σοι (26 a)
— 2. ἧς [A ἣν] κ. ὁ θεός σου δίδωσί σοι (26 a)
— 3. ἣν ὤμοσε κύριος τοῖς πατρ. ἡμῶν δοῦναι ἡμῖν (26 a)
— 9. ἔδωκεν ἡμῖν τὴν γῆν ταύτην (26 a)
— 10. ἧς ἔδωκάς μοι (26 a)
— 11. οἷς ἔδωκέ σοι κύριος (26 a)
— 12. τὸ δεύτερον ἐπιδέκατον δώσεις τῷ Λ. (26 a)
— 13. ἔδωκα αὐτὰ τῷ Λευίτῃ (26 a)
— 14. οὐκ ἔδωκα ἀπ' αὐτῶν τῷ τεθνηκότι (26 a)
— 15. ἣν ἔδωκας αὐτοῖς καθὰ ὤμοσας τοῖς πατράσιν ἡμῶν δοῦναι ἡμῖν (26 a, –)
27. 2. ἣν κύριος ὁ θεός σου δίδωσί σοι (26 a)
— 3. ἣν κ. ὁ θ. τῶν πατ. σου δίδωσί σοι (26 a)
28. 1. A ἣν κύριος ὁ θεὸς ὑμῶν δίδωσιν ὑμῖν –
— 1. δώσει σε κύριος ὁ θεός σου ὑπεράνω (26 a)
— 8. ἧς κύριος ὁ θ. σου δίδωσί σοι (26 a)
— 11. ἧς [B^1 ᾗ, B^2 *om.*] ὤμοσε κύριος τοῖς πατρ. σου δοῦναί σοι (26 a)
— 12. δοῦναι τὸν ὑετὸν τῇ γῇ σου (26 a)
— 24. R δῴη κ. ὁ θ. σου τὸν ὑετὸν τῆς γῆς [A B τῇ γῇ] σου κονιορτόν (26 a)
— 25. B^2R δῴη σε κύριος ἐπὶ κοπήν [? ἐπικ., A B^1 ἐπισκοπήν] (26 a)
— 31. τὰ πρόβατά σου δεδομ. τοῖς ἐχθροῖς σου (26 a)
— 32. A B^2 R καὶ αἱ θυγατέρες σου δεδομέναι ἔθνει ἑτέρῳ (26 a)
— 52. αἷς ἔδωκέ σοι (26 a)
— 53. ὅσα ἔδωκέ σοι (26 a)
— 55. ὥστε δοῦναι ἑνὶ αὐτῶν ἀπὸ τῶν σαρκῶν τῶν τέκνων αὐ. (26 a)
De. 28. 65. δώσει σοι κ. ἐκεῖ καρδίαν ἑτέραν [A *om.*] (26 a)
29. 4 (3). οὐκ ἔδωκε κ. ὁ θ. ὑμῖν καρδίαν εἰδέναι (26 a)
— 8 (7). καὶ ἔδωκα αὐτὴν ἐν κλήρῳ τῷ Ῥ. (26 a)
30. 1. ἣν ἔδωκα [A δέδ.] πρὸ προσώπου σου (26 a)
— 7. δώσει κύριος ὁ θεός σου τὰς ἀρὰς ταύτας (26 a)
— 15. δέδωκα πρὸ προσώπου σου σήμερον τὴν ζωήν (26 a)
— 18. A ἧς κύριος ὁ θεός σου δίδωσίν σοι –
— 19. τὴν ζωὴν καὶ τὸν θάνατον δέδωκα (26 a)
— 20. ἧς ὤμοσε κ. τοῖς πατράσι σου . . . δοῦναι αὐτοῖς (26 a)
31. 7. ἣν ὤμοσε κύριος τοῖς πατρ. ἡμῶν δοῦναι [A *add.* αὐτὴν] αὐτοῖς (26 a)
— 9. A ἔδωκε τοῖς ἱερεῦσι τοῖς υἱοῖς Λευὶ [B *om.* τοῖς υἱ. Λ.] (26 a)
— 20. ἣν ὤμοσα τοῖς πατράσιν αὐτῶν δοῦναι αὐτοῖς [A *om.* δ. αὐτ.] –
32. 3. δότε μεγαλωσύνην τῷ θεῷ ἡμῶν (10 a)
— 49. ἣν ἐγὼ δίδωμι τοῖς υἱοῖς Ἰσραήλ (26 a)
33. 8. δότε Λευὶ δήλους αὐτοῦ –
34. 4. τῷ σπέρματι ὑμῶν δώσω αὐτήν (26 a)
Jo. 1. 2. ἣν ἐγὼ δίδωμι αὐτοῖς (26 a)
— 3. ὑμῖν δώσω αὐτόν (26 a)
— 6. ἣν ὤμοσα τοῖς πατράσιν ὑμῶν [A^2 αὐτῶν] δοῦναι αὐτοῖς (26 a)
— 11. ἣν κ. ὁ θ. τῶν πατέρων ὑμῶν δίδωσιν ὑμῖν (26 a)
— 13. ἔδωκεν ὑμῖν τὴν γῆν ταύτην (26 a)
— 14. ἐν τῇ γῇ ᾗ ἔδωκεν ὑμῖν (26 a)
— 15. ἣν κ. ὁ θ. ἡμῶν δίδωσιν αὐτοῖς (26 a)
— 15. A B ἣν δέδωκεν [R ἔδ.] ὑμῖν Μωυσῆς (26 a)
2. 9. A ἔδωκεν [B δέδ.] ὑμῖν κύριος τὴν γῆν (26 a)
5. 6. ἣν ὤμοσε κ. τοῖς πατρ. αὐ. δοῦναι [A δ. ἡμῖν] (26 a)
6. 23 (24). πλὴν ἀργυρίου . . . ἔδωκαν εἰς θησαυρὸν κυρίου (26 a)
7. 19. δὸς δόξαν σήμερον τῷ κυρίῳ θεῷ Ἰσρ. καὶ δὸς τὴν ἐξομολόγησιν (37, 26 a)
8. 1. δέδωκα εἰς τὰς χεῖράς σου τὸν βασιλέα Γαί (26 a)
9. 24. δοῦναι ὑμῖν τὴν γῆν ταύτην (26 a)
11. 20. ὅπως μὴ δοθῇ αὐτοῖς ἔλεος (5)
— 23. ἔδωκεν αὐτοὺς [A^2 -ὴν] Ἰ. ἐν κληρονομίᾳ Ἰσρ. (26 a)
12. 6. ἔδωκεν αὐτὴν Μ. ἐν κληρονομίᾳ [A κλήρῳ] Ῥ. (26 a)
— 7. ἔδωκεν αὐτὸν [A -ὴν] Ἰ. ταῖς φυλαῖς Ἰσρ. (26 a)
13. 8. κατὰ δυσμὰς ἡλίου δώσεις αὐτήν –
— 8. τῷ Γὰδ ἔδωκε [A ἣν ἔδωκεν] Μ. (26 a)
— 8. κατ' ἀνατολὰς ἡλίου δέδωκεν αὐτῷ [A -ὴν] Μ. (26 a)
— 14. τῆς φυλῆς [A τῇ φ. τῇ] Λ. οὐκ ἐδόθη κληρονομία (26 a)
— 15. ἔδωκε Μ. τῇ φυλῇ Ῥ. (26 a)
— 24. ἔδωκε δὲ Μ. τοῖς υἱοῖς Γὰδ κατὰ δήμους αὐ. (26 a)
— 29. ἔδωκε Μωυσῆς τῷ ἡμίσει φυλῆς Μαν. (26 a)
— 31. A ἐδόθησαν [B *om.*] τοῖς υἱοῖς Μαχίρ –
14. 3. τοῖς Λ. οὐκ ἔδωκε κλῆρον ἐν αὐτοῖς (26 a)
— 4. οὐκ ἐδόθη μερὶς ἐν τῇ γῇ τοῖς Λ. (26 a)
— 13. ἔδωκε Χεβρὼν τῷ Χάλεβ (26 a)
15. 13. τῷ Χάλεβ υἱῷ Ἰεφ. ἔδωκε μερίδα (26 a)
— 13. ἔδωκεν αὐτῷ Ἰησοῦς τὴν πόλιν Ἀρ. –
— 16. δώσω αὐτῷ τὴν Ἀσχὰν θυγατέρα μου (26 a)
— 17. ἔδωκεν αὐτῷ τὴν Ἀσχὰν θυγατέρα αὐτοῦ (26 a)
— 19. δός μοι εὐλογίαν ὅτι εἰς γῆν Ναγὲβ δέδωκάς με (26 a, 26 a)
— 19. δός μοι τὴν Βοθθανείς [A *al.*] (26 a)
— 19. ἔδωκεν αὐτῇ [A *add.* Χάλεβ] τὴν Γοναιθλάν (26 a)
16. 10. ἔδωκεν αὐτὴν Φ. ἐν φερνῇ τῇ θυγατρὶ αὐτοῦ †
17. 4. δοῦναι ἡμῖν κληρονομίαν (26 a)
— 4. ἐδόθη αὐταῖς διὰ προστάγματος κυρίου κλῆρος (26 a)
18. 3. ἣν ἔδωκε κύριος ὁ θεὸς ἡμῶν [A *al.*] (26 a)
— 4. δότε ἐξ ὑμῶν τρεῖς ἄνδρας ἐκ φυλῆς (10 a)
— 7. ἣν ἔδωκεν αὐτοῖς Μωυσῆς ὁ παῖς κυρίου (26 a)
19. 49. ἔδωκαν οἱ υἱοὶ Ἰσραὴλ κλῆρον Ἰησοῖ (26 a)
— 50. ἔδωκαν αὐτῷ τὴν πόλιν ἣν ᾐτήσατο (26 a)
20. 2. δότε τὰς πόλεις τῶν φυγαδευτηρίων (26 a)
— 4. A δώσουσιν αὐτῷ τόπον (26 a)
— 8. ἔδωκε [A -καν τὴν] Βοσὸρ . . . ἀπὸ τῆς φυλῆς Ῥ. (26 a)
21. 2. δοῦναι ἡμῖν πόλεις κατοικεῖν (26 a)

Jo. 21. 3. ἔδωκαν οἱ υἱοὶ Ἰσραὴλ τοῖς Λ. (26 a)
— 8. ἔδωκαν οἱ υἱοὶ Ἰσραὴλ τοῖς Λ. τὰς πόλεις (26 a)
— 9. ἔδωκεν ἡ φυλὴ υἱῶν Ἰ. . . . τὰς πόλεις ταύτας [A om.] (26 a)
— 11. ἔδωκεν [A -αν] αὐτοῖς τὴν Καριαθαρβόκ (26 a)
— 12. τὰς κώμας αὐ. ἔδωκεν Ἰ. τοῖς υἱοῖς [A τῷ] Χάλεβ (26 a)
— 13. τοῖς υἱοῖς Ἀαρὼν ἔδωκε [A τοῦ ἱερέως] τὴν πόλιν (26 a)
— 21. ἔδωκαν αὐτοῖς τὴν πόλιν τοῦ φυγαδευτηρίου (26 a)
— 40. ἔδωκαν οἱ υἱοὶ Ἰσραὴλ μερίδα τῷ Ἰησοῖ –
— 40. ἔδωκαν αὐτῷ τὴν πόλιν ἣν ᾐτήσατο τὴν Θαμν. ἔδωκαν αὐτῷ –, –
— 41. ἔδωκε κύριος τῷ Ἰσρ. πᾶσαν τὴν γῆν ἣν ὤμοσε δοῦναι τοῖς πατράσιν αὐτῶν (26 a, 26 a)
22. 4. ἣν ἔδωκεν ὑμῖν Μωυσῆς ἐν τῷ πέραν τοῦ Ἰορδ. (26 a)
— 7. τῷ [A τοῖς] ἡμίσει φυλῆς Μαν. ἔδωκε Μ. (26 a)
— 7. τῷ ἡμίσει [A τοῖς ἡμίσιν] ἔδωκεν Ἰ. (26 a)
23. 13. ἣν [A ἧς] ἔδωκεν ὑμῖν κύριος ὁ θεὸς ὑμῶν (26 a)
— 15. ἧς ἔδωκε κύριος ὑμῖν [A al.] (26 a)
24. 3. ἔδωκα αὐτῷ τὸν Ἰσαάκ (26 a)
— 4. ἔδωκα τῷ Ἡσαῦ τὸ ὄρος τὸ Σηείρ (26 a)
— 7. ἔδωκε νεφέλην καὶ γνόφον (37)
— 13. ἔδωκεν ὑμῖν γῆν (26 a)
— 25. ἔδωκεν αὐτῷ νόμον καὶ κρίσιν (37)
— 32. A B² R ἔδωκεν αὐτὴν Ἰωσὴφ ἐν μερίδι (5)
— 33. ἣν ἔδωκεν αὐτῷ ἐν τῷ ὄρει τῷ Ἐφρ. (26 b)
Jd. 1. 2. δέδωκα τὴν γῆν ἐν τῇ χειρὶ αὐτοῦ (26 a)
— 4. A ἔδωκεν κύριος τὸν Χαν. . . . ἐν χειρὶ αὐτοῦ [B al.] (26 a)
— 12. δώσω αὐτῷ τὴν Ἀ. θυγατέρα μου εἰς γυναῖκα (26 a)
— 13. ἔδωκεν αὐτῷ Χάλεβ [A om.] τὴν Ἀ. (26 a)
— 15. δὸς δή μοι εὐλογίαν (10 a)
— 15. δώσεις μοι λύτρωσιν ὕδατος (26 a)
— 15. ἔδωκεν αὐτῇ Χάλεβ . . . λύτρωσιν μετεώρων (26 a)
— 20. ἔδωκαν (A -εν) τῷ Χάλεβ τὴν Χεβρών (26 a)
2. 1. A τοῦ δοῦναι ὑμῖν –
3. 6. τὰς θυγατ. αὐ. ἔδωκαν τοῖς υἱοῖς αὐ. (26 a)
5. 11. ἐκεῖ δώσουσι δικαιοσύνας [A al.] (42)
— 25. γάλα ἔδωκεν [A ἐδ. αὐτῷ] (26 a)
6. 1. ἔδωκεν [A παρέδ.] αὐτοὺς κύριος ἐν χειρὶ Μ. (26 a)
— 9. ἔδωκα ὑμῖν τὴν γῆν αὐτῶν (26 a)
— 13. ἔδωκεν [A παρέδ.] ἡμᾶς ἐν χειρὶ Μαδιάμ (26 a)
7. 7. δώσω τὴν [A παραδώσω] Μαδιὰμ ἐν χειρί σου (26 a)
— 16. ἔδωκε κερατίνας ἐν χειρὶ πάντων (26 a)
8. 5. δότε δὴ ἄρτους εἰς τροφὴν τῷ λαῷ τούτῳ [A al.] (26 a)
— 6. A R ὅτι [B οὐ] δώσομεν τῇ δυνάμει [A στρατειᾷ] σου ἄρτους (26 a)
— 7. ἐν τῷ δοῦναι κύριον τὸν Ζ. . . . ἐν χειρί μου (26 a)
— 15. ὅτι δώσομεν τοῖς ἀνδράσι σου . . . ἄρτους (26 a)
— 24. δότε μοι ἀνὴρ ἐνώτιον ἐκ [A τῶν] σκύλων αὐτοῦ (26 a)
— 25. διδόντες δώσομεν (26 a, 26 a)
9. 4. ἔδωκαν αὐτῷ ἑβδομήκοντα ἀργυρίου (26 a)
— 29. τίς δῴη τὸν λαὸν τοῦτον ἐν χειρί μου (26 a)
11. 30. ἐὰν διδοὺς δῷς τοὺς υἱοὺς Ἀμμὼν ἐν τῇ χειρί μου [A al.] (26 a, 26 a)
12. 3. ἔδωκεν αὐτοὺς κύριος ἐν χειρί μου [A al.] (26 a)
14. 9. ἔδωκεν αὐτοῖς καὶ ἔφαγον (26 a)
— 12. δώσω ὑμῖν τριάκοντα σινδόνας (26 a)
— 13. δώσετε ὑμεῖς ἐμοὶ τριάκοντα ὀθόνια [A σινδόνας] (26 a)
— 19. ἔδωκε τὰς στολὰς [A om. τὰς στ.] τοῖς ἀπαγγείλασι (26 a)
15. 1. οὐκ ἔδωκεν [A ἀφῆκεν] αὐτὸν ὁ πατὴρ αὐτῆς εἰσελθεῖν (26 a)
— 2. ἔδωκα αὐτὴν ἑνὶ τῶν ἐκ τῶν φίλων σου [A al.] (26 a)
— 6. ἔδωκεν αὐτὴν τῷ ἐκ τῶν φίλων αὐ. [A al.] (26 a)
— 12. τοῦ δοῦναί σε ἐν χειρὶ ἀλλοφύλων [A al.] (26 a)

Jd. 15. 18. A σὺ ἔδωκας ἐν χειρὶ τοῦ δούλου σου τὴν σωτηρίαν τὴν μεγ. [B al.] (26 a)
16. 5. ἡμεῖς δώσομέν σοι ἀνὴρ χιλίους καὶ ἑκ. ἀργυρίου (26 a)
— 23. ἔδωκεν ὁ θ. ἐν χειρὶ ἡμῶν τὸν Σ. [A al.] (26 a)
17. 4. ἔδωκεν αὐτὸ ἀργυροκόπῳ [A τῷ χωνευτῇ] (26 a)
— 10. ἐγὼ δώσω σοι δέκα ἀργυρίου (26 a)
18. 10. ἔδωκεν [A παρέδ.] αὐτὴν ὁ θεὸς ἐν χειρὶ ὑμῶν (26 a)
20. 7. δότε ἑαυτοῖς λόγον (10 a)
— 13. δότε τοὺς ἄνδρας υἱοὺς παρανόμων [A al.] (26 a)
— 28. αὔριον δώσω αὐτοὺς εἰς τὰς χεῖρας ὑμῶν [A al.] (26 a)
— 36. ἔδωκεν ἀνὴρ Ἰσραὴλ τόπον τῷ Βεν. (26 a)
21. 1. οὐ δώσει θυγατέρα αὐτοῦ τῷ Βεν. εἰς γυναῖκα [A al.] (26 a)
— 7. τοῦ μὴ δοῦναι αὐτοῖς ἀπὸ τῶν θυγατ. ἡμῶν εἰς γυναῖκας (26 a)
— 14. ἔδωκαν αὐτοῖς οἱ υἱοὶ Ἰσρ. [A om. οἱ υἱ. Ἰσ.] τὰς γυν. (26 a)
— 18. οὐ δυνησόμεθα δοῦναι αὐτοῖς γυναῖκας (26 a)
— 18. ἐπικατάρατος ὁ διδοὺς γυναῖκα τῷ Βεν. (26 a)
— 22. ὅτι οὐχ [A οὐ γὰρ] ὑμεῖς ἐδώκατε αὐτοῖς (26 a)
Ru. 1. 6. δοῦναι αὐτοῖς ἄρτους (26 a)
— 9. δῴη [A δῷ] κύριος ὑμῖν . . . ἀνάπαυσιν (26 a)
2. 18. ἔδωκεν αὐτῇ ἃ κατέλιπεν (26 a)
3. 17. τὰ ἓξ τῶν κριθῶν ταῦτα ἔδωκέ μοι (26 a)
4. 3. ἡ δέδοται Ν. τῇ ἐπιστρεφούσῃ ἐξ ἀγροῦ Μ. (18 ?)
— 7. ἐδίδου τῷ πλησίον αὐτοῦ (26 a)
— 8. καὶ ἔδωκεν αὐτῷ –
— 11. δῴη κύριος τὴν γυναῖκά σου . . . ὡς Ῥαχήλ (26 a)
— 12. οὗ δώσει κύριός σοι ἐκ τῆς παιδίσκης ταύτης (26 a)
— 13. ἔδωκεν αὐτῇ κύριος κύησιν (26 a)
I Ki. 1. 4. ἔδωκε τῇ Φεννάνᾳ γυναικὶ αὐτοῦ . . . μερίδας (26 a)
— 5. τῇ Ἄννᾳ ἔδωκε μερίδα μίαν (26 a)
— 6. οὐκ ἔδωκεν αὐτῇ κύριος παιδίον †
— 6. τοῦ μὴ δοῦναι αὐτῇ παιδίον –
— 11. καὶ δῷς τῇ δούλῃ σου σπέρμα ἀνδρῶν (26 a)
— 11. δώσω αὐτὸν ἐνώπιόν σου δοτόν (26 a)
— 16. μὴ δῷς τὴν δούλην σου εἰς θυγατέρα λοιμήν (26 a)
— 17. ὁ θεὸς Ἰσρ. δῴη σοι πᾶν αἴτημά σου (26 a)
— 27. A R ἔδωκέ μοι [B om.] κύριος τὸ αἴτημά μου (26 a)
2. 9. διδοὺς εὐχὴν τῷ εὐχομένῳ †
— 10. δίδωσιν ἰσχὺν τοῖς βασιλεῦσιν ἡμῶν (26 a)
— 15. δὸς κρέας ὀπτῆσαι τῷ ἱερεῖ (26 a)
— 16. ὅτι [A τί] νῦν δώσεις (26 a)
— 28. ἔδωκα τῷ οἴκῳ τοῦ πατρός σου τὰ πάντα τοῦ πυρός (26 a)
6. 5. δώσετε τῷ κυρίῳ δόξαν (26 a)
8. 6. δὸς ἡμῖν βασιλέα δικάζειν ἡμᾶς [A ἐφ' ἡ.] (26 a)
— 14. δώσει τοῖς δούλοις αὐτοῦ (26 a)
— 15. δώσει τοῖς εὐνούχοις αὐτοῦ (26 a)
9. 8. δώσεις τῷ ἀνθρώπῳ τοῦ θεοῦ (26 a)
— 23. δός μοι τὴν μερίδα ἣν ἔδωκά σοι (26 a, 26 a)
10. 4. δώσουσί σοι δύο ἀπαρχὰς ἄρτων (26 a)
12. 13. δέδωκε κύριος ἐφ' ὑμᾶς βασιλέα (26 a)
— 17. δώσει φωνὰς καὶ ὑετόν (26 a)
— 18. B ἔδωκε κύριος φωνὰς καὶ ὑετόν (26 a)
14. 41. δὸς δήλους (10 a)
— 41. δὸς δὴ [A om. δ. δὴ] τῷ λαῷ σου Ἰσραὴλ δὸς δὴ ὁσιότητα –, –
15. 28. δώσει αὐτὴν τῷ πλησίον σου (26 a)
17. 10. δότε μοι ἄνδρα (26 a)
— 17. A δὸς τοῖς ἀδελφοῖς σου –
— 25. A καὶ τὴν θυγατέρα αὐτοῦ δώσει αὐτῷ (26 a)
— 44. δώσω [A παραδ.] τὰς σάρκας σου τοῖς πετ. τοῦ οὐρ. (26 a)
— 46. δώσω τὰ κῶλά σου . . . τοῖς πετ. τοῦ οὐρ. (26 a)
18. 2. A οὐκ ἔδωκεν αὐτὸν ἐπιστρέψαι (26 a)
— 4. A ἔδωκεν αὐτὸν τῷ Δαυίδ (26 a)
— 8. τῷ Δαυὶδ ἔδωκαν τὰς μυριάδας καὶ ἐμοὶ ἔδωκαν τὰς χιλιάδας (26 a, 26 a)
— 17. A αὐτὴν δώσω σοι εἰς γυναῖκα (26 a)
— 19. A τοῦ δοθῆναι τὴν Μ. θυγ. Σ. τῷ Δ. (26 a)
— 19. A αὐτὴ ἐδόθη τῷ Ἰσρ. τῷ Μο. εἰς γυναῖκα (26 b)

I Ki. 18. 21. δώσω αὐτὴν αὐτῷ (26 a)
— 27. δίδωσιν αὐτῷ [A add. Σαοὺλ] τὴν Μ. . . εἰς γυναῖκα (26 a)
20. 40. B Ἰωνάθαν ἔδωκε τὰ σκεύη αὐ. ἐπὶ τὸ παιδάριον (26 a)
21. 3 (4). δὸς εἰς χεῖρά [A -άς] μου τὸ εὑρεθέν (26 a)
— 6 (7). ἔδωκεν αὐτῷ Ἀβ. ὁ ἱερεὺς τοὺς ἄρτους τῆς προθέσεως (26 a)
— 10. δός μοι αὐτήν (26 a)
— 10. καὶ ἔδωκεν αὐτὴν αὐτῷ –
22. 7. A R εἰ [B οἱ] ἀληθῶς πᾶσιν ὑμῖν δώσει ὁ υἱὸς Ἰ. ἀγρούς (26 a)
— 10. ἐπισιτισμὸν ἔδωκεν αὐτῷ καὶ τὴν ῥομφαίαν Γολ. τοῦ ἀλλοφύλου ἔδωκεν αὐτῷ (26 a, 26 a)
— 13. δοῦναί σε αὐτῷ ἄρτον καὶ ῥομφαίαν [A al.] (26 a)
— 15. μὴ δότω ὁ βασ. κατὰ τοῦ δούλου αὐτοῦ λόγον (37)
24. 8. οὐκ ἔδωκεν αὐτοῖς ἀναστάντας θῦσαι τὸν Σ. [A al.] (26 a)
25. 8. δὸς δὴ ὃ ἐὰν εὕρῃ ἡ χείρ σου (26 a)
— 11. δώσω αὐτὰ ἀνδράσιν (26 a)
— 27. δώσεις τοῖς παιδαρίοις τοῖς παρεστηκόσι τῷ κ. μου (26 b)
— 44. Σαοὺλ ἔδωκε Μελχὸλ . . . τῷ Φαλτί (26 a)
27. 5. δότωσαν δή μοι τόπον (26 a)
— 6. ἔδωκεν αὐτῷ . . . τὴν Σεκ. (26 a)
28. 17. δώσει αὐτὴν [A -ῷ] τῷ πλησίον σου τῷ Δαυίδ (26 a)
— 19. τὴν παρεμβολὴν Ἰσρ. δώσει κύριος (26 a)
30. 11. διδόασιν αὐτῷ ἄρτον (26 a)
— 12. διδόασιν αὐτῷ κλάσμα παλάθης (26 a)
— 22. οὐ δώσομεν αὐτοῖς ἐκ τῶν σκύλων (26 a)
II Ki. 4. 8. ἔδωκε κύριος τῷ κυρίῳ βασιλεῖ ἐκδίκησιν (26 a)
— 10. ᾧ ἔδει με δοῦναι εὐαγγέλια (26 a)
9. 9. πάντα . . . δέδωκα τῷ υἱῷ τοῦ κυρίου σου [A al.] (26 a)
10. 10. τὸ κατάλοιπον τοῦ λαοῦ ἔδωκεν ἐν χειρὶ Ἀβ. (26 a)
12. 8. A ἔδωκά σοι τὸν οἶκον τοῦ κυρίου σου ἐν τῷ κόλπῳ σου ἔδωκα τὰς γυναῖκας τοῦ κ. σου καὶ ἔδωκά σοι τὸν οἶκον Ἰσρ. καὶ Ἰ. [B al.] (26 a, –, 26 a)
— 11. καὶ δώσω τῷ πλησίον σου (26 a)
14. 7. δὸς τὸν παίσαντα τὸν ἀδελφὸν αὐ. (26 a)
16. 8. ἔδωκε κύριος τὴν βασ. ἐν χειρὶ Ἀβ. (26 a)
18. 11. ἐγὼ ἂν ἐδεδώκειν σοι δέκα ἀργυρίου (26 a)
— 33 (19. 1). τίς δῴη τὸν θάνατόν μου ἀντὶ σοῦ (26 a)
19. 42. ἢ δόμα ἔδωκεν [A δέδ.] (24 ?)
20. 3. ἔδωκεν αὐτὰς ἐν οἴκῳ φυλακῆς (26 a)
— 21. δότε αὐτόν μοι μόνον (26 a)
21. 6. δότω [A δότε] ἡμῖν ἑπτὰ ἄνδρας (26 c)
— 6. ἐγὼ δώσω (26 a)
— 9. ἔδωκεν αὐτοὺς ἐν χειρὶ τῶν Γαβαωνιτῶν (26 a)
— 10. οὐκ ἔδωκε τὰ πετεινὰ τοῦ οὐρ. καταπαῦσαι (26 a)
22. 14. ὁ ὕψιστος ἔδωκε φωνὴν αὐτοῦ (26 a)
— 36. ἔδωκάς μοι ὑπερασπισμὸν σωτηρίας μου (26 a)
— 41. τοὺς ἐχθρούς μου ἔδωκάς μοι νῶτον (26 a)
— 48. ὁ διδοὺς ἐκδικήσεις ἐμοί (26 a)
24. 9. ἔδωκεν Ἰ. τὸν ἀριθμὸν τῆς ἐπισκέψεως τοῦ λαοῦ πρὸς τὸν βασ. (26 a)
— 15. ἔδωκε κύριος ἐν Ἰσραὴλ θάνατον (26 a)
— 23. τὰ πάντα ἔδωκεν Ὀρνὰ τῷ βασιλεῖ (26 a)
III Ki. 1. 48. ὃς ἔδωκε σήμερον [A μοι σ.] . . . καθήμενον ἐπὶ τοῦ θρόνου μου [A om.] (26 a)
2. 5. A R καὶ ἔδωκεν αἷμα ἀθῷον (26 a)
— 16 (17). δώσει μοι τὴν Ἀβ. . . . εἰς [A om.] γυναῖκα (26 a)
— 21. δοθήτω δὴ Ἀβ. . . . τῷ Ἀδωνίᾳ (26 c)
— 35. ἔδωκεν ὁ βασ. τὸν Β. υἱὸν Ἰ. ἀντ' αὐτοῦ (26 a)
— 35. ἔδωκεν αὐτὸν [A om.] ὁ βασ. εἰς ἱερέα πρῶτον (26 a)
— 35 (4. 29) (5. 9). ἔδωκε κύριος φρόνησιν τῷ Σαλωμών (26 a)
3. 6. δοῦναι τὸν υἱὸν αὐ. ἐπὶ [A καθήμενον ἐπὶ] τοῦ θρόνου αὐ. (26 a)
— 7. σὺ ἔδωκας τὸν δοῦλόν σου ἀντὶ Δαυίδ (19)
— 9. δώσεις τῷ δούλῳ σου καρδίαν ἀκούειν (26 a)
— 12. δέδωκά σοι καρδίαν φρονίμην (26 a)
— 13. ἃ οὐκ ᾐτήσω δέδωκά [A ἔδ.] σοι (26 a)
— 25. δότε τὸ ἥμισυ αὐτοῦ ταύτῃ (26 a)

III Ki. 3. 26. δότε αὐτῇ τὸ παιδίον [A π. τὸ ζῶν] (26 a)
— 27. δότε τὸ παιδίον [A αὐτῇ τὸ π. τὸ ζῶν] τῇ εἰπούσῃ, Δότε αὐτῇ αὐτό (26 a, –)
4. 29 (5. 9). ἔδωκε κύριος φρόνησιν [A σοφίαν] τῷ Σαλωμών (26 a)
— 34 [B]: 9. 16 [A]. ἔδωκεν αὐτὰς Φαραὼ [A ἔ. αὐτὴν] ἀποστολὰς θυγατρὶ αὐ. (26 a)
5. 3 (17). A R ἕως τοῦ δοῦναι κύριον [B om.] αὐτοὺς ὑπὸ τὰ ἴχνη τῶν ποδῶν αὐ. (26 a)
— 5 (19). ὃν δώσω ἀντὶ σοῦ ἐπὶ τὸν θρόνον σου (26 a)
— 6 (20). A R μισθὸν [B om.] δουλείας σου δώσω σοι (26 a)
— 7 (21). ὃς ἔδωκε [A ὁ δοὺς] τῷ Δαυὶδ υἱὸν φρόνιμον (26 a)
— 9 (23). τοῦ δοῦναι ἄρτους τῷ οἴκῳ μου (26 a)
— 10 (24). ἦν Χιρὰμ διδοὺς τῷ Σαλωμὼν κέδρους (26 a)
— 11 (25). Σαλ. ἔδωκε τῷ Χ. εἴκοσι χιλιάδας κόρους [A -ων] πυροῦ (26 a)
— 11 (25). ἐδίδου Σαλ. τῷ Χ. κατ' ἐνιαυτόν (26 a)
— 12 (26). κύριος ἔδωκε σοφίαν τῷ Σαλωμών (26 a)
6. 5. ἔδωκεν ἐπὶ τὸν τοῖχον τοῦ οἴκου μέλαθρα (4)
— 6. διάστημα [A -ματα] ἔδωκε τῷ οἴκῳ (26 a)
— 19. δοῦναι ἐκεῖ τὴν κιβωτὸν διαθήκης κυρίου (26 a)
7. 16. δοῦναι ἐπὶ τὰς κεφαλὰς τῶν στύλων (26 a)
— 48. A ἔδωκεν ὁ βασ. Σαλ. ἐπὶ πάντα τὰ σκεύη [B al.] (23)
— 51. τὸ χρυσίον καὶ τὰ σκεύη ἔδωκεν εἰς τοὺς θησαυροὺς οἴκου κυρίου (26 a)
8. 32. δοῦναι τὴν ὁδὸν αὐ. εἰς κεφαλὴν αὐ. (26 a)
— 32. δοῦναι αὐτῷ κατὰ τὴν δικαιοσύνην αὐ. (26 a)
— 34. ἣν ἔδωκας τοῖς πατράσιν αὐτῶν (26 a)
— 36. δώσεις ὑετὸν ἐπὶ τὴν γῆν ἣν ἔδωκας τῷ λαῷ σου ἐν κληρονομίᾳ (26 a, 26 a)
— 39. δώσεις ἀνδρὶ κατὰ τὰς [A πάσας τὰς] ὁδοὺς αὐ. (26 a)
— 40. ἧς ἔδωκας τοῖς πατράσιν ἡμῶν (26 a)
— 48. ἧς ἔδωκας τοῖς πατράσιν αὐτῶν (26 a)
— 50. δώσεις αὐτοὺς εἰς οἰκτιρμούς (26 a)
— 56. ὃς ἔδωκε κατάπαυσιν τῷ λαῷ αὐτοῦ (26 a)
9. 6. ἃ ἔδωκε Μωυσῆς ἐνώπιον ὑμῶν (26 a)
— 7. ἧς ἔδωκα αὐτοῖς (26 a)
— 11. ἔδωκεν [A ᾠκοδόμησεν] ὁ βασ. [A β. Σαλ.] τῷ Χιρὰμ εἴκοσι πόλεις (26 a)
— 12. ἃς ἔδωκεν αὐτῷ Σαλωμών (26 a)
— 13. ἃς ἔδωκάς μοι (26 a)
10. 9. δοῦναί σε ἐπὶ θρόνου Ἰσραήλ (26 a)
— 10. ἔδωκε τῷ Σαλ. ἑκατὸν εἴκοσι τάλαντα χρυσίου (26 a)
— 10. ἃ ἔδωκε βασίλισσα Σαβὰ τῷ βασ. [A om.] Σαλ. (26 a)
— 13. ὁ βασ. Σαλ. ἔδωκε τῇ βασιλίσσῃ Σαβὰ πάντα (26 a)
— 13. ὧν δεδώκει αὐτῇ [A -ῷ] (26 a)
— 17. A R ἔδωκεν αὐτὰ ὁ βασ. [B om. ὁ β.] (26 a)
— 22 [B]: 9. 22 [A]. ἐκ τῶν υἱῶν Ἰσρ. οὐκ ἔδωκε Σαλ. πρᾶγμα [A εἰς πρ.] (26 a)
— 24. ἣς ἔδωκε κύριος τῇ καρδίᾳ αὐτοῦ (26 a)
— 27. ἔδωκεν ὁ βασιλεὺς τὸ χρυσίον . . . ὡς λίθους καὶ τὰς κέδρους ἔδωκεν ὡς συκαμίνους (26 a, 26 a)
11. 11. δώσω αὐτὴν τῷ δούλῳ σου (26 a)
— 13. σκῆπτρον ἐν δώσω τῷ υἱῷ σου (26 a)
— 18. ἔδωκεν αὐτῷ οἶκον (26 a)
— 18. A καὶ γῆν ἔδωκεν αὐτῷ (26 a)
— 19. ἔδωκεν αὐτῷ γυναῖκα ἀδελφὴν τῆς γυν. αὐ. (26 a)
— 31. δώσω σοι δέκα σκῆπτρα [A ῥήγματα] (26 a)
— 35. δώσω σοι τὰ δέκα σκῆπτρα (26 a)
— 36. τῷ δὲ υἱῷ αὐτοῦ δώσω τὰ δύο σκῆπτρα (26 a)
— 38. A καὶ δώσω σοι τὸν Ἰσραήλ (26 a)
12. 4. οὗ ἔδωκεν ἐφ' ἡμᾶς (26 a)
— 9. οὗ ἔδωκεν ὁ πατήρ σου ἐφ' ἡμᾶς (26 a)
— 24. B ἔδωκεν αὐτὸν Σαλ. εἰς ἄρχοντα σκυτάλης –
— 24. B αἴτησαί τι αἴτημα καὶ δώσω σοι –
— 24. B Σουσακὶμ ἔδωκε τῷ Ἱεροβοὰμ τὴν Ἀνὼ –
— 24. B καὶ δώσεις τῷ Ἱεροβοάμ –
— 29. καὶ τὴν μίαν ἔδωκεν ἐν Δάν (26 a)
13. 3. δώσει [A ἔδωκεν] ἐν τῇ ἡμέρᾳ ἐκείνῃ τέρας (26 a)
— 5. ὃ [A om.] ἔδωκεν ὁ ἄνθρωπος τοῦ θεοῦ (26 a)
— 7. δώσω σοι δόμα (26 a)
— 8. ἐάν μοι δῷς τὸ ἥμισυ τοῦ οἴκου σοῦ (26 a)
— 26. A καὶ ἔδωκεν αὐτὸν ὁ κύριος τῷ λέοντι (26 a)

III Ki. 14. 7. A καὶ ἔδωκά σε ἡγούμενον ἐπὶ τὸν λαόν μου (26 a)
— 8. A καὶ ἔδωκα αὐτὸ σοί (26 a)
— 15. A ἧς ἔδωκεν τοῖς πατράσιν αὐτῶν (26 a)
15. 4. ἔδωκεν αὐτῷ κ. [A add. ὁ θεὸς] κατάλειμμα (26 a)
— 18. ἔδωκεν αὐτὰ [A om.] εἰς χεῖρας παίδων αὐ. (26 a)
16. 2. ἔδωκά σε ἡγούμ. ἐπὶ τὸν λαόν [A δοῦλόν] μου (26 a)
— 3. δώσω τὸν οἶκόν σου (26 a)
17. 14. ἕως ἡμέρας τοῦ δοῦναι κύριον τὸν ὑετόν (26 a)
— 19. δός μοι τὸν υἱόν σου [A σοι] (26 a)
— 23. ἔδωκεν αὐτὸ τῇ μητρὶ αὐτοῦ (26 a)
18. 1. δώσω ὑετὸν ἐπὶ πρόσωπον τῆς γῆς (26 a)
— 9. δίδως [A δώσεις] τὸν δοῦλόν σου εἰς χεῖρα [A -ας] Ἀχ. (26 a)
— 23. δότωσαν ἡμῖν δύο βόας (26 a)
— 23. A καὶ δώσω ἐπὶ τὰ ξύλα (26 a)
— 26. A ὃν ἔδωκεν αὐτοῖς (26 a)
19. 21. καὶ ἔδωκε τῷ λαῷ (26 a)
20 (21). 2. δός μοι τὸν ἀμπελῶνά σου (26 a)
— 2. δώσω σοι ἀμπελῶνα ἄλλον (26 a)
— 2. δώσω σοι ἀργύριον (26 a)
— 3. δοῦναι κληρονομίαν πατέρων μου σοί (26 a)
— 4. A οὐ δώσω σοι κληρονομίαν πατέρων (26 a)
— 6. δός μοι τὸν ἀμπελῶνά σου ἀργυρίου (26 a)
— 6. δώσω σοι ἀμπελῶνα ἄλλον (26 a)
— 6. οὐ δώσω σοι κληρονομίαν πατέρων μου (26 a)
— 7. ἐγὼ δώσω σοι τὸν ἀμπελῶνα Ναβ. (26 a)
— 15. ὃς οὐκ ἔδωκέ σοι ἀργυρίου (26 a)
— 22. δώσω τὸν οἶκόν σου ὡς τὸν οἶκον Ἱερ. (26 a)
21 (20). 5. A τὰς γυναῖκάς σου καὶ τὰ τέκνα σου δώσεις ἐμοί (26 a)
— 13. ἐγὼ δίδωμι αὐτὸν σήμερον εἰς χεῖρας σάς (26 a)
— 28. δώσω [A -σει] τὴν δύναμιν τὴν μεγ. τ. εἰς χεῖρα σήν (26 a)
22. 6. διδοὺς [A -ως] δώσει κύριος εἰς χεῖρας τοῦ βασ. (–, 26 a)
— 12. δώσει κύριος εἰς χεῖράς σου καὶ [A om.] τὸν βασ. Σ. [A om.] (26 a)
— 15. A δώσει [B om.] κύριος εἰς χεῖρα [A -ας] τοῦ βασ. (26 a)
— 23. ἔδωκε κύριος πνεῦμα ψευδὲς ἐν στόμ. πάντων τῶν προφητῶν σου τ. (26 a)
IV Ki. 3. 10. δοῦναι αὐτοὺς [A¹ -οῖς] ἐν χειρὶ Μωάβ (26 a)
— 13. A δοῦναι [B τοῦ παραδ.] αὐτοὺς εἰς χεῖρας Μ. (26 a)
4. 42. δότε τῷ λαῷ καὶ ἐσθιέτωσαν (26 a)
— 43. τί δῶ τοῦτο ἐνώπιον ἑκατὸν ἀνδρῶν [A al.] (26 a)
— 43. δὸς [A δότε] τῷ λαῷ (26 a)
— 44. A καὶ ἔδωκεν εἰς πρόσωπον αὐτῶν (26 a)
5. 1. ἐν αὐτῷ ἔδωκε [A ἔθηκεν] κύριος σωτηρίαν Σ. (26 a)
— 17. A B δοθήτω δὴ τῷ δούλῳ σου γομόρ [R -ος] (26 c)
— 17. R καὶ σύ μοι δώσεις ἐκ τῆς γῆς τῆς πυρρᾶς –
— 22. δὸς δὴ αὐτοῖς τάλαντον ἀργυρίου (26 a)
— 23. καὶ ἔδωκεν ἐπὶ δύο παιδάρια αὐτοῦ (26 a)
6. 28, 29. δὸς τὸν υἱόν σου (26 a)
8. 6. ἔδωκεν αὐτῇ ὁ βασιλεὺς εὐνοῦχον ἕνα (26 a)
— 19. δοῦναι αὐτῷ λύχνον (26 a)
9. 9. δώσω [A ἐπιδοῦναι] τὸν οἶκον Ἀχ. (26 a)
10. 15. δὸς τὴν χεῖρά σου· καὶ ἔδωκε τὴν χεῖρα αὐτοῦ (26 a, 26 a)
11. 10. ἔδωκεν ὁ ἱερεὺς τοῖς ἑκατοντάρχοις τοὺς σειρομάστας (26 a)
— 12. ἔδωκεν ἐπ' αὐτὸν νεζέρ (26 a)
12. 7 (8). εἰς τὸ βεδὲκ τοῦ οἴκου δώσετε αὐτό (26 a)
— 9 (10). A R ἔδωκεν αὐτὴν . . . ἐν τῷ οἴκῳ ἀνδρὸς οἴκου [B -ῳ] κυρίου (26 a)
— 9 (10). ἔδωκαν οἱ ἱερεῖς . . . τὸ ἀργ. (26 a)
— 11 (12). A R ἔδωκαν [B -εν] τὸ ἀργύριον τὸ ἑτοιμασθέν (26 a)
— 14 (15). τοῖς ποιοῦσι τὰ ἔργα δώσουσιν αὐτό (26 a)
— 15 (16). οἷς ἐδίδουν τὸ [A ἐδίδου] ἀργ. ἐπὶ χεῖρας αὐ. δοῦναι τοῖς ποιοῦσι τὰ ἔργα (26 a, 26 a)
13. 3. ἔδωκεν αὐτοὺς ἐν χειρὶ Ἀζαήλ (26 a)
— 5. ἔδωκε κύριος σωτηρίαν τῷ Ἰσραήλ (26 a)
14. 9. δὸς τὴν θυγατέρα σου τῷ υἱῷ μου εἰς γυναῖκα (26 a)

IV Ki. 15. 19. Μαν. ἔδωκε τῷ Φ. χίλια τάλαντα ἀργυρίου (26 a)
— 20. δοῦναι τῷ βασιλεῖ τῶν Ἀσσυρίων (26 a)
16. 17. ἔδωκεν αὐτὴν ἐπὶ βάσιν λιθίνην (26 a)
17. 20. ἔδωκεν αὐτοὺς ἐν χειρὶ διαρπαζόντων αὐτούς (26 a)
18. 15. ἔδωκεν Ἐζεκίας πᾶν τὸ ἀργύριον (26 a)
— 16. ἔδωκεν αὐτὰ βασιλεῖ Ἀσσυρίων (26 a)
— 23. δώσω σοι δισχιλίους ἵππους εἰ δυνήσῃ δοῦναι σεαυτῷ ἐπιβάτας ἐπ' αὐτούς (26 a, 26 a)
19. 7. ἐγὼ δίδωμι ἐν αὐτῷ πνεῦμα (26 a)
— 18. ἔδωκαν τοὺς θεοὺς αὐτῶν εἰς τὸ πῦρ (26 a)
21. 8. ἧς [A ᾗ] ἔδωκα τοῖς πατράσιν αὐτῶν (26 a)
22. 5. δότωσαν αὐτὸ ἐπὶ χεῖρα ποιούντων τὰ ἔργα (26 a)
— 5. ἔδωκεν αὐτὸ τοῖς ποιοῦσι τὰ ἔργα (26 a)
— 7. οὐκ ἐξελογίζοντο αὐτοὺς [A -οῖς] τὸ ἀργ. τὸ διδόμ. αὐτοῖς (26 b)
— 8. ἔδωκε Χ. τὸ βιβλίον [A om. τὸ β.] πρὸς Σαφφάν (26 a)
— 9. ἔδωκαν αὐτὸ ἐπὶ χεῖρα ποιούντων τὰ ἔργα (26 a)
— 10. βιβλίον ἔδωκέ μοι Χελκίας ὁ ἱερεύς (26 a)
23. 5. B οὓς ἔδωκαν βασιλεῖ Ἰούδα [A R al.] (26 a)
— 11. οὓς ἔδωκαν βασιλεῖς Ἰούδα τῷ ἡλίῳ [A al.] (26 a)
— 33. A R ἔδωκε ζημίαν ἐπὶ τὴν γῆν [B om. ζ. ἐπὶ τὴν γ.] (26 a)
— 35. τὸ χρυσίον ἔδωκεν Ἰ. τῷ Φ. (26 a)
— 35. τοῦ δοῦναι τὸ ἀργύριον ἐπὶ στόματος Φ. (26 a)
— 35. ἔδωκαν τὸ ἀργύριον καὶ τὸ χρυσίον (22 ?)
— 35. δοῦναι τῷ Φαραὼ Νεχαώ (26 a)
25. 28. ἔδωκε τὸν θρόνον αὐτοῦ ἐπάνωθεν τῶν θρ. τῶν βασ. (26 a)
— 30. ἡ ἑστιατορία αὐτοῦ . . . ἐδόθη αὐτῷ (26 b)
I Ch. 2. 35. ἔδωκε Σωσὰν . . . εἰς γυναῖκα (26 a)
5. 1. ἐδόθη εὐλογίαν αὐτοῦ τῷ υἱῷ αὐ. (26 b)
— 20. ἐδόθησαν εἰς χεῖρας αὐτῶν οἱ Ἀγ. (26 b)
6. 48 (33). οἱ Λ. δεδομένοι εἰς πᾶσαν ἐργασίαν (26 a)
— 55 (40). ἔδωκαν αὐτοῖς τὴν Χεβρὼν ἐν γῇ Ἰ. (26 a)
— 56 (41). τὰς κώμας αὐτῆς ἔδωκαν τῷ Χαλέβ (26 a)
— 57 (42). τοῖς υἱοῖς Ἀαρὼν ἔδωκαν τὰς πόλεις (26 a)
— 64 (49). ἔδωκαν οἱ υἱοὶ Ἰσρ. τοῖς Λ. τὰς πόλεις (26 a)
— 65 (50). ἔδωκαν ἐν κλήρῳ ἐκ φυλῆς υἱῶν Ἰούδα (26 a)
— 67 (52). ἔδωκαν αὐτοῖς τὰς πόλεις τῶν φυγαδευτηρίων (26 a)
9. 2. A R οἱ ἱερεῖς οἱ Λευῖται καὶ οἱ δεδομένοι [B al.] (25)
14. 10. A² B S δώσεις αὐτοὺς εἰς τὰς χεῖράς μου (26 a)
— 10. A² B S δώσω αὐτοὺς εἰς τὰς χεῖράς σου (26 a)
— 17. ἔδωκε τὸν φόβον αὐ. ἐπὶ πάντα τὰ ἔθνη (26 a)
16. 18. σοὶ δώσω τὴν γῆν Χαναάν (26 a)
— 28. A δότε τῷ κυρίῳ αἱ πατριαὶ [B S πατρὶ] τῶν ἐθνῶν δότε τῷ κυρίῳ δόξαν καὶ ἰσχύν (10 a, 10 a)
— 29. A R δότε τῷ κυρίῳ δόξαν ὀνόματος [R -τι] αὐτοῦ (10 a)
17. 22. ἔδωκας τὸν λαόν σου Ἰσρ. σεαυτῷ λαόν (26 a)
19. 11. ἔδωκεν ἐν χειρὶ Ἀβ. ἀδελφοῦ αὐτοῦ (26 a)
21. 5. ἔδωκεν Ἰωὰβ τὸν ἀριθμὸν τῆς ἐπισκέψεως (26 a)
— 14. ἔδωκε κύριος θάνατον ἐν Ἰσραήλ (26 a)
— 22. δός μοι τὸν τόπον σου τῆς ἅλω (26 a)
— 22. ἐν ἀργυρίῳ ἀξίῳ δός μοι αὐτόν [A -ό] (26 a)
— 23. δέδωκα τοὺς μόσχους εἰς ὁλοκαύτωσιν (26 a)
— 23. τὰ πάντα δέδωκα [A ἔδ.] (26 a)
— 25. ἔδωκε Δαυὶδ τῷ Ὀρνᾶ ἐν τῷ τόπῳ [A περὶ τοῦ τ.] (26 a)
22. 9. εἰρήνην καὶ ἡσυχίαν δώσω ἐπὶ Ἰσραήλ (26 a)
— 12. ἀλλ' ἢ δῴη σοι σοφίαν καὶ σύνεσιν κύριος (26 a)
— 18. ἔδωκεν ἐν χερσὶν ὑμῶν τοὺς κατοικ. (26 a)
— 19. νῦν δότε καρδίας ὑμῶν . . . τοῦ ζητῆσαι τῷ κ. (26 a)
25. 5. ἔδωκεν ὁ θ. τῷ Αἱ. υἱοὺς δέκα τέσσαρας (26 a)
28. 5. ὅτι πολλοὺς υἱοὺς ἔδωκέ [A δέδ.] μοι κύριος (26 a)
— 11. ἔδωκε Δαυὶδ Σαλ. . . . τὸ παράδειγμα τοῦ ναοῦ (26 a)
— 15. λυχνιῶν τὴν ὁλκὴν ἔδωκεν αὐτῷ –
— 16. ἔδωκεν αὐτῷ ὁμοίως τὸν σταθμὸν τῶν τραπ. –
— 19. πάντα ἐν γραφῇ χειρὸς κ. ἔδωκε Δ. Σαλ. –
29. 3. δέδωκα εἰς οἶκον θεοῦ μου εἰς ὕψος (26 a)

I Ch. 29. 7. ἔδωκαν εἰς τὰ ἔργα τοῦ οἴκου κυρίου . . . τάλαντα (26 *a*)
— 8. ἔδωκαν εἰς τὰς ἀποθήκας οἴκου κυρίου (26 *a*)
— 14. A R καὶ ἐκ [B *om.*] τῶν σῶν δεδώκαμέν σοι (26 *a*)
— 19. δὸς καρδίαν ἀγαθὴν ποιεῖν (26 *a*)
— 25. ἔδωκαν [A -εν] αὐτῷ δόξαν βασιλέως (26 *a*)
II Ch. 1. 7. αἴτησαι τί σοι δῶ (26 *a*)
— 10. νῦν σοφίαν καὶ σύνεσιν δός μοι (26 *a*)
— 11 (12). τὴν σοφίαν καὶ τὴν σύνεσιν δίδωμί σοι (26 *a*)
— 12. πλοῦτον καὶ χρήματα καὶ δόξαν δώσω σοι (26 *a*)
2. 10 (9). εἰς βρώματα δέδωκα σῖτον εἰς δόματα (26 *a*)
— 11 (10). ἔδωκέ σε ἐπ' αὐτοὺς βασιλέα [A εἰς β.] (26 *a*)
— 12 (11). ὃς ἔδωκε τῷ Δ. τῷ βασ. υἱὸν σοφόν (26 *a*)
— 14 (13). ὅσα ἂν δῷς αὐτῷ μετὰ τῶν σοφῶν σου (26 *b*)
3. 16. ἔδωκεν [A ἔθηκεν] ἐπὶ τῶν κεφαλῶν τῶν στύλων (26 *a*)
5. 1. A R ἔδωκεν εἰς θησαυρὸν οἴκου [B *om.*] κυρίου (26 *a*)
6. 25. ἣν ἔδωκας αὐτοῖς καὶ τοῖς πατράσιν (26 *a*)
— 27. δώσεις ὑετὸν ἐπὶ τὴν γῆν σου ἣν ἔδωκας τῷ λαῷ σου (26 *a*, 26 *a*)
— 30. δώσεις ἀνδρὶ κατὰ τὰς ὁδοὺς αὐτοῦ (26 *a*)
— 31. ἧς ἔδωκας τοῖς πατράσιν ἡμῶν (26 *a*)
— 38. ἧς ἔδωκας τοῖς πατράσιν αὐτῶν (26 *a*)
7. 19. ἃς ἔδωκα ἐναντίον ὑμῶν (26 *a*)
— 20. ἧς ἔδωκα αὐτοῖς (26 *a*)
— 20. δώσω αὐτὸν εἰς παραβολήν (26 *a*)
8. 2. ἃς ἔδωκε Χιρὰμ τῷ Σαλωμών (26 *a*)
— 9. ἐκ τῶν υἱῶν Ἰσρ. οὐκ ἔδωκε Σαλ. εἰς παῖδας (26 *a*)
9. 8. τοῦ δοῦναί σε ἐπὶ θρόνον [A -ου] αὐ. εἰς βασιλέα (26 *a*)
— 8. ἔδωκέ σε ἐπ' αὐτοὺς εἰς βασιλέα (26 *a*)
— 9. ἔδωκε τῷ βασ. ἑκατὸν εἴκοσι τάλαντα χρυσίου (26 *a*)
— 9. ἃ ἔδωκε βασίλισσα Σαβὰ τῷ βασ. Σαλ. (26 *a*)
— 12. ὁ βασ. Σαλ. ἔδωκε τῇ βασιλίσσῃ Σαβά (26 *a*)
— 16. ἔδωκεν αὐτὰς ὁ βασ. ἐν οἴκῳ δρυμοῦ τοῦ Λ. (26 *a*)
— 23. ἣς ἔδωκεν ὁ θεὸς ἐν καρδίᾳ αὐτοῦ (26 *a*)
— 27. ἔδωκεν ὁ βασιλεὺς τὸ χρυσίον . . . ὡς λίθους (26 *a*)
10. 4. οὐ ἔδωκεν ἐφ' ἡμᾶς (26 *a*)
— 9. οὐ ἔδωκεν ὁ πατήρ σου ἐφ' ἡμᾶς (26 *a*)
11. 11. καὶ ἔδωκεν ἐν [A *om.*] αὐτοῖς ἡγουμένους (26 *a*)
— 16. οἳ ἔδωκαν καρδίαν αὐτῶν τοῦ ζητῆσαι (26 *a*)
— 23. ἔδωκεν αὐταῖς τροφὰς πλῆθος πολύ (26 *a*)
12. 7. καὶ δώσω αὐτοὺς ὡς μικρὸν εἰς σωτηρίαν (26 *a*)
13. 5. ἔδωκε [A δέδ.] βασιλέα ἐπὶ τὸν Ἰσρ. εἰς τὸν αἰῶνα τῷ Δ. (26 *a*)
16. 1. τοῦ μὴ δοῦναι ἔξοδον καὶ εἴσοδον τῷ Ἀσά (26 *a*)
17. 2. ἔδωκε δύναμιν ἐν πάσαις ταῖς πόλεσιν Ἰ. (26 *a*)
— 5. ἔδωκε πᾶς Ἰούδα δῶρα τῷ Ἰωσαφάτ (26 *a*)
— 19. ἐκτὸς ὧν ἔδωκεν [A δέδ.] ὁ βασ. ἐν ταῖς πόλεσι (26 *a*)
18. 5. δώσει ὁ θεὸς εἰς τὰς χεῖρας τοῦ βασ. (26 *a*)
— 11. δώσει κύριος εἰς χεῖρας τοῦ βασιλέως (26 *a*)
— 14. καὶ δοθήσονται εἰς χεῖρας ὑμῶν (26 *b*)
— 22. ἔδωκε κ. πνεῦμα ψευδὲς ἐν στόματι τῶν πρ. (26 *a*)
20. 3. ἔδωκεν Ἰωσ. τὸ πρόσωπον αὐτοῦ (26 *a*)
— 7. ἔδωκας αὐτὴν σπέρματι Ἀβραάμ (26 *a*)
— 10. εἰς οὓς οὐκ ἔδωκας τῷ Ἰσρ. διελθεῖν (26 *a*)
— 11. ἧς ἔδωκας ἡμῖν (15)
— 22. ἔδωκε κ. πολεμεῖν τοὺς υἱοὺς Ἀμμών (26 *a*)
21. 3. ἔδωκεν αὐτοῖς ὁ πατὴρ αὐ. δόματα πολλά (26 *a*)
— 3. τὴν βασιλείαν ἔδωκε τῷ Ἰωράμ (26 *a*)
— 7. δοῦναι αὐτῷ λύχνον (26 *a*)
22. 11. ἔδωκεν αὐτὸν . . . εἰς ταμεῖον κλινῶν (26 *a*)
23. 9. ἔδωκε τὰς μαχαίρας καὶ τοὺς θυρεοὺς (26 *a*)
— 11. ἔδωκεν ἐπ' αὐτὸν τὸ βασίλειον (26 *a*)
— 15. ἔδωκαν αὐτῇ ἄνεσιν (37)
24. 10. καὶ ἔδωκαν πάντες ἄρχοντες †
— 12. ἔδωκεν αὐτὸ ὁ βασ. . . . τοῖς ποιοῦσι τὰ ἔργα (26 *a*)
25. 9. ἃ ἔδωκα τῇ δυνάμει (26 *a*)
— 9. ἔστι τῷ κ. δοῦναί σοι πλεῖστα τούτων (26 *a*)
— 16. μὴ σύμβουλον τοῦ βασ. δέδωκά σε (26 *a*)

II Ch. 25. 18. δὸς τὴν θυγατέρα σου τῷ υἱῷ μου εἰς γυναῖκα (26 *a*)
26. 8. ἔδωκαν οἱ Μιναῖοι δῶρα τῷ Ὀζίᾳ (26 *a*)
27. 5. ἐδίδουν [B^{2} -ου] αὐτῷ κατ' ἐνιαυτὸν ἑκατὸν τάλαντα (26 *a*)
28. 15. ἔδωκαν φαγεῖν καὶ ἀλείψασθαι (44)
— 18. B ἔδωκεν τῷ βασιλεῖ [A *om.* ἔ. τ. β.] τὴν Αἰλὼν –
— 21. ἔδωκε τῷ βασιλεῖ Ἀσσούρ (26 *a*)
29. 6. καὶ ἔδωκαν αὐχένα (26 *a*)
— 8. ἔδωκεν αὐτοὺς εἰς ἔκστασιν (26 *a*)
30. 8. δότε δόξαν κυρίῳ τῷ θεῷ (26 *a*)
— 12. δοῦναι αὐτοῖς καρδίαν μίαν (26 *a*)
31. 4. δοῦναι τὴν μερίδα τῶν ἱερέων (26 *a*)
— 14. δοῦναι τὰς ἀπαρχὰς κυρίῳ (26 *a*)
— 15. δοῦναι τοῖς ἀδ. αὐτῶν κατὰ τὰς ἐφημερίας (26 *a*)
— 19. δοῦναι μερίδα παντὶ ἀρσενικῷ (26 *a*)
32. 24. καὶ σημεῖον ἔδωκεν αὐτῷ (26 *a*)
— 25. ὃ ἔδωκεν αὐτῷ †
— 29. ἔδωκεν αὐτῷ κύριος ἀποσκευὴν πολλήν (26 *a*)
— 33. δόξαν καὶ τιμὴν ἔδωκαν αὐτῷ (30)
33. 8. ἧς ἔδωκα τοῖς πατράσιν αὐτῶν (28)
34. 9. ἔδωκαν [A -εν] τὸ ἀργύριον τὸ εἰσενεχθέν (26 *a*)
— 10. ἔδωκαν αὐτὸ ἐπὶ χεῖρα ποιούντων τὰ ἔργα (26 *a*)
— 10. ἔδωκαν αὐτὸ ποιοῦσι τὰ ἔργα (26 *a*)
— 11. ἔδωκαν τοῖς τέκτοσι (26 *a*)
— 15. ἔδωκε Χελκίας τὸ βιβλίον τῷ Σαφάν (26 *a*)
— 16. πᾶν τὸ δοθὲν ἀργύριον ἐν χειρὶ τῶν παίδων σου (26 *b*)
— 17. ἔδωκεν [A -αν] ἐπὶ χεῖρα τῶν ἐπισκόπων (26 *a*)
— 18. B^{1} ὃ [A B^{2} *om.*] ἔδωκέ [R δέδ.] μοι Χελκίας ὁ ἱερεύς (26 *a*)
35. 8. ἔδωκε Χελκίας . . . τοῖς ἱερεῦσι (36)
— 8. ἔδωκαν εἰς τὸ φασὲκ πρόβατα (26 *a*)
— 25. ἔδωκαν αὐτὸν εἰς πρόσταγμα ἐπὶ Ἰσρ. (26 *a*)
36. 4. τὸ ἀργύριον καὶ τὸ χρυσίον ἔδωκε [A -αν] τῷ Φ. –
— 4. B τοῦ δοῦναι τὸ ἀργύριον ἐπὶ στόμα Φ. –
— 4. δοῦναι [A *add.* αὐτὸ] τῷ Φαραῷ Νεχαῷ –
— 23. ἔδωκέ μοι κ. ὁ θ. τοῦ οὐρ. (26 *a*)
I Es. 1. 6. κατὰ τὸ πρόσταγμα τοῦ κ. τὸ δοθὲν τῷ Μ.
— 7. ταῦτα ἐκ τῶν βασιλικῶν ἐδόθη κατ' ἐπαγγελίαν
— 8. ἔδωκε . . . τοῖς ἱερεῦσιν εἰς πάσχα πρόβατα
— 9. ἔδωκαν τοῖς Λευίταις εἰς πάσχα πρόβατα
2. 19. φορολογίαν οὐ μὴ ὑπομείνωσι δοῦναι
3. 5. δώσει αὐτῷ Δαρεῖος ὁ βασ. δωρεὰς μεγάλας
— 9. δώσουσιν αὐτῷ τὸ γράμμα
— 9. αὐτῷ δοθήσεται τὸ νῖκος [A νίκημα]
— 13. λαβόντες τὸ γράμμα ἔδωκαν [A ἐπέδ.] αὐτῷ
4. 22. πάντα ταῖς γυναιξὶ δίδοτε
— 42. καὶ δώσομέν σοι
— 51. εἰς τὴν οἰκοδομὴν τοῦ ἱεροῦ δοθῆναι . . . τάλαντα εἴκοσι
— 55. τοῖς Λευίταις ἔγραψε δοῦναι τὴν χορηγίαν
— 56. ἔγραψε δοῦναι αὐτοῖς κλήρους
— 60. ὃς ἔδωκάς μοι σοφίαν
— 62. ἔδωκεν αὐτοῖς ἄνεσιν καὶ ἄφεσιν
5. 45. δοῦναι εἰς τὸ ἱερὸν γαζοφυλάκιον . . . μνᾶς χιλίας
— 54. ἔδωκαν ἀργύριον τοῖς λατόμοις
6. 26. τὸ δαπάνημα δοθῆναι ἐκ τοῦ οἴκου Κύρου
— 29. σύνταξιν δίδοσθαι τούτοις τοῖς ἀνθρώποις
8. 4. ἔδωκεν αὐτῷ ὁ βασιλεὺς δόξαν
— 6. κατὰ τὴν δοθεῖσαν αὐτοῖς εὐοδίαν
— 17. τὰ ἱερὰ σκεύη σου τὰ διδόμενα εἰς τὴν χρείαν
— 18. A δώσεις ἐκ τοῦ ἱεροῦ [B βασιλικοῦ] γαζοφυλακίου
— 20. ἐπιμελῶς διδῶσιν αὐτῷ ἕως ἀργυρίου ταλάντων ἑκ.
— 25. ὁ δοὺς ταῦτα εἰς τὴν καρδίαν μου τοῦ βασ.
— 49. ὧν ἔδωκε Δαυίδ
— 79, 80. δοῦναι ἡμῖν τροφήν
— 81. δοῦναι ἡμῖν στερέωμα ἐν τῇ Ἰου.
— 82. ἃ ἔδωκας ἐν χειρὶ τῶν παίδων
— 84. A τὰς θυγατ. ἡμῶν μὴ δῶτε [B *al.*]
— 87. ἔδωκας ἡμῖν τοιαύτην ῥίζαν
9. 8. δότε ὁμολογίαν δόξαν τῷ κ. θ.
— 54. δοῦναι ἀποστολὰς τοῖς μὴ ἔχουσι
II Es. 1. 2. πάσας τὰς βασ. . . . ἔδωκέ μοι ὁ θ. [A *al.*] (26 *a*)
— 7. ἔδωκεν αὐτὰ ἐν οἴκῳ θεοῦ αὐτοῦ (26 *a*)
2. 69. ἔδωκαν εἰς θησαυρὸν τοῦ ἔργου (26 *a*)
3. 7. ἔδωκαν ἀργύριον τοῖς λατόμοις (26 *a*)

II Es. 4. 13. φόροι οὐκ ἔσονταί σοι οὐδὲ δώσουσι (26 *d*)
— 20. A B καὶ μέρος δίδοται [R δίδονται] αὐτοῖς (10 *d*)
5. 12. ἔδωκεν αὐτοὺς εἰς χεῖρας Ναβ. (10 *b*)
— 14. ἔδωκε τῷ Σαβ. τῷ θησαυροφύλακι (10 *c*)
— 16. ἔδωκε θεμελίους τοῦ οἴκου τοῦ θ. (10 *b*)
6. 4. ἡ δαπάνη ἐξ οἴκου τοῦ βασ. δοθήσεται (10 *d*)
— 5. A R δοθήτω καὶ ἀπελθέτω εἰς τὸν ναόν (38 *c*)
— 6. νῦν δώσετε, ἔπαρχοι πέραν τοῦ ποτ. †
— 8. δαπάνη ἔστω διδομένη τοῖς ἀνδράσιν ἐκ. (10 *d*)
— 9. ἔστω διδόμενον αὐτοῖς ἡμέραν ἐν ἡμέρᾳ (10 *d*)
7. 6. ὃν ἔδωκε κύριος ὁ θεὸς Ἰσραήλ (26 *a*)
— 6. καὶ ἔδωκεν αὐτῷ ὁ βασιλεύς (26 *a*)
— 10. ἔδωκεν ἐν καρδίᾳ αὐτοῦ ζητῆσαι τὸν νόμον [A *al.*] (16)
— 11. οὗ ἔδωκεν Ἀρθ. τῷ Ἔσδρᾳ (26 *a*)
— 19. τὰ σκεύη τὰ διδόμ. σοι εἰς λειτουργίαν οἴκου θ. (10 *d*)
— 20. ὃ ἂν φανῇ σοι δοῦναι δώσεις ἀπὸ οἴκων γάζης (26 *d*, 26 *d*)
— 27. ἔδωκεν οὕτως ἐν καρδίᾳ τοῦ βασ. (26 *a*)
8. 20. ὧν ἔδωκε Δ. . . . εἰς δουλείαν τῶν Λ. (26 *a*)
— 36. ἔδωκαν [A -κα] τὸ νόμισμα τοῦ βασ. τοῖς διοικηταῖς (26 *a*)
9. 8. δοῦναι ἡμῖν στήριγμα (26 *a*)
— 8. δοῦναι ζωοποίησιν μικράν (26 *a*)
— 9. δοῦναι ἡμῖν ζωοποίησιν [S^{1} -σειν] (26 *a*)
— 9. τοῦ δοῦναι ἡμῖν [S^{1} *om.*] φραγμὸν ἐν Ἰούδᾳ (26 *a*)
— 11. ἃς ἔδωκας ἡμῖν ἐν χειρὶ δούλων σου (32)
— 12. A B S τὰς θυγατ. ὑμῶν μὴ δῶτε [R δότε] τοῖς υἱοῖς αὐ. (26 *a*)
— 13. καὶ ἔδωκας ἡμῖν σωτηρίαν (26 *a*)
10. 11. δότε αἴνεσιν τῷ θεῷ [A S^{2} *al.*] (26 *a*)
— 19. ἔδωκαν χεῖρα αὐ. (26 *a*)
Ne. 1. 11. δὸς αὐτὸν εἰς οἰκτιρμούς (26 *a*)
2. 1. καὶ ἔδωκα τῷ βασιλεῖ (26 *a*)
— 6. καὶ ἔδωκα αὐτῷ ὅρον (26 *a*)
— 7. ἐπιστολὰς δότω μοι πρὸς τοὺς ἐπάρχους (26 *a*)
— 8. ὥστε δοῦναί μοι ξύλα (26 *a*)
— 8. καὶ ἔδωκέ μοι ὁ βασιλεύς (26 *a*)
— 9. ἔδωκα αὐτοῖς τὰς ἐπιστολὰς τοῦ βασ. (26 *a*)
— 12. τί ὁ θεὸς δίδωσιν εἰς καρδίαν μου τοῦ ποιῆσαι (26 *a*)
— 17. αἱ πύλαι αὐτῆς ἐδόθησαν πυρί (13)
4. 4 (3. 36). δὸς αὐτοὺς [A -οῖς] εἰς μυκτηρισμὸν ἐν γῇ αἰχμαλωσίας (26 *a*)
5. 7. καὶ ἔδωκα ἐπ' αὐτοὺς ἐκκλησίαν μεγάλην (26 *a*)
7. 5. καὶ ἔδωκεν ὁ θεὸς εἰς τὴν καρδίαν μου (26 *a*)
— 70. A S^{2} ἔδωκαν εἰς τὸ ἔργον . . . ἔδωκαν [S^{2} -εν, B S^{1} *om.*] εἰς θησαυρὸν χρυσοῦς χιλίους (26 *a*, 26 *a*)
— 71. A ἔδωκαν [S^{1} -κα, B S^{2} ἔθηκαν] εἰς θησαυροὺς [B S^{1} -όν] (26 *a*)
— 72. S R ἔδωκαν οἱ κατάλοιποι τοῦ λαοῦ ἑβδομήκ. μυριάδας (26 *a*)
— 72. S^{3} δέδωσαν (?) οἱ κατάλοιποι τοῦ λαοῦ . . . δύο μυριάδας –
9. 8. δοῦναι αὐτῷ τὴν γῆν (26 *a*)
— 8. S^{3} δοῦναι [A B S καὶ] τῷ σπέρματι αὐ. (26 *a*)
— 10. ἔδωκας σημεῖα καὶ τέρατα [A S *om.* κ. τ.] ἐν Αἰγ. (26 *a*)
— 13. ἔδωκας αὐτοῖς κρίματα εὐθέα (26 *a*)
— 15. ἄρτον ἐξ οὐρανοῦ ἔδωκας αὐτοῖς (26 *a*)
— 15. ἐξέτεινας τὴν χεῖρά σου δοῦναι αὐτοῖς (26 *a*)
— 17. ἔδωκαν ἀρχὴν ἐπιστρέψαι (26 *a*)
— 20. τὸ πνεῦμά σου τὸ ἀγαθὸν ἔδωκας [S^{1}-κα] (26 *a*)
— 20. ὕδωρ ἔδωκας αὐτοῖς τῷ δίψει αὐτῶν (26 *a*)
— 22. B ἔδωκας αὐτοῖς βασιλέας [A S R -είας] (26 *a*)
— 24. ἔδωκας αὐτοὺς εἰς τὰς χεῖρας αὐτῶν (26 *a*)
— 27. ἔδωκας αὐτοὺς ἐν χειρὶ θλιβόντων αὐτούς (26 *a*)
— 27. ἔδωκας αὐτοῖς σωτῆρας [A σωτηρίας] (26 *a*)
— 29. ἔδωκαν νῶτον ἀπειθοῦντα (26 *a*)
— 30. ἔδωκας αὐτοὺς [A^{2} B^{1} -οῖς] ἐν χειρὶ λαῶν τῆς γῆς (26 *a*)
— 35. ᾗ ἔδωκας αὐτοῖς (26 *a*)
— 35. ᾗ ἔδωκας ἐνώπιον αὐτῶν (26 *a*)
— 36. ἣν ἔδωκας τοῖς πατράσιν ἡμῶν (26 *a*)
— 37. οἷς ἔδωκας ἐφ' ἡμᾶς (26 *a*)
10. 29 (30). ὃς ἐδόθη ἐν χειρὶ Μωυσῆ (26 *b*)
— 30 (31). τοῦ μὴ δοῦναι θυγατέρας ἡμῶν (26 *a*)
— 32 (33). δοῦναι ἐφ' [S *om.*] ἡμᾶς τρίτον τοῦ διδράχμου (26 *a*)
12. 47. διδόντες μερίδας τῶν ᾀδόντων (26 *a*)
13. 5. ἐκεῖ ἦσαν τὸ πρότερον διδόντες τὴν μαναά (26 *a*)

Ne. 13. 10. μερίδες τῶν Λευιτῶν οὐκ ἐδόθησαν (26 b)
— 25. ἐὰν δῶτε τὰς θυγ. ὑμῶν τοῖς υἱοῖς αὐ. (26 a)
— 26. ἔδωκεν αὐτὸν ὁ θεὸς εἰς βασιλέα (26 a)
To. 1. 6. ἐδίδουν αὐτὰς [A S -ὰ] τοῖς ἱερεῦσι
— 7. τὴν δεκάτην ἐδίδουν τοῖς υἱοῖς Λ. [S al.]
— 8. τὴν τρίτην ἐδίδουν [S al.]
— 13. ἔδωκεν [S add. μοι] ὁ ὕψιστος χάριν
— 16. τοὺς ἄρτους μου ἐδίδουν τοῖς πεινῶσι
2. 12. S ἔδωκαν αὐτῇ τὸν μισθὸν πάντα [A B al.]
— 12. S ἔδωκαν αὐτῇ ἐφ' ἑστίᾳ ἔριφον [A B al.]
— 14. δῶρον [S δόσει] δέδοται μοι
3. 4. ἔδωκας ἡμᾶς εἰς διαρπαγὴν [A S ἁρπ.]
— 8. ὅτι ἦν δεδομένη ἀνδράσιν ἑπτὰ [S al.]
— 12. τὸ πρόσωπόν μου εἰς σὲ δέδωκα [S al.]
— 17. Σ. τὴν τοῦ Ῥ. δοῦναι Τω. . . . γυναῖκα [S al.]
4. 16. A B ἐκ τοῦ ἄρτου σου δίδου [A διαδ.] πεινῶντι
— 17. A B μὴ δῷς τοῖς ἁμαρτωλοῖς
— 19. αὐτὸς ὁ κ. δίδωσι πάντα τὰ ἀγαθὰ [S al.]
5. 2. S τί σημεῖον δῶ αὐτῷ
— 2. S καὶ δῷ μοι τὸ ἀργύριον
— 3. S χειρόγραφον αὐτοῦ ἔδωκέν μοι
— 3. ἔδωκεν αὐτῷ τὸ χειρόγραφον [S al.]
— 3. δώσω [S -σομεν] αὐτῷ μισθόν
— 7, 10. S δώσω σοι τὸν μισθόν σου
— 14. A B τίνα σοι ἔσομαι μισθὸν διδόναι
— 14. S δίδωμι μισθὸν τὴν ἡμ. δραχμὴν [A B al.]
— 19. ὡς γὰρ δέδοται ἡμῖν ζῆν παρὰ τοῦ κυρίου
6. 10. A B τοῦ δοθῆναί σοι αὐτὴν εἰς γυναῖκα
— 12. οὐ μὴ δῷ αὐτὴν ἀνδρὶ ἑτέρῳ [S al.]
— 13. τὸ κοράσιον δεδόσθαι ἑπτὰ ἀνδράσι [S al.]
— 15. δοθήσεταί σοι αὕτη εἰς γυναῖκα [S al.]
7. 8. S ὅπως δῷ μοι Σ. τὴν ἀδ. μου [A B al.]
— 10. S οὐκ ἔχω ἐξουσίαν δοῦναι αὐτήν
— 11. ἔδωκα τὸ παιδίον μου ἑπτὰ ἀνδράσι [S al.]
— 12. S αὐτὴ δίδοταί σοι [A B al.]
— 12. S ἐκ τοῦ οὐρ. κέκριταί σοι δοθῆναι
— 12. S δέδοταί σοι ἀπὸ τῆς σήμερον
— 13. S δοῦναί σοι τὴν γυναῖκα [A B al.]
— 14. S ὡς δίδωσιν αὐτὴν αὐτῷ γυναῖκα
— 18. ὁ κύριος . . . δῴη [A¹ δῷ] σοι χάριν [S χαράν]
8. 6. ἔδωκας αὐτῷ βοηθὸν Εὔαν [S al.]
9. 2. S δὸς αὐτῷ τὸ χειρόγραφον
— 5. ἔδωκεν αὐτῷ τὸ χειρόγραφον
— 5. καὶ ἔδωκεν αὐτῷ [S al.]
— 6. S δῴη σοι κύριος εὐλογίαν οὐρανοῦ
10. 2. οὐδεὶς δίδωσιν αὐτῷ τὸ ἀργύριον
— 11. ἔδωκεν αὐτῷ Σ. τὴν γυναῖκα αὐτοῦ [S al.]
— 13. δῴη μοι ἰδεῖν σου παιδία [S al.]
12. 1. S ὅρα δοῦναι τὸν μισθόν [A B al.]
— 2. S πόσον αὐτῷ δώσω τὸν μισθόν
— 2. δοὺς [S διδοὺς] αὐτῷ τὸ ἥμισυ
— 3. S πόσον αὐτῷ ἔτι δῶ μισθόν
— 6. B μεγαλωσύνην δίδοτε αὐτῷ
13. 11. γενεαὶ γενεῶν δώσουσί [S add. ἐν] σοι ἀγαλλίαμα [A δ. ἀγαλλίασιν]
Ju. 2. 7. δώσω αὐτοὺς εἰς διαρπαγὴν αὐτοῖς
— 11. δοῦναι [A S τοῦ δ.] αὐτοὺς εἰς φόνον
— 27. τὰ βουκόλια ἔδωκεν [S -αν] εἰς ἀφανισμόν
3. 8. A B S ἦν δεδομένον [R δεδογμ.] αὐτῷ ἐξολεθρεῦσαι
4. 1. καὶ ἔδωκεν αὐτὰ εἰς ἀφανισμόν
— 12. τοῦ μὴ δοῦναι εἰς διαρπαγὴν τὰ νήπια αὐ.
7. 21. ὅτι ἐν μέτρῳ ἐδίδοσαν αὐτοῖς πιεῖν
8. 19. ὧν χάριν ἐδόθησαν εἰς ῥομφαίαν
9. 2. ᾧ ἔδωκας ἐν χειρὶ ῥομφαίαν
— 3. ἀνθ' ὧν ἔδωκας ἄρχοντας αὐ. εἰς φόνον
— 4. ἔδωκας γυναῖκας αὐτῶν εἰς προνομὴν
— 9. δὸς ἐν χειρί μου τῆς χήρας . . . κράτος
— 13. δὸς λόγον μου [S μοι] καὶ ἀπάτην εἰς τραῦμα
10. 5. ἔδωκε τῇ ἄβρᾳ αὐτῆς ἀσκοπυτίνην οἴνου
— 8. ὁ θεὸς . . . δῴη σε εἰς χάριν
— 12. μέλλουσι δίδοσθαι [S διδόναι] ὑμῖν εἰς κατάβρωμα
11. 15. δοθήσονταί σοι εἰς ὄλεθρον
12. 3. πόθεν ἐξοίσομέν σοι δοῦναι ὅμοια
14. 2. δώσετε ἀρχηγὸν εἰς αὐτούς [S¹ al.]
— 9. ἔδωκε φωνὴν εὐφρόσυνον ἐν τῇ πόλει
15. 11. ἔδωκαν τῇ Ἰ. τὴν σκηνὴν Ὀλ.
— 12. καὶ ἔδωκε ταῖς γυναιξί
16. 5. καὶ τὰ νήπιά μου δώσειν [A -ει] εἰς προνομὴν
— 17. δοῦναι πῦρ καὶ σκώληκας εἰς σάρκας αὐ.
— 19. ὅσα ἔδωκεν ὁ λαὸς αὐτῇ
— 19. εἰς ἀνάθημα τῷ θεῷ ἔδωκε
Es. 1. 1. ἔδωκεν αὐτῷ δόματα περὶ τούτων
— 19. δότω ὁ βασ. γυναικὶ κρείττονι αὐτῆς (26 a)
2. 3. δοθήτω σμῆγμα (26 a)

Es. 2. 9. δοῦναι [B¹ δῶναι] αὐτῇ τὸ σμῆγμα (26 a)
3. 10. ἔδωκεν εἰς χεῖρας [S¹ om. εἰς χ.] τῷ Ἀ. (26 a)
4. 8. τὸ ἀντίγραφον . . . ἔδωκεν αὐτῷ (26 a)
— 17. δὸς λόγον εὔρυθμον εἰς τὸ στόμα μου
5. 6. S³ καὶ δοθήσεταί σοι (26 b)
— 8. S³ δοῦναι τὸ αἴτημά μου (26 a)
6. 8. S³ δοθήτω διάδημα βασιλείας (26 a)
— 9. S³ δοθήτω τὸ ἔνδυμα –
— 9. δότω ἑνὶ τῶν φίλων τοῦ βασ. [S³ al.] (26 b)
7. 2. S³ καὶ δοθήσεταί σοι (26 b)
— 3. δοθήτω [S³ add. μοι] ἡ ψυχὴ τῷ αἰτήματί μου (26 b)
8. 2. καὶ ἔδωκεν αὐτὸν [A om.] Μαρδοχαίῳ (26 a)
— 7. εἰ πάντα . . . ἔδωκα [A om., S¹ -κε] (26 a)
9. 13. δοθήτω τοῖς Ἰ. χρῆσθαι ὡσαύτως (26 b)
Jb. 1. 12. πάντα . . . δίδωμι ἐν τῇ χειρί σου [A al.] –
— 21. ὁ κύριος ἔδωκεν (26 a)
— 22. οὐκ ἔδωκεν ἀφροσύνην τῷ θεῷ (26 a)
2. 4. A δώσει ὑπὲρ τῆς ψυχῆς αὐτοῦ [B S al.] (26 a)
3. 20. ἵνα τί γὰρ δέδοται τοῖς ἐν πικρίᾳ φῶς (26 a)
5. 10. τὸν διδόντα ὑετὸν ἐπὶ τὴν γῆν (26 a)
6. 8. εἰ γὰρ δῴη [S² δοίη] καὶ ἔλθοι μου ἡ αἴτησις καὶ τὴν ἐλπίδα μου δῴη ὁ κ. (26 a, 26 a)
7. 3. νύκτες δὲ ὀδυνῶν δεδομέναι μοί εἰσιν (20)
13. 22. ἐγὼ δέ σοι δώσω ἀνταπόκρισιν [A ἀπόκρ.] (45 [48])
15. 2. πότερον [A τίνα ἄρα] ἀπόκρισιν δώσει συνέσεως πνεῦμα (46)
— 19. αὐτοῖς μόνοις ἐδόθη ἡ γῆ (26 b)
— 20. ἔτη δὲ ἀριθμητὰ δεδομένα δυνάστῃ (33)
19. 23. A B S τίς γὰρ ἂν δῴη [R δοίη] γραφῆναι τὰ ῥήμ. μου (26 a)
22. 27. δώσει δέ σοι ἀποδοῦναι τὰς εὐχάς (47)
28. 15. οὐ δώσει συγκλεισμὸν ἀντ' αὐτῆς (26 c)
31. 31. τίς ἂν δῴη ἡμῖν τῶν σαρκῶν αὐ. πλησθῆναι [A ἐμπλ.] (26 a)
— 35. τίς δῴη ἀκούοντά μου (26 a)
32. 4. ὑπέμεινε δοῦναι ἀπόκρισιν Ἰώβ –
33. 5. δός μοι ἀπόκρισιν πρὸς ταῦτα (48)
34. 19. A οὐκ ἔδωκεν δὲ [B S οὐδὲ οἶδε] τιμὴν θέσθαι †
— 36. μὴ δῷς ἔτι ἀνταπόκρισιν [A ἀπόκρ.] –
35. 3 (4). ἐγώ σοι [S¹ om.] δώσω ἀπόκρισιν (48)
— 7. τί δώσεις αὐτῷ (26 a)
36. 6. κρίμα πτωχῶν δώσει (26 a)
— 32 (31). A S R δώσει τροφὴν τῷ ἰσχύοντι [B ἀκούοντι] (26 a)
37. 10. ἀπὸ πνοῆς ἰσχυροῦ δώσει πάγος (26 a)
38. 36. τίς δὲ ἔδωκε γυναιξὶν [A -κὶ] ὑφάσματος σοφίαν (39)
39. 34 (40. 4). A S R τίνα ἀπόκρισιν δῶ [B δώσω] πρὸς ταῦτα (48)
42. 10. ἔδωκε δὲ ὁ κύριος διπλᾶ [A al.] (11)
— 11. ἔδωκε δὲ [A καὶ ἔδωκαν] αὐτῷ ἕκαστος ἀμνάδα μίαν (26 a)
— 15. ἔδωκε δὲ αὐταῖς ὁ πατὴρ κληρονομίαν (26 a)
Ps. 1. 3. ὃ τὸν καρπὸν αὐτοῦ δώσει ἐν καιρῷ αὐτοῦ (26 a)
2. 8. δώσω σοι ἔθνη τὴν κληρονομίαν σου (26 a)
4. 7. ἔδωκας εὐφροσύνην εἰς τὴν καρδίαν μου (26 a)
13 (14). 7. τίς δώσει ἐκ Σιὼν τὸ σωτήριον τοῦ Ἰσρ. (26 a)
14 (15). 5. τὸ ἀργύριον αὐτοῦ οὐκ ἔδωκεν ἐπὶ τόκῳ (26 a)
15 (16). 10. οὐδὲ δώσεις τὸν ὅσιόν σου ἰδεῖν διαφθοράν (26 a)
17 (18). 13. ὁ ὕψιστος ἔδωκε φωνὴν αὐτοῦ (26 a)
— 35. ἔδωκάς μοι ὑπερασπισμὸν σωτηρίας μου (26 a)
— 40. τοὺς ἐχθρούς μου ἔδωκάς μοι νῶτον (26 a)
— 47. ὁ θεὸς ὁ διδοὺς ἐκδικήσεις ἐμοί (26 a)
19 (20). 4. δῴη σοι κατὰ τὴν καρδίαν σου (26 a)
20 (21). 2. τὴν ἐπιθυμίαν τῆς ψυχῆς αὐ. ἔδωκας αὐτῷ (26 a)
— 4. καὶ ἔδωκας αὐτῷ (26 a)
— 6. δώσεις αὐτῷ εὐλογίαν εἰς αἰῶνα (39)
27 (28). 4. δὸς αὐτοῖς κατὰ τὰ ἔργα αὐτῶν (26 a)
— 4. κατὰ τὰ ἔργα τῶν χειρῶν αὐ. δὸς αὐτοῖς (26 a)
28 (29). 11. κύριος ἰσχὺν τῷ λαῷ αὐτοῦ δώσει (26 a)
36 (37). 4. δώσει [A δῴη] σοι τὰ αἰτήμ. τῆς καρδίας σου (26 a)
— 21. ὁ δὲ δίκαιος οἰκτείρει καὶ διδοῖ [A S² δίδωσιν] (26 a)
38 (39). 8. ὄνειδος ἄφρονι ἔδωκάς με (37)

Ps. 43 (44). 11. ἔδωκας ἡμᾶς ὡς πρόβατα βρώσεως (26 a)
45 (46). 6. ἔδωκε φωνὴν αὐτοῦ (26 a)
48 (49). 7. οὐ δώσει τῷ θεῷ ἐξίλασμα αὐτοῦ (26 a)
50 (51). 16. εἰ ἠθέλησας θυσίαν ἔδωκα ἄν (26 a)
52 (53). 6. τίς δώσει ἐκ Σιὼν τὸ σωτήριον τοῦ Ἰσρ. (26 a)
54 (55). 6. τίς δώσει μοι πτέρυγας ὡσεὶ περιστερᾶς (26 a)
— 22. οὐ δώσει εἰς τὸν αἰῶνα σάλον τῷ δικαίῳ (26 a)
56 (57). 3. ἔδωκεν εἰς ὄνειδος τοὺς καταπατοῦντάς με –
59 (60). 4. ἔδωκας τοῖς φοβουμένοις σε σημείωσιν (26 a)
— 11. δὸς ἡμῖν βοήθειαν ἐκ θλίψεως (10 a)
60 (61). 5. ἔδωκας κληρονομίαν τοῖς φοβουμένοις τὸ ὄνομά σου (26 a)
65 (66). 2. δότε δόξαν αἰνέσει αὐτοῦ (37)
— 9. τοῦ . . . μὴ δόντος εἰς σάλον τοὺς πόδας μου (26 a)
66 (67). 6. γῆ ἔδωκε τὸν καρπὸν αὐτῆς (26 a)
67 (68). 11. ὁ θεὸς κύριος δώσει ῥῆμα τοῖς εὐαγγελιζομ. (26 a)
— 33. δώσει ἐν [S om.] τῇ φωνῇ αὐ. φωνὴν δυνάμεως (26 a)
— 34. δότε δόξαν τῷ θεῷ (26 a)
— 35. αὐτὸς δώσει δύναμιν . . . τῷ λαῷ αὐ. [S om.] (26 a)
68 (69). 21. ἔδωκαν εἰς τὸ βρῶμά μου χολήν (26 a)
71 (72). 1. τὸ κρίμα σου τῷ βασιλεῖ δός (26 a)
— 15. δοθήσεται αὐτῷ ἐκ τοῦ χρυσίου τῆς Ἀρ. (26 a)
73 (74). 14. ἔδωκας αὐτὸν βρῶμα λαοῖς τοῖς Αἰθ. (26 a)
76 (77). 17. φωνὴν ἔδωκαν αἱ νεφέλαι (26 a)
77 (78). 20. μὴ καὶ ἄρτον δυνήσεται [S δύναται] δοῦναι (26 a)
— 24. ἄρτον οὐρανοῦ ἔδωκεν αὐτοῖς (26 a)
— 29. S¹ τὴν ἐπιθυμίαν αὐ. ἔδωκεν [B S² ἤνεγκεν] αὐτοῖς (2)
— 46. ἔδωκε τῇ ἐρυσίβῃ τὸν καρπὸν αὐτῶν (26 a)
— 66. ὄνειδος αἰώνιον ἔδωκεν αὐτοῖς (26 a)
80 (81). 2. λάβετε ψαλμὸν καὶ δότε τύμπανον (26 a)
83 (84). 6. εὐλογίας δώσει ὁ νομοθετῶν (27)
— 11. χάριν καὶ δόξαν δώσει (26 a)
84 (85). 7. τὸ σωτήριόν σου . . . δῴης ἡμῖν (26 a)
— 12. ὁ κύριος δώσει χρηστότητα καὶ ἡ γῆ ἡμῶν δώσει τὸν καρπὸν αὐ. (26 a, 26 a)
85 (86). 16. δὸς τὸ κράτος σου τῷ παιδί σου (26 a)
98 (99). 7. ἃ ἔδωκεν αὐτοῖς (26 a)
103 (104). 12. ἐκ μέσου τῶν πετρῶν δώσουσι φωνήν (26 a)
— 27. δοῦναι τὴν τροφὴν αὐτοῖς εὔκαιρον [A al.] (26 a)
— 28. δόντος σου αὐτοῖς συλλέξουσιν (26 a)
104 (105). 11. σοὶ δώσω τὴν γῆν Χαναάν (26 a)
— 44. ἔδωκεν αὐτοῖς χώρας ἐθνῶν (26 a)
105 (106). 15. ἔδωκεν αὐτοῖς τὸ αἴτημα αὐτῶν (26 a)
— 46. ἔδωκεν αὐτοὺς εἰς οἰκτιρμούς (26 a)
107 (108). 12. δὸς ἡμῖν βοήθειαν ἐκ θλίψεως (10 a)
110 (111). 5. τροφὴν ἔδωκε τοῖς φοβουμ. αὐτόν (26 a)
— 6. τοῦ δοῦναι αὐτοῖς κληρονομίαν ἐθνῶν (26 a)
111 (112). 9. ἐσκόρπισεν ἔδωκε τοῖς πένησιν (26 a)
113. 9 (115. 1). τῷ ὀνόματί σου δὸς δόξαν (26 a)
— 24 (115. 16). τὴν δὲ γῆν ἔδωκε τοῖς υἱοῖς τῶν ἀνθρ. (26 a)
119 (120). 3. τί δοθείη σοι (26 a)
120 (121). 3. μὴ δῴης [S¹ δῷς] εἰς σάλον τὸν πόδα σου (26 a)
123 (124). 6. οὐκ ἔδωκεν ἡμᾶς εἰς θήραν τοῖς ὀδοῦσιν αὐ. (26 a)
126 (127). 2. ὅταν δῷ τοῖς ἀγαπητοῖς αὐτοῦ ὕπνον (26 a)
131 (132). 4. εἰ δώσω ὕπνον τοῖς ὀφθαλμοῖς μου (26 a)
134 (135). 12. ἔδωκε τὴν γῆν αὐτῶν κληρονομίαν (26 a)
135 (136). 21. καὶ δόντι τὴν γῆν αὐτῶν κληρονομίαν (26 a)
— 25. ὁ διδοὺς τροφὴν πάσῃ σαρκί (26 a)
143 (144). 10. τῷ διδόντι τὴν σωτηρίαν τοῖς βασ. (26 a)
144 (145). 15. σὺ δίδως τὴν τροφὴν αὐ. ἐν εὐκαιρίᾳ (26 a)
145 (146). 7. διδόντα τροφὴν τοῖς πεινῶσι (26 a)
146 (147). 9. διδόντι τοῖς κτήνεσι τροφὴν αὐ. (26 a)

Ps. 147. 5 (16). τοῦ διδόντος χιόνα ὡσεὶ ἔριον (26 a)
Pr. 1. 4. ἵνα δῷ ἀκάκοις πανουργίαν (26 a)
2. 3. ἐὰν . . . τῇ συνέσει δῷς φωνήν σου (26 a)
— 6. κύριος δίδωσι σοφίαν (26 a)
3. 28. αὔριον δώσω (26 a)
— 34. ταπεινοῖς δὲ δίδωσι χάριν (26 a)
4. 9. ἵνα δῷ τῇ σῇ κεφαλῇ στέφανον χαρίτων (26 a)
6. 4. μὴ δῷς ὕπνον σοῖς ὄμμασι (26 a)
— 31. πάντα τὰ ὑπάρχοντα αὐ. δοὺς ῥύσεται ἑαυτόν (26 a)
9. 9. δίδου σοφῷ ἀφορμήν (26 a)
12. 14. ἀνταπόδομα δὲ χειλέων αὐ. δοθήσεται αὐτῷ (38 a*, 38 b)
13. 15. σύνεσις ἀγαθὴ δίδωσι χάριν (26 a)
17. 14. ἐξουσίαν δίδωσι λόγοις ἀρχὴ [S^{1} -ὴν] δικαιοσύνης †
22. 9. τῶν γὰρ ἑαυτοῦ ἄρτων ἔδωκε [A δέδ.] τῷ πτωχῷ· νίκην καὶ τιμὴν περιποιεῖται ὁ δῶρα δούς [A διδούς] (26 a, —)
— 16. δίδωσι δὲ πλουσίῳ ἐπ' ἐλάσσονι (26 a)
— 26. μὴ δίδου σεαυτὸν εἰς ἐγγύην †
23. 12. δὸς εἰς παιδείαν τὴν καρδίαν σου (2)
— 26. δός μοι, υἱέ, σὴν καρδίαν (26 a)
— 31. ἐὰν γὰρ εἰς τὰς φιάλας . . . δῷς τοὺς ὀφθ. σου (26 a)
24. 31 (30. 8). πλοῦτον δὲ καὶ πενίαν [A παιδείαν] μή μοι δῷς (26 a)
— 71 (31. 3). μὴ δῷς γυναιξὶ σὸν πλοῦτον (26 a)
— 74 (31. 6). δίδοτε μέθην τοῖς ἐν λύπαις (26 a)
26. 8. ὅμοιός ἐστι τῷ διδόντι [S διδοῦντι] ἄφρονι δόξαν (26 a)
— 23. ἀργύριον διδόμενον μετὰ δόλου †
28. 17. δώσει κόσμον τῇ σῇ ψυχῇ –
— 27. ὃς δίδωσι πτωχοῖς οὐκ ἐνδεηθήσεται (26 a)
29. 15. πληγαὶ καὶ ἔλεγχοι διδόασι σοφίαν (26 a)
— 17. δώσει κόσμον τῇ ψυχῇ σου (26 a)
— 25. ἀσέβεια ἀνδρὶ δίδωσι σφάλμα (26 a)
31. 15. ἔδωκε βρώματα τῷ οἴκῳ (26 a)
— 31. δότε αὐτῇ ἀπὸ καρπῶν χειλέων αὐτῆς (26 a)
Ec. 1. 13. ἔδωκε τὴν καρδίαν μου τοῦ ἐκζητῆσαι (26 a)
— 13. περισπασμὸν πονηρὸν ἔδωκεν ὁ θ. τοῖς υἱοῖς (26 a)
— 16 (17). ἔδωκα καρδίαν μου τοῦ γνῶναι [S ἐπιγν.] (26 a)
2. 21. δώσει αὐτῷ [A -ὸν] μερίδα αὐτοῦ (26 a)
— 26. τῷ ἀνθρώπῳ τῷ ἀγαθῷ . . . ἔδωκε σοφίαν (26 a)
— 26. τῷ ἁμαρτάνοντι ἔδωκε περισπασμόν (26 a)
— 26. τοῦ δοῦναι τῷ ἀγαθῷ (26 a)
3. 10. ὃν ἔδωκεν ὁ θεὸς τοῖς υἱοῖς τῶν ἀνθρ. (26 a)
— 11. τὸν αἰῶνα ἔδωκεν ἐν καρδίᾳ αὐτῶν (26 a)
4. 17. S^{2} ὑπὲρ τὸ δοῦναι ἀφροσύνης [A B S^{1} δόμα τῶν ἀφρόνων] (26 a)
5. 5. μὴ δῷς τὸ στόμα [A^{1} αἷμά] σου (26 a)
— 17. ὧν [S^{1} ἣν] ἔδωκεν αὐτῷ ὁ θεός (26 a)
— 18. ᾧ ἔδωκεν αὐτῷ ὁ θεὸς πλοῦτον (26 a)
6. 2. ᾧ δώσει αὐτῷ ὁ θεὸς πλοῦτον (26 a)
7. 3 (2). ὁ ζῶν δώσει ἀγαθὸν εἰς καρδίαν [A ἐν καρδίᾳ] αὐ. (26 a)
— 22 (21). S εἰς πάντας λόγους . . . μὴ δῷς [A B θῇς] καρδίαν σου (26 a)
8. 9. ἔδωκα τὴν καρδίαν μου εἰς πᾶν τὸ ποίημα (26 a)
— 15. A S ἃς [B ὅσας] ἔδωκεν αὐτῷ ὁ θ. (26 a)
— 16. ἐν οἷς ἔδωκα τὴν καρδίαν μου (26 a)
— 17 (9. 1). σύμπαν τοῦτο ἔδωκα εἰς καρδίαν μου (26 a)
9. 9. ἡμέρας . . . τὰς δοθείσας σοι ὑπὸ τὸν ἥλιον (26 a)
10. 6. ἐδόθη ὁ ἄφρων ἐν ὕψεσι μεγάλοις (26 b)
11. 2. δὸς μερίδα τοῖς ἑπτά (26 a)
12. 7. τὸν θεὸν ὃς [S^{1} ὡς] ἔδωκεν αὐτό (26 a)
— 11. ἐδόθησαν ἐκ ποιμένος ἑνός (26 b)
Ca. 1. 12. νάρδος μου ἔδωκεν ὀσμὴν αὐτοῦ (26 a)
2. 13. ἔδωκαν ὀσμήν (26 a)
6. 11. ἐκεῖ δώσω τοὺς μαστούς μου σοί –
7. 12 (13). ἐκεῖ δώσω τοὺς μαστούς μου σοι (26 a)
— 13 (14). οἱ μανδραγόραι ἔδωκαν ὀσμήν (26 a)
8. 1. τίς δῴη σε . . . θηλάζοντα μαστοὺς μητρός μου (26 a)
— 7. ἐὰν δῷ ἀνὴρ τὸν πάντα βίον αὐτοῦ (26 a)
— 11. ἔδωκε τὸν ἀμπελῶνα αὐ. τοῖς τηροῦσιν (26 a)
Wi. 3. 14. δοθήσεται γὰρ αὐτῷ τῆς πίστεως χάρις ἐκλεκτή
4. 3. ἐκ νόθων μοσχευμάτων οὐ δώσει ῥίζαν εἰς βάθος
6. 3. ἐδόθη παρὰ τοῦ κυρίου ἡ κράτησις ὑμῖν
7. 7. φρόνησις ἐδόθη μοι
Wi. 7. 15. ἐμοὶ δὲ δῴη ὁ θ. εἰπεῖν κατὰ γνώμην καὶ ἐνθυμηθῆναι ἀξίως τῶν δεδομ. [A S λεγομ.]
— 17. αὐτὸς γάρ μοι ἔδωκε τῶν ὄντων γνῶσιν ἀψευδῆ
8. 20. ἐὰν μὴ ὁ θεὸς δῷ
9. 4. δός μοι τὴν τῶν σῶν θρόνων πάρεδρον σοφίαν
— 17. εἰ μὴ σὺ ἔδωκας σοφίαν
10. 2. ἔδωκέ τε αὐτῷ ἰσχὺν κρατῆσαι ἁπάντων
— 10. ἔδωκεν αὐτῷ γνῶσιν ἁγίων
— 14. ἔδωκεν αὐτῷ δόξαν αἰώνιον
11. 4. ἐδόθη αὐτοῖς ἐκ πέτρας ἀκροτόμου ὕδωρ
— 7. ἔδωκας αὐτοῖς δαψιλὲς ὕδωρ ἀνελπίστως
12. 9. ἀσεβεῖς δικαίοις ὑποχειρίους δοῦναι [S διδόναι]
— 10. ἐδίδους τόπον μετανοίας
— 11. ἐφ' οἷς ἡμάρτανον ἄδειαν ἐδίδους
— 19. S R δίδως [A B δίδοις] ἐπὶ ἁμαρτήμασι μετάνοιαν
— 20. δοὺς χρόνους καὶ τόπον
— 21. συνθήκας ἔδωκας ἀγαθῶν ὑποσχέσεων
14. 3. ἔδωκας καὶ ἐν θαλάσσῃ ὁδόν
18. 4. ἤμελλε τὸ ἄφθαρτον νόμου φῶς τῷ αἰῶνι δίδοσθαι
Si. *prol.* 3. πολλῶν καὶ μεγάλων ἡμῖν διὰ τοῦ νόμου . . . δεδομένων [S δεομ.]
— 7. ἑαυτὸν δοὺς εἴς τε τὴν τοῦ νόμου . . . ἀνάγνωσιν
1. 12. δώσει εὐφροσύνην καὶ χαράν
4. 5. μὴ δῷς τόπον ἀνθρώπῳ καταράσασθαί σε
6. 32. ἐὰν δῷς [A S ἐπιδ.] τὴν ψυχήν σου
— 37. ἡ ἐπιθυμία τῆς σοφίας σου δοθήσεταί σοι
7. 20. μηδὲ μίσθιον διδόντα ψυχὴν αὐτοῦ
— 31. δὸς τὴν μερίδα αὐτῷ καθὼς ἐντέταλταί σοι
8. 9. ἐν καιρῷ χρείας δοῦναι ἀπόκρισιν
9. 2. μὴ δῷς γυναικὶ τὴν ψυχήν σου
— 6. μὴ δῷς πόρναις τὴν ψυχήν σου
10. 28. δὸς αὐτῇ τιμὴν [S^{1} -ῇ] κατὰ τὴν ἀξίαν αὐτῆς
11. 17. S ἡ εὐδοκία αὐ. . . . εὖ δοθήσεται [A B εὐοδωθήσ.]
— 33. μή ποτε μῶμον εἰς τὸν αἰῶνα δῷ σοι
12. 4. δὸς τῷ εὐσεβεῖ
— 5. μὴ δῷς ἀσεβεῖ
— 5. καὶ μὴ δῷς αὐτῷ
— 7. δὸς τῷ ἀγαθῷ
13. 6. δώσει σοι ἐλπίδα
— 22. οὐκ ἐδόθη αὐτῷ τόπος
14. 13. κατὰ τὴν ἰσχύν σου ἔκτεινον καὶ δὸς αὐτῷ
— 16. δὸς καὶ λάβε
15. 17. ὃ ἐὰν εὐδοκήσῃ δοθήσεται αὐτῷ
— 20. οὐκ ἔδωκεν [A -σεν] ἄνεσιν οὐδενὶ ἁμαρτάνειν
17. 2. ἡμέρας ἀριθμοῦ καὶ καιρὸν ἔδωκεν αὐτοῖς καὶ ἔδωκεν αὐτοῖς ἐξουσίαν τῶν ἐπ' αὐτῆς
— 6. ὦτα καὶ καρδίαν ἔδωκε διανοεῖσθαι αὐτοῖς
— 24. πλὴν μετανοοῦσιν ἔδωκεν ἐπάνοδον
— 27. ἀντὶ ζώντων καὶ ζώντων [A S *om.* καὶ ζ.] καὶ διδόντων ἀνθομολόγησιν
18. 15. ἐν ἀγαθοῖς μὴ δῷς μῶμον
— 28. τῷ εὑρόντι αὐτὴν δώσει ἐξομολόγησιν
19. 17. δὸς τόπον νόμῳ ὑψίστου
20. 15. ὀλίγα δώσει καὶ πολλὰ ὀνειδίσει
22. 27. τίς δώσει μοι [A S *om.*] ἐπὶ στόμα [A στόματί, S^{2} τῷ στ.] μου φυλακήν
23. 4. μετεωρισμὸν ὀφθαλμῶν μὴ δῷς μοι
— 25. οἱ κλάδοι αὐτῆς οὐ δώσουσι [A S οὐκ οἴσουσι] καρπόν
24. 15. A S^{1} ἀρωμάτων δέδωκα ὀσμὴν καὶ ὡς σμύρνα ἐκλεκτὴ δέδωκα [B S^{2} διέδ.] εὐωδίαν
25. 25. μὴ δῷς ὕδατι διέξοδον
26. 3. ἐν μερίδι φοβουμένων κύριον δοθήσεται
27. 23. ἐν τοῖς λόγοις σου δώσει σκάνδαλον
29. 15. ἔδωκε γὰρ τὴν ψυχὴν αὐτοῦ ὑπὲρ σοῦ
30. 11. μὴ δῷς αὐτῷ ἐξουσίαν ἐν νεότητι
— 21. μὴ δῷς εἰς λύπην τὴν ψυχήν σου
— 28 (19). ἀδελφῷ καὶ φίλῳ μὴ δῷς ἐξουσίαν ἐπὶ σὲ . . . καὶ μὴ δῷς ἑτέρῳ τὰ χρήματά σου
— 31 (22). μὴ δῷς μῶμον ἐν τῇ δόξῃ σου
31 (34). 6. μὴ δῷς εἰς αὐτὰ τὴν καρδίαν σου
— 17. ἴασιν διδοὺς ζωὴν καὶ εὐλογίαν
32 (35). 10. δὸς ὑψίστῳ κατὰ τὴν δόσιν αὐτοῦ
34 (31). 6. πολλοὶ ἐδόθησαν εἰς πτῶμα χάριν χρυσίου
36. 20 (17). δὸς μαρτύριον τοῖς ἐν ἀρχῇ κτίσμασί σου
Si. 36. 21 (18). δὸς μισθὸν τοῖς ὑπομένουσί σε
— 25 (22). καρδία στρεβλὴ δώσει λύπην
37. 21. οὐ γὰρ ἐδόθη αὐτῷ παρὰ κυρίου χάρις
— 27. ἴδε τί πονηρὸν αὐτῇ καὶ μὴ δῷς αὐτῇ
38. 6. αὐτὸς ἔδωκεν ἀνθρώποις ἐπιστήμην
— 11. δὸς εὐωδίαν καὶ μνημόσυνον σεμιδάλεως
— 12. ἰατρῷ δὸς τόπον
— 20. μὴ δῷς εἰς λύπην τὴν καρδίαν σου
— 26. καρδίαν αὐτοῦ δώσει ἐκδοῦναι αὔλακας
— 27. καρδίαν αὐτοῦ δώσει εἰς [S^{2} *om.*] ὁμοιῶσαι ζωγραφίαν
— 28. καρδίαν αὐτοῦ δώσει εἰς συντέλειαν ἔργων
— 30. S καρδίαν αὐ. δώσει [A B ἐπιδ.] συντελέσαι τὸ χρῖσμα [B^{1} χάρισμα]
39. 15. δότε τῷ ὀνόματι αὐτοῦ μεγαλωσύνην
41. 22. μετὰ τὸ δοῦναι [S^{1} *add.* με] μὴ ὀνείδιζε
43. 33. τοῖς εὐσεβέσιν ἔδωκε [A δέδωκεν] σοφίαν
44. 23. ἔδωκεν αὐτῷ ἐν κληρονομίᾳ
45. 5. ἔδωκεν αὐτῷ κατὰ πρόσωπον ἐντολάς
— 7. ἔδωκεν αὐτῷ ἱερατείαν λαοῦ
— 17. ἔδωκεν αὐτὸν [A S αὐτῷ] ἐν ἐντολαῖς [S -ὰς] αὐτοῦ
— 20. ἔδωκεν αὐτῷ κληρονομίαν
— 21. ἃς ἔδωκεν αὐτῷ τε καὶ τῷ σπέρματι αὐτοῦ
— 26. δῴη [A S^{1} δοίη] ὑμῖν σοφίαν ἐν καρδίᾳ ὑμῶν
46. 9. ἔδωκεν ὁ κύριος τῷ Χαλὲβ ἰσχύν
47. 5. ἔδωκεν ἐν τῇ δεξιᾷ αὐτοῦ κράτος
— 8. ἐν παντὶ ἔργῳ αὐτοῦ ἔδωκεν ἐξομολόγησιν ἁγίῳ ὑψίστῳ
— 10. ἔδωκεν ἐν [S *om.*] ἑορταῖς εὐπρέπειαν
— 11. ἔδωκεν αὐτῷ διαθήκην βασιλέων
— 20. ἔδωκας μῶμον ἐν [S *om.*] τῇ δόξῃ σου
— 22. τῷ Ἰακὼβ [S^{1} *add.* ὃς] ἔδωκε κατάλειμμα
— 23. ἔδωκε τῷ Ἐφραὶμ ὁδὸν ἁμαρτίας
49. 5. ἔδωκαν γὰρ τὸ κέρας αὐτῶν ἑτέροις
50. 20. δοῦναι εὐλογίαν κυρίῳ [S -ου] ἐκ χειλέων αὐτοῦ
— 23. S R δῴη ἡμῖν [A B ὑμῖν] εὐφροσύνην καρδίας
51. 17. τῷ διδόντι μοι [A *om.*] σοφίαν δώσω δόξαν
— 22. ἔδωκε κύριος γλῶσσάν μοι [A S μου] μισθόν μου [S μοι]
— 30. δώσει τὸν μισθὸν ὑμῶν ἐν καιρῷ αὐτοῦ
Ho. 2. 5 (7). τῶν ἐραστῶν μου τῶν διδόντων μοι τοὺς ἄρτους (26 a)
— 8 (10). ἐγὼ ἔδωκα [A δέδ.] αὐτῇ τὸν σῖτον (26 a)
— 12 (14). ἃ ἔδωκάν μοι οἱ ἐρασταί (26 a)
— 15 (17). καὶ δώσω αὐτῇ τὰ κτήματα αὐτῆς ἐκεῖθεν (26 a)
5. 4. οὐκ ἔδωκαν τὰ διαβούλια αὐτῶν (26 a)
9. 14. δὸς αὐτοῖς, κύριε, τί δώσεις αὐτοῖς (26 a, 26 a)
— 14. A δὸς αὐτοῖς [B *om.* δ. αὐ.] μήτραν ἀτεκνοῦσαν (26 a)
13. 10. δός μοι βασ. καὶ ἄρχοντα (26 a)
— 11. ἔδωκά σοι βασιλέα ἐν ὀργῇ μου (26 a)
Am. 1. 2. ἐξ Ἰ. ἔδωκε φωνὴν αὐτοῦ (26 a)
3. 4. εἰ δώσει σκύμνος φωνὴν αὐτοῦ (26 a)
4. 6. καὶ ἐγὼ δώσω ὑμῖν γομφιασμὸν ὀδόντων (26 a)
9. 15. ἧς ἔδωκα αὐτοῖς (26 a)
Mi. 1. 14. διὰ τοῦτο δώσει [A δώσεις] ἐξαποστελλομένους (26 a)
3. 5. οὐκ ἐδόθη εἰς τὸ στόμα αὐτῶν (26 a)
5. 3 (2). διὰ τοῦτο δώσει αὐτοὺς ἕως καιροῦ τικτούσης (26 a)
6. 7. A B εἰ δῶ πρωτότοκά μου ἀσεβείας [R ὑπὲρ ἀ.] (26 a)
7. 20. δώσει εἰς ἀλήθειαν τῷ Ἰ. (26 a)
Jl. 2. 11. καὶ κύριος δώσει φωνὴν αὐτοῦ (26 a)
— 17. μὴ δῷς τὴν κληρονομίαν σου εἰς ὄνειδος (26 a)
— 19. οὐ δώσω ὑμᾶς οὐκέτι εἰς ὀνειδισμόν (26 a)
— 22. συκῆ καὶ ἄμπελος ἔδωκαν τὴν ἰσχὺν αὐτῶν (26 a)
— 23. ἔδωκεν ὑμῖν τὰ βρώματα εἰς δικαιοσύνην (26 a)
— 30 (3. 3). A B S καὶ δώσω [R δώσωσι] τέρατα ἐν τῷ οὐρ. (26 a)
3 (4). 3. ἔδωκαν τὰ παιδάρια πόρναις (26 a)
— 16. A B S^{3} ἐξ Ἰ. δώσει φωνὴν αὐτοῦ (26 a)
Ob. 1. 2. ὀλιγοστὸν δέδωκά σε ἐν τοῖς ἔθνεσιν (26 a)
Jn. 1. 3. A B S^{2} καὶ ἔδωκε τὸ ναῦλον αὐτοῦ (26 a)
— 14. A B S^{2} μὴ δῷς ἐφ' ἡμᾶς αἷμα δίκαιον (26 a)
Hb. 3. 10. ἔδωκεν ἡ ἄβυσσος φωνὴν αὐτῆς (26 a)
Ze. 3. 5. πρωῒ δώσει κρίμα αὐτοῦ εἰς φῶς (26 a)
— 20. δώσω ὑμᾶς ὀνομαστούς (26 a)
Hg. 2. 10 (9). ἐν τῷ τόπῳ τούτῳ δώσω εἰρήνην (26 a)
Za. 3. 8 (7). καὶ δώσω σοι ἀναστρεφομένους (26 a)
— 10 (9). ὃν ἔδωκα πρὸ προσώπου Ἰ. (26 a)

Za. 7. 11. καὶ ἔδωκαν νῶτον παραφρονοῦντα (26 a)
8. 12. ἡ [S^1 μὴ] ἄμπελος δώσει τὸν καρπὸν αὐ. (26 a)
— 12. A B S^2 καὶ ἡ γῆ δώσει τὰ γεννήματα αὐ. (26 a)
— 12. ὁ οὐρ. δώσει τὴν δρόσον αὐ. (26 a)
10. 1. ὑετὸν χειμερινὸν δώσει αὐτοῖς (26 a)
11. 12. δότε [A *add.* στήσαντες] τὸν μισθόν μου (10 a)
12. 7. A δώσει [B S σώσ.] κ. τὰ σκηνώμ. Ἰ. †
Ma. 2. 2. τοῦ δοῦναι δόξαν τῷ ὀνόματί μου (26 a)
— 5. ἔδωκα αὐτῷ ἐν [S^3 *om.*] φόβῳ φοβεῖσθαί με (26 a)
— 9. κἀγὼ δέδωκα ὑμᾶς ἐξουδενωμένους (26 a)
Is. 7. 14. δώσει κύριος αὐτὸς [A -οῖς] ὑμῖν σημεῖον (26 a)
8. 18. ἅ μοι ἔδωκεν ὁ θεός (26 a)
— 20. νόμον γὰρ εἰς βοήθειαν ἔδωκεν †
— 20. οὐκ ἔστι δῶρα δοῦναι περὶ αὐτοῦ †
9. 6 (5). υἱὸς καὶ ἐδόθη ἡμῖν [A S^1 ὑμῖν] (26 b)
13. 10. τὸ φῶς οὐ δώσουσι . . . ἡ σελήνη οὐ δώσει τὸ φῶς αὐτῆς (7, 21)
22. 21. τὸν στέφανόν σου δώσω αὐτῷ (8)
— 21. τὴν οἰκονομίαν σου δώσω εἰς τὰς χεῖρας αὐ. (26 a)
— 22. A B S^2 δώσω τὴν δόξαν Δαυὶδ αὐτῷ (26 a?)
— 22. A S δώσω αὐτῷ [A *om.*] τὴν κλεῖδα οἴκου Δαυίδ (26 a)
25. 10. ἀνάπαυσιν δώσει ὁ θ. ἐπὶ τὸ ὄρος τοῦτο †
26. 12. εἰρήνην δὸς ἡμῖν (41)
29. 11. ὃ ἐὰν δῶσιν αὐτὸ ἀνθρώπῳ (26 a)
— 12. δοθήσεται τὸ βιβλίον τοῦτο εἰς χεῖρας ἀνθρ. (26 b)
30. 20. δώσει κύριος ὑμῖν ἄρτον θλίψεως (26 a)
32. 3. τὰ ὦτα ἀκούειν δώσουσι (35?)
33. 16. ἄρτος αὐτῷ δοθήσεται (26 b)
35. 2. ἡ δόξα τοῦ Λιβάνου ἐδόθη αὐτῇ (26 b)
36. 8. δώσω ὑμῖν δισχιλίαν ἵππον εἰ δυνήσεσθε δοῦναι ἀναβάτας ἐπ᾽ αὐτούς (26 a, 26 a)
40. 23. ὁ διδοὺς ἄρχοντας ὡς [A S εἰς] οὐδὲν ἄρχειν (26 a)
— 29. διδοὺς τοῖς πεινῶσιν ἰσχύν (26 a)
41. 2. δώσει ἐναντίον ἐθνῶν . . . δώσει εἰς γῆν τὰς μαχαίρας (26 a, 26 a)
— 27. ἀρχὴν Σιὼν δώσω †
42. 1. ἔδωκα τὸ πνεῦμά μου ἐπ᾽ αὐτόν (26 a)
— 5. διδοὺς [A δοὺς] πνοὴν τῷ λαῷ (26 a)
— 6. ἔδωκα εἰς [S^1 *add.* δικαιοσύνην εἰς] διαθήκην γένους (26 a)
— 8. τὴν δόξαν μου ἑτέρῳ οὐ δώσω (26 a)
— 12. δώσουσι τῷ θεῷ δόξαν (37)
— 24. οἷς [A S τίς] ἔδωκεν εἰς διαρπαγὴν Ἰακώβ (26 a)
43. 4. δώσω ἀνθρώπους ὑπὲρ σοῦ (26 a)
— 16. ὁ διδοὺς ἐν θαλάσσῃ ὁδόν (26 a)
— 20. δώσω ἐν τῇ ἐρήμῳ ὕδωρ (26 a)
— 28. ἔδωκα ἀπολέσαι Ἰακώβ (26 a)
44. 3. δώσω ὕδωρ ἐν δίψει τοῖς πορευομ. ἐν ἀνύδρῳ (12)
45. 3. δώσω σοι θησαυροὺς σκοτεινοὺς ἀποκρύφους (26 a)
46. 13. δέδωκα ἐν Σιὼν σωτηρίαν (26 a)
47. 6. ἐγὼ ἔδωκα αὐτοὺς εἰς τὴν χεῖρά σου σὺ δὲ οὐκ ἔδωκας αὐτοῖς ἔλεος (26 a, 37)
48. 11. τὴν δόξαν μου ἑτέρῳ οὐ δώσω (26 a)
49. 4. εἰς οὐδὲν ἔδωκα [S δέδ.] τὴν ἰσχύν μου (17)
— 6. δέδωκά [A S τέθεικά] σε εἰς διαθήκην γένους [A *om.* εἰς δ. γ.] (26 a)
— 8. ἔδωκά σε εἰς διαθήκην (26 a)
50. 4. κύριος δίδωσί μοι γλῶσσαν παιδείας (26 a)
— 6. τὸν νῶτόν μου ἔδωκα [A δέδ.] εἰς μάστιγας (26 a)
51. 23. δώσω [A ἐμβαλῶ] αὐτὸ εἰς τὰς χεῖρας τῶν ἀδικησάντων σε (37)
53. 9. δώσω τοὺς πονηροὺς ἀντὶ τῆς ταφῆς αὐτοῦ (26 a)
— 10. ἐὰν δῶτε περὶ ἁμαρτίας (37)
55. 4. μαρτύριον ἐν ἔθνεσιν ἔδωκα [A S δέδ.] αὐτόν (26 a)
— 10. δῷ [A δώσει] σπέρμα τῷ σπείροντι (26 a)
56. 5. δώσω αὐτοῖς ἐν τῷ οἴκῳ μου . . . τόπον ὀνομαστὸν . . . ὄνομα αἰώνιον δώσω αὐτοῖς [A *om.* δ. αὐ.] (26 a, 26 a)
57. 15. ὀλιγοψύχοις διδοὺς μακροθυμίαν καὶ διδοὺς ζωὴν τοῖς συντετριμμ. τὴν καρδίαν †, †
— 18. ἔδωκα αὐτῷ παράκλησιν ἀληθινήν (40)
Is. 58. 10. δῷς πεινῶντι τὸν ἄρτον ἐκ ψυχῆς σου (31)
59. 21. τὰ ῥήματα ἃ ἔδωκα εἰς τὸ στόμα [S^1 τὴν καρδίαν] σου (37)
60. 17. δώσω τοὺς ἄρχοντάς σου ἐν εἰρήνῃ (37)
61. 3. δοθῆναι τοῖς πενθοῦσι Σιὼν αὐτοῖς [A S^3 *om.*] δόξαν (37)
— 8. δώσω τὸν μόχθον αὐτῶν δικαίοις (26 a)
62. 8. εἰ ἔτι δώσω τὸν σῖτόν σου . . . τοῖς ἐχθροῖς σου (26 a)
66. 3. ὁ διδοὺς λίβανον εἰς μνημόσυνον (49)
— 9. ἐγὼ δὲ ἔδωκα [S δέδ.] τὴν προσδοκίαν ταύτην †
Je. 1. 9. δέδωκα τοὺς λόγους μου εἰς τὸ στόμα σου (26 a)
2. 15. ἔδωκαν τὴν φωνὴν αὐτῶν (26 a)
3. 8. ἔδωκα αὐτῇ βιβλίον ἀποστασίου (26 a)
— 15. δώσω ὑμῖν ποιμένας κατὰ τὴν καρδίαν μου (26 a)
— 19. δώσω σοι γῆν ἐκλεκτήν (26 a)
4. 16. ἔδωκαν ἐπὶ τὰς πόλεις Ἰούδα φωνὴν αὐτῶν (26 a)
5. 14. δέδωκα τοὺς λόγους μου εἰς τὸ στόμα σου πῦρ (26 a)
— 24. φοβηθῶμεν δὴ κ. . . . τὸν διδόντα ἡμῖν ὑετόν (26 a)
6. 21. δίδωμι ἐπὶ τὸν λαὸν τοῦτον ἀσθένειαν (26 a)
— 27. δοκιμαστὴν δέδωκά σε (26 a)
7. 7. ἐν γῇ ᾗ ἔδωκα τοῖς πατράσιν ὑμῶν (26 a)
— 14. τῷ τόπῳ ᾧ ἔδωκα [A ἐλάλησα] ὑμῖν (26 a)
8. 10. δώσω τὰς γυναῖκας αὐτῶν ἑτέροις (26 a)
9. 1 (8. 23). τίς δώσει κεφαλῇ μου ὕδωρ (26 a)
— 2 (1). τίς δῴη μοι ἐν τῇ ἐρήμῳ σταθμὸν ἔσχατον (26 a)
— 11 (10). δώσω τὴν Ἱερουσαλὴμ εἰς μετοικίαν (26 a)
— 13 (12). ὃν ἔδωκα πρὸ προσώπου αὐτῶν (26 a)
11. 5. τοῦ δοῦναι αὐτοῖς γῆν ῥέουσαν γάλα καὶ μέλι (26 a)
12. 7. ἔδωκα τὴν ἠγαπημένην ψυχήν μου εἰς χεῖρας (26 a)
— 8. ἔδωκεν [S^1 -αν] ἐπ᾽ ἐμὲ τὴν φωνὴν αὐτῆς (26 a)
— 10. ἔδωκαν τὴν μερίδα τὴν ἐπιθυμητήν μου εἰς ἔρημον (26 a)
13. 16. δότε τῷ κυρίῳ θεῷ ὑμῶν δόξαν (26 a)
— 20. ποῦ ἐστι τὸ ποίμνιον ὃ ἐδόθη σοι (26 b)
14. 13. ἀλήθειαν καὶ εἰρήνην δώσω (26 a)
— 22. εἰ ὁ οὐρανὸς δώσει πλησμονὴν αὐτοῦ (26 a)
15. 9. τοὺς καταλοίπους αὐτῶν εἰς μάχαιραν δώσω (26 a)
— 13. τοὺς θησαυρούς σου εἰς προνομὴν δώσω [S δῷς ὡς] ἀντάλλαγμα (26 a)
— 20. δώσω σε [S *add.* ἐν] τῷ λαῷ τούτῳ ὡς τεῖχος (26 a)
16. 13. οἳ οὐ δώσουσιν ὑμῖν ἔλεος (26 a)
— 15. ἣν ἔδωκα τοῖς πατράσιν αὐτῶν (26 a)
17. 10. τοῦ δοῦναι ἑκάστῳ κατὰ τὰς ὁδοὺς αὐ. (26 a)
18. 21. δὸς τοὺς υἱοὺς αὐτῶν εἰς λιμόν (26 a)
19. 7. δώσω τοὺς νεκροὺς αὐτῶν εἰς βρῶσιν (26 a)
— 12. τοῦ δοθῆναι τὴν πόλιν ταύτην ὡς τὴν διαπίπτουσαν (26 a)
20. 4. δίδωμί σε εἰς μετοικίαν (26 a)
— 4. πάντα Ἰούδα δώσω εἰς χεῖρας βασιλέως (26 a)
— 5. δώσω τὴν πᾶσαν ἰσχὺν τῆς πόλεως τ. (26 a)
21. 7. δώσω τὸν Σεδεκίαν . . . εἰς χεῖρας ἐχθρῶν (26 a)
— 8. δέδωκα πρὸ προσώπου ὑμῶν τὴν ὁδὸν τῆς ζωῆς (26 a)
22. 20. εἰς τὴν Βασὰν δὸς τὴν φωνήν σου (26 a)
23. 39. ἣν ἔδωκα ὑμῖν καὶ τοῖς πατράσιν ὑμῶν (26 a)
— 40. δώσω ἐφ᾽ [B^1 εἰς] ὑμᾶς ὀνειδισμὸν αἰώνιον (26 a)
24. 7. δώσω αὐτοῖς καρδίαν τοῦ εἰδέναι αὐτοὺς ἐμέ (26 a)
— 9. δώσω αὐτοὺς εἰς διασκορπισμόν (26 a)
— 10. ἀπὸ τῆς γῆς ἧς [S^1 ὡς] ἔδωκα αὐτοῖς (26 a)
25. 5. ἐπὶ τῆς γῆς ἧς ἔδωκα ὑμῖν (26 a)
— 9. δώσω αὐτοὺς εἰς ἀφανισμόν (37)
27 (50). 5. ὧδε γὰρ τὸ πρόσωπον αὐτῶν δώσουσι –
28 (51). 25. δώσω σε ὡς ὄρος ἐμπεπυρισμένον (26 a)
— 39. δώσω πότημα αὐτοῖς (39)
— 55. ἔδωκεν εἰς ὄλεθρον φωνὴν αὐτῆς (26 b)
29 (49). 15. μικρὸν ἔδωκά [A δέδ.] σε ἐν ἔθνεσιν (26 a)
31 (48). 9. δότε σημεῖα τῇ Μωάβ (26 a)
— 34. αἱ πόλεις αὐτῶν ἔδωκαν φωνὴν αὐτῶν (26 a)
Je. 32 (25). 30. ἀπὸ τοῦ ἁγίου αὐ. δώσει φωνὴν αὐ. (26 a)
— 31. οἱ δὲ ἀσεβεῖς ἐδόθησαν εἰς μάχαιραν (26 a)
33 (26). 4. οἷς ἔδωκα κατὰ πρόσωπον ὑμῶν (26 a)
— 6. δώσω τὸν οἶκον τοῦτον ὥσπερ Σηλὼ καὶ τὴν πόλιν δώσω εἰς κατάραν (26 a, 26 a)
— 15. αἷμα ἀθῷον δίδοτε ἐφ᾽ ὑμᾶς (26 a)
34 (27). 5. δώσω αὐτὴν ᾧ ἐὰν δόξῃ (26 a)
— 6. ἔδωκα τὴν γῆν τῷ Ναβ. (26 a)
36 (29). 6. τὰς θυγατέρας ὑμῶν δότε ἀνδράσι (26 a)
— 11. τοῦ δοῦναι ὑμῖν ταῦτα (26 a)
— 21. δίδωμι αὐτοὺς εἰς χεῖρας βασιλέως Βαβ. (26 a)
— 26. κύριος ἔδωκέ σε ἱερέα ἀντὶ Ἰ. . . . δώσεις αὐτὸν εἰς τὸ ἀπόκλεισμα (26 a, 26 a)
37 (30). 3. ἣν ἔδωκα τοῖς πατράσιν αὐτῶν (26 a)
— 16. τοὺς προνομεύοντάς σε δώσω εἰς προνομήν (26 a)
— 21. ὃς ἔδωκε τὴν καρδίαν αὐτοῦ (29)
38 (31). 21. δὸς καρδίαν σου εἰς τοὺς ὤμους (39)
— 33. διδοὺς δώσω [A *om.*] νόμους μου εἰς τὴν διάνοιαν αὐ. (–, 26 a)
— 35. ὁ δοὺς τὸν ἥλιον εἰς φῶς τῆς ἡμέρας (26 a)
39 (32). 3. δίδωμι τὴν πόλιν ταύτην ἐν χερσὶ βασιλέως (26 a)
— 12. ἔδωκα αὐτὸ τῷ Βαρούχ (26 a)
— 16. μετὰ τὸ δοῦναί με [S *om.*] τὸ βιβλίον τῆς κτήσεως (26 a)
— 19. δοῦναι [A ἀποδ.] ἑκάστῳ κατὰ τὴν ὁδὸν αὐ. (26 a)
— 22. ἔδωκας αὐτοῖς τὴν γῆν ταύτην (26 a)
— 24, 25. ἡ πόλις ἐδόθη εἰς χεῖρας Χαλδαίων (26 b)
— 28. δοθεῖσα παραδοθήσεται ἡ πόλις αὕτη –
— 39. δώσω αὐτοῖς ὁδὸν ἑτέραν (26 a)
— 40. τὸν φόβον μου δώσω εἰς τὴν καρδίαν αὐ. (26 a)
41 (34). 3. B S εἰς χεῖρας αὐτοῦ δοθήσῃ (26 b)
— 17. δώσω ὑμᾶς εἰς διασπορὰν πάσαις ταῖς βασ. τῆς γῆς (26 a)
— 18. καὶ δώσω τοὺς ἄνδρας (26 a)
— 20. δώσω αὐτοὺς τοῖς ἐχθροῖς αὐτῶν (26 a)
— 21. τοὺς ἄρχοντας αὐτῶν δώσω εἰς χεῖρας ἐχθρῶν αὐ. (26 a)
— 22. δώσω αὐτὰς ἐρήμους [A εἰς ἄβατον] (26 a)
42 (35). 5. ἔδωκα [A ἔστησα] κατὰ πρόσωπον αὐτῶν κεράμιον (26 a)
— 15. ἧς [S^1 ὡς] ἔδωκα ὑμῖν καὶ τοῖς πατράσιν ὑμῶν (26 a)
43 (36). 20. τὸ χαρτίον ἔδωκαν φυλάσσειν ἐν οἴκῳ (53)
44 (37). 4. οὐκ ἔδωκαν αὐτὸν εἰς οἶκον τῆς φυλακῆς (26 a)
— 18. δίδως με εἰς οἰκίαν φυλακῆς (26 a)
— 21. ἐδίδοσαν αὐτῷ ἄρτον ἕνα τῆς ἡμέρας (26 a)
45 (38). 7. ἔδωκαν Ἱερεμίαν εἰς τὸν λάκκον (26 a)
— 16. δώσω [A παραδ.] σε εἰς χεῖρας τῶν ἀνθρ. τ. (26 a)
— 18. δοθήσεται [A παραδ.] ἡ πόλις αὕτη εἰς χεῖρας (26 b)
— 19. μὴ δώσειν με εἰς χεῖρας αὐτῶν (26 a)
46 (39). 14. ἔδωκαν αὐτὸν πρὸς τὸν Γοδ. (26 a)
— 17. οὐ μὴ δώσω [A παραδ.] σε εἰς χεῖρας τῶν ἀνθρ. (26 b)
47 (40). 5. ἔδωκεν αὐτῷ ὁ ἀρχιμάγειρος δῶρα (26 a)
— 11. ἔδωκε βασιλεὺς Βαβ. κατάλειμμα (26 a)
49 (42). 12. δώσω ὑμῖν ἔλεος (26 a)
— 15. ἐὰν ὑμεῖς δῶτε τὸ πρόσωπον ὑμῶν εἰς Αἴγ. (37)
50 (43). 3. ἵνα δῷς ἡμᾶς εἰς χεῖρας τῶν Χ. (26 a)
51 (44). 10. ὧν ἔδωκα κατὰ πρόσωπον τῶν πατέρων αὐ. (26 a)
— 30. δίδωμι τὸν Οὐ. βασ. Αἰγ. εἰς χεῖρας . . . καθὰ ἔδωκα τὸν Σεδ. βασ. Ἰ. εἰς χεῖρας (26 a, 26 a)
51. 35 (45. 5). δώσω τὴν ψυχήν σου εἰς [S *om.*] εὕρεμα (26 a)
52. 11. ἔδωκεν αὐτὸν εἰς οἰκίαν μύλωνος (26 a)
— 32. ἔδωκε τὸν θρόνον αὐτοῦ ἐπάνω τῶν βασ. τῶν μετ᾽ αὐτοῦ (26 a)
— 34. ἡ σύνταξις αὐτῷ ἐδίδοτο [A B^1 S -δετο] διὰ παντός (26 b)
Ba. 1. 12. δώσει κύριος ἰσχὺν ἡμῖν
— 18. οἷς ἔδωκε κατὰ πρόσωπον ἡμῶν
— 20. δοῦναι ἡμῖν γῆν ῥέουσαν γάλα καὶ μέλι
2. 4. ἔδωκεν αὐτοὺς ὑποχειρίους πάσαις ταῖς βασ.
— 10. οἷς ἔδωκε κατὰ πρόσωπον ἡμῶν

Ba. 2. 14. δὸς ἡμῖν χάριν
— 17. δώσουσι δόξαν καὶ δικαίωμα τῷ κυρίῳ
— 18. δώσουσί σοι δόξαν καὶ δικαιοσύνην
— 21. ἣν δέδωκα [A ἧς ἔδ.] τοῖς πατράσιν ὑμῶν
— 31. δώσω αὐτοῖς καρδίαν καὶ ὦτα ἀκούοντα
— 35. ἀπὸ τῆς γῆς ἧς ἔδωκα αὐτοῖς
3. 7. ἔδωκας τὸν φόβον σου ἐπὶ καρδίαν ἡμῶν
— 27. οὐδὲ ὁδὸν ἐπιστήμης ἔδωκεν αὐτοῖς
— 36. ἔδωκεν αὐτὴν Ἰακώβ
4. 3. μὴ δῷς ἑτέρῳ τὴν δόξαν σου
La. 1. 6. S^1 ἔδωκαν τὰ ἐπιθυμήμ. αὐ. ἐν βρώσει –
● — 11. ἔδωκαν τὰ ἐπιθυμήμ. αὐ. ἐν βρώσει [S εἰς βρῶσιν] (26 *a*)
— 13. ἔδωκέ με ἠφανισμένην (26 *a*)
— 14. ἔδωκε κύριος ἐν χερσί μου ὀδύνας (26 *a*)
2. 7. φωνὴν ἔδωκαν [A -εν] ἐν οἴκῳ (26 *a*)
— 18. μὴ δῷς ἔκνηψιν σεαυτῇ (26 *a*)
3. 30. δώσει τῷ παίοντι αὐτὸν σιαγόνα (26 *a*)
5. 6. Αἴγυπτος ἔδωκε χεῖρα (26 *a*)
Ep. Je. 11. δώσουσι δὲ ἀπ' αὐτῶν καὶ ταῖς ἐπὶ τοῦ στέγους πόρναις
— 35. οὔτε πλοῦτον οὔτε χαλκὸν οὐ μὴ δύνωνται δ.
— 53. οὔτε ὑετὸν ἀνθρώποις οὐ μὴ δῶσι
Ez. 2. 8. φάγε ὃ [A ἃ] ἐγὼ δίδωμί σοι (26 *a*)
3. 3. πλησθήσεται τῆς κεφαλίδος ταύτης τῆς δεδομ. εἴς σε (26 *a*)
— 8. δέδωκα τὸ πρόσωπόν σου δυνατὸν . . . κραταιότερον πέτρας [A *add.* δέδωκα τὸ νεῖκός σου] (26 *a*, 26 *a*)
— 17. σκοπὸν δέδωκά σε τῷ οἴκῳ Ἰσραήλ (26 *a*)
— 20. δώσω τὴν βάσανον εἰς πρόσωπον αὐτοῦ (26 *a*)
— 25. δέδονται ἐπὶ σὲ δεσμοί (26 *a*)
4. 2. δώσεις ἐπ' αὐτὴν περιοχὴν . . . δώσεις ἐπ' αὐτὴν παρεμβολάς (26 *a*, 26 *a*)
— 5. δέδωκά σοι τὰς δύο ἀδικίας αὐτῶν (26 *a*)
— 8. δέδωκα ἐπὶ σὲ δεσμούς (26 *a*)
— 15. δέδωκά σοι βόλβιτα βοῶν (26 *a*)
6. 5. A δώσω τὰ πτώμ. τῶν υἱῶν Ἰσρ. κατὰ πρόσωπον τῶν εἰδώλων αὐ. (26 *a*)
— 13. ἔδωκαν ἐκεῖ ὀσμὴν εὐωδίας (26 *a*)
7. 9. δώσω ἐπὶ σὲ πάντα τὰ βδελύγματά σου . . . τὰς ὁδούς σου ἐπὶ σὲ δώσω (26 *a*, 26 *a*)
— 7. B δώσω ἐπὶ σὲ πάντα τὰ βδελύγματά σου (26 *a*)
— 4. B τὴν ὁδόν σου ἐπὶ σὲ δώσω (26 *a*)
— 20. δέδωκα αὐτὰ αὐτοῖς εἰς ἀκαθαρσίαν (26 *a*)
8. 16. A ἄνδρες τὰ ὀπίσθια αὐτῶν δεδωκότες [B *om.*] πρὸς τὸν ναόν –
9. 4. δὸς σημεῖον ἐπὶ τὰ μέτωπα τῶν ἀνδρῶν (50)
— 10. τὰς ὁδοὺς αὐτῶν εἰς κεφαλὰς αὐ. δέδωκα (26 *a*)
10. 7. ἔδωκεν εἰς τὰς χεῖρας τοῦ ἐνδεδυκότος τὴν στολήν (26 *a*)
11. 15. ἡμῖν δέδοται ἡ γῆ εἰς κληρονομίαν (26 *b*)
— 17. δώσω αὐτοῖς τὴν γῆν τοῦ Ἰσραήλ (26 *a*)
— 19. δώσω αὐτοῖς καρδίαν ἑτέραν καὶ πνεῦμα καινὸν δώσω ἐν αὐτοῖς . . . δώσω αὐτοῖς καρδίαν σαρκίνην (26 *a ter*)
— 21. τὰς ὁδοὺς αὐ. εἰς τὰς κεφαλὰς αὐ. δέδωκα (26 *a*)
12. 6. τέρας δέδωκά σε τῷ οἴκῳ Ἰσρ. (26 *a*)
13. 11. δώσω λίθους πετροβόλους εἰς τοὺς ἐνδέσμους αὐ. †
15. 4. A^2 R πάρεξ ὃ [A^1 B *om.*] πυρὶ δέδοται εἰς ἀνάλωσιν (26 *b*)
— 6. δέδωκα αὐτὸ πυρὶ εἰς ἀνάλωσιν οὕτως δέδωκα τοὺς κατοικοῦντας Ἱερ. (26 *a*, 26 *a*)
— 7. δώσω [A στηριῶ] τὸ πρόσωπόν μου ἐπ' αὐτούς (26 *a*)
— 8. δώσω τὴν γῆν εἰς ἀφανισμόν (26 *a*)
16. 7. καθὼς ἡ ἀνατολὴ τοῦ ἀγροῦ δέδωκά σε (26 *a*)
— 12. ἔδωκα ἐνώτιον περὶ [A ἐπὶ] τὸν μυκτῆρά σου (26 *a*)
— 17. ἐξ ὧν ἔδωκά σοι (26 *a*)
— 19. τοὺς ἄρτους μου οὓς ἔδωκά σοι (26 *a*)
— 21. ἔδωκας [A -ες] αὐτά (26 *a*)
— 33. B δέδωκας μισθώματα (26 *a*)
— 34. B^1 ἐν τῷ δ. [A προδιδ., B^2 προσδ.] σε μισθώματα (26 *a*)
— 34. σοὶ μισθώματα οὐκ ἐδόθη (26 *b*)
— 36. ὧν ἔδωκας αὐτοῖς (26 *a*)
— 38. A δώσω σε εἰς αἷμα θυμοῦ [B *al.*] (26 *a*)

Ez. 16. 41. R μισθώματα οὐ μὴ δώσω [A B δῷς] οὐκέτι (26 *a*)
— 43. τὰς ὁδούς σου εἰς κεφαλήν σου δέδωκα (26 *a*)
— 47. B^1 οὐ δώσω σε [A B^2 R οὐδ' ὡς] ἐν ταῖς ὁδοῖς αὐτῶν –
— 61. δώσω αὐτάς σοι εἰς οἰκοδομήν (26 *a*)
17. 5. ἔδωκεν αὐτὸ εἰς τὸ πεδίον φυτὸν ἐφ' ὕδατι (26 *a*)
— 15. τοῦ δοῦναι αὐτῷ ἵππους (26 *a*)
— 18. δέδωκα [A -κεν] τὴν χεῖρα αὐτοῦ (26 *a*)
— 19. δώσω αὐτὴν εἰς κεφαλὴν αὐτοῦ (26 *a*)
— 22. A δώσω ἀπὸ κεφαλῆς παραφυάδων αὐτῆς (26 *a*)
18. 7. τὸν ἄρτον [A ἄνδρα] αὐτοῦ τῷ πεινῶντι δώσει (26 *a*)
— 8. τὸ ἀργύριον αὐτοῦ ἐπὶ τόκῳ οὐ δώσει (26 *a*)
— 13. μετὰ τόκου ἔδωκε (26 *a*)
— 16. τὸν ἄρτον αὐτοῦ τῷ πεινῶντι ἔδωκε (26 *a*)
19. 8. ἔδωκαν ἐπ' αὐτὸν ἔθνη (26 *a*)
20. 11. ἔδωκα αὐτοῖς τὰ προστάγματά μου (26 *a*)
— 12. τὰ σάββατά μου ἔδωκα αὐτοῖς (26 *a*)
— 15. εἰς τὴν γῆν ἣν ἔδωκα αὐτοῖς (26 *a*)
— 25. ἔδωκα αὐτοῖς προστάγματα οὐ καλά (26 *a*)
— 28. ἦρα τὴν χεῖρά μου δοῦναι αὐτὴν [A τοῦ δ.] αὐτοῖς (26 *a*)
— 42. τοῦ δοῦναι αὐτὴν τοῖς πατράσιν ὑ. (26 *a*)
21. 11 (16). ἔδωκεν αὐτὴν ἑτοίμην τοῦ κρατεῖν χεῖρα αὐ. . . . τοῦ δοῦναι [A δοθῆναι] αὐτὴν εἰς χεῖρα ἀποκεντοῦντος (26 *a*, 26 *a*)
22. 4. R δέδωκά σε εἰς ὄνειδος τοῖς ἔθνεσι (26 *a*)
— 31. τὰς ὁδοὺς αὐ. εἰς κεφαλὰς αὐ. δέδωκα (26 *a*)
23. 7. ἔδωκε τὴν πορνείαν αὐτῆς ἐπ' αὐτούς (26 *a*)
— 24. δώσω πρὸ προσώπου αὐτῶν κρίμα (26 *a*)
— 25. δώσω τὸν ζῆλόν μου ἐν σοί (26 *a*)
— 31. δώσω τὸ ποτήριον αὐτῆς εἰς χεῖράς σου (26 *a*)
— 42. ἐδίδοσαν ψέλλια ἐπὶ τὰς χεῖρας αὐ. (26 *a*)
— 46. δὸς ἐν αὐταῖς [A ἐπ' αὐτὰς] ταραχήν (26 *a*)
— 49. δοθήσεται ἡ ἀσέβεια ὑμῶν ἐφ' ὑμᾶς (26 *a*)
24. 8. δέδωκα τὸ αἷμα αὐτῆς ἐπὶ λεωπετρίαν (26 *a*)
25. 4. δώσουσιν ἐν σοὶ τὰ σκηνώματα αὐτῶν (26 *a*)
— 5. δώσω τὴν πόλιν τοῦ Ἀ. εἰς νομὰς καμήλων (26 *a*)
— 7. δώσω σε εἰς διαρπαγήν (26 *a*)
— 10. δέδωκα αὐτῷ εἰς κληρονομίαν (26 *a*)
— 14. δώσω ἐκδίκησίν μου ἐπὶ τὴν Ἰδ. (26 *a*)
— 17. ἐν τῷ δοῦναι [A *add.* με] τὴν ἐκδίκησίν μου ἐπ' αὐτούς (26 *a*)
26. 4. δώσω αὐτὴν εἰς λεωπετρίαν (26 *a*)
— 8. δώσει ἐπὶ σὲ προφυλακήν (26 *a*)
— 8 (9). τὰς λόγχας αὐτοῦ ἀπέναντί σου [A ἐπὶ σὲ] δώσει (26 *a*)
— 14. δώσω σε [A *add.* εἰς] λεωπετρίαν (26 *a*)
— 17. ἡ δοῦσα τὸν φόβον αὐ. πᾶσι τοῖς κατοικοῦσιν αὐτήν (26 *a*)
— 19. ὅταν δῷ σε πόλιν ἠρημωμένην (26 *a*)
— 21. ἀπώλειάν σε δώσω (26 *a*)
27. 10. οὗτοι ἔδωκαν τὴν δόξαν σου (26 *a*)
— 12. κασσίτερον καὶ μόλιβον ἔδωκαν τὴν ἀγοράν σου (26 *a*)
— 13. σκεύη χαλκᾶ ἔδωκαν τὴν ἐμπορίαν σου (26 *a*)
— 14. ἱππεῖς ἔδωκαν ἀγοράν σου (26 *a*)
— 16. Ῥαμὸθ καὶ Χορχὸρ ἔδωκαν τὴν ἀγοράν σου (26 *a*)
— 17. ἔλαιον καὶ ῥητίνην ἔδωκαν εἰς τὸν σύμμικτόν σου (26 *a*)
— 18. οἶνον εἰς τὴν ἀγοράν σου ἔδωκαν (26 *a* ?)
— 19. A τροχιὰς ἔδωκαν [B *om.*] ἐν τῷ συμμίκτῳ σού ἐστι –
— 22. χρυσίον ἔδωκαν τὴν ἀγοράν σου (26 *a*)
28. 2. ἔδωκας τὴν καρδίαν σου ὡς καρδίαν θεοῦ (26 *a*)
— 6. δέδωκας [A ἔδ.] τὴν καρδίαν σου ὡς καρδίαν θεοῦ (26 *a*)
— 17. ἐναντίον βασιλέων ἔδωκά σε παραδειγματισθῆναι (26 *a*)
— 18. δώσω σε [A *add.* εἰς] σποδὸν ἐπὶ τῆς γῆς σου (26 *a*)
— 25. ἣν δέδωκα [A ἧς ἔδ.] τῷ δούλῳ μου Ἰ. (26 *a*)
29. 4. δώσω παγίδας εἰς τὰς σιαγόνας σου (26 *a*)
— 5. τοῖς πετ. τοῦ οὐρ. δέδωκά σε (26 *a*)
— 10. δώσω γῆν Αἰγύπτου εἰς ἔρημον (26 *a*)
— 12. δώσω τὴν γῆν αὐτῆς [A *add.* εἰς] ἀπώλειαν (26 *a*)
— 19. δίδωμι τῷ Ναβ. βασ. Βαβ. γῆν Αἰγ. (26 *a*)
— 20. δέδωκα αὐτῷ γῆν Αἰγύπτου (26 *a*)

Ez. 29. 21. σοὶ δώσω στόμα ἀνεῳγμένον (26 *a*)
30. 8. ὅταν δῶ πῦρ ἐπ' Αἴγυπτον (26 *a*)
— 12. δώσω τοὺς ποταμοὺς αὐτῶν ἐρήμους (26 *a*)
— 13. A δώσω φόβον ἐν γῇ Αἰγύπτῳ (26 *a*)
— 14. δώσω πῦρ ἐπὶ Τάνιν (26 *a*)
— 16. δώσω πῦρ ἐπ' Αἴγυπτον (26 *a*)
— 21. οὐ κατεδεήθη τοῦ δοθῆναι ἴασιν τοῦ δοθῆναι ἐπ' αὐτὸν μάλαγμα τοῦ δοθῆναι ἰσχὺν ἐπιλαβέσθαι μαχαίρας (26 *a*, 37, 51)
— 24. δώσω [A θήσω] τὴν ῥομφαίαν μου εἰς τὴν χεῖρα αὐ. (26 *a*)
— 25. ἐν τῷ δοῦναι [A *add.* με] τὴν ῥομφαίαν μου εἰς χεῖρας βασ. Βαβ. (26 *a*)
31. 10. ἔδωκας τὴν ἀρχήν σου εἰς μέσον νεφελῶν (26 *a*)
— 14. ἔδωκαν [A οὐκ ἔ.] τὴν ἀρχὴν αὐ. εἰς μέσον νεφελῶν . . . πάντες ἐδόθησαν εἰς θάνατον (26 *a*, 26 *b*)
32. 5. δώσω τὰς σάρκας σου ἐπὶ τὰ ὄρη (26 *a*)
— 7. A ἡ σελήνη οὐ δώσει τὸ φάος [B σ. οὐ μὴ φάνῃ τὸ φῶς] αὐτῆς (1)
— 8. δώσω σκότος ἐπὶ τὴν γῆν (26 *a*)
— 15. ὅταν δῶ Αἴγυπτον εἰς ἀπώλειαν (26 *a*)
— 22. πάντες τραυματίαι ἐκεῖ ἐδόθησαν †
— 23. A ἔδωκαν τὰς ταφὰς αὐτῆς ἐν μηροῖς λάκκου (26 *b*)
— 23. οἱ δόντες τὸν φόβον αὐτῶν ἐπὶ τῆς ζωῆς (26 *a*)
— 24. οἱ δεδωκότες αὐτῶν φόβον ἐπὶ γῆς [A τῆς] ζωῆς (26 *a*)
— 26. ἐκεῖ ἐδόθησαν Μοσὸχ καὶ Θοβέλ (26 *b* ?)
— 26. οἱ δεδωκότες τὸν φόβον αὐ. ἐπὶ τῆς ζωῆς (26 *a*)
— 29. ἐκεῖ ἐδόθησαν οἱ ἄρχοντες Ἀ. οἱ δόντες τὴν ἰσχὺν αὐ. εἰς τραῦμα [A *al.*] (–, 26 *b*)
— 32. δέδωκα τὸν φόβον αὐτοῦ ἐπὶ τῆς ζωῆς (26 *a*)
33. 2. δῶσιν [B^2 -σουσιν] αὐτὸν ἑαυτοῖς εἰς [A *om.*] σκοπόν (26 *a*)
— 7. σκοπὸν δέδωκά σε τῷ οἴκῳ Ἰσραήλ (26 *a*)
— 24. ἡμῖν δέδοται ἡ γῆ εἰς κατάσχεσιν (26 *b*)
— 27. τοῖς θηρίοις τοῦ ἀγροῦ δοθήσονται εἰς κατάβρωμα (26 *a*)
— 28. δώσω τὴν γῆν ἔρημον (26 *a*)
34. 26. δώσω αὐτοὺς περικύκλῳ [A ἔσονται κύκλῳ] τοῦ ὄρους μου καὶ δώσω τὸν [A ἀποστελῶ] ὑετὸν ὑμῖν (26 *a*, 14)
— 27. τὰ ξύλα τὰ ἐν τῷ πεδίῳ δώσει τὸν καρπὸν αὐ. καὶ ἡ γῆ δώσει τὴν ἰσχύν [A *al.*] (26 *a*, 26 *a*)
35. 3. δώσω σε εἰς [A B^2 *om.*] ἔρημον (26 *a*)
— 7. δώσω ὄρος Σηεὶρ εἰς ἔρημον (26 *a*)
— 12. τὰ ὄρη Ἰσραὴλ ἔρημα ἡμῖν δέδοται (26 *b*)
36. 5. ἔδωκαν τὴν γῆν μου ἑαυτοῖς εἰς κατάσχεσιν (26 *a*)
— 12. A δώσω [B γεννήσω] ἐφ' ὑμᾶς ἀνθρώπους (6)
— 26. δώσω ὑμῖν καρδίαν καινὴν καὶ πνεῦμα καινὸν δώσω . . . δώσω ὑμῖν καρδίαν σαρκίνην (26 *a ter*)
— 27. τὸ πνεῦμά μου δώσω ἐν ὑμῖν (26 *a*)
— 28. ἧς ἔδωκα τοῖς πατράσιν ὑμῶν (26 *a*)
— 29. οὐ δώσω ἐφ' ὑμᾶς λιμόν (26 *a*)
37. 6. δώσω ἐφ' ὑμᾶς νεῦρα . . . δώσω πνεῦμά μου εἰς [A ἐφ'] ὑμᾶς (26 *a*, 26 *a*)
— 14. δώσω πνεῦμά μου εἰς ὑμᾶς (26 *a*)
— 19. δώσω αὐτοὺς ἐπὶ τὴν φυλὴν Ἰούδα (26 *a*)
— 22. δώσω αὐτοὺς εἰς ἔθνος ἐν τῇ γῇ μου (30)
— 25. ἣν ἐγὼ δέδωκα τῷ δούλῳ μου Ἰακώβ (26 *a*)
39. 4. τὰ ἔθνη τὰ μετὰ σοῦ δοθήσονται εἰς πλήθη ὀρνέων . . . πᾶσι τοῖς θηρίοις τοῦ πεδίου δέδωκά σε καταβρωθῆναι (–, 26 *a*)
— 11. δώσω τῷ Γὼγ τόπον ὀνομαστόν (26 *a*)
— 21. δώσω τὴν δόξαν μου ἐν ὑμῖν (26 *a*)
43. 8. ἔδωκαν τὸν τοῖχόν μου ὡς συνεχόμενον –
— 19. δώσεις τοῖς ἱερεῦσι τοῖς Λευίταις . . . μόσχον (26 *a*)
44. 28. κατάσχεσις αὐτοῖς οὐ δοθήσεται ἐν τοῖς υἱοῖς Ἰσρ. (26 *a*)
— 30. τὰ πρωτογεννήματα ὑμῶν δώσετε τῷ ἱερεῖ (26 *a*)
45. 6. τὴν κατάσχεσιν τῆς πόλεως δώσεις (26 *a*)
— 16. πᾶς ὁ λαὸς δώσει τὴν ἀπαρχὴν ταύτην (5)
— 19. δώσει ἐπὶ τὰς φλιὰς τοῦ οἴκου (26 *a*)
46. 16. ἐὰν δῷ ὁ ἀφηγούμενος δόμα (26 *a*)
— 17. ἐὰν δὲ δῷ δόμα (26 *a*)

● = correction on page xxv

Ez. 47. 11. εἰς ἅλας δέδονται (26 *b*)
— 14. τοῦ δοῦναι [A *add.* αὐτὴν] τοῖς πατράσιν αὐ. (26 *a*)
— 23. ἐκεῖ δώσετε κληρονομίαν αὐτοῖς (26 *a*)
48. 12. ἔσται αὐτοῖς ἡ ἀπαρχὴ δεδομ. ἐκ τῶν ἀπαρχῶν –
Da. LXX. Su. 42. ἔδωκεν ὁ ἄγγελος . . . πνεῦμα συνέσεως νεωτέρῳ
1. 5. δίδοσθαι αὐτοῖς ἔκθεσιν (20)
— 9. ἔδωκε κύριος τῷ Δ. τιμήν (26 *a*)
— 12. δοθήτω ἡμῖν ἀπὸ τῶν ὀσπρίων τῆς γῆς (26 *a*)
— 17. τοῖς νεανίσκοις ἔδωκεν ὁ κύριος ἐπιστήμην (26 *a*)
— 17. τῷ Δ. ἔδωκε σύνεσιν (52)
2. 16. ἵνα δοθῇ αὐτῷ χρόνος (26 *d*)
— 21. διδοὺς σοφοῖς σοφίαν (10 *b*)
— 23. σοφίαν καὶ φρόνησιν ἔδωκάς μοι (10 *b*)
— 37. σοὶ ὁ κύριος . . . τὴν δόξαν ἔδωκεν (10 *b*)
— 48. δοὺς δωρεὰς μεγάλας (10 *b*)
3. (43). δὸς δόξαν τῷ ὀνόματί σου
— 30 (97). ἐξουσίαν δοὺς ἐφ' ὅλης τῆς χώρας †
4. 15. οἱ κλάδοι αὐτοῦ ἐδόθησαν εἰς πάντα ἄνεμον –
— 24. ἵνα ἐπιείκεια δοθῇ σοι †
— 28. ἡ βασιλεία . . . ἑτέρῳ δίδοται –
— 29. ᾧ ἐὰν βούληται δώσει αὐτήν (26 *d*)
— 31. ἔδωκα τὴν ψυχήν μου εἰς δέησιν †
— 32. δὸς δόξαν τῷ ὑψίστῳ –
5. 1. τῷ θεῷ τῷ ὑψίστῳ οὐκ ἔδωκεν αἴνεσιν –
— 7. δοθήσεται αὐτῷ ἐξουσία τοῦ τρίτου μέρους †
— 23. τὸ βασίλειόν σου αὐτὸς ἔδωκέ σοι –
— 28. ἡ βασιλεία σου τοῖς Μ. καὶ τοῖς Π. δίδοται (10 *c*)
— 29. ἔδωκεν ἐξουσίαν αὐτῷ †
— 30. καὶ ἐδόθη τοῖς Μήδοις καὶ τοῖς Πέρσαις –
7. 4. ἀνθρωπίνη καρδία ἐδόθη αὐτῇ (10 *c*)
— 11. καὶ ἐδόθη εἰς καῦσιν πυρός (10 *c*)
— 12. χρόνος ζωῆς ἐδόθη αὐτοῖς (10 *c*)
— 14. ἐδόθη αὐτῷ ἐξουσία (10 *c*)
— 22. τὴν κρίσιν ἔδωκε τοῖς ἁγίοις τοῦ ὑψίστου (10 *c*)
— 22. ὁ καιρὸς ἐδόθη †
— 27. τὴν βασιλείαν . . . ἔδωκε λαῷ ἁγίῳ ὑψίστου (10 *c*)
8. 13. ἡ ἁμαρτία ἐρημώσεως ἡ δοθεῖσα (26 *a*)
9. 3. ἔδωκα τὸ πρόσωπόν μου ἐπὶ κύριον (26 *a*)
— 10. ᾧ ἔδωκας ἐνώπιον Μωσῆ (26 *a*)
— 24. δοθῆναι δικαιοσύνην αἰώνιον (2)
— 27. συντέλεια δοθήσεται ἐπὶ τὴν ἐρήμωσιν †
10. 12. ἧς ἔδωκας τὸ πρόσωπόν σου διανοηθῆναι (26 *a*)
— 15. ἔδωκα τὸ πρόσωπόν μου ἐπὶ τὴν γῆν (26 *a*)
11. 17. δώσει τὸ πρόσωπον αὐτοῦ ἐπελθεῖν (37)
— 17. θυγατέρα ἀνθρώπου δώσει αὐτῷ (26 *a*)
— 18. δώσει τὸ πρόσωπον αὐτοῦ ἐπὶ τὴν θάλασσαν (37, 38 *b**)
— 21. οὐ δοθήσεται ἐπ' αὐτὸν δόξα βασιλέως (26 *a*)
— 24. χρήματα αὐτοῖς δώσει (3)
— 31. δώσουσι βδέλυγμα ἐρημώσεως (26 *a*)
12. 11. δοθῆναι τὸ βδέλυγμα τῆς ἐρημώσεως (26 *a*)
Bel 21. τὴν δαπάνην . . . ἔδωκε τῷ Δ.
— 25. δός μοι τὴν ἐξουσίαν
— 25. δέδοταί σοι
— 29. δίδωμι τὸν Δαν. εἰς ἀπώλειαν
Da. TH. Su. 50. σοὶ δέδωκεν [A ἔδ.] ὁ θεὸς τὸ πρεσβεῖον
1. 2. ἔδωκε κύριος ἐν χειρὶ αὐτοῦ τὸν Ἰ. (26 *a*)
— 9. ἔδωκεν ὁ θεὸς τὸν Δαν. εἰς ἔλεον (26 *a*)
— 12. δότωσαν ἡμῖν ἀπὸ τῶν σπερμάτων (26 *a*)
— 16. ἐδίδου αὐτοῖς σπέρματα (26 *a*)
— 17. ἔδωκεν αὐτοῖς ὁ θεὸς σύνεσιν (26 *a*)
2. 16. ὅπως χρόνον δῷ αὐτῷ (26 *d*)
— 21. διδοὺς σοφίαν τοῖς σοφοῖς (10 *b*)
— 23. σοφίαν καὶ δύναμιν δέδωκάς [A ἔδ.] μοι (10 *b*)
— 37. βασιλείαν ἰσχυρὰν . . . ἔδωκεν (10 *b*)
— 38. θηρία τε . . . ἔδωκεν ἐν τῇ χειρί σου (10 *b*)
— 48. δόματα μεγάλα . . . ἔδωκεν αὐτῷ (10 *b*)
3. (43). δὸς δόξαν τῷ ὀνόματί σου
4. 13. καρδία θηρίου δοθήσεται αὐτῷ (10 *d*)
— 14. ᾧ ἐὰν δόξῃ δώσει αὐτήν (26 *d*)
— 22, 29. ᾧ ἂν δόξῃ δώσει αὐτήν (26 *d*)
5. 17. τὴν δωρεὰν τῆς οἰκίας σου ἑτέρῳ δός (10 *b*)
— 18. τὴν δόξαν ἔδωκε Ναβ. τῷ πατρί σου (10 *b*)
— 19. ἀπὸ τῆς μεγαλωσύνης ἧς ἔδωκεν αὐτῷ (10 *b*)
— 21. ἡ καρδία αὐτοῦ μετὰ τῶν θηρίων ἐδόθη †

Da. 5. 21. ᾧ ἂν δόξῃ δώσει αὐτήν (34)
— 28. καὶ ἐδόθη Μήδοις καὶ Πέρσαις (10 *c*)
7. 4. καρδία ἀνθρώπου ἐδόθη αὐτῇ (10 *c*)
— 6. ἐξουσία ἐδόθη αὐτῇ (10 *c*)
— 11. τὸ σῶμα αὐτοῦ ἐδόθη εἰς καῦσιν πυρός (10 *c*)
— 12. μακρότης ζωῆς ἐδόθη αὐτοῖς (10 *c*)
— 14. αὐτῷ ἐδόθη ἡ ἀρχή (10 *c*)
— 22. τὸ κρίμα ἔδωκεν ἁγίοις ὑψίστου (10 *c*)
— 25. καὶ δοθήσεται ἐν χειρὶ αὐτοῦ (10 *d*)
— 27. ἡ βασιλεία . . . ἐδόθη ἁγίοις ὑψίστου (10 *c*)
8. 12. ἐδόθη ἐπὶ τὴν θυσίαν ἁμαρτία (26 *b*)
— 13. ἡ ἁμαρτία ἐρημώσεως ἡ δοθεῖσα (26 *a*)
9. 3. ἔδωκα τὸ πρόσωπόν μου πρὸς κύριον (26 *a*)
— 10. οἷς ἔδωκε κατὰ πρόσωπον ἡμῶν (26 *a*)
— 27. συντέλεια δοθήσεται ἐπὶ τὴν ἐρήμωσιν †
10. 1. καὶ σύνεσις ἐδόθη αὐτῷ –
— 12. ἧς ἔδωκας τὴν καρδίαν σου τοῦ συνεῖναι (26 *a*)
— 15. ἔδωκα τὸ πρόσωπόν μου ἐπὶ τὴν γῆν (26 *a*)
11. 4. A ἑτέροις ἐκτὸς τούτων δοθήσεται [B *om.*] –
— 17. θυγατέρα τῶν γυναικῶν δώσει αὐτῷ (26 *a*)
— 21. οὐκ ἔδωκαν ἐπ' αὐτὸν δόξαν βασιλείας (26 *a*)
— 31. δώσουσι βδέλυγμα ἠφανισμένον (26 *a*)
12. 11. δοθήσεται [A ἑτοιμασθῇ δοθῆναι] τὸ βδέλυγμα (26 *a*)
Bel 22. ἔδωκε τὸν Βὴλ ἔκδοτον τῷ Δαν.
— 26. δός μοι ἐξουσίαν
— 26. δίδωμί σοι
— 27. ἔδωκεν εἰς τὸ στόμα τοῦ δράκοντος
— 32. ἐδίδοτο αὐτοῖς . . . δύο σώματα
— 32. τότε δὲ οὐκ ἐδόθη αὐτοῖς
I Ma. 1. 13. S R ἔδωκεν [A -αν] αὐτοῖς ἐξουσίαν
2. 7. ἐν τῷ δοθῆναι αὐτὴν ἐν χειρὶ ἐχθρῶν
— 26. S[1] ἔδωκαν [A S[2]R ἐζήλωσε] τῷ νόμῳ
— 48. οὐκ ἔδωκαν κέρας τῷ ἁμαρτωλῷ
— 50. δότε τὰς ψυχὰς ὑμῶν
3. 28. ἔδωκεν ὀψώνια ταῖς δυνάμεσιν αὐτοῦ
— 30. ἃ ἐδίδου ἔμπροσθεν δαψιλεῖ χειρί
4. 32. δὸς αὐτοῖς δειλίαν
5. 62. οἷς ἐδόθη σωτηρία Ἰσραήλ
6. 15. ἔδωκεν αὐτῷ τὸ διάδημα
— 44. ἔδωκεν ἑαυτὸν τοῦ σῶσαι τὸν λαὸν αὐτοῦ
— 58. δῶμεν δεξιὰν τοῖς ἀνθρώποις τούτοις
7. 38. μὴ δῷς αὐτοῖς μονήν
8. 4. οἱ ἐπίλοιποι διδόασιν αὐτοῖς φόρον
— 7. διδόναι αὐτόν τε . . . φόρον μέγαν διδόναι ὅμηρα καὶ διαστολήν
— 8. ἔδωκαν αὐτὰς Εὐμένει τῷ βασιλεῖ
— 26. τοῖς πολεμοῦσιν οὐ δώσουσιν [S[1] *om.* οὐ δ.]
— 28. τοῖς συμμαχοῦσιν οὐ δοθήσεται σῖτος
10. 6. ἔδωκεν αὐτῷ ἐξουσίαν
— 8. ἔδωκεν αὐτῷ ὁ βασιλεὺς ἐξουσίαν
— 9. S ἔδωκεν [R ἀπέδ., A ἀπέδωκαν] αὐτοὺς τοῖς γονεῦσιν
— 28. δώσομεν ὑμῖν δόματα
— 32. καὶ δίδωμι τῷ ἀρχιερεῖ [S[1] *add.* ἄνδρας]
— 36. δοθήσεται αὐτοῖς ξένια
— 39. Πτολεμαΐδα . . . δέδωκα δόμα τοῖς ἁγίοις
— 40. δίδωμι . . . δέκα πέντε χιλιάδας σίκλων ἀργυρίου
— 41. S R πᾶν τὸ πλεονάζον . . . δώσουσιν [A -σωσιν]
— 44, 45. ἡ δαπάνη δοθήσεται ἐκ τοῦ λόγου τοῦ βασ.
— 54. δός μοι τὴν θυγατέρα σου εἰς γυναῖκα
— 54. δώσω σοι δόματα
— 60. ἔδωκεν αὐτοῖς ἀργύριον
— 89. ὡς ἔθος ἐστὶ δίδοσθαι τοῖς συγγενέσι τῶν βασιλέων καὶ ἔδωκεν αὐτῷ τὴν Ἀκκαρών
11. 9. δώσω σοι τὴν θυγατέρα μου
— 10. δοὺς αὐτῷ τὴν θυγατέρα μου
— 12. ἔδωκεν αὐτὴν τῷ Δημητρίῳ
— 23. ἔδωκεν ἑαυτὸν τῷ κινδύνῳ
— 37. καὶ δοθήτω Ἰωνάθαν
— 50. A R δὸς ἡμῖν δεξιάς [S -άν]
— 58. ἔδωκεν αὐτῷ ἐξουσίαν
— 62. ἔδωκεν αὐτοῖς δεξιάς [S[1] -άν]
— 66. καὶ ἔδωκεν αὐτοῖς
12. 4. ἔδωκαν ἐπιστολὰς αὐτοῖς
— 25. οὐ γὰρ ἔδωκεν αὐτοῖς ἀνοχήν
— 43. A S[2] R ἔδωκεν αὐτῷ δόματα
13. 45. ἀξιοῦντες Σίμωνα δεξιὰς αὐτοῖς δοῦναι [S[1] *al.*]
— 50. καὶ ἔδωκεν αὐτοῖς
14. 8. ἡ γῆ ἐδίδου τὰ γεννήματα αὐτῆς
— 29. ἔδωκαν ἑαυτοὺς τῷ κινδύνῳ
— 33. καὶ ἔδωκεν αὐτοῖς ὀψώνια

I Ma. 15. 31. δότε ἀντ' αὐτῶν πεντακόσια τάλαντα ἀργ.
— 35. τούτων δώσομεν τάλαντα ἑκατόν
— 38. δυνάμεις πεζικὰς καὶ ἱππικὰς ἔδωκεν αὐτῷ
16. 19. ὅπως δῷ αὐτοῖς ἀργύριον
II Ma. 1. 3. δῴη ὑμῖν καρδίαν πᾶσιν
— 17. A ὃς ἔδωκεν [R παρέδ.] τοὺς ἀσεβήσαντας
2. 2. δοὺς αὐτοῖς τὸν νόμον
3. 7. ἀπέστειλε δοὺς ἐντολάς
4. 30. διὰ τὸ Ἀντιοχίδι . . . ἐν δωρεᾷ δίδοσθαι
— 34. A μεθ' ὅρκων δοὺς δεξιάν [R *al.*]
7. 5. A τῆς δὲ ἀτμίδος . . . διδούσης [R διαδιδ.] τοῦ τηγάνου
— 30. τοῦ νόμου τοῦ δοθέντος τοῖς πατράσιν ἡμῶν
8. 23. δοὺς σύνθημα θεοῦ βοηθείας
10. 38. τῷ κυρίῳ . . . τὸ νῖκος αὐτοῖς διδόντι
11. 26. καὶ δοὺς δεξιάς
12. 11. δοῦναι τὸν Ἰούδαν δεξιὰν αὐτοῖς
— 11. ὑπισχνούμενοι καὶ βοσκήματα δώσειν
13. 14. δοὺς δὲ τὴν ἐπιτροπήν
— 15. R δοὺς [A ἀναδ.] δὲ . . . σύνθεμα θεοῦ νίκης
— 22. δεξιὰν ἔδωκεν
14. 13. R ἐξαπέστειλε δοὺς ἐντολάς [A ἐπιστολάς]
— 19. δοῦναι καὶ λαβεῖν δεξιάς
15. 15. διδόντα δὲ προσφωνῆσαι τάδε
— 33. R ἔφη κατὰ μέρος δώσειν [A *om.*] τοῖς ὀρνέοις
III Ma. 1. 4. ἐπαγγελλομένη δώσειν νικήσασιν ἑκάστῳ δύο μνᾶς χρυσίου
2. 20. δὸς αἰνέσεις ἐν στόματι
— 31. εὐχερῶς ἑαυτοὺς ἐδίδοσαν
3. 2. ἀφορμῆς διδομένης εἰς διάθεσιν
— 10. πίστεις ἐδίδουν συνασπιεῖν
5. 17. εἰς εὐωχίαν δόντας ἑαυτούς
6. 6. πυρὶ τὴν ψυχὴν αὐθαιρέτως δεδωκότας
7. 12. ἔδωκεν αὐτοῖς ἄδειαν πάντων
IV Ma. 1. 12. δόξαν διδοὺς τῷ πανσόφῳ θεῷ
2. 23. A R τούτῳ νόμον ἔδωκε [S δέδ.]
4. 17. συνθέμενον δώσειν . . . τάλαντα
11. 3. S τῇ δίκῃ δώσεις τιμωρίαν [A R *al.*]
13. 13. τῷ θεῷ . . . τῷ δόντι τὰς ψυχάς

[**Aq.** Ge. 1. 29: 39. 20: 49. 21: Ex. 7. 1: 32. 13: Nu. 3. 48: Dt. 9. 23: 23. 14 (15): Jo. 2. 12: III Ki. 5. 11 (25): 6. 19: 11. 18, 38: 13. 26: 14. 7, 8, 15, 16: 15. 4: 18. 23, 26: 22. 15: Jb. 14. 4: 28. 15: 29. 2: Ps. 1. 3: 9. 35 (10. 14): 32 (33). 7: 59 (60). 6: 68 (69). 12: 80 (81). 3: 84 (85). 13: 119 (120). 3: 120 (121). 3: Pr. 1. 20: 13. 10: Ec. 2. 21: 10. 6: Ca. 1. 12: 8. 1: Is. 7. 14: 8. 18: 9. 6 (5): 22. 22: 37. 7: 41. 2: 53. 9: 56. 5: 62. 7: 66. 9: Je. 8. 13: 9. 2 (1), 11 (10): 12. 7: 14. 13: 20. 2: 28 (35). 14: 37 (44). 4, 18: 50 (27). 15: 51 (28). 16: Ez. 3. 9: 6. 14: 14. 3: 26. 9: 32. 20, 25: 37. 26: Mi. 7. 20.]

[**Sm.** Ge. 1. 29: 4. 12, 15, 24: 17. 8: Ex. 30. 13: Nu. 3. 48: Dt. 9. 23: 23. 14 (15): Jo. 2. 12: III Ki. 11. 18: 15. 4: Jb. 29. 2: 34. 29: 35. 10: 37. 10: 38. 36: Ps. 1. 3: 9. 35 (10. 14): 17 (18). 14: 38 (39). 6: 43 (44). 12: 45 (46). 7: 54 (55). 7: 59 (60). 6, 13: 65 (66). 9: 66 (67). 7: 67 (68). 7, 12, 32: 76 (77). 18: 77 (78) 46: 84 (85). 13: 85 (86). 16: 88 (89). 40: 110 (111). 5: 120 (121). 3: 139 (140). 9: Pr. 1. 20: 5. 9: 13. 10: 22. 16: Ec. 2. 21, 26: 6. 2: Ca. 7. 13 (14): Is. 7. 14: 8. 18: 9. 6 (5): 37. 7, 29: 41. 2: 46. 13: 53. 9: 56. 5: 62. 7: Je. 10. 13: 20. 2: 28 (35). 14: 51 (28). 16: Ez. 3. 3: 6. 14: 16. 33: 17. 15: 20. 28: 32. 25: Mi. 7. 20: Za. 5. 3.]

[**Th.** Ge. 1. 29: Ex. 28. 23, 24, 25 *bis*, 26†, 27: 30. 13: 40. 30: Nu. 3. 48: Dt. 9. 23: 23. 14 (15): Jo. 2. 12: III Ki. 6. 19: 13. 26: 15. 4: 18. 26: 22. 15: Jb. 28. 15: 31. 31, 35: 35. 10: 36. 31: 37. 10: 84 (85). 13: 120 (121). 3: Pr. 1. 20: 8. 1: 13. 10: Ec. 2. 21: Is. 8. 18: 22. 22: 37. 7: 41. 2: 53. 9: 56. 5: 62. 7: Je. 8. 13: 10. 13: 20. 2: 28 (35). 14: 29 (36). 17, 18: 39 (46). 10: Ez. 6. 5: 17. 22: 26. 9: 32. 23, 25: 37. 26: 38. 4: Da. 2. 21: 7. 6: 9. 27: 10. 1: Mi. 7. 20.]

[**Al.** Ex. 21. 19: 22. 29 (28): Le. 17. 10: Dt. 2. 25: I Ki. 1. 11: 14. 41: 28. 19: Ps. 135 (136). 25: Je. 20. 2: Ez. 25. 10: 32. 25: Hb. 3. 19.]

[**Sam.** Nu. 18. 7.]

[**Hebr.** IV Ki. 4. 43: 22. 5.]

[**Quint.** Ps. 38 (39). 9.]

δίδραγμον, δίδραχμον (-μα). (1) כֶּסֶף (2) שֶׁקֶל

Ge. 20. 14. ἔλαβε δὲ 'Α. χίλια δ. –
— 16. ἰδοὺ δέδωκα χίλια δ. (1)
23. 15. τετρακοσίων δ. ἀργυρίου (2)
— 16. τετρακόσια δ. ἀργυρίου δοκίμου ἐμπόροις (2)
Ex. 21. 32. ἀργυρίου τριάκοντα δ. δώσει τῷ κ. (2)
30. 13. τὸ ἥμισυ τοῦ δ. ὅ ἐστι κατὰ τὸ δ. [A -μα] τὸ ἅγιον εἴκοσι ὀβολοὶ τὸ δ. τὸ δὲ ἥμισυ τοῦ δ. εἰσφορὰ κυρίῳ (2 *quater*)
— 15. ἀπὸ τοῦ ἡμίσεως [A -συς, B -συ] τοῦ δ. (2)
Le. 27. 3. πεντήκοντα δ. ἀργυρίου τῷ σταθμῷ τῷ ἁγίῳ (2)
— 4. τριάκοντα δ. (2)
— 5. εἴκοσι δ. (2)
— 5. δέκα δ. (2)
— 6. A B πέντε δ. ἀργυρίου [R *om.*] (2)
— 6. A B τρία δ. [R *add.* ἀργυρίου] (2)
— 7. πέντε καὶ δέκα δ. ἀργυρίου (2)
— 7. δέκα δ. (2)
— 16. πεντήκοντα δίδραχμα ἀργυρίου (2)
— 25. εἴκοσι ὀβολοὶ ἔσται τὸ δ. (2)
Nu. 3. 47. κατὰ τὸ δ. τὸ ἅγιον λήψῃ (2)
De. 22. 29. δώσει ὁ ἄνθρωπος . . . πεντήκοντα δ. ἀργυρίου (1)
Jo. 7. 21. καὶ διακόσια δ. ἀργυρίου καὶ γλῶσσαν μίαν χρυσῆν πεντήκοντα διδράχμων [B^1 δρ.] (2, 2)
Ne. 5. 15. ἔσχατον ἀργύριον δίδραχμα τεσσαράκοντα (2)
10. 32 (33). τρίτον τοῦ δ. κατ' ἐνιαυτόν (2)
[Aq. Ex. 38. 26 (39. 2).]
[Al. Nu. 7. 85.]

διδυμεύειν. (1) תָּאַם hi.

Ca. 4. 2: 6. 5 (6). ὡς ἀγέλαι . . . αἱ πᾶσαι διδυμεύουσαι (1)

δίδυμος. (1) מְבֻשִׁים (2) תָּאֹם

Ge. 25. 24: 38. 27. καὶ τῇδε ἦν δίδυμα (2)
De. 25. 11. ἐὰν δὲ . . . ἐπιλάβηται τῶν δ. αὐ. (1)
Jo. 8. 29. τὸν βασ. τῆς Γ. ἐκρέμασεν ἐπὶ ξύλου διδύμου –
Ca. 4. 5: 7. 3 (4). ὡς δύο νεβροὶ δίδυμοι δορκάδος (2)

διδυμοτόκος.

[Aq., Sm. Ca. 4. 2.]

διεγγυᾶν. (1) עָרַב

Ne. 5. 3. ἡμεῖς διεγγυῶμεν καὶ ληψόμεθα σῖτον (1)

διεγείρειν.

Ju. 1. 4. ἐποίησε τὰς πύλας αὐ. πύλας διεγειρομένας [S^1 -εγηγερμ.]
Es. 1. 1. διεγερθεὶς Μαρδοχ. ὁ ἑωρακὼς τὸ ἐνύπνιον
II Ma. 7. 21. τὸν θῆλυν λογισμὸν ἄρσενι θυμῷ διεγείρασα
15. 10. τοῖς θυμοῖς διεγείρας αὐτούς
III Ma. 5. 15. καὶ μόλις διεγείρας
[Sm. Jb. 3. 8: Ps. 77 (78). 38.]
[Al. Pr. 6. 22.]

διέγερσις.

[Hebr. Ez. 23. 20.]

διειδής.

[Hebr. Ez. 1. 4.]

διεκβάλλειν. (1) יָצָא (2) עָבַר (3) עָלָה (4) תָּאַר

Jo. 15. 4. διεκβάλλει [B^1 -αλεῖ] ἕως φάραγγος Αἰγύπτου (1)
— 7. διεκβάλλει [B^1 -αλεῖ] ἐπὶ τὸ ὕδωρ τῆς πηγῆς ἡλίου (2)
— 8. A R διεκβάλλει [B ἐκβ.] τὰ ὅρια ἐπὶ κορυφὴν ὄρους (3)
— 9. διεκβάλλει τὸ ὅριον ἀπὸ κορυφῆς τοῦ ὄρους (4)
— 9. διεκβάλλει εἰς τὸ ὄρος [A δ. ὄρους] Εφρών (1)
— 11. διεκβάλλει [B^1 -αλεῖ] τὸ ὅριον κατὰ νώτου 'Ακκαρών (1)
— 11. διεκβαλεῖ [A B^2 -βάλλει] τὰ ὅρια εἰς Σ. (4)
— 11. διεκβαλεῖ [A B^2 -βάλλει] ἐπὶ Λεμνά (1)
16. 7. διεκβαλεῖ [B^2 -άλλει] ἐπὶ τὸν 'Ιορδάνην (1)
[Aq. Jo. 15. 9, 11.]
[Th. Jo. 15. 9.]

διεκβολή. (1) אֶפֶס (2) *a.* יָצָא hoph. *b.* תּוֹצָאוֹת (3) פֶּרֶק (4) שְׁפִי

Ob. 1. 14. μηδὲ ἐπιστῇς [A στῇς] ἐπὶ τὰς δ. αὐ. (3)
Za. 9. 10. καὶ ποταμῶν διεκβολὰς γῆς [S^2 *al.*] (1)
Je. 12. 12. ἐπὶ π. διεκβολὴν ἐν τῇ ἐρήμῳ ἦλθον (4)
Ez. 47. 8. ἐπὶ τὸ ὕδωρ τῆς δ. [A ἐκβ.] (2 *a*)
— 11. ἐν τῇ δ. [A ἔστη δ.] αὐτοῦ †
48. 30. αὗται αἱ δ. τῆς πόλεως (2 *b*)

διεκκύπτειν.

II Ma. 3. 19. R τινὲς δὲ διὰ τῶν θυρίδων διεξέκυπτον [A διέκ.]

διελαύνειν. (1) חָלַף (2) צָנַח

Jd. 4. 21. A διήλασεν [B διεξῆλθεν] ἐν τῇ γῇ (2)
5. 26. A καὶ διήλασεν τὴν γνάθον αὐ. [B *al.*] (1)
[Sm., Th. Jd. 5. 26.]
[Al. Jd. 5. 26 *bis.*]

διελέγχειν. (1) יָכַח *a.* ni. *b.* hi. *c.* hithp.

Jb. 9. 33. A ὁ διελέγχων καὶ διακρίνων ἀνὰ μέσον ἀμφοτέρων [B S *al.*] (1 *b*)
Mi. 6. 2. μετὰ τοῦ 'Ι. διελεγχθήσεται (1 *c*)
Is. 1. 18. δεῦτε διελεγχθῶμεν (1 *a*)
[Sm. Jb. 39. 32 (40. 2).]
[Al. Jb. 22. 4.]

διεμβάλλειν. (1) נָתַן (2) שׂוּם

Ex. 40. 18. καὶ διενέβαλε τοὺς μοχλούς (1)
Nu. 4. 6. διεμβαλοῦσι τοὺς ἀναφορεῖς (2)
— 8. διεμβαλοῦσι δι' [A *om.*] αὐτῆς τοὺς ἀναφορεῖς (2)
— 11. διεμβαλοῦσι τοὺς ἀ. αὐτοῦ (2)
— 14. διεμβαλοῦσι [A ἐμβ.] τοὺς ἀ. αὐ. (2)

διεμπιπλάναι.

II Ma. 4. 40. τῶν ὄχλων . . . ταῖς ὀργαῖς διεμπιπλαμένων

διεξάγειν. (1) יָצָא

Es. 3. 13. μετὰ ἠπιότητος ἀεὶ διεξάγων τοὺς . . . βίους
Si. 3. 17. ἐν πραΰτητι τὰ ἔργα σου διέξαγε [S^1 -άγαγε]
Hb. 1. 4. οὐ διεξάγεται εἰς τέλος κρίμα (1)
II Ma. 10. 12. ἐπειρᾶτο τὰ πρὸς αὐτοὺς εἰρηνικῶς διεξάγειν
14. 30. R αὐστηρότερον διεξάγοντα [A -αγαγόντα] συνιδὼν τὸν Νικ.

διεξέρχεσθαι. (1) יָצָא *a.* qal. *b.* hi. (2) צָנַח

Jd. 4. 21. διεξῆλθεν [A διήλασεν] ἐν τῇ γῇ (2)
II Ki. 2. 23. διεξῆλθε [A ἐξ.] τὸ δόρυ (1 *a*)
Jb. 20. 25. διεξέλθοι δὲ διὰ σώματος αὐ. βέλος (1 *a*)
Ez. 12. 5. διεξελεύσῃ δι' αὐτοῦ ἐνώπιον αὐτῶν (1 *b*)
[Sm. Ec. 7. 19 (18).]

διεξιέναι.

IV Ma. 3. 13. διεξῄεσαν ἀνερευνώμενοι κατὰ πᾶν τὸ . . . στρατόπεδον

διεξοδεύειν.

Da. LXX. 3. (48). καὶ διεξώδευσεν

διέξοδος. (1) *a.* יָצָא *b.* מוֹצָא *c.* תּוֹצָאוֹת (2) מִפְרָץ (3) פֶּלֶג

Nu. 34. 4. ἔσται ἡ δ. αὐτοῦ πρὸς λίβα (1 *c*)
— 5. ἔσται ἡ δ. ἡ θάλασσα (1 *c*)
— 8. ἔσται ἡ δ. αὐτοῦ τὰ ὅρια Σαραδά (1 *c*)
— 9. ἔσται ἡ δ. αὐτοῦ 'Αρσεναΐν (1 *c*)
— 12. ἔσται ἡ δ. θάλασσα ἡ ἁλυκή (1 *c*)
Jo. 15. 4. ἔσται αὐ. ἡ δ. τῶν ὁρίων ἐπὶ τὴν θάλ. (1 *c*)
— 7. ἔσται αὐτοῦ ἡ δ. πηγὴ 'Ρωγήλ (1 *c*)
— 11. ἔσται ἡ δ. τῶν ὁρίων ἐπὶ θάλασσαν (1 *c*)
16. 3, 8. ἔσται ἡ δ. αὐ. ἐπὶ τὴν θάλασσαν (1 *c*)
17. 9. ἔσται αὐτοῦ ἡ δ. θάλασσα [A *om.*] (1 *c*)
18. 12. ἔσται αὐτοῦ ἡ δ. ἡ Μαβδαρῖτις Βαιθών (1 *c*)
— 14. ἔσται αὐτοῦ ἡ δ. εἰς Καριὰθ Βάαλ (1 *c*)
— 19. ἔσται ἡ δ. τῶν ὁρίων ἐπὶ λοφιὰν τῆς θαλ. (1 *c*)
19. 14. ἔσται ἡ δ. αὐτῶν ἐπὶ Γ. (1 *c*)
— 22. ἔσται αὐτοῦ ἡ δ. τῶν ὁρίων ὁ 'Ιορδ. (1 *c*)
Jo. 19. 29. ἔσται ἡ δ. αὐτοῦ ἡ θάλασσα (1 *c*)
— 33. ἐγενήθησαν αἱ δ. αὐτοῦ ὁ 'Ιορδάνης (1 *c*)
Jd. 5. 17. ἐπὶ διεξόδοις αὐτοῦ σκηνώσει [A *al.*] (2)
IV Ki. 2. 21. ἐξῆλθεν 'Ελ. εἰς τὴν δ. τῶν ὑδάτων (1 *b*)
Ps. 1. 3. ὡς τὸ ξύλον τὸ πεφυτευμ. παρὰ τὰς δ. τῶν ὑδάτων (3)
67 (68). 20. καὶ τοῦ κ. αἱ δ. τοῦ θανάτου (1 *c*)
106 (107). 33. ἔθετο . . . διεξόδους [S^1 ἐξ.] ὑδάτων εἰς δίψαν (1 *b*)
— 35. A S^2 R γῆν ἄνυδρον εἰς διεξόδους ὑδάτων (1 *b*)
118 (119). 136. διεξόδους ὑδάτων κατέβησαν [A διέβ.] οἱ ὀφθ. (3)
143 (144). 14. οὐκ ἔστι κατάπτωμα φραγμοῦ οὐδὲ διέξοδος (1 *a*)
Si. 25. 25. μὴ δῷς ὕδατι διέξοδον
[Aq. Is. 41. 18: Ez. 48. 30.]
[Sm. Ps. 1. 3: Ez. 48. 30.]
[Th. Ez. 48. 30.]

διέπειν.

Wi. 9. 3. διέπῃ τὸν κόσμον ἐν ὁσιότητι
12. 15. δίκαιος δὲ ὢν δικαίως τὰ πάντα διέπεις

διερεθίζειν.

IV Ma. 9. 19. διερεθίζοντες [S -ον] τὸν τροχόν

διερευνᾶν.

Wi. 6. 3. τὰς βουλὰς διερευνήσει [S ἐξερ.]
13. 7. ἐν γὰρ τοῖς ἔργοις αὐ. ἀναστρεφόμενοι διερευνῶσι

διερμηνεύειν.

II Ma. 1. 36. ὃ διερμηνεύεται καθαρισμός

διέρχεσθαι. (1) אָהַל pi. (2) אור hi. (3) בּוֹא *a.* qal. *b.* hi. (4) הָלַךְ *a.* qal. *b.* pi. *c.* hithpa. *d.* תַּהֲלוּכָה (5) חָלַף (6) יָצָא (7) יָרַד (8) נָחַל (9) סָבַב *a.* qal. *b.* ni. (10) עָבַר *a.* qal. *b.* hi. (11) עָמַד (12) פָּגַע (13) רָכַב hi. (14) רָמַשׂ (15) שׁוּט (16) שׁוּר (17) תָּאַר

Ge. 4. 8. διέλθωμεν εἰς τὸ πεδίον –
15. 17. R αἳ διῆλθον ἀνὰ μέσον τῶν διχοτομημάτων (10 *a*)
22. 5. διελευσόμεθα ἕως ὧδε (4 *a*)
41. 46. καὶ διῆλθε πᾶσαν γῆν Αἰγύπτου (10 *a*)
Ex. 12. 12. A R καὶ διελεύσομαι [B ἐλ.] ἐν γῇ Αἰγ. (10 *a*)
14. 20. καὶ διῆλθεν ἡ νύξ (2 ?)
32. 27. διέλθατε καὶ ἀνακάμψατε (10 *a*)
Le. 26. 5 [B^1 R], 6 [A B^2]. πόλεμος οὐ διελεύσεται διὰ τῆς γ. ὑμῶν (10 *a*)
Nu. 20. 17. οὐ διελευσόμεθα δι' ἀγρῶν (10 *a*)
— 18, 20. οὐ διελεύσῃ δι' ἐμοῦ (10 *a*)
31. 23. ὃ διελεύσεται ἐν πυρί (3 *a*)
— 23. πάντα . . . [A *add.* οὐ] διελεύσεται δι' ὕδατος (10 *b*)
De. 2. 7. πῶς διῆλθες τὴν ἔρημον (4 *a*)
Jo. 3. 2. διῆλθον οἱ γραμματεῖς διὰ τῆς παρεμβολῆς (10 *a*)
16. 3. διελεύσεται ἐπὶ τὴν θάλασσαν (7)
— 6. A διελεύσεται [B ἐλ.] τὰ ὅρια ἐπὶ τὴν θάλ. (6)
— 7. A διελεύσεται εἰς [B ἐλ. ἐπὶ] 'Ιεριχώ (12)
18. 4. διελθέτωσαν [A -άτωσαν] τὴν γῆν (4 *c*)
— 4. A B^1 καθὰ δεήσει διελθεῖν [B^2 R διελεῖν] αὐτήν †
— 5 (4). διήλθοσαν [A ἦλθον] πρὸς αὐτόν (3 *a*)
— 13. διελεύσεται ἐκεῖθεν τὰ ὅρια Λουζά (10 *a*)
— 14. A διελεύσεται τὰ ὅρια καὶ διελεύσεται [B παρελ.] ἐπὶ τὸ μέρος [B^1 ὄρος] (17, 9 *b*)
— 15. διελεύσεται ὅρια εἰς Γασίν (6)
— 17. διελεύσεται ἐπὶ πηγὴν Βαιθσαμύς (6)
— 18. διελεύσεται κατὰ νώτου Βαιθάραβα (10 *a*)
19. 12. διελεύσεται ἐπὶ Δαβιρώθ [A τὰ ὅρια Δ.] (6)
— 13. διελεύσεται ἐπὶ 'Ρεμμωναά (6)
— 27. διελεύσεται εἰς Χωβαμασομέλ [A *al.*] (6)
— 34. διελεύσεται ἐκεῖθεν 'Ιακανά [A εἰς 'Ικώκ] (6)
Jd. 5. 16. A τοῦ διελθεῖν εἰς τὰ τοῦ 'Ρουβὴν [B *al.*] †

Jd. 11. 18. A διῆλθεν [B ἐπορεύθη] ἐν τῇ ἐρήμῳ (4 a)
— 20. A οὐκ ἠθέλησεν διελθεῖν τὸν Ἰσραὴλ [B al.] (10 a)
21. 20. A διέλθατε καὶ [B πορεύεσθε, R πορ. καὶ] ἐνεδρεύσατε (4 a)
I Ki. 2. 30. ὁ οἶκος τοῦ πατρός σου διελεύσεται (4 c)
— 35. διελεύσεται ἐνώπιον χριστοῦ μου (4 c)
6. 20. τίς δυνήσεται διελθεῖν (11)
9. 4. διῆλθον [A -αν] δι᾽ ὄρους Ἐφραὶμ καὶ διῆλθον διὰ τῆς γῆς Σ. (10 a, 10 a)
— 4. διῆλθον διὰ τῆς γῆς Ἐ. (10 a)
— 4. διῆλθον διὰ τῆς γῆς Ἰακείμ (10 a)
— 27. A διελθέτω ἔμπροσθεν ἡμῶν καὶ διῆλθεν [B om. καὶ δ.] (10 a, 10 a)
12. 2. διελήλυθα ἐνώπιον ὑμῶν ἐκ νεότητος (4 c)
14. 22 (23). ὁ πόλεμος διῆλθε τὴν Βαμώθ (10 a)
26. 22. διελθέτω εἷς τῶν παιδαρίων (10 a)
30. 31. οὓς διῆλθε Δαυὶδ ἐκεῖ (4 c)
II Ki. 7. 7. ἐν πᾶσιν οἷς διῆλθον ἐν παντὶ Ἰσραήλ (4 c)
11. 27. διῆλθε [A ἦλθεν] τὸ πένθος (10 a)
15. 34. διεληλύθασιν οἱ ἀδ. σου καὶ ὁ βασ. κατόπισθέ μου διελήλυθεν [A καὶ ἐλ.] ὁ πατήρ σου —
17. 22. ὃς οὐ διῆλθε τὸν Ἰορδάνην (10 a)
— 24. A Δαυὶδ διῆλθεν εἰς M. καὶ Ἀβ. διῆλθεν [B διέβη] τὸν Ἰορδ. (3 a, 10 a)
20. 14. διῆλθεν ἐν πάσαις φυλαῖς Ἰσρ. (10 a)
24. 2. δίελθε δὴ πάσας φυλὰς Ἰσρ. (15)
III Ki. 3. 6. διῆλθεν ἐνώπιόν σου ἐν ἀληθείᾳ (4 a)
18. 5. διέλθωμεν ἐπὶ τὴν γῆν [A εἰς τὸ πεδίον] (4 a ?)
— 6. ἐμέρισαν [A -σεν] ἑαυτοῖς τὴν ὁδὸν τοῦ διελθεῖν αὐτήν (10 a)
IV Ki. 4. 31. Γιεζὶ διῆλθεν ἔμπροσθεν αὐτῆς (10 a)
— 42. ἀνὴρ διῆλθεν ἐκ Βαιθαρισά (3 a)
14. 9. διῆλθον [A -εν] τὰ θηρία τοῦ ἀγροῦ (10 a)
I Ch. 4. 38. A R οὗτοι οἱ διελθόντες [B -ελόντες] ἐν ὀνόμασιν (3 a)
17. 6. ἐν πᾶσιν οἷς διῆλθον (4 c)
21. 4. A R καὶ διῆλθεν ἐν παντὶ Ἰσρ. (4 c)
II Ch. 15. 12. διῆλθεν ἐν διαθήκῃ (3 a)
17. 9. διῆλθον ἐν ταῖς πόλεσιν Ἰούδα (9 a)
20. 10. οὐκ ἔδωκας τῷ Ἰσρ. διελθεῖν δι᾽ αὐτῶν (3 a)
23. 15. διῆλθε διὰ τῆς πύλης τῶν ἱππέων (3 a)
30. 5. διελθεῖν κήρυγμα ἐν παντὶ Ἰσρ. (10 b)
II Es. 8. 35. B οἱ διελθόντες [A R ἐλθόντες] ἐκ [A ἀπὸ] τῆς αἰχμαλ. (3 a)
Ne. 12. 31. S^2 R διῆλθον ἐκ δεξιῶν ἐπάνω τοῦ τείχους (4 d)
To. 1. 21. οὐ διῆλθον ἡμέραι πεντήκοντα
5. 9. S διῆλθον πάντα τὰ πεδία αὐ.
Ju. 2. 24. καὶ διῆλθε [S παρῆλθε] τὴν Μεσοποταμίαν
6. 6. διελεύσεται ὁ σίδηρος τῆς στρατιᾶς ... τὰς πλευράς σου
7. 31. ἐὰν δὲ διέλθωσιν αὗται
10. 10. ἕως διῆλθε τὸν αὐλῶνα
13. 10. διελθοῦσαι τὴν παρεμβολήν
16. 9. διῆλθεν ὁ ἀκινάκης τὸν τράχηλον αὐ.
Es. 6. 11. διῆλθε διὰ τῆς πλατείας τῆς πόλεως (13)
Jb. 41. 7 (8). πνεῦμα δὲ οὐ μὴ διέλθῃ αὐτόν [S^1 δι᾽ αὐ.] (3 a)
Ps. 17 (18). 12. ἀπὸ τῆς τηλαυγήσεως ... αἱ νεφέλαι διῆλθον (10 a)
41 (42). 4. διελεύσομαι ἐν τόπῳ σκηνῆς θαυμαστῆς (10 a)
— 7. τὰ κύματά σου ἐπ᾽ ἐμὲ διῆλθον (10 a)
47 (48). 4. A^2 S διῆλθοσαν [A^1 B ἦλθ.] ἐπὶ τὸ αὐτό (10 a)
65 (66). 6. ἐν ποταμῷ διελεύσονται ποδί (10 a)
— 12. διήλθομεν διὰ πυρὸς καὶ ὕδατος (3 a)
72 (73). 7. διῆλθον εἰς διάθεσιν καρδίας (10 a)
— 9. ἡ γλῶσσα αὐτῶν διῆλθεν (4 a)
87 (88). 16. ἐπ᾽ ἐμὲ διῆλθον αἱ ὀργαί σου (10 a)
89 (90). 4. ὡς ἡ ἡμέρα ἡ ἐχθὲς ἥτις διῆλθε (10 a)
102 (103). 16. ὅτι πνεῦμα διῆλθεν ἐν αὐτῷ (10 a)
103 (104). 10. ἀνὰ μέσον τῶν ὀρέων διελεύσονται ὕδατα (4 b)
— 20. ἐν αὐτῇ διελεύσονται [S -σεται] πάντα τὰ θηρία τοῦ δρυμοῦ (14)
104 (105). 13. διῆλθον ἐξ ἔθνους εἰς ἔθνος (4 c)
— 18. σίδηρον διῆλθεν ἡ ψυχὴ αὐτοῦ (3 a)
123 (124). 4. χείμαρρον διῆλθεν ἡ ψυχὴ ἡμῶν (10 a)
— 5. ἄρα διῆλθεν ἡ ψυχὴ ἡμῶν τὸ ὕδωρ τὸ ἀνυπόστατον (10 a)
Pr. 28. 10. οἱ δὲ ἄνομοι διελεύσονται ἀγαθά [S εἰς ἀ.] (8)

Ca. 4. 8. διελεύσῃ ἀπ᾽ ἀρχῆς πίστεως (16)
Wi. 5. 10. ὡς ναῦς διερχομένη κυμαινόμενον ὕδωρ
14. 5. διελθόντες κλύδωνα σχεδίᾳ διεσώθησαν
19. 8. διῆλθον οἱ τῇ σῇ σκεπαζόμ. χειρί
Si. 28. 19. ὃς οὐ διῆλθεν ἐν τῷ θυμῷ αὐτῆς
32 (35). 17. προσευχὴ ταπεινοῦ νεφέλας διῆλθε
39. 4. ἐν γῇ ἀλλοτρίων ἐθνῶν διελεύσεται
Am. 6. 2. καὶ διέλθατε ἐκεῖθεν εἰς Ἐ. (4 a)
8. 5. πότε διελεύσεται ὁ μήν (10 a)
Mi. 2. 13. διῆλθον πύλην (10 a)
5. 8 (7). ὅταν διέλθῃ καὶ διαστείλας ἁρπάσῃ (10 a)
Jl. 3 (4). 17. ἀλλογενεῖς οὐ διελεύσονται δι᾽ αὐτῆς οὐκέτι (10 a)
Jn. 2. 4. τὰ κύματά σου ἐπ᾽ ἐμὲ διῆλθον (10 a)
Na. 1. 15 (2. 1). οὐ μὴ προσθήσωσιν ἔτι τοῦ διελθεῖν διὰ σοῦ [A om. δ. σ.] (10 a)
Hb. 1. 11. τότε μεταβαλεῖ τὸ πνεῦμα καὶ διελεύσεται (10 a)
Za. 10. 11. καὶ διελεύσονται ἐν θαλάσσῃ στενῇ (10 a)
Is. 13. 20. οὐδὲ μὴ διέλθωσιν [S εἰσέλθ. εἰς] αὐτὴν Ἄραβες (1)
21. 1. ὡς καταιγὶς δι᾽ ἐρήμου διέλθοι ἐξ [S^1 ἐπ᾽] ἐρήμου (5)
41. 3. διελεύσεται ἐν εἰρήνῃ ἡ ὁδὸς τῶν ποδῶν αὐ. (10 a)
43. 2. ἐὰν διέλθῃς διὰ πυρός (4 a)
52. 1. οὐκέτι προστεθήσεται διελθεῖν διὰ σοῦ ἀπερίτμητος (3 a)
59. 14. δι᾽ εὐθείας οὐκ ἐδύναντο διελθεῖν (3 a)
Je. 2. 10. S διέλθατε [A ἤλθετε, B ἔλθετε] εἰς νήσους X. (10 a)
8. 20. διῆλθε θέρος (10 a)
13. 1. ἐν ὕδατι οὐ διελεύσεται (3 b)
22. 8. διελεύσονται [S^1 ἐλ.] ἔθνη διὰ τῆς πόλεως ταύτης (10 a)
31 (48). 32. κλήματά σου διῆλθε θάλασσαν (10 a)
44 (37). 4. διῆλθε διὰ μέσου [A ἀνὰ μέσον] τῆς πόλεως (6)
La. 4. 21. ἐπὶ σὲ διελεύσεται τὸ ποτήριον κυρίου (10 a)
5. 18. ἀλώπεκες διῆλθον ἐν αὐτῇ (4 b)
Ez. 5. 17. θάνατος καὶ αἷμα διελεύσονται ἐπὶ σέ (10 a)
9. 4. δίελθε μέσην Ἰερουσαλήμ (10 a)
14. 17. ῥομφαία διελθάτω διὰ τῆς γῆς (10 a)
16. 6. διῆλθον ἐπὶ σέ (10 a)
— 8. διῆλθον διὰ σοῦ (10 a)
29. 11. οὐ μὴ διέλθῃ ἐν αὐτῇ ποὺς ἀνθρώπου καὶ ποὺς κτήνους οὐ μὴ διέλθῃ αὐτήν [A al.] (10 a, 10 a)
44. 2. οὐδεὶς μὴ διέλθῃ δι᾽ αὐτῆς (3 a)
47. 3. διῆλθεν ἐν τῷ ὕδατι ὕδωρ ἀφέσεως (10 b)
— 4. διῆλθεν ἐν τῷ ὕδατι ὕδωρ ἕως τῶν μηρῶν ... διῆλθεν ὕδωρ ἕως ὀσφύος (10 b, 10 b)
— 5. οὐκ ἠδύνατο διελθεῖν (10 a)
I Ma. 1. 3. διῆλθεν ἕως ἄκρων τῆς γῆς
3. 8. διῆλθεν ἐν πόλεσιν Ἰούδα
5. 48. S R διελευσόμεθα διὰ τῆς γῆς σου [A -σομαι εἰς τὴν γ. σου]
— 51. διῆλθε διὰ τῆς πόλεως
11. 62. καὶ διῆλθε τὴν χώραν
12. 10. πολλοὶ γὰρ καιροὶ διῆλθον
II Ma. 1. 20. διελθόντων δὲ ἐτῶν ἱκανῶν
— 22. καὶ χρόνος διῆλθεν
14. 45. R δρόμῳ τοὺς ὄχλους διελθών [A -όντων]
IV Ma. 18. 14. A R κἂν διὰ πυρὸς διέλθῃς [S εἰσέλ.]

[**Aq.** Dt. 11. 11 : Jo. 6. 10 : Je. 34 (41). 18, 19.]
[**Sm.** Jo. 6. 10 : I Ki. 18. 26 : Ps. 102 (103). 16 : Ez. 1. 13 : 31. 4.]
[**Th.** Jo. 6. 10.]
[**Al.** I Ki. 9. 27 : Ca. 7. 1 (2) : Hb. 3. 10.]
[**Quint.** Ca. 7. 1 (2).]

δίεσις.

Wi. 12. 20. S μετὰ τοσαύτης ἐτιμώρησας [A -σω] προσοχῆς καὶ διέσεως [A om. κ. δ., B καὶ δεήσεως]

διεστραμμένως.

Si. 4. 17. δ. πορεύεται [A S^2 -σεται] μετ᾽ αὐτοῦ

διετηρίς. (1) שְׁנָתַיִם

II Ki. 13. 23. καὶ ἐγένετο εἰς διετηρίδα ἡμερῶν (1)

διετής.

II Ma. 10. 3. ἀνήνεγκαν θυσίαν μετὰ διετῆ χρόνον

διευθύνειν.

[**Aq.** I Ki. 24. 4.]

διευλαβεῖσθαι. (1) יָגֹר (2) קָדַר

De. 28. 60. ἣν διευλαβοῦ ἀπὸ προσώπου αὐ. (1)
Jb. 6. 16. οἵτινές με διευλαβοῦντο [A εὐλ.] (2 ?)
II Ma. 9. 29. R διευλαβηθεὶς [A εὐλ.] τὸν υἱὸν Ἀντιόχου

διηγεῖσθαι. (1) אָמַר (2) דִּבֵּר *a.* qal. *b.* pi. (3) חוּד (4) כָּרָה (5) סָפַר *a.* qal. *b.* pi. *c.* pu. (6) שִׂיחַ *a.* qal. *b.* pil.

Ge. 24. 66. διηγήσατο ὁ παῖς τῷ Ἰ. πάντα τὰ ῥήμ. (5 b)
29. 13. διηγήσατο τῷ Λ. πάντας τοὺς λόγους (5 b)
37. 9. διηγήσατο αὐτὸ τῷ πατρὶ αὐτοῦ (5 b)
40. 8. διηγήσασθε οὖν μοι (5 b)
— 9. διηγήσατο ὁ ἀρχιοιν. τὸ ἐνύπνιον (5 b)
41. 8. διηγήσατο αὐτοῖς Φ. τὸ ἐνύπνιον (5 b)
— 12. καὶ διηγησάμεθα αὐτῷ (5 b)
Ex. 10. 2. ὅπως διηγήσησθε εἰς τὰ ὦτα τῶν τέκνων (5 b)
18. 8. καὶ διηγήσατο M. τῷ γαμβρῷ πάντα (5 b)
24. 3. διηγήσατο τῷ λαῷ πάντα τὰ ῥήματα (5 b)
Nu. 13. 28 (27). διηγήσαντο αὐτῷ καὶ εἶπαν (5 b)
Jo. 2. 23. διηγήσαντο αὐτῷ πάντα τὰ συμβεβηκότα αὐτοῖς (5 b)
Jd. 5. 10. διηγεῖσθε ἀπὸ φωνῆς ἀνακρουομένων [A al.] (6 a)
6. 13. ἃ [A ὅσα] διηγήσαντο ἡμῖν οἱ πατέρες ἡμῶν (5 b)
I Ki. 11. 5. B διηγοῦνται αὐτῷ τὰ ῥήματα τῶν υἱῶν Ἰαβίς [A R al.] (5 b)
III Ki. 13. 11. διηγήσαντο αὐτῷ πάντα τὰ ἔργα (5 b)
IV Ki. 8. 4. διήγησαι δὴ ἐμοὶ πάντα τὰ μεγάλα (5 b)
— 6. καὶ διηγήσατο αὐτῷ (5 b)
I Ch. 16. 9. διηγήσασθε πᾶσι [S ἐν π.] τὰ θαυμάσια αὐτοῦ (6 a)
Es. 1. 17. διηγήσατο [S^3 ἐπιδ.] αὐτοῖς τὰ ῥήμ. τῆς βασιλίσσης (1 ?)
6. 13. διηγήσατο Ἀμὰν τὰ συμβεβηκότα αὐτῷ (5 b)
10. 3. διηγεῖτο [A S ἡγεῖτο] τὴν ἀγωγήν (2 a)
Ps. 9. 1. A B S^2 διηγήσομαι πάντα τὰ θαυμάσιά σου (5 b)
18 (19). 1. οἱ οὐρανοὶ διηγοῦνται δόξαν θεοῦ (5 b)
21 (22). 22. διηγήσομαι τὸ ὄνομά σου τοῖς ἀδελφοῖς μου (5 b)
25 (26). 7. διηγήσασθαι πάντα τὰ θαυμάσιά σου (5 b)
47 (48). 12. διηγήσασθε ἐν τοῖς πύργοις αὐτῆς (5 a)
— 13. ὅπως ἂν διηγήσησθε [A -σεσθαι] εἰς γενεὰν ἑτέραν (5 b)
49 (50). 16. ἵνα τί σὺ διηγῇ [A S^2 ἐκδ.] τὰ δικαιώματά μου (5 b)
54 (55). 17. ἑσπέρας καὶ πρωῒ καὶ μεσημβρίας διηγήσομαι (6 a)
63 (64). 5. διηγήσαντο τοῦ κρύψαι παγίδας (5 b)
65 (66). 16. δεῦτε ἀκούσατε καὶ διηγήσομαι (5 b)
72 (73). 15. εἰ ἔλεγον, Διηγήσομαι οὕτως (5 b)
74 (75). 1. διηγήσομαι πάντα τὰ θαυμάσιά σου (5 b)
77 (78). 3. καὶ οἱ πατέρες ἡμῶν διηγήσαντο ἡμῖν (5 b)
86 (87). 6. κύριος διηγήσεται ἐν γραφῇ λαῶν (5 a)
87 (88). 11. μὴ διηγήσεταί τις ἐν τάφῳ τὸ ἔλεός σου (5 c)
104 (105). 2. διηγήσασθε πάντα τὰ θαυμάσια αὐτοῦ (6 a)
117 (118). 17. S^2 R διηγήσομαι [A S^1 ἐκδ.] τὰ ἔργα κυρίου (5 b)
118 (119). 85. διηγήσαντό μοι παράνομοι ἀδολεσχίας (4 ?)
144 (145). 5. τὰ θαυμάσιά σου διηγήσονται (6 a)
— 6. A S^2 R τὴν μεγαλωσύνην σου διηγήσονται [B -σομαι αὐτήν] (5 b)
Ca. 1. 4. S ταῖς νεάνισιν ἡ νύμφη διηγεῖται τὰ περὶ τοῦ νυμφίου —
— 4. S τῆς νύμφης διηγησαμένης ταῖς νεανίσιν —
Si. 17. 9. ἵνα διηγῶνται [A -οῦνται] τὰ μεγαλεῖα τῶν ἔργων αὐτοῦ
19. 8. ἐν φίλῳ καὶ ἐν [A S om.] ἐχθρῷ μὴ διηγοῦ
21. 25. S χείλη ἀλλοτρίων ἐν τούτοις διηγήσονται [A B βαρυνθήσεται]
22. 8. διηγούμενος νυστάζοντι ὁ διηγούμενος μωρῷ

Si. 25. 9. ὁ διηγούμενος εἰς ὦτα ἀκουόντων
39. 10. τὴν σοφίαν αὐτοῦ διηγήσονται [A S -σεται] ἔθνη [B¹ S¹ -ει]
43. 24. οἱ πλέοντες τὴν θάλ. διηγοῦνται [S -γήσονται] τὸν κίνδυνον αὐ.
44. 5. διηγούμενοι ἔπη ἐν γραφῇ
— 15. σοφίαν αὐτῶν διηγήσονται λαοί
Jl. 1. 3. τοῖς τέκνοις ὑμῶν διηγήσασθε (5 *b*)
Is. 43. 21. ὃν περιεποιησάμην τὰς ἀρετάς μου δ. (5 *b*)
53. 8. τὴν γενεὰν αὐτοῦ τίς διηγήσεται (6 *b*)
Je. 23. 27. ἃ διηγοῦντο [A -ται] ἕκαστος τῷ πλησίον αὐτοῦ (5 *b*)
— 28. διηγησάσθω τὸ ἐνύπνιον αὐτοῦ . . . διηγησάσθω τὸν λόγον μου (5 *b*, 2 *b*)
— 32. οὐ [A S *om.*] διηγοῦντο αὐτά (5 *b*)
Ez. 17. 2. διήγησαι διήγημα (3)
Da. LXX. 4. 15. διηγησάμην αὐτῷ τὸ ἐνύπνιον –
I Ma. 5. 25. διηγήσαντο αὐτοῖς ἅπαντα τὰ συμβάντα
8. 2. διηγήσαντο αὐτῷ τοὺς πολέμους αὐτῶν
10. 15. διηγήσαντο [S¹ -ατο] αὐτῷ τοὺς πολέμους
11. 5. διηγήσαντο τῷ βασιλεῖ ἃ ἐποίησεν Ἰων.

[**Aq.** Ps. 25 (26). 7 : 68 (69). 27 : 77 (78). 6 : 86 (87). 6 : 101 (102). 22 : 144 (145). 6.]
[**Sm.** Ps. 39 (40). 6 : 68 (69). 13 : 70 (71). 15 : 76 (77). 13 : 77 (78). 6 : 87 (88). 12 : 101 (102). 22 : 118 (119). 23.]
[**Th.** Ps. 86 (87). 6 : 144 (145). 6.]
[**Al.** Le. 10. 11 : Ps. 144 (145). 5.]
[**Quint.** Ps. 144 (145). 6.]

διήγημα. (1) חִידָה (2) שְׁנִינָה

De. 28. 37. ἔσῃ ἐκεῖ ἐν αἰνίγματι . . . καὶ διηγήματι (2)
II Ch. 7. 20. εἰς παραβολὴν καὶ εἰς δ. πᾶσι τοῖς ἔθνεσι (2)
Si. 8. 8. μὴ παρίδῃς διήγημα σοφῶν
— 9. μὴ ἀστόχει διηγήματος γερόντων
Ez. 17. 2. διήγησαι δ. καὶ εἰπὸν παραβολήν (1)
II Ma. 2. 24. τοῖς θέλουσιν εἰσκυκλεῖσθαι τοῖς τῆς ἱστορίας δ.

διήγησις. (1) חִידָה (2) מִסְפָּר

Jd. 5. 14. ἐν ῥάβδῳ διηγήσεως γραμματέως [A *al.*] –
7. 15. A ὡς ἤκουσε Γ. τὴν δ. [B ἐξήγ.] τοῦ ἐνυπνίου (2)
Si. 6. 35. πᾶσαν δ. θείαν θέλε ἀκούειν [A S ἀκροᾶσθαι]
9. 15. πᾶσα [A S *add.* ἡ] δ. σου ἐν νόμῳ ὑψίστου
22. 6. μουσικὰ ἐν πένθει ἄκαιρος διήγησις
27. 11. διήγησις εὐσεβοῦς [A σοφοῦ] διὰ παντὸς σοφία
— 13. διήγησις [A -εις] μωρῶν προσόχθισμα
38. 25. ἡ δ. αὐ. ἐν υἱοῖς ταύρων
39. 2. B²R διηγήσεις [B¹ -σις A S -σιν] ἀνδρῶν ὀνομαστῶν συντηρήσει
Hb. 2. 6. λήψονται . . . πρόβλημα εἰς διήγησιν αὐ. (1)
II Ma. 2. 32. ἀρξώμεθα τῆς δ.
6. 17. ἐλευστέον ἐπὶ τὴν δ.

[**Th.** Jd. 5. 14.]
[**Al.** Ps. 43 (44). 15.]

διηθεῖν. (1) זָקַק

Jb. 28. 1. τόπος δὲ χρυσίου ὅθεν διηθεῖται (1)

διήκειν.

Wi. 7. 24. διήκει δὲ καὶ χωρεῖ διὰ πάντων

διηλοῦν. (1) חָלַף (2) מָחַק

Jd. 5. 26. διήλωσε κεφαλὴν αὐτοῦ [A *al.*] (2)
— 26. διήλωσε κρόταφον αὐτοῦ [A *al.*] (1)

διηνεκής.

[**Sm.** Ps. 47 (48). 15 : 88 (89). 30.]
[**Al.** Le. 6. 20 (13).]

διηνεκῶς.

Es. 3. 13. τά τε τῶν βασιλέων παραπέμποντας δ. διατάγματα
III Ma. 3. 11. δ. ἐν τῇ αὐτῇ διαμένειν βουλῇ
— 22. δ. δὲ εἰς τὸ φαῦλον ἐκνεύοντες
4. 16. δ. ὁ βασιλεὺς χαρᾷ πεπληρωμένος

[**Aq.** Ps. 44 (45). 18.]
[**Sm.** Ps. 36 (37). 3 : 41 (42). 6 : 44 (45). 18 : 76 (77). 3 : 144 (145). 1.]
[**Th.** Ps. 44 (45). 18.]
[**Al.** Ps. 144 (145). 1.]

διηχεῖν.

Da. Th. 3. (47). A διηχεῖτο [B διεχ.] ἡ φλόξ
II Ma. 8. 7. A λαλιὰν . . . διηχεῖτο [R λαλιὰ . . . διεχ.] πανταχῇ

δίθυμος. (1) נִרְגָּן

Pr. 26. 20. ὅπου δὲ οὐκ ἔστι δίθυμος [A S² ὀξύθυμος] (1 ?)

διϊδεῖν.

I Ch. 24. 3. A διεῖδεν [B -λεν] αὐτοὺς Δ. †

διϊέναι. (1) פָּרַשׂ

De. 32. 11. διεὶς τὰς πτέρυγας αὐτοῦ (1)

διϊκνεῖσθαι. (1) בָּרַח hi.

Ex. 26. 28. ὁ μοχλὸς . . . διϊκνείσθω ἀπὸ τοῦ ἑνὸς κλίτους (1)

διΐπτασθαι.

Wi. 5. 11. B¹R ὡς ὀρνέου διϊπτάντος [A B² S διαπτ.] ἀέρα

[**Aq.**, **Th.** Jb. 35. 11.]

διϊστάνειν (-άναι). (1) הָיָה מַבְדִּיל (2) חָלַק pi. (3) עָרַם ni. (4) פָּרַד hi.

Ex. 15. 8. διέστη τὸ ὕδωρ (3)
To. 7. 11. S ἕως ἂν διαστήσῃς τὰ πρὸς ἐμέ [A B *al.*]
Es. 8. 13. πολὺ διεστηκὼς τῆς ἡμετέρας χρηστότητος
Pr. 17. 9. διΐστησι φίλους καὶ οἰκείους (4)
Si. 28. 14. διέστησεν αὐτοὺς ἀπὸ ἔθνους εἰς ἔθνος
44. 23. A διέστησεν [B S -έστειλε] μερίδας αὐτοῦ
Is. 59. 2. τὰ ἁμαρτήματα ὑμῶν διϊστῶσιν [A διασ.] ἀνὰ μέσον ὑμῶν (1)
Ez. 5. 1. διαστήσεις αὐτούς (2)
II Ma. 8. 10. διεστήσατο δὲ ὁ Νικ. τὸν φόρον τῷ βασ.
III Ma. 2. 32. οὐ διέστησαν τῆς εὐσεβείας

[**Sm.** Ps. 21 (22). 15.]
[**Th.** Ps. 73 (74). 13 : Is. 59. 2.]

δικάζειν. (1) אָרַב (2) רִיב *a.* verb. *b.* subst. (3) שָׁפַט *a.* qal. *b.* ni.

Jd. 6. 31. μὴ ὑμεῖς νῦν δικάζεσθε ὑπὲρ [A περὶ] τοῦ B. (2 *a*)
— 31. ὃς ἐὰν δικάσηται αὐτῷ [A *al.*] (2 *a*)
— 31. δικαζέσθω αὐτῷ [A *al.*] (2 *a*)
— 32. B δικασάσθω [R -αζέσθω] ἐν αὐτῷ ὁ B. [A *al.*] (2 *a*)
I Ki. 7. 6. ἐδίκαζε Σαμουὴλ τοὺς υἱοὺς Ἰσρ. εἰς M. (3 *a*)
— 15. ἐδίκαζε Σαμ. τὸν Ἰσρ. (3 *a*)
— 16. ἐδίκαζε τὸν Ἰσραήλ (3 *a*)
— 17. ἐδίκαζεν ἐκεῖ [A *om.*] τὸν Ἰσραήλ (3 *a*)
8. 5. βασιλέα δικάζειν ἡμᾶς (3 *a*)
— 6. δὸς ἡμῖν βασιλέα δικάζειν ἡμᾶς [A ἐφ' ἡ.] (3 *a*)
— 20. δικάσει ἡμᾶς βασιλεὺς ἡμῶν (3 *a*)
12. 7. δικάσω [A δικαιώσω] ὑμᾶς ἐνώπιον κυρίου (3 *b*)
24. 13. δικάσαι κύριος ἀνὰ μέσον ἐμοῦ καὶ σοῦ (3 *a*)
— 16. δικάσαι μοι ἐκ χειρός σου (3 *a*)
I Es. 8. 23. δικαστὰς ὅπως δικάζωσιν
Ps. 34 (35). 1. δίκασον, κύριε, τοὺς ἀδικοῦντάς με (2 *a*)
42 (43). 1 : 73 (74). 22. δίκασον τὴν δίκην (2 *a*)
Wi. 2. 19. B ἵνα . . . δικάσωμεν [A S R δοκιμάσ.] τὴν ἀνεξικακίαν αὐ.
Si. 8. 14. μὴ δικάζου μετὰ κριτοῦ
Ho. 4. 4. ὅπως μηδεὶς μήτε δικάζηται (2 *a*)
Mi. 7. 2. πάντες εἰς αἵματα δικάζονται (1)
Je. 15. 10. ὡς τινά με ἔτεκες ἄνδρα δικαζόμ. (2 *b*)
Ba. 2. 1. ἐπὶ τοὺς δικαστὰς ἡμῶν τοὺς δικάσαντας τὸν Ἰσρ.
La. 3. 58. ἐδίκασας . . . τὰς δίκας [A ἀδικίας] τῆς ψυχῆς μου (2 *a*)

[**Aq.** Ge. 26. 20 : Dt. 33. 7 : Jb. 23. 6 : 31. 13 : 33. 13 : Ps. 34 (35). 24 : 118 (119). 154 : Pr. 3. 30 : 22. 23 : 23. 11 : 25. 9 : Is. 45. 9 : 51. 22 : 57. 16 : Je. 50 (27). 34 : Ho. 2. 2 (4) : 5. 13 : 10. 6.]
[**Sm.** Dt. 33. 8 : III Ki. 7. 7 (44) : Jb. 39. 32 (40. 2) : Ps. 53 (54). 3 : Pr. 23. 11 : 25. 9 : Is. 57. 16 : Ho. 2. 2 (4) : Hb. 1. 7.]
[**Th.** Ps. 67 (68). 17 : 118 (119). 154 : Pr. 23. 11 : 25. 9 : Is. 57. 16 : Ho. 10. 6.]
[**Al.** Jd. 11. 25 : Ps. 7. 9.]
[**Quint.** Ps. 108 (109). 31.]

δικαιοκρισία.

[**Quint.** Ho. 6. 5.]

δικαιοκρίτης.

II Ma. 12. 41. τὰ τοῦ δ. κυρίου

δικαιολογία.

II Ma. 4. 44. ἐπ' αὐτοῦ τὴν δ. ἐποιήσαντο

δικαιοπραγεῖν.

[**Sm.** Ge. 18. 25.]

δίκαιος. (1) אֱמֶת (2) דִּין (3) חֶסֶד (4) טָהוֹר (5) *a.* יָשָׁר *b.* יֹשֶׁר (6) מִשְׁפָּט (7) נָדִיב (8) *a.* נָקִי *b.* נָקִיא (9) נָקָם (10) *a.* צָדַק hi. *b.* צַדִּיק *c.* צֶדֶק *d.* צְדָקָה (11) שָׁלֵם (12) תָּמִים (13) **νεύειν δίκαια** יָשַׁר נֶגֶד hi. (14) **ταράσσειν τὸ δ.** עָוֶל (15) **δ. ἀναφαίνεσθαι** צָדַק (16) **δίκαιον ἀποφαίνειν** צָדַק *a.* pi. *b.* hi. (17) **δ. εἶναι** צָדַק (18) **δίκαιον κρίνειν** צָדַק hi.

Ge. 6. 9. Νῶε ἄνθρωπος δ. (10 *b*)
7. 1. ὅτι σὲ εἶδον δίκαιον ἐναντίον μου (10 *b*)
18. 23. μὴ συναπολέσῃς δίκαιον (10 *b*)
— 23. καὶ ἔσται ὁ δ. ὡς ὁ ἀσεβής –
— 24. πεντήκοντα ἐν τῇ πόλει δίκαιοι (10 *b*)
— 24. ἕνεκεν τῶν πεντήκοντα δικαίων (10 *b*)
— 25. τοῦ ἀποκτεῖναι δίκαιον (10 *b*)
— 25. καὶ ἔσται ὁ δ. ὡς ὁ ἀσεβής (10 *b*)
— 26. A πεντήκοντα δικαίους [R -οι] ἐν τῇ πόλει (10 *b*)
— 28. οἱ πεντήκοντα δ. (10 *b*)
20. 4. ἔθνος ἀγνοοῦν καὶ δ. ἀπολεῖς (10 *b*)
Ex. 9. 27. ὁ κύριος δ. ἐγὼ δὲ καὶ ὁ λαός μου ἀσεβεῖς (10 *b*)
18. 21. ἄνδρας δυνατοὺς θεοσεβεῖς ἄνδρας δ. (1)
23. 7. ἀθῷον καὶ δίκαιον οὐκ ἀποκτενεῖς (10 *b*)
— 8. καὶ λυμαίνεται ῥήματα δ. (10 *b*)
Le. 19. 36. ζυγὰ δ. καὶ στάθμια δ. καὶ χοῦς δ. (10 *c ter*)
Nu. 23. 10. ἀποθάνοι ἡ ψυχή μου ἐν ψυχαῖς δικαίων (5 *a*)
De. 4. 8. δικαιώματα καὶ κρίματα δίκαια (10 *b*)
16. 18. κρινοῦσι τὸν λαὸν κρίσιν δικαίαν (10 *c*)
— 19. τὰ γὰρ δῶρα . . . ἐξαίρει λόγους δικαίων (10 *b*)
— 20. δικαίως τὸ δ. διώξῃ [A φυλάξῃ] (10 *c*)
25. 1. ἐὰν δὲ . . . δικαιώσωσι τὸ [A τὸν] δ. (10 *b*)
— 15. στάθμιον ἀληθινὸν καὶ δ. ἔσται σοι (10 *c*)
— 15. A B² R καὶ μέτρον ἀληθινὸν καὶ δίκαιον ἔσται σοι (10 *c*)
32. 4. δίκαιος καὶ ὅσιος θεός (10 *b*)
I Ki. 2. 2. οὐκ ἔστι δίκαιος ὡς ὁ θεὸς ἡμῶν †
— 9. εὐλόγησεν ἔτη δικαίου [A -ων] †
24. 18. δίκαιος σὺ ὑπὲρ ἐμέ (10 *b*)
II Ki. 4. 11. ἄνδρες πονηροὶ ἀπεκτάγκασιν ἄνδρα δ. (10 *b*)
III Ki. 2. 32. ἀπήντησε τοῖς δυσὶν ἀνθρώποις τοῖς δ. (10 *b*)
8. 32. καὶ τοῦ δικαιῶσαι δίκαιον (10 *b*)
IV Ki. 10. 9. δίκαιοι ὑμεῖς (10 *b*)
II Ch. 6. 23. τοῦ δικαιῶσαι δίκαιον (10 *b*)
12. 6. καὶ εἶπαν, Δ. ὁ κύριος (10 *b*)
I Es. 4. 39. τὰ δ. ποιεῖ ἀπὸ πάντων τῶν ἀδίκων
II Es. 9. 15. κύριε θεὸς Ἰσραήλ, δίκαιος σύ (10 *b*)
Ne. 9. 8. ὅτι δίκαιος σύ (10 *b*)
— 33. καὶ σὺ δίκαιος [A S³ *add.* εἶ] ἐπὶ πᾶσι (10 *b*)
To. 3. 2. δίκαιος εἶ, κύριε
— 2. S καὶ πάντα τὰ ἔργα σου δ. [A B *om.*]
— 2. κρίσιν ἀληθινὴν καὶ δικαίαν σὺ κρίνεις [S *al.*]
4. 17. ἔκχεον τοὺς ἄρτους σου ἐπὶ τὸν τάφον τῶν δ.
7. 7. S ἐτυφλώθη ἀνὴρ δ. [A B *al.*]
9. 6. S ἀνδρὸς καλοῦ καὶ ἀγαθοῦ δ. καὶ ἐλεημοποιοῦ
13. 9. πάλιν ἐλεήσει τοὺς υἱοὺς τῶν δ.
— 13. χάρηθι καὶ ἀγαλλίασαι ἐπὶ τοῖς υἱοῖς τῶν δ.
— 13. καὶ εὐλογήσουσι τὸν κύριον τῶν δ. [S *al.*]
14. 9. γενοῦ φιλελεήμων καὶ δίκαιος [S *al.*]
Es. 1. 1. ὥστε πολεμῆσαι δικαίων ἔθνος
— 1. ἐταράχθη πᾶν ἔθνος δ.
4. 17. δίκαιος εἶ, κύριε
8. 13. δικαιοτάτοις δὲ πολιτευομένους νόμοις [S¹ *al.*]
Jb. 1. 1. ἦν ὁ ἄνθρωπος ἐκεῖνος . . . δίκαιος (5 *a*)
— 8. A S² ἄνθρωπος ἄμεμπτος δίκαιος [B S¹ *om.*] (5 *a*)

Jb. 2. 3. A ἄνθρωπος ὅμοιος αὐτῷ ἄμεμπτος δ. [B S *al.*] (5 *a*?)
5. 5. δίκαιοι ἔδονται †
6. 29. πάλιν τῷ δ. συνέρχεσθε (10 *c*)
8. 3. ἢ ὁ τὰ πάντα ποιήσας ταράξει τὸ δ. (10 *c*)
9. 2. πῶς γὰρ ἔσται δίκαιος βροτὸς παρὰ κυρίῳ (17)
— 15, 20. ἐὰν γὰρ ὦ δίκαιος (17)
— 23. ἀλλὰ δίκαιοι καταγελῶνται (8 *a*)
10. 15. ἐὰν δὲ ὦ δίκαιος (17)
11. 2. ἢ καὶ ὁ εὔλαλος οἴεται εἶναι δίκαιος (17)
12. 4. δ. γὰρ ἀνὴρ καὶ ἄμεμπτος (10 *b*)
13. 18. δίκαιος ἀναφανοῦμαι (15)
15. 14. ἢ ὡς ἐσόμενος δ. γεννητὸς γυναικός (17)
17. 8. B S^2 δίκαιος δὲ ἐπὶ παρανόμῳ ἐπαναστaίη [A δικαίῳ γὰρ παράνομος ἐπανέστη] (8 *a*)
22. 15. ἣν ἐπάτησαν [A^1 ἐπανέστησαν] ἄνδρες δ. †
— 19. ἰδόντες δίκαιοι ἐγέλασαν (10 *b*)
24. 4. ἐξέκλιναν ἀδυνάτους ἐξ ὁδοῦ δ. [S^1 -ων] –
— 11. B^2 R ὁδὸν δὲ δικαίαν [A B^1 -ων] οὐκ ᾔδεισαν †
25. 4. πῶς γὰρ ἔσται δίκαιος βροτός (17)
27. 5. μή μοι εἴη δικαίους ὑμᾶς ἀποφῆναι (16 *b*)
— 17. ταῦτα πάντα δίκαιοι περιποιήσονται (10 *b*)
28. 4. οἱ δὲ ἐπιλανθανόμ. ὁδὸν δικαίαν [A ὁδοὺς δικαιοσύνης] ἠσθένησαν †
31. 6. ἕσταμαι [A ἱστᾷ με, S ἵστ.] γὰρ ἐν ζυγῷ δικαίῳ (10 *c*)
32. 1. ἦν γὰρ Ἰὼβ δ. ἐναντίον αὐτῶν (10 *b*)
— 2. ἀπέφηνεν ἑαυτὸν δ. ἐναντίον κυρίου (16 *a*)
33. 12. δίκαιός εἰμι (17)
34. 5. εἴρηκεν Ἰὼβ, Δίκαιός εἰμι (17)
— 10. ἔναντι παντοκράτορος ταράξαι τὸ δ. (14)
— 12. A ἢ ὁ παντοκράτωρ ταράξει τὸ δ. [B S κρίσιν] (6)
— 17. τὸν ὀλλύντα τοὺς πονηροὺς ὄντα αἰώνιον δ. [A εἶναι δ.] (10 *b*)
35. 2. δίκαιός εἰμι ἔναντι κυρίου (10 *c*)
— 7. ἐπεὶ δὲ οὖν [A καὶ εἰ] δίκαιος εἶ (17)
36. 3. δίκαια ἐρῶ ἐπ᾽ ἀληθείας (10 *c*)
— 7. οὐκ ἀφελεῖ ἀπὸ δικαίου ὀφθαλμοὺς αὐ. (10 *b*)
— 10. τοῦ δ. εἰσακούσεται †
— 17. οὐχ ὑστερήσει δὲ ἀπὸ δικαίων κρίμα †
37. 23. ὁ τὰ δ. κρίνων (10 *d*)
40. 3 (8). ἢ [A ἀλλ᾽] ἵνα ἀναφανῇς δίκαιος (15)
Ps. 1. 5. οὐδὲ ἁμαρτωλοὶ ἐν βουλῇ δικαίων (10 *b*)
— 6. γινώσκει κύριος ὁδὸν δικαίων (10 *b*)
2. 12. καὶ ἀπολεῖσθε ἐξ ὁδοῦ δικαίας –
5. 12. S R ὅτι σὺ εὐλογήσεις [A B -γεῖς] δίκαιον (10 *b*)
7. 9. καὶ κατευθυνεῖς δίκαιον (10 *b*)
— 10 (9). δικαία ἡ βοήθειά μου παρὰ τοῦ θ. (10 *b*)
— 11. ὁ θεὸς κριτὴς δίκαιος (10 *b*)
10 (11). 4. ὁ δὲ δ. τί ἐποίησε (10 *b*)
— 6. κύριος ἐξετάζει τὸν δ. (10 *b*)
— 8. δ. κύριος καὶ δικαιοσύνας ἠγάπησεν (10 *b*)
13 (14). 5. ὅτι ὁ θ. ἐν γενεᾷ δικαίᾳ [A S^2 -ων] (10 *b*)
30 (31). 18. τὰ λαλοῦντα κατὰ τοῦ δ. ἀνομίαν (10 *b*)
31 (32). 11. καὶ ἀγαλλιᾶσθε δίκαιοι (10 *b*)
32 (33). 1. ἀγαλλιᾶσθε δίκαιοι ἐν τῷ κυρίῳ (10 *b*)
33 (34). 15. ὀφθαλμοὶ κυρίου ἐπὶ δικαίους (10 *b*)
— 17. ἐκέκραξαν οἱ δ. –
— 19. πολλαὶ αἱ θλίψεις τῶν δ. (10 *b*)
— 21. οἱ μισοῦντες τὸν δ. πλημμελήσουσι (10 *b*)
36 (37). 12. παρατηρήσεται ὁ ἁμαρτωλὸς τὸν δ. (10 *b*)
— 16. κρεῖσσον ὀλίγον τῷ δ. (10 *b*)
— 17. ὑποστηρίζει δὲ τοὺς δ. ὁ κύριος (10 *b*)
— 21. ὁ δὲ δ. οἰκτείρει (10 *b*)
— 25. οὐκ εἶδον δίκαιον ἐγκαταλελειμμένον (10 *b*)
— 26. A καὶ δανείζει ὁ δ. [B S *om.* ὁ δ.] –
— 29. δίκαιοι δὲ κληρονομήσουσι γῆν (10 *b*)
— 30. στόμα δικαίου μελετήσει σοφίαν (10 *b*)
— 32. κατανοεῖ ὁ ἁμαρτωλὸς τὸν δ. (10 *b*)
— 39. σωτηρία δὲ τῶν δ. παρὰ κυρίου (10 *b*)
51 (52). 6. ὄψονται δίκαιοι καὶ φοβηθήσονται (10 *b*)
54 (55). 22. οὐ δώσει εἰς τὸν αἰῶνα σάλον τῷ δ. (10 *b*)
57 (58). 10. εὐφρανθήσεται δίκαιος (10 *b*)
— 11. εἰ ἄρα ἐστὶ καρπὸς τῷ δ. (10 *b*)
63 (64). 10. εὐφρανθήσεται δίκαιος ἐπὶ τῷ κ. (10 *b*)
67 (68). 3. οἱ δ. εὐφρανθήτωσαν (10 *b*)
68 (69). 28. μετὰ δικαίων μὴ γραφήτωσαν (10 *b*)
74 (75). 10. ὑψωθήσεται τὰ κέρατα τοῦ δ. (10 *b*)
91 (92). 12. δίκαιος ὡς φοῖνιξ ἀνθήσει (10 *b*)
93 (94). 21. θηρεύσουσιν ἐπὶ ψυχὴν δικαίου (10 *b*)
96 (97). 11. φῶς ἀνέτειλε τῷ δ. (10 *b*)
— 12. εὐφράνθητε δίκαιοι ἐν τῷ κ. (10 *b*)
111 (112). 4. ἐλεήμων καὶ οἰκτίρμων καὶ δίκαιος (10 *b*)

Ps. 111 (112). 6. εἰς μνημόσυνον αἰώνιον ἔσται δίκαιος (10 *b*)
114 (116). 5. ἐλεήμων ὁ κύριος καὶ δίκαιος (10 *b*)
117 (118). 15. φωνὴ ἀγαλλιάσεως . . . ἐν σκηναῖς δικαίων (10 *b*)
— 20. δίκαιοι εἰσελεύσονται ἐν αὐτῇ (10 *b*)
118 (119). 137. δίκαιος εἶ, κύριε (10 *b*)
124 (125). 3. οὐκ ἀφήσει τὴν ῥάβδον τῶν ἁμαρτ. ἐπὶ τὸν κλῆρον τῶν δ. ὅπως ἂν μὴ ἐκτείνωσιν οἱ δ. ἐν ἀνομίᾳ χεῖρας αὐ. (10 *b*, 10 *b*)
128 (129). 4. κύριος δίκαιος συνέκοψεν αὐχένας ἁμαρ. (10 *b*)
138 (139). 5. S^1 σὺ ἔγνως πάντα . . . τὰ δ. [A B S^2 ἀρχαῖα] †
139 (140). 13. πλὴν δίκαιοι ἐξομολογήσονται τῷ ὀνόμ. σου (10 *b*)
140 (141). 5. παιδεύσει με δίκαιος ἐν ἐλέει (10 *b*)
141 (142). 7. ἐμὲ ὑπομενοῦσι δίκαιοι (10 *b*)
144 (145). 17. δ. κύριος ἐν πάσαις ταῖς ὁδοῖς αὐ. (10 *b*)
145 (146). 8. κύριος ἀγαπᾷ δικαίους (10 *b*)
Pr. 1. 11. κρύψωμεν δὲ εἰς γῆν ἄνδρα δίκαιον (8 *a*)
2. 16. καὶ ἀλλότριον τῆς δ. γνώμης †
3. 9. τίμα τὸν κύριον ἀπὸ σῶν δ. πόνων –
— 32. ἐν δὲ δικαίοις οὐ συνεδριάζει (5 *a*)
— 33. ἐπαύλεις δὲ δικαίων εὐλογοῦνται (10 *b*)
4. 18. αἱ δὲ ὁδοὶ τῶν δ. ὁμοίως φωτὶ λάμπουσι (10 *b*)
— 25. τὰ δὲ βλέφαρά σου νευέτω δίκαια (13)
6. 17. χεῖρες ἐκχέουσαι αἷμα δικαίου [A S^2 -ον] (8 *a*)
9. 9. γνώριζε δικαίῳ (10 *b*)
10. 3. οὐ λιμοκτονήσει κ. ψυχὴν δικαίαν [S^1 -ων] (10 *b*)
— 6. εὐλογία κυρίου ἐπὶ κεφαλὴν [A S^1 -ῆs] δικαίου (10 *b*)
— 7. μνήμη δικαίων μετ᾽ ἐγκωμίων (10 *b*)
— 11. πηγὴ ζωῆς ἐν χειρὶ δικαίου (10 *b*)
— 16. ἔργα δικαίων ζωὴν ποιεῖ (10 *b*)
— 17. ὁδοὺς δικαίας [A S^2 *om.*] ζωῆς φυλάσσει παιδεία –
— 18. καλύπτουσιν ἔχθραν χείλη δίκαια †
— 20. ἄργυρος πεπυρωμ. [A -πωρ.] γλῶσσα δικαίου (10 *b*)
— 21. χείλη δικαίων ἐπίσταται ὑψηλά (10 *b*)
— 22. A S εὐλογία κυρίου ἐπὶ κεφαλῆs [B -ὴν] δικαίου –
— 24. ἐπιθυμία δὲ δικαίου δεκτή (10 *b*)
— 25. δίκαιος δὲ ἐκκλίνας σώζεται (10 *b*)
— 28. ἐγχρονίζει δικαίοις εὐφροσύνη (10 *b*)
— 30. δίκαιος τὸν αἰῶνα οὐκ ἐνδώσει (10 *b*)
— 31. στόμα δικαίου ἀποστάζει σοφίαν (10 *b*)
— 32. χείλη ἀνδρῶν δικαίων [S^1 -α] ἀποστάζει χάριτας (10 *b*)
11. 1. στάθμιον δὲ δίκαιον δεκτὸν αὐτῷ (11)
— 4. ἀποθανὼν δίκαιος ἔλιπε μετάμελον (5 *a*)
— 7. τελευτήσαντος ἀνδρὸς δικαίου †
— 8. δίκαιος ἐκ θήρας ἐκδύνει [A δύνει] (10 *b*)
— 9. αἴσθησις δὲ δικαίων εὔοδος (10 *b*)
— 10. ἐν ἀγαθοῖς δικαίων κατώρθωσε πόλις (10 *b*)
— 10. A B^1 S^2 ἐν εὐλογίᾳ εὐθείων [B^2 δικαίων] ὑψωθήσ. πόλις (10 *b*?)
— 15. πονηρὸς κακοποιεῖ ὅταν συμμίξῃ δικαίῳ †
— 16. θρόνος δὲ ἀτιμίας γυνὴ μισοῦσα δίκαια –
— 18. σπέρμα δὲ δικαίων μισθὸς ἀληθείας (10 *d*)
— 19. υἱὸς δίκαιος γεννᾶται εἰς ζωήν (10 *d*)
— 23. ἐπιθυμία δικαίων πᾶσα ἀγαθή (10 *b*)
— 28. ὁ δὲ ἀντιλαμβανόμενος δικαίων (10 *b*)
— 31. εἰ ὁ μὲν δ. μόλις σώζεται (10 *b*)
12. 3. αἱ δὲ ῥίζαι τῶν δ. οὐκ ἐξαρθήσονται (10 *b*)
— 5. λογισμοὶ δικαίων κρίματα (10 *b*)
— 7. οἶκοι δὲ δικαίων παραμένουσι (10 *b*)
— 10. δίκαιος οἰκτείρει ψυχὰς κτηνῶν αὐτοῦ (10 *b*)
— 13. ἐκφεύγει δὲ ἐξ αὐτῶν δίκαιος (10 *b*)
— 17. ἐπιδεικνυμένην πίστιν ἀπαγγέλλει δίκαιος (10 *c*)
— 21. οὐκ ἀρέσει τῷ δ. οὐδὲν ἄδικον (10 *b*)
— 25. φοβερὸς λόγος καρδίαν ταράσσει ἀνδρὸς δ. –
— 26. ἐπιγνώμων δίκαιος ἑαυτοῦ φίλος ἔσται (10 *b*)
13. 5. λόγον ἄδικον μισεῖ δίκαιος (10 *b*)
— 9. φῶς δικαίοις διὰ παντός (10 *b*)
— 9. δίκαιοι δὲ οἰκτείρουσι –
— 11. δίκαιος οἰκτείρει καὶ κιχρᾷ –
— 21. τοὺς δὲ δ. καταλήψεται ἀγαθά (10 *b*)
— 22. θησαυρίζεται δὲ δικαίοις πλοῦτος ἀσεβῶν (10 *b*)
— 23. δίκαιοι ποιήσουσιν ἐν πλούτῳ ἔτη πολλά –

Pr. 13. 25. δίκαιος ἔσθων ἐμπιπλᾷ τὴν ψυχὴν αὐτοῦ (10 *b*)
14. 9. οἰκίαι δὲ δικαίων δεκταί (5 *a*)
— 19. ἀσεβεῖς θεραπεύσουσι θύρας δικαίων (10 *b*)
— 32. ὁ δὲ πεποιθὼς τῇ ἑαυτοῦ ὁσιότητι δίκαιος (10 *b*)
15. 6. A B S^2 οἴκοις δικαίων ἰσχὺς πολλή (10 *b*)
— 28. καρδίαι [S^1 -ᾳ] δικαίων μελετῶσι πίστεις (10 *b*)
— 28 (16. 7). δεκταὶ παρὰ κυρίῳ ὁδοὶ ἀνθρώπων δ. –
— 29. εὐχαῖς δὲ δικαίων ἐπακούει [S ὑπακ.] (10 *b*)
16. 1 (9). καρδία ἀνδρὸς λογιζέσθω δίκαια †
— 5. ἀρχὴ ὁδοῦ ἀγαθῆς τὸ ποιεῖν τὰ δ. –
— 11. τὰ δὲ ἔργα αὐτοῦ στάθμια δίκαια †
— 13. δεκτὰ βασιλεῖ χείλη δίκαια (10 *c*)
— 33. ἐπέρχεται πάντα τοῖς ἀδίκοις [S^1 δικαίοις] –
— 33. παρὰ δὲ κυρίου πάντα τὰ δ. (6)
17. 4. δίκαιος δὲ οὐ προσέχει χείλεσι ψευδέσιν †
— 7. οὐδὲ δικαίῳ χείλη ψευδῆ [S *al.*] (7)
— 15. ὃς δίκαιον κρίνει τὸν ἄδικον [S δίκαιον] ἄδικον δὲ τὸν δ. (18, †, 10 *b*)
— 26. ζημιοῦν ἄνδρα δίκαιον οὐ καλὸν οὐδὲ ὅσιον ἐπιβουλεύειν δυνάσταις δικαίοις (10 *b*, 5 *b*)
18. 5. οὐδὲ ὅσιον ἐκκλίνειν τὸ δ. ἐν κρίσει (10 *b*)
— 10. αὐτῷ δὲ προσδραμόντες δίκαιοι ὑψοῦνται (10 *b*)
— 17. δίκαιος ἑαυτοῦ κατήγορος ἐν πρωτολογίᾳ (10 *b*)
19. 22. κρείσσων δὲ πτωχὸς δίκαιος –
20. 8. ὅταν βασιλεὺς δίκαιος καθίσῃ ἐπὶ θρόνου (2)
21. 2. πᾶς ἀνὴρ φαίνεται ἑαυτῷ δίκαιος (5 *a*)
— 3. ποιεῖν δίκαια καὶ ἀληθεύειν (10 *d*)
— 7. οὐ γὰρ βούλονται πράσσειν τὰ δ. (6)
— 12. συνίει δίκαιος καρδίας ἀσεβῶν (10 *b*)
— 15. A S R εὐφροσύνη δικαίων [S^1 -ῳ] ποιεῖν [B ποιεῖ] κρίμα (10 *b*)
— 18. περικάθαρμα δὲ δικαίου ἄνομος (10 *b* et 5 *a*)
— 26. ὁ δὲ δ. ἐλεᾷ καὶ οἰκτείρει ἀφειδῶς (10 *b*)
23. 24. καλῶς ἐκτρέφει πατὴρ δίκαιος (10 *b*)
— 30. ὁμιλεῖτε ἀνθρώποις δικαίοις –
24. 15. μὴ προσαγάγῃς ἀσεβῆ νομῇ δικαίων (10 *b*)
— 16. ἑπτάκις γὰρ πεσεῖται δίκαιος [A ὁ δ.] (10 *b*)
— 35 (30. 12). ἔκγονον κακὸν δίκαιον ἑαυτὸν κρίνει (4)
— 39 (24). ὁ εἰπὼν τὸν ἀσεβῆ, Δίκαιός ἐστιν (10 *b*)
25. 26. δίκαιον πεπτωκέναι ἐνώπιον ἀσεβοῦς (10 *b*)
28. 1. δίκαιος δὲ ὥσπερ λέων πέποιθε (10 *b*)
— 12. διὰ βοήθειαν δικαίων πολλὴ γίνεται δόξα (10 *b*)
— 18. S^1 ὁ πορευόμ. δίκαιος [A B S^2 -ως] βεβοήθηται (12)
— 21. ὃς οὐκ αἰσχύνεται πρόσωπα δικαίων –
— 28. ἐν τόποις ἀσεβῶν στένουσι δίκαιοι ἐν δὲ τῇ ἐκ. ἀπωλείᾳ πληθυνθήσ. δίκαιοι (†, 10 *b*)
29. 2. ἐγκωμιαζομένων δικαίων [A *al.*] (10 *b*)
— 4. βασιλεὺς δίκαιος ἀνίστησι χώραν (6)
— 6. δίκαιος δὲ ἐν χαρᾷ . . . ἔσται (10 *b*)
— 7. ἐπίσταται δίκαιος κρίνειν πενιχροῖς (10 *b*)
— 16. οἱ δὲ δ. . . . κατάφοβοι γίνονται (10 *b*)
— 26. παρὰ δὲ κυρίου γίνεται τὸ δ. ἀνδρί (6)
— 27. βδέλυγμα δίκαιος ἀνὴρ ἀνδρὶ ἀδίκῳ (10 *b*)
Ec. 3. 16. καὶ τόπον τοῦ δ. [A τῶν δ.] (10 *c*)
— 17. σὺν τὸν δ. . . . κρινεῖ ὁ θεός (10 *b*)
7. 16 (15). ἐστὶ δίκαιος ἀπολλύμενος ἐν δικαίῳ αὐτοῦ (10 *b*, 10 *c*)
— 17 (16). μὴ γίνου δίκαιος πολύ (10 *b*)
— 21 (20). ἄνθρωπος οὐκ ἔστι δ. ἐν τῇ γῇ (10 *b*)
8. 14. ὅτι εἰσὶ δίκαιοι (10 *b*)
— 14. ὡς ποίημα τῶν δ. (10 *b*)
9. 1. οἱ δ. καὶ οἱ [S^1 *om.* καὶ οἱ] σοφοί (10 *b*)
— 2. συνάντημα ἐν τῷ δ. (10 *b*)
Wi. 2. 10. καταδυναστεύσωμεν πένητα δίκαιον
— 12. ἐνεδρεύσωμεν δὲ τὸν δ.
— 16. μακαρίζει ἔσχατα δικαίων
— 18. εἰ γάρ ἐστιν ὁ δ. υἱὸς θεοῦ
3. 1. δικαίων δὲ ψυχαὶ ἐν χειρὶ θεοῦ
— 10. οἱ ἀμελήσαντες τοῦ δ.
4. 7. δίκαιος δὲ ἐὰν φθάσῃ τελευτῆσαι
— 16. κατακρινεῖ δὲ δίκαιος καμὼν [A B^2 θανὼν] τοὺς ζῶντας ἀσεβεῖς
5. 1. στήσεται ἐν παρρησίᾳ πολλῇ ὁ δ.
— 15. δίκαιοι δὲ εἰς τὸν αἰῶνα ζῶσι
10. 4. δι᾽ εὐτελοῦς ξύλου τὸν δ. κυβερνήσασα

Wi. 10. 5. αὕτη καὶ . . . εὗρε [A S ἔγνω] τὸν δ.
— 6. αὕτη δίκαιον . . . ἐρρύσατο
— 10. αὕτη φυγάδα ὀργῆς ἀδελφοῦ δίκαιον ὡδήγησεν
— 13. αὕτη πραθέντα δίκαιον οὐκ ἐγκατέλιπεν
— 20. δίκαιοι ἐσκύλευσαν ἀσεβεῖς
11. 14. οὐχ ὅμοια δικαίοις [S τοῖς δ.] διψήσαντες
12. 9. ἀσεβεῖς δικαίοις ὑποχειρίους δοῦναι
— 15. δίκαιος δὲ ὢν δικαίως τὰ πάντα διέπεις
— 19. δεῖ τὸν [S^1 *om.* δ. τ.] δ. εἶναι φιλάνθρωπον
14. 30. ἀμφότερα δὲ αὐτοὺς μετελεύσεται τὰ δ. [A^1 ἄδικα]
16. 17. ὑπέρμαχος γὰρ ὁ κόσμος ἐστὶ δικαίων [A -οις]
— 23. ἵνα τραφῶσι δίκαιοι
18. 7. προσεδέχθη . . . σωτηρία μὲν δικαίων
— 20. ἥψατο δὲ καὶ δικαίων πεῖρα θανάτου
19. 16. τοὺς ἤδη τῶν αὐτῶν [S *om.* τῶν αὐ.] μετεσχηκότας δ. [S τῶν δ.]
— 17. ὥσπερ ἐκεῖνοι ἐπὶ ταῖς τοῦ δ. θύραις
Si. 9. 16. ἄνδρες δ. ἔστωσαν σύνδειπνοί σου
10. 23. οὐ δίκαιον ἀτιμάσαι πτωχὸν συνετόν
16. 3. S^2 κρείσσων γὰρ εἷς δίκαιος
— 3. S^2 δίκαιον [A B S^1 καὶ] ἀποθανεῖν ἄτεκνον
27. 8. ἐὰν διώκῃς τὸ δ.
32 (35). 6. προσφορὰ δικαίου λιπαίνει θυσιαστήριον
— 7. θυσία ἀνδρὸς δικαίου δεκτή
— 18. A S^1 κρινεῖ δικαίοις [B S^2 -ως]
— 18. A σκῆπτρα δικαίων [B S ἀδίκων] συντρίψῃ
36 (33). 3. ὡς ἐρώτημα [S ἐπερ.] δικαίων [A S δήλων]
44. 17. Νῶε εὑρέθη τέλειος δίκαιος
Ho. 14. 10. δίκαιοι πορεύσονται ἐν αὐταῖς (10 *b*)
Am. 2. 6. ἀπέδοντο ἀργυρίου δίκαιον (10 *b*)
5. 12. A R καταπατοῦντες [B -οῦσαι] δίκαιον (10 *b*)
Jl. 3 (4). 19. ἐξέχεαν αἷμα δίκαιον ἐν τῇ γῇ αὐ. (8 *b*)
Jn. 1. 14. A B S^2 μὴ δῷς ἐφ' ἡμᾶς αἷμα δίκαιον (8 *b*)
Hb. 1. 4. ἀσεβὴς καταδυναστεύει τὸν δ. (10 *b*)
— 13. ἐν τῷ καταπίνειν ἀσεβῆ τὸν δ. (10 *b*)
2. 4. ὁ δὲ δίκαιος ἐκ πίστεώς μου ζήσεται (10 *b*)
Ze. 3. 5. ὁ δὲ κύριος δίκαιος ἐν μέσῳ αὐτῆς (10 *b*)
Za. 7. 9. κρίμα δίκαιον κρίνατε (1)
8. 16. A κρίμα δ. [B S εἰρηνικὸν] κρίνατε †
9. 9. ἰδοὺ ὁ βασιλεύς σου ἔρχεταί σοι δίκαιος (10 *b*)
Ma. 3. 18. ὄψεσθε ἀνὰ μέσον δικαίου (10 *b*)
Is. 3. 10. δήσωμεν τὸν δ. (10 *b*)
5. 23. τὸ δ. τοῦ δ. αἴροντες (10 *d*, 10 *b*)
29. 21. ἐπλαγίασαν ἐν ἀδίκοις δίκαιον (10 *b*)
32. 1. βασιλεὺς δ. βασιλεύσει (10 *c*)
41. 10. ἠσφαλισάμην σε τῇ δεξιᾷ τῇ δ. μου (10 *c*)
45. 21. A^2 B S δ. καὶ σωτὴρ οὐκ ἔστι [A^2 *add.* ἄλλος] πάρεξ ἐμοῦ (10 *b*)
— 22. A^2 δ. καὶ σωτὴρ οὐκ ἔστιν πάρεξ ἐμοῦ –
47. 3. τὸ δ. ἐκ σοῦ λήψομαι (9)
51. 1. ἀκούσατέ μου οἱ διώκοντες τὸ δ. (10 *c*)
53. 11. δικαιῶσαι δίκαιον εὖ δουλεύοντα πολλοῖς (10 *b*)
54. 17. ὑμεῖς ἔσεσθέ μοι δίκαιοι [S^1 μου ἅγιοι] (10 *d*)
57. 1. ὡς ὁ δ. ἀπώλετο . . . ἄνδρες δίκαιοι αἴρονται . . . ἀπὸ γὰρ προσώπου ἀδικίας ἦρται ὁ δ. (10 *b*, 3, 10 *b*)
58. 2. αἰτοῦσί με νῦν κρίσιν δικαίαν (10 *c*)
59. 4. οὐθεὶς λαλεῖ δίκαια (10 *c*)
60. 21. ὁ λαός σου πᾶς δ. (10 *b*)
61. 8. δώσω τὸν μόχθον αὐτῶν δικαίοις (1)
64. 5 (4). συναντήσεται γὰρ τοῖς ποιοῦσι [S ὑπομένουσιν] τὸ δ. (10 *c*)
Je. 11. 20. κύριε κρίνων δίκαια (10 *c*)
12. 1. δ. εἶ, κύριε (10 *b*)
20. 12. κύριε δοκιμάζων δίκαια (10 *b*)
23. 5. ἀναστήσω τῷ Δαυὶδ ἀνατολὴν δικαίαν (10 *b*)
37 (30). 15. S ἐπὶ πλῆθος δικαίων [B ἀδικιῶν A ἀδικίας] σου †
38 (31). 23. εὐλογημένος κύριος ἐπὶ δίκαιον ὄρος τὸ ἅγιον αὐτοῦ (10 *c*)
49 (42). 5. ἔστω κύριος ἐν [A *om.*] ἡμῖν εἰς μάρτυρα δίκαιον (1)
Ba. 2. 9. δ. ὁ κύριος ἐπὶ πάντα τὰ ἔργα αὐτοῦ
La. 1. 18. δ. ἐστι κύριος (10 *b*)
4. 13. τῶν ἐκχεόντων αἷμα δίκαιον (10 *b*)
Ep. Je. 73. κρείσσων οὖν ἄνθρωπος δ. οὐκ ἔχων εἴδωλα
Ez. 3. 20. ἐν τῷ ἀποστρέφειν δίκαιον (10 *b*)
— 21. ἐὰν διαστείλῃ τῷ δ. . . . ὁ δ. ζωῇ ζήσεται (10 *b*, 10 *b*)
Ez. 13. 22. διεστρέφετε [A διαστ.] καρδίαν δικαίου (10 *b*)
18. 5. ὁ δὲ ἄνθρωπος ὃς ἔσται δ. (10 *b*)
— 8. κρίμα δίκαιον ποιήσει (1)
— 9. δ. οὗτός [A *om.*] ἐστι (10 *b*)
— 11. ἐν τῇ ὁδῷ τοῦ πατρὸς αὐτοῦ τοῦ δ. οὐκ ἐπορεύθη †
— 20. δικαιοσύνη δικαίῳ [A -αίου] ἐπ' αὐτὸν ἔσται (10 *b*)
— 24. ἐν δὲ τῷ ἀποστρέψαι δίκαιον (10 *b*)
— 26. ἐν τῷ ἀποστρέψαι τὸν [A *om.*] δ. (10 *b*)
23. 45. ἄνδρες δίκαιοι αὐτοὶ καὶ ἐκδικήσουσιν αὐτάς (10 *b*)
33. 12. δικαιοσύνη δικαίου οὐ μὴ ἐξέληται αὐτόν . . . δ. οὐ μὴ δύνηται σωθῆναι (10 *b*, 10 *b*)
— 13. ἐν τῷ εἰπεῖν με τῷ δ. (10 *b*)
— 18. ἐν τῷ ἀποστρέψαι δίκαιον (10 *b*)
45. 10. ζυγὸς δ. [A ζυγὸν δ.] καὶ μέτρον δίκαιον καὶ χοίνιξ δικαία ἔσται ὑμῖν (10 *c ter*)
Da. LXX. Su. 3. καὶ οἱ γονεῖς αὐτῆς δ.
— 9. μηδὲ μνημονεύειν κριμάτων δ.
— 53. ἀθῷον καὶ δίκαιον οὐκ ἀποκτενεῖς
3. (27). δίκαιος εἶ ἐπὶ πᾶσιν
— (86). εὐλογεῖτε . . . ψυχαὶ δικαίων τὸν κύριον
9. 14. δ. κύριος ὁ θεὸς ἡμῶν (10 *b*)
Da. TH. Su. 3. καὶ οἱ γονεῖς αὐτῆς δ.
— 9. μηδὲ μνημονεύειν κριμάτων δ.
— 53. ἀθῷον καὶ δίκαιον οὐκ ἀποκτενεῖς
3. (27). δίκαιος εἶ ἐπὶ πᾶσιν
— (86). εὐλογεῖτε . . . ψυχαὶ δικαίων τὸν κ.
9. 14. δ. κύριος [A *om.*] ὁ θεὸς ἡμῶν (10 *b*)
12. 3. καὶ ἀπὸ τῶν δ. τῶν πολλῶν (10 *a*)
I Ma. 7. 12. ἐπισυνήχθησαν . . . ἐκζητῆσαι δίκαια [S^1 -οι]
11. 33. καὶ συντηροῦσι τὰ πρὸς ἡμᾶς δ.
II Ma. 1. 24. ὁ φοβερὸς καὶ ἰσχυρὸς καὶ δ.
— 25. ὁ μόνος δ. καὶ παντοκράτωρ
4. 34. οὐκ αἰδεσθεὶς τὸ δ.
7. 36. δίκαια τὰ πρόστιμα τῆς ὑπερηφανίας ἀποίσῃ
9. 12. δίκαιον ὑποτάσσεσθαι τῷ θεῷ
— 18. ἐπεληλύθει γὰρ ἐπ' αὐτὸν δ. ἡ τοῦ θεοῦ κρίσις
10. 12. τὸ δ. συντηρεῖν προηγούμενος
11. 14. συλλύσεσθαι ἐπὶ πᾶσι τοῖς δ.
12. 6. ἐπικαλεσάμενος τὸν δ. κριτὴν θεόν
13. 23. ὤμοσεν ἐπὶ πᾶσι τοῖς δ.
III Ma. 2. 3. δυνάστης δ. εἶ
— 22. R δικαίᾳ περιπεπλεγμένον [A πεπληγμ.] κρίσει
— 25. ἑταίρων τοῦ παντὸς δ. κεχωρισμένων
3. 5. τῇ δὲ τῶν δ. εὐπραξίᾳ
IV Ma. 2. 23. βασιλείαν σώφρονά τε καὶ δ.
6. 34. δίκαιόν ἐστιν ὁμολογεῖν ἡμᾶς
9. 6. ἀποθάνοιμεν ἂν δικαιότερον ἡμεῖς οἱ νέοι
— 24. ἡ δ. καὶ πάτριος ἡμῶν πρόνοια
13. 24. A R τῷ δ. συντραφέντες [S συστρ.] βίῳ
15. 10. δίκαιοί τε γὰρ ἦσαν
16. 21. Δανιὴλ ὁ δ. εἰς λέοντας ἐβλήθη
18. 6. A R ἔλεγε . . . καὶ ταῦτα ἡ δ. [S τὰ δικαιώματα] τοῖς τέκνοις
— 15. πολλαὶ αἱ θλίψεις τῶν δ.

[**Aq.** Dt. 24. 15 (13): Jb. 31. 6 : 32. 1 : Ps. 7. 9, 10 : 10 (11). 3, 5 : 16 (17). 1 : 30 (31). 19 : 44 (45). 9 : 57 (58). 12 : 71 (72). 7 : 74 (75). 11 : 140 (141). 5 : 141 (142). 8 : Pr. 8. 15 : 10. 11, 25, 31 : 11. 9, 21, 30 : 12. 12, 26 : 14. 32 : 16. 11 : 18. 10 : 24. 15 : 29. 2 : Ec. 9. 1 : Is. 26. 2 : 29. 21 : 49. 24 : 57. 1 : 61. 3 : Hb. 1. 13 : 2. 4.]

[**Sm.** Jb. 8. 3 : 9. 20, 23 : Ps. 7. 10 : 10 (11). 3 : 31 (32). 11 : 36 (37). 12 : 54 (55). 23 : 57 (58). 11 : 71 (72). 7 : 74 (75). 11 : 141 (142). 8 : Pr. 8. 15 : 10. 11, 25, 31 : 11. 28, 30 : 12. 12 : 14. 32 : 18. 10 : 24. 15 : Ec. 8. 10, 14 : 9. 1 : Is. 29. 21 : 49. 24 : 57. 1 : 61. 3 : Je. 20. 12 : 23. 5 : 26 (33). 14 : 50 (27). 7 : Ez. 33. 13 : Hb. 1. 13 : 2. 4.]

[**Th.** Jb. 9. 23 : 17. 9 : 22. 15 : Ps. 7. 10 *bis* : 57 (58). 12 : 74 (75). 11 : Pr. 8. 15 : 10. 25, 28, 31 : 11. 30 : 12. 12 : 14. 32 : 18. 10 : 24. 15 : Is. 29. 21 : 49. 24 : 57. 1 : 61. 3 : Je. 33 (40). 15 : Da. 12. 3 : Hb. 1. 13.]

[**Al.** Le. 19. 36 *bis* : Ps. 10 (11). 5 : 124 (125). 3 : Pr. 2. 20.]

[**Sext.** Ps. 7. 10.]

δικαιοσύνη. (1) אֱמֶת (2) זָכוּ (3) חֶסֶד (4) טוֹב (5) מָדוֹן (6) מֵישָׁרִים (7) מִשְׁפָּט (8) נִקָּיוֹן (9) פְּתִי (10) *a.* צַדִּיק *b.* צֶדֶק *c.* צְדָקָה (11) שָׂכַל hi. (12) **φυλάσσειν δικαιοσύνην** צַדִּיק

Ge. 15. 6. ἐλογίσθη αὐτῷ εἰς δικαιοσύνην (10 *c*)
18. 19. ποιεῖν δικαιοσύνην καὶ κρίσιν (10 *c*)
19. 19. ἐμεγάλυνας τὴν δ. σου (3)
20. 5. ἐν δικαιοσύνῃ χειρῶν ἐποίησα τοῦτο (8)
— 13. A ταύτην τὴν δ. ποίησον [R ποιήσεις] (3)
21. 23. κατὰ τὴν δ. ἣν ἐποίησα μετὰ σοῦ (3)
24. 27. ὃς οὐκ ἐγκατέλιπε τὴν δ. (3)
— 49. εἰ οὖν ποιεῖτε ὑ. ἔλεος καὶ δικαιοσύνην (1)
30. 33. ἐπακούσεταί μοι ἡ δ. μου (10 *c*)
32. 10 (11). ἱκανοῦσαί μοι ἀπὸ πάσης δ. (3)
Ex. 15. 13. ὡδήγησας τῇ δ. σου τὸν λαόν σου (3)
34. 7. δικαιοσύνην διατηρῶν (3)
Le. 19. 15. ἐν δικαιοσύνῃ κρινεῖς τὸν πλησίον σου (10 *b*)
De. 9. 4. διὰ τὴν δ. [A τὰς δ.] μου εἰσήγαγέ με κ. (10 *c*)
— 5. οὐχὶ διὰ τὴν δ. σου (10 *c*)
— 6. οὐχὶ διὰ τὰς δ. σου . . . δίδωσί σοι τὴν γῆν (10 *c*)
33. 19. θύσετε ἐκεῖ θυσίαν δικαιοσύνης (10 *b*)
— 21. δικαιοσύνην κύριος ἐποίησε (10 *c*)
Jo. 24. 14. λατρεύσατε αὐτῷ . . . ἐν δικαιοσύνῃ (1)
Jd. 5. 11. ἐκεῖ δώσουσι δικαιοσύνας· κύριε δικαιοσύνας αὔξησον ἐν Ἰσρ. [A *al.*] (10 *c*, 10 *c*)
I Ki. 2. 10. ποιεῖν . . . δικαιοσύνην ἐν μέσῳ τῆς γῆς –
12. 7. ἀπαγγελῶ ὑμῖν τὴν πᾶσαν δ. [A τὰς π. δ.] κυρίου (10 *c*)
26. 23. κύριος ἐπιστρέψει ἑκάστῳ τὰς δ. αὐ. (10 *c*)
II Ki. 8. 15. ἦν Δαυὶδ ποιῶν . . . δικαιοσύνην (10 *c*)
22. 21. ἀνταπέδωκέ μοι κύριος κατὰ τὴν δ. μου (10 *c*)
— 25. ἀποδώσει μοι κύριος κατὰ τὴν δ. μου (10 *c*)
III Ki. 3. 6. διῆλθεν ἐνώπιόν σου . . . ἐν δικαιοσύνῃ (10 *c*)
— 9. διακρίνειν τὸν λαόν σου ἐν δικαιοσύνῃ –
8. 32. δοῦναι αὐτῷ κατὰ τὴν δ. αὐ. (10 *c*)
10. 9. τοῦ ποιεῖν κρίμα ἐν δικαιοσύνῃ [A καὶ δικαιοσύνην] (10 *c*)
I Ch. 18. 14. ἦν ποιῶν κρίμα [A -ατα] καὶ δικαιοσύνην (10 *c*)
29. 17. καὶ δικαιοσύνην ἀγαπᾷς (6)
II Ch. 6. 23. τοῦ ἀποδοῦναι αὐτῷ [A B^2 ἑκάστῳ] κατὰ τὴν δ. αὐ. (10 *c*)
9. 8. τοῦ ποιῆσαι . . . δικαιοσύνην (10 *c*)
Ne. 2. 20. ὑμῖν οὐκ ἔστι μερὶς καὶ δικαιοσύνη (10 *c*)
To. 1. 3. A R ὁδοῖς ἀληθείας ἐπορευόμην καὶ δικαιοσύνης [B S *al.*]
2. 14. ποῦ εἰσιν . . . αἱ δ. σου
4. 5. δικαιοσύνην [S -ας] ποίει πάσας τὰς ἡμ. τῆς ζωῆς σου
— 6. πᾶσι τοῖς ποιοῦσι τὴν [S *om.*] δ.
12. 8. ἀγαθὸν προσευχὴ μετὰ . . . δικαιοσύνης
— 8. ἀγαθὸν ὀλίγον μετὰ δικαιοσύνης
— 9. οἱ ποιοῦντες ἐλεημοσύνας καὶ δικαιοσύνας [S *al.*]
13. 6. εὐλογήσατε τὸν κύριον τῆς δ.
— 6. ποιήσατε δικαιοσύνην ἐνώπιον αὐτοῦ
14. 7. S εὐλογήσουσι . . . τὸν θ. τοῦ αἰ. ἐν δικαιοσύνῃ [A B *al.*]
— 7. S ποιεῖν δικαιοσύνην καὶ ἐλεημοσύνην
— 7. οἱ ἀγαπῶντες κύριον τὸν θεὸν ἐν . . . δικαιοσύνῃ
— 11. δικαιοσύνη ῥύεται [S *al.*]
Jb. 8. 6. ἀποκαταστήσει δέ σοι δίαιταν δικαιοσύνης (10 *b*)
22. 28. ἀποκαταστήσει δέ σοι δίαιταν δικαιοσύνης †
24. 13. ὁδὸν δὲ δικαιοσύνης οὐκ ᾔδεισαν †
27. 6. δικαιοσύνῃ δὲ προσέχων οὐ μὴ προῶμαι (10 *c*)
28. 4. A οἱ δὲ ἐπιλανθανόμ. ὁδοὺς δικαιοσύνης [B S ὁδὸν δικαίαν] †
29. 14. δικαιοσύνην δὲ ἐνδεδύκειν [A S *al.*] (10 *b*)
33. 13. A S^2 διὰ τί τῆς δ. [B S^1 δίκης] μου οὐκ ἐπακήκοέ μου πᾶν ῥῆμα †
— 26. ἀποδώσει δὲ ἀνθρώποις δικαιοσύνην [A ἀνθρώπῳ τὴν δ. αὐ.] (10 *c*)

Jb. 35. 8. υἱῷ ἀνθρώπου ἡ δ. σου (10 *c*)
Ps. 4. 1. εἰσήκουσέ μου ὁ θεὸς τῆς δ. μου (10 *b*)
— 5. θύσατε θυσίαν δικαιοσύνης (10 *b*)
5. 8. ὁδήγησόν με ἐν τῇ δ. σου (10 *c*)
7. 8. κρῖνόν με, κύριε, κατὰ τὴν δ. μου (10 *b*)
— 17. ἐξομολογήσομαι κυρίῳ κατὰ τὴν δ. αὐ. (10 *b*)
9. 4. ἐκάθισας ἐπὶ θρόνου ὁ κρίνων δικαιοσύνην (10 *b*)
— 8. αὐτὸς κρινεῖ τὴν οἰκουμένην ἐν δικαιοσύνῃ (10 *b*)
10 (11). 8. καὶ δικαιοσύνας [S^1 -ην] ἠγάπησεν (10 *c*)
14 (15). 2. καὶ ἐργαζόμενος δικαιοσύνην (10 *b*)
16 (17). 1. εἰσάκουσον, κύριε, τῆς [A S^2 *om.*] δ. μου (10 *b*)
— 15. ἐγὼ δὲ ἐν δικαιοσύνῃ ὀφθήσομαι (10 *b*)
17 (18). 20, 24. ἀνταποδώσει μοι κ. κατὰ τὴν δ. μου (10 *b*)
21 (22). 31. ἀναγγελοῦσι τὴν δ. αὐτοῦ (10 *c*)
22 (23). 3. ὡδήγησέν με ἐπὶ τρίβους δικαιοσύνης (10 *b*)
30 (31). 1. ἐν τῇ δ. σου ῥῦσαί με (10 *c*)
34 (35). 24. κρῖνόν με, κύριε, κατὰ τὴν δ. [S^1 ἐλεημοσύνην] σου (10 *b*)
— 27. οἱ θέλοντες τὴν δ. μου (10 *b*)
— 28. ἡ γλῶσσά μου μελετήσει τὴν δ. σου (10 *b*)
35 (36). 6. ἡ δ. σου ὡς ὄρη θεοῦ (10 *c*)
— 10. καὶ τὴν δ. σου τοῖς εὐθέσι τῇ καρδίᾳ (10 *c*)
36 (37). 6. ἐξοίσει ὡς φῶς τὴν δ. σου (10 *b*)
37 (38). 20. ἐπεὶ κατεδίωκον δικαιοσύνην [S^2 ἀγαθωσύνην] (4)
39 (40). 9. εὐηγγελισάμην δικαιοσύνην (10 *b*)
— 10. σὺ ἔγνως τὴν δ. μου [A B^2 S^2 σου] (10 *c*)
44 (45). 4. ἕνεκεν ἀληθείας . . . καὶ δικαιοσύνης (10 *b*)
— 7. ἠγάπησας δικαιοσύνην (10 *b*)
47 (48). 10. δικαιοσύνης πλήρης ἡ δεξιά σου (10 *b*)
49 (50). 6. ἀναγγελοῦσιν οἱ οὐρ. τὴν δ. αὐ. (10 *b*)
50 (51). 14. ἀγαλλιάσεται ἡ γλῶσσά μου τὴν δ. σου (10 *c*)
— 19. εὐδοκήσεις θυσίαν δικαιοσύνης (10 *b*)
51 (52). 3. ὑπὲρ τὸ λαλῆσαι δικαιοσύνην (10 *b*)
57 (58). 1. εἰ ἀληθῶς ἄρα δικαιοσύνην λαλεῖτε (10 *b*)
64 (65). 5. ἅγ. ὁ ναός σου θαυμαστὸς ἐν δικαιοσύνῃ (10 *b*)
66 (67). 4. S^1 κρινεῖ τὴν οἰκουμένην ἐν δικαιοσύνῃ –
68 (69). 27. μὴ εἰσελθέτωσαν ἐν δικαιοσύνῃ σου (10 *c*)
70 (71). 2. ἐν τῇ δ. σου ῥῦσαί με (10 *c*)
— 15. τὸ στόμα μου ἐξαγγελεῖ [S ἀναγγ.] τὴν δ. σου (10 *c*)
— 16. μνησθήσομαι τῆς δ. σου μόνου (10 *c*)
— 19. καὶ τὴν δ. σου, ὁ θεός, ἕως ὑψίστων (10 *c*)
— 21. ἐπλεόνασας τὴν δ. σου †
— 24. ἡ γλῶσσά μου . . . μελετήσει τὴν δ. σου (10 *c*)
71 (72). 1. καὶ τὴν δ. σου τῷ υἱῷ τοῦ βασ. (10 *c*)
— 2. κρίνειν τὸν λαόν σου ἐν δικαιοσύνῃ (10 *b*)
— 3. ἐν δικαιοσύνῃ [S^2 -ην] κρινεῖ τοὺς πτωχοὺς τοῦ λαοῦ (10 *c*)
— 7. ἀνατελεῖ ἐν ταῖς ἡμέραις αὐ. δικαιοσύνη (10 *a*)
84 (85). 10. δικαιοσύνη καὶ εἰρήνη κατεφίλησαν (10 *b*)
— 11. δικαιοσύνη ἐκ τοῦ οὐρανοῦ διέκυψε (10 *b*)
— 13. δικαιοσύνη ἐναντίον αὐτοῦ προπορεύσεται (10 *b*)
87 (88). 12. καὶ ἡ δ. σου ἐν γῇ ἐπιλελησμένῃ (10 *c*)
88 (89). 14. δικαιοσύνη . . . ἑτοιμασία τοῦ θρόνου σου (10 *b*)
— 16. ἐν τῇ δ. σου ὑψωθήσονται (10 *c*)
93 (94). 15. ἕως οὗ δικαιοσύνη ἐπιστρέψῃ εἰς κρίσιν (10 *b*)
95 (96). 13. κρινεῖ τὴν οἰκουμένην ἐν δικαιοσύνῃ (10 *b*)
96 (97). 2. δικαιοσύνη . . . κατόρθωσις τοῦ θρόνου αὐ. (10 *b*)
— 6. ἀνήγγειλαν οἱ οὐρανοὶ τὴν δ. αὐτοῦ (10 *b*)
97 (98). 2. ἀπεκάλυψε τὴν δ. αὐτοῦ (10 *c*)
— 9. κρινεῖ τὴν οἰκουμένην ἐν δικαιοσύνῃ (10 *b*)
98 (99). 4. δικαιοσύνην ἐν Ἰ. σὺ ἐποίησας (10 *c*)
102 (103). 17. καὶ ἡ δ. αὐτοῦ ἐπὶ υἱοὺς υἱῶν (10 *c*)
105 (106). 3. μακάριοι οἱ . . . ποιοῦντες δικαιοσύνην (10 *c*)
— 31. ἐλογίσθη αὐτῷ εἰς δικαιοσύνην (10 *c*)
110 (111). 3: 111 (112). 3, 9. ἡ δ. αὐτοῦ μένει (10 *c*)
117 (118). 19. ἀνοίξατέ μοι πύλας δικαιοσύνης (10 *b*)
118 (119). 7. ἐν τῷ μεμαθηκέναι με τὰ κρίματα τῆς δ. σου (10 *b*)

Ps. 118 (119). 40. ἐν τῇ δ. σου ζῆσόν με (10 *c*)
— 62. ἐπὶ τὰ κρίματα τῆς δ. σου (10 *b*)
— 75. δικαιοσύνη τὰ κρίματά σου (10 *b*)
— 106. τοῦ φυλάξασθαι τὰ κρίματα τῆς δ. σου (10 *b*)
— 121. ἐποίησα κρίμα καὶ δικαιοσύνην (10 *b*)
— 123. καὶ εἰς τὸ λόγιον τῆς δ. σου (10 *b*)
— 138. ἐνετείλω δικαιοσύνην τὰ μαρτύριά σου (10 *b*)
— 142. ἡ δ. σου δικαιοσύνη εἰς τὸν αἰῶνα (10 *c*, 10 *b*)
— 144. δικαιοσύνη τὰ μαρτύριά σου εἰς τὸν αἰῶνα (10 *b*)
— 160. πάντα τὰ κρίματα τῆς δ. σου (10 *b*)
— 164. ἐπὶ τὰ κρίματα τῆς δ. σου (10 *b*)
— 172. πᾶσαι αἱ ἐντολαί σου δικαιοσύνη (10 *b*)
131 (132). 9. οἱ ἱερεῖς σου ἐνδύσονται δικαιοσύνην (10 *b*)
142 (143). 1. ἐπάκουσόν [A εἰσάκ.] μου ἐν τῇ δ. σου (10 *c*)
— 11. ζήσεις με ἐν τῇ δ. σου (10 *c*)
144 (145). 7. τῇ δ. σου ἀγαλλιάσονται [A^2 ὑψωθήσονται] (10 *c*)
Pr. 1. 3. νοῆσαί τε δικαιοσύνην ἀληθῆ (10 *b*)
— 22. ὅσον ἂν χρόνον ἄκακοι ἔχωνται τῆς δ. (9)
2. 9. τότε συνήσεις δικαιοσύνην καὶ κρίμα (10 *b*)
— 20. εὕροσαν ἂν τρίβους δικαιοσύνης λείους (10 *a*)
3. 9. ἀπάρχου αὐτῷ ἀπὸ σῶν καρπῶν δικαιοσύνης –
— 16. ἐκ τοῦ στόματος αὐτῆς ἐκπορεύεται δικαιοσύνη –
8. 8. μετὰ δικαιοσύνης πάντα τὰ ῥήμ. [A κρίμ.] τοῦ στόμ. μου (10 *b*)
— 15. οἱ δυνάσται γράφουσι δικαιοσύνην (10 *b*)
— 18. καὶ κτῆσις πολλῶν καὶ δικαιοσύνη (10 *c*)
— 20. A S^2 ἐν ὁδοῖς δικαιοσύνης περιπατῶ καὶ ἀνὰ μέσον τρίβων [S^1 ὁδῶν] δικαιοσύνης [B S^1 δικαιώματος] ἀναστρέφομαι (10 *c*, 7)
10. 2. δικαιοσύνη δὲ ῥύσεται ἐκ θανάτου (10 *c*)
11. 4. A δικαιοσύνη ῥύσεται ἀπὸ θανάτου (10 *c*)
— 5. δικαιοσύνη ἀμώμους [A S -ου] ὀρθοτομεῖ ὁδούς (10 *c*)
— 6. A B S^2 δικαιοσύνη ἀνδρῶν ὀρθῶν ῥύεται αὐτούς (10 *c*)
— 21. ὁ δὲ σπείρων δικαιοσύνην (10 *a*)
— 30. ἐκ καρποῦ δικαιοσύνης φύεται δένδρον ζωῆς (10 *a*)
12. 28. ἐν ὁδοῖς δικαιοσύνης ζωή (10 *c*)
13. 2. ἀπὸ καρπῶν [A -οῦ] δικαιοσύνης φάγεται ἀγαθός †
— 6. A δικαιοσύνη φυλάσσει ἀκάκους ὁδῷ (10 *c*)
14. 34. δικαιοσύνη ὑψοῖ ἔθνος (10 *c*)
15. 5 (6). ἐν πλεοναζούσῃ δικαιοσύνῃ ἰσχὺς πολλή (10 *a*)
— 9. διώκοντας δὲ δικαιοσύνην ἀγαπᾷ [S^1 ἀπατᾷ] (10 *c*)
— 29 (16. 8). κρείσσων ὀλίγη λῆψις μετὰ δικαιοσύνης (10 *c*)
16. 5. ὁ ζητῶν τὸν κύριον εὑρήσει γνῶσιν μετὰ δικαιοσύνης –
— 5 (4). πάντα τὰ ἔργα τοῦ κυρίου μετὰ δικαιοσύνης †
— 11. ῥοπὴ ζυγοῦ δικαιοσύνη παρὰ κυρίῳ (7)
— 12. μετὰ γὰρ δικαιοσύνης ἑτοιμάζεται θρόνος ἀρχῆς (10 *c*)
— 17. μῆκος δὲ βίου ὁδοὶ δικαιοσύνης –
— 31. ἐν δὲ ὁδοῖς δικαιοσύνης εὑρίσκεται (10 *c*)
17. 14. ἐξουσίαν δίδωσι λόγοις ἀρχὴ δικαιοσύνης (5)
— 23. ἀσεβὴς δὲ ἐκκλίνει ὁδοὺς δικαιοσύνης (7)
20. 7. ὃς ἀναστρέφεται ἄμωμος ἐν δικαιοσύνῃ (10 *a*)
— 28. περικυκλώσουσιν ἐν δικαιοσύνῃ τὸν θρόνον αὐ. (3)
21. 16. ἀνὴρ πλανώμενος ἐξ ὁδοῦ δικαιοσύνης (11)
— 21. ὁδὸς δικαιοσύνης . . . εὑρήσει ζωὴν καὶ δόξαν (10 *c*)
25. 5. κατορθώσει ἐν δικαιοσύνῃ ὁ θρόνος αὐτοῦ (10 *b*)
Ec. 5. 7. ἐὰν . . . ἁρπαγὴν . . . δικαιοσύνης ἴδῃς ἐν χώρᾳ (10 *b*)
Wi. 1. 1. ἀγαπήσατε δικαιοσύνην οἱ κρίνοντες τὴν γῆν
— 15. δικαιοσύνη γὰρ ἀθάνατός ἐστιν
2. 11. ἔστω δὲ ἡμῶν ἡ ἰσχὺς νόμος τῆς δ.
5. 6. τὸ τῆς δ. φῶς οὐκ ἔλαμψεν [S ἐπέλ.] ἡμῖν [A ἐν ἡ.]
— 18. ἐνδύσεται θώρακα δικαιοσύνην [S -ύνης]
8. 7. εἰ δικαιοσύνην ἀγαπᾷ τις

Wi. 8. 7. ἐκδιδάσκει δικαιοσύνην
9. 3. καὶ διέπῃ τὸν κόσμον ἐν . . . δικαιοσύνῃ
12. 16. ἡ γὰρ ἰσχύς σου δικαιοσύνης ἀρχή
14. 7. ξύλον δι' οὗ γίνεται δικαιοσύνη
15. 3. τὸ γὰρ ἐπίστασθαί σε ὁλόκληρος δικαιοσύνη
Si. 16. 22. ἔργα δικαιοσύνης τίς ἀναγγελεῖ
26. 28. ἐπανάγων ἀπὸ δικαιοσύνης ἐπὶ ἁμαρτίαν
38. 33. οὐδὲ μὴ ἐκφανῶσι δικαιοσύνην [A S παιδείαν]
44. 10. ὧν αἱ δ. οὐκ ἐπελήσθησαν
45. 26. κρίνειν τὸν λαὸν αὐτοῦ ἐν δικαιοσύνῃ
Ho. 2. 19 (21). μνηστεύσομαί σε ἐμαυτῷ ἐν δικαιοσύνῃ (10 *b*)
10. 12. σπείρατε ἑαυτοῖς εἰς δικαιοσύνην (10 *c*)
— 12. ἕως τοῦ ἐλθεῖν γεννήματα δικαιοσύνης ὑμῖν (10 *b*)
Am. 5. 7. δικαιοσύνην εἰς γῆν ἔθηκεν (10 *c*)
— 24. κυλισθήσεται . . . δ. ὡς χειμάρρους (10 *c*)
6. 13 (12). ἐξεστρέψατε . . . καρπὸν δικαιοσύνης εἰς πικρίαν (10 *c*)
Mi. 6. 5. ὅπως γνωσθῇ ἡ δ. τοῦ κυρίου (10 *c*)
7. 9. ὄψομαι τὴν δικαιοσύνην αὐτοῦ (10 *c*)
Jl. 2. 23. ἔδωκεν ὑμῖν τὰ βρώματα εἰς δικαιοσύνην (10 *c*)
Ze. 2. 3. δικαιοσύνην ζητήσατε (10 *b*)
Za. 8. 8. ἔσομαι αὐτοῖς εἰς θεὸν . . . ἐν δ. (10 *c*)
Ma. 2. 17. ποῦ ἐστιν ὁ θεὸς τῆς δ. (7)
3. 3. προσάγοντες θυσίαν ἐν δικαιοσύνῃ (10 *c*)
4. 2 (3. 20). ἀνατελεῖ ὑμῖν . . . ἥλιος δικαιοσύνης (10 *c*)
Is. 1. 21. δ. ἐκοιμήθη ἐν αὐτῇ (10 *b*)
— 26. κληθήσῃ πόλις δικαιοσύνης (10 *b*)
5. 7. οὐ δικαιοσύνην ἀλλὰ κραυγήν (10 *c*)
— 16. δοξασθήσεται ἐν δικαιοσύνῃ (10 *c*)
● 9. 7 (6). ἐν κρίματι καὶ ἐν δικαιοσύνῃ (10 *c*)
10. 23 (22). λόγον συντελῶν καὶ συντέμνων ἐν δικαιοσύνῃ (10 *c*)
11. 5. δικαιοσύνῃ ἐζωσμένος τὴν ὀσφὺν αὐτοῦ (10 *b*)
16. 5. ἐκζητῶν κρίμα καὶ σπεύδων δικαιοσύνην (10 *b*)
26. 2. λαὸς φυλάσσων δικαιοσύνην (12)
— 9. δικαιοσύνην μάθετε (10 *b*)
— 10. οὐ μὴ μάθῃ δικαιοσύνην (10 *b*)
32. 16. δ. ἐν τῷ Καρμήλῳ κατοικήσει (10 *c*)
— 17. ἔσται τὰ ἔργα τῆς δ. εἰρήνη· καὶ κρατήσει ἡ δ. ἀνάπαυσιν (10 *c*, 10 *c*)
33. 5. ἐνεπλήσθη Σιὼν κρίσεως καὶ δικαιοσύνης (10 *c*)
— 6. οὗτοι εἰσὶ θησαυροὶ δικαιοσύνης –
— 15. πορευόμενος [S *add.* ἄμωμος] ἐν δικαιοσύνῃ (10 *c*)
38. 19. ἀναγγελοῦσι τὴν δ. σου (1)
39. 8. γενέσθω [S -νηθήτω] δὴ εἰρήνη καὶ δ. (1)
41. 2. τίς ἐξήγειρεν ἀπὸ ἀνατολῶν δικαιοσύνην (10 *b*)
42. 6. ἐκάλεσά σε ἐν δικαιοσύνῃ (10 *b*)
— 6. ἔδωκά σε [S^1 *add.* εἰς δικαιοσύνην] εἰς διαθήκην γένους –
45. 8. αἱ νεφέλαι ῥανάτωσαν δικαιοσύνην (10 *b*)
— 8. A S R δικαιοσύνην [A -νη] ἀνατειλάτω [B ἀναγγει.] ἅμα (10 *c*)
— 13. ἤγειρα αὐτὸν μετὰ δικαιοσύνης βασιλέα [A S^3 *om.*] (10 *b*)
— 19. ἐγώ εἰμι κύριος ὁ [A *om.* κ. ὁ] λαλῶν δικαιοσύνην (10 *b*)
— 23. εἰ μὴ ἐξελεύσεται ἐκ τοῦ στόμ. μου δ. (10 *c*)
— 25 (24). δ. καὶ δόξα [S^1 εἰρήνη] πρὸς αὐτὸν ἥξει (10 *c*)
46. 12. οἱ μακρὰν ἀπὸ τῆς δ. (10 *c*)
— 13. ἤγγισα τὴν δ. μου (10 *c*)
48. 1. οὐ μετὰ ἀληθείας οὐδὲ μετὰ δικαιοσύνης (10 *c*)
— 18. ἡ δ. σου ὡς κῦμα θαλάσσης (10 *c*)
49. 13. S^1 καὶ οἱ βουνοὶ δικαιοσύνην –
51. 5. ἐγγίζει ταχὺ ἡ δ. μου (10 *b*)
— 6. ἡ δὲ δ. μου οὐ μὴ ἐκλείπῃ (10 *c*)
— 8. ἡ δὲ δ. μου εἰς τὸν αἰῶνα ἔσται (10 *c*)
54. 14. ἐν δικαιοσύνῃ οἰκοδομηθήσῃ (10 *c*)
56. 1. ποιήσατε δικαιοσύνην (10 *c*)
57. 12. ἀπαγγελῶ τὴν δ. σου [A S^2 μου] (10 *c*)
58. 2. ὡς λαὸς δικαιοσύνην [A *add.* θεοῦ] πεποιηκώς (10 *c*)
— 8. προπορεύσεται ἔμπροσθέν σου ἡ δ. σου (10 *b*)
59. 9. οὐ μὴ καταλάβῃ αὐτοὺς δ. (10 *c*)
— 14. ἡ δ. μακρὰν ἀφέστηκεν (10 *c*)
— 17. ἐνεδύσατο δικαιοσύνην ὡς θώρακα (10 *c*)
60. 17. δώσω . . . τοὺς ἐπισκόπους σου ἐν δικαιοσύνῃ (10 *c*)

● = correction on page xxv

Is. 61. 3. κληθήσονται γενεαὶ δικαιοσύνης [S¹ *al.*] (10 *b*)
— 8. κύριος ὁ ἀγαπῶν δικαιοσύνην (7)
— 11. ἀνατελεῖ κύριος κύριος δικαιοσύνην (10 *c*)
62. 1. ἕως ἂν ἐξέλθῃ ὡς φῶς ἡ δ. αὐτῆς [A S μου] (10 *b*)
— 2. ὄψονται ἔθνη τὴν δ. σου (10 *b*)
63. 1. διαλέγομαι δικαιοσύνην (10 *c*)
— 7. κατὰ τὸ πλῆθος τῆς δ. αὐτοῦ (3)
64. 6 (5). ὡς ῥάκος ἀποκαθημένης πᾶσα ἡ δ. ἡμῶν (10 *c*)
Je. 4. 2. ζῇ κύριος μετὰ ἀληθείας . . . ἐν δικαιοσύνῃ (10 *c*)
9. 24 (23). ὁ ποιῶν ἔλεος . . . καὶ δικαιοσύνην (10 *c*)
22. 3. ποιεῖτε κρίσιν καὶ δικαιοσύνην (10 *c*)
— 13. ὁ οἰκοδομῶν οἰκίαν αὐτοῦ οὐ μετὰ δικαιοσύνης [A οὐκ ἐν δικαιοσύνῃ] (10 *b*)
— 15. βέλτιόν [A S *add.* ἦν] σε ποιεῖν . . . δικαιοσύνην [A *add.* καλήν] (10 *c*)
23. 5. ποιήσει κρίμα καὶ δικαιοσύνην (10 *c*)
27 (50). 7. νομὴ δικαιοσύνης τῷ συναγαγόντι τοὺς πατ. αὐ. (10 *b*)
Ba. 1. 15 : 2. 6. τῷ κυρίῳ θεῷ ἡμῶν ἡ δ.
2. 18. δώσουσί σοι δόξαν καὶ δικαιοσύνην
4. 13. οὐδὲ τρίβους παιδείας ἐν δικαιοσύνῃ αὐ. ἐπέβησαν
5. 2. περιβαλοῦ τὴν διπλοΐδα τῆς παρὰ τοῦ θ. δ.
— 4. εἰρήνη δικαιοσύνης καὶ δόξα θεοσεβείας
— 9. σὺν ἐλεημοσύνῃ καὶ δικαιοσύνῃ τῇ παρ' αὐτοῦ [A κ. τῇ παρὰ τοῦ θεοῦ δ.]
Ez. 3. 20. ἐν τῷ ἀποστρέφειν δίκαιον ἀπὸ τῶν δ. [A τῆς δ.] αὐτοῦ . . . οὐ μὴ μνησθῶσιν αἱ δ. αὐτοῦ (10 *b*, 10 *c*)
14. 14. ἐν τῇ δ. αὐτῶν σωθήσονται (10 *c*)
— 20. ἐν τῇ δ. αὐτῶν ῥύσονται τὰς ψυχὰς αὐτῶν (10 *c*)
18. 5. A R ὁ ποιῶν κρίμα καὶ [B *om.* κρ. κ.] δικαιοσύνην (10 *c*)
— 17. δικαιοσύνην ἐποίησε (7)
— 19. ὁ υἱὸς δικαιοσύνην καὶ ἔλεος πεποίηκε (7)
— 20. δ. δικαίῳ [A -αίου] ἐπ' αὐτὸν ἔσται (10 *c*)
— 21. ποιήσῃ δικαιοσύνην καὶ ἔλεος [A *al.*] (7)
— 22. ἐν τῇ δ. αὐτοῦ . . . ζήσεται (10 *c*)
— 24. ἐν δὲ τῷ ἀποστρέψαι δίκαιον ἐκ [A ἀπὸ] τῆς δ. αὐτοῦ . . . πᾶσαι αἱ δ. αὐτοῦ . . . οὐ μὴ μνησθῶσιν (10 *c*, 10 *c*)
— 26. ἐν τῷ ἀποστρέψαι τὸν δίκαιον ἐκ τῆς δ. αὐτοῦ (10 *c*)
— 27. ποιήσῃ κρίμα καὶ δικαιοσύνην (10 *c*)
33. 12. δ. δικαίου οὐ μὴ ἐξέληται αὐτόν (10 *c*)
— 13. οὗτος πέποιθεν ἐπὶ τῇ δ. αὐτοῦ . . . πᾶσαι αἱ δ. αὐτοῦ [A *add.* ἃς ἐποίησεν] οὐ μὴ ἀναμνησθῶσιν [A μν.] (10 *c*, 10 *c*)
— 14. ποιήσῃ κρίμα καὶ δικαιοσύνην (10 *c*)
— 16. κρίμα καὶ δικαιοσύνην ἐποίησεν (10 *c*)
— 18. ἐν τῷ ἀποστρέψαι δίκαιον ἀπὸ τῆς δ. αὐτοῦ (10 *c*)
— 19. ποιήσῃ κρίμα καὶ δικαιοσύνην (10 *c*)
45. 9. κρίμα καὶ δικαιοσύνην ποιήσατε (10 *c*)
Da. LXX. 6. 22 (23). δικαιοσύνη ἐν ἐμοὶ εὑρέθη ἐναντίον αὐτοῦ (2)
8. 12. ἐρρίφη χαμαὶ ἡ δ. (1)
9. 7. σοί, κύριε, ἡ δ. (10 *c*)
— 9. τῷ κυρίῳ ἡ δ. †
— 13. διανοηθῆναι τὴν δ. σου (1)
— 16. κατὰ τὴν δ. σου ἀποστραφήτω ὁ θυμός σου (10 *c*)
— 18. οὐ γὰρ ἐπὶ ταῖς δ. ἡμῶν (10 *c*)
— 24. δοθῆναι δικαιοσύνην αἰώνιον (10 *b*)
Da. TH. 8. 12. ἐρρίφη χαμαὶ ἡ δ. (1)
9. 7. σοί, κύριε, ἡ δ. (10 *c*)
— 8. ἐν [A *om.*] σοί, κύριε, ἐστὶν ἡμῶν [A *om.* ἐ. ἡ.] ἡ δ. –
— 18. οὐκ ἐπὶ ταῖς δ. ἡμῶν (10 *c*)
— 24. τοῦ ἀγαγεῖν δικαιοσύνην αἰώνιον (10 *b*)
I Ma. 2. 29. κατέβησαν πολλοὶ ζητοῦντες δικαιοσύνην
— 52. S R ἐλογίσθη αὐτῷ εἰς δικαιοσύνην [A αὐ. δικαιοσύνῃ]
14. 35. καὶ τὴν δ. καὶ τὴν πίστιν
IV Ma. 1. 4. τῶν τῆς δ. ἐμποδιστικῶν παθῶν
— 6. τῶν τῆς δ. καὶ ἀνδρείας . . . ἐναντίων
— 18. φρόνησις καὶ δικαιοσύνη καὶ ἀνδρεία
2. 6. τῶν κωλυτικῶν τῆς δ. παθῶν
5. 24. S R καὶ δικαιοσύνην παιδεύει [A -ειν]

[**Aq.** Jb. 37. 23 : Ps. 32 (33). 5 : 35 (36). 7 : 88 (89). 15 : Pr. 21. 21 : Ec. 3. 16 : Is. 1. 27 : 28. 17 : 32. 17 : 54. 17 : 56. 1 : Je. 50 (27). 7 : 51 (28). 10.]
[**Sm.** Ps. 7. 9 : 16 (17). 1 : 50 (51). 21 : 84 (85). 14 : 88 (89). 15 : Pr. 12. 17 : 16. 12 : 21. 21 : Ec. 7. 16 (15) : Is. 1. 27 : 11. 5 : 28. 17 : 32. 1, 17 : 41. 10 : 54. 17 : 56. 1 : 59. 9 : 63. 1 : Je. 51 (28). 10 : Ez. 33. 13.]
[**Th.** Ps. 7. 9 : 16 (17). 1 : Pr. 21. 21 : Is. 1. 27 : 28. 17 : 32. 17 : 54. 17 : 56. 1 : 59. 16 : Je. 33 (40). 15, 16 : 50 (27). 7 : Da. 9. 24.]
[**Quint.** Ps. 32 (33). 5.]
[**Sext.** Ps. 36 (37). 35.]
[**Al.** Is. 59. 16.]

δικαιοῦν. (1) בָּחַן pu. (2) זָכָה *a.* qal. *b.* pi. (3) צָדַק *a.* qal. *b.* pi. *c.* hi. *d.* hithpa. *e.* צֶדֶק (4) רִיב (5) שָׁפַט ni.

Ge. 38. 26. δεδικαίωται Θάμαρ ἢ ἐγώ (3 *a*)
44. 16. ἢ τί δικαιωθῶμεν (3 *d*)
Ex. 23. 7. οὐ δικαιώσεις τὸν ἀσεβῆ ἕνεκεν δώρων (3 *c*)
De. 25. 1. ἐὰν δὲ . . . δικαιώσωσι [A -σουσιν] τὸ δίκαιον (3 *c*)
I Ki. 12. 7. A δικαιώσω [B -άσω] ὑμᾶς ἐνώπιον κυρίου (5)
II Ki. 15. 4. καὶ δικαιώσω αὐτόν (3 *c*)
III Ki. 8. 32 : II Ch. 6. 23. τοῦ δικαιῶσαι δίκαιον (3 *c*)
To. 6. 11. S τὰ ὄντα τῷ πατρὶ αὐ. σοὶ δικαιοῦται κληρονομῆσαι
— 12. S δεδικαίωταί σοι λαβεῖν αὐτήν
12. 4. εἶπεν ὁ πρεσβύτης, Δικαιοῦται αὐτῷ
Es. 10. 3. ἐδικαίωσε τὴν κληρονομίαν αὐτοῦ
Jb. 33. 32. θέλω γὰρ δικαιωθῆναί σε (3 *b*)
Ps. 18 (19). 9. τὰ κρίματα κυρίου ἀληθινὰ δεδικαιωμ. ἐπὶ τὸ αὐτό (3 *a*)
50 (51). 4. ὅπως ἂν δικαιωθῇς ἐν τοῖς λόγοις σου (3 *a*)
72 (73). 13. ἄρα ματαίως ἐδικαίωσα τὴν καρδίαν μου (2 *b*)
81 (82). 3. ταπεινὸν καὶ πένητα δικαιώσατε (3 *c*)
142 (143). 2. οὐ δικαιωθήσεται ἐνώπιόν σου πᾶς ζῶν (3 *a*)
Si. 1. 21. οὐ δυνήσεται θυμὸς ἄδικος δικαιωθῆναι
7. 5. μὴ δικαιοῦ ἔναντι κυρίου
9. 12. ἕως ᾅδου οὐ μὴ δικαιωθῶσι
10. 29. τὸν ἁμαρτάνοντα εἰς τὴν ψυχὴν αὐτοῦ τίς δικαιώσει
13. 22. ἐλάλησεν ἀπόρρητα καὶ ἐδικαίωσαν αὐτόν
18. 2. κύριος μόνος δικαιωθήσεται
— 22. μὴ μείνῃς ἕως θανάτου δικαιωθῆναι
23. 11. εἰ διὰ κενῆς ὤμοσεν οὐ δικαιωθήσεται
26. 29. οὐ δικαιωθήσεται κάπηλος ἀπὸ ἁμαρτίας
34 (31). 5. ὁ ἀγαπῶν χρυσίον οὐ δικαιωθήσεται
42. 2. περὶ κρίματος δικαιῶσαι τὸν ἀσεβῆ
Mi. 6. 11. εἰ δικαιωθήσεται ἐν ζυγῷ ἄνομος (2 *a*)
7. 9. ἕως τοῦ [A οὗ] δικαιῶσαι αὐτὸν τὴν δίκην μου (4)
Is. 1. 17. δικαιώσατε χήραν [B¹ -ᾳ] (4)
5. 23. οἱ δικαιοῦντες τὸν ἀσεβῆ ἕνεκεν δώρων (3 *c*)
42. 21. ἐβουλεύσατο ἵνα δικαιωθῇ (3 *e*)
43. 9. καὶ δικαιωθήτωσαν (3 *a*)
— 26. ἵνα δικαιωθῇς (3 *a*)
45. 26 (25). ἀπὸ κυρίου δικαιωθήσονται [S¹ -σεται] (3 *a*)
50. 8. ἐγγίζει ὁ δικαιώσας με (3 *c*)
53. 11. δικαιῶσαι δίκαιον εὖ δουλεύοντα πολλοῖς (3 *c*)
Je. 3. 11. ἐδικαίωσε τὴν ψυχὴν αὐ. Ἰσρ. (3 *b*)
Ez. 16. 51. ἐδικαίωσας τὰς ἀδελφάς σου (3 *b*)
— 52. ἐδικαίωσας αὐτὰς ὑπὲρ σεαυτήν (3 *a*)
— 52. ἐν τῷ δικαιῶσαί σε τὰς ἀδελφάς σου (3 *b*)
21. 13 (18). κρότησον ἐπὶ τὴν χεῖρά σου ὅτι δεδικαίωται (1)
44. 24. τὰ δικαιώματά μου δικαιώσουσι –
[**Aq.** Jb. 10. 15 : 15. 14.]
[**Sm.** Jb. 22. 3 : 40. 3 (8) : Is. 42. 21.]
[**Th.** Jb. 9. 15 : 15. 14 : Ps. 72 (73). 13.]
[**Heb.** Jb. 15. 14.]

δικαίωμα. (1) דֶּרֶךְ (2) *a.* חֹק *b.* חֻקָּה (3) מִצְוָה (4) מִשְׁפָּט (5) פִּקּוּדִים (6) צְדָקָה (7) צוּרָה (8) *a.* רִיב *b.* יָרִיב

Ge. 26. 5. ἐφύλαξε . . . τὰ δ. μου (2 *b*)
Ex. 15. 25. ἐκεῖ ἔθετο αὐτῷ δικαιώματα (2 *a*)
— 26. καὶ φυλάξῃς πάντα τὰ δ. αὐτοῦ (2 *a*)
21. 1. ταῦτα τὰ δ. ἃ παραθήσῃ (4)
— 9. κατὰ τὸ δ. τῶν θυγατέρων (4)
— 31. κατὰ τὸ δ. τοῦτο ποιήσουσιν αὐτῷ (4)
24. 3. πάντα τὰ ῥήματα τοῦ θεοῦ καὶ τὰ δ. (4)
Le. 25. 18. καὶ ποιήσετε πάντα τὰ δ. μου (2 *b*)
Nu. 15. 16. νόμος εἷς ἔσται καὶ δ. ἓν ἔσται (4)
27. 11. ἔσται τοῦτο τοῖς υἱοῖς Ἰσρ. δικαίωμα κρίσεως (2 *b*)
30. 17. ταῦτα τὰ δ. ὅσα ἐνετείλατο κ. (2 *a*)
31. 21. τοῦτο τὸ δ. τοῦ νόμου (2 *b*)
35. 29. ἔσται ταῦτα ὑμῖν εἰς δικαίωμα κρίματος (2 *b*)
36. 13. αὗται αἱ ἐντολαὶ καὶ τὰ δ. (4)
De. 4. 1. ἄκουε τῶν δ. (2 *a*)
— 5. δέδειχα ὑμῖν δικαιώματα (2 *a*)
— 6. ὅσοι ἂν ἀκούσωσι πάντα τὰ δ. ταῦτα (2 *a*)
— 8. ᾧ ἐστιν [A *add.* ἐν] αὐτῷ δικαιώματα (2 *a*)
— 14. διδάξαι ὑμᾶς δικαιώματα (2 *a*)
— 40. φυλάξασθε τὰ δ. αὐτοῦ (2 *a*)
— 45. ταῦτα τὰ μαρτύρια καὶ τὰ δ. (2 *a*)
5. 1. ἄκουε Ἰσραὴλ τὰ δ. (2 *a*)
— 31 (28). λαλήσω πρὸς σὲ . . . τὰ δ. (2 *a*)
6. 1. αὗται αἱ ἐντολαὶ καὶ τὰ δ. (2 *a*)
— 2. φυλάσσεσθε πάντα τὰ δ. αὐτοῦ (2 *b*)
— 3. ταῦτα τὰ δ. καὶ τὰ κρίματα –
— 17. τὰ μαρτύρια καὶ τὰ δ. (2 *a*)
— 20. τί [A τίνα] ἐστι . . . τὰ δ. (2 *a*)
— 24. ποιεῖν πάντα τὰ δ. ταῦτα [A *al.*] (2 *a*)
7. 11. φυλάξῃ τὰς ἐντολὰς καὶ τὰ δ. (2 *a*)
— 12. ἡνίκα ἂν ἀκούσητε [A *add.* πάντα] τὰ δ. ταῦτα (4)
8. 11. τὰ κρίματα καὶ τὰ δ. αὐτοῦ (2 *b*)
10. 13. τὰς ἐντολὰς κ. τοῦ θ. σου καὶ τὰ δ. αὐτοῦ (2 *b*)
11. 1. τὰ φυλάγματα αὐτοῦ καὶ τὰ δ. αὐ. (2 *b*)
17. 19. φυλάσσεσθαι . . . τὰ δ. ταῦτα ποιεῖν (2 *a*)
26. 16. ποιῆσαι [A *add.* κατὰ] πάντα τὰ δ. (2 *a*)
— 17. φυλάσσεσθαι τὰ δ. (2 *a*)
27. 10. πάσας τὰς ἐντολὰς αὐ. καὶ τὰ δ. αὐ. (2 *a*)
28. 45. φυλάξαι τὰς ἐντολὰς αὐτοῦ καὶ τὰ δ. (2 *b*)
30. 10. φυλάσσεσθαι [A *add.* καὶ ποιεῖν πάσας] τὰς ἐντ. αὐ. καὶ τὰ δ. αὐ. (2 *b*)
— 16. φυλάσσεσθαι [A -ειν τὰς ἐντολὰς αὐτοῦ καί] τὰ δ. αὐ. (3 *et* 2 *b* [2 *b*])
33. 10. δηλώσουσι τὰ δ. σου τῷ Ἰακώβ (4)
Ru. 4. 7. τοῦτο τὸ δ. ἔμπροσθεν ἐν τῷ Ἰσρ. –
I Ki. 2. 13. τὸ δ. τοῦ ἱερέως παρὰ τοῦ λαοῦ (4)
8. 3. ἐξέκλινον δικαιώματα (4)
— 9. ἀπαγγελεῖς αὐτοῖς τὸ δ. τοῦ βασιλέως (4)
— 11. τοῦτο ἔσται τὸ δ. τοῦ βασιλέως (4)
10. 25. εἶπε Σαμ. πρὸς τὸν λαὸν τὸ δ. τοῦ βασ. (4)
27. 11. τόδε [A τάδε] τὸ δ. αὐτοῦ (4)
30. 25. A R ἐγένετο εἰς πρόσταγμα καὶ εἰς [B *om.*] δικαίωμα (4)
II Ki. 19. 28 (29). τί ἐστι μοι ἔτι δικαίωμα (6)
22. 23. καὶ τὰ δ. αὐτοῦ (2 *b*)
III Ki. 2. 3. φυλάσσειν . . . τὰ δ. (3)
3. 28. τοῦ ποιεῖν δικαίωμα (4)
8. 45. ποιήσεις τὸ δ. αὐτοῖς (4)
— 59. A R τοῦ ποιεῖν τὸ δ. τοῦ δούλου σου καὶ τὸ δ. λαοῦ [B *om.* καὶ τὸ δ. λ.] Ἰσραήλ (4, 4)
IV Ki. 17. 8. ἐπορεύθησαν τοῖς δ. τῶν ἐθνῶν (2 *b*)
— 13. τὰς ἐντολάς μου καὶ τὰ δ. μου (2 *b*)
— 19. ἐπορεύθησαν ἐν τοῖς δ. Ἰσραήλ (2 *b*)
— 34. κατὰ τὸ δ. αὐ. καὶ κατὰ τὴν κρίσιν αὐ. (2 *b*)
— 37. καὶ τὰ δ. καὶ τὰ κρίματα (2 *b*)
23. 3. τὰ μαρτύρια καὶ τὰ δ. αὐτοῦ (2 *b*)
II Ch. 6. 35. καὶ ποιήσεις τὸ δ. αὐτῶν (4)
19. 10. ποιήσετε . . . δικαιώματα καὶ κρίματα (2 *a*)
33. 8. A τὰ προστάγματα . . . καὶ δ. [B *om.* κ. δ.] (2 *a*?)
I Es. 8. 7. A R διδάξαι [B *om.*] πάντα τὸν Ἰσρ. δικαιώματα
Jb. 34. 27. δικαιώματα δὲ αὐτοῦ οὐκ ἐπέγνωσαν (1)
Ps. 17 (18). 22. τὰ δ. αὐτοῦ οὐκ ἀπέστησαν ἀπ' ἐμοῦ (2 *b*)
18 (19). 8. τὰ δ. κυρίου εὐθεῖα εὐφραίνοντα καρδίαν (5)
49 (50). 16. ἵνα τί σὺ διηγῇ [A S² ἐκδ.] τὰ δ. μου (2 *a*)
88 (89). 31. ἐὰν τὰ δ. μου βεβηλώσουσιν (2 *a*)
104 (105). 45. ὅπως ἂν φυλάξωσι τὰ δ. αὐτοῦ (2 *a*)
118 (119). 5. τοῦ φυλάξασθαι τὰ δ. σου (2 *a*)
— 8. τὰ δ. σου φυλάξω (2 *a*)

Ps. 118 (119). 12. δίδαξόν με τὰ δ. σου (2 *a*)
— 16. ἐν τοῖς δ. σου μελετήσω (2 *b*)
— 20. S^1 τοῦ ἐπιθυμῆσαι εἰς τὰ δ. [A S^2 R ἐπ. τὰ κρίματά] σου (4)
— 23. ὁ δὲ δοῦλός σου ἠδολέσχει ἐν τοῖς δ. σου (2 *a*)
— 24. A S^2 ἡ συμβουλία [S^1 R αἱ σ.] μου τὰ δ. σου †
— 26. δίδαξόν με τὰ δ. σου (2 *a*)
— 27. ὁδὸν δικαιωμάτων σου συνέτισόν με (5)
— 33. νομοθέτησόν με, κύριε, τὴν ὁδὸν τῶν δ. σου (2 *a*)
— 48. ἠδολέσχουν ἐν τοῖς δ. σου (2 *a*)
— 54. ψαλτὰ ἦσάν μοι τὰ δ. σου (2 *a*)
— 56. τὰ δ. σου ἐξεζήτησα (5)
— 64. τὰ δ. σου δίδαξόν με (2 *a*)
— 68. δίδαξόν με τὰ δ. σου (2 *a*)
— 71. ὅπως ἂν μάθω τὰ δ. σου (2 *a*)
— 80. γενηθήτω ἡ καρδία μου ἄμωμος ἐν τοῖς δ. σου (2 *a*)
— 83. τὰ δ. σου οὐκ ἐπελαθόμην (2 *a*)
— 93. οὐ μὴ ἐπιλάθωμαι τῶν δ. σου (5)
— 94. τὰ δ. σου ἐξεζήτησα (5)
— 112. τοῦ ποιῆσαι τὰ δ. σου (2 *a*)
— 117. μελετήσω ἐν τοῖς δ. σου διὰ παντός (2 *a*)
— 118. πάντας τοὺς ἀποστατοῦντας ἀπὸ τῶν δ. σου (2 *a*)
— 124. A R καὶ [S κατὰ] τὰ δ. σου δίδαξόν με (2 *a*)
— 135. δίδαξόν με τὰ δ. σου (2 *a*)
— 141. τὰ δ. σου οὐκ ἐπελαθόμην (5)
— 145. τὰ δ. σου ἐκζητήσω (2 *a*)
— 155. τὰ δ. σου οὐκ ἐξεζήτησαν (2 *a*)
— 171. ὅταν διδάξῃς με τὰ δ. σου (2 *a*)
147. 8 (19). ἀπαγγέλλων . . . δικαιώματα . . . τῷ Ἰσρ. (2 *a*)
Pr. 2. 8. τοῦ φυλάξαι ὁδοὺς [A ὁδὸν] δικαιωμάτων (4)
8. 20. ἀνὰ μέσον τρίβων [S^1 ὁδῶν] δικαιώματος [A S^2 δικαιοσύνης] ἀναστρέφομαι (6)
19. 28. ὁ ἐγγυώμενος παῖδα ἄφρονα καθυβρίζει δικαίωμα (4)
Si. 4. 17. καὶ πειράσῃ αὐτὸν ἐν τοῖς δ. αὐτῆς
35 (32). 16. δικαιώματα ὡς φῶς ἐξάψουσιν
Ho. 13. 1. δικαιώματα ἔλαβεν αὐτὸς ἐν τῷ Ἰ. †
Mi. 6. 16. ἐφύλαξας τὰ δ. Ζ. (2 *b*)
Ma. 4. 4 (3. 22). ἐνετειλάμην αὐτῷ . . . δικαιώματα (4)
Je. 11. 20. πρὸς σὲ ἀπεκάλυψα τὸ δ. μου (8 *a*)
18. 19. εἰσάκουσον [A ἐπάκ.] τῆς φωνῆς τοῦ δ. μου (8 *b*)
Ba. 2. 12. ἠδικήσαμεν . . . ἐπὶ πᾶσι τοῖς δ. σου
— 17. δώσουσι δόξαν καὶ δικαίωμα τῷ κυρίῳ
— 19. οὐκ ἐπὶ τὰ δ. τῶν πατέρων ἡμῶν
4. 13. δικαιώματα αὐτοῦ οὐκ ἔγνωσαν [A ἐφύλαξαν]
Ez. 5. 6. ἐρεῖς τὰ δ. μου τῇ ἀνόμῳ ἐκ τῶν ἐθνῶν . . . τὰ δ. μου ἀπώσαντο (4, 4)
— 7. τὰ δ. μου οὐκ ἐποιήσατε ἀλλ' οὐδὲ κατὰ τὰ δ. τῶν ἐθνῶν . . . οὐ πεποιήκατε (4, 4)
11. 20. τὰ δ. μου φυλάσσωνται (4)
18. 9. τὰ δ. μου πεφύλακται (4)
— 21. A ποιήσῃ τὰ δ. μου [B π. δικαιοσύνην καὶ ἔλεος] (4 *et* 6)
20. 11. τὰ δ. μου ἐγνώρισα αὐτοῖς (4)
— 13. A τὰ δ. μου φυλάσσετε –
— 13, 16. τὰ δ. μου ἀπώσαντο (4)
— 18. τὰ δ. αὐτῶν μὴ φυλάσσεσθε (4)
— 19. τὰ δ. μου φυλάσσεσθε (4)
— 21. τὰ δ. μου οὐκ ἐφυλάξαντο (4)
— 24. τὰ δ. μου οὐκ ἐποίησαν (4)
— 25. ἔδωκα αὐτοῖς . . . δικαιώματα (4)
36. 27. ἵνα ἐν τοῖς δ. μου πορεύησθε (2 *a*)
43. 11. φυλάξονται πάντα τὰ δ. μου (7)
44. 24. τὰ δ. μου δικαιώσουσι –
I Ma. 1. 13. ποιῆσαι τὰ δ. τῶν ἐθνῶν
— 49. ἀλλάξαι πάντα τὰ δ.
2. 21. καταλιπεῖν νόμον καὶ δικαιώματα
— 40. ὑπὲρ τῶν ψυχῶν ἡμῶν καὶ τῶν δ. ἡμῶν
IV Ma. 18. 6. S ἔλεγε . . . καὶ ταῦτα τὰ δ. [A R ἡ δικαία] τοῖς τέκνοις

[Aq. Ps. 44 (45). 2 : Pr. 10. 29 : Je. 32 (39). 11.]
[Sm. Ps. 44 (45). 2 : Je. 32 (39). 11.]
[Th. Je. 32 (39). 11.]
[Al. Le. 18. 5 : 19. 37 : Pr. 8. 20 : Ez. 45. 14.]

δικαίως. (1) הֲכִי (2) צֶדֶק (3) תָּמִים

Ge. 27. 36. δ. ἐκλήθη τὸ ὄνομα αὐτοῦ Ἰ. (1)
De. 1. 16. κρίνατε δ. ἀνὰ μέσον ἀνδρός (2)
16. 20. δ. τὸ δίκαιον διώξῃ [A φυλάξῃ] (2)
Pr. 24. 77 (31. 9). κρῖνε [S διάκρ.] δ. (2)
28. 18. ὁ πορευόμενος δ. [S^1 -ος] βεβοήθηται (3)
Wi. 9. 12. διακρινῶ τὸν λαόν σου δ.
12. 15. δίκαιος δὲ ὢν δικαίως τὰ πάντα διέπεις
19. 13. δ. γὰρ ἔπασχον ταῖς ἰδίαις αὐτῶν πονηρίαις
Si. 32 (35). 18. κρινεῖ δ. [A S^1 -οις] καὶ ποιήσει κρίσιν
II Ma. 7. 38. ὀργὴν τὴν . . . δ. ἐπηγμένην
9. 6. πάνυ δ. τὸν . . . ἑτέρων σπλάγχνα βασανίσαντα
13. 7. πάνυ δ.
III Ma. 7. 7. δ. ἀπολελύκαμεν πάσης καθ' ὀντινοῦν αἰτίας τρόπον

[Sm. Jn. 4. 4.]
[Heb. Is. 49. 24.]

δικαίωσις. (1) מִשְׁפָּט

Le. 24. 22. δ. μία ἔσται τῷ προσηλύτῳ (1)

[Sm. Ps. 34 (35). 23.]

δικασία.

[Aq. Dt. 1. 12 : Jd. 12. 2 : Ps. 17 (18). 44 : 30 (31). 21 : 118 (119). 154 : Pr. 18. 6, 19 : 20. 3 : 25. 9 : 26. 21 : Is. 34. 8 : 41. 11, 21 : 58. 4.]
[Sm. Pr. 25. 9.]
[Th. Pr. 25. 9 : 26. 21 : Is. 41. 21.]

δικαστήριον.

Jd. 6. 32. A ἐκάλεσεν αὐτὸ ἐν τῇ ἡμέρᾳ ἐκείνῃ δικαστήριον τοῦ Βάαλ [B *al.*] †

δικαστής. (1) שֹׁפֵט

Ex. 2. 14. τίς σε κατέστησεν ἄρχοντα καὶ δικαστήν (1)
Jo. 9. 2 (8. 33). καὶ οἱ δ. καὶ οἱ γραμματεῖς αὐ. (1)
23. 2. καὶ τοὺς δ. αὐτῶν καὶ τοὺς γραμματεῖς αὐ. (1)
24. 1. τοὺς γραμματεῖς αὐτῶν καὶ τοὺς δ. αὐτῶν (1)
I Ki. 8. 1. κατέστησε τοὺς υἱοὺς αὐτοῦ δικαστὰς τῷ Ἰσρ. (1)
— 2. δικασταὶ [A -ὰς] ἐν Βηρσαβεέ (1)
24. 16. γένοιτο κύριος εἰς κριτὴν καὶ δικαστήν (1)
I Es. 8. 23. ἀνάδειξον κριτὰς καὶ δικαστάς
Wi. 6. 1. μάθετε, δικασταὶ περάτων γῆς
9. 7. σύ με προείλω [S -ου] . . . δικαστὴν υἱῶν σου
Si. 38. 33. ἐπὶ δίφρον δικαστοῦ [A δυνάστου] οὐ καθιοῦνται
Is. 3. 2. ἀφελεῖ . . . δικαστὴν καὶ προφήτην (1)
Ba. 2. 1. ὃν ἐλάλησεν . . . ἐπὶ τοὺς δ. ἡμῶν
III Ma. 6. 9. A τῶν ὅλων δικαστά [R σκεπαστά]

[Aq. Ps. 67 (68). 6.]

δίκελλα.

[Sm., Al. I Ki. 13. 20.]

δίκη. (1) דָּבָר (2) דִּין (3) חָרוּץ (4) מִשְׁפָּט (5) *a.* נָקַם *b.* נָקָם (6) רִיב
a. verb. *b.* subst.

Ex. 21. 20. δίκῃ ἐκδικηθήσεται (5 *a*)
Le. 26. 25. μάχαιραν ἐκδικοῦσαν δίκην διαθήκης (5 *b*)
De. 32. 41. ἀποδώσω δίκην τοῖς ἐχθροῖς (5 *b*)
— 43. ἀνταποδώσει δίκην τοῖς ἐχθροῖς (5 *b*)
Es. 8. 13. θεοῦ μισοπόνηρον . . . ἐκφεύξεσθαι δίκην [S^1 *om.*]
Jb. 29. 16. δίκην δὲ ἣν οὐκ ᾔδειν ἐξιχνίασα (6 *b*)
33. 13. διὰ τί τῆς δ. [A S^2 δικαιοσύνης] μου οὐκ ἐπακήκοέ μου πᾶν ῥῆμα (6 *a*)
Ps. 9. 4. ἐποίησας . . . τὴν δ. μου (2)
34 (35). 23. πρόσχες τῇ κρίσει μου . . . εἰς τὴν δ. μου (6 *b*)
42 (43). 1. δίκασον τὴν δ. μου (6 *b*)
73 (74). 22. δίκασον τὴν δ. σου (6 *b*)
139 (140). 12. ποιήσει κύριος . . . τὴν δ. τῶν πενήτων (4)
Pr. 22. 23. A κρινεῖ αὐτοῦ τὴν δ. [B S^2 κρίσιν, S^1 ψυχήν] (6 *b*)
Wi. 1. 8. οὐδὲ μὴν παροδεύσῃ αὐτὸν ἐλέγχουσα ἡ δ.
11. 20. πεσεῖν ἐδύναντο ὑπὸ τῆς δ. διωχθέντες
12. 24. νηπίων δίκην ἀφρόνων ψευσθέντες
14. 31. ἡ τῶν ἁμαρτανόντων δ. ἐπεξέρχεται ἀεὶ τὴν τῶν ἀδίκων παράβασιν
18. 11. ὁμοίᾳ δὲ δ. δοῦλος ἅμα δεσπότῃ κολασθείς
Ho. 13. 14. ποῦ ἡ δ. σου, θάνατε (1)
Am. 7. 4. καὶ ἰδοὺ ἐκάλεσε τὴν δ. ἐν πυρὶ κύριος (6 *a*)
Mi. 7. 9. ἕως τοῦ δικαιῶσαι αὐτὸν τὴν δ. μου (6 *b*)
Jl. 3. 14 *bis.* ἐν τῇ κοιλάδι τῆς δ. (3)
La. 3. 58. ἐδίκασας, κύριε, τὰς δ. [A ἀδικίας] τῆς ψυχῆς μου (6 *b*)
Ez. 25. 12. ἐξεδίκησαν δίκην –
II Ma. 8. 11. τὴν . . . μέλλουσαν παρακολουθήσειν ἐπ' αὐτῷ δ.
— 13. τὴν τοῦ θεοῦ δ. διεδιδρασκον
— 26. A ἦν γὰρ ἡ πρὸ τοῦ σαββάτου δ. [R *om.*]
IV Ma. 4. 13. ἐξ ἀνθρωπίνης ἐπιβουλῆς καὶ μὴ θείας δ.
— 21. ἀγανακτήσασα ἡ θεία δ.
6. 28. ἀρκεσθεὶς τῇ ἡμετέρᾳ ὑπὲρ [A περὶ] αὐτῶν δ.
8. 14. ἣν σέβεσθε δ.
— 22. συγγνώσεται δὲ ἡμῖν καὶ ἡ θεία δ.
9. 9. καρτερήσεις ὑπὸ τῆς θείας δ. αἰώνιον βάσανον
— 15. τῆς οὐρανίου δ. ἐχθρέ
— 32. οὐκ ἐκφεύξῃ δὲ . . . τὰς τῆς θείας ὀργῆς δ.
11. 3. A R ὀφειλήσῃς τῇ . . . δ. τιμωρίαν [S *al.*]
12. 12. ταμιεύεταί σε ἡ θεία [S *om.*] δ.
18. 22. ἡ θεία δ. μετῆλθε . . . τὸν ἀλάστορα

[Aq. Pr. 22. 23 : Je. 11. 20 : 50 (27). 34 *bis.*]
[Sm. Ex. 23. 3 : Jb. 30. 15 : Ps. 42 (43). 1 : 118 (119). 154 : Is. 58. 4 : Je. 11. 20 : 50 (27). 34 : Za. 5. 3.]
[Th. Ps. 118 (119). 154.]
[Al. Jd. 11. 25.]

δίκρανον.

[Sm. Ps. 73 (74). 6.]

δίκτυον. (1) חֲרַכִּים (2) רֶשֶׁת (3) *a.* שְׂבָךְ *b.* שְׂבָכָה

III Ki. 7. 17. ἐποίησε δύο δίκτυα (3 *a*)
— 17. B καὶ δίκτυον τῷ ἐπιθέματι τῷ ἑνί –
— 17. καὶ δίκτυον τῷ ἐπιθέματι τῷ δευτέρῳ –
— 41. καὶ τὰ δ. δύο (3 *b*)
— 42. τὰς ῥοὰς τετρακοσίας ἀμφοτέροις τοῖς δ. (3 *b*)
— 42. δύο στίχοι ῥοῶν τῷ δ. τῷ ἑνί (3 *b*)
IV Ki. 1. 2. ἔπεσεν Ὀχ. διὰ τοῦ δικτυωτοῦ [A δικτύου?] (3 *b*)
II Ch. 4. 12. δίκτυα δύο συγκαλύψαι τὰς κεφ. τῶν χωθ. (3 *b*)
— 13. κώδωνας χρυσοῦς τετρακοσίους εἰς τὰ δύο δ. καὶ δύο γένη ῥοΐσκων ἐν τῷ δ. τῷ ἑνί (3 *b*, 3 *b*)
Jb. 18. 8. ἐν δικτύῳ ἑλιχθείη (3 *b*)
Pr. 1. 17. οὐ γὰρ ἀδίκως ἐκτείνεται δίκτυα πτερωτοῖς (2)
29. 5. δίκτυον περιβάλλει αὐτὸ τοῖς ἑαυ. ποσίν (2)
Ca. 2. 9. ἐκκύπτων διὰ τῶν δ. (1)
Ho. 5. 1. καὶ ὡς δίκτυον ἐκτεταμένον ἐπὶ τὸ Ἰ. (2)
7. 12. ἐπιβαλῶ ἐπ' αὐτοὺς τὸ δ. μου (2)
Je. 52. 22. δ. καὶ ῥοαὶ ἐπὶ τοῦ γείσους (3 *b*)
— 23. ἦσαν αἱ πᾶσαι ῥοαὶ ἑκατὸν ἐπὶ τοῦ δ. κύκλῳ (3 *b*)
La. 1. 13. διεπέτασε δίκτυον τοῖς ποσί μου (2)
Ez. 12. 13. ἐκπετάσω τὸ δ. μου ἐπ' αὐτόν (2)
17. 20. ἐκπετάσω ἐπ' αὐτὸν τὸ δ. (2)
19. 8. ἐξεπέτασαν ἐπ' αὐτὸν δίκτυα [A τὰ δ.] αὐτῶν (2)
32. 3. περιβαλῶ ἐπὶ σὲ δίκτυα [A -υόν μου] (2)

[Aq. Ps. 30 (31). 5 : Je. 5. 26.]
[Sm. Ge. 22. 13 : Ps. 34 (35). 7 : 140 (141). 10 : Je. 5. 26.]

δικτυοῦν. (1) שְׂבָכָה

III Ki. 7. 18. δύο στίχοι ῥοῶν χαλκῶν δεδικτυωμένοι (1?)

δικτυωτός. (1) אָטָם (2) אֶשְׁנָב (3) רֶשֶׁת (4) שְׂבָכָה

Ex. 27. 4. ἐσχάραν ἔργῳ δικτυωτῷ χαλκῆν (3)
38. 24 (4). παράθεμα ἔργον δ. (3)
Jd. 5. 28. A διὰ τῆς δ. [B ἐκτὸς τοῦ τοξικοῦ] (2)
IV Ki. 1. 2. ἔπεσεν Ὀχοζίας διὰ τοῦ δ. [A δικτύου?] (4)
Ez. 41. 16. αἱ θυρίδες δικτυωταί (1)

[Aq., Sm. Ex. 27. 4.]
[Th. Ex. 27. 4 : Jd. 5. 28.]

διμερής. (1) פֶּלֶג

Da. LXX. 2. 41. βασιλεία ἄλλη δ. ἔσται (1)

δίμετρον. (1) סָאתַיִם

IV Ki. 7. 1. A B^2 R καὶ δίμετρον κριθῶν σίκλου (1)
— 16. καὶ δίμετρον κριθῶν σίκλου (1)
— 18. δίμετρον κριθῆς σίκλου (1)

δῖνα. (1) שְׂאֵת

Jb. 13. 11. R πότερον οὐχ ἡ [A B S οὐχὶ] δῖνα [?δεινά, A δειλία] αὐ. στροβήσει ὑμᾶς (1?)
28. 10. δίνας δὲ ποταμῶν ἔρρηξεν †

δινοποιεῖν.

[**Aq.** Is. 51. 9.]

διό.

Jo. 5. 6.
To. 3. 6†: 14. 4†.
Ju. 5. 24: 11. 10†.
Jb. 9. 21†, 22: 32. 6†, 10: 34. 10, 34: 37. 24: 42. 6.
Ps. 115. 1 (116. 11).
Wi. 10. 4†: 12. 2, 27.
Ze. 3. 8†.
Is. 51. 19†.
Ep. Je. 69.
Da. TH. Su. 20.
II Ma. 5. 4, 17: 7. 19†: 9. 2, 4: 10. 7, 30: 11. 37.
III Ma. 3. 24.
IV Ma. 5. 17, 25: 16. 20†.
[**Aq.** Is. 53. 3.]
[**Sm.** II Ki. 7. 22: Ps. 118 (119). 98: Is. 47. 15: 53. 3: Je. 6. 11.]

διοδεύειν. (1) דָּרַךְ (2) הָלַךְ hithpa. (3) עָבַר

Ge. 12. 6. R διώδευσεν Ἀβ. τὴν γῆν [A *om.* τ. γ.] (3)
13. 17. ἀναστὰς διόδευσον τὴν γῆν (2)
Ps. 88 (89). 41. πάντες οἱ διοδεύοντες [A παραπορευόμενοι τὴν] ὁδόν (3)
Wi. 5. 7. διωδεύσαμεν [A ὡδ.] ἐρήμους ἀβάτους
— 11. σχιζόμενον βίᾳ ῥοίζου κινουμένων πτερύγων διωδεύθη
— 14. S^1 ὡς μνεία καταλύτου μονοημέρου διώδευσεν [A B S^2 παρῴδ.]
11. 2. διώδευσαν ἔρημον ἀοίκητον
14. 1. ἄγρια μέλλων διοδεύειν κύματα
Ze. 3. 6. ἐξερημώσω τὰς ὁδοὺς αὐ. . . . τοῦ μὴ διοδεύειν (3)
Za. 7. 14. ἡ γῆ ἀφανισθήσεται . . . ἐκ διοδεύοντος (3)
Is. 59. 8. ἃς διοδεύουσι (1)
Je. 2. 6. B^{2}R οὐ διώδευσεν ἐν αὐτῇ ἀνὴρ [A B^1 S *om.*] οὐθέν [S ἄνθρωπος] (3)
9. 12 (11). παρὰ τὸ μὴ διοδεύεσθαι αὐτήν [A^2 *om.*] (3)
27 (50). 13. πᾶς ὁ διοδεύων διὰ Βαβ. (3)
Ba. 4. 2. διόδευσον πρὸς τὴν λάμψιν
Ez. 5. 14. ἐνώπιον παντὸς διοδεύοντος (3)
14. 15. οὐκ ἔσται ὁ διοδεύων (3)
36. 34. A κατ' ὀφθαλμοὺς παντὸς διοδεύοντος [B παροδ.] (3)
Da. TH. 3. (48). καὶ διώδευσε
I Ma. 10. 77. ἐπορεύθη εἰς Ἄζωτον ὡς διοδεύων
12. 32. διώδευσεν ἐν πάσῃ τῇ χώρᾳ
— 33. καὶ διώδευσεν ἕως Ἀσκάλωνος
[**Al.** Dt. 8. 2.]

δίοδος. (1) דֶּרֶךְ (2) חוּץ (3) מְסִלָּה (4) רְחֹב

De. 13. 16 (17). πάντα τὰ σκῦλα αὐ. συνάξεις εἰς τὰς δ. αὐ. (4)
Ju. 5. 1. τὰς δ. τῆς ὀρεινῆς συνέκλεισαν
7. 22. καὶ ἐν ταῖς δ. τῶν πυλῶν [S ὁδῶν]
Pr. 7. 8. παραπορευόμενον παρὰ γωνίαν ἐν διόδοις οἴκων (1)
Wi. 5. 12. ὡς ἀγνοῆσαι τὴν δ. [S^1 ὁδόν] αὐτοῦ
19. 17. ἕκαστος τῶν αὐτοῦ θυρῶν τὴν δ. ἐζήτει
Is. 11. 16. ἔσται δ. [A ὁδὸς] τῷ καταλειφθέντι μου λαῷ (3)
Je. 2. 28. κατ' ἀριθμὸν διόδων τῆς Ἱερ. –
7. 34. καὶ ἐκ διόδων Ἱερουσαλήμ (2)
14. 16. A ἐρριμμένοι ἐν ταῖς δ. [B S ὁδοῖς] Ἱερουσαλήμ (2)
I Ma. 11. 46. κατελάβοντο . . . τὰς δ. [S οἰκίας] τῆς πόλεως
[**Aq.** Ez. 21. 21 (26).]

διοικεῖν. (1) כּוּל pilp.

III Ki. 21 (20). 27. A καὶ διοικήθησαν (1)
Wi. 8. 1. διοικεῖ [A -εῖται] τὰ πάντα χρηστῶς
— 14. διοικήσω λαούς
12. 18. μετὰ πολλῆς φειδοῦς διοικεῖς ἡμᾶς
15. 1. R ἐν [A B S *om.*] ἐλέει [S^2 ἐλεήμων] διοικῶν τὰ πάντα
Da. LXX. 3. 1. Ναβ. βασιλεὺς διοικῶν πόλεις –
[**Aq.** Ge. 50. 21: III Ki. 20 (21). 27: Pr. 18. 14.]
[**Sm.** III Ki. 20 (21). 27.]
[**Th.** Pr. 18. 14.]

διοίκησις.

To. 1. 21. ἔταξεν Ἀχιάχαρον . . . ἐπὶ πᾶσαν τὴν δ.

διοικητής. (1) אֲחַשְׁדַּרְפְּנִים (2) גְּדָבְרִין

II Es. 8. 36. ἔδωκαν τὸ νόμισμα τοῦ βασ. τοῖς δ. τοῦ βασ. (1)
To. 1. 22. διοικητὴς καὶ ἐκλογιστής
Da. LXX. 3. 2. ἐπισυναγαγεῖν . . . διοικητάς (2?)

διοικοδομεῖν. (1) בָּנָה

Ne. 2. 17. διοικοδομήσωμεν [S -ομεν] τὸ τεῖχος Ἱερ. (1)

διολλύναι.

Wi. 11. 19. ἠδύνατο . . . ἡ ὄψις ἐκφοβήσασα διολέσαι
17. 10. διώλλυντο ἔντρομοι

διόλου *vid. sub* **διά.**

διομνύναι.

[**Sm.** Ps. 109 (110). 4.]

διόπερ.

Ju. 8. 17.
II Ma. 5. 20: 6. 16, 27: 7. 8: 14. 19.

διορᾶν. (1) קָוָה pi.

Jb. 6. 19. ἀτραποὺς Σαβῶν [A ἀσεβῶν] οἱ διορῶντες (1?)

διοργίζεσθαι.

III Ma. 3. 1. ὥστε οὐ μόνον τοῖς κατ' Ἀλεξ. διοργίζεσθαι [A ὀργ.]
4. 13. διοργισθεὶς προσέταξε καὶ τούτοις

διορθοῦν. (1) יָטַב hi. (2) כּוּן *a.* pil. *b.* hi. *c.* hoph.

Pr. 16. 1 (9). ἵνα ὑπὸ τοῦ θεοῦ διορθωθῇ τὰ διαβήμ. αὐ. (2 *b*)
Wi. 9. 18. οὕτως διωρθώθησαν αἱ τρίβοι τῶν ἐπὶ γῆς
Is. 16. 5. διορθωθήσεται μετὰ ἐλέους θρόνος (2 *c*)
62. 7. ἐὰν διορθώσῃ (2 *a*)
Je. 7. 3. διορθώσατε τὰς ὁδοὺς ὑμῶν (1)
— 5. ἐὰν διορθοῦντες διορθώσητε τὰς ὁδοὺς ὑμῶν (1, 1)

διορθρίζειν. (1) שָׁכַם hi.

I Ki. 29. 10. A διορθρίσατε [B ὀρθρ.] ἐν τῇ ὁδῷ (1)

διορθωτής.

Wi. 7. 15. αὐτὸς . . . τῶν σοφῶν διορθωτής

διορίζειν. (1) אָלַף pi. (2) בָּדַל hi. (3) *a.* בִּנְיָה *b.* בִּנְיָן (4) גְּבוּל (5) כּוּן pil. (6) שָׁבַע ni. (7) שָׁטַף

Ex. 26. 33. διοριεῖ τὸ καταπέτασμα ὑμῖν (2)
Le. 20. 24. ὃς διώρισα ὑμᾶς ἀπὸ πάντων τῶν ἐθνῶν (2)
Jo. 5. 6. διώρισε [A δ. κύριος αὐτοῖς] μὴ ἰδεῖν αὐτοὺς τὴν γῆν (6?)
15. 47. ἡ θάλασσα ἡ μεγάλη διορίζει (4)
II Ch. 32. 4. τὸν ποταμὸν τὸν διορίζοντα διὰ τῆς πόλεως (7)
Jb. 35. 11. ὁ [S^1 *om.*] διορίζων με ἀπὸ τετραπόδων γῆς (1?)
Is. 45. 18. αὐτὸς διώρισεν αὐτήν (5)
— 25 (24). πάντες οἱ διορίζοντες [A S^2 ἀφορ.] αὐτούς †
Ez. 41. 12. A R τὸ διορίζον [B αἴθρ.] κατὰ πρόσωπον τοῦ ἀπολοίπου (3 *b*)
— 12. πλάτος τοῦ τοίχου τοῦ διορίζοντος (3 *b*)
— 13. διεμέτρησε . . . τὰ διορίζοντα (3 *a*)
— 15. διεμέτρησε μῆκος [A τὸν τοῖχον] τοῦ διορίζοντος (3 *b*)
42. 1. ἐξέδραι . . . ἐχόμ. τοῦ διορίζοντος (3 *b*)
— 10. κατὰ πρόσωπον τοῦ διορίζοντος (3 *b*)
47. 18. ἀνὰ μέσον τῆς γῆς τοῦ Ἰσρ. ὁ Ἰορδ. διορίζει (4)
Ez. 47. 20. A τοῦτο τὸ μέρος τῆς θαλ. τῆς μεγάλης διορίζει [B ὁρ.] (4)
[**Aq.** Dt. 32. 8: Ez. 1. 11.]
[**Th.** Pr. 17. 9.]
[**Al.** Ge. 30. 36.]

διορυγή. (1) נַחַל

Je. 38 (31). 9. A αὐλίζων ἐπὶ διορυγὰς [B S διώρ.] ὑδάτων (1)

διόρυγμα. (1) חַלּוֹן (2) מַחְתֶּרֶת

Ex. 22. 2 (1). ἐὰν δὲ ἐν τῷ δ. εὑρεθῇ ὁ κλέπτης (2)
Ze. 2. 14. θηρία φωνήσει ἐν τοῖς δ. αὐτῆς (1)
Je. 2. 34. οὐκ ἐν διορύγμασιν εὗρον αὐτούς (2)

διορύσσειν. (1) חָתַר

Jb. 24. 16. διώρυξεν [S^1 -αν] ἐν σκότει οἰκίας (1)
Ez. 12. 5. διόρυξον σεαυτῷ εἰς τὸν τοῖχον (1)
— 7. ἑσπέρας διώρυξα [A ὤρ.] ἐμαυτῷ τὸν τοῖχον (1)
— 12. διορύξει [A ὀ.] τοῦ ἐξελθεῖν αὐτὸν δι' αὐτοῦ (1)

διότι.

Ge. 5. 24†: 26. 22: 29. 32.
Ex. 4. 26†.
Le. 22. 20†: 25. 23, 42.
Nu. 12. 11: 20. 24: 27. 14.
De. 17. 16†: 21. 14: 28. 20: 31. 17: 32. 51†, 51.
Jo. 6. 24: 22. 31: 23. 14.
Jd. 5. 28 (?)† *bis*: 11. 13†, 27†.
Ru. 1. 12.
I Ki. 14. 29: 17. 36: 21. 5 (6): 28. 18: 30. 22†, 24.
II Ki. 2. 27: 13. 12: 19. 42 (43).
III Ki. 11. 34: 20 (21). 20: 21 (20). 42: 22. 18 (διότι ἀλλ' ἤ).
I Ch. 10. 13.
II Ch. 6. 8: 7. 22: 34. 21.
I Es. 2. 18†, 24†.
Ne. 2. 3†.
To. 1. 8†: 3. 6†, 8†, 17: 4. 6, 10†, 12†, 13†, 19†: 5. 15†: 6. 12†, 14†, 15†: 9. 3†: 10. 4†: 12. 20†.
Ju. 5. 1: 7. 13†: 11. 10†.
Es. 4. 8†.
Jb. 32. 2, 3, 6†: 33. 9: 36. 12.
Ec. 2. 15: 6. 8.
Si. 2. 11: 51. 24†.
Ho. 1. 2, 4, 6, 9: 3. 4: 4. 1†, 1, 10, 14†, 16†: 5. 1, 3, 14: 6. 7 (6): 7. 6: 8. 6, 13: 9. 1, 4, 12 *bis*, 16: 10. 3: 11. 1†, 9: 13. 13, 15: 14. 2, 5†, 10†.
Am. 3. 7, 14: 4. 2†, 13: 5. 3†, 4, 17, 22: 6. 8†, 12 (11), 15 (14): 7. 11: 9. 9.
Mi. 1. 3, 7, 9: 2. 1: 3. 7: 4. 4, 10: 5. 4: 6. 4: 7. 6, 8.
Jl. 2. 1†, 11†, 23†: 3 (4). 1†, 12, 13, 14†, 17†.
Ob. 1. 15, 16†, 18†.
Jn. 1. 10, 12, 12†, 14†: 4. 2.
Na. 1. 15 (2. 1): 2. 2 (3) *bis*: 3. 19.
Hb. 1. 5, 6†: 2. 3†, 8, 11, 17†: 3. 17.
Ze. 1. 7, 18: 2. 4, 9†, 10, 14: 3. 8† *bis*, 13, 20.
Hg. 1. 6†: 2. 5 (4), 7 (6), 10 (9), 24 (23)†.
Za. 2. 6 (10), 8 (12) *bis*, 9 (13), 9 (13)†, 10 (14)†, 13 (17)†: 3. 9 (8) *bis*, 10 (9): 4. 10: 5. 3: 6. 15: 8. 6†, 10, 14, 17, 23: 9. 1, 2, 8, 13, 16: 10. 2, 2†, 5†, 6, 8: 11. 2, 11, 16: 13. 5.
Ma. 1. 4, 8, 10, 11 *bis*, 14: 2. 4, 7, 11†: 3. 2, 6, 8, 12, 14: 4. 1 (3. 19)†, 3 (3. 21).
Is. 1. 29: 3. 8†, 9†: 5. 4: 7. 16: 8. 4: 9. 4 (3): ● 12. 1, 2: 14. 20, 32†: 17. 10: 18. 4†: 21. 6†, 16†, 17†: 24. 5: 26. 9: 28. 22: 30. 18, 19: 34. 2: 50. 2†.
Je. 1. 12†, 15, 19†: 2. 10, 14†: 3. 8†, 14, 25: 4. 8, 15, 22, 28: 5. 4†: 8. 5†, 17, 19†: 15. 20: 16. 9: 20. 4†: 21. 10†: 22. 4, 11†: 23. 12: 26 (46). 5, 21, 27†: 27 (50). 11: 28 (51). 5†, 14, 29, 33: 30 (49). 1†: 31 (48). 44†: 37 (30). 6.
Ba. 4. 13.
Ez. 1. 20: 2. 5, 6 *bis*, 7†: 3. 5, 7, 9, 20, 26, 27: 5. 6, 13: 6. 10†, 13: 7. 9, 9†, 4 *bis*, 5, 13, 19, 23: 8. 12, 17: 10. 17: 11. 12†: 12. 2, 3, 6, 15, 20, 25: 13. 9†, 14, 21†: 14. 7, 23†, 23: 15. 5†: 16. 14: 17. 21, 22†, 24: 18. 32: 20. 12, 20, 38 *bis*, 40, 42†, 44: 21. 5 (10)†, 7 (12)†, 21 (26), 32 (37): 22. 16†, 22: 23. 28, 34, 49: 24. 24, 27: 25. 5, 6,

7, 11, 17 : 26. 15 : 28. 23† : 34. 11, 15† : 35. 10† :
37. 6† : 40. 4 : 42. 6, 13, 14 : 44. 3 : 47. 12†.
Da. LXX. 2. 5 : 3. (28), 29 (96).
II Ma. 7. 37 : 11. 14.
III Ma. 2. 10†.
IV Ma. 16. 18†.
[Aq. Is. 50. 2 : 61. 1.]
[Sm. Is. 50. 2 : 61. 1 : Ez. 29. 9.]
[Th. Ex. 1. 19 : II Ki. 16. 10 : Mi. 2. 1.]
[Al. I Ki. 6. 3.]

δίπηχυς. (1) אַמָּתַיִם
Nu. 11. 31. ὡσεὶ δίπηχυ [A[2] -υν] ἀπὸ τῆς γῆς (1)

διπλασιάζειν. (1) כָּפַל ni.
Ez. 21. 14 (19). διπλασίασον ῥομφαίαν (1)
43. 2. ὡς φωνὴ διπλασιαζόντων πολλῶν †

διπλασίασμα.
[Al. Le. 25. 36.]

διπλασιασμός. (1) מִשְׁנֶה
Jb. 42. 10. ἔδωκε δὲ ὁ κ. . . . διπλᾶ εἰς διπλασιασμόν [A al.] (1)

διπλάσιος.
Si. 12. 5. διπλάσια γὰρ κακὰ εὑρήσεις [A -σουσιν]
26. 1. ἀριθμὸς τῶν ἡμ. αὐ. διπλάσιος [A -ον]

διπλοΐς. (1) מְעִיל
I Ki. 2. 19. διπλοΐδα μικρὰν ἐποίησεν αὐτῷ (1)
15. 27. ἐκράτησε Σ. τοῦ πτερυγίου τῆς δ. αὐ. (1)
24. 5. ἀφεῖλε τὸ πτερύγιον τῆς δ. τῆς Σαοὺλ λαθραίως (1)
— 6. ἀφεῖλε τὸ πτερύγιον τῆς δ. αὐτοῦ –
— 12. τὸ πτερύγιον τῆς δ. σου ἐν τῇ χειρί μου (1)
28. 14. καὶ οὗτος διπλοΐδα ἀναβεβλημένος (1)
Jb. 29. 14. ἠμφιασάμην δὲ κρίμα ἴσα διπλοΐδι (1)
Ps. 108 (109). 29. περιβαλέσθωσαν ὡς διπλοΐδα αἰσχύνην αὐ. (1)
Ba. 5. 2. περιβαλοῦ τὴν δ. τῆς παρὰ τοῦ θ. δικαιοσύνης
[Al. I Ki. 28. 14.]
[Heb. Jb. 15. 27.]

διπλοῦς. (1) *a.* כָּפַל *b.* כֶּפֶל *c.* מַכְפֵּלָה *d.* τὸ δ. σπήλαιον מַכְפֵּלָה (2) *a.* מִשְׁנֶה *b.* שְׁנַיִם *c.* פִּי שְׁנַיִם
Ge. 23. 9. τὸ σπήλαιον τὸ δ. (1 *c*)
— 17. ἐν τῷ δ. σπηλαίῳ (1 *d*)
— 19. ἐν τῷ σπηλαίῳ τοῦ ἀγροῦ τῷ δ. (1 *c*)
25. 9. εἰς τὸ σπήλαιον τὸ δ. (1 *c*)
43. 15. τὸ ἀργύριον δ. ἔλαβον (2 *a*)
49. 30. ἐν τῷ σπηλαίῳ τῷ δ. (1 *c*)
50. 13. εἰς τὸ σπήλαιον τὸ δ. (1 *c*)
Ex. 16. 5. ἔσται διπλοῦν ὃ ἐὰν συναγάγωσι [A εἰσενέγκωσιν] (2 *a*)
— 22. συνέλεξαν τὰ δέοντα διπλᾶ (2 *a*)
22. 4 (3). διπλᾶ αὐτὰ [A *om.*] ἀποτίσει (2 *b*)
— 7 (6). ἀποτίσεται τὸ [A *om.*] διπλοῦν (2 *b*)
— 9 (8). ἀποτίσει διπλοῦν τῷ πλησίον (2 *b*)
25. 4. κόκκινον δ. †
28. 16. ἔσται διπλοῦν (1 *a*)
35. 6. κόκκινον διπλοῦν διανενησμένον †
36. 16 (39. 9). τετράγωνον διπλοῦν ἐποίησαν τὸ λογεῖον (1 *a*)
— 16 (39. 9). σπιθαμῆς τὸ εὖρος [A *add.* αὐτοῦ] διπλοῦν (1 *a*)
De. 21. 17. δοῦναι αὐτῷ διπλᾶ ἀπὸ πάντων (2 *c*)
IV Ki. 2. 9. γενηθήτω δὴ διπλᾶ ἐν πνεύματί σου ἐπ' ἐμέ (2 *c*)
II Es. 1. 10. R ἀργυροῖ διπλοῖ τετρακόσια δέκα [A B *al.*] (2 *a*)
Jb. 11. 6. διπλοῦς ἔσται τῶν [S[1] τῷ] κατὰ σέ (1 *b*)
42. 10. ἔδωκε δὲ ὁ κ. διπλᾶ [A *al.*] (2 *a*)
Wi. 11. 12. διπλῆ γὰρ αὐτοὺς ἔλαβε λύπη
Si. 20. 10. ἧς τὸ ἀνταπόδομα διπλοῦν
50. 2. ὑπ' αὐτοῦ ἐθεμελιώθη ὕψος διπλῆς
Za. 9. 12. ἀντὶ μιᾶς ἡμ. παροικεσίας σου διπλᾶ ἀνταποδώσω (2 *a*)
Is. 40. 2. ἐδέξατο ἐκ χειρὸς κ. διπλᾶ τὰ ἁμαρτήμ. αὐ. (1 *b*)
Je. 16. 18. A S R ἀνταποδώσω διπλᾶς [B διὰ πάσας] τὰς κακίας [A S ἀδικίας] αὐ. (2 *a*)
[Th. Is. 61. 7.]
[Al. Ge. 43. 12 : 50. 13 : Le. 6. 10 (3) : 16. 4 *bis*, 32 : I Ki. 1. 5.]

δίς. (1) *a.* פַּעֲמַיִם *b.* פְּעָמִים *c.* כַּמֶּה פְעָמִים (2) שְׁתַּיִם (3) δ. ἑπτά שִׁבְעַיִם
Ge. 41. 32. τοῦ δευτερῶσαι τὸ ἐνύπνιον δ. (1 *a*)
43. 10. ἤδη ἂν ὑπεστρέψαμεν δ. (1 *a*)
Le. 12. 5. ἀκάθαρτος ἔσται δὶς ἑπτὰ ἡμέρας (3)
Nu. 20. 11. ἐπάταξε τὴν πέτραν τῇ ῥάβδῳ δ. (1 *a*)
De. 9. 13. λελάληκα πρὸς σὲ ἅπαξ καὶ δ. –
I Ki. 17. 39. ἐκοπίασε περιπατήσας [A -ῆσαι] ἅπαξ καὶ δ. –
18. 11. A ἐξέκλινεν Δαυὶδ ἀπὸ προσώπου αὐτοῦ δ. (1 *a*)
III Ki. 11. 9. τοῦ ὀφθέντος αὐτῷ δ. (1 *a*)
22. 16. A B[2] ἔτι δ. ἐγὼ ὁρκίζω σε [B[1] R *al.*] (1 *c*)
Ne. 13. 20. ἐποίησαν πρᾶσιν ἔξω Ἰερ. ἅπαξ καὶ δ. (2)
Ju. 13. 8. ἐπάταξεν εἰς τὸν τράχηλον αὐτοῦ δ.
Si. 7. 8. μὴ καταδεσμεύσῃς δ. ἁμαρτίαν
12. 12. B[2] μὴ δεσμεύσῃς δ. ἁμαρτίαν
13. 7. ἕως οὗ ἀποκενώσῃ σε δ. ἢ τρίς
35 (32). 7. λάλησον . . . μόλις δ. ἐὰν ἐπερωτηθῇς
45. 14. ὁλοκαρπωθήσονται καθ' ἡμέραν ἐνδελεχῶς δ.
Na. 1. 9. A B S[2] οὐκ ἐκδικήσει δὶς ἐπὶ τὸ αὐτό (1 *a*)
Ez. 41. 6. πλευρὰ πλευρὸν ἐπὶ πλευρὸν τριάκοντα τρὶς δ. †
I Ma. 3. 30. ὡς ἅπαξ καὶ δίς
10. 72. A R δ. [S *om.*] ἐτροπώθησαν [S διετρ.] οἱ πατέρες σου
[Sm. Jb. 33. 29.]

δίσκος.
II Ma. 4. 14. A μετὰ τὴν τοῦ δ. πρόσκλησιν [R πρόκλ.]

δισμύριοι.
II Ma. 5. 24 : 8. 9, 30 : 10. 17, 23, 31.

δισσός. (1) חֲלִיפָה (2) מִשְׁנֶה (3) μέτρα δ. אֵיפָה וְאֵיפָה (4) δ. στάθμιον אֶבֶן וָאֶבֶן (5) δ. χλαῖναι מַרְבַדִּים
Ge. 43. 12. τὸ ἀργύριον δ. λάβετε (2)
45. 22. πᾶσιν ἔδωκε δ. στολάς (1)
Pr. 20. 10. στάθμιον μέγα καὶ μικρὸν καὶ μέτρα δισσά (3)
— 23. βδέλυγμα κυρίῳ δισσὸν στάθμιον (4)
31. 22. δισσὰς χλαίνας ἐποίησε τῷ ἀνδρὶ αὐτῆς (5)
Si. 1. 27. μὴ προσέλθῃς αὐτῷ ἐν καρδίᾳ δισσῇ
42. 24. πάντα δισσὰ ἐν κατέναντι τοῦ ἑνός
Je. 17. 18. δισσὸν σύντριμμα σύντριψον αὐτούς (2)
[Al. Jd. 5. 28.]

δισσῶς.
Si. 23. 11. κἂν ὑπερίδῃ ἥμαρτε δ.

δίστεγον.
[Sm. Ge. 6. 17 (16).]

δίστομος. (1) שְׁנֵי פֵיוֹת (2) *a.* פֵּיוֹת *b.* פִּיפִיּוֹת
Jd. 3. 16. ἐποίησεν ἑαυτῷ Ἀὼδ μάχαιραν δίστομον (1)
Ps. 149. 6. ῥομφαῖαι δίστομοι ἐν ταῖς χερσὶν αὐτῶν (2 *b*)
Pr. 5. 4. ἠκονημένον μᾶλλον μαχαίρας διστόμου (2 *a*)
Si. 21. 3. ὡς ῥομφαία δίστομος πᾶσα ἀνομία

δισχιλιάς.
I Ma. 9. 4. A ἐν . . . δισχιλιάσιν ἵππων [S R -λίᾳ ἵππῳ]

δισχίλιοι.
Ex. 39. 7 (38. 29)†.
Nu. 4. 36, 40 : 7. 85 : 35. 4, 5 (*quater*).
Jo. 3. 4 : 7. 3.
Jd. 20. 45.
I Ki. 13. 2 †.
III Ki. 7. 26 †.
IV Ki. 18. 23.
I Ch. 5. 21 : 26. 32 †.
II Ch. 26. 12 : 35. 8.
I Es. 1. 8 : 2. 13† : 5. 11, 14, 41.
II Es. 2. 3, 6, 14, 31 †, 64.
Ne. 7. 8, 11, 17, 19, 34 †, 66, 69 †, 71 †, 72.
Ju. 2. 15.
Ca. 8. 12 †.
Da. LXX. 5. 1 : 8. 14.
Da. TH. 8. 14.
I Ma. 5. 60 : 12. 47 † : 15. 26 : 16. 10 †.
● II Ma. 5. 24 : 8. 10 : 12. 43 : 13. 15 †.
III Ma. 3. 28.
[Th. Da. 12. 11†.]
[Al. Ca. 8. 12.]

δισχίλιος. (1) אֲלָפִים
Is. 36. 8. δώσω ὑμῖν δισχιλίαν ἵππον (1)
I Ma. 9. 4. S R ἐν . . . δισχιλίᾳ ἵππῳ [A -λιάσιν ἵππων]

διτάλαντον. (1) כִּכָּרַיִם
IV Ki. 5. 23. λάβε διτάλαντον ἀργυρίου (1)
— 23. A καὶ ἔδησεν διτάλαντον ἀργυρίου [B *al.*] (1)
[Th. IV Ki. 5. 23.]

διυλίζειν. (1) מִזְרָקִים
Am. 6. 6. οἱ πίνοντες τὸν διυλισμένον οἶνον (1 ?)
[Aq. Ps. 11 (12). 7.]
[Th. Is. 25. 6.]

διυφαίνειν. (1) כְּפִי תַחְרָא
Ex. 36. 31 (39. 23). τὸ δὲ περιστόμιον . . . διυφασμένον συμπλεκτόν (1 ?)

διφθέρα. (1) מִכְסֶה
Ex. 39. 21 (34). τὰς δ. δέρματα κριῶν ἠρυθροδανωμένα (1)
[Aq., Th. Za. 5. 1.]

διφθέρωμα.
[Th. Is. 8. 1.]

δίφορος. (1) כִּלְאַיִם
De. 22. 9. B οὐ κατασπερεῖς τὸν ἀμπ. σου δίφορον [A R διάφ.] (1)

δίφραξ.
II Ma. 14. 21. A δίφραξ [R διαφόρους] ἔθεσαν δίφρους

διφρεύειν.
Ep. Je. 31. ἐν τοῖς οἴκοις αὐτῶν οἱ ἱερεῖς διφρεύουσιν [A διαφθείρουσιν]

δίφρος. (1) כִּסֵּא (2) מוֹשָׁב (3) מִטָּה (4) πρὸς δίφρους καθῆσθαι סָכַךְ רַגְלַיִם hi.
De. 17. 18. A ὅταν καθίσῃ ἐπὶ τοῦ δ. [B *om.* τ. δ.] τῆς ἀρχῆς αὐτοῦ (1)
Jd. 3. 24. A μή ποτε πρὸς δίφρους κάθηται [B *al.*] (4)
I Ki. 1. 9. Ἠλὶ ὁ ἱερεὺς ἐπὶ [A ἐκάθητο ἐπὶ] τοῦ δ. (1)
4. 13. ἰδοὺ Ἠλὶ [A *add.* ἐκάθητο] ἐπὶ τοῦ δ. (1)
— 18. ἔπεσεν ἀπὸ τοῦ δ. ὀπισθίως (1)
28. 23. ἐκάθισεν ἐπὶ τὸν δ. (3)
IV Ki. 4. 10. τράπεζαν καὶ δίφρον καὶ λυχνίαν (1)
Ju. 11. 19. θήσω τὸν δ. σου ἐν μέσῳ αὐτῆς
Jb. 29. 7. ἐν δὲ πλατείαις ἐτίθετό μου ὁ δ. (2)
Pr. 9. 14. ἐκάθισεν ἐπὶ θύραις τοῦ ἑαυτῆς οἴκου ἐπὶ δίφρου (1)
Si. 38. 33. ἐπὶ δίφρον δικαστοῦ [A δυνάστου] οὐ καθιοῦνται
II Ma. 14. 21. R διαφόρους [A δίφραξ] ἔθεσαν δίφρους

δίχα.
Si. 47. 21. γενέσθαι δίχα τυραννίδα [S[2] -ίδος]

διχάζειν.
[Aq. Le. 1. 17 : Dt. 14. 6.]

διχασμός.
[Aq. Dt. 14. 6.]

διχηλεῖν. (1) פָּרַס hi.
Le. 11. 3. πᾶν κτῆνος διχηλοῦν ὁπλήν (1)
— 4. ἀπὸ τῶν διχηλούντων τὰς ὁπλάς (1)
— 4. ὁπλὴν δὲ οὐ διχηλεῖ (1)
— 5, 6. καὶ ὁπλὴν οὐ διχηλεῖ (1)
— 7. ὅτι διχηλεῖ ὁπλὴν τοῦτο (1)
— 26. ὃ ἐστι διχηλοῦν ὁπλήν (1)
De. 14. 6. πᾶν κτῆνος διχηλοῦν [A -εῦον] ὁπλὴν (1)
— 7. ἀπὸ τῶν διχηλούντων τὰς ὁπλάς (1)

● = correction on page xxv

De. 14. 7. ὁπλὴν οὐ διχηλοῦσιν (1)
— 8. ὅτι διχηλεῖ ὁπλὴν [A om.] τοῦτο (1)
[Sm. Ps. 68 (69). 32.]

διχηλεύειν. (1) פָּרַס hi.
De. 14. 6. πᾶν κτῆνος διχηλοῦν [A -εῦον] ὁπλήν (1)

διχομηνία.
Si. 39. 12. ὡς διχομηνία [S διχοτομηνία] ἐπληρώθην

διχοστασία.
I Ma. 3. 29. χάριν τῆς δ. καὶ πληγῆς

διχοτομεῖν. (1) נָתַח pi.
Ex. 29. 17. τὸν κριὸν διχοτομήσεις κατὰ μέλη (1)

διχοτόμημα. (1) גֶּזֶר (2) נֵתַח
Ge. 15. 11. A τὰ [R ἐπὶ τὰ] δ. αὐτῶν –
— 17. R αἳ διῆλθον ἀνὰ μέσον τῶν δ. τούτων (1)
Ex. 29. 17. ἐπιθήσεις ἐπὶ [B¹ om.] τὰ δ. (2)
Le. 1. 8. ἐπιστοιβάσουσιν . . . τὰ [A ἐπὶ τὰ] δ. (2)
Ez. 24. 4. ἔμβαλε εἰς αὐτὸν τὰ δ. πᾶν δ. καλόν (2, 2)
[Aq. Je. 34 (41). 18, 19.]

διχοτομηνία.
Si. 39. 12. S ὡς διχοτομηνία [A B διχομηνία] ἐπληρώθην

δίψα. (1) a. צָמָא b. צִמָּאוֹן
De. 8. 15. ὄφις δάκνων καὶ σκορπίος καὶ δίψα (1 b)
II Ch. 32. 11. εἰς θάνατον . . . καὶ εἰς δίψαν [A θλίψιν] (1 a)
Ne. 9. 15. ὕδωρ ἐκ πέτρας ἐξήνεγκας αὐτοῖς εἰς δίψαν αὐ. (1 a)
Ju. 7. 13. καὶ ἀνελεῖ αὐτοὺς ἡ δ.
— 22. οἱ νεανίσκοι ἐξέλιπον ἀπὸ τῆς δ.
— 25. καταστρωθῆναι ἐναντίον αὐτῶν ἐν δίψῃ
Ps. 68 (69). 21. εἰς τὴν δ. μου ἐπότισάν με ὄξος (1 a)
103 (104). 11. προσδέξονται ὄναγροι εἰς δίψαν αὐτῶν (1 a)
106 (107). 33. ἔθετο . . . διεξόδους ὑδάτων εἰς δίψαν (1 b)
Wi. 11. 4. ἴαμα δίψης ἐκ λίθου σκληροῦ
Am. 8. 11. οὐ λιμὸν ἄρτων οὐδὲ δίψαν ὕδατος (1 a)
Is. 5. 13. A S διὰ λιμὸν καὶ δίψαν [B δίψος] ὕδατος (1 a)
41. 17. ἡ γλῶσσα αὐτῶν ἀπὸ τῆς δ. ἐξηράνθη (1 a)
IV Ma. 3. 6. διὰ τῆς Δαυὶδ τοῦ βασιλέως δ.
— 10. οὐκ ἠδύνατο δι' αὐτῶν ἰάσασθαι τὴν δ.
— 15. S R καίπερ τῇ δ. διαπυρούμενος [A al.]
[Sm. Ps. 103 (104). 11.]

διψαλέος.
[Aq. Is. 32. 2.]

διψάς.
[Sm. Ps. 62 (63). 2.]

διψῆν. (1) חָרֵב (2) עָיֵף (3) צִיָּה (4) צָמֵא a. verb. b. adj. c. ἡ διψῶσα γῆ צִמָּאוֹן (5) שָׁקַק (6) γῆ διψῶσα יְשִׁימוֹן (7) γῆ διψῶσα עֲרָבָה
Ex. 17. 3. ἐδίψησε δὲ ἐκεῖ ὁ λαὸς ὕδατι (4 a)
Jd. 4. 19. πότισόν με δὴ μικρὸν ὕδωρ ὅτι ἐδίψησα (4 a)
15. 18. ἐδίψησε σφόδρα (4 a)
Ru. 2. 9. A B καὶ ὅτι [R ὅτε] διψήσεις (4 a)
II Ki. 17. 29. ὁ λαὸς . . . διψῶν ἐν τῇ ἐρήμῳ (4 b)
Ju. 8. 30. ἀλλὰ ὁ λαὸς ἐδίψησε [A S δεδίψηκεν] σφόδρα
Jb. 18. 9. κατισχύσει ἐπ' αὐτὸν διψῶντας [A al.] †
22. 7. οὐδὲ ὕδωρ διψῶντας ἐπότισας (2)
29. 23. ὥσπερ γῆ διψῶσα προσδεχομένη τὸν ὑετόν †
Ps. 41 (42). 2. ἐδίψησεν ἡ ψυχή μου πρὸς τὸν θεόν (4 a)
62 (63). 1. ἐδίψησέ σοι [B² S² σε] ἡ ψυχή μου (4 a)
106 (107). 5. πεινῶντες καὶ διψῶντες (4 b)
Pr. 25. 21. ἐὰν διψᾷ πότιζε αὐτόν (4 a)
— 25. ὥσπερ ὕδωρ ψυχρὸν ψυχῇ διψώσῃ [S¹ ζώσῃ] προσηνές (2)
28. 15. λέων πεινῶν καὶ λύκος διψῶν (5)
Wi. 11. 4. ἐδίψησαν καὶ ἐπεκαλέσαντό σε
— 14. οὐχ ὅμοια δικαίοις διψήσαντες
Si. 24. 21. οἱ πίνοντές με ἔτι διψήσουσιν
26. 12. ὡς διψῶν ὁδοιπόρος τὸ στόμα ἀνοίγει [A S -ξει]
51. 24. αἱ ψυχαὶ ὑμῶν διψῶσι σφόδρα
Is. 21. 14. εἰς συνάντησιν διψῶντι ὕδωρ φέρετε (4 b)
25. 4. σκέπη διψώντων (1)
— 5. ὡς ἄνθρωποι ὀλιγόψυχοι διψῶντες (1)
29. 8. ἐνυπνιάζεται ὁ διψῶν ὡς ὁ πίνων (4 b)
— 8. ἐξαναστὰς ἔτι διψᾷ (2)
32. 2. ὡς ποταμὸς φερόμενος ἔνδοξος ἐν γῇ διψώσῃ (2)
— 6. τὰς ψυχὰς τὰς διψώσας [S¹ πεινώσας] κενὰς ποιήσει [A S -ῆσαι] (4 b)
35. 1. εὐφράνθητι ἔρημος [A² add. ἡ] διψῶσα (3)
— 6. φάραγξ ἐν γῇ διψώσῃ (7)
— 7. εἰς τὴν διψῶσαν γῆν πηγὴ ὕδατος ἔσται [A² om.] (4 c)
40. 28. οὐ πεινάσει [S¹ add. οὐδὲ διψήσει] –
41. 18. ποιήσω . . . τὴν διψῶσαν γῆν [S τὴν] ἐν ὑδραγωγοῖς (3)
43. 20. S ἐν γῇ διψώσῃ (6 ?)
48. 21. ἐὰν διψήσωσι [A -ουσιν, S διψῶσιν] (4 a)
49. 10. οὐ πεινάσουσιν οὐδὲ διψήσουσιν (4 a)
53. 2. ὡς ῥίζα ἐν γῇ διψώσῃ (3)
55. 1. οἱ διψῶντες πορεύεσθε ἐφ' ὕδωρ (4 b)
65. 13. ὑμεῖς δὲ διψήσετε [A S¹ -σεσθε] (4 a)
Je. 38 (31). 25. ἐμέθυσα πᾶσαν ψυχὴν διψῶσαν (2)
IV Ma. 3. 10. ὁ δὲ βασιλεὺς ὡς [S om.] μάλιστα διψῶν
[Aq. Dt. 29. 19 (18): Jb. 5. 5: Ps. 62 (63). 2: 142 (143). 6: Is. 49. 10: Ez. 19. 13.]
[Sm. Dt. 29. 19 (18): Jb. 5. 5: Ps. 62 (63). 2: Is. 49. 10: 53. 2: Ez. 19. 13.]
[Th. Dt. 29. 19 (18): Ps. 62 (63). 2: Is. 49. 10: 53. 2.]

δίψις (?).
[Sm. Ps. 68 (69). 22.]

δίψος. (1) a. צָמָא b. צָמֵא c. צִמְאָה (2) תֹּהוּ
Ex. 17. 3. ἀποκτεῖναι ἡμᾶς . . . τῷ δ. (1 a)
De. 28. 48. A R λατρεύσεις τοῖς ἐχθροῖς σου . . . ἐν δίψει [B om. ἐν δ.] (1 a)
32. 10. ἐν δίψει καύματος ἐν γῇ ἀνύδρῳ (2)
Jd. 15. 18. ἀποθανοῦμαι τῷ [A ἐν] δ. (1 a)
Ne. 9. 20. A B S ὕδωρ ἔδωκας αὐτοῖς [R add. ἐν] τῷ δ. αὐτῶν (1 a)
Ps. 61 (62). 4. ἔδραμον ἐν δίψει †
Wi. 11. 8. δείξας διὰ τοῦ τότε δ.
Ho. 2. 3 (5). ἀποκτενῶ αὐτὴν ἐν δίψει (1 a)
Am. 8. 13. ἐκλείψουσιν . . . οἱ νεανίσκοι ἐν δίψει (1 a)
Is. 5. 13. διὰ λιμὸν καὶ δ. [A S δίψαν] ὕδατος (1 a)
44. 3. δώσω ὕδωρ ἐν δίψει (1 b)
50. 2. ἀποθανοῦνται ἐν δίψει (1 a)
Je. 2. 25. ἀπόστρεψον . . . τὸν φάρυγγά σου ἀπὸ δίψους (1 c)
La. 4. 4. ἐκολλήθη ἡ γλῶσσα . . . ἐν δίψει (1 a)
[Sm. Ps. 77 (78). 17.]

διψώδης.
Pr. 9. 12. γῆν διατεταγμένην ἐν διψώδεσι –

διωγμός. (1) מָרוּד (2) רָדַף pi.
Pr. 11. 19. διωγμὸς δὲ ἀσεβοῦς εἰς θάνατον (2)
La. 3. 19. ἐκ διωγμοῦ πικρία καὶ χολή μου μνησθήσεται [A al.] (1)
II Ma. 12. 23. ἐποιεῖτο δὲ τὸν δ. εὐτονώτερον
[Sm. I Ki. 17. 53.]

διωθεῖν. (1) הָדַף
Ez. 34. 21. τοῖς ὤμοις ὑμῶν διωθεῖσθε (1)
I Ma. 4. 8. A τὸ ὅρμημα αὐτῶν μὴ διωθῆται [S αἰδεσθῆτε, R δειλωθῆτε]

διώκειν. (1) אָיַב (2) בָּרַח hi. (3) דָּהַר (4) דָּחַף (5) הָלַךְ (6) a. חָרַד hi. b. חָרֵד adj. (7) נָדַף ni. (8) נוּס (9) רָדָה (10) רָדַף a. qal. b. ni. c. pi. d. pu. e. hi. (11) רוּץ (12) שָׁדַד (13) שָׁפַט
Ge. 31. 23. ἐδίωξεν ὀπίσω αὐτοῦ (10 a)
Ex. 15. 9. διώξας καταλήμψομαι (10 a)
Le. 26. 7. καὶ διώξεσθε τοὺς ἐχθροὺς ὑμῶν (10 a)
Le. 26. 8. καὶ διώξονται ἐξ ὑμῶν πέντε ἑκατὸν καὶ ἑκατὸν ὑμῶν διώξονται μυριάδας (10 a, 10 a)
— 17. διώξονται ὑμᾶς οἱ μισοῦντες ὑμᾶς (9)
— 17. φεύξεσθε οὐδενὸς διώκοντος ὑμᾶς (10 a)
— 36. διώξεται αὐτοὺς φωνὴ φύλλου φερομένου (10 a)
— 36. καὶ πεσοῦνται οὐθενὸς διώκοντος (10 a)
De. 16. 20. δικαίως τὸ δίκαιον διώξῃ [A φυλάξῃ] (10 a)
19. 6. ἵνα μὴ διώξας ὁ ἀγχιστεύων τοῦ αἵματος (10 a)
30. 7. οἳ ἐδίωξάν σε (10 a)
32. 30. πῶς διώξεται εἷς χιλίους (10 a)
Jo. 2. 8 (7). οἱ διώκοντες [A καταδ.] ὀπίσω αὐτῶν (10 a)
20. 5. A διώξεται ὁ ἀγχιστεύων τὸ αἷμα ὀπίσω αὐ. (10 a)
23. 10. εἷς ὑμῶν ἐδίωξε χιλίους (10 a)
Jd. 4. 16. καὶ Βαρὰκ διώκων ὀπίσω τῶν ἁρμάτων (10 a)
— 22. ἰδοὺ Βαρὰκ διώκων τὸν Σισάρα (10 a)
7. 23. ἐδίωξαν [A κατεδ.] ὀπίσω Μαδιάμ (10 a)
8. 4. πεινῶντες καὶ διώκοντες [A al.] (10 a)
— 5. καὶ ἰδοὺ ἐγώ εἰμι διώκων ὀπίσω τοῦ Ζ. [A al.] (10 a)
— 12. ἐδίωξεν ὀπίσω αὐτῶν (10 a)
9. 40. ἐδίωξεν [A κατεδ.] αὐτὸν Ἀβιμέλεχ (10 a)
20. 43. καὶ ἐδίωξαν αὐτὸν ἀπὸ Νουά [A al.] (10 c)
I Ki. 30. 9. B καὶ οἱ περισσοὶ ἐδίωξαν [A R al.] (10 a)
II Ki. 18. 16. τοῦ μὴ διώκειν ὀπίσω Ἰσραήλ (10 a)
20. 7. διῶξαι ὀπίσω Σαβεὲ υἱοῦ Βοχορί (10 a)
— 10. ἐδίωξεν [A -αν] ὀπίσω Σ. (10 a)
— 13. τοῦ διῶξαι ὀπίσω Σαβεὲ υἱοῦ Βοχορί (10 a)
21. 5. καὶ ἐδίωξεν ἡμᾶς –
22. 38. διώξω ἐχθρούς μου (10 a)
24. 13. ἔσονται διώκοντές [A B² -κειν] σε (10 a)
IV Ki. 5. 21. ἐδίωξε Γιεζὶ ὀπίσω τοῦ Ναιμάν (10 a)
9. 27. ἐδίωξεν ὀπίσω αὐτοῦ Ἰού (10 a)
25. 5. ἐδίωξεν ἡ δύναμις τῶν Χαλδαίων (10 a)
I Ch. 12. 15. S ἐδίωξαν [A B ἐξεδ.] π. τοὺς κατοικοῦντας (2)
II Es. 9. 4. πᾶς ὁ διώκων λόγον θεοῦ Ἰσραήλ (6 b)
Es. 8. 14. S³ σπεύδοντες καὶ διωκόμενοι [A B S om. κ. δ.] (4)
Jb. 19. 22. διὰ τί με διώκετε (10 a)
Ps. 7. 1. σῶσόν με ἐκ πάντων τῶν διωκόντων με (10 a)
33 (34). 14. καὶ δίωξον αὐτήν (10 a)
68 (69). 4. S οἱ διώκοντές [B ἐκδ.] με ἀδίκως (1)
108 (109). 31. S¹ τοῦ σῶσαι ἐκ τῶν διωκόντων [A S² R καταδ.] τὴν ψυχήν μου (13)
Pr. 9. 12. A B ὁ δ' αὐτὸς διώξεται ὄρνεα πετόμενα
— 12. 11. οἱ δὲ διώκοντες μάταια ἐνδεεῖς φρενῶν (10 c)
15. 9. διώκοντας δὲ δικαιοσύνην ἀγαπᾷ [S¹ ἀπατᾷ] (10 c)
21. 6. μάταια διώκει ἐπὶ [A S² καὶ ἔρχεται ἐπὶ] παγίδας θανάτου (7)
28. 1. φεύγει ἀσεβὴς μηδενὸς διώκοντος (10 a)
— 19. ὁ δὲ διώκων σχολὴν πλησθήσεται πενίας (10 c)
Ec. 3. 15. ὁ θεὸς ζητήσει τὸν διωκόμενον (10 b)
Wi. 2. 4. ὡς ὁμίχλη . . . διωχθεῖσα ὑπὸ ἀκτίνων ἡλίου
5. 14. ὡς πάχνη ὑπὸ λαίλαπος διωχθεῖσα λεπτή
11. 20. ὑπὸ τῆς δίκης διωχθέντες
16. 16. ὄμβροις διωκόμενοι ἀπαραιτήτοις [A -τως]
19. 2. προπέμψαντες αὐτοὺς διώξουσι μεταμεληθέντες
— 3. τούτους ὡς φυγάδας ἐδίωκον
Si. 11. 10. ἐὰν διώκῃς οὐ μὴ καταλάβῃς
27. 8. ἐὰν διώκῃς τὸ δίκαιον
— 20. μὴ αὐτὸν διώξῃς
29. 19. διώκων ἐργολαβείας ἐμπεσεῖται εἰς κρίσεις
31 (34). 2. ὡς . . . διώκων ἄνεμον
34 (31). 5. ὁ διώκων διαφθοράν
Ho. 6. 4 (3). A B διώξομεν [R -ωμεν] τοῦ γνῶναι τὸν κύριον (10 a)
12. 1 (2). ὁ δὲ Ἐ. πονηρὸν πνεῦμα ἐδίωξε καύσωνα (10 a)
Am. 1. 11. ἕνεκα τοῦ διῶξαι αὐτοὺς ἐν ῥομφαίᾳ (10 a)
2. 16. ὁ γυμνὸς διώξεται ἐν ἐκείνῃ τῇ ἡμέρᾳ (8)
6. 13 (12). εἰ διωχθήσονται ἐν πέτραις ἵπποι (11)
Mi. 2. 10. κατεδιώχθητε οὐδενὸς διώκοντος (5)
Na. 1. 8. τοὺς ἐχθροὺς αὐτοῦ διώξεται σκότος (10 c)
3. 2. φωνὴ . . . ἵππου διώκοντος (3)

Hb. 2. 2. ὅπως διώκῃ ὁ ἀναγινώσκων αὐτά (11)
Hg. 1. 9. ὑμεῖς δὲ διώκετε ἕκαστος εἰς τὸν οἶκον αὐ. (11)
Is. 1. 23. διώκοντες ἀνταπόδομα (10 *a*)
5. 11. οὐαὶ οἱ . . . τὸ σίκερα διώκοντες (10 *a*)
13. 14. εἰς τὴν χώραν ἑαυτοῦ διώξεται [A S^2 -ξαι] (8)
16. 4. ἔσονται σκέπη ὑμῖν ἀπὸ προσώπου διώκοντος (12)
17. 2. οὐκ ἔσται ὁ διώκων (6 *a*)
— 13. πόρρω αὐτὸν διώξεται ὡς χνοῦν [A χοῦν] (10 *d*)
30. 16. κοῦφοι ἔσονται οἱ διώκοντες ὑμᾶς (10 *a*)
— 28. διώξεται αὐτοὺς πλάνησις [A S^2 *add.* ματαία] †
31. 8. A φεύξεται οὐκ ἀπὸ προσώπου διώκοντος [BS μαχαίρας] †
41. 3. διώξεται αὐτούς (10 *a*)
51. 1. ἀκούσατέ μου οἱ διώκοντες τὸ δίκαιον (10 *a*)
Je. 17. 18. καταισχυνθήτωσαν οἱ διώκοντές με (10 *a*)
20. 11. ἐδίωξαν καὶ νοῆσαι οὐκ ἠδύναντο (10 *a*)
28 (51). 31. διώκων εἰς ἀπάντησιν [A -τὴν] διώκοντος διώξεται (12 *ter*)
La. 1. 3. S πάντες οἱ διώκοντες [A B καταδ.] αὐτὴν κατέλαβον αὐτήν (10 *a*)
— 6. ἐπορεύοντο . . . κατὰ πρόσωπον [A ἐνώπιον] διώκοντος (10 *a*)
4. 19. κοῦφοι ἐγένοντο οἱ διώκοντες ἡμᾶς (10 *a*)
5. 5. ἐδιώχθημεν ἐκοπιάσαμεν (10 *b*)
Ez. 25. 13. ἐκ Θαιμὰν διωκόμενοι ἐν ῥομφαίᾳ πεσοῦνται †
35. 6. αἷμά σε διώξεται (10 *a*)
Da. LXX. 4. 29. οἱ ἄγγελοι διώξονταί σε –
I Ma. 2. 47. ἐδίωξαν τοὺς υἱοὺς τῆς ὑπερηφανίας
3. 5. ἐδίωξεν ἀνόμους ἐξερευνῶν
— 24. καὶ ἐδίωκον αὐτόν
4. 9. R ἐδίωξεν [A -αν, S ἐδίωκεν] αὐτοὺς Φαραὼ ἐν δυνάμει
— 15. ἐδίωξαν αὐτοὺς ἕως Γ.
— 16. ἀπὸ τοῦ διώκειν ὄπισθεν αὐτῶν
5. 21. S R ἐδίωξεν αὐτοὺς ἕως τῆς πύλης [A τῶν πόλεων] Πτ.
— 60. ἐδιώχθησαν ἕως τῶν ὁρίων τῆς Ἰουδαίας
9. 15. A S ἐδίωκεν [R -ον] ὀπίσω αὐτῶν
10. 49. ἐδίωξεν αὐτόν
11. 73. ἐδίωκον μετ' αὐτοῦ ἕως Κάδης
12. 51. καὶ ἴδον οἱ διώκοντες
15. 11. ἐδίωξεν αὐτὸν Ἀντίοχος
— 39. ὁ δὲ βασιλεὺς ἐδίωκε τὸν Τρύφωνα
II Ma. 2. 21. τὰ βάρβαρα πλήθη διώκειν
5. 8. διωκόμενος ὑπὸ πάντων
[**Aq.** Jo. 10. 19: Ps. 30 (31). 16: Pr. 21. 21: Je. 20. 11.]
[**Sm.** Jo. 10. 19: II Ki. 2. 27: Jb. 19. 28: Ps. 30 (31). 16: 118 (119). 150: Pr. 21. 21: Ez. 35. 6.]
[**Th.** Jo. 10. 19: Ps. 108 (109). 31: Pr. 21. 21: Je. 20. 10 *bis*: 29 (36). 18: Ez. 35. 6.]
[**Al.** Le. 26. 37.]
[**Sext.** Ps. 108 (109). 31.]

διώροφος. (1) שֵׁנִי
Ge. 6. 16. κατάγαια δ. καὶ τριώροφα ποιήσεις αὐτήν (1)

διωρτήρ, διωστήρ. (1) בַּד
Ex. 38. 4 (37. 5). εὑρεῖς [A εὖρος] τοῖς δ. ὥστε αἴρειν αὐτὴν ἐν αὐτοῖς (1)
— 10 (37. 14). εὑρεῖς ὥστε αἴρειν τοῖς δ. ἐν αὐτοῖς (1)
— 11 (37. 15). τοὺς δ. τῆς κιβωτοῦ καὶ τῆς τραπέζης (1 ?)
39. 15 (35). τὴν κιβωτὸν τῆς διαθήκης καὶ τοὺς δ. αὐ. (1)
40. 20. ὑπέθηκε [A ἐπ.] τοὺς δ. ὑπὸ τὴν κιβ. (1)

διῶρυξ (-υγος *et* -υχος). (1) יְאֹר (2) נַחַל (3) שִׁבֹּלֶת
Ex. 7. 19. καὶ ἐπὶ τὰς δ. αὐτῶν (1)
8. 5 (1). καὶ ἐπὶ τὰς δ. καὶ ἐπὶ τὰ ἕλη (1)
Si. 24. 30. κἀγὼ ὡς διῶρυξ ἀπὸ ποταμοῦ . . . ἐξῆλθον
— 31. ἐγένετό μοι [A μου] ἡ δ. εἰς ποταμόν
Is. 19. 6. ἐκλείψουσιν . . . αἱ διώρυχες [A S -γες] τοῦ ποταμοῦ (1 ?)
27. 12. ἀπὸ τῆς δ. τοῦ ποταμοῦ (3)
Is. 33. 21. ποταμοὶ καὶ διώρυχες [A S -υγες] πλατεῖς (1)
Je. 38 (31). 9. αὐλίζων ἐπὶ διώρυγας [A διορ.] ὑδάτων (2)
[**Sm.** Is. 33. 21.]
[**Al.** Ez. 32. 14.]

δόγμα. (1) אֱסָר (2) דָּת (3) טְעֵם (4) כְּתָב
Es. 4. 8. S^3 τὸ ἀντίγραφον γράμμα τὸ τοῦ δ. [A B S *om.* γρ. τὸ τ. δ.] (2)
9. 1. S^3 καὶ τὸ δ. αὐτοῦ ποιῆσαι (2)
Ez. 20. 26. R μιανῶ αὐτοὺς ἐν τοῖς δ. [A B δόμασιν] αὐτῶν †
Da. LXX. 6. 12 (13). ὁρκίζομέν σε τοῖς Μήδων καὶ Περσῶν δ. –
Da. TH. 2. 13. τὸ δ. ἐξῆλθε (2)
3. 10. σύ, βασιλεῦ, ἔθηκας δόγμα (3)
— 12. οἱ οὐχ ὑπήκουσαν . . . τῷ δ. σου (3)
— 29 (96). ἐγὼ ἐκτίθεμαι τὸ [A *om.*] δ. (3)
4. 3. δι' ἐμοῦ ἐτέθη δόγμα (3)
6. 8 (9). ὅπως μὴ ἀλλοιωθῇ τὸ δ. Περσῶν καὶ Μήδων (2)
— 9 (10). ἐπέταξε γραφῆναι τὸ δ. (1)
— 10 (11). ἐνετάγη τὸ δ. (4)
— 12 (13). τὸ δ. Μήδων καὶ Περσῶν οὐ παρελεύσεται (2)
— 13 (14). Δανιὴλ . . . οὐχ ὑπετάγη τῷ δ. σου (3 *et* 1)
— 15 (16). τὸ δ. Μήδοις καὶ Πέρσαις (2)
— 26 (27). ἐτέθη δ. τοῦτο (3)
III Ma. 1. 3. τῶν πατρίων δ. ἀπηλλοτριωμένος
IV Ma. 4. 23. δόγμα ἔθετο
— 24. S R καταλῦσαι διὰ τῶν δ. τὴν τοῦ ἔθνους εὐνομίαν [A εὔνοιαν]
— 26. τὰ δ. αὐτοῦ κατεφρονεῖτο ὑπὸ τοῦ λαοῦ
10. 2. A S ἐπὶ τοῖς αὐτοῖς ἀνετράφην [R -ημεν] δ.
[**Aq.** Dt. 33. 2.]
[**Sm.** Hb. 1. 7.]
[**Th.** Da. 3. 12: 6. 8.]

δογματίζειν. (1) *a.* דָּתָא נָפְקַת *b.* דָּת (2) כְּתַב ni.
I Es. 6. 34. ἐγὼ βασιλεὺς Δαρεῖος δεδογμάτικα ἐπιμελῶς
Es. 3. 9. εἰ δοκεῖ τῷ βασιλεῖ δογματισάτω (2)
Da. LXX. 2. 13. ἐδογματίσθη πάντας ἀποκτεῖναι (1 *a*)
— 15. περὶ τίνος δογματίζεται πικρῶς (1 *b*)
II Ma. 10. 8. ἐδογμάτισάν τε μετὰ κοινοῦ προστάγματος
15. 36. ἐδογμάτισαν πάντες μετὰ κοινοῦ ψηφίσματος
III Ma. 4. 11. καθὼς ἦν δεδογματισμένον τῷ βασιλεῖ

δοκεῖν. (1) אָמַר (2) הָיָה כְּ (3) חָשַׁב *a.* qal. *b.* ni. (4) *a.* טוֹב *b.* טוֹב בְּעֵינֵי (5) *a.* יָשַׁר *b.* יָשַׁר בְּעֵינֵי (6) *a.* נָדַב *b.* נָדִיב (7) נָשָׂא (8) צָבָא
Ge. 19. 14. ἔδοξε δὲ γελοιάζειν ἐναντίον τῶν γ. (2)
38. 15. ἔδοξεν αὐτὴν πόρνην εἶναι (3 *a*)
Ex. 25. 2. οἷς ἂν δόξῃ τῇ καρδίᾳ (6 *a*)
35. 21. ὅσοις [A οἷς] ἔδοξε τῇ ψυχῇ αὐτῶν (6 *a*)
— 22. πᾶς ᾧ ἔδοξε τῇ διανοίᾳ (6 *b*)
— 26. αἷς ἔδοξε τῇ διανοίᾳ αὐτῶν (7)
Jo. 9. 25. ὡς δοκεῖ ὑμῖν ποιήσατε [A -σαι] ἡμῖν (5 *b*)
I Es. 8. 11. καθάπερ δέδοκται ἐμοί τε καὶ τοῖς ἑπτὰ φίλοις
To. 3. 15. εἰ μὴ δοκεῖ σοι ἀποκτεῖναί με
Ju. 3. 8. R ἦν δεδογμένον [A B S δεδομ.] αὐτῷ
Es. 1. 19. εἰ οὖν δοκεῖ τῷ βασιλεῖ (4 *a*)
3. 9. εἰ δοκεῖ τῷ βασιλεῖ (4 *a*)
5. 4. εἰ οὖν δοκεῖ τῷ βασιλεῖ (4 *a*)
8. 5. εἰ δοκεῖ σοι καὶ εὗρον χάριν (4 *a*)
— 8. γράψατε . . . ὡς δοκεῖ ὑμῖν (4 *b*)
Jb. 1. 21. ὡς τῷ κυρίῳ ἔδοξεν –
15. 21. ὅταν δοκῇ ἤδη εἰρηνεύειν [A -εύεσθαι] †
20. 7. ὅταν γὰρ δοκῇ ἤδη κατεστηρίχθαι [A ἐστ.] †
— 22. ὅταν δὲ δοκῇ ἤδη πεπληρῶσθαι †
Pr. 2. 10. ἡ δὲ αἴσθησις τῇ σῇ ψυχῇ καλὴ εἶναι δόξῃ –
14. 12. ἣ δοκεῖ παρὰ ἀνθρώποις ὀρθὴ εἶναι –
16. 25. εἰσὶν ὁδοὶ δοκοῦσαι εἶναι ὀρθαὶ ἀνδρί –
17. 28. δόξει φρόνιμος εἶναι –
26. 12. εἶδον ἄνδρα δόξαντα παρ' ἑαυτῷ σοφὸν εἶναι –
27. 14. καταρωμένου οὐδὲν διαφέρειν δόξει (3 *b*)
Pr. 28. 24. ὃς . . . δοκεῖ μὴ ἁμαρτάνειν (1)
Wi. 3. 2. ἔδοξαν ἐν ὀφθ. ἀφρόνων τεθνάναι
12. 27. ἐπὶ τούτοις οὓς [S^1 οὖν] ἐδόκουν θεούς
Si. *prol.* 14. ἐφ' οἷς ἂν δοκῶμεν . . . ἀδυναμεῖν [B^1 S^1 *om.*]
Je. 34 (27). 5. ᾧ ἐὰν δόξῃ ἐν ὀφθαλμοῖς μου (5 *a*)
Da. LXX. Su. 5. οἳ ἐδόκουν κυβερνᾶν τὸν λαόν
4. 34. ἔδοξε δέ μοι ἀποδεῖξαι ὑμῖν –
Da. TH. Su. 5. οἳ ἐδόκουν κυβερνᾶν τὸν λαόν
4. 14. ᾧ ἐὰν δόξῃ δώσει αὐτήν (8)
— 22, 29; 5. 21. ᾧ ἂν δόξῃ δώσει αὐτήν (8)
Bel 6. οὐ δοκεῖ σοι Βὴλ εἶναι ζῶν θεός
I Ma. 8. 26. ὡς ἔδοξε Ῥωμαίοις
— 28. ὡς ἔδοξε Ῥώμῃ
15. 20. ἔδοξε δὲ ἡμῖν δέξασθαι τὴν ἀσπίδα
II Ma. 1. 13. ἡ περὶ αὐτὸν ἀνυπόστατος δοκοῦσα εἶναι δύναμις
— 20. ὅτε ἔδοξε τῷ θεῷ
2. 29. R οὕτω δοκῶ καὶ ἐπὶ ἡμῖν [A *al.*]
5. 6. δοκῶν δὲ πολεμίων . . . τρόπαια καταβάλλεσθαι
7. 16. μὴ δόκει δὲ τὸ γένος ἡμῶν . . . καταλελεῖφθαι
9. 8. R ὁ δ' ἄρτι δοκῶν . . . ἐπιτάσσειν [A *al.*]
— 10. τὸν . . . τῶν οὐρανίων ἄστρων ἅπτεσθαι δοκοῦντα
14. 14. τὰς . . . συμφορὰς ἰδίας εὐημερίας δοκοῦντες ἔσεσθαι
— 40. R ἔδοξε γὰρ . . . τούτοις ἐργάσασθαι [A ἐνεργ.] συμφοράν
III Ma. 1. 26. τέλος ἐπιθήσειν δοκῶν τῷ προειρημένῳ
— 29. δοκεῖν γὰρ ἦν μὴ μόνον τοὺς ἀνθρώπους . . . ἠχεῖν
5. 5. ἔννυχον δόξαντες ὁμοῦ λήψεσθαι τὸ φῦλον
— 6. οἱ δὲ πάσης σκέπης ἔρημοι δοκοῦντες εἶναι
— 22. τοῖς ταλαιπώροις δοκοῦσιν ἐμπαιγμούς
— 40. R ἀναλύων τὰ σοὶ δεδογμένα [A *al.*]
— 49. ὑστάτην βίου ῥοπὴν αὐτοῖς ἐκείνην δόξαντες εἶναι
6. 30. ἔδοξαν τὸν ὄλεθρον ἀναλαμβάνειν
IV Ma. 5. 6. οὔ μοι δοκεῖς φιλοσοφεῖν
— 9. ἀνοητότερον ποιήσειν δοκεῖς
9. 30. οὐ δοκεῖς . . . πλεῖον ἐμοῦ σὲ νῦν βασανίζεσθαι
11. 5. A R ἢ κακόν σοι δοκεῖ
— 16. εἴ σοι δοκεῖ βασανίζειν
13. 14. μὴ φοβηθῶμεν τὸν δοκοῦντα ἀποκτείνειν
[**Sm.** I Ki. 20. 9: Ps. 35 (36). 3: Ec. 9. 13.]
[**Al.** Nu. 22. 34.]

δοκιμάζειν. (1) בָּחַן (2) בָּחַר ni. (3) חָקַר (4) יָקַר (5) *a.* צָרַף *b.* מְצָרֵף
Jd. 7. 4. A δοκιμῶ αὐτούς σοι ἐκεῖθεν [B *al.*] (5 *a*)
I Es. 9. 40. B ἐδοκίμασεν [A R ἐκόμισεν] Ἔ. ὁ ἀρχ. τὸν νόμον
Jb. 34. 3. οὓς [A νοῦς] λόγους δοκιμάζει (1)
Ps. 16 (17). 3. ἐδοκίμασας τὴν καρδίαν μου (1)
25 (26). 2. A B S^2 δοκίμασόν με, κύριε (1)
65 (66). 10. ἐδοκίμασας ἡμᾶς, ὁ θεός (1)
67 (68). 30. B S^1 τοῦ μὴ ἀποκλεισθῆναι [S^2 τοῦ ἐκκλ.] τοὺς δεδοκιμασμένους τῷ ἀργυρίῳ †
80 (81). 7. ἐδοκίμασά σε ἐπὶ ὕδατος ἀντιλογίας (1)
94 (95). 9. ἐδοκίμασαν καὶ [A S^2 με καὶ] εἶδον τὰ ἔργα μου (1)
138 (139). 1. κύριε, ἐδοκίμασάς με (3)
— 23. S^1 δοκίμασόν με –
— 23. δοκίμασόν με, ὁ θεός (3)
Pr. 8. 10. καὶ γνῶσιν ὑπὲρ χρυσίον δεδοκιμασμένον (2)
17. 3. ὥσπερ δοκιμάζεται ἐν καμίνῳ ἄργυρος (5 *b*)
27. 21. ἀνὴρ δὲ δοκιμάζεται διὰ στόματος ἐγκωμιαζόντων αὐτόν –
Wi. 1. 3. δοκιμαζομένη τε ἡ δύναμις
2. 19. A S R ἵνα . . . δοκιμάσωμεν [B δικάσ.] τὴν ἀνεξικακίαν αὐ.
3. 6. ὡς χρυσὸν ἐν χωνευτηρίῳ ἐδοκίμασεν αὐτούς
11. 10. τούτους μὲν γὰρ ὡς πατὴρ νουθετῶν ἐδοκίμασας
Si. 2. 5. ἐν πυρὶ δοκιμάζεται χρυσός
24. 12. S^2 ἐν λαῷ δεδοκιμασμ. [A B S^1 δεδοξασμ.]
27. 5. σκεύη κεραμέως δοκιμάζει [A -άσει, S^1 -μᾷ] κάμινος
34 (31). 10. τίς ἐδοκιμάσθη ἐν αὐτῷ

Si. 34 (31). 26. κάμινος δοκιμάζει [S[1] -μᾷ] στόμωμα ἐν βαφῇ
39. 34. S πάντα γὰρ ἐν καιρῷ δοκιμασθήσεται [A B al.]
42. 8. ἔσῃ . . . δεδοκιμασμένος ἔναντι παντὸς ζῶντος
Za. 11. 13. A S R ὃν τρόπον ἐδοκιμάσθην [B -η] ὑπὲρ αὐτῶν (4)
13. 9. δοκιμῶ αὐτοὺς ὡς δοκιμάζεται τὸ χρυσίον (1,1)
Je. 6. 27. δοκιμαστὴν δέδωκά σε ἐν λαοῖς δεδοκιμασμένοις †
— 27. ἐν τῷ δοκιμάσαι με τὴν ὁδὸν αὐ. (1)
9. 7 (6). καὶ δοκιμῶ [S[2] -μάσω] αὐτούς (1)
11. 20. δοκιμάζων νεφροὺς καὶ καρδίας (1)
12. 3. δεδοκίμακας [A ἐδοκίμασας] τὴν καρδίαν μου ἐναντίον σου (1)
17. 10. ἐγὼ κύριος . . . δοκιμάζων νεφρούς (1)
20. 12. κύριε δοκιμάζων δίκαια (1)
II Ma. 1. 34. δοκιμάσας τὸ πρᾶγμα
4. 3. τῶν ὑπὸ τοῦ Σίμωνος δεδοκιμασμένων
III Ma. 2. 6. R πολλαῖς δοκιμάσας [A ἐδ.] τιμωρίαις
IV Ma. 17. 12. ἀρετὴ δι' ὑπομονῆς δοκιμάζουσα
[Aq. Ge. 42. 15 : Jb. 23. 10 : Ps. 10 (11). 4, 5 : Pr. 17. 3.]
[Sm. Ge. 42. 15 : Dt. 33. 8 : Jb. 23. 10 : Pr. 17. 3.]
[Th. Pr. 17. 3.]
[Al. Ps. 7. 10 : Da. 1. 12, 14.]

δοκιμασία.

Si. 6. 21. ὡς λίθος δοκιμασίας ἰσχυρὸς [S[1] -ὺς, S[2] -ύος] ἔσται ἐπ' αὐτῷ
[Sm. Dt. 33. 8.]

δοκιμαστής.

[Sm. Je. 20. 12.]

δοκιμαστός. (1) בָּחוֹן

Je. 6. 27. δοκιμαστὴν δέδωκά σε ἐν λαοῖς δεδοκιμασμ. (1)

δοκιμή.

[Sm. Ps. 67 (68). 31.]

δοκίμιον. (1) זָקַק pu. (2) יָקָר (3) מַצְרֵף (4) עֲלִיל

I Ch. 29. 4. ἑπτακισχίλια τάλαντα ἀργυρίου δοκίμου [B[2] -μίου] (1)
Ps. 11 (12). 6. ἀργύριον πεπυρωμένον δοκίμιον τῇ γῇ (4)
Pr. 27. 21. δοκίμιον ἀργυρίῳ καὶ χρυσῷ πύρωσις (3)
Za. 11. 13. εἰ δόκιμόν [S[2] -ιμιόν] ἐστιν (2)

δόκιμος. (1) זָקַק pu. (2) טָהוֹר (3) יָקָר (4) עָבַר (5) פָּזַז hoph.

Ge. 23. 16. τετρακόσια δίδραχμα ἀργυρίου δοκίμου ἐμπόροις (4)
III Ki. 10. 18. περιεχρύσωσεν αὐτὸν χρυσίῳ δοκίμῳ (5)
I Ch. 28. 18. ἐκ χρυσίου δ. (1)
29. 4. ἑπτακισχίλια τάλαντα ἀργυρίου δ. [B[2] -μίου] (1)
II Ch. 9. 17. κατεχρύσωσεν αὐτὸν χρυσίῳ δ. (2)
Za. 11. 13. εἰ δόκιμόν [S[2] -μιόν] ἐστι (3)
[Aq., Th. Is. 28. 16.]
[Sm. III Ki. 6. 20 : Ps. 17 (18). 31 : Is. 28. 16.]

δοκός. (1) מְחַבְּרוֹת (2) סִפּוּן (3) קִיר (4) קוֹרָה, קֹרָה

Ge. 19. 8. A ὑπὸ τὴν στέγην [R σκέπην] τῶν δ. μου (4)
III Ki. 6. 15. ἕως τῶν τοίχων καὶ ἕως τῶν δ. (2)
— 16. ἀπὸ τοῦ ἐδάφους [A ἐ. τοῦ οἴκου] ἕως τῶν δ. (3)
IV Ki. 6. 2. λάβωμεν ἐκεῖθεν ἀνὴρ εἰς [A om.] δοκὸν μίαν (4)
— 5. ὁ εἷς καταβάλλων [A -αλῶν] τὴν δ. (4)
II Ch. 34. 11. καὶ ξύλα εἰς δοκούς (1)
Ca. 1. 17. δοκοὶ οἴκων [S[1] om.] ἡμῶν κέδροι (4)
Si. 29. 22. κρείσσων βίος πτωχοῦ ὑπὸ σκέπην δοκῶν
Ep. Je. 20. ἔστι μὲν ὥσπερ δ. τῶν ἐκ τῆς οἰκίας
55. ὥσπερ δοκοὶ μέσοι κατακαυθήσονται

δόκωσις. (1) מְקָרֶה

Ec. 10. 18. ἐν ὀκνηρίαις ταπεινωθήσεται ἡ δ. (1)

δολιεύεσθαι.

[Aq., Sm. Ge. 37. 18.]
[Al. Nu. 22. 29 : Jo. 9. 22 (28).]

δόλιος. (1) אֶרֶב־דָּם (2) דָּלַק (3) חֲלָקָה (4) מִרְמָה (5) עַוְלָה (6) רְמִיָּה (7) שֶׁקֶר (8) תַּרְמִית

Ps. 5. 6. ἄνδρα αἱμάτων καὶ δόλιον βδελύσσεται κ. (4)
11 (12). 2. χείλη δόλια ἐν καρδίᾳ (3)
— 3. ἐξολεθρεύσαι [A -σει] κ. πάντα τὰ χείλη τὰ δ. (3)
16 (17). 1. οὐκ ἐν χείλεσι δολίοις (4)
30 (31). 18. ἄλαλα γενηθήτω τὰ χείλη τὰ δ. (7)
42 (43). 1. ἀπὸ ἀνθρώπου ἀδίκου καὶ δολίου (5)
51 (52). 4. ἠγάπησας πάντα τὰ ῥήμ. καταποντισμοῦ γλῶσσαν δ. (4)
108 (109). 2. στόμα δολίου ἐπ' ἐμὲ ἠνοίχθη (4)
— 2. ἐλάλησαν κατ' ἐμοῦ γλώσσῃ δ. (7)
119 (120). 2. ῥῦσαι τὴν ψυχήν μου . . . ἀπὸ γλώσσης δ. (6)
— 3. τί προστεθείη σοι πρὸς γλῶσσαν δ. (6)
Pr. 11. 1. ζυγοὶ δόλιοι βδέλυγμα ἐνώπιον κυρίου (4)
12. 6. λόγοι ἀσεβῶν δόλιοι (1)
— 17. ὁ δὲ μάρτυς τῶν ἀδίκων δόλιος (4)
— 24. δόλιοι δὲ ἔσονται ἐν προνομῇ [A εἰς προνομήν] (6)
— 27. οὐκ ἐπιτεύξεται δόλιος θήρας (6)
13. 9. ψυχαὶ δόλιαι πλανῶνται ἐν ἁμαρτίαις –
— 13. υἱῷ δολίῳ [S[1] δουλ.] οὐδὲν ἔσται ἀγαθόν –
14. 25. ἐκκαίει δὲ ψευδῆ δόλιος (4)
20. 23. ζυγὸς δόλιος οὐ καλὸν ἐνώπιον αὐτοῦ (4)
26. 23. S χείλη δόλια [A B λεῖα] καρδίαν καλύπτει λυπηράν (2)
Si. 11. 29. πολλὰ γὰρ τὰ ἔνεδρα τοῦ δ.
22. 22. πλὴν . . . πληγῆς δολίας ἐν τούτοις ἀποφεύξ. πᾶς φίλος
27. 25. πληγὴ δολία διελεῖ [A[1] ἐλεῖ] τραύματα
Ze. 3. 13. οὐ μὴ εὑρεθῇ ἐν τῷ στόμ. αὐτῶν γλῶσσα δ. (8)
Je. 9. 8 (7). δόλια τὰ ῥήματα τοῦ στόματος αὐτοῦ (4)
[Aq. Ez. 22. 9.]
[Sm. Ps. 16 (17). 1 : 34 (35). 20 : 54 (55). 24 : 119 (120). 3 : Pr. 11. 13 : 26. 20 : Is. 32. 5 : Ez. 22. 9.]
[Th. Pr. 19. 15 : Ez. 22. 9.]
[Quint. Ps. 34 (35). 20.]

δολιότης. (1) חֲלָקָה (2) מִרְמָה (3) נֵכֶל

Nu. 25. 18. ἐχθραίνουσιν αὐτοὶ ὑμῖν ἐν δολιότητι (3)
Ps. 37 (38). 12. δολιότητας [S[1] -α] ὅλην τὴν ἡμ. ἐμελέτησαν (2)
49 (50). 19. ἡ γλῶσσά σου περιέπλεκε δολιότητα [S[2] -as] (2)
54 (55). 23. ἄνδρες . . . δολιότητος οὐ μὴ ἡμισεύσωσι τὰς ἡμ. αὐ. (2)
72 (73). 18. πλὴν διὰ τὰς δ. ἔθου αὐτοῖς (1)
Si. 37. 3. πόθεν ἐνεκυλίσθης καλύψαι τὴν ξηρὰν ἐν δολιότητι
[Sm. Ps. 118 (119). 118.]

δολιοῦν. (1) חָלַק hi. (2) נָכַל a. pi. b. hithpa.

Nu. 25. 18. ὅσα δολιοῦσιν ὑμᾶς διὰ Φογώρ (2 a)
Ps. 5. 9. ταῖς γλώσσαις αὐτῶν ἐδολιοῦσαν (1)
13 (14). 3. B S ταῖς γλώσσαις αὐ. ἐδολιοῦσαν –
104 (105). 25. τοῦ δολιοῦσθαι ἐν τοῖς δούλοις αὐ. (2 b)
[Sm. Pr. 26. 19.]

δολίως. (1) רָכִיל

Je. 9. 4 (3). πᾶς φίλος δ. πορεύσεται (1)

δόλος. (1) דָּבָר (2) חָנֵף (3) מִלָּה (4) a. מִרְמָה b. דְּבַר מִרְמָה (5) מַשָּׁאוֹן (6) סֵתֶר (7) עָרְמָה (8) רָכִיל (9) רְמִיָּה (10) רֶעַשׁ (11) תֹּךְ

Ge. 27. 35. ἐλθὼν ὁ ἀδελφός σου μετὰ δόλου (4 a)
34. 13. ἀπεκρίθησαν δὲ οἱ υἱοὶ Ἰ. . . . μετὰ δόλου (4 a)
Ex. 21. 14. ἀποκτεῖναι αὐτὸν δόλῳ (7)
Le. 19. 16. οὐ πορεύσῃ δόλῳ ἐν τῷ ἔθνει σου (8)
De. 27. 24. ἐπικατάρατος ὁ τύπτων τὸν πλησίον δόλῳ (6)
II Ki. 14. 20. B ὁ ἐποίησεν ὁ δοῦλός σου Ἰ. τὸν δ. [A R λόγον] τοῦτον (1)
IV Ki. 9. 23. δόλος, Ὀχοζία [A δοῦλος Ὀχοζεί] (4 a)
To. 14. 10. S δ. πολὺς συντελεῖται ἐν αὐτῇ
Jb. 13. 7. ἔναντι δὲ αὐτοῦ φθέγγεσθε δόλον (9)
— 16. οὐ γὰρ ἐναντίον αὐτοῦ δόλος εἰσελεύσ. (2)
15. 35. ἡ δὲ κοιλία αὐτοῦ ὑποίσει [S[1] οὐκ οἴσει] δόλον [A πόνον] (4 a)
31. 5. εἰ δὲ καὶ ἐσπούδασεν ὁ πούς μου εἰς δόλον (4 a)
— 23. οὐχ ὑποίσω [S[1] add. δόλον] –
Ps. 9. 28 (10. 7). οὗ ἀρᾶς τὸ στόμα αὐτοῦ γέμει . . . καὶ δόλου (11)
23 (24). 4. οὐκ ὤμοσεν ἐπὶ δόλῳ τῷ πλησίον αὐ. (4 a)
31 (32). 2. οὐδέ ἐστιν ἐν τῷ στόματι αὐ. δόλος (9)
33 (34). 13. τοῦ μὴ λαλῆσαι δόλον (4 a)
34 (35). 20. ἐπ' ὀργῇ [A S -ὴν] δόλους διελογίζοντο (4 b)
35 (36). 3. τὰ ῥήμ. τοῦ στόματος αὐτοῦ . . . δόλος (4 a)
51 (52). 2. ἐποίησας δόλον (9)
54 (55). 11. οὐκ ἐξέλιπεν ἐκ τῶν πλατειῶν αὐ. . . . δόλος (4 a)
138 (139). 4. S[2] οὐκ ἔστι δόλος [A B S[1] λόγος ἄδικος] ἐν γλώσσῃ μου (3)
Pr. 10. 10. ὁ ἐννεύων ὀφθαλμοῖς μετὰ δόλου –
12. 5. κυβερνῶσι δὲ ἀσεβεῖς δόλους [S[1] λόγοις] (4 a)
— 20. δόλος ἐν καρδίᾳ τεκταινομένου κακά (4 a)
16. 28. λαμπτῆρα δόλου [S χόλου] πυρσεύσει κακοῖς †
26. 23. ἀργύριον διδόμενον μετὰ δόλου †
— 24. A[2]B[2]R ἐν δὲ τῇ καρδίᾳ τεκταίνεται δόλους [A[1] -os, B[1] S λόγους] (4 a)
— 26. ὁ κρύπτων ἔχθραν συνίστησι δόλον (5)
Wi. 1. 5. ἅγιον γὰρ πνεῦμα παιδείας [A σοφίας] φεύξεται δόλον
4. 11. ἡρπάγη μὴ . . . δόλος ἀπατήσῃ ψυχὴν αὐτοῦ
14. 25. αἷμα καὶ φόνος κλοπὴ καὶ δόλος
— 30. ἐν δόλῳ καταφρονήσαντες ὁσιότητος
Si. 1. 30. ἡ καρδία σου πλήρης δόλου
19. 26. τὰ ἐντὸς αὐτοῦ πλήρης δόλου
Mi. 6. 11. ἐν μαρσίππῳ στάθμια δόλου (4 a)
Ze. 1. 9. τοὺς πληροῦντας τὸν οἶκον κ. θ. αὐ. . . . δόλου (4 a)
Is. 9. 5 (4). πᾶσαν στολὴν ἐπισυνηγμένην δόλῳ (10 ?)
53. 9. οὐδὲ δόλον [A S[2] εὑρέθη δόλος] ἐν τῷ στόμ. αὐ. (4 a)
Je. 5. 27. οἱ οἶκοι αὐτῶν πλήρεις δόλου (4 a)
9. 6 (5). δ. ἐπὶ δόλῳ (4 a, 4 a)
Ez. 35. 5. ἐνεκάθισας τῷ οἴκῳ Ἰσραὴλ δόλῳ –
Da. LXX. 8. 25. δόλῳ ἀφανιεῖ πολλούς †
Bel 17. οὐκ ἔστι παρ' αὐτῷ δόλος
— 18. δεῦρο ἴδε τὸν δ. τῶν ἱερέων
Da. TH. 8. 25. δόλος ἐν τῇ χειρὶ αὐτοῦ (4 a)
— 25. δόλῳ διαφθερεῖ πολλούς †
11. 23. ποιήσει δόλον (4 a)
Bel 18. οὐκ ἔστι παρὰ σοὶ δόλος
I Ma. 1. 30. ἐλάλησεν αὐτοῖς λόγους εἰρηνικοὺς ἐν δόλῳ
7. 10. ἀπέστειλεν . . . λόγοις εἰρηνικοῖς μετὰ δόλου
— 27. ἀπέστειλε . . . μετὰ δόλου λόγοις εἰρηνικοῖς
— 30. μετὰ δόλου ἦλθεν ἐπ' αὐτόν
8. 28. καὶ οὐ μετὰ δόλου
11. 1. ἐζήτησε κατακρατῆσαι τῆς βασιλείας Ἀλ. δόλῳ
13. 17. δόλῳ λαλοῦσι πρὸς αὐτόν
— 31. ὁ δὲ Τρύφων ἐπορεύετο δόλῳ
16. 13. ἐβουλεύετο δόλῳ κατὰ Σίμωνος
— 15. ὑπεδέξατο αὐτοὺς . . . μετὰ δόλου
II Ma. 4. 34. πεισθεὶς ἐπὶ δόλῳ
[Aq. Jb. 15. 35.]
[Sm. Ps. 31 (32). 2 : Pr. 12. 17 : 14. 8 : Je. 8. 5.]
[Th. Ps. 138 (139). 4 : Pr. 20. 19.]
[Al. Ps. 9. 29 (10. 8) : 54 (55). 12, 20.]
[Quint. Ps. 31 (32). 2 : 61 (62) 5.]
[Sext. Ps. 31 (32). 2 : 54 (55). 11 : 138 (139). 4.]

δολοῦν. (1) חָלַק hi. (2) רָגַל

Ps. 14 (15). 3. ὃς οὐκ ἐδόλωσεν ἐν γλώσσῃ αὐτοῦ (2)
35 (36). 2. ἐδόλωσεν ἐνώπιον αὐτοῦ (1)
[Heb. Ps. 35 (36). 3.]

δολοφονεῖν.

[**Quint.** Ho. 6. 8.]

δόμα. (1) אֶתְנַן (2) גְּמוּל (3) מִנְדָּנוֹת (4) מֹהַר (5) מַשְׂאָה (6) *a.* מַתָּן *b.* מַתָּנָה *c.* מַתְּנָא *d.* מַתַּת (7) נְדָבָה (8) נָשָׂא ni. (9) נָתַן (10) תְּנוּפָה

Ge. 25. 6. τοῖς υἱοῖς . . . ἔδωκεν Ἀ. δόματα (6 *b*)
47. 22. ἐν δόσει γὰρ ἔδωκε δόμα [**A** δόματα] τοῖς ἱερ. †
Ex. 28. 34 (38). παντὸς δ. τῶν ἁγίων αὐτῶν (6 *b*)
Le. 7. 20 (30). ὥστε ἐπιθεῖναι δόμα ἔναντι κ. (10)
23. 38. καὶ πλὴν τῶν δ. ὑμῶν (6 *b*)
Nu. 3. 9. δεδομένοι δόμα οὗτοί μοι [**A** μόνοι] (9)
18. 6. τοὺς Λευίτας . . . δόμα δεδομένον κυρίῳ (6 *b*)
— 7. τὰς λειτουργίας δόμα τῆς ἱερατείας ὑμῶν (6 *b et* 9)
— 11. τοῦτο ἔσται ὑμῖν ἀπαρχῶν δομάτων αὐτῶν (6 *b*)
— 29. ἀπὸ πάντων τῶν δ. ὑμῶν ἀφελεῖτε ἀφαίρεμα (6 *b*)
27. 6 (7). δόμα δώσεις αὐταῖς κατάσχεσιν (9)
28. 2. τὰ δῶρά μου δόματά μου καρπώματά μου †
De. 12. 11. **A** καὶ τὰ δ. ὑμῶν –
23. 23 (24). ποιήσεις ὃν τρόπον ηὔξω κ. τῷ θ. σου δόμα (7)
I Ki. 18. 25. οὐ βούλεται ὁ βασιλεὺς ἐν δόματι (4)
II Ki. 19. 42 (43). ἢ δόμα ἔδωκεν [**A** δέδ.] (8 ?)
III Ki. 13. 7. δώσω σοι δόμα (6 *d*)
II Ch. 2. 10 (9). δέδωκα σῖτον εἰς δόματα τοῖς παισί σου †
17. 11. ἔφερον πρὸς Ἰωσ. δῶρα . . . καὶ δόματα (5)
21. 3. ἔδωκεν αὐτοῖς ὁ πατὴρ αὐτῶν δ. πολλά (6 *b*)
31. 14. καὶ Κωρὴ . . . ἐπὶ τῶν δ. (7)
32. 23. ἔφερον . . . δόματα τῷ Ἐζεκίᾳ (3)
Ju. 4. 14. **A B** τὰ ἑκούσια δ. τοῦ λαοῦ
16. 18. ἀνήνεγκαν . . . τὰ δ.
Es. 1. 1. ἔδωκεν αὐτῷ δόματα περὶ τούτων
Ps. 67 (68). 18. ἔλαβες δόματα ἐν ἀνθρώπῳ (6 *b*)
Pr. 18. 16. δόμα ἀνθρώπου ἐμπλατύνει αὐτόν (6 *a*)
19. 17. κατὰ δὲ τὸ δ. αὐτοῦ ἀνταποδώσει [**B**^{1} -δωθήσεται] αὐτῷ (2)
Ec. 3. 13. **A** τοῦτο [**B S** *om.*] δόμα θεοῦ ἐστιν (6 *d*)
4. 17. ὑπὲρ δόμα τῶν ἀφρόνων [**S**^{2} *al.*] (9)
5. 18. τοῦτο δόμα θεοῦ ἐστιν (6 *d*)
Si. 7. 33. χάρις [**S** χάρισμα] δόματος ἔναντι παντὸς ζῶντος
18. 17. οὐκ ἰδοὺ λόγος ὑπὲρ δόμα ἀγαθόν
38. 2. παρὰ βασιλέως λήψεται δόμα
Ho. 9. 1. ἠγάπησας δόματα ἐπὶ πάντα ἅλωνα σίτου (1)
10. 6. ἐν δόματι Ἐ. δέξεται †
Ez. 20. 26. **A B** μιανῶ αὐτοὺς ἐν τοῖς δ. [**R** δόγμασιν] αὐ. (6 *b*)
— 31. ἐν ταῖς ἀπαρχαῖς τῶν δ. ὑμῶν (6 *b*)
46. 5. προσοίσει . . . δ. χειρὸς αὐτοῦ (6 *d*)
— 16. ἐὰν δῷ ὁ ἀφηγούμενος δ. ἑνὶ τῶν υἱῶν αὐτοῦ (6 *b*)
— 17. ἐὰν δὲ δῷ δ. (6 *b*)
Da. LXX. 2. 6. λήψεσθε δ. παντοῖα (6 *c*)
Da. TH. 2. 6. δόματα . . . λήψεσθε (6 *c*)
— 48. δ. μεγάλα . . . ἔδωκεν αὐτῷ (6 *c*)
5. 17. τὰ δ. σου σοὶ [**A** σὺν σοὶ] ἔστω (6 *c*)
I Ma. 3. 30. εἰς τὰς δαπάνας καὶ τὰ δ.
10. 24. λόγους παρακλήσεως . . . καὶ δομάτων
— 28. δώσομεν ὑμῖν δόματα
— 39. Πτολεμαΐδα . . . δέδωκα δόμα τοῖς ἁγίοις
— 54. δώσω σοὶ δόματα
— 60. **S R** ἔδωκεν αὐτοῖς . . . δ. [**A** δυνατὰ] πολλά
12. 43. **A S**^{2} **R** ἔδωκεν αὐτῷ δόματα
15. 5. **S R** ὅσα ἄλλα δ. [**A** ἀφαιρέματα] ἀφῆκάν σοι
16. 19. ὅπως δῷ αὐτοῖς . . . δόματα

[**Aq.** Ez. 20. 26.]
[**Sm.** Pr. 19. 6: Ez. 20. 26, 40.]
[**Th.** Pr. 7. 21.]
[**Al., Sam.** Nu. 18. 7.]

δοματίζειν.

[**Sm.** Ez. 16. 33.]

δόμος. (1) נִדְבָּךְ

I Es. 6. 25. διὰ δόμων λιθίνων ξυστῶν τριῶν καὶ δόμου ξυλίνου
II Es. 6. 4. **A R** δ. λίθινοι κραταιοὶ [**B** *om.*] τρεῖς καὶ δ. ξύλινος εἷς (1, 1)

δόξα. (1) אוֹן (2) בָּשָׂר (3) *a.* גָּאוֹן *b.* גֵּאוּת (4) *a.* הָדָר *b.* הֶדֶר *c.* הֲדַר *d.* הֲדָרָה (5) הוֹד (6) הוֹן (7) זְבֻל (8) חֶסֶד (9) טוּב (10) יָד (11) יֳפִי (12) יְקָר (13) *a.* כָּבֵד pi. *b.* כָּבוֹד, כָּבֹד *c.* כָּבֵד *d.* כֹּבֶד adj. (14) מַרְאֵה עֵינַיִם (15) מַשָּׂא (16) נֵס (17) עֹז (18) *a.* פָּאַר hithpa. *b.* פְּאֵר *c.* תִּפְאֶרֶת *d.* תִּפְאָרָה (19) קֹדֶשׁ (20) שׁוּל (21) תֹּאַר (22) תְּהִלָּה (23) תּוֹעָפוֹת (24) תְּמוּנָה (25) צְבִי

Ge. 31. 1. πεποίηκε πᾶσαν τὴν δ. ταύτην (13 *b*)
— 16. πάντα τὸν πλοῦτον καὶ τὴν δ. –
45. 13. πᾶσαν τὴν δ. μου τὴν ἐν Αἰγύπτῳ (13 *b*)
Ex. 15. 7. τῷ πλήθει τῆς δ. σου (3 *a*)
— 11. θαυμαστὸς ἐν δόξαις (22)
16. 7. ὄψεσθε τὴν δ. κυρίου [**A** τοῦ θεοῦ] (13 *b*)
— 10. καὶ ἡ δ. κυρίου ὤφθη ἐν νεφέλῃ (13 *b*)
24. 16. καὶ κατέβη ἡ δ. τοῦ θεοῦ ἐπὶ τὸ ὄρος (13 *b*)
— 17. τὸ δὲ εἶδος τῆς δ. κυρίου ὡσεὶ πῦρ φλέγον (13 *b*)
28. 2. στολὴν ἁγίαν . . . εἰς τιμὴν καὶ δόξαν (18 *c*)
— 36 (40). κιδάρεις . . . εἰς τιμὴν καὶ δόξαν (18 *c*)
29. 43. ἁγιασθήσομαι ἐν δόξῃ μου (13 *b*)
33. 5. τὰς στολὰς τῶν δ. [**B**^{1} *om.*] ὑμῶν †
— 18. **A** δεῖξόν μοι τὴν σεαυτοῦ δ. [**B** *al.*] (13 *b*)
— 19. παρελεύσομαι πρότερός σου τῇ δ. μου (9)
— 22. ἡνίκα δ' ἂν παρέλθῃ ἡ δ. μου (13 *b*)
40. 34. καὶ δόξης κυρίου ἐπλήσθη ἡ σκηνή (13 *b*)
— 35. **R** καὶ δόξης κ. ἐνεπλήσθη [**A B** ἐπλήσθη] ἡ σκηνή (13 *b*)
Le. 9. 6. **R** ὀφθήσεται ἐν ὑμῖν ἡ [**A B** *om.*] δ. κυρίου (13 *b*)
— 23. **A B** ὤφθη ἡ [**R** *om.*] δ. κυρίου παντὶ τῷ λαῷ (13 *b*)
Nu. 12. 8. τὴν δ. κυρίου εἶδε (24)
14. 10. ἡ δόξα κυρίου ὤφθη ἐν νεφέλῃ (13 *b*)
— 21. ἐμπλήσει ἡ δ. κ. πᾶσαν τὴν γῆν (13 *b*)
— 22. πάντες οἱ ἄνδρες οἱ ὁρῶντες τὴν δ. μου (13 *b*)
16. 19. ὤφθη ἡ δ. κυρίου πάσῃ τῇ συναγωγῇ (13 *b*)
— 42 (17. 7). ὤφθη ἡ δ. κυρίου (13 *b*)
20. 6. ὤφθη ἡ δ. κυρίου πρὸς αὐτούς (13 *b*)
23. 22 : 24. 8. ὡς δόξα μονοκέρωτος αὐτῷ (23)
24. 11. ἐστέρησέ σε κύριος τῆς δ. (13 *b*)
27. 20. δώσεις τῆς δ. σου ἐπ' αὐτόν (5)
De. 5. 24 (21). ἔδειξεν ἡμῖν κύριος ὁ θεὸς ἡμῶν τὴν δ. αὐτοῦ (13 *b*)
Jo. 7. 19. δὸς δόξαν σήμερον τῷ κυρίῳ θεῷ Ἰσραήλ (13 *b*)
I Ki. 2. 8. θρόνον δόξης κατακληρονομῶν αὐτοῖς (13 *b*)
4. 22. ἀπῴκισται δόξα Ἰσραήλ (13 *b* ?)
— 22. **A** ἀπῴκισται δόξα ἀπὸ Ἰσραήλ (13 *b*)
6. 5. δώσετε τῷ κυρίῳ δόξαν (13 *b*)
III Ki. 3. 13. δέδωκά [**A** ἔδ.] σοι καὶ πλοῦτον καὶ δόξαν (13 *b*)
8. 11. ἔπλησε δόξα κυρίου τὸν οἶκον (13 *b*)
I Ch. 16. 24. **R** ἐξηγεῖσθε ἐν τοῖς ἔθνεσι τὴν δ. αὐτοῦ (13 *b*)
— 27. δ. καὶ ἔπαινος κατὰ πρόσωπον αὐτοῦ (5)
— 28. δότε τῷ κυρίῳ δόξαν καὶ ἰσχύν (13 *b*)
— 29. **A R** δότε τῷ κυρίῳ δόξαν ὀνόματι [**A** -ος] αὐτοῦ (13 *b*)
22. 5. εἰς ὄνομα καὶ εἰς δόξαν εἰς πᾶσαν τὴν γῆν (18 *c*)
29. 12. παρὰ σοῦ ὁ πλοῦτος καὶ ἡ δ. (13 *b*)
— 25. ἔδωκεν αὐτῷ δόξαν βασιλέως (5)
— 28. ἐν γήρει καλῷ πλήρης ἡμερῶν πλούτῳ καὶ δόξῃ [**A** -ης] (13
II Ch. 1. 11. οὐκ ᾐτήσω πλοῦτον χρημάτων οὐδὲ δόξαν (13 *b*)
— 12. χρήματα καὶ δόξαν δώσω σοι (13 *b*)
2. 6 (5). καὶ ὁ οὐρανὸς τοῦ οὐρανοῦ οὐ φέρουσι τὴν δ. αὐ. –
3. 6. ἐκόσμησε τὸν οἶκον λίθοις τιμίοις εἰς δόξαν (18 *c*)
5. 13. ὁ οἶκος ἐνεπλήσθη νεφέλης δόξης κυρίου †
— 14. **A**^{2} ἀπὸ προσώπου τῆς νεφέλης δόξης κυρίου [**A**^{1} **B** *al.*] –
— 14. ὅτι ἐνέπλησε δόξα κυρίου τὸν οἶκον τοῦ θ. (13 *b*)
II Ch. 7. 1. καὶ δ. κυρίου ἔπλησε τὸν οἶκον (13 *b*)
— 2. ὅτι ἔπλησε δ. κυρίου τὸν οἶκον (13 *b*)
— 3. καὶ ἡ δ. κυρίου ἐπὶ τὸν οἶκον (13 *b*)
17. 5. ἐγένετο αὐτῷ πλοῦτος καὶ δ. πολλή (13 *b*)
18. 1. ἐγενήθη τῷ Ἰωσ. ἔτι πλοῦτος καὶ δ. πολλή (13 *b*)
26. 18. οὐκ ἔσται σοι τοῦτο εἰς δόξαν παρὰ κυρίου (13 *b*)
30. 8. δότε δόξαν κυρίῳ τῷ θεῷ (10)
32. 27. ἐγένετο τῷ Ἐζ. . . . δ. πολλὴ σφόδρα (13 *b*)
— 33. δόξαν καὶ τιμὴν ἔδωκαν αὐτῷ (13 *b*)
I Es. 1. 33. καὶ τῆς δ. αὐτοῦ καὶ τῆς συνέσεως αὐ.
4. 17. ποιοῦσι δόξαν τοῖς ἀνθρώποις [**A** τὰς δ. τῶν ἀνθρ.]
— 59. παρὰ σοῦ ἡ σοφία καὶ σὴ [**A** σοῦ] ἡ δ.
5. 61. ἡ χρηστότης αὐ. καὶ ἡ δ. εἰς τοὺς αἰῶνας
6. 10. ἐν πάσῃ δ. καὶ ἐπιμελείᾳ συντελούμενα
8. 4. ἔδωκεν αὐτῷ ὁ βασιλεὺς δόξαν
9. 8. δότε ὁμολογίαν δόξαν τῷ κ. θ. τῶν πατ.
Ne. 9. 5. εὐλογήσουσιν ὄνομα δόξης σου (13 *b*)
To. 3. 17. ἐνώπιον τῆς δ. τοῦ μεγάλου Ῥαφαήλ
12. 12. **S** ἐνώπιον τῆς δ. κυρίου [**A B** ἐν. τοῦ ἁγίου]
— 15. ἐνώπιον τῆς δ. τοῦ ἁγίου
13. 14. θεασάμενοι πᾶσαν τὴν δ. σου [**S** *al.*]
— 16. **S** ἰδεῖν τὴν δ. σου
Ju. 9. 8. τὸ σκήνωμα τῆς καταπαύσεως τοῦ ὀνόμ. τῆς δ. σου
Es. 1. 4. δεῖξαι . . . τὴν δ. τῆς εὐφροσύνης τοῦ πλούτου (12)
4. 17. ἵνα μὴ θῶ δόξαν ἀνθρώπου ὑπεράνω δόξης θ.
— 17. ἀφελομένη τὰ ἱμάτια τῆς δ. αὐτῆς
— 17. σβέσαι δόξαν οἴκου σου
— 17. ἐμίσησα δόξαν ἀνόμων
5. 1. περιεβάλετο τὴν δ. αὐτῆς
— 1. **B S** τὸ πρόσωπον αὐτοῦ πεπυρωμένον δόξῃ [**A** *om.*]
— 2. ἐταράχθη ἀπὸ φόβου [**A** *om.*] τῆς δ. σου
— 11. ὑπέδειξεν αὐτοῖς . . . τὴν δ. (13 *b*)
6. 3. τίνα δόξαν . . . ἐποιήσαμεν τῷ Μαρδ. (12)
10. 2. πλοῦτόν τε καὶ δόξαν τῆς βασιλείας αὐ. †
Jb. 19. 9. τὴν δὲ δ. ἀπ' ἐμοῦ ἐξέδυσεν (13 *b*)
29. 20. ἡ δ. μου κενὴ μετ' ἐμοῦ (13 *b*)
37. 22. ἐπὶ τούτοις μεγάλη ἡ δ. (5)
39. 20. δόξαν δὲ [**A** καὶ δόξῃ] στηθέων αὐτοῦ τόλμῃ [**A** -ην] (5)
40. 5 (10). δόξαν δὲ καὶ τιμὴν ἀμφίασαι (5)
Ps. 3. 3. δόξα μου καὶ ὑψῶν τὴν κεφαλήν μου (13 *b*)
7. 5. καὶ τὴν δ. μου εἰς χοῦν κατασκηνώσαι (13 *b*)
8. 5. δόξῃ καὶ τιμῇ ἐστεφάνωσας αὐτόν (13 *b*)
16 (17). 15. χορτασθήσομαι ἐν τῷ ὀφθῆναι τὴν [**A S**^{2} μοι τὴν] δ. σου (24)
18 (19). 1. οἱ οὐρανοὶ διηγοῦνται δόξαν θεοῦ (13 *b*)
20 (21). 5. μεγάλη ἡ δ. αὐτοῦ ἐν τῷ σωτηρίῳ σου δόξαν . . . ἐπιθήσεις ἐπ' αὐτόν (13 *b*, 5)
23 (24). 7. εἰσελεύσεται ὁ βασιλεὺς τῆς δ. (13 *b*)
— 8. **A**^{2} **B S** τίς ἐστιν οὗτος ὁ βασιλεὺς τῆς δ. (13 *b*)
— 9. εἰσελεύσεται ὁ βασιλεὺς τῆς δ. (13 *b*)
— 10. **A**^{2} **B S** τίς ἐστιν οὗτος ὁ βασιλεὺς τῆς δ. (13 *b*)
— 10. αὐτός ἐστιν οὗτος [**A S**^{2} *om.*] ὁ βασιλεὺς τῆς δ. (13 *b*)
25 (26). 8. ἠγάπησα . . . τόπον σκηνώματος δόξης σου (13 *b*)
28 (29). 1. ἐνέγκατε τῷ κυρίῳ δόξαν (13 *b*)
— 2. ἐνέγκατε τῷ κυρίῳ δόξαν ὀνόματι αὐ. (13 *b*)
— 3. ὁ θεὸς τῆς δ. ἐβρόντησε (13 *b*)
— 9. ἐν τῷ ναῷ αὐτοῦ πᾶς τις λέγει δόξαν (13 *b*)
29 (30). 12. ὅπως ἂν ψάλῃ σοι ἡ δ. μου (13 *b*)
44 (45). 13. πᾶσα ἡ δ. αὐτῆς [**A B**^{3} **S**^{2} τῆς] θυγατρὸς τοῦ βασ. (13 *d*)
48 (49). 14. παλαιωθήσεται ἐν τῷ ᾅδῃ ἐκ τῆς δ. αὐτῶν [**A S**^{2} *add.* ἐξώσθησαν] (7 ?)
— 16. ὅταν πληθυνθῇ ἡ δ. τοῦ οἴκου αὐτοῦ (13 *b*)
— 17. **A B S**^{2} οὐδὲ συγκαταβήσ. αὐτῷ ἡ δ. [**S**^{2} *add.* τοῦ οἴκου] αὐ. (13 *b*)
56 (57). 5. καὶ ἐπὶ πᾶσαν τὴν γῆν ἡ δ. σου (13 *b*)
— 7. **B S** ψαλῶ ἐν τῇ δ. μου [**B** *om.* ἐν τῇ δ. μου] –
— 8. ἐξεγέρθητι ἡ δ. μου (13 *b*)
— 11. καὶ ἐπὶ πᾶσαν τὴν γῆν ἡ δ. σου (13 *b*)
61 (62). 7. ἐπὶ τῷ θεῷ τὸ σωτήριόν μου καὶ ἡ δ. μου (13 *b*)
62 (63). 2. τοῦ ἰδεῖν τὴν δύναμίν σου καὶ τὴν δ. σου (13 *b*)
65 (66). 2. δότε δόξαν αἰνέσει αὐτοῦ (13 *b*)

Ps. 67 (68). 34. δότε δόξαν τῷ θεῷ (17)
70 (71). 8. B S^{2} ὅπως ὑμνήσω τὴν δ. σου –
71 (72). 19. εὐλογητὸν τὸ ὄνομα τῆς δ. αὐτοῦ (13 *b*)
— 19. B S^{2} πληρωθήσεται τῆς δ. αὐτοῦ πᾶσα ἡ γῆ (13 *b*)
72 (73). 24. καὶ μετὰ δόξης προσελάβου με (13 *b*)
78 (79). 9. ἕνεκα τῆς δ. τοῦ ὀνόματός σου (13 *b*)
83 (84). 11. χάριν καὶ δόξαν δώσει (13 *b*)
84 (85). 9. τοῦ κατασκηνῶσαι δόξαν ἐν τῇ γῇ ἡμῶν (13 *b*)
95 (96). 3. A^{2} B S ἀναγγείλατε ἐν τοῖς ἔθνεσι τὴν δ. αὐτοῦ (13 *b*)
— 7. ἐνέγκατε τῷ κυρίῳ δόξαν καὶ τιμήν (13 *b*)
— 8. ἐνέγκατε τῷ κυρίῳ δόξαν ὀνόματι αὐτοῦ (13 *b*)
96 (97). 6. εἴδοσαν πάντες οἱ λαοὶ τὴν δ. αὐ. (13 *b*)
101 (102). 15. φοβηθήσονται . . . πάντες οἱ βασ. τὴν δ. σου (13 *b*)
— 16. ὀφθήσεται ἐν τῇ δ. αὐτοῦ (13 *b*)
103 (104). 31. ἤτω ἡ δ. κυρίου εἰς τὸν αἰῶνα (13 *b*)
105 (106). 20. ἠλλάξαντο τὴν δ. αὐ. (13 *b*)
107 (108). 1. ᾄσομαι καὶ ψαλῶ ἐν τῇ δ. μου (13 *b*)
— 2. S^{2} ἐξεγέρθητι ἡ δ. μου –
— 5. καὶ ἐπὶ πᾶσαν γῆν ἡ δ. σου (13 *b*)
111 (112). 3. δόξα καὶ πλοῦτος ἐν τῷ οἴκῳ αὐ. (6)
— 9. τὸ κέρας αὐτοῦ ὑψωθήσεται ἐν δόξῃ (13 *b*)
112 (113). 4. ἐπὶ τοὺς οὐρανοὺς ἡ δ. αὐτοῦ (13 *b*)
113. 9 (115. 1). τῷ ὀνόματί σου δὸς δόξαν (13 *b*)
137 (138). 5. μεγάλη ἡ δ. κυρίου (13 *b*)
144 (145). 5. τὴν μεγαλοπρέπειαν τῆς δ. τῆς ἁγιωσύνης σου λαλήσουσι (13 *b*)
— 11. δόξαν τῆς βασιλείας σου ἐροῦσι (13 *b*)
— 12. τοῦ γνωρίσαι . . . τὴν δ. τῆς μεγαλοπρεπείας τῆς βασ. σου (13 *b*)
149. 5. καυχήσονται ὅσιοι ἐν δόξῃ (13 *b*)
— 9. δόξα αὕτη ἐστὶ πᾶσι τοῖς ὁσίοις αὐτοῦ (4 *a*)
Pr. 3. 16. ἐν δὲ τῇ ἀριστερᾷ αὐτῆς πλοῦτος καὶ δόξα (13 *b*)
— 35. δόξαν σοφοὶ κληρονομήσουσιν (13 *b*)
8. 18. πλοῦτος καὶ δόξα ἐμοὶ ὑπάρχει (13 *b*)
11. 16. γυνὴ εὐχάριστος ἐγείρει ἀνδρὶ δόξαν (13 *b*)
14. 28. ἐν πολλῷ ἔθνει δόξα βασιλέως (4 *d*)
16. 4 (15. 33). ἀρχὴ δόξης ἀποκριθήσεται αὐτῇ [A *al.*] (13 *b*)
— 4 (15. 33). A S^{2} προσπορεύεται ταπεινοῖς δόξα –
18. 11. ἡ δὲ δ. αὐτῆς μέγα ἐπισκιάζει †
— 12. καὶ πρὸ δόξης ταπεινοῦται (13 *b*)
20. 3. δόξα ἀνδρὶ ἀποστρέφεσθαι λοιδορίας (13 *b*)
— 29. δόξα δὲ πρεσβυτέρων πολιαί (4 *a*)
21. 21. ὁδὸς δικαιοσύνης . . . εὑρήσει . . . δόξαν (13 *b*)
22. 4. γενεὰ σοφίας φόβος κυρίου . . . καὶ δόξα (13 *b*)
25. 2. δόξα θεοῦ κρύπτει λόγον δόξα δὲ βασιλέως τιμᾷ πράγματα [A B^{3} προστάγματα] (13 *b*, 13 *b*)
26. 8. ὅμοιός ἐστι τῷ διδόντι ἄφρονι δόξαν (13 *b*)
— 11. ἐστιν αἰσχύνη δόξα καὶ χάρις –
28. 12. διὰ βοήθειαν δικαίων πολλὴ γίνεται δόξα (18 *c*)
29. 23. A S^{1} R τοὺς δὲ ταπεινόφρονας ἐρείδει [B ἐρίζει, S^{2} ἐγείρει] δόξῃ κύριος (13 *b*)
Ec. 6. 2. πλοῦτον καὶ ὑπάρχοντα καὶ δόξαν (13 *b*)
10. 1. A B^{2} S R τίμιον ὀλίγον [B^{1} ὁ λόγος] σοφίας ὑπὲρ δόξαν ἀφροσύνης (13 *b*)
Wi. 7. 25. ἀπόρροια τῆς τοῦ παντοκράτορος δ. εἰλικρινής
8. 10. ἕξω δι' αὐτὴν δόξαν ἐν ὄχλοις
9. 10. ἀπὸ θρόνου δόξης σου πέμψον αὐτήν
— 11. φυλάξει με ἐν τῇ δ. αὐτῆς
10. 14. ἔδωκεν αὐτῷ δόξαν αἰώνιον
15. 9. δόξαν ἡγεῖται ὅτι κίβδηλα πλάσσει
18. 24. πατέρων δόξαι ἐπὶ τετραστίχου λίθου [A -ων] γλυφῆς [S^{1} -ῇ]
Si. 1. 11. φόβος κυρίου δόξα καὶ καύχημα
— 19. δόξαν κρατούντων αὐτῆς [S -ην] ἀνύψωσε
3. 10. R οὐ γάρ ἐστί σοι δόξα πατρὸς ἀτιμία [A B S πρὸς ἀτιμίαν]
— 11. ἡ γὰρ δ. ἀνθρώπου ἐκ τιμῆς πατρὸς αὐτοῦ
4. 13. ὁ κρατῶν αὐτῆς κληρονομήσει δόξαν
— 21. ἔστιν αἰσχύνη δόξα καὶ χάρις
5. 13. δόξα καὶ ἀτιμία ἐν λαλιᾷ
6. 29. A R οἱ κλοιοὶ [B S κλάδοι] αὐτῆς εἰς στολὴν δόξης
— 31. στολὴν δόξης ἐνδύσῃ αὐτήν
7. 4. μὴ ζήτει . . . παρὰ βασιλέως καθέδραν δόξης
8. 14. κατὰ γὰρ τὴν δ. αὐτοῦ κρινοῦσιν αὐτῷ

Si. 9. 11. μὴ ζηλώσῃς δόξαν ἁμαρτωλοῦ
10. 5. προσώπῳ [S^{2} *add.* δόξης] γραμματέως ἐπιθήσει δόξαν αὐτοῦ
11. 4. ἐν ἡμέρᾳ δόξης μὴ ἐπαίρου
14. 27. ἐν τῇ δ. αὐτῆς καταλύσει
17. 13. μεγαλεῖον δόξης εἶδον οἱ ὀφθαλμοὶ αὐτῶν καὶ δόξαν φωνῆς αὐ. ἤκουσε τὸ οὖς αὐ.
20. 11. ἔστιν ἐλάττωσις [A ἐλάττων] ἕνεκεν δόξης
24. 16. οἱ κλάδοι μου κλάδοι δόξης καὶ χάριτος
— 17. τὰ ἄνθη μου καρπὸς δόξης καὶ πλούτου
27. 8. ἐνδύσῃ αὐτὸ ὡς ποδήρη δόξης
29. 6. ἀντὶ δόξης ἀποδώσει αὐτῷ ἀτιμίαν
— 27. ἔξελθε, πάροικε, ἀπὸ προσώπου δόξης
30. 31 (33. 22). μὴ δῷς μῶμον ἐν τῇ δ. σου
32 (35). 12. οὐκ ἔστι παρ' αὐτῷ δόξα προσώπου
36. 19 (16). πλῆσον . . . ἀπὸ τῆς δ. σου τὸν λαόν σου
40. 3. ἀπὸ καθημένου ἐπὶ θρόνου ἐν δόξῃ [A S ἐνδόξου]
— 27. ὑπὲρ πᾶσαν δόξαν ἐκάλυψαν [A S -εν] αὐτόν
42. 16. τῆς δ. αὐτοῦ [A S^{2} κυρίου] πλῆρες τὸ ἔργον αὐτοῦ
— 17. στηριχθῆναι ἐν δόξῃ αὐτοῦ τὸ πᾶν
— 25. τίς πλησθήσεται ὁρῶν δόξαν αὐτοῦ
43. 1. εἶδος οὐρανοῦ ἐν ὁράματι δόξης
— 9. κάλλος οὐρανοῦ δόξα ἄστρων [S -έρων]
— 12. ἐγύρωσεν οὐρανὸν ἐν κυκλώσει δόξης
44. 2. πολλὴν δ. ἔκτισεν ὁ κύριος
— 13. ἡ δ. αὐτῶν οὐκ ἐξαλειφθήσεται [A S ἐγκαταλειφθ.]
— 19. οὐχ εὑρέθη ὅμοιος [A ὅ. αὐτῷ] ἐν τῇ δ.
45. 2. ὡμοίωσεν αὐτὸν δόξῃ [A S ἐν δ.] ἁγίων
— 3. ἔδειξεν αὐτῷ τῆς δ. αὐτοῦ
— 7. περιέζωσεν αὐτὸν στολὴν [A περιστολῇ, B S περιστολὴν] δόξης
— 20. προσέθηκεν Ἀαρὼν δόξαν
— 23. Φινεὲς υἱὸς Ἐλεαζὰρ τρίτος εἰς δόξαν
— 26. καὶ τὴν δ. αὐτῶν εἰς γενεὰς [A S -ὰν] αὐτῶν
47. 6. ἐν τῷ φέρεσθαι αὐτῷ διάδημα δόξης
— 8. ῥήματι δόξης ἐν πάσῃ καρδίᾳ αὐτοῦ ὕμνησε
— 11. ἔδωκεν αὐτῷ . . . θρόνον δόξης ἐν τῷ Ἰσραήλ
— 20. ἔδωκας μῶμον ἐν [S *om.*] τῇ δ. σου
49. 5. ἔδωκαν . . . τὴν δ. αὐτῶν ἔθνει ἀλλοτρίῳ
— 8. ὃς εἶδεν ὅρασιν δόξης
— 12. λαὸν [A ναὸν] . . . ἡτοιμασμένον εἰς δόξαν αἰῶνος
50. 7. ὡς τόξον φωτίζον [S -ζων] ἐν νεφέλαις δόξης
— 11. ἐν τῷ ἀναλαμβάνειν αὐτὸν στολὴν δόξης
— 13. πάντες οἱ υἱοὶ Ἀαρὼν ἐν δόξῃ [S τῇ δ.] αὐ.
51. 17. τῷ διδόντι μοι [A *om.*] σοφίαν δώσω δόξαν
Ho. 4. 7. τὴν δ. αὐτῶν εἰς ἀτιμίαν θήσομαι (13 *b*)
9. 11. αἱ δ. αὐτῶν ἐκ τόκων (13 *b*)
10. 5. ἐπιχαροῦνται ἐπὶ τὴν δ. αὐτοῦ (13 *b*)
Mi. 1. 15. ἡ δ. τῆς θυγατρὸς Ἰ. (13 *b*)
5. 4 (3). ἐν τῇ δ. ὀνόματος κυρίου θεοῦ (3 *a*)
Hb. 2. 14. τοῦ γνῶναι τὴν δ. κυρίου (13 *b*)
— 16. πλησμονὴν ἀτιμίας ἐκ δόξης πίε (13 *b*)
— 16. A B S^{2} συνήχθη ἀτιμία ἐπὶ τὴν δ. σου (13 *b*)
Hg. 2. 4 (3). εἶδε τὸν οἶκον τοῦτ. ἐν τῇ δ. αὐ. τῇ ἔμπροσθεν (13 *b*)
— 8 (7). πλήσω τὸν οἶκον τοῦτον δόξης (13 *b*)
— 10 (9). μεγάλη ἔσται ἡ δ. τοῦ οἴκου τούτου (13 *b*)
Za. 2. 5 (9). εἰς δόξαν ἔσομαι ἐν μέσῳ αὐτῆς (13 *b*)
— 8 (12). ὀπίσω δόξης ἀπέσταλκέ με (13 *b*)
Ma. 1. 6. ποῦ ἐστιν ἡ δ. μου (13 *b*)
2. 2. τοῦ δοῦναι δόξαν τῷ ὀνόματί μου (13 *b*)
Is. 2. 10, 19, 21. ἀπὸ τῆς δ. τῆς ἰσχύος αὐτοῦ (4 *a*)
3. 9 (8). ἐταπεινώθη ἡ δ. αὐτῶν (13 *b*)
— 18. τὴν δ. τοῦ ἱματισμοῦ αὐτῶν (18 *c*)
— 20. τὴν σύνθεσιν τοῦ κόσμου τῆς δ. (18 *b* ?)
4. 2. ἐν βουλῇ μετὰ δόξης ἐπὶ τῆς γῆς (13 *b*)
— 5. πάσῃ τῇ δ. [A *add.* κυρίου] σκεπασθήσεται (13 *b*)
6. 1. πλήρης ὁ οἶκος τῆς δ. αὐτοῦ (20)
— 3. πλήρης πᾶσα ἡ γῆ τῆς δ. αὐτοῦ (13 *b*)
8. 7. τὸν βασ. τῶν Ἀσσ. καὶ τὴν δ. [S δύναμιν] αὐτοῦ (13 *b*)
10. 3. ποῦ καταλείψετε τὴν δ. ὑμῶν (13 *b*)
— 12. ἐπὶ τὸ ὕψος τῆς δ. τῶν ὀφθαλμῶν αὐτοῦ (18 *c*)
— 16. εἰς τὴν σὴν δ. πῦρ καιόμενον καυθήσεται (13 *b*)
11. 3. οὐ κατὰ τὴν δ. κρινεῖ (14)
12. 2. ἡ δ. μου καὶ ἡ αἴνεσίς μου κύριος (17)
14. 11. κατέβη εἰς ᾅδου ἡ δ. σου (3 *a*)
16. 14. ἀτιμασθήσεται ἡ δ. Μωάβ (13 *b*)

Is. 17. 3. οὐ γὰρ σὺ βελτίων εἶ τῶν υἱῶν Ἰσρ. καὶ τῆς δ. αὐ. (13 *b*)
— 4. ἔκλειψις [A S *add.* τῆς] δόξης Ἰακώβ (13 *b*)
— 4. τὰ πίονα τῆς δ. αὐτοῦ σεισθήσεται (2)
20. 5. ἦσαν γὰρ αὐτοῖς δόξα (18 *c*)
21. 16. ἐκλείψει ἡ δ. τῶν υἱῶν Κηδάρ (13 *b*)
22. 22. A B S^{2} δώσω τὴν δ. Δαυὶδ αὐτῷ [S^{1} *om.* τ. δ. Δ. αὐ.] –
— 23. ἔσται εἰς θρόνον δόξης τοῦ οἴκου (13 *b*)
— 25. πεσεῖται καὶ ἐξολεθρευθήσεται [A S *om.* κ. ἐξ.] ἡ δ. ἡ ἐπ' αὐτόν (15)
24. 14. εὐφρανθήσονται ἅμα τῇ δ. κυρίου (3 *a*)
— 15. ἡ δ. κυρίου ἐν ταῖς νήσοις ἔσται (13 *a*)
26. 10. ἵνα μὴ ἴδῃ τὴν δ. κυρίου (3 *b*)
28. 1. τὸ ἄνθος τὸ [S *add.* ὡραῖον τὸ] ἐκπεσὸν ἐκ τῆς δ. (25 *et* 18 *c*)
— 4. A S R τὸ ἄνθος τὸ ἐκπεσὸν τῆς ἐλπίδος τῆς δ. [B ζωῆς] (18 *c*)
— 5. ὁ στέφανος τῆς ἐλπίδος ὁ πλεκεὶς τῆς δ. (18 *d*)
30. 18. A S ποῦ καταλείψετε τὴν δόξαν ὑμῶν –
— 27. μετὰ δόξης τὸ λόγιον τῶν χειλέων αὐτοῦ (13 *c*)
— 30. ἀκουστὴν ποιήσει κ. τὴν δ. τῆς φωνῆς αὐ. (5)
33. 17. βασιλέα μετὰ δόξης ὄψεσθε (11)
35. 2. ἡ δ. τοῦ Λιβάνου ἐδόθη αὐτῇ . . . ὁ λαός μου ὄψεται τὴν δ. κυρίου (13 *b*, 13 *b*)
40. 5. ὀφθήσεται ἡ δ. κυρίου (13 *b*)
— 6. πᾶσα δ. ἀνθρώπου ὡς ἄνθος χόρτου (8)
— 26. καλέσει ἀπὸ πολλῆς [A τῆς π., S^{1} πάσης] δ. (1)
42. 8. τὴν δ. μου ἑτέρῳ οὐ δώσω (13 *b*)
— 12. δώσουσι τῷ θεῷ δόξαν (13 *b*)
43. 7. ἐν γὰρ τῇ δ. μου κατεσκεύασα αὐτόν (13 *b*)
45. 25 (24). δικαιοσύνη καὶ δ. [S^{1} εἰρήνη] πρὸς αὐτὸν ἥξει (17)
46. 13. σωτηρίαν τῷ Ἰσρ. εἰς δόξασμα [S^{1} δόξαν] (18 *c*)
48. 11. τὴν δ. μου ἑτέρῳ οὐ δώσω (13 *b*)
52. 1. ἔνδυσαι τὴν δ. σου (18 *c*)
— 14. ἀδοξήσει . . . ἡ δ. σου (21)
53. 2. οὐκ ἔστιν εἶδος αὐτῷ οὐδὲ δ. (4 *a*)
58. 8. ἡ δ. τοῦ θεοῦ περιστελεῖ σε (13 *b*)
60. 1. ἡ δ. κυρίου ἐπὶ σὲ ἀνατέταλκεν (13 *b*)
— 2. ἡ δ. αὐτοῦ ἐπὶ σὲ ὀφθήσεται (13 *b*)
— 13. ἡ δ. τοῦ Λιβάνου πρὸς σὲ ἥξει (13 *b*)
— 19. ὁ θεὸς δ. σου (18 *c*)
— 21. φυλάσσων τὸ φύτευμα ἔργα χειρῶν αὐτοῦ εἰς δόξαν (18 *a*)
61. 3. δοθῆναι . . . δόξαν ἀντὶ σποδοῦ . . . καταστολὴν δόξης ἀντὶ πνεύματος ἀκηδίας . . . φύτευμα κυρίου εἰς δόξαν (18 *b*, 22, 18 *a*)
62. 2. ὄψονται . . . βασιλεῖς τὴν δ. σου (13 *b*)
— 8. ὤμοσε κύριος κατὰ τῆς δ. [B^{2} δεξιᾶς] αὐ. †
— 8. S κατὰ τῆς δ. [A B ἰσχύος] τοῦ βραχίονος αὐ. (17 ?)
63. 12. ὁ βραχίων τῆς δ. αὐτοῦ (18 *c*)
— 14. ποιῆσαι σεαυτῷ ὄνομα δόξης (18 *c*)
— 15. ἴδε ἐκ τοῦ οἴκου τοῦ ἁγίου σου καὶ δόξης σου [A S *om.*] (18 *c*)
64. 11 (10). ἡ δ. ἣν εὐλόγησαν οἱ πατέρες ἡμῶν (18 *c*)
66. 11. ἀπὸ εἰσόδου δόξης [S^{1} -ξεως] αὐτῆς (13 *b*)
— 12. ὡς χειμάρρους ἐπικλύζων δόξαν ἐθνῶν (13 *b*)
— 18. ὄψονται τὴν δ. μου (13 *b*)
— 19. οὔτε ἑωράκασί μου [S^{1} *add.* τὰ ἔργα καὶ] τὴν δ. καὶ ἀναγγελοῦσι τὴν δ. μου (13 *b*, 13 *b*)
Je. 2. 11. ὁ δὲ λαός μου ἠλλάξατο τὴν δ. αὐτοῦ (13 *b*)
13. 11. εἰς καύχημα καὶ εἰς δόξαν (18 *c*)
— 16. δότε τῷ κυρίῳ θεῷ ὑμῶν δόξαν (13 *b*)
— 18. καθῃρέθη . . . στέφανος δόξης ὑμῶν [A *om.*] (18 *c*)
— 20. πρόβατα δόξης σου (18 *c*)
14. 21. μὴ ἀπολέσῃς θρόνον δόξης σου (13 *b*)
17. 12. θρόνος δόξης ὑψωμένος (13 *b*)
23. 9. ἀπὸ προσώπου εὐπρεπείας δόξης αὐτοῦ (19)
31 (48). 11. πεποιθὼς ἦν ἐπὶ τῇ δ. αὐτοῦ †
— 18. A B S^{2} κατάβηθι ἀπὸ δόξης (13 *b*)
Ba. 2. 17. δώσουσι δόξαν καὶ δικαίωμα τῷ κυρίῳ
— 18. δώσουσί σοι δόξαν καὶ δικαιοσύνην
4. 3. μὴ δῷς ἑτέρῳ τὴν δ. σου
— 24. ἐπελεύσεται ὑμῖν μετὰ δόξης μεγάλης
— 37. χαίροντες τῇ τοῦ θεοῦ δ.
5. 1. ἔνδυσαι τὴν εὐπρέπειαν τῆς παρὰ τοῦ θεοῦ
— 2. ἐπίθου τὴν μίτραν ἐπὶ τὴν κεφαλήν σου τῆς δ. τοῦ αἰωνίου [A ἁγίου]
— 4. εἰρήνη δικαιοσύνης καὶ δόξα θεοσεβείας

Ba. 5. 6. εἰσάγει δὲ αὐτοὺς . . . μετὰ δόξης
— 7. βαδίσῃ Ἰσραὴλ ἀσφαλῶς τῇ τοῦ θεοῦ δ.
— 9. ἡγήσεται γὰρ ὁ θεὸς Ἰσραὴλ . . . τῷ φωτὶ τῆς δ. αὐτοῦ
La. 2. 11. ἐξεχύθη εἰς τὴν γῆν ἡ δ. μου †
— 15. A B S στέφανος δόξης [R *om.*] εὐφροσύνης πάσης τῆς γῆς (11)
Ez. 2. 1 (1. 28). αὕτη ἡ ὅρασις ὁμοιώματος [A -μα τῆς] δόξης κ. (13 *b*)
3. 12. εὐλογημένη ἡ δ. κυρίου ἐκ τοῦ τόπου αὐ. (13 *b*)
— 23. R δ. κυρίου εἱστήκει . . . καθὼς ἡ δ. κυρίου [A B *om.*] (13 *b*, 13 *b*)
8. 4. ἐκεῖ ἦν δόξα κυρίου θεοῦ Ἰσραήλ (13 *b*)
9. 3. δ. θεοῦ τοῦ Ἰσραὴλ ἀνέβη (13 *b*)
10. 4. ἀπῆρεν ἡ δ. κυρίου ἀπὸ τῶν χερουβίμ (13 *b*)
— 4. ἡ αὐλὴ ἐπλήσθη τοῦ φέγγους τῆς δ. κυρίου (13 *b*)
— 18. ἐξῆλθε δ. κυρίου ἀπὸ [A *add.* τοῦ αἰθρίου] τοῦ οἴκου (13 *b*)
— 19. δ. θεοῦ Ἰσραὴλ ἦν ἐπ' αὐτῶν (13 *b*)
— 22. ἃ ἴδον ὑποκάτω τῆς δ. θεοῦ Ἰσραήλ –
11. 22. ἡ δ. θεοῦ Ἰσραὴλ ἐπ' αὐτά [A ἦν ἐπ' αὐτοῖς] (13 *b*)
— 23. ἀνέβη ἡ [A *om.*] δ. κυρίου ἐκ μέσης τῆς πόλεως (13 *b*)
27. 7. τοῦ περιθεῖναί σοι δόξαν (16 ?)
— 10. οὗτοι ἔδωκαν τὴν δ. σου (4 *a*)
39. 21. δώσω τὴν δ. μου ἐν ὑμῖν (13 *b*)
43. 2. δ. θεοῦ Ἰσραὴλ ἤρχετο κατὰ τὴν ὁδὸν . . . ἡ γῆ ἐξέλαμπεν ὡς φέγγος ἀπὸ τῆς δ. [A *add.* κυρίου] κυκλόθεν (13 *b*, 13 *b*)
— 4. δ. κυρίου εἰσῆλθεν εἰς τὸν οἶκον (13 *b*)
— 5. πλήρης δόξης κυρίου ὁ οἶκος (13 *b*)
44. 4. πλήρης δόξης ὁ οἶκος τοῦ κυρίου (13 *b*)
Da. LXX. 2. 37. σοὶ ὁ κύριος . . . τὴν δ. ἔδωκεν (12)
3. (43). δὸς δόξαν τῷ ὀνόματί σου
— (52). εὐλογημένον τὸ ὄνομα τῆς δ. σου
— (53). ἐν τῷ ναῷ τῆς ἁγίας δ. σου
— (54). ἐπὶ θρόνου δόξης τῆς βασιλείας σου
4. 26. ὁ βασιλεὺς . . . μετὰ πάσης τῆς δ. αὐτοῦ περιεπάτει –
— 27. εἰς τιμὴν τῆς δ. μου (4 *c*)
— 28. τὴν δ. σου . . . παραλήψεται –
— 29. κρατήσει τῆς δ. σου –
— 29. ἀντὶ τῆς δ. σου δήσουσί σε –
— 32. δὸς δόξαν τῷ ὑψίστῳ –
— 33. ἡ δ. μου ἀπεδόθη μοι (4 *c*)
7. 14. πᾶσα δ. αὐτῷ λατρεύουσα †
11. 20. ἀνὴρ τύπτων δόξαν βασιλέως (4 *b*)
— 21. οὐ δοθήσεται ἐπ' αὐτὸν δόξα βασιλέως (5)
— 39. πληθυνεῖ δόξαν (13 *b*)
12. 13. ἀναστήσῃ ἐπὶ τὴν δ. σου †
Da. TH. 3. (43). δὸς δόξαν τῷ ὀνόματί σου
— (52). εὐλογημένον τὸ ὄνομα τῆς δ. σου τὸ ἅγιον
— (53). ἐν τῷ ναῷ τῆς ἁγίας δ. σου
4. 27. εἰς τιμὴν τῆς δ. μου (4 *c*)
5. 18. τὴν δ. ἔδωκε Ναβ. τῷ πατρί σου (4 *c*)
10. 8. ἡ δ. [A ἕξις] μου μετεστράφη εἰς διαφθοράν (5)
11. 20. πράσσων δόξαν βασιλείας (4 *b*)
— 21. οὐκ ἔδωκαν ἐπ' αὐτὸν δόξαν βασιλείας (5)
— 39. καὶ πληθυνεῖ δόξαν (13 *b*)
I Ma. 1. 40. κατὰ τὴν δ. [S^{1} τὰ τέκνα] αὐτῆς
2. 9. τὰ σκεύη τῆς δ. αὐτῆς [A *om.*] αἰχμάλωτα ἀπήχθη
— 12. ἡ δ. ἡμῶν ἠρημώθη
— 51. A δέξασθε δ. μεγάλην καὶ δόξαν [S R ὄνομα] αἰών.
— 62. R ἡ δ. αὐτοῦ εἰς κοπρίαν [A S κόπρια]
3. 3. ἐπλάτυνε δόξαν τῷ λαῷ αὐτοῦ
9. 10. μὴ καταλίπωμεν αἰτίαν τῇ δ. ἡμῶν
10. 58. καθὼς οἱ βασιλεῖς ἐν δ. μεγάλῃ
— 60. ἐπορεύθη μετὰ δόξης εἰς Πτολεμαΐδα
— 64. ὡς ἴδον . . . τὴν δ. αὐτοῦ
— 86. ἐξῆλθον . . . ἐν δ. μεγάλῃ
11. 6. συνήντησεν Ἰων. τῷ βασ. εἰς Ἰόππην μετὰ δόξης
— 42. δόξῃ δοξάσω σε
12. 12. εὐφραινόμεθα δὲ ἐπὶ τῇ δ. ὑμῶν
14. 4. ἤρεσεν αὐτοῖς . . . ἡ δ. αὐτοῦ
— 5. μετὰ πάσης τῆς δ. αὐτοῦ ἔλαβε τὴν Ἰ.
— 9. A R οἱ νεανίσκοι ἐνεδύσαντο δόξας [S -αν]
— 10. ὠνομάσθη τὸ ὄνομα τῆς δ. αὐτοῦ
— 21. ἀπήγγειλαν ἡμῖν περὶ τῆς δ. ὑμῶν

I Ma. 14. 29. δ. μεγάλῃ ἐδόξασαν τὸ ἔθνος αὐτῶν
— 35. εἶδεν ὁ λαὸς . . . τὴν δ.
— 39. καὶ ἐδόξασεν αὐτὸν δ. μεγάλῃ
15. 9. δοξάσωμέν σε . . . δ. μεγάλῃ ὥστε φανερὰν γενέσθαι τὴν δ. ὑμῶν
— 32. εἶδε τὴν δ. Σίμωνος
— 36. ἀπήγγειλεν αὐτῷ . . . τὴν δ. Σίμωνος
II Ma. 2. 8. ὀφθήσεται ἡ δ. τοῦ κυρίου
3. 26. R κάλλιστοι δὲ τῇ δ. [A τὴν γλῶσσαν]
4. 15. τὰς δὲ Ἑλληνικὰς δ. καλλίστας ἡγούμενοι
5. 16. πρὸς αὔξησιν καὶ δόξαν τοῦ τόπου
— 20. μετὰ πάσης δ. ἐπανωρθώθη
6. 11. S R κατὰ τὴν [A *om.*] δ. τῆς σεμνοτάτης ἡμέρας
14. 7. ἀφελόμενος τὴν προγονικὴν δ.
15. 2. δόξαν δὲ ἀπομέρισον τῇ . . . ἡμέρᾳ
— 13. ἄνδρα πολιᾷ καὶ δόξῃ διαφέροντα
III Ma. 2. 9. πρὸς δόξαν τοῦ μεγάλου . . . ὀνόματός σου
— 14. ἀναδεδειγμένον τῷ ὀνόματι τῆς δ. σου ἅγιον τόπον
— 16. ἐπεὶ εὐδόκησας τὴν δ. σου
6. 28. ἀπαραπόδιστον εὐστάθειαν μετὰ δόξης
7. 21. ἐξουσίαν ἐσχηκότες μετὰ δόξης καὶ φόβου
IV Ma. 1. 12. δόξαν διδοὺς τῷ πανσόφῳ θεῷ
5. 18. τὴν ἐπὶ τῇ εὐσεβείᾳ δ. ἀκυρῶσαι
6. 18. τὴν ἐπ' αὐτῷ δ. νομίμως φυλάσσοντες
7. 9. τὴν εὐνομίαν ἡμῶν . . . εἰς δόξαν ἐκύρωσας
18. 24. ᾧ ἡ δ. εἰς τοὺς αἰῶνας τῶν αἰώνων

[**Aq.** GE. 49. 6 : Ps. 8. 6 : 15 (16). 9 : 48 (49). 18 : 61 (62). 8 : 65 (66). 2 : 95 (96). 8 : Is. 4. 2 : 11. 10 : 16. 14 : 28. 5 : 35. 2 : 43. 7 : 61. 6 : JE. 48 (31). 17 : 49. 19 (29. 20) : HB. 3. 3.]
[**Sm.** JB. 22. 29 : 29. 20 : Ps. 4. 3 : 15 (16). 9 : 25 (26). 8 : 28 (29). 9 : 29 (30). 13 : 48 (49). 18 : 95 (96). 8 : PR. 4. 9 : 5. 9 : 11. 16 : 15. 33 : 17. 6 : 18. 12 : 25. 27 : Is. 10. 18 : 11. 10 : 16. 14 : 35. 2 : 43. 7 : 46. 13 : 52. 1 : JE. 48 (31). 17 : 49. 19 (29. 20) : 50 (27). 44 : MI. 1. 15.]
[**Th.** JB. 29. 20 : 37. 22 : 40. 5 (10) : Ps. 15 (16). 9 : 29 (30). 13 : 95 (96). 8 : PR. 15. 33 : 18. 12 : 25. 27 : Is. 4. 2 : 16. 14 : 28. 5 : 35. 2 : 43. 7 : 52. 1 : 60. 7 : JE. 48 (31). 17 : EZ. 28. 26 : 31. 18 : DA. 3. (54) : 11. 20 : HB. 3. 3.]
[**Heb.** GE. 49. 6.]
[**Al.** Ex. 33. 18 : Ps. 44 (45). 4 : 144 (145). 5 : PR. 15. 33 : 29. 23 : Is. 28. 1 : LA. 2. 1 : HB. 3. 3, 4 : ZA. 6. 13.]
[**Quint.** Ps. 109 (110). 3.]
[**Sext.** Ps. 26 (27). 7.]

δοξάζειν. (1) אָדַר ni. (2) נָאָה (3) גָּבַהּ (4) *a.* גָּדַל pi. *b.* גָּדוֹל (5) *a.* הָדַר ni. *b.* הֲדַר pa. (6) *a.* יָקַר *b.* עָשָׂה יְקָר (7) כָּבֵד *a.* qal. *b.* ni. *c.* pi. *d.* pu. *e.* כָּבוֹד (8) נָוָה hi. (9) נָזִיר (10) נָשָׂא *a.* ni. *b.* pi. (11) פָּאַר *a.* pi. *b.* hithp. *c.* תִּפְאֶרֶת (12) קָדַשׁ ni. (13) קָרַן (14) רוּם pil.

Ex. 15. 1. ἐνδόξως γὰρ δεδόξασται (2)
— 2. οὗτός μου θεὸς καὶ δοξάσω αὐτόν (8)
— 6. ἡ δεξιά σου, κύριε, δεδόξασται ἐν ἰσχύϊ (1)
— 11. δεδοξασμένος ἐν ἁγίοις (1)
— 21. ἐνδόξως γὰρ δεδόξασται (2)
34. 29. ὅτι δεδόξασται ἡ ὄψις τοῦ χρώματος (13)
— 30. ἦν δεδοξασμένη ἡ ὄψις τοῦ χρώματος (13)
— 35. εἶδον οἱ υἱοὶ Ἰ. τὸ πρόσωπον Μ. ὅτι δεδόξασται (13)
Le. 10. 3. ἐν πάσῃ τῇ συναγωγῇ δοξασθήσομαι (7 *b*)
De. 33. 16. ἐπὶ κορυφῆς δοξασθεὶς ἐπ' [A ἐν] ἀδελφοῖς (9)
Jd. 9. 9. ἐν ᾗ δοξάσουσι τὸν θεὸν ἄνδρες [A *al.*] (7 *c*)
13. 17. καὶ δοξάσομεν [A -ωμέν] σε (7 *c*)
I Ki. 2. 29. ἐδόξασας τοὺς υἱούς σου ὑπὲρ ἐμέ (7 *c*)
— 30. τοὺς δοξάζοντάς με δοξάσω [A -άζω] (7 *c*, 7 *c*)
15. 30. δόξασόν με δὴ ἐνώπιον πρεσβυτέρων Ἰσραήλ (7 *c*)
II Ki. 6. 20. τί δεδόξασται σήμερον ὁ βασιλεὺς Ἰσραήλ (7 *b*)
— 22. A B^{1} μετὰ τῶν παιδισκῶν ὧν εἶπάς με δοξασθῆναι [B^{2} R με μὴ δ.] (7 *b*)
10. 3. μὴ παρὰ τὸ δοξάζειν Δαυὶδ τὸν πατέρα σου ἐνώπιόν σου (7 *c*)

I Ch. 17. 18. τί προσθήσει ἔτι Δαυὶδ πρὸς σὲ τοῦ δοξάσαι (7 *e*)
19. 3. μὴ δοξάζων [A δ. Δαυίδ] τὸν πατέρα σου (7 *c*)
I Es. 8. 25. δοξάσαι τὸν οἶκον αὐτοῦ τὸν ἐν Ἱερ.
— 67. ἐδόξασαν τὸ ἔθνος καὶ τὸ ἱερὸν τοῦ κ.
— 81. δοξάσαι τὸ ἱερόν
9. 52. ὁ γὰρ κύριος δοξάσει ὑμᾶς
II Es. 7. 27. A R τοῦ δοξάσαι τὸν [B δοξάσαντος] οἶκον (11 *a*)
8. 36. ἐδόξασαν τὸν λαόν (10 *b*)
Ju. 12. 13. δοξασθῆναι κατὰ πρόσωπον αὐτοῦ
Es. 3. 1. ἐδόξασεν ὁ βασ. . . . Ἀμάν (4 *a*)
4. 17. ἀνθ' ὧν ἐδοξάσαμεν τοὺς θεοὺς αὐ.
— 17. οὐκ ἐδόξασα συμπόσιον βασιλέως
6. 6. ὃν [A ᾧ] ἐγὼ θέλω δοξάσαι (6 *a*)
— 6. τίνα θέλει ὁ βασιλεὺς δοξάσαι εἰ μὴ ἐμέ (6 *b*)
— 7. ὃν ὁ βασιλεὺς θέλει δοξάσαι (6 *a*)
— 9. ὃν ὁ βασιλεὺς δοξάζει (6 *a*)
— 11. ὃν ὁ βασιλεὺς θέλει δοξάσαι (6 *a*)
10. 3. καὶ δεδοξασμένος ὑπὸ τῶν Ἰουδαίων (4 *b* ?)
Ps. 14 (15). 4. τοὺς δὲ φοβουμένους κύριον δοξάζει (7 *c*)
21 (22). 23. ἅπαν τὸ σπέρμα Ἰακὼβ δοξάσατε αὐτόν (7 *c*)
36 (37). 20. ἅμα τῷ δοξασθῆναι αὐτούς (6 *a*)
49 (50). 15. καὶ δοξάσεις με (7 *c*)
— 23. θυσία αἰνέσεως δοξάσει με (7 *c*)
85 (86). 9. δοξάσουσι τὸ ὄνομά σου (7 *c*)
— 12. δοξάσω τὸ ὄνομά σου εἰς τὸν αἰῶνα (7 *c*)
86 (87). 3. δεδοξασμένα ἐλαλήθη περὶ σοῦ (7 *b*)
90 (91). 15. καὶ δοξάσω αὐτόν (7 *c*)
Pr. 13. 18. ὁ δὲ φυλάσσων ἐλέγχους δοξασθήσεται (7 *d*)
Wi. 8. 3. εὐγένειαν δοξάζει συμβίωσιν θεοῦ ἔχουσα
18. 8. τούτῳ ἡμᾶς προσκαλεσάμενος ἐδόξασας
19. 22. ἐμεγάλυνας τὸν λαόν σου καὶ ἐδόξασας
Si. 3. 2. ὁ γὰρ κύριος ἐδόξασε πατέρα ἐπὶ τέκνοις
— 4. ὡς ὁ ἀποθησαυρίζων ὁ δοξάζων μητέρα αὐτοῦ
— 6. ὁ δοξάζων πατέρα μακροημερεύσει
— 10. μὴ δοξάζου ἐν ἀτιμίᾳ πατρός σου
— 20. ὑπὸ τῶν ταπεινῶν δοξάζεται
7. 27. ἐν ὅλῃ καρδίᾳ [A δυνάμει σου] δόξασον τὸν πατέρα σου
— 31. φοβοῦ τὸν κύριον καὶ δόξασον ἱερέα
10. 23. οὐ καθήκει δοξάσαι ἄνδρα ἁμαρτωλόν
— 24. μεγιστὰν καὶ κριτὴς καὶ δυνάστης δοξασθήσεται
— 26. μὴ δοξάζου ἐν καιρῷ στενοχωρίας σου
— 27. κρείσσων ἐργαζόμενος . . . ἢ δοξαζόμενος
— 28. ἐν πραΰτητι δόξασον τὴν ψυχήν σου
— 29. τίς δοξάσει [S -άζει] τὸν ἀτιμάζοντα τὴν ζωὴν αὐτοῦ
— 30. πτωχὸς δοξάζεται δι' ἐπιστήμην [S^{2} -ης] αὐτοῦ καὶ πλούσιος δοξάζεται διὰ τὸν πλοῦτον αὐτοῦ
— 31. ὁ δὲ δοξαζόμενος ἐν πτωχείᾳ καὶ ἐν πλούτῳ ποσαχῶς [S *al.*]
24. 12. ἐρρίζωσα ἐν λαῷ δεδοξασμ. [S^{2} δεδοκιμασμ.]
25. 5. καὶ δεδοξασμένοις διανόημα καὶ βουλή
32 (35). 8. ἐν ἀγαθῷ ὀφθαλμῷ δόξασον τὸν κύριον
33 (36). 6. δόξασον χεῖρα καὶ βραχίονα δεξιόν
43. 28. δοξάζοντες ποῦ ἰσχύσωμεν
— 30. δοξάζοντες κύριον ὑψώσατε
44. 7. πάντες οὗτοι ἐν γενεαῖς ἐδοξάσθησαν
45. 3. ἐδόξασεν αὐτὸν κατὰ πρόσωπον βασιλέων
46. 2. ὡς ἐδοξάσθη ἐν τῷ ἐπᾶραι χεῖρας αὐτοῦ
— 12. τὸ ὄνομα αὐτῶν ἀντικαταλλασσόμενον ἐφ' υἱοῖς δεδοξασμένων αὐτῶν
47. 6. ἐν μυριάσιν ἐδόξασεν αὐτόν
48. 4. ὡς ἐδοξάσθης, Ἠλία, ἐν τοῖς θαυμασίοις σου
— 6. ὁ καταγαγὼν . . . δεδοξασμένους ἀπὸ κλίνης αὐτῶν
49. 16. Σὴμ καὶ Σὴθ ἐν ἀνθρώποις ἐδοξάσθησαν
50. 5. ὡς [A ὃς] ἐδοξάσθη ἐν περιστροφῇ λαοῦ
— 11. ἐδόξασε περιβολὴν ἁγιάσματος
Ma. 1. 6. υἱὸς δοξάζει πατέρα (7 *c*)
— 11. τὸ ὄνομά μου δεδόξασται ἐν τοῖς ἔθνεσιν (4 *b*)
Is. 4. 2. τοῦ ὑψῶσαι καὶ δοξάσαι τὸ καταλειφθέν (11 *c*)
5. 16. δοξασθήσεται ἐν δικαιοσύνῃ (12)
10. 15. μὴ δοξασθήσεται ἀξίνη (11 *b*)
24. 23. ἐνώπιον τῶν πρεσβυτέρων δοξασθήσεται (7 *e*)
25. 1. κύριε ὁ θεός, δοξάσω σε (14)
33. 10. νῦν δοξασθήσομαι νῦν ὑψωθήσομαι (14)
42. 10. A B S^{2} δοξάζετε τὸ ὄνομα αὐτοῦ –

Is. 43. 4. ἐδοξάσθης καὶ ἐγώ σε ἠγάπησα (7 *b*)
— 23. οὐδὲ ἐν ταῖς θυσίαις σου ἐδόξασάς με (7 *c*)
44. 23. Ἰσραὴλ δοξασθήσεται (11 *b*)
49. 3. A S ἐν σοὶ δοξασθήσομαι [B ἐνδ.] (11 *b*)
— 5. δοξασθήσομαι ἐναντίον κυρίου (7 *b*)
52. 13. ὑψωθήσεται καὶ δοξασθήσεται σφόδρα (10 *a* 3)
55. 5. ὅτι ἐδόξασέ σε (11 *a*)
60. 7. ὁ οἶκος τῆς προσευχῆς μου δοξασθήσεται (11 *a*)
— 13. δοξάσαι τὸν τόπον τὸν ἅγιόν μου (11 *a*)
66. 5. ἵνα τὸ ὄνομα κυρίου δοξασθῇ (7 *a*)
La. 1. 8. οἱ δοξάζοντες αὐτὴν ἐταπείνωσαν αὐτήν (7 *c*)
5. 12. πρεσβύτεροι οὐκ ἐδοξάσθησαν (5 *a*)
Ez. 39. 13. A B ᾗ ἡμέρᾳ ἐδοξάσθην [R -η] (7 *b*)
Da. LXX. 1. 20. ἐδόξασεν αὐτοὺς ὁ βασιλεύς –
2. 6. δοξασθήσεσθε ὑπ' ἐμοῦ (6 *a*)
3. (26). αἰνετὸν καὶ δεδοξασμένον τὸ ὄνομά σου
— (51). ἐδόξαζον . . . τὸν θεόν
— (55). αἰνετὸς καὶ δεδοξασμένος εἰς τοὺς αἰῶνας
— (56). ὑμνητὸς καὶ δεδοξασμένος εἰς τοὺς αἰῶνας
Da. TH. 3. (26). δεδοξασμένον τὸ ὄνομά σου
— (51). ἐδόξαζον . . . τὸν θεόν
— (56). δεδοξασμένος εἰς τοὺς αἰῶνας
4. 31. τῷ ζῶντι εἰς τὸν αἰῶνα ᾔνεσα καὶ ἐδόξασα (5 *b*)
— 34. δοξάζω τὸν βασιλέα τοῦ οὐρανοῦ (5 *b*)
5. 23. αὐτὸν οὐκ ἐδόξασας (5 *b*)
11. 38. θεὸν . . . ἐπὶ τόπου αὐτοῦ δοξάσει [A οὐ δ.] (7 *c*)
— 38. θεὸν . . . δοξάσει ἐν χρυσῷ [A -σίῳ] (7 *c*)
I Ma. 2. 18. δοξασθήσεσθε [S^1 -θήσῃ] ἀργυρ'ῳ
— 64. ἐν αὐτῷ δοξασθήσεσθε
3. 14. δοξασθήσομαι [S ἐνδ.] ἐν τῇ βασιλείᾳ
5. 63. οἱ ἀδελφοὶ αὐτοῦ ἐδοξάσθησαν σφόδρα
10. 65. ἐδόξασεν αὐτὸν ὁ βασιλεύς
— 88. προσέθετο [S *add.* ἔτι] δοξάσαι τὸν Ἰωνάθαν
11. 42. δόξῃ δοξάσω σε
— 51. ἐδοξάσθησαν οἱ Ἰουδαῖοι
14. 15. A R τὰ ἅγια ἐδόξασε
— 29. δόξῃ μεγάλῃ ἐδόξασαν τὸ ἔθνος αὐτῶν
— 39. καὶ ἐδόξασεν αὐτὸν δόξῃ μεγάλῃ
15. 9. A S δοξάσωμέν [R -ομέν] σε καὶ τὸ ἔθνος σου
II Ma. 3. 2. τὸ ἱερὸν ἀποστολαῖς ταῖς κρατίσταις δοξάζειν
4. 24. ὁ δὲ . . . δοξάσας αὐτόν
III Ma. 6. 18. δεδοξασμένοι δύο . . . ἄγγελοι
IV Ma. 18. 13. ἐδόξαζε δὲ καὶ τὸν ἐν λάκκῳ λεόντων Δαν.
[**Aq.** DT. 5. 16; Ps. 49 (50). 23: Is. 25. 3: 26. 15: 29. 13: 44. 23: 58. 13: 60. 13: 61. 3: 66. 5: Ez. 27. 25.]
[**Sm.** GE. 22. 1: Ps. 49 (50). 23: PR. 12. 9: 14. 31: Is. 25. 3: 26. 15: 29. 13: 44. 23: 58. 13: 60. 13: 61. 3: 66. 5.]
[**Th.** PR. 25. 27: Is. 25. 3: 26. 15: 29. 13: 44. 23: 58. 13: 60. 13: 61. 3: 66. 5: Ez. 27. 25: DA. 3. (26).]
[**Al.** LE. 19. 15: DT. 33. 16.]

δόξασμα. (1) תִּפְאֶרֶת
Is. 46. 13. δέδωκα ἐν Σιὼν σωτηρίαν τῷ Ἰσραὴλ εἰς δόξασμα [S^1 δόξαν] (1)
La. 2. 1. κατέρριψεν ἐξ οὐρανοῦ εἰς γῆν δόξασμα Ἰσραήλ (1)
[**Sm.** Is. 28. 5.]

δοξασμός.
[**Sm.** Is. 13. 3.]
[**Al.** II KI. 22. 25.]

δοξαστός. (1) תִּפְאֶרֶת
De. 26. 19. ὡς ἐποίησέ σε ὀνομαστὸν . . . καὶ δοξαστόν (1)

δοξικός.
II Ma. 8. 35. τὴν δ. ἀποθέμενος ἐσθῆτα

δόξις (?). (1) כָּבוֹד
Is. 66. 11. S^1 ἀπὸ εἰσόδου δόξεως [A B S^2 -ξης] αὐτῆς (1)

δορά. (1) *a.* אֶדֶר *b.* אַדֶּרֶת
Ge. 25. 25. ὅλος ὡσεὶ δορὰ δασύς (1 *b*)
Mi. 2. 8. τὴν δ. αὐτοῦ ἐξέδειραν (1 *a*)
IV Ma. 9. 28. τὴν τῆς κεφαλῆς δ. . . . ἀπέσυραν

δορατοφόρος. (1) נֹשֵׂא רֹמַח
I Ch. 12. 24. θυρεοφόροι καὶ δορατοφόροι [A *om.* κ. δ.] (1)

δοριάλωτος.
II Ma. 5. 11. A ἔλαβε τὴν μὲν πόλιν δ. [R δορυάλ.]
10. 24. ὡς δοριάλωτον ληψόμενος τὴν Ἰουδαίαν
III Ma. 1. 5. A πολλοὺς δὲ καὶ δ. [R δορυαλ.] συλληφθῆναι

δορκάδιον. (1) צְבִי
Is. 13. 14. ὡς δ. φεῦγον [S^1 -οντα] (1)

δορκάς. (1) *a.* צְבִי *b.* צְבִיָּה
De. 12. 15. ὡς δορκάδα ἢ ἔλαφον (1 *a*)
— 22. ὡς ἔσθεται ἡ δ. καὶ ἡ ἔλαφος (1 *a*)
14. 5. ἔλαφον καὶ δορκάδα καὶ πύγαργον (1 *a*)
15. 22. ὡς δορκάδα ἢ ἔλαφον (1 *a*)
II Ki. 2. 18. ὡσεὶ μία δ. ἐν ἀγρῷ (1 *a*)
III Ki. 3. 1 (5. 3). B ἐκτὸς ἐλάφων καὶ δορκάδων (1 *a*)
4. 23 (5. 3). ἐκτὸς ἐλάφων καὶ δορκάδων (1 *a*)
I Ch. 12. 8. κοῦφοι ὡς δορκάδες [A -ος] ἐπὶ τῶν ὀρέων (1 *a*)
Pr. 6. 5. ἵνα σώζῃ ὥσπερ δορκὰς ἐκ βρόχων (1 *a*)
Ca. 2. 9. ὅμοιός ἐστιν ἀδελφιδός μου τῇ δ. (1 *a*)
4. 5; 7. 3 (4). ὡς δύο νεβροὶ δίδυμοι δορκάδος (1 *b*)
8. 14. ὁμοιώθητι τῇ δ. (1 *a*)
Si. 27. 20. ἐξέφυγεν ὡς δορκὰς ἐκ παγίδος [S^2 βρόχων]
[**Aq.** CA. 2. 7: 3. 5: 8. 4.]
[**Sm.** CA. 2. 7: 3. 5.]
[**Th.** I KI. 13. 18: CA. 2. 7: 3. 5.]
[**Quint.** CA. 2. 7.]
[**Al.** CA. 8. 4.]

δόρκων. (1) צְבִי
Ca. 2. 17. ὁμοιώθητι σὺ . . . τῷ δ. (1)

δόρυ. (1) חֲנִית (2) צִנָּה (3) קַיִן (4) רֹמַח (5) שֵׁבֶט
I Ki. 13. 19. B μὴ ποιήσωσιν οἱ Ἑβρ. ῥομφαίαν καὶ δόρυ (1)
— 22. B οὐχ εὑρέθη ῥομφαία καὶ δόρυ (1)
17. 7. ὁ κοντὸς τοῦ δ. αὐ. ὡσεὶ μέσακλον ὑφαινόντων [A -τος] (1)
— 45. σὺ ἔρχῃ πρὸς μὲ ἐν ῥομφαίᾳ καὶ ἐν δόρατι (1)
— 47. οὐκ ἐν ῥομφαίᾳ καὶ δόρατι σώζει κύριος (1)
18. 10. A καὶ τὸ δ. ἐν τῇ χειρὶ Σαοὺλ (1)
— 11. A ἦρεν Σαοὺλ τὸ δ. (1)
19. 9. καὶ δόρυ ἐν τῇ χειρὶ αὐτοῦ (1)
— 10. ἐζήτει Σαοὺλ πατάξαι τὸ δ. εἰς Δαυίδ (1)
— 10. ἐπάταξε τὸ δ. εἰς τὸν τοῖχον (1)
20. 33. ἐπῆρε Σαοὺλ τὸ δ. ἐπὶ Ἰωνάθαν (1)
21. 8 (9). εἰ ἔστιν ἐνταῦθα ὑπὸ τὴν χεῖρά σου δόρυ (1)
22. 6. καὶ τὸ δ. ἐν τῇ χειρὶ αὐτοῦ (1)
26. 7. καὶ τὸ δ. αὐ. ἐμπεπηγὸς εἰς τὴν γῆν (1)
— 8. πατάξω αὐτὸν τῷ δ. εἰς τὴν γῆν ἅπαξ (1)
— 11. λάβε δὴ τὸ δ. ἀπὸ πρὸς κεφαλῆς αὐτοῦ (1)
— 12. ἔλαβε Δαυὶδ τὸ δ. (1)
— 16. ἴδε δὴ τὸ δ. τοῦ βασιλέως (1)
— 22. ἰδοὺ τὸ δ. τοῦ βασιλέως (1)
II Ki. 1. 6. Σαοὺλ ἐπεστήρικτο ἐπὶ τὸ δ. αὐτοῦ (1)
2. 23. ἐν τῷ ὀπίσω τοῦ δ. ἐπὶ τὴν ψόαν (1)
— 23. διεξῆλθε [A ἐξ.] τὸ δ. ἐκ τῶν ὀπίσω αὐτοῦ (1)
21. 16. ὁ σταθμὸς τοῦ δ. αὐτοῦ τριακοσίων σίκλων ὁλκῇ [A -ῆς] χαλκοῦ (3)
— 19. τὸ ξύλον τοῦ δ. αὐτοῦ ὡς ἀντίον ὑφαινόντων (1)
23. 7. καὶ πλῆρες σιδήρου καὶ ξύλον δόρατος (1)
— 18. αὐτὸς ἐξήγειρε τὸ δ. αὐτοῦ (1)
— 21. ἐν δὲ τῇ χειρὶ τοῦ Αἰγ. δόρυ [A *om.*] (1)
— 21. B R κατέβη πρὸς αὐτὸν ἐν τῷ δ. [R ἐν ῥάβδῳ] (5)
— 21. ἥρπασε [A *om.*] τὸ δ. ἐκ τῆς χειρὸς τοῦ Αἰγυπτίου καὶ ἀπέκτεινεν αὐτὸν ἐν τῷ δ. αὐτοῦ (1, 1)
III Ki. 10. 16. ἐποίησε Σαλ. τριακόσια δ. (2)
— 16. τριακόσιοι χρυσοῖ ἐπῆσαν ἐπὶ τὸ δ. τὸ ἕν (2)
14. 26. καὶ τὰ δ. τὰ χρυσᾶ ἃ ἔλαβε Δαυίδ –
I Ch. 11. 23. δόρυ ὡς ἀντίον ὑφαινόντων (1)
— 23. ἀφείλατο ἐκ τῆς χειρὸς τοῦ Αἰγ. τὸ δ. καὶ ἀπέκτεινεν αὐτὸν ἐν τῷ δ. αὐ. (1, 1)
12. 8. αἴροντες θυρεοὺς καὶ δόρατα (4)
— 34. ἐν θυρεοῖς καὶ δόρασι τριάκοντα ἑπτὰ χιλιάδες (1)
I Ch. 20. 5. ξύλον δόρατος αὐ. ὡς ἀντίον ὑφαινόντων (1)
II Ch. 11. 12. κατὰ πόλιν θυρεοὺς καὶ δόρατα (4)
14. 8 (7). αἰρόντων θυρεοὺς καὶ δόρατα (4)
25. 5. κρατοῦντας δόρυ καὶ θυρεόν (4)
26. 14. θυρεοὺς καὶ δόρατα καὶ περικεφαλαίας (4)
Ju. 7. 10. οὐ πέποιθαν ἐπὶ τοῖς δ. αὐτῶν
11. 2. οὐκ ἂν ἦρα τὸ δόρυ μου ἐπ' αὐτούς
Es. 1. 6. A καὶ κύκλῳ δόρα [B S ῥόδα] πεπασμένα †
8. 13. δόρατι καὶ πυρὶ καταναλωθήσεται
Jb. 41. 17 (18). οὐδὲν μὴ ποιήσωσι δόρυ [S^2 δόρυ ἐπηρμένον] (1)
Si. 29. 13. ὑπὲρ δόρυ ἀλκῆς [A S ὁλκῆς] . . . πολεμήσει ὑπὲρ σοῦ
38. 25. καυχώμενος ἐν δόρατι κέντρου
Mi. 4. 3. κατακόψουσι . . . τὰ δ. [A τὰς ζιβύνας] αὐτῶν εἰς δρέπανα (1)
Je. 26 (46). 4. προσβάλετε [A S προβ.] τὰ δ. (4)
Da. LXX. 11. 15. ἐπιστρέψει τὰ δ. αὐτοῦ †
III Ma. 3. 15. μὴ βίᾳ δόρατος
5. 43. ἰσόπεδον πυρὶ καὶ δόρατι θήσεσθαι [A στήσ.]
6. 5. δόρατι τὴν πᾶσαν ὑποχείριον ἤδη λαβόντα γῆν
[**Aq.** I KI. 17. 7: Ps. 56 (57). 5.]
[**Sm.** NU. 25. 7: IV KI. 11. 10: Ps. 56 (57). 5.]
[**Th.** I KI. 17. 7: AM. 4. 2.]

δορυάλωτος, *vid.* **δοριάλωτος.**

δορυφορεῖν.
[**Al.** Ps. 140 (141). 6.]

δορυφορία.
II Ma. 3. 28. μετὰ πολλῆς παραδρομῆς καὶ πάσης δ.

δορυφόρος.
II Ma. 3. 24. αὐτοῦ σὺν τοῖς δ. . . . ἤδη παρόντος
IV Ma. 5. 2. παρεκέλευε τοῖς δ.
6. 1. παραστάντες οἱ δ.
— 8. τῶν πικρῶν τις δορυφόρων
— 23. οἱ δὲ τοῦ τυράννου δ.
8. 13. ὡς δὲ τροχούς τε . . . οἱ δ. προέθεσαν
9. 16. τῶν δ. λεγόντων
— 26. ἦγον οἱ δ. τὸν . . . δεύτερον
11. 9. οἱ δ. δήσαντες αὐτόν
— 27. θείου νόμου προεστήκασιν ἡμῶν οἱ [S^1 *om.*] δ.
17. 1. ἔλεγον δὲ καὶ τῶν δ. τινές
[**Th.** PR. 6. 11.]

δόσις. (1) חֹק (2) *a.* מַתָּן *b.* מַתַּת
Ge. 47. 22. ἐν δόσει γὰρ ἔδωκε δόμα [A -ατα] τοῖς ἱερ. (1 ?)
— 22. ἤσθιον τὴν δ. ἣν ἔδωκεν αὐτοῖς Φαραώ (1)
I Es. 2. 6. βοηθείτωσαν . . . ἐν δόσεσι
To. 2. 14. S δόσει [A B δῶρον] δέδοταί μοι
Pr. 21. 14. δόσις λάθριος ἀνατρέπει ὀργάς (2 *a*)
25. 14. A B^2 S οὕτως οἱ καυχώμ. [B^1 R ὁ καυχώμ.] ἐπὶ δόσει ψευδεῖ (2 *b*)
Si. 1. 10. μετὰ πάσης σαρκὸς κατὰ τὴν δ. αὐτοῦ
2. 9. S^2 δόσις αἰωνία μετὰ χαρᾶς τὸ ἀνταπόδομα αὐτοῦ
4. 3. μὴ παρελκύσῃς δόσιν προσδεομένου
7. 31. δὸς τὴν μερίδα αὐτῷ . . . δόσιν βραχιόνων
11. 17. δόσις κυρίου παραμένει εὐσεβέσι [S^2 εὐλαβέσιν]
18. 15. ἐν πάσῃ δόσει λύπην λόγων
— 16. οὕτως κρείσσων λόγος ἢ δόσις
— 18. δόσις βασκάνου ἐκτήκει ὀφθαλμούς
20. 10. ἔστι δόσις ἣ οὐ λυσιτελήσει σοι καὶ ἔστι δόσις ἧς τὸ ἀνταπόδομα διπλοῦν
— 14. δόσις ἄφρονος οὐ λυσιτελήσει σοι
26. 14. δόσις κυρίου γυνὴ σιγηρά
32 (35). 9. ἐν πάσῃ δ. ἱλάρωσον τὸ πρόσωπόν σου
— 10. δὸς ὑψίστῳ κατὰ τὴν δ. αὐ. [A σου]
41. 19. ἀπὸ σκορακισμοῦ λήψεως καὶ δόσεως
— 21. ἀπὸ ἀφαιρέσεως μερίδος καὶ δόσεως
42. 4. περὶ δόσεως κληρονομίας ἑταίρων [A S ἑτέρων]
— 7. δόσις καὶ λῆψις παντὶ [A S πάντα] ἐν γραφῇ
[**Aq.** DT. 16. 17.]

δότης.
Pr. 22. 8. ἄνδρα ἱλαρὸν καὶ δότην εὐλογεῖ ὁ θ. –

δοτός.
I Ki. 1. 11. δώσω αὐτὸν ἐνώπιόν σου δοτόν –
[**Al.** I KI. 1. 11.]

δουλεία, δουλία. (1) *a.* עֶבֶד *b.* עֲבֹדָה
c. עַבְדוּת *d.* עֲבִידָא *e.* עֲבַד (2) פְּעֻלָּה

Ge. 30. 26. τὴν δ. ἣν δεδούλευκά σοι (1 *b*)
Ex. 6. 6. καὶ ῥύσομαι ὑμᾶς ἐκ τῆς δ. (1 *b*)
13. 3, 14; 20. 2. ἐξ οἴκου δουλείας (1 *a*)
Le. 25. 39. οὐ δουλεύσει σοι δουλείαν οἰκέτου (1 *b*)
26. 36. ἐπάξω δουλείαν [A δειλίαν] εἰς τὴν καρδίαν αὐ. †
— 45. ἐκ γῆς Αἰγύπτου ἐξ οἴκου δουλείας –
De. 5. 6; 6. 12. ἐξ οἴκου δουλείας (1 *a*)
7. 8. ἐλυτρώσατό σε κύριος ἐξ οἴκου δουλείας (1 *a*)
8. 14. ἐξ οἴκου δουλείας (1 *a*)
13. 5 (6). τοῦ λυτρωσαμένου σε ἐκ τῆς δ. (1 *a*)
— 10 (11). ἐξ οἴκου δουλείας (1 *a*)
Jd. 6. 8. B ἐξήγαγον ὑμᾶς ἐξ οἴκου δουλείας ὑμῶν (1 *a*)
I Ki. 14. 40. ὑμεῖς ἔσεσθε εἰς δουλείαν †
— 40. ἐσόμεθα εἰς δουλείαν †
III Ki. 5. 6 (20). A R μισθὸν [B *om.*] δουλείας σου δώσω σοι [A *al.*] (1 *a*)
9. 9. ἐξ Αἰγύπτου ἐξ οἴκου δουλείας –
10. 22 (B); 9. 21 (A). A εἰς φόρον δουλείας [B *om.*] (1 *e*)
12. 4. κούφισον ἀπὸ τῆς δ. τοῦ πατρός σου τῆς σκληρᾶς (1 *b*)
I Ch. 25. 6. R εἰς τὴν δ. οἴκου τοῦ θεοῦ (1 *b*)
II Ch. 10. 4. ἄφες ἀπὸ τῆς δ. τοῦ πατρός σου τῆς σκληρᾶς (1 *b*)
12. 8. γνώσονται τὴν δ. μου καὶ τὴν δ. τῆς βασ. (1 *b*, 1 *b*)
I Es. 8. 79. ἐν τῷ καιρῷ τῆς δ. ἡμῶν
II Es. 6. 18. A R ἐπὶ δουλείᾳ [R -ας] θεοῦ ἐν Ἰερ. (1 *d*)
8. 20. ὧν ἔδωκε Δ. . . . εἰς δουλείαν τῶν Λ. (1 *b*)
9. 8. δοῦναι ζωοποίησιν μικρὰν ἐν τῇ δ. ἡμῶν (1 *c*)
— 9. ἐν τῇ δ. ἡμῶν οὐκ ἐγκατέλιπεν ἡμᾶς κ. (1 *c*)
Ne. 3. 5. οὐκ εἰσήνεγκαν τράχηλον αὐτῶν εἰς δουλείαν αὐ. (1 *b*)
5. 18. βαρεῖα ἡ δ. ἐπὶ τὸν λαὸν τοῦτον (1 *b*)
9. 17. ἐπιστρέψαι εἰς δουλείαν αὐτῶν ἐν Αἰγ. (1 *c*)
10. 32 (33). εἰς δουλείαν οἴκου τοῦ θεοῦ ἡμῶν (1 *b*)
— 37 (38). ἐν πάσαις πόλεσι δουλείας ἡμῶν (1 *b*)
Ju. 8. 23. οὐ κατευθυνθήσεται ἡ δ. ἡμῶν εἰς χάριν
Es. 4. 17. οὐχ ἱκανώθησαν ἐν [A τῷ] πικρ. δουλείας ἡμῶν
7. 4. εἰς ἀπώλειαν . . . καὶ δουλείαν †
Ps. 103 (104). 14. καὶ χλόην τῇ δ. τῶν ἀνθρώπων (1 *b*)
146 (147). 8. B S καὶ χλόην τῇ δ. τῶν ἀνθρ. –
Pr. 26. 9. δουλεία δὲ ἐν χειρὶ τῶν ἀφρόνων †
Mi. 6. 4. ἐξ οἴκου δουλείας ἐλυτρωσάμην σε (1 *a*)
Is. 14. 3. ἀναπαύσει σε κ. ἀπὸ . . . τῆς δ. σου τῆς σκληρᾶς (1 *b*)
Je. 41 (34). 13. ἐξ οἴκου δουλείας (1 *a*)
La. 1. 3. ἀπὸ πλήθους δουλείας αὐ. (1 *b*)
Ez. 29. 18. κατεδουλώσατο τὴν δύναμιν αὐτοῦ δουλείᾳ μεγάλῃ . . . τῆς δ. ἧς ἐδούλευσαν ἐπ' [A ἐδούλωσεν] αὐτήν (1 *b*, 1 *b*)
— 20. A ἔσται μισθὸς τῇ δυνάμει αὐτοῦ ἀντὶ τῆς δ. [B λειτουργείας] (2)
I Ma. 8. 18. A R καταδουλουμένους τὸν Ἰσραὴλ δουλείαν [S -ᾳ]

[Aq. Ex. 30. 16: Nu. 3. 7: 8. 24: III Ki. 9. 21: Jb. 1. 3: Is. 28. 21 *bis*: 32. 17.]
[Sm. Ps. 103 (104). 14.]
[Th. Ex. 30. 16: 36. 3: Nu. 3. 7: Is. 32. 17.]
[Al. Ex. 36. 1: Dt. 13. 5 (6).]

δουλεύειν. (1) עָבַד *a.* qal. *b.* pu. *c.* hi.
d. עֲבַד (2) פְּלַח (3) שֵׁרֵת pi.

Ge. 14. 4. A δώδεκα ἔτη ἐδούλευον [R αὐτοὶ ἐδούλευσαν] τῷ X. (1 *a*)
15. 14. τὸ δὲ ἔθνος ᾧ ἐὰν δουλεύσωσι (1 *a*)
25. 23. ὁ μείζων δουλεύσει τῷ ἐλάσσονι (1 *a*)
27. 29. δουλευσάτωσάν σοι ἔθνη (1 *a*)
— 40. τῷ ἀδελφῷ σου δουλεύσεις (1 *a*)
29. 15. οὐ δουλεύσεις μοι δωρεάν (1 *a*)
— 18. δουλεύσω σοι ἑπτὰ ἔτη (1 *a*)
— 20. ἐδούλευσεν Ἰακὼβ περὶ Ῥ. ἑπτὰ ἔτη (1 *a*)
— 25. A οὐ περὶ Ῥαχὴλ ἐδούλευσά σοι [R παρά σοι] (1 *a*)
— 30. ἐδούλευσεν αὐτῷ ἑπτὰ ἔτη ἕτερα (1 *a*)
30. 26. περὶ ὧν δεδούλευκά σοι (1 *a*)
— 26. τὴν δουλείαν ἣν δεδούλευκά σοι (1 *a*)
— 29. σὺ γινώσκεις ἃ δεδούλευκά σοι (1 *a*)
Ge. 31. 6. ἐν πάσῃ ἰσχύϊ μου δεδούλευκα τῷ πατρὶ ὑ. (1 *a*)
— 41. ἐδούλευσά σοι δέκα τέσσαρα ἔτη (1 *a*)
Ex. 14. 5. τοῦ μὴ δουλεύειν ἡμῖν (1 *a*)
— 12. πάρες ἡμᾶς ὅπως δουλεύσωμεν τοῖς Αἰγ. (1 *a*)
— 12. κρεῖσσον γὰρ ἡμᾶς δουλεύειν τοῖς Αἰγ. (1 *a*)
21. 2. ἓξ ἔτη δουλεύσει σοι (1 *a*)
— 6. καὶ δουλεύσει αὐτῷ εἰς τὸν αἰῶνα (1 *a*)
23. 33. ἐὰν γὰρ δουλεύσῃς τοῖς θεοῖς αὐτῶν (1 *a*)
Le. 25. 39. οὐ δουλεύσει σοι δουλείαν οἰκέτου (1 *a*)
De. 13. 4 (5). A καὶ αὐτῷ δουλεύσετε (1 *a*)
15. 12. δουλεύσει σοι ἓξ ἔτη (1 *a*)
— 18. ἐφέτιον μισθὸν τοῦ μισθωτοῦ ἐδούλευσέ σοι ἓξ ἔτη (1 *a*)
28. 64. δουλεύσεις ἐκεῖ θεοῖς ἑτέροις (1 *a*)
Jd. 2. 7. ἐδούλευσεν ὁ λαὸς τῷ κυρίῳ (1 *a*)
3. 8. ἐδούλευσαν οἱ υἱοὶ Ἰσρ. τῷ X. (1 *a*)
— 14. ἐδούλευσαν οἱ υἱοὶ Ἰσρ. τῷ Ἐ. (1 *a*)
9. 28. ὅτι δουλεύσομεν αὐτῷ (1 *a*)
— 28. καὶ τί ὅτι [A καθότι] δουλεύσομεν αὐτῷ ἡμεῖς (1 *a*)
— 38. ὅτι δουλεύσομεν αὐτῷ (1 *a*)
10. 6. ἐδούλευσαν τοῖς Βααλὶμ [A *al.*] (1 *a*)
— 6. οὐκ ἐδούλευσαν αὐτῷ (1 *a*)
— 10. ἐδουλεύσαμεν τῷ Βααλὶμ [A *al.*] (1 *a*)
— 13. ἐδουλεύσατε θεοῖς ἑτέροις [A *al.*] (1 *a*)
— 16. ἐδούλευσαν τῷ κυρίῳ μόνῳ [A *al.*] (1 *a*)
I Ki. 2. 24. τοῦ μὴ δουλεύειν λαὸν θεῷ †
4. 9. A R μή ποτε [R ὅπως μὴ] δουλεύσητε τοῖς Ἑβραίοις καθὼς ἐδούλευσαν ὑμῖν [R ἡμῖν] (1 *a*, 1 *a*)
7. 3. δουλεύσατε αὐτῷ μόνῳ (1 *a*)
— 4. ἐδούλευσαν κυρίῳ μόνῳ (1 *a*)
8. 8. ἐδούλευον θεοῖς ἑτέροις (1 *a*)
11. 1. καὶ δουλεύσομέν σοι (1 *a*)
12. 10. ἐδουλεύσαμεν τοῖς Βααλὶμ (1 *a*)
— 10. καὶ δουλεύσομέν σοι (1 *a*)
— 14. καὶ δουλεύσητε αὐτῷ (1 *a*)
— 20. B δουλεύσατε τῷ κυρίῳ ἐν ὅλῃ καρδίᾳ ὑμῶν (1 *a*)
— 23. B δουλεύσω τῷ κυρίῳ –
— 24. B δουλεύσατε αὐτῷ ἐν ἀληθείᾳ (1 *a*)
17. 9. δουλεύσετε [A -ατε] ἡμῖν (1 *a*)
26. 19. δούλευε θεοῖς ἑτέροις (1 *a*)
II Ki. 10. 19. ἐδούλευσαν αὐτοῖς (1 *a*)
16. 19. τίνι ἐγὼ δουλεύσω (1 *a*)
— 19. καθάπερ ἐδούλευσα ἐνώπιον τοῦ πατρός σου (1 *a*)
22. 44. R λαὸς ὃν οὐκ ἔγνω [A B -ων] ἐδούλευσάν [A -σέν] μοι (1 *a*)
III Ki. 3. 1 (B); 4. 21 (A) (5. 1). ἐδούλευον [A δουλεύοντες] τῷ Σαλωμών (1 *a*)
5. 6 (20). A μισθὸν δουλείας σου δουλεύσω σοι [B *al.*] †
9. 6. καὶ δουλεύσητε [A -ετε] θεοῖς ἑτέροις (1 *a*)
— 9. B καὶ ἐδούλευσαν αὐτοῖς (1 *a*)
12. 4. καὶ δουλεύσομέν σοι (1 *a*)
— 7. R καὶ δουλεύσεις [A B -σῃς] αὐτοῖς (1 *a*)
— 24. B καὶ δουλεύσομέν σοι –
16. 31. ἐδούλευσε τῷ Βάαλ (1 *a*)
22. 54. ἐδούλευσε τοῖς Βααλὶμ (1 *a*)
IV Ki. 10. 18. Ἀχαὰβ ἐδούλευσε τῷ Βάαλ ὀλίγα Ἰοὺ δουλεύσει αὐτῷ πολλά (1 *a*, 1 *a*)
17. 41. τοῖς γλυπτοῖς αὐτῶν ἦσαν δουλεύοντες (1 *a*)
18. 7. οὐκ ἐδούλευσεν αὐτῷ (1 *a*)
21. 3. ἐδούλευσεν αὐτοῖς (1 *a*)
25. 24. δουλεύσατε τῷ βασιλεῖ Βαβυλῶνος (1 *a*)
I Ch. 19. 19. καὶ ἐδούλευσαν αὐτῷ (1 *a*)
28. 9. A B R δούλευε αὐτῷ [B *om.*] ἐν καρδίᾳ τελείᾳ (1 *a*)
II Ch. 7. 22. καὶ ἐδούλευσαν αὐτοῖς (1 *a*)
10. 4. καὶ δουλεύσομέν σοι (1 *a*)
24. 18. ἐδούλευον ταῖς Ἀστάρταις (1 *a*)
30. 8. δουλεύσατε τῷ κυρίῳ θεῷ ὑμῶν (1 *a*)
33. 3. καὶ ἐδούλευσεν αὐτοῖς (1 *a*)
— 16. τοῦ δουλεύειν κυρίῳ θεῷ Ἰσρ. (1 *a*)
— 22. καὶ ἐδούλευσεν [A -ευεν] αὐτοῖς (1 *a*)
34. 33. τοῦ δουλεύειν κυρίῳ θ. αὐτῶν (1 *a*)
36. 5. ἦν αὐτῷ δουλεύων τρία ἔτη
I Es. 8. 80. ἐν τῷ δουλεύειν ἡμᾶς οὐκ ἐγκατελείφθημεν
Ne. 9. 35. οὐκ ἐδούλευσάν σοι (1 *a*)
To. 4. 14. A B ἐὰν δουλεύσῃς τῷ θεῷ
14. 7. S δουλεύσατε τῷ θ. ἐν ἀληθείᾳ
Ju. 8. 22. οὐ ἐὰν δουλεύσωμεν ἐκεῖ
Ju. 11. 1. δουλεύειν βασιλεῖ Ναβουχ. πάσης τῆς γῆς
— 7. οὐ μόνον ἄνθρωποι διὰ σὲ δουλεύουσιν αὐτῷ
16. 14. σοὶ δουλευσάτω πᾶσα ἡ κτίσις σου
Jb. 21. 15. ὅτι δουλεύσομεν αὐτῷ (1 *a*)
36. 11. ἐὰν ἀκούσωσι καὶ δουλεύσωσι (1 *a*)
39. 9. βουλήσεται δέ σοι μονόκερως [A ἀτράπελος μ.] δουλεῦσαι [S[1] -εύειν] (1 *a*)
Ps. 2. 11. δουλεύσατε τῷ κυρίῳ ἐν φόβῳ (1 *a*)
17 (18). 43. λαὸς ὃν [A ὃς] οὐκ ἔγνων ἐδούλευσέ μοι (1 *a*)
21 (22). 30. τὸ σπέρμα μου δουλεύσει αὐτῷ (1 *a*)
71 (72). 11. πάντα τὰ ἔθνη δουλεύσουσιν αὐτῷ (1 *a*)
80 (81). 6. αἱ χεῖρες αὐτοῦ ἐν τῷ κοφίνῳ ἐδούλευσαν †
99 (100). 2. δουλεύσατε τῷ κυρίῳ ἐν εὐφροσύνῃ (1 *a*)
101 (102). 22. τοῦ δουλεύειν τῷ κυρίῳ (1 *a*)
105 (106). 36. ἐδούλευσαν τοῖς γλυπτοῖς αὐτῶν (1 *a*)
Pr. 10. 24. A δουλεύσει δὲ ἄφρων φρονίμῳ –
11. 29. δουλεύσει δὲ ἄφρων φρονίμῳ (1 *d*)
12. 9. κρείσσων ἀνὴρ ἐν ἀτιμίᾳ δουλεύων ἑαυτῷ (1 *d*)
Wi. 14. 21. τυραννίδι δουλεύσαντες ἄνθρωποι
Si. 2. 1. εἰ προσέρχῃ δουλεύειν κυρίῳ
3. 7. ὡς δεσπόταις δουλεύσει ἐν [S[2] *om.*] τοῖς γεννήσασιν αὐτόν
25. 8. ὃς οὐκ ἐδούλευσεν ἀναξίῳ [S[1] ἀξ.] αὐτοῦ
Ho. 12. 12 (13). καὶ ἐδούλευσεν Ἰ. ἐν γυναικί (1 *a*)
Ze. 3. 9. τοῦ δουλεύειν αὐτῷ ὑπὸ ζυγὸν ἕνα (1 *a*)
Za. 2. 9 (13). ἔσονται σκῦλα τοῖς δουλεύουσιν [A -εύσασιν] αὐτοῖς (1 *a*)
Ma. 3. 14. μάταιος ὁ δουλεύων θεῷ (1 *a*)
— 17. τὸν υἱὸν αὐ. τὸν δουλεύοντα αὐτῷ (1 *a*)
— 18. ἀνὰ μέσον τοῦ δουλεύοντος θεῷ κ. τοῦ μὴ δουλεύοντος (1 *a*, 1 *a*)
Is. 14. 3. ἧς ἐδούλευσας αὐτοῖς (1 *b*)
19. 23. δουλεύσουσιν Αἰγύπτιοι τοῖς Ἀσσυρίοις (1 *a*)
43. 23. A S[2] οὐδὲ ἐδούλευσας [S[2] *add.* μοι] ἐν ταῖς θυσίαις σου [R *al.*] (1 *c*)
53. 11. δικαιῶσαι δίκαιον εὖ δουλεύοντα πολλοῖς (1 *d*)
56. 6. τοῖς προσκειμένοις κυρίῳ [A πρὸς κύριον] δ. αὐτῷ (3)
60. 12. οἵτινες οὐ δουλεύσουσί σοι (1 *a*)
65. 8. οὕτως ποιήσω ἕνεκεν τοῦ δουλεύοντός μοι (1 *d*)
— 13. οἱ δουλεύοντές μοι φάγονται . . . οἱ δουλεύοντές μοι πίονται . . . οἱ δουλεύοντές μοι εὐφρανθήσονται (1 *d ter*)
— 14. οἱ δουλεύοντές μοι ἀγαλλιάσονται (1 *d*)
— 15. τοῖς δὲ δουλεύουσί μοι [A αὐτῷ] κληθήσεται ὄνομα καινόν (1 *d*)
Je. 2. 20. οὐ δουλεύσω σοι [A S *om.*] (1 *a* *, †)
— 31. A οὐ δουλευθησόμεθα [B S κυριευθ.] †
5. 19. ἐδουλεύσατε [S[1] -σαν] θεοῖς ἀλλοτρίοις [A ἑτέροις] (1 *a*)
— 19. B δουλεύσετε ἀλλοτρίοις (1 *a*)
8. 2. καὶ οἷς ἐδούλευσαν (1 *a*)
11. 10. τοῦ δ. αὐτοῖς (1 *a*)
13. 10. τοῦ δ. αὐτοῖς καὶ τοῦ προσκυνεῖν αὐτοῖς (1 *a*)
16. 11. ἐδούλευσαν αὐτοῖς (1 *a*)
— 13. δουλεύσετε ἐκεῖ [A *om.*] θεοῖς ἑτέροις (1 *a*)
22. 9. καὶ ἐδούλευσαν αὐτοῖς (1 *a*)
25. 6. μὴ πορεύεσθε ὀπίσω θεῶν ἀλλοτρίων τοῦ δ. αὐτοῖς (1 *a*)
— 11. δουλεύσουσιν ἐν τοῖς ἔθνεσιν ἑβδομήκοντα ἔτη (1 *a*)
34 (27). 6. ἔδωκα τὴν γῆν . . . δ. αὐτῷ [S *om.* δ. αὐ.] (1 *d*)
— 8. A καὶ δουλεύσωσιν αὐτῷ (1 *a* ?)
41 (34). 9. πρὸς τὸ μὴ δ. ἄνδρα ἐξ Ἰ. (1 *a*)
42 (35). 15. τοῦ δ. αὐτοῖς (1 *a*)
Ba. 1. 12. δουλεύσομεν αὐτοῖς ἡμέρας πολλάς
4. 32. αἷς ἐδούλευσαν τὰ τέκνα σου
Ez. 20. 40. ἐκεῖ δουλεύσουσί μοι πᾶς οἶκος Ἰσρ. (1 *a*)
29. 18. ἧς ἐδούλευσαν ἐπ' [A ἐδούλωσεν] αὐτήν (1 *a*)
— 20. ἧς ἐδούλευσεν ἐπὶ Τύρον (1 *a*)
Da. LXX. 4. 18. πᾶσαι αἱ χῶραι σοὶ δουλεύσουσι –
— 32. δούλευσον τῷ θεῷ τοῦ οὐρανοῦ τῷ ἁγίῳ –
6. 27 (28). ἔσομαι αὐτῷ προσκυνῶν καὶ δουλεύων –
Da. TH. 7. 14. γλῶσσαι αὐτῷ δουλεύσουσιν [A -εύουσιν] (2)
— 27. πᾶσαι αἱ ἀρχαὶ αὐτῷ δουλεύσουσι (2)
I Ma. 6. 23. ἡμεῖς εὐδοκοῦμεν δουλεύειν τῷ πατρί σου

II Ma. 1. 27. ἐλευθέρωσον τοὺς δουλεύοντας ἐν τοῖς ἔθνεσι
[Aq. Ge. 49. 15: Nu. 3. 7: Dt. 5. 9, 13: 20. 11: 28. 48: III Ki. 4. 21 (5. 1): Ps. 17 (18). 44: Is. 28. 21: Je. 25. 14: 27 (34). 14, 17: 28 (35). 14: 34 (41). 9: 40 (47). 9 *bis.*]
[Sm. Dt. 20. 11: 28. 48: III Ki. 4. 21 (5. 1): Jb. 21. 15: Ps. 17 (18). 44: Pr. 12. 9: Is. 41. 1: Je. 27 (34). 14, 17: 28 (35). 14: 34 (41). 9: 40 (47). 9 *bis.*]
[Th. Nu. 3. 7: Dt. 20. 11: Jb. 21. 15: Je. 25. 14: 27 (34). 14, 17: 28 (35). 14.]
[Al. Ex. 13. 5: Dt. 4. 19: IV Ki. 17. 12.]

δουλευτός.
[Al. Le. 23. 7.]

δούλη. (1) אָמָה (2) עֶבֶד (3) שִׁפְחָה
Ex. 21. 7. ὥσπερ ἀποτρέχουσιν αἱ δ. (2)
Le. 25. 44. ἀπ' αὐτῶν κτήσεσθε δοῦλον καὶ δούλην (1)
Jd. 19. 19. A καὶ τῇ δ. σου καὶ τῷ παιδαρίῳ [B *al.*] (1)
Ru. 2. 13. ἐλάλησας ἐπὶ καρδίαν τῆς δ. σου (3)
3. 9. ἐγώ εἰμι 'Ρουθ ἡ δ. σου καὶ περιβαλεῖς τὸ πτερύγιόν σου ἐπὶ τὴν δ. σου (1, 1)
I Ki. 1. 11. τὴν ταπείνωσιν τῆς δ. σου (1)
— 11. A μὴ ἐπιλάθῃς τῆς δ. σου (1)
— 11. καὶ δῷς τῇ δ. σου σπέρμα ἀνδρῶν (1)
— 16. μὴ δῷς τὴν δ. σου εἰς θυγατέρα λοιμήν (1)
— 18. εὗρεν ἡ δ. σου χάριν ἐν ὀφθαλμοῖς σου (3)
8. 16. καὶ τοὺς δούλους ὑμῶν καὶ τὰς δ. ὑμῶν (3)
25. 24. A B λαλησάτω δὴ ἡ δ. σου εἰς τὰ ὦτά σου καὶ ἄκουσον λόγον [R -ων] τῆς δ. σου (1, 1)
— 25. ἐγὼ ἡ δ. σου οὐκ εἶδον τὰ παιδάριά σου (1)
— 27. ἣν ἐνήνοχεν ἡ δ. σου τῷ κυρίῳ μου (3)
— 28. ἆρον δὴ τὸ ἀνόμημα τῆς δ. σου (1)
— 31. μνησθήσῃ τῆς δ. σου (1)
— 41. ἰδοὺ ἡ δ. σου εἰς παιδίσκην (1)
28. 21. ἰδοὺ δὴ ἤκουσεν [A *om.*] ἡ δ. σου τῆς φωνῆς σου (3)
— 22. ἄκουσον δὴ φωνῆς τῆς δ. σου (3)
II Ki. 14. 6. καί γε τῇ δ. σου δύο υἱοί (3)
— 7. ἐπανέστη ὅλη ἡ πατριὰ πρὸς τὴν δ. σου (3)
— 12. λαλησάτω δὴ ἡ δ. σου πρὸς τὸν κύριόν μου (3)
— 15. R ἐρεῖ ἡ δ. [A B ὁ λαός] σου (3)
— 15. εἴ πως ποιήσει ὁ βασ. τὸ ῥῆμα τῆς δ. αὐ. (1)
— 16. ῥυσάσθω τὴν δ. αὐτοῦ (1)
— 19. αὐτὸς ἔθετο ἐν τῷ στόματι τῆς [A μου τῆς] δ. σου (3)
20. 17. ἄκουσον τοὺς λόγους τῆς δ. σου (1)
III Ki. 1. 13. οὐχὶ σὺ ... ὤμοσας τῇ δ. σου (1)
— 17. σὺ ὤμοσας ... τῇ δ. σου (1)
3. 20. A ἡ δ. σου ὕπνου (1)
IV Ki. 4. 2. οὐκ ἔστι τῇ δ. σου οὐδὲν (3)
— 16. μὴ διαψεύσῃ τὴν δ. σου (3)
II Ch. 28. 10. κατακτήσεσθαι εἰς δούλους καὶ δούλας (3)
Ne. 5. 5. B καὶ τὰς θυγατέρας ἡμῶν [S¹ *om.* κ. τ. θ. ἡ.] εἰς δούλας [A S R -ους] (2)
Ju. 11. 5. δέξαι τὰ ῥήματα τῆς δ. σου
— 16. ἐγὼ ἡ δ. σου ἐπιγνοῦσα ταῦτα πάντα
— 17. ὅτι ἡ δ. σου θεοσεβής ἐστι
— 17. ἐξελεύσεται ἡ δ. σου κατὰ νύκτα
12. 4. οὐ δαπανήσει ἡ δ. σου τὰ ὄντα μετ' ἐμοῦ
— 6. ἐάσαι τὴν δ. σου ἐπὶ προσευχὴν ἐξελθεῖν
— 15. A S R προσῆλθεν [B προῆλθεν] ἡ δ. αὐτῆς
— 19. ἃ ἡτοίμασεν ἡ δ. αὐτῆς
13. 3. εἶπεν 'Ιουδὶθ τῇ δ. αὐτῆς στῆναι ἔξω
Es. 4. 17. οὐκ ἔφαγεν ἡ δ. σου τράπεζαν 'Αμάν
— 17. οὐκ ηὐφράνθη ἡ δ. σου
Jl. 2. 29 (3. 2). ἐπὶ τὰς δ. ... ἐκχεῶ ἀπὸ τοῦ πνεύματος (3)
Na. 2. 7 (8). αἱ δοῦλαι αὐτῆς ἤγοντο (1)
Is. 14. 2. πληθυνθήσονται ... εἰς δούλους καὶ δούλας (3)
56. 6. τοῦ εἶναι αὐτῷ εἰς δούλους καὶ δούλας –
I Ma. 2. 11. ἀντὶ ἐλευθέρας ἐγένετο εἰς δούλην
[Sm. II Ki. 14. 16.]
[Al. Le. 19. 20.]

δουλικός.
[Sm. Ex. 21. 7.]
[Al. Le. 25. 39.]

δούλιος.
Pr. 13. 13. υἱῷ δολίῳ [S¹ δουλ.] οὐδὲν ἔσται ἀγαθόν –

δοῦλος (adj.) (1) עֶבֶד
Ps. 118 (119). 91. τὰ σύμπαντα δοῦλα σά [S¹ σου] (1)
Wi. 15. 7. τά τε τῶν καθαρῶν ἔργων δοῦλα σκεύη
[Aq. Ps. 118 (119). 91.]

δοῦλος (subst.) (1) נַעֲרָה (2) *a.* עֲבַד *b.* עֶבֶד *c.* עֲבֵד *d.* עֲבַד (3) עַם
Le. 25. 44. ἀπ' αὐτῶν κτήσεσθε δοῦλον (2 *b*)
26. 13. ὄντων ὑμῶν δούλων (2 *b*)
De. 32. 36. ἐπὶ τοῖς δ. αὐτοῦ παρακληθήσεται (2 *b*)
Jo. 9. 23. οὐ μὴ ἐκλείπῃ ἐξ ὑμῶν δοῦλος (2 *b*)
14. 7. A ἀπέστειλέ με M. δοῦλος κυρίου [B *al.*] (2 *b*)
24. 29. ἀπέθανεν 'I. υἱὸς Ναυὴ δοῦλος κυρίου (2 *b*)
Jd. 2. 8. ἐτελεύτησεν 'I. υἱὸς Ναυὴ δοῦλος κυρίου (2 *b*)
6. 27. ἔλαβε Γ. δέκα ἄνδρας ἀπὸ τῶν δ. ἑ. [A *al.*] (2 *b*)
9. 28. δοῦλος αὐτοῦ σὺν τοῖς ἀνδράσιν 'E. (2 *a*)
15. 18. σὺ εὐδόκησας ἐν χειρὶ δούλου σου [A *al.*] (2 *b*)
19. 19. A τοῖς δ. σου [B μετὰ τῶν παιδίων σου, R μετὰ τῶν παίδων σου] (2 *b*)
I Ki. 2. 27. ὄντων αὐτῶν ἐν γῇ [A τῇ] Αἰγύπτῳ δούλων τῷ οἴκῳ Φ. –
3. 9, 10. ἀκούει ὁ δ. σου (2 *b*)
8. 14. δώσει τοῖς δ. αὐτοῦ (2 *b*)
— 15. τοῖς εὐνούχοις αὐτοῦ καὶ τοῖς δ. αὐτοῦ (2 *b*)
— 16. καὶ τοὺς δ. ὑμῶν καὶ τὰς δούλας ὑμῶν (2 *b*)
— 17. ὑμεῖς ἔσεσθε αὐτῷ δοῦλοι (2 *b*)
12. 19. B πρόσευξαι ὑπὲρ τῶν δ. σου (2 *b*)
13. 3. B ἠθετήκασιν οἱ δ. †
14. 21. οἱ δ. οἱ ὄντες ... μετὰ τῶν ἀλλοφύλων †
— 41. τί ὅτι οὐκ ἀπεκρίθης τῷ δ. σου σήμερον [A *al.*] –
16. 16. εἰπάτωσαν δὴ οἱ δ. σου ἐνώπιόν σου (2 *b*)
17. 9. ἐσόμεθα ὑμῖν εἰς δούλους (2 *b*)
— 9. ἔσεσθε ἡμῖν εἰς δούλους (2 *b*)
— 32. ὁ δ. σου πορεύσεται (2 *b*)
— 34. ποιμαίνων ἦν ὁ δ. σου τῷ πατρὶ αὐτοῦ (2 *b*)
— 36. τὴν ἄρκον ἔτυπτεν ὁ δ. σου (2 *b*)
— 58. A υἱὸς δούλου σου 'Ιεσσαί (2 *b*)
18. 5. A καί γε ἐν ὀφθαλμοῖς δούλων Σαούλ (2 *b*)
— 30. A συνῆκεν Δαυὶδ παρὰ πάντας τοὺς δ. Σαούλ (2 *b*)
19. 4. μὴ ἁμαρτησάτω ὁ βασιλεὺς εἰς τὸν δ. σου Δαυίδ (2 *b*)
20. 7. εἰρήνη τῷ δ. σου (2 *b*)
— 8. ποιήσεις ἔλεος μετὰ τοῦ δ. σου (2 *b*)
— 8. εἰσήγαγες εἰς διαθήκην κυρίου τὸν δ. σου μετὰ σεαυτοῦ (2 *b*)
— 8. εἰ ἔστιν ἀδικία [A *om.*] ἐν τῷ δ. σου †
22. 8. ἐπήγειρεν ὁ υἱός μου τὸν δ. μου ἐπ' ἐμέ (2 *b*)
— 14. τίς ἐν πᾶσι τοῖς δ. σου ὡς Δαυὶδ πιστός (2 *b*)
— 15. μὴ δότω ὁ βασιλεὺς κατὰ τοῦ [A *om.*] δ. αὐτοῦ λόγον (2 *b*)
— 15. οὐκ ᾔδει ὁ δ. ὁ σὸς ἐν πᾶσι τούτοις ῥῆμα (2 *b*)
23. 10. ἀκούων ἀκήκοεν ὁ δ. σου (2 *b*)
— 11. καθὼς ἤκουσεν ὁ δ. σου (2 *b*)
— 11. ἀπάγγειλον τῷ δ. σου (2 *b*)
25. 10. σήμερον πεπληθυμμένοι εἰσὶν οἱ δ. (2 *b*)
— 39. τὸν δ. αὐτοῦ περιεποιήσατο (2 *b*)
26. 17. δοῦλος σου, κύριε βασιλεῦ †
— 18. ἵνα τί τοῦτο καταδιώκει ὁ κύριος ὀπίσω τοῦ δ. αὐτοῦ (2 *b*)
— 19. ἀκουσάτω ... τὸ ῥῆμα τοῦ δ. αὐ. (2 *b*)
27. 5. εἰ δὴ εὕρηκεν ὁ δ. σου χάριν ἐν ὀφθαλμοῖς σου –
— 5. ἵνα τί κάθηται ὁ δ. σου ἐν πόλει (2 *b*)
— 12. ἔσται μοι [A μου] δοῦλος εἰς τὸν αἰῶνα (2 *b*)
28. 2. ἃ ποιήσει ὁ δ. σου (2 *b*)
29. 3. οὐχ οὗτος Δαυὶδ ὁ δ. Σαούλ (2 *b*)
— 8. τί εὗρες ἐν τῷ δ. σου (2 *b*)
30. 13. ἐγώ εἰμι δοῦλος ἀνδρὸς 'Αμαληκίτου (2 *b*)
II Ki. 3. 18. ἐν χειρὶ τοῦ δ. μου Δαυίδ (2 *b*)
6. 20. ἐν ὀφθαλμοῖς παιδισκῶν τῶν δ. ἑαυτοῦ (2 *b*)
7. 4 (5). εἰπὸν πρὸς τὸν δ. μου Δαυίδ (2 *b*)
— 8. τάδε ἐρεῖς τῷ δ. μου Δαυίδ (2 *b*)
— 19. ἐλάλησας ὑπὲρ τοῦ οἴκου τοῦ δ. σου (2 *b*)
— 20. σὺ οἶδας τὸν δ. σου (2 *b*)

II Ki. 7. 21. διὰ τὸν δ. [A λόγον] σου πεποίηκας †
— 21. γνωρίσαι τῷ δ. [A τὸν δ.] σου (2 *b*)
— 25. ῥῆμα ὃ ἐλάλησας περὶ τοῦ δ. σου (2 *b*)
— 25. A ὁ οἶκος τοῦ δ. σου Δαυὶδ ἔσται ἀνωρθωμένος ἐνώπιόν σου (2 *b*)
— 27. ἀπεκάλυψας τὸ ὠτίον τοῦ δ. σου (2 *b*)
— 27. εὗρεν ὁ δ. σου τὴν καρδίαν ἑαυτοῦ (2 *b*)
— 28. ἐλάλησας ὑπὲρ τοῦ δ. σου τὰ ἀγαθὰ ταῦτα (2 *b*)
— 29. εὐλόγησον τὸν οἶκον τοῦ δ. σου (2 *b*)
— 29. εὐλογηθήσεται ὁ οἶκος τοῦ δ. σου (2 *b*)
8. 2, 6. εἰς δούλους φέροντας ξένια (2 *b*)
— 14. ἐγένοντο πάντες οἱ 'Ιδ. δοῦλοι τῷ βασ. (2 *b*)
9. 2. ἐγὼ δοῦλος σός (2 *b*)
— 6. ἰδοὺ [A *om.*] ὁ δ. σου (2 *b*)
— 8. τίς εἰμι ὁ δ. σου (2 *b*)
— 10. σὺ καὶ οἱ υἱοί σου καὶ οἱ δ. σου (2 *b*)
— 10. πέντε καὶ δέκα υἱοὶ καὶ εἴκοσι δοῦλοι (2 *b*)
— 11. ὅσα ἐντέταλται ὁ κύριός μου ὁ βασιλεὺς τῷ δ. αὐτοῦ οὕτως ποιήσει ὁ δ. σου (2 *b*, 2 *b*)
— 12. πᾶσα ἡ κατοίκησις τοῦ οἴκου Σιβὰ δοῦλοι τοῦ [A τῷ] M. (2 *b*)
10. 2. ἀπέστειλε Δαυὶδ ... ἐν χειρὶ τῶν δ. αὐτοῦ (2 *b*)
— 19. πάντες οἱ βασιλεῖς οἱ δ. 'Αδρααζάρ (2 *b*)
11. 9. ἐκοιμήθη Οὐρίας ... μετὰ τῶν δ. τοῦ κ. αὐ. (2 *b*)
— 11. ὁ κύριός μου 'I. καὶ οἱ δ. τοῦ κ. μου (2 *b*)
— 13. τοῦ κοιμηθῆναι ... μετὰ τῶν δ. τοῦ κ. (2 *b*)
— 17. ἔπεσαν ἐκ [A ἀπὸ] τοῦ λαοῦ ἐκ τῶν δ. Δαυίδ (2 *b*)
— 21. καί γε Οὐρίας ὁ δ. σου ὁ X. ἀπέθανε (2 *b*)
— 24. καί γε ὁ δ. σου Οὐρίας ὁ X. ἀπέθανε (2 *b*)
12. 18. ἐφοβήθησαν οἱ δ. Δαυὶδ ἀναγγεῖλαι αὐτῷ (2 *b*)
13. 24. κείρουσι τῷ δ. σου πορευθήτω δὴ ὁ βασ. ... μετὰ τοῦ δ. σου (2 *b*, 2 *b*)
— 35. κατὰ τὸν λόγον τοῦ δ. σου (2 *b*)
14. 19. ὁ δ. σου 'Ιωὰβ αὐτὸς ἐνετείλατό μοι (2 *b*)
— 20. A R ὁ ἐποίησεν ὁ δ. σου 'Ιωὰβ τὸν λόγον [B δόλον] τοῦτον (2 *b*)
— 22. σήμερον ἔγνω ὁ δ. σου (2 *b*)
— 22. ἐποίησεν ὁ κ. μου ὁ βασ. τὸν λόγον τοῦ δ. αὐ. (2 *b*)
— 30. παραγίνονται οἱ δ. 'Ιωὰβ πρὸς αὐτόν –
— 30. ἐνεπύρισαν οἱ δ. 'Αβεσσαλὼμ τὴν μερίδα ἐν πυρί –
15. 2. ἐκ μιᾶς φυλῶν 'Ισραὴλ ὁ δ. σου (2 *b*)
— 8. εὐχὴν ηὔξατο ὁ δ. σου (2 *b*)
— 21. ἐκεῖ ἔσται ὁ δ. σου (2 *b*)
— 34. καὶ νῦν ἐγὼ δοῦλος σός [A σου] (2 *b*)
18. 29. τοῦ ἀποστεῖλαι τὸν δ. τοῦ βασιλέως 'Ιωὰβ καὶ τὸν δ. σου (2 *b*, 2 *b*)
19. 5 (6). κατῄσχυνας σήμερον τὸ πρόσωπον πάντων τῶν δ. σου (2 *b*)
— 7 (8). λάλησον εἰς τὴν καρδίαν τῶν δ. σου (2 *b*)
— 14 (15). ἐπιστράφηθι σὺ καὶ πάντες οἱ δ. σου (2 *b*)
— 17 (18). B καὶ εἴκοσι δοῦλοι αὐ. μετ' αὐτοῦ (2 *b*)
— 20 (21). ἔγνω ὁ δ. σου (2 *b*)
— 26 (27). ὁ δ. σου παρελογίσατό με (2 *b*)
— 26 (27). ὅτι χωλὸς ὁ δ. σου (2 *b*)
— 27 (28). B² R μεθώδευσεν ἐν τῷ δ. [A B¹ ὁ δ.] σου (2 *b*)
— 28 (29). ἔθηκας τὸν δ. σου ἐν τοῖς ἐσθίουσι τὴν τράπεζάν σου (2 *b*)
— 35 (36). εἰ γεύσεται ὁ δ. σου ἔτι ὃ φάγομαι (2 *b*)
— 35 (36). ἵνα τί ἔσται ἔτι ὁ δ. σου εἰς φορτίον (2 *b*)
— 36 (37). ὡς βραχὺ διαβήσεται ὁ δ. σου τὸν 'I. (2 *b*)
— 37 (38). καθισάτω δὴ ὁ δ. σου (2 *b*)
— 37 (38). ὁ δ. σου Χαμαὰμ διαβήσεται (2 *b*)
21. 22. καὶ ἐν χειρὶ τῶν δ. αὐτοῦ (2 *b*)
24. 10. παραβίβασον δὴ τὴν ἀνομίαν τοῦ δ. σου (2 *b*)
— 21. τί ὅτι ἦλθεν ὁ κύριός μου ὁ βασιλεὺς πρὸς τὸν δ. αὐτοῦ (2 *b*)
III Ki. 1. 19. τὸν Σαλ. τὸν δ. σου οὐκ ἐκάλεσε (2 *b*)
— 26. καὶ ἐμὲ αὐτὸν τὸν δ. σου ... καὶ Σαλωμὼν τὸν δ. σου οὐκ ἐκάλεσεν (2 *b*, 2 *b*)
— 27. καὶ οὐκ ἐγνώρισας τῷ δ. σου (2 *b*)
— 33. λάβετε τοὺς δ. τοῦ κυρίου ὑμῶν (2 *b*)
— 47. εἰσῆλθον οἱ δ. τοῦ βασιλέως (2 *b*)
— 51. εἰ οὐ θανατώσει τὸν δ. αὐτοῦ ἐν ῥομφαίᾳ (2 *b*)
3. 1 (2. 38). οὕτω ποιήσει ὁ δ. σου (2 *b*)
— 1 (2. 39). ἀπέδρασαν δύο δ. τοῦ [A τῷ] Σεμεΐ (2 *b*)

III Ki. 3. 1 (2. 39). οἱ δ. σου ἐν Γέθ (2 b)
— 1 (2. 40). τοῦ ἐκζητῆσαι τοὺς δ. αὐτοῦ (2 b)
— 1 (2. 40). ἤγαγε τοὺς δ. αὐτοῦ ἐκ Γέθ (2 b)
— 1 (2. 41). B ἀπέστρεψεν [A ἐπ., R ἀν.] τοὺς δ. αὐ. -
— 6. σὺ ἐποίησας μετὰ τοῦ [A om.] δ. σου . . . ἔλεος μέγα (2 b)
— 7. σὺ ἔδωκας τὸν δ. σου ἀντὶ Δαυίδ (2 b)
— 8. ὁ δὲ δ. σου ἐν μέσῳ τοῦ λαοῦ σου (2 b)
— 9. δώσεις τῷ δ. σου καρδίαν ἀκούειν (2 b)
5. 6 (20). οἱ δ. μου μετὰ [A ἔστωσαν μετὰ] τῶν δ. σου (2 b, 2 b)
— 9 (23). οἱ δ. μου κατάξουσιν αὐτὰ ἐκ τοῦ Λιβάνου (2 b)
8. 23. φυλάσσων διαθήκην καὶ ἔλεος τῷ δ. σου (2 b)
— 24. ἃ ἐφύλαξας τῷ δ. σου Δαυίδ (2 b)
— 25. φύλαξον τῷ δ. σου Δαυὶδ . . . ἃ ἐλάλησας αὐτῷ (2 b)
— 26. A ὃ ἐλάλησας τῷ δ. σου Δ. [B al.] (2 b)
— 28. A ἐπιβλέψῃ ἐπὶ προσευχὴν δούλου σου [B al.] (2 b)
— 28. ἧς ὁ δ. σου προσεύχεται ἐνώπιόν σου (2 b)
— 29. ἧς προσεύχεται ὁ δ. σου (2 b)
— 30. εἰσακούσῃ τῆς δεήσεως [A φωνῆς] τοῦ δ. σου (2 b)
— 34. A B[1] ἵλεως ἔσῃ ταῖς ἁμαρτίαις τοῦ δ. [B[2] R λαοῦ] σου Ἰσραήλ (3)
— 36. ἵλεως ἔσῃ ταῖς ἁμαρτίαις τοῦ δ. [A λαοῦ] σου (2 b)
— 36. B ἣν ἔδωκας τῷ δ. [A R λαῷ] σου ἐν κληρονομίᾳ (3)
— 52. ἠνεῳγμένα εἰς τὴν δέησιν τοῦ δ. σου (2 b)
— 53. ἐν χειρὶ δούλου σου Μ. (2 b)
— 56. ἐν χειρὶ δούλου αὐτοῦ Μ. (2 b)
— 59. τοῦ ποιεῖν τὸ δικαίωμα τοῦ δ. σου (2 b)
— 66. οἷς ἐποίησε κύριος τῷ Δ. δ. αὐ. (2 b)
11. 11. δώσω αὐτὴν τῷ δ. σου (2 b)
— 13. διὰ Δαυὶδ τὸν δ. μου (2 b)
— 26. υἱὸς γυναικὸς χήρας δοῦλος Σαλ. [A al.] (2 b)
— 32. διὰ τὸν δ. μου Δαυίδ (2 b)
— 34. διὰ Δαυὶδ τὸν δ. μου (2 b)
— 36. ὅπως ᾖ θέσις τῷ δ. μου Δαυίδ (2 b)
— 38. καθὼς ἐποίησε Δαυὶδ ὁ δ. μου (2 b)
12. 7. εἰ ἐν τῇ ἡμέρᾳ ταύτῃ ἔσῃ δοῦλος τῷ λαῷ τούτῳ (2 b)
— 7. ἔσονται σοι δοῦλοι πάσας τὰς ἡμέρας (2 b)
— 24. B ἦν ἄνθρωπος . . . δοῦλος τῷ Σαλ. -
14. 8. A οὐκ ἐγένου ὡς ὁ δ. μου Δαυίδ (2 b)
— 18 (A): 15. 29. ἐν χειρὶ δούλου αὐτοῦ Ἀχιά (2 b)
16. 2. A ἔδωκά σε ἡγούμενον ἐπὶ τὸν δ. [B λαόν] μου Ἰσραήλ (3)
18. 9. δίδως τὸν δ. σου εἰς χεῖρα Ἀχ. (2 b)
— 12. ὁ δ. σου ἐστὶ φοβούμενος τὸν κύριον (2 b)
— 36. καὶ ἐγὼ δοῦλός σου (2 b)
20 (21). 28. ἐν χειρὶ δούλου αὐτοῦ Ἠλιού -
21 (20). 9. ὅσα ἀπέσταλκας πρὸς τὸν δ. σου (2 b)
— 32. δοῦλός σου υἱὸς Ἄδερ λέγει (2 b)
— 39. ὁ δ. σου ἐξῆλθεν ἐπὶ τὴν στρατιὰν τοῦ πολέμου (2 b)
— 40. περιεβλέψατο ὁ δ. σου ὧδε καὶ ὧδε (2 b)
22. 50. A πορευθήτωσαν δοῦλοί σου μετὰ τῶν δ. μου (2 b, 2 b)
IV Ki. 1. 13. καὶ ἡ ψυχὴ τῶν δ. σου τούτων (2 b)
— 14. A ἐντιμωθήτω δὴ ἡ ψυχὴ τῶν δ. σου [B ψ. μου] †
4. 1. ὁ δ. σου ὁ ἀνήρ μου ἀπέθανε καὶ σὺ ἔγνως ὅτι δοῦλος ἦν φοβούμ. τὸν κ. (2 b, 2 b)
— 1. λαβεῖν τοὺς δύο υἱούς μου ἑαυτῷ εἰς δούλους (2 b)
5. 6. ἀπέστειλα πρὸς σὲ Ναιμὰν τὸν δ. μου (2 b)
— 15. λάβε τὴν εὐλογίαν παρὰ [A om.] τοῦ δ. σου (2 b)
— 17. B[2] R δοθήτω δὴ τῷ δ. σου γομὸρ ζεῦγος [B[1] -γη, A -γους] ἡμιόνων (2 b)
— 17. οὐ ποιήσει ἔτι ὁ δ. σου ὁλοκαύτωμα (2 b)
— 18. ἱλάσεται κύριος τῷ δ. σου (2 b)
— 18. ἱλάσεται δὴ κύριος τῷ δ. σου (2 b)
— 25. οὐ πεπόρευται ὁ δ. σου ἔνθα καὶ ἔνθα (2 b)
6. 3. δεῦρο μετὰ τῶν δ. σου (2 b)
8. 13. τίς ἐστιν ὁ δ. σου (2 b)
— 19. διὰ Δαυὶδ τὸν δ. αὐτοῦ (2 b)

IV Ki. 9. 7. ἐκδικήσεις τὰ αἵματα τῶν δ. μου . . . καὶ τὰ αἵματα πάντων τῶν δ. κυρίου (2 b, 2 b)
— 23. A δοῦλος Ὀχοζεί [B δόλος, Ὀχοζία] †
10. 10. ὅσα ἐλάλησεν ἐν χειρὶ δούλου αὐτοῦ Ἠλιού (2 b)
— 19. πάντας τοὺς δ. αὐ. . . . καλέσατε πρός με (2 a)
— 19. ἵνα ἀπολέσῃ τοὺς δ. τοῦ Βάαλ (2 a)
— 21. B πάντες οἱ δ. αὐ. καὶ πάντες οἱ ἱερεῖς αὐ. -
— 21. ἦλθον πάντες οἱ δ. τοῦ Βάαλ (2 a)
— 22. ἐξάγαγε ἔνδυμα πᾶσι τοῖς δ. τοῦ Βάαλ (2 a)
— 23. B εἶπε τοῖς δ. τοῦ Βάαλ (2 a)
— 23. εἰ ἔστι μεθ' ὑμῶν τῶν δ. κυρίου ὅτι ἀλλ' ἢ οἱ δ. τοῦ Βάαλ μονώτατοι (2 b, 2 a)
12. 20 (21). ἀνέστησαν οἱ δ. αὐτοῦ (2 b)
— 21 (22). οἱ δ. αὐτοῦ ἐπάταξαν αὐτόν (2 b)
14. 5. ἐπάταξε τοὺς δ. αὐτοῦ (2 b)
— 25. ἐν χειρὶ δούλου αὐτοῦ Ἰωνᾶ (2 b)
16. 7. δοῦλός σου καὶ υἱός σου ἐγώ (2 b)
17. 3. ἐγενήθη αὐτῷ Ὡσηὲ δοῦλος (2 b)
— 13. ἐν χειρὶ τῶν δ. μου (2 b)
— 23. ἐν χειρὶ πάντων τῶν δ. αὐτοῦ τῶν προφητῶν (2 b)
18. 12. ὅσα ἐνετείλατο Μωσῆς ὁ δ. κυρίου (2 b)
— 24. τοπάρχου ἑνὸς τῶν δ. τοῦ κυρίου μου τῶν ἐλαχίστων (2 b)
19. 34: 20. 6. καὶ διὰ Δαυὶδ τὸν δ. μου (2 b)
21. 8. ἣν ἐνετείλατο αὐτοῖς ὁ δ. μου Μ. (2 b)
— 10. ἐν χειρὶ δούλων αὐτοῦ τῶν προφητῶν (2 b)
22. 9. ἐχώνευσαν οἱ δ. σου τὸ ἀργύριον (2 b)
— 12. καὶ τῷ Ἀσαίᾳ δ. τοῦ βασιλέως (2 b)
24. 1. ἐγενήθη αὐτῷ Ἰωακὶμ δοῦλος τρία ἔτη (2 b)
— 2. ἐν χειρὶ τῶν δ. αὐτοῦ τῶν προφητῶν (2 b)
I Ch. 17. 4. εἰπὸν πρὸς Δαυὶδ τὸν δ. [A S παῖδά] μου (2 b)
— 7. οὕτως ἐρεῖς τῷ δούλῳ μου Δαυίδ (2 b)
— 18. καὶ σὺ τὸν δ. σου οἶδας (2 b)
— 26. ἐλάλησας ἐπὶ τὸν δ. σου τὰ ἀγαθὰ ταῦτα (2 b)
II Ch. 2. 8 (7). οἱ δ. σου οἴδασι κόπτειν ξύλα (2 b)
6. 23. καὶ κρινεῖς τοὺς δ. σου (2 b)
— 42. μνήσθητι τὰ ἐλέη Δαυὶδ τοῦ δ. σου (2 b)
28. 10. κατακτήσεσθαι εἰς δούλους καὶ δούλας (2 b)
36. 20. ἦσαν αὐτῷ καὶ τοῖς υἱοῖς αὐτοῦ εἰς δούλους (2 b)
I Es. 4. 26. δοῦλοι ἐγένοντο δι' αὐτάς
II Es. 2. 55. A R υἱοὶ δούλων Σαλωμών [B Ἀβδησελ] (2 b)
— 65. χωρὶς δούλων αὐτῶν καὶ παιδισκῶν αὐ. (2 b)
4. 15. A B R φυγαδεῖα δούλων γίνονται [B om.] ἐν μέσῳ αὐτῆς (2 d)
5. 11. ἐσμὲν δοῦλοι τοῦ θ. τοῦ οὐρανοῦ (2 c)
9. 9. ὅτι δοῦλοι ἐσμέν (2 b)
— 11. ἐν χειρὶ δούλων [S[3] -ου] σου τῶν προφητῶν (2 b)
Ne. 1. 6. A B S τοῦ ἀκοῦσαι προσευχὴν δούλου [R τοῦ δ.] σου (2 b)
— 6. περὶ υἱῶν Ἰσραὴλ δούλων σου (2 b)
— 11. προσέχον εἰς τὴν προσευχὴν τοῦ δ. σου (2 b)
2. 10. A B[2] S R Τωβία ὁ δ. Ἀμμωνί (2 b)
— 19. Τωβία ὁ δ. ὁ Ἀμμωνί (2 b)
— 20. ἡμεῖς δοῦλοι αὐτοῦ καθαροί (2 b)
5. 5. A S R καταδυναστεύομεν . . . εἰς δούλους [B -ας] (2 b)
7. 57. υἱοὶ δούλων Σαλωμών (2 b)
— 60. υἱοὶ δούλων [S om.] Σαλωμών (2 b)
— 67. πάρεξ δούλων αὐτῶν καὶ παιδισκῶν αὐ. (2 b)
9. 14. ἐν χειρὶ Μωυσῆ δούλου [A S[3] τοῦ δ.] σου (2 b)
— 36. ἰδοὺ ἐσμὲν σήμερον δοῦλοι (2 b)
— 36. R ἰδοὺ ἐσμὲν δοῦλοι ἐπ' αὐτῆς (2 b)
10. 29 (30). ἐν χειρὶ Μωυσῆ δούλου τοῦ θεοῦ (2 b)
11. 3. καὶ οἱ υἱοὶ δούλων Σαλωμών (2 b)
Ju. 3. 4. οἱ κατοικοῦντες ἐν αὐταῖς δοῦλοί σού εἰσιν
5. 5. ἐκ στόματος τοῦ δ. σου
— 5. ἐκ τοῦ στόματος τοῦ δ. σου
— 11. ἔθεντο αὐτοὺς εἰς δούλους
6. 3. ἡμεῖς οἱ δ. αὐτοῦ πατάξομεν [A ἐξολεθρεύσωμεν] αὐτούς
— 7. ἀποκαταστήσουσί σε οἱ δ. μου
— 10. προσέταξεν Ὀλ. τοῖς δ. αὐτοῦ
— 11. συνέλαβον αὐτὸν οἱ δ. αὐτοῦ
7. 27. ἐσόμεθα γὰρ εἰς δούλους
9. 3. ἐπάταξας δούλους ἐπὶ δυνάσταις
— 10. πάταξον δοῦλον . . . ἐπ' ἄρχοντι
10. 23. ἤγειραν αὐτὴν οἱ δ. αὐτοῦ
11. 4. καθὰ γίνεται τοῖς δ. τοῦ κυρίου μου

Ju. 12. 10. ἐποίησεν Ὀλοφ. πότον τοῖς δ. αὐτοῦ μόνοις
13. 1. ἐσπούδασαν οἱ δ. αὐτοῦ ἀναλύειν
14. 13. ἐτόλμησαν οἱ δ. καταβαίνειν ἐφ' ἡμᾶς
— 18. ἠθέτησαν οἱ δ.
Jb. 40. 23 (28). λήψῃ δὲ αὐτὸν δοῦλον αἰώνιον (2 b)
Ps. 18 (19). 11. καὶ γὰρ ὁ δ. σου φυλάσσει αὐτά (2 b)
— 13. ἀπὸ ἀλλοτρίων φεῖσαι τοῦ δ. σου (2 b)
26 (27). 9. μὴ ἐκκλίνῃς ἐν ὀργῇ ἀπὸ τοῦ δ. σου (2 b)
30 (31). 16. ἐπίφανον τὸ πρόσωπόν σου ἐπὶ τὸν δ. σου (2 b)
33 (34). 22. λυτρώσεται κύριος ψυχὰς δούλων αὐτοῦ (2 b)
34 (35). 27. οἱ θέλοντες τὴν εἰρήνην τοῦ δ. αὐ. (2 b)
35 (36). tit. εἰς τὸ τέλος τῷ δ. κυρίου τῷ Δ. [A al.] (2 b)
68 (69). 36. τὸ σπέρμα τῶν δ. αὐ. καθέξουσιν αὐτήν (2 b)
77 (78). 70. ἐξελέξατο Δαυὶδ τὸν δ. αὐτοῦ (2 b)
— 71. ποιμαίνειν Ἰακὼβ τὸν δ. αὐτοῦ (3)
78 (79). 2. ἔθεντο τὰ θνησιμαῖα τῶν δ. σου βρώματα τοῖς πετεινοῖς τοῦ οὐρανοῦ (2 b)
— 10. ἡ ἐκδίκησις τοῦ αἵματος τῶν δ. σου τοῦ ἐκκεχυμένου (2 b)
79 (80). 4. ἕως πότε ὀργίζῃ ἐπὶ τὴν προσευχὴν τοῦ δ. [S[2] τῶν δ.] σου (3)
85 (86). 2. σῶσον τὸν δ. σου, ὁ θεός μου (2 b)
— 4. εὔφρανον τὴν ψυχὴν τοῦ δ. σου (2 b)
88 (89). 3. ὤμοσα Δαυὶδ τῷ δ. μου (2 b)
— 20. εὗρον Δαυὶδ τὸν δ. μου (2 b)
— 39. κατέστρεψας τὴν διαθήκην τοῦ δ. σου (2 b)
— 50. μνήσθητι, κύριε, τοῦ ὀνειδισμοῦ τῶν δ. σου (2 b)
89 (90). 13. παρακλήθητι ἐπὶ τοῖς δ. σου (2 b)
— 16. ἴδε ἐπὶ τοὺς δ. σου (2 b)
101 (102). 14. εὐδόκησαν οἱ δ. σου τοὺς λίθους αὐτῆς (2 b)
— 28. οἱ υἱοὶ τῶν δ. σου κατασκηνώσουσι (2 b)
104 (105). 6. σπέρμα Ἀβραὰμ δοῦλοι αὐτοῦ (2 b)
— 17. εἰς δοῦλον ἐπράθη Ἰωσήφ (2 b)
— 25. τοῦ δολιοῦσθαι ἐν τοῖς δ. αὐτοῦ (2 b)
— 26. ἐξαπέστειλε Μωυσῆν τὸν δ. αὐτοῦ (2 b)
— 42. ἐμνήσθη τοῦ λόγου . . . τοῦ πρὸς Ἀβραὰμ τὸν δ. αὐτοῦ (2 b)
108 (109). 28. ὁ δὲ δ. σου εὐφρανθήσεται (2 b)
115. 7 (116. 16). ὦ κύριε, ἐγὼ δοῦλος σὸς ἐγὼ δοῦλος σός [A[1] om. ἐ. δ. σ.] (2 b, 2 b)
118 (119). 17. ἀνταπόδος τῷ δ. σου (2 b)
— 23. ὁ δὲ δ. σου ἠδολέσχει ἐν τοῖς δικαιώμασί σου (2 b)
— 38. στῆσον τῷ δ. σου τὸ λόγιόν σου (2 b)
— 49. μνήσθητι τῶν λόγων σου τῷ δ. σου (2 b)
— 65. χρηστότητα ἐποίησας μετὰ τοῦ δ. σου (2 b)
— 76. κατὰ τὸ λόγιόν σου τῷ δ. σου (2 b)
— 84. πόσαι εἰσὶν αἱ ἡμέραι τοῦ δ. σου (2 b)
— 122. A S ἔκδεξαι [R ἔνδ.] τὸν δ. σου εἰς ἀγαθόν [S -θά] (2 b)
— 124. ποίησον μετὰ τοῦ δ. σου (2 b)
— 125. δοῦλός σού εἰμι ἐγώ (2 b)
— 135. τὸ πρόσωπόν σου ἐπίφανον ἐπὶ τὸν δ. σου (2 b)
— 140. ὁ δ. σου ἠγάπησεν αὐτό (2 b)
— 176. A R ζήτησον [S ζῆσον] τὸν δ. σου (2 b)
122 (123). 2. ὡς ὀφθαλμοὶ δούλων εἰς χεῖρας τῶν κ. αὐ. (2 b)
131 (132). 10. ἕνεκεν Δαυὶδ τοῦ δ. σου (2 b)
133 (134). 1. εὐλογεῖτε τὸν κύριον πάντες οἱ δ. κυρίου (2 b)
134 (135). 1. αἰνεῖτε δοῦλοι κύριον (2 b)
— 9. ἐν Φαραῷ καὶ ἐν πᾶσι τοῖς δ. αὐτοῦ (2 b)
— 12. A S κληρονομίαν Ἰσραὴλ δούλῳ [R λαῷ] αὐ. (3)
— 14. ἐπὶ τοῖς δ. αὐτοῦ παρακληθήσεται (2 b)
135 (136). 22. κληρονομίαν Ἰσραὴλ δούλῳ [S[2] λαῷ] αὐ. (2 b)
142 (143). 2. μὴ εἰσέλθῃς εἰς κρίσιν μετὰ τοῦ δ. [S[1] τῶν δ.] σου (2 b)
— 12. δοῦλός σού εἰμι ἐγώ (2 b)
143 (144). 10. τῷ λυτρουμένῳ Δαυὶδ τὸν δ. αὐ. (2 b)
Pr. 9. 3. ἀπέστειλε τοὺς ἑαυτῆς δ. (1)
Ec. 2. 7. ἐκτησάμην δούλους (2 b)
5. 11. γλυκὺς ὕπνος τοῦ δ. (2 a)
7. 22 (21). ὅπως μὴ ἀκούσῃς τοῦ δ. σου καταρωμένου σε (2 b)
10. 7. εἶδον δούλους ἐφ' ἵππους καὶ ἄρχοντας πορευομένους ὡς δούλους (2 b, 2 b)
Wi. 9. 5. ἐγὼ δοῦλος σὸς καὶ υἱὸς τῆς παιδίσκης σου

Wi. 18. 11. ὁμοίᾳ δὲ δίκῃ δοῦλος ἅμα δεσπότῃ κολασθείς
Si. 30. 32 (24). R περὶ δούλων
Am. 3. 7. πρὸς τοὺς δ. αὐτοῦ τοὺς προφήτας (2 *b*)
Jl. 2. 29 (3. 2). ἐπὶ τοὺς δ. μου . . . ἐκχεῶ (2 *b*)
Jn. 1. 9. δοῦλος κυρίου εἰμὶ ἐγώ †
Hg. 2. 24 (23). λήψομαί σε Ζ. τὸν τοῦ Σ. τὸν δ. μου (2 *b*)
Za. 1. 6. ἐντέλλομαι . . . τοῖς δ. μου τοῖς προφ. (2 *b*)
3. 9 (8). ἰδοὺ ἐγὼ ἄγω τὸν δ. μου Ἀνατολήν (2 *b*)
Ma. 1. 6. καὶ δοῦλος τὸν κύριον αὐτοῦ [S^{2} *add.* φοβηθήσεται] (2 *b*)
4. 4 (3. 22). μνήσθητε νόμου Μ. τοῦ δ. μου (2 *b*)
Is. 14. 2. πληθυνθήσονται . . . εἰς δούλους (2 *b*)
42. 19. ἐτυφλώθησαν οἱ δ. τοῦ θεοῦ (2 *b*)
45. 14. σοὶ ἔσονται δοῦλοι –
48. 20. ἐρρύσατο κύριος τὸν δ. [A λαὸν] αὐτοῦ Ἰ. (2 *b*)
49. 3. δ. μου εἶ σὺ Ἰσραήλ (2 *b*)
— 5. ὁ πλάσας με ἐκ κοιλίας δοῦλον ἑαυτῷ (2 *b*)
— 7. τὸν βδελυσσόμενον ὑπὸ τῶν ἐθνῶν τῶν δ. τῶν ἀρχόντων (2 *b*)
56. 6. τοῦ εἶναι αὐτῷ εἰς δούλους καὶ δούλας (2 *b*)
63. 17. ἐπίστρεψον διὰ τοὺς δ. σου (2 *b*)
65. 9. κληρονομήσουσιν . . . οἱ δ. μου (2 *b*)
Je. 2. 14. μὴ δ. ἐστιν Ἰσραήλ (2 *b*)
3. 22. δοῦλοι ἡμεῖς ἐσόμεθά σοι †
7. 25. ἐξαπέστειλα πρὸς ὑμᾶς πάντας τοὺς δ. μου (2 *b*)
25. 4. ἀπέστελλον πρὸς ὑμᾶς τοὺς δ. μου (2 *b*)
26 (46). 27. μὴ φοβηθῇς, δοῦλος μου Ἰακώβ (2 *b*)
42 (35). 15 : 51 (44). 4. A ἀπέστειλα πρὸς ὑμᾶς τοὺς δ. [B S παῖδάς] μου (2 *b*)
La. 5. 8. δοῦλοι ἐκυρίευσαν ἡμῶν (2 *b*)
Ez. 28. 25. ἣν δέδωκα τῷ δ. μου Ἰακώβ (2 *b*)
34. 23. ἀναστήσω ἐπ᾽ αὐτοὺς ποιμένα . . . τὸν δ. μου Δαυίδ (2 *b*)
37. 24. ὁ δ. μου Δαυὶδ ἄρχων ἐν μέσῳ αὐτῶν (2 *b*)
— 25. ἣν ἐγὼ δέδωκα τῷ δ. μου Ἰακώβ . . . καὶ Δαυὶδ ὁ δ. μου ἄρχων (2 *b*, 2 *b*)
38. 17. διὰ χειρὸς τῶν δ. μου τῶν προφητῶν τοῦ Ἰσρ. (2 *b*)
Da. LXX. 3. (33). ὄνειδος ἐγενήθη τῶν δ. σου
— (35). διὰ Ἰσαὰκ τὸν δ. σου
— (44). οἱ ἐνδεικνύμενοι τοῖς δ. σου κακά
— (84). εὐλογεῖτε ἱερεῖς δοῦλοι κυρίου τὸν κύριον
— (85). εὐλογεῖτε δοῦλοι τὸν κύριον
9. 17. ἕνεκεν τῶν δ. σου, δέσποτα –
Da. TH. Su. 27. κατῃσχύνθησαν οἱ δ. σφόδρα
3. (33). ὄνειδος ἐγενήθη τοῖς δ. σου
— (35). διὰ Ἰσαὰκ τὸν δ. σου
— (43). οἱ ἐνδεικνύμενοι τοῖς δ. σου κακά
— (85). εὐλογεῖτε δοῦλοι [A δ. κυρίου] τὸν κύριον
— 26 (93). οἱ δ. τοῦ θεοῦ τοῦ ὑψίστου [A *om.*] (2 *c*)
6. 20 (21). ὁ δ. τοῦ θεοῦ τοῦ ζῶντος (2 *c*)
9. 6. οὐκ εἰσηκούσαμεν τῶν δ. σου τῶν προφητῶν (2 *b*)
— 10. ἐν χερσὶ τῶν δ. αὐτοῦ τῶν προφητῶν (2 *b*)
— 11. ἐν νόμῳ Μ. δούλου [A -ῳ] τοῦ θεοῦ (2 *b*)
— 17. εἰσάκουσον . . . τῆς προσευχῆς τοῦ δ. σου (2 *b*)
I Ma. 4. 30. ἐν χειρὶ τοῦ δ. σου Δαυίδ
II Ma. 1. 2. Ἀβ. καὶ Ἰσ. καὶ Ἰακὼβ τῶν δ. αὐτοῦ τῶν πιστῶν
7. 6. ἐπὶ τοῖς δ. αὐτοῦ παρακληθήσεται
— 33. πάλιν καταλλαγήσεται τοῖς ἑαυτοῦ δ.
— 34. R ἐπὶ τοὺς δ. αὐτοῦ ἐπαιρόμενος χεῖρα [A *al.*]
8. 29. καταλλαγῆναι τοῖς αὐτοῦ δ.
[**Aq.** Ge. 9. 25 *bis* : 45. 16 : Ex. 4. 10 : 5. 16 : 21. 7 : Jo. 1. 15 : I Ki. 17. 8 : II Ki. 2. 12 : 9. 2 : III Ki. 5. 1 (15) : 11. 36 : 14. 8, 18 : 22. 50 *bis* : Jb. 1. 8 : 42. 8 : Ps. 17 (18). 1 : 18 (19). 14 : 26 (27). 9 : 30 (31). 17 : 112 (113). 1 : 118 (119). 23, 49 : Is. 24. 2 : 37. 24, 35 : 41. 8, 9 : 49. 6 : 52. 13 : 54. 17 : 65. 15 : Je. 26 (33). 5 : 37 (44). 18.]
[**Sm.** Ex. 5. 16 : Jo. 1. 15 : I Ki. 17. 8 : II Ki. 7. 27 : 9. 2 : III Ki. 5. 1 (15) : 11. 36 : Jb. 1. 8 : 4. 18 : Ps. 17 (18). 1 : 30 (31). 17 : 85 (86). 16 : 88 (89). 40 : 89 (90). 13, 16 : 112 (113). 1 : 118 (119). 23, 49, 65, 122 : Pr. 22. 7 : Is. 36. 9 : 37. 24, 35 : 41. 8, 9 : 42. 19 *bis* : 49. 6 : 52. 13 : 54. 17 : 65. 15 : Je. 26 (33). 5 : 37 (44). 18.]
[**Th.** Ex. 5. 16 : 21. 7 : Jo. 1. 15 : I Ki. 17. 8 : II Ki. 2. 12 : III Ki. 5. 1 (15) : Jb. 1. 8 : 42. 8 : Ps. 112 (113). 1 : Pr. 19. 10 : 22. 7 : Is. 37. 24, 35 : 41. 8, 9 : 49. 6 : 54. 17 : Je. 27 (34). 6 : 29 (36). 19 : 33 (40). 21, 22, 26 : 46 (26). 26 : Da. 3. (33).
[**Al.** Le. 25. 42 : 26. 13 : I Ki. 22. 9 : Je. 26. (33). 5.]
[**Heb.** Dt. 32. 43.]
[**Quint.** Ps. 118 (119). 23.]

δουλοῦν. (1) עָבַד *a.* qal. *b.* hi.

Ge. 15. 13. καὶ δουλώσουσιν αὐτούς (1 *a*)
Pr. 27. 8. οὕτως ἄνθρωπος δουλοῦται –
Wi. 19. 14. οὗτοι δὲ εὐεργέτας ξένους ἐδουλοῦντο
Is. 43. 23. R οὐκ ἐδούλωσά σε ἐν θυσίαις [A S^{2} οὐδὲ ἐδούλευσας ἐν ταῖς θ. σου] (1 *b*)
Ez. 29. 18. A ἧς ἐδούλωσεν [B -λευσαν ἐπ᾽] αὐτήν (1 *a*)
I Ma. 8. 11. S R καὶ ἐδούλωσαν αὐτούς [A -οῖς]
IV Ma. 3. 2. μὴ δουλωθῆναι τῇ ἐπιθυμίᾳ
13. 2. τοῖς πάθεσι δουλωθέντες
[**Aq.** Is. 43. 23.]

δοχεῖον.

[**Sm.** Le. 8. 8.]

δοχή. (1) לֶחֶם (2) מִשְׁתֶּה

Ge. 21. 8. ἐποίησεν Ἀβραὰμ δοχὴν μεγάλην (2)
26. 30. καὶ ἐποίησεν αὐτοῖς δοχήν (2)
I Es. 3. 1. Δαρεῖος ἐποίησε δοχὴν μεγάλην
Es. 1. 3. δοχὴν ἐποίησε τοῖς φίλοις (2)
5. 4. ἐλθάτω . . . εἰς τὴν δ. (2)
— 5. παραγίνονται . . . εἰς [A ἐπὶ] τὴν δ. (2)
— 8. ἐλθάτω . . . εἰς τὴν δ. [S^{1} *om.* εἰς τ. δ.] (2)
— 12. οὐ κέκληκεν . . . οὐδένα εἰς τὴν δ. (2)
— 14. σὺ δὲ εἴσελθε εἰς τὴν δ. σὺν τῷ βασ. (2)
Da. LXX. 5. 1. Βαλτ. ὁ βασ. ἐποίησε δ. μεγάλην (1)

δράγμα. (1) אֲלֻמָּה (2) *a.* עָמִיר *b.* עֹמֶר (3) עֲרֵמָה (4) קָמָה (5) קֹמֶץ (6) **δράγματα συλλέγειν** עָמַר pi.

Ge. 37. 7. ᾤμην ὑμᾶς δεσμεύειν δράγματα (1)
— 7. καὶ ἀνέστη τὸ ἐμὸν δρ. (1)
— 7. περιστραφέντα δὲ τὰ δρ. ὑμῶν προσεκύνησαν τὸ ἐμὸν δρ. (1, 1)
41. 47. ἐποίησεν ἡ γῆ . . . δράγματα (5)
Le. 23. 10. B οἴσετε δράγμα [R τὸ δρ., A τὰ δρ.] ἀπαρχήν (2 *b*)
— 11. καὶ ἀνοίσει τὸ δρ. ἔναντι κυρίου δεκτόν (2 *b*)
— 12. ἐν τῇ ἡμέρᾳ ἐν ᾗ ἂν φέρητε τὸ δρ. (2 *b*)
— 15. ἧς ἂν προσενέγκητε τὸ δρ. τοῦ ἐπιθέματος (2 *b*)
De. 24. 19. ἐὰν δὲ . . . ἐπιλάθῃ δράγμα [B^{1} *om.* ἐ. δρ.] (2 *b*)
Jd. 15. 5. A ἐξαπέστειλεν εἰς τὰ δρ. [B ἐν τοῖς στάχυσι] τῶν ἀλλοφ. (4)
Ru. 2. 7. συνάξω ἐν τοῖς δρ. (2 *b*)
— 15. ἀνὰ μέσον τῶν δρ. συλλεγέτω (2 *b*)
Ne. 13. 15. καὶ φέροντας δράγματα (3)
Ju. 8. 3. ἐπὶ τοῦ δεσμεύοντος τὸ δρ. [A S *al.*]
Ps. 125 (126). 6. αἴροντες τὰ δρ. αὐτῶν (1)
128 (129). 7. καὶ τὸν κόλπον αὐτοῦ ὁ τὰ δρ. συλλέγων (6)
Ho. 8. 7. δράγμα οὐκ ἔχον ἰσχὺν τοῦ ποιῆσαι ἄλευρον (4)
Mi. 4. 12. συνήγαγεν αὐτοὺς ὡς δράγματα ἅλωνος (2 *a*)
[**Al.** Dt. 24. 21 (19).]

δράκος (?).

III Ma. 5. 2. δαψιλέσι δράκεσι λιβανωτοῦ

δράκων. (1) כְּפִיר (2) לִוְיָתָן (3) נָחָשׁ (4) עַתּוּד (5) פֶּתֶן (6) *a.* תַּן *b.* תַּנִּין *c.* תַּנִּים

Ex. 7. 9. καὶ ἔσται δράκων (6 *b*)
— 10. καὶ ἐγένετο δράκων (6 *b*)
— 12. καὶ ἐγένοντο δράκοντες (6 *b*)
De. 32. 33. θυμὸς δρακόντων ὁ οἶνος αὐτῶν (6 *b*)
Es. 1. 1. καὶ ἰδοὺ δύο δρ. μεγάλοι
10. 3. οἱ δὲ δύο [A *om.*] δρ. ἐγώ εἰμι καὶ Ἀμάν
Jb. 4. 10. γαυρίαμα δὲ δρακόντων ἐσβέσθη (1)
7. 12. πότερον θάλασσά εἰμι ἢ δράκων (6 *b*)
20. 16. θυμὸν δὲ δρακόντων θηλάσειεν [A *al.*] (5)
26. 13. προστάγματι δὲ ἐθανάτωσε δράκοντα ἀποστάτην (3)
38. 39. ψυχὰς δὲ δρακόντων ἐμπλήσεις (1)
Jb. 40. 20 (25). ἄξεις δὲ δράκοντα ἐν ἀγκίστρῳ (2)
Ps. 73 (74). 13. σὺ συνέτριψας τὰς κεφαλὰς τῶν δρ. ἐπὶ τοῦ ὕδατος (6 *b*)
— 14. B^{2} R σὺ συνέτριψας τὰς κεφαλὰς τοῦ δρ. [S *al.*] (2)
90 (91). 13. καταπατήσεις λέοντα καὶ δράκοντα (6 *b*)
103 (104). 26. δράκων οὗτος ὃν ἔπλασας (2)
148. 7. δράκοντες καὶ πᾶσαι ἄβυσσοι (6 *b*)
Wi. 16. 10. οὐδὲ ἰοβόλων δρακόντων ἐνίκησαν ὀδόντες
Si. 25. 16. συνοικῆσαι λέοντι καὶ δράκοντι
Am. 9. 3. ἐκεῖ ἐντελοῦμαι τῷ δρ. (3)
Mi. 1. 8. ποιήσεται κοπετὸν ὡς δρακόντων (6 *a*)
Is. 27. 1. ἐπὶ τὸν δρ. ὄφιν φεύγοντα ἐπὶ τὸν δρ. ὄφιν σκολιόν (2, 2)
— 1. ἀνελεῖ τὸν δρ. (6 *b*)
Je. 9. 11 (10). εἰς κατοικητήριον δρακόντων (6 *a*)
27 (50). 8. γένεσθε ὥσπερ δράκοντες (4)
28 (51). 34. ὡς δράκων ἔπλησε τὴν κοιλίαν αὐ. (6 *b*)
La. 4. 3. δράκοντες ἐξέδυσαν μαστούς (6 *b**, 6 *a*)
Ez. 29. 3. ἐγὼ ἐπὶ Φαραὼ τὸν δρ. τὸν μέγαν [A *al.*] (6 *c*)
32. 2. ὡς δράκων [A ὁ δρ.] ὁ ἐν τῇ θαλάσσῃ (6 *c*)
Da. LXX. Bel 22. ἦν δράκων ἐν τῷ αὐτῷ τόπῳ
— 25. ἀνελῶ τὸν δρ.
— 26. ἐνέβαλεν εἰς τὸ στόμα τοῦ δρ.
— 27. τὸν δρ. ἀπέκτεινεν
Da. TH. Bel 23. καὶ ἦν δρ. μέγας
— 26. ἀποκτενῶ τὸν δρ.
— 27. ἔδωκεν εἰς τὸ στόμα τοῦ δρ. καὶ φαγὼν διερράγη ὁ δρ.
— 28. τὸν δρ. ἀπέκτεινε
[**Aq.** Ge. 1. 21 : Je. 14. 6 : 49. 33 (30. 11).]
[**Sm.** Ge. 1. 21 : Is. 27. 1 : 34. 13 : 51. 9.]
[**Th.** Ge. 1. 21 : Jb. 3. 8 : Is. 51. 9 : Je. 14. 6.]

δρᾶμα.

IV. Ma. 6. 17. ἀπρεπὲς ἡμῖν δρ. ὑποκρίνασθαι

δραμεῖν, *vid. sub* **τρέχειν.**

δρᾶν. (1) כּוּן hi.

II Ch. 35. 19 (20). R ἔδρασεν Ἰωσίας ἐν τῷ οἰ. (1)
Wi. 14. 10. τὸ πραχθὲν σὺν τῷ δράσαντι κολασθήσεται
15. 6. ἄξιοί τε τοιούτων ἐλπίδων καὶ οἱ δρῶντες
IV Ma. 11. 4. τί δράσαντας ἡμᾶς τοῦτον πορθεῖς τὸν τρόπον
[**Sm.** Ps. 10 (11). 3.]

δράξ. (1) חֹפֶן (2) *a.* כַּף *b.* מְלֹא כַף (3) קֹמֶץ (4) שָׁלִשׁ (5) שֹׁעַל

Le. 2. 2. δραξάμενος ἀπ᾽ αὐτῆς πλήρη τὴν δρ. (3)
5. 12. δραξάμενος ὁ ἱερεὺς ἀπ᾽ αὐτῆς πλήρη τὴν δρ. (3)
6. 15 (8). ἀφελεῖ ἀπ᾽ αὐτοῦ τῇ δρ. ἀπὸ τῆς σεμιδάλεως (3)
III Ki. 17. 12. ἀλλ᾽ ἢ ὅσον δρὰξ ἀλεύρου ἐν τῇ ὑδρίᾳ (2 *b*)
Ec. 4. 6. ἀγαθὸν πλήρωμα δρακὸς ἀναπαύσεως ὑπὲρ πληρώματα δύο δρακῶν μόχθου (2 *a*, 1)
Is. 40. 12. τίς ἐμέτρησε . . . πᾶσαν τὴν γῆν δρακί (4)
Ez. 10. 2. πλῆσον τὰς δρ. [A χεῖρας] σου ἀνθράκων πυρός (1)
13. 19. ἐβεβήλουν με πρὸς τὸν λαόν μου ἕνεκεν δρακὸς κριθῶν (5)
[**Sm.** Pr. 30. 4.]
[**Al.** Ps. 128 (129). 7.]

δραπέτης.

II Ma. 8. 35. R δραπέτου τρόπον [A τόπον]

δράσος (?). (1) שׂוֹבֶךְ

II Ki. 18. 9. A ὑπὸ δράσος [B τὸ δάσος] τῆς δρυὸς τῆς μεγάλης (1)

δράσσεσθαι. (1) נָשַׁק pi. (2) קָמַץ

Le. 2. 2. δραξάμενος ἀπ᾽ αὐτῆς πλήρη τὴν δράκα (2)
5. 12. δραξάμενος ὁ ἱερεὺς ἀπ᾽ αὐτῆς πλήρη τὴν δράκα (2)
Nu. 5. 26. δράξεται ὁ ἱερεὺς ἀπὸ τῆς θυσίας τὸ μνημόσυνον (2)
Ju. 13. 7. ἐδράξατο τῆς κόμης τῆς κεφαλῆς αὐτοῦ
Ps. 2. 12. δράξασθε παιδείας (1)
Si. 26. 7. ὡς ὁ [A *om.*] δρασσόμενος σκορπίου

Si. 31 (34). 2. ὡς δρασσόμενος σκιᾶς
II Ma. 4. 41. R τινὲς δὲ ἐκ τῆς παρακειμένης σποδοῦ [A ἐπόδου] δρασσόμενοι

δραχμή. (1) *a.* אֲדַרְכֹּן *b.* דַּרְכְּמוֹן (2) בֶּקַע (3) שֶׁקֶל

Ge. 24. 22. A ἐνώτια χρυσᾶ ἀνὰ δραχμῆς [R -ήν] ὁλκῆς (2)
Ex. 39. 2 (38. 26). δρ. μία τῇ κεφαλῇ (2)
Jo. 7. 21. B¹ γλῶσσαν μίαν χρυσῆν πεντήκ. δραχμῶν [A B² R διδρ.] (3)
II Es. 2. 69. A χρυσίον δραχμὰς ἓξ μυρίας [B *al.*] (1 *b*)
8. 27. A δραχμῶν εἰν [? -μωνεὶν, B χαμανεὶμ] χίλιοι (1 *a*)
To. 5. 14. δραχμὴν τῆς ἡμέρας [S *al.*]
II Ma. 4. 19. παρακομίζοντας ἀργυρίου δρ. τριακοσίας
10. 20. R μυριάδας [A μυρίας] δραχμὰς λαβόντες
12. 43. εἰς ἀργυρίου δρ. δισχιλίας
III Ma. 3. 28. ἐκ τοῦ βασιλικοῦ ἀργυρίου [A τοῦ βασιλείου] δρ. δισχιλίας

δρεπανηφόρος.
II Ma. 13. 2. ἅρματα δὲ δρ. τριακόσια

δρέπανον. (1) דָּרְבָן (2) חֶרְמֵשׁ (3) מַגָּל (4) מַזְמֵרָה (5) מַחֲרֵשָׁה

De. 16. 9. ἀρξαμένου σου δρέπανον ἐπ' ἄμητον (2)
23. 25 (26). δρέπανον οὐ μὴ ἐπιβάλῃς εἰς ἀμητὸν τοῦ πλησίον σου (2)
I Ki. 13. 20. B καὶ ἕκαστος τὴν ἀξίνην αὐτοῦ καὶ τὸ δρ. αὐ. (5)
— 21. B καὶ τῇ ἀξίνῃ καὶ τῷ δρ. ὑπόστασις ἦν ἡ αὐτή (1)
Mi. 4. 3. κατακόψουσι . . . τὰ δόρατα [A τὰς ζιβύνας] αὐτῶν εἰς δρέπανα (4)
Jl. 3 (4). 10. συγκόψατε . . . τὰ δρ. ὑμῶν εἰς σειρομάστας (4)
— 13. ἐξαποστείλατε δρέπανα (3)
Za. 5. 1. καὶ ἰδοὺ δρέπανον πετόμενον †
— 2. ἐγὼ ὁρῶ δρέπανον πετόμενον †
Is. 2. 4. τὰς ζιβύνας αὐτῶν εἰς δρέπανα (4)
18. 5. ἀφελεῖ τὰ βοτρύδια τὰ μικρὰ τοῖς δρ. (4)
Je. 27 (50). 16. κατέχοντα δρέπανον ἐν καιρῷ θερισμοῦ (3)

δρομάς.
[Aq., Sm., Th. Je. 2. 23.]

δρομεύς. (1) אֶרֶג (2) קַל (3) רוּץ

Jb. 7. 6. A S² ὁ δὲ βίος μού ἐστιν ἐλαφρότερος δρομέως [B S¹ λαλιᾶς] (1 ?)
9. 25. ὁ δὲ βίος μού ἐστιν ἐλαφρότερος δρομέως (3)
Pr. 6. 11. ἡ ἔνδεια ὥσπερ ἀγαθὸς δρομεύς †
— 11. ὥσπερ κακὸς δρ. [A ἀνὴρ] ἀπαυτομολήσει [A αὐτ.] –
24. 49 (34). καὶ ἡ ἔνδειά σου ὥσπερ ἀγαθὸς δρ. †
Am. 2. 14. ἀπολεῖται φυγὴ ἐκ δρομέως (2)
[Al. Je. 12. 5.]

δρομή.
[Al. Ge. 41. 14.]

δρόμος. (1) *a.* מֵרוֹץ *b.* מְרוּצָה (2) שִׁפְעָה

II Ki. 18. 27. ἐγὼ ὁρῶ τὸν δρ. τοῦ πρώτου ὡς δρόμον Ἀχιμάας (1 *b*, 1 *b*)
I Es. 4. 34. ταχὺς τῷ δρ. ὁ ἥλιος
Jb. 17. 11. A S² αἱ ἡμέραι μου παρῆλθον ἐν δρόμῳ [B βρόμῳ] †
38. 34. A δρόμῳ [B S τρόμῳ] ὕδατος λάβρου [B S -φ] (2)
Ec. 9. 11. οὐ τοῖς κούφοις ὁ δρόμος (1 *a*)
Wi. 17. 19. σκιρτώντων ζῴων δρόμος ἀθεώρητος
Je. 8. 6. διέλιπεν ὁ τρέχων ἀπὸ [A S¹ ἐκ] τοῦ δρ. αὐτοῦ (1 *b*)
23. 10. A S R ἐγένετο ὁ δρ. [B δρυμὸς] αὐ. πονηρός (1 *b*)
II Ma. 14. 45. δρόμῳ τοὺς ὄχλους διελθὼν
III Ma. 1. 19. δρόμον ἄτακτον ἐν τῇ πόλει [A *om.* ἐν τ. π.] συνίσταντο
[Sm. Ec. 9. 11.]

δρομοῦν.
[Aq. Ps. 67 (68). 32.]

δροσίζειν.
III Ma. 6. 6. διάπυρον δροσίσας κάμινον

δρόσος. (1) טַל (2) שֶׁלֶג

Ge. 27. 28. δῴη σοι ὁ θεὸς ἀπὸ τῆς δρ. τοῦ οὐρ. (1)
— 39. ἀπὸ τῆς δρ. τοῦ οὐρανοῦ (1)
Ex. 16. 13. καταπαυομένης τῆς δρ. κύκλῳ τῆς παρεμ. (1)
Nu. 11. 9. ὅταν κατέβη ἡ δρ. ἐπὶ τὴν παρεμβολήν (1)
De. 32. 2. καταβήτω ὡς δρόσος τὰ ῥήματά μου (1)
33. 13. ἀπὸ ὡρῶν [A¹ ὀρέων] οὐρανοῦ καὶ δρόσου (1)
— 28. ὁ οὐρανός σοι συννεφὴς δρόσῳ (1)
Jd. 5. 4. ὁ οὐρανὸς ἔσταξε δρόσους [A οὐ. ἐξεστάθη] –
6. 37. ἐὰν δρόσος γένηται ἐπὶ τὸν πόκον μόνον (1)
— 38. ἔσταξε δρόσος ἀπὸ τοῦ πόκου [A *al.*] (1)
— 39. καὶ ἐπὶ πᾶσαν τὴν γῆν γενηθήτω δρόσος (1)
— 40. καὶ ἐπὶ πᾶσαν τὴν γῆν ἐγενήθη δρόσος (1)
II Ki. 1. 21. μὴ καταβήτω δρόσος (1)
17. 12. A B ὡς πίπτει ἡ [R *om.*] δρ. ἐπὶ τὴν γῆν (1)
III Ki. 17. 1. εἰ ἔσται τὰ ἔτη ταῦτα δρόσος (1)
Jb. 24. 20. ὥσπερ δὲ ὁμίχλη δρόσου ἀφανὴς ἐγένετο †
29. 19. δρόσος αὐλισθήσεται ἐν [A ἐπὶ] τῷ θερισμῷ μου (1)
38. 28. τίς δέ ἐστιν ὁ τετοκὼς βώλους δρόσου (1)
Ps. 132 (133). 3. ὡς δρόσος Ἀερμὼν ἡ καταβαίνουσα ἐπὶ τὰ ὄρη Σιών (1)
Pr. 3. 20. νέφη δὲ ἐρρύησαν δρόσους [S² -ῳ] (1)
19. 12. ὥσπερ δὲ δρόσος ἐπὶ χόρτῳ (1)
26. 1. ὥσπερ δρόσος ἐν ἀμητῷ (2)
Ca. 5. 2. ἡ κεφαλή μου ἐπλήσθη δρόσου (1)
Wi. 11. 22. ὡς ῥανὶς δρόσου ὀρθρινὴ κατελθοῦσα ἐπὶ γῆν [S² γῆς]
Si. 18. 16. οὐχὶ καύσωνα ἀναπαύσει δρόσος
43. 22. δρόσος ἀπαντῶσα ἀπὸ καύσωνος ἱλαρώσει
Ho. 6. 5 (4). τὸ δὲ ἔλεος ὑμῶν . . . ὡς δρ. ὀρθρινή (1)
13. 3. καὶ ὡς δρ. ὀρθρινὴ πορευομένη (1)
14. 6. ἔσομαι ὡς δρόσος τῷ Ἰ. (1)
Mi. 5. 7 (6). ὡς δρόσος παρὰ κυρίου πίπτουσα (1)
Hg. 1. 10. ἀνέξει ὁ οὐρανὸς ἀπὸ δρόσου (1)
Za. 8. 12. ὁ οὐρανὸς δώσει τὴν δρ. αὐτοῦ (1)
Is. 18. 4. ὡς νεφέλη δρόσου ἡμέρας ἀμητοῦ (1)
26. 19. ἡ γὰρ δρ. ἡ παρὰ σοῦ ἴαμα αὐτοῖς ἐστιν (1)
Da. LXX. 3. (50). ὡσεὶ πνεῦμα δρόσου διασυρίζον
— (64). εὐλογεῖτε πᾶς ὄμβρος καὶ δρόσος τὸν κύριον
— (68). εὐλογεῖτε δρόσοι καὶ νιφετοὶ τὸν κύριον
4. 13 (12). ἀπὸ τῆς δρ. τοῦ οὐρανοῦ τὸ σῶμα αὐτοῦ ἀλλοιωθῇ (1)
Da. TH. 3. (50). ὡς πνεῦμα δρόσου διασυρίζον
— (64). εὐλογείτω πᾶς ὄμβρος καὶ δρόσος τὸν κύριον
— (68). A εὐλογεῖτε δρόσοι καὶ νιφετοὶ τὸν κύριον
4. 12. ἐν τῇ δρ. τοῦ οὐρανοῦ κοιτασθήσεται (1)
— 20. ἐν τῇ δρ. τοῦ οὐρανοῦ αὐλισθήσεται (1)
— 22. ἀπὸ τῆς δρ. τοῦ οὐρανοῦ αὐλισθήσῃ (1)
— 30; 5. 21. ἀπὸ τῆς δρ. τοῦ οὐρανοῦ τὸ σῶμα αὐτοῦ ἐβάφη (1)
[Aq. Jd. 6. 38: Ps. 109 (110). 3.]
[Sm. Jd. 6. 38: Ps. 71 (72). 6: 109 (110). 3: 147. 5 (16).]
[Th. Jd. 5. 4: 6. 38: II Ki. 1. 21: Ps. 109 (110). 3.]
[Quint., Sext. Ps. 109 (110). 3.]
[Al. Pr. 3. 20.]

δρυμός. (1) *a.* חֹרֶשׁ *b.* חֹרֶשֶׁת (2) יַעַר (3) יְעוֹרִים (4) סְבָךְ

De. 19. 5. ὃς ἐὰν εἰσέλθῃ μετὰ τοῦ πλησίον εἰς τὸν δρ. (2)
20. 19. A μὴ ἄνθρωπος τὸ ξύλον τὸ ἐν τῷ δρ. [B ἀγρῷ] †
Jo. 17. 15. ἀνάβηθι εἰς τὸν δρ. (2)
— 18. ὁ γὰρ δρ. ἔσται σοι ὅτι δρυμός ἐστι (†, 2)
Jd. 4. 16. A ἕως δρυμοῦ [B Ἀρισὼθ] τῶν ἐθνῶν (1 *b*)
I Ki. 14. 25. Ἰάαλ δρυμὸς ἦν μελισσῶνος (2 ?)
II Ki. 18. 6. ἐξῆλθε πᾶς ὁ λαὸς εἰς τὸν δρ. †
— 6. ἐγένετο ὁ πόλεμος ἐν τῷ δρ. Ἐφραΐμ (2)
— 8. ἐπλεόνασεν ὁ δρ. τοῦ καταφαγεῖν ἐκ τοῦ λαοῦ (2)
— 17. ἔρριψεν αὐτὸν [A *om.*] εἰς χάσμα μέγα ἐν τῷ δρ. (2)
III Ki. 7. 2. ᾠκοδόμησε τὸν οἶκον δρυμῷ [A -οῦ] τοῦ Λιβάνου (2)
10. 17. εἰς οἶκον δρυμοῦ τοῦ Λιβάνου (2)
III Ki. 10. 21. καὶ πάντα τὰ σκεύη οἴκου δρυμοῦ τοῦ Λιβάνου (2)
IV Ki. 2. 24. ἐξῆλθον δύο ἄρκοι ἐκ τοῦ δρ. (2)
19. 23. ἦλθον εἰς μέσον δρυμοῦ [A *al.*] (2)
I Ch. 16. 33. εὐφρανθήσεται τὰ ξύλα τοῦ δρ. (2)
II Ch. 9. 16. ἐν οἴκῳ δρυμοῦ [A τοῦ δρ.] τοῦ Λιβάνου (2)
— 20. πάντα τὰ σκεύη οἴκου δρυμοῦ τοῦ Λιβ. (2)
27. 4. ἐν ὄρει Ἰούδα καὶ ἐν τοῖς δρ. (1 *a*)
Ps. 28 (29). 9. καὶ ἀποκαλύψει δρυμούς (2)
49 (50). 10. ἐμά ἐστι πάντα τὰ θηρία τοῦ δρ. [A S² ἀγροῦ] (2)
73 (74). 5. B S² ὡς ἐν δρυμῷ ξύλων ἀξίναις ἐξέκοψαν [S¹ διέκ.] (4)
79 (80). 13. ἐλυμήνατο αὐτὴν σῦς ἐκ δρυμοῦ (2)
82 (83). 14. ὡσεὶ πῦρ ὃ διαφλέξει δρυμόν (2)
95 (96). 12. τότε ἀγαλλιάσονται πάντα τὰ ξύλα τοῦ δρ. (2)
103 (104). 20. ἐν αὐτῇ διελεύσονται πάντα τὰ θηρία τοῦ δρ. (2)
131 (132). 6. A S¹ εὕρομεν αὐτὴν ἐν ταῖς δασέσι [S² R τοῖς πεδίοις] τοῦ δρ. (2)
Ec. 2. 6. A S R δρυμὸν βλαστῶντα ξύλα [B *om.*] (2)
Ca. 2. 3. ὡς μῆλον ἐν τοῖς ξύλοις τοῦ δρ. (2)
Ho. 13. 8. καὶ καταφάγονται αὐτοὺς ἐκεῖ σκύμνοι δρυμοῦ –
Am. 3. 4. εἰ ἐρεύξεται λέων ἐκ τοῦ δρ. αὐτοῦ (2)
Mi. 3. 12. τὸ ὄρος τοῦ οἴκου εἰς [A ὡς] ἄλσος δρυμοῦ (2)
5. 8 (7). ὡς λέων ἐν κτήνεσιν ἐν τῷ δρυμῷ (2)
7. 14. κατασκηνοῦντας καθ' ἑαυτοὺς δρυμὸν ἐν μέσῳ τοῦ K. (2)
Za. 11. 2. ὅτι κατεσπάσθη ὁ δρ. ὁ σύμφυτος (2)
Is. 7. 2. ὃν τρόπον ἐν δρυμῷ ξύλον ὑπὸ πνεύματος σαλευθῇ (2)
9. 18 (17). καυθήσεται ἐν τοῖς δάσεσι τοῦ δρ. (2)
10. 18. οἱ βουνοὶ καὶ οἱ δρ. (2 ?)
14. 8. S¹ τὰ ξύλα τοῦ δρυμοῦ [A B S² Λιβάνου] εὐφράνθησαν †
21. 13. ἐν τῷ δρ. ἑσπέρας κοιμηθῇς [A -θήσῃ] (2)
27. 9. τὰ εἴδωλα αὐτῶν ἐκκεκομμένα ὥσπερ δρυμὸς μακράν †
29. 17. τὸ Χέρμελ εἰς δρυμὸν λογισθήσεται (2)
32. 15. ὁ Χέρμελ εἰς δρυμὸν λογισθήσεται (2)
— 19. ἔσονται οἱ ἐνοικοῦντες ἐν τοῖς δρ. πεποιθότες (2)
37. 24. εἰσῆλθον εἰς ὕψος μέρους τοῦ δρ. (2)
44. 14. ἔκοψε ξύλον ἐκ τοῦ δρ. (2)
56. 9. δεῦτε φάγετε πάντα τὰ θηρία τοῦ δρ. (2)
65. 10. ἔσονται ἐν τῷ δρ. ἐπαύλεις ποιμνίων †
Je. 5. 6. ἔπαισεν αὐτοὺς λέων ἐκ τοῦ [A *om.*] δρ. (2)
10. 3. ξύλον ἐστὶν ἐκ τοῦ δρ. ἐκκεκομμένον (2)
12. 8. ἐγενήθη ἡ κληρονομία μου ἐμοὶ ὡς λέων ἐν δρυμῷ (2)
21. 14. ἀνάψω πῦρ ἐν τῷ δρ. αὐτῆς (2)
23. 10. B ἐγένετο ὁ δρ. [A S R δρόμος] αὐ. πονηρός †
26 (46). 23. ἐκκόψουσι τὸν δρ. αὐτῆς (2)
27 (50). 32. ἀνάψω πῦρ ἐν τῷ δρ. αὐτῆς †
33 (26). 18. τὸ ὄρος τοῦ οἴκου εἰς [A ὡς] ἄλσος δρυμοῦ (2)
Ba. 5. 8. ἐσκίασαν δὲ καὶ οἱ δρ.
Ep. Je. 63. ἐξαναλῶσαι ὄρη καὶ δρυμούς
Ez. 15. 2. τῶν ὄντων ἐν τοῖς ξύλοις τοῦ δρ. (2)
— 6. ὃν τρόπον τὸ ξύλον τῆς ἀμπέλου ἐν τοῖς ξύλοις τοῦ δρ. (2)
20. 46 (21. 2). προφήτευσον ἐπὶ δρυμὸν ἡγούμενον ναγέβ (2)
— 47 (21. 3). ἐρεῖς τῷ δρ. ναγέβ (2)
34. 25. ὑπνώσουσιν ἐν τοῖς δρ. (3*, 2)
39. 10. οὐδὲ μὴ κόψωσιν ἐκ τῶν δρ. (2)
I Ma. 4. 38. φυτὰ πεφυκότα ὡς ἐν δρυμῷ
9. 45. καὶ ἕλος καὶ δρυμός
[Aq. I Ki. 23. 18†: Ps. 95 (96). 12: Is. 7. 2: 32. 19.]
[Sm. I Ki. 23. 15, 16, 19: Ps. 78 (79). 1: 79 (80). 14: Ca. 5. 1: Is. 10. 18, 19: 32. 19: 37. 24: Ez. 20. 46 (21. 2).]
[Th. I Ki. 23. 16, 19: Is. 37. 24: Ho. 5. 1.]

δρῦς. (1) *a.* אֵלָה *b.* אֵלוֹן *c.* אַלּוֹן

Ge. 12. 6. διώδευσεν Ἅβραμ . . . ἐπὶ τὴν δρ. τὴν ὑψηλήν (1 *b*)
13. 18. παρὰ τὴν δρ. τὴν Μαμβρῆν (1 *b*)
14. 13. R παρὰ [A ἐν] τῇ δρ. τῇ Μαμβρῇ (1 *b*)
18. 1. πρὸς τῇ δρ. τῇ Μαμβρῇ (1 *b*)

De. 11. 30. πλησίον τῆς δρ. τῆς ὑψηλῆς (1 *b*)
Jd. 4. 11. ἕως δρυὸς πλεονεκτούντων [A *al.*] (1 *b*)
6. 11. A ἐκάθισεν ἐπὶ τὴν δρ. [B *al.*] (1 *a*)
— 19. A ἐξήνεγκεν πρὸς αὐτὸν ὑπὸ τὴν δρ. [B τερέμινθον] (1 *a*)
9. 37. A δι' ὁδοῦ δρυὸς ἀπὸ βλεπόντων [B *al.*] (1 *b*)
I Ki. 10. 3. ἥξεις ἕως τῆς δρ. Θαβώρ (1 *b*)
17. 19. A καὶ πᾶς ἀνὴρ Ἰσραὴλ ἐν τῇ κοιλάδι τῆς δρ. (1 *a*)
II Ki. 18. 9. εἰσῆλθεν ὁ ἡμίονος ὑπὸ τὸ δάσος [A ὑπὸ δράσος] τῆς δρ. τῆς μεγ. (1 *a*)
— 9. A ἐκρέμασεν [B -άσθη, R περιεπλάκη] ἡ κεφ. αὐ. ἐν τῇ δρ. (1 *a*)
— 10. ἑώρακα τὸν Ἀβεσσαλὼμ κρεμάμενον ἐν [A ἐπὶ] τῇ δρ. (1 *a*)
— 14. ἔτι αὐτοῦ ζῶντος ἐν τῇ καρδίᾳ τῆς δρ. (1 *a*)
III Ki. 13. 14. εὗρεν αὐτὸν καθήμενον ὑπὸ [A ἐπὶ] δρῦν (1 *a*)
I Ch. 10. 12. ἔθαψαν τὰ ὀστᾶ αὐ. ὑπὸ τὴν δρ. (1 *a*)
Ho. 4. 13. ἔθυον ὑποκάτω δρυὸς καὶ λεύκης (1 *c*)
Am. 2. 9. ἰσχυρὸς ἦν ὡς δρῦς (1 *c*)
Za. 11. 2. ὀλολύξατε δρύες τῆς B. (1 *c*)
Je. 2. 34. ἀλλ' ἐπὶ [A ἐν] πάσῃ δρυΐ †
Ez. 6. 13. A ὑποκάτω πάσης δρυὸς δασείας (1 *a*)
[**Aq.** GE. 14. 6: 35. 4: JO. 24. 26: JD. 9. 37: I KI. 17. 2: IS. 1. 30: 2. 13: 6. 13: 44. 14: HO. 4. 13.]
[**Sm.** GE. 12. 6: 14. 6: 35. 4: JO. 24. 26: JD. 9. 6: IS. 1. 30: 6. 13: EZ. 6. 13: HO. 4. 13.]
[**Th.** GE. 14. 6: 35. 4: JO. 24. 26: JD. 4. 11: 6. 19: I KI. 17. 2: 31. 13: IS. 1. 30: 6. 13: 44. 14: EZ. 6. 13: HO. 4. 13.]
[**Al.** I KI. 21. 9 (10).]

δύειν, δύνειν. (1) אָסַף (2) בּוֹא *a.* qal. *b.* hi. (3) חָבַשׁ (4) חָלַץ ni. (5) צָלַל (6) שָׁחַח ni.

Ge. 28. 11. ἔδυ γὰρ ὁ ἥλιος (2 *a*)
Ex. 15. 10. ἔδυσαν ὡσεὶ μόλιβος ἐν ὕδατι σφοδρῷ (5)
Le. 22. 7. καὶ δύῃ ὁ ἥλιος (2 *a*)
De. 23. 11 (12). δεδυκότος ἡλίου εἰσελεύσεται (2 *a*)
Jd. 14. 18. A πρὶν δῦναι [B πρὸ τοῦ ἀνατεῖλαι] τὸν ἥλιον (2 *a*)
19. 14. ἔδυ αὐτοῖς [A *om.*] ὁ ἥλιος (2 *a*)
II Ki. 2. 24. ὁ ἥλιος ἔδυνε (2 *a*)
3. 35. ἐὰν μὴ δύῃ ὁ ἥλιος (2 *a*)
III Ki. 22. 36. δύνοντος τοῦ ἡλίου (2 *a*)
II Ch. 18. 34. A R ἀπέθανε δύνοντος [B -αντος] τοῦ ἡλίου (2 *a*)
To. 2. 4. A B ἕως οὗ ἔδυ ὁ ἥλιος [S *al.*]
— 7; 10. 7 [S]. ὅτε ἔδυ ὁ ἥλιος
Ju. 9. 1. B ὃν ἐδεδύκει [S ἐνδεδ., A R ἐνεδιδύσκετο] σάκκον
Jb. 2. 9. προσδεχομένη τὸν ἥλιον πότε δύσεται [A -σῃ] –
Pr. 11. 8. A δίκαιος ἐκ θήρας δύνει [B S ἐκδ.] (4)
Ec. 1. 5. καὶ δύνει ὁ ἥλιος (2 *a*)
Am. 8. 9. καὶ δύσεται ὁ ἥλιος μεσημβρίας (2 *b*)
Mi. 3. 6. δύσεται ὁ ἥλιος ἐπὶ τοὺς προφήτας (2 *a*)
Jl. 2. 10. τὰ ἄστερα δύσουσι τὸ φέγγος αὐτῶν (1)
3 (4). 15. οἱ ἀστέρες δύσουσι φέγγος αὐτῶν (1)
Jn. 2. 6. ἔδυ ἡ κεφαλή μου εἰς σχισμὰς ὀρέων (3)
Is. 29. 4. εἰς τὴν γῆν οἱ λόγοι σου δύσονται (6)
60. 20. οὐ γὰρ δύσεται [B[1] S[1] δυνήσεται] ὁ ἥλιός σοι [A σου] (2 *a*)
I Ma. 10. 50. ἕως ἔδυ ὁ ἥλιος
12. 27. ὡς δὲ ἔδυ ὁ ἥλιος
[**Aq.** JE. 38 (45). 6.]

δυναμικός.
[**Al.** NU. 4. 23.]

δύναμις. (1) אוֹן (2) אֵל (3) אֲנָשִׁים (4) בֵּית אָבוֹת (5) גֹּבַהּ (6) *a.* גִּבּוֹר *b.* גְּבוּרָה (7) גְּדוּד (8) הוֹן (9) הָמוֹן (10) חֹזֶק (11) חַיִל, חֵיל (12) חָלַץ (13) יָד (14) כָּבוֹד (15) כֹּחַ (16) מְאֹד (17) מַחֲנֶה (18) מִלְחָמָה (19) מַתָּנָה (20) עֶבֶד (21) *a.* עֹז *b.* עֱזוּז *c.* מָעוֹז (22) עַם (23) פֶּה (24) פָּלָא ni. (25) צָבָא (26) υἱοὶ δυνάμεων חַיִל

Ge. 21. 22, 32; 26. 26. ὁ ἀρχιστράτηγος τῆς δ. αὐτοῦ (25)
Ex. 6. 26. ἐξαγαγεῖν τοὺς υἱοὺς Ἰ. . . . σὺν δυνάμει αὐ. (25)
7. 4. ἐξάξω σὺν δυνάμει μου τὸν λαόν μου (25)
9. 16. A ἵνα ἐνδείξωμαι ἐν σοὶ τὴν δ. [B ἰσχύν] μου (15)
12. 17. ἐξάξω τὴν δ. ὑμῶν (25)
— 41. ἐξῆλθε πᾶσα ἡ δ. κ. ἐκ γῆς Αἰγ. (25)
— 51. ἐξήγαγε κύριος τοὺς υἱοὺς Ἰσ. . . . σὺν δυνάμει αὐ. (25)
14. 28. καὶ πᾶσαν τὴν δ. Φαραώ (11)
15. 4. ἅρματα Φαραὼ καὶ τὴν δ. αὐτοῦ (11)
Nu. 1. 3. πᾶς ὁ ἐκπορευόμενος ἐν δυνάμει Ἰσ. (25)
— 3. ἐπισκέψασθε αὐτοὺς σὺν δυνάμει αὐ. (25)
— 20, 22, 26, 28, 30, 32, 34, 36, 24, 38, 40, 42. πᾶς ὁ ἐκπορευόμενος ἐν τῇ δ. (25)
— 45. A B[2] R σὺν [B[1] ἐν] δυνάμει αὐτῶν (4)
— 52. κατὰ τὴν ἑ. ἡγεμονίαν σὺν δ. αὐτῶν (25)
2. 3. τάγμα παρεμβολῆς Ἰούδα σὺν δυνάμει αὐτῶν (25)
— 4, 6. δύναμις αὐτοῦ οἱ ἐπεσκεμμ. [A ἠριθμημ.] (25)
— 8. δύναμις αὐτοῦ οἱ ἐπεσκεμμένοι (25)
— 9. πάντες οἱ ἐπεσκεμμένοι . . . σὺν δ. αὐτῶν (25)
— 10. τάγματα παρεμβ. Ῥ. . . . δύναμις [A σὺν δυνάμει] αὐ. (25)
— 11, 13, 15. δύναμις αὐτοῦ οἱ ἐπεσκεμμ. [A ἠριθμημ.] (25)
— 16. σὺν δυνάμει αὐτῶν (25)
— 18. τάγμα παρεμβ. Ἐφ. . . . σὺν δυνάμει αὐ. (25)
— 19, 21, 23. δύναμις αὐτοῦ οἱ ἐπεσκεμμ. (25)
— 24. πάντες οἱ ἐπεσκεμμ. . . . σὺν δυνάμει αὐτῶν (25)
— 25. τάγμα παρεμβ. Δὰν . . . σὺν δυνάμει αὐ. (25)
— 26. δύναμις [A -εις] αὐτοῦ οἱ ἐπεσκεμμ. [A ἠριθμημ.] (25)
— 28. δύναμις [A[1] -εις] αὐτοῦ οἱ ἐπεσκεμμένοι (25)
— 30. δύναμις αὐ. οἱ ἐπεσκεμμ. (25)
— 31. A σὺν δυνάμει αὐτῶν –
— 32. πᾶσα ἡ ἐπίσκεψις . . . σὺν ταῖς δ. αὐ. (25)
6. 21. κατὰ δύναμιν τῆς εὐχῆς αὐτοῦ (23)
10. 14. πρῶτοι σὺν δυνάμει αὐ. καὶ ἐπὶ τῆς δ. αὐ. N. (25, 25)
— 15. ἐπὶ τῆς δ. φυλῆς υἱῶν Ἰσσάχαρ (25)
— 16. ἐπὶ τῆς δ. φυλῆς υἱῶν Ζαβουλών (25)
— 18. τάγμα παρεμβ. Ῥ. σὺν δυνάμει αὐ. καὶ ἐπὶ τῆς δ. αὐτῶν Ἐλ. (25, 25)
— 19. ἐπὶ τῆς δ. φυλῆς υἱῶν Συμεών (25)
— 20. ἐπὶ τῆς δ. φυλῆς υἱῶν Γάδ (25)
— 22. τάγμα π. Ἐφ. σὺν δυνάμει αὐ. καὶ ἐπὶ τῆς δ. αὐ. Ἐλ. (25, 25)
— 23. ἐπὶ τῆς δ. φυλῆς υἱῶν Μανασσῆ (25)
— 24. ἐπὶ τῆς δ. φυλῆς υἱῶν Βενιαμίν (25)
— 25. τάγμα π. υἱῶν Δὰν . . . σὺν δυνάμει αὐ. καὶ ἐπὶ τῆς δ. αὐ. Ἀχ. (25, 25)
— 26. ἐπὶ τῆς δ. φυλῆς υἱῶν Ἀσήρ (25)
— 27. ἐπὶ τῆς δ. φυλῆς υἱῶν Νεφθαλί (25)
— 28. ἐξῆραν σὺν δυνάμει αὐτῶν (25)
31. 6. χιλίους ἐκ φυλῆς σὺν δυνάμει αὐτῶν (25)
— 9. καὶ τὴν δ. αὐτῶν ἐπρονόμευσαν (11)
— 14. ἐπὶ τοῖς ἐπισκόποις τῆς δ. (11)
— 21. εἶπεν Ἐλ. ὁ ἱ. πρὸς τοὺς ἄνδρας τῆς δ. (25)
— 48. εἰς τὰς χιλιαρχίας τῆς δ. (25)
33. 1. ὡς ἐξῆλθον . . . σὺν δυνάμει αὐτῶν (25)
De. 3. 24. τὴν ἰσχύν σου καὶ τὴν δ. σου –
6. 5. ἀγαπήσεις κ. τὸν θ. σου . . . ἐξ ὅλης τῆς δ. σου (16)
8. 17. ἐποίησέ μοι τὴν δ. τὴν μεγ. ταύτην (11)
— 18. τοῦ ποιῆσαι δύναμιν (11)
11. 4. ὅσα ἐποίησε τὴν δ. [A[2] τῇ δ.] τῶν Αἰγ. (11)
— 4. B καὶ τὴν δ. αὐτῶν –
16. 17. ἕκαστος κατὰ δύναμιν τῶν χειρῶν ὑμῶν (19)
Jo. 4. 24. ἡ δ. τοῦ κυρίου ἰσχυρά ἐστι (13)
5. 13 (14). ἀρχιστράτηγος δυνάμεως κυρίου νυνὶ παραγέγονα (25)
6. 16 (17). A ἀνάθεμα . . . τῷ κυρίῳ τῶν δ. [B σαβαώθ] –
Jd. 3. 29. πάντα ἄνδρα [A πάντας ἄνδρας] δυνάμεως (11)
4. 2. ὁ ἄρχων τῆς δ. αὐτοῦ Σισάρα (25)
— 7. ἐπὶ τὸν Σισάρα ἄρχοντα τῆς δ. Ἰαβίν (25)
5. 31. ὡς ἔξοδος ἡλίου ἐν δυνάμει αὐτοῦ [A *al.*] (6 *b*)
6. 12. ἰσχυρὸς τῶν δ. [A δυνατὸς τῇ ἰσχύϊ] (11)
8. 6. A R ὅτι [B οὐ] δώσομεν τῇ δ. [A στρατείᾳ] σου ἄρτους (25)
— 21. ὡς ἀνδρὸς ἡ δ. σου [A *al.*] (6 *b*)
Jd. 9. 29. πλήθυνον τὴν δ. σου καὶ ἔξελθε (25)
11. 1. Ἰεφθάε . . . ἐπηρμένος δυνάμει [A *al.*] (11)
18. 2. πέντε ἄνδρας [A ἄ. ἀπὸ μέρους αὐ.] υἱοὺς δυνάμεως (11)
20. 44, 46. οἱ πάντες οὗτοι ἄνδρες δυνάμεως [A *al.*] (11)
21. 10. δώδεκα χιλιάδας ἀνδρῶν ἀπὸ υἱῶν τῆς δ. (11)
Ru. 3. 11. γυνὴ δυνάμεως εἶ σύ (11)
4. 11. ἐποίησαν δύναμιν ἐν Ἐφραθᾷ (11)
I Ki. 2. 4. ἀσθενοῦντες περιεζώσαντο δύναμιν (11)
— 10. μὴ καυχάσθω ὁ δυνατὸς ἐν τῇ δ. αὐτοῦ –
4. 4. A κυρίου τῶν δ. καθημένου Χερουβεὶν [B *al.*] (25)
10. 26. ἐπορεύθησαν υἱοὶ δυνάμεων [A δυνάμενοι] (26)
14. 48. ἐποίησε δύναμιν (11)
— 52. καὶ πάντα ἄνδρα υἱὸν δυνάμεως (11)
17. 20. A καὶ δύναμιν τὴν ἐκπορευομ. εἰς τὴν παράταξιν (11)
— 55. A εἶπεν πρὸς Ἀβ. τὸν ἄρχοντα τῆς δ. (25)
18. 17. A γίνου μοι εἰς υἱὸν δυνάμεως (11)
31. 12. ἀνέστησαν πᾶς ἀνὴρ δυνάμεως (11)
II Ki. 6. 2. ἐφ' ἣν ἐπεκλήθη τὸ ὄνομα τοῦ κ. τῶν δ. (25)
— 18. ἐν ὀνόματι κυρίου τῶν δ. (25)
— 19. διεμέρισε παντὶ τῷ λαῷ εἰς πᾶσαν τὴν δ. τοῦ Ἰσρ. (9)
8. 9. ἐπάταξε Δαυὶδ πᾶσαν τὴν δ. Ἀδρααζάρ (11)
10. 7. ἀπέστειλε τὸν Ἰωὰβ καὶ πᾶσαν τὴν δ. (25)
— 16. Σωβὰκ ἄρχων τῆς δ. Ἀδρααζάρ (25)
— 18. τὸν Σ. τὸν ἄρχοντα τῆς δ. αὐ. ἐπάταξε (25)
11. 16. ᾔδει ὅτι ἄνδρες δυνάμεως ἐκεῖ (11)
13. 28. γίνεσθε εἰς υἱοὺς δυνάμεως (11)
17. 10. καί γε αὐτὸς υἱὸς δυνάμεως (11)
— 10. υἱοὶ δυνάμεως οἱ μετ' αὐτοῦ (11)
— 25. τὸν Ἀμ. κατέστησεν Ἀβ. . . . ἐπὶ τῆς δ. (25)
19. 13 (14). ἄρχων δυνάμεως ἔσῃ (25)
20. 23. Ἰωὰβ πρὸς πάσῃ τῇ δ. Ἰσραήλ (25)
22. 33. ὁ ἰσχυρὸς ὁ κραταιῶν με δυνάμει [A -μιν] (11)
— 40. ἐνισχύσεις με δυνάμει εἰς πόλεμον (11)
23. 36 (35). A πολλὺς δυνάμεως [B ἀπολυδυνάμεως, ? ἀπὸ δ.] †
24. 4. καὶ εἰς τοὺς ἄρχοντας τῆς δ. (11)
— 9. ὀκτακόσιαι χιλιάδες ἀνδρῶν δυνάμεως (11)
III Ki. 1. 19. καὶ Ἰωὰβ τὸν ἄρχοντα τῆς δ. (25)
— 25. καὶ τοὺς ἄρχοντας τῆς δ. (25)
— 42. ἀνὴρ δυνάμεως εἶ σύ (11)
— 52. ἐὰν γένηται εἰς υἱὸν δυνάμεως (11)
2. 5. ὅσα ἐποίησε τοῖς δυσὶν ἄρχουσι τῶν δ. Ἰσραήλ (25)
4. 4. A R Βαναίας υἱὸς Ἰ. ἐπὶ τῆς δ. [A στρατείας] (25)
10. 2. ἦλθεν . . . ἐν δυνάμει βαρείᾳ σφόδρα (11)
11. 15. A Ἰωὰβ τὸν ἄρχοντα τῆς δ. [B *al.*] (25)
— 28. ὁ ἄνθρωπος Ἱεροβοὰμ ἰσχυρὸς δυνάμει (11)
15. 20. A R ἄρχοντας τῶν δ. [B τῆς δ.] τῶν αὐτοῦ (11)
17. 1. ζῇ κύριος ὁ θεὸς τῶν δ. –
18. 15. ζῇ κύριος τῶν δ. (25)
21 (20). 1. συνήθροισεν υἱὸς Ἄδερ πᾶσαν τὴν δ. αὐ. (11)
— 15. ἐπεσκέψατο . . . πάντα υἱὸν δυνάμεως †
— 19. ἡ δ. ὀπίσω αὐτῶν ἐπάταξεν (11)
— 25. ἀλλάξομέν σοι δύναμιν κατὰ τὴν δ. τὴν πεσοῦσαν [A *add.* ἀπὸ σοῦ] (11, 11)
— 28. δώσω τὴν δ. τὴν μεγ. τ. εἰς χεῖρα σήν (9)
IV Ki. 2. 16. πεντήκοντα ἄνδρες υἱοὶ δυνάμεως (11)
3. 14. ζῇ κύριος τῶν δ. (25)
4. 13. ἢ πρὸς τὸν ἄρχοντα τῆς δ. (25)
5. 1. Ναιμὰν ὁ ἄρχων τῆς δ. Συρίας (25)
6. 14. ἵππον καὶ ἅρμα καὶ δύναμιν βαρεῖαν (11)
— 15. δύναμις κυκλοῦσα τὴν πόλιν (11)
7. 6. φωνὴν δυνάμεως μεγάλης (11)
9. 5. οἱ ἄρχοντες τῆς δ. ἐκάθηντο (11)
— 16. ὅτι αὐτὸς δυνατὸς καὶ ἀνὴρ δυνάμεως
11. 15. τοῖς ἑκατοντάρχοις τοῖς ἐπισκόποις τῆς δ. (11)
17. 16. προσεκύνησαν πάσῃ τῇ δ. τοῦ οὐρανοῦ (25)
18. 17. ἐν δυνάμει βαρείᾳ ἐπὶ Ἱερουσαλήμ (11)
— 20. βουλὴ καὶ δύναμις [A -εις] εἰς πόλεμον (6 *b*)
19. 20. κύριος ὁ θεὸς τῶν δ. θεὸς Ἰσραήλ –
— 31. ὁ ζῆλος κυρίου τῶν δ. ποιήσει τοῦτο (25, –*)
21. 3. προσεκύνησε πάσῃ τῇ δ. τοῦ οὐρανοῦ (25)

IV Ki. 21. 5. ᾠκοδόμησε θυσιαστήριον πάσῃ τῇ δ. τοῦ οὐρ. (25)
23. 4, 5. καὶ πάσῃ τῇ δ. τοῦ οὐρανοῦ (25)
24. 16. καὶ πάντας τοὺς ἄνδρας τῆς δ. ἑπτακισχ. (11)
25. 1. καὶ πᾶσα ἡ δ. αὐτοῦ (11)
— 5. ἐδίωξεν ἡ δ. τῶν Χ. ὀπίσω τοῦ βασ. (11)
— 5. πᾶσα ἡ δ. αὐτοῦ διεσπάρη ἐπάνωθεν αὐ. (11)
— 10. B τὸ τεῖχος Ἱερ. . . . κατέσπασεν ἡ δ. τῶν Χαλδ. [A *al.*] (11)
— 19. τὸν γραμματέα τοῦ ἄρχοντος τῆς δ. (25)
— 23. ἤκουσαν πάντες οἱ ἄρχοντες τῆς δ. (11)
— 26. καὶ οἱ ἄρχοντες τῶν δ. [A τῆς δ.] (11)
I Ch. 5. 18. ἐξ υἱῶν δυνάμεως (11)
— 24. ἄνδρες ἰσχυροὶ δυνάμει (11)
7. 2. ἰσχυροὶ δυνάμει κατὰ γενέσεις αὐτῶν (11)
— 5. καὶ ἰσχυροὶ δυνάμει (11)
— 7. ἄρχοντες οἴκων πατριῶν ἰσχυροὶ δυνάμει (11)
— 9. ἄρχοντες οἴκων πατριῶν αὐ. ἰσχυροὶ δυνάμει (11)
— 11. ἄρχοντες τῶν πατριῶν ἰσχυροὶ δυνάμει (11)
— 11. ἐκπορευόμενοι δυνάμει τοῦ πολεμεῖν (25)
— 40. ἰσχυροὶ δυνάμει ἄρχοντες ἡγούμενοι (11)
8. 40. ἰσχυροὶ ἄνδρες δυνάμει (11)
9. 13. ἰσχυροὶ δυνάμει εἰς ἐργασίαν λειτουργίας (11)
11. 26. καὶ δυνατοὶ τῶν δ. (11)
12. 18. κατέστησεν αὐτοὺς ἄρχοντας τῶν δ. (7)
— 21. ἡγούμενοι ἐν [A ἐπὶ] τῇ στρατιᾷ ἐν τῇ δ. [A *om.* ἐν τ. δ.] (25)
— 22. εἰς δ. μεγάλην ὡς δύναμις θεοῦ (17, 17)
13. 8. παίζοντες ἐναντίον τοῦ θεοῦ ἐν πάσῃ δ. (21 *a*)
18. 9. ἐπάταξε Δαυὶδ τὴν πᾶσαν δ. Ἀδρ. (11)
19. 16. Σωφὰθ ἀρχιστράτηγος δυνάμεως Ἀδρ. (25)
— 18. Σωφὰθ ἀρχιστράτηγον δυνάμεως ἀπέκτεινε (25)
20. 1. ἤγαγεν Ἰ. πᾶσαν τὴν δ. τῆς στρατιᾶς (11)
21. 2. καὶ πρὸς τοὺς ἄρχοντας τῆς δ. (22)
25. 1. Δαυὶδ ὁ βασ. καὶ οἱ ἄρχοντες τῆς δ. (25)
26. 26. ἑκατόνταρχοι καὶ ἀρχηγοὶ τῆς δ. (25)
27. 3. ἄρχων πάντων τῶν ἀρχόντων τῆς δ. (25)
— 4 (5). εἴκοσι καὶ τέσσ. χιλιάδες ἄρχοντες δυνάμεως (25)
29. 2. κατὰ πᾶσαν τὴν δ. ἡτοίμακα (15)
— 11. σοί, κύριε, ἡ μεγαλωσύνη καὶ ἡ δ. (6 *b*)
II Ch. 9. 1. ἦλθε . . . εἰς Ἱερ. ἐν δ. βαρείᾳ σφόδρα (11)
13. 3. παρετάξατο Ἀβιὰ ἐν δυνάμει πολεμισταῖς δυνάμεως τετρακοσίαις χιλιάσιν (11, 18 ?)
— 3. δυνατοὶ πολεμισταὶ δυνάμεως [A *al.*] (11)
14. 8 (7). καὶ ἐγένετο τῷ Ἀσὰ δ. ὁπλοφόρων (11)
— 8 (7). πάντες οὗτοι πολεμισταὶ δυνάμεως (11)
— 9 (8). ἐξῆλθεν . . . ἐν δυνάμει ἐν χιλίαις χιλιάσι (11)
— 13 (12). ἐνώπιον κυρίου καὶ ἐναντίον τῆς δ. αὐ. (17)
16. 4. A R ἀπέστειλε τοὺς [B πρὸς τοὺς] ἄρχοντας τῆς δ. αὐ. (11)
— 7. ἐσώθη δ. Συρίας ἀπὸ τῆς χειρός σου (11)
— 8. οὐχ οἱ Αἰθ. καὶ Λιβ. ἦσαν εἰς δ. πολλήν (11)
17. 2. ἔδωκε δύναμιν ἐν πάσαις ταῖς πόλεσιν Ἰ. (11)
— 14. δυνατοὶ δυνάμεως τριακόσιαι χιλιάδες (11)
— 16. διακόσιαι χιλιάδες δυνατοὶ δυνάμεως (11)
— 17. δυνατὸς δυνάμεως καὶ [A *om.*] Ἐλιαδά (11)
18. 18. πᾶσα δ. τοῦ οὐρανοῦ παρειστήκει (25)
20. 21. B ἐν τῷ ἐξελθεῖν ἔμπροσθεν τῆς δ. (12)
22. 9. κατισχῦσαι δύναμιν περὶ τῆς βασιλείας (15)
23. 14. καὶ τοῖς ἀρχηγοῖς τῆς δ. (11)
24. 23. ἀνέβη ἐπ' αὐτὸν δ. Συρίας (11)
— 24. ἐν ὀλίγοις ἀνδράσι παρεγένετο δ. Συρίας (11)
— 24. παρέδωκεν εἰς τὰς χεῖρας αὐ. δ. πολλὴν σφόδρα (11)
25. 7. οὐ πορεύσεται [A παρελεύσ.] μετὰ σοῦ δ. Ἰσρ. (25)
— 9. ἃ ἔδωκα τῇ δ. Ἰσραήλ (7)
— 10. τῇ δ. τῇ ἐλθούσῃ πρὸς αὐτόν (7)
— 13. υἱοὶ τῆς δ. οὓς ἀπέστρεψεν Ἀμασίας (7)
26. 11. A B δυνάμεις ποιοῦσαι πόλεμον [R *al.*] (11)
— 13. καὶ μετ' αὐτῶν δ. πολεμική (11)
— 13. οἱ ποιοῦντες πόλεμον ἐν δυνάμει ἰσχύος (15)
— 14. ἡτοίμασεν αὐτοῖς Ὀζ. πάσῃ τῇ δ. θυρεούς (25)
28. 9. εἰς ἀπάντησιν τῆς δ. τῶν ἐρχομένων εἰς Σαμ. (25)
33. 11. τοὺς ἄρχοντας τῆς δ. τοῦ βασ. [A *al.*] (25)
— 14. κατέστησεν ἄρχοντας τῆς δ. (11)

II Ch. 34. 8. A τὸν Μ. ἄρχοντα τῆς δ. [B πόλεως] †
36. 4. ἕκαστος κατὰ δύναμιν ἀπῄτει –
I Es. 4. 10. πᾶς ὁ λαὸς αὐ. καὶ αἱ δ. αὐ. ἐνακούουσι
5. 44. ἐγεῖραι τὸν οἶκον . . . κατὰ τὴν αὐτῶν δ.
II Es. 2. 69. ὡς ἡ δ. αὐτῶν ἔδωκαν (15)
4. 23. κατήργησαν αὐτοὺς ἐν ἵπποις καὶ δυνάμει (11)
8. 22. αἰτήσασθαι παρὰ τοῦ βασ. δύναμιν (11)
10. 13. καὶ οὐκ ἔστι δύναμις στῆναι ἔξω (15)
Ne. 1. 10. οὓς ἐλυτρώσω ἐν τῇ [A S *om.*] δ. σου τῇ μεγ. (15)
2. 9. ἀρχηγοὺς δυνάμεως [A τῆς δ.] καὶ ἱππεῖς (11)
4. 2 (3. 34). αὕτη ἡ δ. Σομόρων (11)
5. 5. οὐκ ἔστι δύναμις χειρῶν ἡμῶν (2)
11. 6. τετρακόσιοι ἑξήκοντα ὀκτὼ ἄνδρες δυνάμεως (11)
Ju. 1. 4. A S^{2} R εἰς ἐξόδους δυνάμεων [B -ως] δυνατῶν αὐτοῦ [S^{1} *al.*]
— 13. παρετάξατο ἐν τῇ δ. αὐτοῦ πρὸς Ἀρφ.
— 13. ἀνέστρεψε πᾶσαν τὴν δ. Ἀρφ.
— 16. καὶ ἡ δ. αὐτοῦ ἐφ' ἡμέρας ἑκατὸν εἴκοσι
2. 4. ἀρχιστράτηγον τῆς δ. αὐτοῦ
— 7. ἐν τοῖς ποσὶ τῆς δ. μου
— 14. καὶ ἐπιστάτας [S σατράπας] τῆς δ. Ἀσσούρ
— 19. ἐξῆλθεν αὐτὸς καὶ πᾶσα ἡ δ. αὐτοῦ
— 22. ἔλαβε πᾶσαν τὴν δ. αὐτοῦ
3. 6. κατέβη . . . αὐτὸς καὶ ἡ δ. αὐτοῦ
— 10. πᾶσαν τὴν ἀπαρτίαν τῆς δ. αὐτοῦ
4. 15. ἐβόων πρὸς κύριον ἐκ πάσης δ.
5. 1. ἀρχιστρατήγῳ δυνάμεως [S τῆς δ.] Ἀσσούρ
— 3. καὶ τὸ πλῆθος τῆς δ. αὐ.
— 23. λαὸς ἐν ᾧ οὐκ ἔστι δ.
6. 1. ὁ ἀρχιστράτηγος δυνάμεως [A τῆς δ.] Ἀσσούρ
7. 2. ἡ δ. αὐτῶν ἀνδρῶν πολεμιστῶν χιλιάδες
— 9. ἵνα μὴ γένηται θραῦσμα ἐν τῇ δ. σου
— 12. διαφυλάσσων πάντα ἄνδρα ἐκ τῆς δ. σου
— 26. τῷ λαῷ Ὀλοφέρνου καὶ πάσῃ τῇ δ. αὐτοῦ
9. 7. Ἀσσύριοι ἐπληθύνθησαν ἐν δυνάμει αὐτῶν
— 8. σὺ ῥάξον αὐτῶν τὴν ἰσχὺν ἐν δυνάμει σου
— 14. σὺ εἶ ὁ θεὸς πάσης δ.
10. 13. ἀρχιστρατήγου δυνάμεως ὑμῶν
11. 18. ἐξελεύσῃ σὺν πάσῃ τῇ δ. σου
13. 4. κύριε ὁ θεὸς πάσης δυνάμεως
— 15. ἀρχιστρατήγου δυνάμεως Ἀσσούρ
14. 3. ἐγεροῦσι τοὺς στρατηγοὺς τῆς δ. Ἀσσούρ
— 19. οἱ ἄρχοντες τῆς δ. Ἀσσούρ
16. 4. A S R ἦλθεν ἐν μυριάσι δυνάμεως [B -έων] αὐτοῦ
Es. 2. 18. πότον πᾶσι τοῖς φίλοις αὐτοῦ καὶ ταῖς δ. (20 ?)
8. 11. S^{3} πᾶσαν δύναμιν λαοῦ καὶ χώρας (11)
Jb. 11. 6. εἶτα ἀναγγελεῖ σου δύναμιν σοφίας †
— 20. A παρ' αὐτῷ γὰρ σοφία καὶ δύναμις –
12. 13. παρ' αὐτῷ σοφία καὶ δύναμις (6 *b*)
26. 3. οὐχ ᾧ μεγίστη [A ἡ μ.] δύναμις †
28. 11. ἔδειξε δὲ αὐτοῦ δύναμιν εἰς φῶς †
37. 14. στῆθι νουθετούμενος [A S -θετοῦ] δύναμιν κυρίου (24)
39. 19. ἢ σὺ περιέθηκας ἵππῳ δύναμιν (6 *b*)
40. 5 (10). ἀνάλαβε δὴ ὕψος [A εἰς ὕψος] καὶ δύναμιν (5)
— 11 (16). ἡ δὲ δ. αὐτοῦ ἐπ' ὀμφαλοῦ γαστρός (1)
41. 3 (4). λόγον [A -ος] δυνάμεως ἐλεήσει τὸν ἴσον αὐ. (6 *b*)
— 13 (14). ἐν δὲ τραχήλῳ αὐ. αὐλίζεται δύναμις (21 *a*)
Ps. 17 (18). 32. ὁ θεὸς ὁ περιζωννύων με δύναμιν (11)
— 39. περιέζωσάς με δύναμιν εἰς πόλεμον (11)
20 (21). 1. ἐν τῇ δ. σου εὐφρανθήσεται ὁ βασ. (21 *a*)
— 13. ὑψώθητι, κύριε, ἐν τῇ δ. σου (21 *a*)
23 (24). 10. κύριος τῶν δ. αὐτός ἐστιν οὗτος ὁ βασ. τῆς δόξης (25)
29 (30). 7. παράσχου τῷ κάλλει μου δύναμιν (21 *a*)
32 (33). 6. τῷ πνεύματι τοῦ στόμ. αὐ. πᾶσα ἡ δ. αὐ. (25)
— 16. οὐ σώζεται βασιλεὺς διὰ πολλὴν δ. (11)
— 17. ἐν δὲ πλήθει δυνάμεως αὐ. οὐ σωθήσεται (11)
43 (44). 9. οὐκ ἐξελεύσῃ ἐν ταῖς δ. ἡμῶν (25)
45 (46). 1. ὁ θεὸς ἡμῶν καταφυγὴ καὶ δύναμις (21 *a*)
— 7. κύριος τῶν δ. μεθ' ἡμῶν (25)
— 11. κύριος [A^{1} *om.*, S κ. ὁ θεὸς] τῶν δ. μεθ' ἡμῶν (25)
47 (48). 8. ἐν πόλει κυρίου τῶν δ. (25)
— 13. θέσθε τὰς καρδίας ὑμῶν εἰς τὴν δ. αὐ. (11)

Ps. 48 (49). 6. οἱ πεποιθότες ἐπὶ τῇ δ. αὐτῶν (11)
53 (54). 1. ἐν τῇ δ. σου κρινόν με (6 *b*)
58 (59). 5. κύριε ὁ θεὸς τῶν δ. (25)
— 11. διασκόρπισον αὐτοὺς ἐν τῇ δ. σου (11)
— 16. B S^{1} ἐγὼ δὲ ᾄσομαι τῇ δ. [S^{2} τὴν δ.] σου (21 *a*)
59 (60). 10. οὐκ ἐξελεύσῃ ὁ θεὸς ἐν ταῖς δ. ἡμῶν (25)
— 12. ἐν τῷ θεῷ ποιήσομεν δύναμιν (11)
62 (63). 2. τοῦ ἰδεῖν τὴν δ. σου (21 *a*)
65 (66). 3. ἐν τῷ πλήθει τῆς δ. σου ψεύσονταί σε (21 *a*)
67 (68). 11. τοῖς εὐαγγελιζομ. δυνάμει πολλῇ (25)
— 12. ὁ βασιλεὺς τῶν δ. τοῦ ἀγαπητοῦ (25)
— 28. ἔντειλαι ὁ θεὸς τῇ δ. σου (21 *a*)
— 33. B δώσει . . . φωνὴν δυνάμεως (21 *a*)
— 34. ἡ δ. αὐτοῦ ἐν ταῖς νεφέλαις (21 *a*)
— 35. B αὐτὸς δώσει δύναμιν (21 *a*)
68 (69). 6. B κύριε [S κ. κύριε] τῶν δ. (25)
73 (74). 13. B S^{2} ἐκραταίωσας ἐν τῇ δ. [S^{1} δυναστείᾳ] σου τὴν θάλ. (21 *a*)
76 (77). 14. ἐγνώρισας ἐν τοῖς λαοῖς τὴν δ. σου (21 *a*)
79 (80). 4, 7. κύριε ὁ θεὸς τῶν δ. (25)
— 14. ὁ θεὸς τῶν δ., ἐπίστρεψον δή (25)
— 19. κύριε ὁ θεὸς τῶν δ. (25)
83 (84). 1, 3. κύριε τῶν δ. (25)
— 7. πορεύσονται ἐκ δυνάμεως εἰς δύναμιν (11, 11)
— 8. κύριε ὁ θεὸς τῶν δ. (25)
— 12. κύριε [S^{2} κ. ὁ θεὸς] τῶν δ. (25)
88 (89). 8. κύριε ὁ θεὸς τῶν δ. (25)
— 10. ἐν τῷ βραχίονι τῆς δ. σου (21 *a*)
— 17. τὸ καύχημα τῆς δ. αὐτῶν εἶ σύ (21 *a*)
92 (93). 1. ἐνεδύσατο κύριος δύναμιν (21 *a*)
102 (103). 21. εὐλογεῖτε τὸν κύριον πᾶσαι αἱ δ. αὐτοῦ (25)
107 (108). 11. οὐκ ἐξελεύσῃ ὁ θεὸς ἐν ταῖς δ. ἡμῶν (25)
— 13. ἐν τῷ θεῷ ποιήσομεν δύναμιν (11)
109 (110). 2. ῥάβδον δυνάμεως ἐξαποστελεῖ σοι κύριος (21 *a*)
— 3. ἐν ἡμέρᾳ τῆς δ. σου (11)
117 (118). 15, 16 [A S^{2}]. δεξιὰ κυρίου ἐποίησε δύναμιν (11)
121 (122). 7. γενέσθω δὴ εἰρήνη ἐν τῇ δ. σου (11)
135 (136). 15. καὶ ἐκτινάξαντι Φ. καὶ τὴν δ. αὐ. (11)
137 (138). 3. S^{1} πολυωρήσεις με . . . ἐν [R *om.*] δ. πολλῇ [A *om.*, S^{2} R σου] (21 *a*)
139 (140). 7. κύριε κύριε, δύναμις τῆς σωτηρίας μου (21 *a*)
144 (145). 4. τὴν δ. σου ἀπαγγελοῦσι (6 *b*)
— 6. τὴν δ. τῶν φοβερῶν σου ἐροῦσι (21 *b*)
— 12. A τοῦ γνωρίσαι τοῖς υἱοῖς τῶν ἀνθρ. τὴν δ. [B S δυναστείαν] σου (6 *b*)
148. 2. αἰνεῖτε αὐτὸν πᾶσαι αἱ δ. αὐτοῦ (25)
150. 1. αἰνεῖτε αὐτὸν ἐν στερεώματι δυνάμεως αὐ. (21 *a*)
Pr. 31. 29. πολλαὶ ἐποίησαν δύναμιν [A B^{1} S^{1} δυνατά] (11)
Ec. 9. 10. πάντα . . . ὡς ἡ δ. σου ποίησον (15)
— 16. ἀγαθὴ σοφία ὑπὲρ δύναμιν (6 *b*)
10. 10. καὶ δυνάμεις [A S -ις] δυναμώσει (11)
— 17. οἱ ἄρχοντές σου . . . φάγονται ἐν δυνάμει (6 *b*)
12. 3. καὶ διαστραφῶσιν ἄνδρες τῆς δ. (11)
Ca. 2. 7. A S ὥρκισα ὑμᾶς . . . ἐν ταῖς [B *om.*] δ. (25)
3. 5. ὥρκισα ὑμᾶς . . . ἐν ταῖς δ. (25)
5. 8. ὥρκισα ὑμᾶς . . . ἐν ταῖς δ. –
8. 4. A B S ὥρκισα ὑμᾶς . . . ἐν ταῖς δ. [R *om.* ἐν τ. δ.] –
Wi. 1. 3. δοκιμαζομένη τε ἡ δ. ἐλέγχει τοὺς ἄφρ.
5. 23. ἀντιστήσεται αὐτοῖς πνεῦμα δυνάμεως
7. 20. διαφορὰς φυτῶν καὶ δυνάμεις ῥιζῶν
— 25. ἀτμὶς γάρ ἐστι τῆς τοῦ θεοῦ δ.
11. 20. λικμηθέντες ὑπὸ πνεύματος δυνάμεώς σου
12. 15. ἀλλότριον ἡγούμενος [S^{1} -ον] τῆς σῆς δ.
— 17. ἀπιστούμενος ἐπὶ δυνάμεως τελειότητι
13. 4. A S R δύναμιν [B -μει] . . . ἐκπλαγέντες
14. 31. ἡ τῶν ὀμνυμένων δύναμις
16. 19. ὑπὲρ τὴν πυρὸς δύναμιν φλέγει
— 23. καὶ τῆς ἰδίας ἐπιλελῆσθαι [A S -λησται] δ.
19. 20. πῦρ ἴσχυσεν ἐν ὕδατι τῆς ἰδίας δ. [A δ. ἐπιλελησμένον] καὶ ὕδωρ τῆς σβεστικῆς δ. [A S φύσεως] ἐπελανθάνετο

Si. 6. 26. ἐν ὅλῃ δ. σου συντήρησον [A S τήρ.] τὰς ὁδοὺς αὐ.
7. 27. A ἐν ὅλῃ δ. σου [B S καρδίᾳ] δόξασον τὸν πατ. σου
— 30. ἐν ὅλῃ δ. ἀγάπησον τὸν ποιήσαντά σε
8. 13. μὴ ἐγγυήσῃ ὑπὲρ δύναμίν σου
17. 32. δύναμιν ὕψους οὐρανοῦ αὐτὸς ἐπισκέπτεται
24. 2. ἔναντι δυνάμεως αὐτοῦ καυχήσεται
29. 20. ἀντιλαβοῦ τοῦ πλησίον κατὰ δύναμίν σου
44. 3. ἄνδρες ὀνομαστοὶ ἐν δυνάμει
46. 6. ἐν [A S om.] λίθοις χαλάζης δ. κραταιᾶς
Ho. 10. 13. ἤλπισας . . . ἐν πλήθει δυνάμεώς σου (6 a)
Am. 6. 15 (14). B λέγει κύριος τῶν δυνάμεων (25)
Jl. 2. 11. πρὸ προσώπου δυνάμεως αὐ. (11)
— 25. ἡ δύναμίς μου ἡ μεγ. ἣν ἐξαπέστειλα (11)
Ob. 1. 11. αἰχμαλωτευόντων ἀλλογενῶν δύναμιν αὐτοῦ (11)
— 13. μηδὲ συνεπιθῇ ἐπὶ τὴν δ. αὐτῶν (11)
Hb. 3. 19. κ. ὁ θ. δύναμίς μου (11)
Ze. 1. 13. ἔσται ἡ δ. αὐτῶν εἰς διαρπαγήν (11)
2. 9. λέγει κύριος τῶν δ. ὁ θεὸς Ἰ. (25)
Hg. 2. 23 (22). A B S^2 ὀλεθρεύσω [A S^2 ἐξολ.] δύναμιν βασιλέων (10)
— 23 (22). A καταστρέψω πᾶσαν τὴν δ. αὐτῶν –
Za. 1. 3. λέγει κύριος τῶν δ. [S^1 παντοκράτωρ] (25)
— 3. λέγει κύριος τῶν δ. [A παντοκράτωρ] (25)
4. 6. οὐκ ἐν δυνάμει μεγάλῃ οὐδὲ ἐν ἰσχύϊ (11)
7. 4. ἐγένετο λόγος κυρίου τῶν δ. πρὸς μέ (25)
9. 4. πατάξει [A S^1 κατάξει] εἰς θάλ. δύναμιν [A τὴν δ.] αὐτῆς (11)
Is. 8. 4. λήψεται δύναμιν Δαμασκοῦ (11)
— 7. S τὸν βασιλέα τῶν Ἀσσ. καὶ τὴν δ. [A B δόξαν] αὐ. (14)
34. 4. B τακήσονται πᾶσαι αἱ δ. τῶν οὐ. (25)
36. 2. πρὸς τὸν βασ. Ἐζ. μετὰ δ. πολλῆς (11)
— 3. S^3 καὶ Σ. ὁ γραμματεὺς τῆς δ. [A B S om. τ. δ.] –
— 22. Σομνᾶς ὁ γραμματεὺς τῆς δ. –
42. 13. κύριος ὁ θεὸς τῶν δ. ἐξελεύσεται (6 a)
60. 11. εἰσαγαγεῖν πρὸς σὲ δύναμιν ἐθνῶν (11)
Je. 3. 23. εἰς ψεῦδος ἦσαν οἱ βουνοὶ καὶ ἡ δ. τῶν ὀρέων (9)
6. 6. ἔκχεον ἐπὶ Ἱερουσαλὴμ δύναμιν †
16. 21. γνωριῶ αὐτοῖς τὴν δ. μου (6 b)
26 (46). 2. τῇ Αἰγ. ἐπὶ δύναμιν Φαραὼ Ν. (11)
28 (51). 3. ἀφανίσατε πᾶσαν τὴν δύναμιν αὐ. (25)
39 (32). 2. A B S^2 δ. βασιλέως Βαβυλῶνος ἐχαράκωσεν (11)
40 (33). 12. εἶπε κύριος τῶν δ. [A^1 om. τ. δ.] (25)
41 (34). 7. ἡ δ. βασιλέως Βαβ. ἐπολέμει ἐπὶ Ἱερ. (11)
— 21. δύναμις [A -εις] βασιλέως Βαβ. τοῖς ἀποτρέχουσιν [A οἱ ἀ.] ἀπ' αὐ. (11)
42 (35). 11. B S^2 ἀπὸ προσώπου τῆς δ. τῶν Χαλδαίων (11)
— 11. ἀπὸ προσώπου τῆς δ. τῶν Ἀσσυρίων (11)
44 (37). 5. δ. Φαραὼ ἐξῆλθεν ἐξ Αἰγύπτου (11)
— 7. δ. Φαραὼ ἡ ἐξελθοῦσα ὑμῖν εἰς βοήθειαν (11)
— 10. ἐὰν πατάξητε πᾶσαν δ. τῶν Χαλδαίων (11)
— 11. ἀνέβη ἡ δ. τῶν Χαλ. ἀπὸ [A ἐπὶ] Ἱερ. ἀπὸ προσώπου τῆς δ. Φ. (11, 11)
45 (38). 3. εἰς χεῖρας δυνάμεως βασιλέως Βαβ. (11)
46 (39). 1. παρεγένετο . . . πᾶσα ἡ δ. αὐτοῦ (11)
47 (40). 7. A πάντες οἱ ἡγεμόνες τῆς δ. τῆς ἐν ἀγρῷ αὐτοὶ καὶ ἡ δ. αὐ. [B S om. κ. ἡ δ. αὐ.] (11, 3 ?)
— 13. οἱ ἡγεμόνες τῆς δ. οἱ ἐν τοῖς ἀγροῖς (11)
48 (41). 11. καὶ πάντες οἱ ἡγεμόνες τῆς δ. (11)
— 13. καὶ τοὺς ἡγεμόνας τῆς δ. (11)
— 16. καὶ πάντες οἱ ἡγεμόνες τῆς δ. (11)
49 (42). 1. προσῆλθον πάντες οἱ ἡγεμόνες τῆς δ. (11)
— 8. ἐκάλεσε τὸν Ἰ. καὶ τοὺς ἡγεμόνας τῆς δ. (11)
50 (43). 4. καὶ πάντες οἱ ἡγεμόνες τῆς δ. (11)
— 5. καὶ πάντες οἱ ἡγεμόνες τῆς δ. (11)
52. 4. ἦλθε . . . πᾶσα ἡ δ. αὐτοῦ (11)
— 8. κατεδίωξεν ἡ [S om.] δ. τῶν Χαλδαίων (11)
— 14. πᾶν τεῖχος . . . καθεῖλεν ἡ δ. τῶν Χ. (11)
— 25. ἔλαβεν . . . τὸν γραμματέα τῶν δ. (25)
Ba. 2. 11. ἐν δυνάμει μεγάλῃ καὶ ἐν βραχίονι ὑψηλῷ
Ep. Je. 63. οὔτε ταῖς δ. [A add. ἑνὶ] αὐ. ἀφωμοιωμένα ἐστίν
Ez. 17. 17. οὐκ ἐν δ. μεγάλῃ . . . ποιήσει πρὸς αὐτὸν Φ. πόλεμον (11)
26. 12. προνομεύσει τὴν δ. σου (11)

Ez. 27. 10. Λίβυες ἦσαν ἐν τῇ δ. σου (11)
— 11. ἡ δ. σου ἐπὶ τῶν τειχέων σου (11)
— 18. ἐκ πλήθους πάσης δυνάμεώς σου (8)
— 27. ἦσαν δυνάμεις σου (8)
28. 4. μὴ . . . ἐποίησας σεαυτῷ δύναμιν (11)
— 5. ἐπλήθυνας δύναμιν [A -εις] σου καὶ ὑψώθη ἡ καρδία σου ἐν τῇ δ. σου (11, 11)
29. 18. κατεδουλώσατο τὴν δ. αὐτοῦ (11)
— 18. μισθὸς οὐκ ἐγενήθη αὐτῷ καὶ τῇ δ. αὐτοῦ (11)
— 19. ἔσται μισθὸς τῇ δ. αὐτοῦ (11)
32. 24. ἐκεῖ Αἰλὰμ καὶ πᾶσα ἡ δ. αὐ. (9)
— 31. A καὶ πᾶσα ἡ δ. αὐτοῦ (11)
38. 4. συνάξω σε καὶ πᾶσαν τὴν δ. σου (11)
— 15. συναγωγὴ μεγάλη καὶ δ. πολλή (11)
Da. LXX. 3. 20. ἄνδρας ἰσχυροτάτους τῶν ἐν τῇ δ. (11)
— (61). εὐλογεῖτε πᾶσαι αἱ δ. κυρίου τὸν κύριον ●
6. 23 (24). συνήχθησαν πᾶσαι αἱ δ. – ●
11. 7. ἥξει ἐπὶ τὴν δ. αὐτοῦ (11)
Da. TH. 2. 23. σοφίαν καὶ δύναμιν δέδωκάς μοι (6 b)
3. (44). A καταισχυνθείησαν ἀπὸ πάσης δ. καὶ δυναστείας [B al.]
— (61). A R εὐλογείτω πᾶσα ἡ δ. [A -εῖτε πᾶσαι αἱ δ.] κυρίου [B om.] τὸν κύριον
4. 32. ποιεῖ ἐν τῇ δ. τοῦ οὐρανοῦ (11)
8. 9. καὶ πρὸς τὴν δ. †
— 10. ἐμεγαλύνθη ἕως τῆς δ. τοῦ οὐρανοῦ (25)
— 10. ἔπεσεν . . . ἀπὸ τῆς δ. τοῦ οὐρανοῦ (25)
— 13. ἡ δ. συμπατηθήσεται (25)
10. 1. δ. μεγάλη καὶ σύνεσις ἐδόθη αὐτῷ (25)
11. 7. ἥξει πρὸς τὴν δ. (11)
— 10. A συνάξουσιν ὄχλον δυνάμεων [B ἀνὰ μέσον] πολλῶν (11)
— 13. ἐν δ. μεγάλῃ καὶ ἐν ὑπάρξει πολλῇ (11)
— 25. ἐξεγερθήσεται ἡ ἰσχὺς αὐτοῦ . . . ἐν δ. μεγάλῃ (11)
— 25. ἐν δ. μεγάλῃ καὶ ἰσχυρᾷ σφόδρα (11)
— 26. καὶ δυνάμεις κατακλύσει (11)
— 31. A βεβηλώσουσι τὸ ἅγιασμα τῆς δ. [B δυναστείας] (21 c)
I Ma. 1. 4. συνῆξεν δ. ἰσχυρὰν σφόδρα
2. 31. A R καὶ ταῖς δ. [S αἱ δ.] αἳ ἦσαν ἐν Ἱερ.
— 42. συνήχθησαν . . . ἰσχυροὶ δυνάμει ἀπὸ Ἰσρ.
— 44. καὶ συνεστήσαντο δύναμιν
— 66. ἰσχυρὸς δυνάμει ἐκ νεότητος αὐτοῦ
3. 10. συνήγαγεν . . . δ. μεγάλην
— 13. Σήρων ὁ ἄρχων τῆς δ. Συρίας
— 19. οὐκ ἐν πλήθει δυνάμεως νίκη πολέμου ἐστίν
— 27. συνήγαγε τὰς δ. πάσας
— 28. ἔδωκεν ὀψώνια ταῖς δ. αὐτοῦ
— 34. παρέδωκεν αὐτῷ τὰς ἡμίσεις τῶν δ.
— 35. ἀποστεῖλαι ἐπ' αὐτοὺς δύναμιν
— 37. τὰς ἡμίσεις τῶν δ. τὰς καταλειφθείσας
— 40. ἀπῆραν σὺν πάσῃ τῇ δ. αὐτῶν
— 41. S R προσετέθησαν πρὸς αὐτοὺς δύναμις [A al.]
— 42. αἱ δ. παρεμβάλλουσιν ἐν τοῖς ὁρίοις αὐτῶν
— 58. S γίνεσθε εἰς υἱοὺς δυνάμεως [A R δυνατούς]
4. 3. πατάξαι τὴν δ. τοῦ βασιλέως
— 4. ἕως ἔτι αἱ δ. ἐσκορπισμέναι ἦσαν
— 9. ἐδίωξεν αὐτοὺς Φαραὼ ἐν δυνάμει
— 16. A R ἐπέστρεψεν [S ἀπ.] Ἰούδας καὶ ἡ δ.
— 18. Γοργίας καὶ ἡ δ. ἐν τῷ ὄρει
— 31. αἰσχυνθήτωσαν ἐπὶ τῇ δ.
— 61. R ἐπέταξεν [A S ἀπ.] ἐκεῖ δύναμιν
5. 11. Τιμόθεος ἡγεῖται τῆς δ. [A παρεμβολῆς] αὐ.
— 18. μετὰ τῶν ἐπιλοίπων τῆς δ.
— 32. εἶπε τοῖς ἀνδράσι τῆς δ.
— 38. δ. πολλὴ σφόδρα
— 40. εἶπε Τιμ. τοῖς ἄρχουσι τῆς δ. αὐτοῦ
— 50. S R παρενέβαλον οἱ ἄνδρες τῆς δ. [A πόλεως]
— 56. Ἰωσὴφ . . . καὶ Ἀζαρίας ἄρχοντες τῆς δ.
— 58. παρήγγειλαν τοῖς ἀπὸ τῆς δ. τῆς μετ' αὐτῶν
6. 6. ἐπορεύθη Λυσίας δ. ἰσχυρᾷ
— 6. S R καὶ δυνάμει καὶ σκύλοις πολλοῖς
— 28. συνήγαγε . . . ἄρχοντας δυνάμεως αὐτοῦ
— 29. ἦλθον πρὸς αὐτὸν δ. [S^1 -ει] μισθωταί
— 30. ἦν ὁ ἀριθμὸς τῶν δ. αὐτοῦ
— 33. διεσκευάσθησαν αἱ δ. εἰς τὸν πόλεμον
— 37. S R ἐφ' ἑκάστου ἄνδρες δυνάμεως [A om.]
— 47. καὶ τὸ ὅρμημα τῶν δ.
— 56. A R καὶ αἱ δ. αἱ πορευθεῖσαι τοῦ [S μετὰ τοῦ] βασ.
— 57. καὶ τοὺς ἡγεμόνας τῆς δ.
7. 2. συνέλαβον αἱ δ. τὸν Ἀντίοχον

I Ma. 7. 4. ἀπέκτειναν αὐτοὺς αἱ δ.
— 10, 11. ἦλθον μετὰ δ. πολλῆς
— 14. ἦλθεν ἐν ταῖς δ.
— 20. ἀφῆκε μετ' αὐτοῦ δύναμιν
— 27. ἦλθε Νικάνωρ . . . δ. πολλῇ
— 39. συνήντησεν αὐτῷ δύναμις Συρίας
8. 6. ἔχοντα . . . δ. πολλὴν σφόδρα
9. 1. A R Νικάνωρ καὶ αἱ δ. [S ἡ δ.] αὐτοῦ
— 6. ἴδον τὸ πλῆθος τῶν δ.
— 11. ἀπῆρεν ἡ δ. ἀπὸ τῆς παρεμβολῆς
— 11. οἱ τοξόται προεπορεύοντο [S^1 προσεπ.] τῆς δ.
— 43. καὶ ἦλθε . . . ἐν δ. πολλῇ
— 52. ἔθετο ἐν αὐταῖς δυνάμεις
— 60. τοῦ ἐλθεῖν μετὰ δ. πολλῆς
— 67. A S καὶ ἀναβαίνειν ἐν ταῖς [R om.] δ.
10. 2. συνήγαγε δ. πολλὰς σφόδρα
● — 6. ἐξουσίαν συναγαγεῖν δυνάμεις [S^1 -ιν]
● — 8. ἐξουσίαν συναγαγεῖν δυνάμεις
— 21. καὶ συνήγαγε δυνάμεις
— 36. προγραφήτωσαν τῶν Ἰουδ. εἰς τὰς δ. τοῦ βασ.
— 36. ὡς καθήκει πάσαις ταῖς δ. τοῦ βασ.
— 48. A R συνήγαγεν Ἀλέξ. ὁ βασιλεὺς δ. μεγάλας [S πάσας τὰς δ.]
— 69. συνήγαγε δ. μεγάλην
— 71. εἰ πέποιθας ἐπὶ ταῖς δ. σου
— 71. μετ' ἐμοῦ ἐστι [S^1 οὐκ ἔστιν ἔτι] δύναμις τῶν πόλεων
— 73. οὐ δυνήσῃ ὑποστῆναι . . . δ. τοιαύτην
— 77. παρενέβαλε . . . δ. πολλήν
— 82. εἵλκυσε Σίμων τὴν δ. αὐτοῦ
11. 1. ὁ βασ. Αἰγ. ἤθροισε δ. πολλάς
— 3. ἀπέτασσε τὰς δ. φρουράν
— 15. S^2 R ἐξήγαγε Πτολεμαῖος τὴν δ. [A S^1 om.]
— 38. A R ἀπέλυσε πάσας [S om.] τὰς δ. αὐτοῦ
— 38. A R πλὴν τῶν ξένων δ. [S -μένων]
— 38. ἤχθραναν αὐτῷ πᾶσαι αἱ δ.
— 39. πᾶσαι αἱ δ. καταγογγύζουσι κατὰ τοῦ Δ.
— 40. ἦν ἐχθραίνουσιν αὐτῷ αἱ δ. αὐτοῦ
— 43. ἀπέστησαν πᾶσαι αἱ δ. μου
— 55. ἐπισυνήχθησαν [S^1 -συνῆσαν] πρὸς αὐτὸν πᾶσαι αἱ δ.
— 60. A R ἠθροίσθησαν πρὸς αὐτὸν πᾶσαι αἱ δ. [S πᾶσα δ.]
— 63. παρῆσαν οἱ ἄρχοντες . . . μετὰ δ. πολλῆς
— 70. ἄρχοντες τῆς στρατιᾶς τῶν δ.
12. 24. ἐπέστρεψαν οἱ ἄρχοντες Δ. μετὰ δ. πολλῆς
— 42. A R πάρεστιν [S ἦλθεν] μετὰ δ. πολλῆς
— 43. ἐπέταξε ταῖς δ. αὐτοῦ
— 45. S R καὶ τὰς δ. τὰς λοιπάς [A πολλάς]
— 46. ἐξαπέστειλε τὰς δ.
— 49. ἀπέστειλε Τρύφων δυνάμεις
13. 1. συνήγαγε Τρύφων δ. πολλήν
— 11. ἀπέστειλεν . . . μετ' αὐτοῦ δ. ἱκανήν
— 12. ἀπῆρε Τρύφων . . . μετὰ δ. πολλῆς
— 53. ἔθετο αὐτὸν ἡγούμενον τῶν δ. πασῶν
14. 1. συνήγαγε Δ. ὁ βασ. τὰς δ. αὐτοῦ
— 32. ὡπλοδότησε τοὺς ἄνδρας τῆς δ.
15. 3. ἐξενολόγησα δὲ πλῆθος δυνάμεων
— 10. συνῆλθον πρὸς αὐτὸν πᾶσαι αἱ δ.
— 12. ἀφῆκαν αὐτὸν αἱ δ.
— 38. δ. πεζικὰς καὶ ἱππικὰς ἔδωκεν αὐτῷ
— 41. A R ἔταξεν [S ἀπέτ.] ἐκεῖ ἱππεῖς καὶ δυνάμεις
16. 5. δ. πολλὴ εἰς συνάντησιν αὐτοῖς
— 18. ὅπως ἀποστείλῃ αὐτῷ δυνάμεις
II Ma. 1. 13. ἡ περὶ αὐτὸν ἀνυπόστατος δοκοῦσα εἶναι δ.
3. 24. καταπλαγέντας τὴν τοῦ θεοῦ δ.
— 38. διὰ τὸ περὶ τὸν τόπον ἀληθῶς εἶναί τινα θεοῦ δ.
9. 8. φανερὰν τοῦ θεοῦ πᾶσι τὴν δ. ἐνδεικνύμενος
10. 24. συναγαγὼν ξένας δ. παμπληθεῖς
13. 2. ἕκαστον ἔχοντα δ. Ἑλληνικήν
III Ma. 1. 1. παραγγείλας ταῖς πάσαις δ.
— 4. ἡ Ἀρσινόη . . . τὰς δ. παρεκάλει
2. 6. A ἐγνώρισας τὴν σὴν δ. [R δυναστείαν]
3. 7. μήτε ταῖς δ. ὁμοσπόνδους τοὺς ἀνθρώπους γενέσθαι
4. 11. πρὸς τὸ μηδὲ ταῖς δ. αὐτοῦ κοινωνεῖν
5. 7. τὸν . . . πάσης δ. δυναστεύοντα
— 29. τὰ θηρία καὶ τὰς δ. ἡτοιμάσθαι
— 44. διέτασσον τὰς δ.
— 48. R τῆς συνεπομένης [A ἐπ.] ἐνόπλου δ.
— 51. R τὸν τῆς ἁπάσης δ. [A om.] δυνάστην
6. 5. τὸν ἀναριθμήτοις δ. γαυρωθέντα
— 13. πτηξάτω δὲ ἔθνη σὴν δ.

● = correction on page xxv

III Ma. 6. 13. *δύναμιν ἔχων ἐπὶ σωτηρίᾳ Ἰακὼβ γένους*
— 16. *καὶ παντὶ τῷ τῆς δ. φρυάγματι*
— 19. *τὴν δ. τῶν ὑπεναντίων ἐπλήρωσαν ταραχῆς*
— 21. *τὰς συνεπομένας ἐνόπλους δ.*
7. 9. *τὸν πάσης δεσπόζοντα δ. θεόν*
IV Ma. 5. 13. *εἰ καί τίς ἐστι . . . ἐποπτικὴ δ.*
14. 10. *ἡ τοῦ πυρὸς οὖσα δ. ταχέως διέλυσε τὰ σώματα*

[**Aq.** II Ki. 10. 16: Ps. 88 (89). 14: Is. 4. 2: 8. 18: 10. 23: 22. 14: 34. 4: 36. 5: Je. 8. 2, 3: 10. 6: 11. 20: 15. 16: 19. 3, 11, 15: 20. 12: 23. 16: 25. 8, 27 (32. 13), 32 (32. 18): 27 (34). 4, 18: 29 (36). 4, 8, 21: 30 (37). 8: 31 (38). 35: 32 (39). 14: 41 (48). 11: 42 (49). 1, 8: 46 (26). 10, 18, 25: 48 (31). 14: 50 (27). 18: 52. 8, 25: Ez. 37. 10.]
[**Sm.** I Ki. 10. 26: II Ki. 5. 10: 10. 16: IV Ki. 25. 10: Jb. 5. 5: 9. 19: Ps. 28 (29). 1: 32 (33). 16: 58 (59). 12: 64 (65). 7: 68 (69). 7: 77 (78). 51: 83 (84). 8 *bis*: 137 (138). 3: Is. 1. 9, 24: 3. 15: 8. 13, 18: 9. 13 (12): 10. 13, 23: 28. 6, 29: 30. 15: 34. 2, 4 *bis*: 36. 5: 40. 2, 26: 60. 5: Je. 11. 20, 22: 15. 16: 19. 3, 11: 20. 12: 25. 8, 27 (32. 13), 32 (32. 18): 30 (37). 8: 31 (38). 35: 41 (48). 11: 42 (49). 1, 8: 44 (51). 7: 46 (26). 10, 18: 48 (31). 14: 52. 8, 25: Ez. 37. 10: Da. 11. 45.]
[**Th.** Nu. 1. 20: Jd. 16. 28: I Ki. 1. 3: III Ki. 4. 4: Jb. 10. 17: 41. 4: Ps. 68 (69). 7: 73 (74). 13: Pr. 14. 4: Is. 1. 9, 24: 3. 15: 4. 2: 5. 7: 8. 13, 18: 9. 13 (12): 10. 23, 26: 22. 14, 15: 34. 2, 4: 36. 5: 40. 2, 26: Je. 10. 6: 11. 20, 22: 15. 16: 19. 3, 11, 15: 20. 12: 23. 16, 36: 25. 8, 32 (32. 18): 27 (34). 4, 18, 19, 21: 29 (36). 4, 8, 17, 21, 25: 30 (37). 8: 32 (39). 14, 18: 33 (40). 22: 39 (46). 5: 44 (51). 7: 46 (26). 10, 18, 25: 50 (27). 18: Ez. 20. 6, 15: 32. 31: 37. 10: Da. 8. 11; 10. 1: 11. 10†. 26.]
[**Al.** Ex. 12. 41: 17. 16: Nu. 4. 23: 8. 25: 10. 28: 31. 27: I Ki. 1. 11: Ps. 138 (139). 15: Is. 28. 1: Hb. 3. 4, 14.]
[**Sam.** Ex. 38. 8 (26): Nu. 7. 3.]
[**Quint.** IV Ki. 25. 10: Ps. 109 (110). 3.]
[**Sext.** Ps. 29 (30). 8: 32 (33). 6.]

δυναμοῦν. (1) גָּבַר *a.* pi. *b.* hi. (2) עָזַז

Ps. 51 (52). 7. B^1 S^1 *ἐδυναμώθη* [B^2 S^2 R *ἐνεδ.*] *ἐπὶ τῇ ματαιότητι αὐ.* (2)
67 (68). 28. *δυνάμωσον ὁ θεὸς τοῦτο* (2)
Ec. 10. 10. *καὶ δυνάμεις* [A S *-μις*] *δυναμώσει* (1 *a*)
Da. Th. 9. 27. *δυναμώσει διαθήκην πολλοῖς* (1 *b*)
— 27. A B^2 *δυναμώσει διαθήκην πολλοῖς* (1 *b*?)

[**Aq.** Ge. 7. 24: Jb. 36. 9: Ps. 64 (65). 4: Da. 9. 27.]
[**Sm., Th.** Da. 9. 27.]
[**Al.** Ex. 14. 8.]

δύνασθαι. (1) גִּבּוֹר (2) הָיָה לְ (3) υἱοὶ δυνάμενοι חַיִל (4) *a.* יָכֹל qal. *b.* hi. (?) *c.* יְכִל, יְכֵל (5) יָסַף hi. (6) *a.* כְּהֵל *b.* אִיתַי כָהֵל (7) כּוּל hi. (8) כָּלָה pi. (9) מָצָא (10) עָצַר (11) cum neg. חָדַל (12) cum neg. יָאַל ni. (13) cum neg. לָאָה ni. (14) cum neg. מָאֵן pi.

Ge. 13. 6. A *καὶ οὐκ ἐδύναντο κατοικεῖν ἅμα* [R *al.*] (4 *a*)
— 16. *εἰ δύναταί τις ἐξαριθμῆσαι τὴν ἄμμον τῆς γῆς* (4 *a*)
15. 5. R *εἰ δυνήσῃ ἐξαριθμῆσαι αὐτούς* (4 *a*)
19. 19. *ἐγὼ δὲ οὐ δυνήσομαι διασωθῆναι* (4 *a*)
— 22. *οὐ γὰρ δυνήσομαι ποιῆσαι πρᾶγμα* (4 *a*)
24. 50. *οὐ δυνησόμεθα οὖν σοι ἀντειπεῖν* (4 *a*)
29. 8. *οὐ δυνησόμεθα ἕως τοῦ συναχθῆναι* (4 *a*)
30. 8. *καὶ ἠδυνάσθην* (4 *a*)
31. 35. *οὐ δύναμαι ἀναστῆναι ἐνώπιόν σου* (4 *a*)
32. 25 (26). *οὐ δύναται πρὸς αὐτόν* (4 *a*)
34. 14. A *οὐ δυνησόμεθα ποιῆσαι τοῦτο* [R *τὸ ῥῆμα τοῦτο*] (4 *a*)
36. 7. *οὐκ ἠδύνατο ἡ γῆ . . . φέρειν αὐτούς* (4 *a*)
37. 4. *οὐκ ἐδύναντο λαλεῖν αὐτῷ οὐδέν* (4 *a*)
41. 49. A *ἕως οὐκ ἠδύνατο ἀριθμῆσαι* [R *-μηθῆναι*] (11)
43. 32. *οὐ γὰρ ἐδύναντο οἱ Αἰγ. συνεσθίειν* (4 *a*)
44. 1. *ὅσα ἐὰν δύνωνται ἆραι* (4 *a*)
— 22. *οὐ δυνήσεται τὸ παιδίον καταλιπεῖν* (4 *a*)
— 26. *οὐ δυνησόμεθα καταβῆναι* (4 *a*)
— 26. *οὐ γὰρ δυνησόμεθα ἰδεῖν τὸ πρόσωπον* (4 *a*)
45. 1. *οὐκ ἠδύνατο Ἰωσὴφ ἀνέχεσθαι* (4 *a*)
— 3. *οὐκ ἠδύναντο οἱ ἀδελφοὶ ἀποκριθῆναι* (4 *a*)
48. 10. A^2 B *καὶ οὐκ ἠδύνατο* [A^2 *ἐδύναντο*] *βλέπειν* (4 *a*)
Ex. 2. 3. *ἐπεὶ δὲ οὐκ ἐδύναντο ἔτι κρύπτειν* (4 *a*)
4. 13. *προχείρισαι δυνάμενον ἄλλον* †
7. 18. *οὐ δυνήσονται οἱ Αἰγ. πιεῖν ὕδωρ* (13)
— 21. *οὐκ ἠδύναντο οἱ Αἰγ. πιεῖν ὕδωρ* (4 *a*)
— 24. *οὐκ ἠδύναντο πιεῖν ὕδωρ* (4 *a*)
8. 18 (14). *καὶ οὐκ ἠδύναντο* (4 *a*)
9. 11. A^2 B *οὐκ ἠδύναντο οἱ φαρμακοὶ στῆναι* (4 *a*)
10. 5. *οὐ δυνήσῃ κατιδεῖν τὴν γῆν* (4 *a*)
12. 39. *καὶ οὐκ ἠδυνήθησαν* [A *οὐ γὰρ ἐδυνάσθησαν*] (4 *a*)
15. 23. *καὶ οὐκ ἠδύναντο* [A *ἐδύν.*] *πιεῖν* (4 *a*)
18. 18. B *οὐ δυνήσῃ ποιεῖν σὺ μόνος* (4 *a*)
— 23. *καὶ δυνήσῃ παραστῆναι* (4 *a*)
19. 23. *οὐ δυνήσεται ὁ λαὸς προσαναβῆναι* (4 *a*)
33. 20. *οὐ δυνήσῃ ἰδεῖν τὸ πρόσωπόν μου* (4 *a*)
40. 35. *οὐκ ἠδυνάσθη* [A *-νήθη*] M. *εἰσελθεῖν* (4 *a*)
Le. 26. 37. *οὐ δυνήσεσθε* [B^1 *-σεται*] *ἀντιστῆναι τοῖς ἐχθροῖς ὑμῶν* (2)
Nu. 9. 6. *οὐκ ἠδύναντο ποιῆσαι τὸ πάσχα* (4 *a*)
11. 14. *οὐ δυνήσομαι ἐγὼ μόνος φέρειν* (4 *a*)
13. 31 (30). *δυνατοὶ δυνησόμεθα πρὸς αὐτούς* (4 *a*)
— 32 (31). *οὐ μὴ δυνώμεθα ἀναβῆναι* (4 *a*)
14. 16. *παρὰ τὸ μὴ δύνασθαι κ. εἰσαγαγεῖν* (4 *a*)
22. 6. *ἐὰν δυνώμεθα πατάξαι ἐξ αὐτῶν* (4 *a*)
— 11. *εἰ ἄρα δυνήσομαι πατάξαι αὐτόν* (4 *a*)
— 18. *οὐ δυνήσομαι παραβῆναι τὸ ῥῆμα κυρίου* (4 *a*)
— 37. *ὄντως οὐ δυνήσομαι τιμῆσαί σε* (4 *a*)
24. 13. *οὐ δυνήσομαι παραβῆναι τὸ ῥῆμα κυρίου* (4 *a*)
De. 1. 9. *οὐ δυνήσομαι μόνος φέρειν ὑμᾶς* (4 *a*)
— 12. *πῶς δυνήσομαι μόνος φέρειν τὸν κόπον ὑμῶν* –
7. 17. *πῶς δυνήσομαι ἐξολεθρεῦσαι αὐτούς* (4 *a*)
— 22. *οὐ δυνήσῃ ἐξαναλῶσαι αὐτοὺς τὸ τάχος* (4 *a*)
9. 28. *παρὰ τὸ μὴ δύνασθαι κ. εἰσαγαγεῖν αὐτούς* (4 *a*)
12. 17. *οὐ δυνήσῃ φαγεῖν . . . τὸ ἐπιδέκατον* (4 *a*)
14. 24. *ἐὰν δὲ . . . μὴ δύνῃ ἀναφέρειν αὐτά* (4 *a*)
16. 5. *οὐ δυνήσῃ θῦσαι τὸ πάσχα* (4 *a*)
17. 15. *οὐ δυνήσῃ καταστῆσαι ἐπὶ σεαυτὸν ἄνθρ. ἀλλότριον* (4 *a*)
21. 16. *οὐ δυνήσεται πρωτοτοκεῦσαι* (4 *a*)
22. 3. *οὐ δυνήσῃ ὑπεριδεῖν* (4 *a*)
— 19. *οὐ δυνήσεται* [A^1 *-σει*] *ἀποστεῖλαι αὐτήν* (4 *a*)
— 29. *οὐ δυνήσεται ἐξαποστεῖλαι αὐτήν* (4 *a*)
24. 4. *οὐ δυνήσεται ὁ ἀνὴρ ὁ πρότερος* (4 *a*)
28. 27. *ὥστε μὴ δύνασθαί σε ἰαθῆναι* (4 *a*)
— 35. *ὥστε μὴ δύνασθαι ἰαθῆναί σε* (4 *a*)
31. 2. *οὐ δυνήσομαι ἔτι εἰσπορεύεσθαι* (4 *a*)
Jo. 7. 12. *οὐ μὴ δύνωνται οἱ υἱοὶ Ἰσραὴλ ὑποστῆναι* (4 *a*)
— 13. *οὐ δυνήσεσθε ἀντιστῆναι ἀπέναντι τῶν ἐχθρῶν ὑμῶν* (4 *a*)
9. 19. *οὐ δυνησόμεθα ἅψασθαι αὐτῶν* (4 *a*)
15. 63. A R *οὐκ ἠδυνήθησαν* [B *-νάσθ.*] *οἱ υἱοὶ Ἰ. ἀπολέσαι αὐτούς* (4 *a*)
17. 12. *οὐκ ἠδυνάσθησαν* [A *-ήθ.*] *οἱ υἱοὶ Μαν. ἐξολεθρεῦσαι* (4 *a*)
24. 19. *οὐ μὴ δύνησθε λατρεύειν κυρίῳ* (4 *a*)
Jd. 1. 19. *οὐκ ἠδυνάσθησαν ἐξολεθρεῦσαι* [A *ἐδύνατο κληρονομῆσαι*] –
— 32. *οὐκ ἠδυνήθη* [A *ἐδυνάσθη*] *ἐξᾶραι αὐτόν* –
2. 14. *οὐκ ἠδυνήθησαν* [A *-νάσθ.*] *ἔτι ἀντιστῆναι* (4 *a*)
8. 3. *τί ἠδυνήθην* [A *-νάσθην*] *ποιῆσαι* (4 *a*)
11. 35. A R *οὐ δυνήσομαι ἀποστρέψαι* [B *ἐπ.*] (4 *a*)
14. 13. *ἐὰν μὴ δύνησθε* [A *δυνάσθητε*] *ἀπαγγεῖλαί μοι* (4 *a*)
— 14. *οὐκ ἠδύναντο* [A *-νάσθησαν*] *ἀπαγγεῖλαι* (4 *a*)
16. 5. *ἐν τίνι δυνησόμεθα αὐτῷ* [A *πρὸς αὐτόν*] (4 *a*)
18. 7. A *καὶ μὴ δυναμένους λαλῆσαι ῥῆμα* [B *al.*] †
21. 18. *ἡμεῖς οὐ δυνησόμεθα δοῦναι αὐτοῖς* (4 *a*)
Ru. 4. 6. *οὐ δυνήσομαι ἀγχιστεῦσαι ἐμαυτῷ* (4 *a*)
— 6. *οὐ δυνήσομαι ἀγχιστεῦσαι* (4 *a*)
I Ki. 3. 2. *οὐκ ἠδύναντο* [A *-ατο*] *βλέπειν* (4 *a*)
6. 20. *τίς δυνήσεται διελθεῖν* (4 *a*)
10. 26. A *ἐπορεύθησαν υἱοὶ δυνάμενοι* [B *δυνάμεων*] (3)
I Ki. 17. 9. *ἐὰν δυνηθῇ πρὸς μὲ πολεμῆσαι* (4 *a*)
— 9. *ἐὰν δὲ* [A *om.*] *ἐγὼ δυνηθῶ* (4 *a*)
— 33. B *οὐ μὴ δύνῃ* [A *-νηθήσῃ*, R *-νήσῃ*] *πορευθῆναι* (4 *a*)
— 39. *οὐ μὴ δύνωμαι πορευθῆναι ἐν τούτοις* (4 *a*)
26. 25. *καὶ δυνάμενος δυνήσῃ* [B^1 *-σει*] (4 *a*, 4 *a*)
II Ki. 3. 11. *οὐκ ἠδυνάσθη* [A *ἐδ.*] *ἔτι Ἰ.* (4 *a*)
12. 23. *μὴ δυνήσομαι ἐπιστρέψαι αὐτὸ ἔτι* (4 *a*)
17. 17. *οὐκ ἐδύναντο* [A *ἐνεδύσαντο*] *ὀφθῆναι* (4 *a*)
III Ki. 3. 9. R *τίς δυνηθήσεται* [A B *-νήσ.*] *κρίνειν τὸν λαόν σου* (4 *a*)
5. 3 (17). *οὐκ ἠδύνατο οἰκοδομῆσαι οἶκον* (4 *a*)
8. 11. *οὐκ ἠδύναντο* [A *ἐδ.*] *οἱ ἱερεῖς στήκειν* (4 *a*)
— 64. *τοῦ μὴ δύνασθαι τὴν ὁλοκαύτωσιν* (7)
10. 22 (B); 9. 21 (A). *οὓς οὐκ ἐδύναντο* [A *ἠδ.*] *οἱ υἱοὶ Ἰσρ. ἐξολεθρεῦσαι αὐτούς* (4 *a*)
13. 4. *οὐκ ἠδυνήθη ἐπιστρέψαι αὐτήν* (4 *a*)
— 16. *οὐ μὴ δύνωμαι τοῦ ἐπιστρέψαι* (4 *a*)
21 (20). 9. *τὸ δὲ ῥῆμα τοῦτο οὐ δυνήσομαι ποιῆσαι* (4 *a*)
22. 22. *ἀπατήσεις καί γε δυνήσῃ* (4 *a*)
IV Ki. 3. 26. *καὶ οὐκ ἠδυνήθησαν* (4 *a*)
4. 40. *οὐκ ἠδύναντο φαγεῖν* (4 *a*)
16. 5. *οὐκ ἐδύναντο* [A *ἠδ.*] *πολεμεῖν* (4 *a*)
18. 23. *εἰ δυνήσῃ δοῦναι σεαυτῷ ἐπιβάτας* (4 *a*)
— 29. *οὐ μὴ δύνηται ὑμᾶς ἐξελέσθαι* (4 *a*)
I Ch. 21. 30. *οὐκ ἠδύνατο Δαυὶδ τοῦ πορευθῆναι* (4 *a*)
II Ch. 5. 14. *οὐκ ἠδύναντο οἱ ἱερεῖς τοῦ στῆναι* (4 *a*)
7. 2. *οὐκ ἠδύναντο οἱ ἱερεῖς εἰσελθεῖν* (4 *a*)
18. 21. *ἀπατήσεις καὶ δυνήσῃ* (4 *a*)
20. 37. *οὐκ ἐδυνάσθη* [A *ἠδ.*] *τοῦ πορευθῆναι* (10)
29. 34. A R *οὐκ ἠδύναντο* [B *ἐδ.*] *ἐκδεῖραι τὴν ὁλοκαύτωσιν* (4 *a*)
30. 3. *οὐ γὰρ ἠδυνάσθησαν* [A *ἐδ.*] *ποιῆσαι αὐτό* (4 *a*)
— 17. *παντὶ τῷ μὴ δυναμένῳ ἁγνισθῆναι* †
32. 13. *μὴ δυνάμενοι ἠδύναντο* [A *ἐδ.*] *θεοὶ τῶν ἐθνῶν . . . σῶσαι* (4 *a*, 4 *a*)
— 14. *μὴ ἐδύναντο σῶσαι τὸν λαὸν αὐτῶν* (4 *a*)
— 14. *ὅτι δυνήσεται ὁ θεὸς ὑμῶν σῶσαι ὑμᾶς* (4 *a*)
— 15. *οὐ μὴ δύνηται ὁ θεὸς . . . τοῦ σῶσαι τὸν λαόν* (4 *a*)
I Es. 4. 11. *οὐ δύνανται* [A *-αται*] *ἕκαστος ἀπελθεῖν*
— 17. *οὐ δύνανται οἱ ἄνθρωποι χωρὶς τῶν γυν. εἶναι*
5. 37. *οὐκ ἠδύναντο ἀπαγγεῖλαι τὰς πατριὰς αὐ.*
II Es. 2. 59. R *οὐκ ἐδυνάσθησαν* [B *ἠδ.*, A *ἠδυνήθησαν*] *τοῦ ἀναγγεῖλαι* (4 *a*)
Ne. 4. 2 (3. 34). R *ἆρα δυνήσονται* (8)
— 10 (4). *οὐ δυνησόμεθα οἰκοδομεῖν ἐν τῷ τείχει* (4 *a*)
6. 3. *καὶ οὐ δυνήσομαι καταβῆναι* (4 *a*)
7. 61. A R *οὐκ ἐδυνάσθησαν* [B S *ἠδ.*] *ἀπαγγεῖλαι οἴκους πατριῶν* (4 *a*)
To. 1. 15. *οὐκέτι ἠδυνάσθην πορευθῆναι εἰς τὴν Μ.*
5. 2. *πῶς δυνήσομαι λαβεῖν τὸ ἀργύριον*
— 5. *εἰ δύναμαι πορευθῆναι μετὰ σοῦ* [S *al.*]
— 9. S *εἰ δυνήσῃ συνελθεῖν αὐτῷ*
— 9. S *δυνήσομαι πορευθῆναι μετ' αὐτοῦ*
6. 12. S *οὐ μὴ δυνηθῇ Ῥαγ. κωλῦσαι αὐτήν* [A B *al.*]
9. 3. S *οὐ δύναμαι παραβῆναι τὸν ὅρκον αὐτοῦ*
12. 21. S *οὐκέτι* [B *om.*] *ἠδύναντο ἰδεῖν αὐτόν* [A B *al.*]
Ju. 10. 19. *οἱ ἀφεθέντες δυνήσονται κατασοφίσασθαι*
Es. 6. 13. *οὐ μὴ δύνῃ αὐτὸν ἀμύνασθαι* (4 *a*)
8. 6. *πῶς γὰρ δυνήσομαι ἰδεῖν τὴν κάκωσιν* (4 *a*)
— 6. *πῶς δυνήσομαι σωθῆναι* (4 *a*)
— 13. *τόν τε κόρον οὐ δυνάμενοι φέρειν*
Jb. 4. 20. *παρὰ τὸ μὴ δύνασθαι αὐτοὺς ἑαυτοῖς βοηθῆσαι* †
6. 7. *οὐ δύναται γὰρ παύσασθαί μου ἡ ὀργή* [A S^2 *ψυχή*] (14)
7. 20. *τί δυνήσομαι* [A S *δύναμαί σοι*] *πρᾶξαι* –
10. 13. *οἶδα ὅτι πάντα δύνασαι* †
— 15. *οὐ δύναμαι* [A *-ήσομαι*] *ἀνακύψαι* –
16. 15 (14). *ἔδραμον πρὸς μὲ δυνάμενοι* [A *ἐπ' ἐμὲ δυνατοί*] (1)
20. 14. *οὐ μὴ δυνηθῇ βοηθῆσαι ἑαυτῷ* †
24. 5. A *ἠδυνήθη δὲ αὐτῷ εἰς νεωτέρους* [B S *al.*] †
30. 24. *εἰ γὰρ ὄφελον δυναίμην ἐμαυτὸν χειρώσασθαι* †
32. 3. *οὐκ ἠδυνήθησαν ἀποκριθῆναι* (9)
33. 5. *ἐὰν δύνῃ* [A *-νηθῇς*] *δός μοι ἀπόκρισιν* (4 *a*)
— 20. *πᾶν δὲ βρωτὸν σίτου οὐ μὴ δύνηται προσδέξασθαι* †
35. 5 (6). *τί δύνασαι* [S^1 *-αμαι σοὶ*] *ποιῆσαι* –
— 14. *εἰ δύνασαι αὐτὸν αἰνέσαι* †
40. 9 (14). *δύναται ἡ δεξιά σου σῶσαι* –

Jb. 42. 2. οἶδα ὅτι πάντα δύνασαι (4 *a*)
Ps. 17 (18). 38. οὐ μὴ δύνωνται στῆναι (4 *a*)
20 (21). 11. ἣν οὐ μὴ δύνωνται στῆσαι (4 *a*)
35 (36). 12. καὶ οὐ μὴ δύνωνται στῆναι (4 *a*)
39 (40). 12. οὐκ ἠδυνάσθην [B^1 -η, A S -νήθην] τοῦ βλέπειν (4 *a*)
77 (78). 19. μὴ δυνήσεται ὁ θεὸς ἑτοιμάσαι τράπεζαν (4 *a*)
— 20. B μὴ καὶ ἄρτον δυνήσεται [S δύναται] δοῦναι (4 *a*)
128 (129). 2. S R καὶ γὰρ οὐκ ἠδυνήθησάν [A ἐδ.] μοι (4 *a*)
138 (139). 6. οὐ μὴ δύνωμαι πρὸς αὐτήν (4 *a*)
140 (141). 6. B^1 S^2 ὅτι ἠδυνήθησαν [A B^2 S^1 R ἡδύνθ.] †
Pr. 17. 16. κτήσασθαι γὰρ σοφίαν ἀκάρδιος οὐ δυνήσεται –
24. 56 (30. 21). τὸ δὲ τέταρτον οὐ δύναται φέρειν (4 *a*)
— 73 (31. 5). ὀρθὰ κρῖναι οὐ μὴ δύνωνται τοὺς ἀσθενεῖς †
26. 15. τὴν χεῖρα . . . οὐ δυνήσεται [A S δύναται] ἐπενεγκεῖν ἐπὶ στόμα (13)
Ec. 1. 8. οὐ δυνήσεται ἀνὴρ τοῦ λαλεῖν (4 *a*)
— 15. διεστραμμένον οὐ δυνήσεται ἐπικοσμηθῆναι καὶ ὑστέρημα οὐ δυνήσεται ἀριθμηθῆναι (4 *a*, 4 *a*)
6. 10. καὶ οὐ δυνήσεται κριθῆναι (4 *a*)
7. 14 (13). τίς δυνήσεται κοσμῆσαι (4 *a*)
8. 17. οὐ δυνήσεται ἄνθρωπος τοῦ εὑρεῖν (4 *a*)
— 17. οὐ δυνήσεται τοῦ εὑρεῖν (4 *a*)
Ca. 7. 6 (7). S τί ἠδυνήθης [A B ἡδύνθης] ἀγάπη †
8. 7. ὕδωρ πολὺ οὐ δυνήσεται σβέσαι τὴν ἀγάπην (4 *a*)
Wi. 7. 27. μία δὲ οὖσα πάντα δύναται
10. 8. ἵνα ἐν οἷς ἐσφάλησαν μηδὲ λαθεῖν δυνηθῶσι
11. 19. οὐ μόνον ἡ βλάβη ἠδύνατο συνεκτρῖψαι αὐτούς
— 20. ἑνὶ πνεύματι πεσεῖν ἐδύναντο
— 23. ἐλεεῖς δὲ πάντας ὅτι πάντα δύνασαι
12. 14. οὔτε βασιλεὺς ἢ τύραννος ἀντοφθαλμῆσαι δυνήσεταί σοι
— 19. πάρεστι γάρ σοι ὅταν θέλῃς τὸ δύνασθαι
13. 9. ἵνα δύνωνται στοχάσασθαι τὸν αἰῶνα
— 18. τὸ μηδὲ βάσει χρῆσθαι δυνάμενον
14. 4. δεικνὺς ὅτι δύνασαι ἐκ παντὸς σώζειν
— 17. ἐν ὄψει μὴ δυνάμενοι τιμᾶν ἄνθρωποι
16. 12. S^2 ὁ σός, κύριε, λόγος ὁ πάντα [A -ας] δυνάμ. [A B S^1 ἰώμ.]
Si. *prol.* 5. τοῖς ἐκτὸς δύνασθαι τοὺς φιλομαθοῦντας χρησίμους εἶναι
1. 21. οὐ δυνήσεται θυμὸς ἄδικος δικαιωθῆναι
8. 17. οὐ γὰρ δυνήσεται λόγον στέξαι
17. 30. οὐ γὰρ δύναται πάντα εἶναι ἐν ἀνθρώποις
34 (31). 10. τίς ἐδύνατο παραβῆναι καὶ οὐ παρέβη
43. 30. καθ' ὅσον ἂν δύνησθε
Ho. 5. 13. οὐκ ἠδυνάσθη ἰάσασθαι ὑμᾶς (4 *a*)
8. 5. ἕως τίνος οὐ μὴ δύνωνται καθαρισθῆναι (4 *a*)
9. 4. A οὐκ ἠδύναντο αὐτῷ αἱ θυσίαι αὐ. [B *al.*] †
11. 4. δυνήσομαι αὐτῷ (4 *b* ?)
12. 4 (5). καὶ ἠδυνάσθη (4 *a*)
Am. 7. 10. οὐ μὴ δύνηται [A γένηται] ἡ γῆ ὑπενεγκεῖν (4 *a*)
Ob. 1. 7. ἠδυνάσθησαν πρὸς σὲ ἄνδρες εἰρηνικοί σου (4 *a*)
Jn. 1. 13. καὶ οὐκ ἠδύναντο [A ἐδ.] (4 *a*)
Hb. 1. 13. A S^3 ἐπιβλέπειν ἐπὶ πόνους οὐ δυνήσῃ [B S^1 π. ὀδύνης] (4 *a*)
Ze. 1. 18. οὐ μὴ δύνηται [S^1 -ωνται] ἐξελέσθαι αὐτούς (4 *a*)
Is. 7. 1. οὐκ ἠδυνήθησαν πολιορκῆσαι αὐτήν (4 *a*)
8. 8. ὃς δυνήσεται κεφαλὴν ἆραι †
11. 9. οὐδὲ μὴ δύνωνται ἀπολέσαι οὐδένα –
16. 12. οὐ μὴ δύνηται ἐξελέσθαι αὐτόν (4 *a*)
20. 6. οὐκ ἠδύναντο σωθῆναι ἀπὸ βασιλέως Ἀσσ. –
24. 20. οὐ μὴ δύνηται ἀναστῆναι (5)
28. 20. οὐ δυνάμεθα μάχεσθαι †
29. 11. οὐ δύναμαι ἀναγνῶναι (4 *a*)
36. 8. εἰ δυνήσεσθε δοῦναι ἀναβάτας (4 *a*)
— 9. πῶς δύνασθε ἀποστρέψαι εἰς πρόσωπον τῶν τοπαρχῶν [A *al.*] –
— 14. οὐ δύνηται [A S οἱ οὐ μὴ δυνήσονται] ῥύσασθαι ὑμᾶς (4 *a*)
— 19. μὴ ἐδύναντο ῥύσασθαι Σαμάρειαν –
44. 20. οὐδεὶς δύναται ἐξελέσθαι τὴν ψυχὴν αὐτοῦ –
Is. 46. 2. οὐ δυνήσονται [A οὐ μὴ δύνωνται] σωθῆναι (4 *a*)
47. 11. οὐ μὴ δυνήσῃ καθαρὰ γενέσθαι (4 *a*)
— 12. εἰ δυνήσῃ [B^1 -σει] ὠφεληθῆναι (4 *a*)
56. 10. οὐ δυνήσονται ὑλακτεῖν (4 *a*)
57. 20. ἀναπαύσασθαι οὐ [S^2 *add.* μὴ] δυνήσονται (4 *a*)
59. 14. δι' εὐθείας οὐκ ἐδύναντο [A S ἠδ.] διελθεῖν (4 *a*)
Je. 1. 19. οὐ μὴ δύνωνται πρὸς σέ (4 *a*)
2. 13. οἳ οὐ δυνήσονται ὕδωρ συνέχειν (7 ?)
3. 5. καὶ ἠδυνάσθης (4 *a*)
5. 4. διότι οὐκ ἐδυνάσθησαν [A διὰ τοῦτο οὐκ ἠδυνήθησαν] (12)
— 22. καὶ οὐ δυνήσεται [A -νηθήσ.] (4 *a*)
6. 10. οὐ δυνήσονται [A δύνασθε, S δύνανται] ἀκούειν (4 *a*)
11. 11. ἐξ ὧν οὐ δυνήσονται ἐξελθεῖν (4 *a*)
13. 23. δυνήσεσθε [A -σετε] εὖ ποιῆσαι (4 *a*)
14. 9. ὡς ἀνὴρ οὐ δυνάμενος σώζειν (4 *a*)
15. 20. οὐ μὴ δύνωνται πρὸς σέ (4 *a*)
18. 6. οὐ δυνήσομαι τοῦ ποιῆσαι ὑμᾶς (4 *a*)
19. 11. ὃ οὐ δυνήσεται ἰαθῆναι (4 *a*)
20. 7. ἐκράτησας καὶ ἠδυνάσθης [S -ην] (4 *a*)
— 9. οὐ δύναμαι φέρειν (4 *a*)
— 10. δυνησόμεθα αὐτῷ (4 *a*)
— 11. νοῆσαι οὐκ ἠδύναντο (4 *a*)
29 (49). 10. κρυβῆναι οὐ μὴ δύνωνται (4 *a*)
30 (49). 23. ἀναπαύσασθαι οὐ μὴ δύνωνται (4 *a*)
43 (36). 5. οὐ μὴ δύνωμαι [A οὐ δύναμαι] εἰσελθεῖν (4 *a*)
45 (38). 5. οὐκ ἠδύνατο ὁ βασ. πρὸς αὐτούς (4 *a*)
— 22. δυνήσονταί σοι ἄνδρες εἰρηνικοί σου (4 *a*)
51 (44). 22. οὐκ ἠδύνατο κύριος ἔτι φέρειν (4 *a*)
Ba. 1. 6. καθὸ ἑκάστου ἠδύνατο ἡ χείρ
4. 17. A ἐγὼ δὲ τί δύναμαι [B -ατὴ] βοηθῆσαι ὑμῖν
La. 1. 14. οὐ δυνήσομαι στῆναι (4 *a*)
4. 14. ἐν τῷ μὴ δ. αὐτούς (4 *a*)
Ep. Je. 8. οὐ δύνανται λαλεῖν
— 19. ὧν οὐδένα [A οὐ] δύνανται ἰδεῖν
— 34. οὔτε . . . δυνήσονται ἀνταποδοῦναι οὔτε καταστῆσαι βασιλέα δύνανται
— 35. οὔτε χαλκὸν οὐ μὴ δύνωνται διδόναι
— 41. ὅταν ἴδωσιν ἐνεὸν οὐ δυνάμενον λαλῆσαι
— 42. οὐ δύνανται αὐτοὶ νοήσαντες καταλιπεῖν αὐτά
— 68. ἃ δύνανται . . . ἑαυτὰ ὠφελῆσαι
Ez. 7. 19. A οὐ δυνηθήσεται ἐξελέσθαι αὐτούς (4 *a*)
33. 12. δίκαιος οὐ μὴ δύνηται [A -ήσεται] σωθῆναι (4 *a*)
47. 5. οὐκ ἠδύνατο διελθεῖν (4 *a*)
Da. LXX. 2. 10. οὐδεὶς . . . δυνήσεται εἰπεῖν τῷ βασιλεῖ (4 *c*)
— 26. δυνήσῃ δηλῶσαί μοι τὸ ὅραμα (6 *b*)
— 43. οὐδὲ ὁ σίδηρος δύναται συγκραθῆναι τῷ ὀστράκῳ –
— 47. ἐδυνάσθης δηλῶσαι τὸ μυστήριον τοῦτο (4 *c*)
3. 29 (96). ὃς δυνήσεται ἐξελέσθαι οὕτως (4 *c*)
5. 7. τὸ σύγκριμα . . . οὐκ ἐδύναντο συγκρῖναι –
— 8. οὐκ ἠδύνατο οὐδεὶς τὸ σύγκριμα . . . ἀπαγγεῖλαι (6 *a*)
— 10. πᾶς ἄνθρωπος οὐ δύναται ἀπαγγεῖλαι –
— 16. δύνῃ μοι ὑποδεῖξαι τὸ σύγκριμα (4 *c*)
6. 15 (16). οὐκ ἠδύνατο ἐξελέσθαι αὐτόν –
— 27 (28). τὰ γὰρ εἴδωλα . . . οὐ δύνανται σῶσαι –
10. 17. πῶς δυνήσεται ὁ παῖς λαλῆσαι (4 *a*)
Da. TH. Su. 14. ὅτε αὐτὴν δυνήσονται εὑρεῖν μόνην
— 39. ἐκείνου μὲν οὐκ ἠδυνήθημεν ἐγκρατεῖς [A περικρ.] γενέσθαι
2. 10. ὅστις τὸ ῥῆμα τοῦ βασ. δυνήσεται γνωρίσαι (4 *c*)
— 26. εἰ δύνασαί μοι ἀναγγεῖλαι τὸ ἐνύπνιον (6 *b*)
— 47. R ἠδυνάσθης [B -ήθης, A ἐδυνήθης] ἀποκαλύψαι τὸ μυστήριον τοῦτο (4 *c*)
3. 29 (96). ὅστις δυνήσεται ῥύσασθαι οὕτως (4 *c*)
4. 15. οὐ δύνανται τὸ σύγκριμα αὐτοῦ δηλῶσαί μοι (4 *c*)
— 15. σὺ δὲ Δανιὴλ δύνασαι (6 *a*)
— 34. πάντας τοὺς πορευομ. ἐν ὑπερηφανίᾳ δύναται ταπεινῶσαι (4 *c*)
5. 8. οὐκ ἠδύναντο τὴν γραφὴν ἀναγνῶναι (6 *a*)
— 15. οὐκ ἠδυνήθησαν ἀναγγεῖλαί μοι (6 *a*)
— 16. δύνασαι κρίματα συγκρίνειν (4 *c*)
— 16. ἐὰν δυνηθῇς τὴν γραφὴν ἀναγνῶναι (4 *c*)
6. 20 (21). εἰ ἠδυνήθη [A ἐδυνάσθη] ἐξελέσθαι σε (4 *c*)
Da. TH. 10. 17. πῶς δυνήσεται ὁ παῖς σου, κύριε, λαλῆσαι (4 *a*)
Bel 24. οὐ δύνασαι εἰπεῖν ὅτι οὐκ ἔστιν οὗτος θεὸς ζῶν
I Ma. 3. 17. πῶς δυνησόμεθα . . . πολεμῆσαι
— 53. πῶς δυνησόμεθα ὑποστῆναι
5. 40. οὐ δυνησόμεθα ὑποστῆναι αὐτὸν ὅτι δυνάμενος δυνήσεται πρὸς ἡμᾶς
— 41. S R δυνησόμεθα πρὸς αὐτόν
— 44. S R οὐκ ἐδύναντο [A -ατο] ἔτι ὑποστῆναι
6. 3. καὶ οὐκ ἠδυνάσθη
— 27. S R οὐ δυνήσῃ [A -σει] τοῦ κατασχεῖν αὐτῶν
7. 25. S R οὐ [A *om.*] δύναται ὑποστῆναι αὐτούς
9. 8. ἐὰν ἄρα δυνώμεθα πολεμῆσαι αὐτούς
— 9. S R οὐ μὴ δυνώμεθα [A -νησώμ.]
— 55. οὐκ ἠδύνατο ἔτι λαλῆσαι λόγον
● — 60. S R καὶ οὐκ ἐδύναντο [A ἠδ.]
10. 73. οὐ δυνήσῃ ὑποστῆναι τὴν ἵππον
11. 38. S πλὴν τῶν ξένων δυναμένων [A R -μεων]
II Ma. 2. 6. καὶ οὐκ ἐδυνήθησαν εὑρεῖν
3. 5. νικῆσαι τὸν Ὀνίαν μὴ δυνάμενος
6. 30. δυνάμενος ἀπολυθῆναι τοῦ θανάτου
8. 18. θεῷ δυναμένῳ καὶ τοὺς ἐρχομένους ἐφ' ἡμᾶς . . . καταβαλεῖν
9. 10. παρακομίζειν οὐδεὶς ἐδύνατο
— 12. μηδὲ τῆς ὀσμῆς αὐτοῦ ἀνέχεσθαι δυνάμενος
11. 13. R τοῦ πάντα [A *om.*] δυναμένου θεοῦ
15. 17. λόγοις . . . δυναμένοις ἐπ' ἀρετὴν παρορμῆσαι
III Ma. 2. 22. μηδὲ φωνῆσαι δύνασθαι
4. 16. καὶ μὴ δυνάμενα αὐτοῖς λαλεῖν
IV Ma. 1. 33. οὐχ ὅτι δύναται τῶν ὀρέξεων ἐπικρατεῖν ὁ λογισμός
2. 6. τῶν ἐπιθυμιῶν κρατεῖν δύναται ὁ λογισμός
— 13. ὁ λογισμὸς ἐπικρατεῖν δύναται
— 20. εἰ μὴ γὰρ ἐδύνατο τῶν θυμῶν ὁ λογισμὸς κρατεῖν
3. 2. ἐπιθυμίαν τις ὑμῶν οὐ δύναται ἐκκόψαι
— 2. δύναται ὁ λογισμὸς παρασχέσθαι
— 3. θυμόν τις οὐ δύναται ἐκκόψαι ὑμῶν τῆς ψυχῆς
— 4. κακοήθειάν τις ὑμῶν οὐ δύναται ἐκκόψαι
— 4. R δύναται [A -τὸν, S δύναιτ' ἂν] ὁ λογισμὸς συμμαχῆσαι
— 10. οὐκ ἠδύνατο δι' αὐτῶν ἰάσασθαι τὴν δίψαν
7. 18. δύνανται κρατεῖν τῶν τῆς σαρκὸς παθῶν
8. 1. μὴ δυνηθεὶς ἀναγκάσαι γέροντα μιαροφαγῆσαι
— 6. δυναίμην γὰρ ὥσπερ κολάζειν
10. 4. A R τῆς γὰρ ψυχῆς μου οὐδ' ἂν θέλητε ἅψασθαι δύνασθε
11. 25. τὸ γὰρ μὴ δυνηθῆναί σε μεταπεῖσαι
14. 17. A R εἰ δὲ καὶ μὴ δύναιντο [S -αιτο] κωλύειν
— 17. A R καθ' ὃν δύναται τρόπον [S ὃ δύναται]

[**Aq.** Ex. 7. 24: Nu. 31. 3: Ps. 138 (139). 6: Je. 20. 9.]
[**Sm.** Ex. 7. 24: 15. 11: Ps. 35 (36). 13: 138 (139). 6: Ec. 1. 15: 8. 17: Is. 57. 20: Je. 20. 9: 38 (45). 5: La. 4. 14.]
[**Th.** Ex. 7. 24: Nu. 31. 3: Jd. 14. 14: Ps. 39 (40). 13: 140 (141). 6: Pr. 30. 1: Is. 47. 12: Ez. 7. 19.]
[**Al.** Le. 14. 22: Ps. 128 (129). 2: Ho. 14. 3.]

δυναστεία, δυναστία. (1) *a.* גִּבּוֹר *b.* גְּבוּרָה (2) גְּדֻלָּה (3) *a.* מִמְשָׁל *b.* מֶמְשָׁלָה (4) *a.* מָעוֹז *b.* עֹז *c.* עֱזוּז (5) סִבְלָה (6) עָצוּם (7) צָבָא

Ex. 6. 6. ἐξάξω ὑμᾶς ἀπὸ τῆς δ. τῶν Αἰγ. (5)
Jd. 5. 31. A καθὼς ἡ ἀνατολὴ τοῦ ἡλίου ἐν δυναστείαις αὐ. [B *al.*] (1 *b*)
III Ki. 15. 23. καὶ πᾶσα ἡ δ. αὐτοῦ (1 *b*)
16. 5. καὶ πάντα ἃ ἐποίησε καὶ αἱ δ. αὐ. (1 *b*)
— 27. A B καὶ ἡ [R πᾶσα ἡ] δ. αὐτοῦ (1 *b*)
— 28 (22. 45 [44]). A R καὶ πᾶσα ἡ [B *om.*] δ. ἣν ἐποίησε (1 *b*)
22. 46. καὶ αἱ δ. αὐτοῦ (1 *b*)
IV Ki. 10. 34. καὶ πᾶσα ἡ δ. αὐτοῦ (1 *b*)
13. 8. καὶ αἱ δ. αὐτοῦ (1 *b*)
— 12. καὶ αἱ δ. αὐτοῦ ἃς ἐποίησε (1 *b*)
14. 15. ὅσα ἐποίησεν ἐν δυναστείᾳ αὐτοῦ (1 *b*)
— 28. καὶ αἱ δ. αὐτοῦ (1 *b*)
20. 20. καὶ πᾶσα ἡ δ. αὐτοῦ (1 *b*)
I Ch. 29. 12. ἐν χειρί σου ἰσχὺς καὶ δ. (1 *b*)
— 30. περὶ . . . τῆς δ. αὐτοῦ (1 *b*)

● = correction on page xxv

II Ch. 20. 6. ἐν τῇ χειρί σου ἰσχὺς δυναστείας (1 *b*)
33. 11. A τοὺς ἄρχοντας τῆς δ. [B δυνάμεως] βασ. (7)
Ju. 9. 11. οὐδὲ ἡ δ. [S[1] δεξιά] σου ἐν ἰσχύουσιν
Jb. 37. 6. χειμὼν ὑετῶν δυναστείας [A -είαις] αὐ. (4 *b*)
Ps. 19 (20). 6. ἐν δυναστείαις ἡ σωτηρία τῆς δεξιᾶς αὐτοῦ (1 *b*)
20 (21). 13. ψαλοῦμεν τὰς δ. σου (1 *b*)
64 (65). 6. περιεζωσμένος ἐν δυναστείᾳ (1 *b*)
65 (66). 7. τῷ δεσπόζοντι ἐν τῇ δ. αὐτοῦ τοῦ αἰῶνος (1 *b*)
70 (71). 16. εἰσελεύσομαι ἐν δυναστείᾳ κυρίου (1 *b*)
— 18. τὴν δ. σου . . . ὁ θεὸς, ἕως ὑψίστων (1 *b*)
73 (74). 13. S[1] σὺ ἐκραταίωσας ἐν τῇ δ. [B S[2] δυνάμει] σου τὴν θάλασσαν (4 *b*)
77 (78). 4. ἀπαγγέλλοντες . . . τὰς δ. αὐτοῦ (4 *c*)
— 26. ἐπήγαγεν ἐν τῇ δ. αὐτοῦ λίβα (4 *b*)
79 (80). 2. ἐξέγειρον τὴν δ. σου (1 *b*)
88 (89). 13. σὸς ὁ βραχίων μετὰ δυναστείας (1 *b*)
89 (90). 10. ἐὰν δὲ ἐν δυναστείαις ὀγδοήκοντα ἔτη (1 *b*)
102 (103). 22. ἐν παντὶ τόπῳ τῆς δ. [A S[2] δεσποτίας] αὐτοῦ (1 *b*)
105 (106). 2. τίς λαλήσει τὰς δ. τοῦ κυρίου (3 *b*)
— 8. τοῦ γνωρίσαι τὴν δ. αὐτοῦ (1 *b*)
144 (145). 6. A B S[1] τὴν δ. σου λαλήσουσιν (2)
— 11. τὴν δ. σου λαλήσουσι (1 *b*)
— 12. τοῦ γνωρίσαι τοῖς υἱοῖς τῶν ἀνθρ. τὴν δ. [A δύναμίν] σου (1 *b*)
146 (147). 10. οὐκ ἐν τῇ δ. τοῦ ἵππου θελήσει (1 *b*)
150. 2. αἰνεῖτε αὐτὸν ἐπὶ ταῖς δ. αὐτοῦ (1 *b*)
Pr. 18. 18. ἐν δὲ δυναστείαις [A δυνάσταις] ὁρίζει (6)
Wi. 6. 3. ἐδόθη . . . ἡ δ. παρὰ ὑψίστου
Si. 3. 20. μεγάλη ἡ δ. τοῦ κυρίου
15. 18. ἰσχυρὸς ἐν δυναστείᾳ
31 (34). 16. ὑπερασπισμὸς δυναστείας
33 (36). 3. ἰδέτωσαν [S[1] ἐπὶ ἔθνη] τὴν δ. σου
43. 29. θαυμαστὴ ἡ δ. αὐτοῦ
Am. 2. 16. οὐ μὴ εὑρήσει τὴν καρδ. ἐν δυναστείαις (1 *a*)
Mi. 3. 8. ἐν πνεύματι κυρίου . . . καὶ δυναστείας (1 *b*)
Na. 2. 3 (4). ὅπλα δυναστείας αὐ. ἐξ ἀνθρώπων (1 *a*)
Je. 25. 14 (49. 35). ἀρχὴ δυναστείας αὐτῶν (1 *b*)
28 (51). 30. ἐθραύσθη ἡ δ. αὐτῶν (1 *b*)
Ba. 4. 21. ἐξελεῖται ὑμᾶς ἐκ δυναστείας [A *om.* ἐκ δ.]
Ez. 22. 25. ψυχὰς κατεσθίοντες [A *add.* ἐδυνάστευσαν] ἐν δυναστείᾳ †
Da. LXX. 3. (44). καταισχυνθείησαν ἀπὸ πάσης δ.
11. 5. δ. μεγάλη ἡ δ. αὐτοῦ (3 *a*, 3 *b*)
Da. TH. 3. (44). καταισχυνθείησαν ἀπὸ πάσης τῆς [A δυνάμεως καὶ] δ.
11. 31. βεβηλώσουσι τὸ ἁγίασμα τῆς δ. [A δυνάμεως] (4 *a*)
II Ma. 3. 28. φανερῶς τὴν τοῦ θεοῦ δ. ἐπεγνωκότες
III Ma. 2. 6. R ἐγνώρισας τὴν σὴν δ. [A δύναμιν]
6. 12. ὁ πᾶσαν ἀλκὴν καὶ δ. ἔχων ἅπασαν

[**Aq.** Ps. 65 (66). 7.]
[**Sm.** Ex. 15. 11 : Jb. 26. 14 : Ps. 70 (71). 16 : 77 (78). 26 : 88 (89). 14.]
[**Th.** Jd. 5. 31 : Jb. 37. 6.]
[**Al.** Ex. 1. 13 : Ps. 150. 2.]

δυναστεύειν. (1) *a.* גָּבַר hi. *b.* גְּבִירָה (2) מָשַׁל (3) עָשַׁק

IV Ki. 10. 13. καὶ τῶν υἱῶν τῆς δυναστευούσης (1 *b*)
I Ch. 16. 21. τοῦ δυναστεῦσαι αὐτούς (3)
Es. 8. 13. B τῇ τῶν ἀναξίᾳ δυναστευόντων λοιμότητι [A S *al.*]
— 13. ὁ τὰ [A ἐπὶ] πάντα δυναστεύων θεός
Pr. 19. 10. ἐὰν οἰκέτης ἄρξηται μεθ' ὕβρεως δυναστεύειν (2)
Si. 5. 3. A B S[2] μὴ εἴπῃς, Τίς με δυναστεύσει
12. 5. ἵνα μὴ ἐν αὐτοῖς σε δυναστεύσῃ
48. 12. S οὐκ ἐδυνάστευσεν [A B οὐ κατεδυν.] αὐτὸν οὐδείς
Je. 13. 18. εἴπατε τῷ βασιλεῖ καὶ τοῖς δυναστεύουσι (1 *b*)
Ez. 22. 25. A ἐδυνάστευσαν [B *om.*] ἐν δυναστείᾳ †
Da. LXX. 9. 27. δυναστεύσει ἡ διαθήκη εἰς πολλούς (1 *a*)
Da. LXX. 11. 4. τὴν κυρείαν αὐτοῦ ἣν ἐδυνάστευσε (2)
— 5. καὶ δυναστεύσει (2)
III Ma. 2. 7. τῷ τῆς ἁπάσης κτίσεως δυναστεύοντι
5. 7. τὸν . . . πάσης δυνάμεως δυναστεύοντα

[**Aq.** Je. 13. 18.]
[**Sm.** Ge. 6. 3 (2).]
[**Al.** Ps. 11 (12). 5 : Ez. 32. 27.]

δυνάστευμα.

III Ki. 3. 1. B ἤρξατο ἀνοίγειν τὰ δ. τοῦ Λιβ. –

δυνάστης. (1) אָבִיר (2) אַדִּיר (3) אֵיתָן (4) אֱנוֹשׁ חַיִל (5) בַּיִת (6) גִּבּוֹר (7) גָּדוֹל (8) הַדָּבְרִין (9) חָזָק (10) יָרָה hi. (11) מִבְחָר (12) מָשַׁל (13) *a.* נָדַב hithpa. *b.* נָדִיב (14) סָרִיס (15) עָצוּם (16) עָרִיץ (17) רַב (18) *a.* רָזַן *b.* רָזוֹן (19) רָשָׁע (20) שַׂר (21) שַׁלִּיט (22) פֶּרֶץ

Ge. 49. 24. διὰ χεῖρα δυνάστου Ἰακώβ (1)
50. 4. ἐλάλησεν Ἰωσὴφ πρὸς τοὺς δ. Φ. (5)
Le. 19. 15. οὐδὲ θαυμάσεις πρόσωπον δυνάστου (7)
Jd. 5. 9. A οἱ δ. τοῦ λαοῦ εὐλογεῖτε τὸν κ. [B *al.*] (13 *a*)
I Ki. 2. 8. καθίσαι [A κ. αὐτὸν] μετὰ δυναστῶν λαῶν (13 *b*)
I Ch. 28. 1. A R τοὺς δ. καὶ τοὺς μαχητάς (6)
29. 24. οἱ ἄρχοντες καὶ οἱ δ. (6)
Ju. 2. 14. ἐκάλεσε πάντας τοὺς δ.
9. 3. ἐπάταξας δούλους ἐπὶ δυνάσταις καὶ [A *om.* δ. κ.] δυνάστας ἐπὶ θρόνους αὐτῶν
Jb. 5. 15. ἀδύνατος δὲ ἐξέλθοι ἐκ χειρὸς δυνάστου (9)
6. 23. ἐκ χειρὸς δυναστῶν [A -ου] ῥύσασθαί με (16)
9. 22. μέγαν καὶ δυνάστην ἀπολλύει ὀργή (19)
12. 19. δυνάστας δὲ γῆς κατέστρεψε (3)
13. 15. ἐάν [A ἐὰν μή] με χειρώσηται ὁ δ. †
15. 5. οὐδὲ διέκρινας ῥήματα δυναστῶν †
— 20. ἔτη δὲ ἀριθμητὰ δεδομένα δυνάστῃ (16)
27. 13. κτῆμα [A S[2] ὀργὴ] δὲ δυναστῶν ἐλεύσεται [A ἐξελ.] (16)
29. 12. διέσωσα γὰρ πτωχὸν ἐκ χειρὸς δυνάστου †
36. 22. τίς γάρ ἐστι κατ' αὐτὸν δυνάστης (10)
Ps. 71 (72). 12. B S[1] ἐρρύσατο πτωχὸν ἐκ χειρὸς [S[2] R *om.*] δυνάστου †
Pr. 1. 21. ἐπὶ δὲ πύλαις δυναστῶν παρεδρεύει †
8. 3. παρὰ γὰρ πύλαις δυναστῶν [S[1] -ατῶν] παρεδρεύει †
— 15. οἱ δ. γράφουσι δικαιοσύνην (18 *a*)
14. 28. ἐν δὲ ἐκλείψει λαοῦ συντριβὴ δυνάστου (18 *b*)
17. 26. οὐδὲ ὅσιον ἐπιβουλεύειν δυνάσταις δικαίοις (13 *b*)
18. 16. καὶ παρὰ δυνάσταις καθιζάνει αὐτόν (7)
— 18. A ἐν δὲ δυνάσταις [B S δυναστείαις] ὁρίζει (15)
23. 1. A R ἐπὶ τραπέζης δυνάστου [B S -ῶν] (12)
24. 72 (31. 4). οἱ δ. θυμώδεις εἰσίν (18 *a* ?)
25. 6. μηδὲ ἐν τόποις δυναστῶν [S[1] -ατῶν] ὑφίστασο (7)
— 7. ἢ ταπεινῶσαί σε ἐν προσώπῳ δυνάστου (13 *b*)
Wi. 5. 23. ἡ κακοπραγία περιτρέψει θρόνους δυναστῶν
8. 11. ἐν ὄψει δυναστῶν θαυμασθήσομαι
Si. 4. 27. μὴ λάβῃς πρόσωπον δυνάστου
7. 6. μή ποτε εὐλαβηθῇς ἀπὸ προσώπου δυνάστου
8. 1. μὴ διαμάχου μετὰ ἀνθρώπου δυνάστου
10. 3. πόλις οἰκισθήσεται ἐν συνέσει δυναστῶν
— 24. κριτὴς καὶ δυναστὴς δοξασθήσεται
11. 6. πολλοὶ δ. ἠτιμάσθησαν σφόδρα
13. 9. προσκαλεσαμένου σε δυνάστου
16. 11. δυνάστης [A -ῶν] ἐξιλασμῶν καὶ ἐκχέων ὀργήν
38. 33. A ἐπὶ δίφρον δυνάστου [B S δικαστοῦ] οὐ καθίονται
41. 17. αἰσχύνεσθε ἀπὸ . . . δυνάστου περὶ ψεύδους
46. 5. ἐπεκαλέσατο τὸν [S *add.* κ.] ὕψιστον δυνάστην
— 6. ἐπηκολούθησεν ὀπίσω δυνάστου
— 16. ἐπεκαλέσατο τὸν κύριον δυνάστην
Am. 6. 7. αἰχμάλωτοι ἔσονται ἀπ' ἀρχῆς δυναστῶν †
Na. 3. 18. βασιλεὺς Ἀ. ἐκοίμισε τοὺς δ. σου (2)
Hb. 3. 14. διέκοψας ἐν ἐκστάσει κεφαλὰς δυναστῶν (22)
Is. 5. 22. οἱ δ. οἱ κεραννύντες τὸ σίκερα (4)
Je. 41 (34). 19. δώσω . . . τοὺς δ. καὶ τοὺς ἱερεῖς (14)
Da. LXX. 2. 10. πᾶς βασιλεὺς καὶ πᾶς δ. (17 *et* 21)
8. 24. φθερεῖ δυνάστας καὶ δῆμον ἁγίων (15)
9. 6. τοὺς βασιλεῖς ἡμῶν καὶ δ. ἡμῶν (20)
— 8. τοῖς βασιλεῦσιν ἡμῶν καὶ τοῖς δ. (20)
11. 5. εἷς ἐκ τῶν δ. κατισχύσει αὐτόν (20)
— 15. στήσονται μετὰ τῶν δ. αὐτοῦ (11)
Da. TH. 3. 27 (94). οἱ τοπάρχαι καὶ οἱ δ. τοῦ βασ. (8)
II Ma. 3. 24. ὁ . . . πάσης ἐξουσίας δ.
9. 25. κατανοῶν τοὺς παρακειμένους δ.
12. 15. ἐπικαλεσάμενοι τὸν μέγαν τοῦ κόσμου δ.
— 28. ἐπικαλεσάμενοι δὲ τὸν δ.
15. 3. R εἰ ἔστιν ἐν οὐρανῷ [A *add.* ὁ] δυνάστης
— 4. ἔστιν ὁ κύριος . . . ἐν οὐρανῷ δυνάστης
— 5. κἀγώ, φησι, δυνάστης ἐπὶ τῆς γῆς
— 23. καὶ νῦν, δυνάστα τῶν οὐρανῶν
— 29. εὐλόγουν τὸν δ.
III Ma. 2. 3. δ. δίκαιος εἶ
5. 51. R τὸν τῆς ἁπάσης δυνάμεως [A *om.*] δ.
6. 4. Φαραὼ . . . Αἰγύπτου ταύτης δυνάστην
— 39. R ὁ τῶν ὅλων [A πάντων] δ.

[**Aq.** Ps. 21 (22). 13 : 77 (78). 25 : Pr. 19. 10 : Is. 1. 24 : 34. 7.]
[**Sm.** Pr. 19. 10 : 28. 16 : Is. 1. 24.]
[**Th.** Jd. 5. 23 : II Ki. 1. 21 : Ps. 77 (78). 25 : Is. 1. 24 : 3. 2 : 9. 6 (5).]
[**Quint.** Ps. 77 (78). 25.]

δυναστία, *vid.* **δυναστεία.**

δυνατός. (1) אַבִּיר (2) אַדִּיר (3) בָּחוּר (4) *a.* בִּין hi. *b.* מְבוֹנִים (5) בֵּנַיִם (6) *a.* גָּבַר *b.* גֶּבֶר *c.* גִּבּוֹר (7) גָּדוֹל (8) חָזָק (9) *a.* חַיִל *b.* בְּנֵי חַיִל (10) חָלַץ (11) חָסִין (12) *a.* יָכֹל *b.* יְכֵל (13) כַּבִּיר (14) כּוּן ni. (15) *a.* עַז *b.* עֹז (16) עָצוּם (17) רַב (18) רוּם (19) פְּרָזוֹן (20) שָׁלִישׁ (21) δυνατώτερος γίγνεσθαι עָצַם (22) υἱὸς δ. גִּבּוֹר (23) δ. ἰσχύϊ גָּבַר (24) δ. ἰσχύϊ חַיִל (25) δ. ἀνήρ גֶּבֶר

Ge. 26. 16. δυνατώτερος ἡμῶν ἐγένου σφόδρα (21)
32. 28 (29). R μετὰ ἀνθρώπων δυνατὸς ἔσῃ [A *om.*] (12 *a*)
47. 4 (6). εἰσὶν ἐν αὐτοῖς ἄνδρες δ. (9 *a*)
Ex. 8. 26 (22). οὐ δυνατὸν γενέσθαι οὕτως (14)
17. 9. ἐπίλεξον σεαυτῷ ἄνδρας δ. [A *om.*] –
18. 21. σκέψαι ἀπὸ π. τοῦ λαοῦ ἄνδρας δ. (9 *a*)
— 25. ἐπέλεξε M. ἄνδρας δ. (9 *a*)
Nu. 13. 31 (30). δυνατοὶ δυνησόμεθα πρὸς αὐτούς (12 *a*)
22. 38. δυνατὸς ἔσομαι λαλῆσαί τι (12 *a*)
De. 1. 28. ἔθνος μέγα . . . καὶ δυνατώτερον ἡμῶν (18)
2. 21. ἔθνος μέγα καὶ δυνατώτερον ὑμῶν (18)
3. 18. ἐνοπλισάμενοι προπορεύεσθε . . πᾶς δ. (9 *b*)
Jo. 6. 2. δυνατοὺς ὄντας [A *om.*] ἐν ἰσχύϊ (6 *c*)
8. 3. τριάκοντα χιλιάδας ἀνδρῶν δυνατοὺς ἐν ἰσχύϊ (6 *c*)
10. 7. πᾶς δυνατὸς ἐν ἰσχύϊ (6 *c*)
Jd. 5. 3. A ἐνωτίζεσθε σατράπαι δυνατοί [B *al.*] –
— 7. ἐξέλιπον δυνατοὶ ἐν Ἰσρ. [A *al.*] (19)
— 14. A κύριος ἐπολέμει μοι ἐν δυνατοῖς [B *al.*] †
— 21. καταπατήσει αὐτὸν ψυχή μου δυνατή (15 *b*)
— 22. A Ἀμμαδαρὼθ δυνατῶν αὐτοῦ [B *al.*] (1)
— 23. εἰς βοήθειαν ἐν δυνατοῖς [A *al.*] (6 *c*)
6. 12. A δυνατὸς τῇ ἰσχύϊ [B *al.*] (6 *c*)
11. 1. Ἰεφθάε . . . δυνατὸς ἐν ἰσχύϊ [B *al.*] (6 *c*)
18. 26. δυνατώτεροί εἰσιν ὑπὲρ αὐτόν [A *al.*] (8)
20. 44, 46. A σὺν πᾶσιν τούτοις ἄνδρες δ. [B *al.*] (9 *a*)
Ru. 2. 1. ὁ δὲ ἀνὴρ δυνατὸς ἰσχύϊ [A ἐν ἰ.] (6 *c*)
I Ki. 2. 4. τόξον δυνατῶν ἠσθένησε (6 *c*)
— 9. οὐκ ἐν ἰσχύϊ δυνατὸς ἀνήρ (6 *a*)
— 10. μὴ καυχάσθω ὁ δ. ἐν τῇ δυνάμει αὐτοῦ –
9. 1. ὄνομα αὐτῷ Κεὶς . . . ἀνὴρ δ. (9 *a*)
14. 52. ἰδὼν Σαοὺλ πάντα ἄνδρα δ. (6 *c*)

I Ki. 17. 4. ἐξῆλθεν ἀνὴρ δ. ἐκ τῆς παρατάξεως (5)
— 51. τέθνηκεν ὁ δ. αὐτῶν (6 c)
II Ki. 1. 19. πῶς ἔπεσαν δυνατοί (6 c)
— 21. ἐκεῖ προσωχθίσθη θυρεὸς δυνατῶν [A *al.*] (6 c)
— 22. ἀπὸ στέατος δυνατῶν τόξον Ἰ. οὐκ ἀπεστράφη κενόν (6 c)
— 25, 27. πῶς ἔπεσαν δυνατοί (6 c)
2. 7. γίνεσθε εἰς υἱοὺς δυνατούς (9 a)
10. 7. καὶ πᾶσαν τὴν δύναμιν τοὺς δ. (6 c)
16. 6. καὶ πάντες οἱ δ. ἐκ δεξιῶν αὐτοῦ (6 c)
17. 8. δυνατοί εἰσι σφόδρα (6 c)
— 10. δυνατὸς ὁ πατήρ σου (6 c)
20. 7. καὶ πάντες οἱ δ. (6 c)
23. 8. ταῦτα τὰ ὀνόματα τῶν δ. Δαυίδ (6 c)
— 9. τοῦ ἐν τοῖς τρισὶ δ. μετὰ Δαυίδ (6 c)
— 16. διέρρηξαν οἱ τρεῖς δ. ἐν τῇ παρεμβολῇ (6 c)
— 17. ταῦτα ἐποίησαν οἱ τρεῖς δ. (6 c)
— 22. καὶ αὐτῷ ὄνομα ἐν τοῖς τρισὶ τοῖς δ. (6 c)
— 23. ταῦτα τὰ ὀνόματα τῶν δ. Δαυίδ –
III Ki. 1. 8. καὶ υἱοὶ δ. τοῦ Δαυίδ (22)
— 10. καὶ Βαναίαν καὶ τοὺς δ. . . . οὐκ ἐκάλεσε (6 c)
IV Ki. 5. 1. ὁ ἀνὴρ ἦν δ. ἰσχύϊ λελεπρωμένος (6 c)
9. 16. ὅτι αὐτὸς δυνατὸς καὶ ἀνὴρ δυνάμεως –
15. 20. ἐπὶ πᾶν δυνατὸν ἰσχύϊ [A ἐν *l.*] (6 c)
24. 14. ἀπῴκισε . . . τοὺς δ. ἰσχύϊ (6 c)
— 16. πάντες δ. ποιοῦντες πόλεμον (6 c)
I Ch. 5. 2. ὅτι Ἰούδας δ. ἰσχύϊ (23)
9. 26. ἐν πίστει εἰσὶ τέσσαρες δυνατοὶ τῶν πυλῶν (6 c)
10. 12. ἠγέρθησαν ἐκ Γαλαὰδ πᾶς ἀνὴρ δ. (9 a)
11. 10. οὗτοι οἱ ἄρχοντες τῶν δ. (6 c)
— 11. οὗτος ὁ ἀριθμὸς τῶν δ. τοῦ Δαυίδ (6 c)
— 12. οὗτος ἦν ἐν τοῖς τρισὶ δυνατοῖς [A -τός] (6 c)
— 19. ταῦτα ἐποίησαν οἱ τρεῖς δ. (6 c)
— 22. υἱὸς ἀνδρὸς δυνατοῦ (9 a)
— 24. τούτῳ ὄνομα ἐν τοῖς τρισὶ τοῖς δ. (6 c)
— 26. καὶ δυνατοὶ [A οἱ δ.] τῶν δυνάμεων (6 c)
12. 1. οὗτοι ἐν τοῖς δ. βοηθοῦντες ἐν πολέμῳ (6 c)
— 4. Σαμαΐας . . . δυνατὸς ἐν τοῖς τριάκοντα (6 c)
— 8. ἰσχυροὶ δ. ἄνδρες παρατάξεως πολέμου (9 a)
— 21. ὅτι δυνατοὶ ἰσχύος πάντες (6 c)
— 24. ἓξ χιλιάδες καὶ ὀκτακόσιοι δ. παρατάξεως (10)
— 25. δυνατοὶ ἰσχύος εἰς παράταξιν (6 c)
— 28. Σαδὼκ νέος δυνατὸς ἰσχύϊ (6 c)
— 30. δυνατοὶ ἰσχύϊ ἄνδρες ὀνομαστοί (6 c)
19. 8. πᾶσαν τὴν στρατιὰν τῶν δ. (6 c)
24. 4. εἰς ἄρχοντας τῶν δ. (6 b)
26. 6. ὅτι δυνατοὶ ἦσαν (6 c *et* 9 a)
— 7. υἱοὶ δ. (9 a)
— 9. υἱοὶ καὶ ἀδελφοὶ δέκα καὶ ὀκτὼ δ. (9 b)
— 12. αἱ διαιρέσεις τῶν πυλῶν τοῖς ἄρχουσι τῶν δ. (6 b)
— 30. A R υἱοὶ [B οἱ] δ. χίλιοι καὶ ἑπτακόσιοι (9 a)
— 31. εὑρέθη ἀνὴρ δ. ἐν αὐτοῖς (9 a)
— 32. AR οἱ ἀδελφοὶ αὐτοῦ υἱοὶ δ. [B οἱ δ.] δισχίλιοι (9 a)
27. 6. αὐτὸς Βαναίας δυνατώτερος τῶν τριάκοντα (6 c)
II Ch. 8. 9. οἱ [A *om.*] δ. καὶ ἄρχοντες ἁρμάτων καὶ ἱππέων (20)
13. 3. τετρακοσίαις χιλιάσιν ἀνδρῶν δυνατῶν (3)
— 3. δυνατοὶ [A -ῶν] πολεμισταὶ [A -ῶν] δυνάμεως (3)
— 17. πεντακόσιαι χιλιάδες ἄνδρες δυνατοί (3)
17. 7. τοὺς ἡγουμ. αὐ. καὶ τοὺς υἱοὺς τῶν δ. (9 a)
— 13. ἄνδρες πολεμισταὶ δ. ἰσχύοντες ἐν Ἱερ. (6 c)
— 14. υἱοὶ δ. δυνάμεως τριακόσιαι χιλιάδες (22)
— 16. διακόσιαι χιλιάδες δυνατοὶ δυνάμεως (6 c)
— 17. ἐκ τοῦ Βεν. δυνατὸς δυνάμεως (6 c)
— 18. ὀγδοήκοντα χιλιάδες δυνατοὶ πολέμου (10)
23. 20. τοὺς πατριάρχας καὶ τοὺς δ. (2)
25. 5. τριακοσίας χιλιάδας δυνατοὺς ἐξελθεῖν (3)
—6. ἑκατὸν χιλιάδας δυνατοὺς ἰσχύϊ (6 c)
26. 12. τῶν πατριαρχῶν τῶν δ. εἰς πόλεμον (6 c)
— 17. ὀγδοήκοντα υἱοὶ δυνατοί (9 a)
28. 6. ἑκατὸν εἴκ. χιλιάδας ἀνδρῶν δυνατῶν ἰσχύϊ (24)
— 7. Ζεχρὶ ὁ δ. τοῦ Ἐφραΐμ (6 c)
32. 3. μετὰ τῶν πρεσβυτέρων αὐ. καὶ τῶν [A *om.*] δ. (6 c)
— 21. πάντα δ. καὶ πολεμιστήν (6 c)
35. 3. τοῖς Λευίταις τοῖς δ. ἐν παντὶ Ἰσραήλ (4 a, 4 b*)

I Es. 4. 49. πάντα δ. καὶ σατράπην καὶ τοπάρχην
Ne. 11. 14. ἀδελφοὶ αὐτοῦ δυνατοὶ παρατάξεως (6 c)
Ju. 1. 4. A S^2 R εἰς ἐξόδους δυνάμεων [B -ως] δυνατῶν αὐτοῦ [S^1 *al.*]
7. 2. ἀνέζευξεν ἐν τῇ ἡμ. ἐκ. πᾶς ἀνὴρ δ. αὐτῶν
11. 8. δυνατὸς ἐν ἐπιστήμῃ
16. 7. οὐ γὰρ ὑπέπεσεν [S ἔπεσεν] ὁ δ. αὐτοῦ
Es. 9. 16. S^1 ἀπώλεσαν γὰρ δυνατῶν [A B S^2 αὐτῶν] μυρίους †
Jb. 16. 15 (14). A ἔδραμον ἐπ᾽ ἐμὲ δυνατοί [B S *al.*] (6 c)
20. 19. πολλῶν γὰρ δυνατῶν [A S^2 ἀδ.] οἴκους ἔθλασε [A ἔθρασεν] †
24. 22. A^2 θυμῷ δὲ κατέστρεψεν δυνατούς [A^1 B S ἀδ.] (1)
36. 5. ὁ κύριος . . . δυνατὸς ἰσχύϊ καρδίας (13)
Ps. 17 (18). 17. ῥύσεταί με ἐξ ἐχθρῶν μου δυνατῶν (15 a)
— 20. A B S ῥύσεταί με ἐξ ἐχθρῶν μου δυνατῶν –
23 (24). 8. κύριος κραταιὸς καὶ δυνατὸς κύριος δυνατὸς ἐν πολέμῳ (6 c)
44 (45). 3. περίζωσαι τὴν ῥομφ. σου ἐπὶ τὸν μηρόν σου, δυνατέ (6 c)
— 5. τὰ βέλη σου ἠκονημένα, δυνατέ –
51 (52). 1. τί ἐγκαυχᾷ ἐν κακίᾳ ὁ δ. ἀνομίαν (6 c)
77 (78). 65. ὡς δυνατὸς κεκραιπαληκὼς ἐξ οἴνου (6 c)
88 (89). 8. δυνατὸς εἶ, κύριε (11)
— 19. ἐθέμην βοήθειαν ἐπὶ δυνατόν (6 c)
102 (103). 20. δυνατοὶ ἰσχύϊ ποιοῦντες τὸν λόγον αὐ. (6 c)
111 (112). 2. δυνατὸν ἐν τῇ γῇ ἔσται τὸ σπέρμα αὐ. (6 c)
119 (120). 4. τὰ βέλη τοῦ δ. ἠκονημένα (6 c)
126 (127). 4. ὡσεὶ βέλη ἐν χειρὶ δυνατοῦ (6 c)
Pr. 3. 28. δυνατοῦ σου ὄντος εὖ ποιεῖν †
8. 3. S^1 παρὰ γὰρ πύλαις δυνατῶν [A B S^2 -αστῶν] παρεδρεύει †
25. 6. S^1 μηδὲ ἐν τόποις δυνατῶν [A B S^2 -αστῶν] ὑφίστασο (7)
31. 29. A B^1 S^1 πολλαὶ ἐποίησαν δυνατά [B^2 S^2 R δύναμιν] (9 a)
Ec. 9. 11. οὐ τοῖς δ. ὁ πόλεμος (6 c)
Ca. 3. 7. ἑξήκοντα δυνατοὶ κύκλῳ αὐτῆς ἀπὸ δυνατῶν Ἰσ. (6 c, 6 c)
4. 4. πᾶσαι βολίδες τῶν δ. (6 c)
Wi. 6. 6. δυνατοὶ δὲ δυνατῶς ἐτασθήσονται
10. 12. παντὸς δυνατωτέρα ἐστὶν εὐσέβεια
13. 4. ὁ κατασκευάσας αὐτὰ δυνατώτερός ἐστιν
Si. 21. 7. γνωστὸς μακρόθεν ὁ δ. ἐν γλώσσῃ
29. 18. ἄνδρας δυνατοὺς ἀπῴκισε
47. 5. ἐξᾶραι ἄνθρωπον δυνατὸν [B^1 *om.*] ἐν πολέμῳ
Mi. 4. 7. θήσομαι . . . τὴν ἀπωσμένην εἰς ἔθνος δ. [A ἰσχυρόν] (16)
Na. 2. 3 (4). ἄνδρας δ. ἐμπαίζοντας ἐν πυρί (9 a)
Ze. 1. 15 (14). δυνατὴ ἡμέρα ὀργῆς ἡ ἡμέρα ἐκ. (6 c)
3. 17. ὁ δυνατὸς σώσει σε (6 c)
Ma. 1. 14. ἐπικατάρατος ὃς ἦν δυνατός †
Is. 8. 8. δυνατὸν συντελέσασθαί τι †
Je. 39 (32). 19. κύριος μεγάλης βουλῆς καὶ δ. [A ὁ δ.] τοῖς ἔργοις (17)
48 (41). 16. ἔλαβεν Ἰω. . . . δ. ἄνδρας ἐν [S^3 *om.*] πολεμῷ [S^1 ἄ. πολέμου] (6 b)
50 (43). 6. ἔλαβεν . . . τοὺς δ. ἄνδρας (25)
51 (44). 20. εἶπεν Ἱερεμίας παντὶ τῷ λαῷ τοῖς δ. (6 b)
Ba. 1. 4. ἐν ὠσὶ τῶν δ.
— 9. μετὰ τὸ ἀποικίσαι . . . τοὺς δ.
4. 17. ἐγὼ δὲ τί δυνατὴ [A -αμαι] βοηθῆσαι ὑμῖν
Ep. Je. 41. ὡς δυνατοῦ ὄντος αὐτοῦ αἰσθέσθαι
— 64. οὐ δυνατῶν ὄντων αὐτῶν οὔτε κρίσιν κρῖναι
Ez. 3. 8. δέδωκα τὸ πρόσωπόν σου δυνατόν (8)
20. 6. B^2 δυνατή [A B^1 κηρίον] ἐστι παρὰ πᾶσαν τὴν γῆν †
Da. LXX. Su. 64. φυλασσώμεθα εἰς υἱοὺς δ. νεωτέρους
3. 17. ὅς ἐστι δ. ἐξελέσθαι ἡμᾶς (12 b)
11. 3. στήσεται βασιλεὺς δ. (6 c)
Da. TH. 3. 17. δυνατὸς ἐξελέσθαι ἡμᾶς (12 b)
11. 3. ἀναστήσεται βασιλεὺς δ. (6 c)
I Ma. 3. 38. ἄνδρας δ. τῶν φίλων τοῦ βασ.
— 58. A R γίνεσθε εἰς υἱοὺς δ. [S δυνάμεως]
4. 3. ἀπῆρεν αὐτὸς καὶ οἱ δ.
— 30. ὁ συντρίψας τὸ ὅρμημα τοῦ δ.
8. 1. S R ὅτι εἰσὶ δυνατοὶ ἰσχύϊ [A ἐν ἰσχ.]

I Ma. 8. 2. ὅτι εἰσὶ δυνατοὶ ἰσχύϊ
9. 11. καὶ οἱ πρωταγωνισταὶ πάντες οἱ δ.
— 21. πῶς ἔπεσε δυνατὸς σῴζων τὸν Ἰσρ.
10. 19. S R ἀνὴρ δ. [A ἀγαθὸς] ἰσχύϊ . . . εἶ
— 60. A ἔδωκεν αὐτοῖς . . . δυνατὰ [S R δόματα] πολλά
11. 44. ἄνδρας τρισχιλίους δ. ἰσχύϊ
II Ma. 3. 6. εἶναι δὲ δυνατὸν . . . πεσεῖν ἅπαντα ταῦτα
III Ma. 4. 18. A ὡς δυνατοῦ [R ἀδ.] καθεστῶτος πᾶσι τοῖς . . . στρατηγοῖς
IV Ma. 2. 18. A R δ. [S ἱκανὸς] γὰρ ὁ σώφρων νοῦς
3. 3. τῷ θυμῷ δυνατὸν βοηθῆσαι [S τὸν λογισμὸν β.]
— 4. A δυνατὸν [S δύναιτ᾽ ἄν, R δύναται] ὁ λογισμὸς συμμαχῆσαι
— 17. δ. γὰρ ὁ σώφρων, ὡς ἔφην, νοῦς
— 18. S τὰς . . . ἀλγηδόνας καθ᾽ ὑπερβολὴν δυνατὰς [A R *om.*] οὔσας
16. 14. καὶ ἔργοις δυνατωτέρα
[**Aq.** GE. 6. 5 (4): II KI. 1. 23: PS. 77 (78). 65: PR. 21. 22: IS. 3. 2: 9. 6 (5): 13. 3: JE. 8. 16: 14. 9: 30 (37). 6: 46 (26). 15: 48 (31). 41: 51 (28). 30: EZ. 28. 7: 32. 12, 27: AM. 2. 16.]
[**Sm.** PS. 77 (78). 65: 119 (120). 4: PR. 21. 22: IS. 9. 6 (5): 13. 3: 42. 13: 49. 24: JE. 20. 7: 46 (26). 15: 50 (27). 9, 39: EZ. 32. 27.]
[**Th.** JD. 6. 12: II KI. 1. 23: 20. 23: JB. 36. 5: PS. 126 (127). 4: PR. 21. 22: JE. 46 (26). 15: 47 (29). 3: 48 (31). 41: EZ. 32. 12, 27.]
[**Al.** GE. 49. 7: EX. 14. 21: 15. 15: JD. 5. 13: I CH. 1. 10: PR. 21. 22.]

δυνατοῦν (?). (1) גָּבַר

Jd. 5. 30. A φιλιάζων φίλοις εἰς κεφαλὴν δυνατοῖ [B *al.*] (1)

δυνατῶς. (1) בְּכֹחַ

I Ch. 26. 8. οἱ υἱοὶ αὐτῶν ποιοῦντες δ. (1)
Wi. 6. 6. δυνατοὶ δὲ δυνατῶς ἐτασθήσονται

δύνειν *vid.* **δύειν.**

δύο. * δύο δύο ** δυεῖν *vel* δυοῖν †† δυσί

Ge. 1. 16: 2. 24, 25: 3. 7: 4. 19: 5. 18, 20, 26: 6. 19*, 20*: 7. 2*, 3*, 9*, 15*: 9. 22††, 23: 10. 25: 11. 20: 19. 1, 8, 15, 16, 30 *bis*, 36: 22. 3, 6: 24. 22: 25. 9†, 23 *bis*: 27. 9, 45: 29. 16: 31. 33, 37, 41†: 32. 7 (8), 10 (11), 22 (23) *bis*: 33. 1, 2: 34. 25: 40. 2††: 41. 1, 50: 42. 37: 44. 27: 48. 1, 5, 13.
Ex. 2. 13: 4. 9††: 6. 20†: 12. 7: 16. 22, 29: 18. 2, 6: 21. 18, 21, 22: 25. 9 (10), 11 (12) *bis*, 16 (17), 17 (18), 18 (19) *bis*, 21 (22), 22 (23), 34 (35), 35 (36): 26. 17, 19, 19†, 21, 21†, 23, 24††, 25 *bis*: 27. 7†: 28. 7, 7††, 9, 11, 12†, 12, 14, 21† *bis*, 25: 29. 1, 3, 13, 22, 38: 30. 2, 4 *bis*, 4††: 31. 18: 32. 15, 19: 34. 1, 4 *bis*, 28†, 29: 36. 23 (39. 16) *bis*, 24 (39. 17), 25 (39. 17)†, 25 (39. 18) *bis*, 26 (39. 18), 27 (39. 19) *bis*, 28 (39. 20): 38 (37). 1†, 3 *bis*, 6 (7), 10 (13) *bis*.
Le. 3. 4: 4. 9: 5. 7 *bis*, 11: 6. 34 (7. 4): 8. 2, 24 (25): 9. 19: 10. 1†: 11. 3: 12. 6†, 8 *bis*: 14. 4, 10, 22 *bis*, 49: 15. 14 *bis*, 29 *bis*: 16. 1, 5, 7, 8: 19. 19: 23. 13, 17 *bis*, 18, 19, 20: 24. 5, 6.
Nu. 1. 35, 39: 2. 21, 26: 3. 39, 43: 6. 10 *bis*: 7. 3, 7, 17, 23, 29, 35, 41, 47, 53, 59, 65, 71, 77, 83, 89: 10. 2: 11. 19, 26: 15. 6: 22. 22: 26. 14, 34, 37: 28. 3, 9 *bis*, 11, 12, 19, 20, 24†, 27, 28: 29. 3, 9, 13, 14 *bis*, 17, 20, 23, 26, 29, 32: 31. 33, 35, 38, 40: 34. 15: 35. 6.
De. 3. 8, 21††: 4. 13, 47: 5. 22: 9. 10, 11, 15, 15†††, 17†, 17: 10. 1, 3†, 3: 14. 6: 17. 6††: 19. 15, 17: 21. 15: 25. 11†: 31. 4††: 32. 30.
Jo. 2. 1 *bis*, 4†, 10††, 23: 5. 5: 6. 21 (22)†††, 22 (23): 9. 10†††: 13. 8†††: 14. 4: 15. 60: 18. 25†: 19. 30†: 21. 16, 25, 27, 38†.
Jd. 7. 3, 25†: 8. 12: 9. 44: 10. 3, 4 *ter*: 11. 2†, 37, 38, 39: 12. 6: 15. 4, 13†††: 16. 3†††, 25†, 28, 29: 19. 6†, 8†: 20. 21.
Ru. 1. 1†, 2††, 3, 5, 6, 7, 8†††.
I Ki. 1. 2, 3: 2. 21, 34: 6. 7, 10: 10. 2, 4: 11. 7, 11: 14. 49: 15. 29: 18. 22†††: 25. 18: 28. 8.
II Ki. 1. 1: 2. 10: 4. 2: 8. 2, 2†, 5†: 12. 1: 13. 6: 14. 6, 28: 15. 27, 36: 17. 18: 18. 24: 21. 8: 23. 20†.
III Ki. 2. 5††, 32††: 3. 1 (2. 39), 16, 25: 5. 14

(28) : 6. 23, 32†, 34 *bis* : 7. 15†, 16, 17, 18, 24†, 41 *ter*, 42 : 8. 9, 63 : 9. 10 : 10. 19 : 11. 32, 36 : 12. 24†, 28 : 14. 20† : 15. 25 : 16. 8, 24, 29 : 17. 12 : 18. 23, 32 : 20 (21). 10, 13† : 21 (20). 1, 15†, 16, 27 : 22. 31†††, 52.
IV Ki. 1. 14, 18 (3. 1) : 2. 12, 24 *bis* : 4. 1, 33 : 5. 22 *bis*, 23† *bis*, 23††, 23 *bis* : 6. 10 : 7. 14 : 8. 17, 26 : 9. 32† : 10. 4, 8, 14 : 11. 7 : 15. 2, 23† : 17. 16 : 21. 5 ††, 19, 19† : 23. 12†† : 25. 16.
I Ch. 1. 19† : 4. 5 : 6. 63 (48) : 7. 2, 7 : 9. 22 : 11. 21, 22 : 12. 28 : 15. 10 : 18. 5 : 19. 7 : 25. 9†, 10†, 11†, 12†, 13†, 14†, 15†, 16†, 17†, 18†, 19†, 20†, 21†, 22†, 23†, 24†, 25†, 26†, 27†, 28†, 29†, 30†, 31† : 26. 8, 17, 17†, 18 *bis*.
II Ch. 3. 10, 15 : 4. 3, 11, 12 *ter*, 13†, 13 : 5. 10 : 7. 5 : 9. 18 : 13. 21 : 21. 5, 19, 20 : 24. 3 : 26. 3 : 33. 1, 5††, 21 *bis*.
I Es. 5. 9, 9† *bis*, 11, 12†, 13, 15†, 15, 16† *bis*, 18†, 20, 21 *bis*, 24 *bis*, 35, 37, 73 : 8. 35†, 54†, 66† *bis* : 9. 4 ††, 11.
II Es. 2. 3, 4, 6, 10, 12, 16†, 18, 24†, 27, 29, 37, 58, 60 : 10. 13.
Ne. 6. 15 : 7. 8, 9, 10, 17†, 24†, 28, 31, 33, 34†, 40, 60, 62, 71, 72† : 11. 12†, 13†, 19 : 12. 31†, 40†.
To. 1. 21 : 2. 10† : 3. 17 : 5. 3 (εἰς δύο)†, 6†, 13† : 8. 13†, 17 : 9. 2, 5†.
Ju. 1. 12 : 2. 5, 15† : 4. 7 : 7. 2 : 13. 10.
Es. 1. 1, 1†, 1 *ter* : 2. 12†, 21, 23 : 5. 1 : 6. 2 : 10. 3† *ter*.
Jb. 9. 33** † : 13. 20** : 42. 7†.
Ps. 61 (62). 11.
Pr. 24. 30 (30. 7).
Ec. 4. 3†, 6, 9, 11, 12 : 11. 6.
Ca. 4. 5 : 7. 3 (4).
Si. 2. 12 : 23. 16 : 26. 28†† : 36 (33). 15* : 38. 17 : 44. 23 : 46. 4, 8 : 50. 25††.
Ho. 6. 3 (2) : 10. 10††.
Am. 1. 1 : 3. 3, 12 : 4. 8.
Hb. 3. 2.
Za. 1. 8† : 4. 3, 11, 12 *bis*, 14 : 5. 9 : 6. 1 : 11. 7 : 13. 8.
Is. 6. 2†† *ter* : 7. 4, 16†, 21 : 17. 6 : 21. 7 : 22. 11 : 47. 9† : 51. 19†.
Je. 2. 13 : 3. 14 : 24. 1 : 35 (28). 3 : 52. 20.
Ez. 1. 11 *bis*, 23 : 4. 5† : 21. 19 (24) *bis*, 21 (26) : 23. 2, 13 : 35. 10 *bis* : 37. 22 *bis* : 40. 9†, 39† *bis*, 40 *bis*, 42, 44 : 41. 3, 18, 22 *bis*, 23 *bis*, 23††, 24 *bis* : 42. 5† : 43. 14, 22.
Da. LXX. Su. 5, 29, 36 : 6. 3 (4), 4 (5), 24 (25) : 8. 7 : 9. 26, 27 : 11. 27 : 12. 5 : Bel 2, 31.
Da. TH. Su. 5, 8, 15, 16, 19, 24, 28, 34, 36, 61 : 5. 31 : 9. 25, 26 : 12. 5 : Bel 3†, 32 *bis*.
I Ma. 1. 16, 29 : 6. 30, 37†, 38 : 9. 11, 12, 57 : 10. 49, 60†† : 11. 13 : 13. 16 : 14. 29† : 16. 2, 16†.
II Ma. 3. 26 : 4. 28 : 6. 10 : 10. 18, 22, 23††, 29 : 12. 16, 26, 28 : 13. 2.
III Ma. 1. 4 : 6. 18.
IV Ma. 1. 20, 28** : 3. 12 : 15. 2**, 26.
[**Aq.** Ge. 5. 26 : Ex. 34. 29 : Dt. 17. 6 : Jo. 2. 4 : Jd. 16. 29 : I Ki. 10. 4 : 30. 12 : III Ki. 7. 20 (9) : 14. 20 : IV Ki. 21. 5†† : Jb. 13. 20 : Is. 1. 31 : 7. 16 : 8. 14†† : Je. 28 (35). 11†† : 34 (41). 18 (εἰς δύο) : Da. 9. 26.]
[**Sm.** Ge. 5. 26 : Ex. 34. 29 : 37. 25 : Jo. 2. 4 : Jd. 16. 29 : I Ki. 30. 12 : II Ki. 8. 2 : III Ki. 18. 21†† : IV Ki. 21. 5†† : Jb. 42. 7†† : Pr. 30. 15 : Ec. 4. 9 : Is. 7. 16 : 8. 14 : Je. 39 (46). 4 : 52. 7 : Da. 9. 26 : Za. 4. 12.]
[**Th.** Ge. 5. 26 : Ex. 28. 23 *ter*, 24, 24††, 25 *ter*, 26 *bis*, 27 : 34. 29 : 37 (38). 1, 10 (11), 25 : Jo. 2. 4 : Jd. 16. 29 : I Ki. 18. 21†† : IV Ki. 21. 5†† : Jb. 13. 20 : 42. 7†† : Is. 7. 16 : 8. 14†† : Je. 28 (35). 11†† : 33 (40). 24 : 52. 29 : Da. 9. 26.]
[**Heb. Sam.** Ge. 5. 26.]
[**Al.** Le. 3. 10 : Dt. 14. 7 : IV Ki. 11. 7.]

δυσάθλιος.

III Ma. 4. 4. A δακρύειν αὐτῶν τὴν δ. [R αὐ. τρισάθλιον] ἐξαποστολήν

δυσαίακτος.

III Ma. 6. 31. R ἀντὶ πικροῦ καὶ δ. [A δυσατάκτου] μόρου

δυσάληκτος, δυσάλυκτος.

Wi. 17. 17. A S[1] προληφθεὶς τὴν δ. [B S[2] -λυκτον] ἔμενεν ἀνάγκην

δυσαρεστεῖσθαι.

[**Aq.** Ps. 94 (95). 10 : Ez. 6. 9 ; 20. 43.]
[**Sm.**, **Th.** Ps. 94 (95). 10.]

δυσάτακτος.

III Ma. 6. 31. A ἀντὶ πικροῦ καὶ δ. [R δυσαιάκτου] μόρου

δυσβάστακτος. (1) נָטֵל

Pr. 27. 3. βαρὺ λίθος καὶ δυσβάστακτον ἄμμος (1)

δυσδιήγητος.

Wi. 17. 1. μεγάλαι γάρ σου αἱ κρίσεις καὶ δυσδιήγητοι

δυσειδής.

[**Al.** Le. 14. 37.]

δυσημερεῖν.

II Ma. 8. 35. R δυσημερήσας ἐπὶ τῇ τοῦ στρατοῦ διαφθορᾷ [A *al.*]

δυσημερία.

II Ma. 5. 6. τὴν . . . εὐημερίαν δ. εἶναι τὴν μεγίστην

δύσις. (1) מָבוֹא

Ps. 103 (104). 19. ὁ ἥλιος ἔγνω τὴν δ. αὐτοῦ (1)
[**Sm.** Ps. 74 (75). 7.]
[**Al.** Dt. 33. 23 : III Ki. 7. 25 (12).]

δυσκατάπαυστος.

III Ma. 5. 7. δ. βοῇ . . ἐπεκαλέσαντο

δυσκλεής.

III Ma. 3. 23. R διὰ [A μετὰ] τῆς δυσκλεεστάτης ἐμβιώσεως
— 25. εἰς ἀνήκεστον καὶ δ. πρέποντα δυσμενέσι φόνον

δυσκολία. (1) מוֹקֵשׁ

Jb. 34. 30. ἀπὸ δυσκολίας λαοῦ (1)

δύσκολος. (1) אֵיד

Je. 29 (49). 8. δύσκολα ἐποίησεν (1)
[**Th.** Ez. 2. 6.]
[**Al.** IV Ki. 2. 10.]

δύσκωφος. (1) אִלֵּם

Ex. 4. 11. τίς ἐποίησε δύσκωφον καὶ κωφόν (1)

δυσμένεια.

II Ma. 6. 29. R τὴν . . . εὐμένειαν . . . εἰς δυσμένειαν μεταβαλόντων [A *om.*]
12. 3. ὡς μηδεμιᾶς ἐνεστώσης πρὸς αὐτοὺς δ.
14. 39. ἣν εἶχε πρὸς τοὺς Ἰουδαίους δ.
III Ma. 3. 19. τὴν δὲ αὐτῶν εἰς ἡμᾶς δ. ἔκδηλον καθιστάντες
7. 4. δι' ἣν ἔχουσιν οὗτοι πρὸς πάντα τὰ ἔθνη δ.

δυσμενής.

Es. 3. 13. ἀναμεμῖχθαι δ. λαόν τινα
— 13. οἱ πάλαι καὶ νῦν δυσμενεῖς
III Ma. 3. 2. R φήμη δ. ἐξηχεῖτο [A ἐξεχ.]
— 7. δυσμενεῖς δὲ εἶναι
— 25. πρέποντα δυσμενέσι φόνον

δυσμενῶς.

II Ma. 14. 11. δ. ἔχοντες τὰ πρὸς τὸν Ἰούδαν

δυσμή. (1) אַחֲרוֹן (2) *a.* בּוֹא *b.* מָבוֹא (3) יָם (4) מַעַל (5) *a.* מַעֲרָב *b.* מַעֲרָבָה *c.* עֲרָב *d.* עֲרָבָה (6) ἡλίου δυσμαί אָחוֹר (7) ἡ πρὸς δυσμαῖς עֲרָבָה

Ge. 15. 12. περὶ δὲ ἡλίου δυσμάς (2 *a*)
— 17. R ἐπεὶ δὲ ὁ ἥλιος ἐγένετο πρὸς δυσμάς (2 *a*)
Ex. 17. 12. ἕως δυσμῶν ἡλίου (2 *a*)
22. 26 (25). πρὸ δυσμῶν ἡλίου (2 *a*)
Nu. 22. 1 ; 33. 48. παρενέβαλον ἐπὶ δυσμῶν Μωάβ (5 *d*)
33. 49. ἕως Β. τὸ κατὰ δυσμὰς Μωάβ (5 *d*)
— 50 ; 35. 1. ἐπὶ δυσμῶν Μ. (5 *d*)
36. 13. ἃ ἐνετείλατο κ. . . . ἐπὶ δυσμῶν Μ. (5 *d*)
De. 1. 1. πέραν τοῦ Ἰορδ. ἐν τῇ ἐρήμῳ πρὸς δυσμαῖς (5 *d*)
11. 24. ἕως τῆς θαλάσσης τῆς ἐπὶ δυσμῶν (1)
— 30. πέραν τοῦ Ἰορδ. ὀπίσω ὁδὸν δυσμῶν ἡλίου ἐν γῇ Χ. τὸ κατοικοῦν ἐπὶ δυσμῶν (2 *b*, 5 *d*)
De. 16. 6. πρὸς δυσμὰς [A -αῖς] ἡλίου (2 *a*)
24. 13. B πρὸς δυσμαῖς [R -ὰς, A περὶ δυσμὰς] ἡλίου (2 *a*)
Jo. 1. 4. ἀφ' ἡλίου δυσμῶν ἔσται τὰ ὅρια ὑμῶν (2 *b*)
5. 9 (10). ἐπὶ [B[1] ἀπὸ] δυσμῶν Ἰεριχώ (5 *d*)
10. 13. οὐ προεπορεύετο εἰς δυσμάς (2 *a*)
— 27. ἐγενήθη πρὸς ἡλίου δυσμάς (2 *a*)
11. 16. καὶ τὴν πεδινὴν καὶ τὴν πρὸς δυσμαῖς (7)
13. 8. κατὰ δυσμὰς ἡλίου δώσεις αὐτήν –
15. 3. ἐκπορεύεται [A περιπορ.] τὴν κατὰ δυσμὰς Κάδης †
23. 4. ὁριεῖ ἐπὶ δυσμὰς ἡλίου (2 *b*)
Jd. 20. 33. A ἀπὸ δυσμῶν τῆς Γαβαά [B *al.*] †
II Ki. 2. 29. ἀπῆλθον εἰς δυσμάς (5 *d*)
4. 7. ἀπῆλθον ὁδὸν τὴν κατὰ δυσμάς (5 *d*)
I Ch. 6. 78 (63). κατὰ δυσμὰς τοῦ Ἰορδάνου †
7. 28. πρὸς δυσμαῖς Γάζερ (5 *a*)
12. 15. ἀπὸ ἀνατολῶν ἕως δυσμῶν (5 *a*)
26. 16. εἰς δεύτερον τῷ Ὀσᾷ πρὸς δυσμαῖς [A -άς] (5 *a*)
— 18. τῷ Ὀσᾷ πρὸς δυσμαῖς μετὰ τὴν πύλην –
— 18. καὶ πρὸς δυσμαῖς [A -ὰς] τέσσαρες (5 *a*)
— 30. πέραν τοῦ Ἰορδάνου πρὸς δυσμαῖς (5 *a*)
II Ch. 4. 4. οἱ τρεῖς [A *add.* βλέποντες] δυσμάς (3)
To. 1. 2. S ὀπίσω δυσμῶν ἡλίου †
Ju. 1. 7. ἐπὶ πάντας τοὺς κατοικοῦντας πρὸς δυσμαῖς [S[1] *om.* πρ. δ.]
2. 6. εἰς συνάντησιν πάσῃ τῇ γῇ ἐπὶ δυσμάς [S -αῖς]
— 19. καλύψαι πᾶν τὸ πρόσωπον τῆς γῆς πρὸς δυσμαῖς
5. 4. παρὰ πάντας τοὺς κατοικοῦντας ἐν δυσμαῖς
Ps. 49 (50). 1. μέχρι δυσμῶν (2 *b*)
67 (68). 4. ὁδοποιήσατε τῷ ἐπιβεβηκότι ἐπὶ δυσμῶν (5 *d*)
74 (75). 6. οὔτε ἀπὸ ἐξόδων οὔτε ἀπὸ δυσμῶν (5 *a*)
102 (103). 12. καθ' ὅσον ἀπέχουσιν ἀνατολαὶ ἀπὸ δυσμῶν (5 *a*)
106 (107). 3. ἀπὸ ἀνατολῶν καὶ δυσμῶν (5 *a*)
112 (113). 3. ἀπὸ ἀνατολῶν ἡλ. μέχρι [A καὶ μ.] δυσμῶν (2 *b*)
Am. 6. 15 (14). ὡς τοῦ χειμάρρου τῶν δυσμῶν (5 *d*)
Za. 8. 7. ἀπὸ γῆς ἀνατολῶν καὶ ἀπὸ γῆς δυσμῶν (2 *b*)
Ma. 1. 11. ἀπὸ ἀνατολῶν ἡλίου καὶ [A *om.*] ἕως δυσμῶν (2 *b*)
Is. 9. 12 (11). τοὺς Ἕλληνας ἀφ' ἡλίου δυσμῶν (6)
43. 5. ἀπὸ δυσμῶν συνάξω σε (5 *a*)
45. 6. ἵνα γνῶσιν . . . οἱ ἀπὸ δυσμῶν (5 *b*)
51. 3. τὰ πρὸς δυσμὰς [A S[3] *om.* τ. π. δ.] αὐτῆς ὡς παράδεισον κ. (5 *d*)
59. 19. φοβηθήσονται οἱ ἀπὸ δυσμῶν τὸ ὄνομα κ. (5 *a*)
Ba. 4. 37. ἀπὸ ἀνατολῶν [A -λῆς] ἕως δυσμῶν
5. 5. συνηγμένα τὰ τέκνα ἀπὸ ἡλίου δυσμῶν
Ez. 27. 9. οἱ κωπηλάται αὐ. ἐγένοντό σοι ἐπὶ δυσμὰς δυσμῶν (5 *c* ?, 5 *a* ?)
Da. LXX. 6. 14 (15). ἐβοήθει . . . ἕως δυσμῶν ἡλίου (4)
8. 4. καὶ πρὸς δυσμὰς καὶ μεσημβρίαν (3 ?)
— 5. τράγος αἰγῶν ἤρχετο ἀπὸ δυσμῶν (5 *a*)
III Ma. 4. 15. ἀπὸ ἀνατολῶν ἡλίου μέχρι δυσμῶν
[**Sm.** Ge. 12. 8.]
[**Th.** Dt. 1. 7 : Da. 6. 14†.]
[**Al.** Dt. 4. 49.]
[**Heb.** Ez. 47. 8.]

δυσνοεῖν.

Es. 3. 13. ἔθνος . . . δυσνοοῦν τοῖς ἡμετέροις πράγμασι [A *al.*]
III Ma. 3. 24. τούτους κατὰ πάντα δυσνοεῖν ἡμῖν τρόπον

δυσνοής (?).

Es. 3. 13. A δυσνοῆ [B S δυσνοοῦν] τοῖς ἡμ. πράγμασι

δυσοσμία.

[**Sm.** Am. 4. 10.]

δυσπάθεια.

[**Aq.** Ps. 72 (73). 4.]

δυσπέτημα.

II Ma. 5. 20. R συμμετασχὼν τῶν [A *om.*] τοῦ ἔθνους δ.

δυσπολιόρκητος.

II Ma. 12. 21. ἦν γὰρ δυσπολιόρκητον . . . τὸ χωρίον

δυσπραγεῖν.

[**Al.** Jb. 5. 24.]

δυσπρόσιτος.
II Ma. 12. 21. ἦν γὰρ . . . δυσπρόσιτον τὸ χωρίον

δυσσέβεια.
I Es. 1. 42. περὶ αὐτοῦ καὶ τῆς ἀκαθαρσίας αὐτοῦ καὶ δ.
II Ma. 8. 33. ἄξιον τῆς δ. ἐκομίσαντο μισθόν

δυσσεβεῖν.
II Ma. 6. 13. τὸ μὴ πολὺν χρόνον ἐᾶσθαι τοὺς δυσσεβοῦντας

δυσσέβημα.
I Es. 1. 52. θυμῶντα αὐτὸν ἐπὶ τῷ ἔθνει αὐτοῦ διὰ τὰ δ.
II Ma. 12. 3. τηλικοῦτο συνετέλεσαν τὸ δ.

δυσσεβής.
II Ma. 3. 11. A οὐχ οὕτως [R ὥσπερ ἦν] διαβάλλων ὁ δ. Σίμων
8. 14. τοὺς ὑπὸ τοῦ δ. Νικ. . . . πεπραμένους
9. 9. ἐκ τοῦ σώματος τοῦ δ. σκώληκας ἀναζεῖν
15. 33. τὴν γλῶσσαν τοῦ δ. Νικ. ἐκτεμών
III Ma. 3. 1. ἃ καὶ μεταλαμβάνων ὁ δ.
— 24. τοὺς δ. τούτους κατὰ νώτου προδότας
5. 47. ὀργῇ βαρείᾳ γεμίσας δ. φρένα

δυστοκεῖν. (1) קָשָׁה pi.
Ge. 35. 16. ἐδυστόκησεν ἐν τῷ τοκετῷ
[Aq. Jb. 21. 10.]

δυσφημεῖν.
I Ma. 7. 41. ὅτε ἐδυσφήμησαν

δυσφημία.
I Ma. 7. 38. μνήσθητι τῶν δ. αὐτῶν
III Ma. 2. 26. ὥστε δυσφημίας ἐν τοῖς τόποις συνίστασθαι

δύσφημος.
II Ma. 13. 11. μὴ ἐᾶσαι τοῖς δ. ἔθνεσιν ὑποχειρίους γενέσθαι
15. 32. καὶ τὴν χεῖρα τοῦ δ.

δυσφορεῖν.
II Ma. 4. 35. ἐδυσφόρουν ἐπὶ τῷ τοῦ ἀνδρὸς ἀδίκῳ φόνῳ
13. 25. R ἐδυσφόρουν [A -ων] περὶ τῶν συνθηκῶν

δυσφόρως.
II Ma. 14. 28. καὶ δ. ἔφερεν
III Ma. 3. 8. καὶ δ. εἶχον

δυσχέρεια.
II Ma. 2. 24. συνορῶντες γὰρ . . . τὴν οὖσαν δ.
9. 21. περιπεσὼν ἀσθενείᾳ δυσχέρειαν ἐχούσῃ

δυσχερής.
II Ma. 6. 3. δ. ἡ ἐπίστασις τῆς κακίας
9. 7. R δυσχερεῖ [A -ῇ] πτώματι περιπεσόντα
— 24. A καὶ προσαπέλθῃ [R -αγγελθῇ] τι δ.
14. 45. δ. τῶν τραυμάτων ὄντων
[Th. Ex. 18. 26.]

δύσχρηστος.
Wi. 2. 12. δύσχρηστος ἡμῖν ἐστι
Is. 3. 10. δύσχρηστος ἡμῖν ἐστι †

δυσώδης.
IV Ma. 6. 25. δ. χυλοὺς εἰς τοὺς μυκτῆρας αὐτοῦ κατέχεον

δυσωδία.
[Sm. Is. 34. 3.]

δυσωπεῖσθαι.
[Aq. Ma. 1. 8.]
[Sm. Ge. 19. 21 : IV Ki. 3. 14 (?) : Jb. 13. 10 : Ma. 1. 8 : 2. 9.]
[Heb. Jb. 13. 8.]

δωδαθῶ.
[Al. Le. 20. 20.]

δώδεκα.
Ge. 5. 8 : 14. 4 : 17. 20 : 25. 16 : 35. 22 : 42. 13, 32 : 49. 28.
Ex. 15. 27 : 24. 4 *bis* : 28. 21† *bis* : 36. 21 (39. 14) *bis*.
Le. 24. 5.
Nu. 1. 44 : 7. 2, 3, 84, 84†, 84, 86, 86†, 87 *quater* : 17. 2 (17), 6 (21) : 29. 17 : 31. 5 : 33. 9.
De. 1. 23.
Jo. 3. 12 : 4. 2†, 3, 4, 5†, 8, 9, 20 : 8. 25 : 18. 25† : 21. 7, 38† : 24. 12.
Jd. 19. 29 : 21. 10.
II Ki. 2. 15 *bis* : 10. 6 : 17. 1.
III Ki. 2. 12† : 3. 1 (4. 26) (5. 6)† : 4. 7, 26 (5. 6)† : 7. 25, 44 : 10. 20†, 26 : 11. 30 : 12. 24† *ter* : 16. 23 : 18. 31 : 19. 19 *bis*.
IV Ki. 3. 1 : 21. 1, 19†.
I Ch. 15. 10† : 25. 9†, 10†, 11†, 12†, 13†, 14†, 15†, 16†, 17†, 18†, 19†, 20†, 21†, 22†, 23†, 24†, 25†, 26†, 27†, 28†, 29†, 30†, 31†.
II Ch. 1. 14 : 4. 4, 15 : 9. 19, 25.
I Es. 7. 8 *bis*; 8. 35†, 54† *bis*, 57†, 65†, 66†.
II Es. 6. 17 : 8. 24, 24†, 35 *bis*.
Ne. 5. 14 : 7. 24†.
To. 14. 1†.
Ju. 2. 15†.
Es. 2. 12†.
Ps. 59 (60). *tit.*
Si. 49. 10.
Jn. 4. 11.
Je. 48 (41). 1†, 2† : 52. 20, 21, 22.
Ez. 40. 49 : 43. 16 *bis* : 47. 13.
Da. LXX. 4. 26.
Da. TH. Bel 3†.
I Ma. 1. 7 : 11. 45 : 15. 13.
II Ma. 8. 20 : 12. 20.
[Aq. Je. 52. 21.]
[Sm. Ps. 59 (60). 2.]

δωδεκαετής.
I Es. 5. 41. οἱ δὲ πάντες ἦσαν Ἰσρ. ἀπὸ δωδεκαετοῦς

δωδεκάμηνον. (1) יַרְחִין תְּרֵי עֲשַׂר
Da. TH. 4. 26. μετὰ δωδεκάμηνον . . . ἀπεκρίθη (1)

δωδεκάπηχυς.
[Sm. Je. 52. 21.]

δωδέκατος. (1) שְׁנֵים־עָשָׂר
Nu. 7. 78. τῇ ἡμέρᾳ τῇ δ. (1)
IV Ki. 8. 25. ἐν ἔτει δ. τῷ [A τοῦ] Ἰωράμ (1)
17. 1. ἐν ἔτει δ. τῷ Ἄχαζ (1)
25. 27. ἐν τῷ δ. μηνί (1)
I Ch. 24. 12. τῷ Ἰακὶμ ὁ δ. (1)
25. 19. ὁ δ. Ἀσαβία (1)
27. 15. ὁ δ. εἰς τὸν μῆνα τὸν δ. (1, 1)
II Ch. 34. 3. ἐν τῷ δ. [A δεκάτῳ] ἔτει τῆς βασιλείας αὐτοῦ (1)
I Es. 8. 61. τῇ δ. τοῦ πρώτου [A *om.*] μηνός
II Es. 8. 31. ἐν τῇ [A *om.*] δ. τοῦ μηνὸς τοῦ πρώτου (1)
10. 16. S^3 ἐν ἡμέρᾳ μιᾷ τοῦ μηνὸς τοῦ δ. [A B S δεκ.] †
Ju. 1. 1. ἔτους δ. τῆς βασιλείας Ναβουχοδονόσορ
Es. 2. 16. τῷ δ. [S^3 δεκ.] μηνὶ ὅς ἐστιν Ἀδάρ †
3. 7. ἐν ἔτει δ. [A ἔτους δ.] (1)
— 13. μηνὸς δ. ὅς ἐστιν Ἀδάρ (1)
— 13. τοῦ δ. [S^1 *om.*] μηνὸς Ἀδάρ
8. 12. τοῦ δ. [A S *om.*] μηνὸς ὅς ἐστιν Ἀδάρ (1)
— 13. τοῦ δ. μηνὸς Ἀδάρ
9. 1. ἐν γὰρ τῷ δ. μηνί (1)
Je. 39 (32). 1. B^2 ἐν τῷ ἐνιαυτῷ τῷ [B^1 R *om.*] δ. [A B^1 S δεκ.] βασιλεῖ Σεδ. †
52. 31. ἐν τῷ δ. μηνί (1)
Ez. 26. 1. A ἐγένετο ἐν τῷ δ. [B ἐγενήθη ἐν τῷ ἐνδεκάτῳ] ἔτει †
29. 1. ἐν τῷ ἔτει τῷ δ. [A δεκάτῳ] †
32. 1. A ἐν τῷ ἑνδεκάτῳ [B δωδ., R δεκ.] ἔτει ἐν τῷ δ. [B δεκ.] μηνί (1, 1)
— 17. ἐγενήθη ἐν τῷ δ. ἔτει (1)
33. 21. R ἐγενήθη ἐν τῷ δεκάτῳ [A B δωδ.] ἔτει ἐν τῷ δ. μηνί (1, †)
II Ma. 15. 36. τὴν τρισκαιδεκάτην τοῦ δ. μηνός

δωδῶ.
[Al. Le. 20. 20.]

δῶμα. (1) גַּג
De. 22. 8. ποιήσεις στεφάνην τῷ δ. σου (1)
Jo. 2. 6. αὐτὴ δὲ ἀνεβίβασεν αὐτοὺς ἐπὶ τὸ δ. (1)
— 6. ἐν τῇ λινοκαλάμῃ τῇ ἐστοιβασμ. αὐτῇ ἐπὶ τοῦ δ. (1)
— 8. αὐτὴ δὲ ἀνέβη πρὸς αὐτοὺς ἐπὶ τὸ δ. (1)
Jd. 9. 51. ἀνέβησαν ἐπὶ τὸ δ. τοῦ πύργου (1)
Jd. 16. 27. A R ἐπὶ τὸ δ. [A τοῦ δ.] ὡσεὶ τρισχίλιοι [B ὡς ἑπτακόσιοι] ἄνδρες (1)
I Ki. 9. 25. διέστρωσαν τῷ Σαοὺλ ἐπὶ τῷ δ. (1)
— 26. ἐκάλεσε Σαμουὴλ τὸν Σαοὺλ ἐπὶ τῷ δ. (1)
II Ki. 11. 2. περιεπάτει ἐπὶ τοῦ δ. τοῦ οἴκου τοῦ βασ. καὶ εἶδε γυναῖκα λουομένην ἀπὸ τοῦ δ. (1, 1)
16. 22. ἔπηξαν τὴν σκηνὴν τῷ Ἀβ. ἐπὶ τὸ δ. (1)
18. 24. ἐπορεύθη ὁ σκοπὸς εἰς τὸ δ. τῆς πύλης (1)
IV Ki. 19. 26. χλόη δωμάτων . . . ἀπέναντι ἑστηκότος (1)
23. 12. τὰ θυσιαστήρια τὰ ἐπὶ τοῦ δ. (1)
II Ch. 28. 4. ἐθυμία . . . ἐπὶ τῶν δ. †
Ne. 8. 16. ἐποίησαν ἑαυτοῖς σκηνὰς ἀνὴρ ἐπὶ τοῦ δ. αὐ. (1)
Ju. 8. 5. ἐποίησεν ἑαυτῇ σκηνὴν ἐπὶ τοῦ δ. τοῦ οἴκου
Ps. 101 (102). 7. ὡσεὶ στρουθίον μονάζον ἐπὶ δώματι (1)
128 (129). 6. γενηθήτωσαν ὡσεὶ χόρτος δωμάτων [A δομ.] (1)
Pr. 25. 24. κρεῖσσον οἰκεῖν ἐπὶ γωνίας δώματος (1)
Ze. 1. 5. τοὺς προσκυνοῦντας ἐπὶ τὰ δ. [S εἴδωλα] τῇ στρατιᾷ τοῦ οὐρ. (1)
Ma. 1. 3. R ἔταξα . . . τὴν κληρονομίαν αὐτοῦ εἰς δώματα [A B S δόμ.] ἐρήμου †
Is. 15. 3. κόπτεσθε ἐπὶ τῶν δ. αὐτῆς (1)
22. 1. ἀνέβητε πάντες εἰς δώματα μάταια (1)
37. 27. ἐγένοντο ὡς χόρτος ξηρὸς [A χλωρὸς] ἐπὶ δωμάτων (1)
Je. 19. 13. ἐθυμίασαν [A -ίωσαν] ἐπὶ τῶν δ. αὐτῶν (1)
31 (48). 38. ἐπὶ πάντων τῶν δ. Μωάβ (1)
39 (32). 29. ἐθυμιῶσαν [A *add.* ἐν αὐταῖς] ἐπὶ τῶν δ. αὐτῶν (1)
[Aq., Th. Ex. 37. 26 : Pr. 21. 9.]
[Sm. Ex. 37. 26 : Pr. 21. 9 : Is. 37. 27.]
[Al. Le. 19. 26.]

δωρεά (*incl.* δωρεάν). (1) חִנָּם (2) מְחִיר (3) נְבִזְבָּה (4) מַתְּנָא
Ge. 29. 15. οὐ δουλεύσεις μοι δωρεάν (1)
Ex. 21. 2. ἀπελεύσεται ἐλεύθερος δωρεάν [A *al.*] (1)
— 11. ἐξελεύσεται δωρεὰν ἄνευ ἀργυρίου (1)
Nu. 11. 5. οὓς ἠσθίομεν ἐν Αἰγύπτῳ δωρεάν (1)
I Ki. 19. 5. θανατῶσαι τὸν Δαυὶδ δωρεάν (1)
25. 31. ἐκχέαι αἷμα ἀθῷον δωρεάν (1)
II Ki. 24. 24. οὐκ ἀνοίσω τῷ κ. μου θ. μου ὁλοκαύτωμα δωρεάν (1)
III Ki. 2. 31. ὃ δωρεὰν ἐξέχεεν ἀπ' ἐμοῦ (1)
I Ch. 21. 24. τοῦ ἀνενέγκαι ὁλοκαύτωσιν δωρεὰν κυρίῳ (1)
I Es. 3. 5. δώσει αὐτῷ . . . δωρεὰς μεγάλας
Jb. 1. 9. μὴ δωρεὰν Ἰὼβ σέβεται τὸν κύριον (1)
Ps. 34 (35). 7. δωρεὰν ἔκρυψάν μοι διαφθορὰν παγίδος αὐ. (1)
— 19 : 68 (69). 4. οἱ μισοῦντές με [A *om.*] δωρεάν (1)
108 (109). 3. ἐπολέμησάν με δωρεάν (1)
118 (119). 161. ἄρχοντες κατεδίωξάν με δωρεάν (1)
119 (120). 7. ἐπολέμουν με δωρεάν †
Wi. 7. 14. διὰ τὰς ἐκ παιδείας δ. συσταθέντες
16. 25. τῇ παντοτρόφῳ σου δ. ὑπηρετεῖ
Si. 20. 23. ἐκτήσατο αὐτὸν ἐχθρὸν δωρεάν
29. 6. A S^2 R ἐκτήσατο αὐτὸν ἐχθρὸν δωρεάν [B S^1 οὐ δ.]
— 7. ἀποστερηθῆναι δωρεὰν εὐλαβήθησαν
Ma. 1. 10. οὐκ ἀνάψεται τὸ θυσιαστήριόν μου δωρεάν (1)
Is. 52. 3. δωρεὰν ἐπράθητε (1)
— 5. ἐλήφθη ὁ λαός μου δωρεάν (1)
Je. 22. 13. παρὰ τῷ πλησίον αὐτοῦ ἐργᾶται δωρεάν (1)
La. 3. 52. δωρεὰν ἐθανάτωσαν ἐν λάκκῳ ζωήν μου (1)
Ez. 6. 10. A οὐκ εἰς δωρεὰν [B *om.* οὐκ εἰς δ.] λελάληκα (1)
Da. LXX. 2. 48. δοὺς δωρεὰς μεγάλας (3)
11. 39. χώραν ἀπομεριεῖ εἰς δωρεάν (2)
Da. TH. 2. 6. δωρεὰς [A -ὰν] καὶ τιμὴν πολλὴν λήψεσθε (4)
5. 17. τὴν δ. τῆς οἰκίας σου ἑτέρῳ δός (4)
I Ma. 10. 33. πᾶσαν ψυχὴν Ἰουδ. . . . ἀφίημι ἐλευθέραν δωρεάν
II Ma. 4. 30. διὰ τὸ Ἀντιοχίδι . . . ἐν δωρεᾷ δίδοσθαι
III Ma. 1. 7. τοῖς τεμένεσι δωρεὰς ἀπονείμας
[Aq. Jb. 2. 3 : 9. 17 : Pr. 23. 29 : 26. 2.]
[Sm. Pr. 23. 29 : 26. 2.]
[Th. Jb. 9. 17 : Pr. 23. 29 : 26. 2 : Ez. 6. 10.]

δωρεῖσθαι. (1) זָבַד (2) נָתַן (3) קָרְבָּן

Ge. 30. 20. δεδώρηται ὁ θεός μοι δῶρον καλόν (1)
Le. 7. 5 (15). ἐν ᾗ ἡμέρᾳ δωρεῖται βρωθήσεται (3)
I Es. 1. 7. ἐδωρήσατο Ἰωσίας τῷ λαῷ . . . τριάκοντα χιλιάδας
8. 14. σὺν τῷ δεδωρημένῳ ὑπὸ τοῦ ἔθνους
— 55. A B οὕτως [R ἃ] ἐδωρήσατο ὁ βασ.
Es. 8. 1. ὁ βασιλεὺς Ἀρταξ. ἐδωρήσατο Ἐσθήρ (2)
Pr. 4. 2. δῶρον γὰρ ἀγαθὸν δωροῦμαι ὑμῖν (2)
Si. 7. 25. ἀνδρὶ συνετῷ δώρησαι αὐτήν
[**Aq.** Dt. 7. 2 : 28. 50 : Jb. 41. 4 : Ps. 6. 3 : 9. 14 : 29 (30). 11 : 30 (31). 10 : 36 (37). 26 : 50 (51). 3 : Is. 30. 18 : 33. 2.]
[**Sm.** Ge. 33. 5 : Is. 26. 10.]
[**Quint.** Ps. 26 (27). 7 : 30 (31). 10.]
[**Sext.** Ps. 26 (27). 7.]

δώρημα.

Si. 31 (34). 18. οὐκ εἰς εὐδοκίαν μωκήματα [A S^{2} μωμ. S^{2} *in mg.* δωρήμ.] ἀνόμων

δωροδέκτης. (1) שֹׁחַד

Jb. 15. 34. πῦρ δὲ καύσει [A κατακ.] οἴκους δωροδεκτῶν (1)

δωροδοτεῖν.

[**Aq.** Ez. 16. 33.]

δωροκοπεῖν.

Si. 32 (35). 12. μὴ δωροκόπει οὐ γὰρ προσδέξεται
III Ma. 4. 19. ὡς δεδωροκοπημένοις εἰς μηχανὴν τῆς ἐκφυγῆς

δωροκοπία.

[**Aq.** Dt. 10. 17 : Ps. 25 (26). 10 : Pr. 6. 35.]
[**Sm.** Ps. 25 (26). 10.]

δωρολήπτης. (1) בּוֹצֵעַ בֶּצַע

Pr. 15. 27. ἐξόλλυσιν ἑαυτὸν ὁ δ. (1)

δῶρον. (1) אֶשְׁכָּר (2) בֶּצַע (3) זֶבֶד (4) לֶחֶם (5) לֶקַח (6) מְאוּם (7) מִגְדָּנוֹת (8) מְחִיר (9) מִנְחָה (10) מַשְׂאֵת (11) מַתָּנָה (12) נֶדֶר (13) *a.* קָרְבָּן *b.* קֻרְבָּן (14) שֹׁחַד (15) שַׁי (16) תּוֹדָה

Ge. 4. 4. ἐπεῖδεν ὁ θ. . . . ἐπὶ τοῖς δ. αὐτοῦ (9)
24. 53. δῶρα ἔδωκε τῷ ἀδελφῷ αὐτῆς (7)
30. 20. δεδώρηται ὁ θεός μοι δ. καλόν (3)
32. 13 (14). ἔλαβεν ὧν ἔφερεν δῶρα (9)
— 18 (19). δῶρα ἀπέσταλκε τῷ κυρίῳ μου Ἡσαῦ (9)
— 20 (21). ἐν τοῖς δ. τοῖς προπορευομένοις αὐτοῦ (9)
— 21 (22). A προεπορεύοντο [R -ετο] τὰ δ. (9)
33. 10. δέξαι τὰ δ. διὰ τῶν ἐμῶν χειρῶν (9)
43. 11. καταγάγετε τῷ ἀνθρ. δῶρα (9)
— 15. λαβόντες δὲ οἱ ἄνδρες τὰ δ. ταῦτα (9)
— 25. ἡτοίμασαν δὲ τὰ δ. (9)
— 26. προσήνεγκαν αὐτῷ τὰ δ. ἃ εἶχον (9)
Ex. 23. 7. οὐ δικαιώσεις τὸν ἀσεβῆ ἕνεκεν δώρων –
— 8. δῶρα οὐ λήψῃ τὰ γὰρ δ. ἐκτυφλοῖ (14, 14)
Le. 1. 2. ἐὰν προσαγάγῃ [A προσφέρῃ] δῶρα τῷ κ. (13 *a*)
— 2. προσοίσετε τὰ δ. ὑμῶν (13 *a*)
— 3. ἐὰν ὁλοκαύτωμα τὸ δ. αὐτοῦ (13 *a*)
— 10. ἐὰν δὲ ἀπὸ τῶν προβάτων τὸ δ. αὐτοῦ (13 *a*)
— 14. ἐὰν δὲ ἀπὸ τῶν πετεινῶν κάρπωμα προσφ. δῶρον (13 *a*)
— 14. καὶ προσοίσει ἀπὸ τῶν τρυγόνων . . . τὸ δ. αὐτοῦ (13 *a*)
2. 1. ἐὰν δὲ ψυχὴ προσφέρῃ δῶρον θυσίαν τῷ κ. σεμίδαλις ἔσται τὸ δ. αὐ. (13 *a*, 13 *a*)
— 4. ἐὰν δὲ προσφέρῃ δῶρον θυσίαν πεπεμμ. ἐκ κλιβάνου δῶρον κυρίῳ (13 *a*, –)
— 5. ἐὰν δὲ θυσία ἀπὸ τηγάνου τὸ δ. σου (13 *a*)
— 7. ἐὰν δὲ θυσία ἀπὸ ἐσχάρας τὸ δ. σου (13 *a*)
— 11 (12). οὐ προσοίσετε ἀπ' αὐτοῦ καρπῶσαι κυρίῳ δῶρον (13 *a*)
— 13. πᾶν δ. θυσίας ὑμῶν ἁλὶ ἁλισθήσεται (13 *a*)
— 13. ἐπὶ [A ἀπὸ] παντὸς δ. ὑμῶν προσοίσετε . . . ἅλας (13 *a*)
3. 1. A B^{1} ἐὰν δὲ θυσίαν [B^{2} R θυσία] σωτηρίου τὸ δ. αὐ. (13 *a*)
— 2. ἐπιθήσει τὰς χεῖρας ἐπὶ τὴν κεφ. τοῦ δ. (13 *a*)
— 6. ἐὰν δὲ ἀπὸ τῶν προβάτων τὸ δ. αὐ. (13 *a*)
— 7. ἐὰν ἄρνα προσαγάγῃ τὸ δ. αὐτοῦ (13 *a*)
— 8. ἐπιθήσει τὰς χεῖρας ἐπὶ τὴν κεφαλὴν τοῦ δ. (13 *a*)
Le. 3. 12. ἐὰν δὲ ἀπὸ τῶν αἰγῶν τὸ δ. αὐτοῦ (13 *a*)
4. 23. προσοίσει τὸ δ. αὐ. χίμαρον ἐξ αἰγῶν (13 *a*)
— 32. ἐὰν δὲ πρόβατον προσενέγκῃ τὸ δ. αὐ. (13 *a*)
5. 11. καὶ οἴσει τὸ δ. αὐτοῦ περὶ οὗ ἥμαρτε (13 *a*)
6. 20 (13). B τοῦτο τὸ δ. Ἀαρών (13 *a*)
7. 3 (13). A^{2}B προσοίσει τὰ δ. [A^{2} τὸ δ.] αὐ. (13 *a*)
— 4 (14). προσάξει ἓν ἀπὸ πάντων τῶν δ. αὐ. (13 *a*)
— 6 (16). ἢ ἑκούσιον θυσιάζῃ τὸ δ. αὐτοῦ (13 *a*)
— 19 (29). οἴσει τὸ δ. αὐτοῦ κυρίῳ (13 *a*)
— 28 (38). προσφέρειν τὰ δ. αὐτῶν ἔναντι κ. (13 *a*)
9. 7. ποίησον τὰ δ. τοῦ λαοῦ (13 *a*)
— 15. προσήνεγκε τὸ δ. τοῦ λαοῦ (13 *a*)
17. 4. A B ὥστε μὴ [R *om.*] προσενέγκαι δῶρον τῷ κυρίῳ (13 *a*)
21. 6. τὰς γὰρ θυσίας κυρίου δῶρα τοῦ θ. . . . προσφέρουσι (4)
— 8. τὰ δ. κυρίου τοῦ θεοῦ ὑμῶν οὗτος προσφέρει (4)
— 17. προσφέρειν τὰ δ. τοῦ θεοῦ αὐτοῦ (4)
— 21. τὰ δ. τοῦ θεοῦ οὐ προσελεύσεται προσενεγκεῖν (4)
— 22. τὰ δ. τοῦ θεοῦ τὰ ἅγια τῶν ἁγίων (4)
22. 18. ὃς ἂν προσενέγκῃ τὰ δ. αὐτοῦ (13 *a*)
— 25. οὐ προσοίσετε τὰ δ. τοῦ θ. (4)
— 27. δεχθήσεται εἰς δῶρα κάρπωμα κυρίῳ (13 *a*)
23. 14. ἕως ἂν προσενέγκητε ὑμεῖς τὰ δ. τῷ θ. [A τοῦ θ.] (3)
27. 9. ἐὰν δὲ ἀπὸ τῶν κτηνῶν τῶν προσφερομ. . . . δῶρον τῷ κ. (13 *a*)
— 11. ἀφ' ὧν οὐ προσφέρεται ἀπ' αὐτῶν δῶρον τῷ κ. (13 *a*)
Nu. 5. 15. προσοίσει [A οἴσει] τὸ δ. περὶ αὐτῆς (13 *a*)
6. 14. προσάξει τὸ δῶρον αὐτοῦ κυρίῳ (13 *a*)
— 21. ὃς ἂν εὔξηται κυρίῳ δῶρον αὐτοῦ (13 *a*)
7. 3. ἤνεγκαν τὸ δ. [A τὰ δ.] αὐ. ἔναντι κυρίου (13 *a*)
— 10. προσήνεγκαν οἱ ἄρχοντες τὰ δ. αὐτῶν (13 *a*)
— 11. προσοίσουσι τὰ δ. αὐτῶν (13 *a*)
— 12. ὁ προσφέρων ἐν τῇ ἡμέρᾳ τῇ πρώτῃ τὸ δ. αὐτοῦ (13 *a*)
— 13. προσήνεγκε τὸ δ. αὐτοῦ (13 *a*)
— 17. τοῦτο τὸ δ. Ναασσών (13 *a*)
— 19. προσήνεγκε τὸ δ. αὐτοῦ (13 *a*)
— 23. τοῦτο τὸ δ. Ναθαναήλ (13 *a*)
— 25, 31, 37, 43, 49, 55, 61, 67, 73, 79. τὸ δ. αὐτοῦ τρυβλίον ἀργυροῦν ἓν (13 *a*)
— 29. τοῦτο τὸ δ. Ἐλιάβ (13 *a*)
— 35. τοῦτο τὸ δ. Ἐλισούρ (13 *a*)
— 41. τοῦτο τὸ δ. Σαλαμιήλ (13 *a*)
— 47. τοῦτο τὸ δ. Ἐλισάφ (13 *a*)
— 53. τοῦτο τὸ δ. Ἐλισαμά (13 *a*)
— 59. τοῦτο τὸ δ. Γαμαλιήλ (13 *a*)
— 65. τοῦτο τὸ δ. Ἀβιδάν (13 *a*)
— 71. τοῦτο τὸ δ. Ἀχιέζερ (13 *a*)
— 77. τοῦτο τὸ [A^{1} *om.*] δ. Φαγιήλ (13 *a*)
— 83. τοῦτο τὸ δ. Ἀχιρέ (13 *a*)
9. 7. προσενέγκαι τὸ δ. (13 *a*)
— 13. τὸ δ. κυρίῳ [A -ου] οὐ προσήνεγκε (13 *a*)
15. 4. προσοίσει ὁ προσφέρων τὸ δ. αὐ. (13 *a*)
— 25. αὐτοὶ ἤνεγκαν τὸ δῶρον αὐ. (13 *a*)
18. 9. τοῦτο ἔστω ὑμῖν . . . ἀπὸ πάντων τῶν δ. αὐ. (13 *a*)
28. 2. τὰ δ. μου . . . διατηρήσετε προσφέρειν (13 *a*)
— 24. δῶρον κάρπωμα εἰς ὀσμὴν εὐωδίας κυρίῳ (4)
31. 50. προσενηνόχαμεν τὸ δ. κυρίῳ (13 *a*)
De. 10. 17. οὐδὲ οὐ [A *om.*] μὴ λάβῃ δῶρον (14)
12. 11. πᾶν ἐκλεκτὸν τῶν δ. ὑμῶν (12)
16. 19. οὐδὲ λήψονται δῶρον [A -ρα] τὰ γὰρ δ. ἀποτυφλοῖ [A ἐκτ.] (14, 14)
27. 25. ἐπικατάρατος ὃς ἂν λάβῃ δῶρα (14)
Jd. 3. 15. ἐξαπέστειλαν οἱ υἱοὶ Ἰσρ. δῶρα (9)
— 17. προσήνεγκε τὰ δ. τῷ Ἐγλώμ (9)
— 18. ἡνίκα συνετέλεσεν Ἀὼδ προσφέρων τὰ δ. (9)
— 18. ἐξαπέστειλε τοὺς φέροντας [A αἴροντας] τὰ δ. (9)
5. 19. δῶρον [A πλεονεξίαν] ἀργυρίου οὐκ ἔλαβον (2)
9. 31. A ἀπέστειλεν ἀγγέλους πρὸς Ἀβ. μετὰ δώρων [B *al.*] †
I Ki. 8. 3. ἐλάμβανον δῶρα (14)
10. 27. οὐκ ἤνεγκαν αὐτῷ δῶρα (9)
III Ki. 3. 1 [B], 4. 21 [A] (5. 1). B ἦσαν προσφέροντες δῶρα [A *al.*] (9)
8. 64 *bis.* A καὶ τὸ δ. [B *om.* καὶ τὸ δ.] καὶ τὰς θυσίας (9 ?)
10. 25. αὐτοὶ ἔφερον ἕκαστος [A πρὸς αὐτὸν] τὰ δ. (9)
III Ki. 15. 19. ἐξαπέσταλκά σοι δῶρα [A -ον] ἀργυρίου (14)
IV Ki. 8. 9. B ἄρσιν τεσσαράκοντα καμήλων δῶρα [A R *om.*] –
16. 8. ἀπέστειλε τῷ βασιλεῖ δῶρα (14)
I Ch. 16. 29. λάβετε δῶρα καὶ ἐνέγκατε (9)
18. 2. ἦσαν Μωὰβ παῖδες τῷ Δ. φέροντες δῶρα (9)
— 6. ἦσαν τῷ Δ. εἰς παῖδας φέροντας δῶρα (9)
II Ch. 9. 24. ἔφερον ἕκαστος τὰ δῶρα αὐτοῦ (9)
17. 5. ἔδωκε πᾶς Ἰούδα δῶρα τῷ Ἰωσ. (9)
— 11. ἔφερον τῷ Ἰωσ. δῶρα (9)
19. 7. οὐδὲ λαβεῖν δῶρα (14)
26. 8. ἔδωκαν οἱ Μιναῖοι δῶρα τῷ Ὀζίᾳ (9)
32. 23. πολλοὶ ἔφερον δῶρα τῷ κ. (9)
I Es. 8. 13. A ἀπενεγκεῖν δῶρα τῷ κ.
Ne. 13. 31. τὸ δ. τῶν ξυλοφόρων ἐν καιροῖς (13 *b*)
To. 2. 14. δῶρον [S δόσει] δέδοταί μοι ἐπὶ τῷ μισθῷ
4. 11. δῶρον γὰρ ἀγαθόν ἐστιν ἐλεημοσύνη
13. 11. δῶρα ἐν χερσὶν ἔχοντες καὶ δῶρα τῷ βασ. τοῦ οὐρ. [S *al.*]
Jb. 8. 20. πᾶν δὲ δῶρον ἀσεβοῦς οὐ δέξεται †
20. 6. ἐὰν ἀναβῇ εἰς οὐρανὸν αὐτοῦ τὰ δ. †
31. 7. εἰ δὲ καὶ ταῖς [A ἐν ταῖς] χερσί μου ἡψάμην δώρων (6 ?)
36. 18. δι' ἀσέβειαν [S -ας] δώρων †
Ps. 14 (15). 5. δῶρα ἐπ' ἀθῴοις οὐκ ἔλαβεν (14)
25 (26). 10. ἡ δεξιὰ αὐτῶν ἐπλήσθη δώρων (14)
44 (45). 12. προσκυνήσουσιν [S^{2} -σεις] αὐτῷ . . . ἐν δώροις (9)
67 (68). 29. σοὶ οἴσουσι βασιλεῖς δῶρα (15)
71 (72). 10. βασιλεῖς Θ. καὶ αἱ νῆσοι δῶρα προσοίσουσι βασιλεῖς Ἀρ. καὶ Σ. δῶρα προσάξουσι (9, 1)
75 (76). 11. πάντες οἱ κύκλῳ αὐτοῦ οἴσουσι δῶρα (15)
Pr. 4. 2. δῶρον γὰρ ἀγαθὸν δωροῦμαι ὑμῖν (5)
6. 35. οὐδὲ μὴ διαλυθῇ [A διὰ] πολλῶν δώρων (14)
15. 27. ὁ δὲ μισῶν δώρων λήψεις σώζεται (11)
17. 23. λαμβάνοντος δῶρα ἐν κόλποις [A -ῳ] ἀδίκως (14)
21. 14. δώρων δὲ ὁ φειδόμενος (14)
22. 9. τιμὴν περιποιεῖται ὁ δῶρα δούς †
Si. 7. 9. τῷ πλήθει τῶν δ. μου ἐπόψεται [A -ομαι]
20. 29. ξένια καὶ δῶρα ἀποτυφλοῖ ὀφθαλμοὺς σοφῶν
40. 12. πᾶν δ. καὶ ἀδικία ἐξαλειφθήσεται
Ho. 8. 9. δῶρα ἠγάπησαν †
Am. 5. 11. δῶρα ἐκλεκτὰ ἐδέξασθε παρ' αὐτῶν (10 ?)
Mi. 3. 11. οἱ ἡγούμενοι αὐ. μετὰ δώρων ἔκρινον (14)
Is. 1. 23. ἀγαπῶντες δῶρα (14)
5. 23. οἱ δικαιοῦντες τὸν ἀσεβῆ ἕνεκεν δώρων (14)
8. 20. οὐκ ἔστι δῶρα δοῦναι περὶ αὐτοῦ †
18. 7. ἀνενεχθήσεται δῶρα κυρίῳ σαβαώθ (15)
33. 15. τὰς χεῖρας ἀποσειόμενος ἀπὸ δώρων (14)
39. 1. ἀπέστειλε . . . πρέσβεις καὶ δῶρα (9)
45. 13. οὐ μετὰ λύτρων οὐδὲ μετὰ δώρων (14)
60. 7. ἀνενεχθήσεται [S^{1} *add.* δῶρα] δεκτά –
66. 20. ἄξουσι τοὺς ἀδελφοὺς ὑμῶν ἐκ πάντων τῶν ἐθνῶν δῶρον κυρίῳ (9)
Je. 28 (51). 59. Σαραίας ἄρχων δώρων †
40 (33). 11. εἰσοίσουσι δῶρα [A *add.* αἰνέσεως] οἶκον κ. (16)
47 (40). 5. ἔδωκεν αὐτῷ ὁ ἀρχιμάγειρος δῶρα (10)
Ep. Je. 27. ὥσπερ νεκροῖς τὰ δ. αὐτοῖς παρατίθεται
Ez. 20. 39. τὸ ὄνομά μου τὸ ἅγιον οὐ βεβηλώσετε οὐκέτι ἐν τοῖς δ. ὑμῶν (11)
22. 12. δῶρα ἐλαμβάνοσαν ἐν σοί (14)
— 25. A δῶρα ἐλάμβανον ἐν ἀδικίᾳ [B *al.*] †
Da. Th. 11. 39. γῆν διελεῖ ἐν δώροις (8)
II Ma. 15. 16. λάβε τὴν ἁγίαν ῥομφαίαν δῶρον παρὰ τοῦ θ.
[**Aq.** Le. 1. 9 : 6. 21 (14) : Nu. 16. 15 : I Ki. 26. 19 : III Ki. 4. 21 (5. 1) : 8. 64 : 18. 36 : IV Ki. 17. 3 : 20. 12 : Ps. 140 (141). 2 : Is. 19. 21 : 66. 3 : Je. 17. 26 : 41 (48). 5 : Ez. 33. 31 : 46. 5 : Da. 9. 27 : Ma. 2. 13.]
[**Sm.** Le. 1. 9 : Nu. 16. 15 : I Ki. 26. 19 : III Ki. 4. 21 (5. 1) : 8. 64 : IV Ki. 8. 8 : 20. 12 : Ps. 44 (45). 13 : Is. 57. 6 : Je. 41 (48). 5 : Da. 9. 27 : Ze. 3. 10 : Ma. 2. 13.]
[**Th.** Le. 6. 21 (14) : III Ki. 18. 36 : Ps. 25 (26). 10 : Ez. 20. 28.]
[**Al.** I Ki. 2. 29 : IV Ki. 8. 11 : Ec. 5. 9.]
[**Quint.** IV Ki. 17. 4 : 20. 12.]

E

<u>ἔα</u>. (1) אִם־אָמְנָם (2) אַף

Jb. 4. 19. A ἔα δὲ τοὺς [B S τοὺς δὲ] κατοικοῦντας οἰκίας πηλίνας (2)
15. 16. ἔα δὲ ἐβδελυγμένος καὶ ἀκάθαρτος ἀνήρ (2)
19. 5. ἔα δὲ ὅτι ἐπ' ἐμοὶ μεγαλύνεσθε (1)
25. 6. ἔα δὲ [A *add.* πᾶς] ἄνθρωπος σαπρία (2)

<u>ἐάν</u> (*incl.* ἐάνπερ)—††ἐὰν μή *ὅς ἐάν (*incl.* ὅσος ἐάν, ὅστις ἐάν, οὗ ἐάν) **ἐάν τε (*sine verbo*), *cf.* κἄν *sub voc.* ἄν.

Ge. 2. 19* (*ind.*) : 4. 7†† : 6. 17*† : 15. 14* : 18. 24 *bis*, 26, 28 *bis*, 29, 30 *bis*, 30†, 31, 31†, 32 *bis* : 20. 13*, 15*† : 21. 6*†, 12*†, 22* : 24. 8††, ● 41 (ἡνίκα ἐάν) : 27. 40 (ἡνίκα ἐάν) : 28. 15*†, 20, ● 22* : 30. 31, 33* : 31. 8 *bis*, 32*†, 52 (ἐάν τε γάρ) : 32. 8 (9), 17 (18), 26 (27)†† : 33. 13 : 34. 11*, 15, 17†† : 37. 26 : 38. 16, 17 : 39. 3* : 41. 55* : 42. 15††, 37††, 38*† : 43. 3††, 5††, 9†† : 44. ● 1*, 22, 23††, 29, 30, 32†† : 46. 33 : 48. 6* : 49. 10 (ἕως ἐάν)†.

Ex. 1. 10 (ἡνίκα ἐάν)†, 16 *bis*, 22* : 3. 19†† : 4. 1††, 8††, 9††, 9* : 5. 11 (ὅθεν ἐάν) : 7. 9 : 8. 21 (17)††, 26 (22) (*ind.*†) : 9. 19*† : 10. 4†† : 12. 4, 7*, 25, 26, 48 : 13. 5 (ἡνίκα ἐάν), 12*†, 13††, 14 : 15. 26 : 16. 5*† *bis*, 23*, 23*† : 18. 23 : 19. 5, 13** *bis* : 20. 24*, 25 : 21. 2, 3 *bis*, 4, 5, 7, 8††, ● 9, 10, 11††, 12, 14, 17*, 18, 19, 20, 21, 22, 22 ● (καθότι ἐάν)†, 23 (*ind.*†), 26, 27, 28, 29, 30, 30*†, ● 31, 32, 33, 35, 36 : 22. 1 (21. 37), 2 (1), 3 (2), 3 (2)††, 4 (3), 5 (4) *bis*, 6 (5), 7 (6) *bis*, 8 (7)††, 9 (8) ● (ὅ τι οὗ [?] ἐάν †), 10 (9), 12 (11), 13 (12), 14 (13), ● 15 (14) *bis*, 16 (15), 17 (16), 23 (22), 25 (24), 26 (25), 27 (26) : 23. 4, 5, 16*, 22 *bis*, 33 : 24. 14 : 25. 21 (22)*† : 29. 34 : 30. 12 : 34. 20††, 24 (ἡνίκα ἐάν)†.

Le. 1. 2, 3 (*sine verbo*), 10 (*sine verbo*), 14 (*ind.*†) : 2. 1, 4, 5 (*sine verbo*), 7 (*sine verbo*), 14 : 3. 1 *bis*, 1***bis*, 6 (*sine verbo*), 7, 12 (*sine verbo*) : 4. 2, 3, 13, 22, 27, 32 : 5. 1, 1†† (*ind.*†), 2*, 4*, 7††, 11††, 15†, 17† : 6. 2 (5. 21)†, 3 (5. 22)*, 4 (5. 23) (ἡνίκα ἐάν), 18 (11)*†, 27 (20)* *bis*, 28 (21)*, 28 (21), 30 (23)*† : 7. 2 (12), 6 (16)†, 8 (18), 8 (18)*, 9 (19)*, 10 (20)* : 10. 9 (ἡνίκα ἐάν)† : 11. 32*†, 33*†, 33*, 34*†, 35*, 37, 38, 39 : 12. 2*, ● 5, 8†† : 13. 2, 4 (*ind.*†), 7, 9, 12 (*ind.*†), 16, 18, 21, ● 22, 23, 24, 26, 27, 28, 29, 31, 35, 37, 38, 40, 41, 42, ● 46*†, 47, 51, 51*†, 53, 54*, 56, 57 (*ind.*†) : 14. ● 21, 36*†, 43, 48 : 15. 2*, 4*† *bis*, 5*†, 6*†, 8, 10*†, 11*, 12*†, 13, 16*†, 17*†, 18, 19*†, 20†, 21*†, 22*, 23, 23* (*ind.*†), 24, 25 *bis*, 26*†, 28, 32 : ● 17. 3*, 16†† : 18. 29*† : 19. 5, 6, 7, 20, 33 : 20. 2 (*sine verbo*), 4, 6*†, 11, 12, 14*†, 17*†, 21*† : 21. 9, 17 (*ind.*†), 18*† : 22. 6*†, 6††, 9 (*ind.*†), ● 11, 12, 13, 29 : 23. 12*† : 24. 15*, 16** *bis*, 17*†, 19 : 25. 2†, 14 *bis*, 20, 20††, 25, 26††, 28††, 29, 30††, 35, 39, 47, 49, 51, 52, 54†† : 26. 3, 14††, ● 18††, 21 (*ind.*†), 23††, 27†† : 27. 5 (*sine verbo*), 7 (*sine verbo*), 7 *bis*, 8, 9 (*sine verbo*), 10, 11 (*sine verbo*), 13, 15, 16, 17, 18, 19 (*ind.*†), 20††, 22 (*ind.*†), 26*†, 26** *bis*, 27 (*ind.*†), 27††, 28*†, 29*, 31, 32*†, 33 (*ind.*†).

● Nu. 5. 6*†, 8††, 9*†, 10*†, 12, 27, 28††, 29*†, 30*† : 6. 2*†, 9 : 9. 10*, 13*†, 14 : 10. 4, 9, 32, 32*† : 12. 6 : 15. 8, 12*†, 14, 24, 27, 29*† : 17. 5 (20)*† : 18. 19*†, 24*†, 26, 28* : 19. 12††, ● 13, 14, 16*†, 18*†, 20*†, 22*† : 20. 19 : 21. 2, 8 : 22. 6, 6*† *bis*, 8*†, 17*†, 18, 20*†, 35*, 38* : 23. 3*, 12*†, 26* : 24. 13, 13*†, 21 *bis* : 27. 8†† (*ind.*†), 9††, 10††, 11†† : 30. 3*†, 4, 6, 7, 9, 9*†, ● 10*†, 11, 13, 13*†, 15, 16† : 31. 23*††† : 32. 20, 20 (*ind.* †), 23††, 29, 30†† : 33. 54*†, 55††, 55*† : 35. 16, 17, 18, 20, 22, 26 : 36. 4.

De. 1. 17* : 4. 6*†, 7*†, 25 : 5. 25 (22) (*ind.*†), 27 (24)*†, 27 (24)*† (*ind.*†) : 6. 25 : 7. 1†, 12 (ἡνίκα ἐάν)†, 17 : 8. 19 : 11. 13, 22, 24*, 25*†, 27, 28†† : 12. 7*†, 11*†, 13*, 18*†, 19*†, 20 *bis* (*ind.*†), 21, 25, 26†, 28, 29 : 13. 1 (2) (*ind.*†), 6 (7), 12 ● (13), 18 (19) : 14. 23*†, 24, 26*† *bis* (*ind.*†), 29* : 15. 3*, 5, 7, 12, 16, 18*, 19*, 20*†, 21††† : 16. 2*†, 4*†, 6*†, 7*†, 11*†, 15*†, 15, 16*† : 17. 2, 8, 10*† *ter*, 11*†, 12*†, 14 : 18. 3** *bis*, ● 6, 9, 19*††, 19*†, 20*† *bis*, 21, 22* : 19. 1, 5*†, 6 (*ind.*†), 8, 9, 11, 15*†, 16, 17*† : 20. 1, ● 10, 11, 12††, 19 : 21. 1, 9, 10, 14††, 15, 18, 22 : 22. 2††, 3*, 6, 8 *bis*, 9*, 12*†, 13, 20††, 22, 23, 25, 28 : 23. 8 (9), 9 (10), 10 (11), 16 (17)*†, 19 (20)*†, 21 (22), 22 (23)††, 25 (26)†, 24 (25)† : 24. 1† (*ind.*†), 1†††, 5, 7, 8*†, 10, 12, ● 19, 20, 21 : 25. 1, 2, 3, 5, 6*†, 7††, 11, 19 (ἡνίκα ἐάν) : 26. 1, 12 : 27. 3 (ἡνίκα ἐάν)† : 28. 1, 2, 9, 13, 15††, 20*† *bis*, 36*† (*ind.*†), 57*†, 58†† : ● 29. 19 (18) : 30. 1*, 4, 10 *bis*, 16, 17.

Jo. 1. 7*, 9*, 16*†, 16, 18*† (*ind.*†), 18*†††, 18 (καθότι ἐάν)† : 2. 19*, 20 : 4. 3* : 7. 12†††, 14*† *bis* : 9. 27*† : 14. 12 : 15. 16*† : 22. 18, 28 : 23. 12 : 24. 20 (ἡνίκα ἐάν)†, 27 (ἡνίκα ἐάν)†.

Jd. 1. 12*† : 4. 8, 8††, 20 : 5. 8† : 6. 3 (*ind.*)†, 31*†, 37 : 7. 4*, 4*†, 5 (ὡς ἐάν), 5*, 17 (ὡς ἐάν)† : 9. 33 (καθάπερ ἐάν)† : 11. 24*† (*ind.*), 30 (*ind.*†), 31† : 13. 16, 16 (*ind.* †) : 14. 12, 13†† : 15. 7 : 16. 7, 11 (*ind.*†), 13, 17 (*ind.*†) : 17. 8*, 9* : 18. 10 (ἡνίκα ἐάν)† : 21. 21†.

Ru. 1. 16 (ὅπου ἐάν), 16*, 17* : 2. 2*, 9*, 9 (ὅθεν ἐάν)† : 3. 5*†, 11*, 13, 13††.

I Ki. 1. 11, 22 : 2. 14* (*ind.*), 16†† (*sine verbo*), ● 25 *bis* : 3. 9, 17 : 6. 9†† (*sine verbo*) : 9. 6* : 10. ● 7* : 11. 3†† : 12. 14, 15††, 25† : 14. 7*†, 9†, 10, 39, 41 : 16. 3*† : 17. 9 *ter* : 19. 3* *bis*, 11†† (*ind.*†) : 20. 6, 7 *bis*, 9, 9††, 10, 12 (*ind.*)†, 14† (*sine verbo*), 14, 22 *bis* : 22. 23* : 23. 3, 13*† (*ind.*) : 25. 8* : 26. 10†† : 27. 1††, 1† : 28. 9*.

II Ki. 3. 13††, 35†† : 7. 12, 14 : 10. 11 *bis* : 11. 20 : 15. 4*, 8 (*ind.* †), 20*†, 21*†, 21 (*sine verbo*) *bis*, 25, 26, 33, 34†, 35*, 36* : 17. 12*, 13 : 18. 3 *bis*, 4*, 23 (*ind.*†).

III Ki. 1. 52 *bis* : 2. 4 : 3. 14 : 5. 6 (20)*†, 9 (23)*† : 6. 12† : 8. 25 (πλὴν ἐάν), 31, 37 *ter*, 37†, 38, 52*† : 9. 4, 6†† : 11. 38 (*ind.*†) : 12. 27 (*ind.*) : 13. 8, 31 : 18. 5 (ἐάν πως), 12, 24*† : 21 (20). 23 (*ind.*†), 39 : 22. 14*†, 28.

IV Ki. 2. 10, 10†† (*sine verbo*) : 4. 24*, 29, 29 (*ind.*†) : 6. 12* : 7. 4 *quater* : 8. 1* (*ind.*†) : 10. 2 (ὡς ἐάν)†, 5*, 19*†, 24*† : 12. 4 (5)*, 5 (6)* : 18. 14*† : 20. 9†, 19 (*ind.*)†.

I Ch. 4. 10 : 19. 12 (*ind.* †), 12 : 22. 13 : 28. 7 (*ind.*†), 9, 9 (*ind.*†).

II Ch. 6. 16 (πλὴν ἐάν), 22, 24, 24 (*ind.*†), 28 *quater*, 29 *bis*, 33*†, 34 (*ind.*†) : 7. 13††, 13 *bis*, 14 (*ind.*†), 17, 19 : 10. 7 : 15. 2 *bis*, 13*†† : 18. 13*, 27 : 20. 9 : 23. 6†† (*sine verbo*) : 25. 8 : 30. 9 : 33. 8 (πλὴν ἐάν).

I Es. 2. 19, 21†, 24 : 3. 5*† : 4. 3*†, 4 *bis*, 5, 5*†, 7, 7†, 18, 31 *bis* : 6. 22, 32*† : 8. 13*, 16*†, 18*†, 19*†, 24*† (*ind.*), 24** *bis* : 9. 4*†††.

II Es. 4. 13 (*ind.*†), 16† : 6. 10* : 7. 16*†, 21 ● (*ind.*)*†, 26**† *quater*.

● Ne. 1. 8, 9 *bis* : 4. 20 (14)* : 13. 21, 25†, 25.

To. 2. 2*† : 3. 10† : 4. 3†, 8 (*ind.*†)†, 14*†, 14†, 16*†, 19*†, 21 : 5. 15† : 6. 7†, 16† : 7. 11 (ὁπότε ἐάν)† (*ind.*) : 8. 20††† : 9. 4 : 13. 5 (*ind.*†)*†, 6†.

Ju. 7. 31†† : 8. 11†† (*ind.*†), 15††, 17 (*ind.*†), 22* : 10. 16 : 11. 6, 10††, 11 (ὁπηνίκα ἐάν)†, 15 (ὡς ἐάν)†, 16*, 23 (*ind.*†) : 12. 3, 12†† : 14. 2 (ἡνίκα ἐάν)†.

Es. 1. 20* : 2. 13*†, 14†† : 4. 13, 16 : 8. 17*† (*ind.*).

Jb. 3. 22 : 7. 4, 9 : 8. 12†††, 15 (*ind.*†), 18 : 9. 3, 11 *bis*, 12, 14 (*ind.*†), 15†, 16†††, 20 *bis*, 27 (ἐάν τε γάρ), 30 (*ind.*†) : 10. 3, 14 (ἐάν τε γάρ), 15 (ἐάν τε γάρ†) *bis* : 11. 10 : 12. 7 *bis*, 8, 14 *bis*, 15 *bis* : 13. 3, 9†, 15††† : 14. 5, 7, 8, 8 (*ind.*†)†, 14, 21 : 16. 7 *bis* : 17. 13 : 18. 4 : 20. 6, 12† : 21. 6 (ἐάν τε γάρ) : 22. 3 (*ind.* †), 21, 23 : 23. 8† : 27. 14 *bis*, 16 : 29. 24† : 31. 14 *bis* : 33. 5, 23 *bis* : 36. 11, 29 : 37. 10 (ὡς ἐάν), 12*†, 13**† *ter* : 39. 13, 30*† : 40. 18 (23) : 41. 17 (18).

Ps. 7. 12†† : 12 (13). 5 : 18 (19). 13 (*ind.*†)†† : 22 (23). 4 : 26 (27). 3 *bis* : 49 (50). 12 : 58 (59). 15††† : 61 (62). 10 : 67 (68). 13 : 80 (81). 8 : ● 88 (89). 30, 31 (*ind.*†) : 89 (90). 10 (*sine verbo*) : 94 (95). 7 : 126 (127). 1†† (*ind.*†), 1†† : 129 (130). 3 : 131 (132). 12 : 136 (137). 5, 6†† *bis* : 137 (138). 7 : 138 (139). 8 *bis*, 9 (*opt.*†), 19.

Pr. 1. 11, 26 (ἡνίκα ἐάν)† : 2. 1, 3, 4 (*ind.*†), 10 : 3. 24 *bis* : 4. 12 *bis*, 16†† : 6. 1, 11, 22 (ἡνίκα ἐάν)†, 30, 31 : 7. 5 : 8. 21 : 9. 12 *bis* : 11. 2*† : 12. 7* : 19. 10, 19, 25 : 21. 1*† (*cum particip.*) : 22. 18†, 27†† : 23. 1, 5, 13, 15, 16, 18, 31 : 24. 12, 14, 17, 23 (29. 27), 46 (31), 49 (34) (*ind.*†), 57 (30. 22), 58 (30. 23) *bis*, 67 (30. 32), 68 (30. 33) *bis* : 25. 21 *bis* : 26. 25 : 27. 22 : 29. 19, 20, 24††.

Ec. 3. 22*† : 4. 10, 11†, 12†, 17*† : 5. 3*†, 7, 17*† : 6. 3 (*ind.*) : 8. 3*† (*ind.*†), 17*† : 9. 10*† : 10. 4, 10, 11 : 11. 3, 3†, 3, 6 (*sine verbo*), 8 (*ind.*) : 12. 3*†, 14**† *bis*.

Ca. 1. 8†† : 2. 7 : 3. 5 : 5. 8 : 8. 4† *bis*, 7, 8*†.

Wi. 3. 4, 17 (ἐάν τε γάρ), 18 (ἐάν τε γάρ†) : 4. 7 : 8. 20†† : 12. 7† : 15. 2.

Si. *prol.* 14*† : 2. 4* : 3. 13† : 4. 16 (*ind.*†), 19 : 6. 12, 32 *bis*, 33 *bis*, 36 : 8. 12, 13 : 9. 10 : 11. 10 *bis* : 12. 1, 5*†, 11, 15, 16, 17† : 13. 4 *bis*, 5, 25**†, 25** : 14. 11 (καθὼς ἐάν) (*ind.*†) : 15. 15, 16*, 17* (*ind.*†) : 16. 2 : 18. 31 (*ind.*†) : 19. 28 *bis* : 21. 2, 15 : 22. 21, 22 : 23. 11, 11† : 25. 22 : 26. 11 (*ind.* †), 28 : 27. 3††, 8, 17 : 28. 12 *bis* : 29. 6 : 30. 40 (33. 31) : 31 (34). 6†† : 32 (35). 14 : 34 (31). 14*, 27 : 35 (32). 7 : 36. 31 (28)* : 37. 12*†, 12 : 39. 6, 11 *bis* : 41. 9 *bis* : 42. 7 (*ind.*†)* : 50. 29.

Ho. 8. 7, 13 : 9. 12, 16.

Am. 3. 3††, 4††, 7†† : 5. 19†, 22 : 6. 9 : 7. 2 : 9. 2 *bis*, 3 *bis*, 4.

Mi. 3. 8†† : 6. 14*† : 7. 8.

Jl. 2. 32 (3. 5)*†.

Ob. 1. 4, 4†.

Na. 3. 12.

Hb. 1. 5 : 2. 3 (*ind.* †), 4.

Hg. 2. 13 (12), 14 (13), 15 (14)*.

Za. 3. 8 (7)†, 8 (7) : 6. 15 : 7. 5, 6 : 8. 23 : 13. 3 (*ind.*) : 14. 16†, 17*††, 18††, 18*†††, 19*†††.

Ma. 1. 8 *bis*, 13† : 2. 2††, 2†††, 16 : 3. 10††.

● Is. 1. 13, 15, 18 *bis*, 19 (*ind.* †), 20†† : 5. 9 : 7. 9††, 23* : 8. 9 (*ind.* †), 10*†, 12*†, 14†, 19 : 10. 8, 15 (ὡσαύτως ἐάν)†, 22 : 13. 13*†, 15*† (ὡς ἐάν †) : 17. 5 (ὃν τρόπον ἐάν) *bis*, 11*†, 11 : 19. 17*† : 21. 6*†, 12 : 23. 12 : 24. 13 (ὃν τρόπον ἐάν), 13 : 28. 15, 18 : 29. 11*† : 31. 4† : 32. 19 : 33. 4 (ὃν τρόπον ἐάν) : 41. 28 : 43. 2 *bis* : 46. 7, 7 (*ind.*†)*† : 48. 21 (*ind.* †) : 49. 24, 25 : 53. 10 : 55. 10 (ὡς ἐάν)†, 11* : 56. 4*† : 57. 8 : 58. 7, 9 (*ind.*), 13 (*ind.*†) : 62. 7 : 64. 1.

Je. 1. 7*, 7*†, 17*† : 2. 22 : 3. 1, 16 : 4. 1 *bis*, 30 *bis* : 5. 1 : 7. 5 : 8. 3*† : 11. 4*† : 12. 16, 17†† : 13. 12, 17††, 22 : 14. 12 (*ind.* †), 12, 18 *bis* : 15. 1, 2, 19 *bis* : 17. 24, 27†† : 19. 2*† : 22. 4, 5††, 6††, 24 : 23. 33 (*ind.* †) : 27 (50). 45†† *bis* : 28 (51). 53 *bis* : 29 (49). 16 (*ind.*)†, 20†† *bis* : 33 (26). 4†† : 34 (27). 5*†, 8*†††, 11*† : 38 (31). 37 *bis*, 36 : 44 (37). 10 : 45 (38). 15, 15†, 17, 18††, 25 : 47 (40). 10*† : 49 (42). 4*† (*ind.*), 5*†, 6 (*sine verbo*) ● *bis*, 10, 15, 20*† (*ind.*†) : 51 (44). 26, 35 (45. 5)*†.

Ba. 2. 22††, 29††.

Ep. Je. 24††, 27 *bis*, 34 *bis*, 35††.

Ez. 2. 4 (ἐὰν ἄρα), 7 (ἐὰν ἄρα) : 3. 11 (ἐὰν ἄρα) *bis*, 19††, 21†† : 11. 16*† : 14. 7*† (*ind.*), 9, 13*†, 14, 15, 17, 20, 21 (*ind.* †) : 15. 5††† : 16. 27 :

● = correction on page xxv

17. 16†† (*ind.*), 19†† (*sine verbo*): 18. 3, 10, 14††, 18†, 21: 20. 33†††: 21. 7 (12): 22.
● 13: 24. 13††: 32. 9 (ἡνίκα ἐάν)†: 33. 6, 8†††, 9††, 13†, 33 (ἡνίκα ἐάν)†: 35. 11 (ἡνίκα ἐάν)†: 44. 22.
Da. LXX. Su. 22, 22††: 1. 13, 13 (καθὼς ἐάν): 2. 5††, 6, 9††, 9: 4. 29*: 11. 39*: Bel 8††.
Da. TH. Su. 22 (ἐάν τε γάρ), 22††: 1. 13 (καθὼς ἐάν)†: 2. 5††, 6, 9††: 3. 15††, 18†† (*sine verbo*),
● 29 (96)*†: 4. 14*, 29*†: 5. 7*†, 16, 21*†: Bel 8†† (*opt.*†), 9, 12††.
● I Ma. 2. 40, 41*: 3. 53††: 5. 40, 41: 6. 27†††, 36*† (*ind.*†), 36*† (*ind.*): 7. 35††, 35: 8. 1*† *bis*, 24, 27, 30 (*ind.*†), 30*†, 32: 9. 8 (ἐὰν ἄρα): 10. 43*: 11. 42†: 13. 9*†.
II Ma. 2. 15: 3. 38 (ἐάνπερ) (*opt.*†): 4. 9: 9. 24 (*opt.*†): 10. 4 (ἐάν ποτε): 11. 19: 14. 33††: 15. 21 (καθὼς ἐάν)† (*opt.*†).
III Ma. 2. 10, 30: 3. 29*: 7. 9.
IV Ma. 1. 24: 8. 9.

[**Aq.** GE. 4. 7: EX. 21. 8: LE. 27. 26 ** *bis*: NU. 9. 14: 30. 13: DT. 24. 22 (20): JO. 2. 14 ††: JB. 36. 29: PS. 40 (41). 7: 58 (59). 16 ††: 138 (139). 19: PR. 3. 25: 19. 19: 27. 22: IS. 21. 12: JE. 7. 5: 13. 17 ††: 50 (27). 45 ††: EZ. 3. 1*: AM. 3. 3††: HB. 2. 3.]
[**Sm.** GE. 4. 7, 7††: 11. 6*: 32. 20 (21) (ἐάν πως): LE. 25. 35: 27. 26*, 26 ** *bis*: DT. 26. 2*: JO. 2. 14††: I KI. 17. 9: 20. 2††: II KI. 5. 6 †† (*sine verbo*): IV KI. 8. 1*: JB. 4. 2: 9. 20: 19. 7: 21. 15: 22. 3, 29: 23. 8: 24. 17: 31. 14: 35. 6: PS. 39 (40). 6: 40 (41). 12††: 48 (49). 19: 61 (62). 11: 67 (68). 14: 137 (138). 7: 138 (139). 11, 19: PR. 3. 25: EC. 10. 4: 12. 14** *bis*: IS. 1. 18: 7. 9††: 8. 12*: 21. 12: 24. 13: 58. 9: JE. 7. 5: 12. 1, 16: 13. 17 ††: 33 (40). 20: 44 (51). 14: 50 (27). 45††: EZ. 3. 1*: 18. 24: 33. 5, 14: MI. 2. 6: HB. 2. 3.]
[**Th.** GE. 49. 10 (ἕως ἐάν)†: LE. 27. 26 (*sine verbo*) *bis*: JO. 2. 14††: I KI. 17. 18*: IV KI. 8. 1*: JB. 36. 29: 37. 13**: 39. 13: PR. 3. 25: 19. 19: 27. 22: IS. 7. 9††: 21. 6*: 58. 9: JE. 7. 5: 39 (46). 12 (καθότι ἐάν): EZ. 3. 1*: DA. 11. 39*†.]
[**Al.** LE. 4. 27: 13. 24: 14. 32 (*ind.*): 20. 4: 25. 47: 27. 8: NU. 3. 10*: 21. 2: DT. 25. 9: I KI. 1. 11: JB. 13. 3 (*opt.*): 21. 15: 37. 20: EZ. 2. 5 (ἐάν πως): 12. 25*.]
[**Heb.** JB. 10. 16 (ἐάν τε γάρ): 13. 11.]
[**Sext.** CA. 2. 7.]

ἐάν. (1) דָּמַם (2) חָדַל (3) יָהַב (4) נוּחַ hi. (5) ἀθῷον ἐὰν נָקָה pi. (6) נָתַן (7) רָפָה hi. (8) שְׁבַק *a.* pa. *b.* ithpe. (9) שָׁעָה מִן

Ge. 38. 16. ἔασόν με εἰσελθεῖν πρὸς σέ (3)
Ex. 32. 10. καὶ νῦν ἔασόν με (4)
De. 9. 14. ἔασόν με ἐξολεθρεῦσαι αὐτούς (7)
Jo. 19. 48. οὐκ εἴων αὐτοὺς οἱ Ἀ. καταβῆναι –
Jd. 11. 37. ἔασόν με δύο μῆνας (7)
II Ki. 15. 34. ἔασόν με ζῆσαι –
III Ki. 12. 30. **R** καὶ εἴασαν τὸν οἶκον κυρίου –
I Es. 6. 27. ἐᾶσαι δὲ τὸν παῖδα κυρίου
To. 4. 10. **A R** οὐκ ἐᾷ εἰσελθεῖν [**B** ἐάσει ἐλ.] εἰς τὸ σκότος
Ju. 12. 6. **A B** ἐᾶσαι τὴν δούλην σου ἐπὶ προσευχὴν ἐξελθεῖν
Es. 3. 8. οὐ συμφέρει τῷ βασιλεῖ ἐᾶσαι αὐτούς (4)
8. 13. ἐὰν [**S**[1] ἂν] τοὺς Ἰουδαίους χρῆσθαι
Jb. 7. 19. ἕως τίνος οὐκ ἐᾷς με (9)
9. 18. οὐκ ἐᾷ γάρ με ἀναπνεῦσαι (6)
— 28. οὐκ ἀθῷόν με ἐάσεις (5)
10. 14. **A** ἀπὸ δὲ ἀνομίας οὐκ ἀθῷόν με ἐάσεις [**B S** πεποίηκας] (5)
— 20. ἔασόν με ἀναπαύσασθαι μικρόν [**S** ὀλίγον] (2)
31. 34. εἰ δὲ καὶ εἴασα ἀδύνατον (1)
Je. 41 (34). 11. ἐῶσαν αὐτοὺς εἰς παῖδας καὶ παιδίσκας †
Da. LXX. 2. 44. ἄλλο ἔθνος οὐ μὴ ἐάσῃ (8 *b*)
Da. TH. 4. 12. τὴν φυὴν τῶν ῥιζῶν . . . ἐν τῇ γῇ ἐάσατε (8 *a*)
— 20. τὴν φυὴν τῶν ῥιζῶν αὐ. ἐάσατε ἐν τῇ γῇ (8 *a*)
Da. TH. 4. 23. ἐάσατε τὴν φυήν (8 *a*)
I Ma. 12. 40. μή ποτε οὐκ ἐάσῃ αὐτὸν Ἰων.
15. 14. οὐκ εἴασεν οὐδένα ἐκπορεύεσθαι
II Ma. 6. 13. τὸ μὴ πολὺν χρόνον ἐᾶσθαι τοὺς δυσσεβοῦντας
10. 20. εἴασάν τινας διαρρυῆναι
12. 2. **R** οὐκ εἴων αὐτοὺς εὐσταθεῖς [**A** -εῖν]
13. 11. τὸν . . . λαὸν μὴ ἐᾶσαι . . . ὑποχειρίους γενέσθαι
14. 6. οὐκ ἐῶντες τὴν βασιλείαν εὐσταθείας τυχεῖν
15. 36. μηδαμῶς ἐᾶσαι ἀπαρασήμαντον τήνδε τὴν ἡμέραν
III Ma. 5. 18. **R** τίνος ἕνεκεν αἰτίας εἰάθησαν οἱ Ἰουδαῖοι [**A** *al.*]

[**Aq.** Ps. 26 (27). 9: Is. 2. 6.]
[**Sm.** Ps. 45 (46). 11: Ec. 5. 11: Ho. 4. 17.]
[**Th.** I Ki. 15. 16.]
[**Quint.** Ho. 4. 17.]

ἐάνπερ, *vid.* **ἐάν.**

ἔαρ. (1) חֹרֶף

Ge. 8. 22. θέρος καὶ ἔαρ (1)
Nu. 13. 21 (20). αἱ ἡμέραι ἡμέραι ἔαρος [**B**[1] ἀέρος] –
Ps. 73 (74). 17. θέρος καὶ ἔαρ σὺ ἐποίησας [**S**[2] ἔπλασας] (1)
Wi. 2. 7. **A** μὴ παροδευσάτω ἡμᾶς ἄνθος ἔαρος [**B S** ἀέρος]
Za. 14. 8. ἐν ἔαρι [**A** ἀέρι] ἔσται οὕτως (1)

ἑαυτοῦ, *passim.*

ἐβδάθ. (1) עֲבֹדָה

I Ch. 4. 21. **A** γενέσεις οἰκείων ἐ. ἀββοὺς [**B** *al.*] (1)

ἑβδομάζειν.

[**Th.** Ez. 21. 23 (28).]

ἑβδομαῖος.

[**Sm.** GE. 4. 24.]

ἑβδομάς. (1) שָׁבוּעַ (2) שַׁבָּת

Ex. 34. 22. ἑορτὴν ἑβδομάδων ποιήσεις μοι (1)
Le. 23. 15. ἑπτὰ ἑ. ὁλοκλήρους (2)
— 16. τῆς ἐπαύριον τῆς ἐσχάτης ἑ. [**A B**[2] ἑβδόμης] (2)
25. 8. ἑπτὰ ἑβδομάδες ἐτῶν (2)
Nu. 28. 26. θυσίαν νέαν κυρίῳ τῶν ἑ. (1)
De. 16. 9. ἑπτὰ ἑβδομάδας [**A** *add.* ὁλοκλήρους] ἐξαριθμήσεις (1)
— 9. ἐξαριθμῆσαι ἑπτὰ ἑβδομάδας (1)
— 10. ποιήσεις ἑορτὴν ἑβδομάδων (1)
— 16: II Ch. 8. 13. ἐν τῇ ἑορτῇ τῶν ἑ. (1)
● To. 2. 1. ἥ ἐστιν ἁγία ἑπτὰ ἑβδομάδων [**S** *om.*]
Da. LXX. 9. 24. ἑβδομήκοντα ἑβδομάδες ἐκρίθησαν (1)
— 27. ἐπὶ πολλὰς ἑ. καὶ ἐν τῷ τέλει τῆς ἑ. (1, 1)
10. 2. ἤμην πενθῶν τρεῖς ἑβδομάδας (1)
— 3. ἕως τοῦ συντελέσαι με τὰς τρεῖς ἑ. τῶν ἡμερῶν (1)
Da. TH. 9. 24. ἑβδομήκοντα ἑ. συνετμήθησαν (1)
— 25. ἑβδομάδες ἑπτὰ καὶ ἑ. ἑξήκοντα δύο (1, 1)
— 26. μετὰ τὰς ἑ. τὰς ἑξήκοντα δύο (1)
— 27. δυναμώσει διαθήκην πολλοῖς ἑ. μία (1)
— 27. ἐν τῷ ἡμίσει τῆς ἑ. (1)
— 27. **A B**[2] δυναμώσει διαθήκην πολλοῖς ἑ. μία καὶ ἐν τῷ ἡμίσει τῆς ἑ. (1?, 1?)
10. 2. ἤμην πενθῶν τρεῖς ἑβδομάδας [**B**[1] -μας] ἡμερῶν (1)
— 3. ἕως πληρώσεως τριῶν ἑ. ἡμερῶν (1)
II Ma. 6. 11. λεληθότως ἄγειν τὴν ἑ.
12. 31. τῆς τῶν ἑ. ἑορτῆς οὔσης ὑπογύου
— 38. τῆς δὲ ἑ. ἐπιβαλλούσης
15. 4. ὁ κελεύσας ἀσκεῖν τὴν ἑ.
IV Ma. 2. 8. **S R** τὸ δάνειον τῶν ἑ. ἐνστασῶν [**A** ἐντάσσων]
14. 7. **R** ὦ παναγία [**A** -ιαι, **S** -ιε] συμφώνων ἀδελφῶν ἑ.
— 8. περὶ τὴν ἑ. χορεύοντες οἱ μείρακες

[**Aq.** JE. 5. 24: EZ. 21. 23 (28): DA. 9. 26, 27 *bis.*]
[**Sm.** JE. 5. 24: DA. 9. 26, 27 *bis.*]
[**Th.** GE. 4. 24: EZ. 21. 23 (28): DA. 9. 26, 27 *bis.*]

ἑβδομήκοντα.

Ge. 5. 12: 11. 17, 24, 26: 12. 4: 25. 7: 46. 27: 50. 3, *subscr.*
Ex. 1. 5: 15. 27: 24. 1, 9: 39. 2 (38. 25), 6 (38. 28), 7 (38. 29).
Nu. 1. 27: 2. 4: 3. 43, 46: 7. 13, 19, 25, 31, 37, 43, 49, 55, 61, 67, 73, 79, 85: 11. 16, 24, 25: 26. 22: 31. 32, 33, 37, 38: 33. 9.
De. 10. 22.
Jd. 1. 7: 8. 14, 30: 9. 2, 4, 5, 18, 24, 56: 12. 13.
I Ki. 6. 19: 9. 22: 11. 8.
II Ki. 6. 1: 24. 15.
III Ki. 3. 1 (5. 15): 5. 15 (29).
IV Ki. 10. 1, 6, 7.
I Ch. 21. 5†, 14.
II Ch. 2. 2 (1), 18 (17): 29. 32: 36. 21.
I Es. 1. 58: 5. 9† *ter*, 12†, 24, 26, 35: 8. 33, 34† 39, 40, 66.
II Es. 2. 3, 4, 5, 36, 40: 8. 7, 11†, 14†, 35.
Ne. 7. 8, 9, 10†, 39, 43, 72†: 11. 19.
Ju. 1. 2, 2†, 4†: 7. 2†.
Jb. 42. 16.
Ps. 89 (90). 10.
Za. 7. 5.
Is. 23. 15 *bis*, 17.
Je. 25. 11, 12: 36 (29). 10.
Ez. 8. 11: 41. 12.
Da. LXX. 9. 2, 24, 26, 27: Bel 9.
Da. TH. 9. 2, 24: Bel 10.

[**Aq.**, **Sam.** DT. 10. 22.]

ἑβδομηκοντάκις. (1) שִׁבְעִים

Ge. 4. 24. ἐκ δὲ Λάμεχ. ἑ. ἑπτά (1)

[**Aq.** GE. 4. 24.]

ἑβδομηκοστός. (1) שִׁבְעִים

III Ki. 8. 2. **A** αὐτὸς ὁ μὴν ἑ. ἕβδομος –
Za. 1. 12. τοῦτο ἑ. ἔτος (1)
I Ma. 13. 41. ἔτους ἑ. καὶ ἑκατοστοῦ
— 51. ἔτους . . . ἑ. καὶ ἑκατοστοῦ
14. 1. ἐν ἔτει δευτέρῳ καὶ ἑ. [**S** ἑβδόμῳ]
— 27. ἔτους δευτέρου καὶ ἑ.
15. 10. ἔτους τετάρτου καὶ ἑ. καὶ ἑκατοστοῦ
16. 14. ἔτους ἑβδόμου καὶ ἑ. καὶ ἑκατοστοῦ

ἕβδομος. (1) *a.* שְׁבִיעִי *b.* שֶׁבַע *c.* שִׁבְעָה *d.* שָׁבוּעַ (2) שַׁבָּת

Ge. 2. 2. κατέπαυσε τῇ ἡμέρᾳ τῇ ἑ. (1 *a*)
— 3. εὐλόγησεν ὁ θεὸς τὴν ἡμέραν τὴν ἑ. (1 *a*)
7. 11. ἑβδόμῃ καὶ εἰκάδι τοῦ μηνός (1 *c*)
8. 3 (4). ἐν μηνὶ τῷ ἑ. ἑβδόμῃ καὶ εἰκάδι τοῦ μ. (1 *a*, 1 *c*)
— 14. ἑβδόμῃ καὶ εἰκάδι τοῦ μηνός (1 *c*)
29. 27. συντέλεσον οὖν τὰ ἑ. αὐτῆς (1 *d*)
— 28. ἀνεπλήρωσε τὰ ἑ. ταύτης (1 *d*)
Ex. 12. 15. ἕως τῆς ἡμέρας τῆς ἑ. (1 *a*)
— 16. ἡ ἡμέρα ἡ ἑ. (1 *a*)
13. 6. τῇ δὲ ἡμέρᾳ τῇ ἑ. (1 *a*)
16. 26. τῇ δὲ ἡμέρᾳ τῇ ἑ. σάββατα (1 *a*)
— 27. ἐν τῇ ἡμέρᾳ τῇ ἑ. (1 *a*)
— 29, 30. τῇ ἡμέρᾳ τῇ ἑ. (1 *a*)
20. 10. τῇ δὲ ἡμέρᾳ τῇ ἑ. (1 *a*)
— 11. τῇ ἡμέρᾳ τῇ ἑ. (1 *a*)
— 11. τὴν ἡμέραν τὴν ἑ. (2)
21. 2. τῷ δὲ ἑ. ἔτει [**A** τῷ δὲ ἔτει τῷ ἑ.] (1 *a*)
23. 11. τῷ δὲ ἑ. [**A** *add.* ἔτει] (1 *a*)
— 12. τῇ δὲ ἡμέρᾳ τῇ ἑ. (1 *a*)
24. 16. τῇ ἡμέρᾳ τῇ ἑ. (1 *a*)
31. 15. τῇ δὲ ἡμέρᾳ τῇ ἑ. σάββατα (1 *a*)
— 15. τῇ ἡμέρᾳ τῇ ἑ. [**A** τοῦ σαββάτου] (2)
— 17. τῇ ἡμέρᾳ τῇ ἑ. (1 *a*)
34. 21. τῇ δὲ ἑ. [**A** τῇ δὲ ἡμέρᾳ τῇ ἑ.] (1 *a*)
35. 2. τῇ δὲ ἡμέρᾳ τῇ ἑ. (1 *a*)
38. 16 (37. 19). τὸ ἐνθέμιον τὸ ἑ. †
Le. 13. 5, 6, 27, 32, 34, 51: 14. 9, 39. τῇ ἡμέρᾳ τῇ ἑ. (1 *a*)
16. 29. ἐν τῷ μηνὶ τῷ ἑ. (1 *a*)
23. 3. τῇ ἡμέρᾳ τῇ ἑ. (1 *a*)
— 8. ἡ ἡμέρα ἡ ἑ. (1 *a*)
— 16. **A B**[2] τῆς ἐσχάτης ἑ. [**B**[1] **R** ἑβδομάδος] (2)
— 24. τοῦ μηνὸς τοῦ ἑ. (1 *a*)
— 27, 34, 39. τοῦ μηνὸς τοῦ ἑ. τούτου (1 *a*)
— 41. ἐν τῷ μηνὶ τῷ ἑ. (1 *a*)
25. 4. τῷ δὲ ἔτει τῷ ἑ. (1 *a*)
— 9. ἐν [**A** *om.*] τῷ μηνὶ τῷ ἑ. (1 *a*)

Le. 25. 20. ἐν τῷ ἔτει τῷ ἑ. τούτῳ (1 a)
Nu. 6. 9. τῇ ἡμέρᾳ τῇ ἑ. ξυρηθήσεται (1 a)
7. 48. τῇ ἡμέρᾳ τῇ ἑ. (1 a)
19. 12 *bis*. καὶ τῇ ἡμέρᾳ τῇ ἑ. (1 a)
— 19. καὶ ἐν τῇ ἡμέρᾳ τῇ ἑ. (1 a)
— 19. **A B**[2] **R** τῇ [**A** ἐν τῇ] ἡμέρᾳ τῇ ἑ. (1 a)
28. 25. ἡ ἡμέρα ἡ ἑ. κλητὴ ἁγία ἔσται ὑμῖν (1 a)
29. 1. τῷ μηνὶ τῷ ἑ. (1 a)
— 12. τοῦ μηνὸς τοῦ ἑ. τούτου (1 a)
— 32: 31. 19, 24. τῇ ἡμέρᾳ τῇ ἑ. (1 a)
De. 5. 14. τῇ δὲ ἡμέρᾳ τῇ ἑ. (1 a)
15. 9. ἐγγίζει τὸ ἔτος τὸ ἕ. (1 b)
— 12. τῷ ἑ. ἐξαποστελεῖς αὐτόν (1 a)
16. 8: Jo. 6. 14 (15). τῇ ἡμέρᾳ τῇ ἑ. (1 a)
Jo. 6. 15 (16). τῇ περιόδῳ τῇ ἑ. (1 a)
19. 40. ἐξῆλθεν ὁ κλῆρος ὁ ἕ. (1 a)
Jd. 14. 17. ἐν τῇ ἡμέρᾳ τῇ ἑ. (1 a)
— 18. ἐν [**A** *om.*] τῇ ἡμέρᾳ τῇ ἑ. (1 a)
II Ki. 12. 18. ἐν τῇ ἡμέρᾳ τῇ ἑ. (1 a)
III Ki. 8. 2. **A** αὐτὸς ὁ μὴν ἑβδομηκοστὸς ἑ. (1 a)
16. 10, 15. **A** ἐν ἔτει εἰκοστῷ καὶ ἑ. (1 b)
18. 44. ἐν τῷ ἑ. (1 a)
21 (20). 29. ἐν τῇ ἡμέρᾳ τῇ ἑ. [**A** ἐν τῇ ἑ. ἡ.] (1 a)
IV Ki. 11. 4. ἐν τῷ [**A** *om.*] ἔτει τῷ ἑ. (1 a)
12. 1 (2). ἐν ἔτει ἑ. τῷ [**A** τοῦ] Ἰ. (1 b)
13. 10. ἐν ἔτει τριακοστῷ καὶ ἑ. ἔτει [**A** *om.*] (1 b)
15. 1. ἐν ἔτει εἰκοστῷ καὶ ἑ. [**A** ἑ. ἔτει] (1 b)
18. 9. αὐτὸς ἐνιαυτὸς ὁ ἑ. [**A** ὁ ἑ. ἑ.] (1 a)
22. 3. **A** ἐν τῷ μηνὶ τῷ ἑ. [**B** ὀγδόῳ] –
25. 8. ἑβδόμη τοῦ μηνός (1 c)
— 25. ἐν [**A** *om.*] τῷ ἑ. μηνί (1 a)
— 27. ἐν τῷ τριακοστῷ καὶ ἑ. ἔτει (1 b)
— 27. ἑβδόμῃ καὶ εἰκάδι τοῦ μηνός (1 c)
I Ch. 2. 15. Δαυὶδ ὁ ἕ. (1 a)
12. 11. Ἐλιὰβ ὁ ἕ. (1 a)
24. 10. τῷ Κὼς ὁ ἕ. (1 a)
25. 14. ὁ ἕ. Ἰ. (1 a)
26. 3. Ἐ. ὁ ἕ. (1 a)
— 5. **A R** ὁ ἕ. (1 a)
27. 10. ὁ ἕ. τῷ μηνὶ τῷ ἑ. (1 a, 1 a)
II Ch. 5. 3. οὗτος ὁ μὴν ἕ. (1 a)
7. 10. ἐν τῇ τρίτῃ καὶ εἰκ. τοῦ μηνὸς τοῦ ἑ. (1 a)
23. 1. **A** ἐν τῷ ἔτει τῷ ἑ. [**B** ὀγδόῳ] (1 a)
31. 7. **A B** ἐν τῷ ἑ. μηνί [**R** μ. τῷ ἑ.] (1 a)
I Es. 5. 47. ἐνστάντος δὲ τοῦ ἑ. μηνός
— 53. **A R** ἀπὸ τῆς νουμηνίας τοῦ ἑ. [**B** πρώτου] μηνός
8. 6. ἔτους ἑ. βασιλεύοντος Ἀ.
— 6. **A R** οὗτος ἐνιαυτὸς ἕ. τῷ [**B** ὁ δεύτερος] βασιλεῖ
9. 37. **A R** τῇ νουμηνίᾳ τοῦ μηνὸς τοῦ ἑ. [**B** τοῦ ἑ. μ.]
— 40. νουμηνίᾳ τοῦ ἑ. μηνός
II Es. 3. 1. καὶ ἔφθασεν ὁ μὴν ὁ ἕ. (1 a)
— 6. ἐν ἡμέρᾳ μιᾷ τοῦ μηνὸς τοῦ ἑ. (1 a)
7. 7. ἐν ἔτει ἑ. τῷ Ἀ. τῷ βασιλεῖ (1 b)
— 8. τοῦτο τὸ ἔτος ἑ. τῷ βασιλεῖ (1 a)
Ne. 8. 1 (7. 73). καὶ ἔφθασεν ὁ μὴν ὁ ἕ. (1 a)
— 1. **S**[1] ἔφθασεν ὁ μὴν ὁ ἕ. –
— 2. ἐν ἡμέρᾳ μιᾷ τοῦ μηνὸς τοῦ ἑ. (1 a)
— 14. ἐν ἑορτῇ ἐν [**S**[1] *om.*] μηνὶ τῷ ἑ. (1 a)
10. 31 (32). ἀνήσομεν τὸ ἔτος τὸ ἑ. (1 a)
To. 2. 12. **S** ἐν τῇ ἑ. τοῦ Δύστρου
Es. 1. 10. ἐν δὲ τῇ ἡμέρᾳ τῇ ἑ. (1 a)
2. 16. τῷ ἑ. ἔτει τῆς βασιλείας αὐτοῦ (1 b)
Jb. 5. 19. ἐν δὲ τῷ ἑ. οὐ μὴ ἅψηταί σου κακόν (1 b)
Hg. 2. 2 (1). τῷ μηνὶ τῷ ἑ. [**A** τῷ ἑ. μ.] (1 a)
Za. 7. 5. ἐν ταῖς πέμπταις ἢ ἐν ταῖς ἑ. (1 a)
8. 19. καὶ νηστεία ἡ ἑ. (1 a)
Je. 35 (28). 17. ἐν [**S** *om.*] τῷ μηνὶ τῷ ἑ. [**A** τῷ ἑ. μ.] (1 a)
48 (41). 1. ἐγένετο τῷ μηνὶ τῷ ἑ. (1 a)
52. 4. **A** ἐν τῷ μηνὶ τῷ ἑ. [**B** ἐν μ. τῷ ἐνάτῳ] †
— 31. ἐγένετο ἐν τῷ [**A** *om.*] τριακοστῷ καὶ ἑ. ἔτει [**S** *al.*] (1 b)
Ba. 1. 2. ἐν [**A** *om.*] ἑβδόμῃ τοῦ μηνός
Ez. 20. 1. ἐγένετο ἐν τῷ ἔτει τῷ ἑ. (1 a)
29. 17. ἐγένετο ἐν τῷ ἑ. καὶ εἰκοστῷ ἔτει (1 b)
30. 20. ἑβδόμῃ τοῦ μηνός (1 c)
45. 20. **A R** ἐν τῷ μηνὶ τῷ ἑ. [**B** τῷ ἑ. μ.] (1 c)
— 25. **A R** ἐν τῷ ἑ. μηνὶ [**B** *om.*] (1 a)
Da. TH. Bel 40. τῇ ἡμέρᾳ τῇ ἑ.
I Ma. 1. 10. **S R** ἐν [**A** *om.*] ἔτει ἑκατοστῷ καὶ τριακοστῷ καὶ ἑ.
3. 37. ἔτους ἑ. καὶ τεσσαρακοστοῦ καὶ ἑκατοστοῦ
6. 53. διὰ τὸ ἕ. ἔτος εἶναι
10. 21. τῷ ἑ. μηνὶ ἔτους ἑξηκοστοῦ

I Ma. 11. 19. ἔτους ἑ. καὶ ἑξηκοστοῦ καὶ ἑκατοστοῦ
14. 1. **S** ἐν ἔτει δευτέρῳ καὶ ἑ. [**A R** ἑβδομηκοστῷ]
16. 14. ἔτους ἑ. καὶ ἑβδομηκοστοῦ καὶ ἑκατοστοῦ
III Ma. 6. 38. ἀπὸ πέμπτης τοῦ Ἐπιφὶ ἕως ἑβδόμης
IV Ma. 12. 1. ὁ ἕ. παρεγίνετο
[**Aq.** Ge. 2. 2: III Ki. 16. 10, 15: Za. 7. 5: 8. 19.]
[**Sm.** Ge. 2. 2: III Ki. 16. 10, 15: IV Ki. 11. 4: Za. 7. 5: 8. 19.]
[**Th.** Ge. 2. 2: III Ki. 16. 10, 15: Je. 52. 28: Za. 7. 5: 8. 19.]
[**Al.** Le. 23. 16: Dt. 16. 8.]

ἑβδόμως.

[**Sm.** Ge. 4. 15.]

ἔβενος.

[**Sm.** Ez. 27. 15.]

ἔβλη.

[**Aq.** Ps. 91 (92). 4.]

ἐγγαστρίμυθος. (1) *a.* אוֹב *b.* בַּעֲלַת־אוֹב *c.* שֹׁאֵל אוֹב (2) בַּד (3) יִדְּעֹנִי

Le. 19. 31. οὐκ ἐπακολουθήσετε ἐγγαστριμύθοις (1 a)
20. 6. ἢ ἐὰν ἐπακολουθήσῃ ἐγγαστριμύθοις (1 a)
— 27. ὃς ἂν γένηται αὐτῶν ἐ. (1 a)
De. 18. 11. ἐγγαστρίμυθος καὶ τερατοσκόπος (1 c)
I Ki. 28. 3. καὶ Σ. περιεῖλε τοὺς ἐ. (1 a)
— 7. ζητήσατέ μοι γυναῖκα ἐγγαστρίμυθον (1 b)
— 7. ἰδοὺ γυνὴ ἐ. ἐν Ἀ. (1 b)
— 9 (8). μάντευσαι δή μοι ἐν τῷ ἐ. (1 a)
— 9. ὡς ἐξωλέθρευσε τοὺς ἐ. (1 a)
I Ch. 10. 13. ἐπηρώτησε Σ. ἐν τῷ ἐ. (1 a)
II Ch. 33. 6. καὶ ἐποίησεν ἐγγαστριμύθους (1 a)
35. 19. καὶ τοὺς ἐ. καὶ τοὺς γνώστας –
Is. 8. 19. ζητήσατε τοὺς ἐ. (1 a *vel* 3)
19. 3. ἐπερωτήσουσι . . . τοὺς ἐγγαστριμύθους (3 ?)
44. 25. διασκεδάσει σημεῖα ἐγγαστριμύθων (2)
[**Sm.** IV Ki. 23. 24: Is. 29. 4.]
[**Heb.** IV Ki. 21. 6.]

ἐγγαών.

[**Heb.** Ps. 9. 17.]

ἐγγελᾶν. (1) שָׂחַק

Ps. 2. 4. **A** ὁ κατοικῶν ἐν οὐρανοῖς ἐγγελάσεται [**B S** ἐκγελ.] αὐτούς (1)
IV Ma. 5. 27. **A** ὅπως τῇ . . . μιαροφαγίᾳ ταύτῃ ἔτι ἐγγελάσῃς [**S R** τ. ἐπεγγ.]

ἐγγεννᾶν.

Si. 22. 4. **S**[1] ἡ καταισχύνουσα εἰς λύπην ἐγγεννήσαντος [**A B S**[2] γενν.]

ἐγγίγνεσθαι.

Ho. 7. 6. πρωῒ ἐνεγενήθη [**A** ἐγεν.] –

ἐγγίζειν. (1) בַּדֶּרֶךְ בְּעוֹד (2) *a.* הָיָה לְ *b.* הָיָה עוֹד (3) הָרַס (4) cum neg. זוּר (5) חוּשׁ hi. (6) יָחַל pi. (7) יָקַשׁ ni. (8) כָּנַף ni. (9) מְטָא (10) נָגַע *a.* qal. *b.* hi. *c.* נֶגַע (11) נָגַשׁ *a.* qal. *b.* ni. *c.* hi. (12) קָוָה pi. (13) קָרַב *a.* qal. *b.* pi. *c.* hi. *d.* קָרֵב *e.* קָרֵב *f.* קָרוֹב *g.* קֶרֶב *h.* קְרָב *i.* קִרְבָה

Ge. 12. 11. ἡνίκα ἤγγισεν Ἅβραμ (13 c)
18. 23. καὶ ἐγγίσας Ἀβραὰμ εἶπε (11 a)
19. 9. καὶ ἤγγισαν συντρῖψαι τὴν θύραν (11 a)
27. 21. ἔγγισόν μοι καὶ ψηλαφήσω σε (11 a)
— 22. ἤγγισε δὲ Ἰακὼβ πρὸς Ἰσαάκ (11 a)
— 26. ἔγγισόν μοι καὶ φίλησόν με (11 a)
— 27. καὶ ἐγγίσας ἐφίλησεν αὐτόν (11 a)
— 41. ἐγγισάτωσαν αἱ ἡμέραι τοῦ πένθους (13 a)
33. 3. **A** ἕως τοῦ ἐγγίσαι τοῦ ἀδελφοῦ [**R** τῷ ἀ.] (11 a)
35. 16. **A** ἡνίκα ἤγγισεν [**R** *add.* εἰς] Χαβρ. (2 b)
37. 18. πρὸ τοῦ ἐγγίσαι αὐτὸν πρὸς αὐτούς (13 a)
44. 18. ἐγγίσας δὲ αὐτῷ Ἰούδας εἶπε (11 a)
45. 4. **R** ἐγγίσατε πρὸς μὲ καὶ ἤγγισαν (11 a, 11 a)

Ge. 47. 29. **A R** ἤγγισαν δὲ αἱ ἡμέραι Ἰσρ. τοῦ [**B** *om.*] ἀποθανεῖν (13 a)
48. 7. ἐγγίζοντός μου κατὰ τὸν ἱππόδρ. Χ. (1 ?)
— 10. **A**[2] **B** καὶ ἤγγισεν αὐτοὺς πρὸς αὐτόν (11 c)
— 13. ἤγγισεν αὐτοὺς αὐτῷ (11 c)
Ex. 3. 5. μὴ ἐγγίσῃς ὧδε (13 a)
19. 21. μή ποτε ἐγγίσωσι πρὸς τὸν θεόν (3)
— 22. οἱ ἱερεῖς οἱ ἐγγίζοντες κ. τῷ θ. (11 b)
24. 2. ἐγγιεῖ Μ. μόνος πρὸς τὸν θ. αὐτοὶ δὲ οὐκ ἐγγιοῦσιν (11 b, 11 a)
32. 19. καὶ ἡνίκα ἤγγιζε [**A** -ισεν] τῇ παρεμβολῇ (13 a)
34. 30. **A R** καὶ ἐφοβήθησαν ἐγγίσαι αὐτῷ [**B** -οῦ] (11 a)
Le. 10. 3. ἐν τοῖς ἐγγίζουσί μοι ἁγιασθήσομαι (13 f)
21. 3. ἐπ' ἀδελφῇ παρθένῳ τῇ ἐγγιζούσῃ αὐτῷ (13 f)
— 3. **A** τῇ μὴ ἐγγιζούσῃ [**B** ἐκδεδομ.] ἀνδρί (2 a)
— 21. **B**[2] **R** οὐκ ἐγγιεῖ [**A B**[1] προσεγγ.] τοῦ προσενεγκεῖν (11 a)
— 23. πρὸς τὸ θυσιαστήριον οὐκ ἐγγιεῖ (11 a)
25. 25. **A B**[1] ὁ ἀγχιστεύων ἐγγίζων ἔγγιστα αὐτοῦ [**B**[2] **R** *al.*] (13 f)
Nu. 24. 17. καὶ οὐκ ἐγγίζει (13 f)
De. 4. 7. θεὸς ἐγγίζων αὐτοῖς (13 f)
13. 7 (8). τῶν ἐγγιζόντων σοι ἢ τῶν μακρὰν ἀπὸ σοῦ (13 f)
15. 9. ἐγγίζει τὸ ἔτος τὸ ἕβδομον (13 a)
20. 2. ὅταν ἐγγίσῃς τῷ πολέμῳ (13 a)
21. 3. ἡ πόλις ἡ ἐγγίζουσα τῷ τραυματίᾳ (13 f)
— 6. οἱ ἐγγίζοντες τῷ τραυματίᾳ (13 f)
22. 2. ἐὰν δὲ μὴ ἐγγίζῃ ὁ ἀδελφός σου πρὸς σέ (13 f)
— 2. **B** μηδὲ ἐγγίζῃ [**A R** ἐπίστῃ] αὐτόν †
25. 5. ἀνδρὶ μὴ ἐγγίζοντι (4)
31. 14. ἐγγίκασιν αἱ ἡμέραι τοῦ θανάτου σου (13 a)
Jd. 9. 52. ἤγγισεν Ἀβ. ἕως τῆς θύρας (11 a)
19. 13. ἐγγίσωμεν ἑνὶ τῶν τόπων [**A** *al.*] (13 a)
20. 23. εἰ προσθῶμεν ἐγγίσαι [**A** *al.*] (11 a)
Ru. 2. 20. ἐγγίζει ἡμῖν ὁ ἀνήρ (13 f)
I Ki. 17. 41. **A** καὶ ἐγγίζων πρὸς Δ. (13 e)
— 48. **A** καὶ ἤγγισεν [**B** *om.* καὶ ἤ.] εἰς συνάντησιν Δ. (13 a)
II Ki. 11. 20. τί ὅτι ἠγγίσατε [**A** τί ἠργάσατε] πρὸς τὴν πόλιν (11 b)
15. 5. ἐν τῷ ἐγγίζειν ἄνδρα τοῦ προσκυνῆσαι αὐτῷ (13 a)
18. 25. πορευόμενος καὶ ἐγγίζων (13 e)
19. 42 (43). διότι ἐγγίζει πρὸς μὲ ὁ βασ. (13 f)
20. 16. ἔγγισον ἕως [**A** *om.*] ὧδε (13 a)
— 17. **A** καὶ ἤγγισεν [**A** προσήγγ.] πρὸς αὐτήν (13 a)
III Ki. 2. 1. καὶ ἤγγισαν αἱ ἡμέραι Δ. (13 a)
— 7. οὕτως ἤγγισάν μοι (13 a)
8. 59. ἐγγίζοντες πρὸς κύριον θεὸν ἡμῶν (13 f)
20 (21). 2. **B**[2] **R** ἐγγίζων [**A B**[1] -ίων] οὗτος τῷ οἴκῳ μου (13 f)
IV Ki. 2. 5. καὶ ἤγγισαν οἱ υἱοὶ τῶν προφητῶν (11 a)
4. 6. ἐγγίσατε ἔτι πρὸς μὲ τὸ σκεῦος (11 c)
— 27. καὶ ἤγγισε Γ. (11 a)
5. 13. καὶ ἤγγισαν οἱ παῖδες αὐτοῦ (11 a)
II Ch. 18. 23. καὶ ἤγγισε [**A** ἐποίησεν] Σ. (11 a)
II Es. 4. 2. καὶ ἤγγισαν πρὸς Ζ. (11 a)
9. 1. ἤγγισαν πρὸς μὲ οἱ ἄρχοντες (11 b)
Ne. 13. 4. Ἐ. . . . ἐγγιῶν [? -ίων, **S**[1] ἐν Σιών] Τωβίᾳ (13 f)
To. 6. 5. ἕως ἤγγισαν ἐν Ἐκβ.
— 9. **S** ἤδη ἤγγιζεν εἰς Ἐκβ. [**A B** *al.*]
— 14. **S** ὃς ἂν θελήσῃ ἐγγίσαι αὐτῆς
11. 1. μέχρις οὗ ἐγγίσαι αὐτοὺς [**B**[1] -όν] εἰς Ν. [**S** *al.*]
— 7. **S** πρὸ τοῦ ἐγγίσαι αὐτὸν πρὸς τὸν πατ.
— 17. ὡς ἤγγισε Τ. Σάρρᾳ
Ju. 8. 27. μαστιγοῖ κύριος τοὺς ἐγγίζοντας αὐτῷ
13. 7. **A B** ἐγγίσασα τῆς κλίνης
Jb. 19. 21. **A** ἐγγίσατέ μοι –
33. 22. ἤγγισε [**A** ἐγγίσῃ] δὲ εἰς θάνατον ἡ ψυχὴ αὐ. (13 a)
Ps. 26 (27). 2. ἐν τῷ ἐγγίζειν ἐπ' ἐμὲ κακοῦντας (13 a)
31 (32). 6. πρὸς αὐτὸν οὐκ ἐγγιοῦσι (10 b)
— 9. τῶν μὴ ἐγγιζόντων πρὸς σέ (13 a)
37 (38). 11. οἱ πλησίον μου ἐξ ἐναντίας μου ἤγγισαν (10 c ?)
54 (55). 18. λυτρώσεται . . . τὴν ψυχήν μου ἀπὸ τῶν ἐγγιζόντων μοι (13 h)

Ps. 54 (55). 21. ἤγγισεν ἡ καρδία αὐ. (13 *h*)
68 (69). 3. B[1] ἀπὸ τοῦ ἐγγίζειν [B[2] S R ἐλπίζειν] ἐπὶ [R με ἐπὶ] τὸν θ. μου (6)
87 (88). 3. ἡ ζωή μου τῷ ᾅδῃ ἤγγισε (10 *b*)
90 (91). 7. πρὸς σὲ δὲ οὐκ ἐγγιεῖ (11 *a*)
— 10. μάστιξ οὐκ ἐγγιεῖ τῷ σκηνώματί σου (13 *a*)
106 (107). 18. ἤγγισαν ἕως τῶν πυλῶν τοῦ θανάτου (10 *b*)
118 (119). 169. ἐγγισάτω δὴ ἡ δέησίς μου ἐνώπιόν σου (13 *a*)
148. 14. ὕμνος . . . λαῷ ἐγγίζοντι αὐτῷ (13 *f*)
Pr. 3. 15. εὔγνωστός ἐστι πᾶσι τοῖς ἐγγίζουσιν αὐτῇ –
5. 8. μὴ ἐγγίσῃς πρὸς θύραις οἴκων αὐτῆς (13 *a*)
10. 14. στόμα δὲ προπετοῦς ἐγγίζει συντριβῇ (13 *f*)
19. 7. ἔννοια ἀγαθὴ τοῖς εἰδόσιν αὐτὴν ἐγγιεῖ –
Ec. 4. 17. S[2] ἔγγισον [A B S[1] ἐγγὺς] τοῦ ἀκούειν (13 *f*)
Si. 36 (33). 11. καὶ πρὸς αὐτὸν ἤγγισεν
— 12. A καὶ πρὸς αὐτὸν ἤγγισεν [B S καὶ ἐταπείνωσε]
37. 30. ἡ ἀπληστία ἐγγιεῖ ἕως χολέρας
51. 6. A S R ἤγγισεν [B ἤνεσεν] ἕως θανάτου ἡ ψυχή μου
— 23. ἐγγίσατε [S[1] αἰνέσατε] πρὸς μὲ ἀπαίδευτοι
Ho. 12. 6 (7). καὶ ἔγγιζε πρὸς τὸν θεόν σου διὰ παντός (12)
Am. 6. 3. οἱ ἐγγίζοντες καὶ ἐφαπτόμενοι σαββάτων ψευδῶν (11 *c*)
9. 10. οὐ μὴ ἐγγίσῃ . . . τὰ κακά (11 *c*)
Mi. 2. 9. ἐγγίσατε ὄρεσιν αἰωνίοις †
4. 10. B καὶ ἔγγιζε –
Jn. 3. 6. ἤγγισεν ὁ λόγος [S[3] λαὸς] πρὸς τὸν βασ. τῆς N. (10 *a*)
Hb. 3. 2. ἐν τῷ ἐγγίζειν τὰ ἔτη ἐπιγνωσθήσῃ (13 *g*)
Ze. 3. 2. πρὸς τὸν θεὸν αὐτῆς οὐκ ἤγγισεν (13 *a*)
Hg. 2. 15 (14). ὃς ἐὰν ἐγγίσῃ ἐκεῖ (13 *c*)
Is. 5. 8. ἀγρὸν πρὸς ἀγρὸν ἐγγίζοντες (13 *c*)
— 19. τὸ τάχος ἐγγισάτω ἃ ποιήσει (5)
8. 15. ἐγγιοῦσι καὶ ἁλώσονται ἄνθρωποι (7 ?)
26. 17. ὡς ἡ ὠδίνουσα ἐγγίζει [A S[2] *add.* τοῦ τεκεῖν (13 *c*)
29. 13. ἐγγίζει μοι [S[1] μου] ὁ λαὸς οὗτος (11 *b*)
30. 20. οὐκέτι μὴ ἐγγίσωσί σοι [S[1] σε] οἱ πλανῶντές σε (8?)
33. 13. γνώσονται οἱ ἐγγίζοντες τὴν ἰσχύν μου (13 *f*)
38. 12. ἐρίθου ἐγγιζούσης ἐκτεμεῖν †
41. 1. ἐγγισάτωσαν καὶ λαλησάτωσαν ἅμα (11 *a*)
— 5. τὰ ἄκρα τῆς γῆς ἤγγισαν (13 *a*)
— 21. ἐγγίζει ἡ κρίσις ὑμῶν . . . ἤγγισαν αἱ βουλαὶ ὑμῶν (13 *a*, 11 *c*)
— 22. ἐγγισάτωσαν καὶ ἀναγγειλάτωσαν (11 *c*)
45. 21. εἰ ἀναγγελοῦσιν ἐγγισάτωσαν (11 *c*)
46. 13. ἤγγισα τὴν δικαιοσύνην μου (13 *b*)
50. 8. ἐγγίζει ὁ δικαιώσας με . . . ἐγγισάτω μοι (13 *f*, 11 *a*)
51. 5. ἐγγίζει ταχὺ ἡ δικαιοσύνη μου (13 *f*)
54. 14. τρόμος οὐκ ἐγγιεῖ σοι (13 *a*)
55. 6. ἡνίκα δ' ἂν ἐγγίζῃ [A -ει] ὑμῖν (13 *f*)
56. 1. ἤγγικε [A -σεν] γὰρ τὸ σωτήριόν μου παραγίνεσθαι (13 *f*)
58. 2. ἐ. θεῷ ἐπιθυμοῦσι (13 *i*)
65. 5. μὴ ἐγγίσῃς μοι [A μου] (11 *a*)
Je. 23. 23. θεὸς ἐγγίζων ἐγώ εἰμι [S *om.*] (13 *f*)
28 (51). 9. ἤγγικεν [A S -σεν] εἰς οὐρανὸν τὸ κρίμα αὐτῆς (10 *a*)
La. 3. 57. B S εἰς τὴν βοήθειάν μου ἤγγισας (13 *a*)
4. 18. ἤγγικεν ὁ καιρὸς ἡμῶν (13 *a*)
Ez. 7. 7. ἤγγικεν ἡ ἡμέρα (13 *f*)
9. 1. ἤγγικεν ἡ ἐκδίκησις τῆς πόλεως (13 *a*)
— 6. ἐπὶ δὲ πάντας ἐφ' οὓς ἐστι τὸ σημεῖον μὴ ἐγγίσητε (11 *a*)
12. 23. ἠγγίκασιν αἱ ἡμέραι (13 *a*)
22. 4. ἤγγισας τὰς ἡμέρας σου (13 *c*)
— 5. εἰς ἐμπαιγμὸν π. ταῖς χώραις ταῖς ἐγγιζούσαις πρὸς σέ (13 *f*)
23. 5. ἐπὶ τοὺς 'Ασσ. τοὺς ἐγγίζοντας αὐτῇ (13 *f*)
40. 46. οἱ ἐγγίζοντες ἐκ τοῦ Λευὶ πρὸς κύριον (13 *e*)
42. 13. οἱ ἱερεῖς υἱοὶ Σ. οἱ ἐγγίζοντες πρὸς κ. (13 *f*)
43. 19. δώσεις . . . τοῖς ἐγγίζουσι πρὸς μέ (13 *f*)
44. 13. οὐκ ἐγγιοῦσι πρὸς μέ (11 *a*)
45. 4. ἔσται τοῖς ἐγγίζουσι [A *add.* ἐν αὐτοῖς] λειτουργεῖν (13 *e*)
Da. LXX. 4. 9 (8). ἡ κορυφὴ αὐτοῦ ἤγγιζεν ἕως τοῦ οὐρανοῦ (9)
— 19. καὶ ἐγγίσαι τῷ οὐρανῷ (9)
Da. TH. 6. 20 (21). ἐν τῷ ἐγγίζειν αὐτὸν τῷ λάκκῳ (13 *d*)
I Ma. 2. 49. ἤγγισαν αἱ ἡμέραι τοῦ M. ἀποθανεῖν
3. 16. A S ἤγγισεν [R -αν] ἕως ἀναβάσεως Βαιθ.
— 26. ἤγγισεν ἕως τοῦ βασιλέως τὸ ὄνομα αὐτοῦ
5. 40. ἐν τῷ ἐγγίζειν 'Ιούδαν
— 42. ὡς δὲ ἤγγισεν 'Ιούδας
6. 42. καὶ ἤγγισεν 'Ιούδας
9. 10. S R εἰ [A *om.*] ἤγγικεν ὁ καιρὸς ἡμῶν
— 12. ἤγγισεν ἡ φάλαγξ ἐκ τῶν δύο μερῶν
11. 4. A R ὡς δὲ ἤγγισεν [S -αν] 'Αζώτου
12. 37. R ἤγγισε [A ἔπεσεν, S ἐπέπεσαν] τοῦ τείχους [S[1] χείλους]
13. 23. A S ὡς δὲ ἤγγισε τῆς [R τῇ] B.
[**Aq.** Ex. 14. 10, 20: Le. 25. 33: Dt. 2. 19: I Ki. 14. 9: 23. 9: Ps. 31 (32). 9: 90 (91). 10: Ec. 4. 17: Is. 30. 4: 41. 1, 5, 21: 57. 3: Je. 30 (37). 21: 41 (48). 6: Ho. 7. 6: Hb. 3. 2.]
[**Sm.** Ex. 14. 10: Le. 25. 33: Ps. 26 (27). 2: 31 (32). 6, 9: 90 (91). 10: Ec. 4. 17: Ca. 2. 12: Is. 41. 1, 21: 57. 3: Je. 30 (37). 21: 41 (48). 6: Ez. 30. 3: Za. 14. 5.]
[**Th.** I Ki. 14. 18: Is. 41. 1, 21: Je. 23. 23: 41 (48). 6: Ho. 7. 6.]
[**Al.** Ex. 4. 25: Dt. 20. 2: Jb. 19. 21.]
[**Quint.** Ps. 31 (32). 9.]

ἐγγλύφειν. (1) חָצַב ni. (2) פִּתּוּחַ
Ex. 36. 21 (39. 14). A ἐγγεγλυμμένα σφραγῖδες [B *al.*] (2)
Jb. 19. 24. A B[2] S ἢ ἐν πέτραις ἐγγλυφῆναι (1)
I Ma. 13. 29. S πλοῖα ἐγγεγλυμμένα [A R ἐπιγ.]
[**Sm.** Je. 17. 1.]

ἔγγονος. (1) אַחֲרִית (2) בֵּן (3) יָלִיד (4) פְּרִי (5) צֶאֱצָאִים
De. 7. 13. R εὐλογήσει τὰ ἔ. [A B ἐκγ.] τῆς κοιλίας σου (4)
II Ki. 21. 18. R ἐν τοῖς ἐ. [A B ἐκγ.] τοῦ 'P. (3)
Pr. 23. 18. A ἔσται σοι ἔγγονα [B S ἔκγ.] (1)
Is. 14. 29. A ἐξελεύσεται ἔγγονα [B S ἔκγ.] ἀσπίδων –
30. 6. S καὶ ἔγγονα [A B ἔκγ.] ἀσπίδων –
48. 19. S καὶ τὰ ἐ. [A B ἐκγ.] τῆς κοιλίας σου (5)
49. 15. S τὰ ἐ. [A B ἔκγ.] τῆς κοιλίας αὐτῆς (5)
61. 9. S γνωσθήσεται . . . τὰ ἐ. [A B ἔκγ.] αὐ. (5)
65. 23. S καὶ τὰ ἐ. [A B ἔκγ.] αὐ. μετ' αὐτῶν (5)
[**Aq.** Jb. 18. 19.]
[**Sm.** Jd. 8. 22.]

ἔγγραπτος. (1) כָּתַב
Ps. 149. 9. τοῦ ποιῆσαι ἐν αὐτοῖς κρίμα ἔγγραπτον (1)

ἐγγράφειν. (1) כָּתַב *a.* qal. *b.* ni. (2) פִּתּוּחַ
Ex. 36. 21 (39. 14). B ἐγγεγραμμένα εἰς σφραγῖδας [A R *al.*] (2)
III Ki. 22. 46. B ταῦτα ἐγγεγραμμ. [A R γεγ.] ἐν βιβλίῳ (1 *a*)
II Ch. 34. 31. A τοὺς λόγους . . . τοὺς ἐγγεγραμμ. [B γεγ.] ἐπὶ τῷ βιβλίῳ τ. (1 *a*)
Je. 17. 13. S[3] ἀπὸ τῆς γῆς ἐγγραφήτωσαν [A B S *al.*] (1 *b*)
28 (51). 60. A τοὺς λόγους τοὺς ἐγγεγραμμένους ἐπὶ B. [B S *al.*] (1 *a*)
Da. LXX. 12. 1. ἐγγεγραμμένος ἐν τῷ βιβλίῳ (1 *a*)
I Ma. 13. 40. εἰς τοὺς περὶ ἡμᾶς ἐγγραφέσθωσαν

ἐγγράφως.
[**Al.** II Ch. 36. 22.]

ἐγγυᾶν. (1) עַד (2) עָרַב
To. 6. 12. S ἡ ἐγγυᾶσθαι ἑτέρῳ [A B *al.*]
Pr. 6. 1. υἱέ, ἐὰν ἐγγυήσῃ [A -υῇ] σὸν φίλον (2)
— 3. ὃν ἐνεγγυήσω [? -εγυ.] –
17. 18. A S[2] R ὡς καὶ ὁ ἐγγυώμ. ἐγγύῃ [B S[1] -ην] τῶν ἐ. φίλων [A S[2] τὸν ἐ. φίλον] (2)
19. 28. ὁ ἐγγυώμενος παῖδα ἄφρονα καθυβρίζει δικαίωμα (1)
28. 17. ἄνδρα τὸν ἐν αἰτίᾳ φόνου ὁ ἐγγυώμ. φυγὰς ἔσται †
Si. 8. 13. μὴ ἐγγυήσῃ ὑπὲρ δύναμίν σου καὶ ἐὰν ἐγγυήσῃ ὡς ἀποτίσων φρόντιζε
29. 14. ἀνὴρ ἀγαθὸς ἐγγυήσεται τὸν πλησίον
[**Aq.** Ge. 43. 9: Ps. 118 (119). 122: Pr. 27. 13: Is. 38. 14.]
[**Sm.** Ge. 43. 9: 44. 32: Pr. 27. 13.]
[**Th.** Ps. 118 (119). 122: Pr. 20. 16: 27. 13.]

ἐγγύη. (1) *a.* עֵרֶב *b.* עֲרֻבָּה
Pr. 17. 18. A S[2] R ὁ ἐγγυώμενος ἐγγύῃ [B S[1] -ην] τῶν ἑαυτοῦ φίλων [A S[2] τὸν ἑ. φ.] (1 *b*)
22. 26. μὴ δίδου σεαυτὸν εἰς ἐγγύην (1 *a*)
Si. 29. 18. ἐγγύη πολλοὺς ἀπώλεσε κατευθύνοντας
— 19. ἁμαρτωλὸς ἐμπεσὼν [A S[2] -σεῖται] εἰς ἐγγύην
— 19. A ἐμπεσεῖται εἰς ἐγγύην [B S κρίσεις]

ἐγγύθεν. (1) *a.* קָרוֹב *b.* מִקָּרוֹב
Jo. 6. 13 (14). B περιεκύκλωσε τὴν πόλιν ἐ. –
9. 16. ἐ. αὐτῶν εἰσι (1 *a*)
Ez. 7. 8. νῦν ἐ. ἐκχεῶ τὴν ὀργήν μου ἐπὶ σέ (1 *b*)

ἐγγυμνάζειν.
[**Aq.** Je. 46 (26). 14.]

ἔγγυος.
Si. 29. 15. χάριτας ἐγγύου μὴ ἐπιλάθῃ
— 16. ἀγαθὰ ἐγγύου ἀνατρέψει ἁμαρτωλός
II Ma. 10. 28. οἱ μὲν ἔγγυον ἔχοντες

ἐγγύς, ἐγγίων, ἐγγύτατος, ἔγγιστα (incl. ὁ ἐγγὺς κ.τ.λ.). (1) אָח (2) אֵצֶל (3) מוּל (4) קָרוֹב (5) προσάγειν ἐ. קָרַב (6) προσέρχεσθαι ἐ. קָרַב (7) ὁ ἐ. רָאָה פְּנֵי
Ge. 19. 20. ἡ πόλις αὕτη ἐγγύς (4)
45. 10. ἔσῃ ἐγγύς μου (4)
Ex. 13. 17. ὅτι ἐγγὺς ἦν (4)
32. 27. ἕκαστος τὸν ἔγγιστα αὐτοῦ (4)
Le. 21. 2. ἐν τῷ οἰκείῳ τῷ ἔγγιστα αὐ. (4)
25. 25. B[2] R ὁ ἀγχιστεύων ὁ ἐγγίζων [A B[1] *add.* ἔγγιστα] αὐ. (4)
Nu. 27. 11. τῷ οἰκείῳ τῷ ἔγγιστα αὐτοῦ (4)
De. 2. 19. προσάξετε ἐ. υἱῶν 'A. (5)
— 37. ἐ. [A εἰς γῆν] υἱῶν 'A. οὐ προσήλθομεν (6)
4. 46. ἐν φάραγγι ἐ. οἴκου Φ. (3)
30. 14. ἐ. σού ἐστι τὸ ῥῆμα σφόδρα (4)
32. 35. ἐγγὺς ἡμέρα ἀπωλείας (4)
34. 6. ἔθαψαν αὐτὸν . . . ἐ. οἴκου Φ. (3)
Jd. 3. 20. ἐξανέστη . . . 'E. ἐ. αὐτοῦ –
Ru. 3. 12. ἐστὶν ἀγχιστεὺς ἐγγίων ὑπὲρ ἐμέ (4)
III Ki. 8. 46. εἰς γῆν μακρὰν καὶ ἐγγύς (4)
20 (21). 2. A B[1] ἐγγίων [B[2] R ἐγγίζων] οὗτος τῷ οἴκῳ μου (4)
II Ch. 6. 36. εἰς γῆν μακρὰν ἢ ἐγγύς (4)
Ne. 13. 4. 'Ελ. ὁ ἱ. . . . . ἐγγίων [? -ιῶν, S[1] ἐν Σιὼν] Τωβίᾳ (4)
To. 3. 15. οὐδὲ ἀδελφὸς ἐγγύς
5. 9. S ἐγγὺς παρὰ τῷ θεῷ ἰάσασθαί σε
6. 11. S σὺ ἔγγιστα αὐτῆς εἶ [A B *al.*]
7. 10. S σὺ ἔγγιστά μου
Ju. 16. 24. A B τοῖς ἔγγιστα M. τοῦ ἀνδρὸς αὐτῆς
— 24. τοῖς ἔγγιστα τοῦ γένους αὐτῆς
Es. 1. 14. οἱ ἄρχοντες . . . οἱ ἐ. τοῦ βασ. (7)
9. 20. τοῖς ἐγγὺς καὶ τοῖς μακράν (4)
Jb. 6. 15. οὐ προσεῖδόν με οἱ ἐγγύτατοί μου (1)
13. 18. ἐ. εἰμι τοῦ κρίματός μου †
17. 12. A B S[2] φῶς ἐγγὺς ἀπὸ προσώπου σκότους (4)
19. 14. οὐ προσεποιήσαντό [S -εἶδόν] με οἱ ἐγγύτατοί μου (4)
Ps. 14 (15). 3. ἐπὶ τοὺς ἔγγιστα αὐτοῦ (4)
21 (22). 11. ὅτι θλῖψις ἐγγύς (4)
33 (34). 18. ἐγγὺς κύριος τοῖς συντετριμμένοις τὴν καρδίαν (4)
37 (38). 11. οἱ ἔγγιστά μου μακρόθεν ἔστησαν (4)
84 (85). 9. ἐ. τῶν φοβουμ. αὐτὸν τὸ σωτήριον αὐ. (4)
118 (119). 151. ἐγγὺς εἶ, κύριε (4)
144 (145). 18. ἐγγὺς κύριος πᾶσι τοῖς ἐπικαλουμ. αὐτόν (4)
Pr. 27. 10. κρείσσων φίλος ἐγγὺς (4)
Ec. 4. 17. ἐγγὺς [S[2] ἔγγισον] τοῦ ἀκούειν (4)
Wi. 6. 19. ἀφθαρσία δὲ ἐ. εἶναι ποιεῖ θεοῦ
Si. 38. 28. χαλκεὺς καθήμενος ἐ. ἄκμονος
51. 26. ἐγγύς ἐστιν εὑρεῖν αὐτήν
Jl. 1. 15. ἐ. ἡ ἡμέρα κυρίου (4)
2. 1. ἐ. ἡμέρα σκότους (4)
3 (4). 14: Ob. 1. 15. ἐ. ἡμέρα κυρίου (4)
Ze. 1. 7. ἐγγὺς ἡμέρα τοῦ κυρίου (4)
— 14. ἐ. ἡμέρα κυρίου ἡ μεγάλη ἐ. καὶ ταχεία σφόδρα (4, 4)
Is. 13. 6. ἐ. γὰρ ἡμέρα κυρίου (4)
57. 19. καὶ τοῖς ἐγγὺς οὖσι (4)
Je. 12. 2. ἐ. εἶ σὺ τοῦ στόματος αὐ. (4)
31 (48). 16. ἐ. ἡμέρα Μωὰβ ἐλθεῖν (4)

Je. 31 (48). 24. ἐπὶ πάσας τὰς πόλεις Μωὰβ τὰς πόρρω καὶ τὰς ἐ. (4)
32 (25). 26. βασιλεῖς . . . τοὺς πόρρω καὶ τοὺς ἐ. (4)
42 (35). 4. ὅς ἐστιν ἐ. τοῦ οἴκου [A al.] (2)
Ez. 6. 12. ὁ ἐ. ἐν ῥομφαίᾳ πεσεῖται (4)
23. 12. ἐπέθετο . . . στρατηγοὺς τοὺς ἐ. αὐτῆς (4)
30. 3. ἐ. ἡμέρα τοῦ κυρίου (4)
Da. LXX. 9. 7. τῷ ἔγγιστα καὶ τῷ ἀπωτέρω (4)
Da. TH. 9. 7. τοῖς ἐγγὺς καὶ τοῖς μακράν (4)
I Ma. 4. 18. καὶ ἡ δύναμις ἐν τῷ ὄρει ἐ. αὐτῶν
8. 12. A R τῶν βασιλειῶν [S -λέων] τῶν ἐγγὺς καὶ τῶν μακράν

[**Aq.** Nu. 24. 17: Je. 48 (31). 16: Ez. 22. 5: 30. 3.]
[**Sm.** Nu. 24. 17: Jb. 17. 12: Ps. 37 (38). 12: Is. 56. 1: Ez. 22. 4, 5.]
[**Th.** Jb. 17. 12: Ez. 30. 3.]

ἐγείρειν. (1) בָּקַשׁ pi. (2) גָּרָה pi. (3) הָלַךְ (4) יָדַע (5) יָקַץ (6) לָקַח (7) נוּעַ hi. (8) עוּר *a.* qal. *b.* ni. *c.* pil. *d.* hi. (9) עָלָה hi. (10) עָמַד hi. (11) קָדַשׁ pi. (12) קוּם *a.* qal. *b.* hi. (13) קִיץ hi. (14) רוּם hi. (15) שָׁכַם hi. (16) שָׁקַד (17) תָּמַךְ

Ge. 41. 4, 7. ἠγέρθη δὲ Φαραώ (5)
49. 9. τίς ἐγερεῖ αὐτόν (12 *b*)
Ex. 5. 8. ἐγερθῶμεν [A πορευθῶμεν] καὶ θύσωμεν τῷ θ. (3)
23. 5. A ἐγερεῖς αὐτὸ μετ' αὐτοῦ [B al.] †
Nu. 10. 35. B^{2} ἐγέρθητι [A B^{1} R ἐξεγ.] κύριε (12 *a*)
Jd. 2. 16. ἤγειρε κύριος κριτάς (12 *b*)
— 18. ἤγειρε κύριος αὐτοῖς κριτάς (12 *b*)
3. 9. ἤγειρε κύριος σωτῆρα τῷ Ἰ. (12 *b*)
— 15. ἤγειρεν αὐτοῖς σωτῆρα (12 *b*)
7. 19. ἐγείροντες ἤγειραν [A ἐγέρσει ἤγειρεν] τοὺς φυλάσσοντας (12 *b*, 12 *b*)
16. 14. A ἠγέρθη [B ἐξυπνίσθη] ἐκ [R ἀπὸ] τοῦ ὕπνου αὐ. (5)
I Ki. 2. 8. ἀπὸ κοπρίας ἐγείρει πτωχόν (14)
5. 3. καὶ ἤγειραν τὸν Δ. (6)
II Ki. 12. 17. ἐγεῖραι [A τοῦ ἐ.] αὐτὸν ἀπὸ τῆς γῆς (12 *b*)
18. 31. A ἐκ χειρὸς πάντων τῶν ἐγειρόντων [B ἐπεγ.] ἐπὶ σέ (12 *a*)
III Ki. 11. 14, 23 (A). καὶ ἤγειρε κύριος σατὰν τῷ Σ. (12 *b*)
IV Ki. 4. 31. οὐκ ἠγέρθη τὸ παιδάριον (13)
I Ch. 10. 12. καὶ ἠγέρθησαν ἐκ Γ. (12 *a*)
22. 19. καὶ ἐγέρθητε καὶ οἰκοδομήσατε (12 *a*)
II Ch. 21. 9. καὶ ἠγέρθη νυκτός (12 *a*)
22. 10. καὶ ἠγέρθη καὶ ἀπώλεσε (12 *a*)
I Es. 1. 25. Φ. . . . ἐλθόντα πόλεμον ἐγεῖραι
2. 2. ἤγειρε κύριος τὸ πνεῦμα Κύρου
— 8. ὧν ἤγειρε κύριος τὸ πνεῦμα
— 9. ὧν ὁ νοῦς ἠγέρθη
3. 9. ὅταν ἐγερθῇ ὁ βασιλεύς
— 23. ὅταν ἀπὸ τοῦ οἴνου ἐγερθῶσιν [A γενηθῶσιν]
5. 44. ἐγεῖραι τὸν οἶκον ἐπὶ τοῦ τόπου αὐτοῦ
8. 81. καὶ ἐγεῖραι τὴν ἔρημον Σ.
To. 6. 17. ἐγέρθητε ἀμφότεροι [S al.]
8. 4. S καὶ ἠγέρθη T. [A B al.]
Ju. 10. 23. ἤγειραν αὐτὴν οἱ δοῦλοι αὐτοῦ
14. 3. ἐγεροῦσι τοὺς στρατηγοὺς τῆς δυνάμεως Ἀ.
— 13. ἔγειρον δὴ τὸν κύριον ἡμῶν
Ps. 107 (108). 2. ἐξεγέρθητι [S^{1} ἐγ.] ψαλτήριον (8 *a*)
112 (113). 7. ὁ ἐγείρων ἀπὸ γῆς πτωχόν (12 *b*)
126 (127). 2. A S ἐγείρεσθαι [R -θε] μετὰ τὸ καθῆσθαι (12 *a*)
Pr. 6. 9. πότε δὲ ἐξ ὕπνου ἐγερθήσῃ (12 *a*)
— 22. ἵνα ἐγειρομένῳ συλλαλῇ [A -λήσω] σοι (13)
10. 12. μῖσος ἐγείρει νεῖκος (8 *c*)
11. 16. γυνὴ εὐχάριστος ἐγείρει ἀνδρὶ δόξαν (17)
15. 1. λόγος δὲ λυπηρὸς ἐγείρει ὀργάς (9)
— 18. ὁ δὲ ἀσεβὴς ἐγείρει μᾶλλον –
17. 11. ἀντιλογίας ἐγείρει πᾶς κακός (1)
21. 14. δώρων δὲ ὁ φειδόμενος θυμὸν ἐγείρει ἰσχυρόν –
28. 2. δι' ἁμαρτίας ἀσεβῶν κρίσεις ἐγείρονται –
29. 22. ἀνὴρ θυμώδης ἐγείρει [A S ὀρύσσει] νεῖκος (2)
— 23. S^{2} τοὺς δὲ ταπεινόφρονας ἐγείρει [A S^{1} ἐρείδει, B ἐρίζει] δόξῃ κύριος (17)

Ec. 4. 10. ὁ εἷς ἐγερεῖ [A ἐγείρει] τὸν μέτοχον αὐτοῦ (12 *b*)
— 10. καὶ μὴ ᾖ δεύτερος ἐγεῖραι [A S τοῦ ἐγ.] αὐτόν (12 *b*)
Ca. 2. 7: 3. 5. ἐὰν ἐγείρητε καὶ ἐξεγείρητε τὴν ἀγάπην (8 *d*)
8. 4. ἐὰν [A S τί] ἐγείρητε καὶ ἐὰν [A S^{2} τί] ἐξεγείρητε τὴν ἀγάπην (8 *d*)
Si. 10. 4. τὸν χρήσιμον ἐγερεῖ εἰς καιρὸν ἐπ' αὐτῆς
33 (36). 7. ἔγειρον θυμὸν καὶ ἔκχεον ὀργήν
36. 20 (17). ἔγειρον προφητείας τὰς ἐπ' ὀνόματί σου
48. 5. ὁ ἐγείρας νεκρὸν ἐκ θανάτου
49. 13. τὸ μνημόσυνον τοῦ ἐγείραντος ἡμῖν [S -ῶν] τείχη [S^{1} χείλη]
Mi. 3. 5. ἤγειραν ἐπ' αὐτὸν πόλεμον (11)
Jl. 3 (4). 12. A ἐγειρέσθωσαν [B S ἐξεγ.] (8 *b*)
Is. 5. 11. οὐαὶ οἱ ἐγειρόμενοι τὸ πρωΐ (15)
10. 26. ἐγερεῖ [A S ἐπεγ.] ὁ θεὸς ἐπ' αὐτούς (8 *c*)
14. 9. οἱ ἐγείραντες ἐκ τῶν θρόνων αὐτῶν πάντας βασιλεῖς (12 *b*)
26. 19. ἐγερθήσονται οἱ ἐν τοῖς μνημείοις (12 *a et* 13)
41. 25. ἤγειρα τὸν ἀπὸ Βορρᾶ (8 *d*)
45. 13. ἤγειρα αὐτὸν μετὰ δικαιοσύνης βασιλέα [A S^{3} *om.*] (8 *d*)
Je. 1. 12. A B S^{2} ἐγρήγορα ἐγὼ ἐπὶ τοὺς λόγους μου τοῦ ποιῆσαι αὐτούς (16)
6. 22. B ἔθνη ἐγερθήσεται [A S R al.] (8 *b*)
27 (50). 9. ἐγείρω ἐπὶ Βαβ. συναγωγὰς ἐθνῶν (8 *d et* 9)
28 (51). 11. ἤγειρε κύριος τὸ πνεῦμα βασιλέως Μήδων (8 *d*)
— 12. ἐγείρατε [A -ετε] φυλακάς (12 *b*)
— 39. A B S^{2} οὐ μὴ ἐξεγερθῶσι [B^{1} ἐγ.] (13)
51 (44). 27. ἐγρήγορα ἐπ' αὐτούς (16)
Ez. 21. 29 (34). ἐγείρου ὅπως στίλβῃς –
38. 14. οὐκ ἐν τῇ ἡμέρᾳ ἐκείνῃ . . . ἐγερθήσῃ [A ἐξεγ.] (4)
Da. LXX. 8. 18. ἤγειρέ με ἐπὶ τοῦ τόπου (10)
9. 2. ἐγεῖραι εἰς ἀναπλήρωσιν ὀνειδισμοῦ Ἱερ. †
10. 10. καὶ ἤγειρέ με ἐπὶ τῶν γονάτων (7)
11. 25. ἐγερθήσεται ἡ ἰσχὺς αὐτοῦ (8 *d*)
Da. TH. 10. 10. καὶ ἤγειρέ με ἐπὶ τὰ γόνατά μου (7)
12. 2. A πολλοὶ . . . ἐγερθήσονται [B ἐξεγ.] (13)
I Ma. 3. 49. ἤγειραν τοὺς Ναζιραίους

[**Th.** Da. 10. 10.]
[**Al.** Nu. 23. 24: Ca. 2. 7: Hb. 3. 12.]

ἔγερσις. (1) קוּם *a.* qal. *b.* hi.

Jd. 7. 19. A ἐγέρσει ἤγειρεν [B ἐγείροντες ἤγειραν] τοὺς φυλάσσοντας (1 *b*)
I Es. 5. 62. ἐπὶ τῇ ἐ. τοῦ οἴκου κυρίου
Ps. 138 (139). 2. σὺ ἔγνως τὴν καθέδραν μου καὶ τὴν ἔ. μου (1 *a*)

[**Sm.** Ze. 3. 8.]

ἐγκάθετος. (1) אָרַב (2) חָנָה

Jb. 19. 12. ταῖς ὁδοῖς μου ἐκύκλωσαν ἐγκάθετοι (2 ?)
31. 9. εἰ καὶ ἐγκάθετος ἐγενόμην ἐπὶ θύραις αὐ. (1)

ἐγκαθῆσθαι. (1) יָשַׁב (2) רָבַץ (3) שְׁפִיפֹן

Ge. 49. 17. ὄφις ἐφ' ὁδοῦ ἐγκαθήμενος ἐπὶ τρίβου (3)
Ex. 23. 31. τοὺς ἐγκαθημένους ἐν τῇ γῇ (1)
— 33. καὶ οὐκ ἐγκαθήσονται ἐν τῇ γῇ σου (1)
34. 12, 15. τοῖς ἐγκαθημένοις ἐπὶ τῆς γῆς (1)
Le. 18. 25. τοῖς ἐγκαθημ. [A ἐγκαταλελειμμ.] ἐπ' αὐτῆς (1)
Nu. 13. 19 (18). τὸν λαὸν τὸν ἐγκαθήμενον ἐπ' αὐτῆς (1)
— 20 (19). εἰς ἣν οὗτοι ἐγκάθηνται ἐπ' αὐτῆς [A -ἣν] (1)
14. 45. ὁ X. ὁ ἐγκαθήμενος ἐν τῷ ὄρει ἐκείνῳ (1)
22. 5. οὗτος ἐγκάθηται ἐχόμενός μου (1)
— 11. οὗτος ἐγκάθηται ἐχόμενός μου –
De. 1. 46. ἐνεκάθησθε ἐν Κάδης (1)
— 46. ὅσας ποτὲ ἡμέρας ἐνεκάθησθε (1)
2. 10. ἐνεκάθηντο ἐπ' αὐτῆς (1)
— 12. ἐνεκάθητο ὁ Χορραῖος (1)
3. 29. ἐνεκαθήμεθα ἐν νάπῃ (1)
Jd. 2. 2. τοῖς ἐγκαθημένοις εἰς τὴν γῆν ταύτην (1)
III Ki. 11. 16. ἐνεκάθητο [A ἐκ.] ἐκεῖ Ἰ. (1)
Ju. 5. 3. S ἐγκαθήμενος [A B ὁ καθ.] ἐν τῇ ὀρεινῇ (1)
Ps. 9. 29 (10. 8). ἐγκάθηται ἐνέδρᾳ μετὰ πλουσίων (1)
Is. 8. 14. ἐν κοιλάσματι ἐγκαθήμενοι ἐν Ἱερ. (1)

Is. 9. 9 (8). A S^{2} οἱ ἐγκαθήμενοι [B S^{1} καθ.] ἐν Σαμαρείᾳ (1)
Ep. Je. 43. ἐν ταῖς ὁδοῖς ἐγκάθηνται
Ez. 29. 3. τὸν δράκοντα τὸν μέγαν τὸν ἐγκαθήμ. ἐν μέσῳ ποταμῶν αὐ. (2)

[**Sm.** Ge. 4. 7: Ps. 9. 29 (10. 8).]
[**Th.** Ge. 4. 7.]

ἐγκαθίζειν. (1) יָשַׁב *a.* qal. *b.* hi. (2) נָגַר hi.

Jo. 8. 9. ἐνεκάθισαν ἀνὰ μέσον B. (1 *a*)
III Ki. 20 (21). 10. ἐγκαθίσατε [A καθ.] δύο ἄνδρας υἱοὺς παρανόμων (1 *b*)
Si. 8. 11. ἵνα μὴ ἐγκαθίσῃ ὡς ἔνεδρον τῷ στόματί σου
Ez. 35. 5. ἐνεκάθισας τῷ οἴκῳ Ἰσ. δόλῳ (2)
I Ma. 10. 52. S ἐνεκάθισα [A R ἐκ.] ἐπὶ θρόνου [S^{1} -ων] πατέρων μου

[**Sm.** Jd. 5. 16.]

ἐγκαίειν.

II Ma. 2. 29. R τῷ δὲ ἐγκαίειν [A -καινίζειν] . . . ἐπιχειροῦντι

ἐγκαίνια. (1) חֲנֻכָּה

II Es. 6. 16. ἐποίησαν . . . ἐγκαίνια τοῦ οἴκου (1)
— 17. καὶ προσήνεγκαν εἰς τὰ ἐ. (1)
Ne. 12. 27. ἐν ἐγκαινίοις τείχους Ἱ. (1)
— 27. ποιῆσαι ἐγκαίνια καὶ εὐφροσύνην (1)
Da. TH. 3. 2. ἐλθεῖν εἰς τὰ ἐ. τῆς εἰκόνος [A al.] (1)

ἐγκαινιασμός (?).

I Ma. 4. 56. A ἐποίησαν τὸν ἐ. [S R -νισμὸν] τοῦ θυσιαστηρίου

ἐγκαινίζειν (-κεν.) (1) חָדַשׁ pi. (2) חָנַךְ

De. 20. 5. καὶ οὐκ ἐνεκαίνισεν αὐτήν (2)
— 5. καὶ ἄνθρωπος ἕτερος ἐγκαινιεῖ αὐτήν (2)
I Ki. 11. 14. ἐγκαινίσωμεν ἐκεῖ τὴν βασιλείαν (1)
III Ki. 8. 63. ἐνεκαίνισε τὸν οἶκον κυρίου (2)
II Ch. 7. 5. ἐνεκαίνισε τὸν οἶκον τοῦ θεοῦ (2)
15. 8. R καὶ ἐνεκαίνισε [A B ἀνεκ.] τὸ θυσιαστήριον κυρίου (1)
Ps. 50 (51). 10. πνεῦμα εὐθὲς ἐγκαίνισον ἐν τοῖς ἐγκάτοις μου (1)
Si. 33 (36). 6. ἐγκαίνισον σημεῖα
Is. 16. 11. τὰ ἐντός μου ὡς τεῖχος [A S *add.* ὃ] ἐνεκαίνισας †
41. 1: 45. 16. ἐγκαινίζεσθε πρός με νῆσοι †
I Ma. 4. 36. καὶ ἐγκαινίσαι [S^{2} -σωμεν]
— 54. ἐν ἐκείνῃ [S ἐ. τῇ ἡμέρᾳ] ἐνεκαινίσθη
— 57. S R ἐνεκαίνισαν [A -εν] τὰς πύλας
5. 1. ἐνεκαινίσθη τὸ ἁγίασμα
II Ma. 2. 29. A τῷ δὲ ἐγκαινίζειν [R -καίειν] . . . ἐπιχειροῦντι

ἐγκαίνισις. (1) חֲנֻכָּה

Nu. 7. 88. A αὕτη ἡ ἐ. [B ἐγκαίνωσις] τοῦ θυσιαστηρίου (1)

[**Al.** Nu. 7. 10.]

ἐγκαινισμός. (1) חֲנֻכָּה

Nu. 7. 10, 11. εἰς τὸν ἐ. τοῦ θυσιαστηρίου (1)
— 84. οὗτος ὁ ἐ. τοῦ θυσιαστηρίου (1)
II Ch. 7. 9. ἐγκαινισμὸν τοῦ θυσιαστηρίου ἐποίησεν (1)
I Es. 7. 7. προσήνεγκαν εἰς τὸν ἐ. τοῦ ἱεροῦ
Ps. 29 (30). *tit.* ψαλμὸς ᾠδῆς τοῦ ἐ. τοῦ οἴκου τοῦ [A S τῷ] Δ. (1)
Da. LXX. 3. 2. ἐλθεῖν εἰς τὸν ἐ. τῆς εἰκόνος τῆς χρυσῆς (1)
— 3. τοῦ ἐλθεῖν εἰς τὸν ἐ. τῆς εἰκόνος (1)
5. 1. ἐν ἡμέρᾳ ἐγκαινισμοῦ τῶν βασιλειῶν αὐ. –
Da. TH. 3. 2. A ἐλθεῖν εἰς τὸν ἐ. [B τὰ ἐγκαίνια] τῆς εἰκόνος (1)
— 3. συνήχθησαν . . . εἰς τὸν ἐ. τῆς εἰκόνος (1)
I Ma. 4. 56. S R ἐποίησαν τὸν ἐ. [A -νιασμὸν] τοῦ θυσιαστηρίου
— 59. A R ἵνα ἄγωνται αἱ ἡμέραι [S *add.* τοῦ] ἐγκαινισμοῦ
II Ma. 2. 9. ἀνήνεγκε θυσίαν ἐγκαινισμοῦ
— 19. καὶ τὸν τοῦ βωμοῦ ἐ.

[**Sm.** Ps. 29 (30). 1.]
[**Th.** Pr. 22. 6.]

ἐγκαίνωσις. (1) חֲנֻכָּה

Nu. 7. 88. αὕτη ἡ ἐ. [A -ισις] τοῦ θυσιαστηρίου (1)

ἐγκακεῖν.
[Sm. Ge. 27. 46: Nu. 21. 5: Pr. 3. 11: Is. 7. 16.]

ἐγκάκησις.
[Sm. Ps. 118 (119). 143.]

● **ἐγκαλεῖν.** (1) אָמַר (2) פּוּחַ hi. (3) קָרָא אֶל
Ex. 22. 9 (8). καὶ πάσης ἀπωλείας τῆς ἐγκαλουμένης (1)
Pr. 19. 5. ὁ δὲ ἐγκαλῶν ἀδίκως οὐ διαφεύξεται (2)
Wi. 12. 12. τίς δὲ ἐγκαλέσει [A -σαι] σοι
Si. 46. 19. οὐκ ἐνεκάλεσεν αὐτῷ ἄνθρωπος
Za. 1. 4. οἷς ἐνεκάλεσαν αὐτοῖς οἱ προφῆται (3)
► II Ma. 6. 21. A αὐτὸν κατ' ἰδίαν ἐνεκάλουν [R παρεκ.]

ἐγκαλύπτειν. (1) גָּלָה ni.
Pr. 26. 26. B ἐγκαλύπτει [A S^2 R ἐκκ., S^1 συγκ.] δὲ τὰς ἑαυ. ἁμαρτίας (1 ?)

ἐγκάρδιον.
[Sm. Ez. 17. 3: 31. 10.]

ἔγκαρπος. (1) רָוֶה
Je. 38 (31). 12. ἔσται ἡ ψυχὴ αὐτῶν ὥσπερ ξύλον ἔγκαρπον (1)

ἐγκαρτερεῖν.
IV Ma. 14. 9. S πάσχοντες ἐνεκαρτέρουν [A R ἐκαρτ.]

ἐγκατάδυσις.
[Al. Ps. 48 (49). 2.]

ἐγκατακρύπτειν. (1) חָבָא ni.
Am. 9. 3. ἐὰν ἐγκατακρυβῶσιν [A ἐγκρ.] εἰς τὴν κορυφὴν τοῦ K. (1)

ἐγκατάλειμμα (-λιμμα). (1) אַחֲרִית (2) מִשְׁאֶרֶת (3) שְׁאֵרִית
De. 28. 5, 17. καὶ τὰ ἐ. σου (2)
II Es. 9. 14. τοῦ μὴ εἶναι ἐγκατάλειμμα (3)
Ps. 36 (37). 37. ἐστὶν ἐγκατάλειμμα ἀνθρώπῳ εἰρηνικῷ (1)
— 38. τὰ ἐ. τῶν ἀσεβῶν ἐξολεθρευθήσονται [S -σεται] (1)
75 (76). 10. ἐγκατάλειμμα ἐνθυμίου ἑορτάσει σοι (3)
Je. 11. 23. ἐ. οὐκ ἔσται αὐτῶν (3)
[Aq. Ps. 36 (37). 38: Ez. 27. 14, 16, 19, 27, 33.]
[Sm., Th. Ps. 36 (37). 38.]

ἐγκαταλείπειν. (1) בָּגַד (2) יָשַׁב (3) יָתַר *a.* ni. *b.* hi. (4) כָּרַת ni. (5) מָאַס (6) נָטַשׁ *a.* qal. *b.* ni. *c.* pu. (7) עָבַר (8) עָזַב *a.* qal. *b.* ni. *c.* pu. (9) פּוּק (10) רָפָה hi. (11) שְׁאִיָּה (12) שָׁאַר ni. (13) שׁוּב (14) שִׁיָּה (15) שָׁכַח

Ge. 24. 27. R ὃς οὐκ ἐγκατέλιπε [A -λειπε] τὴν δικαιοσύνην (8 *a*)
28. 15. R οὐ μή σε ἐγκαταλίπω [A -λείπω] (8 *a*)
Le. 18. 25. A ἐν [B om.] τοῖς ἐγκαταλελειμμ. [B ἐγκαθημ.] ἐπ' αὐτῆς (2)
26. 43. A B^1 ἡ γῆ ἐγκαταλειφθήσεται ὑπ' [B^2 R ἀπ'] αὐτῶν (8 *b*)
Nu. 10. 31. μὴ ἐγκαταλίπῃς [A -λείπ.] ἡμᾶς (8 *a*)
De. 4. 31. οὐκ ἐγκαταλείψει σε (10)
12. 19. μὴ ἐγκαταλίπῃς [A -λείπ.] τὸν Λευίτην (8 *a*)
28. 20. διότι ἐγκατέλιπές [A -λειπάς] με (8 *a*)
31. 6. οὔτε μή σε ἐγκαταλίπῃ [A B^2 -λείπῃ] (8 *a*)
— 8. οὐδὲ μή σε ἐγκαταλίπῃ [A B^2 -λείπῃ] (8 *a*)
— 16. A καὶ ἐγκαταλείψουσίν με [B καὶ κατ. με] (8 *a*)
32. 15. ἐγκατέλιπε τὸν θεόν [A -έλειπεν θ.] (6 *a*)
— 18. θεὸν τὸν γεννήσαντά σε ἐγκατέλιπες [A -λειπες] (14)
Jo. 1. 5. οὐκ ἐγκαταλείψω [A -πω] σε (10)
22. 3. οὐκ ἐγκαταλελοίπατε [A -ελείπατε] τοὺς ἀδελφοὺς ὑμῶν (8 *a*)
24. 20. ἡνίκα ἂν ἐγκαταλίπητε [A -λεί.] κύριον (8 *a*)
Jd. 2. 12. ἐγκατέλιπον [A -λει.] τὸν κύριον (8 *a*)
Jd. 2. 13. καὶ ἐγκατέλιπον [A -λει.] αὐτόν [A τὸν κύριον] (8 *a*)
— 20. ἐγκατέλιπον [A -λειπαν] τὸ ἔθνος τοῦτο τὴν διαθήκην μου (7)
10. 6. ἐγκατέλιπον [A -λει.] τὸν κύριον (8 *a*)
— 10. ἐγκατελίπομεν [A -λεί.] τὸν θεόν (8 *a*)
— 13. ὑμεῖς ἐγκατελίπετέ [A -λεί.] με (8 *a*)
Ru. 2. 20. οὐκ ἐγκατέλιπε [A -λει.] τὸ ἔλεος αὐτοῦ (8 *a*)
I Ki. 8. 8. καὶ ἐγκατέλιπόν [A -λει.] με (8 *a*)
12. 10. ἐγκατελίπομεν [A ἐγκαταλελοίπαμεν] τὸν κύριον (8 *a*)
III Ki. 6. 13. A οὐκ ἐγκαταλείψω τὸν λαόν μου 'I. (8 *a*)
8. 57. μὴ ἐγκαταλίποιτο [A -λείπ.] ἡμᾶς (8 *a*)
9. 9. ἐγκατέλιπον [A -λειπον] κύριον θεὸν αὐτῶν (8 *a*)
11. 33. R ἀνθ' ὧν ἐγκατέλιπέ [B κατ., A κατέλειπέν] με (8 *a*)
12. 8. ἐγκατέλιπε [A -λειπεν] τὴν βουλὴν τῶν πρεσβυτέρων (8 *a*)
— 13. ἐγκατέλιπε [A -λειπεν] 'P. τὴν βουλὴν τῶν πρεσβυτέρων (8 *a*)
14. 10. A ἐχόμενον καὶ ἐγκαταλελειμμένον ἐν 'I. (8 *a*)
19. 10. ἐγκατέλιπόν [A -λειπόν] σε οἱ υἱοὶ 'I. (8 *a*)
— 14. ἐγκατέλιπόν [A -λειπόν] σε [A B^2 R τὴν διαθήκην σου] (8 *a*)
20 (21). 21. καὶ ἐγκαταλελειμμένον ἐν 'I. (8 *a*)
IV Ki. 2. 2. R εἰ ἐγκαταλείψω [A B καταλ.] σε (8 *a*)
— 4, 6: 4. 30. εἰ ἐγκαταλείψω σε (8 *a*)
7. 7. R ἐγκατέλιπον [A -λειπον, B -λιπαν] τὰς σκηνὰς αὐτῶν (8 *a*)
8. 6. A ἧς ἐγκατέλειπεν [B κατέλιπε] τὴν γῆν (8 *a*)
9. 8. συνεχόμενον καὶ ἐγκαταλελειμμ. ἐν 'I. (8 *a*)
14. 26. ὀλιγοστοὺς . . . ἐσπανισμ. καὶ ἐγκαταλελειμμ. (8 *a*)
17. 16. ἐγκατέλιπον [A -λειπ.] τὰς ἐντολὰς κυρίου (8 *a*)
21. 22. καὶ ἐγκατέλιπε [A -λειπεν] τὸν κύριον (8 *a*)
22. 17. ἀνθ' ὧν ἐγκατέλιπόν [A -λειπόν] με (8 *a*)
I Ch. 14. 12. ἐγκατέλιπον [A -έλειπεν] ἐκεῖ τοὺς θεοὺς αὐ. (8 *a*)
28. 20. A R οὐ μή [B μή σε] ἐγκαταλίπῃ [A -λείπῃ] (8 *a*)
II Ch. 7. 19. A R ἐὰν . . . ἐγκαταλείπητε [B -λίπ.] τὰ προστάγματά μου (8 *a*)
— 22. ἐγκατέλιπον [A -λειπ.] κύριον τὸν θεόν (8 *a*)
10. 13. καὶ ἐγκατέλιπεν [A -λειπ.] ὁ βασ. 'P. τὴν βουλήν (8 *a*)
11. 14. ἐγκατέλιπον [A -λειπ.] οἱ Λ. τὰ σκηνώματα (8 *a*)
12. 1. ἐγκατέλιπε [A -λειπ.] τὰς ἐντολὰς κυρίου (8 *a*)
— 5. ὑμεῖς ἐγκατελίπετέ [A -λείπατέ] με κἀγὼ ἐγκαταλείψω ὑμᾶς (8 *a*, 8 *a*)
13. 10. ἡμεῖς κύριον τὸν θεὸν ἡμῶν οὐκ ἐγκατελίπομεν [A -λείπ.] (8 *a*)
— 11. ὑμεῖς ἐγκατελίπετε [A -λείπατε] αὐτόν (8 *a*)
15. 2. A R ἐὰν ἐγκαταλείψητε [B καταλίπ.] αὐτὸν ἐγκαταλείψει ὑμᾶς (8 *a*, 8 *a*)
21. 10. ὅτι ἐγκατέλιπε [A -λειπεν] κύριον (8 *a*)
24. 18. καὶ ἐγκατέλιπον [A -λειπον] τὸν κύριον (8 *a*)
— 20. ὅτι ἐγκατελίπετε [A -λείπ.] τὸν κύριον καὶ ἐγκαταλείψει ὑμᾶς (8 *a*, 8 *a*)
— 24. ὅτι ἐγκατέλιπον [A -λειπ.] κύριον (8 *a*)
— 25. ἐν τῷ ἐγκαταλιπεῖν αὐτόν (8 *a*)
29. 6. καὶ ἐγκατέλιπαν [A^1 -λειπον, A^2 -λιπον] αὐτόν (8 *a*)
32. 31. ἐγκατέλιπεν [A -λειπεν] αὐτὸν κύριος (8 *a*)
34. 25. ἐγκατέλιπόν [A -λειπ.] με (8 *a*)
I Es. 4. 20. ἄνθρωπος τὸν ἑαυ. πατέρα ἐγκαταλείπει
8. 80. οὐκ ἐγκατελείφθημεν ὑπὸ [A ἀπὸ] τοῦ κυρίου
II Es. 8. 22. θυμὸς αὐτοῦ ἐπὶ πάντας τοὺς [A B^2 om.] ἐγκαταλείποντας αὐτόν (8 *a*)
9. 9. R οὐκ ἐγκατέλιπεν [A B -λειπ.] ἡμᾶς (8 *a*)
— 10. ἐγκατελίπομεν [A -λείπ.] ἐντολάς σου (8 *a*)
— 15. S^3 ὅτι οὐκ ἐγκατελείφθημεν [A B S ὅτι κατ.] διασῳζόμενοι (12)
Ne. 5. 10. ἐγκατελίπομεν [A -λείπ.] δὴ τὴν ἀπαίτησιν ταύτην (8 *a*)
9. 17. καὶ οὐκ ἐγκατέλιπες [A -λειπες] αὐτούς (8 *a*)
— 19. οὐκ ἐγκατέλιπες [A -λειπες] αὐτοὺς ἐν τῇ ἐρήμῳ (8 *a*)
— 28. καὶ ἐγκατέλιπες [A -λειπες] αὐτούς (8 *a*)
— 31. καὶ οὐκ ἐγκατέλιπες [A -λειπες] αὐτούς (8 *a*)
Ne. 10. 39 (40). οὐκ ἐγκαταλείψομεν τὸν οἶκον τοῦ θεοῦ ἡμῶν (8 *a*)
13. 11. διὰ τί ἐγκατελείφθη ὁ οἶκος τοῦ θεοῦ (8 *b*)
To. 4. 3. S μὴ ἐγκαταλίπῃς αὐτήν
Ju. 7. 30. οὐ γὰρ ἐγκαταλείψει ἡμᾶς εἰς τέλος
Jb. 20. 13. οὐκ ἐγκαταλείψει αὐτήν (8 *a*)
Ps. 9. 10. οὐκ ἐγκατέλιπες [S^2 -ας] τοὺς ἐκζητοῦντάς σε (8 *a*)
— 35 (10. 14). σοὶ οὖν ἐγκαταλέλειπται ὁ πτωχός (8 *a*)
15 (16). 10. οὐκ ἐγκαταλείψεις τὴν ψυχήν μου εἰς ᾅδην (8 *a*)
21 (22). 1. ἵνα τί ἐγκατέλιπές [A -ειπές] με (8 *a*)
26 (27). 9. μὴ ἐγκαταλίπῃς [A -λειπ., B^2 S^2 ἀποσκορακίσῃς] με (6 *a*)
— 9. S^2 μὴ ἐγκαταλίπῃς [A B S^1 ὑπερίδῃς] με (8 *a*)
— 10. ὅτι ὁ πατήρ μου καὶ ἡ μήτηρ μου ἐγκατέλιπόν [A -λειπ.] με (8 *a*)
36 (37). 8. ἐγκατάλιπε [A -λειπε] θυμόν (8 *a*)
— 25. οὐκ εἶδον δίκαιον ἐγκαταλελειμμένον (8 *b*)
— 28. οὐκ ἐγκαταλείψει τοὺς ὁσίους αὐτοῦ (8 *a*)
— 33. ὁ δὲ κύριος οὐ μὴ ἐγκαταλίπῃ [A -λείπῃ] αὐτόν (8 *a*)
37 (38). 10. ἐγκατέλιπέ [A -λειπέν] με ἡ ἰσχύς μου (8 *a*)
— 21. μὴ ἐγκαταλίπῃς [A -λείπῃς] με, κύριε (8 *a*)
39 (40). 12. ἡ καρδία μου ἐγκατέλιπέ [A -λειπέν] με (8 *a*)
70 (71). 9. μὴ ἐγκαταλίπῃς με (8 *a*)
— 11. ὁ θεὸς ἐγκατέλιπεν αὐτόν (8 *a*)
— 18. μὴ ἐγκαταλίπῃς με (8 *a*)
88 (89). 30. ἐὰν ἐγκαταλίπωσιν [A -λείπ.] οἱ υἱοὶ αὐ. τὸν νόμον μου (8 *a*)
93 (94). 14. τὴν κληρονομίαν αὐτοῦ οὐκ ἐγκαταλείψει [S -ἐλειψεν] (8 *a*)
118 (119). 8. μή με ἐγκαταλίπῃς [A -λείπ.] (8 *a*)
— 87. A S οὐκ ἐγκατέλειπον [R -λιπον] τὰς ἐντολάς σου (8 *a*)
139 (140). 8. μὴ ἐγκαταλίπῃς [A -λείπ.] με (9 ?)
Pr. 2. 13. ὦ οἱ ἐγκαταλείποντες [S -λιπ.] ὁδοὺς εὐθείας (8 *a*)
4. 2. τὸν ἐμὸν νόμον μὴ ἐγκαταλίπητε [A -λείπ.] (8 *a*)
— 6. μηδὲ ἐγκαταλίπῃς [A -λείπῃς] αὐτήν (8 *a*)
24. 14. ἐλπὶς σε οὐκ ἐγκαταλείψει (4)
27. 10. φίλον πατρῷον μὴ ἐγκαταλίπῃς [A -λείπ.] (8 *a*)
28. 4. B S οἱ ἐγκαταλιπόντες [A R -λείπ.] τὸν νόμον (8 *a*)
Wi. 10. 13. αὕτη πραθέντα δίκαιον οὐκ ἐγκατέλιπεν [A -λειπ.]
Si. 2. 10. τίς . . . ἐγκατελείφθη
3. 16. ὡς βλάσφημος ὁ ἐγκαταλιπὼν πατέρα
4. 19. ἐὰν ἀποπλανηθῇ ἐγκαταλείψει αὐτόν
7. 30. τοὺς λειτουργοὺς αὐτοῦ μὴ ἐγκαταλίπῃς [A -λείπ.]
9. 10. μὴ ἐγκαταλίπῃς [A -λείπ.] φίλον ἀρχαῖον
23. 1. μὴ ἐγκαταλίπῃς [A -λείπ.] με ἐν βουλῇ αὐ.
29. 14. A S ὁ ἀπολωλεκὼς αἰσχύνην ἐγκαταλείψει [B κατ.] αὐτόν
— 17. ἀχάριστος ἐν διανοίᾳ ἐγκαταλείψει ῥυσάμενον
41. 8. A B^1 οἵτινες ἐγκατελείπετε [B^2 S R -λίπ.] νόμον θεοῦ ὑψίστου
44. 8. οἱ κατέλιπον [S^1 ἐγκ.] ὄνομα
— 13. A S ἡ δόξα αὐτῶν οὐκ ἐγκαταλειφθήσεται [B ἐξαλειφθ.]
47. 22. A ὁ δὲ κύριος οὐ μὴ ἐγκαταλείπῃ [B S καταλίπῃ] τὸ ἔλεος αὐ.
51. 10. μή με ἐγκαταλιπεῖν [A -λείπ.] ἐν ἡμέραις θλίψεως
— 20. οὐ μὴ ἐγκαταλειφθῶ
Ho. 4. 10. διότι τὸν κύριον ἐγκατέλιπον [A -λειπ.] (8 *a*)
5. 7. τὸν κ. ἐγκατέλιπον [A -λειπ.] (1)
11. 9. οὐ μὴ ἐγκαταλίπω [A -λείπω] τοῦ ἐξαλειφθῆναι τὸν 'E. (13 ?)
Jn. 2. 9. ἔλεος αὐτῶν ἐγκατέλιπον [A -λειπον] (8 *a*)
Ma. 2. 10. τί ὅτι ἐγκατελίπετε [A -λείπ.] ἕκαστος τὸν ἀδ. αὐ. (1)
— 11. ἐγκατελείφθη Ἰούδας (1)
— 14. ἣν ἐγκατέλιπες [A -λειπες] (1)
— 15. γυναῖκα νεότητός σου μὴ ἐγκαταλίπῃς [A -λείπῃς] (1)
— 16. καὶ οὐ μὴ ἐγκαταλίπητε [A -λείπ.] (1)
Is. 1. 4. ἐγκατελίπατε [A -λείπετε] τὸν κύριον (8 *a*)

● = correction on page xxv ► = additional entry on page xxv

Is. 1. 8. ἐγκαταλειφθήσεται ἡ θυγάτηρ Σιών (3 *a*)

— 9. εἰ μὴ κ. σαβ. ἐγκατέλιπεν [A S^3 -λειπ.] ἡμῖν σπέρμα (3 *b*)

— 28. οἱ ἐγκαταλιπόντες [A -λείπ.] τὸν κ. (8 *a*)

6. 12. R οἱ ἐγκαταλειφθέντες [A B S κατ.] πληθυνθήσονται (8 *a*)

16. 8. οἱ ἀπεσταλμένοι ἐγκατελείφθησαν (6 *b*)

17. 9. ἔσονται αἱ πόλεις σου ἐγκαταλελειμμέναι (8 *a* ?)

— 9. A ἐγκατέλειπον [S -λιπον, B κατέλιπον] οἱ Ἀμορραῖοι (8 *a*)

— 10. A ἐγκατέλειπες [B S κατέλιπες] τὸν θ. τὸν σωτῆρά σου (15)

24. 12. οἶκοι ἐγκαταλελειμμένοι ἀπολοῦνται (11)

32. 14. οἶκοι ἐγκαταλελειμμένοι πλοῦτον πόλεως ἀφήσουσιν (6 *c*)

41. 9. οὐκ ἐγκατέλιπόν [A -λειπ.] σε (5)

— 17 : 42. 16. οὐκ ἐγκαταλείψω αὐτούς (8 *a*)

49. 14. A B ἐγκατέλειπέν [S R -λιπέ] με κύριος (8 *a*)

54. 7. B χρόνον μικρὸν ἐγκατέλιπόν [A S R κατ.] σε (8 *a*)

58. 2. κρίσιν θεοῦ αὐτοῦ μὴ ἐγκαταλελοιπώς (8 *a*)

60. 15. διὰ τὸ γεγενῆσθαί σε ἐγκαταλελειμμένην (8 *a*)

62. 12. ἐπιζητουμένη πόλις καὶ οὐκ ἐγκαταλελειμμένη [S κατ.] (8 *b*)

65. 11. ὑμεῖς δὲ οἱ ἐγκαταλιπόντες [A -λείπ.] με (8 *a*)

Je. 1. 16. ὡς ἐγκατέλιπόν [A -λειπ.] με (8 *a*)

2. 13. ἐμὲ ἐγκατέλιπον [A -λειπ.] (8 *a*)

4. 29. πᾶσα πόλις ἐγκατελείφθη (8 *a*)

5. 7. οἱ υἱοί σου ἐγκατέλιπόν [A -λειπ.] με (8 *a*)

9. 13 (12). διὰ τὸ ἐγκαταλιπεῖν [S^3 -λείπειν] αὐτοὺς τὸν νόμον μου (8 *a*)

— 19 (18). ἐγκατελίπομεν [A S^3 -λείπ.] τὴν γῆν (8 *a*)

12. 7. ἐγκαταλέλοιπα τὸν οἶκόν μου (8 *a*)

14. 5. ἐγκατέλιπον [A -λειπ.] ὅτι οὐκ ἦν βοτάνη (8 *a*)

16. 11. ἐγκατέλιπόν [A -λειπ.] με οἱ πατέρες ὑμῶν . . . ἐμὲ ἐγκατέλιπον [A -λειπ.] (8 *a*, 8 *a*)

17. 11. ἐν ἡμίσει ἡμερῶν αὐτοῦ ἐγκαταλείψουσιν αὐτόν (8 *a*)

— 13. ἐγκατέλιπον [A -λειπ.] πηγὴν ζωῆς τὸν κ. (8 *a*)

19. 4. ἀνθ' ὧν ἐγκατέλιπόν [A -λειπ.] με (8 *a*)

22. 9. ἀνθ' ὧν ἐγκατέλιπον [A S^3 -λειπ.] τὴν διαθήκην κ. (8 *a*)

28 (51). 9. ἐγκαταλίπωμεν [A S^3 -λείπ.] αὐτήν (8 *a*)

30 (49). 25. πῶς οὐχὶ ἐγκατέλιπε [A -λειπον] πόλιν ἐμήν (8 *c*)

32 (25). 38. ἐγκατέλιπεν [S -λειπ., A κατέλειπέν με] ὥσπερ λέων κατάλυμα αὐ. (8 *a*)

Ba. 3. 12. ἐγκατέλιπες [A -λειπ.] τὴν πηγὴν τῆς σοφίας

Ez. 8. 12. ἐγκαταλέλοιπε κύριος τὴν γῆν [A *al.*] (8 *a*)

9. 9. R ἐγκατέλιπε [A B ἐγκαταλέλοιπεν] κύριος τὴν γῆν (8 *a*)

20. 8. A B τὰ ἐπιτηδεύμ. Αἰγ. οὐκ ἐγκατέλειπον [R -λιπον] (8 *a*)

23. 8. τὴν πορνείαν αὐτῆς ἐξ Αἰγύπτου οὐκ ἐγκατέλιπεν [A -λειπ.] (8 *a*)

24. 21. οὓς ἐγκατελίπετε [A -λείπ.] (8 *a*)

36. 4. ταῖς πόλεσι ταῖς ἐγκαταλελειμμέναις [A κατ.] (8 *b*)

Da. LXX. 9. 11. πᾶς Ἰσραὴλ ἐγκατέλιπε τὸν νόμον σου (7)

11. 30. ἐγκατέλιπον τὴν διαθήκην τοῦ ἁγίου (8 *a*)

Bel 37. ὁ μὴ ἐγκαταλείπων τοὺς ἀγαπῶντας αὐτόν

Da. TH. Bel 38. A B οὐκ ἐγκατέλειπες [R -λιπες] τοὺς ἀγαπῶντάς σε

I Ma. 1. 38. S R τὰ τέκνα αὐτῆς ἐγκατέλιπον [A -λειπον] αὐτήν

— 42. S R ἐγκαταλιπεῖν [A -λείπειν] ἕκαστον τὰ νόμιμα αὐτοῦ

— 52. S R πᾶς ὁ [S^1 καὶ] ἐγκαταλιπὼν [A -λείπων] τὸν νόμον

2. 28. S R ἐγκατέλιπον [A -λειπον] ὅσα εἶχον ἐν τῇ πόλει

II Ma. 1. 5. R μὴ ὑμᾶς ἐγκαταλίποι [A -λείποι]

II Ma. 6. 16. οὐκ ἐγκαταλείπει τὸν ἑαυτοῦ λαόν

[**Aq.** III Ki. 14. 10 : Ps. 21 (22). 2 : Is. 7. 16 : Je. 12. 7 : 17. 11 : 48 (31). 32 : Ze. 2. 4.]

[**Sm.** Ps. 9. 35 (10. 14) : 26 (27). 9 : Is. 7. 16 : 27. 10 : Je. 12. 7 : 17. 11 : Ze. 2. 4.]

[**Th.** Jb. 39. 11 : Is. 7. 16 : Je. 14. 5 : Da. Bel 37 : Ze. 2. 4.]

[**Al.** Ps. 9. 11.]

ἐγκαταλιμπάνειν. (1) עָזַב

Ps. 118 (119). 53. ἀπὸ ἁμαρτωλῶν τῶν ἐγκαταλιμπανόντων τὸν νόμον σου (1)

[**Aq.**, **Sm.**, **Th.** Pr. 10. 17.]

ἐγκαταλοχίζειν. (1) יָחַשׂ hithp.

II Ch. 31. 18. ἐγκαταλοχίσαι [A ἐν καταλοχίαις] ἐν πάσῃ ἐπιγονῇ (1)

ἐγκαταπαίζειν.

Jb. 40. 14 (19). πεποιημένον ἐγκαταπαίζεσθαι [A εἰς τὸ ἐγκ.] ὑπὸ τῶν ἀγγέλων αὐ. †

41. 24 (25). πεποιημένον ἐγκαταπαίζεσθαι ὑπὸ τῶν ἀγγέλων μου †

[**Th.** Jb. 41. 25.]

ἐγκατάσκευος.

[**Aq.**, **Sm.** Ez. 27. 24.]

ἐγκατασκηνοῦν. (1) שָׁכַן

II Ki. 7. 10. A ἐγκατασκηνώσει [? ἐν κατ., B καὶ κατ.] καθ' ἑαυτόν (1)

ἔγκατον. (1) עֲמִין (2) קֶרֶב (3) רַחַם

Ge. 43. 30. R συνεστρέφετο γὰρ τὰ ἔ. [A ἔντερα] αὐτοῦ (3)

III Ki. 17. 22. A ἀπεστράφη ἡ ψυχὴ . . . πρὸς ἔγκατον αὐτοῦ (2)

To. 6. 4. S τὰ ἔ. ἔκβαλε

Jb. 21. 24. R τὰ δὲ ἔ. αὐτοῦ πλήρη [A B S -ης] στέατος (1)

41. 6 (7). τὰ ἔ. αὐτοῦ ἀσπίδες χάλκεαι †

Ps. 50 (51). 10. πνεῦμα εὐθὲς ἐγκαίνισον ἐν τοῖς ἐ. μου (2)

108 (109). 18. εἰσῆλθεν ὡσεὶ ὕδωρ εἰς τὰ ἔ. αὐτοῦ (2)

Si. 21. 14. ἔγκατα μωροῦ ὡς ἀγγεῖον συντετριμμένον

[**Aq.** Ge. 18. 12 : Ex. 3. 20 : Nu. 14. 14 : Dt. 2. 16 : 4. 3, 5, 34 : III Ki. 17. 22 : Ps. 54 (55). 5 : 63 (64). 7 : 81 (82). 1 : Is. 19. 3 : Mi. 6. 14.]

[**Sm.** II Ki. 7. 12 : Ps. 39 (40). 9 : 63 (64). 7 : Ez. 11. 19.]

[**Heb.** Jb. 20. 14.]

ἐγκαυχᾶσθαι. (1) הָלַל hithpa. (2) שָׁאַג (3) שָׁבַח hithpa.

Ps. 51 (52). 1. τί ἐγκαυχᾷ ἐν κακίᾳ ὁ δυνατὸς ἀνομίαν (1)

73 (74). 4. ἐνεκαυχήσαντο οἱ μισοῦντές σε (2)

96 (97). 7. οἱ ἐγκαυχώμενοι ἐν τοῖς εἰδώλοις αὐ. (1)

105 (106). 47. τοῦ ἐγκαυχᾶσθαι ἐν τῇ αἰνέσει σου (3)

[**Aq.** Je. 50 (27). 38.]

ἔγκεισθαι. (1) חָפֵץ (2) יֵצֶר (3) נָפַל

Ge. 8. 21. ἔγκειται ἡ διάνοια τοῦ ἀνθρ. . . . ἐπὶ τὰ πον. (2)

34. 19. ἐνέκειτο γὰρ τῇ θυγατρὶ Ἰακώβ (1)

Es. 9. 3. ὁ γὰρ φόβος M. ἐνέκειτο αὐτοῖς (3)

ἐγκεντρίζειν.

Wi. 16. 11. εἰς γὰρ ὑπόμνησιν τῶν λογίων σου ἐνεκεντρίζοντο

[**Aq.**, **Sm.** Je. 46 (26). 20.]

ἐγκηδεύεσθαι.

IV Ma. 17. 9. ἑπτὰ παῖδες ἐγκεκήδευνται

ἐγκισσᾶν. (1) יָחַם *a.* qal. *b.* pi.

Ge. 30. 38. ἵνα . . . ἐγκισσήσωσι τὰ πρόβατα (1 *a*)

— 39. R καὶ ἐνεκίσσων τὰ πρόβατα (1 *a*)

— 41. ᾧ ἐνεκίσσων τὰ πρόβατα (1 *b*)

— 41. τοῦ ἐγκισσῆσαι αὐτά (1 *b*)

31. 10. ἡνίκα ἐνεκίσσων τὰ πρόβατα (1 *b*)

[**Sm.** Ge. 30. 38, 41.]

ἐγκλείειν. (1) סָגַר ni.

Ez. 3. 24. ἐγκλείσθητι ἐν μέσῳ τοῦ οἴκου σου (1)

II Ma. 5. 8. ἔτυχεν ἐγκλεισθεὶς πρὸς Ἀρέταν

[**Aq.** Ge. 39. 22.]

[**Sm.** I Ki. 21. 7 (8) : IV Ki. 15. 5 : Is. 38. 14.]

[**Al.** II Ch. 26. 21.]

ἔγκληρος. (1) נַחֲלָה

De. 4. 20. εἶναι αὐτῷ λαὸν ἔ. [B^1 εὔ.] (1)

ἐγκλοιοῦν. (1) עָנַד

Pr. 6. 21. A S^2 R ἐγκλοίωσαι περὶ [B S^1 ἐπὶ] σῷ τραχήλῳ (1)

ἐγκοίλια. (1) קֶרֶב

Le. 1. 9. τὰ δὲ ἐ. καὶ τοὺς πόδας πλυνοῦσιν ὕδατι (1)

— 13. καὶ τὰ ἐ. καὶ τοὺς πόδας πλυνοῦσιν ὕδατι (1)

ἔγκοιλος. (1) עָמֹק

Le. 13. 30. ἡ ὄψις αὐτῆς ἐγκοιλοτέρα τοῦ δέρματος (1)

— 31. οὐχ ἡ ὄψις ἐγκοιλοτέρα τοῦ δέρματος (1)

ἐγκοιμᾶσθαι.

[**Aq.** Ez. 29. 3.]

ἐγκόλαμμα. (1) פִּתּוּחַ

Ex. 36. 13 (39. 6). R ἐκκεκολαμμένους ἐγκόλαμμα [A B ἐκκ.] σφραγῖδος (1)

ἐγκολάπτειν. (1) *a.* קָלַע *b.* מִקְלַעַת

III Ki. 6. 32. A ἐγκεκολαμμένα χ. καὶ φοίνικας (1 *b*)

— 35. R ἐγκεκολαμμένα [A εἰσκ., B ἐκκ.] χερουβίμ (1 *a*)

[**Aq.**, **Sm.**, **Th.** Je. 17. 1.]

ἐγκολαπτός. (1) פִּתּוּחַ (2) קָלַע

III Ki. 6. 29. R ἐγκολαπτὰ [A B ἐκκ.] ἔγραψε γραφίδι χ. (1)

— 32. A ἐγκολαπτὰ ἐπ' αὐτῶν . . . χ. (2)

ἐγκολλᾶν. (1) נָגַע hi.

Za. 14. 5. ἐγκολληθήσεται φάραγξ ὀρέων (1)

ἐγκόμβωμα.

[**Th.** Is. 3. 20.]

ἔγκομμα.

[**Al.** Ex. 34. 12.]

ἔγκοπος. (1) **ἔγκοπον ποιεῖν** יָגָה hi. (2) *a.* **ἔγκοπον ποιεῖν** יָגַע hi. *b.* יָגֵעַ

Jb. 19. 2. ἕως τίνος ἔγκοπον ποιήσητε ψυχήν μου (1)

Ec. 1. 8. πάντες οἱ λόγοι ἔ. (2 *b*)

Is. 43. 23. οὐδὲ ἔγκοπον ἐποίησά σε ἐν λιβάνῳ (2 *a*)

[**Th.** Jb. 6. 3.]

ἐγκοσμεῖν.

IV Ma. 6. 2. S ἐγκοσμούμενον [A R ἐκκεκοσμημ.] τῇ . . . εὐσχημοσύνῃ [A τὴν . . . εὐ.]

ἐγκοτεῖν. (1) שָׂטַם

Ge. 27. 41. καὶ ἐνεκότει Ἡσαῦ τῷ Ἰ. (1)

Ps. 54 (55). 3. ἐν ὀργῇ ἐνεκότουν μοι (1)

ἐγκότημα. (1) מְחִתָּה

Je. 31 (48). 39. ἐγκότημα πᾶσι τοῖς κύκλῳ αὐτῆς

ἐγκότησις.

[**Aq.** Ho. 9. 7.]

ἐγκράτεια.

Si. 18. 15. S ἐγκράτεια ψυχῆς

— 30. ἐγκράτεια ψυχῆς

IV Ma. 5. 34. A R οὐδὲ φεύξομαί [S οὐδ' ἐξομοῦμαί] σε, φίλη ἐ.

[**Al.** Le. 23. 21, 28 : Nu. 6. 5.]

ἐγκρατεῖν. (1) חָזַק hi.

Ex. 9. 2. ἀλλὰ ἔτι ἐγκρατεῖς αὐτοῦ (1)

ἐγκρατεύεσθαι. (1) אָפַק hithpa.

Ge. 43. 31. ἐξελθὼν ἐνεκρατεύσατο (1)

I Ki. 13. 12. B καὶ ἐνεκρατευσάμην (1)

Es. 5. 10. S^3 καὶ ἐνεκρατεύσατο Ἀ. (1)

[**Aq.** Is. 63. 15.]

[**Sm.** Is. 63. 15 : 64. 12 (11).]

[**Th.** II Ki. 14. 13 : Is. 63. 15.]

ἐγκρατής.
To. 6. 3. S καὶ ἐγκρατὴς τοῦ ἰχθύος γενοῦ [A B *al.*]
Wi. 8. 20. οὐκ ἄλλως [A οὐ καλῶς] ἔσομαι ἐγκρατής
Si. 6. 27. ἐγκρατὴς γενόμενος μὴ ἀφῇς αὐτήν
15. 1. ὁ ἐ. τοῦ νόμου καταλήψεται αὐτήν
26. 15. οὐκ ἔστι σταθμὸς πᾶς ἄξιος ἐγκρατοῦς ψυχῆς
27. 30. ἀνὴρ ἁμαρτωλὸς ἐγκρατὴς ἔσται αὐτῶν
Da. TH. Su. 39. ἐκείνου μὲν οὐκ ἠδυνήθημεν ἐγκρατεῖς [A περικρ.] γενέσθαι
II Ma. 8. 30. ὀχυρωμάτων ὑψηλῶν εὖ μάλα ἐγκρατεῖς ἐγένοντο
10. 15. ἐγκρατεῖς ἐπικαίρων ὀχυρωμάτων ὄντες
— 17. ἐγκρατεῖς ἐγένοντο τῶν τόπων
13. 13. γενέσθαι τῆς πόλεως ἐγκρατεῖς
[**Al.** Nu. 6. 18.]

ἐγκρατῶς.
[**Al.** Le. 23. 29.]

ἐγκρίς. (1) לְשַׁד (2) צַפִּיחִית
Ex. 16. 31. τὸ δὲ γεῦμα αὐτοῦ ὡς ἐγκρὶς ἐν μέλιτι (2)
Nu. 11. 8. ὡσεὶ γεῦμα ἐγκρὶς ἐξ ἐλαίου (1)

ἐγκρούειν. (1) תָּקַע
Jd. 16. 13 (14). καὶ ἐγκρούσῃς τῷ [A ἐν τῷ] πασσάλῳ (1)
[**Aq.** I Ki. 28. 9.]
[**Th.** Jd. 4. 21.]

ἐγκρύπτειν. (1) חָבָא ni. (2) טָמַן (3) עוּג (4) צָפַן
Jo. 7. 21. ἐγκέκρυπται ἐν τῇ σκηνῇ μου (2)
— 22. B ταῦτα ἦν ἐγκεκρυμμένα [A R κεκρ.] (2)
Pr. 19. 24. ὁ ἐγκρύπτων εἰς τὸν κόλπον αὐτοῦ χεῖρας ἀδίκως (2)
Ho. 13. 12. ἐγκεκρυμμένη ἡ ἁμαρτία αὐτοῦ (4)
Am. 9. 3. A ἐὰν ἐγκρυβῶσιν [B ἐγκατακρ.] εἰς τὴν κορυφὴν τοῦ K. (1)
Ez. 4. 12. ἐν βολβίτοις κόπρου ἀνθρωπίνης ἐγκρύψεις [A κατακρ.] αὐτά (3)
I Ma. 16. 15. ἐνέκρυψεν ἐκεῖ ἄνδρας
[**Aq., Th.** Jb. 20. 26 : Pr. 22. 3.]
[**Al.** Ps. 9. 29 (10. 8).]

ἐγκρυφίας. (1) *a.* מָעוֹג *b.* עֻגָה
Ge. 18. 6. καὶ ποίησον ἐγκρυφίας (1 *b*)
Ex. 12. 39. καὶ ἔπεψαν τὸ σταῖς . . . ἐγκρυφίας ἀζύμους (1 *b*)
Nu. 11. 8. ἐποίουν αὐτὸ ἐγκρυφίας (1 *b*)
III Ki. 17. 12. εἰ ἔστι [A ἔσται] μοι ἐγκρυφίας (1 *a*)
— 13. ποίησόν μοι ἐκεῖθεν ἐγκρυφίαν μικρόν (1 *b*)
19. 6. πρὸς κεφαλῆς αὐτοῦ ἐγκρυφίας ὀλυρίτης (1 *b*)
Ho. 7. 8. Ἐ. ἐγένετο ἐγκρ. οὐ μεταστρεφόμενος (1 *b*)
Ez. 4. 12. ἐγκρυφίαν κρίθινον φάγεσαι αὐτά (1 *b*)
[**Aq.** Jd. 7. 13.]

ἐγκτᾶσθαι. (1) אָחַז ni.
Ge. 34. 10. καὶ ἐγκτᾶσθε ἐν αὐτῇ (1)

ἔγκτημα. (1) מִקְנֶה
Nu. 31. 9. A καὶ πάντα τὰ ἐ. [B -ητα] αὐτῶν (1)

ἔγκτησις. (1) אֲחֻזָּה (2) מִקְנָה
Le. 25. 13. B^{2}R ἐπανελεύσεται εἰς τὴν ἔ. [A B^{1} κτῆσιν] αὐτοῦ (1)
— 16. πληθύνῃ τὴν ἔ. αὐτοῦ (2)
— 16. B^{2}R ἐλαττονώσει τὴν ἔ. [A B^{1} κτῆσιν] αὐτοῦ (2)
IV Ki. 4. 13. B ἐξέστησας ἡμῖν τὴν πᾶσαν ἔ. [A R *al.*] †

ἔγκτητος. (1) אֲחֻזָּה (2) *a.* מִקְנָה *b.* קִנְיָן
Le. 14. 34. ἐν ταῖς οἰκίαις τῆς γῆς τῆς ἐ. ὑμῖν (1)
22. 11. ψυχὴν ἔγκτητον ἀργυρίου (2 *b*)
Nu. 31. 9. καὶ πάντα τὰ ἔ. [A -ήματα] αὐτῶν (2 *a*)

ἐγκύκλιος.
Da. LXX. 4. 34. ἔγραψε δὲ . . . ἐπιστολὴν ἐ. -

ἐγκυλίειν. (1) עָלַס hithpa.
Pr. 7. 18. ἐγκυλισθῶμεν ἔρωτι (1)
Si. 23. 12. ἐν ἁμαρτίαις οὐκ ἐγκυλισθήσονται
37. 3. πόθεν ἐνεκυλίσθης καλύψαι τὴν ξηράν

ἐγκύμων.
[**Sm.** Ps. 77 (78). 71.]

ἔγκυος.
Si. 42. 10. μήποτε . . . ἐν τοῖς πατρικοῖς αὐτῆς ἔγκυος γένηται

ἐγκύπτειν. (1) צִיץ (2) שָׁקַף ni.
III Ki. 6. 29. A ἐγκύπτοντα [B *om.*] τῷ ἐσωτέρῳ (1 ?)
Ca. 6. 9 (10). τίς αὕτη ἡ ἐκκύπτουσα [A^{2} ἐγκ.] (2)
Da. LXX. Bel 39. ἐγκύψας εἰς τὸν λάκκον
[**Aq., Th.** III Ki. 6. 29.]

ἐγκωμιάζειν. (1) הָלַל *a.* pi. *b.* pu. *c.* מְהֻלָּל (2) רָבָה
Pr. 12. 8. στόμα συνετοῦ ἐγκωμιάζεται ὑπὸ ἀνδρός (1 *b*)
27. 2. ἐγκωμιαζέτω σε ὁ [A τὸ] πέλας (1 *a*)
— 21. ἀνὴρ δὲ δοκιμάζεται διὰ στόματος ἐγκωμιαζόντων αὐτόν (1 *c*)
28. 4. οἱ ἐγκαταλείποντες τὸν νόμον ἐγκωμιάζουσιν ἀσέβειαν (1 *a*)
29. 2. ἐγκωμιαζομένων δικαίων εὐφρανθήσονται λαοί [A *al.*] (2 ?)

ἐγκώμιον. (1) בְּרָכָה
Es. 2. 23. ὑπὲρ τῆς εὐνοίας M. ἐν [A *om.*] ἐγκωμίῳ -
Pr. 10. 7. μνήμη δικαίων μετ᾽ ἐγκωμίων (1)
[**Aq.** Ps. 146 (147). 1 : Is. 51. 3.]

● **ἐγρηγορεῖν.** (1) עָמַד
▶ Ne. 7. 3. A B ἔτι αὐτῶν ἐγρηγορούντων [S R γρ.] (1)
[**Th.** Da. 9. 14.]

ἐγρήγορος. (1) עִיר
La. 4. 14. ἐσαλεύθησαν ἐγρήγοροι αὐτῆς †
Da. TH. 4. 10. A ἐπὶ τῆς κοίτης μου ἐγρήγορος [B *om.*] (1)
[**Aq., Sm.** Da. 4. 10.]

ἐγχαράσσειν.
[**Sm.** Is. 30. 8.]

ἐγχάσκειν.
I Es. 4. 19. A εἰς αὐτὴν ἐγκέχηναν [B κέχ., R ἐκκέχ.]

ἐγχεῖν. (1) יָצַק (2) רִיק hoph. (3) שׂוּם (4) שָׁפַךְ *a.* qal. *b.* pu.
Ex. 24. 6. τὸ ἥμισυ τοῦ αἵματος ἐνέχεεν εἰς κρατῆρας (3)
Nu. 35. 33. τοῦ αἵματος τοῦ ἐκχυθέντος [B^{1} ἐγχ.] ἐπ᾽ αὐτῆς ἀλλ᾽ ἐπὶ τοῦ αἵμ. τοῦ ἐκχέοντος [B^{1} ἐγχ.] (4 *b*, 4 *a*)
Jd. 6. 19. A τὸν ζωμὸν ἐνέχεεν εἰς χύτραν [B *al.*] (3)
IV Ki. 4. 40. καὶ ἐνέχει [A -χεαν] τοῖς ἀνδράσι φαγεῖν (1)
— 41. ἔγχει τῷ λαῷ (1)
Je. 31 (48). 11. οὐκ ἐνέχεεν ἐξ ἀγγείου εἰς ἀγγεῖον (2)
Ez. 24. 3. ἔγχεον [A ἔκχ.] εἰς αὐτὸν ὕδωρ (1)

ἐγχειρεῖν. (1) זָמַם (2) כָּרָה (3) נָשָׂא hi. (4) שׂוּם
II Ch. 23. 18. A B^{1} καὶ ἐνεχείρησεν [B^{2}R -ισεν] Ἰ. . . . τὰ ἔργα οἴκου (4)
Je. 18. 22. ἐνεχείρησαν [S^{1} -ωσαν] λόγον (2 ?)
28 (51). 12. A B S ὅτι ἐνεχείρησεν [R -ισεν] (1)
29 (49). 16. ἡ παιγνία σου ἐνεχείρησέ σοι (3 ?)

ἐγχείρημα. (1) מְזִמָּה
Je. 23. 20. ἀπὸ ἐγχειρήματος καρδίας αὐτοῦ (1)
37 (30). 24. ἕως καταστήσῃ [S^{1} *om.* ἔ. κ.] ἐγχείρημα καρδίας αὐτοῦ (1)

ἐγχειρίδιον. (1) חֶרֶב (2) כִּידוֹן
Ex. 20. 25. τὸ γὰρ ἐ. σου ἐπιβέβληκας ἐπ᾽ αὐτούς (1)
Je. 27 (50). 42. τόξον καὶ ἐγχειρίδιον ἔχοντες (2)
Ep. Je. 15. ἔχει δὲ ἐγχειρίδιον [A *add.* ἐν τῇ] δεξιᾷ
Ez. 21. 3 (8). ἐκσπάσω τὸ ἐ. μου ἐκ τοῦ κολεοῦ αὐ. (1)
— 4 (9). ἐξελεύσεται τὸ ἐ. μου ἐκ τοῦ κολεοῦ αὐ. (1)
— 5 (10). ἐξέσπασα τὸ ἐ. μου ἐκ τοῦ κολεοῦ αὐ. (1)
[**Sm.** Ge. 38. 18.]

ἐγχειρίζειν. (1) זָמַם (2) שׂוּם
II Ch. 23. 18. B^{2}R καὶ ἐνεχείρισεν [A B^{1} -ησεν] Ἰ. ὁ ἱερεὺς τὰ ἔργα οἴκου (2)
Je. 28 (51). 12. R ὅτι ἐνεχείρισε [A B S -ησε] (1)

ἐγχειροῦν. (1) כָּרָה
Je. 18. 22. ἐνεχείρησαν [S^{1} -ωσαν] λόγον (1 ?)

ἐγχρίειν. (1) קָרַע
To. 2. 10. S ὅσῳ ἐνεχρίοσάν με
6. 8. ἡ δὲ χολὴ ἐγχρῖσαι ἄνθρωπον
11. 7. σὺ ἔγχρισον τὴν χολὴν [S *al.*]
Je. 4. 30. ἐὰν ἐγχρίσῃ [S^{2} -ῃς] στίβι [A στίμῃ] τοὺς ὀφθαλμούς σου (1)

ἐγχρονίζειν. (1) אָחַר pi. (2) תּוֹחֶלֶת
Pr. 9. 18. A μὴ ἐγχρονίσῃς [B S χρ.] ἐν τῷ τόπῳ -
10. 28. ἐγχρονίζει δικαίοις εὐφροσύνη (2)
23. 30. οὐ τῶν ἐγχρονιζόντων ἐν οἴνοις (1)

ἐγχώριος. (1) אֶזְרָח (2) אֶרֶץ
Ge. 34. 1. καταμαθεῖν τὰς θυγατέρας τῶν ἐ. (2)
Ex. 12. 49. νόμος εἷς ἔσται τῷ ἐ. (1)
Le. 18. 26. ὁ ἐ. ἢ ὁ προσγενόμενος προσήλυτος (1)
24. 22. δικαίωσις μία ἔσται . . . τῷ [A *om.*] ἐ. (1)
Nu. 15. 29. τῷ ἐ. ἐν υἱοῖς Ἰσραήλ (1)
Jo. 9. 22. ὑμεῖς δὲ ἐγχώριοί ἐστε τῶν κατοικούντων ἐν ἡμῖν -
I Es. 6. 25. καὶ δόμου ξυλίνου ἐ. καινοῦ ἑνός
II Ma. 9. 2. τροπωθέντα τὸν Ἀντ. ὑπὸ τῶν ἐ.
[**Al.** Nu. 15. 13.]

ἐγώ *incl.* **κἀγώ**, *passim.*

ἐγώ (nomin. pendens). (1) *a.* אֲנָה *b.* אֲנִי
Da. TH. 7. 15. ἐν τῇ ἕξει μου ἐγὼ Δαν. (1 *a*)
— 28. ἐγὼ Δαν. οἱ διαλογισμοί μου . . . συνετάρασσόν με (1 *a*)
8. 1. ὅρασις ὤφθη πρὸς μὲ ἐγὼ Δαν. [A *add.* ἐγὼ Δαν.] (1 *b*, -)
— 15. ἐν τῷ ἰδεῖν με ἐγὼ Δαν. (1 *b*)

ἐγώ εἰμι (subjectum verbi). (1) *a.* אֲנִי *b.* אָנֹכִי
Jd. 5. 3. ᾄσομαι ἐγώ εἰμι τῷ κ. ἐγώ εἰμι ψαλῶ τῷ κυρίῳ [A *al.*] (1 *b*, 1 *b*)
6. 18. ἐγώ εἰμι καθίσομαι (1 *b*)
11. 27. ἐγώ εἰμι [A *om.*] οὐχ ἥμαρτόν σοι (1 *b*)
— 35. ἐγώ εἰμι [A *om.*] ἤνοιξα (1 *b*)
— 37. κλαύσομαι . . . ἐγώ εἰμι [A *om.*] (1 *b*)
Ru. 4. 4. ἐγώ εἰμι ἀγχιστεύσω (1 *b*)
II Ki. 11. 5. ἐγώ εἰμι ἐν γαστρὶ ἔχω (1 *b* ?)
12. 7. ἐγώ εἰμι ἐρρυσάμην σε (1 *b*)
15. 28. ἐγώ εἰμι στρατεύομαι ἐν Ἀρ. (1 *b*)
18. 12. ἐγώ εἰμι ἵστημι . . . χιλίους σίκλους ἀργυρίου (1 *b*)
20. 17. ἀκούω ἐγώ εἰμι (1 *b*)
24. 12. τρία ἐγώ εἰμι αἴρω ἐπὶ σέ (1 *b*)
— 17. ἐγώ εἰμι ἠδίκησα (1 *b*)
III Ki. 2. 2. ἐγώ εἰμι πορεύομαι (1 *b*)
IV Ki. 4. 13. ἐν μέσῳ τοῦ λαοῦ ἐγώ εἰμι οἰκῶ (1 *b*)
10. 9. ἐγώ εἰμι συνεστράφην ἐπὶ τὸν κ. μου (1 *a*)
22. 20. οἷς ἐγώ εἰμι ἐπάγω (1 *a*)
Jb. 33. 31. ἐγώ εἰμι λαλήσω [A *al.*] (1 *b*)
Is. 28. 28. R οὐ γὰρ . . . ἐγώ εἰμι [A B S *om.*] ὑμῖν ὀργισθήσομαι -
Ez. 36. 36. A ἐγώ εἰμι [B *om.*] κύριος ᾠκοδόμησα (1 *a*)
[**Aq.** Je. 29 (36). 11 (?) : 31 (38). 32 : 33 (40). 9 : 38 (45). 26.]
[**Th.** Is. 54. 11 : Je. 29 (36). 11 (?).]

ἔγωγε.
▶ IV Ma. 8. 10 : 16. 6.

ἐδαφίζειν. (1) יָשַׁב (2) נָטַשׁ (3) נָפַץ pi. (4) רָטַשׁ pu.
Ps. 136 (137). 9. μακάριος ὃς . . . ἐδαφιεῖ τὰ νήπιά σου (3)
Ho. 10. 14. μητέρα ἐπὶ τέκνοις ἠδάφισαν (4)
14. 1. καὶ τὰ ὑποτίτθια αὐτῶν ἐδαφισθήσονται (4)
Na. 3. 10. ἐδαφιοῦσιν ἐπ᾽ ἀρχὰς πασῶν τῶν ὁδῶν αὐ. (4)
Is. 3. 26. εἰς τὴν γῆν ἐδαφισθήσῃ (1)
Ez. 31. 12. ἠδάφισαν αὐτόν (2)
[**Aq.** Is. 51. 23.]
[**Sm.** Is. 29. 4.]
[**Al.** Ex. 15. 15.]

ἔδαφος. (1) אַרְעִי (2) אֶרֶץ (3) מוֹסָד (4) עָפָר (5) קַרְקַע
Nu. 5. 17. τῆς γῆς τῆς οὔσης ἐπὶ τοῦ ἐ. τῆς σκηνῆς (5)
III Ki. 6. 15. ἀπὸ τοῦ ἐ. τοῦ οἴκου (5)
— 16. ἀπὸ τοῦ ἐ. [A *add.* τοῦ οἴκου] ἕως τῶν δοκῶν (5)
— 30. τὸ ἔ. τοῦ οἴκου περιέσχε χρυσίῳ (5)
7. 7. A ἀπὸ τοῦ ἐ. ἕως τοῦ ἐ. (5, 5)

● = correction on page xxv ▶ = additional entry on page xxv

Ju. 5. 18. ὁ ναὸς τοῦ θεοῦ αὐτῶν ἐγενήθη εἰς ἔδαφος
16. 5. καὶ τὰ θηλάζοντά μου θήσειν εἰς ἔδαφος
Jb. 9. 8. περιπατῶν ὡς ἐπ' ἐδάφους ἐπὶ θαλάσσης †
Ps. 118 (119). 25. ἐκολλήθη τῷ ἐ. ἡ ψυχή μου (4)
Si. 11. 5. πολλοὶ τύραννοι ἐκάθισαν ἐπὶ ἐδάφους
20. 18. ὀλίσθημα ἀπὸ ἐδάφους μᾶλλον ἢ ἀπὸ γλώσσης
36 (33). 10. ἄνθρωποι πάντες ἀπὸ ἐδάφους
Is. 25. 12. καταβήσεται ἕως τοῦ ἐ. (2 et 4)
26. 5. κατάξεις ἕως ἐδάφους (2 et 4)
29. 4. πρὸς τὸ ἔ. ἡ φωνή σου ἀσθενήσει (4)
Je. 38 (31). 37. ἐὰν ταπεινωθῇ τὸ ἔ. τῆς γῆς κάτω (3)
Ez. 41. 16. τὸ ἔ. καὶ ἐκ τοῦ ἐ. ἕως τῶν θυρίδων (2, –)
— 20. ἐκ τοῦ ἐ. ἕως τοῦ φατνώματος τὰ χερ. (2)
Da. TH. 6. 24 (25). οὐκ ἔφθασαν εἰς τὸ ἔ. τοῦ λάκκου (1)
Bel 19. ἴδε δὴ τὸ ἔ.
III Ma. 1. 29. καὶ τὸ πᾶν ἔ. ἠχεῖν
2. 22. ὥστε κατ' ἐδάφους ἄπρακτον ἔτι
IV Ma. 6. 7. πίπτων εἰς τὸ ἔ.
[**Aq.** III Ki. 7. 7 (44) *bis* : Je. 10. 11.]
[**Sm.** Jo. 15. 3.]

ἐδδέν, ἐδδίμ.

[**Th.** Is. 64. 6 (5).]

ἔδεσμα. (1) דַּחֲוָה (2) מַטְעַמִּים, מַטְעַמּוֹת (3) מִשְׁנֶה

Ge. 27. 4, 7. καὶ ποίησόν μοι ἐδέσματα (2)
— 9. καὶ ποιήσω αὐτοὺς ἐδέσματα τῷ πατρί σου (2)
— 14. καὶ ἐποίησεν ἡ μήτηρ αὐτοῦ ἐδέσματα (2)
— 17. καὶ ἔδωκε τὰ ἐ. καὶ τοὺς ἄρτους (2)
— 31. καὶ ἐποίησε καὶ αὐτὸς ἐδέσματα (2)
I Ki. 15. 9. καὶ τὰ ἀγαθὰ . . . τῶν ἐ. (3)
Ps. 54 (55). 14. ὃς ἐπὶ τὸ αὐτὸ ἐγλύκανας ἐδέσματα †
Pr. 23. 3. μὴ ἐπιθύμει τῶν ἐ. αὐτοῦ (2)
Wi. 19. 11. ᾐτήσαντο ἐδέσματα τρυφῆς
Si. 29. 22. ἐδέσματα λαμπρὰ ἐν ἀλλοτρίοις
33. 13 (30. 25). λαμπρὰ καρδία καὶ ἀγαθὴ ἐπὶ ἐδέσμασιν
34 (31). 21. εἰ ἐβιάσθης ἐν ἐδέσμασιν
37. 29. μὴ ἐκχυθῇς ἐπὶ ἐδεσμάτων
40. 29. ἀλισγήσει [S ἀλγ.] τὴν ψυχὴν αὐτοῦ ἐν ἐδέσμασιν ἀλλοτρίοις
Da. TH. 6. 18 (19). ἐδέσματα οὐκ εἰσήνεγκαν [A -έχθη] αὐτῷ (1 ?)
[**Aq.**, **Sm.** Pr. 23. 6.]

ἔδνον.

[**Sm.** Ge. 34. 12.]

ἕδρα. (1) טְחוֹרִים (2) עֹפֶל

De. 28. 27. πατάξαι σε . . . εἰς τὴν ἕ. [A ἐν ταῖς ἕ.] (2*, 1)
I Ki. 5. 3. καὶ ἐπάταξεν αὐτοὺς εἰς τὰς ἕ. αὐτῶν –
— 6. A ἐξέζεσεν αὐτοῖς εἰς τὰς ἕ. [B ναῦς] (2*, 1)
— 9. καὶ ἐπάταξεν αὐτοὺς εἰς τὰς ἕ. αὐτῶν (2*, 1)
— 10. ἐποίησαν οἱ Γ. ἑαυτοῖς ἕδρας –
— 12. ἐπλήγησαν εἰς τὰς ἕ. (2*, 1)
6. 5 (4). πέντε ἕδρας χρυσᾶς (2*, 1)
— 5. A ποιήσετε ὁμοίωμα τῶν ἑ. ὑμῶν (2*, 1)
— 11. A καὶ τὰς εἰκόνας τῶν ἑ. αὐτῶν (1)
— 17. αὗται αἱ ἕ. αἱ χρυσαῖ (1)
[**Aq.** I Ki. 5. 6, 9 : Ps. 103 (104). 5.]
[**Sm.** De. 28. 27 : Jb. 23. 3 : Ps. 32 (33). 14 : 103 (104). 5.]
[**Al.** I Ki. 5. 6.]
[**Sext.** Ps. 103 (104). 5.]

ἑδράζειν. (1) טָבַע hoph. (2) יָלַד pu. (3) כּוּן ni.

III Ki. 3. 1 (2. 46). A τῆς δὲ βασιλείας ἑδρασθείσης (3)
Ps. 89 (90). 2. S¹ πρὸ τοῦ ὄρη ἑδρασθῆναι [A B S² γενηθῆναι] (2)
Pr. 8. 25. πρὸ τοῦ ὄρη ἑδρασθῆναι (1)
Wi. 4. 3. οὐδὲ ἀσφαλῆ βάσιν ἑδράσει

Si. 22. 17. καρδία ἡδρασμένη ἐπὶ διανοίας [A S² -ᾳ] συνέσεως
[**Aq.** Ex. 15. 17 : Ps. 7. 10 : 9. 8 : 10 (11). 2 : 20 (21). 13 : 23 (24). 2 : 67 (68). 10 : 86 (87). 5 : 118 (119). 73 : Pr. 25. 5 : Is. 62. 7.]
[**Sm.** Ge. 49. 9 : I Ki. 20. 31 : II Ki. 5. 12 : 7. 12, 13, 16, 24, 27 : III Ki. 2. 46 : Ps. 7. 10 : 9. 8 : 10 (11). 2 : 20 (21). 13 : 23 (24). 2 : 54 (55). 7 : 64 (65). 7, 10 : 67 (68). 10 : 74 (75). 4 : 86 (87). 5 : 88 (89). 3 : 95 (96). 10 : Pr. 8. 27 : 16. 12 : 25. 5 : Je. 10. 12 : 30 (37). 18.]
[**Th.** Pr. 16. 2, 3, 12.]
[**Sext.** Ps. 8. 4.]
[**Al.** Ps. 139 (140). 12.]

ἑδραῖος.

[**Sm.** Ps. 32 (33). 14 : 56 (57). 8 : 88 (89). 38 : 89 (90). 17 : 92 (93). 2 : 111 (112). 7 : Pr. 4. 18.]

ἕδρασμα. (1) מָכוֹן

III Ki. 8. 13. A ἕδρασμα τῆς καθέδρας σου αἰῶνος (1)
[**Aq.** Ex. 15. 17 : III Ki. 8. 13 : Ps. 32 (33). 14 : 88 (89). 15.]
[**Sm.** Ex. 15. 17.]

ἔζερ. (1) נֵזֶר

IV Ki. 11. 12. A ἔδωκεν ἐπ' αὐτὸν τὸ ἔ. [B αὐ. Ἰεζέρ, R αὐ. νεζέρ] (1)

ἔθ.

[**Heb.** Ps. 91 (92). 7.]

ἔθειν. (1) כְּפַעַם־בְּפַעַם

Nu. 24. 1. οὐκ ἐπορεύθη κατὰ τὸ εἰωθός (1)
Si. 37. 14. ψυχὴ γὰρ ἀνδρὸς ἀπαγγέλλειν ἐνίοτε εἴωθεν
Da. LXX. Su. 13. κατὰ τὸ εἰωθὸς περιεπάτει
IV Ma. 1. 12. ὅπερ εἴωθα ποιεῖν
[**Sm.** I Ki. 20. 25.]

ἐθέλειν, *vid.* **θέλειν.**

ἐθίζειν.

Si. 23. 9. ὅρκῳ μὴ ἐθίσῃς τὸ στόμα σου
— 13. μὴ συνεθίσῃς [S¹ ἐθ.] τὸ στόμα σου
II Ma. 14. 30. R τὴν εἰθισμένην ἀπάντησιν ἀγριωτέραν [A ἀγροικότερον] ἐσχηκότα
[**Aq.** Je. 11. 19.]

ἐθισμός. (1) τὰ κατ' ἐθισμόν דֶּרֶךְ (2) מִשְׁפָּט

Ge. 31. 35. A τὰ κατ' ἐθισμὸν τῶν γυναικῶν μού [R γυναικῶν μοί] ἐστι (1)
III Ki. 18. 28. A R κατὰ τὸν ἐ. [A τὸ κρίμα] αὐτῶν (2)
Ju. 13. 10. κατὰ τὸν ἐ. αὐτῶν
Si. 23. 14. καὶ τῷ ἐ. σου μωρανθῇς
II Ma. 4. 11. παρανόμους ἐ. ἐκαίνιζεν
12. 38. κατὰ τὸν ἐ. ἁγνισθέντες

ἐθμασβηή.

[**Heb.** Ma. 2. 13.]

ἐθνάρχης.

I Ma. 14. 47. εἶναι στρατηγὸς καὶ ἐ. τῶν Ἰ.
15. 1. Σίμωνι ἱερεῖ καὶ ἐ. τῶν Ἰ.
— 2. Σίμωνι ἱερεῖ μεγάλῳ καὶ ἐ.

ἐθνηδόν.

IV Ma. 2. 19. μὴ λογισμῷ τοὺς Σικιμίτας ἐ. ἀποσφάξαντας

ἐθνικός.

[**Al.** Le. 21. 7.]

ἐθνοπάτωρ.

IV Ma. 16. 20. τὸν ἐ. υἱὸν σφαγιάσαι Ἰσ.

ἐθνοπλήθης.

IV Ma. 7. 11. διὰ τοῦ ἐ. ἐπιτρέχων
15. 31. S ἐν τῷ ἐ. [A R κοσμοπλ.] κατακλυσμῷ

ἔθνος. (1) אִי (2) *a.* אֻמָּה *b.* לְאֹם (3) אֶרֶץ (4) גּוֹי (5) הָמוֹן (6) ἔ. ἰσχυρά זוּזִים (7) זֶרַע (8) חָבֵר (9) חַיִל (10) מַיִם (11) נָשִׂיא (12) עֶבֶד (13) עַם (14) צָבָא (15) ἀλλογενὴ ἔ. בֶּן־נֵכָר

Ge. 10. 5. ἀφωρίσθησαν νῆσοι τῶν ἐ. (4)
— 5. ἐν ταῖς φυλαῖς αὐ. καὶ ἐν τοῖς ἔ. αὐ. (4)
Ge. 10. 20, 31. ἐν ταῖς χώραις αὐ. καὶ ἐν τοῖς ἔ. αὐ. (4)
— 32. A κατὰ γενέσεις αὐτῶν κατὰ τὰ [R *om.*] ἔ. αὐ. (4)
— 32. διεσπάρησαν νῆσοι τῶν ἐ. ἐπὶ τῆς γῆς (4)
12. 2. ποιήσω σε εἰς ἔ. μέγα (4)
14. 1. Θαλγὰ βασιλεὺς ἐθνῶν (4)
— 5. καὶ ἔθνη ἰσχυρὰ ἅμα αὐτοῖς (6)
— 9. Θαλγὰλ βασιλέα ἐθνῶν (4)
15. 14. τὸ δὲ ἔ. . . . κρινῶ ἐγώ (4)
17. 4. καὶ ἔσῃ πατὴρ πλήθους ἐθνῶν (4)
— 5. πατέρα πολλῶν ἐθνῶν τέθεικά σε (4)
— 6. καὶ θήσω σε εἰς ἔθνη (4)
— 16. ἔσται εἰς ἔθνη καὶ βασιλεῖς ἐθνῶν ἐξ αὐτοῦ ἔσονται (4, 13)
— 20. δώδεκα ἔθνη γεννήσει καὶ δώσω αὐτὸν εἰς ἔ. μέγα (11, 4)
— 27. οἱ ἀργυρώνητοι ἐξ ἀλλογενῶν ἐ. (15)
18. 18. ἔσται εἰς ἔ. μέγα καὶ πολύ (4)
— 18. πάντα τὰ ἔ. τῆς γῆς (4)
20. 4. ἔ. ἀγνοοῦν καὶ δίκαιον ἀπολεῖς (4)
21. 13. εἰς ἔ. μέγα ποιήσω αὐτόν (4)
— 18. εἰς γὰρ ἔ. μέγα ποιήσω αὐτόν (4)
22. 18. A πάντα τὰ ἔ. [R *add.* τῆς γῆς] (4)
25. 16. A δώδεκα ἄρχοντες κατὰ ἔθνος [R ἔθνη] αὐτῶν (2 *a*)
— 23. δύο ἔθνη ἐν τῇ γαστρί σού εἰσι (4)
26. 4. πάντα τὰ ἔ. τῆς γῆς (4)
27. 29. δουλευσάτωσάν σοι ἔθνη (13)
28. 3. καὶ ἔσῃ εἰς συναγωγὰς ἐθνῶν (13)
35. 11. ἔθνη καὶ συναγωγαὶ ἐθνῶν ἔσονται ἐκ σοῦ (4, 4)
36. 40. ἐν ταῖς χώραις αὐτῶν καὶ ἐν τοῖς ἔ. αὐ. †
46. 3. εἰς γὰρ ἔ. μέγα ποιήσω σε ἐκεῖ (4)
48. 4. ποιήσω σε εἰς συναγωγὰς ἐθνῶν (13)
— 19. τὸ σπέρμα αὐ. ἔσται εἰς πλῆθος ἐθνῶν (4)
49. 10. καὶ αὐτὸς προσδοκία ἐθνῶν (13)
Ex. 1. 9. εἶπε δὲ τῷ ἔ. αὐτοῦ [A *om.*] (13)
— 9. A ἰδοὺ τὸ ἔ. [B γένος] τῶν υἱῶν Ἰσραήλ (13)
9. 24. ἀφ' ἧς ἡμέρας γεγένηται ἐπ' αὐτῆς ἔ. (4)
15. 14. ἤκουσαν ἔθνη (13)
19. 5. λαὸς περιούσιος ἀπὸ πάντων τῶν ἐ. (13)
— 6. βασίλειον ἱεράτευμα καὶ ἔ. ἅγιον (4)
21. 8. ἔθνει δὲ ἀλλοτρίῳ οὐ κύριός ἐστι πωλεῖν αὐτήν (13)
23. 11. καὶ ἔδονται οἱ πτωχοὶ τοῦ ἔ. σου (13)
— 18. A R ὅταν γὰρ ἐκβάλω τὰ [B *om.*] ἔ. ἀπὸ προσώπου σου –
— 22. λαὸς περιούσιος ἀπὸ πάντων τῶν ἐ. –
— 22. βασίλειον ἱεράτευμα καὶ ἔ. ἅγιον –
— 27. πάντα τὰ ἔ. εἰς οὓς σὺ εἰσπορεύῃ εἰς αὐτούς (13)
32. 10. καὶ ποιήσω σε εἰς ἔ. μέγα (4)
33. 13. ἵνα γνῶ ὅτι λαός σου τὸ ἔ. τὸ μέγα τοῦτο (4)
— 16. παρὰ πάντα τὰ ἔ. ὅσα ἐπὶ τῆς γῆς ἐστι (13)
34. 10. ἐν πάσῃ τῇ γῇ καὶ ἐν παντὶ ἔ. (4)
— 24. ὅταν γὰρ ἐκβάλω τὰ ἔ. (4)
Le. 18. 24. τὰ ἔ. ἃ ἐγὼ ἐξαποστέλλω (4)
— 28. τοῖς ἔ. τοῖς πρὸ ὑμῶν (4)
19. 16. οὐ πορεύσῃ δόλῳ ἐν τῷ ἔ. σου (13)
20. 2. τὸ ἔ. τὸ ἐπὶ τῆς γῆς λιθοβολήσουσιν αὐτόν (13)
— 23. τοῖς νομίμοις τῶν ἐ. οὓς ἐξαποστέλλω (4)
— 24. ὃς διώρισα ὑμᾶς ἀπὸ πάντων τῶν ἐ. (13)
— 26. ὁ ἀφορίσας ὑμᾶς ἀπὸ πάντων τῶν ἐ. εἶναί μοι (13)
21. 1. ἐν ταῖς ψυχαῖς οὐ μιανθήσονται ἐν τῷ ἔ. αὐτῶν (13)
25. 44. ἀπὸ τῶν ἐ. ὅσοι κύκλῳ σού εἰσιν (4)
26. 33. διασπερῶ ὑμᾶς εἰς τὰ ἔ. (4)
— 38. ἀπολεῖσθε ἐν τοῖς ἔ. (4)
— 45. ἐξήγαγον αὐτοὺς . . . ἔναντι τῶν ἐ. (4)
Nu. 13. 29 (28). θρασὺ τὸ ἔ. τὸ κατοικοῦν ἐπ' αὐτῆς [A τὴν γῆν] (13)
— 32 (31). ἀναβῆναι πρὸς τὸ ἔ. (13)
14. 12. ποιήσω σε . . . εἰς ἔθνος μέγα (4)
— 15. καὶ ἐροῦσι τὰ ἔ. (4)
21. 18. ἐξελατόμησαν αὐτὸ βασιλεῖς ἐθνῶν (4)
23. 9. ἐν ἔθνεσιν οὐ [A *om.*] συλλογισθήσεται (4)
24. 7. κυριεύσει ἐθνῶν πολλῶν (10 ?)
— 8. ἔδεται ἔθνη ἐχθρῶν αὐτοῦ (4)
— 20. ἀρχὴ ἐθνῶν Ἀμαλήκ (4)
25. 15. ἄρχοντος ἔθνους Ὀμμώθ (2 *a*)
De. 1. 28 : 2. 10, 21. ἔθνος μέγα καὶ πολύ (4)
2. 25. ἐπὶ πρόσωπον πάντων τῶν ἐ. (13)
4. 6. ἐναντίον πάντων τῶν [B¹ *om.*] ἐ. (13)

De. 4. 6. τὸ ἔ. τὸ μέγα τοῦτο (4)
— 7, 8. ποῖον ἔ. μέγα (4)
— 19. ἃ ἀπένειμε κύριος . . . πᾶσι τοῖς ἔ. (13)
— 27. διασπερεῖ κύριος ὑμᾶς ἐν πᾶσι τοῖς ἔ. καὶ καταλειφθήσεσθε . . . ἐν πᾶσι [B^1 om.] τοῖς ἔ. (13, 4)
— 33. εἰ ἀκήκοεν ἔθνος φωνὴν θεοῦ (13)
— 34. λαβεῖν ἑαυτῷ ἔθνος ἐκ μέσου ἔθνους (4, 4)
— 38. ἐξολεθρεῦσαι ἔθνη μεγάλα (4)
6. 14. ἀπὸ τῶν θεῶν [B^1 om. τῶν θ.] τῶν ἐ. (13)
7. 1. καὶ ἐξάρῃ ἔθνη μεγάλα (4)
— 1. ἑπτὰ ἔ. πολλὰ [A μεγάλα καὶ π.] (4)
— 6. λαὸν περιούσιον παρὰ πάντα τὰ ἔ. (13)
— 7. πολυπληθεῖτε παρὰ πάντα τὰ ἔ. (13)
— 7. ὀλιγοστοὶ παρὰ πάντα τὰ ἔ. (13)
— 14. εὐλογητὸς ἔσῃ παρὰ πάντα τὰ ἔ. (13)
— 16. φαγῇ πάντα τὰ σκῦλα τῶν ἐ. (13)
— 17. πολὺ τὸ ἔ. τοῦτο ἢ ἐγώ (4)
— 19. πᾶσι τοῖς ἔ. οὓς σὺ φοβῇ (13)
— 22. καταναλώσει κύριος . . . τὰ ἔ. ταῦτα (4)
8. 20. καθὰ καὶ τὰ λοιπὰ ἔ. (4)
9. 1. κληρονομῆσαι ἔθνη μεγάλα (4)
— 4. ἐν τῷ ἐξαναλῶσαι κύριον . . . τὰ [B^2 om.] ἔ. ταῦτα †
— 4. A διὰ τὴν ἀσέβειαν τῶν ἐ. τούτων (4)
— 5. διὰ τὴν ἀσέβειαν [A ἀνομίαν] τῶν ἐ. τούτων (4)
— 14. ποιήσω σε εἰς ἔθνος μέγα (4)
10. 15. ἐξελέξατο . . . ὑμᾶς παρὰ πάντα τὰ ἔ. (13)
11. 23. ἐκβαλεῖ κύριος πάντα τὰ ἔ. ταῦτα (4)
— 23. κληρονομήσετε ἔθνη μεγάλα (4)
12. 2. A ἀπολεῖτε πάντα τὰ ἔ. [B al.] †
— 29. ἐὰν δὲ ἐξολεθρεύσῃ κύριος . . . τὰ ἔ. (4)
— 30. πῶς ποιοῦσι τὰ ἔ. ταῦτα (4)
13. 7 (8). ἀπὸ τῶν θεῶν τῶν ἐ. (13)
14. 2. περιούσιον ἀπὸ πάντων τῶν ἐ. (13)
15. 6. δανιεῖς ἔθνεσι πολλοῖς (4)
— 6. ἄρξεις ἐθνῶν πολλῶν (4)
17. 14. καθὰ καὶ τὰ λοιπὰ ἔ. (4)
18. 9. κατὰ τὰ βδελύγματα τῶν ἐ. ἐκείνων (4)
— 14. τὰ γὰρ ἔ. ταῦτα (4)
19. 1. ἐὰν δὲ ἀφανίσῃ κύριος . . . τὰ ἔ. (4)
20. 15. οὐχὶ ἐκ τῶν πόλεων τῶν ἐ. τούτων (4)
26. 5. ἐγένετο ἐκεῖ εἰς ἔθνος μέγα (4)
— 19. εἶναί σε ὑπεράνω πάντων τῶν ἐ. (4)
28. 1. ὑπεράνω ἐπὶ πάντα τὰ ἔ. τῆς γῆς [A al.] (4)
— 10. ὄψονταί σε πάντα τὰ ἔ. τῆς γῆς (13)
— 12. δανιεῖς [A ἐκδαν.] ἔθνεσι πολλοῖς (4)
— 12. A B^2 R ἄρξεις σὺ ἐθνῶν πολλῶν –
— 32. A B^2 R δεδομένας ἔθνει ἑτέρῳ (13)
— 33. τὰ ἐκφόρια . . . φάγεται ἔθνος (13)
— 36. ἐπ' [A εἰς] ἔθνος ὃ οὐκ ἐπίστασαι (4)
— 37. διηγήματι ἐν πᾶσι τοῖς ἔ. (13)
— 49. ἐπάξει κύριος ἐπὶ σὲ ἔθνος . . . ἔθνος ὃ [A οὗ] οὐκ ἀκούσῃ τῆς φωνῆς αὐτοῦ (4, 4)
— 50. ἔθνος ἀναιδὲς προσώπῳ (4)
— 64. διασπερεῖ σε κύριος . . . εἰς πάντα τὰ ἔ. (13)
— 65. ἐν τοῖς ἔ. ἐκείνοις οὐκ ἀναπαύσει σε (4)
29. 16 (15). ἐν μέσῳ τῶν ἐ. (4)
— 18 (17). λατρεύειν τοῖς θεοῖς τῶν ἐ. ἐκείνων (4)
— 24 (23). καὶ ἐροῦσι πάντα τὰ ἔ. (4)
30. 1. ἐν πᾶσι τοῖς ἔ. οὗ ἐὰν διασκορπίσῃ σε κ. (4)
— 3. ἐκ πάντων τῶν ἐ. εἰς οὓς διεσκόρπισέ σε (13)
31. 3. ἐξολεθρεύσει τὰ ἔ. ταῦτα (4)
32. 8. A^2 B ὅτε διεμέριζεν ὁ ὕψιστος ἔθνη (4)
— 8. A^2 B ἔστησεν ὅρια ἐθνῶν (13)
— 21. παραζηλώσω αὐτοὺς ἐπ' οὐκ ἔθνει ἐπὶ ἔθνει ἀσυνέτῳ παροργιῶ αὐτούς (13, 4)
— 28. ἔθνος ἀπολωλεκὸς βουλήν ἐστι (4)
— 42. A ἀπὸ κεφαλῆς ἀρχόντων ἐθνῶν [B ἐχθρῶν] †
— 43. εὐφράνθητε ἔθνη μετὰ τοῦ λαοῦ αὐτοῦ (4)
33. 17. ἐν αὐτοῖς ἔθνη κερατιεῖ ἅμα (13)
— 19. ἔθνη ἐξολεθρεύσουσι (13)
Jo. 4. 24. ὅπως γνῶσι πάντα τὰ ἔ. τῆς γῆς (13)
23. 3. ὅσα ἐποίησε κύριος . . . πᾶσι τοῖς ἔ. τούτοις (4)
— 4. A R ἐπέρριφα [B ὅπερ εἶπα] ὑμῖν τὰ ἔ. (4)
— 4. ἀπὸ τοῦ Ἰορδάνου πάντα τὰ ἔ. (4)
— 7. ὅπως μὴ εἰσέλθητε εἰς τὰ ἔ. (4)
— 9. ἔθνη μεγάλα καὶ ἰσχυρά (4)
— 12. τοῖς ὑπολειφθεῖσιν ἔ. τούτοις (4)
— 13. τοῦ ἐξολεθρεῦσαι τὰ ἔ. ταῦτα (4)
24. 4. ἐγένοντο ἐκεῖ εἰς ἔθνος μέγα –
— 17. διεφύλαξεν ἡμᾶς . . . ἐν πᾶσι τοῖς ἔ. (13)

Jo. 24. 18. πάντα τὰ ἔ. τὰ κατοικοῦντα τὴν γῆν (13)
— 33. τοὺς θεοὺς τῶν ἐ. τῶν κύκλῳ αὐτῶν –
Jd. 2. 12. ἀπὸ τῶν θεῶν τῶν ἐ. [A θ. αὐτῶν] (13)
— 20. ἐγκατέλιπον τὸ ἔ. τοῦτο τὴν διαθήκην μου (4)
— 21. ἀπὸ τῶν ἐ. ὧν κατέλιπεν Ἰ. (4)
— 23. ἀφήσει [A -ῆκεν] κύριος τὰ ἔ. ταῦτα (4)
3. 1. ταῦτα τὰ ἔ. ἃ [A om.] ἀφῆκε (4)
4. 2. ἐν Ἀ. τῶν ἐ. (4)
— 13. ἀπὸ Ἀ. τῶν ἐ. (4)
— 16. ἕως Ἀρισὼθ [A δρυμοῦ] τῶν ἐ. (4)
I Ki. 8. 5. καθὰ καὶ τὰ λοιπὰ ἔ. (4)
— 20. A B κατὰ [R καθὰ] πάντα τὰ ἔ. (4)
II Ki. 7. 23. τίς . . . ἔθνος ἄλλο ἐν τῇ γῇ (4)
— 23. ἔθνη καὶ σκηνώματα (4)
22. 44. φυλάξεις με εἰς κεφαλὴν ἐθνῶν (4)
— 50. ἐξομολογήσομαί σοι, κύριε, ἐν τοῖς ἔ. (4)
III Ki. 4. 31 (5. 11). A ἦν ὀνομαστὸς ἐν πᾶσιν τοῖς ἔ. κύκλῳ (4)
11. 2. ἐκ τῶν ἐ. ὧν ἀπεῖπε κύριος (4)
14. 24. ἀπὸ πάντων τῶν βδελυγμάτων τῶν ἐ. (4)
18. 10. εἰ ἔστιν ἔθνος [A -νη] ἢ βασιλεία (4)
IV Ki. 6. 18. πάταξον δὴ τοῦτο τὸ ἔ. ἀορασίᾳ (4)
16. 3. κατὰ [B^1 καὶ] τὰ βδελύγματα τῶν ἐ. (4)
17. 8. τοῖς δικαιώμασι τῶν ἐ. (4)
— 11. καθὼς τὰ ἔ. (4)
— 15. ὀπίσω τῶν ἐ. τῶν περικύκλῳ αὐτῶν [A al.] (4)
— 26. τὰ ἔθνη ἃ ἀπῴκισας (4)
— 29. ἦσαν ποιοῦντες ἔθνη ἔθνη θεοὺς αὐτῶν (4, 4)
— 29. A B ὧν ἐποίησαν οἱ Σ. ἔθνη [R add. ἔθνη] (4, 4)
— 32. ἔθνος ἔθνος ἐν πόλει –
— 33. κατὰ τὸ κρίμα τῶν ἐ. (4)
— 41. ἦσαν τὰ ἔ. ταῦτα φοβούμενοι τὸν κύριον (4)
18. 33. μὴ ῥυόμενοι ἐρρύσαντο οἱ θεοὶ τῶν ἐ. (4)
19. 12. οἱ θεοὶ τῶν ἐ. οὓς διέφθειραν (4)
— 17. ἠρήμωσαν βασιλεῖς Ἀ. τὰ ἔ. (4)
21. 2. κατὰ τὰ βδελύγματα τῶν ἐ. (4)
— 9. τοῦ ποιῆσαι τὸ πονηρὸν . . . ὑπὲρ τὰ ἔ. (4)
I Ch. 14. 17. ἔδωκε τὸν φόβον αὐ. ἐπὶ πάντα τὰ ἔ. (4)
16. 20. ἐπορεύθησαν ἀπὸ ἔθνους εἰς ἔθνος (4, 4)
— 24. R ἐξηγεῖσθε ἐν τοῖς ἔ. τὴν δόξαν αὐτοῦ (4)
— 26. πάντες οἱ θεοὶ τῶν ἐ. εἴδωλα (13)
— 28. A R δότε τῷ κυρίῳ αἱ πατριαὶ [B S κ. πατρὶ] τῶν ἐ. (13)
— 31. καὶ εἰπάτωσαν ἐν τοῖς ἔ. (4)
— 35. ἐξελοῦ ἡμᾶς ἐκ τῶν ἐ. (4)
17. 21. οὐκ ἔστιν . . . ἔθνος [S^1 -νη] (4)
— 21. οὓς [A οὗ] ἐλυτρώσω ἐξ Αἰ. ἔθνη (4)
18. 11. οὗ ἔλαβεν ἐκ πάντων τῶν ἐ. (4)
29. 11. ταράσσεται πᾶς βασιλεὺς καὶ ἔθνος †
II Ch. 7. 20. εἰς διήγημα ἐν πᾶσι τοῖς ἔ. (13)
15. 6. καὶ πολεμήσει ἔθνος πρὸς ἔθνος (4, 4)
20. 6. σὺ κυριεύεις πασῶν τῶν βασιλειῶν τῶν ἐ. (4)
28. 3. κατὰ τὰ βδελύγματα τῶν [A πάντων τῶν] ἐ. (4)
32. 7. ἀπὸ προσώπου παντὸς τοῦ [A om.] ἔ. τοῦ μετ' αὐτοῦ (5)
— 13. θεοὶ τῶν ἐ. πάσης τῆς γῆς (4)
— 14. τίς ἐν πᾶσι τοῖς θεοῖς τῶν ἐ. τούτων (4)
— 15. ὁ θεὸς παντὸς ἔ. καὶ βασιλείας (4)
— 17. θεοὶ τῶν ἐ. τῆς γῆς (4)
— 23. κατ' ὀφθαλμοὺς πάντων τῶν ἐ. (4)
33. 2. ἀπὸ πάντων τῶν βδελυγμάτων τῶν ἐ. (4)
— 9. τοῦ ποιῆσαι τὸ πονηρὸν ὑπὲρ πάντα τὰ ἔ. (4)
36. 14. τοῦ ἀθετῆσαι ἀθετήματα βδελυγμάτων ἐθνῶν (4)
I Es. 1. 4. θεραπεύετε τὸ ἔ. αὐτοῦ Ἰ.
— 24. παρὰ πᾶν ἔ. καὶ βασιλείαν
— 34. ἀναλαβόντες οἱ ἐκ τοῦ ἔ. τὸν Ἰ.
— 36. καὶ ἐζημίωσε τὸ ἔ.
— 49. ὑπὲρ πάσας τὰς ἀκαθαρσίας πάντων τῶν ἐ.
— 52. θυμῶντα αὐτὸν ἐπὶ τῷ ἔ. αὐτοῦ
2. 5. εἴ τίς ἐστιν οὖν ὑμῶν ἐκ τοῦ ἔ. αὐτοῦ
5. 9. ἀριθμὸς τῶν ἀπὸ τοῦ ἔ.
— 50. ἐπισυνήχθησαν αὐτοῖς ἐκ τῶν ἄλλων ἐ. τῆς γῆς
— 50. κατίσχυσαν αὐτοὺς πάντα τὰ ἔ.
— 72. τὰ δὲ ἔ. τῆς γῆς ἐπικοιμώμενα τοῖς ἐν τῇ Ἰ.
6. 33. ἀφανίσαι πάντα βασιλέα καὶ ἔθνος
7. 13. οἱ χωρισθέντες ἀπὸ τῶν βδελυγμάτων τῶν ἐ. τῆς γῆς

I Es. 8. 10. τοὺς βουλομένους ἐκ τοῦ ἔ. τῶν Ἰ.
— 14. A^2 B σὺν τῷ δεδωρημένῳ ὑπὸ τοῦ ἔ.
— 67. καὶ ἐδόξασαν τὸ ἔ.
— 69. A R οὐκ ἐχώρισαν τὸ ἔ. τοῦ Ἰ. [B om. τὸ ἔ. τ. Ἰ.]
— 69. A R τὰ [B καὶ] ἀλλογενῆ ἔ. τῆς γῆς
— 69. A R ἀπὸ τῶν ἐ. τῶν [B om. ἀ. τ. ἐ. τ.] Χαν.
— 70. εἰς τὰ ἀλλογενῆ ἔ. τῆς γῆς
— 87. τῇ ἀκαθαρσίᾳ τῶν ἐ. τῆς γῆς
— 92. ἐκ [A ἀπὸ] τῶν ἐ. τῆς γῆς
9. 9. χωρίσθητε ἀπὸ τῶν ἐ. τῆς γῆς
II Es. 4. 10. καὶ οἱ κατάλοιποι ἐθνῶν (2 *a*)
6. 21. A R πᾶς ὁ χωριζόμενος τῆς [B εἰς] ἀκαθαρσίας ἐθνῶν (4)
9. 7. ἐν χειρὶ βασιλέων τῶν ἐ. (3)
— 11. ἐν μετακινήσει λαῶν τῶν ἐ. (3)
Ne. 5. 8. τοὺς πωλουμένους τοῖς ἔ. (4)
— 9. S^2 R ἀπὸ ὀνειδισμοῦ τῶν ἐ. [A B S^1 om. τ. ἐ.] τῶν ἐχθρῶν ἡμῶν (4)
— 17. ἀπὸ τῶν ἐ. τῶν κύκλῳ ἡμῶν (4)
6. 6. ἐν ἔθνεσιν ἠκούσθη (4)
— 16. ἐφοβήθησαν πάντα τὰ ἔ. τὰ κύκλῳ ἡμῶν (4)
9. 30. εἵλκυσας ἐπ' αὐτοὺς ἔτη [S^3 ἔθνη] πολλά †
13. 26. ἐν ἔ. πολλοῖς οὐκ ἦν βασιλεύς (4)
To. 1. 3. τοῖς ἀδελφοῖς μου καὶ τῷ ἔ. [A S ἔ. μου]
— 10. ἤσθιον ἐκ τῶν ἄρτων τῶν ἐ.
— 11. S μὴ φαγεῖν ἐκ τῶν ἄρτων τῶν ἐ. [A B om. ἐκ . . . ἐ.]
— 17. S τινα τῶν ἐκ τοῦ ἔ. μου [A B al.]
2. 3. S εἷς ἐκ τοῦ ἔ. [A B γένους] ἡμῶν
3. 4. παραβολὴν ὀνειδισμοῦ πᾶσι τοῖς ἔ.
4. 19. πᾶν ἔ. οὐκ ἔχει βουλήν
13. 3. ἐξομολογεῖσθε αὐτῷ . . . ἐνώπιον τῶν ἐ.
— 5. καὶ συνάξει ἡμᾶς ἐκ πάντων τῶν ἐ.
— 6. A B ἔθνη [R -νει] ἁμαρτωλῶν
— 11. ἔ. πολλὰ μακρόθεν ἥξει
14. 6. πάντα τὰ ἔ. ἐπιστρέψουσιν ἀληθινῶς
— 6. εὐλογήσουσι πάντα τὰ ἔ. κύριον [S al.]
Ju. 1. 6. συνῆλθον [S -ήχθησαν] ἔ. πολλά
— 8. καὶ τοὺς [S τοῖς] ἐν τοῖς ἔ. τοῦ Κ.
3. 8. ὅπως . . . τῷ Ν. λατρεύσωσι πάντα τὰ ἔ.
4. 1. ὅσα ἐποίησεν Ὀ. τοῖς ἔ. [S^1 om. τοῖς ἔ.]
— 12. ἐπίχαρμα τοῖς ἔ.
5. 21. εἰ δὲ οὐκ ἔστιν ἀνομία ἐν τῷ ἔ. αὐτῶν [S τούτῳ]
8. 20. S οὐδ' ἀπὸ τοῦ ἔ. [A B γένους] ἡμῶν
— 22. ἐπιστρέψει εἰς κεφαλὴν ἡμῶν ἐν τοῖς ἔ.
9. 14. ποίησον ἐπὶ πᾶν τὸ ἔ. [A παντὸς ἔ.] σου . . . ἐπίγνωσιν
12. 3. A B οὐ γάρ ἐστι μεθ' ἡμῶν ἐκ τοῦ ἔ. [A γένους] σου
14. 7. εὐλογημένη σὺ . . . ἐν παντὶ ἔ.
16. 17. οὐαὶ ἔ. ἐπανισταμένοις τῷ γένει μου
Es. 1. 1. ἡτοιμάσθη πᾶν ἔ. εἰς πόλεμον ὥστε πολεμῆσαι δικαίων ἔθνος
— 1. ἐταράχθη πᾶν ἔ. δίκαιον
— 3. δοχὴν ἐποίησε . . . τοῖς λοιποῖς ἔ. (12)
— 5. ἐποίησεν ὁ βασιλεὺς πότον τοῖς ἔ. (13)
— 11. δεῖξαι . . . τοῖς ἔ. τὸ κάλλος αὐτῆς (13)
3. 8. ὑπάρχει ἔθνος [S^3 ἔ. ἐν] διεσπαρμένον ἐν τοῖς ἔ. (13, 13)
— 8. οἱ δὲ νόμοι αὐτῶν ἔξαλλοι παρὰ πάντα τὰ ἔ. (13)
— 11. τῷ δὲ ἔ. χρῶ ὡς βούλει (13)
— 12. τοῖς τε ἄρχουσι τῶν ἐ. (13)
— 13. πολλῶν ἐπάρξας ἐ.
● — 13. τοῖς νόμοις ἀντίθετον [A ἀντίτυπον] πρὸς πᾶν ἔ.
— 13. διειληφότες οὖν τόδε τὸ [A om.] ἔ.
— 13. A ταῖς τῶν ἐ. μάχαις [B S al.]
— 14. προσετάγη πᾶσι τοῖς ἔ. (13)
4. 1. αἴρεται ἔθνος μηδὲν ἠδικηκός [S^3 ἠ. πικρά] –
— 11. τὰ ἔ. πάντα . . . γινώσκει (13)
— 17. ἔλαβες τὸν Ἰ. ἐκ πάντων τῶν ἐ.
— 17. ἀνοῖξαι στόμα ἐθνῶν
8. 13. ἧς ἔχομεν πρὸς πᾶν ἔ. φιλανθρωπίας
— 13. σὺν παντὶ τῷ τούτων ἔθνει
— 17. πολλοὶ τῶν ἐ. περιετέμοντο (13)
10. 3. διηγεῖτο [A S ἡγ.] τὴν ἀγωγὴν παντὶ τῷ ἔ. αὐ. (7)
— 3. τὰ δὲ ἔ. τὰ ἐπισυναχθέντα [A συν.]
— 3. τὸ δὲ ἔ. τὸ ἐμὸν οὗτός ἐστιν Ἰ.
— 3. ἃ οὐ γέγονεν ἐν [A om. γ. ἐν] τοῖς ἔ.
— 3. B S καὶ ἕνα πᾶσι τοῖς ἔ.

● = correction on page xxv

Es. 10. 3. A B^2 S R καὶ πᾶσι [S^3 ἐν π.] τοῖς [A *om.*] ἔ.
Jb. 12. 23. A B^2 S R πλανῶν ἔθνη καὶ ἀπολλύων αὐτά (4)
— 23. καταστρωννύων ἔθνη (4)
17. 6. A B S^2 ἔθου δέ με θρύλημα ἐν ἔθνεσι (13)
34. 29. καὶ κατὰ ἔθνους καὶ κατὰ ἀνθρώπου (4)
40. 25 (30). ἐνσιτοῦνται δὲ ἐν αὐτῷ ἔθνη μεριτεύονται δὲ αὐτὸν Φοινίκων ἔθνη [A γένη] (S ?, -)
Ps. 2. 1. ἵνα τί ἐφρύαξαν ἔθνη (4)
— 8. δώσω σοι ἔθνη τὴν κληρονομίαν σου (4)
9. 5. ἐπετίμησας ἔθνεσι (4)
— 11. ἀναγγείλατε ἐν τοῖς ἔ. τὰ ἐπιτηδεύματα αὐτοῦ (13)
— 15. ἐνεπάγησαν ἔθνη ἐν διαφθορᾷ (4)
— 17. πάντα τὰ ἔ. τὰ ἐπιλανθανόμενα τοῦ θ. (4)
— 19. κριθήτωσαν ἔθνη ἐνώπιόν σου (4)
— 20. γνώτωσαν ἔθνη ὅτι ἄνθρωποί εἰσι (4)
— 37 (10. 16). ἀπολεῖσθε ἔθνη ἐκ τῆς γῆς αὐ. (4)
17 (18). 43. καταστήσεις με εἰς κεφαλὴν ἐθνῶν (4)
— 49. ἐξομολογήσομαί σοι ἐν ἔθνεσι (4)
21 (22). 27. προσκυνήσουσιν ἐνώπιον αὐ. πᾶσαι αἱ πατριαὶ τῶν ἐ. (4)
— 28. αὐτὸς δεσπόζει τῶν ἐ. (4)
32 (33). 10. κύριος διασκεδάζει βουλὰς ἐθνῶν (4)
— 12. A B^2 S R μακάριον [B^1 -ος] τὸ ἔ. (4)
42 (43). 1. ἐξ ἔθνους οὐχ ὁσίου . . . ῥῦσαί με (4)
43 (44). 2. ἡ χείρ σου ἔθνη ἐξωλέθρευσε (4)
— 11. ἐν τοῖς ἔ. διέσπειρας ἡμᾶς (4)
— 14. A B S^2 ἔθου ἡμᾶς εἰς παραβολὴν ἐν τοῖς ἔ. (4)
45 (46). 6. ἐταράχθησαν ἔθνη (4)
— 10. ὑψωθήσομαι ἐν τοῖς ἔ. (4)
46 (47). 1. πάντα τὰ ἔ. κροτήσατε χεῖρας (13)
— 3. ὑπέταξε . . . ἔθνη ὑπὸ τοὺς πόδας ἡμῶν (2 *b*)
— 8. ἐβασίλευσεν ὁ θεὸς ἐπὶ [A *add.* πάντα] τὰ ἔ. (4)
48 (49). 1. ἀκούσατε ταῦτα πάντα τὰ ἔ. (13)
56 (57). 9. ψαλῶ σοι ἐν ἔθνεσιν (2 *b*)
58 (59). 5. πρόσχες τοῦ ἐπισκέψασθαι πάντα τὰ ἔ. (4)
— 8. ἐξουδενώσεις πάντα τὰ ἔ. (4)
64 (65). 8. ταραχθήσονται τὰ ἔ. (2 *b*)
65 (66). 7. οἱ ὀφθαλμοὶ αὐτοῦ ἐπὶ τὰ ἔ. ἐπιβλέπουσιν (4)
— 8. εὐλογεῖτε ἔθνη τὸν θεὸν ἡμῶν (13)
66 (67). 2. τοῦ γνῶναι . . . ἐν πᾶσιν ἔθνεσι [S^1 τοῖς λαοῖς] τὸ σωτήριόν σου (4)
— 4. ἀγαλλιάσθωσαν ἔθνη (2 *b*)
— 4. ἔθνη ἐν τῇ γῇ ὁδηγήσεις [S -σει] (2 *b*)
67 (68). 30. διασκόρπισον ἔθνη τὰ τοὺς πολέμους θέλοντα (13)
71 (72). 11. πάντα τὰ ἔ. δουλεύσουσιν αὐτῷ (4)
— 17. πάντα τὰ ἔ. μακαριοῦσιν αὐτόν (4)
77 (78). 55. ἐξέβαλεν ἀπὸ προσώπου αὐτῶν ἔθνη (4)
78 (79). 1. ἤλθοσαν ἔθνη εἰς τὴν κληρονομίαν σου (4)
— 6. B S^2 ἔκχεον τὴν ὀργήν σου ἐπὶ [S^2 *add.* τὰ] ἔθνη (4)
— 10. μή ποτε εἴπωσιν ἐν τοῖς ἔ. [S^2 εἴπ. τὰ ἔ.] (4)
— 10. γνωσθήτω ἐν τοῖς ἔ. . . . ἡ ἐκδίκησις τοῦ αἵμ. (4)
79 (80). 8. ἐξέβαλες ἔθνη (4)
81 (82). 8. σὺ κατακληρονομήσεις [S^1 ἐξολεθρεύσεις] ἐν [A^3 αὐτοὺς ἐν] πᾶσι τοῖς ἔ. (4)
82 (83). 4. ἐξολεθρεύσωμεν αὐτοὺς ἐξ ἔθνους (4)
85 (86). 9. πάντα τὰ ἔ. ὅσα ἐποίησας ἥξουσι (4)
88 (89). 50. A R οὗ ὑπέσχον [B S -σχου] ἐν τῷ κόλπῳ μου πολλῶν ἐ. (13)
93 (94). 10. ὁ παιδεύων ἔθνη οὐχὶ ἐλέγξει (4)
95 (96). 3. A^2 B S ἀναγγείλατε ἐν τοῖς ἔ. τὴν δόξαν αὐ. (4)
— 5. πάντες οἱ θεοὶ τῶν ἐ. δαιμόνια (13)
— 7. ἐνέγκατε τῷ κυρίῳ αἱ πατριαὶ τῶν ἐ. (13)
— 10. εἴπατε ἐν τοῖς ἔ. (4)
97 (98). 2. ἐγνώρισε κύριος τὸ σωτήριον αὐτοῦ ἐναντίον τῶν ἐ. (4)
101 (102). 15. φοβηθήσονται τὰ ἔ. [S^1 *om.* τὰ ἔ.] τὸ ὄνομά σου (4)
104 (105). 1. ἀπαγγείλατε ἐν τοῖς ἔ. τὰ ἔργα [S^1 μεγαλεῖα] αὐ. (13)
— 13. διῆλθον ἐξ ἔθνους εἰς ἔθνος (4, 4)

Ps. 104 (105). 44. ἔδωκεν αὐτοῖς χώρας ἐθνῶν (4)
105 (106). 5. τοῦ εὐφρανθῆναι ἐν τῇ εὐφροσύνῃ τοῦ ἔ. σου (4)
— 27. καὶ τοῦ καταβαλεῖν τὸ σπέρμα αὐτῶν ἐν τοῖς ἔ. (4)
— 34. οὐκ ἐξωλέθρευσαν τὰ ἔ. (13)
— 35. ἐμίγησαν ἐν τοῖς ἔ. (4)
— 41. A^1 S παρέδωκεν αὐτοὺς εἰς χεῖρας ἐθνῶν [A^2 R ἐχθρῶν] (4)
— 47. ἐπισυνάγαγε ἡμᾶς ἐκ τῶν ἐ. (4)
107 (108). 3. ψαλῶ σοι ἐν ἔθνεσιν (2 *b*)
109 (110). 6. κρινεῖ ἐν τοῖς ἔ. (4)
110 (111). 6. τοῦ δοῦναι αὐτοῖς κληρονομίαν ἐθνῶν (4)
112 (113). 4. ὑψηλὸς ἐπὶ πάντα τὰ ἔ. ὁ κύριος (4)
113. 10 (115. 2). μή ποτε εἴπωσι τὰ ἔ. (4)
— 12 (115. 4). τὰ εἴδωλα τῶν ἐ. ἀργύριον καὶ χρυσίον †
116 (117). 1. αἰνεῖτε τὸν κύριον πάντα τὰ ἔ. (4)
117 (118). 10. πάντα τὰ ἔ. ἐκύκλωσάν με (4)
125 (126). 2. τότε ἐροῦσιν ἐν τοῖς ἔ. (4)
134 (135). 10. ἐπάταξεν ἔθνη πολλά (4)
— 15. τὰ εἴδωλα τῶν ἐ. ἀργύριον καὶ χρυσίον (4)
147. 9 (20). οὐκ ἐποίησεν οὕτως παντὶ ἔθνει (4)
149. 7. τοῦ ποιῆσαι ἐκδίκησιν ἐν τοῖς ἔ. (4)
Pr. 11. 26. ὁ συνέχων σῖτον ὑπολείποιτο αὐτὸν τοῖς ἔ. (2 *b*)
14. 28. ἐν πολλῷ ἔθνει δόξα βασιλέως (13)
— 34. δικαιοσύνη ὑψοῖ ἔθνος (4)
24. 39 (24). ἔσται . . . μισητὸς εἰς ἔθνη (2 *b*)
— 61 (30. 26). οἱ χοιρογρύλλιοι ἔθνος οὐκ ἰσχυρόν (13)
— 66 (30. 31). βασιλεὺς δημηγορῶν ἐν ἔθνει †
26. 3. οὕτως ῥάβδος ἔθνει παρανόμῳ †
28. 15. ὃς τυραννεῖ πτωχὸς ὢν ἔθνους πενιχροῦ (13)
— 17. οὐ μὴ ὑπακούσει ἔθνει παρανόμῳ -
29. 9. ἀνὴρ σοφὸς κρίνει ἔθνη †
— 18. οὐ μὴ ὑπάρξῃ ἐξηγητὴς ἔθνει παρανόμῳ (13)
Wi. 3. 8. κρινοῦσιν ἔθνη καὶ κρατήσουσι λαῶν
6. 2. γεγαυρωμένοι ἐπὶ ὄχλοις [S^1 -ους] ἐθνῶν
8. 14. ἔθνη ὑποταγήσεταί μοι
10. 5. ἐν ὁμονοίᾳ πονηρίας ἐθνῶν συγχυθέντων
— 15. σπέρμα ἄμεμπτον ἐρρύσατο ἐξ ἔθνους θλιβόντων
12. 12. τίς δὲ ἐγκαλέσει σοι κατὰ ἐθνῶν ἀπολωλότων
14. 11. καὶ ἐν εἰδώλοις ἐθνῶν ἐπισκοπὴ ἔσται
— 16. S^1 κρατυνθὲν τὸ ἀσεβὲς ἐ. [A B S^2 ἔθος]
15. 15. πάντα τὰ εἴδωλα τῶν ἐ. ἐλογίσαντο θεούς
16. 22. A τοὺς τῶν ἐ. [B S ἐχθρῶν] καρποὺς κατέφθειρε πῦρ
17. 2. ὑπειληφότες γὰρ καταδυναστεύειν ἔθνος ἅγιον ἄνομοι
19. 8. A B^2 S^1 δι' οὗ πᾶν ἔθνος [B^1 S^2 R πανεθνὶ] διῆλθον
Si. 4. 15. ὁ ὑπακούων [S εἰσακ.] αὐτῆς κρινεῖ ἔθνη
10. 8. βασιλεία ἀπὸ ἔθνους εἰς ἔθνος μετάγεται
— 15. ῥίζας ἐθνῶν ἐξέτιλεν ὁ κύριος
— 16. χώρας ἐθνῶν κατέστρεψεν ὁ κύριος
16. 6. ἐν ἔθνει ἀπειθεῖ ἐξεκαύθη ὀργή
— 9. οὐκ ἠλέησεν ἔθνος ἀπωλείας [S^2 Χαναάν]
— 9. S^2 ταῦτα πάντα ἐποίησεν ἔθνεσιν σκληροκαρδίοις
17. 17. ἑκάστῳ ἔθνει κατέστησεν ἡγούμενον
24. 6. ἐν παντὶ λαῷ καὶ ἔθνει ἐκτησάμην [S^2 ἡγησάμην]
28. 14. διέστησεν αὐτοὺς ἀπὸ ἔθνους εἰς ἔθνος
29. 18. ἐπλανήθησαν ἐν ἔθνεσιν ἀλλοτρίοις
32 (35). 18. τοῖς ἔ. ἀνταποδώσει ἐκδίκησιν
33 (36). 2. ἐπίβαλε τὸν φόβον σου ἐπὶ πάντα τὰ ἔ.
— 3. ἔπαρον τὴν χεῖρά σου ἐπὶ ἔθνη ἀλλότρια
— 3. καὶ ἰδέτωσαν [S^1 ἐπὶ ἔθνη] τὴν δυναστείαν σου
39. 4. ἐν γῇ ἀλλοτρίων ἐθνῶν διελεύσεται
— 10. τὴν σοφίαν αὐτοῦ διηγήσονται ἔθνη [B^1 S^1 -νει]
— 23. A S R ὀργὴν αὐτοῦ ἔθνη [B -νει] κληρονομήσει
44. 19. Ἀβραὰμ μέγας πατὴρ πλήθους ἐθνῶν
— 21. ἐνευλογηθῆναι ἔθνη ἐν τῷ σπέρματι αὐ.
46. 6. κατέρραξεν ἐπ' ἔθνος πόλεμον
— 6. ἵνα γνῶσιν ἔθνη πανοπλίαν αὐ.
49. 5. ἔδωκαν . . . τὴν δόξαν αὐτῶν ἔθνει ἀλλοτρίῳ
50. 25. ἐν δυσὶν ἔθνεσι προσώχθισεν ἡ ψυχή μου καὶ τὸ τρίτον οὐκ ἔστιν ἔθνος
51. 8. σώζεις αὐτοὺς ἐκ χειρὸς ἐθνῶν [A S ἐχθρῶν]

Ho. 8. 8. ἐγένετο ἐν τοῖς ἔ. ὡς σκεῦος ἄχρηστον (4)
— 10. διὰ τοῦτο παραδοθήσονται ἐν τοῖς ἔ. (4)
9. 17. καὶ ἔσονται πλανῆται ἐν τοῖς ἔ. (4)
Am. 6. 1. ἀπετρύγησαν ἀρχὰς ἐθνῶν (4)
— 15 (14). ἐπεγείρω ἐφ' ὑμᾶς . . . ἔθνος (4)
9. 9. λικμήσω ἐν πᾶσι τοῖς ἔ. τὸν οἶκον Ἰ. (4)
— 12. πάντα τὰ ἔ. ἐφ' οὓς ἐπικέκληται τὸ ὄνομά μου (4)
Mi. 4. 2. πορεύσονται [A *add.* πρὸς αὐτὸ] ἔ. πολλά (4)
— 3. ἐξελέγξει [A ἐλ.] ἔθνη ἰσχυρά (4)
— 3. οὐκέτι μὴ ἀντάρῃ ἔθνος ἐπ' ἔθνος ῥομφαίαν (4, 4)
— 7. καὶ τὴν ἀπωσμένην εἰς ἔ. δυνατόν (4)
— 11. ἐπισυνήχθη ἐπὶ σὲ ἔ. πολλά (4)
5. 7 (6). ἔσται τὸ ὑπόλειμμα τοῦ Ἰ. ἐν τοῖς ἔ. -
— 8 (7). ἔσται τὸ ὑπόλειμμα Ἰ. ἐν τοῖς ἔ. (4)
— 15 (14). ποιήσω . . . ἐκδίκησιν ἐν τοῖς ἔ. (4)
7. 16. ὄψονται ἔθνη (4)
Jl. 1. 6. ἔθνος ἀνέβη ἐπὶ τὴν γῆν μου (4)
2. 17. τοῦ κατάρξαι αὐτῶν ἔθνη (4)
— 17. ὅπως μὴ εἴπωσιν ἐν τοῖς ἔ. (13)
— 19. εἰς ὀνειδισμὸν ἐν τοῖς ἔ. (4)
3 (4). 2. συνάξω πάντα τὰ ἔ. (4)
— 2. οἳ διεσπάρησαν ἐν τοῖς ἔ. (4)
— 8. εἰς ἔθνος μακρὰν ἀπέχον (4)
— 9. κηρύξατε ταῦτα ἐν τοῖς ἔ. (4)
— 11. εἰσπορεύεσθε πάντα τὰ ἔ. (4)
— 12. ἀναβαινέτωσαν πάντα τὰ ἔ. (4)
— 12. τοῦ διακρῖναι πάντα τὰ ἔ. κυκλόθεν (4)
Ob. 1. 1. περιοχὴν εἰς τὰ ἔ. ἐξαπέστειλεν (4)
— 2. ὀλιγοστὸν δέδωκά σε ἐν τοῖς ἔ. (4)
— 15. ἐγγὺς ἡμέρα κυρίου ἐπὶ πάντα τὰ ἔ. (4)
— 16. A S^2 R πίονται πάντα τὰ ἔ. οἶνον (4)
Na. 3. 3. οὐκ ἦν πέρας τοῖς ἔ. αὐτῆς †
— 4. ἡ πωλοῦσα ἔθνη ἐν τῇ πορνείᾳ αὐτῆς (4)
— 5. δείξω ἔθνεσι τὴν αἰσχύνην [A ἀσχημοσύνην] σου (4)
Hb. 1. 6. τὸ ἔ. τὸ πικρὸν καὶ τὸ ταχινόν (4)
— 17. ἀποκτέννειν ἔθνη οὐ φείσεται (4)
2. 5. ἐπισυνάξει ἐπ' [A πρὸς] αὐτὸν πάντα τὰ ἔ. (4)
— 8. ἐσκύλευσας ἔ. πολλά (4)
— 13. ἔ. πολλὰ ὠλιγοψύχησαν (2 *b*)
3. 6. καὶ διετάκη ἔθνη (4)
— 12. ἐν θυμῷ κατάξεις ἔθνη (4)
Ze. 2. 1. τὸ ἔ. τὸ ἀπαίδευτον (4)
— 9. οἱ κατάλοιποι ἔθνους μου κληρονομήσουσιν αὐτούς (4)
— 11. πάντας τοὺς θεοὺς τῶν ἐ. τῆς γῆς -
— 11. πᾶσαι αἱ νῆσοι τῶν ἐ. (4)
3. 8. εἰς συναγωγὰς ἐθνῶν (4)
Hg. 2. 8 (7). καὶ συσσείσω πάντα τὰ ἔ. καὶ ἥξει τὰ ἐκλεκτὰ πάντων τῶν ἐ. (4, 4)
— 15 (14). οὕτως τὸ ἔ. τοῦτο ἐνώπιον ἐμοῦ (4)
— 23 (22). δύναμιν βασιλέων τῶν ἐ. (4)
Za. 1. 15. ὀργίζομαι ἐπὶ τὰ ἔ. τὰ συνεπιτιθέμενα (4)
— 21 (2. 4). τὰ ἔ. [A^1 *om.* τὰ ἔ.] τὰ ἐπαιρόμενα κέρας (4)
2. 8 (12). ἀπέσταλκέ με ἐπὶ τὰ ἔ. τὰ σκυλεύσαντα ὑμᾶς (4)
— 11 (15). καταφεύξονται ἔ. πολλὰ ἐπὶ τὸν κύριον (4)
7. 14. ἐκβαλῶ αὐτοὺς εἰς πάντα τὰ ἔ. (4)
8. 13. ἦτε ἐν κατάρᾳ ἐν τοῖς ἔ. (4)
— 22. ἥξουσι λαοὶ πολλοὶ καὶ ἔ. πολλά (4)
— 23. ἐκ πασῶν τῶν γλωσσῶν τῶν ἐ. (4)
9. 10. πλῆθος καὶ εἰρήνη ἐξ ἐθνῶν [S^2 ἐχθρῶν?] (4)
12. 3. καταπατούμενον πᾶσι τοῖς ἔ. (13)
— 3. ἐπισυναχθήσονται ἐπ' αὐτὴν πάντα τὰ ἔ. τῆς γῆς (4)
— 9. ζητήσω ἐξᾶραι [A τοῦ ἐ.] πάντα τὰ ἔ. (4)
14. 2. A S R ἐπισυνάξω πάντα τὰ [B *om.*] ἔ. (4)
— 3. παρατάξεται ἐν τοῖς ἔ. ἐκείνοις (4)
— 16. ἐκ πάντων τῶν ἐ. τῶν ἐλθόντων ἐπὶ Ἱερ. (4)
— 18. ἣν πατάξει κύριος πάντα τὰ ἔ. (4)
— 19. καὶ ἡ ἁμαρτία πάντων τῶν ἐ. (4)
Ma. 1. 11. τὸ ὄνομά μου δεδόξασται ἐν τοῖς ἔ. (4)
— 11. μέγα τὸ ὄνομά μου ἐν τοῖς ἔ. (4)
— 14. τὸ ὄνομά μου ἐπιφανὲς ἐν τοῖς ἔ. (4)
2. 9. ἀπερριμμένους εἰς πάντα τὰ ἔ. (13)
3. 9. τὸ ἔτος [S^1 ἔθνος] συνετελέσθη (4)
— 12. μακαριοῦσιν ὑμᾶς πάντα τὰ ἔ. (4)
Is. 1. 4. οὐαὶ ἔ. ἁμαρτωλόν (4)
2. 2. ἥξουσιν ἐπ' αὐτὸ πάντα τὰ ἔ. (4)
— 3. πορεύσονται ἔθνη πολλά (13)
— 4. κρινεῖ ἀνὰ μέσον τῶν ἐ. [S ἐ. πολλῶν] (4)

Is. 2. 4. οὐ λήψεται ἔ. ἐπ' ἔθνος μάχαιραν (4, 4)
5. 26. ἀρεῖ σύσσημον ἐν τοῖς ἔ. τοῖς μακράν (4)
8. 9. γνῶτε ἔθνη καὶ ἡττᾶσθε (13)
— 19. οὐκ ἔθνος πρὸς θεὸν αὐτοῦ ἐκζητήσουσι [A S *om.*] (13)
9. 1 (8. 23). Γαλιλαία τῶν ἐ. (4)
10. 6. τὴν ὀργήν μου εἰς ἔ. ἄνομον ἀποστελῶ (4)
— 7. τοῦ ἔθνη ἐξολεθρεῦσαι οὐκ ὀλίγα (4)
— 13. ἀφελῶ ὅρια ἐθνῶν (13)
11. 10. ὁ ἀνιστάμενος ἄρχειν ἐθνῶν ἐπ' αὐτῷ ἔθνη ἐλπιοῦσι (13, 4)
— 12. ἀρεῖ σημεῖον εἰς τὰ ἔ. (4)
12. 4. ἀναγγείλατε ἐν τοῖς ἔ. τὰ ἔνδοξα αὐτοῦ (13)
13. 4. φωνὴ ἐθνῶν πολλῶν . . . ὁμοία ἐθν. πολλῶν [S^1 *om.* ὁ. ἐ. π.] φωνὴ βασιλέων καὶ ἐ. συνηγμένων . . . ἐντέταλται ἔθνει ὁπλομάχῳ (5, 13, 4, 14)
14. 2. λήψονται αὐτοὺς ἔθνη (13)
— 6. πατάξας ἔθνος θυμῷ . . . παίων ἔθνος πληγὴν θυμοῦ (13, 4)
— 9. πάντας βασιλεῖς ἐθνῶν (4)
— 12. ὁ ἀποστέλλων πρὸς πάντα τὰ ἔ. [S^1 ἔθη] (4)
— 18. πάντες οἱ βασιλεῖς τῶν ἐ. ἐκοιμήθησαν (4)
— 26. ἡ χεὶρ ἡ ὑψηλὴ ἐπὶ πάντα τὰ ἔ. [A S *add.* τῆς οἰκουμένης] (4)
— 32. τί ἀποκριθήσονται βασιλεῖς ἐθνῶν (4)
16. 8. καταπίνοντες τὰ ἔ. καταπατήσατε τὰς ἀμπέλους (4)
17. 12. οὐαὶ πλῆθος ἐθνῶν πολλῶν (13)
— 12. νῶτος ἐθνῶν πολλῶν ὡς ὕδωρ ἠχήσει (2 *b*)
— 13. ὡς ὕδωρ πολὺ ἔθνη πολλά (2 *b*)
18. 2. πορεύσονται γὰρ ἄγγελοι κοῦφοι πρὸς ἔ. μετέωρον (4)
— 2. ἔ. ἀνέλπιστον καὶ καταπεπατημένον (4)
— 7. ἔ. ἐλπίζον [S ἀνέλπιστον] καὶ καταπεπατημένον (4)
23. 3. οἱ μετάβολοι τῶν ἐθνῶν (4)
24. 13. ἐν μέσῳ τῶν ἐ. (13)
25. 6. ποιήσει κύριος σαβαὼθ πᾶσι τοῖς ἔ. (13)
— 7. παράδος ταῦτα πάντα τοῖς ἔ. (13)
— 7. ἡ γὰρ βουλὴ αὕτη ἐπὶ πάντα τὰ ἔ. (4)
29. 7. ὁ πλοῦτος ἁπάντων τῶν ἐ. [B^1 *om.*] (4)
— 8. ὁ πλοῦτος πάντων τῶν ἐ. (4)
30. 6. ἔφερον . . . τὸν πλοῦτον αὐ. πρὸς ἔθνος (13)
— 28. τοῦ ταράξαι ἔθνη (4)
33. 3. διεσπάρησαν τὰ ἔ. (4)
— 8. πέπαυται ὁ φόβος τῶν ἐ. †
— 12. ἔσονται ἔθνη κατακεκαυμένα ὡς ἄκανθα (13)
34. 1. προσαγάγετε ἔθνη (4)
— 2. θυμὸς κυρίου ἐπὶ πάντα τὰ ἔ. (4)
36. 18. μὴ ἐρρύσαντο οἱ θεοὶ τῶν ἐ. ἕκαστος τὴν ἑαυ. χώραν (4)
— 20. τίς τῶν θεῶν πάντων τῶν ἐ. τούτων (3)
37. 12. μὴ ἐρρύσαντο αὐτοὺς οἱ θεοὶ τῶν ἐ. (4)
— 26. ἐξερημῶσαι ἔθνη ἐν ὀχυροῖς †
40. 15. εἰ πάντα τὰ ἔ. ὡς σταγὼν ἀπὸ κάδου . . . ἐλογίσθησαν (4)
— 17. πάντα τὰ ἔ. ὡς οὐδέν εἰσι (4)
41. 2. δώσει ἐναντίον ἐθνῶν (4)
— 5. εἴδοσαν ἔθνη καὶ ἐφοβήθησαν (1)
— 28. ἀπὸ γὰρ τῶν ἐ. ἰδοὺ οὐδείς -
42. 1. κρίσιν τοῖς ἔ. ἐξοίσει (4)
— 4. ἐπὶ τῷ ὀνόματι αὐτοῦ ἔθνη ἐλπιοῦσιν (1)
— 6. ἔδωκά σε . . . εἰς φῶς ἐθνῶν [B^1 *om.* εἰς φ. ἐ.] (4)
43. 9. πάντα τὰ ἔ. συνήχθησαν ἅμα (4)
45. 1. ἐπακοῦσαι ἔμπροσθεν αὐτοῦ ἔθνη (4)
— 20. βουλεύσασθε ἅμα οἱ σωζόμενοι ἀπὸ τῶν ἐ. (4)
49. 1. προσέχετε ἔθνη (2 *b*)
— 6. εἰς φῶς ἐθνῶν (4)
— 7. τὸν βδελυσσόμενον ὑπὸ τῶν ἐ. τῶν δούλων τῶν ἀρχόντων (4)
— 8. ἔδωκά σε εἰς διαθήκην [S^1 *add.* γένους εἰς φῶς] ἐθνῶν (13)
— 22. αἴρω εἰς τὰ ἔ. τὴν χεῖρά μου (4)
51. 4. ἡ κρίσις μου εἰς φῶς ἐθνῶν (13)
— 5. εἰς τὸν βραχίονά μου ἔθνη ἐλπιοῦσιν (13)
52. 5. τὸ ὄνομά μου βλασφημεῖται ἐν τοῖς ἔ. -
— 10. ἀποκαλύψει . . . ἐνώπιον πάντων τῶν ἐ. καὶ ὄψονται πάντα [S^1 *add.* τὰ ἔ. τὰ] ἄκρα τῆς γῆς τὴν σωτηρίαν (4, -)
— 15. θαυμάσονται ἔθνη πολλὰ ἐπ' αὐτῷ (4)
54. 3. τὸ σπέρμα σου ἔθνη κληρονομήσει (4)
55. 4. μαρτύριον ἐν ἔθνεσιν ἔδωκα αὐτὸν ἄρχοντα καὶ προστάσσοντα ἔθνεσιν (2 *b*, 2 *b*)
— 5. ἔθνη ἃ οὐκ οἴδασί σε ἐπικαλέσονταί σε (4)
56. 7. οἶκος προσευχῆς κληθήσεται πᾶσι τοῖς ἔ. (13)

Is. 60. 2. καὶ γνόφος ἐπ' ἔθνη (2 *b*)
— 3. ἔθνη τῇ λαμπρότητί σου (4 ?)
— 5. μεταβαλεῖ εἰς [S ἐπὶ] σὲ πλοῦτος . . . ἐθνῶν (9 ?)
— 11. εἰσαγαγεῖν πρὸς σὲ δύναμιν ἐθνῶν (4)
— 12. τὰ γὰρ ἔ. καὶ οἱ βασιλεῖς (4)
— 12. καὶ τὰ ἔ. ἐρημίᾳ ἐρημωθήσεται (4)
— 16. θηλάσεις γάλα ἐθνῶν (4)
— 22. ὁ ἐλάχιστος εἰς ἔ. μέγα (4)
61. 6. ἰσχὺν ἐθνῶν κατέδεσθε (4)
— 9. γνωσθήσεται ἐν τοῖς ἔ. τὸ σπέρμα αὐτῶν (4)
— 11. ἀγαλλίαμα ἐναντίον πάντων τῶν ἐ. (4)
62. 2. ὄψονται ἔθνη τὴν δικαιοσύνην σου (4)
— 10. ἐξάρατε σύσσημον εἰς τὰ ἔ. (13)
63. 3. τῶν ἐ. οὐκ ἔστιν ἀνὴρ μετ' ἐμοῦ (13)
64. 2 (1). ἀπὸ προσώπου σου ἔθνη ταραχθήσονται (4)
65. 1. εἶπα, Ἰδοὺ εἰμὶ, τῷ ἔ. (4)
66. 8. ἢ καὶ ἐτέχθη ἔ. εἰσάπαξ (4)
— 12. ὡς χειμάρρους ἐπικλύζων δόξαν ἐθνῶν (4)
— 18. ἔρχομαι συναγαγεῖν πάντα τὰ ἔ. (4)
— 19. ἐξαποστελῶ ἐξ αὐτῶν σεσωσμένους εἰς τὰ ἔ. (4)
— 19. ἀναγγελοῦσι τὴν δόξαν μου ἐν τοῖς ἔ. (4)
— 20. ἄξουσι τοὺς ἀδελφοὺς ὑμῶν ἐκ πάντων τῶν ἐ. (4)
Je. 1. 5. προφήτην εἰς ἔθνη τέθεικά σε (4)
— 10. καθέστακά σε σήμερον ἐπὶ ἔθνη (4)
2. 11. εἰ ἀλλάξονται ἔθνη θεοὺς αὐτῶν (4)
3. 17. συναχθήσονται πάντα τὰ ἔ. εἰς αὐτήν (4)
— 19. B τάξω σε εἰς ἔθνη [A S τέκνα] . . . κληρονομίαν θεοῦ παντοκράτορος ἐθνῶν (†, 4)
4. 2. εὐλογήσουσιν ἐν αὐτῷ ἔθνη (4)
— 7. ἐξολεθρεύων ἔθνη ἐξῆρε (4)
— 16. ἀναμνήσατε ἔθνη (4)
5. 9. ἐν ἔθνει τοιούτῳ οὐκ ἐκδικήσει ἡ ψυχή μου (4)
— 15. ἐπάγω ἐφ' ὑμᾶς ἔθνος πόρρωθεν (4)
— 15. ἔθνος οὗ οὐκ ἀκούσει τῆς φωνῆς (4)
— 29. ἢ ἐν [A *om.*] ἔθνει τῷ τοιούτῳ οὐκ ἐκδικήσει (4)
6. 18. ἤκουσαν τὰ ἔ. (4)
— 22. A S^2 R ἔθνη [A S^2 ἔ. μέγα] ἐξεγερθήσονται [B S^1 *al.*] (4)
7. 28. τοῦτο τὸ ἔ. ὃ οὐκ ἤκουσε τῆς φωνῆς κυρίου (4)
9. 16 (15). διασκορπιῶ αὐτοὺς ἐν τοῖς ἔ. (4)
— 26 (25). πάντα τὰ ἔ. ἀπερίτμητα σαρκί (4)
10. 2. κατὰ τὰς ὁδοὺς τῶν ἐ. μὴ μανθάνετε [A πορεύεσθε] (4)
— 3. τὰ νόμιμα τῶν ἐ. μάταια (13)
— 25. ἔκχεον τὸν θυμόν [A τὴν ὀργήν] σου ἐπὶ ἔθνη (4)
12. 17. ἐξαρῶ τὸ ἔ. ἐκεῖνο ἐξάρσει (4)
14. 22. μὴ ἔστιν ἐν εἰδώλοις τῶν ἐ. ὑετίζων (4)
16. 19. πρὸς σὲ ἔθνη ἥξουσιν (4)
18. 7. πέρας λαλήσω ἐπὶ ἔθνος [S^1 -νη] (4)
— 8. ἐπιστραφῇ τὸ ἔ. ἐκεῖνο (4)
— 9. πέρας λαλήσω ἐπὶ ἔθνος [A -νη] (4)
— 13. ἐρωτήσατε δὴ ἐν ἔθνεσι (4)
22. 8. διελεύσονται ἔθνη διὰ τῆς πόλεως ταύτης (4)
25. 9. ἐπὶ πάντα τὰ ἔ. τὰ κύκλῳ αὐτῆς (4)
— 11. δουλεύσουσιν ἐν τοῖς ἔ. ἑβδομήκοντα ἔτη (4)
— 12. ἐκδικήσω τὸ ἔ. ἐκεῖνο (4)
— 13. ἃ ἐπροφήτευσεν Ἱερ. ἐπὶ τὰ ἔ. τὰ Αἰλάμ (4)
— 15 (49. 36). οὐκ ἔσται ἔ. ὃ οὐχ ἥξει ἐκεῖ (4)
26 (46). 12. ἤκουσαν ἔθνη φωνήν σου (4)
— 28. A B S ποιήσω [R *add.* ἔθνει] συντέλειαν ἐν παντὶ ἔθνει [B^1 *om.*] (-, 4)
27 (50). 2. ἀναγγείλατε ἐν τοῖς ἔ. (4)
— 3. ἀνέβη ἐπ' αὐτὴν ἔ. ἀπὸ βορρᾶ (4)
— 9. ἐγείρω ἐπὶ Βαβυλῶνα συναγωγὰς ἐθνῶν (4)
— 12. ἐσχάτη ἐθνῶν . . . οὐ κατοικηθήσεται (4)
— 23. πῶς ἐγενήθη εἰς ἀφανισμὸν Βαβυλὼν ἐν ἔθνεσιν (4)
— 41. ἔ. μέγα καὶ βασιλεῖς πολλοὶ ἐξεγερθήσονται (4)
— 46. κραυγὴ ἐν ἔθνεσιν ἀκουσθήσεται (4)
28 (51). 7. ἀπὸ τοῦ οἴνου αὐτῆς ἐπίοσαν ἔθνη (4)
— 20. διασκορπιῶ ἐν σοὶ ἔθνη (4)
— 27. σαλπίσατε ἐν ἔθνεσι [S^1 *om.* σ. ἐ. ἔ.] σάλπιγγι ἁγιάσατε ἐπ' αὐτὴν ἔθνη (4, 4)
— 28. ἀναβιβάσατε ἐπ' αὐτὴν ἔθνη (4)
— 41. πῶς ἐγένετο Βαβ. εἰς ἀφανισμὸν ἐν τοῖς ἔ. (4)
— 44. οὐ μὴ συναχθῶσι πρὸς αὐτὴν ἔτι τὰ ἔ. (4)
— 49. S πεσοῦνται καὶ πάντα τὰ ἔ. [A B *al.*] †
— 58. ἔθνη ἐν ἀρχῇ ἐκλείψουσιν (2 *b*)

Je. 29 (49). 14. ἀγγέλους εἰς ἔθνη ἀπέστειλε (4)
— 15. μικρὸν ἔδωκά σε ἐν ἔθνεσιν (4)
30. 9 (49. 31). ἀνάβηθι ἐπ' ἔ. εὐσταθοῦν (4)
31 (48). 2. ἐκόψαμεν αὐτὴν ἀπὸ ἔθνους (4)
32. 1 (25. 13). A ὅσα ἐπροφήτευσεν Ἱερεμίας ἐπὶ πάντα τὰ ἔ. (4)
— 1 (25. 15). ποτιεῖς πάντα τὰ ἔ. (4)
— 3 (25. 17). ἐπότισα τὰ ἔ. πρὸς ἃ ἀπέστειλέ με (4)
— 17 (25. 31). κρίσις τῷ κυρίῳ ἐν τοῖς ἔ. (4)
— 18 (25. 32). κακὰ ἔρχεται ἀπὸ ἔθνους ἐπὶ [A S εἰς] ἔθνος (4, 4)
33 (26). 6. δώσω εἰς κατάραν πᾶσι τοῖς ἔ. πάσης τῆς γῆς (4)
34 (27). 8. τὸ ἔ. καὶ ἡ βασιλεία . . . ἐν λιμῷ ἐπισκέψομαι αὐτούς (4)
— 11. τὸ ἔ. ὃ ἐὰν εἰσαγάγῃ τὸν τράχηλον αὐ. [A *al.*] (4)
35 (28). 11. ἀπὸ τραχήλων πάντων τῶν ἐ. (4)
— 14. ἐπὶ τὸν τράχηλον πάντων τῶν ἐ. (4)
38 (31). 7. χρεμετίσατε ἐπὶ κεφαλὴν ἐθνῶν (4)
— 10. ἀκούσατε λόγους κυρίου, ἔθνη (4)
— 36. τὸ γένος Ἰσραὴλ παύσεται γενέσθαι ἔ. (4)
43 (36). 2. οὓς ἐλάλησα [A ἐχρημάτισα] πρὸς σὲ . . . ἐπὶ πάντα τὰ ἔ. (4)
51 (44). 8. εἰς ὀνειδισμὸν ἐν πᾶσι τοῖς ἔ. τῆς γῆς (4)
Ba. 2. 13. κατελείφθημεν ὀλίγοι ἐν τοῖς ἔ.
— 29. ἀποστρέψει εἰς μικρὰν [A μακ.] ἐν τοῖς ἔ.
3. 16. ποῦ εἰσιν οἱ ἄρχοντες τῶν ἐ.
4. 3. μὴ δῷς . . . τὰ συμφέροντά σοι ἔθνει ἀλλοτρίῳ
— 6. ἐπράθητε τοῖς ἔ. οὐκ εἰς ἀπώλειαν
— 15. ἐπήγαγε γὰρ ἐπ' αὐτοὺς ἔθνος μακρόθεν ἔ. ἀναιδὲς καὶ ἀλλόγλωσσον
La. 1. 1. ἐγενήθη ὡς χήρα πεπληθυμμένη ἐν ἔθνεσιν (4)
— 3. ἐκάθισεν ἐν ἔθνεσιν (4)
— 10. εἶδε γὰρ ἔθνη εἰσελθόντα εἰς τὸ ἁγίασμα αὐ. (4)
2. 9. συνέτριψε . . . ἄρχοντας αὐτῆς ἐν τοῖς ἔ. (4)
4. 15. εἴπατε ἐν τοῖς ἔ. (4)
— 18 (17). ἀπεσκοπεύσαμεν εἰς ἔ. οὐ σῶζον (4)
— 20. ἐν τῇ σκιᾷ αὐτοῦ ζησόμεθα ἐν τοῖς ἔ. (4)
Ep. Je. 4. θεοὺς . . . δεικνύντας φόβον τοῖς ἔ.
— 51. τοῖς ἔ. πᾶσι τοῖς τε βασ. φανερὸν ἔσται
— 67. σημεῖά τε ἐν ἔθνεσιν ἐν οὐρανῷ [A ἐν οὐ. καὶ ἐν ἔ.] οὐ μὴ δείξωσιν
Ez. 4. 13. φάγονται οἱ υἱοὶ τοῦ Ἰσραὴλ ἀκάθαρτα ἐν τοῖς ἔ. (4)
5. 5. ἐν μέσῳ τῶν ἐ. τέθεικα αὐτήν (4)
— 6. ἐρεῖς τὰ δικαιώματά μου τῇ ἀνόμῳ ἐκ τῶν ἐ. (4)
— 7. ἡ ἀφορμὴ ὑμῶν ἐκ τῶν ἐ. τῶν κύκλῳ ὑμῶν . . . κατὰ τὰ δικαιώματα τῶν ἐ. τῶν κύκλῳ ὑμῶν οὐ πεποιήκατε (4, 4)
— 8. ποιήσω ἐν μέσῳ σου κρίμα ἐνώπιον τῶν ἐ. (4)
— 15. ἔσῃ στενακτὴ καὶ δηλαϊστὴ ἐν τοῖς ἔ. (4)
6. 8. ἀνασωζομένους ἐκ ῥομφαίας ἐν τοῖς ἔ. (4)
— 9. οἱ ἀνασωζόμενοι ἐξ ὑμῶν ἐν τοῖς ἔ. (4)
7. 24. A ἄξω πονηροὺς ἐθνῶν (4)
11. 16. ἀπώσομαι αὐτοὺς εἰς τὰ ἔ. (4)
— 17. εἰσδέξομαι αὐτοὺς ἐκ τῶν ἐ. (13)
12. 15. ἐν τῷ διασκορπίσαι με αὐτοὺς ἐν τοῖς ἔ. (4)
— 16. ἐκδιηγῶνται πάσας τὰς ἀνομίας αὐτῶν ἐν τοῖς ἔ. (4)
16. 14. ἐξῆλθέ σου ὄνομα ἐν τοῖς ἔ. (4)
19. 4. ἤκουσαν κατ' αὐτοῦ ἔθνη (4)
— 8. ἔδωκαν ἐπ' αὐτὸν ἔθνη (4)
20. 9, 14, 22. ὅπως . . . μὴ βεβηλωθῇ ἐνώπιον τῶν ἐ. (4)
— 23. τοῦ διασκορπίσαι αὐτοὺς ἐν τοῖς ἔ. (4)
— 32. ἐσόμεθα ὡς τὰ ἔ. (4)
22. 4. δέδωκά σε εἰς ὄνειδος τοῖς ἔ. (4)
— 15. διασκορπιῶ σε ἐν τοῖς ἔ. (4)
— 16. κατ' ὀφθαλμοὺς [A ἐνώπιον] τῶν ἐ. (4)
23. 30. ἐν τῷ ἐκπορνεῦσαί σε ὀπίσω ἐθνῶν (4)
25. 7. δώσω σε εἰς διαρπαγὴν ἐν τοῖς ἔ. (4)
— 8. πάντα τὰ ἔ. οἶκος Ἰσραὴλ καὶ Ἰούδα (4)
— 10. A ὅπως μὴ μνεία γένηται τῶν υἱῶν Ἀμμὼν ἐν τοῖς ἔ. [B *om.* ἐν τ. ἔ.] (4)
26. 2. ἀπόλωλε τὰ ἔ. (13)
— 3. ἀνάξω ἐπὶ σὲ ἔθνη πολλά (4)
— 5. ἔσται εἰς προνομὴν τοῖς [A *om.*] ἔ. (4)
— 7. καὶ συναγωγῆς ἐθνῶν πολλῶν σφόδρα [A *al.*] (13)
— 16. οἱ ἄρχοντες ἐκ τῶν ἐ. τῆς θαλάσσης -
27. 33. ἐνέπλησας [A -ποίησας] ἔθνη ἀπὸ τοῦ πλήθους σου (13)
— 36. ἔμποροι ἀπὸ ἐθνῶν ἐσύρισάν σε (13)

Ez. 28. 7. ἐπάγω ἐπὶ σὲ ἀλλοτρίους λοιμοὺς ἀπὸ ἐθνῶν (4)
— 19. οἱ ἐπιστάμενοί σε ἐν τοῖς ἔ. στενάξουσιν [A στυγνάσουσιν] ἐπὶ σέ (13)
— 25. συνάξω τὸν Ἰσραὴλ ἐκ τῶν ἐ. [A χωρῶν] . . . ἐνώπιον τῶν λαῶν καὶ [A om.] τῶν ἐ. (13, 4)
29. 12. διασπερῶ Αἴγυπτον ἐν τοῖς ἔ. (4)
— 13. συνάξω Αἰγυπτίους ἀπὸ τῶν ἐ. (13)
— 15. οὐ μὴ ὑψωθῇ ἔτι ἐπὶ τὰ ἔ. . . . τοῦ μὴ εἶναι αὐτοὺς πλείονας ἐν τοῖς ἔ. (4, 4)
30. 3. πέρας [A καιρὸς π.] ἐθνῶν ἔσται (4)
— 11. λοιμοὶ ἀπὸ ἐθνῶν ἀπεσταλμένοι (4)
— 23, 26. διασπερῶ Αἴγυπτον εἰς τὰ ἔ. (4)
31. 6. κατῴκησε πᾶν πλῆθος ἐθνῶν (4)
— 11. παρέδωκα αὐτὸν εἰς χεῖρας ἄρχοντος ἐθνῶν (4)
— 12. ἐξωλέθρευσαν αὐτὸν ἀλλότριοι λοιμοὶ ἀπὸ ἐθνῶν . . . κατέβησαν ἀπὸ τῆς σκέπης αὐ. πάντες οἱ λαοὶ τῶν ἐ. (4, 3)
— 16. ἐσείσθησαν τὰ ἔ. (4)
32. 2. λέοντι ἐθνῶν ὡμοιώθης σύ (4)
— 9. ἡνίκα ἂν ἄγω αἰχμαλωσίαν σου εἰς τὰ ἔ. (4)
— 10. στυγνάσουσιν ἐπὶ σὲ ἔθνη πολλά [A om.] (13)
— 12. λοιμοὶ ἀπὸ ἐθνῶν πάντες (4)
— 16. αἱ θυγατέρες τῶν ἐ. θρηνήσουσιν αὐτόν (4)
— 18. καταβιβάσουσιν αὐτῆς τὰς θυγατέρας τὰ ἔ. νεκράς (4)
34. 13. ἐξάξω αὐτοὺς ἐκ τῶν ἐ. (13)
— 28. οὐκ ἔσονται ἔτι ἐν προνομῇ τοῖς ἔ. (4)
— 29. ὀνειδισμὸν ἐθνῶν οὐ μὴ ἐνέγκωσιν ἔτι (4)
35. 10. τὰ δύο ἔ. καὶ αἱ δύο χῶραι ἐμοὶ ἔσονται (4)
36. 3. A ἀντὶ τοῦ . . . μισηθῆναι ὑμᾶς ἀπὸ τῶν ἐ. [B ὑ. ὑπὸ] τῶν κύκλῳ ὑμῶν -
— 3. εἰς κατάσχεσιν τοῖς καταλοίποις ἔ. . . . καὶ εἰς ὀνείδισμα ἔθνεσι (4, 13)
— 4. εἰς καταπάτημα τοῖς καταλειφθεῖσιν ἔ. περικύκλῳ (4)
— 5. ἐλάλησα ἐπὶ τὰ λοιπὰ ἔ. (4)
— 6. ἀντὶ τοῦ ὀνειδισμοὺς ἐθνῶν ἐνέγκαι ὑμᾶς (4)
— 7. ἀρῶ τὴν χεῖρά μου ἐπὶ τὰ ἔ. τὰ περικύκλῳ ὑμῶν (4)
— 13. ἠτεκνωμένη ὑπὸ τοῦ ἔ. σου ἐγένου (4)
— 14. τὸ ἔ. σου οὐκ ἀτεκνώσεις ἔτι [A -σει σε οὐκέτι] (4)
— 15. οὐκ ἀκουσθήσεται οὐκέτι ἐφ' ὑμᾶς ἀτιμία ἐθνῶν καὶ ὀνειδισμοὺς λαῶν [A -μὸν ἐθνῶν] οὐ μὴ ἀνενέγκητε ἔτι (4, 13)
— 19. διέσπειρα αὐτοὺς εἰς τὰ ἔ. (4)
— 20. εἰσῆλθον εἰς τὰ ἔ. (4)
— 21. ὃ ἐβεβήλωσαν οἶκος Ἰσραὴλ ἐν τοῖς ἔ. (4)
— 22. ὃ ἐβεβηλώσατε ἐν τοῖς ἔ. (4)
— 23. τὸ ὄνομά μου τὸ μέγα τὸ βεβηλωθὲν ἐν τοῖς ἔ. . . . γνώσονται τὰ ἔ. (4, 4)
— 24. λήψομαι ὑμᾶς ἐκ τῶν ἐ. (4)
— 30. ὀνειδισμὸν λιμοῦ ἐν τοῖς ἔ. [A al.] (4)
— 36. γνώσονται τὰ ἔ. (4)
37. 21. λαμβάνω πάντα οἶκον Ἰσραὴλ ἐκ μέσου τῶν ἐ. (4)
— 22. δώσω αὐτοὺς εἰς ἔθνος ἐν τῇ γῇ μου . . . οὐκ ἔσονται ἔτι εἰς δύο ἔθνη (4, 4)
— 28. γνώσονται τὰ ἔ. [A om. τ. ἔ.] ὅτι ἐγώ εἰμι κύριος (4)
38. 6. ἔθνη πολλὰ μετὰ σοῦ (13)
— 8. συνηγμένων ἀπὸ ἐθνῶν πολλῶν . . . οὗτος ἐξ ἐθνῶν ἐξελήλυθε [A al.] (13, 13)
— 9. ἔθνη πολλὰ μετὰ σοῦ (13)
— 12. ἐπ' ἔ. συνηγμένον ἀπὸ ἐθνῶν πολλῶν (13, 4)
— 15. ἔθνη πολλὰ μετὰ σοῦ (13)
— 16. ἵνα γνῶσι πάντα τὰ ἔ. ἐμέ (4)
— 22. θεῖον βρέξω . . . ἐπ' ἔθνη πολλά (13)
— 23. γνωσθήσομαι ἐναντίον ἐθνῶν πολλῶν (4)
39. 4. τὰ ἔ. τὰ μετὰ σοῦ δοθήσονται εἰς πλήθη ὀρνέων (13)
— 7. γνώσονται [A add. πάντα] τὰ ἔ. (4)
— 21. ὄψονται πάντα τὰ ἔ. τὴν κρίσιν μου (4)
— 23. γνώσονται πάντα τὰ ἔ. (4)
— 27. ἐν τῷ ἀποστρέψαι με αὐτοὺς ἐκ τῶν ἐ. καὶ συναγαγεῖν με αὐτοὺς ἐκ τῶν χωρῶν τῶν ἐ. (13, †)
— 27. ἁγιασθήσομαι ἐν αὐτοῖς ἐνώπιον τῶν ἐ. [A ἐν. ἐ. πολλῶν] (4)
— 28. ἐν τῷ ἐπιφανῆναί με αὐτοῖς ἐν τοῖς ἔ. (4)
Da. LXX. 2. 44. αὕτη ἡ βασιλεία ἄλλο ἔθνος οὐ μὴ ἐάσῃ (13)
3. 2. ἐπισυναγαγεῖν πάντα τὰ ἔ. -
— 4. ὑμῖν παραγγέλλεται, ἔθνη καὶ χῶραι (13)

Da. LXX. 3. 7. ὅτε ἤκουσαν πάντα τὰ ἔ. τῆς φωνῆς (13)
— 7. πίπτοντα πάντα τὰ ἔ. . . . προσεκύνησαν τῇ εἰκόνι (13)
— (37). ἐσμικρύνθημεν παρὰ πάντα τὰ ἔ.
— 29 (96). πᾶν ἔ. καὶ πᾶσαι φυλαί (13)
4. 18. ἡ ἰσχὺς τῆς γῆς καὶ τῶν ἐ. -
— 32. τὸ βασίλειον τοῦ ἐ. σού σοι ἀποδίδοται -
— 34. οἱ γὰρ θεοὶ τῶν ἐ. οὐκ ἔχουσιν . . . ἰσχύν -
— 34. τὸ ἔ. μου καὶ αἱ χῶραί μου -
— 34. πᾶσι τοῖς κατὰ τόπον ἔ. -
— 34. Ναβ. βασιλεὺς πᾶσι τοῖς ἔ. -
— 34. ἀπέστειλεν ἐπιστολὰς . . . πᾶσι τοῖς ἔ. -
5. 1. ἐπῄνεσε πάντας τοὺς θεοὺς τῶν ἐ. -
6. 25 (26). Δαρεῖος ἔγραψε πᾶσι τοῖς ἔ. (13)
7. 14. καὶ πάντα τὰ ἔ. τῆς γῆς κατὰ γένη (13 *et* 2 *a*)
8. 22. τέσσαρες βασιλεῖς τοῦ ἐ. αὐτοῦ ἀναστήσονται (4)
9. 6. καὶ παντὶ ἔ. ἐπὶ τῆς γῆς (13)
— 26. βασιλεία ἐθνῶν φθερεῖ τὴν πόλιν (13 ?)
11. 14. ἀνοικοδομήσει τὰ πεπτωκότα τοῦ ἔ. σου (13)
— 23. ἐπὶ ἔ. ἰσχυρὸν ἐν ὀλιγοστῷ ἔ. (-, 4)
— 33. ἐννοούμενοι τοῦ ἔ. (13)
— 37. ὑποταγήσεται αὐτῷ ἔ. ἰσχυρά -
Da. TH. 3. 4. A ὑμῖν λέγεται ἔθνη λαοί [B λεγ. λαοῖς] (13)
— (37). ἐσμικρύνθημεν παρὰ πάντα τὰ ἔ.
8. 22. τέσσαρες βασιλεῖς ἐκ τοῦ ἔ. αὐτοῦ ἀναστήσονται (4)
11. 23. ὑπερισχύσει αὐτοὺς [A -οῦ] ἐν ὀλίγῳ ἔ. (4)
12. 1. γεγένηται ἔθνος ἐν τῇ γῇ (4)
I Ma. 1. 3. ἔλαβε σκῦλα πλήθους ἐθνῶν
— 4. A R ἦρξε χωρῶν καὶ [S om.] ἐθνῶν
— 11. διαθήκην μετὰ τῶν ἐ. τῶν κύκλῳ ἡμῶν
— 13. ποιῆσαι τὰ δικαιώματα τῶν ἐ.
— 14. κατὰ τὰ νόμιμα τῶν ἐ.
— 15. A R ἐζεύχθησαν τοῖς [S ἐν τοῖς] ἔ.
— 34. ἔθηκαν ἐκεῖ ἔ. ἁμαρτωλόν
— 42. ἐπεδέξατο πάντα τὰ ἔ.
2. 10. ποῖον ἔ. οὐκ ἐκληρονόμησε
— 12. S R ἐβεβήλωσαν αὐτὰ τὰ [A om.] ἔ.
— 18. ὡς ἐποίησαν πάντα τὰ ἔ.
— 19. πάντα τὰ ἔ. τὰ ἐν οἴκῳ τῆς βασιλείας
— 40. S R καὶ μὴ πολεμήσωμεν πρὸς [A εἰς] τὰ ἔ.
— 44. οἱ λοιποὶ ἔφυγον εἰς τὰ ἔ.
— 48. ἐκ χειρὸς τῶν ἐ.
— 68. ἀνταπόδοτε ἀνταπόδομα τοῖς ἔ.
3. 10. συνήγαγεν Ἀπολλώνιος ἔθνη
— 25. ἐπιπίπτειν ἐπὶ τὰ ἔ.
— 26. A R ἐξηγεῖτο πᾶν ἔ. [S τὰ ἔ.]
— 45. S R κατάλυμα τοῖς [A ἐν τοῖς] ἔ.
— 48. ἐξηρεύνων τὰ ἔ. τὰ ὁμοιώμ. τῶν εἰδώλων αὐ.
— 52. τὰ ἔ. συνῆκται ἐφ' ἡμᾶς
— 58. τοῦ πολεμῆσαι ἐν τοῖς ἔ. τούτοις
— 59. ἐπιδεῖν ἐπὶ τὰ κακὰ τοῦ ἔ. ἡμῶν
4. 7. εἶδον παρεμβολὴν ἐθνῶν ἰσχυράν
— 11. γνώσονται πάντα τὰ ἔ.
— 14. συνετρίβησαν τὰ ἔ.
— 45. ἐμίαναν τὰ ἔ. αὐτό
— 54. ἐν ᾗ ἐβεβήλωσαν αὐτὸ τὰ ἔ.
— 58. A R ἀπεστράφη ὄνειδος [S -δισμὸς] ἐθνῶν
— 60. μή ποτε παραγενηθέντα τὰ ἔ. καταπατήσωσιν
5. 1. ὅτε ἤκουσαν τὰ ἔ. κυκλόθεν
— 9. A R ἐπισυνήχθησαν τὰ [S εἰς τὰ] ἔ.
— 10. ἐπισυνηγμένα ἐστὶν ἐφ' ἡμᾶς τὰ ἔ.
— 19. μὴ συνάψητε πόλεμον πρὸς τὰ ἔ.
— 21. συνῆψε πολέμους πολλοὺς πρὸς τὰ ἔ. καὶ συνετρίβη τὰ ἔ.
— 22. ἔπεσον ἐκ τῶν ἐ. εἰς τρισχιλίους ἄνδρας
— 38. ἐπισυνηγμένα εἰσὶ . . . πάντα τὰ ἔ.
— 43. συνετρίβησαν . . . πάντα τὰ ἔ.
— 57. πολεμῆσαι πρὸς τὰ ἔ.
— 63. ἐναντίον . . . τῶν ἐ. πάντων
6. 18. καὶ στήριγμα τοῖς ἔ.
— 53. οἱ ἀνασωζόμενοι . . . ἀπὸ τῶν ἐ.
— 58. καὶ μετὰ παντὸς ἔ. αὐτῶν
7. 23. ἣν ἐποίησεν . . . ὑπὲρ τὰ ἔ.
8. 23. καλῶς γένοιτο . . . τῷ ἔ. Ἰ.
— 25. συμμαχήσει τὸ ἔ. τῶν Ἰουδαίων
— 27. ἐὰν ἔθνει Ἰουδαίων συμβῇ προτέροις πόλεμος
9. 29. ἐν τοῖς ἐχθραίνουσι τοῦ ἔ. ἡμῶν
10. 5. εἰς τοὺς ἀδελφοὺς αὐτοῦ καὶ εἰς τὸ ἔ. αὐτοῦ
— 20. ἀρχιερέα τοῦ ἔ. σου
— 25. βασιλεὺς Δ. τῷ ἔ. τῶν Ἰουδαίων
— 41. S[1] ὡς ἐν τοῖς πρώτοις ἔ. [A S[2] R ἔτεσιν]
11. 21. τινες μισοῦντες τὸ ἔθνος αὐτῶν

I Ma. 11. 25. A S τινες ἄνομοι τῶν [R τῆς] ἐκ τοῦ ἔ.
— 30. βασιλεὺς Δ. Ἰων. τῷ ἀδελφῷ χαίρειν καὶ ἔθνει Ἰουδαίων
— 33. A R τῷ ἔ. τῶν Ἰουδαίων φίλοις ἡμῶν [S οὖσιν]
— 38. ἀπὸ τῶν νήσων τῶν ἐ.
— 42. ποιήσω σοι καὶ τῷ ἔ. σου
— 42. δοξάσω σε καὶ τὸ ἔ. σου
12. 3. Ἰων. ὁ ἀρχιερεὺς καὶ τὸ ἔ. τῶν Ἰ.
— 6. S R Ἰωνάθαν ἀρχιερεὺς καὶ ἡ γερουσία τοῦ ἔ. [A τοῦ ἔ. καὶ ἡ γ.]
— 53. ἐζήτησαν πάντα τὰ ἔ.
13. 6. ἐκδικήσω περὶ τοῦ ἔ. μου
— 6. συνήχθησαν πάντα τὰ ἔ.
— 36. βασιλεὺς Δ. . . . ἔθνει Ἰουδαίων χαίρειν
— 41. ἤρθη ὁ ζυγὸς τῶν ἐ. ἀπὸ τοῦ Ἰσ.
14. 4. ἐζήτησεν ἀγαθὰ τῷ ἔ. αὐτοῦ
— 6. ἐπλάτυνε τὰ ὅρια τῷ ἔ. αὐτοῦ [S[1] τούτῳ]
— 28. καὶ λαοῦ καὶ ἀρχόντων ἔθνους
— 29. ἀντέστησαν τοῖς ὑπεναντίοις τοῦ ἔ. αὐτῶν
— 29. ἐδόξασαν τὸ ἔ. αὐτῶν
— 30. A R ἤθροισεν Ἰων. τὸ ἔ. αὐτῶν
— 32. ἐπολέμησε περὶ τοῦ ἔ. αὐτοῦ
— 32. τοὺς ἄνδρας τῆς δυνάμεως τοῦ ἔ. αὐτοῦ
— 35. ποιῆσαι τῷ ἔ. αὐτοῦ
— 35. ἣν συνετήρησε τῷ ἔ. αὐτοῦ
— 36. τοῦ ἐξαρθῆναι τὰ ἔ. ἐκ τῆς χώρας αὐτῶν
15. 1. ἐπιστολὰς . . . παντὶ τῷ ἔ.
— 2. καὶ ἔθνει Ἰουδαίων χαίρειν
— 9. δοξάσωμέν σε καὶ τὸ ἔ. σου
16. 3. ἐξελθόντες ὑπερμαχεῖτε [S[1] om.] ὑπὲρ τοῦ ἔ. ἡμῶν
II Ma. 1. 27. ἐλευθέρωσον τοὺς δουλεύοντας ἐν τοῖς ἔ.
— 27. γνώτωσαν τὰ ἔ.
4. 35. πολλοὶ δὲ καὶ τῶν ἄλλων ἐ. ἐδείναζον
5. 19. οὐ διὰ τὸν τόπον τὸ ἔ. ἀλλὰ διὰ τὸ ἔ. τὸν τόπον
— 20. τῶν τοῦ ἔ. δυσπετημάτων γενομένων
6. 4. τὸ μὲν γὰρ ἱερὸν . . . ὑπὸ τῶν ἐ. ἐπεπλήρωτο
— 14. καθάπερ καὶ ἐπὶ τῶν ἄλλων ἐ.
— 31. τοῖς πλείστοις τοῦ ἔ.
7. 37. ἵλεων ταχὺ τῷ ἔ. γενέσθαι
8. 5. ἀνυπόστατος ἤδη τοῖς ἔ. ἐγίνετο
— 9. ὑποτάξας παμφύλων ἔθνη
— 16. τῶν ἀδίκως παραγινομένων ἐπ' αὐτοὺς ἐ.
10. 4. καὶ μὴ βλασφήμοις καὶ βαρβάροις ἔ. παραδίδοσθαι
— 8. ἐδογμάτισαν . . . παντὶ τῷ τῶν Ἰ. ἔ.
11. 3. καθὼς τὰ λοιπὰ τῶν ἐ. τεμένη
— 25. τοῦτο τὸ ἔ. ἐκτὸς ταραχῆς εἶναι
— 27. πρὸς δὲ τὸ ἔ. ἡ . . . ἐπιστολὴ τοιαύτη ἦν
12. 13. παμμιγέσιν ἔ. κατοικουμένην
13. 11. τοῖς δυσφήμοις ἔ. ὑποχειρίους γενέσθαι
14. 14. ἔθνη συνέμισγον ἀγεληδὸν τῷ N.
— 15. ἀκούσαντες . . . τὴν ἐπίθεσιν τῶν ἐ.
— 34. ἐπεκαλοῦντο τὸν διὰ παντὸς ὑπέρμαχον τοῦ ἔ. ἡμῶν
15. 8. μὴ δειλιᾶν τὴν τῶν ἐ. ἔφοδον
— 10. παρεπιδεικνὺς τὴν τῶν ἐ. ἀθεσίαν
III Ma. 1. 11. R μηδὲ τοῖς ἐκ τοῦ ἔ. ἐξεῖναι [A τοῖς ἔ.] εἰσιέναι
2. 27. κατὰ τοῦ ἔ. διαδοῦναι ψόγον
— 33. ὡς πολεμίους τοῦ ἔ. ἔκρινον
3. 15. τὰ κατοικοῦντα . . . Φοινίκην ἔ.
— 19. ὡς μονώτατοι τῶν ἐ. . . . ὑψαυχενοῦντες
— 20. τοῖς πᾶσιν ἔ. φιλανθρώπως ἀπαντήσαντες
4. 1. δημοτελὴς συνίστατο τοῖς ἔ. εὐωχία
5. 6. οἱ δὲ πάσης σκέπης ἔρημοι δοκοῦντες εἶναι τοῖς ἔ. Ἰ.
— 13. δεῖξαι . . . κράτος ἔ. ὑπερηφάνοις
6. 5. ἔκδηλον δεικνὺς ἔ. πολλοῖς τὸ σὸν κράτος
— 9. ὑπὸ δὲ ἐβδελυγμένων ἀνόμων ἐ. ὑβριζομένοις
— 13. πτηξάτω δὲ ἔθνη σὴν δύναμιν
— 15. δειχθήτω πᾶσιν ἔ.
— 26. τοὺς . . . διαφέροντας πάντων ἐ.
7. 4. πρὸς πάντα τὰ ἔ. δυσμένειαν
IV Ma. 1. 11. τὴν κατὰ τοῦ ἔ. τυραννίδα
3. 7. μετὰ τῶν τοῦ ἔ. στρατιωτῶν
4. 1. πάντα τρόπον διαβάλλων ὑπὲρ τοῦ ἔ.
— 7. τοῦ ἔ. πρὸς τὸν λόγον σχετλιάσαντος
— 18. καὶ τοῦ ἔ. ἀφηγεῖσθαι
— 19. S R ἐξεδιῄτησε [A -εζήτησε] τὸ ἔ.
— 24. R καταλῦσαι . . . τὴν τοῦ ἔ. εὐνομίαν [A εὔνοιαν]

IV Ma. 4. 26. *ἕνα ἕκαστον τοῦ ἔ.*

6. 28. *ἵλεως γενοῦ τῷ ἔ. σου*

9. 24. *ἡ . . . πρόνοια τῷ ἔ. γενηθεῖσα*

12. 18. S *ὅπως ἵλεως γένηται τῷ ἔ. ἡμῶν* [A R *γένει μου*]

15. 29. *ὦ μήτηρ ἔθνους*

16. 16. *ὑπὲρ τῆς διαμαρτυρίας τοῦ ἔ.*

17. 8. *ταῦτα τοῖς ἀπὸ τοῦ ἔ. εἰς μνείαν λεγόμενα*

— 10. A R *ἐξεδίκησαν τὸ ἔ.* [S *γένος*]

— 20. R *τοῦ ἔ.* [A S *τὸ ἔ.*] *ἡμῶν τοὺς πολεμίους*

— 22. *ἀντίψυχον . . . τῆς τοῦ ἔ. ἁμαρτίας*

18. 4. *εἰρήνευσε τὸ ἔ.*

— 5. A *καὶ τῶν πατρίων ἐ.* [S R *ἐθῶν*] *ἐκδιαιτηθῆναι* [S *-ζητηθ.*]

[**Aq.** Dt. 32. 43 : Jo. 12. 23 : Jb. 12. 23 *bis* : Ps. 2. 1 : 21 (22). 28 : 32 (33). 10 : 45 (46). 7 : 78 (79). 10 : Is. 9. 1 (8. 23) : 10. 7 : 26. 2, 15 : 29. 7 : 41. 2 : 49. 1, 6 : 51. 5 : 60. 5 : Je. 6. 18, 22, 25 : 10. 2, 7 *bis*, 10 : 14. 22 : 25. 14 : 27 (34). 8 : 31 (38). 36 : 33 (40). 9 : 43 (50). 5 : 49. 14 (29. 15) : Ez. 5. 14 : 25. 10 : 31. 17 : Ze. 2. 5 : Za. 9. 10.]

[**Sm.** Jo. 10. 13 : 12. 23 : Jb. 34. 29 : Ps. 2. 1 : 21 (22). 28 : 43 (44). 12, 15 : 45 (46). 7 : 58 (59). 9 : 65 (66). 7 : 76 (77). 15 : 78 (79). 10 : 81 (82). 8 : 82 (83). 5 : 88 (89). 51 : Is. 9. 1 (8. 23), 3 (2) : 11. 10 : 25. 7 *bis* : 26. 15 : 30. 28 : 33. 3 : 41. 1, 2 : 45. 20 : 49. 1, 6 : 51. 5 : 55. 5 : 60. 5 : Je. 6. 22 : 14. 22 : 25. 14 : 51 (28). 58 : Ez. 5. 14 : 30. 11 : 31. 17 : Mi. 4. 3 : Ze. 2. 5 : Za. 9. 10.]

[**Th.** Ge. 49. 10 : Dt. 32. 43 : Jb. 12. 23 *bis* : 34. 29 : Ps. 78 (79). 10 : Is. 26. 15 : 30. 4 (?) : 41. 2 : 49. 1, 6 : 55. 5 : 60. 5 : Je. 5. 15 *bis* : 6. 22 : 10. 7 *bis*, 10 : 25. 14 : 29 (36). 14, 18 : 30 (37). 11 : 33 (40). 24 : 43 (50). 5 : Ez. 2. 3 : 5. 14 : 7. 24 : 25. 10 : 31. 17 : Da. 11. 23 : Mi. 4. 3 : Ze. 2. 5 : Za. 9. 10.]

[**Al.** Le. 20. 23 : Ps. 46 (47). 9 : Je. 10. 10 : Hb. 3. 6, 12, 16.]

[**Heb.** Dt. 32. 43.]

[**Quint.** Ho. 8. 10 : Ze. 2. 5.]

ἔθος.

Wi. 14. 16. *ἐν χρόνῳ κρατυνθὲν τὸ ἀσεβὲς ἔ.* [S[1] *ἔθνος*]

▶ Da. Th. Bel 15. *ἦλθον τὴν νύκτα κατὰ τὸ ἔ. αὐ.*

▶ I Ma. 10. 89. *ὡς ἔθος ἐστὶ δίδοσθαι*

II Ma. 11. 25. *κατὰ τὰ ἐπὶ τῶν προγόνων αὐτῶν ἔ.*

13. 4. *ὡς ἔθος ἐστίν*

IV Ma. 18. 5. S R *καὶ τῶν πατρίων ἐ.* [A *ἐθνῶν*] *ἐκδιαιτηθῆναι* [S *ἐκζητηθ.*]

[**Sm.**, **Th.** III Ki. 18. 28.]

[**Al.** Jd. 18. 7.]

εἰ. **c. subj.* ***c. opt.* †† *interrog.* ‡ *in jurandi formulis.*

Ge. 4. 14 : 8. 7†††, 8†† : 13. 9 *bis* (*sine verbo*), 16 : 14. 23‡ : 15. 5† : 17. 17†† *bis* : 18. 21†† : 23. 8 : 24. 21†††, 23††, 42, 49 : 25. 22 : 27. 21††, 37, 46 : 30. 27 : 31. 27, 50, 50*† : 33. 10 : 37. 14††, 32†† : 42. 16††, 19† : 43. 4†, 6†††, 7†† *bis*, 7†††, 11, 27†† : 44. 8, 19††, 26 : 45. 28 : 47. 4 (6), 16, 18, 29 : 50. 4.

Ex. 2. 14†† : 4. 18††† : 16. 4†† : 17. 7†† : 32. 32 : 33. 13 : 34. 9.

Le. 5. 1† *bis* : 10. 19 : 14. 44.

Nu. 5. 20 : 11. 15 *bis*, 23††† : 12. 14 : 13. 19 (18)††† *bis*, 20 (19)†††, 20 (19)††† (*sine verbo*), 21 (20)††† : 14. 3†, 3, 8, 30‡ : 15. 3 (*sine verbo*) : 16. 22, 29 : 22. 20, 29† : 23. 3†, 27 : 32. 5, 11‡.

● De. 1. 31†, 35‡ : 4. 32††, 32†††, 33††, 34†† : 8. 2†† : 13. 3 (4)††.

Jo. 2. 5 : 7. 7 : 17. 15 *bis*, 17 : 22. 19, 22, 23.

Jd. 2. 22†† : 3. 4†† : 4. 20††† : 6. 13, 17, 31, 36 : 7. 9 : 8. 19 : 9. 15, 16 *ter*, 19 : 11. 9*, 36† : 13. 11††, 23 : 14. 16† : 18. 5††, 14††† : 19. 30††† : 20. 23††*, 28††*.

Ru. 1. 19††† : 4. 4.

I Ki. 3. 14‡ : 6. 3, 9†† : 7. 3 : 9. 11†† : 10. 22†††, 24†† : 14. 37††*, 37††, 41†††, 45††, 45‡ : 15. 22††, 32†† : 17. 25†††, 35, 55‡† : 18. 23††† : 19. 6‡, 24††† : 20. 8, 29† : 21. 3 (4)†, 4 (5), 8 (9)††, 9 (10) : 22. 7††† : 23. 2††*, 3†††, 11††, 11, 12†††, 23 : 24. 7‡, 20**† : 25. 22‡, 34‡ : 26. 19 *bis* : 27. 5 : 28. 10‡ : 30. 8††, 8†††, 15††.

II Ki. 2. 1††*, 20†† : 3. 33†† : 5. 19††* : 7. 7†† : 9. 1††, 2†††, 3†† : 11. 11†, 11‡ : 12. 8, 19††, 22†† : 14. 11‡, 17 (*εἰ ἤδη, ? εἴη δή*)†, 19‡, 30†, 32 : 15. 20 : 18. 25, 32††† : 19. 6 (7), 7 (8)‡, 22 (23)††, 35 (36)††† : 20. 9†††, 17††, 18†† *bis*, 20‡ *bis* : 23. 17‡ : 24. 13††*†.

III Ki. 1. 27††, 52‡ : 2. 8‡ : 3. 1 (2. 9)‡ : 8. 27††, 27 : 12. 7, 24††† : 13. 14†† : 17. 1‡, 12‡ : 18. 7††, 10‡, 10†, 17††, 21 *bis* : 19. 2 : 20 (21). 2, 6, 20†† : 21 (20). 10‡, 13††, 18† *bis*, 32 : 22. 3††, 6††*, 15††*.

IV Ki. 1. 2††, 3††, 6††, 10, 12 : 2. 2‡, 3††, 4‡, 5††, 6‡ : 3. 7††, 11†††, 14‡† : 4. 13††, 30‡ : 5. 16‡ : 6. 21††, 31‡, 32††† : 8. 8††, 9†† : 9. 15 : 10. 6, 15††, 15, 23†† : 13. 19 : 18. 23.

I Ch. 11. 19†† : 12. 17, 17† (*sine verbo*) *bis*, 21† : 13. 2 : 14. 10††*† : 17. 6††.

II Ch. 6. 18††, 18 : 18. 3†††, 5††*, 14††*† : 19. 2††.

I Es. 4. 7† : 6. 21†.

II Es. 2. 59†† : 5. 17.

Ne. 2. 5† *bis*, 7† : 7. 61†††.

To. 3. 9† : 5. 5††† *bis*, 8††, 10††† : 8. 12††, 12† : 13. 6†††.

Ju. 5. 20, 21† : 12. 12.

Es. 1. 19 : 3. 9 : 4. 14††† : 5. 4, 8, 8 (?)† : 6. 13 : 7. 3, 3† : 8. 7.

Jb. 2. 10 : 4. 3, 12, 18 : 6. 2**†, 6†††, 8** : 7. 20 : 8. 4, 6 : 9. 33† : 11. 13, 14 : 12. 8††† : 13. 8†††, 9†, 11 : 14. 13 (*εἰ γὰρ ὄφελον*) : 16. 5† : 22. 29† : 23. 6†, 8† : 25. 5† : 29. 24† : 30. 24 (*εἰ γὰρ ὄφελον*) : 31. 5†, 7, 7†, 9, 21†, 24, 25†, 27, 27†, 29†, 36†, 39† : 33. 32 : 34. 14**, 17†, 32 : 35. 5, 7†, 14 : 38. 4, 5, 20**† : 39. 1††† : 40. 4 (9)†††, 21 (26)††† : 41. 2 (3)†.

Ps. 7. 3 *bis*, 4 : 13 (14). 2††† : 40 (41). 6† : 43 (44). 20 *bis* : 49 (50). 18 : 50 (51). 16 : 52 (53). 2†† : 54 (55). 12 *bis* : 62 (63). 6 : 65 (66). 18 : 72 (73). 11††, 15 : 80 (81). 13 *bis* : 88 (89). 35‡ : 93 (94). 18 : 94 (95). 11‡† : 102 (103). 15† : 131 (132). 3‡†, 3‡, 4‡ : 138 (139). 24†††.

Pr. 2. 20 : 11. 31 : 23. 2.

Ec. 2. 3††, 19†††, 19 : 3. 21†† *bis* : 5. 11 *bis* : 6. 6†.

Ca. 6. 10 (11)††, 10 (11)††† : 7. 12 (13)†† : 8. 9, 9†.

Wi. 2. 17††, 18 : 6. 21 : 8. 5, 6, 7 : 12. 20 : 13. 3, 4†, 9 : 17. 9.

Si. 2. 1 : 5. 12 : 6. 7 : 7. 22 : 16. 11 : 19. 13†, 14† : 22. 26*† : 23. 11 : 30. 39 (33. 30), 40 (33. 31)† : 34 (31). 18, 21 : 35 (32). 7 : 36. 28 (25).

Am. 3. 3††, 4†† *bis*, 5†† *bis*, 6†† *bis* : 6. 2††, 10††, 13 (12)†† *bis* : 8. 7‡.

Mi. 2. 7††† : 6. 6††, 7††, 7††*, 8††, 11††.

Jl. 1. 2†† : 2. 14††.

Ob. 1. 5, 5†, 5.

Jn. 3. 9†† : 4. 4††, 9††.

Hg. 1. 4†† : 2. 13 (12)†††, 14 (13)††, 20 (19)††, 20 (19)†††.

Za. 7. 3††† : 8. 6 : 11. 12, 13††.

Ma. 1. 6 *bis*, 8 *bis*, 9††, 13†† : 3. 8†††.

● Is. 8. 8† : 9. 5 (4) : 36. 7, 8, 16† : 40. 15 : 44. 8 : 45. 21 : 47. 12 : 48. 18† : 58. 4† : 62. 8‡, 8‡† : 66. 8††† *bis*.

Je. 2. 10†††, 11††*†, 28††† : 3. 19† : 5. 1†† : 7. 8 : 13. 23†† : 14. 22†† : 15. 12†† : 16. 20 : 18. 6††, 20 : 20. 10†† : 21. 2†† : 23. 22, 22†, 24†† : 31 (48). 27† : 33 (26). 15 : 34 (27). 18, 18† : 37 (30). 6†† : 44 (37). 17†† : 45 (38). 16‡ *bis* : 47 (40). 4, 14†† : 49 (42). 13 : 51 (44). 19†.

Ba. 3. 13.

La. 1. 12†† : 2. 20††.

Ez. 3. 6 : 4. 14 : 14. 3††*, 16‡ : 15. 3†† *bis*, 5††† : 16. 48‡ : 17. 9††, 15†† *ter* : 20. 3†††, 3‡, 4‡, 30, 31‡, 32‡, 39† : 22. 2†††, 14†† *bis* : 37. 3†† : 47. 6†††.

Da. LXX. 3. 15 : Bel 15††.

Da. Th. 2. 26†† : 3. 14††, 15 : 6. 20 (21)†† : 10. 20††.

I Ma. 2. 19 : 4. 10† : 9. 10† : 10. 71†.

II Ma. 3. 9†† : 7. 7††, 33 : 9. 20† : 11. 28† : 12. 24**† : 14. 28 : 15. 3††, 38† (*sine verbo*), 38 (*sine verbo*).

III Ma. 1. 12 : 5. 31† : 6. 10.

IV Ma. 1. 1, 5, 13††, 14†† : 2. 1, 24 : 4. 7, 17** : 5. 9, 18†, 19**† : 6. 18**, 20*†, 32 : 7. 16 : 8. 2** *bis*, 16, 17**† : 9. 6, 7, 27** : 11. 13††**, 16 : 13. 1, 2 : 14. 11 : 16. 1, 5 : 17. 7 : 18. 17††, 23†.

[**Aq.** Ge. 43. 27†† : 47. 6 : II Ki. 12. 8 : IV Ki. 3. 14 : Jb. 13. 9†† : 31. 9, 27 : Ps. 65 (66). 18 (?) : 72 (73). 16 : Ca. 7. 12 (13)†† : Is. 49. 24†† : 66. 8†† : Je. 14. 7 : 31 (38). 37 : 40 (47). 4, 14†† : Ez. 7. 13 : Ho. 4. 15 : Am. 6. 12†† : Jn. 4. 4†† : Ma. 1. 8†† : 3. 8††.]

[**Sm.** Ge. 19. 21 : 43. 27†† : 47. 6 : II Ki. 12. 8 : III Ki. 17. 20†† : IV Ki. 3. 14 : Jb. 9. 19 : 29. 25 : 31. 24 : 39. 13†† : Ps. 7. 5 : 40 (41). 5 : 65 (66). 18 : 72 (73). 11††, 16 (?) : 76 (77). 10†† : Je. 12. 5 : 13. 23†† : 40 (47). 4 : 49. 9 (29. 10) : Ho. 4. 15 : Ma. 1. 8†† : 3. 8††.]

[**Th.** Ge. 47. 6 : Ex. 21. 8 : Jd. 13. 23 : II Ki. 11. 7†† : 12. 8 : IV Ki. 3. 14 : Jb. 4. 2 : 9. 15 : 31. 9, 24, 27 : 39. 1†† : Ps. 72 (73). 16 : 76 (77). 10†† : Pr. 20. 11†† : 30. 32 : Is. 49. 24†† : 66. 8†† : Je. 23. 38 : 32 (39). 24 : 33 (40). 20 : Ez. 21. 10 (15)†† : Ho. 4. 15 : Jn. 4. 4†† : Ma. 3. 8††.]

[**Heb.** Ge. 47. 6.]

[**Al.** Le. 10. 19†† : I Ki. 21. 5 (6) : 23. 12††]

[**Quint.** Ho. 4. 15.]

[**Sext.** Ca. 7. 12 (13).]

εἰ ἄρα.

Ge. 18. 3.

Nu. 22. 11.

Jb. 27. 9† : 38. 20 (*opt.*)†.

Ps. 57 (58). 1, 11.

Da. LXX. 6. 20 (21).

IV Ma. 1. 3.

[**Aq.**, **Sm.** Jb. 14. 14.]

εἴγε.

Jb. 16. 5† : 31. 5†.

εἰ δὲ μή. †† εἰ δὲ μήγε. **c. subj.* ** *sine verbo.*

Ge. 18. 21** : 20. 7 : 24. 49**† : 30. 1** : 42. 16**, 20** : 43. 5*†.

Ex. 8. 2 (7. 27) : 32. 32** : 40. 37.

Nu. 20. 18**.

Jo. 24. 15.

Ru. 4. 4.

I Ki. 19. 17**.

II Ki. 17. 6**.

To. 8. 12**†.

Jb. 9. 24 : 24. 25** : 32. 22** : 33. 33**† : 34. 16*†.

Si. 5. 12** : 29. 6**.

Je. 11. 21** : 47 (40). 5**.

Da. LXX. 3. 15††** : 6. 5 (6)**, 12 (13)** : Bel 7††**.

Da. Th. Su. 21** : Bel 29**.

I Ma. 15. 31** *bis*.

II Ma. 5. 18.

▶ [**Th.** Jb. 9. 24**.]

εἰ καί, *εἰ δὲ καί, **εἰ δὲ καὶ μή.

Nu. 16. 29.

Jb. 6. 5*, 6* : 19. 28* : 31. 5*, 7*, 7*†, 9*†, 13*, 17*, 19*, 21*†, 24*, 25*, 25*†, 27*†, 29*, 31*, 33*, 34*, 38*, 39*†, 39* : 35. 5* : 38. 20*.

Wi. 8. 8* : 13. 11*.

Is. 49. 15* (*opt.*†).

Je. 2. 28†.

Ez. 7. 10 : 21. 13 (18) (*subj.*)†.

II Ma. 4. 47 : 6. 26.

IV Ma. 5. 13, 18† : 14. 17** (*opt.*)†.

[**Sm.** Je. 44 (51). 19.]

εἰ μή. **interrog.* ***c. subj.* †† *sine verbo.*

Ge. 3. 11* : 31. 42 : 43. 10.

Ex. 4. 23 : 9. 2 : 33. 15.

Nu. 5. 19 *bis* : 14. 28†, 35† : 22. 33, 34.

De. 32. 27††, 30.

Jd. 7. 14††† : 9. 15††, 20††† *bis* : 11. 10 : 14. 18.

I Ki. 20. 15†† : 25. 34.

II Ki. 2. 27 : 13. 26†† : 19. 7 (8), 13 (14).

III Ki. 17. 1†† : 21 (20). 23†.

IV Ki. 3. 14 : 5. 17††, 20 : 6. 22 : 7. 10†† : 9. 26 : 11. 15**† : 23. 9.

Ne. 2. 2††, 12††.

To. 3. 15.

Ju. 6. 2 ††: 9. 14††: 11. 2.
Es. 4. 17†† *bis*: 6. 6††.
●Jb. 12. 10†: 22. 20: 31. 20, 35, 37: 33. 33†††: 42. 8†, 8††.
Ps. 93 (94). 17 (εἰ μὴ ὅτι): 105 (106). 23: 118 (119). 92 (εἰ μὴ ὅτι): 123 (124). 1 (εἰ μὴ ὅτι), 2 (εἰ μὴ ὅτι): 130 (131). 2.
Ec. 3. 12††, 22††: 8. 15††.
Wi. 7. 28††: 9. 17: 11. 25: 17. 12††.
Si. 12. 2††: 16. 2: 19. 8: 23. 14: 25. 26.
Ho. 12. 11 (12).
Is. 1. 9: 40. 28†: 45. 23†.
Je. 15. 11: 31 (48). 27†: 45 (38). 21** †: 49 (42). 5** †.
Ez. 5. 11†: 16. 56: 20. 39†.
Da. LXX. 2. 11††: Bel 4††.
Da. TH. 6. 5 (6)††.
II Ma. 8. 15††: 12. 44.
III Ma. 5. 32††.
●IV Ma. 2. 7, 20: 9. 2: 12. 4 (*opt.*†).
[**Aq.** Jd. 9. 20: Jb. 31. 31: 34. 16: Ps. 26 (27). 13: 123 (124). 1††: Je. 15. 11 *bis*: Ez. 17. 16.]
● [**Sm.** Ex. 21. 8**: IV Ki. 3. 14: Jb. 1. 11: 31. 31: 34. 16: Ps. 26 (27). 13: 59 (60). 12††: 107 (108). 12††: 130 (131). 2: Ec. 5. 10††: Is. 42. 19††: Je. 15. 11 *bis*: Ez. 35. 6: Za. 10. 6.]
● [**Th.** Jd. 9. 20: 14. 18: I Ki. 2. 2††: Jb. 21. 4: 22. 20: 31. 31, 35: 42. 8: Je. 33 (40). 25: Ez. 17. 16: Da. 6. 5**.]
[**Al.** Nu. 22. 34: Jb. 31. 31.]
[**Sext.** Ps. 26 (27). 13.]

εἰ μήν.

Ge. 22. 17†: 42. 16†.
Nu. 14. 23†, 28†, 35†.
Jd. 15. 7†.
II Ki. 19. 35 (36)†.
III Ki. 21 (20). 23†.
Ju. 1. 12.
Jb. 1. 11†: 2. 5†: 27. 3†.
Is. 45. 23†.
Ba. 2. 29.
Ez. 33. 27: 34. 8: 35. 6: 36. 5: 38. 19.
[**Aq., Th.** Is. 45. 23.]
[**Al.** Jb. 22. 20.]

εἰ οὐ, εἰ . . . οὐκ.

Ge. 39. 8.
Jd. 9. 20† (*sine verbo*).
III Ki. 1. 51.
Jb. 15. 15: 23. 6†: 34. 17†.
[**Aq.** Jb. 1. 11: 2. 5.]
[**Heb.** Jb. 2. 5.]

εἴπερ.

Ju. 6. 9.
Da. TH. Su. 54.
IV Ma. 11. 7.

εἴ ποτε, εἰ . . . ποτε.

Jb. 31. 38.
Ep. Je. 27 (*subj.* †).
II Ma. 13. 10.
[**Sm.** Jd. 2. 18.]

εἴ πως. * *c. subj.* ** *c. opt.*

II Ki. 14. 15* †: 16. 12**.
III Ki. 21 (20). 31.
IV Ki. 19. 4.
Jb. 20. 23†.
Jn. 1. 6* †.
Je. 28 (51). 8.
I Ma. 4. 10†.
[**Aq.** Ge. 16. 2: Jb. 1. 5.]
[**Sm.** Ge. 16. 2*.]
[**Th.** Jb. 20. 23**: Is. 47. 12.]

εἴ τε. ** *sine verbo.*

Jo. 24. 15** *bis*.
Jb. 9. 21.
Wi. 17. 17, 18.
Si. 41. 4** *ter*.
Is. 31. 21** *bis*.
II Ma. 12. 45†.
[**Sm.** Le. 27. 14** *bis*.]

εἴ τις, εἴ τι, εἰ δέ τι. * *c. subj.* ** *c. opt.*

Ge. 19. 12.
Ex. 32. 24†, 33: 33. 11***†.
De. 1. 31** †: 8. 5* †** †: 21. 3†: 22. 26*.
Jd. 16. 9** †.
I Ki. 14. 6**.
I Es. 2. 5.
II Es. 7. 18* †.
To. 1. 17, 18.
Jb. 4. 12: 5. 1 *bis*, 27†: 6. 2** †, 24: 14. 17.
Pr. 23. 7**: 25. 26**.
Ec. 6. 10†.
Si. 19. 13†: 29. 26.
Za. 9. 17 *bis*.
Is. 66. 13.
Je. 23. 40†.
I Ma. 1. 57: 13. 39, 40: 15. 21.
II Ma. 3. 38.
IV Ma. 4. 23**: 5. 3**: 10. 4†.

εἴ τοι.

Ru. 3. 10 *bis*.

εἰαών.

[**Heb.** Ps. 91 (92). 4.]

εἶβις (ἶβις). (1) יַנְשׁוּף

Le. 11. 17. B[1] ταῦτα ἃ βδελύξεσθε . . . εἶβιν [A B[2] R ἶβ.] (1)
De. 14. 16. B[1] ταῦτα οὐ φάγεσθε . . . εἶβιν [A ἴβην, B[3] R ἶβ.] (1)

εἰδέα (ἰδέα). (1) דְּמוּת (2) מַרְאֶה

Ge. 5. 3. A ἐγέννησε κατὰ τὴν εἰ. [R ἰδ.] αὐ. (1)
Ep. Je. 63. οὔτε ταῖς εἰ. [A ἰδ.] οὔτε ταῖς δυνάμεσιν [A *add.* ἑνὶ] αὐτῶν ἀφωμοιωμένα ἐστίν
Da. TH. 1. 13. A B αἱ εἰ. [R ἰ.] ἡμῶν καὶ αἱ εἰ. [R ἰ.] τῶν παιδαρίων (2, 2)
— 15. A B ὡράθησαν αἱ εἰ. [R ἰ.] αὐτῶν ἀγαθαί (2)
II Ma. 3. 16. A τὴν τοῦ ἀρχιερέως εἰ. [R ἰ.]
[**Sm.** Ez. 1. 13 *bis*: 23. 15.]
[**Al.** Le. 14. 37: Da. 1. 14.]

εἰδεῖν, εἰδέναι. (1) בִּין *a.* qal. *b.* hithpal. (2) זָכַר hi. (3) *a.* חָזָה *b.* חֲזָה (4) יָדַע *a.* qal. *b.* ni. *c.* εἰδέναι τὸ ὄνομα pu. *d.* hi. *e.* דַּעַת *f.* יְדַע *g.* דֵּעַ *h.* εἰδέναι γνωστόν דַּעַת (5) נָכַר pi. (6) c. neg. סָתַר hithpa. (7) רָאָה (8) שָׁעַר (9) שָׁמַע (10) שָׁמַר (11) חָכָם (12) מְתֵי סוֹד

Ge. 2. 9. τὸ ξύλον τοῦ εἰδέναι γνωστὸν καλοῦ (4 *h*)
3. 5. ᾔδει γὰρ ὁ θεός (4 *a*)
18. 19. ᾔδειν γὰρ ὅτι συντάξει τοῖς υἱοῖς (4 *a*)
19. 33, 35. οὐκ ᾔδει ἐν τῷ κοιμηθῆναι (4 *a*)
25. 27. ἄνθρωπος εἰδὼς κυνηγεῖν (4 *a*)
28. 16. ἐγὼ δὲ οὐκ ᾔδειν (4 *a*)
31. 6. καὶ αὐταὶ δὲ οἴδατε (4 *a*)
— 32. οὐκ ᾔδει δὲ Ἰακώβ (4 *a*)
39. 3. ᾔδει δὲ ὁ κύριος αὐτοῦ (7)
— 6. οὐκ ᾔδει τῶν καθ᾽ ἑαυτὸν οὐδέν (4 *a*)
42. 23. αὐτοὶ δὲ οὐκ ᾔδεισαν ὅτι ἀκούει Ἰ. (4 *a*)
43. 7. A μὴ ᾔδειμεν εἰ [R ὅτι] ἐρεῖ ἡμῖν (4 *a*)
— 22. οὐκ οἴδαμεν τίς ἐνέβαλε τὸ ἀργύριον (4 *a*)
44. 15. οὐκ οἴδατε ὅτι οἰωνισμῷ οἰωνιεῖται (4 *a*)
48. 19. οἶδα, τέκνον, οἶδα (4 *a*, 4 *a*)
Ex. 1. 8. ὃς οὐκ ᾔδει τὸν Ἰωσήφ (4 *a*)
3. 8 (7). οἶδα γὰρ τὴν ὀδύνην αὐτῶν (4 *a*)
— 19. ἐγὼ δὲ οἶδα ὅτι οὐ προήσεται ὑμᾶς (4 *a*)
5. 2. οὐκ οἶδα τὸν κύριον (4 *a*)
8. 10 (6). ἵνα εἰδῇς ὅτι οὐκ ἔστιν ἄλλος (4 *a*)
— 22 (18). ἵνα εἰδῇς ὅτι ἐγώ εἰμι κύριος (4 *a*)
9. 14. ἵνα εἰδῇς ὅτι οὐκ ἔστιν (4 *a*)
10. 7. ἢ εἰδέναι βούλει (4 *a*)
— 26. ἡμεῖς δὲ οὐκ οἴδαμεν (4 *a*)
11. 7. ὅπως εἰδῇς ὅσα παραδοξάσει κύριος (4 *a*)
16. 15. οὐ γὰρ ᾔδεισαν τί ἦν (4 *a*)
23. 9. ὑμεῖς γὰρ οἴδατε τὴν ψυχ. τοῦ προσηλ. (4 *a*)
32. 1. οὐκ οἴδαμεν τί γέγονεν αὐτῷ (4 *a*)
— 22. σὺ γὰρ οἶδας τὸ ὅρμημα τοῦ λαοῦ τ. (4 *a*)
— 23. οὐκ οἴδαμεν τί γέγονεν αὐτῷ (4 *a*)
33. 12. οἶδά σε παρὰ πάντας (4 *a*)
— 17. καὶ οἶδά σε παρὰ πάντας (4 *a*)
34. 29. Μωυσῆς οὐκ ᾔδει (4 *a*)
Le. 5. 18. καὶ αὐτὸς οὐκ ᾔδει (4 *a*)
Nu. 11. 15. A ἵνα μὴ εἰδῶ [B ἴδω] τὴν κάκωσίν μου (7)
— 16. A R οὓς αὐτὸς σὺ [B σοι] οἶδας (4 *a*)
14. 23. ὅσοι οὐκ οἴδασιν ἀγαθόν –
22. 6. ὅτι οἶδα (4 *a*)
31. 18. ἥτις οὐκ οἶδε [A ἔγνω] κοίτην ἄρσενος (4 *a*)
35. 23. οὐκ εἰδώς (7)
De. 1. 39. οὐκ οἶδε σήμερον ἀγαθὸν ἢ κακόν (4 *a*)
3. 19. οἶδα ὅτι πολλὰ κτήνη ὑμῖν (4 *a*)
4. 35. ὥστε εἰδῆσαί [A εἰδέναι] σε (4 *a*)
— 42. ὃς ἂν φονεύσῃ τὸν πλησίον οὐκ εἰδώς (4 *e*)
8. 3. A R ὃ οὐκ ᾔδεισαν [B εἴδησαν] οἱ πατέρες σου (4 *a*)
— 16. ὃ οὐκ ᾔδεις [B[2] εἰδῇς] σὺ καὶ [B[1] *om.* ὃ . . . καί, A *om.* οὐκ ᾔ. σὺ καὶ] οὐκ ᾔδεισαν [B[1] εἴδησαν] οἱ πατ. σου (–, 4 *a*)
9. 2. R οὓς σὺ οἶσθα [B -ας, A ᾔσθα] (4 *a*)
11. 2. ὅσοι οὐκ οἴδασιν (4 *a*)
— 28: 13. 2 (3). οὓς [A οἷς] οὐκ οἴδατε (4 *a*)
13. 3 (4). εἰδέναι εἰ ἀγαπᾶτε (4 *a*)
— 6 (7). οὓς [A οἷς] οὐκ ᾔδεις (4 *a*)
— 13 (14). οὓς [A οἷς] οὐκ ᾔδειτε (4 *a*)
19. 4. ὃς ἂν πατάξῃ . . . οὐκ εἰδὼς [A ἀκουσίως] (4 *e*)
21. 1. καὶ οὐκ οἴδασι τὸν πατάξαντα (4 *b*)
29. 4 (3). καρδίαν εἰδέναι (4 *a*)
— 16 (15). ὅτι ὑμεῖς οἴδατε (4 *a*)
31. 13. οἱ οὐκ οἴδασιν (4 *a*)
— 21. ἐγὼ γὰρ οἶδα τὴν πονηρίαν αὐτῶν (4 *a*)
— 29. οἶδα γάρ (4 *a*)
32. 17. θεοῖς οἷς οὐκ ᾔδεισαν (4 *a*)
— 17. A R οὓς οὐκ ᾔδεισαν [B εἴδησαν] οἱ πατέρες αὐτῶν (8)
34. 6. A B οὐκ οἶδεν [R εἶδεν] οὐδεὶς τὴν ταφὴν αὐ. (4 *a*)
Jo. 1. 8. ἵνα εἰδῇς [A συνῇς] ποιεῖν (10)
8. 14. οὐκ ᾔδει ὅτι ἔνεδρα αὐτῷ ἐστιν (4 *a*)
10. 2. ᾔδει [A -εισαν] γάρ –
20. 5. A οὐκ εἰδὼς ἐπάταξεν τὸν πλησίον αὐτοῦ (4 *e*)
22. 22. ὁ θεὸς θεὸς αὐτὸς οἶδε (4 *a*)
Jd. 4. 8. οὐκ οἶδα τὴν ἡμέραν –
15. 11. οὐκ οἶδας ὅτι κυριεύουσιν (4 *a*)
18. 14. A εἰ οἴδατε [B ἔγνωτε] (4 *a*)
21. 11. εἰδυῖαν [A γινώσκουσαν] κοίτην ἄρσ. (4 *a*)
Ru. 2. 11. ὃν οὐκ ᾔδεις ἐχθὲς καὶ τρίτης (4 *a*)
3. 11. οἶδε γὰρ πᾶσα φυλὴ λαοῦ μου (4 *a*)
I Ki. 2. 12. οὐκ εἰδότες τὸν κύριον (4 *a*)
10. 11. πάντες οἱ εἰδότες [A ἄπ. οἱ ἰδόντες] αὐτόν (4 *a*)
14. 3. B ὁ λαὸς οὐκ ᾔδει (4 *a*)
16. 16. ἄνδρα εἰδότα [A ἰδόντα] ψάλλειν (4 *a*)
— 18. καὶ αὐτὸν εἰδότα ψαλμόν [A ψάλλειν] (4 *a*)
17. 28. A ἐγὼ οἶδα τὴν ὑπερηφανίαν σου (4 *a*)
— 55. A εἰ οἶδα (4 *a*)
20. 3. γινώσκων οἶδεν ὁ πατήρ σου (4 *a*)
— 12. κύριος ὁ θεὸς Ἰ. οἶδεν –
— 30. οὐ γὰρ οἶδα (4 *a*)
22. 15. οὐκ ᾔδει ὁ δοῦλος ὁ σὸς . . . ῥῆμα (4 *a*)
— 22. ᾔδειν ὅτι [A *om.*] ἐν τῇ ἡμέρᾳ ἐκείνῃ (4 *a*)
23. 17. Σ. ὁ πατήρ μου οἶδεν οὕτως (4 *a*)
25. 11. οἷς οὐκ οἶδα πόθεν εἰσί (4 *a*)
28. 9. σὺ οἶδας ὅσα ἐποίησε Σ. (4 *a*)
29. 9. οἶδα ὅτι [A οἶδας τί] ἀγαθὸς σύ (4 *a*)
II Ki. 1. 5. πῶς οἶδας (4 *a*)
— 10. ᾔδειν ὅτι οὐ ζήσεται (4 *a*)
2. 26. ἢ οὐκ οἶδας [A -ες] (4 *a*)
3. 25. ἢ [A *om.*] οὐκ οἶδας τὴν κακίαν Ἀ. (4 *a*)
— 26. καὶ Δ. οὐκ ᾔδει (4 *a*)
— 38. οὐκ οἴδατε ὅτι . . . πέπτωκεν (4 *a*)
7. 20. σὺ οἶδας τὸν δοῦλόν σου (4 *a*)
11. 16. εἰς τὸν τόπον οὗ ᾔδει (4 *a*)
— 20. οὐκ ᾔδειτε ὅτι τοξεύσουσιν (4 *a*)
— 22. οὐκ ᾔδειτε ὅτι πληγήσεσθε –
12. 22. τίς οἶδεν εἰ ἐλεήσει με κύριος (4 *a*)
17. 8. σὺ οἶδας τὸν πατέρα σου (4 *a*)
— 10. οἶδε πᾶς Ἰ. (4 *a*)
19. 22 (23). ὅτι οὐκ οἶδα (4 *a*)
III Ki. 2. 14 (15). σὺ οἶδας (4 *a*)
3. 1 (2. 44). σὺ οἶδας [A ἔγνως] πᾶσαν τὴν κακίαν σου (4 *a*)
— 1 (2. 44). R ἣν οἶδεν [A B ἔγνω] ἡ καρδία σου (4 *a*)
— 7. οὐκ οἶδα τὴν ἔξοδόν μου (4 *a*)
5. 3 (17). σὺ οἶδας Δ. τὸν πατέρα μου (4 *a*)
— 6 (20). A R σὺ οἶδας ὅτι οὐκ ἔστιν ἡμῖν [A *add.* ἀνὴρ] εἰδὼς [B ἰδίως] ξύλα κόπτειν (4 *a*, 4 *a*)

● = correction on page xxv

III Ki. 8. 39. σὺ μονώτατος οἶδας τὴν καρδίαν (4 a)
9. 27. ἐλαύνειν εἰδότας θάλασσαν (4 a)
18. 12. ἣν οὐκ οἶδα (4 a)
21 (20). 31. οἶδα [A ἰδοὺ δὴ οἴδαμεν] ὅτι . . . εἰσίν (9)
22. 3. εἰ οἴδατε ὅτι ἡμῖν Ῥ. (4 a)
IV Ki. 6. 32. A μὴ οἴδατε [B¹ εἰ ἤδειτε, B² εἰ οἴδ., R εἰ εἴδετε] (7)
8. 12. οἶδα ὅσα ποιήσεις (4 a)
9. 11. ὑμεῖς οἴδατε τὸν ἄνδρα (4 a)
17. 26. οὐκ οἴδασι τὸ κρίμα τοῦ θεοῦ τῆς γῆς (4 a)
I Ch. 17. 18. καὶ σὺ τὸν δοῦλόν σου οἶδας (4 a)
II Ch. 2. 7 (6). εἰδότα τοῦ ποιῆσαι ἐν τῷ χρυσίῳ (11?)
— 8 (7). ἐγὼ οἶδα ὡς οἱ δοῦλοί σου οἴδασι κόπτειν ξύλα (4 a, 4 a)
— 13 (12). ἄνδρα σοφὸν καὶ εἰδότα σύνεσιν (4 a)
— 14 (13). εἰδότα ποιῆσαι ἐν χρυσίῳ (4 a)
8. 18. καὶ παῖδας εἰδότας θάλασσαν (4 a)
20. 12. οὐκ οἴδαμεν τί ποιήσωμεν αὐτοῖς (4 a)
32. 31. εἰδέναι τὰ ἐν τῇ καρδίᾳ αὐτοῦ (4 a)
II Es. 7. 25. πᾶσι τοῖς εἰδόσι νόμον τοῦ θ. (4 f)
— 25. καὶ τῷ μὴ εἰδότι γνωριεῖτε (4 f)
Ne. 10. 28 (29). πᾶς ὁ εἰδὼς [A εἴδων] καὶ συνίων (4 a)
To. 2. 10. οὐκ ᾔδειν ὅτι στρουθία . . . ἐστί
5. 4. καὶ οὐκ ᾔδει [S al.]
Ju. 9. 14. τοῦ εἰδῆσαι [S² -δέναι σε] ὅτι σὺ εἶ ὁ θ.
Es. 4. 14. A B S καὶ τίς οἶδεν [R εἴδεν] (4 a)
— 17. σὺ οἶδας, κύριε
— 17. πάντων γνῶσιν ἔχεις καὶ οἶδας
— 17. B S σὺ οἶδας τὴν ἀνάγκην μου
Jb. 8. 9. χθιζοὶ γάρ ἐσμεν καὶ οὐκ οἴδαμεν (4 a)
9. 2. ἐπ᾽ ἀληθείας οἶδα ὅτι οὕτως ἐστί (4 a)
— 5. ὁ παλαιῶν ὄρη καὶ οὐκ οἴδασιν (4 a)
— 21. οὐκ οἶδα τῇ ψυχῇ (4 a)
— 28. οἶδα γὰρ ὅτι οὐκ ἀθῷόν με ἐάσεις (4 a)
10. 7. οἶδας [A -α] γὰρ ὅτι οὐκ ἠσέβησα (4 a)
— 13. οἶδα ὅτι πάντα δύνασαι (4 a)
11. 8. βαθύτερα δὲ τῶν ἐν ᾅδου τί οἶδας (4 a)
— 11. αὐτὸς γὰρ οἶδεν ἔργα ἀνόμων (4 a)
12. 24. ἐν ὁδῷ ᾗ οὐκ ᾔδεισαν †
13. 2. οἶδα ὅσα καὶ ὑμεῖς ἐπίστασθε (4 a)
— 18. οἶδα ἐγὼ ὅτι δίκαιος ἀναφανοῦμαι (4 a)
14. 21. πολλῶν δὲ γενομ. τῶν υἱ. αὐ. οὐκ οἶδεν (4 a)
15. 9. τί γὰρ οἶδας ὃ οὐχ οἴδαμεν (4 a, 4 a)
— 23. οἶδε δὲ ἐν ἑαυτῷ (4 a)
18. 21. οὗτος δὲ ὁ τόπος τῶν μὴ εἰδότων τὸν κ. (4 a)
19. 14. οἱ εἰδότες [A ἰδόντες] μου τὸ ὄνομα (4 c)
— 19. A ἐβδελύξ. με οἱ εἰδότες [B S ἰδόντες] με (12)
— 25. οἶδα γὰρ ὅτι ἀέναός ἐστιν (4 a)
20. 7. οἱ δὲ εἰδότες [S ἰδόντες] αὐτὸν ἐροῦσι (7)
21. 14. ὁδούς σου εἰδέναι οὐ βούλομαι (4 e)
— 27. οἶδα ὑμᾶς ὅτι τόλμῃ ἐπίκεισθέ μοι (4 a)
23. 2. οἶδα ὅτι ἐκ χειρός μου ἡ ἔλεγξίς ἐστι †
— 8. τὰ δὲ ἐπ᾽ ἐσχάτοις τί οἶδα (1 a)
— 10. οἶδε γὰρ ἤδη ὁδόν μου (4 a)
— 17. οὐ γὰρ ᾔδειν †
24. 11. B²R ὁδὸν δὲ δικαίαν [A B¹ -ων] οὐκ ᾔδεισαν †
— 13. ὁδὸν δὲ δικαιοσύνης οὐκ ᾔδεισαν †
26. 14. τίς οἶδεν ὁπότε ποιήσει (1 b)
27. 12. πάντες οἴδατε [A ὑμεῖς ἑωράκατε] (3 a)
28. 13. οὐκ οἶδε βροτὸς ὁδὸν αὐτῆς (4 a)
— 23. αὐτὸς δὲ οἶδε τὸν τόπον αὐτῆς (4 a)
— 25 (24). εἰδὼς τὰ ἐν τῇ γῇ πάντα ἃ ἐποίησεν (7?)
29. 16. δίκην δὲ ἣν οὐκ ᾔδειν ἐξιχνίασα (4 a)
30. 23. οἶδα γὰρ ὅτι θάνατός με ἐκτρίψει (4 a)
31. 6. οἶδε δὲ ὁ κύριος τὴν ἀκακίαν μου (4 a)
32. 7. A R οἴδασι [B S οὐκ οἶδ.] σοφίαν (4 d)
— 9. οὐδ᾽ οἱ γέροντες οἴδασι [S¹ εἰσίν, S² ἴσασιν] κρίμα (1 a)
— 10. ἀναγγελῶ ὑμῖν ἃ οἶδα (4 g)
34. 19. οὐδὲ οἶδε τιμὴν θέσθαι ἁδροῖς [A al.] (5)
36. 12. εἰδέναι τὸν κύριον (4 e)
— 28. οἴδασι δὲ κοίτης τάξιν –
37. 5. ἐποίησε γὰρ μεγάλα ἃ οὐκ ᾔδειμεν (4 a)
— 15. οἴδαμεν ὅτι [A οἶδας ὡς] ὁ θ. ἔθετο ἔργα αὐ. (4 a)
38. 5. τίς ἔθετο τὰ μέτρα αὐτῆς εἰ οἶδας (4 a)
— 21. οἶδα ἄρα ὅτι τότε γεγέννησαι (4 a)
42. 2. οἶδα ὅτι πάντα δύνασαι (4 a)
— 3. ἃ οὐκ ᾔδειν (1 a)
— 11. ὅσοι ᾔδεισαν αὐτόν (4 a)
Ps. 47 (48). 5. A αὐτοὶ εἰδότες (?) [B S ἰδόντες] οὕτως ἐθαύμασαν (7)
Ps. 78 (79). 6. S¹ ἔθνη τὰ μὴ εἰδότα [B ἐπεγνωκότα, S² γινώσκοντά] σε (4 a)
Pr. 3. 28. οὐ γὰρ οἶδας τί τέξεται ἡ ἐπιοῦσα –
4. 19. οὐκ οἴδασι πῶς προσκόπτουσιν (4 a)
— 27. ὁδοὺς γὰρ τὰς ἐκ δεξιῶν οἶδεν ὁ θεός –
7. 23. οὐκ εἰδὼς ὅτι περὶ ψυχῆς τρέχει (4 a)
9. 18. ὁ δὲ οὐκ οἶδεν (4 a)
19. 7. ἔννοια ἀγ. τοῖς εἰδόσιν αὐτὴν ἐγγιεῖ –
23. 2. εἰδὼς ὅτι τοιαῦτά σε δεῖ παρασκευάσαι †
— 35. ἐγὼ δὲ οὐκ ᾔδειν (4 a)
24. 12. οὐκ οἶδα τοῦτον (4 a)
— 12. αὐτὸς οἶδε πάντα (4 a)
28. 22. οὐκ οἶδεν ὅτι ἐλεήμων κρατήσει αὐτοῦ (4 a)
Ec. 2. 19. A S τίς οἶδεν ἢ [B εἶδεν εἰ] σοφὸς ἔσται ἢ ἄφρων (4 a)
3. 21. A B S τίς οἶδεν [R εἶδε] πνεῦμα υἱῶν τοῦ ἀνθρώπου (4 a)
4. 17. οὐκ εἰσὶν εἰδότες τοῦ ποιῆσαι (4 a)
5. 7. A ἐὰν συκοφαντίαν πένητος . . . εἴδῃς [B S ἴδῃς] (7)
6. 8. ὁ πένης οἶδε πορευθῆναι (4 a)
7. 1 (6. 12). τίς οἶδεν ἀγαθὸν [A S² τί ἀγ.] τῷ ἀνθρώπῳ (4 a)
— 30 (8. 1). τίς οἶδε σοφοὺς καὶ τίς οἶδε λύσιν ῥήματος (†, 4 a)
9. 1. μῖσος οὐκ ἔστιν εἰδὼς ὁ ἄνθρωπος (4 a)
Ca. 7. 12 (13). S εἰδῶμεν [A B ἴδ.] εἰ ἤνθησεν ἡ ἄμπ. (7)
Wi. 2. 17. S¹ εἰδῶμεν [A B S² ἴδ.] εἰ οἱ λόγοι αὐ. ἀληθεῖς
7. 17. εἰδέναι σύστασιν κόσμου
8. 8. οἶδε τὰ ἀρχαῖα
— 9. εἰδὼς ὅτι ἔσται μοι σύμβουλος ἀγαθῶν
— 20. τὸ εἰδέναι τίνος ἡ χάρις
9. 9. ἡ σοφία ἡ εἰδυῖα τὰ ἔργα σου
— 11. οἶδε γὰρ ἐκείνη πάντα
12. 17. ἐν τοῖς εἰδόσι [S¹ σε εἰδόσιν, A οὐκ εἰδόσιν] τὸ θράσος [S² σου τὸ κράτος]
— 27. ὃν πάλαι ἠρνοῦντο εἰδέναι [S om.] θεόν
13. 1. οὐκ ἴσχυσαν εἰδέναι τὸν ὄντα
— 9. εἰ γὰρ τοσοῦτον ἴσχυσαν εἰδέναι
— 16. εἰδὼς ὅτι ἀδυνατεῖ αὐτῷ βοηθῆσαι
15. 2. εἰδότες σου τὸ κράτος [S¹ κρίμα]
— 2. εἰδότες ὅτι σοὶ λελογίσμεθα
— 3. εἰδέναι [S² τὸ εἰ.] σου τὸ κράτος ῥίζα ἀθανασίας
— 13. οὗτος γὰρ . . . οἶδεν ὅτι ἁμαρτάνει
16. 16. ἀρνούμενοι γάρ σε εἰδέναι ἀσεβεῖς
— 18. A B εἰδῶσιν [S R ἴδ.] ὅτι . . . ἐλαύνονται
18. 6. εἰδότες οἷς ἐπίστευσαν ὅρκοις
Si. 9. 11. οὐ γὰρ οἶδας τί [A S¹ τίς] ἔσται ἡ καταστρ.
11. 19. οὐκ οἶδε τίς καιρὸς παρελεύσεται
20. 6. ἔστι σιωπῶν εἰδὼς καιρόν
21. 7. ὁ δὲ νοήμων οἶδεν
31 (34). 10. ὃς οὐκ ἐπειράθη ὀλίγα οἶδεν
48. 11. S μακάριοι οἱ εἰδότες [A B ἰδόντες] σε
Am. 5. 16. καὶ εἰς εἰδότας [A ἰδόντας] θρῆνον (4 a)
Jl. 2. 14. τίς οἶδεν εἰ ἐπιστρέψει (4 a)
Jn. 3. 9. τίς οἶδεν εἰ μετανοήσει ὁ θεός (4 a)
Hg. 2. 4 (3). A ὃς οἶδεν [B S εἶδε] τὸν οἶκον τ. (7)
Za. 4. 13. οὐκ οἶδας τί ἐστι ταῦτα (4 a)
Is. 5. 13. διὰ τὸ μὴ εἰδέναι αὐτοὺς τὸν κύριον (4 e)
— 19. A B ἵνα εἰδῶμεν [S R ἴδωμεν] (7)
6. 9. καὶ οὐ μὴ εἰδῆτε [B ἴδ.] (4 a)
26. 10. B¹S ἵνα μὴ εἰδῇ [A B²R ἴδῃ] τὴν δόξαν κυρίου (7)
— 11. ὑψηλός σου ὁ βραχίων καὶ οὐκ ᾔδεισαν (3 a)
— 13. ἐκτὸς σοῦ ἄλλον οὐκ οἴδαμεν (2)
— 41. S¹ οἱ δὲ νεκροὶ ζωὴν οὐ μὴ εἰδῶσιν [A B S³ ἴδ.] †
33. 19. οὐδὲ ᾔδει βαθύφωνον (7)
42. 16. τρίβους ἃς οὐκ ᾔδεισαν (4 a)
45. 5. καὶ οὐκ ᾔδεις [A ᾔδεισάν] με (4 a)
— 15. σὺ γὰρ εἶ θεὸς καὶ οὐκ ᾔδειμεν (6)
51. 7. ἀκούσατέ μου οἱ εἰδότες κρίσιν (4 a)
53. 3. ἄνθρωπος . . . εἰδὼς φέρειν μαλακίαν (4 a)
55. 5. ἔθνη ἃ οὐκ οἴδασί [A ᾔδεισάν] σε (4 a)
56. 11. κύνες . . . οὐκ εἰδότες πλησμονὴν καί εἰσι πονηροὶ οὐκ εἰδότες σύνεσιν (4 a, 4 a)
59. 8. ὁδὸν εἰρήνης οὐκ οἴδασι [A ἔγνωσαν] . . . οὐκ οἴδασιν εἰρήνην (4 a, 4 a)
Je. 4. 22. οἱ ἡγούμ. τοῦ λαοῦ μου ἐμὲ οὐκ ᾔδεισαν (4 a)
7. 9. ὀπίσω θεῶν ἀλλοτρίων ὧν οὐκ οἴδατε (4 a)
9. 6 (5). οὐκ ἤθελον εἰδέναι με (4 a)
10. 23. οἶδα, κύριε, ὅτι οὐχὶ τοῦ ἀνθρώπου (4 a)
— 25. ἐπὶ ἔθνη τὰ μὴ εἰδότα [A ἰδόντα] σε (4 a)
14. 18. εἰς γῆν [A ὁδὸν] ἣν οὐκ ᾔδεισαν (4 a)
Je. 15. 14. ἐν τῇ γῇ ᾗ οὐκ ᾔδεις (4 a)
16. 13. ἣν οὐκ ᾔδειτε [S¹ ἴδητε] ὑμεῖς (4 a)
19. 4. οἷς οὐκ ᾔδεισαν αὐτοί (4 a)
22. 28. εἰς γῆν ἣν οὐκ ᾔδει (4 a)
24. 7. τοῦ εἰδέναι αὐτοὺς ἐμέ (4 a)
▶ 38 (31). 34. πάντες εἰδήσουσί με (4 a)
Ba. 3. 32. ὁ εἰδὼς τὰ πάντα
Ez. 12. 3. B ὅπως εἰδῶσι [A R ἴδ.] (7)
Da. LXX. Su. 22. οἶδα ὅτι . . . θάνατός μοί ἐστι
— 33. ὅσοι αὐτὴν ᾔδεισαν πάντες
— 35. ὁ εἰδὼς τὰ πάντα
— 35. σὺ οἶδας ὅτι οὐκ ἐποίησα
— 38. αὐτοὶ οὐκ ᾔδεισαν
2. 8. οἶδα ὅτι καιρὸν ὑμεῖς ἐξαγοράζετε (4 f)
6. 5 (6). ᾔδεισαν γὰρ ὅτι Δ. προσεύχεται –
Bel 13. οὐθενὸς τῶν ἐκτὸς αὐτοῦ εἰδότος
Da. TH. Su. 42. ὁ εἰδὼς τὰ πάντα
2. 8. οἶδα ἐγὼ ὅτι . . . ἐξαγοράζετε (4 f)
— 8. A οἴδατε [B ἴδετε] ὅτι ἀπέστη . . . τὸ ῥῆμα (3 b)
— 9. οἶδα ὅτι ῥῆμα ψευδές †
— 21. καὶ φρόνησιν τοῖς εἰδόσι σύνεσιν (4 f)
10. 20. εἰ οἶδας (4 a)
I Ma. 2. 65. οἶδα ὅτι ἀνὴρ βουλῆς ἐστιν
3. 52. σὺ οἶδας ἃ λογίζονται ἐφ᾽ ἡμᾶς
4. 33. πάντες οἱ εἰδότες [A ἰδόντες] τὸ ὄνομά σου
▶ 6. 30. ἐλέφαντες . . . εἰδότες πόλεμον
▶ 11. 31. R ὅπως εἰδῆτε [A S ἴδητε]
13. 3. αὐτοὶ οἴδατε ὅσα . . . ἐποιήσαμεν
15. 12. A S ᾔδει γάρ [R εἶδε γάρ]
II Ma. 7. 22. οὐκ οἶδ᾽ ὅπως . . . ἐφάνητε
9. 24. εἰδότες οἱ κατὰ τὴν χώραν
11. 26. εἰδότες τὴν ἡμετέραν προαίρεσιν
III Ma. 3. 14. ἧς ἴστε καὶ αὐτοί
IV Ma. 5. 25. οἴδαμεν ὅτι . . . συμπαθεῖ
6. 27. σὺ οἶσθα, θεέ
7. 22. εἰδὼς ὅτι . . . μακάριόν ἐστιν
16. 23. εἰδότας εὐσέβειαν
— 25. ἔτι δὲ καὶ ταῦτα εἰδότες [A ἰδόντες]
[Aq. Ex. 10. 7: Ec. 11. 5: Je. 9. 24 (23): 11. 19: 29 (36). 11.]
[Sm. Ex. 10. 7: Dt. 7. 15: II Ki. 3. 25: Jb. 21. 27: Ps. 34 (35). 8, 15: 55 (56). 10: 68 (69). 6: 70 (71). 15: 72 (73). 22: 86 (87). 4: 89 (90). 11: 141 (142). 4: Ec. 7. 1 (6. 12): 11. 5: Ca. 6. 11 (12): Is. 53. 2: Je. 9. 24 (23): 11. 19: Ez. 20. 12.]
[Th. Jd. 18. 14: Je. 29 (36). 11: Ez. 20. 12.]
[Heb. Ge. 22. 12.]
[Al. Ps. 134 (135). 5: 139 (140). 13.]

εἰδέχθεια.

Wi. 16. 3. R διὰ τὴν εἰδέχθειαν [A B S δειχθεῖσαν] τῶν ἐπαπεσταλμένων

εἴδησις.

Si. 42. 18. ἔγνω γὰρ ὁ κ. [A S ὕψιστος] πᾶσαν εἴδησιν [S συνείδ.]

εἶδος. (1) מַרְאֶה (2) מִשְׁפָּחָה (3) מִשְׁפָּט (4) עַפְעַפַּיִם (5) עַיִן (6) εἶδος στερεώματος עֶצֶם (7) שִׁית (8) תֹּאַר (9) ἀγαθὸς τῷ εἰ. תֹּאַר (10) καλὸς τῷ εἰ. יְפֵה

Ge. 29. 17. Ῥαχὴλ δὲ ἦν καλὴ τῷ εἰ. (8)
32. 30 (31). τὸ ὄνομα τοῦ τόπου ἐκείνου, Εἶ. θεοῦ †
— 31 (32). ἡνίκα παρῆλθε τὸ Εἶ. τοῦ θεοῦ †
39. 6. καὶ ἦν Ἰωσὴφ καλὸς τῷ εἰ. (8)
41. 2. ἑπτὰ βόες καλαὶ τῷ εἰ. (1)
— 3. αἰσχραὶ τῷ εἰ. (1)
— 4. τὰς ἑπτὰ βόας τὰς καλὰς τῷ εἰ. (1)
— 18. ἑπτὰ βόες καλαὶ τῷ εἰ. (8)
— 19. πονηραὶ καὶ αἰσχραὶ τῷ εἰ. (8)
Ex. 24. 10. ὥσπερ εἶδος στερεώματος τοῦ οὐρ. (6)
— 17. τὸ δὲ εἰ. τῆς δόξης κυρίου (1)
26. 30. κατὰ τὸ εἰ. τὸ δεδειγμένον σοι ἐν τῷ ὄρει (3)
28. 29 (33). τὸ αὐτὸ εἰ. ῥοΐσκους χρυσοῦς –
Le. 13. 43. ὡς εἶδος λέπρας ἐν δέρματι τῆς σαρκός (1)
Nu. 8. 4. κατὰ τὸ εἰ. ὃ ἔδειξε κύριος τῷ Μ. (1)
9. 15. ὡς εἶδος πυρὸς ἕως πρωΐ (1)
— 16. καὶ εἶδος πυρὸς τὴν νύκτα (1)
11. 7. τὸ εἰ. αὐτοῦ εἶδος [A ὡς εἰ.] κρυστάλλου (4, 4)
12. 8. λαλήσω αὐτῷ ἐν εἴδει (1)
De. 21. 11. γυναῖκα καλὴν τῷ εἰ. (8)
Jd. 8. 18. A ὡς εἶδος μορφὴ υἱῶν βασιλέων [B al.] (8)
13. 6. εἶδος αὐτοῦ ὡς εἶδος ἀγγέλου [A al.] (1, 1)

▶ = additional entry on page xxv

I Ki. 16. 18. καὶ ἀνὴρ ἀγαθὸς τῷ εἴ. (9)
25. 3. καὶ ἀγαθὴ [A καλὴ] τῷ εἴ. σφόδρα (8)
II Ki. 11. 2. καὶ ἡ γυνὴ καλὴ τῷ εἴ. σφόδρα (1)
13. 1. ἀδελφὴ καλὴ τῷ εἴ. σφόδρα (10)
I Es. 4. 18. γυναῖκα μίαν καλὴν τῷ εἴ.
Ju. 8. 7. ἦν καλὴ τῷ εἴ.
11. 23. ἀστεία εἶ σὺ ἐν τῷ εἴ. σου
Es. 2. 2. κοράσια . . . καλὰ τῷ εἴ. [S^1 ἰδεῖν] (1)
— 3. κοράσια . . . καλὰ τῷ εἴ. (1)
— 7. ἦν τὸ κοράσιον καλὸν [S -ῇ] τῷ εἴ. (8 et 1 ?)
Jb. 33. 16. ἐν εἴδεσι φόβου τοιούτοις αὐτοὺς ἐξεφόβησεν †
41. 9 (10). οἱ δὲ ὀφθαλμοὶ αὐτοῦ εἶδος ἑωσφόρου (5)
Pr. 7. 10. εἶδος ἔχουσα πορνικόν (7)
Ca. 5. 15. εἶδος αὐτοῦ ὡς Λίβανος (1)
Wi. 15. 4. εἶδος σπιλωθὲν χρώμασι διηλλαγμένοις
— 5. ποθεῖ τε νεκρᾶς εἰκόνος εἶδος ἄπνουν [A ἄγνουν]
Si. 23. 16. δύο εἴδη πληθύνουσιν ἁμαρτίας
25. 2. τρία δὲ εἴδη ἐμίσησεν ἡ ψυχή μου
43. 1. εἶδος οὐρανοῦ [S^1 ἀνθρώπου] ἐν ὁράματι δόξης
45. 11. S^1 εἴδεσι [A B S^2 ἐν δέσει] χρυσίου ἔργῳ λιθουργοῦ
Is. 52. 14. ἀδοξήσει ἀπὸ ἀνθρώπων τὸ εἶ. σου (1)
53. 2. οὐκ ἔστιν εἶ. αὐτῷ . . . οὐκ εἶχεν εἶδος (8, 1)
— 3. τὸ εἶ. αὐτοῦ ἄτιμον †
Je. 11. 16. ἐλαίαν ὡραίαν εὔσκιον τῷ εἴ. (8)
15. 3. ἐκδικήσω ἐπ' αὐτοὺς τέσσαρα εἴδη (2)
La. 4. 8. ἐσκότασεν ὑπὲρ ἀσβόλην τὸ εἶ. αὐτῶν (8)
Ez. 1. 14. A ἀνέκαμπτον ὡς εἶδος τοῦ βεζέκ (1)
— 16. τὸ εἶ. τῶν τροχῶν ὡς εἶδος θαρσεῖς (1, 4)
— 26. ὁμοίωμα ὡς εἶδος ἀνθρώπου ἄνωθεν (1)
8. 2. A ὡς ὅρασις αὔρας ὡς εἶδος [B om. αὔ. ὡς εἴ.] ἠλέκτρου (4)
Da. LXX. Su. 7. γυναῖκα ἀστείαν τῷ εἴ.
Da. TH. Su. 31. ἡ δὲ Σ. ἦν . . . καλὴ τῷ εἴ.
[Aq. Jb. 41. 10 : Je. 11. 16.]
[Sm. Jb. 4. 16 : 41. 10 : Is. 53. 2 : La. 4. 8 : Ez. 1. 4, 14, 27, 28 : 10. 1, 10, 22.]
[Th. Jd. 8. 18 : Jb. 41. 10 : Ez. 1. 14, 16, 27 : 8. 2 : 10. 1.]
[Al. I Ki. 28. 14 : La. 4. 7.]

εἰδωλεῖον, εἰδώλιον. (1) בֵּית אוֹצַר אֱלֹהִים

I Es. 2. 10. καὶ ἀπηρείσατο αὐτὰ ἐν τῷ εἰ. αὐτοῦ
Da. LXX. 1. 2. ἀπηρείσατο αὐτὰ ἐν τῷ εἰ. αὐτοῦ (1)
Bel 9. ἤγαγον δὲ τὸν βασιλέα εἰς τὸ εἰ.
I Ma. 1. 47. S R οἰκοδομῆσαι . . . εἰδωλεῖα [A εἴδωλα]
10. 83. εἰσῆλθον εἰς B. τὸ εἰ. αὐτῶν

εἰδωλόθυτος.

IV Ma. 5. 2. κρεῶν . . . εἰδωλοθύτων ἀναγκάζειν ἀπογεύεσθαι

εἴδωλον. (1) אֵל (2) *a.* אֱלוֹהַּ *b.* אֱלָהּ (3) אֱלִיל (4) בָּמָה (5) בַּעַל (6) גִּלּוּלִים (7) הֶבֶל (8) חַמָּן (9) מִפְלֶצֶת (10) *a.* עֹצֶב *b.* עָצָב (11) *a.* פְּסִילִים *b.* פֶּסֶל (12) צֶלֶם (13) שָׂעִיר (14) שִׁקּוּץ (15) תְּרָפִים

Ge. 31. 19. ἔκλεψε δὲ 'Ρ. τὰ εἴ. τοῦ πατρὸς αὐ. (15)
— 34. 'Ραχὴλ δὲ ἔλαβε τὰ εἴ. (15)
— 35. καὶ οὐχ εὗρε τὰ εἴ. (15)
Ex. 20. 4. οὐ ποιήσεις σεαυτῷ εἴδωλον (11 *b*)
Le. 19. 4. οὐκ ἐπακολουθήσετε εἰδώλοις (3)
26. 30. ἐπὶ τὰ κῶλα τῶν εἰ. ὑμῶν (6)
Nu. 25. 2. A R εἰς τὰς θυσίας [B ἐπὶ ταῖς θ.] τῶν εἰ. αὐτῶν (2 *a*)
— 2. καὶ προσεκύνησαν τοῖς εἰ. αὐτῶν (2 *a*)
33. 52. καὶ πάντα τὰ εἴ. . . . ἀπολεῖτε αὐτά (12)
De. 5. 8. οὐ ποιήσεις σεαυτῷ εἴδωλον [A γλυπτόν] (11 *b*)
29. 17 (16). τὰ βδελύγματα αὐ. καὶ τὰ εἰ. αὐ. (6)
32. 21. παρώξυνάν [A -ώργισάν] με ἐν τοῖς εἰ. αὐτῶν (7)
I Ki. 17. 43. A κατηράσατο ὁ ἀλλόφυλος τὸν Δ. ἐν τοῖς εἰ. [B θεοῖς] (2 *a*)
31. 9. εὐαγγελίζοντες τοῖς εἰ. αὐτῶν (10 *b*)
III Ki. 11. 2. μὴ ἐκκλίνωσι . . . ὀπίσω εἰδώλων αὐτῶν (2 *a*)
— 5. A ὀπίσω . . . εἰδώλου υἱῶν 'A. (14)
— 7. ὑψηλὸν τῷ X. εἰ. Μωάβ (14)
— 5 (7). τῷ βασιλεῖ αὐτῶν [A Μελχὸ] εἰ. υἱῶν 'A. (14)

III Ki. 11. 8. καὶ ἔθυον τοῖς εἰ. αὐτῶν (2 *a*)
— 33. A R καὶ τοῖς [B ἐν τοῖς] εἰ. M. (2 *a*)
IV Ki. 17. 12. καὶ ἐλάτρευσαν τοῖς εἰ. (6)
21. 11. καὶ ἐξήμαρτε . . . ἐν τοῖς εἰ. αὐτῶν (6)
— 21. καὶ ἐλάτρευσε τοῖς εἰ. (6)
23. 24. καὶ τὰ εἴ. καὶ πάντα τὰ προσοχθίσματα (6)
I Ch. 10. 9. τοῦ εὐαγγελίσασθαι τοῖς εἰ. αὐτῶν [S -οις] (10 *b*)
16. 26. πάντες οἱ θεοὶ τῶν ἐθνῶν εἴδωλα (3)
II Ch. 11. 15. ἱερεῖς τῶν ὑψηλῶν καὶ τοῖς εἰ. (13 ?)
14. 5 (4). καὶ ἀπέστησεν . . . τὰ εἴ. (8)
15. 16. καὶ κατέκοψε τὸ εἴ. (9)
17. 3. οὐκ ἐξεζήτησε τὰ εἴ. (5)
23. 17. καὶ τὰ εἴ. αὐτοῦ ἐλέπτυναν (12)
24. 18. καὶ ἐδούλευον . . . τοῖς εἰ. (10 *b*)
28. 3 (2). A R καὶ [B ἐν] τοῖς εἰ. αὐτῶν (5)
33. 22. καὶ πᾶσι τοῖς εἰ. . . . ἔθυεν 'A. (11 *a*)
34. 7. καὶ τὰ εἴ. κατέκοψε λεπτά (11 *a*)
35. 19. καὶ τὰ θ. καὶ τὰ εἴ. –
To. 14. 6. κατορύξουσι τὰ εἴ.
Es. 4. 17. A S^2 R ἔθηκαν τὰς χεῖρας αὐτῶν ἐπὶ τὰς χεῖρας τῶν εἰ. αὐτῶν [B S^1 *al.*]
Ps. 96 (97). 7. οἱ ἐγκαυχώμενοι ἐν τοῖς εἰ. αὐ. (3)
113. 12 (115. 4) : 134 (135). 15. τὰ εἴ. τῶν ἐθνῶν ἀργύριον καὶ χρυσίον (10 *b*)
151. 6. ἐπικατηράσατό με ἐν τοῖς εἰ. αὐτοῦ
Wi. 14. 11. ἐν εἰδώλοις ἐθνῶν ἐπισκοπὴ ἔσται
— 12. ἀρχὴ γὰρ πορνείας ἐπίνοια εἰδώλων
— 27. ἡ γὰρ τῶν ἀνωνύμων εἰδ. θρησκεία παντὸς ἀρχὴ κακοῦ
— 29. ἀψύχοις γὰρ πεποιθότες εἰδώλοις
— 30. κακῶς ἐφρόνησαν περὶ θεοῦ προσχόντες εἰδώλοις
15. 15. πάντα τὰ εἴ. τῶν ἐθνῶν ἐλογίσαντο θεούς
Si. 30. 19. τί συμφέρει κάρπωσις εἰδώλῳ
Ho. 4. 17. μέτοχος εἰδώλων 'E. (10 *b*)
8. 4. τὸ χρυσίον αὐτῶν ἐποίησαν ἑαυτοῖς εἴδωλα (10 *b*)
13. 2. χώνευμα . . . κατ' εἰκόνα εἰδώλων (10 *b*)
14. 9. τί αὐτῷ ἔτι καὶ εἰδώλοις (10 *b*)
Mi. 1. 7. πάντα τὰ εἴ. αὐτῆς θήσομαι εἰς ἀφανισμόν (10 *b*)
Hb. 2. 18. τοῦ ποιῆσαι εἴ. κωφά (3)
Ze. 1. 5. S τοὺς προσκυνοῦντας ἐπὶ τὰ εἴ. [A B δώματα] †
Za. 13. 2. ἐξολεθρεύσω τὰ ὀνόματα τῶν εἰ. (10 *b*)
Is. 1. 29. αἰσχυνθήσονται [A καταισ.] ἀπὸ τῶν εἰ. [A S^1 ἐπὶ τοῖς εἰ.] †
10. 11. ποιήσω . . . τοῖς εἰ. αὐτῆς (10 *b*)
27. 9. τὰ εἴ. αὐτῶν ἐκκεκομμένα (8 ?)
30. 22. μιανεῖς [A ἐξαρεῖς] τὰ εἴ. τὰ περιηργυρωμένα (11 *a*)
37. 19. ἐνέβαλον τὰ εἴ. αὐτῶν εἰς τὸ πῦρ (2 *a*)
41. 28. ἀπὸ τῶν εἰδώλων αὐτῶν οὐκ ἦν ὁ ἀναγγέλλων †
48. 5. τὰ εἴ. μοι ἐποίησε [A S -σαν] (10 *a*)
57. 5. οἱ παρακαλοῦντες τὰ [S ἐπὶ τά, R *om.*] εἴδωλα (1)
Je. 9. 14 (13). ὀπίσω τῶν εἰ. ἃ ἐδίδαξαν αὐτούς (5)
14. 22. μὴ ἔστιν ἐν εἰδώλοις τῶν ἐθνῶν ὑετίζων (7)
16. 19. ὡς ψευδῆ ἐκτήσαντο οἱ πατέρες ἡμῶν εἴδωλα (7)
Ep. Je. 73. ἄνθρωπος δίκαιος οὐκ ἔχων εἴδωλα
Ez. 6. 4. καταβαλῶ τραυματίας ὑμῶν ἐνώπιον τῶν εἰ. ὑμῶν (6)
— 5. A κατὰ πρόσωπον τῶν εἰ. αὐτῶν (6)
— 6. συντριβήσονται τὰ εἴ. ὑμῶν (6)
— 13. ἐν τῷ εἶναι τοὺς τραυματίας ὑμῶν ἐν μέσῳ τῶν εἰ. ὑμῶν . . . ἔδωκαν ἐκεῖ ὀσμὴν εὐωδίας πᾶσι τοῖς εἰ. αὐτῶν (6, 6)
8. 10. πάντα τὰ εἴ. οἴκου 'Ισραὴλ διαγεγραμμένα (6)
16. 16. ἐποίησας σεαυτῇ εἴδωλα ῥαπτά (4)
18. 12. εἰς τὰ εἴ. ἔθετο τοὺς ὀφθαλμοὺς αὐτοῦ (6)
23. 39. ἐν τῷ σφάζειν αὐτοὺς τὰ τέκνα αὐτῶν τοῖς εἰ. αὐτῶν (6)
33. 25. A ὀφθαλμοὺς ὑμῶν λήψεσθε πρὸς εἴδωλα ὑμῶν (6)
36. 17. ἐμίαναν αὐτὴν . . . ἐν τοῖς εἰ. αὐτῶν –
— 18. A ἐν τοῖς εἰ. αὐτῶν ἐμίαναν αὐτήν (6)
— 25. καθαρισθήσεσθε . . . ἀπὸ πάντων τῶν εἰ. ὑμῶν (6)
37. 23. ἵνα μὴ μιαίνωνται ἔτι ἐν τοῖς εἰ. αὐτῶν (6)
44. 12. ἐλειτούργουν αὐτοῖς πρὸ προσώπου τῶν εἰ. αὐτῶν (6)
Da. LXX. 3. 12. τῷ εἰ. σου οὐκ ἐλάτρευσαν (2 *b*)

Da. LXX. 3. 18. οὔτε τῷ εἰ. σου λατρεύομεν (2 *b*)
5. 4. καὶ ηὐλόγουν τὰ εἴ. τὰ χειροποίητα αὐτῶν (2 *b*)
— 23. ᾐνέσατε πάντα τὰ εἴ. (2 *b*)
6. 27 (28). τὰ γὰρ εἴ. τὰ χειροποίητα οὐ δύναται σῶσαι –
Bel 2. ἦν εἴδωλον Βήλ
Da. TH. Bel 3. ἦν εἴδωλον τοῖς Βαβυλωνίοις
— 5. οὐ σέβομαι εἴ. χειροποίητα
I Ma. 1. 43. ἔθυσαν τοῖς εἰ.
— 46. A οἰκοδομῆσαι . . . εἴδωλα [S R εἰδωλεῖα]
3. 48. ἐξηρεύνων τὰ ἔθνη τὰ ὁμοιώματα τῶν εἰ. αὐτῶν
13. 47. ἐν αἷς ἦν τὰ εἴ.
II Ma. 12. 40. ἱερώματα τῶν ἀπὸ 'Ι. εἰ.
III Ma. 4. 16. συμπόσια ἐπὶ πάντων τῶν εἰ. συνιστάμενος
[Aq. Dt. 4. 16 : Is. 1. 29 : Je. 50 (27). 38 : Ez. 8. 3, 5 : 14. 3 : 18. 6 : 20. 7, 16, 39 : 23. 14, 30, 37 : 36. 18.]
[Sm. Jd. 17. 5 : I Ki. 15. 23 : 19. 13, 16 : Is. 1. 29 : 8. 21 : 31. 7 : 46. 1 : Ez. 14. 3 : 18. 6 : 20. 7, 39 : 21. 21 (26) : 23. 30, 37 : 30. 13 : Ho. 4. 17.]
[Th. Ps. 15 (16). 4 : 126 (127). 2 : Is. 1. 29 : 10. 10 : 31. 7 *bis* : Je. 50 (27). 2 : Ez. 6. 5 : 8. 3 : 14. 3 : 18. 6 : 20. 7, 16 : 23. 30, 37 : 30. 13 : 33. 25 : 36. 18 : Am. 5. 26 *ter*.]
[Quint. Ps. 126 (127). 2 : Ho. 4. 17.]

εἰδωλοποιΐα.

[Quint. Ho. 6. 9.]

εἴθε.

Jb. 9. 33†.
[Sm. Jb. 6. 2 : 16. 4.]
[Al. Jb. 11. 5.]

εἰκάζειν. (1) חָקַר ni.

Wi. 8. 8. οἶδε τὰ ἀρχαῖα καὶ τὰ μέλλοντα εἰκάζειν [A S^2 -ζει]
9. 16. μόλις εἰκάζομεν τὰ ἐπὶ γῆς
19. 18. ὅπερ ἐστὶν εἰκάσαι ἐκ τῆς τῶν γεγονότων ὄψεως
Je. 26 (46). 23. ὅτι οὐ μὴ εἰκασθῇ (1)
[Sm. Ps. 47 (48). 10 : Pr. 23. 7.]

εἰκαῖος.

[Sm. II Ki. 6. 20.]

εἰκαιότης.

[Aq. Pr. 30. 8.]

εἰκάς. (1) עֶשְׂרִים

Ge. 7. 11 ; 8. 3 (4). ἑβδόμῃ καὶ εἰκάδι τοῦ μηνός †
8. 14. ἑβδόμῃ καὶ εἰκάδι τοῦ μηνός (1)
Ex. 12. 18. ἕως ἡμέρας μιᾶς καὶ εἰκάδος τοῦ μηνός (1)
Nu. 10. 11. εἰκάδι τοῦ μηνός (1)
IV Ki. 25. 27. ἑβδόμῃ καὶ εἰκάδι τοῦ μηνός (1)
II Ch. 7. 10. A ἐν τῇ τρίτῃ καὶ εἰ. [B εἰκοστῇ] τοῦ μηνὸς τοῦ ἑβδόμου (1)
I Es. 7. 5. ἕως τρίτης καὶ εἰ. μηνὸς 'Αδάρ
9. 5. τῇ εἰ. τοῦ μηνός
II Es. 10. 9. ἐν εἰκάδι τοῦ μηνός (1)
Ne. 6. 15. πέμπτῃ καὶ εἰκάδι τοῦ 'E. (1)
9. 1. S ἐν ἡμέρᾳ τετάρτῃ καὶ εἰκάδι [A B εἰκοστῇ καὶ τ.] (1)
Ju. 2. 1. δευτέρᾳ καὶ εἰκάδι τοῦ πρώτου μηνός
Es. 8. 9. τρίτῃ καὶ εἰκάδι τοῦ αὐτοῦ [S^1 δευτέρου] ἔτους [A μηνός] (1)
Hg. 2. 1 (1. 15). τῇ τετράδι καὶ εἰ. τοῦ μηνὸς τοῦ ἕκτου (1)
— 2 (1). μιᾷ καὶ εἰκάδι τοῦ μηνός (1)
— 11 (10). τετράδι καὶ εἰκάδι τοῦ ἐνάτου μηνός [A μηνὶ τῷ ἐνάτῳ] (1)
— 19 (18). ἀπὸ τῆς τετράδος καὶ εἰ. τοῦ ἐνάτου μηνός (1)
— 21 (20). τετράδι καὶ εἰκάδι τοῦ μηνός (1)
Za. 1. 7. τῇ τετράδι καὶ εἰ. (1)
7. 1. A τῇ τετράδι καὶ εἰ. [B S τετρ.] τοῦ μηνὸς τοῦ ἐνάτου –
Je. 52. 31. ἐν τῇ τετράδι καὶ εἰ. τοῦ μηνός (1)
Da. LXX. 10. 4. τῇ ἡμέρᾳ τῇ τετάρτῃ καὶ εἰ. (1)
I Ma. 1. 59. S^2 R τῇ [A S^1 *om.*] πέμπτῃ καὶ εἰ. τοῦ μηνός
4. 52. A R τῇ πέμπτῃ καὶ εἰ. τοῦ μηνὸς τοῦ ἐνάτου [S *om.* τοῦ ἐ.]
— 59. ἀπὸ τῆς πέμπτης καὶ εἰ. τοῦ μηνὸς Χασ.

I Ma. 13. 51. τῇ τρίτῃ καὶ εἰ. τοῦ δευτέρου μηνός
II Ma. 1. 18. ἐν τῷ Χασελεῦ πέμπτῃ καὶ εἰκάδι
10. 5. τῇ πέμπτῃ καὶ εἰ. τοῦ αὐτοῦ μηνός
11. 21. A Διοσκορινθίου τετράδι καὶ εἰ. [R Δ. εἰκοστῇ τετάρτῃ]
III Ma. 6. 38. ἀπὸ πέμπτης καὶ εἰ. τοῦ Παχών

εἰκασμός.

[**Aq.** Ge. 26. 12.]

εἴκειν (*videri*).

Jb. 6. 3. ὡς ἔοικε τὰ ῥήματά μου ἐστὶ φαῦλα –
— 25. ὡς ἔοικε φαῦλα ἀληθινοῦ ῥήματα –

εἴκειν (*cedere*). (1) עָנָה

III Ki. 12. 7. A καὶ εἴξεις αὐτοῖς (1)
Wi. 18. 25. τούτοις εἶξεν ὁ ὀλεθρεύων
IV Ma. 1. 6. ὥστε αὐτοῖς μὴ εἶξαι
[**Aq.**, **Sm.** III Ki. 12. 7.]

εἰκῇ.

Pr. 28. 25. ἄπιστος [A ἄπληστος] ἀνὴρ κρινεῖ εἰκῇ †
[**Aq.** Ex. 20. 7 (εἰς εἰκῇ): Dt. 5. 11 (εἰς εἰκῇ): Ps. 40 (41). 7: 126 (127). 2: 138 (139). 20 (εἰς εἰκῇ): Is. 59. 4: Je. 6. 29: Ez. 12. 24: Jn. 2. 9.]
[**Sm.** Ps. 24 (25). 3: 30 (31). 7: Je. 6. 29: Ez. 6. 10.]

εἰκοσαετής. (1) בֶּן עֶשְׂרִים שָׁנָה

Ex. 30. 14: 39. 3 (38. 26). ἀπὸ εἰκοσαετοῦς καὶ ἐπάνω (1)
Le. 27. 3. ἀπὸ εἰκοσαετοῦς ἕως ἑξηκονταετοῦς (1)
Nu. 1. 3, 18, 20, 22, 26, 28, 30, 32, 34, 36, 24, 38, 40, 42, 45. ἀπὸ εἰκοσαετοῦς καὶ ἐπάνω (1)
4. 3. A ἀπὸ εἰκοσαετοῦς [B εἴκοσι καὶ πέντε ἐτῶν] †
— 23, 30, 35, 39, 43, 47. ἀπὸ πέντε καὶ εἰκοσαετοῦς καὶ ἐπάνω †
8. 24. ἀπὸ πέντε καὶ εἰκοσαετοῦς καὶ ἐπάνω (1)
14. 29: 26. 2, 4: 32. 11: I Ch. 23. 24, 27. ἀπὸ εἰκοσαετοῦς καὶ ἐπάνω (1)
I Ch. 27. 23. ἀπὸ εἰκοσαετοῦς καὶ κάτω (1)
II Ch. 25. 5: 31. 17. ἀπὸ εἰκοσαετοῦς καὶ ἐπάνω (1)
I Es. 5. 58. τοὺς Λευίτας ἀπὸ εἰκοσαετοῦς
II Es. 3. 8. ἀπὸ εἰκοσαετοῦς καὶ ἐπάνω (1)

εἴκοσι.

Ge. 6. 3: 11. 25: 18. 31 *bis*: 23. 1: 31. 38, 41: 32. 14 (15) *bis*, 15 (16): 37. 28.
Ex. 26. 2, 18, 19, 20: 27. 10 *bis*, 11, 11†, 16: 30. 13: 37. 2 (36. 9), 8 (38. 10) *bis*, 9 (38. 11) *bis*, 16 (38. 18): 39. 1 (38. 24) *bis*.
Le. 27. 5†, 5, 25.
Nu. 3. 39, 43, 47: 4. 3†: 7. 86, 88: 11. 19: 18. 16: 25. 9: 26. 14, 62: 33. 39.
De. 31. 2: 34. 7.
Jo. 12. 24: 15. 32: 19. 30†.
Jd. 4. 3: 7. 3: 8. 10: 10. 2, 3: 11. 33: 15. 20: 16. 31: 20. 15, 21, 35, 46.
I Ki. 4. 18: 7. 2: 14. 14.
II Ki. 3. 20: 8. 4, 5: 9. 10: 10. 6: 18. 7: 19. 17 (18)†: 21. 20: 24. 8.
III Ki. 3. 1 (4. 23)†: 4. 23 (5. 3): 5. 11 *bis*: 6. 2 *bis*, 3, 16, 20, 20†, 20: 8. 1†, 63, 63†: 9. 10, 11, 14, 28: 10. 10: 12. 21†: 14. 20†: 15. 33: 16. 28 (22. 42), 29: 21 (20). 30: 22. 42.
IV Ki. 4. 42: 8. 26: 10. 36: 14. 2 *bis*: 15. 27, 33: 16. 2: 18. 2 *bis*: 21. 19: 23. 31, 36: 24. 18.
I Ch. 2. 22: 7. 2, 7, 9, 40: 12. 28†, 30, 35, 37: 15. 5†, 6†: 18. 4, 4†, 5: 20. 6: 23. 4: 27. 1, 2, 4, 5, 7, 8, 9, 10, 11, 12, 13, 14, 15.
II Ch. 2. 10 (9) *bis*, 10 (9)†, 10 (9): 3. 3, 4, 4†, 8 *bis*, 11, 13: 4. 1, 1†: 5. 12: 7. 5, 5†: 8. 1: 9. 9: 11. 21: 13. 21: 20. 31: 22. 2: 25. 1 *bis*: 27. 1, 8†: 28. 1, 6: 29. 1 *bis*: 33. 21: 36. 2, 5, 11.
I Es. 1. 34, 39, 46: 2. 13: 3. 2: 4. 51: 5. 13†, 13, 16, 17, 19, 20 *bis*, 21, 22, 27†, 43: 8. 37, 48, 49, 57.
II Es. 1. 9: 2. 11, 12, 17, 19, 21, 23, 26, 27, 28, 32, 33, 41†, 67: 8. 11†, 19, 20, 27.
Ne. 7. 16, 17, 22, 23, 24†, 26†, 27†, 29†, 30, 31, 32, 35, 37, 69†: 11. 8, 12†, 14.
To. 5. 3†: 14. 14†.
Ju. 1. 16: 2. 5.
Es. 1. 1: 3. 12, 13: 8. 9, 13.
Hg. 2. 17 (16) *bis*.
Za. 5. 2.
Je. 25. 3.
Ez. 4. 10: 8. 16: 11. 1: 40. 13, 14, 21, 25, 27†, 30, 30†, 33, 36, 49: 41. 2, 4, 10: 45. 1 *bis*, 3 *bis*, 5 *bis*, 6, 12: 48. 8, 9 *bis*, 10 *bis*, 13 *ter*, 15, 20 *bis*, 21 *bis*.
Da. LXX. 6. 1 (2), 3 (4): 10. 13.
Da. TH. 6. 1 (2): 10. 13.
I Ma. 6. 30: 8. 6, 15: 9. 4: 16. 4.
II Ma. 10. 35†: 13. 2.
[**Aq.** Nu. 3. 47: III Ki. 5. 11 (25): 6. 20 *ter*: 14. 20: Je. 52. 1.]
[**Sm.** Nu. 3. 47: III Ki. 5. 11 (25) *bis*: 6. 20 *ter*: 9. 10: Je. 52. 1: Ez. 45. 5.]
[**Th.** Nu. 3. 47: III Ki. 6. 20 *ter*: Je. 52. 1, 28.]
[**Heb.** III Ki. 9. 10: IV Ki. 4. 42.]
[**Quint.** IV Ki. 4. 42.]

εἰκοστός. (1) עֶשְׂרִים

Le. 27. 5. A ἕως εἰ. ἔτους [B εἴκοσι ἐτῶν] (1)
III Ki. 15. 8. B ἐν τῷ εἰ. καὶ τετάρτῳ ἔτει –
— 9. B ἐν τῷ ἐνιαυτῷ τετάρτῳ καὶ εἰ. [A ἐν ἔτει εἰκοστοῦ ?] (1)
16. 6. A B ἐν τῷ εἰ. ἔτει βασιλέως Ἀ. –
— 8. A ἐν ἔτει εἰ. καὶ ἕκτῳ (1)
— 10 (A), 15 (A). ἐν ἔτει εἰ. καὶ ἑβδόμῳ (1)
IV Ki. 12. 6 (7). ἐν τῷ εἰ. καὶ τρίτῳ ἔτει (1)
13. 1. ἐν ἔτει εἰ. καὶ τρίτῳ ἔτει (1)
15. 1. ἐν ἔτει εἰ. καὶ ἑβδόμῳ [A ἑ. ἔτει] (1)
— 30. ἐν ἔτει εἰ. Ἰ. (1)
I Ch. 24. 16. ὁ εἰ. (1)
— 17. ὁ εἷς καὶ εἰ. (1)
— 17. ὁ δεύτερος καὶ εἰ. (1)
— 18. ὁ τρίτος καὶ εἰ. (1)
— 18. A R ὁ τέταρτος καὶ εἰ. (1)
25. 27. ὁ εἰ. Ἐ. (1)
— 28. ὁ εἰ. πρῶτος Ὠ. (1)
— 29. ὁ εἰ. δεύτερος Γ. (1)
— 30. A B ὁ τρίτος καὶ εἰ. [R εἰ. τρ.] M. (1)
— 31. A B ὁ τέταρτος καὶ εἰ. [R εἰ. τ.] Ῥ. (1)
II Ch. 7. 10. ἐν τῇ τρίτῃ καὶ εἰ. [A εἰκάδι] τοῦ μηνὸς τοῦ ἑβδ. (1)
Ne. 1. 1. ἐν μηνὶ X. ἔτους εἰ. (1)
2. 1. ἐν μηνὶ N. ἔτους εἰ. (1)
5. 14. ἀπὸ ἔτους εἰ. (1)
9. 1. ἐν ἡμέρᾳ εἰ. καὶ τετάρτῃ [S τ. καὶ εἰκάδι] (1)
Je. 52. 1. ὄντος εἰκοστοῦ καὶ ἑνὸς [A δευτέρου κ. εἰ.] ἔτους (1)
Ez. 29. 17. ἐγένετο ἐν τῷ ἑβδόμῳ καὶ εἰ. ἔτει (1)
40. 1. ἐγένετο ἐν τῷ πεμπτῷ καὶ εἰκοστῷ ἔτει (1)
Da. TH. 10. 4. ἐν ἡμέρᾳ εἰ. καὶ τετάρτῃ (1)
II Ma. 10. 35. A τῆς πέμπτης ἡμέρας καὶ εἰ. [R ἡ. εἴκοσι] νεανίαι
11. 21. Διοσκορινθίου εἰ. τετάρτῃ [A τετράδι καὶ εἰκάδι]
[**Aq.**, **Sm.** III Ki. 16. 8, 10, 15.]
[**Th.** III Ki. 16. 8, 10, 15: Je. 52. 30.]

εἰκότως.

IV Ma. 9. 2. αἰσχυνόμεθα γὰρ τοὺς προγόνους εἰ.

εἰκών. (1) דְּמוּת (2) סֵמֶל, סֶמֶל (3) פֶּסֶל (4) *a.* צֶלֶם *b.* צְלֵם (5) תְּבוּנָה

Ge. 1. 26. ποιήσωμεν ἄνθρωπον κατ' εἰ. ἡμετέραν (4 *a*)
— 27. κατ' εἰκόνα θεοῦ ἐποίησεν αὐτόν (4 *a*)
5. 1. κατ' εἰκόνα θεοῦ ἐποίησεν αὐτόν (1)
— 3. ἐγέννησε . . . κατὰ τὴν εἰ. αὐ. (4 *a*)
9. 6. ὅτι ἐν εἰκόνι θεοῦ ἐποίησα τὸν ἄνθρ. (4 *a*)
De. 4. 16. γλυπτὸν ὁμοίωμα πᾶσαν εἰ. (2)
I Ki. 6. 11. A καὶ τὰς εἰ. τῶν ἑδρῶν αὐτῶν (4 *a*)
IV Ki. 11. 18. τὰς εἰ. αὐτοῦ συνέτριψαν ἀγαθῶς (4 *a*)
II Ch. 33. 7. εἰκόνα ἣν ἐποίησεν (2)
Ps. 38 (39). 6. ἐν εἰκόνι διαπορεύεται ἄνθρωπος (4 *a*)
72 (73). 20. τὴν εἰκόνα αὐ. ἐξουδενώσεις (4 *a*)
Wi. 2. 23. εἰκόνα τῆς ἰδίας ἰδιότητος ἐποίησεν αὐτόν
7. 26. εἰκὼν τῆς ἀγαθότητος αὐτοῦ
13. 13. ἀπείκασεν αὐτὸ εἰκόνι ἀνθρώπου
— 16. ἔστιν εἰκὼν καὶ χρείαν ἔχει βοηθείας
14. 15. εἰκόνα ποιήσας τὸν τότε νεκρὸν ἄνθρ.
— 17. ἐμφανῆ εἰκόνα τοῦ τιμωμένου βασιλέως ἐποίησαν
15. 5. ποθεῖ τε νεκρᾶς εἰκόνος εἶδος ἄπνουν [A ἄγνουν]
17. 21. εἰκὼν τοῦ μέλλοντος αὐτοὺς διαδέχεσθαι σκότους
Si. 17. 3. κατ' εἰκόνα αὐτοῦ ἐποίησεν αὐτούς
Ho. 13. 2. κατ' εἰκόνα εἰδώλων ἔργα τεκτόνων (5 ?)
Is. 40. 19. μὴ εἰκόνα ἐποίησε τέκτων (3)
— 20. πῶς στήσει αὐτοῦ εἰκόνα (3)
Ez. 7. 20. εἰκόνας τῶν βδελυγμάτων αὐτῶν ἐποίησαν ἐξ αὐτῶν (4 *a*)
8. 5. A ἡ εἰ. τοῦ ζήλους τούτου (2)
16. 17. ἐποίησας σεαυτῇ εἰκόνας ἀρσενικάς (4 *a*)
23. 14. εἶδεν ἄνδρας . . . εἰκόνας Χαλδ. ἐζωγραφημένους [A -νας] (4 *a*)
Da. LXX. 2. 31. καὶ ἰδοὺ εἰ. μία (4 *b*)
— 31. καὶ ἦν ἡ εἰ. ἐκείνη μεγάλη σφόδρα (4 *b*)
— 31. καὶ ἡ πρόσοψις τῆς εἰ. φοβερά †
— 34. καὶ ἐπάταξε τὴν εἰ. (4 *b*)
— 35. ὁ λίθος ὁ πατάξας τὴν εἰ. (4 *b*)
3. 1. ἐποίησεν εἰ. χρυσῆν (4 *b*)
— 2. ἐλθεῖν εἰς τὸν ἐγκαινισμὸν τῆς εἰ. τῆς χρυσῆς (4 *b*)
— 3. τοῦ ἐλθεῖν εἰς τὸν ἐγκαινισμὸν τῆς εἰ. (4 *b*)
— 3. καὶ ἔστησαν . . . κατέναντι τῆς εἰ. (4 *b*)
— 5. πεσόντες προσκυνήσατε τῇ εἰ. τῇ χρυσῇ (4 *b*)
— 7. προσεκύνησαν τῇ εἰ. τῇ χρυσῇ (4 *b*)
— 10. ἵνα . . . πεσὼν προσκυνήσῃ τῇ εἰ. τῇ χρυσῇ (4 *b*)
— 12. τῇ εἰ. σου τῇ χρυσῇ . . . οὐ προσεκύνησαν (4 *b*)
— 14. καὶ τῇ εἰ. τῇ χρυσῇ . . . οὐ προσκυνεῖτε (4 *b*)
— 15. προσκυνῆσαι τῇ εἰ. τῇ χρυσῇ (4 *b*)
— 18. οὔτε τῇ εἰ. σου τῇ χρυσῇ . . . οὐ προσκυνοῦμεν (4 *b*)
Da. TH. 2. 31. ἰδοὺ εἰ. μία μεγάλη ἡ εἰ. ἐκείνη (4 *b*, 4 *b*)
— 32. εἰκὼν [A ἡ εἰ.] ἧς ἡ κεφαλὴ χρυσίου (4 *b*)
— 34. ἐπάταξε τὴν εἰ. (4 *b*)
— 35. ὁ λίθος ὁ πατάξας τὴν εἰ. (4 *b*)
3. 1. ἐποίησεν εἰ. χρυσῆν (4 *b*)
— 2. ἐλθεῖν εἰς τὰ ἐγκαίνια [A τὸν ἐγκαινισμὸν] τῆς εἰ. (4 *b*)
— 3. συνήχθησαν . . . εἰς τὸν ἐγκαινισμὸν τῆς εἰ. (4 *b*)
— 4. καὶ εἱστήκεισαν ἐνώπιον τῆς εἰ. (4 *b*)
— 5. προσκυνεῖτε τῇ εἰ. τῇ χρυσῇ [A[1] *om.* τῇ χρ.] (4 *b*)
— 7. προσεκύνουν τῇ εἰ. τῇ χρυσῇ (4 *b*)
— 11. καὶ μὴ πεσὼν προσκυνήσῃ τῇ εἰ. τῇ χρυσῇ –
— 12. τῇ εἰ. τῇ χρυσῇ . . . οὐ προσκυνοῦσι (4 *b*)
— 14. καὶ τῇ εἰ. τῇ χρυσῇ . . . οὐ προσκυνεῖτε (4 *b*)
— 15. πεσόντες προσκυνήσητε [A -νεῖτε] τῇ εἰ. (4 *b*)
— 18. τῇ εἰ. . . . οὐ προσκυνοῦμεν (4 *b*)
[**Aq.** Ge. 1. 26, 27 *bis*.]
[**Sm.** Ge. 1. 26, 27.]
[**Th.** Ge. 1. 26, 27 *bis*: Ez. 8. 3: Da. 2. 31 *bis*: 3. 3, 14.]
[**Al.** Am. 5. 26.]

εἰλεῖν. (1) אֵזוֹר (2) גָּלַם (3) לוּט (4) שִׂים

I Ki. 21. 9 (10). A καὶ αὕτη εἰλημένη [? αὐτὴ εἰλημμ., B ἐνειλ.] ἐν τῷ ἱματίῳ (3)
IV Ki. 2. 8. καὶ εἴλησε καὶ ἐπάταξε τὸ ὕδωρ (2)
Jb. 40. 21 (26). A καὶ εἰλήσεις κλοιόν [B S *al.*] (4)
Is. 11. 5. ἀληθείᾳ εἰλημένος [A εἰλημμένος] τὰς πλευράς (1)

εἴλη.

II Ma. 5. 3. A καὶ εἴλας [R ἴ.] ἵππων διατεταγμένας

εἴλημα.

[**Aq.** Ps. 39 (40). 8: Ez. 27. 24.]
[**Sm.** Ca. 7. 5 (6): Ez. 27. 24.]

εἰλητός.

[**Sm.** Ez. 2. 9.]

εἰλικρίνεια.

Wi. 7. 25. A τῆς τοῦ παντοκρ. δόξης εἰλικρινείας [B S *al.*]

εἰλικρινής.

Wi. 7. 25. ἀπόρροια τῆς τοῦ παντοκράτορος δόξης εἰλικρινής [A -νείας]

εἰλικτός. (1) לוּל

III Ki. 6. 8. A εἰλ. [B ἑλ.] ἀνάβασις εἰς τὸ μέσον (1)

εἰλίνδησις.

[**Aq.** Ps. 54 (55). 6.]

εἰ μή, *vid. sub* **εἰ.**

εἶν (ἶν). (1) הִין

Ex. 29. 40. τῷ τετάρτῳ [A τοῦ τετάρτου] τοῦ εἶν (1)
— 40. τὸ τέταρτον τοῦ εἶν οἴνου (1)
30. 24. ἔλαιον ἐξ ἐλαιῶν εἶν (1)
Le. 23. 13. τὸ τέταρτον τοῦ ἶν οἴνου (1)
Nu. 15. 4. **A R** ἐν τετάρτῳ τοῦ ἶν [B εἶν] (1)
— 5. **A R** τὸ τέταρτον τοῦ ἶν [B εἶν] (1)
— 6, 7. **A R** τὸ τρίτον τοῦ ἶν [B εἶν] (1)
— 9. **A R** ἥμισυ τοῦ ἶν [B εἶν] (1)
— 10. **A B^2 R** τὸ ἥμισυ τοῦ ἶν [B^2 εἶν] (1)
28. 5. **A R** ἐν τετάρτῳ τοῦ ἶν [B εἶν] (1)
— 7. **A R** τὸ τέταρτον τοῦ ἶν [B εἶν] (1)
— 14. **A R** τὸ ἥμισυ τοῦ ἶν [B εἶν] (1)
— 14. **A B^2 R** τὸ τρίτον τοῦ ἶν [B^2 εἶν] (1)
— 14. **A R** τὸ τέταρτον τοῦ ἶν [B εἶν] (1)
Ez. 4. 11. τὸ ἕκτον τοῦ εἶν [A ἶν] (1)
45. 24. ἐλαίου τὸ εἶν τῷ πέμματι (1)
46. 5. προσοίσει . . . ἐλαίου τὸ εἶν [A ἶν] τῷ πέμματι (1)
— 7, 11. ἐλαίου τὸ εἶν [A ἶν] τῷ πέμματι (1)
— 14. ἐλαίου τρίτον τοῦ εἶν [A τῷ ἶν] (1)

εἶναι. I. εἶναι.

Ge. 2. 18 : 4. 8 : 6. 3 ; 10. 8 : 17. 7, 19† : 26. 20 : 34. 22, 30 : 38. 15, 22 : 39. 9, 23.
Ex. 12. 4, 42 : 29. 46 : 33. 3 : 37. 19 (38. 21) : 40. 15.
Le. 11. 45 : 20. 26 : 22. 33 : 25. 38 : 26. 45.
Nu. 15. 41.
De. 4. 20 : 5. 29 : 7. 6 : 26. 17, 19 *bis*.
Jo. 7. 12†.
Jd. 8. 33 : 18. 19.
Ru. 1. 12.
I Ki. 14. 21 : 15. 23, 26 : 16. 16, 23 : 20. 26 : 25. 16.
II Ki. 3. 6 : 7. 8, 29, 29† : 12. 10 : 14. 32.
III Ki. 1. 35 : 2. 27 : 8. 16, 16†, 16, 29 : 15. 13, 17 : 16. 7.
IV Ki. 1. 3, 6, 16† : 11. 17 : 15. 19 : 22. 19.
I Ch. 1. 10 : 15. 13 : 17. 7, 27 : 28. 4, 6.
II Ch. 6. 5 *bis*, 6†, 6, 20 : 7. 16 : 14. 13 (12) : 15. 2, 16 : 23. 16 : 26. 15 : 29. 11.
I Es. 4. 17 : 6. 32.
II Es. 9. 14.
Ne. 5. 14.
To. 8. 6.
Es. 1. 22 : 3. 14 : 8. 13 : 10. 3 *bis*.
Jb. 11. 2 : 17. 14 : 20. 2† : 30. 1† : 32. 3 : 34. 17† : 42. 18.
Ps. 62 (63). *tit.* : 104 (105). 12 : 141 (142). *tit.*
Pr. 2. 10† : 7. 4 : 14. 12 : 16. 25 : 17. 28 : 20. 9 : 24. 1, 23 (29. 27) : 26. 12.
Wi. 1. 14, 16 : 6. 19 : 7. 12 : 12. 19 : 14. 5 : 15. 12 : 18. 13.
Si. *prol.* 6 : 17. 30.
Mi. 5. 2 (1) *bis* : 6. 8.
Jn. 4. 6.
Ma. 2. 4.
Is. 6. 11 : 10. 2 : 14. 31 : 49. 6 : 50. 2 : 53. 4† : 56. 6 : 60. 9.
Je. 7. 9 : 9. 10 (9) : 28 (51). 62 : 40 (33). 10, 12 : 41 (34). 16†.
Ba. 2. 35.
La. 1. 4 : 3. 50.
Ep. Je. 46†, 59.
Ez. 6. 13 : 17. 8 : 20. 12 : 29. 15 : 33. 28 : 34. 5, 8 : 36. 3 : 37. 28 : 41. 6.
Da. LXX. Su. 4 : 1. 4.
Da. TH. Su. 4 : 5. 29 : 6. 1 (2), 26 (27) : Bel 6.
I Ma. 1. 41 : 3. 28, 44 : 6. 53 : 7. 37 : 8. 22 : 9. 30 : 10. 6, 19 : 11. 2, 57, 58 : 12. 27 : 14. 41 *bis*, 47 : 15. 7†, 10.
II Ma. 1. 13, 19 : 3. 6 *bis*, 10, 12, 13, 38 : 4. 6, 14 : 5. 6 : 6. 6, 12, 14, 29 : 8. 35, 36 : 11. 13, 25 : 12. 31, 42 : 13. 4 : 14. 30 : 15. 13.
III Ma. 2. 30 : 3. 7 : 5. 6, 49.
IV Ma. 2. 13 : 3. 15 : 4. 7 : 5. 16, 18, 19 : 6. 34 : 7. 8 : 9. 4.

[**Aq.** III Ki. 11. 36 : IV Ki. 1. 16 : Pr. 14. 4 : Is. 57. 1 : Je. 8. 18 : 9. 11 (10) : 31 (38). 36 : 51 (28). 29, 37 : Ma. 2. 13.]
[**Sm.** Ge. 1. 29 : Ps. 14 (15). 4 : Pr. 14. 4 : Ec. 8. 4 : 11. 8 : Is. 5. 8 : La. 3. 49 : Ez. 17. 14 : Ma. 2. 13.]
[**Th.** Pr. 5. 23 : Je. 33 (40). 20, 21, 24 : 51 (28). 37 : Ma. 2. 13.]
[**Al.** Le. 26. 13 : Dt. 14. 2.]
[**Quint.** Ps. 55 (56). 8.]

εἶναι. II. 1. εἰμί, *cf.* **ἐγώ εἰμι** *sub voc.* **ἐγώ.**

Ge. 3. 10 : 4. 9 : 12. 13 : 17. 1 : 18. 27 : 23. 4 : 24. 24, 34, 47 : 26. 24 *bis* : 27. 32 : 28. 13†, 15† : 30. 2 : 31. 13, 38, 41 : 34. 30 : 45. 3, 4 : 46. 3 : 50. 19.
Ex. 2. 22 : 3. 6, 11, 14 : 4. 10 *bis* : 6. 12, 30 : 7. 5 : 8. 22 (18)† : 10. 2† : 14. 4, 18 : 15. 26 : 20. 2, 5 : 22. 27 (26) : 29. 46.
Le. 11. 44 *bis*, 45 *bis* : 19. 10, 12†, 14, 16, 18, 25, 28†, 30, 31, 32, 34, 36, 37 : 20. 7†, 26† : 21. 23 : 22. 30 : 24. 22 : 25. 17 : 26. 1, 2, 13, 44, 45.
Nu. 11. 21† : 14. 20 : 35. 34.
De. 1. 42 : 5. 6†, 9 : 9. 19 : 31. 2 : 32. 39.
Jo. 14. 11 : 17. 14.
Jd. 6. 8, 15 : 8. 5† : 9. 2 : 15. 3† : 16. 17 : 17. 9 : 19. 18.
Ru. 2. 10 : 3. 9, 12 : 4. 4.
I Ki. 1. 8†, 15 : 4. 16 : 9. 19, 21 : 17. 8, 43 : 18. 18† : 22. 22 : 30. 13.
II Ki. 1. 8, 13 : 2. 20 : 3. 8, 28, 39 : 7. 18 : 9. 8 : 12. 7 : 13. 28 : 14. 5 : 15. 26, 34 : 19. 35 (36), 43 (44) : 20. 19 : 24. 17†.
III Ki. 3. 7 : 13. 18 : 14. 6† : 19. 4 : 21 (20). 4.
IV Ki. 1. 12†.
I Ch. 17. 16 : 21. 17 : 29. 14.
II Ch. 28. 10†.
To. 3. 10†, 14, 15 : 5. 9† : 6. 14 : 12. 15 : 14. 3†.
Ju. 10. 12 : 12. 14†.
Es. 8. 5† : 10. 3†.
Jb. 7. 8, 9†, 12, 20, 21 : 9. 29 : 10. 15 : 11. 4 : 13. 2, 18 : 23. 8 : 30. 9 : 32. 6, 18 : 33. 9 *bis*, 12 : 34. 5 : 35. 2.
Ps. 6. 2 : 21 (22). 6 : 24 (25). 16 : 34 (35). 3 : 38 (39). 12 : 39 (40). 17 : 45 (46). 10 : 49 (50). 7 : 68 (69). 29 : 69 (70). 5† : 80 (81). 10 : 85 (86). 1, 2 : 87 (88). 15 : 90 (91). 15 : 108 (109). 22 : 118 (119). 19, 63, 94, 125, 141 : 138 (139). 18 : 140 (141). 10 : 142 (143). 12.
Pr. 24. 25 (30. 2).
Ca. 1. 5, 6 : 5. 8†.
Wi. 7. 1.
Ho. 1. 9 : 5. 14 : 11. 9.
Jl. 2. 27.
Jn. 1. 9.
Na. 2. 13 (14)†.
Ze. 3. 1 (2. 15).
Hg. 1. 13 : 2. 5 (4).
Za. 13. 5, 5†.
Ma. 1. 6 *bis*, 14.
Is. 1. 11 : 6. 8 : 41. 4, 10, 10† : 43. 2, 5, 10, 25 *bis* : 44. 5 *bis* : 45. 8, 18, 19, 19†, 22† : 46. 4 *bis*, 9 : 47. 8, 10 *bis* : 48. 12 *bis*, 17† : 51. 12 *bis* : 52. 6 : 56. 3 : 61. 8 : 65. 1, 5.
Je. 1. 6, 7, 8, 17, 19 : 2. 35 : 3. 12 : 9. 24 (23) : 15. 20 : 23. 23† : 24. 7 : 26 (46). 28 : 49 (42). 11†.
Ez. 7. 9 : 9. 10† : 13. 9† : 26. 6† : 28. 2, 9, 22, 23, 24, 26 : 29. 6, 9, 16, 21 : 30. 8, 19, 25, 26 : 32. 15 : 33. 29 : 34. 15, 27, 30 : 35. 4, 9, 12, 15 : 36. 11, 23, 38† : 37. 6, 13, 28 : 38. 23 : 39. 6, 7, 22, 28.
Da. LXX. 6. 21 (22).
I Ma. 6. 11 : 10. 72 : 13. 5.
IV Ma. 5. 31 : 10. 16 : 11. 14.

[**Aq.** III Ki. 14. 6 : Jb. 7. 8 : Ps. 140 (141). 10 : Pr. 30. 2 : Is. 48. 12 : Je. 14. 12 : 26 (33). 14 : 27 (34). 6 : 29 (36). 11, 23 : Ez. 6. 3.]
[**Sm.** Ge. 48. 15 : 50. 19 : Ex. 6. 12, 30 : Jb. 9. 35 : 13. 2 : 33. 6 *bis* : Ps. 26 (27). 3 : Is. 48. 12 : 65. 5.]
[**Th.** Jd. 15. 3 : Jb. 7. 8 : Is. 48. 12 : 65. 1 : Je. 23. 23 : 27 (34). 6 : 29 (36). 11, 23 : 30 (37). 11.]
[**Sam.** Ge. 50. 19.]
[**Al.** I Ki. 17. 39.]
[**Sext.** Ps. 36 (37). 35.]
[**Quint.** Ps. 74 (75). 4.]

εἶναι. 2. εἶ.

Ge. 3. 9, 11, 19 : 12. 11 : 13. 14 : 23. 6, 13 : 24. 23, 47, 60 : 27. 18, 21, 24, 32 : 29. 14, 15 : 32. 17 (18) : 44. 18.
Ex. 34. 10.
Nu. 14. 14 : 16. 13.
De. 7. 6 : 9. 6 : 14. 2, 21.
Jo. 5. 12 : 17. 15, 17.
Jd. 11. 25† : 12. 3†, 5† : 13. 11.
Ru. 3. 9 *bis*, 11, 13†, 16†.
I Ki. 15. 17 : 17. 33, 58† : 20. 30 : 26. 14 : 28. 12 : 30. 13 *bis*.
II Ki. 1. 8, 13 : 2. 20† : 7. 28, 29† : 9. 2 : 12. 7 : 15. 2, 19 : 20. 17.
III Ki. 1. 42 : 2. 9, 26 : 3. 1 (2. 9)† : 13. 14 : 17. 24† : 18. 7, 17, 36†, 37† : 19. 2 : 20 (21). 5.
IV Ki. 9. 32 : 19. 15, 19†.
I Ch. 17. 26 : 28. 3 : 29. 10, 17.
II Ch. 20. 6, 7†.
I Es. 4. 60 : 8. 89.
Ne. 2. 2 : 9. 6, 7†, 31† *bis*, 33†.
To. 3. 2, 8†, 11 : 5. 5† *bis*, 10, 11†, 13†, 13 : 6. 11 : 7. 12 : 8. 5, 15, 16, 17 : 11. 14†.
Ju. 6. 2 : 8. 31 : 9. 7, 11 *bis*, 14 : 10. 12 : 11. 23 : 13. 17†, 18† : 15. 9† : 16. 13.
Es. 4. 17 *ter* : 5. 2.
Jb. 8. 6, 6† : 9. 32 : 15. 5 : 20. 23† : 35. 2, 7.
Ps. 2. 7 : 3. 3 : 5. 4 : 15 (16). 2, 5 : 21 (22). 9, 10 : 22 (23). 4 : 24 (25). 5 : 30 (31). 3, 4, 15 : 31 (32). 7 : 38 (39). 9† : 39 (40). 17 : 41 (42). 5, 9†, 11 : 42 (43). 2†, 5 : 43 (44). 4 : 55 (56). 9 : 58 (59). 9†, 17 : 69 (70). 5 : 70 (71). 3, 5, 6 : 75 (76). 7 : 76 (77). 14 : 82 (83). 18† : 85 (86). 10 *bis* : 88 (89). 8, 17, 26 : 89 (90). 2† : 90 (91). 2 : 92 (93). 2 : 96 (97). 9† : 101 (102). 27 : 109 (110). 4† : 117 (118). 28 *bis* : 118 (119). 12, 57†, 68, 114, 137, 151 : 127 (128). 2 : 138 (139). 8 : 139 (140). 6 : 141 (142). 5, 5† : 142 (143). 10†.
Pr. 23. 2.
Ca. 1. 15 *bis*, 16 : 4. 1 *bis*, 7 : 6. 3†.
Wi. 16. 8.
Si. 3. 18 : 36. 22 (19).
Ho. 2. 23 (25) *bis* : 4. 19.
Mi. 5. 2.
Ob. 1. 2.
Jn. 1. 8.
Za. 4. 7.
Is. 10. 8 : 17. 3 : 36. 4, 6 : 37. 10†, 16, 20† : 41. 9, 14† : 43. 1 : 44. 17, 21 : 45. 15 : 48. 4 : 49. 3, 16 : 51. 10, 16 : 63. 16.
Je. 2. 27 : 3. 22 : 12. 1, 2 : 14. 9, 22 : 17. 14.
Ba. 3. 2†, 10.
Ez. 2. 5 : 16. 45, 57 : 22. 24 : 28. 2, 3, 9, 12† : 32. 19 : 36. 13 : 38. 17.
Da. LXX. 2. 38 : 3. (26), (27), (45), (52), (53), (54), (55), (56) : 4. 17 : 9. 4, 23 : 10. 11, 19.
Da. TH. 2. 38 : 3. (26), (27), (45), (52), (53), (55), (54), (56) : 4. 19 : 5. 13 : 9. 23 : Bel 18, 41.
I Ma. 2. 17 : 4. 30 : 10. 19† : 13. 8.
II Ma. 1. 27†.
III Ma. 2. 3†, 3, 11† : 6. 15.

[**Aq.** Nu. 14. 14 : IV Ki. 9. 32 : Ps. 2. 7 : 43 (44). 5 : 89 (90). 2 : 118 (119). 68 : 127 (128). 2 : Pr. 7. 4 : Ec. 11. 5 : Is. 51. 10 : Je. 10. 6 : 17. 17.]
[**Sm.** Nu. 14. 14 : II Ki. 7. 22 : Ps. 31 (32). 7 : 43 (44). 5, 24 : 44 (45). 3 : 70 (71). 3 : 75 (76). 5 : 88 (89). 18 : 89 (90). 2 : 92 (93). 2 : 103 (104). 1 : 118 (119). 68 : Pr. 7. 4 : Is. 51. 10, 12, 16 : Je. 17. 17 : Ez. 32. 19 : Hb. 1. 13.]
[**Th.** Jd. 11. 25 : IV Ki. 9. 32 : Ps. 75 (76). 5 : 89 (90). 2 : 118 (119). 68 : 127 (128). 2 : Pr. 7. 4 : Is. 51. 9, 10 : Je. 10. 6 : Da. 9. 23.]
[**Quint.** IV Ki. 9. 32 : Ca. 8. 8.]

εἶναι. 3. ἐστί, ἔστι.

Ge. 1. 29 : 2. 11, 12 : 3. 3, 6 : 4. 9 : 6. 17 : 7. 15 : 8. 16 : 9. 3, 10†, 12, 15, 16, 17 : 12. 12, 18, 19 : 13. 9† : 14. 2, 6, 7, 8, 15† : 17. 12 : 19. 12†, 12, 20 *bis*, 31 : 20. 2 *bis*, 3, 5 *bis*, 7, 11, 12, 13 : 21. 13, 17 *bis* : 22. 7 *bis* : 23. 2 *bis*, 9, 17 *bis*, 19 *bis* : 24. 23, 65 *bis* : 25. 10, 18 : 26. 7 *bis*, 9 *bis* : 27. 11, 38 : 28. 16, 17 : 29. 7, 12 *bis*, 15, 26 : 30. 18, 33 : 31. 5, 11, 14, 32, 35, 43, 44, 50 : 32. 27 (28), 32 (33) : 33. 5, 8, 9, 11, 18 : 34. 14 : 35. 6 *bis*, 17, 19, 20, 27 : 36. 1, 8, 24 : 37. 20†, 27, 30, 32, 33 : 38. 14, 16, 21, 25 : 39. 8 : 40. 8 *bis* : 41. 15,

25, 26 *ter*, 27, 27†, 39 : 42. 1, 2, 14, 36 *bis* : 43. 6, 7, 11, 12, 29†, 32 : 44. 5, 20 : 45. 6†, 10†, 28 : 46. 2, 33†, 34 : 47. 4, 6 : 48. 7 : 49. 29 : 50. 10, 11 *bis*.
Ex. 1. 11 : 2. 20 : 3. 4, 5, 15 : 4. 2 : 5. 2 : 8. 10 (6), 19 (15) : 9. 14, 19† *bis* : 10. 9 : 12. 2, 11, 22, 42 : 13. 2 : 16. 1, 8, 15, 23, 25 : 17. 7 : 18. 18 : 19. 5 : 20. 17 : 21. 8, 21, 36 : 22. 2 (1), 3 (2), 17 (16), 27 (26) : 23. 21, 22† : 25. 3 : 28. 8 : 29. 1, 14, 18†, 22, 25, 26, 28, 29†, 33, 34, 38 : 30. 10, 13 *bis*, 32 : 31. 13, 14†, 17 : 32. 16†, 18 : 33. 16 : 34. 9, 10, 14 : 38. 16 (37. 19).
Le. 1. 9, 13, 17 : 2. 1, 5†, 6, 15, 16 : 4. 7 *bis*, 9†, 18 *bis*, 21, 24 : 5. 9, 11, 12 : 6. 4 (5. 24), 17 (10)†, 25 (18), 29 (22), 31 (7. 1), 35 (7. 5), 36 (7. 6) : 7. 8 (18), 10 (20), 11 (21) : 8. 5, 5†, 20 (21) *bis*, 27 (28) *bis* : 10. 3, 12, 13, 17 : 11. 9†, 10 *bis*, 12, 12†, 13, 20, 23†, 23, 26, 27†, 28, 31†, 35, 38, 39, 42 : 13. 3, 4, 6, 8, 11, 11†, 11, 13, 15 *bis*, 17†, 20, 21, 22, 23, 25, 25†, 26, 27, 28 *bis*, 30, 30†, 30, 31, 32 *bis*, 34, 36, 37, 39, 39†, 39, 40 *bis*, 41 *bis*, 42, 44, 45, 46†, 49, 51 *bis*, 52†, 55, 57 *bis* : 14. 13 *ter*, 32, 40, 44 *bis*, 46 : 15. 2†, 3, 4 : 16. 2, 4 : 17. 11, 14 *bis* : 18. 7, 8, 10, 11, 12†, 13, 14, 15, 16, 17, 22, 23 : 19. 7 : 20. 14, 17, 21 : 21. 7, 18†, 19†, 21 : 22. 7, 20†, 25 : 23. 3, 28, 36 : 24. 9 : 25. 12, 23, 31, 34 : 27. 22, 26, 28, 30.
Nu. 1. 50 : 4. 16 : 5. 15 : 6. 18 : 7. 89 : 8. 24 : 9. 13 : 11. 7, 14, 18, 20 : 12. 7 : 13. 19 (18) *bis*, 20 (19), 21 (20), 32 (31), 33 (32) : 14. 3, 7, 8, 9, 23, 42 : 15. 25 : 16. 9, 11, 26, 30, 33, 40 (17. 5) : 17. 3 (18) : 18. 17, 19, 31 : 19. 9, 12†, 13 *bis*, 14, 15, 20 : 20. 5, 19 : 21. 5, 11, 13, 16†, 19, 24, 26, 26† : 22. 5, 6†, 12, 36†, 36 : 23. 23 : 24. 1 : 25. 15 : 27. 3 (4), 14, 17 : 28. 23 : 31. 12 : 32. 4 : 33. 6, 7, 36 : 35. 16, 17, 18, 21, 27.
De. 1. 17 : 2. 36 : 3. 12, 24† : 4. 7, 8, 18, 24, 35 *bis*, 39, 48 *bis*, 49† : 5. 21 (18) : 6. 4, 20 : 7. 16, 25, 26 : 9. 3, 13 : 10. 9†, 14 : 11. 10, 10† : 12. 12 : 14. 7, 9, 10, 10†, 19, 27, 29 : 15. 16 : 17. 1 *bis*, 15 : 18. 12 : 19. 4†, 6, 17 : 20. 20 : 21. 17 : 22. 5, 26, 27† : 23. 7 (8), 10 (11)†, 18 (19), 22 (23) : 24. 4, 11, 15 : 25. 16† : 28. 43† : 29. 17 (16), 18 (17) *bis* : 30. 11, 11†, 12†, 13, 14 : 31. 17 : 32. 4, 20 *bis*, 28 *bis*, 31†, 39 *bis*, 49 : 33. 26 : 34. 1.
Jo. 2. 13 : 4. 24 : 5. 15 : 6. 16 (17) *bis*, 21 (22) : 7. 2, 13, 15 : 8. 14 : 12. 2, 9 : 13. 9, 16, 25, 30 : 15. 4, 7 *bis*, 8 *ter*, 9, 10, 13, 18, 49†, 54, 60 : 17. 5, 7, 18, 18† : 18. 7, 13 *bis*, 14 *bis*, 16 *bis*, 18, 19†, 28 : 19. 11, 50 : 20. 7 : 21. 11 : 22. 10, 22, 25, 27, 28, 29, 34 *bis* : 24. 15, 17, 18, 19.
Jd. 1. 14, 16†, 27 : 3. 25† : 4. 11, 20 *bis* : 6. 13 *bis*, 22, 25†, 25, 31 : 7. 1, 4†, 14 : 8. 35† : 9. 2†, 3, 18, 28 *bis*, 38 *bis*, 38† : 11. 34† : 13. 6, 7†, 16†, 18, 21† : 14. 3†, 4 : 15. 2†, 19† : 16. 3†, 5†, 15 : 18. 3†, 7†, 10, 14†, 23, 28†, 28 *bis*, 28† : 19. 10, 12, 14, 15†, 18, 19† *bis*, 19 : 20. 31 : 21. 9†, 12†, 19.
Ru. 1. 12, 19 : 2. 6, 20 *bis* : 3. 12 : 4. 3, 4, 15.
I Ki. 1. 8 : 2. 2, 2†, 2 *bis* : 9. 7, 11, 12 : 10. 5, 19, 24 : 11. 7 : 14. 6†, 42 : 15. 23, 29 : 16. 12 : 17. 14†, 29†, 46 : 20. 2, 8, 22 : 21. 4 (5)† *bis*, 8 (9), 9 (10), 10 (11) : 22. 8 *bis* : 23. 23 : 24. 7, 11, 12 : 25. 17, 25 : 26. 16 : 27. 1.
II Ki. 2. 16, 23, 24 : 7. 22 *bis* : 9. 1, 3, 9 : 12. 8 : 13. 20 : 14. 5, 19, 32 : 15. 3, 14 : 16. 4 : 18. 18, 22, 25 : 19. 28 (29), 32 (33)† : 20. 1 : 21. 4 *bis* : 22. 31, 42† : 23. 8 : 24. 6†, 14.
III Ki. 1. 16 : 3. 18, 22† : 5. 4 (18) *bis*, 6 (20) : 8. 1, 21, 23, 41, 46, 60 : 10. 7† : 11. 28 : 12. 16 : 13. 26 : 14. 5† : 15. 23, 31† : 17. 12† : 18. 10 *bis*, 12, 21, 27 *bis*, 39†, 43 : 20 (21). 15 : 21 (20). 3 *bis*, 32 : 22. 7, 8, 17, 33.
IV Ki. 1. 8 : 3. 11, 12 : 4. 2 *bis*, 6, 13, 14, 14† : 5. 8, 15 : 6. 28 : 7. 5, 7, 9, 10 : 8. 13, 27† : 9. 10, 15, 27, 34 : 10. 15 *ter*, 23, 33 : 15. 11†, 31† : 18. 17, 34 *bis* : 19. 3, 13, 13† : 23. 17† : 25. 4.
I Ch. 2. 26 : 15. 2 : 16. 25 : 17. 20 *bis*, 21 : 21. 24 : 22. 1, 14 *bis*, 16 : 23. 27 : 29. 3, 15, 16.
II Ch. 4. 12, 13 : 6. 14, 32, 36† : 8. 11 : 11. 10 : 13. 4 : 15. 5, 7 : 16. 9† : 18. 6, 7, 16, 31 : 19. 7 : 20. 2, 6, 12, 15, 17 : 21. 18 : 22. 9 : 25. 7, 8, 9, 21 : 26. 23 : 29. 9, 10, 19 : 32. 12 : 33. 13 : 35. 3.
I Es. 1. 16, 24†, 26, 27 *ter* : 2. 5, 26 : 4. 7, 12, 13, 36, 37, 39, 40, 46 *bis* : 8. 1, 8, 83, 90, 92 : 9. 11, 23†, 50.
II Es. 4. 16 : 5. 4 : 6. 15 : 7. 22, 23 : 9. 11, 13, 15 : 10. 2, 13.
Ne. 2. 2, 8, 12†, 18, 20 : 5. 5 : 6. 11 : 8. 9, 10 *bis* : 9. 6.
To. 1. 2 : 2. 1, 10, 13, 13†, 14† : 3. 6†, 8†, 10†, 15† : 4. 11†, 12†, 13† : 5. 4†, 8, 8†, 17 : 6. 4†, 6†, 10 *bis*, 12†, 17† *bis* : 7. 5, 10†, 12† : 8. 14†, 21† : 10. 6† : 11. 1†, 15† : 13. 2, 4†.
Ju. 1. 5 : 3. 2, 4, 9† : 4. 6† : 5. 17, 20 *bis*, 21, 23 : 7. 3, 10, 18 *bis*, 25 : 8. 18, 28, 29 *bis* : 9. 14 : 10. 19† : 11. 4, 10, 17†, 18, 19†, 21† : 12. 3†, 11† : 14. 18 : 16. 14.
Es. 2. 16 : 3. 4, 7, 13 *bis* : 4. 5†, 11, 17 *quater* : 5. 1 *bis*, 3, 4†, 6 : 7. 2, 5† *bis* : 8. 8, 9, 12†, 13 *bis* : 9. 1, 24† : 10. 3 *bis*.
Jb. 1. 8, 12 : 2. 3 : 3. 19 : 4. 6 : 5. 9, 27 : 6. 3, 4, 6, 30 : 7. 1, 6, 17 : 8. 9, 15 : 9. 2, 4, 10, 24, 24†, 25, 26 : 10. 3†, 5†, 7, 20, 21 : 11. 3, 6†, 14, 18 : 12. 3 : 13. 19 : 14. 7, 10 : 16. 3 : 17. 3†, 10†, 15† : 19. 6, 21, 25, 29 : 20. 7, 20†, 21 : 21. 9, 22, 28 *bis*, 34† : 22. 2, 5 : 23. 2, 3 : 24. 18, 25 : 25. 2† *bis*, 3 : 26. 2, 4, 6 : 27. 8, 11 *bis*, 19 : 28. 1, 12, 14† *bis*, 20, 28 *bis* : 31. 12, 26 : 32. 5, 7, 8, 8† : 33. 12, 32† : 34. 9†, 13, 21, 22†, 24 : 35. 10, 13, 14, 15 : 36. 2†, 22, 23, 24 : 37. 21 : 38. 6, 18, 19†, 28 *bis*, 35 : 39. 5 : 40. 4 (9), 14 (19) : 41. 1 (2), 2 (3)†, 2 (3), 24 (25) : 42. 3†.
Ps. 3. 2 : 5. 9 : 6. 5 : 7. 3 : 8. 4 : 9. 26 (10. 5) : 11 (12). 4 *bis* : 13 (14). 1 *bis*, 1†, 2†, 3 *bis*, 3†, 6 : 15 (16). 6, 8 : 17 (18). 30 : 18 (19). 6, 14† : 21 (22). 11 : 23 (24). 8†, 10†, 10 : 24 (25). 11, 12 : 25 (26). 3 : 27 (28). 8 : 31 (32). 2, 9 : 32 (33). 12, 20 : 33 (34). 9, 12 : 35 (36). 1 : 36 (37). 37, 39† : 37 (38). 3 *bis*, 7, 10, 17† : 38 (39). 4, 7 : 39 (40). 4, 5, 12 : 41 (42). 3, 10 : 43 (44). 15 : 44 (45). 11 : 47 (48). 14 : 49 (50). 6, 8, 10, 11, 12 : 50 (51). 3 : 52 (53). 1 *bis*, 2, 3 *bis* : 54 (55). 19 : 57 (58). 11 *bis* : 59 (60). 7 *bis* : 68 (69). 2 : 70 (71). 11 : 72 (73). 4, 11, 16†, 28 : 73 (74). 9, 16 *bis* : 74 (75). 7 : 77 (78). 35 *bis*, 38 : 78 (79). 10 : 80 (81). 4 : 83 (84). 5 : 85 (86). 8 *bis* : 88 (89). 7†, 11, 48, 49† : 91 (92). 15 : 94 (95). 4†, 5, 7 : 95 (96). 4 : 98 (99). 2, 3, 5 : 99 (100). 3 : 103 (104). 25 : 107 (108). 8 *bis* : 113 (114). 5, 10 (115. 2), 17 (115. 9), 18 (115. 10), 19 (115. 11) : 117 (118). 23 : 118 (119). 24, 77, 92, 97, 98, 99, 165, 174 : 126 (127). 2 : 129 (130). 4, 7† : 134 (135). 17 : 138 (139). 4 : 141 (142). 4 : 143 (144). 3, 14, 15, 15† : 144 (145). 3 : 145 (146). 3 : 146 (147). 5 : 149. 9.
Pr. 3. 15 *ter*, 18 : 4. 22 : 6. 8 *bis* : 7. 11, 14 : 8. 2, 11 : 9. 4, 10, 16 : 12. 11 : 13. 4, 13†, 15 : 14. 12 : 16. 30 : 17. 25† : 18. 9, 13 : 21. 30 *ter* : 22. 22 : 23. 11, 27 : 24. 25 (30. 2), 39 (24), 53 (30. 18), 59 (30. 24)†, 59 (30. 24), 60 (30. 25), 62 (30. 27), 64 (30. 29) : 26. 1, 8, 11 *bis*, 20 : 27. 6† : 28. 24 : 29. 1† : 31. 10, 18.
Ec. 1. 7†, 9, 10, 11, 11†, 17 : 2. 11, 13, 16, 21, 23, 24 *bis* : 3. 12, 13, 14 *bis*, 15, 22 : 4. 1 *bis*, 8 *quinquiens*, 9, 16 : 5. 3, 5, 8, 11, 12, 13, 17, 18 : 6. 1 *bis*, 2 *bis*, 10 : 7. 16 *bis*, 21, 27 : 8. 6, 7, 8 *ter*, 11, 12†, 13, 14, 15, 16 : 9. 1, 4, 5, 6, 10, 13 : 10. 3, 5, 11 : 11. 5 : 12. 1, 12.
Ca. 1. 1 : 2. 9 : 4. 2, 7 : 5. 10† : 6. 5, 7, 8 *bis*, 8† : 8. 9 *bis*.
Wi. 1. 14, 15 : 2. 1 *bis*, 5, 12, 15, 18 : 4. 1, 9 : 5. 5, 10 : 6. 6, 12, 22 : 7. 14, 15, 21, 22, 25, 26, 29 : 8. 4, 5, 6, 7, 17 : 9. 10 : 10. 12 : 11. 26 : 12. 1, 13 : 13. 3, 4, 6, 16 : 14. 27 : 15. 7, 9, 17, 18 : 16. 15, 17 : 17. 12 : 18. 21 : 19. 18.
Si. *prol.* 3, 5, 9† : 1. 1, 8 : 3. 10, 22, 28 : 4. 21 *bis* : 5. 1, 4, 12, 14 : 6. 8, 9†, 10†, 15 *bis*, 20, 21†, 22†, 22, 30 : 7. 11, 22 *bis*, 23, 26 : 8. 16 : 9. 10 : 10. 24 : 11. 3†, 9, 11, 12, 14, 18, 23, 24 : 12. 3† : 13. 24† *bis* : 14. 6, 16 : 15. 8, 13 : 16. 2 : 17. 17 : 18. 6 *bis*, 26, 33 : 19. 8, 16, 22 *bis*, 23 *bis*, 25 *bis*, 26, 31 *ter* : 20. 5 *bis*, 6 *bis*, 9 *bis*, 10 *bis*, 11 *bis*, 12, 16, 21, 22, 23 : 21. 3, 12 *bis* : 22. 8, 21, 22 : 23. 12, 13 : 25. 10, 15 *bis* : 26. 14, 15 : 27. 21 *bis*, 30 : 30. 12, 16 *bis*, 23, 30 (33. 21), 39 (33. 30), 40 (33. 31) : 31 (34). 5 : 32 (35). 11, 12 *bis* : 33 (36). 5, 10 : 34 (31). 7, 9 : 35 (32). 23 : 36. 23 (20), 26 (23), 28 (25) *bis*, 30 (27) *bis* : 37. 1, 7, 13, 18, 19 *bis*, 20, 22 : 38. 2, 8, 13, 21 : 39. 17†, 18, 19, 20, 21, 28, 34 : 40. 26 *bis*, 29 : 41. 1, 2, 4, 16 : 42. 21, 22† : 43. 8, 27, 31, 32 : 44. 9† : 45. 22 : 50. 25 : 51. 26.
Ho. 2. 4 (6), 12 (14) : 4. 1 : 5. 1, 4 : 8. 6 : 9. 12 : 10. 3 : 12. 11 (12) : 13. 4.
Am. 2. 11 : 5. 2, 13, 18 : 6. 2 : 7. 2, 5, 13 *bis*.
Mi. 1. 13 : 2. 3, 7, 10 : 3. 1, 11 : 7. 3, 18.
Jl. 2. 3†, 11, 11†, 13, 17, 27.
Ob. 1. 7.
Jn. 1. 7, 8†, 8, 12.
Na. 2. 11 (12) : 3. 9†, 19.
Hb. 1. 7 : 2. 13, 19 *ter*.
Ze. 3. 1.
Hg. 1. 4, 9.
Za. 1. 7, 9, 19 (2. 2) : 2. 2 (6) : 4. 4, 5†, 13 : 5. 6, 8 : 6. 4, 5† : 7. 1 : 8. 23 : 11. 11, 12, 13 : 13. 9 : 14. 19†.
Ma. 1. 6 *bis*, 7, 10, 12, 13 : 2. 7, 17.
Is. 1. 6†, 6, 13 : 3. 7, 10 : 5. 7†, 28 : 6. 13 : 7. 18, 20† : 8. 12, 20 : 9. 7 (6) : 10. 5†, 14 : 14. 31 : 15. 5 : 16. 1 : 18. 7 : 22. 14, 16, 22† : 23. 8 : 26. 19 : 27. 4, 9, 11 : 28. 7† : 30. 9, 18† : 31. 1, 3 : 33. 18, 19, 21†, 22 : 36. 6, 19, 19† : 39. 4 : 40. 28 : 41. 7, 26 *bis* : 42. 8 : 43. 11, 13 : 44. 6, 8 : 45. 5, 6 *bis*, 14 *bis*, 18, 21† *bis*, 22† *bis* : 46. 9 : 47. 8, 10 *bis* : 48. 22 : 49. 6, 7 : 50. 10 : 53. 2 : 54. 9, 17 : 57. 21 : 59. 4, 8, 11, 21 : 62. 7 : 63. 3, 11, 15 *bis*, 16 : 64. 7 (6) : 65. 3†, 8, 20†, 23, 24 : 66. 2.
Je. 2. 6, 8, 14 *bis*, 32 : 5. 1, 12 : 6. 14, 16, 23 : 7. 4, 31 : 8. 6, 8, 9, 13 *bis*, 17, 19 *bis*, 22 *bis* : 10. 3, 4†, 5, 5†, 5, 14, 15, 16, 20 : 12. 11, 12 : 13. 20 : 14. 16†, 19, 22 : 15. 1 : 16. 20 : 17. 9, 15, 16 : 19. 2 : 22. 16, 28 : 23. 28 : 26 (46). 11, 23 : 27 (50). 15, 38, 42 : 28 (51). 3, 6, 11 *bis*, 18 *bis*, 19 : 29 (49). 7, 11 : 30 (49). 1, 5† : 31 (48). 2, 38 : 33 (26). 16 : 34 (27). 18 : 36 (29). 28 : 37 (30). 5, 7 *bis*, 12, 13, 17 *bis*, 21 : 38 (31). 6, 9†, 16 : 39 (32). 2, 8, 43† : 40 (33). 10 : 42 (35). 4 : 44 (37). 17 *bis* : 48 (41). 9.
Ba. 2. 25†, 30 : 3. 10, 14 *quinquiens*, 17, 18, 31 : 4. 4.
La. 1. 9, 12, 17, 18, 21 : 2. 9 : 4. 4 : 5. 8.
Ep. Je. 7, 8†, 8, 10, 13, 20, 25 *bis*, 44, 45†, 49, 50†, 51†, 51, 52†, 60†, 61, 63, 68, 69.
Ez. 2. 5, 6, 7 : 3. 9, 26, 27 : 4. 3 : 7. 14† : 9. 6 : 10. 20 *bis*, 22 : 11. 3, 7 : 12. 2, 3 : 13. 10†, 12, 15, 16 : 16. 44 : 17. 12† : 18. 9 : 19. 14 : 20. 6, 15, 29, 49 : 21. 11 (16), 14 (19) : 22. 18 : 24. 6, 7, 19 : 26. 7 : 27. 19 : 32. 16 : 33. 20, 31† : 35. 10 : 36. 32† : 37. 11, 18 : 39. 8 : 42. 13†, 14 : 46. 20 : 47. 10†, 20 : 48. 14.
Da. LXX. Su. 22, 29 : 2. 11 *ter*, 20, 27, 28, 47 : 3. 17 *bis*, (33), (38), (40), 29 (96) : 4. 27, 34 *bis* : 5. 1, 10, 12 : 6. 26 (27) : 8. 2, 20, 21 : 10. 4, 17 : Bel 5, 6, 8 *bis*, 17 *bis*, 18, 23, 34, 40 *bis*.
Da. TH. Su. 13, 22, 23, 29 : 1. 4 *bis* : 2. 10, 11 *bis*, 20, 22, 27, 28 *bis*, 36, 39†, 39, 47 : 3. 15, 17, (33), (38), (40†), 25 (92), 29 (96) : 4. 14, 21, 27, 32 : 5. 11 : 6. 26 (27) : 8. 2, 21, 26 : 9. 8†, 26 : 10. 4, 21 : 11. 16, 45 : Bel 7, 18, 24, 24†, 25, 35†, 41.
I Ma. 2. 65 : 3. 18 *bis*, 19 : 4. 11 : 5. 10, 34, 49 : 6. 1, 43, 57 : 7. 18 : 8. 16 : 9. 29, 44, 45 : 10. 43, 71, 72, 73, 80, 89 : 12. 11, 23 *bis*, 51 : 13. 2, 53.
II Ma. 2. 14 : 3. 39 : 6. 13, 24, 30 : 7. 37 : 9. 20† : 10. 5† : 13. 4, 5 : 14. 3, 32 : 15. 3, 4, 14, 21.
III Ma. 2. 15.
IV Ma. 1. 1, 7, 13, 14, 15, 16, 17, 22, 23, 24, 25†, 30 *bis*, 31 : 2. 5, 7, 9 *bis* : 3. 1†, 5, 6 : 5. 13, 20 : 6. 31, 34 : 7. 16, 22, 23 : 9. 17 : 11. 6†, 21, 25 : 13. 1, 4, 5 : 14. 13 : 16. 1, 5† : 18. 2, 16. ●

[**Aq.** Ge. 20. 2 : 47. 6 : Ex. 12. 11 : 29. 14 : Le. 24. 9 : 25. 33 : 27. 26 : Dt. 32. 28 : I Ki. 20. 26 : III Ki. 14. 5 : IV Ki. 9. 36 : Jb. 3. 9 : 8. 16 : 11. 3 : 34. 22 : 38. 28 : Ps. 9. 25 (10. 4) : 18 (19). 4 *bis* : 31 (32). 2, 9 : 32 (33). 16, 20 : 38 (39). 6 : 88 (89). 50 : 117 (118). 23 : Pr. 14. 6 : 28. 3 : 30. 9, 15 : Ec. 1. 17 : 4. 16 : Is. 1. 6 : 9. 7 (6) : 13. 14 : 36. 7 : 45. 14 : 47. 1 : 48. 22 : Je. 6. 14, 23 : 9. 12 (11) : 10. 6, 8, 10, 16 : 14. 22 : 32 (39). 43 : 43 (50). 9 : 48 (31). 33 : 49 (30). 1 : 50 (27). 25 : 51 (28). 6 : Ez. 21. 27 (32) : Da. 9. 26.]
[**Sm.** Ge. 1. 29, 30 : 20. 13 : 47. 6 : Ex. 12. 11 : 28. 26 : 32. 9 : Le. 19. 7 : 24. 9 : 25. 33 : 27. 26 : Jd. 5. 5 (τουτέστι) : I Ki. 20. 21 : II Ki. 9. 3 : 12. 8 : III Ki. 8. 24 : IV Ki. 9. 36 : Jb.

● = correction on page xxv

9. 19, 22, 24 : 16. 3 : 19. 28, 29 : 23. 8 : 25. 3 : 32. 8 : 38. 28 : 41. 25 : Ps. 9. 25 (10. 4) : 15 (16). 2 : 36 (37). 37 : 37 (38). 11 : 38 (39). 8 : 39 (40). 6 *bis* : 55 (56). 10 : 68 (69). 3 : 72 (73). 11, 25 : 76 (77). 11 : 88 (89). 50 : 91 (92). 16 : 143 (144). 3, 14 : Pr. 14. 6 : 28. 3 : 30. 9, 15 : Ec. 1. 8, 10, 17 : 5. 3, 8 : 8. 8, 9 : 9. 4 : 10. 5 : Is. 1. 6 : 7. 18 : 9. 7 (6) : 18. 2 : 36. 7 : 41. 7 : 45. 14 : 47. 15 : 48. 22 : 51. 18 : 55. 7 : 63. 3 : Je. 8. 6 : 10. 5, 19 : 17. 9 : 30 (37). 13 : 32 (39). 43 : 43 (50). 9 : 44 (51). 2, 6 : 48 (31). 33 : 49 (30). 1 : 49. 10 (29. 11) : 51 (28). 6 : Ez. 20. 29 : 21. 11 (16) : Ho. 7. 16 : Am. 6. 10.] ●

[**Th.** Ge. 36. 24 : 47. 6 : Ex. 21. 8 : 25. 25 (26) : 28. 26 : 29. 14 : 32. 9, 25 : 37. 13 : Le. 24. 9 : 27. 26 : Jd. 13. 21 : 15. 2 : 16. 3 : 18. 28 : II Ki. 12. 8 : Jb. 9. 19, 24 : 15. 14 : 17. 3 : 19. 29 : 20. 21 : 34. 22 : Ps. 57 (58). 12 : 94 (95). 4 : Pr. 12. 18 : 20. 15 : 28. 3 : 30. 15 : Is. 7. 18 : 34. 10 : 36. 7 : 41. 7, 17 : 45. 14 : 47. 1 : 48. 22 : Je. 5. 15 *bis* : 6. 14 : 8. 11 : 10. 3, 8, 10, 16 : 43 (50). 9 : Ez. 7. 14 : 31. 18 : Da. 2. 28 : 9. 26 : Su. 23.]

[**Heb.** Ge. 47. 6.]

[**Al.** Ge. 49. 30 : Le. 4. 24 : 9. 8 : 10. 14 : 13. 57 : 17. 11 : 18. 14 : 19. 29 : 25. 11 : 26. 37 : Nu. 22. 6 : II Ch. 14. 11 (10) : Ec. 4. 10 : Je. 10. 10.]

[**Quint.** Ps. 31 (32). 2 : Ho. 7. 1 : 8. 5.]

[**Sext.** Ps. 31 (32). 2.]

[**Sam.** Ge. 49. 15 : Ex. 32. 18 *bis*.]

εἶναι. 4. ἐσμέν.

Ge. 13. 8 : 29. 4 : 42. 11 *bis*, 13, 21, 31 *bis*, 32 : 44. 16 : 46. 34.
Ex. 16. 7, 8.
Nu. 20. 16.
Jo. 2. 17 : 9. 8, 11, 22.
Jd. 12. 5†.
I Ch. 29. 15.
I Es. 6. 13 : 8. 76, 90.
II Es. 5. 11 : 9. 7, 9.
Ne. 2. 17 : 9. 36, 36†, 37.
To. 4. 12† : 8. 21†.
Jb. 4. 19 : 8. 9.
Ps. 102 (103). 14.
Wi. 15. 2.
Si. 8. 5.
Je. 8. 8 : 31 (48). 14.
Ba. 4. 4.
Ez. 33. 24.
Da. LXX. 3. (37).
Da. TH. Su. 20 : 3. (37).
I Ma. 13. 37.
II Ma. 1. 6 : 7. 2.
IV Ma. 9. 1.

εἶναι. 5. ἐστέ.

Ge. 29. 4 : 42. 9, 14, 16, 19, 33, 34 *bis*.
Ex. 5. 17 : 12. 13†.
Le. 25. 23.
De. 1. 10, 11 : 7. 7 : 14. 1.
Jo. 9. 8, 22, 23.
I Es. 8. 58.
To. 7. 3.
Ju. 8. 12.
Jb. 12. 2 : 13. 4 : 32. 6.
Ps. 81 (82). 6 : 113. 23 (115. 15)†.
Am. 9. 7.
Ze. 2. 12.
Za. 8. 19†.
Is. 41. 23, 24, 28 : 42. 17 : 44. 8 : 52. 4† : 57. 4.
Je. 18. 6 : 23. 33.
Ez. 34. 31.
I Ma. 12. 7 : 16. 3.
II Ma. 11. 37.
IV Ma. 13. 12.
[**Aq.** Je. 36 (43). 19.]
[**Sm.** Jo. 9. 8 (14) : Jb. 16. 2.]

εἶναι. 6. εἰσίν.

Ge. 6. 2 : 9. 19 : 19. 5, 8, 12† : 21. 29 : 25. 16, 23 : 28. 8 : 34. 21 : 36. 19 : 40. 12, 18 : 42. 11 : 46. 32 : 47. 1, 4 (6) : 48. 5, 9.
Ex. 6. 27 : 8. 21 (17) : 9. 19† : 10. 8 : 28. 12 : 36. 8 (39. 1) : 39. 19 (41)†.
Le. 11. 23† : 18. 17 : 20. 11, 12, 13, 16, 27 : 23. 2 : 25. 42, 44, 55†, 55 : 27. 34.
Nu. 1. 16 : 3. 9, 20, 27, 33 : 8. 16 : 11. 16 : 13. 19 (18) : 18. 16 : 26. 9.
De. 32. 31†, 37 : 33. 3.
Jo. 4. 6†, 9, 21 : 7. 3 : 9. 16 : 10. 6 : 14. 12 : 15. 46 : 22. 14 : 24. 30.
Jd. 8. 19† : 10. 4† : 14. 3† : 18. 7, 26.
I Ki. 4. 8† : 10. 14 : 12. 21† : 21. 3 (4), 4 (5), 4 (5)† *bis* : 25. 10, 11 : 30. 24†.
II Ki. 3. 39 : 14. 30† : 17. 8 : 19. 6 (7) : 21. 2.
III Ki. 1. 25 : 8. 51† : 10. 7† : 21 (20). 31.
IV Ki. 7. 10, 13 : 15. 11†, 15†, 26 : 17. 26 : 19. 18.
I Ch. 1. 31† : 8. 6 : 9. 26 : 12. 20 : 29. 29.
II Ch. 8. 7 : 20. 2 : 23. 6 : 26. 22†.
I Es. 5. 7, 37 : 6. 4.
II Es. 2. 59 : 4. 9†, 12.
Ne. 5. 3, 4, 5 : 7. 61 : 13. 24.
To. 2. 10†, 14, 14† : 3. 5† : 10. 13† : 12. 10.
Ju. 3. 4 : 5. 6.
Es. 4. 11 : 8. 5 : 9. 20†.
Jb. 4. 20 : 6. 3†, 12 : 7. 3 : 13. 23 *bis* : 18. 21 : 22. 5† : 32. 4, 9 : 33. 32† : 36. 25.
Ps. 9. 20 : 18 (19). 3 : 24 (25). 6 : 54 (55). 21 : 72 (73). 5 : 77 (78). 39 : 88 (89). 11, 49 : 93 (94). 11 : 94 (95). 4† : 101 (102). 25 : 118 (119). 84, 111.
Pr. 1. 16†, 19 : 4. 27 : 5. 21 : 7. 26 : 10. 18 : 11. 24 *bis* : 12. 18 : 13. 7 *bis* : 14. 4 : 16. 25 : 22. 14, 18 : 24. 72 (31. 4) : 26. 25† : 31. 21†.
Ec. 3. 18 : 4. 17 : 6. 11 : 8. 14 *bis* : 9. 5, 16†.
Ca. 6. 7 (8).
Wi. 1. 16 : 3. 3 : 4. 6 : 8. 7.
Si. 3. 18† : 7. 24 : 44. 8, 9, 9†.
Ho. 6. 8 (7) : 7. 13.
Mi. 2. 7.
Za. 1. 5, 10 : 3. 9 (8), 10 (9) : 4. 10 : 6. 5† : 7. 7†.
Ma. 3. 8.
Is. 13. 3†, 15 : 15. 3† : 19. 12 : 22. 3, 9 : 28. 7 : 30. 4 : 33. 6, 18 *bis* : 36. 9 : 37. 12, 13 : 40. 17 : 41. 29 : 43. 8 : 55. 8 : 56. 11 : 61. 9.
Je. 2. 11, 28 : 4. 22 *bis* : 5. 4, 10 : 6. 20, 28 : 10. 20 : 16. 20 : 22. 17 : 30 (49). 1, 9 (49. 31) : 34 (27). 18 : 38 (31). 15 : 44 (37). 19 : 45 (38). 9 : 48 (41). 8 : 51 (44). 3.
Ba. 2. 25† : 3. 16.
Ep. Je. 16, 17, 18, 23, 29, 31, 39, 45†, 49, 50†, 51, 52, 56, 60†, 65, 69, 70, 72.
Ez. 3. 7 : 7. 11† : 11. 7 : 12. 10 : 18. 4 *bis* : 20. 9 : 23. 45 : 29. 3, 9 : 33. 10 : 35. 10† : 38. 11 : 40. 46 : 42. 8, 13 : 43. 12† : 45. 14 : 47. 16.
Da. LXX. Su. 38, 51 : 3. 12 : 7. 17 : 12. 13.
Da. TH. 3. 12 : 12. 13†.
I Ma. 4. 35 : 5. 26, 27, 38 : 8. 1, 2 : 9. 6 : 12. 21 *bis*.
IV Ma. 1. 20, 21, 28, 32 : 9. 18 : 11. 6† : 15. 5.
[**Aq.** Ps. 54 (55). 20 : 72 (73). 4 : Pr. 1. 9 : Is. 40. 29 : 63. 8 : Je. 4. 22 : 10. 5 : 32 (39). 19 : 50 (27). 42.]
[**Sm.** Ex. 1. 19 : Jd. 18. 7 : I Ki. 2. 3 : Ec. 4. 9 : 8. 14 : Is. 30. 7 : 63. 8 : Je. 50 (27). 42 : Ez. 2. 6.]
[**Th.** Jo. 2. 4 : Jd. 18. 26 : Ps. 76 (77). 11 : 88 (89). 50 : Is. 44. 9 : 63. 8 : Je. 10. 5 : Ez. 7. 11.]
[**Al.** Nu. 33. 1 : Is. 44. 11 : Ez. 12. 3.]
[**Quint.** Ps. 76 (77). 11 : 94 (95). 4.]
[**Sext.** Ps. 94 (95). 4.]

εἶναι. III. ὦ, ᾖς, ᾖ, ὦμεν, ὦσι.

Ge. 6. 17 : 16. 6† : 18. 24 *bis*, 26† : 21. 30 : 28. 20 : 30. 33 : 43. 3, 5 : 44. 30.
Ex. 1. 16 *bis* : 12. 4 : 21. 23†, 29, 36 : 22. 9 (8), 14 (13), 15 (14) *bis* : 33. 13 : 38. 16 (37. 20).
Le. 7. 6 (16) : 11. 33† : 13. 4† *bis*, 21 *bis*, 26†, 28, 46, 52†, 54, 56 : 14. 36 : 15. 10, 17, 19 : 19. 20† : 21. 17†, 18†, 19†, 20 : 22. 3†, 13† : 25. 26, 51 : 27. 7, 8.
Nu. 5. 8, 13, 13†, 13, 14, 27, 28 : 9. 10†, 13 : 19. 18 : 27. 8†, 9, 10, 11.
De. 1. 17 : 5. 29 (26), 33 (30) : 6. 3, 24 : 10. 13 : 15. 3, 21 : 17. 12†, 20† : 19. 6†, 17 : 21. 18 : 23. 10 (11) : 24. 10 : 25. 2, 5† : 30. 4.
Jo. 10. 2 (?)† : 14. 12 : 22. 27.
I Ki. 11. 3† : 19. 3 *bis* : 20. 9, 12† : 27. 1†.
II Ki. 15. 4, 21.
III Ki. 4. 28 (5. 8) : 11. 36.
I Ch. 4. 10†.
II Es. 4. 22 (?)† : 6. 10 : 7. 25†, 26.
Ne. 1. 9.
To. 14. 9†.
Ju. 8. 17†.
Es. 2. 12† : 4. 16† : 8. 13†.
Jb. 9. 15, 20 *bis* : 10. 15 : 21. 2† : 22. 3† : 33. 23 : 37. 6† : 39. 30.
Ps. 49 (50). 22.
Pr. 3. 22 : 6. 11 : 7. 9† : 23. 16 : 27. 26.
Ec. 4. 10.
Wi. 9. 6 : 16. 28†.
Si. 16. 11 : 45. 24.
Mi. 5. 8 (7).
Is. 1. 18 *bis* : 7. 23 : 8. 14 : 10. 20 : 17. 8 : 44. 15†.
Je. 7. 23†.
Ba. 1. 11.
Ep. Je. 56†.
Ez. 1. 12†, 28 : 10. 10 : 14. 14, 16, 18†, 20† : 16. 63 : 34. 12†, 22† : 42. 14.
I Ma. 3. 60 : 6. 36† : 10. 24 : 12. 36.
II Ma. 11. 26.
IV Ma. 2. 8†, 9.
[**Aq.** Ps. 71 (72). 7 : Je. 7. 23 : 32 (39). 39 : 42 (49). 6 : Ez. 17. 6.]
[**Sm.** Ge. 30. 38 : Jb. 9. 21 : Ps. 58 (59). 14 : 82 (83). 5 : Is. 1. 18 : Je. 32 (39). 39 : 42 (49). 6 : Ez. 1. 12.]
[**Th.** Ex. 28. 28.]
[**Al.** Le. 25. 39, 47 : 27. 8 : Dt. 5. 16 : 6. 24.]
[**Quint.** Ho. 8. 6.]
[**Heb.** Jb. 10. 16.]

εἶναι. IV. εἴη, εἴησαν.

Ge. 23. 15.
Ru. 2. 19.
II Ki. 14. 17†.
III Ki. 1. 37.
I Ch. 12. 17†.
Jb. 1. 21 : 3. 4, 6, 7 : 5. 16 : 6. 10, 29 : 13. 5 : 16. 6, 19, 22† : 21. 2† : 27. 5, 7 : 34. 10 : 36. 14†.
Ps. 112 (113). 2.
Si. 46. 11.
Ez. 1. 16.
Da. TH. 2. 20.
II Ma. 3. 37 : 4. 1 : 11. 28.
IV Ma. 2. 8†.
[**Sm.** Jb. 3. 9 : Ps. 32 (33). 22 : 121 (122). 7.]

εἶναι. V. ἴσθι, ἔσο, ἔστω (ἤτω), ἔστωσαν.

1. ἴσθι.

Ex. 24. 12.
Nu. 5. 19.
To. 4. 14†.
Pr. 3. 5, 7 : 5. 20 : 6. 3, 6† : 22. 24 : 23. 17, 20 : 24. 43 (28).
Si. 4. 30 : 5. 10.
[**Sm.** Pr. 3. 5.]

εἶναι. 2. ἔσο.

[**Sm.** III Ki. 2. 2 : Ps. 30 (31). 3 : Ec. 7. 15 (14).]

εἶναι. 3. ἔστω.

Ge. 1. 6 : 13. 8 : 21. 12 : 24. 51 : 27. 33† : 30. 34 : 33. 9.
Ex. 10. 10.
Le. 13. 45† : 15. 19† : 25. 13† : 27. 5†.
Nu. 18. 9.
De. 33. 6.
Jo. 1. 17 : 2. 21† : 3. 4.
Jd. 11. 10† : 15. 2.
I Ki. 18. 17†.
II Ki. 11. 25 : 18. 22†.
III Ki. 3. 26.
IV Ki. 20. 19†.
II Ch. 9. 8.
I Es. 2. 5, 18 : 6. 8.
II Es. 4. 12, 13 : 5. 8 : 6. 8, 10 : 7. 24.
Ne. 1. 6, 11 : 4. 22 (16).
Es. 7. 2†.
Ps. 68 (69). 25 : 71 (72). 17 : 89 (90). 17.
Pr. 5. 17, 18 : 6. 22.
Wi. 2. 9†, 11.
Si. 4. 31 : 5. 10, 12 : 9. 15, 16 : 30. 39 (33. 30) : 34 (31). 10†.

● = correction on page xxv

Jl. 3 (4). 11.
Ob. 1. 15†.
Is. 3. 6.
Je. 20. 14, 16†: 27 (50). 29: 49 (42). 5.
Ez. 20. 20: 45. 10†.
Da. LXX. 2. 20†.
Da. TH. 3. 18: 4. 16: 5. 17.
I Ma. 7. 28: 10. 31†: 16. 3†.
[Aq. Ge. 1. 6.]
[Sm. Ge. 1. 3, 6: Ps. 68 (69). 26: 80 (81). 10: 89 (90). 17: Ec. 11. 9: Je. 39 (46). 12.]
[Th. Ps. 71 (72). 17.]

εἶναι. 4. ἔστωσαν.

Ge. 1. 14, 15: 37. 27.
Ex. 19. 10: 25. 35 (36): 26. 24: 27. 7: 28. 20, 21 *bis*.
Le. 25. 45.
Nu. 36. 6, 6†.
III Ki. 5. 6 (20)†: 8. 52, 59, 61.
II Ch. 6. 40: 18. 12.
Pr. 17. 17.
Ec. 5. 1: 9. 8.
Si. 6. 6: 9. 16: 11. 10.
Da. LXX. 6. 26 (27).
I Ma. 10. 34, 34†, 37.

εἶναι. 5. ἤτω.

Ps. 103 (104). 31.
I Ma. 10. 31†: 16. 3†.

εἶναι. VI. ὤν, οὖσα, ὄν. *ὁ Ὤν.

Ge. 6. 9: 18. 10: 19. 11: 23. 9: 24. 54: 37. 2: 39. 14: 40. 5: 44. 1, 14, 26, 31, 34: 49. 32.
Ex. 3. 14* *bis*: 6. 3: 25. 21 (22): 30. 6.
Le. 1. 8: 6. 15 (8): 8. 25 (26): 13. 46: 14. 16, 17†, 29: 15. 23: 16. 18: 18. 27: 25. 30, 45: 26. 13, 44.
Nu. 3. 26: 4. 25: 5. 17, 20, 29: 12. 3: 16. 5, 32: 21. 32†: 35. 31.
De. 2. 36: 3. 25: 4. 17: 16. 11†, 14: 20. 15: 29. 15 (14) *bis*.
Jo. 6. 2†: 13. 17.
Jd. 1. 16: 6. 11†, 24: 18. 3†, 22†: 19. 11†.
I Ki. 2. 27, 32 (?)†: 4. 15†: 12. 21†: 14. 21: 17. 40: 22. 4†: 25. 7.
II Ki. 3. 35: 5. 2: 12. 31†: 13. 30.
III Ki. 7. 41, 42: 9. 26: 10. 22 (9. 20)†: 11. 43†: 12. 2†, 24 (*cf.* A 14. 21): 16. 22† *bis*.
IV Ki. 23. 20.
I Ch. 11. 2: 16. 5†: 17. 13†.
II Ch. 13. 9: 20. 31†: 21. 5: 22. 2: 24. 1, 15†: 25. 1: 29. 1†: 33. 1, 21: 34. 1: 36. 5.
I Es. 1. 34, 46: 5. 47: 8. 3, 10†, 47†.
II Es. 6. 6.
To. 1. 4†: 5. 13†: 6. 11†: 11. 17†.
Ju. 2. 4, 28: 4. 7: 12. 3†, 4†: 14. 13: 15. 1.
Es. 4. 17: 7. 7: 8. 13 *bis*.
Jb. 1. 10: 2. 13: 4. 7: 7. 11: 8. 12†: 10. 19: 12. 5: 15. 14: 24. 6, 13: 31. 31: 34. 13†, 17: 36. 19: 39. 29, 34 (40. 4).
Ps. 7. 2: 48 (49). 12, 20: 77 (78). 30.
Pr. 1. 22: 3. 28: 6. 7, 8: 15. 13: 23. 4: 24. 63 (30. 28): 27. 7: 28. 15: 29. 16.
Ec. 7. 20 (21)†.
Wi. 2. 6, 24: 6. 4: 7. 17, 27: 8. 6, 20: 11. 24: 12. 15: 13. 1: 15. 17: 17. 13.
Si. 7. 11†: 17. 28: 28. 5: 42. 10: 46. 8: 51. 13.
Ho. 3. 4 *quater*.
● Jn. 4. 2.
Na. 2. 11 (12).
Hb. 2. 6.
Za. 14. 15.
Is. 6. 5: 8. 15†, 22†: 41. 11, 12: 51. 12†: 53. 3: 57. 19.
Je. 1. 6*: 5. 7†: 14. 13*: 39 (32). 17*: 43 (36). 28: 48 (41). 3: 52. 1.
La. 4. 17.
Ep. Je. 15, 37, 41, 54, 59, 60, 64.
Ez. 1. 25: 3. 6, 15: 9. 3: 10. 7: 15. 2, 5: 18. 6: 42. 13: 44. 9.
Da. LXX. Su. 28, 30, 41, 42, 54: 2. 21, 30: 4. 19, 28, 34: 6. 26 (27): 8. 2 *bis*: 10. 7.
Da. TH. Su. 38, 61†: 1. 20: 2. 30: 3. 30 (97)†: 4. 28: 5. 31 (6. 1).
I Ma. 3. 17: 5. 2, 9, 13†, 16, 44†: 10. 12, 34, 37, 69: 11. 18, 33†: 12. 9: 13. 11.
II Ma. 1. 10, 22: 2. 21, 24: 4. 19: 7. 16, 28: 8. 10, 16: 9. 3, 12, 26: 10. 15: 11. 5, 8, 9, 23: 12. 4, 9, 31, 36: 13. 6†, 15†: 14. 45: 15. 1.
III Ma. 1. 27: 4. 18: 5. 2: 6. 15.
IV Ma. 1. 25, 28, 34†: 2. 3, 7: 3. 18: 4. 3: 5. 24: 6. 13: 7. 13: 11. 8: 12. 13: 14. 10: 15. 11: 16. 5: 18. 10.
[Aq. Ps. 38 (39). 2: Pr. 29. 18: 31. 15: Je. 6. 18: 39 (46). 15: Ez. 28. 2.]
● [Sm. I Ki. 17. 39: II Ki. 23. 19: IV Ki. 1. 2: Jb. 7. 6: Ps. 38 (39). 3: 58 (59). 5: 77 (78). 30: 87 (88). 16: 99 (100). 3: Pr. 26. 20: 31. 15: Je. 6. 14: 20. 7: 38 (45). 7: 41 (48). 5: 52. 20: Ez. 28. 2: Am. 7. 2.]
[Th. Jo. 6. 2: Pr. 15. 22: 31. 15: Je. 39 (46). 15: Ez. 28. 2: Da. 4. 28.]
[Al. Le. 15. 10.]

εἶναι. VII. ἦν, ἦς (ἦσθα), ἦν (ἤ): ἦμεν, ἦτε, ἦσαν. 1. ἦς.

Jd. 11. 35†.
Ru. 3. 2.
Jb. 38. 4†.
Ob. 1. 11.
Is. 37. 10†.

εἶναι. 2. ἦσθα.

Ge. 40. 13.
Nu. 10. 31.
De. 5. 15: 15. 15: 16. 12†: 24. 18, 20, 22.
II Ki. 5. 2.
I Ch. 11. 2.
Jb. 22. 3†: 38. 4†.
Ps. 9. 35 (10. 14).
Is. 27. 8: 30. 15.
Ez. 16. 7, 22.

εἶναι. 3. ἦν.

Ge. 1. 2, 7: 2. 5: 3. 1: 4. 2, 17, 20, 21, 22: 5. 32: 6. 12: 7. 6, 6†, 19, 22, 23: 8. 1, 9: 9. 18; 10. 9: 11. 1, 3, 10†, 30: 12. 4, 14, 20: 13. 2, 3, 5, 6, 10, 18: 14. 12, 17, 18: 16. 1, 16: 17. 24, 25: 18. 22: 21. 5, 17, 20: 23. 17 *ter*, 20: 24. 1, 16 *bis*, 29, 36: 25. 20, 21, 24, 26, 27, 27†: 26. 7, 28, 34: 27. 15: 28. 19: 29. 2, 14, 17, 25, 31: 30. 29, 30, 30†, 35 *bis*: 31. 2, 4†, 5, 42: 34. 7, 19, 28 *bis*, 29 *bis*: 35. 3, 6: 36. 7, 12: 37. 2, 3: 38. 5, 21, 27, 30: 39. 2 *bis*, 3†, 4, 5, 6 *bis*, 11, 21, 22†, 23 *bis*: 40. 5†, 9, 20: 41. 8 *bis*, 12, 24, 46, 48, 49, 56: 42. 5, 6, 23, 27, 35: 47. 13, 26: 48. 14.
Ex. 1. 5: 2. 1: 3. 1: 7. 7, 21: 9. 24, 25†, 32: 10. 23: 12. 30 *bis*: 13. 17: 14. 12: 15. 23: 16. 15, 31, 36: 17. 1: 20. 21: 21. 23†: 24. 18†: 34. 1, 28, 30: 36. 7: 37. 2 (36. 9)†: 38. 22 (1)†: 40. 38 *bis*.
Le. 11. 33†: 13. 4† *bis*, 26†: 21. 17†: 22. 13†: 24. 10: 27. 24.
Nu. 3. 4: 5. 13†: 7. 12: 9. 15: 11. 1, 8, 10, 33: 20. 2: 22. 4, 26: 26. 64: 27. 3, 8†: 32. 1 *bis*: 33. 14, 39: 35. 23.
De. 2. 15, 36†: 3. 4: 8. 15: 10. 2: 19. 6†, 6: 22. 27†: 25. 5†: 26. 3†: 32. 12: 34. 7.
Jo. 1. 17: 5. 1, 12: 6. 20 (21), 22 (23), 26 (27) *bis*: 7. 22: 8. 29: 9. 1 (8. 35): 10. 28†, 37 *ter*: 11. 10, 19: 14. 15†: 15. 15: 17. 1: 22. 20†.
Jd. 1. 10, 11, 19, 22†, 23: 2. 15, 18: 3. 25†, 26: 4. 3, 13†, 17†: 6. 5: 7. 1, 8†, 12: 8. 11, 20, 24†, 26†, 31†: 9. 51: 11. 1†, 18†, 34† *bis*: 12. 3†: 13. 2†, 9: 14. 6, 8†, 17, 20†: 16. 21, 27†: 17. 6, 12†: 18. 1, 7†, 9†, 27, 28†, 29†, 31 *bis*: 19. 2†, 15†, 16†, 26, 28†: 20. 38: 21. 5†, 9†, 25.
Ru. 1. 7†: 4. 7.
I Ki. 1. 1†, 2 *bis*, 5: 2. 11, 17, 18, 26†: 3. 1 *ter*, 19: 4. 13: 6. 1: 7. 2, 10, 14, 17: 8. 6†: 9. 1†, 2, 4, 10: 13. 7†, 21† *ter*: 14. 18†, 22, 23, 25, 26, 30†, 39, 51: 17. 34, 42, 50†: 18. 9†, 13†, 14, 14†, 21: 19. 7: 20. 12†, 13: 21. 6 (7), 7 (8), 8 (9), 9 (10): 22. 2: 23. 15†, 26, 26†: 24. 4: 25. 2: 26. 12 *ter*: 28. 20, 24: 30. 4, 17.
II Ki. 3. 2, 6†, 12†, 22: 4. 10: 5. 4†: 8. 10, 15: 9. 2, 12†, 13: 12. 2, 3, 30: 13. 2, 3, 18, 21, 32, 38: 14. 6, 25 *bis*, 27†, 32: 15. 32: 16. 6†: 18. 9†: 19. 6 (7), 9 (10), 28 (29), 32 (33)†: 20. 26: 21. 16, 20: 23. 11: 24. 16, 25.
III Ki. 1. 4, 9, 15†, 37: 2. 14, 28: 3. 1 (5. 15)†, 1 (4. 20†), 1 (4. 21)†, 1 (4. 24)† *bis*, 1†, 21 *bis*, 26: 4. 1, 6, 11, 24 (5. 4) *bis*, 26 (5. 6)†, 31 (5. 11)†: 5. 1 (15), 10 (24), 12 (26), 13 (27), 15 (29): 6. 19: 7. 47 *bis*, 48†: 8. 9, 57: 10. 2, 3, 11†, 14, 21 *bis*, 22 (9. 15)†, 26: 11. 1, 4, 10†, 14 (A 24), 20†, 40: 12. 15, 20, 24† *quater*, 24 (*cf.* A 14. 2)† *bis*: 13. 24: 14. 30: 15. 3, 6†, 7, 14, 16, 32†: 16. 9, 28 (22. 47 [48])†, 31: 17. 17†: 18. 2†, 3, 7, 26 *bis*, 29†: 20 (21). 1: 21 (20). 12, 40: 22. 1, 35, 48†.
IV Ki. 1. 18 (3. 3)†: 3. 4†, 9: 4. 1, 31 *bis*: 5. 1 *bis*, 2: 6. 8, 26: 8. 17, 18, 26†: 11. 3: 14. 2, 26: 15. 2, 5, 33: 16. 2: 17. 28: 18. 2†, 7: 20. 4, 13, 15: 23. 31: 24. 3, 7, 20: 25. 16, 19.
I Ch. 2. 3, 4†, 21, 26: 4. 9, 10†, 32 (?): 9. 20: 11. 12, 13 *bis*, 18†, 20 *bis*, 21, 25†: 13. 6: 15. 22, 25: 18. 10, 14: 20. 2, 6 *bis*: 21. 5, 20: 22. 3, 4: 23. 11: 26. 10.
II Ch. 1. 3, 5: 5. 8, 10: 9. 1†, 9, 13, 20, 26: 10. 15: 12. 3: 13. 2, 7: 14. 6 (5): 15. 8, 19: 17. 12: 18. 32, 34: 20. 24, 25: 21. 6, 20†: 22. 3, 9, 12: 23. 9: 24. 7: 26. 5, 8, 10, 11†, 21: 27. 8†: 28. 1†, 9, 21†: 32. 3: 34. 33: 35. 15, 19, 24: 36. 5 *bis*, 15, 16.
I Es. 1. 39, 43: 2. 13, 22: 5. 51, 65: 6. 26: 8. 91.
II Es. 3. 13: 4. 4, 24: 5. 11: 6. 2†: 7. 9: 8. 31.
Ne. 2. 1 *bis*, 12†, 14: 4. 1 (3. 33)†, 13 (7)†, 23 (16): 5. 1†, 18: 6. 6, 18†: 7. 2†: 8. 5: 12. 44†: 13. 26 *bis*.
To. 1. 22 *bis*: 2. 9†: 3. 8: 5. 4†: 6. 17†: 14. 2, 9†, 11†.
Ju. 1. 11, 16†: 2. 17, 20: 3. 8, 10: 4. 3, 5, 6†, 7 *bis*, 13, 15: 5. 10, 12, 17, 19: 7. 19, 22: 8. 4, 5, 7, 8, 17†: 9. 1: 10. 7, 14, 21 *bis*: 12. 11†, 16†: 13. 2†, 6†, 13: 14. 8, 17: 15. 2, 7: 16. 20, 23, 25.
Es. 1. 1 *bis*, 11: 2. 5, 6, 7 *bis*, 12†, 15, 20: 4. 2, 3†: 5. 1: 9. 22†: 10. 3 *bis*.
Jb. 1. 1 *bis*, 3 *ter*, 13†: 4. 16: 6. 17: 9. 33: 16. 18 (17): 21. 16: 29. 12†: 30. 4: 32. 1, 12: 42. 10†, 12, 18, 18†.
Ps. 1. 2†: 13 (14). 5: 17 (18). 41: 36 (37). 36: 43 (44). 12: 52 (53). 5: 78 (79). 3: 104 (105). 34, 37: 106 (107). 12: 123 (124). 1, 2: 141 (142). 4.
Ec. 7. 24 (23): 12. 7.
Wi. 4. 14†: 5. 3: 8. 20†: 12. 11: 14. 13: 16. 28†: 17. 16, 17: 18. 1, 24, 25.
Si. 51. 6, 7 *bis*.
Ho. 1. 10 (2. 1): 2. 7 (9): 7. 7, 11: 8. 6.
Am. 2. 9 *bis*.
Mi. 2. 4: 4. 9.
Jn. 1. 10: 2. 1: 3. 3.
Na. 2. 8 (9)†, 8 (9), 9 (10), 11 (12): 3. 3, 18.
Za. 3. 4 (3): 6. 1: 7. 7: 10. 2.
Ma. 1. 2, 14: 2. 5, 6.
Is. 2. 7 *bis*: 3. 24†: 23. 7: 30. 32: 39. 2 *bis*: 41. 22, 28: 42. 22 *bis*: 43. 12: 44. 15†: 50. 2, 2†: 51. 2, 18 *bis*: 59. 15, 16 *bis*: 60. 15: 63. 5†.
Je. 4. 23, 24, 25: 8. 15: 13. 7, 19: 14. 4, 5, 6, 19: 20. 1, 2 *bis*: 22. 15†: 26 (46). 2: 29 (49). 12: 31 (48). 11, 27†, 33: 33 (26). 18, 20, 24: 39 (32). 31: 40 (33). 1: 45 (38). 6 *ter*, 7: 52. 7, 19 *bis*, 20, 25.
La. 1. 7 *bis*.
Ez. 1. 12†, 16, 18, 20, 20†, 21: 2. 10: 8. 3, 4: 10. 17, 19: 11. 22†, 23: 13. 10†: 16. 14, 56: 17. 12†: 19. 14: 23. 4, 4† *bis*: 33. 24, 33: 34. 6; 37. 1, 8: 40. 3 *bis*: 42. 8†: 44. 1.
Da. LXX. Su. 1, 4 *bis*, 31, 40: 1. 16, 21: 2. 31, 32, 49: 3. (46), 27 (94): 4. 8, 9: 5. 11, 12: 6. 3 (4) *ter*, 18 (19): 7. 5: 8. 4, 5†, 5, 7 *bis*, 27: 10. 16, 21: 12. 7: Bel 1, 2, 16, 22, 31, 30, 32.
Da. TH. Su. 1, 4 *bis*, 15, 16, 21, 31, 32, 35, 37, 40: 2. 49: 3. 27 (94): 6. 2 (3), 3 (4), 3 (4)†, 4 (5), 10 (11) *bis*, 14 (15)†: 7. 13†, 19: 8. 4, 5, 7 *bis*, 21, 27: 12. 6, 7: Bel 2, 3, 23, 31, 33.
I Ma. 1. 10, 59: 3. 12, 45 *bis*, 46†: 5. 23, 30†, 46, 53, 55: 6. 9, 30, 36†, 41, 43, 49 *bis*, 53: 7. 17: 8. 4: 9. 5, 12, 22, 68: 10. 14: 11. 2, 14, 39: ● 13. 22, 47: 14. 7, 12, 33, 34: 15. 3: 16. 5, 11, 12, 14.
II Ma. 1. 24: 2. 4: 3. 11†, 14, 16, 21†, 36: 4. 13, 28: 5. 18†: 6. 3, 6: 8. 26: 11. 18, 27: 12. 21,

● = correction on page xxv

44†: 13. 8: 14. 17, 29, 38: 15. 7, 12, 18, 19, 38.
III Ma. 1. 21, 28, 29: 3. 8: 4. 2, 11, 21: 5. 28: 7. 13.
IV Ma. 4. 7, 22: 5. 18 *bis*: 16. 5†: 17. 6, 7, 8, 11.

[**Aq.** Ge. 1. 2: 3. 2 (1): 38. 22: Ex. 39. 9 (16): I Ki. 14. 18: 17. 50: III Ki. 4. 21 (5. 1): 5. 1 (15): 6. 17, 18: 15. 6, 14, 32: 22. 48: IV Ki. 8. 26: Jb. 1. 1: Ps. 118 (119). 54: Is. 36. 21: 39. 2: Je. 15. 11: 32 (39). 2: 35 (42). 4: Ez. 2. 10: 27. 19.]
● [**Sm.** Ge. 1. 31: 30. 42: 47. 22: Ex. 14. 20: Jd. 18. 7: I Ki. 4. 19: 14. 18: 17. 50: II Ki. 6. 14: 20. 26: 23. 19 *bis*: III Ki. 4. 21 (5. 1): 5. 1 (15): 6. 17: 15. 14: IV Ki. 3. 4: 7. 5: 8. 26: Ps. 67 (68). 15: 72 (73). 4: 118 (119). 20, 54: Is. 36. 21: 39. 2: Je. 26 (33). 18, 20: 44 (51). 17: 51 (28). 33, 59: 52. 1; Ez. 31. 3: 42. 6: Da. Su. 1.]
[**Th.** Ge. 1. 2: Ex. 39. 9 (16): I Ki. 14. 18: 17. 50: III Ki. 5. 1 (15): 6. 17, 18: 15. 14: IV Ki. 1. 17: Jb. 1. 1: Ps. 43 (44). 13: 52 (53). 6: 118 (119). 54: Is. 36. 21: 39. 2: Je. 14. 5: 52. 1: Da. 8. 5: 12. 6: Su. 1, 40.]
[**Sam.** Ex. 14. 20.]
[**Al.** Ge. 47. 22: Ex. 17. 1: II Ki. 6. 20: 20. 26: III Ki. 22. 48: Jb. 6. 17: 11. 5: Ps. 43 (44). 13: Ez. 43. 13.]
[**Quint.** IV Ki. 8. 26.]
[**Heb.** Ez. 1. 4.]

εἶναι. 4. ἦ (=ἦν).
Ex. 1. 15† (?).
III Ki. 12. 24†.
II Ch. 21. 20†.
Ne. 6. 18†.
To. 1. 22†.

εἶναι. 5. ἦμεν.
Nu. 13. 34 *bis*.
De. 6. 21.
I Ki. 25. 15, 16†.
Is. 20. 6.

εἶναι. 6. ἦτε.
Ex. 22. 21 (20): 23. 9.
De. 5. 16†: 9. 22, 24: 10. 19: 28. 62: 31. 27.
Jo. 24. 7.
I Ki. 12. 14.
II Es. 4. 22†.
Hg. 2. 17 (16).
Za. 8. 13.
Ez. 16. 55.

εἶναι. 7. ἦσαν.
Ge. 2. 25: 3. 7: 6. 4 *bis*: 9. 18: 14. 13: 25. 4: 26. 35: 27. 23: 29. 2, 16, 20†: 31. 10†: 34. 5, 25: 35. 4, 22: 36. 13: 40. 4, 5, 6, 7: 41. 54: 46. 31, 32.
Ex. 1. 5: 2. 16: 9. 26: 15. 27: 32. 15, 16: 36. 21 (39. 14): 37. 2 (36. 9)†: 38. 22 (1)†: 39. 23 (43).
Nu. 1. 44: 3. 17: 9. 6: 11. 26: 15. 32: 22. 3: 31. 16.
De. 3. 8: 4. 47: 10. 5: 31. 4.
Jo. 2. 10: 5. 1, 4, 6: 9. 1 (8. 33), 1 (8. 33)†, 10: 10. 26: 14. 4: 17. 3: 22. 30.
Jd. 1. 7: 7. 8†, 11†, 12: 8. 10†, 19†, 24, 30 *bis*: 10. 4†: 12. 9†, 13†: 14. 11: 16. 30†: 18. 30: 21. 14†.
Ru. 1. 2, 7†.
I Ki. 13. 2† *bis*: 14. 2†, 49: 22. 2: 25. 7, 16, 43.
II Ki. 2. 10†: 4. 3: 6. 13: 8. 7†, 10, 17: 9. 11: 10. 5: 12. 1: 13. 23: 20. 3.
III Ki. 1. 8: 3. 1†, 1 (4. 21)†, 1 (4. 26)†, 2†: 4. 2, 32 (5. 12): 5. 14 (28): 10. 22 (9. 19)†, 22 (9. 22)†, 26: 11. 3, 14 (A 25)†: 12. 6, 24†, 31.
IV Ki. 6. 20: 7. 3: 10. 6: 17. 2, 25, 29, 32 *bis*, 41 *bis*: 18. 4: 21. 15: 25. 3, 25.
I Ch. 1. 51†: 2. 22, 25, 27, 28, 33, 34, 50, 52: 3. 1: 4. 5, 14, 27: 6. 32 (17): 7. 19: 8. 3, 40: 9. 24, 26, 30: 11. 10: 12. 21, 39: 14. 4: 18. 2, 6, 7, 13: 19. 5: 20. 8: 23. 17 *bis*, 22, 26: 24. 2, 5, 28: 26. 6.
II Ch. 4. 4: 5. 9, 11: 8. 6†, 8: 9. 25: 11. 12, 13: 12. 4, 12: 16. 8: 22. 4: 29. 34: 30. 10, 17: 35. 26: 36. 16, 20.
I Es. 1. 15, 51, 57: 2. 27: 5. 41, 50: 8. 63, 72†.
Ne. 3. 26: 5. 2: 6. 14, 18, 19 *bis*: 7. 4: 8. 7: 9. 3: 13. 5†, 22.
Ju. 4. 3: 6. 10, 11, 15: 7. 2, 6†, 18, 32: 13. 1†.
Es. 8. 9†: 9. 20†.
Jb. 30. 6†: 36. 12.
Ps. 54 (55). 18: 118 (119). 54: 121 (122). 2.
Pr. 24. 50 (30. 15).
Ec. 7. 11.
Wi. 16. 9: 17. 21: 18. 12.
Ho. 12. 11 (12).
Za. 6. 6: 10. 8.
Is. 20. 5 *bis*: 31. 1: 37. 19: 44. 9†: 49. 21.
Je. 2. 28: 3. 23: 5. 13: 11. 13: 39 (32). 30: 48 (41). 2: 52. 6, 23 *bis*.
La. 4. 9.
Ez. 9. 6: 10. 15†: 16. 55, 55†: 17. 6: 20. 24: 22. 9†: 23. 2, 20†: 27. 8, 9, 10, 11, 27: 40. 49: 42. 6.
Da. LXX. Su. 10: 1. 6, 19: 3. (46): Bel 9, 20.
Da. TH. Su. 10, 18: 5. 19: Bel 10, 32.
I Ma. 2. 31: 3. 29: 4. 2, 4: 5. 4, 62: 6. 18, 36: 7. 13, 29: 11. 41: 13. 34†: 14. 8: 15. 2.
II Ma. 10. 6, 27: 11. 16: 15. 9.
III Ma. 2. 4: 3. 3.
IV Ma. 3. 9†: 8. 16, 28: 15. 10: 16. 3.

[**Aq.** II Ki. 8. 18: Is. 59. 2: Je. 52. 20: Ez. 22. 18.]
[**Sm.** Ex. 2. 16: Nu. 1. 45: II Ki. 8. 18.]
[**Th.** Ez. 13. 4.]
[**Al.** Jd. 3. 2: Ez. 1. 18.]
[**Heb.** II Ki. 8. 18.]

εἶναι. 8. ἤμην.
Ex. 18. 3.
Jo. 1. 5: 3. 7: 14. 7.
Jd. 12. 2.
I Ki. 29. 8.
II Ki. 7. 6, 9: 15. 34.
I Ch. 17. 5, 8.
Ne. 1. 1, 4, 11: 2. 1†, 11, 13, 15 *ter*: 4. 23: 13. 6.
To. 1. 4, 4†, 13†: 2. 10†: 12. 13†, 18† *bis*.
Es. 10. 3†.
Jb. 19. 15†: 29. 4, 5, 15, 16: 31. 5.
Ps. 119 (120). 7: 151. 1.
Pr. 8. 29, 30.
Ca. 8. 10.
Wi. 8. 19.
Am. 7. 14 *bis*.
Is. 48. 16.
Ez. 1. 1.
Da. LXX. 4. 1: 7. 11: 10. 2, 4, 9.
Da. TH. 4. 1: 8. 2 *bis*, 5: 10. 2, 4, 9.
I Ma. 6. 11.

[**Aq.** Je. 11. 19: Ez. 33. 22.]
[**Sm.** Jd. 12. 2: II Ki. 7. 6: Jb. 29. 4: Ps. 72 (73). 22: Je. 11. 19.]
[**Th.** Da. 7. 11†.]

εἶναι. 9. ἤμεθα.
I Ki. 25. 16†.
Ba. 1. 19.

εἶναι. VIII. ἔσομαι, ἔσεσθαι, ἐσόμενος.

1. ἔσομαι.
Ge. 4. 14: 17. 8: 26. 3: 27. 12: 31. 3, 13: 43. 9: 44. 32.
Ex. 3. 12: 6. 7: 29. 45.
Le. 26. 12.
Nu. 22. 38.
Jo. 1. 5: 3. 7.
Jd. 11. 9: 16. 7, 11, 13, 17.
Ru. 2. 13.
I Ki. 18. 18†: 23. 17.
II Ki. 6. 22: 7. 14: 16. 18, 19: 22. 3, 24.
III Ki. 1. 21: 11. 38: 22. 22.
I Ch. 17. 13: 22. 10†: 28. 6.
II Ch. 7. 14: 18. 21.
To. 5. 14†: 13. 16†.
Ps. 17 (18). 23: 18 (19). 13: 49 (50). 21.
Wi. 8. 20: 9. 12.
Ho. 11. 4: 13. 7: 14. 6.
Za. 2. 5 (9) *bis*: 8. 8.
Ma. 3. 5.
Is. 3. 7 *bis*: 8. 17: 12. 2: 14. 14: 47. 7.
Je. 5. 1, 7†: 7. 23: 11. 4: 24. 7: 27 (50). 20: 38 (31). 1, 33, 34: 39 (32). 38: 43 (36). 3.
Ez. 11. 16, 20: 14. 11: 34. 24: 36. 28: 37. 23, 27.
Da. LXX. 6. 27 (28).

[**Aq.** II Ki. 6. 22: Ps. 49 (50). 21.]
[**Sm.** Ge. 41. 40: II Ki. 6. 22: Ps. 9. 27 (10. 6): 138 (139). 18: Je. 30 (37). 22.]
[**Th.** Je. 30 (37). 22.]
[**Al.** Ps. 138 (139). 18.]

εἶναι. 2. ἔσῃ (ἔσει).
Ge. 4. 12: 12. 2: 17. 4: 24. 8, 41 *bis*: 28. 3: 32. 28 (29)†: 41. 40: 45. 10.
Ex. 4. 16: 7. 15†: 22. 25 (24): 23. 2.
Nu. 10. 31.
De. 7. 14, 26: 16. 15: 18. 13: 22. 7†: 28. 13 *bis*, 25, 29 *bis*, 33, 34, 37, 44: 33. 7.
Jd. 11. 6, 8: 18. 19†.
II Ki. 5. 2: 13. 13: 14. 2: 15. 33: 18. 3: 19. 13 (14): 22. 27.
III Ki. 2. 3: 8. 30, 34, 36, 39, 50: 11. 37: 12. 7.
I Ch. 11. 2†: 19. 12.
II Ch. 6. 21, 25, 27, 39.
Ne. 6. 6†.
Ju. 11. 23†.
Jb. 11. 18.
Ps. 17 (18). 25†, 25, 26.
Pr. 3. 24: 5. 19: 9. 12: 10. 19: 13. 20†.
Si. 4. 10: 6. 32, 33: 7. 8, 25: 11. 10†: 12. 11: 42. 1, 8.
Na. 3. 11.
Hb. 2. 7.
Is. 14. 20: 16. 2, 2†: 38. 21: 58. 14: 62. 3.
Je. 14. 9: 15. 19: 28 (51). 26: 29 (49). 13.
Ez. 3. 26: 5. 15: 21. 32: 23. 29: 24. 17†, 27: 26. 14: 27. 36: 35. 4, 15: 38. 7, 9†.
I Ma. 2. 18.
IV Ma. 12. 5.

[**Aq.** Pr. 23. 34: Je. 14. 9.]
[**Sm.** Ge. 2. 17: 49. 4: Ps. 127 (128). 2: Pr. 23. 34: Ez. 3. 26.]
[**Th.** Pr. 23. 34.]
[**Al.** Ps. 9. 35 (10. 14).]
[**Quint.** Ps. 129 (130). 4.]

εἶναι. 3. ἔσται.
Ge. 1. 29: 4. 14†: 6. 21: 9. 2, 3, 11, 13, 14, 15, 16, 25, 26: 11. 4: 12. 12: 15. 1†, 5†, 13: 16. 12: 17. 5, 11, 13, 15, 16: 18. 14, 18, 23, 25: 20. 16: 24. 14, 43: 26. 11: 27. 33†, 39, 40: 28. 14, 21, 22: 29. 34: 30. 32, 33: 31. 8 *bis*, 16, 44: 32. 8 (9), 28 (29): 34. 7, 23: 35. 10, 12†: 37. 20†: 38. 9: 41. 31, 32, 36: 44. 10 *bis*, 17, 31: 45. 6†, 20: 47. 24 *bis*: 48. 19 *ter*, 21.
Ex. 4. 9 *bis*, 16: 7. 1, 9, 19: 8. 22 (18), 23 (19): 9. 3†, 9, 22, 29: 10. 7, 14: 11. 6: 12. 5, 6, 13 *bis*, 14, 16, 26, 48, 49: 13. 5, 7, 9, 11, 16: 16. 5 *bis*, 26: 18. 19†: 21. 4, 19, 28, 34, 36: 22. 11 (10), 15 (14), 30 (29): 23. 22†, 26: 25. 30 (31): 26. 2 *bis*, 6, 8†, 8, 11†, 13, 24†: 27. 1, 2, 5: 28. 8, 16, 17, 26 (30), 28 (32), 31 (35), 33 (37) *bis*, 34 (38) *bis*, 38 (42): 29. 9, 18†, 26, 28 *bis*, 29†, 29, 37: 30. 2 *bis*, 12, 16, 21, 25, 29, 31, 32, 34, 36, 37: 31. 14†: 33. 16: 40. 9, 10, 15.
Le. 2. 1, 5†: 5. 13: 6. 4 (5. 23), 23 (16), 37 (7. 7), 38 (7. 8), 39 (7. 9), 40 (7. 10): 7. 4 (14), 5 (15), 21 (31), 21 (31)†, 23 (33): 10. 6, 15, 19: 11. 12†, 24†, 25, 26, 27†, 27, 28, 31, 32 *ter*, 33, 34 *bis*, 35, 36 *bis*, 37, 39, 40†, 40, 41: 12. 2 *bis*, 5: 13. 6, 17†, 34, 45†, 46†, 46, 58: 14. 7, 8, 9 *bis*, 22, 46, 47 *bis*, 53: 15. 2†, 4, 5, 6, 7, 8, 9, 10 *bis*, 11, 12, 13, 16, 17, 19, 19†, 19, 20 *bis*, 21, 22, 23, 24 *bis*, 25, 26 *bis*, 27 *bis*: 16. 4, 17, 29, 31, 34: 17. 7, 15†, 15: 19. 20, 23, 24, 34, 36: 20. 9, 14: 21. 8: 22. 6, 7, 20†, 21 *bis*, 27: 23. 7, 8, 20, 21, 24 *bis*, 27, 32, 36: 24. 5, 9, 22: 25. 4, 5, 6, 7, 10, 11, 12, 28, 29 *bis*, 40, 48, 50 *bis*, 53: 26. 6, 20, 33: 27. 3 *bis*, 4, 5†, 6, 7, 9, 10, 15, 16, 19, 21 *bis*, 25 *bis*, 26, 27, 28, 31, 32, 33.
Nu. 1. 53: 4. 27: 5. 8, 9, 10 *bis*, 18, 27 *bis*, 28, 31: 6. 6, 8, 20: 8. 19: 9. 14, 20, 21: 10. 8, 10, 32 *bis*: 11. 20: 14. 41, 43: 15. 15†, 15, 16 *bis*, 19, 24, 29, 39: 16. 7, 29, 40 (17. 5): 17. 5 (20): 18.

● = correction on page xxv

5, 9, 10, 11, 13, 14, 15, 18 *bis*, 20: 19. 7, 8, 9, 10 *bis*, 11, 12†, 12, 14, 16, 19, 21 *bis*, 22 *bis*: 21. 8: 23. 21: 24. 18 *bis*: 25. 13: 27. 11, 17: 28. 14, 14†, 14, 18, 25, 26: 29. 1 *bis*, 7, 12, 35: 32. 22: 33. 54, 55, 56: 34. 2, 3 *bis*, 4, 5, 6 *bis*, 7, 8, 9 *bis*, 12 *bis*: 35. 3, 5, 11, 15, 29.

De. 6. 6, 8, 10, 20, 25: 7. 1†, 12, 14: 8. 13, 19: 10. 9†: 11. 17, 18, 22, 24 *bis*, 29: 12. 11: 13. 9 (10)†, 16 (17): 14. 10†: 15. 4, 9, 17, 18: 17. 7, 18†, 19: 18. 1, 2: 19. 3, 4†, 10, 13: 20. 2, 9, 11†, 11: 21. 3, 5, 13, 14, 16: 22. 2, 5, 19, 29: 23. 10 (11)†, 11 (12), 12 (13)†, 13 (14) *bis*, 14 (15), 17 (18) *bis*, 18 (19) *bis*, 21 (22): 24. 1†, 5, 13, 15, 19, 20, 21: 25. 2, 5, 6, 13, 14, 15, 15†, 19: 26. 1, 3†: 27. 2, 4: 28. 1, 15, 23, 26, 29, 31†, 44, 46, 63, 66, 68: 29. 13 (12), 19 (18): 30. 1: 31. 17, 21†, 23, 26: 32. 20: 33. 5, 24, 25.

Jo. 1. 4†: 2. 19 *bis*, 21†: 3. 13: 6. 4, 16 (17), 18 (19): 7. 14: 8. 5: 9. 20: 14. 9: 15. 4, 7, 11: 16. 3, 8: 1.. 8, 9, 10, 11, 17, 18 *bis*: 18. 12, 14, 19: 19. 10, 14, 22, 29: 20. 6†: 22. 18 *bis*: 23. 15: 24. 27 *bis*.

Jd. 4. 9, 20: 6. 16; 7. 4, 17: 9. 33: 10. 18: 11. 10†, 31 *bis*: 13. 5, 7†, 12: 21. 22.

Ru. 3. 4, 13: 4. 11, 15.

I Ki. 2. 32, 32†, 36: 3. 9: 8. 11, 19: 10. 5, 7: 11. 9†: 12. 15: 16. 16 *bis*: 17. 25†, 36, 37: 18. 17†, 21: 20. 13, 42: 23. 3, 22, 23: 24. 13, 14: 25. 29, 30, 31: 27. 12: 28. 22: 30. 24.

II Ki. 2. 26: 5. 24: 7. 12 *bis*, 14, 16, 25†: 11. 20: 14. 17: 15. 21, 35: 17. 3, 9: 18. 22†: 19. 35 (36): 22. 3, 32, 42†.

III Ki. 1. 2, 21: 3. 1 (2. 37) *bis*, 1 (2. 45)†: 8. 29, 37: 9. 7, 8: 11. 38: 12. 24†: 13. 32: 14. 3†: 17. 1, 4, 12†; 18. 12, 24, 31: 19. 17: 20 (21). 2 *bis*: 21 (20). 6, 39, 42.

IV Ki. 2. 10, 21: 4. 10: 7. 2, 18, 19: 9. 37: 16. 15: 20. 19†: 23. 27: 25. 24.

I Ch. 11. 6: 14. 15: 17. 11 *bis*, 13, 14: 22. 9, 10, 11.

II Ch. 1. 12: 6. 36†: 16. 9†: 19. 10, 11: 26. 18: 33. 4: 35. 19: 36. 23.

I Es. 1. 4: 2. 24: 8. 52.

II Es. 1. 3: 6. 12: 7. 26.

Ne. 2. 6: 5. 13: 10. 38 (39).

To. 3. 10†: 6. 15†, 17†: 9. 4†: 12. 17†: 14. 4†, 4, 4† *bis*, 4, 4†, 8†.

Ju. 9. 2: 11. 15, 23: 12. 14 *bis*: 14. 2.

Es. 4. 14: 5. 3, 6; 6. 9, 11: 7. 2†: 9. 12.

Jb. 4. 17: 5. 4, 25: 6. 3†: 8. 7, 13, 14, 22: 9. 2: 11. 6†, 19: 12. 6: 14. 4: 15. 14: 18. 4† *bis*, 19: 22. 21, 25, 28: 24. 14: 25. 4: 32. 8†: 33. 7, 26†: 34. 9†, 22†, 37†: 36. 18†.

Ps. 1. 3: 36 (37). 18, 26: 71 (72). 16: 80 (81). 9, 15: 111 (112). 2, 6: 127 (128). 2.

Pr. 1. 5, 28: 3. 8, 22, 26: 9. 9: 10. 4: 11. 21: 12. 26: 13. 13†, 20†: 14. 21†, 23: 16. 17: 18. 1: 19. 5, 7, 9, 18, 25†, 26: 20. 1†: 21. 13: 23. 18, 35: 24. 14, 23 (29. 27), 39 (24), 68 (30. 33): 25. 10: 28. 17, 20, 25, 27: 29. 1†, 6, 21.

Ec. 1. 7†, 11†: 2. 19: 3. 14: 7. 1 (6. 12), 2 (1)†: 8. 7, 12†, 13: 11. 2, 3.

Wi. 1. 9: 2. 9 (?)†, 20: 3. 16: 4. 7: 6. 15: 8. 9: 9. 12: 14. 11, 13: 19. 15.

Si. 1. 13: 6. 11, 12, 21†: 9. 11: 10. 1: 11. 23: 12. 1, 3†: 14. 5: 19. 2: 23. 24: 27. 30: 28. 10: 34 (31). 10†: 37. 4, 30: 39. 16.

Ho. 1. 5, 10 (2. 1): 2. 16 (18), 21 (23): 4. 9: 5. 14: 12. 5 (6): 14. 7.

Am. 3. 6, 10: 5. 5, 6, 14: 6. 9: 7. 2, 3: 8. 9.

Mi. 1. 2: 2. 5, 11: 3. 6 *bis*, 7, 12: 4. 1, 4: 5. 5 (4), 7 (6), 8 (7), 10 (9): 7. 10, 13.

Jl. 2. 3†, 11†, 28 (3. 1), 32 (3. 5) *bis*: 3 (4). 17, 18, 19 *bis*.

Ob. 1. 15†, 17 *bis*, 18 *bis*, 21.

Jn. 4. 5.

Na. 3. 7, 9†.

Hb. 1. 7: 3. 4, 17.

Ze. 1. 8, 10, 12, 13: 2. 4, 4†, 6, 7, 9, 11†: 3. 13.

Hg. 2. 10 (9).

Za. 6. 13 *bis*, 14, 15: 7. 13: 8. 10 *bis*, 13: 9. 14: 10. 6†: 12. 2, 3, 8 *bis*, 9: 13. 1, 2 *bis*, 3, 4, 8: 14. 6†, 6, 7 *bis*, 8, 9 *bis*, 11, 12, 13, 15, 16, 17, 18, 19†, 20, 21 *bis*.

Ma. 2. 2: 3. 10†.

Is. 1. 31 *bis*; 2. 2: 3. 24: 4. 3, 5, 6: 5. 5 *bis*, 24, 29: 6. 13: 7. 8, 18, 21, 22, 23, 24, 25: 8. 8, 13, 14, 18, 21: 9. 19 (18): 10. 12, 17, 18, 20, 21, 27: 11. 5, 10 *bis*, 11, 16 *bis*: 13. 12, 14, 19: 14. 3, 20, 23, 24: 15. 6†, 6: 16. 12: 17. 1, 2, 3, 3†, 4, 5 *bis*, 7, 14 *bis*: 18. 3, 4 *bis*: 19. 15, 17, 19, 20, 21, 23, 24, 25†: 20. 3: 21. 17: 22. 20, 21, 22† *quater*, 23, 24: 23. 12, 13†, 15 *ter*, 17 *bis*, 18: 24. 2 *bis*, 13†, 15 *bis*, 18, 22: 27. 10 *bis*, 11, 12, 13: 28. 4, 5, 13, 19, 21: 29. 2, 4†, 5 *bis*, 6, 7, 8, 11†, 15: 30. 3, 8, 13, 14, 23 *bis*, 25, 26 *bis*, 32: 32. 2, 15, 17: 33. 9, 11, 21: 34. 10, 10†, 13: 35. 6, 7, 7†, 8 *bis*, 9: 40. 4: 41. 17: 43. 10: 47. 10† *bis*, 15: 49. 5: 51. 6, 8: 52. 4†: 54. 11†: 55. 11, 13: 57. 2: 58. 10†, 10, 11, 12: 59. 6: 60. 19 *bis*, 20, 22, 22†: 62. 5: 64. 2 (1)†: 65. 3†, 17, 20, 20†, 23†, 24: 66. 23.

Je. 3. 16: 4. 4, 9, 10, 27: 5. 13†, 18†, 19: 7. 20†, 33, 34: 9. 22 (21): 11. 23: 12. 15, 16: 13. 12: 14. 13, 15, 16†: 15. 2, 16: 16. 10: 17. 6, 7, 8 *bis*, 11, 24, 27: 20. 16†: 21. 9, 12: 22. 5: 23. 17, 26, 36: 25. 11, 15 (49. 36), 18 (49. 39): 26 (46). 19, 27: 27 (50). 3, 10, 13, 32: 28 (51). 37, 62, 63: 29 (47). 2: 29 (49). 17, 22: 30 (49). 5†, 11 (49. 33): 31 (48). 26, 34: 32. 14 (25. 28): 33 (26). 9, 18: 36 (29). 7†, 32: 38 (31). 12, 28: 39 (32). 43†: 40 (33). 9, 12: 41 (34). 20: 42 (35). 7: 43 (36). 30 *bis*: 45 (38). 2, 20: 46 (39). 18: 47 (40). 9: 49 (42). 4, 16, 17: 51 (44). 14.

Ba. 2. 23: 4. 27, 34†.

Ep. Je. 51†, 52†, 72, 73.

Ez. 3. 8: 4. 3: 7. 4, 25, 26 *bis*: 11. 11†: 12. 11, 20, 24: 13. 11, 13: 14. 10, 15 *bis*, 16: 15. 4, 5 *bis*: 16. 15†: 17. 23: 18. 5, 13, 20 *bis*: 19. 14: 20. 32: 21. 7 (12), 7 (12)†, 13 (18), 26 (31), 27 (32), 32 (37): 23. 32†: 24. 13†, 17†, 17, 24: 26. 5 *bis*: 28. 23†: 29. 9, 12†, 14, 19: 30. 3, 4, 9, 16: 33. 4, 5, 33†: 34. 23, 28: 36. 32†: 37. 18, 22, 24, 25†, 26, 27: 38. 10, 16, 18, 19, 21: 39. 8, 11, 13, 15†, 27: 43. 27: 44. 2 *bis*, 17, 28, 29, 30: 45. 1, 2, 3, 4 *ter*, 5†, 8, 10†, 11 *bis*, 12, 17, 21: 46. 1, 6, 7, 9†, 11, 16, 17 *bis*: 47. 9 *bis*, 10, 10†, 12: 48. 1, 8†, 8, 10 *bis*, 12, 15 *bis*, 17, 18, 21, 22 *bis*, 28, 35.

Da. LXX. Su. 64: 2. 8, 20†, 41, 42 *bis*, 44: 3. 18: 4. 29: 7. 23: 8. 19: 9. 26, 27: 11. 8, 15, 16, 17, 29, 42, 45.

Da. TH. 2. 40, 41 *bis*, 42 *bis*: 3. (40)†: 4. 22, 24, 29†: 5. 7†, 16: 7. 23: 9. 27†: 11. 15, 17, 29, 42: 12. 1.

I Ma. 2. 65, 66: 7. 35: 8. 30: 14. 45.

II Ma. 2. 7: 7. 14: 9. 20†: 15. 39.

IV Ma. 8. 14.

[**Aq.** GE. 27. 40: EX. 26. 6: 40. 10: DT. 23. 14 (15): JO. 2. 14: III KI. 14. 3: JB. 6. 10: 8. 7: 41. 8: PS. 1. 3: 71 (72). 17: 80 (81). 10: PR. 12. 8: IS. 2. 2: 7. 23: 8. 21: 11. 11: 16. 2: 22. 22 *bis*: 23. 18 *bis*: 24. 21: 30. 29: 32. 2: 41. 17: 56. 12: JE. 27 (34). 8: 30 (37). 8: 31 (38). 17: 32 (39). 5: 33 (40). 9: 48 (31). 41: 49 (30). 2, 13 (29. 14): EZ. 2. 10: 4. 3: 21. 27 (32): 29. 14, 15: ZA. 14. 13, 17.]

[**Sm.** GE. 27. 40: EX. 4. 9: 40. 10: DT. 23. 14 (15): JO. 2. 14: I KI. 2. 32: IV KI. 9. 10: JB. 11. 2: 18. 17: 24. 17: 25. 4: 41. 8: PS. 40 (41). 3: 71 (72). 14, 17: 80 (81). 16: 107 (108). 10: 127 (128). 2: 138 (139). 12: PR. 12. 8: 29. 21: EC. 4. 8: 8. 13: IS. 2. 2: 6. 13: 7. 23: 8. 13, 14, 21: 9. 5 (4), 6 (5): 10. 18: 11. 5: 23. 18: 24. 21: 29. 2 *bis*, 4: 30. 15, 29: 32. 2, 15: 33. 6: 41. 17: 59. 5: JE. 31 (38). 17: 32 (39). 5: 33. (40). 9: 49 (30). 2, 13 (29. 14): EZ. 12. 28: 20. 32: 21. 27 (32): 29. 14, 15: ZA. 14. 6, 7 *bis*, 13, 17.]

[**Th.** GE. 1. 6, 29: EX. 4. 9: 40. 10: LE 7. 18: JO. 2. 14: JD. 13. 12: I KI. 2. 32: JB. 6. 10: IS. 2. 2: 7. 23: 8. 21: 9. 7 (6): 22. 22 *bis*: 24. 21: 30. 29: 56. 12: JE. 27 (34). 8: 30 (37). 8, 10: 31 (38). 17: 48 (31). 41: 49. 13 (29. 14): EZ. 4. 3: 21. 27 (32): 23. 32: 29. 14, 15: DA. 2. 41: 11. 29: ZA. 14. 17.]

[**Al.** LE. 7. 7: 14. 13: 19. 20: 25. 29: DT. 1. 39: III KI. 8. 37: EZ. 47. 22: HB. 3. 4, 17 *bis*.]

εἶναι. 4. ἐσόμεθα.

Ge. 34. 16: 44. 9: 47. 19, 25.

Ex. 34. 9.

Jo. 2. 19, 20.

I Ki. 8. 20: 14. 40: 17. 9.

II Ki. 10. 11.

Ne. 2. 17.

Ju. 5. 21: 7. 27: 8. 22.

Wi. 2. 2.

Is. 30. 16.

Je. 3. 22.

Ez. 20. 32.

IV Ma. 9. 8†.

[**Al.** Ps. 125 (126). 1.]

εἶναι. 5. ἔσεσθε.

Ge. 3. 5: 44. 10.

Ex. 19. 5, 6: 22. 31 (30): 23. 22 *bis*.

Le. 11. 43, 44, 45: 19. 2: 20. 7, 26: 26. 12, 34.

Nu. 15. 40: 32. 22.

De. 30. 16.

Jo. 8. 4.

I Ki. 4. 9†: 8. 17: 14. 40: 17. 9.

II Ki. 10. 11.

Za. 8. 13.

Ma. 3. 12.

Is. 28. 18: 54. 17.

Je. 7. 23: 11. 4: 31 (48). 6†: 49 (42). 18.

Ep. Je. 3.

Ez. 36. 12, 28.

Da. TH. 2. 5.

[**Aq.** Ez. 11. 11.]

[**Sm.** Ex. 19. 5: JE. 30 (37). 22: Ez. 11. 11.

[**Th.** JE. 30. (37). 22: Ez. 11. 11.]

[**Al.** DT. 5. 33 (30).]

εἶναι. 6. ἔσονται.

Ge. 2. 24: 6. 3, 19: 17. 16: 35. 11: 41. 27, 36: 48. 5, 6: 49. 26.

Ex. 8. 16 (12): 20. 3: 22. 24 (23): 23. 33: 25. 14 (15), 19 (20) *bis*, 26 (27): 26. 3 *bis*, 11†, 24†. 24, 25: 28. 7: 30. 4.

Le. 11. 10, 26, 35: 15. 18: 21. 6 *bis*: 23. 17, 18. 20: 24. 7: 25. 8, 31, 32, 46: 26. 33.

Nu. 1. 4 *bis*: 3. 12 *bis*, 13, 45: 4. 7: 6. 12: 7. 5: 8. 7, 11, 14: 10. 2: 14. 3, 31†, 33: 28. 19, 31: 29. 8, 13: 32. 26: 35. 3, 12, 13, 15: 36. 3, 8.

De. 5. 7: 13. 9 (10)†: 20. 11: 28. 26, 32†, 40, 41.

Jo. 4. 7: 9. 21: 20. 3: 23. 13.

Jd. 2. 3 *bis*.

Ru. 1. 11.

II Ki. 7. 28: 24. 13.

III Ki. 2. 7: 9. 3: 11. 32: 12. 7, 24†.

IV Ki. 11. 8†: 20. 18: 21. 14.

II Ch. 7. 15, 16: 10. 7: 12. 8: 23. 7: 30. 9.

II Es. 4. 13.

To. 4. 6†: 6. 17† *bis*: 13. 12†, 12.

Ju. 5. 24.

Es. 10. 3.

Jb. 5. 5†: 21. 18: 27. 14.

Ps. 18 (19). 14: 62 (63). 10: 89 (90). 5: 91 (92). 14.

Pr. 2. 21†: 12. 24: 13. 13: 20. 20†.

Ec. 6. 3: 11. 8.

Ca. 7. 8 (9).

Wi. 4. 18, 19.

Si. 4. 16: 6. 29.

Ho. 9. 17: 13. 3.

Am. 6. 7: 9. 13.

Mi. 5. 12 (11): 7. 4.

Ob. 1. 16.

Za. 2. 9 (13), 11 (15): 8. 8, 19: 9. 7: 10. 5, 6†, 7: 14. 20.

Ma. 3. 3, 17: 4. 1 (3. 19), 3 (3. 21).

Is. 1. 30: 5. 9 *bis*: 7. 23: 8. 16: 9. 16 (15): 10. 19, 20: 11. 7†: 13. 12, 14: 14. 2, 25: 16. 4: 17. 8†, 9 *bis*: 19. 10, 11, 16, 18: 22. 7, 24: 24. 6, 13†: 29. 4†, 8†, 11†: 30. 16: 31. 9: 32. 3, 14, 17†, 19: 33. 12: 34. 12 *bis*: 37. 31, 32†: 40. 30: 41. 11, 12 *bis*: 45. 14: 47. 15: 49. 23: 54. 17: 56. 7: 65. 10, 22†, 23†: 66. 16, 24.

Je. 7. 33: 8. 2: 9. 22 (21): 13. 10: 14. 16: 16. 4, 4†: 19. 13: 24. 7, 9†: 27 (50). 37: 29 (49). 13: 30 (49). 2, 10 (49. 32): 31 (48). 9: 32. 19 (25. 33) *bis*: 37 (30). 16, 21: 38 (31). 1, 33: 39 (32). 38: 49 (42). 17: 51 (44). 12.

Ba. 2. 35.

Ez. 5. 16: 7. 9, 16: 11. 20: 13. 9, 21: 14. 11: 18.

● = correction on page xxv

30 : 28. 24 : 29. 12, 16 : 30. 7, 13 : 34. 10, 14, 22†, 26†, 28, 29 : 35. 10† : 36. 38 : 37. 17, 19, 20, 22, 23, 27 : 44. 11 : 45. 6, 17† : 47. 22, 23 : 48. 18.
Da. LXX. 2. 43 *bis* : 11. 43.
Da. TH. 2. 43 *bis* : 3. 29 (96).
I Ma. 12. 45.
[**Aq.** Nu. 31. 3 : Ps. 44 (45). 17 : Is. 16. 2 : 39. 7 : Je. 47 (29). 2 : Ez. 20. 20.]
[**Sm.** Le. 20. 21 : Ps. 63 (64). 8 : 91 (92). 15 Is. 10. 19 : 39. 7 : Je. 16. 2 : Za. 10. 6.]
[**Th.** Le. 20. 21 : Nu. 31. 3 : Is. 39. 7 : Je. 27 (34). 22 : Ez. 20. 20.]
[**Al.** Ez. 34. 29.]

εἶναι. 7. ἔσεσθαι.

Nu. 14. 31†.
De. 1. 39†.
Jb. 12. 5.
II Ma. 7. 19 : 9. 17 : 14. 14.
III Ma. 6. 34.
[**Aq.** Dt. 1. 39.]
[**Sm.** Ps. 49 (50). 21 : Ec. 1. 9.]

εἶναι. 8. ἐσόμενος.

Ge. 41. 30†, 31.
Jb. 15. 14.
Ec. 8. 7 : 10. 14†.
Si. 42. 19† : 48. 25.
Da. LXX. 2. 45.
Da. TH. 8. 19.
I Ma. 15. 8.
II Ma. 15. 8†, 20.
III Ma. 2. 31.
[**Aq.** Ps. 49 (50). 21.]
[**Sm.** Ec. 1. 9, 11 : 3. 22 : 8. 7 : 10. 14.]

εἵνεκεν, *vid.* **ἕνεκα.**

εἰπεῖν, ἐρεῖν. (**1**) אָמַר *a.* qal. *b.* ni. *c.* אֲמַר *d.* אֹמֶר (**2**) **κακῶς ἐρεῖν** אָרַר (**3**) בִּין hithpal. (**4**) **εἰπεῖν ῥῆμα εἰς** (*vel* **πρός**) בָּרַךְ pi. (**5**) *a.* דִּבֵּר pi. *b.* דָּבָר *c.* הָיָה דָבָר (**6**) דִּמָּה pi. (**7**) יָדַע (**8**) יָרָה hi. (**9**) מְלַל pa. (**10**) **καθὼς εἶπε** מַשְׂאֵת (**11**) *a.* מָשַׁל *b.* **εἰπεῖν παραβολήν** מָשָׁל (**12**) נְאֻם (**13**) נָגַד hi. (**14**) נָתַן (**15**) סוּת hi. (**16**) *a.* עָנָה *b.* עֲנָה (**17**) עָרַךְ (**18**) פֶּה (**19**) צִוָּה pi. (**20**) **κακῶς εἰπεῖν** *vel* **ἐρεῖν** קִלֵּל pi. (**21**) קָרָא *a.* qal. *b.* ni. (**22**) רָאָה (**23**) רָדַף (**24**) שָׁמַע hi. (**25**) תוּב aph. (**26**) עוּת (**27**) חֲוָה aph.

Ge. 1. 3, 6, 9, 11, 14, 20, 24, 26, 29. *καὶ εἶπεν ὁ θεός* (1 *a*)
2. 18. *καὶ εἶπε κύριος ὁ θεός* (1 *a*)
— 23. *καὶ εἶπεν Ἀδάμ* (1 *a*)
3. 1. *καὶ εἶπεν ὁ ὄφις τῇ γυναικὶ, Τί ὅτι εἶπεν ὁ θεός* (1 *a*, 1 *a*)
— 2. *καὶ εἶπεν ἡ γυνὴ τῷ ὄφει* (1 *a*)
— 3. *εἶπεν ὁ θεός* (1 *a*)
— 4. *καὶ εἶπεν ὁ ὄφις τῇ γυναικί* (1 *a*)
— 9, 10, 11. *καὶ εἶπεν αὐτῷ* (1 *a*)
— 12. *καὶ εἶπεν ὁ Ἀδάμ* (1 *a*)
— 13. *καὶ εἶπε κ. ὁ θεὸς τῇ γυναικί* (1 *a*)
— 13. *καὶ εἶπεν ἡ γυνή* (1 *a*)
— 14. *καὶ εἶπε κ. ὁ θεὸς τῷ ὄφει* (1 *a*)
— 16. *καὶ τῇ γυναικὶ εἶπε* (1 *a*)
— 17. *τῷ δὲ Ἀδὰμ εἶπεν* (1 *a*)
— 22. *καὶ εἶπε κύριος ὁ θ.* (1 *a*)
4. 1. *καὶ εἶπεν* (1 *a*)
— 6. *καὶ εἶπε κ. ὁ θεὸς τῷ Κάϊν* (1 *a*)
— 8. *καὶ εἶπε Κάϊν πρὸς Ἄβελ* (1 *a*)
— 9. *καὶ εἶπε κύριος ὁ θ. πρὸς Κάϊν* (1 *a*)
— 9. **A** *ὁ δὲ εἶπεν* [**R** *καὶ εἶπεν*] (1 *a*)
— 10. **A** *καὶ εἶπεν ὁ θεός* [**R** *κύριος*] (1 *a*)
— 13. *καὶ εἶπε Κάϊν πρὸς κύριον* (1 *a*)
— 15. *καὶ εἶπεν αὐτῷ κύριος ὁ θεός* (1 *a*)
— 23. *εἶπε δὲ Λάμεχ ταῖς ἑαυτοῦ γυναιξίν* (1 *a*)
6. 3. *καὶ εἶπε κ. ὁ θεός* (1 *a*)
— 7. *καὶ εἶπεν ὁ θεός* (1 *a*)

Ge. 6. 13. *καὶ εἶπε κύριος ὁ θεὸς τῷ Νῶε* (1 *a*)
7. 1. *καὶ εἶπε κύριος ὁ θεὸς πρὸς Νῶε* (1 *a*)
8. 15. **A** *καὶ εἶπε κύριος ὁ θεὸς τῷ Νῶε* [**R** *πρὸς Ν.*] (5 *a*)
8. 21. *καὶ εἶπε κύριος ὁ θεὸς διανοηθείς* (1 *a*)
9. 1. *καὶ εἶπεν αὐτοῖς* (1 *a*)
— 8. *καὶ εἶπεν ὁ θεὸς τῷ Νῶε* (1 *a*)
— 12. *καὶ εἶπε κύριος ὁ θεὸς πρὸς Νῶε* (1 *a*)
— 17. *καὶ εἶπεν ὁ θεὸς τῷ Νῶε* (1 *a*)
— 25, 26. *καὶ εἶπεν* (1 *a*)
10. 9. *διὰ τοῦτο ἐροῦσιν* (1 *b*)
11. 3. *καὶ εἶπεν ἄνθρωπος τῷ πλησίον* (1 *a*)
— 4. *καὶ εἶπαν* (1 *a*)
— 6. *καὶ εἶπε κύριος* (1 *a*)
12. 1. *καὶ εἶπε κύριος τῷ Ἄβραμ* (1 *a*)
— 7. *καὶ εἶπεν αὐτῷ* (1 *a*)
— 11. *εἶπεν Ἄβραμ Σάρᾳ τῇ γυναικί* (1 *a*)
— 12. *ἐροῦσιν ὅτι γυνὴ αὐτοῦ ἐστιν αὕτη* (1 *a*)
— 13. *εἰπὸν οὖν ὅτι ἀδελφὴ αὐτοῦ εἰμι* (1 *a*)
— 18. *καλέσας δὲ Φ. τὸν Ἄβραμ εἶπεν* (1 *a*)
— 19. *ἵνα τί εἶπας ὅτι ἀδελφή μού ἐστι* (1 *a*)
13. 8. *εἶπε δὲ Ἄβραμ τῷ Λώτ* (1 *a*)
— 14. *ὁ δὲ θεὸς εἶπε τῷ Ἄβραμ* (1 *a*)
14. 19. *καὶ εἶπεν* (1 *a*)
— 21. *εἶπε δὲ βασιλεὺς Σοδόμων πρὸς Ἄβραμ* (1 *a*)
— 22. *εἶπε δὲ Ἄβραμ πρὸς βασιλέα Σ.* (1 *a*)
— 23. *ἵνα μὴ εἴπῃς* (1 *a*)
15. 3. **R** *καὶ εἶπεν Ἄβραμ* (1 *a*)
— 5. **R** *καὶ εἶπεν αὐτῷ* (1 *a*)
— 5. **R** *καὶ εἶπεν* (1 *a*)
— 7. **A** *εἶπε δὲ αὐτῷ* [**R** *πρὸς αὐτόν*] (1 *a*)
— 8. *εἶπε δέ* (1 *a*)
— 9. *εἶπε δὲ αὐτῷ* (1 *a*)
— 13. *καὶ ἐρρέθη πρὸς Ἄβραμ* (1 *a*)
16. 2, 5. *εἶπε δὲ Σάρα πρὸς Ἄβραμ* (1 *a*)
— 6. *εἶπε δὲ Ἄβραμ πρὸς Σάραν* (1 *a*)
— 8. **R** *καὶ εἶπεν αὐτῇ ὁ ἄγγελος κυρίου* (1 *a*)
— 8. **R** *καὶ εἶπεν* (1 *a*)
— 9. **R** *εἶπε δὲ αὐτῇ ὁ ἄγγελος κυρίου* (1 *a*)
— 10, 11. *καὶ εἶπεν αὐτῇ ὁ ἄγγελος κυρίου* (1 *a*)
— 13. *ὅτι εἶπε* (1 *a*)
17. 1. *καὶ εἶπεν αὐτῷ* (1 *a*)
— 9. *καὶ εἶπεν ὁ θεὸς πρὸς Ἀβραάμ* (1 *a*)
— 15. **A** *εἶπεν δὲ* [**R** *καὶ εἶπεν*] *ὁ θεὸς τῷ Ἀβραάμ* (1 *a*)
— 17. **A** *καὶ εἶπεν ἐν τῇ διανοίᾳ αὐτοῦ* (1 *a*)
— 18. *εἶπε δὲ Ἀβραὰμ πρὸς τὸν θεόν* (1 *a*)
— 19. **A** *εἶπε δὲ ὁ θεὸς τῷ Ἀ.* [**R** *πρὸς Ἀ.*] (1 *a*)
18. 3. *καὶ εἶπε* (1 *a*)
— 5. *καὶ εἶπεν, Οὕτω ποίησον καθὼς εἴρηκας* (1 *a*, 5 *a*)
— 6. *καὶ εἶπεν αὐτῇ* (1 *a*)
— 9. *εἶπε δὲ πρὸς αὐτόν* (1 *a*)
— 9. *ὁ δὲ ἀποκριθεὶς εἶπεν* (1 *a*)
— 10. *εἶπε δέ* (1 *a*)
— 13. *καὶ εἶπε κύριος πρὸς Ἀ.* (1 *a*)
— 15. **A** *καὶ εἶπεν* [**R** *add. αὐτῇ*] (1 *a*)
— 17. *ὁ δὲ κύριος εἶπε* (1 *a*)
— 20. *εἶπε δὲ κύριος* (1 *a*)
— 23. *καὶ ἐγγίσας Ἀβραὰμ εἶπε* (1 *a*)
— 26. *εἶπε δὲ κύριος* (1 *a*)
— 27. *καὶ ἀποκριθεὶς Ἀβραὰμ εἶπε* (1 *a*)
— 28, 29 *bis*, 30 *bis*, 31 *bis*, 32 *bis* : 19. 2. *καὶ εἶπεν* (1 *a*)
19. 2. **A** *εἶπαν δέ* [**R** *καὶ εἶπαν*] (1 *a*)
— 7. *εἶπε δὲ πρὸς αὐτούς* (1 *a*)
— 9. **A** *εἶπαν δέ* [**R** *add. αὐτῷ*] (1 *a*)
— 12. *εἶπαν δὲ οἱ ἄνδρες πρὸς Λώτ* (1 *a*)
— 14. *καὶ εἶπε* (1 *a*)
— 17. *καὶ εἶπαν* (1 *a*)
— 18. *εἶπε δὲ Λὼτ πρὸς αὐτούς* (1 *a*)
— 21. *καὶ εἶπεν αὐτῷ* (1 *a*)
— 31. *εἶπε δὲ ἡ πρεσβυτέρα πρὸς τὴν νεωτέραν* (1 *a*)
— 34. *καὶ εἶπεν ἡ πρεσβυτέρα* (1 *a*)
20. 2. *εἶπε δὲ Ἀβραὰμ περὶ Σ. τῆς γ. αὐ.* (1 *a*)
— 2. *ἐφοβήθη γὰρ εἰπεῖν* –
— 3. **A** *καὶ εἶπεν αὐτῷ* [**R** *om.*] (1 *a*)
— 4. *καὶ εἶπε* (1 *a*)
— 5. *οὐκ αὐτός μοι εἶπεν* (1 *a*)
— 5. *καὶ αὐτή μοι εἶπεν* (1 *a*)
— 6. *εἶπε δὲ αὐτῷ ὁ θεὸς καθ' ὕπνον* (1 *a*)
— 9. *καὶ εἶπεν αὐτῷ* (1 *a*)
— 10. *εἶπε δὲ Ἀβιμέλεχ τῷ Ἀβραάμ* (1 *a*)
— 11. *εἶπε δὲ Ἀβραάμ, Εἶπα γάρ* (1 *a*, 1 *a*)
— 13. *καὶ εἶπα αὐτῇ* (1 *a*)
— 13. *εἰπὸν ἐμέ* (1 *a*)

Ge. 20. 15. *καὶ εἶπεν Ἀβιμέλεχ τῷ Ἀβραάμ* (1 *a*)
— 16. *τῇ δὲ Σάρρᾳ εἶπεν* (1 *a*)
21. 1. *καθὰ εἶπε* (1 *a*)
— 6. *εἶπε δὲ Σάρρα* (1 *a*)
— 7. *καὶ εἶπε* (1 *a*)
— 10. *καὶ εἶπε τῷ Ἀβραάμ* (1 *a*)
— 12. *εἶπε δὲ ὁ θεὸς τῷ Ἀβραάμ* (1 *a*)
— 12. *ὅσα ἂν εἴπῃ σοι Σάρρα* (1 *a*)
— 16. *εἶπε γάρ* (1 *a*)
— 17. *καὶ εἶπεν αὐτῇ* (1 *a*)
— 22. *καὶ εἶπεν Ἀβιμέλεχ* (1 *a*)
— 24. *καὶ εἶπεν Ἀβραάμ* (1 *a*)
— 26. *καὶ εἶπεν αὐτῷ Ἀβιμέλεχ* (1 *a*)
— 29. *καὶ εἶπεν Ἀβιμέλεχ τῷ Ἀβραάμ* (1 *a*)
— 30. *καὶ εἶπεν Ἀβραάμ* (1 *a*)
22. 1. **A** *καὶ εἶπε πρὸς αὐτόν* [**R** *αὐτῷ*] (1 *a*)
— 1. **A** *ὁ δὲ εἶπεν* [**R** *καὶ εἶπεν*] (1 *a*)
— 2. *καὶ εἶπε* (1 *a*)
— 2. *ἐφ' ἓν τῶν ὀρέων ὧν ἄν σοι εἴπω* (1 *a*)
— 3. *ὃν εἶπεν αὐτῷ ὁ θεός* (1 *a*)
— 5. *καὶ εἶπεν Ἀβραὰμ τοῖς παισὶν αὐτοῦ* (1 *a*)
— 7. **A** *καὶ εἶπεν* [**R** *εἶπε δὲ*] *Ἰσαὰκ πρὸς Ἀ. τὸν πατέρα αὐτοῦ εἴπας* [**R** *om.*] (1 *a*, 1 *a*)
— 7. *ὁ δὲ εἶπε* (1 *a*)
— 7. **R** *εἶπε δέ* [**A** *λέγων*] (1 *a*)
— 8. *εἶπε δὲ Ἀβραάμ* (1 *a*)
— 9. *ὃν εἶπεν αὐτῷ ὁ θεός* (1 *a*)
— 11. **A** *καὶ εἶπεν αὐτῷ* [**R** *om.*] (1 *a*)
— 11. **R** *ὁ δὲ εἶπεν* (1 *a*)
— 12. *καὶ εἶπε* (1 *a*)
— 14. *ἵνα εἴπωσι σήμερον* (1 *b*)
23. 3. *καὶ εἶπεν Ἀβραὰμ τοῖς υἱοῖς Χέτ* (5 *a*)
— 10. *πρὸς Ἀβραὰμ εἶπεν* –
— 13. *καὶ εἶπε τῷ Ἐφρών* (5 *a*)
24. 2. *καὶ εἶπεν Ἀβραὰμ τῷ παιδὶ αὐτοῦ* (1 *a*)
— 5. *εἶπε δὲ πρὸς αὐτὸν ὁ παῖς* (1 *a*)
— 6. *εἶπε δὲ πρὸς αὐτὸν Ἀβραάμ* (1 *a*)
— 12. *καὶ εἶπε* (1 *a*)
— 14. *ᾗ ἂν ἐγὼ εἴπω . . . καὶ εἴπῃ μοι* (1 *a*, 1 *a*)
— 17. *καὶ εἶπε* (1 *a*)
— 18. *ἡ δὲ εἶπε* (1 *a*)
— 19, 23. *καὶ εἶπε* (1 *a*)
— 24. **A** *καὶ εἶπεν* [**R** *ἡ δὲ εἶπεν*] *αὐτῷ* (1 *a*)
— 25. *καὶ εἶπεν αὐτῷ* (1 *a*)
— 27. *καὶ εἶπεν* (1 *a*)
— 31. *καὶ εἶπεν αὐτῷ* (1 *a*)
— 33. *καὶ εἶπεν* (1 *a*)
— 33. **A** *καὶ εἶπαν* [**R** *εἶπεν*] (1 *a*)
— 34. *καὶ εἶπε* (1 *a*)
— 39. *εἶπα δὲ τῷ κυρίῳ μου* (1 *a*)
— 40. *καὶ εἶπέ μοι* (1 *a*)
— 42. *καὶ ἐλθὼν . . . εἶπα* (1 *a*)
— 43. *ἡ παρθένος ᾗ ἂν εἴπω* (1 *a*)
— 44. *καὶ εἴπῃ μοι* (1 *a*)
— 45. *εἶπα δὲ αὐτῇ* (1 *a*)
— 46. *καὶ εἶπε* (1 *a*)
— 47. *καὶ εἶπα* (1 *a*)
— 50. *ἀποκριθεὶς δὲ Λ. καὶ Βαθ. εἶπαν* (1 *a*)
— 54. *καὶ ἀναστὰς πρωῒ εἶπεν* (1 *a*)
— 55. *εἶπαν δὲ οἱ ἀδελφοὶ αὐτῆς* (1 *a*)
— 56. *ὁ δὲ εἶπε πρὸς αὐτούς* (1 *a*)
— 57. *οἱ δὲ εἶπαν* (1 *a*)
— 58. *καὶ εἶπαν αὐτῇ* (1 *a*)
— 58. **A** *καὶ εἶπεν* [**R** *ἡ δὲ εἶπεν*] (1 *a*)
— 60. *καὶ εἶπαν αὐτῇ* (1 *a*)
— 65. *καὶ εἶπε τῷ παιδί* (1 *a*)
— 65. *εἶπε δὲ ὁ παῖς* (1 *a*)
25. 22. *εἶπε δέ* (1 *a*)
— 23. *καὶ εἶπε κύριος αὐτῇ* (1 *a*)
— 30. *καὶ εἶπεν Ἡσαῦ τῷ Ἰακώβ* (1 *a*)
— 31. *εἶπε δὲ Ἰακὼβ τῷ Ἡσαῦ* (1 *a*)
— 32. **A** *εἶπεν δὲ* [**R** *καὶ εἶπεν*] *Ἡσαῦ* (1 *a*)
— 33. *καὶ εἶπεν αὐτῷ Ἰακώβ* (1 *a*)
26. 2. *καὶ εἶπε* (1 *a*)
— 2. *ἐν τῇ γῇ ᾗ ἄν σοι εἴπω* (1 *a*)
— 7. *καὶ εἶπεν . . . ἐφοβήθη γὰρ εἰπεῖν* (1 *a*, 1 *a*)
— 9. *καὶ εἶπεν αὐτῷ* (1 *a*)
— 9. *τί ὅτι εἶπας* (1 *a*)
— 9. *εἶπε δὲ αὐτῷ Ἰσαάκ, Εἶπα γάρ* (1 *a*, 1 *a*)
— 10. *εἶπε δὲ αὐτῷ Ἀβιμέλεχ* (1 *a*)
— 16. *εἶπε δὲ Ἀβιμέλεχ πρὸς Ἰσαάκ* (1 *a*)
— 24. *καὶ εἶπεν* (1 *a*)
— 27. *καὶ εἶπεν αὐτοῖς Ἰσαάκ* (1 *a*)
— 28. **A** *καὶ εἶπαν* [**R** *οἱ δὲ εἶπαν*] (1 *a*)
— 28. *καὶ εἴπαμεν* (1 *a*)

Ge. 26. 32. καὶ εἶπαν (1 a)
27. 1. καὶ εἶπεν αὐτῷ (1 a)
— 1. A καὶ εἶπεν αὐτῷ [R om.] (1 a)
— 2. καὶ εἶπεν (1 a)
— 6. Ῥεβέκκα δὲ εἶπε πρὸς Ἰακώβ (1 a)
— 11. εἶπε δὲ Ἰακὼβ πρὸς Ῥεβέκκαν (1 a)
— 13. εἶπε δὲ αὐτῷ ἡ μήτηρ (1 a)
— 18. A εἶπε δέ, Πάτερ μου [R om.], ὁ δὲ εἶπεν (1 a, 1 a)
— 18. A ὁ δὲ εἶπεν –
— 19. A καὶ εἶπεν Ἰ. ὁ υἱὸς αὐ. τῷ πατρί [R al.] (1 a)
— 20. εἶπε δὲ Ἰσαὰκ τῷ υἱῷ αὐτοῦ (1 a)
— 20. ὁ δὲ εἶπεν (1 a)
— 21. εἶπε δὲ Ἰσαὰκ τῷ Ἰακώβ (1 a)
— 22, 24. καὶ εἶπεν (1 a)
— 24. ὁ δὲ εἶπεν (1 a)
— 25. καὶ εἶπε (1 a)
— 26. καὶ εἶπεν αὐτῷ Ἰσαὰκ ὁ πατὴρ αὐτοῦ (1 a)
— 27. καὶ εὐλόγησεν αὐτὸν καὶ εἶπεν (1 a)
— 31. A καὶ εἶπε τῷ πατρὶ αὐτοῦ [R om.] (1 a)
— 32. καὶ εἶπεν αὐτῷ Ἰσαὰκ ὁ πατὴρ αὐτοῦ (1 a)
— 32. ὁ δὲ εἶπεν (1 a)
— 33, 34. καὶ εἶπε (1 a)
— 35. εἶπε δὲ αὐτῷ (1 a)
— 36. καὶ εἶπε (1 a)
— 36. καὶ εἶπεν Ἡσαῦ τῷ πατρὶ αὐτοῦ (1 a)
— 37. ἀποκριθεὶς δὲ Ἰσαὰκ εἶπε τῷ Ἡσαῦ (1 a)
— 38. A εἶπε δὲ Ἡσαῦ πρὸς Ἰσαὰκ [R om.] τὸν π. (1 a)
— 39. ἀποκριθεὶς δὲ Ἰσαὰκ . . . εἶπεν αὐτῷ (1 a)
— 41. εἶπε δὲ Ἡσαῦ ἐν τῇ διανοίᾳ αὐτοῦ (1 a)
— 42. καὶ εἶπεν αὐτῷ (1 a)
— 46. εἶπε δὲ Ῥεβέκκα πρὸς Ἰσαάκ (1 a)
28. 13, 16, 17. καὶ εἶπεν (1 a)
29. 4. εἶπε δὲ αὐτοῖς Ἰακώβ (1 a)
— 4. οἱ δὲ εἶπαν (1 a)
— 5. εἶπε δὲ αὐτοῖς (1 a)
— 5. οἱ δὲ εἶπαν (1 a)
— 6. εἶπε δὲ αὐτοῖς (1 a)
— 6. οἱ δὲ εἶπαν (1 a)
— 7. καὶ εἶπεν Ἰακώβ (1 a)
— 8. οἱ δὲ εἶπαν (1 a)
— 14. καὶ εἶπεν αὐτῷ Λάβαν (1 a)
— 15. εἶπε δὲ Λάβαν τῷ Ἰακώβ (1 a)
— 18. καὶ εἶπε (1 a)
— 19. εἶπε δὲ αὐτῷ Λάβαν (1 a)
— 21. εἶπε δὲ Ἰακὼβ τῷ Λάβαν (1 a)
— 25. εἶπε δὲ Ἰακὼβ Λάβαν (1 a)
— 26. A εἶπε [R ἀπεκρίθη] δὲ Λάβαν (1 a)
— 33, 34, 35. καὶ εἶπεν (1 a)
30. 1. καὶ εἶπε τῷ Ἰακώβ (1 a)
— 2. εἶπεν αὐτῇ (1 a)
— 3. εἶπε δὲ Ῥαχὴλ τῷ Ἰακώβ (1 a)
— 6, 8. καὶ εἶπε Ῥαχήλ (1 a)
— 11, 13. καὶ εἶπε Λεία (1 a)
— 14. εἶπε δὲ Ῥαχὴλ τῇ Λείᾳ (1 a)
— 15. εἶπε δὲ Λεία (1 a)
— 15. εἶπε δὲ Ῥαχήλ (1 a)
— 16. καὶ εἶπε (1 a)
— 18, 20. καὶ εἶπε Λεία (1 a)
— 23. εἶπε δὲ Ῥαχήλ (1 a)
— 25. εἶπεν Ἰακὼβ τῷ Λάβαν (1 a)
— 27. εἶπε δὲ αὐτῷ Λάβαν (1 a)
— 29. A εἶπεν δὲ αὐτῷ [R om.] Ἰακώβ (1 a)
— 31. καὶ εἶπεν αὐτῷ Λάβαν (1 a)
— 31. εἶπε δὲ αὐτῷ Ἰακώβ (1 a)
— 34. εἶπε δὲ αὐτῷ Λάβαν (1 a)
31. 3. εἶπε δὲ κύριος πρὸς Ἰακώβ (1 a)
— 5. καὶ εἶπεν αὐταῖς (1 a)
— 8. ἐὰν οὕτως εἴπῃ (1 a)
— 8. ἐὰν δὲ εἴπῃ (1 a)
— 11. καὶ εἶπέ μοι ὁ ἄγγελος τοῦ θ. καθ' ὕπνον (1 a)
— 11. ἐγὼ δὲ εἶπα (1 a)
— 12. καὶ εἶπεν (1 a)
— 14. καὶ ἀποκριθεῖσαι Ῥ. καὶ Λ. εἶπαν αὐτῷ (1 a)
— 16. ὅσα σοι εἴρηκεν ὁ θεός (1 a)
— 24. καὶ εἶπεν αὐτῷ (1 a)
— 26. εἶπε δὲ Λάβαν τῷ Ἰακώβ (1 a)
— 29. ὁ δὲ θεὸς τοῦ πατρὸς . . . εἶπε πρὸς μέ (1 a)
— 31. A^2R εἶπε τῷ Λάβαν (1 a)
— 31. εἶπα γάρ (1 a)
— 32. A καὶ εἶπεν αὐτῷ [R om.] Ἰακώβ –
— 35. καὶ εἶπε τῷ πατρὶ αὐτῆς (1 a)
— 36. ἀποκριθεὶς δὲ Ἰακὼβ εἶπε τῷ Λάβαν (1 a)

Ge. 31. 43. ἀποκριθεὶς δὲ Λάβαν εἶπε τῷ Ἰακώβ (1 a)
— 44. A εἶπε δὲ αὐτῷ Ἰακώβ [R om.] –
— 46. εἶπε δὲ Ἰακὼβ τοῖς ἀδελφοῖς αὐτοῦ (1 a)
— 46. καὶ εἶπεν αὐτῷ Λάβαν –
— 48. εἶπε δὲ Λάβαν τῷ Ἰακώβ (1 a)
— 49. καὶ ἡ ὅρασις ἣν εἶπεν (1 a)
— 51. R καὶ εἶπε Λάβαν τῷ Ἰακώβ (1 a)
32. 2 (3). εἶπε δὲ Ἰακώβ (1 a)
— 4 (5). οὕτως ἐρεῖτε τῷ κυρίῳ μου Ἡσαῦ (1 a)
— 8 (9). καὶ εἶπεν Ἰακώβ (1 a)
— 9 (10). εἶπε δὲ Ἰακώβ (1 a)
— 9 (10). A κύριε ὁ εἴπας [R κ. σὺ ὁ εἰπών] μοι (1 a)
— 12 (13). σὺ δὲ εἶπας (1 a)
— 16 (17). εἶπε δὲ τοῖς παισὶν αὐτοῦ (1 a)
— 18 (19). A καὶ [R om.] ἐρεῖς (1 a)
— 20 (21). καὶ ἐρεῖτε (1 a)
— 20 (21). εἶπε γάρ (1 a)
— 26 (27). καὶ εἶπεν αὐτῷ (1 a)
— 26 (27). ὁ δὲ εἶπεν (1 a)
— 27 (28). εἶπε δὲ αὐτῷ (1 a)
— 27 (28). ὁ δὲ εἶπεν (1 a)
— 28 (29). καὶ εἶπεν αὐτῷ (1 a)
— 29 (30). ἠρώτησε δὲ Ἰακὼβ καὶ εἶπεν (1 a)
— 29 (30): 33. 5. καὶ εἶπεν (1 a)
33. 5. ὁ δὲ εἶπε (1 a)
— 8. καὶ εἶπε (1 a)
— 8. ὁ δὲ εἶπεν (1 a)
— 9. εἶπε δὲ Ἡσαῦ (1 a)
— 10. εἶπε δὲ Ἰακώβ (1 a)
— 12. καὶ εἶπεν (1 a)
— 13. εἶπε δὲ αὐτῷ (1 a)
— 15. εἶπε δὲ Ἡσαῦ (1 a)
— 15. ὁ δὲ εἶπεν (1 a)
34. 4. εἶπε δὲ Συχὲμ πρὸς Ἐμμώρ (1 a)
— 11. εἶπε δὲ Συχὲμ πρὸς τὸν πατέρα (1 a)
— 11. A ὃ ἐὰν εἴπητε ἡμῖν [R om.] (1 a)
— 12. δώσω καθότι ἂν εἴπητέ μοι (1 a)
— 14. καὶ εἶπαν αὐτοῖς Συμεὼν καὶ Λευί (1 a)
— 30. A εἶπε δὲ Ἰακὼβ [R add. πρὸς] Συμεὼν καὶ Λ. (1 a)
— 31. οἱ δὲ εἶπαν (1 a)
35. 1. εἶπε δὲ ὁ θεὸς πρὸς Ἰακώβ (1 a)
— 2. εἶπε δὲ Ἰακὼβ τῷ οἴκῳ αὐτοῦ (1 a)
— 10. καὶ εἶπεν αὐτῷ ὁ θεός (1 a)
— 11. εἶπε δὲ αὐτῷ ὁ θεός (1 a)
— 17. εἶπεν αὐτῇ ἡ μαῖα (1 a)
37. 6. καὶ εἶπεν αὐτοῖς (1 a)
— 8. εἶπαν δὲ αὐτῷ οἱ ἀδελφοί (1 a)
— 9. καὶ εἶπεν (1 a)
— 10. A καὶ εἶπεν [R add. αὐτῷ] (1 a)
— 13. καὶ εἶπεν Ἰσραὴλ πρὸς Ἰωσήφ (1 a)
— 13. εἶπε δὲ αὐτῷ (1 a)
— 14. εἶπε δὲ αὐτῷ Ἰσραήλ (1 a)
— 16. ὁ δὲ εἶπε (1 a)
— 17. εἶπε δὲ αὐτῷ ὁ ἄνθρωπος (1 a)
— 19. A εἶπαν [R εἶπε] δὲ ἕκαστος πρὸς τὸν ἀδελφόν (1 a)
— 20. καὶ ἐροῦμεν (1 a)
— 21. καὶ εἶπεν (1 a)
— 22. εἶπε δὲ αὐτοῖς Ῥουβήν (1 a)
— 26. εἶπε δὲ Ἰούδας πρὸς τοὺς ἀδ. αὐτοῦ (1 a)
— 30. καὶ εἶπε (1 a)
— 32. καὶ εἶπαν (1 a)
— 33. καὶ εἶπε (1 a)
38. 8. εἶπε δὲ Ἰούδας τῷ Αὐνάν (1 a)
— 11. εἶπε δὲ Ἰούδας Θάμαρ τῇ νύμφῃ αὐτοῦ (1 a)
— 11. εἶπε γάρ (1 a)
— 16. καὶ εἶπεν αὐτῇ (1 a)
— 16. ἡ δὲ εἶπε (1 a)
— 17. ὁ δὲ εἶπεν (1 a)
— 17. ἡ δὲ εἶπεν (1 a)
— 18. ὁ δὲ εἶπε (1 a)
— 18. ἡ δὲ εἶπε (1 a)
— 21. καὶ εἶπαν (1 a)
— 22. καὶ εἶπεν (1 a)
— 23, 24. εἶπε δὲ Ἰούδας (1 a)
— 25, 26. καὶ εἶπεν (1 a)
— 29. ἡ δὲ εἶπε (1 a)
39. 7. καὶ εἶπε (1 a)
— 8. εἶπε δὲ τῇ γυναικὶ τοῦ κυρίου αὐτοῦ (1 a)
— 14. καὶ εἶπεν αὐτοῖς λέγουσα (1 a)
— 17. καὶ εἶπέ μοι –
40. 8. οἱ δὲ εἶπαν αὐτῷ (1 a)
— 8. εἶπε δὲ αὐτοῖς Ἰωσήφ (1 a)
— 9. καὶ εἶπεν (1 a)

Ge. 40. 12. καὶ εἶπεν αὐτῷ Ἰωσήφ (1 a)
— 16. καὶ εἶπε τῷ Ἰωσήφ (1 a)
— 18. ἀποκριθεὶς δὲ Ἰωσὴφ εἶπεν αὐτῷ (1 a)
41. 15. A εἶπε δὲ Φαραὼ τῷ [R πρὸς] Ἰωσήφ (1 a)
— 16. ἀποκριθεὶς δὲ Ἰωσὴφ τῷ Φαραὼ εἶπεν (1 a)
— 24. εἶπα οὖν τοῖς ἐξηγηταῖς (1 a)
— 25. καὶ εἶπεν Ἰωσὴφ τῷ Φαραώ (1 a)
— 28. τὸ δὲ ῥῆμα ὃ εἴρηκα Φαραώ (5 a)
— 38. καὶ εἶπε Φαραὼ πᾶσι τοῖς παισὶν αὐτοῦ (1 a)
— 39, 41, 44. εἶπε δὲ Φαραὼ τῷ Ἰωσήφ (1 a)
— 54. καθὰ εἶπεν Ἰωσήφ (1 a)
— 55. εἶπε δὲ Φαραὼ πᾶσι τοῖς Αἰγυπτίοις (1 a)
— 55. ὃ ἐὰν εἴπῃ ὑμῖν ποιήσατε (1 a)
42. 1. εἶπε τοῖς υἱοῖς αὐτοῦ (1 a)
— 4. εἶπε γάρ (1 a)
— 7. καὶ εἶπεν αὐτοῖς (1 a)
— 7. οἱ δὲ εἶπον (1 a)
— 9. καὶ εἶπεν αὐτοῖς (1 a)
— 10. οἱ δὲ εἶπαν (1 a)
— 12. εἶπε δὲ αὐτοῖς (1 a)
— 13. οἱ δὲ εἶπαν (1 a)
— 14. εἶπε δὲ αὐτοῖς Ἰωσήφ (1 a)
— 14. τοῦτό ἐστιν ὃ εἴρηκα ὑμῖν (5 a)
— 18. εἶπε δὲ αὐτοῖς τῇ ἡμέρᾳ τῇ τρίτῃ (1 a)
— 21. καὶ εἶπεν ἕκαστος πρὸς τὸν ἀδ. (1 a)
— 22. ἀποκριθεὶς δὲ Ῥουβὴν εἶπεν αὐτοῖς (1 a)
— 24. εἶπεν αὐτοῖς (5 a)
— 28. καὶ εἶπε τοῖς ἀδελφοῖς αὐτοῦ (1 a)
— 31. εἴπαμεν δὲ αὐτῷ (1 a)
— 33. εἶπε δὲ ἡμῖν ὁ ἄνθρ. ὁ κύριος τῆς γῆς (1 a)
— 36. εἶπε δὲ αὐτοῖς Ἰακὼβ ὁ πατὴρ αὐτῶν (1 a)
— 37. εἶπε δὲ Ῥουβὴν τῷ πατρὶ αὐ. (1 a)
— 38. ὁ δὲ εἶπεν (1 a)
43. 2. καὶ εἶπεν αὐτοῖς (1 a)
— 3. εἶπε δὲ αὐτῷ Ἰ. (1 a)
— 5. ὁ γὰρ ἄνθρωπος εἶπεν ἡμῖν (1 a)
— 6. εἶπε δὲ Ἰσραήλ (1 a)
— 7. οἱ δὲ εἶπαν (1 a)
— 7. μὴ ᾔδειμεν εἰ ἐρεῖ ἡμῖν (1 a)
— 8. εἶπε δὲ Ἰούδας πρὸς Ἰσρ. (1 a)
— 11. εἶπε δὲ αὐτοῖς Ἰσραὴλ ὁ πατὴρ αὐτῶν (1 a)
— 16. R καὶ εἶπε [A ἐνετείλατο] τῷ ἐπὶ τῆς οἰκίας (1 a)
— 17. καθὰ εἶπεν Ἰωσήφ (1 a)
— 18. ἰδόντες δὲ οἱ ἄνδρες . . . εἶπαν (1 a)
— 23. εἶπε δὲ αὐτοῖς (1 a)
— 27. καὶ εἶπεν αὐτοῖς (1 a)
— 27. A ὁ πατὴρ ὑμῶν . . . ὃν εἴπατε (1 a)
— 28. οἱ δὲ εἶπαν (1 a)
— 28. καὶ εἶπεν –
— 29. A καὶ εἶπεν αὐτοῖς [R om.] (1 a)
— 29. ὃν εἴπατε πρὸς μὲ ἀγαγεῖν (1 a)
— 29, 31. καὶ εἶπεν (1 a)
44. 2. καθὼς εἶπε (5 a)
— 4. καὶ Ἰωσὴφ εἶπε τῷ ἐπὶ τῆς οἰκίας (1 a)
— 4. ἐρεῖς αὐτοῖς (1 a)
— 6. εὑρὼν δὲ αὐτοὺς εἶπεν αὐτοῖς (5 a)
— 7. οἱ δὲ εἶπαν αὐτῷ (1 a)
— 10. ὁ δὲ εἶπε (1 a)
— 15. εἶπε δὲ αὐτοῖς Ἰωσήφ (1 a)
— 16. εἶπε δὲ Ἰούδας (1 a)
— 17. εἶπε δὲ Ἰωσήφ (1 a)
— 18. ἐγγίσας δὲ αὐτῷ Ἰούδας εἶπε (1 a)
— 20. καὶ εἴπαμεν τῷ κυρίῳ (1 a)
— 21. εἶπας δὲ τοῖς παισί σου (1 a)
— 22. καὶ εἴπαμεν τῷ κυρίῳ (1 a)
— 23. σὺ δὲ εἶπας τοῖς παισί σου (1 a)
— 25. A εἶπε δὲ ἡμῖν [R om.] ὁ πατὴρ ἡμῶν (1 a)
— 26. A ἡμεῖς δὲ εἴπαμεν [R -ομεν] (1 a)
— 27. εἶπε δὲ ὁ παῖς σου ὁ πατὴρ ἡμῶν (1 a)
— 28. καὶ εἴπατε (1 a)
45. 1. ἀλλ' εἶπεν (21 a)
— 3, 4 (R). εἶπε δὲ Ἰ. πρὸς τοὺς ἀδελφοὺς αὐ. (1 a)
— 4. καὶ εἶπεν (1 a)
— 9. καὶ εἴπατε αὐτῷ (1 a)
— 17. εἶπε δὲ Φαραὼ πρὸς Ἰωσήφ, Εἰπὸν τοῖς ἀδελφοῖς σου (1 a, 1 a)
— 21. κατὰ τὰ εἰρημένα ὑπὸ Φαραὼ τοῦ βασ. (18)
— 24. καὶ εἶπεν αὐτοῖς (1 a)
— 27. πάντα τὰ ῥηθέντα ὑπὸ Ἰωσὴφ ὅσα εἶπεν αὐτοῖς (5 b, 5 a)
— 28. εἶπε δὲ Ἰσραήλ (1 a)
46. 2. A εἶπε δὲ ὁ θεὸς . . . ἐν ὁράματι τῆς νυκτὸς εἴπας [R εἰπών] (1 a, 1 a)
— 2. ὁ δὲ εἶπε (1 a)

Ge. 46. 30. καὶ εἶπεν Ἰσραὴλ πρὸς Ἰωσήφ (1 a)
— 31. εἶπε δὲ Ἰωσὴφ πρὸς τοὺς ἀδελφούς (1 a)
— 31. καὶ ἐρῶ αὐτῷ (1 a)
— 33. ἐὰν οὖν . . . εἴπῃ ὑμῖν (1 a)
— 34. ἐρεῖτε, Ἄνδρες κτηνοτρόφοι (1 a)
47. 3. καὶ εἶπε Φαραὼ τοῖς ἀδελφοῖς Ἰωσήφ (1 a)
— 3. οἱ δὲ εἶπαν τῷ Φαραώ (1 a)
— 4. εἶπαν δὲ τῷ Φαραώ (1 a)
— 4 (6). εἶπε δὲ Φαραὼ τῷ Ἰωσήφ –
— 5. καὶ εἶπε Φαραὼ πρὸς Ἰωσήφ (1 a)
— 8. εἶπε δὲ Φαραὼ τῷ Ἰακώβ (1 a)
— 9. καὶ εἶπεν Ἰακὼβ τῷ Φαραώ (1 a)
— 16. εἶπε δὲ αὐτοῖς Ἰωσήφ (1 a)
— 18. καὶ εἶπαν αὐτῷ (1 a)
— 23. εἶπε δὲ Ἰωσὴφ πᾶσι τοῖς Αἰγυπτίοις (1 a)
— 25. καὶ εἶπαν (1 a)
— 29. καὶ εἶπεν αὐτῷ (1 a)
— 30. ὁ δὲ εἶπεν (1 a)
— 31. εἶπε δέ (1 a)
48. 3. καὶ εἶπεν Ἰακὼβ τῷ Ἰωσήφ (1 a)
— 4. καὶ εἶπέ μοι (1 a)
— 8. ἰδὼν δὲ Ἰσραὴλ τοὺς υἱοὺς Ἰωσὴφ εἶπε (1 a)
— 9. εἶπε δὲ Ἰωσὴφ τῷ πατρὶ αὐτοῦ (1 a)
— 9. καὶ εἶπεν Ἰακώβ (1 a)
— 11. καὶ εἶπεν Ἰσραὴλ πρὸς Ἰωσήφ (1 a)
— 15. καὶ εὐλόγησεν αὐτοὺς καὶ εἶπεν (1 a)
— 18. εἶπε δὲ Ἰωσὴφ τῷ πατρὶ αὐτοῦ (1 a)
— 19. καὶ οὐκ ἠθέλησεν ἀλλ' εἶπεν (1 a)
— 21. εἶπε δὲ Ἰσραὴλ τῷ Ἰωσήφ (1 a)
49. 1. ἐκάλεσε δὲ Ἰ. τοὺς υἱοὺς αὐ. καὶ εἶπεν (1 a)
— 29. καὶ εἶπεν αὐτοῖς (19 et 1 a)
50. 6. καὶ εἶπε Φαραὼ τῷ Ἰωσήφ (1 a)
— 11. καὶ εἶπαν (1 a)
— 15. ἰδόντες δὲ οἱ ἀδελφοὶ Ἰωσὴφ . . . εἶπαν (1 a)
— 16. καὶ παραγενόμενοι πρὸς Ἰωσὴφ εἶπαν (1 a)
— 17. οὕτως εἴπατε Ἰωσήφ (1 a)
— 18. καὶ ἐλθόντες πρὸς αὐτὸν εἶπαν [A -ον] (1 a)
— 19. καὶ εἶπεν αὐτοῖς Ἰωσήφ [A om.] (1 a)
— 21. A R καὶ εἶπεν [B εἶπεν δὲ] αὐτοῖς †
— 24. καὶ εἶπεν Ἰωσὴφ τοῖς ἀδελφοῖς αὐτοῦ (1 a)
Ex. 1. 9. εἶπε δὲ τῷ ἔθνει αὐτοῦ [A om.] (1 a)
— 15. καὶ εἶπεν ὁ βασιλεὺς τῶν Αἰγ. (1 a)
— 16. καὶ εἶπεν (1 a)
— 18. καὶ εἶπεν αὐταῖς (1 a)
— 19. εἶπαν δὲ αἱ μαῖαι τῷ Φαραώ (1 a)
2. 7. καὶ εἶπεν ἡ ἀδελφὴ αὐτοῦ τῇ θυγατρὶ Φ. (1 a)
— 7 (8). ἡ δὲ εἶπεν [A add. αὐτῇ] ἡ θυγάτηρ Φ. (1 a)
— 9. εἶπε δὲ πρὸς αὐτὴν ἡ θυγάτηρ Φ. (1 a)
— 14. ὁ δὲ εἶπε (1 a)
— 14. ἐφοβήθη δὲ Μωυσῆς καὶ εἶπεν (1 a)
— 18. ὁ δὲ εἶπεν αὐταῖς (1 a)
— 19. αἱ δὲ εἶπαν [A -ον] (1 a)
— 20. ὁ δὲ εἶπε ταῖς θυγατράσιν αὐτοῦ (1 a)
3. 3. εἶπε δὲ Μωυσῆς (1 a)
— 4. ὁ δὲ εἶπε (1 a)
— 5. ὁ δὲ εἶπε [A καὶ εἶ.] (1 a)
— 6. καὶ εἶπεν [A add. αὐτῷ] (1 a)
— 7. εἶπε δὲ κύριος πρὸς Μωυσῆν (1 a)
— 11. καὶ εἶπε Μωυσῆς πρὸς τὸν θεόν (1 a)
— 12. εἶπε δὲ ὁ θεὸς Μωυσῇ [A om. ὁ θ. M.] (1 a)
— 13. καὶ εἶπε Μωυσῆς πρὸς τὸν θεόν (1 a)
— 13. καὶ ἐρῶ πρὸς αὐτούς (1 a)
— 13. τί ἐρῶ πρὸς αὐτούς (1 a)
— 14. καὶ εἶπεν ὁ θεὸς πρὸς Μωυσῆν (1 a)
— 14. καὶ εἶπεν, Οὕτως ἐρεῖς τοῖς υἱοῖς Ἰσραὴλ (1 a, 1 a)
— 15. καὶ εἶπεν ὁ θεὸς πάλιν πρὸς Μωυσῆν (1 a)
— 15. οὕτως ἐρεῖς τοῖς υἱοῖς Ἰσραήλ (1 a)
— 16. καὶ ἐρεῖς πρὸς αὐτούς (1 a)
— 17. καὶ εἶπεν [A εἶπα] (1 a)
— 18. καὶ ἐρεῖς πρὸς αὐτόν (1 a)
4. 1. ἀπεκρίθη δὲ M. καὶ εἶπεν (1 a)
— 1. ἐροῦσι γὰρ ὅτι οὐκ ὦπταί σοι (1 a)
— 1. τί ἐρῶ πρὸς αὐτούς –
— 2. εἶπε δὲ αὐτῷ κύριος (1 a)
— 2. ὁ δὲ εἶπε (1 a)
— 3. καὶ εἶπε (1 a)
— 4. καὶ εἶπε κύριος πρὸς Μωυσῆν (1 a)
— 6. εἶπε δὲ αὐτῷ κύριος πάλιν (1 a)
— 7. καὶ εἶπε πάλιν (1 a)
— 10. εἶπε δὲ Μωυσῆς πρὸς κύριον (1 a)
— 11. εἶπε δὲ κύριος πρὸς Μωυσῆν [A τῷ Μωυσεῖ] (1 a)
— 13. καὶ εἶπε Μωυσῆς (1 a)
— 14. θυμωθεὶς ὀργῇ κύριος ἐπὶ Μωυσῆν εἶπεν (1 a)
— 15. καὶ ἐρεῖς πρὸς αὐτόν (5 a)

Ex. 4. 18. καὶ εἶπεν Ἰοθὸρ Μωυσῇ (1 a)
— 19, 21. εἶπε δὲ κύριος πρὸς Μωυσῆν (1 a)
— 22. σὺ δὲ ἐρεῖς τῷ Φαραώ (1 a)
— 23. εἶπα δέ σοι (1 a)
— 25. προσέπεσε πρὸς τοὺς πόδας καὶ εἶπεν (1 a)
— 26. A R καὶ ἀπῆλθεν ἀπ' αὐτοῦ διότι εἶπεν (1 a)
— 27. εἶπε δὲ κύριος πρὸς Ἀαρών (1 a)
5. 1. καὶ εἶπαν αὐτῷ (1 a)
— 2. καὶ εἶπε Φαραώ (1 a)
— 4. καὶ εἶπεν αὐτοῖς ὁ βασ. Αἰγύπτου (1 a)
— 5. καὶ εἶπε Φαραώ (1 a)
— 17. καὶ εἶπεν αὐτοῖς (1 a)
— 21. καὶ εἶπαν [A -εν] αὐτοῖς (1 a)
— 22. καὶ εἶπε (1 a)
6. 1. καὶ εἶπε κύριος πρὸς Μωυσῆν (1 a)
— 2. καὶ εἶπε πρὸς αὐτόν (1 a)
— 6. βάδιζε εἰπὸν τοῖς υἱοῖς Ἰσραήλ (1 a)
— 10. εἶπε δὲ κύριος πρὸς Μωυσῆν (5 a)
— 13. εἶπε δὲ κύριος πρὸς Μωυσῆν καὶ Ἀαρών (5 a)
— 26. οἷς εἶπεν αὐτοῖς ὁ θεός (1 a)
— 30. καὶ εἶπε Μωυσῆς ἐναντίον κυρίου (1 a)
7. 1. καὶ εἶπε κύριος πρὸς Μωυσῆν (1 a)
— 8. καὶ εἶπε κύριος πρὸς Μωυσῆν καὶ Ἀαρών (1 a)
— 9. καὶ ἐρεῖς Ἀαρὼν τῷ ἀδελφῷ σου (1 a)
— 14. εἶπε δὲ [A καὶ εἶπε] κύριος πρὸς M. (1 a)
— 16. καὶ ἐρεῖς πρὸς αὐτόν (1 a)
— 19. εἶπε δὲ κύριος πρὸς Μωυσῆν, Εἰπὸν Ἀαρὼν τῷ ἀδελφῷ σου (1 a, 1 a)
— 22. καθάπερ εἶπε κύριος (5 a)
8. 1 (7. 26). εἶπε δὲ κύριος πρὸς Μωυσῆν (1 a)
— 1 (7. 26). καὶ ἐρεῖς πρὸς αὐτόν (1 a)
— 5 (1). εἶπε δὲ κύριος πρὸς Μωυσῆν (1 a)
— 5 (1). εἰπὸν Ἀαρὼν τῷ ἀδελφῷ σου (1 a)
— 8 (4). καὶ ἐκάλεσε Φ. M. καὶ Ἀ. καὶ εἶπεν (1 a)
— 9 (5). εἶπε δὲ Μωυσῆς πρὸς Φαραώ (1 a)
— 10 (6). ὁ δὲ εἶπεν (1 a)
— 10 (6). εἶπεν οὖν, Ὡς εἴρηκας (1 a, 5 b)
— 13 (9). καθάπερ εἶπε Μωυσῆς (5 b)
— 16 (12). εἶπε δὲ κύριος πρὸς Μωυσῆν (1 a)
— 16 (12). εἰπὸν Ἀαρών (1 a)
— 19 (15). εἶπαν οὖν οἱ ἐπαοιδοὶ τῷ Φαραώ (1 a)
— 20 (16). εἶπε δὲ κύριος πρὸς Μωυσῆν (1 a)
— 20 (16). καὶ ἐρεῖς πρὸς αὐτόν (1 a)
— 26 (22). καὶ εἶπε Μωυσῆς (1 a)
— 27 (23). καθάπερ εἶπε κύριος [A om.] ἡμῖν (1 a)
— 28 (24). καὶ εἶπε Φαραώ (1 a)
— 29 (25). εἶπε δὲ Μωυσῆς (1 a)
— 31 (27). καθάπερ εἶπε Μωυσῆς (5 b)
9. 1. εἶπε δὲ κύριος πρὸς Μωυσῆν (1 a)
— 1. καὶ ἐρεῖς αὐτῷ (5 a)
— 8. εἶπε δὲ κύριος πρὸς Μωυσῆν καὶ Ἀαρών (1 a)
— 13. εἶπε δὲ κύριος πρὸς Μωυσῆν (1 a)
— 13. καὶ ἐρεῖς πρὸς αὐτόν (1 a)
— 22. εἶπε δὲ κύριος πρὸς Μωυσῆν (1 a)
— 27. καὶ εἶπεν αὐτοῖς (1 a)
— 29. εἶπε δὲ αὐτῷ Μωυσῆς (1 a)
10. 1. εἶπε δὲ κύριος πρὸς Μωυσῆν (1 a)
— 3. καὶ εἶπαν αὐτῷ (1 a)
— 8. καὶ εἶπεν αὐτοῖς (1 a)
— 10. καὶ εἶπε πρὸς αὐτούς (1 a)
— 12, 21. εἶπε δὲ κύριος πρὸς Μωυσῆν (1 a)
— 25. καὶ εἶπε Μωυσῆς (1 a)
— 29. λέγει δὲ Μωυσῆς, Εἴρηκας (5 a)
11. 1. εἶπε δὲ κύριος πρὸς Μωυσῆν (1 a)
— 4. καὶ εἶπε Μωυσῆς (1 a)
— 9. εἶπε δὲ κύριος πρὸς Μωυσῆν (1 a)
12. 1. εἶπε δὲ κύριος πρὸς Μωυσῆν καὶ Ἀ. (1 a)
— 21. καὶ εἶπε πρὸς αὐτούς (1 a)
— 27. καὶ ἐρεῖτε (1 a)
— 31. καὶ εἶπεν αὐτοῖς (1 a)
— 33. εἶπαν γάρ (1 a)
— 43. εἶπε δὲ κύριος πρὸς Μωυσῆν καὶ Ἀαρών (1 a)
13. 1. εἶπε δὲ κύριος πρὸς Μωυσῆν (5 a)
— 3. εἶπε δὲ Μωυσῆς πρὸς τὸν λαόν (1 a)
— 14. καὶ ἐρεῖς αὐτῷ (1 a)
— 17. εἶπε γὰρ ὁ θεός (1 a)
14. 3. καὶ ἐρεῖ Φαραὼ τῷ λαῷ αὐτοῦ (1 a)
— 5. καὶ εἶπαν [A εἶπον] (1 a)
— 11. καὶ εἶπαν πρὸς Μωυσῆν (1 a)
— 13. εἶπε δὲ Μωυσῆς πρὸς τὸν λαόν (1 a)
— 15. εἶπε δὲ κύριος πρὸς Μωυσῆν (1 a)
— 25. καὶ εἶπαν οἱ Αἰγύπτιοι (1 a)
— 26. εἶπε δὲ κύριος πρὸς Μωυσῆν (1 a)
15. 1. καὶ εἶπαν λέγοντες [A τῷ λέγειν] (1 a)
— 9. εἶπεν ὁ ἐχθρός (1 a)
— 26. καὶ εἶπεν (1 a)

Ex. 16. 3. καὶ εἶπαν πρὸς αὐτοὺς οἱ υἱοὶ Ἰσραήλ (1 a)
— 4. εἶπε δὲ κύριος πρὸς Μωυσῆν (1 a)
— 6. καὶ εἶπε [A εἶπε δὲ] M. καὶ Ἀ. (1 a)
— 8. καὶ εἶπε Μωυσῆς (1 a)
— 9. εἶπε δὲ Μωυσῆς πρὸς Ἀαρών, Εἰπὸν πάσῃ συναγωγῇ (1 a, 1 a)
— 15. ἰδόντες δὲ αὐτὸ οἱ υἱοὶ Ἰσ. εἶπαν (1 a)
— 15. εἶπε δὲ Μωυσῆς αὐτοῖς [A πρὸς αὐτούς] (1 a)
— 19, 23. εἶπε δὲ Μωυσῆς πρὸς αὐτούς (1 a)
— 25. εἶπε δὲ Μωυσῆς (1 a)
— 28. εἶπε δὲ κύριος πρὸς Μωυσῆν (1 a)
— 32. εἶπε δὲ Μωυσῆς (1 a)
— 33. καὶ εἶπε Μωυσῆς πρὸς Ἀαρών (1 a)
17. 2. καὶ εἶπεν αὐτοῖς Μωυσῆς (1 a)
— 5. καὶ εἶπε κύριος πρὸς Μωυσῆν (1 a)
— 9. εἶπε δὲ M. τῷ Ἰησοῖ (1 a)
— 10. καθάπερ εἶπεν αὐτῷ M. (1 a)
— 14. εἶπε δὲ [A καὶ εἶπε] κύριος πρὸς Μωυσῆν (1 a)
18. 10. καὶ εἶπεν Ἰοθόρ (1 a)
— 17. εἶπε δὲ ὁ γαμβρὸς Μωυσῆ πρὸς αὐτόν (1 a)
— 24. καὶ ἐποίησεν ὅσα εἶπεν αὐτῷ (1 a)
19. 3. τάδε ἐρεῖς τῷ οἴκῳ Ἰακώβ (1 a)
— 6. ταῦτα τὰ ῥήματα ἐρεῖς τοῖς υἱοῖς Ἰσραήλ (5 a)
— 8. ἀπεκρίθη δὲ πᾶς ὁ λαὸς ὁμοθ. καὶ εἶπαν (1 a)
— 8. πάντα ὅσα εἶπεν ὁ θεὸς ποιήσομεν (5 a)
— 9, 10. εἶπε δὲ κύριος πρὸς Μωυσῆν (1 a)
— 14. B^2 καὶ εἶπεν αὐτοῖς –
— 15. καὶ εἶπε τῷ λαῷ (1 a)
— 21. καὶ εἶπεν ὁ θεὸς πρὸς Μωυσῆν (1 a)
— 23. καὶ εἶπε Μωυσῆς πρὸς τὸν θεόν (1 a)
— 24. εἶπε δὲ [A καὶ εἶπεν] αὐτῷ κύριος (1 a)
— 25. καὶ εἶπεν αὐτοῖς (1 a)
20. 19. καὶ εἶπαν πρὸς Μωυσῆν (1 a)
— 22. εἶπε δὲ κύριος πρὸς Μωυσῆν, Τάδε ἐρεῖς (1 a, 1 a)
21. 5. ἐὰν δὲ ἀποκριθεὶς εἴπῃ ὁ παῖς (1 a)
22. 28 (27). καὶ ἄρχοντας τοῦ λαοῦ σου οὐ κακῶς ἐρεῖς (2)
23. 13. πάντα ὅσα εἴρηκα [A λελάληκα] πρὸς ὑμᾶς (1 a)
— 22. ταῦτα τὰ ῥήματα ἐρεῖς τοῖς υἱοῖς Ἰσραήλ –
— 22. καὶ ποιήσητε πάντα ὅσα ἂν εἴπω σοι (5 a)
24. 1. καὶ Μωυσῇ εἶπεν (1 a)
— 7. καὶ εἶπαν (1 a)
— 8. καὶ εἶπεν (1 a)
— 12. καὶ εἶπε κύριος πρὸς Μωυσῆν (1 a)
— 14. καὶ τοῖς πρεσβυτέροις εἶπαν [A εἶπεν] (1 a)
25. 2. εἰπὸν τοῖς υἱοῖς Ἰσραήλ (5 a)
30. 34. καὶ εἶπε κύριος πρὸς Μωυσῆν (1 a)
32. 4. καὶ εἶπεν [A εἶπαν] (1 a)
— 8. καὶ εἶπαν (1 a)
— 11. καὶ ἐδεήθη Μωυσῆς . . . καὶ εἶπεν (1 a)
— 12. μή ποτε εἴπωσιν οἱ Αἰγύπτιοι (1 a)
— 13. ἣν εἶπας δοῦναι αὐτοῖς (1 a)
— 14. A περὶ τῆς κακίας ἧν εἶπεν ποιῆσαι (5 a)
— 21. καὶ εἶπε Μωυσῆς τῷ Ἀ. [A πρὸς Ἀ.] (1 a)
— 22. καὶ εἶπεν Ἀαρὼν πρὸς Μωυσῆν (1 a)
— 24. καὶ εἶπα αὐτοῖς (1 a)
— 26. καὶ εἶπε (1 a)
— 27. A καὶ εἶπεν [B λέγει] αὐτοῖς (1 a)
— 29. καὶ εἶπεν αὐτοῖς Μωυσῆς (1 a)
— 30. εἶπε M. πρὸς τὸν λαόν (1 a)
— 31. καὶ εἶπε (1 a)
— 33. καὶ εἶπε κύριος πρὸς M. (1 a)
— 34. εἰς τὸν τόπον ὃν εἶπά σοι (5 a)
33. 1. καὶ εἶπε κύριος πρὸς Μωυσῆν (5 a)
— 5. καὶ εἶπε κύριος τοῖς υἱοῖς Ἰσραήλ (1 a)
— 12. καὶ εἶπε Μωυσῆς πρὸς κύριον (1 a)
— 12. σὺ δέ μοι εἶπας (1 a)
— 15. A καὶ εἶπεν [B λέγει] πρὸς αὐτόν (1 a)
— 17. καὶ εἶπε [A εἶπεν δὲ] κ. πρὸς Μωυσῆν (1 a)
— 17. τοῦτόν σοι τὸν λόγον ὃν εἴρηκας ποιήσω (5 a)
— 19, 20. καὶ εἶπεν (1 a)
— 21. καὶ εἶπε κύριος (1 a)
34. 1. καὶ εἶπε κύριος πρὸς Μωυσῆν (1 a)
— 9. καὶ εἶπεν (1 a)
— 10. εἶπε [A^2 ἐλάλησεν] κύριος πρὸς M. (1 a)
— 27. καὶ εἶπε κύριος πρὸς Μωυσῆν (1 a)
35. 1. καὶ εἶπεν [A add. πρὸς αὐτούς] (1 a)
— 1. οὓς εἶπε κύριος ποιῆσαι αὐτούς (19)
— 4. καὶ εἶπε M. πρὸς πᾶσαν συναγωγὴν υἱῶν (1 a)
— 30. καὶ εἶπε M. τοῖς υἱοῖς Ἰσραήλ (1 a)
36. 5. καὶ εἶπε [A εἶπαν] πρὸς Μωυσῆν (1 a)
Le. 1. 2. καὶ ἐρεῖς πρὸς αὐτούς (1 a)
8. 5. καὶ εἶπε Μωυσῆς τῇ συναγωγῇ (1 a)
— 31 : 9. 2. καὶ εἶπε Μωυσῆς πρὸς Ἀαρών (1 a)

Le. 9. 6. καὶ εἶπε Μωυσῆς (1 *a*)
— 6. τοῦτο τὸ ῥῆμα ὃ εἶπε κύριος ποιήσατε (19)
— 7. καὶ εἶπε Μωυσῆς τῷ Ἀαρών (1 *a*)
10. 3. καὶ εἶπε Μωυσῆς πρὸς Ἀαρών, Τοῦτό ἐστιν ὃ εἶπε κύριος (1 *a*, 5 *a*)
— 4. καὶ εἶπεν αὐτοῖς (1 *a*)
— 5. A B^{2} R ὃν τρόπον εἶπε Μωυσῆς (5 *a*)
— 6. εἶπε Μωυσῆς πρὸς Ἀ. [A τῷ Ἀ.] (1 *a*)
— 12. καὶ εἶπε Μωυσῆς πρὸς Ἀαρών (5 *a*)
12. 2. καὶ ἐρεῖς πρὸς αὐτούς (1 *a*)
15. 2. καὶ ἐρεῖς αὐτοῖς (1 *a*)
16. 2. καὶ εἶπε κύριος πρὸς Μωυσῆν (1 *a*)
17. 2, 8. καὶ ἐρεῖς πρὸς αὐτούς (1 *a*)
— 12. διὰ τοῦτο εἴρηκα τοῖς υἱοῖς Ἰσραήλ (1 *a*)
— 14. καὶ εἶπα τοῖς υἱοῖς Ἰσραήλ (1 *a*)
18. 1. καὶ εἶπε κύριος πρὸς Μωυσῆν (5 *a*)
— 2 : 19. 2. καὶ ἐρεῖς πρὸς αὐτούς (1 *a*)
19. 14. οὐ κακῶς ἐρεῖς κωφόν (20)
20. 9. ὃς ἂν [A *om.*] κακῶς εἴπῃ τὸν πατέρα αὐτοῦ (20)
— 9. πατέρα αὐτοῦ ἢ μητέρα αὐτοῦ κακῶς εἶπεν (20)
— 24. καὶ εἶπα ὑμῖν (1 *a*)
21. 1. καὶ εἶπε κύριος πρὸς Μωυσῆν λέγων, Εἰπὸν τοῖς ἱερεῦσι . . . καὶ ἐρεῖς πρὸς αὐτούς (1 *a ter*)
— 17. εἰπὸν Ἀαρών (5 *a*)
22. 2. εἰπὸν Ἀαρὼν καὶ τοῖς υἱοῖς αὐτοῦ (5 *a*)
— 3. εἰπὸν αὐτοῖς (1 *a*)
— 18. καὶ ἐρεῖς πρὸς αὐτούς (1 *a*)
23. 1. καὶ εἶπε κύριος πρὸς Μωυσῆν (5 *a*)
— 2. καὶ ἐρεῖς πρὸς αὐτούς (1 *a*)
— 10. εἰπὸν τοῖς υἱοῖς Ἰσ. καὶ ἐρεῖς πρὸς αὐτούς (5 *a*, 1 *a*)
24. 15 : 25. 2. καὶ ἐρεῖς πρὸς αὐτούς (1 *a*)
27. 2. καὶ ἐρεῖς αὐτοῖς (1 *a*)
Nu. 3. 40. εἶπε κύριος πρὸς Μωυσῆν (1 *a*)
5. 12. καὶ ἐρεῖς πρὸς αὐτούς (1 *a*)
— 19. καὶ ἐρεῖ τῇ γυναικί (1 *a*)
— 21. καὶ ἐρεῖ ὁ ἱερεὺς τῇ γυναικί (1 *a*)
— 22. καὶ ἐρεῖ ἡ γυνή (1 *a*)
6. 2. καὶ ἐρεῖς πρὸς αὐτούς (1 *a*)
7. 4, 11. καὶ εἶπε κύριος πρὸς Μωυσῆν (1 *a*)
8. 2. καὶ ἐρεῖς πρὸς αὐτόν (1 *a*)
9. 2. εἰπὸν καὶ ποιείτωσαν –
— 7. εἶπαν οἱ ἄνδρες ἐκεῖνοι πρὸς αὐτόν [A -ούς] (1 *a*)
— 8. εἶπε πρὸς αὐτοὺς Μωυσῆς (1 *a*)
10. 29. εἶπε Μωυσῆς τῷ Ὀβὰβ (1 *a*)
— 29. τὸν τόπον ὃν εἶπε κύριος (1 *a*)
— 30. εἶπε πρὸς αὐτόν (1 *a*)
— 31. καὶ εἶπε (1 *a*)
— 35. καὶ εἶπε Μωυσῆς (1 *a*)
— 36. ἐν τῇ καταπαύσει εἶπεν (1 *a*)
11. 4. καὶ εἶπαν (1 *a*)
— 11. καὶ εἶπε Μωυσῆς πρὸς κύριον (1 *a*)
— 16. καὶ εἶπε κύριος πρὸς Μωυσῆν (1 *a*)
— 18. καὶ τῷ λαῷ ἐρεῖς (1 *a*)
— 21. A^{2} B καὶ εἶπε Μωυσῆς (1 *a*)
— 21. A^{2} B καὶ σὺ εἶπας (1 *a*)
— 23. καὶ εἶπε κύριος πρὸς Μωυσῆν (1 *a*)
— 27. καὶ εἶπε (1 *a*)
— 28. εἶπε, Κύριε [A K. μου] Μωυσῆ (1 *a*)
— 29. καὶ εἶπε Μωυσῆς αὐτῷ (1 *a*)
12. 2. καὶ εἶπαν (1 *a*)
— 4. καὶ εἶπε κύριος (1 *a*)
— 6. καὶ εἶπε πρὸς αὐτούς (1 *a*)
— 11. καὶ εἶπεν Ἀ. πρὸς Μ. (1 *a*)
— 14. καὶ εἶπε κύριος πρὸς Μ. (1 *a*)
13. 18 (17). καὶ εἶπε πρὸς αὐτούς (1 *a*)
— 28 (27). καὶ εἶπαν (1 *a*)
— 31 (30). καὶ εἶπεν αὐτῷ (1 *a*)
— 32 (31). καὶ οἱ ἄνθρωποι . . . εἶπαν (1 *a*)
14. 2. καὶ εἶπαν πρὸς αὐτούς (1 *a*)
— 4. καὶ εἶπαν ἕτερος τῷ ἑτέρῳ (1 *a*)
— 7. καὶ εἶπαν πρὸς πᾶσαν συναγωγήν (1 *a*)
— 10. καὶ εἶπε πᾶσα ἡ συναγωγή (1 *a*)
— 11. καὶ εἶπε κύριος πρὸς Μωυσῆν (1 *a*)
— 13. καὶ εἶπε Μωυσῆς πρὸς κύριον (1 *a*)
— 15. καὶ ἐροῦσι τὰ ἔθνη (1 *a*)
— 17. ὃν τρόπον εἶπας (5 *a*)
— 20. καὶ εἶπε κύριος πρὸς Μωυσῆν (1 *a*)
— 26. καὶ εἶπε κύριος πρὸς Μωυσῆν (5 *a*)
— 28. εἰπὸν αὐτοῖς (1 *a*)
— 31. τὰ παιδία ἃ εἴπατε (1 *a*)
— 40. ὃν εἶπε κύριος (1 *a*)

Nu. 14. 41. καὶ εἶπε Μωυσῆς (1 *a*)
15. 1. εἶπε [A ἐλάλησεν] κύριος πρὸς Μωυσῆν (5 *a*)
— 2, 18. καὶ ἐρεῖς πρὸς αὐτούς (1 *a*)
— 37. καὶ εἶπε κύριος πρὸς Μωυσῆν (1 *a*)
— 38. καὶ ἐρεῖς πρὸς αὐτούς (1 *a*)
16. 3. καὶ εἶπαν [A εἰ. πρὸς αὐτούς] (1 *a*)
— 8. καὶ εἶπε Μωυσῆς πρὸς Κορέ (1 *a*)
— 12. καὶ εἶπαν (1 *a*)
— 15. καὶ εἶπε πρὸς κύριον (1 *a*)
— 16. καὶ εἶπε Μωυσῆς πρὸς Κορέ (1 *a*)
— 22. καὶ εἶπαν (1 *a*)
— 28. καὶ εἶπε Μωυσῆς (1 *a*)
— 34. A ὅτι εἶπαν [B λέγοντες] (1 *a*)
— 36 (17. 1). καὶ εἶπε κύριος πρὸς Μωυσῆν (5 *a*)
— 46 (17. 11). καὶ εἶπε Μ. πρὸς Ἀαρών (1 *a*)
17. 10 (25). καὶ εἶπε κύριος πρὸς Μωυσῆν (1 *a*)
— 12 (27). καὶ εἶπαν οἱ υἱοὶ Ἰσραὴλ πρὸς Μ. (1 *a*)
18. 1. καὶ εἶπε κύριος πρὸς Ἀαρών (1 *a*)
— 24. διὰ τοῦτο εἴρηκα αὐτοῖς (1 *a*)
— 26. καὶ ἐρεῖς πρὸς αὐτούς (1 *a*)
— 30. καὶ ἐρεῖς [A -εῖτε] πρὸς αὐτούς (1 *a*)
20. 10. καὶ εἶπε πρὸς αὐτούς· (1 *a*)
— 12. καὶ εἶπε κύριος πρὸς Μ. καὶ Ἀ. (1 *a*)
— 18. καὶ εἶπε πρὸς αὐτὸν Ἐδώμ (1 *a*)
— 20. ὁ δὲ εἶπεν (1 *a*)
— 23. καὶ εἶπε κύριος πρὸς Μ. (1 *a*)
21. 2. καὶ εἶπεν (1 *a*)
— 8. καὶ εἶπε κύριος πρὸς Μ. (1 *a*)
— 16. ὃ εἶπε κύριος πρὸς Μ. (1 *a*)
— 27. ἐροῦσιν οἱ αἰνιγματισταί (1 *a*)
— 34. καὶ εἶπε κύριος πρὸς Μ. (1 *a*)
22. 4. καὶ εἶπε Μωὰβ τῇ γερουσίᾳ Μαδιάμ (1 *a*)
— 7. εἶπαν αὐτῷ τὰ ῥήματα Βαλάκ (5 *a*)
— 8. καὶ εἶπε πρὸς αὐτούς (1 *a*)
— 9. καὶ εἶπεν αὐτῷ (1 *a*)
— 10. καὶ εἶπε Β. πρὸς τὸν θεόν (1 *a*)
— 12. καὶ εἶπεν ὁ θεὸς πρὸς Β. (1 *a*)
— 13. εἶπε τοῖς ἄρχουσι Βαλάκ (1 *a*)
— 14. καὶ εἶπαν [A -ον αὐτῷ] (1 *a*)
— 17. ὅσα [B^{2} ὃ] ἐὰν εἴπῃς (1 *a*)
— 18. A^{2} B καὶ εἶπε τοῖς ἄρχουσι Β. (1 *a*)
— 20. καὶ εἶπεν αὐτῷ (1 *a*)
— 20. A ὃ ἐὰν εἴπω [B λαλήσω] πρὸς σέ (5 *a*)
— 28. A καὶ εἶπεν [B λέγει] τῷ Βαλαάμ (1 *a*)
— 29. καὶ εἶπε Β. τῇ ὄνῳ (1 *a*)
— 30. ὁ δὲ εἶπεν (1 *a*)
— 32. καὶ εἶπεν [A λέγει] αὐτῷ ὁ ἄγγελος (1 *a*)
— 34. καὶ εἶπε Β. τῷ ἀγγέλῳ κυρίου (1 *a*)
— 35. καὶ εἶπεν ὁ ἄγγελος . . . πρὸς Β. (1 *a*)
— 35. ὃ ἐὰν εἴπω πρὸς σέ (5 *a*)
— 37. καὶ εἶπε Βαλὰκ πρὸς Βαλαάμ (1 *a*)
— 38. καὶ εἶπε Βαλαὰμ πρὸς Βαλάκ (1 *a*)
23. 1. καὶ εἶπε Βαλαὰμ τῷ Βαλάκ (1 *a*)
— 2. ὃν τρόπον εἶπεν αὐτῷ Βαλαάμ (5 *a*)
— 3. καὶ εἶπε Βαλαὰμ πρὸς Βαλάκ (1 *a*)
— 4. καὶ εἶπε πρὸς αὐτὸν Βαλαάμ (1 *a*)
— 5. καὶ εἶπεν (1 *a*)
— 7. ἀναλαβὼν τὴν παραβολὴν εἶπεν (1 *a*)
— 11. καὶ εἶπε Βαλὰκ πρὸς Βαλαάμ (1 *a*)
— 12. καὶ εἶπε Βαλαὰμ πρὸς Βαλάκ (16 *a et* 1 *a*)
— 13. καὶ εἶπε πρὸς αὐτὸν Βαλάκ (1 *a*)
— 15. καὶ εἶπε Βαλαὰμ πρὸς Βαλάκ (1 *a*)
— 16. καὶ εἶπεν (1 *a*)
— 17. καὶ εἶπεν αὐτῷ Βαλάκ (1 *a*)
— 18. ἀναλαβὼν τὴν παραβολὴν αὐτοῦ εἶπεν (1 *a*)
— 19. αὐτὸς εἴπας οὐχὶ ποιήσει (1 *a*)
— 23. κατὰ καιρὸν ῥηθήσεται Ἰακὼβ (1 *b*)
— 25. καὶ εἶπε Βαλὰκ πρὸς Βαλαάμ (1 *a*)
— 26. εἶπε τῷ Βαλάκ (1 *a*)
— 27. καὶ εἶπε Βαλὰκ πρὸς Βαλαάμ (1 *a*)
— 29. καὶ εἶπε Βαλαὰμ πρὸς Βαλάκ (1 *a*)
— 30. καθάπερ εἶπεν αὐτῷ Βαλαάμ (1 *a*)
24. 3. ἀναλαβὼν τὴν παραβολὴν αὐτοῦ εἶπε (1 *a*)
— 10. καὶ εἶπε Βαλὰκ πρὸς Βαλαάμ (1 *a*)
— 11. εἶπα, Τιμήσω σε (1 *a*)
— 12. καὶ εἶπε Βαλαὰμ πρὸς Βαλάκ (1 *a*)
— 13. ὅσα ἐὰν εἴπῃ ὁ [A μοι ὁ] θεὸς ταῦτα ἐρῶ (5 *a*, 5 *a*)
— 15, 20, 21, 23. ἀναλαβὼν τὴν παραβολὴν αὐτοῦ εἶπε (1 *a*)
25. 4. καὶ εἶπε κύριος τῷ Μ. [A πρὸς Μ.] (1 *a*)
— 5. καὶ εἶπε Μ. ταῖς φυλαῖς Ἰσραήλ (1 *a*)
— 12. οὕτως εἰπόν (1 *a*)
26. 65. εἶπε κύριος [A *om.*] αὐτοῖς [B^{1} -ῷ] (1 *a*)
27. 12. καὶ εἶπε κύριος τῷ Μ. (1 *a*)
— 15. καὶ εἶπε Μ. πρὸς κύριον (5 *a*)

Nu. 28. 2, 3. καὶ ἐρεῖς πρὸς αὐτούς (1 *a*)
31. 15. καὶ εἶπεν αὐτοῖς Μ. (1 *a*)
— 21. καὶ εἶπεν Ἐλεάζαρ (1 *a*)
— 48 (49). καὶ εἶπαν πρὸς Μωυσῆν (1 *a*)
32. 2. εἶπαν πρὸς Μ. (1 *a*)
— 6. καὶ εἶπε Μ. τοῖς υἱοῖς Γάδ (1 *a*)
— 20. καὶ εἶπε πρὸς αὐτοὺς Μ. (1 *a*)
— 25. καὶ εἶπαν οἱ υἱοὶ Ῥουβήν (1 *a*)
— 29. καὶ εἶπε πρὸς αὐτοὺς Μ. (1 *a*)
33. 51 : 34. 2 : 35. 10. καὶ ἐρεῖς πρὸς αὐτούς (1 *a*)
36. 2. καὶ εἶπαν (1 *a*)
De. 1. 9. καὶ εἶπα πρὸς ὑμᾶς (1 *a*)
— 14. καὶ εἴπατε (1 *a*)
— 20. καὶ εἶπα πρὸς ὑμᾶς (1 *a*)
— 21. ὃν τρόπον εἶπε κύριος (5 *a*)
— 22, 27. καὶ εἴπατε (1 *a*)
— 29. καὶ εἶπα πρὸς ὑμᾶς (1 *a*)
— 39. A ἃ εἴπατε ἐν διαρπαγῇ ἔσεσθαι (1 *a*)
— 41. καὶ εἴπατε [A εἰ. μοι] (1 *a*)
— 42. καὶ εἶπε κύριος πρὸς μέ, Εἰπὸν αὐτοῖς (1 *a*, 1 *a*)
2. 2, 9, 31 : 3. 2, 26. καὶ εἶπε κύριος πρὸς μέ (1 *a*)
4. 6. καὶ ἐροῦσιν (1 *a*)
— 10. εἶπε κύριος πρὸς μέ (1 *a*)
5. 1. καὶ εἶπε πρὸς αὐτούς (1 *a*)
— 27 (24). ὅσα ἐὰν εἴπῃ κύριος (1 *a*)
— 28 (25). καὶ εἶπε κύριος πρὸς μέ (1 *a*)
— 30 (27). εἰπὸν αὐτοῖς (1 *a*)
6. 21. καὶ ἐρεῖς τῷ υἱῷ σου (1 *a*)
8. 17. μὴ εἴπῃς ἐν τῇ καρδίᾳ σου (1 *a*)
9. 3. καθάπερ εἶπέ σοι κύριος (5 *a*)
— 4. μὴ εἴπῃς ἐν τῇ καρδίᾳ σου (1 *a*)
— 12, 13. καὶ εἶπε κύριος πρὸς μέ (1 *a*)
— 25. εἶπε γὰρ κύριος ἐξολεθρεῦσαι ὑμᾶς (1 *a*)
— 26. καὶ εἶπα (1 *a*)
— 28. μὴ εἴπωσιν οἱ κατοικοῦντες τὴν γῆν (1 *a*)
— 28. ἣν εἶπεν αὐτοῖς [B^{1} -ῷ] (5 *a*)
10. 1. εἶπε κύριος πρὸς μέ (1 *a*)
— 9. καθότι εἶπεν αὐτῷ (5 *a*)
— 11. καὶ εἶπε κύριος πρὸς μέ (1 *a*)
12. 20. καὶ ἐρεῖς [A εἴπῃς] (1 *a*)
17. 11. ἣν ἂν εἴπωσί σοι (1 *a*)
— 14. καὶ εἴπῃς (1 *a*)
— 16. ὁ δὲ κύριος εἶπεν [A εἰ. ὑμῖν] (1 *a*)
18. 2. καθότι εἶπεν αὐτῷ (5 *a*)
— 17. καὶ εἶπε κύριος πρὸς μέ (1 *a*)
— 21. ἐὰν δὲ εἴπῃς ἐν τῇ καρδίᾳ σου (1 *a*)
19. 8. ἣν εἶπε δοῦναι τοῖς πατράσι σου (5 *a*)
20. 3. καὶ ἐρεῖ πρὸς αὐτούς (1 *a*)
— 8. καὶ ἐροῦσι (1 *a*)
21. 7. καὶ ἀποκριθέντες ἐροῦσιν (1 *a*)
— 20. καὶ ἐροῦσι τοῖς ἀνδράσι (1 *a*)
22. 16. καὶ ἐρεῖ ὁ πατὴρ τῆς παιδὸς τῇ γερουσίᾳ (1 *a*)
25. 7. καὶ ἐρεῖ (1 *a*)
— 8. καὶ ἐροῦσιν αὐτῷ (5 *a*)
— 8. καὶ στὰς εἴπῃ (1 *a*)
— 9. καὶ ἀποκριθεῖσα ἐρεῖ (1 *a*)
26. 3. καὶ ἐρεῖς πρὸς αὐτόν (1 *a*)
— 5. ἀποκριθεὶς ἐρεῖ [A ἀποκριθήσῃ καὶ ἐρεῖς] (1 *a*)
— 13. καὶ ἐρεῖς ἔναντι κυρίου (1 *a*)
— 18. καθάπερ εἶπε [A εἰ. σοι] (5 *a*)
27. 3. ὃν τρόπον εἶπε κύριος . . . σοι (5 *a*)
— 14. ἀποκριθέντες οἱ Λευῖται ἐροῦσιν (1 *a*)
— 15. ἀποκριθεὶς πᾶς ὁ λαὸς ἐροῦσι [A ἐρεῖ] (1 *a*)
— 16, 17, 18, 19, 20, 21, 22, 23. καὶ ἐροῦσι πᾶς ὁ λαός (1 *a*)
— 23. B καὶ ἐροῦσι πᾶς ὁ λαός –
— 24, 25, 26. καὶ ἐροῦσι πᾶς ὁ λαός (1 *a*)
28. 67. τὸ πρωῒ ἐρεῖς (1 *a*)
— 67. καὶ τὸ ἑσπέρας ἐρεῖς (1 *a*)
— 68. A R ἐν τῇ ὁδῷ ᾗ [B *om.*] εἶπα (1 *a*)
29. 2 (1). καὶ εἶπε πρὸς αὐτούς (1 *a*)
— 13 (12). ὃν τρόπον εἶπέ σοι (5 *a*)
— 22 (21). καὶ ἐροῦσιν ἡ γενεὰ ἡ ἑτέρα οἱ υἱοὶ ὑμῶν (1 *a*)
— 24 (23). καὶ ἐροῦσι πάντα τὰ ἔθνη (1 *a*)
— 25 (24). καὶ ἐροῦσιν (1 *a*)
31. 2. καὶ εἶπε πρὸς αὐτούς (1 *a*)
— 2. κύριος δὲ εἶπε πρὸς μέ (1 *a*)
— 7. καὶ εἶπεν αὐτῷ (1 *a*)
— 14, 16. καὶ εἶπε κύριος πρὸς Μ. (1 *a*)
— 17. καὶ ἐρεῖ [B^{1} *om.*] ἐν τῇ ἡμέρᾳ ἐκείνῃ (1 *a*)
— 23. καὶ εἶπεν [A *add.* αὐτῷ] (1 *a*)
32. 7. A^{2} B καὶ ἐροῦσί σοι (1 *a*)
— 20. καὶ εἶπεν (1 *a*)
— 26. εἶπα, Διασπερῶ αὐτούς (1 *a*)

De. 32. 27. μὴ εἴπωσιν (1 *a*)
— 37. καὶ εἶπε κύριος (1 *a*)
— 40. καὶ ἐρῶ (1 *a*)
— 46. καὶ εἶπε πρὸς αὐτούς (1 *a*)
33. 2. καὶ εἶπε (1 *a*)
— 8. καὶ τῷ Λευὶ εἶπε (1 *a*)
— 12. καὶ τῷ Βενιαμὶν εἶπε (1 *a*)
— 13. καὶ τῷ Ἰωσὴφ εἶπεν (1 *a*)
— 18. καὶ τῷ Ζαβουλὼν εἶπεν (1 *a*)
— 20. καὶ τῷ Γὰδ εἶπεν (1 *a*)
— 22. καὶ τῷ Δὰν εἶπε (1 *a*)
— 23. καὶ τῷ Νεφθαλὶ εἶπε (1 *a*)
— 24. καὶ τῷ Ἀσὴρ εἶπεν (1 *a*)
34. 4. καὶ εἶπε κύριος πρὸς Μ. (1 *a*)
Jo. 1. 1. εἶπε κύριος τῷ Ἰησοῖ (1 *a*)
— 3. ὃν τρόπον εἴρηκα τῷ Μωυσῇ (5 *a*)
— 12. καὶ τῷ Ῥουβὴν . . . εἶπεν Ἰ. (1 *a*)
— 16. καὶ ἀποκριθέντες τῷ Ἰησοῖ εἶπαν (1 *a*)
2. 3. καὶ εἶπε πρὸς Ῥαάβ –
— 4. καὶ εἶπεν αὐτοῖς (1 *a*)
— 9. καὶ εἶπε πρὸς αὐτούς (1 *a*)
— 14. καὶ εἶπαν αὐτῇ οἱ ἄνδρες (1 *a*)
— 14. καὶ αὐτὴ εἶπεν †
— 16. καὶ εἶπεν αὐτοῖς (1 *a*)
— 17. καὶ εἶπαν πρὸς αὐτὴν οἱ ἄνδρες (1 *a*)
— 21. καὶ εἶπεν αὐτοῖς (1 *a*)
— 24. καὶ εἶπαν πρὸς Ἰησοῦν (1 *a*)
3. 5. καὶ εἶπεν Ἰησοῦς τῷ λαῷ (1 *a*)
— 6. καὶ εἶπεν Ἰησοῦς τοῖς ἱερεῦσιν (1 *a*)
— 7. καὶ εἶπε κύριος πρὸς Ἰησοῦν (1 *a*)
— 9. καὶ εἶπεν Ἰησοῦς τοῖς υἱοῖς Ἰσραήλ (1 *a*)
4. 1. καὶ εἶπε κύριος τῷ Ἰησοῖ [A πρὸς Ἰησοῦν] (1 *a*)
— 5. εἶπεν αὐτοῖς (1 *a*)
— 15. καὶ εἶπε κύριος τῷ Ἰησοῖ (1 *a*)
5. 2. εἶπε κύριος τῷ Ἰησοῖ (1 *a*)
— 8 (9). καὶ εἶπε κύριος τῷ Ἰησοῖ (1 *a*)
— 12 (13). προσελθὼν Ἰ. εἶπεν αὐτῷ (1 *a*)
— 13 (14). ὁ δὲ εἶπεν αὐτῷ (1 *a*)
— 14. καὶ εἶπεν αὐτῷ (1 *a*)
— 15. A εἶπεν [B λέγει] ὁ ἀρχιστράτηγος κυρίου πρὸς Ἰ. (1 *a*)
6. 2. καὶ εἶπε κύριος πρὸς Ἰησοῦν (1 *a*)
— 6. καὶ εἶπεν αὐτοῖς (1 *a*)
— 15 (16). εἶπεν Ἰ. τοῖς υἱοῖς Ἰσραήλ (1 *a*)
— 21 (22). τοῖς δυσὶ νεανίσκοις . . . εἶπεν Ἰ. (1 *a*)
7. 3. καὶ εἶπαν πρὸς αὐτόν (1 *a*)
— 7. καὶ εἶπεν Ἰησοῦς (1 *a*)
— 8. καὶ τί ἐρῶ (1 *a*)
— 10. καὶ εἶπε κύριος πρὸς Ἰησοῦν (1 *a*)
— 13. εἰπὸν ἁγιασθῆναι εἰς αὔριον (1 *a*)
— 19. καὶ εἶπεν Ἰησοῦς τῷ Ἄχαρ (1 *a*)
— 20. καὶ εἶπεν (1 *a*)
— 25. καὶ εἶπεν Ἰ. τῷ Ἄχαρ [A *om.* τῷ Ἄ.] (1 *a*)
8. 1. καὶ εἶπε κύριος πρὸς Ἰησοῦν (1 *a*)
— 6. καὶ ἐροῦσι (1 *a*)
— 18. καὶ εἶπε κύριος πρὸς Ἰησοῦν (1 *a*)
9. 6. καὶ εἶπαν πρὸς Ἰησοῦν (1 *a*)
— 7. καὶ εἶπαν οἱ υἱοὶ Ἰ. πρὸς τὸν Χορραῖον (1 *a*)
— 8. καὶ εἶπαν πρὸς Ἰησοῦν (1 *a*)
— 8. καὶ εἶπε πρὸς αὐτοὺς Ἰησοῦς (1 *a*)
— 9. καὶ εἶπαν [A *add.* πρὸς αὐτόν] (1 *a*)
— 11. εἶπαν πρὸς ἡμᾶς οἱ πρεσβύτεροι ἡμῶν (1 *a*)
— 11. καὶ ἐρεῖτε πρὸς αὐτούς (1 *a*)
— 19. εἶπαν οἱ ἄρχοντες πάσῃ τῇ συναγωγῇ (1 *a*)
— 21. καθάπερ εἶπαν αὐτοῖς οἱ ἄρχοντες (5 *a*)
— 22. καὶ εἶπεν αὐτοῖς (5 *a*)
10. 8. καὶ εἶπε κύριος πρὸς Ἰησοῦν (1 *a*)
— 12, 18, 22. καὶ εἶπεν Ἰησοῦς (1 *a*)
— 25. καὶ εἶπεν Ἰ. [A^{1} *om.*] πρὸς αὐτούς (1 *a*)
11. 6. καὶ εἶπε κύριος πρὸς Ἰησοῦν (1 *a*)
— 20. ὃν τρόπον εἶπε κύριος πρὸς Μωυσῆν (19)
13. 1. καὶ εἶπε κύριος πρὸς Ἰησοῦν (1 *a*)
— 14. καθὰ εἶπεν αὐτοῖς κύριος (5 *a*)
14. 6. καὶ εἶπε πρὸς αὐτὸν Χάλεβ (1 *a*)
— 10. ὃν τρόπον εἶπε (5 *a*)
— 12. καθὰ εἶπε κύριος (5 *a*)
— 12. ὃν τρόπον εἶπέ μοι κύριος (5 *a*)
15. 16. καὶ εἶπε Χάλεβ (1 *a*)
— 18. καὶ εἶπεν αὐτῇ Χάλεβ (1 *a*)
— 19. καὶ εἶπεν αὐτῷ (1 *a*)
17. 15. καὶ εἶπεν αὐτοῖς Ἰησοῦς (1 *a*)
— 16. καὶ εἶπαν [A εἶ. οἱ υἱοὶ Ἰωσήφ] (1 *a*)
— 17. καὶ εἶπεν Ἰησοῦς τοῖς υἱοῖς Ἰωσήφ (1 *a*)
18. 3. καὶ εἶπεν Ἰ. τοῖς υἱοῖς Ἰ. [A εἶ. αὐτοῖς Ἰ.] (1 *a*)
20. 2. ἃς εἶπα πρὸς ὑμᾶς διὰ Μωυσῆ (5 *a*)
21. 2. καὶ εἶπον [A -αν] πρὸς αὐτοὺς ἐν Σ. (5 *a*)

Jo. 22. 2. καὶ εἶπεν αὐτοῖς (1 *a*)
— 4. ὃν τρόπον εἶπεν αὐτοῖς (5 *a*)
— 24. ἵνα μὴ εἴπωσιν αὔριον τὰ τέκνα ὑμῶν (1 *a*)
— 26. εἴπαμεν ποιῆσαι οὕτω (1 *a*)
— 27. οὐκ ἐροῦσι τὰ τέκνα ὑμῶν τοῖς τέκνοις ἡμῶν (1 *a*)
— 28. καὶ εἴπαμεν (1 *a*)
— 28. καὶ ἐροῦσιν (1 *a*)
— 31. καὶ εἶπε Φ. ὁ ἱερεὺς τοῖς υἱοῖς Ῥ. (1 *a*)
— 33. καὶ εἶπαν μηκέτι ἀναβῆναι πρὸς αὐτούς (1 *a*)
— 34. καὶ εἶπεν –
23. 2. καὶ εἶπε πρὸς αὐτούς [A εἶπεν αὐτοῖς] (1 *a*)
— 4. B ὅπερ εἶπα [A R ἐπέρριφα] ὑμῖν τὰ ἔθνη †
— 10. καθάπερ εἶπεν ἡμῖν (5 *a*)
— 14. ὧν εἶπε κύριος (5 *a*)
24. 2. καὶ εἶπεν Ἰησοῦς πρὸς πάντα τὸν λαόν (1 *a*)
— 16. ἀποκριθεὶς ὁ λαὸς εἶπε (1 *a*)
— 19. καὶ εἶπεν Ἰησοῦς πρὸς τὸν λαόν (1 *a*)
— 21. καὶ εἶπεν ὁ λαὸς πρὸς Ἰησοῦν (1 *a*)
— 22. καὶ εἶπεν Ἰησοῦς πρὸς τὸν λαόν (1 *a*)
— 24. καὶ εἶπεν ὁ λαὸς πρὸς Ἰησοῦν (1 *a*)
— 27. καὶ εἶπεν Ἰησοῦς πρὸς τὸν λαόν (1 *a*)
Jd. 1. 2. καὶ εἶπε κύριος (1 *a*)
— 3. καὶ εἶπεν Ἰούδας τῷ [A πρὸς] Σ. (1 *a*)
— 7. καὶ εἶπεν Ἀδωνιβεζέκ (1 *a*)
— 12. καὶ εἶπε Χάλεβ (1 *a*)
— 14. καὶ εἶπεν αὐτῇ Χάλεβ (1 *a*)
— 15. καὶ εἶπεν αὐτῷ Ἀσχά (1 *a*)
— 24. καὶ εἶπον αὐτῷ (1 *a*)
2. 1. καὶ εἶπε πρὸς αὐτούς (1 *a*)
— 1. καὶ εἶπα [A -εν ὑμῖν] (1 *a*)
— 3. κἀγὼ εἶπον [A καὶ ἐγὼ εἶπα] (1 *a*)
— 3. A ὃν εἶπα τοῦ ἐξολεθρεῦσαι αὐτούς [B *aliter*] –
— 20. καὶ εἶπεν (1 *a*)
3. 19. καὶ εἶπεν Ἀώδ (1 *a*)
— 19. καὶ εἶπεν Ἐ. πρὸς αὐτόν [A Ἐ. πᾶσιν] (1 *a*)
— 20. καὶ εἶπεν Ἀώδ (1 *a*)
— 24. καὶ εἶπαν (1 *a*)
— 28. καὶ εἶπε πρὸς αὐτούς (1 *a*)
4. 6. καὶ εἶπε πρὸς αὐτόν (1 *a*)
— 8. καὶ εἶπε πρὸς αὐτὴν B. (1 *a*)
— 9. καὶ εἶπε [A *add.* πρὸς αὐτὸν Δ.] (1 *a*)
— 14. καὶ εἶπε Δ. πρὸς B. (1 *a*)
— 18. καὶ εἶπεν αὐτῷ [A πρὸς αὐτόν] (1 *a*)
— 19. καὶ εἶπε Σ. πρὸς αὐτήν (1 *a*)
— 20. καὶ εἶπε πρὸς αὐτὴν Σ. [A *om.*] (1 *a*)
— 20. καὶ εἴπῃ [A εἶ. σοι] (1 *a*)
— 20. καὶ ἐρεῖς [A^{1} -εῖ] (1 *a*)
— 22. καὶ εἶπεν αὐτῷ (1 *a*)
5. 1. A καὶ εἶπεν ἐν τῇ ᾠδῇ [B λέγοντες] (1 *a*)
— 23. εἶπεν ἄγγελος κυρίου (1 *a*)
6. 8. καὶ εἶπεν αὐτοῖς (1 *a*)
— 10. καὶ εἶπα ὑμῖν (1 *a*)
— 12. καὶ εἶπε πρὸς αὐτόν (1 *a*)
— 13. καὶ εἶπε πρὸς αὐτὸν Γ. (1 *a*)
— 14. καὶ εἶπε [A *add.* αὐτῷ] (1 *a*)
— 15. καὶ εἶπε πρὸς αὐτὸν Γ. (1 *a*)
— 16. καὶ εἶπε πρὸς αὐτὸν ὁ ἄγγελος κυρίου (1 *a*)
— 17. καὶ εἶπε πρὸς αὐτὸν Γ. (1 *a*)
— 18. καὶ εἶπεν (1 *a*)
— 20. καὶ εἶπε πρὸς αὐτὸν ὁ ἄγγελος τοῦ θ. (1 *a*)
— 22. καὶ εἶπε Γ. (1 *a*)
— 23, 25. καὶ εἶπεν αὐτῷ κύριος (1 *a*)
— 29. καὶ εἶπεν ἀνὴρ πρὸς τὸν πλησίον αὐτοῦ (1 *a*)
— 29. A καὶ εἶπαν [B ἔγνωσαν] (1 *a*)
— 30. A R καὶ εἶπαν [B -ον] οἱ ἄνδρες τῆς πόλεως πρὸς Ἰ. (1 *a*)
— 31. καὶ εἶπε Γ. υἱὸς Ἰ. [A εἶ. Ἰ.] (1 *a*)
— 36, 39. καὶ εἶπε Γ. πρὸς τὸν θεόν (1 *a*)
7. 2. καὶ εἶπε κύριος πρὸς Γ. (1 *a*)
— 3. A εἶπεν κύριος πρὸς αὐτόν –
— 4. καὶ εἶπε κύριος πρὸς Γ. (1 *a*)
— 4. ὃν ἐὰν εἴπω πρὸς σέ (1 *a*)
— 4. ὃν ἐὰν εἴπω πρὸς σέ [A εἶ. σοι] (1 *a*)
— 5, 7. καὶ εἶπε κύριος πρὸς Γ. (1 *a*)
— 9. καὶ εἶπε πρὸς αὐτὸν κύριος (1 *a*)
— 13, 14, 15. καὶ εἶπεν (1 *a*)
— 17. καὶ εἶπε πρὸς αὐτούς (1 *a*)
— 18. καὶ ἐρεῖτε (1 *a*)
8. 1. καὶ εἶπαν πρὸς Γ. ἀνὴρ Ἐφ. [A *al.*] (1 *a*)
— 2. καὶ εἶπε πρὸς αὐτούς (1 *a*)
— 5. καὶ εἶπε τοῖς ἀνδράσι Σ. (1 *a*)
— 6. καὶ εἶπον [A -αν] οἱ ἄρχοντες Σ. (1 *a*)
— 7. καὶ εἶπε Γ. (1 *a*)
— 9. καὶ εἶπε Γ. πρὸς ἄνδρας Φ. [A *al.*] (1 *a*)

Jd. 8. 15. καὶ εἶπεν [A *add.* αὐτοῖς] (1 *a*)
— 18. καὶ εἶπε πρὸς Ζ. (1 *a*)
— 18. καὶ εἶπαν (1 *a*)
— 19. καὶ εἶπε Γ. (1 *a*)
— 20. καὶ εἶπεν Ἰεθέρ [A τῷ Ἰ.] (1 *a*)
— 21. καὶ εἶπε Ζ. καὶ Σ. (1 *a*)
— 22. καὶ εἶπον [A -εν] ἀνὴρ Ἰ. πρὸς Γ. (1 *a*)
— 23, 24. καὶ εἶπε πρὸς αὐτοὺς Γ. (1 *a*)
— 25. καὶ εἶπαν (1 *a*)
9. 3. ὅτι εἶπαν (1 *a*)
— 7. καὶ εἶπεν αὐτοῖς (1 *a*)
— 8. καὶ εἶπον τῇ ἐλαίᾳ (1 *a*)
— 9. καὶ εἶπεν αὐτοῖς ἡ ἐλαία (1 *a*)
— 10. καὶ εἶπον [A -αν] τὰ ξύλα τῇ συκῇ (1 *a*)
— 11. καὶ εἶπεν αὐτοῖς ἡ συκῆ (1 *a*)
— 12. καὶ εἶπαν τὰ ξύλα πρὸς τὴν ἄμπελον [A ξ. τῇ ἀ.] (1 *a*)
— 13. καὶ εἶπεν αὐτοῖς ἡ ἄμπελος (1 *a*)
— 14. καὶ εἶπαν πάντα τὰ ξύλα τῇ ῥάμνῳ [A *al.*] (1 *a*)
— 15. καὶ εἶπεν ἡ ῥάμνος πρὸς τὰ ξύλα (1 *a*)
— 27. B καὶ εἶπον [A R ἔπιον] †
— 28. καὶ εἶπε Γ. (1 *a*)
— 29. καὶ ἐρῶ πρὸς αὐτόν [A τῷ Ἀβ.] (1 *a*)
— 36. καὶ εἶπε πρὸς Ζ. (1 *a*)
— 36. καὶ εἶπε πρὸς αὐτὸν Ζ. (1 *a*)
— 37. καὶ εἶπεν (1 *a*)
— 38. καὶ εἶπε πρὸς αὐτὸν Ζ. (1 *a*)
— 48. καὶ εἶπε τῷ λαῷ [A πρὸς τὸν λαόν] (1 *a*)
— 54. B καὶ εἶπεν αὐτῷ (1 *a*)
— 54. μή ποτε εἴπωσι (1 *a*)
10. 11. καὶ εἶπε κύριος πρὸς τοὺς υἱοὺς Ἰ. (1 *a*)
— 15. καὶ εἶπαν οἱ υἱοὶ Ἰ. πρὸς κύριον (1 *a*)
— 18. καὶ εἶπον ὁ λαὸς οἱ ἄρχοντες [A οἱ ἄ. τοῦ λ.] Γ. (1 *a*)
11. 2. καὶ εἶπαν [A -ον] αὐτῷ (1 *a*)
— 6. καὶ εἶπαν τῷ [A πρὸς] Ἰ. (1 *a*)
— 7. καὶ εἶπεν Ἰ. τοῖς πρεσβυτέροις Γ. (1 *a*)
— 8. καὶ εἶπαν οἱ πρεσβύτεροι Γ. πρὸς Ἰ. (1 *a*)
— 9. καὶ εἶπεν Ἰ. πρὸς τοὺς πρεσβυτέρους Γ. (1 *a*)
— 10. καὶ εἶπαν οἱ πρεσβύτεροι Γ. πρὸς Ἰ. (1 *a*)
— 13. καὶ εἶπε βασιλεὺς . . . πρὸς τοὺς ἀγγέλους Ἰ. (1 *a*)
— 15. καὶ εἶπεν αὐτῷ [A λέγων] (1 *a*)
— 19. καὶ εἶπεν αὐτῷ Ἰ. (1 *a*)
— 30, 35. καὶ εἶπεν (1 *a*)
— 36. ἡ δὲ [A καὶ] εἶπε πρὸς αὐτόν (1 *a*)
— 37. καὶ ἥδε εἶπε πρὸς τὸν πατέρα αὐ. (1 *a*)
— 38. καὶ εἶπε (1 *a*)
12. 1. καὶ εἶπαν [A -ον] πρὸς Ἰ. (1 *a*)
— 2. καὶ εἶπε πρὸς αὐτοὺς Ἰ. (1 *a*)
— 4. εἶπαν οἱ διασωζόμενοι τοῦ Ἐφ. (1 *a*)
— 5. καὶ εἶπαν αὐτοῖς [A *al.*] (1 *a*)
— 5. καὶ εἶπαν αὐτοῖς οἱ ἄνδρες Γ. (1 *a*)
— 5. καὶ εἶπεν [A -αν] (1 *a*)
— 6. καὶ εἶπαν αὐτῷ [A -εν αὐτοῖς], Εἰπὸν δὴ στάχυς [A εἴπατε δὴ σύνθημα] (1 *a*, 1 *a*)
13. 3. καὶ εἶπε πρὸς αὐτήν (1 *a*)
— 6. καὶ εἶπε τῷ ἀνδρὶ αὐτῆς (1 *a*)
— 7. καὶ εἶπέ μοι (1 *a*)
— 8. καὶ εἶπεν (1 *a*)
— 10. καὶ εἶπε πρὸς αὐτόν (1 *a*)
— 11. καὶ εἶπεν αὐτῷ (1 *a*)
— 11. καὶ εἶπεν ὁ ἄγγελος (1 *a*)
— 12. καὶ εἶπε Μ. (1 *a*)
— 13. καὶ εἶπεν ὁ ἄγγελος κυρίου πρὸς Μ. (1 *a*)
— 13. ὧν εἴρηκα [A εἶπα] πρὸς τὴν γυναῖκα (1 *a*)
— 15. καὶ εἶπε Μ. πρὸς τὸν ἄγγελον κυρίου (1 *a*)
— 16. καὶ εἶπεν ὁ ἄγγελος κυρίου πρὸς Μ. (1 *a*)
— 17. καὶ εἶπε Μ. πρὸς τὸν ἄγγελον κυρίου (1 *a*)
— 18. καὶ εἶπεν αὐτῷ ὁ ἄγγελος κυρίου (1 *a*)
— 22. καὶ εἶπε Μ. πρὸς τὴν γυναῖκα αὐτοῦ (1 *a*)
— 23. καὶ εἶπεν αὐτῷ ἡ γυνὴ αὐτοῦ (1 *a*)
14. 2. καὶ εἶπε (1 *a*)
— 3. καὶ εἶπεν αὐτῷ ὁ πατὴρ αὐτοῦ (1 *a*)
— 3. καὶ εἶπε Σ. πρὸς τὸν πατέρα αὐτοῦ (1 *a*)
— 12. καὶ εἶπεν αὐτοῖς Σ. (1 *a*)
— 13. καὶ εἶπαν αὐτῷ (1 *a*)
— 14. καὶ εἶπεν αὐτοῖς (1 *a*)
— 15. καὶ εἶπαν τῇ γυναικὶ Σ. (1 *a*)
— 16. καὶ εἶπε [A *add.* αὐτῷ] (1 *a*)
— 16. καὶ εἶπεν αὐτῇ Σ. (1 *a*)
— 18. καὶ εἶπαν αὐτῷ οἱ ἄνδρες τῆς πόλεως (1 *a*)
— 18. καὶ εἶπεν αὐτοῖς Σ. (1 *a*)
15. 1. καὶ εἶπεν (1 *a*)
— 2. καὶ εἶπεν ὁ πατὴρ αὐτῆς (1 *a*)

Jd. 15. 2. εἶπα [A -as] ὅτι μισῶν ἐμίσησας [A -σα] αὐτήν (1 a)
— 3. καὶ εἶπεν αὐτοῖς [A -ῷ] Σ. (1 a)
— 6. καὶ εἶπαν οἱ ἀλλόφυλοι (1 a)
— 6. καὶ εἶπαν (1 a)
— 7. καὶ εἶπεν αὐτοῖς Σ. (1 a)
— 10. καὶ εἶπαν ἀνὴρ [A αὐτοῖς πᾶς ἀ.] Ἰ. (1 a)
— 10. καὶ εἶπον [A -αν] οἱ ἀλλόφυλοι (1 a)
— 11. A R καὶ εἶπαν πρὸς [B τῷ] Σ. (1 a)
— 11. καὶ εἶπεν αὐτοῖς Σ. (1 a)
— 12. καὶ εἶπαν αὐτῷ (1 a)
— 12. καὶ εἶπεν αὐτοῖς Σ. (1 a)
— 13. καὶ εἶπον [A ὤμοσαν] αὐτῷ (1 a)
— 16. καὶ εἶπε Σ. (1 a)
— 18. καὶ εἶπε (1 a)
16. 5. καὶ εἶπαν αὐτῇ [A πρὸς αὐτήν] (1 a)
— 6. καὶ εἶπε Δ. πρὸς Σ. (1 a)
— 7. καὶ εἶπε πρὸς αὐτὴν Σ. (1 a)
— 9. καὶ εἶπεν αὐτῷ [A πρὸς αὐτόν] (1 a)
— 10. καὶ εἶπε Δ. πρὸς Σ. (1 a)
— 11. καὶ εἶπε πρὸς αὐτήν (1 a)
— 12. καὶ εἶπεν [A *add.* πρὸς αὐτόν] (1 a)
— 13. καὶ εἶπε Δ. πρὸς Σ. (1 a)
— 13. καὶ εἶπε πρὸς αὐτήν (1 a)
— 14. καὶ εἶπεν [A *add.* πρὸς αὐτόν] (1 a)
— 15. καὶ εἶπε πρὸς Σ. [A αὐτὸν] Δ. (1 a)
— 15. A πῶς ἐρεῖς [B λέγεις] (1 a)
— 17. καὶ εἶπεν αὐτῇ (1 a)
— 20. καὶ εἶπε [A *add.* αὐτῷ] Δ. (1 a)
— 20. καὶ εἶπεν (1 a)
— 23. καὶ εἶπαν (1 a)
— 24. A καὶ εἶπαν [B *aliter*] (1 a)
— 25. καὶ εἶπαν (1 a)
— 26. καὶ εἶπε Σ. (1 a)
— 28. καὶ εἶπεν (1 a)
— 30. καὶ εἶπε Σ. (1 a)
17. 2. καὶ εἶπε τῇ μητρὶ αὐτοῦ (1 a)
— 2. A καὶ εἶπας [B προσεῖπας] (1 a)
— 2, 3. καὶ εἶπεν ἡ μήτηρ αὐτοῦ (1 a)
— 9. καὶ εἶπεν αὐτῷ M. (1 a)
— 9. καὶ εἶπε πρὸς αὐτόν (1 a)
— 10. καὶ εἶπεν αὐτῷ M. (1 a)
— 13. καὶ εἶπε M. (1 a)
18. 2. καὶ εἶπαν πρὸς αὐτούς (1 a)
— 3. καὶ εἶπαν αὐτῷ (1 a)
— 4. καὶ εἶπε πρὸς αὐτούς (1 a)
— 5. καὶ εἶπαν αὐτῷ (1 a)
— 6. καὶ εἶπεν αὐτοῖς ὁ ἱερεύς (1 a)
— 8. καὶ εἶπον τοῖς ἀδελφοῖς αὐ. [A. *al.*] (1 a)
— 9. καὶ εἶπαν (1 a)
— 14. καὶ εἶπαν πρὸς τοὺς ἀδελφούς (1 a)
— 18. καὶ εἶπε πρὸς αὐτοὺς ὁ ἱερεύς (1 a)
— 19. καὶ εἶπαν αὐτῷ [A πρὸς αὐτόν] (1 a)
— 23. καὶ εἶπαν τῷ [A πρὸς] M. (1 a)
— 24. καὶ εἶπε M. (1 a)
— 25. A B καὶ εἶπον [R -αν] πρὸς αὐτὸν οἱ υἱοὶ Δ. (1 a)
19. 5. καὶ εἶπεν ὁ πατὴρ τῆς νεάνιδος (1 a)
— 6. καὶ εἶπεν ὁ πατὴρ τῆς νεάνιδος πρὸς τὸν ἄνδρα (1 a)
— 8. καὶ εἶπεν ὁ πατὴρ τῆς νεάνιδος (1 a)
— 9. καὶ εἶπεν αὐτῷ ὁ γαμβρὸς αὐτοῦ (1 a)
— 11. καὶ εἶπεν ὁ νεανίας [A τὸ παιδάριον] (1 a)
— 12. καὶ εἶπε πρὸς αὐτὸν ὁ κύριος αὐτοῦ (1 a)
— 13. καὶ εἶπε τῷ νεανίᾳ [A παιδαρίῳ] αὐτοῦ (1 a)
— 17. καὶ εἶπεν ὁ ἀνὴρ ὁ πρεσβύτης (1 a)
— 18. καὶ εἶπε πρὸς αὐτόν (1 a)
— 20. καὶ εἶπεν ὁ ἀνὴρ ὁ πρεσβύτης (1 a)
— 22. καὶ εἶπον [A -αν] πρὸς τὸν ἄνδρα (1 a)
— 23. καὶ εἶπε [A *add.* πρὸς αὐτούς] (1 a)
— 28. καὶ εἶπε πρὸς αὐτήν (1 a)
— 30. A τάδε ἐρεῖτε πρὸς πάντα ἄνδρα –
20. 3. καὶ ἐλθόντες [A *om.*] εἶπαν οἱ υἱοὶ Ἰ. (1 a)
— 4. καὶ εἶπεν (1 a)
— 18. καὶ εἶπαν οἱ υἱοὶ Ἰ. (1 a)
— 18. καὶ εἶπε κύριος (1 a)
— 23, 28. καὶ εἶπε κύριος (1 a)
— 32. καὶ εἶπαν οἱ υἱοὶ B. (1 a)
— 32. A R καὶ οἱ υἱοὶ Ἰ. εἶπαν [B -ον] (1 a)
— 39. ὅτι εἶπαν (1 a)
21. 3. καὶ εἶπαν (1 a)
— 5. A R καὶ εἶπαν [B -ον] οἱ υἱοὶ Ἰ. (1 a)
— 6, 8. καὶ εἶπαν (1 a)
— 16. καὶ εἶπον [A -αν] οἱ πρεσβύτεροι τῆς συναγωγῆς (1 a)
— 17, 19. καὶ εἶπαν (1 a)

Jd. 21. 22. καὶ ἐροῦμεν αὐτοῖς [A πρὸς αὐτούς] (1 a)
Ru. 1. 8. καὶ εἶπε N. ταῖς δυσὶ νύμφαις αὐ. (1 a)
— 10. καὶ εἶπαν αὐτῇ (1 a)
— 11. καὶ εἶπε N. (1 a)
— 12. ὅτι εἶπα (1 a)
— 15. καὶ εἶπε N. πρὸς Ῥούθ (1 a)
— 16. εἶπε δὲ Ῥούθ (1 a)
— 19. καὶ εἶπον (1 a)
— 20. καὶ εἶπε πρὸς αὐτάς (1 a)
2. 2. καὶ εἶπε Ῥοὺθ . . . πρὸς N. (1 a)
— 2. εἶπε δὲ αὐτῇ (1 a)
— 4. καὶ εἶπε τοῖς θερίζουσι (1 a)
— 4. καὶ εἶπον [A -αν] αὐτῷ (1 a)
— 5. καὶ εἶπε B. τῷ παιδαρίῳ (1 a)
— 6, 7. καὶ εἶπεν (1 a)
— 8. καὶ εἶπε B. πρὸς Ῥούθ (1 a)
— 10. καὶ εἶπε πρὸς αὐτόν [A *om.* πρὸς αὐ.] (1 a)
— 11. καὶ εἶπεν αὐτῇ (1 a)
— 13. ἡ δὲ εἶπεν (1 a)
— 14. καὶ εἶπεν αὐτῇ B. (1 a)
— 19. καὶ εἶπεν αὐτῇ ἡ πενθερὰ αὐτῆς (1 a)
— 19. καὶ εἶπε (1 a)
— 20. καὶ εἶπεν N. τῇ νύμφῃ αὐτῆς (1 a)
— 20. καὶ εἶπεν αὐτῇ N. (1 a)
— 21. καὶ εἶπε Ῥοὺθ πρὸς τὴν πενθερὰν αὐτῆς (1 a)
— 21. καί γε ὅτι εἶπε πρὸς μέ (1 a)
— 22. καὶ εἶπε N. πρὸς Ῥοὺθ τὴν νύμφην αὐτῆς (1 a)
3. 1. εἶπε δὲ αὐτῇ N. ἡ πενθερὰ αὐτῆς [A *al.*] (1 a)
— 5. εἶπε δὲ Ῥοὺθ πρὸς αὐτήν (1 a)
— 5. πάντα ὅσα ἐὰν εἴπῃς ποιήσω (1 a)
— 9. εἶπε δέ (1 a)
— 9. ἡ δὲ εἶπεν (1 a)
— 10. καὶ εἶπε B. (1 a)
— 11. ὅσα ἐὰν εἴπῃς (1 a)
— 14. καὶ εἶπε B. (1 a)
— 15. καὶ εἶπεν αὐτῇ (1 a)
— 16. ἡ δὲ εἶπεν αὐτῇ [A *om.*] (1 a)
— 16. καὶ εἶπεν αὐτῇ πάντα (13)
— 17. καὶ εἶπεν αὐτῇ (1 a)
— 17. ὅτι εἶπε πρὸς μέ (1 a)
— 18. ἡ δὲ εἶπε (1 a)
4. 1. A B ὃν εἶπεν [R ἐλάλησε] B. καὶ εἶπε πρὸς αὐτὸν B. (5 a, 1 a)
— 2. καὶ εἶπε (1 a)
— 3. καὶ εἶπε B. τῷ ἀγχιστεῖ [A *om.* τῷ ἀ.] (1 a)
— 4. κἀγὼ εἶπα (1 a)
— 4. ὁ δὲ εἶπεν (1 a)
— 5. καὶ εἶπε B. (1 a)
— 6. καὶ εἶπεν ὁ ἀγχιστεύς (1 a)
— 8. καὶ εἶπεν ὁ ἀγχιστεὺς τῷ B. (1 a)
— 9. καὶ εἶπε B. [A *om.*] τοῖς πρεσβυτέροις (1 a)
— 11. καὶ εἴποσαν [A εἶπαν] πᾶς ὁ λαὸς οἱ ἐν τῇ πύλῃ (1 a)
— 11. καὶ οἱ πρεσβύτεροι εἴποσαν –
— 14. καὶ εἶπαν αἱ γυναῖκες πρὸς N. (1 a)
I Ki. 1. 8. καὶ εἶπεν αὐτῇ Ἑ. ὁ ἀνὴρ αὐτῆς (1 a)
— 8. καὶ εἶπεν αὐτῷ [A *om.*] –
— 8. καὶ εἶπεν αὐτῇ –
— 14. καὶ εἶπεν αὐτῇ τὸ παιδάριον Ἡ. (1 a)
— 15. καὶ εἶπεν (1 a)
— 17. καὶ εἶπεν αὐτῇ (1 a)
— 18. καὶ εἶπεν (1 a)
— 20. καὶ εἶπεν –
— 22. ὅτι εἶπε τῷ ἀνδρὶ αὐτῆς (1 a)
— 23. καὶ εἶπεν αὐτῇ Ἑ. ὁ ἀνὴρ αὐτῆς (1 a)
— 26, 28 (2. 1): 2. 16. καὶ εἶπεν (1 a)
2. 23. καὶ εἶπεν αὐτοῖς (1 a)
— 27. καὶ εἶπε (1 a)
— 30. A B τάδε εἶπεν [R λέγει] κύριος (12)
— 30. εἶπα [A -as] (1 a)
3. 4, 5 (B), 5, 6 *bis*, 8. καὶ εἶπεν (1 a)
— 9. καὶ εἶπεν [A εἶ. Ἡ. τῷ Σ.] (1 a)
— 9. καὶ ἐρεῖς (1 a)
— 10. καὶ εἶπε Σ. (1 a)
— 11. καὶ εἶπε κύριος πρὸς Σ. (1 a)
— 16. καὶ εἶπεν Ἡ. πρὸς Σ. (21 a)
— 16, 17. καὶ εἶπεν (1 a)
— 18. καὶ εἶπεν Ἡ. (1 a)
4. 3. καὶ εἶπαν οἱ πρεσβύτεροι Ἰ. (1 a)
— 6. καὶ εἶπον οἱ ἀλλόφυλοι (1 a)
— 7. καὶ εἶπον (1 a)
— 14. καὶ εἶπε (1 a)
— 16. καὶ εἶπεν Ἡ. τοῖς ἀνδράσι –
— 16. καὶ εἶπεν αὐτῷ (1 a)

I Ki. 4. 16, 17. καὶ εἶπεν (1 a)
— 20. καὶ εἶπον αὐτῇ αἱ γυναῖκες (5 a)
— 21. A καὶ εἶπαν (1 a)
— 22. B καὶ εἶπαν (1 a)
— 22. A καὶ εἶπεν (1 a ?)
5. 11. καὶ εἶπον [A -αν] (1 a)
6. 3. καὶ εἶπαν [A -ον] (1 a)
— 5 (4). καὶ εἶπαν (1 a)
— 20. καὶ εἶπαν οἱ ἄνδρες (1 a)
7. 3. καὶ εἶπε Σ. πρὸς πάντα οἶκον Ἰ. (1 a)
— 5. καὶ εἶπε Σ. (1 a)
— 6. καὶ εἶπαν (1 a)
— 8. καὶ εἶπαν οἱ υἱοὶ Ἰ. πρὸς Σ. (1 a)
— 12. καὶ εἶπεν (1 a)
8. 5. καὶ εἶπαν αὐτῷ (1 a)
— 6. ὡς εἶπαν (1 a)
— 7. καὶ εἶπε κύριος πρὸς Σ. (1 a)
— 10. καὶ εἶπε Σ. πᾶν τὸ ῥῆμα τοῦ κυρίου (1 a)
— 11. καὶ εἶπε (1 a)
— 19. καὶ εἶπαν αὐτῷ (1 a)
— 22. καὶ εἶπε κύριος πρὸς Σ. (1 a)
— 22. καὶ εἶπε Σ. πρὸς ἄνδρας Ἰ. (1 a)
9. 3. καὶ εἶπε K. πρὸς Σ. τὸν υἱὸν αὐτοῦ (1 a)
— 5. Σαοὺλ εἶπε τῷ παιδαρίῳ αὐτοῦ (1 a)
— 6. καὶ εἶπεν αὐτῷ τὸ παιδάριον (1 a)
— 7. καὶ εἶπε Σαοὺλ τῷ παιδαρίῳ αὐτοῦ (1 a)
— 8. καὶ εἶπεν (1 a)
— 10. καὶ εἶπε Σαοὺλ πρὸς τὸ παιδάριον αὐτοῦ (1 a)
— 17. ὃν εἶπά σοι (1 a)
— 18, 19, 21. καὶ εἶπεν (1 a)
— 23. καὶ εἶπε Σ. τῷ μαγείρῳ (1 a)
— 23. ἣν εἶπά σοι (1 a)
— 24. καὶ εἶπε Σ. τῷ Σαούλ (1 a)
— 27. καὶ Σ. εἶπε τῷ Σαούλ, Εἰπὸν τῷ νεανίσκῳ (1 a, 1 a)
10. 1. καὶ εἶπεν αὐτῷ (1 a)
— 2. καὶ ἐροῦσί σοι (1 a)
— 11. καὶ εἶπεν [A -αν] ὁ λαός (1 a)
— 12. καὶ εἶπε (1 a)
— 14. καὶ εἶπεν ὁ οἰκεῖος αὐτοῦ πρὸς αὐτόν (1 a)
— 14. καὶ εἶπαν (1 a)
— 15. καὶ εἶπεν ὁ οἰκεῖος πρὸς Σ. (1 a)
— 15. τί εἶπέ σοι Σ. (1 a)
— 16. καὶ εἶπε Σ. πρὸς τὸν οἰκεῖον αὐτοῦ (1 a)
— 16. A ὃ εἶπεν Σ. (1 a)
— 18. καὶ εἶπε πρὸς υἱοὺς Ἰ. (1 a)
— 18. τάδε εἶπε κύριος ὁ θεὸς Ἰ. (1 a)
— 19. καὶ εἴπατε (1 a)
— 22. καὶ εἶπε κύριος (1 a)
— 24. καὶ εἶπε Σ. πρὸς πάντα τὸν λαόν (1 a)
— 24. καὶ εἶπαν (1 a)
— 25. καὶ εἶπε Σ. . . . τὸ δικαίωμα τοῦ βασ. (5 a)
— 27. υἱοὶ λοιμοὶ εἶπαν (1 a)
11. 1. A R καὶ εἶπαν [B -ον] πάντες οἱ ἄνδρες Ἰ. πρὸς N. (1 a)
— 2. καὶ εἶπε πρὸς αὐτοὺς N. (1 a)
— 5. καὶ εἶπε Σ. (1 a)
— 9. καὶ εἶπε τοῖς ἀγγέλοις τοῖς ἐρχομένοις (1 a)
— 9. τάδε ἐρεῖτε τοῖς ἀνδράσιν Ἰ. (1 a)
— 10. A B καὶ εἶπαν [R -ον] οἱ ἄνδρες Ἰ. πρὸς N. (1 a)
— 12. καὶ εἶπεν ὁ λαὸς πρὸς Σ. (1 a)
— 12. τίς ὁ εἴπας (1 a)
— 13. καὶ εἶπε Σ. (1 a)
— 14. καὶ εἶπε Σ. πρὸς τὸν λαόν (1 a)
12. 1. καὶ εἶπε Σ. πρὸς πάντα Ἰ. (1 a)
— 1. ὅσα εἴπατέ μοι (1 a)
— 4. καὶ εἶπαν πρὸς Σ. (1 a)
— 5. καὶ εἶπε Σ. πρὸς τὸν λαόν (1 a)
— 5. καὶ εἶπαν (1 a)
— 6. καὶ εἶπε Σ. πρὸς τὸν λαόν (1 a)
— 12. καὶ εἴπατε (1 a)
— 19. B καὶ εἶπαν πᾶς ὁ λαὸς πρὸς Σ. (1 a)
— 20. B καὶ εἶπε Σ. πρὸς τὸν λαόν (1 a)
13. 8. B ὡς εἶπε Σ. –
— 9, 11 *bis*. B καὶ εἶπε Σ. (1 a)
— 12. B καὶ εἶπα (1 a)
— 13. B καὶ εἶπε Σ. πρὸς Σαούλ (1 a)
— 19. B εἶπον οἱ ἀλλόφυλοι (1 a)
14. 1. B καὶ εἶπεν Ἰ. . . . τῷ παιδαρίῳ (1 a)
— 6. B καὶ εἶπεν Ἰ. πρὸς τὸ παιδάριον (1 a)
— 7. B καὶ εἶπεν αὐτῷ ὁ αἴρων τὰ σκεύη αὐτοῦ (1 a)
— 8. B καὶ εἶπεν Ἰ. (1 a)
— 9. B ἐὰν τάδε εἴπωσι πρὸς ἡμᾶς (1 a)

I Ki. 14. 10. ἐὰν τάδε εἴπωσι πρὸς ἡμᾶς (1 a)
— 12. καὶ εἶπεν Ἰ. πρὸς τὸν αἴροντα τὰ σκεύη αὐτοῦ (1 a)
— 17. καὶ εἶπε Σ. τῷ λαῷ (1 a)
— 18. καὶ εἶπε Σ. τῷ Ἀ. (1 a)
— 19. καὶ εἶπε Σ. πρὸς τὸν ἱερέα (1 a)
— 28, 29. καὶ εἶπεν (1 a)
— 33, 34. καὶ εἶπε Σ. (1 a)
— 34. καὶ εἴπατε αὐτοῖς (1 a)
— 36. καὶ εἶπε Σ. (1 a)
— 36. καὶ εἶπαν [A -εν] (1 a)
— 36. καὶ εἶπεν ὁ ἱερεύς (1 a)
— 38. καὶ εἶπε Σ. (1 a)
— 40. καὶ εἶπε παντὶ ἀνδρὶ Ἰ. (1 a)
— 40. καὶ εἶπεν ὁ λαὸς πρὸς Σ. (1 a)
— 41. καὶ εἶπε Σ. (1 a)
— 41. ἐὰν τάδε εἴπῃ [A -ῃς] –
— 42. καὶ εἶπε Σ. (1 a)
— 42. καὶ εἶπεν ὁ λαὸς πρὸς Σ. –
— 43. καὶ εἶπε Σ. πρὸς Ἰ. (1 a)
— 43. καὶ εἶπε (1 a)
— 44. καὶ εἶπεν αὐτῷ Σ. (1 a)
— 45. καὶ εἶπεν ὁ λαὸς πρὸς Σ. (1 a)
15. 1. καὶ εἶπε Σ. πρὸς Σαούλ (1 a)
— 2. τάδε εἶπε κύριος σαβαώθ (1 a)
— 6. καὶ εἶπε Σ. πρὸς τὸν Κιναῖον (1 a)
— 13. καὶ εἶπεν αὐτῷ Σ. (1 a)
— 14, 15. καὶ εἶπε Σ. (1 a)
— 16. καὶ εἶπε Σ. πρὸς Σαούλ (1 a)
— 16. καὶ εἶπεν αὐτῷ (1 a)
— 17. καὶ εἶπε Σ. πρὸς Σαούλ (1 a)
— 18. καὶ εἶπέ σοι (1 a)
— 20. καὶ εἶπε Σαοὺλ πρὸς Σ. (1 a)
— 22. καὶ εἶπε Σ. (1 a)
— 24. καὶ εἶπε Σαοὺλ πρὸς Σ. (1 a)
— 26. καὶ εἶπε Σ. πρὸς Σαούλ (1 a)
— 28. καὶ εἶπε πρὸς αὐτὸν Σ. (1 a)
— 30, 32. καὶ εἶπε Σ. (1 a)
— 32. καὶ εἶπεν Ἀ. (1 a)
— 33. καὶ εἶπε Σ. πρὸς Ἀ. (1 a)
16. 1. καὶ εἶπε κύριος πρὸς Σ. (1 a)
— 2. καὶ εἶπε Σ. (1 a)
— 2. καὶ εἶπε κύριος (1 a)
— 2. καὶ ἐρεῖς (1 a)
— 3. ὃν ἐὰν εἴπω πρὸς σέ (1 a)
— 4. καὶ εἶπαν (1 a)
— 5, 6. καὶ εἶπεν (1 a)
— 7. καὶ εἶπε κύριος πρὸς Σ. (1 a)
— 8, 9. καὶ εἶπεν (1 a)
— 10. καὶ εἶπε Σ. [A Σ. πρὸς Ἰ.] (1 a)
— 11. καὶ εἶπε Σ. πρὸς Ἰ. (1 a)
— 11. καὶ εἶπεν (1 a)
— 11. καὶ εἶπε Σ. πρὸς Ἰ. (1 a)
— 12. καὶ εἶπε κύριος πρὸς Σ. (1 a)
— 15. καὶ εἶπαν οἱ παῖδες Σ. [A αὐτοῦ] πρὸς αὐτόν (1 a)
— 16. εἰπάτωσαν δὴ οἱ δοῦλοί σου (1 a)
— 17. καὶ εἶπε Σ. πρὸς τοὺς παῖδας αὐτοῦ (1 a)
— 18. B καὶ εἶπεν (1 a)
17. 8. καὶ εἶπεν αὐτοῖς (1 a)
— 10. καὶ εἶπεν ὁ ἀλλόφυλος (1 a)
— 12. A καὶ εἶπεν Δ. –
— 17. A καὶ εἶπεν Ἰ. πρὸς Δ. (1 a)
— 25. A καὶ εἶπεν ἀνὴρ Ἰ. (1 a)
— 26. A καὶ εἶπεν Δ. πρὸς τοὺς ἄνδρας (1 a)
— 27. A καὶ εἶπεν αὐτῷ ὁ λαός (1 a)
— 28. A καὶ εἶπεν (1 a)
— 29. A καὶ εἶπεν Δ. (1 a)
— 30. A καὶ εἶπεν κατὰ τὸ ῥῆμα τοῦτο (1 a)
— 32. καὶ εἶπε Δ. πρὸς Σ. (1 a)
— 33. καὶ εἶπε Σ. πρὸς Δ. (1 a)
— 34. καὶ εἶπε Δ. πρὸς Σ. (1 a)
— 37. A καὶ εἶπεν Δ. (1 a)
— 37. καὶ εἶπε Σ. πρὸς Δ. (1 a)
— 39. καὶ εἶπε Δ. πρὸς Σ. (1 a)
— 43. καὶ εἶπεν ὁ ἀλλόφυλος πρὸς Δ. (1 a)
— 43. B καὶ εἶπε Δ. –
— 44. καὶ εἶπεν ὁ ἀλλόφυλος πρὸς Δ. (1 a)
— 45. καὶ εἶπε Δ. πρὸς τὸν ἀλλόφυλον (1 a)
— 55. A εἶπεν πρὸς Ἀ. (1 a)
— 55. A καὶ εἶπεν Ἀ. (1 a)
— 56. A καὶ εἶπεν ὁ βασιλεύς (1 a)
— 58. A καὶ εἶπεν πρὸς αὐτὸν Σ. (1 a)
— 58. A καὶ εἶπεν Δ. (1 a)
18. 8, 11 (A). καὶ εἶπε (1 a)
— 17. A καὶ εἶπεν Σ. πρὸς Δ. (1 a)

I Ki. 18. 17. A καὶ Σ. εἶπεν (1 a)
— 18. A καὶ εἶπεν Δ. πρὸς Σ. (1 a)
— 21. καὶ εἶπε Σ. (1 a)
— 21. A καὶ εἶπεν Σ. πρὸς τὸν Δ. (1 a)
— 23. καὶ εἶπε Δ. (1 a)
— 25. καὶ εἶπε Σ., Τάδε ἐρεῖτε τῷ Δ. (1 a, 1 a)
19. 4. καὶ εἶπε πρὸς αὐτόν (1 a)
— 17. καὶ εἶπε Σ. τῇ Μ. (1 a)
— 17. καὶ εἶπε Μ. τῷ Σ. Αὐτὸς εἶπεν [A add. πρὸς μέ] (1 a, 1 a)
— 22. καὶ εἶπε (1 a)
— 22. A B^2 R καὶ εἶπαν [B^1 -εν] (1 a)
20. 1. καὶ εἶπε [A εἰ. ἐνώπιον Ἰ.] (1 a)
— 2. καὶ εἶπεν αὐτῷ Ἰ. (1 a)
— 3 *bis*. καὶ εἶπε (1 a)
— 3. A R καθὼς εἶπον [B -εν] –
— 4. καὶ εἶπεν Ἰ. πρὸς Δ. (1 a)
— 5. καὶ εἶπε Δ. πρὸς Ἰ. (1 a)
— 6. καὶ ἐρεῖς (1 a)
— 7. ἐὰν τάδε εἴπῃ [A -ῃς] (1 a)
— 9. καὶ εἶπεν Ἰ. (1 a)
— 10. καὶ εἶπε Δ. πρὸς Ἰ. (1 a)
— 11, 12. καὶ εἶπεν Ἰ. πρὸς Δ. (1 a)
— 18. καὶ εἶπεν [A εἰ. αὐτῷ] Ἰ. (1 a)
— 22 (21). ἐὰν εἴπω λέγων τῷ παιδαρίῳ (1 a)
— 22. ἐὰν τάδε εἴπω τῷ νεανίσκῳ (1 a)
— 26. ὅτι εἴρηκε [A εἶπεν] (1 a)
— 27. καὶ εἶπε Σ. πρὸς Ἰ. τὸν υἱὸν αὐτοῦ (1 a)
— 28. καὶ εἶπεν αὐτῷ –
— 29. καὶ εἶπεν (1 a)
— 30. καὶ εἶπεν αὐτῷ (1 a)
— 32. A καὶ εἶπεν πρὸς αὐτόν (1 a)
— 36. καὶ εἶπε τῷ παιδαρίῳ (1 a)
— 37. καὶ εἶπεν (1 a)
— 40. καὶ εἶπε τῷ παιδαρίῳ αὐτοῦ (1 a)
— 42. A R καὶ εἶπεν Ἰ. τῷ Δ. [B *om.* τῷ Δ.] (1 a)
21. 1 (2). καὶ εἶπεν αὐτῷ (1 a)
— 2 (3). καὶ εἶπε Δ. τῷ [A add. Ἀ. τῷ] ἱερεῖ (1 a)
— 2 (3). καὶ εἶπέ μοι (1 a)
— 4 (5). καὶ εἶπεν (1 a)
— 5 (6). καὶ εἶπεν αὐτῷ (1 a)
— 8 (9). καὶ εἶπε Δ. πρὸς Ἀ. (1 a)
— 9 (10). καὶ εἶπεν ὁ ἱερεύς (1 a)
— 10. καὶ εἶπε Δ. (1 a)
— 11 (12). καὶ εἶπαν οἱ παῖδες Ἀ. πρὸς αὐτόν (1 a)
— 14 (15). καὶ εἶπεν Ἀ. πρὸς τοὺς παῖδας αὐτοῦ (1 a)
22. 3. καὶ εἶπε πρὸς βασιλέα Μ. (1 a)
— 5. καὶ εἶπε Γὰδ ὁ προφήτης πρὸς Δ. (1 a)
— 7. καὶ εἶπε Σ. πρὸς τοὺς παῖδας αὐτοῦ (1 a)
— 7. A B καὶ εἶπεν αὐτοῖς [R *om.* κ. εἰ. αὐ.] –
— 9. καὶ εἶπεν (1 a)
— 12. καὶ εἶπε Σ. (1 a)
— 12. καὶ εἶπεν (1 a)
— 13. καὶ εἶπεν αὐτῷ Σ (1 a)
— 14. καὶ εἶπε (1 a)
— 16. καὶ εἶπεν ὁ βασιλεὺς Σ. (1 a)
— 17. καὶ εἶπεν ὁ βασιλεὺς τοῖς παρατρέχουσι (1 a)
— 18. καὶ εἶπεν ὁ βασιλεὺς τῷ Δ. (1 a)
— 22. καὶ εἶπε Δ. τῷ Ἀ. (1 a)
23. 2. καὶ εἶπε κύριος [A κ. πρὸς Δ.] (1 a)
— 3. καὶ εἶπαν οἱ ἄνδρες τοῦ Δ. πρὸς αὐτόν (1 a)
— 4. A καὶ εἶπεν [B εἰ. πρὸς αὐτόν, R εἰ. αὐτῷ] (1 a)
— 7. B καὶ εἶπε Σ. (1 a)
— 9. καὶ εἶπε Δ. πρὸς Ἀ. τὸν ἱερέα (1 a)
— 10. καὶ εἶπε Δ. (1 a)
— 11. καὶ εἶπε κύριος (1 a)
— 12. A καὶ εἶπεν Δ. (1 a)
— 12. A καὶ εἶπεν κύριος (1 a)
— 17. καὶ εἶπε πρὸς αὐτόν (1 a)
— 21. καὶ εἶπεν αὐτοῖς Σ. (1 a)
— 22. A R οὐ εἴπατε [B -ετε] (1 a)
24. 5. καὶ εἶπον [A -αν] οἱ ἄνδρες Δ. πρὸς αὐτόν (1 a)
— 5. ἣν εἶπε κύριος πρὸς σέ (1 a)
— 7. καὶ εἶπε Δ. πρὸς τοὺς ἄνδρας αὐτοῦ (1 a)
— 10. καὶ εἶπεν Δ. πρὸς Σ. (1 a)
— 11. καὶ εἶπα (1 a)
— 17. καὶ εἶπε Σ. (1 a)
— 18. καὶ εἶπε Σ. πρὸς Δ. (1 a)
25. 5. καὶ εἶπε [A εἰ. Δ.] τοῖς παιδαρίοις (1 a)
— 6. καὶ ἐρεῖτε τάδε (1 a)
— 10. A καὶ εἶπεν [B ἀπεκρίθη] Ν. τοῖς παισὶ Δ. (16 a)
— 10. καὶ εἶπε [A ἀπεκρίθη] (1 a)
— 13. καὶ εἶπε Δ. τοῖς ἀνδράσιν αὐτοῦ (1 a)

I Ki. 25. 19. καὶ εἶπε τοῖς παιδαρίοις αὐτῆς (1 a)
— 21. καὶ Δ. εἶπεν (1 a)
— 24. καὶ εἶπεν (1 a)
— 32. καὶ εἶπε Δ. τῇ Ἀ. (1 a)
— 34. τότε εἶπα –
— 35. καὶ εἶπεν αὐτῇ (1 a)
— 39, 41. καὶ εἶπεν (1 a)
26. 3. A καὶ εἶπεν [B εἶδε] Δ. †
— 6. καὶ εἶπε πρὸς Ἀ. (1 a)
— 6. καὶ εἶπεν Ἀ. (1 a)
— 8. καὶ εἶπεν Ἀ. πρὸς Δ. (1 a)
— 9. καὶ εἶπε Δ. πρὸς Ἀ. (1 a)
— 10. καὶ εἶπε Δ. (1 a)
— 14. καὶ εἶπε (1 a)
— 15. καὶ εἶπε Δ. πρὸς Ἀ. (1 a)
— 17. καὶ εἶπεν (1 a)
— 17. καὶ εἶπε Δ. (1 a)
— 18. καὶ εἶπεν [A εἰ. Δ.] (1 a)
— 21. καὶ εἶπε Σ. (1 a)
— 22. καὶ εἶπεν (1 a)
— 25. καὶ εἶπε Σ. πρὸς Δ. (1 a)
27. 1. καὶ εἶπε Δ. ἐν τῇ καρδίᾳ αὐτοῦ (1 a)
— 5. καὶ εἶπε Δ. πρὸς Ἀ. (1 a)
— 10. καὶ εἶπεν Ἀ. πρὸς Δ. (1 a)
— 10. καὶ εἶπε Δ. πρὸς Ἀ. (1 a)
28. 1. καὶ εἶπεν Ἀ. πρὸς Δ. (1 a)
— 2. καὶ εἶπε Δ. πρὸς Ἀ. (1 a)
— 2. καὶ εἶπεν Ἀ. πρὸς Δ. (1 a)
— 7. καὶ εἶπε Σ. τοῖς παισὶν αὐτοῦ (1 a)
— 7. καὶ εἶπαν [A -ον] οἱ παῖδες αὐτοῦ πρὸς αὐτόν (1 a)
— 9 (8). καὶ εἶπεν αὐτῇ (1 a)
— 9 (8). ὃν ἐὰν εἴπω σοι (1 a)
— 9. A B καὶ εἶπεν πρὸς αὐτὸν [R εἰ. αὐτῷ] ἡ γυνή (1 a)
— 11. καὶ εἶπεν ἡ γυνή (1 a)
— 11. καὶ εἶπε (1 a)
— 12. καὶ εἶπεν ἡ γυνὴ πρὸς Σ. (1 a)
— 13. καὶ εἶπεν αὐτῇ ὁ βασιλεύς (1 a)
— 13. εἰπὸν [A εἰπέ] τίνα ἑώρακας †
— 13. καὶ εἶπεν αὐτῷ (1 a)
— 14. καὶ εἶπεν αὐτῇ (1 a)
— 14. καὶ εἶπεν αὐτῷ (1 a)
— 15. καὶ εἶπε Σ. [A Σ. πρὸς Σαούλ] (1 a)
— 15. καὶ εἶπε Σ. (1 a)
— 16. καὶ εἶπε Σαμ. (1 a)
— 21. καὶ εἶπε πρὸς αὐτόν (1 a)
29. 3. καὶ εἶπον οἱ σατράπαι τῶν ἀλλοφύλων (1 a)
— 3. καὶ εἶπεν Ἀ. πρὸς τοὺς στρατηγοὺς τῶν ἀλλοφύλων (1 a)
— 6. καὶ εἶπεν αὐτῷ (1 a)
— 8. καὶ εἶπε Δ. πρὸς Ἀ. (1 a)
— 9. A ἀπεκρίθη Ἀ. καὶ εἶπεν [B *om.* καὶ εἰ.] πρὸς Δ. (1 a)
30. 6. εἶπεν ὁ λαὸς λιθοβολῆσαι αὐτόν (1 a)
— 7. καὶ εἶπε Δ. πρὸς Ἀ. (1 a)
— 8. καὶ εἶπεν αὐτῷ (1 a)
— 13. καὶ εἶπεν αὐτῷ Δ. (1 a)
— 13. καὶ εἶπε τὸ παιδάριον τὸ Αἰ. (1 a)
— 15. A B καὶ εἶπεν πρὸς αὐτὸν [R εἰ. αὐτῷ] Δ. (1 a)
— 15. καὶ εἶπεν (1 a)
— 22. καὶ εἶπαν (1 a)
— 23. καὶ εἶπε Δ. (1 a)
31. 4. καὶ εἶπε Σ. πρὸς τὸν αἴροντα τὰ σκεύη αὐ. (1 a)
II Ki. 1. 3. καὶ εἶπεν αὐτῷ Δ. (1 a)
— 3. καὶ εἶπε πρὸς αὐτόν (1 a)
— 4. καὶ εἶπεν αὐτῷ Δ. (1 a)
— 4. καὶ εἶπεν (1 a)
— 5. καὶ εἶπε Δ. τῷ παιδαρίῳ [A *om.* τῷ π.] (1 a)
— 6. καὶ εἶπε τὸ παιδάριον (1 a)
— 7. καὶ εἶπα (1 a)
— 8. καὶ εἶπέ μοι [A *om.*] (1 a)
— 8. καὶ εἶπα [A εἰ. πρὸς αὐτόν] (1 a)
— 9. καὶ εἶπε πρὸς μέ (1 a)
— 13. καὶ εἶπε Δ. τῷ παιδαρίῳ (1 a)
— 13. καὶ εἶπεν (1 a)
— 14. καὶ εἶπεν αὐτῷ Δ. (1 a)
— 15. καὶ εἶπε (1 a)
— 16. καὶ εἶπε πρὸς αὐτὸν Δ. (1 a)
— 18. καὶ εἶπε τοῦ διδάξαι τοὺς υἱούς (1 a)
2. 1. καὶ εἶπε κύριος πρὸς αὐτόν (1 a)
— 1. καὶ εἶπε Δ. (1 a)
— 1. καὶ εἶπεν (1 a)
— 5. A R καὶ εἶπε πρὸς αὐτοὺς Δ. [A *om.*] (1 a)
— 14. καὶ εἶπεν Ἀ. πρὸς Ἰ. (1 a)

II Ki. 2. 14. καὶ εἶπεν Ἰ. (1 a)
— 20. καὶ εἶπεν (1 a)
— 20. καὶ εἶπεν [A εἰ. αὐτῷ] (1 a)
— 21. καὶ εἶπεν αὐτῷ Ἀ. (1 a)
— 26. καὶ εἶπε (1 a)
— 26. ἕως πότε οὐ μὴ εἴπῃς τῷ λαῷ (1 a)
— 27. καὶ εἶπεν Ἰ. (1 a)
3. 7. A^{2}B καὶ εἶπεν Ἰεβοσθὲ . . . πρὸς Ἀ. (1 a)
— 8. καὶ εἶπεν Ἀ. πρὸς αὐτόν (1 a)
— 13. καὶ εἶπε Δ. (1 a)
— 16. καὶ εἶπε πρὸς αὐτὸν Ἀ. (1 a)
— 17. καὶ εἶπεν Ἀ. πρὸς τοὺς πρεσβυτέρους Ἰ. (5 b)
— 21. καὶ εἶπεν Ἀ. πρὸς Δ. (1 a)
— 24, 28. καὶ εἶπε (1 a)
— 31. καὶ εἶπε Δ. πρὸς Ἰ. (1 a)
— 33. καὶ εἶπεν (1 a)
— 38. καὶ εἶπεν ὁ βασ. πρὸς τοὺς παῖδας αὐ. (1 a)
4. 8. A R καὶ εἶπον [B -αν] πρὸς τὸν βασιλέα (1 a)
— 9. καὶ εἶπεν αὐτοῖς (1 a)
5. 1. καὶ εἶπαν αὐτῷ (1 a)
— 2. καὶ εἶπε κύριος πρὸς σέ (1 a)
— 6. καὶ ἐρρέθη τῷ Δ. (1 a)
— 8. καὶ εἶπε Δ. τῇ ἡμέρᾳ ἐκείνῃ (1 a)
— 9 (8). διὰ τοῦτο ἐροῦσι (1 a)
— 19. καὶ εἶπε κύριος πρὸς Δ. (1 a)
— 20. καὶ εἶπε Δ. (1 a)
— 23. καὶ εἶπε κύριος (1 a)
6. 20. καὶ εἶπε (1 a)
— 21. καὶ εἶπε Δ. πρὸς Μ. (1 a)
— 22. ὧν εἶπάς με (1 a)
7. 2. καὶ εἶπεν ὁ βασιλεὺς πρὸς Ν. (1 a)
— 3. καὶ εἶπε Ν. πρὸς τὸν βασιλέα (1 a)
— 4 (5). εἰπὸν [A -πὲ] πρὸς τὸν δοῦλόν μου Δ. (1 a)
— 8. τάδε ἐρεῖς τῷ δούλῳ μου Δ. (1 a)
— 18. καὶ εἶπε (1 a)
9. 1. καὶ εἶπε Δ. (1 a)
— 2. καὶ εἶπε πρὸς αὐτὸν ὁ βασιλεύς (1 a)
— 2. καὶ εἶπεν (1 a)
— 3. καὶ εἶπεν ὁ βασιλεύς (1 a)
— 3. καὶ εἶπε Σ. πρὸς τὸν βασιλέα (1 a)
— 4. καὶ εἶπεν ὁ βασιλεύς (1 a)
— 4. καὶ εἶπε Σ. πρὸς τὸν βασιλέα (1 a)
— 6. καὶ εἶπεν αὐτῷ Δ. (1 a)
— 6. καὶ εἶπεν (1 a)
— 7. καὶ εἶπεν αὐτῷ Δ. (1 a)
— 8. καὶ εἶπε (1 a)
— 9. καὶ εἶπε πρὸς αὐτόν (1 a)
— 11. καὶ εἶπε Σ. πρὸς τὸν βασιλέα (1 a)
10. 2. καὶ εἶπε Δ. (1 a)
— 3. καὶ εἶπον οἱ ἄρχοντες υἱῶν Ἀ. (1 a)
— 5. καὶ εἶπεν ὁ βασιλεύς (1 a)
— 11 : 11. 3, 5. καὶ εἶπεν (1 a)
11. 8. καὶ εἶπε Δ. τῷ Οὐρίᾳ (1 a)
— 10. καὶ εἶπε Δ. πρὸς Οὐρίαν (1 a)
— 11. καὶ εἶπεν Οὐ. πρὸς Δ. (1 a)
— 12. καὶ εἶπε Δ. πρὸς Οὐρίαν (1 a)
— 20. καὶ εἴπῃ σοι (1 a)
— 21. καὶ ἐρεῖς (1 a)
— 22. καὶ εἶπε πρὸς τὸν ἄγγελον –
— 23. καὶ εἶπεν ὁ ἄγγελος πρὸς Δ. (1 a)
— 25. καὶ εἶπε Δ. πρὸς τὸν ἄγγελον (1 a)
— 25. τάδε ἐρεῖς πρὸς Ἰ. (1 a)
12. 1. καὶ εἶπεν αὐτῷ [A πρὸς αὐτόν] (1 a)
— 5. καὶ εἶπε Δ. πρὸς Ν. (1 a)
— 7. καὶ εἶπε Ν. πρὸς Δ. (1 a)
— 13. καὶ εἶπε Δ. τῷ Νάθαν (1 a)
— 13. καὶ εἶπε Ν. πρὸς Δ. (1 a)
— 18. ὅτι εἶπαν (1 a)
— 18. πῶς εἴπωμεν πρὸς αὐτόν (1 a)
— 19. καὶ εἶπε Δ. πρὸς τοὺς παῖδας αὐτοῦ (1 a)
— 19. καὶ εἶπαν (1 a)
— 21. καὶ εἶπαν οἱ παῖδες αὐτοῦ πρὸς αὐτόν (1 a)
— 22. καὶ εἶπε Δ. (1 a)
— 22. ὅτι εἶπα (1 a)
— 27 καὶ εἶπεν (1 a)
13. 4. καὶ εἶπεν αὐτῷ (1 a)
— 4. καὶ εἶπεν αὐτῷ Ἀ. (1 a)
— 5. καὶ εἶπεν αὐτῷ Ἰ. (1 a)
— 5. καὶ ἐρεῖς πρὸς αὐτόν (1 a)
— 6. καὶ εἶπεν Ἀ. πρὸς τὸν βασιλέα (1 a)
— 9. καὶ εἶπεν Ἀ. (1 a)
— 10. καὶ εἶπεν Ἀ. πρὸς Θ. (1 a)
— 11. καὶ εἶπεν αὐτῇ [A om.] (1 a)
— 12. καὶ εἶπεν αὐτῷ (1 a)
— 15. καὶ εἶπεν αὐτῇ Ἀ. (1 a)
— 16. καὶ εἶπεν αὐτῷ Θ. (1 a)

II Ki. 13. 17. καὶ εἶπεν αὐτῷ (1 a)
— 20. καὶ εἶπε πρὸς αὐτὴν Ἀ. (1 a)
— 24. καὶ εἶπεν (1 a)
— 25. καὶ εἶπεν ὁ βασιλεὺς πρὸς Ἀ. (1 a)
— 26. καὶ εἶπεν Ἀ. [R add. πρὸς αὐτόν] (1 a)
— 26. καὶ εἶπεν αὐτῷ ὁ βασιλεύς (1 a)
— 28. καὶ εἴπω πρὸς ὑμᾶς (1 a)
— 32. B καὶ εἶπε (1 a)
— 32. μὴ εἰπάτω [A εἴπω ?] ὁ κύριός μου (1 a)
— 34. καὶ εἶπεν –
— 35. καὶ εἶπεν Ἰ. πρὸς τὸν βασιλέα (1 a)
14. 2. καὶ εἶπε πρὸς αὐτήν (1 a)
— 4. B καὶ εἶπε (1 a)
— 5. καὶ εἶπε πρὸς αὐτὴν ὁ βασιλεύς (1 a)
— 5. ἡ δὲ εἶπε (1 a)
— 7. καὶ εἶπαν (1 a)
— 8. καὶ εἶπεν ὁ βασιλεὺς [R add. πρὸς τὴν γυν.] (1 a)
— 9. καὶ εἶπεν ἡ γυνὴ . . . πρὸς τὸν βασιλέα (1 a)
— 10. καὶ εἶπεν ὁ βασιλεύς (1 a)
— 11 bis. καὶ εἶπε (1 a)
— 12. A R καὶ εἶπεν ἡ γυνὴ [B om. ἡ γ.] (1 a)
— 12. καὶ εἶπε (1 a)
— 13. καὶ εἶπεν ἡ γυνή (1 a)
— 15. A B καὶ ἐρεῖ ὁ λαός [R ἡ δούλη] σου (1 a)
— 17. καὶ εἶπεν ἡ γυνή (1 a)
— 18. καὶ εἶπε πρὸς τὴν γυναῖκα (1 a)
— 18. καὶ εἶπεν ἡ γυνή (1 a)
— 19. καὶ εἶπεν ὁ βασιλεύς (1 a)
— 19. καὶ εἶπεν ἡ γυνὴ τῷ βασιλεῖ (1 a)
— 21. καὶ εἶπεν ὁ βασιλεὺς πρὸς Ἰ. (1 a)
— 22. καὶ εἶπεν Ἰ. (1 a)
— 24. καὶ εἶπεν ὁ βασιλεύς (1 a)
— 30. καὶ εἶπεν Ἀ. πρὸς τοὺς παῖδας αὐτοῦ (1 a)
— 30. καὶ εἶπαν –
— 31. καὶ εἶπε πρὸς αὐτόν (1 a)
— 32. καὶ εἶπεν Ἀ. πρὸς Ἰ. (1 a)
15. 2. καὶ εἶπεν [A εἰ. ὁ ἀνήρ] (1 a)
— 3. καὶ εἶπε πρὸς αὐτὸν ὁ Ἀ. (1 a)
— 4. καὶ εἶπεν Ἀ. (1 a)
— 7. καὶ εἶπεν Ἀ. πρὸς τὸν πατέρα αὐτοῦ (1 a)
— 9. καὶ εἶπεν αὐτῷ ὁ βασιλεύς (1 a)
— 10. καὶ ἐρεῖτε (1 a)
— 14. καὶ εἶπε Δ. πᾶσι τοῖς παισὶν αὐτοῦ (1 a)
— 15. καὶ εἶπον [A -αν] οἱ παῖδες τοῦ β. πρὸς τὸν βασ. (1 a)
— 15. A ὅσα ἐρεῖται [B αἱρ.] ὁ κύριος ἡμῶν †
— 19. καὶ εἶπεν ὁ βασιλεὺς πρὸς Ἐ. (1 a)
— 21. καὶ εἶπε (1 a)
— 22. καὶ εἶπεν ὁ βασιλεὺς πρὸς Ἐ. (1 a)
— 25. A B καὶ εἶπεν ὁ βασιλεὺς τῷ [R πρὸς τὸν] Σ. (1 a)
— 26. καὶ ἐὰν εἴπῃ οὕτως (1 a)
— 27. καὶ εἶπεν ὁ βασιλεὺς τῷ Σ. (1 a)
— 31. καὶ εἶπε Δ. (1 a)
— 33. καὶ εἶπεν αὐτῷ Δ. (1 a)
— 34. καὶ ἐρεῖς τῷ Ἀ. (1 a)
16. 2. καὶ εἶπεν ὁ βασιλεὺς πρὸς Σ. (1 a)
— 2. καὶ εἶπε Σ. (1 a)
— 3. καὶ εἶπεν ὁ βασιλεύς (1 a)
— 3. καὶ εἶπε Σ. πρὸς τὸν βασιλέα (1 a)
— 3. ὅτι εἶπε (1 a)
— 4. καὶ εἶπεν ὁ βασιλεὺς τῷ Σ. (1 a)
— 4. καὶ εἶπε Σ. (1 a)
— 9. καὶ εἶπεν Ἀ. . . . πρὸς τὸν βασιλέα (1 a)
— 10. καὶ εἶπεν ὁ βασιλεύς (1 a)
— 10. ὅτι κύριος εἶπεν αὐτῷ (1 a)
— 10. καὶ τίς ἐρεῖ (1 a)
— 11. καὶ εἶπε Δ. πρὸς Ἀ. (1 a)
— 11. ὅτι εἶπεν αὐτῷ κύριος (1 a)
— 16. καὶ εἶπε Χ. πρὸς Ἀ. (1 a)
— 17. καὶ εἶπεν Ἀ. πρὸς Χ. (1 a)
— 18. καὶ εἶπε Χ. πρὸς Ἀ. (1 a)
— 20. καὶ εἶπεν Ἀβεσσαλὼμ πρὸς Ἀ. (1 a)
— 21 : 17. 1. καὶ εἶπεν Ἀ. πρὸς Ἀβ. (1 a)
17. 5. καὶ εἶπεν Ἀβ. (1 a)
— 6. καὶ εἶπεν Ἀ. πρὸς αὐτόν (1 a)
— 7. καὶ εἶπε Χ. πρὸς Ἀ. (1 a)
— 8. καὶ εἶπε Χ. (1 a)
— 9. καὶ εἴπῃ (1 a)
— 14. καὶ εἶπεν Ἀ. (1 a)
— 15. καὶ εἶπε Χ. (1 a)
— 20. καὶ εἶπαν (1 a)
— 20. καὶ εἶπεν αὐτοῖς ἡ γυνή (1 a)
— 21. καὶ εἶπαν πρὸς Δ. (1 a)
— 29. ὅτι εἶπεν (1 a)

II Ki. 18. 2. καὶ εἶπε Δ. πρὸς τὸν λαόν (1 a)
— 3. καὶ εἶπαν (1 a)
— 4. καὶ εἶπε πρὸς αὐτοὺς ὁ βασιλεύς (1 a)
— 10. καὶ εἶπεν (1 a)
— 11. καὶ εἶπεν Ἰ. τῷ ἀνδρί (1 a)
— 12. εἶπε δὲ ὁ ἀνὴρ πρὸς Ἰ. (1 a)
— 14. καὶ εἶπεν Ἰ. (1 a)
— 18. ὅτι εἶπεν (1 a)
— 19. καὶ Ἀ. υἱὸς Σ. εἶπε (1 a)
— 20. καὶ εἶπεν αὐτῷ Ἰ. (1 a)
— 21. καὶ εἶπεν Ἰ. τῷ Χ. (1 a)
— 22. καὶ εἶπε πρὸς Ἰ. (1 a)
— 22. καὶ εἶπεν Ἰ. (1 a)
— 23. καὶ εἶπε †
— 23. καὶ εἶπεν αὐτῷ Ἰ. (1 a)
— 25. καὶ εἶπεν ὁ βασιλεύς (1 a)
— 26. καὶ εἶπε (1 a)
— 27 (26). καὶ εἶπεν ὁ βασιλεύς (1 a)
— 27. καὶ εἶπεν [A εἰ. δὲ] ὁ σκοπός (1 a)
— 27. καὶ εἶπεν ὁ βασιλεύς (1 a)
— 28. καὶ εἶπε πρὸς τὸν βασιλέα (1 a)
— 28. καὶ εἶπεν (1 a)
— 29. καὶ εἶπεν ὁ βασιλεύς (1 a)
— 29. καὶ εἶπεν Ἀ. (1 a)
— 30. καὶ εἶπεν ὁ βασιλεύς (1 a)
— 31. καὶ εἶπε τῷ [A ὁ Χ. τῷ] βασιλεῖ (1 a)
— 32. καὶ εἶπεν ὁ βασιλεὺς πρὸς τὸν Χ. (1 a)
— 32. καὶ εἶπεν ὁ Χ. (1 a)
— 33 (19. 1). καὶ οὕτως εἶπεν (1 a)
19. 5 (6). καὶ εἶπε (1 a)
— 13 (14). καὶ τῷ Ἀ. ἐρεῖτε (1 a)
— 19 (20). καὶ εἶπε πρὸς τὸν βασιλέα (1 a)
— 21 (22). καὶ εἶπε [A λέγων] (1 a)
— 22 (23). καὶ εἶπε Δ. (1 a)
— 23 (24). καὶ εἶπεν ὁ βασιλεὺς πρὸς Σ. (1 a)
— 25 (26). καὶ εἶπεν αὐτῷ ὁ βασιλεύς (1 a)
— 26 (27). καὶ εἶπε πρὸς αὐτὸν Μ. (1 a)
— 26 (27). ὅτι εἶπεν ὁ παῖς σου αὐτῷ (1 a)
— 29 (30). καὶ εἶπεν αὐτῷ ὁ βασιλεύς (1 a)
— 29 (30). εἶπον, Σὺ καὶ Σ. διελεῖσθε τὸν ἀγρόν (1 a)
— 30 (31). καὶ εἶπε Μ. πρὸς τὸν βασιλέα (1 a)
— 33 (34). καὶ εἶπεν ὁ βασιλεὺς πρὸς [A om.] B. (1 a)
— 34 (35). καὶ εἶπε Β. πρὸς τὸν βασιλέα (1 a)
— 38 (39). καὶ εἶπεν ὁ βασιλεύς (1 a)
— 41 (42). B καὶ εἶπον [A -αν, R -πε] πρὸς τὸν βασιλέα (1 a)
— 42 (43). καὶ εἶπαν –
— 43 (44) : 20. 1. καὶ εἶπε (1 a)
20. 4. καὶ εἶπεν ὁ βασιλεὺς πρὸς Ἀ. (1 a)
— 6. καὶ εἶπε Δ. πρὸς Ἀ. (1 a)
— 9. καὶ εἶπεν Ἰ. τῷ Ἀ. (1 a)
— 11. καὶ εἶπε (1 a)
— 16. καὶ εἶπεν –
— 16. εἴπατε δὴ πρὸς Ἰ. (1 a)
— 17. καὶ εἶπεν ἡ γυνή (1 a)
— 17. ὁ δὲ εἶπεν (1 a)
— 17. εἶπε δὲ αὐτῷ (1 a)
— 17. καὶ εἶπεν Ἰ. (1 a)
— 18. καὶ εἶπε λέγουσα (1 a)
— 20. καὶ εἶπεν (1 a)
— 21. καὶ εἶπεν ἡ γυνὴ πρὸς Ἰ. (1 a)
21. 1. καὶ εἶπε κύριος (1 a)
— 2. καὶ εἶπε πρὸς αὐτούς (1 a)
— 3. καὶ εἶπε Δ. πρὸς τοὺς Γαβαωνίτας (1 a)
— 4. καὶ εἶπαν αὐτῷ οἱ Γαβαωνῖται (1 a)
— 4. καὶ εἶπε (1 a)
— 5. καὶ εἶπαν πρὸς τὸν βασιλέα (1 a)
— 6. καὶ εἶπεν ὁ βασιλεύς (1 a)
22. 2. καὶ εἶπεν (1 a)
23. 3. εἰπὸν ἐν ἀνθρώπῳ –
— 15, 17. καὶ εἶπε (1 a)
24. 2. καὶ εἶπεν ὁ βασιλεὺς πρὸς Ἰ. (1 a)
— 3. καὶ εἶπεν Ἰ. πρὸς τὸν βασιλέα (1 a)
— 10. καὶ εἶπε Δ. πρὸς κύριον (1 a)
— 12. A τρία ἐγὼ εἰμι ἐρῶ [B αἴρω] ἐπὶ σέ †
— 13. καὶ εἶπεν αὐτῷ (1 a)
— 14. καὶ εἶπε Δ. πρὸς Γ. (1 a)
— 16. καὶ εἶπε τῷ ἀγγέλῳ (1 a)
— 17. καὶ εἶπε Δ. πρὸς κύριον (1 a)
— 17. καὶ εἶπεν (1 a)
— 18. καὶ εἶπεν αὐτῷ (1 a)
— 21. καὶ εἶπεν Ὀρνά (1 a)
— 21. καὶ εἶπε Δ. (1 a)
— 22. καὶ εἶπεν Ὀρνὰ πρὸς Δ. (1 a)
— 23. καὶ εἶπεν Ὀρνὰ πρὸς τὸν βασιλέα (1 a)
— 24. καὶ εἶπεν ὁ βασιλεὺς πρὸς Ὀ. (1 a)

III Ki. 1. 2. καὶ εἶπον [A -αν] οἱ παῖδες αὐτοῦ (1 a)
— 11. καὶ εἶπε N. πρὸς B. (1 a)
— 13. καὶ ἐρεῖς πρὸς αὐτόν (1 a)
— 16. καὶ εἶπεν ὁ βασιλεύς (1 a)
— 17. ἡ δὲ εἶπε (1 a)
— 24. καὶ εἶπε N. (1 a)
— 24. σὺ εἶπας (1 a)
— 25. καὶ εἶπαν (1 a)
— 28, 29, 31. καὶ εἶπε (1 a)
— 32. καὶ εἶπεν ὁ βασιλεὺς Δ. (1 a)
— 33. καὶ εἶπεν ὁ βασιλεὺς αὐτοῖς (1 a)
— 34. καὶ ἐρεῖτε (1 a)
— 36. καὶ εἶπε (1 a)
— 39. καὶ εἶπε πᾶς ὁ λαός (1 a)
— 41. καὶ εἶπε (1 a)
— 42. καὶ εἶπεν 'Αδ. (1 a)
— 43. καὶ εἶπε [A εἰ. τῷ 'Αδ.] (1 a)
— 48. καί γε οὕτως εἶπεν ὁ βασιλεύς (1 a)
— 52. καὶ εἶπε Σ. (1 a)
— 53. καὶ εἶπεν αὐτῷ Σ. (1 a)
2. 13. ἡ δὲ εἶπεν (1 a)
— 13. καὶ εἶπεν [A -ον] (1 a)
— 13 (14). A καὶ εἶπεν (1 a)
— 13 (14). καὶ εἶπεν αὐτῷ (1 a)
— 14 (15). καὶ εἶπεν αὐτῇ (1 a)
— 15 (16). καὶ εἶπεν αὐτῷ B. (1 a)
— 16 (17). καὶ εἶπεν αὐτῇ, Εἰπὸν δὴ πρὸς Σ. (1 a, 1 a)
— 18. καὶ εἶπε B. (1 a)
— 20. καὶ εἶπεν αὐτῷ (1 a)
— 20. καὶ εἶπεν αὐτῇ [A om.] ὁ βασιλεύς (1 a)
— 21. καὶ εἶπε (1 a)
— 22. καὶ εἶπε τῇ μητρὶ αὐτοῦ (1 a)
— 26. καὶ τῷ 'Αβ. . . . εἶπεν ὁ βασιλεύς (1 a)
— 29. καὶ εἶπεν 'I. –
— 30. καὶ εἶπεν αὐτῷ (1 a)
— 30. καὶ εἶπεν 'I. (1 a)
— 30. καὶ εἶπε τῷ βασιλεῖ (5 b)
— 31. καὶ εἶπεν αὐτῷ ὁ βασιλεύς (1 a)
— 31. ποίησον αὐτῷ καθὼς εἴρηκε (5 a)
3. 1 (2. 36). καὶ εἶπεν αὐτῷ (1 a)
— 1 (2. 38). καὶ εἶπε Σ. πρὸς τὸν βασιλέα (1 a)
— 1 (2. 42). καὶ εἶπε πρὸς αὐτόν (1 a)
— 1 (2. 42). A καὶ εἶπάς μοι (1 a)
— 1 (2. 44). καὶ εἶπεν ὁ βασιλεὺς πρὸς Σ. (1 a)
— 5. καὶ εἶπε κύριος πρὸς Σ. (1 a)
— 6. καὶ εἶπε Σαλ. (1 a)
— 11. καὶ εἶπε κύριος πρὸς αὐτόν (1 a)
— 17. καὶ εἶπεν ἡ γυνὴ ἡ μία (1 a)
— 22. καὶ εἶπεν ἡ γυνὴ ἡ ἑτέρα (1 a)
— 23. καὶ εἶπεν ὁ βασιλεὺς αὐταῖς (1 a)
— 24, 25. καὶ εἶπεν ὁ βασιλεύς (1 a)
— 26. καὶ εἶπε πρὸς τὸν βασιλέα –
— 26. καὶ εἶπεν (1 a)
— 26. καὶ αὕτη εἶπε (1 a)
— 27. καὶ εἶπε (1 a)
— 27. δότε τὸ παιδίον [A αὐτῇ τὸ π. τὸ ζῶν] τῇ εἰπούσῃ –
5. 6 (20). ὅσα ἂν εἴπῃς (1 a)
— 7 (21). καὶ εἶπεν (1 a)
8. 12. A τότε εἶπεν Σαλ., Κύριος εἶπεν τοῦ σκηνῶσαι ἐν γνόφῳ (1 a, 1 a)
— 15. καὶ εἶπεν (1 a)
— 18. καὶ εἶπε κύριος πρὸς Δ. (1 a)
— 23. καὶ εἶπε (1 a)
— 29. εἰς τὸν τόπον ὃν εἶπας (1 a)
— 53. κύριος εἶπε τοῦ κατοικεῖν –
9. 3. καὶ εἶπε πρὸς αὐτὸν κύριος (1 a)
— 8, 9. καὶ ἐροῦσιν (1 a)
— 13. καὶ εἶπε (1 a)
10. 6. καὶ εἶπε πρὸς τὸν βασιλέα Σ. (1 a)
11. 11. καὶ εἶπε κύριος πρὸς Σ. (1 a)
— 21. καὶ εἶπεν Ἄ. πρὸς Φ. (1 a)
— 22. καὶ εἶπε Φ. τῷ Ἄ. [A om. τῷ Ἄ.] (1 a)
— 22. καὶ εἶπεν αὐτῷ Ἄ. (1 a)
— 31. καὶ εἶπε τῷ 'I. (1 a)
12. 5. καὶ εἶπε πρὸς αὐτούς (1 a)
— 9. καὶ εἶπεν αὐτοῖς (1 a)
— 23. εἰπὸν τῷ 'P. (1 a)
— 24. B καὶ εἶπεν αὐτῷ Σ. –
— 24. B καὶ εἶπεν 'I. πρὸς Σ. –
— 24. B καὶ εἶπε πρὸς 'A. –
— 24 (B, cf. A 14. 2). καὶ εἶπεν 'I. πρὸς τὴν γυναῖκα αὐτοῦ –
— 24. B καὶ εἶπεν 'A. τῷ παιδαρίῳ αὐτοῦ –
— 24. B καὶ ἐρεῖς αὐτῇ –
— 24. B καὶ εἶπεν αὐτῇ 'A. –

III Ki. 12. 24. B καὶ ἐροῦσί σοι –
— 24. B καὶ ἐρεῖς αὐτῷ –
— 24. B καὶ εἶπε Σ. –
— 24. B καὶ εἶπεν ὁ λαὸς πρὸς 'P. –
— 24. B καὶ εἶπε 'P. [B 'Ιερ.] πρὸς τὸν λαόν –
— 24. B καὶ εἶπε 'P. –
— 24. B καὶ εἶπον οἱ πρεσβύτεροι τοῦ λαοῦ –
— 24. B καὶ εἶπαν οἱ σύντροφοι αὐτοῦ –
— 24. B καὶ εἶπε πᾶς ὁ λαός –
— 24. B εἰπὸν τῷ 'P. –
— 26. καὶ εἶπεν 'I. ἐν τῇ καρδίᾳ αὐτοῦ (1 a)
— 28. καὶ εἶπε πρὸς τὸν λαόν (1 a)
13. 2. A B καὶ εἶπε (1 a)
— 6. καὶ εἶπεν ὁ βασ. 'I. τῷ ἀνθρώπῳ τοῦ θεοῦ (1 a)
— 8. καὶ εἶπεν ὁ ἄνθρωπος τοῦ θ. πρὸς τὸν βασ. (1 a)
— 13. καὶ εἶπε τοῖς υἱοῖς αὐτοῦ (1 a)
— 14 bis, 15. καὶ εἶπεν αὐτῷ (1 a)
— 16. καὶ εἶπεν (1 a)
— 18. καὶ εἶπε πρὸς αὐτόν (1 a)
— 21. καὶ εἶπε πρὸς τὸν ἄνθρωπον τοῦ θεοῦ (21 a)
— 26. καὶ εἶπεν (1 a)
— 31. καὶ εἶπε τοῖς υἱοῖς αὐτοῦ (1 a)
14. 2. A καὶ εἶπεν ὁ 'I. πρὸς τὴν γυναῖκα αὐτοῦ (1 a)
— 5. A καὶ κύριος εἶπεν πρὸς 'A. (1 a)
— 6. A καὶ εἶπεν (1 a)
— 7. A εἰπὸν τῷ 'I. (1 a)
16. 28 (22. 49 [50]). B τότε εἶπεν βασιλεὺς 'I. πρὸς 'I. (12)
17. 1. καὶ εἶπεν 'H. . . . πρὸς 'A. (1 a)
— 10. καὶ εἶπεν αὐτῇ (1 a)
— 11. καὶ εἶπε (1 a)
— 12. καὶ εἶπεν ἡ γυνή (1 a)
— 13. καὶ εἶπε πρὸς αὐτὴν 'H. (1 a)
— 18. καὶ εἶπε πρὸς 'H. (1 a)
— 19. καὶ εἶπεν 'H. πρὸς τὴν γυναῖκα (1 a)
— 20, 21. καὶ εἶπεν (1 a)
— 23. καὶ εἶπεν 'H. (1 a)
— 24. καὶ εἶπεν ἡ γυνὴ πρὸς 'H. (1 a)
18. 5. καὶ εἶπεν 'Αχ. πρὸς 'A. (1 a)
— 7. καὶ εἶπεν (1 a)
— 8. καὶ εἶπεν 'H. αὐτῷ [A om.] (1 a)
— 8. A εἰπὸν [B λέγε] τῷ κυρίῳ σου (1 a)
— 9. καὶ εἶπεν 'A. (1 a)
— 10. καὶ εἰ [A om.] εἶπον (1 a)
— 15. καὶ εἶπεν 'H. (1 a)
— 17. καὶ εἶπεν 'A. πρὸς 'H. (1 a)
— 18. καὶ εἶπεν 'H. (1 a)
— 21. καὶ εἶπεν αὐτοῖς 'H. (1 a)
— 22. καὶ εἶπεν 'H. πρὸς τὸν λαόν (1 a)
— 24. καὶ εἶπον [A -αν] (1 a)
— 25. καὶ εἶπεν 'H. τοῖς προφήταις τῆς αἰσχύνης (1 a)
— 26. καὶ εἶπον (1 a)
— 27. καὶ εἶπεν (1 a)
— 30. καὶ εἶπεν 'H. πρὸς τὸν λαόν (1 a)
— 33 (34), 34 bis, 36. καὶ εἶπε (1 a)
— 39. καὶ εἶπον (1 a)
— 40. καὶ εἶπεν 'H. πρὸς τὸν λαόν (1 a)
— 41. καὶ εἶπεν 'H. τῷ [A πρὸς] 'A. (1 a)
— 43. καὶ εἶπε τῷ παιδαρίῳ αὐτοῦ (1 a)
— 43. καὶ εἶπεν (1 a)
— 43. καὶ εἶπεν 'H. (1 a)
— 44. καὶ εἶπεν (1 a)
— 44. καὶ εἶπεν 'A. [A τῷ 'A.] (1 a)
19. 2, 4. καὶ εἶπεν (1 a)
— 5, 7. καὶ εἶπεν αὐτῷ (1 a)
— 9. καὶ εἶπε (1 a)
— 10. καὶ εἶπεν 'H. (1 a)
— 11, 13. καὶ εἶπεν (1 a)
— 14. καὶ εἶπεν 'H. (1 a)
— 15. καὶ εἶπε κύριος πρὸς αὐτόν (1 a)
— 20. καὶ εἶπε (1 a)
— 20. καὶ εἶπεν 'H. [A αὐτῷ] (1 a)
20 (21). 3. καὶ εἶπε N. πρὸς 'A. (1 a)
— 4. A καὶ εἶπεν (1 a)
— 6. καὶ εἶπε πρὸς αὐτήν (5 a)
— 6. καὶ εἶπεν (1 a)
— 7. καὶ εἶπε πρὸς αὐτὸν 'I. (1 a)
— 15. καὶ εἶπε [A εἰ. 'I.] πρὸς 'A. (1 a)
— 17. καὶ εἶπε κύριος πρὸς 'H. (5 c)
— 20. καὶ εἶπεν 'A. πρὸς 'H. (1 a)
— 20. καὶ εἶπεν (1 a)
— 28. καὶ εἶπε κύριος (1 a)
21 (20). 2 (3). καὶ εἶπε πρὸς αὐτόν (1 a)
— 4. καὶ εἶπε (1 a)
— 5. B καὶ εἶπαν [A εἰ. πρὸς αὐτόν, B εἶπον] (1 a)

III Ki. 21. 7. καὶ εἶπε (1 a)
— 8. καὶ εἶπαν αὐτῷ οἱ πρεσβύτεροι (1 a)
— 9. καὶ εἶπε τοῖς ἀγγέλοις υἱοῦ 'A. (1 a)
— 11. B καὶ εἶπεν (1 a)
— 12. καὶ εἶπε τοῖς παισὶν αὐτοῦ (1 a)
— 13. καὶ εἶπε (1 a)
— 14. καὶ εἶπεν 'A. (1 a)
— 14. καὶ εἶπε (1 a)
— 14. καὶ εἶπεν 'A. (1 a)
— 14. καὶ εἶπε (1 a)
— 18. A B καὶ εἶπεν [B εἰπεῖν] (1 a)
— 22. καὶ εἶπε [A εἰ. αὐτῷ] (1 a)
— 23. καὶ εἶπον [A -αν πρὸς αὐτόν] (1 a)
— 28. καὶ εἶπε τῷ βασιλεῖ 'I. [A al.] (1 a)
— 28. ἀνθ' ὧν εἶπε [A om.] Σ. (1 a)
— 31. εἶπε τοῖς παισὶν αὐτοῦ [A εἶπαν πρὸς αὐτὸν παῖδες αὐτοῦ] (1 a)
— 32. καὶ εἶπον [A -αν] τῷ βασιλεῖ 'I. (1 a)
— 32. καὶ εἶπεν (1 a)
— 33. καὶ εἶπον [A -εν] (1 a)
— 33. καὶ εἶπε (1 a)
— 34. καὶ εἶπε πρὸς αὐτόν (1 a)
— 35. εἶπε πρὸς τὸν πλησίον αὐτοῦ (1 a)
— 36. καὶ εἶπε πρὸς αὐτόν (1 a)
— 37 (B), 39. καὶ εἶπε (1 a)
— 39. καὶ εἶπε πρός μέ [A om. πρός μέ] (1 a)
— 40. καὶ εἶπε πρὸς αὐτὸν ὁ βασιλεὺς 'I. (1 a)
— 42. καὶ εἶπε πρὸς αὐτόν (1 a)
22. 3. καὶ εἶπε βασιλεὺς 'I. πρὸς τοὺς παῖδας αὐτοῦ (1 a)
— 4. καὶ εἶπε βασιλεὺς 'I. πρὸς 'I. (1 a)
— 5 (4). καὶ εἶπεν 'I. [A 'I. πρὸς βασιλέα 'I.] (1 a)
— 5. καὶ εἶπεν 'I. βασιλεὺς 'I. πρὸς βασιλέα 'I. (1 a)
— 6. καὶ εἶπεν αὐτοῖς ὁ βασιλεύς (1 a)
— 6. καὶ εἶπαν (1 a)
— 7. καὶ εἶπεν 'I. πρὸς βασιλέα 'I. (1 a)
— 8. καὶ εἶπεν ὁ βασιλεὺς 'I. πρὸς 'I. (1 a)
— 8. καὶ εἶπεν 'I. βασιλεὺς 'I. (1 a)
— 9, 11. καὶ εἶπε (1 a)
— 14. καὶ εἶπε M. (1 a)
— 14. ἃ [A om.] ἐὰν εἴπῃ (1 a)
— 15. καὶ εἶπεν αὐτῷ ὁ βασιλεύς (1 a)
— 15. καὶ εἶπεν (1 a)
— 16. καὶ εἶπεν αὐτῷ ὁ βασιλεύς (1 a)
— 17. καὶ εἶπεν (1 a)
— 17. καὶ εἶπε κύριος (1 a)
— 18. καὶ εἶπε βασιλεὺς 'I. πρὸς 'I. (1 a)
— 18. οὐκ εἶπα πρὸς σέ (1 a)
— 19. καὶ εἶπε M. (1 a)
— 20. καὶ εἶπε κύριος (1 a)
— 20. καὶ εἶπεν οὗτος οὕτως (1 a)
— 21. καὶ εἶπεν (1 a)
— 22 (21). καὶ εἶπε πρὸς αὐτὸν κύριος (1 a)
— 22 bis, 24. καὶ εἶπεν (1 a)
— 25. καὶ εἶπε M. (1 a)
— 26. καὶ εἶπεν ὁ βασιλεὺς 'I. [A om.] (1 a)
— 27. εἰπὸν [A εἰ., Τάδε λέγει ὁ βασ.] θέσθαι τοῦτον ἐν φυλακῇ (1 a)
— 28. καὶ εἶπε M. (1 a)
— 28. A καὶ εἶπεν (1 a)
— 30. καὶ εἶπε βασιλεὺς 'I. πρὸς 'I. (1 a)
— 32. καὶ αὐτοὶ εἶπον (1 a)
— 34. καὶ εἶπε τῷ ἡνιόχῳ αὐτοῦ (1 a)
— 50. A τότε εἶπεν 'O. . . . πρὸς 'I. (1 a)
IV Ki. 1. 2. καὶ εἶπε πρὸς αὐτούς (1 a)
— 4. καὶ εἶπε πρὸς αὐτούς –
— 5. καὶ εἶπε πρὸς αὐτούς (1 a)
— 6. καὶ εἶπαν πρὸς αὐτόν (1 a)
— 6. καὶ εἶπε πρὸς ἡμᾶς (1 a)
— 8. καὶ εἶπον πρὸς αὐτόν (1 a)
— 8. καὶ εἶπεν (1 a)
— 9. καὶ εἶπεν (5 a?)
— 10. καὶ εἶπε πρὸς τὸν πεντηκόνταρχον (5 a)
— 11. καὶ εἶπεν (5 a)
— 12, 13, 15. καὶ εἶπεν –
— 16. καὶ εἶπεν 'H. [A om.] –
2. 2. καὶ εἶπεν 'H. πρὸς 'Ελ. (1 a)
— 2. καὶ εἶπεν 'Ελ. (1 a)
— 3. καὶ εἶπον πρὸς αὐτόν (1 a)
— 3. καὶ εἶπε (1 a)
— 4. καὶ εἶπεν 'H. πρὸς 'Ελ. (1 a)
— 4. καὶ εἶπεν [A εἰ. 'Ελ.] (1 a)
— 5. A B καὶ εἶπεν [B -αν] πρὸς αὐτόν (1 a)
— 5. καὶ εἶπε (1 a)
— 6. καὶ εἶπεν αὐτῷ 'H (1 a)
— 6. καὶ εἶπεν 'Ελ. (1 a)

IV Ki. 2. 9. καὶ Ἠ. εἶπε πρὸς Ἐλ. (1 a)
— 9. καὶ εἶπεν Ἐλ. (1 a)
— 10. καὶ εἶπεν Ἠ. (1 a)
— 14. καὶ εἶπε (1 a)
— 15. καὶ εἶπον (1 a)
— 16. καὶ εἶπον πρὸς αὐτόν (1 a)
— 16. καὶ εἶπεν Ἐλ. (1 a)
— 17. καὶ εἶπεν (1 a)
— 18. καὶ εἶπεν Ἐλ. [A *add.* πρὸς αὐτούς] (1 a)
— 18. οὐκ εἶπον πρὸς ὑμᾶς [A *al.*] (1 a)
— 19. καὶ εἶπον οἱ ἄνδρες τῆς πόλεως πρὸς Ἐλ. (1 a)
— 20. καὶ εἶπεν Ἐλ. (1 a)
— 21. καὶ εἶπε (1 a)
— 23. καὶ εἶπον αὐτῷ (1 a)
— 24. A καὶ εἶπεν -
3. 7, 8 *bis*. καὶ εἶπεν (1 a)
— 10. καὶ εἶπεν βασιλεὺς Ἰσ. (1 a)
— 11. καὶ εἶπεν Ἰ. (1 a)
— 11. καὶ εἶπεν (1 a)
— 12. καὶ εἶπεν Ἰ. (1 a)
— 13. καὶ εἶπεν Ἐλ. πρὸς βασιλέα Ἰ. (1 a)
— 13. καὶ εἶπεν αὐτῷ ὁ βασιλεὺς Ἰ. (1 a)
— 14. καὶ εἶπεν Ἐλ. (1 a)
— 16. καὶ εἶπε (1 a)
— 21. καὶ εἶπον, Ὦ [A καὶ ἐπάνω] †
— 23. A R καὶ εἶπον [B -αν] (1 a)
4. 2. καὶ εἶπεν Ἐλ. [A πρὸς αὐτὴν Ἐλ.] (1 a)
— 2. ἡ δὲ εἶπεν (1 a)
— 3. καὶ εἶπε πρὸς αὐτήν (1 a)
— 6. καὶ εἶπε πρὸς τοὺς υἱοὺς αὐτῆς (1 a)
— 6. καὶ εἶπον αὐτῇ (1 a)
— 7. καὶ εἶπεν Ἐλ. (1 a)
— 9. καὶ εἶπεν ἡ γυνὴ πρὸς τὸν ἄνδρα αὐτῆς (1 a)
— 12. καὶ εἶπε πρὸς Γ. (1 a)
— 13. καὶ εἶπεν αὐτῷ, Εἰπὸν δὴ πρὸς αὐτήν (1 a, 1 a)
— 13. ἡ δὲ εἶπεν (1 a)
— 14. A B καὶ εἶπε πρὸς Γ. [R *om.* πρὸς Γ.] (1 a)
— 14. καὶ εἶπε Γ. τὸ παιδάριον αὐτοῦ (1 a)
— 15. A καὶ εἶπεν (1 a)
— 16. καὶ εἶπεν Ἐλ. πρὸς αὐτήν (1 a)
— 16. ἡ δὲ εἶπε (1 a)
— 19. καὶ εἶπε πρὸς τὸν πατέρα αὐτοῦ (1 a)
— 19. καὶ εἶπε τῷ παιδαρίῳ (1 a)
— 22, 23. καὶ εἶπεν (1 a)
— 23. ἡ δὲ εἶπεν (1 a)
— 24. καὶ εἶπε πρὸς τὸ παιδάριον αὐτῆς (1 a)
— 24. ὅτι ἐὰν εἴπω σοι (1 a)
— 25. καὶ εἶπε πρὸς Γ. τὸ παιδάριον αὐτοῦ (1 a)
— 26. καὶ ἐρεῖς (1 a)
— 26. ἡ δὲ εἶπεν (1 b)
— 27. καὶ εἶπεν Ἐλ. (1 a)
— 28. ἡ δὲ εἶπε (1 a)
— 28. ὅτι οὐκ εἶπα [A ὅτι εἶπον] (1 a)
— 29. καὶ εἶπεν Ἐλ. τῷ Γ. (1 a)
— 30. καὶ εἶπεν ἡ μήτηρ τοῦ παιδαρίου (1 a)
— 36. καὶ εἶπε (1 a)
— 36. καὶ εἶπεν Ἐλ. (1 a)
— 38. καὶ εἶπεν Ἐλ. τῷ παιδαρίῳ αὐτοῦ (1 a)
— 40. R καὶ εἶπαν [A B -ον] (1 a)
— 41. καὶ εἶπε (1 a)
— 41. καὶ εἶπεν Ἐλ. πρὸς Γ. τὸ παιδάριον (1 a)
— 42. καὶ εἶπε (1 a)
— 43. καὶ εἶπεν ὁ λειτουργὸς αὐτοῦ (1 a)
— 43. καὶ εἶπε (1 a)
5. 3. ἡ δὲ εἶπε τῇ κυρίᾳ αὐτῆς (1 a)
— 4. καὶ εἶπεν (1 a)
— 5. καὶ εἶπε βασιλεὺς Σ. πρὸς Ν. (1 a)
— 7, 11. καὶ εἶπεν (1 a)
— 11. B^1 ἰδοὺ εἶπον [B^2 *l.* δὴ ἔλεγον] (1 a)
— 13. ὅτι εἶπε πρὸς σέ (1 a)
— 15. B καὶ εἶπεν (1 a)
— 16. καὶ εἶπεν Ἐλ. (1 a)
— 17. καὶ εἶπε Ν. (1 a)
— 19. καὶ εἶπεν Ἐλ. πρὸς Ν. (1 a)
— 20. καὶ εἶπε Γ. τὸ παιδάριον Ἐλ. (1 a)
— 21 (A), 22. καὶ εἶπεν· Εἰρήνη (1 a)
— 23. καὶ εἶπε Ναιμάν (1 a)
— 23. A καὶ εἶπεν Ν. -
— 25. καὶ εἶπε πρὸς αὐτὸν Ἐλ. (1 a)
— 25. καὶ εἶπε Γ. (1 a)
— 26. καὶ εἶπε πρὸς αὐτὸν Ἐλ. (1 a)
6. 1. καὶ εἶπον οἱ υἱοὶ τῶν προφητῶν πρὸς Ἐλ. (1 a)
— 2. καὶ εἶπε (1 a)
— 3. καὶ εἶπεν ὁ εἷς (1 a)
— 3. καὶ [A ὁ δὲ] εἶπεν (1 a)

IV Ki. 6. 5. A καὶ εἶπεν (1 a)
— 6. καὶ εἶπεν ὁ ἄνθρωπος τοῦ θεοῦ (1 a)
— 7. καὶ εἴρηκεν [A εἶπεν] (1 a)
— 10. ὃν εἶπεν αὐτῷ Ἐλ. (1 a)
— 11. καὶ εἶπε πρὸς αὐτούς (1 a)
— 12. καὶ εἶπεν εἷς τῶν παίδων αὐτοῦ (1 a)
— 13. καὶ εἶπε (1 a)
— 15. καὶ εἶπε τὸ παιδάριον πρὸς αὐτόν (1 a)
— 16. καὶ εἶπεν Ἐλ. (1 a)
— 17, 18. καὶ εἶπε (1 a)
— 19. καὶ εἶπε πρὸς αὐτοὺς Ἐλ. (1 a)
— 20. καὶ εἶπεν Ἐλ. (1 a)
— 21. A R καὶ εἶπεν ὁ βασιλεὺς Ἰ. πρὸς Ἐλ. [B *om.* πρὸς Ἐλ.] (1 a)
— 22. καὶ εἶπεν (1 a)
— 27. καὶ εἶπεν αὐτῇ [A *om.*] (1 a)
— 28. καὶ εἶπεν αὐτῇ ὁ βασιλεύς (1 a)
— 28. καὶ εἶπεν ἡ γυνή, Αὕτη εἶπε πρὸς μέ (1 a, 1 a)
— 29. καὶ εἶπον [A -εν] πρὸς αὐτήν (1 a)
— 31. καὶ εἶπε (1 a)
— 32. καὶ αὐτὸς εἶπε πρὸς τοὺς πρεσβυτέρους (1 a)
— 33. καὶ εἶπεν (1 a)
7. 1. καὶ εἶπεν Ἐλ. (1 a)
— 2. καὶ εἶπεν (1 a)
— 2. καὶ Ἐλ. εἶπεν (1 a)
— 3. καὶ εἶπεν ἀνὴρ πρὸς τὸν πλησίον αὐτοῦ (1 a)
— 4. ἐὰν εἴπωμεν (1 a)
— 6. καὶ εἶπεν ἀνὴρ πρὸς τὸν ἀδελφὸν αὐτοῦ (1 a)
— 9. καὶ εἶπεν ἀνὴρ πρὸς τὸν πλησίον αὐτοῦ (1 a)
— 12. καὶ εἶπε πρὸς τοὺς παῖδας αὐτοῦ (1 a)
— 13, 19. καὶ εἶπε (1 a)
— 19. καὶ εἶπεν Ἐλ. (1 a)
8. 5. καὶ εἶπε Γ. (1 a)
— 8. καὶ εἶπεν ὁ βασιλεὺς πρὸς Ἀ. (1 a)
— 9. καὶ εἶπε πρὸς Ἐλ. (1 a)
— 10. καὶ εἶπεν Ἐλ. [A πρὸς αὐτὸν Ἐλ.], Δεῦρο εἰπόν (1 a, 1 a)
— 12. καὶ εἶπεν Ἀ. (1 a)
— 12. καὶ εἶπεν (1 a)
— 13. καὶ εἶπεν Ἀ. (1 a)
— 13. καὶ εἶπεν Ἐλ. (1 a)
— 14. A B καὶ εἶπεν αὐτῷ ὅ, τι [R Τί] εἶπέ σοι [A *om.*] Ἐλ. (1 a, 1 a)
— 14. A R καὶ εἶπεν [B -πεῖν], Εἰπέ μοι (1 a, 1 a)
— 19. καθὼς εἶπε [A εἶ. αὐτῷ] (1 a)
9. 1. καὶ εἶπεν αὐτῷ (1 a)
— 3. καὶ εἶπον [B^1 -εν] (1 a)
— 5. καὶ εἶπε (1 a)
— 5. καὶ εἶπεν Ἰ. (1 a)
— 5. καὶ εἶπε (1 a)
— 6. καὶ εἶπεν αὐτῷ (1 a)
— 11. καὶ εἶπον αὐτῷ (1 a)
— 11. καὶ εἶπεν αὐτοῖς (1 a)
— 12. καὶ εἶπον [B^1 -εν] (1 a)
— 12. καὶ εἶπεν Ἰ. πρὸς αὐτούς (1 a)
— 12. B καὶ εἶπε (1 a)
— 13. καὶ εἶπον (1 a)
— 15. καὶ εἶπεν Ἰ. (1 a)
— 17. καὶ εἶπε (1 a)
— 17. καὶ εἶπεν Ἰ. (1 a)
— 17. καὶ εἰπάτω (1 a)
— 18. καὶ εἶπε (1 a)
— 18. καὶ εἶπεν Ἰ. (1 a)
— 19. καὶ εἶπε (1 a)
— 19. καὶ εἶπεν Ἰού (1 a)
— 21. καὶ εἶπεν Ἰ. (1 a)
— 22. καὶ εἶπεν (1 a)
— 22. καὶ εἶπεν Ἰ. (1 a)
— 23. καὶ εἶπε πρὸς Ὀ. (1 a)
— 25. καὶ εἶπε πρὸς Β. (1 a)
— 27, 31, 32, 33, 34, 36. καὶ εἶπε (1 a)
— 37. ὥστε μὴ εἰπεῖν αὐτούς (1 a)
10. 4. καὶ εἶπον (1 a)
— 5. ὅσα ἐὰν εἴπῃς πρὸς ἡμᾶς (1 a)
— 8. καὶ εἶπε (1 a)
— 9. καὶ εἶπε πρὸς πάντα τὸν λαόν (1 a)
— 13. καὶ εἶπε (1 a)
— 13. καὶ εἶπον (1 a)
— 14. καὶ εἶπε (1 a)
— 15. καὶ εἶπε πρὸς αὐτὸν Ἰ. (1 a)
— 15. καὶ εἶπεν Ἰων. (1 a)
— 15. καὶ εἶπεν Ἰού -
— 16. καὶ εἶπε πρὸς αὐτόν (1 a)
— 18. καὶ εἶπε πρὸς αὐτούς (1 a)
— 20. καὶ εἶπεν Ἰ. (1 a)
— 22. καὶ εἶπε τῷ ἐπὶ τοῦ οἴκου μ. (1 a)

IV Ki. 10. 23. B καὶ εἶπε τοῖς δούλοις τοῦ Β. (1 a)
— 24. καὶ εἶπεν (1 a)
— 25. καὶ εἶπεν Ἰ. τοῖς παρατρέχουσι (1 a)
— 30. καὶ εἶπε κύριος πρὸς Ἰ. (1 a)
11. 12. καὶ εἶπεν (1 a)
— 15. καὶ εἶπε πρὸς αὐτούς (1 a)
— 15. ὅτι εἶπεν ὁ ἱερεύς (1 a)
12. 4 (5). καὶ εἶπεν Ἰ. πρὸς τοὺς ἱερεῖς (1 a)
— 7 (8). καὶ εἶπε πρὸς αὐτούς (1 a)
13. 14. καὶ εἶπε (1 a)
— 15. καὶ εἶπεν αὐτῷ Ἐλ. (1 a)
— 16. καὶ εἶπε τῷ βασιλεῖ (1 a)
— 17. καὶ εἶπεν (1 a)
— 17. A R καὶ εἶπεν Ἐλ. [B *om.*] (1 a)
— 17. A R καὶ εἶπε (1 a)
— 18. καὶ εἶπεν αὐτῷ Ἐ. (1 a)
— 18. καὶ εἶπε τῷ βασιλεῖ Ἰ. (1 a)
— 19. καὶ εἶπεν (1 a)
17. 12. οἷς εἶπε κύριος αὐτοῖς (1 a)
— 26. καὶ εἶπον τῷ βασιλεῖ Ἀσσ. (1 a)
18. 19. καὶ εἶπε πρὸς αὐτοὺς Ῥ., Εἴπατε δὴ πρὸς Ἐ. (1 a, 1 a)
— 20. εἶπας, πλὴν λόγοι χειλέων (1 a)
— 22. ὅτι εἶπας πρὸς μέ (1 a)
— 22. καὶ εἶπε τῷ Ἰ. (1 a)
— 25. κύριος εἶπε πρὸς μέ (1 a)
— 26. καὶ εἶπεν Ἐλ. (1 a)
— 27. καὶ εἶπε πρὸς αὐτοὺς Ῥ. (1 a)
— 28. καὶ εἶπεν (1 a)
19. 3. καὶ εἶπεν πρὸς αὐτόν (1 a)
— 6. καὶ εἶπεν αὐτοῖς Ἠ., Τάδε ἐρεῖτε πρὸς τὸν κύριον ὑμῶν (1 a, 1 a)
— 10. A τάδε ἐρεῖτε πρὸς Ἐ. (1 a)
— 15. καὶ εἶπε (1 a)
— 23. καὶ εἶπας (1 a)
20. 1. καὶ εἶπε πρὸς αὐτόν (1 a)
— 5. καὶ ἐρεῖς πρὸς Ἐ. (1 a)
— 7. καὶ εἶπε [A εἶ. Ἠ.] (1 a)
— 8. καὶ εἶπεν Ἐ. πρὸς Ἠ. (1 a)
— 9. καὶ εἶπεν Ἠ. (1 a)
— 10. καὶ εἶπεν Ἐ. (1 a)
— 14. καὶ εἶπε πρὸς αὐτόν (1 a)
— 14. καὶ εἶπεν Ἐ. (1 a)
— 15. καὶ εἶπε (1 a)
— 15. καὶ εἶπε [A εἶ. Ἐ.] (1 a)
— 16. καὶ εἶπεν Ἠ. πρὸς Ἐ. (1 a)
— 17. ὃ εἶπε κύριος (1 a)
— 19. καὶ εἶπεν Ἐ. πρὸς Ἠ. (1 a)
— 19. A καὶ εἶπεν (1 a)
21. 4. ὡς εἶπεν (1 a)
— 7. ᾧ εἶπε κύριος πρὸς Δ. (1 a)
22. 8. καὶ εἶπε Χ. ὁ ἱερεὺς ὁ μέγας πρὸς Σ. (1 a)
— 9. καὶ εἶπεν (1 a)
— 10. καὶ εἶπε Σ. (13)
— 15. R καὶ εἶπεν αὐτοῖς [B *om.*, A πρὸς αὐτούς] (1 a)
— 15. εἴπατε τῷ ἀνδρί (1 a)
— 18. τάδε ἐρεῖτε πρὸς αὐτόν (1 a)
23. 17. καὶ εἶπε (1 a)
— 17. καὶ εἶπον [A -αν] αὐτῷ οἱ ἄνδρες τῆς πόλεως (1 a)
— 18. καὶ εἶπεν (1 a)
— 27. καὶ εἶπε κύριος (1 a)
— 27. καὶ τὸν οἶκον οὗ εἶπον (1 a)
25. 24. καὶ εἶπεν αὐτοῖς (1 a)
I Ch. 10. 4. καὶ εἶπε Σ. τῷ αἴροντι τὰ σκεύη αὐτοῦ (1 a)
11. 2. καὶ εἶπεν Ἰσραὴλ [A S *om.*] κύριός σοι (1 a)
— 4 (5). εἶπαν [A *add.* δὲ οἱ κατοικοῦντες Ἰ.] τῷ Δ. (1 a)
— 6. καὶ εἶπε Δαυίδ (1 a)
— 17, 19. καὶ εἶπε (1 a)
12. 17. καὶ εἶπεν αὐτοῖς (16 a *et* 1 a)
— 18. καὶ εἶπε -
13. 2. καὶ εἶπε Δ. πάσῃ ἐκκλησίᾳ Ἰ. (1 a)
— 4. καὶ εἶπε πᾶσα ἡ ἐκκλησία (1 a)
14. 10. A^2 B S καὶ εἶπεν αὐτῷ κύριος [A^2 *om.*] (1 a)
— 11, 12. καὶ εἶπε Δ. (1 a)
— 14. S^1 καὶ εἶπεν -
— 14. καὶ εἶπεν αὐτῷ ὁ θεός (1 a)
15. 2. τότε εἶπε Δ. (1 a)
— 12. καὶ εἶπεν αὐτοῖς (1 a)
— 16. καὶ εἶπε Δ. τοῖς ἄρχουσι τῶν Λ. (1 a)
16. 31. καὶ εἰπάτωσαν ἐν τοῖς ἔθνεσι (1 a)
— 35. καὶ εἴπατε (1 a)
— 36. καὶ ἐρεῖ πᾶς ὁ λαός (1 a)

I Ch. 17. 1. καὶ εἶπε Δ. πρὸς Ν. (1 a)
— 2. καὶ εἶπε Ν. πρὸς Δ. (1 a)
— 4. εἰπὸν πρὸς Δ. (1 a)
— 4. οὕτως εἶπε κύριος (1 a)
— 7. οὕτως ἐρεῖς τῷ δούλῳ μου Δ. (1 a)
— 16. καὶ εἶπε (1 a)
19. 2. καὶ εἶπε Δ. (1 a)
— 3. καὶ εἶπον ἄρχοντες (1 a)
— 5. καὶ εἶπεν ὁ βασιλεύς (1 a)
— 12. καὶ εἶπεν (1 a)
21. 2. καὶ εἶπεν ὁ βασ. Δ. πρὸς Ἰωάβ (1 a)
— 3. καὶ εἶπεν Ἰ. (1 a)
— 8. καὶ εἶπε Δ. πρὸς τὸν θεόν (1 a)
— 10. A τρία ἐρῶ [B αἰρῶ] ἐγὼ ἐπὶ σέ †
— 11. καὶ εἶπεν αὐτῷ (1 a)
— 13. καὶ εἶπε Δ. πρὸς Γ. (1 a)
— 15. καὶ εἶπε τῷ ἀγγέλῳ τῷ ἐξολεθρεύοντι (1 a)
— 17. καὶ εἶπε Δ. πρὸς τὸν θεόν, Οὐκ ἐγὼ εἶπα τοῦ ἀριθμῆσαι (1 a, 1 a)
— 18. καὶ ἄγγελος κυρίου εἶπε τῷ Γ. τοῦ [A² τῷ] εἰπεῖν πρὸς Δ. (1 a, 1 a)
— 22. καὶ εἶπε Δ. πρὸς Ὀ. (1 a)
— 23. καὶ εἶπεν Ὀ. πρὸς Δ. (1 a)
— 24. καὶ εἶπεν ὁ βασιλεὺς Δ. τῷ Ὀ. (1 a)
— 27. καὶ εἶπε κύριος πρὸς τὸν ἄγγελον (1 a)
22. 1, 2, 5. καὶ εἶπε Δ. (1 a)
— 7. καὶ εἶπε Δ. Σαλωμών (1 a)
23. 25. ὅτι εἶπε Δ. (1 a)
27. 23. κύριος εἶπε πληθῦναι τὸν Ἰ. (1 a)
28. 2. καὶ εἶπεν (1 a)
— 3. καὶ ὁ θεὸς εἶπεν (1 a)
— 6. καὶ εἶπέ μοι ὁ θεός (1 a)
— 20. καὶ εἶπε Δ. Σαλ. τῷ υἱῷ αὐτοῦ (1 a)
29. 1. καὶ εἶπε Δ. ὁ βασιλεὺς πάσῃ τῇ ἐκκλησίᾳ (1 a)
— 20. καὶ εἶπε Δ. πάσῃ τῇ ἐκκλησίᾳ (1 a)
II Ch. 1. 2. καὶ εἶπε Σ. πρὸς πάντα Ἰ. (1 a)
— 7. καὶ εἶπεν αὐτῷ (1 a)
— 8. καὶ εἶπε Σ. πρὸς τὸν θεόν (1 a)
— 11. καὶ εἶπεν ὁ θεὸς πρὸς Σ. (1 a)
2. 1 (1. 18). καὶ εἶπε Σ. τοῦ οἰκοδομῆσαι οἶκον (1 a)
— 11 (10). καὶ εἶπε Χ. . . . ἐν γραφῇ (1 a)
— 12 (11). καὶ εἶπε Χ. (1 a)
— 15 (14). ἃ [A ὃν] εἶπεν ὁ κύριός μου (1 a)
6. 1. A²B τότε εἶπε Σ., Κύριος εἶπε τοῦ κατασκηνῶσαι [A² κατοικῆσαι] (1 a, 1 a)
— 4. καὶ εἶπεν (1 a)
— 8. καὶ εἶπε κύριος πρὸς Δ. (1 a)
— 14. καὶ εἶπε (1 a)
— 20. ὃν εἶπας ἐπικληθῆναι τὸ ὄνομά σου ἐκεῖ (1 a)
7. 12. καὶ εἶπεν αὐτῷ (1 a)
— 21. καὶ ἐρεῖ (1 a)
— 22. καὶ ἐροῦσι (1 a)
8. 11. ὅτι εἶπεν (1 a)
9. 5. καὶ εἶπε πρὸς τὸν βασιλέα (1 a)
10. 5, 9. καὶ εἶπεν αὐτοῖς (1 a)
— 10. οὕτως ἐρεῖς (1 a)
11. 3. εἰπὸν πρὸς Ῥ. τὸν τοῦ Σ. (1 a)
12. 5. καὶ εἶπεν αὐτοῖς, Οὕτως εἶπε κύριος (1 a, 1 a)
— 6. καὶ εἶπαν (1 a)
13. 4. καὶ εἶπεν (1 a)
14. 4 (3), 7 (6). καὶ εἶπε τῷ Ἰ. (1 a)
— 11 (10) : 15. 2. καὶ εἶπε (1 a)
16. 7. καὶ εἶπεν αὐτῷ (1 a)
18. 3. καὶ εἶπεν Ἀ. . . . πρὸς Ἰ. (1 a)
— 3. καὶ εἶπεν αὐτῷ (1 a)
— 4. καὶ εἶπεν Ἰ. πρὸς βασιλέα Ἰ. (1 a)
— 5. καὶ εἶπεν αὐτοῖς (1 a)
— 5. καὶ εἶπαν (1 a)
— 6. καὶ εἶπεν Ἰ. (1 a)
— 7. καὶ εἶπε βασιλεὺς Ἰ. πρὸς Ἰ. (1 a)
— 7. καὶ εἶπεν Ἰ. (1 a)
— 8, 10. καὶ εἶπε (1 a)
— 13. καὶ εἶπε Μ. (1 a)
— 13. ὃ ἐὰν εἴπῃ ὁ θεὸς πρὸς μέ (1 a)
— 14. καὶ εἶπεν αὐτῷ ὁ βασιλεύς (1 a)
— 14. καὶ εἶπεν (1 a)
— 15. καὶ εἶπεν αὐτῷ ὁ βασιλεύς (1 a)
— 16. καὶ εἶπεν (1 a)
— 16. καὶ εἶπε κύριος (1 a)
— 17. καὶ εἶπεν ὁ βασιλεὺς Ἰ. πρὸς Ἰ. (1 a)
— 17. οὐκ εἶπά σοι (1 a)
— 18. καὶ εἶπεν (1 a)
— 19. καὶ εἶπε κύριος (1 a)
— 19. A καὶ εἶπεν [B *om.*], Οὗτος εἶπεν οὕτως καὶ οὗτος εἶπεν οὕτως (1 a *ter*)
— 20. καὶ εἶπεν (1 a)

II Ch. 18. 20. καὶ εἶπε κύριος (1 a)
— 21 *bis*. καὶ εἶπεν (1 a)
— 23. καὶ εἶπεν αὐτῷ (1 a)
— 24. καὶ εἶπε Μ. (1 a)
— 25. καὶ εἶπε βασιλεὺς Ἰ. (1 a)
— 26. A R καὶ ἐρεῖτε [B -εῖς], Οὕτως εἶπεν ὁ βασιλεύς (1 a, 1 a)
— 27. καὶ εἶπε Μ. (1 a)
— 27. R καὶ εἶπεν (1 a)
— 29. καὶ εἶπεν βασιλεὺς Ἰ. πρὸς Ἰ. (1 a)
— 31. καὶ αὐτοὶ εἶπαν (1 a)
— 33. καὶ εἶπε τῷ ἡνιόχῳ (1 a)
19. 2. καὶ εἶπεν αὐτῷ (1 a)
— 6. καὶ εἶπε τοῖς κριταῖς (1 a)
20. 6, 15, 20 (A R). καὶ εἶπεν (1 a)
21. 7. καὶ ὡς εἶπεν αὐτῷ (1 a)
22. 9. καὶ εἶπε τοῦ ζητῆσαι τὸν Ὀ. -
— 9. ὅτι εἶπαν (1 a)
23. 3. καὶ εἶπεν αὐτοῖς (1 a)
— 11. καὶ εἶπαν (1 a)
— 13. A καὶ εἶπεν (1 a)
— 14. καὶ εἶπεν αὐτοῖς (1 a)
— 14. ὅτι εἶπεν ὁ ἱερεύς (1 a)
24. 5. καὶ εἶπεν αὐτοῖς (1 a)
— 6. καὶ εἶπεν αὐτῷ (1 a)
— 8. καὶ εἶπεν ὁ βασιλεύς (1 a)
— 9. καθὼς εἶπε Μ. (10)
— 20. καὶ εἶπε (1 a)
— 22. καὶ ὡς ἀπέθνησκεν εἶπεν (1 a)
25. 9. καὶ εἶπεν Ἀ. τῷ ἀνθρώπῳ τοῦ θεοῦ (1 a)
— 9. καὶ εἶπεν ὁ ἄνθρωπος τοῦ θεοῦ (1 a)
— 15. R καὶ εἶπεν [A -ον, B -αν] αὐτῷ (1 a)
— 16. καὶ εἶπεν αὐτῷ (1 a)
— 16. καὶ εἶπεν (1 a)
— 19. εἶπας, Ἰδοὺ ἐπάταξας (1 a)
26. 18. καὶ εἶπαν [A -ον] αὐτῷ (1 a)
— 23. ὅτι εἶπαν (1 a)
28. 9. καὶ εἶπεν αὐτοῖς (1 a)
— 13. καὶ εἶπαν αὐτοῖς (1 a)
— 22. καὶ εἶπεν ὁ βασιλεύς †
— 23. A R καὶ εἶπεν [B -αν] (1 a)
29. 5. καὶ εἶπεν αὐτοῖς (1 a)
— 18. καὶ εἶπαν (1 a)
— 21. καὶ εἶπε τοῖς υἱοῖς Ἀαρών (1 a)
— 24. εἶπεν ὁ βασιλεύς (1 a)
— 27. καὶ εἶπεν Ἐ. ἀνενέγκαι (1 a)
— 30. καὶ εἶπεν Ἐ. ὁ βασιλεύς (1 a)
— 31. καὶ εἶπε (1 a)
31. 4. καὶ εἶπαν [A -εν] τῷ λαῷ (1 a)
— 10. A R καὶ εἶπε πρὸς αὐτὸν Ἀ. [B εἶ. Ἀ.] (1 a)
— 10. B καὶ εἶπεν (1 a)
— 11. καὶ εἶπεν Ἐ. ἔτι (1 a)
32. 1. καὶ εἶπε προκαταλαβέσθαι αὐτάς (1 a)
— 12. καὶ εἶπε τῷ Ἰ. (1 a)
— 17. καὶ εἶπε περὶ αὐτοῦ (1 a)
33. 4. οὗ εἶπε κύριος (1 a)
— 7. οὗ εἶπεν ὁ θεὸς πρὸς Δ. (1 a)
— 16. καὶ εἶπε τῷ Ἰ. (1 a)
34. 15. καὶ εἶπε πρὸς Σ. τὸν γραμματέα (1 a)
— 22. οἷς εἶπεν ὁ βασιλεύς -
— 23. καὶ εἶπεν αὐτοῖς (1 a)
— 23. οὕτως εἶπε κύριος ὁ θεὸς Ἰ. (1 a)
— 23. εἴπατε τῷ ἀνδρί (1 a)
— 26. οὕτως ἐρεῖτε αὐτῷ (1 a)
35. 3. καὶ εἶπε τοῖς Λ. (1 a)
— 3. καὶ εἶπεν ὁ βασιλεύς -
— 19. καὶ εἶπε κύριος -
— 19. τὸν οἶκον ὃν εἶπα -
— 21. καὶ ὁ θεὸς εἶπε (1 a)
— 23. καὶ εἶπεν ὁ βασιλεὺς τοῖς παισὶν αὐτοῦ (1 a)
— 25. καὶ εἶπαν πάντες οἱ ἄρχοντες . . . θρῆνον (1 a)
I Es. 1. 2. καὶ εἶπε τοῖς Λ.
— 30. καὶ εἶπεν ὁ βασιλεὺς τοῖς παισὶν ἑαυτοῦ
— 47. τῶν ῥηθέντων λόγων ὑπὸ Ἰ.
3. 4. εἶπαν ἕτερος πρὸς τὸν ἕτερον [A ἕ. τῷ ἑ.]
— 5. εἴπωμεν ἕκαστος ἡμῶν ἕνα λόγον
— 8. καὶ εἶπαν
— 16. καὶ εἶπε
— 17. καὶ εἶπαν αὐτοῖς
— 17. ὁ πρῶτος ὁ εἴπας περὶ τῆς ἰσχύος τοῦ οἴνου
— 24. ἐσίγησεν οὕτως εἴπας [A εἰπών]
4. 1. ὁ εἴπας [A εἰπὼν] περὶ τῆς ἰσχύος τοῦ βασ.
— 3. ὃ ἐὰν εἴπῃ αὐτοῖς
— 4. ἐὰν εἴπῃ αὐτοῖς ποιῆσαι πόλεμον

I Es. 4. 7. ἐὰν εἴπῃ ἀποκτεῖναι
— 7. A R ἐὰν εἴπῃ [B εἶπεν] ἀφεῖναι
— 8. εἶπε πατάξαι
— 8. B εἶπεν ἐρημῶσαι
— 8. εἶπεν οἰκοδομῆσαι
— 9. εἶπεν ἐκκόψαι
— 9. εἶπε φυτεῦσαι
— 13. ὁ εἴπας [A εἰπὼν] περὶ τῶν γυναικῶν
— 41. καὶ τότε εἶπον [A -εν]
— 42. τότε ὁ βασιλεὺς εἶπεν αὐτῷ
— 43. τότε εἶπε τῷ βασιλεῖ
— 57. ὅσα εἶπε Κῦρος ποιῆσαι
5. 40. καὶ εἶπεν αὐτοῖς Ν.
— 70. καὶ εἶπεν [A -αν] αὐτοῖς Ζ. καὶ Ἰ.
6. 3. A R καὶ εἶπαν [B -εν] αὐτοῖς
8. 25. A R καὶ εἶπεν Ἔ. ὁ γραμματεύς
— 45. καὶ εἶπα αὐτοῖς ἐλθεῖν
— 52. εἴπαμεν γὰρ τῷ βασιλεῖ
— 58. καὶ εἶπα αὐτοῖς
— 82. τί ἐροῦμεν, κύριε
— 92. καὶ φωνήσας Ἰ. . . . εἶπεν
9. 7. καὶ ἀναστὰς Ἔ. εἶπεν αὐτοῖς
— 10. καὶ εἶπον [A -αν] μεγάλῃ τῇ φωνῇ
— 10. οὕτως ὡς εἴρηκας ποιήσομεν
— 39. καὶ εἶπεν Ἔ. τῷ ἱερεῖ
— 49. καὶ εἶπεν Ἀ. Ἔ. τῷ ἀρχιερεῖ
II Es. 1. 2. οὕτως εἶπε Κῦρος (1 a)
2. 63. καὶ εἶπεν ἀθ. αὐτοῖς (1 a)
4. 2. A R καὶ εἶπον [B -αν] αὐτοῖς (1 a)
— 3. καὶ εἶπε πρὸς αὐτοὺς Ζ. (1 a)
5. 3. τοῖα εἶπαν [A -ον] αὐτοῖς (1 c)
— 4. ταῦτα εἴποσαν [A -πον] αὐτοῖς (1 c)
— 9. καὶ οὕτως εἴπαμεν [A -ομεν] αὐτοῖς (1 c)
— 15. καὶ εἶπεν αὐτῷ (1 c)
8. 22. ὅτι εἴπαμεν [A -ομεν] τῷ βασιλεῖ (1 a)
— 28. καὶ εἶπα πρὸς αὐτούς (1 a)
9. 6. καὶ εἶπα (1 a)
— 10. τί εἴπωμεν, ὁ θεὸς ἡμῶν (1 a)
10. 2. καὶ εἶπε τῷ Ἔ. (1 a)
— 10. καὶ εἶπε πρὸς αὐτούς (1 a)
— 12. καὶ εἶπαν [S³ *add.* φωνῇ] (1 a)
Ne. 1. 3. καὶ εἴποσαν [A -πον] πρὸς μέ (1 a)
— 5. καὶ εἶπα (1 a)
2. 2. καὶ εἶπέ μοι ὁ βασιλεύς (1 a)
— 3. καὶ εἶπα [S -ον] τῷ βασιλεῖ (1 a)
— 4. καὶ εἶπέ μοι ὁ βασιλεύς (1 a)
— 5. καὶ εἶπα τῷ βασιλεῖ (1 a)
— 6. καὶ εἶπέ μοι ὁ βασιλεύς (1 a)
— 7. καὶ εἶπα τῷ βασιλεῖ (1 a)
— 17. καὶ εἶπα πρὸς αὐτούς (1 a)
— 18. οὓς εἶπέ μοι καὶ εἶπα (1 a, 1 a)
— 19. A R καὶ εἶπον [B S -αν] (1 a)
— 20. καὶ εἶπα αὐτοῖς (1 a)
4. 2 (3. 34). καὶ εἶπεν ἐνώπιον τῶν ἀδελφῶν αὐτοῦ (1 a)
— 3 (3. 35). S R καὶ εἶπε [A B -αν] πρὸς ἑαυτούς (1 a)
— 10 (4). καὶ εἶπεν Ἰ. (1 a)
— 11 (5). καὶ εἶπαν οἱ θλίβοντες ἡμᾶς (1 a)
— 12 (6). καὶ εἴποσαν [A εἶπον] ἡμῖν (1 a)
— 14 (8). καὶ εἶπα [A S -ον] πρὸς τοὺς ἐντίμους (1 a)
— 19 (13). καὶ εἶπα πρὸς τοὺς ἐντίμους (1 a)
— 22 (16). εἶπα τῷ λαῷ (1 a)
5. 7, 8. καὶ εἶπα [A -ον] αὐτοῖς (1 a)
— 9. καὶ εἶπα (1 a)
— 12. καὶ εἶπαν (1 a)
— 13. καὶ εἶπα [A -ον] (1 a)
— 13. καὶ εἶπαν πᾶσα ἡ ἐκκλησία (1 a)
6. 6. S³ καὶ Γ. εἶπεν (1 a)
— 10. καὶ εἶπε (1 a)
— 11. καὶ εἶπα [A S -ον] (1 a)
7. 3. καὶ εἶπα [A -ον] αὐτοῖς (1 a)
— 65. καὶ εἶπεν ἀ. [A ἀ. αὐτοῖς] (1 a)
8. 1. καὶ εἶπαν [A -ον] τῷ Ἔ. (1 a)
— 6. καὶ εἶπαν -
— 9. καὶ εἶπε Ν. (1 a)
— 9. καὶ εἶπαν παντὶ τῷ λαῷ -
— 10. καὶ εἶπεν αὐτοῖς (1 a)
— 15. καὶ εἶπεν Ἔ. (1 a)
9. 5. καὶ εἴποσαν [A εἶπαν] οἱ Λ. (1 a)
— 6. καὶ εἶπεν Ἔ. -
— 15. καὶ εἶπας αὐτοῖς εἰσελθεῖν (1 a)
— 18. καὶ εἶπαν (1 a)
— 23. ἣν εἶπας τοῖς πατράσιν αὐτῶν (1 a)
13. 9. καὶ εἶπα (1 a)

Ne. 13. 11. καὶ εἶπα [A -ον] (1 *a*)
— 17. καὶ εἶπα αὐτοῖς (1 *a*)
— 19. A S R καὶ εἶπα (1 *a*)
— 19. καὶ εἶπα (1 *a*)
— 21. καὶ εἶπα πρὸς αὐτούς (1 *a*)
— 22. καὶ εἶπα τοῖς Λ. (1 *a*)
To. 2. 2. καὶ εἶπα τῷ υἱῷ μου
— 3. S καὶ εἶπα αὐτῷ . . . καὶ ἀποκριθεὶς εἶπεν [A B *al.*]
— 6. καθὼς εἶπε [S *al.*]
— 13. καὶ εἶπα [A -ον] αὐτῇ [S *om.*]
— 14. ἡ δὲ εἶπε [S *al.*]
— 14. ἡ δὲ ἀποκριθεῖσα εἶπέ μοι [S *al.*]
3. 8. καὶ εἶπαν [A S -εν] αὐτῇ
— 10. A B καὶ εἶπε
— 10. S καὶ ἐροῦσιν αὐτῷ
— 11. καὶ εἶπεν
— 13. εἰπὸν ἀπολῦσαί με
4. 2. καὶ εἶπεν ἐν [A *om.*] ἑαυτῷ
— 3. καὶ καλέσας αὐτὸν εἶπε [S *al.*]
5. 1. καὶ ἀποκριθεὶς T. εἶπεν αὐτῷ
— 3. S εἶπεν Τωβίᾳ τῷ υἱῷ αὐτοῦ
— 3 (A B), 5, 5 (S) *bis.* καὶ εἶπεν αὐτῷ
— 6. καὶ εἶπεν αὐτῷ ὁ ἄγγελος
— 7. καὶ εἶπεν αὐτῷ T.
— 7. καὶ ἐρῶ τῷ πατρί [S *al.*]
— 8. καὶ εἶπεν αὐτῷ
— 8. καὶ εἰσελθὼν εἶπε τῷ πατρί [S *al.*]
— 8. S καὶ εἶπεν αὐτῷ
— 8. ὁ δὲ εἶπε [S καὶ εἶπεν αὐτῷ]
— 9 *bis.* S καὶ εἶπεν αὐτῷ
— 9. S ἀποκριθεὶς T. εἶπεν αὐτῷ
— 9 *ter.* S καὶ εἶπεν αὐτῷ
— 10. καὶ εἶπεν αὐτῷ T.
— 11. καὶ εἶπεν αὐτῷ [S *om.*]
— 11. καὶ εἶπεν αὐτῷ T.
— 12. ὃς δὲ εἶπεν [A καὶ εἶ., S καὶ εἶ. αὐτῷ]
— 13. καὶ εἶπεν αὐτῷ
— 14. ἀλλὰ εἰπόν μοι [S καὶ εἶπεν αὐτῷ]
— 15. S καὶ εἶπεν αὐτῷ
— 16. καὶ εἶπε πρὸς T. [S αὐτῷ]
— 16. A B καὶ εἶπεν αὐτῷ ὁ πατὴρ αὐτοῦ
— 16. S καὶ εἶπεν αὐτῷ Τωβείθ
— 17. καὶ εἶπε πρὸς T.
— 20. καὶ εἶπεν αὐτῇ T.
6. 3. ὁ δὲ ἄγγελος εἶπεν αὐτῷ
— 4. καὶ εἶπεν αὐτῷ ὁ ἄγγελος
— 5. A B ὡς εἶπεν αὐτῷ ὁ ἄγγελος
— 6. καὶ εἶπε τὸ παιδάριον τῷ ἀγγέλῳ [S *al.*]
— 7. καὶ εἶπεν αὐτῷ
— 10. εἶπεν ὁ ἄγγελος τῷ παιδαρίῳ [S *al.*]
— 10 *bis.* S καὶ εἶπεν αὐτῷ
— 12. S καὶ εἶπεν
— 13. τότε εἶπε τὸ παιδάριον τῷ ἀγγέλῳ [S *al.*]
— 15. εἶπε δὲ αὐτῷ ὁ ἄγγελος [S *al.*]
7. 1. S καὶ εἶπεν αὐτοῖς
— 2. καὶ εἶπεν [R εἶ. 'P.] Ἔδνᾳ τῇ γυναικὶ αὐτοῦ
— 3. S καὶ εἶπεν αὐτοῖς
— 3. B S καὶ εἶπαν [A -εν, R -ον] αὐτῷ
— 4. καὶ εἶπεν αὐτοῖς
— 4. R οἱ δὲ εἶπον [A S -αν]
— 4. A R καὶ εἶπεν αὐτοῖς
— 5. A R οἱ δὲ [B *om.*] εἶπαν [S καὶ εἶ. αὐτῇ]
— 5. καὶ εἶπε T.
— 7. καὶ εἶπεν αὐτῷ
— 8. εἶπε δὲ [A^{1} S *om.*] T. τῷ 'P.
— 8. S εἰπὸν 'Ραγ. [A B λάλησον]
— 9. καὶ εἶπε 'P. πρὸς T. [S εἶ. τῷ παιδί]
— 11. καὶ εἶπε T.
— 12. καὶ εἶπε [S *add.* αὐτῷ] 'P.
— 13. καὶ εἶπεν
— 14. S καὶ εἶπεν ἐνεγκεῖν βιβλίον [A B *al.*]
— 16. καὶ εἶπεν αὐτῇ
— 17. ὡς εἶπε [S *add.* αὐτῇ]
— 17. καὶ εἶπεν αὐτῇ
8. 4. καὶ εἶπεν [S *add.* αὐτῇ]
— 6. σὺ εἶπας
— 8. καὶ εἶπε μετ' αὐτοῦ [S εἶπαν μεθ' ἑαυτῶν]
— 10. S εἶπεν γὰρ [A B λέγων]
— 12. καὶ εἶπεν Ἔδνᾳ τῇ γυναικὶ αὐτοῦ [S *al.*]
— 15. S καὶ εἶπαν [A B λέγων]
— 18. S τότε εἶπεν τοῖς οἰκέταις αὐ. [A B *al.*]
— 19. S καὶ τῇ γυναικὶ εἶπεν
— 19. S καὶ εἶπεν συντελεῖν αὐτούς
— 20. καὶ εἶπεν αὐτῷ 'P.
9. 1, 6 (S). καὶ εἶπεν αὐτῷ

To. 10. 2. εἶπε [A εἶπεν T.] Μή ποτε κατήσχυνται
— 4. εἶπε δὲ αὐτῷ ἡ γυνή [S *al.*]
— 4. καὶ εἶπεν
— 7. καὶ εἶπεν αὐτῷ
— 7. εἶπε δὲ T. τῷ 'P. [S *al.*]
— 9. εἶπε δὲ αὐτῷ ὁ πενθερός [S *al.*]
— 10, 12. S καὶ εἶπεν αὐτῷ [A B *al.*]
— 13. καὶ εἶπε τῇ θυγατρὶ αὐτοῦ
— 13. καὶ Ἔ. εἶπε πρὸς T. [S *al.*]
11. 1. S καὶ εἶπεν αὐτῷ
— 2. καὶ εἶπε 'P. πρὸς T. [S *al.*]
— 4. S καὶ εἶπεν αὐτῷ
— 6. εἶπε τῷ πατρὶ αὐτοῦ
— 7. καὶ 'P. εἶπεν [S *add.* Τωβείᾳ]
— 9. καὶ εἶπεν αὐτῷ
— 11. S καὶ εἶπεν [A B λέγων]
— 14. S καὶ εἶπεν αὐτῷ
— 14. καὶ εἶπεν
— 17. S καὶ εἶπεν αὐτῇ [A B λέγων]
12. 1. καὶ εἶπεν αὐτῷ
— 2. καὶ εἶπε [A S εἶ. αὐτῷ]
— 4. καὶ εἶπεν ὁ πρεσβύτης [S *al.*]
— 5. καὶ εἶπεν αὐτῷ [S *om.*]
— 6. εἶπεν αὐτοῖς
— 11. εἴρηκα δή [S καὶ εἶπον]
— 17. καὶ εἶπεν αὐτοῖς
13. 1. καὶ εἶπεν
— 12. S οἳ ἐροῦσιν λόγον σκληρόν [A B *al.*]
— 18. καὶ ἐροῦσι πᾶσαι αἱ ῥῦμαι αὐτῆς [S *al.*]
— 18. S πᾶσαι αἱ οἰκίαι αὐ. ἐροῦσιν
14. 3. καὶ εἶπεν αὐτῷ [S *al.*]
— 4. S ἃ εἶπεν ὁ θεός
Ju. 2. 4. καὶ εἶπε πρὸς αὐτόν
5. 3. καὶ εἶπεν αὐτοῖς
— 5. καὶ εἶπε πρὸς αὐτὸν 'A.
— 9. καὶ εἶπεν ὁ θεὸς αὐτῶν
— 22. καὶ εἶπαν οἱ μεγιστᾶνες 'O.
6. 1. εἶπεν 'O.
— 2. καὶ εἶπας τὸ γένος 'I. μὴ πολεμῆσαι
— 4. εἶπε γάρ
7. 4. A R εἶπεν [B -αν, S -ον] ἕκαστος πρὸς τὸν πλησίον αὐ.
— 8. καὶ προσελθόντες αὐτῷ . . . εἶπαν
— 23. καὶ εἶπαν ἐναντίον πάντων τῶν πρεσβυτ.
— 30. καὶ εἶπε πρὸς αὐτοὺς 'O.
8. 11. καὶ εἶπε πρὸς αὐτούς
— 11. καὶ εἴπατε ἐκδώσειν τὴν πόλιν
— 28. καὶ εἶπε πρὸς αὐτὴν 'O., Πάντα ὅσα εἶπας
— 32. εἶπε πρὸς αὐτοὺς 'I.
— 33. εἴπατε παραδώσειν τὴν πόλιν
— 34. οὐ γὰρ ἐρῶ [A S ἀναγγελῶ] ὑμῖν
— 35. καὶ εἶπεν 'O.
9. 1. καὶ εἶπε
— 2. εἶπας γάρ
— 6. καὶ εἶπαν
10. 7. καὶ εἶπαν αὐτῇ
— 9. καὶ εἶπε πρὸς αὐτούς
— 12. καὶ εἶπε
— 14. καὶ εἶπαν πρὸς αὐτήν
— 19. καὶ εἶπεν [A -αν] ἕκαστος πρὸς τὸν πλησίον αὐτοῦ
11. 1. καὶ εἶπε πρὸς αὐτὴν 'O.
— 5. καὶ εἶπε πρὸς αὐτὸν 'I.
— 17. A B καὶ ἐρεῖ [A ἀναγγελεῖ] μοι
— 20. A B καὶ εἶπαν
— 22. A B καὶ εἶπε πρὸς αὐτὴν 'O.
12. 2. A B καὶ εἶπεν 'I.
— 3. A B καὶ εἶπε πρὸς αὐτὴν 'O.
— 4. A B καὶ εἶπεν 'I. πρὸς αὐτόν
— 11. A B καὶ εἶπε Βαγώᾳ τῷ εὐνούχῳ
— 13. A B καὶ εἶπε
— 14. A B καὶ εἶπε πρὸς αὐτὸν 'I.
— 17. A B καὶ εἶπε πρὸς αὐτὴν 'O.
— 18. A B καὶ εἶπεν 'I.
13. 3. A B καὶ εἶπεν 'I. τῇ δούλῃ αὐτῆς στῆναι
— 4. A B εἶπεν ἐν τῇ καρδίᾳ αὐτῆς
— 7. A B καὶ εἶπε
— 11. καὶ εἶπεν 'I. . . . τοῖς φυλάσσουσιν
— 14. ἡ δὲ εἶπε πρὸς αὐτοὺς φωνῇ μεγάλῃ
— 15. καὶ εἶπεν αὐτοῖς
— 17. καὶ εἶπαν ὁμοθυμαδόν
— 18. καὶ εἶπεν αὐτῇ 'O.
— 20. καὶ εἶπαν [S -εν] πᾶς ὁ λαός
14. 1. καὶ εἶπε πρὸς αὐτοὺς 'I.
— 7. καὶ εἶπεν

Ju. 14. 13. καὶ εἶπαν τῷ ὄντι ἐπὶ πάντων τῶν αὐτοῦ
15. 9. καὶ εἶπαν πρὸς αὐτήν
— 10. καὶ εἶπε πᾶς ὁ λαός
16. 1. καὶ εἶπεν 'I.
— 5. A S R εἶπεν ἐμπρήσειν τὰ ὅριά [B ὄρη] μου
— 14. εἶπας καὶ ἐγενήθησαν
Es. 1. 10. εἶπε τῷ 'A. (1 *a*)
— 13. καὶ εἶπε τοῖς φίλοις αὐτοῦ (1 *a*)
— 16. καὶ εἶπεν ὁ M. πρὸς τὸν βασιλέα (1 *a*)
2. 2. καὶ εἶπαν οἱ διάκονοι τοῦ βασ. [A πρὸς τὸν β.] (1 *a*)
— 13. ᾧ ἐὰν εἴπῃ (1 *a*)
3. 11. καὶ εἶπεν ὁ βασιλεὺς τῷ 'A. (1 *a*)
4. 8. καὶ εἶπεν αὐτῷ ἐντείλασθαι αὐτῇ –
— 10. εἶπε δὲ 'E. πρὸς 'A. (1 *a*)
— 10. καὶ εἶπον –
— 13. καὶ εἶπε M. πρὸς 'A. [A *om.* πρὸς 'A.] (1 *a*)
— 13. πορεύθητι καὶ εἰπὸν αὐτῇ –
— 13. μὴ εἴπῃς σεαυτῇ (6)
— 15. A καὶ εἶπεν 'E. ἐξαποστεῖλαι [B S *al.*] (1 *a*)
— 17 *bis.* καὶ εἶπε
5. 1. καὶ εἶπεν αὐτῇ
— 2. καὶ εἶπε
— 2. καὶ εἶπεν αὐτῷ
— 3. καὶ εἶπεν [A S^{3} *add.* αὐτῇ] ὁ βασιλεύς (1 *a*)
— 4. εἶπε δὲ 'E. (1 *a*)
— 5. καὶ εἶπεν ὁ βασιλεύς (1 *a*)
— 5. ἣν εἶπεν 'E. †
— 6. εἶπεν ὁ βασιλεὺς πρὸς 'E. (1 *a*)
— 7. καὶ εἶπε (16 *a et* 1 *a*)
— 12. B S εἶπεν 'A. (1 *a*)
— 14. καὶ εἶπε πρὸς αὐτόν (1 *a*)
— 14. εἰπὸν τῷ βασιλεῖ (1 *a*)
6. 1. A B S εἶπε τῷ διδασκάλῳ [R διακόνῳ] αὐ. (1 *a*)
— 3. εἶπε δὲ ὁ βασιλεύς (1 *a*)
— 3. καὶ εἶπαν οἱ διάκονοι τοῦ βασ. [A *al.*] (1 *a*)
— 4. εἶπε δὲ ὁ βασιλεύς (1 *a*)
— 4. εἰπεῖν τῷ βασιλεῖ κρεμάσαι τὸν M. (1 *a*)
— 5. καὶ εἶπαν οἱ διάκονοι [A -ον οἱ ἐκ τῆς διακονίας] τοῦ βασ. (1 *a*)
— 5. καὶ εἶπεν ὁ βασιλεύς (1 *a*)
— 6. εἶπε δὲ ὁ βασιλεὺς τῷ 'A. (1 *a*)
— 6. εἶπε δὲ ἐν ἑαυτῷ 'A. [A S *al.*] (1 *a*)
— 7. εἶπε δὲ πρὸς τὸν βασ. [A τῷ βασ.] (1 *a*)
— 10. εἶπε δὲ ὁ βασιλεὺς τῷ 'A. (1 *a*)
— 10. A ὃν εἶπεν ὁ βασιλεύς †
— 13. καὶ εἶπαν [A -ον] πρὸς αὐτὸν οἱ φίλοι (1 *a*)
7. 2. εἶπε δὲ [A καὶ εἶ.] ὁ βασιλεὺς 'E. (1 *a*)
— 3. καὶ ἀποκριθεῖσα εἶπεν (1 *a*)
— 5. εἶπε δὲ ὁ βασιλεύς [S^{3} β. 'A. τῇ 'E.] (1 *a*)
— 6. εἶπε δὲ 'E. (1 *a*)
— 8. εἶπε δὲ ὁ βασιλεύς (1 *a*)
— 9. εἶπε δὲ B. . . . πρὸς τὸν βασ. [A *al.*] (1 *a*)
— 9. εἶπε δὲ ὁ βασιλεύς (1 *a*)
8. 5. καὶ εἶπεν 'E. (1 *a*)
— 7. καὶ εἶπεν ὁ βασιλεὺς πρὸς [A *om.*] 'E. (1 *a*)
9. 12. εἶπε δὲ ὁ βασιλεὺς πρὸς [A S^{3} *om.*] 'E. (1 *a*)
— 13. καὶ εἶπεν 'E. τῷ βασιλεῖ (1 *a*)
10. 3. καὶ εἶπε M.
Jb. 1. 7. εἶπεν ὁ κ. τῷ διαβόλῳ [A πρὸς τὸν δ.] (1 *a*)
— 7. ἀποκριθεὶς ὁ διάβολος τῷ κ. εἶπε (1 *a*)
— 8. εἶπεν αὐτῷ ὁ κύριος (1 *a*)
— 9. B S καὶ εἶπεν (1 *a*)
— 12. εἶπεν ὁ κύριος τῷ διαβόλῳ (1 *a*)
— 14. καὶ εἶπεν αὐτῷ (1 *a*)
— 16. καὶ εἶπε πρὸς 'Ιώβ [A εἶπεν αὐτῷ] (1 *a*)
— 17. καὶ εἶπε πρὸς 'Ιώβ [A λέγει αὐτῷ, S^{1} εἶπε] (1 *a*)
— 21. καὶ εἶπεν (1 *a*)
2. 2. εἶπεν ὁ κύριος τῷ διαβόλῳ (1 *a*)
— 2. εἶπεν ὁ διάβολος ἐνώπιον τοῦ κυρίου (16 *a*)
— 3. εἶπε δὲ ὁ κύριος πρὸς τὸν διάβολον (1 *a*)
— 3. σὺ δὲ εἶπας τὰ ὑπάρχοντα αὐτοῦ διὰ κενῆς ἀπολέσαι (15)
— 4. ὑπολαβὼν δὲ ὁ διάβολος εἶπε τῷ κυρίῳ (1 *a*)
— 6. εἶπε δὲ ὁ κύριος τῷ διαβόλῳ (1 *a*)
— 9. εἶπεν αὐτῷ [A τῷ 'Ιὼβ] ἡ γυνὴ αὐτοῦ (1 *a*)
— 9. εἰπόν τι ῥῆμα εἰς [A πρὸς] κύριον (4)
— 10. ὁ δὲ ἐμβλέψας εἶπεν αὐτῇ (1 *a*)
3. 3. ἡ νὺξ ἐκείνη ᾗ [A S ἐν ᾗ] εἶπαν [A -ον] (1 *a*)
7. 13. εἶπα ὅτι [A εἶπον] παρακαλέσει με ἡ κλίνη μου (1 *a*)
9. 12. τίς ἐρεῖ αὐτῷ (1 *a*)
— 22. διὸ εἶπον (1 *a*)
— 27. ἐάν τε γὰρ εἴπω (1 *d*)
10. 2. ἐρῶ πρὸς κύριον (1 *a*)

Jb. 11. 10. τίς ἐρεῖ αὐτῷ †
12. 7. ἐάν σοι εἴπωσι [A -πῃ] (8)
15. 18. ἃ σοφοὶ ἐροῦσι [A ἀνήγγειλαν] (13)
19. 28. εἰ δὲ καὶ ἐρεῖτε, Τί ἐροῦμεν ἔναντι αὐτοῦ (1 a, 23 ?)
20. 7. οἱ δὲ εἰδότες αὐτὸν ἐροῦσι (1 a)
21. 28. ὥστε ἐρεῖτε (1 a)
22. 13. εἶπας, Τί ἔγνω ὁ ἰσχυρός (1 a)
— 29. καὶ ἐρεῖς [S^2 -εῖτε] (1 a)
23. 4. εἴποιμι [S^1 ἴδοιμι] δὲ ἐμαυτοῦ [A S^2 ἐπ' αὐτοῦ] κρίμα (17)
— 5. ἅ μοι ἐρεῖ (16 a)
27. 1. εἶπε τῷ προοιμίῳ (1 a)
28. 14. ἄβυσσος εἶπεν (1 a)
— 14. ἡ θάλασσα εἶπεν (1 a)
— 22. ἡ ἀπώλεια καὶ ὁ θάνατος εἶπαν [A -εν] (1 a)
— 28. εἶπε δὲ ἀνθρώπῳ (1 a)
29. 1. εἶπε [A λέγει] τῷ προοιμίῳ (1 a)
— 18. εἶπα δέ [A εἶπον] (1 a)
31. 29. εἶπεν ἡ καρδία [A εἰ εἶπον τῇ καρδίᾳ] μου †
— 31. εἰ δὲ καὶ πολλάκις εἶπον αἱ θεράπαιναί μου (1 a)
32. 6. ὑπολαβὼν δὲ Ἐλιοὺς ... εἶπε [A λέγει] (1 a)
— 7. εἶπα [A -ον] δέ (1 a)
— 10. διὸ εἶπα [A -ον] (1 a)
— 11. A S^2 R ἐρῶ γὰρ [B S^1 *om.* ἐ. γ.] ὑμῶν ἀκουόντων †
— 13. ἵνα μὴ εἴπητε (1 a)
33. 8. πλὴν εἶπας ἐν ὠσί μου (1 a)
— 31. A ὅτι εἴρηκεν Ἰ. -
34. 5. ὅτι εἴρηκεν Ἰ. (1 a)
— 9. μὴ γὰρ εἴπῃς (1 a)
— 34. συνετοὶ καρδίας ἐροῦσι ταῦτα (1 a)
35. 2. εἶπας, Δίκαιός εἰμι ἔναντι κυρίου (1 a)
— 3. A S^2 ἢ ἐρεῖς, Τί ποιήσω ἁμαρτών (1 a)
— 10. οὐκ εἶπε, Ποῦ ἐστιν ὁ θεός (1 a)
36. 3. ἔργοις δέ μου δίκαια ἐρῶ ἐπ' ἀληθείας (14)
— 10. εἶπεν ὅτι ἐπιστραφήσονται (1 a)
— 23. A R τίς ὁ εἰπών [B S -ας] (1 a)
37. 19. τί ἐροῦμεν αὐτῷ (1 a)
38. 1. εἶπεν ὁ κύριος τῷ Ἰὼβ διὰ λαίλαπος (16 a)
— 11. εἶπα [A -ον] δὲ αὐτῇ (1 a)
— 35. ἐροῦσι δέ σοι (1 a)
39. 25. A ἐρεῖ [B S λέγει] εὖγε (1 a)
— 31 (40. 1). ἀπεκρίθη κύριος ὁ θεὸς τῷ Ἰὼβ καὶ εἶπε (1 a)
— 33 (40. 3). A ὑπολαβὼν δὲ Ἰὼβ εἶπεν [B S λέγει] τῷ κυρίῳ (1 a)
40. 1 (6). ὑπολαβὼν ὁ κύριος εἶπε τῷ Ἰώβ (1 a)
42. 7. εἶπεν ὁ κύριος Ἐλιφὰζ τῷ Θαιμανίτῃ (1 a)
Ps. 2. 7. κύριος εἶπε πρὸς μέ (1 a)
9. 27 (10. 6). εἶπε γὰρ ἐν καρδίᾳ αὐτοῦ (1 a)
— 32 (10. 11). εἶπε γὰρ ἐν τῇ καρδίᾳ αὐτοῦ (1 a)
— 34 (10. 13). εἶπε γὰρ ἐν καρδίᾳ αὐτοῦ (1 a)
10 (11). 1. A S R πῶς ἐρεῖτε [B ἀρ.] τῇ ψυχῇ [A τὴν ψ.] μου (1 a)
11 (12). 4. τοὺς εἰπόντας, Τὴν γλῶσσαν ἡμῶν μεγαλυνοῦμεν (1 a)
12 (13). 4. μή ποτε εἴπῃ ὁ ἐχθρός μου (1 a)
13 (14). 1. εἶπεν ἄφρων ἐν καρδίᾳ αὐτοῦ (1 a)
15 (16). 2. εἶπα τῷ κυρίῳ (1 a)
17 (18). *tit.* καὶ εἶπεν (1 a)
26 (27). 8. σοὶ εἶπεν ἡ καρδία μου (1 a)
29 (30). 6. ἐγὼ δὲ εἶπα ἐν τῇ εὐθηνίᾳ μου (1 a)
30 (31). 15. εἶπα, Σὺ εἶ ὁ θεός μου (1 a)
— 22. ἐγὼ δὲ εἶπα ἐν τῇ ἐκστάσει μου (1 a)
31 (32). 5. A S R εἶπα, Ἐξαγορεύσω (1 a)
32 (33). 9. αὐτὸς εἶπε καὶ ἐγενήθησαν (1 a)
34 (35). 3. εἰπὸν τῇ ψυχῇ μου (1 a)
— 10. πάντα τὰ ὀστᾶ μου ἐροῦσι (1 a)
— 21. εἶπαν [A -ον], Εὖγε εὖγε (1 a)
— 25. μὴ εἴποισαν ἐν καρδίαις αὐτῶν (1 a)
— 25. μηδὲ εἴποιεν [A S^2 εἴποισαν] (1 a)
— 27. καὶ εἰπάτωσαν διὰ παντός (1 a)
37 (38). 16. ὅτι εἶπα (1 a)
38 (39). 1. εἶπα, Φυλάξω τὰς ὁδούς μου (1 a)
39 (40). 7. τότε εἶπον (1 a)
— 10. τὸ σωτήριόν σου εἶπα (1 a)
— 16. εἰπάτωσαν διὰ παντός (1 a)
40 (41). 4. ἐγὼ εἶπα (1 a)
— 5. οἱ ἐχθροί μου εἶπαν κακά μοι (1 a)
41 (42). 9. ἐρῶ τῷ θεῷ (1 a)
49 (50). 12. ἐὰν πεινάσω οὐ μή σοι εἴπω (1 a)
— 16. τῷ δὲ ἁμαρτωλῷ εἶπεν ὁ θεός (1 a)
51 (52). *tit.* ἐν τῷ ἐλθεῖν Δωὴκ ... καὶ εἰπεῖν αὐτῷ (1 a)

Ps. 51. 6. ἐπ' αὐτὸν γελάσονται καὶ ἐροῦσιν -
52 (53). 1. εἶπεν ἄφρων ἐν καρδίᾳ αὐτοῦ (1 a)
53 (54). *tit.* ἐν τῷ ἐλθεῖν ... καὶ εἰπεῖν [B^1 εἶπεν] τῷ Σαούλ (1 a)
54 (55). 6. εἶπα, Τίς δώσει μοι πτέρυγας (1 a)
57 (58). 11. καὶ ἐρεῖ ἄνθρωπος (1 a)
63 (64). 5. εἶπαν, Τίς ὄψεται αὐτούς (1 a)
65 (66). 3. εἴπατε τῷ θεῷ (1 a)
67 (68). 22. εἶπε κύριος (1 a)
70 (71). 10. ὅτι εἶπαν οἱ ἐχθροί μου ἐμοί (1 a)
72 (73). 11. εἶπαν, Πῶς ἔγνω ὁ θεός (1 a)
— 13. καὶ εἶπα, Ἄρα ματαίως ἐδικαίωσα -
73 (74). 8. εἶπαν ἐν τῇ καρδίᾳ αὐτῶν (1 a)
74 (75). 4. εἶπα τοῖς παρανομοῦσι μὴ παρανομεῖν (1 a)
76 (77). 10. καὶ εἶπα (1 a)
77 (78). 19. κατελάλησαν τοῦ θεοῦ καὶ εἶπαν (1 a)
78 (79). 10. μή ποτε εἴπωσιν ἐν τοῖς ἔθνεσι [S^2 εἴπ. τὰ ἔθνη] (1 a)
81 (82). 6. ἐγὼ εἶπα (1 a)
82 (83). 4. εἶπαν, Δεῦτε (1 a)
— 12. οἵτινες εἶπαν (1 a)
86 (87). 5. μήτηρ Σιὼν, ἐρεῖ ἄνθρωπος (1 b)
88 (89). 2. ὅτι εἶπας (1 a)
— 19. εἶπας, Ἐθέμην βοήθειαν ἐπὶ δυνατόν (1 a)
89 (90). 3. καὶ εἶπας (1 a)
90 (91). 2. ἐρεῖ τῷ κυρίῳ (1 a)
93 (94). 7. εἶπαν, Οὐκ ὄψεται κύριος (1 a)
94 (95). 10. καὶ εἶπα [A εἶπον] (1 a)
95 (96). 10. εἴπατε [A^1 εἶπα] ἐν τοῖς ἔθνεσιν (1 a)
104 (105). 31. εἶπε καὶ ἦλθε κυνόμυια (1 a)
— 34. εἶπε καὶ ἦλθεν ἀκρίς (1 a)
105 (106). 23. εἶπε τοῦ ἐξολεθρεῦσαι αὐτούς (1 a)
— 34. τὰ ἔθνη ἃ εἶπε κύριος αὐτοῖς [S^1 *om.*] (1 a)
— 48. ἐρεῖ πᾶς ὁ λαός (1 a)
106 (107). 2. εἰπάτωσαν οἱ λελυτρωμένοι ὑπὸ κυρίου (1 a)
— 25. εἶπε καὶ ἔστη πνεῦμα καταιγίδος (1 a)
109 (110). 1. εἶπεν ὁ κύριος τῷ κυρίῳ μου (12)
113. 10 (115. 2). μή ποτε εἴπωσι τὰ ἔθνη (1 a)
115. 2 (116. 11). ἐγὼ εἶπα ἐν τῇ ἐκστάσει μου (1 a)
117 (118). 2. εἰπάτω δὴ οἶκος Ἰσραήλ (1 a)
— 3. εἰπάτω δὴ οἶκος Ἀαρὼν ὅτι ἀγαθός (1 a)
— 4. A R εἰπάτωσαν δὴ πάντες οἱ φοβούμ. τὸν κύριον (1 a)
118 (119). 57. A S^1 εἶπα φυλάξασθαι [S^2 R τοῦ φ.] τὸν νόμον [S^1 τὰς ἐντολάς] σου (1 a)
121 (122). 1. εὐφράνθην ἐπὶ τοῖς εἰρηκόσι μοι (1 a)
123 (124). 1. εἰπάτω δὴ Ἰσραήλ (1 a)
125 (126). 2. τότε ἐροῦσιν ἐν τοῖς ἔθνεσιν (1 a)
128 (129). 1. εἰπάτω δὴ Ἰσραήλ (1 a)
— 8. οὐκ εἶπαν οἱ παράγοντες (1 a)
138 (139). 11. καὶ εἶπα (1 a)
— 20. A S R ὅτι ἐρεῖς [? ἔρεις, B ἔρις] εἰς διαλογισμόν (1 a)
139 (140). 6. εἶπα τῷ κυρίῳ (1 a)
141 (142). 5. πρὸς σὲ, κύριε, ἐκέκραξα καὶ εἶπα (1 a)
144 (145). 6. τὴν δύναμιν τῶν φοβερῶν σου ἐροῦσι (1 a)
— 11. δόξαν τῆς βασιλείας σου ἐροῦσι (1 a)
148. 5. αὐτὸς εἶπε καὶ ἐγενήθησαν (19)
Pr. 3. 28. μὴ εἴπῃς, Ἐπανελθὼν ἐπάνηκε (1 a)
5. 12. ἐρεῖς, Πῶς ἐμίσησα παιδείαν (1 a)
7. 4. εἰπὸν τὴν σοφίαν [S^1 τῇ σ.] σὴν ἀδελφὴν εἶναι (1 a)
— 13. προσεῖπεν [S^1 εἶπεν] αὐτῷ (1 a)
8. 6. σεμνὰ [S^1 πολλὰ] γὰρ ἐρῶ (5 a)
9. 4. τοῖς ἐνδεέσι φρενῶν εἶπεν (1 a)
15. 23. οὐδὲ μὴ εἴπῃ καίριόν τι (5 b)
20. 22. μὴ εἴπῃς, Τίσομαι τὸν ἐχθρόν (1 a)
23. 35. ἐρεῖς δὲ, Τύπτουσί με -
24. 12. ἐὰν δὲ εἴπῃς (1 a)
— 32 (30. 9). ἵνα μὴ πλησθεὶς ψευδὴς γένωμαι καὶ εἴπω (1 a)
— 39 (24). ὁ εἰπὼν τὸν ἀσεβῆ (1 a)
— 44 (29). μὴ εἴπῃς, Ὃν τρόπον ἐχρήσατό μοι (1 a)
— 50 (30. 15). ἡ τετάρτη οὐκ ἠρκέσθη εἰπεῖν, Ἱκανόν (1 a)
— 51 (30. 16). ὕδωρ καὶ πῦρ οὐ μὴ εἴπωσιν (1 a)
— 69 (31. 1). οἱ ἐμοὶ λόγοι εἴρηνται ὑπὸ θεοῦ -
25. 7. κρεῖσσον γάρ σοι τὸ ῥηθῆναι (1 a)
— 11. οὕτως εἰπεῖν λόγον [S^2 λ. ἐπὶ ἁρμόζουσιν] (5 b)
Ec. 1. 2. εἶπεν ὁ ἐκκλησιαστής (1 a)
— 10. ὃς λαλήσει καὶ ἐρεῖ (1 a)

Ec. 2. 1. εἶπον ἐγὼ ἐν καρδίᾳ μου (1 a)
— 2. τῷ γέλωτι εἶπα περιφοράν (1 a)
— 15. εἶπα ἐγὼ ἐν καρδίᾳ μου (1 a)
3. 17. καὶ εἶπα [A ἐκεῖ εἶπον, S εἶπον] ἐγὼ ἐν καρδίᾳ μου (1 a)
— 18. εἶπα ἐγὼ [S^1 ἐπάγω] ἐν καρδίᾳ μου (1 a)
5. 5. μὴ εἴπῃς πρὸ προσώπου [S τὸ πρ.] τοῦ θεοῦ (1 a)
6. 3. εἶπα, Ἀγαθὸν ὑπὲρ αὐτὸν τὸ ἔκτρωμα (1 a)
7. 11 (10). μὴ εἴπῃς, Τί ἐγένετο (1 a)
— 24 (23). εἶπα, Σοφισθήσομαι (1 a)
— 27 (26). S^2 καὶ εἶπα [B S^1 καὶ ἐρῶ, A *om.*] πικρότερον ὑπὲρ θάνατον -
— 28 (27). εἶπεν ὁ ἐκκλησιαστής (1 a)
8. 5 (4). τίς ἐρεῖ αὐτῷ (1 a)
— 14. εἶπα ὅτι [S *om.*] καί γε τοῦτο ματαιότης (1 a)
— 17. ὅσα ἂν εἴπῃ σοφὸς τοῦ γνῶναι (1 a)
9. 16. εἶπα ἐγώ (1 a)
12. 1. ἐρεῖς, Οὐκ ἔστι μοι ἐν [S^1 *om.*] αὐτοῖς θέλημα (1 a)
— 8. εἶπεν ὁ ἐκκλησιαστής (1 a)
Ca. 1. 4. S αἵδε εἶπαν
3. 3. S ἡ νύμφη τοῖς φύλαξιν εἶπεν
— 4. S εὑροῦσα τὸν νυμφίον εἶπεν
7. 8 (9). εἶπα, Ἀναβήσομαι (1 a)
8. 5. αἱ θυγατέρες ... εἶπαν
Wi. 2. 1. εἶπον γὰρ ἐν ἑαυτοῖς
5. 3. S^1 R ἐροῦσιν ἑαυτοῖς [A B S^2 ἐν ἑ.] μετανοοῦντες
— 3. A S^2 καὶ [S^1 οἳ καὶ] ἐροῦσιν
7. 15. ἐμοὶ δὲ δῴη ὁ θεὸς εἰπεῖν κατὰ γνώμην
8. 20. εἶπον ἐξ ὅλης τῆς καρδίας μου
9. 8. εἶπας [S^1 εἶπά σοι ?] οἰκοδομῆσαι ναόν
12. 12. τίς γὰρ ἐρεῖ
Si. 5. 1. μὴ εἴπῃς, Αὐτάρκη μοι ἔστι
— 3. A B S^2 μὴ εἴπῃς, Τίς με δυναστεύσει
— 4. μὴ εἴπῃς, Ἥμαρτον
— 6. μὴ εἴπῃς, Ὁ οἰκτιρμὸς αὐτοῦ πολύς
7. 9. μὴ εἴπῃς, Τῷ πλήθει τῶν δώρων μου ἐπόψεται [A -ομαι]
11. 19. ἐν τῷ εἰπεῖν αὐτόν
— 23. μὴ εἴπῃς, Τίς ἔστι μου χρεία
— 24. μὴ εἴπῃς, Αὐτάρκη μοί ἐστι
12. 16. B^2 ἐρεῖ σοι καλὰ λέγων
13. 6. ἐρεῖ [A -εῖς], Τίς ἡ χρεία σου
— 23. εἶπαν, Τίς οὗτος
15. 10. ἐν γὰρ σοφίᾳ ῥηθήσεται αἶνος
— 11. μὴ εἴπῃς ὅτι διὰ κύριον ἀπέστην
— 12. μὴ εἴπῃς ὅτι [S *om.*] αὐτός με ἐπλάνησεν
16. 17. μὴ εἴπῃς ὅτι ἀπὸ [A παρὰ] κυρίου κρυβήσομαι
17. 14. εἶπεν αὐτοῖς
19. 14. B S ἔλεγξον τὸν φίλον μή ποτε οὐκ εἶπε
— 14. καὶ εἰ εἴρηκεν
20. 16. μωρὸς ἐρεῖ
— 20. οὐ γὰρ μὴ εἴπῃ αὐτὴν ἐν καιρῷ αὐτῆς
22. 8. ἐπὶ συντελείᾳ ἐρεῖ
24. 8. ὁ κτίσας με ... εἶπεν
— 31. εἶπα, Ποτιῶ μου τὸν κῆπον
25. 7. τὸ δέκατον ἐρῶ ἐπὶ [A ἀπὸ] γλώσσης
34 (31). 12. καὶ μὴ [A *om.*] εἴπῃς, Πολλά γε τὰ ἐπ' αὐτῆς
— 31. λόγον ὀνειδισμοῦ μὴ εἴπῃς αὐτῷ
37. 1. πᾶς φίλος ἐρεῖ
— 8. μή ποτε ... εἴπῃ σοι
39. 15. οὕτως ἐρεῖτε ἐν ἐξομολογήσει
— 17 (A B S), 21. οὐκ ἔστιν εἰπεῖν, Τί τοῦτο
— 34. οὐκ ἔστιν εἰπεῖν, Τοῦτο τούτου πονηρότερον
43. 27. πολλὰ ἐροῦμεν
Ho. 1. 2. καὶ εἶπε κύριος πρὸς Ὠ. (1 a)
— 4. καὶ εἶπε κύριος πρὸς αὐτόν (1 a)
— 6. καὶ εἶπεν αὐτῷ (1 a)
— 9. καὶ εἶπε (1 a)
▶ 2. 1 (3). εἴπατε τῷ ἀδελφῷ ὑμῶν (1 a)
— 5 (7). ὅτι εἶπε [A εἶ. γάρ] (1 a)
— 7 (9). καὶ ἐρεῖ (1 a)
— 12 (14). ὅσα εἶπε (1 a)
— 23 (25). καὶ ἐρῶ ... καὶ αὐτὸς ἐρεῖ (1 a, 1 a)
3. 1. καὶ εἶπε κύριος πρὸς μέ (1 a)
— 3. καὶ εἶπα πρὸς αὐτήν (1 a)
10. 3. διότι νῦν ἐροῦσιν (1 a)
— 8. καὶ ἐροῦσι τοῖς ὄρεσι (1 a)
12. 8 (9). καὶ εἶπεν Ἐφραίμ (1 a)
13. 10. κρινάτω σε ὃν εἶπας (1 a)
14. 3. εἴπατε αὐτῷ (1 a)

▶ = additional entry on page xxv

Ho. 14. 4. οὐκέτι μὴ εἴπωμεν (1 a)
Am. 1. 2. καὶ εἶπε (1 a)
— 3. καὶ εἶπε κύριος (1 a)
3. 9. καὶ εἴπατε (1 a)
5. 14. ὃν τρόπον εἴπατε (1 a)
— 16. ἐν πάσαις ταῖς ὁδοῖς ῥηθήσεται (1 a)
— 17. εἶπε κύριος (1 a)
6. 10. καὶ ἐρεῖ τοῖς προεστηκόσι τῆς οἰκίας (1 a)
— 11 (10). καὶ ἐρεῖ, Οὐκέτι· καὶ ἐρεῖ (1 a, 1 a)
7. 2, 5. καὶ εἶπα (1 a)
— 8. καὶ εἶπε κύριος πρὸς μέ (1 a)
— 8. καὶ εἶπα (1 a)
— 8. καὶ εἶπε κύριος πρὸς μέ (1 a)
— 12. καὶ εἶπεν Ἀμασίας πρὸς Ἀμώς (1 a)
— 14. καὶ εἶπε πρὸς Ἀμασίαν (1 a)
— 15. καὶ εἶπε κύριος πρὸς μέ (1 a)
8. 2. καὶ εἶπε . . . καὶ εἶπα (1 a, 1 a)
— 2. καὶ εἶπε κύριος πρὸς μέ (1 a)
9. 1. καὶ εἶπε (1 a)
Mi. 3. 1. καὶ ἐρεῖ (1 a)
4. 2. καὶ ἐροῦσι (1 a)
6. 1. B κύριος εἶπεν [A ἃ ὁ κ. εἶ.] (1 a)
Jl. 2. 17. καὶ ἐροῦσι (1 a)
— 17. ὅπως μὴ εἴπωσιν ἐν τοῖς ἔθνεσι (1 a)
— 19. καὶ εἶπε τῷ λαῷ αὐτοῦ (1 a)
— 32 (3. 5). καθότι εἶπε κύριος (1 a)
Jn. 1. 6. καὶ εἶπεν αὐτῷ [A πρὸς αὐτόν] (1 a)
— 7. καὶ εἶπεν ἕκαστος πρὸς τὸν πλησίον αὐτοῦ (1 a)
— 8. καὶ εἶπον [AS -αν] πρὸς αὐτόν (1 a)
— 9. καὶ εἶπε πρὸς αὐτούς (1 a)
— 10, 11. καὶ εἶπαν πρὸς αὐτόν (1 a)
— 12. καὶ εἶπεν Ἰωνᾶς πρὸς αὐτούς (1 a)
— 14. καὶ εἶπαν (1 a)
2. 3. A B S^2 καὶ εἶπεν (1 a)
— 5. καὶ ἐγὼ εἶπα (1 a)
3. 4. καὶ εἶπεν (1 a)
— 7. ἐρρέθη [B^2 -ήθη] ἐν τῇ N. παρὰ τοῦ βασ. (1 a)
4. 2. καὶ εἶπεν (1 a)
— 4. καὶ εἶπε κύριος πρὸς Ἰωνᾶν (1 a)
— 8. καὶ εἶπε (1 a)
— 9. καὶ εἶπεν ὁ θεὸς πρὸς Ἰωνᾶν (1 a)
— 9. καὶ εἶπε (1 a)
— 10. καὶ εἶπε κύριος (1 a)
Na. 3. 7. καὶ ἐρεῖ (1 a)
Hb. 2. 2. καὶ εἶπε (1 a)
— 6. καὶ ἐροῦσιν (1 a)
Ze. 3. 7. εἶπα, Πλὴν φοβεῖσθέ με (1 a)
— 16. ἐρεῖ κύριος τῇ Ἱερουσαλήμ (1 b)
Hg. 1. 1. εἰπὸν [A εἰ. δὴ] πρὸς Z. –
— 8. εἶπε κύριος (1 a)
— 13. καὶ εἶπεν Ἀγγαῖος (1 a)
2. 3 (2). εἰπὸν δὴ πρὸς Z. (1 a)
— 13 (12). καὶ εἶπαν (1 a)
— 14 (13). καὶ εἶπεν Ἀγγαῖος (1 a)
— 14 (13). καὶ εἶπαν (1 a)
— 15 (14). καὶ εἶπεν (1 a)
— 22 (21). εἰπὸν πρὸς Z. (1 a)
Za. 1. 3. καὶ ἐρεῖς πρὸς αὐτούς (1 a)
— 6. καὶ εἶπαν (1 a)
— 9. καὶ εἶπα (1 a)
— 9. καὶ εἶπε πρὸς μὲ ὁ ἄγγελος (1 a)
— 10. καὶ εἶπε πρὸς μέ (1 a)
— 11. καὶ εἶπον [A -αν] (1 a)
— 12. καὶ εἶπε (1 a)
— 14. καὶ εἶπε πρὸς μὲ ὁ ἄγγελος (1 a)
— 17. καὶ εἶπε πρὸς μὲ ὁ ἄγγελος –
— 19 (2. 2). καὶ εἶπα πρὸς τὸν ἄγγελον (1 a)
— 19 (2. 2). καὶ εἶπε πρὸς μέ (1 a)
— 21 (2. 4). καὶ εἶπα (1 a)
— 21 (2. 4). καὶ εἶπε [A εἰ. πρὸς μέ] (1 a)
2. 2 (6). καὶ εἶπα πρὸς αὐτόν (1 a)
— 2 (6). καὶ εἶπε πρὸς μέ (1 a)
— 4 (8). καὶ εἶπε πρὸς αὐτόν (1 a)
3. 2. καὶ εἶπε κύριος πρὸς τὸν διάβολον (1 a)
— 5 (4). καὶ εἶπε [A -α] πρὸς τοὺς ἑστηκότας (1 a)
— 5 (4). καὶ εἶπε πρὸς αὐτόν (1 a)
4. 2. καὶ εἶπε πρὸς μέ (1 a)
— 2. καὶ εἶπα [A -εν] (1 a)
— 4. BS καὶ εἶπον [AR εἶπα] πρὸς τὸν ἄγγελον (1 a)
— 5. καὶ εἶπε πρὸς μέ [A *om.* πρὸς μέ] (1 a)
— 5. A B S^2 καὶ εἶπα (1 a)
— 6. A B S^2 καὶ εἶπε πρὸς μέ (1 a)
— 11. καὶ εἶπα [S -ον] πρὸς αὐτόν (1 a)
— 12. καὶ εἶπα πρὸς αὐτόν (1 a)
— 13. καὶ εἶπε πρὸς μέ (1 a)
— 13. καὶ εἶπα (1 a)

Za. 4. 14. καὶ εἶπεν (1 a)
5. 2. καὶ εἶπε πρὸς μέ (1 a)
— 2. καὶ εἶπα (1 a)
— 3, 5. καὶ εἶπε πρὸς μέ (1 a)
— 6. καὶ εἶπα . . . καὶ εἶπε . . . καὶ εἶπεν (1 a *ter*)
— 8. καὶ εἶπεν (1 a)
— 9. εἶχον [S^1 εἶπον] πτέρυγας ἔποπος †
— 10. καὶ εἶπα πρὸς τὸν ἄγγελον (1 a)
— 11. καὶ εἶπε πρὸς μέ (1 a)
6. 4. καὶ εἶπα πρὸς τὸν ἄγγελον (1 a)
— 5. καὶ εἶπε [S^2 εἶ. πρὸς μέ] (1 a)
— 7. A B S^2 καὶ εἶπε (1 a)
— 12. καὶ ἐρεῖς πρὸς αὐτόν (1 a)
7. 5. εἰπὸν [A εἰπὲ] πρὸς ἅπαντα τὸν λαόν (1 a)
— 13. ὃν τρόπον εἶπε (21 a)
11. 9. καὶ εἶπα (1 a)
— 12. καὶ ἐρῶ πρὸς αὐτούς (1 a)
— 13, 15. καὶ εἶπε κύριος πρὸς μέ (1 a)
12. 5. καὶ ἐροῦσιν οἱ χιλίαρχοι Ἰούδα (1 a)
13. 3. ἐρεῖ πρὸς αὐτὸν ὁ πατὴρ αὐτοῦ (1 a)
— 5. καὶ ἐρεῖ (1 a)
— 6. B S καὶ ἐρεῖ [A R ἐρῶ] πρὸς αὐτόν (1 a)
— 6. καὶ ἐρεῖ (1 a)
— 9. καὶ ἐρῶ (1 a)
— 9. καὶ αὐτὸς ἐρεῖ (1 a)
Ma. 1. 2. καὶ εἴπατε (1 a)
— 4. διότι ἐρεῖ (1 a)
— 5. καὶ ὑμεῖς ἐρεῖτε (1 a)
— 6, 7, 13 : 2. 14. καὶ εἴπατε (1 a)
2. 15. καὶ εἴπατε [S^1 -α] –
— 17 : 3. 7. καὶ εἴπατε (1 a)
3. 8. καὶ ἐρεῖτε [A S^3 εἴπατε] (1 a)
— 13. καὶ εἴπατε (1 a)
— 14. εἴπατε, Μάταιος ὁ δουλεύων θεῷ (1 a)
Is. 2. 3. ἐροῦσι, Δεῦτε καὶ ἀναβῶμεν (1 a)
3. 7. ἀποκριθεὶς ἐρεῖ ἐν τῇ ἡμέρᾳ ἐκείνῃ (1 a)
— 10. καθ' ἑαυτῶν εἰπόντες [A εἴπαντες] (1 a)
6. 5. εἶπον [A S -α], Ὦ τάλας ἐγώ (1 a)
— 7. εἶπεν, Ἰδοὺ ἥψατο τοῦτο τῶν χειλέων σου (1 a)
— 8. εἶπα, Ἰδοὺ ἐγώ εἰμι (1 a)
— 9. εἶπε, Πορεύθητι καὶ εἰπὸν τῷ λαῷ τούτῳ (1 a, 1 a)
— 11. εἶπα, Ἕως πότε, κύριε; καὶ εἶπεν, Ἕως
ἂν ἐρημωθῶσι (1 a, 1 a)
7. 3. εἶπε κύριος πρὸς Ἡσαΐαν (1 a)
— 4. ἐρεῖς αὐτῷ, Φύλαξαι τοῦ ἡσυχάσαι (1 a)
— 12. εἶπεν Ἄχαζ, Οὐ μὴ αἰτήσω (1 a)
— 13. εἶπεν, Ἀκούσατε δή (1 a)
8. 1. εἶπε κύριος πρὸς μέ (1 a)
— 3. εἶπε κύριός μοι (1 a)
— 12. μή ποτε εἴπωσι [A S -πητε], Σκληρόν·
πᾶν γὰρ ὃ ἐὰν εἴπῃ ὁ λαὸς οὗτος (1 a, 1 a)
— 17. ἐρεῖ, Μενῶ τὸν θεόν –
— 19. ἐὰν εἴπωσι πρὸς ὑμᾶς (1 a)
— 20. ἵνα εἴπωσιν οὐχ ὡς τὸ ῥῆμα τοῦτο (1 a)
— 21. κακῶς ἐρεῖτε τὸν ἄρχοντα (20)
10. 8. ἐὰν εἴπωσιν αὐτῷ (1 a)
— 9. ἐρεῖ, Οὐκ ἔλαβον τὴν χώραν –
— 13. εἶπε γάρ (1 a)
12. 1, 4. ἐρεῖς ἐν τῇ ἡμέρᾳ ἐκείνῃ (1 a)
14. 4. A B S καὶ ἐρεῖς (1 a)
— 10. πάντες ἀποκριθήσονται καὶ ἐροῦσί σοι (1 a)
— 13. σὺ δὲ εἶπας (1 a)
— 16. θαυμάσονται ἐπὶ σοὶ καὶ ἐροῦσιν (3)
— 24. ὃν τρόπον εἴρηκα οὕτως ἔσται (6)
18. 4. οὕτως εἶπε κύριός μοι (1 a)
19. 11. πῶς ἐρεῖτε τῷ βασιλεῖ (1 a)
— 12. εἰπάτωσαν, Τί βεβούλευται κύριος (7)
20. 3. εἶπε κύριος (1 a)
— 6. ἐροῦσιν οἱ κατοικοῦντες ἐν τῇ νήσῳ ταύτῃ (1 a)
21. 6. οὕτως εἶπε πρὸς μὲ κύριος (1 a)
— 8. κύριος [AS *om.*] εἶπεν –
— 9. ἀποκριθεὶς εἶπε, Πέπτωκε (1 a)
— 16. οὕτως εἶπέ μοι κύριος (1 a)
22. 4. διὰ τοῦτο εἶπα, Ἄφετέ με (1 a)
— 14. S^2 εἶπεν κύριος (1 a)
— 16. εἰπὸν αὐτῷ, Τί σὺ ὧδε –
23. 4. εἶπεν ἡ θάλασσα· ἡ δὲ ἰσχὺς τῆς θαλάσ-
σης εἶπεν (1 a, 1 a)
— 12. ἐροῦσιν, Οὐκέτι μὴ προστεθῆτε (1 a)
24. 16. ἐροῦσιν, Οὐαὶ τοῖς ἀθετοῦσιν (1 a)
25. 9. ἐροῦσι [A *add.* ἐν] τῇ ἡμέρᾳ ἐκείνῃ (1 a)
28. 15. εἴπατε, Ἐποιήσαμεν διαθήκην (1 a)
29. 11. ἐρεῖ, Οὐ δύναμαι ἀναγνῶναι (1 a)
— 12. ἐρεῖ αὐτῷ, Ἀνάγνωθι τοῦτο, καὶ ἐρεῖ,
Οὐκ ἐπίσταμαι (1 a, 1 a)
— 13. εἶπε κύριος, Ἐγγίζει μοι (1 a)

Is. 29. 15. ἐροῦσι, Τίς ἑώρακεν ἡμᾶς (1 a)
— 16. μὴ ἐρεῖ τὸ πλάσμα τῷ πλάσαντι αὐτό (1 a)
30. 16. εἴπατε, Ἐφ' ἵππων φευξόμεθα . . .
καὶ [A S *add.* εἴπατε] ἐπὶ κού-
φοις ἀναβάταις ἐσόμεθα (1 a, –)
31. 4. οὕτως εἶπέ μοι κύριος (1 a)
32. 5. οὐκέτι μὴ εἴπωσι τῷ μωρῷ ἄρχειν καὶ
οὐκέτι [A *add.* οὐ] μὴ εἴπωσιν οἱ
ὑπηρέται σου, Σίγα (21 b, 1 b)
33. 24. οὐ μὴ εἴπωσι [A -πῃ], Κοπιῶ (1 a)
36. 4. εἶπεν αὐτοῖς Ῥαβσάκης, Εἴπατε Ἐζεκίᾳ (1 a, 1 a)
— 10. B S κύριος εἶπε πρὸς μέ (1 a)
— 11. εἶπε πρὸς αὐτὸν Ἐλιακείμ (1 a)
— 12. εἶπε πρὸς αὐτοὺς Ῥαβσάκης (1 a)
— 13. A B καὶ εἶπεν (1 a)
37. 3. εἶπαν [S^1 -ον] αὐτῷ, Τάδε λέγει Ἐζεκίας (1 a)
— 6. εἶπεν αὐτοῖς Ἡσαΐας, Οὕτως ἐρεῖτε (1 a, 1 a)
— 10. οὕτως ἐρεῖτε Ἐζεκίᾳ (1 a)
— 21. εἶπεν αὐτῷ, Τάδε λέγει κύριος (1 a)
— 24. σὺ γὰρ εἶπας (1 a)
38. 1. εἶπε πρὸς αὐτὸν, Τάδε λέγει κύριος (1 a)
— 5. εἰπὸν Ἐζεκίᾳ [A πρὸς Ἐζεκίαν] (1 a)
— 10. εἶπα ἐν τῷ ὕψει τῶν ἡμερῶν μου (1 a)
— 11. εἶπα, Οὐκέτι μὴ ἴδω τὸ σωτήριον τοῦ
θεοῦ (1 a)
— 21. εἶπεν Ἡσαΐας πρὸς Ἐζεκίαν (1 a)
— 22. εἶπεν Ἐζεκίας (1 a)
39. 3. καὶ εἶπε πρὸς αὐτόν (1 a)
— 3. καὶ εἶπεν Ἐζεκίας (1 a)
— 4. καὶ εἶπεν Ἡσαΐας (1 a)
— 4. καὶ εἶπεν Ἐζεκίας (1 a)
— 5. καὶ εἶπεν Ἡσαΐας αὐτῷ (1 a)
— 6. εἶπε δὲ ὁ θεός (1 a)
— 8. καὶ εἶπεν Ἐζεκίας Ἡσαΐᾳ [A S^3 πρὸς
Ἡσαΐαν] (1 a)
40. 6. εἶπα, Τί βοήσω (1 a)
— 9. εἰπὸν ταῖς πόλεσιν Ἰούδα (1 a)
— 25. εἶπεν ὁ ἅγιος (1 a)
— 27. μὴ γὰρ εἴπῃς, Ἰακώβ (1 a)
41. 6. καὶ ἐρεῖ, Ἴσχυσεν (1 a)
— 7. ποτὲ [A τότε] μὲν ἐρεῖ (1 a)
— 9. εἶπά σοι, Παῖς μου εἶ (1 a)
— 22. τὰ πρότερον [A S -ρα] τίνα ἦν εἴπατε (13)
— 23. εἴπατε ἡμῖν ἀναγγείλατε ἡμῖν (24)
— 26. ἐροῦμεν ὅτι ἀληθῆ ἐστιν (1 a)
43. 6. ἐρῶ τῷ βορρᾷ, Ἄγε (1 a)
— 9. ἀκουσάτωσαν καὶ εἰπάτωσαν ἀληθῆ (1 a)
44. 5. A οὗτος ἐρεῖ, Τοῦ θεοῦ εἰμι, καὶ οὗτος
ἐρεῖ [B S βοήσεται] ἐπὶ τῷ ὀνό-
ματι Ἰ. (1 a, 21 a)
— 16. θερμανθεὶς εἶπεν, Ἡδύ μοι (1 a)
— 20. οὐκ ἐρεῖτε, Ὅτι ψεῦδος ἐν τῇ δεξιᾷ μου (1 a)
45. 9. μὴ ἐρεῖ ὁ πηλὸς τῷ κεραμεῖ (1 a)
— 13. εἶπε κύριος σαβαώθ (1 a)
— 14. A ἐροῦσιν [B S *om.*] οὐκ ἔστιν ὁ θεὸς
πλήν σου –
— 19. οὐκ εἶπα τῷ σπέρματι Ἰακώβ (1 a)
46. 10. εἶπα, Πᾶσά μου ἡ βουλὴ στήσεται (1 a)
47. 4. A S^2 εἶπεν [B S^1 *om.*] ὁ ῥυσάμενός σε
κύριος –
— 7. εἶπας, Εἰς τὸν αἰῶνα ἔσομαι ἄρχουσα (1 a)
— 10. εἶπας, Ἐγώ εἰμι . . . εἶπας τῇ καρδίᾳ
σου, Ἐγώ εἰμι (1 a, 1 a)
48. 5. μή ποτε εἴπῃς ὅτι τὰ εἴδωλά μοι ἐποίησε
καὶ [A^2 S *add.* μὴ] εἴπῃς (1 a, –)
— 6. οὐκ εἶπας (7)
— 7. μὴ εἴπῃς, [A *add.* ὅτι] Ναὶ γινώσκω αὐτά (1 a)
49. 3. εἶπέ μοι, Δοῦλός μου εἶ σύ (1 a)
— 4. ἐγὼ εἶπα, Κενῶς ἐκοπίασα (1 a)
— 6. εἶπέ μοι [B^2 *om.*], Μέγα σοί ἐστι (1 a)
— 14. εἶπε δὲ Σιών, Ἐγκατέλιπέ με κύριος (1 a)
— 15. A B S^2 εἶπε κύριος –
— 20. ἐροῦσι γὰρ εἰς τὰ ὦτά σου οἱ υἱοί σου (1 a)
— 21. ἐρεῖς ἐν τῇ καρδίᾳ σου (1 a)
50. 4. ἡνίκα δεῖ εἰπεῖν λόγον (26)
51. 16. ἐρεῖ Σιὼν, Λαός μου εἶ σύ (1 a)
— 23. οἱ εἶπαν τῇ ψυχῇ σου, Κύψον (1 a)
54. 1. εἶπε γὰρ κύριος (1 a)
— 6. εἶπεν ὁ θεός σου (1 a)
— 8. εἶπεν ὁ ῥυσάμενός σε κύριος (1 a)
— 10. εἶπε γάρ (1 a)
56. 8. εἶπε κύριος ὁ συνάγων τοὺς διεσπαρμ.
Ἰσρ. (12)
57. 10. οὐκ εἶπας, Παύσομαι (1 a)
— 14. ἐροῦσι, Καθαρίσατε ἀπὸ προσώπου αὐ-
τοῦ ὁδούς (1 a)

Is. 57. 19. εἶπε κύριος, Ἰάσομαι αὐτούς (1 *a*)
— 21. εἶπεν ὁ θεός (1 *a*)
58. 9. ἔτι λαλοῦντός σου ἐρεῖ (1 *a*)
59. 21. εἶπε κύριος (1 *a*)
— 21. εἶπε γὰρ κύριος ἀπὸ τοῦ νῦν (1 *a*)
62. 11. εἴπατε τῇ θυγατρὶ Σιών (1 *a*)
63. 8. εἶπεν, Οὐχ ὁ λαός μου (1 *a*)
65. 1. εἶπα [S -ον], Ἰδοὺ εἰμί (1 *a*)
— 8. ἐροῦσι, Μὴ λυμήνῃ αὐτόν (1 *a*)
— 24. ἔτι λαλούντων αὐτῶν ἐρῶ †
66. 5. εἴπατε ἀδελφοὶ ἡμῶν (1 *a*)
— 9. οὐκ ἐμνήσθης μου, εἶπε κύριος . . . εἶπεν ὁ θεός σου, Εὐφράνθητι (1 *a*, 1 *a*)
— 17. εἶπε κύριος (12)
— 20, 21. εἶπε κύριος (1 *a*)
— 22. λέγει [S¹ εἶπεν] κύριος (12)
— 23. εἶπε κύριος (1 *a*)
Je. 1. 6. καὶ εἶπα, Ὁ ὢν δέσποτα κύριε (1 *a*)
— 7, 9. εἶπε κύριος πρὸς μέ (1 *a*)
— 11. εἶπα, Βακτηρίαν καρυΐνην (1 *a*)
— 12. A B S² εἶπε κύριος πρὸς μέ (1 *a*)
— 13. A B S² εἶπα, Λέβητα ὑποκαιόμενον (1 *a*)
— 14. εἶπε κύριος πρὸς μέ (1 *a*)
— 17. εἰπὸν [A S *add.* πρὸς αὐτοὺς] πάντα (5 *a*)
— 19. εἶπε [A λέγει] κύριος (12)
2. 2. εἶπε, Τάδε λέγει κύριος (1 *a*)
— 6. οὐκ εἶπαν, Ποῦ ἐστι κύριος (1 *a*)
— 8. οἱ ἱερεῖς οὐκ εἶπαν, Ποῦ ἐστι κύριος (1 *a*)
— 20. εἶπας, Οὐ δουλεύσω σοι (1 *a*)
— 23. πῶς ἐρεῖς, Οὐκ ἐμιάνθην (1 *a*)
— 25. ἡ δὲ εἶπεν, Ἀνδριοῦμαι (1 *a*)
— 27. τῷ ξύλῳ εἶπαν (1 *a*)
— 27. ἐν τῷ καιρῷ τῶν κακῶν αὐτῶν ἐροῦσιν (1 *a*)
— 31. εἶπεν ὁ λαός μου (1 *a*)
— 35. εἶπας, Ἀθῷός εἰμι (1 *a*)
3. 6. εἶπε κύριος πρὸς μέ (1 *a*)
— 7. εἶπα μετὰ τὸ πορνεῦσαι αὐτήν (1 *a*)
— 11. εἶπε κύριος πρὸς μέ (1 *a*)
— 12. ἐρεῖς, Ἐπιστράφηθι πρὸς μέ (1 *a*)
— 16. οὐκ ἐροῦσιν ἔτι (1 *a*)
— 19. εἶπα, Γένοιτο, κύριε . . . εἶπα, Πατέρα καλέσετε [A εἰ π.κ. S¹ εἴπατε, Παρακαλέσατε] (1 *a*, 1 *a*)
4. 5. εἴπατε, Σημάνατε . . . εἴπατε, Συνάχθητε (1 *a*, 1 *a*)
— 10. εἶπα [A -αν], Ὦ δέσποτα κύριε (1 *a*)
— 11. ἐροῦσι τῷ λαῷ τούτῳ (1 *b*)
5. 4. εἶπα, Ἴσως πτωχοί εἰσι (1 *a*)
— 12. εἶπαν, Οὐκ ἔστι ταῦτα (1 *a*)
— 19. ὅταν εἴπητε, Τίνος ἕνεκεν ἐποίησε . . . ἐρεῖς αὐτοῖς, Ἀνθ' ὧν ἐδουλεύσατε θεοῖς (1 *a*, 1 *a*)
— 24. οὐκ εἶπον [A S -αν] ἐν τῇ καρδίᾳ αὐτῶν (1 *a*)
6. 15. εἶπε κύριος (1 *a*)
— 16. εἶπαν, Οὐ πορευσόμεθα (1 *a*)
— 17. εἶπαν, Οὐκ ἀκουσόμεθα (1 *a*)
7. 10. εἴπατε, Ἀπεσχήμεθα (1 *a*)
— 27. ἐρεῖς αὐτοῖς τὸν λόγον τοῦτον (5 *a*)
— 32. οὐκ ἐροῦσιν ἔτι, Βωμὸς τοῦ Ταφέθ (1 *b*)
8. 8. πῶς ἐρεῖτε, Ὅτι σοφοί ἐσμεν ἡμεῖς (1 *a*)
9. 13 (12). εἶπε κύριος πρὸς μέ (1 *a*)
10. 11. ἐρεῖτε αὐτοῖς, Θεοὶ . . . ἀπολέσθωσαν (1 *c*)
— 19. εἶπα, Ὄντως τοῦτο τὸ τραῦμά σου (1 *a*)
11. 3. ἐρεῖς πρὸς αὐτούς (1 *a*)
— 5. ἀπεκρίθην καὶ εἶπα, Γένοιτο (1 *a*)
— 6, 9. εἶπε κύριος πρὸς μέ (1 *a*)
12. 4. εἶπαν, Οὐκ ὄψεται ὁ θεός (1 *a*)
13. 6. εἶπε κύριος πρὸς μέ (1 *a*)
— 12. ἐρεῖς πρὸς τὸν λαὸν τοῦτον . . . ἐὰν εἴπωσι πρὸς σέ (1 *a*, 1 *a*)
— 13. ἐρεῖς πρὸς αὐτούς, Τάδε λέγει κύριος (1 *a*)
— 18. εἴπατε τῷ βασιλεῖ καὶ τοῖς δυναστεύουσι (1 *a*)
— 21. τί ἐρεῖς ὅταν ἐπισκέπτωνταί σε (1 *a*)
— 22. ἐὰν εἴπῃς ἐν τῇ καρδίᾳ σου (1 *a*)
14. 10. S οὕτως εἶπεν [A B λέγει] κύριος (1 *a*)
— 11. εἶπε κύριος πρὸς μέ, Μὴ προσεύχου (1 *a*)
— 13. εἶπα, Ὁ ὢν [A *add.* δέσποτα] κύριε (1 *a*)
— 14. εἶπε κύριος πρὸς μέ (1 *a*)
— 17. ἐρεῖς πρὸς αὐτοὺς τὸν λόγον τοῦτον (1 *a*)
15. 1. εἶπε κύριος πρὸς μέ, Ἐὰν στῇ Μωσῆς (1 *a*)
— 2. ἐὰν εἴπωσι πρὸς σέ, Ποῦ ἐξελευσόμεθα; καὶ ἐρεῖς πρὸς αὐτούς (1 *a*, 1 *a*)
16. 10. καὶ εἴπωσι πρὸς σέ (1 *a*)
— 11. A R ἐρεῖς πρὸς αὐτούς [B S αὐτοῖς] (1 *a*)
— 14. οὐκ ἐροῦσιν ἔτι, Ζῇ κύριος (1 *b*)

Je. 16. 19. ἐροῦσιν, Ὡς ψευδῆ ἐκτήσαντο οἱ πατ. ἡμῶν εἴδωλα (1 *a*)
17. 20. ἐρεῖς αὐτοῖς [A πρὸς αὐτούς] (1 *a*)
● 18. 11. εἰπὸν [S¹ ἔνειπον] πρὸς ἄνδρας Ἰούδα (1 *a*)
— 12. εἶπαν, Ἀνδριούμεθα (1 *a*)
— 18. εἶπαν, Δεῦτε λογισώμεθα (1 *a*)
19. 1. εἶπε κύριος πρὸς μὲ, Βάδισον (1 *a*)
— 3. ἐρεῖς αὐτοῖς, Ἀκούσατε (1 *a*)
— 11. ἐρεῖς, Τάδε λέγει κύριος (1 *a*)
— 12. S εἶπεν [A B λέγει] κύριος (12)
— 14. εἶπε πρὸς πάντα τὸν λαόν (1 *a*)
20. 3. εἶπεν αὐτῷ Ἱερεμίας, Οὐχὶ Πασχώρ (1 *a*)
— 9. εἶπα, Οὐ μὴ ὀνομάσω τὸ ὄνομα κυρίου (1 *a*)
21. 3. εἶπε πρὸς αὐτοὺς Ἱερεμίας, Οὕτως ἐρεῖτε (1 *a*, 1 *a*)
— 8. πρὸς τὸν λαὸν τοῦτον ἐρεῖς (1 *a*)
22. 2. ἐρεῖς, Ἄκουε λόγον κυρίου (1 *a*)
— 8. ἐρεῖ [A S ἐροῦσιν] ἕκαστος πρὸς τὸν πλησίον αὐτοῦ (1 *a*)
— 9. ἐροῦσιν, Ἀνθ' ὧν ἐγκατέλιπον τὴν διαθήκην (1 *a*)
— 21. B S εἶπας, Οὐκ ἀκούσομαι (1 *a*)
23. 17. εἶπαν [A S *om.*], Οὐχ ἥξει ἐπὶ σὲ κακά (1 *a*)
— 33. ἐρεῖς αὐτοῖς, Ὑμεῖς ἐστε τὸ λῆμμα (1 *a*)
— 34. οἳ ἂν εἴπωσι, Λῆμμα κυρίου (1 *a*)
— 35. οὕτως ἐρεῖτε ἕκαστος πρὸς τὸν πλησίον αὐτοῦ (1 *a*)
— 38. εἴπατε τὸν λόγον τοῦτον . . . οὐκ ἐρεῖτε, Λῆμμα κυρίου (1 *a*, 1 *a*)
— 7. οὐκ ἐροῦσιν ἔτι, Ζῇ κύριος (1 *a*)
24. 3. εἶπε κύριος πρὸς μὲ, Τί σὺ ὁρᾷς . . . καὶ εἶπα, Σῦκα (1 *a*, 1 *a*)
26 (46). 8. εἶπεν [S -πας], Ἀναβήσομαι (1 *a*)
— 14. εἴπατε, Ἐπίστηθι (1 *a*)
27 (50). 2. εἴπατε, Ἑάλωκε Βαβυλών (1 *a*)
— 7. οἱ ἐχθροὶ αὐτῶν εἶπαν [S -ον] (1 *a*)
— 30, 40. εἶπε κύριος (12)
28 (51). 35. ἐρεῖ κατοικοῦσα Σιὼν . . . ἐρεῖ [A² ἐπὶ] Ἱερουσαλήμ (1 *a*, 1 *a*)
— 59. εἰπεῖν τῷ Σαραίᾳ -
— 61. A B S² εἶπεν Ἱερεμίας πρὸς Σαραίαν (1 *a*)
— 62. ἐρεῖς, Κύριε κύριε (1 *a*)
— 64. ἐρεῖς, Οὕτως καταδύσεται Βαβυλών (1 *a*)
29 (49). 12. τάδε εἶπε [A λέγει] κύριος (1 *a*)
— 18. εἶπε κύριος παντοκράτωρ (1 *a*)
30 (49). 1. οὕτως εἶπε κύριος (1 *a*)
— 5. εἶπε κύριος (12)
— 6 (49. 28). οὕτως εἶπε κύριος (1 *a*)
— 10 (49. 32). εἶπε κύριος (12)
31 (48). 1. οὕτως εἶπε κύριος (1 *a*)
— 8. καθὼς εἶπε κύριος (1 *a*)
— 14. πῶς ἐρεῖτε, Ἰσχυροί ἐσμεν (1 *a*)
— 17. εἴπατε, Πῶς συνετρίβη βακτηρία εὐκλεής (1 *a*)
— 19. εἰπὸν, Τί ἐγένετο (1 *a*)
— 40 : 32 (25). 15. οὕτως εἶπε κύριος (1 *a*)
32 (25). 27. ἐρεῖς αὐτοῖς, Οὕτως εἶπε κύριος (1 *a*, 1 *a*)
— 28. ἐρεῖς, Οὕτως εἶπε κύριος (1 *a*, 1 *a*)
— 30. ἐρεῖς [A *add.* αὐτοῖς], Κύριος ἀφ' ὑψηλοῦ χρηματιεῖ (1 *a*)
— 32 : 33 (26). 2. οὕτως εἶπε κύριος (1 *a*)
33 (26). 4. ἐρεῖς, Οὕτως εἶπε κύριος (1 *a*, 1 *a*)
— 11. εἶπαν οἱ ἱερεῖς καὶ οἱ ψευδοπροφῆται (1 *a*)
— 12. εἶπεν Ἱερεμίας πρὸς τοὺς ἄρχοντας (1 *a*)
— 16. εἶπαν οἱ ἄρχοντες καὶ πᾶς ὁ λαός (1 *a*)
— 17. εἶπαν πάσῃ τῇ συναγωγῇ τοῦ λαοῦ (1 *a*)
— 18. εἶπε παντὶ τῷ λαῷ Ἰούδα [A *add.* λέγων], Οὕτως εἶπε κύριος (1 *a*, 1 *a*)
34 (27). 2. οὕτως εἶπε κύριος (1 *a*)
— 4. συντάξεις αὐτοῖς πρὸς τοὺς κυρίους αὐτῶν εἰπεῖν, Οὕτως εἶπε κύριος ὁ θεὸς Ἰσραήλ, Οὕτως ἐρεῖτε (1 *a ter*)
— 8. ἐπισκέψομαι αὐτούς, εἶπε κύριος (12)
— 16, 19. οὕτως εἶπε κύριος (1 *a*)
35 (28). 1. εἶπέ μοι Ἀνανίας υἱὸς Ἀζώρ (1 *a*)
— 2. οὕτως εἶπε κύριος, Συνέτριψα τὸν ζυγόν (1 *a*)
— 5. εἶπεν Ἱερεμίας πρὸς Ἀνανίαν (1 *a*)
— 6. εἶπεν Ἱερεμίας (1 *a*)
— 11. εἶπεν Ἀνανίας . . . λέγων, Οὕτως εἶπε κύριος (1 *a*, 1 *a*)
— 13. εἰπὸν πρὸς Ἀνανίαν, λέγων, Οὕτως εἶπε κύριος (1 *a*, 1 *a*)
— 14. οὕτως εἶπε κύριος (1 *a*)
— 15. εἶπεν Ἱερεμίας τῷ Ἀνανίᾳ (1 *a*)
— 16. διὰ τοῦτο οὕτως εἶπε κύριος (1 *a*)

Je. 36 (29). 4, 8, 10. οὕτως εἶπε κύριος (1 *a*)
— 15. εἴπατε, Κατέστησεν ἡμῖν κύριος προφήτας (1 *a*)
— 21. οὕτως εἶπε κύριος ἐπὶ Ἀχιάβ (1 *a*)
— 24. πρὸς Σαμαίαν τὸν Αἰλαμίτην ἐρεῖς (1 *a*)
— 25. πρὸς Σοφ. υἱὸν Μ. τὸν ἱερέα εἰπέ [A -εῖν, S εἶπεν] (1 *a*)
— 31. εἶπε κύριος ἐπὶ Σαμαίαν τὸν Αἰλαμίτην (1 *a*)
— 32. οὕτως εἶπε κύριος (1 *a*)
37 (30). 1. ὁ λόγος ὁ γενόμενος . . . εἰπεῖν (1 *a*)
— 2. οὕτως εἶπε κύριος (1 *a*)
— 3. εἶπε κύριος [A S *add.* παντοκράτωρ] (1 *a*)
— 5. οὕτως εἶπε κύριος (1 *a*)
— 8. εἶπε κύριος (12)
— 12. οὕτως εἶπε [A λέγει] κύριος (1 *a*)
— 18. οὕτως εἶπε κύριος (1 *a*)
38 (31). 1. εἶπε κύριος (12)
— 2. οὕτως εἶπε κύριος (1 *a*)
— 7. οὕτως εἶπε κύριος τῷ Ἰακώβ, Εὐφράνθητε . . . εἴπατε, Ἔσωσε κύριος τὸν λαὸν αὐτοῦ (1 *a*, 1 *a*)
— 10. εἴπατε, Ὁ λικμήσας τὸν Ἰσραὴλ συνάξει αὐτόν (1 *a*)
— 15, 16. οὕτως εἶπε κύριος (1 *a*)
— 23. οὕτως εἶπε κύριος, Ἔτι ἐροῦσι τὸν λόγον τοῦτον (1 *a*, 1 *a*)
— 29. οὐ μὴ εἴπωσιν, Οἱ πατέρες ἔφαγον ὄμφακα (1 *a*)
— 35. οὕτως εἶπε κύριος ὁ δοὺς τὸν ἥλιον (1 *a*)
39 (32). 3. οὕτως εἶπε κύριος (1 *a*)
— 8. εἶπε [A S *add.* μοι], Κτῆσαι σεαυτῷ τὸν ἀγρόν μου (1 *a*)
— 14. οὕτως εἶπε κύριος παντοκράτωρ (1 *a*)
— 15. οὕτως εἶπε κύριος (1 *a*)
— 28, 36. οὕτως εἶπε κύριος ὁ θεὸς Ἰσραήλ (1 *a*)
— 42. οὕτως εἶπε κύριος (1 *a*)
40 (33). 2. οὕτως εἶπε κύριος ποιῶν γῆν (1 *a*)
— 4. οὕτως εἶπε κύριος [A S *add.* ὁ θεὸς Ἰσραὴλ] περὶ οἴκων (1 *a*)
— 10. οὕτως εἶπε κύριος, Ἔτι ἀκουσθήσεται (1 *a*)
— 11. εἶπε κύριος (1 *a*)
— 12. οὕτως εἶπε κύριος τῶν δυνάμεων (1 *a*)
— 13. εἶπε κύριος (1 *a*)
41 (34). 2. οὕτως εἶπε κύριος, Βάδισον πρὸς Σεδεκίαν . . . καὶ ἐρεῖς αὐτῷ, Οὕτως εἶπε κύριος (1 *a ter*)
— 5. λόγον ἐγὼ ἐλάλησα, εἶπε κύριος (12)
— 13, 17. οὕτως εἶπε κύριος (1 *a*)
42 (35). 5. εἶπα, Πίετε οἶνον (1 *a*)
— 6. εἶπαν, Οὐ μὴ πίωμεν οἶνον (1 *a*)
— 6. A ἐνετείλατο ἡμῖν εἴπας [B S λέγων] (1 *a*)
— 11. εἴπαμεν εἰσελθεῖν [A S *al.*] (1 *a*)
— 13. εἰπὸν ἀνθρώπῳ Ἰούδα (1 *a*)
— 17, 18 (19) (B S). οὕτως εἶπε κύριος (1 *a*)
43 (36). 15. εἶπαν αὐτῷ, Πάλιν ἀνάγνωθι (1 *a*)
— 16. εἶπαν, Ἀναγγέλλοντες ἀναγγείλωμεν (1 *a*)
— 18. εἶπε Βαρούχ, Ἀπὸ στόματος αὐτοῦ ἀνήγγειλε (1 *a*)
— 19. εἶπαν τῷ [A οἱ ἄρχοντες πρὸς] Βαρούχ, Βάδισον (1 *a*)
— 29. ἐρεῖς, Οὕτως εἶπε κύριος (1 *a*, 1 *a*)
— 30. οὕτως εἶπε κύριος ἐπὶ Ἰωακείμ (1 *a*)
44 (37). 7. οὕτως εἶπε κύριος, Οὕτως ἐρεῖς πρὸς βασιλέα (1 *a*, 1 *a*)
— 9. οὕτως εἶπε κύριος, Μὴ ὑπολάβητε (1 *a*)
— 14. εἶπε, Ψεῦδος (1 *a*)
— 17. ἠρώτα αὐτὸν ὁ βασιλεὺς κρυφαίως εἰπεῖν [A S *om.*] . . . καὶ εἶπεν [A *add.* αὐτῷ], Ἔστιν (1 *a*, 1 *a*)
— 18. εἶπεν Ἱερεμίας τῷ βασιλεῖ (1 *a*)
45 (38). 2, 3. οὕτως εἶπε κύριος (1 *a*)
— 4. εἶπαν [S¹ -εν] τῷ βασιλεῖ, Ἀναιρεθήτω (1 *a*)
— 5. εἶπεν ὁ βασιλεύς (1 *a*)
— 8. ἐλάλησε πρὸς τὸν βασιλέα καὶ εἶπεν (1 *a*)
— 12. εἶπε, Ταῦτα θὲς ὑποκάτω τῶν σχοινίων (1 *a*)
— 14. εἶπεν αὐτῷ ὁ βασιλεύς (1 *a*)
— 15. εἶπεν Ἱερεμίας τῷ βασιλεῖ (1 *a*)
— 17. εἶπεν αὐτῷ Ἱερεμίας, Οὕτως εἶπε κύριος (1 *a*, 1 *a*)
— 19. εἶπεν ὁ βασιλεὺς τῷ Ἱερεμίᾳ (1 *a*)
— 20. εἶπεν Ἱερεμίας, Οὐ μὴ παραδῶσί σε (1 *a*)
— 24. εἶπεν αὐτῷ ὁ βασιλεύς (1 *a*)
— 25. ἔλθωσι πρὸς σὲ καὶ εἴπωσί σοι (1 *a*)
— 26. ἐρεῖς αὐτοῖς, Ῥίπτω ἐγὼ τὸ ἔλεός μου (1 *a*)
46 (39). 16. εἰπὸν πρὸς Ἀβδεμέλεχ τὸν Αἰθίοπα, Οὕτως εἶπε κύριος (1 *a*, 1 *a*)

● = correction on page xxv

Je. 47 (40). 2. εἶπεν αὐτῷ, Κύριος ὁ θεός σου ἐλάλησε τὰ κακά (1 a)
— 14. εἶπαν αὐτῷ, Εἰ γνώσει γινώσκεις (1 a)
— 15. Ἰωάναν εἶπεν τῷ Γοδολίᾳ κρυφαίως (1 a)
— 16. εἶπε Γοδολίας πρὸς Ἰωάναν (1 a)
48 (41). 6. εἶπεν αὐτοῖς [S *om.*], Εἰσέλθετε (1 a)
— 8. εἶπαν τῷ Ἰσμαήλ, Μὴ ἀνέλῃς ἡμᾶς (1 a)
49 (42). 2. εἶπαν αὐτῷ, Πεσέτω δὴ τὸ ἔλεος ἡμῶν (1 a)
— 4. εἶπεν αὐτοῖς Ἰερεμίας, Ἤκουσα (1 a)
— 5. αὐτοὶ εἶπαν τῷ Ἰερεμίᾳ (1 a)
— 9. εἶπεν αὐτοῖς, Οὕτως εἶπε κύριος (1 a, 1 a)
— 15 (A B S^2), 18. οὕτως εἶπε κύριος (1 a)
50 (43). 1. S^3 οὓς ἀπέστειλεν αὐτὸν . . . εἰπεῖν [A B S^1 *om.*] π. τοὺς λόγους τ. –
— 2. A S^2 R εἶπεν Ἀζαρίας . . . καὶ πάντες οἱ ἄνδρες οἱ εἰπόντες [B S^1 -παν.] τῷ Ἰ. (1 a, 1 a)
— 2. A οὐκ ἀπέστειλέ σε κύριος πρὸς ἡμᾶς εἰπεῖν [B S λέγων] (1 a)
— 10. ἐρεῖς, Οὕτως εἶπε κύριος (1 a, 1 a)
51 (44). 2. οὕτως εἶπε κύριος (1 a)
— 7. οὕτως εἶπε κύριος παντοκράτωρ (1 a)
— 11. οὕτως εἶπε κύριος (1 a)
— 20. εἶπεν Ἰερεμίας παντὶ τῷ λαῷ (1 a)
— 24. εἶπεν Ἰερεμίας τῷ λαῷ (1 a)
— 25. οὕτως εἶπε κύριος (1 a)
— 26. εἶπε [A λέγει] κύριος, ἐὰν γένηται ἔτι ὄνομά μου ἐν τῷ στόματι παντὸς Ἰούδα εἰπεῖν [A^1 *om.* Ἰ. εἰ.] (1 a, 1 a)
— 30. οὕτως εἶπε κύριος (1 a)
51. 32 (45. 2). οὕτως εἶπε κύριος ἐπὶ σοί (1 a)
— 32 (45. 3). ὅτι εἶπας, Οἴμοι (1 a)
— 34 (45. 4). εἰπὸν αὐτῷ, Οὕτως εἶπε κύριος [S *al.*] (1 a, 1 a)
Ba. 1. 10. εἶπαν, Ἰδοὺ ἀπεστείλαμεν πρὸς ὑμᾶς ἀργύριον
— 15. ἐρεῖτε, Τῷ κυρίῳ θεῷ ἡμῶν ἡ δικαιοσύνη
2. 21. οὕτως εἶπε κύριος
3. 34. εἶπον, Πάρεσμεν
4. 9. εἶπεν, Ἀκούσατε αἱ πάροικοι Σιών
La. 1. *tit.* ἐθρήνησε τὸν θρῆνον τοῦτον ἐπὶ Ἰερουσαλὴμ καὶ εἶπε –
2. 12. ταῖς μητράσιν αὐτῶν εἶπαν (1 a)
— 15. αὕτη ἡ πόλις, [A *add.* ἦν] ἐροῦσι, στέφανος (1 a)
— 16. εἶπαν, Κατεπίομεν αὐτήν (1 a)
3. 24. R εἶπεν ἡ ψυχή μου (1 a)
— 36. κύριος οὐκ εἶπε (22)
— 37. τίς [A κύριος] οὕτως εἶπε (1 a)
— 54. εἶπα, Ἀπῶσμαι (1 a)
— 57. B εἶπάς μοι, Μὴ φοβοῦ (1 a)
4. 15. εἴπατε ἐν τοῖς ἔθνεσιν (1 a)
— 20. οὗ [A οἱ] εἴπαμεν, Ἐν τῇ σκιᾷ αὐτοῦ ζησόμεθα (1 a)
Ep. Je. 6. B εἴπατε δὲ τῇ διανοίᾳ
Ez. 2. 1, 3. εἶπε πρὸς μέ (1 a)
— 4. ἐρεῖς πρὸς αὐτούς (1 a)
3. 1, 3, 4, 10. εἶπε πρὸς μέ (1 a)
— 11. ἐρεῖς πρὸς αὐτούς (1 a)
— 22. εἶπε πρὸς μέ, Ἀνάστηθι (1 a)
— 24. εἶπέ μοι, Εἴσελθε (1 a)
— 27. ἐρεῖς πρὸς αὐτούς, Τάδε λέγει κύριος (1 a)
4. 13. ἐρεῖς, Τάδε λέγει κύριος (1 a?)
— 14. εἶπα, Μηδαμῶς (1 a)
— 15, 16. εἶπε [A *add.* κύριος] πρὸς μέ (1 a)
5. 4. ἐρεῖς παντὶ οἴκῳ Ἰσραήλ –
— 6. ἐρεῖς τὰ δικαιώματά μου τῇ ἀνόμῳ †
6. 3. ἐρεῖς, Τὰ ὄρη Ἰσραήλ, ἀκούσατε (1 a)
— 11. εἰπόν, Εὖγε εὖγε (1 a)
7. 2. εἰπόν, Τάδε λέγει κύριος –
8. 5, 6, 8, 9, 12. εἶπε πρὸς μέ (1 a)
— 12. διότι εἶπαν (1 a)
— 13, 15, 17. εἶπε πρὸς μέ (1 a)
9. 4. εἶπε πρὸς αὐτόν, Δίελθε (1 a)
— 5. τούτοις εἶπεν ἀκούοντός μου (1 a)
— 7. εἶπε πρὸς αὐτούς (1 a)
— 8. ἀνεβόησα καὶ εἶπα (1 a)
— 9. εἶπε πρὸς μὲ . . . ὅτι εἶπαν (1 a, 1 a)
— 10. A ἐγὼ εἶπα, Ἐγὼ εἰμι –
10. 2. εἶπε πρὸς τὸν ἄνδρα . . . Εἴσελθε (1 a)
11. 2. εἶπε κύριος πρὸς μέ (1 a)
— 5. εἶπε πρὸς μέ, Λέγε, Τάδε λέγει κύριος, Οὕτως εἴπατε (1 a, 1 a)
— 13. εἶπα, Οἴμοι (1 a)
— 15. οἷς εἶπαν αὐτοῖς οἱ κατοικοῦντες Ἰερ. (1 a)

Ez. 11. 16. διὰ τοῦτο εἰπόν (1 a)
— 17. διὰ τοῦτο εἰπόν [A *om.*] (1 a)
12. 9. οὐκ εἶπαν πρὸς σὲ ὁ οἶκος τοῦ Ἰσραήλ (1 a)
— 10. A εἰπὸν πρὸς αὐτοὺς . . . εἰπὸν τῷ ἄρχοντι [B *al.*] (1 a, –)
— 11. εἰπόν, Ὅτι ἐγὼ τέρατα ποιῶ (1 a)
— 19. ἐρεῖς πρὸς τὸν λαὸν τῆς γῆς (1 a)
— 23. εἰπὸν πρὸς αὐτοὺς . . . οὐκέτι μὴ εἴπωσι τὴν παραβολὴν ταύτην (1 a, 11 b)
— 28. εἰπὸν πρὸς αὐτούς (1 a)
13. 2. A ἐρεῖς τοῖς προφήταις (1 a)
— 2. ἐρεῖς πρὸς αὐτούς –
— 7. μαντείας ματαίας εἰρήκατε (1 a)
— 8. διὰ τοῦτο εἰπόν –
— 11. εἰπὸν πρὸς τοὺς ἀλείφοντας (1 a)
— 12. οὐκ [A *om.*] ἐροῦσι πρὸς ὑμᾶς (1 b)
— 15. εἶπα πρὸς ὑμᾶς (1 a)
— 18. ἐρεῖς [A^1 *add.* πρὸς αὐτάς] (1 a)
14. 4. ἐρεῖς πρὸς αὐτούς (1 a)
— 6. εἰπὸν εἰς [A πρὸς] τὸν οἶκον τοῦ Ἰσραήλ (1 a)
— 17. εἴπω, Ῥομφαία διελθάτω (1 a)
15. 6. διὰ τοῦτο εἰπόν –
16. 3. ἐρεῖς, Τάδε λέγει κύριος (1 a)
— 6. καὶ εἶπά σοι (1 a)
— 44. ὅσα εἶπαν κατὰ σοῦ ἐν παραβολῇ (11 a)
17. 2. εἰπὸν παραβολὴν πρὸς τὸν οἶκον τοῦ Ἰσραήλ (11 a)
— 3. ἐρεῖς, Τάδε λέγει κύριος (1 a)
— 9. εἰπόν, Τάδε λέγει κύριος (1 a)
— 12. εἰπὸν δὴ πρὸς τὸν οἶκον (1 a)
— 12. οὐκ ἐπίστασθε τί ἦν ταῦτα; εἰπόν [A τί ἐστιν τ. ἃ εἶπον] (1 a)
— 19. εἰπόν, Τάδε λέγει κύριος –
— 22. A διὰ τοῦτο εἰπὸν [B διότι], Τάδε λέγει κύριος –
18. 19. καὶ ἐρεῖτε (1 a)
— 25. εἴπατε, Οὐ κατευθύνει [A κατορθοῖ] ἡ ὁδὸς κ. (1 a)
19. 2. ἐρεῖς, Τί ἡ μήτηρ σου σκύμνος (1 a)
20. 3, 5. ἐρεῖς πρὸς αὐτούς (1 a)
— 7. εἶπα πρὸς αὐτούς (1 a)
— 8. εἶπα [A -πον] τοῦ ἐκχέαι τὸν θυμόν μου (1 a)
— 13. εἶπα πρὸς τὸν οἶκον τοῦ Ἰσραήλ †
— 13. εἶπα τοῦ ἐκχέαι τὸν θυμόν μου ἐπ' αὐτούς (1 a)
— 18. εἶπα πρὸς τὰ τέκνα αὐτῶν ἐν τῇ ἐρήμῳ (1 a)
— 21. εἶπα τοῦ ἐκχέαι τὸν θυμόν μου (1 a)
— 27. ἐρεῖς πρὸς αὐτούς (1 a)
— 29. εἶπον [A -πα] πρὸς αὐτούς (1 a)
— 30. εἰπὸν πρὸς τὸν οἶκον τοῦ Ἰσραήλ (1 a)
— 47 (21. 3). ἐρεῖς τῷ δρυμῷ ναγέβ (1 a)
— 49 (21. 5). εἶπα, Μηδαμῶς (1 a)
21. 3 (8). ἐρεῖς πρὸς τὴν γῆν τοῦ Ἰσραήλ (1 a)
— 7 (12). ἐὰν εἴπωσι πρὸς σὲ . . . καὶ ἐρεῖς (1 a, 1 a)
— 9 (14). ἐρεῖς, Τάδε λέγει κύριος, Εἰπόν (1 a, 1 a)
— 28 (33). προφήτευσον καὶ ἐρεῖς . . . καὶ ἐρεῖς (1 a, 1 a)
22. 3. καὶ ἐρεῖς (1 a)
— 19. διὰ τοῦτο εἰπόν –
— 24. εἰπὸν αὐτῇ (1 a)
23. 36. εἶπε κύριος πρὸς μέ (1 a)
— 43. εἶπα [A -ας], Οὐκ ἐν τούτοις μοιχεύουσι (1 a)
24. 3. εἰπὸν ἐπὶ τὸν οἶκον τὸν παραπικραίνοντα παραβολὴν καὶ ἐρεῖς πρὸς αὐτούς (11 a, 1 a)
— 19. εἶπε πρὸς μὲ ὁ λαός (1 a)
— 20. εἶπα πρὸς αὐτούς (1 a)
— 21. εἰπὸν πρὸς τὸν οἶκον τοῦ Ἰσραήλ (1 a)
— 27. A ἐρεῖς, Οὐ μὴ ἀποκωφωθῇς οὐκέτι [B *al.*] (5 a)
25. 3. ἐρεῖς τοῖς υἱοῖς Ἀμμών, Ἀκούσατε (1 a)
— 8. εἶπε Μωὰβ [A *add.* καὶ Σηείρ], Ἰδού (1 a)
26. 2. εἶπε Σὸρ ἐπὶ Ἰερουσαλήμ (1 a)
— 17. καὶ ἐροῦσί σοι (1 a)
27. 3. ἐρεῖς τῇ Σὸρ . . . Σὺ εἶπας (1 a, 1 a)
28. 2. εἰπὸν τῷ ἄρχοντι Τύρου . . . καὶ εἶπας, Θεός εἰμι (1 a, 1 a)
— 9. μὴ λέγων ἐρεῖς, Θεός εἰμι ἐγώ (1 a)
— 12. εἰπὸν αὐτῷ, Τάδε λέγει κύριος (1 a)
— 22. καὶ εἰπόν (1 a)
29. 3. εἰπόν, Τάδε λέγει κύριος (1 a)
30. 2. προφήτευσον καὶ εἰπόν (1 a)
31. 2. εἰπὸν πρὸς Φαραώ (1 a)
32. 2. εἰπὸν αὐτῷ, Λέοντι ἐθνῶν ὡμοιώθης (1 a)
— 19 (21). ἐροῦσί σοι οἱ γίγαντες (5 a)
33. 2. ἐρεῖς πρὸς αὐτούς (1 a)
● — 8. ἐν τῷ εἰπεῖν με τῷ ἁμαρτωλῷ [A ἀνόμῳ] (1 a)

Ez. 33. 10. εἰπὸν τῷ οἴκῳ Ἰσραήλ (1 a)
— 11. εἰπὸν αὐτοῖς, Ζῶ ἐγώ (1 a)
— 12. εἰπὸν πρὸς τοὺς υἱοὺς τοῦ λαοῦ σου (1 a)
● — 13. ἐν τῷ εἰπεῖν με τῷ δικαίῳ (1 a)
● — 14. ἐν τῷ εἰπεῖν με τῷ ἀσεβεῖ (1 a)
— 17. ἐροῦσιν οἱ υἱοὶ τοῦ λαοῦ σου (1 a)
— 20. τοῦτό ἐστιν ὃ εἴπατε (1 a)
— 25. A εἰπὲ πρὸς αὐτούς, Οὕτως εἶπεν Ἀδωναὶ κύριος (1 a, 1 a)
— 27. διὰ τοῦτο εἰπὸν αὐτοῖς (1 a)
— 33. ἡνίκα ἐὰν ἔλθῃ ἐροῦσιν –
34. 2. εἰπὸν τοῖς ποιμέσι [A αὐτοῖς] (1 a)
35. 3. εἰπὸν αὐτῷ [B^1 *om.*] (1 a)
— 10. διὰ τὸ εἰπεῖν σε [A διότι εἶπας] (1 a)
— 12. ὅτι εἶπας (1 a)
36. 1. εἰπὸν τοῖς ὄρεσι τοῦ Ἰσραήλ (1 a)
— 2. ἀνθ' οὗ εἶπεν ὁ ἐχθρὸς ἐφ' ὑμᾶς (1 a)
— 3. προφήτευσον καὶ εἰπόν (1 a)
— 6. εἰπὸν τοῖς ὄρεσι (1 a)
— 13. ἀνθ' ὧν εἶπάν σοι (1 a)
— 22. εἰπὸν τῷ οἴκῳ Ἰσραήλ (1 a)
— 35. καὶ ἐροῦσιν (1 a)
37. 3. εἶπε πρὸς μὲ . . . καὶ εἶπα (1 a, 1 a)
— 4. εἶπε πρὸς μὲ . . . καὶ ἐρεῖς αὐτοῖς (1 a, 1 a)
— 9. εἶπε πρὸς μὲ . . . εἰπὸν τῷ πνεύματι (1 a, 1 a)
— 12. καὶ εἰπόν [A *add.* πρὸς αὐτούς] (1 a)
— 19. ἐρεῖς πρὸς αὐτούς (5 a)
— 21. καὶ ἐρεῖς αὐτοῖς (5 a)
38. 3. καὶ εἰπὸν αὐτῷ (1 a)
— 11. ἐρεῖς, Ἀναβήσομαι (1 a)
— 13. πᾶσαι αἱ κῶμαι αὐτῶν ἐροῦσί σοι (1 a)
— 14. εἰπὸν τῷ Γώγ (1 a)
39. 1. εἰπόν, Τάδε λέγει κύριος (1 a)
— 17. εἰπόν, Τάδε λέγει κύριος, Εἰπὸν παντὶ ὀρνέῳ (–, 1 a)
40. 4. εἶπε πρὸς μὲ ὁ ἀνήρ (5 a)
— 45. καὶ εἶπε πρὸς μέ (5 a)
41. 4. εἶπε [A *add.* πρὸς μὲ], Τοῦτο τὸ ἅγιον (1 a)
— 22. καὶ εἶπε πρὸς μέ (5 a)
42. 13 : 43. 7, 18. καὶ εἶπε πρὸς μέ (1 a)
44. 2, 5. εἶπε κύριος πρὸς μέ (1 a)
— 6. ἐρεῖς πρὸς τὸν οἶκον τὸν παραπικραίνοντα (1 a)
46. 20, 24 : 47. 6, 8. εἶπε πρὸς μέ (1 a)
Da. LXX. Su. 19. καὶ εἶπεν εἷς τῷ ἑτέρῳ
— 22. εἶπεν αὐτοῖς ἡ Ἰουδαία
— 29. καὶ ἀναστάντες . . . εἶπαν
— 36. οἱ δὲ δύο πρεσβύτεροι εἶπαν
— 48. στὰς ἐν μέσῳ αὐτῶν εἶπεν
— 51. εἶπε Δ. τῇ συναγωγῇ
— 52. εἶπεν αὐτῷ Δανιήλ
— 54. εἶπεν ὁ ἀσεβής
— 55. εἶπε δὲ ὁ νεώτερος
— 56. εἶπε προσαγαγεῖν αὐτῷ τὸν ἕτερον
— 56. καὶ τούτῳ δὲ εἶπεν
— 58. ὁ δὲ εἶπεν
— 59. καὶ εἶπεν Δανιήλ
1. 3. καὶ εἶπεν ὁ βασιλεὺς Ἀβιεσδρί (1 a)
— 10. καὶ εἶπεν ὁ ἀρχιευνοῦχος τῷ Δ. (1 a)
— 11. καὶ εἶπεν Δανιὴλ Ἀβιεσδρί (1 a)
2. 3. καὶ εἶπεν αὐτοῖς ὁ βασιλεύς (1 a)
— 5. εἶπε τοῖς Χαλδαίοις (1 c)
— 7. τὸ ὅραμα εἰπόν (1 c)
— 8. καὶ εἶπεν αὐτοῖς ὁ βασιλεύς (16 b)
— 9. ἐὰν τὸ ῥῆμα εἴπητέ μοι (1 c)
— 10. οὐδεὶς . . . δυνήσεται εἰπεῖν τῷ βασ. (27)
— 14. Δ. εἶπε βουλήν (25)
— 20. καὶ ἐκφωνήσας εἶπεν (1 c)
— 24. εἰσελθὼν δὲ Δ. . . . εἶπεν αὐτῷ (1 c)
— 25. καὶ εἶπεν αὐτῷ (1 c)
— 26. εἶπε τῷ Δ. (1 c)
— 27. ἐπὶ τοῦ βασιλέως εἶπε (1 c)
— 36. καὶ τὴν κρίσιν δὲ ἐροῦμεν (1 c)
— 47. πρὸς τὸν Δ. εἶπεν (1 c)
3. 9. ὑπολαβόντες εἶπον Ναβ. τῷ βασιλεῖ (1 c)
— 14. εἶπεν αὐτοῖς (1 c)
— 16. εἶπαν τῷ βασιλεῖ Ναβ. (1 c)
— (25). καὶ εἶπαν
— 24 (91). καὶ εἶπεν τοῖς φίλοις αὐτοῦ (16 b *et* 1 c)
— 24 (91). καὶ εἶπον τῷ βασιλεῖ (16 b *et* 1 c)
— 25 (92). καὶ εἶπεν ὁ βασιλεύς (16 b *et* 1 c)
— 28 (95). ὑπολαβὼν δὲ Ναβ. . . . εἶπεν (1 c)
4. 1. Ναβουχοδονόσορ εἶπεν –
— 11. καὶ εἶπεν αὐτῷ (1 c)
— 12. καὶ οὕτως εἶπε –
— 20. καὶ ὅτι εἶπεν (1 c)

● = correction on page xxv

Da. LXX. 4. 27. καὶ ἀποκριθεὶς εἶπεν (1 c)
5. 2. καὶ εἶπεν ἐνέγκαι τὰ σκεύη (1 c)
— 12 (10). καὶ εἶπε τῷ βασιλεῖ (16 b et 1 c)
— 13. καὶ ἀποκριθεὶς ὁ βασιλεὺς εἶπεν αὐτῷ (1 c)
6. 5 (6). καὶ εἶπαν –
— 6 (7). καὶ εἶπαν ἐναντίον τοῦ βασιλέως (1 c)
— 12 (13). καὶ εἶπαν (1 c)
— 12 (13). ἀποκριθεὶς δὲ ὁ βασιλεὺς εἶπεν αὐτοῖς (1 c)
— 12 (13). καὶ εἶπον αὐτῷ –
— 12 (13). ἵνα μὴ ἐλαττώσῃς τι τῶν εἰρημένων –
— 12 (13). καὶ εἶπεν –
— 13 (14). καὶ εἶπον (16 b et 1 c)
— 14 (17). εἶπεν ῥιφῆναι τὸν Δ. (1 c ?)
— 16 (17). εἶπε τῷ Δ. (1 c)
— 16 (17). εἶπε ῥιφῆναι τὸν Δ. (1 c ?)
— 21 (22). καὶ εἶπεν (9)
7. 5. καὶ οὕτως εἶπεν (1 c)
— 23. ἐρρέθη μοι περὶ τοῦ θηρίου τοῦ τετάρτου (1 c)
8. 13. καὶ εἶπεν ὁ ἕτερος ἅγιος τῷ φελμουνί (1 a)
— 14. καὶ εἶπεν αὐτῷ (1 a)
— 16. καὶ εἶπεν (1 a)
— 16. καὶ ἀναβοήσας εἶπεν ὁ ἄνθρωπος –
— 17, 19. καὶ εἶπέν μοι (1 a)
9. 4. καὶ εἶπα (1 a)
— 22. καὶ εἶπεν (1 a)
10. 11. καὶ εἶπέν μοι (1 a)
— 12. καὶ εἶπεν πρὸς μέ (1 a)
— 14. καὶ εἶπέν μοι –
— 16. καὶ εἶπα τῷ ἑστηκότι ἀπέναντί μου (1 a)
— 19. καὶ εἶπέν μοι (1 a)
— 19. καὶ εἶπα (1 a)
— 20. καὶ εἶπεν πρὸς μέ (1 a)
11. 1. εἶπέν μοι †
12. 6. καὶ εἶπα τῷ ἑνί (1 a)
— 6. ὧν εἴρηκάς μοι τῶν θαυμαστῶν –
— 8. καὶ εἶπα (1 a)
— 9. καὶ εἶπέ μοι (1 a)
Bel 3. καὶ εἶπεν ὁ βασιλεὺς τῷ Δ.
— 4. καὶ εἶπε Δ. πρὸς τὸν βασιλέα
— 5. εἶπεν δὲ ὁ βασιλεὺς αὐτῷ
— 6. καὶ εἶπεν αὐτῷ Δ.
— 7. καὶ εἶπεν αὐτοῖς
— 8. οἱ δὲ εἶπαν
— 8. εἶπε δὲ Δ. πρὸς τὸν βασιλέα
— 11, 15. καὶ εἶπε Δανιήλ
— 17. καὶ εἶπε πρὸς τὸν Δ.
— 18. καὶ εἶπε τῷ βασιλεῖ
— 18. καὶ εἶπε Δανιήλ
— 19. καὶ εἶπεν ὁ βασιλεύς
— 23. καὶ εἶπεν ὁ βασιλεὺς τῷ Δ., Μὴ καὶ τοῦτον ἐρεῖς
— 25. καὶ εἶπεν Δ.
— 25. καὶ εἶπεν αὐτῷ
— 27. καὶ εἶπαν
— 29. καὶ εἶπεν
— 34. καὶ εἶπεν Ἀμβ.
— 36. καὶ εἶπεν Ἀμβ. πρὸς Δ.
— 37. καὶ εἶπεν Δανιήλ
— 40. ἀναβοήσας εἶπεν ὁ βασιλεύς
Da. TH. Su. 13. καὶ εἶπαν [A -εν] ἕτερος τῷ ἑτέρῳ
— 17. καὶ εἶπε τοῖς κορασίοις
— 18. καθὼς εἶπε
— 19. καὶ εἶπον
— 22. καὶ εἶπε
— 27. ἡνίκα δὲ εἶπαν οἱ πρεσβῦται·
— 27. A B^{1} οὐκ ἐρρέθη [B^{2} R -ήθη] λόγος τοιοῦτος
— 29. καὶ εἶπαν ἔμπροσθεν τοῦ λαοῦ
— 36. εἶπαν δὲ οἱ πρεσβῦται
— 42. καὶ εἶπεν
— 47. καὶ εἶπαν
— 48. ὁ δὲ στὰς ἐν μέσῳ αὐτῶν εἶπεν
— 50. καὶ εἶπαν αὐτῷ οἱ πρεσβύτεροι
— 51. καὶ εἶπε πρὸς αὐτοὺς Δανιήλ
— 52. καὶ εἶπε πρὸς αὐτόν
— 54. εἰπὸν ὑπὸ τί δένδρον
— 54. ὁ δὲ εἶπεν
— 55. εἶπε δὲ Δανιήλ
— 56. καὶ εἶπεν αὐτῷ
— 58. ὁ δὲ εἶπεν
— 59. εἶπε δὲ αὐτῷ Δανιήλ
1. 3. καὶ εἶπεν ὁ βασιλεὺς τῷ Ἀ. (1 a)
— 10. καὶ εἶπεν ὁ ἀρχιευνοῦχος τῷ Δ. (1 a)
— 11. καὶ εἶπε Δαν. πρὸς Ἀμ. (1 a)
— 18. ὧν εἶπεν ὁ βασιλεὺς εἰσαγαγεῖν αὐτούς (1 a)

Da. TH. 2. 2. καὶ εἶπεν ὁ βασ. καλέσαι (1 a)
— 3. καὶ εἶπεν αὐτοῖς ὁ βασιλεύς (1 a)
— 4. A καὶ εἶπον [B ἐλάλησαν] οἱ Χαλδαῖοι τῷ βασιλεῖ . . . εἰπὸν τὸ ἐνύπνιον (5 a, 1 c)
— 5. A ἀπεκρίθη . . . καὶ εἶπε [B om. καὶ εἶ.] τοῖς Χαλ. (1 c)
— 7. καὶ εἶπαν [B^{2} εἶ. αὐτῷ] (1 c)
— 7. ὁ βασ. εἰπάτω τὸ ἐνύπνιον τοῖς παισὶν αὐ. (1 c)
— 8. καὶ εἶπεν (1 c)
— 9. συνέθεσθε εἰπεῖν ἐνώπιόν μου (1 c)
— 9. τὸ ἐνύπνιόν μου εἴπατέ μοι (1 c)
— 12. ὁ βασιλεὺς . . . εἶπεν ἀπολέσαι (1 c)
— 20. καὶ εἶπεν (1 c)
— 24, 25. καὶ εἶπεν αὐτῷ (1 c)
— 26. καὶ εἶπε τῷ Δ. (1 c)
— 27. A R καὶ εἶπε [B λέγει] (1 c)
— 36. τὴν σύγκρισιν αὐτοῦ ἐροῦμεν (1 c)
— 46. εὐωδίας εἶπε σπεῖσαι αὐτῷ (1 c)
— 47. εἶπε τῷ Δ. (1 c)
3. 9. A ὑποβαλόντες εἶπον Ναβ. [B al.] (1 c)
— 13. εἶπεν ἀγαγεῖν τὸν Σ. (1 c)
— 14. καὶ εἶπεν αὐτοῖς (1 c)
— 19. εἶπεν ἐκκαῦσαι τὴν κάμινον (1 c)
— 20. ἄνδρας ἰσχυροὺς ἰσχύϊ εἶπε (1 c)
— (24). καὶ ἀνοίξας . . . εἶπεν (1 c)
— 24 (91). καὶ εἶπε τοῖς μεγιστᾶσιν αὐτοῦ (16 b et 1 c)
— 24 (91). καὶ εἶπαν τῷ βασιλεῖ (16 b et 1 c)
— 25 (92). A B^{2} R καὶ εἶπεν ὁ βασιλεύς (16 b et 1 c)
— 26 (93). καὶ εἶπεν (16 b et 1 c)
— 28 (95). καὶ εἶπεν (1 c)
— 29 (96). ἢ ἐὰν εἴπῃ βλασφημίαν (1 c)
4. 4. τὸ ἐνύπνιον εἶπα ἐγὼ ἐνώπιον αὐτῶν (1 c)
— 5. ᾧ εἶπα [A al.] (1 c)
— 6. τὴν σύγκρισιν αὐτοῦ εἰπόν μοι (1 c)
— 11. καὶ οὕτως εἶπεν (1 c)
— 15. τὸ σύγκριμα εἰπόν (1 c)
— 16 (A), 16, 20. καὶ εἶπεν (1 c)
— 23. ὅτι εἶπαν [A -εν] (1 c)
— 27. καὶ εἶπεν (1 c)
— 32. καὶ ἐρεῖ αὐτῷ (1 c)
5. 2. καὶ πίνων Βαλτ. εἶπεν (1 c)
— 7. καὶ εἶπε τοῖς σοφοῖς B. (16 b et 1 c)
— 10. καὶ [A ἀπεκρίθη ἡ βασ. κ.] εἶπε (16 b et 1 c [1 c])
— 13. καὶ εἶπεν ὁ βασιλεὺς τῷ Δ. (16 b et 1 c)
— 17. καὶ εἶπε [A τότε ἀπεκρίθη] Δ. (16 b et 1 c)
— 29. καὶ εἶπε Βαλτάσαρ (1 c)
6. 5 (6). καὶ εἶπον οἱ τακτικοί (1 c)
— 6 (7). καὶ εἶπαν αὐτῷ (1 c)
— 12 (13). καὶ εἶπεν ὁ βασιλεύς (1 c)
— 16 (17). τότε ὁ βασιλεὺς εἶπε (1 c)
— 16 (17). καὶ εἶπεν ὁ βασιλεὺς τῷ Δ. (16 b et 1 c)
— 21 (22). καὶ εἶπε Δ. τῷ βασιλεῖ (9)
— 23 (24). τὸν Δ. εἶπεν ἀνενέγκαι ἐκ τοῦ λάκκου (1 c)
— 24 (25). καὶ εἶπεν ὁ βασιλεύς (1 c)
7. 16. καὶ εἶπέ μοι τὴν ἀκρίβειαν (1 c)
— 23. καὶ εἶπε (1 c)
8. 13. καὶ εἶπεν εἷς ἅγιος τῷ φ. (1 a)
— 14. καὶ εἶπεν αὐτῷ (1 a)
— 16. καὶ εἶπε (1 a)
— 17. καὶ εἶπε πρὸς μέ (1 a)
— 19. καὶ εἶπεν [A εἶ. μοι] (1 a)
— 26. καὶ τῆς πρωΐας τῆς ῥηθείσης (1 b)
9. 4. καὶ εἶπα (1 a)
— 22. καὶ εἶπε (1 a)
10. 11, 12. καὶ εἶπε πρὸς μέ (1 a)
— 16. καὶ εἶπα πρὸς τὸν ἑστῶτα ἐναντίον μου (1 a)
— 19. καὶ εἶπέ μοι (1 a)
— 19. καὶ εἶπα (1 a)
— 20. καὶ εἶπεν [A εἶ. μοι] (1 a)
12. 6. καὶ εἶπε [A -ον] τῷ ἀνδρί (1 a)
— 6. ὧν εἴρηκας τῶν θαυμασίων –
— 8. καὶ εἶπα (1 a)
— 9. καὶ εἶπε (1 a)
Bel 4. καὶ εἶπεν αὐτῷ ὁ βασιλεύς
— 5. ὁ δὲ εἶπεν
— 6. καὶ εἶπεν αὐτῷ ὁ βασιλεύς
— 7. καὶ εἶπε Δαν. γελάσας
— 8. καὶ εἶπεν αὐτοῖς, Ἐὰν μὴ εἴπητέ μοι
— 9. καὶ εἶπε Δ. τῷ βασιλεῖ
— 11. καὶ εἶπαν οἱ ἱερεῖς τοῦ Βήλ
— 17. καὶ εἶπε . . . ὁ δὲ εἶπε
— 19. B καὶ εἶπεν
— 20. καὶ εἶπεν ὁ βασιλεύς

Da. TH. Bel 24. καὶ εἶπεν ὁ βασιλεὺς τῷ Δ.
— 24. A B^{2}R μὴ καὶ τοῦτον ἐρεῖς
— 24. οὐ δύνασαι εἰπεῖν
— 25. καὶ εἶπε Δανιήλ
— 26. καὶ εἶπεν ὁ βασιλεύς
— 27. καὶ εἶπεν
— 28. καὶ εἶπαν [A -ον]
— 29. καὶ εἶπαν
— 34. εἶπεν ἄγγελος κυρίου τῷ [A πρὸς] Ἀ.
— 35. καὶ εἶπεν Ἀ.
— 38. καὶ εἶπε Δανιήλ
— 41. καὶ ἀναβοήσας φωνῇ μεγάλῃ εἶπε
I Ma. 2. 7. καὶ εἶπεν
— 17. S R καὶ εἶπον [A -αν] τῷ Ματταθίᾳ
— 19. καὶ εἶπε φωνῇ μεγάλῃ
— 33. S R καὶ εἶπον [A -αν] πρὸς αὐτούς
— 34. S R καὶ εἶπον [A -αν]
— 40. S R καὶ εἶπεν ἀνὴρ τῷ [A πρὸς τὸν] πλησίον αὐτοῦ
— 49. καὶ εἶπε τοῖς υἱοῖς αὐτοῦ
3. 14. καὶ εἶπε
— 17. S R εἶπον [A -αν] τῷ Ἰούδᾳ
— 18. καὶ εἶπεν Ἰούδας
— 43. εἶπαν ἕκαστος πρὸς τὸν πλησίον αὐτοῦ
— 56. A S εἶπεν [R -ον] τοῖς οἰκοδομοῦσιν οἰκίας
— 58. καὶ εἶπεν Ἰούδας
4. 5. ὅτι εἶπε
— 8. καὶ εἶπεν Ἰούδας τοῖς ἀνδράσι τοῖς μετ' αὐτοῦ
— 17. καὶ εἶπε πρὸς τὸν λαόν
— 30. A R καὶ εἶπεν [S -ον]
— 36. εἶπε δὲ Ἰούδας
5. 17. καὶ εἶπεν Ἰούδας Σίμωνι
— 32. καὶ εἶπε τοῖς ἀνδράσι τῆς δυνάμεως
— 40. καὶ εἶπε Τιμόθεος τοῖς ἄρχουσι τῆς δυνάμεως αὐτοῦ
— 57. R καὶ εἶπε [A -αν, S -ον]
6. 10. καὶ εἶπε πρὸς αὐτούς
— 11. καὶ εἶπα τῇ καρδίᾳ
— 22. καὶ εἶπαν
— 57. A S καὶ εἶπεν [R εἰπεῖν] πρὸς τὸν βασιλέα
7. 3. καὶ εἶπε
— 14. A R εἶπαν [S -ον] γάρ
— 18. A R ὅτι εἶπαν [S -ον]
— 36. S R καὶ εἶπον [A -αν]
— 40. καὶ εἶπεν [S^{1} -ον]
8. 19. S R καὶ εἶπον
9. 8. καὶ εἶπε τοῖς καταλειφθεῖσιν
— 10. καὶ εἶπεν Ἰούδας
— 21. A καὶ εἶπαν [S -εν, R -ον]
— 28. καὶ εἶπον τῷ Ἰωνάθαν
— 44. καὶ εἶπεν Ἰων. τοῖς παρ' [A ἀδελφοῖς] αὐτοῦ
10. 4. εἶπε γάρ
— 6. τὰ ὅμηρα . . . εἶπε παραδοῦναι αὐτῷ
— 11. εἶπε πρὸς τοὺς ποιοῦντας τὰ ἔργα
— 15, 22. καὶ εἶπε
— 56. καθὼς εἴρηκας
— 63. καὶ εἶπε [S^{1} -αν] τοῖς ἄρχουσιν
11. 53. πάντα ὅσα εἶπε
12. 3. S R καὶ εἶπον [A -αν]
— 44. καὶ εἶπε τῷ Ἰωνάθαν
— 46. ἐποίησε καθὼς εἶπε
— 53. A R εἶπαν [S -ον] γάρ
13. 3. S R καὶ εἶπεν [A -ον] αὐτοῖς
— 9. ὅσα ἂν εἴπῃς
— 46. καὶ εἶπαν
14. 22. ἀνεγράψαμεν τὰ ὑπ' αὐτῶν εἰρημένα
— 25. ὡς δὲ ἤκουσεν . . . εἶπαν
— 44. ἀντειπεῖν τοῖς ὑπ' αὐτοῦ ῥηθησομένοις
— 48. S R τὴν γραφὴν ταύτην εἶπον [A -αν] θέσθαι
15. 33. ἀποκριθεὶς Σίμων εἶπεν αὐτῷ
16. 2. καὶ εἶπεν αὐτοῖς
II Ma. 1. 29. καθὼς εἶπε Μωσῆς
2. 7. μεμψάμενος αὐτοῖς εἶπεν
— 11. καὶ εἶπε Μ.
3. 33. R καὶ στάντες εἶπον [A -αν]
— 34. ταῦτα δὲ εἰπόντες
6. 17. ἕως ὑπομνήσεως ταῦθ' ἡμῖν εἰρήσθω
— 28. τοσαῦτα δὲ εἰπών
— 30. ἀναστενάξας εἶπε
7. 2. A γενόμενος προήγορος εἶπεν [R οὕτως ἔφη]
— 8. R ὁ δὲ ἀποκριθεὶς . . . εἶπεν [A προσεῖπεν]
— 9. ἐν ἐσχάτῃ δὲ πνοῇ γενόμενος εἶπε
— 11. καὶ γενναίως εἶπεν
— 16. ὁ δὲ πρὸς αὐτὸν ἰδὼν εἶπεν
— 30. ὁ νεανίας εἶπε
9. 4. οὕτω γὰρ ὑπερηφάνως εἶπε

II Ma. 14. 11. τοιούτων δὲ ῥηθέντων ὑπὸ τούτου
— 34. τοσαῦτα δὲ εἰπὼν ἀπῆλθεν
15. 14. ἀποκριθέντα δὲ τὸν 'Ο. εἰπεῖν
— 38. A εἶπεν [R εἰ μὲν] καλῶς καὶ εὐθίκτως τῇ συντάξει
III Ma. 1. 11. τῶν δὲ εἰπόντων μὴ καθήκειν
5. 21. εἰπόντος δὲ τοῦ βασιλέως
— 30. ἐπὶ τοῖς ῥηθεῖσι πληρωθεὶς βαρεῖ χόλῳ
— 30. ἐνατενίσας μετὰ ἀπειλῆς εἶπεν
— 37. μετὰ ἀπειλῆς εἶπε
— 45. R σχεδὸν εἰπεῖν [A ὡς εἶπεν] εἰς κατάστημα μανιῶδες
6. 15. ἀλλὰ καθὼς εἶπας
IV Ma. 1. 5. S² R ἴσως εἴποιεν ἄν τινες [A S¹ εἴποι ἄν τις]
2. 6. μὴ ἐπιθυμεῖν εἴρηκεν ἡμᾶς ὁ νόμος
— 20. οὐκ ἂν εἶπεν οὕτως
— 24. A R εἴποι τις ἄν [S εἴποιτε]
6. 26. καὶ εἶπε
— 30. ταῦτα εἰπὼν ὁ ἱερὸς ἀνήρ
7. 17. ἴσως δ' ἂν εἴποιέν τινες
8. 27. τούτων οὐδὲν εἶπον οἱ νεανίαι
— 29. ὥσπερ ἀπὸ τῆς αὐτῆς ψυχῆς εἶπον
9. 10. ταῦτα αὐτῶν εἰπόντων
— 17. ὁ δὲ εἶπεν
— 19. S καὶ ταῦτα εἰπών [A R *al.*]
— 25. ταῦτα εἰπὼν ὁ ἱεροπρεπὴς νεανίας
11. 17. ταῦτα αὐτὸν εἰπόντα παρῆγον
12. 7. ὡς ἐροῦμεν μετὰ μικρὸν ὕστερον
— 8. R εἴπω τι [A S *om.*] τῷ βασιλεῖ
16. 5. A R ἴσως ἂν ταῦτα οὕτως [S *om.*] εἶπεν

[**Aq.** GE. 4. 6 : 8. 21 : 32. 9 (10) : EX. 17. 16 : LE. 15. 2 : DT. 1. 39 : JO. 3. 10 : 4. 21 : JD. 12. 6 : 16. 9, 15 : III KI. 2. 14 : 8. 12 *bis* : 11. 2 : 14. 2, 5, 6, 7 : 22. 50 : IV KI. 4. 15 : 5. 22 : 6. 5 : 9. 3, 32 : 11. 12 : 13. 17 : 19. 10 : JB. 2. 2, 9 : 31. 31 : 33. 8 : 36. 23 : PS. 2. 7 : 13 (14). 1 : 29 (30). 7 : 30 (31). 23 : 31 (32). 5 : 72 (73). 11 : 76 (77). 11 : 88 (89). 3 : 89 (90). 3 : 115. 2 (116. 11) : PR. 30. 9, 15 : EC. 12. 8 : IS. 22. 14 : 24. 16 : 35. 4 : 36. 4, 7, 10 : 38. 15 : 41. 6 : 48. 22 : 51. 16 : 54. 10 : 61. 6 : 66. 5 : JE. 7. 2, 28 : 8. 4 : 13. 12 : 15. 11 : 17. 19 : 34 (41). 4 : 38 (45). 24 : 41 (48). 6 : 46 (26). 25 : 48 (31). 31 : EZ. 4. 13 : 6. 11 : 13. 2, 12 : 17. 9, 12 : 28. 2, 12, 22 : 31. 2 : DA. 3. 24 (91) : HO. 7. 2 : ZA. 11. 13 : MA. 3. 8.]
[**Sm.** GE. 8. 21 : 14. 23 : 32. 9 (10) : EX. 17. 16 : 32. 9 : LE. 15. 2 : JO. 3. 10 : 4. 21 : JD. 3. 19 : 12. 4 : III KI. 11. 2 : 22. 28 : IV KI. 6. 3 : 9. 3 : JB. 2. 2 : 17. 5 : 22. 29 : 31. 31 : 35. 3 : 36. 23 : 37. 6 : PS. 30 (31). 23 : 31 (32). 5 : 32 (33). 9 : 34 (35). 25 : 38 (39). 2 : 39 (40). 8 : 54 (55). 7 : 67 (68). 23 : 74 (75). 5 : 88 (89). 3 : 115. 2 (116. 11) : 138 (139). 11 : PR. 7. 13 : 20. 9 : 30. 9, 15 : EC. 1. 10 : 2. 2 : IS. 8. 11, 12 *bis* : 24. 16 : 32. 5 : 35. 4 : 36. 4, 7, 10 : 48. 22 : 51. 16 : 54. 10 : 59. 20 : 61. 6 : 66. 5, 9 *bis* : JE. 6. 17 : 7. 2 : 13. 21 : 15. 11 : 17. 19 : 38 (45). 22 : 39 (46). 12 : 41 (48). 6 : 48 (31). 31 : 49. 10 (29. 12) : EZ. 4. 13 : 17. 9 : 18. 19 : 28. 2, 12, 22 : 31. 2 : 33. 13, 14 : MA. 3. 8.]
[**Th.** GE. 8. 21 : EX. 17. 16 : 32. 9 : LE. 15. 2 : JO. 3. 10 : 4. 21 : JD. 16. 9, 15 : I KI. 18. 17 : III KI. 2. 42 : 22. 28 : IV KI. 2. 24 : 5. 22 : 6. 5 : 9. 3, 11, 32 : 11. 12 : JB. 2. 2, 9 : 21. 28 : 22. 13, 29 : 28. 14, 22 : 31. 31 : 33. 8 : 34. 9 : 36. 10 : 37. 6 : PS. 30 (31). 23 : 72 (73). 11 : 76 (77). 11 : 86 (87). 5 : 88 (89). 3 : PR. 20. 14 : 30. 15 : IS. 22. 14 : 24. 16 : 32. 5 : 35. 4 : 36. 4, 7, 10 : 48. 22 : 54. 10 : 61. 6 : 66. 5 : JE. 7. 2 : 8. 12 : 17. 19 : 23. 37 : 35 (42). 18 : 38 (45). 12 : 41 (48). 6 : 46 (26). 25 : EZ. 4. 13 : 6. 11 : 13. 2 : 28. 2, 12, 22 : 32. 18 : 33. 27 : DA. 2. 20, 46 : 3. 9†, 24 (91) : 4. 16† : 6. 16, 20, 21 : 8. 16.]
[**Al.** LE. 15. 1 : DT. 1. 14, 39 : 8. 17 : 12. 20 : 30. 12 : I KI. 1. 11 : 23. 12 *bis* : 28. 14 *bis* : 30. 20 : III KI. 22. 50 : JB. 31. 31 : 37. 20 : PS. 121 (122). 1.]
[**Quint.** IV KI. 4. 15 : 5. 22 : 6. 5 : 9. 32 : 11. 12 : PS. 76 (77). 11 : 88 (89). 3.]
[**Sext.** PS. 29 (30). 7.]

εἴπερ, εἴποτε, εἴπως, *vid. sub* εἰ.

εἴρ. (1) עִיר

Da. TH. 4. 10. καὶ ἰδοὺ εἴρ (1)
Da. TH. 4. 14. διὰ συγκρίματος εἴρ ὁ λόγος (1)
— 20. εἶδεν ὁ βασιλεὺς εἴρ (1)
[**Th.** DA. 4. 10.]

εἴργειν.

I Es. 5. 72. εἶργον τοῦ οἰκοδομεῖν
— 73. καὶ εἴρχθησαν τῆς οἰκοδομῆς
III Ma. 3. 17. εἶρξαν ἡμᾶς τῆς εἰσόδου
[**Aq.** PS. 118 (119). 101.]

εἱργμός.

[**Aq.** DT. 22. 9.]

εἰρηνεύειν. (1) שְׁלָה הָיָה (2) *a.* שָׁלֵו verb. *b.* שָׁלֵו הָיָה (3) שָׁלַם *a.* hi. *b.* ho. *c.* שָׁלוֹם (4) שָׁקַט

III Ki. 22. 45. καὶ εἰρήνευσεν 'I. μετὰ βασιλέως [A -ων] 'I. (3 *a*)
II Ch. 14. 5 (4). καὶ εἰρήνευσε (4)
— 6 (5). εἰρήνευσεν ἡ γῆ (4)
20. 30. καὶ εἰρήνευσεν ἡ βασιλεία 'I. (4)
I Es. 8. 85. οὐ ζητήσετε εἰρηνεῦσαι τὰ πρὸς αὐτούς
Jb. 3. 26. οὔτε εἰρήνευσα οὔτε ἡσύχασα (2 *a*)
5. 23. θῆρες γὰρ ἄγριοι εἰρηνεύσουσί σοι (3 *b* ?)
— 23. A τὰ θηρία τοῦ ἀγροῦ εἰρηνεύσει σοι (3 *b*)
— 24. γνώσῃ ὅτι εἰρηνεύσει σου ὁ οἶκος [A *al.*] (3 *c*)
15. 21. ὅταν δοκῇ ἤδη εἰρηνεύειν [A -εύεσθαι] (3 *c*)
16. 13 (12). εἰρηνεύοντα διεσκέδασέ με (2 *b*)
Si. 6. 6. οἱ εἰρηνεύοντές σοι ἔστωσαν πολλοί
28. 9. ἀνὰ μέσον εἰρηνευόντων
— 13. πολλοὺς γὰρ εἰρηνεύοντας ἀπώλεσαν [A S -σεν]
41. 1. ἀνθρώπῳ εἰρηνεύοντι ἐν τοῖς ὑπάρχουσιν αὐ.
44. 6. εἰρηνεύοντες ἐν παροικίαις [A S κατοικ.] αὐ.
Da. LXX. 4. 1. εἰρηνεύων ἤμην ἐν τῷ οἴκῳ μου (1)
I Ma. 6. 60. ἀπέστειλε πρὸς αὐτοὺς εἰρηνεῦσαι
II Ma. 12. 4. ὡς ἂν εἰρηνεύειν θελόντων
IV Ma. 18. 4. εἰρήνευσε τὸ ἔθνος
[**Aq.** JB. 9. 4 : PR. 13. 13 : CA. 6. 12 (7. 1) : 7. 1 (2).]
[**Sm.** PS. 40 (41). 10 : 54 (55). 21 : PR. 13. 13.]
[**Al.** JO. 11. 19 : JB. 5. 23.]
[**Quint.** PR. 13. 13 : CA. 6. 12 (7. 1).]

εἰρήνη. (1) בֶּטַח (2) הָלַךְ (3) לָקַח (4) צַח (5) שַׁלְוָה (6) *a.* שָׁלוֹם *b.* שְׁלָם *c.* שָׁלֵם (7) שָׁקַט

Ge. 15. 15. A σὺ δὲ ἀπελεύσῃ . . . μετ' εἰρήνης [R ἐν εἰρήνῃ] (6 *a*)
26. 29. καὶ ἐξαπεστείλαμέν σε μετ' εἰρήνης (6 *a*)
Ex. 18. 23. εἰς τὸν ἑαυτοῦ τόπον μετ' εἰρήνης ἥξει (6 *a*)
Le. 26. 6. δώσω εἰρήνην ἐν τῇ γῇ ὑμῶν (6 *a*)
Nu. 6. 26. δῴη σοι εἰρήνην (6 *a*)
25. 12. διαθήκην εἰρήνης (6 *a*)
De. 20. 10. ἐκκαλέσαι αὐτοὺς μετ' εἰρήνης (6 *a*)
Jo. 9. 15. ἐποίησεν 'I. πρὸς αὐτοὺς εἰρήνην (6 *a*)
Jd. 4. 17. εἰρήνη ἦν [A *om.*] ἀνὰ μέσον 'I. (6 *a*)
6. 23. εἰρήνη σοι (6 *a*)
— 24. εἰρήνη κυρίου (6 *a*)
8. 9. ἐν ἐπιστροφῇ μου μετ' εἰρήνης [A *al.*] (6 *a*)
11. 13. ἐπίστρεψον αὐτὰς ἐν εἰρήνῃ [A μετ' εἰρήνης] (6 *a*)
— 31. ἐν τῷ ἐπιστρέφειν με ἐν εἰρήνῃ (6 *a*)
18. 6. πορεύεσθε ἐν εἰρήνῃ [A καὶ εἰς εἰρήνην] (6 *a*)
— 15. ἠρώτησαν αὐτὸν εἰς εἰρήνην [A *al.*] (6 *a*)
19. 20. εἰρήνη σοι (6 *a*)
21. 13. ἐκάλεσαν αὐτοὺς εἰς εἰρήνην (6 *a*)
I Ki. 1. 17. πορεύου εἰς εἰρήνην (6 *a*)
7. 14. καὶ ἦν εἰρήνη (6 *a*)
10. 4. ἐρωτήσουσί σε τὰ εἰς εἰρήνην (6 *a*)
16. 4. ἦ [A *om.*] εἰρήνη ἡ εἴσοδός σου (6 *a*)
— 5. καὶ εἶπεν, Εἰρήνη (6 *a*)
17. 18. A τοὺς ἀδ. σου ἐπισκέψῃ εἰς εἰρήνην (6 *a*)
— 22. A ἠρώτησεν τοὺς ἀδ. αὐ. εἰς εἰρήνην (6 *a*)
20. 7. εἰρήνη τῷ δούλῳ σου (6 *a*)
— 13. ἀπελεύσῃ εἰς εἰρήνην (6 *a*)
— 22 (21). ὅτι εἰρήνη σοι (6 *a*)
— 42. πορεύου εἰς εἰρήνην (6 *a*)
25. 5. ἐρωτήσατε αὐτὸν . . . εἰς εἰρήνην (6 *a*)
— 35. ἀνάβηθι εἰς εἰρήνην (6 *a*)
29. 7. πορεύου εἰς εἰρήνην (6 *a*)
30. 21. ἠρώτησαν αὐτὸν τὰ εἰς εἰρήνην [A αὐ. εἰρ.] (6 *a*)
II Ki. 3. 21. καὶ ἐπορεύθησαν ἐν εἰρήνῃ (6 *a*)
— 22. ἀπεληλύθει ἐν εἰρήνῃ (6 *a*)
— 23. καὶ ἀπῆλθεν ἐν εἰρήνῃ (6 *a*)
— 24. καὶ ἀπελήλυθεν [A -ῆλθεν] ἐν εἰρήνῃ (2 ?)
8. 10. ἐρωτῆσαι αὐτὸν τὰ εἰς εἰρήνην (6 *a*)
11. 7. ἐπηρώτησε Δ. εἰς εἰρήνην 'I. καὶ εἰς εἰρήνην τοῦ λαοῦ καὶ εἰς εἰρήνην τοῦ πολέμου (6 *a ter*)
15. 9. βάδιζε εἰς εἰρήνην (6 *a*)
— 27. σὺ ἐπιστρέφεις εἰς τὴν πόλιν ἐν εἰρήνῃ (6 *a*)
17. 3. A R παντὶ τῷ λαῷ ἔσται εἰρήνη [B ἐν εἰρήνῃ] (6 *a*)
18. 28. εἶπε πρὸς τὸν βασιλέα, Εἰρήνη (6 *a*)
— 29. εἰρήνη τῷ παιδαρίῳ (6 *a*)
— 32. εἰ [A *om.*] εἰρήνη τῷ παιδαρίῳ (6 *a*)
19. 24 (25). ἧς αὐτὸς παρεγένετο ἐν εἰρήνῃ (6 *a*)
— 30 (31). μετὰ τὸ παραγενέσθαι τὸν κύριόν μου . . . ἐν εἰρήνῃ (6 *a*)
III Ki. 2. 5. A R ἔταξε τὰ αἵματα πολέμου ἐν εἰρήνῃ [B *om.*] (6 *a*)
— 6. A R οὐ [B σὺ] κατάξεις τὴν πολιὰν αὐτοῦ ἐν εἰρήνῃ (6 *a*)
— 13. εἰρήνη ἡ εἴσοδός σου (6 *a*)
— 13. καὶ εἶπεν, Εἰρήνη (6 *a*)
— 33. γένοιτο εἰρήνη ἕως αἰῶνος (6 *a*)
3. 1 (*cf.* 4. 24). B καὶ ἦν αὐτῷ εἰρήνη (6 *a* ?)
4. 24 (5. 4). καὶ ἦν αὐτῷ εἰρήνη (6 *a*)
5. 12 (26). καὶ ἦν εἰρήνη (6 *a*)
21 (20). 18. A R εἰ εἰς εἰρήνην ἐκπορεύονται [B *al.*] (6 *a*)
22. 17. ἕκαστος . . . ἐν εἰρήνῃ ἀναστρεφέτω (6 *a*)
— 27. ἕως τοῦ ἐπιστρέψαι με [A -ψωμεν] ἐν εἰρήνῃ (6 *a*)
— 28. ἐὰν ἐπιστρέφων ἐπιστρέψῃς ἐν εἰρήνῃ (6 *a*)
IV. Ki. 4. 23. ἡ δὲ εἶπεν, Εἰρήνη (6 *a*)
— 26. ἦ εἰ. σοι; ἦ εἰ. τῷ ἀνδρί σου (6 *a*, 6 *a*)
— 26. ἦ εἰ. τῷ παιδαρίῳ; ἡ δὲ εἶπεν, Εἰρήνη (6 *a*, 6 *a*)
5. 19. δεῦρο εἰς εἰρήνην (6 *a*)
— 21 (A), 22. καὶ εἶπεν, Εἰρήνη (6 *a*)
9. 11. καὶ εἶπον αὐτῷ, Εἰρήνη (6 *a*)
— 17. καὶ εἰπάτω, Ἦ εἰ. (6 *a*)
— 18. τάδε λέγει ὁ βασιλεύς, Ἦ εἰ. (6 *a*)
— 18. τί σοι καὶ εἰρήνῃ (6 *a*)
— 19. τάδε λέγει ὁ βασιλεύς, Ἦ εἰ. (6 *a*)
— 19. τί σοι καὶ εἰρήνῃ (6 *a*)
— 22. καὶ εἶπεν, Ἦ εἰ. (6 *a*)
— 22. τί εἰρήνη (6 *a*)
— 31. ἦ εἰρήνη Ζαμβρί (6 *a*)
10. 13. κατέβημεν εἰς εἰρήνην τῶν υἱῶν τοῦ βασιλέως (6 *a*)
20. 19. A μὴ οὐκ ἐὰν εἰρήνη καὶ ἀλήθεια ἔσται [R ἔστω εἰ.] (6 *a*)
22. 20. συναχθήσῃ εἰς τὸν τάφον σου ἐν εἰρήνῃ [A *al.*] (6 *a*)
I Ch. 4. 40. καὶ εἰρήνη καὶ ἡσυχία (7)
12. 17. εἰ εἰς εἰρήνην ἥκατε πρὸς μέ (6 *a*)
— 18. εἰρήνη εἰρήνη σοι καὶ [A *om.*] εἰρήνη τοῖς βοηθοῖς σου (6 *a ter*)
18. 10. τοῦ ἐρωτῆσαι αὐτὸν τὰ εἰς εἰρήνην (6 *a*)
22. 9. εἰρήνην καὶ ἡσυχίαν δώσω ἐπὶ 'I. (6 *a*)
II Ch. 15. 5. B οὐκ ἔστιν εἰ. τῷ εἰσπορευομένῳ καὶ τῷ ἐκπορευομένῳ [A R *al.*] (6 *a*)
18. 16. A² B ἀναστρεφέτωσαν ἕκαστος . . . ἐν εἰρήνῃ (6 *a*)
— 26. ἕως τοῦ ἐπιστρέψαι με ἐν εἰρήνῃ (6 *a*)
— 27. ἐὰν ἐπιστρέφων ἐπιστρέψῃς ἐν εἰρήνῃ (6 *a*)
19. 1. A καὶ ἐπέστρεψεν [B¹ ἀπ.] 'I. . . . ἐν εἰρήνῃ [B *om.* ἐν εἰ.] (6 *a*)
34. 28. προστεθήσῃ πρὸς τὰ μνήματά σου ἐν εἰρήνῃ (6 *a*)
I Es. 5. 2. ἕως τοῦ ἀποκαταστῆσαι αὐτοὺς . . . μετ' εἰρήνης
II Es. 4. 7. ἔγραψεν ἐν εἰρήνῃ (6 *b* ?)
— 16. οὐκ ἔστι σοι εἰ. †
— 17. ἀπέστειλεν ὁ βασιλεὺς . . . εἰρήνην (6 *b*)
5. 7. Δ. τῷ βασιλεῖ εἰ. πᾶσα (6 *b*)
9. 12. οὐκ ἐκζητήσετε εἰρήνην αὐτῶν (6 *a*)
To. 7. 12. S ποιῆσαι ἐφ' ὑμᾶς ἔλεος κ. εἰρήνην
— 13. S εὐοδῶσαι ὑμῖν εἰρήνην [A B *al.*]
10. 13. S βάδιζε εἰς εἰρήνην, θύγατερ
— 13. S παιδίον, εἰς εἰρήνην
12. 17. εἰρήνη ὑμῖν ἔσται
13. 14. χαρήσονται ἐπὶ τῇ εἰ. σου
14. 1. S καὶ ἀπέθανεν ἐν εἰρήνῃ

To. 14. 4. ἐν δὲ τῇ Μ. ἔσται εἰρήνη
Ju. 7. 15. οὐκ ἀπήντησαν [A οὐχ ὑπ.] τῷ προσώπῳ σου ἐν εἰρήνῃ
8. 35. πορεύου εἰς εἰρήνην
15. 8. καὶ λαλῆσαι [S τοῦ λ.] μετ᾽ αὐτῆς εἰρήνην
Es. 8. 13. τὴν ποθουμένην τοῖς [A παρὰ] πᾶσιν ἀνθρώποις εἰ.
8. 13. τὴν βασιλείαν ἀτάραχον τοῖς πᾶσιν ἀνθρώποις μετ᾽ εἰρήνης
Jb. 5. 23. A ἐν εἰρήνῃ τὸ σπέρμα σου [B S al.] (6 a)
11. 18. ἀναφανεῖταί σοι εἰρήνη (1?)
Ps. 4. 8. ἐν εἰρήνῃ ἐπὶ τὸ αὐτὸ κοιμηθήσομαι (6 a)
13 (14). 3. B S ὁδὸν εἰρήνης οὐκ ἔγνωσαν –
27 (28). 3. τῶν λαλούντων εἰρήνην μετὰ τῶν πλησίον αὐ. (6 a)
28 (29). 11. κύριος εὐλογήσει τὸν λαὸν αὐτοῦ ἐν εἰρήνῃ (6 a)
33 (34). 14. ζήτησον εἰρήνην καὶ δίωξον αὐτήν (6 a)
34 (35). 27. οἱ θέλοντες τὴν εἰ. τοῦ δούλου αὐτοῦ (6 a)
36 (37). 11. κατατρυφήσουσιν ἐπὶ πλήθει εἰρήνης (6 a)
37 (38). 3. οὐκ ἔστιν εἰρήνη τοῖς [A ἐν τοῖς] ὀστέοις μου (6 a)
40 (41). 9. ὁ ἄνθρωπος τῆς εἰ. μου (6 a)
54 (55). 18. λυτρώσεται ἐν εἰρήνῃ τὴν ψυχήν μου (6 a)
71 (72). 3. ἀναλαβέτω τὰ ὄρη εἰρήνην τῷ λαῷ σου (6 a)
— 7. καὶ πλῆθος εἰρήνης (6 a)
72 (73). 3. εἰρήνην ἁμαρτωλῶν θεωρῶν (6 a)
75 (76). 2. ἐγενήθη ἐν εἰρήνῃ ὁ τόπος αὐτοῦ (6 c?)
84 (85). 8. λαλήσει εἰρήνην ἐπὶ τὸν λαὸν αὐτοῦ (6 a)
— 10. δικαιοσύνη καὶ εἰρήνη κατεφίλησαν (6 a)
118 (119). 165. εἰρήνη πολλὴ τοῖς ἀγαπῶσι τὸν νόμον [A τὸ ὄνομά] σου (6 a)
119 (120). 6. μετὰ τῶν μισούντων τὴν [A om.] εἰ. (6 a)
121 (122). 6. ἐρωτήσατε δὴ τὰ εἰς εἰρήνην τὴν Ἰερ. (6 a)
— 7. γενέσθω δὴ εἰρήνη [S εἰ. σου] ἐν τῇ δυνάμει σου (6 a)
— 8. ἐλάλουν δὴ εἰρήνην περὶ σοῦ (6 a)
124 (125). 5 : 127 (128). 6. εἰρήνη ἐπὶ τὸν Ἰσ. (6 a)
147. 3 (14). ὁ τιθεὶς τὰ ὅριά σου εἰρήνην (6 a)
Pr. 3. 2. εἰρήνην προσθήσουσί σοι (6 a)
— 17. πάντες οἱ τρίβοι αὐτῆς ἐν εἰρήνῃ (6 a)
— 23. ἵνα πορεύῃ πεποιθὼς ἐν εἰρήνῃ (1?)
4. 27. τὰς δὲ πορείας σου ἐν εἰρήνῃ προάξει –
12. 20. οἱ δὲ βουλόμ. εἰρήνην εὐφρανθήσονται (6 a)
16. 5. εὑρήσουσιν εἰρήνην –
17. 1. κρείσσων ψωμὸς μεθ᾽ ἡδονῆς ἐν εἰρήνῃ (5)
Ec. 3. 8. καιρὸς πολέμου καὶ καιρὸς εἰρήνης (6 a)
Ca. 8. 10. εὑρίσκουσα εἰρήνην [S χάριν] (6 a)
Wi. 3. 3. οἱ δέ εἰσιν ἐν εἰρήνῃ
14. 22. τὰ τοσαῦτα κακὰ εἰρήνην προσαγορεύουσιν
Si. 1. 18. στέφανος σοφίας φόβος κυρίου ἀναθάλλων εἰρήνην
13. 18. τίς εἰρήνη ὑαίνῃ πρὸς κύνα; καὶ τίς εἰρήνη πλουσίῳ πρὸς πένητα
26. 2. τὰ ἔτη αὐτοῦ πληρώσει ἐν εἰρήνῃ
38. 8. εἰρήνη παρ᾽ αὐτοῦ ἐστιν ἐπὶ προσώπου τῆς γῆς
41. 14. παιδείαν ἐν εἰρήνῃ συντηρήσατε
44. 14. τὸ σῶμα αὐτῶν ἐν εἰρήνῃ ἐτάφη
45. 24. ἐστάθη αὐτῷ διαθήκη εἰρήνης
47. 13. Σαλωμὼν ἐβασίλευσεν ἐν ἡμέραις εἰρήνης
— 16. ἠγαπήθης ἐν τῇ εἰρήνῃ σου
50. 23. γενέσθαι εἰρήνην ἐν ἡμέραις ἡμῶν
Mi. 2. 8. κατέναντι τῆς εἰ. αὐτοῦ τὴν δορὰν αὐτοῦ ἐξέδειραν †
3. 5. κηρύσσοντας ἐπ᾽ αὐτὸν εἰρήνην (6 a)
5. 5 (4). καὶ ἔσται αὕτη εἰρήνη [A ἡ εἰ.] (6 a)
Na. 1. 15 (2. 1). οἱ πόδες . . . ἀναγγέλλοντος εἰρήνην (6 a)
Hg. 2. 10 (9). ἐν τῷ τόπῳ τούτῳ δώσω εἰρήνην . . . καὶ εἰρήνην ψυχῆς (6 a, –)
Za. 8. 10. οὐκ ἔσται εἰ. ἀπὸ τῆς θλίψεως (6 a)
— 12. δείξω εἰρήνην (6 a)
— 19. τὴν εἰ. ἀγαπήσατε (6 a)
9. 10. πλῆθος καὶ εἰρήνη ἐξ ἐθνῶν (6 a)
Ma. 2. 5. ἡ διαθήκη μου . . . τῆς ζωῆς καὶ τῆς εἰ. (6 a)
— 6. ἐν εἰρήνῃ κατευθύνων ἐπορεύθη μετ᾽ ἐμοῦ (6 a)
Is. 9. 6 (5). A S² ἰσχυρὸς ἐξουσιαστὴς ἄρχων εἰρήνης (6 a)
Is. 9. 6 (5). ἄξω εἰρήνην ἐπὶ τοὺς ἄρχοντας [A S³ add. εἰρ.] καὶ ὑγίειαν –, –
— 7 (6). τῆς εἰ. αὐτοῦ οὐκ ἔστιν ὅριον (6 a)
14. 30. ἐπὶ εἰρήνης ἀναπαύσονται (1)
26. 3. λαὸς . . . φυλάσσων εἰρήνην (6 a)
— 12. εἰρήνην δὸς ἡμῖν (6 a)
27. 5, 5 (A S R). ποιήσωμεν εἰρήνην (6 a)
29. 24. μαθήσονται λαλεῖν εἰρήνην (3?)
32. 4. μαθήσονται λαλεῖν εἰρήνην (4?)
— 17. ἔσται τὰ ἔργα τῆς δικαιοσύνης εἰρήνη (6 a)
— 18. A S R κατοικήσει [B οἰκ.] ὁ λαὸς αὐτοῦ ἐν πόλει εἰρήνης (6 a)
33. 7. ἄγγελοι ἀποσταλήσονται [A S² add. ἀξιοῦντες εἰρήνην] πικρῶς κλαίοντες παρακαλοῦντες εἰρήνην (6 a, –)
38. 17. S² ἰδοὺ γὰρ εἰς εἰρήνην πικρίας μου (6 a)
39. 8. γενέσθω δὴ εἰ. καὶ δικαιοσύνη (6 a)
41. 3. διελεύσεται ἐν εἰρήνῃ ἡ ὁδὸς τῶν ποδῶν αὐτοῦ (6 a)
45. 7. ὁ ποιῶν εἰρήνην καὶ κτίζων κακά (6 a)
— 25 (24). S¹ εἰ. [A B S² δόξα] πρὸς αὐτὸν ἥξει †
48. 18. ἐγένετο ἂν ὡσεὶ ποταμὸς ἡ εἰ. σου (6 a)
52. 7. ὡς πόδες εὐαγγελιζομένου ἀκοὴν εἰρήνης (6 a)
53. 5. παιδεία εἰρήνης ἡμῶν ἐπ᾽ αὐτόν (6 a)
54. 10. ἡ διαθήκη τῆς εἰ. σου οὐ μὴ μεταστῇ (6 a)
— 13. ἐν πολλῇ εἰρήνῃ τὰ τέκνα σου (6 a)
57. 2. ἔσται ἐν εἰρήνῃ ἡ ταφὴ αὐτοῦ (6 a)
— 19. εἰρήνην ἐπ᾽ εἰρήνην τοῖς μακράν (6 a, 6 a)
59. 8. ὁδὸν εἰρήνης οὐκ οἴδασι [A ἔγνωσαν] . . . οὐκ οἴδασιν εἰρήνην (6 a, 6 a)
60. 17. δώσω τοὺς ἄρχοντάς σου ἐν εἰρήνῃ (6 a)
66. 12. ἐκκλίνω εἰς αὐτοὺς ὡς ποταμὸς εἰρήνης (6 a)
Je. 4. 10. εἰρήνη ἔσται [A add. ὑμῖν] (6 a)
6. 14. λέγοντες, Εἰρήνη εἰρήνη, καὶ ποῦ ἐστιν εἰ. (6 a ter)
8. 15. συνήχθημεν εἰς εἰρήνην (6 a)
12. 5. A S² R ἐν γῇ εἰρήνης σου [B S¹ οὐ] πέποιθας (6 a)
— 12. οὐκ ἔστιν εἰ. πάσῃ σαρκί (6 a)
14. 13. ἀλήθειαν καὶ εἰρήνην δώσω (6 a)
— 19. ὑπεμείναμεν εἰς εἰρήνην (6 a)
15. 5. τίς ἀνακάμψει εἰς [S ἐπ᾽] εἰρήνην σοι (6 a)
16. 5. ἀφέστακα τὴν εἰ. μου ἀπὸ τοῦ λαοῦ τ. (6 a)
23. 17. εἰ. ἔσται ὑμῖν καὶ πᾶσι (6 a)
32. 22 (25. 37). παύσεται τὰ κατάλοιπα τῆς εἰ. (6 a)
35 (28). 9. ὁ προφήτης ὁ προφητεύσας εἰς εἰρήνην (6 a)
36 (29). 7. ζητήσατε εἰς εἰρήνην τῆς γῆς . . . ὅτι ἐν εἰρήνῃ αὐτῆς εἰ. ὑμῖν [A S al.] (6 a ter)
— 11. λογιοῦμαι ἐφ᾽ ὑμᾶς λογισμὸν εἰρήνης (6 a)
37 (30). 5. φόβος καὶ οὐκ ἔστιν εἰ. (6 a)
40 (33). 6. S ἰατρεύσω αὐτὴν εἰρήνῃ [A B om.] –
— 6. A S³ R ποιήσω [B S¹ om.] καὶ [A αὐτοῖς, S om.] εἰρήνην καὶ πίστιν [S -νῃ καὶ πίστει] (6 a)
— 9. περὶ πάσης τῆς εἰ. ἧς ἐγὼ ποιήσω αὐτοῖς (6 a)
41 (34). 5. ἐν εἰρήνῃ ἀποθανῇ (6 a)
45 (38). 4. οὐ χρησμολογεῖ εἰρήνην τῷ λαῷ τούτῳ (6 a)
50 (43). 12. ἐξελεύσεται ἐν εἰρήνῃ (6 a)
Ba. 3. 13. κατῴκεις ἂν ἐν εἰρήνῃ τὸν αἰῶνα
— 14. ποῦ ἐστι φῶς ὀφθαλμῶν καὶ εἰ.
4. 20. ἐξεδυσάμην τὴν στολὴν τῆς εἰ.
5. 4. κληθήσεται . . . Εἰρήνη δικαιοσύνης
La. 3. 17. ἀπώσατο ἐξ εἰρήνης ψυχήν μου (6 a)
Ep. Je. 3. ἐξάξω ὑμᾶς ἐκεῖθεν μετ᾽ εἰρήνης
Ez. 7. 25. ζητήσει [A add. εἰς] εἰρήνην (6 a)
13. 10. A R εἰρήνη [A add. εἰρήνη], καὶ οὐκ ἔστιν [B ἦν] εἰ. (6 a, –, 6 a)
— 16. οἱ ὁρῶντες αὐτῇ [A² -ὴν] εἰρήνην καὶ οὐκ ἔστιν εἰ. (6 a, 6 a)
34. 25. διαθήσομαι τῷ Δαυὶδ διαθήκην εἰρήνης (6 a)
— 27. κατοικήσουσιν . . . ἐν ἐλπίδι εἰρήνης (1)
— 29. ἀναστήσω αὐτοῖς φυτὸν εἰρήνης †
37. 26. διαθήσομαι αὐτοῖς διαθήκην εἰρήνης (6 a)
38. 8. κατοικήσουσιν ἐπ᾽ εἰρήνης ἅπαντες (1)
— 11. ἥξω ἐπὶ . . . οἰκοῦντας [A κατοικ.] ἐπ᾽ εἰρήνης (1)
— 14. ἐν τῷ κατοικισθῆναι τὸν λαόν μου Ἰσρ. ἐπ᾽ εἰρήνης (1)
39. 6. κατοικηθήσονται αἱ νῆσοι ἐπ᾽ εἰρήνης (1)
— 26. ἐν τῷ κατοικισθῆναι αὐτοὺς ἐπὶ τὴν γῆν αὐτῶν ἐπ᾽ εἰρήνης (1)
Da. LXX. 3. 31 (98). εἰρήνη ὑμῖν πληθυνθείη (6 b)
4. 34. εἰρήνη ὑμῖν πληθυνθείη –
Da. TH. 3. 31 (98) : 6. 25 (26). εἰρήνη ὑμῖν πληθυνθείη (6 b)
10. 19. μὴ φοβοῦ . . . εἰρήνη σοι (6 a)
I Ma. 5. 54. ἕως τοῦ ἐπιστρέψαι ἐν εἰρήνῃ
6. 49. S R καὶ ἐποίησεν εἰρήνην [A om.]
— 58. A R ποιήσωμεν μετ᾽ αὐτῶν εἰρήνην [S π. εἰ.]
7. 13. ἐπεζήτουν παρ᾽ αὐτῶν εἰρήνην
— 28. ἵνα ὑμῶν ἴδω τὰ πρόσωπα μετ᾽ εἰρήνης
— 35. ἐὰν ἐπιστρέψω ἐν εἰρήνῃ
8. 20. στῆσαι μεθ᾽ ὑμῶν συμμαχίαν καὶ εἰρήνην
— 22. εἶναι παρ᾽ αὐτοῖς ἐκεῖ μνημόσυνον εἰρήνης
9. 70. τοῦ συνθέσθαι πρὸς αὐτὸν εἰρήνην
10. 4. τοῦ εἰρήνην θεῖναι μετ᾽ αὐτῶν
— 66. μετ᾽ εἰρήνης καὶ εὐφροσύνης
11. 51. καὶ ἐποίησαν εἰρήνην
12. 4. ὅπως προπέμπωσιν αὐτοὺς . . . μετ᾽ εἰρήνης
— 22. γράφοντες ἡμῖν περὶ τῆς εἰ. ὑμῶν
— 51. ἦλθον πάντες μετ᾽ εἰρήνης
13. 37. τοῦ ποιεῖν ὑμῖν εἰ. μεγάλην
— 40. γινέσθω ἀνὰ μέσον ἡμῶν εἰρήνη
14. 8. ἦσαν γεωργοῦντες . . . μετ᾽ εἰρήνης
— 11. A R ἐποίησε τὴν [S om.] εἰ. ἐπὶ τῆς γῆς
16. 10. καὶ ἀπέστρεψεν . . . μετ᾽ εἰρήνης
II Ma. 1. 1. οἱ ἀδελφοὶ οἱ ἐν Ἱερ. . . . εἰ. ἀγαθήν
— 4. καὶ εἰρήνην ποιήσαι
3. 1. κατοικουμένης μετὰ πάσης εἰ.
4. 6. R τυχεῖν εἰρήνης ἔτι [A ἐπὶ] τὰ πράγματα
12. 12. εἰρήνην ἄξειν πρὸς αὐτούς
14. 10. ἀδύνατον εἰρήνης τυχεῖν τὰ πράγματα
III Ma. 2. 20. ποιήσας ἡμῖν εἰρήνην
6. 27. εἰς τὰ ἴδια μετ᾽ εἰρήνης ἐξαποστείλατε
7. 19. καταχθέντες δὲ μετ᾽ εἰρήνης
IV Ma. 3. 20. ἐπειδὴ γὰρ βαθεῖαν εἰ. . . . οἱ πατέρες ἡμῶν εἶχον

[Aq. Ge. 26. 31 : 28. 21 : 37. 14 *bis* : 43. 23 : Ex. 4. 18 : Dt. 29. 19 (18) : IV Ki. 5. 22 : 22. 20 : Jb. 25. 2 : Ps. 40 (41). 10 : 71 (72). 7 : Pr. 8. 18 : Ca. 8. 10 : Is. 9. 6 (5), 7 (6) : 26. 3 *bis* : 33. 7 : 38. 17 : 48. 22 : 52. 7 : 55. 12 : 57. 2 : Je. 6. 14 : 14. 13 : 15. 5 : 33 (40). 6, 9 : 38 (45). 4 : Za. 9. 10.]
[Sm. Ge. 26. 31 : 28. 21 : 37. 14 *bis* : 41. 16 : 43. 23 : Ex. 4. 18 : IV Ki. 22. 20 : Jb. 25. 2 : Ps. 28 (29). 11 : 34 (35). 20 : 121 (122). 7, 8 : Is. 9. 6 (5), 7 (6) : 33. 7 : 38. 17 : 48. 22 : 52. 7 : 54. 10 : 55. 12 : 57. 2 : 59. 8 : Je. 6. 14 : 33 (40). 6 : 38 (45). 22 : Ho. 2. 18 (20) : Za. 9. 10.]
[Th. Ge. 26. 31 : Ex. 4. 18 : IV Ki. 5. 22 : 9. 11 : 22. 20 : Jb. 25. 2 : Ps. 40 (41). 10 : Is. 9. 6 (5), 7 (6) : 26. 3 : 33. 7 : 38. 17 : 48. 22 : 55. 12 : 57. 2 : Je. 6. 14 : 8. 11 *ter* : Za. 9. 10.]
[Al. I Ki. 25. 5 : Jb. 5. 24 : Ps. 127 (128). 6 : Pr. 1. 33 : Is. 26. 12.]
[Quint. IV Ki. 5. 22 : 22. 20 : Ps. 34 (35). 20.]
[Heb. IV Ki. 22. 20.]

εἰρηνικός. (1) כֵּן (2) *a.* שָׁלֵם verb. *b.* שָׁלוֹם *c.* שָׁלֵם adj. *d.* שֶׁלֶם

Ge. 34. 21. οἱ ἄνθρωποι οὗτοι εἰ. εἰσι (2 c)
37. 4. οὐκ ἠδύναντο λαλεῖν αὐτῷ οὐδὲν εἰ. (2 b)
42. 11. εἰρηνικοί ἐσμεν (1)
— 19. εἰ εἰρηνικοί ἐστε (1)
— 31. εἰρηνικοί ἐσμεν οὐκ ἐσμὲν κατάσκοποι (1)
— 33. γνωσόμεθα ὅτι εἰρηνικοί ἐστε (1)
— 34. καὶ γνώσομαι . . ὅτι εἰρηνικοί ἐστε (1)
Nu. 21. 20 (21). ἀπέστειλε M. . . . λόγοις εἰ. –
De. 2. 26. ἀπέστειλα πρέσβεις . . . λόγοις εἰ. (2 b)
20. 11. ἐὰν μὲν εἰρηνικὰ ἀποκριθῶσί σοι (2 b)
23. 6 (7). οὐ προσαγορεύσεις εἰρηνικὰ αὐτοῖς (2 b)
I Ki. 10. 8. καὶ θυσίας [A θῦσαι θ.] εἰ. (2 d)
11. 15. ἔθυσεν ἐκεῖ θυσίας καὶ εἰρηνικάς (2 d)
13. 9. B ὅπως ποιήσω ὁλοκαύτωσιν καὶ εἰρηνικάς (2 d)
II Ki. 6. 17. A B ὁλοκαυτώματα . . . καὶ [R om.] εἰρηνικάς (2 d)
— 18. συναναφέρων . . . τὰς εἰ. (2 d)
20. 19. ἐγώ εἰμι εἰρηνικὰ τῶν στηριγμάτων Ἰ. (2 a)
24. 25. ἀνήνεγκεν ὁλοκαυτώσεις καὶ εἰρηνικάς (2 d)
III Ki. 3. 1 (9. 25). ὁλοκαυτώσεις καὶ εἰρηνικάς (2 d?)
— 15. καὶ ἐποίησεν εἰρηνικάς (2 d)
8. 63. ἔθυσεν ὁ βασιλεὺς Σ. τὰς θυσίας τῶν εἰ. (2 d)
— 64. καὶ τὰ στέατα τῶν εἰ. (2 d)
— 64. καὶ τὰς θυσίας τῶν εἰ. (2 d)
9. 25. A ἀνεβίβασεν . . . εἰρηνικάς (2 d)
IV Ki. 16. 13. τὸ αἷμα τῶν εἰ. τῶν αὐτοῦ (2 d)

I Ch. 12. 38. *παρατασσόμενοι παράταξιν ἐν ψυχῇ εἰ.* (2 *c*)
Ju. 3. 1. *ἀπέστειλαν . . . ἀγγέλους λόγοις εἰρηνικοῖς*
7. 24. *οὐ λαλήσαντες εἰρηνικὰ μετὰ υἱῶν*
Es. 5. 1. *παρεκάλει αὐτὴν λόγοις εἰ.*
Ps. 34 (35). 20. *ἐμοὶ μὲν εἰρηνικὰ ἐλάλουν* (2 *b*)
36 (37). 37. *ἐστὶν ἐγκατάλειμμα ἀνθρώπῳ εἰρηνικῷ* (2 *b*)
119 (120). 7. *μετὰ τῶν μισούντων τὴν εἰρήνην ἤμην εἰρηνικός* (2 *b*)
Pr. 7. 14. *θυσία εἰρηνική μοί ἐστι* (2 *d*)
Si. 4. 8. *ἀποκρίθητι αὐτῷ εἰρηνικὰ ἐν πραΰτητι*
Mi. 7. 3. *ὁ κριτὴς εἰρηνικοὺς λόγους ἐλάλησε* †
Ob. 1. 7. *ἠδυνάσθησαν πρὸς σὲ ἄνδρες εἰ. σου* (2 *b*)
Za. 6. 13. *καὶ βουλὴ εἰ. ἔσται ἀνὰ μέσον ἀμφ.* (2 *b*)
8. 16. *κρίμα εἰ. κρίνατε* [**A** *δίκαιον κρίνετε*] (2 *b*)
Je. 9. 8 (7). *τῷ πλησίον αὐτοῦ λαλεῖ εἰρηνικά* (2 *b*)
45 (38). 22. *δυνήσονταί σοι ἄνδρες εἰ. σου* (2 *b*)
I Ma. 1. 30. *ἐλάλησεν αὐτοῖς λόγους εἰ.*
5. 25. **S**[1] *ἀπήντησαν αὐτοῖς εἰρηνικοῖς* [**A S**[2] **R** *-ῶς*]
— 48. *ἀπέστειλε . . . λόγοις εἰ.*
7. 10. *ἀπέστειλεν ἀγγέλους . . . λόγοις εἰ.*
— 15. *ἐλάλησε μετ᾽ αὐτῶν λόγους εἰ.*
— 27. *ἀπέστειλε πρὸς Ἰ. . . . λόγοις εἰ.*
10. 3. *ἀπέστειλε Δ. . . . λόγοις εἰ.*
— 47. *ἐγένετο αὐτοῖς ἀρχηγὸς λόγων εἰρηνικῶν*
11. 2. **A R** *ἐξῆλθεν . . . λόγοις εἰ.* [**S** *λέγων λόγους εἰ.*]
II Ma. 5. 25. *τὸν εἰ. ὑποκριθείς*
III Ma. 6. 32. *εὐφροσύνης εἰρηνικῆς σημεῖον*

[**Aq.** Le. 3. 1, 6, 9: 7. 13: III Ki. 9. 25: Ps. 54 (55). 21.]
[**Sm.** Le. 3. 1, 6, 9: 7. 13: Ps. 27 (28). 3: 36 (37). 37.]
[**Th.** Le. 3. 1, 6, 9: 7. 13: Je. 20. 10.]
[**Al.** Le. 4. 10, 31: 6. 12 (5): 7. 11, 20, 38: 9. 18: 10. 14: 19. 5: 23. 19: I Ch. 16. 1.]

εἰρηνικῶς.

I Ma. 5. 25. *ἀπήντησαν αὐτοῖς εἰ.* [**S**[1] *-κοῖς*]
7. 29. *ἠσπάσαντο ἀλλήλους εἰ.*
— 33. *ἀσπάσασθαι αὐτὸν εἰ.*
II Ma. 10. 12. *ἐπειρᾶτο τὰ πρὸς αὐτοὺς εἰ. διεξάγειν*

εἰρηνοποιεῖν. (1) לָבַט ni.

Pr. 10. 10. *ὁ δὲ ἐλέγχων μετὰ παρρησίας εἰρηνοποιεῖ* (1?)

[**Aq.**, **Sm.**, **Th.** Is. 27. 5.]

εἱρκτή.

Wi. 17. 16. *ἐφρουρεῖτο εἰς τὴν ἀσίδηρον εἱρ. κατακλεισθείς*

[**Sm.** Jb. 13. 27: Je. 37 (44). 15.]

εἰρωνεία.

II Ma. 13. 3. *παρεκάλει μετὰ πολλῆς εἰ. τὸν Ἀντ.*

εἰς. †† εἰς συναντήν *vel* συνάντησιν * εἰς ἀπαντήν *vel* ἀπάντησιν ‡ εἰς ὑπάντησιν ** εἰς ᾅδου

Ge. 1. 9 *bis*, 11†, 14 *quinquiens*, 15, 16 *bis*, 29, 30: 2. 7 *bis*, 9 *bis*, 10, 22, 24: 3. 6, 19 *bis*, 22: 4. 8, 23 *bis*: 6. 3, 16, 18, 19: 7. 1, 7, 9, 13, 15: 8. 9 *bis*, 20†: 9. 3, 12, 13, 15: 10. 19, 30: 11. 3, 31: 12. 1, 2, 5, 5†, 6, 8, 10, 11, 14, 15†, 19†: 13. 1, 3, 4, 9 *quater*, 10, 17 *ter*: 14. 8, 10, 17†††, 17: 15. 5†, 6: 16. 5: 17. 6, 7 *bis*, 8, 8†, 9, 10, 11†, 12, 13, 16, 19, 20, 21: 18. 2††, 5, 7, 10, 14 *bis*, 18, 22, 28, 33: 19. 1, 1††, 2†, 2, 3, 8, 10, 17 *bis*, 19, 23, 26, 27: 20. 1, 6, 8, 9, 12, 13†, 13, 16: 21. 2 *bis*, 13, 18, 30, 32: 22. 2 *bis*, 3, 7, 8, 13: 23. 9, 10, 13, 16, 18 *bis*, 20: 24. 4 *bis*, 5 *bis*, 8,
● 10 *bis*, 17††, 20, 27, 28, 32, 38 *bis*, 41, 49, 49†, 60, 63, 65††, 67: 25. 6, 9 *bis*, 20†: 26. 1, 2: 27. 3, 5, 9, 17, 43 *bis*: 28. 2 *bis*, 4, 5, 6, 7, 10, 12, 15, 21 *bis*: 29. 1, 3, 13††, 13: 30. 16††, 25 *bis*, 30, 38 *bis*, 39, 40: 31. 3 *bis*, 4, 13, 18, 21, 30, 33, 33†, 33, 34, 44, 55 (32. 1): 32. 1 (2), 3 (4) *bis*, 6 (7)††, 7 (8), 8 (9) *bis*, 9 (10), 10 (11): 33. 4††, 14, 16 *bis*, 17, 18: 34. 4, 12, 25: 35. 1, 3, 6, 16† *ter*, 27 *bis*: 37. 12, 13†, 14, 17, 17†, 20, 21, 22, 24, 25, 28, 35**, 36: 38. 12, 13: 39. 1, 6, 8, 11, 16, 20 *bis*: 40. 3 *bis*, 11 *bis*, 13, 15, 21: 41. 21 *bis*, 36, 45, 57: 42. 25 *bis*, 29, 32†, 37, 38**: 43. 9†, 15, 16, 17, 18 *bis*, 21, 22, 26 *bis*, 30: 44. 2, 13, 29**, 31**, 32†: 45. 2, 3†, 4, 5, 16, 17, 21, 23, 25: 46. 3 *bis*, 4 *bis*, 6, 7, 8, 26, 27, 28, 29††: 47. 4, 9, 14, 21, 24 *bis*, 26: 48. 4 *bis*, 5, 16, 19 *bis*, 21: 49. 6, 15, 17, 23, 27 (*εἰς τὸ ἑσπέρας*): 50. 4, 10†, 13 *bis*, 14, 15†, 20 *bis*, 21, 22†, 24.

Ex. 1. 1, 22: 2. 3 *bis*, 10, 15: 3. 1, 8 *ter*, 17 *bis*, 18: 4. 6 *bis*, 7 *ter*, 14††, 15, 17, 19, 20, 21, 27††, 27: 5. 3, 7, 12, 20††, 21: 6. 8 *bis*, 20: 7. 15, 17, 20, 23: 8. 3 (7. 28) *bis*, 3 (7. 28)†, 10 (6) (*εἰς αὔριον*), 21 (17), 24 (20) *ter*, 27 (23): 9. 8, 10†, 14, 19, 20, 21, 22, 23, 29†: 10. 2, 13, 16, 19, 21, 22, 29 (*εἰς πρόσωπον*): 11. 2, 4: 12. 4 *bis*, 10†, 14, 17, 17†, 23, 25, 37 *bis*, 39, 42, 46†: 13. 5, 10, 11, 16, 17, 18 *bis*: 14. 13 (*εἰς τὸν αἰῶνα χρόνον*), 16, 22, 23, 24†, 28: 15. 1, 2, 4, 5, 13, 17 *bis*, 19, 21, 22, 23, 25, 27: 16. 1, 3 *bis*, 4, 5, 8, 10, 16, 18, 19, 20, 23, 23†, 24†, 29, 32 *bis*, 33 *ter*, 34, 35 *bis*: 17. 14, 14†, 14, 16: 18. 5, 5†, 7††, 7, 23, 27: 19. 1, 2, 3, 9, 10, 12, 17††: 20. 6, 21: 21. 6, 13: 23. 19, 20, 27 *bis*, 31: 24. 4, 6, 7, 12, 13†, 15, 18 *bis*: 25. 6 (7) *bis*, 13 (14), 15 (16), 19 (20) *bis*, 20 (21), 26 (27): 26. 4†, 5, 12†, 19, 19†, 21, 21†, 24, 25, 28, 29: 27. 7, 9, 20, 21: 28. 2, 3, 4, 21, 23, 26, 31, 36 (40), 39 (43): 29. 9, 18, 25, 30, 41†, 42: 30. 4, 8, 10, 14, 16, 18, 20, 21, 31: 31. 5, 10†, 13, 16: 32. 10 *bis*, 11, 13, 24, 28, 34: 33. 1, 3, 7, 8 *bis*, 9, 11, 22: 34. 1, 2, 2†, 4, 7, 12 *bis*, 18, 25, 26: 35. 9 *bis*, 9†, 21 *ter*, 24, 27, 27†, 28†: 36. 3, 6, 7, 11 (39. 4), 21 (39. 14)†, 21 (39. 14), 25 (39. 18), 29 (39. 21) *bis*, 34 (39. 26): 38. 19 (36. 34), 24 (4)†, 27 (40. 32): 39. 1 (38. 24), 3 (38. 26), 4 (38. 27) *bis*, 5 (38. 27), 6 (38. 28), 12 (32), 19 (41)†, 21 (40): 40. 5, 15 *bis*, 20, 21, 22, 24 *bis*, 35.

Le. 1. 10, 16: 2. 12: 3. 17 *bis*: 4. 5†, 6, 12, 16, 31, 32†: 5. 7 *bis*, 18: 6. 5 (5. 25), 11 (4), 18 (11), 20 (13)†, 21 (14)†, 30 (23): 7. 5 (15), 14 (24) *bis*, 26 (36): 8. 18, 20 (21): 9. 2, 3, 4, 9, 23: 10. 9 *bis*, 18: 11. 32, 33, 34: 12. 4, 6, 8 *bis*: 13. 17, 20, 25, 59: 14. 5, 6, 7, 8, 10†, 10, 21 *ter*, 22, 23, 31, 32, 34, 40, 41, 45, 46, 50, 51, 53: 15. 13, 15, 30: 16. 2, 2 (*εἰς πρόσωπον*), 3 *bis*, 5, 10 *bis*, 21, 22 *bis*, 23 *bis*, 26 *bis*, 28: 17. 4 *bis*, 6, 7: 18. 3, 23: 19. 23: 20. 5, 22: 21. 4, 17: 22. 3, 18, 22†, 23†, 27, 30: 23. 10, 12, 14 (*ἕως εἰς*), 14, 19, 21, 31, 37, 41: 24. 2, 3, 4 (*ἕως εἰς*)†, 7 *bis*, 12†: 25. 2, 7, 10 *bis*, 13, 19, 21, 23, 27, 28, 30, 41 *bis*, 45, 46, 52: 26. 5, 20 (*εἰς κενόν*), 25 *ter*, 26†, 33, 36: 27. 18 (*ἕως εἰς*).

Nu. 3. 38, 49: 4. 10, 12, 14: 5. 17, 22, 23 *bis*, 24, 27 *bis*: 6. 11, 12, 14 *ter*: 7. 10, 11, 13, 15, 17, 19, 21, 23, 25, 27, 29, 31, 33, 35, 37, 39, 41, 43, 45, 47, 49, 51, 53, 55, 57, 59, 61, 63, 65, 67, 69, 71, 73, 75, 77, 79, 81, 83, 88, 89: 8. 12: 9. 12: 10. 8, 9, 29, 30 *bis*: 11. 6, 12 *bis*, 16†, 18 (*εἰς αὔριον*), 20, 26†, 30, 33, 35: 12. 4†, 5, 14: 13. 3 (2), 19 (18), 20 (19), 20 (19)†, 27 (26), 28 (27), 28 (27)†: 14. 3 *ter*, 4, 8, 12, 16, 24 *bis*, 25, 28†, 30, 31†, 31, 40† *bis*, 40, 45: 15. 2, 5, 6 *bis*, 7 *bis*, 8 *ter*, 10†, 13, 15, 18 *bis*, 21, 23, 24 *bis*, 34, 38: 16. 13, 14, 15, 30**, 33**, 38 (17. 3), 46 (17. 11), 47 (17. 12): 17. 8 (23)†, 8 (23), 10 (25), 10 (25)†, 13 (28) (*ἕως εἰς*): 18. 8, 17, 22, 23: 19. 3, 6, 7, 9 *bis*, 14, 17, 18: 20. 1, 4, 5, 12, 15, 15†, 18††, 20††, 22, 24, 25, 27: 21. 6, 12, 13, 18, 19 *ter*, 21 *bis*, 23 *bis*, 27, 33, 33††, 33 *bis*, 34: 22. 23, 26, 32, 34††, 36††, 36, 38, 39: 23. 5, 11, 12, 13, 14, 16, 27, 28: 24. 1††, 1, 11, 14, 25: 25. 1, 2†, 8: 27. 12: 28. 2, 3, 5, 6, 8, 9†, 14, 24 *bis*, 27: 29. 2, 6, 8, 10, 11, 13, 36: 31. 5, 12 *bis*, 13††, 24, 27, 28, 36, 48, 54: 32. 6, 7, 9, 15, 17, 18 *bis*, 20, 27, 29, 30 *bis*, 32, 39†: 33. 5, 6, 8, 9, 11†, 12, 20†, 21†, 22, 23†, 24†, 25, 26, 27, 28, 29, 30, 31, 32, 33, 34, 35, 36, 37, 41†, 42†, 43†, 45, 46†, 51, 54: 34. 2 *bis*, 4, 8: 35. 10, 12, 15, 25†, 26, 28, 29 *bis*, 32, 33†: 36. 3.

De. 1. 7 *bis*, 13, 22 *bis*, 24, 27, 31†, 31, 40, 41, 43, 44††: 2. 1, 19, 24, 29, 30†, 32††, 32, 32†, 36, 37†: 3. 1, 1††, 1 *bis*, 2, 3, 20: 4. 5, 14, 19, 21, 26, 27, 42: 5. 5, 10, 30 (27), 32 (29)†, 32 (29): 6. 1, 8, 10: 7. 1 *bis*, 2, 4, 9, 20†, 23, 24, 26: 8. 7: 9. 7, 9, 14, 21, 28: 10. 1, 2, 3, 5, 7 *bis*, 22: 11. 5, 8, 10, 11, 18 *ter*, 29, 29†: 12. 5, 9 *bis*, 14, 25†, 26, 29: 13. 16 (17) *bis*: 14. 25: 15. 17: 16. 4, 6, 7: 17. 8, 14, 16, 18: 18. 7, 9: 19. 5 *bis*, 11, 12: 20. 1, 3, 5, 6, 7, 8, 13, 19 *bis*: 21. 4, 10 *bis*, 12: 22. 2: 23. 1 (2), 2 (3)†, 3 (4) *bis*, 3 (4) (*ἕως εἰς*), 5 (6), 6 (7), 8 (9), 9 (10)†, 10 (11), 11 (12), 14 (15)†, 18 (19), 20 (21), 25 (26)†, 24 (25)† *bis*: 24. 1†, 3, 5, 10: 25. 1, 9†: 26. 1, 2 *bis*, 3, 5 *bis*, 9†, 9, 14: 27. 2, 3, 9: 28. 1†, 11, 13 *bis*, 21 *bis*, 27†, 32, 36†, 37, 38, 44† *bis*, 63, 64, 68 *bis*: 29. 7 (6)††, 13 (12)†, 21 (20), 28 (27), 29 (28): 30. 1, 3, 5, 9, 12, 13, 16, 18: 31. 7, 9, 11, 13, 14†, 16, 16†, 17†, 19, 19†, 20, 21, 23, 24 *bis*, 26, 28, 30 *bis*: 32. 23 *bis*, 24, 29, 40 *bis*, 44, 47, 49, 49†, 50: 33. 7.

Jo. 1. 2, 7†, 7, 9, 15, 15†, 16: 2. 1 *bis*, 3, 14, 14†, 16 *bis*, 18, 18†, 18, 22: 3. 5 (*εἰς αὔριον*†), 15, 16, 16 (*ἕως εἰς*): 4. 5, 6, 8, 13 *bis*: 6. 5, 10 (11), 13 (14), 18 (19), 19 (20), 21 (22), 22 (23), 23 (24): 7. 2, 5†, 11, 13 (*εἰς αὔριον*), 22 *bis*, 22†, 24 *bis*: 8. 1 *bis*, 2, 3, 5††, 7, 9, 14††, 14, 18, 19†, 20 *bis*, 21†, 22††, 24, 28, 29: 9. 1 (8. 35), 6 *bis*, 11, 11††, 17, 27: 10. 6 *bis*, 8, 13 *bis*, 15† *bis*, 16, 19 *bis*, 20 (*ἕως εἰς*), 20, 21, 27 *bis*, 29, 30†, 31, 32, 34†, 34, 36, 38: 11. 2 *quater*, 3 *ter*, 17, 20: 12. 7: 13. 1: 14. 9, 11: 15. 3, 8, 9† *bis*, 10, 11, 16, 17†, 19: 16. 1 *bis*, 2†, 3†, 6, 6†, 6 *bis*, 7, 7†: 17. 7†, 9, 15: 18. 1, 9, 9†, 14†, 14, 15, 19: 19. 11, 27, 29, 48, 47: 20. 3, 4†, 6† *bis*, 9: 21. 42: 22. 4 *bis*, 6, 7, 8, 9 *bis*, 10, 12, 13, 15, 19†, 32, 33: 23. 4, 6, 6†, 7, 13 *quater*: 24. 1†, 4 *bis*, 6 *bis*, 8 *bis*, 11 *bis*, 26, 27 *bis*, 28, 30, 30†, 33 *ter*.

Jd. 1. 4† *bis*, 7, 12, 13, 14, 15, 16, 22, 26, 28, 29, 30, 31, 33, 34 *bis*, 35: 2. 1 *bis*, 2, 3 *bis*, 6†, 6, 14†, 15: 3. 6, 8†, 10†, 21†, 23†, 26†, 27†, 31: 4. 5†, 6, 7† *bis*, 9†, 10†, 12†, 13, 17, 18†††, 18*†, 18, 22†††, 22*†: 5. 9, 11, 15† *bis*, 16†, 16, 17†, 18, 23, 23†, 26 *bis*, 30: 6. 4†, 4, 5, 6†, 11 (*εἰς ἐκφυγεῖν*)†, 13†, 19†, 28†, 35†, 35†††, 35*†: 7. 3†, 4†, 5†, 7, 8, 9†, 9, 11†, 12 *bis*, 15, 16†, 24††: 8. 5†, 8, 18†, 27 *bis*, 33†, 33: 9. 1, 5 *bis*, 6†, 15†, 21†, 26†, 27 *bis*, 31, 42, 43†, 45†, 46, 48, 50†, 55, 57: 10. 18: 11. 6, 8, 9, 11 *bis*, 16†, 18†, 20, 20†, 29, 31†††, 31*†, 33†, 34 *bis*, 34†††, 34*†, 35†, 39, 40: 12. 1, 3†: 13. 18†, 20† *bis*: 14. 1, 1†, 2, 5, 5†, 5†††, 5*†, 9, 19 *bis*: 15. 1, 5†, 10†, 11†, 12†, 13†, 14†††, 14*†: 16. 1, 13, 14, 16 (*ἕως εἰς*)†, 21: 17. 5, 8†, 10 *ter*, 12, 13: 18. 2†, 4, 6†, 7, 8, 15, 15† *bis*, 17, 19 *bis*, 19†, 26 *bis*: 19. 2 *bis*, 3†, 3†††, 3*†, 9 *ter*, 11, 12, 13†, 15, 18 *bis*, 21, 22, 23, 28, 29†, 29, 29†: 20. 1, 3, 4, 8 *bis*, 10† *bis*, 11†, 14, 14†, 18, 18†, 20, 20†, 23, 25†††, 25*†, 26, 28, 28†, 31†††, 31*†, 31 *bis*, 32, 40†, 42, 45, 47, 48: 21. 1, 2, 3†, 5, 7 *bis*, 8 *ter*, 12 *ter*, 13, 16, 19 *bis*, 21, 23† *bis*, 24 *ter*.

Ru. 1. 2, 7, 8, 10, 11, 14, 19, 19†, 22: 2. 2, 9 *bis*, 18: 3. 6, 14, 15: 4. 10, 11, 13†, 15, 16 *bis*.

I Ki. 1. 3, 3†, 7, 13†, 16, 17, 18 *bis*, 19, 24 *bis*, 25: 2. 3†, 6**, 10, 11, 11†, 14†, 14 *ter*, 19, 20, 25, 28, 29: 3. 12, 20, 21: 4. 1, 1*, 1, 2, 3, 3†, 4, 5, 6, 7, 9, 9†, 10, 12, 13: 5. 1, 2, 3 *ter*, 5, 6, 8, 9, 10, 10†, 11, 12 *bis*: 6. 2, 7, 9†, 10, 12, 13*, 14, 14†, 16: 7. 1, 5, 6 *bis*, 7, 10, 13, 17: 8. 4, 13 *ter*, 16, 21, 22: 9. 5, 10, 12, 13†, 13, 14, 14*, 14, 16, 18, 19, 22, 24, 25†, 27: 10. 1 *bis*, 3, 4, 5 *bis*, 6, 10, 12, 13, 17, 21 *bis*, 25, 26 *bis*: 11. 3, 4 *bis*, 7, 9, 11, 14, 15 *bis*: 12. 1, 8, 9 *ter*, 15†, 22†: 13. 2†, 3†, 5†, 7†, 8†, 10*, 11†, 12†, 14†, 15†, 15*†, 15†, 20†, 21†: 14. 1†, 4†, 6†, 10, 11, 12, 21, 22, 23, 26 *bis*, 27 *bis*, 32, 37, 40 *bis*, 46, 47 *sexiens*: 15. 1, 11, 12*, 12 *bis*, 17, 18, 29 (*εἰς δύο*), 34 *ter*: 16. 1 (*ἕως εἰς*)†, 3, 4, 5, 7 *ter*, 13: 17. 1 *bis*, 2, 8†, 9 *bis*, 13† *bis*, 17†, 18†, 20† *bis*, 22† *bis*, 30 (*εἰς ἐναντίον*)†, 40, 45†, 47, 48††, 48†, 49, 49†, 52†, 54, 55*†: 18. 6††, 6*†, 17† *bis*, 19†, 21, 23, 25†, 27: 19. 4 *bis*, 5, 10 *bis*, 11, 18, 22, 23† *bis*: 20. 6 (*ἕως εἰς*†), 8, 9, 11 *bis*, 12, 13, 19, 20, 28 (*ἕως εἰς*), 30†, 30, 35 *bis*, 40, 42, 42 (21. 1): 21. 1 (2), 3 (4), 5 (6), 15 (16): 22. 1, 3, 5, 8, 9, 13, 17, 18: 23. 3 *bis*, 4 *bis*, 5, 6, 7†, 7 *bis*, 8 *bis*, 12†, 14†, 14, 16, 17, 18, 20 *bis*, 23 (*εἰς ἕτοιμον*)†, 25 *bis*, 28††: 24. 4, 5, 8†, 9†, 11, 12, 16, 19, 23 *bis*: 25. 1, 5 *bis*, 6, 12, 17 *bis*, 20††, 21 (*εἰς ἄδικον*), 24, 26, 30, 32*, 33, 34*, 35 *bis*, 39 *bis*, 40 *bis*, 41, 42: 26. 1, 2, 3, 5, 6, 7 *bis*, 8 *bis*, 10, 13, 19†, 23, 25 *bis*: 27. 1 *ter*, 4, 11 *bis*, 12: 28. 1, 4 *bis*, 19 *bis*: 29. 1, 2, 4 *bis*, 7, 9, 10: 30. 1†, 2, 3, 15, 21* *bis*, 21†, 23, 24, 25, 25†, 26, 31†: 31. 3, 9, 10, 12†.

II Ki. 1. 22: 2. 1 *bis*, 2†, 7 *bis*, 8†, 12, 16, 19 *bis*, 20, 21 *bis*, 22, 25††, 26 *bis*, 29 *bis*: 3. 8, 12, 19

● = correction on page xxv

bis, 20, 22†, 27†, 27, 32† : 4. 3, 5, 6, 8 : 5. 1, 2†, 3 *bis*, 6, 9, 12, 13†, 17, 18, 19 *bis*, 23†† : 6. 3†, 10 *bis*, 11, 12, 17 *bis*, 19 *bis*, 20*, 21 : 7. 8, 13 (ἕως εἰς), 14 *bis*, 16, 19 (εἰς μακράν), 24†, 24, 29 *bis* : 8. 3, 6, 7 *bis*, 10, 13 : 10. 2, 5*, 11, 13, 14 *bis*, 16†, 17 : 11. 1, 4, 7 *ter*, 8, 9, 10 *bis*, 11, 13, 16, 21, 23, 25†, 27 *bis* : 12. 7†, 9, 10, 15, 20 *bis*, 29†, 31 : 13. 7 *bis*, 8, 10 *bis*, 20†, 23, 28, 37, 38 : 14. 2, 3†, 4†, 8, 17, 19 *bis*, 23 *bis*, 24 *bis*, 26, 31 : 15. 2, 6, 8, 9 *bis*, 12†, 18†, 21 *ter*, 25, 25†, 27, 29, 32*, 33, 34†, 37 *bis* : 16. 1*, 2, 13†, 15 : 17. 11, 12, 13, 13 (ἕως εἰς), 17, 18, 20 *bis*, 23 *bis*, 24, 26, 27 : 18. 4 *bis*, 6, 11, 14†, 17 *ter*, 22†, 24, 27, 32, 33 (19. 1) : 19. 2 (3), 3 (4), 5 (6), 7 (8), 8 (9), 11 (12), 11 (12)†, 12 (13), 15 (16), 15 (16)*, 16 (17)*, 19 (20), 20 (21)*, 22 (23), 24 (25)*, 25 (26), 25 (26)*, 30 (31), 34 (35)†, 35 (36)†, 35 (36), 39 (40), 40 (41) : 20. 1, 3 *bis*, 10†, 10, 12, 14 *bis*, 22 *bis* : 21. 17 : 22. 20, 35, 37 *bis*, 40, 44, 45 : 23. 9, 11, 13 *bis*, 19†, 23† : 24. 4, 6 *ter*, 6†, 7, 7†, 7, 8, 14†, 14, 16, 22 *bis*.

III Ki. 1. 15, 19, 25, 31, 33, 34, 35†, 38, 45†, 49, 52, 53 : 2. 2, 6**, 8, 8*, 8, 9**, 14, 16†, 19*, 21, 26 *bis*, 28, 29 *bis*, 30, 32, 33 *ter*, 35 : 3. 1, 1 (9. 24), 1 (2. 8), 1 (2. 8)*, 1 (2. 9)**, 1 (2. 40), 1 (2. 41), 1 (2. 42) *bis*, 1 (2. 44), 1 (2. 45), 1†, 1 (4. 20)†, 1 (4. 26)†, 4, 15, 25 (εἰς δύο) : 4. 11, 15†, 28 (5. 8), 34 (3. 1) *bis* : 5. 1 (15)†, 8 (22)†, 9 (23), 14 (28), 17† : 6. 1 (5. 17), 1 (38)† *bis*, 3, 8, 16, 20†, 24†, 38† *bis* : 7. 25, 32 (εἰς ὑποκάτωθεν)†, 51, 10 : 8. 6 *ter*, 8 (εἰς πρόσωπον), 22, 29 *ter*, 30, 32, 34, 35, 38, 42, 44, 46, 50, 50†, 52 *bis*, 53, 54, 66 : 9. 3, 3†, 5, 7 *ter*, 9, 12, 25 (εἰς πρόσωπον)†, 28 : 10. 2†, 9, 10, 13, 17 *bis*, 21†, 22 (9. 21), 22 (9. 22)†, 26†, 27 : 11. 2 *ter*, 17, 18, 18†, 21, 22 *bis*, 40, 43† *bis* : 12. 1 *bis*, 16 *bis*, 18, 19, 20, 21, 24, 24 (11. 28)†, 24 (11. 43)†, 24† *ter*, 24 (14. 3)†, 24 (14. 4)† *bis*, 24*†, 24 (14. 12)†, 24 (14. 12)†††, 24 (14. 17), 24*, 24 *deciens*, 26†, 27, 28, 29†, 30 : 13. 1, 7, 10, 11†, 15†, 18†, 22, 29, 33, 34 *ter* : 14. 2†, 3†, 4†, 9 (εἰς πρόσωπον)†, 10†, 12†, 17†, 26, 26†, 28 *bis* : 15. 15, 18, 21, 22 : 16. 18, 28 (22. 48 [49]) *bis* : 17. 9, 10 *ter*, 19, 21, 23 : 18. 5†, 7††, 9, 12, 16†† *bis*, 19†, 20 *bis*, 36, 40, 42†, 45†, 46 : 19. 3, 9, 15 *ter*, 16† *bis* : 20 (21). 2 *bis*, 16, 18* : 21 (20). 2, 13, 18 *bis*, 24, 26 *bis*, 27*, 28, 30 *quater*, 43 : 22. 4†, 4, 6 *ter*, 8, 12 *bis*, 13, 15 *ter*, 17, 22†, 29, 30 *bis*, 35, 36 *bis*, 37, 49†.

IV Ki. 1. 3††, 6††, 7††, 18 (3. 3) : 2. 1, 2, 3†, 4 *bis*, 6 (ἕως εἰς†), 11 (ὡς εἰς†), 12, 15††, 21, 23, 25 *bis* : 3. 7 *bis*, 13, 24, 27 : 4. 1, 4†, 8, 11, 16, 17, 24, 25†, 26*, 27, 31*, 32, 33, 38, 39 *bis*, 41, 44 (εἰς πρόσωπον)† : 5. 15 (εἰς πρόσωπον)†, 18, 19, 19†, 21*, 24, 26††, 27 : 6. 4, 5, 8, 10, 19†, 20, 23† : 7. 4 *bis*, 5 *bis*, 8 *bis*, 9, 10, 11, 12 : 8. 3†, 7, 8*, 9*, 18, 21†, 21, 28, 29† : 9. 1, 2, 3†, 4, 6 *bis*, 12†, 16†, 18*, 18†, 19†, 21*, 27, 28, 30†, 32 : 10. 6†, 7†, 8 (εἰς πρωΐ), 10, 12, 13, 14†, 15*, 17, 21 *bis*, 23, 27 : 11. 4, 8, 13, 17, 18 *bis* : 12. 5 (6), 7 (8), 12 (13) : 13. 7, 18 : 14. 9, 12, 13, 14, 19 *bis* : 15. 14, 29 : 16. 5 *bis*, 6, 9, 10†, 10*, 10, 15 (εἰς πρωΐ†) : 17. 5, 6, 23, 26 : 18. 11, 14, 17†, 20, 21, 24†, 24, 32 : 19. 1, 7, 10, 14, 15 (εἰς πρόσωπον)†, 18, 22 *bis*, 23 *bis*, 25 (εἰς ἀπό)†, 25, 32, 33, 37 : 20. 1, 5, 8, 10, 11, 17, 20 : 21. 7, 14 *ter*, 16 : 22. 4†, 9†, 19 *bis*, 20 : 23. 2, 4, 6 *ter*, 11, 12, 15, 19†, 20, 29*, 30, 34 : 24. 10, 11, 15, 15†, 15, 16 : 25. 2†, 6†, 7, 8, 12 *bis*, 13†, 13, 20, 21†, 23, 25†, 26.

I Ch. 2. 7, 24, 35 : 4. 38, 42 : 5. 1, 2, 18, 20, 26 : 6. 48 (33), 49 (34) : 7. 4, 5, 40 : 8. 6 : 9. 1, 13, 19, 25, 30 : 10. 9, 12 : 11. 2, 3†, 3, 4†, 6 *ter*, 13, 15 *bis*, 21 : 12. 1, 16, 17*, 17, 19, 20, 22, 23, 25, 32, 32†, 33, 35, 36, 38, 40 : 13. 6, 13 *bis* : 14. 2†, 2, 8*†, 8††, 10† *bis*, 11, 15 : 15. 3† *bis*, 16 : 16. 15 *bis*, 17, 20 *bis*, 23, 34, 37, 38, 41, 42, 43 : 17. 7, 13 *bis*, 22, 27 *bis* : 18. 6, 7, 10 : 19. 2, 5*, 7, 9, 12, 14, 15 *bis*, 17† : 20. 3 : 21. 3, 4, 13 *bis*, 15, 17, 23 *ter*, 24†, 27 : 22. 1, 3 *bis*, 4, 5 *quinquiens*, 8, 10 *bis*, 14 *bis*, 15, 19 : 23. 3, 11 *bis*, 14, 17, 26, 29 *sexiens* : 24. 4 *bis*, 19 : 25. 1, 6† : 26. 1†, 6, 13, 16†, 17, 18 *ter*, 30, 32 : 27. 1, 1†, 1, 7, 15 : 28. 2, 4, 4†, 6, 9, 10, 12, 13, 21 *bis* : 29. 1, 2, 3 *ter*, 5† *ter*, 7, 8, 18, 21, 22 *bis*.

II Ch. 1. 1, 3, 4†, 13†, 15 : 2. 4 (3), 9 (8), 10 (9) *bis*, 11 (10)†, 16 (15) : 3. 6, 8 *bis*, 13 : 4. 6, 13, 18, 22, 22† : 5. 1, 2, 7 *ter*, 9 (εἰς πρόσωπον), 13 : 6. 2, 5, 13, 20 *bis*, 21, 23, 25, 26, 27, 29, 32, 34, 36 *bis*, 40, 41 : 7. 2, 3, 6, 10, 12, 20 *bis* : 8. 3, 8, 9, 11, 14, 15 *bis*, 17 *bis*, 18 : 9. 1 *bis*, 8 *ter*, 9, 12, 20, 21, 25, 27 : 10. 1 *bis*, 7, 16 *bis*, 18 *bis* : 11. 1, 4, 5†, 12, 14, 16, 17, 22 *bis* : 12. 4, 5, 7, 8, 11, 11*, 12 *bis* : 13. 5, 8, 9, 16 : 14. 10 (9) ††, 15 (14) : 15. 2*, 10 : 16. 8 *quinquiens*, 10 : 17. 12 (ἕως εἰς) : 18. 2 *bis*, 3 *bis*, 5 *ter*, 7 *bis*, 11 *bis*, 14 *ter*, 16†, 26, 28, 29 *bis* : 19. 1 *bis*, 2*, 4†, 4, 8, 11 *bis* : 20. 1, 7, 10, 17*, 19, 20, 21, 23, 26, 27, 28†, 28, 36, 37 : 21. 9, 15, 18, 19 : 22. 5, 6 *bis*, 7†, 11 : 23. 1, 2, 4, 6, 7, 12, 17, 19, 20 *bis* : 24. 5, 6, 10, 11, 12, 14, 24 : 25. 5, 5†, 5, 10 *bis*, 11, 13, 14, 18, 20, 22, 23, 24, 27 *bis* : 26. 11, 11† *bis*, 11, 12, 14, 16, 18 : 27. 2 : 28. 5†, 5, 8, 9*, 9 *bis*, 10, 13, 15 *bis*, 21, 23, 27 : 29. 4, 8 *bis*, 8†, 16 *ter*, 17, 20, 31, 31†, 32 : 30. 1 *bis*, 3, 5†, 6, 7, 8 *bis*, 9, 11, 11†, 13, 14, 24, 27 *bis* : 31. 1 (ἕως εἰς), 1 *bis*, 2 *bis*, 3 *quater*, 5, 10 *bis*, 10 (ἕως εἰς)†, 11, 16 *ter*, 16†, 18 : 32. 6†, 11, 11†, 11, 20, 21 *bis*, 23, 27 *bis*, 28 *bis*, 29 : 33. 4, 7, 11, 13†, 14 : 34. 7, 9, 11, 14, 30, 32† : 35. 2, 3, 7 *bis*, 8, 9, 12, 20††, 24, 25 : 36. 1, 3, 4, 5, 6, 7, 10, 18, 19, 20 *bis*, 21.

I Es. 1. 8, 9, 24, 25*, 31, 32, 40, 45, 53, 54, 56, 57, 58 : 2. 1, 5, 7, 15, 18, 24, 29†, 30 : 3. 3, 20 : 4. 19, 23†, 23, 34, 38 *bis*, 48, 49, 51, 57, 58, 61 : 5. 2, 4, 7, 8 *bis*, 11, 24, 44, 45, 47, 55 *bis*, 56 *ter*, 57, 58, 61 : 6. 8, 8†, 15 *bis*, 16, 26 *bis*, 29 *bis* : 7. 7 : 8. 5, 6, 7, 10, 13 *bis*, 14†, 14, 17, 18†, 21†, 25, 49, 52, 60, 61 *bis*, 70, 77†, 83, 87, 92 : 9. 1, 3, 5, 20, 41.

II Es. 1. 3, 4, 11 : 2. 1 *ter*, 68 *bis*, 69 : 3. 1, 3, 5 *bis*, 8, 8†, 8, 11 : 4. 12, 22, 23 : 5. 8 *bis*, 12 *bis*, 14, 15, 16† : 6. 5† *bis*, 9, 10, 17 *bis*, 21† : 7. 7, 8, 9, 13, 14, 15, 16, 19, 23, 26 *quater* : 8. 17, 20, 22, 27, 29, 30 *bis*, 31, 32 : 9. 6 (ἕως εἰς), 8, 11 : 10. 6, 7†, 8, 9 *bis*, 13 *bis*, 14.

Ne. 1. 9, 11 *ter* : 2. 3, 5†, 5, 8 *bis*, 8† *bis*, 11, 12, 13, 14, 18 : 3. 5, 26 : 4. 4 (3. 36) *ter*, 8 (2)†, 11 (5), 12 (6)†, 13 (7), 15 (9) *bis* : 5. 4, 5, 14, 18, 19 : 6. 6, 7, 10 *bis*, 11, 13, 15, 18 : 7. 5 *bis*, 6, 6† *bis*, 39, 66†, 70 *bis*, 71 : 8. 1, 3, 7, 15 : 9. 11, 15 *bis*, 15†, 17, 23, 24, 25, 28, 29, 31† : 10. 32 (33), 33 (34) *quinquiens*, 34 (35) *ter*, 35 (36), 36 (37), 37 (38), 38 (39) *ter*, 39 (40) : 11. 18†, 23†, 24 : 12. 8, 24 (εἰς αἰνεῖν†), 24†, 27, 28 : 13. 1†, 2, 7, 10, 12, 15, 26, 31.

To. 1. 3 *bis*, 4 *bis*, 6† *bis*, 7†, 10, 14, 15, 17†, 20†, 21, 22 : 2. 1, 4, 6 *bis*, 9†, 10 *bis* : 3. 2†, 4, 4†, 6, 9, 10†, 10**, 11 *bis*, 12†, 17 : 4. 9†, 10†, 15† : 5. 2†, 3 (εἰς δύο)†, 4†, 5†, 6† *bis*, 9† *bis*, 13 : 6. 2†, 4†, 5†, 7†, 8† *bis*, 10†, 12†, 14, 15† *bis*, 16, 17† *bis* : 7. 1 *ter*, 12†, 17† : 8. 1†, 3 (ἕως εἰς†), 5, 5†, 11, 15, 19†, 21† : 9. 2†, 2, 5† *bis*, 6, 6† : 10. 7†, 13† *bis* : 11. 1, 5†, 7, 11†, 14† *bis*, 16†††, 16*†, 17† : 12. 1†, 5†, 17, 18†, 20† : 13. 1†, 1, 2†, 4, 6†, 10†, 11† *bis*, 12, 14, 16†, 18† : 14. 4, 5, 5†, 7†, 10†, 10, 10†, 10 *bis*, 12† *bis*, 15† *bis*.

Ju. 1. 2 *bis*, 3, 4 *bis*, 4†, 6†, 6, 9 (ἕως εἰς)†, 11, 14, 16† : 2. 5†, 6†††, 6‡†, 7, 10, 11, 15 *bis*, 17 *bis*, 18, 19, 22, 27 *bis* : 3. 6, 8, 10 : 4. 1, 4 *bis*, 5 *bis*, 7, 12 *quater*, 15 : 5. 1, 4*, 8, 9, 10 *bis*, 11, 14, 18 *bis*, 20, 21, 23, 24 : 6. 7, 10 *bis*, 11 *bis*, 11†, 14, 14†, 16, 17, 21 *bis* : 7. 3 *bis*, 7, 13, 18, 21, 25, 26, 27 *bis*, 30, 32 *bis* : 8. 17, 19 *bis*, 22 *ter*, 23 *bis*, 27 *bis*, 31†, 31, 32, 35 *bis* : 9. 1, 2 *quater*, 3 *bis*, 4 *quater*, 9 *bis*, 13 : 10. 2, 4, 4*†, 8 *bis*, 9, 11 (εἰς εὐθεῖαν), 12, 13 (εἰς πρόσωπον†), 15 (εἰς πρόσωπον)†, 15, 18, 20, 22 : 11. 3 *bis*, 7, 10, 14, 15, 17 : 12. 5, 7, 8, 10, 13†, 15 *bis*, 17 : 13. 1, 4, 5, 8, 10, 12†, 13, 16 *bis*, 18, 20 : 14. 2†, 2, 3, 5 *bis*, 10†, 13 *bis*, 15, 17 *bis*, 18 : 15. 3, 4 *ter*, 10 (εἰς τὸν αἰῶνα χρόνον) : 16. 3, 5 *bis*, 8†, 8, 16 *bis*, 17, 18, 19, 20†, 21, 21†, 21, 23.

Es. 1. 1 *bis*, 5, 22† *bis* : 2. 3 *bis*, 7†, 8†, 14, 23 : 3. 7, 9, 10†, 13, 13†, 13, 14, 15† : 4. 2, 5†, 7, 8, 11, 14, 17 *noviens* : 5. 1, 4, 5†, 8†, 10, 12 *bis*, 14 : 6. 12 *bis* : 7. 4 *bis*, 7, 8† : 8. 11†, 13, 13†, 13 *ter*, 13† *bis*, 13 : 9. 20, 22† *bis*, 28†, 32 *bis* : 10. 2, 3† *bis*, 3.

Jb. 1. 11, 21† : 2. 5, 9, 9† : 3. 4, 6 *bis*, 9† : 5. 11 : 6. 9, 28 : 7. 9, 10, 16, 17, 18†, 21 : 9. 24, 32 : 10. 9, 16, 19, 21 *bis* : 11. 7 : 12. 4, 5, 22 : 13. 5†, 16, 27 : 14. 5, 20 : 15. 8, 22, 23†, 23 *bis*, 28 : 16. 9, 11†, 12, 14 *bis*, 16† : 17. 12, 16† : 18. 18 : 19. 18, 23 : 20. 6, 7, 18, 28 : 21. 5, 30 *bis*, 32 : 22. 4, 11†, 26 : 23. 3, 7, 8† : 24. 5, 14, 25 : 27. 14 : 28. 11 : 30. 31 *bis* : 31. 5, 24 : 33. 22, 24, 28 : 34. 15 : 35. 4 : 36. 7, 8, 27 : 37. 12†, 13 *ter*, 18 : 38. 20, 21†, 23 *bis*, 24, 37 : 39. 14, 16 (εἰς κενόν), 21 : 40. 5 (10)†, 8 (13), 14 (19)†, 18 (23) : 41. 4 (5), 24 (25) : 42. 10.

Ps. 4. *tit.*, 7 : 5. *tit.*, 7, 11 : 6. *tit.*, 10† : 7. 5 *bis*, 7, 15, 16 : 8. *tit.* : 9. *tit.*, 3, 5 *bis*, 6, 7, 17, 18 *bis*, 27 (10. 6), 29 (10. 8), 32 (10. 11), 35, (10. 14), 37 (10. 16) *bis* : 10 (11). *tit.*, 3, 5 : 11 (12). *tit.*, 7 : 12 (13). *tit.*, 1, 3 : 13 (14). *tit.* : 14 (15). 5 : 15 (16). 10*†, 11 : 16 (17). 12 : 17 (18). *tit.*, 6, 19, 34, 35†, 39, 43, 44 : 18 (19). *tit.*, 4 *bis*, 9, 14 : 19 (20). *tit.* : 20 (21). *tit.*, 4, 4†, 6, 6†, 9, 11 : 21 (22). *tit.*, 2, 15, 19, 26, 29 : 22 (23). 2, 6 : 23 (24). 3 : 24 (25). 2† : 26 (27). 12 : 27 (28). 1, 2†, 5 *bis* : 28 (29). 10 : 29 (30). *tit.*†, 3, 5, 6, 9, 11, 12 : 30 (31). *tit.*, 1, 2 *bis*, 5, 8, 17** : 31 (32). 4 : 32 (33). 11 *bis*, 12, 15†, 17 : 33 (34). 15 : 34 (35). 2, 4, 13, 23 : 35 (36). *tit.*, 7† : 36 (37). *tit.*†, 15, 18, 26, 27, 28, 29, 33 : 37 (38). *tit.*, 17, 22 : 38 (39). *tit.* : 39 (40). *tit.*, 3, 4, 13, 14 : 40 (41). *tit.*, 2, 12, 13 : 41 (42). *tit. bis*, 7 : 42 (43). *tit.*†, 3 *bis* : 43 (44). *tit.*, *tit.*†, 8, 10, 13†, 14†, 18, 23, 25 *bis* : 44 (45). *tit.*† *bis*, 2, 6, 15, 17 *bis* : 45 (46). *tit.*† : 46 (47). *tit.* : 47 (48). *tit.*†, 8†, 13 *bis*, 14 *bis*, 14† : 48 (49). *tit.*†, 4, 8, 9, 11 *bis* : 49 (50). *tit.*†, 17 : 50 (51). *tit.* : 51 (52). *tit. bis*, 5, 8 *bis*, 9 : 52 (53). *tit.* : 53 (54). *tit.* : 54 (55). *tit.*, 15**, 22, 23 : 55 (56). *tit. bis*, 5, 9 : 56 (57). *tit. ter*, 3, 6 : 57 (58). *tit. bis* : 58 (59). *tit. bis*, 4††, 6, 14 : 59 (60). *tit. ter*, 9 : 60 (61). *tit.*, 4, 7, 8 : 61 (62). *tit.* : 62 (63). 6, 9 (εἰς μάτην), 9, 10† : 63 (64). *tit.* : 64 (65). *tit.* : 65 (66). *tit.*, 6, 9 *bis*, 11, 12, 13 : 66 (67). *tit.* : 67 (68). *tit.*, 16, 18 : 68 (69). *tit.*, 2 *bis*, 10, 11, 12, 21 *bis*, 22 *bis*, 22† : 69 (70). *tit. ter*, 1, 1†, 2 : 70 (71). 1, 3 *bis*, 9, 12† : 71 (72). *tit.*, 17, 19† *bis* : 72 (73). 6†, 7, 8, 9, 12, 14, 17 *bis*, 19, 26 : 73 (74). 1, 3, 5, 7, 10, 11, 19, 20 : 74 (75). *tit.*, 5, 8, 9 : 75 (76). *tit.*, 9 : 76 (77). *tit.*, 7, 8 : 77 (78). 1, 4, 25, 28, 44, 45, 48†, 49, 50, 54, 57, 61 *bis*, 62, 66, 69 : 78 (79). 1 *bis*, 4, 5, 12, 13 *bis* : 79 (80). *tit.*, 2, 6 : 80 (81). *tit.*, 15 : 82 (83). 8, 17 : 83 (84). *tit.*, 2, 4, 6†, 6, 7 : 84 (85). *tit.*, 5 *bis*, 13 : 85 (86). 12, 17 : 87 (88). *tit.*†, 2, 4 : 88 (89). 1 *bis*, 2, 4, 28, 29, 36, 37, 39, 44, 46, 52 : 89 (90). 3, 8 : 91 (92). *tit.*, 7, 8 : 92 (93). *tit.*, 5 : 93 (94). 15, 22 *bis* : 94 (95). 11 : 95 (96). 8 : 98 (99). 9 : 99 (100). *tit.*, 4, 4†, 5 : 100 (101). 8 : 101 (102). 12 *bis*, 18, 28 : 102 (103). 9 *bis* : 103 (104). 5, 8, 11, 19, 22†, 27†, 29, 31 : 104 (105). 8 *bis*, 10, 10†, 13 *bis*, 17, 22, 29, 39 : 105 (106). 1, 15, 31 *bis*, 36, 41, 46 : 106 (107). 1, 7 *bis*, 23, 29†, 33 *bis*, 34, 35, 35† : 107 (108). 10 : 108 (109). *tit.*, 7, 13, 18 : 109 (110). 5 : 110 (111). 2, 3, 5, 8, 9, 10 : 111 (112). 3, 6 *bis*, 9 : 113 (114). 3, 5, 8 *bis* : 113. 25 (115. 17)** : 114 (116). 7 : 116 (117). 2 : 117 (118). 1, 2, 3, 4†, 5, 14, 21, 22, 28, 29 : 118 (119). 20†, 36 *bis*, 38†, 38, 44 *bis*, 59, 74, 78, 81 *bis*, 82, 89, 90, 93, 98, 111, 112, 114, 122, 123 *bis*, 142, 144, 147, 152, 160 : 120 (121). 1, 3 : 121 (122). 1, 5, 6 : 122 (123). 2 *bis* : 123 (124). 6 : 124 (125). 1, 5 : 126 (127). 1 (εἰς μάτην) *bis*, 2 (εἰς μάτην) : 128 (129). 5 : 129 (130). 2, 5 : 131 (132). 3, 7 *bis*, 8, 13, 14 : 133 (134). 2 : 134 (135). 4, 7, 13 *bis* : 135 (136). 1, 2, 3, 4, 5, 6, 7, 8 *bis*, 9 *bis*, 10, 11, 12, 13 *bis*, 14, 15 *bis*, 16, 17, 18, 19, 20, 21, 22, 23†, 24, 25, 26 : 137 (138). 8 : 138 (139). *tit.*, 8 *bis*, 9, 20 *bis*, 22 : 139 (140). *tit.*, 11 : 140 (141). 4 : 141 (142). 4, 6† : 142 (143). 2, 3, 7 : 143 (144). 1 *bis*, 13 : 144 (145). 1 *bis*, 2† *bis*, 15, 21 *bis* : 145 (146). 4, 6, 10 *bis* : 148. 6 *bis* : 151. *tit.*, 6††.

Pr. 1. 7, 11, 16† : 2. 2, 10 : 3. 30† : 4. 4, 13, 27 *bis* : 5. 5, 10, 16, 21 : 6. 3, 33 : 7. 6, 15†††, 15‡†, 20, 23 *bis*, 25†, 27 : 8. 22, 36, 36† : 9. 2, 6† : 10. 25, 30† : 11. 19 *bis*, 26 : 12. 13, 24†, 28 : 13. 12, 17 : 14. 12, 13, 15 : 16. 5 (4), 25, 33 : 17. 13†, 16, 17, 20 : 18. 3, 6 : 19. 18, 21, 23, 24 : 20. 2, 30 : 21. 17, 31 : 22. 14, 18, 20, 26 : 23. 5, 9, 10, 12, 31, 31† : 24. 11, 27 (30. 4), 33 (30. 10), 39 (24), 42 (27) *bis*, 67 (30. 32)†, 71 (31. 3) : 25. 8 *bis*, 12 *bis* : 26. 13, 15†, 18, 21, 22, 27 : 27. 1 (εἰς αὔριον), 10, 24† *ter*, 26, 27 *bis* : 28. 10, 10†, 10 : 29. 14 : 31. 12†, 17, 19.

Ec. 1. 4, 5, 7 bis, 11 : 2. 7 (εἰς ὑπέρ)†, 16 : 3. 14, 20 bis, 21 (εἰς ἄνω)†, 21 : 4. 17 (5. 1) : 5. 12 (13), 15 (16) : 6. 6, 7 : 7. 3 (2) bis, 3 (2)†, 22 (21), 27 (26) : 8. 9, 10, 17 (9. 1) : 9. 6, 12 : 10. 2 bis, 8†, 15, 19 : 11. 6† : 12. 4, 5†, 5.
Ca. 1. 4 bis : 2. 4 : 3. 4 bis : 4. 4† : 5. 1 bis : 6. 1 (2) bis, 10 (11) : 7. 9 (10), 11 (12), 12 (13) : 8. 2 bis.
Wi. 1. 4, 9, 14 : 2. 14, 16, 24 : 3. 8, 17 : 4. 3, 5 bis, 17, 18 bis : 5. 3 bis, 12, 15, 17, 20 : 6. 21, 22 : 7. 6, 25, 27 : 8. 1†, 16, 18, 20 : 9. 6† : 10. 13, 16, 17 bis, 18† : 11. 7, 16, 23 : 12. 10, 12, 25 : 13. 4†, 11, 12, 13 : 14. 11 ter, 13, 14, 18, 21 : 15. 5, 15 ter : 16. 2, 6 bis, 11, 11†, 13, 24 bis, 24†, 25† : 17. 16 : 18. 5, 15 : 19. 12, 19, 19†.
Si. *prol.* 7, 10, 16, 20†, 25† : 1. 1 : 2. 1, 9 bis, 10, 18 bis : 3. 31 : 4. 19, 22, 31 : 6. 9†, 24 bis, 28, 29 bis : 7. 7, 13, 36 : 8. 1 : 9. 3, 9 : 10. 4, 8, 13, 29 : 11. 6, 12, 17, 29, 31, 32, 33 : 12. 3, 6†, 10, 11, 16 : 13. 25 bis : 14. 15 : 16. 19, 27 bis, 29†, 30 : 17. 1, 23 : 18. 1 : 19. 4 : 20. 9 : 21. 8, 22, 23 : 22. 4, 16 : 23. 19†, 23, 24, 25, 26 : 24. 30, 31 bis, 32 (εἰς μακράν), 33 : 25. 9 : 26. 11, 28 : 27. 12 bis, 25, 26, 27 : 28. 12† bis, 14, 23 : 29. 2, 10, 19 bis, 24, 25† : 30. 14, 21, 30 (33. 21), 36 (33. 27), 37 (33. 28) : 31 (34). 6, 18 : 34 (31). 6, 10, 27, 30 : 35 (32). 11 : 36 (33). 6, 9, 15, 31 (28) : 37. 2, 7, 26 : 38. 5, 15, 20, 26, 27†, 28, 31, 32† : 39. 9, 16†, 20†, 21 bis, 23, 26, 27 bis, 28, 29, 30, 31 : 40. 1, 7, 11 bis, 12, 14, 17, 23, 24, 29 : 41. 9 bis, 10 bis, 13 : 42. 14, 19, 21, 23 : 43. 6 : 44. 14 : 45. 5, 9, 11, 15, 16, 23, 24, 26 : 46. 8 bis : 47. 11, 13, 16 : 48. 6, 8, 10†, 17 bis : 49. 1, 12 : 50. 15, 16 : 51. 3, 7, 20.
Ho. 2. 12 (14), 19 (21) : 4. 7, 15 bis : 5. 5, 9, 15 : 7. 4, 10, 11, 13, 15, 16 : 8. 1, 8, 11, 12, 13, 14 : 9. 3†, 4, 10, 13 bis, 15† : 10. 6, 12 bis : 11. 9, 11 : 12. 1 (2), 12 (13) : 13. 6.
Am. 1. 4, 6, 9, 11 bis, 12 : 2. 1, 2†, 7, 11 bis : 4. 2, 3, 4 quater, 8, 10, 13 : 5. 5, 7 bis, 8 bis, 11†, 16 bis, 19 : 6. 2 bis, 3, 13 (12) bis, 15 (14) : 7. 8†, 12, 13 : 8. 4, 7, 10 bis : 9. 1, 2**, 2, 3 bis, 4 bis, 6, 8.
Mi. 1. 2, 6†, 6 bis, 7, 12, 14 (εἰς κενόν†) : 2. 8, 11 : 3. 3 bis, 5, 12† bis : 4. 2 bis, 3 (εἰς μακράν†), 3 bis, 5, 7 bis, 7 (ἕως εἰς) : 5. 2 : 6. 14, 16 bis : 7. 2, 9, 10, 12 ter, 13, 18, 19, 20.
Jl. 1. 3, 5, 7 bis, 14, 15 : 2. 2, 5, 17, 19, 20 bis, 20†, 23, 25†, 26 bis, 27, 31 (3. 4) bis : 3 (4). 2, 4, 5, 7, 8 ter, 10 bis, 12, 19 bis, 20 bis.
Ob. 1. 1 bis, 10†, 10, 11, 13, 15, 18†, 18.
Jn. 1. 2, 3 ter, 3† bis, 4†, 5 bis, 12, 15 : 2. 4, 7 bis, 8, 10† : 3. 2, 3, 4 : 4. 2, 6†, 10†.
Na. 1. 15 (2. 1) : 2. 1 (2) (εἰς πρόσωπον) : 3. 6, 10, 12, 14.
Hb. 1. 4, 8, 9†, 10, 12, 13† : 2. 2†, 3 bis, 3 (εἰς κενόν), 6, 7, 9 : 3. 5†, 11 bis, 13 bis, 13†, 15, 16 bis, 19.
Ze. 1. 13 bis : 2. 4, 9, 13 : 3. 1 (2. 15), 3, 5†, 5, 8 ter, 9, 11, 19, 20.
Hg. 1. 5, 6 ter, 7, 8†, 9 ter : 2. 10 (9), 16 (15)†, 17 (16) bis, 17 (16)†, 24 (23)†.
Za. 1. 15, 21 (2. 4) : 2. 3 (7)†††, 3 (7)*†, 5 (9), 7 (11), 11 (15) : 4. 10 : 5. 4 bis, 8†, 8 : 6. 10, 14 bis : 7. 2, 14 bis : 8. 8 bis, 10, 19, 19†, 19, 21 : 9. 4†, 13†, 17 : 10. 8†, 10 bis : 11. 6 bis, 7, 13 ter : 13. 1 bis : 14. 2, 8 bis, 9, 14, 17.
Ma. 1. 3 bis, 8 : 2. 2† bis, 3†, 9, 11†, 13 : 3. 1, 10, 11†, 17 bis.
Is. 1. 5 bis, 14, 25 : 2. 3 bis, 4 bis, 10 bis, 19 ter, 21 bis : 3. 13 bis, 14, 26 : 4. 3, 6 : 5. 5 bis, 6 ter, 9 bis, 25†, 30†, 30 : 6. 13 : 7. 2, 3††, 6, 11 bis, 19, 19†, 23, 23†, 25, 25† : 8. 1†, 14, 18†, 20, 21, 22 : 9. 7 (6)†, 20 (19) : 10. 2 bis, 4, 6 bis, 16 bis, 17†, 26, 28 bis, 29 : 11. 12 : 12. 1†, 2 : 13. 14 bis, 20 bis, 20† : 14. 2 bis, 11**, 12, 12†, 13, 15**†, 15, 19**, 20, 23 bis, 25 : 16. 10, 12†, 12 : 17. 1 bis, 2, 7, 11 : 18. 3†, 7 (εἰς τὸν αἰῶνα χρόνον), 7 : 19. 1, 4, 8, 17, 20 bis, 23 : 20. 1, 3†, 6 bis : 21. 4, 7, 9, 14†† : 22. 1, 8, 9, 10, 11, 15, 18 bis, 18†, 21, 23 : 23. 6, 12, 13, 17, 18 : 24. 18, 22 bis, 23† : 25. 2, 2† : 26. 20 : 27. 10 : 28. 4, 13†, 16 bis, 17 bis, 18, 28 : 29. 4 bis, 8 (εἰς κενόν), 12, 17 : 30. 2, 3, 5, 5†, 5, 6† bis, 8 bis, 8 (ἕως εἰς†), 29 bis : 31. 1, 9 : 32. 15 : 33. 2, 20 (εἰς τὸν αἰῶνα χρόνον), 23 : 34. 2, 9 bis, 10 (εἰς τὸν αἰῶνα χρόνον), 10, 10†, 12, 13 bis, 17 (εἰς τὸν αἰῶνα χρόνον), 17† : 35. 7 bis, 9†, 10 : 36. 2, 6, 9†, 9, 11, 17 : 37. 1, 7 bis, 10†, 14, 18, 23, 23†, 24 ter, 29 bis, 33, 34†, 38 : 38. 2†, 14, 16†, 22 : 39. 6 : 40. 2, 4 (εἰς εὐθεῖαν), 4, 8, 16 bis, 17, 23†, 24, 26 : 41. 2, 4, 12, 18, 19, 27† : 42. 3, 6†, 6, 6†, 10, 15, 16, 16 (εἰς εὐθεῖαν)†, 17, 22, 24 bis : 43. 14, 27, 28 : 44. 7, 15, 15†, 17†, 19, 25 : 45. 9†, 18 (εἰς κενόν) : 46. 1, 13 : 47. 1, 5, 6, 7, 11 : 48. 12 : 49. 4 (εἰς μάταιον)†, 4, 6†, 6 bis, 8, 8†, 11 bis, 20, 22 bis : 50. 6 bis : 51. 1 bis, 2 bis, 4, 5†, 5 bis, 6 ter, 8 bis, 11, 16, 23 : 52. 4 bis : 53. 8, 12 : 54. 2, 2†, 16 bis, 17 : 55. 2, 10, 13 bis : 56. 6, 7 : 57. 11 bis, 15†, 16 : 58. 4, 7 : 59. 6, 21 bis : 60. 5†, 19, 19†, 21, 22 bis : 61. 3, 4 : 62. 10 : 63. 3, 6, 8, 10 : 64. 10 (9) : 65. 6, 7†, 10, 12, 15, 23 (εἰς κενόν), 23 : 66. 3, 12, 17, 19 bis, 19†, 19, 19†, 20 bis, 24.
Je. 1. 5, 9 : 2. 7 bis, 8, 10 bis, 14, 15, 21, 29 : 3. 2 (εἰς εὐθεῖαν), 3, 5 bis, 8, 9, 12, 13 bis, 14, 17, 19, 20 bis, 23 : 4. 5, 6, 7, 11 bis, 23, 29 bis, 29†, 30 (εἰς μάταιον†) (εἰς μάτην†) : 5. 3, 11, 13, 14, 18, 20, 31 : 6. 3, 4, 10, 12, 23, 25, 29 (εἰς κενόν) : 7. 6, 12, 23 bis, 24 bis, 33, 34 : 8. 2, 8 (εἰς μάτην), 14, 15 bis, 17† : 9. 3 (2), 11 (10) ter, 16 (15), 21 (20), 22 (21)† : 10. 13, 22 : 11. 4 bis, 16, 19 : 12. 3, 7, 10, 11, 15, 15† : 13. 7, 10, 11 ter, 16 bis, 21, 24 : 14. 8, 12, 18 bis, 18†, 19 bis : 15. 2 octiens, 3 ter, 3†, 4, 5†, 9, 11, 13, 15, 16 : 16. 4, 5, 7 bis, 8, 13, 15 : 17. 17, 25, 26 : 18. 2, 3, 15 (εἰς κενόν), 15†, 16. 21 bis, 22, 23 : 19. 2, 7, 8, 8† : 20. 2, 4 bis, 5 bis, 7, 8, 8† : 21. 4, 7, 9, 10 ter : 22. 1†, 5, 6, 7, 17 quater, 20 ter, 25 bis, 26, 27, 28 : 23. 3, 12, 19, 40†, 8 : 24. 1, 5 bis, 6 ter, 7 bis, 9 sexiens, 10 : 25. 9 ter, 11, 13 : 26 (46). 3, 5†, 11, 14 bis, 16† bis, 19, 24, 28†, 28 : 27 (50). 3, 5 (ἕως εἰς)†, 10, 13†, 13, 16 bis, 19, 23, 27, 28, 39, 42, 44 : 28 (51). 2, 9 bis, 10†, 11, 13†, 16 bis, 26 quater, 29, 31* bis, 35, 37, 40, 41, 50†, 51 bis, 55, 58 (εἰς κενόν), 59, 61†, 62, 63 : 29 (47). 2, 6 : 29 (49). 8, 13 quater, 14 ter, 17, 19 : 30 (49). 2, 2†, 5 (εἰς πρόσωπον) : 30. 8 (49. 30), 9 (49. 31), 10 (49. 32) bis, 13 (49. 24) : 31 (48). 4, 9, 11, 11†, 14, 15, 18, 21, 26, 27, 34†, 34, 39, 44 : 32 (25). 18 ter, 31, 32†, 33 (ἕως εἰς)†, 33, 34, 38 : 33 (26). 6, 10, 15, 18† bis, 21, 22, 23, 24 : 34 (27). 3*, 3, 20 : 35 (28). 3, 6, 7 bis, 8, 9, 11 : 36 (29). 1, 3, 7 bis, 8, 10, 21, 26†, 26 bis, 28, 29 : 37 (30). 3, 6, 13, 16 bis : 38 (31). 1 bis, 3, 6, 9, 10, 13, 21 bis, 22, 22†, 33 ter, 37, 35 bis : 39 (32). 4, 5, 7, 8, 8†, 10, 14, 18 bis, 19, 24 bis, 25†, 25, 28, 36, 37, 38 bis, 39, 40, 43 : 40 (33). 4, 9, 9†, 9, 11 bis : 41 (34). 2, 3†, 3, 10†, 11, 16, 17 quater, 21, 22, 22† : 42 (35). 2 ter, 4 bis, 11 : 43 (36). 4, 5, 6, 9†, 10†, 12 bis, 13, 14†, 15, 20, 21 bis, 23 bis : 44 (37). 4, 7, 7†, 12, 14†, 15 bis, 16 bis, 17, 18, 20, 21 : 45 (38). 2, 3, 6 bis, 7, 9†, 10, 11 bis, 14, 16, 18, 19, 23†, 26 : 46 (39). 16†, 16 bis, 17, 18 : 47 (40). 1, 4, 5, 6, 7, 8, 10†, 10, 12 bis, 13, 15† : 48 (41). 1, 3†, 5†, 6*, 7 bis, 9, 10 bis, 17 : 49 (42). 5, 12, 14, 15, 17, 18 ter, 18†, 19 : 50 (43). 2, 3 bis, 5†, 7, 7†, 11, 11†, 11, 11†, 11, 11† : 51 (44). 6 bis, 8†, 8 ter, 12 ter, 14, 22 ter, 28, 29, 30 ter, 35 (45. 5)† : 52. 5, 7, 9, 11 bis, 12, 16, 16†, 17, 20, 26, 27†, 34.
Ba. 1. 7, 7†, 8, 9, 11, 20 : 2. 4, 4†, 16†, 20†, 23, 27, 29 (εἰς μακράν†), 34, 35 bis : 3. 8 ter, 11**, 15, 19**, 29, 32 (εἰς τὸν αἰῶνα χρόνον) : 4. 1 bis, 6, 23, 28, 34, 35 : 5. 1, 4, 7.
La. 1. 1, 2, 5, 7, 8, 8†, 10 bis, 11†, 13, 17, 19† : 2. 1, 2, 2†, 3†, 9, 10, 10†, 10, 11, 12, 19, 21 : 3. 2, 12, 21, 22†, 23†, 26, 31, 56† bis, 60† : 4. 2, 3, 10, 17 bis : 5. 6, 15, 19 bis, 20 bis.
Ep. Je. 1, 2, 3, 10, 14, 24, 37, 55, 68.
Ez. 2. 10† : 3. 3, 10, 11, 15, 20 (εἰς πρόσωπον), 22, 23†, 26 : 4. 5, 6, 7, 9 bis, 14 : 5. 4, 10, 12, 14, 16 : 6. 10 (εἰς δωρεάν)†, 14 bis : 7. 12†, 13†, 14† bis, 20 bis, 21 bis, 22, 25† : 8. 3 bis, 16 : 9. 1, 3, 5, 6, 10 : 10. 2, 4, 7, 7†, 7, 11 bis : 11. 9, 11† bis, 13, 15, 16 ter, 20 bis, 21†, 21, 24 bis : 12. 3, 5, 13 bis, 14, 20, 27 bis : 13. 9, 11, 13, 20, 21 : 14. 6†, 8 bis, 11 bis, 15, 16 : 15. 3, 4 ter, 5 ter, 6, 8 : 16. 7, 19, 20, 27, 36†, 38†, 39, 43, 56, 61 : 17. 3, 4 bis, 5, 6 bis, 8 bis, 12†, 12, 14, 15, 19, 20†, 21, 23 : 18. 12, 15, 30, 31† : 19. 4, 9, 14 bis : 20. 6†, 6, 10, 12, 15, 17, 20, 27, 28, 28†, 35, 38, 40, 42 ter : 21. 10 (15) bis, 11 (16), 15 (20) ter, 28 (33)†, 28 (33), 31 (36) : 22. 4 bis, 19 bis, 20 bis, 21†, 30, 31 : 23. 9 bis, 10 bis, 16, 17, 28, 31, 32† bis, 39 : 24. 2, 3, 4, 8, 24, 26, 27 : 25. 4, 5 bis, 7, 10, 11†, 12 : 26. 4, 5, 10, 12, 14†, 20 ter, 21 : 27. 17, 18, 20, 36 : 28. 7, 18†, 19 : 29. 4, 5, 10, 12†, 12, 16 : 30. 23 bis, 24, 25, 26 bis : 31. 3, 4, 7, 10, 11, 14 quater, 15**, 16**, 16, 17**, 18 : 32. 9 bis, 15, 18 bis, 24, 25, 27**, 29 bis, 30 : 33. 2†, 24, 27 : 34. 5, 8 bis, 10, 13, 22, 24 : 35. 2†, 3†, 6, 7, 12 : 36. 2, 3 bis, 4, 4†, 5, 10, 12, 19 bis, 20, 24, 28 bis : 37. 5†, 6†, 9, 10, 12, 14, 17, 19, 21, 22 ter, 23 bis, 25, 26, 27†, 28 : 38. 7, 8, 8†, 12, 13 : 39. 4, 13†, 15, 19 bis, 23 bis : 40. 2, 4, 6, 15, 17, 28, 31, 32, 34, 35, 37, 44, 48 : 41. 1, 3, 16, 26 : 42. 1, 8, 14, 20† : 43. 4, 5, 7†, 9† : 44. 5 bis, 9, 12, 14 bis, 16, 19, 21, 22, 27, 28 : 45. 2†, 4, 5, 7 bis, 8, 15 bis, 15 (εἰς σωτηρίου†) : 46. 9†, 13†, 19 bis, 20, 21 : 47. 8, 11, 12 bis, 14 : 48. 15 bis, 18, 21.
Da. LXX. Su. 9, 23, 55, 62, 64 bis : 1. 1, 2 quater : 2. 1, 4†, 5, 17, 18, 20, 43, 44 bis : 3. 2, 3, 6, 9, 11, 15, 20, 21, 22, (24), (26), (32), (34), (46), (49), (52) bis, (53), (54), (55), (56), (57), (58), (59), (60), (61), (62), (63), (64), (65), (66), (67), (68), (69), (70), (71), (72), (73), (74), (75), (76), (77), (78), (79), (80), (81), (82), (83), (84), (85), (86), (87), (88), (89), (90) bis, 24 (91), 28 (95), 29 (96), 33 (100) : 4. 15 bis, 22 bis, 23, 27, 31, 34 quinquiens : 6. 5 (6), 7 (8), 12 (13), 14 (15), 17 (18)†, 17 (18) bis, 18 (19), 22 (23) bis, 26 (27) : 7. 1, 2, 11, 25 bis : 8. 8, 13, 17, 19, 26 : 9. 2, 7, 16, 27 bis : 10. 3, 8, 14 : 11. 4, 6 ter, 8, 9, 11, 13, 14, 15, 17, 19, 20, 24 (εἰς μάτην), 25, 27, 28, 29 bis, 33, 35 quater, 36, 39 bis, 40, 41 : 12. 2 ter, 3, 7 ter, 12, 13 bis : Bel 5, 9, 21, 26, 29, 30, 32, 33, 39, 41.
Da. TH. Su. 9, 13, 23, 35, 49, 55, 59 : 1. 1, 2 bis, 8†, 9, 9† : 2. 4, 5, 17, 34, 44 bis : 3. 2, 3, 6, 9, 11, 15, 19, 20, 21, 23, (26), (32), (34), (49), (52) bis, (53), (55), (54), (56), (57), (59), (58), (60), (61), (62), (63), (64), (65), (66), (67)†, (68)†, (71), (72), (69), (70), (73), (74), (75), (76), (78), (77), (79), (80), (81), (82), (83), (84), (85), (86), (87), (88), (89), (90), 24 (91), 28 (95), 29 (96), 29 (96)†, 33 (100) : 4. 8, 17 bis, 19 bis, 27 bis, 31 ter, 33 : 5. 10 bis : 6. 6 (7), 7 (8), 10 (11), 12 (13), 16 (17), 18 (19), 21 (22), 24 (25) bis, 26 (27) : 7. 2, 5, 11 : 8. 8, 17, 19, 26 : 9. 2, 16 : 10. 3, 8, 14 : 11. 1, 4 bis, 7, 8, 9 bis, 13, 18, 19, 27 bis, 28 bis, 29, 33, 35, 36, 40, 42, 45 : 12. 2 ter, 3, 7, 7†, 7, 7†, 12, 13 ter : Bel 3, 9, 10, 27, 31, 33 bis, 34 bis, 36, 39†, 42.
I Ma. 1. 1†, 4, 17, 20†, 21, 24, 29 bis, 33, 35, 36 bis, 39, 39†, 39, 40, 41†, 44 : 2. 11, 15, 28, 29, 31, 40†, 41, 43, 44, 52†, 57†, 58 (ἕως εἰς†) (ὡς εἰς†), 62 bis, 63, 65†, 66†, 68 : 3. 4, 7, 11††, 13, 16††, 17††, 23†, 24 bis, 28, 28†, 28, 30, 31, 39†, 41 bis, 42, 44, 46, 46†, 50, 56, 58, 58 (εἰς πρωΐ†) : 4. 5, 10, 13, 14, 15, 22 bis, 24 bis, 29, 30, 31†, 34, 35 bis, 37, 40, 43, 45, 49, 55 : 5. 4, 4†, 5†, 8, 9†, 9, 11, 17, 18, 20 bis, 21, 22, 23, 26, 27 (εἰς αὔριον), 28, 28†, 31†, 34, 35, 39 bis, 39††, 42, 43, 45, 48†, 48, 52, 53, 54, 59††, 59, 60, 66, 67, 68 bis : 6. 4 bis, 5 bis, 8, 24†, 32, 33, 34, 35, 42, 45, 48††, 48 ter, 51, 53, 54, 55, 62, 63 : 7. 1, 2, 10, 18†, 19, 24 bis, 27, 31††, 32, 33, 35, 43, 45 : 8. 6, 17, 19 bis, 22, 23, 31 : 9. 1, 2, 2†, 3†, 4, 11††, 11, 16, 30, 33, 39†††, 39‡†, 40, 41 bis, 42, 46, 47, 48 bis, 49, 50, 61†, 62, 65, 69 bis, 72 bis : 10. 2††, 2, 5 bis, 7†, 7, 11, 13, 14†, 23, 24, 30, 33, 36 bis, 37, 39, 41, 43, 52, 54, 55, 56, 57, 59††, 60, 63, 66†, 67, 68, 70, 70†, 71, 74†, 77 bis, 78†, 78 bis, 80, 83 bis, 84, 85, 86†, 86††, 87†, 89 : 11. 2, 3, 5, 6, 7, 13, 14†, 16, 22 bis, 24, 34, 36†, 38†, 44, 45, 45†, 46, 47, 51, 60 bis, 61, 62 bis, 63, 67, 74 bis : 12. 1, 2†, 3 bis, 4, 25 bis, 26, 27, 28, 32, 33, 36†, 40, 41*, 41 bis, 45 bis, 46, 48, 49, 49†, 50, 51 : 13. 1, 2†, 11, 12, 14†, 15, 20 ter, 22, 24, 29 bis, 40, 44, 47, 49, 51 : 14. 1, 2, 5, 24 bis, 31, 31†, 41 : 15. 8, 10, 11, 23 septiens, 23†, 23 sexiens, 23†, 32, 37 bis, 40 bis : 16. 5, 5††, 8, 9, 10 (ἕως εἰς†), 10 bis, 11, 14, 15, 15†, 16, 18, 19, 21.
II Ma. 1. 3, 13, 14 bis, 15, 19, 29, 33 : 2. 4, 18, 25 : 3. 9, 13, 15, 18, 20, 24, 27, 28, 37 : 4. 17, 19, 19† bis, 20†, 20, 21 ter, 22, 24, 26, 32, 33, 37†, 38†, 41, 42, 44, 46 : 5. 1, 5, 6, 7, 8, 12†, 15, 21, 25, 26, 27† : 6. 7, 8, 11, 23, 24, 28, 29† : 7. 9, 14, 18, 22, 27, 28, 31 : 8. 1 bis, 4, 5, 8, 11, 17, 27, 29, 31 bis, 33, 35 : 9. 2, 4, 11, 20, 23, 25, 26, 29 :

● = correction on page xxv

10. 12† *bis*, 18, 19, 30, 32 : 11. 5, 11, 19 *bis*, 23, 24† : 12. 3, 5, 9, 12, 17, 21, 22 (εἰς φυγεῖν†), 23, 28, 31 *bis*, 35, 38, 39, 42, 43 *bis* : 13. 4, 5, 6, 13†, 15, 24, 26 : 14. 5, 21, 27, 33†, 33, 34, 36, 43 : 15. 21, 22, 23, 30 *bis*, 34.
III Ma. 1. 9 *bis*, 10, 13, 20, 21, 27 : 2. 9, 10, 24, 25, 26, 28†, 28, 29 *bis* : 3. 2 *bis*, 14, 16, 17, 19, 20, 22, 25, 26, 29 : 4. 7, 11 *bis*, 14†, 16, 19 : 5. 9, 11†, 16, 16†, 17 *bis*, 20, 21, 22 *bis*, 25, 36, 38, 42, 43†, 45, 46, 49 : 6. 6, 7, 17, 22, 23, 27, 30, 31, 33, 34, 36, 37 : 7. 3, 8, 17, 18†, 20, 23.
IV Ma. 1. 2, 12 : 3. 20 : 4. 4, 5, 8, 11 : 6. 6, 7, 8, 25 : 7. 9 : 8. 12 : 9. 19 (?)†, 22 : 11. 8†, 12, 15, 20 : 12. 1, 12, 14 : 14. 14† : 15. 3, 4, 7, 11, 18 :
● 16. 13, 21 *bis* : 17. 8, 10, 23, 24 : 18. 23†, 24.

[**Aq.** Ge. 1. 6, 9, 12, 15, 16 *bis*, 30 : 2. 7 : 4. 6 (εἰς τί) : 12. 18 (εἰς τί) : 24. 4, 67 : 31. 27 (εἰς τί) : 33. 12 (εἰς κατεναντίον) : 38. 23 : 41. 36 : 45. 7 : 46. 28 (εἰς τὸ πρόσωπον) : 49. 15 : Ex. 1. 22 : 4. 18, 26 : 7. 9 : 12. 14 : 13. 16, 20 : 14. 16, 21, 27 : 15. 17 : 18. 11 : 20. 7 (εἰς εἰκῇ), 21 : 21. 7 : 25. 6 (7) : 28. 1 (εἰς ἱερατεύειν αὐτόν) : 32. 25 : 35. 29 : Le. 3. 6 : 4. 3 : 8. 11 : 13. 36 : 14. 34 : 16. 8 : 23. 40 (εἰς πρόσωπον) : 25. 23 : Nu. 1. 45, 47 : 2. 17 : 3. 7 (εἰς πρόσωπον) : 22. 22 : 33. 23 : Dt. 5. 11 (εἰς εἰκῇ) : 6. 8 : 10. 11 : 23. 14 (15) (εἰς πρόσωπον) : 28. 37 *bis* : 29. 2 (1) (εἰς ὀφθαλμούς) : 31. 21 : 32. 8, 29 : Jo. 3. 15 : 4. 5 (εἰς πρόσωπον) : 17. 7 *bis* : Jd. 4. 14 (εἰς πρόσωπον) : 5. 16, 26 : 12. 1 : I Ki. 2. 35 (εἰς πρόσωπον), 36 : 9. 24 : 13. 8 : 15. 34 : 20. 20 : 23. 3, 18, 19 : II Ki. 3. 27 : 17. 24 : 23. 19 : 24. 7 : III Ki. 4. 20 : 5. 1 (15) : 6. 20 (εἰς πρόσωπον) : 9. 25 (εἰς πρόσωπον) : 10. 21 : 14. 2, 3, 4 *bis*, 9 (εἰς πρόσωπον), 12, 17 : 22. 49 : IV Ki. 5. 15 (εἰς πρόσωπον) : 9. 1, 3 : 11. 4 (?) : 12. 5 (6) : 19. 25 (εἰς ἀπὸ μακρόθεν), 25 (εἰς ἀπό) : 25. 12 : Jb. 1. 11 (εἰς πρόσωπον) : 2. 5 (εἰς πρόσωπον) : 3. 9, 24 (εἰς πρόσωπον) : 7. 18 : 8. 16 (εἰς πρόσωπον) : 9. 29 (εἰς τί) : 16. 10 : 17. 12 : 24. 5 : 28. 26 : 30. 30, 31 : 33. 22, 25 : 36. 10 : 37. 18 : 38. 25 : 39. 21* : 41. 19 : 42. 11 (εἰς πρόσωπον) : Ps. 4. 9 : 5. 9 (εἰς πρόσωπον) : 7. 8 : 9. 8, 22 (10. 1) : 20 (21). 5 : 21 (22). 30 (εἰς πρόσωπον), 30 : 25 (26). 3 (εἰς κατέναντι) : 27 (28). 1 : 28 (29). 10 : 29 (30). 4, 12, 13 : 30 (31). 2, 3 *bis*, 18** : 31 (32). 4, 6 : 32 (33). 11, 12 : 33 (34). 1 (εἰς πρόσωπον) : 39 (40). 14 : 42 (43). 3 *bis* : 44 (45). 7, 14, 18 : 47 (48). 4, 14 : 48 (49). 6 (εἰς τί), 9, 10 : 58 (59). 14 : 67 (68). 17 (εἰς τί) : 68 (69). 11, 12, 23 *ter* : 71 (72). 5 (εἰς πρόσωπον), 9 (εἰς πρόσωπον) : 73 (74). 1 (εἰς τί), 1, 5 (εἰς ἄνω) : 77 (78). 53, 61 : 78 (79). 1, 10 (εἰς τί) : 79 (80). 3 (εἰς πρόσωπον) : 87 (88). 4, 15 (εἰς τί) : 88 (89). 47 : 99 (100). 1 : 106 (107). 23, 29 : 118 (119). 98 : 119 (120). 1, 7 : 120 (121). 3 : 129 (130). 6 : 134 (135). 4 : 135 (136). 13 : 138 (139). 20, 20 (εἰς εἰκῇ) : 140 (141). 7 : 142 (143). 7 : 144 (145). 1 (εἰς ἔτι) : 147. 6 (17) (εἰς πρόσωπον) : Pr. 1. 11 : 6. 18 : 7. 20 : 10. 7 : 11. 19 : 12. 6, 8, 19 (εἰς ἔτι), 24 : 16. 18 (εἰς πρόσωπον) : 18. 1 : 21. 28 : 23. 5 : 24. 15 : 25. 3 : 27. 27 : 29. 14 (εἰς ἔτι) : 30. 32 : Ec. 5. 12 : Ca. 4. 4 : 6. 1 (2) : Is. 1. 4, 5, 14, 31 : 4. 2 : 7. 11 *bis* : 8. 4 (εἰς πρόσωπον), 14 *ter*, 18 *bis* : 11. 10 : 14. 15 : 19. 17 : 23. 6, 18 (εἰς τὸ πρόσωπον), 18 *bis* : 25. 8 : 28. 5, 6, 17 *bis* : 29. 17 : 30. 4, 8 *bis* : 31. 8 : 32. 1 : 33. 20 : 34. 5, 10 *bis*, 12 : 35. 7 : 36. 5, 10 : 37. 38 : 38. 14, 16, 18 : 40. 4, 10 (εἰς πρόσωπον), 23 : 41. 1, 18 : 42. 6 : 43. 7, 28 : 47. 1, 15 : 49. 6 : 50. 11 : 53. 2 (εἰς πρόσωπον) : 54. 16 : 56. 7, 11 *bis* : 57. 9 (ἕως εἰς μακράν), 16 : 58. 3 (εἰς τί), 4 : 59. 7 *bis* : 60. 15 : 64. 9 (8) (εἰς ἔτι) : 65. 15, 23 : Je. 1. 18 : 2. 15 : 5. 28 : 6. 23 : 8. 8 : 9. 11 (10) *bis*, 21 (20) : 11. 19 : 13. 4 : 14. 18 : 15. 5, 11, 18 : 16. 4, 5 : 17. 17 : 19. 2 : 20. 6 : 24. 9 : 25. 11, 18 (32. 4) : 29 (36). 1 : 30 (37). 13 (εἰς πόρρωθεν), 16 : 31 (38). 6, 17, 21 *bis*, 34 (εἰς ἀπό), 35 : 32 (39). 24 : 33 (40). 4 *bis*, 9 : 34 (41). 18 (εἰς δύο), 22 : 36 (43). 10 : 37 (44). 4, 15 *bis*, 16 *bis* : 38 (45). 2, 4, 14 : 39 (46). 14 : 40 (47). 6 : 41 (48). 7, 10 : 42 (49). 8 (εἰς ἀπό), 14 : 44 (51). 29 *bis* : 45. 5 (51. 35) *bis* : 46 (26). 11 (εἰς μάτην), 16 : 48 (31). 34, 39 : 49 (30). 2 : 49. 13 (29. 14) : 49. 32 (30. 10) *bis* : 50 (27). 5, 29, 37 : 51 (28). 16, 43, 51, 53 : 52. 16 *bis* : Ez. 5. 2, 14 : 7. 11, 19 : 9. 6 : 16. 4, 55, 61 : 19. 14 : 20. 29 : 21. 30 (35) : 22. 19 : 23. 37 : 26. 5 : 27. 3, 9 : 28. 8 : 30. 21 : 32. 10 : Da. 3. 23 : Ho. 2. 18 (20) : 4. 15 : 5. 8 : Am. 4. 10 : Jn. 1. 3 : Mi. 2. 6 : Hb. 1. 12 : 3. 13 *bis* : Ze. 1. 11 : 3. 8 : Za. 13. 1 *bis* : Ma. 1. 3.]

[**Sm.** Ge. 1. 6, 9, 16 *bis*, 29, 30 : 2. 7 *bis* : 4. 6 (εἰς τί) : 12. 9 : 13. 1, 3 : 33. 17 : 38. 23 : 41. 36 : 46. 1 : Ex. 4. 18 : 7. 24 : 12. 14, 37 : 13. 20 : 14. 16, 21, 27 : 15. 17 : 16. 35 : 18. 11 : 20. 21 : 28. 26 : 29. 1 : 30. 4, 16 : 32. 25 : 35. 8 *ter* : Le. 3. 6 : 14. 34 : 16. 8 *ter*, 10 : 23. 41 : 25. 23 : Nu. 1. 20 : 8. 24 : 11. 8, 20 : 31. 12 : 33. 23 : Dt. 1. 40 : 4. 19 : 10. 11 : 28. 27 *bis* : Jo. 4. 5 (εἰς πρόσωπον) : 15. 9 : 17. 7 *bis* : 18. 18 : 19. 27 : Jd. 3. 22 : 4. 14 : 5. 9 : 12. 1 : 16. 16 : I Ki. 1. 19 (εἰς πρόσωπον) : 2. 3 : 5. 9 : 13. 8, 18 : 17. 8 : 20. 2, 20 : 21. 2 (3) : 23. 3, 19 : 30. 25 : II Ki. 8. 2 *ter* : 15. 32 : 24. 7 : III Ki. 4. 20 : 5. 1 (15), 11 (25) : 6. 16 : 11. 18 : 13. 15 : 14, 28 : IV Ki. 5. 15 (εἰς πρόσωπον) : 9. 1, 3 : 23. 4 : I Ch. 26. 29 : Jb. 1. 11 (εἰς πρόσωπον) : 5. 11 : 8. 3 *bis* : 12. 17 : 15. 22 : 16. 9, 11 : 21. 13 : 22. 29 : 24. 5 *bis*, 23 : 28. 26 : 30. 30, 31 : 33. 22 : 36. 10 : 37. 12, 13, 18 : 38. 25 : 39. 21* : 40. 8 (13) : 41. 5 : Ps. 1. 3 : 2. 1 (εἰς τί) : 7. 14, 16 : 9. 4, 27 (10. 6), 29 (10. 8), 35 (10. 14) : 12 (13). 2 : 15 (16). 3 : 16 (17). 13 : 17 (18). 20 : 18 (19). 5 : 20 (21). 5, 12 : 21 (22). 30 : 22 (23). 6 : 26 (27). 2 : 27 (28). 1 : 29 (30). 4, 6, 10, 12 : 30 (31). 2, 3 *ter*, 18** : 31 (32). 4 : 32 (33). 11 : 34 (35). 20, 23 : 35 (36). 3 : 36 (37). 27 : 37 (38). 18 : 38 (39). 8 : 40 (41). 3 : 41 (42). 5 : 42 (43). 3 *bis*, 5 (εἰς ἀεί) : 43 (44). 12, 19, 24 : 44 (45). 1, 9, 18 : 47 (48). 4, 14, 15 : 48 (49). 10, 12 *bis* : 49 (50). 3 (εἰς πρόσωπον) : 50 (51). 7 : 51 (52). 6, 7 (εἰς ἀεί) : 54 (55). 4, 21, 23, 24 : 55 (56). 6 : 58 (59). 14 : 59 (60). 1, 6, 11 : 61 (62). 1 : 65 (66). 2, 6, 9, 12 : 67 (68). 5 (εἰς πρόσωπον), 7, 17 (εἰς τί), 17 *bis*, 21 *bis* : 68 (69). 3 *bis*, 11, 12, 22, 23 *bis* : 70 (71). 6 : 72 (73). 9, 17, 18 : 73 (74). 2, 3 : 74 (75). 6 : 77 (78). 28, 44, 61, 62, 69 : 78 (79). 1, 10 (εἰς τί) : 80 (81). 16 : 83 (84). 8 : 84 (85). 14 : 85 (86). 11 : 87 (88). 5 : 88 (89). 2, 5, 13, 40, 47 : 89 (90). 3 : 99 (100). 1 : 103 (104). 14 : 104 (105). 18 : 106 (107). 8, 29 : 117 (118). 5 : 118 (119). 98, 122 : 119 (120). 1 : 124 (125). 1 : 125 (126). 2 : 134 (135). 4 : 135 (136). 13 : 138 (139). 18 (εἰς ἀεί) : 139 (140). 11 : 140 (141). 4, 7, 10 : Pr. 1. 11 : 4. 25 : 6. 18 : 10. 17 : 11. 19 : 12. 6, 8, 11, 19 (εἰς ἔτι), 24 : 18. 1, 6 : 21. 12, 28 : 23. 5 : 24. 11, 15 : 25. 8 : 27. 27 : 29. 14 (εἰς ἀεί) : 31. 8 : Ec. 1. 7 : 2. 2, 3, 15 (εἰς τί), 19 : 6. 2 : 8. 8, 9 : 9. 3, 4 (εἰς ἀεί) : 10. 10, 15, 19 : Ca. 2. 4 : 4. 6 : 6. 1 (2) : 7. 9 (10) : 8. 12 (εἰς πρόσωπον) : Is. 1. 4, 5, 14, 25, 31 *bis* : 3. 8 : 5. 1 : 6. 13 : 7. 11, 15 : 8. 14 *quater*, 18 *bis* : 9. 5 (4) : 10. 17 : 11. 10 : 23. 6, 18 *bis* : 24. 22 *bis* : 25. 8 : 28. 5, 6 *bis*, 17 *bis*, 20, 24, 26, 28 : 29. 17, 20 : 30. 8 *bis* : 31. 8 : 32. 1 *bis*, 15 : 33. 20 : 34. 5, 10 : 36. 5, 9 (εἰς πρόσωπον), 10 : 37. 14, 24, 29 *bis*, 38 : 38. 1, 18 : 40. 4, 7, 8 : 41. 1, 7, 18 : 42. 6 : 43. 7, 22, 28 : 47. 15 : 49. 6 : 51. 1, 9, 16, 23 : 53. 6, 7 : 54. 16 : 56. 7, 11 *bis* : 57. 9 (ἕως εἰς μακράν), 16 : 58. 4, 12 : 59. 7 *bis*, 9, 11 : 60. 15 : 63. 1 : 64. 5 (4), 9 (8), 11 (10) : 65. 15, 23 : Je. 2. 15 : 5. 28 : 6. 23 : 9. 3 (2), 11 (10), 21 (20) : 11. 19 : 13. 4 : 14. 18 : 15. 4, 10 *bis*, 11, 18 (εἰς τί) : 16. 4, 5 : 17. 3, 17 : 19. 2 : 20. 2, 6, 7 : 24. 9 : 25. 11, 18 (32. 4) : 30 (37). 11, 13, 16, 22 *bis* : 31 (38). 6, 21 *bis* : 33 (40). 2, 4, 9 : 34 (41). 22 : 35 (42). 2 : 36 (43). 15, 20 : 37 (44). 15 *bis*, 16 *bis* : 38 (45). 6 *bis*, 14, 22 : 40 (47). 6, 10 : 42 (49). 14 : 43 (50). 7 : 46 (26). 11 (εἰς μάτην) : 48 (31). 34, 39 : 49 (30). 2 : 49. 11 (29. 13), 13 (29. 14), 32 (30. 10) : 50 (27). 5, 26, 37 : 51 (28). 9, 35, 37, 43, 51, 53, 58 : 52. 7 : La. 1. 5 : Ez. 4. 10 : 5. 2, 14 : 7. 11, 19, 20 *bis* : 9. 6 : 11. 19 : 13. 5, 18, 20 *bis*, 21 : 16. 61 : 19. 14 : 20. 29 : 21. 30 (35) : 22. 19, 20 : 23. 28, 37 : 26. 5 : 27. 19 : 28. 8 : 40. 24, 26 : 41. 11 : 47. 8 : Da. 11. 45 : Ho. 2. 15 (17) : 4. 15 : 7. 16 : Am. 4. 3, 4, 10 : Ob. 1. 10 : Jn. 1. 3, 13 : Mi. 6. 14 : 7. 18 (εἰς ἀεί) : Hb. 1. 9, 12 *bis* : Ze. 3. 8 : Za. 11. 13 *ter* : 13. 1 *bis* : Ma. 1. 3 : 3. 17.]

[**Th.** Ge. 1. 6, 9, 16 *bis*, 29, 30 : 2. 7 *bis* : Ex. 4. 18, 26 : 5. 16 : 7. 24 : 12. 14 : 13. 20 : 20. 21 : 25. 6 (7) : 28. 26, 28 : 30. 4 : 35. 8 *ter*, 28 : 37. 5, 14 : Le. 3. 6 : 14. 34 : Nu. 1. 45, 47 : 2. 17 : 33. 23 : Dt. 10. 11 : Jo. 3. 15 : 4. 5 (εἰς πρόσωπον) : 15. 9 : Jd. 4. 18* : 7. 11 : 8. 27 : 10. 18 : 12. 1 : 19. 16 : I Ki. 13. 8, 23 : 18. 19 : 21. 2 (3) : 22. 4 : 23. 3, 19 : II Ki. 1. 25 : 17. 24 : III Ki. 5. 1 (15) : 6. 16, 20 (εἰς πρόσωπον) : 11. 18 : 13. 15 : IV Ki. 9. 1, 18 : 11. 4 : 23. 4 : Jb. 2. 12 : 10. 1 : 17. 12 : 19. 24 : 24. 5, 25 : 30. 30, 31 : 31. 24 : 33. 22, 25 : 36. 10, 27 : 37. 12, 13 : 39. 21* : 41. 19, 24 : Ps. 4. 1 : 6. 1 : 7. 8 : 8. 1 : 11 (12). 1 : 12 (13). 1 : 15 (16). 4 : 18 (19). 1 : 19 (20). 1 : 20 (21). 5 : 28 (29). 10 : 29 (30). 12 : 30 (31). 3 : 31 (32). 4 *bis* : 38 (39). 1 : 40 (41). 1, 3 : 42 (43). 3 *bis* : 44 (45). 1, 7, 18 : 48 (49). 1 : 52 (53). 1 : 55 (56). 1 : 68 (69). 23 *ter* : 72 (73). 13 (εἰς κενόν) : 73 (74). 1 : 77 (78). 61 : 78 (79). 10 (εἰς τί) : 106 (107). 23, 29 : 118 (119). 98, 119 : 120 (121). 3 : 134 (135). 4 : 138 (139). 20 : Pr. 1. 11 : 6. 18 : 11. 19, 24 : 12. 6, 19 (εἰς ἔτι) : 17. 10 : 21. 5 *bis*, 28 : 23. 5 : 24. 15 : 27. 27 : 29. 14 : 30. 32 : 31. 3 : Is. 1. 4, 14, 25 : 4. 2 : 7. 11 : 8. 14 *ter*, 18 *bis* : 14. 15 : 23. 6, 7, 13, 18 : 25. 8 : 28. 5, 6 *bis*, 13 *bis*, 17 *bis*, 26, 28 : 30. 4, 8 *bis* : 31. 8 : 32. 1 : 33. 2, 20 : 34. 5, 10 *bis* : 36. 5, 10 : 37. 14, 24, 34, 38 : 38. 1, 17 : 40. 4, 7 : 41. 1 : 42. 6 : 43. 7, 28 : 44. 10 : 47. 1, 15 : 49. 6 : 51. 1, 14 : 54. 16, 17 : 56. 11 : 57. 9 (ἕως εἰς μακράν) : 58. 4 : 59. 7 : 60. 15 : 64. 9 (8) (εἰς ἔτι) : 65. 15, 23 : Je. 1. 18 : 5. 28 : 9. 21 (20) : 10. 13 : 12. 3 : 17. 3 : 20. 2, 6 : 22. 20 : 25. 11, 18 (32. 4) : 26 (33). 22 : 27 (34). 18, 20, 22 *bis* : 29 (36). 1, 14, 17, 18 *quinquiens*, 20 : 30 (37). 11 *ter*, 22 *bis* : 32 (39). 28 : 33 (40). 4 : 34 (41). 22 : 37 (44). 15, 16 : 38 (45). 9, 10 : 39 (46). 7, 9, 14 : 40 (47). 10 : 44 (51). 11, 12, 29 *bis* : 49. 32 (30. 10) : 51 (28). 9, 43, 51, 53 : Ez. 5. 2, 14, 16 : 6. 10 (εἰς δωρεάν) : 7. 12, 13, 14 *bis*, 19 : 8. 17 : 9. 3, 6 : 13. 20 *bis* : 16. 4, 55, 61 : 21. 30 (35) : 22. 18, 19 : 23. 32 *bis*, 37 : 25. 7 : 27. 3, 32, 36 : 28. 8 : 35. 15 : 38. 8 : 42. 4 : Da. 1. 2, 2† : 2. 4, 28† : 3. 11, 23, (90), 33 (100) : 4. 8 : 8. 26 : 9. 2, 16 : 11. 13, 29, 36, 45 : 12. 3, 7, 13 *ter* : Ho. 4. 15 : 9. 13 : Jl. 3 (4). 2 : Am. 1. 11 (εἰς μακράν), 11 : 4. 3, 10 : 6. 10 : Jn. 1. 3, 13 : 2. 4 : Mi. 1. 11 : 7. 18 : Ze. 3. 8 : Za. 2. 4 (8) : Ma. 1. 3 : 3. 17.]

[**Al.** Ge. 31. 33 *bis* : 43. 30 : 45. 22 : 47. 26 : 49. 11 : Ex. 6. 6 : 8. 17 (13) : 10. 8 (εἰς πρόσωπον) : 13. 10 *bis* : 26. 24, 36 : 35. 19 : 40. 5 : Le. 4. 3, 14, 18, 33 : 5. 18 : 6. 6 (5. 25) : 7. 30, 34 : 11. 14 : 12. 6 : 13. 2, 48 *bis* : 16. 10 *bis*, 26 : 22. 21 : 25. 6 : 26. 7 : Nu. 4. 23 *bis* : 7. 10 : 16. 2, 18 : 18. 8 : 19. 6 : 20. 5 : 21. 1 : 27. 12 : 28. 28 : Dt. 1. 7, 10, 15, 39 : 2. 33 : 12. 5 : 20. 15 : 31. 19 : Jo. 15. 46 : 18. 1 (εἰς πρόσωπον) : 23. 13 : Jd. 5. 26 : 9. 46 : I Ki. 5. 6 : 9. 26 : 10. 13 : 14. 11 : 20. 12, 35 : 25. 21 (εἰς μάτην) : II Ki. 2. 16 : III Ki. 22. 49 *bis* : IV Ki. 4. 34 : 19. 37 : II Ch. 36. 22 : Jb. 6. 19 : Ps. 9. 19 : 10 (11). 2 : 21 (22). 3 : 27 (28). 1 : 43 (44). 15, 19 : 47 (48). 4 : 54 (55). 23 *bis* : 65 (66). 9, 12 : 120 (121). 1 *bis* : 121 (122). 1 : 124 (125). 3 : 128 (129). 5 : 135 (136). 13 : 138 (139). 18 (εἰς ἀεί) : 139 (140). 11 : 144 (145). 1 : Pr. 2. 18 : 6. 1 : 29. 14 : Is. 25. 11 : 66. 24 : Je. 37 (44). 16 *bis* : La. 1. 5 : Ez. 8. 18 : 9. 8 : 25. 10 : 47. 12 : Da. 11. 13 : Hb. 3. 16 : Za. 14. 10.]

[**Sam.** Ex. 10. 7.]

[**Heb.** Nu. 22. 22 : IV Ki. 5. 19 : Jb. 2. 5 (εἰς πρόσωπον) : 10. 22 : Je. 21. 9 : Ez. 16. 7.]

[**Quint.** IV Ki. 9. 3, 18 : 25. 6 : Ps. 20 (21). 5 : 27 (28). 5 : 28 (29). 10 : 29 (30). 12 : 31 (32). 4 : 32 (33). 11 : 33 (34). 1 (εἰς πρόσωπον) : 42 (43). 3 *bis* : 48 (49). 9, 10 : 55 (56). 1 : 65 (66). 11 : 99 (100). 1 : 106 (107). 23 : 118 (119). 119 : 134 (135). 4 : Ca. 4. 4 : 6. 11 (12) : Ho. 6. 9, 11 : 7. 4 : Mi. 7. 18 : Hb. 3. 13 *bis*.]

[**Sext.** Ps. 2. 7 : 3. 3 : 9. 1 : 10 (11). 2 *bis* : 19 (20). 4 : 28 (29). 10 : 29 (30). 12 : 38 (39). 6 : 75 (76). 4, 10 : 106 (107). 23 : Am. 1. 11.]

εἷς. * ὁ εἷς ** οὐδὲ εἷς †† = אַחֵר *cf.*

εἷς ἕκαστος *sub voc.* **ἕκαστος**

Ge. 1. 5, 9 : 2. 11*, 21, 24 : 3. 22 : 4. 19* : 8. 13*, 13 : 10. 25* : 11. 1 *bis*, 6 *bis* : 21. 15 : 22. 2, 13 : 24. 36 : 27. 38, 45 : 32. 8 (9) : 33. 13 : 34. 16, 22 : 37. 20, 22 : 38. 28* : 40. 5 : 41. 5, 11, 22, 25, 26 : 42. 11, 16, 19, 27, 32*, 33 : 43. 14*†† : 44. 28* : 49. 16.
Ex. 1. 15* : 10. 19 : 11. 1 : 12. 18, 46, 49 : 14. 28** : 16. 22*, 33 : 17. 12 *bis* : 18. 3* : 21. 21 :

● = correction on page xxv

23. 29 : 24. 3, 11** : 25. 11 (12)*, 18 (19) *bis*, 31 (32)*, 32 (33)*, 33 (34)*, 35 (36), 36 (37)* : 26. 2* *bis*, 4* *bis*, 5*, 6, 8* *bis*, 10*, 11, 16*, 16, 16*, 17*, 19*, 19*†, 21*, 21*†, 24, 25* *bis*, 26* *bis*, 27*†, 28* : 27. 9*, 14* : 28. 10*, 17* : 29. 1†, 3, 15*, 23 *bis*, 39*, 40* : 36. 17 (39. 10)* : 37. 2 (36. 9)* *bis* : 38. 3 (37. 3)*, 7 (37. 8), 7 (37.
● 8)*, 7 (37. 8), 10 (37. 13)* : 39. 2 (38. 25) : 40. 2†.

Le. 4. 2, 13, 22, 27 *bis* : 5. 4, 7 *bis*, 13, 17 : 6. 3 (5. 22), 6 (5. 26), 37 (7. 7) : 7. 4 (14)† : 8. 25 (26) *ter* : 9. 3 : 12. 5†, 8 *bis* : 13. 2 : 14. 5*, 10, 12*, 21 *bis*, 22* *bis*, 30, 31* *bis*, 50* : 15. 15 *bis*, 30* *bis* : 16. 5, 8 *bis* : 22. 28 : 23. 18, 19, 24 : 24. 5*, 6*, 22 : 25. 10, 48 : 26. 26.

Nu. 1. 1, 18, 41, 44 *bis* : 2. 16, 28 : 3. 27† *quater* : 6. 11 *bis*, 14 *bis*, 14†, 19 *bis* : 7. 11, 13 *bis*, 14, 15 *bis*, 15†, 16, 19 *bis*, 20, 21 *ter*, 22, 25 *bis*, 26, 27 *ter*, 28, 31 *bis*, 32, 33 *bis*, 33†, 34, 37 *bis*, 38, 39 *ter*, 40, 43 *bis*, 44, 45 *bis*, 45†, 46, 49 *bis*, 50, 51 *bis*, 51†, 52, 55 *bis*, 56, 57 *bis*, 57†, 58, 61 *bis*, 62, 63 *bis*, 63†, 64, 67 *bis*, 68, 69 *ter*, 70, 73 *bis*, 74, 75 *bis*, 75†, 76, 79 *bis*, 80, 81 *bis*, 81†, 82, 85* *bis* : 8. 3*, 8, 12* *bis* : 9. 14 : 10. 4 : 11. 19, 26* : 13. 3 (2), 24 (23) : 14. 15 (ὡσεὶ ἄνθρωπον ἕνα) : 15. 5*, 11* *ter*, 12*, 15, 16 *bis*, 24 *bis*, 27 *bis*, 29 : 16. 22 : 17. 3 (18), 6 (21)* : 26. 65** : 28. 4*, 7*, 11, 12* *bis*, 13*, 14*†, 14* *bis*, 15, 19, 20* *bis*, 21*, 22, 27, 28* *bis*, 29*, 29 (30) : 29. 1, 2 *bis*, 3* *bis*, 4*, 5, 8 *bis*, 9* *bis*, 10*, 11, 14* *bis*, 15*, 16, 19, 22, 25, 28, 31, 34, 36 *bis*, 38 : 31. 28, 30, 34, 39, 47*†, 49** : 33. 38 : 34. 18 : 35. 30 : 36. 3, 8.

De. 1. 3, 23 : 4. 42 : 6. 4 : 12. 5, 14 : 13. 12 (13) : 15. 7 : 17. 2, 6 : 18. 6 : 19. 5, 11, 15 : 20. 19† : 21. 15 *bis* : 24. 5 : 25. 5, 9*, 11 : 28. 7, 25, 55 : 32. 30.

Jo. 3. 12, 16 : 4. 2, 4, 5† : 7. 21 : 10. 2, 13, 30**† : 11. 14**† : 17. 14 *bis*, 17 : 20. 4† : 22. 14, 20 : 23. 10, 14, 14†.

Jd. 4. 16 (ἕως ἑνός) : 6. 16 (ὡσεὶ ἄνδρα ἕνα) : 9. 2, 5, 18, 37†, 53 : 13. 2† : 14. 20† : 15. 2†, 4, 7† : 16. 7 (ὡς εἷς τῶν ἀνθρ.), 11 (ὡς εἷς τῶν ἀνθρ.), 13 (ὡς εἷς τῶν ἀνθρ.), 28†, 29 *bis* : 17. 5, 11 : 18. 19 : 19. 13 : 20. 1 (ὡς ἀνὴρ εἷς), 8 (ὡς ἀνὴρ εἷς), 11 (ὡς ἀνὴρ εἷς), 31 *bis* : 21. 3, 6, 8.

Ru. 1. 4* : 2. 13.

I Ki. 1. 1†, 2*, 5 : 2. 34, 36†, 36 : 6. 5 (4)†, 7†, 12, 17 *quinquiens* : 7. 9, 12 : 9. 3, 15† : 10. 3 *ter* : 11. 7 (ὡς ἀνὴρ εἷς) : 13. 17†, 18† *bis* : 14. 4*†, 5*†, 28 : 16. 18, 20 : 17. 36, 49 : 21. 7 (8) : 22. 20 : 24. 15 : 25. 14, 18 : 26. 15, 22 : 27. 1, 5.

II Ki. 1. 15 : 2. 1, 18, 21, 25 *bis* : 3. 13 : 4. 2* : 6. 20 : 7. 7 : 9. 11 : 12. 1 *ter*, 3 : 13. 13, 30** : 14. 6*†, 6*, 27 : 15. 2 : 17. 3, 9 *bis*, 12 *bis*, 22 (ἕως ἑνός) : 18. 10, 11 : 19. 14 (15) (ἕως ἀνδρὸς ἑνός) : 20. 18† : 24. 12.

III Ki. 2. 15 (16), 20 : 3. 17*, 17 : 4. 7*, 8†, 9†, 11†, 12, 13†, 15†, 16†, 19†, 22 (5. 2) : 6. 16*, 24*†, 25 *bis*, 25†, 26*†, 27*†, 34* : 7. 16*, 17*†, 21*, 27*, 30*, 32*, 34*, 37 *bis*, 37†, 38* *ter*, 42*, 44, 8†† : 8. 16, 37, 56 : 10. 14, 16*, 17*, 22 : 11. 3 : 12. 24 (ὡς ἀνὴρ εἷς)†, 29* *bis*, 30* : 13. 11 : 14. 21 : 15. 10 : 18. 6†, 23*, 25* : 19. 2 : 20 (21). 1 : 21 (20). 13, 29, 35 : 22. 8†, 9, 13† *bis*, 13, 34.

IV Ki. 2. 16, 16† : 3. 11 : 4. 1, 22 *bis* : 6. 2†, 2, 3*, 5*, 10 (οὐ μίαν οὐδὲ δύο), 12 : 7. 8, 13 : 8. 6, 26 : 9. 1, 13† : 12. 9 (10) : 14. 23 : 15. 20* : 17. 28 : 18. 24 : 22. 1 : 24. 18† : 25. 16*†, 17*, 19.

I Ch. 1. 19*† : 11. 11, 20 : 12. 14, 38 : 16. 3 : 17. 6, 6† : 21. 10 : 23. 11 : 24. 6 (εἷς εἷς . . . εἷς εἷς), 17* : 27. 1.

II Ch. 1. 17 : 3. 9*, 11*, 12*†, 17, 17*† : 4. 13*, 15 : 5. 13 *bis* : 9. 13, 15*†, 15* : 12. 13 : 16. 13† : 18. 7, 8, 12 *bis* : 22. 2 : 28. 6 : 30. 12 : 34. 1 : 36. 11.

I Es. 1. 33 (τὸ καθ' ἓν πραχθέν), 36, 46 : 3. 5, 10*, 19 : 4. 7†, 18, 33†, 34 : 5. 16, 20, 23† : 6. 23†, 25 : 9. 11.

II Es. 2. 26 : 3. 1 (ὡς ἀνὴρ εἷς), 6 : 4. 8 : 6. 2, 4, 20 (ἕως εἷς) : 7. 9 : 10. 13, 16†, 17†.

Ne. 1. 2† : 4. 17 (11) *bis* : 5. 18†, 18 : 7. 29†, 30†, 37 : 8. 1 (ὡς ἀνὴρ εἷς)†, 2 : 11. 1.

To. 1. 19 ; 2. 3, 4† : 3. 7†, 8, 10 : 4. 4 : 6. 1† : 8. 12 : 9. 4† : 10. 6† : 12. 15.

Ju. 1. 11 (ὡς ἀνὴρ εἷς)† : 2. 13 : 6. 3 (ὡς ἄνθρωπον ἕνα) : 7. 7. 11, 13, 21 : 10. 13, 19 : 12. 13†, 20† : 14. 6, 18.

Es. 1. 1 : 3. 7, 8†, 13, 13† : 5. 1* : 6. 9† : 7. 9 : 8. 12 : 10. 3† *bis*.

Jb. 1. 5 : 2. 10 : 9. 3 : 14. 4**†, 5 : 33. 23 : 40. 26 (31) : 41. 7 (8), 7 (8)* : 42. 11.

Ps. 13 (14). 1 (ἕως ἑνός)†, 3 (ἕως ἑνός) : 23 (24). *tit.* (τῆς μιᾶς σαββάτου)† : 26 (27). 4 (μίαν ᾐτησάμην) : 33 (34). 20 : 52 (53). 3 (ἕως ἑνός) : 81 (82). 7 : 83 (84). 10 : 105 (106). 11 : 108 (109). 13††.

Pr. 1. 14 : 6. 26 : 24. 62 (30. 27).

Ec. 2. 14 : 3. 19 *bis*, 20 : 4. 8, 9*, 10* *bis*, 11*, 12* : 6. 6 : 7. 28 (27), 28 (27)*, 29 (28) : 9. 2, 3, 18 : 12. 11.

Ca. 4. 9†, 9 : 6. 8 (9) *bis*.

Wi. 7. 6, 27 : 11. 20 : 12. 9 : 15. 7† : 17. 17 : 18. 5, 12 *bis*.

Si. 1. 8 : 5. 10 : 6. 6 : 7. 8*† : 12. 12† : 16. 3†, 3, 4, 11 : 20. 14 : 31 (34). 23 *bis*, 24 *bis* : 35 (32). 1 : 36 (33). 15†, 15* : 38. 17 : 42. 20**†, 24, 24*, 25, 25* : 46. 4 : 49. 14**.

Ho. 1. 11 (2. 2).

Am. 4. 7 *ter*, 8 : 6. 9 : 7. 1.

Ob. 1. 11.

Jn. 3. 4.

Ze. 3. 9.

Hg. 1. 1 : 2. 2 (1).

Za. 3. 10 (9)*, 10 (9) : 4. 3 *bis* : 5. 7 : 8. 21 : 9. 12 : 10. 10** : 11. 7*, 8 : 14. 7, 9 *bis*.

Ma. 2. 10 *bis*.

Is. 4. 1 : 5. 10 : 6. 2* *bis*, 6 : 9. 14 (13) : 19. 18* : 27. 12 (κατὰ ἕνα†) (καθ' ἕνα ἕνα†) : 30. 17 : 34. 16 : 36. 9† : 47. 9† : 51. 2 : 66. 8.

Je. 3. 14 : 15. 10**† : 24. 2* : 28 (51). 43**†, 60† : 42 (35). 2 : 44 (37). 21 : 52. 1†, 20, 21*, 22*, 23*, 25.

Ep. Je. 63†.

Ez. 1. 6* *bis*, 15, 16† : 4. 9 : 8. 7†, 8† : 9. 2 : 10. 9, 9*†, 9†, 10, 11*, 14*† *bis*, 21* *bis* : 16. 5† : 19. 3 : 21. 19 (24) : 22. 19 : 23. 2, 13 : 25. 15 (ἕως ἑνός)† : 26. 1 : 29. 1, 17 : 31. 1 : 32. 1 : 33. 2, 24 : 34. 23† : 37. 17, 19, 22, 24 : 40. 10 *bis*, 12† *bis*, 26 *bis*, 44 *bis*, 49 *bis* : 41. 11* *bis*, 24* : 45. 7, 11, 15†, 18, 20 : 46. 16, 17, 22 : 48. 1, 2, 3, 4, 5, 6, 7, 8, 23, 24, 25, 26, 27, 31 *ter*, 32 *ter*, 33 *ter*, 34 *ter*.

Da. LXX. Su. 13*, 13, 19, 52* : 2. 31 : 3. 17,
● (51) : 4. 12, 15 *bis*, 16, 32 : 6. 2 (3) : 7. 3, 3*, 5*, 8, 16, 20* : 8. 3, 3*, 5, 9 *bis* : 10. 5, 13 *bis* : 11. 5, 27 : 12. 5 *bis*, 6*.

Da. TH. Su. 25*, 52, 52* *bis* : 1. 21 : 2. 31 : 3. (51) : 4. 16 : 6. 2 (3) : 7. 5, 16 : 8. 3, 3*, 9*, 9, 13 *bis* : 9. 2†, 27, 27† : 10. 5, 13 *bis*, 21 : 11. 5, 27 : 12. 5 *bis* : Bel 18**.

I Ma. 1. 41 : 4. 38 : 5. 13, 27 : 6. 14, 43 : 7. 1, 16, 26, 45, 46** : 8. 10, 14**†, 16, 16* : 9. 37, 58 : 10. 16, 38 : 11. 36**†, 70** : 13. 28, 28*, 43, 51† : 14. 2 : 15. 28.

II Ma. 2. 23 : 7. 2, 20 : 8. 18, 33 : 15. 36 (πρὸ μιᾶς ἡμέρας).

III Ma. 4. 14 : 5. 34 (ὁ καθ' εἷς δὲ τῶν φίλων).

IV Ma. 4. 26 : 5. 2, 4 : 8. 5, 9, 29 : 13. 13, 18 :
● 14. 12 : 15. 12 (καθ' ἕνα), 14 (καθ' ἕνα), 19 : 16. 24.

[**Aq.** Ge. 1. 9 : 48. 22 : Dt. 23. 16 (17) : Jo. 3. 12, 13 : Jd. 9. 37 : I Ki. 13. 18* : III Ki. 7. 38 (24)* : 18. 25* : Jb. 41. 8, 8* : 42. 11 : Ps. 61 (62). 12 : 138 (139). 16 : Ca. 4. 9 : Is. 23. 15 : 30. 17 *bis* : 34. 16 : 51. 2 : 65. 25 : Je. 52. 1 : Ez. 11. 19 : 33. 30 *bis* : Da. 9. 27 : Za. 11. 7*.]

[**Sm.** Ge. 1. 9 : Le. 16. 8 *bis* : Dt. 23. 16 (17) : Jo. 3. 13 : I Ki. 9. 15 (πρὸ μιᾶς ἡμέρας) : 19. 7 (πρὸ μιᾶς καὶ πρίν) : II Ki. 8. 2 : III Ki. 7. 38 (24)* : IV Ki. 9. 13 : 17. 27 : Jb. 9. 22 : 41. 8, 8* : 42. 11 *bis* : Ps. 61 (62). 12 : 81 (82). 7 : Ec. 2. 14 : 4. 9, 12 : 7. 28 (27) *bis* : 8. 17** : Ca. 4. 9 : Is. 10. 17 : 23. 15 : 30. 17 *bis* : 34. 16 : 36. 9 : Je. 52. 1, 22* : Ez. 1. 6 : 11. 19 : 33. 30 *bis* : 40. 12 : Da. 9. 27 : Mi. 2. 8 (πρὸ μιᾶς) : Za. 11. 7* : 14. 7.]

[**Th.** Ge. 1. 9 : Dt. 23. 16 (17) : Jo. 3. 13 : Jd. 15. 7 : I Ki. 1. 16 : IV Ki. 17. 27 : Jb. 41. 8, 8* : 42. 11 : Is. 23. 15 : 30. 17 *bis* : 34. 16 : 51. 2 : Je. 52. 1, 22*, 23* : Ez. 7. 5 : 8. 7 : 10. 14* *bis* : 11. 19 : 19. 3 : 33. 30 *bis* : 42. 4 : Da. 2. 31 : 8. 5†, 13 : 9. 2†, 27 : 10. 13 : 11. 5.]

[**Sam.** Ex. 26. 5 *bis*.]

[**Al.** Ex. 26. 24* : Le. 5. 13 : I Ki. 14. 5* *bis* : I Ch. 17. 6.]

[**Heb.** Ex. 29. 23 : III Ki. 19. 5 : IV Ki. 17. 27.]

[**Quint.** IV Ki. 17. 27.]

εἰσάγειν. (1) אָסַף (2) בּוֹא *a.* qal. *b.* hi. *c.* hoph. (3) הָלַךְ hi. (4) חָזַק hi. (5) יָהַב (6) יָצָא hi. (7) σπάνιον εἰσάγειν יָקַר hi. (8) לָקַח *a.* qal. *b.* hoph. (9) נָהַג pi. (10) עָלַל *a.* aph. *b.* oph. (11) קָדַשׁ pi. (12) קָרָא (13) שׁוּב hi.

Ge. 6. 19. δύο δύο ἀπὸ πάντων εἰσάξεις εἰς τὴν κιβωτόν (2 *b*)
7. 2. εἰσάγαγε πρὸς σὲ ἑπτὰ ἑπτά (8 *a*)
8. 9. εἰσήγαγεν αὐτὴν πρὸς ἑαυτόν (2 *b*)
12. 15. A εἰσήγαγον αὐτὴν πρὸς Φ. [R *al.*] (8 *b*)
29. 13. καὶ εἰσήγαγεν αὐτὸν εἰς τὸν οἶκον αὐ. (2 *b*)
— 23. A εἰσήγαγεν αὐτὴν [R *om.*] πρὸς Ἰ. (2 *b*)
39. 14. εἰσήγαγεν ἡμῖν παῖδα Ἑβραῖον (2 *b*)
— 17. ὃν εἰσήγαγες πρὸς ἡμᾶς (2 *b*)
43. 16. A ἐνετείλατο τῷ ἐπὶ τῆς οἰ. αὐ. εἰσαγαγεῖν [R εἶπε τῷ ἐπὶ τῆς οἰ. αὐ., Εἰσάγαγε] (2 *b*)
— 17. εἰσήγαγε τοὺς ἀνθρώπους εἰς τὴν οἰκ. (2 *b*)
— 18. R εἰσήχθησαν [A εἰσηνέχ.] εἰς τὸν οἶκον (2 *c*)
— 18. διὰ τὸ ἀργύριον τὸ ἀποστραφὲν . . . εἰσαγόμεθα (2 *c*)
47. 7. εἰσήγαγε δὲ Ἰωσὴφ Ἰ. τὸν πατέρα αὐ. (2 *b*)
Ex. 2. 10. εἰσήγαγεν αὐτὸ πρὸς τὴν θυγατέρα Φαραώ (2 *b*)
3. 8. B καὶ εἰσαγαγεῖν αὐτούς –
6. 8. καὶ εἰσάξω [R[1] ἐξάξω] ὑμᾶς εἰς τὴν γῆν (2 *b*)
13. 5. ἡνίκα ἐὰν εἰσαγάγῃ σε κ. ὁ θ. σου (2 *b*)
— 11. ὡς ἂν εἰσαγάγῃ σε κ. ὁ θεός σου (2 *b*)
15. 17. εἰσαγαγὼν καταφύτευσον αὐτοὺς εἰς ὄρος (2 *b*)
18. 7. καὶ εἰσήγαγεν αὐτοὺς εἰς τὴν σκηνήν (2 *a*)
23. 10. συνάξεις [A[1] εἰσάξ.] τὰ γεννήμ. αὐτῆς (1)
— 20. ὅπως εἰσαγάγῃ σε εἰς τὴν γῆν (2 *b*)
— 23. καὶ εἰσάξει σε πρὸς τὸν Ἀμορραῖον (2 *b*)
25. 13 (14). εἰσάξεις τοὺς ἀναφορεῖς εἰς τοὺς δακτ. (2 *b*)
26. 29. εἰς οὓς εἰσάξεις τοὺς μοχλούς †
27. 7. A B[1] εἰσάξεις τοὺς φορεῖς [B[2] R ἀναφ.] (2 *c*)
33. 3. καὶ εἰσάξω [A -ξει] σε εἰς γῆν ῥέουσαν γάλα –
Le. 10. 18. οὐ γὰρ εἰσήχθη τοῦ αἵματος αὐ. (2 *c*)
18. 3 : 20. 22. εἰς ἣν ἐγὼ εἰσάγω ὑμᾶς ἐκεῖ (2 *b*)
Nu. 14. 3. ἵνα τί κύριος εἰσάγει ἡμᾶς (2 *b*)
— 8. εἰσάξει ἡμᾶς εἰς τὴν γῆν ταύτην (2 *b*)
— 16. εἰσαγαγεῖν τὸν λαὸν τοῦτον [A αὐτούς] (2 *b*)
— 24. εἰσάξω αὐτὸν εἰς τὴν γῆν (2 *b*)
— 31. εἰσάξω αὐτοὺς εἰς τὴν γῆν (2 *b*)
15. 18. εἰς ἣν ἐγὼ εἰσάγω ὑμᾶς ἐκεῖ (2 *b*)
16. 14. εἰς γῆν . . . εἰσήγαγες ἡμᾶς (2 *b*)
20. 12. οὐκ εἰσάξετε ὑμεῖς τὴν συναγωγὴν ταύτην (2 *b*)
27. 17. ὅστις εἰσάξει αὐτούς (2 *a*)
De. 4. 27. εἰς οὓς εἰσάξει κύριος ὑμᾶς ἐκεῖ (9)
— 38. εἰσαγαγεῖν σε (2 *b*)
6. 10. ὅταν εἰσαγάγῃ σε κύριος . . . εἰς τὴν γῆν (2 *b*)
— 23. A B[2] ἵνα εἰσαγάγῃ ἡμᾶς (2 *b*)
7. 1. R ἐὰν δὲ εἰσάγῃ [B -αγάγῃ, A καὶ ἔσται ἐν τῷ εἰσαγαγεῖν] σε (2 *b*)
8. 7. A R εἰσάξει [B -άγει] σε (2 *b*)
9. 4. εἰσήγαγέ με κύριος κληρονομῆσαι (2 *b*)
— 28. εἰσαγαγεῖν αὐτοὺς εἰς τὴν γῆν (2 *b*)
11. 29. ὅταν εἰσαγάγῃ σε κύριος (2 *b*)
21. 12. καὶ εἰσάξεις αὐτὴν ἔνδον (2 *b*)
26. 9. καὶ εἰσήγαγεν ἡμᾶς (2 *b*)
30. 5. καὶ εἰσάξει σε (2 *b*)
31. 20. εἰσάξω γὰρ αὐτούς (2 *b*)
— 21. πρὸ τοῦ εἰσαγαγεῖν με αὐτούς (2 *b*)
— 23. σὺ γὰρ εἰσάξεις τοὺς υἱοὺς Ἰ. (2 *b*)
Jo. 2. 3. A εἰσάγαγε [B ἐξάγ.] τοὺς ἄνδρας (6)
Jd. 2. 1. εἰσήγαγον ὑμᾶς εἰς τὴν γῆν (2 *b*)
12. 9. A τριάκοντα γυναῖκες εἰσήγαγεν [B *al.*] (2 *b*)
19. 4. A εἰσήγαγεν [B κατέσχεν] αὐτὸν ὁ γαμβρὸς αὐτοῦ (4)
— 21. A καὶ εἰσήγαγεν [B -ήνεγκεν] αὐτόν (2 *b*)
I Ki. 7. 1. εἰσάγουσιν αὐτὴν εἰς οἶκον (2 *b*)
9. 22. καὶ εἰσήγαγεν αὐτοὺς εἰς τὸ κατάλυμα (2 *b*)
16. 12. καὶ εἰσήγαγεν αὐτόν (2 *b*)
— 17. εἰσαγάγετε αὐτὸν πρός μέ (2 *b*)
17. 57. A εἰσήγαγεν αὐτὸν ἐνώπιον Σ. (2 *b*)
19. 7. εἰσήγαγεν Ἰ. τὸν Δ. πρὸς Σ. (2 *b*)
20. 8. εἰσήγαγες εἰς διαθήκην κυρίου τὸν δοῦλόν σου (2 *b*)

● = correction on page xxv

I Ki. 20. 8. ἵνα τί οὕτως εἰσάγεις με (2 *b*)
21. 14 (15). ἵνα τί εἰσηγάγετε αὐτὸν πρός μέ (2 *b*)
— 15 (16). εἰσαγηόχατε αὐτὸν ἐπιληπτεύεσθαι πρὸς μέ (2 *b*)
27. 11. τοῦ εἰσαγαγεῖν εἰς Γέθ (2 *b*)
II Ki. 5. 2. σὺ ἦσθα ὁ . . . εἰσάγων τὸν Ἰ. (2 *b*)
11. 15. εἰσάγαγε τὸν Οὐρίαν (5)
III Ki. 3. 1. καὶ εἰσήγαγεν αὐτὴν εἰς τὴν πόλιν Δ. (2 *b*?)
— 1. A καὶ εἰσήγαγεν αὐτὴν εἰς τὴν πόλιν Δ. (2 *b*)
4. 34 (*cf.* A 3. 1). B καὶ εἰσήγαγεν αὐτὴν εἰς τὴν πόλιν Δ. (2 *b*?)
7. 14. A εἰσήχθη [B -ηνέχθη] πρὸς τὸν βασιλέα Σαλ. (2 *a*)
12. 20. A καὶ εἰσήγαγεν [B ἐκάλεσεν, R ἐκάλεσαν] αὐτόν (12)
— 24. B εἰσαγάγετέ μοι τοὺς πρεσβυτέρους -
— 24. B εἰσήγαγε τοὺς συντρόφους αὐτοῦ -
21 (20). 39. AR εἰσήγαγε [B ἐξή.] πρὸς μὲ ἄνδρα (2 *b*)
IV Ki. 9. 2. καὶ εἰσάξεις αὐτὸν εἰς τὸ ταμεῖον (2 *b*)
20. 20. R καὶ εἰσήγαγε [A B -ήνεγκεν] τὸ ὕδωρ εἰς τὴν πόλιν (2 *b*)
I Ch. 11. 2. σὺ ἦσθα ὁ ἐξάγων καὶ εἰσάγων [S εἰσαγαγ. καὶ ἐξαγαγ.] τὸν Ἰ. (2 *b* [6])
II Ch. 25. 23. καὶ εἰσήγαγεν αὐτὸν εἰς Ἰ. (2 *b*)
28. 13. οὐ μὴ εἰσαγάγητε τὴν αἰχμαλωσίαν ὧδε (2 *b*)
29. 4. καὶ εἰσήγαγε τοὺς ἱερεῖς (2 *b*)
36. 4. καὶ εἰσήγαγεν αὐτὸν εἰς Αἴ. (2 *b*)
— 10. A καὶ εἰσήγαγεν [B -ήνεγκεν] αὐτὸν εἰς B. (2 *b*)
Ne. 1. 9. εἰσάξω αὐτοὺς εἰς τὸν τόπον (2 *b*)
9. 23. καὶ εἰσήγαγες αὐτοὺς εἰς τὴν γῆν (2 *b*)
To. 7. 1. καὶ εἰσήγαγεν αὐτοὺς εἰς τὴν οἰκίαν [S *al.*]
— 16. A S R καὶ εἰσάγαγε [B εἴσαγε] αὐτήν
— 17. καὶ εἰσήγαγεν [A -ον, S ἤγ.] αὐτὴν ἐκεῖ
8. 1. εἰσήγαγον T. πρὸς αὐτήν [S *al.*]
Ju. 10. 20. εἰσήγαγον αὐτὴν εἰς τὴν σκηνήν
12. 1. A B ἐκέλευσεν εἰσαγαγεῖν αὐτήν
Es. 1. 11. εἰσαγαγεῖν τὴν βασίλισσαν πρὸς αὐτόν (2 *b*)
3. 9. S[3] παραστήσω ἐπὶ χεῖρας τῶν ποιούντων τὰ ἔργα εἰσαγαγεῖν (2 *b*)
Ps. 65 (66). 11. εἰσήγαγες ἡμᾶς εἰς τὴν παγίδα (2 *b*)
77 (78). 54. εἰσήγαγεν αὐτοὺς εἰς ὅρος ἁγιάσματος αὐτοῦ (2 *b*)
Pr. 23. 7. μηδὲ πρὸς σὲ εἰσαγάγῃς αὐτόν †
25. 17. σπάνιον εἴσαγε [S -άγαγε] σὸν πόδα πρὸς σεαυτοῦ φίλον (7)
Ec. 8. 10. εἶδον ἀσεβεῖς εἰς τάφους εἰσαχθέντας (2 *a*?)
Ca. 2. 4. εἰσαγάγετέ με εἰς οἶκον τοῦ οἴνου (2 *b*)
3. 4. ἕως οὗ εἰσήγαγον αὐτὸν εἰς οἶκον μητρός μου (2 *b*)
8. 2. εἰσάξω σε εἰς οἶκον μητρός μου καὶ [S[2] *add.* εἰσάξω σε] εἰς ταμεῖον (2 *b*, †)
Si. 11. 29. μὴ πάντα ἄνθρωπον εἴσαγε εἰς τὸν οἶκόν σου
45. 5. εἰσήγαγεν αὐτὸν εἰς τὸν γνόφον
46. 8. εἰσαγαγεῖν [A εἰσάγειν] αὐτοὺς εἰς κληρονομίαν
48. 17. εἰσήγαγεν εἰς μέσον αὐτῶν τὸν Γώγ [A S[2] *al.*]
Za. 8. 8. καὶ εἰσάξω αὐτούς (2 *b*)
10. 10. εἰς τὸν Λίβανον εἰσάξω αὐτούς (2 *b*)
Is. 14. 2. εἰσάξουσιν εἰς τὸν τόπον αὐτῶν (2 *b*)
56. 7. εἰσάξω αὐτοὺς εἰς τὸ ὅρος τὸ ἅγιόν μου (2 *b*)
58. 7. πτωχοὺς ἀστέγους εἴσαγε [S[1] -άγαγε] (2 *b*)
60. 11. εἰσαγαγεῖν πρὸς σὲ δύναμιν ἐθνῶν (2 *b*)
Je. 2. 7. S εἰσήγαγον [A B ἤγ.] ὑμᾶς εἰς τὸν Κάρμηλον (2 *b*)
3. 14. εἰσάξω ὑμᾶς εἰς Σιών (2 *b*)
22. 7. A εἰσάξω [B S ἐπά.] ἐπὶ σὲ [S σοὶ] ἄνδρα ὀλεθρεύοντα (11)
33 (26). 23. εἰσηγάγοσαν [A S -ον] αὐτὸν πρὸς τὸν βασιλέα (2 *b*)
34 (27). 11. ὃ ἐὰν εἰσαγάγῃ τὸν τράχηλον αὐ. [A *al.*] (2 *b*)
— 12. εἰσαγάγετε τὸν τράχηλον ὑμῶν (2 *b*)
● 42 (35). 2. A εἰσάξεις [B S ἄξ.] αὐτοὺς εἰς οἶκον κυρίου (2 *b*)
● — 4. εἰσήγαγον αὐτοὺς εἰς οἶκον κυρίου (2 *b*)
44 (37). 14. εἰσήγαγεν αὐτὸν πρὸς τοὺς ἄρχοντας (2 *b*)
Ba. 1. 9. A εἰσήγαγεν [B ἤγ.] αὐτοὺς εἰς Βαβ.
5. 6. εἰσάγει δὲ αὐτοὺς ὁ θεὸς πρὸς σέ
La. 3. 13. εἰσήγαγεν τοῖς νεφροῖς μου ἰοὺς φαρέτρας αὐτοῦ (2 *b*)
Ez. 8. 7. εἰσήγαγέ με ἐπὶ τὰ πρόθυρα τῆς αὐλῆς (2 *b*)
Ez. 8. 14. εἰσήγαγέ με ἐπὶ τὰ πρόθυρα τῆς πύλης (2 *b*)
— 16. εἰσήγαγέ με εἰς τὴν αὐλὴν οἴκου κυρίου (2 *b*)
17. 13. εἰσάξει αὐτὸν ἐν ἀρᾷ (2 *b*)
19. 9. εἰσήγαγεν αὐτὸν εἰς φυλακήν (2 *b*)
20. 15. τοῦ μὴ εἰσαγαγεῖν αὐτοὺς εἰς τὴν γῆν (2 *b*)
— 28. εἰσήγαγον αὐτοὺς εἰς τὴν γῆν (2 *b*)
— 37. εἰσάξω ὑμᾶς ἐν ἀριθμῷ (2 *b*)
— 42. ἐν τῷ εἰσαγαγεῖν με ὑμᾶς εἰς τὴν γῆν τοῦ Ἰσρ. (2 *b*)
27. 15. τοῖς εἰσαγομ. ἀντεδίδους τοὺς μισθούς σου †
34. 13. εἰσάξω αὐτοὺς εἰς τὴν γῆν αὐτῶν (2 *b*)
36. 24. εἰσάξω ὑμᾶς εἰς τὴν γῆν ὑμῶν (2 *b*)
37. 12. εἰσάξω ὑμᾶς εἰς τὴν γῆν τοῦ Ἰσραήλ (2 *b*)
— 21. εἰσάξω αὐτοὺς εἰς τὴν γῆν τοῦ Ἰσραήλ (2 *b*)
40. 3. εἰσήγαγέ με ἐκεῖ (2 *b*)
— 17. εἰσήγαγέ με εἰς τὴν αὐλὴν τὴν ἐσωτέραν (2 *b*)
— 19. A εἰσήγαγέν [B ἤγαγέ] με ἐπὶ βορρᾶν -
— 24. A εἰσήγαγέν [B ἤγαγέ] με κατὰ νότον (3)
— 28. εἰσήγαγέ με εἰς τὴν αὐλὴν τὴν ἐσωτέραν (2 *b*)
— 32. εἰσήγαγέ με εἰς τὴν πύλην (2 *b*)
— 35. εἰσήγαγέ με εἰς τὴν πύλην τὴν πρὸς βορρᾶν (2 *b*)
— 44. εἰσήγαγέ με εἰς τὴν αὐλήν -
— 48. εἰσήγαγέ με εἰς τὸ αἰλάμ (2 *b*)
41. 1. εἰσήγαγέ με εἰς τὸν ναόν (2 *b*)
42. 1. εἰσήγαγέ με εἰς τὴν αὐλὴν . . . καὶ εἰσήγαγέ με (6, 2 *b*)
43. 5. εἰσήγαγέ με εἰς τὴν αὐλὴν τὴν ἐσωτέραν (2 *b*)
44. 4. εἰσήγαγέ με κατὰ τὴν ὁδὸν τῆς πύλης (2 *b*)
— 7. τοῦ εἰσαγαγεῖν ὑμᾶς υἱοὺς ἀλλογενεῖς (2 *b*)
46. 19. εἰσήγαγέ με εἰς τὴν εἴσοδον (2 *b*)
47. 1. εἰσήγαγέ με ἐπὶ τὰ πρόθυρα τοῦ οἴκου (13)
Da. LXX. 1. 18. ἐπέταξεν ὁ βασιλεὺς εἰσαγαγεῖν αὐτούς (2 *b*)
— 18. καὶ εἰσήχθησαν . . . πρὸς τὸν βασ. Ναβ. (2 *b*)
2. 24. εἰσάγαγε δέ με πρὸς τὸν βασιλέα (10 *a*)
— 25. Ἀριὼχ . . . εἰσήγαγε τὸν Δ. πρὸς τὸν βασιλέα (10 *a*)
5. 13. τότε Δανιὴλ εἰσήχθη πρὸς τὸν βασιλέα (10 *b*)
Da. TH. 1. 3. εἰσαγαγεῖν ἀπὸ τῶν υἱῶν τῆς αἰχμαλωσίας Ἰ. (2 *b*)
— 18. ὧν εἶπεν ὁ βασιλεὺς εἰσαγαγεῖν αὐτούς (2 *b*)
— 18. καὶ εἰσήγαγεν αὐτοὺς [B[1] *om.* κ. εἰσ. αὐ.] ὁ ἀρχιευνοῦχος (2 *b*)
2. 24. εἰσάγαγε δέ με ἐνώπιον τοῦ βασ. (10 *a*)
— 25. εἰσήγαγε τὸν Δ. ἐνώπιον τοῦ βασ. (10 *a*)
4. 3. τοῦ εἰσαγαγεῖν . . . πάντας τοὺς σοφοὺς B. (10 *a*)
5. 7. τοῦ εἰσαγαγεῖν μάγους (10 *a*)
— 13. Δανιὴλ εἰσήχθη ἐνώπιον τοῦ βασιλέως (10 *b*)
III Ma. 5. 2. εἰσαγαγεῖν πρὸς συνάντησιν τοῦ μόρου
[**Aq.** Ge. 24. 67: 43. 24: IV Ki. 11. 4: Ps. 65 (66). 11.]
[**Sm.** Dt. 33. 7: Ps. 65 (66). 11: Ca. 1. 4.]
[**Th.** IV Ki. 11. 4.]
[**Quint.** Ps. 65 (66). 11.]

εἰσαγωγή.

Si. 21. 9. A στυππεῖον συνηγμένον εἰσαγωγὴ [B S συναγ.] ἀνόμων

εἰσακοή.

[**Aq.** Ge. 16. 11.]

εἰσακούειν. (1) *a.* אָזַן hi. *b.* גָּלָה אֹזֶן (2) חוּשׁ (3) יָשַׁע hi. (4) c. neg. מָאֵן pi. (5) c. neg. מָרָה (6) עָנָה *a.* qal. *b.* ni. *c.* pi. *d.* מַעֲנֶה (7) עָתַר ni. (8) *a.* קָשַׁב hi. *b.* **προσέχειν τοῦ εἰσ.** קָשַׁב hi. (9) רָצָה (10) שָׁמַע, שָׁמֵעַ *a.* qal. *b.* ni. *c.* hi. (11) שָׁמַר

Ge. 21. 17. εἰσήκουσε δὲ ὁ θ. τῆς φωνῆς τοῦ π. (10 *a*)
34. 17. ἐὰν δὲ μὴ εἰσακούσητε ἡμῶν (10 *a*)
— 24. R καὶ εἰσήκουσαν [A -εν] Ἐ. καὶ Σ. (10 *a*)
42. 21. καὶ οὐκ εἰσηκούσαμεν αὐτοῦ (10 *a*)
— 22. καὶ οὐκ εἰσηκούσατέ μου (10 *a*)
Ex. 2. 24. εἰσήκουσεν ὁ θ. τὸν στεναγμὸν αὐ. (10 *a*)
3. 18. καὶ εἰσακούσονταί σου τῆς φωνῆς (10 *a*)
4. 1. μηδὲ εἰσακούσωσι τῆς φωνῆς μου (10 *a*)
— 8. μηδὲ εἰσακούσωσι τῆς φωνῆς τοῦ σημείου τοῦ πρ. (10 *a*)
— 9. μηδὲ εἰσακούσωσι τῆς φωνῆς σου (10 *a*)
5. 2. οὐ εἰσακούσομαι τῆς φωνῆς αὐ. (10 *a*)
Ex. 6. 5. εἰσήκουσα τὸν στεναγμὸν τῶν υἱῶν Ἰ. (10 *a*)
— 9. καὶ οὐκ εἰσήκουσαν Μωυσῆ (10 *a*)
— 12. ἰδοὺ οἱ υἱοὶ Ἰσ. οὐκ εἰσήκουσάν μου (10 *a*)
— 12, 30. καὶ πῶς εἰσακούσεταί μου Φαραώ (10 *a*)
7. 4. καὶ οὐκ εἰσακούσεται ὑμῶν Φαραώ (10 *a*)
— 13. καὶ οὐκ εἰσήκουσεν αὐτῶν (10 *a*)
— 16. καὶ ἰδοὺ οὐκ εἰσήκουσας ἕως τούτου (10 *a*)
— 22: 8. 15 (11), 19 (15): 9. 12 (A[2] B). καὶ οὐκ εἰσήκουσεν αὐτῶν (10 *a*)
11. 9. οὐκ εἰσακούσεται ὑμῶν Φαραώ (10 *a*)
— 10. καὶ οὐκ εἰσήκουσεν [A ἠθέλησεν] ἐξαποστεῖλαι -
16. 7. ἐν τῷ εἰσακοῦσαι [A *add.* κύριον] τὸν γογγυσμόν (10 *a*)
— 8. διὰ τὸ εἰσακοῦσαι κύριον τὸν γογγυσμὸν ὑμῶν (10 *a*)
— 9. εἰσακήκοε γὰρ τὸν γογγυσμὸν ὑμῶν (10 *a*)
— 12. εἰσακήκοα τὸν γογγυσμὸν τῶν υἱῶν Ἰσραήλ (10 *a*)
— 20. καὶ οὐκ εἰσήκουσαν Μωυσῆ (10 *a*)
— 28. εἰσακούειν τὰς ἐντολάς μου (11)
22. 23 (22). ἀκοῇ εἰσακούσομαι τῆς φωνῆς αὐτῶν (10 *a*)
— 27 (26). εἰσακούσομαι αὐτοῦ (10 *a*)
23. 21. καὶ εἰσάκουε αὐτοῦ (10 *a*)
Nu. 14. 22. οὐκ εἰσήκουσαν τῆς φωνῆς μου (10 *a*)
16. 8. εἰσακούσατέ μου υἱοὶ Λευί (10 *a*)
20. 16. εἰσήκουσε κύριος τῆς φωνῆς ἡμῶν (10 *a*)
21. 3. εἰσήκουσε κύριος τῆς φωνῆς Ἰ. (10 *a*)
27. 20. ὅπως ἂν εἰσακούσωσιν αὐτοῦ (10 *a*)
De. 1. 43. οὐκ εἰσηκούσατέ μου (10 *a*)
— 45. οὐκ εἰσήκουσε κύριος τῆς φωνῆς ὑμῶν (10 *a*)
3. 26. καὶ οὐκ εἰσήκουσέ μου (10 *a*)
4. 30. καὶ εἰσακούσῃ τῆς φωνῆς αὐτοῦ (10 *a*)
9. 19. εἰσήκουσε κύριος ἐμοῦ (10 *a*)
— 23. οὐκ εἰσηκούσατε τῆς φωνῆς αὐτοῦ (10 *a*)
10. 10. A R εἰσήκουσε [B ἤκ.] κύριος ἐμοῦ (10 *a*)
11. 13. B ἐὰν δὲ ἀκοῇ εἰσακούσητε [A R ἀκ.] πάσας τὰς ἐντολάς (10 *a*)
— 28. A ἐὰν μὴ εἰσακούσητε [B ἀκ.] τὰς ἐντολάς (10 *a*)
13. 8 (9). οὐκ εἰσακούσῃ αὐτοῦ (10 *a*)
— 18 (19). A ἐὰν εἰσακούσητε [B ἀκούσῃς] τῆς φωνῆς κυρίου (10 *a*)
15. 5. ἐὰν δὲ ἀκοῇ εἰσακούσητε [A -σῃς] τῆς φωνῆς κ. (10 *a*)
19. 9. A ἐὰν εἰσακούσῃ [B ἀκούσῃς] ποιεῖν (11)
21. 18. A B[2] R καὶ μὴ εἰσακούῃ [A[2] -σῃ] αὐτῶν (10 *a*)
23. 5 (6). εἰσακοῦσαι τοῦ Βαλαάμ (10 *a*)
26. 7. εἰσήκουσε κύριος τῆς φωνῆς ἡμῶν (10 *a*)
27. 10. καὶ εἰσακούσῃ τῆς φωνῆς κυρίου (10 *a*)
28. 1. A ἐὰν ἀκοῇ εἰσακούσητε [B ἀκούσῃς] τῆς φωνῆς (10 *a*)
— 2. A ἐὰν ἀκοῇ εἰσακούσῃς [B ἀκ.] τῆς φωνῆς (10 *a*)
— 9. A ἐὰν εἰσακούσῃς [B ἀκ.] τῆς φωνῆς κυρίου (11)
— 15. ἐὰν μὴ εἰσακούσῃς τῆς φωνῆς κυρίου (10 *a*)
— 45. οὐκ εἰσήκουσας [A ἤκ.] τῆς φωνῆς (10 *a*)
— 58. ἐὰν μὴ εἰσακούσῃς [A -σητε] ποιεῖν (11)
— 62. οὐκ εἰσήκουσας [A -σατε] τῆς φωνῆς κυρίου (10 *a*)
30. 2. καὶ εἰσακούσῃ [A ὑπακ.] τῆς φωνῆς αὐτοῦ (10 *a*)
— 8. καὶ εἰσακούσῃ τῆς φωνῆς κυρίου (10 *a*)
— 10. ἐὰν εἰσακούσῃς [A -σῃ] τῆς φωνῆς κυρίου (10 *a*)
— 16. ἐὰν εἰσακούσῃς [A δὲ εἰσακούσητε] τὰς ἐντ. κυρίου -
— 17. καὶ μὴ εἰσακούσῃς (10 *a*)
— 20. εἰσακούειν τῆς φωνῆς αὐτοῦ (10 *a*)
33. 7. εἰσάκουσον, κύριε, φωνῆς Ἰούδα (10 *a*)
34. 9. εἰσήκουσαν αὐτοῦ οἱ υἱοὶ Ἰσραήλ (10 *a*)
Jo. 22. 2. A οὐκ [B *om.*] εἰσηκούσατε [B ἐπ., R ὑπ.] τῆς φωνῆς μου (10 *a*)
Jd. 2. 2. οὐκ εἰσηκούσατε τῆς φωνῆς μου (10 *a*)
— 17. τοῦ εἰσακούειν τῶν λόγων [A εἰσ. ἐντολὰς] κυρίου (10 *a*)
— 20. οὐκ εἰσήκουσαν [A ὑπ.] τῆς φωνῆς μου (10 *a*)
3. 9. A καὶ εἰσήκουσαν αὐτοῦ -
5. 16. A τοῦ εἰσακούειν συρισμοὺς ἐξεγειρόντων [B *al.*] (10 *a*)
6. 10. οὐκ εἰσηκούσατε τῆς φωνῆς μου (10 *a*)
11. 28. A οὐκ εἰσήκουσεν [B ἤκ.] βασιλεὺς υἱῶν Ἀ. καὶ οὐκ εἰσήκουσεν [B *om.* καὶ οὐκ εἰσ.] τῶν λόγων Ἰ. (10 *a*, -)

● = correction on page xxv

Jd. 13. 9. εἰσήκουσεν [A ἐπήκ.] ὁ θεὸς τῆς φωνῆς M. (10 *a*)
19. 25. τοῦ εἰσακοῦσαι [A ἀκοῦσαι] αὐτοῦ (10 *a*)
20. 13. A οὐκ ἤκουσαν εἰσακοῦσαι υἱοὶ B. [B εὐδόκησαν οἱ υἱ. B. ἀκ.] (10 *a*)
I Ki. 12. 15. A ἐὰν δὲ μὴ εἰσακούσητε [B ἀκ.] τῆς φωνῆς κυρίου (10 *a*)
II Ki. 12. 18. οὐκ εἰσήκουσε τῆς φωνῆς ἡμῶν (10 *a*)
III Ki. 3. 11. τοῦ εἰσακούειν κρίμα (10 *a*)
8. 29. τοῦ εἰσακούειν τῆς προσευχῆς (10 *a*)
— 30. εἰσακούσῃ τῆς δεήσεως [A φωνῆς] τοῦ δούλου σου (10 *a*)
— 30. καὶ σὺ εἰσακούσῃ ἐν τῷ τόπῳ (10 *a*)
— 32. καὶ σὺ εἰσακούσῃ [B^1 -σει] ἐκ τοῦ οὐρ. (10 *a*)
— 34. καὶ σὺ εἰσακούσῃ ἐκ τοῦ οὐρ. (10 *a*)
— 36. καὶ εἰσακούσῃ ἐκ τοῦ οὐρανοῦ (10 *a*)
— 39, 43. καὶ σὺ εἰσακούσῃ ἐκ τοῦ οὐρανοῦ (10 *a*)
— 45. καὶ σὺ εἰσακούσῃ [B^1 -σει] ἐκ τοῦ οὐρ. (10 *a*)
— 49. καὶ εἰσακούσῃ ἐκ τοῦ οὐρανοῦ (10 *a*)
— 52. εἰσακούειν αὐτῶν ἐν πᾶσιν (10 *a*)
IV Ki. 10. 6. καὶ τῆς φωνῆς μου ὑμεῖς εἰσακούετε (10 *a*)
19. 4. εἴ πως εἰσακούσεται κύριος . . . πάντας τοὺς λόγους (10 *a*)
I Ch. 21. 28. A εἰσήκουσεν [B ἐπήκ.] αὐτῷ (6 *a*)
II Ch. 6. 21. καὶ σὺ εἰσακούσῃ (10 *a*)
— 23, 25, 27, 30. καὶ σὺ εἰσακούσῃ ἐκ τοῦ οὐρ. (10 *a*)
— 33. καὶ εἰσακούσῃ ἐκ τοῦ οὐρανοῦ (10 *a*)
7. 14. καὶ ἐγὼ εἰσακούσομαι ἐκ τοῦ οὐρανοῦ (10 *a*)
34. 21. A R οὐκ εἰσήκουσαν [B ἤκ.] οἱ πατέρες ἡμῶν τῶν λόγων κυρίου (11)
Ne. 9. 17. ἀνένευσαν τοῦ εἰσακοῦσαι (10 *a*)
— 28. καὶ σὺ ἐξ οὐρανοῦ εἰσήκουσας (10 *a*)
To. 3. 15. S νῦν εἰσάκουσον ὀνειδισμόν μου [A B *al.*]
— 16. εἰσηκούσθη προσευχὴ ἀμφοτέρων [A *al.*]
Ju. 4. 13. καὶ εἰσήκουσε κύριος τῆς φωνῆς αὐτῶν
8. 17. εἰσακούσεται τῆς φωνῆς ἡμῶν
9. 4. εἰσάκουσον ἐμοῦ τῆς χήρας
— 12. σὺ εἰσάκουσον τῆς δεήσεώς μου
Es. 1. 12. οὐκ εἰσήκουσεν αὐτοῦ Ἀ. ἡ βασ. (4)
4. 17. εἰσάκουσον φωνὴν [A S^3 -ῆς] ἀπηλπισμένων
Jb. 5. 1. A εἴ τις σου εἰσακούσεται [B S σοι ὑπακ.] (6 *a*)
9. 14. A ἐὰν δέ μου εἰσακούσῃ [B ὑπακούσεται, S ὑπακούσηται] (6 *a*)
— 15. οὐκ εἰσακούσεταί μου (6 *a*)
— 16. A ἐάν τε . . . καὶ [B *add.* μὴ] εἰσακούσῃ [B S ὑπακ.] (6 *a*)
— 16. εἰσακήκοέ μου (1 *a*)
22. 27. εἰσακούσεταί σου (10 *a*)
27. 9. ἦ τὴν δέησιν αὐ. εἰσακούσεται ὁ θεός [A *al.*] (10 *a*)
— 10. ἦ ὡς [A S^2 πῶς] ἐπικαλεσαμένου αὐτοῦ εἰσακούσεται αὐτοῦ †
30. 20. S οὐκ εἰσακούσῃ [A -ούεις, B ἀκούεις] μου (6 *a*)
33. 26. S^1 εἰσακούσεται αὐτοῦ [A B S^2 δεκτὰ αὐτῷ ἔσται] (9)
34. 28. κραυγὴν πτωχῶν εἰσακούσεται (10 *a*)
35. 12. καὶ οὐ μὴ εἰσακούσῃ (6 *a*)
36. 10. τοῦ δικαίου εἰσακούσεται (1 *b*)
37. 23. A οὐκ εἰσακούει αὐτός [B S *al.*] (6 *c*)
Ps. 3. 4. A εἰσήκουσέν [B S ἐπήκουσέ] μου ἐξ ὄρους ἁγίου αὐ. (6 *a*)
4. 1. εἰσήκουσέ μου ὁ θεὸς τῆς δικαιοσύνης μου (6 *a*)
— 1. εἰσάκουσον τῆς προσευχῆς μου (10 *a*)
— 3. κύριος εἰσακούσεταί μου (10 *a*)
5. 3. τὸ πρωῒ εἰσακούσῃ τῆς φωνῆς μου (10 *a*)
6. 8. εἰσήκουσε κύριος τῆς φωνῆς τοῦ κλαυθμοῦ μου [S^1 *al.*] (10 *a*)
— 9. εἰσήκουσε [A S^2 ἤκουσεν] κύριος τῆς δεήσεώς μου [S^1 *al.*] (10 *a*)
9. 38 (10. 17). τὴν ἐπιθυμίαν τῶν πενήτων εἰσήκουσε κύριος [S^2 -σας, κύριε] (10 *a*)
12 (13). 3. εἰσάκουσόν μου [S *om.*] (6 *a*)
16 (17). 1. εἰσάκουσον, κύριε, τῆς δικαιοσύνης μου (10 *a*)
— 6. A εἰσήκουσέν [S^1 -σάς, B S^2 ἐπήκουσάς] μου ὁ θεός (6 *a*)
— 6. εἰσάκουσον τῶν ῥημάτων μου (10 *a*)
17 (18). 41. A B S^1 οὐκ εἰσήκουσεν [S^2 R -κουεν] αὐτῶν (6 *a*)
21 (22). 2. καὶ οὐκ εἰσακούσῃ (6 *a*)
Ps. 21 (22). 24. εἰσήκουσέ [A ἐπήκουσέν] μου (10 *a*)
26 (27). 7. εἰσάκουσον, κύριε, τῆς φωνῆς μου (10 *a*)
— 7. ἐλέησόν με καὶ εἰσάκουσόν μου (6 *a*)
27 (28). 2. εἰσάκουσον τῆς φωνῆς τῆς δεήσεώς μου (10 *a*)
— 6. εἰσήκουσε τῆς φωνῆς τῆς δεήσεώς μου (10 *a*)
30 (31). 22. εἰσήκουσας [A^2 -σεν], κύριε [A S *om.*], τῆς φωνῆς τῆς δεήσεώς μου (10 *a*)
33 (34). 6. ὁ κύριος εἰσήκουσεν αὐτοῦ (10 *a*)
— 17. ὁ κύριος εἰσήκουσεν αὐτῶν (10 *a*)
37 (38). 15. σὺ εἰσακούσῃ, κύριε ὁ θεός μου (6 *a*)
38 (39). 12. εἰσάκουσον τῆς προσευχῆς μου (10 *a*)
39 (40). 1. εἰσήκουσε τῆς δεήσεώς μου (10 *a*)
53 (54). 2. εἰσάκουσον τῆς προσευχῆς μου (10 *a*)
54 (55). 2. πρόσχες μοι καὶ εἰσάκουσόν μου (6 *a*)
— 16. ὁ κύριος εἰσήκουσέ μου (3)
— 17. εἰσακούσεται τῆς φωνῆς μου (10 *a*)
— 19. εἰσακούσεται ὁ θεός (10 *a*)
57 (58). 5. ἥτις οὐκ εἰσακούσεται φωνὴν ἐπᾳδόντων (10 *a*)
60 (61). 1. εἰσάκουσον ὁ θεὸς τῆς δεήσεώς μου (10 *a*)
— 5. σὺ, ὁ θεὸς, εἰσήκουσας τῶν προσευχῶν μου (10 *a*)
63 (64). 1. εἰσάκουσον, ὁ θεὸς, τῆς προσευχῆς [S φωνῆς] μου (10 *a*)
64 (65). 2. εἰσάκουσον προσευχῆς μου (10 *a*)
65 (66). 18. μὴ εἰσακουσάτω [S^2 *add.* μου] κύριος (10 *a*)
— 19. εἰσήκουσέ μου ὁ θεός (10 *a*)
68 (69). 16. εἰσάκουσόν μου, κύριε (6 *a*)
— 33. εἰσήκουσε τῶν πενήτων ὁ κύριος (10 *a*)
83 (84). 8. εἰσάκουσον τῆς προσευχῆς μου (10 *a*)
85 (86). 1. εἰσάκουσόν [A S ἐπάκ.] μου (6 *a*)
— 7. ὅτι εἰσήκουσάς [A S^2 ἐπήκ.] μου (6 *a*)
90 (91). 15. καὶ εἰσακούσομαι [A S^2 ἐπακ.] αὐτοῦ (6 *a*)
91 (92) 11. B S^1 εἰσακούσεται [A S^2 R ἀκούσ.] τὸ οὖς μου (10 *a*)
98 (99). 6. A S αὐτὸς εἰσήκουσεν [B ἐπήκ., R εἰσήκουεν] αὐτῶν [B -οῖς, R *om.*] (6 *a*)
101 (102). 1. εἰσάκουσον τῆς προσευχῆς μου (10 *a*)
— 2. τάχυ εἰσάκουσόν [S ἐπάκ.] μου (6 *a*)
105 (106). 25. οὐκ εἰσήκουσαν τῆς φωνῆς κυρίου (10 *a*)
— 44. ἐν τῷ αὐτὸν εἰσακοῦσαι τῆς δεήσεως αὐτῶν (10 *a*)
114 (116). 1. εἰσακούσεται κύριος τῆς φωνῆς τῆς δεήσεώς μου (10 *a*)
119 (120). 1. καὶ εἰσήκουσέ μου (6 *a*)
129 (130). 1. εἰσάκουσον τῆς φωνῆς [A προσευχῆς] μου (10 *a*)
140 (141). 1. εἰσάκουσόν μου (2)
142 (143). 1. εἰσάκουσον τῆς προσευχῆς μου (10 *a*)
— 1. A εἰσάκουσόν [B S ἐπάκ.] μου ἐν τῇ δικαιοσύνῃ σου (6 *a*)
— 7. ταχὺ εἰσάκουσόν μου (6 *a*)
144 (145). 19. S^2 τῆς δεήσεως αὐτῶν εἰσακούσει [S^1 ἐπακ. A B ἐπακούσεται] (10 *a*)
151. 3. αὐτὸς [S *add.* πάντων] εἰσακούει [A -σεταί μου]
Pr. 1. 28. ἐγὼ δὲ οὐκ εἰσακούσομαι ὑμῶν (6 *a*)
8. 6. εἰσακούσατέ μου (10 *a*)
— 32 (34). μακάριος ἀνὴρ ὃς εἰσακούσεταί μου (10 *a*)
12. 15. εἰσακούει δὲ συμβουλίας σοφός (10 *a*)
21. 13. οὐκ ἔσται ὁ εἰσακούων [S ἐπακ.] (6 *b*)
28. 9. ὁ ἐκκλίνων τὸ οὖς αὐτοῦ μὴ εἰσακοῦσαι νόμου (10 *a*)
Ec. 9. 16. οἱ λόγοι αὐτοῦ οὐκ εἰσακουόμενοι [A S εἰσὶν ἀκ.] (10 *b*)
Si. 3. 5. ἐν ἡμέρᾳ προσευχῆς αὐτοῦ εἰσακουσθήσεται
— 6. ὁ εἰσακούων κυρίου ἀναπαύσει μητέρα αὐτοῦ
4. 6. S τῆς δεήσεως αὐτοῦ εἰσακούσεται [A B ἐπακ.] ὁ ποιήσας αὐτόν
— 15. S ὁ εἰσακούων [A B ὑπακ.] αὐτῆς κρινεῖ ἔθνη
31 (34). 24. τίνος φωνῆς εἰσακούσεται ὁ δεσπότης
— 26. τῆς προσευχῆς αὐτοῦ τίς εἰσακούσεται
32 (35). 13. δέησιν ἠδικημένου εἰσακούσεται
36. 22 (19). εἰσάκουσον, κύριε, δεήσεως τῶν ἱκετῶν [A S οἰκ.] σου
39. 13. εἰσακούσατέ μου, υἱοὶ ὅσιοι
51. 11. εἰσηκούσθη ἡ δέησίς μου
Ho. 9. 17. οὐκ εἰσήκουσαν αὐτοῦ (10 *a*)
Mi. 3. 4. καὶ οὐκ εἰσακούσεται αὐτῶν (6 *a*)
Mi. 3. 7. B οὐκ ἔσται ὁ εἰσακούων [A ἐπακούσων, R ἐπακούων] αὐτῶν (6 *d*)
5. 15 (14). ἀνθ' ὧν οὐκ εἰσήκουσαν [A *add.* μου] (10 *a*)
7. 7. εἰσακούσεταί μου ὁ θεός μου (10 *a*)
Jn. 2. 3. καὶ εἰσήκουσέ μου (6 *a*)
Hb. 1. 2. καὶ οὐ μὴ εἰσακούσῃς (10 *a*)
3. 2. εἰσακήκοα τὴν ἀκοήν σου (10 *a*)
Ze. 3. 2. οὐκ εἰσήκουσε φωνῆς (10 *a*)
Za. 1. 4. B S καὶ οὐκ εἰσήκουσαν (10 *a*)
— 4. καὶ οὐ προσέσχον τοῦ εἰσακοῦσαί μου (8 *b*)
6. 15. ἐὰν εἰσακούοντες [S^2 -σαντες] εἰσακούσητε τῆς φωνῆς κυρίου (10 *a*, 10 *a*)
7. 11. τὰ ὦτα αὐτῶν ἐβάρυναν τοῦ μὴ εἰσακούειν (10 *a*)
— 12. τοῦ μὴ εἰσακούειν [A -κοῦσαι] τοῦ νόμου μου (10 *a*)
— 13. A S καὶ οὐκ εἰσήκουσαν αὐτοῦ [B *om.*] (10 *a*)
— 13. καὶ οὐ μὴ εἰσακούσω [A *add.* αὐτῶν] (10 *a*)
Ma. 3. 16. καὶ εἰσήκουσε (10 *a*)
Is. 1. 15. οὐκ εἰσακούσομαι ὑμῶν (10 *a*)
— 19. ἐὰν θέλητε καὶ εἰσακούσητέ μου (10 *a*)
— 20. ἐὰν δὲ μὴ θέλητε μηδὲ εἰσακούσητε (5)
19. 22. εἰσακούσεται [S^1 -σονται, A ἐπακούσεται] αὐτῶν (7)
32. 9. εἰσακούσατε [A S ἀκ.] λόγους μου (1 *a*)
37. 4. εἰσακοῦσαι κ. ὁ θ. σου τοὺς λόγους Ῥ. (10 *a*)
— 17. εἰσάκουσον, κύριε (10 *a*)
42. 23. εἰσακούσατε [A S -σεται] εἰς τὰ ἐπερχόμενα [S^1 *al.*] (8 *et* 10 *a*)
46. 7. οὐ μὴ εἰσακούσῃ [A S^1 ἀκ.] (6 *a*)
55. 3. εἰσακούσατέ [A S^3 ἐπακ.] μου (10 *a*)
58. 9. ὁ θεὸς εἰσακούσεταί σου (6 *a*)
59. 1. ἐβάρυνε τὸ οὖς αὐ. τοῦ μὴ εἰσακοῦσαι (10 *a*)
Je. 6. 10. R καὶ εἰσακούσεται [A B S ἀκ.] (10 *a*)
7. 13. S καὶ οὐκ εἰσηκούσατέ [A B ἠκ.] μου (10 *a*)
— 16. ὅτι οὐκ εἰσακούσομαι [S^2 *add.* σου] (10 *a*)
— 24. A οὐκ εἰσήκουσάν [B S ἤκ.] μου (10 *a*)
— 26. A R καὶ οὐκ εἰσήκουσάν [B S ἤκ.] μου (10 *a*)
11. 10. οὐκ ἠθέλησαν εἰσακοῦσαι [A ἀκ., S ὑπακ.] τῶν λόγων μου (10 *a*)
— 11. οὐκ εἰσακούσομαι αὐτῶν (10 *a*)
— 14. οὐκ εἰσακούσομαι [S^1 -σω] ἐν τῷ καιρῷ (10 *a*)
13. 11. οὐκ εἰσήκουσάν [A S^1 ἤκ.] μου (10 *a*)
14. 12. οὐκ εἰσακούσομαι τῆς δεήσεως αὐτῶν (10 *a*)
17. 23. A τοῦ μὴ εἰσακοῦσαί [B S ἀκ.] μου (10 *a*)
— 24. ἐὰν εἰσακούσητέ [A ἀκ.] μου (10 *a*)
— 27. A B S ἐὰν μὴ εἰσακούσητέ [R ἀκ.] μου (10 *a*)
18. 19. εἰσάκουσόν μου, κύριε, καὶ εἰσάκουσον [A ἐπάκ.] τῆς φωνῆς (8 *a*, 10 *a*)
19. 15. τοῦ μὴ εἰσ. τῶν ἐντολῶν [A λόγων] μου (10 *a*)
23. 22. S εἰσήκουσαν [A B εἰ ἤκ.] τῶν λόγων μου (10 *c*)
25. 4. οὐκ εἰσηκούσατε καὶ οὐ προσέσχετε (10 *a*)
— 7. A οὐκ εἰσήκουσάν [S -ατέ, B ἠκούσατέ] μου (10 *a*)
33 (26). 5. εἰσ. τῶν λόγων [A *add.* μου καὶ] τῶν παίδων μου (10 *a*)
— 5. A S οὐκ εἰσηκούσατέ [B ἠκ.] μου (10 *a*)
36 (29). 12. καὶ εἰσακούσομαι ὑμῶν (10 *a*)
40 (33). 6. A φανεροῖ αὐτοὺς εἰσ. [B S *al.*]
42 (35). 8. A εἰσηκούσαμεν [B S ἠκ.] τῆς φωνῆς Ἰωναδάβ (10 *a*)
— 14. A οὐκ εἰσηκούσατε [B S ἠκ.] (10 *a*)
— 15. S R οὐκ εἰσηκούσατε [S *add.* μου, A B ἠκ.] (10 *a*)
44 (37). 14. οὐκ εἰσήκουσεν [A S ἤκ.] αὐτοῦ (10 *a*)
47 (40). 3. A οὐκ εἰσηκούσατε [B S ἠκ.] τῆς φωνῆς αὐτοῦ (10 *a*)
49 (42). 21. A οὐκ εἰσηκούσατε [B S ἠκ.] τῆς φωνῆς κυρίου (10 *a*)
Ba. 2. 14. εἰσάκουσον, κύριε, τῆς προσευχῆς ἡμῶν
— 16. A κλῖνον τὸ οὖς σου καὶ εἰσάκουσον [B ἄκ.]
— 30. A οὐ μὴ εἰσακούσωσίν [B ἀκ.] μου
Ez. 3. 6. οὗτοι ἂν εἰσήκουσάν σου (10 *a*)
— 7. A R ὁ δὲ οἶκος τοῦ Ἰ. οὐ μὴ θελήσουσιν εἰσακοῦσαί σου [B μου] διότι οὐ βούλονται εἰσ. [B -κοῦσαί] μου (10 *a*, 10 *a*)
8. 18. A οὐ μὴ εἰσακούσω αὐτῶν (10 *a*)
13. 19. λαῷ εἰσακούοντι μάταια ἀποφθέγματα (10 *a*)
20. 8. οὐκ ἠθέλησαν εἰσακοῦσαί μου (10 *a*)
— 39. εἰ [A *add.* μὴ] ὑμεῖς εἰσακούετέ μου (10 *a*)
Da. LXX. Su. 35. εἰσήκουσε κύριος τῆς δεήσεως αὐ.
10. 12. εἰσηκούσθη τὸ ῥῆμά σου (10 *b*)
Da. TH. Su. 44. καὶ εἰσήκουσε κύριος [A ἐπήκ. ὁ θεὸς] τῆς φωνῆς αὐτῆς

Da. TH. 1. 14. καὶ εἰσήκουσεν αὐτῶν (10 *a*)
9. 6. οὐκ εἰσηκούσαμεν τῶν δούλων σου (10 *a*)
— 10. οὐκ εἰσηκούσαμεν τῆς φωνῆς κυρίου (10 *a*)
— 11. A τοῦ μὴ εἰσακοῦσαι [B ἀκ.] τῆς φωνῆς σου (10 *a*)
— 14. οὐκ εἰσηκούσαμεν τῆς φωνῆς αὐτοῦ (10 *a*)
— 17. καὶ νῦν εἰσάκουσον . . . τῆς προσευχῆς (10 *a*)
— 19. εἰσάκουσον [A ἄκ.], κύριε (10 *a*)
II Ma. 1. 8. καὶ εἰσηκούσθημεν
8. 3. τῶν καταβοώντων πρὸς αὐτὸν αἱμάτων εἰσακοῦσαι
III Ma. 2. 11. εἰσακούσῃ τῆς δεήσεως ἡμῶν
— 21. εἰσακούσας τῆς ἐνθέσμου λιτανείας
[**Aq.** Ps. 16 (17). 1 : 65 (66). 18, 19 : 85 (86). 7 : Je. 33 (40). 3, 6.]
[**Sm.** Jb. 19. 7 : Ps. 21 (22). 3 : 27 (28). 2 : 39 (40). 2 : 60 (61). 6 : 63 (64). 2 : 65 (66). 18 : 85 (86). 7.]
[**Th.** Jb. 35. 12 : Ps. 137 (138). 3 : Ez. 8. 18.]
[**Al.** Ez. 8. 18.]
[**Quint.** Ps. 26 (27). 7.]
[**Sext.** Ps. 26 (27). 7 : 30 (31). 23.]

εἰσάπαξ. (1) כַּחֲדָה (2) כְּרֶגַע (3) פַּעַם, פַּעַם אַחַת, אֶחָד

Nu. 16. 21, 45 (17. 10). ἐξαναλώσω αὐτοὺς εἰσ. (2)
Jo. 10. 42. τὴν γῆν αὐτῶν ἐπάταξεν [A ἔλαβεν] Ἰ. εἰσ. (3)
II Ki. 23. 8. ἐπὶ ὀκτακοσίους [A B^2 τριακ.] στρατιώτας [A τραυματίας] εἰσ. (3)
Is. 66. 8. ἐτέχθη ἔθνος εἰσ. (3)
Da. LXX. 3. (46). ἐνεβάλοσαν τοὺς τρεῖς εἰσ. εἰς τὴν κάμ.
Da. TH. 2. 35. τότε ἐλεπτύνθησαν εἰσ. (1)
[**Aq., Th.** Je. 10. 8.]

εἰσβάλλειν.

I Es. 6. 20. B^1 εἰσεβάλλετο [B^2 ἐνεβ., A R ἐνεβάλετο] τοὺς θεμελίους τοῦ οἴκου
II Ma. 13. 13. πρὶν εἰσβαλειν τὸ στράτευμα τοῦ βασιλέως
14. 43. τῶν ὄχλων εἴσω τῶν θυρωμάτων εἰσβαλλόντων

εἰσβεβηλοῦν. (1) חָלַל ni.

Le. 21. 9. ἐὰν βεβηλωθῇ [B^2 ἐκβ., ? εἰσβ.] (1)

εἰσβλέπειν. (1) פָּנָה (2) רָאָה

Jb. 6. 28. εἰσβλέψας [A ἐμβλ.] εἰς πρόσωπα ὑμῶν (1)
21. 5. εἰσβλέψαντες [A ἐμβλ.] εἰς ἐμὲ θαυμάσετε [A S^1 -ατε] (1)
Is. 37. 17. εἴσβλεψον, κύριε (2)

εἰσδεκτός (? εἰς δεκτόν). (1) לְרָצוֹן

Le. 22. 21. ἄμωμον ἔσται εἰσδεκτόν (1)
— 29. εἰσδεκτὸν ὑμῖν θύσετε αὐτό (1)

εἰσδέχεσθαι. (1) קָבַץ *a.* qal. *b.* pi. *c.* קְבוּצָה

Ju. 13. 13. S καὶ εἰσεδέξαντο [A R ὑπ., B^1 ἀπ., B^2 ἐπ.] αὐτάς
Wi. 19. 16. οἱ δὲ μετὰ ἑορτασμάτων εἰσδεξάμενοι τοὺς ἤδη τῶν αὐτῶν μετεσχηκότας δικαίων
Ho. 8. 10. νῦν εἰσδέξομαι αὐτούς (1 *b*)
Mi. 4. 6. τὴν ἐξωσμένην [A ἀπ.] εἰσδέξομαι (1 *b*)
Hb. 2. 5. εἰσδέξεται πρὸς αὐτὸν πάντας τοὺς λαούς (1 *a*)
Ze. 3. 8. τοῦ εἰσδέξασθαι βασιλεῖς (1 *a*)
— 19. τὴν ἀπωσμένην εἰσδέξομαι (1 *b*)
— 20. ὅταν εἰσδέξομαι [B^2 -ωμαι, A -δέχωμαι] ὑμᾶς (1 *b*)
Za. 10. 8. καὶ εἰσδέξομαι [S^1 εἰς δόξαν] αὐτούς (1 *b*)
— 10. ἐξ Ἀσσυρίων εἰσδέξομαι αὐτούς (1 *b*)
Je. 23. 3. εἰσδέξομαι τοὺς καταλοίπους [A τὸ κ.] τοῦ λαοῦ μου (1 *b*)
Ez. 11. 17. εἰσδέξομαι αὐτοὺς ἐκ τῶν ἐθνῶν (1 *b*)
20. 34. εἰσδέξομαι ὑμᾶς ἐκ τῶν χωρῶν (1 *b*)
— 41. εἰσδέχεσθαι [A εἰσδέξομαι] ὑμᾶς ἐκ τῶν χωρῶν (1 *b*)
22. 19. εἰσδέχομαι ὑμᾶς εἰς μέσον Ἱερουσαλήμ (1 *a*)
— 20. εἰσδέχεται ἄργυρος . . . εἰς μέσον καμίνου [A *add.* πυρὸς] . . . οὕτως εἰσδέξομαι [A *add.* ὑμᾶς] ἐν ὀργῇ μου (1 *c*, 1 *a*)
II Ma. 4. 22. A μετὰ δᾳδουχίας καὶ βοῶν εἰσεδέχθη [R -πεπόρευται]
10. 36. εἰσδεξάμενοι δὲ τὴν λοιπὴν τάξιν
IV Ma. 5. 37. S ἁγνόν με οἱ πατέρες εἰσδέξονται [A R προσδ.]

εἰσδύειν. (1) בּוֹא

Je. 4. 29. εἰσέδυσαν εἰς τὰ σπήλαια (1 ?)
I Ma. 6. 46. καὶ εἰσέδυ ὑπὸ τὸν ἐλέφαντα
[**Al.** Hb. 3. 16.]

εἰσέρχεσθαι. (1) אָהַל pi. (2) אָזַל (3) אָסַף ni. (4) בּוֹא *a.* qal. *b.* hi. *c.* hoph. *d.* **ποιεῖν εἰσ.** בּוֹא hi. (5) גָּלָה ni. (6) הָלַךְ *a.* qal. *b.* hi. (7) יָצָא (8) יָרַד (9) יָשַׁב (10) לָקַח ni. (11) נָגַשׁ ni. (12) עָבַר (13) עָלָה (14) עָלַל *a.* pe. *b.* oph. (15) קוּם (16) **εἰσ. πρός** קָרָא (17) קָרַב (18) רָאָה (19) שָׁכַן

Ge. 6. 18. εἰσελεύσῃ δὲ εἰς τὴν κιβωτόν (4 *a*)
— 20. δύο δύο . . . εἰσελεύσονται πρὸς σέ (4 *a*)
7. 1. εἴσελθε σὺ καὶ πᾶς ὁ οἶκός σου (4 *a*)
— 7. εἰσῆλθε δὲ Νῶε καὶ οἱ υἱοὶ αὐτοῦ (4 *a*)
— 9. δύο δύο εἰσῆλθον πρὸς Νῶε (4 *a*)
— 13. ἐν τῇ ἡμέρᾳ ταύτῃ εἰσῆλθε Νῶε (4 *a*)
— 15. εἰσῆλθον πρὸς Νῶε εἰς τὴν κιβωτόν (4 *a*)
— 16. τὰ εἰσπορευόμ. ἄρσεν καὶ θῆλυ . . . εἰσῆλθε (4 *a*)
12. 11. ἡνίκα ἤγγισεν Ἄβραμ εἰσελθεῖν εἰς Αἴγ. (4 *a*)
— 14. ἡνίκα εἰσῆλθεν Ἄβραμ εἰς Αἴγυπτον (4 *a*)
16. 2. εἴσελθε οὖν πρὸς τὴν παιδίσκην μου (4 *a*)
— 4. καὶ εἰσῆλθε πρὸς Ἄγαρ (4 *a*)
19. 3. εἰσῆλθον εἰς τὴν οἰκίαν αὐ. (4 *a*)
— 5. οἱ ἄνδρες οἱ εἰσελθόντες πρὸς σέ (4 *a*)
— 8. οὗ εἵνεκεν εἰσῆλθον ὑπὸ τὴν στέγην (4 *a*)
— 9. εἰσῆλθες παροικεῖν (4 *a*)
— 23. καὶ Λὼτ εἰσῆλθεν εἰς Σηγώρ (4 *a*)
— 31. ὃς εἰσελεύσεται πρὸς ἡμᾶς (4 *a*)
— 33. εἰσελθοῦσα ἡ πρεσβυτέρα ἐκοιμήθη (4 *a*)
— 34. εἰσελθοῦσα κοιμήθητι μετ' αὐτοῦ (4 *a*)
— 35. εἰσελθοῦσα ἡ νεωτέρα ἐκοιμήθη (15)
20. 3. καὶ εἰσῆλθεν ὁ θεὸς πρὸς Ἀβ. (4 *a*)
— 13. οὗ ἐὰν εἰσέλθωμεν ἐκεῖ (4 *a*)
24. 31. δεῦρο εἴσελθε (4 *a*)
— 32. εἰσῆλθε δὲ ὁ ἄνθρωπος εἰς τὴν οἰκίαν (4 *a*)
— 67. εἰσῆλθε δὲ Ἰσαὰκ εἰς τὸν οἶκον τῆς μ. (4 *b*)
27. 33. A πρὸ τοῦ σε εἰσελθεῖν [R ἐλθεῖν σε] (4 *a*)
29. 21. ὅπως εἰσέλθω πρὸς αὐτήν (4 *a*)
— 23. καὶ εἰσῆλθε πρὸς αὐτὴν Ἰακώβ (4 *a*)
— 30. καὶ εἰσῆλθε πρὸς Ῥαχήλ (4 *a*)
30. 3. εἴσελθε πρὸς αὐτὴν καὶ τέξεται (4 *a*)
— 4. καὶ εἰσῆλθε πρὸς αὐτὴν Ἰακώβ (4 *a*)
— 9. εἰσῆλθε δὲ πρὸς αὐτήν -
— 16. εἰσῆλθε δὲ Ἰακὼβ ἐξ ἀγροῦ ἑσπέρας (4 *a*)
— 16. πρὸς ἐμὲ εἰσελεύσῃ σήμερον (4 *a*)
31. 33. εἰσελθὼν δὲ Λάβαν ἠρεύνησεν (4 *a*)
— 33. εἰσῆλθε δὲ καὶ εἰς τὸν οἶκον Ῥαχήλ (4 *a*)
34. 25. καὶ εἰσῆλθον εἰς τὴν πόλιν ἀσφαλῶς (4 *a*)
— 27. εἰσῆλθον ἐπὶ τοὺς τραυματίας (4 *a*)
38. 2. καὶ εἰσῆλθε πρὸς αὐτήν (4 *a*)
— 8. εἴσελθε πρὸς τὴν γυναῖκα τοῦ ἀδ. σου (4 *a*)
— 9. ὅταν εἰσήρχετο πρὸς τὴν γυναῖκα τοῦ ἀδ. (4 *a*)
— 16. ἔασόν με εἰσελθεῖν πρὸς σέ (4 *a*)
— 16. τί μοι δώσεις ἐὰν εἰσέλθῃς πρὸς μέ (4 *a*)
— 18. καὶ εἰσῆλθε πρὸς αὐτήν (4 *a*)
39. 11. εἰσῆλθεν Ἰωσὴφ εἰς τὴν οἰκίαν (4 *a*)
— 14. εἰσῆλθε πρὸς μέ (4 *a*)
— 17. εἰσῆλθε πρὸς μὲ ὁ παῖς (4 *a*)
40. 6. εἰσῆλθεν δὲ πρὸς αὐτοὺς Ἰωσήφ (4 *a*)
41. 21 *bis.* εἰσῆλθον εἰς τὰς κοιλίας αὐ. (4 *a*)
43. 26. εἰσῆλθε δὲ Ἰωσὴφ εἰς τὴν οἰκίαν (4 *a*)
— 30. εἰσελθὼν δὲ εἰς τὸ ταμιεῖον (4 *a*)
44. 14. εἰσῆλθε δὲ Ἰούδας (4 *a*)
46. 6. A εἰσῆλθεν [R -ον] Ἰακὼβ εἰς Αἴγυπτον (4 *a*)
— 8. τῶν υἱῶν Ἰακὼβ τῶν εἰσελθόντων εἰς Αἴγ. (4 *a*)
— 26. πᾶσαι αἱ ψυχαὶ αἱ εἰσελθοῦσαι μετὰ Ἰ. (4 *a*)
— 27. πᾶσαι ψυχαὶ οἴκου Ἰακὼβ αἱ εἰσελθοῦσαι (4 *a*)
Ex. 1. 1. ἕκαστος πανοικὶ αὐτῶν εἰσήλθοσαν (4 *a*)
— 19. πρὶν ἢ εἰσελθεῖν πρὸς αὐτὰς τὰς μαίας (4 *a*)
3. 18. εἰσελεύσῃ σὺ . . . πρὸς Φαραώ (4 *a*)
5. 1. καὶ μετὰ ταῦτα εἰσῆλθε M. (4 *a*)
— 15. εἰσελθόντες δὲ οἱ γραμματεῖς τῶν υἱῶν Ἰ. (4 *a*)
6. 11. εἴσελθε λάλησον Φαραὼ βασιλεῖ Αἰγ. (4 *a*)
7. 10. εἰσῆλθε δὲ Μωυσῆς (4 *a*)
— 23. εἰσῆλθεν εἰς τὸν οἶκον αὐ. (4 *a*)
8. 1 (7. 26). εἴσελθε πρὸς Φαραώ (4 *a*)
— 3 (7. 28). εἰσελεύσονται εἰς τοὺς οἴκους σου (4 *a*)
Ex. 9. 1. εἴσελθε πρὸς Φαραώ (4 *a*)
— 19. καὶ μὴ εἰσέλθῃ εἰς οἰκίαν (3)
10. 1. εἴσελθε πρὸς Φαραώ (4 *a*)
— 3. εἰσῆλθε δὲ M. καὶ Ἀ. ἐναντίον Φ. (4 *a*)
12. 23. οὐκ ἀφήσει τὸν ὀλεθρεύοντα εἰσελθεῖν εἰς τὰς οἰ. (4 *a*)
— 25. ἐὰν δὲ εἰσέλθητε εἰς τὴν γῆν (4 *a*)
14. 16. εἰσελθάτωσαν οἱ υἱοὶ Ἰσ. εἰς μέσον τῆς θαλ. (4 *a*)
— 17. καὶ εἰσελεύσονται ὀπίσω αὐτῶν (4 *a*)
— 20. καὶ εἰσῆλθεν ἀνὰ μέσον τῆς παρεμβολῆς (4 *a*)
— 22. καὶ εἰσῆλθον οἱ υἱοὶ Ἰσ. εἰς μέσον τῆς θαλ. (4 *a*)
— 23. καὶ εἰσῆλθον [A -θεν] ὀπίσω αὐτῶν (4 *a*)
— 23. A καὶ εἰσῆλθον [B *om.* καὶ εἰσ.] εἰς μέσον τῆς θαλ. -
15. 19. ὅτι εἰσῆλθεν ἵππος Φαραὼ . . . εἰς θάλασσαν (4 *a*)
16. 22. εἰσήλθοσαν [A -θον] δὲ πάντες οἱ ἄρχοντες (4 *a*)
20. 21. Μωυσῆς δὲ εἰσῆλθεν εἰς τὸν γνόφον (11)
21. 3. ἐὰν αὐτὸς μόνος εἰσέλθῃ (4 *a*)
24. 3. εἰσῆλθε δὲ Μωυσῆς (4 *a*)
— 18. καὶ εἰσῆλθε M. (4 *a*)
29. 30. ὃς εἰσελεύσεται εἰς τὴν σκηνήν (4 *a*)
33. 8. ἕως τοῦ εἰσελθεῖν [A ἐλθεῖν] αὐτὸν εἰς τὴν σκ. (4 *a*)
— 9. ὡς δ' ἂν εἰσῆλθε Μωυσῆς εἰς τὴν σκηνήν (4 *a*)
34. 35. ἕως ἂν εἰσέλθῃ συλλαλεῖν αὐτῷ (4 *a*)
35. 29. A R ὧν ἔφερεν ἡ διάνοια αὐτῶν εἰσελθόντας [B -α] ποιεῖν (4 *b*)
40. 35. οὐκ ἠδυνάσθη Μωυσῆς εἰσελθεῖν εἰς τὴν σκηνήν (4 *a*)
Le. 9. 23. εἰσῆλθε M. καὶ Ἀ. εἰς τὴν σκηνήν (4 *a*)
12. 4. εἰς τὸ ἁγιαστήριον οὐκ εἰσελεύσεται (4 *a*)
14. 8. μετὰ ταῦτα εἰσελεύσεται εἰς τὴν παρεμβολήν (4 *a*)
— 34. ὡς ἂν εἰσέλθητε εἰς τὴν γῆν τῶν Χαν. (4 *a*)
— 36. πρὸ τοῦ εἰσελθόντα τὸν ἱερέα ἰδεῖν τὴν οἰκίαν (4 *a*)
— 36. εἰσελεύσεται ὁ ἱερεὺς καταμαθεῖν τὴν οἰκίαν (4 *a*)
— 44. εἰσελεύσεται ὁ ἱερεὺς καὶ ὄψεται (4 *a*)
— 48. ἐὰν δὲ παραγενόμενος εἰσέλθῃ ὁ ἱερεύς (4 *a*)
16. 3. οὕτως εἰσελεύσεται Ἀαρὼν εἰς τὸ ἅγιον (4 *a*)
— 23. εἰσελεύσεται Ἀαρὼν εἰς τὴν σκηνὴν τοῦ μαρτ. (4 *a*)
— 26, 28. εἰσελεύσεται εἰς τὴν παρεμβολήν (4 *a*)
18. 14. πρὸς τὴν γυναῖκα αὐτοῦ οὐκ εἰσελεύσῃ (17)
— 19. R πρὸς γυναῖκα . . . οὐκ εἰσελεύσῃ [A B οὐ προσελεύσῃ] (17)
19. 23. ὅταν δὲ εἰσέλθητε εἰς τὴν γῆν (4 *a*)
21. 11. ἐπὶ πάσῃ ψυχῇ τετελευτηκυίᾳ οὐκ εἰσελεύσεται (4 *a*)
23. 10. ὅταν εἰσέλθητε εἰς τὴν γῆν (4 *a*)
25. 2. A B ἐὰν [R ὅταν] εἰσέλθητε εἰς τὴν γῆν (4 *a*)
Nu. 4. 5. εἰσελεύσεται [A -σονται] Ἀ. καὶ οἱ υἱοὶ αὐ. (4 *a*)
— 15. εἰσελεύσονται υἱοὶ Καὰθ αἴρειν (4 *a*)
— 20. οὐ μὴ εἰσέλθωσιν ἰδεῖν (4 *a*)
5. 22. εἰσελεύσεται τὸ ὕδωρ τὸ ἐπικαταρώμ. τοῦτο (4 *a*)
— 24, 27. εἰσελεύσεται εἰς αὐτὴν τὸ ὕδωρ (4 *a*)
6. 6. ἐπὶ πάσῃ ψυχῇ τετελευτηκυίᾳ οὐκ εἰσελεύσεται (4 *a*)
8. 15. εἰσελεύσονται οἱ Λευῖται (4 *a*)
— 22. εἰσῆλθον [A -θοσαν] οἱ Λευῖται (4 *a*)
— 24. εἰσελεύσονται ἐνεργεῖν [A *al.*] (4 *a*)
12. 14. μετὰ ταῦτα εἰσελεύσεται (3)
14. 24. εἰς ἣν εἰσῆλθεν ἐκεῖ (4 *a*)
— 30. εἰ ὑμεῖς εἰσελεύσεσθε εἰς τὴν γῆν (4 *a*)
15. 2. ὅταν εἰσέλθητε εἰς τὴν γῆν (4 *a*)
16. 43 (17. 8) : 17. 8 (23). εἰσῆλθε M. καὶ Ἀ. (4 *a*)
19. 7. εἰσελεύσεται εἰς τὴν παρεμβολήν (4 *a*)
20. 24. οὐ μὴ εἰσέλθητε εἰς τὴν γῆν (4 *a*)
25. 8. εἰσῆλθεν ὀπίσω τοῦ ἀνθρώπου (4 *a*)
27. 17. εἰσελεύσεται πρὸ προσώπου αὐτῶν (4 *a*)
— 21. ἐπὶ τῷ στόματι αὐτοῦ εἰσελεύσονται (4 *a*)
31. 24. εἰσελεύσεσθε εἰς τὴν παρεμβολήν (4 *a*)
32. 9. ὅπως μὴ εἰσέλθωσιν εἰς τὴν γῆν (4 *a*)
De. 1. 8. A εἰσελθόντες [B εἰσπορευθέντες] κληρονομήσατε (4 *a*)
— 37. οὐδὲ σὺ οὐ μὴ εἰσέλθῃς ἐκεῖ (4 *a*)
— 38. οὗτος εἰσελεύσεται ἐκεῖ (4 *a*)
— 39. οὗτοι εἰσελεύσονται ἐκεῖ (4 *a*)
4. 1. καὶ εἰσελθόντες κληρονομήσητε (4 *a*)
— 21. ἵνα μὴ εἰσέλθω εἰς τὴν γῆν (4 *a*)

De. 4. 34. ὁ θεὸς εἰσελθὼν λαβεῖν ἑαυτῷ ἔθνος (4 *a*)
6. 18. καὶ εἰσέλθῃς καὶ κληρονομήσῃς (4 *a*)
8. 1. **A R** καὶ εἰσέλθητε καὶ [**B** εἰσελθόντες] κληρονομήσητε (4 *a*)
9. 1. εἰσελθεῖν κληρονομῆσαι [**A** καὶ κλ.] (4 *a*)
11. 5. **A** ὡς εἰσήλθετε [**B** ἕως ἤλθ.] εἰς τὸν τόπον τοῦτον (4 *a*)
— 8. καὶ εἰσελθόντες [**A** εἰσέλθητε καὶ] κληρονομήσητε (4 *a*)
— 31. εἰσελθόντες κληρονομῆσαι (4 *a*)
12. 5. **A** καὶ εἰσελεύσεσθε [**B**^{2} **R** ἐλ.] ἐκεῖ (4 *a*)
16. 20. καὶ εἰσελθόντες κληρονομήσητε –
17. 14: 18. 9. ἐὰν δὲ εἰσέλθῃς εἰς τὴν γῆν (4 *a*)
19. 5. ὃς ἂν εἰσέλθῃ μετὰ τοῦ πλησίον (4 *a*)
20. 19. εἰσελθεῖν ἀπὸ προσώπου σου εἰς τὸν χάρακα (4 *a*)
21. 13. εἰσελεύσῃ πρὸς αὐτήν (4 *a*)
23. 1 (2). οὐκ εἰσελεύσεται [**B**^{1} -σονται] θλαδίας (4 *a*)
— 2 (3). **A**^{2} **B**^{2} **R** οὐκ εἰσελεύσεται ἐκ πόρνης (4 *a*)
— 3 (4). οὐκ εἰσελεύσεται Ἀμμανίτης (4 *a*)
— 3 (4). οὐκ εἰσελεύσεται εἰς ἐκκλησίαν κυρίου (4 *a*)
— 8 (9). εἰσελεύσονται εἰς ἐκκλησίαν κυρίου (4 *a*)
— 10 (11). **A R** οὐκ εἰσελεύσεται [**B** *om.* οὐκ εἰσ.] εἰς τὴν παρεμβολήν (4 *a*)
— 11 (12). εἰσελεύσεται εἰς τὴν παρεμβολήν (4 *a*)
— 25 (26). **A**^{2} **B** ἐὰν δὲ εἰσέλθῃς εἰς ἀμητόν (4 *a*)
— 24 (25). **A**^{2} **B** ἐὰν δὲ εἰσέλθῃς εἰς τὸν ἀμπελῶνα (4 *a*)
24. 10. οὐκ [**B**^{1} καὶ] εἰσελεύσῃ εἰς τὴν οἰκίαν αὐτοῦ (4 *a*)
25. 5. εἰσελεύσεται πρὸς αὐτήν (4 *a*)
26. 1. ἐὰν εἰσέλθῃς εἰς τὴν γῆν (4 *a*)
— 3. εἰσελήλυθα εἰς τὴν γῆν (4 *a*)
27. 3. ἡνίκα ἂν εἰσέλθητε [**A** -ῃς] εἰς τὴν γῆν (4 *a*)
31. 7. σὺ γὰρ εἰσελεύσῃ (4 *a*)
32. 44. καὶ εἰσῆλθε [**A** προσ.] **M.** (4 *a*)
— 52. ἐκεῖ οὐκ εἰσελεύσῃ (4 *a*)
33. 7. **A** εἰς τὸν λαὸν αὐ. εἰσέλθοις [**B** ἔλθοις] ἄν (4 *b*)
34. 4. ἐκεῖ οὐκ εἰσελεύσῃ (12)
Jo. 1. 11. εἰσέλθατε κατὰ μέσον τῆς παρεμβολῆς (12)
— 11. εἰσελθόντες κατασχεῖν τὴν γῆν (4 *a*)
2. 1. εἰσήλθοσαν [**A** ἦλθον] εἰς Ἰεριχὼ καὶ εἰσήλθοσαν [**A** -θον] εἰς οἰκίαν (6 *a* ?, 4 *a*)
— 4. εἰσεληλύθασι πρὸς μὲ οἱ ἄνδρες (4 *a*)
3. 8. **A R** ὡς ἂν εἰσέλθητε ἐπὶ μέρους [**B** μέσου] τοῦ ὕδ. (4 *a*)
6. 5. εἰσελεύσεται πᾶς ὁ λαός (13)
— 6. εἰσῆλθεν Ἰ. . . . πρὸς τοὺς ἱερεῖς (16)
— 21 (22). εἰσέλθατε εἰς τὴν οἰκίαν τῆς γυναικός (4 *a*)
— 22 (23). εἰσῆλθον οἱ δύο νεανίσκοι (4 *a*)
8. 19. **R** εἰσήλθοσαν ἐπὶ [**A** -θον εἰς, **B** ἦλθ. ἐπὶ] τὴν πόλιν (4 *a*)
10. 19. μὴ ἀφῆτε [**A** ἀφ. αὐτοὺς] εἰσελθεῖν (4 *a*)
14. 11. ἐξελθεῖν καὶ εἰσελθεῖν [**B**^{1} εἰσ. κ. ἐξ.] εἰς τὸν πόλεμον (4 *a* [7])
19. 27. εἰσελεύσεται ὅρια Σ. [**A** τὰ ὅ. Ἀ.] –
23. 7. ὅπως μὴ εἰσέλθητε εἰς τὰ ἔθνη (4 *a*)
24. 6. εἰσήλθατε εἰς τὴν θάλασσαν (4 *a*)
Jd. 3. 20. Ἀὼδ εἰσῆλθε πρὸς αὐτόν (4 *a*)
— 24. **A** οἱ παῖδες αὐτοῦ εἰσῆλθον [**B** ἐπῆλ.] (4 *a*)
4. 21. καὶ εἰσῆλθε πρὸς αὐτόν (4 *a*)
— 22. καὶ εἰσῆλθε πρὸς αὐτήν (4 *a*)
6. 19. καὶ Γ. εἰσῆλθε (4 *a*)
7. 13. **A** καὶ εἰσῆλθεν [**B** ἦλθε] Γ. (4 *a*)
— 19. καὶ εἰσῆλθε Γ. (4 *a*)
8. 15. **A** καὶ εἰσῆλθεν πρὸς τοὺς ἄρχοντας Σ. (4 *a* ?)
9. 5. εἰσῆλθεν εἰς τὸν οἶκον τοῦ πατρὸς αὐτοῦ (4 *a*)
— 27. **A** εἰσῆλθον [**B** -ήνεγκαν] εἰς οἶκον θεοῦ αὐ. (4 *a*)
— 41. καὶ εἰσῆλθεν [**A** ἐκάθισεν] Ἀβ. ἐν Ἀ. (9)
— 46. **A** εἰσῆλθον εἰς τὸ ὀχύρωμα οἴκου τοῦ Βάαλ διαθήκης [**B** *al.*] (4 *a*)
11. 18. οὐκ εἰσῆλθεν ἐν ὁρίοις [**A** -θον εἰς τὸ ὅ.] **M.** (4 *a*)
— 34. **A** καὶ εἰσῆλθεν [**B** ἦλθεν] Ἰ. (4 *a*)
13. 6. εἰσῆλθεν [**A** ἦλθεν] ἡ γυνή (4 *a*)
15. 1. εἰσελεύσομαι πρὸς τὴν γυναῖκά μου (4 *a*)
— 1. οὐκ ἔδωκεν [**A** ἀφῆκεν] αὐτὸν ὁ πατὴρ αὐτῆς εἰσελθεῖν (4 *a*)
16. 1. εἰσῆλθε πρὸς αὐτήν (4 *a*)
18. 9. **A** ὅτι εἰσήλθαμεν [**B** *al.*] –
— 9. καὶ εἰσελθεῖν τοῦ κληρονομῆσαι τὴν γῆν [**A** *al.*] (4 *a*)
— 10. **A** ἡνίκα ἂν εἰσέλθητε [**B** ἔλθητε] (4 *a*)

Jd. 18. 10. εἰσελεύσεσθε [**A** ἥξετε] πρὸς λαόν (4 *a*)
— 15. εἰσῆλθον [**A** -θοσαν] εἰς τὸν οἶκον (4 *a*)
— 17 (18). εἰσῆλθον ἐκεῖ [**A** *om.*] εἰς οἶκον **M.** (4 *a*)
— 20. **A** εἰσῆλθεν [**B** ἦλθεν] ἐν μέσῳ τοῦ λαοῦ (4 *a*)
19. 15. τοῦ εἰσελθεῖν αὐλισθῆναι [**A** καταλῦσαι] ἐν Γ. (4 *a*)
— 15. καὶ εἰσῆλθον (4 *a*)
— 16. **A** εἰσῆλθεν ἀπὸ τῶν [**B** ἤρχετο ἐξ] ἔργων αὐτοῦ (4 *a*)
— 22. ὃς εἰσῆλθεν [**A** τὸν ἐλθόντα] εἰς τὴν οἰκίαν σου (4 *a*)
— 23. μετὰ τὸ εἰσελθεῖν [**A** -εληλυθέναι] τὸν ἄνδρα τοῦτον (4 *a*)
20. 8. **A** οὐκ εἰσελευσόμεθα [**B** ἀπελ.] ἀνὴρ εἰς τὸ σκήνωμα αὐ. (6 *a*)
Ru. 2. 18: 3. 15. καὶ εἰσῆλθεν εἰς τὴν πόλιν (4 *a*)
3. 16. καὶ Ῥοὺθ εἰσῆλθεν πρὸς τὴν πενθερὰν αὐτῆς (4 *a*)
— 17. μὴ εἰσέλθῃς κενὴ πρὸς τὴν πενθεράν σου (4 *a*)
4. 13. **A R** καὶ εἰσῆλθε πρὸς αὐτήν (4 *a*)
I Ki. 1. 18. εἰσῆλθεν εἰς τὸ κατάλυμα αὐτῆς [**A** *om.*] –
— 19. εἰσῆλθεν Ἐ. εἰς τὸν οἶκον αὐτοῦ (4 *a*)
— 24. εἰσῆλθεν εἰς οἶκον κυρίου (4 *b*)
4. 13. ὁ ἄνθρωπος εἰσῆλθεν εἰς τὴν πόλιν (4 *a*)
— 14. ὁ ἄνθρωπος σπεύσας εἰσῆλθε (4 *a*)
5. 3. εἰσῆλθον [**A** -αν] εἰς οἶκον Δ. –
— 10. **B** ὡς εἰσῆλθε κιβωτὸς θεοῦ εἰς Ἀ. (4 *a*)
— 12 (11). ὡς εἰσῆλθε κιβωτὸς θεοῦ Ἰ. ἐκεῖ †
6. 14. ἡ ἅμαξα εἰσῆλθεν εἰς ἀγρόν (4 *a*)
9. 13. ὡς ἂν εἰσέλθητε τὴν πόλιν (4 *a*)
— 13. ἕως τοῦ εἰσελθεῖν [**A** ἐλθεῖν] αὐτόν (4 *a*)
10. 5. εἰσελεύσῃ εἰς τὸν βουνὸν τοῦ θεοῦ (4 *a*)
— 5. ὡς ἂν εἰσέλθητε ἐκεῖ εἰς τὴν πόλιν (4 *a*)
— 14. καὶ εἰσήλθομεν πρὸς Σ. (4 *a*)
— 22. **A** εἰσέρχεται ἔτι ἐνταῦθα ἀνήρ [**B** *al.*] (4 *a*)
12. 8. ὡς εἰσῆλθεν Ἰ. . . . εἰς Αἴ. (4 *a*)
14. 11. εἰσῆλθον ἀμφότεροι εἰς **M.** (5)
— 26. εἰσῆλθεν ὁ λαὸς εἰς τὸν μελισσῶνα (4 *a*)
16. 21. καὶ εἰσῆλθε Δ. πρὸς Σ. (4 *a*)
20. 40. εἴσελθε εἰς τὴν πόλιν (4 *b*)
— 41. εἰσῆλθε τὸ παιδάριον (4 *a*)
— 42 (21. 1). καὶ Ἰ. εἰσῆλθεν εἰς τὴν πόλιν (4 *a*)
21. 15 (16). οὗτος οὐκ εἰσελεύσεται εἰς οἰκίαν (4 *a*)
23. 7. εἰσελθὼν εἰς πόλιν θυρῶν (4 *a*)
24. 4. καὶ Σ. εἰσῆλθε παρασκευάσασθαι (4 *a*)
26. 6. τίς εἰσελεύσεται μετ᾽ ἐμοῦ πρὸς Σ. (8)
— 6. ἐγὼ εἰσελεύσομαι [**A** -πορεύομαι] μετὰ σοῦ (8)
— 15. εἰσῆλθεν εἷς ἐκ τοῦ λαοῦ (4 *a*)
28. 21. εἰσῆλθεν ἡ γυνὴ πρὸς Σ. (4 *a*)
30. 1. εἰσελθόντος Δ. καὶ τῶν ἀνδρῶν αὐτοῦ (4 *a*)
II Ki. 1. 2. ἐν τῷ εἰσελθεῖν αὐτὸν πρὸς Δ. (4 *a*)
2. 24. αὐτοὶ εἰσῆλθον ἕως τοῦ βουνοῦ (4 *a*)
3. 7. **A**^{2} **B** τί ὅτι εἰσῆλθες πρὸς τὴν παλλακὴν τοῦ πατρός μου (4 *a*)
— 24. καὶ εἰσῆλθεν [**A** ἀπ.] Ἰ. πρὸς τὸν βασ. (4 *a*)
4. 5. εἰσῆλθον ἐν τῷ καύματι τῆς ἡμέρας (4 *a*)
— 7. καὶ εἰσῆλθον εἰς τὸν οἶκον (4 *a*)
5. 6. οὐκ εἰσελεύσῃ [**B**^{1} -σει] ὧδε (4 *a*)
— 6. οὐκ εἰσελεύσεται Δ. ὧδε (4 *a*)
— 9 (8). οὐκ εἰσελεύσονται εἰς οἶκον κυρίου (4 *a*)
6. 9. πῶς εἰσελεύσεται πρὸς μὲ ἡ κιβωτὸς κυρίου (4 *a*)
7. 18. καὶ εἰσῆλθεν ὁ βασιλεὺς Δ. (4 *a*)
10. 14. καὶ εἰσῆλθαν εἰς τὴν πόλιν (4 *a*)
11. 4. καὶ εἰσῆλθε πρὸς αὐτήν (4 *a*)
— 7. παραγίνεται Οὐ. καὶ εἰσῆλθε [**A** *om.* καὶ εἰσ.] πρὸς αὐτόν (4 *a* ?)
— 11. εἰσελεύσομαι εἰς τὸν οἶκόν μου (4 *a*)
12. 1. καὶ εἰσῆλθε πρὸς αὐτόν (4 *a*)
— 16. καὶ εἰσῆλθε (4 *a*)
— 20. καὶ εἰσῆλθεν εἰς τὸν οἶκον τοῦ θεοῦ (4 *a*)
— 20. καὶ εἰσῆλθεν εἰς τὸν οἶκον αὐτοῦ (4 *a*)
— 24. καὶ εἰσῆλθε πρὸς αὐτήν (4 *a*)
13. 5. καὶ εἰσελεύσεται ὁ πατήρ σου (4 *a*)
— 6. καὶ εἰσῆλθεν ὁ βασιλεὺς ἰδεῖν αὐτόν (4 *a*)
14. 4. καὶ εἰσῆλθεν ἡ γυνὴ . . . πρὸς τὸν βασ. †
— 33. καὶ εἰσῆλθεν Ἰ. πρὸς τὸν βασιλέα (4 *a*)
— 33. καὶ εἰσῆλθε πρὸς τὸν βασιλέα (4 *a*)
15. 32. **A** ἦν Δ. εἰσερχόμενος [**B** ἐρχ.] ἕως τοῦ Ῥ. (4 *a*)
— 37. καὶ εἰσῆλθε Χ. (4 *a*)
16. 15. εἰσῆλθον [**A** -εν] εἰς Ἰ. (4 *a*)

II Ki. 16. 16. **A** ἡνίκα εἰσῆλθεν [**B** ἦλ.] Χ. . . . πρὸς Ἀ. (4 *a*)
— 21. εἴσελθε πρὸς τὰς παλλακὰς τοῦ πατρός σου (4 *a*)
— 22. καὶ εἰσῆλθεν Ἀ. (4 *a*)
17. 6. καὶ εἰσῆλθε Χ. πρὸς Ἀ. (4 *a*)
— 17. τοῦ εἰσελθεῖν εἰς τὴν πόλιν (4 *a*)
— 18. καὶ εἰσῆλθαν [**A** -ον] εἰς οἰκίαν ἀνδρός (4 *a*)
— 25. οὗτος εἰσῆλθε πρὸς Ἀ. (4 *a*)
18. 9. καὶ εἰσῆλθεν ὁ ἡμίονος (4 *a*)
19. 3 (4). τοῦ εἰσελθεῖν εἰς τὴν πόλιν (4 *a*)
— 5 (6). καὶ εἰσῆλθεν Ἰ. πρὸς τὸν βασιλέα (4 *a*)
— 8 (9). καὶ εἰσῆλθε πᾶς ὁ λαός (4 *a*)
— 25 (26). ὅτε εἰσῆλθεν εἰς Ἰ. (4 *a*)
20. 3. καὶ εἰσῆλθε Δ. εἰς τὸν οἶκον αὐτοῦ (4 *a*)
— 3. καὶ πρὸς αὐτὰς οὐκ εἰσῆλθε (4 *a*)
— 8. **R** καὶ Ἀ. εἰσῆλθεν [**A B** ἦλ.] ἔμπροσθεν αὐτῶν (4 *a*)
— 22. καὶ εἰσῆλθεν ἡ γυνὴ πρὸς πάντα τὸν λαόν (4 *a*)
24. 13. καὶ εἰσῆλθε Γ. πρὸς Δ. (4 *a*)
— 13. **A** εἰσέλθῃ σοι [**B** εἰ ἔλ.] σοι τρία ἔτη λιμός (4 *a*)
III Ki. 1. 13. εἴσελθε πρὸς τὸν βασιλέα Δ. (4 *a*)
— 14. ἐγὼ εἰσελεύσομαι ὀπίσω σου (4 *a*)
— 15. καὶ εἰσῆλθε Β. πρὸς τὸν βασιλέα (4 *a*)
— 23. καὶ εἰσῆλθε κατὰ πρόσωπον τοῦ βασ. (4 *a*)
— 28. καὶ εἰσῆλθεν ἐνώπιον τοῦ βασιλέως (4 *a*)
— 32. καὶ εἰσῆλθον ἐνώπιον τοῦ βασιλέως (4 *a*)
— 35. **A** καὶ εἰσελεύσεται (4 *a*)
— 42. Ἰωνάθαν υἱὸς Ἀβ. τοῦ ἱερέως εἰσῆλθε [**A** ἦλθεν] (4 *a*)
— 42. καὶ εἶπεν Ἀδ., Εἴσελθε (4 *a*)
— 47. καὶ εἰσῆλθον οἱ δοῦλοι τοῦ βασιλέως (4 *a*)
— 53. καὶ εἰσῆλθε (4 *a*)
2. 13. καὶ εἰσῆλθεν Ἀδ. . . . πρὸς Β. (4 *a*)
— 19. καὶ εἰσῆλθε Β. πρὸς τὸν βασιλέα Σ. (4 *a*)
10. 2. καὶ εἰσῆλθε πρὸς Σ. (4 *a*)
11. 2. οὐκ εἰσελεύσεσθε εἰς αὐτοὺς καὶ αὐτοὶ οὐκ εἰσελεύσονται εἰς ὑμᾶς (4 *a*, 4 *a*)
— 17. καὶ εἰσῆλθον [**A** -εν] εἰς Αἴ. (4 *a*)
— 18. καὶ εἰσῆλθεν Ἀ. πρὸς Φ. –
12. 21. καὶ Ῥ. εἰσῆλθεν εἰς Ἰ. (4 *a*)
— 24. **B** εἴσελθε καὶ μὴ στῇς –
— 24. **B** καὶ εἰσῆλθεν Ἀ. πρὸς τὸν ἄνθρωπον τοῦ θεοῦ –
— 24. **B R** εἰσελθούσης σου τὴν πόλιν [**B** πύλην] –
— 24 (*cf.* **A** 14. 17). **B** ὡς εἰσῆλθεν εἰς τὴν Σ. –
— 24. **B** τὸ οὐκ εἰσεληλυθὸς εἰς ὕδωρ –
— 24. **B** καὶ εἰσῆλθεν εἰς Ἰ. –
13. 7. εἴσελθε μετ᾽ ἐμοῦ εἰς οἶκον (4 *a*)
— 8. οὐκ εἰσελεύσομαι μετὰ σοῦ (4 *a*)
— 22. οὐ μὴ εἰσέλθῃ τὸ σῶμά σου (4 *a*)
— 25. καὶ εἰσῆλθον [**A** -εν] (4 *a*)
14. 4. **A** καὶ εἰσῆλθεν ἐν οἴκῳ Ἀ. (4 *a*)
— 5. **A** γυνὴ τοῦ Ἰ. εἰσέρχεται (4 *a*)
— 5. **A** ἐν τῷ εἰσέρχεσθαι αὐτήν (4 *a*)
— 6. **A** εἰσερχομένης αὐτῆς ἐν τῷ ἀνοίγματι (4 *a*)
— 6. **A** εἴσελθε, γυνὴ Ἰ. (4 *a*)
— 12. **A** ἐν τῷ εἰσέρχεσθαι πόδα σου τὴν πόλιν (4 *a*)
— 13. **A** οὗτος μόνος εἰσελεύσεται τῷ Ἰ. πρὸς τάφον (4 *a*)
— 17. **A** ὡς εἰσῆλθεν ἐν τῷ προθύρῳ τοῦ οἴκου (4 *a*)
16. 10. καὶ εἰσῆλθε Ζ. (4 *a*)
17. 12. καὶ εἰσελεύσομαι (4 *a*)
— 13. εἴσελθε καὶ ποίησον κατὰ τὸ ῥῆμά σου (4 *a*)
— 18. εἰσῆλθες πρὸς μέ (4 *a*)
18. 12. καὶ εἰσελεύσομαι ἀπαγγεῖλαι τῷ Ἀ. (4 *a*)
19. 9. καὶ εἰσῆλθεν ἐκεῖ εἰς τὸ σπήλαιον (4 *a*)
20 (21). 5. καὶ εἰσῆλθεν Ἰ. . . . πρὸς αὐτόν (4 *a*)
— 5. **A** καὶ εἰσῆλθεν πρὸς αὐτόν (4 *a* ?)
— 13. **A R** καὶ εἰσῆλθον [**A** ἦλθον] δύο ἄνδρες (4 *a*)
21 (20). 30. καὶ εἰσῆλθεν εἰς τὸν οἶκον τοῦ κοιτῶνος (4 *a*)
— 33. εἰσέλθατε καὶ λάβετε αὐτόν (4 *a*)
22. 25. ὅταν εἰσέλθῃς ταμεῖον (4 *a*)
— 30. εἰσελεύσομαι εἰς τὸν πόλεμον (4 *a*)
— 30. καὶ εἰσῆλθεν εἰς τὸν πόλεμον (4 *a*)
IV Ki. 3. 24. καὶ εἰσῆλθον εἰς τὴν παρεμβ. †
— 24. καὶ εἰσῆλθον εἰσπορευόμενοι (4 *a* ?)
4. 4. καὶ εἰσελεύσῃ (4 *a*)
— 11. καὶ εἰσῆλθεν ἐκεῖ (4 *a*)
— 32, 33. καὶ εἰσῆλθεν Ἐλ. εἰς τὸν οἶκον (4 *a*)
— 36. καὶ εἰσῆλθε πρὸς αὐτόν (4 *a*)
— 37. καὶ εἰσῆλθεν ἡ γυνή (4 *a*)

IV Ki. 5. 4. καὶ εἰσῆλθε (4 a)
— 5. δεῦρο εἴσελθε (4 a)
— 25. καὶ αὐτὸς εἰσῆλθε (4 a)
6. 20. ὡς εἰσῆλθον [A -εν] εἰς Σ. (4 a)
7. 4. εἰσέλθωμεν εἰς τὴν πόλιν (4 a)
— 5. εἰσελθεῖν εἰς τὴν παρεμβολὴν Σ. (4 a)
— 8. καὶ εἰσῆλθον οἱ λεπροὶ οὗτοι (4 a)
— 8. καὶ εἰσῆλθον εἰς σκηνὴν μίαν (4 a)
— 8. καὶ εἰσῆλθον εἰς σκηνὴν ἄλλην (4 a)
— 9. καὶ εἰσέλθωμεν (4 a)
— 10. καὶ εἰσῆλθον (4 a)
— 10. εἰσήλθομεν εἰς τὴν παρεμβολὴν Σ. (4 a)
— 12. καὶ εἰς τὴν πόλιν εἰσελευσόμεθα (4 a)
8. 14. καὶ εἰσῆλθε πρὸς τὸν κύριον αὐτοῦ (4 a)
9. 2. καὶ εἰσελεύσῃ ἐκεῖ (4 a)
— 2. καὶ εἰσελεύσῃ (4 a)
— 5. καὶ εἰσῆλθε [A -ον] (4 a)
— 6. καὶ εἰσῆλθεν εἰς τὸν οἶκον (4 a)
— 11. τί ὅτι εἰσῆλθεν ὁ ἐπίληπτος οὗτος (4 a)
— 34. καὶ εἰσῆλθε (4 a)
10. 17. καὶ εἰσῆλθεν εἰς Σ. (4 a)
— 21. καὶ εἰσῆλθον εἰς τὸν οἶκον τοῦ Β. (4 a)
— 23. καὶ εἰσῆλθεν Ἰ. (4 a)
— 24. καὶ εἰσῆλθε τοῦ ποιῆσαι (4 a)
— 25. εἰσελθόντες πατάξατε αὐτούς (4 a)
11. 6 (5). τὸ τρίτον ἐξ ὑμῶν εἰσελθέτω –
— 9. R καὶ εἰσῆλθον [B -εν, A ἐπῆλθεν] πρὸς Ἰ. (4 a)
— 13. καὶ εἰσῆλθε πρὸς τὸν λαόν (4 a)
— 16. καὶ εἰσῆλθον [A^2 -αν] ὁδὸν εἰσόδου (4 a)
— 18. καὶ εἰσῆλθε πᾶς ὁ λαός (4 a)
— 19. καὶ εἰσῆλθεν ὁδὸν πύλης (4 a)
18. 21. καὶ εἰσελεύσεται εἰς τὴν χεῖρα αὐτοῦ (4 a)
— 37. καὶ εἰσῆλθεν Ἐλ. (4 a)
19. 1. καὶ εἰσῆλθεν εἰς οἶκον κυρίου (4 a)
— 23. A εἰσῆλθον εἰς μέρος τέλους αὐ. [B al.] (4 a)
— 32. οὐκ εἰσελεύσεται εἰς τὴν πόλιν ταύτην (4 a)
— 33. εἰς τὴν πόλιν ταύτην οὐκ εἰσελεύσεται (4 a)
20. 1. καὶ εἰσῆλθε πρὸς αὐτὸν Ἡ. (4 a)
— 14. καὶ εἰσῆλθεν Ἡ. . . . πρὸς τὸν βασιλέα (4 a)
22. 9. καὶ εἰσῆλθεν ἐν οἴκῳ [A εἰς οἶκον] κυρίου (4 a)
24. 11. καὶ εἰσῆλθε . . . εἰς τὴν πόλιν (4 a)
25. 26. καὶ εἰσῆλθον εἰς Αἴ. (4 a)
I Ch. 2. 21. εἰσῆλθεν Ἐ. πρὸς τὴν θυγατέρα Μ. (4 a)
7. 23. καὶ εἰσῆλθε πρὸς τὴν γυναῖκα αὐτοῦ (4 a)
11. 5. οὐκ εἰσελεύσῃ ὧδε (4 a)
14. 15. R εἰσελεύσῃ [A B S ἐξελ.] εἰς τὸν πόλεμον (7)
19. 15. A καὶ εἰσῆλθον [B S ἦλ.] εἰς τὴν πόλιν (4 a)
II Ch. 1. 10. καὶ εἰσελεύσομαι (4 a)
7. 2. εἰσελθεῖν εἰς τὸν οἶκον κυρίου (4 a)
8. 11. οὗ εἰσῆλθεν ἐκεῖ κιβωτὸς κυρίου (4 a)
12. 11. ἐν τῷ εἰσελθεῖν τὸν βασιλέα εἰς οἶκον κυρίου (4 a)
18. 24. A R εἰσελεύσῃ [B -σεται] ταμεῖον ἐκ ταμείου (4 a)
— 29. καὶ εἰσελεύσομαι εἰς τὸν πόλεμον (4 a)
— 29. καὶ εἰσῆλθεν εἰς τὸν πόλεμον (4 a)
20. 28. A R καὶ εἰσῆλθον [B^2 -εν] εἰς [B ἐν] Ἰ. (4 a)
23. 6. μὴ εἰσελθέτω εἰς οἶκον κυρίου (4 a)
— 6. αὐτοὶ εἰσελεύσονται (4 a)
— 12. καὶ εἰσῆλθε πρὸς τὸν βασιλέα (4 a)
— 14. καὶ εἰσέλθατε [A ἐξέλ.] ὀπίσω αὐτῆς (4 a)
— 17. καὶ εἰσῆλθε πᾶς ὁ λαὸς τῆς γῆς εἰς οἶκον Β. (4 a)
— 19. καὶ οὐκ εἰσελεύσεται ἀκάθαρτος (4 a)
— 20. καὶ εἰσῆλθε διὰ τῆς πύλης τῆς ἐσωτέρας (4 a)
24. 17. εἰσῆλθον οἱ ἄρχοντες Ἰ. (4 a)
26. 16. καὶ εἰσῆλθεν εἰς τὸν ναὸν κυρίου (4 a)
— 17. καὶ εἰσῆλθεν ὀπίσω αὐτοῦ Ἀ. (4 a)
27. 2. ἀλλ' οὐκ εἰσῆλθεν εἰς τὸν ναὸν κυρίου (4 a)
29. 16. καὶ εἰσῆλθον οἱ ἱερεῖς (4 a)
— 17. εἰσῆλθαν [A -εν] εἰς τὸν ναὸν κυρίου (4 a)
— 18. καὶ εἰσῆλθαν [A -ον] ἔσω πρὸς Ἐ. (4 a)
30. 8. καὶ εἰσέλθατε εἰς τὸ ἁγίασμα αὐτοῦ (4 a)
— 25. A B οἱ προσήλυτοι οἱ εἰσελθόντες [R ἐλθ.] ἀπὸ γῆς Ἰ. (4 a)
32. 21. A καὶ εἰσῆλθεν [B ἦλ.] εἰς οἶκον τοῦ θεοῦ ἑαυτοῦ (4 a)
I Es. 3. 16. καὶ εἰσήλθοσαν
8. 61. A R ἕως εἰσήλθομεν [B ἤλθοσαν] εἰς Ἰ.
— 83. εἰς ἣν εἰσέρχεσθε κληρονομῆσαι
II Es. 2. 68. R ἐν τῷ εἰσελθεῖν [A B ἐλ.] αὐτοὺς εἰς οἶκον κυρίου (4 a)
9. 13. S^3 μετὰ πάντα τὰ εἰσελθόντα [A B S^1 πᾶν τὸ ἐρχόμενον] ἐφ' ἡμᾶς (4 a)

Ne. 2. 8. ὃν [S^3 εἰς ὃν] εἰσελεύσομαι εἰς [S^3 πρὸς] αὐτόν (4 a)
6. 10. εἰσῆλθον εἰς οἶκον Σ. (4 a)
— 11. ὃς εἰσελεύσεται εἰς τὸν οἶκον (4 a)
— 11. S^3 οὐκ εἰσελεύσομαι (4 a)
9. 15. καὶ εἶπας αὐτοῖς εἰσελθεῖν (4 a)
10. 29 (30). καὶ εἰσήλθοσαν [S -θον] ἐν ἀρᾷ (4 a)
13. 1. ὅπως μὴ [S^1 om.] εἰσέλθωσιν Ἀμμανῖται (4 a)
To. 2. 9. S εἰσῆλθον εἰς τὴν αὐλήν μου
— 13. S ὅτε εἰσῆλθεν πρὸς μέ [A B al.]
3. 17. εἰσῆλθεν εἰς τὸν οἶκον αὐτοῦ [S al.]
● 4. 10. A R οὐκ ἐᾷ εἰσελθεῖν [B ἐάσει ἐλ.] εἰς τὸ σκότος
5. 7. S εἰσελθὼν ὑποδείξω τῷ πατρί μου [A B al.]
— 8. καὶ εἰσελθὼν εἶπε τῷ πατρί [S al.]
— 9. καὶ εἰσῆλθε
6. 9. S ὅτε εἰσῆλθεν εἰς Μηδείαν [A B al.]
— 14. φοβοῦμαι μὴ εἰσελθὼν ἀποθάνω [S al.]
— 16. ἐὰν εἰσέλθῃς εἰς τὸν νυμφῶνα
7. 1. S ὅτε εἰσῆλθεν εἰς Ἐκβ. [A B al.]
8. 12. S καὶ εἰσελθοῦσα ἰδέτω [A B καὶ ἰδέτωσαν]
— 13. καὶ εἰσῆλθεν ἡ παιδίσκη [S al.]
9. 6. S εἰσῆλθον [A B ἦλ.] εἰς τὸν γάμον
— 6. S εἰσῆλθον εἰς τὰ Ῥ.
10. 7. S εἰσῆλθεν πρὸς αὐτὸν Τωβείας [A B al.]
11. 15. καὶ εἰσῆλθεν ὁ υἱὸς αὐτοῦ χαίρων
— 17. S εἰσέλθοις [A B ἔλ.] ὑγιαίνουσα
— 17. S εἴσελθε εἰς τὴν οἰκίαν σου
— 17. S ἐν εὐλογίᾳ καὶ χαρᾷ εἴσελθε
14. 10. S εἰσῆλθεν εἰς τὸ σκότος [A B al.]
Ju. 12. 13. A B καὶ εἰσῆλθε πρὸς αὐτήν
— 16. A B καὶ εἰσελθοῦσα ἀνέπεσεν Ἰ.
14. 14. καὶ εἰσῆλθε Β.
— 15. εἰσῆλθεν εἰς τὸν κοιτῶνα
— 17. εἰσῆλθεν εἰς τὴν σκηνήν
15. 9. ὡς δὲ εἰσῆλθον [A -αν, S ἐξῆλθαν] πρὸς αὐτήν
Es. 1. 12. S^1 οὐκ εἰσήκουσεν αὐτοῦ [A S^3 -ων] . . . εἰσελθεῖν [A B S^2 ἐλ.] (4 a)
— 19. A B S^3 μηδὲ εἰσελθάτω [S^1 R -έτω] ἔτι [S^1 Ἀστὶν] ἡ βασίλισσα (4 a)
2. 12. καιρὸς κορασίου εἰσελθεῖν πρὸς τὸν βασιλέα (4 a)
— 15. εἰσελθεῖν [A ἐν τῷ εἰσ., S τοῦ εἰσ.] πρὸς τὸν βασιλέα (4 a)
— 16. καὶ εἰσῆλθεν Ἐ. πρὸς Ἀ. (10)
4. 2. οὐ γὰρ ἦν αὐτῷ ἐξὸν εἰσελθεῖν (4 a)
— 4. καὶ εἰσῆλθον [S -θοσαν] αἱ ἅβραι (4 a)
— 8. ἐντείλασθαι αὐτῇ εἰσελθούσῃ [A -θοῦσαν] παραιτήσασθαι (4 a)
— 9. εἰσελθὼν δὲ ὁ Ἀ. (4 a)
— 11. ὃς εἰσελεύσεται πρὸς τὸν βασιλέα (4 a)
— 11. εἰσελθεῖν [S^1 ἐλ.] πρὸς τὸν βασιλέα (4 a)
— 16. τότε εἰσελεύσομαι πρὸς τὸν βασιλέα (4 a)
5. 1. εἰσελθοῦσα πάσας [S^1 om.] τὰς θύρας
— 10. εἰσελθὼν [A -ῆλθεν] εἰς τὰ ἴδια (4 a)
— 14. σὺ δὲ εἴσελθε εἰς τὴν δοχήν (4 a)
6. 4. ὁ δὲ Ἀ. εἰσῆλθεν (4 a)
— 6. S^3 καὶ εἰσῆλθεν Ἀ. (4 a)
7. 1. εἰσῆλθε δὲ ὁ βασιλεύς (4 a)
9. 25. ὡς εἰσῆλθε πρὸς τὸν βασιλέα (4 a)
Jb. 13. 16. οὐ γὰρ ἐναντίον αὐτοῦ δόλος εἰσελεύσεται (4 a)
14. 3. τοῦτον ἐποίησας εἰσελθεῖν ἐν κρίματι (4 d)
15. 28. εἰσέλθοι δὲ εἰς οἴκους ἀοικήτους –
33. 26. εἰσελεύσεται δὲ προσώπῳ ἱλαρῷ [A S^2 καθαρῷ] σὺν ἐξηγορίᾳ (18)
37. 8. εἰσῆλθε [A -ον] δὲ θηρία (4 a)
41. 4 (5). εἰς δὲ πτύξιν θώρακος αὐτοῦ τίς ἂν εἰσέλθοι (4 a)
Ps. 5. 7. εἰσελεύσομαι εἰς τὸν οἶκόν σου (4 a)
17 (18). 6. εἰσελεύσεται εἰς τὰ ὦτα αὐτοῦ (4 a)
23 (24). 7, 9. εἰσελεύσεται ὁ βασ. τῆς δόξης (4 a)
25 (26). 4. μετὰ παρανομούντων οὐ μὴ εἰσέλθω (4 a)
36 (37). 15. ἡ ῥομφαία αὐτῶν εἰσέλθοι (4 a)
42 (43). 4. εἰσελεύσομαι πρὸς τὸ θυσιαστήριον τοῦ θ. (4 a)
48 (49). 19. εἰσελεύσεται ἕως γενεᾶς πατέρων (4 a)
50 (51). tit. ἡνίκα εἰσῆλθε πρὸς Βηρσαβεέ (4 a)
62 (63). 9. εἰσελεύσονται εἰς τὰ κατώτατα τῆς γῆς (4 a)
65 (66). 13. εἰσελεύσομαι εἰς τὸν οἶκόν σου (4 a)
68 (69). 1. εἰσήλθοσαν ὕδατα ἕως ψυχῆς μου (4 a)
— 27. μὴ εἰσελθέτωσαν ἐν δικαιοσύνῃ σου (4 a)
70 (71). 16. εἰσελεύσομαι ἐν δυναστείᾳ κυρίου (4 a)
72 (73). 17. ἕως εἰσέλθω εἰς τὸ ἁγιαστήριον τοῦ θεοῦ (4 a)

Ps. 78 (79). 11. B^1 S εἰσελθάτω [B^2 R -έτω] ἐνώπιόν σου ὁ στεναγμός (4 a)
87 (88). 2. εἰσελθέτω [A S -άτω] ἐνώπιόν σου ἡ προσευχή μου (4 a)
94 (95). 11. εἰ [A^2 S ἢ] εἰσελεύσονται εἰς τὴν κατάπαυσίν μου (4 a)
99 (100). 2. εἰσέλθατε [S^1 -ετε] ἐνώπιον αὐτοῦ (4 a)
— 4. εἰσέλθατε [S^1 -ετε] εἰς τὰς πύλας αὐτοῦ (4 a)
104 (105). 23. εἰσῆλθεν Ἰσραὴλ εἰς Αἴγυπτον (4 a)
108 (109). 18. εἰσῆλθεν ὡσεὶ ὕδωρ εἰς τὰ ἔγκατα αὐτοῦ (4 a)
117 (118). 19. εἰσελθὼν ἐν αὐταῖς (4 a)
— 20. δίκαιοι εἰσελεύσονται ἐν αὐτῇ (4 a)
118 (119). 170. εἰσέλθοι τὸ ἀξίωμά μου ἐνώπιόν σου (4 a)
131 (132). 3. εἰ εἰσελεύσομαι εἰς σκήνωμα οἴκου μου (4 a)
— 7. A S^2 εἰσελευσόμεθα [R -σόμ., S^1 -σομαι] εἰς τὰ σκηνώματα αὐτοῦ (4 a)
142 (143). 2. μὴ εἰσέλθῃς εἰς κρίσιν μετὰ τοῦ δούλου σου (4 a)
Pr. 5. 10. A εἰς οἴκους ἀλλοτρίων εἰσέλθωσιν [B S ἔλθ.] –
6. 29. ὁ εἰσελθὼν πρὸς γυναῖκα ὕπανδρον (4 a)
11. 2. οὗ ἐὰν εἰσέλθῃ ὕβρις (4 a)
23. 10. εἰς δὲ κτῆμα ὀρφανῶν μὴ εἰσέλθῃς (4 a)
27. 10. εἰς δὲ τὸν οἶκον τοῦ ἀδελφοῦ σου μὴ εἰσέλθῃς ἀτυχῶν (4 a)
28. 10. οὐκ εἰσελεύσονται εἰς αὐτά –
Ca. 5. 1. εἰσῆλθον εἰς κῆπον (4 a)
Wi. 1. 4. εἰς κακότεχνον ψυχὴν οὐκ εἰσελεύσ. σοφία
2. 24. θάνατος εἰσῆλθεν εἰς τὸν κόσμον
8. 16. εἰσελθὼν εἰς τὸν οἶκόν μου
10. 16. εἰσῆλθεν εἰς ψυχὴν θεράποντος κυρίου
14. 14. εἰσῆλθεν [A S^1 θάνατος εἰσ.] εἰς κόσμον
Ho. 7. 1. καὶ κλέπτης πρὸς αὐτὸν εἰσελεύσεται (4 a)
9. 4. οὐκ εἰσελεύσονται εἰς τὸν οἶκον κ. (4 a)
— 10. αὐτοὶ εἰσῆλθον πρὸς τὸν Β. (4 a)
11. 9. καὶ οὐκ ἐλεύσομαι εἰς πόλιν (4 a)
Am. 4. 4. εἰσήλθατε εἰς Βαιθήλ (4 a)
6. 1. καὶ εἰσῆλθον αὐτοί (4 a)
— 15 (14). τοῦ μὴ εἰσελθεῖν [A om.] εἰς Αἱ. (4 a)
Mi. 4. 8. καὶ εἰσελεύσεται ἡ ἀρχή (4 a)
Jl. 1. 13. εἰσέλθατε ὑπνώσατε ἐν σάκκοις (4 a)
2. 9. διὰ θυρίδων εἰσελεύσονται (4 a)
Ob. 1. 5. εἰ κλέπται εἰσῆλθον πρὸς σέ (4 a)
— 5. εἰ τρυγηταὶ εἰσῆλθον πρὸς σέ (4 a)
— 11. ἀλλότριοι εἰσῆλθον εἰς πύλας αὐτοῦ (4 a)
— 13. μηδὲ εἰσέλθῃς εἰς πύλας (4 a)
Jn. 3. 4. τοῦ εἰσελθεῖν [A S^3 -πορεύεσθαι] εἰς τὴν πόλιν (4 a)
Na. 2. 11 (12). τοῦ εἰσελθεῖν ἐκεῖ σκύμνον λέοντος †
Hb. 3. 16. εἰσῆλθε τρόμος εἰς τὰ ὀστᾶ μου (4 a)
Hg. 1. 14. καὶ εἰσῆλθον [S^1 -εν] (4 a)
Za. 1. 21 (2. 4). A καὶ εἰσῆλθον [B S ἐξήλθοσαν] οὗτοι (4 a)
5. 4. εἰσελεύσεται [A -σομαι] εἰς τὸν οἶκον τοῦ κλέπτου (4 a)
6. 10. εἰσελεύσῃ σὺ . . . εἰς τὸν οἶκον Ἰωσίου (4 a)
7. 3. εἰσελήλυθεν ὧδε ἐν τῷ μηνὶ τῷ πέμπτῳ †
Is. 2. 10. εἰσέλθετε [A S -θατε] εἰς τὰς πέτρας (4 a)
— 21. τοῦ εἰσελθεῖν εἰς τὰς τρώγλας (4 a)
7. 24. μετὰ βέλους καὶ τοξεύματος εἰσελεύσονται (4 a)
13. 20. οὐδὲ μὴ εἰσέλθωσιν εἰς αὐτήν (19)
— 20. S οὐδὲ μὴ εἰσέλθωσιν εἰς [A B διελθ.] αὐτήν (1)
16. 12. εἰσελεύσεται εἰς τὰ χειροποίητα αὐτῆς (4 a)
19. 23. εἰσελεύσονται Ἀσσύριοι εἰς Αἴγυπτον (4 a)
20. 1. εἰσῆλθε Ταναθαν εἰς Ἄζωτον (4 a)
24. 10. κλείσει οἰκίαν τοῦ μὴ εἰσελθεῖν (4 a)
26. 2. εἰσελθέτω [A S -άτω] λαὸς φυλάσσων δικαιοσύνην (4 a)
— 20. εἴσελθε εἰς τὰ ταμεῖά σου (4 a)
30. 29. εἰσελθεῖν μετὰ αὐλοῦ εἰς τὸ ὄρος [A τὸν οἶκον τοῦ] κυρίου (4 a)
36. 6. εἰσελεύσεται εἰς τὴν χεῖρα αὐτοῦ (4 a)
— 22. εἰσῆλθεν Ἐλιακείμ (4 a)
37. 24. εἰσῆλθον εἰς ὕψος μέρους τοῦ δρυμοῦ (4 a)
— 33. οὐ μὴ εἰσέλθῃ εἰς τὴν πόλιν ταύτην (4 a)
— 34. B εἰς τὴν πόλιν ταύτην οὐ μὴ εἰσέλθῃ (4 a)
47. 1. A S εἴσελθε εἰς τὸ σκότος [B al.] †
— 5. εἴσελθε εἰς τὸ σκότος (4 a)
Je. 2. 7. εἰσήλθατε καὶ ἐμιάνατε (4 a)
4. 5. εἰσέλθωμεν [A -θατε] εἰς τὰς πόλεις τὰς τειχήρεις [A ὀχυράς] (4 a)

● = correction on page xxv

Je. 8. 14. εἰσέλθωμεν εἰς τὰς πόλεις τὰς ὀχυράς (4 *a*)
9. 21 (20). εἰσῆλθεν εἰς τὴν γῆν ὑμῶν [**A** *al.*] (4 *a*)
14. 18. ἐὰν εἰσέλθω εἰς τὴν πόλιν (4 *a*)
16. 5. μὴ εἰσέλθῃς εἰς θίασον αὐτῶν (4 *a*)
— 8. εἰς οἰκίαν πότου οὐκ εἰσελεύσῃ (4 *a*)
17. 25. εἰσελεύσονται διὰ τῶν πυλῶν τῆς πόλεως ταύτης (4 *a*)
21. 13. τίς εἰσελεύσεται πρὸς τὸ κατοικητήριον (4 *a*)
22. 4. εἰσελεύσονται [**S** -σεται] ἐν ταῖς πύλαις τοῦ οἴκου τούτου (4 *a*)
28 (51). 51. εἰσῆλθον ἀλλογενεῖς εἰς τὰ ἅγια ἡμῶν (4 *a*)
30 (49). 4. τίς [**S**^{1} οὐδεὶς] εἰσελεύσεται ἐπ' ἐμέ (4 *a*)
33 (26). 21. εἰσῆλθεν εἰς Αἴγυπτον (4 *a*)
34 (27). 21. εἰς Βαβυλῶνα εἰσελεύσεται (4 *c*)
37 (30). 20. εἰσελεύσονται οἱ υἱοὶ αὐ. †
39 (32). 5. εἰσελεύσεται Σεδεκίας εἰς Βαβυλῶνα (6 *b*)
— 23. εἰσήλθοσαν καὶ ἔλαβον αὐτήν (4 *a*)
41 (34). 3. **A S R** εἰς Βαβυλῶνα εἰσελεύσῃ [**B** -σει] (4 *a*)
— 10. πᾶς ὁ λαὸς οἱ εἰσελθόντες ἐν τῇ διαθήκῃ [**A** *al.*] (4 *a*)
42 (35). 11. εἴπαμεν εἰσελθεῖν καὶ εἰσήλθομεν [**A** εἰ. ἀναβάντες εἰσελευσόμεθα, **S** εἰ., Εἰσέλθατε καὶ εἰσέλθωμεν] εἰς Ἱερ. (4 *a*, 4 *a*)
43 (36). 5. εἰσελθεῖν εἰς οἶκον κυρίου (4 *a*)
— 20. εἰσῆλθον πρὸς τὸν βασιλέα εἰς τὴν αὐλήν (4 *a*)
45 (38). 11. εἰσῆλθεν εἰς τὴν οἰκίαν τοῦ Βασ. (4 *a*)
46 (39). 3. εἰσῆλθον πάντες οἱ ἡγούμενοι [**A S** ἡγεμόνες] (4 *a*)
48 (41). 6. εἰσέλθετε [**A** -θατε] πρὸς Γοδολίαν (4 *a*)
— 7. ἐγένετο εἰσελθόντων αὐτῶν εἰς τὸ μέσον τῆς πόλεως (4 *a*)
— 17. τοῦ πορευθῆναι [**A** *add.* εἰσελθεῖν] εἰς Αἴγυπτον (4 *a*)
49 (42). 14. εἰς γῆν Αἰγύπτου εἰσελευσόμεθα (4 *a*)
— 15. καὶ εἰσέλθητε ἐκεῖ κατοικεῖν (4 *a*)
— 18. εἰσελθόντων ὑμῶν εἰς Αἴγυπτον (4 *a*)
— 19. μὴ εἰσέλθητε εἰς Αἴγυπτον (4 *a*)
— 22. ᾧ ὑμεῖς βούλεσθε εἰσελθεῖν [**A** *al.*] (4 *a*)
50 (43). 2. μὴ εἰσέλθητε εἰς Αἴγυπτον (4 *a*)
— 7. εἰσῆλθον [**S** -οσαν] εἰς Αἴγυπτον (4 *a*)
— 7. **A R** εἰσῆλθον [**B** -αν, **S** -οσαν] ἐν [**B S** εἰς] Τάφνας (4 *a*)
— 11. εἰσελεύσεται καὶ πατάξει γῆν Αἰγύπτου (4 *a*)
51 (44). 8. **A S** εἰς ἣν εἰσήλθατε [**B** ἦλ., **R** ἤλθετε] ἐνοικεῖν [**B** κατοι.] ἐκεῖ (4 *a*)
Ba. 3. 15. τίς εἰσῆλθεν εἰς τοὺς θησαυροὺς αὐτῆς
La. 1. 10. εἶδε γὰρ ἔθνη εἰσελθόντα εἰς τὸ ἁγίασμα αὐ. ἃ ἐνετείλω μὴ εἰσελθεῖν αὐτὰ [**A** *om.*] εἰς ἐκκλησίαν σου (4 *a*, 4 *a*)
— 22. εἰσέλθοι πᾶσα ἡ κακία αὐτῶν (4 *a*)
4. 12. εἰσελεύσεται ἐχθρὸς καὶ ἐκθλίβων (4 *a*)
Ep. Je. 3. εἰσελθόντες οὖν εἰς Βαβ. ἔσεσθε ἐκεῖ
Ez. 3. 4. εἴσελθε πρὸς τὸν οἶκον τοῦ Ἰσραήλ (4 *a*)
— 11. εἴσελθε εἰς τὴν αἰχμαλωσίαν (4 *a*)
— 15. εἰσῆλθον εἰς τὴν αἰχμαλωσίαν μετέωρος (4 *a*)
— 24. εἴσελθε καὶ ἐγκλείσθητι (4 *a*)
4. 14. οὐδὲ εἰσελήλυθεν εἰς τὸ στόμα (4 *a*)
7. 22. εἰσελεύσονται εἰς αὐτὰ ἀφυλάκτως (4 *a*)
8. 9. εἴσελθε καὶ ἴδε τὰς ἀνομίας (4 *a*)
— 10. εἰσῆλθον καὶ ἴδον (4 *a*)
9. 2. εἰσήλθοσαν καὶ ἔστησαν (4 *a*)
10. 2. εἴσελθε εἰς τὸ μέσον τῶν τροχῶν . . . εἰσῆλθεν ἐνώπιον ἐμοῦ (4 *a*, 4 *a*)
— 6. εἰσῆλθε καὶ ἔστη (4 *a*)
11. 16. οὗ ἐὰν εἰσέλθωσιν ἐκεῖ (4 *a*)
— 18. εἰσελεύσονται ἐκεῖ (4 *a*)
12. 16. οὗ εἰσήλθοσαν ἐκεῖ (4 *a*)
13. 9. εἰς τὴν γῆν τοῦ Ἰ. οὐκ εἰσελεύσονται (4 *a*)
16. 7. εἰσῆλθες εἰς πόλεις πόλεων (4 *a*)
— 8. εἰσῆλθον ἐν διαθήκῃ μετὰ σοῦ (4 *a*)
— 16. οὐ μὴ εἰσέλθῃς (4 *a*)
17. 3. ἔχει τὸ ἥγημα εἰσελθεῖν εἰς τὸν Λίβανον (4 *a*)
20. 38. εἰς τὴν γῆν τοῦ Ἰ. οὐκ εἰσελεύσονται (4 *a*)
21. 19 (24). τοῦ εἰσελθεῖν ῥομφαίαν βασιλέως Βαβ. (4 *a*)
— 20 (25). τοῦ εἰσελθεῖν ῥομφαίαν ἐπὶ Ῥαββάθ (4 *a*)
22. 3. **B**^{1} τοῦ εἰσελθεῖν [**A B**^{2} ἐλ.] καιρὸν αὐ. (4 *a*)
36. 20. εἰσῆλθον [**A** -οσαν] εἰς τὰ ἔθνη οὗ εἰσῆλθον [**A** -οσαν] ἐκεῖ (4 *a*, 4 *a*)
— 21. οὗ εἰσήλθοσαν ἐκεῖ (4 *a*)
— 22. οὗ εἰσήλθετε [**A** -θατε] ἐκεῖ (4 *a*)

Ez. 37. 10. εἰσῆλθεν εἰς αὐτοὺς τὸ πνεῦμα (4 *a*)
— 21. οὗ εἰσήλθοσαν ἐκεῖ (6 *a*)
40. 4. ἕνεκα τοῦ δεῖξαί σοι εἰσελήλυθας ὧδε (4 *c*)
— 6. εἰσῆλθεν εἰς τὴν πύλην (4 *a*)
41. 3. εἰσῆλθεν εἰς τὴν αὐλὴν τὴν ἐσωτέραν (4 *a*)
42. 14. οὐκ εἰσελεύσονται [**A** -σεται] ἐκεῖ πάρεξ τῶν ἱερέων (4 *a*?)
43. 4. δόξα κυρίου εἰσῆλθεν εἰς τὸν οἶκον (4 *a*)
44. 2. κύριος ὁ θ. τοῦ Ἰ. εἰσελεύσεται δι' αὐτῆς (4 *a*)
— 3. κατὰ τὴν ὁδὸν αἰλὰμ τῆς πύλης εἰσελεύσεται (4 *a*)
— 9. οὐκ εἰσελεύσεται εἰς τὰ ἅγιά μου (4 *a*)
— 16. οὗτοι εἰσελεύσονται εἰς τὰ ἅγιά μου (4 *a*)
— 25. ἐπὶ ψυχὴν ἀνθρώπου οὐκ εἰσελεύσονται τοῦ μιανθῆναι (4 *a*)
46. 2. εἰσελεύσεται ὁ ἀφηγούμενος (4 *a*)
— 8. κατὰ τὴν ὁδὸν τοῦ αἰλὰμ τῆς πύλης εἰσελεύσεται (4 *a*)
— 9. εἰς [**A** *om.*] ἣν εἰσελήλυθεν (4 *a*)
— 10. εἰσελεύσεται μετ' αὐτῶν (4 *a*)
Da. LXX. 2. 16. εἰσῆλθε ταχέως πρὸς τὸν βασ. (14 *a*)
— 24. εἰσελθὼν δὲ Δ. πρὸς τὸν Ἀριώχ (14 *a*)
10. 3. οἶνος οὐκ εἰσῆλθεν εἰς τὸ στόμα μου (4 *a*)
— 12. ἐγὼ εἰσῆλθον τῷ ῥήματί σου (4 *a*)
11. 6. εἰσελεύσεται βασιλεὺς Αἰ. εἰς τὴν βασ. (4 *a*)
— 9. εἰσελεύσεται εἰς βασιλείαν βασιλεὺς Αἰ. (4 *a*)
— 10. καὶ εἰσελεύσεται κατ' αὐτήν (4 *a*)
— 13. καὶ εἰσελεύσεται εἰς αὐτήν (4 *a*)
— 29. καὶ εἰσελεύσεται εἰς Αἴ. (4 *a*)
— 40. καὶ εἰσελεύσεται εἰς χώραν Αἰ. (4 *a*)
Bel 14. οἱ δὲ ἱερεῖς τοῦ Βὴλ διὰ ψευδοθυρίδων εἰσελθόντες
Da. TH. Su. 15. εἰσῆλθέ ποτε
— 36. εἰσῆλθεν αὕτη μετὰ δύο παιδισκῶν
2. 16. **A** καὶ εἰσῆλθεν Δ. [**B** *al.*] (14 *a*)
— 17. καὶ εἰσῆλθε Δ. εἰς τὸν οἶκον αὐτοῦ (2)
5. 10. καὶ εἰσῆλθεν ἡ βασίλισσα (14 *a*)
— 15. εἰσῆλθον ἐνώπιόν μου οἱ σοφοί (14 *b*)
6. 10 (11). εἰσῆλθεν εἰς τὸν οἶκον αὐτοῦ (14 *a*)
10. 3. οἶνος οὐκ εἰσῆλθεν εἰς τὸ στόμα μου (4 *a*)
11. 6. θυγάτηρ βασιλέως τοῦ νότου εἰσελεύσεται (4 *a*)
— 7. εἰσελεύσεται εἰς τὰ ὑποστηρίγματα τοῦ βασ. (4 *a*)
— 9. καὶ εἰσελεύσεται εἰς τὴν βασιλείαν (4 *a*)
— 10. **A** καὶ εἰσελεύσεται ἀρχόμενος [**B** ἐλ. ἐρχ.] (4 *a*)
— 15. εἰσελεύσεται βασιλεὺς τοῦ βορρᾶ (4 *a*)
— 17. εἰσελθεῖν ἐν ἰσχύϊ πάσης τῆς βασιλείας αὐτοῦ (4 *a*)
— 30. καὶ εἰσελεύσονται ἐν [**A** οἱ ἐν] αὐτῷ (4 *a*)
— 40. εἰσελεύσονται [**A** -σεται] εἰς τὴν γῆν (4 *a*)
— 41. εἰσελεύσεται εἰς τὴν γῆν τοῦ σ. (4 *a*)
Bel 19. τοῦ μὴ εἰσελθεῖν αὐτὸν ἔσω
I Ma. 1. 17. εἰσῆλθεν εἰς Αἴγυπτον
— 21. **A S** εἰσῆλθεν [**R** -ον] εἰς τὸ ἁγίασμα
6. 62. εἰσῆλθεν [**S**^{1} -ον] ὁ βασιλεύς
7. 36. καὶ εἰσῆλθον οἱ ἱερεῖς
8. 19. **A R** εἰσῆλθον [**S** -θοσαν] εἰς τὸ βουλευτήριον
9. 29. **S** οὐκ ἔστιν ἐξελθεῖν καὶ εἰσελθεῖν [**A R** *om.* καὶ εἰσ.]
10. 57. **R** εἰσῆλθον [**A S** ἦλθεν] εἰς Πτολεμαΐδα
— 83. εἰσῆλθον εἰς B. τὸ εἰδωλεῖον αὐτῶν
11. 13. καὶ εἰσῆλθε [**S**^{1} ἐξ.] Πτ.
12. 3. **S R** εἰσῆλθον [**A** ἐπορεύθησαν] εἰς τὸ βουλευτήριον
— 48. ὡς δὲ εἰσῆλθεν Ἰων. εἰς Πτολ.
— 48. **R** πάντας τοὺς εἰσελθόντας [**A** συνελ., **S** συνεισελ.] μετ' αὐτοῦ [**S** αὐτῷ]
13. 12. **A R** εἰσελθεῖν [**S** ἐλ.] εἰς γῆν Ἰούδα
— 47. εἰσῆλθεν εἰς αὐτήν
— 51. **A R** καὶ εἰσῆλθεν [**S** -ον] εἰς αὐτήν
14. 2. **S**^{1} εἰσῆλθε [**A S**^{2} **R** ἦλ.] Δ. εἰς τὰ ὅρια αὐτοῦ
II Ma. 1. 16. ὡς εἰσῆλθεν Ἀντίοχος
3. 28. εἰς τὸ προειρημένον εἰσελθόντα γαζοφυλάκιον
5. 15. κατετόλμησεν εἰς τὸ . . . ἱερὸν εἰσελθεῖν
9. 2. εἰσεληλύθει γὰρ εἰς τὴν λεγομένην Π.
11. 5. εἰσελθὼν δὲ εἰς τὴν Ἰ.
III Ma. 1. 10. βουλεύσασθαι εἰς τὸν ναὸν εἰσελθεῖν
— 12. δεῖν εἰσελθεῖν λέγων
— 13. αὐτὸν εἰσερχόμενον . . . οὐθεὶς ἐκώλυσε
— 15. **R** οὐχὶ πάντως [**A** -ων] εἰσελεύσεσθαι καὶ θελόντων αὐτῶν
3. 17. εἰσελθεῖν εἰς τὸν ναὸν αὐτῶν
5. 46. εἰσελθὼν εἰς τὴν αὐλήν
IV Ma. 18. 14. **S** κἂν διὰ πυρὸς εἰσέλθῃς [**A R** διέλ.]

[**Aq.** Ex. 28. 29: Jo. 2. 3: III Ki. 14. 4, 5 *bis*, 6 *bis*, 12, 13, 17: IV Ki. 11. 8: Ps. 44 (45). 16: Is. 13. 2: 22. 15: 26. 2: Je. 9. 17 (16): 32 (39). 24, 29: 35 (42). 11: 37 (44). 16: Ez. 3. 24.]
[**Sm.** Ex. 1. 19: Jo. 2. 3: Jd. 3. 20: II Ki. 5. 6: Ps. 40 (41). 7: 68 (69). 3: 72 (73). 17: Is. 22. 15: 28. 20: 57. 2: Je. 35 (42). 11: 37 (44). 16: 43 (50). 7: 44 (51). 28: 50 (27). 26: Ez. 3. 24: Ho. 7. 1.]
[**Th.** Ex. 1. 19: Jo. 2. 3: Jd. 19. 16: III Ki. 1. 35: Pr. 6. 29: Is. 22. 15: 37. 34: 57. 2: Je. 44 (51). 12: Da. 4. 5†.]
[**Heb.** Ge. 49. 6: Ez. 43. 3.]
[**Al.** Nu. 20. 6: Dt. 1. 22: Pr. 22. 24: Je. 37 (44). 16.]
[**Quint.** Pr. 6. 29.]

εἰσέτι.
[**Sm.** Je. 41 (48). 5.]

εἰσηγεῖσθαι. (1) נָגִיד
II Ki. 5. 2. **B**^{1} σὺ ἔσῃ εἰσηγούμενος [**A B**^{2} **R** εἰς ἡγούμενον] (1)
[**Sm.** Ps. 63 (64). 6.]

εἰσηγορεῖσθαι.
Si. 13. 11. μὴ ἔπεχε εἰσηγορεῖσθαι [**A S**^{2} ἰσ.] μετ' αὐτοῦ

εἰσιδεῖν. (1) רָאָה
Ex. 2. 25. **A** καὶ εἰσίδεν [**B** ἐπεῖδεν] ὁ θ. τοὺς υἱοὺς Ἰ. (1)
Ju. 4. 13. καὶ εἰσεῖδε [**B**^{2} ὡς εἶδεν, **S**^{2} ἴδεν] τὴν θλῖψιν αὐτῶν

εἰσιέναι. (1) בּוֹא
Ex. 28. 23 (29), 31 (35). εἰσιόντι εἰς τὸ ἅγιον (1)
I Ki. 16. 6. ἐν τῷ εἰσιέναι αὐτούς (1)
II Ma. 3. 14. εἰσῄει τὴν περὶ τούτων ἐπίσκεψιν οἰκονομήσων
III Ma. 1. 11. **R** μηδὲ τοῖς ἐκ τοῦ ἔθνους [**A** τοῖς ἔ.] ἐξεῖναι εἰσιέναι
2. 28. μηδένα τῶν μὴ θυόντων . . . εἰσιέναι

εἰσκολάπτειν. (1) קָלַע
III Ki. 6. 35. **A** εἰσκεκολαμμένα [**B** ἐκκ., **R** ἐγκ.] Χερουβίμ (1)

εἰσκυκλεῖν.
II Ma. 2. 24. τοῖς θέλουσιν εἰσκυκλεῖσθαι τοῖς τῆς ἱστορίας διηγήμασι

εἰσκύπτειν. (1) שָׁקַף ni.
I Ki. 13. 18. **B** ὁδὸν Γ. τὴν εἰσκύπτουσαν ἐπὶ Γ. (1)

εἰσοδιάζειν. (1) בּוֹא hoph.
IV Ki. 12. 4 (5). πᾶν τὸ ἀργύριον τῶν ἁγίων τὸ εἰσοδιαζόμ. (1)
II Ch. 34. 14. τὸ ἀργύριον τὸ εἰσοδιασθὲν εἰς οἶκον κυρίου (1)

εἰσόδιον. (1) בּוֹא
Da. TH. 11. 13. ἐπελεύσεται εἰσόδια (1)
[**Th.** Da. 11. 13.]

εἴσοδος. (1) בּוֹא *a.* qal. *b.* hi. *c.* מָבוֹא *d.* מוֹבָא (2) רֶגֶל (3) זִיו (4) יָצָא (5) סַף (6) פֶּתַח
Ge. 30. 27. **A** εὐλόγησε γάρ με ὁ θ. [**R** *add.* ἐπὶ] τῇ σῇ εἰσ. (2)
Jo. 13. 5. ἕως τῆς εἰσ. Ἐμάθ (1 *a*)
Jd. 1. 14. ἐν τῇ εἰσ. αὐτῆς [**A** *al.*] (1 *a*)
— 24. δεῖξον ἡμῖν τῆς πόλεως τὴν εἰσ. (1 *c*)
— 25. ἔδειξεν αὐτοῖς τὴν εἰσ. τῆς πόλεως (1 *c*)
I Ki. 16. 4. ἡ [**A** *om.*] εἰρήνη ἡ εἰσ. σου (1 *a*)
17. 52. ἕως εἰσόδου Γ. (1 *a*)
29. 6. ἡ ἔξοδός σου καὶ ἡ εἰσ. σου (1 *a*)
II Ki. 3. 25. γνῶναι . . . τὴν εἰσ. σου (1 *c**, *d*)
III Ki. 2. 13. εἰρήνη ἡ εἰσ. σου (1 *a*)
3. 7. οὐκ οἶδα . . . τὴν εἰσ. μου (1 *a*)
8. 65. ἐκκλησία μεγάλη ἀπὸ τῆς εἰσ. Ἡμ. (1 *a*)
IV Ki. 11. 16. ὁδὸν εἰσόδου τῶν ἵππων (1 *c*)
14. 25. ἀπὸ εἰσόδου Αἰ. ἕως τῆς θαλ. τῆς Ἀ. (1 *a*)
16. 18. τὴν εἰσ. τοῦ βασ. τὴν ἔξω ἐπέστρεψεν (1 *c*)
19. 27. **A B** καὶ τὴν εἰσ. σου [**R** *om.* κ. τ. εἰσ. σ.] (1 *a*)
23. 11. ἐν τῇ εἰσ. οἴκου κυρίου (1 *a*)
I Ch. 9. 19. φυλάσσοντες τὴν εἰσ. (1 *c*)

I Ch. 13. 5. ἀπὸ ὁρίων Αἰ. καὶ ἕως εἰσόδου [A om.] Ἡ. (1 a)
II Ch. 7. 8. ἀπὸ εἰσόδου Αἰ. (1 a)
16. 1. τοῦ μὴ δοῦναι ἔξοδον καὶ εἴσοδον τῷ Ἀ. (1 a)
23. 4. καὶ εἰς τὰς πύλας τῶν εἰσ. (5)
— 13. καὶ ἐπὶ τῆς εἰσ. οἱ ἄρχοντες (1 c)
26. 8. καὶ ἦν τὸ ὄνομα αὐτοῦ ἕως εἰσόδου Αἰ. (1 a)
33. 14. A B^2R κατὰ τὴν εἴσ. τὴν διὰ τῆς πύλης τῆς ἰχθυϊκῆς (1 a)
I Es. 8. 61. καὶ ἐρρύσατο ἡμᾶς ἀπὸ τῆς εἰσ.
Ju. 4. 7. δι' αὐτῶν ἦν ἡ εἴσ. [S ἦν ὁδὸς] εἰς τὴν Ἰ.
Ps. 73 (74). 5. B ὡς εἰς τὴν εἴσ. [S^1 ὁδὸν, S^2 ἔξοδον] ὑπεράνω (1 b)
120 (121). 8. κύριος φυλάξει τὴν εἴσ. σου (4 ?)
Pr. 8. 3. ἐν δὲ εἰσόδοις ὑμνεῖται (1 c)
— 34. τηρῶν σταθμοὺς ἐμῶν εἰσόδων (6)
Wi. 7. 6. μία δὲ πάντων εἴσοδος εἰς τὸν βίον [S κόσμον]
Si. 14. 22. ἐν ταῖς εἰσ. [A S ὁδοῖς] αὐτῆς ἐνέδρευε
Mal. 3. 2. τίς ὑπομενεῖ ἡμέραν εἰσόδου αὐτοῦ (1 a)
Is. 37. 28. τὴν εἴσ. σου ἐγὼ ἐπίσταμαι (1 a)
66. 11. τρυφήσητε ἀπὸ εἰσόδου δόξης αὐτῆς (3)
Je. 8. 7. ἐφύλαξαν καιροὺς εἰσόδων [A S -δου] ἑαυτῶν (1 a)
Ez. 27. 3. ἐρεῖς τῇ Σὸρ τῇ κατοικούσῃ ἐπὶ τῆς εἰσ. [A ὁδοῦ] τῆς θαλάσσης (1 c)
42. 9. αἱ θύραι τῶν ἐξεδρῶν τούτων τῆς εἰσ. τῆς πρὸς ἀνατολάς (1 b, 1 c*)
43. 11. A διαγράψεις . . . τὰς εἰσ. αὐτοῦ [B al.] (1 d)
44. 5. τάξεις τὴν καρδίαν σου εἰς τὴν εἴσ. τοῦ οἴκου (1 c)
46. 19. εἰσήγαγέ με εἰς τὴν εἴσ. (1 c)
47. 15. καὶ περισχιζούσης τῆς εἰσ. Ἡμ. (1 a)
— 20. ἕως κατέναντι τῆς εἰσ. Ἡμὰθ ἕως εἰσόδου αὐτοῦ (1 a, –)
48. 1. ἐπὶ τὴν εἴσ. τῆς Ἡμὰθ αὐλῆς τοῦ Αἰλάμ (1 a)
Da. TH. Bel 13. πεποιήκεισαν . . . κεκρυμμένην εἴσ.
I Ma. 5. 46. A R ἐπὶ τῆς εἰσ. [S ὁδοῦ] ὀχυρὰ σφόδρα
14. 5. ἐποίησεν εἴσοδον ταῖς νήσοις τῆς θαλ.
III Ma. 3. 17. εἶρξαν ἡμᾶς τῆς εἰσ.
[Aq. Ex. 30. 4: Dt. 11. 30: Jd. 3. 3: Ps. 73 (74). 5: 120 (121). 8.]
[Sm. Ex. 30. 4: Jd. 3. 3: Ps. 73 (74). 5: 120 (121). 8: Am. 6. 14.]
[Th. Ps. 73 (74). 5: Pr. 8. 3.]

εἰσπέμπειν.

II Ma. 13. 20. τοῖς δὲ ἔνδον Ἰ. τὰ δέοντα εἰσέπεμψε

εἰσπηδᾶν. (1) בּוֹא

Am. 5. 19. καὶ εἰσπηδήσῃ εἰς τὸν οἶκον αὐτοῦ (1)
Da. TH. Su. 26. εἰσεπήδησαν διὰ τῆς πλαγίας θύρας

εἰσπλεῖν.

II Ma. 14. 1. διὰ τοῦ κατὰ Τρίπολιν λιμένος εἰσπλεύσαντα
IV Ma. 13. 6. γαληνὸν παρέχουσι τοῖς εἰσπλέουσι τὸν ὅρμον ●

εἰσπνεῖν.

[Aq. Ec. 1. 5.]

εἰσπορεύεσθαι. (1) a. בּוֹא b. בָּאָה c. מָבוֹא (2) הָלַךְ (3) יָצָא (4) יָרַד (5) עָבַר (6) עָלָה (7) עָלַל

Ge. 6. 4. ὡς ἂν εἰσεπορεύοντο οἱ υἱοὶ τοῦ θ. (1 a)
7. 16. τὰ εἰσπορευόμενα ἄρσεν καὶ θῆλυ (1 a)
23. 10. ἀκουόντων . . . τῶν εἰσπορευομένων (1 a)
— 18. ἐναντίον . . . πάντων τῶν εἰσπορευομ. (1 a)
44. 30. ἐὰν εἰσπορεύωμαι πρὸς τὸν παῖδα (1 a)
Ex. 1. 1. τῶν υἱῶν Ἰσ. τῶν εἰσπεπορευμ. εἰς Αἴγ. (1 a)
11. 4. περὶ μέσας νύκτας ἐγὼ εἰσπορεύομαι (3)
14. 28. τοὺς εἰσπεπορευμ. ὀπίσω αὐτῶν (1 a)
23. 27. εἰς οὓς σὺ εἰσπορεύῃ εἰς αὐτούς (1 a)
28. 26 (30). ὅταν εἰσπορεύηται εἰς τὸ ἅγιον (1 a)
— 39 (43). ὅταν εἰσπορεύωνται εἰς τὴν σκηνὴν τοῦ μαρτ. (1 a)
30. 20. ὅταν εἰσπορεύωνται [A -ονται] εἰς τὴν σκηνὴν τοῦ μαρτ. (1 a)
— 21. ὅταν εἰσπορεύωνται εἰς τὴν σκηνὴν τοῦ μαρτ. –
33. 8. ἡνίκα δ' ἂν εἰσεπορεύετο M. εἰς τὴν σκηνήν (3)
34. 12. εἰς ἣν εἰσπορεύῃ εἰς αὐτήν (1 a)
— 34. ἡνίκα δ' ἂν εἰσεπορεύετο Μωυσῆς (1 a)
38. 27 (40. 32). εἰσπορευομ. αὐτῶν εἰς τὴν σκ. (1 a)
Le. 10. 9. ἡνίκα ἂν εἰσπορεύησθε εἰς τὴν σκηνὴν τοῦ μαρτ. (1 a)
14. 46. ὁ εἰσπορευόμενος εἰς τὴν οἰκίαν (1 a)
16. 2. μὴ εἰσπορευέσθω [A -θωσαν] . . . εἰς τὸ ἅγιον (1 a)
— 17. εἰσπορευομένου αὐτοῦ ἐξιλάσασθαι (1 a)
— 23. εἰσπορευομένου αὐτοῦ εἰς τὸ ἅγιον (1 a)
Nu. 4. 3. πᾶς ὁ εἰσπορευόμενος λειτουργεῖν (1 a)
— 19. A Ἀαρὼν καὶ οἱ υἱοὶ αὐτοῦ εἰσπορευέσθωσαν [B προσπ.] (1 a)
— 23, 30, 35, 39, 43. πᾶς ὁ εἰσπορευόμενος λειτουργεῖν (1 a)
— 47. πᾶς ὁ εἰσπορευόμενος πρὸς τὸ ἔργον τῶν ἔργων (1 a)
7. 89. ἐν τῷ εἰσπορεύεσθαι M. εἰς τὴν σκηνήν (1 a)
13. 22 (21). εἰσπορευομένων Αἰμάθ (1 a)
15. 18. ἐν τῷ εἰσπορεύεσθαι ὑμᾶς εἰς τὴν γῆν (1 a)
19. 14. πᾶς ὁ εἰσπορευόμενος εἰς τὴν οἰκίαν (1 a)
33. 40. ὅτε εἰσεπορεύοντο οἱ υἱοὶ Ἰ. (1 a)
34. 2. ὑμεῖς εἰσπορεύεσθε εἰς τὴν γῆν X. (1 a)
— 8. εἰσπορευομένων εἰς Ἐμάθ (1 a)
De. 1. 7. εἰσπορεύεσθε εἰς ὄρος Ἀμορραίων (1 a)
— 8. εἰσπορευθέντες [A -ελθόντες] κληρονομήσατε (1 a)
— 22. εἰς ἃς εἰσπορευσόμεθα [A -ευόμ.] εἰς αὐτάς (1 a)
4. 5. εἰς ἣν ὑμεῖς εἰσπορεύεσθε ἐκεῖ (1 a)
— 14: 6. 1. εἰς ἣν ὑμεῖς εἰσπορεύεσθε ἐκεῖ (5)
7. 1. εἰς ἣν εἰσπορεύῃ ἐκεῖ (1 a)
9. 5. σὺ εἰσπορεύῃ κληρονομῆσαι (1 a)
10. 11. καὶ εἰσπορευέσθωσαν (1 a)
11. 10. εἰς ἣν εἰσπορεύῃ [A -εσθε ὑμεῖς] ἐκεῖ (1 a)
— 11. εἰς ἣν εἰσπορεύῃ ἐκεῖ (5)
12. 29. εἰς οὓς εἰσπορεύῃ ἐκεῖ (1 a)
23. 20 (21). εἰς ἣν εἰσπορεύῃ ἐκεῖ (1 a)
28. 6. ἐν τῷ εἰσπορεύεσθαί σε (1 a)
— 19. A R ἐν τῷ εἰσπορεύεσθαί σε [B τῷ . . . εἰσπ. σε] (1 a [3])
— 21. εἰς ἣν εἰσπορεύῃ ἐκεῖ (1 a)
— 63. εἰς ἣν εἰσπορεύῃ [A^1 -ει, A^2 ὑμεῖς εἰσπορεύεσθε] ἐκεῖ (1 a)
30. 16. εἰς ἣν εἰσπορεύῃ ἐκεῖ (1 a)
31. 2. οὐ δυνήσομαι ἔτι εἰσπορεύεσθαι (3)
— 16. εἰς ἣν οὗτος εἰσπορεύεται (1 a)
Jo. 2. 2. εἰσπεπόρευνται ὧδε ἄνδρες (1 a)
— 3. τοὺς εἰσπεπορευμένους εἰς τὴν οἰκίαν σου (1 a)
— 18. εἰσπορευόμεθα εἰς μέρος τῆς πόλεως (1 a)
3. 15. ὡς δὲ εἰσεπορεύοντο . . . ἐπὶ τὸν Ἰ. (1 a)
6. 1. οὐδὲ εἰσεπορεύετο (1 a)
— 12 (13). εἰσεπορεύοντο οἱ μάχιμοι (2)
10. 9. εἰσεπορεύθη [A ἐπορ. Ἰ.] ἐκ Γαλγάλων (6)
15. 18. A ἐν τῷ εἰσπορεύεσθαι [B ἐκπορ.] αὐτήν (1 a)
Jd. 1. 14. A ἐν τῷ εἰσπορεύεσθαι αὐτήν [B al.] (1 a)
7. 17. εἰσπορεύομαι ἐν ἀρχῇ [A μέσῳ] τῆς παρεμβολῆς (1 a)
20. 10. A τοῖς εἰσπορευομ. ἐπιτελέσαι [B al.] (1 a)
Ru. 4. 11. τὴν εἰσπορευομ. εἰς τὸν οἶκόν σου (1 a)
I Ki. 5. 5. πᾶς ὁ εἰσπορευόμενος εἰς οἶκον Δ. (1 a)
9. 14. αὐτῶν εἰσπορευομ. εἰς μέσον τῆς πόλεως (1 a)
11. 11. εἰσπορεύονται μέσον τῆς παρεμβολῆς (1 a)
18. 6. A ἐν τῷ εἰσπορεύεσθαι αὐτούς (1 a)
— 13. εἰσεπορεύετο ἔμπροσθεν τοῦ λαοῦ (1 a)
— 16. ὅτι αὐτὸς εἰσεπορεύετο (3)
23. 3. εἰς τὰ σκῦλα τῶν ἀλλοφύλων εἰσπορευσόμεθα [A εἰ πορευόμ.] –
26. 5. εἰσπορεύεται [A πορ.] εἰς τὸν τόπον (1 a)
— 6. A εἰσπορεύομαι [B -ελεύσομαι] μετὰ σοῦ (4)
— 7. καὶ εἰσπορεύεται Δ. (1 a)
II Ki. 15. 37. καὶ Ἀ. εἰσεπορεύετο εἰς Ἰ. [A al.] (1 a)
III Ki. 14. 28. ὅτε εἰσεπορεύετο ὁ βασιλεὺς εἰς οἶκον κυρίου (1 a)
15. 17. τοῦ μὴ εἶναι . . . εἰσπορευόμενον τῷ Ἀ. (1 a)
16. 18. A εἰσπορεύονται [B πορ., R πορεύεται] εἰς ἄντρον (1 a)
IV Ki. 3. 24. καὶ εἰσῆλθον εἰσπορευόμενοι †
4. 8. τοῦ εἰσπορεύεσθαι αὐτόν (5)
— 10. ἐν τῷ εἰσπορεύεσθαι πρὸς ἡμᾶς (1 a)
5. 18. ἐν τῷ εἰσπορεύεσθαι τὸν κύριόν μου εἰς οἶκον Ῥ. (1 a)
9. 31. καὶ Ἰ. εἰσεπορεύετο ἐν τῇ πόλει (1 a)
11. 8. ὁ εἰσπορευόμενος εἰς τὰς σ. (1 a)
— 8. ἐν τῷ εἰσπορεύεσθαι αὐτόν (1 a)
— 9. τοὺς εἰσπορευομένους τὸ σάββατον (1 a)
— 15. ὁ εἰσπορευόμενος ὀπίσω αὐτῆς (1 a)
I Ch. 9. 25. τοῦ εἰσπορεύεσθαι κατὰ ἑπτὰ ἡμέρας (1 a)
24. 19. τοῦ εἰσπορεύεσθαι εἰς οἶκον κυρίου (1 a)
27. 1. τοῦ εἰσπορευομένου καὶ ἐκπορευομένου (1 a)
II Ch. 12. 11. εἰσεπορεύοντο οἱ φυλάσσοντες (1 a)
15. 5. B εἰρήνη τῷ εἰσπορευομένῳ καὶ τῷ ἐκπορευομένῳ [A εἰ. τῷ εἰσ., R εἰ. τῷ ἐκπ. κ. τῷ εἰσ.] (3 vel 1 a)
18. 14. A εἰσπορευθῶ [B εἰ πορ.] εἰς Ῥ. (2)
23. 4. τὸ τρίτον ἐξ ὑμῶν εἰσπορευέσθωσαν (1 a)
— 7. καὶ ὁ εἰσπορευόμενος εἰς τὸν οἶκον ἀποθανεῖται (1 a)
— 7. εἰσπορευομένου καὶ ἐκπορευομένου (1 a)
26. 11. R καὶ εἰσπορευομένη εἰς παράταξιν –
31. 16. παντὶ τῷ εἰσπορευομ. εἰς οἶκον κυρίου (1 a)
II Es. 9. 11. εἰς ἣν εἰσπορεύεσθε (1 a)
To. 5. 17. ἐν τῷ εἰσπορεύεσθαι αὐτόν [S al.]
6. 13. S ὁπότε εἰσεπορεύοντο πρὸς αὐτήν
7. 11. ὁπότε ἐὰν εἰσεπορεύοντο πρὸς αὐτήν
10. 7. S εἰσπορευομένη ἐθρήνει [A B al.]
12. 15. καὶ εἰσπορεύονται ἐνώπιον τῆς δόξης
Ju. 12. 9. εἰσπορευομένη καθαρὰ παρέμενε [A καθὰ παρέμενεν]
Es. 2. 13. εἰσπορεύεται πρὸς τὸν βασιλέα (1 a)
— 14. δείλης εἰσπορεύεται (1 a)
— 14. οὐκέτι εἰσπορεύεται πρὸς τὸν βασιλέα (1 a)
Ps. 40 (41). 6. εἰσεπορεύετο τοῦ ἰδεῖν (1 a)
95 (96). 8. εἰσπορεύεσθε εἰς τὰς αὐλὰς αὐ. (1 a)
Si. 4. 13. οὗ εἰσπορεύεται εὐλογήσει κύριος
Ho. 4. 15. μὴ εἰσπορεύεσθε εἰς Γ. (1 a)
Am. 2. 7. εἰσεπορεύοντο πρὸς τὴν αὐτὴν παιδίσκην (2)
5. 5. εἰς Γ. μὴ εἰσπορεύεσθε (1 a)
Jl. 3 (4). 11. συναθροίζεσθε καὶ εἰσπορεύεσθε (1 a)
— 13. εἰσπορεύεσθε πατεῖτε (1 a)
Jn. 3. 4. A S^3 τοῦ εἰσπορεύεσθαι [B S^1 -ελθεῖν] εἰς τὴν πόλιν (1 a)
Hg. 2. 17 (16). εἰσεπορεύεσθε εἰς τὸ ὑπολήνιον (1 a)
Za. 8. 10. τῷ ἐκπορευομ. καὶ τῷ εἰσπορευομ. (1 a)
Ma. 3. 2. εἰσπορεύεται ὡς πῦρ χωνευτηρίου –
Is. 30. 29. εἰσ. εἰς τὰ ἁγιά μου διὰ παντός –
Je. 17. 19. εἰσπορεύονται ἐν αὐταῖς (1 a)
— 20. οἱ εἰσπορευόμ. ἐν ταῖς πύλαις ταύταις (1 a)
— 27. τοῦ . . . μὴ εἰσ. ταῖς πύλαις (1 a)
19. 3. A B οἱ εἰσπορευόμ. ἐν ταῖς πύλαις ταύταις –
22. 2. οἱ εἰσπορευόμενοι [A add. ἐν] ταῖς πύλαις ταύταις [S τὰς π. τ.] (1 a)
23. 19. καὶ ὀργὴ ἐκπορεύεται [S^1 εἰσπ., A^2 ἐκπορευομένη] (3)
43 (36). 29. εἰσπορευόμενος εἰσπορεύσεται [S^1 -εύεται] ὁ βασ. Βαβ. (1 a, 1 a)
Ep. Je. 17. πλήρεις εἰσὶ κονιορτοῦ ἀπὸ τῶν ποδῶν τῶν εἰσπορευομ.
Ez. 8. 5. A ἐν τῷ εἰσ. αὐτήν (1 b)
10. 3. ἐν τῷ εἰσ. τὸν ἄνδρα (1 a)
20. 29. ὑμεῖς εἰσπορεύεσθε ἐκεῖ (1 a)
23. 39. εἰσεπορεύοντο εἰς τὰ ἁγιά μου (1 a)
— 44. εἰσεπορεύοντο πρὸς αὐτὴν ὃν τρόπον εἰσπορεύονται [A εἰσεπορεύοντο] πρὸς γυναῖκα πόρνην οὕτως εἰσεπορεύοντο πρὸς Ὀολάν (1 a ter)
26. 10. εἰσπορευομ. αὐτοῦ τὰς πύλας σου ὡς [A add. ὁ] εἰσπορευόμενος εἰς πόλιν ἐκ πεδίου (1 a, 1 c)
42. 9. τοῦ εἰσ. δι' αὐτῶν ἐκ τῆς αὐλῆς (1 a)
— 12. κατ' ἀνατολὰς τοῦ εἰσ. δι' αὐτῶν (1 a)
43. 3. εἰσεπορευόμην τοῦ χρῖσαι τὴν πόλιν (1 a)
44. 17. ἐν τῷ εἰσ. αὐτοὺς τὰς πύλας τῆς αὐλῆς (1 a)
— 21. ἐν τῷ εἰσ. αὐτοὺς εἰς τὴν αὐλήν (1 a)
— 27. ᾗ ἂν ἡμέρᾳ εἰσπορεύωνται εἰς τὴν αὐλήν (1 a)
46. 8. ἐν τῷ εἰσ. τὸν ἀφηγούμενον (1 a)
— 9. ὅταν εἰσπορεύηται ὁ λαὸς . . . ὁ εἰσπορευόμ. κατὰ τὴν ὁδὸν τῆς πύλης . . . καὶ ὁ εἰσπορευόμ. κατὰ τὴν ὁδὸν τῆς πύλης (1 a ter)
— 10. ἐν τῷ εἰσ. αὐτοὺς εἰσελεύσεται (1 a)
Da. LXX. 5. 7. καὶ εἰσεπορεύοντο ἐπὶ θεωρίαν –
— 8. καὶ εἰσεπορεύοντο οἱ ἐπαοιδοί (7)
10. 20. στρατηγὸς Ἑλλήνων εἰσεπορεύετο (1 a)
11. 16. ὁ εἰσπορευόμενος ἐπ' αὐτόν (1 a)
Bel 20. δι' ὧν εἰσπορευόμενοι οἱ ἱερεῖς
Da. TH. Su. 7. εἰσεπορεύετο Σουσάννα
— 8. ἐθεώρουν αὐτὴν . . . εἰσπορευομένην

Da. TH. 4. 4. εἰσεπορεύοντο οἱ ἐπαοιδοί (7)
5. 8. καὶ εἰσεπορεύοντο πάντες οἱ σοφοί (7)
10. 20. καὶ ἐγὼ εἰσεπορευόμην [A ἐξεπ.] (3)
11. 16. ὁ εἰσπορευόμενος πρὸς αὐτόν (1 *a*)
Bel 13. εἰσεπορεύοντο δι' ὅλου
— 21. δι' ὧν εἰσεπορεύοντο
I Ma. 3. 45. οὐκ ἦν ὁ εἰσπορευόμενος
7. 2. ὡς εἰσεπορεύετο εἰς οἶκον βασιλείας
11. 3. ὡς δὲ εἰσεπορεύετο εἰς τὰς πόλεις
13. 49. S R ἐκωλύοντο ἐκπορεύεσθαι καὶ εἰσπορεύεσθαι [A *om.* καὶ εἰσ.]
15. 14. A R ἐκπορεύεσθαι καὶ [S οὐδὲ] εἰσπορεύεσθαι
— 25. S[2] R τοῦ μὴ [A S[1] *om.*] εἰσπορεύεσθαι καὶ ἐκπορεύεσθαι
II Ma. 4. 22. R μετὰ δᾳδουχίας καὶ βοῶν εἰσπεπόρευται [A -εδέχθη]
[**Aq.** Jo. 2. 2 : Je. 7. 2 : 37 (44). 4.]
[**Sm.**, **Th.** Jo. 2. 2 : Je. 7. 2.]

εἰσπράκτης.

[**Aq.** Ex. 5. 13 : Jb. 39. 7.]

εἰσπράσσειν.

[**Aq.** Jb. 3. 18 : Za. 10. 4.]

εἰσσπᾶν. (1) בּוֹא hi.

Ge. 19. 10. εἰσεσπάσαντο τὸν Λὼτ πρὸς ἑαυτούς (1)

εἰστρέχειν.

II Ma. 5. 26. εἰς τὴν πόλιν σὺν τοῖς ὅπλοις εἰσδραμών

εἰσφέρειν. (1) אָסַף (2) בּוֹא *a.* qal. *b.* hi. *c.* hoph. (3) לָקַט (4) עֲלַל aph. (5) קָרָא (6) שׁוּב hi.

Ge. 27. 10. καὶ εἰσοίσεις τῷ πατρί σου (2 *b*)
— 18. καὶ εἰσήνεγκε τῷ πατρὶ αὐτοῦ (2 *a*)
— 25. καὶ εἰσήνεγκεν αὐτῷ οἶνον καὶ ἔπιε (2 *b*)
— 33. R ὁ θηρεύσας μοι θήραν καὶ εἰσενέγκας [A -ήν.] μοι (2 *b*)
37. 32. καὶ εἰσήνεγκαν τῷ πατρὶ αὐτῶν (2 *b*)
43. 18. A εἰσηνέχθησαν [R -ήχθ.] εἰς τὸν οἶκον (2 *c*)
47. 14. εἰσήνεγκεν 'I. πᾶν τὸ ἀργύριον (2 *b*)
Ex. 4. 6. εἰσένεγκον [A -και] τὴν χεῖρά σου εἰς τὸν κόλπον (2 *b*)
— 6. εἰσήνεγκε τὴν χεῖρα αὐτοῦ εἰς τὸν κόλπον (2 *b*)
— 7. εἰσένεγκον [A -και] τὴν χεῖρά σου εἰς τὸν κόλπον (6)
— 7. εἰσήνεγκε τὴν χεῖρα [A *add.* αὐτοῦ] εἰς τὸν κ. (6)
16. 5. ἑτοιμάσουσιν ὃ ἐὰν εἰσενέγκωσι (2 *b*)
— 5. A ἔσται διπλοῦν ὃ ἂν εἰσενέγκωσιν [B *al.*] (3)
23. 19. τὰς ἀπαρχὰς . . . εἰσοίσεις εἰς τὸν οἶκον κ. (2 *b*)
26. 33. εἰσοίσεις ἐκεῖ ἐσώτερον τοῦ καταπ. τὴν κιβωτόν (2 *b*)
34. 26. A εἰσοίσεις [B θήσεις] εἰς τὸν οἶκον κ. τοῦ θ. (2 *b*)
40. 4. εἰσοίσεις τὴν τράπεζαν (2 *b*)
— 4. εἰσοίσεις τὴν λυχνίαν (2 *b*)
— 21. εἰσήνεγκε τὴν κιβωτὸν εἰς τὴν σκηνήν (2 *b*)
Le. 4. 5. εἰσοίσει [A οἴσει] αὐτό (2 *b*)
— 16. εἰσοίσει ὁ ἱερεὺς ὁ χριστὸς ἀπὸ τοῦ αἵματος (2 *b*)
6. 30 (23). ὧν ἐὰν εἰσενεχθῇ ἀπὸ τοῦ αἵματος αὐ. (2 *c*)
16. 12. εἰσοίσει ἐσώτερον τοῦ καταπετάσματος (2 *b*)
— 15. εἰσοίσει [A οἴσουσιν] ἀπὸ τοῦ αἵματος (2 *b*)
— 27. ὧν τὸ αἷμα εἰσηνέχθη (2 *c*)
Nu. 31. 54. εἰσήνεγκεν αὐτὰ εἰς τὴν σκηνήν (2 *b*)
De. 7. 26. οὐκ εἰσοίσεις βδέλυγμα εἰς τὸν οἶκόν σου (2 *b*)
11. 14. εἰσοίσεις τὸν σῖτόν σου (1)
28. 38. καὶ ὀλίγα εἰσοίσεις (1)
Jo. 6. 18 (19). εἰς θησαυρὸν κυρίου εἰσενεχθήσεται (2 *a*)
— 23 (24). εἰς θησαυρὸν κυρίου εἰσενεχθῆναι –
Jd. 9. 27. εἰσήνεγκαν [A -ῆλθον] εἰς οἶκον θεοῦ αὐτῶν (2 *a*)
12. 9. τριάκοντα θυγατέρας εἰσήνεγκε [A *al.*] (2 *b*)
19. 3. εἰσήνεγκεν αὐτόν [A ἐπορεύθη] (2 *b*)
— 21. καὶ εἰσήνεγκεν [A -ήγαγεν] αὐτόν (2 *b*)
I Ki. 5. 1. καὶ εἰσήνεγκαν αὐτήν (2 *b*)
— 2. εἰσήνεγκαν αὐτὴν εἰς οἶκον Δ. (2 *b*)
9. 7. A τί εἰσοίσομεν [B οἴσομεν] τῷ ἀνθρώπῳ τοῦ θ. (2 *b*)
I Ki. 9. 7. εἰσενεγκεῖν τῷ ἀνθρώπῳ τοῦ θεοῦ τὸ ὑπάρχον ἡμῖν (2 *b*)
17. 18. A τὰς δέκα στρυφαλίδας . . . εἰσοίσεις τῷ χιλιάρχῳ (2 *b*)
II Ki. 9. 10. εἰσοίσεις τῷ υἱῷ τοῦ κυρίου σου ἄρτους (2 *b*)
13. 10. εἰσένεγκε [A -κατε] τὸ βρῶμα εἰς τὸ ταμεῖον (2 *b*)
— 10. καὶ εἰσήνεγκε τῷ 'A. (2 *b*)
III Ki. 7. 14. εἰσηνέχθη [A -ήχθη] πρὸς τὸν βασιλέα Σαλ. (2 *a*)
— 51. καὶ εἰσήνεγκε Σ. τὰ ἅγια Δ. (2 *b*)
8. 6. καὶ εἰσφέρουσιν οἱ ἱερεῖς τὴν κιβωτόν (2 *b*)
14. 26. καὶ εἰσήνεγκεν αὐτὰ εἰς 'I. –
15. 15. καὶ εἰσήνεγκε τοὺς κίονας τοῦ πατρὸς αὐτοῦ καὶ τοὺς κίονας αὐτοῦ εἰσήνεγκεν εἰς τὸν οἶκον κυρίου (2 *b*, –)
IV Ki. 12. 13 (14). ἐκ τοῦ ἀργυρίου τοῦ εἰσενεχθέντος ἐν οἴκῳ κυρίου (2 *c*)
— 16 (17). εἰσηνέχθη [A οὐκ εἰσ.] ἐν οἴκῳ κυρίου (2 *c*)
20. 20. A B καὶ εἰσήνεγκεν [R -ήγαγε] τὸ ὕδωρ εἰς τὴν πόλιν (2 *b*)
22. 4. τὸ ἀργύριον τὸ εἰσενεχθὲν ἐν οἴκῳ [A εἰς οἶκον] κυρίου (2 *c*)
23. 34. καὶ εἰσήνεγκεν εἰς Αἴ. (2 *a*)
I Ch. 9. 28. ἐν ἀριθμῷ εἰσοίσουσι [A εἰσ. αὐτά] (2 *b*)
13. 5. τοῦ εἰσενέγκαι τὴν κιβωτὸν τοῦ θεοῦ (2 *b*)
— 12. πῶς εἰσοίσω τὴν κιβωτὸν τοῦ θεοῦ πρὸς ἐμαυτόν (2 *b*)
16. 1. καὶ εἰσήνεγκαν τὴν κιβωτὸν τοῦ θεοῦ (2 *b*)
22. 19. τοῦ εἰσενέγκαι τὴν κιβωτὸν διαθήκης κυρίου (2 *b*)
II Ch. 5. 1. καὶ εἰσήνεγκε Σ. τὰ ἅγια Δ. (2 *b*)
— 7. καὶ εἰσήνεγκαν οἱ ἱερεῖς τὴν κιβωτόν (2 *b*)
15. 18. καὶ εἰσήνεγκε τὰ ἅγια Δ. (2 *b*)
24. 6. τοῦ εἰσενέγκαι . . . τὸ κεκριμένον ὑπὸ M. (2 *b*)
— 9. εἰσενέγκαι [A -κεῖν] κυρίῳ καθὼς εἶπε M. (2 *b*)
— 10. καὶ εἰσέφερον καὶ ἐνέβαλλον (2 *b*)
— 11. ὡς εἰσέφερον [A ἔφ.] τὸ γλωσσόκομον (2 *b*)
28. 27. οὐκ εἰσήνεγκαν αὐτὸν εἰς τοὺς τάφους τῶν βασιλέων 'I. (2 *b*)
30. 15. καὶ εἰσήνεγκαν ὁλοκαυτώματα (2 *b*)
31. 6. καὶ εἰσήνεγκαν καὶ ἔθηκαν (2 *b*)
— 12. A καὶ εἰσήνεγκαν [B ἤν.] ἐκεῖ τὰς ἀπαρχάς (2 *b*)
34. 9. τὸ ἀργύριον τὸ εἰσενεχθὲν εἰς οἶκον θ. (2 *c*)
— 16. καὶ εἰσήνεγκε Σ. τὸ βιβλίον (2 *b*)
36. 10. καὶ εἰσήνεγκεν [A -ήγαγεν] αὐτὸν εἰς B. (2 *b*)
— 18. πάντα εἰσήνεγκεν εἰς B. (2 *b*)
I Es. 8. 60. A R εἰσήνεγκαν [B ἤν.] εἰς τὸ ἱερὸν τοῦ κυρίου
Ne. 3. 5. οὐκ εἰσήνεγκαν τράχηλον αὐτῶν (2 *b*)
10. 39 (40). A S R εἰς τοὺς θησαυροὺς εἰσοίσουσιν [B οἴσ.] οἱ υἱοὶ 'I. (2 *b*)
To. 1. 8. S προσηλύτοις τοῖς προσκειμένοις τοῖς υἱοῖς 'I. εἰσέφερον [A B *al.*]
Es. 6. 1. εἰσφέρειν γράμματα μνημόσυνα (2 *b*)
10. 3. ἔτους τετάρτου . . . εἰσήνεγκε Δ.
Jb. 39. 12. εἰσοίσει δέ σου τὸν ἅλωνα (1)
Ca. 1. 4. εἰσήνεγκέ με ὁ βασ. εἰς τὸ ταμεῖον αὐτοῦ (2 *b*)
Si. 6. 24. εἰσένεγκον [A -και] τοὺς πόδας σου εἰς τὰς πέδας αὐτῆς
Jl. 3 (4). 5. εἰσηνέγκατε εἰς τοὺς ναοὺς [A θησαυροὺς] ὑμῶν (2 *b*)
Hg. 1. 6. εἰσηνέγκατε ὀλίγα (2 *b*)
— 9. καὶ εἰσηνέχθη εἰς τὸν οἶκον (2 *b*)
Ma. 1. 13. καὶ εἰσεφέρετε [A[1] εἰσφ.] ἁρπάγματα (2 *b*)
3. 10. εἰσηνέγκατε πάντα τὰ ἐκφόρια (2 *b*)
Is. 2. 19. εἰσενέγκαντες εἰς τὰ σπήλαια (2 *a*)
23. 3. ὡς ἀμητοῦ εἰσφερομένου †
Je. 17. 24. τοῦ μὴ εἰσ. βαστάγματα διὰ τῶν πυλῶν (2 *b*)
40 (33). 11. εἰσοίσουσι δῶρα [A *add.* αἰνέσεως] εἰς οἶκον κ. (2 *b*)
48 (41). 5. τοῦ εἰσενεγκεῖν [A -και] εἰς οἶκον [S ἐν τῷ οἴκῳ] κυρίου (2 *b*)
La. 5. 9. εἰσοίσομεν ἄρτον ἡμῶν (2 *b*)
Da. LXX. 2. 2. εἰσενεχθῆναι τοὺς ἐπαοιδούς (5)
Bel 10. οἶνος κερασθεὶς εἰσηνέχθη
Da. TH. 1. 2. τὰ σκεύη εἰσήνεγκεν εἰς τὸν οἶκον θησαυροῦ (2 *b*)
6. 18 (19). ἐδέσματα οὐκ εἰσήνεγκαν [A -έχθη] αὐτῷ (4)
I Ma. 4. 49. εἰσήνεγκαν τὴν λυχνίαν
II Ma. 2. 5. τὸ θυσιαστήριον . . . εἰσήνεγκεν ἐκεῖ
6. 4. A ἔτι δὲ τὰ μὴ καθήκοντα ἔνδον εἰσφερόντων [R φερ.]
14. 38. κρίσιν [A -ις] εἰσενηνεγμένος
[**Aq.** Je. 17. 21.]
[**Sm.** Dt. 26. 2 : Je. 17. 21 : Ez. 29. 5.]
[**Th.** Ex. 37. 5.]

εἰσφορά. (1) כִּפֻּרִים (2) תְּרוּמָה

Ex. 30. 13. τὸ δὲ ἥμισυ τοῦ διδρ. εἰσφορὰ κυρίῳ (2)
— 14. δώσουσι τὴν [A *om.*] εἰσ. κυρίῳ (2)
— 15. ἐν τῷ διδόναι τὴν εἰσ. κυρίῳ (2)
— 16. καὶ λήψῃ τὸ ἀργύριον τῆς εἰσ. (1)

εἴσω, *vid.* ἔσω.

εἶτα. (1) אָמְנָם כִּי (2) בָּהֶם (3) וְ, וַ (4) וְאַחַר דְּבָרִי (5) כִּי־אָז

To. 2. 14. S εἶτα [A B ἡ δὲ] ἀποκριθεῖσα
Jb. 5. 24. εἶτα γνώσῃ ὅτι εἰρηνεύσει σου ὁ οἶκος [A *al.*] (3)
11. 6. εἶτα ἀναγγελεῖ σοι δύναμιν σοφίας (3)
12. 2. εἶτα [A μὴ] ὑμεῖς ἐστε ἄνθρωποι (1)
13. 22. εἶτα [B[1] εἶτ' ἄν, S[1] ἔστ' ἄν] καλέσεις [S[1] -σῃ] (3)
14. 15. εἶτα καλέσεις –
16. 5 (4). εἶτ' ἐναλοῦμαι ὑμῖν ῥήμασι [A λόγοις] –
21. 3. εἶτ' οὐ καταγελάσετέ μου [A S *al.*] (4)
22. 21. εἶτα [A ἢ] ὁ καρπός σου ἔσται ἐν ἀγαθοῖς (2)
— 26. εἶτα παρρησιασθήσῃ ἐναντίον κυρίου (5)
23. 6. εἶτα [A καὶ εἰ] ἐν ἀπειλῇ μοι οὐ χρήσεται †
24. 20. εἶτ' ἀνεμνήσθη αὐτοῦ [A ἐμν. αὐτῶν] ἡ ἁμαρτία –
33. 27. εἶτα τότε ἀπομέμψεται [A -πέμψεται] –
Pr. 6. 11. εἶτ' ἐμπαραγίνεταί σοι (2)
7. 13. εἶτα ἐπιλαβομένη ἐφίλησεν αὐτόν (2)
Wi. 14. 16. εἶτα ἐν χρόνῳ κρατυνθὲν τὸ ἀσεβὲς ἔθος
— 22. εἶτ' οὐκ ἤρκεσε τὸ πλανᾶσθαι
17. 16. εἶθ' οὕτως . . . ἐφρουρεῖτο
II Ma. 4. 22. εἶθ' οὕτως . . . κατεστρατοπέδευσε
12. 45. R εἶτ' [A εἴτε] ἐμβλέπων τοῖς . . . κοιμωμένοις
15. 13. εἶθ' οὕτως ἐπιφανῆναι ἄνδρα
III Ma. 6. 30. R εἶτα ὁ βασιλεὺς . . . ἀπαλλαγείς [A *om.*]
[**Sm.** Ps. 102 (103). 16.]

εἴτε, εἴτις, εἴτοι, *vid. sub* εἰ.

εἰωθέναι, *vid.* ἔθειν.

ἐκ, ἐξ. †† ἐκ χειρός *vel* χειρῶν * ἐκ μέσου ** ἐκ προσώπου ‡‡ ὁ ἐκ

Ge. 2. 6, 9, 10, 19, 23 *ter* : 3. 19, 22, 23 *bis* : 4. 10, 11, 24 *bis* : 6. 14, 16 (ἐκ πλαγίων) : 8. 10, 16, 19, 21 : 9. 5†† *bis*, 10, 18, 21 : 10. 5, 11 : 11. 6†, 31 : 12. 1 *ter*, 4, 5 : 13. 1 : 15. 4†, 7 : 16. 2, 5 : 17. 6, 12, 14, 16 *bis*, 27 : 19. 12, 14, 24, 25, 28†, 29*, 30, 32, 34, 36, 37 : 20. 12 *bis*, 13 : 21. 15, 17 *ter*, 21 : 22. 11, 15 : 24. 7 *bis*, 17, 40 *bis*, 41†, 43 : 25. 20, 23, 29 : 26. 10† : 28. 1, 2, 6†, 16† : 29. 2, 4, 14 *bis* : 30. 3, 16 : 31. 1, 13, 33 : 32. 11 (12)††, 11 (12)†† † : 33. 18 : 34. 7, 26 : 35. 2*, 5, 9, 11 *bis*, 13, 16 (21) : 36. 6, 33, 34, 36, 37 : 37. 4, 14, 21, 22, 25, 28 : 38. 17, 18, 20, 21†, 22‡‡, 24, 25 : 39. 1††, 10 (ἡμέραν ἐξ ἡμέρας) : 40. 14, 15 : 41. 2, ● 3, 18, 19, 46**† : 42. 3, 7, 16 : 43. 2, 9†† : 44. 8 *bis*, 29**, 30 : 45. 19, 25 : 46. 6†, 26, 34 : 47. 1, 3 (ἐκ παιδιόθεν)†, 15 *bis*, 30 : 48. 7, 13 (ἐξ ἀριστερῶν), 13 (ἐξ ἀριστερῶν)†, 13 (ἐκ δεξιῶν), 15, 16, 21†, 22†† : 49. 5, 9, 10 *bis* : 50. 24.

Ex. 1. 5, 10 : 2. 1, 7, 10 : 3. 2, 4, 5, 8††, 8, 10, 11, 12, 17 : 4. 6, 7 : 6. 1, 6, 7, 11, 13, 15‡‡, 26, 27 : 7. 2, 4, 5*, 21 : 8. 9 (5), 11 (7)† *bis*, 13 (9) *ter* : 10. 23 : 11. 10 : 12. 15 *bis*, 17, 19, 31, 33†, 37, 39, 41, 42, 46, 51 : 13. 3 *bis*, 8, 9, 12, 14 *bis*, 16, 18†, 20 : 14. 2 (ἐξ ἐναντίας), 9 (ἐξ ἐναντίας), 11, 19 (ἐκ τῶν ὄπισθεν), 19 (ἐκ τῶν ὀπίσω αὐτῶν), 22 (ἐκ δεξιῶν), 22 (ἐξ εὐωνύμων), 28, 29 (ἐκ δεξιῶν), 29 (ἐξ εὐωνύμων), 30†† : 15. 23 : 16. 1 *bis*, 4, 6, 27, 29, 32 : 17. 1, 3, 6, 14 (ἐκ τῆς ὑπὸ τὸν οὐρανόν) : 18. 1, 4††, 8†† *bis*, 9†† *bis*, 10†† *bis* : 19. 1, 2, 3, 14†, 17, 21 : 20. 2 *bis*, 22, 24, 25 : 22. 5 (4), 7 (6) : 23. 13, 15, 16 : 24. 16* : 25. 9 (10), 12 (13)†, 17 (18), 18 (19) *bis*, 27 (28), 28 (29)†,

● = correction on page xxv

30 (31) *bis*, 31 (32) (ἐκ πλαγίων), 31 (32) *bis*, 32 (33), 33 (34)†, 34 (35) *ter*, 34 (35)†, 35 (36) *bis*, 36 (37) (ἐκ τοῦ ἑνὸς προσώπου), 37 (38): 26. 1, 3†, 3, 3†, 4, 5, 11, 13 (ἐκ τούτου) *bis*, 13, 13†, 15, 18, 22 (ἐκ τῶν ὀπίσω), 23 (ἐκ τῶν ὀπισθίων), 24 (ἐξ ἴσου), 24, 26 *bis*, 31, 36: 27. 1, 2, 6, 9†, 16, 18, 20: 28. 1, 6, 8 *bis*, 13, 14, 14 (ἐκ τῶν ἐμπροσθίων), 15, 21, 22†, 28 *bis*, 29, 35 (39): 29. 1, 2, 23, 25, 30†, 46: 30. 1, 2, 5, 19, 24, 26, 33, 36, 38: 31. 2, 2†, 6, 14*: 32. 1 *bis*, 4 *bis*, 7, 8, 9, 11, 15, 23, 28, 32, 33: 33. 1, 11: 34. 18, 29† *bis*: 35. 30 *bis*, 34: 36. 9 (39. 2), 11 (39. 4), 12 (39. 5) *bis*, 13 (39. 6), 15 (39. 8), 21 (39. 14), 21 (39. 14)†, 21 (39. 14), 22 (39. 15), 25 (39. 17), 25 (39. 17)†, 26 (39. 18)(ἐξ ἐναντίας), 29 (39. 21), 32 (39. 24), 36 (39. 28) *ter*, 37 (39. 29): 37. 3 (36. 35), 5 (36. 37), 7 (38. 9), 14 (38. 16), 16 (38. 18), 22 (38. 22), 23 (38. 23): 38. 5 (37. 6), 9 (37. 10), 14 (37. 17), 15 (37. 18), 15 (37. 18) (ἐκ τούτου) *bis*, 16 (37. 19), 16 (37. 20)† *bis*, 22 (1), 24 (6), 26 (8), 27 (40. 30), 27 (40. 32): 39. 1 (38. 24)†, 8 (38. 30): 40. 17: *subscr.*†

Le. 1. 1, 2, 3, 11 (ἐκ πλαγίων), 17: 2. 4 *bis*, 8: 3. 1: 4. 3, 13, 14, 23, 27, 28, 35: 5. 6, 15, 18: 6. 21 (14), 22 (15), 36 (7. 6): 7. 2 (12), 10 (20), 11 (21), 15 (25)†: 8. 25 (26): 9. 2, 3: 10. 4**: 11. 45: 14. 38: 15. 2, 3 *bis*, 13, 16, 32: 16. 3, 5: 17. 4, 9, 10, 12: 18. 9, 9†, 29: 19. 8, 19 (ἐκ δύο), 27, 36: 20. 3, 5, 6, 17 *bis*, 18: 21. 12, 13, 14, 17, 21: 22. 4 *bis*, 11, 19 *ter*, 21 *bis*, 25††, 33: 23. 17, 18, 19, 29, 30, 40, 43: 24. 10‡‡, 11: 25. 38, 42, 47, 49, 50, 53 (ἐνιαυτὸς ἐξ ἐνιαυτοῦ), 55: 26. 6, 8, 10**, 13, 36, 45 *bis*: 27. 23.

Nu. 1. 1, 2, 17, 21†, 23, 27, 29, 31†, 33, 35, 37, 25, 39, 41, 43, 47: 2. 9, 16†: 3. 12*, 17, 29 (ἐκ πλαγίων), 35 (ἐκ πλαγίων), 40, 43 *bis*: 4. 2*, 4*†, 18*, 27, 32: 5. 2, 13, 25††: 6. 3 *ter*, 4: 7. 15, 16, 21, 22, 27, 28, 33, 34, 39, 40, 45, 46, 51, 52, 57, 58, 63, 64, 69, 70, 75, 76, 81, 82, 87: 8. 2 (ἐκ μέρους), 3, 6*, 8 *bis*, 14*, 16*, 16, 17†, 19*: 9. 1, 13: 10. 33, 34: 11. 8, 20, 20†: 12. 12: 13. 1 (12. 16), 3 (2), 4 (3): 14. 13, 44*†: 15. 11 *bis*, 24 *ter*, 30, 41: 16. 9, 21*, 33*, 37 (17. 2)*, 40 (17. 5), 45 (17. 10)*: 18. 6*: 19. 13, 20*: 20. 5, 8, 10, 14, 16, 16 (ἐκ μέρους), 17, 22, 28: 21. 1, 4, 5, 11 *bis*, 22, 28 *bis*: 22. 4, 5, 6 *bis*, 11, 11†, 23, 30†, 36 (ἐκ μέρους): 23. 7 *bis*, 13, 22: 24. 7, 8, 17 *bis*, 19 *bis*, 24††: 25. 7*: 26. 4, 14, 25, 27, 18, 47, 34, 37, 41, 50, 53, 56, 62, 65: 27. 3 (4)*, 11: 28. 11, 14 (μῆνα ἐκ μηνός), 15, 19, 22, 27, 29: 29. 2, 5, 8, 11, 13, 16, 19, 22, 25, 28, 31, 34, 38: 30. 3, 13, 15 (ἡμέραν ἐξ ἡμέρας): 31. 2, 3, 4 *ter*, 5 *bis*, 6, 6†, 14, 20, 21, 36: 32. 8, 11, 24, 42: 33. 1, 3, 4, 5, 6, 7, 9, 10, 12, 13, 14, 15, 16, 17, 18, 19, 20, 21, 22, 23, 24, 25, 26, 27, 28, 29, 30, 31, 32, 33, 34, 35, 36 *bis*, 37, 38, 41, 42, 43, 44, 45, 46, 47, 55: 34. 18: 35. 17, 18 *bis*, 20, 22: 36. 1, 3 *bis*, 6†, 8†, 8, 9, 11.

De. 1. 2†, 15, 19, 23, 27: 2. 14, 15*†, 16*, 23, 26, 36†: 3. 8††: 4. 3, 12*, 15*, 20 *ter*, 29 *bis*, 33*, 34*, 36, 36*, 37, 45, 46: 5. 4*, 6 *bis*, 22 (19)*, 23 (20)*, 24 (21)*, 26 (23)*: 6. 3 (4), 5 *ter*, 12 *bis*: 7. 8, 8††, 24: 8. 9, 14†, 14, 15: 9. 7, 10*†, 12 *bis*, 15, 21†, 23, 26, 29: 10. 3, 4*, 5, 6, 12 *bis*: 11. 4 (ἐκ τῶν ὀπίσω), 11, 13 *bis*: 12. 3: 13. 3 (4) *bis*, 5 (6) *bis*, 5 (6)†, 5 (6), 6 (7) *bis*, 10 (11) *bis*, 13 (14): 14. 4 *ter*: 15. 7†, 20 (ἐνιαυτὸν ἐξ ἐνιαυτοῦ): 16. 1, 3 *bis*, 6, 13: 17. 3‡‡, 7, 10, 12†, 15: 18. 5, 6 *bis*, 15, 18*†, 19: 19. 13, 19: 20. 1, 6 *bis*, 15: 21. 3, 8†, 9, 21: 22. 21, 22, 24: 23. 2 (3)†, 4 (5) *bis*, 10 (11): 24. 1†, 3, 7†, 7, 9, 14 *bis*: 25. 5†, 6 *bis*, 11††, 17, 19 (ἐκ τῆς ὑπὸ τὸν οὐρανόν): 26. 4, 8, 13, 15 *bis*, 16 *bis*: 27. 5, 20†, 22† *bis*: 28. 24, 31, 39: 29. 20 (19) (ἐκ τῆς ὑπὸ τὸν οὐρανόν), 21 (20), 22 (21), 25 (24): 30. 2 *bis*, 3, 6 *bis*, 10 *bis*: 31. 26 (ἐκ πλαγίων), 29†: 32. 1, 13 *bis*, 22, 25, 26, 32 *bis*, 39: 33. 2 *ter*, 2 (ἐκ δεξιῶν), 7, 22.

Jo. 1. 8: 2. 1, 10, 13, 23: 3. 1, 14: 4. 3*, 8*, 16, 17, 18*†, 19, 20, 23 (ἐκ τῶν ἔμπροσθεν): 5. 1 (ἐκ τῶν ἔμπροσθεν), 2, 2 (ἐκ δευτέρου)†, 4, 6, 11 (12), 15: 6. 1, 25 (26)‡‡: 7. 1, 12†, 13, 23: 8. 7, 11 (ἐξ ἐναντίας), 18, 19, 20†, 22, 24‡‡†: 9. 6, 9, 23, 26††: 10. 7, 8, 9, 11, 22, 23†, 29†, 31, 34†, 40†: 11. 14†, 21 *sexiens*: 12. 4: 13. 3 (ἐξ εὐωνύμων), 4: 14. 7†: 15. 8 (ἐκ μέρους) 18†: 17. 5: 18. 4 *bis*, 16 (ἐκ μέρους): 19. 12 (ἐξ ἐναντίας), 13 (ἐξ ἐναντίας), 25†, 27†: 20. 8†, 8, 9†††: 21. 1, 5 *bis*, 23, 27, 28, 30, 32, 34, 36: 22. 5 *bis*, 9† *bis*, 31††, 32: 23. 14: 24. 3, 6, 10††, 17, 30, 32.

Jd. 1. 10 (ἐξ ἐναντίας), 16, 24: 2. 1, 3**, 12, 16††, 17, 18†††, 21**: 3. 19*†, 22: 4. 6, 6† *bis*, 9, 10†: 5. 4†, 4, 13†, 14† *bis*, 20 *bis*, 24† *bis*: 6. 8, 8†, 9†††, 9††, 9**, 11**†, 13, 14††, 21, 21†, 38†: 7. 5†, 23† *ter*, 25: 8. 11 (ἐξ ἐναντίας)†, 13†, 14†, 22††, 24†, 30, 34††: 9. 4, 15†, 17 (ἐξ ἐναντίας), 17††, 20† *bis*, 35†, 43, 50†: 10. 1†, 11†, 12††, 16*: 11. 3†, 7, 13, 16, 23**†, 31†, 36, 36† *bis*, 40†: 12. 2††, 5†, 6†, 8†: 13. 2† *bis*, 5†, 5††, 14, 23††: 14. 1†, 3† *bis*, 4, 9†, 14, 14†, 19†: 15. 2‡‡†, 6‡‡†, 7†, 11†, 13†, 17†, 19: 16. 12†, 14†, 14, 17†, 20, 25, 25†, 28†: 17. 1†, 3††, 7, 7†, 8†, 9† *bis*: 18. 2† *bis*, 9†, 11† *bis*, 16‡‡: 19. 1†, 12†, 16†, 16 *bis*, 18†, 30, 30†: 20. 11†, 13†, 14†, 15†, 16†, 21†, 25† *bis*, 31† *bis*, 32†, 33 *bis*, 34 (ἐξ ἐναντίας), 34, 35†, 40†, 43 (ἐξ ἐναντίας)†, 44†, 45†, 45: 21. 1, 5†, 6†, 14 , 16†, 17†, 19†, 21†.

Ru. 1. 2, 6, 7, 22: 2. 1, 3, 4, 6, 14 (ἐκ πλαγίων), 16, 18, 20: 4. 3, 5††, 9††, 10 *bis*, 12 *bis*.

I Ki. 1. 1 *bis*, 3 *ter*, 14**, 16, 23, 25: 2. 3, 15, 16, 19, 20, 23, 28: 3. 17: 4. 3, 3*†, 3††, 8††, 10, 12, 16 *bis*, 17**: 5. 1: 6. 8 (ἐκ μέρους), 18, 20‡‡: 7. 3*, 3† , 8††, 11†, 14††: 8. 8, 18**: 9. 1, 7, 16, 16††, 21, 25: 10. 1††, 4††, 5, 10 (ἐξ ἐναντίας), 18, 18††, 18, 19: 11. 5: 12. 2 (ἐκ . . . καὶ ἕως), 3††, 4††, 6, 8, 10††, 11††: 13. 2†, 5 (ἐξ ἐναντίας)†, 15† *bis*, 17†, 23†: 14. 4 (ἐκ τούτου)† *bis*, 11, 17, 28, 31, 33†, 39, 48††: 15. 2, 3, 6*, 6, 6*, 12, 15, 28††, 33: 16. 20†: 17. 2 (ἐξ ἐναντίας), 4 *bis*, 8 (ἐξ ἐναντίας), 12†, 21 (ἐξ ἐναντίας)†, 23† *bis*, 24**†, 33, 34, 35, 36, 37†† *ter*, 40, 51†: 18. 6: 19. 8**, 10**: 20. 1†, 25 (ἐκ πλαγίων): 21. 6 (7)**, 10 (11)**: 22. 8: 23. 5**, 13 *bis*, 19, 19 (ὁ ἐκ δεξιῶν), 23†, 24 (ἐκ δεξιῶν), 26 (ἐκ μέρους)†, 26 (ἐκ μέσου)†, 26 (ἐκ τούτου)†, 26 (ἐκ μέρους)†, 26 (ἐκ μέσου)†, 26 (ἐκ τούτου)†: 24. 3, 8†, 9, 13, 14, 16††, 22: 25. 10**, 14, 21, 22, 35††, 39†† *bis*, 43, 44‡‡: 26. 1, 2, 4, 15, 20 (ἐξ ἐναντίας προσώπου), 24: 27. 1††: 28. 13, 14, 17††: 30. 16 *bis*, 17, 22: 31. 1**.

II Ki. 1. 2 *bis*, 3, 4†, 4: 2. 8, 12, 13, 15, 21 (ἐκ τῶν ὄπισθεν), 23 (ἐκ τῶν ὀπίσω), 27 (ἐκ πρωϊόθεν†, ἐκ πρωΐθεν†): 3. 18†† *bis*, 22, 27 (ἐκ πλαγίων), 29: 4. 2, 4, 8 *bis*, 9, 11††, 11: 5. 13, 13†, 20: 6. 1, 3†, 12: 7. 6, 8, 12, 15**, 23**, 23: 8. 1††, 4†, 8 *bis*, 11, 12 *sexiens*: 9. 2, 3†, 4, 5 *bis*: 10. 9 (ἐκ τοῦ κατὰ πρόσωπον), 9 (ἐξ ἐναντίας)†, 9 (ἐκ τοῦ ὄπισθεν), 9, 9 (ἐξ ἐναντίας), 10 (ἐξ ἐναντίας), 16‡‡†, 18: 11. 8, 10, 15 (ἐξ ἐναντίας), 17†, 17: 12. 3 *bis*, 4 *bis*, 7††, 10, 11, 20: 13. 5, 6, 10, 30, 34 (ἐκ πλευρᾶς†, ἐκ πλευροῦ†), 34, 34 (ἐκ μέρους): 14. 13, 16††, 19, 29 (ἐκ δευτέρου), 32: 15. 2 *bis*, 11, 12† *bis*, 18†, 19, 24, 30†, 35: 16. 5, 6 (ἐκ δεξιῶν), 6 (ἐξ εὐωνύμων), 11, 13 (ἐκ πλευρᾶς†, ἐκ πέρας†)†, 13 (ἐκ πλαγίων): 17. 21, 27 *bis*, 28: 18. 6 (ἐξ ἐναντίας)†, 8, 13 (ἐξ ἐναντίας), 19††, 31††: 19. 7 (8) (ἐκ . . . ἕως), 9 (10)†† *bis*, 16 (17), 17 (18)†, 19 (20), 22 (23), 31 (32), 42 (43): 20. 7, 12, 13, 16, 21: 21. 2, 6, 10, 11, 12: 22. 1†† *bis*, 3, 4, 7, 9, 14, 17 *bis*, 18 *bis*, 44, 46, 48†, 49 *bis*: 23. 3†, 4 *bis*, 11**, 15, 16, 19, 21††, 23, 24†, 27, 29†, 30†: 24. 5 (ἐκ δεξιῶν), 12, 15.

III Ki. 1. 3, 29, 39, 48: 2. 8, 19 (ἐκ δεξιῶν): 3. 1 (9. 24), 1 (2. 8), 1 (2. 40), 1 (2. 41), 1 (2. 42), 1 (4. 24)†, 20: 4. 12, 12†, 24 (5. 4): 5. 6 (20), 9 (23), 13 (27): 6. 1, 8, 16†, 31†: 7. 13, 34, 35†, 39 (ἐκ δεξιῶν)†, 39 (ἐξ ἀριστερῶν), 39 (ἐκ δεξιῶν), 47, 49 (ἐξ ἀριστερῶν), 49 (ἐκ δεξιῶν), 8 (?)†, 9 *ter*: 8. 1, 8, 9, 10, 16, 19, 21, 25**, 32, 34, 36, 39 *bis*, 43 *bis*, 45, 49 *bis*, 51, 51*, 53 *bis*, 53†: 9. 7**, 9 *ter*, 12, 24†: 10. 5 (ἐξ ἑαυτῆς ἐγένετο), 11, 11†, 19 (ἐκ τῶν ὀπίσω), 22 (ὁ μὴ ἐκ), 22 (9. 20), 22 (9. 22), 28 *ter*, 29: 11. 2, 11††, 12††, 14 (25)†, 16†, 18, 26, 29 *bis*, 31††, 32, 34††, 35††, 43 (12. 2)**†: 12. 2**†, 2†, 20†, 24† *bis*, 24 (14. 2), 24 (14. 4), 24†, 28, 31 *bis*: 13. 1, 12, 14, 21, 26, 33 (ἐκ μέρους): 14. 21, 26††: 16. 17†: 17. 1‡‡†, 4, 6, 19: 18. 12, 26 (ἐκ πρωΐθεν), 38, 40: 19. 2, 7 (ἐκ δευτέρου), 16†, 17 *bis*, 21 (ἐξ ὄπισθεν): 20 (21). 10 (ἐξ ἐναντίας)†, 13 (ἐξ ἐναντίας): 21 (20). 17, 19, 27 (ἐξ ἐναντίας), 33†, 35, 41, 42††: 22. 3††, 19 (ἐκ δεξιῶν), 19 (ἐξ εὐωνύμων), 34, 35 (ἐξ ἐναντίας), 35† *bis*.

IV Ki. 1. 2, 10 *bis*, 12 *bis*, 14: 2. 1, 7 (ἐξ ἐναντίας), 15 (ἐξ ἐναντίας), 23, 24, 24†: 3. 6, 20, 21, 22 (ἐξ ἐναντίας): 4. 40, 42: 5. 2, 4‡‡, 6†, 7†, 17†, 20††, 22, 24††, 27**: 7. 12 *bis*: 8. 3, 8, 9: 9. 2*, 5, 7**, 7†† *bis*, 15: 10. 14, 25, 28: 11. 2*, 6 (5), 19: 12. 1 (2), 13 (14): 13. 25†† *bis*: 14. 2, 25, 27†: 15. 2, 14: 16. 6, 7†† *bis*, 11: 17. 7, 8**†, 11**, 24 *bis*, 36, 39: 18. 17, 29††, 33††, 34††, 35†† *bis*: 19. 8†, 14††, 19††, 31 *bis*: 20. 6††, 14 *bis*, 18: 21. 7, 9**, 15†, 19: 22. 1: 23. 4, 6, 8, 8‡‡, 13 (ὁ ἐκ δεξιῶν†), 16, 17, 18, 30, 31, 36: 24. 7, 8, 15: 25. 19, 25, 27, 30.

I Ch. 1. 44, 45, 47 (50), 48 (50): 2. 3, 23, 53, 55: 4. 40, 42: 5. 2, 18: 6. 33 (18), 44 (29) (ἐξ ἀριστερῶν), 60 (45)†, 61 (46) *ter*, 62 (47) *bis*, 62 (47)†, 62 (47), 63 (48) *ter*, 65 (50) *bis*, 65 (50)†, 66 (51), 71 (56)†, 72 (57)†, 74 (59)†, 77 (62), 78 (63)†, 78 (63), 80 (65): 8. 9, 11, 40: 9. 5†, 6, 7, 14, 14†, 28, 29, 31, 32: 10. 12: 11. 15, 17, 18†, 23††, 26†, 28†, 31, 32: 12. 2 (ἐκ δεξιῶν), 2 (ἐξ ἀριστερῶν), 2† *bis*, 14, 22 (ἡμέραν ἐξ ἡμέρας), 29†, 37 (ἐκ πέραν): 13. 5, 7: 15. 17 *bis*, 25: 16. 4, 23, 35: 17. 7, 11, 17 (ἐκ μακρῶν), 21: 18. 1††, 4, 5, 8 *ter*, 11 *quinquiens*: 19. 6 *bis*, 7†, 7, 10, 10†, 11 (ἐξ ἐναντίας), 16, 17 (ἐξ ἐναντίας): 21. 10†, 12**, 12†, 14, 21, 22†, 26: 24. 3 *bis*, 6: 26. 1, 27 *bis*: 27. 1 (μῆνα ἐκ μηνός), 10‡‡, 12‡‡ *bis*, 13‡‡, 14‡‡, 14†, 15, 27‡‡†, 30‡‡: 28. 4, 18: 29. 4‡‡, 14†, 16††, 22 (ἐκ δευτέρου)†.

II Ch. 1. 4, 13, 16, 17: 2. 8 (7) *bis*, 16 (15), 18 (17): 3. 6‡‡, 10, 14†, 17 (ἐκ δεξιῶν), 17 (ἐξ εὐωνύμων), 17 (ἐκ δεξιῶν), 17 (ἐξ ἀριστερῶν): 4. 6 (ἐκ δεξιῶν), 6 (ἐξ ἀριστερῶν), 7 (ἐκ δεξιῶν), 7 (ἐξ ἀριστερῶν), 8 (ἐκ δεξιῶν), 8 (ἐξ ἀριστερῶν), 10 (ἐκ δεξιῶν): 5. 2, 9, 10, 11: 6. 5, 9, 21, 23, 25, 27, 30 *bis*, 32 *bis*, 33 *bis*, 35, 39 *bis*: 7. 1, 14, 20**†, 22: 8. 7, 8, 9, 11: 9. 4 (ἐξ ἑαυτῆς ἐγένετο), 10, 21, 28 *bis*: 10. 2†: 11. 13: 12. 3, 13: 13. 9, 9†, 9, 13 (ἐκ τῶν ὄπισθεν) *bis*, 14 (ἐκ τῶν ἔμπροσθεν), 14 (ἐκ τῶν ὄπισθεν): 15. 12 *bis*, 15: 16. 2: 17. 17: 18. 18 (ἐκ δεξιῶν), 18 (ἐξ ἀριστερῶν), 24 (ταμεῖον ἐκ ταμείου), 33, 34 (ἐξ ἐναντίας): 20. 1, 2 (ἐκ πέραν†), 10, 11†: 21. 15, 19: 22. 11*: 23. 2, 4: 24. 1, 11 (ἡμέραν ἐξ ἡμέρας): 25. 15††: 26. 18: 28. 5, 8, 10†: 29. 5, 12 *bis*: 30. 10 (πόλιν ἐκ πόλεως), 16††, 25: 31. 1†, 3, 10 (ἐξ οὗ), 21: 32. 11††, 13††, 14†† *bis*, 15†† *ter*, 17†† *bis*, 21, 22†† *bis*: 33. 7, 15: 34. 9††, 12 *bis*, 33: 35. 11††: 36. 2, 5, 12, 23 *bis*.

I Es. 1. 7, 13‡‡, 28, 34‡‡, 38, 47: 2. 5, 10, 15‡‡, 15, 23 (ἐξ αἰῶνος), 26 (ἐξ αἰῶνος): 4. 16 *bis*, 44, 46: 5. 5 *bis*, 7‡‡, 7, 18‡‡ *ter*, 19‡‡ *bis*, 20‡‡, 21‡‡ *bis*, 37, 38, 44, 46‡‡, 50, 55, 56, 63, 67‡‡: 6. 18 *bis*, 25, 26, 28‡‡, 32: 7. 6‡‡, 8, 10‡‡, 13‡‡: 8. 3, 5, 6, 7‡‡, 7‡‡†, 10, 18, 21†, 27, 28, 29 *bis*, 29†, 30†, 31, 32, 32†, 33, 34†, 35, 36, 37, 38†, 39, 40, 42 *bis*, 48‡‡†, 49, 54, 65, 73, 91†, 92†, 93‡‡: 9. 3‡‡, 5‡‡, 12‡‡, 15‡‡, 19, 21, 22, 23, 24, 25, 26 *bis*, 27, 28, 29, 30, 31, 32, 33, 34 *bis*, 35, 37‡‡, 41 (ἐκ . . . ἕως)†, 43 (ἐκ δεξιῶν), 44 (ἐξ εὐωνύμων).

II Es. 1. 11: 2. 1†, 59†: 6. 4, 11: 7. 6, 26: 8. 35†: 10. 3, 14, 19†, 44.

Ne. 3. 25 (ἐξ ἐναντίας), 25, 27 (ἐξ ἐναντίας), 28 (ἐξ ἐναντίας), 29 (ἐξ ἐναντίας), 30 (ἐξ ἐναντίας): 4. 12 (6), 23 (17)†: 5. 13 *bis*: 8. 4 (ἐκ δεξιῶν), 4 (ἐξ ἀριστερῶν†, ἐξ εὐωνύμων†): 9. 7, 13, 15 *bis*, 18, 27, 27††, 28: 11. 17†: 12. 28†, 31 (ἐκ δεξιῶν): 13. 19†.

To. 1. 1 *bis*, 2, 2 (ἐκ δεξιῶν), 2 (ἐξ ἀριστερῶν)†, 4‡‡†, 9 *bis*, 10 ‡‡, 10, 11†, 16‡‡†, 17‡‡†, 18, 18† *bis*, 19‡‡†, 22 (υἱὸς ἐκ δευτέρας), 22†: 2. 2†, 3, 4†, 12†: 3. 5, 6†, 17: 4. 7†, 8†, 10†, 12† *bis*, 13†, 16† *bis*, 19: 5. 5†, 8†, 10†, 10, 13 *bis*: 6. 2†, 5†, 11†, 12, 15, 16†, 17 *bis*: 7. 3, 3†, 8†, 12†: 8. 2†, 6: 10. 1 (ἡμέραν ἐξ ἡμέρας)†, 13†: 11. 4 (ἐκ τῶν ὀπίσω)†: 12. 9, 15†: 13. 2†, 5, 17†: 14. 3†, 4† *ter*, 5, 8†, 10†, 10.

Ju. 1. 2: 2. 2, 5**, 18†, 21: 3. 6: 4. 3 *bis*, 15: 5. 5 *bis*, 8, 9, 16**, 19: 6. 5‡‡, 11*, 14, 15, 21: 7. 6†, 11, 12 *bis*, 13, 18, 19*: 8. 2†, 18, 21, 24, 36: 9. 10: 10. 17, 19, 21: 11. 13‡‡, 18: 12. 2 *bis*, 3: 13. 1**, 4**, 15: 14. 6, 11: 15. 3, 5‡‡†, 5, 12: 16. 3†††, 4, 12, 15, 19.

Es. 1. 1 *ter*: 2. 5, 6, 9: 3. 7 (ἡμέραν ἐξ ἡμέρας), 7 (μῆνα ἐκ μηνός): 4. 8, 17‡‡, 17, 17† *bis*, 17 *ter*, 17††, 17: 6. 3†††, 5†††, 10†, 13: 7. 7†, 8† *bis*: 8. 8, 13 *bis*, 15**†: 9. 28: 10. 3.

● = correction on page xxv

Jb. 1. 16, 19†, 21 : 2. 9 (*τόπον ἐκ τόπου*), 9 (*οἰκίαν ἐξ οἰκίας*), 10††, 11 : 3. 11, 16 : 4. 19 *bis* : 5. 5, 6 *bis*, 15††, 19, 20, 20†† : 6. 23†††, 23†† : 8. 10, 16, 19 : 9. 3, 6 : 10. 7††, 18, 19 : 11. 17, 18 : 12. 22 : 14. 12, 18 : 15. 13 : 18. 4, 14, 17, 18 : 20. 3, 15†, 15, 18, 23†† : 21. 4† : 22. 22 : 23. 2††, 15 : 24. 4, 12‡‡† *bis* : 26. 4 : 27. 21, 22††, 23 : 28. 2, 4, 5, 9 : 29. 12††, 17*† : 31. 2†, 7†, 12†, 12, 17†, 18 *bis* : 32. 2, 12†, 15 : 33. 6 *bis*, 17†, 23†, 30, 31† : 34. 27 : 35. 7†† : 36. 10†, 16 : 37. 1, 2, 9, 15 : 38. 8, 13, 29 : 39. 26 : 40. 1 (6)† : 41. 7 (8)†, 10 (11), 11 (12), 12 (13) : 42. 11 (*ἐκ πρώτου*)†, 17, 17†, 17, 17† *bis*.

Ps. 2. 12 : 3. 4 : 7. 1 : 8. 2 : 9. 13 *bis*, 37 (10. 16) : 13 (14). 2†, 7 : 15 (16). 4, 8 (*ἐκ δεξιῶν*) : 16 (17). 2**, 7 : 17 (18). *tit.*†† *bis*, 3, 6, 13, 16 *bis*, 17 *bis*, 20† *bis*, 43, 45†, 47 : 18 (19). 5, 12 : 19 (20). 2 *bis*, 6 : 20 (21). 3 : 21 (22). 9, 10, 11†, 20††, 21 : 22 (23). 5 (*ἐξ ἐναντίας*) : 24 (25). 15, 17, 22 : 27 (28). 7 : 29 (30). 3, 3† : 30 (31). 4, 7, 15††, 15 : 32 (33). 13, 14, 19 : 33 (34). 4, 6, 16, 17, 19, 20 : 34 (35). 3 (*ἐξ ἐναντίας*), 10††† : 36 (37). 40 : 37 (38). 11 (*ἐξ ἐναντίας*) : 38 (39). 2 : 39 (40). 2 : 41 (42). 6 : 42 (43). 1 : 43 (44). 7† : 44 (45). 8, 9 (*ἐκ δεξιῶν*) : 48 (49). 14, 15†† : 49 (50). 2, 9 *bis* : 50 (51). 14 : 51 (52). 5 : 52 (53). 2, 6 : 53 (54). 7 : 54 (55). 11 : 55 (56). 13, 13† : 56 (57). 3, 3* : 58 (59). 1 *bis*, 2 *bis*, 12 : 59 (60). 11 : 60 (61). 8 (*ἡμέραν ἐξ ἡμέρας*) : 61 (62). 9 : 67 (68). 22, 23, 26, 31 : 68 (69). 14 *bis*, 28 : 70 (71). 4†† *bis*, 5, 6, 17, 20, 21† : 71 (72). 12†††, 14 *bis*, 15, 16 : 72 (73). 7 : 73 (74). 11* : 74 (75). 6†, 8 : 75 (76). 8 : 77 (78). 16, 26, 42††, 65, 70 : 79 (80). 8, 13, 14 : 80 (81). 5, 10, 16 *bis* : 81 (82). 4†† : 82 (83). 4 : 83 (84). 7 : 84 (85). 11 *bis* : 85 (86). 13 : 87 (88). 5††, 15 : 88 (89). 3†, 19, 48†† : 90 (91). 3, 7, 7 (*ἐκ δεξιῶν*) : 93 (94). 12 : 95 (96). 2 (*ἡμέραν ἐξ ἡμέρας*) : 96 (97). 10†† : 100 (101). 8 : 101 (102). 19 *bis* : 102 (103). 4 : 103 (104). 12*, 13, 14 : 104 (105). 13 *bis*, 36† : 105 (106). 10†† *bis*, 11, 47 : 106 (107). 2††, 3, 6, 13, 14, 14†, 17, 19, 20, 28, 41 : 107 (108). 12 : 108 (109). 6 (*ἐκ δεξιῶν*), 10, 15, 31 (*ἐκ δεξιῶν*), 31 : 109 (110). 1 (*ἐκ δεξιῶν*), 2, 3, 5 (*ἐκ δεξιῶν*), 7 : 113 (114). 1 *bis* : 114 (116). 8 : 117 (118). 5†, 26 : 118 (119). 18, 43, 84, 101, 110, 120, 152, 157 : 123 (124). 7 : 126 (127). 5 : 127 (128). 5 : 128 (129). 1, 2 : 129 (130). 1, 8 : 131 (132). 11 : 133 (134). 3 : 134 (135). 7 *bis*, 21† : 135 (136). 11*, 24††† : 136 (137). 3 : 138 (139). 6, 13 : 139 (140). 1, 4†† : 141 (142). 3, 6, 7 : 142 (143). 9, 11 : 143 (144). 7 *bis*, 7††, 10, 11††, 13 : 148. 1, 7 : 151. 4, 7.

Pr. 1. 12, 15 : 2. 22 : 3. 16 : 4. 23, 27 (*ἐκ δεξιῶν*), 27 (*ἐξ ἀριστερῶν*) : 5. 16, 18‡‡, 23 : 6. 5 *bis*, 9 : 7. 6 : 8. 21‡‡ : 10. 2, 13†, 19 : 11. 8, 30 : 12. 3, 13 : 14. 3, 25, 27 : 15. 5, 24 : 17. 13† : 18. 10 : 21. 16, 23 : 22. 10 : 23. 14 : 24. 4, 7, 37 (30. 14), 52 (30. 17) : 25. 5**, 25 : 26. 6, 7 : 27. 8 *bis*, 15, 15†, 24† : 29. 21 : 31. 15, 22.

Ec. 2. 15 : 4. 14 : 8. 10 : 12. 11, 12.

Ca. 4. 1† : 5. 10†.

Wi. 2. 1, 18††, 20 : 3. 16 : 4. 3, 6, 14*, 19, 20 (*ἐξ ἐναντίας*) : 5. 16††, 22 : 7. 2, 10‡‡, 14‡‡ : 8. 2, 20 : 9. 4, 10 : 10. 1, 9, 13, 15, 19† : 11. 4 *bis*, 17, 22 : 12. 6*† : 13. 1, 5, 13‡‡ : 14. 4, 23† : 15. 7, 8 *ter*, 12 : 16. 8 : 17. 14, 19 : 18. 15 : 19. 7 *ter*, 12†, 18.

Si. *prol.* 12† : 1. 4 (*ἐξ αἰῶνος*) : 3. 11 : 4. 9†† : 5. 7 (*ἡμέραν ἐξ ἡμέρας*) : 6. 18 : 7. 23, 35 : 8. 6 : 9. 8 : 10. 7, 16†, 17† *bis* : 11. 12, 19 : 12. 12 (*ἐκ δεξιῶν*) : 13. 11 : 15. 14 : 16. 17 : 17. 1 : 18. 33 : 21. 5, 10 : 22. 7 : 23. 22, 23 : 27. 19††, 20 : 28. 12 : 29. 12, 24 : 31 (34). 18, 20 : 34 (31). 15 : 35 (32). 1 : 36 (33). 9, 10, 11 *bis*, 31 (26) : 37. 9 (*ἐξ ἐναντίας*) : 38. 4 : 39. 32 : 40. 1 : 41. 10 : 44. 27 : 45. 4, 6, 25 *bis* : 46. 12, 20 : 47. 4, 9, 21, 22, 23 *bis* : 48. 5 *bis*, 20 : 49. 10 : 50. 12, 15, 20, 22 : 51. 2 *bis*, 3, 3††, 3, 4*†, 5, 8††, 12 *bis*, 15 *bis*.

Ho. 1. 11 (2. 1) : 2. 2 (4)**, 2 (4)*, 10 (12)††, 15 (17), 17 (19) : 4. 18, 19 : 5. 13 : 7. 5 : 9. 6, 11, 12 *bis*, 15 : 10. 14 : 11. 1, 2**, 6, 7, 11 *bis* : 12. 9 (10), 13 (14) : 13. 2, 3†, 4, 14††, 14, 14†, 15 : 14. 9.

Am. 1. 1†, 2 *bis*, 5 *bis*, 8 *bis* : 2. 3, 8, 9**, 10, 11 *bis*, 14 : 3. 1, 2, 4 *bis*, 11, 12 : 4. 7, 11 : 5. 3†, 3, 11†, 19** : 6. 2, 4, 4*†, 7, 10 : 7. 15 : 9. 1 *bis*, 3, 7 *ter*.

Mi. 1. 2, 3, 7 *bis*, 10, 11 : 2. 3, 9, 11, 12 : 3. 6 *bis* : 4. 2 *bis*, 8, 10, 10†† : 5. 2 (1) *bis*, 6 (5), 10 (9)*, 12 (11)††, 13 (12)*, 14 (13)* : 6. 4 *bis*, 12 : 7. 15, 16.

Jl. 1. 5 *bis*, 9, 11, 13, 15, 16 : 2. 12, 16 *bis* : 3 (4). 6, 7, 16† *bis*, 18, 19.

Ob. 1. 8 *bis*, 9‡‡, 9, 11 (*ἐξ ἐναντίας*), 11, 14† *bis*, 21.

Jn. 1. 3**†, 3**, 8 *bis*, 10**, 15 : 2. 2†, 3, 5, 7† : 3. 1 (*ἐκ δευτέρου*), 9 : 4. 5.

Na. 1. 11, 14, 14‡‡† : 2. 1 (2), 3 (4), 13 (14) : 3. 11†.

Hb. 1. 3 (*ἐξ ἐναντίας*), 7 *bis*, 9 (*ἐξ ἐναντίας*) : 2. 4, 9††, 11 *bis*, 16 : 3. 3†, 3.

Ze. 1. 4 : 2. 5, 7†, 11 : 3. 7, 10, 11, 14, 15††.

Hg. 1. 1‡‡†, 12‡‡†, 14 : 2. 3 (2), 4 (3), 21 (20) (*ἐκ δευτέρου*), 22 (21).

Za. 2. 6 (10), 13 (17) : 3. 1 (*ἐκ δεξιῶν*), 3 (2) : 4. 1, 3 (*ἐκ δεξιῶν*), 3 (*ἐξ εὐωνύμων*), 11 (*ἐκ δεξιῶν*), 11 (*ἐξ εὐωνύμων*)†, 12 (*ἐκ δευτέρου*) : 5. 3 (*ἐκ τούτου*) *bis* : 6. 1**, 6 (?)†, 10‡‡, 10, 13 (*ἐκ δεξιῶν*) : 7. 14 *bis* : 8. 9, 23 : 9. 5†, 7, 7*, 10 *ter*, 11 : 10. 3†, 4† *ter*, 10 *ter* : 11. 6†† : 12. 6 (*ἐκ δεξιῶν*), 6 (*ἐξ εὐωνύμων*) : 13. 4, 5 : 14. 2, 4, 8, 12†, 16, 17, 21.

Ma. 1. 9, 10††, 13, 13†† : 2. 7, 8, 12 *bis*, 13, 13†† : 4. 1 (3. 19)†, 2 (3. 20).

Is. 1. 12††, 24 : 2. 3 *bis* : 4. 4* : 6. 13† : 8. 19† : 9. 20 (19) (*ἐκ τῶν ἀριστερῶν*) : 11. 1 *bis*, 11, 12, 16 : 12. 3 : 13. 5, 9, 12‡‡†, 13 : 14. 3†, 9, 12, 25†, 29 : 16. 10 : 18. 7 : 19. 3‡‡, 11‡‡ : 21. 1†, 1 : 22. 19 *bis* : 23. 1, 10 : 24. 18 *bis*, 23† *bis* : 26. 9 : 28. 1 : 29. 4, 22 : 30. 14, 32 : 32. 13 : 34. 4 : 36. 2, 16†, 18††, 19††, 20†† *bis* : 37. 20††, 26, 32, 32†, 36 : 38. 6††, 9, 12, 21† : 39. 3 *bis* : 40. 2††, 21 : 41. 9, 24, 26‡‡ : 42. 7 *bis* : 43. 9, 9‡‡, 13‡‡† : 44. 2, 14, 24 : 45. 23 : 46. 3, 3†, 6 : 47. 3, 12, 14, 15 : 48. 1‡‡†, 3, 8, 10, 20, 20†, 21 : 49. 1, 5, 12, 17 : 51. 17††, 22†† : 52. 11* : 54. 6 : 55. 10†, 11 : 57. 2 : 58. 2 (*ἡμέραν ἐξ ἡμέρας*), 10, 13 : 59. 21†, 21 : 60. 6 : 61. 7 (*ἐκ δευτέρας*), 8 : 62. 10‡‡† : 63. 1 *bis*, 9, 11, 15 *bis* : 65. 9‡‡, 9‡‡† : 66. 6†, 6, 19†, 20, 23 (*μῆνα ἐκ μηνός*), 23 (*σάββατον ἐκ σαββάτου*).

Je. 1. 1, 5† *bis*, 13 (*ἐκ δευτέρου*)† : 2. 6, 11 : 3. 10, 14 *bis*, 21 : 4. 1†, 7 *bis*, 15 *bis*, 16 : 5. 6 : 6. 1*, 1†, 20 *bis* : 7. 7 (*ἐξ αἰῶνος*), 22, 25 (*ἐκ . . . καὶ ἕως*), 28, 34 *bis* : 8. 1, 6†, 16 : 9. 3 (2) : 10. 3, 11†, 13 *bis*, 22 : 11. 4 *bis*, 11 *bis*, 20 : 12. 6 (*ἐκ τῶν ὀπίσω*), 14* : 13. 7 : 15. 14, 15†, 21†† *bis* : 16. 9, 14, 16 : 17. 22†, 26 *quater*, 26 (*ὁ πρός*) : 20. 3, 10, 13††, 18 : 21. 12†† : 22. 3††, 11, 21, 30 : 23. 7 : 24. 1, 5, 7 : 25. 9† : 25. 15 (49. 36)† : 26 (46). 27 : 27 (50). 6, 8*, 9, 16, 28 : 28 (51). 6*, 16, 20, 44, 50, 54† : 29 (49). 7, 19*† : 30. 10 (49. 32) : 31 (48). 3, 11 *bis*, 33, 44 : 32 (25). 15†††, 17††, 28††, 33 (*ἐκ μέρους*) : 33 (26). 10, 20 : 34 (27). 16, 20 : 35 (28). 6 : 36 (29). 1, 2, 4†, 27‡‡ : 37 (30). 21 : 38 (31). 11††, 16, 19, 32, 39 : 39 (32). 4††, 21, 30, 37 : 40 (33). 1 (*ἐκ δευτέρου*)† : 41 (34). 3††, 9, 13 *bis* : 43 (36). 6, 7†, 11, 21 : 44 (37). 5, 21 : 45 (38). 10, 13, 24 : 46 (39). 14 : 47 (40). 1‡‡† : 49 (42). 11†† : 51 (44). 7*, 17 : 52. 1, 25†, 25, 31, 34.

Ba. 1. 8, 19, 20† : 2. 11, 16, 23, 24 : 3. 29 : 4. 13, 18††, 21†, 21††.

La. 1. 6, 7, 13, 15* : 2. 1, 17 : 3. 17, 19, 38, 50, 55† : 4. 13 : 5. 4†, 8††, 14.

Ep. Je. 13‡‡, 15, 20‡‡, 21‡‡, 25, 36, 49 *bis*, 72 (*ἐξ ὑστέρου*).

Ez. 1. 10 (*ἐκ δεξιῶν*), 10 (*ἐξ ἀριστερῶν*), 13 : 3. 12, 17, 18††, 20††, 25*† : 5. 4 *bis*, 6, 6†, 7 : 6. 8 *bis*, 9, 14 : 7. 11†, 16, 20, 26 *ter* : 8. 11 : 10. 2*, 3 (*ἐκ δεξιῶν*), 6* *bis* : 11. 7*, 9*, 17 *bis*, 18, 19, 23*† : 12. 3, 16 *quater* : 13. 21††, 23†† : 14. 1†, 4, 7, 7†, 8*, 9*, 13†, 17, 19, 21, 22† *bis* : 15. 2, 3 *bis*, 7 : 16. 3, 5, 7, 16, 17 *ter*, 27, 41†, 42, 46 (*ἐξ εὐωνύμων*), 46 (*ἐκ δεξιῶν*), 54, 61 : 17. 9, 13, 22, 22† : 18. 8, 21†, 23, 24†, 26, 28, 30 : 19. 5, 8†, 10, 14 : 20. 1, 6†, 9, 10†, 34 *bis*, 36†, 38 *bis*, 41 *bis* : 21. 3 (8) *bis*, 4 (9)†, 4 (9), 5 (10), 16 (21) (*ἐκ δεξιῶν*), 16 (21) (*ἐξ εὐωνύμων*), 19 (24), 22 (27) (*ἐκ δεξιῶν*) : 22. 15, 30 : 23. 8, 27 *bis*, 42 *bis*, 48† : 24. 4†, 5, 6, 12, 16 : 25. 6, 7 *bis*, 13 *bis*, 15 : 26. 10, 16, 17 : 27. 5 *bis*, 6 *bis*, 7 *bis*, 14, 16, 18 *ter*, 19, 27 : 28. 16*†, 18*, 25 : 29. 4* : 30. 13, 22†† : 32. 4†, 19† : 33. 2, 6, 6††, 7, 8†† : 34. 10††, 10, 13, 13†, 27†† : 35. 11† : 36. 20, 24 *bis*, 26, 29, 32, 33 : 37. 9, 12, 13, 21* : 38. 8, 15 : 39. 3†, 10 *bis*, 27 *bis* : 40. 39†, 46 : 41. 7, 7 (*ἐκ τῶν κάτωθεν*), 7, 16 (*ἐκ . . . ἕως*), 20 (*ἐκ . . . ἕως*) : 42. 5 *bis*, 9, 14 : 43. 6, 14, 19‡‡†, 19, 20, 23 *bis*, 25 *bis* : 44. 22 *bis*, 30, 31 *bis* : 45. 2, 3, 7 (*ἐκ τούτου*), 15, 18 : 46. 16, 16‡‡†, 17†, 18 *bis*, 18† : 47. 3 (*ἐξ ἐναντίας*), 12†, 12 : 48. 12, 14, 19, 21 (*ἐκ τούτου*), 21 (*ἐκ τούτου*)†.

Da. LXX. Su. 5 *ter*, 6, 7, 60 : 1. 3 *ter*, 5 *bis*, 6 : 2. 7 (*ἐκ δευτέρου*), 25, 34, 35, 45 : 3. 15††, 17, 17††, 23, (49), (51), (88), (88)††, (88)*, (88), 26 (93) *bis*, 26 (93)* : 4. 10, 15, 28, 32 : 5. 11 : 6. 16 (17)††, 17 (18) : 7. 3 : 8. 4††, 9 : 9. 15 : 10. 5* : 11. 5, 7, 20, 35 : Bel *tit.* *bis*, 13, 21, 41.

Da. TH. Su. 5 *ter*, 26‡‡†, 61 : 1. 6, 19 : 2. 7 (*ἐκ δευτέρου*)†, 15**, 25, 34 : 3. 15††, 17, 17††, 22 (*ἐκ περισσοῦ*), (49), (51), (88), (88)††, (88)*†, (88)*, 26 (93)* : 4. 9, 20†, 28† : 5. 2, 3, 24** : 6. 2 (3), 20 (21), 23 (24) *bis*, 26 (27)**, 27 (28)†† : 7. 3 : 8. 4††, 7††, 9, 22 : 9. 15 : 10. 13 (*ἐξ ἐναντίας*) : 11. 7, 20, 31, 41††, 44.

I Ma. 1. 1†, 6†, 10, 11†, 30, 45, 61 : 2. 48††, 48†††, 59, 60, 66 : 3. 8†, 19, 29†, 45 *bis* : 4. 12 (*ἐξ ἐναντίας*), 13, 15, 17 (*ἐξ ἐναντίας*), 19, 34, 34 (*ἐξ ἐναντίας*) : 5. 12††, 12, 14, 15, 22, 23†, 26, 34, 37 (*ἐκ πέραν*)†, 37**†, 47‡‡, 54, 59, 60, 62 : 6. 3‡‡, 18‡‡, 21 *ter*, 48‡‡†, 49‡‡, 49, 61 : 7. 1, 5, 14, 16, 33, 39, 46 *bis* : 8. 9‡‡, 10, 27, 30 : 9. 1 (*ἐκ δευτέρου*), 6, 12, 16 (*ἐκ τῶν ὄπισθεν*), 17 (*ἐκ τούτων*), 17 (*ἐκ τούτων*)†, 36, 45 (*ἐξ ἐναντίας*), 46††, 63‡‡, 67, 69, 72, 73 *bis* : 10. 7‡‡, 9‡‡, 11, 37† *ter*, 44†, 45, 48 (*ἐξ ἐναντίας*), 57, 61, 67, 74†, 75‡‡†, 76‡‡, 80 (*ἐκ πρωΐθεν*), 86‡‡ : 11. 20‡‡, 25‡‡, 33‡‡†, 41‡‡, 41, 45‡‡†, 46‡‡, 60‡‡, 68 (*ἐξ ἐναντίας*), 69, 74 : 12. 15‡‡, 21, 25, 37‡‡, 53 : 13. 21‡‡, 27 (*ἐκ τῶν ὄπισθεν*), 27 (*ἐκ τῶν ἔμπροσθεν*)†, 47†, 48, 49‡‡, 49, 51 : 14. 7, 36 *bis* : 15. 15, 17‡‡, 21†, 30‡‡† : 16. 1, 3‡‡, 4, 8, 10.

II Ma. 1. 11, 25 : 2. 10, 18 (*ἐκ τῆς ὑπὸ τὸν οὐρανόν*), 18, 21‡‡ : 3. 3, 4, 18‡‡, 26 (*ἐξ ἑκατέρου μέρους*), 34† : 4. 34, 41 : 5. 8 (*πόλιν ἐκ πόλεως*), 11, 21 : 6. 1†, 10, 21‡‡, 23‡‡, 26‡‡ : 7. 9, 11, 28 (*ἐξ οὐκ ὄντων*†) : 8. 10 : 9. 1, 4‡‡, 9, 16, 21 : 10. 3, 29 : 11. 23‡‡ : 12. 18†, 22 : 13. 21 : 14. 14‡‡†, 22 : 15. 9, 12, 22, 31‡‡, 35.

III Ma. 1. 11‡‡†, 28 : 2. 1 (*ἐξ ἐναντίας*)†, 12, 30, 32, 33 : 3. 14†, 28 : 4. 5‡‡, 11, 12‡‡, 14, 21 : 5. 8, 40, 50 : 6. 12, 18, 26 : 7. 10‡‡, 16, 22.

IV Ma. 1. 19, 33‡‡ : 3. 14 : 4. 13 : 5. 4 : 7. 18 : 8. 2 : 10. 5, 8 : 12. 13 : 13. 13 : 14. 4, 14‡‡.

[**Aq.** GE. 2. 6, 14 : EX. 7. 24 : 37. 18 : LE. 8. 11 : NU. 14. 6 : 21. 26†† : DT. 4. 34 : 23. 10 (11) : JO. 6. 10 : JD. 13. 5 : II KI. 5. 23 (*ἐξ ἐναντίας*) : III KI. 9. 24 : IV KI. 7. 12 : JB. 20. 15 : 23. 15 : PS. 3. 5 : 8. 3 : 15 (16). 4 : 16 (17). 14 : 17 (18). 49 : 24 (25). 17 : 27 (28). 1 *bis* : 30 (31). 12, 16 : 32 (33). 8, 19 : 34 (35). 3 (*ἐξ ἐναντίας*) : 38 (39). 2 (*ἐξ ἐναντίας*) : 44 (45). 10 (*ἐκ δεξιῶν*) : 48 (49). 15 : 49 (50). 2 : 50 (51). 13 : 67 (68). 32 : 77 (78). 2 (*ἐξ ἀρχῆθεν*), 65 : 87 (88). 6††, 9 : 90 (91). 7 : 96 (97). 10†† : 106 (107). 41 : 108 (109). 10 : 126 (127). 5 : 129 (130). 1 : 141 (142). 8 : PR. 5. 15 : EC. 8. 10 : CA. 4. 3 : 8. 5 : IS. 7. 2** : 33. 2 (*ἐκ πρωΐας*) : 47. 15 : 57. 11 (*ἐξ αἰῶνος*) : 59. 5 : 60. 4 (*ἐκ πλαγίου*) : 61. 7 (*ἐκ δευτέρου*) : 63. 11 : JE. 8. 16 : 10. 9 *bis*, 17 : 11. 20 : 17. 12, 26 : 18. 23** : 20. 12 : 30 (37). 21, 21* : 32 (39). 37 : 34 (41). 9 : 38 (45). 18†† : 41 (48). 5 *bis* : 43 (50). 5 : 48 (31). 11, 33 : 49. 7 (29. 8), 19 (29. 20), 32 (30. 10) : 52. 1, 31 : EZ. 12. 16 : 37. 9 : 40. 2 (*ἐξ ἔναντι*) : HO. 5. 3 : HB. 2. 15 : 3. 3.]

[**Sm.** GE. 2. 8 (*ἐκ πρώτης*), 23 : 49. 3 (*ἐκ περισσοῦ*), 9 : EX. 7. 24 : 19. 5 : 25. 14 (15) : NU. 14. 6 : 21. 26†† : DT. 4. 3* : JO. 6. 10 : JD. 14. 9 : I KI. 13. 7‡‡, 17 : 17. 40 : II KI. 10. 16 (*ἐξ ἐναντίας*) : III KI. 4. 12 (*ἐξ ἐναντίας*) : IV KI. 7. 12 : 23. 30 : JB. 20. 15, 21 : 33. 14 (*ἐκ δευτέρου*) : 36. 28, 29 (*ἐξ ἴσης*) : 37. 17 : PS. 3. 5 : 9. 4** : 17 (18). 9, 49 : 27 (28). 1 : 30 (31). 16††, 23 (*ἐξ ἔμπροσθεν*) : 32 (33). 13, 19 : 33 (34). 5 : 34 (35). 3 (*ἐξ ἐναντίας*) : 37 (38). 12 (*ἐξ ἐναντίας*) : 38 (39). 2 (*ἐξ ἐναντίας*) : 44 (45). 10 (*ἐκ δεξιῶν*) : 51 (52). 7 : 58 (59). 5 (*ἐξ ἐναντίας*) : 59 (60). 13 : 63 (64). 7 : 67 (68). 32‡‡, 34 (*ἐκ πρώτης*) : 72 (73). 6 : 77 (78). 26, 42, 65 : 79 (80). 14 : 83 (84). 8 : 90 (91). 7 : 96 (97). 10†† : 108 (109). 10 : 113 (114). 1 : 126 (127). 2, 5 : 129 (130). 1 : PR. 4. 21 : 5. 15 : 6.

5††: 11. 8: 15. 19: 25. 4: Ec. 2. 10: 4. 14: 10. 5 (ἐξ ἔμπροσθεν): Ca. 4. 1: 8. 5: Is. 8. 21: 11. 11 (ἐκ δευτέρου): 16. 4, 10: 30. 11**: 32. 15: 34. 16: 47. 15: 53. 8: 58. 9*: 59. 5, 20: 61. 7 (ἐκ δευτέρου): 63. 7, 11: 66. 3: Je. 9. 19 (18): 15. 1 (ἐξ ἔμπροσθεν): 17. 12: 18. 7: 25. 35 (32. 21): 30 (37). 21, 21*: 31 (38). 2: 32 (39). 37, 41 *bis*: 34 (41). 9: 41 (48). 5 *bis*: 48 (31). 11, 33: 49. 7 (29. 8): 52. 1, 31: Ez. 7. 11: 10. 2: 12. 16: 25. 15: 39. 11: Ho. 11. 1: Hb. 3. 3: Za. 3. 2.]

[**Th.** Ge. 2. 23: 36. 36: 49. 10 *bis*: Ex. 1. 5‡‡: 7. 24: 25. 14 (15), 22 (23): 28. 27 (ἐκ τοῦ κατὰ πρόσωπον), 28: 37 (38). 1, 4, 11, 15: Le. 23. 40: 27. 26: Nu. 12. 12: 21. 26††: Dt. 4. 3*: Jo. 6. 10: Jd. 8. 13: 9. 4, 35: 11. 36: 13. 23††: 14. 14 *bis*: 15. 7: 17. 7 *bis*, 8: 19. 12, 16: I Ki. 13. 17: 17. 40: II Ki. 2. 12: 10. 16: 12. 10: 14. 13: 18. 3: IV Ki. 7. 12: Jb. 14. 12: 20. 3, 15: 23. 15: 27. 23: 31. 18: 32. 12, 15: 33. 30: 35. 7: Ps. 17 (18). 17, 49: 30 (31). 8: 34 (35). 3 (ἐξ ἐναντίας): 44 (45). 10 (ἐκ δεξιῶν), 10: 96 (97). 10††: 108 (109). 10, 31: 109 (110). 3: 126 (127). 5: Pr. 5. 15: Ca. 8. 5: Is. 16. 4, 10: 17. 1: 30. 6: 39. 7: 41. 4: 47. 15: 51. 1: 58. 9*: 59. 5, 20: 61. 7 (ἐκ δευτέρου): 66. 3: Je. 10. 9 *bis*, 17: 11. 7: 27 (34). 20: 29 (36). 2, 14 *bis*, 20: 33 (40). 18**, 26: 38 (45). 23††: 39 (46). 4: 40 (47). 1: 43 (50). 5: 48 (31). 45 *bis*: 52. 29: Ez. 7. 11 *ter*: 10. 2, 7 (ἐκ τῶν ἀνὰ μέσον): 17. 7: 27. 33: 30. 9**: 32. 19: 35. 11: Da. 3. (88)*: 6. 4 (ἐκ πλαγίων)†: 11. 41††: Ho. 11. 1: 13. 3: Na. 3. 11: Ma. 2. 13††.]

[**Heb.** Ge. 6. 6 (5): Ex. 30. 36: III Ki. 20 (21). 19.]

[**Al.** Ge. 6. 15 (14): Ex. 6. 6: Le. 6. 10 (3) (ἐκ πλαγίου): 15. 28: 17. 10*: 24. 2: Nu. 33. 1: Dt. 12. 5: 13. 5 (6): I Ki. 6. 8 (ἐκ πλαγίων): 9. 21: 14. 4: II Ki. 11. 8: III Ki. 10. 28: IV Ki. 11. 7: Ps. 39 (40). 3: 134 (135). 7: 142 (143). 8: Pr. 18. 10: Je. 4. 15: La. 5. 4: Hb. 3. 4††, 6‡‡, 6, 17: Za. 2. 13 (17).]

[**Quint.** IV Ki. 7. 12: Ps. 32 (33). 19: 34 (35). 3 (ἐξ ἐναντίας): 108 (109). 31: 109 (110). 3: Ca. 4. 3: Hb. 2. 15: 3. 3.]

[**Sext.** Ps. 29 (30). 2: 30 (31). 8: 108 (109). 31: 109 (110). 3.]

ἕκαστος. (1) אָדָם (2) *a.* אֶחָד *b.* εἷς . . . ἕκαστος אִישׁ־אֶחָד אִישׁ־אֶחָד (3) *a.* אִישׁ *b.* אִישׁ אִישׁ *c.* אִישׁ...רֵעַ *d.* אִשָּׁה *e.* כָּל־אִישׁ *f.* εἷς ἕ. אִישׁ *g.* ἀνὴρ ἕ. אִישׁ (4) καθ' ἑ. ἡμέραν *a.* יוֹם בְּיוֹם *b.* כָּל־יוֹם וָיוֹם *c.* יוֹם וָיוֹם *d.* ἑ. ἡμέρα יוֹם בְּיוֹם (5) כֹּל (6) לוֹ (7) פֵּשֶׁר (8) καθ' ἑ. ἡμέραν תְּמוֹל שִׁלְשֹׁם

Ge. 10. 5. ἕ. κατὰ γλῶσσαν ἐν ταῖς φυλαῖς (3 *a*)
11. 7. ἵνα μὴ ἀκούσωσιν ἕ. τὴν φωνήν (3 *a*)
13. 11. διεχωρίσθησαν ἕ. ἀπὸ τοῦ ἀδ. αὐ. (3 *a*)
26. 31. R ὤμοσεν ἕ. τῷ πλησίον [A *al.*] (3 *a*)
34. 25. ἔλαβον . . . ἕ. τὴν μάχαιραν αὐ. (3 *a*)
37. 19. A εἶπαν [R εἶπεν] δὲ ἕ. πρὸς τὸν ἀδ. αὐ. (3 *a*)
41. 11. ἕ. κατὰ τὸ αὐτοῦ ἐνύπνιον εἴδομεν (3 *a*)
42. 21. καὶ εἶπεν ἕ. πρὸς τὸν ἀδελφὸν αὐτοῦ (3 *a*)
— 25. A ἀποδοῦναι τὸ ἀργύριον ἑκάστου [R -τῳ] (3 *a*)
— 35. καὶ ἦν ἑκάστου ὁ δεσμὸς τοῦ ἀργ. (3 *a*)
43. 21. καὶ τόδε τὸ ἀργύριον ἑκάστου ἐν τῷ μ. (3 *a*)
— 33. ἐξίσταντο δὲ οἱ ἄνθρ. ἕ. πρὸς τὸν ἀδ. αὐ. (3 *a*)
44. 1. ἐμβάλετε ἑκάστου τὸ ἀργύριον (3 *a*)
— 11. καθεῖλαν ἕ. τὸν μάρσιππον αὐτοῦ (3 *a*)
— 11. A ἤνοιξεν [R -αν] ἕ. τὸν μάρσιππον αὐ. (3 *a*)
— 13. ἐπέθηκαν ἕκαστος τὸν μάρσιππον αὐτοῦ (3 *a*
49. 28. ἕκαστον κατὰ τὴν εὐλογίαν αὐ. εὐλόγησεν αὐτούς (3 *a*)
Ex. 1. 1. ἕκαστος πανοικὶ [A -κίᾳ] αὐτῶν εἰσήλθοσαν (3 *a*)
5. 4. ἀπέλθατε ἕκαστος ὑμῶν πρὸς τὰ ἔργα αὐ. –
— 8. καθ' ἑ. ἡμέραν (8)
7. 12. ἔρριψαν [A -εν] ἕκαστος τὴν ῥάβδον αὐτῶν [A -οῦ] (3 *a*)
11. 2. αἰτησάτω ἕ. παρὰ τοῦ πλησίον (3 *a*)
12. 3. λαβέτωσαν ἕ. πρόβατον κατ' οἴκους πατριῶν ἕ. πρόβατον κατ' οἰκίαν (3 *a*, –)
— 4. ἕ. τὸ ἀρκοῦν αὐτῷ συναριθμήσεται (3 *a*)
Ex. 12. 22. ὑμεῖς δὲ οὐκ ἐξελεύσεσθε ἕκαστος τὴν θύραν (3 *a*)
16. 16. συναγάγετε ἀπ' αὐτοῦ ἕ. εἰς τοὺς καθήκοντας (3 *a*)
— 16. ἕ. σὺν [A ἐν] τοῖς συσκηνίοις ὑμῶν συλλέξατε (3 *a*)
— 18. ἕ. εἰς τοὺς καθήκοντας . . . συνέλεξαν [A^2 -εν] (3 *a*)
— 21. A R ἕ. τὸ καθῆκον αὐτῷ (3 *a*)
— 29. καθήσεσθε ἕ. εἰς τοὺς οἴκους ὑμῶν (3 *a*)
— 29. A μηδεὶς ὑμῶν ἐκπορευέσθω ἕ. [B *al.*] (3 *a*)
18. 16. διακρίνω ἕκαστον (3 *c*)
26. 5. ἀντιπίπτουσαι ἀλλήλαις εἰς ἑκάστην [A εἰς ἀλλήλας ἑκάστη] (3 *d*)
28. 21. ἕκαστος [A -του] κατὰ τὸ ὄνομα ἔστωσαν (3 *a*)
30. 12. δώσουσιν ἕ. λύτρα τῆς ψυχῆς αὐ. (3 *a*)
32. 27. θέσθε ἕ. τὴν ἑαυτοῦ ῥομφαίαν (3 *a*)
— 27. ἀποκτείνατε ἕ. τὸν ἀδελφὸν αὐτοῦ (3 *a*)
— 27 A R ἕ. τὸν πλησίον αὐτοῦ (3 *a*)
— 27. ἕ. τὸν ἔγγιστα αὐτοῦ (3 *a*)
— 29. ἐπληρώσατε τὰς χεῖρας . . . ἕ. ἐν τῷ υἱῷ (3 *a*)
33. 8. σκοπεύοντες ἕ. παρὰ τὰς θύρας τῆς σκηνῆς (3 *a*)
— 10. προσεκύνησαν ἕ. ἀπὸ τῆς θύρας τῆς σκηνῆς (3 *a*)
35. 21. ἤνεγκαν ἕ. ὧν ἔφερεν ἡ καρδία αὐτῶν (3 *e*)
36. 4. ἕ. κατὰ τὸ αὐτοῦ ἔργον ὃ ἠργάζοντο αὐτοί (3 *b*)
— 21 (39. 14). ἕ. ἐκ τοῦ ἑαυτοῦ ὀνόματος (3 *a*)
Le. 6. 40 (7. 10). ἑκάστῳ τὸ ἴσον (3 *a*)
10. 1. λαβόντες . . . ἕ. τὸ πυρεῖον αὐτοῦ (3 *a*)
19. 3. ἕ. πατέρα αὐτοῦ . . . φοβείσθω (3 *a*)
— 11. οὐδὲ συκοφαντήσει ἕ. τὸν πλησίον (3 *a*)
25. 10. ἀπελεύσεται εἷς ἕ. [A καθ' (?) ἕκαστος] . . . καὶ ἕ. (3 *f*, 3 *a*)
— 13. A B^2 ἐπανελεύσεται ἕ. [B^1 R *om.*] (3 *a*)
— 46. ἕ. τὸν ἀδελφὸν αὐτοῦ οὐ κατατενεῖ (3 *a*)
Nu. 1. 4. A ἕκαστος ἕκαστος [B *om.*] κατὰ φυλὴν ἑκάστου ἀρχόντων (3 *a ter* [3 *b*, 3 *a*])
2. 17. ἐξαροῦσιν [A ἀναζεύξουσιν] ἕκαστος (3 *a*)
— 34. οὕτως ἐξῆρον ἕκαστος (3 *a*)
4. 19. καταστήσουσιν αὐτοὺς ἕκαστον κατὰ τὴν ἀναφορὰν αὐτοῦ (3 *b*)
5. 10. ἑκάστου [B^1 -ῳ] τὰ ἡγιασμ. αὐ. ἔσται (3 *a*)
7. 3. καὶ μόσχον παρὰ ἑκάστου (2 *a*)
— 5. ἑκάστῳ κατὰ τὴν αὐτοῦ λειτουργίαν (3 *a*)
11. 10. ἕκαστον ἐπὶ τῆς θύρας [A ἕκαστος κατὰ τὴν θ.] αὐ. (3 *a*)
16. 17, 17 (A^2B) *bis*, 17 (18) (A^2B). ἕκαστος τὸ πυρεῖον αὐτοῦ (3 *a*)
17. 2 (17). ἑκάστου τὸ ὄνομα αὐτοῦ ἐπίγραψον (3 *a*)
— 9 (24). A R ἔλαβον [B ἔβαλεν] ἕκαστος τὴν ῥάβδον αὐτοῦ (3 *a*)
25. 5. ἀποκτείνατε ἕκαστος τὸν οἰκεῖον αὐτοῦ (3 *a*)
26. 54. ἑκάστῳ καθὼς ἐπεσκέπησαν (3 *a*)
31. 53. ἐπρονόμευσαν ἕκαστος ἑαυτῷ (3 *a*)
32. 18. ἕκαστος εἰς τὴν κληρονομίαν αὐτοῦ (3 *a*)
35. 8. ἕκαστος κατὰ τὴν κληρονομίαν αὐτοῦ (3 *a*)
36. 7. ἕκαστος ἐν τῇ κληρονομίᾳ τῆς φυλῆς τῆς πατριᾶς αὐ. (3 *a*)
— 8. ἕκαστος τὴν κληρονομίαν τὴν πατρικὴν αὐτοῦ [B^1 *om.*] (3 *a*)
— 9. ἕκαστος ἐν τῇ κληρονομίᾳ αὐτοῦ (3 *a*)
De. 1. 41. ἀναλαβόντες ἕκαστος τὰ σκεύη . . . αὐτοῦ (3 *a*)
3. 20. ἐπαναστραφήσεσθε ἕκαστος (3 *a*)
12. 8. ἕκαστος τὸ ἀρεστὸν ἐνώπιον αὐτοῦ (3 *a*)
16. 17. ἕκαστος κατὰ δύναμιν τῶν χειρῶν ὑμῶν (3 *a*)
24. 16. ἕκαστος ἐν [A *om.*] τῇ ἑαυ. ἁμαρτίᾳ ἀποθανεῖται (3 *a*)
Jo. 1. 15. ἕκαστος εἰς τὴν κληρονομίαν αὐτοῦ –
3. 12: 4. 2. ἕνα ἀφ' [A ἐφ'] ἑ. φυλῆς (2 *b*)
4. 4. ἕνα ἀφ' ἑκάστης φυλῆς (2 *b*)
— 5. ἀνελόμενος ἐκεῖθεν ἕ. λίθον (3 *a*)
6. 5. ἕκαστος κατὰ πρόσωπον εἰς τὴν πόλιν (3 *a*)
24. 28. ἕκαστος [A -ον] εἰς τὸν τόπον αὐτοῦ (3 *a*)
— 33. ἕκαστος εἰς τὸν τόπον αὐτῶν –
Jd. 2. 6. A ἕκαστος εἰς τὸν οἶκον αὐτοῦ [B *al.*] (3 *a*)
7. 21. A ἔστησεν ἕκαστος καθ' ἑαυτόν [B *al.*] (3 *a*)
9. 49. A ἔκοψαν καὶ αὐτοὶ ἕκαστος φορτίον [B *al.*] (3 *a*)
15. 7. A τὴν ἐκδίκησίν μου ἐξ ἑνὸς καὶ ἑκάστου ὑμῶν ποιήσομαι –
21. 25. A ἀνὴρ ἕ. [B *om.*] τὸ εὐθὲς . . . ἐποίει (3 *g* [3 *a*])
Ru. 1. 8. ἀποστράφητε ἑκάστη (3 *d*)
— 9. ἑκάστη ἐν οἴκῳ ἀνδρὸς αὐτῆς (3 *d*)
I Ki. 4. 10. ἔφυγεν ἕκαστος εἰς σκήνωμα αὐτοῦ (3 *a*)
5. 4. ἀφῃρημένα ἐπὶ τὰ ἐμπρόσθια ἀμαφὲθ ἕκαστοι [A -ον] –
8. 22. ἀποτρεχέτω ἕκαστος εἰς τὴν πόλιν αὐτοῦ (3 *a*)
9. 9. τάδε ἔλεγεν [A -αν] ἕκαστος (3 *a*)
10. 11. ἕκαστος πρὸς τὸν πλησίον αὐτοῦ (3 *a*)
— 25. ἕκαστος εἰς τὸν τόπον αὐτοῦ (3 *a*)
13. 2. B ἐξαπέστειλεν ἕκαστον εἰς τὸ σκήνωμα αὐτοῦ (3 *a*)
— 20. B χαλκεύειν ἕκαστος τὸ θέριστρον αὐ. . . . καὶ ἕκαστος τὴν ἀξίνην αὐ. (3 *a*, –)
14. 34. ἕκαστος τὸν μόσχον αὐτοῦ καὶ ἕκαστος τὸ πρόβατον αὐτοῦ (3 *a*, 3 *a*)
— 34. ἕκαστος τὸ ἐν τῇ χειρὶ αὐτοῦ (3 *a*)
18. 10. A ὡς καθ' ἑκάστην ἡμέραν (4 *a*)
20. 15. ἐν τῷ ἐξαίρειν κύριον τοὺς ἐχθροὺς Δ. ἕκαστον (3 *a*)
— 41. κατεφίλησεν ἕκαστος τὸν πλησίον αὐ. (3 *a*)
— 41. ἔκλαυσεν ἕκαστος τῷ [A τὸν] πλησίον αὐτοῦ (3 *a*)
25. 10. ἀναχωροῦντες ἕκαστος ἐκ προσώπου τοῦ κυρίου αὐτοῦ (3 *a*)
— 13. ζώσασθε ἕκαστος τὴν ῥομφαίαν αὐτοῦ (3 *a*)
26. 23. κύριος ἐπιστρέψει ἑκάστῳ τὰς δικαιοσύνας αὐτοῦ (3 *a*)
27. 3. ἕκαστος καὶ ὁ οἶκος αὐτοῦ (3 *a*)
30. 6. κατώδυνος ψυχὴ παντὸς τοῦ λαοῦ ἑκάστου (3 *a*)
— 22. ἕκαστος τὴν γυναῖκα αὐτοῦ (3 *a*)
II Ki. 2. 3. ἕκαστος καὶ ὁ οἶκος αὐτοῦ (3 *a*)
— 16. ἐκράτησαν ἕκαστος τῇ χειρί (3 *a*)
— 27. ἕκαστος κατόπισθεν τοῦ ἀδελφοῦ αὐτοῦ (3 *a*)
6. 19. ἑκάστῳ [A *om.*] κολλυρίδα ἄρτου (3 *a*)
— 19. ἕκαστος εἰς τὸν οἶκον αὐτοῦ (3 *a*)
13. 29. A καὶ ἐπεκάθισεν ἕκαστος [B -ισαν ἀνὴρ] ἐπὶ τὴν ἡμίονον αὐ. (3 *a*)
III Ki. 3. 1 (B), 4. 25 (A) (5. 5). ἕκαστος ὑπὸ τὴν ἄμπελον αὐτοῦ (3 *a*)
4. 27 (5. 7). ἕκαστος μῆνα αὐτοῦ (3 *a*)
— 28 (5. 8). ἕκαστος κατὰ τὴν σύνταξιν αὐ. (3 *a*)
7. 36. ἐχόμενον ἕκαστον κατὰ πρόσωπον [A πρ. αὐτοῦ] (3 *a*)
8. 31. ὅσα ἂν ἁμάρτῃ ἕκαστος τῷ πλησίον αὐ. (3 *a*)
— 38. ὡς ἂν γνῶσιν ἕκαστος ἁφὴν καρδίας αὐ. (3 *a*)
— 66. ἕκαστος εἰς τὰ σκηνώματα αὐ. –
10. 25. ἔφερον ἕκαστος [A πρὸς αὐτὸν] τὰ δῶρα αὐτοῦ (3 *a*)
12. 24. ἕκαστος εἰς τὸν οἶκον ἑαυτοῦ (3 *a*)
— 24. B ἕκαστος τῷ πλησίον αὐτοῦ
— 24. R ἕκαστος [B *om.*] εἰς τὰ σκηνώματά σου
— 24. B ἕκαστος εἰς τὸ σκήνωμα αὐτοῦ
— 24. B ἕκαστος εἰς τὸν οἶκον αὐτοῦ
14. 8. A ποιῆσαι ἕκαστος τὸ εὐθὲς ἐν ὀφθ. μου †
21 (20). 20. ἐπάταξεν ἕκαστος τὸν παρ' αὐτοῦ (3 *a*)
— 20. B ἐδευτέρωσεν ἕκαστος τὸν παρ' αὐτοῦ (3 *a* ?)
— 24. ἕκαστον εἰς τὸν τόπον αὐτῶν (3 *a*)
22. 17. ἕκαστος εἰς τὸν οἶκον αὐτοῦ . . . ἀναστρεφέτω (3 *a*)
— 36. ἕκαστος εἰς τὴν ἑαυτοῦ πόλιν (3 *a*)
IV Ki. 9. 13. ἔλαβεν [A -ον] ἕκαστος τὸ ἱμάτιον αὐτοῦ (3 *a*)
14. 6. A R ἕκαστος [B *om.*] ἐν ταῖς ἁμαρτίαις αὐ. (3 *a*)
18. 33. ἕκαστος τὴν ἑαυτοῦ χώραν (3 *a*)
I Ch. 16. 43. ἕκαστος εἰς τὸν οἶκον αὐτοῦ (3 *a*)
28. 16. τὸν σταθμὸν . . . ἑ. τραπέζης χρυσῆς †
— 17. τὸν σταθμὸν . . . ἑ. σταθμοῦ †
II Ch. 6. 23. A B^2 τοῦ ἀποδοῦναι ἑκάστῳ [B^1 R αὐτῷ] (6)
9. 16. A R τριακοσίων χρυσῶν ἀνεφέρετο ἐπὶ τὴν ἀσπίδα ἑ. (2 *a*)
— 24. αὐτοὶ ἔφερον ἕκαστος τὰ δῶρα αὐτοῦ (3 *a*)
11. 4. ἀποστρέφετε ἕκαστος εἰς τὸν οἶκον ἑαυ. (3 *a*)
18. 9. καθήμενοι ἕκαστος ἐπὶ θρόνου αὐτοῦ (3 *a*)
— 16. A^2B ἕκαστος εἰς τὸν οἶκον αὐτοῦ (3 *a*)
23. 8. ἔλαβον ἕκαστος τοὺς ἄνδρας αὐτοῦ (3 *a*)
— 10. ἕκαστον ἐν τοῖς ὅπλοις αὐτοῦ (3 *a*)
25. 4. ἕκαστος τῇ ἑαυτοῦ ἁμαρτίᾳ ἀποθανοῦνται [A -εῖται] (3 *a*)
— 22. ἔφυγεν [A -ον] ἕκαστος εἰς τὸ σκήνωμα (3 *a*)
31. 1. ἕκαστος εἰς τὴν κληρονομίαν αὐτοῦ (3 *a*)
— 2. καὶ τὰς ἐφημερίας ἑκάστου (3 *a*)
— 16. B ἕκαστος [A R ἐκτὸς] τῆς ἐπιγονῆς τῶν ἀρσενικῶν †

● = correction on page xxv

II Ch. 36. 4. ἕκαστος κατὰ δύναμιν ἀπήτει τὸ ἀργύριον –
I Es. 1. 16. καὶ οἱ θυρωροὶ ἐφ' ἑκάστου πυλῶνος
— 16. παραβῆναι ἕκαστον τὴν ἑαυτοῦ ἐφημερίαν
3. 5. εἴπωμεν ἕκαστος ἡμῶν ἕνα λόγον
— 8. γράψαντες ἕκαστος τὸν ἑαυτοῦ λόγον
4. 11. οὐ δύνανται [A -αται] ἕκαστος ἀπελθεῖν
5. 8. ἕκαστος εἰς τὴν ἰδίαν πόλιν
— 47. ὄντων τῶν υἱῶν 'I. ἑκάστου ἐν τοῖς ἰδίοις
7. 9. οἱ θυρωροὶ ἐφ' ἑκάστου πυλῶνος
9. 13. ἑκάστου δὲ τόπου τοὺς πρεσβυτέρους
Ne. 4. 22 (16). R ἕκαστος μετὰ τοῦ νεανίσκου αὐτοῦ (3 *a*)
11. 20. S^{3} ἕκαστος ἐν τῇ κληρουχίᾳ αὐτοῦ (3 *a*)
— 23. S^{3} ἐπὶ τοῖς ᾠδοῖς ἑκάστης ἡμέρας (4 *d*)
To. 1. 7. καθ' ἕ. ἐνιαυτόν
10. 1. ἐλογίσατο [A -ίζετο] ἑκάστης ἡμέρας
Ju. 7. 4. A R εἶπεν [B -αν, S -ον] ἕκαστος πρὸς τὸν πλησίον αὐτοῦ [S -ῶν]
— 5. ἀναλαβόντες ἕκαστος τὰ σκεύη τὰ πολεμικά
10. 19. εἶπεν [A -αν] ἕκαστος πρὸς τὸν πλησίον αὐτοῦ
14. 2. ἀναλήψεσθε ἕκαστος τὰ σκεύη τὰ πολεμικὰ ὑμῶν
16. 21. ἀνέζευξεν [S -αν] ἕκαστος [A *om.*] εἰς τὴν κληρονομίαν αὐτοῦ
Es. 2. 11. καθ' ἑ. δὲ ἡμέραν (4 *b*)
3. 4. καθ' ἑ. ἡμέραν (4 *c*)
9. 19. ἀποστέλλοντες μερίδας ἕκαστος τῷ πλησίον [A *al.*] (3 *a*)
Jb. 1. 4. ἐποιοῦσαν πότον καθ' ἑ. ἡμέραν (3 *a* ?)
2. 11. παρεγένοντο ἕκαστος ἐκ τῆς ἰδίας χώρας [A πόλεως] (3 *a*)
— 12. ῥήξαντες ἕκαστος τὴν ἑαυτοῦ στολήν (3 *a*)
34. 11. καθὰ ποιεῖ ἕκαστος αὐτῶν –
42. 11. ἔδωκε δὲ [A καὶ ἔδωκαν] αὐτῷ ἕκαστος ἀμνάδα μίαν (3 *a*)
Ps. 6. 6. λούσω καθ' ἑ. νύκτα τὴν κλίνην μου (5)
7. 11. μὴ ὀργὴν ἐπάγων καθ' ἑκάστην ἡμέραν (5)
11 (12). 2. μάταια ἐλάλησεν ἕκαστος πρὸς τὸν πλησίον αὐ. (3 *a*)
41 (42). 3. ἐν τῷ λέγεσθαί μοι καθ' ἑ. ἡμέραν (5)
— 10. ἐν τῷ λέγειν αὐτούς μοι καθ' ἑ. ἡμέραν (5)
61 (62). 12. σὺ ἀποδώσεις ἑκάστῳ κατὰ τὰ ἔργα αὐτοῦ (3 *a*)
144 (145). 2. καθ' ἑκάστην ἡμέραν εὐλογήσω σε (5)
Pr. 5. 22. σειραῖς δὲ τῶν ἑαυτοῦ ἁμαρτιῶν ἕκαστος σφίγγεται –
24. 12. ὃς ἀποδίδωσιν ἑκάστῳ κατὰ τὰ ἔργα αὐτοῦ (1)
Wi. 15. 7. πλάσσει πρὸς ὑπηρεσίαν ἡμῶν ἕκαστον [A S ἓν ἕκ.]
— 7. τίς ἑκάστου ἐστὶν ἡ χρῆσις
19. 17. ἕκαστος τῶν αὐτοῦ θυρῶν τὴν δίοδον ἐζήτει
Si. 16. 14. ἕκαστος κατὰ τὰ ἔργα αὐτοῦ εὑρήσει
— 28. ἕκαστος τὸν πλησίον αὐτοῦ οὐκ ἔθλιψε [A S ἐξέθλιψεν]
17. 14. ἐνετείλατο αὐτοῖς ἑκάστῳ περὶ τοῦ πλησίον
— 17. ἑκάστῳ ἔθνει κατέστησεν ἡγούμενον
38. 31. ἕκαστος ἐν τῷ ἔργῳ αὐτοῦ σοφίζεται
46. 11. A R οἱ κριταὶ ἕκαστος [B S -τῳ] τῷ αὐτοῦ ὀνόματι
Am. 1. 11. A τοῦ διῶξαι αὐτοὺς ἐν ῥομφαίᾳ ἕκαστος [B *om.*] τὸν ἀδ. αὐτοῦ –
Mi. 4. 4. ἀναπαύσεται ἕκαστος ὑποκάτω ἀμπέλου αὐτοῦ καὶ ἕκαστος ὑποκάτω συκῆς αὐτοῦ (3 *a*, –)
— 5. πορεύσονται ἕκαστος τὴν ὁδὸν αὐτοῦ (3 *a*)
7. 2. ἕκαστος τὸν πλησίον αὐ. ἐκθλίβουσιν (3 *a*)
Jl. 2. 7. ἕκαστος ἐν τῇ ὁδῷ αὐτοῦ πορεύσεται (3 *a*)
— 8. ἕκαστος ἀπὸ τοῦ ἀδελφοῦ αὐτοῦ οὐκ ἀφέξεται (3 *a*)
Jn. 1. 5. ἀνεβόησαν [A ἐβόων] ἕκαστος πρὸς τὸν θεὸν αὐτοῦ [A -ῶν] (3 *a*)
— 7. εἶπεν ἕκαστος πρὸς τὸν πλησίον αὐτοῦ (3 *a*)
3. 8. ἀπέστρεψαν ἕκαστος ἀπὸ τῆς ὁδοῦ αὐτοῦ τῆς πον. (3 *a*)
Ze. 2. 11. ἕκαστος ἐκ τοῦ τόπου αὐτοῦ (3 *a*)
Hg. 1. 9. ἕκαστος εἰς τὸν οἶκον αὐτοῦ (3 *a*)
2. 23 (22). ἕκαστος ἐν ῥομφαίᾳ πρὸς τὸν ἀδελφὸν αὐτοῦ (3 *a*)
Za. 3. 11 (10). ἕκαστος τὸν πλησίον αὐτοῦ (3 *a*)
7. 9. ἕκαστος πρὸς τὸν ἀδελφὸν αὐτοῦ (3 *a*)
— 10. κακίαν ἕκαστος τοῦ ἀδελφοῦ αὐτοῦ μὴ μνησικακείτω (3 *a*)
8. 4. ἕκαστος τὴν ῥάβδον αὐτοῦ ἔχων (3 *a*)
— 10. ἕκαστον ἐπὶ τὸν πλησίον αὐτοῦ (3 *a*)
Za. 8. 16. ἕκαστος πρὸς τὸν πλησίον αὐτοῦ (3 *a*)
— 17. ἕκαστος τὴν κακίαν τοῦ πλησίον αὐτοῦ (3 *a*)
10. 1. ἑκάστῳ βοτάνην ἐν ἀγρῷ (3 *a*)
11. 6. ἕκαστον εἰς χεῖρα τοῦ πλησίον αὐτοῦ (3 *a*)
— 9. ἕκαστος τὰς σάρκας τοῦ πλησίον αὐτοῦ (3 *d*)
13. 4. ἕκαστος ἐκ τῆς ὁράσεως αὐτοῦ (3 *a*)
14. 13. ἐπιλήψονται [A -εται] ἕκαστος τῆς χειρὸς τοῦ πλησ. αὐ. (3 *a*)
Ma. 2. 10. ἕκαστος τὸν ἀδελφὸν αὐτοῦ (3 *a*)
3. 16. ἕκαστος πρὸς τὸν πλησίον αὐτοῦ (3 *a*)
Is. 14. 18. A ἕ. [B S ἄνθρωπος] ἐν τῷ οἴκῳ αὐ. (3 *a*)
36. 16. φάγεσθε ἕ. τὴν ἄμπελον αὐτοῦ (3 *a*)
— 18. μὴ ἐρρύσαντο οἱ θεοὶ τῶν ἐθνῶν ἕ. τὴν ἑαυτοῦ χώραν (3 *a*)
41. 6. ἦλθον ἅμα κρίνων ἕ. τῷ πλησίον (3 *a*)
42. 25. οὐκ ἔγνωσαν ἕ. αὐτῶν †
56. 11. ἐξηκολούθησαν ἕ. κατὰ τὸ ἑαυτοῦ [A S αὐτό] (3 *a*)
Je. 1. 15. θήσουσιν ἕ. τὸν θρόνον αὐτοῦ (3 *a*)
5. 8. ἕ. ἐπὶ τὴν γυναῖκα τοῦ πλησίον αὐτοῦ ἐχρεμέτιζον (3 *a*)
6. 3. ποιμανοῦσιν ἕ. τῇ χειρὶ [S τὴν χεῖρα] αὐ. (3 *a*)
9. 4 (3). ἕ. ἀπὸ τοῦ πλησίον αὐτοῦ [A *add.* ἐξήλθοσαν] φυλάξασθε (3 *a*)
— 5 (4). ἕ. κατὰ [S *om.*] τοῦ φίλου αὐτοῦ καταπαίξεται (3 *a*)
12. 15. κατοικιῶ αὐτοὺς ἕκαστον εἰς τὴν κληρονομίαν αὐτοῦ καὶ ἕκαστον εἰς τὴν γῆν αὐτοῦ [S^{1} *om.* καὶ . . . αὐτοῦ] (3 *a*, 3 *a*)
16. 12. πορεύεσθε ἕ. ὀπίσω τῶν ἀρεστῶν [A ἐραστ.] (3 *a*)
17. 10. τοῦ δοῦναι ἑκάστῳ κατὰ τὰς ὁδοὺς αὐ. (3 *a*)
18. 11. ἀποστραφήτω δὴ ἕ. ἀπὸ ὁδοῦ αὐτοῦ τῆς πονηρᾶς (3 *a*)
— 12. ἕ. τὰ ἀρεστὰ τῆς καρδίας αὐτοῦ τῆς πονηρᾶς ποιήσομεν (3 *a*)
19. 9. ἕ. τὰς σάρκας τοῦ πλησίον αὐτοῦ ἔδονται (3 *a*)
22. 8. ἐρεῖ [A S -ροῦσιν] ἕ. πρὸς τὸν πλησίον αὐ. (3 *a*)
23. 14. τοῦ μὴ ἀποστραφῆναι ἕκαστον ἀπὸ τῆς ὁδοῦ αὐτοῦ (3 *a*)
— 27. ἃ διηγοῦντο ἕ. τῷ πλησίον αὐτοῦ (3 *a*)
— 30. A S ἕκαστος [R -ον] παρὰ τοῦ πλησίον αὐτοῦ (3 *a*)
— 35. ἐρεῖτε ἕ. πρὸς τὸν πλησίον αὐτοῦ καὶ ἕ. πρὸς τὸν ἀδελφὸν αὐτοῦ (3 *a*, 3 *a*)
25. 5. ἀποστράφητε ἕ. ἀπὸ τῆς ὁδοῦ αὐτοῦ (3 *a*)
26 (46). 16. ἕ. πρὸς τὸν πλησίον αὐτοῦ ἐλάλει [A -λουν] (3 *a*)
27 (50). 16. ἕ. εἰς τὸν λαὸν [A τόπον] αὐτοῦ ἀποστρέψουσι καὶ ἕ. εἰς τὴν γῆν [A τὸν οἶκον] αὐτοῦ φεύξεται (3 *a*, 3 *a*)
28 (51). 6. ἀνασώζετε ἕ. τὴν ψυχὴν αὐτοῦ (3 *a*)
— 9. ἀπέλθωμεν ἕ. εἰς τὴν γῆν αὐτοῦ (3 *a*)
30 (49). 5. διασπαρήσεσθε ἕ. εἰς πρόσωπον αὐτοῦ (3 *a*)
32 (25). 26. ἕκαστον πρὸς τὸν ἀδελφὸν αὐτοῦ (3 *a*)
33 (26). 3. ἀποστραφήσονται ἕ. ἀπὸ τῆς ὁδοῦ αὐτοῦ (3 *a*)
38 (31). 30. ἕ. ἐν τῇ ἑαυτοῦ ἁμαρτίᾳ ἀποθανεῖται (3 *a*)
— 34. οὐ μὴ διδάξωσιν ἕ. τὸν πολίτην [A ἀδελφὸν] αὐτοῦ καὶ ἕ. τὸν ἀδελφὸν [A πλησίον] αὐτοῦ (3 *a*, 3 *a*)
39 (32). 19. δοῦναι [A ἀποδ.] ἑκάστῳ κατὰ τὴν ὁδὸν αὐτοῦ [S τὰς ὁδοὺς αὐτῶν] (3 *a*)
41 (34). 9. τοῦ ἐξαποστεῖλαι ἕκαστον τὸν παῖδα αὐτοῦ καὶ ἕκαστον [S^{1} *om.*] τὴν παιδίσκην αὐτοῦ (3 *a*, 3 *a*)
— 10. τοῦ ἀποστεῖλαι [S ἐξα.] ἕκαστον τὸν παῖδα αὐτοῦ (3 *a*)
— 10. S R καὶ ἕκαστον [B *om.*] τὴν παιδίσκην αὐ. (3 *a*)
— 15. τοῦ καλέσαι ἄφεσιν ἕκαστον τοῦ [A -ος τῷ] πλησίον αὐτοῦ (3 *a*)
— 16. τοῦ ἐπιστρέψαι ἕκαστον τὸν παῖδα αὐ. καὶ ἕκαστον τὴν παιδίσκην αὐ. (3 *a*, 3 *a*)
— 17. τοῦ καλέσαι ἄφεσιν ἕ. [S -ον] πρὸς τὸν [A *add.* ἀδελφὸν αὐ. καὶ ἕκαστον πρὸς τὸν] πλησίον αὐ. (3 *a*, 3 *a*)
42 (35). 15. ἀποστράφητε ἕ. ἀπὸ τῆς ὁδοῦ αὐ. (3 *a*)
43 (36). 16. συνεβουλεύσαντο ἕ. πρὸς τὸν πλησίον αὐτοῦ (3 *a*)
44 (37). 10. ἕ. ἐν τῷ τόπῳ αὐτοῦ οὗτοι [A ὅτι αὐτοὶ] ἀναστήσονται (3 *a*)
Ba. 1. 6. καθὰ ἑκάστου ἠδύνατο ἡ χείρ
Ba. 1. 22. ᾠχόμεθα ἕ. ἐν διανοίᾳ καρδίας
2. 8. τοῦ ἀποστρέψαι ἕκαστον ἀπὸ τῶν νοημάτων
Ez. 1. 9. ἕκαστον ἀπέναντι [A κατέ.] τοῦ προσώπου αὐτῶν ἐπορεύοντο (3 *a*)
— 23. ἑκάστῳ δύο ἐπικαλύπτουσαι (3 *a*)
7. 16. ἕκαστον ἐν ταῖς ἀδικίαις αὐτοῦ (3 *a*)
8. 11. ἕ. θυμιατήριον αὐτοῦ εἶχεν ἐν τῇ χειρί (3 *a*)
— 12. ἕ. αὐτῶν ἐν τῷ κοιτῶνι τῷ κρυπτῷ αὐτῶν (3 *a*)
9. 1. ἕ. [A αὐτὸς] εἶχε τὰ σκεύη τῆς ἐξολεθρεύσεως (3 *a*)
— 2. ἑκάστου πέλυξ ἐν τῇ χειρὶ αὐτοῦ (3 *a*)
10. 22. αὐτὰ ἕκαστον κατὰ πρόσωπον αὐτῶν ἐπορεύοντο (3 *a*)
18. 30. ἕκαστον κατὰ τὴν ὁδὸν αὐτοῦ κρινῶ ὑμᾶς (3 *a*)
20. 7. ἕ. βδελύγματα τῶν ὀφθαλμῶν αὐτοῦ ἀπορριψάτω (3 *a*)
— 39. ἕ. τὰ ἐπιτηδεύματα αὐτοῦ ἐξάρατε (3 *a*)
22. 6. ἕ. πρὸς τοὺς συγγενεῖς αὐτοῦ συνεφύροντο ἐν σοί (3 *a*)
— 11. ἕ. τὴν γυναῖκα τοῦ πλησίον αὐ. ἠνομοῦσαν καὶ ἕ. τὴν νύμφην [A ἀδελφὴν] αὐτοῦ ἐμίαινεν [A -ον] ἐν ἀσεβείᾳ καὶ ἕ. τὴν ἀδελφὴν αὐ. . . . ἐταπείνουν ἐν σοί (3 *a ter*)
24. 23. παρακαλέσετε ἕ. τὸν ἀδελφὸν αὐτοῦ (3 *a*)
33. 20. ἕκαστον ἐν ταῖς ὁδοῖς αὐ. κρινῶ ὑμᾶς (3 *a*)
45. 20. A R λήψῃ [B *om.*] παρ' ἑκάστου (3 *a*)
46. 18. ἕ. ἐκ [A ἀπὸ] τῆς κατασχέσεως αὐτοῦ (3 *a*)
47. 14. κατακληρονομήσετε αὐτὴν ἕ. (3 *a*)
Da. LXX. 1. 5. δίδοσθαι αὐτοῖς ἔκθεσιν . . . καθ' ἑ. ἡμέραν (4 *a*)
2. 24. ἕκαστα τῷ βασιλεῖ δηλώσω (7)
— 25. ὃς τῷ βασιλεῖ δηλώσει ἕκαστα (7)
6. 11 (12). τρὶς τῆς ἡμέρας καθ' ἑ. ἡμέραν –
Bel 2. ἀνηλίσκετο δὲ αὐτῷ καθ' ἑ. ἡμέραν
— 3. ἐπορεύετο ὁ βασιλεὺς καθ' ἑ. ἡμέραν
— 5. ὅσα εἰς αὐτὸν δαπανᾶται καθ' ἑ. ἡμέραν
— 31. ἐχορηγεῖτο αὐτοῖς καθ' ἑ. ἡμέραν
Da. TH. Bel 3. ἐδαπανῶντο εἰς αὐτὸν ἑ. ἡμέρας
— 4. ἐπορεύετο καθ' ἑ. [A *om.*] ἡμέραν
— 6. ὅσα ἐσθίει καὶ πίνει καθ' ἑ. ἡμέραν
I Ma. 1. 8. ἕκαστος ἐν τῷ τόπῳ αὐτοῦ
— 42. ἐγκαταλιπεῖν ἕκαστον τὰ νόμιμα αὐτοῦ
2. 19. ἀποστῆναι ἕκαστος ἀπὸ λατρείας πατέρων
3. 43. A S εἶπαν [R -εν] ἕκαστος πρὸς τὸν πλησίον
— 56. ἀποστρέφειν ἕκαστον εἰς τὸν οἶκον αὐτοῦ
5. 49. ἕκαστον ἐν ᾧ ἐστι τόπῳ
6. 35. S R παρέστησαν ἑ. [A ἐφ' ἑ.] ἐλέφαντι χιλίους ἄνδρας
— 35. A S διατεταγμένη [R -οι] ἑκάστῳ θηρίῳ
— 37. σκεπαζόμενοι ἐφ' ἑ. θηρίου
— 37. καὶ ἐφ' ἑκάστου ἄνδρες
— 54. ἕκαστος εἰς τὸν τόπον αὐτοῦ
10. 13. ἕκαστος τὸν τόπον αὐτοῦ
11. 3. φρουρὰν [S^{3} -ρεῖν] ἐν ἑ. πόλει
— 38. S R ἕκαστον εἰς τὸν [A *om.* εἰς τ.] ἴδιον τόπον
14. 12. ἕκαστος ὑπὸ τὴν ἄμπελον αὐτοῦ
II Ma. 2. 28. τὸ μὲν διακριβοῦν περὶ ἑκάστων
7. 21. R ἕκαστον δὲ αὐτῶν [A τῶν ἀνθρώπων] παρεκάλει
— 22. τὴν ἑκάστου στοιχείωσιν οὐκ ἐγὼ διερύθμισα
8. 22. ὑποτάξας ἑκάστῳ χιλίους
9. 26. ἕκαστον συντηρεῖν τὴν οὖσαν εὔνοιαν
10. 13. καὶ προδότης παρ' ἕκαστα ἀκούων
— 14. R παρ' ἕκαστα πρὸς τοὺς 'I. [A ἰδίους] ἐπολεμοτρόφει
12. 40. ἑκάστου τῶν τεθνηκότων ὑπὸ τοὺς χιτῶνας
13. 2. ἕ. ἔχοντα δύναμιν Ἑλληνικήν
14. 9. ἕκαστα δὲ τούτων ἐπεγνωκώς
— 21. R παρ' ἑκάστου διαφόρους [A δίφραξ] ἔθεσαν δίφρους
15. 11. R ἕκαστον [A -ος] δὲ αὐτῶν καθοπλίσας
III Ma. 1. 4. δώσειν νικήσασιν ἑκάστῳ δύο μνᾶς χρυσίου
3. 23. παρ' ἕκαστα ὑφορώμενοι
5. 21. εἰς τὸν ἴδιον οἶκον ἕκαστος ἀνέλυσε
— 34. ἀπέλυσαν ἕκαστον ἐπὶ τὴν ἰδίαν ἀσχολίαν
6. 25. ἕκαστον ἀλόγως ἤθροισεν ἐνθάδε
7. 8. προστετάχαμεν ἑκάστῳ
— 18. R ἑκάστῳ ἕως εἰς [A ἐπὶ] τὴν ἰδίαν οἰκίαν
— 20. R ἕκαστος εἰς τὴν ἰδίαν [A *al.*]
IV Ma. 1. 29. ὧν ἑκάστην ὁ . . . λογισμὸς περικαθαίρων
4. 4. τούτων ἕκαστα γνοὺς ὁ 'Απ.
— 26. ἕνα ἕ. τοῦ ἔθνους

IV Ma. 5. 2. **A R** ἕνα ἑ. τῶν Ἑβραίων [**S** *al.*]
8. 5. καθ' ἑνὸς ἑ. ὑμῶν θαυμάζω τὸ κάλλος
— 9. ἕνα ἑ. ὑμῶν . . . ἀπολέσαι
13. 13. εἷς δὲ ἑ. . . . ἔλεγον
— 18. ἑνὶ ἑ. τῶν ἀποσπωμένων
14. 12. τὰς ἐφ' ἑνὶ ἑ. τῶν τέκνων στρέβλας
15. 7. τὰς καθ' ἕκαστον αὐτῶν ὠδῖνας
— 19. τοὺς ὀφθαλμοὺς ἑνὸς ἑ. θεωροῦσα
16. 24. ἕνα ἑ. τῶν υἱῶν παρακαλοῦσα
[**Aq.** Jb. 1. 4 : 41. 9 : Ps. 44 (45). 18 : 61 (62). 13 : Is. 47. 15 : Ez. 32. 10.]
[**Sm.** Nu. 2. 17 : Dt. 18. 8 : Jo. 11. 13 : IV Ki. 9. 13 : 10. 12 : Jb. 14. 19 : 16. 9 : 22. 30 : 24. 5 : 33. 29 : 34. 11 : 36. 25 : 38. 32 : Ps. 32 (33). 11, 15 : 44 (45). 18 : 48 (49). 3 : 51 (52). 5 : 54 (55). 22 : 60 (61). 9 : 62 (63). 7 : 63 (64). 7 : 67 (68). 24 : 72 (73). 14 *bis* : 76 (77). 9 : 84 (85). 14 : 85 (86). 3 : 86 (87). 5 : 87 (88). 10 : 88 (89). 5 : 89 (90). 1 : Ec. 3. 11 : Is. 14. 18 : 34. 16 : 47. 15 : 56. 11 : Je. 6. 3 : 16. 12 : 44 (51). 9 : Ez. 1. 6, 11 : 7. 20 : 20. 39 : 21. 19 (24) : 33. 30 : 40. 16.]
[**Th.** Jd. 7. 21 : 15. 7 : Ps. 44 (45). 18 : Is. 47. 15 : 56. 11 : Je. 36 (43). 3, 7 : Ez. 33. 26, 30.]
[**Al.** Le. 26. 37 : Nu. 16. 18 : Ez. 32. 25.]
[**Hebr.** Ez. 13. 18.]

ἑκάτερος. (1) אָחוֹת (2) *a.* אִישׁ *b.* אִשָּׁה (3) עֶצֶם

Ge. 40. 5. **A** ἑκάτερος [**R** *om.*] ἐνύπνιον ἐν μιᾷ νυκτί (2 *a*)
To. 5. 3. **S** ἐλάβομεν ἑκάτερος ἓν [? ἑκατέρωσεν]
11. 13. **S** ἀπελέπισεν ἑκατέραις ταῖς χερσὶν αὐτοῦ [**A B** *al.*]
Wi. 15. 7. **A R** τούτων δὲ ἑκατέρου [**B S**^{2} ἑτέρου, **S**^{1} ἑτέρων] τίς ἑκάστου ἐστὶν ἡ χρῆσις
Ez. 1. 11. ἑκατέρῳ δύο συνεζευγμέναι πρὸς ἀλλήλας (2 *a*)
— 12. ἑκάτερον κατὰ πρόσωπον αὐτοῦ ἐπορεύετο (2 *a*)
— 23. **B**^{2} πτερυσσόμεναι ἑκατέρα τῇ ἑ. [**A B**^{1} **R** ἑτέρα τῇ ἑτ.] (2 *b*, 1)
37. 7. προσήγαγε τὰ ὀστᾶ ἑκάτερον πρὸς τὴν ἁρμονίαν αὐτοῦ (3)
Da. LXX. Su. 14. ἐξωμολογήσαντο . . . ἑκάτερος τὴν ὀδύνην αὐτοῦ
II Ma. 3. 26. παραστάντες ἐξ ἑ. μέρους
5. 3. καὶ καταδρομὰς ἑκατέρων
8. 22. προηγουμένους ἑ. τάξεως
10. 28. προσέβαλον ἑκάτεροι
14. 46. καὶ λαβὼν ἑκατέραις ταῖς χερσὶν
IV Ma. 1. 20. **A R** τούτων δὲ ἑκάτερον [**S** -ος] . . . περὶ τὴν ψυχὴν πέφυκε
5. 21. δι' ἑκατέρου γὰρ . . . ὁ νόμος ὑπερηφανεῖται
[**Sm.** Je. 52. 21, 22 : Ez. 40. 7.]

ἑκατέρωθεν.

IV Ma. 6. 3. περιαγκωνίσαντες ἑ.
9. 11. καὶ τοὺς βραχίονας ἱμᾶσιν ἑ.

ἑκατέρωσεν.

To. 5. 3. **S** ἐλάβομεν ἑ. [? ἑκάτερος ἓν]

ἑκατόν.

Ge. 5. 9, 12, 15, 18, 21, 25, 28 : 6. 3 : 7. 24 : 8. 3 : 11. 10, 12, 13, 14, 16, 18, 20, 22, 24†, 25 : 21. 5 : 23. 1 : 25. 7, 17 : 33. 19 : 35. 28 : 47. 9, 28 : 50. 22, 26.
Ex. 6. 16, 18, 20 : 27. 9, 11, 18 *bis* : 37. 7 (38. 9) *bis*, 9 (38. 11)† *quater*, 13 (38. 15)† : 39. 2 (38. 25), 4 (38. 27), 4 (38. 27)† *bis*, 5 (38. 27) *bis*.
Le. 26. 8 *bis*.
Nu. 2. 9, 16, 24 *bis*, 31 : 7. 13, 19, 25, 31, 37, 43, 49, 55, 61, 67, 73, 79, 85, 86 : 33. 39.
De. 22. 19 : 31. 2 : 34. 7.
Jo. 24. 29, 32.
Jd. 2. 8 : 7. 19 : 8. 10 : 16. 5 : 17. 2, 3 : 20. 10 *bis*, 35.
I Ki. 18. 25, 27†.
II Ki. 3. 14 : 8. 4 : 16. 1 *bis*.
III Ki. 3. 1† : 4. 23 (5. 3) : 7. 2 : 8. 63† : 9. 14, 28† : 10. 10, 29 : 12. 21 : 18. 4, 13 : 21 (20). 29.
IV Ki. 3. 4, 4† : 4. 43 : 19. 35 : 23. 33 *bis*.
I Ch. 5. 21 : 8. 40 : 12. 14, 25, 37 : 15. 4†, 7, 10 : 18. 4† : 21. 5 : 22. 14 : 29. 7.
II Ch. 1. 17 : 2. 17 (16) : 3. 4†, 16 : 4. 8 : 5. 12 : 7. 5† : 9. 9 : 11. 1 : 17. 18† : 24. 15 : 25. 6 *bis*, 9 : 27. 5 : 28. 6 : 29. 32 : 36. 3.
I Es. 1. 36 : 3. 2 : 5. 9†, 16, 16†, 17, 18, 21 *bis*, 27, 28, 45 : 7. 7 : 8. 20 *ter*, 30, 36, 38, 56, 56†.
II Es. 2. 3, 18, 21, 23, 27, 30, 41, 42, 69 : 6. 17 : 7. 22†, 22 *bis*, 22† : 8. 3, 10, 12, 26 *bis*.
Ne. 3. 1 : 5. 17 : 7. 8, 24, 26†, 27†, 31, 32, 33† *bis*, 39†, 44, 45 : 11. 14, 19.
To. 14. 1†, 11†, 14.
Ju. 1. 3, 16 : 2. 5 : 7. 2† : 10. 17 : 16. 23.
Es. 1. 1, 4 : 3. 12, 13 : 8. 9, 13.
Jb. 42. 16.
Ec. 6. 3.
Si. 18. 9 : 41. 4.
Am. 5. 3 *bis*.
Is. 37. 36 : 65. 20 *bis*.
Je. 52. 23.
Ez. 4. 4, 5, 9 : 40. 19, 23, 27, 47 *bis* : 41. 13 *bis*, 14, 15 : 42. 2, 4, 9 : 45. 13†.
Da. LXX. 6. 1 (2), 3 (4).
Da. TH. 6. 1 (2).
I Ma. 6. 30 : 7. 41 : 8. 6 : 13. 16, 19 : 15. 35.
II Ma. 4. 9 : 8. 19 : 15. 22.
[**Aq.** Ge. 5. 6, 25 : 26. 12 : Dt. 22. 19.]
[**Sm.** Ge. 5. 6, 25 : Dt. 22. 19 : I Ki. 25. 18.]
[**Th.** Ge. 5. 6, 25 : Dt. 22. 19.]

ἑκατονταετής. (1) בֶּן מֵאָה־שָׁנָה

Ge. 17. 17. εἰ τῷ ἑ. γενήσεται υἱός (1)

ἑκατονταπλασίων. (1) מֵאָה פְעָמִים

II Ki. 24. 3. προσθείη κύριος . . . ἑκατονταπλασίονα [**A** -σιον] (1)

ἑκατονταπλασίως. (1) מֵאָה פְעָמִים

I Ch. 21. 3. προσθείη κύριος . . . ὡς αὐτοὶ ἑ. (1)

ἑκατοντάρχης, ἑκατόνταρχος. (1) *a.* שַׂר הַמֵּאוֹת *b.* שַׂר מֵאוֹת

Ex. 18. 21, 25. χιλιάρχους καὶ ἑ. (1 *b*)
Nu. 31. 14. χιλιάρχοις καὶ ἑ. (1 *a*)
— 48. χιλίαρχοι καὶ ἑ. (1 *a*)
— 52, 54. παρὰ τῶν χιλιάρχων καὶ παρὰ τῶν ἑ. (1 *a*)
De. 1. 15. χιλιάρχους καὶ ἑ. (1 *b*)
I Ki. 8. 12. θέσθαι αὐτοὺς ἑαυτῷ ἑκατοντάρχους †
22. 7. πάντας ὑμᾶς τάξει ἑ. (1 *b*)
II Ki. 18. 1. κατέστησεν ἐπ' αὐτῶν χιλιάρχους καὶ ἑκατοντάρχους (1 *b*)
IV Ki. 11. 4. καὶ ἔλαβε τοὺς ἑ. (1 *a*)
— 9. **A B**^{1} **R** ἐποίησαν οἱ ἑ. [**B**^{2} -χαι] πάντα (1 *a*)
— 10. **A R** ἔδωκεν ὁ ἱερεὺς τοῖς ἑ. [**B** -χαις] τοὺς σειρομάστας (1 *a*)
— 15. **A R** ἐνετείλατο Ἰ. . . . τοῖς ἑ. [**B** -χαις] (1 *a*)
— 19. καὶ ἔλαβε τοὺς ἑ. (1 *a*)
I Ch. 13. 1. καὶ ἐβουλεύσατο Δ. μετὰ . . . τῶν ἑ. (1 *a*)
26. 26 : 27. 1. χιλίαρχοι καὶ ἑ. (1 *a*)
29. 6. οἱ χιλίαρχοι καὶ οἱ ἑ. (1 *a*)
II Ch. 1. 2. **A**^{2}**B** καὶ τοῖς ἑ. (1 *a*)
23. 1. καὶ ἔλαβε τοὺς ἑ. [**A** -χας] (1 *a*)
— 14. καὶ ἐνετείλατο Ἰ. ὁ ἱερεὺς τοῖς ἑ. (1 *a*)
25. 5. εἰς χιλιάρχους καὶ ἑ. [**B**^{2} εἰς ἑ.] (1 *a*)
I Ma. 3. 55. χιλιάρχους καὶ ἑκατοντάρχους
[**Sm.**, **Th.** IV Ki. 11. 4.]

ἑκατοντάς. (1) מֵאָה

I Ki. 29. 2. εἰς ἑκατοντάδας καὶ χιλιάδας (1)
II Ki. 18. 4. εἰς ἑκατοντάδας καὶ εἰς χιλιάδας (1)
I Ch. 28. 1. καὶ ἄρχοντας . . . τῶν ἑ. (1)
[**Aq.** IV Ki. 11. 4.]

ἑκατοστεύειν. (1) מֵאָה

Ge. 26. 12. καὶ εὗρε . . . ἑκατοστεύουσαν κριθήν (1)

ἑκατοστός.

I Ma. 1. 10. ἐν ἔτει ἑ. . . . βασιλείας Ἑλλήνων
— 20. ἐν τῷ ἑ. . . . ἔτει
— 54. τῷ πέμπτῳ καὶ τεσσαρακοστῷ καὶ ἑ. [**A** *om.* καὶ ἑ.] ἔτει
2. 70. ἐν τῷ ἕκτῳ καὶ τεσσαρακοστῷ καὶ ἑ. ἔτει
3. 37. ἔτους ἑβδόμου καὶ τεσσαρακοστοῦ καὶ ἑ.
4. 52. **A R** τοῦ [**S**^{2} ἔτους] ὀγδόου . . . καὶ ἑ. ἔτους [**S** *om.*]
6. 16. ἔτους ἐνάτου . . . καὶ ἑ.
— 20. ἔτους πεντηκοστοῦ καὶ ἑ.
7. 1. ἔτους ἑνὸς . . . καὶ ἑ. [**A** *om.* καὶ ἑ.]
9. 3. ἔτους τοῦ δευτέρου . . . καὶ ἑ.
— 54. **S R** ἐν ἔτει τρίτῳ . . . καὶ ἑ. [**A** ἐνάτῳ]
I Ma. 10. 1. ἐν ἔτει ἑξηκοστῷ καὶ ἑ.
— 21. τῷ ἑβδόμῳ μηνὶ ἔτους ἑξηκοστοῦ καὶ ἑ.
— 57. ἔτους δευτέρου καὶ ἑξηκοστοῦ καὶ ἑ.
— 67. ἐν ἔτει πέμπτῳ καὶ ἑξηκοστῷ καὶ ἑ.
11. 19. ἔτους ἑβδόμου καὶ ἑξηκοστοῦ καὶ ἑ.
13. 41. ἔτους ἑβδομηκοστοῦ καὶ ἑ.
— 51. ἔτους . . . ἑβδομηκοστοῦ καὶ ἑ.
14. 1. ἐν ἔτει δευτέρῳ . . . καὶ ἑ.
— 27. ἔτους δευτέρου . . . καὶ ἑ.
15. 10. ἔτους τετάρτου καὶ ἑβδομηκοστοῦ καὶ ἑ.
16. 14. ἔτους ἑβδόμου καὶ ἑβδομηκοστοῦ καὶ ἑ.
II Ma. 1. 7. ἔτους ἑ. ἑξηκοστοῦ ἐνάτου
— 10. **R** ἔτους ἑ. [**A** *om.*] ὀγδοηκοστοῦ καὶ ὀγδόου
11. 21, 33, 38. ἔτους ἑ. τεσσαρακοστοῦ ὀγδόου
13. 1. τῷ δὲ ἐνάτῳ . . . καὶ ἑ. ἔτει
14. 4. πρώτῳ καὶ ἑ. καὶ πεντηκοστῷ ἔτει

ἐκβαίνειν. (1) עָלָה

Jo. 4. 16. ἐκβῆναι ἐκ τοῦ Ἰορδάνου (1)
— 17. ἔκβητε ἐκ τοῦ Ἰορδάνου (1)
— 18. ὡς ἐξέβησαν οἱ ἱερεῖς ἐκ [**A** ἐκ μέσου] τοῦ Ἰ. (1)
Ju. 5. 8. ἐξέβησαν ἐξ ὁδοῦ
Si. 30. 8. **A S** ἵππος ἀδάμαστος ἐκβαίνει [**B** ἀποβ.] σκληρὸς καὶ υἱὸς ἀνειμένος ἐκβαίνει προαλής
38. 18. ἀπὸ λύπης γὰρ ἐκβαίνει θάνατος
Is. 24. 18. ὁ ἐκβαίνων ἐκ τοῦ βοθύνου ἁλώσεται (1)
I Ma. 4. 27. **S** οὐκ [**A** *om.*, **R** τοιαῦτα] ἐξέβη
15. 4. βούλομαι δὲ ἐκβῆναι κατὰ τὴν χώραν
[**Aq.** Jn. 2. 5, 7.]
[**Sm.**, **Th.** Jn. 2. 7.]

ἐκβάλλειν. (1) גָּרַם hi. (2) גָּרַף (3) גָּרַשׁ *a.* qal. *b.* pi. *c.* pu. (4) דָּרַשׁ (5) זָנַח hi. (6) טוּל *a.* hi. *b.* pilp. (7) טָרַד (8) יָצָא hi. (9) יָרַשׁ *a.* qal. *b.* hi. (10) לָקַח (11) נָדַח hi. (12) נָשַׁל pi. (13) נָתַן (14) נָתַשׁ (15) סָעַר pi. (16) עָבַר hi. (17) עָלָה (18) פָּלַט hi (19) קוֹא hi. (20) שָׁלַח *a.* qal. *b.* pi. (21) שָׁלַךְ *a.* hi. *b.* hoph.

Ge. 3. 24. καὶ ἐξέβαλε τὸν Ἀδάμ (3 *b*)
4. 14. **A** εἰ ἐκβαλεῖς [**R** ἐκβάλλεις] με σήμερον (3 *b*)
21. 10. ἔκβαλε τὴν παιδίσκην ταύτην (3 *b*)
Ex. 2. 17. ἐξέβαλλον [**A** -αλον] αὐτάς (3 *b*)
6. 1. ἐκβαλεῖ αὐτοὺς ἐκ τῆς γῆς (3 *b*)
10. 11. ἐξέβαλον δὲ αὐτοὺς ἀπὸ προσώπου Φαραώ (3 *b*)
11. 1. ἐκβαλεῖ ὑμᾶς ἐκβολῇ (3 *b*)
12. 33. σπουδῇ ἐκβαλεῖν αὐτοὺς ἐκ [**A** ἀπὸ] τῆς γῆς (20 *b*)
— 39. ἐξέβαλον γὰρ αὐτοὺς οἱ Αἰγύπτιοι (3 *c*)
23. 18. ὅταν γὰρ ἐκβάλω τὰ ἔθνη ἀπὸ προσώπου σου -
— 28. ἐκβαλεῖς [**A** -λῶ] τοὺς Ἀμορραίους (3 *b*)
— 29. οὐκ ἐκβαλῶ αὐτοὺς ἐν ἐνιαυτῷ ἑνί (3 *b*)
— 30. κατὰ μικρὸν [**A** *add.* μικρὸν] ἐκβαλῶ αὐτοὺς (3 *b*)
— 31. καὶ ἐκβαλῶ αὐτοὺς ἀπὸ σοῦ (3 *b*)
33. 2. καὶ ἐκβαλεῖ [**B**^{1} -εῖς] τὸν Ἀμορραῖον (3 *b*)
34. 11. ἐκβάλλω πρὸ [**A** ἀπὸ] προσώπου ὑμῶν [**A** σου] (3 *a*)
— 24. ὅταν γὰρ ἐκβάλω τὰ ἔθνη (9 *b*)
Le. 1. 16. ἐκβαλεῖ αὐτὸ παρὰ τὸ θυσιαστήριον (21 *a*)
14. 40. ἐκβαλοῦσιν αὐτοὺς ἔξω τῆς πόλεως (21 *a*)
21. 7. γυναῖκα ἐκβεβλημένην ἀπὸ ἀνδρὸς αὐ. (3 *a*)
— 14. χήραν δὲ καὶ ἐκβεβλημένην [**A** ἐβδελυγμένην] (3 *a*)
22. 13. **A B** ἐὰν γένηται χήρα [**R** *add.* ἢ] ἐκβεβλημ. (3 *a*)
Nu. 21. 32. ἐξέβαλον τὸν Ἀμορραῖον (9 *a**, 9 *b*)
22. 6. καὶ ἐκβαλῶ αὐτοὺς ἐκ τῆς γῆς (3 *b*)
— 11. καὶ ἐκβαλῶ αὐτὸν ἀπὸ [**A** ἐκ] τῆς γῆς (3 *b*)
30. 10. εὐχὴ χήρας καὶ ἐκβεβλημένης (3 *a*)
De. 11. 23. ἐκβαλεῖ κύριος πάντα τὰ ἔθνη ταῦτα (9 *b*)
23. 24 (25). **A**^{2} εἰς δὲ ἄγγος οὐκ ἐκβαλεῖς [**B** ἐμβ., **R** ἐμβάλῃς] (13)
29. 28 (27). ἐξέβαλεν αὐτοὺς εἰς γῆν ἑτέραν (21 *a*)
33. 27. ἐκβαλεῖ ἀπὸ προσώπου σου ἐχθρόν (3 *b*)
Jo. 15. 8. **B** ἐκβάλλει [**A R** διεκ.] τὰ ὅρια ἐπὶ κορυφὴν ὄρους (17)

Jo. 24. 12. A ἐξέβαλεν [B -απέστειλεν] προτέραν ἡμῶν (20 a)
— 18. ἐξέβαλε κύριος τὸν Ἀ. (3 b)
Jd. 5. 21. A χειμάρρους Κ. ἐξέβαλεν [B ἐξέσυρεν] αὐτούς (2)
6. 9. ἐξέβαλον αὐτοὺς ἐκ προσώπου ὑμῶν (3 b)
9. 41. καὶ ἐξέβαλε Ζ. τὸν Γ. (3 b)
11. 2. καὶ ἐξέβαλον τὸν Ἰ. (3 b)
— 7. ἐξεβάλετέ με ἐκ τοῦ οἴκου τοῦ πατρός μου (3 b)
I Ki. 26. 19. ἐξέβαλόν με σήμερον (3 b)
II Ki. 7. 23. τοῦ ἐκβαλεῖν σε ἐκ προσώπου τοῦ λαοῦ σου †
III Ki. 2. 27. καὶ ἐξέβαλε Σαλ. τὸν Ἀβ. (3 b)
IV Ki. 16. 6. καὶ ἐξέβαλε τοὺς Ἰουδαίους ἐξ Αἰ. (12)
I Ch. 17. 21. τοῦ ἐκβαλεῖν ἀπὸ προσώπου λαοῦ σου . . . ἔθνη (3 b)
II Ch. 11. 14. AB^{2}R ἐξέβαλεν [B^1 -αλλεν] αὐτοὺς Ἰ. (5)
— 16. καὶ ἐξέβαλεν αὐτοὺς ἀπὸ φυλῶν Ἰ. †
13. 9. ἢ οὐκ ἐξεβάλετε [A -το] τοὺς ἱερεῖς κυρίου (11)
15. 8. καὶ ἐξέβαλε τὰ βδελύγματα (16)
20. 11. ἐξελθεῖν ἐκβαλεῖν ἡμᾶς (3 b)
23. 14. ἐκβάλετε αὐτὴν ἐκτὸς τοῦ οἴκου (8)
29. 5. ἐκβάλετε τὴν ἀκαθαρσίαν ἐκ τῶν ἁγίων (8)
— 16. καὶ ἐξέβαλον [A -αν] πᾶσαν τὴν ἀκαθαρσίαν (8)
— 16. ἐκβαλεῖν εἰς τὸν χειμάρρουν Κέδρων ἔξω (8)
I Es. 8. 93. ἐκβαλεῖν πάσας τὰς γυναῖκας ἡμῶν
9. 20. ἐκβαλεῖν τὰς γυναῖκας αὐτῶν
II Es. 10. 3. ἐκβαλεῖν [S^1 -βάλλ.] πάσας τὰς γυναῖκας (8)
To. 6. 4. S τὰ ἔγκατα ἔκβαλε
Ju. 5. 8. ἐξέβαλον αὐτοὺς ἀπὸ προσώπου τῶν θεῶν αὐ.
— 12. ἐξέβαλον αὐτοὺς οἱ Αἰ. ἀπὸ προσώπου αὐ.
— 14. ἐξέβαλον πάντας τοὺς κατοικοῦντας ἐν τῇ ἐρήμῳ
— 16. καὶ ἐξέβαλον . . . τὸν Χ.
Jb. 22. 22. B ἔκβαλε [S -λάβοι, A R -λαβε] δὲ . . . ἐξηγορίαν [A σὺν ἐ.] (10)
24. 12. B S^1 οἱ ἐκ πόλεως καὶ οἴκων ἰδίων ἐξεβάλλοντο [A S^2 ἐξέβαλλον αὐτούς, R -βάλοντο] †
31. 39. A ψυχὴν κυρίου τῆς γῆς ἐκβαλών [B S -λαβών] †
Ps. 16 (17). 11. A B S^1 ἐκβάλλοντές [S^{2}R ἐκβαλόντες] με νυνί †
43 (44). 2. καὶ ἐξέβαλες [A -ας] αὐτούς (20 b)
49 (50). 17. S R καὶ ἐξέβαλες [A -ας, B -έβαλλες] τοὺς λόγους μου (21 a)
77 (78). 55. ἐξέβαλεν ἀπὸ προσώπου αὐτῶν ἔθνη (3 b)
79 (80). 8. ἐξέβαλες ἔθνη (3 b)
108 (109). 10. ἐκβληθήτωσαν ἐκ τῶν οἰκοπέδων (4 ?)
Pr. 18. 22. ὃς ἐκβάλλει γυναῖκα ἀγαθὴν ἐκβάλλει τὰ ἀγαθά –, –
22. 10. ἔκβαλε ἐκ συνεδρίου λοιμόν (3 b)
24. 58 (30. 23). οἰκέτις ἐὰν ἐκβάλῃ τὴν ἑαυτῆς κυρίαν (9 a)
27. 15. σταγόνες ἐκβάλλουσιν ἄνθρωπον (7)
Ec. 3. 6. καιρὸς τοῦ ἐκβαλεῖν (21 a)
Wi. 19. 3. οὓς ἱκετεύοντες ἐξέβαλον
Si. 7. 26. μὴ ἐκβάλῃς αὐτήν
28. 9. B ἀνὰ μέσον εἰρηνευόντων ἐκβάλλει [R ἐμβ., A S ἐμβαλεῖ] διαβολήν
— 15. γλῶσσα τρίτη γυναῖκας ἀνδρείας ἐξέβαλε
Ho. 9. 15. ἐκ τοῦ οἴκου μου ἐκβαλῶ αὐτούς (3 b)
Jn. 1. 15. ἐξέβαλον [A S^2 ἐνέβ., S^1 ἔβ.] αὐτὸν εἰς τὴν θάλασσαν (6 a)
2. 11. ἐξέβαλε τὸν Ἰωνᾶν ἐπὶ τὴν ξηράν (19)
Za. 7. 14. ἐκβαλῶ αὐτοὺς εἰς πάντα τὰ ἔθνη (15)
Is. 2. 20. ἐκβαλεῖ ἄνθρωπος τὰ βδελύγματα (21 a)
5. 29. ἐκβαλεῖ καὶ οὐκ ἔσται ὁ ῥυόμενος αὐτούς (18 ?)
22. 17. ἐκβάλλει [A S^2 -αλεῖ] καὶ ἐκτρίψει ἄνδρα (6 b)
Je. 12. 14. τὸν Ἰούδαν ἐκβαλῶ ἐκ μέσου αὐτῶν (14)
— 15. μετὰ τὸ ἐκβαλεῖν με [A om.] αὐτούς (14)
22. 28. ἐξεβλήθη εἰς γῆν (21 b)
23. 31. S R πρὸς τοὺς προφήτας τοὺς ἐκβάλλοντας προφητείας γλώσσης [A al.] (10 ?)
La. 3. 16. ἐξέβαλε ψήφῳ ὀδόντας μου (1)
Ez. 44. 22. χήραν καὶ ἐκβεβλημένην οὐ λήψονται (3 a)
Da. LXX. Bel 13. ἐκβαλόντας πάντας ἐκ τοῦ ναοῦ
I Ma. 11. 41. ἵνα ἐκβάλῃ τοὺς ἐκ τῆς ἄκρας ἐξ Ἰερ.
— 66. καὶ ἐξέβαλεν αὐτοὺς ἐκεῖθεν
I Ma. 11. 68. ἐξέβαλον [S^1 -εν] ἔνεδρον ἐπ' αὐτόν
12. 27. καὶ ἐξέβαλε προφύλακας
13. 11. A R ἐξέβαλε τοὺς ὄντας ἐν αὐτῇ [S ὄ. ἐκεῖ]
— 47. A R ἐξέβαλεν αὐτοὺς ἐκ [S ἔξω] τῆς πόλεως
— 48. ἐξέβαλεν ἐξ αὐτῆς πᾶσαν ἀκαθαρσίαν
— 50. καὶ ἐξέβαλεν αὐτοὺς ἐκεῖθεν
[**Aq.** Ge. 4. 14: Jb. 21. 10: Ps. 33 (34). 1.]
[**Sm.**, **Th.** Jn. 2. 5.]
[**Quint.** Ps. 30 (31). 23: 33 (34). 1.]

ἔκβασις.
Wi. 2. 17. πειράσωμεν τὰ ἐν ἐκβάσει αὐτοῦ
8. 8. προγινώσκει . . . ἐκβάσεις καιρῶν καὶ χρόνων
11. 14. ἐπὶ τέλει τῶν ἐ. ἐθαύμασαν [A -αζον]

ἐκβασσεύειν (?).
I Ma. 15. 40. S^1 καὶ ἐκβασσεύειν [A S^2 R ἐμβατ.] εἰς τὴν Ἰ.

ἐκβεβηλοῦν. (1) חָלַל pi.
Le. 21. 9. ἐὰν βεβηλωθῇ [B^2 ἐκβ. ? εἰσβ.] (1)

ἐκβιάζειν. (1) אָכַף (2) יָרַשׁ (3) כָּבַשׁ (4) נָקַשׁ pi.
Jd. 14. 15. ἢ ἐκβιάσαι ἡμᾶς κεκλήκατε [A al.] (2)
Es. 7. 8. A ὥστε καὶ τὴν γυναῖκα ἐκβιάζῃ [B S β.] (3)
Ps. 37 (38). 12. S R ἐξεβιάζοντο [A B -άσαντο] οἱ ζητοῦντες τὴν ψυχήν μου (4)
Pr. 16. 26. ἐκβιάζεται τὴν ἀπώλειαν ἑαυτοῦ (1)
Wi. 14. 19. ἐξεβιάσατο τῇ τέχνῃ τὴν ὁμοιότητα ἐπὶ τὸ κάλλιον
Da. LXX. Su. 19. ἐξεβιάζοντο αὐτήν

ἐκβιαστής.
[**Aq.**, **Th.** Pr. 6. 7.]

ἐκβιβασμός.
[**Aq.** I Ki. 15. 23.]

ἐκβιβαστής.
[**Aq.** Dt. 16. 18: Jo. 1. 10.]

ἐκβλαστάνειν. (1) פָּרַח (2) צָמַח hi.
Nu. 17. 5 (20). ἡ ῥάβδος αὐτοῦ ἐκβλαστήσει (1)
Jb. 38. 27. τοῦ ἐκβλαστῆσαι ἔξοδον χλόης (2)
Is. 55. 10. ἐκτέκῃ καὶ ἐκβλαστήσῃ [A βλαστήσει] (2)
[**Th.**, **Al.** Jb. 38. 27.]

ἐκβλαστεῖν.
[**Sm.** Ps. 103 (104). 14.]

ἔκβλητος.
[**Sm.** Jb. 3. 7.]

ἐκβλύζειν. (1) פָּרַץ
Pr. 3. 10. οἴνῳ δὲ αἱ ληνοί σου ἐκβλύζωσιν [S^1 -βύζ.] (1)

ἐκβοᾶν. (1) קָרָא
IV Ki. 4. 36. καὶ ἐξεβόησεν Ἐλ. πρὸς Γ. (1)

ἐκβολή. (1) גָּרַשׁ pi. (2) **ἐκβολὴν ποιεῖσθαι** טוּל hi. (3) **τὸ ὕδωρ τῆς ἐ.** יָצָא hoph.
Ex. 11. 1. ἐκβαλεῖ ὑμᾶς ἐκβολῇ (1)
Jn. 1. 5. ἐκβολὴν ἐποιήσαντο τῶν σκευῶν (2)
Ez. 47. 8. A ἐπὶ τὸ ὕδωρ τῆς ἐ. [B διεκ.] (3)
[**Sm.** Is. 41. 18.]

ἔκβολος.
Ju. 11. 11. ἵνα μὴ γένηται ὁ κύριός μου ἔ.

ἐκβραγμός. (1) מְבֻלָּקָה
Na. 2. 10 (11). A B ἐκβραγμὸς [S R -βρασμὸς] καὶ καρδίας θραυσμός (1)

ἐκβράζειν. (1) בָּרַח hi.
Ne. 13. 28. καὶ ἐξέβρασα αὐτοὺς ἀπ' ἐμοῦ (1)
II Ma. 1. 12. ἐξέβρασε τοὺς παραταξαμένους
5. 8. A εἰς Αἴγυπτον ἐξεβράσθη [R συνεβρ.]
[**Sm.** Is. 57. 20.]

ἔκβρασμα.
[**Sm.** Le. 13. 6, 18.]

ἐκβρασμός. (1) מְבֻלָּקָה
Na. 2. 10. S R ἐκβρασμὸς [A B -βραγμὸς] καὶ καρδίας θραυσμός (1)

ἐκβράσσειν.
[**Aq.** Is. 57. 20 *bis*.]
[**Sm.**, **Th.** Is. 57. 20.]

ἐκβύζειν (?). (1) פָּרַץ
Pr. 3. 10. οἴνῳ δὲ αἱ ληνοί σου ἐκβλύζωσιν [S^1 -βύζ.] (1)

ἐκβυρσεύειν.
[**Al.** Le. 11. 40.]

ἐκγελᾶν. (1) לָעַג hi. (2) שָׂחַק
Ne. 2. 19. καὶ ἐξεγέλασαν ἡμᾶς (1)
4. 1 (3. 33). καὶ ἐξεγέλα ἐπὶ τοῖς Ἰ. (1)
Ps. 2. 4. ὁ κατοικῶν ἐν οὐρανοῖς ἐκγελάσεται [A ἐγγελ.] αὐτούς (2)
36 (37). 13. ὁ δὲ κύριος ἐκγελάσεται αὐτόν (2)
58 (59). 8. σύ, κύριε, ἐκγελάσῃ αὐτούς (2)
Wi. 4. 18. αὐτοὺς δὲ ὁ κύριος ἐκγελάσεται
[**Th.** Jb. 22. 19.]

ἐκγεννᾶν. (1) יַלְדוּת
Ps. 109 (110). 3. S^1 πρὸ ἑωσφόρου ἐξεγέννησά [A S^2 R ἐγ.] σε (1)

ἔκγονος. (1) אַחֲרִית (2) בֵּן (3) דּוֹר (4) טַף (5) *a.* יָלִיד *b.* מוֹלֶדֶת (6) פְּרִי (7) צֶאֱצָאִים
Ge. 48. 6. τὰ δὲ ἔ. ἃ ἂν γεννήσῃς (5 b)
De. 7. 13. A B τὰ ἔ. [R ἔγγ.] τῆς κοιλίας σου (6)
28. 4. A εὐλογημένα τὰ ἔ. τῆς κοιλίας σου καὶ τὰ ἔ. [B^2 γεννήματα] τῆς γῆς σου [B^1 *om.* κ. τ. ἔ. τ. γ. σ.] (6, 6)
— 11. ἐν [A ἐπὶ] τοῖς ἐ. τῆς κοιλίας σου καὶ ἐπὶ τοῖς ἐ. τῶν κτηνῶν σου (6, 6)
— 18. ἐπικατάρατα τὰ ἔ. τῆς κοιλίας σου (6)
— 51. κατέδεται τὰ ἔ. τῶν κτηνῶν σου (6)
— 53. φαγῇ τὰ ἔ. τῆς κοιλίας σου (6)
29. 11 (10). αἱ γυναῖκες ὑμῶν καὶ τὰ ἔ. [A τέκνα] ὑμῶν (4)
30. 9. ἐν τοῖς ἐ. τῆς κοιλίας σου καὶ ἐν τοῖς ἐ. τῶν κτηνῶν σου (4, 4)
31. 12. καὶ τὰς γυναῖκας καὶ τὰ ἔ. (4)
II Ki. 21. 16. ὃς ἦν ἐν τοῖς ἐ. τοῦ Ῥ. (5 a)
— 18. A B ἐν τοῖς ἐ. [R ἐγγ.] τοῦ Ῥ. (5 a)
I Es. 4. 53. R αὐτοῖς τε καὶ τοῖς ἐ. [A B τέκνοις]
Pr. 23. 18. ἔσται σοι ἔκγονα [A ἔγγονα] (1)
24. 20. οὐ γὰρ μὴ γένηται ἔκγονα πονηρῷ [A S -ῶν] (1)
— 34 (30. 11). ἔκγονον κακὸν πατέρα καταρᾶται (3)
— 35 (30. 12). ἔκγονον κακὸν δίκαιον ἑαυτὸν κρίνει (3)
— 36 (30. 13). ἔκγονον κακὸν ὑψηλοὺς ὀφθαλμοὺς ἔχει (3)
— 37 (30. 14). ἔκγονον κακὸν μαχαίρας τοὺς ὀδόντας ἔχει (3)
Si. 40. 15. ἔκγονα ἀσεβῶν οὐ πληθυνεῖ κλάδους
44. 11. ἔκγονα [S τὰ ἔ.] αὐτῶν ἐν ταῖς διαθήκαις
45. 13. καὶ τὰ ἔ. αὐτοῦ διὰ παντός
47. 22. οὐδὲ μὴ ἐξαλείψῃ ἐκλεκτοῦ αὐτοῦ ἔκγονα
Is. 11. 8. ἐπὶ κοίτην ἐκγόνων ἀσπίδων –
14. 29. ἐξελεύσεται ἔκγονα [A ἔγγ.] ἀσπίδων καὶ τὰ ἔ. αὐτῶν ἐξελεύσονται ὄφεις (–, 6)
30. 6. ἔκγονα [S ἔγγ.] ἀσπίδων πετομένων –
48. 19. τὰ ἔ. [S ἔγγ.] τῆς κοιλίας σου ὡς ὁ χοῦς τῆς γῆς (7)
49. 15. τὰ ἔκγονα [S ἔγγ.] τῆς κοιλίας αὐτῆς (2)
61. 9. γνωσθήσεται . . . τὰ ἔ. [S ἔγγ.] αὐτῶν (7)
65. 23. τὰ ἔ. [S ἔγγ.] αὐτῶν μετ' αὐτῶν [A *add.* ἔσονται, S *add.* ἔσται] (7)
II Ma. 1. 20. τοὺς ἐ. τῶν ἱερέων . . . ἔπεμψεν ἐπὶ τὸ πῦρ
[**Sm.** Jb. 31. 8: Is. 65. 23.]
[**Th.** Is. 65. 23: Am. 4. 2.]

ἐκγράφειν. (1) עָתַק hi.
Pr. 25. 1. ἃς ἐξεγράψαντο οἱ φίλοι Ἐζεκίου (1)

ἐκδανείζειν (-νίζ.) (1) לָוָה hi. (2) נָשַׁךְ
Ex. 22. 25 (24). ἐὰν δὲ ἀργύριον ἐκδανείσῃς τῷ ἀδ. τῷ πενιχρῷ (1)

De. 23. 19 (20). οὐ ἂν ἐκδανείσῃς (2)
28. 12. A ἐκδανιεῖς [B δαν.] ἔθνεσι πολλοῖς (1)

ἐκδειματοῦν.

Wi. 17. 6. ἐκδειματούμενοι δὲ τῆς μὴ [A om.] θεωρουμένης ἐκείνης ὄψεως

ἐκδεῖν. (1) קָשַׁר

Jo. 2. 18. τὸ σπαρτίον . . . τοῦτο ἐκδήσεις εἰς [A om.] τὴν θυρίδα (1)
II Ma. 15. 35. ἐξέδησε δὲ τὴν τοῦ N. κεφαλὴν [A προτομὴν]

ἐκδεκτέον.

Ep. Je. 56. πῶς ἐκδεκτέον [A δ.] ἢ νομιστέον ὅτι εἰσὶ θεοί
— 64. A οὔτε ἐκδεκτέον [B κλητέον] ὑπάρχειν αὐτοὺς θεούς

ἐκδέρειν. (1) פָּשַׁט hi.

Le. 1. 6. ἐκδείραντες [A B² δείραντες] τὸ ὁλοκ. μελιοῦσιν (1)
II Ch. 29. 34. οὐκ ἠδύναντο ἐκδεῖραι [A δεῖραι] τὴν ὁλοκαύτωσιν (1)
35. 11. A R καὶ οἱ Λ. ἐξέδειραν [B ἔδ.] (1)
Mi. 2. 8. τὴν δορὰν αὐτοῦ ἐξέδειραν (1)
3. 3. τὰ δέρματα αὐτῶν . . . ἐξέδειραν (1)

ἐκδέχεσθαι. (1) עָרַב (2) בָּחַר (3) קָבַץ pi. (4) קָצַר (5) שׂוּם (6) ἐκδ. τῇ καρδίᾳ בִּין hi.

Ge. 43. 9. ἐγὼ δὲ ἐκδέχομαι αὐτόν (1)
44. 32. ὁ γὰρ παῖς σου ἐκδέδεκται τὸ παιδίον (1)
II Ki. 19. 38 (39). A πάντα ὅσα ἐκδέξηται [? -λέξ.] ἐπ' ἐμοί [B al.] (2)
Jb. 34. 33. S σὺ ἐκδέξῃ [A -λέξω, B -λέξῃ] καὶ οὐκ [A om.] ἐγώ (2)
Ps. 118 (119). 122. A S ἔκδεξαι [R ἔνδ.] τὸν δοῦλόν σου (1)
Si. 6. 23. A S ἔκδεξαι τὴν γνώμην [B δέξαι γν.] μου
— 33. ἐὰν ἀγαπήσῃς ἀκούειν ἐκδέξῃ
18. 14. τοὺς ἐκδεχομένους παιδείαν ἐλεεῖ
35 (32). 14. ὁ φοβούμενος κύριον ἐκδέξεται [B² ἐκλέξ.] παιδείαν
Ho. 8. 7. καὶ ἡ καταστροφὴ αὐτῶν ἐκδέξεται αὐτά (4)
9. 6. καὶ ἐκδέξεται αὐτοὺς M. (3)
Mi. 2. 12. ἐκδεχόμενος ἐκδέξομαι τοὺς καταλοίπους (3, 3)
Na. 3. 18. οὐκ ἦν ὁ ἐκδεχόμενος (3)
Is. 57. 1. οὐδεὶς ἐκδέχεται τῇ καρδίᾳ [S¹ οὐ. κατανοεῖ] . . . καὶ οὐδεὶς κατανοεῖ [S¹ ἐκδέχεται τῇ καρδίᾳ] (5 [6])
66. 4. B ἐκδέξομαι [A S R ἐκλ.] τὰ ἐμπαίγματα αὐ. (2)
III Ma. 3. 22. οἱ δὲ τοὐναντίον ἐκδεχόμενοι
5. 26. τοῦ βασιλέως τοὺς φίλους ἐκδεχομένου
[Aq., Sm. Pr. 1. 30.]
[Th. Jb. 32. 11 : Pr. 1. 30.]
[Al. Le. 24. 15.]

ἔκδηλος.

III Ma. 3. 19. τὴν δὲ αὐτῶν . . . δυσμένειαν ἔκδηλον καθιστάντες
6. 5. ἔκδηλον δεικνὺς ἔθνεσι πολλοῖς τὸ σὸν κράτος

ἐκδημία.

III Ma. 4. 11. τοῖς ἐκ τούτων . . . στελλομένοις πρὸς ἐκδημίαν

ἐκδιαιτᾶν.

IV Ma. 4. 19. S R ἐξεδιῄτησε [A -εζήτησε] τὸ ἔθνος
18. 5. A R τῶν πατρίων ἐθῶν [A ἐθνῶν] ἐκδιαιτηθῆναι [S -ζητηθ.]

ἐκδιδάσκειν.

Wi. 8. 7. σωφροσύνην γὰρ καὶ φρόνησιν ἐκδιδάσκει
IV Ma. 5. 23. σωφροσύνην τε γὰρ ἡμᾶς ἐκδιδάσκει
— 23. S ἀνδρείαν ἐκδιδάσκειν [A ἐξασκεῖν, R ἐξασκεῖ]
— 24. S εὐσέβειαν ἐκδιδάσκειν [A διδ., R διδάσκει]

ἐκδιδόναι. (1) ἐκδίδοσθαι εἰς ἀπώλειαν אֲבַד aph. (2) הָיָה (3) יָצָא hi. (4) נָתַן

Ex. 2. 21. ἐξέδοτο [A -ετο] Σεπφώραν τὴν θ. αὐτοῦ (4)
Le. 21. 3. ἀδελφῇ . . . τῇ μὴ ἐκδεδομένῃ [A ἐγγιζούσῃ] ἀνδρί (2)
Jd. 1. 14. εἰς γῆν νότου ἐκδέδοσαί με –
Jd. 1. 15. εἰς γῆν νότου ἐκδέδοσαί με (4)
IV Ki. 12. 11 (12). καὶ ἐξέδοσαν [A ἐδόξασαν] τοῖς τέκτοσι τῶν ξύλων (3)
I Es. 1. 32. καὶ ἐξεδόθη τοῦτο
8. 3. ἐν τῷ M. νόμῳ τῷ ἐκδεδομένῳ ὑπὸ τοῦ θεοῦ τοῦ Ἰ.
To. 3. 8. S ἦν ἐκδεδομένη [A B δεδ.] ἀνδράσιν ἑπτά
Ju. 2. 10. καὶ ἐκδώσουσί σοι ἑαυτούς [S¹ ἐ. αὐτούς]
7. 13. ἐκδώσουσι τὴν πόλιν αὐτῶν
— 26. ἔκδοσθε τὴν πόλιν πᾶσαν εἰς προνομήν
8. 11. εἴπατε ἐκδώσειν τὴν πόλιν τοῖς ἐχθροῖς ἡμῶν
Si. prol. 25. πρὸς τὸ ἐπὶ πέρας ἄγοντα [A S² ἀγαγ.] τὸ βιβλίον ἐκδόσθαι
7. 25. ἔκδου θυγατέρα
38. 26. καρδίαν αὐτοῦ δώσει ἐκδοῦναι αὔλακας
Je. 31 (48). 17. πάντες ἔκδοτε ὄνομα αὐτοῦ †
Da. LXX. 2. 18. ὅπως μὴ ἐκδοθῶσι Δ. . . . εἰς ἀπώλειαν (1)
I Ma. 10. 58. S² R καὶ ἐξέδοτο [A S¹ -ετο] αὐτῷ Κλεοπάτραν
[Aq., Th. Je. 37 (44). 12.]
[Sm. I Ki. 19. 5 : 23. 7 : Ps. 26 (27). 12 : 40 (41). 3 : 54 (55). 23 : 77 (78). 48, 62 : Je. 37 (44). 12 : Ho. 11. 8.]

ἐκδιδύσκειν. (1) פָּשַׁט a. qal. b. pi.

I Ki. 31. 8. ἐκδιδύσκειν τοὺς νεκρούς (1 b)
II Ki. 23. 10. ὁ λαὸς ἐκάθητο ὀπίσω αὐτοῦ πλὴν ἐκδιδύσκειν (1 b)
Ne. 4. 23 (17). οὐκ ἦν ἐξ ἡμῶν [S¹ om. ἐξ ἡ.] ἐκδιδυσκόμενος ἀνὴρ τὰ ἱμάτια αὐ. (1 a)
Ho. 7. 1. ἐκδιδύσκων λῃστὴς ἐν τῇ ὁδῷ αὐτοῦ (1 a)

ἐκδιηγεῖσθαι. (1) סָפַר a. pi. b. pu. (2) שִׂיחַ

Jb. 12. 8. ἐκδιήγησαι γῇ ἐάν σοι φράσῃ (2)
Ps. 49 (50). 16. A S² ἵνα τί σὺ ἐκδιηγῇ [B S¹ διηγῇ] τὰ δικαιώματά μου (1 a)
117 (118). 17. A S¹ ἐκδιηγήσομαι [S² R διηγ.] τὰ ἔργα κυρίου (1 a)
Si. 1. 23. B χείλη πιστῶν [A S πολλῶν] ἐκδιηγήσεται συνεσιν αὐ.
18. 5. τίς προσθήσει ἐκδιηγήσασθαι τὰ ἐλέη αὐτοῦ
31 (34). 9. ὁ πολύπειρος ἐκδιηγήσεται σύνεσιν
33 (36). 8. ἐκδιηγησάσθωσαν τὰ μεγαλεῖά σου
34 (31). 11. τὰς ἐλεημοσύνας αὐτοῦ ἐκδιηγήσεται ἐκκλησία [A σοφία]
39. 12. ἔτι διανοηθεὶς ἐκδιηγήσομαι [A -γηθήσ.]
42. 15. ἃ ἑώρακα ἐκδιηγήσομαι
— 17. ἐκδιηγήσασθαι πάντα τὰ θαυμάσια αὐτοῦ
43. 31. τίς ἑώρακεν αὐτὸν καὶ ἐκδιηγήσεται
44. 8. κατέλιπον ὄνομα τοῦ ἐκδιηγήσασθαι ἐπαίνους
Hb. 1. 5. ἐάν τις ἐκδιηγῆται [S¹ -γήσηται, A S² ἐκδ. ὑμῖν] (1 b)
Ez. 12. 16. ὅπως ἐκδιηγῶνται πάσας [A -γήσων.] τὰς ἀνομίας αὐ. (1 a)

ἐκδικάζειν. (1) נָקַם

Le. 19. 18. οὐκ ἐκδικᾶταί σου ἡ χείρ (1)
De. 32. 43. τὸ αἷμα τῶν υἱῶν αὐτοῦ ἐκδικᾶται [A -εῖται] (1)
Ju. 11. 10. οὐ γὰρ ἐκδικᾶται τὸ γένος ἡμῶν
I Ma. 9. 26. A ἐξεδίκα αὐτοὺς [S R al.]
II Ma. 6. 15. ἵνα μὴ . . . ὕστερον ἡμᾶς ἐκδικᾷ

ἐκδικεῖν. (1) דָּרַשׁ (2) נָקָה a. ni. b. pi. (3) נָקַם a. qal. b. ni. c. pi. d. hoph. e. hithpa. f. ἐκδικούμενα παραλύειν נָקַם hoph. g. ἐκδικεῖσθαι ἐκ נָקַם hoph. h. נָקַם מִ׳ ni. (4) a. פָּקַד b. c. עַל c. c. אֶל (5) פָּרַק hithpa. (6) רִיב (7) שָׁפַט a. qal. b. ni.

Ge. 4. 15. ἑπτὰ ἐκδικούμενα παραλύσει (3 f)
— 24. ἑπτάκις ἐκδεδίκηται ἐκ Καίν (3 g)
Ex. 21. 20. A R δίκῃ ἐκδικηθήσεται [B -θήτω] (3 b)
— 21. A B οὐκ ἐκδικηθήσεται [R -θήτω] (3 d)
Le. 26. 25. μάχαιραν ἐκδικοῦσαν δίκην διαθήκης (3 a)
Nu. 31. 2. ἐκδίκει τὴν ἐκδίκησιν υἱῶν Ἰ. (3 a)
De. 18. 19. ἐγὼ ἐκδικήσω ἐξ αὐτοῦ (1)
32. 41. A² καὶ ἐκδικήσει –
— 43. A τὸ αἷμα τῶν υἱῶν αὐτοῦ ἐκδικεῖται [B -ᾶται] (3 a)
— 43. καὶ ἐκδικήσει –
Jd. 6. 31. A αὐτὸς ἐκδικήσει αὐτόν [B al.] (6)
15. 7. ἐκδικήσω ἐν ὑμῖν [A al.] (3 c)
16. 28. A ἐκδικήσω ἐκδίκησιν [B al.] (3 b)
I Ki. 3. 13. ἐκδικῶ ἐγὼ [A -κήσω ἐπὶ] τὸν οἶκον (7 a)
14. 24. ἐκδικήσω τὸν ἐχθρόν μου (3 h)
15. 2. νῦν ἐκδικήσω ἃ ἐποίησεν Ἀ. (4 a)
18. 25. B ἐκδικῆσαι ἐχθροὺς τοῦ βασιλέως (3 b)
24. 13. A B ἐκδικήσαι με [R σοι] κύριος ἐκ σοῦ (3 a)
IV Ki. 9. 7. ἐκδικήσεις τὰ αἵματα τῶν δούλων μου (3 c)
II Ch. 22. 8. ὡς ἐξεδίκησεν Ἰ. τὸν οἶκον Ἀ. (7 b)
To. 3. 3. μή με ἐκδικῇς [A S -ήσῃς] ταῖς ἁμαρτίαις μου
Ju. 1. 12. ἐκδικήσειν [S¹ -σει] πάντα τὰ ὅρια [A ὄρη]
2. 1. ἐκδικῆσαι πᾶσαν τὴν γῆν
6. 5. ἕως οὗ ἐκδικήσω τὸ γένος τῶν ἐξ Αἰ.
7. 28. ὃς [S ὡς] ἐκδικεῖ ἡμᾶς κατὰ τὰς ἁμαρτίας
8. 27. ἡμᾶς οὐκ ἐξεδίκησεν
16. 17. κύριος παντοκράτωρ ἐκδικήσει αὐτούς
Ps. 36 (37). 28. ἄμωμοι ἐκδικηθήσονται [A S² al.] –
98 (99). 8. ἐκδικῶν ἐπὶ πάντα τὰ ἐπιτηδεύμ. αὐ. (3 a)
Si. 5. 3. ὁ γὰρ κύριος ἐκδικῶν ἐκδικήσει σε [A S om.]
12. 8. οὐκ ἐκδικηθήσεται [A οὐκ ἐμβληθήσεται, S² οὐ γνωσθήσεται] ἐν ἀγαθοῖς ὁ φίλος
23. 21. οὗτος ἐν πλατείαις πόλεως ἐκδικηθήσεται
28. 1. ὁ ἐκδικῶν παρὰ κυρίου εὑρήσει ἐκδίκησιν
39. 30. ῥομφαία ἐκδικοῦσα [S² -διώκουσα] εἰς ὄλεθρον ἀσεβεῖς
46. 1. ἐκδικῆσαι ἐπεγειρομένους ἐχθρούς
Ho. 1. 4. ἐκδικήσω τὸ αἷμα τοῦ Ἰ. (4 a)
2. 13 (15). καὶ ἐκδικήσω ἐπ' αὐτὴν τὰς ἡμέρας τῶν B. (4 a)
4. 9. καὶ ἐκδικήσω ἐπ' αὐτὸν τὰς ὁδοὺς αὐτοῦ (4 a)
8. 13. καὶ ἐκδικήσει τὰς ἁμαρτίας αὐ. (4 a)
9. 9. ἐκδικήσει τὰς ἁμαρτίας αὐτῶν (4 a)
12. 2 (3). τοῦ ἐκδικῆσαι τὸν Ἰ. (4 b)
Am. 3. 2. ἐκδικήσω ἐφ' ὑμᾶς πάσας τὰς ἁμαρτίας ὑμῶν (4 a)
— 14. ὅταν ἐκδικῶ ἀσεβείας τοῦ Ἰ. [A al.] (4 a)
— 14. ἐκδικήσω ἐπὶ τὰ θυσιαστήρια Βαιθήλ (4 a)
Jl. 3 (4). 21. A ἐκδικήσω [B S ἐκζητήσω] τὸ αἷμα αὐτῶν (2 b)
Ob. 1. 21. τοῦ ἐκδικῆσαι τὸ ὄρος Ἡσαῦ (7 a)
Na. 1. 2. θεὸς ζηλωτὴς καὶ ἐκδικῶν κύριος [R add. ἐκδικῶν κύριος] μετὰ θυμοῦ ἐκδικῶν κύριος τοὺς ὑπεναντίους αὐτοῦ (3 a ter)
— 9. A B S² οὐκ ἐκδικήσει δίς †
Ze. 1. 8. ἐκδικήσω ἐπὶ τοὺς ἄρχοντας (4 a)
— 9. A S ἐκδικήσω ἐπὶ πάντας [B om. ἐπὶ π.] ἐμφανῶς (4 a)
— 12. ἐκδικήσω ἐπὶ τοὺς ἄνδρας (4 a)
3. 7. ὅσα ἐξεδίκησα ἐπ' αὐτήν (4 a)
Za. 5. 3. πᾶς ὁ κλέπτης . . . ἕως θανάτου ἐκδικηθήσεται καὶ πᾶς ὁ ἐπίορκος . . . ἐκδικηθήσεται (2 a, 2 a)
Is. 57. 16. οὐκ εἰς τὸν αἰῶνα ἐκδικήσω ὑμᾶς (6)
Je. 5. 9. ἐν ἔθνει τοιούτῳ οὐκ ἐκδικήσει [A -σῃ] ἡ ψυχή μου (3 e)
— 29. ἐν [A S¹ om.] ἔθνει τῷ τοιούτῳ οὐκ ἐκδικήσει [S¹ -κεῖ] ἡ ψυχή μου (3 e)
9. 9 (8). ἐν λαῷ τοιούτῳ οὐκ ἐκδικήσει ἡ ψυχή μου (3 e)
15. 3. ἐκδικήσω ἐπ' αὐτοὺς τέσσαρα εἴδη (4 a)
23. 2. ἐκδικῶ [A -κήσω] ἐφ' ὑμᾶς (4 a)
— 34. ἐκδικήσω τὸν ἄνθρωπον ἐκεῖνον (4 b)
25. 12. ἐκδικήσω τὸ ἔθνος ἐκεῖνο (4 b)
26 (46). 10. τοῦ ἐκδικῆσαι τοὺς ἐχθροὺς αὐτοῦ (3 h)
— 25. ἐκδικῶ τὸν Ἀμμὼν τὸν υἱὸν αὐτῆς (4 c)
27 (50). 15. ἐκδικεῖτε [S -κηται] ἐπ' αὐτήν (3 b)
— 18. ἐκδικῶ ἐπὶ τὸν βασιλέα [B¹ om. τ. β.] Βαβυλῶνος . . . καθὼς ἐξεδίκησα ἐπὶ τὸν βασιλέα Ἀσσούρ (4 a, 4 a)
— 21. ἐκδίκησον, μάχαιρα [S -αν], καὶ ἀφάνισον (4 a ?)
28 (51). 36. B S ἐκδικήσω τὴν ἐκδίκησίν σου (3 c)
— 44. ἐκδικήσω ἐπὶ Βαβυλῶνα (4 a)
— 52. ἐκδικήσω ἐπὶ [S om.] τὰ γλυπτὰ αὐ. (4 a [4 b])
Ez. 7. 7 (3). ἐκδικήσω [A add. σε] ἐν ταῖς ὁδοῖς σου [B al.] (7 a)
— 27. ἐν [A om.] τοῖς κρίμασιν αὐτῶν ἐκδικήσω αὐτούς (7 a)
16. 38. ἐκδικήσω σε ἐκδικήσει μοιχαλίδος (7 a)
19. 12. ἐξεδικήθησαν [A -θη] (5 ?)
20. 4. εἰ ἐκδικήσω αὐτοὺς ἐκδικήσει (7 a)
23. 24. ἐκδικήσουσί σε ἐν τοῖς κρίμασιν αὐτῶν (7 a)

Ez. 23. 45. ἐκδικήσουσιν αὐτὰς ἐκδικήσει μοιχαλίδος (7 a)
24. 8. τοῦ ἀναβῆναι [A[1] καταβ.] θυμὸν εἰς ἐκδίκησιν ἐκδικηθῆναι (3 a)
25. 12. ἐν τῷ [A τοῦ] ἐκδικῆσαι αὐτοὺς ἐκδίκησιν εἰς τὸν οἶκον Ἰούδα . . . καὶ ἐξεδίκησαν δίκην (3 a, 3 c)
I Ma. 2. 67. ἐκδικήσατε ἐκδίκησιν τοῦ λαοῦ ὑμῶν
6. 22. καὶ ἐκδικήσεις τοὺς ἀδελφοὺς ἡμῶν
9. 26. R ἐξεδίκει ἐν αὐτοῖς [A S al.]
— 42. ἐξεδίκησαν [S[1] -σεν] τὴν ἐκδίκησιν αἵματος
13. 6. ἐκδικήσω περὶ τοῦ ἔθνους μου
15. 21. A S ὅπως ἐκδικήσει αὐτούς [R -σῃ ἐν αὐτοῖς]
III Ma. 2. 17. μὴ ἐκδικήσῃς ἡμᾶς
IV Ma. 17. 10. ἐξεδίκησαν τὸ ἔθνος [S γένος]
[Aq. Ge. 4. 15, 24: Je. 15. 15: Ez. 25. 15: Ze. 1. 12.]
[Sm. I Ki. 25. 33: Ze. 1. 12.]
[Th. Ge. 4. 24: Ez. 25. 15: Ze. 1. 12.]
[Heb. Dt. 32. 43: IV Ki. 9. 7.]
[Al. Hb. 3. 14]

ἐκδικησία (?). (1) נָקַם
Jd. 16. 28. A ἐκδικήσω ἐκδικησίαν [B al.] (1)

ἐκδίκησις. (1) אַף (2) *a.* ἐκδίκησιν ποιεῖσθαι נָקַם ni. *b.* נָקָם *c.* נְקָמָה (3) *a.* פָּקַד *b.* פְּקֻדָּה (4) *a.* שָׁפַט *b.* שֶׁפֶט *c.* שְׁפוֹט *d.* מִשְׁפָּט (5) תַּאֲנָה (6) תּוֹכַחַת

Ex. 7. 4. καὶ ἐξάξω . . . σὺν ἐ. μεγάλῃ (4 b)
12. 12. καὶ ἐν πᾶσι τοῖς θεοῖς τῶν Αἰγ. ποιήσω τὴν ἐ. (4 b)
Nu. 31. 2. ἐκδίκει τὴν ἐ. υἱῶν Ἰ. (2 c)
— 3. ἀποδοῦναι ἐκδίκησιν παρὰ τοῦ κυρίου (2 c)
33. 4. ἐποίησε τὴν ἐ. κύριος (4 b)
De. 32. 35. ἐν ἡμέρᾳ ἐκδικήσεως ἀνταποδώσω (2 b)
Jd. 11. 36. ἐν τῷ ποιῆσαί σοι κύριον ἐκδίκησιν [A ἀνθ' ὧν ἐποίησέν σοι κ. ἐκδικήσεις] (2 c)
14. 4. ἐκδίκησιν αὐτὸς ζητεῖ [A al.] (5 ?)
15. 7. A τὴν ἐ. μου . . . ποιήσομαι [B al.] (2 a)
II Ki. 4. 8. ἔδωκε κύριος . . . ἐκδίκησιν τῶν ἐχθρῶν αὐτοῦ (2 c)
22. 48. ὁ διδοὺς ἐκδικήσεις ἐμοί (2 c)
Ju. 8. 35. εἰς ἐκδίκησιν τῶν ἐχθρῶν ἡμῶν
9. 2. εἰς ἐκδίκησιν ἀλλογενῶν
Ps. 17 (18). 47. ὁ θεὸς ὁ διδοὺς ἐκδικήσεις ἐμοί (2 c)
57 (58). 10. ὅταν ἴδῃ ἐκδίκησιν ἀσεβῶν [S om.] (2 b)
78 (79). 10. γνωσθήτω . . . ἡ ἐ. τοῦ αἵματος τῶν δούλων σου (2 c)
93 (94). 1. θεὸς ἐκδικήσεων κύριος ὁ θεὸς ἐκδικήσεων ἐπαρρησιάσατο (2 c, 2 c)
149. 7. τοῦ ποιῆσαι ἐκδίκησιν ἐν τοῖς ἔθνεσιν (2 c)
Wi. 11. 16. ἐπαπέστειλας αὐτοῖς πλῆθος ἀλόγων ζῴων εἰς ἐκδίκησιν
Si. 5. 7. ἐν καιρῷ ἐκδικήσεως ἐξολῇ
7. 17. ἐκδίκησις [A S -ήσεις] ἀσεβοῦς πῦρ καὶ σκώληξ
12. 6. τοῖς ἀσεβέσιν ἀποδώσει [A ἀποδῷ εἰς] ἐκδίκησιν
18. 24. μνήσθητι . . . καιρὸν ἐκδικήσεως ἐν ἀποστροφῇ προσώπου
25. 14. πᾶσαν ἐκδίκησιν καὶ μὴ ἐκδίκησιν ἐχθρῶν
27. 28. ἡ ἐ. ὡς λέων ἐνεδρεύσει αὐτόν
28. 1. ὁ ἐκδικῶν παρὰ κυρίου εὑρήσει ἐκδίκησιν
32 (35). 18. τοῖς ἔθνεσιν ἀνταποδώσει ἐκδίκησιν
39. 28. ἔστι πνεύματα ἃ εἰς ἐκδίκησιν ἔκτισται
— 29. πάντα ταῦτα εἰς ἐκδίκησιν ἔκτισται
47. 25. ἕως [A ὡς] ἐκδίκησις ἔλθῃ ἐπ' αὐτούς
48. 7. ἀκούων . . . ἐν Χωρὴβ κρίματα ἐκδικήσεως
Ho. 9. 7. ἥκασιν αἱ ἡμέραι τῆς ἐ. (3 b)
Mi. 5. 15 (14). ποιήσω . . . ἐκδίκησιν ἐν τοῖς ἔθνεσιν (2 b)
7. 4. αἱ ἐ. σου ἥκασι (3 b)
Is. 59. 17. περιεβάλετο ἱμάτιον ἐκδικήσεως (2 b)
66. 15. ἀποδοῦναι ἐν θυμῷ ἐκδίκησιν αὐτοῦ (1)
Je. 11. 20. ἴδοιμι τὴν παρὰ σοῦ ἐ. ἐξ αὐτῶν (2 c)
20. 10. λημψόμεθα τὴν ἐ. ἡμῶν ἐξ αὐτοῦ (2 c)
— 12. ἴδοιμι τὴν παρὰ σοῦ ἐ. ἐν αὐτοῖς (2 c)
26 (46). 10. ἡ ἡμέρα ἐκείνη κ. τῷ θ. ἡμῶν ἡμέρα ἐκδικήσεως (2 c)
— 21. ἦλθεν . . . καιρὸς ἐκδικήσεως αὐτῶν (3 b)
27 (50). 15. ἐ. παρὰ θεοῦ ἐστιν (2 c)
— 27. ἥκει . . . καιρὸς ἐκδικήσεως αὐτῶν (3 b)
Je. 27 (50). 28. τοῦ ἀναγγεῖλαι εἰς Σιὼν τὴν ἐ. (2 c)
— 31. ἥκει . . . ὁ καιρὸς ἐκδικήσεώς [A S τῆς ἐ.] σου (3 a)
28 (51). 6. καιρὸς ἐκδικήσεως αὐτῆς ἐστι παρὰ κυρίου (2 c)
— 11. ἐ. κυρίου ἐστιν ἐ. λαοῦ αὐτοῦ ἐστιν (2 c, 2 c)
— 36. B S ἐκδικήσω τὴν ἐ. σου (2 c)
La. 3. 60. εἶδες πᾶσαν τὴν ἐ. αὐτῶν (2 c)
Ez. 5. 15. ἐν τῷ ποιῆσαί με ἐν σοὶ κρίματα ἐν ἐκδικήσει θυμοῦ μου (6)
9. 1. ἤγγικεν ἡ ἐ. τῆς πόλεως (3 b)
14. 21. ἐὰν δὲ καὶ τὰς τέσσαρας ἐ. μου . . . ἐξαποστείλω [A ἐπαποστελῶ] (4 b)
16. 38. ἐκδικήσω σε ἐκδικήσει μοιχαλίδος (4 d)
— 41. ποιήσουσιν ἐν σοὶ ἐκδικήσεις (4 b)
20. 4. εἰ ἐκδικήσω αὐτοὺς ἐκδικήσει (4 a)
23. 10. ἐποίησαν ἐκδικήσεις ἐν αὐτῇ (4 c)
— 45. ἐκδικήσουσιν αὐτὰς ἐκδικήσει μοιχαλίδος καὶ ἐκδικήσει αἵματος (4 d, 4 d)
24. 8. τοῦ ἀναβῆναι [A[1] καταβ.] θυμὸν εἰς ἐκδίκησιν ἐκδικηθῆναι (2 b)
25. 11. εἰς [A ἐν] Μωὰβ ποιήσω ἐκδίκησιν (4 b)
— 12. ἐν τῷ [A τοῦ] ἐκδικῆσαι αὐτοὺς ἐκδίκησιν (2 b)
— 14. δώσω ἐκδίκησίν [A τὴν ἐ.] μου ἐπὶ τὴν Ἰδ. . . . ἐπιγνώσονται τὴν ἐ. μου (2 c, 2 c)
— 15. ἐποίησαν οἱ ἀλλόφυλοι ἐν ἐκδικήσει καὶ ἐξανέστησαν ἐκδίκησιν (2 c, 2 b)
— 17. ποιήσω ἐν αὐτοῖς ἐκδικήσεις μεγάλας . . . ἐν τῷ δοῦναι τὴν ἐ. μου ἐπ' αὐτούς (2 c, 2 c)
30. 14. ποιήσω ἐκδίκησιν ἐν Διοσπόλει (4 b)
I Ma. 2. 67. ἐκδικήσατε ἐκδίκησιν τοῦ λαοῦ ὑμῶν
3. 15. ποιῆσαι τὴν ἐ. ἐν υἱοῖς Ἰσ.
7. 9. ποιῆσαι τὴν ἐ. ἐν τοῖς υἱοῖς Ἰσ.
— 24. ἐποίησεν ἐκδίκησιν ἐν τοῖς ἀνδράσι
— 38. A R ποίησον ἐκδίκησιν ἐν [S om.] τῷ ἀνθρώπῳ τούτῳ
9. 42. ἐξεδίκησαν [S[1] -σεν] τὴν ἐ. αἵματος
III Ma. 7. 9. R ἐπ' ἐκδικήσει [A -σιν] τῶν πραγμάτων
[Aq. Pr. 6. 34: Je. 20. 12: 50 (27). 28.]
[Sm. Ge. 4. 15, 24: Ps. 57 (58). 11: Pr. 6. 34: Is. 34. 8: 47. 3: 59. 17: 61. 2: 63. 4: Je. 50 (27). 28.]
[Th. Jd. 15. 7: Pr. 6. 34: Is. 35. 4: 61. 2: Je. 50 (27). 28.]
[Quint. Pr. 6. 34.]
[Al. Is. 34. 8.]

ἐκδικητής. (1) נָקַם hithpa.
Ps. 8. 2. τοῦ καταλῦσαι ἐχθρὸν καὶ ἐκδικητήν (1)

ἐκδικία.
[Aq. Is. 59. 17: 63. 4.]
[Th. Is. 59. 17.]
[Heb. Dt. 32. 43.]

ἔκδικος.
Wi. 12. 12. τίς . . . ἐλεύσεται ἔκδικος κατὰ ἀδίκων ἀνθρώπων
Si. 30. 6. ἐναντίον ἐχθρῶν κατέλιπεν ἔκδικον
IV Ma. 15. 29. ἔκδικε τοῦ νόμου
[Sm. Ps. 98 (99). 8.]

ἐκδιώκειν. (1) בָּרַח hi. (2) הָדַף (3) טָרַד (4) נָקַם hithpa. (5) צָמַת hi. (6) רָדַף (7) רוּץ *a.* qal. *b.* hi. (8) רָחַק hi.

De. 6. 19. ἐκδιῶξαι πάντας τοὺς ἐχθρούς σου (2)
I Ki. 30. 10. A ἐξεδίωκεν Δαυὶδ σὺν τετρακοσίοις ἀνδράσιν [B R al.] (6)
I Ch. 8. 13. οὗτοι ἐξεδίωξαν τοὺς κατοικοῦντας Γ. (1)
12. 15. καὶ ἐξεδίωξαν [S ἐδ.] πάντας τοὺς κατοικοῦντας αὐλῶνας (1)
Ps. 36 (37). 28. A S[2] ἄνομοι δὲ ἐκδιωχθήσονται [B S[1] al.] -
43 (44). 16. ἀπὸ προσώπου [S[1] φόβου] ἐχθροῦ καὶ ἐκδιώκοντος (4)
68 (69). 4. ἐκραταιώθησαν οἱ ἐχθροί μου οἱ ἐκδιώκοντές [S δι.] με ἀδίκως (5)
100 (101). 5. τοῦτον ἐξεδίωκον (5)
118 (119). 157. πολλοὶ οἱ ἐκδιώκοντές με (6)
Si. 30. 19. οὕτως ὁ ἐκδιωκόμενος ὑπὸ κυρίου
39. 30. S[2] ῥομφαία ἐκδιώκουσα [A B S[1] -δικοῦσα] εἰς ὄλεθρον ἀσεβεῖς
Jl. 2. 20. τὸν ἀπὸ βορρᾶ ἐκδιώξω ἀφ' ὑμῶν (8)
Je. 27 (50). 44. ταχέως ἐκδιώξω αὐτοὺς ἀπ' αὐτῆς (7 a*, 7 b)
29 (49). 19. ταχὺ ἐκδιώξω αὐτοὺς ἀπ' αὐτῆς (7 b)
Da. Th. 4. 22. καὶ σὲ ἐκδιώξουσιν ἀπὸ τῶν ἀνθρώπων (3)
— 29. ἀπὸ τῶν ἀνθρώπων σε ἐκδιώκουσι [A -ώξουσιν] (3)
— 30: 5. 21. ἀπὸ τῶν ἀνθρώπων ἐξεδιώχθη (3)
I Ma. 9. 26. S ἐξεδίωκεν αὐτοῖς [A R al.]
[Sm. Ec. 3. 15.]

ἐκδοκιμάζειν.
[Aq., Sm. Jb. 7. 18.]

ἔκδοτος.
Da. Th. Bel 22. καὶ ἔδωκε τὸν Βὴλ ἔκδοτον τῷ Δ.
[Sm. Is. 46. 1: Je. 44 (51). 30.]

ἐκδύειν, ἐκδύνειν. (1) חָלַץ *a.* qal. *b.* ni. (2) פָּשַׁט *a.* qal. *b.* hi. *c.* hithpa. (3) פָּתַח hithpa.

Ge. 37. 23. ἐξέδυσαν τὸν Ἰωσὴφ τὸν χιτῶνα (2 b)
Le. 6. 11 (4). ἐκδύσεται τὴν στολὴν αὐτοῦ (2 a)
16. 23. ἐκδύσεται τὴν στολὴν τὴν λινῆν (2 a)
— 24. A ἐκδύσεται [B ἐνδ.] τὴν στολὴν αὐτοῦ †
Nu. 20. 26. ἔκδυσον Ἀαρὼν τὴν στολὴν αὐτοῦ (2 b)
— 28. ἐξέδυσε τὸν Ἀ. τὰ ἱμάτια αὐτοῦ (2 b)
I Ki. 18. 4. A ἐξεδύσατο Ἰ. τὸν ἐπενδύτην τὸν ἐπάνω (2 c)
19. 24. ἐξεδύσατο τὰ ἱμάτια αὐτοῦ (2 a)
31. 9. ἐξέδυσαν τὰ σκεύη αὐτοῦ (2 b)
I Ch. 10. 9. καὶ ἐξέδυσαν αὐτόν (2 b)
Ju. 10. 3. καὶ ἐξεδύσατο τὰ ἱμάτια
16. 8. A B S[2] ἐξεδύσατο γὰρ στολὴν χηρεύσεως αὐ.
Es. 5. 1. ἐξεδύσατο τὰ ἱμάτια τῆς θεραπείας
Jb. 11. 15. ἐκδύσῃ δὲ ῥύπον †
19. 9. τὴν δὲ δόξαν ἀπ' ἐμοῦ ἐξέδυσεν (2 b)
30. 13. ἐξέδυσαν [S -εν] γάρ μου τὴν στολήν [A με τὴν στ. μου] †
Pr. 11. 8. δίκαιος ἐκ θήρας ἐκδύνει [A δύνει] (1 b)
Ca. 5. 3. ἐξεδυσάμην τὸν χιτῶνά μου (2 a)
Si. 43. 20. S ὡς θώρακα ἐκδύσεται [A B ἐνδ.] τὸ ὕδωρ
Ho. 2. 3 (5). ὅπως ἂν ἐκδύσω [B[3] ἐκλ.] αὐτὴν γυμνήν (2 b)
Is. 32. 11. ἐκδύσασθε γυμναὶ γένεσθε (2 a)
52. 2. A S R ἔκδυσαι [B ἔκλ.] τὸν δεσμὸν τοῦ τραχήλου σου (3)
Ba. 4. 20. ἐξεδυσάμην τὴν στολὴν τῆς εἰρήνης
5. 1. ἔκδυσαι . . . τὴν στολὴν τοῦ πένθους
La. 4. 3. δράκοντες ἐξέδυσαν μαστούς (1 a)
Ez. 16. 39. ἐκδύσουσί σε τὰ ἱμάτιά [A τὸν ἱματισμόν] σου (2 b)
23. 26. ἐκδύσουσί σε τὸν ἱματισμόν σου (2 b)
26. 16. τὸν ἱματισμὸν τὸν ποικίλον αὐτῶν ἐκδύσονται (2 a)
44. 19. ἐκδύσονται τὰς στολὰς αὐτῶν (2 a)
I Ma. 10. 62. S R ἐξέδυσαν [A -σεν] Ἰ. τὰ ἱμάτια αὐ.
II Ma. 8. 27. τὰ σκῦλα ἐκδύσαντες τῶν πολεμίων
[Sm. Ho. 7. 1.]
[Al. Le. 1. 6.]

ἐκδυναστεύειν.
[Sm. Je. 50 (27). 17.]

ἐκεῖ (*incl.* κἀκεῖ). (1) אֱלֹהִים (2) *a.* בּוֹ *b.* בָּהּ *c.* בָּם (3) בַּמַּחֲנָה (4) הָלְאָה (5) הֲלֹם (6) וַיָּבֹא (7) עָלָיו (8) *a.* שָׁם *b.* שָׁמָּה *c.* מִשָּׁם *d.* תַּמָּה

Ge. 2. 8. ἔθετο ἐ. τὸν ἄνθρωπον (8 a)
— 11. ἐ. οὗ ἐστι τὸ χρυσίον (8 a)
— 12. καὶ ἐκεῖ ἐστιν ὁ ἄνθραξ (8 a)
11. 2. καὶ κατῴκησαν ἐ. (8 a)
— 7. συγχέωμεν ἐ. αὐτῶν τὴν γλῶσσαν (8 a)
— 9. ὅτι ἐ. συνέχεε κύριος τὰ χείλη (8 a)
— 31. καὶ κατῴκησεν ἐ. (8 a)
12. 7. ᾠκοδόμησεν ἐ. Ἅβραμ θυσιαστήριον (8 a)
— 8. ἔστησεν ἐ. τὴν σκηνὴν αὐτοῦ -
— 8. ᾠκοδόμησεν ἐ. θυσιαστήριον τῷ κυρίῳ (8 a)
— 10. παροικῆσαι ἐ. (8 a)
13. 4. A οὗ ἐποίησεν ἐ. τὴν σκηνήν [R ἀρχήν] (8 a)
— 4. ἐπεκαλέσατο ἐ. Ἅβραμ τὸ ὄνομα κ. (8 a)
— 18. ᾠκοδόμησεν ἐ. θυσιαστήριον κυρίῳ (8 a)

Ge. 14. 10. καὶ ἐνέπεσαν ἐ. (8 b)
18. 28. ἐὰν εὕρω ἐ. τεσσαράκοντα πέντε (8 a)
— 29. ἐὰν δὲ εὑρεθῶσιν ἐ. τεσσαράκοντα (8 a)
— 30. ἐὰν δὲ εὑρεθῶσιν ἐ. τριάκοντα (8 a)
— 30. A ἐὰν εὑρεθῶσιν ἐ. τριάκοντα [R *al.*] (8 a)
— 31. ἐὰν δὲ εὑρεθῶσιν ἐ. εἴκοσι (8 a)
— 31. R ἐὰν εὕρω ἐ. εἴκοσι [A *al.*] †
— 32. ἐὰν δὲ εὑρεθῶσιν ἐ. δέκα (8 a)
19. 9. ἀπόστα ἐ. (4)
— 20. τοῦ καταφυγεῖν με ἐ. (8 b)
— 20. A ἐ. σωθήσομαι [R καὶ ἐ. διασωθ.] (8 b)
— 22. τοῦ σωθῆναι ἐ. (8 b)
— 22. ἕως τοῦ σε ἐλθεῖν ἐ. (8 b)
20. 13. οὗ ἐὰν εἰσέλθωμεν ἐ. (8 b)
21. 31. ὅτι ἐ. ὤμοσαν ἀμφότεροι. (8 a)
— 33. ἐπεκαλέσατο ἐ. τὸ ὄνομα κυρίου (8 a)
22. 2. A ἀνένεγκον [R -κε] αὐτὸν ἐ. (8 a)
— 9. ᾠκοδόμησεν ἐκεῖ Ἀ. θυσιαστήριον (8 a)
23. 4. A θάψω τὸν νεκρόν μου ἐ. [R *om.*] ἀπ' ἐμοῦ –
— 6. τοῦ θάψαι τὸν νεκρόν σου ἐ. –
— 13. καὶ θάψω τὸν νεκρόν μου ἐ. (8 b)
24. 6. μὴ ἀποστρέψῃς τὸν υἱόν μου ἐ. (8 b)
— 8. τὸν υἱόν μου μὴ ἀποστρέψῃς ἐ. (8 b)
25. 10. ἐκεῖ ἔθαψαν Ἀβραάμ (8 b)
26. 8. ἐγένετο δὲ πολυχρόνιος ἐ. (8 b)
— 17. καὶ κατῴκησεν ἐ. (8 a)
— 19. καὶ εὗρον ἐ. φρέαρ (8 a)
— 25. ᾠκοδόμησεν ἐ. θυσιαστήριον (8 a)
— 25. ἔπηξεν ἐ. τὴν σκηνὴν αὐτοῦ (8 a)
— 25. ὤρυξαν δὲ ἐ. οἱ παῖδες Ἰ. φρέαρ (8 a)
28. 11. καὶ ἐκοιμήθη ἐ. (8 a)
— 18. A ὃν ἔθηκεν [R ὑπέθ.] ἐ. πρὸς κεφαλῆς αὐ. –
29. 2. ἦσαν δὲ ἐ. τρία ποίμνια προβάτων (8 a)
— 3. συνήγοντο ἐ. πάντα τὰ ποίμνια (8 b)
31. 13. οὗ ἤλειψάς μοι ἐ. στήλην (8 a)
— 13. καὶ ηὔξω μοι ἐ. εὐχήν (8 a)
— 46. καὶ ἔφαγον . . . ἐ. ἐπὶ τοῦ βωμοῦ (8 a)
32. 13 (14). καὶ ἐκοιμήθη ἐ. (8 a)
— 29 (30). καὶ εὐλόγησεν αὐτὸν ἐ. (8 a)
33. 17. ἐποίησεν αὐτῷ ἐ. οἰκίας –
— 19. οὗ ἔστησεν ἐ. τὴν σκηνὴν αὐτοῦ (8 a)
— 20. ἔστησεν ἐ. θυσιαστήριον (8 a)
35. 1. καὶ οἴκει ἐ. καὶ ποίησον ἐ. θυσιαστήριον (8 a, 8 a)
— 3. καὶ ποιήσωμεν ἐ. θυσιαστήριον τῷ θ. (8 a)
— 7. καὶ ᾠκοδόμησεν ἐ. θυσιαστήριον (8 a)
— 7. A ἐ. γὰρ ἐπεφάνη [R ἐφάνη] αὐτῷ ὁ θεός (8 a)
— 15. ἐν ᾧ ἐλάλησε μετ' αὐτοῦ ἐ. ὁ θ. (8 a)
38. 2. εἶδεν ἐ. Ἰούδας θυγατέρα ἀνθρώπου Χαν. (8 a)
39. 1. οἱ κατήγαγον αὐτὸν ἐ. (8 b)
— 20. ἐν ᾧ . . . κατέχονται ἐ. ἐν τῷ ὀχυρώματι (8 a)
— 22. καὶ πάντα ὅσα ποιοῦσιν ἐ. (8 a)
40. 3. οὗ Ἰωσὴφ ἀπῆκτο ἐ. (8 a)
41. 12. ἦν δὲ ἐ. μεθ' ἡμῶν νεανίσκος (8 a)
42. 2. κατάβητε ἐ. καὶ πρίασθε ἡμῖν (8 b)
43. 25. ὅτι ἐ. μέλλει ἀριστᾶν (8 a)
— 30. εἰσελθὼν δὲ εἰς τὸ ταμιεῖον ἔκλαυσεν ἐ. (8 b)
44. 14. ἔτι αὐτοῦ ὄντος ἐ. (8 a)
45. 10. A ὅσα σοι ἐ. [R ἐστι] †
— 11. καὶ ἐκθρέψω σε ἐ. (8 a)
46. 1. A ἔθυσεν ἐ. [R *om.*] θυσίαν. –
— 3. εἰς γὰρ ἔθνος μέγα ποιήσω σε ἐ. (8 a)
49. 31. ἐ. ἔθαψαν Ἀβραάμ (8 b)
— 31. ἐ. ἔθαψαν Ἰσαάκ (8 b)
— 31. ἐ. ἔθαψαν Λείαν (8 b)
50. 5. ἐν τῷ μνημείῳ . . . ἐ. με θάψεις (8 b)
— 12. B καὶ ἔθαψαν αὐτὸν ἐ. –
— 13. καὶ ἀνέλαβον αὐτὸν [B^1 *add.* ἐ.] –
Ex. 8. 22 (18). ἐφ' ἧς [A ᾗ] οὐκ ἔσται ἐ. ἡ κυνόμυια (8 a)
10. 26. ἕως τοῦ ἐλθεῖν ἡμᾶς ἐ. (8 b)
12. 13. ἐν αἷς ὑμεῖς ἐστε [A κατοικεῖτε] ἐ. (8 a)
15. 25. ἐ. ἔθετο αὐτῷ δικαιώματα καὶ κρίσεις καὶ ἐ. ἐπείρασεν αὐτόν (8 a, 8 a)
— 27. καὶ ἦσαν ἐ. δώδεκα πηγαὶ ὑδάτων (8 a)
— 27. παρενέβαλον δὲ ἐ. παρὰ [A ἐπὶ] τὰ ὕδατα (8 a)
17. 3. ἐδίψησε δὲ ἐ. ὁ λαὸς ὕδατι καὶ ἐγόγγυζεν ἐ. ὁ λαὸς πρὸς Μ. (8 a, –)
— 6. ὅδε ἐγὼ ἕστηκα ἐ. [A^1 *om.*] (8 a)
19. 2. παρενέβαλεν ἐ. Ἰσραήλ (8 a)
20. 21. A οὗ ἦν ἐ. [B *om.*] ὁ θεός (8 a)
— 24. οὗ ἐὰν ἐπονομάσω τὸ ὄνομά μου ἐ. –
21. 13. οὗ φεύξεται ἐ. [A *om.*] ὁ φονεύσας (8 b)

Ex. 21. 33. καὶ ἐμπέσῃ ἐ. μόσχος ἢ ὄνος (8 b)
24. 10. A οὗ εἱστήκει ἐ. [B *om.*] ὁ θεός –
— 12. ἀνάβηθι πρός με εἰς τὸ ὄρος καὶ ἴσθι ἐ. (8 a)
— 18. καὶ ἦν [A ἐκάθητο] ἐ. ἐν τῷ ὄρει –
26. 33. εἰσοίσεις ἐ. ἐσώτερον τοῦ καταπετάσματος (8 b)
29. 42. A γνωσθήσομαί σοι ἐ. [B ἐκεῖθεν] (8 b)
— 43. καὶ τάξομαι ἐ. τοῖς υἱοῖς Ἰσ. (8 b)
30. 6. A ἐν οἷς γνωσθήσομαί σοι ἐ. [B ἐκεῖθεν] (8 b)
34. 2. καὶ στήσῃ μοι ἐ. ἐπ' ἄκρου τοῦ ὄρους (8 a)
— 5. καὶ παρέστη αὐτῷ ἐ. (8 a)
— 28. καὶ ἦν ἐ. Μωυσῆς ἐναντίον κυρίου (8 a)
Le. 8. 31. ἐ. φάγεσθε αὐτά (8 a)
16. 23. ἀποθήσει αὐτὴν ἐ. (8 a)
18. 3 : 20. 22. εἰς ἣν ἐγὼ εἰσάγω ὑμᾶς ἐ. (8 b)
Nu. 9. 17. ἐ. παρενέβαλον οἱ υἱοὶ Ἰ. (8 a)
11. 16. στήσονται ἐ. μετὰ σοῦ (8 a)
— 17. λαλήσω ἐ. μετὰ σοῦ (8 a)
— 34. ἐ. ἔθαψαν τὸν λαόν (8 a)
13. 23 (22). καὶ ἐ. Ἀχιμάν (8 a)
— 29 (28). ἑωράκαμεν ἐ. (8 a)
— 33 (32). B ἄνδρες ὑπερμήκεις ἐ. [A R *om.*] –
— 34 (33). ἐ. ἑωράκαμεν τοὺς γίγαντας (8 a)
14. 24. εἰς ἣν εἰσῆλθεν ἐ. (8 b)
— 35. καὶ ἐ. ἀποθανοῦνται (8 a)
— 43. ὁ Χαναναῖος ἐ. ἔμπροσθεν ὑμῶν (8 a)
15. 18. εἰς ἣν ἐγὼ εἰσάγω ὑμᾶς ἐ. (8 b)
16. 37 (17. 2). σπεῖρον ἐ. (4)
17. 4 (19). γνωσθήσομαί σοι ἐκεῖ (8 b)
19. 18. ὅσοι ἐὰν ὦσιν ἐ. (8 a)
20. 1. καὶ ἐτελεύτησεν ἐ. Μ. καὶ ἐτάφη ἐ. (8 a, 8 a)
— 26. ἀποθανέτω ἐ. (8 a)
— 28. A ἀπέθανεν Ἀ. ἐ. [B *om.*] (8 a)
21. 32. τὸν Ἀμορραῖον τὸν κατοικοῦντα [A ὄντα] ἐ. (8 a)
23. 14. ᾠκοδόμησεν ἐ. ἑπτὰ βωμούς –
32. 40. καὶ κατῴκησεν ἐ. (2 b)
33. 9. παρενέβαλον ἐ. παρὰ τὸ ὕδωρ (8 a)
— 14. οὐκ ἦν ἐ. ὕδωρ (8 a)
— 38. καὶ ἀπέθανεν ἐ. (8 a)
— 54. ἐκεῖ αὐτοῦ ἔσται (8 b)
35. 6. ἃς δώσετε φεύγειν ἐ. τῷ φονεύσαντι (8 b)
— 11. φυγεῖν ἐ. τὸν φονευτήν (8 b)
— 15. φυγεῖν ἐκεῖ παντὶ πατάξαντι (8 b)
— 25. καὶ κατοικήσει ἐ. (2 b)
— 26. εἰς ἣν κατέφυγεν ἐ. (8 b)
De. 1. 28. υἱοὺς γιγάντων ἑωράκαμεν ἐ. (8 b)
— 37. οὐ μὴ εἰσέλθῃς ἐ. (8 a)
— 38. οὗτος εἰσελεύσεται ἐ. (8 b)
— 39. οὗτοι εἰσελεύσονται ἐ. (8 b)
— 46. B^1 ὅσας ποτὲ ἡμέρας ἐνεκάθησθε ἐ. [A B^2 R *om.*] –
3. 21. ἐφ' ἃς σὺ διαβαίνεις ἐ. (8 b)
4. 5, 14. εἰς ἣν ὑμεῖς εἰσπορεύεσθε ἐ. (8 b)
— 26. ὑμεῖς διαβαίνετε . . . ἐ. (8 b)
— 27. εἰσάξει κύριος ὑμᾶς ἐ. (8 b)
— 28. λατρεύσετε ἐ. θεοῖς ἑτέροις (8 a)
— 29. ζητήσετε [A ἐκζ.] ἐ. κύριον (8 c)
— 42. φεύγειν ἐ. τὸν φονευτήν (8 b)
— 42. B^2 ὃς ἂν φύγῃ ἐ. –
6. 1. εἰς ἣν ὑμεῖς εἰσπορεύεσθε ἐ. (8 b)
7. 1. εἰς ἣν εἰσπορεύῃ ἐ. (8 b)
10. 5. καὶ ἦσαν ἐ. (8 a)
— 6. ἐ. ἀπέθανεν Ἀαρὼν καὶ ἐτάφη ἐ. (8 a, 8 a)
11. 8. διαβαίνετε τὸν Ἰορδάνην ἐ. (8 b)
— 10. εἰς ἣν εἰσπορεύῃ [A -εσθε ὑμεῖς] ἐ. (8 b)
— 11. εἰς ἣν εἰσπορεύῃ ἐ. (8 b)
— 29. εἰς [A *om.*] ἣν διαβαίνεις ἐ. (8 b)
12. 2. ἐλάτρευσαν ἐ. τοῖς θεοῖς αὐτῶν (8 a)
— 5. ἐπονομάσαι τὸ ὄνομα αὐτοῦ ἐ. (8 a)
— 5. καὶ ἐλεύσεσθε [B^1 *om.* καὶ ἐ., A καὶ εἰσελ.] ἐ. (8 b)
— 6. οἴσετε ἐ. [B^1 *om.*] τὰ ὁλοκαυτώματα ὑμῶν (8 b)
— 7. φάγεσθε ἐ. ἐναντίον κυρίου (8 a)
— 11. A R ἐπικληθῆναι τὸ ὄνομα αὐτοῦ ἐ. ἐ. [B *om.*] οἴσετε πάντα (8 a, 8 b)
— 14. ἐ. ἀνοίσετε [A -σεις] τὰ ὁλοκαυτώματα ὑμῶν [A σου] καὶ ἐκεῖ ποιήσεις πάντα (8 a, 8 a)
— 21. ἐ. [A *om.*] ἐπικληθῆναι τὸ ὄνομα αὐτοῦ ἐ. [A^1 B *om.*] (–, 8 a)
— 26. ἐπικληθῆναι τὸ ὄνομα αὐτοῦ ἐ. (8 a)
— 29. εἰς οὓς εἰσπορεύῃ ἐ. (8 b)
13. 12 (13). κατοικεῖν σε [A *om.*] ἐ. (8 a)

De. 14. 23, 24 (A B^2 R). ἐπικληθῆναι τὸ ὄνομα αὐτοῦ ἐ. (8 b)
— 26. καὶ φαγῇ ἐ. (8 a)
16. 2, 6, 11. ἐπικληθῆναι τὸ ὄνομα αὐτοῦ ἐ. (8 a)
— 15. A ἐπικληθῆναι τὸ ὄνομα αὐ. ἐ. –
17. 8. ὃν ἂν ἐκλέξηται . . . ἐκεῖ (2 a)
— 10. A ἐπικληθῆναι τὸ ὄνομα αὐτοῦ ἐ. –
18. 7. οἱ Λευῖται οἱ παρεστηκότες ἐ. (8 a)
19. 3. καὶ ἔσται καταφυγὴ ἐ. (8 b)
— 4. ὃς ἂν φύγῃ ἐ. (8 b)
23. 12 (13). A B^2 R ἐξελεύσῃ ἐ. ἔξω (8 b)
— 20 (21). εἰς ἣν εἰσπορεύῃ ἐ. (8 b)
26. 2. ἐπικληθῆναι τὸ ὄνομα αὐτοῦ ἐ. (8 a)
— 5. παρῴκησεν ἐ. ἐν ἀριθμῷ βραχεῖ καὶ ἐγένετο ἐ. εἰς ἔθνος μέγα (8 a, 8 a)
— 10. A προσκυνήσεις ἐ. [B *om.*] ἔναντι κυρίου –
27. 5. οἰκοδομήσεις ἐ. θυσιαστήριον (8 a)
— 7. θύσεις ἐ. [A *om.*] –
— 7. A καὶ φαγῇ ἐ. [B *om.*] (8 a)
28. 21. εἰς ἣν εἰσπορεύῃ ἐ. (8 b)
— 36. λατρεύσεις ἐ. θεοῖς ἑτέροις (8 a)
— 37. ἔσῃ ἐ. ἐν αἰνίγματι †
— 37. εἰς οὓς ἂν ἀπαγάγῃ σε κύριος ἐ. (8 b)
— 63. εἰς ἣν εἰσπορεύῃ [A^2 ὑμεῖς εἰσπορεύεσθε] ἐ. (8 b)
— 64. δουλεύσεις ἐ. θεοῖς ἑτέροις (8 a)
— 65. δώσει σοι κύριος ἐ. (8 a)
— 68. πραθήσεσθε ἐ. τοῖς ἐχθροῖς ὑμῶν (8 a)
30. 1. οὗ ἐὰν διασκορπίσῃ σε . . . ἐ. (8 b)
— 3. εἰς οὓς διεσκόρπισέ σε . . . ἐ. (8 b)
— 16. εἰς ἣν εἰσπορεύῃ ἐ. (8 b)
— 18 : 31. 13. διαβαίνετε τὸν Ἰορδάνην ἐ. (8 b)
31. 16. A εἰς ἣν οὗτος εἰσπορεύεται ἐ. [B *om.*] (8 b)
— 26. ἔσται ἐ. ἐν σοί (8 a)
32. 47. διαβαίνετε τὸν Ἰορδάνην ἐ. (8 b)
— 50. εἰς ὃ ἀναβαίνεις ἐ. (8 b)
— 52. καὶ ἐ. οὐκ εἰσελεύσῃ (8 b)
33. 19. A R καὶ ἐπικαλέσεσθε [A -σασθε] ἐ. καὶ θύσετε ἐ. [B *om.*] θυσίαν (8 a, –)
— 21. ἐ. ἐμερίσθη γῆ ἀρχόντων (8 a)
34. 4. καὶ ἐ. οὐκ εἰσελεύσῃ (8 b)
— 5. A ἐτελεύτησεν ἐ. [B *om.*] Μωυσῆς (8 a)
Jo. 2. 1. καὶ κατέλυσαν ἐ. (8 b)
— 16. καὶ κρυβήσεσθε ἐ. (8 b)
— 22. κατέμειναν ἐ. τρεῖς ἡμέρας (8 a)
3. 1. καὶ κατέλυσαν ἐ. (8 a)
4. 3. οὗ ἐὰν παρεμβάλητε ἐ. τὴν νύκτα (2 a)
— 8. καὶ ἀπέθηκαν [A -κεν αὐτοὺς] ἐ. (8 a)
— 9. καὶ εἰσὶν ἐ. ἕως τῆς σήμερον ἡμέρας (8 a)
6. 10 (11). καὶ ἐκοιμήθη ἐ. (3)
7. 3. μὴ ἀναγάγῃς ἐ. τὸν λαὸν ἅπαντα (8 b)
— 4. A ἀνέβησαν ἐ. ὡς [B ἀν. ὡσεὶ] τρισχίλιοι ἄνδρες (8 b)
9. 2 (8. 31). ἀνεβίβασεν ἐ. ὁλοκαυτώματα (7)
10. 27. εἰς ὃ κατεφύγοσαν ἐ. (8 a)
14. 12. οἱ Ἐνακὶμ ἐ. εἰσι (8 a)
18. 1. ἔπηξαν ἐ. τὴν σκηνὴν τοῦ μαρτυρίου (8 a)
20. 9. καταφυγεῖν ἐ. παντὶ παίοντι ψυχὴν ἀκουσίως (8 b)
22. 10. ᾠκοδόμησαν . . . ἐ. βωμόν (8 a)
— 19. οὗ κατασκηνοῖ ἐ. ἡ σκηνὴ [A κιβωτὸς] κυρίου (8 a)
24. 4. ἐγένοντο ἐ. εἰς ἔθνος μέγα –
— 30. ἐ. ἔθηκαν μετ' αὐτοῦ –
— 30. εἰς ὃ ἔθαψαν αὐτὸν ἐ. –
— 30. ἐ. εἰσιν ἕως τῆς σήμερον ἡμέρας –
Jd. 1. 7. καὶ ἀπέθανεν ἐ. (8 a)
— 26. ᾠκοδόμησεν ἐ. πόλιν –
2. 5. ἐθυσίασαν [A ἔθυσαν] ἐ. τῷ κυρίῳ (8 a)
4. 5. A ἀνέβησαν . . . ἐ. τοῦ κρίνεσθαι [B *al.*] –
5. 11. ἐ. δώσουσι δικαιοσύνας (8 a)
— 27. ἐ. ἔπεσεν ἐξοδευθεὶς [A ταλαίπωρος] (8 a)
6. 24. ᾠκοδόμησεν ἐ. Γ. θυσιαστήριον (8 a)
7. 4. ἐκκαθαρῶ σοι αὐτὸν ἐ. [A *al.*] (8 a)
8. 25. ἔβαλεν [A ἔρριψεν] ἐ. ἀνὴρ ἐνώτιον (8 a)
— 27. ἐξεπόρνευσε πᾶς Ἰ. ὀπίσω αὐτοῦ ἐ. (8 a)
9. 21. καὶ ᾤκησεν [A κατῴκ.] ἐ. (8 a)
— 51. ἔφυγον ἐ. πάντες οἱ ἄνδρες (8 a)
14. 10. ἐποίησεν ἐ. Σ. πότον (8 a)
16. 1. εἶδεν ἐ. γυναῖκα πόρνην (8 a)
— 3. ἔθηκεν αὐτὰ ἐ. –
— 27. ἐ. πάντες οἱ ἄρχοντες [A σατράπαι] (8 b)
17. 7. οὗτος [A αὐτὸς] παρῴκει ἐ. (8 a)
18. 2. ηὐλίσθησαν αὐτοὶ [A κατέπαυσαν] ἐ. (8 a)

Jd. 18. 3. καὶ ἐξέκλιναν ἐ. (8 a)
— 10. οὐκ ἔστιν ἐ. ὑστέρημα παντὸς ῥήματος (8 a)
— 15. καὶ ἐξέκλιναν ἐ. (8 b)
— 17. A ἐπελθόντες ἐ. (8 b)
— 17 (18). εἰσῆλθον ἐ. [A om.] εἰς οἶκον M. –
19. 2. καὶ ἦν [A ἐγένετο] ἐ. (8 a)
— 4. καὶ ηὐλίσθησαν [A ὕπνωσαν] ἐ. (8 a)
— 7. καὶ ἐκάθισε καὶ ηὐλίσθη ἐ. [A al.] (8 a)
— 15. καὶ ἐξέκλιναν ἐ. (8 a)
— 26. οὗ ἦν αὐτῆς ἐ. ὁ ἀνήρ (8 a)
20. 7. δότε ἑαυτοῖς λόγον καὶ βουλὴν ἐ. [A ὧδε] (5)
— 22. A ᾧ παρετάξαντο ἐ. [B ὅπου συνῆψαν] (8 a)
— 26. καὶ ἐκάθισαν ἐ. (8 a)
— 27. ἐ. κιβωτὸς διαθήκης κυρίου (8 a)
21. 2. καὶ ἐκάθισαν ἐ. (8 a)
— 4. ᾠκοδόμησαν ἐ. θυσιαστήριον (8 a)
— 9. οὐκ ἦν ἐ. ἀνήρ (8 a)
— 10. ἀπέστειλεν ἐ. ἡ συναγωγὴ δώδεκα χιλιάδας (8 a)
Ru. 1. 2. καὶ ἦσαν ἐ. (8 a)
— 4. κατῴκησαν ἐ. ὡς δέκα ἔτη (8 a)
— 7. οὗ ἦν [A ἦσαν] ἐ. (8 b)
— 17. κἀκεῖ ταφήσομαι (8 a)
3. 4. ὅπου [A οὗ] κοιμᾶται ἐ. (8 a)
4. 1. καὶ ἐκάθισεν ἐ. (8 a)
I Ki. 1. 3. καὶ ἐ. Ἡλί (8 a)
— 22. καθήσεται ἕως αἰῶνος ἐ. (8 a)
2. 10. κατέλιπεν αὐτὸν ἐ. –
5. 12 (11). ὡς εἰσῆλθε κιβωτὸς θεοῦ Ἰ. [A om.] ἐ. (8 a)
6. 14. ἔστησαν ἐ. παρ' αὐτῇ [A -ὴν] λίθον μέγαν (8 a)
7. 17. ἐ. ἦν ὁ οἶκος αὐτοῦ καὶ ἐδίκαζεν ἐ. [A om.] τὸν Ἰ. καὶ ᾠκοδόμησεν ἐ. θυσιαστήριον τῷ κυρίῳ (8 a ter)
9. 6. A πορευθῶμεν ἐ. [B om.] (8 a)
— 10. οὗ ἦν ἐ. ὁ ἄνθρωπος ὁ τοῦ θεοῦ (8 a)
— 22. ἔθετο αὐτοῖς ἐ. τόπον –
10. 3. εὑρήσεις ἐ. τρεῖς ἄνδρας (8 a)
— 5. οὗ ἐστιν ἐ. [A om.] τὸ ἀνάστεμα τῶν ἀλλοφύλων ἐ. Νασὶβ ὁ ἀλλόφυλος (8 a, 8 a ?)
— 5. ὡς ἂν εἰσέλθητε ἐ. εἰς τὴν πόλιν (8 a)
11. 14. ἐγκαινίσωμεν ἐ. τὴν βασιλείαν (8 a)
— 15. ἔχρισε Σ. ἐ. τὸν Σαούλ (8 a)
— 15. ἔθυσεν ἐ. θυσίας (8 a)
— 15. A εὐφράνθη Σ. ἐ. [B om.] (8 a)
14. 9. B ἀπόστητε ἐ. –
— 11. οὗ ἐκρύβησαν ἐ. (8 a)
— 34. καὶ ἔσφαζον ἐ. (8 a)
— 35. καὶ ᾠκοδόμησεν ἐ. Σ. θυσιαστήριον –
19. 3. οὗ ἐὰν ᾖς ἐ. (8 a)
20. 6. θυσία τῶν ἡμερῶν ἐ. ὅλῃ τῇ φυλῇ (8 a)
— 22. A ἡ σχίζα ἐ. [B om.] ἀπὸ σοῦ –
— 37. ἐ. ἡ σχίζα †
21. 6 (7). ἐ. οὐκ ἦν ἄρτοι [A -ος] (8 a)
— 7 (8). ἐ. ἦν ἓν τῶν παιδαρίων τοῦ Σ. (8 a)
22. 1. καταβαίνουσι πρὸς αὐτὸν ἐ. (8 b)
23. 22. οὗ ἔσται ὁ πούς αὐτοῦ ἐν τάχει ἐ. (8 a)
— 23. A ὅπου κρύβεται ἐ. (8 a)
24. 4. καὶ ἦν ἐ. σπήλαιον (8 a)
26. 5. οὗ ἐκάθευδεν ἐ. Σ. καὶ ἐ. Ἀ. (8 a, –)
27. 5. καὶ καθήσομαι [A κάθισόν με] ἐ. (8 a)
29. 4. οὗ κατέστησας αὐτὸν ἐ. (8 a)
— 10. οὗ κατέστησα ὑμᾶς ἐ. [A om.] –
30. 16. κατήγαγεν αὐτὸν ἐ. –
— 31. οὓς διῆλθε Δ. ἐ. (8 a)
31. 12. καὶ κατακαίουσιν αὐτοὺς ἐ. (8 a)
II Ki. 1. 21. ἐ. προσωχθίσθη θυρεὸς δυνατῶν [A θύραι θανάτων] (8 a)
2. 2. καὶ ἀνέβη ἐ. Δ. (8 a)
— 4. χρίουσι τὸν Δ. ἐ. (8 a)
— 18. ἐγένοντο ἐ. τρεῖς υἱοὶ Σ. (8 a)
— 23. καὶ πίπτει ἐ. (8 a)
— 23. οὗ ἔπεσεν ἐ. Ἀ. (8 a)
3. 27. ἐπάταξεν αὐτὸν ἐ. (8 a)
4. 3. καὶ ἦσαν ἐ. παροικοῦντες (8 a)
5. 20. ἔκοψε [A διέκ.] τοὺς ἀλλοφύλους ἐ. (8 a)
— 21. καταλιμπάνουσιν ἐ. τοὺς θεοὺς αὐτῶν (8 a)
6. 7. ἔπαισεν αὐτὸν ἐ. ὁ θεός (8 a)
— 7. καὶ ἀπέθανεν ἐ. (8 a)
— 11. A ἐκάθισεν ἐ. γλωσσόκομον κυρίου [B al.] –
10. 18. καὶ ἀπέθανεν ἐ. (8 a)
11. 16. ἄνδρες δυνάμεως ἐ. (8 a)
13. 38. καὶ ἦν ἐ. ἔτη τρία (8 a)

II Ki. 14. 30. καὶ αὐτῷ ἐ. κριθαί [A αὐ. κριθαί εἰσι] (8 a)
— 32. ἀγαθόν μοι ἦν εἶναι ἐ. [A al.] (8 a)
15. 21. ἐ. ἔσται ὁ δοῦλός σου (8 a)
— 29. καὶ ἐκάθισεν ἐ. (8 a)
— 32. οὗ προσεκύνησεν ἐ. τῷ θεῷ (8 a)
— 35. ἐ. μετὰ σοῦ Σ. (8 a)
— 36. ἐ. μετ' αὐτῶν δύο υἱοὶ αὐτῶν (8 a)
16. 14. καὶ ἀνέψυξαν ἐ. (8 a)
17. 12. οὗ ἐὰν εὕρωμεν αὐτὸν ἐ. (8 a)
— 13. ὅπως μὴ καταλειφθῇ ἐ. μηδὲ λίθος (8 a)
— 18. καὶ κατέβησαν ἐ. (8 a)
18. 7. ἔπταισεν ἐ. ὁ λαὸς Ἰ. (8 a)
— 8. ἐγένετο ἐ. ὁ πόλεμος (8 a)
— 11. R τί ὅτι οὐκ ἐπάταξας αὐτὸν ἐ. [A B om.] εἰς τὴν γῆν (8 a)
— 29. οὐκ ἔγνων τί ἐ. –
20. 1. καὶ ἐ. ἐπικαλούμενος υἱὸς παράνομος (8 a)
21. 12. ἔστησαν αὐτοὺς ἐ. οἱ ἀλλόφυλοι (8 a*, 8 b)
23. 9. συνήχθησαν ἐ. εἰς πόλεμον (8 a)
— 11. καὶ ἦν ἐ. μερὶς τοῦ ἀγροῦ (8 a)
24. 25. ᾠκοδόμησεν ἐ. [A om.] Δ. θυσιαστήριον κυρίῳ (8 a)
III Ki. 1. 14. ἔτι λαλούσης σου ἐ. (8 a)
— 34. χρισάτω αὐτὸν ἐ. (8 a)
3. 1 (2. 36). καὶ κάθου ἐ. (8 a)
— 4. θῦσαι ἐ. (8 a)
5. 9 (23). καὶ ἐκτινάξω αὐτὰ ἐκεῖ [A om.] (8 a)
6. 19. δοῦναι ἐ. τὴν κιβωτὸν διαθήκης κυρίου (8 a)
7. 7. οὗ κρινεῖ ἐ. (8 a)
— 8. A R ἐν ᾧ [B οἴκῳ] καθήσεται ἐ. (8 a)
8. 8. A καὶ ἐγένοντο ἐ. (8 a)
— 9. A ἃς ἔθηκε M. ἐ. ἐν X. [B R al.] (8 a)
— 16. τοῦ εἶναι τὸ ὄνομά μου ἐ. (8 a)
— 16. B μεῖναι [R εἶναι] τὸ ὄνομά μου ἐ. (8 a ?)
— 21. ἐθέμην ἐ. τόπον τῇ κιβωτῷ ἐν ᾗ ἐστιν ἐ. διαθήκη κυρίου (8 a, 8 a)
— 29. ἔσται τὸ ὄνομά μου ἐ. (8 a)
— 47. οὗ μετήχθησαν ἐ. (8 a)
— 64. ἐποίησεν ἐ. τὴν ὁλοκαύτωσιν (8 a)
9. 3. τοῦ θέσθαι τὸ ὄνομά μου ἐ. (8 a)
— 3. ἔσονται οἱ ὀφθαλμοί μου ἐ. (8 a)
10. 20. A R ἑστῶτες ἐ. [B om.] ἐπὶ τῶν ἓξ ἀναβαθμῶν (8 a)
11. 16. ἐνεκάθητο [A ἐκ.] ἐ. Ἰ. (8 a)
— 36. τοῦ θέσθαι τὸ ὄνομά μου ἐ. (8 a)
12. 24. B συνάγεται ἐ. πᾶν σκῆπτρον Ἐ. –
— 24. B ᾠκοδόμησεν Ἰ. ἐ. χάρακα –
— 24. B καὶ συνήθροισεν ἐ. τὰς φυλὰς τοῦ Ἰ. –
— 24. B καὶ ἀνέβη ἐ. Ῥ. –
13. 17. μὴ [A οὐ μὴ] φάγῃς ἄρτον ἐ. (8 a)
— 17. καὶ μὴ ἐπιστρέψῃς ἐ. †
14. 2. A ἰδοὺ ἐ. Ἀ. ὁ προφήτης (8 a)
— 21. θέσθαι τὸ ὄνομα αὐτοῦ ἐ. (8 a)
17. 4. διατρέφειν σε ἐ. (8 a)
— 9. A καὶ καθήσῃ ἐ. (8 a)
— 9. ἐντέταλμαι ἐ. γυναικὶ χήρᾳ (8 a)
— 10. ἐ. γυνὴ χήρα συνέλεγε ξύλα (8 a)
— 19. ἐν ᾧ αὐτὸς ἐκάθητο ἐ. (8 a)
18. 40. ἔσφαξεν αὐτοὺς ἐ. (8 a)
19. 3. ἀφῆκε τὸ παιδάριον ἐ. (8 a)
— 5. καὶ ὕπνωσεν ἐ. ὑπὸ φυτόν –
— 9. καὶ εἰσῆλθεν ἐ. εἰς τὸ σπήλαιον καὶ κατέλυσεν ἐ. (8 a, 8 a)
— 12. A κἀκεῖ κύριος –
— 15. A χρίσεις ἐ. [B τὸν] Ἀ. –
20 (21). 18. καταβέβηκεν ἐ. [A om.] κληρονομῆσαι αὐτόν (8 a)
— 19. ἐ. λείξουσιν οἱ κύνες τὸ αἷμά σου –
22. 25. R τοῦ κρυβῆναι [B¹ κρυφίου] ἐ. [A B om.] –
IV Ki. 1. 4. ἐφ' ἧς ἀνέβης ἐ. (8 a)
— 4. A ἐ. [B om.] θανάτῳ ἀποθανῇ –
— 6. R ἐφ' ἧς ἀνέβης ἐ. [A B om.] (8 a)
— 16. ἐφ' ἧς ἀνέβης ἐ. (8 a)
2. 20. καὶ θέτε ἐ. ἅλα (8 a)
— 21. καὶ ἔρριψεν ἐ. ἅλα (8 a)
4. 8. καὶ ἐ. γυνὴ μεγάλη (8 a)
— 8. ἐξέκλινε τοῦ ἐ. [A om.] φαγεῖν (8 b)
— 10. θῶμεν αὐτῷ ἐ. κλίνην (8 b)
— 10. καὶ ἐκκλινεῖ ἐ. (8 b)
— 11. καὶ εἰσῆλθεν ἐ. (8 b)
— 11. καὶ ἐκοιμήθη ἐ. (8 b)
— 41. οὐκ ἐγενήθη ἔτι ἐ. ῥῆμα πονηρόν –
5. 18. προσκυνῆσαι ἐ. [A αὐτόν] (8 b)
6. 2. ποιήσωμεν ἑαυτοῖς ἐ. τοῦ οἰκεῖν ἐ. (8 a, 8 a)

IV Ki. 6. 6. καὶ ἔρριψεν ἐ. (8 b)
— 9. ἐ. Σ. κέκρυπται (8 a)
— 14. καὶ ἀπέστειλεν ἐ. ἵππον (8 b)
7. 4. καὶ ἀποθανούμεθα ἐ. (8 a)
— 5. οὐκ ἔστιν ἀνὴρ ἐ. (8 a)
— 10. οὐκ ἔστιν ἐ. ἀνήρ (8 a)
— 13. καὶ ἀποστελοῦμεν ἐ. –
9. 2. καὶ εἰσελεύσῃ ἐ. καὶ ὄψῃ ἐ. (8 b, 8 a)
— 16. A ἐκοιμήθη ἐ. (8 b)
— 27 : 11. 16. καὶ ἀπέθανεν ἐ. (8 a)
12. 3 (4). A ἐ. ἔτι ὁ λαὸς ἐθυσίαζε –
— 5 (6). οὗ ἐὰν εὑρεθῇ ἐ. βεδέκ (8 a)
14. 19. καὶ ἐθανάτωσαν αὐτὸν ἐ. (8 a)
15. 20. οὐκ ἔστη ἐ. ἐν τῇ γῇ (8 a)
16. 6. καὶ κατῴκησαν ἐ. (8 a)
17. 11. καὶ ἐθυμίασαν ἐ. (8 a)
— 25. A ἐν ἀρχῇ τῆς καθέδρας αὐτῶν ἐ. [B om.] (8 a)
— 27. καὶ κατοικείτωσαν ἐ. (8 a)
19. 32. οὐ τοξεύσει ἐ. βέλος (8 a)
21. 7. A θήσω τὸ ὄνομά μου ἐ. [B om.] –
23. 7. οὗ αἱ γυναῖκες ὕφαινον ἐ. (8 a)
— 8. οὗ ἐθυμίασαν ἐ. οἱ ἱερεῖς (8 b)
— 16. A καὶ εἶδε τοὺς τάφους οἱ [B om., R τοὺς] ἐ. (8 a)
— 20. πάντας τοὺς ἱερεῖς τῶν ὑψηλῶν τοὺς ὄντας ἐ. (8 a)
— 27. ἔσται τὸ ὄνομά μου ἐ. (8 a)
— 34. καὶ ἀπέθανεν ἐ. (8 a)
I Ch. 3. 4. A R καὶ ἐβασίλευσεν ἐ. ἑπτὰ ἔτη (8 a)
4. 23. καὶ κατῴκησαν ἐ. (8 a)
— 40. τῶν κατοικούντων ἐ. ἔμπροσθεν (8 a)
— 41. οὓς εὕροσαν ἐ. (8 b)
— 41. νομαὶ τοῖς κτήνεσιν αὐτῶν ἐ. (8 a)
— 43. A καὶ κατῴκησαν ἐ. (8 a)
11. 4. καὶ ἐ. οἱ Ἰεβουσαῖοι (8 a)
— 13. συνήχθησαν ἐ. εἰς πόλεμον (8 a)
12. 39. ἦσαν ἐ. ἡμέρας τρεῖς ἐσθίοντες (8 a)
13. 10. καὶ ἐπάταξεν αὐτὸν ἐ. –
— 10. καὶ ἀπέθανεν ἐ. (8 a)
14. 11. καὶ ἐπάταξεν αὐτοὺς ἐ. Δ. (8 a)
— 12. A ἐγκατέλειπεν ἐ. [B S om.] τοὺς θεοὺς αὐτῶν (8 a)
— 13. A καὶ συνέπεσαν ἐ. [B S ἔτι] –
16. 37. κατέλιπον ἐ. . . . τὸν Ἀσάφ (8 a)
21. 26. ᾠκοδόμησεν Δ. ἐ. θυσιαστήριον κυρίῳ (8 a)
— 28. καὶ ἐθυσίασεν ἐ. (8 a)
II Ch. 1. 3. οὗ ἐ. ἦν ἡ σκηνὴ τοῦ μαρτυρίου (8 a)
— 5. τὸ θυσιαστήριον τὸ χαλκοῦν . . . ἐ. ἦν (8 a †)
— 6. καὶ ἤνεγκεν ἐ. Σ. [A al.] (8 a)
5. 9. καὶ ἦσαν ἐ. ἕως τῆς ἡμέρας ταύτης (8 a)
6. 5. τοῦ εἶναι ὄνομά μου ἐ. (8 a)
— 6. A γενέσθαι τοῦ εἶναι [B om. τ. εἶ.] τὸ ὄνομά μου ἐ. (8 a)
— 11. καὶ ἔθηκα ἐ. τὴν κιβωτὸν ἐν ᾗ ἐ. διαθήκη κυρίου (8 a, 8 a)
— 20. ἐπικληθῆναι τὸ ὄνομά σου ἐ. (8 a)
— 37. οὗ μετήχθησαν ἐ. (8 a)
7. 7. ἐποίησεν ἐ. τὰ ὁλοκαυτώματα (8 a)
— 16. τοῦ εἶναι ὄνομά μου ἐ. ἕως [A ἐπ'] αἰῶνος (8 a)
— 16. ἔσονται οἱ ὀφθαλμοί μου . . . ἐ. πάσας τὰς ἡμέρας (8 a)
8. 2. καὶ κατῴκισεν ἐ. τοὺς υἱοὺς Ἰ. (8 a)
— 11. οὗ εἰσῆλθεν ἐ. κιβωτὸς κυρίου (1)
9. 19. καὶ δώδεκα λέοντες ἑστηκότες ἐ. (8 a)
12. 13. ἐπονομάσαι τὸ ὄνομα αὐτοῦ ἐ. (8 a)
20. 26. ἐκεῖ γὰρ ηὐλόγησαν τὸν κύριον (8 a)
23. 15. καὶ ἐθανάτωσαν αὐτὴν ἐ. (8 a)
25. 11. καὶ ἐπάταξεν ἐ. τοὺς υἱοὺς Σ. (8 a)
— 27. A R καὶ ἐθανάτωσαν [B -εν] αὐτὸν ἐ. (8 a)
28. 9. καὶ ἐ. ἦν ὁ προφήτης τοῦ κυρίου (8 a)
— 18. καὶ κατῴκησαν ἐ. (8 a)
31. 12. καὶ ἤνεγκαν [A εἰσήν.] ἐ. τὰς ἀπαρχάς –
33. 19. καὶ ἔστησεν ἐ. ἄλση καὶ γλυπτά –
35. 19. ἔσται τὸ ὄνομά μου ἐ. –
36. 4. καὶ ἀπέθανεν ἐ. –
I Es. 4. 44. ηὔξατο ἐξαποστεῖλαι ἐ.
6. 26. ὅπως τεθῇ ἐ.
— 33. οὗ τὸ ὄνομα αὐτοῦ ἐπικέκληται ἐ.
8. 42. ἐκ τῶν Λ. οὐχ εὑρὼν ἐ.
— 50. καὶ εὐξάμην ἐ. νηστείαν
9. 2. καὶ αὐλισθεὶς ἐ.
II Es. 1. 4. οὗ αὐτὸς παροικεῖ ἐ. (8 a)
6. 12. οὗ κατασκηνοῖ τὸ ὄνομα ἐ. (8 d)
8. 15. παρενεβάλομεν ἐ. ἡμέρας τρεῖς (8 a)

II Es. 8. 15. ἀπὸ υἱῶν Λ. οὐχ εὗρον ἐ. (8 a)
— 21. ἐκάλεσα ἐ. νηστείαν (8 a)
— 32. καὶ ἐκαθίσαμεν ἐ. (8 a)
10. 6. καὶ ἐπορεύθη ἐ. (8 a)
Ne. 1. 3. οἱ καταλειπόμενοι . . . ἐ. ἐν τῇ χώρᾳ (8 a)
— 9. κατασκηνῶσαι τὸ ὄνομά μου ἐ. (8 a)
2. 11. καὶ ἤμην ἐ. ἡμέρας τρεῖς (8 a)
4. 20 (14). ἐ. συναχθήσεσθε πρὸς ἡμᾶς (8 b)
5. 16. πάντες οἱ συνηγμένοι ἐ. ἐπὶ τὸ ἔργον (8 a)
10. 39 (40). καὶ ἐ. σκεύη τὰ ἅγια (8 a)
13. 5. καὶ ἐ. ἦσαν πρότερον (8 a)
— 9. ἐπέστρεψα ἐ. σκεύη οἴκου τοῦ θ. (8 a)
To. 5. 2. S τοῦ πορευθῆναι ἐ.
— 6. S πολλάκις ἐγὼ ἐγενόμην ἐ. [A B al.]
— 13. S καὶ προσεκύνουν μετ' ἐμοῦ ἐ. [A B al.]
— 16. S διασῶσαι ὑμᾶς ἐ. [A B al.]
6. 1. καὶ ηὐλίζοντο ἐ. [S al.]
7. 16. S εἰσήγαγε αὐτὴν ἐ. [A B al.]
— 17. καὶ εἰσήγαγεν [A -ον, S ἤγ.] αὐτὴν ἐ.
8. 3. S συνεπόδισεν αὐτὸν ἐ. [A B al.]
10. 2. S μή ποτε κατεσχέθη ἐ. [A B κατῄσχυνται]
— 6. S περισπασμὸς αὐτοῖς ἐγένετο ἐ.
— 7. ποιῆσαι αὐτὸν ἐ. [S al.]
13. 4. ἐ. ὑποδείξατε τὴν μεγαλωσύνην αὐτοῦ [S al.]
— 10. A εὐφρανῇ ἐν σοὶ τοὺς ἐ. αἰχμαλώτους [B S al.]
Ju. 1. 16. A S R ἦν ἐ. ῥαθυμῶν
3. 10. ἦν ἐ. μῆνα ἡμερῶν
5. 8. παρῴκησαν ἐ. ἡμέρας πολλάς
— 9. καὶ κατῴκησαν ἐ.
— 10. καὶ παρῴκησαν ἐ.
— 10. καὶ ἐγένοντο ἐ.
— 19. οὗ διεσπάρησαν ἐ.
8. 22. οὗ ἐὰν δουλεύσωμεν ἐ.
11. 14. A B οἱ ἐ. κατοικοῦντες ἐποίησαν ταῦτα
Jb. 1. 21. γυμνὸς καὶ ἀπελεύσομαι ἐ. [S^2 om.] (8 b)
3. 17. ἐ. ἀσεβεῖς ἐξέκαυσαν [A ἔπαυσαν] θυμὸν ὀργῆς (8 a)
— 17. ἐ. ἀνεπαύσαντο κατάκοποι τῷ σώματι (8 a)
— 19. μικρὸς καὶ μέγας ἐ. ἐστι (8 a)
35. 12. ἐ. κεκράξονται [A -ξον] (8 a)
Ps. 13 (14). 5. ἐ. ἐδειλίασαν φόβῳ (8 a)
22 (23). 2. εἰς τόπον χλόης ἐ. με κατεσκήνωσεν –
35 (36). 12. ἐ. ἔπεσον πάντες οἱ ἐργαζόμενοι τὴν ἀνομίαν (8 a)
47 (48). 6. ἐ. ὠδῖνες ὡς τικτούσης (8 a)
49 (50). 23. B S^1 ἐ. ὁδὸς ᾗ [S^2 ἦν] δείξω αὐτῷ †
52 (53). 5. R ἐ. ἐφοβήθησαν [B S φοβηθήσονται] φόβον [S^2 -ῳ] (8 a)
65 (66). 6. ἐ. εὐφρανθησόμεθα ἐπ' αὐτῷ (8 a)
67 (68). 27. ἐ. Βενιαμὶν νεώτερος ἐν ἐκστάσει (8 a)
68 (69). 35. καὶ κατοικήσουσιν ἐ. (8 a)
75 (76). 3. ἐ. συνέτριψε τὰ κράτη τῶν τόξων (8 b)
— 3. B^1 ἐκεῖ συγκλάσει τὰ κέρατα –
86 (87). 4. A B S^2 οὗτοι ἐγεννήθησαν ἐ. (8 a)
103 (104). 17. ἐ. στρουθία ἐννοσσεύσουσι (8 a)
— 25. ἐ. ἑρπετὰ ὧν οὐκ ἔστιν ἀριθμός (8 a)
— 26. A B^2 S R ἐ. πλοῖα διαπορεύονται (8 a)
106 (107). 36. κατῴκισεν ἐ. πεινῶντας (8 a)
121 (122). 4. ἐ. γὰρ ἀνέβησαν αἱ φυλαί (8 a)
— 5. ἐ. ἐκάθισαν θρόνοι εἰς κρίσιν (8 b)
131 (132). 13. A ὅτι ἐ. [S R om.] ἐξελέξατο κύριος τὴν Σιών –
— 17. ἐ. ἐξανατελῶ κέρας τῷ Δαυίδ (8 a)
132 (133). 3. ἐ. ἐνετείλατο κύριος τὴν εὐλογίαν (8 a)
136 (137). 1. ἐπὶ τῶν ποταμῶν Βαβυλῶνος ἐ. ἐκαθίσαμεν (8 a)
— 2. A ἐ. [S R om.] ἐκρεμάσαμεν τὰ ὄργανα ἡμῶν –
— 3. ἐ. ἐπηρώτησαν ἡμᾶς . . . λόγους ᾠδῶν (8 a)
138 (139). 8. σὺ ἐ. εἶ (8 a)
— 10. ἐ. ἡ χείρ σου ὁδηγήσει με (8 a)
Pr. 4. 15. μὴ ἐπέλθῃς ἐ. (2 a)
11. 2. οὗ ἐὰν εἰσέλθῃ ὕβρις ἐκεῖ καὶ ἀτιμία –
21. 1. ἐκεῖ [A om.] ἔκλινεν αὐτήν (6)
Ec. 1. 5. αὐτὸς ἀνατέλλων ἐ. πορεύεται πρὸς νότον (8 a)
— 7. ἐκεῖ αὐτοὶ ἐπιστρέφουσι τοῦ πορευθῆναι (8 a)
3. 16. ἐκεῖ ὁ ἀσεβής (8 b)
— 16. ἐκεῖ ὁ εὐσεβής (8 b)
— 17. A ἐκεῖ εἶπον [B καὶ εἶπα, S εἶπον] ἐγὼ ἐν καρδίᾳ μου –
— 17. A S R ἐκεῖ [B καὶ] εἶπα ἐγὼ [S^1 ἐπάγω] ἐν καρδίᾳ μου περὶ λαλιᾶς (8 a)
Ec. 5. 14. S τοῦ πορευθῆναι ἐκεῖ [A B om.] ὡς ἥκει –
9. 10. ὅπου σὺ πορεύῃ ἐκεῖ (8 b)
11. 3. οὗ πεσεῖται τὸ ξύλον ἐκεῖ ἔσται (8 a)
Ca. 6. 11 (12). ἐ. δώσω τοὺς μαστούς μου σοί –
7. 12 (13). ἐ. δώσω τοὺς μαστούς μου σοί (8 a)
8. 5. S^2 R ἐ. ὠδίνησέ σε ἡ μήτηρ σου ἐ. ὠδίνησέ σε ἡ τεκοῦσά σε [A B S^1 σου] (8 a, 8 a)
Wi. 17. 16. ὃς δήποτ' οὖν ἦν ἐκεῖ καταπίπτων
Si. 12. 17. εὑρήσεις αὐτὸν πρότερον ἐκεῖ σου
35 (32). 12. ἐκεῖ παῖζε καὶ ποίει τὰ ἐνθυμήματά σου
43. 25. ἐ. τὰ παράδοξα καὶ θαυμάσια ἔργα
Ho. 1. 10 (2. 1). A ἐ. κληθήσονται υἱοὶ θεοῦ [B al.] –
2. 15 (17). καὶ ταπεινωθήσεται ἐκεῖ (8 b)
6. 8 (7). ἐκεῖ κατεφρόνησέ μου Γ. πόλις (8 a)
— 11 (10). εἶδον φρικώδη ἐκεῖ πορνείαν τοῦ Ἐ. (8 a)
9. 15. ὅτι ἐκεῖ αὐτοὺς ἐμίσησα (8 a)
10. 9. ἐκεῖ ἔστησαν (8 a)
12. 4 (5). καὶ ἐκεῖ ἐλαλήθη πρὸς αὐτούς (8 a)
13. 8. καὶ καταφάγονται αὐτοὺς ἐκεῖ σκύμνοι δρυμοῦ (8 a)
Am. 7. 12. ἐ. καταβίου καὶ ἐ. προφητεύσεις (8 a, 8 a)
9. 3. ἐ. ἐντελοῦμαι τῷ δράκοντι (8 c)
— 4. ἐ. ἐντελοῦμαι τῇ ῥομφαίᾳ (8 c)
Jl. 3 (4). 2. διακριθήσομαι πρὸς αὐτοὺς ἐ. (8 a)
— 7. οὗ ἀπέδοσθε αὐτοὺς ἐ. (8 b)
— 11. καὶ συνάχθητε ἐ. (8 b)
— 12. διότι ἐ. καθιῶ (8 a)
Jn. 4. 5. ἐποίησεν ἑαυτῷ ἐ. σκηνήν (8 a)
Na. 2. 11 (12). τοῦ εἰσελθεῖν ἐ. σκύμνον λέοντος (8 a)
3. 15. ἐ. καταφάγεταί σε πῦρ (8 a)
Hg. 2. 15 (14). ὃς ἐὰν ἐγγίσῃ ἐ. (8 a)
Za. 5. 11. θήσουσιν αὐτὸ ἐ. (8 a)
14. 17. ὅσοι ἐὰν μὴ ἀναβῶσιν ἐ. [B S om.] –
— 18. A μηδὲ ἔλθῃ ἐ. [B S om.] –
Is. 7. 24. μετὰ βέλους καὶ τοξεύματος εἰσελεύσονται ἐ. (8 b)
— 25. οὐ μὴ ἐπέλθῃ ἐ. φόβος (8 b)
8. 1. γράψον εἰς αὐτὸν [S^1 γρ. ἐκεῖ] (7)
13. 21. ἀναπαύσονται ἐ. θηρία . . . ἀναπαύσονται ἐ. σειρῆνες (8 a, 8 a)
— 21. δαιμόνια ἐ. ὀρχήσονται (8 a)
— 22. καὶ ὀνοκένταυροι ἐ. κατοικήσουσι –
15. 2. ἐ. ἀναβήσεσθε κλαίειν –
22. 18. ἐ. ἀποθανῇ (8 b)
23. 12. οὐδὲ ἐ. ἀνάπαυσις ἔσται σοι (8 a)
— 13. A S οὐδ' ἐ. σοι ἀνάπαυσις ἔσται –
27. 10. ἐ. [A S om.] ἀναπαύσονται (8 a)
33. 6. A S R ἐ. [B ἥκει] σοφία καὶ ἐπιστήμη –
34. 14. ἐ. ἀναπαύσονται ὀνοκένταυροι –
— 15. ἐ. ἐνόσσευσεν ἐχῖνος . . . ἐ. συνήντησαν ἔλαφοι (8 c, 8 a)
35. 7. ἐ. εὐφροσύνη ὀρνέων –
— 8. ἔσται ἐ. ὁδὸς καθαρὰ . . . οὐ μὴ παρέλθῃ ἐ. ἀκάθαρτος οὐδὲ ἔσται ἐ. ὁδὸς ἀκάθαρτος (8 a, –, –)
— 9. οὐκ ἔσται ἐ. λέων . . . οὐδὲ μὴ εὑρεθῇ ἐ. (8 a, 8 a)
48. 16. ἡνίκα ἐγένετο ἐ. ἤμην (8 a)
52. 4. κατέβη ὁ λαός μου τὸ πρότερον παροικῆσαι ἐ. (8 a)
57. 7. ἐ. σου ἡ κοίτη καὶ ἐ. [S κἀκεῖ] ἀνεβίβασας θυσίας (†, 8 a)
65. 9. κατοικήσουσιν ἐ. (8 b)
— 20. οὐ μὴ γένηται ἔτι ἐ. ἄωρος (8 c)
Je. 2. 6. οὐ κατῴκησεν ἄνθρωπος [S υἱὸς ἀνθρώπου] ἐ. [S^1 om.] (8 a)
— 20. ἐ. διαχυθήσομαι ἐν τῇ πορνείᾳ μου †
3. 6. ἐπόρνευσαν ἐ. (8 a)
7. 11. ἐπικέκληται τὸ ὄνομά μου ἐπ' αὐτῷ ἐ. ἐνώπιον ὑμῶν –
— 12. κατεσκήνωσα τὸ ὄνομά μου ἐ. ἔμπροσθεν (8 a)
8. 3. οὗ [A ᾧ] ἐὰν ἐξώσω αὐτοὺς ἐ. (8 a)
● — 14. ἀπορριφῶμεν ἐ. [A S om.] (8 a)
— 19. ἡ βασιλεὺς οὐκ ἔστιν ἐ. (2 b)
— 22. ἢ ἰατρὸς οὐκ ἔστιν ἐ. (8 a)
13. 4. κατάκρυψον αὐτὸ ἐ. ἐν τῇ τρυμαλιᾷ (8 a)
— 6. ὃ ἐνετειλάμην σοι τοῦ κατακρύψαι ἐ. (8 a)
— 7. οὗ κατώρυξα αὐτὸ ἐ. (8 b)
— 16. ἐ. σκιὰ θανάτου †
16. 13. δουλεύσετε ἐ. [A om.] θεοῖς ἑτέροις (8 a)
Je. 16. 15. οὗ ἐξώσθησαν ἐ. (8 b)
18. 2. ἐ. ἀκούσῃ τοὺς λόγους μου (8 b)
19. 2. ἀνάγνωθι ἐ. πάντας τοὺς λόγους τούτους (8 a)
— 14. ἀπέστειλεν αὐτὸν κύριος ἐ. [A om.] (8 a)
20. 6. ἐ. ταφήσῃ σὺ καὶ πάντες οἱ φίλοι σου (8 a)
22. 1. λαλήσεις ἐ. τὸν λόγον τοῦτον (8 a)
— 11. οὐκ ἀναστρέψει [S ἀνακάμψει] ἐ. ἔτι [A S οὐκέτι] (8 a)
— 12. ἐ. ἀποθανεῖται (8 a)
— 26. εἰς γῆν οὗ οὐκ ἐτέχθης ἐ. καὶ ἐ. ἀποθανεῖσθε (8 a, 8 a)
23. 3. οὗ ἔξωσα αὐτοὺς ἐ. (8 a)
— 8. οὗ ἔξωσεν αὐτοὺς ἐ. (8 a)
24. 9. οὗ ἔξωσα αὐτοὺς ἐ. (8 a)
25. 15 (49. 36). ὁ οὐχ ἥξει ἐ. (8 a)
26 (46). 28. εἰς οὓς ἔξωσά σε ἐ. (8 b)
27 (50). 40. οὐ μὴ κατοικήσει ἐ. ἄνθρωπος καὶ οὐ μὴ παροικήσει [A κατοι.] ἐ. υἱὸς ἀνθρώπου (8 a, 2 b)
28 (51). 30. καθήσονται ἐ. ἐν περιοχῇ –
29 (49). 18. R οὐ μὴ καθίσει [A κατοικήσει] ἐ. ἄνθρωπος καὶ οὐ μὴ κατοικήσει [B S ἐνοι. A καθίσει] ἐ. υἱὸς ἀνθρώπου (8 a, 2 b)
30. 11 (49. 33). οὐ μὴ καθίσῃ ἐ. ἄνθρωπος καὶ οὐ μὴ κατοικήσει ἐ. υἱὸς ἀνθρώπου (8 a, 2 b)
▶ 36 (29). 7. εἰς ἣν ἀπῴκισα ὑμᾶς ἐ. (8 b)
39 (32). 5. ἐ. καθιεῖται [A ἀποθανεῖται] (8 a)
— 37. οὗ διέσπειρα αὐτοὺς ἐ. (8 a)
42 (35). 9. τοῦ κατοικεῖν ἐ. –
— 11. ᾠκοῦμεν ἐ. †
43 (36). 12. ἐ. πάντες οἱ ἄρχοντες ἐκάθηντο (8 a)
44 (37). 13. ἐ. ἄνθρωπος παρ' ᾧ κατέλυε Σ. (8 a)
— 16. ἐκάθισεν ἐ. ἡμέρας πολλάς (8 a)
— 20. οὐ μὴ ἀποθάνω ἐ. (8 a)
45 (38). 26. εἰς οἰκίαν Ἰωνάθαν ἀποθανεῖν ἐ. (8 a)
47 (40). 5. R τοῦ πορευθῆναι ἐ. [A B S om.] –
48 (41). 1. ἔφαγον ἐ. ἄρτον ἅμα (8 a)
— 3. τοὺς Χαλδαίους τοὺς εὑρεθέντας ἐ. (8 a)
— 8. δέκα ἄνδρες εὑρέθησαν ἐ. (2 c)
— 9. εἰς ὃ ἔρριψεν ἐ. Ἰσμαὴλ πάντας (8 a)
49 (42). 14. ἐ. οἰκήσομεν (8 a)
— 15. εἰσέλθητε ἐ. κατοικεῖν (8 a)
— 16. ἐ. ἀποθανεῖσθε (8 a)
— 17. οἱ θέντες τὸ πρόσωπον αὐτῶν εἰς γῆν Αἰγύπτου ἐνοικεῖν ἐ. (8 a)
— 22. εἰσελθεῖν κατοικεῖν ἐ. (8 a)
50 (43). 2. μὴ εἰσέλθετε εἰς Αἴγυπτον οἰκεῖν [A κατοι.] ἐ. (8 a)
51 (44). 8. εἰς ἣν ἤλθετε [A S εἰσήλθ.] κατοικεῖν [A S ἐνοι.] ἐ. (8 a)
— 14. τοῦ ἐπιστρέψαι ἐ. (8 a)
— 28. ἐν γῇ Αἰγύπτῳ κατοικῆσαι [A S παροι.] ἐ. (8 a)
51. 35 (45. 5). ἐν παντὶ τόπῳ οὗ ἐὰν βαδίσῃς ἐ. (8 a)
Ba. 2. 4. οὗ διέσπειρεν αὐτοὺς κύριος ἐ.
— 13. οὗ διέσπειρας ἡμᾶς ἐ.
— 29. οὗ διασπερῶ αὐτοὺς ἐ.
3. 8. οὗ διέσπειρας ἡμᾶς ἐ.
— 26. ἐ. ἐγεννήθησαν οἱ γίγαντες
Ep. Je. 3. ἔσεσθε ἐ. ἔτη πλείονα
Ez. 1. 3. A ἐγένετο ἐ. [B om.] ἐπ' ἐμὲ χεὶρ κυρίου (8 a)
— 20. οὗ ἂν ἦν ἡ νεφέλη ἐ. τὸ πνεῦμα τοῦ πορεύεσθαι (8 a)
3. 15. περιῆλθον τοὺς κατοικοῦντας . . . τοὺς ὄντας ἐ. καὶ ἐκάθισα ἐ. ἑπτὰ ἡμέρας (8 a, 8 a)
— 22. ἐ. λαληθήσεται πρός σε (8 a)
— 23. ἐ. [A^1 om.] δόξα κυρίου εἱστήκει (8 a)
6. 9. οὗ ᾐχμαλωτεύθησαν ἐ. (8 a)
— 13. οὗ ἔδωκαν ἐκεῖ ὀσμὴν εὐωδίας (8 a)
8. 4. ἐ. ἦν δόξα κυρίου (8 a)
— 14. ἐ. γυναῖκες καθήμεναι θρηνοῦσαι τὸν Θαμμούζ (8 a)
11. 16. οὗ ἐὰν εἰσέλθωσιν ἐ. (8 a)
— 18. εἰσελεύσονται ἐ. (8 b)
12. 13. ἐ. τελευτήσει (8 a)
— 16. οὗ εἰσήλθοσαν ἐ. (8 a)
13. 20. ἐφ' ἃ ὑμεῖς συστρέφετε ἐ. ψυχάς (8 a)
17. 20. A διακριθήσομαι μετ' αὐ. ἐ. τὴν ἀδικίαν αὐτοῦ (8 a)
20. 28. ἔθυσαν ἐ. τοῖς θεοῖς αὐ. καὶ ἔταξαν ἐ. ὀσμὴν εὐωδίας καὶ ἔσπεισαν ἐ. τὰς σπονδὰς αὐ. (8 a ter)

● = correction on page xxv ▶ = additional entry on page xxv

Ez. 20. 29. ὑμεῖς εἰσπορεύεσθε ἐ. (8 *a*)
— 35. διακριθήσομαι πρὸς ὑμᾶς ἐ. (8 *a*)
— 40. ἐ. δουλεύσουσί μοι . . . ἐ. προσδέξομαι καὶ ἐ. ἐπισκέψομαι τὰς ἀπαρχὰς [A -χίας] ὑμῶν (8 *a ter*)
— 43. μνησθήσεσθε ἐ. τὰς ὁδοὺς ὑμῶν (8 *a*)
23. 3. ἐ. ἔπεσον οἱ μαστοὶ αὐτῶν ἐ. διεπαρθενεύθησαν (8 *b*, 8 *a*)
28. 25. οὗ διεσκορπίσθησαν ἐ. (2 *c*)
29. 13. οὗ διεσκορπίσθησαν ἐ. (8 *b*)
30. 18. ἐν τῷ συντρῖψαί με ἐ. τὰ σκῆπτρα Αἰγ. καὶ ἀπολεῖται ἐ. ἡ ὕβρις ἰσχύος αὐ. (8 *a*, 2 *b*)
32. 22. ἐ. Ἀσσοὺρ . . . πάντες τραυματίαι ἐ. ἐδόθησαν (8 *a*, –)
— 24. ἐ. Αἰλὰμ καὶ πᾶσα ἡ δύναμις αὐτοῦ (8 *a*)
— 26. ἐ. ἐδόθησαν Μοσὸχ καὶ Θοβὲλ (8 *a*)
— 29. ἐ. ἐδόθησαν οἱ ἄρχοντες Ἀσσούρ [A *al.*] (8 *b*)
— 30. ἐ. οἱ ἄρχοντες τοῦ βορρᾶ (8 *b*)
34. 12. οὗ διεσπάρησαν ἐ. (8 *a*)
— 14. ἔσονται αἱ μάνδραι αὐτῶν ἐ. . . . ἐ. ἀναπαύσονται (–, 8 *a*)
35. 10. κύριος ἐ. ἐστι (8 *a*)
36. 20. οὗ εἰσῆλθον ἐ. (8 *a*)
— 21. οὗ εἰσήλθοσαν ἐ. (8 *b*)
— 22. οὗ εἰσήλθετε ἐ. (8 *a*)
37. 21. οὗ εἰσήλθοσαν ἐ. (8 *a*)
— 25. οὗ κατῴκησαν ἐ. οἱ πατέρες αὐτῶν (2 *b*)
39. 11. κατορύξουσιν ἐ. τὸν Γὼγ (8 *a*)
40. 3. εἰσήγαγέ με ἐ. (8 *b*)
— 38. A ἐ. πλυνοῦσιν τὴν ὁλοκαύτωσιν (8 *a*)
— 42. σφάζουσιν ἐ. τὰ ὁλοκαυτώματα (2 *c*)
42. 13. φάγονται ἐ. οἱ ἱερεῖς (8 *a*)
— 13. B ἐ. θήσουσι τὰ ἅγια τῶν ἁγίων (8 *a*)
— 14. οὐκ εἰσελεύσονται ἐ. πάρεξ τῶν ἱερέων –
46. 19. ἐ. τόπος κεχωρισμένος (8 *a*)
— 20. οὗ ἑψήσουσιν ἐ. οἱ ἱερεῖς τὰ ὑπὲρ ἀγνοίας καὶ ἐ. πέψουσι τὸ μαναά (8 *a*, –)
— 24. οὗ ἑψήσουσιν ἐ. οἱ λειτουργοῦντες τῷ οἴκῳ τὰ θύματα (8 *a*)
47. 9. ἐφ' ἃ ἂν ἐπέλθῃ ἐ. ὁ ποταμὸς, ζήσεται (8 *a*)
— 9. καὶ ἔσται ἐ. ἰχθὺς πολὺς σφόδρα ὅτι ἥκει ἐ. τὸ ὕδωρ τοῦτο . . . ἐ. ζήσεται (–, 8 *b*, 8 *b*)
— 10. στήσονται ἐ. ἁλιεῖς (7)
— 23. ἐ. δώσετε κληρονομίαν αὐτοῖς (8 *a*)
48. 35. A κύριος ἐκεῖ [B *om.* κ. ἐ.] ἔσται τὸ ὄνομα αὐτῆς (8 *b*)
Da. LXX. Su. 28. οἱ ὄντες ἐ. πάντες οἱ υἱοὶ Ἰσ.
9. 7. εἰς ἃς διεσκόρπισας αὐτοὺς ἐκεῖ (8 *a*)
10. 13. αὐτὸν ἐ. κατέλιπον (8 *a*)
Da. TH. Su. 16. οὐκ ἦν οὐδεὶς ἐ.
9. 7. οὗ διέσπειρας αὐτοὺς ἐ. (8 *a*)
10. 13. αὐτὸν κατέλειπον ἐ. (8 *a*)
Bel 31. ἦν ἐ. ἡμέρας ἕξ
I Ma. 1. 34. ἔθηκαν ἐ. ἔθνος ἁμαρτωλόν
— 35. τὰ σκῦλα Ἱερ. ἀπέθεντο ἐ.
2. 7. A R καὶ καθίσαι [S ἐκάθισαν] ἐ.
— 29. κατέβησαν . . . καθίσαι ἐ.
4. 61. S ἀπέταξεν [A -αν, R ἐπ.] ἐ. δύναμιν
5. 13. καὶ ἀπώλεσαν ἐ.
6. 2. A R καὶ ἐ. [S ἔχει] καλύμματα χρυσᾶ
— 2. ἃ κατέλιπεν ἐ. Ἀλ.
— 9. ἦν ἐ. ἡμέρας πλείους
— 16. καὶ ἀπέθανεν ἐ. Ἀντ.
— 46. καὶ ἀπέθανεν ἐ.
— 49. οὐκ ἦν αὐτοῖς ἐ. διατροφή
— 50. ἀπέταξεν ἐ. φρουράν
— 51. ἔστησεν ἐ. βελοστάσεις
7. 1. καὶ ἐβασίλευσεν ἐ.
8. 3. τοῦ ἀργυρίου καὶ τοῦ χρυσίου τοῦ ἐ.
— 22. εἶναι παρ' αὐτοῖς ἐ. μνημόσυνον εἰρήνης
9. 20. A ἔκλαυσαν αὐτὸν ἐ. [S R *om.*]
10. 1. καὶ ἐβασίλευσεν ἐ.
— 71. συγκριθῶμεν ἑαυτοῖς ἐ.
11. 6. καὶ ἐκοιμήθησαν ἐ.
— 16. τοῦ σκεπασθῆναι αὐτὸν ἐ.
— 40. ἔμεινεν ἐ. ἡμέρας πολλάς
— 73. καὶ παρενέβαλον ἐ.
12. 34. ἔθετο ἐ. φρουράν
13. 11. S ἐξέβαλε τοὺς ὄντας ἐκεῖ [A R ἐν αὐτῇ] καὶ ἔμεινεν ἐ. [S[1] *om.*] ἐν αὐτῇ
— 23. A R καὶ ἐτάφη ἐ. [S *om.*]
— 24. S καὶ ἐπέστρεψεν ἐ. [A R *om.*] Τρ.
— 48. A S κατῴκισεν ἐν αὐτῇ [R ἐκεῖ] ἄνδρας
— 52. ᾤκει ἐ. αὐτός

I Ma. 14. 33. ἔθετο ἐ. φρουρὰν ἄνδρας Ἰουδαίους
— 34. A R ᾤκουν οἱ πολέμιοι τὸ πρότερον ἐ. [S *om.*]
— 34. κατῴκισεν ἐ. Ἰουδαίους
15. 41. A R ἔταξεν [S ἀπέτ.] ἐ. ἱππεῖς
16. 15. ἐνέκρυψεν ἐ. ἄνδρας
II Ma. 2. 5. τὸ θυσιαστήριον . . . εἰσήνεγκεν ἐ.
3. 38. πέμψον αὐτὸν ἐ.
4. 38. ἐ. τὸν μιαιφόνον ἀπεκόσμησε
9. 4. ποιήσω παραγενόμενος ἐ.
10. 32. στρατηγοῦντος ἐ. Χ.
12. 6. τοὺς δὲ ἐ. συμφυγόντας ἐξεκέντησε
— 30. R τῶν ἐ. κατοικούντων [A καθεστώτων]
15. 31. παραγενόμενος δὲ ἐ.
III Ma. 5. 43. τῶν συντελούντων ἐ. θυσίας
7. 18. ἐ. ἐποίησαν πότον σωτήριον [A -ίου]
— 19. ὡσαύτως κἀκεῖ ἔστησαν
IV Ma. 14. 6. A[1] οἱ ἱεροὶ μείρακες ἐ. [A[2] S R ἐκεῖνοι]
[**Aq.** Ex. 40. 3: Dt. 21. 4: III Ki. 6. 19: 7. 7 (44): 14. 2: 17. 9: IV Ki. 12. 5 (6): 23. 7: Ps. 67 (68). 28: 86 (87). 4, 6: 103 (104). 17: 121 (122). 4: Pr. 15. 17: 22. 14: Ca. 8. 5: Is. 34. 14, 15: 37. 33: Je. 7. 2: 29 (36). 6: 32 (39). 5: 37 (44). 12: 42 (49). 16: 43 (50). 5: Ez. 29. 14: 32. 25: Da. 10. 13.]
[**Sm.** Ex. 40. 3: III Ki. 6. 19: 7. 7 (44): IV Ki. 5. 18: 17. 25, 27: Ps. 86 (87). 4, 5, 6: 138 (139). 10: Pr. 15. 17: 22. 14: Ec. 1. 7: Is. 13. 20: 27. 10 *bis*: 33. 21: 34. 14, 15: 37. 33: Je. 7. 2: 29 (36). 6: 32 (39). 5: 37 (44). 20: 42 (49). 16: Ez. 29. 14: 32. 25: 42. 14.]
[**Th.** Ex. 40. 3, 30: II Ki. 1. 21: III Ki. 6. 19: IV Ki. 17. 27: Jb. 35. 12: Ps. 86 (87). 6: Pr. 15. 17: 22. 14: Is. 34. 15: 37. 33: Je. 7. 2: 27 (34). 22: 29 (36). 6, 14 *bis*, 18: 30 (37). 11: 43 (50). 5: 44 (51). 12: Ez. 20. 28: 29. 14: 32. 25, 29: Da. 10. 13.]
[**Hebr.** Ex. 29. 42: IV Ki. 17. 27.]
[**Al.** Dt. 24. 21 (19): I Ch. 4. 41: Hb. 3. 4.]
[**Quint.** IV Ki. 17. 25, 27: Ps. 86 (87). 6.]

ἐκεῖθεν (*incl.* **κἀκεῖθεν**). (1) מֵהֶם (2) *a.* מִשָּׁם *b.* שָׁם *c.* שָׁמָּה *d.* מִן־תַּמָּה

Ge. 2. 10. ἐ. ἀφορίζεται εἰς τέσσαρας ἀρχάς (2 *a*)
10. 14. A ὅθεν ἐξῆλθεν ἐ. [R *om.*] (2 *a*)
11. 8. διέσπειρεν αὐτοὺς κύριος ἐ. (2 *a*)
— 9. καὶ ἐ. διέσπειρεν αὐτοὺς κύριος (2 *a*)
12. 8. ἀπέστη ἐ. εἰς τὸ ὄρος (2 *a*)
18. 16. ἐξαναστάντες δὲ ἐ. οἱ ἄνδρες (2 *a*)
— 22. καὶ ἀποστρέψαντες ἐ. οἱ ἄνδρες (2 *a*)
20. 1. καὶ ἐκίνησεν ἐ. Ἀβραάμ (2 *a*)
24. 4. λήψῃ γυναῖκα τῷ υἱῷ μου Ἰ. ἐ. –
— 5. ὅθεν ἐξῆλθες ἐ. (2 *a*)
— 7. λήψῃ γυναῖκα τῷ υἱῷ μου ἐ. (2 *a*)
— 38. λήψῃ γυναῖκα τῷ υἱῷ μου ἐ. –
26. 17. ἀπῆλθεν ἐ. Ἰσαάκ (2 *a*)
— 21. ἀπάρας δὲ Ἰσαὰκ ἐ. –
— 22. ἀπάρας δὲ ἐ. (2 *a*)
— 23. ἀνέβη δὲ ἐ. (2 *a*)
27. 9. λάβε μοι ἐ. δύο ἐρίφους (2 *a*)
— 45. μεταπέμψομαί σε ἐ. (2 *a*)
28. 2. λάβε σεαυτῷ ἐ. γυναῖκα (2 *a*)
— 6. R λαβεῖν ἑαυτῷ γυναῖκα ἐ. [A *om.*] (2 *a*)
30. 32. διαχώρισον ἐ. πᾶν πρόβατον φαιόν (2 *a*)
42. 26. ἀπῆλθον ἐ. (2 *a*)
49. 24. ἐ. ὁ κατισχύσας Ἰσραήλ [A σε Ἰακώβ] (2 *a*)
Ex. 25. 21 (22). καὶ γνωσθήσομαί σοι ἐ. (2 *b*)
29. 42: 30. 6. ἐν οἷς γνωσθήσομαί σοι ἐ. [A ἐκεῖ] (2 *c*)
30. 36. ὅθεν γνωσθήσομαί σοι ἐ. (2 *c*)
Nu. 13. 24 (23). ἔκοψαν ἐ. κλῆμα (2 *a*)
— 25 (24). ὃν ἔκοψαν ἐ. οἱ υἱοὶ Ἰ. (2 *a*)
— 26 (25). ἀπέστρεψαν [A ἐπ.] ἐ. –
21. 12. ἐ. ἀπῆραν (2 *a*)
— 13. ἐ. ἀπάραντες (2 *a*)
— 16. ἐ. τὸ φρέαρ (2 *a*)
22. 41. ἔδειξεν αὐτῷ ἐ. (2 *a*)
23. 13. οὐκ ὄψῃ αὐτὸν ἐ. (2 *a*)
— 13, 27. κατάρασαί μοι αὐτὸν ἐ. (2 *a*)
De. 5. 15. ἐξήγαγέ σε κύριος . . . ἐ. (2 *a*)
6. 21. ἐξήγαγεν ἡμᾶς κύριος ἐ. –
— 23. ἡμᾶς ἐξήγαγεν ἐ. [A *al.*] (2 *a*)
7. 8. A ἐξήγαγεν κύριος ὑμᾶς ἐ. [B *om.*] –
9. 28. ὅθεν ἐξήγαγες [A -εν] ἡμᾶς ἐ. (2 *a*)
10. 7. ἐ. ἀπῆραν εἰς Γαδγάδ (2 *a*)
11. 10. ὅθεν ἐκπεπόρευσθε ἐ. (2 *a*)
15. 15. A B[2] R ἐλυτρώσατό σε κύριος . . . ἐ. –

De. 19. 12. λήψονται αὐτὸν ἐ. (2 *a*)
24. 18. ἐλυτρώσατό σε κύριος . . . ἐ. (2 *a*)
30. 4. ἐ. συνάξει σε κύριος (2 *a*)
— 4. καὶ ἐ. λήψεταί σε (2 *a*)
— 5. εἰσάξει σε . . . ἐ. εἰς τὴν γῆν –
Jo. 4. 5. ἀνελόμενος ἐ. ἕκαστος λίθον –
6. 21 (22). ἐξαγάγετε αὐτὴν ἐ. (2 *a*)
15. 14. ἐξωλέθρευσεν ἐ. . . . τοὺς τρεῖς υἱοὺς Ἐνάκ (2 *a*)
— 15. ἀνέβη ἐ. Χάλεβ (2 *a*)
18. 13. διελεύσεται ἐ. τὰ ὅρια Λουζά (2 *a*)
19. 13. καὶ ἐ. περιελεύσεται (2 *a*)
— 34. διελεύσεται ἐ. Ἰ. [A εἰς Ἰ.] (2 *a*)
20. 6. A ὅθεν ἔφυγεν ἐ. (2 *a*)
Jd. 1. 11. ἀνέβησαν [A ἐπορεύθησαν] ἐ. (2 *a*)
— 20. ἐκληρονόμησεν ἐ. τὰς τρεῖς πόλεις (2 *a*)
— 20. A καὶ ἐξῆρεν ἐ. –
5. 14. A κύριος ἐπολέμει μοι ἐν δυνατοῖς ἐ. [B *al.*] †
7. 4. A δοκιμῶ αὐτούς σοι ἐ. [B *al.*] (2 *b*)
8. 8. καὶ ἀνέβη ἐ. εἰς Φ. (2 *a*)
14. 19. A ἔπαισεν ἐ. τριάκοντα ἄνδρας [B *al.*] (1)
16. 1. A ἐπορεύθη Σ. ἐ. [B *om.*] εἰς Γάζαν –
18. 11. καὶ ἀπῆραν ἐ. (2 *a*)
— 13. παρῆλθον ἐ. (2 *a*)
19. 18. ἐ. ἐγώ εἰμι [A ἐγὼ δὲ ἐ. εἰ.] (2 *a*)
21. 24. περιεπάτησαν ἐ. οἱ υἱοὶ Ἰ. (2 *a*)
— 24. ἐξῆλθον [A ἀπῆλθεν] ἐ. (2 *a*)
I Ki. 4. 4. αἴρουσιν ἐ. τὴν κιβωτόν (2 *a*)
10. 3. ἀπελεύσῃ ἐ. (2 *a*)
— 10. ἔρχεται ἐ. εἰς τὸν βουνόν (2 *b*)
— 23. λαμβάνει αὐτὸν ἐ. (2 *a*)
17. 49. ἔλαβεν ἐ. [A *om.*] λίθον ἕνα (2 *a*)
19. 23. καὶ ἐπορεύθη ἐ. (2 *b*)
22. 1. ἀπῆλθεν [A ἀπηλλάγη] ἐ. Δ. (2 *a*)
— 3. ἀπῆλθε Δ. ἐ. (2 *a*)
24. 1. ἀνέστη Δ. ἐ. (2 *a*)
II Ki. 6. 2. τοῦ ἀναγαγεῖν ἐ. τὴν κιβωτὸν τοῦ θ. (2 *a*)
14. 2. καὶ ἔλαβεν ἐ. γυναῖκα σοφήν (2 *a*)
16. 5. ἐ. ἀνὴρ ἐξεπορεύετο (2 *a*)
21. 13. ἀνήνεγκεν ἐ. τὰ ὀστᾶ Σ. (2 *a*)
III Ki. 1. 45. ἀνέβησαν ἐ. εὐφραινόμενοι (2 *a*)
3. 1 (2. 36). καὶ οὐκ ἐξελεύσῃ ἐ. οὐδαμοῦ (2 *a*)
9. 28. ἔλαβον ἐ. χρυσίου . . . τάλαντα (2 *a*)
12. 25. καὶ ἐξῆλθεν ἐ. (2 *a*)
17. 13. ποίησόν μοι ἐ. ἐγκρυφίαν μικρόν (2 *a*)
19. 19. καὶ ἀπῆλθεν ἐ. (2 *a*)
IV Ki. 2. 21. οὐκ ἔσται ἔτι ἐ. θάνατος (2 *a*)
— 23. καὶ ἀνέβη ἐ. εἰς Β. (2 *a*)
— 25. καὶ ἐπορεύθη ἐ. (2 *a*)
— 25. καὶ ἐ. ἐπέστρεψεν [A ὑπ.] εἰς Σ. (2 *a*)
6. 2. λάβωμεν ἐ. . . . δοκὸν μίαν (2 *a*)
— 10. καὶ ἐφυλάξατο ἐ. (2 *b*)
7. 2. καὶ ἐ. οὐ φάγῃ (2 *a*)
— 8. ἦραν ἐ. ἀργύριον (2 *a*)
— 8. καὶ ἐπέστρεψαν ἐ. [A *om.*] –
— 8. καὶ ἔλαβον ἐ. (2 *a*)
— 19. ἐ. οὐ μὴ φάγῃ [A οὐ φάγῃς] (2 *a*)
10. 15. καὶ ἐπορεύθη ἐ. (2 *a*)
17. 27. B ἀπάγετε [A -άρατε, R -αγάγετε] ἐ. (2 *a*)
— 33. ὅθεν ἀπῴκισεν αὐτοὺς ἐ. (2 *a*)
23. 12. καὶ κατέσπασεν ἐ. (2 *a*)
24. 13. καὶ ἐξήνεγκεν ἐ. [A *om.*] πάντας τοὺς θησαυρούς (2 *a*)
I Ch. 1. 12. A ὅθεν ἐξῆλθεν ἐ. Φ. (2 *a*)
13. 6. τοῦ ἀναγαγεῖν ἐ. τὴν κιβωτὸν τοῦ θεοῦ (2 *a*)
II Ch. 8. 18. ἔλαβον ἐ. τὰ τετρακόσια . . . τάλαντα (2 *a*)
26. 20. καὶ κατέσπευσαν αὐτὸν ἐ. (2 *a*)
II Es. 6. 6. μακρὰν ὄντες ἐ. (2 *d*)
Ne. 1. 9. ἐ. συνάξω αὐτούς (2 *a*)
To. 1. 14. S ἠγόραζον αὐτῷ ἐ.
Ju. 2. 22. καὶ ἀπῆλθεν ἐ.
7. 13. ἐ. ὑδρεύονται πάντες οἱ κατοικοῦντες [S ἐνοικ.] Β.
Ho. 2. 15 (17). δώσω αὐτῇ τὰ κτήματα αὐτῆς ἐ. (2 *a*)
Am. 6. 2. διέλθατε ἐ. εἰς Ἐ. (2 *a*)
— 2. κατάβητε ἐ. εἰς Γὲθ ἀλλοφύλων –
9. 2. ἐ. ἡ χείρ μου ἀνασπάσει αὐτούς (2 *a*)
— 2. ἐ. κατάξω αὐτούς (2 *a*)
— 3. ἐ. ἐξερευνήσω (2 *a*)
Mi. 4. 10. ἐ. ῥύσεταί σε καὶ ἐ. λυτρώσεταί σε [B[1] *om.* κ. ἐ. λ. σε] κύριος (2 *b*, 2 *b*)
Ob. 1. 4. ἐ. κατάξω σε (2 *a*)
Is. 30. 6. ἐ. καὶ ἀσπίδες (1)
52. 11. ἐξέλθατε ἐ. (2 *a*)
Je. 13. 6. λάβε ἐ. τὸ περίζωμα (2 *a*)

Je. 22. 24. ἐ. ἐκσπάσω σε (2 a)
25. 17 (49. 38). ἐξαποστελῶ ἐ. βασιλέα (2 a)
27 (50). 9. ἐ. ἁλώσεται (2 a)
29 (49). 16. ἐ. καθελῶ σε (2 a)
33 (26). 23. ἐξηγάγοσαν αὐτὸν ἐ. †
44 (37). 12. τοῦ ἀγοράσαι ἐ. ἐν μέσῳ τοῦ λαοῦ (2 a)
45 (38). 11. ἔλαβεν ἐ. παλαιὰ ῥάκη (2 a)
Ep. Je. 3. ἐξάξω ὑμᾶς ἐ. μετ' εἰρήνης
Ez. 5. 3. λήψῃ ἐ. ὀλίγους ἐν ἀριθμῷ (2 a)
I Ma. 5. 29. ἀπῆρεν ἐ. νυκτός
— 36. ἐ. ἀπῆρε
6. 4. S R καὶ ἀπῆρεν [A -ῆλθεν] ἐ.
10. 86. A R ἀπῆρεν ἐ. [S ἔνθεν] Ἰων.
11. 61. ἀπῆλθεν ἐ. εἰς Γάζαν
— 66 : 13. 50. ἐξέβαλεν αὐτοὺς ἐ.
II Ma. 12. 10. R ἐ. δὲ ἀποσπασθέντων [A -άσαντες]
— 17. ἐ. δὲ ἀποσπάσαντες
— 29. ἀναζεύξαντες δὲ ἐ.
14. 16. R ἐ. εὐθέως ἀνέζευξαν [A ἀναζεύξας]
[Sm. Ex. 14. 20 : Je. 37 (44). 12.]
[Th. Jd. 14. 19 : Je. 37 (44). 12.]
[Al. Jd. 5. 14.]

ἐκεῖνος (*incl.* **κἀκεῖνος, κεῖνος**), *cf.* **ἐπέκεινα.**

(1) pl. *a.* אִלֵּךְ *b.* אִלֵּן (2) אִנּוּן
(3) *a.* אֵת (אֹתוֹ) *b.* אֵת (אוֹתָהּ) (4) *a.* דֵּךְ
b. דָּךְ *c.* דִּכֵּן (5) pers. suff. (6) *a.* הַהוּא
b. הַהִיא *c.* הוּא *d.* הַהִוא (7) pl. *a.* הָהֵם
b. הֵמָּה *c.* הָהֵמָּה *d.* הָהֵנָּה (8) *a.* הַזֶּה
b. זֹאת *c.* הַזֹּאת (9) *a.* הַלָּז *b.* הַלָּזֶה *c.* הַלֵּזוּ
(10) הִנֵּה (11) כֵּן

Ge. 2. 12. τὸ δὲ χρυσίον τῆς γῆς ἐ. καλόν (6 d)
6. 4. ἐν ταῖς ἡμέραις ἐ. (7 a)
— 4. καὶ μετ' ἐκεῖνο (11)
— 4. ἐκεῖνοι ἦσαν οἱ γίγαντες (7 b)
— 21. ἔσται σοι καὶ ἐκείνοις φαγεῖν (5)
10. 11. ἐκ τῆς γῆς ἐ. (6 d)
15. 18. R ἐν τῇ ἡμέρᾳ ἐ. (6 a)
17. 14. ἐξολεθρευθήσεται ἡ ψυχὴ ἐ. (6 d)
— 23, 26. ἐν τῷ καιρῷ τῆς ἡμέρας ἐ. (8 a)
19. 9. νῦν οὖν σε κακώσομεν μᾶλλον ἢ ἐκείνους (5)
— 22. τὸ ὄνομα τῆς πόλεως ἐ. –
— 33. R ἐν τῇ νυκτὶ ἐ. [A ταύτῃ] (6 c)
— 33. A τὴν νύκτα ἐ. [R ἐν τῇ νυκτὶ ἐ.] –
— 35. ἐν τῇ νυκτὶ ἐ. (6 a)
21. 22. ἐγένετο δὲ ἐν τῷ καιρῷ ἐ. (6 d)
— 31 : 22. 14. τὸ ὄνομα τοῦ τόπου ἐ. (6 a)
24. 65. τίς ἐστιν ὁ ἄνθρωπος ἐ. ὁ πορευόμενος (9 b)
26. 12. ἐν τῇ γῇ ἐ. (6 d)
— 12. ἐν τῷ ἐνιαυτῷ ἐ. (6 d)
— 20. A τὸ ὄνομα τοῦ φρέατος ἐ. [R om.] –
— 21. ἐκρίνοντο δὲ καὶ περὶ ἐκείνου (5)
— 24. ἐν τῇ νυκτὶ ἐ. (6 a)
— 32. ἐν τῇ ἡμέρᾳ ἐ. (6 a)
— 33. R ὄνομα τῇ πόλει ἐ. [A om.] –
28. 11. ἐν τῷ τόπῳ ἐ. (6 a)
— 19. τὸ ὄνομα τοῦ τόπου ἐ. (6 a)
29. 2. ἐκ γὰρ τοῦ φρέατος ἐ. (6 d)
30. 16. τὴν νύκτα ἐ. (6 c)
— 35. ἐν τῇ ἡμέρᾳ ἐ. (6 a)
32. 2 (3). τὸ ὄνομα τοῦ τόπου ἐ. (6 a)
— 13 (14), 21 (22). τὴν νύκτα ἐ. (6 a)
— 22 (23). τὴν νύκτα ἐ. (6 c)
— 30 (31). τὸ ὄνομα τοῦ τόπου ἐ. –
33. 16. ἐν τῇ ἡμέρᾳ ἐ. (6 a)
— 17. τὸ ὄνομα τοῦ τόπου ἐ. –
35. 21 (22). κατῴκησεν Ἰσρ. ἐν τῇ γῇ ἐ. (6 d)
37. 19. ὁ ἐνυπνιαστὴς ἐ. (9 b)
— 24. A ὁ δὲ λάκκος ἐ. [R κενὸς] ὕδωρ οὐκ εἶχεν †
38. 1. ἐγένετο δὲ ἐν τῷ καιρῷ ἐ. (6 b)
41. 13. ἐκεῖνον δὲ κρεμασθῆναι (3 a)
43. 28. ὁ ἄνθρωπος ἐ. –
— 34. πενταπλασίως πρὸς τὰς ἐκείνων –
47. 17. ἐν τῷ ἐνιαυτῷ ἐ. (6 d)
— 18. ἐξῆλθε δὲ τὸ ἔτος ἐ. (6 d)
48. 6. ἐπὶ [A ἐν] τοῖς ἐκείνων κλήροις (5)
— 20. ἐν τῇ ἡμέρᾳ ἐ. (6 a)
50. 11. A τὸ ὄνομα τοῦ τόπου ἐ. [B ὄ. αὐτοῦ] †
Ex. 1. 6. πᾶσα ἡ γενεὰ ἐ. (6 a)
2. 11. ἐν ταῖς ἡμέραις ταῖς πολλαῖς ἐ. (7 a)
— 23. μετὰ δὲ τὰς ἡμέρας τὰς πολλὰς ἐ. (7 a)

Ex. 3. 8. ἐκ τῆς γῆς ἐ. (6 d)
4. 18. μετὰ δὲ τὰς ἡμέρας τὰς πολλὰς ἐ. –
7. 12. τὰς ἐκείνων ῥάβδους (5)
8. 22 (18). ἐν τῇ ἡμέρᾳ ἐ. (6 a)
9. 4. ἐν τῷ καιρῷ ἐ. –
10. 13. ὅλην τὴν ἡμέραν ἐ. (6 a)
12. 15, 19. ἐξολεθρευθήσεται ἡ ψυχὴ ἐ. (6 d)
— 42. ἐ. ἡ νὺξ αὕτη (6 c)
— 51. ἐν τῇ ἡμέρᾳ ἐ. (8 a)
13. 8 : 14. 30. ἐν τῇ ἡμέρᾳ ἐ. (6 a)
15. 23. τὸ ὄνομα τοῦ τόπου ἐκείνου (5)
17. 7. τὸ ὄνομα τοῦ τόπου ἐ. –
19. 13. ἐκεῖνοι ἀναβήσονται ἐπὶ τὸ ὄρος (7 b)
31. 14. ἐξολεθρευθήσεται ἡ ψυχὴ ἐ. (6 d)
32. 28. ἐν ἐ. τῇ ἡμέρᾳ [A al.] (6 a)
34. 3. πλησίον τοῦ ὄρους ἐ. (6 a)
Le. 5. 2. R ἡ ψυχὴ ἐ. [A B om.] ἥτις ἐὰν ἅψηται –
7. 10 (20), 11 (21). ἀπολεῖται ἡ ψυχὴ ἐ. (6 d)
— 15 (25). ἀπολεῖται ἡ ψυχὴ ἐ. †
— 17 (27). ἀπολεῖται ἡ ψυχὴ ἐ. (6 d)
17. 4. τῷ ἀνθρώπῳ ἐ. (6 a)
— 4. ἐξολεθρευθήσεται ἡ ψυχὴ ἐ. (6 a)
— 9. ἐξολεθρευθήσεται ὁ ἄνθρωπος ἐ. (6 a)
20. 3. ἐπὶ τὸν ἄνθρωπον ἐ. (6 a)
— 4. ἀπὸ τοῦ ἀνθρώπου ἐ. (6 a)
— 5. ἐπὶ τὸν ἄνθρωπον ἐ. (6 a)
— 6. ἐπὶ τὴν ψυχὴν ἐ. (6 d)
22. 3. ἐξολεθρευθήσεται ἡ ψυχὴ ἐ. (6 d)
— 30. αὐτῇ τῇ ἡμέρᾳ ἐ. (6 a)
23. 30. ἀπολεῖται ἡ ψυχὴ ἐ. (6 d)
27. 23. ἐν τῇ ἡμέρᾳ ἐ. (6 a)
Nu. 5. 6. ἡ ψυχὴ ἐ. (6 d)
— 31. γυνὴ ἐ. λήψεται τὴν ἁμαρτίαν αὐ. (6 d)
6. 11. ἐν ἐ. τῇ ἡμέρᾳ (6 a)
9. 6. ἐν τῇ ἡμέρᾳ ἐ. . . . ἐν ἐ. τῇ ἡμέρᾳ (6 a, 6 a)
— 7. εἶπαν οἱ ἄνδρες ἐ. πρὸς αὐτόν (7 c)
— 13. ἐξολεθρευθήσεται ἡ ψυχὴ ἐ. (6 d)
— 13. ἁμαρτίαν αὐτοῦ λήψεται ὁ ἄνθρωπος ἐ. (6 a)
10. 32. ἔσται τὰ ἀγαθὰ ἐ. (6 a)
11. 3, 34. ἐκλήθη τὸ ὄνομα τοῦ τόπου ἐ. (6 a)
13. 25 (24). τὸν τόπον ἐ. ἐπωνόμασαν (6 a)
14. 1. ὅλην τὴν νύκτα ἐ. (6 a)
— 38. ἀπὸ τῶν ἀνθρώπων ἐ. (7 a)
— 45. ὁ ἐγκαθήμενος ἐν τῷ ὄρει ἐ. (6 a)
15. 30. ἐξολεθρευθήσεται ἡ ψυχὴ ἐ. (6 d)
— 31. ἐκτριβήσεται ἡ ψυχὴ ἐ. (6 d)
16. 14. τοὺς ὀφθαλμοὺς τῶν ἀνθρώπων ἐ. (7 a)
19. 13. ἐκτριβήσεται ἡ ψυχὴ ἐ. (6 d)
— 20. ἐξολεθρευθήσεται ἡ ψυχὴ ἐ. (6 d)
21. 3. τὸ ὄνομα τοῦ τόπου ἐ. –
22. 4. κατὰ τὸν καιρὸν ἐ. (6 d)
— 33. ἐκείνην δ' ἂν περιεποιησάμην (3 b)
32. 10. ἐν τῇ ἡμέρᾳ ἐ. (6 a)
De. 1. 9, 16, 18. ἐν τῷ καιρῷ ἐ. (6 d)
— 19. πᾶσαν τὴν ἔρημον . . . τὴν φοβερὰν ἐ. (6 a)
— 44. ὁ κατοικῶν ἐν τῷ ὄρει ἐ. (6 a)
2. 7. τὴν ἔρημον . . . τὴν φοβερὰν ἐ. [A ταύτην] (8 a)
— 34 : 3. 4, 8. ἐν τῷ καιρῷ ἐ. (6 d)
3. 12. τὴν γῆν ἐ. (8 c, 6 d)
— 13. R πᾶσαν B. [A τὴν B., B γῆν B.] ἐ. (6 d)
— 18, 21, 23 : 4. 14 : 5. 5. ἐν τῷ καιρῷ ἐ. (6 d)
7. 19. τὰ τέρατα τὰ μεγάλα ἐ. [B[1] om. τὰ μ. ἐ.] –
— 24. A B[1] R ἐκ τοῦ τόπου ἐκείνου [B[2] ἐκείνων] †
8. 15. διὰ τῆς ἐρήμου . . . τῆς φοβερᾶς ἐ. –
9. 19. A ἐν τῷ καιρῷ ἐ. [B τούτῳ] (6 d)
— 20. ἐν τῷ καιρῷ ἐ. (6 d)
10. 1, 8. ἐν ἐ. τῷ καιρῷ (6 d)
12. 3. ἐκ τοῦ τόπου ἐ. (6 a)
13. 3 (4). τῶν λόγων τοῦ προφήτου ἐ. (6 a)
— 3 (4). ἢ τοῦ ἐνυπνιαζομένου τὸ ἐνύπνιον ἐ. (6 a)
— 5 (6). ὁ προφήτης ἐ. ἢ ὁ τὸ ἐνύπνιον ἐνυπνιαζόμενος ἐκεῖνος (6 a, 6 a)
— 15 (16). ἐν τῇ γῇ [A πόλει] ἐ. (6 d)
14. 28. ἐν τῷ ἐνιαυτῷ ἐ. (6 d)
17. 5. ἐξάξεις [B[1] -αρεῖς] τὸν ἄνθρωπον ἐ. ἢ τὴν γυναῖκα ἐ. (6 a, 6 d)
— 9. ἐν ταῖς ἡμέραις ἐ. (7 a)
— 12. ἐν ταῖς ἡμέραις ἐ. –
— 12. ἀποθανεῖται ὁ ἄνθρωπος ἐ. (6 a)
18. 9. κατὰ τὰ βδελύγματα τῶν ἐθνῶν ἐ. (7 a)
— 19. A ὁ ἄνθρωπος ἐ. [B om.] –
— 19. ὁ προφήτης ἐ. [A om.] –
— 20. ὁ προφήτης ἐ. (6 a)

De. 18. 22. ὁ προφήτης ἐκεῖνος [A ἐπὶ] τῷ ὀνόματι κυρίου –
— 22. ὁ προφήτης ἐ. [A[1] om.] –
19. 17. οἳ ἂν ὦσιν ἐν ταῖς ἡμέραις ἐ. (7 a)
21. 3, 4, 6. ἡ γερουσία τῆς πόλεως ἐ. (6 d)
— 23. ἐν τῇ ἡμέρᾳ ἐ. (6 a)
22. 17. A[2] τῆς πόλεως ἐ. [A[1] B om.] –
— 18. λήψεται ἡ γερουσία τῆς πόλεως ἐ. τὸν ἄνθρωπον ἐ. (6 d, –)
24. 7. ἀποθανεῖται ὁ κλέπτης ἐ. (6 a)
25. 8. A ἡ γερουσία τῆς πόλεως ἐ. [B αὐτοῦ] (5)
26. 3. ἐν ταῖς ἡμέραις ἐ. (7 a)
27. 11. ἐν τῇ ἡμέρᾳ ἐ. (6 a)
28. 65. ἐν τοῖς ἔθνεσιν ἐ. οὐκ ἀναπαύσει σε (7 a)
29. 3 (2). τὰ τέρατα τὰ μεγάλα ἐ. (7 a)
— 18 (17). τοῖς θεοῖς τῶν ἐθνῶν ἐ. (7 a)
— 20 (19). ἐν τῷ ἀνθρώπῳ ἐ. (6 a)
— 22 (21). τὰς πληγὰς τῆς γῆς ἐ. (6 d)
— 27 (26). ἐπὶ τὴν γῆν ἐ. (6 d)
31. 10. ἐν τῇ ἡμέρᾳ ἐ. –
— 17 *bis*, 18. ἐν τῇ ἡμέρᾳ ἐ. (6 a)
— 22. ἐν ἐ. τῇ ἡμέρᾳ (6 a)
32. 44. ἐν ἐ. τῇ ἡμέρᾳ –
Jo. 2. 24. πᾶς ὁ κατοικῶν τὴν γῆν ἐ. –
3. 4. ἀνὰ μέσον ὑμῶν καὶ ἐκείνης (5)
4. 14. ἐν ἐ. τῇ ἡμέρᾳ (6 a)
5. 8 (9). τὸ ὄνομα τοῦ τόπου ἐ. (6 a)
— 11 (12). ἐν τῷ ἐνιαυτῷ ἐ. (6 b)
6. 14 (15). R ἐν τῇ ἡμέρᾳ ἐ. (8 a?)
— 25 (26). ἐν τῇ ἡμέρᾳ ἐ. (6 a)
— 25 (26). οἰκοδομήσει τὴν πόλιν ἐ. (8 c)
8. 25. ἐν τῇ ἡμέρᾳ ἐ. (6 a)
9. 26. ἐν τῇ ἡμέρᾳ ἐ. –
— 27 : 10. 28, 35. ἐν τῇ ἡμέρᾳ ἐ. (6 a)
11. 10, 21. ἐν τῷ καιρῷ ἐ. (6 b)
14. 9. ἐν ἐ. τῇ ἡμέρᾳ (6 a)
— 12. τῇ [A ἐν τῇ] ἡμέρᾳ ἐ. (6 a)
— 12. A R ἐν [B om.] τῇ ἡμέρᾳ ἐ. (6 a)
15. 63. A B ἕως τῆς ἡμέρας ἐ. [R ταύτης] (8 a)
20. 4. A τῶν πρεσβυτέρων τῆς πόλεως ἐ. (6 b)
— 6. A κατοικήσει ἐν τῇ πόλει ἐ. (6 b)
— 6. A ὃς ἔσται ἐν ταῖς ἡμέραις ἐ. (7 a)
24. 25. ἐν τῇ ἡμέρᾳ ἐ. (6 a)
— 29. καὶ ἐγένετο μετ' ἐκεῖνα †
— 33. ἐν ἐ. τῇ ἡμέρᾳ –
Jd. 2. 5. τὸ ὄνομα τοῦ τόπου ἐ. (6 a)
— 10. πᾶσα ἡ γενεὰ ἐ. (6 a)
3. 29. A B ἐν [R om.] τῇ ἡμέρᾳ ἐ. [A τῷ καιρῷ ἐ.] (6 b)
— 30. ἐν τῇ ἡμέρᾳ ἐ. (6 b)
4. 4. ἐν τῷ καιρῷ ἐ. (6 b)
— 23 : 5. 1. ἐν τῇ ἡμέρᾳ ἐ. (6 a)
6. 20. θὲς πρὸς τὴν πέτραν ἐ. (9 a)
— 25. ἐν [A om.] τῇ νυκτὶ ἐ. (6 a)
— 32. ἐν τῇ ἡμέρᾳ ἐ. (6 a)
— 40 : 7. 9. ἐν τῇ νυκτὶ ἐ. (6 a)
9. 45. ὅλην τὴν ἡμέραν ἐ. (6 a)
10. 8. ἐν τῷ καιρῷ [A ἐνιαυτῷ] ἐ. (6 b)
11. 21. τοῦ κατοικοῦντος τὴν γῆν ἐ. [A κατ. ἐν τῇ γῇ] (6 b)
— 26. ἐν τῷ καιρῷ ἐ. (6 b)
12. 6. ἐν [A om.] τῷ καιρῷ ἐ. (6 b)
13. 10. A τῇ ἡμέρᾳ ἐ. [B ἐν ἡμέρᾳ] –
14. 4. ἐν τῷ καιρῷ ἐ. (6 b)
15. 13. ἀπὸ τῆς πέτρας ἐ. [A ἐκ τῆς π.] (6 c?)
— 17. ἐκάλεσε τὸν τόπον ἐ. (6 a)
17. 6. ἐν δὲ ταῖς ἡμέραις ἐ. (7 a)
18. 1 *bis*. ἐν ταῖς ἡμέραις ἐ. (7 a)
— 1. ἕως τῆς ἡμέρας ἐ. [A τῶν ἡ. ἐ.] (6 a)
— 12. ἐν ἐ. τῷ τόπῳ [A τῷ τόπῳ ἐ.] (6 a)
— 31 (19. 1). ἐν ταῖς ἡμέραις ἐ. (7 a)
20. 15, 21, 26. ἐν τῇ ἡμέρᾳ ἐ. (6 a)
— 27 (A R), 28. ἐν ταῖς ἡμέραις ἐ. (7 a)
— 35, 46. ἐν τῇ ἡμέρᾳ ἐ. (6 a)
21. 14, 24. ἐν τῷ καιρῷ ἐ. (6 b)
— 25. ἐν δὲ ταῖς ἡμέραις ἐ. (7 a)
I Ki. 1. 3. A ἀνέβαινεν ὁ ἄνθρωπος ἐ. [B om.] (6 a)
3. 1. ἐν ταῖς ἡμέραις ἐ. (7 a)
— 2, 12. ἐν τῇ ἡμέρᾳ ἐ. (6 a)
4. 1. ἐν ταῖς ἡμέραις ἐ. –
— 12 : 6. 15. ἐν τῇ ἡμέρᾳ ἐ. (6 a)
6. 16. τῇ ἡμέρᾳ ἐ. (6 a)
7. 6, 10 : 8. 18. ἐν τῇ ἡμέρᾳ ἐ. (6 a)
8. 18. ἐν ταῖς ἡμέραις ἐ. (6 a)
9. 24 : 10. 9 : 12. 18 (B). ἐν τῇ ἡμέρᾳ ἐ. (6 a)
14. 1. B τὴν ἐν τῷ πέραν ἐκείνῳ (9 a)

I Ki. 14. 18. ἐν τῇ ἡμέρᾳ ἐ. (6 a)
— 22 (23), 24, 31, 37. ἐν τῇ ἡμέρᾳ ἐ. (6 a)
— 45. ἐν [A *om.*] τῇ ἡμέρᾳ ἐ. -
16. 13. ἀπὸ τῆς ἡμέρας ἐ. (6 a)
17. 26. A ὃς ἂν πατάξει τὸν ἀλλόφυλον ἐ. (9 a)
— 28. A ἀφῆκας τὰ μικρὰ πρόβατα ἐ. (7 d)
18. 2. A ἐν τῇ ἡμέρᾳ ἐ. (6 a)
— 9. A B ἀπὸ τῆς ἡμέρας ἐ. καὶ ἐπέκεινα (6 a)
19. 10. ἐν τῇ νυκτὶ ἐ. (6 c)
— 24. ὅλην τὴν ἡμέραν ἐ. (6 a)
20. 19. παρὰ τὸ ἐργὰβ [A ἔργον] ἐ. †
— 26: 21. 7 (8), 10 (11). ἐν τῇ ἡμέρᾳ ἐ. (6 a)
21. 13 (14). ἐν τῇ ἡμέρᾳ ἐ. -
22. 18, 22. ἐν τῇ ἡμέρᾳ ἐ. (6 a)
— 22. A ἐγώ εἰμι αἴτιος τῶν ψυχῶν ἐ. [B *om.*] -
23. 28. ἐπεκλήθη ὁ τόπος ἐ. (6 a)
27. 6. ἐν τῇ ἡμέρᾳ ἐ. (6 a)
28. 1. ἐν ταῖς ἡμέραις ἐ. (7 a)
— 20. ὅλην τὴν νύκτα ἐ. -
— 25. τὴν νύκτα ἐ. (6 a)
29. 4. οὐχὶ ἐν ταῖς κεφαλαῖς τῶν ἀνδρῶν ἐ. (7 a)
30. 20. τοῖς σκύλοις ἐ. ἐλέγετο (6 a)
— 25. ἀπὸ τῆς ἡμέρας ἐ. (6 a)
31. 6. ἐν τῇ ἡμέρᾳ ἐ. (6 a)
II Ki. 2. 16. καὶ ἐκλήθη τὸ ὄνομα τοῦ τόπου ἐ. (6 a)
— 17. ἐν τῇ ἡμέρᾳ ἐ. (6 a)
— 29. ὅλην τὴν νύκτα ἐ. (6 a)
3. 37. ἐν τῇ ἡμέρᾳ ἐ. (6 a)
5. 8. τῇ ἡμέρᾳ ἐ. (6 a)
— 20. ἐκλήθη τὸ ὄνομα τοῦ τόπου ἐ. (6 a)
6. 8. καὶ ἐκλήθη ὁ τόπος ἐ. (6 a)
— 9. ἐν τῇ ἡμέρᾳ ἐ. (6 a)
7. 4. τῇ [A ἐν τῇ] νυκτὶ ἐ. (6 a)
11. 12. ἐν τῇ ἡμέρᾳ ἐ. (6 a)
17. 13. πρὸς τὴν πόλιν ἐ. (6 b)
18. 7. ἐν τῇ ἡμέρᾳ ἐ. (6 a)
— 8. A B ἐν [R *om.*] τῇ ἡμέρᾳ ἐ. (6 a)
19. 2 (3) *bis*, 3 (4) : 23. 10. ἐν τῇ ἡμέρᾳ ἐ. (6 a)
23. 19. ἐκ τῶν τριῶν ἐ. ἔνδοξος †
24. 18. ἐν τῇ ἡμέρᾳ ἐ. (6 a)
III Ki. 2. 25 : 3. 1 (2. 37). ἐν τῇ ἡμέρᾳ ἐ. -
3. 2. A ἕως τῶν ἡμερῶν ἐ. [B ἕ. νῦν, R ἕ. τοῦ νῦν] (7 a)
— 4. A ἐπὶ τὸ θυσιαστήριον ἐ. [B *om.*] ἐν Γ. (6 a)
— 21. καὶ ἐκεῖνος ἦν τεθνηκώς (10)
8. 64. τῇ ἡμέρᾳ ἐ. (6 a)
— 65. ἐν τῇ ἡμέρᾳ ἐ. (6 d)
9. 9. ἐν ταῖς ἡμέραις ἐ. -
10. 10. οὐκ ἐληλύθει κατὰ τὰ ἡδύσματα ἐ. (6 a)
11. 29. ἐν τῷ καιρῷ ἐ. (6 b)
13. 3. ἐν τῇ ἡμέρᾳ ἐ. (6 a)
— 11. R ἐν τῇ ἡμέρᾳ ἐ. [A B *om.*] -
14. 1. A ἐν τῷ καιρῷ ἐ. (6 b)
16. 16. A ἐν τῇ ἡμέρᾳ ἐ. -
— 16. ἐν τῇ ἡμέρᾳ ἐ. (6 a)
— 22. ἐν τῷ καιρῷ ἐ. -
19. 8. ἐν τῇ ἰσχύϊ τῆς βρώσεως ἐ. (6 b)
22. 25. τῇ ἡμέρᾳ ἐ. (6 a)
— 35. ἐν τῇ ἡμέρᾳ ἐ. (6 a)
IV Ki. 3. 6. ἐν τῇ ἡμέρᾳ ἐ. (6 a)
4. 25. ἰδοὺ δὴ ἡ Σ. ἐ. (9 a)
8. 22. ἐν τῷ καιρῷ ἐ. (6 b)
10. 32 : 15. 37. ἐν ταῖς ἡμέραις ἐ. (7 a)
16. 6. ἐν τῷ καιρῷ ἐ. (6 b)
17. 4. ἐν τῷ ἐνιαυτῷ ἐ. †
18. 4. ἕως τῶν ἡμερῶν ἐ. (7 c)
— 16. ἐν τῷ καιρῷ ἐ. (6 b)
20. 1. ἐν ταῖς ἡμέραις ἐ. (7 a)
— 12. ἐν τῷ καιρῷ ἐ. (6 b)
23. 15. καί γε τὸ θυσιαστήριον ἐ. . . . κατέσπασε (6 a)
— 17. τί τὸ σκόπελον ἐ. (9 a)
24. 10. ἐν τῷ καιρῷ ἐ. (6 b)
I Ch. 7. 24. ἐν ἐ. τοῖς καταλοίποις -
10. 6. ἐν τῇ ἡμέρᾳ ἐ. -
12. 19. ἐν ταῖς κεφαλαῖς τῶν ἀνδρῶν ἐ. †
13. 11. καὶ ἐκάλεσε τὸν τόπον ἐ. (6 a)
— 12. ἐν τῇ ἡμέρᾳ ἐ. (6 a)
14. 11. ἐκάλεσε τὸ ὄνομα τοῦ τόπου ἐ. (6 a)
16. 6 (7). ἐν τῇ ἡμέρᾳ ἐ. (6 a)
17. 3. ἐν τῇ νυκτὶ ἐ. (6 a)
21. 28, 29. ἐν τῷ καιρῷ ἐ. (6 b)
29. 22. ἐν ἐ. τῇ ἡμέρᾳ (6 a)
II Ch. 1. 7. ἐν τῇ νυκτὶ ἐ. (6 a)
7. 2. ἐν τῷ καιρῷ ἐ. -
II Ch. 7. 8. ἐν τῷ καιρῷ ἐ. (6 b)
9. 9. οὐκ ἦν κατὰ τὰ ἀρώματα ἐ. (6 a)
13. 18. ἐν τῇ ἡμέρᾳ ἐ. (6 b)
15. 5. ἐν ἐ. τῷ καιρῷ (7 a)
— 11. ἐν ἐ. τῇ ἡμέρᾳ (6 a)
16. 7, 10. ἐν τῷ καιρῷ ἐ. (6 b)
18. 24, 34. ἐν τῇ ἡμέρᾳ ἐ. (6 a)
20. 26. ἐκάλεσαν τὸ ὄνομα τοῦ τόπου ἐ. (6 a)
21. 8. ἐν ταῖς ἡμέραις ἐ. (5)
— 10 : 28. 16 : 30. 3. ἐν τῷ καιρῷ ἐ. (6 b)
32. 24. ἐν ταῖς ἡμέραις ἐ. [A^{1} *om.*] (7 a)
35. 16. ἐν τῇ ἡμέρᾳ ἐ. (6 a)
— 17. ἐν [B^{1} *om.*] τῷ καιρῷ ἐ. (6 b)
I Es. 1. 17. ἐν ἐ. τῇ ἡμέρᾳ
2. 22. ἡ πόλις ἦν ἐ. ἀποστάτις
— 26. ἐστὶν ἡ πόλις ἐ. . . . βασιλεῦσιν ἀντιπαρατάσσουσα
— 28. ἀποκωλῦσαι τοὺς ἀνθρώπους ἐ.
5. 3. συναναβῆναι μετ᾽ ἐκείνων
6. 10. καὶ τὰ ἔργα ἐ. ἐπὶ σπουδῆς γινόμενα
— 20. A ὁ Σαναβάσσαρος ἐ. [B *om.*]
— 20. ἀπ᾽ ἐκείνου μέχρι τοῦ νῦν
— 27. τὸν οἶκον τοῦ κυρίου ἐκεῖνον οἰκοδομεῖν
— 33. κακοποιῆσαι τὸν οἶκον κυρίου ἐκεῖνον
II Es. 4. 13. A B ἐὰν ἡ πόλις ἐ. ἀνοικοδομηθῇ [B οἰκ.] (4 b)
— 15. ἡ πόλις ἐ. πόλις ἀποστάτις (4 b)
— 16. ἐὰν ἡ πόλις ἐ. οἰκοδομηθῇ (4 b)
— 19. ἡ πόλις ἐ. . . . ἐπὶ βασιλεῖς ἐπαίρεται (4 a)
— 21. καταργῆσαι τοὺς ἄνδρας ἐ. (1 a)
— 21. ἡ πόλις ἐ. οὐκ οἰκοδομηθήσεται ἔτι (4 b)
5. 8. καὶ τὸ ἔργον ἐ. ἐπιδέξιον γίνεται (4 b)
— 9. ἠρωτήσαμεν τοὺς πρεσβυτέρους ἐ. (1 a)
— 16. τότε Σ. ἐκεῖνος ἦλθε (4 a)
— 17. οἰκοδομῆσαι τὸν οἶκον τοῦ θεοῦ ἐκεῖνον (4 a)
6. 7. οἶκον τοῦ θεοῦ ἐκεῖνον οἰκοδομείτωσαν (4 a)
— 8. τοῦ οἰκοδομῆσαι οἶκον τοῦ θεοῦ ἐκεῖνον (4 a)
— 8. διδομένη τοῖς ἀνδράσιν ἐ. (1 a)
— 12. A ἀφανίσαι τὸν οἶκον τοῦ θεοῦ ἐκεῖνον [B R *al.*] (4 a)
8. 34. ἐν τῷ καιρῷ ἐ. (6 b)
Ne. 4. 16 (10). ἀπὸ τῆς ἡμέρας ἐ. (6 a)
— 22 (16). ἐν τῷ καιρῷ ἐ. (6 b)
6. 1. ἕως τοῦ καιροῦ [S^{1} λαοῦ] ἐ. (6 b)
— 17. ἐν ταῖς ἡμέραις ἐ. (7 a)
8. 17. ἕως τῆς ἡμέρας ἐ. (6 a)
12. 43, 44 : 13. 1. ἐν τῇ ἡμέρᾳ ἐ. (6 a)
13. 15. ἐν ταῖς ἡμέραις ἐ. (7 c)
— 21. ἀπὸ τοῦ καιροῦ ἐ. (6 b)
— 23. ἐν ταῖς ἡμέραις ἐ. (7 a)
To. 1. 5. S ἐθυσίαζον ἐκεῖνοι τῷ μόσχῳ
2. 11. S ἐν τῷ χρόνῳ ἐ.
3. 10. S ἐν τῇ ἡμέρᾳ ἐ.
— 17. S ἐν ἐ. [A B αὐτῷ] τῷ καιρῷ
4. 1. ἐν τῇ ἡμέρᾳ ἐ.
7. 15. S ἀπ᾽ ἐκείνου ἤρξαντο φαγεῖν [A B *al.*]
14. 7. S ἐν ταῖς ἡμέραις ἐ.
— 10. A B ἐκείνῳ δὲ τὸ ἀνταπόδομα ἀπεδόθη
Ju. 1. 5. ἐν ταῖς ἡμέραις ἐ.
— 15. ἕως τῆς ἡμέρας ἐ. [S ταύτης]
4. 6. S^{2} R ἐν ταῖς ἡμέραις ἐ. [A B S^{1} *om.*]
6. 15. οἳ ἦσαν ἐν ταῖς ἡμέραις ἐ.
— 21. ὅλην τὴν νύκτα ἐ.
7. 2. ἐν τῇ ἡμέρᾳ ἐ.
— 5. φυλάσσοντες ὅλην [S^{1} *om.*] τὴν νύκτα ἐ. [S *om.*]
8. 1. ἐν ἐ. ταῖς ἡμέραις
— 27. οὐ καθὼς ἐκείνους ἐπύρωσεν
9. 1. τὸ θυμίαμα [A τοῦ θυμιάματος] τῆς ἑσπέρας ἐ.
— 5. ἐποίησας τὰ πρότερα ἐκείνων καὶ ἐκεῖνα
11. 15. A B ἐν τῇ ἡμέρᾳ ἐ.
13. 10. ἐκύκλωσαν τὴν φάραγγα ἐ.
Es. 5. 9. S^{3} ἐν τῇ ἡμέρᾳ ἐ. (6 a)
6. 1. τὴν νύκτα ἐ. (6 a)
8. 9. S^{3} ἐν τῷ καιρῷ ἐ. (6 b)
Jb. 1. 1. ἦν ὁ ἄνθρωπος ἐ. ἀληθινός (6 a)
— 3. ἦν ὁ ἄνθρωπος ἐ. εὐγενής (6 a)
3. 3. ἀπόλοιτο . . . ἡ νὺξ ἐκείνη [A S *om.*] -
— 4. ἡ νὺξ [A ἡμέρα] ἐκείνη εἴη σκότος (6 a)
— 6. A B S^{2} καταραθείη ἡ ἡμέρα ἐκείνη [B S^{2} *om.*] καὶ ἡ νὺξ ἐκείνη (- , 6 a)
— 7. ἡ νὺξ ἐκείνη εἴη ὀδύνη [A -ηρά] (6 a)
— 8. ὁ καταρώμενος τὴν ἡμέραν ἐκείνην -
— 9. σκοτωθείη τὰ ἄστρα τῆς νυκτὸς ἐκείνης -
5. 5. ἃ γὰρ ἐκεῖνοι συνήγαγον [A ἐθέρισαν] -
Jb. 15. 28. ἃ δὲ ἐκεῖνοι ἡτοίμασαν [A S^{2} ἐκεῖνος ἡτοίμασεν] -
31. 15. πότερον οὐχ . . . ἐκεῖνοι γεγόνασι (5 ?)
Ps. 94 (95). 10. προσώχθισα τῇ γενεᾷ ἐ. -
145 (146). 4. ἐν ἐ. τῇ ἡμέρᾳ ἀπολοῦνται (6 a)
151. 7. A τὴν παρ᾽ ἐκείνου [B S αὐτοῦ] μάχαιραν
Pr. 6. 6. γενοῦ ἐκείνου σοφώτερος -
— 7. ἐκείνῳ [A S^{1} -ου] γὰρ γεωργίου μὴ ὑπάρχοντος (5)
26. 4. μὴ ἀποκρίνου ἄφρονι πρὸς [A κατὰ] τὴν ἐκείνου ἀφροσύνην (5)
28. 28. ἐν δὲ τῇ ἐκείνων ἀπωλείᾳ πληθυνθήσονται δίκαιοι (5)
29. 16. οἱ δὲ δίκαιοι ἐκείνων πιπτόντων κατάφοβοι γίνονται (5)
Ec. 5. 13. ἀπολεῖται ὁ πλοῦτος ἐ. (6 a)
9. 15. ἄνθρ. οὐκ ἐμνήσθη σὺν τοῦ ἀνδρὸς τοῦ πένητος ἐ. (6 a)
Wi. 1. 16. ἄξιοί εἰσι τῆς ἐκείνου μερίδος εἶναι
2. 24. οἱ τῆς ἐκείνου μερίδος ὄντες
5. 9. παρῆλθεν ἐκεῖνα πάντα ὡς σκιά
9. 11. οἶδε γὰρ ἐκείνη πάντα
11. 10. ἐκείνους δὲ . . . καταδικάζων ἐξήτασας
12. 10. S^{1} κείνων [A B S^{2} κρίνων] δὲ κατὰ βραχὺ ἐδίδους τόπον μετανοίας
14. 2. ἐκεῖνο μὲν γὰρ ὄρεξις πυρισμῶν ἐπενόησε
15. 17. αὐτὸς μὲν ἔζησεν ἐκεῖνα δὲ οὐδέποτε
16. 3. ἐκεῖνοι μὲν ἐπιθυμοῦντες τροφήν
— 4. ἔδει γὰρ ἐκείνοις μὲν [B^{1} *om.*] . . . ἔνδειαν ἐπελθεῖν τυραννοῦσι
17. 5. καταυγάζειν ὑπέμενον τὴν στυγνὴν ἐκείνην νύκτα
— 6. ἐκδειματούμενοι δὲ τῆς μὴ [A *om.*] θεωρουμένης ἐκείνης ὄψεως
— 21. R μόνοις δὲ ἐκείνοις ἐπετέτατο [A B ἐπέτατο. S ἐπέκειτο] βαρεῖα νύξ
18. 1. ὅτι μὲν οὖν [A οὐ] κἀκεῖνοι ἐπεπόνθεισαν
— 4. ἄξιοι μὲν γὰρ ἐκεῖνοι [A -ου] στερηθῆναι φωτός
— 6. ἐκείνη ἡ νὺξ προεγνώσθη πατράσιν ἡμῶν
19. 5. ἐκεῖνοι δὲ ξένον εὕρωσι θάνατον
— 17. ὥσπερ ἐκεῖνοι ἐπὶ ταῖς τοῦ δικαίου θύραις
Si. 40. 6. ἀπ᾽ ἐκείνου ἐν ὕπνοις ὡς ἐν ἡμέρᾳ σκοπιᾶς
Ho. 1. 5 : 2. 16 (18), 18 (20). ἐν τῇ ἡμέρᾳ ἐ. (6 a)
2. 21 (23). ἐν ἐ. τῇ ἡμέρᾳ (6 a)
Am. 2. 16. ὁ γυμνὸς διώξεται ἐν ἐ. τῇ ἡμέρᾳ (6 a)
5. 13. ἐν τῷ καιρῷ ἐ. σιωπήσεται (6 b)
8. 3. ἐν τῇ ἡμέρᾳ ἐ. (6 a)
— 9. ἐν ἐ. τῇ ἡμέρᾳ (6 a)
— 13 : 9. 11 : Mi. 2. 4. ἐν τῇ ἡμέρᾳ ἐ. (6 a)
Mi. 3. 4. ἐν τῷ καιρῷ ἐ. (6 b)
4. 6. ἐν τῇ ἡμέρᾳ ἐ. (6 a)
5. 10 (9). A R ἐν τῇ ἡμέρᾳ ἐ. [B *om.*] (6 a)
7. 11. ἐξάλειψίς σου ἡ ἡμέρα ἐ. (6 a)
— 12. ἀποτρίψεται [A ἀπώσεται] νόμιμά σου ἡ ἡμέρα ἐ. (6 c)
Jl. 2. 29 (3. 2). ἐν ταῖς ἡμέραις ἐ. (7 c)
3 (4). 1. ἐν ταῖς ἡμέραις ἐ. καὶ ἐν τῷ καιρῷ ἐ. (7 c, 6 b)
— 18. ἐν τῇ ἡμέρᾳ ἐ. (6 a)
Ob. 1. 8 : Ze. 1. 9. ἐν ἐ. τῇ ἡμέρᾳ (6 a)
Ze. 1. 10. ἐν τῇ ἡμέρᾳ ἐ. (6 a)
— 12. ἐν τῇ ἡμέρᾳ ἐ. (6 b)
— 15. ἡμέρα ὀργῆς ἡ ἡμέρα ἐ. (6 a)
3. 11. ἐν τῇ ἡμέρᾳ ἐ. (6 a)
— 16. ἐν τῷ καιρῷ ἐ. (6 a)
— 19, 20. ἐν τῷ καιρῷ ἐ. (6 b)
Hg. 2. 24 (23). ἐν τῇ ἡμέρᾳ ἐ. (6 a)
Za. 2. 4 (8). λάλησον πρὸς τὸν νεανίαν [S -νίσκον] ἐ. (9 a)
— 11 (15). ἐν τῇ ἡμέρᾳ ἐ. (6 a)
3. 10 (9). πᾶσαν τὴν ἀδικίαν τῆς γῆς ἐ. (6 b)
— 11 (10) : 6. 10. ἐν τῇ ἡμέρᾳ ἐ. (6 a)
8. 6. ἐν ταῖς ἡμέραις ἐ. (7 a)
— 10. πρὸ τῶν ἡμερῶν ἐ. (7 a)
— 23. ἐν ταῖς ἡμέραις ἐ. (7 c)
9. 16 : 11. 11 : 12. 3, 4, 6, 8. ἐν τῇ ἡμέρᾳ ἐ. (6 a)
12. 8. ἐν ἐ. τῇ ἡμέρᾳ (6 a)
— 9, 11 : 13. 1, 2, 4. ἐν τῇ ἡμέρᾳ ἐ. (6 a)
13. 8. A S^{3} ἐν τῇ ἡμέρᾳ ἐ. [B S^{1} πάσῃ τῇ γῇ] †
14. 3. παρατάξεται ἐν τοῖς ἔθνεσιν ἐ. (7 a)
— 4. ἐν τῇ ἡμέρᾳ ἐ. (6 a)
— 6. ἐν ἐ. τῇ ἡμέρᾳ (6 a)
— 7. ἡ ἡμέρα ἐ. γνωστὴ τῷ κυρίῳ (6 c)
— 8, 9, 13. ἐν τῇ ἡμέρᾳ ἐ. (6 a)

Za. 14. 15. ἐν ταῖς παρεμβολαῖς ἐ. (7 c)
— 17. οὗτοι ἐκείνοις προστεθήσονται (12)
— 20, 21 : Is. 2. 11, 17. ἐν τῇ ἡμέρᾳ ἐ. (6 a)
Is. 2. 20. τῇ γὰρ ἡμέρᾳ ἐ. (6 a)
3. 7, 18. ἐν τῇ ἡμέρᾳ ἐ. (6 a)
4. 2. τῇ δὲ ἡμέρᾳ ἐ. (6 a)
5. 30. A S ἐν [B *om.*] τῇ ἡμέρᾳ ἐ. (6 a)
7. 18, 20, 21, 23. ἐν τῇ ἡμέρᾳ ἐ. (6 a)
10. 17. τῇ ἡμέρᾳ ἐ. †
— 20, 27 : 11. 10. ἐν τῇ ἡμέρᾳ ἐ. (6 a)
11. 11. τῇ [A ἐν τῇ] ἡμέρᾳ ἐ. (6 a)
12. 1, 4. ἐν τῇ ἡμέρᾳ ἐ. (6 a)
14. 3. A S R ἐν [B *om.*] τῇ ἡμέρᾳ ἐ. –
— 4. A S ἐν τῇ ἡμέρᾳ ἐ. –
17. 4. ἐν τῇ ἡμέρᾳ ἐ. (6 a)
— 7, 9. τῇ ἡμέρᾳ ἐ. (6 a)
18. 7. ἐν τῷ καιρῷ ἐ. (6 b)
19. 16. τῇ δὲ ἡμέρᾳ ἐ. (6 a)
— 18. τῇ [S ἐν τῇ] ἡμέρᾳ ἐ. (6 a)
— 19. τῇ ἡμέρᾳ ἐ. (6 a)
— 21. ἐν τῇ ἡμέρᾳ ἐ. (6 a)
— 23, 24. τῇ ἡμέρᾳ ἐ. (6 a)
20. 6. S ἐν τῇ ἡμέρᾳ ἐ. –
— 6. B S ἐν τῇ ἡμέρᾳ ἐ. (6 a)
22. 8. τῇ ἡμέρᾳ ἐ. (6 a)
— 12, 20. ἐν τῇ ἡμέρᾳ ἐ. (6 a)
— 25. A S ἐν [B *om.*] τῇ ἡμέρᾳ ἐ. (6 a)
23. 15. ἐν τῇ ἡμέρᾳ ἐ. (6 a)
25. 9. τῇ [A ἐν τῇ] ἡμέρᾳ ἐ. (6 a)
26. 1. τῇ ἡμέρᾳ ἐ. (6 a)
27. 1. A B S τῇ [R ἐν τῇ] ἡμέρᾳ ἐ. (6 a)
— 2. τῇ ἡμέρᾳ ἐ. (6 a)
— 12, 13. ἐν τῇ ἡμέρᾳ ἐ. (6 a)
28. 5. τῇ ἡμέρᾳ ἐ. (6 a)
29. 18. ἐν τῇ ἡμέρᾳ ἐ. (6 a)
30. 23. τῇ ἡμέρᾳ ἐ. (6 a)
— 25. ἐν τῇ ἡμέρᾳ ἐ. –
31. 7. τῇ ἡμέρᾳ ἐ. (6 a)
38. 1. ἐν τῷ καιρῷ ἐ. (7 a)
— 13. ἐν τῇ ἡμέρᾳ ἐ. –
39. 1. ἐν τῷ καιρῷ ἐ. (6 b)
52. 6. ἐν τῇ ἡμέρᾳ ἐ. (6 a)
54. 9. ἐν τῷ χρόνῳ [S^2 καιρῷ] ἐ. †
57. 6. ἐκείνη σου ἡ μερίς (6 c)
— 6. κἀκείνοις [S^1 ἐκείνης, S^2 ἐκείνοις] ἐξέχεας σπονδάς (5)
— 6. A S^3 κἀκείνοις [B S^1 καὶ τούτοις] ἀνήνεγκας θυσίας –
▶ Je. 3. 1. οὐ . . . μιανθήσεται ἡ γυνὴ ἐ. (6 b)
— 16. ἐν ταῖς ἡμέραις ἐ. (7 c)
— 17. ἐν ταῖς ἡμέραις ἐ. (6 b?)
— 17. ἐν τῷ καιρῷ ἐ. (6 b)
— 18. ἐν ταῖς ἡμέραις ἐ. (7 c)
4. 9. ἐν ἐ. τῇ ἡμέρᾳ (6 a)
— 11. ἐν τῷ καιρῷ ἐ. [A τούτῳ] (6 b)
5. 18. ἐν ταῖς ἡμέραις ἐ. (7 c)
8. 1. ἐν τῷ καιρῷ ἐ. (6 b)
— 3. τοῖς καταλειφθεῖσιν ἀπὸ τῆς γενεᾶς ἐ. (8 c)
12. 17. ἐξαρῶ τὸ ἔθνος ἐ. (6 a)
16. 2. ἐν τῷ τόπῳ τούτῳ [S^1 ἐκείνῳ] (8 a)
18. 8. καὶ ἐπιστραφῇ τὸ ἔθνος ἐ. (6 a)
20. 16. εὐφραινόμενος ἔστω ὁ ἄνθρ. ἐ. (6 a)
23. 6. A ἐν ταῖς ἡμέραις ἐ. [B S αὐτοῦ] †
— 34. ἐκδικήσω τὸν ἄνθρ. ἐ. (6 a)
25. 12. ἐκδικήσω τὸ ἔθνος ἐ. (6 a)
— 13. ἐπάξω ἐπὶ τὴν γῆν ἐ. (6 b)
26 (46). 10. ἡ ἡμέρα ἐ. . . . ἡμέρα ἐκδικήσεως (6 a)
27 (50). 4. ἐν ταῖς ἡμέραις ἐ. καὶ ἐν τῷ καιρῷ ἐ. (7 c, 6 b)
— 20. ἐν ταῖς ἡμέραις ἐ. καὶ ἐν τῷ καιρῷ ἐ. (7 a, 6 b)
28 (51). 2. λυμανοῦνται τὴν γῆν αὐτῆς [S^1 ἐκείνην] †
29 (49). 22. ἐν τῇ ἡμέρᾳ ἐ. (6 a)
37 (30). 7. μεγάλη ἡ ἡμέρα ἐ. (6 a)
— 8. ἐν τῇ ἡμέρᾳ ἐ. (6 a)
38 (31). 1. ἐν τῷ χρόνῳ ἐ. (6 b)
— 29. ἐν ταῖς ἡμέραις ἐ. (7 a)
— 33. μετὰ τὰς ἡμέρας ἐ. (7 a)
40 (33). 11. πᾶσαν τὴν ἀποικίαν τῆς γῆς ἐ. –
45 (38). 4. ἀναιρεθήτω δὴ ὁ ἄνθρ. ἐ. (8 a)
46 (39). 17. ἐν τῇ ἡμέρᾳ ἐ. (6 a)
Ez. 3. 18. ὁ ἄνομος ἐ. τῇ ἀδικίᾳ αὐ. ἀποθανεῖται (6 c)
19. ὁ ἄνομος ἐ. ἐν τῇ ἀδικίᾳ αὐ. ἀποθανεῖται (6 c)
14. 8. στηριῶ τὸ πρόσωπόν μου ἐπὶ τὸν ἄνθρ. ἐ. (6 a)

Ez. 14. 9. πεπλάνηκα τὸν προφήτην ἐ. (6 a)
— 17. ἐὰν ἐπάγω ἐπὶ τὴν γῆν ἐ. (6 b)
— 19. ἐπαποστέλλω ἐπὶ τὴν γῆν ἐ. (6 b)
20. 6. ἐν ἐ. τῇ ἡμέρᾳ (6 a)
23. 39. A ἐν τῇ ἡμέρᾳ ἐ. (6 a)
24. 26. ἐν ἐ. τῇ ἡμέρᾳ (6 a)
— 27 : 29. 21 : 30. 9. ἐν τῇ ἡμέρᾳ ἐ. (6 a)
32. 31. ἐκείνους ὄψεται βασιλεὺς Φ. (3 a)
36. 33. A ἐν τῇ ἡμέρᾳ ἐ. [B *al.*] –
— 35. ἡ γῆ ἐ. ἠφανισμένη ἐγενήθη (9 c)
38. 10. 14. ἐν τῇ ἡμέρᾳ ἐ. (6 a)
— 17. ἐν ταῖς ἡμέραις ἐ. (7 a)
— 18, 19 : 39. 11. ἐν τῇ ἡμέρᾳ ἐ. (6 a)
40. 1. ἐν τῇ ἡμέρᾳ ἐ. (8 a)
— 46. ἐκεῖνοί εἰσιν οἱ υἱοὶ Σαδδούκ (7 b)
41. 15. τῶν κατόπισθεν τοῦ οἴκου ἐ. †
45. 22. ἐν ἐ. τῇ ἡμέρᾳ (6 a)
46. 3. κατὰ τὰ πρόθυρα τῆς πύλης ἐ. (6 a)
Da. LXX. Su. 5. ἐν τῷ ἐνιαυτῷ ἐ.
— 42. ἐκείνης ἐξαγομένης ἀπολέσθαι
— 57. ἐκεῖναι φοβούμεναι ὡμίλουσαν ὑμῖν
— 62. ἐν τῇ ἡμέρᾳ ἐ.
2. 31. καὶ ἦν ἡ εἰκὼν ἐ. μεγάλη σφόδρα (4 c)
3. 7. ἐν τῷ καιρῷ ἐ. (5)
— 8. ἐν ἐ. τῷ καιρῷ (5)
— 12. οἱ ἄνθρωποι ἐ. οὐκ ἐφοβήθησάν σου τὴν ἐντολήν (1 a)
— 21. οἱ ἄνδρες ἐ. συνεποδίσθησαν (1 a)
— 27 (94). ἐθεώρουν τοὺς ἀνθρώπους ἐ. (1 a)
4. 19. τὸ δὲ ἀνυψωθῆναι τὸ δένδρον ἐ. –
— 33. ἐν ἐ. τῷ καιρῷ (5)
5. 1. ἐν τῇ ἡμέρᾳ ἐ. –
— 5. ἐν αὐτῇ τῇ ὥρᾳ ἐ. –
— 6. καὶ ἑώρα τὴν γραφὴν ἐ. –
6. 6 (7). προσήλθοσαν οἱ ἄνθρωποι ἐ. (1 b)
— 24 (25). οἱ δύο ἄνθρωποι ἐ. (1 a)
7. 20. τὸ κέρας ἐ. εἶχεν ὀφθαλμούς (4 c)
— 21. κατενόουν τὸ κέρας ἐ. (4 c)
8. 16. συνέτισον ἐκεῖνον τὴν ὅρασιν (9 a)
— 16. ἐπὶ τὸ πρόσταγμα ἐ. –
10. 2. ἐν ταῖς ἡμέραις ἐ. (7 a)
11. 14. ἐν τοῖς καιροῖς ἐ. (7 a)
12. 1. κατὰ τὴν χώραν ἐ. (6 b)
— 1. ἐ. ἡ ἡμέρα θλίψεως –
— 1. ἕως τῆς ἡμέρας ἐ. (6 b)
— 1. ἐν ἐ. τῇ ἡμέρᾳ (6 b)
Bel 30. εἰς ἐ. τὸν λάκκον
Da. TH. Su. 5. ἐν τῷ ἐνιαυτῷ ἐ.
— 39. ἐκείνου μὲν . . . ἐγκρατεῖς [A περικρ.] γενέσθαι
— 57. καὶ ἐ. φοβούμεναι ὡμίλουν ὑμῖν
— 62. ἐν τῇ ἡμέρᾳ ἐ.
— 64. ἀπὸ τῆς ἡμέρας ἐ. καὶ ἐπέκεινα
2. 31. μεγάλη ἡ εἰκὼν ἐ. (4 c)
— 44. ἐν ταῖς ἡμέραις τῶν βασιλέων ἐ. (2)
3. 12. A οἱ ἄνδρες ἐ. [R οἳ] οὐχ ὑπήκουσαν (1 a)
— 21. οἱ ἄνδρες ἐ. ἐπεδήθησαν (1 a)
— 23. A τοὺς ἄνδρας ἐ. . . . ἀπέκτεινεν ἡ φλόξ (1 a)
4. 8. A ἐμεγαλύνθη τὸ δένδρον ἐ. [B *om.*] –
6. 11 (12). οἱ ἄνδρες ἐ. παρετήρησαν (1 a)
— 15 (16). οἱ ἄνδρες ἐ. λέγουσι (1 a)
7. 11. ὧν τὸ κέρας ἐ. ἐλάλει –
— 11. A ἕως τὸ θηρίον ἐ. [B *om.*] ἀνῃρέθη –
— 20. A κέρας ἐ. [B *om.* κ. ἐ.] ᾧ οἱ ὀφθαλμοί (4 c)
— 21. τὸ κέρας ἐ. ἐποίει πόλεμον (4 c)
8. 16. συνέτισον ἐκεῖνον τὴν ὅρασιν (9 a)
10. 2. ἐν ταῖς ἡμέραις ἐ. (7 a)
11. 14. ἐν τοῖς καιροῖς ἐ. (7 a)
— 20. ἐν ταῖς ἡμέραις ἐ. †
12. 1. ἐν τῷ καιρῷ ἐ. (6 b)
— 1. ἕως τοῦ καιροῦ ἐ. (6 b)
— 1. ἐν τῷ καιρῷ ἐ. (6 b)
Bel 14. ὡς ἐξήλθοσαν ἐκεῖνοι
I Ma. 1. 11 : 2. 1. ἐν ταῖς ἡμέραις ἐ.
2. 25. ἐν τῷ καιρῷ ἐ.
— 41. A R τῇ ἡμέρᾳ ἐ. [S τὴν ἡμέραν ἐ.]
3. 47. τῇ ἡμέρᾳ ἐ.
4. 25. ἐν τῇ ἡμέρᾳ ἐ.
— 54. A R ἐν ἐκείνῃ [S ἐ. τῇ ἡμέρᾳ] ἐνεκαινίσθη
— 60. ἐν τῷ καιρῷ ἐ.
5. 34. ἐν ἐ. τῇ ἡμέρᾳ
— 50. ὅλην τὴν ἡμέραν ἐ.
— 60. ἐν τῇ ἡμέρᾳ ἐ.
— 62. ἐκ τοῦ σπέρματος τῶν ἀνδρῶν ἐ.
— 67. ἐν τῇ ἡμέρᾳ ἐ.
7. 48. ἤγαγον τὴν ἡμέραν ἐ.

I Ma. 9. 24. ἐν ταῖς ἡμέραις ἐ.
— 31. ἐν τῷ καιρῷ ἐ.
— 49. τῇ ἡμέρᾳ ἐ.
— 55, 56. ἐν τῷ καιρῷ ἐ.
10. 50. ἐν τῇ ἡμέρᾳ ἐ.
11. 14. κατὰ τοὺς καιροὺς ἐ.
— 14. ἀπεστάτουν οἱ ἀπὸ τῶν τόπων ἐ.
— 20. ἐν ταῖς ἡμέραις ἐ.
— 47. ἐν τῇ ἡμέρᾳ ἐ.
— 48. ἐν ἐ. τῇ ἡμέρᾳ
— 74. ἐν τῇ ἡμέρᾳ ἐ.
13. 22. ἐν τῇ νυκτὶ ἐ.
— 43 : 14. 13. ἐν ταῖς ἡμέραις ἐ.
II Ma. 1. 15. κἀκείνου προσελθόντος μετ᾽ ὀλίγων
3. 5. κατ᾽ ἐ. τὸν καιρόν
— 39. ἐπόπτης ἐστὶ καὶ βοηθὸς ἐ. τοῦ τόπου
9. 1. περὶ δὲ τὸν καιρὸν ἐ.
14. 4. τὴν ἡμέραν ἐ. ἡσυχίαν ἔσχε
— 40. ἔδοξε γὰρ ἐκεῖνον συλλαβών
15. 37. ἀπ᾽ ἐ. τῶν καιρῶν
III Ma. 1. 3. κομίσασθαι τὴν ἐκείνου κόλασιν
— 12. εἰ ἐκεῖνοι ἐστέρηνται ταύτης τῆς τιμῆς
— 21. ἐπὶ τοῖς ἀνοσίως ἐπ᾽ ἐκείνου κατεγχειρουμένοις
2. 26. καὶ αὐτοὺς ἕπεσθαι τῇ ἐκείνου θελήσει
3. 11. ἐκεῖνος μὲν οὖν . . . γεγαυρωμένος
4. 13. τούτοις . . . ἐπιμελῶς ὡς ἐκείνοις ποιῆσαι
— 13. μὴ λειπομένοις . . . τῆς ἐκείνων τιμωρίας
5. 48. ὑστάτην βίου ῥοπὴν αὐτοῖς ἐκείνην δόξαντες εἶναι
7. 15. ἐ. δὲ τῇ ἡμέρᾳ
IV Ma. 1. 11. A R θαυμασθέντες γὰρ ἐ. [S *om.*]
7. 4. ὡς ὁ πανάγιος ἐ.
14. 6. οἱ ἱεροὶ μείρακες ἐ. [A^1 ἐκεῖ]
— 9. ἀκούοντες τὴν θλῖψιν τῶν νεανιῶν ἐ.
— 11. περιεκράτησε τῶν ἀνδρῶν ἐ.
— 12. R ἡ μήτηρ γὰρ τῶν ἑπτὰ νεανίσκων ἐ. [A S *om.*]
16. 3. S R περιέκαιεν ἐκείνην [A -η] φύσις ὁρῶσαν
17. 22. τοῦ αἵματος τῶν εὐσεβῶν ἐ.
— 23. ἀνεκήρυξε . . . τὴν ἐκείνων ὑπομονήν
18. 3. ἐκεῖνοι . . . ἐθαυμάσθησαν
— 9. A R μακάριος μὲν [S δὲ] ἐκεῖνος
[**Aq.** III Ki. 3. 4 : 14. 1 : Is. 11. 11 : 20. 6 : 24. 21 : 26. 1 : 27. 2 : Je. 14. 15 : 27 (34). 8 : 28 (35). 17 : 45. 4 (51. 34) : 48 (31). 41 : 49. 26 (30. 15) : 50 (27). 30 : Ez. 20. 40 : 23. 38, 39 : Da. 3. 23.]
[**Sm.** Jd. 2. 5 : III Ki. 3. 4 : Jb. 3. 4 : Ec. 2. 26 : Is. 20. 6 : 24. 21 : 27. 2 : Je. 14. 15 : 28 (35). 17 : 45. 4 (51. 34) : 49. 26 (30. 15) : 50 (27). 30 : Ez. 20. 40 : 23. 38, 39 : Da. Su. 5 : Za. 14. 6.]
[**Th.** Jd. 11. 21 : I Ki. 14. 18 : Jb. 3. 4 : Is. 20. 6 : 24. 21 : Je. 14. 15 : 28 (35). 17 : 33 (40). 15 *bis*, 16 : 39 (46). 10 : 48 (31). 41 : 49. 26 (30. 15) : 50 (27). 30 : Ez. 20. 40 : 23. 38, 39 : Da 3. 22† : 6. 15 : 7. 20† : 8. 16 : 11. 20 : Su. 5.]
[**Heb.** Ex. 5. 6.]
[**Al.** Dt. 3. 13 : 9. 19.]

ἐκεῖσε. (1) מִשָּׁם

Jb. 39. 29. ἐκεῖσε ὢν ζητεῖ τὰ σῖτα (1)
[**Aq.** Dt. 11. 11.]

ἐκζεῖν. (1) יָתַר hi. (2) נָכָה hi. (3) רום
(4) *a.* רָתַח pu. *b.* רְתַח (5) שָׁרַץ

Ge. 49. 4. ἐξύβρισας ὡς ὕδωρ μὴ ἐκζέσῃς (1)
Ex. 16. 20. ἐξέζεσε [A^2 ἔζεσε] σκώληκας (3)
I Ki. 5. 6. ἐξέζεσεν αὐτοῖς εἰς τὰς ναῦς [A ἕδρας] (2)
6. 1. ἐξέζεσεν ἡ γῆ αὐτῶν μύας –
Jb. 30. 27. ἡ κοιλία μου ἐξέζεσε (4 a)
Ez. 24. 5. A καὶ ἐξέζεσεν [B ἔζεσεν, R *om.*] (4 b?)
47. 9. τῶν ζῴων τῶν ἐκζεόντων ἐπὶ πάντα (5)
[**Aq.** Ge. 49. 4.]

ἐκζητεῖν. (1) בָּקַר pi. (2) בָּקַשׁ pi.
(3) דָּרַשׁ *a.* qal. *b.* ni. *c.* pi. (4) זָבַח
(5) חָלָה pi. (6) חָקַר (7) יָרַשׁ
(8) נָבַט hi. (9) נָצַר (10) נָקָה pi.
(11) נָקַשׁ ni. (12) פָּקַד

Ge. 9. 5. A^1 τὸ ὑμέτ. αἷμα . . . ἐκζητήσω [A^2 R *om.*] (3 a)
— 5. ἐκζητήσω αὐτό (3 a)

▶ = additional entry on page xxv

Ge. 9. 5. ἐκζητήσω τὴν ψυχὴν τοῦ ἀνθρ. (3 *a*)
42. 22. καὶ ἰδοὺ τὸ αἷμα αὐτοῦ ἐκζητεῖται (3 *b*)
Ex. 10. 11. R τοῦτο γὰρ αὐτοὶ ἐκζητεῖτε [A ζητεῖτε, B ἐζητεῖτε] (2)
18. 15. ἐκζητῆσαι κρίσιν παρὰ τοῦ θεοῦ (3 *a*)
Le. 10. 16. τὸν χίμαρον . . . ζητῶν ἐξεζήτησε (3 *a*)
De. 4. 29. A ἐκζητήσετε [B ζητ.] ἐκεῖ κύριον (2)
— 29. A B ὅταν ἐκζητήσητε [R -σετε] αὐτόν (3 *a*)
12. 5. καὶ ἐκζητήσετε (3 *a*)
— 30. μὴ ἐκζητήσῃς ἐπακολουθῆσαι αὐτοῖς (11)
— 30. A οὐ μὴ ἐκζητήσῃς τοὺς θεοὺς αὐτῶν (3 *a*)
17. 4. A B καὶ ἐκζητήσεις [R -σῃς] σφόδρα (3 *a*)
— 9. καὶ ἐκζητήσαντες ἀναγγελοῦσι (3 *a*)
23. 21 (22). ἐκζητῶν ἐκζητήσει κύριος . . . παρὰ σοῦ (3 *a*, 3 *a*)
Jo. 2. 22. ἐξεζήτησαν οἱ καταδιώκοντες πάσας τὰς ὁδοὺς αὐτοῦ (2)
22. 23. κύριος [A κ. αὐτὸς] ἐκζητήσει (2)
Jd. 6. 29. A καὶ ἐξεζήτουν [B ἠρεύνησαν] (2)
14. 4. A ἀνταπόδομα αὐτὸς ἐκζητεῖ [B *al.*] (2)
I Ki. 20. 16. ἐκζητήσαι κύριος ἐχθροὺς τοῦ Δ. (2)
II Ki. 4. 11. ἐκζητήσω τὸ αἷμα αὐτοῦ (2)
III Ki. 3. 1 (2. 40). τοῦ ἐκζητῆσαι τοὺς δούλους αὐτοῦ (2)
14. 5. A τοῦ ἐκζητῆσαι ῥῆμα παρὰ σοῦ (3 *a*)
IV Ki. 1. 16. R ἐκζητῆσαι [A ἐπερωτῆσαι, B ζητ.] ἐν τῷ B. (3 *a*)
— 16. A τοῦ ἐκζητῆσαι ἐν ῥήματι αὐτοῦ (3 *a*)
22. 13. ἐκζητήσατε τὸν κύριον περὶ ἐμοῦ (3 *a*)
I Ch. 10. 14. A καὶ οὐκ ἐξεζήτησεν τὸν κύριον Σ. [B S ἐζ. κ.] (3 *a*)
13. 3. A^{2} οὐκ ἐξεζήτησαν [A^{1} B S ἐζ.] αὐτήν (3 *a*)
15. 13. R οὐκ ἐξεζητήσαμεν [A B S ἐζ.] ἐν κρίματι (3 *a*)
II Ch. 1. 5. καὶ ἐξεζήτησεν αὐτὸ Σ. (3 *a*)
12. 14. ἐκζητῆσαι τὸν κύριον (3 *a*)
14. 4 (3). ἐκζητῆσαι τὸν κύριον θεόν (3 *a*)
— 7 (6). A R καθὼς ἐξεζητήσαμεν [B ἐζ.] κύριον θεὸν ἡμῶν ἐξεζήτησεν ἡμᾶς (3 *a*, 3 *a*)
15. 2. ἐὰν ἐκζητήσητε αὐτόν (3 *a*)
— 13. ὃς ἐὰν μὴ ἐκζητήσῃ κύριον θεὸν Ἰ. (3 *a*)
16. 12. A οὐκ ἐξεζήτησεν κύριον [B οὐκ ἐζ. τὸν κύριον] (3 *a*)
17. 3. καὶ οὐκ ἐξεζήτησε τὰ εἴδωλα (3 *a*)
— 4. κύριον τὸν θεὸν τοῦ πατρὸς αὐτοῦ ἐξεζήτησε (3 *a*)
19. 3 : 20. 3. ἐκζητῆσαι τὸν κύριον (3 *a*)
20. 4. ἐκζητῆσαι τὸν κύριον (2)
22. 9. A ὃς ἐκζήτησει [B ἐζήτησε] τὸν κύριον (3 *a*)
25. 20. ὅτι ἐξεζήτησε τοὺς θεοὺς τῶν Ἰ. (3 *a*)
26. 5. καὶ ἦν ἐκζητῶν τὸν κύριον (3 *a*)
28. 23. ἐκζητήσω τοὺς θεοὺς Δ. (4)
30. 19. A R ἐκζητῆσαι [B -τούσῃς] κύριον τὸν θεόν (3 *a*)
31. 21. ἐξεζήτησε τὸν θεὸν αὐτοῦ (3 *a*)
II Es. 4. 2. ἐκζητοῦμεν τῷ θεῷ ἡμῶν (3 *a*)
6. 21. τοῦ ἐκζητῆσαι κύριον θεὸν Ἰ. (3 *a*)
9. 12. οὐκ ἐκζητήσετε εἰρήνην αὐτῶν (3 *a*)
10. 16. ἐκζητῆσαι τὸ ῥῆμα (3 *c*)
Ju. 8. 21. A S ἐκζητήσει [B ζητ.] τὴν βεβήλωσιν αὐτῶν
Es. 8. 13. ὅσα ἐστὶ παρὰ πόδας ὑμᾶς ἐκζητοῦντας [S^{1} *al.*]
Ps. 9. 10. οὐκ ἐγκατέλιπες τοὺς ἐκζητοῦντάς σε (3 *a*)
— 12. ἐκζητῶν [S^{2} ὁ ἐκζ.] τὰ αἵματα αὐ. (3 *a*)
— 25 (10. 4). κατὰ τὸ πλῆθος τῆς ὀργῆς αὐτοῦ οὐκ ἐκζητήσει (3 *a*)
— 34 (10. 13). A S οὐκ ἐκζητήσει [B οὐ ζητήσει] (3 *a*)
13 (14). 2. A^{2} B S εἰ ἔστι . . . ἐκζητῶν τὸν θ. (3 *a*)
21 (22). 26. αἰνέσουσι κύριον οἱ ἐκζητοῦντες αὐτόν (3 *a*)
24 (25). 10. τοῖς ἐκζητοῦσι τὴν διαθήκην αὐτοῦ (9)
26 (27). 4. ταύτην ἐκζητήσω (2)
— 8. ἐξεζήτησα [S^{1} ἐζήτησεν, S^{2} ἐξεζήτησέν σε] τὸ πρόσωπόν σου [S μου] (2)
30 (31). 23. ἀληθείας ἐκζητεῖ κύριος (9)
33 (34). 4. ἐξεζήτησα τὸν κύριον (2)
— 10. οἱ δὲ ἐκζητοῦντες τὸν κύριον (2)
43 (44). 20. οὐχὶ ὁ θεὸς ἐκζητήσει ταῦτα (6)
52 (53). 2. εἰ ἔστι . . . ἐκζητῶν τὸν θεόν (3 *a*)
60 (61). 7. ἔλεος καὶ ἀλήθειαν αὐτοῦ τίς ἐκζητήσει αὐτῶν [S *om.*] (9)
68 (69). 32. ἐκζητήσατε τὸν θεόν (2)
76 (77). 2. τὸν θεὸν ἐξεζήτησα (3 *a*)
77 (78). 7. καὶ τὰς ἐντολὰς αὐτοῦ ἐκζητήσουσιν (9)

Ps. 77 (78). 34. S ἐξεζήτουν [B ἐζ.] αὐτόν (3 *a*)
104 (105). 45. καὶ τὸν νόμον αὐ. ἐκζητήσωσιν [A -σουσιν] (9)
110 (111). 2. τὰ ἔργα κυρίου ἐξεζητημένα (3 *a*)
118 (119). 2. ἐν ὅλῃ καρδίᾳ ἐκζητήσουσιν [S^{1} -τοῦσιν] αὐτόν (3 *a*)
— 10. ἐν ὅλῃ καρδίᾳ μου ἐξεζήτησά σε (3 *a*)
— 15. S^{1} ἐκζητήσω [A S^{2} R κατανοήσω] τὰς ὁδούς σου (8)
— 22. τὰ μαρτύριά σου ἐξεζήτησα (9)
— 33. ἐκζητήσω αὐτὴν διὰ παντός (9)
— 34. S^{1} ἐκζητήσω [A S^{2} R ἐξερευνήσω] τὸν νόμον σου (9)
— 45. τὰς ἐντολάς σου ἐξεζήτησα (3 *a*)
— 56. τὰ δικαιώματά σου ἐξεζήτησα (9)
— 94. τὰ δικαιώματά σου ἐξεζήτησα (3 *a*)
— 100. A R τὰς ἐντολάς σου ἐξεζήτησα [S ἐζήτ.] (9)
— 145. τὰ δικαιώματά σου ἐκζητήσω (9)
— 155. τὰ δικαιώματά σου οὐκ ἐξεζήτησαν (3 *a*)
121 (122). 9. S R ἐξεζήτησα ἀγαθά σοι [A *om.*] (2)
141 (142). 4. οὐκ ἔστιν ὁ ἐκζητῶν τὴν ψυχήν μου (3 *a*)
Pr. 11. 27. ἐκζητοῦντα δὲ κακὰ καταλήψεται αὐτόν (3 *a*)
27. 21. A S καρδία ἀνόμου ἐκζητεῖ κακὰ καρδία δὲ εὐθὴς ἐκζητεῖ [B ζητεῖ] γνῶσιν –, –
29. 10. οἱ δὲ εὐθεῖς ἐκζητήσουσι ψυχὴν αὐτοῦ (2)
Ec. 1. 13. ἔδωκα τὴν καρδίαν μου τοῦ ἐκζητῆσαι (3 *a*)
Wi. 8. 2. ταύτην . . . ἐξεζήτησα ἐκ νεότητός μου
Si. 24. 34. οὐκ ἐμοὶ μόνῳ ἐκοπίασα ἀλλὰ πᾶσι τοῖς ἐκζητοῦσιν αὐτήν
30. 26 (33. 17). πᾶσι τοῖς ζητοῦσι [S^{2} ἐκζ.] παιδείαν
39. 1. σοφίαν πάντων ἀρχαίων [S^{1} ἀρχόντων] ἐκζητήσει
— 3. ἀπόκρυφα παροιμιῶν ἐκζητήσει
44. 5. ἐκζητοῦντες μέλη μουσικῶν
47. 25. πᾶσαν πονηρίαν ἐξεζήτησαν
51. 14. ἕως ἐσχάτων ἐκζητήσω αὐτήν
— 21. ἡ κοιλία μου ἐταράχθη ἐκζητῆσαι [A S τοῦ ἐκζ.] αὐτήν
Ho. 5. 6. πορεύσονται τοῦ ἐκζητῆσαι τὸν κ. (2)
7. 10. καὶ οὐκ ἐξεζήτησαν αὐτόν (2)
10. 12. ἐκζητήσατε τὸν κύριον (3 *a*)
Am. 5. 4. ἐκζητήσατέ με (3 *a*)
— 5. μὴ ἐκζητεῖτε Βαιθήλ (3 *a*)
— 6. ἐκζητήσατε τὸν κύριον (3 *a*)
— 14. ἐκζητήσατε τὸ καλόν (3 *a*)
9. 12. ὅπως ἐκζητήσωσιν οἱ κατάλοιποι (7 ?)
Mi. 6. 8. τί κύριος ἐκζητεῖ παρὰ σοῦ (3 *a*)
Jl. 3 (4). 21. ἐκζητήσω [A -δικήσω] τὸ αἷμα αὐ. (10)
Za. 8. 21. καὶ ἐκζητῆσαι τὸ πρόσωπον κυρίου (2)
— 22. ἐκζητῆσαι τὸ πρόσωπον κυρίου (2)
Ma. 2. 7. νόμον ἐκζητήσουσιν ἐκ στόματος αὐτοῦ (2)
Is. 1. 12. τίς γὰρ ἐξεζήτησε ταῦτα ἐκ τῶν χειρῶν ὑμῶν (2)
— 17. ἐκζητήσατε κρίσιν (3 *a*)
8. 19. οὐκ ἔθνος πρὸς θεὸν αὐτοῦ ἐκζητήσουσι [A S *om.*] (3 *a*)
— 19. τί ἐκζητοῦσι [A -ῶσιν] περὶ τῶν ζώντων τοὺς νεκρούς –
9. 13 (12). A S^{3} τὸν κύριον οὐκ ἐξεζήτησαν [B S^{1} ἐζήτ.] (3 *a*)
16. 5. κρίνων καὶ ἐκζητῶν κρίμα (3 *a*)
31. 1. A S τὸν θεὸν οὐκ ἐξεζήτησαν [B ἐζ.] (3 *a*)
34. 16. A ἑτέρα τὴν ἑτέραν οὐκ ἐξεζήτησαν [B S ἐζ.] (12)
Je. 10. 21. A S τὸν κύριον οὐκ ἐξεζήτησαν [B ἐζ.] (3 *a*)
36 (29). 13. ἐκζητήσατέ [A -σετέ, S ζητήσετέ] με (2)
43 (36). 24. A οὐκ ἐξεζήτησαν [B S ἐζ.] †
44 (37). 7. τοῦ [A *om.*] ἐκζητῆσαί με (3 *a*)
Ba. 3. 23. οἱ ἐκζητοῦντες τὴν σύνεσιν
Ep. Je. 7. αὐτός τε ἐκζητῶν τὰς ψυχὰς ὑμῶν
Ez. 3. 18. τὸ αἷμα αὐ. ἐκ χειρός σου ἐκζητήσω (2)
— 20. τὸ αἷμα αὐ. ἐκ τῆς χειρός σου ἐκζητήσω (2)
33. 6. τὸ αἷμα ἐκ χειρὸς τοῦ σκοποῦ ἐκζητήσω (3 *a*)
— 8. τὸ δὲ αἷμα αὐτοῦ ἐκ τῆς χειρός σου ἐκζητήσω (2)
34. 6. οὐκ ἦν ὁ ἐκζητῶν [A ζη.] (3 *a*)
— 8. οὐκ ἐξεζήτησαν οἱ ποιμένες τὰ πρόβατά μου (3 *a*)
— 10, 11. ἐκζητήσω τὰ πρόβατά μου (3 *a*)
— 12. ἐκζητήσω τὰ πρόβατά μου (1)
— 16. A τὸ ἀπολωλὸς ἐκζητήσω [B ζη.] (2)

Ez. 39. 14. καὶ ἐκζητήσουσι [A *add.* ἀκριβῶς] (6)
Da. LXX. 9. 13. οὐκ ἐξεζητήσαμεν τὸ πρόσωπον κυρίου (5)
Da. TH. 9. 3. τοῦ ἐκζητῆσαι προσευχήν (2)
I Ma. 7. 12. ἐκζητῆσαι δίκαια
— 15. οὐκ ἐκζητήσομεν ὑμῖν κακόν
9. 26. καὶ ἐξεζήτουν
— 71. μὴ ἐκζητῆσαι αὐτῷ κακόν
14. 14. A R τὸν νόμον ἐξεζήτησε [S -σαν]
— 35. A S ἐξεζήτησεν [R ἐζήτ.] . . . ὑψῶσαι τὸν λαὸν αὐτοῦ
15. 19. ὅπως μὴ ἐκζητήσωσιν αὐτοῖς κακά [S^{1} *om.* αὐ. κ.]
IV Ma. 4. 19. A ἐξεζήτησε [S R -εδιῄτησε] τὸ ἔθνος
18. 5. S τῶν πατρίων ἐθῶν [A ἐθνῶν] ἐκζητηθῆναι [A R -διαιτηθ.]

[**Aq.** Dt. 11. 12 : 23. 6 (7) : III Ki. 14. 5 : IV Ki. 1. 2, 16 : Ps. 9. 25 (10. 4), 36 (10. 15) : Is. 8. 19 : 34. 16 : 65. 1 : Je. 8. 2 : Ez. 20. 1, 40.]
[**Sm.** Ps. 9. 25 (10. 4), 36 (10. 15) : 26 (27). 7 : 68 (69). 7 : 118 (119). 2 : Ez. 20. 40.]
[**Th.** Dt. 11. 12 : Ps. 9. 36 (10. 15) : 43 (44). 22 : Is. 8. 19 : 34. 16 (?) : 65. 1 : Ez. 20. 1, 40.]
[**Al.** Dt. 13. 14 (15) : Ps. 9. 34 (10. 13).]

ἐκζητητής.

Ba. 3. 23. οἱ μυθολόγοι καὶ οἱ ἐ. τῆς συνέσεως

ἐκθάλλειν.

[**Sm.** Ca. 2. 13.]
[**Al.** Hb. 3. 17.]

ἐκθαμβεῖν, ἐκθάμβειν (?).

Si. 30. 9. τιθήνησον τέκνον καὶ ἐκθαμβήσει σε
[**Aq.** Jb. 3. 5 : 15. 24 : 33. 7.]
[**Sm.** Is. 52. 12.]

ἐκθάμβησις.

[**Aq.** Is. 52. 12.]

ἔκθαμβος. (1) אֵימְתָנִי

Wi. 10. 19. S^{1} ἐκθάμβους ἀβύσσου ἀνέβρασεν αὐτούς [A B S^{2} *al.*]
Da. TH. 7. 7. θηρίον τέταρτον φοβερὸν καὶ ἔ. (1)
[**Sm.** I Ki. 4. 13 : Is. 52. 12 : Je. 51 (28). 32.]

ἐκθαυμάζειν.

Si. 27. 23. ἐπὶ τῶν λόγων σου ἐκθαυμάσει
43. 18. κάλλος λευκότητος αὐ. ἐκθαυμάσει ὀφθαλμός
IV Ma. 17. 17. ἐξεθαύμασαν αὐτῶν τὴν ὑπομονήν [S *al.*]

ἔκθεμα. (1) דָּת (2) רָמָה

Es. 8. 14. A ἐξετέθη δὲ τὸ ἔ. [B S πρόσταγμα] (1)
— 17. A B S^{2} οὗ ἂν ἐξετέθη τὸ ἔ. [S^{3} καὶ τὸ ἔ. ἐξ.] (1)
Ez. 16. 24. ἐποίησας σεαυτῇ ἔκθεμα (2)

ἐκθερίζειν. (1) קָצַר

Le. 19. 9. ἐκθεριζόντων ὑμῶν τὸν θερισμὸν τῆς γῆς (1)
— 9. B^{2} R οὐ συντελέσετε τὸν θερισμὸν . . . ἐκθερίσαι [A B^{1} *al.*] (1)
25. 5. τὰ αὐτόματα . . . τοῦ ἀγροῦ σου οὐκ ἐκθερίσεις (1)
[**Quint.** Ho. 6. 11.]

ἐκθερμαίνειν.

[**Sm.** Ps. 38 (39). 4.]

ἔκθεσις. (1) דָּבָר

Wi. 11. 14. τὸν [A ὃν] γὰρ ἐν ἐκθέσει [A S ἔχθεσι ?] πάλαι [S^{2} *om.*] ῥιφέντα
Da. LXX. 1. 5. δίδοσθαι αὐτοῖς ἔκθεσιν (1)

ἔκθεσμος.

IV Ma. 5. 14. ἐπὶ τὴν ἔ. σαρκοφαγίαν

ἐκθέτης.

[**Sm.** III Ki. 6. 4.]

ἔκθετον.

[**Al.** Ez. 42. 3 *bis*.]

ἐκθηλάζειν. (1) מָצַץ

Is. 66. 11. ἵνα ἐκθηλάσαντες τρυφήσητε (1)

ἐκθλίβειν. (1) אָיַב (2) דָּחָה (3) דָּחַק (4) כָּתַת (5) *a.* לָחַץ *b.* לַחַץ (6) מָחַץ (7) צוּד (8) צוּק hi. (9) צָרַר *a.* qal. *b.* hiph. *c.* צַר (10) שָׁחַט

Ge. 40. 11. καὶ ἐξέθλιψα αὐτὴν εἰς τὸ ποτήριον (10)
Le. 22. 24. θλαδίαν καὶ ἐκτεθλιμμένον καὶ ἐκτομίαν (4)
Jo. 19. 48. οὐκ ἐξέθλιψαν οἱ υἱοὶ Δὰν τὸν Ἀμορραῖον –
Jd. 1. 34. ἐξέθλιψεν ὁ Ἀμ. τοὺς υἱοὺς Δάν (5 *a*)
2. 15. ἐξέθλιψεν αὐτοὺς σφόδρα (9 *a*)
— 18. B καὶ ἐκθλιβόντων αὐτούς (3)
10. 12. A οὐχὶ Αἰγύπτιοι . . . ἐξέθλιψαν ὑμᾶς [B *al.*] (5 *a*)
16. 16. ὅτε ἐξέθλιψεν [A κατειργάσατο] αὐτόν (8)
I Ki. 10. 18. A τῶν βασιλειῶν τῶν ἐκθλιβουσῶν [B θλ.] ὑμᾶς (5 *a*)
III Ki. 8. 37. A καὶ ἐκθλίψει [B καὶ ἐὰν θλίψῃ] αὐτὸν ἐχθρὸς αὐ. (9 *b*)
IV Ki. 13. 22. ἐξέθλιψε τὸν Ἰ. (5 *a*)
Ps. 17 (18). 38. ἐκθλίψω αὐτούς (6)
34 (35). 5. καὶ ἄγγελος κυρίου ἐκθλίβων αὐτούς (2)
41 (42). 9 : 42 (43). 2. ἐν τῷ ἐκθλίβειν τὸν ἐχθρόν μου [S^2 *om.*] (5 *b*)
118 (119). 157. A S^1 πολλοὶ οἱ . . . ἐκθλίβοντές [S^2 R θλ.] με (9 *c*)
Pr. 12. 13. ὁ δὲ συναντῶν ἐν πύλαις ἐκθλίψει ψυχάς –
Si. 16. 28. A S ἕκαστος τὸν πλησίον αὐτοῦ οὐκ ἐξέθλιψεν [B ἔθλιψε]
40. 14. A οἱ παραβαίνοντες εἰς συντέλειαν ἐκθλίψουσιν [B S -λείψουσιν]
Am. 6. 15 (14). καὶ ἐκθλίψουσιν ὑμᾶς (5 *a*)
Mi. 7. 2. ἕκαστος τὸν πλησίον αὐτοῦ ἐκθλίβουσιν ἐκθλιβῇ (7)
Ze. 1. 17. ἐκθλίψω τοὺς ἀνθρώπους (9 *b*)
Is. 29. 2. ἐκθλίψω [S^1 ἐκλ.] γὰρ Ἀριήλ (8)
La. 4. 12. εἰσελεύσεται ἐχθρὸς καὶ ἐκθλίβων (1)
Ez. 34. 21. πᾶν τὸ ἐκλεῖπον ἐξεθλίβετε †
[**Aq.** Jb. 9. 34.]
[**Th.** Ps. 42 (43). 2.]

ἐκθλιβή. (1) חֵרֶם

Mi. 7. 2. ἕκαστος τὸν πλησίον αὐτοῦ ἐκθλίβουσιν ἐκθλιβῇ (1)

ἔκθλιψις. (1) דְּאָגָה (2) תַּכְלִית

Ne. 3. 21. A ἕως ἐκθλίψεως [B S -λείψ.] B. (2)
Ez. 12. 18. A τὸ ὕδωρ μετὰ βασάνου καὶ ἐκθλίψεως [B θλ.] πίεσαι (1)
[**Al.** Dt. 28. 20.]

ἔκθυμος.

II Ma. 7. 3, 39. ἔκθυμος δὲ γενόμενος ὁ βασιλεύς
14. 27. ὁ δὲ βασιλεὺς ἔ. γενόμενος

ἐκκαθαίρειν. (1) בָּעַר pi. (2) בָּרָא pi. (3) צָרַף

De. 26. 13. ἐξεκάθαρα τὰ ἅγια (1)
Jo. 17. 15. ἐκκάθαρον [A -θάρισον] σεαυτῷ (2)
Jd. 7. 4. ἐκκαθαρῶ σοι αὐτὸν ἐκεῖ [A *al.*] (3)
[**Sm.** Je. 30 (37). 11.]

ἐκκαθαρίζειν. (1) בָּעַר pi. (2) בָּרָא pi. (3) דּוּחַ hi. (4) כָּפַר pi.

De. 32. 43. ἐκκαθαριεῖ κύριος τὴν γῆν τοῦ λαοῦ αὐτοῦ (4)
Jo. 17. 15. A ἐκκαθάρισον [B -θαρον] σεαυτῷ (2)
— 18. καὶ ἐκκαθαριεῖς αὐτόν (2)
Jd. 20. 13. ἐκκαθαριοῦμεν πονηρίαν [A *al.*] (1)
Is. 4. 4. τὸ αἷμα ἐκκαθαριεῖ ἐκ μέσου αὐτῶν (3)
[**Heb.** Dt. 32. 43.]

ἐκκαίδεκα, *cf.* **ἕξ** *et* **δέκα.**

Nu. 31. 40†, 52†.
III Ki. 12. 24†.
IV Ki. 13. 10 : 14. 21† : 15. 2, 33† : 16. 2.
I Ch. 4. 27 : 24. 4†.
II Ch. 13. 21† : 26. 1†, 3† : 27. 1† : 28. 1†.

ἐκκαιδέκατος. (1) שִׁשָּׁה עָשָׂר

I Ch. 24. 14. ὁ ἐ. (1)
25. 23. ὁ ἐ. Ἀ. (1)
II Ch. 29. 17. A τῇ ἡμέρᾳ τῇ ἐ. [B τρισκαιδεκάτῃ] (1)

ἐκκαίειν. (1) אֲזָא (2) בָּעַר *a.* qal. *b.* pi. *c.* hi. (3) דָּלַק *a.* qal. *b.* hi. (4) דָּעַךְ pu. (5) חָדַל (6) חָמַם (7) חָמֵץ hithpa. (8) חָרָה (9) יָצַת ni. (10) נָכָה hi. (11) נָתַךְ *a.* qal. *b.* ni. (12) עוּר hi. (13) עָשֵׁן (14) פּוּחַ hi. (15) פָּתַח ni. (16) קָדַח

Ex. 22. 6 (5). ἀποτίσει ὁ τὸ πῦρ ἐκκαύσας (2 *c*)
Nu. 11. 1. ἐξεκαύθη ἐν αὐτοῖς πῦρ (2 *a*)
— 3. B^2 R ἐξεκαύθη ἐν αὐτοῖς παρὰ [A B^1 πῦρ παρὰ] κυρίου (2 *a*)
De. 29. 20 (19). τότε ἐκκαυθήσεται ὀργὴ κυρίου (13)
32. 22. πῦρ ἐκκέκαυται ἐκ τοῦ θυμοῦ (16)
Jd. 15. 5. ἐξέκαυσε [A -ῆψε] πῦρ ἐν ταῖς λαμπάσι (2 *c*)
— 14. ὃ ἐξεκαύθη ἐν πυρί [A *al.*] (2 *a*)
II Ki. 22. 9. ἄνθρακες ἐξεκαύθησαν ἀπ᾽ αὐτοῦ (2 *a*)
— 13. ἐξεκαύθησαν ἄνθρακες πυρός (2 *a*)
24. 1. A B^2 προσέθετο ὀργὴ κυρίου [B^1 R -ὴν κύριος] ἐκκαῆναι ἐν Ἰ. (8)
III Ki. 20 (21). 21. καὶ ἐκκαύσω ὀπίσω σου (2 *b*)
IV Ki. 22. 13. A R μεγάλη ἡ ὀργὴ κυρίου ἡ [R *om.*] ἐκκεκαυμένη [B -κεχυμ.] (9)
— 17. καὶ ἐκκαυθήσεται ὁ θυμός μου (9)
II Ch. 34. 21. μέγας ὁ θυμὸς κυρίου ἐκκέκαυται ἐν ἡμῖν (11 *b*)
— 25. καὶ ἐξεκαύθη ὁ θυμός μου ἐν τῷ τόπῳ τούτῳ (11 *a*)
Ne. 10. 34 (35). S R ἐκκαῦσαι ἐπὶ [A B περὶ] τὸ θυσιαστήριον (2 *b*)
Es. 1. 12. S^3 καὶ ἐξεκαύθη ἐν αὐτῷ (2 *a*)
Jb. 3. 17. ἐκεῖ ἀσεβεῖς ἐξέκαυσαν [A ἔπαυσαν] θυμὸν ὀργῆς (5)
Ps. 2. 12. ὅταν ἐκκαυθῇ ἐν τάχει ὁ θυμὸς αὐτοῦ (2 *a*)
38 (39). 3. ἐν τῇ μελέτῃ μου ἐκκαυθήσεται πῦρ (2 *a*)
72 (73). 21. S^2 ἐξεκαύθη [B S^1 ηὐφράνθη] ἡ καρδία μου (7)
77 (78). 38. οὐχὶ ἐκκαύσει πᾶσαν τὴν ὀργὴν αὐτοῦ (12)
78 (79). 5. ἕως πότε . . . ἐκκαυθήσεται ὡς πῦρ ὁ ζῆλός σου (2 *a*)
88 (89). 46. ἐκκαυθήσεται ὡς πῦρ ἡ ὀργή σου (2 *a*)
105 (106). 18. ἐξεκαύθη πῦρ ἐν τῇ συναγωγῇ αὐτῶν (2 *a*)
117 (118). 12. ἐξεκαύθησαν ὡσεὶ πῦρ ἐν ἀκάνθαις (4)
120 (121). 6. S^1 ἡμέρας ὁ ἥλιος οὐκ ἐκκαύσει [A S^2 R οὐ συγκ.] σε (10)
Pr. 6. 19. ἐκκαίει ψευδῆ μάρτυς ἄδικος (14)
14. 5. ἐκκαίει [S^1 -κάει] δὲ ψευδῆ μάρτυς ἄδικος (14)
— 25. ἐκκαίει δὲ ψευδῆ δόλιος (14)
19. 9. ὃς δ᾽ ἂν ἐκκαύσῃ κακίαν (14)
24. 23 (29. 27). S ἐκκαίει [A B συγκ.] ὥσπερ φλόξ –
29. 8. ἄνδρες ἄνομοι [A λοιμοὶ] ἐξέκαυσαν πόλιν (14)
Si. 8. 10. μὴ ἔκκαιε ἄνθρακας ἁμαρτωλοῦ
16. 6. ἐν συναγωγῇ ἁμαρτωλῶν ἐκκαυθήσεται πῦρ καὶ ἐν ἔθνει ἀπειθεῖ ἐξεκαύθη ὀργή
23. 16. οὐ μὴ παύσηται ἕως ἂν ἐκκαύσῃ πῦρ
28. 8. ἄνθρωπος γὰρ θυμώδης ἐκκαύσει μάχην
— 10. κατὰ τὴν ὕλην πυρὸς οὕτως ἐκκαυθήσεται
— 10. κατὰ τὴν στερέωσιν τῆς μάχης ἐκκαυθήσεται
— 11. ἔρις κατασπευδομένη ἐκκαίει πῦρ
— 12. ἐὰν φυσήσῃς σπινθῆρα [A εἰς σπ.] ἐκκαήσεται
— 23. ἐν αὐτοῖς ἐκκαήσεται [S -σονται]
43. 4. τριπλασίως [A -άσιον] ἥλιος ἐκκαίων ὄρη
— 21. καταφάγεται ὄρη καὶ ἔρημον ἐκκαύσει
51. 4. ἐκ μέσου πυρὸς οὗ [S^1 σου] οὐκ ἐξέκαυσα
Ob. 1. 18. ἐκκαυθήσονται [A -σεται] εἰς αὐτούς (3 *a*)
Na. 2. 13 (14). ἐκκαύσω ἐν καπνῷ πλῆθός σου (2 *c*)
Is. 50. 11. τῇ φλογὶ ᾗ ἐξεκαύσατε (2 *b*)
Je. 1. 14. ἀπὸ προσώπου βορρᾶ ἐκκαυθήσεται τὰ κακά (15)
4. 4. μὴ ἐξέλθῃ ὡς πῦρ ὁ θυμός μου καὶ ἐκκαυθήσεται (2 *a*)
7. 20. S ἐκκαυθήσεται [A B κ.] καὶ οὐ σβεσθήσεται (2 *a*)
15. 14. πῦρ ἐκκέκαυται ἐκ τοῦ θυμοῦ μου (16)
Je. 51 (44). 6. ἐξεκαύθη ἐν πύλαις Ἰούδα (2 *a*)
Ez. 20. 48 (21. 4). ἐγὼ κύριος ἐξέκαυσα αὐτό (2 *b*)
24. 10. A ἐκκαύσω [B ἀνακ.] τὸ πῦρ (3 *b*)
— 11. A ἐξήφθη [R *om.*] ὅπως ἐκκαυθῇ [R προσκ.] (6)
Da. LXX. 3. 22. καὶ ἡ κάμινος ἐξεκαύθη (1)
Da. TH. 3. 19. εἶπεν ἐκκαῦσαι τὴν κάμινον (1)
— 19. ἕως οὗ εἰς τέλος ἐκκαῇ (1)
— 22. ἡ κάμινος ἐξεκαύθη (1)
[**Aq.** Ps. 9. 23 (10. 2) : Pr. 26. 23 : Je. 36 (43). 22 : 46 (26). 19.]
[**Sm.** Je. 36 (43). 22.]
[**Th.** Pr. 26. 23 : Is. 64. 2 (1) : Je. 10. 8 : Ez. 39. 9.]

ἐκκακεῖν.

[**Sm.** Je. 18. 12.]

ἐκκαλεῖν. (1) קָרָא אֶל

Ge. 19. 5. καὶ ἐξεκαλοῦντο τὸν Λώτ (1)
De. 20. 10. καὶ ἐκκαλέσαι [A -σῃ] αὐτούς (1)

ἐκκαλύπτειν. (1) נִגְלָה ni.

Pr. 26. 26. A S^2 R ἐκκαλύπτει [B ἐγκ., S^1 συγκ.] δὲ τὰς ἑαυτοῦ ἁμαρτίας (1)
[**Al.** Ex. 32. 25.]

ἐκκαυλεῖν.

[**Sm.** Ps. 128 (129). 6.]

ἔκκαυσις.

[**Sm.**, **Th.** Is. 64. 2 (1).]

ἐκκενοῦν. (1) מָצָה (2) נָתַק *a.* qal. *b.* hoph. (3) עָרָה pi. (4) רִיק *a.* hi. *b.* hoph.

Ge. 24. 20. ἐξεκένωσε τὴν ὑδρίαν (3)
Jd. 20. 31. ἐξεκενώθησαν [A -ειλκύσθησαν ἐκ] τῆς πόλεως (2 *b*)
— 32. ἐκκενώσωμεν [A ἐκσπάσωμεν] αὐτούς (2 *a*)
II Ch. 24. 11. καὶ ἐξεκένωσαν [B^1 -σεν] τὸ γλωσσόκομον (3)
Ju. 7. 21. οἱ λάκκοι ἐξεκενοῦντο
Ps. 74 (75). 8. ὁ τρυγίας αὐτοῦ οὐκ ἐξεκενώθη (1)
136 (137). 7. ἐκκενοῦτε ἐκκενοῦτε (3, 3)
Ca. 1. 3. μύρον ἐκκενωθὲν ὄνομά σου [A σοι] (4 *b*)
Is. 51. 17. τὸ κόνδυ τοῦ θυμοῦ ἐξέπιες καὶ ἐξεκένωσας (1)
Ez. 5. 2, 12. μάχαιραν ἐκκενώσω ὀπίσω αὐτῶν (4 *a*)
12. 14. ῥομφαίαν ἐκκενώσω [A ἐκχεῶ] ὀπίσω αὐτῶν (4 *a*)
28. 7. ἐκκενώσουσι τὰς μαχαίρας αὐτῶν ἐπὶ σέ (4 *a*)
30. 11. ἐκκενώσουσι πάντες τὰς μαχαίρας αὐ. (4 *a*)
Da. TH. 9. 25. ἐκκενωθήσονται οἱ καιροί †
[**Aq.** Ps. 140 (141). 8 : Ec. 11. 3 : Je. 48 (31). 12.]
[**Sm.** Ec. 11. 3 : Je. 48 (31). 12 : 51 (28). 58 *bis* : Za. 4. 12.]
[**Th.** Je. 48 (31). 12.]
[**Al.** Hb. 1. 17.]

ἐκκεντεῖν. (1) דָּקַר *a.* qal. *b.* pu. (2) הָרַג (3) טָעַן pu.

Nu. 22. 29. ἤδη ἂν ἐξεκέντησά σε (2)
Jo. 16. 10. καὶ τοὺς κατοικοῦντας ἐν Γ. ἐξεκέντησαν [A -σεν] –
Jd. 9. 54. ἐξεκέντησεν αὐτὸν τὸ παιδάριον αὐτοῦ (1 *a*)
I Ch. 10. 4. ἐκκέντησόν με ἐν αὐτῇ (1 *a*)
Is. 14. 19. τεθνηκότων ἐκκεκεντημένων μαχαίραις (3)
Je. 44 (37). 10. καὶ καταλειφθῶσί τινες ἐκκεκεντημένοι (1 *b*)
La. 4. 9. ἐπορεύθησαν ἐκκεκεντημένοι ἀπὸ γεννημάτων (1 *b*)
II Ma. 12. 6. τοὺς δὲ ἐκεῖ συμφυγόντας ἐξεκέντησε
[**Aq.**, **Th.** Is. 13. 15 : Za. 12. 10.]
[**Sm.** Is. 13. 15.]

ἐκκήρυκτος. (1) עֲרִירִי

Je. 22. 30. γράψον τὸν ἄνδρα τοῦτον ἐκκήρυκτον ἄνθρωπον (1)

ἐκκινεῖν. (1) סוּר (2) סָעַר ni.

IV Ki. 6. 11. καὶ ἐξεκινήθη ἡ ψυχὴ βασιλέως Συρίας (2)
Pr. 16. 17. S τρίβοι ζωῆς ἐκκινοῦσιν [A B ἐκκλίνουσιν] ἀπὸ κακῶν (1)

ἐκκλᾶν. (1) שָׁסַע pi.

Le. 1. 17. ἐκκλάσει αὐτὸ ἐκ τῶν πτερύγων

ἐκκλείειν. (1) ἐ. κρίσιν נָטָה hi. (2) סוּר hi. (3) רָפַס hithpa.

Ex. 23. 2. ὥστε ἐκκλεῖσαι [A ἐκκλῖναι] κρίσιν (1)
Jb. 34. 20. A ἐχρήσαντο γὰρ ἀνόμοις ἐκκλειομένοις καὶ ἀδυνάτοις [B S *al.*] (2 ?)
Ps. 67 (68). 30. S^2 τοῦ ἐκκλεισθῆναι [B S^1 μὴ ἀποκλ.] τοὺς δεδοκιμασμένους τῷ ἀργυρίῳ (3 ?)
[**Th.** Is. 49. 21.]

ἐκκλησία. (1) *a.* לַהֲקָה *b.* מַקְהֵלִים *c.* מַקְהֵלוֹת *d.* קָהָל *e.* קְהִלָּה

De. 4. 10. τῇ ἡμέρᾳ τῆς ἐ. –
9. 10. A^2 B ἡμέρᾳ ἐκκλησίας (1 *d*)
18. 16. τῇ ἡμέρᾳ τῆς ἐ. (1 *d*)
23. 1 (2). εἰς ἐκκλησίαν [A^2 οἶκον] κυρίου (1 *d*)
— 2 (3) (A^2 B^2 R), 3 (4) *bis*, 8 (9). εἰς ἐκκλησίαν κυρίου (1 *d*)
31. 30. εἰς τὰ ὦτα πάσης ἐ. [A τῆς ἐ.] (1 *d*)
Jo. 9. 2 (8. 35). εἰς τὰ ὦτα πάσης ἐ. (1 *d*)
Jd. 20. 2. ἐν [A ἐν τῇ] ἐκκλησίᾳ τοῦ λαοῦ τοῦ θεοῦ (1 *d*)
21. 5. τίς οὐκ ἀνέβη [A ὁ μὴ ἀναβὰς] ἐν τῇ ἐ. (1 *d*)
— 8. οὐκ ἦλθεν ἀνὴρ . . . εἰς τὴν ἐ. (1 *d*)
I Ki. 17. 47. γνώσεται πᾶσα ἡ ἐ. αὕτη (1 *d*)
19. 20. εἶδαν τὴν ἐ. τῶν προφητῶν (1 *a*)
III Ki. 8. 14. καὶ πᾶσα ἐ. 'I. εἱστήκει (1 *d*)
— 22. ἐνώπιον πάσης ἐ. 'I. (1 *d*)
— 55. καὶ εὐλόγησε πᾶσαν ἐ. 'I. (1 *d*)
— 65. ἐ. μεγάλη ἀπὸ τῆς εἰσόδου 'Ημ. (1 *d*)
12. 3. A ἦλθεν . . . πᾶσα ἡ ἐ. 'I. (1 *d*)
I Ch. 13. 2. καὶ εἶπε Δ. πάσῃ [A τῇ π.] ἐ. 'I. (1 *d*)
— 4. καὶ εἶπε πᾶσα ἡ ἐ. (1 *d*)
28. 2. καὶ ἔστη Δ. ἐν μέσῳ τῆς ἐ. †
— 8. κατὰ πρόσωπον πάσης ἐ. κυρίου (1 *d*)
29. 1. καὶ εἶπε Δ. ὁ βασιλεὺς πάσῃ τῇ ἐ. (1 *d*)
— 10. εὐλόγησεν ὁ βασιλεὺς Δ. τὸν κύριον ἐνώπιον τῆς ἐ. (1 *d*)
— 20. καὶ εἶπε Δ. πάσῃ τῇ ἐ. (1 *d*)
— 20. καὶ εὐλόγησε πᾶσα ἡ ἐ. κύριον (1 *d*)
II Ch. 1. 3. ἐπορεύθη Σ. καὶ πᾶσα ἡ ἐ. (1 *d*)
— 5. καὶ ἐξεζήτησεν αὐτὸ Σ. καὶ ἡ ἐ. [A ἐ. ὅλη] (1 *d*)
6. 3. καὶ εὐλόγησε τὴν πᾶσαν ἐ. 'I. καὶ πᾶσα ἡ ἐ. 'I. παρειστήκει (1 *d*, 1 *d*)
— 12, 13. ἔναντι πάσης ἐ. 'I. (1 *d*)
7. 8. ἐ. μεγάλη σφόδρα (1 *d*)
10. 3. καὶ ἦλθεν 'I. καὶ πᾶσα ἡ ἐ. [A ἐ. 'I.] –
20. 5. καὶ ἀνέστη 'I. ἐν ἐκκλησίᾳ 'I. (1 *d*)
— 14. ἐγένετο ἐπ' αὐτὸν πνεῦμα κυρίου ἐν τῇ ἐ. (1 *d*)
23. 3. καὶ διέθεντο πᾶσα ἐ. 'I. διαθήκην (1 *d*)
28. 14. ἐναντίον τῶν ἀρχόντων καὶ πάσης τῆς ἐ. (1 *d*)
29. 23. ἐναντίον τοῦ βασιλέως καὶ τῆς ἐ. (1 *d*)
— 28. καὶ πᾶσα ἐ. προσεκύνει (1 *d*)
— 31. B καὶ ἀνήνεγκεν ἡ ἐ. θυσίας (1 *d*)
— 32. ἧς ἀνήνεγκεν ἡ ἐ. (1 *d*)
30. 2. οἱ ἄρχοντες καὶ πᾶσα ἡ ἐ. (1 *d*)
— 4. ἐναντίον τοῦ βασιλέως καὶ ἐναντίον τῆς ἐ. (1 *d*)
— 13. καὶ συνήχθησαν . . . ἐ. πολλὴ σφόδρα (1 *d*)
— 17. πλῆθος τῆς ἐ. οὐχ ἡγνίσθη (1 *d*)
— 23. ἐβουλεύσατο ἡ ἐ. ἅμα (1 *d*)
— 24. ἀπήρξατο τῷ 'I. τῇ ἐ. (1 *d*) ►
— 25. καὶ ηὐφράνθη πᾶσα ἡ ἐ. οἱ ἱερεῖς καὶ οἱ Λ. καὶ πᾶσα ἡ ἐ. (1 *d*, 1 *d*)
II Es. 2. 64. πᾶσα δὲ ἡ ἐ. ὁμοῦ (1 *d*)
10. 1. συνήχθησαν . . . ἐ. πολλὴ σφόδρα (1 *d*)
— 8. διασταλήσεται ἀπὸ ἐκκλησίας τῆς ἀποικίας (1 *d*)
— 12. A S R ἀπεκρίθησαν πᾶσα ἡ [B *om.*] ἐ. (1 *d*)
— 14. A στήτωσαν δὴ οἱ ἄρχοντες ἡμῶν τῇ πάσῃ ἐ. [B S *al.*] (1 *d*)
Ne. 5. 7. καὶ ἔδωκα ἐπ' αὐτοὺς ἐ. μεγάλην (1 *e*)
— 13. καὶ εἶπε πᾶσα ἡ ἐ. (1 *d*)
7. 66. καὶ ἐγένετο πᾶσα ἡ ἐ. (1 *d*)
8. 2. ἐνώπιον τῆς ἐ. (1 *d*)
Ne. 8. 17. πᾶσα ἡ ἐ. οἱ ἐπιστρέψαντες (1 *d*)
13. 1. ὅπως μὴ εἰσέλθωσιν . . . ἐν ἐκκλησίᾳ [S^3 εἰς ἐκκλησίαν τοῦ] θεοῦ [S κυρίου] (1 *d*)
Ju. 6. 16. συνέδραμον πᾶς νεανίσκος . . . εἰς τὴν ἐ.
— 21. παρέλαβεν αὐτὸν 'O. ἐκ τῆς ἐ.
7. 29. ἐν μέσῳ τῆς ἐ.
14. 6. ἐν τῇ ἐ. τοῦ λαοῦ
Jb. 30. 28. ἕστηκα δὲ ἐν ἐκκλησίᾳ κεκραγώς (1 *d*)
Ps. 21 (22). 22. ἐν μέσῳ ἐκκλησίας ὑμνήσω σε (1 *d*)
— 25. παρὰ σοῦ ὁ ἔπαινός μου ἐν ἐ. μεγάλῃ (1 *d*)
25 (26). 5. ἐμίσησα ἐκκλησίαν πονηρευομένων (1 *d*)
— 12. ἐν ἐκκλησίαις εὐλογήσω σε (1 *b*)
34 (35). 18. A S ἐξομολογήσομαί σοι ἐν [B κύριε ἐν, R καὶ ἐν] ἐκκλησίᾳ πολλῇ (1 *d*)
39 (40). 9. εὐηγγελισάμην δικαιοσύνην ἐν ἐκκλησίᾳ μεγάλῃ (1 *d*)
67 (68). 26. ἐν ἐκκλησίαις εὐλογεῖτε τὸν θεόν (1 *c*)
88 (89). 5. τὴν ἀλήθειάν σου ἐν ἐκκλησίᾳ ἁγίων (1 *d*)
106 (107). 32. ὑψωσάτωσαν αὐτὸν ἐν ἐκκλησίᾳ [S^1 -αις] λαοῦ (1 *d*)
149. 1. ἡ αἴνεσις αὐτοῦ ἐν ἐκκλησίᾳ ὁσίων (1 *d*)
Pr. 5. 14. ἐν μέσῳ ἐκκλησίας καὶ συναγωγῆς (1 *d*)
Si. 15. 5. ἐν μέσῳ ἐκκλησίας ἀνοίξει στόμα αὐ.
21. 17. στόμα φρονίμου ζητηθήσεται ἐν ἐκκλησίᾳ
23. 24. αὕτη εἰς ἐκκλησίαν ἐξαχθήσεται
24. 2. ἐν ἐκκλησίᾳ ὑψίστου στόμα αὐ. ἀνοίξει
26. 5. διαβολὴν πόλεως καὶ ἐκκλησίαν ὄχλου
30. 27 (33. 18). οἱ ἡγούμενοι ἐκκλησίας ἐνωτίσασθε
34 (31). 11. τὰς ἐλεημοσύνας αὐτοῦ ἐκδιηγήσεται ἐκκλησία [A σοφία]
38. 33. ἐν ἐκκλησίᾳ οὐχ ὑπεραλοῦνται
39. 10. τὸν ἔπαινον αὐτοῦ ἐξαγγελεῖ ἐκκλησία
44. 15. τὸν ἔπαινον ἐξαγγέλλει ἐκκλησία
50. 13. ἔναντι πάσης ἐκκλησίας 'Ισραήλ
— 20. ἐπὶ πᾶσαν [A *om.*] ἐκκλησίαν υἱῶν 'Ισραήλ
Mi. 2. 5. ἐν ἐκκλησίᾳ κυρίου μὴ κλαίετε δάκρυσι (1 *d*)
Jl. 2. 16. ἁγιάσατε ἐκκλησίαν (1 *d*)
La. 1. 10. μὴ εἰσελθεῖν αὐτὰ εἰς ἐκκλησίαν σου (1 *d*)
Ez. 32. 3. A περιβαλῶ ἐπὶ σὲ δίκτυόν μου καὶ ἐν ἐκκλησίᾳ λαῶν πολλῶν [B *al.*] (1 *d*)
— 23. A ἐγενήθη ἐ. (1 *d*)
I Ma. 2. 56. S R ἐν τῷ ἐπιμαρτύρασθαι [S μ.] ἐν [A *om.*] τῇ ἐ.
3. 13. ἤθροισεν 'Ιούδας . . . ἐκκλησίαν πιστῶν
4. 59. S R καὶ πᾶσα ἡ [A *om.*] ἐ. 'Ισραήλ
5. 16. ἐπισυνήχθη ἐ. μεγάλη
14. 9. S^1 πρεσβύτεροι ἐν ταῖς ἐ. [A S^2 R πλατείαις] ἐκάθηντο
— 19. S R ἀνεγνώσθησαν ἐνώπιον τῆς [A *om.*] ἐ.
[**Aq.** III Ki. 12. 3 : Ps. 39 (40). 11 : Je. 44 (51). 15 : Ez. 23. 47 : 26. 7 : 32. 3, 22, 23.]
[**Sm.** Pr. 26. 26.]
[**Th.** Ps. 39 (40). 11 : 88 (89). 6 : Ez. 23. 47 : 26. 7 : 27. 27 : 32. 3, 22, 23.]
[**Al.** Le. 4. 14, 21 : 16. 17 : Je. 26 (33). 17.]

ἐκκλησιάζειν. (1) כָּנַס (2) קָהַל hi.

Le. 8. 3. πᾶσαν τὴν συναγωγὴν ἐκκλησίασον ἐπὶ τὴν θύραν (2)
Nu. 20. 8. A R ἐκκλησίασον τὴν συναγωγήν [B τῇ σ.] (2)
De. 4. 10. ἐκκλησίασον πρὸς μὲ τὸν λαόν (2)
31. 12. ἐκκλησιάσας [A -άσατε] τὸν λαόν (2)
— 28. ἐκκλησιάσατε πρὸς μὲ τοὺς φυλάρχους ὑμῶν (2)
I Ch. 13. 5. B S καὶ ἐκκλησίασε [A R ἐξεκκλ.] Δ. τὸν πάντα 'I. (2)
Es. 4. 16. ἐκκλησίασον τοὺς [S^3 μοι πάντας τοὺς] 'I. [S ἄνδρας 'I.] (1)
[**Aq.**, **Th.** Ex. 32. 1.]

ἐκκλησιαστής. (1) קֹהֶלֶת

Ec. *tit.* ἐκκλησιαστής (1)
1. 1. ῥήματα ἐκκλησιαστοῦ υἱοῦ Δαυίδ (1)
— 2. εἶπεν ὁ ἐκκλ. (1)
— 12. ἐγὼ ἐ. ἐγενόμην βασιλεὺς ἐπὶ 'Ισραήλ (1)
7. 28 (27) : 12. 8. εἶπεν ὁ ἐκκλ. (1)
12. 9. ἐγένετο ἐκκλ. [A ὁ ἐκκλ.] σοφός (1)
— 10. πολλὰ ἐζήτησεν ἐκκλ. [S^2 ὁ ἐκκλ.] τοῦ εὑρεῖν λόγους (1)
subscr. ἐκκλησιαστής

ἔκκλητος.

Si. 42. 11. μή ποτε ποιήσῃ σε [S^1 -σῃς] . . . ἔκκλητον λαοῦ

ἐκκλίνειν (-κλείν.). (1) בּוֹא (2) גָּזַר (3) דָּלַק (4) חָטָא hi. (5) חָלַץ (6) יָרַד (7) כָּלַם ni. (8) מוּט hi. (9) מָנַע (10) נָאַץ (11) נָטָה *a.* qal. *b.* hi. *c.* ἐ. κρίσιν נָטָה hi. (12) נָחַשׁ ni. (13) סָבַב (14) סוּג *a.* qal. *b.* ni. (15) סוּר *a.* qal. *b.* hi. (16) עָבַט pi. (17) עָבַר (18) עָרַץ (19) פָּנָה (20) שָׂטָה (21) שָׁנָה (22) שָׁמַט

Ge. 18. 5. οὗ ἕνεκεν ἐξεκλίνατε πρὸς τὸν παῖδα (17)
19. 2. A ἐκκλίνατε πρὸς [R εἰς] τὸν οἶκον (15 *a*)
— 3. καὶ ἐξέκλιναν πρὸς αὐτόν (15 *a*)
38. 16. ἐξέκλινε δὲ πρὸς αὐτὴν τὴν ὁδόν (11 *a*)
Ex. 10. 6. καὶ ἐκκλίνας M. ἐξῆλθεν ἀπὸ Φ. (19)
23. 2. ἐκκλῖναι μετὰ τῶν [A *om.*] πλειόνων (11 *a*)
— 2. A ὥστε ἐκκλῖναι [B ἐκκλεῖσαι] κρίσιν (11 *c*)
Nu. 20. 17. οὐκ ἐκκλινοῦμεν δεξιά (11 *a*)
— 21. ἐξέκλινεν 'Ισραὴλ ἀπ' αὐτοῦ (11 *a*)
21. 21. οὐκ ἐκκλινοῦμεν οὔτε εἰς ἀγρόν (11 *a*)
22. 23. ἐξέκλινεν ἡ ὄνος ἐκ τῆς ὁδοῦ (11 *a*)
— 26. ἐκκλῖναι δεξιὰν οὐδὲ ἀριστεράν (11 *a*)
— 32 (33). ἐξέκλινεν ἀπ' ἐμοῦ (11 *a*)
— 33. εἰ μὴ ἐξέκλινεν (11 *a*)
De. 2. 27. οὐκ ἐκκλινῶ δεξιὰ οὐδ' [A οὔτε] ἀριστερά (15 *a*)
5. 32 (29). οὐκ ἐκκλινεῖτε εἰς [A -κλινεῖς] δεξιά (15 *a*)
16. 19. R οὐκ ἐκκλινοῦσι κρίσιν [A B *om.* ἐ. κρ.] (11 *b*)
17. 11. οὐκ ἐκκλινεῖς ἀπὸ τοῦ ῥήματος (15 *a*)
20. 3. μηδὲ ἐκκλίνετε [A -ητε] ἀπὸ προσώπου αὐτῶν (18)
24. 17. οὐκ ἐκκλινεῖς κρίσιν προσηλύτου (11 *b*)
27. 19. ὃς ἂν ἐκκλίνῃ κρίσιν προσηλύτου (11 *b*)
29. 18 (17). τίνος ἡ διάνοια ἐξέκλινεν ἀπὸ κυρίου (19)
31. 29. A R ἐκκλινεῖτε ἐκ [B ἀπὸ] τῆς ὁδοῦ (15 *a*)
Jo. 1. 7. οὐκ ἐκκλινεῖς ἀπ' αὐτῶν (15 *a*)
23. 6. A R ἵνα μὴ ἐκκλίνητε εἰς δεξιά [B -άν] (15 *a*)
Jd. 2. 17. ἐξέκλιναν ταχὺ ἐκ τῆς ὁδοῦ (15 *a*)
4. 18. ἔκκλινον, κύριέ μου, ἔκκλινον πρὸς μέ [A *al.*] (15 *a*, 15 *a*)
— 18. ἐξέκλινε [A ἔκνευσεν] πρὸς αὐτήν (15 *a*)
10. 16. ἐξέκλιναν [A μετέστησαν] τοὺς θεοὺς τοὺς ἀλλοτρίους (15 *b*)
14. 5. A ἐξέκλινεν εἰς ἀμπελῶνα [B *al.*] (1)
— 8. ἐξέκλινεν ἰδεῖν τὸ πτῶμα τοῦ λέοντος (15 *a*)
18. 3, 15. καὶ ἐξέκλιναν ἐκεῖ (15 *a*)
19. 11. ἐκκλίνωμεν εἰς πόλιν (15 *a*)
— 12. οὐκ ἐκκλινοῦμεν εἰς πόλιν ἀλλοτρίαν [A *al.*] (15 *a*)
— 15. καὶ ἐξέκλιναν ἐκεῖ (15 *a*)
20. 8. A καὶ οὐκ ἐκκλινοῦμεν [B ἐπιστρέψομεν] (15 *a*)
— 45, 47. A καὶ ἐξέκλιναν [B ἐπέβλεψαν οἱ λοιποί] (19)
Ru. 4. 1. ἐκκλίνας κάθισον ὧδε (15 *a*)
— 1. καὶ ἐξέκλινε (15 *a*)
I Ki. 8. 3. ἐξέκλιναν ὀπίσω τῆς συντελείας (11 *a*)
— 3. ἐξέκλινον [A -αν] δικαιώματα (11 *b*)
12. 20. B μὴ ἐκκλίνητε ἀπὸ ὄπισθεν κυρίου (15 *a*)
14. 7. B ὃν ἐὰν ἡ καρδία σου ἐκκλίνῃ (11 *a*)
15. 6. ἔκκλινον ἐκ μέσου τοῦ 'Aμ. (15 *a et* 6)
— 6. ἐξέκλινεν ὁ Κιναῖος ἐκ μέσου 'A. (15 *a*)
17. 53. ἐκκλίνοντες ὀπίσω τῶν ἀλλοφύλων (3)
18. 11. A ἐξέκλινεν Δ. ἀπὸ προσώπου αὐτοῦ δίς (13)
25. 14. καὶ ἐξέκλινεν ἀπ' αὐτῶν †
II Ki. 2. 19. οὐκ ἐξέκλινε τοῦ πορεύεσθαι (11 *a*)
— 21. ἔκκλινον σὺ εἰς τὰ δεξιά (11 *a*)
— 21. οὐκ ἠθέλησεν 'A. ἐκκλῖναι [A^2 -ίνειν] (15 *a*)
3. 27. καὶ ἐξέκλινεν αὐτὸν 'I. (11 *b*)
6. 10. τοῦ ἐκκλῖναι πρὸς αὐτὸν τὴν κιβωτόν (15 *b*)
III Ki. 11. 2. μὴ ἐκκλίνωσι τὰς καρδίας (11 *b*)
— 3. ἐξέκλιναν αἱ γυναῖκες αἱ ἀλλότριαι τὴν καρδίαν αὐ. [A *al.*] (11 *b*)
— 9. ἐξέκλινε καρδίαν αὐτοῦ ἀπὸ κυρίου (11 *a*)
15. 5. οὐκ ἐξέκλινεν ἀπὸ πάντων (15 *a*)
16. 28 (22. 43). B οὐκ ἐξέκλινεν ἀπ' αὐτῆς (15 *a*)
22. 43. οὐκ ἐξέκλινεν ἀπ' αὐτῆς (15 *a*)
IV Ki. 4. 8. ἐξέκλινε τοῦ ἐκεῖ [A *om.*] φαγεῖν (15 *a*)

► = additional entry on page xxv

IV Ki. 4. 10. καὶ ἐκκλινεῖ ἐκεῖ (15 *a*)
— 11. καὶ ἐξέκλινεν εἰς τὸ ὑπερῷον (15 *a*)
5. 12. καὶ ἐξέκλινε (19)
I Ch. 13. 9. ἐξέκλινεν αὐτὴν ὁ μόσχος (22)
— 13. καὶ ἐξέκλινεν αὐτὴν εἰς οἶκον Ἀ. (11 *b*)
II Ch. 20. 10. ὅτι ἐξέκλιναν ἀπ' αὐτῶν (15 *a*)
— 32. οὐκ ἐξέκλινε τοῦ ποιῆσαι τὸ εὐθές (15 *a*)
34. 2. καὶ οὐκ ἐξέκλινε δεξιὰ καὶ [A ἢ] ἀριστερά (15 *a*)
— 33. οὐκ ἐξέκλινεν ἀπὸ ὄπισθεν κυρίου (15 *a*)
Ne. 9. 19. τὸν στῦλον τῆς νεφέλης οὐκ ἐξέκλινας ἀπ' αὐτῶν (15 *a*)
13. 26. τοῦτον ἐξέκλιναν αἱ γυναῖκες αἱ ἀλλότριαι (4)
Jb. 23. 11. οὐ μὴ ἐκκλίνω ἀπὸ ἐνταλμάτων αὐ. (11 *b*)
24. 4. ἐξέκλιναν [A -ον δὲ] ἀδυνάτους ἐξ ὁδοῦ δικαίας [S¹ -ων] (11 *b*)
29. 11. ὀφθαλμὸς δὲ ἰδών με ἐξέκλινε †
31. 7. εἰ ἐξέκλινεν ὁ πούς μου ἐκ [A ἀπὸ] τῆς ὁδοῦ (11 *a*)
34. 20. ἐχρήσαντο γὰρ παρονόμως ἐκκλινομένων ἀδυνάτων [A *al.*] (15 *b*)
— 27. ἐξέκλιναν ἐκ νόμου θεοῦ (15 *a*)
36. 19 (18). μή σε ἐκκλινάτω [A -νη] ἑκὼν ὁ νοῦς δεήσεως (11 *b* ?)
39. 32 (40. 2). μὴ κρίσιν μετὰ ἱκανοῦ ἐκκλίνει [S¹ -ειν, S² κρίνεις] †
Ps. 13 (14). 3. A² B S πάντες ἐξέκλιναν (15 *a*)
16 (17). 11. τοὺς ὀφθαλμοὺς αὐτῶν ἔθεντο ἐκκλῖναι ἐν τῇ γῇ (11 *a*)
26 (27). 9. μὴ ἐκκλίνῃς ἐν ὀργῇ ἀπὸ τοῦ δούλου σου (11 *b*)
33 (34). 14 : 36 (37). 27. ἔκκλινον ἀπὸ κακοῦ (15 *a*)
43 (44). 18. ἐξέκλινας τοὺς τρίβους ἡμῶν ἀπὸ τῆς ὁδοῦ σου (11 *a*)
52 (53). 3. πάντες ἐξέκλιναν (14 *a*)
54 (55). 3. ἐξέκλιναν ἐπ' ἐμὲ ἀνομίαν [S² -ίαι] (8)
100 (101). 4. ἐκκλίνοντος ἀπ' ἐμοῦ τοῦ πονηροῦ οὐκ ἐγίνωσκον (15 *a*)
108 (109). 23. ὡσεὶ σκιὰ ἐν τῷ ἐκκλῖναι αὐτὴν ἀντανῃρέθην [S¹ -θη] (11 *a*)
118 (119). 21. ἐπικατάρατοι οἱ ἐκκλίνοντες ἀπὸ τῶν ἐντολῶν σου (21)
— 50. S¹ τὸ λόγιόν σου οὐκ ἐξέκλινα [A S² R σου ἔζησέ με] †
— 51. A R ἀπὸ δὲ τοῦ νόμου σου οὐκ ἐξέκλινα (11 *a*)
— 102. ἀπὸ τῶν κριμάτων σου οὐκ ἐξέκλινα (15 *a*)
— 115. ἐκκλίνατε ἀπ' ἐμοῦ πονηρευόμενοι (15 *a*)
— 157. ἐκ τῶν μαρτυρίων σου οὐκ ἐξέκλινα (11 *a*)
124 (125). 5. τοὺς δὲ ἐκκλίνοντας εἰς τὰς στραγγαλιάς (11 *b*)
138 (139). 19. ἄνδρες αἱμάτων ἐκκλίνατε ἀπ' ἐμοῦ (15 *a*)
140 (141). 4. μὴ ἐκκλίνῃς τὴν καρδίαν μου (11 *b*)
Pr. 1. 15. ἔκκλινον δὲ τὸν πόδα σου ἐκ τῶν τρίβων αὐτῶν (9)
3. 7. ἔκκλινε [A -αι] ἀπὸ παντὸς κακοῦ (15 *a*)
4. 5. A μηδὲ ἐκκλίνῃς ἀπὸ ῥημάτων στόματός μου (11 *a*)
— 15. ἔκκλινον δὲ ἀπ' αὐτῶν (20)
— 27. μὴ ἐκκλίνῃς εἰς τὰ δεξιά (11 *a*)
5. 12. ἐλέγχους ἐξέκλινεν ἡ καρδία μου (10)
7. 25. μὴ ἐκκλινάτω εἰς τὰς ὁδοὺς αὐτῆς ἡ καρδία σου (20)
9. 4. ὅς ἐστιν ἄφρων ἐκκλινάτω πρὸς μέ (15 *a*)
— 16. ἐκκλινάτω πρὸς μέ (15 *a*)
10. 25. δίκαιος δὲ ἐκκλίνας σώζεται εἰς τὸν αἰῶνα –
14. 16. σοφὸς φοβηθεὶς ἐξέκλινεν ἀπὸ κακοῦ (15 *a*)
— 27. ποιεῖ δὲ ἐκκλίνειν ἐκ παγίδος θανάτου (15 *a*)
15. 24. ἵνα ἐκκλίνας ἐκ τοῦ ᾅδου σωθῇ (15 *a*)
— 27 (16. 6). τῷ δὲ φόβῳ κυρίου ἐκκλίνει πᾶς ἀπὸ κακοῦ (15 *a*)
16. 17. τρίβοι ζωῆς ἐκκλίνουσιν [S -κινοῦσιν] ἀπὸ κακῶν (15 *a*)
17. 23. ἀσεβὴς δὲ ἐκκλίνει ὁδοὺς δικαιοσύνης (11 *b*)
18. 5. οὐδὲ ὅσιον ἐκκλίνειν τὸ δίκαιον ἐν κρίσει (11 *b*)
24. 7. σοφοὶ οὐκ ἐκκλίνουσιν ἐκ στόματος κυρίου –
28. 9. ὁ ἐκκλίνων τὸ οὖς αὐτοῦ μὴ εἰσακοῦσαι νόμου (15 *b*)
Si. 2. 7. μὴ ἐκκλίνητε ἵνα μὴ πέσητε
6. 33. S ἐὰν ἐκκλίνῃς [A B κλ.] τὸ οὖς σου
7. 2. ἀπόστηθι ἀπὸ ἀδίκου καὶ ἐκκλινεῖ ἀπὸ σοῦ
8. 2. καρδίας βασιλέων ἐξέκλινε
9. 9. μή ποτε ἐκκλίνῃ ἡ ψυχή σου ἐπ' αὐτήν
Si. 12. 15. ἐὰν ἐκκλίνῃς οὐ μὴ καρτερήσῃ
22. 13. ἔκκλινον ἀπ' αὐτοῦ καὶ εὑρήσεις ἀνάπαυσιν
35 (32). 17. ἄνθρωπος ἁμαρτωλὸς ἐκκλίνει ἐλεγμόν
46. 2. καὶ τῷ ἐκκλῖναι [A S ἐν τῷ ἐκτεῖναι] ῥομφαίαν ἐπὶ πόλεις
Ho. 5. 6. ὅτι ἐκκέκλικεν [A ἐξέκλινεν] ἀπ' αὐτῶν (5)
Am. 2. 7. ὁδὸν ταπεινῶν ἐξέκλιναν (11 *b*)
5. 12. πένητας ἐν πύλαις ἐκκλίνοντες (11 *b*)
Jl. 2. 7. οὐ μὴ ἐκκλίνωσι [A -νοῦσι] τὰς τρίβους αὐτῶν (16)
Ze. 1. 6. καὶ τοὺς ἐκκλίνοντας ἀπὸ τοῦ κυρίου (14 *b*)
Ma. 2. 8. ὑμεῖς δὲ ἐξεκλίνατε ἐκ τῆς ὁδοῦ (15 *a*)
3. 5. τοὺς ἐκκλίνοντας κρίσιν προσηλύτου (11 *b*)
— 7. ἐξεκλίνατε νόμιμά μου (15 *a*)
Is. 9. 20 (19). ἐκκλινεῖ εἰς τὰ δεξιὰ ὅτι πεινάσει (2 ?)
10. 2. ἐκκλίνοντες κρίσιν πτωχῶν (11 *b*)
66. 12. ἐκκλίνω εἰς αὐτοὺς ὡς ποταμὸς εἰρήνης (11 *a*)
Je. 5. 23. ἐξέκλιναν καὶ ἀπήλθοσαν (15 *a*)
— 25. αἱ ἀνομίαι ὑμῶν ἐξέκλιναν ταῦτα (11 *b*)
14. 8. ὡς αὐτόχθων ἐκκλίνων εἰς κατάλυμα (11 *a*)
18. 14. A S R μὴ ἐκκλίνῃ [B -ει] ὕδωρ βιαίως ἀνέμῳ φερόμενον (12)
Ba. 4. 13. ἐξέκλιναν ἐκ νόμου θεοῦ
La. 3. 35. τοῦ ἐκκλῖναι κρίσιν ἀνδρός (11 *b*)
Ez. 16. 27. θυγατέρας ἀλλοφύλων τὰς ἐκκλινούσας σε ἐκ τῆς ὁδοῦ σου (7 ?)
Da. LXX. Su. 9. ἐξέκλιναν τοὺς ὀφθαλμοὺς αὐτῶν
Da. TH. Su. 9. καὶ ἐξέκλιναν τοὺς ὀφθαλμοὺς αὐτῶν
9. 5. ἐξεκλίναμεν ἀπὸ τῶν ἐντολῶν σου (15 *a*)
— 11. ἐξέκλιναν τοῦ μὴ ἀκοῦσαι [A εἰσακ.] τῆς φωνῆς σου (15 *a*)
I Ma. 5. 46. οὐκ ἦν ἐκκλῖναι ἀπ' αὐτῆς
— 68. καὶ ἐξέκλινεν Ἰούδας
6. 47. ἐξέκλιναν [S¹ -εν] ἀπ' αὐτῶν
9. 45. οὐκ ἔστι τόπος τοῦ ἐκκλῖναι
— 47. ἐξέκλινεν ἀπ' αὐτοῦ εἰς τὰ ὀπίσω
12. 31. ἐξέκλινεν Ἰων. ἐπὶ τοὺς Ἄραβας
— 33. καὶ ἐξέκλινεν εἰς Ἰόππην
14. 31. S¹ καὶ ἐκκλῖναι [A S² R -τεῖναι] χεῖρας

[**Aq.** Ge. 35. 21 : Nu. 22. 23 : Ps. 16 (17). 11 : Pr. 4. 5 : 7. 21 : Je. 6. 28 : 15. 5 : Ho. 9. 12.]
[**Sm.** Ps. 30 (31). 9 : Pr. 4. 5 : 7. 21 : 13. 14 : Is. 29. 21 : 30. 11 : 59. 15 : Ho. 7. 14 : 9. 12.]
[**Th.** Jb. 39. 32 (40. 2) : Ps. 65 (66). 7 : 67 (68). 7 : Pr. 4. 5 : 13. 14 : Is. 1. 23 : 53. 6 : 59. 15 : Je. 11. 8.]
[**Al.** Le. 19. 31 : 20. 6 : Nu. 22. 23.]
[**Heb.** Jb. 13. 20.]
[**Quint.** Ps. 43 (44). 19.]

ἔκκλισις.

[**Aq.** Je. 28 (35). 16 : Ez. 9. 9.]
[**Sm.** Is. 58. 6 : Ez. 9. 9.]
[**Th.** Je. 28 (35). 16 : 29 (36). 32 : Ez. 9. 9.]

ἐκκλύζειν. (1) שָׁטַף pu.

Le. 6. 28 (21). ἐκτρίψει αὐτὸ καὶ ἐκκλύσει ὕδατι (1)

ἐκκόλαμμα. (1) פִּתּוּחַ

Ex. 36. 13 (39. 6). A B καὶ ἐκκεκολαμμένους ἐκκόλαμμα [B ἐγκ.] (1)

ἐκκολάπτειν. (1) נָקַר (2) פָּתַח pu. (3) קָלַע

Ex. 36. 13 (39. 6). καὶ ἐκκεκολαμμένους [A¹ *om.* κ. ἐ.] ἐκκόλαμμα (2 ?)
III Ki. 6. 35. B ἐκκεκολαμμένα [A εἰσκ., R ἐγκ.] X. (3)
Pr. 24. 52 (30. 17). A ἐκκολάψαισαν [B S -κόψαισαν] αὐτὸν κόρακες (1)
III Ma. 2. 27. R ἐξεκόλαψε [A ἐκ.] γραφήν

[**Aq.** Le 22. 24.]
[**Sm.** Is. 51. 1.]

ἐκκολαπτός. (1) פִּתּוּחַ

III Ki. 6. 29. A B ἐκκολαπτὰ [R ἐγκ.] ἔγραψε γραφίδι X. (1)

ἐκκομιδή.

II Ma. 3. 7. τὴν τῶν προειρημένων χρημάτων ἐ. ποιήσασθαι

ἐκκοπή.

[**Aq.** Is. 51. 1.]

ἔκκοπος.

[**Th.** Is. 43. 24.]

ἐκκόπτειν. (1) גָּדַד (2) גָּדַע *a.* ni. *b.* pi. *c.* pu. (3) חָבַל pa. (4) כָּרַת *a.* qal. *b.* ni. *c.* hi. *d.* pu. (5) נָכָה hi. (6) נָסַע hi. (7) נָפַל hi. (8) נָקַר *a.* qal. *b.* pi. (9) נָתַשׁ (10) קֵץ (11) רָעַע

Ge. 32. 8 (9). A ἐὰν . . . ἐκκόψῃ [R κόψῃ] αὐτήν (5)
36. 35. ὁ ἐκκόψας Μαδιὰμ ἐν τῷ πεδίῳ (5)
Ex. 21. 27. ἢ τὸν ὀδόντα τῆς θεραπαίνης αὐτοῦ ἐκκόψῃ (7)
34. 13. B καὶ τὰ ἄλση αὐτῶν ἐκκόψετε (4 *a*)
Nu. 16. 14. τοὺς ὀφθαλμοὺς τῶν ἀνθρώπων ἐκείνων ἂν ἐξέκοψας (8 *b*)
De. 7. 5 : 12. 3. τὰ ἄλση αὐτῶν ἐκκόψετε (2 *b*)
20. 19. αὐτὸ δὲ οὐκ ἐκκόψεις (4 *a*)
— 20. καὶ ἐκκόψεις (4 *a*)
Jo. 15. 16. καὶ ἐκκόψῃ [A *om.* κ. ἐ.] τὴν πόλιν τῶν γραμμάτων (5)
Jd. 6. 25. A τὸ ἄλσος τὸ ἐπ' αὐτῆς ἐκκόψατε [B *al.*] (4 *a*)
— 26. A ὃ ἐκκόψεις [B οὗ ἐξολεθρεύσεις] (4 *a*)
— 28. A τὸ ἄλσος τὸ ἐπ' αὐτῷ ἐκκεκομμένον [B ὠλέθρευτο] (4 *d*)
16. 21. ἐξέκοψαν [A -ώρυξαν] τοὺς ὀφθαλμοὺς αὐτοῦ (8 *b*)
21. 6. ἐξεκόπη [A ἀφῄρηται] σήμερον φυλὴ μία (2 *a*)
III Ki. 15. 13. ἐξέκοψεν Ἀ. τὰς καταδύσεις αὐ. (4 *a*)
II Ch. 14. 3 (2). καὶ ἐξέκοψε τὰ ἄλση (2 *b*)
— 14 (13). καὶ ἐξέκοψαν τὰς κώμας αὐτῶν (5)
— 15 (14). τοὺς Ἀ. ἐξέκοψαν (5)
31. 1. A καὶ ἐξέκοψαν [B ἔκ.] τὰ ἄλση (2 *b*)
I Es. 4. 9. εἶπεν ἐκκόψαι ἐκκόπτουσιν
— 44. ὅτε ηὔξατο ἐκκόψαι B.
Ju. 3. 8. τὰ ἄλση αὐτῶν ἐξέκοψε
Jb. 14. 7. ἐὰν γὰρ ἐκκοπῇ (4 *b*)
19. 10. ἐξέκοψε δὲ ὥσπερ δένδρον τὴν ἐλπίδα μου (6)
42. 18. Ἀδάδ. . . . ὁ ἐκκόψας Μαδιὰμ ἐν τῷ πεδίῳ Μωάβ –
Ps. 73 (74). 6. ἀξίναις ἐξέκοψαν [S¹ διέκ.] τὰς θύρας αὐτῆς †
Pr. 24. 52 (30. 17). ἐκκόψαισαν [A -κολάψαισαν] αὐτὸν κόρακες (8 *a*)
Mi. 5. 14 (13). ἐκκόψω τὰ ἄλση [A ἄ. σου] ἐκ μέσου σου (9)
Za. 12. 11. ἐν πεδίῳ ἐκκοπτομένου †
Is. 9. 10 (9). A ἐκκόψωμεν [B κόψ., S -ομ.] συκαμίνους (2 *c*)
27. 9. τὰ εἴδωλα αὐτῶν ἐκκεκομμένα –
Je. 6. 6. ἔκκοψον τὰ ξύλα αὐτῆς (4 *a*)
10. 3. ξύλον ἐστὶν ἐκ τοῦ δρυμοῦ ἐκκεκομμένον (4 *a*)
22. 7. ἐκκόψουσι τὰς ἐκλεκτὰς κέδρους σου (4 *a*)
26 (46). 13. A καὶ ἐκκόψαι τὴν γῆν αὐτοῦ [B *al.*] (5)
— 23. ὡς κόπτοντες ξύλα ἐκκόψουσι τὸν δρυμὸν αὐτῆς (4 *a*)
51 (44). 7. ἐκκόψαι [A -ψω ἀφ'] ὑμῶν ἄνθρωπον (4 *c*)
— 8. κατοικεῖν [A S ἐνοι.] ἐκεῖ ἵνα ἐκκοπῆτε (4 *c*)
Da. LXX. 2. 40. ὡς ὁ σίδηρος πᾶν δένδρον ἐκκόπτων (11)
4. 11. ἐκκόψατε αὐτό (1)
— 15. ἐνώπιόν μου ἐξεκόπη ἐν ἡμέρᾳ μιᾷ –
— 20. ἐξᾶραι τὸ δένδρον καὶ ἐκκόψαι (3)
Da. TH. 4. 11. ἐκκόψατε τὸ δένδρον (1)
9. 26. ἐκκοπήσονται ἐκ κατακλυσμῷ (10)
I Ma. 6. 6. A R τῶν παρεμβολῶν ὧν [S καὶ] ἐξέκοψαν
IV Ma. 3. 2. ἐπιθυμίαν . . . οὐ δύναται ἐκκόψαι
— 3. θυμόν τις οὐ δύναται ἐκκόψαι ὑμῶν τῆς ψυχῆς
— 4. κακοήθειάν τις ὑμῶν οὐ δύναται ἐκκόψαι
5. 30. S R οὐδ' ἂν ἐκκόψῃς [A -εις] μου τὰ ὄμματα

[**Aq.** Dt. 19. 5 : IV Ki. 18. 4.]
[**Sm.** I Ki. 20. 15 : IV Ki. 18. 4 : 23. 14 : Ps. 30 (31). 23 : 36 (37). 38 : 87 (88). 6 : Is. 29. 20 : Da. 9. 26.]
[**Th.** Jd. 6. 26, 28 : Is. 51. 1 : Da. 9. 26.]
[**Quint.** Ho. 6. 5.]

ἐκκοσμεῖν.

IV Ma. 6. 2. A R ἐκκεκοσμημένον [S ἐγκοσμούμενον] τῇ . . . εὐσχημοσύνῃ [A τὴν . . . εὐσχ.]

ἐκκρέμασθαι. (1) קָשַׁר
Ge. 44. 30. ἡ δὲ ψυχὴ αὐτοῦ ἐκκρέμαται ἐκ τῆς τούτου ψυχῆς (1)

ἐκκρούειν. (1) נָדַח ni.
De. 19. 5. καὶ ἐκκρουσθῇ [A[2] -σῃ] ἡ χεὶρ αὐτοῦ (1)

ἐκκύπτειν. (1) צוּץ hi. (2) שָׁקַף a. ni. b. hi.
Ps. 101 (102). 19. ἐξέκυψεν [B[1] -αν] ἐξ ὕψους ἁγίου αὐτοῦ (2 b)
Ca. 2. 9. ἐκκύπτων διὰ τῶν δικτύων (1)
6. 9 (10). τίς αὕτη ἡ ἐκκύπτουσα [A[2] ἐγκ.] ὡσεὶ ὄρθρος (2 a)
Je. 6. 1. κακὰ ἐκκέκυφεν ἀπὸ βορρᾶ (2 a)
I Ma. 4. 19. μέρος τι ἐκκύπτον [S[1] -ων] ἐκ τοῦ ὄρους
9. 23. ἐξέκυψαν οἱ ἄνομοι
[**Aq.** I Ki. 13. 18: III Ki. 6. 29 (?).]
[**Th.** III Ki. 6. 29 (?).]

ἐκλαλεῖν.
Ju. 11. 9. ὅσα ἐξελάλησε [S ἐλ.] παρὰ σοί

ἐκλαμβάνειν. (1) גָּאַל (2) לָקַח
Jb. 3. 5. ἐκλάβοι δὲ αὐτὴν σκότος (1)
22. 22. A R ἔκλαβε [S[1] -οι, S[2] -αι, B -βαλε] δὲ ἐκ στόματος αὐτοῦ ἐξηγορίαν [A σὺν ἐξηγορίαν] (2)
31. 39. εἰ δὲ καὶ ψυχὴν κυρίου τῆς γῆς ἐκλαβὼν [A -βαλὼν] ἐλύπησα –

ἐκλάμπειν. (1) אוֹר hi. (2) זָהַר hi. (3) נָגַהּ hi.
II Ki. 22. 29. ἐκλάμψει μοι τὸ σκότος μου (3)
Si. 26. 17. λύχνος ἐκλάμπων ἐπὶ λυχνίας ἁγίας
43. 4. ἥλιος ... ἐκλάμπων ἀκτῖνας ἀμαυροῖ ὀφθαλμούς
— 8. ἐν στερεώματι οὐρανοῦ ἐκλάμπων
50. 7. ὡς ἥλιος ἐκλάμπων ἐπὶ ναὸν ὑψίστου
Ep. Je. 67. A οὔτε ὡς ὁ ἥλιος οὐ μὴ ἐκλάμψουσιν [B *al.*]
Ez. 43. 2. ἡ γῆ ἐξέλαμπεν ὡς φέγγος (1)
Da. TH. 12. 3. A οἱ συνιέντες ἐκλάμψουσιν [B λ.] (2)

ἔκλαμπρος.
Wi. 17. 5. ἄστρων ἔκλαμπροι φλόγες
[**Sm.** Le. 13. 4, 13.]

ἔκλαμψις.
II Ma. 5. 3. καὶ χρυσῶν κόσμων ἐκλάμψεις
[**Sm.** Le. 13. 26.]

ἐκλανθάνεσθαι.
[**Sm.** Ps. 12 (13). 2.]

ἐκλατομεῖν. (1) חָצַב (2) כָּרָה
●Nu. 21. 18. ἐξελατόμησαν αὐτὸ βασιλεῖς ἐθνῶν (2)
De. 6. 11. οὓς οὐκ ἐξελατόμησας [B[1] ἐλατ.] (1)

ἐκλέγειν. (1) בָּחַר (2) בָּרָה (3) בָּרַר a. qal. b. pi. c. hithpa. (4) לָקַח (5) קִבֵּל pi. (6) קָבַץ (7) תּוּר
Ge. 6. 2. ἀπὸ πασῶν ὧν ἐξελέξαντο (1)
13. 11. ἐξελέξατο ἑαυτῷ Λὼτ πᾶσαν τὴν περίχωρον (1)
Nu. 16. 5. οὓς ἐξελέξατο [A οὐκ ἐξ.] ἑαυτῷ (1)
— 7. B[2]R ὃν ἐκλέλεκται [A ἂν ἐκλέξηται, B[1] ἐκλέγεται] κύριος (1)
17. 5 (20). ὃν ἐὰν ἐκλέξωμαι αὐτόν (1)
De. 1. 33. ἐκλέγεσθαι ὑμῖν τόπον (7)
4. 37. ἐξελέξατο τὸ σπέρμα αὐτῶν (1)
7. 7. καὶ ἐξελέξατο ὑμᾶς (1)
10. 15. ἐξελέξατο τὸ σπέρμα αὐτῶν (1)
12. 5, 11, 14. ὃν ἂν ἐκλέξηται κύριος (1)
— 18. ᾧ [A οὗ] ἂν ἐκλέξηται κύριος (1)
— 21, 26. ὃν ἂν ἐκλέξηται κύριος (1)
14. 2. καὶ σὲ [A[1] *om.*] ἐξελέξατο κύριος (1)
— 23. ᾧ ἂν ἐκλέξηται κύριος (1)
— 24, 25. ὃν ἂν ἐκλέξηται κύριος (1)
15. 20: 16. 2. ᾧ ἐὰν ἐκλέξηται κύριος (1)
16. 6. ὃν ἂν ἐκλέξηται κύριος (1)
— 7. οὗ ἐὰν [A ᾧ ἂν] ἐκλέξηται κύριος (1)
— 11. A R ᾧ ἐὰν ἐκλέξηται κύριος ... αὐτόν [B *om.*] (1)
— 15. ᾧ ἂν ἐκλέξηται κύριος (1)
— 16. ᾧ ἐὰν ἐκλέξηται αὐτὸν [A *om.*] κύριος (1)
De. 17. 8. ὃν ἂν ἐκλέξηται κύριος (1)
— 10. οὗ ἂν ἐκλέξηται κύριος (1)
— 15. ὃν ἂν ἐκλέξηται κύριος ... αὐτόν (1)
18. 5. αὐτὸν ἐξελέξατο κύριος (1)
— 6. ὃν ἂν ἐκλέξηται (1)
21. 5. A αὐτοὺς ἐξελέξατο [B ἐπέλεξε] κύριος (1)
26. 2. ὃν ἂν ἐκλέξηται κύριος (1)
30. 19. ἔκλεξαι [A[1] -ετε] τὴν ζωήν [A εὐλογίαν] (1)
31. 11. ᾧ [A ὃν] ἂν ἐκλέξηται κύριος (1)
Jo. 9. 27. ὃν ἂν ἐκλέξηται κύριος (1)
24. 15. ἐκλέξασθε [A ἕλεσθε] ὑμῖν αὐτοῖς (1)
— 22. ἐξελέξασθε κυρίῳ [A τὸν κ.] λατρεύειν αὐτῷ (1)
Jd. 5. 8. ἐξελέξαντο [A ᾑρέτισαν] θεοὺς καινούς (1)
10. 14. οὓς ἐξελέξασθε ἑαυτοῖς (1)
I Ki. 2. 28. ἐξελεξάμην [A ἐπελ.] τὸν οἶκον τοῦ πατρός σου (1)
8. 18. οὓς ἐξελέξασθε ἑαυτοῖς (1)
— 18. ὑμεῖς ἐξελέξασθε ἑαυτοῖς βασιλέα –
10. 24. ὃν ἐκλέλεκται ἑαυτῷ κύριος (1)
12. 13. ὁ βασιλεὺς ὃν ἐξελέξασθε (1)
13. 2. B ἐκλέγεται ἑαυτῷ Σ. τρεῖς χιλιάδας ἀνδρῶν (1)
16. 8. οὐδὲ τοῦτον ἐξελέξατο ὁ θεός (1)
— 9. ἐν τούτῳ οὐκ ἐξελέξατο κύριος (1)
— 10. οὐκ ἐξελέξατο κύριος ἐν τούτοις (1)
17. 8. ἐκλέξασθε ἑαυτοῖς ἄνδρα (2)
— 40. ἐξελέξατο ἑαυτῷ πέντε λίθους (1)
II Ki. 6. 21. ὃς ἐξελέξατό με ὑπὲρ τὸν πατέρα σου (1)
16. 18. κατόπισθεν οὗ ἐξελέξατο κύριος (1)
19. 38 (39). ὅσα ἐκλέξῃ [A -λέξηται] (1)
24. 12. ἔκλεξαι σεαυτῷ ἓν ἐξ αὐτῶν (1)
— 13. B ἔκλεξαι σεαυτῷ γενέσθαι –
— 15. καὶ ἐξελέξατο ἑαυτῷ Δ. τὸν θάνατον –
III Ki. 3. 8. ὃν ἐξελέξω λαὸν πολύν (1)
8. 16. οὐκ ἐξελεξάμην ἐν πόλει (1)
— 16. B καὶ ἐξελεξάμην ἐν Ἰ. –
— 16. καὶ ἐξελεξάμην τὸν Δ. (1)
— 44. ἧς ἐξελέξω ἐν αὐτῇ (1)
— 48. τῆς πόλεως ἧς ἐξελέξω (1)
11. 13. τὴν πόλιν ἣν ἐξελεξάμην (1)
— 32. ἣν ἐξελεξάμην ἐν αὐτῇ (1)
— 34. ὃν ἐξελεξάμην αὐτόν (1)
— 36. A R ἣν [B ᾗ] ἐξελεξάμην ἐμαυτῷ (1)
14. 21. ἣν ἐξελέξατο κύριος (1)
18. 23. ἐκλεξάσθωσαν ἑαυτοῖς τὸν ἕνα (1)
— 25. ἐκλέξασθε ἑαυτοῖς τὸν μόσχον τὸν ἕνα (1)
IV Ki. 21. 7. A R ᾗ [B *om.*] ἐξελεξάμην ἐκ πασῶν φυλῶν (1)
23. 27. ἣν ἐξελεξάμην τὴν Ἰ. (1)
I Ch. 15. 2. αὐτοὺς ἐξελέξατο κύριος (1)
16. 41. καὶ οἱ λοιποὶ ἐκλεγέντες [S -γουτ.] ἐπ' ὀνόματος (3 a)
19. 10. καὶ ἐξελέξατο ἐκ παντὸς νεανίου (1)
21. 10. ἔκλεξαι σεαυτῷ ἓν ἐξ [A *om.*] αὐτῶν (1)
— 11. ἔκλεξαι σεαυτῷ (5)
28. 4. καὶ ἐξελέξατο κύριος ὁ θεὸς Ἰ. ἐν ἐμοί (1)
— 5. ἐξελέξατο ἐν Σ. τῷ υἱῷ μου (1)
II Ch. 6. 5. οὐκ ἐξελεξάμην ἐν πόλει (1)
— 5. καὶ οὐκ ἐξελεξάμην ἐν ἀνδρί (1)
— 6. A R καὶ ἐξελεξάμην τὴν [A ἐν] Ἰ. (1)
— 6. καὶ ἐξελεξάμην ἐν Δ. (1)
— 34. ἣν ἐξελέξω ἐν αὐτῇ (1)
— 38. καὶ τῆς πόλεως ἧς ἐξελέξω (1)
7. 12. καὶ ἐξελεξάμην ἐν τῷ τόπῳ τούτῳ (1)
— 16. καὶ νῦν ἐξελεξάμην καὶ ἡγίακα (1)
12. 13. ἐν τῇ πόλει ᾗ ἐξελέξατο κύριος (1)
33. 7. ἣν ἐξελεξάμην ἐκ πασῶν φυλῶν Ἰ. (1)
35. 19. τὴν πόλιν ἣν ἐξελεξάμην –
I Es. 5. 1. ἐξελέγησαν ἀναβῆναι ἀρχηγοί
Ne. 1. 9. τὸν τόπον ὃν ἐξελεξάμην (1)
9. 7. σὺ ἐξελέξω ἐν Ἀ. (1)
To. 1. 4. A B τῆς ἐκλεγείσης ἀπὸ πασῶν τῶν φυλῶν [S *al.*]
Jb. 29. 25. ἐξελεξάμην ὁδὸν αὐτῶν (1)
34. 33. σὺ ἐκλέξῃ [A -ξω, S -δέξῃ] (1)
Ps. 32 (33). 12. λαὸς ὃν ἐξελέξατο (1)
46 (47). 4. ἐξελέξατο ἡμῖν τὴν κληρονομίαν αὐτοῦ (1)
64 (65). 4. μακάριος ὃν ἐξελέξω (1)
77 (78). 67. τὴν φυλὴν Ἐφραὶμ οὐκ ἐξελέξατο (1)
— 68. καὶ ἐξελέξατο τὴν φυλὴν Ἰούδα (1)
— 70. ἐξελέξατο Δαυὶδ τὸν δοῦλον αὐτοῦ (1)
83 (84). 10. ἐξελεξάμην παραρριπτεῖσθαι [A S -εσθαι] ἐν τῷ οἴκῳ τοῦ θεοῦ (1)
104 (105). 26. Ἀαρὼν ὃν ἐξελέξατο αὐτόν [A S[2] ἑαυτῷ] (1)
Ps. 131 (132). 13. ἐξελέξατο κύριος τὴν Σιών (1)
134 (135). 4. τὸν Ἰακὼβ ἐξελέξατο ἑαυτῷ (1)
Pr. 17. 3. S[1] οὕτως καρδία ἐκλέγεται [A B S[2] ἐκλεκταὶ καρδίαι] παρὰ κυρίῳ †
24. 47 (32). τοῦ ἐκλέξασθαι παιδείαν (4)
Si. 35 (32). 14. B[2] ὁ φοβούμενος κύριον ἐκλέξεται [A B[1] S ἐκδέξ.] παιδείαν
45. 4. ἐξελέξατο αὐτὸν ἐκ πάσης σαρκός
— 16. ἐξελέξατο [S[1] -αντο] αὐτὸν ἀπὸ παντὸς ζῶντος
Jl. 2. 16. ἐκλέξασθε πρεσβυτέρους (6)
Za. 3. 3 (2). κύριος ... ὁ ἐκλεξάμενος τὴν Ἱερ. (1)
Is. 7. 15. ἐκλέξασθαι [A S[2] -ξεται] τὸ ἀγαθόν (1)
— 16. A B S[2] ἐκλέξασθαι [A S[2] τοῦ ἐ.] τὸ ἀγαθόν (1)
14. 1. ἐκλέξεται ἔτι τὸν Ἰσραήλ (1)
40. 20. ξύλον γὰρ ἄσηπτον ἐκλέγεται τέκτων (1)
41. 8. ὃν ἐξελεξάμην σπέρμα Ἀβραάμ (1)
— 9. ἐξελεξάμην σε καὶ οὐκ ἐγκατέλιπόν σε (1)
— 24. ἐκ γῆς βδέλυγμα ἐξελέξαντο ὑμᾶς (1)
43. 10. ὃν ἐξελεξάμην (1)
44. 1, 2. Ἰσραὴλ ὃν ἐξελεξάμην (1)
— 13. ἐκλεξάμενος τέκτων ξύλον ἔστησεν αὐτὸ ἐν μέτρῳ –
49. 7. ἐξελεξάμην σε (1)
56. 4. ἐκλέξωνται ἃ ἐγὼ θέλω (1)
58. 5. οὐ ταύτην τὴν νηστείαν ἐξελεξάμην (1)
— 6. οὐχὶ τοιαύτην νηστείαν ἐγὼ ἐξελεξάμην (1)
65. 12. ἃ οὐκ ἐβουλόμην ἐξελέξασθε (1)
66. 3. ἐξελέξαντο τὰς ὁδοὺς αὐτῶν (1)
— 4. A R ἐκλέξομαι [B ἐκδ., S -ωμαι] τὰ ἐμπαίγματα αὐτῶν ... ἃ οὐκ ἐβουλόμην ἐξελέξαντο [S[1] -ατο] (1, 1)
Ba. 3. 27. οὐ τούτους ἐξελέξατο ὁ θεός
Ez. 20. 38. A R ἐκλέξω [B ἐλέγξω] ἐξ ὑμῶν τοὺς ἀσεβεῖς (3 a)
Da. LXX. 11. 35. καὶ εἰς τὸ ἐκλεγῆναι (3 b)
Da. TH. 11. 35. τοῦ ἐκλέξασθαι καὶ τοῦ ἀποκαλυφθῆναι (3 b)
12. 10. ἕως καιροῦ πέρας ἐκλεγῶσι (3 c)
I Ma. 6. 35. A S πεντακοσία ἵππος ... ἐκλελεγμένη [R *al.*]
7. 37. ἐξελέξω τὸν οἶκον τοῦτον
9. 25. ἐξέλεξε B. τοὺς ἀσεβεῖς ἄνδρας
10. 32. οὓς ἂν ἐκλέξηται αὐτός
11. 23. S ἐξέλεξε [A R ἐπέλ.] τῶν πρεσβυτέρων Ἰσ.
II Ma. 5. 19. τὸν τόπον ὁ κύριος ἐξελέξατο
III Ma. 2. 9. ἐξελέξω τὴν πόλιν ταύτην
6. 29. A ὁ μὲν οὖν ταῦτα ἐξέλεξεν [R ἔλ.]
[**Aq.** Ps. 24 (25). 12: 118 (119). 173: Ca. 5. 10: Is. 7. 15: Ez. 20. 5: Ze. 3. 9.]
[**Sm.** Jb. 15. 5: Pr. 8. 9: Is. 7. 15: 49. 7: Ez. 20. 5.]
[**Th.** Jb. 29. 25: Ps. 118 (119). 173: Je. 33 (40). 24: Ez. 20. 5: Ze. 3. 9.]
[**Al.** Le. 27. 33: Za. 2. 12 (16).]

ἐκλείπειν. (1) אָבַד (2) אָזַל (3) אָמַל pul. (4) אָסַף ni. (5) a. אָפֵס b. אֶפֶס (6) בָּצַר ni. (7) גָּוַע (8) גָּזַר (9) גָּמַר (10) דָּלַל (11) זָנַח hi. (12) a. חָדַל b. חָדֵל (13) חָלָה a. qal. b. ni. (14) חָקַר ni. (15) חָרֵב (16) חָרַר ni. (17) חָתַת a. qal. b. ni. (18) יָאַל ni. (19) יָגַע (20) יָעֵף (21) יָצַת ni. (22) כָּזַב pi. (23) כָּחַד ni. (24) כָּלָה a. qal. b. pi. c. pu. d. כִּלָּיוֹן e. כָּלֶה n. (25) כִּמְעַט (26) כָּרַת ni. (27) לָהָה (28) לוּז hi. (29) מוּר ni. (30) a. מוּשׁ b. מִישׁ (31) מוּת (32) נָדַף a. qal. b. ni. (33) נָטָה ni. (34) נָתַשׁ ni. (35) סוּף a. qal. b. hi. (36) סוּר (37) עָזַב (38) עָטַף a. ni. b. hithpa. (39) עָיֵף a. verb. b. adj. (40) עָלַף hithpa. (41) פָּנָה (42) צָדָה ni. (43) צָפַן (44) צַר (45) שָׁאַר ni. (46) שָׁבַת a. qal. b. hi. (47) תָּמַם a. qal. b. ni. c. hi.
Ge. 8. 13. ἐξέλιπε τὸ ὕδωρ ἀπὸ τῆς γῆς (15)
— 13. ἐξέλιπε τὸ ὕδωρ (15)
11. 6. A καὶ νῦν οὐκ ἐκλείψει ἐξ [R ἀπ'] αὐτῶν (6)

● = correction on page xxv

Ge. 18. 11. ἐξέλειπε δὲ Σάρρᾳ γίνεσθαι τὰ γ. (12 *a*)
21. 15. ἐξέλειπε δὲ τὸ ὕδωρ ἐκ τοῦ ἀσκοῦ (24 *a*)
25. 8. καὶ ἐκλείπων ἀπέθανεν Ἀβραάμ (7)
— 17. καὶ ἐκλείπων ἀπέθανε (7)
— 29. ἦλθε δὲ Ἡσαῦ ἐκ τοῦ πεδίου ἐκλείπων (39 *b*)
— 30. A ἐκλείπω ἐγώ [R *om.*] (39 *b*)
35. 29. R καὶ ἐκλείπων [A -λιπὼν] Ἰσαὰκ ἀπέθανεν (7)
47. 13. ἐξέλιπε δὲ ἡ γῆ Αἰγύπτου . . . ἀπὸ τοῦ λιμοῦ (27)
— 15. ἐξέλιπε τὸ ἀργύριον πᾶν ἐκ γῆς Αἰγ. (47 *a*)
— 15. ἐκλέλοιπε γὰρ τὸ ἀργύριον ἡμῶν (5 *a*)
— 16. εἰ ἐκλέλοιπε τὸ ἀργύριον ὑμῶν (5 *a*)
— 18. εἰ γὰρ ἐκλέλοιπε τὸ ἀργύριον (47 *a*)
49. 10. οὐκ ἐκλείψει ἄρχων ἐξ Ἰούδα (36)
— 33. ἐξάρας τοὺς πόδας αὐτοῦ ἐπὶ τὴν κλίνην ἐξέλιπε (7)
Ex. 13. 22. οὐκ ἐξέλιπε δὲ ὁ στῦλος τῆς ν. [A *al.*] (30 *b*)
Nu. 11. 33. πρὶν ἢ ἐκλείπειν [A -λιπεῖν] (26)
De. 15. 11. οὐ γὰρ μὴ ἐκλίπῃ [A -λεί.] ἐνδεὴς (12 *a*)
28. 65. A R καὶ ἐκλείποντας [B -λιπ.] ὀφθαλμούς (24 *d*)
32. 36. ἐκλελοιπότας ἐν ἐπαγωγῇ (5 *b* ?)
Jo. 3. 13. τὸ ὕδωρ τοῦ Ἰορδάνου ἐκλείψει (26)
— 16. ἕως εἰς τὸ τέλος ἐξέλιπε [A -ειπεν] (26)
4. 7. A^2 B ἐξέλιπεν [A^2 -ειπεν] ὁ Ἰ. ποταμός (26)
5. 11 (12). ἐξέλιπε [A -ειπεν] τὸ μάννα (46 *a*)
9. 23. A R οὐ μὴ ἐκλείπῃ [B -λίπῃ] ἐξ ὑμῶν δοῦλος (26)
Jd. 5. 6. ἐξέλιπον ὁδοὺς [A *al.*] (12 *a*)
— 7. ἐξέλιπον δυνατοὶ [A -λειπεν φράζων] ἐν Ἰ. ἐξέλιπον [A -λειπεν] (12 *a*, 12 *a*)
8. 5. ὅτι ἐκλείπουσι [A πεινῶσιν] (39 *b*)
— 15. R δώσομεν . . . τοῖς ἐκλείπουσιν [B -λιπ., A ἐκλελυμένοις] ἄρτους (20)
I Ki. 2. 33. A R ἐκλείπειν [B -λιπεῖν] τοὺς ὀφθαλμοὺς αὐτοῦ (24 *b*)
9. 7. οἱ ἄρτοι ἐκλελοίπασιν (2)
16. 11. ἐκλελοίπασι τὰ παιδάρια (47 *a*)
II Ki. 3. 29. μὴ ἐκλίποι ἐκ τοῦ οἴκου Ἰ. γονορρυής (26)
20. 18. εἰ ἐξέλιπον [A -ειπον] ἃ ἔθεντο οἱ πιστοί –
— 18. καὶ οὕτως εἰ ἐξέλιπον [A -ειπον] (47 *c*)
III Ki. 17. 14. ἡ ὑδρία τοῦ ἀλεύρου οὐκ ἐκλείψει (24 *a*)
— 16. ἡ ὑδρία τοῦ ἀλεύρου οὐκ ἐξέλιπε [A -λειπεν] (24 *a*)
IV Ki. 7. 13. πᾶν τὸ πλῆθος Ἰ. τὸ ἐκλεῖπον (45 *et* 46 *a*)
II Ch. 4. 18. οὐκ ἐξέλιπεν [A -λειπεν] ὁλκὴ τοῦ χαλκοῦ (14 ?)
6. 16. οὐκ ἐκλείψει σοι ἀνήρ (26)
To. 14. 7. S ἐκλείψουσιν ἀπὸ πάσης τῆς γῆς
— 11. ἐξέλιπεν [A -λειπεν] ἡ ψυχὴ αὐτοῦ [S *al.*]
Ju. 7. 20. S^1 R ἐξέλιπε [A -λειπαν, B -λειπεν, S^2 -λιπαν] πάντας τοὺς κατοικοῦντας [S^2 τῶν κατοικούντων]
— 22. ἐξέλιπον [A -λειπον] ἀπὸ τῆς δίψης
— 27. ἐκλειπούσας [S λιπ.] τὰς ψυχὰς αὐτῶν
8. 31. οὐκ ἐκλείψομεν ἔτι [S *om.*]
11. 12. ἐπεὶ γὰρ ἐξέλιπεν [A S παρεξ. A B -λειπ.] αὐτοὺς τὰ βρώματα
12. 3. A B ἐὰν δὲ ἐκλίπῃ [A -λείπ.] τὰ ὄντα μετὰ σοῦ
Es. 9. 28. τὸ μνημόσυνον αὐτῶν οὐ μὴ ἐκλίπῃ [A -λείπῃ] (35 *a*)
Jb. 6. 15. ὥσπερ χειμάρρους ἐκλείπων [S -λιπών] –
13. 19. κωφεύσω καὶ ἐκλείψω (7)
14. 7. ὁ ῥάδαμνος αὐ. οὐ μὴ ἐκλείπῃ [A S -λίπῃ] (12 *a*)
21. 19. A R ἐκλείποι [B S -λίποι] υἱοὺς [A -οις] τὰ ὑπάρχοντα αὐτοῦ (43)
31. 26. ἢ οὐχ ὁρῶμεν ἥλιον τὸν ἐπιφαύσκοντα [A S^1 *add.* καὶ] ἐκλείποντα [S -λιπ.] –
Ps. 9. 6. τοῦ ἐχθροῦ ἐξέλιπον [A -λειπον] αἱ ῥομφαῖαι εἰς τέλος (47 *a*)
11 (12). 1. ἐκλέλοιπεν ὅσιος (9)
17 (18). 37. A R ἕως ἂν ἐκλείπωσιν [B S ἐκλίπ.] (24 *b*)
30 (31). 10. ἐξέλιπεν [A -λειπεν] ἐν ὀδύνῃ ἡ ζωή μου (24 *a*)
36 (37). 20. ἐκλείποντες [B^1 S -λιπ.] ὡσεὶ καπνὸς ἐξέλιπον [A -λειπον] (24 *a*, 24 *a*)
38 (39). 10. ἀπὸ τῆς ἰσχύος τῆς χειρός σου ἐγὼ ἐξέλιπον [A -λειπον] (24 *a*)

Ps. 54 (55). 11. S^2 R οὐκ ἐξέλιπεν ἐκ τῶν πλατειῶν αὐτῆς τόκος [B S^1 κόπος] (30 *b*)
63 (64). 6. ἐξέλιπον ἐξερευνῶντες ἐξερευνήσει (47 *a*)
67 (68). 2. ὡς ἐκλείπει καπνὸς ἐκλιπέτωσαν (32 *b*, 32 *a*)
68 (69). 3. ἐξέλιπον οἱ ὀφθαλμοί μου (24 *a*)
70 (71). 9. ἐν τῷ ἐκλείπειν [B^1 S -λιπεῖν] τὴν ἰσχύν [S ψυχήν] μου (24 *a*)
— 13. ἐκλιπέτωσαν [B^2 -λειπ.] οἱ ἐνδιαβάλλοντες τὴν ψυχήν μου (24 *a*)
71 (72). 20. ἐξέλιπον οἱ ὕμνοι Δαυὶδ τοῦ υἱοῦ Ἰεσσαί (24 *c*)
72 (73). 19. ἐξάπινα ἐξέλιπον (35 *a*)
— 26. ἐξέλιπεν ἡ καρδία μου καὶ ἡ σάρξ μου (24 *a*)
77 (78). 33. ἐξέλιπον ἐν ματαιότητι αἱ ἡμέραι αὐτῶν (24 *b*)
83 (84). 2. ἐκλείπει ἡ ψυχή μου εἰς τὰς αὐλὰς τοῦ κυρίου (24 *a*)
89 (90). 7. ἐξελίπομεν [A -λείπ.] ἐν τῇ ὀργῇ σου (24 *a*)
— 9. πᾶσαι αἱ ἡμέραι ἡμῶν ἐξέλιπον [A -λειπον] καὶ ἐν τῇ ὀργῇ σου ἐξελίπομεν [A -λείπ.] (41, 24 *b*)
101 (102). 3. ἐξέλιπον [A -λειπον] ὡσεὶ καπνὸς αἱ ἡμέραι μου (24 *a*)
— 27. τὰ ἔτη σου οὐκ ἐκλείψουσιν (47 *a*)
103 (104). 29. καὶ ἐκλείψουσι (7)
— 35. ἐκλείποισαν [B^1 -λίπ.] ἁμαρτωλοὶ ἀπὸ τῆς γῆς (47 *b*)
106 (107). 5. ἡ ψυχὴ αὐτῶν ἐν αὐτοῖς ἐξέλιπε [A -λειπεν] (38 *b*)
118 (119). 81. ἐκλείπει εἰς τὸ σωτήριόν σου ἡ ψυχή μου (24 *a*)
— 82. ἐξέλιπον [A -λειπον] οἱ ὀφθαλμοί μου εἰς τὸ λόγιόν σου (24 *a*)
— 123. οἱ ὀφθαλμοί μου ἐξέλιπον [A -λειπον] εἰς τὸ σωτήριόν σου (24 *a*)
141 (142). 3. ἐν τῷ ἐκλείπειν [S -λιπεῖν] ἐξ ἐμοῦ τὸ πνεῦμά μου (38 *b*)
142 (143). 7. ἐξέλιπε [A -λειπεν] τὸ πνεῦμά μου (24 *a*)
Pr. 3. 3. πίστεις μὴ ἐκλειπέτωσάν [B^1 S -λιπ.] σε (37)
4. 21. ὅπως μὴ ἐκλίπωσί [S^1 λίπ., A B^2 -λείπ.] σε αἱ πηγαί σου (28)
10. 20. καρδία δὲ ἀσεβοῦς ἐκλείψει (25 ?)
— 24. A καρδία δὲ ἀσεβοῦς ἐκλείψει –
24. 10. ἐν ἡμέρᾳ θλίψεως ἕως ἂν ἐκλίπῃ [A -λείπῃ] (44 ?)
— 46 (31). καὶ γίνεται ἐκλελειμμένος †
Wi. 5. 13. ἡμεῖς γεννηθέντες ἐξελίπομεν [A -λείπομεν]
Si. 14. 19. πᾶν ἔργον σηπόμενον ἐκλείπει
16. 27. οὐκ ἐξέλιπον [A -λειπον] ἀπὸ τῶν ἔργων αὐ.
17. 24. παρεκάλεσεν ἐκλείποντας [S -λιπ.] ὑπομονήν
— 31. καὶ τοῦτο ἐκλείπει
22. 11. ἐξέλιπε [A -λειπεν] γὰρ φῶς
— 11. ἐξέλιπε [A -λειπεν] γὰρ σύνεσις [A B^1 S -ιν]
24. 9. ἕως αἰῶνος οὐ μὴ ἐκλίπω [A -λείπω]
40. 14. οἱ παραβαίνοντες εἰς συντέλειαν ἐκλείψουσιν [A -θλίψουσιν]
42. 24. B^2 R οὐκ ἐποίησεν οὐδὲν ἐκλεῖπον [B^1 -λιπόν, A S ἐλλ.]
49. 4. οἱ βασιλεῖς Ἰούδα ἐξέλιπον [A -λειπον]
Ho. 4. 3. καὶ οἱ ἰχθύες τῆς θαλάσσης ἐκλείψουσιν (4)
13. 2. μόσχοι γὰρ ἐκλελοίπασι †
Am. 8. 13. ἐκλείψουσιν αἱ παρθένοι αἱ καλαί (40)
Jn. 2. 8. B S ἐν τῷ ἐκλιπεῖν [A R -λείπειν] ἀπ' ἐμοῦ τὴν ψυχήν μου (38 *b*)
Na. 1. 4. τὰ ἐξανθοῦντα τοῦ Λιβάνου ἐξέλιπε [A -λειπεν] (3)
Hb. 2. 13. ἐξέλιπον [A -λειπον] λαοὶ ἱκανοὶ ἐν πυρί (19)
3. 17. ἐξέλιπεν [S^2 -ον, A -λειπον] ἀπὸ βρώσεως πρόβατα (8)
Ze. 1. 2. ἐκλείψει ἐκλιπέτω [A -λειπ., S^3 -ωσαν] ἀπὸ προσώπου τῆς γῆς (35 *b*)
— 3. ἐκλιπέτω [A -λειπ.] ἄνθρωπος καὶ κτήνη ἐκλιπέτω [A -λειπέτωσαν] τὰ πετεινὰ τοῦ οὐρανοῦ (35 *b*, 35 *b*)
2. 9. Δαμασκὸς ἐκλελειμμένη ὡς θιμωνία ἅλωνος †
3. 6. ἐξέλιπον [A -λειπον] αἱ πόλεις αὐτῶν (42)
Za. 11. 9. τὸ ἐκλεῖπον [B^1 S -λιπὸν] ἐκλιπέτω [A B^2 -λειπ.] (23, 23)

Za. 11. 16. S^3 τὸ ἐκλεῖπον [A B S^1 -λιμπάνον, S^2 -λιπὸν] οὐ μὴ ἐπισκέψηται (23)
13. 8. τὰ δύο μέρη αὐτῆς . . . ἐκλείψει (7)
Is. 7. 8. ἐκλείψει ἡ βασιλεία Ἐφραὶμ ἀπὸ λαοῦ (17 *b*)
15. 6. ὁ χόρτος αὐτῆς ἐκλείψει (24 *a*)
19. 5. ὁ δὲ ποταμὸς ἐκλείψει (15)
— 6. ἐκλείψουσιν οἱ ποταμοί (11)
— 13. ἐξέλιπον [A -λειπον] οἱ ἄρχοντες Τάνεως (18)
21. 16. ἐκλείψει ἡ δόξα τῶν υἱῶν Κηδάρ (24 *a*)
29. 20. ἐξέλιπεν [A -λειπεν] ἄνομος (5 *a*)
38. 11. ἐξέλιπεν [A S *om.*] ἐκ τῆς συγγενείας μου †
— 14. ἐξέλιπόν [A -λειπόν] μου οἱ ὀφθαλμοὶ τοῦ βλέπειν (10)
51. 6. A R ἡ δὲ δικαιοσύνη μου οὐ μὴ ἐκλείπῃ [B S -λίπῃ] (17 *b*)
53. 3. A R τὸ εἶδος αὐτοῦ ἄτιμον καὶ [A *om.*] ἐκλεῖπον [B -λιπόν, S^1 -λιπόντα, S^3 -λείποντα] (12 *b*)
54. 10. οὐδὲ τὸ παρ' ἐμοῦ σοι ἔλεος ἐκλείψει (30 *a*)
55. 13. καὶ οὐκ ἐκλείψει (26)
56. 5. A^2 B S καὶ οὐκ ἐκλείψει (26)
58. 11. ὡς πηγὴ ἣν μὴ ἐξέλιπεν [A S^3 -λειπεν] ὕδωρ (22)
59. 21. A B^2 S οὐ μὴ ἐκλίπῃ [A -λείπῃ] ἐκ τοῦ στόματός σου (30 *a*)
60. 20. ἡ σελήνη σοι οὐκ ἐκλείψει (4)
Je. 4. 31. ἐκλείπει ἡ ψυχή μου ἐπὶ τοῖς ἀνῃρημένοις (39 *a*)
6. 4. ἐκλείπουσιν αἱ σκιαὶ τῆς ἡμέρας [A ἑσπέρας] (33)
— 15. ὅτι ἐξελίποσαν [A S^3 -λείπ.] †
— 29. ἐξέλιπε [A -λειπεν] φυσητὴρ ἀπὸ πυρὸς [A τῆς γῆς] ἐξέλιπε [A S^3 -λειπεν] μόλιβος (16 ?, 47 *a*)
7. 28. ἐξέλιπεν [A S^3 -λειπεν] ἡ πίστις ἐκ στόματος αὐτῶν (1 *et* 26)
9. 10 (9). ἐξέλιπον [A S^3 -λειπον] παρὰ τὸ μὴ εἶναι ἀνθρώπους (21)
14. 4. τὰ ἔργα τῆς γῆς ἐξέλιπεν [A -λειπεν] (17 *a*)
— 6. ἐξέλιπον [A -λειπον] οἱ ὀφθαλμοὶ αὐ. (24 *a*)
15. 10. ἡ ἰσχύς μου ἐξέλιπεν [A -λειπεν] †
18. 14. μὴ ἐκλείψουσιν ἀπὸ πέτρας μαστοί (37)
24. 10. A R ἕως ἂν ἐκλείπωσιν [B S -λίπ.] ἀπὸ τῆς γῆς (47 *a*)
26 (46). 28. σὲ δὲ οὐ μὴ ποίησω ἐκλιπεῖν [A S^3 -λείπειν] (24 *d*)
28 (51). 30. ἐξέλιπε [A S^3 -λειπεν] μαχητὴς Βαβυλῶνος τοῦ πολεμεῖν (12 *a*)
— 58. ἔθνη ἐν ἀρχῇ ἐκλείψουσιν (20)
31 (48). 11. ὀσμὴ αὐτοῦ οὐκ ἐξέλιπε [S^3 -λειπεν, A ἐκλείπει] (29)
34 (27). 8. ἕως ἐκλίπωσιν [A S^3 -λείπ.] ἐν χειρὶ αὐτοῦ (47 *a*)
38 (31). 40. οὐκέτι οὐ μὴ ἐκλίπῃ [A S^3 -λείπῃ] (34)
42 (35). 19. A S^2 R οὐ μὴ ἐκλείπῃ [B S^1 -λίπῃ] ἀνὴρ τῶν υἱῶν Ἰωναδάβ (26)
43 (36). 23. ἐξέλιπε [A S^3 -λειπεν] πᾶς ὁ χάρτης εἰς τὸ πῦρ (47 *a*)
— 29. ἐκλείψει ἀπ' αὐτῆς ἄνθρωπος [A *al.*] (46 *b*)
44 (37). 21. ἐξέλιπον [A S^3 -λειπον] οἱ ἄρτοι ἐκ τῆς πόλεως (47 *a*)
49 (42). 17. ἐκλείψουσιν ἐν τῇ ῥομφαίᾳ (31)
— 22. ἐκλείψετε ἐν τῷ τόπῳ (31)
51 (44). 12. ἐκλείψουσιν ἀπὸ μικροῦ ἕως μεγάλου (47 *b*)
— 18. ἐν ῥομφαίᾳ καὶ ἐν λιμῷ ἐξελίπομεν [A -λείπ.] (47 *a*)
— 27. A R ἐκλείψουσι πᾶς Ἰούδα . . . ἕως ἂν ἐκλείπωσι [B S -λίπωσιν] (47 *a*, 24 *a*)
Ba. 2. 18. οἱ ὀφθαλμοὶ οἱ ἐκλείποντες . . . δώσουσί σοι δόξαν
— 23. ἐκλείψειν [B^1 -ιν] ποιήσω ἐκ πόλεων Ἰούδα . . . φωνήν
La. 1. 19. S^1 R οἱ πρεσβύτεροί μου ἐν τῇ πόλει ἐξέλιπον [A B S^3 -λειπον] (7)
2. 11. S^1 R ἐξέλιπον [A B S^3 -λειπον] ἐν δάκρυσιν οἱ ὀφθαλμοί μου (24 *a*)
— 11. B^2 S^2 R ἐν τῷ ἐ. [A B^1 S^1 -λιπεῖν] νήπιον καὶ θηλάζοντα (38 *a*)
3. 22. R τὰ ἐλέη κυρίου ὅτι οὐκ ἐξέλιπέ με (47 *a*)
4. 17. ἔτι ὄντων ἡμῶν ἐξέλιπον [A -λειπον] οἱ ὀφθαλμοὶ ἡμῶν (24 *a*)
— 22. ἐξέλιπεν [A -λειπεν] ἡ ἀνομία σου (47 *a*)

Ez. 15. 4. ἐκλείπει εἰς τέλος (16 ?)
22. 15. ἐκλείψει ἡ ἀκαθαρσία σου ἐκ σοῦ (47 c)
24. 11. ἐκλίπῃ [A -λείπῃ] ὁ ἰὸς αὐτῆς (47 a)
34. 16. τὸ ἐκλεῖπον [B[1] -λιπὸν] ἐνισχύσω (13 a)
— 21. πᾶν τὸ ἐκλεῖπον ἐξεθλίβετε (13 b)
47. 12. A R οὐδὲ μὴ ἐκλείπῃ [B -λίπῃ] ὁ καρπὸς αὐτοῦ (47 a)
I Ma. 3. 29. S R ἐξέλιπε [A -λειπεν] τὸ ἀργύριον
— 45. S R ἐξέλιπεν [A -λειπεν] αὐλὸς καὶ κινύρα
6. 57. ἐκλείπομεν καθ' ἡμέραν
14. 13. S R ἐξέλιπεν [A -λειπεν] πολεμῶν αὐτούς
II Ma. 10. 13. διὰ τὸ τὴν Κύπρον ἐμπιστευθέντα . . . ἐκλιπεῖν
— 13. R ἐξέλιπε [A -λειπεν] τὸν βίον
III Ma. 2. 23. μὴ καὶ τὸ ζῆν ἐκλείπῃ
4. 20. τοὺς γραφικοὺς καλάμους . . . ἐκλελοιπέναι
[**Aq.** Je. 15. 18 : Ez. 31. 15 : Mi. 7. 2.]
[**Sm.** Dt. 28. 32 : Jb. 17. 5 : Ps. 11 (12). 2 : 72 (73). 19 : 87 (88). 16 : Pr. 5. 11 : 26. 7 : Je. 15. 8 (?), 18 : Mi. 7. 2.]
[**Th.** Ge. 49. 10 : Dt. 28. 32 : Jb. 11. 20 : 13. 19 : 17. 5 : 19. 27 : Ps. 115. 2 (116. 11) : Is. 38. 11 : Ez. 24. 10 : Mi. 7. 2.]
[**Al.** Dt. 4. 9 : Jd. 5. 7 : Jb. 4. 21 : Hb. 3. 17.]
[**Heb.** Jb. 33. 21.]

ἐκλείχειν. (1) לָחַךְ a. qal. b. pi. (2) לָקַק
Nu. 22. 4. νῦν ἐκλείξει ἡ συναγωγὴ αὕτη . . . ὡσεὶ ἐκλείξαι [A -ει] ὁ μόσχος τὰ χλωρά (1 b, 1 a)
III Ki. 18. 38. τὸν χοῦν ἐξέλειξε τὸ πῦρ (1 b)
22. 38. ἐξέλιξαν [A -ειξαν] αἱ ὕες . . . τὸ αἷμα (2)
Ju. 7. 4. ἐκλείξουσιν οὗτοι τὸ πρόσωπον τῆς γῆς πάσης
Ep. Je. 20. τὰς δὲ καρδίας αὐτῶν φασιν ἐκλείχεσθαι τῶν ἀπὸ τῆς γῆς ἑρπετῶν

ἔκλειψις. (1) אָסַף (2) אֶפֶס (3) דָּלַל ni. (4) חֹסֶר (5) מַשְׁחִית (6) תַּכְלִית
De. 28. 48. καὶ ἐν ἐκλείψει πάντων (4)
Ne. 3. 21. ἕως ἐκλείψεως [A -θλίψ.] B. (6)
Pr. 14. 28. ἐν δὲ ἐκλείψει λαοῦ συντριβὴ δυνάστου (2)
Ze. 1. 2. ἐκλείψει ἐκλιπέτω [A -λειπ.] ἀπὸ προσώπου τῆς γῆς (1)
Is. 17. 4. ἔσται ἐν τῇ ἡμέρᾳ ἐκείνῃ ἔ. δόξης Ἰακώβ (3)
Ba. 2. 23. B[1] ἔκλειψιν [A B[2] R -ειν] ποιήσω ἐκ πόλεων Ἰούδα
Ez. 5. 16. ἔσονται εἰς ἔκλειψιν (5)
[**Aq.** Je. 46 (26). 28.]
[**Sm.** Je. 15. 8 (?).]
[**Th.** Je. 30 (37). 11 *bis*.]

ἐκλεκτός. (1) בַּד (2) a. בָּחַר qal. b. ni. c. בָּחִיר d. מִבְחָר e. מִבְחוֹר f. בְּחוּרִים g. בָּחוּר (3) a. בָּחַן b. בֹּחַן (4) a. בַּר b. בָּרַר qal. c. ni. d. ἐ. εἶναι hithpa. e. בַּרְבֻּרִים (5) בְּרוֹמִים (6) בְּרִי (7) בָּרִיא (8) גָּלָל (9) דְּרוֹר (10) חֶמְדָּה (11) חֵפֶץ (12) חֹפֶשׁ (13) חָרוּץ (14) טוֹב (15) יָקָר (16) מַנְעַמִּים (17) פְּרִי (18) צְבִי (19) צַמֶּרֶת (20) רִי
Ge. 23. 6. ἐν τοῖς ἐ. μνημείοις ἡμῶν (2 d)
41. 2. καλαὶ τῷ εἴδει καὶ ἐκλεκταὶ ταῖς σαρξί (7)
— 4. A καὶ τὰς ἐ. [R *add.* ταῖς σαρξί] (7)
— 5. ἑπτὰ στάχυες ἀνέβαινον . . . ἐ. καὶ καλοί (7)
— 7. τοὺς ἑπτὰ στάχυας τοὺς ἐκλεκτούς (7)
— 18. καλαὶ τῷ εἴδει καὶ ἐκλεκταὶ ταῖς σαρξί (7)
— 20. τὰς πρώτας τὰς καλὰς καὶ ἐ. (7)
Ex. 14. 7. ἑξακόσια ἅρματα ἐ. (2 a)
30. 23. τὸ ἄνθος σμύρνης ἐκλεκτῆς (9)
Nu. 11. 28. Ἰησοῦς ὁ τοῦ Ναυὴ . . . ὁ ἐ. (2 f)
De. 12. 11. καὶ πᾶν ἐ. τῶν δώρων ὑμῶν (2 d)
Jd. 20. 16. ἄνδρες ἐ. ἐκ παντὸς λαοῦ [A *al.*] (2 a)
— 34. δέκα χιλιάδες ἀνδρῶν ἐκλεκτῶν ἐκ παντὸς Ἰ. (2 a)
I Ki. 24. 3. τρεῖς χιλιάδας ἀνδρῶν ἐκλεκτούς (2 a)
26. 2. τρεῖς χιλιάδες ἀνδρῶν ἐκλεκτοί [A -ῶν] (2 a)
II Ki. 8. 8. ἐκ τῆς M. ἐκ τῶν ἐ. πόλεων †
II Ki. 21. 6. ἐξηλιάσωμεν αὐτοὺς . . . ἐκλεκτοὺς [A -ὸς] κυρίου (2 c)
22. 27. μετὰ ἐκλεκτοῦ ἐκλεκτὸς ἔσῃ (4 c, 4 d)
III Ki. 3. 1 (4. 23 [5. 3]). B δέκα μόσχοι ἐ. (7)
— 1 (4. 23 [5. 3]). B ἐκτὸς ἐλάφων . . . καὶ ὀρνίθων ἐ. νομάδων (4 e ?)
4. 23 (5. 3). δέκα μόσχοι ἐ. (7)
— 23 (5. 3). A ἐκλεκτὰ ἐκλεκτῶν σιτευτά [B *al.*] (4 e ?)
IV Ki. 3. 19. A καὶ πᾶσαν πόλιν ἐ. (2 e)
8. 12. τοὺς ἐ. αὐ. ἐν ῥομφαίᾳ ἀποκτενεῖς (2 g)
19. 23. τὰ ἐ. κυπαρίσσων αὐτοῦ (2 e)
I Ch. 7. 40. πάντες ἄρχοντες πατριῶν ἐκλεκτοί (4 b)
9. 22. πάντες οἱ ἐ. ταῖς πύλαις (4 b)
16. 13. υἱοὶ Ἰακὼβ ἐκλεκτοὶ αὐτοῦ (2 c)
18. 8. A R καὶ ἐκ τῶν ἐ. πόλεων [B S πολέμων] †
II Es. 5. 8. αὐτὸς οἰκοδομεῖται λίθοις ἐ. (8)
Ne. 5. 18. A R καὶ πρόβατα ἓξ [B *om.*] ἐ. (4 b)
To. 8. 15. A B πάντες οἱ ἄγγελοί σου καὶ οἱ ἐ. σου
13. 11. S καὶ ὄνομα τῆς ἐ. εἰς τὰς γενεάς
Ju. 2. 15. καὶ ἠρίθμησεν ἐ. ἄνδρας
Es. 8. 13. ἀντ' ὀλεθρίας τοῦ ἐ. γένους
Jb. 37. 11. ἐκλεκτὸν καταπλάσσει [A S[2] -ήσσει] νεφέλη (6 *vel* 20 ?)
Ps. 17 (18). 26. μετὰ ἐκλεκτοῦ ἐκλεκτὸς ἔσῃ (4 c, 4 d)
77 (78). 31. τοὺς ἐ. τοῦ Ἰσραὴλ συνεπόδισεν (2 g)
88 (89). 3. διεθέμην διαθήκην τοῖς ἐ. μου (2 c)
— 3. S[1] ὕψωσα ἐκλεκτὸν ἐκ τοῦ λαοῦ μου –
— 19. ὕψωσα ἐκλεκτὸν ἐκ τοῦ λαοῦ μου (2 a)
104 (105). 6. υἱοὶ Ἰακὼβ ἐκλεκτοὶ αὐτοῦ (2 c)
— 43. ἐξήγαγε . . . τοὺς ἐ. αὐτοῦ ἐν εὐφροσύνῃ (2 c)
105 (106). 5. τοῦ ἰδεῖν ἐν τῇ χρηστότητι τῶν ἐ. σου (2 c)
— 23. εἰ μὴ Μωυσῆς ὁ ἐ. αὐτοῦ ἔστη ἐν τῇ θραύσει (2 c)
140 (141). 4. οὐ μὴ συνδοιάσω [S[1] ἐνδυάσω, A[2] S[2] συνδυάσω] μετὰ τῶν ἐ. αὐτῶν (16)
Pr. 8. 19. τὰ δὲ ἐμὰ γεννήματα κρείσσω ἀργυρίου ἐκλεκτοῦ (2 b)
12. 24. χεὶρ ἐκλεκτῶν κρατήσει εὐχερῶς [A ἐχθρῶν] (13 ?)
17. 3. οὕτως ἐκλεκταὶ καρδίαι [S[1] καρδία ἐκλέγεται] παρὰ κυρίῳ (3 a ?)
Ca. 5. 15. εἶδος αὐτοῦ ὡς Λίβανος ἐκλεκτὸς ὡς κέδροι (2 a)
6. 8 (9). S[2] R ἐκλεκτή ἐστι [S[1] *om.*] τῇ τεκούσῃ αὐτήν [A B S[1] -ῆς] (4 a)
— 9 (10). τίς αὕτη . . . ἐκλεκτὴ ὡς ὁ ἥλιος (4 a)
Wi. 3. 9. χάρις καὶ ἔλεος τοῖς [A ἐν τοῖς] ἐ. [S ὁσίοις] αὐτοῦ
— 9. A S ἐπισκοπὴ ἐν τοῖς ἐ. [A ὁσίοις] αὐτοῦ
— 14. δοθήσεται γὰρ αὐτῷ τῆς πίστεως χάρις ἐκλεκτή
4. 15. χάρις καὶ ἔλεος ἐν [S *om.*] τοῖς ἐ. [A ὁσίοις] αὐτοῦ
— 15. A ἐπισκοπὴ ἐν τοῖς ἐ. [B S ὁσίοις] αὐτοῦ
Si. 24. 15. ὡς σμύρνα ἐκλεκτὴ διέδωκα [A S[1] δεδ.] εὐωδίαν [A S[1] *al.*]
46. 1. ἐγένετο . . . μέγας ἐπὶ σωτηρίᾳ ἐκλεκτῶν αὐτοῦ
47. 22. οὐδὲ μὴ ἐξαλείψῃ ἐκλεκτοῦ αὐτοῦ ἔκγονα
49. 6. ἐνεπύρισαν ἐκλεκτὴν πόλιν ἁγιάσματος
Am. 5. 11. δῶρα ἐ. ἐδέξασθε παρ' αὐτῶν (4 a)
Hb. 1. 16. καὶ τὰ βρώματα αὐτοῦ ἐ. (7)
Hg. 2. 8 (7). ἥξει τὰ ἐ. πάντων τῶν ἐθνῶν (10)
— 23 (22). A ἐνισχύσω τοὺς ἐ. μου –
Za. 7. 14. ἔταξαν γῆν ἐ. εἰς ἀφανισμόν (10)
11. 16. τὰ κρέα τῶν ἐ. καταφάγεται (7)
Is. 22. 7. ἔσονται αἱ [S *om.*] ἐκλεκταὶ φάραγγές σου (2 d)
— 8. εἰς τοὺς ἐ. οἴκους τῆς πόλεως †
28. 16. λίθον πολυτελῆ ἐκλεκτόν (3 b)
40. 30. ἐκλεκτοὶ ἀνίσχυες ἔσονται (2 g)
42. 1. Ἰσραὴλ ὁ ἐ. μου (2 c)
43. 20. ποτίσαι [A -ιῶ] τὸ γένος μου τὸ ἐ. (2 c)
45. 4. ἕνεκεν . . . Ἰσραὴλ τοῦ ἐ. μου (2 c)
49. 2. ἔθηκέ με ὡς βέλος ἐκλεκτόν (4 b)
54. 12. τὸν περίβολόν σου λίθους ἐκλεκτούς (11)
65. 9. κληρονομήσουσιν οἱ ἐ. μου (2 c)
— 15. εἰς πλησμονὴν τοῖς ἐ. μου (2 c)
— 23 (22). οἱ ἐ. μου οὐ κοπιάσουσιν εἰς κενόν (2 c)
Je. 3. 19. δώσω σοι γῆν [S[1] τὴν] ἐκλεκτήν (10)
10. 17. κατοικοῦσα ἐν ἐκλεκτοῖς †
22. 7. ἐκκόψουσι τὰς ἐ. κέδρους σου (2 d)
Je. 26 (46). 15. ὁ μόσχος ὁ ἐ. σου οὐκ ἔμεινεν †
31 (48). 15. ἐκλεκτοὶ νεανίσκοι αὐτοῦ κατέβησαν εἰς σφαγήν (2 d)
32 (25). 34. πεσεῖσθε ὥσπερ οἱ κριοὶ οἱ ἐ. (10)
38 (31). 39. περικυκλωθήσεται κύκλῳ ἐξ ἐκλεκτῶν λίθων [A *om.*] †
Ba. 3. 30. οἴσει αὐτὴν χρυσίου ἐκλεκτοῦ
La. 1. 15. τοῦ συντρῖψαι ἐκλεκτούς μου (2 g)
5. 13. ἐκλεκτοὶ κλαυθμὸν ἀνέλαβον (2 g)
— 14. ἐκλεκτοὶ ἐκ ψαλμῶν αὐτῶν κατέπαυσαν (2 g)
Ez. 7. 20. ἐκλεκτὰ κόσμου εἰς ὑπερηφανίαν ἔθεντο αὐτά (18)
17. 3. A ἔλαβε τὰ ἐ. [B ἐπίλ.] τῆς κέδρου (19)
— 22. λήψομαι ἐγὼ ἐκ τῶν ἐ. [A ἐπιλ.] τῆς κέδρου ἐκ [A *om.*] κορυφῆς (19)
19. 12. ἄνεμος ὁ καύσων ἐξήρανε τὰ ἐ. αὐτῆς (17)
— 14. ἐξῆλθε πῦρ ἐκ ῥάβδου ἐκλεκτῶν αὐτῆς (1 ?)
25. 9. παραλύω . . . ἐκλεκτὴν γῆν οἶκον Βεθ. (18)
27. 20. Δαιδὰν ἔμποροί σου μετὰ κτηνῶν ἐκλεκτῶν εἰς ἅρματα (12)
— 22. A μετὰ πρώτων ἡδυσμάτων καὶ λίθων ἐκλεκτῶν [B χρηστῶν] (15)
— 24. ἔμποροί σου φέροντες . . . θησαυροὺς ἐκλεκτούς (5 ?)
31. 16. παρεκάλουν αὐτὸν . . . τὰ ἐ. τοῦ Λιβάνου (2 d *et* 14)
Da. Th. 11. 15. ἀναστήσονται οἱ ἐ. αὐτοῦ (2 d)
I Ma. 4. 1. καὶ χιλίαν ἵππον ἐ.
9. 5. καὶ τρισχίλιοι ἄνδρες ἐ. μετ' αὐτοῦ
15. 26. ἀπέστειλεν αὐτῷ Σ. δισχιλίους ἄνδρας ἐ.
II Ma. 1. 25. ὁ ποιήσας τοὺς πατέρας ἐ.
[**Aq.** II Ki. 10. 9 : Ps. 64 (65). 14 : Pr. 10. 20 : 14. 4 : 22. 1 : Ca. 5. 13 : Is. 1. 25 : 37. 24 : Je. 49. 19 (29. 20).]
[**Sm.** II Ki. 10. 9 : IV Ki. 3. 19 : Pr. 10. 20 : Is. 5. 2 : 22. 7.]
[**Th.** IV Ki. 3. 19 : Jb. 37. 11 : Pr. 22. 1 : Is. 22. 7 : 42. 1.]
[**Al.** I Ki. 10. 3 : Ps. 148. 12 : Hb. 3. 13.]
[**Quint.** IV Ki. 3. 19.]

ἐκλεκτοῦν.
[**Aq.** Is. 52. 11.]

ἐκλεκτῶς.
[**Aq.** Ps. 2. 11.]

ἐκλευκαίνειν. (1) לָבַן hithpa.
Da. Th. 12. 10. B καὶ ἐκλευκανθῶσι (1)
[**Th.** Da. 11. 35†.]

ἔκλευκος. (1) לָבָן
Le. 13. 24. ὑποπυρρίζον ἢ ἔκλευκον (1)

ἐκλικμᾶν.
Ju. 2. 27. καὶ τὰ πεδία αὐτῶν ἐξελίκμησε
Wi. 5. 23. ὡς λαῖλαψ ἐκλικμήσει αὐτούς

ἐκλιμία. (1) מְהוּמָה
De. 28. 20. τὴν ἔνδειαν καὶ τὴν ἐ. (1)
[**Aq.** Jb. 41. 14.]

ἐκλιμπάνειν. (1) כָּחַד ni.
Za. 11. 16. τὸ ἐκλιμπάνον [S[2] -λιπὸν, S[3] -λεῖπον] οὐ μὴ ἐπισκέψηται (1)

ἐκλιμώσσειν.
[**Aq.** Dt. 28. 65.]

ἐκλογή.
[**Aq.** Is. 22. 7.]
[**Sm., Th.** Is. 37. 24.]

ἐκλογίζεσθαι. (1) חָשַׁב a. ni. b. pi.
IV Ki. 12. 15 (16). οὐκ ἐξελογίζοντο τοὺς ἄνδρας (1 b)
22. 7. οὐκ ἐξελογίζοντο αὐτοὺς τὸ ἀργύριον (1 a)

ἐκλογιστής.
To. 1. 22. καὶ διοικητὴς καὶ ἐκλογιστής

ἐκλογιστία (B -εία).
To. 1. 21. ἐπὶ πᾶσαν τὴν ἐ. τῆς βασιλείας αὐ.

ἐκλοχίζειν. (1) דָּגַל
Ca. 5. 10. ἀδελφιδός μου . . . ἐκλελοχισμένος ἀπὸ [S[1] ἐκ] μυριάδων (1)

ἐκλύειν. (1) נָאַל (2) נָלָה (3) זָעֵף (4) יָעֵף (5) יָפַח hithpa. (6) לָאָה hi. (7) מָהַהּ hith. (8) עָטַף *a*. qal. *b*. hithpa. (9) *a*. עוּף *b*. עָיֵף (10) עֻלְפֶּה (11) פָּגַר pi. (12) פָּזַז (13) פָּרַק (14) פָּתַח hithpa. (15) קוּץ (16) רָכַךְ (17) רָפָה *a*. qal. *b*. pi. *c*. hi. *d*. hithpa. *e*. רָפֶה (18) שָׁמֵם hithpo. (19) שָׁפַךְ hithpa.

● Ge. 27. 40. καὶ ἐκλύσῃς τὸν ζυγὸν αἰτοῦ (13)
49. 24. ἐξελύθη τὰ νεῦρα βραχιόνων (12)
De. 20. 3. μὴ ἐκλυέσθω ἡ καρδία ὑμῶν (16)
Jo. 10. 6. μὴ ἐκλύσῃς τὰς χεῖράς σου (17 *c*)
18. 3. ἕως τίνος ἐκλυθήσεσθε κληρονομῆσαι (17 *d*)
Jd. 8. 15. A δώσομεν . . . τοῖς ἐκλελυμένοις [B -λείπουσιν] ἄρτους (4)
I Ki. 14. 28. ἐξελύθη ὁ λαός (9 *a*)
30. 21. A B τοὺς ἐκλυθέντας [R ὑπολειφθ.] τοῦ πορεύεσθαι ὀπίσω Δ. (11)
II Ki. 4. 1. καὶ ἐξελύθησαν αἱ χεῖρες αὐτοῦ (17 *a*)
16. 2. τοῖς ἐκλελυμένοις ἐν τῇ ἐρήμῳ (4)
— 14. πᾶς ὁ λαὸς αὐτοῦ ἐκλελυμένοι [A *al.*] (9 *b*)
17. 2. καὶ αὐτὸς . . . ἐκλελυμένος χερσί (17 *e*)
— 29. ὁ λαὸς . . . ἐκλελυμένος [A -λυγμένος] (9 *b*)
21. 11. καὶ ἐξελύθησαν –
— 15. A καὶ ἐξελύθη [B ἐπορεύθη] Δ. (9 *a*)
III Ki. 20 (21). 4. A ἐκλελυμένος ἐπὶ τῷ λόγῳ [B *al.*] (3)
21 (20). 43. συγκεχυμένος καὶ ἐκλελυμένος (3)
II Ch. 15. 7. μὴ ἐκλυέσθωσαν αἱ χεῖρες ὑμῶν (17 *a*)
II Es. 4. 4. ἐκλύων χεῖρας τοῦ λαοῦ 'I. (17 *b*)
Ne. 6. 9. ἐκλυθήσονται χεῖρες αὐτῶν (17 *a*)
Ju. 14. 6. ἐξελύθη τὸ πνεῦμα αὐτοῦ
Jb. 19. 25. ὁ ἐκλύειν με μέλλων (1)
20. 28. S[1] ἐκλύσαι [A B S[2] ἑλκύσαι] τὸν οἶκον αὐτοῦ ἀπώλεια εἰς τέλος (2)
30. 16. S[2] ἐπ' ἐμὲ ἐκλυθήσεται [A B S[1] -χυθήσεται] ἡ ψυχή μου (19)
Pr. 3. 11. μηδὲ ἐκλύου ὑπ' αὐτοῦ ἐλεγχόμενος (15)
6. 3. ἴσθι μὴ ἐκλυόμενος †
Si. 43. 10. οὐ μὴ ἐκλυθῶσιν ἐν φυλακαῖς αὐ.
Ho. 2. 3 (5). ὅπως ἂν ἐκδύσω [B[3] ἐκλ.] αὐτήν †
Is. 13. 7. πᾶσα χεὶρ ἐκλυθήσεται (17 *a*)
29. 9. ἐκλύθητε καὶ ἔκστητε (7)
46. 1. ἐκλελυμένῳ καὶ πεινῶντι οὐκ ἰσχύοντι [A S *al.*] (9 *b* ?)
51. 20. ἐκλελυμένοι διὰ κυρίου τοῦ θεοῦ †
52. 2. B ἔκλυσαι [A S R ἔκδ.] τὸν δεσμὸν τοῦ τραχήλου σου (14)
Je. 4. 31. φωνὴ θυγατρὸς Σιὼν ἐκλυθήσεται (5)
12. 5. καὶ ἐκλύουσί [A -λύσ.] σε (6)
30. 13 (49. 24). ἐξελύθη Δαμασκός (17 *a*)
45 (38). 4. ἐκλύει τὰς χεῖρας τῶν ἀνθρώπων (17 *b*)
La. 2. 12. ἐν τῷ ἐκλύεσθαι αὐτοὺς ὡς τραυματίας (8 *b*)
— 19. περὶ ψυχῆς νηπίων σου τῶν ἐκλυομένων λιμῷ (8 *a*)
Ez. 7. 17. πᾶσαι χεῖρες ἐκλυθήσονται (17 *a*)
31. 15. πάντα τὰ ξύλα τοῦ πεδίου ἐπ' αὐτῷ ἐξελύθησαν [A *al.*] (10)
Da. LXX. 8. 27. ἐξελυόμην ἐπὶ τῷ ὁράματι (18)
I Ma. 3. 17. ἡμεῖς ἐκλελύμεθα ἀσιτοῦντες σήμερον
9. 8. καὶ ἐξελύθη
10. 82. ἡ γὰρ ἵππος ἐξελύθη
II Ma. 12. 18. R ἄπρακτόν τε ἀπὸ [A ἄ. τότε ἐκ] τῶν τόπων ἐκλελυκότα
13. 16. καὶ ἐξέλυσαν εὐημεροῦντες
III Ma. 6. 27. ἐκλύσατε ἄδικα δεσμά
IV Ma. 15. 24. S R ἃς πάσας [A ἀσπάσασα] ἡ γενναία μήτηρ ἐξέλυσε
[**Aq**. Is. 40. 28: Je. 12. 5: 51 (28). 58, 64.]
[**Sm**. Ge. 27. 40: Is. 30. 6: 40. 28: Je. 51 (28). 58, 64.]
[**Th**. Pr. 24. 10: Is. 40. 28: Je. 51 (28). 58.]

ἔκλυσις. (1) חַלְחָלָה (2) יָגוֹן (3) רִפְיוֹן

Es. 5. 1. μετέβαλε τὸ χρῶμα αὐτῆς ἐν ἐκλύσει
— 2. ἔπεσεν ἀπὸ ἐκλύσεως [A S ἐ. αὐτῆς]
Is. 21. 3. ἐνεπλήσθη ἡ ὀσφύς μου ἐκλύσεως (1)
Je. 29 (47). 3. ἀπὸ ἐκλύσεως χειρῶν αὐτῶν (3)
Ez. 23. 33. ἐκλύσεως [A ἐκχεῶ ὅπως] πληθήσῃ (2)
II Ma. 3. 24. εἰς ἔκλυσιν καὶ δειλίαν τραπῆναι
[**Sm**. Ps. 62 (63). 2.]
[**Th**. Ez. 18. 20 *bis*.]

ἐκλύτρωσις. (1) פְּדוּי

Nu. 3. 49. εἰς τὴν ἐ. τῶν Λευιτῶν (1)

ἐκμαίνεσθαι. (1) הָלַל hithpo.

Je. 32 (25). 16. R ἐκμανήσονται [A B S μαν.] ἀπὸ προσώπου τῆς μαχαίρας (1)

ἐκμαρτυρεῖν.

II Ma. 3. 36. ἐξεμαρτύρει δὲ πᾶσιν

ἐκμάσσειν.

Si. 12. 11. ἔσῃ αὐτῷ ὡς ἐκμεμαχὼς ἔσοπτρον
Ep. Je. 13. ἐκμάσσονται τὸ πρόσωπον αὐτῶν
— 24. ἐὰν μή τις ἐκμάξῃ τὸν ἰόν

ἐκμελετᾶν.

II Ma. 15. 12. R ἐκμεμελετηκότα πάντα τὰ τῆς ἀρετῆς οἰκεῖα [A ἴδια]

ἐκμελίζειν.

IV Ma. 10. 5. καὶ ἐξ ἁρμῶν . . . ἐξεμέλιζον
— 8. ἐκ σφονδύλων ἐκμελιζόμενος
11. 10. ἀνακλώμενος ἐξεμελίζετο

ἐκμελῶς.

IV Ma. 11. 18. R κατατεινόμενος ἐ. [A εὐμ., S ἐπιμ.]

ἐκμετρεῖν. (1) מָדַד *a*. qal. *b*. ni. *c*. pi.

De. 21. 2. ἐκμετρήσουσιν ἐπὶ [A *om.*] τὰς πόλεις (1 *a*)
Ps. 107 (108). 7. S τὴν κοιλάδα τῶν σκηνωμάτων ἐκμετρήσω [A R *al.*] (1 *c*)
Ho. 1. 10 (2. 1). ἣ οὐκ ἐκμετρηθήσεται (1 *b*)
[**Th**. Je. 33 (40). 22.]

ἐκμιαίνεσθαι. (1) טָמֵא

Le. 18. 20. ἐκμιανθῆναι πρὸς αὐτήν (1)
— 23. ἐκμιανθῆναι πρὸς αὐτό (1)
— 25. R ἐξεμιάνθη [A B ἐμιάνθη] ἡ γῆ (1)
19. 31. ἐκμιανθῆναι ἐν αὐτοῖς (1)

ἐκμυελίζειν (-λεῖν). (1) גָּרַם pi.

Nu. 24. 8. A[2] R τὰ πάχη αὐτῶν ἐκμυελιεῖ [A[1] B -λεῖ] (1)

ἐκμυζᾶν.

[**Aq**. Is. 66. 11.]

ἐκμύζησις.

[**Aq**., **Th**. Pr. 30. 33.]

ἐκμυκτηρίζειν. (1) לָעַג *a*. qal. *b*. hi. *c*. לָעֵג

I Es. 1. 51. A ἐξεμυκτήριζον [B ἐμυκτήρισαν] ἐν τοῖς ἀγγέλοις αὐτοῦ
Ps. 2. 4. ὁ κύριος ἐκμυκτηριεῖ αὐτούς (1 *a*)
21 (22). 7. πάντες οἱ θεωροῦντές με ἐξεμυκτήρισάν με (1 *b*)
34 (35). 16. ἐξεμυκτήρισάν με μυκτηρισμόν (1 *c*)

ἐκνεύειν. (1) סוּג hi. (2) סוּר (3) פָּנָה

Jd. 4. 18. A ἔκνευσον [B ἔκκλινον], κύριέ μου, ἔκνευσον [B ἔκκλινον] πρός μέ (2, 2)
— 18. A ἔκνευσεν [B ἐξέκλινε] πρὸς αὐτήν (2)
18. 26. A καὶ ἐξένευσεν (3)
IV Ki. 2. 24. καὶ ἐξένευσεν ὀπίσω αὐτῶν (3)
23. 16. καὶ ἐξένευσεν 'I. (3)
Mi. 6. 14. καὶ ἐκνεύσει (1)
III Ma. 3. 22. διηνεκῶς δὲ εἰς τὸ φαῦλον ἐκνεύοντες
[**Sm**. Ez. 6. 9.]

ἐκνήφειν. (1) יָצָא (2) יָקַץ (3) קִיץ hi.

Ge. 9. 24. ἐξένηψε δὲ Νῶε ἀπὸ τοῦ οἴνου (2)
I Ki. 25. 37. ἐξένηψεν ἀπὸ τοῦ οἴνου N. (1)
Si. 34 (31). 2. ἀρρώστημα βαρὺ ἐκνήψει ὕπνος [B[1] -ον]
Jl. 1. 5. ἐκνήψατε οἱ μεθύοντες ἐξ οἴνου αὐτῶν (3)
Hb. 2. 7. ἐκνήψουσιν οἱ ἐπίβουλοί σου (2)
— 19. ἔκνηψον ἐξεγέρθητι (3)
[**Aq**. Ge. 45. 26.]

ἔκνηψις. (1) הֲפוּגָה (2) פוּגָה

La. 2. 18. μὴ δῷς ἔκνηψιν σεαυτῇ (2)
3. 49. τοῦ μὴ εἶναι ἔκνηψιν (1)

ἐκνικᾶν.

[**Sm**. Ec. 1. 8.]

ἔκνοια.

[**Aq**. II Ki. 6. 7.]

ἑκουσιάζεσθαι. (1) *a*. נָדַב hithpa. *b*. נְדַב ithpa.

Jd. 5. 2. R ἐν τῷ ἑκουσιασθῆναι [B ἀκ.] λαόν [A *al.*] (1 *a*)
— 9. οἱ ἑκουσιαζόμενοι ἐν λαῷ [A *al.*] (1 *a*)
II Es. 2. 68. ἡκουσιάσαντο εἰς οἶκον τοῦ θεοῦ (1 *a*)
3. 5. καὶ παντὶ ἑκουσιαζομένῳ ἑκούσιον τῷ κυρίῳ (1 *a*)
7. 13. A R πᾶς ὁ [B *om.*] ἑκουσιαζόμ. ἐν βασιλείᾳ μου (1 *b*)
— 15. A R οἱ σύμβουλοι ἑκουσιάσθησαν [B ἠκ.] τῷ θεῷ (1 *b*)
— 16. A R καὶ ἱερέων τῶν ἑκουσιαζομένων [B ἀκ.] εἰς οἶκον θεοῦ (1 *b*)
Ne. 11. 2. τοὺς ἑκουσιαζομένους καθίσαι ἐν 'I. (1 *a*)
I Ma. 2. 42. πᾶς ὁ ἑκουσιαζόμενος τῷ νόμῳ
[**Aq**. Ex. 35. 5, 21: Pr. 8. 16: Ca. 6. 11 (12): 7. 1 (2): Is. 13. 2.]
[**Sm**. Pr. 17. 26.]
[**Th**. Pr. 8. 16.]
[**Al**. Le. 22. 25.]

ἑκουσιασμός. (1) נְדַב ithpa.

II Es. 7. 16. μετὰ ἑκουσιασμοῦ τοῦ λαοῦ (1)
[**Aq**. Jd. 5. 2: Ps. 53 (54). 8: 109 (110). 3.]
[**Th**. Hb. 3. 1.]
[**Quint**. Ps. 109 (110). 3.]

ἑκούσιος. (1) דַּי (2) *a*. נָדַב hithp. *b*. נְדָבָה (3) עָתַר ni.

Le. 7. 6 (16). ἣ ἑκούσιον θυσιάζῃ τὸ δῶρον αὐ. (2 *b*)
23. 38. πλὴν τῶν ἑ. ὑμῶν ἃ ἂν δῶτε τῷ κυρίῳ (2 *b*)
Nu. 15. 3. ἢ καθ' ἑκούσιον (2 *b*)
29. 39: De. 12. 6 (A R). καὶ τὰ ἑ. ὑμῶν (2 *b*)
II Es. 1. 4. λήψονται αὐτὸν . . . μετὰ τοῦ ἑ. (2 *b*)
— 6. πάρεξ τῶν ἑ. [A τ. ἐν ἑκουσίοις] (2 *a*)
3. 5. παντὶ ἑκουσιαζομένῳ ἑκούσιον τῷ κυρίῳ (2 *b*)
8. 28. τὸ ἀργύριον καὶ τὸ χρυσίον ἑκούσια τῷ κυρίῳ (2 *b*)
Ne. 5. 8. τοὺς πωλουμένους τοῖς ἔθνεσιν ἐν ἑκουσίῳ ἡμῶν (1 ?)
Ju. 4. 14. A B καὶ τὰ ἑ. δόματα τοῦ λαοῦ
16. 18. ἀνήνεγκαν . . . τὰ ἑ. αὐτῶν
Ps. 67 (68). 9. βροχὴν ἑκούσιον [S[2] -αν] ἀφοριεῖς ὁ θεὸς τῇ κληρονομίᾳ σου (2 *b*)
118 (119). 108. τὰ ἑ. τοῦ στόματός μου εὐδόκησον δή [S[1] εὐλόγησον] (2 *b*)
Pr. 27. 6. ἑκούσια φιλήματα ἐχθροῦ (3)
[**Aq**. Ex. 35. 22: Dt. 16. 10: 23. 23 (24): Ps. 67 (68). 10: Ez. 46. 12.]
[**Sm**. Dt. 23. 23 (24): Ps. 67 (68). 10: Ez. 46. 12.]
[**Th**. Dt. 23. 23 (24): Ez. 46. 12.]
[**Al**. Le. 22. 21, 23: 23. 11.]

ἑκουσίως. (1) בִּנְדָבָה (2) **ἑκουσίως βούλεσθαι** נָשָׂא לֵב

Ex. 36. 2. πάντας τοὺς ἑ. βουλομένους προσπορεύεσθαι (2)
Jb. 31. 33. ἁμαρτὼν ἀκουσίως [S[1] ἑκ.] †
Ps. 53 (54). 6. ἑ. θύσω σοι (1)
II Ma. 14. 3. ἑ. δὲ μεμολυμμένος
IV Ma. 5. 23. ὥστε πάντα πόνον ἑ. ὑπομένειν
8. 25. A S ἑ. [R ἀκουσίους] ἡμᾶς θανατοῖ

ἐκπαιδεύειν. (1) גָּדַל pi.

Da. LXX. 1. 5. καὶ ἐκπαιδεῦσαι αὐτοὺς ἔτη τρία (1)

ἐκπαίζειν.

I Es. 1. 51. ἦσαν ἐκπαίζοντες τοὺς προφήτας αὐτοῦ

ἐκπειράζειν. (1) נָסָה pi.

De. 6. 16. B[2] R οὐκ ἐκπειράσεις κύριον . . . ὃν τρόπον ἐξεπειράσατε [A B[1] -σασθε] ἐν τῷ Πειρασμῷ (1, 1)
8. 2. B καὶ ἐκπειράσῃ [A R πειρ.] σε (1)
— 16. καὶ ἐκπειράσῃ σε (1)
Ps. 77 (78). 18. ἐξεπείρασαν τὸν θεὸν ἐν ταῖς καρδίαις αὐτῶν (1)

● = correction on page xxv

ἐκπέμπειν. (1) שָׁלַח a. pi. b. pu.
Ge. 24. 54, 56. ἐκπέμψατέ με (1 a)
— 59. καὶ ἐξέπεμψαν Ῥεβέκκαν τὴν ἀδ. αὐ. (1 a)
I Ki. 20. 20. ἐκπέμπων εἰς τὴν ἀμ. [A al.] (1 a)
24. 20. B καὶ ἐκπέμψαι [A -ει, R -οι] αὐτόν (1 a)
II Ki. 19. 31 (32). ἐκπέμψαι αὐτὸν τὸν Ἰ. (1 a)
I Es. 4. 44. ἐκπέμψαι ἃ ἐχώρισε [A ἐξεχώρησεν]
Pr. 17. 11. ὁ δὲ κύριος ἄγγελον ἀνελεήμονα ἐκπέμψει αὐτῷ (1 b)
Ba. 4. 23. ἐξέπεμψα γὰρ ὑμᾶς μετὰ πένθους

ἐκπερᾶν. (1) גּוּז
Nu. 11. 31. ἐξεπέρασεν ὀρτυγομήτραν (1)

ἐκπεριπορεύεσθαι. (1) עָבַר
Jo. 15. 3. καὶ ἐκπεριπορεύεται Σενά (1)

ἐκπετάζειν (-πεταννύναι). (1) עוּף a. qal. b. hithpal. (2) פָּרַץ (3) פָּרַשׂ a. qal. b. pi. (4) פֵּרֵשׂ
Ex. 9. 29. ἐκπετάσω τὰς χεῖράς μου (3 a)
— 33. A καὶ ἐξεπέτασεν [B ἐξέτεινε] τὰς χεῖρας (3 a)
II Es. 9. 5. καὶ ἐκπετάζω τὰς χεῖράς μου (3 a)
Jb. 20. 8. ὥσπερ ἐνύπνιον ἐκπετασθὲν οὐ μὴ εὑρεθῇ (1 a)
26. 9. ἐκπετάζων [A σκέπων] ἐπ' αὐτὸν νέφος (4 a)
Pr. 13. 16. ὁ δὲ ἄφρων ἐξεπέτασεν ἑαυτοῦ κακίαν (3 a)
Si. 48. 20. ἐκπετάσαντες τὰς χεῖρας αὐτῶν
51. 19. τὰς χεῖράς μου ἐξεπέτασα πρὸς ὕψος
Ho. 9. 11. Ἐ. ὡς ὄρνεον ἐξεπετάσθη (1 b)
Na. 3. 16. καὶ ἐξεπετάσθη (1 a)
Is. 54. 3. εἰς τὰ δεξιὰ . . . ἐκπέτασον (2)
65. 2. ἐξεπέτασα τὰς χεῖράς μου (3 b)
La. 1. 10. χεῖρα αὐτοῦ ἐξεπέτασε (3 a)
Ez. 12. 13. ἐκπετάσω τὸ δίκτυόν μου ἐπ' αὐτόν (3 a)
17. 20. ἐκπετάσω ἐπ' αὐτὸν τὸ δίκτυον (3 a)
19. 8. ἐξεπέτασαν ἐπ' αὐτὸν δίκτυα αὐτῶν (3 a)
I Ma. 3. 48. A R ἐξεπέτασαν [S -σεν] τὸ βιβλίον τοῦ νόμου
4. 51. ἐξεπέτασαν τὰ καταπετάσματα
[Aq. Ex. 9. 33: 25. 19 (20): Dt. 32. 11: Jb. 11. 13: 36. 30: Is. 37. 14: Ez. 32. 10.]
[Sm. Jb. 36. 30: Ps. 89 (90). 10; Ez. 32. 10.]
[Th. Jb. 26. 9: Je. 48 (31). 40: Ez. 32. 10.]

ἐκπέτασθαι.
[Aq. Is. 30. 6.]

ἐκπετασμός.
[Aq. Jb. 36. 29.]

ἐκπέτεσθαι. (1) דָּלַק (2) חָרַר
Si. 43. 14. ἐξέπτησαν νεφέλαι ὡς πετεινά
Ho. 11. 11. A B[1] ἐκπτήσονται [B[2]R ἐκστ.] ὡς ὄρνεον ἐξ Αἰ. (2)
La. 4. 19. ἐπὶ τῶν ὀρέων ἐξέπτησαν [A ἐξήφθησαν] (1)

ἐκπηδᾶν. (1) זִנֵּק pi. (2) יָצָא (3) פָּקַד ni.
De. 33. 22. ἐκπηδήσεται [A -σει] ἐκ τοῦ Βασάν (1)
III Ki. 21 (20). 39. ἐὰν δὲ ἐκπηδῶν ἐκπηδήσῃ (3, 3)
To. 10. 7. S ἐκπηδήσασα περιεβλέπετο τὴν ὁδόν [A B al.]
Ju. 14. 17. ἐξεπήδησεν εἰς τὸν λαόν
Es. 4. 1. ἐκπηδήσας διὰ τῆς πλατείας τῆς πόλεως (2)
Da. TH. Su. 39. διὰ τὸ . . . ἀνοίξαντα τὰς θύρας ἐκπεπηδηκέναι
II Ma. 3. 18. ἐξεπήδων ἐπὶ πάνδημον ἱκετείαν
III Ma. 1. 17. ταραχθέντες ἐξεπήδησαν

ἐκπιέζειν (-άζ., -ζεῖν). (1) זוּר (2) מִיץ (3) עָשַׁק (4) צָלַע (5) רָצַץ
Jd. 6. 38. ἐξεπίασε [A ἀπεπ.] τὸν πόκον (1)
18. 7. B κληρονόμος ἐκπιέζων θησαυρούς †
I Ki. 12. 3. τίνα ἐξεπίεσα [A -ασα] (5)
Pr. 24. 68 (30. 33). ἐὰν δὲ ἐκπιέζῃς μυκτῆρας (2)
Ze. 3. 19. σώσω τὴν ἐκπεπιεσμένην (4 ?)
Ez. 22. 29. λαὸν τῆς γῆς ἐκπιεζοῦντες ἀδικίᾳ [A ἐν ἀ.] (3)

ἐκπικραίνειν. (1) כָּעַס hi.
De. 32. 16. A ἐξεπίκρανάν [B παρεπ.] με (1)

ἐκπίνειν. (1) שָׁתָה
Jb. 6. 4. ὧν ὁ θυμὸς αὐτῶν ἐκπίνει μου τὸ αἷμα (1)
Za. 9. 15. ἐκπίονται αὐτοὺς [A S[2] τὸ αἷμα αὐτῶν] ὡς οἶνον (1)
Is. 51. 17. τὸ κόνδυ τοῦ θυμοῦ ἐξέπιες [A ἔπ.] (1)
Da. LXX. Bel 14. καὶ ἐξέπιον τὸν οἶνον
Da. TH. Bel 15. κατέφαγον πάντα καὶ ἐξέπιον

ἐκπίπτειν. (1) מָלַל (2) נָבֵל (3) a. נָפַל b. נִפַּל (4) נָשַׁל (5) סוּר (6) עָנִי (7) קָהָה pi. (8) a. שָׁלַךְ hi. b. שַׁלֶּכֶת
De. 19. 5. καὶ ἐκπεσὸν τὸ σιδήριον ἀπὸ τοῦ ξύλου (4)
IV Ki. 6. 5. τὸ σιδήριον ἐξέπεσεν εἰς τὸ ὕδωρ (3 a)
Jb. 14. 2. ὥσπερ ἄνθος ἀνθῆσαν ἐξέπεσεν [S -ον] (1)
15. 30. ἐκπέσοι δὲ αὐτοῦ τὸ ἄνθος (5)
— 33. ἐκπέσοι δὲ ὡς ἄνθος ἐλαίας (8 a)
24. 9. ἐκπεπτωκότα δὲ ἐταπείνωσαν (6)
Ec. 10. 10. ἐὰν ἐκπέσῃ τὸ σιδήριον (7 ?)
Si. 31 (34). 7. ἐξέπεσον [S -αν] ἐλπίζοντες ἐπ' [S[1] ἐν] αὐτοῖς
Is. 6. 13. ὅταν ἐκπέσῃ [A ἐκσπασθῇ] ἐκ [A S ἀπὸ] τῆς θήκης (8 b)
14. 12. ἐξέπεσεν ἐκ τοῦ οὐρανοῦ ὁ ἑωσφόρος (3 a)
28. 1. τὸ ἄνθος τὸ ἐκπεσὸν ἐκ τῆς δόξης (2)
— 4. τὸ ἄνθος τὸ ἐκπεσὸν τῆς ἐλπίδος (2)
40. 8. τὸ ἄνθος ἐξέπεσε (2)
Da. LXX. 7. 20. καὶ ἐξέπεσαν δι' αὐτοῦ τρία (3 b)
II Ma. 6. 8. ψήφισμα δὲ ἐξέπεσεν
10. 30. A κεραυνοὺς ἐξεπίπτουν [?, R -ερρίπτουν]
[Aq. Le. 25. 25, 35: III Ki. 6. 18: Am. 9. 9.]
[Sm. Jb. 13. 25: Is. 40. 8: 64. 6 (5).]
[Th. III Ki. 6. 18: Is. 40. 8: Je. 17. 11.]

ἔκπληξις.
[Aq. I Ki. 14. 15.]
[Sm. Jb. 4. 13: Ps. 30 (31). 23: 63 (64). 2: 87 (88). 17: Ez. 26. 16.]

ἐκπληροῦν.
II Ma. 8. 10. τὸν φόρον τῷ βασιλεῖ . . . ἐκπληρώσειν
III Ma. 1. 2. ἐκπληρῶσαι τὴν ἐπιβουλὴν διανοηθείς
— 22. τὸ τῆς προθέσεως αὐτοῦ ἐκπληροῦν διανοουμένου

ἐκπλήρωσις.
II Ma. 6. 14. πρὸς ἐκπλήρωσιν ἁμαρτιῶν

ἐκπλήσσειν. (1) שָׁמֵם hithpo.
Ec. 7. 17 (16). μή ποτε ἐκπλαγῇς (1)
Wi. 13. 4. A S R δύναμιν καὶ ἐνέργειαν [B δυνάμει καὶ ἐνεργείᾳ] ἐκπλαγέντες
II Ma. 7. 12. ἐκπλήσσεσθαι τὴν τοῦ νεανίσκου ψυχήν
IV Ma. 8. 4. καὶ τῆς εὐπρεπείας ἐκπλαγείς
17. 16. τίνες οὐκ ἐξεπλάγησαν
[Aq. Ge. 27. 33: I Ki. 4. 13: 13. 7: 16. 4: 21. 1 (2): 28. 5: Da. 4. 16.]
[Sm. Ge. 27. 33: I Ki. 16. 4: Ps. 47 (48). 6: Ez. 30. 9.]

ἐκπλύνειν. (1) רָחַץ
Is. 4. 4. ἐκπλυνεῖ κύριος τὸν ῥύπον (1)

ἐκποιεῖν. (1) יָכֹל (2) καθὼς ἂν ἐκποιῇ מַתַּת (3) נָשַׂג hi. (4) שָׂפַק
III Ki. 21 (20). 10. εἰ ἐκποιήσει ὁ χοῦς Σ. ταῖς ἀλώπεξι (4)
II Ch. 7. 7. τὸ θυσιαστήριον τὸ χαλκοῦν . . . οὐκ ἐξεποίει [A ἐποίει] (1)
Si. 18. 4. οὐθενὶ ἐξεποίησεν ἐξαγγεῖλαι τὰ ἔργα αὐτοῦ
Ez. 46. 7. καθὼς ἂν ἐκποιῇ [A εὐ π.] ἡ χεὶρ αὐτοῦ (3)
— 11. καθὼς ἂν ἐκποιῇ ἡ χεὶρ αὐτοῦ (2)

ἐκπολεμεῖν. (1) לָחַם ni. (2) נָכָה hi. (3) צָבָא
Ex. 1. 10. ἐκπολεμήσαντες ἡμᾶς (1)
De. 20. 10. ἐκπολεμῆσαι αὐτούς [A -ήν] (1)
— 19. ἐκπολεμῆσαι αὐτήν (1)
Jo. 9. 2. ἐκπολεμῆσαι Ἰησοῦν καὶ Ἰσραήλ (1)
10. 4. ἐκπολεμήσωμεν Γαβαών (2)
22. 12. ὥστε ἀναβάντες [A -βῆναι] ἐκπολεμῆσαι αὐτοῖς (3)
Jo. 23. 3. κύριος ὁ θεὸς ὑμῶν ὁ [A αὐτὸς ὁ] ἐκπολεμήσας ἡμῖν (1)
— 10. A R οὗτος [B om.] ἐξεπολέμει ἡμῖν (1)
Jd. 9. 52. A ἐξεπολέμησαν αὐτόν [B al.] (1)
10. 9. A ἐκπολεμῆσαι καὶ ἐν τῷ Ἰ. [B al.] (1)
Ju. 5. 20. καὶ ἐκπολεμήσομεν αὐτούς
I Ma. 4. 28. A R ὥστε ἐκπολεμῆσαι [S πολ.] αὐτούς
11. 20. A R τοῦ ἐκπολεμῆσαι [S πολ.] τὴν ἄκραν
— 46. A καὶ ἤρξαντο ἐκπολεμεῖν [S R πολ.]
15. 31. R ἐκπολεμήσομεν [A -σουσιν, S -σωμεν] ὑμᾶς
[Th. Jd. 9. 52: 10. 9.]
[Al. Nu. 22. 11.]

ἐκπολιορκεῖν. (1) לָחַם ni. (2) נָכָה hi.
Jo. 7. 3. ἐκπολιορκησάτωσαν [A ἐνπολ.] τὴν πόλιν (2)
10. 5. καὶ ἐξεπολιόρκουν αὐτήν (1)
— 34. R ἐξεπολιόρκησεν [B ἐπολιόρκησεν, A ἐπολιόρκει] (1)
IV Ma. 18. 4. ἐκπεπολιόρκηκε [S -πεπόρθηκαν] τοὺς πολεμίους

ἐκπολιτεύειν.
IV Ma. 4. 19. ἐξεπολίτευσεν ἐπὶ πᾶσαν παρανομίαν

ἐκπονεῖν.
[Sm. Ps. 67 (68). 10.]

ἐκπορεύεσθαι. (1) בּוֹא a. qal. b. hi. (2) הָלַךְ (3) חָלַק ni. (4) טָמַן (5) a. יָצָא qal. b. hi. c. מוֹצָא (6) יָצַק (7) מִישׁ (8) נְפַק (9) עָבַר (10) סָבַב ni. (11) עוּר ni.
Ge. 2. 10. ποταμὸς δὲ ἐκπορεύεται (5 a)
24. 11. ἡνίκα ἐκπορεύονται αἱ ὑδρευόμεναι (5 a)
— 13. αἱ δὲ θυγατέρες . . . ἐκπορεύονται ἀντλῆσαι (5 a)
— 15. καὶ ἰδοὺ Ῥεβέκκα ἐξεπορεύετο (5 a)
— 43. R αἱ θυγατέρες . . . ἐκπορεύονται ἀντλῆσαι [A al.] (5 a)
— 45. εὐθὺς Ῥεβέκκα ἐξεπορεύετο (5 a)
34. 24. A οἱ ἐκπορευόμενοι [R ἐμπορ.] τὴν πύλην (5 a)
Ex. 5. 20. ἐκπορευομένων αὐτῶν ἀπὸ Φαραώ (5 a)
7. 15. ἰδοὺ αὐτὸς ἐκπορεύεται ἐπὶ τὸ ὕδωρ (5 a)
8. 20 (16). A[1] ἰδοὺ αὐτὸς ἐκπορεύεται [A[2] B ἐξελεύσεται] (5 a)
13. 4. ἐν γὰρ τῇ σήμερον ὑμεῖς ἐκπορεύεσθε (5 a)
— 8. ὡς ἐξεπορευόμην ἐξ Αἰγύπτου (5 a)
14. 8. οἱ δὲ υἱοὶ Ἰσ. ἐξεπορεύοντο (5 a)
16. 29. μηδεὶς ἐκπορευέσθω ἐκ τοῦ τόπου αὐ. [A al.] (5 a)
25. 31 (32). ἓξ δὲ καλαμίσκοι ἐκπορευόμενοι ἐκ πλαγίων (5 a)
— 32 (33), 34 (35). τοῖς ἓξ καλαμ. τοῖς ἐκπορευομένοις ἐκ τῆς λυχνίας (5 a)
33. 7. ἐξεπορεύετο εἰς τὴν σκηνήν (5 a)
— 11. οὐκ ἐξεπορεύετο ἐκ τῆς σκηνῆς (7)
34. 34. περιῃρεῖτο τὸ κ. ἕως τοῦ [A οὗ] ἐκπορεύεσθαι (5 a)
40. 17. τῷ δευτέρῳ ἔτει ἐκπορευομένων αὐτῶν ἐξ Αἰγ.
Nu. 1. 3. πᾶς ὁ ἐκπορευόμενος ἐν δυνάμει Ἰσραήλ (5 a)
— 20, 22, 26, 28, 30, 32, 34, 36, 24, 38, 40, 42. πᾶς ὁ ἐκπορευόμενος ἐν τῇ δυνάμει (5 a)
— 45. πᾶς ὁ ἐκπορευόμενος παρατάξασθαι ἐν Ἰ. (5 a)
12. 12. ἔκτρωμα ἐκπορευόμενον ἐκ μήτρας μητρός (5 a)
26. 2. πᾶς ὁ ἐκπορευόμενος παρατάξασθαι ἐν Ἰ. (5 a)
31. 27, 28. τῶν ἐκπεπορευμένων [A -πορευομένων] εἰς τὴν παράταξιν (5 a)
— 36. τῶν ἐκπεπορευμένων [A -πορευομένων] εἰς τὸν πόλεμον (5 a)
32. 24. τὸ ἐκπορευόμενον ἐκ τοῦ στόματος ὑμῶν (5 a)
De. 8. 3. τῷ [A om.] ἐκπορευομένῳ διὰ στόματος θεοῦ (5 c)
— 7. ἐκπορευόμεναι διὰ τῶν πεδίων (5 a)
11. 10. ὅθεν ἐκπεπόρευσθε [A -πορεύεσθε] ἐκεῖθεν (5 a)

De. 23. 4 (5). ἐκπορευομένων ὑμῶν ἐξ Αἰ. (5 *a*)
— 23 (24). τὰ ἐκπορευόμενα διὰ τῶν χειλέων σου (5 *c*)
24. 9. ἐκπορευομένων ὑμῶν ἐξ Αἰ. (5 *a*)
25. 17. ἐκπορευομένου σου ἐκ γῆς Αἰ. (5 *a*)
28. 6. ἐν τῷ ἐκπορεύεσθαί σε (5 *a*)
— 19. ἐν τῷ ἐκπορεύεσθαί σε (1 *a vel* 5 *a*)
31. 2. εἰσπορεύεσθαι καὶ [A ἢ] ἐκπορεύεσθαι (1 *a*)
Jo. 2. 10. ὅτε ἐξεπορεύεσθε ἐκ γῆς Αἰ. (5 *a*)
6. 1. οὐδεὶς ἐξεπορεύετο ἐξ αὐτῆς (5 *a*)
15. 3. καὶ ἐκπορεύεται Ἀσωρών (9)
— 3. καὶ ἐκπορεύεται [A περιπορ.] τὴν κατὰ δυσμὰς Κάδης (10)
— 4. καὶ ἐκπορεύεται [A πορ.] ἐπὶ Σελμωνάν (9)
— 18. ἐν τῷ ἐκπορεύεσθαι [A εἰσπορ.] αὐτήν (1 *a*)
Jd. 1. 24. ἀνὴρ ἐξεπορεύετο [A ἄνδρα ἐκπορευόμενον] ἐκ τῆς πόλεως (5 *a*)
2. 15. B ἐν πᾶσιν οἷς ἐξεπορεύοντο [R ἐπορ., A ἐπόρνευον] (5 *a*)
8. 1. A ἐξεπορεύου πολεμῆσαι ἐν τῇ M. [B *al.*] (2)
— 30. R ἐκπορευόμενοι [A B -πεπορευμ.] ἐκ μηρῶν αὐτοῦ (5 *a*)
9. 33. ἐκπορεύονται πρὸς σέ (5 *a*)
11. 31. καὶ ἔσται ὁ ἐκπορευόμενος (5 *a*)
— 34. ἡ θυγατὴρ αὐτοῦ ἐξεπορεύετο (5 *a*)
13. 14. ὃ [A ὅσα] ἐκπορεύεται ἐξ ἀμπέλου (5 *a*)
I Ki. 11. 7. ὃς οὐκ ἔστιν ἐκπορευόμενος ὀπίσω Σ. (5 *a*)
14. 11. οἱ Ἑβραῖοι ἐκπορεύονται (5 *a*)
17. 8. τί [A ἔτι] ἐκπορεύεσθε παρατάξασθαι πολέμῳ (5 *a*)
— 20. A καὶ δύναμιν τὴν ἐκπορευομένην εἰς τὴν παράταξιν (5 *a*)
— 35. ἐξεπορευόμην ὀπίσω αὐτοῦ (5 *a*)
— 55. A τὸν Δ. ἐκπορευόμενον εἰς ἀπάντησιν τοῦ ἀλλοφύλου (5 *a*)
18. 5. A καὶ ἐξεπορεύετο Δ. (5 *a*)
— 13. καὶ ἐξεπορεύετο (5 *a*)
— 16. ἐξεπορεύετο πρὸ προσώπου τοῦ λαοῦ (1 *a*)
20. 11. ἐκπορεύονται ἀμφότεροι εἰς ἀγρόν (5 *a*)
24. 15. ὀπίσω τίνος σὺ ἐκπορεύῃ (5 *a*)
II Ki. 16. 5. ἐκεῖθεν ἀνὴρ ἐξεπορεύετο (5 *a*)
— 5. ἐξῆλθε ἐκπορευόμενος (5 *a*)
18. 4. καὶ πᾶς ὁ λαὸς ἐξεπορεύετο (5 *a*)
19. 7 (8). εἰ μὴ ἐκπορεύσῃ σήμερον (5 *a*)
— 19 (20). ἐξεπορεύετο ἐξ Ἰ. (5 *a*)
III Ki. 2. 30. οὐκ ἐκπορεύομαι [A -σομαι] –
4. 33 (5. 13). τῆς ὑσσώπου τῆς ἐκπορευομένης διὰ τοῦ τοίχου (5 *a*)
8. 9. ἐν τῷ ἐκπορεύεσθαι αὐτοὺς ἐκ γῆς Αἰ. (5 *a*)
10. 29. κατὰ θάλασσαν ἐξεπορεύοντο (5 *b*)
15. 17. τοῦ μὴ εἶναι ἐκπορευόμενον . . . τῷ Ἀ. (5 *a*)
21 (20). 18. A R εἰ [B *om.*] εἰς εἰρήνην ἐκπορεύονται [B οὐ γὰρ ἐ.] (5 *a*)
22. 35. ἐξεπορεύετο τὸ αἷμα τῆς [A ἐκ τῆς] τροπῆς (6)
IV Ki. 11. 7. πᾶς ὁ ἐκπορευόμενος τὸ σάββατον [A *om.* τὸ σ.] (5 *a*)
— 8. ἐν τῷ ἐκπορεύεσθαι αὐτόν (5 *a*)
— 9. A R μετὰ τῶν ἐκπορευομένων τὸ σάββατον (5 *a*)
I Ch. 5. 18. ἐκπορευόμενοι εἰς παράταξιν (5 *a*)
7. 11. ἐκπορευόμενοι δυνάμει τοῦ πολεμεῖν (5 *a*)
12. 33. ἐκπορευόμενοι εἰς παράταξιν πολέμου (5 *a*)
— 36. ἐκπορευόμενοι βοηθῆσαι εἰς πόλεμον (5 *a*)
27. 1. τοῦ εἰσπορευομένου καὶ ἐκπορευομένου (5 *a*)
II Ch. 15. 5. B εἰρήνη τῷ εἰσπορευομένῳ καὶ τῷ ἐκπορευομένῳ [A εἰ. τῷ εἰσ., R εἰ. τῷ ἐκ. κ. τῷ εἰσ.] (1 *a* [5 *a*])
23. 7. εἰσπορευομένου καὶ ἐκπορευομένου (5 *a*)
26. 11. καὶ ἐκπορευομένη εἰς παράταξιν (5 *a*)
33. 14. ἐκπορευομένων [A πορ.] τὴν πύλην τὴν κυκλόθεν (1 *a* ?)
I Es. 4. 23. ἐκπορεύεται ἐξοδεύειν καὶ [A εἰς ἐξοδίαν] λῃστεύειν
To. 5. 17. ἐν τῷ εἰσπορεύεσθαι αὐτὸν καὶ ἐκπορεύεσθαι [S *al.*]
Ju. 7. 12. ἣ ἐκπορεύεται ἐκ τῆς ῥίζης τοῦ ὄρους
12. 7. A B ἐξεπορεύετο κατὰ νύκτα εἰς τὴν φάραγγα
Jb. 3. 16. ὥσπερ ἔκτρωμα ἐκπορευόμενον ἐκ μήτρας μητρός (4 ?)
29. 7. ὅτε ἐξεπορευόμην ὄρθριος ἐν πόλει (5 *a*)
38. 8. ἐκ κοιλίας μητρὸς αὐτῆς ἐκπορευομένη [A ἐξεπορεύετο] (5 *a*)
— 24. πόθεν δὲ ἐκπορεύεται πάχνη (3)
Jb. 38. 29. ἐκ γαστρὸς δὲ τίνος ἐκπορεύεται ὁ κρύσταλλος (5 *a*)
39. 21. ἐκπορεύεται δὲ εἰς πεδίον ἐν ἰσχύϊ (5 *a*)
— 25. A σὺν ἅλματι καὶ κραυγῇ ἐκπορεύεται [B S *al.*] –
41. 10 (11). ἐκ στόματος αὐτοῦ ἐκπορεύονται λαμπάδες καιόμεναι (2)
— 11 (12). ἐκ μυκτήρων αὐτοῦ ἐκπορεύεται καπνὸς καμίνου (5 *a*)
— 12 (13). φλὸξ δὲ ἐκ στόματος αὐ. ἐκπορεύεται (5 *a*)
Ps. 18 (19). 5. αὐτὸς ὡς νυμφίος ἐκπορευόμενος ἐκ παστοῦ αὐτοῦ (5 *a*)
40 (41). 6. ἐξεπορεύετο ἔξω (5 *a*)
67 (68). 7. ἐν τῷ ἐκπορεύεσθαί σε ἐνώπιον τοῦ λαοῦ σου (5 *a*)
87 (88). 8. παρεδόθην καὶ οὐκ ἐξεπορευόμην (5 *a*)
88 (89). 34. τὰ ἐκπορευόμενα διὰ τῶν χειλέων μου οὐ μὴ ἀθετήσω (5 *c*)
Pr. 3. 16. ἐκ τοῦ στόματος αὐτῆς ἐκπορεύεται δικαιοσύνη –
Si. 28. 12. ἀμφότερα ἐκ τοῦ στόματός σου ἐκπορεύεται [A S ἐξελεύσεται]
42. 13. ἀπὸ γὰρ ἱματίων ἐκπορεύεται σής
Am. 5. 3. ἐξ ἧς ἐξεπορεύοντο [A ἐπορ.] χίλιοι (5 *a*)
— 3. ἐξ ἧς ἐξεπορεύοντο [A ἐπορ.] ἑκατόν (5 *a*)
Mi. 1. 3. ἐκπορεύεται ἐκ τοῦ τόπου αὐτοῦ (5 *a*)
Za. 2. 3 (7). ἄγγελος ἕτερος ἐξεπορεύετο (5 *a*)
5. 3. αὕτη ἡ ἀρὰ ἡ ἐκπορευομένη (5 *a*)
— 5. ἴδε τὸ [S^2 τί τὸ] ἐκπορευόμενον τοῦτο (5 *a*)
— 6. τοῦτο τὸ μέτρον τὸ ἐκπορευόμενον (5 *a*)
— 9. δύο γυναῖκες ἐκπορευόμεναι (5 *a*)
6. 1. τέσσαρα ἅρματα ἐκπορευόμενα ἐκ μέσου δύο ὀρέων (5 *a*)
— 5. ἐκπορεύονται παραστῆναι τῷ κυρίῳ (5 *a*)
— 6. ἐξεπορεύοντο ἐπὶ γῆν βορρᾶ (5 *a*)
— 6. οἱ λευκοὶ ἐξεπορεύοντο κατόπισθεν αὐτῶν καὶ οἱ ποικίλοι ἐξεπορεύοντο ἐπὶ γῆν νότου (5 *a*, 5 *a*)
— 7. καὶ οἱ ψαροὶ ἐξεπορεύοντο (5 *a*)
— 8. οἱ ἐκπορευόμενοι ἐπὶ γῆν βορρᾶ (5 *a*)
8. 10. τῷ ἐκπορευομένῳ καὶ τῷ εἰσπορευομένῳ (5 *a*)
Is. 36. 16. ἐκπορεύεσθε πρὸς μέ (5 *a*)
Je. 5. 6. οἱ ἐκπορευόμενοι ἀπ' αὐτῶν (5 *a*)
6. 25. μὴ ἐκπορεύεσθε εἰς ἀγρόν (5 *a*)
17. 16. τὰ ἐκπορευόμενα διὰ τῶν χειλέων μου (5 *c*)
— 19. A B S^2 ἐν αἷς ἐκπορεύονται ἐν αὐταῖς (5 *a*)
— 21. A B S^2 μὴ ἐκπορεύεσθε ταῖς πύλαις Ἱερ. (1 *b*)
19. 10. κατ' ὀφθαλμοὺς τῶν ἀνδρῶν τῶν ἐκπορευομένων μετὰ σοῦ (2)
21. 9. ὁ ἐκπορευόμενος προσχωρῆσαι πρὸς τοὺς Χαλδαίους (5 *a*)
22. 10. κλαύσατε κλαυθμῷ τὸν ἐκπορευόμενον (2)
23. 19. ὀργὴ ἐκπορεύεται [A^2 -ευομένη, S^1 εἰσπ.] εἰς συσσεισμόν (5 *a*)
32 (25). 32. λαῖλαψ μεγάλη ἐκπορεύεται (11)
45 (38). 2. ὁ ἐκπορευόμ. πρὸς τοὺς Χ. ζήσεται (5 *a*)
Ez. 1. 13. ἐκ τοῦ πυρὸς ἐξεπορεύετο [A *add.* ὡς] ἀστραπή (5 *a*)
9. 7. πλήσατε [A πληρώσ.] τὰς ὁδοὺς νεκρῶν ἐκπορευόμενοι (5 *a*)
12. 4. ὡς ἐκπορεύεται αἰχμάλωτος ἐνώπιον αὐτῶν (5 *c*)
14. 22. ἐκπορεύονται πρὸς ὑμᾶς (5 *a*)
33. 30. ἀκούσωμεν τὰ ἐκπορευόμενα παρὰ κυρίου (5 *a*)
44. 19. ἐν τῷ ἐ. αὐτοὺς εἰς τὴν αὐλὴν τὴν ἐξωτέραν (5 *a*)
46. 10. ἐν τῷ ἐ. αὐτοὺς ἐξελεύσεται (5 *a*)
47. 1. ὕδωρ ἐξεπορεύετο ὑποκάτωθεν [A -τω] τοῦ αἰθρίου (5 *a*)
— 8. τὸ ὕδωρ τοῦτο τὸ ἐκπορευόμενον εἰς τὴν Γαλιλαίαν (5 *a*)
— 12. τὰ ὕδατα αὐ. ἐκ τῶν ἁγίων ἐκπορεύεται (5 *a*)
Da. LXX. 7. 10. ἐξεπορεύετο κατὰ πρόσωπον αὐτοῦ ποταμὸς πυρός (8)
10. 20. καὶ ἐγὼ ἐξεπορευόμην (5 *a*)
Da. TH. 7. 10. A ποταμὸς πυρὸς ἐκπορευόμενος [B *om.*] εἷλκεν (8)
10. 20. A καὶ ἐγὼ ἐξεπορευόμην [B εἰσεπ.] (5 *a*)
11. 30. οἱ ἐκπορευόμενοι Κίτιοι †
I Ma. 3. 13. πιστῶν μετ' αὐτοῦ καὶ ἐκπορευομένων εἰς πόλεμον
— 45. οὐκ ἦν ὁ εἰσπορευόμενος καὶ ἐκπορευόμενος [S^1 *om.* καὶ ἐκ.]
7. 24. S τοῦ ἐκπορεύεσθαι [A R πορ.] εἰς τὴν χώραν
I Ma. 13. 49. ἐκωλύοντο ἐκπορεύεσθαι
14. 36. ἐξ ἧς ἐξεπορεύοντο [S^1 ἐπορ.]
15. 14. οὐκ εἴασεν οὐδένα ἐκπορεύεσθαι
— 25. S^2 R τοῦ μὴ [A S^1 *om.*] εἰσπορεύεσθαι καὶ ἐκπορεύεσθαι
— 41. A R ὅπως ἐκπορευόμενοι ἐξοδεύωσι [S -σουσιν] τὰς ὁδούς
III Ma. 4. 12. τοὺς . . . ὁμοεθνεῖς κρυβῇ ἐκπορευομένους
[**Aq.** Nu. 1. 20 : Je. 7. 2 : 37 (44). 4.]
[**Th.** Ex. 21. 7 : Nu. 1. 20 : IV Ki. 11. 9 : Je. 7. 2 : Ez. 27. 33 (?) : Da. 7. 10†.]
[**Al.** Ex. 33. 8 : Nu. 9. 1 : 26. 4 : Dt. 26. 17 : Jd. 5. 31 : Ez. 47. 1.]
[**Quint.** IV Ki. 11. 9.]

ἐκπορθεῖν.

Jb. 12. 5. οἴκους τε αὐτοῦ [A μου] ἐκπορθεῖσθαι ὑπὸ ἀνόμων †
IV Ma. 17. 24. ἐκπορθήσας ἐνίκησε πάντας τοὺς πολεμίους
18. 4. S ἐκπεπόρθηκαν [A R -πεπολιόρκηκε] τοὺς πολεμίους
[**Quint.** Ho. 7. 13.]

ἐκπορνεύειν. (1) זָנָה *a.* qal. *b.* hi. *c.* תַּזְנוּת
(2) ἐ. τρισσῶς שַׁלִּיט

Ge. 38. 24. ἐκπεπόρνευκε Θάμαρ ἡ νύμφη σου (1 *a*)
Ex. 34. 15. καὶ ἐκπορνεύσωσιν ὀπίσω τῶν θεῶν αὐτῶν (1 *a*)
— 16. ἐπορνεύσωσιν [A -ουσιν] αἱ θυγατέρες σου ὀπίσω τῶν θεῶν αὐ. (1 *a*)
— 16. B ἐκπορνεύσωσιν οἱ υἱοί σου ὀπίσω τῶν θεῶν (1 *b*)
Le. 17. 7. οἷς αὐτοὶ ἐκπορνεύουσιν ὀπίσω αὐτῶν (1 *a*)
19. 29. οὐ βεβηλώσεις τὴν θυγ. σου ἐκπορνεῦσαι αὐτήν (1 *b*)
— 29. καὶ οὐκ ἐκπορνεύσει ἡ γῆ (1 *a*)
20. 5. ὥστε ἐκπορνεύειν αὐτὸν εἰς τοὺς ἄρχοντας (1 *a*)
— 6. ὥστε ἐκπορνεῦσαι ὀπίσω αὐτῶν (1 *a*)
21. 9. ἐὰν βεβηλωθῇ τοῦ ἐκπορνεῦσαι (1 *a*)
Nu. 15. 39. ἐν οἷς ὑμεῖς ἐκπορνεύετε ὀπίσω αὐτῶν (1 *a*)
25. 1. ἐκπορνεῦσαι εἰς τὰς θυγατέρας Μωάβ (1 *a*)
De. 22. 21. ἐκπορνεῦσαι τὸν οἶκον τοῦ πατρὸς αὐτῆς (1 *a*)
31. 16. ἐκπορνεύσει ὀπίσω θεῶν ἀλλοτρίων (1 *a*)
Jd. 2. 17. ἐξεπόρνευσαν ὀπίσω θεῶν ἑτέρων (1 *a*)
8. 27. ἐξεπόρνευσε πᾶς Ἰ. ὀπίσω αὐτοῦ ἐκεῖ (1 *a*)
— 33. ἐξεπόρνευσαν ὀπίσω τῶν Β. (1 *a*)
II Ch. 21. 11. A R καὶ ἐξεπόρνευσε [B -σαν] τοὺς κατοικοῦντας (1 *b*)
— 13. καὶ ἐξεπόρνευσας τὸν Ἰ. (1 *b*)
— 13. ὡς ἐξεπόρνευσεν οἶκος Ἀ. (1 *b*)
Si. 46. 11. ὅσων οὐκ ἐξεπόρνευσεν ἡ καρδία
Ho. 1. 2. διότι ἐκπορνεύουσα ἐκπορνεύσει ἡ γῆ (1 *a*, 1 *a*)
2. 5 (7). ὅτι ἐξεπόρνευσεν ἡ μήτηρ αὐτῶν (1 *a*)
4. 12. καὶ ἐξεπόρνευσαν ἀπὸ τοῦ θεοῦ αὐτῶν (1 *a*)
— 13. διὰ τοῦτο ἐκπορνεύσουσιν αἱ θυγατ. ὑμῶν (1 *a*)
— 18. πορνεύοντες ἐξεπόρνευσαν (1 *b*)
5. 3. διότι νῦν ἐξεπόρνευσεν Ἐ. (1 *b*)
Je. 3. 1. ἐξεπόρνευσας ἐν ποιμέσι πολλοῖς (1 *a*)
Ez. 6. 9. A R τῇ καρδίᾳ αὐτῶν τῇ ἐκπορνευούσῃ ἀπ' ἐμοῦ [A^1 *om.* ἀ. ἐ.] καὶ τοῖς ὀφθ. αὐ. τοῖς ἐκπορνεύουσιν [B πορ.] ὀπίσω τῶν ἐπιτηδευμ. αὐ. (1 *a*, 1 *a*)
16. 16. ἐξεπόρνευσας ἐπ' αὐτά (1 *a*)
— 17. ἐξεπόρνευσας ἐν αὐταῖς (1 *a*)
— 20. ὡς μικρὰ ἐξεπόρνευσας (1 *c*)
— 26. ἐξεπόρνευσας ἐπὶ τοὺς υἱοὺς Αἰγ. . . . πολλαχῶς ἐξεπόρνευσας τοῦ παροργίσαι με (1 *a*, 1 *c*)
— 28. ἠσέβησας καὶ ἐξεπόρνευσας [A ἐξ. κ. ἠ.] . . . ἐξεπόρνευσας καὶ οὐκ ἐνεπίπλω (1 *a*, 1 *a*)
— 30. ἐξεπόρνευσας τρισσῶς ἐν [A ἐπὶ] ταῖς θυγατράσι σου (2 ?)
— 33. τοῖς ἐκπορνεύσασιν [A -εύουσιν] αὐτήν (1 *a*)
20. 30. ὀπίσω τῶν βδελυγμάτων αὐ. ὑμεῖς ἐκπορνεύετε (1 *a*)
23. 3. ἐξεπόρνευσαν ἐν Αἰγύπτῳ (1 *a*)
— 5. ἐξεπόρνευσεν ἡ Ὀολὰ ἀπ' ἐμοῦ (1 *a*)
— 30. ἐν τῷ ἐκπορνεῦσαί σε ὀπίσω ἐθνῶν (1 *a*)

Ez. 23. 43. ἔργα πόρνης καὶ αὐτὴ ἐξεπόρνευσε [A *al.*] (1 *a* ?)

ἐκπρεπής.

III Ki. 8. 53. B οἰκοδόμησον . . . οἶκον ἐκ. [A R εὐπρ.] σαυτῷ –
II Ma. 3. 26. τῇ ῥώμῃ μὲν ἐκπρεπεῖς
III Ma. 3. 17. R τοῖς ἐ. . . . ἀναθήμασι [A ἀνθ.] τιμῆσαι

ἐκπρίασθαι.

Pr. 24. 11. ἐκπρίου [A -ίω] κτεινομένους +

ἐκπρίειν.

Wi. 13. 11. τέκτων εὐκίνητον φυτὸν ἐκπρίσας

ἐκπυροῦν.

II Ma. 7. 3. προσέταξε τήγανα καὶ λέβητας ἐκπυροῦν
— 4. τῶν δὲ ἐκπυρωθέντων παραχρῆμα
[**Quint.** Ho. 7. 4.]

ἔκπωμα.

[**Aq.** Is. 51. 17, 22.]

ἐκρεῖν. (1) בָּלַל hi. (2) נָשַׁל

De. 28. 40. ἐκρυήσεται ἡ ἐλαία σου (2)
Is. 64. 6 (5). ἐξερρύημεν ὡς φύλλα διὰ τὰς ἀνομίας ἡμῶν (1)
I Ma. 9. 6. ἐξερύησαν πολλοὶ ἀπὸ τῆς παρεμβολῆς
[**Sm.** Jb. 14. 11: Ps. 87 (88). 10: Je. 31 (38). 25.]

ἔκρηγμα. (1) בָּקַע ni.

●Ez. 30. 16. A R ἐν Διοσπόλει ἔσται ἔ. [B ἔκρημα] (1)

ἐκρηγνύναι. (1) נָתַק ni.

Jb. 18. 14. ἐκραγείη δὲ ἐκ διαίτης αὐτοῦ ἴασις
[**Sm.** Je. 51 (28). 2.]
[**Th.** Is. 63. 12.]

ἔκρημα (?). (1) בָּקַע ni.

●Ez. 30. 16. B ἐν Διοσπόλει ἔσται ἔ. [A R ἔκρηγμα] (1)

ἐκριζοῦν. (1) גָּרַשׁ pi. (2) נָתַשׁ (3) *a.* עָקַר ni. *b.* עֲקַר ithpe. (4) שֵׁרֵשׁ

Jd. 5. 14. Ἐ. ἐξερρίζωσεν αὐτούς [A *al.*] (4)
Wi. 4. 4. ὑπὸ βίας ἀνέμων ἐκριζωθήσεται
Si. 3. 9. κατάρα δὲ μητρὸς ἐκριζοῖ θεμέλια
49. 7. αὐτὸς ἐν μήτρᾳ ἡγιάσθη προφήτης ἐκριζοῦν
Ze. 2. 4. A Ἄζωτος μεσημβρίας ἐκριζωθήσεται [B S -ριφήσεται] (1)
— 4. Ἀκκαρὼν ἐκριζωθήσεται [A -ριφήσ.] (3 *a*)
Je. 1. 10. ἐκριζοῦν καὶ κατασκάπτειν (2)
Da. LXX. 4. 11. ἐκριζῶσαι καὶ ἀχρειῶσαι αὐτό +
— 23. ἐπεὶ οὐκ ἐξεριζώθη +
Da. TH. 7. 8. τρία κέρατα . . . ἐξερριζώθη (3 *b*)
I Ma. 5. 51. καὶ ἐξερρίζωσεν αὐτήν
II Ma. 12. 7. τὸ σύμπαν τῶν Ἰ. ἐκριζῶσαι πολίτευμα
[**Aq.** Ge. 49. 6.]
[**Sm.** Ge. 49. 6: Jb. 31. 8: Ps. 51 (52). 7: Ec. 3. 2.]
[**Th.** Da. 7. 8.]
[**Al.** Pr. 15. 6.]

ἐκριζωτής.

IV Ma. 3. 5. οὐ γὰρ ἐκριζωτὴς τῶν παθῶν ὁ λογισμός ἐστιν

ἐκρίπτειν (-εῖν). (1) גֵּרֵשׁ pi. (2) טוּל hoph. (3) טָרִי (4) נָדַף (5) נָטַשׁ *a.* qal. *b.* ni. (6) עָקַר ni. (7) שָׁנָה (8) שָׁלַךְ hi.

Jd. 6. 13. ἐξέρριψεν ἡμᾶς [A *al.*] (5 *a*)
9. 17. ἐξέρριψε [A ἔρρ.] τὴν ψυχὴν αὐτοῦ (8)
15. 9. ἐξερρίφησαν ἐν Λ. (5 *b*)
— 15. σιαγόνα ὄνου ἐξερριμμένην [A *al.*] (3 ?)
Ps. 1. 4. ὃν ἐκρίπτει ὁ ἄνεμος ἀπὸ προσώπου τῆς γῆς (4)
Pr. 5. 23. ἐκ δὲ πλήθους τῆς ἑαυτοῦ βιότητος ἐξερίφη (7)
Si. 10. 9. S² ὅτι καὶ ἐν γῇ αὐτοῦ ἐκρίψει [A B S¹ ὅτι ἐν ζωῇ ἔρριψα] τὰ ἐνδόσθια αὐτοῦ
Ze. 2. 4. Ἄζωτος μεσημβρίας ἐκριφήσεται [A -ριζωθήσ.] (1)
— 4. A Ἀκκαρὼν ἐκριφήσεται [B S -ριζωθήσ.] (6)
Je. 22. 28. ἐξερρίφη καὶ ἐξεβλήθη εἰς γῆν (2)
Ba. 2. 25. ἔστιν ἐξερριμμένα τῷ καύματι τῆς ἡμέρας

I Ma. 3. 35. A τοῦ ἐκρίψαι [S R ἐκτρ.] . . . τὴν ἰσχὺν Ἰσ.
II Ma. 5. 10. ὁ πλῆθος ἀτάφων ἐκρίψας
9. 15. R οἰωνοβρώτους . . . ἐκρίψειν [A -τρῖψαι] θηρίοις
10. 30. R κεραυνοὺς ἐξερρίπτουν [A -επίπτουν]
[**Aq.** Ps. 30 (31). 23.]
[**Sm.** Jb. 32. 13: Is. 33. 23.]

ἔκρυσις. (1) דּוּחַ hi.

Ez. 40. 38. τὰ αἰλαμμὼν [A -ὼθ] αὐτῆς ἐπὶ τῆς πύλης τῆς δευτ. ἔκρυσις (1 ?)

ἐκσαρκίζειν. (1) מִבְחָר

Ez. 24. 4. σκέλος καὶ ὦμον ἐκσεσαρκισμένα ἀπὸ [A ἐκ] τῶν ὀστῶν (1)

ἐκσιφωνίζειν. (1) שָׁאַף

Jb. 5. 5. ἐκσιφωνισθείη αὐτῶν ἡ ἰσχύς (1)

ἐκσμήχειν.

[**Al.** Le. 6. 28 (21).]

ἐκσοβεῖν.

Wi. 17. 10. ἑρπετῶν συριγμοῖς ἐκσεσοβημένοι [A ἐκπεφοβ.]

ἐκσπᾶν. (1) גָּחָה (2) יָצָא hi. (3) מָלַט ni. (4) נָסַע (5) נָצַל *a.* ni. *b.* hi. *c.* hoph. (6) נָשָׂא (7) נָתַק (8) נָתַשׁ ni. (9) סוּר hi. (10) *a.* שָׁלַךְ hi. *b.* שַׁלֶּכֶת (11) שָׁלַף

Jd. 3. 22. οὐκ ἐξέσπασε τὴν μάχαιραν ἐκ τῆς κοιλίας αὐτοῦ (11)
16. 14. A ἐξέσπασε τοὺς πασσάλους [B *al.*] (4)
20. 32. A ἐκσπάσωμεν [B ἐκκενώσωμεν] αὐτούς (7)
I Ki. 17. 35. ἐξέσπασα ἐκ τοῦ στόματος αὐτοῦ (5 *b*)
— 51. A ἐξέσπασεν αὐτὴν ἐκ τοῦ κολαιοῦ αὐ. (11)
19. 10. A καὶ ἐξεσπάσθη [B διεσώθη] (3)
26. 24. A καὶ ἐκσπάσοι [B σκεπάσαι] με (5 *b* ?)
Jb. 29. 17. A S⁴ ἐκ μέσου τῶν ὀδόντων αὐτῶν ἅρπαγμα ἐξέσπασα [B S¹ -ήρπασα] (10 *a*)
Ps. 21 (22). 9. σὺ εἶ ὁ ἐκσπάσας με ἐκ γαστρός (1)
24 (25). 15. αὐτὸς ἐκσπάσει ἐκ παγίδος τοὺς πόδας μου (2)
128 (129). 6. ὃς πρὸ τοῦ ἐκσπασθῆναι ἐξηράνθη (11)
Am. 3. 12. ὅταν ἐκσπάσῃ ὁ ποιμὴν . . . δύο σκέλη (5 *b*)
— 12. οὕτως ἐκσπασθήσονται οἱ υἱοὶ Ἰ. (5 *a*)
4. 11. ὡς δαλὸς ἐξεσπασμένος ἐκ πυρός (5 *c*)
9. 15. οὐ μὴ ἐκσπασθῶσιν οὐκέτι ἀπὸ τῆς γῆς (8)
Hb. 2. 9. τοῦ ἐκσπασθῆναι ἐκ χειρὸς κακῶν (5 *a*)
Za. 3. 3 (2). ὡς δαλὸς ἐξεσπασμένος ἐκ πυρός (5 *c*)
13. 7. ἐκσπάσατε [S² διασκορπισθήτω, A διασκορπισθήσονται] τὰ πρόβατα +
Is. 6. 13. A ὅταν ἐκσπασθῇ [B S ἐκπέσῃ] ἀπὸ [B ἐκ] τῆς θήκης αὐτῆς (10 *b*)
Je. 22. 24. ἐκεῖθεν ἐκσπάσω σε (7)
Ez. 11. 19. ἐκσπάσω τὴν καρδίαν τὴν λιθίνην ἐκ τῆς σαρκὸς αὐτῶν (9)
17. 9. τοῦ ἐκσπάσαι αὐτὴν ἐκ ῥιζῶν αὐτῆς (6)
21. 3 (8). ἐκσπάσω τὸ ἐγχειρίδιόν μου ἐκ τοῦ κολεοῦ αὐτοῦ (2)
— 5 (10). ἐξέσπασα τὸ ἐγχειρίδιόν μου ἐκ τοῦ κολεοῦ αὐτοῦ (2)
[**Aq.** Ex. 3. 5.]
[**Sm.** Ez. 21. 11 (16).]
[**Th., Quint.** Ps. 128 (129). 6.]

ἐκσπερματίζειν. (1) זָרַע ni.

Nu. 5. 28. καὶ ἐκσπερματιεῖ σπέρμα (1)

ἐκσποδιάζειν.

[**Al.** Nu. 4. 13.]

ἐκσπονδυλίζεσθαι, *vid.* **ἐκσφονδυλίζεσθαι.**

ἔκστασις. (1) דִּבָּה (2) *a.* זְוָעָה *b.* זַעֲוָה (3) חָפַז (4) חֲרָדָה (5) מְהוּמָה (6) פַּחַד (7) *a.* רָדַם *b.* תַּרְדֵּמָה (8) שַׂעַר (9) שַׁמָּה (10) תִּמָּהוֹן (11) **ἐκστάσει περιέχεσθαι** בְּהַל pa.

Ge. 2. 21. ἐπέβαλεν ὁ Θεὸς ἔκστασιν ἐπὶ τὸν Ἀ. (7 *b*)
15. 12. ἔκστασις ἐπέπεσε τῷ Ἄβραμ (7 *b*)
Ge. 27. 33. ἐξέστη δὲ Ἰσαὰκ ἔ. μεγάλην σφόδρα (4)
Nu. 13. 33 (32). ἐξήνεγκαν ἔκστασιν τῆς [B¹ ἐπὶ τῆς] γῆς (1)
De. 28. 28. καὶ ἐκστάσει διανοίας (10)
Jd. 16. 14. A μετὰ τῆς ἐ. [B *al.*] –
I Ki. 11. 7. ἐπῆλθεν ἔκστασις κυρίου ἐπὶ τὸν λαὸν Ἰ. (6)
14. 15. ἐγενήθη ἔκστασις ἐν τῇ παρεμβολῇ (4)
— 15. ἐγενήθη ἔκστασις παρὰ κυρίου (4)
IV Ki. 4. 13. A R ἐξέστησας ἡμῖν [A -ᾶς] πᾶσαν τὴν ἔ. ταύτην [B *al.*] (4)
II Ch. 14. 14 (13). ἐγενήθη ἔκστασις κυρίου ἐπ' αὐτούς (6)
15. 5. ἔκστασις κυρίου ἐπὶ πάντας (5)
17. 10: 20. 29. καὶ ἐγένετο ἔκστασις κυρίου (6)
29. 8. καὶ ἔδωκεν αὐτοὺς εἰς ἔκστασιν (2 *a**, 2 *b*)
Ps. 30 (31). *tit.* ψαλμὸς τῷ Δαυὶδ ἐκστάσεως [S *om.*] –
— 22. ἐγὼ δὲ εἶπα ἐν τῇ ἐ. μου (3)
67 (68). 27. ἐκεῖ Βεν. νεώτερος ἐν ἐκστάσει (7 *a* ?)
115. 2 (116. 11). ἐγὼ εἶπα ἐν τῇ ἐ. μου (3)
Pr. 26. 10. συντρίβεται γὰρ ἡ ἔ. αὐτῶν +
Hb. 3. 14. διέκοψας ἐν ἐκστάσει κεφαλὰς δυναστῶν +
Za. 12. 4. πατάξω πάντα ἵππον ἐν ἐκστάσει (10)
14. 13. ἔσται . . . ἔκστασις κυρίου μεγάλη ἐπ' αὐτούς (5)
Je. 5. 30. ἔ. [A ἐκτ.] καὶ φρικτὰ ἐγενήθη ἐπὶ τῆς γῆς (9)
Ez. 17. 3. A ἀετὸς ὁ μέγας ὁ μεγαλοπτέρυγος ὁ μακρὸς τῇ ἐ. [B ἐκτ.] +
26. 16. ἐκστάσει ἐκστήσονται (4)
27. 35. ἐκστάσει ἐξέστησαν (8)
32. 10. οἱ βασιλεῖς αὐ. ἐκστάσει ἐκστήσονται (8)
Da. LXX. 7. 28. ἐγὼ Δ. σφόδρα ἐκστάσει περιειχόμην (11)
Da. TH. 10. 7. ἔ. μεγάλη ἐπέπεσεν ἐπ' αὐτούς (4)
[**Aq.** Ho. 9. 7.]
[**Sm.** I Ki. 13. 3: Pr. 19. 15: Ho. 9. 7.]
[**Th.** Dt. 7. 23: I Ki. 5. 11: 26. 12: Jb. 33. 15: Ps. 30 (31). 23: Pr. 19. 15: Is. 29. 10.]
[**Al.** I Ki. 14. 20: Hb. 2. 15.]

ἐκστατικός.

[**Sm.** Je. 30 (37). 5.]

ἐκστερεοῦν.

[**Sext.** Ps. 128 (129). 6.]

ἐκστραγγίζειν. (1) מָצָה

Ez. 23. 34. A καὶ ἐκστραγγιεῖς (1)
[**Aq., Th.** Is. 51. 17: Ez. 23. 34.]
[**Sm.** Ps. 74 (75). 9: Is. 51. 17: Ez. 23. 34.]

ἐκστρατεύειν. (1) יָצָא

Pr. 24. 62 (30. 27). A ἐκστρατεύει [B S στρατ.] ἀφ' ἑνὸς κελεύσματος (1)

ἐκστρέφειν. (1) *a.* הָפַךְ *b.* תַּהְפֻּכָה *c.* הֶפֶךְ *d.* הֵפֶךְ (2) פָּרַק pi. (3) צוּד pil.

De. 32. 20. γενεὰ ἐξεστραμμένη ἐστίν (1 *b*)
Am. 6. 13 (12). ἐξεστρέψατε εἰς θυμὸν κρίμα (1 *a*)
Za. 11. 16. τοὺς ἀστραγάλους αὐτῶν ἐκστρέψει [A -τρίψει] (2)
●Ez. 13. 20. ἃς ὑμεῖς ἐκστρέφετε τὰς ψυχὰς αὐ. (3)
16. 34. A ἐγένετό σοι ἐξεστραμμένον [B ἐν σοὶ διεσ.] . . . ἐγένετο ἐν σοὶ ἐξεστραμμένα [B διεσ.] (1 *d*, 1 *c*)
[**Th.** Je. 23. 36.]

ἐκσύρειν. (1) גָּרַף

Jd. 5. 21. χειμάρρους κ. ἐξέσυρεν [A ἐξέβαλεν] αὐτούς (1)
[**Th.** Jd. 5. 21.]

ἐκσυρίζειν.

Si. 22. 1. πᾶς ἐκσυριεῖ ἐπὶ τῇ ἀτιμίᾳ αὐτοῦ
[**Sm.** Jb. 27. 23.]

ἐκσφονδυλίζεσθαι (-σπονδ.).

IV Ma. 11. 18. A R ἐκσφονδυλιζόμενος [S -σπ.] ὑπεκαίετο

ἔκταξις.

[**Al.** IV Ki. 4. 13.]

● = correction on page xxv

ἐκταράσσειν. (1) בָּעַת pi. (2) צָמַת pilp.

Ps. 17 (18). 4. χείμαρροι ἀνομίας ἐξετάραξάν με (1)
87 (88). 16. A S R οἱ φοβερισμοί σου ἐξετάραξάν [B ἐτάρ.] με (2)
Wi. 17. 3. ἰνδάλμασιν ἐκταρασσόμενοι
— 4. B[1] ἦχοι δ' ἐκταράσσοντες [S δὲ ταρ., A B[2] R δὲ καταράσσοντες] αὐτούς
18. 17. φαντασίαι μὲν ὀνείρων δεινῶς [A S -ῶν] ἐξετάραξαν αὐτούς
[Th. Je. 46 (26). 8.]

ἔκτασις. (1) אֵבֶר

Je. 5. 30. A ἔκτασις [B S ἔκστ.] καὶ φρικτά †
Ez. 17. 3. ἀετὸς ὁ μέγας ὁ μεγαλοπτέρυγος ὁ μακρὸς τῇ ἐ. [A ἐκστ.] (1)
[Sm., Th. Is. 11. 14.]

ἐκτάσσειν. (1) מָנָה pi. (2) נַעַר (3) *a.* צָבָא hi. *b.* צָבָא subst.

Nu. 32. 27. πάντες ἐνωπλισμένοι καὶ ἐκτεταγμένοι (3 *b*)
IV Ki. 25. 19. τὸν ἐκτάσσοντα τὸν λαὸν τῆς γῆς (3 *a*)
Ne. 4. 16 (10). A S ἥμισυ τῶν ἐκτεταγμένων [B -τετιναγ.] ἐποίουν τὸ ἔργον (2 ?)
5. 15. S[1] καὶ οἱ ἐκτεταγμένοι [A B S[2] -τετιναγ.] αὐτῶν (2 ?)
Da. LXX., Th. 1. 10. τὸν ἐκτάξαντα τὴν βρῶσιν ὑμῶν (1)
II Ma. 15. 20. καὶ τῆς στρατιᾶς ἐκταγείσης
[Aq. Je. 52. 25.]
[Al. IV Ki. 4. 13.]

ἐκτείνειν. (1) הָיָה (2) זָמַם (3) זָרָה pu. (4) יָשַׁט hi. (5) יָשַׁר (6) מָשַׁךְ (7) נָטָה *a.* qal. *b.* ni. *c.* hi. (8) נָטַשׁ (9) נָעַר (10) נָשָׂא (11) פָּרַד (12) פָּרַשׂ *a.* qal. *b.* pi. (13) פָּשַׁט (14) קָרַם (15) רוּם hi. (16) *a.* שָׁלַח qal. *b.* pi. *c.* pu. *d.* שְׁלַח (17) שָׁלַךְ hi. (18) תּוּר hi. (19) ἐ. τὴν χεῖρα שָׁלַח

Ge. 3. 22. μή ποτε ἐκτείνῃ τὴν χεῖρα (16 *a*)
8. 9. ἐκτείνας τὴν χεῖρα (16 *a*)
14. 22. ἐκτενῶ τὴν χεῖρά μου πρὸς τὸν θ. (15)
19. 10. ἐκτείναντες δὲ οἱ ἄνδρες τὰς χεῖρας (16 *a*)
22. 10. ἐξέτεινεν 'Α. τὴν χεῖρα αὐτοῦ (16 *a*)
48. 14. ἐκτείνας δὲ 'Ισραὴλ τὴν χεῖρα τὴν δ. (16 *a*)
Ex. 3. 20. καὶ ἐκτείνας τὴν χεῖρα (16 *a*)
4. 4. ἔκτεινον τὴν χεῖρα (16 *a*)
— 4. ἐκτείνας οὖν τὴν χεῖρα (16 *a*)
6. 8. εἰς ἣν ἐξέτεινα τὴν χεῖρά μου (10)
7. 5. A R ἐκτείνων [B -τενῶν] τὴν χεῖρα (7 *a*)
— 19. ἔκτεινον τὴν χεῖρά σου (7 *a*)
8. 5 (1). ἔκτεινον τῇ χειρὶ τὴν ῥάβδον σου (7 *a*)
— 6 (2). καὶ ἐξέτεινεν 'Ααρὼν τὴν χεῖρα (7 *a*)
— 16 (12). ἔκτεινον τῇ χειρὶ τὴν ῥάβδον σου (7 *a*)
— 17 (13). ἐξέτεινεν οὖν 'Α. τῇ χειρὶ τὴν ῥάβδον (7 *a*)
9. 22. ἔκτεινον τὴν χεῖρά σου εἰς τὸν οὐρανόν (7 *a*)
— 23. ἐξέτεινε δὲ Μ. τὴν χεῖρα εἰς τὸν οὐρ. (7 *a*)
— 33. καὶ ἐξέτεινε [A ἐξεπέτασεν] τὰς χεῖρας πρὸς κ. (12 *a*)
10. 12. ἔκτεινον τὴν χεῖρα ἐπὶ γῆν Αἰγ. (7 *a*)
— 21. ἔκτεινον τὴν χεῖρά σου εἰς τὸν οὐρανόν (7 *a*)
— 22. ἐξέτεινε δὲ Μ. τὴν χεῖρα εἰς τὸν οὐρ. (7 *a*)
14. 16. ἔκτεινον τὴν χεῖρά σου ἐπὶ τὴν θάλ. (7 *a*)
— 21. ἐξέτεινε δὲ Μ. τὴν χεῖρα ἐπὶ τὴν θάλ. (7 *a*)
— 26. ἔκτεινον τὴν χεῖρά σου ἐπὶ τὴν θάλ. (7 *a*)
— 27. ἐξέτεινε δὲ Μ. τὴν χεῖρα ἐπὶ τὴν θάλ. (7 *a*)
15. 12. ἐξέτεινας τὴν δεξιάν σου (7 *a*)
25. 19 (20). οἱ Χερουβεὶμ ἐκτείνοντες τὰς πτέρυγας ἐπάν. (12 *a*)
38. 19 (36. 34). εἰς τὸ ἐ. τὸ κατακάλυμμα –
40. 19. ἐξέτεινε τὰς αὐλαίας ἐπὶ τὴν σκηνήν (12 *a*)
Nu. 14. 30. ἐφ' ἣν ἐξέτεινα τὴν χεῖρά μου (10)
De. 25. 11. ἐκτείνασα τὴν χεῖρα (16 *a*)
Jo. 8. 18. ἔκτεινον τὴν χεῖρα (7 *a*)
— 19 (18). ἐξέτεινεν 'Ι. τὴν χεῖρα αὐτοῦ τὸν γαισόν [A *al.*] (7 *a*)
— 19. ὅτε ἐξέτεινε τὴν χεῖρα (7 *a*)
Jd. 3. 21. ἐξέτεινεν 'Α. τὴν χεῖρα τὴν ἀριστερὰν αὐτοῦ (16 *a*)
Jd. 5. 15. A ἐξέτεινεν τοῖς ποσὶν αὐτοῦ [B *al.*] (16 *c*)
— 26. χεῖρα αὐτῆς ἀριστερὰν εἰς πάσσαλον ἐξέτεινε (16 *a*)
6. 21. ἐξέτεινεν ὁ ἄγγελος . . . τὸ ἄκρον τῆς ῥάβδου (16 *a*)
9. 33. ἐκτενεῖς ἐπὶ τὴν πόλιν (13)
— 44. οἱ ἀρχηγοὶ οἱ μετ' αὐτοῦ ἐξέτειναν [A *al.*] (13)
— 44. αἱ δύο ἀρχαὶ ἐξέτειναν [A -εχύθησαν] (13)
15. 15. ἐξέτεινε τὴν χεῖρα αὐτοῦ (16 *a*)
20. 37. ἐξέτειναν ἐπὶ [A ἐξεχύθησαν πρὸς] τὴν Γ. (13)
I Ki. 1. 16. ἐκτέτακα ἕως νῦν †
14. 27. ἐξέτεινε τὸ ἄκρον τοῦ σκήπτρου αὐτοῦ (16 *a*)
17. 49. ἐξέτεινε Δ. τὴν χεῖρα αὐτοῦ (16 *a*)
II Ki. 6. 6. καὶ ἐξέτεινεν 'Οζὰ τὴν χεῖρα αὐτοῦ (19)
15. 5. καὶ ἐξέτεινε τὴν χεῖρα αὐτοῦ (16 *a*)
22. 33. A ἐξέτεινεν [B -ετίναξεν] ἄμωμον τὴν ὁδόν μου (18)
24. 16. ἐξέτεινεν ὁ ἄγγελος τοῦ θεοῦ τὴν χεῖρα αὐτοῦ (16 *a*)
III Ki. 8. 42. A καὶ βραχίονά σου τὸν ἐκτεταμένον (7 *a*)
13. 4. καὶ ἐξέτεινεν ὁ βασ. τὴν χεῖρα αὐτοῦ (16 *a*)
— 4. ἣν ἐξέτεινεν ἐπ' αὐτόν (16 *a*)
IV Ki. 6. 7. καὶ ἐξέτεινε τὴν χεῖρα (16 *a*)
21. 13. καὶ ἐκτενῶ ἐπὶ 'Ι. τὸ μέτρον Σ. (7 *a*)
I Ch. 13. 9. καὶ ἐξέτεινεν 'Ο. τὴν χεῖρα αὐτοῦ [S *om.* τ. χ. αὐ.] (16 *a*)
— 10. διὰ τὸ ἐκτεῖναι τὴν χεῖρα αὐτοῦ (16 *a*)
21. 16. καὶ ἡ ῥομφαία αὐτοῦ . . . ἐκτεταμένη ἐπὶ 'Ι. (7 *a*)
I Es. 6. 33. ὃς ἐκτενεῖ τὴν χεῖρα αὐτοῦ
8. 73. ἐκτείνας τὰς χεῖρας πρὸς τὸν κύριον
II Es. 6. 12. ὃς ἐκτενεῖ τὴν χεῖρα αὐτοῦ (16 *d*)
Ne. 5. 13. S[1] τὴν ἀναβολήν μου ἐξέτεινα [A B S[2] -ετίναξα] (9)
▶ 9. 15. ἐφ' [A εἰς] ἣν ἐξέτεινας τὴν χεῖρά σου (10)
13. 21. ἐκτενῶ χεῖρά μου ἐν ὑμῖν (16 *a*)
Ju. 4. 11. καὶ ἐξέτειναν τοὺς σάκκους αὐτῶν
Es. 4. 11. ᾧ ἐκτείνει ὁ βασιλεὺς τὴν χρυσῆν ῥάβδον (4)
8. 4. ἐξέτεινε δὲ ὁ βασιλεὺς 'Ε. τὴν ῥάβδον (4)
Jb. 26. 7. S R ἐκτείνων βορέαν [A B -έᾳ] ἐπ' οὐδέν (7 *a*)
28. 9. ἐν ἀκροτόμῳ ἐξέτεινε χεῖρα αὐτοῦ (16 *a*)
30. 12. πόδα αὐτῶν ἐξέτειναν (16 *b*)
36. 30. ἰσότητα σκηνῆς αὐτοῦ ἰδοὺ ἐκτενεῖ (12 *a*)
Ps. 54 (55). 20. B S[2] ἐξέτεινε τὴν χεῖρα αὐτοῦ (16 *a*)
59 (60). 8. ἐπὶ τὴν 'Ι. ἐκτενῶ τὸ ὑπόδημά μου (17)
79 (80). 11. ἐξέτεινε τὰ κλήματα αὐτῆς ἕως θαλάσσης (16 *b*)
103 (104). 2. ἐκτείνων τὸν οὐρανὸν ὡσεὶ δέρριν (7 *a*)
107 (108). 9. S[1] ἐπὶ τὴν 'Ιδουμαίαν ἐκτενῶ [A S[2] R ἐπιβαλῶ] τὸ ὑπόδημά μου (17)
124 (125). 3. ὅπως ἂν μὴ ἐκτείνωσιν οἱ δίκαιοι ἐν ἀνομίᾳ χεῖρας αὐτῶν (16 *a*)
137 (138). 7. ἐπ' ὀργὴν ἐχθρῶν μου ἐξέτεινας χεῖράς σου (16 *a*)
Pr. 1. 17. οὐ γὰρ ἀδίκως ἐκτείνεται δίκτυα πτερωτοῖς (3)
— 24. ἐξέτεινον λόγους καὶ οὐ προσείχετε (7 *a*)
23. 20. μηδὲ ἐκτείνου συμβολαῖς –
— 32. ὥσπερ ὑπὸ ὄφεως πεπληγὼς ἐκτείνεται †
24. 67 (30. 32). καὶ ἐκτείνῃς τὴν χεῖρά σου μετὰ μάχης (2 ?)
31. 19. τοὺς πήχεις [A S[2] τὰς χεῖρας] αὐτῆς ἐκτείνει [S[1] -τενεῖς] ἐπὶ τὰ συμφέροντα (16 *b*)
— 20. καρπὸν δὲ ἐξέτεινε πτωχῷ (16 *b*)
Si. 4. 31. μὴ ἔστω ἡ χείρ σου ἐκτεταμένη εἰς τὸ λαβεῖν
7. 32. πτωχῷ ἔκτεινον τὴν χεῖρά σου
14. 13. κατὰ τὴν ἰσχύν σου ἔκτεινον καὶ δὸς αὐτῷ
15. 16. οὗ ἐὰν θέλῃς ἐκτενεῖς τὴν χεῖρά σου
24. 16. ὡς τερέμινθος ἐξέτεινα κλάδους μου
34 (31). 14. μὴ ἐκτείνῃς χεῖρα
— 18. πρότερος αὐτῶν μὴ ἐκτείνῃς τὴν χεῖρά σου
46. 2. A S καὶ ἐν [B S[1] *om.*] τῷ ἐκτεῖναι [B ἐκκλῖναι] ῥομφαίαν ἐπὶ πόλεις
50. 15. ἐξέτεινεν ἐπὶ σπονδείου χεῖρα αὐτοῦ
Ho. 5. 1. καὶ ὡς δίκτυον ἐκτεταμένον ἐπὶ τὸ 'Ι. (12 *a*)
7. 5. ἐξέτεινε τὴν χεῖρα αὐτοῦ μετὰ λοιμῶν (6)
11. 4. ἐξέτεινα αὐτοὺς ἐν δεσμοῖς ἀγαπήσεώς μου (6)
Ze. 1. 4. ἐκτενῶ τὴν χεῖρά μου ἐπὶ 'Ι. (7 *a*)
Ze. 2. 13. ἐκτενεῖ τὴν χεῖρα αὐτοῦ [A S[3] *al.*] (7 *a*)
Za. 1. 16. μέτρον ἐκταθήσεται [A ἐκτεθ.] ἐπὶ 'Ιερ. (7 *b*)
12. 1. κύριος ἐκτείνων οὐρανόν (7 *a*)
Is. 1. 15. ὅταν ἐκτείνητε τὰς χεῖρας (12 *b*)
44. 24. ἐξέτεινα τὸν οὐρανὸν μόνος (7 *a*)
Je. 1. 9. ἐξέτεινε κύριος τὴν χεῖρα αὐτοῦ πρὸς μέ (16 *a*)
6. 12. ἐκτενῶ τὴν χεῖρά μου ἐπὶ τοὺς κατοικοῦντας τὴν γῆν (7 *c*)
10. 12. τῇ φρονήσει αὐ. ἐξέτεινε τὸν οὐρ. (7 *a*)
15. 6. ἐκτενῶ τὴν χεῖρά μου (7 *c*)
21. 5. πολεμήσω ἐγὼ ὑμᾶς ἐν χειρὶ ἐκτεταμένῃ [A ἐντ.] (7 *a*)
28 (51). 15. ἐν τῇ συνέσει αὐ. ἐξέτεινε τὸν οὐρ. (7 *a*)
— 25. ἐκτενῶ τὴν χεῖρά μου ἐπὶ σέ (7 *a*)
29 (49). 22. ἐκτενεῖ [B[1] -τείνει] τὰς πτέρυγας ἐπ' ὀχυρώματα αὐτῆς (12 *a*)
La. 2. 8. ἐξέτεινε μέτρον (7 *a*)
Ez. 1. 11. αἱ πτέρυγες αὐτῶν ἐκτεταμέναι ἄνωθεν (11)
— 22. ὁμοίωμα . . . ἐκτεταμένον ἐπὶ τῶν πτερύγων αὐτῶν ἐπάνωθεν (7 *a*)
— 23. ὑποκάτωθεν τοῦ στερεώματος αἱ πτέρυγες αὐτῶν ἐκτεταμέναι (5)
2. 9. χεὶρ ἐκτεταμένη πρὸς μέ (16 *a*)
6. 14. ἐκτενῶ τὴν χεῖρά μου ἐπ' αὐτούς (7 *a*)
8. 3. ἐξέτεινεν ὁμοίωμα χειρός (16 *a*)
— 17. A ἐκτείνουσιν τὸ κλῆμα (16 *a*)
10. 7. ἐξέτεινε τὴν χεῖρα αὐτοῦ (16 *a*)
13. 9. ἐκτενῶ τὴν χεῖρά μου ἐπὶ τοὺς προφήτας (1)
14. 9. ἐκτενῶ τὴν χεῖρά μου ἐπ' αὐτόν (7 *a*)
— 13. ἐκτενῶ τὴν χεῖρά μου ἐπ' αὐτήν (7 *a*)
16. 27. ἐὰν δὲ ἐκτείνω τὴν χεῖρά μου ἐπὶ σε (7 *a*)
17. 6. ἐξέτεινε τὴν ἀναδενδράδα αὐτῆς (16 *b*)
25. 7. ἐκτενῶ τὴν χεῖρά μου ἐπὶ σέ (7 *a*)
— 13. ἐκτενῶ τὴν χεῖρά μου ἐπὶ τὴν 'Ιδ. (7 *a*)
— 16. ἐκτενῶ τὴν χεῖρά μου ἐπὶ τοὺς ἀλλοφ. (7 *a*)
30. 25. ἐκτενεῖ αὐτὴν ἐπὶ γῆν Αἰγύπτου (7 *a*)
32. 4. ἐκτενῶ σε ἐπὶ τὴν γῆν (8)
35. 3. ἐκτενῶ τὴν χεῖρά μου ἐπὶ σέ (7 *a*)
37. 6. ἐκτενῶ ἐφ' ὑμᾶς δέρμα (14)
Da. Th. 11. 42. ἐκτενεῖ τὴν χεῖρα ἐπὶ τὴν γῆν (16 *a*)
I Ma. 6. 25. οὐκ ἐφ' ἡμᾶς μόνον ἐξέτειναν χεῖρα
— 40. A S[2] R ἐξετάθη μέρος τι τῆς παρεμβολῆς
7. 47. ἣν ἐξέτεινεν ὑπερηφάνως
— 47. A S[2] R ἐξέτειναν παρὰ τὴν [S[1] τῇ] 'Ιερ.
9. 47. ἐξέτεινεν 'Ιωνάθαν τὴν χεῖρα αὐτοῦ
12. 39. A R καὶ ἐκτεῖναι [S ἐξέτεινεν τὴν] χεῖρα ἐπὶ 'Αντ.
— 42. ἐκτεῖναι χεῖρας ἐπ' αὐτόν
14. 31. καὶ ἐκτεῖναι [S[1] ἐκκλῖναι] χεῖρας
II Ma. 15. 32. ἣν ἐκτείνας ἐπὶ τὸν ἅγιον . . . οἶκον
IV Ma. 4. 11. τὰς χεῖρας ἐξέτεινεν εἰς τὸν οὐρανόν
7. 5. τὴν ἑαυτοῦ διάνοιαν . . . ἐκτείνας
[Aq. Dt. 4. 34: 7. 19: I Ki. 30. 16: Is. 40. 22: 51. 13: 54. 2: Je. 43 (50). 10.]
[Sm. Ge. 3. 23 (22): Dt. 7. 19: Jb. 36. 29: Ps. 54 (55). 21: 76 (77). 3: 79 (80). 12: 137 (138). 7: Is. 34. 11: 40. 22: 51. 13: 54. 2: 58. 9: Ez. 31. 5: Da. 11. 45.]
[Th. Jd. 5. 15: Jb. 28. 9: 36. 30: Is. 34. 11: 38. 12: 40. 22: 51. 13: 54. 2: 58. 9: Ez. 8. 17: 31. 5: Da. 11. 42.]
[Al. Ex. 7. 5: Ps. 7. 13: 124 (125). 3.]
[Sext. Ps. 79 (80). 12.]

ἐκτελεῖν. (1) כָּלָה (2) נָתַשׁ

De. 32. 45. ἐξετέλεσε [A συνετ.] Μ. λαλῶν (1)
III Ki. 14. 15. A ἐκτελεῖ [? -τιλεῖ] τὸν 'Ι. (2)
II Ch. 4. 5. καὶ ἐξετέλεσε †
Da. Th. 3. (40). καὶ ἐκτελέσαι ὄπισθέν σου
II Ma. 15. 9. οὓς ἦσαν ἐκτετελεκότες
[Th. Da. 3. (40).]

ἐκτέμνειν. (1) בָּצַע pi.

To. 2. 12. S ἐξέτεμε τὸν ἱστόν
Is. 38. 12. ἐρίθου ἐγγιζούσης ἐκτεμεῖν (1)
II Ma. 15. 33. τὴν γλῶσσαν τοῦ δυσσεβοῦς Ν. ἐκτεμών
● IV Ma. 10. 17. ἐκέλευσε τὴν γλῶτταν αὐ. ἐκτεμεῖν
— 21. τὴν γὰρ . . . μελῳδὸν γλῶτταν ἐκτέμνεις
18. 21. καὶ γλώσσας ἐξέτεμε
[Aq., Sm. Is. 38. 12.]

ἐκτένεια, ἐκτενία.

Ju. 4. 9. ἀνεβόησαν [S ἐβ.] . . . ἐν ἐ. μεγάλῃ
— 9. ἐταπείνουσαν τὰς ψυχὰς αὐ. ἐν ἐ. μεγάλῃ [S *om.* ἐν ἐ. μ., S[2] νηστείᾳ μ.]

II Ma. 14. 38. παραβεβλημένος μετὰ πάσης ἐκτενίας
III Ma. 6. 41. μεγαλοψύχως τὴν ἐ. ἔχουσαν

ἐκτενής.
III Ma. 3. 10. πᾶν ἐ. προσοίσεσθαι πρὸς ἀντίληψιν
5. 29. κατὰ τὴν σὴν ἐ. πρόθεσιν

ἐκτενῶς. (1) בְּחָזְקָה
Ju. 4. 12. καὶ ἐβόησαν [S ἀνεβ.] . . . ὁμοθυμαδὸν ἐ. [S om.]
Jl. 1. 14. B S κεκράξατε [A R -ετε] πρὸς κύριον ἐ. –
Jn. 3. 8. ἀνεβόησαν πρὸς τὸν θεὸν ἐ. (1)
III Ma. 5. 9. ἡ λιτανεία ἐ. ἀνέβαινεν
[Aq., Sm., Th. Is. 33. 7.]

ἐκτήκειν. (1) דּוּב hi. (2) כָּלָה pi. (3) מָסָה hi. (4) צָמַת pi. (5) קוּט hithpal. (6) תָּמַם hi.
Le. 26. 16. τὴν ψυχὴν ὑμῶν ἐκτήκουσαν (1)
Jb. 31. 16. χήρας δὲ τὸν ὀφθαλμὸν οὐκ ἐξέτηξα [A ἔτ.] (2)
Ps. 38 (39). 11. ἐξέτηξας ὡς ἀράχνην τὴν ψυχὴν αὐτοῦ (3)
118 (119). 139. A S¹ ἐξέτηξέ με ὁ ζῆλος τοῦ οἴκου [S² R om. τοῦ οἴκου] σου (4)
— 158. εἶδον ἀσυνετοῦντας [S¹ ἀσυνθετ.] καὶ ἐξετηκόμην (5)
138 (139). 21. A B S ἐπὶ τοῖς ἐχθροῖς [R τοὺς ἐ.] σου ἐξετηκόμην (5)
Si. 18. 18. δόσις βασκάνου ἐκτήκει ὀφθαλμούς
34 (31). 1. ἀγρυπνία πλούτου ἐκτήκει σάρκας
Ez. 24. 10. A ἐκτακῇ τὰ κρέα [B al.] (6)
[Aq. Ez. 4. 17.]
[Al. Jo. 2. 11.]

ἐκτιθέναι. (1) גָּלָה (2) נוּעַ hi. (3) נָטָה ni. (4) נָתַן ni. (5) רָשַׁם (6) שׂוּם
Es. 3. 14. τὰ δὲ ἀντίγραφα τῶν ἐπιστολῶν ἐξετίθετο (4)
4. 3. οὗ ἐξετίθετο τὰ γράμματα [S³ τὸ πρόσταγμα τοῦ βασιλέως] (2)
— 8. τὸ ἀντίγραφον τὸ ἐν Σούσοις ἐκτεθέν (4)
8. 13. ἐκθέντες [A -τεθ., S¹ -τεθέντος] ἐν παντὶ τόπῳ
— 13. ἐκτιθέσθωσαν [S -θω, A -τεθείσθω] ὀφθαλμοφανῶς (4)
— 14. ἐξετέθη δὲ τὸ πρόσταγμα [A ἔκθεμα] (4)
— 17. οὗ ἂν ἐξετέθη τὸ πρόσταγμα [A om. οὗ . . . πρ.] οὗ ἂν ἐξετέθη τὸ ἔκθεμα [S¹ om. οὗ ἂν ἐξ. τὸ ἔ., S³ al.] (–, 2)
9. 14. καὶ ἐξέθηκε [S¹ ἐπέθ.] τοῖς Ἰ. τῆς πόλεως [S¹ om. τ. π.] (4)
Jb. 36. 15. κρίμα δὲ πραέων ἐκθήσει (1)
Wi. 18. 5. ἑνὸς ἐκτεθέντος τέκνου καὶ σωθέντος
Za. 1. 16. A μέτρον ἐκτεθήσεται [B S ἐκταθ.] ἐπὶ Ἰερ. (3)
Da. LXX. 5. 7. τότε ὁ βασιλεὺς ἐξέθηκε πρόσταγμα –
Da. TH. 3. 29 (96). ἐγὼ ἐκτίθεμαι τὸ δόγμα (6)
6. 8 (9). καὶ ἔκθες γραφήν (5)
II Ma. 11. 36. ἵνα ἐκθῶμεν [A ἔχωμεν]
[Sm. Ps. 39 (40). 6.]
[Th. Da. 6. 8.]

ἐκτίκτειν. (1) יָלַד hi.
Is. 55. 10. ἕως ἂν μεθύσῃ τὴν γῆν καὶ ἐκτέκῃ (1)

ἐκτίλλειν. (1) גָּדַד (2) חָתָה (3) מְרַט (4) נָתַשׁ a. qal. b. ni. (5) עָקַר (6) קָצַץ pa.
III Ki. 14. 15. A ἐκτιλεῖ [? -τελεῖ] τὸν Ἰ. (4 a)
Ps. 51 (52). 5. R ἐκτίλαι [B S -τεῖλαι] σε (2)
Ec. 3. 2. S R καιρὸς τοῦ ἐκτῖλαι [A B -εῖλαι] τὸ πεφυτευμένον (5)
Si. 10. 15. S² R ῥίζας ἐθνῶν ἐξέτιλεν [A B -τειλ., S¹ ἐξεῖλεν] ὁ κύριος
40. 16. ἄχει . . . πρὸ παντὸς χόρτου ἐκτιλήσεται
Je. 24. 6. καὶ οὐ μὴ ἐκτίλω (4 a)
49 (42). 10. S R καὶ οὐ μὴ ἐκτίλω [A B -τείλω] (4 a)
51. 34 (45. 4). οὓς ἐγὼ ἐφύτευσα ἐγὼ ἐκτίλλω [S³ -τιλῶ] (4 a)
Da. TH. 4. 11. A R ἐκτίλατε [B -τεί.] τοὺς κλάδους [A καρποὺς] αὐτοῦ (6)
— 20. R ἐκτίλατε [A B -τεί.] τὸ δένδρον (1)
7. 4. ἕως οὗ ἐξετίλη τὰ πτερὰ αὐτῆς (3)
11. 4. ἐκτιλήσεται ἡ βασιλεία αὐτοῦ (4 b)
[Aq. III Ki. 14. 15.]
[Sm. Jb. 19. 20: Ps. 140 (141). 6.]

ἐκτιναγμός. (1) בּוּקָה
Na. 2. 10 (11). ἐκτιναγμὸς καὶ ἀνατιναγμός (1)

ἐκτινάσσειν. (1) בָּקַק (2) חָבַט ni. (3) נָעַר a. qal. b. ni. c. pi. d. hithp. (4) נְפַל (5) נָפַץ a. qal. b. pi. (6) נְתַר aph. (7) תּוּר hi.
Ex. 14. 27. ἐξετίναξε κύριος τοὺς Αἰγ. μέσον τῆς θαλ. (3 c)
Jd. 7. 19. ἐξετίναξαν τὰς ὑδρίας (5 a)
16. 20. καὶ ἐκτιναχθήσομαι [A ἀποτινάξομαι] (3 b)
II Ki. 22. 33. ἐξετίναξεν [A -έτεινεν] ἄμωμον τὴν ὁδόν μου (7)
III Ki. 5. 9 (23). καὶ ἐκτινάξω αὐτὰ ἐκεῖ (5 b)
Ne. 4. 16 (10). ἥμισυ τῶν ἐκτετιναγμένων [A S -τεταγ.] ἐποίουν τὸ ἔργον †
5. 13. τὴν ἀναβολήν μου ἐξετίναξα [S¹ -έτεινα] (3 a)
— 13. οὕτως ἐκτινάξαι ὁ θεὸς πάντα ἄνδρα (3 c)
— 13. καὶ ἔσται οὕτως ἐκτετιναγμένος (3 a)
— 15. οἱ ἐκτετιναγμένοι [S¹ -τεταγ.] αὐτῶν †
Jb. 38. 13. ἐκτινάξαι ἀσεβεῖς ἐξ αὐτῆς (3 b)
Ps. 108 (109). 23. ἐξετινάχθην ὡσεὶ ἀκρίδες (3 b)
126 (127). 4. οὕτως οἱ υἱοὶ τῶν ἐκτετιναγμένων (3 a?)
135 (136). 15. καὶ [A τῷ] ἐκτινάξαντι Φαραὼ . . . εἰς θάλ. ἐρυθράν (3 c)
Si. 22. 2. πᾶς ὁ ἀναιρούμενος αὐτὸν ἐκτινάξει χεῖρα
Na. 2. 2 (3). ἐκτινάσσοντες ἐξετίναξαν αὐτούς (1, 1)
Is. 28. 27. A S ῥάβδῳ ἐκτινάσσεται [B τινάσσ.] τὸ μελάνθιον (2)
52. 2. ἐκτίναξαι τὸν χοῦν (3 d)
Da. LXX. 3. (49). ἐξετίναξε τὴν φλόγα τοῦ πυρός
Da. TH. 3. (49). ἐξετίναξε τὴν φλόγα τοῦ πυρός
4. 11. ἐκτινάξατε τὰ φύλλα αὐτοῦ (6)
7. 20. καὶ ἐκτιναξάντων τῶν πρώτων [A προτέρων τρίς] (4)
I Ma. 10. 80. ἐξετίναξαν τὰς σχίζας
[Aq. Is. 33. 9: 52. 2.]
[Sm. Is. 33. 9.]
[Th. Is. 27. 9: 33. 9: Da. 7. 20.]

ἐκτίνειν. (1) נָתַן
Jb. 2. 4. ὑπὲρ τῆς ψυχῆς αὐτοῦ ἐκτίσει [A al.] (1)

ἐκτιτρώσκειν.
[Sm. Jb. 21. 10.]

ἐκτοκεύειν.
[Aq. Is. 66. 9.]

ἐκτοκίζειν. (1) נָשַׁךְ hi.
De. 23. 19 (20). οὐκ ἐκτοκιεῖς τῷ ἀδελφῷ σου τόκον (1)
— 20 (21). τῷ ἀλλοτρίῳ ἐκτοκιεῖς τῷ δὲ ἀδελφῷ σου οὐκ ἐκτοκιεῖς (1, 1)
[Sm. Ps. 28 (29). 8 bis: Is. 66. 9.]

ἐκτομίας, ἐκτομίς. (1) נָתַק
Le. 22. 24. θλαδίαν καὶ ἐκτεθλιμμένον καὶ ἐκτομίαν [A -ίδα] (1)

ἐκτοπίζειν.
II Ma. 8. 13. διεδίδρασκον ἑαυτοὺς καὶ ἐξετόπιζον

ἐκτορνεύειν.
[Sm. Ex. 25. 35 (36).]

ἕκτος. (1) a. שֵׁשׁ b. שִׁשָּׁה pi. c. שִׁשִּׁי d. שֵׁת
Ge. 1. 31. ἡμέρα ἕ. (1 c)
2. 2. ἐν τῇ ἡμέρᾳ τῇ ἕκτῃ †
30. 19. καὶ ἔτεκεν υἱὸν ἕ. τῷ Ἰακώβ (1 c)
Ex. 16. 5. A R ἐν [B om.] τῇ ἡμέρᾳ τῇ ἕ. (1 c)
— 22, 29. τῇ ἡμέρᾳ τῇ ἕ. (1 c)
26. 9. τὴν δέρριν τὴν ἕ. (1 c)
Le. 25. 21. ἐν τῷ ἔτει τῷ ἕ. (1 c)
— 28. ἕως τοῦ ἕ. ἔτους τῆς ἀφέσεως –
Nu. 7. 42: 29. 29. τῇ ἡμέρᾳ τῇ ἕ. (1 c)
Jo. 19. 32. ἐξῆλθεν ὁ κλῆρος ὁ ἕ. (1 c)
II Ki. 3. 5. καὶ ὁ ἕ. Ἰ. (1 c)
III Ki. 16. 8. A ἐν ἔτει εἰκοστῷ καὶ ἕ. (1 a)
IV Ki. 18. 10. ἐν ἔτει ἕ. τῷ Ἐ. (1 a)
I Ch. 2. 15. Ἀσὸμ ὁ ἕ. (1 c)
3. 3. ὁ ἕ. Ἰ. (1 c)
I Ch. 12. 11. Ἰεθὶ ὁ ἕ. (1 c)
24. 9. τῷ Μ. ὁ ἕ. (1 c)
25. 13. ὁ ἕ. Β. (1 c)
26. 3, 5. A R ὁ ἕ. (1 c)
27. 9. ὁ ἕ. τῷ μηνὶ τῷ ἕ. (1 c, 1 c)
I Es. 7. 4. A ἕως τοῦ ἕ. ἔτους Δ.
— 5. τοῦ ἕ. ἔτους βασιλέως Δ.
II Es. 6. 15. A R ὅ [B ὅς] ἐστιν ἔτος ἕ. (1 d)
Ne. 3. 30. A S R υἱὸς Σ. ὁ [B om.] ἕ. (1 c)
Hg. 1. 1. ἐν τῷ μηνὶ τῷ ἕ. (1 c)
2. 1 (1. 15). τῇ τετράδι καὶ εἰκάδι τοῦ μηνὸς τοῦ ἕ. (1 c)
Ez. 4. 11. τὸ ἕ. τοῦ εἶν ἀπὸ καιροῦ ἕως καιροῦ πίεσαι (1 c)
8. 1. ἐγένετο ἐν τῷ ἕ. ἔτει (1 c)
45. 13. A R ἕκτον [A ἑκατὸν τοῦ] μέτρου [B -ον] ἀπὸ τοῦ γομὸρ τοῦ πυροῦ καὶ τὸ ἕ. αὐτοῦ τοῦ οἰφί (1 c, 1 b)
46. 14. τὸ πρωῒ ἕκτον τοῦ μέτρου (1 c)
Da. LXX. Bel 32. καὶ ἐγένετο τῇ ἡμέρᾳ τῇ ἕ.
I Ma. 2. 70. ἐν τῷ ἕ. καὶ τεσσαρακοστῷ καὶ ἑκατοστῷ ἔτει
II Ma. 7. 18. μετὰ δὲ τοῦτον ἦγον τὸν ἕ.
IV Ma. 11. 13. ὁ ἕ. ἤγετο μειρακίσκος
[Aq., Sm., Th. III Ki. 16. 8.]

ἐκτός. (1) אֶל־מִבֵּית (2) אֵת (3) a. בְּעַד b. מִבַּעַד לְ (4) זוּלָה (5) a. לְבַד מִן b. מִלְּבַד (6) מִ׳ (7) רַק
Ex. 9. 33. ἐξῆλθε δὲ . . . ἐ. τῆς πόλεως (2)
Jd. 3. 31. A ἐ. μόσχων βοῶν [B al.] –
5. 28. παρέκυψε . . . ἐ. τοῦ τοξικοῦ [A al.] (3 a)
8. 26. καὶ ἐ. τῶν περιθεμάτων [A al.] (5 a)
20. 15. ἐ. τῶν οἰκούντων τὴν Γ. [A al.] (5 a)
— 17. ἐ. τοῦ Βεν. [A al.] (5 a)
III Ki. 3. 1 (cf. 4. 23). B ἐ. ἐλάφων καὶ δορκάδων (5 a?)
4. 23 (5. 3). ἐ. ἐλάφων καὶ δορκάδων (5 a)
10. 13. ἐ. πάντων ὧν ἐδεδώκει αὐτῇ (5 b)
15. 5. A ἐ. ἐν ῥήματι Οὐ. (7)
I Ch. 29. 3. ἐ. ὧν ἡτοίμακα (6)
II Ch. 9. 12. ἐ. πάντων ὧν ἤνεγκε (5 b)
17. 19. ἐ. ὧν ἔδωκεν ὁ βασ. (5 b)
23. 14. ἐκβάλετε αὐτὴν ἐ. τοῦ οἴκου (1?)
31. 16. A R ἐ. [B ἕκαστος] τῆς ἐπιγονῆς τῶν ἀρσενικῶν (5 b)
Pr. 24. 23 (29. 27). λόγον φυλασσόμενος υἱὸς ἀπωλείας ἐ. ἔσται –
Ca. 4. 1. ὀφθαλμοί σου περιστεραὶ ἐ. τῆς σιωπήσεως (3 b)
— 3. ὡς λέπυρον ῥοᾶς μῆλόν σου ἐ. τῆς σιωπήσεως (3 b)
6. 6 (7). ὡς λέπυρον τῆς ῥοᾶς μῆλόν σου ἐ. τῆς σιωπήσεως (3 b)
Si. prol. 5. ἀλλὰ καὶ τοῖς ἐ. . . . χρησίμους εἶναι
Is. 26. 13. ἐ. σοῦ ἄλλον οὐκ οἴδαμεν (4)
Da. LXX. Bel 13. οὐθενὸς τῶν ἐ. αὐτοῦ εἰδότος
Da. TH. 11. 4. καὶ ἑτέροις ἐ. τούτων (5 b)
Bel 10. ἦσαν ἱερεῖς . . . ἐ. [A χωρὶς] γυναικῶν
I Ma. 15. 30. S R ἐ. [A om.] τῶν ὁρίων τῆς Ἰ.
II Ma. 11. 25. τοῦτο τὸ ἔθνος ἐ. ταραχῆς εἶναι
[Aq. III Ki. 14. 8: 15. 5: Jb. 1. 16: Ps. 31 (32). 6: Is. 28. 19.]
[Sm. Is. 65. 11.]

ἔκτοτε.
[Sm. Is. 16. 13.]

ἐκτρέπειν. (1) הָפַךְ
Am. 5. 8. ἐκτρέπων εἰς τὸ πρωῒ σκιάν (1)
[Aq. Is. 56. 11.]
[Sm. Is. 33. 18: 56. 11.]

ἐκτρέφειν. (1) גָּדַל a. qal. b. pi. (2) גָּמַל (3) חָיָה a. qal. b. pi. c. hi. (4) כּוּל pilp. (5) כָּרַע (6) נָהַל pi.
Ge. 45. 7. καὶ ἐκθρέψαι ὑμῶν κατάλειψιν μεγάλην (3 c)
— 11. καὶ ἐκθρέψω σε ἐκεῖ (4)
47. 17. ἐξέθρεψεν αὐτοὺς ἐν ἄρτοις (6)
II Ki. 12. 3. καὶ ἐξέθρεψεν αὐτήν (3 b)
III Ki. 11. 20. καὶ ἐξέθρεψεν αὐτὸν θ. (2)
12. 8. μετὰ τῶν παιδαρίων τῶν ἐκτραφέντων μετ' αὐτοῦ (1 a)
— 10. τὰ παιδάρια τὰ ἐκτραφέντα μετ' αὐτοῦ (1 a)

IV Ki. 10. 6. οὗτοι ἁδροὶ τῆς πόλεως ἐξέτρεφον αὐτούς (1 *b*)
II Ch. 10. 10. τὰ παιδάρια τὰ ἐκτραφέντα μετ' αὐτοῦ (1 *a*)
I Es. 4. 16. καὶ αὗται ἐξέθρεψαν αὐτούς
— 20. ὃς ἐξέθρεψεν αὐτόν
To. 14. 10. S τῷ ἐκθρέψαντι [A B θρ.] αὐτόν
Jb. 31. 18. ἐκ νεότητός μου ἐξέτρεφον ὡς πατὴρ (1 *a*)
39. 3. ἐξέθρεψας δὲ αὐτῶν τὰ παιδία (5 ?)
Ps. 22 (23). 2. ἐπὶ ὕδατος ἀναπαύσεως ἐξέθρεψέ με (6)
Pr. 23. 24. καλῶς ἐκτρέφει πατὴρ δίκαιος †
Ho. 9. 12. ἐὰν ἐκθρέψωσι τὰ τέκνα αὐτῶν (1 *b*)
Jn. 4. 10. καὶ οὐκ ἐξέθρεψας αὐτήν (1 *b*)
Za. 10. 9. ἐκθρέψουσι τὰ τέκνα αὐτῶν (3 *a*)
Is. 23. 4. οὐδὲ ἐξέθρεψα νεανίσκους (1 *b*)
49. 21. τούτους δὲ τίς ἐξέθρεψέ μοι (1 *b*)
Ba. 4. 8. ἐλυπήσατε δὲ καὶ τὴν ἐκθρέψασαν ὑμᾶς Ἱερουσαλήμ
▶ Ez. 31. 4. ὕδωρ ἐξέθρεψεν αὐτόν (1 *b*)
I Ma. 6. 15. S R καὶ ἐκθρέψαι αὐτὸν τοῦ [A τοῦ μὴ] βασιλεύειν
— 17. ὃν ἐξέθρεψε νεώτερον
— 55. ἐκθρέψαι Ἀντίοχον τὸν υἱὸν αὐτοῦ
II Ma. 7. 27. καὶ ἐκθρέψασάν σε
[**Aq.** Ez. 19. 2.]
[**Sm.** Is. 1. 2: 51. 18.]
[**Th.** Is. 1. 2: 51. 18: Ez. 19. 2.]

ἐκτρέχειν. (1) רוּץ

Jd. 13. 10. A καὶ ἐξέδραμεν [B ἔδρ.] (1)
III Ki. 18. 16. καὶ ἐξέδραμεν Ἀ. –

ἐκτρίβειν. (1) אָבַד (2) חָרַד hi. (3) טַלְטֵלָה (4) יָרַשׁ *a.* qal. *b.* ni. *c.* hi. (5) כָּחַד *a.* ni. *b.* pi. *c.* hi. (6) כָּלָה pi. (7) כָּנַע hi. (8) כָּרַת *a.* qal. *b.* ni. *c.* hi. (9) מוּת hi. (10) מָרַק pu. (11) נָתַץ (12) עָכַר (13) פָּרַק pi. (14) צָרַר hi. (15) שָׁאַף (16) שָׁבַת hi. (17) שׁוּב hi. (18) שׁוּף (19) שָׁחַת *a.* pi. *b.* hi. (20) שָׁמַד *a.* ni. *b.* hi.

Ge. 19. 13. ἀπέστειλεν ἡμᾶς κύριος ἐκτρῖψαι αὐτήν (19 *a*)
— 14. ὅτι ἐκτρίβει κύριος τὴν πόλιν (19 *b*)
— 29. ἐν τῷ ἐκτρῖψαι κύριον πάσας τὰς πόλεις (19 *a*)
34. 30. A ἐκτρίβομαι [R -βήσομαι] ἐγὼ καὶ ὁ οἶκός μου (20 *a*)
41. 36. καὶ οὐκ ἐκτριβήσεται ἡ γῆ ἐν τῷ λιμῷ (8 *b*)
45. 11. ἵνα μὴ ἐκτριβῇς σὺ καὶ οἱ υἱοί σου (4 *b*)
47. 18. μή ποτε ἐκτριβῶμεν ἀπὸ τοῦ κυρίου ἡμῶν (5 *b* ?)
Ex. 9. 15. καὶ ἐκτριβήσῃ ἀπὸ τῆς γῆς (5 *a*)
12. 13. οὐκ ἔσται ἐν ὑμῖν πληγὴ τοῦ ἐκτριβῆναι (19 *b*)
23. 23. καὶ ἐκτρίψω αὐτούς (5 *c*)
32. 10. καὶ θυμωθεὶς ὀργῇ εἰς αὐτοὺς ἐκτρίψω αὐτούς (6)
Le. 6. 28 (21). ἐκτρίψει αὐτὸ καὶ ἐκκλύσει ὕδατι (10 ?)
Nu. 14. 15. ἐκτρίψεις τὸν λαὸν τοῦτον (9)
15. 31. ἐκτρίψει ἐκτριβήσεται ἡ ψυχὴ ἐκείνη (8 *b*)
19. 13. ἐκτριβήσεται ἡ ψυχὴ ἐκείνη (8 *b*)
32. 21. ἕως ἂν ἐκτριβῇ ὁ ἐχθρὸς αὐτοῦ (4 *c*)
De. 2. 12. A ἐξέτριψαν [B ἀπώλεσαν] αὐτοὺς (4 *a*)
— 12. καὶ ἐξέτριψαν [A ἀπώλεσαν] αὐτούς (20 *b*)
— 22. ἐξέτριψαν τὸν Χορραῖον (20 *b*)
— 23. ἐξέτριψαν αὐτούς (20 *b*)
4. 3. ἐξέτριψεν αὐτὸν κύριος (20 *b*)
— 26. ἐκτριβῇ ἐκτριβήσεσθε (20 *a*)
— 31. οὐδὲ μὴ ἐκτρίψει [A -ῃ] σε (19 *b*)
7. 20. A B[2] R ἕως ἂν ἐκτριβῶσιν οἱ καταλελειμμένοι (1)
28. 24. ἕως ἂν ἐκτρίψῃ σε (20 *a*)
— 52. καὶ ἐκτρίψῃ σε ἐν ταῖς πόλεσί σου (14)
Jo. 6. 17 (18). καὶ ἐκτρίψητε ἡμᾶς (12)
7. 9. ἐκτρίψουσιν ἡμᾶς ἀπὸ τῆς γῆς (8 *c*)
Jd. 8. 12. A πᾶσαν τὴν παρεμβολὴν αὐτῶν ἐξέτριψεν [B παρ. ἐξέστησεν] (2)
III Ki. 16. 12. A καὶ ἐξέτριψεν Z. ὅλον τὸν οἶκον (20 *b*)
II Ch. 20. 23. A B ἐξολεθρεῦσαι καὶ ἐκτρῖψαι [R *add.* αὐτούς] (20 *b*)
II Ch. 32. 21. ἐξέτριψε πάντα δυνατόν (5 *c*)
Ne. 9. 24. καὶ ἐξέτριψας . . . τοὺς κατοικοῦντας τὴν γῆν (7)
Jb. 9. 17. μὴ γνόφῳ [A ἐν γν.] με ἐκτρίψῃ (18)
30. 13. ἐξετρίβησαν τρίβοι μου (11)
— 23. θάνατός με ἐκτρίψει (17)
Wi. 11. 19. A S[2] οὐ μόνον ἡ βλάβη ἠδύνατο ἐκτρῖψαι [B S[1] συνεκτρ.] αὐτούς
12. 9. ἢ λόγῳ ἀποτόμῳ ὑφ' ἓν ἐκτρῖψαι
Si. 5. 7. S[2] ὡς μέλισσαι ἐκτριβήσῃ
6. 36. βαθμοὺς . . . ἐκτριβέτω ὁ πούς σου
33 (36). 7. ἔκτριψον ἐχθρόν
46. 18. ἐξέτριψεν ἡγουμένους Τυρίων
47. 7. ἐξέτριψε γὰρ ἐχθροὺς κυκλόθεν
48. 21. ἐξέτριψεν αὐτοὺς ὁ ἄγγελος αὐτοῦ
Am. 8. 4. οἱ ἐκτρίβοντες εἰς τὸ πρωῒ πένητα (15)
Za. 11. 16. A τοὺς ἀστραγάλους αὐτῶν ἐκτρίψει [B S -στρέψει] (13)
Is. 22. 17. καὶ ἐκτρίψει ἄνδρα (3 ?)
Je. 9. 21 (20). τοῦ ἐκτρῖψαι νήπια ἔξωθεν (8 *c*)
11. 19. ἐκτρίψωμεν αὐτὸν ἀπὸ γῆς ζώντων (8 *a*)
31 (48). 18. B Δαιβὼν ἐκτρίβεται [A -βητε, S -βηται, R -βήσεται] –
43 (36). 29. A ἐκτρίψει ἀπ' αὐτῆς ἄνθρωπον [B S *al.*] (16)
Ez. 43. 8. ἐξέτριψα αὐτοὺς ἐν θυμῷ μου (6)
I Ma. 3. 35. S R τοῦ ἐκτρῖψαι [A ἐκρ.] . . . τὴν ἰσχὺν Ἰσ.
12. 53. ἐζήτησαν . . . ἐκτρῖψαι αὐτούς
13. 1. S R καὶ [A τοῦ] ἐκτρῖψαι αὐτήν
— 6. ἐκτρῖψαι ἡμᾶς ἔχθρας χάριν
— 20. καὶ ἐκτρῖψαι αὐτήν
14. 31. A S[2] R τοῦ ἐκτρῖψαι τὴν [A εἰς τὴν] χώραν αὐτῶν
II Ma. 9. 15. A οἰωνοβρώτους . . . ἐκτρῖψαι [R ἐκρίψειν] θηρίοις
[**Aq.** Ps. 82 (83). 11.]
[**Th.** Dt. 7. 23.]

ἐκτριβή. (1) שָׁמַד ni.

De. 4. 26. ἐκτριβῇ ἐκτριβήσεσθε (1)

ἔκτριψις. (1) כָּרַת ni.

Nu. 15. 31. ἐκτρίψει ἐκτριβήσεται ἡ ψυχὴ ἐκείνη (1)

ἐκτρυγᾶν. (1) בָּצַר

Le. 25. 5. τὴν σταφυλὴν τοῦ ἁγιάσμ. σου οὐκ ἐκτρυγήσεις (1)

ἐκτρυχοῦσθαι.

[**Sm.** Is. 24. 6.]

ἐκτρώγειν.

Mi. 7. 4. ὡς σὴς ἐκτρώγων †

ἔκτρωμα. (1) מוֹת (2) נֵפֶל

Nu. 12. 12. ὡσεὶ ἔκτρωμα ἐκπορευόμ. ἐκ μήτρας μητρός (1)
Jb. 3. 16. ὥσπερ ἔκτρωμα ἐκπορευόμ. ἐκ μήτρας μητρός (2)
Ec. 6. 3. ἀγαθὸν ὑπὲρ αὐτὸν τὸ ἔ. (2)
[**Aq., Th.** Ps. 57 (58). 9.]
[**Sm.** Ps. 57 (58). 9: Is. 14. 19.]

ἐκτυποῦν. (1) *a.* פָּתַח pi. *b.* פִּתּוּחַ (2) **ἐκτυποῦσθαι καρυΐσκους** שָׁקַד pu.

Ex. 25. 32 (33). τρεῖς κρατῆρες ἐκτετυπωμένοι καρυΐσκους (2)
— 33 (34). τέσσαρες κρατῆρες ἐκτετυπωμένοι καρυΐσκους (2)
— 34 (35). τέσσαρες κρατῆρες ἐκτετυπωμένοι καρυΐσκους –
28. 32 (36). ἐκτυπώσεις ἐν αὐτῷ ἐκτύπωμα σφραγῖδος (1 *a*)
36. 39 (39. 30). γράμματα ἐκτετυπωμένα [A ἐντετ.] σφραγῖδος (1 *b*)

ἐκτύπωμα. (1) פִּתּוּחַ

Ex. 28. 32 (36). ἐκτυπώσεις ἐν αὐτῷ ἐκτύπωμα σφραγῖδος (1)
Si. 45. 12. ἐκτύπωμα σφραγῖδος ἁγιάσματος
[**Aq., Th.** Ez. 8. 5.]
[**Sm.** Ez. 8. 3, 5.]

ἐκτύπωσις. (1) חָקָה pu.

III Ki. 6. 35. καταγομένῳ ἐπὶ τὴν ἐ. (1)

ἐκτυφλοῦν. (1) כָּהָה (2) *a.* עָוַר pi. *b.* עִוֵּר (3) שָׁחַת pi.

Ex. 21. 26. ἐὰν δέ τις πατάξῃ τὸν ὀφθαλμὸν . . . καὶ ἐκτυφλώσῃ (3)
23. 8. τὰ γὰρ δῶρα ἐκτυφλοῖ ὀφθαλμοὺς βλεπόντων (2 *a*)
De. 16. 19. A τὰ γὰρ δῶρα ἐκτυφλοῖ [B ἀποτ.] ὀφθαλμούς (2 *a*)
IV Ki. 25. 7. τοὺς ὀφθαλμοὺς Σ. ἐξετύφλωσε (2 *a*)
To. 2. 10. S ἐξετυφλοῦντο οἱ ὀφθ. μου τοῖς λευκώμ.
Za. 11. 17. ὀφθαλμὸς ὁ δεξιὸς αὐτοῦ ἐκτυφλούμενος ἐκτυφλωθήσεται (1, 1)
Is. 56. 10. ἴδετε ὅτι ἐκτετύφλωνται πάντες (2 *b*)
Je. 52. 11. τοὺς ὀφθαλμοὺς Σεδεκίου ἐξετύφλωσε (2 *a*)
[**Th.** Je. 39 (46). 7.]

ἐκυρός.

[**Aq.** Ge. 38. 25.]

ἐκφαίνειν. (1) גָּלָה *a.* peal. *b.* peil.

Si. 8. 19. παντὶ ἀνθρώπῳ μὴ ἔκφαινε σὴν καρδίαν
14. 7. ἐπ' ἐσχάτων ἐκφαίνει [S[2] -φανεῖ] τὴν κακίαν αὐτοῦ
16. 25. ἐκφαίνω [A S -ανῶ] ἐν σταθμῷ παιδείαν
19. 25. ἔστι διαστρέφων χάριν τοῦ ἐκφᾶναι κρίμα
22. 19. ὁ νύσσων καρδίαν ἐκφαίνει αἴσθησιν
24. 27. ὁ ἐκφαίνων ὡς φῶς παιδείαν
— 32. ἐκφανῶ [S[1] -αίνω, A ἐμφαίνω] αὐτὰ ἕως εἰς μακράν
27. 6. γεώργιον ξύλου ἐκφαίνει ὁ καρπὸς αὐτοῦ
38. 33. οὐδὲ μὴ ἐκφανῶσι [S -οῦσιν] δικαιοσύνην [A S παιδίαν]
39. 8. A B S αὐτὸς ἐκφαίνει [R -φανεῖ] παιδείαν διδασκαλίας αὐτοῦ
Da. LXX. 2. 19. τὸ μυστήριον τοῦ βασιλέως ἐξεφάνθη [? -ανη] εὐσήμως (2 *b*)
— 30. τὸ μυστήριον τοῦτο ἐξεφάνθη (2 *b*)
— 47. ὁ ἐκφαίνων μυστήρια κρυπτὰ μόνος (2 *a*)
III Ma. 4. 1. A μετὰ παρρησίας νῦν ἐκφαινομένης [R π. συνεκ.] ἀπεχθείας
[**Aq.** Ps. 26 (27). 12: Pr. 14. 5.]
[**Sm.** Ps. 67 (68). 32: Pr. 6. 19: 12. 17: 14. 5.]
[**Th.** Pr. 6. 19: 14. 5.]
[**Sext.** Ps. 26 (27). 12.]

ἐκφαυλίζειν.

Ju. 14. 5. τὸν ἐκφαυλίσαντα τὸν οἶκον τοῦ Ἰ.
[**Sm.** Pr. 15. 20.]

ἐκφέρειν. (1) חָנַט (2) יָצָא *a.* qal. *b.* hi. (3) יָרָה (4) לָקַח (5) נְפַק aph. (6) נָשָׂא (7) נָשָׁה (8) צָוָה pi. (9) שָׁלַח pi. (10) שָׁלַךְ hi. (11) **κέρατα ἐκφέρειν** קָרַן hi.

Ge. 1. 12. καὶ ἐξήνεγκεν ἡ γῆ βοτάνην χόρτου (2 *b*)
14. 18. Μελχ. . . . ἐξήνεγκεν ἄρτους (2 *b*)
24. 53. καὶ ἐξενέγκας ὁ παῖς σκεύη ἀργυρᾶ (2 *b*)
Ex. 4. 6. ἐξήνεγκε τὴν χεῖρα αὐ. ἐκ τοῦ κόλπου αὐ. (2 *b*)
— 7. καὶ ἐξήνεγκεν αὐτὴν ἐκ τοῦ κόλπου αὐτοῦ (2 *b*)
12. 39. τὸ σταῖς ὃ ἐξήνεγκαν ἐξ Αἰγύπτου (2 *b*)
— 46. οὐκ ἐξοίσετε ἐκ τῆς οἰκίας τῶν κρεῶν ἔξω (2 *b*)
Le. 4. 12. ἐξοίσουσιν ὅλον τὸν μόσχον ἔξω τῆς παρεμβολῆς (2 *b*)
— 21. B[2] R ἐξοίσουσι τὸν μόσχον ὅλον [A B[1] *om.*] ἔξω τῆς παρ. (2 *b*)
6. 11 (4). ἐξοίσει τὴν κατακάρπωσιν ἔξω τῆς παρεμβ. (2 *b*)
14. 45. πάντα τὸν χοῦν ἐξοίσουσιν ἔξω τῆς πόλεως (2 *b*)
16. 27. ἐξοίσουσιν αὐτὰ ἔξω τῆς παρεμβολῆς (2 *b*)
26. 10. παλαιὰ ἐκ προσώπου νέων ἐξοίσετε (2 *b*)
Nu. 13. 33 (32). ἐξήνεγκαν ἔκστασιν τῆς [B[1] ἐπὶ τ.] γῆς (2 *b*)
14. 36. ἐξενέγκαι ῥήματα πονηρὰ περὶ [A ἐπὶ] τῆς γῆς (2 *b*)
17. 8 (23). καὶ ἐξήνεγκε [A -ήνθησεν] βλαστόν (2 *b*)
— 9 (24). ἐξήνεγκε Μ. πάσας τὰς ῥάβδους (2 *b*)
20. 8. ἐξοίσετε αὐτοῖς ὕδωρ (2 *b*)
De. 14. 28. ἐξοίσεις πᾶν τὸ ἐπιδέκατον (2 *b*)
22. 15. ἐξοίσουσι τὰ παρθένια τῆς παιδός (2 *b*)
— 19. ἐξήνεγκεν ὄνομα πονηρὸν ἐπὶ παρθένον (2 *b*)
24. 11. ἐξοίσει σοι τὸ ἐνέχυρον ἔξω (2 *b*)

De. 28. 38. σπέρμα πολὺ ἐξοίσεις εἰς τὸ πεδίον (2 b)
Jo. 7. 23. ἐξήνεγκαν αὐτὰ ἐκ τῆς σκηνῆς (4)
10. 22. A ἐξενέγκατε [B -αγάγετε] τοὺς πέντε βασιλεῖς τούτους (2 b)
18. 6. ἐξοίσω ὑμῖν κλῆρον (3)
— 8. ἐξοίσω ὑμῖν κλῆρον (10)
Jd. 6. 18. ἐξοίσω [A οἴ.] τὴν θυσίαν (2 b)
— 19. ἐξήνεγκεν αὐτὰ [A om.] πρὸς αὐτόν (2 b)
— 30. ἐξένεγκε [A -άγαγε] τὸν υἱόν σου (2 b)
19. 22. ἐξένεγκε [A -άγαγε] τὸν ἄνδρα (2 b)
Ru. 2. 18. καὶ ἐξενέγκασα Ῥοὺθ ἔδωκεν (2 b)
II Ki. 12. 30. σκῦλα τῆς πόλεως ἐξήνεγκε πολλὰ σφόδρα (2 b)
III Ki. 17. 13. καὶ ἐξοίσεις μοι (2 b)
21 (20). 42. ἐξήνεγκας [A -ήγαγες] σὺ ἄνδρα ὀλέθριον (9)
IV Ki. 10. 22. καὶ ἐξήνεγκεν αὐτοῖς ὁ στολιστής (2 b)
— 26. καὶ ἐξήνεγκαν τὴν στολήν (2 b)
15. 20. καὶ ἐξήνεγκε M. τὸ ἀργύριον (2 b)
23. 6. καὶ ἐξήνεγκε τὸ ἄλσος (2 b)
24. 13. καὶ ἐξήνεγκεν ἐκεῖθεν πάντας τοὺς θησαυρούς (2 b)
I Ch. 9. 28. A R ἐν ἀριθμῷ ἐξοίσουσιν αὐτά [R om.] (2 b)
20. 2. σκῦλα τῆς πόλεως ἐξήνεγκε πολλὰ σφόδρα (2 b)
— 3. A τὸν λαὸν τὸν ἐν αὐτῇ ἐξήνεγκεν [B -ήγαγε] (2 b)
II Ch. 34. 14. ἐν τῷ ἐκφέρειν αὐτοὺς τὸ ἀργύριον (2 b)
I Es. 2. 10. A R ἐξήνεγκε τὰ ἱερὰ [B ἅγια] σκεύη
— 11. ἐξενέγκας δὲ αὐτὰ Κῦρος
6. 18. ἃ ἐξήνεγκε N.
— 18. πάλιν ἐξήνεγκεν αὐτὰ K. ὁ βασιλεύς
— 26. ἃ [A om.] ἐξήνεγκε N.
II Es. 1. 7. ἐξήνεγκε τὰ σκεύη οἴκου (2 b)
— 8. καὶ ἐξήνεγκεν αὐτὰ K. (2 b)
5. 14. ἃ N. ἐξήνεγκεν (5)
— 14. A R ἐξήνεγκεν αὐτὰ Κῦρος (5)
6. 5. ἃ N. ἐξήνεγκεν (5)
8. 17. καὶ ἐξήνεγκα αὐτούς (2 b*, 8)
10. 19. A B S[2] τοῦ ἐξενέγκαι γυναῖκας ἑαυτῶν (2 b)
Ne. 5. 11. τὸν οἶνον . . . ἐξενέγκατε ἑαυτοῖς (7)
6. 19. λόγους μου ἦσαν ἐκφέροντες αὐτῷ (2 b)
9. 15. ὕδωρ ἐκ πέτρας ἐξήνεγκας αὐτοῖς (2 b)
Ju. 12. 3. B πόθεν ἐξοίσομέν σοι δοῦναι ὅμοια αὐτοῖς [A al.]
Ps. 36 (37). 6. ἐξοίσει ὡς φῶς τὴν δικαιοσύνην σου (2 b)
68 (69). 31. ὑπὲρ μόσχον νέον κέρατα ἐκφέροντα [S[1] om.] (11)
Pr. 10. 18. οἱ δὲ ἐκφέροντες λοιδορίας (2 b)
29. 11. ὅλον τὸν θυμὸν αὐτοῦ ἐκφέρει ἄφρων (2 b)
Ec. 5. 1. τοῦ ἐξενέγκαι λόγον πρὸ προσώπου τοῦ θεοῦ (2 b)
Ca. 2. 13. ἡ συκῆ ἐξήνεγκεν ὀλύνθους αὐτῆς (1)
Am. 4. 3. καὶ ἐξενεχθήσεσθε γυμναί (2 a)
6. 10. τοῦ ἐξενέγκαι τὰ ὀστᾶ αὐτῶν ἐκ τοῦ οἴκου (2 b)
Hg. 1. 11. ὅσα ἐκφέρει ἡ γῆ (2 b)
Za. 4. 7. ἐξοίσω τὸν λίθον τῆς κληρονομίας (2 b)
5. 4. καὶ ἐξοίσω αὐτό (2 b)
Is. 40. 26. ὁ ἐκφέρων κατ' ἀριθμὸν τὸν κόσμον αὐτοῦ (2 b)
42. 1. κρίσιν τοῖς ἔθνεσιν ἐξοίσει (2 b)
— 3. εἰς ἀλήθειαν ἐξοίσει κρίσιν (2 b)
54. 16. ὡς χαλκεὺς . . . ἐκφέρων σκεῦος εἰς ἔργον (2 b)
Je. 8. 1. ἐξοίσουσι τὰ ὀστᾶ τῶν βασιλέων 'I. (2 b)
17. 22. A B S[2] μὴ ἐκφέρετε βαστάγματα ἐξ οἰκιῶν [A οἴκων] ὑμῶν (2 b)
27 (50). 25. ἐξήνεγκε τὰ σκεύη ὀργῆς αὐτοῦ (2 b)
28 (51). 10. ἐξήνεγκε κύριος τὸ κρίμα αὐτοῦ (2 b)
— 44. ἐξοίσω ἃ κατέπιεν ἐκ τοῦ στόματος αὐτῆς (2 b)
Ba. 1. 8. τὰ σκεύη οἴκου κυρίου τὰ ἐξενεχθέντα ἐκ τοῦ ναοῦ
2. 24. τοῦ ἐξενεχθῆναι τὰ ὀστᾶ βασιλέων ἡμῶν
Ez. 12. 4. ἐξοίσεις τὰ σκεύη σου (2 b)
— 7. σκεύη ἐξήνεγκα [A ἐ. ὡς σ.] αἰχμαλωσίας ἡμέρας (2 b)
17. 23. ἐξοίσει βλαστόν (6)
24. 6. κατὰ μέλος αὐτῆς ἐξήνεγκεν (2 b)
46. 20. τοῦ μὴ ἐ. εἰς τὴν αὐλὴν τὴν ἐξωτέραν (2 b)
Da. TH. 5. 2. ἃ ἐξήνεγκε Ναβ. (5)
— 3. ἃ ἐξήνεγκεν ἐκ τοῦ ναοῦ (5)
[Aq. Nu. 14. 37: Pr. 30. 33: Is. 54. 16: Je. 51 (28). 10: Ez. 12. 7.]
[Sm. Pr. 25. 8: Is. 54. 16: Ez. 12. 7: Jl. 2. 20.]
[Th. Ge. 1. 11: Pr. 30. 33: Is. 54. 16: Ez. 12. 7.]

ἐκφεύγειν. (1) חָדַל (2) יָצָא (3) נוּס *a.* qal. *b.* hi. (4) סוּר מִפְּנֵי

Jd. 6. 11. εἰς ἐκφυγεῖν ἀπὸ προσώπου τοῦ M. [A al.] (3 b)
II Ki. 17. 2. A καὶ ἐκφεύξεται [B φ.] πᾶς ὁ λαός (3 a)
To. 13. 2. ὃς ἐκφεύξεται τὴν χεῖρα αὐτοῦ
Es. 8. 13. μισοπόνηρον ὑπολαμβάνουσιν [A S[1] διαλ.] ἐκφεύξεσθαι δίκην
Jb. 15. 30. οὐδὲ μὴ ἐκφύγῃ τὸ σκότος (4)
Pr. 10. 19. ἐκ πολυλογίας οὐκ ἐκφεύξῃ [A -εται] ἁμαρτίαν [A -ία] (1)
12. 13. ἐκφεύγει δὲ ἐξ αὐτῶν δίκαιος (2)
Wi. 15. 19. ἐκπέφευγε δὲ καὶ τὸν τοῦ θεοῦ ἔπαινον
Si. 6. 35. παροιμίαι συνέσεως μὴ ἐκφευγέτωσάν [A S[1] ἐκφυγ.] σε
11. 10. οὐ μὴ ἐκφύγῃς διαδράς
16. 13. οὐκ ἐκφεύξεται ἐν ἁρπάγμασιν ἁμαρτωλός
27. 20. ἐξέφυγεν ὡς δορκὰς ἐκ παγίδος
40. 6. ὡς ἐκπεφευγὼς ἀπὸ προσώπου πολέμου
Am. 5. 19. A ὅταν ἐκφύγῃ [B ἐὰν φ.] . . . ἐκ προσώπου τοῦ λέοντος (3 a)
Is. 66. 7. ἐξέφυγε καὶ ἔτεκεν ἄρσεν -
Ep. Je. 68. δύνανται ἐκφυγόντα εἰς σκέπην αὐτὰ ὠφελῆσαι
Da. LXX., TH. Su. 22. οὐκ ἐκφεύξομαι τὰς χεῖρας ὑμῶν
II Ma. 6. 26. οὔτε ζῶν οὔτε ἀποθανὼν ἐκφεύξομαι
7. 35. οὔπω γὰρ τὴν τοῦ . . . θεοῦ κρίσιν ἐκπέφευγας
9. 22. ἐκφεύξεσθαι τὴν ἀσθένειαν
III Ma. 6. 29. R ἄρτι τὸν θάνατον ἐκπεφευγότες [A -φυγ.]
IV Ma. 9. 32. οὐκ ἐκφεύξῃ δὲ . . . τὰς τῆς θείας ὀργῆς δίκας
[Aq., Th. Jb. 27. 20.]
[Sm. Jb. 27. 20: Ps. 59 (60). 6: Ez. 7. 16.]

ἔκφευξις.

[Sm. Ps. 54 (55). 9.]

ἐκφθείρειν.

[Aq., Sm., Th. Is. 54. 16.]

ἐκφλέγειν.

IV Ma. 16. 3. ἡ Μισαὴλ ἐκφλεγομένη κάμινος

ἐκφοβεῖν. (1) חָרֵד hi. (2) *a.* חִתִּית *b.* חָתַת pi.

Le. 26. 6. οὐκ ἔσται ὑμᾶς ὁ ἐκφοβῶν (1)
De. 28. 26. οὐκ ἔσται ὁ ἐκφοβῶν [A[2] ἀποσοβῶν] (1)
Ju. 16. 25. οὐκ ἦν ἔτι ὁ ἐκφοβῶν τοὺς υἱοὺς 'I.
Jb. 7. 14. ἐκφοβεῖς [A διὰ τί ἐκφ.] με ἐνυπνίοις (2 b)
33. 16. ἐν εἴδεσι φόβου τοιούτοις αὐτοὺς ἐξεφόβησεν [B[2] S -αν] +
Wi. 11. 19. ἠδύνατο . . . ἡ ὄψις ἐκφοβήσασα διολέσαι
17. 6. ἐκδειματούμενοι [B[2] ἐκφοβούμ.] δὲ τῆς . . . ὄψεως
— 9. A ἑρπετῶν συριγμοῖς ἐκπεφοβημένοι [B S ἐκσεσοβ.]
— 19. παρέλυσεν αὐτοὺς ἐκφοβοῦντα [S[4] -οῦσα]
Mi. 4. 4. οὐκ ἔσται ὁ ἐκφοβῶν (1)
Na. 2. 11 (12). οὐκ ἦν ὁ ἐκφοβῶν [S[1] -ρῶν] (1)
Ze. 3. 13. οὐκ ἔσται ὁ ἐκφοβῶν αὐτούς (1)
Ez. 32. 27. ἐξεφόβησαν πάντας [A γίγαντας] ἐν τῇ ζωῇ αὐτῶν (2 a)
34. 28. οὐκ ἔσται ὁ ἐκφοβῶν αὐτούς (1)
39. 26. οὐκ ἔσται ὁ ἐκφοβῶν (1)
I Ma. 14. 12. οὐκ ἦν ὁ [S[1] om.] ἐκφοβῶν αὐτούς
IV Ma. 9. 5. ἐκφοβεῖς δὲ ἡμᾶς
[Aq., Sm. Je. 46 (26). 27.]
[Th. Je. 30 (37). 10.]

ἔκφοβος. (1) ἔ. εἶναι יָגֹר

De. 9. 19. ἔκφοβός εἰμι διὰ . . . τὸν θυμόν (1)
I Ma. 13. 2. A S ἐστὶν ἔντρομος καὶ ἔ. [R ἔμφ.]

ἐκφορά. (1) שְׂרֵפָה

II Ch. 16. 14. ἐποίησαν αὐτῷ ἐ. μεγάλην (1)
21. 19. οὐκ ἐποίησεν ὁ λαὸς αὐτοῦ ἐκφορὰν καθὼς ἐκφορὰν πατέρων αὐτοῦ (1, 1)
[Sm. Ps. 143 (144). 14.]

ἐκφορεῖν.

Na. 2. 11 (12). οὐκ ἦν ὁ ἐκφοβῶν [S[1] -ορῶν] †
[Al. Le. 14. 36.]

ἐκφόριον. (1) יְבוּל (2) מַעֲשֵׂר (3) פְּרִי

Le. 25. 19. δώσει ἡ γῆ τὰ ἐ. αὐτῆς (3)
De. 28. 33. A R τὰ ἐ. [B -φόρτια] τῆς γῆς σου (3)
Jd. 6. 4. A τὰ ἐ. τῆς γῆς [B τοὺς καρποὺς αὐτῶν] (1)
Hg. 1. 10. ἡ γῆ ὑποστελεῖται τὰ ἐ. αὐτῆς (1)
Ma. 3. 10. εἰσηνέγκατε πάντα τὰ ἐ. (2)
[Al. Dt. 11. 17.]

ἐκφόρτιον (?). (1) פְּרִי

De. 28. 33. B τὰ ἐ. [A R -φόρια] τῆς γῆς σου (1)

ἐκφυγή.

III Ma. 4. 19. εἰς μηχανὴν τῆς ἐ.

ἐκφύειν.

[Sm. Ps. 103 (104). 14.]
[Al. Is. 61. 11.]

ἔκφυμα.

[Sm. Le. 13. 7.]

ἐκφύρεσθαι. (1) שָׁגַל pu.

Je. 3. 2. ποῦ οὐχὶ ἐξεφύρθης (1)

ἐκφυσᾶν. (1) נָפַח *a.* qal. *b.* hi.

Si. 43. 4. A S ἥλιος ἐκκαίων ὄρη ἀτμίδας πυρώδεις ἐκφυσῶν [B ἐμφ.]
Hg. 1. 9. καὶ ἐξεφύσησα αὐτά (1 a)
Ma. 1. 13. καὶ ἐξεφύσησα [S -σατε] αὐτά (1 b)
Ez. 22. 20. τοῦ ἐκφυσῆσαι εἰς αὐτὸ [A ἐμφ. εἰς αὐτὰ] πῦρ (1 a)
— 21. ἐκφυσήσω ἐφ' ὑμᾶς [A ἐ. εἰς ὑ. ἐκφύσημα] ἐν πυρί (1 a)
IV Ma. 5. 32. τὸ πῦρ ἐκφύσα σφοδρότερον
[Sm. Ps. 9. 26 (10. 5).]

ἐκφύσημα.

Ez. 22. 21. A ἐκφυσήσω εἰς ὑμᾶς ἐ. [B al.] -

ἐκφωνεῖν. (1) עָנָה

Da. LXX. 2. 20. καὶ ἐκφωνήσας εἶπεν (1)
— 27. ἐκφωνήσας δὲ ὁ Δ. (1)
— 47. ἐκφωνήσας ὁ βασ. πρὸς τὸν Δ. εἶπεν (1)

ἐκχαίνειν.

I Es. 4. 19. R εἰς αὐτὴν ἐκκέχηναν [A ἐγκ. B κέχ.]

ἐκχεῖν (-χέειν). (1) זָקַק pi. (2) זָרַק (3) יָצַק *a.* qal. *b.* hoph. (4) יָצַת ni. (5) מָשַׁךְ (6) נָטַשׁ (7) נָתַךְ ni. (8) נָתַן (9) פָּשַׁט (10) רוּק hi. (11) שָׁחַת pi. (12) שָׁפַךְ *a.* qal. *b.* ni. *c.* pu. *d.* hithpa. *e.* שֶׁפֶךְ

Ge. 9. 6. ὁ ἐκχέων αἷμα ἀνθρώπου ἀντὶ τοῦ αἵματος αὐτοῦ ἐκχυθήσεται (12 a, 12 b)
37. 22. μὴ ἐκχέητε αἷμα (12 a)
38. 9. ἐξέχεεν ἐπὶ τὴν γῆν (11)
Ex. 4. 9. καὶ ἐκχεεῖς ἐπὶ τὸ ξηρόν (12 a)
29. 12. τὸ δὲ λοιπὸν πᾶν αἷμα ἐκχεεῖς (12 a)
30. 18. καὶ ἐκχεεῖς εἰς αὐτὸν ὕδωρ (8)
Le. 4. 7. πᾶν τὸ αἷμα τοῦ μόσχου ἐκχεεῖ (12 a)
— 12. οὗ ἐκχεοῦσι τὴν σποδιάν (12 e)
— 18, 25. τὸ πᾶν αἷμα ἐκχεεῖ (12 a)
— 30. πᾶν τὸ αἷμα αὐτῆς ἐκχεεῖ (12 a)
— 34. πᾶν αὐτοῦ τὸ αἷμα ἐκχεεῖ (12 a)
8. 15: 9. 9. τὸ αἷμα ἐξέχεεν (3 a)
14. 41. ἐκχεοῦσι τὸν χοῦν (12 a)
17. 4. αἷμα ἐξέχεεν (12 a)
— 13. ἐκχεεῖ τὸ αἷμα (12 a)
Nu. 19. 17. ἐκχεοῦσιν ἐπ' αὐτὴν ὕδωρ ζῶν (8)
35. 33. τοῦ αἵματος τοῦ ἐκχυθέντος [B[1] ἐγχ.] ἐπ' αὐτῆς (12 c)

Nu. 35. 33. ἐπὶ τοῦ αἵματος τοῦ ἐκχέοντος [B^1 ἐγχ.] (12 a)
De. 12. 16, 24. ἐπὶ τὴν γῆν ἐκχεεῖτε αὐτό (12 a)
15. 23. ἐπὶ τὴν γῆν ἐκχεεῖς αὐτό (12 a)
19. 10. οὐκ ἐκχυθήσεται αἷμα ἀναίτιον (12 b)
21. 7. οὐκ ἐξέχεαν τὸ αἷμα τοῦτο (12 a*)
Jd. 6. 20. τὸν ζωμὸν ἐχόμενα ἔκχεε [A ζ. ἔκχεον] (12 a)
9. 44. A καὶ ἐξεχύθησαν [B -έτειναν] (9)
20. 37. A ἐξεχύθησαν πρὸς [B ἐξέτειναν ἐπὶ] τὴν Γ. (9)
— 37. ἐξεχύθη [A ἐπορεύθη] τὸ ἔνεδρον (5)
I Ki. 1. 15. ἐκχεῶ τὴν ψυχήν μου ἐνώπιον κυρίου (12 a)
7. 6. καὶ ἐξέχεαν ἐνώπιον κυρίου (12 a)
25. 31. ἐκχέαι αἷμα ἀθῷον δωρεάν (12 a)
II Ki. 20. 10. καὶ ἐξεχύθη ἡ κοιλία αὐτοῦ εἰς τὴν γῆν (12 a)
— 15. καὶ ἐξέχεαν πρόσχωμα [A πρόχ.] πρὸς τὴν πόλιν (12 a)
III Ki. 2. 31. ὁ δωρεὰν ἐξέχεεν ἀπ' ἐμοῦ (12 a)
13. 3. καὶ ἐκχυθήσεται ἡ πιότης ἡ ἐπ' [A ἐν] αὐτῷ (12 b)
— 5. καὶ ἐξεχύθη ἡ πιότης ἀπὸ τοῦ θυσιαστηρίου (12 b)
IV Ki. 16. 15. πᾶν αἷμα θυσίας ἐπ' αὐτῷ ἐκχεεῖς [A -ὸ προσχ.] (2)
19. 32. οὐ μὴ ἐκχέῃ πρὸς αὐτὴν πρόσχωμα (12 a)
21. 16. αἷμα ἀθῷον ἐξέχεε M. (12 a)
22. 13. B μεγάλη ἡ ὀργὴ κυρίου ἡ ἐκκεχυμένη [A R -κεκαυμ.] (4)
24. 4. αἷμα ἀθῷον ἐξέχεε (12 a)
I Ch. 22. 8. αἷμα εἰς πλῆθος ἐξέχεας (12 a)
— 8. αἵματα πολλὰ ἐξέχεας (12 a)
28. 3. καὶ αἷμα [A αἵματα] ἐξέχεας (12 a)
II Ch. 36. 5. ᾧ ἐξέχεεν Ἰ. –
To. 4. 17. A B ἔκχεον τοὺς ἄρτους σου
Ju. 15. 2. ἐκχυθέντες ὁμοθυμαδὸν ἔφευγον
— 3. ἐξεχύθησαν ἐπ' αὐτοὺς [S om. ἐπ' αὐ.]
Jb. 12. 21. ἐκχέων ἀτιμίαν ἐπ' ἄρχοντας (12 a)
16. 14 (13). ἐξέχεαν εἰς τὴν γῆν τὴν χολήν [A S^2 ζωήν] μου (12 a)
30. 16. ἐπ' ἐμὲ ἐκχυθήσεται [S^2 -λυθήσεται] ἡ ψυχή μου (12 d)
Ps. 13 (14). 3. B S^1 ὀξεῖς οἱ πόδες αὐτῶν ἐκχέαι αἷμα –
21 (22). 14. ὡσεὶ ὕδωρ ἐξεχύθην [S^2 -θη] (12 b)
34 (35). 3. ἔκχεον ῥομφαίαν (10)
41 (42). 4. ἐξέχεα ἐπ' ἐμὲ τὴν ψυχήν μου (12 a)
44 (45). 2. ἐξεχύθη χάρις ἐν χείλεσί σου (3 b)
61 (62). 8. ἐκχέετε [S -ατε] ἐνώπιον αὐτοῦ τὰς καρδίας ὑμῶν (12 a)
68 (69). 24. ἔκχεον ἐπ' αὐτοὺς τὴν ὀργήν σου (12 a)
72 (73). 2. παρ' ὀλίγον ἐξεχύθη τὰ διαβήματά μου (12 c)
78 (79). 3. ἐξέχεαν τὸ αἷμα αὐτῶν (12 a)
— 6. B S^2 ἔκχεον τὴν ὀργήν σου ἐπὶ ἔθνη (12 a)
— 10. ἡ ἐκδίκησις τοῦ αἵματος τῶν δούλων σου τοῦ ἐκκεχυμένου (12 a)
101 (102). tit. καὶ ἐναντίον κυρίου ἐκχέῃ τὴν δέησιν αὐτοῦ (12 a)
105 (106). 38. ἐξέχεαν αἷμα ἀθῷον (12 a)
106 (107). 40. ἐξεχύθη ἐξουδένωσις ἐπ' ἄρχοντας αὐτῶν (12 a)
141 (142). 2. ἐκχεῶ ἐναντίον αὐτοῦ τὴν δέησίν μου (12 a)
Pr. 1. 16. A S^2 οἱ γὰρ πόδες αὐτῶν . . . ταχινοὶ [S^2 τ. εἰσιν] τοῦ ἐκχέαι αἷμα (12 a)
6. 17. χεῖρες ἐκχέουσαι αἷμα δικαίου [A S^2 -ον] (12 a)
Ec. 11. 3. ἐπὶ τὴν γῆν ἐκχέουσι (10)
Si. 1. 9. ἐξέχεεν αὐτὴν ἐπὶ πάντα τὰ ἔργα αὐτοῦ
16. 11. καὶ ἐκχέων ὀργήν
18. 11. ἐξέχεεν ἐπ' αὐτοὺς τὸ ἔλεος αὐτοῦ
20. 13. χάριτες δὲ μωρῶν ἐκχυθήσονται
24. 33. ἔτι διδασκαλίαν ὡς προφητείαν ἐκχεῶ
28. 11. μάχη κατασπεύδουσα ἐκχέει [S -αι] αἷμα
30. 18. ἀγαθὰ ἐκκεχυμένα ἐπὶ στόματι κεκλεισμένῳ
31 (34). 22. ἐκχέων αἷμα ὁ [A καὶ] ἀποστερῶν μισθὸν μισθίου
32 (35). 14. ἐὰν ἐκχέῃ λαλιάν
33 (36). 7. ἔγειρον θυμὸν καὶ ἔκχεον ὀργήν
35 (32). 4. ὅπου ἀκρόαμα μὴ ἐκχέῃς λαλιάν
37. 29. μὴ ἐκχυθῇς ἐπὶ ἐδεσμάτων
39. 28. ἐν καιρῷ συντελείας ἰσχὺν ἐκχέουσι
50. 15. ἐξέχεεν ἐπὶ θεμέλια θυσιαστηρίου [S^2 θ. σωτηρίου] ὀσμήν

Ho. 5. 10. ἐπ' αὐτοὺς ἐκχεῶ ὡς ὕδωρ τὸ ὅρμημά μου (12 a)
12. 14 (15). καὶ τὸ αἷμα αὐ. ἐπ' αὐτὸν ἐκχυθήσεται (6)
Am. 5. 8 : 9. 6. καὶ ἐκχέων αὐτὸ ἐπὶ πρόσωπον [A -ου] τῆς γῆς (12 a)
Jl. 2. 28 (3. 1). ἐκχεῶ ἀπὸ τοῦ πνεύματός μου ἐπὶ πᾶσαν σάρκα (12 a)
— 29 (3. 2). ἐκχεῶ ἀπὸ τοῦ πνεύματός μου (12 a)
3 (4). 19. ἐξέχεαν αἷμα δίκαιον (12 a)
Ze. 1. 17. ἐκχεεῖ τὸ αἷμα αὐτῶν ὡς χοῦν (12 c)
3. 8. τοῦ ἐκχέαι ἐπ' αὐτοὺς πᾶσαν ὀργήν (12 a)
Za. 12. 10. ἐκχεῶ . . . πνεῦμα χάριτος (12 a)
Ma. 3. 3. καὶ χέει [S^2 ἐκχεεῖ] αὐτούς (1)
— 10. ἐκχεῶ τὴν εὐλογίαν μου (10)
Is. 57. 6. κἀκείνοις ἐξέχεας σπονδὰς [S^1 πόδας] (12 a)
59. 7. ταχινοὶ ἐκχέαι αἷμα (12 a)
Je. 6. 6. ἔκχεον ἐπὶ Ἱερουσαλὴμ δύναμιν (12 a)
— 11. ἐκχεῶ ἐπὶ νήπια ἔξωθεν (12 a)
7. 6. αἷμα ἀθῷον μὴ ἐκχέητε (12 a)
— 20. A θυμός μου ἐκχεῖται [B S χ.] ἐπὶ τὸν τόπον τοῦτον (7)
10. 25. ἔκχεον τὸν θυμόν [A τὴν ὀργήν] σου ἐπὶ ἔθνη (12 a)
14. 16. ἐκχεῶ ἐπ' αὐτοὺς τὰ κακὰ αὐτῶν (12 a)
22. 3. αἷμα ἀθῷον μὴ ἐκχέητε (12 a)
— 17. εἰς τὸ αἷμα τὸ ἀθῷον τοῦ ἐκχέειν αὐτό (12 a)
La. 2. 4. ἐξέχεεν ὡς πῦρ τὸν θυμὸν αὐτοῦ (12 a)
— 11. ἐξεχύθη εἰς τὴν γῆν ἡ δόξα μου (12 b)
— 12. ἐν τῷ ἐκχεῖσθαι ψυχὰς αὐτῶν εἰς κόλπον (12 d)
— 19. ἔκχεον ὡς ὕδωρ καρδίαν σου (12 a)
4. 1. ἐξεχύθησαν λίθοι ἅγιοι ἐπ' ἀρχῆς πασῶν ἐξόδων (12 d)
— 11. ἐξέχεε θυμὸν ὀργῆς [A ὀργὴν θυμοῦ] αὐτοῦ (12 a)
— 13. ἐξ . . . ἀδικιῶν ἱερέων αὐτῆς τῶν ἐκχεόντων αἷμα δίκαιον (12 a)
Ez. 7. 8. ἐκχεῶ τὴν ὀργήν μου ἐπὶ σε (12 a)
9. 8. ἐν τῷ ἐκχέαι σε τὸν θυμόν σου ἐπὶ Ἱερ. (12 a)
12. 14. A ῥομφαίαν ἐκχεῶ [B ἐκκενώσω] ὀπίσω αὐτῶν (10)
14. 19. ἐκχεῶ τὸν θυμόν μου ἐπ' αὐτήν (12 a)
16. 15. ἐξέχεας τὴν πορνείαν σου ἐπὶ πάντα πάροδον (12 a)
— 36. ἐξέχεας τὸν χαλκόν σου (12 b)
— 38. A ἐκδικήσει . . . ἐκχεούσης αἷμα [B om. ἐ. α.] (12 a)
18. 10. ἐὰν γεννήσῃ υἱὸν λοιμὸν ἐκχέοντα αἷμα (12 a)
20. 8, 13, 21. εἶπα τοῦ ἐκχέαι τὸν θυμόν μου ἐπ' αὐτούς (12 a)
21. 31 (36). ἐκχεῶ ἐπὶ σὲ [A σοι] ὀργήν μου (12 a)
22. 3. ὦ πόλις ἐκχέουσα αἵματα ἐν μέσῳ αὐτῆς (12 a)
— 4. ἐν τοῖς αἵμασιν αὐτῶν οἷς ἐξέχεας (12 a)
— 6. ὅπως ἐκχέωσιν αἷμα (12 a)
— 9. ὅπως ἐκχέωσιν ἐν σοὶ αἷμα (12 a)
— 12. ὅπως ἐκχέωσιν αἷμα (12 a)
— 22. ἐξέχεα τὸν θυμόν μου ἐφ' ὑμᾶς (12 a)
— 27. τοῦ ἐκχέαι αἷμα (12 a)
— 31. ἐξέχεα ἐπ' αὐτὴν θυμόν μου (12 a)
23. 8. ἐξέχεαν τὴν πορνείαν αὐτῶν ἐπ' αὐτήν (12 a)
— 33. A ἐκχεῶ ὅπως [B ἐκλύσεως] πλησθήσῃ †
24. 3. A ἔκχεον [B ἔγχ.] εἰς αὐτὸν ὕδωρ (3 a)
— 7. οὐκ ἐκκέχυκα αὐτὸ ἐπὶ τὴν γῆν (12 a)
30. 15. ἐκχεῶ τὸν θυμόν μου ἐπὶ Σαΐν (12 a)
33. 25. A αἷμα ἐκχεῖτε (12 a)
36. 18. ἐξέχεα τὸν θυμόν μου ἐπ' αὐτούς (12 a)
— 18. A οὐ ἐξέχεαν ἐν τῇ γῇ (12 a)
39. 29. ἐξέχεα τὸν θυμόν μου ἐπὶ τὸν οἶκον Ἰσραήλ (12 a)
Da. TH. 11. 15. καὶ ἐκχεεῖ πρόσχωμα (12 a)
I Ma. 1. 37. ἐξέχεαν αἷμα ἀθῷον
7. 17. αἵματα αὐτῶν ἐξέχεαν
II Ma. 1. 8. ἐξέχεαν αἷμα ἀθῷον
III Ma. 3. 2. A φήμη δυσμενὴς ἐξέχεῖτο [R ἐξηχ.]
[**Aq.** Is. 37. 33 : 59. 7 : Je. 6. 11 : Ez. 23. 45 : 36. 18 : Jl. 2. 28 (3. 1).]
[**Sm.** Ps. 40 (41). 9 : 74 (75). 9 : Is. 37. 33 : 59. 7 : Je. 6. 11 : Ez. 23. 45 : Jl. 2. 28 (3. 1).]
[**Th.** Jd. 9. 44 : Jb. 12. 21 : 30. 16 : Is. 37. 33 : Je. 30 (37). 19 : Ez. 23. 45 : 33. 25 : 36. 18 : Jl. 2. 28 (3. 1).]

ἐκχλευάζειν.
[**Sm.** Pr. 14. 9.]

ἐκχολᾶν.
III Ma. 3. 1. A ἐπὶ τοσοῦτον ἐξεχόλησεν [R ἐχ.]

ἐκχύνεσθαι.
[**Th.** II Ki. 14. 14.]

ἔκχυσις. (1) *a.* שָׁפַךְ *b.* שֶׁפֶךְ
Le. 4. 12. ἐπὶ τῆς ἐ. τῆς σποδιᾶς καυθήσεται (1 b)
III Ki. 18. 28. ἕως ἐκχύσεως αἵματος ἐπ' αὐτούς (1 a)
Si. 27. 15. ἔκχυσις [A -εις] αἵματος μάχη ὑπερηφάνων
[**Aq.** Ca. 5. 12.]

ἐκχωννύναι.
[**Aq.** Ez. 17. 17.]

ἐκχωρεῖν. (1) בָּרַח (2) צָפַר (3) רוּם ni.
Nu. 16. 45 (17. 10). ἐκχωρήσατε ἐκ μέσου τῆς συναγωγῆς ταύτης (3)
Jd. 7. 3. ἐκχωρείτω ἀπὸ ὄρους Γ. [A *al.*] (2)
I Es. 4. 44, 57. A ἃ ἐξεχώρησεν [B ἐχώρισε] Κῦρος
Am. 7. 12. ἐκχώρησον σὺ εἰς γῆν Ἰούδα (1)
I Ma. 9. 62. ἐξεχώρησεν [S ἐξ. ἀπ' αὐτῶν] Ἰωνάθαν

ἐκψύχειν. (1) כָּהָה pi. (2) עוּף
Jd. 4. 21. A καὶ ἐξέψυξεν [B *al.*] (2)
Ez. 21. 7 (12). ἐκψύξει πᾶσα σὰρξ καὶ πᾶν πνεῦμα (1)

ἑκών.
Ex. 21. 13. ὁ δὲ οὐχ ἑ. ἀλλὰ ὁ θεὸς †
Jb. 36. 19. μή σε ἐκκλινάτω [A -νῃ] ἑκὼν ὁ νοῦς δεήσεως †

ἐλ.
[**Heb.** Ma. 2. 13.]

ἐλαία. (1) זַיִת
Ge. 8. 11. εἶχε φύλλον ἐλαίας (1)
Ex. 27. 20. ἔλαιον ἐξ ἐλαιῶν ἄτρυγον καθαρὸν κεκομμένον (1)
30. 24. ἔλαιον ἐξ ἐλαιῶν εἶν (1)
De. 8. 8. γῆ ἐλαίας ἐλαίου (1)
28. 40. ἐλαῖαι ἔσονταί σοι (1)
— 40. ἐκρυήσεται ἡ ἐ. σου (1)
Jd. 9. 8. καὶ εἶπον τῇ ἐ. (1)
— 9. καὶ εἶπεν αὐτοῖς ἡ ἐ. (1)
15. 5. ἕως ἀμπελῶνος καὶ ἐλαίας (1)
II Ki. 15. 18. B ἔστησαν ἐπὶ τῆς ἐ. ἐν τῇ ἐρήμῳ –
— 30. ἐν τῇ ἀναβάσει [A ἐκ τῆς ἀ.] τῶν ἐ. (1)
IV Ki. 18. 32. γῆ ἐλαίας ἐλαίου καὶ μέλιτος (1)
Ne. 5. 11. B S^1 ἐλαίας [A S^2 R -αιῶνας] αὐτῶν καὶ οἰκίας αὐτῶν (1)
8. 15. ἐνέγκατε φύλλα ἐλαίας (1)
To. 1. 7. S^1 τοῦ οἴνου . . . καὶ ἐλαιῶν [S^3 ἐλαίου]
Ju. 15. 13. ἐστεφανώσαντο τὴν ἐ.
Jb. 15. 33. ἐκπέσοι δὲ ὡς ἄνθος ἐλαίας (1)
Ps. 51 (52). 8. ἐγὼ δὲ ὡσεὶ ἐλαία κατάκαρπος ἐν τῷ οἴκῳ τοῦ θεοῦ (1)
127 (128). 3. οἱ υἱοί σου ὡς νεόφυτα ἐλαιῶν (1)
Si. 24. 14. ὡς ἐλαία εὐπρεπὴς ἐν πεδίῳ
50. 10. ὡς ἐλαία ἀναθάλλουσα καρπούς
Ho. 14. 7. καὶ ἔσται ὡς ἐλαία κατάκαρπος (1)
Mi. 6. 15. σὺ πιέσεις ἐλαίαν (1)
Hb. 3. 17. ψεύσεται ἔργον ἐλαίας (1)
Hg. 2. 20 (19). τὰ ξύλα [S^1 φύλλα] τῆς ἐ. τὰ οὐ φέροντα καρπόν (1)
Za. 4. 3. δύο ἐλαῖαι ἐπάνω αὐτῆς (1)
— 11. τί αἱ δύο ἐ. αὗται (1)
— 12. τί οἱ δύο κλάδοι τῶν ἐ. (1)
14. 4. στήσονται οἱ πόδες αὐτοῦ . . . ἐπὶ τὸ ὄρος τῶν ἐ. (1)
— 4. B S σχισθήσεται τὸ ὄρος τῶν ἐ. (1)
Is. 17. 6. ὡς ῥῶγες ἐλαίας δύο ἢ τρεῖς (1)
24. 13. ἐάν τις καλαμήσηται ἐλαίαν (1)
Je. 11. 16. ἐλαίαν ὡραίαν εὔσκιον τῷ εἴδει ἐκάλεσε [S *add.* σε] (1)
[**Aq.** Dt. 24. 22 (20).]
[**Sm.** Ps. 51 (52). 10 : 91 (92). 11.]
[**Al.** Le. 24. 2 : Dt. 24. 22 (20) : Hb. 3. 17.]

ἐλάϊνος. (1) זַיִת
Le. 24. 2. ἔλαιον ἐ. καθαρὸν κεκομμένον (1)

● **ἐλαιολογεῖν** (-αλ). (1) חָבַט זַיִת

De. 24. 20. ἐὰν δὲ ἐλαιολογῇς [A -γήσῃς] (1)

ἔλαιον (ἔλεον). (1) יִצְהָר (2) מִשְׁחָה (3) סוּךְ (4) שֶׁמֶן

Ge. 28. 18. ἐπέχεεν ἔ. ἐπὶ τὸ ἄκρον αὐτῆς (4)
35. 14. καὶ ἐπέχεεν ἐπ' αὐτὴν ἔ. (4)
Ex. 27. 20. ἔ. ἐξ ἐλαιῶν ἄτρυγον καθαρὸν κεκομμένον (4)
29. 2. ἄρτους ἀζύμους πεφυραμένους ἐν ἐλαίῳ (4)
— 2. B λάγανα ἄζυμα κεχρισμένα ἐν ἐλαίῳ (4)
— 7. καὶ λήψῃ τοῦ ἐ. τοῦ χρίσματος (4)
— 21. καὶ λήψῃ . . . ἀπὸ τοῦ ἐ. τῆς χρίσεως (4)
— 23. καὶ ἄρτον ἕνα ἐξ ἐλαίου (4)
— 40. σεμιδάλεως πεφυραμένης ἐν ἐλαίῳ κεκομμένῳ (4)
30. 24. ἔ. ἐξ ἐλαιῶν εἶν (4)
— 25. ποιήσεις αὐτὸ ἔ. [A^1 *om.*] χρῖσμα ἅγιον (4)
— 25. ἔ. χρῖσμα ἅγιον ἔσται (4)
— 31. ἔ. ἄλειμμα χρίσεως ἅγιον ἔσται τοῦτο (4)
31. 11. καὶ τὸ ἔ. τῆς χρίσεως (4)
35. 14, 19 (15). καὶ τὸ ἔ. τοῦ χρίσματος (4)
— 28. καὶ τὸ ἔ. τῆς χρίσεως (4)
38. 25 (37. 29). τὸ ἔ. τῆς χρίσεως [A τοῦ χρίσματος] τὸ ἅγ. (4)
39. 16 (38). τὸ ἔ. τῆς χρίσεως (4)
— 17 (37). τὸ ἔ. τοῦ φωτός (4)
40. 9. τὸ ἔ. τοῦ χρίσματος [A τῆς χρίσεως] (4)
Le. 2. 1. ἐπιχεεῖ ἐπ' αὐτὸ ἔ. (4)
— 2. δραξάμενος . . . ἀπὸ τῆς σεμιδάλεως σὺν τῷ ἐ. (4)
— 4. ἄρτους ἀζύμους πεφυραμένους ἐν ἐλαίῳ (4)
— 4. λάγανα ἄζυμα διακεχρισμένα ἐν ἐλαίῳ (4)
— 5. σεμίδαλις πεφυραμένη ἐν ἐλαίῳ (4)
— 6. ἐπιχεεῖς ἐπ' αὐτὰ ἔ. (4)
— 7. ἐν ἐλαίῳ ποιηθήσεται (4)
— 15. ἐπιχεεῖς ἐπ' αὐτὴν ἔ. (4)
— 16. ἀνοίσει ὁ ἱερεὺς . . . ἀπὸ τῶν χίδρων σὺν τῷ ἐ. (4)
5. 11. AB^{2}R οὐκ ἐπιχεεῖ ἐπ' αὐτὸ ἔ. [B^1 λίβανον] (4)
6. 15 (8). ἀπὸ τῆς σεμιδάλεως τῆς θυσίας σὺν τῷ ἐ. αὐτῆς (4)
— 21 (14). B ἐπὶ τηγάνου ἐν ἐλαίῳ ποιηθήσεται (4)
— 40 (7. 10). πᾶσα θυσία ἀναπεποιημένη ἐν ἐλαίῳ (4)
7. 2 (12). ἄρτους ἐκ σεμιδάλεως ἀναπεποιημένους ἐν ἐλαίῳ (4)
— 2 (12). λάγανα ἄζυμα διακεχρισμένα ἐν ἐλαίῳ (4)
— 2 (12). σεμίδαλιν πεφυραμένην ἐν ἐλαίῳ (4)
8. 2. τὸ ἔ. τῆς χρίσεως (4)
— 10. ἔλαβε Μωυσῆς ἀπὸ τοῦ ἐ. τῆς χρίσεως (4)
— 12. ἐπέχεε Μωυσῆς ἀπὸ τοῦ ἐ. τῆς χρίσεως (4)
— 25 (26). ἄρτον ἐξ ἐλαίου ἕνα (4)
— 29 (30). ἔλαβεν Μ. ἀπὸ τοῦ ἐ. τῆς χρίσεως (4)
9. 4. σεμίδαλιν πεφυραμένην ἐν ἐλαίῳ (4)
10. 7. τὸ ἔ. γὰρ τῆς χρίσεως τὸ παρὰ κ. ἐφ' ὑμῖν (4)
14. 10. σεμιδάλεως . . . πεφυραμένης ἐν ἐλαίῳ (4)
— 10. κοτύλην ἐλαίου μίαν (4)
— 12. τὴν κοτύλην τοῦ ἐλαίου (4)
— 15. ἀπὸ τῆς κοτύλης τοῦ ἐ. (4)
— 16. ἀπὸ τοῦ ἐ. τοῦ ὄντος ἐπὶ τῆς χειρός (4)
— 17. τὸ δὲ καταλειφθὲν ἔ. τὸ ὂν [A *om.*] ἐν τῇ χειρί (4)
— 18. τὸ δὲ καταλειφθὲν ἔ. τὸ ἐπὶ τῆς χειρός (4)
— 21. σεμιδάλεως πεφυραμένης ἐν ἐλαίῳ (4)
— 21. κοτύλην ἐλαίου μίαν (4)
— 24. τὴν κοτύλην τοῦ ἐ. (4)
— 26. ἀπὸ τοῦ ἐ. ἐπιχεεῖ ὁ ἱερεὺς ἐπὶ τὴν χεῖρα (4)
— 27. ῥανεῖ ὁ ἱερεὺς τῷ δακτύλῳ . . . ἀπὸ τοῦ ἐ. (4)
— 28. ἐπιθήσει ὁ ἱερεὺς ἀπὸ τοῦ ἐ. τοῦ ἐπὶ τῆς χειρός (4)
— 29. τὸ δὲ καταλειφθὲν ἀπὸ τοῦ ἐ. τὸ ὂν ἐπὶ τῆς χειρός (4)
21. 10. τοῦ ἐπικεχυμ. ἐπὶ τὴν κεφ. τοῦ ἐ. τοῦ χριστοῦ (4)
— 12. τὸ ἅγιον ἔ. τὸ χριστὸν τοῦ θεοῦ ἐπ' αὐτῷ (4)
23. 13. σεμιδάλεως ἀναπεποιημένης ἐν ἐλαίῳ (4)
24. 2. ἔ. ἐλάϊνον καθαρὸν κεκομμένον (4)
Nu. 4. 9. καὶ πάντα τὰ ἀγγεῖα [A ἅγια] τοῦ ἐ. (4)
— 16. τὸ ἔ. τοῦ φωτὸς . . . καὶ τὸ ἔ. τῆς χρίσεως (4, 4)
5. 15. οὐκ ἐπιχεεῖ ἐπ' αὐτὸ ἔλαιον (4)
6. 15. ἀναπεποιημένους ἐν ἐλαίῳ καὶ λάγανα ἄζυμα κεχρισμένα ἐν ἐλαίῳ (4, 4)
7. 13, 19, 25, 31, 37, 43, 49, 55, 61, 67, 73, 79. ἀναπεποιημένης ἐν ἐλαίῳ (4)
Nu. 8. 8. ἀναπεποιημένην ἐν ἐλαίῳ (4)
11. 8. ἐγκρὶς ἐξ ἐλαίου (4)
15. 4. ἐν ἐλαίῳ ἐν τετάρτῳ τοῦ ἵν [A *al.*] (4)
— 6. ἐν ἐλαίῳ τὸ τρίτον τοῦ ἵν (4)
— 9. ἐν ἐλαίῳ ἥμισυ τοῦ ἵν (4)
18. 12. πᾶσα ἀπαρχὴ ἐλαίου (1)
28. 5. ἀναπεποιημένην ἐν ἐλαίῳ (4)
— 9, 12 *bis*, 13. ἀναπεποιημένης ἐν ἐλαίῳ (4)
— 20, 28 : 29. 3, 9, 14. ἀναπεποιημένη ἐν ἐλαίῳ (4)
35. 25. ὃν ἔχρισαν αὐτὸν τῷ ἐ. τῷ ἁγίῳ (4)
De. 7. 13. τὸν οἶνόν σου καὶ τὸ ἔ. σου (1)
8. 8. γῆ ἐλαίας ἐλαίου (4)
11. 14. τὸν οἶνόν σου καὶ τὸ ἔ. σου (1)
12. 17 : 14. 23 : 18. 4. τοῦ οἴνου σου καὶ τοῦ ἐ. σου (1)
28. 40. ἔλαιον οὐ χρίσῃ (4)
— 51. σῖτον οἶνον ἔλαιον (1)
32. 13. καὶ ἔλαιον ἐκ στερεᾶς πέτρας (4)
33. 24. βάψει ἐν ἐλαίῳ τὸν πόδα αὐτοῦ (4)
Ru. 3. 10. A ἠγάθυνας τὸ ἔ. [B ἔλεός] σου †
I Ki. 10. 1. ἔλαβε Σ. τὸν φακὸν τοῦ ἐ. (4)
16. 1. πλῆσον τὸ κέρας σου ἐλαίου (4)
— 13. ἔλαβε Σ. τὸ κέρας τοῦ ἐ. (4)
II Ki. 1. 21. θυρεὸς Σ. οὐκ ἐχρίσθη ἐν ἐλαίῳ (4)
14. 2. μὴ ἀλείψῃ ἔλαιον (4)
III Ki. 1. 39. ἔλαβε Σ. ὁ ἱερεὺς τὸ κέρας τοῦ ἐ. (4)
5. 11 (25). εἴκοσι χιλιάδας βαὶθ ἐλαίου κεκομμένου (4)
17. 12. καὶ ὀλίγον ἔ. ἐν τῷ καψάκῃ (4)
— 14. ὁ καψάκης τοῦ ἐ. οὐκ ἐλαττονήσει (4)
— 16. ὁ καψάκης τοῦ ἐ. οὐκ ἠλαττονήθη (4)
IV Ki. 4. 2. ὃ ἀλείψομαι ἔλαιον (4)
— 6. καὶ ἔστη τὸ ἔ. (4)
— 7. ἀπόδου τὸ ἔ. (4)
— 7. ζήσεσθε ἐν τῷ ἐπιλοίπῳ [A ὑπολ.] ἐ. –
9. 1. λάβε τὸν φακὸν τοῦ ἐ. τούτου (4)
— 3. καὶ λήψῃ τὸν φακὸν τοῦ ἐ. (4)
— 6. καὶ ἐπέχεε τὸ ἔ. ἐπὶ τὴν κεφαλὴν αὐτοῦ (4)
18. 32. γῆ ἐλαίας ἐλαίου (1)
20. 13. τὸ ἔ. τὸ ἀγαθὸν καὶ τὸν οἶκον τῶν σκευῶν (4)
I Ch. 9. 29. ἐπὶ τῆς σεμιδάλεως τοῦ οἴνου τοῦ ἐ. [S^1 *om.* τ. ἐ.] (4)
12. 40. ἔφερον αὐτοῖς . . . οἶνον καὶ ἔλαιον (4)
27. 28. ἐπὶ δὲ τῶν θησαυρῶν τοῦ ἐ. (4)
II Ch. 2. 10 (9). AB^{2}R καὶ ἐλαίου μέτρων [A κάδων] (4)
— 15 (14). καὶ τὸ ἔ. καὶ τὸν οἶνον (4)
11. 11. καὶ παραθέσεις βρωμάτων ἔλαιον καὶ οἶνον (4)
31. 5. ἀπαρχὴν σίτου καὶ οἴνου καὶ ἐλαίου (1)
32. 28. τὰ γεννήματα σίτου καὶ ἐλαίου (1)
I Es. 6. 30. ἅλα καὶ οἶνον καὶ ἔλαιον
II Es. 3. 7. βρώματα καὶ ποτὰ καὶ ἔλαιον (4)
6. 9. πυροὺς ἅλας οἶνον ἔλαιον [A *om.*] (2)
7. 22. AR καὶ ἕως [A *om.*] ἐλαίου βαδῶν ἑκατόν (2)
Ne. 5. 11. AS^{2}R καὶ τὸ ἔ. [BS^1 *om.* κ. τὸ ἔ.] ἐξενέγκατε ἑαυτοῖς (1)
10. 37 (38). τὸν καρπὸν παντὸς ξύλου οἴνου καὶ ἐλαίου (1)
— 39 (40). τὰς ἀπαρχὰς τοῦ σίτου . . καὶ τοῦ ἐ. (1)
13. 5. καὶ τὴν δεκάτην . . . τοῦ ἐ. (1)
— 12. ἤνεγκαν δεκάτην . . . τοῦ οἴνου καὶ τοῦ ἐ. (1)
To. 1. 7. S^2 τοῦ σίτου καὶ ἐλαίου [AB *om.*, S^1 -ῶν]
Ju. 10. 5. καὶ καψάκην ἐλαίου
11. 13. τὰς δεκάτας τοῦ οἴνου καὶ τοῦ ἐ.
Es. 2. 12. ἀλειφομέναις [AS -αι] ἐν σμυρνίνῳ ἐ. [A σμύρνινον ἔ.] (4)
Ps. 4. 7. ἀπὸ καρποῦ σίτου καὶ οἴνου καὶ ἐλαίου αὐτῶν ἐπληθύνθησαν –
22 (23). 5. ἐλίπανας ἐν ἐλαίῳ τὴν κεφαλήν μου (4)
44 (45). 7. ἔχρισέ σε ὁ θεός σου ἔλαιον ἀγαλλιάσεως (4)
54 (55). 21. ἡπαλύνθησαν οἱ λόγοι αὐτοῦ ὑπὲρ ἔλαιον (4)
88 (89). 20. AB^{2}S ἐν ἐλαίῳ [B^{1}R ἐλέει] ἁγίῳ ἔχρισα αὐτόν (4)
91 (92). 10. AB^{2}S καὶ τὸ γῆράς μου ἐν ἐλαίῳ [B^{1}R ἐλέῳ] πίονι (4)
100 (101). 1. A ἔλαιον [B ἔλεος, S ἔλεον] . . . ᾄσομαί σοι †
103 (104). 15. τοῦ ἱλαρῦναι πρόσωπον ἐν ἐλαίῳ (4)
Ps. 108 (109). 18. καὶ ὡσεὶ ἔλαιον ἐν τοῖς ὀστέοις αὐτοῦ (4)
— 24. ἡ σάρξ μου ἠλλοιώθη δι' ἔλαιον [S ἔλεον] (4)
140 (141). 5. ἔλαιον δὲ ἁμαρτωλοῦ μὴ λιπανάτω τὴν κεφαλήν μου (4)
151. 4. ἔχρισέ με ἐν [S *om.*] τῷ ἐ. [AS ἐλέει] τῆς χρίσεως αὐτοῦ
Pr. 21. 17. φιλῶν οἶνον καὶ ἔλαιον [A ἔλεον] εἰς πλοῦτον (4)
Ec. 7. 2 (1). ἀγαθὸν ὄνομα ὑπὲρ ἔλαιον ἀγαθόν (4)
9. 8. SR ἔλαιον ἐπὶ κεφαλῆς [AB -ήν] σου μὴ ὑστερησάτω (4)
10. 1. AS^{2}R σκευασίαν [S^1 σκεύασιν] ἐλαίου [BS^1 -ον] ἡδύσματος (4)
— 19. οἶνον καὶ ἔλαιον τοῦ εὐφρανθῆναι ζῶντας [AS *al.*] –
Si. 39. 26. αἷμα σταφυλῆς καὶ ἔλαιον καὶ ἱμάτιον
45. 15. ἔχρισεν αὐτὸν ἐν ἐλαίῳ ἁγίῳ
Ho. 2. 5 (7). τὸ ἔλαιόν μου καὶ πάντα ὅσα μοι καθήκει (4)
— 8 (10). ἐγὼ ἔδωκα αὐτῇ τὸν σῖτον . . . καὶ τὸ ἔ. (1)
— 22 (24). ἡ γῆ ἐπακούσεται τὸν σῖτον κ. τὸν οἶνον κ. τὸ ἔ. (1)
12. 1 (2). καὶ ἔλαιον εἰς Αἴ. ἐνεπορεύετο (4)
Mi. 6. 15. οὐ μὴ ἀλείψῃ ἔλαιον (4)
Jl. 1. 10. ὠλιγώθη ἔλαιον (1)
2. 19. ἐξαποστέλλω ὑμῖν . . . τὸ ἔ. (1)
— 24. ὑπερχυθήσονται [A ὑπερεκ.] αἱ ληνοὶ . . . ἐλαίου (1)
Hg. 1. 11. ἐπὶ τὸν οἶνον καὶ ἐπὶ τὸ ἔ. (1)
2. 13 (12). ἢ οἴνου ἢ ἐλαίου (4)
Is. 1. 6. οὐκ ἔστι μάλαγμα ἐπιθεῖναι οὔτε ἔλαιον (4)
40. 15. ὡς σίελος [A^2 ὡσεὶ ἔλαιον?] λογισθήσονται †
Je. 47 (40). 10. συναγάγετε οἶνον καὶ ὀπώραν καὶ ἔλαιον (4)
— 12. συνήγαγον οἶνον . . . καὶ ἔ. –
48 (41). 8. εἰσὶν ἡμῖν θησαυροὶ ἐν ἀγρῷ . . . μέλι καὶ ἔ. (4)
Ez. 16. 9. ἔχρισά σε ἐν ἐλαίῳ (4)
— 13. ἔ. καὶ μέλι ἔφαγες (4)
— 18. τὸ ἔ. μου καὶ τὸ θυμίαμά μου (4)
— 19. σεμίδαλιν καὶ ἔ. καὶ μέλι ἐψώμισά σε (4)
23. 41. τὸ θυμίαμα καὶ τὸ ἔ. μου (4)
27. 17. ἔ. καὶ ῥητίνην ἔδωκαν (4)
32. 14. οἱ ποταμοὶ αὐτῶν ὡς ἔ. πορεύσονται (4)
45. 14. τὸ πρόσταγμα τοῦ ἐ. κοτύλην ἐλαίου (4, 4)
— 24. ἐλαίου τὸ εἶν τῷ πέμματι (4)
— 25. καθὼς τὸ ἔ. (4)
46. 5. προσοίσει . . . ἐλαίου τὸ εἶν τῷ πέμματι (4)
— 7, 11. ἐλαίου τὸ εἶν τῷ πέμματι (4)
— 14. καὶ ἐλαίου τρίτον τοῦ [A τῷ] εἶν (4)
— 15. τὸ ἔ. ποιήσετε τὸ πρωΐ (4)
Da. LXX. 10. 3. ἔλαιον οὐκ ἠλειψάμην (3)
Bel 2. καὶ ἐλαίου μετρηταὶ ἕξ
Da. TH. Su. 17. ἐνέγκατε δή μοι ἔλαιον

[**Aq.** Le. 21. 12 : Nu. 11. 8 : Ps. 44 (45). 9 : 132 (133). 2 : Pr. 27. 16 : Is. 39. 2 : 61. 3 : Je. 31 (38). 12 : 41 (48). 8.]
[**Sm.** Ex. 35. 8 *bis* : Le. 14. 29 : 21. 12 : III Ki. 5. 11 (25) : Ps. 44 (45). 9 : 54 (55). 22 : 103 (104). 15 : Pr. 5. 3 : 27. 16 : Ec. 10. 1 : Is. 1. 6 : 41. 19 : 61. 3 : Je. 31 (38). 12 : 41 (48). 8 : Za. 4. 14.]
[**Th.** Ex. 35. 8 *bis*, 14, 28 : Le. 21. 12 : Pr. 5. 3 : 27. 16 : Is. 61. 3 : Je. 40 (47). 10.]
[**Al.** Le. 21. 10 : Is. 57. 9.]

ἐλαιών. (1) זַיִת

Ex. 23. 11. οὕτω ποιήσεις τὸν ἀμπελῶνά σου καὶ τὸν [A *om.*] ἐ. σου (1)
De. 6. 11 : Jo. 24. 13. ἀμπελῶνας καὶ ἐλαιῶνας (1)
I Ki. 8. 14. τοὺς ἐ. ὑμῶν τοὺς ἀγαθοὺς λήψεται (1)
IV Ki. 5. 26. ἔλαβες . . . ἐλαιῶνας καὶ ἀμπελῶνας (1)
I Ch. 27. 28. καὶ ἐπὶ τῶν ἐ. καὶ ἐπὶ τῶν συκαμίνων (1)
Ne. 5. 11. AS^{2}R ἐλαιῶνας [BS^1 -αίας] αὐτῶν καὶ οἰκίας αὐτῶν (1)
9. 25. ἐκληρονόμησαν . . . ἀμπελῶνας καὶ ἐλαιῶνας [S^1 *om.* καὶ ἐ.] (1)
Am. 4. 9. ἐλαιῶνας ὑμῶν κατέφαγεν ἡ κάμπη (1)
Je. 5. 17. κατέδονται . . . τοὺς ἐ. ὑμῶν [S^1 *om.* τ. ἐ. ὑ.] –

ἐλάμ. (1) אֵלָם, אוּלָם

Ez. 40. 7. A καὶ τὸ ἐ. [B αἰλ.] ἀνὰ μέσον τοῦ θ. (1 ?)
— 7. B καὶ τὸ ἐ. [AR αἰλ.] πηχέων πέντε (1 ?)

● = correction on page xxv

ἐλαμμείμ.

III Ki. 7. 6. **A** ἐπὶ πρόσωπον αὐτῶν τοῖς ἐ. [**B** *al.*] –

ἐλαμμώθ. (**1**) *a.* אֵילָמָו *b.* אֵילָמָיו

Ez. 40. 26. καὶ ἐ. [**B** αἰλαμμὼν] ἔσωθεν (**1** *a* *, **1** *b*)

ἐλαμμών. (**1**) *a.* אֵלַמָּו *b.* אֵלַמָּיו

Ez. 40. 21. **A** καὶ τὸ ἐ. [**B** αἰλ.] (**1** *a* *, **1** *b*)

ἔλασις.

[**Aq.** IV Ki. 9. 20 *bis*.]

ἔλασμα. (**1**) תְּפַשׂ

Hb. 2. 19. τοῦτο δέ ἐστιν ἔ. χρυσίου καὶ ἀργυρίου (**1**)

ἐλασσονεῖν. &c. *vid.* **ἐλαττονεῖν**, &c.

ἐλάτη. (**1**) עַרְמוֹן (**2**) שִׂיחַ (**3**) תַּלְתַּלִּים

Ge. 21. 15. ἔρριψε τὸ παιδίον ὑποκάτω μιᾶς ἐ. (**2**)
Ca. 5. 11. βόστρυχοι αὐτοῦ ἐλάται (**3**)
Ez. 31. 8. ἐλάται οὐκ ἐγένοντο ὅμοιαι [**A** -οι] τοῖς κλάδοις αὐτοῦ (**1**)

[**Aq.** Ps. 103 (104). 17: Ca. 7. 8 (9): Is. 37. 24: 41. 19: 55. 13: 60. 13: Ho. 14. 9.]
[**Al.** Ca. 5. 11.]

ἐλάτινος. (**1**) אַלּוֹן

Ez. 27. 5 (6). τοῦ ποιῆσαί σοι ἱστοὺς ἐλατίνους (**1**)

ἐλατός. (**1**) מִקְשָׁה (**2**) רִקֻּעִים (**3**) שָׁחַט

Nu. 10. 2. **A R** ἐλατὰς ποιήσεις αὐτάς [**B** σεαυτῷ] (**1**)
16. 38 (17. 3). ποίησον αὐτὰ λεπίδας ἐ. (**2**)
III Ki. 10. 16. τριακόσια δόρατα χρυσᾶ ἐ. (**3**)
— 17. τριακόσια ὅπλα χρυσᾶ [**A** *om.*] ἐ. (**3**)
II Ch. 9. 15. διακοσίους θυρεοὺς χρυσοῦς ἐ. (**3**)
— 16. τριακοσίας ἀσπίδας ἐ. χρυσᾶς (**3**)
Ps. 97 (98). 6. ἐν σάλπιγξιν ἐ. –
Si. 50. 16. ἐν σάλπιγξιν ἐ. ἤχησαν

[**Aq.** Ex. 37. 17: Je. 10. 5, 9.]
[**Th.** Je. 10. 9.]

ἐλαττονεῖν. *cf.* **ἐλαττονοῦν.** (**1**) חָסֵר *a.* qal. *b.* hi. *c.* חָסֵר adj. (**2**) מָעַט hi.

Ex. 16. 17. **A** ὁ τὸ ἔλαττον οὐκ ἠλαττόνησεν [**B** *om.* οὐκ ἠ.] –
— 18. καὶ ὁ τὸ ἔλαττον [**A**[2] ὀλίγον] οὐκ ἠλαττόνησεν (**1** *b*)
30. 15. ὁ πενόμενος οὐκ ἐλαττονήσει [**A** -ώσει] (**2**)
III Ki. 11. 22. τίνι σὺ ἐλαττονῇ μετ' ἐμοῦ (**1** *c*)
17. 14. ὁ καψάκης τοῦ ἐλαίου οὐκ ἐλαττονήσει (**1** *a*)
— 16. **R** ὁ καψάκης τοῦ ἐλαίου οὐκ ἠλαττονήθη [**A** ἐλ., **B** ἐλαττονώθη] (**1** *a*)
Si. 19. 7. **A** οὐθέν σοι οὐ μὴ ἐλαττονηθῇ [**B S** -ωθῇ]

ἐλαττονοῦν, ἐλασσονοῦν. (**1**) *a.* חָסֵר *b.* מַחְסוֹר (**2**) מָעַט *a.* qal. *b.* hi. (**3**) צָעַר

Ge. 8. 3. **R** ἠλαττονοῦτο τὸ ὕδωρ μετὰ . . . ἡμέρας [**A** *al.*] (**1** *a*)
— 4 (5). **A** τὸ δὲ ὕδωρ πορευόμενον [**R** *om.*] ἠλαττονοῦτο (**1** *a*)
18. 28. ἐὰν δὲ ἐλαττονωθῶσιν οἱ π. δίκαιοι (**1** *a*)
Ex. 30. 15. **A** ὁ πενόμενος οὐκ ἐλαττονώσει [**B** -ήσει] ἀπὸ τοῦ ἡμίσεως (**2** *b*)
Le. 25. 16. **A R** ἐλαττονώσει [**B** -σῃ] τὴν κτῆσιν αὐτοῦ (**2** *b*)
III Ki. 17. 16. **B** ὁ καψάκης τοῦ ἐλαίου οὐκ ἐλαττονώθη [**A** -ήθη, **R** ἠλαττονήθη] (**1** *a*)
To. 14. 4. **S** οὐ μηθὲν ἐλαττονωθῇ
Pr. 11. 24. εἰσὶ δὲ καὶ οἳ συνάγοντες [**S**[3] σ. τὰ ἀλλότρια] ἐλαττονοῦνται (**1** *b*)
14. 34. ἐλασσονοῦσι δὲ φυλὰς ἁμαρτίαι †
Si. 16. 23. **A** ἐλαττονούμενος [**B S** ἐλαττούμ.] καρδίᾳ διανοεῖται ταῦτα
19. 6. ὁ μισῶν λαλιὰν ἐλαττονοῦται [**S** -ττοῦται] κακίᾳ [**A** καρδίᾳ]
— 7. οὐθέν σοι οὐ μὴ ἐλαττονωθῇ [**A** -ηθῇ]
Je. 37 (30). 19. **S** οὐ μὴ ἐλαττονωθῶσι [**A B** -τωθ.] (**2** *a et* **3**)
51 (44). 18. **A** ἠλαττονώθημεν ἡμεῖς [**B S** -τώθημεν πάντες] (**1** *a*)
II Ma. 12. 11. **A** ἐλαττονωθέντες [**R** ἐλαττωθέντες] οἱ Νομάδες
13. 19. **R** προσέκρουεν [**A** -ενέκρουσεν] ἠλαττονοῦτο

ἐλαττοῦν, ἐλασσοῦν. (**1**) חָסֵר *a.* qal. *b.* pi. *c.* חָסֵר adj. (**2**) מָעַט *a.* qal. *b.* hi. (**3**) צָעַר

Nu. 26. 54. τοῖς ἐλάττοσιν ἐλαττώσεις τὴν κληρονομίαν αὐτῶν (**2** *b*)
33. 54. τοῖς ἐλάττοσιν ἐλαττώσετε τὴν κατάσχεσιν αὐτῶν (**2** *b*)
I Ki. 2. 5. πλήρεις ἄρτων ἠλαττώθησαν †
21. 15 (16). **R** μὴ [**A** ἢ, **B** *om.*] ἐλαττοῦμαι ἐπιλήπτων ἐγώ (**1** *a*)
II Ki. 3. 29. καὶ ἐλασσούμενος ἄρτοις (**1** *c*)
Ps. 8. 5. ἠλάττωσας αὐτὸν βραχύ τι παρ' ἀγγέλους (**1** *b*)
33 (34). 10. οὐκ ἐλαττωθήσονται παντὸς ἀγαθοῦ (**1** *a*)
Si. 16. 23. ἐλαττούμενος [**A** ἐλαττονούμ.] καρδίᾳ διανοεῖται ταῦτα
18. 6. οὐκ ἔστιν ἐλαττῶσαι οὐδὲ προσθεῖναι
19. 6. **S** ὁ μισῶν λαλιὰν ἐλαττοῦται [**A B** -ττονοῦται] κακίᾳ [**A** καρδίᾳ]
— 23. ἔστιν ἄφρων ἐλαττούμενος σοφίᾳ
— 24. **B**[2] κρείττων ἠλαττωμένος [**A B**[1] **S** ἡττώμενος] ἐν συνέσει
23. 10. ἀπὸ μώλωπος οὐκ ἐλαττωθήσεται
25. 2. γέροντα μοιχὸν ἐλαττούμενον συνέσει [**S**[2] *al.*]
28. 8. ἐλαττώσεις [**S** -σις] ἁμαρτίας
30. 24. ζῆλος καὶ θυμὸς ἐλαττοῦσιν ἡμέρας
34 (31). 27. τίς ζωὴ ἐλασσουμένῳ οἴνῳ [**A** -ου, **S**[2] ἐν οἴνῳ]
— 30. ἐλαττῶν ἰσχὺν καὶ προσποιῶν τραυματα
35 (32). 24. ὁ πεποιθὼς κυρίῳ οὐκ ἐλαττωθήσεται
38. 24. ὁ ἐλασσούμενος πράξει αὐτοῦ σοφισθήσεται
39. 18. οὐκ ἔστιν ὃς ἐλαττώσει τὸ σωτήριον αὐτοῦ
41. 2. ἀνθρώπῳ ἐπιδεομένῳ καὶ ἐλασσουμένῳ ἰσχύϊ [**A S** ἐν ἰ.]
42. 21. οὔτε προσετέθη οὔτε ἠλαττώθη [**A S** ἠλασσ.]
47. 23. κατέλιπε μετ' αὐτὸν . . . ἐλασσούμενον [**S** -αττ.] συνέσει Ῥοβοάμ
50. 3. ἠλαττώθη ἀποδοχεῖον [**A S** -εῖα] ὑδάτων
Je. 37 (30). 20. οὐ μὴ ἐλαττωθῶσι [**S** -τονωθῶσι] (**2** *a et* **3**)
51 (44). 18. ἠλαττώθημεν πάντες [**A** -τονώθημεν ἡμεῖς] (**1** *a*)
Ez. 24. 10. ἐλαττωθῇ ὁ ζωμός †
Da. LXX. 6. 12 (13). ἵνα μὴ ἐλαττώσῃς τι τῶν εἰρημένων –
II Ma. 12. 11. **R** ἐλαττωθέντες [**A** -ονωθ.] οἱ Νομάδες

[**Sm.** II Ki. 3. 1: Is. 32. 6.]
[**Th.** Is. 32. 6.]

ἐλάττωμα, ἐλάσσωμα.

Si. 19. 28. ἐὰν ὑπὸ ἐλαττώματος ἰσχύος κωλυθῇ [**S** -ῆς] ἁμαρτεῖν
II Ma. 11. 13. τὸ γεγονὸς περὶ ἑαυτὸν ἐ.

ἐλάττων, ἐλάσσων, ἐλάχιστος. (**1**) אֲרַע (**2**) מַחְסוֹר (**3**) מָעַט *a.* qal. *b.* hi. *c.* מְעַט (**4**) צָעִיר (**5**) קָטֹן (**6**) **ἐλάσσων γίνεσθαι** מְעַט

Ge. 1. 16. τὸν φωστῆρα τὸν ἐλάσσω (**5**)
25. 23. ὁ μείζων δουλεύσει τῷ ἐλάσσονι (**4**)
27. 6. τὸν υἱὸν αὐτῆς τὸν ἐλάσσω –
Ex. 16. 17. συνέλεξαν ὁ τὸ πολὺ καὶ ὁ τὸ ἔλαττον (**3** *b*)
— 18. καὶ ὁ τὸ ἔλαττον [**A**[2] ὀλίγον] οὐκ ἠλαττόνησεν (**3** *b*)
Le. 25. 16. καθότι ἂν ἔλαττον τῶν ἐτῶν ἐλαττονώσει τὴν κτ. (**3** *a*)
Nu. 26. 54. τοῖς ἐλάττοσιν ἐλαττώσεις (**3** *c*)
33. 54. τοῖς ἐλάττοσιν ἐλαττώσετε (**3** *c*)
35. 8. ἀπὸ τῶν ἐλαττόνων ἐλάττω (**3** *c*, **3** *b*)
Jo. 6. 25 (26). ἐν τῷ ἐλαχίστῳ αὐτοῦ ἐπιστήσει τὰς πύλας αὐτῆς (**4**)
— 25 (26). ἐν τῷ ἐλαχίστῳ διασωθέντι –
I Ki. 9. 21. καὶ τῆς φυλῆς τῆς ἐλαχίστης (**4**)
IV Ki. 18. 24. τῶν δούλων τοῦ κυρίου μου τῶν ἐ. (**5**)
Ju. 9. 11. ἐλαττόνων εἶ βοηθός
16. 16. ἐλάχιστον πᾶν στέαρ εἰς ὁλοκαύτωμά [**S** -κάρπ.] σοι
Jb. 16. 7. τί ἔλαττον [**S** ἔλασσον] τρωθήσομαι †
18. 7. θηρεύσαισαν ἐλάχιστοι τὰ ὑπάρχοντα αὐτοῦ †
30. 1. ἐλάχιστοι νῦν νουθετοῦσί με ἐν μέρει (**4**)
Pr. 13. 11. ὕπαρξις ἐπισπουδαζομένη μετὰ ἀνομίας ἐλάσσων γίνεται (**6**)
22. 16. δίδωσι δὴ πλουσίῳ ἐπ' ἐλάσσονι (**2**)
24. 59 (30. 24). τέσσαρα δὲ ἐλάχιστα ἐπὶ τῆς γῆς (**5**)
Wi. 6. 6. ὁ γὰρ ἐλάχιστος σύγγνωστός [**S**[1] εὔγν.] ἐστιν ἐλέους [**A** -ου]
9. 5. ἐλάσσων ἐν συνέσει κρίσεως καὶ νόμων
14. 5. ἐλαχίστῳ ξύλῳ πιστεύουσιν ἄνθρωποι ψυχάς
Si. 20. 11. **A** ἔστιν ἐλάττων [**B S** -ωσις] ἕνεκεν δόξης
Is. 60. 22. ὁ ἐλάχιστος εἰς ἔθνος μέγα (**4**)
Je. 29 (49). 20. ἐὰν μὴ συμψηθῶσι [**A** -ψηφισθ., **S** συνῶσι] τὰ ἐλάχιστα τῶν προβάτων (**4**)
Da. LXX. 2. 39. ἀναστήσεται βασιλεία ἐ. σου (**1**)
II Ma. 5. 5. παραλαβὼν ὁ Ἰ. οὐκ ἐλάττους τῶν χιλίων
8. 9. οὐκ ἐλάττους τῶν δισμυρίων
— 35. τῶν κατ' αὐτὸν νομιζομ. ἐλαχίστων εἶναι
10. 18. οὐκ ἔλαττον τῶν ἐννακισχιλίων
12. 4. ὄντας οὐκ ἔλαττον τῶν διακοσίων
— 10. οὐκ ἐλάττους τῶν πεντακισχιλίων

[**Aq.** Is. 24. 6: Je. 50 (27). 45.]
[**Sm.** Ge. 1. 16: Is. 53. 3.]
[**Al.** Le. 27. 8: I Ki. 9. 21.]

ἐλάττωσις.

To. 4. 13. **A B** ἐν τῇ ἀχρειότητι ἐλάττωσις
Si. 20. 2. ὁ ἀνθομολογούμενος ἀπὸ ἐλαττώσεως κωλυθήσεται
— 9. ἔστιν εὕρεμα εἰς ἐλάττωσιν
— 11. ἔστιν ἐλάττωσις [**A** -ων] ἕνεκεν δόξης
22. 3. θυγάτηρ δὲ ἐπ' ἐλαττώσει γίνεται
28. 8. **S** καὶ ἐλάττωσις [**A B** -σεις] ἁμαρτίας
34 (31). 4. ἐκοπίασε πτωχὸς ἐν ἐλαττώσει βίου
40. 26. οὐκ ἔστι φόβῳ [**A S** ἐν φ.] κυρίου ἐλάττωσις

ἐλαύνειν. (**1**) הָלַם (**2**) יָצַק (**3**) נָגַשׂ (**4**) שַׁיִט

Ex. 25. 11 (12). καὶ ἐλάσεις αὐτῇ τέσσαρας δακτυλίους χρυσοῦς (**2**)
III Ki. 9. 27. ἄνδρας ναυτικοὺς ἐλαύνειν εἰδότας θάλασσαν –
Wi. 16. 18. θεοῦ κρίσει ἐλαύνονται [**A** -ωνται]
17. 15. τὰ μὲν τέρασιν ἠλαύνοντο [**S**[1] -ετο] φαντασμάτων
Si. 38. 25. βόας ἐλαύνων καὶ ἀναστρεφόμενος ἐν ἔργοις αὐτῶν
Za. 10. 4. **A** πᾶς ὁ ἐλαύνων [**B S** ἐξελ.] ἐν τῷ αὐτῷ (**3**)
Is. 33. 21. οὐδὲ πορεύσεται πλοῖον ἐλαῦνον (**4**)
41. 7. χαλκεὺς τύπτων σφύρῃ ἅμα ἐλαύνων (**1**)
II Ma. 9. 4. τὸν ἁρματηλάτην ἀδιαλείπτως ἐλαύνοντα

[**Aq.** Ex. 3. 1: I Ki. 30. 2, 22: IV Ki. 9. 20.]
[**Sm.** Je. 31 (38). 24.]

ἐλαφίνης.

[**Aq.** I Ki. 24. 3.]

ἐλάφιον.

[**Sm., Th.** Pr. 5. 19.]

ἔλαφος. (**1**) *a.* אַיָּל *b.* אַיָּלָה (**2**) דַּיָּה (**3**) יָעֵל

De. 12. 15. ὡς δορκάδα ἢ ἔλαφον (**1** *a*)
— 22. ἡ δορκὰς καὶ ἡ ἔ. (**1** *a*)
14. 5. ἔλαφον καὶ δορκάδα (**1** *a*)
15. 22. ὡς δορκάδα ἢ ἔλαφον (**1** *a*)
I Ki. 24. 3. ἐπὶ πρόσωπον Σαδδ. [**B**[2] *add.* τῆς θήρας τῶν ἐ.] (**3**)
II Ki. 22. 34. τιθεὶς τοὺς πόδας μου ὡς ἐλάφων (**1** *b*)
III Ki. 3. 1 (*cf.* 4. 23). **B** ἐκτὸς ἐλάφων καὶ δορκάδων (**1** *a* ?)
4. 23 (5. 3). ἐκτὸς ἐλάφων καὶ δορκάδων (**1** *a*)
Jb. 39. 1. ἐφύλαξας δὲ ὠδῖνας ἐλάφων (**1** *b*)
Ps. 17 (18). 33. ὁ καταρτιζόμενος τοὺς πόδας μου ὡς ἐλάφου [**A** -ους] (**1** *b*)
28 (29). 9. φωνὴ κυρίου καταρτιζομένου [**S**[2] -νη] ἐλάφους (**1** *b*)
41 (42). 1. ὃν τρόπον ἐπιποθεῖ ἡ ἔ. ἐπὶ τὰς πηγὰς τῶν ὑδάτων (**1** *a*)
103 (104). 18. ὄρη τὰ ὑψηλὰ ταῖς ἐ. (**3**)
Pr. 5. 19. ἔλαφος φιλίας καὶ πῶλος σῶν χαρίτων (**1** *b*)
7. 22. ἢ ὡς ἔλαφος τοξεύματι πεπηγὼς εἰς τὸ ἧπαρ †

Ca. 2. 9. ὅμοιός ἐστιν ἀδελφιδός μου . . . νεβρῷ ἐλάφων (1 *a*)
— 17. ὁμοιώθητι σὺ . . . νεβρῷ ἐλάφων (1 *a*)
8. 14. ὁμοιώθητι . . . τῷ νεβρῷ τῶν ἐ. (1 *a*)
Is. 34. 15. ἐκεῖ συνήντησαν ἔλαφοι (2 ?)
35. 6. ἁλεῖται ὡς ἔλαφος ὁ χωλός (1 *a*)
Je. 14. 5. ἔλαφοι ἐν ἀγρῷ ἔτεκον (1 *b*)
[**Aq.** Ge. 49. 21 : Ps. 17 (18). 34 : 21 (22). 1 : 28 (29). 9 : Ca. 2. 7, 9 : 3. 5 : 8. 4.]
[**Sm.** Ps. 17 (18). 34 : 41 (42). 2 : Pr. 5. 19 : Ca. 2. 7 : 3. 5.]
[**Th.** I Ki. 24. 3 : Ps. 17 (18). 34 : Pr. 5. 19 : Ca. 2. 7 : 3. 5 : Je. 14. 5.]
[**Quint.** Ps. 28 (29). 9 : Ca. 2. 7.]
[**Al.** Ca. 8. 4.]

ἐλαφρός. (1) קָטֹן (2) *a.* קַל *b.* קָלַל *c.* **ἐλαφρότερος εἶναι** קָלַל

Ex. 18. 26. πᾶν δὲ ῥῆμα ἐ. ἐκρίνοσαν αὐτοί (1)
Jb. 7. 6. ὁ δὲ βίος μού ἐστιν ἐλαφρότερος λαλιᾶς [A S[2] δρομέως] (2 *c*)
9. 25. ὁ δὲ βίος μού ἐστιν ἐλαφρότερος δρομέως (2 *c*)
24. 18. ἐλαφρός ἐστιν ἐπὶ πρόσωπον [A -ου] ὕδατος (2 *a*)
Ez. 1. 7. ἐ. αἱ πτέρυγες αὐτῶν (2 *b*)
[**Aq.** Is. 19. 1.]
[**Sm.** I Ki. 18. 23.]

ἐλαφρύνεσθαι.

[**Aq.** Jb. 39. 34 (40. 4).]

ἐλάχιστος, *vid.* **ἐλάττων.**

ἐλεᾶν, *cf.* **ἐλεεῖν.** (1) חָנַן (2) נָתַן (3) רָחַם pi.

To. 13. 2. A B[1] S αὐτὸς μαστιγοῖ καὶ ἐλεᾷ [B[2] R -εῖ]
Ps. 36 (37). 26. A B[2] R ὅλην τὴν ἡμέραν ἐλεεῖ [B[1] S ἐλεᾷ] (1)
114 (116). 6. S ὁ θεὸς ἡμῶν ἐλεᾷ [A R -εεῖ] (3)
Pr. 13. 9. B S δίκαιοι δὲ οἰκτείρουσι καὶ ἐλεῶσι [A R -οῦσι] –
14. 31. A B[1] S ὁ δὲ τιμῶν αὐτὸν ἐλεᾷ [B[2] R -εεῖ] πτωχόν (1)
21. 26. ὁ δὲ δίκαιος ἐλεᾷ [B[2] -εῖ] (2)
28. 8. B[1] R τῷ ἐλεῶντι [A B[2] S -οῦντι] πτωχοὺς συνάγει αὐτόν (1)
Si. 18. 14. A B[1] S τοὺς ἐκδεχομένους παιδείαν ἐλεᾷ [B[2] R -εεῖ]
IV Ma. 6. 12. A S τὰ μὲν ἐλεῶντες [R -οῦντες]
9. 3. μὴ ἡμᾶς μισῶν ὑπὲρ αὐτοὺς ἡμᾶς [S *om.*] ἐλέα

● **ἐλεγμός.** (1) גְּעָרָה (2) *a.* יָכַח hi. *b.* תּוֹכֵחָה *c.* תּוֹכַחַת (3) מַר (4) נְאָצָה

Le. 19. 17. ἐλεγμῷ ἐλέγξεις τὸν πλησίον σου (2 *a*)
Nu. 5. 18. ἔσται τὸ ὕδωρ τοῦ ἐ. (3)
— 19. ἀθῷα ἴσθι ἀπὸ τοῦ ὕδατος τοῦ ἐ. (3)
— 23, 24. τὸ ὕδωρ τοῦ ἐ. τοῦ ἐπικαταρωμένου (3)
— 24. τὸ ὕδωρ τὸ ἐπικαταρώμενον τοῦ ἐ. (3)
— 27. τὸ ὕδωρ τοῦ ἐλεγμοῦ τὸ ἐπικαταρώμενον (3)
IV Ki. 19. 3. ἡμέρα θλίψεως καὶ ἐλεγμοῦ (2 *b*)
Ju. 2. 10. εἰς ἡμέραν ἐλεγμοῦ αὐτῶν
Ps. 37 (38). 14. οὐκ ἔχων ἐν τῷ στόματι αὐτοῦ ἐλεγμούς (2 *c*)
38 (39). 11. ἐν ἐλεγμοῖς ὑπὲρ ἀνομίας ἐπαίδευσας ἄνθρωπον (2 *c*)
149. 7. τοῦ ποιῆσαι . . . ἐλεγμοὺς ἐν τοῖς λαοῖς (2 *b*)
Si. 20. 29. ὡς φιμὸς ἐν στόματι ἀποτρέπει [A -έμει] ἐλεγμούς
21. 6. μισῶν ἐλεγμὸν [A -γχον] ἐν ἴχνει ἁμαρτωλοῦ
35 (32). 17. ἄνθρωπος ἁμαρτωλὸς ἐκκλίνει ἐλεγμόν
41. 4. οὐκ ἔστιν ἐν ᾅδου ἐλεγμὸς ζωῆς
48. 7. ἀκούων ἐν Σινᾷ ἐλεγμόν
— 10. ὁ καταγραφεὶς ἐν ἐλεγμοῖς [S ἐλλ., A κατ. ἐλεγμὸς] εἰς καιρούς
Is. 37. 3. ἡμέρα θλίψεως καὶ ὀνειδισμοῦ καὶ ἐλεγμοῦ (4)
50. 2. τῷ ἐ. [A S[3] τῇ ἀπειλῇ] μου ἐξερημώσω τὴν θάλασσαν [S[1] *al.*] (1)
I Ma. 2. 49. ἐστηρίχθη ὑπερηφανία καὶ ἐλεγμός

ἔλεγξις. (1) שִׂיחַ

Jb. 21. 4. μὴ [A μὴ ἐξ] ἀνθρώπου μου ἡ ἔ. (1)
23. 2. ἐκ χειρός μου ἡ ἔ. ἐστι (1)

ἐλέγχειν. (1) אֲשָׁמָה (2) חָקַר (3) יָכַח *a.* hi. *b.* hoph. *c.* תּוֹכַחַת (4) נָגַע pi. (5) רָשַׁע hi.

Ge. 21. 25. ἤλεγξεν Ἀβ. τὸν Ἀβ. (3 *a*)
31. 37. ἐλεγξάτωσαν ἀνὰ μέσον τῶν δύο ἡμῶν (3 *a*)
— 42. καὶ ἤλεγξέ σε χθές (3 *a*)
Le. 6. 4 (5. 24). A R ἀποδώσει ᾗ ἡμέρᾳ ἐλεγχθῇ [B ἐλέχθη] (1)
19. 17. ἐλεγμῷ ἐλέγξεις τὸν πλησίον σου (3 *a*)
II Ki. 7. 14. ἐλέγξω αὐτὸν ἐν ῥάβδῳ ἀνδρῶν (3 *a*)
I Ch. 12. 17. καὶ ἐλέγξαιτο (3 *a*)
16. 21. ἤλεγξε περὶ [A ὑπὲρ] αὐτῶν βασιλεῖς (3 *a*)
II Ch. 26. 20. ὅτι ἤλεγξεν αὐτὸν κύριος (4)
Jb. 5. 17. ὃν ἤλεγξεν ὁ κύριος (3 *a*)
9. 33. ἐλέγχων καὶ διακούων [A *al.*] (3 *a*)
13. 3. ἐλέγξω δὲ ἐναντίον αὐτοῦ ἐὰν βούληται (3 *a*)
— 10. οὐθὲν ἧττον ἐλέγξει ὑμᾶς (3 *a*)
— 15. καὶ ἐλέγξω [A ἐλ. ὑμᾶς] ἐναντίον αὐτοῦ (3 *a*)
15. 3. ἐλέγχων ἐν ῥήμασιν οἷς οὐ δεῖ [A *al.*] (3 *a*)
— 6. ἐλέγξαι [A -ῃ] σε τὸ σὸν στόμα (5)
22. 4. R ἢ λόγον σου ποιούμενος ἐλέγξεις [A B S ἐλέγξει σε] (3 *a*)
32. 12. οὐκ ἦν τῷ Ἰὼβ ἐλέγχων [A ὁ ἐ.] (3 *a*)
33. 19. ἤλεγξεν αὐτὸν ἐπὶ [A *om.*, S ἐν] μαλακίᾳ ἐπὶ κοίτης (3 *b*)
39. 32 (40. 2). ἐλέγχων δὲ θεὸν ἀποκριθήσεται αὐτήν (3 *a*)
— 34 (40. 4). νουθετούμενος καὶ ἐλέγχων κύριον [A -χόμενος ὑπὸ κυρίου] –
Ps. 6. 1 : 37 (38). 1. μὴ τῷ θυμῷ σου ἐλέγξῃς με (3 *a*)
49 (50). 8. οὐκ ἐπὶ ταῖς θυσίαις σου ἐλέγξω σε (3 *a*)
— 21. ἐλέγξω σε (3 *a*)
93 (94). 10. ὁ παιδεύων ἔθνη οὐχὶ ἐλέγξει (3 *a*)
104 (105). 14. ἤλεγξεν ὑπὲρ αὐτῶν βασιλεῖς (3 *a*)
140 (141). 5. καὶ ἐλέγξει με (3 *a*)
Pr. 3. 11. μηδὲ ἐκλύου ὑπ᾽ αὐτοῦ ἐλεγχόμενος (3 *c*)
— 12. ὃν γὰρ ἀγαπᾷ κύριος ἐλέγχει [A S παιδεύει] (3 *a*)
9. 7. ἐλέγχων δὲ τὸν ἀσεβῆ μωμήσεται ἑαυτόν (3 *a*)
— 8. μὴ ἔλεγχε κακοὺς ἵνα μὴ μισήσωσί σε (3 *a*)
— 8. ἔλεγχε σοφὸν καὶ ἀγαπήσει σε (3 *a*)
10. 10. ὁ δὲ ἐλέγχων μετὰ παρρησίας εἰρηνοποιεῖ †
15. 12. οὐκ ἀγαπήσει ἀπαίδευτος τοὺς ἐλέγχοντας αὐτόν (3 *a*)
18. 17. ὡς δ᾽ ἂν ἐπιβάλῃ ὁ ἀντίδικος ἐλέγχεται (2)
19. 25. ἐὰν δὲ ἐλέγχῃς ἄνδρα φρόνιμον (3 *a*)
24. 29 (30. 6). ἵνα μὴ ἐλέγξῃ [S ἐξελ.] σε (3 *a*)
— 40 (25). οἱ δὲ ἐλέγχοντες βελτίους φανοῦνται (3 *a*)
28. 23. ὁ ἐλέγχων ἀνθρώπου ὁδούς (3 *a*)
Wi. 1. 3. δοκιμαζομένη τε ἡ δύναμις ἐλέγχει τοὺς ἄφρονας
— 5. ἐλεγχθήσεται ἐπελθούσης ἀδικίας
— 8. οὐδὲ μὴν παροδεύσῃ αὐτὸν ἐλέγχουσα ἡ δίκη
2. 11. τὸ γὰρ ἀσθενὲς ἄχρηστον ἐλέγχεται
4. 20. ἐλέγξει αὐτοὺς ἐξ ἐναντίας τὰ ἀνομήματα αὐ.
12. 2. τοὺς παραπίπτοντας κατ᾽ ὀλίγον ἐλέγχεις
Si. 18. 13. ἐλέγχων καὶ παιδεύων καὶ διδάσκων
19. 13. ἔλεγξον φίλον μή ποτε οὐκ ἐποίησε
— 14. B S ἔλεγξον τὸν φίλον μή ποτε οὐκ εἶπε
— 15. ἔλεγξον φίλον πολλάκις γὰρ γίνεται διαβολή
— 17. ἔλεγξον τὸν πλησίον σου πρὶν ἢ ἀπειλῆσαι
20. 2. ὡς καλὸν ἐλέγξαι ἢ θυμοῦσθαι
34 (31). 31. ἐν συμποσίῳ οἴνου μὴ ἐλέγξῃς τὸν πλησίον
Ho. 4. 4. ὅπως . . . μήτε ἐλέγχῃ μηδείς (3 *a*)
Am. 5. 10. ἐμίσησαν ἐν πύλαις ἐλέγχοντα (3 *a*)
Mi. 4. 3. A ἐλέγξει [B ἐξελ.] ἔθνη ἰσχυρά (3 *a*)
Hb. 1. 12. ἔπλασέ με τοῦ ἐλέγχειν παιδείαν αὐτοῦ (3 *a*)
Hg. 2. 15 (14). ἐμισεῖτε ἐν πύλαις ἐλέγχοντας –
Is. 2. 4. A S ἐλέγξει [B ἐξελ.] λαὸν πολύν (3 *a*)
11. 3. οὐδὲ κατὰ τὴν λαλιὰν ἐλέγξει (3 *a*)
— 4. ἐλέγξει τοὺς ταπεινοὺς [S ἐνδόξους] τῆς γῆς (3 *a*)
29. 21. πάντας δὲ τοὺς ἐλέγχοντας ἐν πύλαις πρόσκομμα θήσουσιν (3 *a*)
Je. 2. 19. ἡ κακία σου ἐλέγξει σε (3 *a*)
Ez. 3. 26. οὐκ ἔσῃ αὐτοῖς εἰς ἄνδρα ἐλέγχοντα (3 *a*)
Ez. 20. 38. B ἐλέγξω [A R ἐκλέξω] ἐξ ὑμῶν τοὺς ἀσεβεῖς †
[**Aq.** Ge. 24. 14 : Jb. 19. 5 : Ps. 6. 2 : 140 (141). 5 : Is. 11. 4 : Je. 10. 18 : Hb. 1. 12.]
[**Sm.** Jb. 34. 11 : Ps. 6. 2 : 37 (38). 15 : 72 (73). 14 : Pr. 8. 9 : Is. 11. 3, 4 : Hb. 1. 12.]
[**Th.** Jb. 19. 5 : 39. 32 (40. 2) : Is. 11. 4.]
[**Al.** Jb. 13. 3 : Ec. 3. 18.]

ἔλεγχος. (1) יָכַח *a.* ni. *b.* hi. *c.* תּוֹכֵחָה *d.* תּוֹכַחַת

Jb. 6. 26. οὐδὲ ὁ ἔλεγχος ὑμῶν ῥήμασί με [A τὰ ῥ. μου] παύσει (1 *b*)
13. 6. ἀκούσατε ἔλεγχον [S -ους] τοῦ στόματός μου (1 *d*)
16. 22 (21). A B S[2] εἴη δὲ ἔλεγχος ἀνδρὶ [A ὁ ἔ. μου] ἔναντι κυρίου (1 *b*)
23. 4. τὸ δὲ στόμα μου ἐμπλήσαι [S[2] -σω, A -σει με] ἐλέγχων [A -ου] (1 *d*)
— 7. ἀλήθεια γὰρ καὶ ἔλεγχος παρ᾽ αὐτοῦ [A -ῷ] (1 *a*)
Ps. 72 (73). 14. ὁ ἔ. μου εἰς τὰς πρωΐας (1 *d*)
Pr. 1. 23. ὑπεύθυνοι ἐγένοντο ἐλέγχοις (1 *d*)
— 25. A S τοῖς δὲ ἐμοῖς ἐ. οὐ προσείχετε [B ἐ. ἠπειθήσατε] (1 *d*)
— 30. ἐμυκτήριζον δὲ ἐμοὺς ἐλέγχους (1 *d*)
5. 12. ἐλέγχους ἐξέκλινεν ἡ καρδία μου (1 *d*)
6. 23. ἔλεγχος καὶ παιδεία (1 *d*)
12. 1. ὁ δὲ μισῶν ἐλέγχους ἄφρων (1 *d*)
13. 18. ὁ δὲ φυλάσσων ἐλέγχους δοξασθήσεται (1 *d*)
15. 10. οἱ δὲ μισοῦντες ἐλέγχους τελευτῶσιν αἰσχρῶς (1 *d*)
16. 3 (15. 32). ὁ δὲ τηρῶν ἐλέγχους ἀγαπᾷ ψυχὴν αὐτοῦ (1 *d*)
— 17. ὁ δὲ φυλάσσων ἐλέγχους σοφισθήσεται –
27. 5. κρείσσους ἔλεγχοι ἀποκεκαλυμμένοι (1 *d*)
28. 13. ὁ δὲ ἐξηγούμενος ἐλέγχους ἀγαπηθήσεται +
29. 1. κρείσσων ἀνὴρ ἐλέγχων ἀνδρὸς σκληροτραχήλου (1 *d*)
— 15. πληγαὶ καὶ ἔλεγχοι διδόασι σοφίαν (1 *d*)
Wi. 1. 9. ἥξει εἰς ἔλεγχον ἀνομημάτων αὐτοῦ
2. 14. ἐγένετο ἡμῖν εἰς ἔλεγχον ἐννοιῶν ἡμῶν
11. 6. εἰς ἔλεγχον νηπιοκτόνου διατάγματος
17. 7. τῆς ἐπὶ [S[1] ἐπιφερομένης] φρονήσει ἀλαζονείας ἔλεγχος ἐφύβριστος
18. 5. εἰς ἔλεγχον τὸ [A τὸν] αὐτῶν ἀφείλω πλῆθος τέκνων
Si. 16. 12. οὕτως καὶ πολὺς ὁ ἔ. αὐτοῦ
19. 31. ἔστιν ἔλεγχος ὃς οὐκ ἔστιν ὡραῖος
21. 6. A μισῶν ἔλεγχον [B S -γμόν]
Ho. 5. 9. Ἐ. εἰς ἀφανισμὸν ἐγένετο ἐν ἡμέραις ἐλέγχου (1 *c*)
Hb. 2. 1. τί ἀποκριθῶ ἐπὶ τὸν ἔ. μου (1 *d*)
Ez. 13. 14. συντελεσθήσεσθε μετ᾽ ἐλέγχων †
[**Aq.** Pr. 6. 23 : 10. 17 : 15. 5.]
[**Sm.** Pr. 1. 23 : 6. 23 : 10. 17.]
[**Th.** Pr. 6. 23 : 10. 17.]

ἐλεεῖν, *cf.* **ἐλεᾶν.** (1) בָּכָה (2) גָּאַל (3) הָדַר (4) חַיִן (5) חָמַל (6) חָנַן *a.* qal. *b.* po. *c.* hoph. (7) חָסִיד (8) טוֹב עַיִן (9) יָטַב hi. (10) נָחַם *a.* ni. *b.* pi. (11) נָתַן (12) עָשָׂה (13) קָבַץ pi. (14) רָחַם *a.* pi. *b.* pu. (15) שׁוּב (16) שָׁמַע

Ge. 33. 5. οἷς ἠλέησεν ὁ θ. τὸν παῖδά σου (6 *a*)
— 11. ὅτι ἠλέησέ με ὁ θεός (6 *a*)
43. 29. ὁ θεὸς ἐλεήσαι σε (6 *a*)
Ex. 23. 3. καὶ πένητα οὐκ ἐλεήσεις ἐν κρίσει (3)
33. 19. καὶ ἐλεήσω ὃν ἂν ἐλεῶ (6 *a*, 6 *a*)
Nu. 6. 25. καὶ ἐλεήσαι σε (6 *a*)
De. 7. 2. οὐδὲ μὴ ἐλεήσητε [A B[2] -σῃς] αὐτούς (6 *a*)
13. 17 (18). A B καὶ ἐλεήσει [R -σῃ] σε (6 *a*)
28. 50. νέον οὐκ ἐλεήσει (6 *a*)
30. 3. καὶ ἐλεήσει σε (14 *a*)
Jd. 21. 22. A ἐλεήσατε αὐτούς [B *al.*] (6 *a*)
II Ki. 12. 22. τίς οἶδεν εἰ ἐλεήσει με κύριος (6 *a*)
IV Ki. 13. 23. καὶ ἠλέησε κύριος αὐτούς (6 *a*)
II Ch. 36. 17. A R τὰς παρθένους αὐτῶν οὐκ ἠλέησε [B -σαν] –
To. 3. 15. A B καὶ ἐλεῆσαί [R μηκέτι ἐ.] με
6. 17. καὶ ἐλεήσει [S *al.*]

Το. 8. 4. ἵνα ἐλεήσῃ ἡμᾶς ὁ κύριος [S *al.*]
— 7. ἐπίταξον ἐλεῆσαί με
— 17. ὅτι ἠλέησας δύο μονογενεῖς
11. 15. καὶ ἠλέησάς με
— 17. ἠλέησεν αὐτοὺς [A S -ὸν] ὁ θεός
13. 2. B^{2} R αὐτὸς μαστιγοῖ καὶ ἐλεεῖ [A B^{1} S -ᾳ]
— 5. καὶ πάλιν ἐλεήσει [S *al.*]
— 9. A B καὶ πάλιν ἐλεήσει τοὺς υἱοὺς τῶν δικαίων
14. 5. καὶ πάλιν ἐλεήσει αὐτοὺς ὁ θεός
Ju. 6. 19. ἐλέησον τὴν ταπείνωσιν τοῦ γένους ἡμῶν
Jb. 19. 21. ἐλεήσατέ με ἐλεήσατέ με, ὦ φίλοι (6 *a*, 6 *a*)
24. 21. S^{2} R γύναιον οὐκ ἠλέησε [A B S^{1} *al.*] (9)
27. 15. χήρας δὲ αὐτῶν οὐδεὶς ἐλεήσει (1)
41. 3 (4). λόγον [A -ος] δυνάμεως ἐλεήσει τὸν ἴσον αὐτοῦ (4 ?)
Ps. 6. 2. ἐλέησόν με, κύριε, ὅτι ἀσθενής εἰμι (6 *a*)
9. 13. ἐλέησόν με, κύριε (6 *a*)
24 (25). 16. καὶ ἐλέησόν με (6 *a*)
25 (26). 11. λύτρωσαί με καὶ ἐλέησόν με (6 *a*)
26 (27). 7. ἐλέησόν με καὶ εἰσάκουσόν μου (6 *a*)
29 (30). 10. ἤκουσε κύριος καὶ ἠλέησέ με (6 *a*)
30 (31). 9. ἐλέησόν με, κύριε, ὅτι θλίβομαι (6 *a*)
36 (37). 26. A B^{2} R ὅλην τὴν ἡμέραν ἐλεεῖ [B^{1} S -εᾷ] (6 *a*)
40 (41). 4. κύριε, ἐλέησόν με (6 *a*)
— 10. σὺ δὲ, κύριε, ἐλέησόν με (6 *a*)
50 (51). 1 : 55 (56). 1. ἐλέησόν με, ὁ θεός (6 *a*)
56 (57). 1. ἐλέησόν με, ὁ θεὸς. ἐλέησόν με (6 *a*, 6 *a*)
66 (67). 1. S^{2} καὶ ἐλεήσαι ἡμᾶς –
85 (86). 3. ἐλέησόν με, κύριε (6 *a*)
— 16. ἐπίβλεψον ἐπ' ἐμὲ καὶ ἐλέησόν με (6 *a*)
114 (116). 5. ὁ θεὸς ἡμῶν ἐλεεῖ [S -εᾷ] (14 *a*)
118 (119). 29. τῷ νόμῳ σου ἐλέησόν με (6 *a*)
— 58. ἐλέησόν με κατὰ τὸ λόγιόν σου (6 *a*)
— 132. ἐπίβλεψον ἐπ' ἐμὲ καὶ ἐλέησόν με (6 *a*)
122 (123). 3. ἐλέησον ἡμᾶς, κύριε, ἐλέησον ἡμᾶς (6 *a*, 6 *a*)
Pr. 12. 13. ὁ βλέπων λεῖα ἐλεηθήσεται –
13. 9. A R δίκαιοι δὲ οἰκτείρουσι καὶ ἐλεοῦσι [B S -ῶσιν] –
14. 21. ἐλεῶν δὲ πτωχοὺς μακαριστός (6 *b*)
— 31. B^{2} R ὁ δὲ τιμῶν αὐτὸν ἐλεεῖ [A B^{1} S -εᾷ] πτωχόν (6 *a*)
17. 5. ὁ δὲ ἐπισπλαγχνιζόμενος ἐλεηθήσεται –
19. 17. δανείζει θεῷ ὁ ἐλεῶν πτωχόν (6 *a*)
21. 10. ψυχὴ ἀσεβοῦς οὐκ ἐλεηθησεται ὑπ' οὐδένος τῶν ἀνθρώπων (6 *c*)
— 26. B^{2} ὁ δὲ δίκαιος ἐλεεῖ [A B^{1} S R -ᾷ] (11)
22. 9. ὁ ἐλεῶν πτωχὸν αὐτὸς διατραφήσεται (8)
28. 8. A B^{2} S τῷ ἐλεοῦντι [B^{1} R -ῶντι] πτωχοὺς συνάγει αὐτόν (6 *a*)
Wi. 11. 23. ἐλεεῖς δὲ πάντας
15. 1. A B S^{1} ἐλεεῖ [? ἐλέει, S^{2} ἐλεήμων, R ἐν ἐλέει] διοικῶν τὰ πάντα
Si. 12. 13. τίς ἐλεήσει [S -σῃ] ἐπαοιδὸν ὀφιόδηκτον
16. 9. οὐκ ἠλέησεν ἔθνος ἀπωλείας [S^{2} Χαναάν]
18. 14. B^{2} R τοὺς ἐκδεχομένους παιδείαν ἐλεεῖ [A B^{1} S -εᾷ]
33 (36). 1. ἐλέησον ἡμᾶς, δέσποτα ὁ θεὸς πάντων
36. 17 (14). ἐλέησον λαὸν, κύριε
Ho. 1. 6. κάλεσον τὸ ὄνομα αὐτῆς Οὐκ ἠλεημένη (14 *b*)
— 6. διότι οὐ μὴ προσθήσω ἔτι ἐλεῆσαι τὸν οἶκον 'I. (14 *a*)
— 7. τοὺς δὲ υἱοὺς 'I. ἐλεήσω (14 *a*)
— 8. καὶ ἀπεγαλάκτισε τὴν Οὐκ ἠλεημένην (14 *b*)
2. 1 (3). εἴπατε . . . τῇ ἀδελφῇ ὑμῶν, 'Ηλεημένη (14 *b*)
— 4 (6). καὶ τὰ τέκνα αὐτῆς οὐ μὴ ἐλεήσω (14 *a*)
— 23 (25). A ἐλεήσω τὴν οὐκ ἠλεημένην [B *al.*] (14 *a*, 14 *b*)
14. 4. ὁ ἐν σοὶ ἐλεήσει ὀρφανόν (14 *b*)
Am. 5. 15. ὅπως ἐλεήσῃ [A -σει] κύριος . . . τοὺς περιλοίπους τοῦ 'I. (6 *a*)
Za. 1. 12. ἕως τίνος οὐ μὴ ἐλεήσῃς [A -σεις] τὴν 'Ιερουσαλήμ (14 *a*)
— 17. ἐλεήσει κύριος ἔτι τὴν Σιών (10 *b*)
Ma. 1. 9. S^{2} ἵνα ἐλεήσῃ ὑμᾶς (6 *a*)
Is. 9. 17 (16). τὰς χήρας αὐτῶν οὐκ ἐλεήσει (14 *a*)
— 19 (18). ἄνθρωπος τὸν ἀδελφὸν αὐ. οὐκ ἐλεήσει (5)
12. 1. ἠλέησάς με (10 *b*)
13. 18. τὰ τέκνα ὑμῶν οὐ μὴ ἐλεήσωσιν [A -σουσιν] (14 *a*)
14. 1. ἐλεήσει κύριος τὸν 'Ιακὼβ (14 *a*)
27. 11. οὐδὲ ὁ πλάσας αὐτοὺς οὐ μὴ ἐλεήσῃ [A -σει] (6 *a*)
Is. 30. 18. ὑψωθήσεται τοῦ ἐλεῆσαι ὑμᾶς (14 *a*)
— 19. ἐλέησόν με· ἐλεήσει σε [A S *om.*] (6 *a*, 6 *a*)
33. 2. ἐλέησον ἡμᾶς (6 *a*)
44. 23. ἠλέησεν ὁ θεὸς τὸν 'Ισραήλ (12 ?)
— 23. A ἠλέησεν [B S ἐλυτρώσατο] ὁ θεὸς τὸν 'Ιακὼβ (2)
49. 10. ὁ ἐλεῶν αὐτοὺς παρακαλέσει (14 *a*)
— 13. ἠλέησεν ὁ θεὸς τὸν λαὸν αὐτοῦ (10 *b*)
— 15. τοῦ μὴ ἐλεῆσαι τὰ ἔκγονα τῆς κοιλίας αὐτῆς (14 *a*)
52. 8. ἡνίκα ἂν ἐλεήσῃ [A S -σει] κύριος τὴν Σιών (15)
— 9. ἠλέησε κύριος αὐτήν (10 *b*)
54. 7. μετ' ἐλέους μεγάλου ἐλεήσω σε (13)
— 8. ἐν ἐλέει αἰωνίῳ ἐλεήσω [A S^{3} ἠλέησά] σε (14 *a*)
55. 7. καὶ ἐλεηθήσεται (14 *a*)
59. 2. ἀπέστρεψε τὸ πρόσωπον ἀφ' ὑμῶν τοῦ μὴ ἐλεῆσαι (16)
Je. 3. 12. A ἐλεῶν [B S ἐλεήμων] ἐγώ εἰμι (7)
6. 23. ἰταμός ἐστι καὶ οὐκ ἐλεήσει (14 *a*)
7. 16. μὴ ἀξιοῦ τοῦ ἐλεηθῆναι αὐτούς †
12. 15. ἐπιστρέψω καὶ ἐλεήσω αὐτούς (14 *a*)
27 (50). 42. καὶ οὐ μὴ ἐλεήσῃ [S -σει] (14 *a*)
37 (30). 18. τὴν αἰχμαλωσίαν αὐτοῦ ἐλεήσω (14 *a*)
38 (31). 20. ἐλεῶν [S^{1} -ον] ἐλεήσω αὐτόν (14 *a*, 14 *a*)
49 (42). 12. ἐλεήσω ὑμᾶς (14 *a*)
Ba. 3. 2. καὶ ἐλέησον
— 2. A καὶ ἐλέησον
4. 15. οὐδὲ παιδίον ἠλέησαν
La. 3. 22. R μῆνας εἰς τὰς πρωΐας ἐλέησον –
4. 16. προφήτας [A πρεσβύτας] οὐκ ἠλέησαν (6 *a*)
Ep. Je. 38. χήραν οὐ μὴ ἐλεήσωσιν
Ez. 5. 11. κἀγὼ οὐκ ἐλεήσω [A *add.* σε] (5)
7. 9, 4 : 8. 18. οὐδὲ μὴ ἐλεήσω (5)
9. 5. μὴ ἐλεήσητε (5)
— 10. οὐδὲ μὴ ἐλεήσω (5)
24. 14. οὐ διαστελῶ οὐδὲ μὴ ἐλεήσω (10 *a*)
39. 25. ἐλεήσω τὸν οἶκον 'Ισραήλ (14 *a*)
I Ma. 4. 10. R εἴπως ἐλεήσει [A S εἰ θελήσει] ἡμᾶς
II Ma. 2. 18. R ταχέως ἡμᾶς ἐλεήσει [A -σῃ]
3. 21. ἐλεεῖν δ' ἦν τὴν . . . πρόπτωσιν
7. 27. υἱὲ, ἐλέησόν με
8. 3. ἐλεῆσαι δὲ καὶ τὴν καταφθειρομένην πόλιν
9. 13. τὸν οὐκέτι αὐτὸν ἐλεήσοντα δεσπότην
11. 10. ἐλεήσαντος αὐτοὺς τοῦ κυρίου
III Ma. 6. 12. ἐλέησον ἡμᾶς
IV Ma. 6. 12. R τὰ μὲν ἐλεοῦντες [A S -ῶντες]
8. 20. ἐλεήσωμεν τὰς ἑαυτῶν ἡλικίας
12. 6. A R αὐτὴν ἐλεήσας [S -σασα] τοσούτων υἱῶν στερηθεῖσαν

[**Aq**. Is. 26. 10.]
[**Sm**. Ps. 26 (27). 7 : Pr. 14. 31 : 21. 10 : Is. 30. 19 *bis* : 53. 10 : Je. 38 (45). 26.]
[**Th**. Jb. 41. 4 : Ps. 29 (30). 11 : Is. 26. 10 : Ho. 14. 4.]
[**Al**. Ma. 1. 9.]

ἐλεημοποιός.

Το. 9. 6. S ἀνδρὸς καλοῦ καὶ ἀγαθοῦ δικαίου καὶ ἐ.

ἐλεημοσύνη. (1) אֱמֶת (2) חֶסֶד (3) *a.* צֶדֶק *b.* צְדָקָה *c.* צְדָקָה

Ge. 47. 29. ποιήσεις ἐπ' ἐμὲ ἐλεημοσύνην (2)
De. 6. 25. ἐλεημοσύνη ἔσται ἡμῖν (3 *b*)
24. 13. ἔσται σοι ἐλεημοσύνη (3 *b*)
Το. 1. 3. ἐ. πολλὰς ἐποίησα
— 16. ἐ. πολλὰς ἐποίουν
2. 14. ποῦ εἰσιν αἱ ἐ. σου
3. 2. πᾶσαι αἱ ὁδοί σου ἐλεημοσύναι [S -η]
4. 7. A B ποίει ἐλεημοσύνην
— 7. A B ἐν τῷ ποιεῖν σε [A *om.*] ἐλεημοσύνην
— 8. A B ποίησον ἐξ αὐτῶν ἐλεημοσύνην
— 8. A B μὴ φοβοῦ ποιεῖν ἐλεημοσύνην
— 10. A B ἐλεημοσύνη ἐκ θανάτου ῥύεται
— 11. A B δῶρον γὰρ ἀγαθόν ἐστιν ἐ.
— 16. A B ποίει ἐλεημοσύνην
— 16. A B ἐν τῷ ποιεῖν σε [A *om.*] ἐλεημοσύνην
7. 7. S καὶ ποιῶν ἐλεημοσύνας
12. 8. ἀγαθὸν προσευχὴ μετὰ . . . ἐλεημοσύνης
— 8. καλὸν ποιῆσαι ἐλεημοσύνην
— 9. ἐλεημοσύνη γὰρ ἐκ θανάτου ῥύεται
— 9. οἱ ποιοῦντες ἐλεημοσύνας . . . πλησθήσονται ζωῆς [S *al.*]
13. 6. ποιήσει ἐλεημοσύνην ὑμῖν [A εἰς ὑμᾶς]
14. 2. καὶ ἐποίει ἐλεημοσύνας
— 7. S ποιεῖν δικαιοσύνην καὶ ἐλεημοσύνην
— 10. A B M. ἐποίησεν ἐλεημοσύνην [S *al.*]
Το. 14. 10. S ἐν τῷ ποιῆσαί με ἐλεημοσύνην [A B *al.*]
— 11. ἴδετε τί ἐλεημοσύνη ποιεῖ
Ps. 23 (24). 5. οὗτος λήψεται . . . ἐλεημοσύνην (3 *b*)
32 (33). 5. ἀγαπᾷ ἐλεημοσύνην καὶ κρίσιν (3 *b*)
34 (35). 24. S^{1} κρῖνόν με κατὰ τὴν ἐ. [A B S^{2} δικαιοσύνην] σου (3 *a*)
102 (103). 6. ποιῶν ἐλεημοσύνας ὁ κύριος (3 *b*)
Pr. 3. 3. ἐλεημοσύναι καὶ πίστεις μὴ ἐκλειπέτωσάν σε (2)
14. 22. ἐλεημοσύναι δὲ καὶ πίστεις παρὰ τέκτοσιν ἀγαθοῖς (2)
15. 27 (16. 6). ἐλεημοσύναις [S^{1} -αι] καὶ πίστεσιν ἀποκαθαίρονται ἁμαρτίαι (2)
19. 22. καρπὸς ἀνδρὶ ἐλεημοσύνη (2)
20. 28. ἐλεημοσύνη καὶ ἀλήθεια φυλακὴ βασιλεῖ (2)
21. 21. ὁδὸς . . . ἐλεημοσύνης εὑρήσει ζωήν (2)
31. 27 (26). ἡ δὲ ἐ. αὐτῆς ἀνέστησε τὰ τέκνα αὐτῆς (2)
Si. 3. 14. ἐλεημοσύνη γὰρ πατρὸς οὐκ ἐπιλησθήσεται
— 30. ἐλεημοσύνη ἐξιλάσεται ἁμαρτίας
7. 10. ἐλεημοσύνην ποιῆσαι μὴ παρίδῃς
12. 3. τῷ ἐλεημοσύνην μὴ χαριζομένῳ
16. 14. πάσῃ ἐλεημοσύνῃ ποιήσει τόπον
17. 22. ἐλεημοσύνη ἀνδρὸς ὡς σφραγὶς μετ' αὐτοῦ
— 29. ὡς μεγάλη ἡ ἐ. τοῦ κυρίου
29. 8. B ἐπ' ἐλεημοσύνην παρελκύσεις αὐτόν [A S R *al.*]
— 12. σύγκλεισον ἐλεημοσύνην ἐν τοῖς ταμείοις σου
32 (35). 2. ὁ ποιῶν ἐλεημοσύνην θυσιάζων [S^{1} -ία] αἰνέσεως
34 (31). 11. τὰς ἐ. αὐτοῦ ἐκδιηγήσεται ἐκκλησία [A σοφία]
40. 17. ἐλεημοσύνη [S^{1} ἐν ἐλεημοσύνῃ] εἰς τὸν αἰῶνα διαμένει
— 24. ὑπὲρ ἀμφότερα ἐλεημοσύνη ῥύσεται
Is. 1. 27. καὶ [S^{1} *add.* ἡ ἀποστροφὴ αὐ.] μετὰ ἐλεημοσύνης (3 *b*)
28. 17. ἡ δὲ ἐ. μου εἰς σταθμούς (3 *b*)
38. 18. οὐδὲ ἐλπιοῦσιν οἱ ἐν ᾅδου τὴν ἐ. σου (1)
59. 16. τῇ ἐ. ἐστηρίσατο (3 *b*)
Ba. 4. 22. ἦλθέ μοι χαρὰ παρὰ τοῦ ἁγίου ἐπὶ τῇ ἐ. [A *om.* ἐ. τ. ἐ.]
5. 9. ἡγήσεται γαρ ὁ θεὸς 'I. . . . σὺν ἐλεημοσύνῃ
Da. LXX. 4. 24. πάσας τὰς ἀδικίας σου ἐλεημοσύναις λύτρωσαι (3 *c*)
Da. TH. 4. 24. τὰς ἁμαρτίας σου ἐν ἐλεημοσύναις λύτρωσαι (3 *c*)
9. 16. A B ἐν πάσῃ ἐ. [R πᾶσιν ἐλεημοσύνη] σου (3 *b*)

[**Aq**. Ex. 15. 13.]
[**Sm**. 1 Ki. 12. 7 : Ps. 24 (25). 7 : 30 (31). 2 : 32 (33). 5 : 35 (36). 11 : 50 (51). 16 : 142 (143). 11 : 144 (145). 7.]
[**Al**. Ps. 105 (106). 3 : 111 (112). 3.]

ἐλεήμων. (1) חַנּוּן (2) *a.* חֶסֶד *b.* חָסִיד (3) רַחוּם (4) שֵׂכֶל

Ex. 22. 27 (26). ἐ. γάρ εἰμι (1)
34. 6. κύριος ὁ θεὸς οἰκτίρμων καὶ ἐ. (1)
II Ch. 30. 9. ἐ. καὶ οἰκτίρμων κύριος (1)
Ne. 9. 17. ἐ. καὶ οἰκτίρμων μακρόθυμος καὶ πολυέλεος (1)
— 31. A S^{2} R ἰσχυρὸς εἶ [B S^{1} *om.*] καὶ ἐ. (1)
Το. 3. 11. S θεὲ ἐλεήμων [A B *al.*]
6. 17. βοήσατε πρὸς τὸν ἐ. θεόν [S *al.*]
7. 12. ὁ δὲ ἐ. θεὸς εὐοδώσει ὑμῖν τὰ κάλλιστα [S *al.*]
Ps. 85 (86). 15. σὺ, κύριε ὁ θεὸς, οἰκτίρμων καὶ ἐλεήμων (1)
102 (103). 8. οἰκτίρμων καὶ ἐλεήμων ὁ κύριος (1)
110 (111). 4. ἐλεήμων καὶ οἰκτίρμων ὁ κύριος (1)
111 (112). 4. ἐλεήμων καὶ οἰκτίρμων καὶ δίκαιος (1)
114 (116). 5. ἐλεήμων ὁ κύριος καὶ δίκαιος (1)
144 (145). 8. οἰκτίρμων καὶ ἐλεήμων ὁ κύριος (3)
Pr. 11. 17. τῇ ψυχῇ αὐτοῦ ἀγαθὸν ποιεῖ ἀνὴρ ἐλεήμων (2 *a*)
19. 11. ἐλεήμων ἀνὴρ μακροθυμεῖ (4 ?)
20. 6. μέγα ἄνθρωπος καὶ τίμιον ἀνὴρ ἐλεήμων (2 *a*)
28. 22. ἐλεήμων κρατήσει αὐτοῦ (2 *a*)
Wi. 15. 1. S^{2} καὶ ἐλεήμων [B S^{1} ἐλεεῖ (?), R ἐν ἐλέει] διοικῶν τὰ πάντα
Si. 2. 11. οἰκτίρμων καὶ ἐλεήμων ὁ κύριος
48. 20. ἐπεκαλέσαντο [S^{1} ἐπανεκ.] τὸν κύριον τὸν ἐ.
50. 19. ἐδεήθη ὁ λαὸς . . . ἐν προσευχῇ κατέναντι ἐλεήμονος

Jl. 2. 13. ἐλεήμων καὶ οἰκτίρμων ἐστί (1)
Jn. 4. 2. σὺ ἐλεήμων καὶ οἰκτίρμων (1)
Je. 3. 12. ἐ. [A ἐλεῶν] ἐγώ εἰμι (2 *b*)
Ba. 3. 2. A θεὸς ἐλεήμων εἶ
II Ma. 1. 24. ὁ φοβερὸς . . . καὶ δίκαιος καὶ ἐ.
8. 29. τὸν ἐ. κύριον ἠξίουν
11. 9. πάντες εὐλόγησαν τὸν ἐ. θεόν
13. 12. καταξιωσάντων τὸν ἐ. κύριον
III Ma. 5. 7. ἐλεήμονα θεὸν αὐτῶν καὶ πατέρα
[Sm. Ps. 77 (78). 38.]

ἐλεηνός. (1) חֲמוּדוֹת, חֲמֻדוֹת

Da. LXX. 9. 23. ὅτι ἐλεηνὸς εἶ (1)
10. 11, 19. ἄνθρωπος ἐ. εἶ (1)

ἐλειλείμ.
[Al. Le. 19. 4: 26. 1.]

ἐλεῖν, *vid.* αἱρεῖν.

ἐλεϊσμός.
[Aq. Je. 36 (43). 7: 38 (45). 26.]

ἐλεόπολις, *vid.* ἐλέπολις.

ἔλεος (ἔλαιος). (1) *a.* חֵן *b.* חֲנִינָה *c.* תְּחִנָּה *d.* ἔλεος ποιεῖν חָנַן *e.* תַּחֲנוּן (2) חֶסֶד (3) יֶשַׁע (4) מְעִי (5) צְדָקָה (6) *a.* רַחַם *b.* רִחַם pi. (7) רָצוֹן

Ge. 19. 19. ἐπειδὴ εὗρεν ὁ παῖς σου ἔλεος ἐναντίον σου (1 *a*)
24. 12. ποίησον ἔλεος μετὰ τοῦ κυρίου μου Ἀβραάμ (2)
— 14. A ἐποίησας ἔλεος τῷ κυρίῳ [R μετὰ τοῦ κ.] μου (2)
— 44. πεποίηκας ἔλεος τῷ κυρίῳ μου Ἀ. –
— 49. εἰ οὖν ποιεῖτε ὑμεῖς ἔλεος καὶ δικαιοσύνην (2)
39. 21. καὶ κατέχεεν αὐτοῦ ἔλεος (2)
40. 14. καὶ ποιήσεις ἐν ἐμοὶ ἔλεος (2)
Ex. 20. 6. ποιῶν ἔλεος εἰς χιλιάδας τοῖς ἀγαπῶσί με (2)
34. 7. δικαιοσύνην διατηρῶν καὶ [A *add.* ποιῶν] ἔλεος εἰς χιλιάδας (2)
Nu. 11. 15. εἰ εὕρηκα ἔλεος παρὰ σοί (1 *a*)
14. 19. κατὰ τὸ μέγα ἔ. σου (2)
De. 5. 10. ποιῶν ἔλεος εἰς χιλιάδας (2)
7. 9. ὁ φυλάσσων διαθήκην καὶ [AB^{2} *add.* τὸ] ἔλεος (2)
— 12. τὴν διαθήκην καὶ τὸ ἔ. (2)
13. 17 (18). καὶ δώσει σοι ἔλεος (6 *a*)
Jo. 2. 12. ποιῶ ὑμῖν ἔλεος καὶ ποιήσατε καὶ ὑμεῖς ἔλεος (2, 2)
— 14. ποιήσετε εἰς ἐμὲ [A ποιήσατε μετ' ἐμοῦ] ἔλεος (2)
11. 20. ὅπως μὴ δοθῇ αὐτοῖς ἔλεος (1 *c*)
Jd. 1. 24. ποιήσομεν μετὰ σοῦ ἔλεος (2)
6. 17. εὗρον ἔλεος ἐν ὀφθαλμοῖς σου (1 *a*)
8. 35. οὐκ ἐποίησαν ἔλεος μετὰ τοῦ οἴκου Ἰ. (2)
21. 22. ἔλεος ποιήσατε ἡμῖν αὐτάς [A *al.*] (1 *d*)
Ru. 1. 8. ποιήσαι κύριος μεθ' ὑμῶν ἔλεος (2)
2. 20. οὐκ ἐγκατέλιπε τὸ ἔ. αὐτοῦ (2)
3. 10. ἠγάθυνας τὸ ἔ. [A ἔλαιόν] σου (2)
I Ki. 15. 6. καὶ σὺ ἐποίησας ἔλεος (2)
20. 8. ποιήσεις ἔλεος μετὰ τοῦ δούλου σου (2)
— 14. ποιήσεις ἔλεος μετ' ἐμοῦ (2)
— 15. οὐκ ἐξαρεῖς ἔλεός σου (2)
II Ki. 2. 5. AR ἐποιήσατε τὸ ἔ. τοῦτο [A πεποιήκατε τὸ ἔ. τοῦ θεοῦ] (2)
— 6. AR ποιήσαι κύριος μεθ' ὑμῶν ἔλεος (2)
3. 8. ἐποίησα σήμερον ἔλεος (2)
7. 15. τὸ δὲ ἔ. μου οὐκ ἀποστήσω ἀπ' αὐτοῦ (2)
9. 1. ποιήσω μετ' αὐτοῦ ἔλεος (2)
— 3. ποιήσω μετ' αὐτοῦ ἔλεος θεοῦ (2)
— 7. ποιῶν ποιήσω μετὰ σοῦ ἔλεος (2)
10. 2. ποιήσω ἔλεος μετὰ Ἀ. (2)
— 2. ὃν τρόπον ἐποίησεν ὁ πατὴρ αὐτοῦ μετ' ἐμοῦ ἔλεος (2)
15. 20. κύριος ποιήσει μετὰ σοῦ ἔλεος (2)
16. 17. τοῦτο τὸ ἔ. σου μετὰ τοῦ ἑταίρου σου (2)
22. 51. ποιῶν ἔλεος τῷ χριστῷ αὐτοῦ (2)
III Ki. 2. 7. τοῖς υἱοῖς B. . . . ποιήσεις ἔλεος (2)
3. 6. σὺ ἐποίησας . . . ἔλεος μέγα (2)
— 6. ἐφύλαξας αὐτῷ τὸ ἔ. τὸ μέγα τοῦτο (2)
8. 23. φυλάσσων διαθήκην καὶ ἔλεος (2)
21 (20). 31. βασιλεῖς Ἰ. βασιλεῖς ἐλέους εἰσίν (2)
I Ch. 16. 34, 41. εἰς τὸν αἰῶνα τὸ ἔ. αὐτοῦ (2)
17. 13. τὸ ἔ. μου οὐκ ἀποστήσω ἀπ' αὐτοῦ (2)
19. 2. ποιήσω ἔλεος μετὰ Ἀ. υἱοῦ N. ὡς ἐποίησεν ὁ πατὴρ αὐτοῦ μετ' ἐμοῦ ἔλεος (2, 2)
29. 12. A καὶ ἐν χειρί σου ἔλεος [B *om.*] παντοκράτωρ –
II Ch. 1. 8. ἐποίησας μετὰ Δ. τοῦ πατρός μου ἔλεος μέγα (2)
5. 13. εἰς τὸν αἰῶνα τὸ ἔ. αὐτοῦ (2)
6. 14. φυλάσσων . . . τὸ ἔ. τοῖς παισί σου (2)
— 42. μνήσθητι τὰ ἐ. Δ. τοῦ δούλου σου (2)
7. 3, 6: 20. 21. εἰς τὸν αἰῶνα τὸ ἔ. αὐτοῦ (2)
24. 22. οὐκ ἐμνήσθη Ἰ. τοῦ ἐ. (2)
32. 32. καὶ τὸ ἔ. αὐτοῦ (2)
I Es. 8. 78. ἐγενήθη ἡμῖν ἔλεος
II Es. 3. 11. ὅτι εἰς τὸν αἰῶνα τὸ ἔ. αὐτοῦ (2)
7. 28. καὶ ἐπ' ἐμὲ ἔκλινεν ἔλεος (2)
9. 9. ἔκλινεν ἐφ' ἡμᾶς ἔλεος (2)
Ne. 1. 5. φυλάσσων . . . τὸ ἔ. σου [A *om.*] (2)
9. 32. φυλάσσων . . . τὸ ἔ. σου (2)
13. 14. μὴ ἐξαλειφθήτω ἔλεός μου (2)
— 22. φεῖσαί μου κατὰ τὸ πλῆθος τοῦ ἐ. σου (2)
To. 6. 17. S ἵνα ἔλεος γένηται καὶ σωτηρία [AB *al.*]
7. 12. S ποιῆσαι ἐφ' ὑμᾶς ἔλεος καὶ εἰρήνην
8. 4. S ὅπως ποιήσῃ ἐφ' ἡμᾶς ἔλεος [A B *al.*]
— 16. κατὰ τὸ πολὺ ἔ. σου ἐποίησας μεθ' ἡμῶν
— 17. ποίησον αὐτοῖς, δέσποτα, ἔλεος
— 17. μετ' εὐφροσύνης καὶ ἐλέους [S -ου]
14. 7. AB ποιοῦντες ἔλεος τοῖς ἀδελφοῖς ἡμῶν
Ju. 7. 30. ἐπιστρέψει κύριος . . . τὸ ἔ. αὐτοῦ ἐφ' ἡμᾶς
13. 14. οὐκ ἀπέστησε τὸ ἔ. αὐτοῦ
Jb. 6. 14. ἀπείπατό με ἔλεος (2)
10. 12. ζωὴν δὲ καὶ ἔλεος [A -ον] ἔθου παρ' ἐμοί (2)
37. 13. ἐὰν εἰς ἔλεος εὑρήσει αὐτόν [A *al.*] (2)
Ps. 5. 7. S R ἐν τῷ πλήθει τοῦ ἐλέους [A B -ου] σου εἰσελεύσομαι εἰς τὸν οἶκόν σου (2)
6. 4. σῶσόν με ἕνεκεν τοῦ ἐλέους σου (2)
12 (13). 5. ἐγὼ δὲ ἐπὶ τῷ ἐλέει σου ἤλπισα (2)
16 (17). 7. θαυμάστωσον τὰ ἐλέη σου (2)
17 (18). 50. ποιῶν ἔλεος τῷ χριστῷ αὐτοῦ τῷ Δαυίδ (2)
20 (21). 7. ἐν τῷ ἐλέει τοῦ ὑψίστου οὐ μὴ σαλευθῇ [S^{1} -θῶ] (2)
22 (23). 6. τὸ ἔλεός σου καταδιώξεταί με (2)
24 (25). 6. μνήσθητι . . . τὰ ἐλέη σου (2)
— 7. κατὰ τὸ ἔλεός σου μνήσθητί μου (2)
— 10. πᾶσαι αἱ ὁδοὶ κυρίου ἔλεος (2)
25 (26). 3. τὸ ἔλεός σου κατέναντι τῶν ὀφθαλμῶν μού [A σοῦ] ἐστι (2)
30 (31). 7. εὐφρανθήσομαι ἐπὶ τῷ ἐλέει σου (2)
— 16. σῶσόν με ἐν τῷ ἐλέει σου (2)
— 21. ἐθαυμάστωσε τὸ ἔλεος αὐτοῦ ἐν πόλει περιοχῆς (2)
31 (32). 10. τὸν δὲ ἐλπίζοντα ἐπὶ κύριον ἔλεος κυκλώσει (2)
32 (33). 5. τοῦ ἐλέους κυρίου πλήρης ἡ γῆ (2)
— 18. τοὺς ἐλπίζοντας ἐπὶ τὸ ἔλεος αὐτοῦ (2)
— 22. γένοιτο τὸ ἔλεός σου, κύριε, ἐφ' ἡμᾶς (2)
35 (36). 5. κύριε, ἐν τῷ οὐρανῷ τὸ ἔλεός σου (2)
— 7. ὡς ἐπλήθυνας τὸ ἔλεός σου ὁ θεός (2)
— 10. παράτεινον τὸ ἔλεός σου τοῖς γινώσκουσί σε (2)
39 (40). 10. οὐκ ἔκρυψα τὸ ἔλεός σου (2)
— 11. τὸ ἔλεός σου καὶ ἡ ἀλήθειά σου (2)
41 (42). 8. ἡμέρας ἐντελεῖται κύριος τὸ ἔλεος αὐτοῦ (2)
47 (48). 9. ὑπελάβομεν, ὁ θεός, τὸ ἔλεός σου (2)
50 (51). 1. ἐλέησόν με, ὁ θεός, κατὰ τὸ μέγα ἔ. σου (2)
51 (52). 8. ἤλπισα ἐπὶ τὸ ἔλεος τοῦ θεοῦ (2)
56 (57). 3. ἐξαπέστειλεν ὁ θεὸς τὸ ἔλεος αὐτοῦ (2)
— 10. ἐμεγαλύνθη ἕως τῶν οὐρανῶν τὸ ἔ. σου (2)
58 (59). 10. ὁ θεός μου τὸ ἔλεος αὐτοῦ προφθάσει με (2)
— 16. ἀγαλλιάσομαι τὸ πρωῒ τὸ ἔλεός σου (2)
— 17. ἀντιλήπτωρ μου εἶ, ὁ θεός μου τὸ ἔ. μου (2)
60 (61). 7. ἔλεος καὶ ἀλήθειαν αὐτοῦ τίς ἐκζητήσει αὐτῶν (2)
61 (62). 12. καὶ σοῦ [B^{1} σύ], κύριε, τὸ ἔλεος (2)
62 (63). 3. κρεῖσσον τὸ ἔλεός σου ὑπὲρ ζωάς (2)
65 (66). 20. ὃς οὐκ ἀπέστησε . . . τὸ ἔλεος αὐτοῦ ἀπ' ἐμοῦ (2)
Ps. 68 (69). 13. ἐν τῷ πλήθει τοῦ ἐλέους σου ἐπάκουσόν μου (2)
— 16. ὅτι χρηστὸν τὸ ἔλεός σου (2)
76 (77). 8. ἢ εἰς τέλος ἀποκόψει τὸ ἔλεος (2)
83 (84). 11. ἔλεον καὶ ἀλήθειαν ἀγαπᾷ κύριος ὁ θεός †
84 (85). 7. δεῖξον ἡμῖν, κύριε, τὸ ἔλεός σου (2)
— 10. ἔλεος καὶ ἀλήθεια συνήντησαν (2)
85 (86). 13. τὸ ἔλεός σου μέγα ἐπ' ἐμέ (2)
87 (88). 11. μὴ διηγήσεταί τις ἐν τάφῳ τὸ ἔ. σου (2)
88 (89). 1. τὰ ἐ. σου, κύριε, εἰς τὸν αἰῶνα ᾄσομαι (2)
— 2. εἰς τὸν αἰῶνα ἔλεος οἰκοδομηθήσεται (2)
— 14. ἔλεος καὶ ἀλήθεια προπορεύσονται πρὸ προσώπου σου (2)
— 20. B^{1}R ἐν ἐλέει [AB^{2}S ἐλαίῳ] ἁγίῳ ἔχρισα αὐτόν †
— 24. ἡ ἀλήθειά μου καὶ τὸ ἔλεός μου μετ' αὐτοῦ (2)
— 28. εἰς τὸν αἰῶνα φυλάξω αὐτῷ τὸ ἔλεός μου (2)
— 33. τὸ δὲ ἔλεός μου οὐ μὴ διασκεδάσω ἀπ' αὐτοῦ (2)
— 49. ποῦ ἐστι τὰ ἐλέη σου τὰ ἀρχαῖα (2)
89 (90). 14. ἐνεπλήσθημεν τὸ πρωῒ τοῦ ἐ. σου (2)
91 (92). 2. τοῦ ἀναγγέλλειν τὸ πρωῒ τὸ ἔ. σου (2)
— 10. B^{1}R καὶ τὸ γῆράς μου ἐν ἐλέῳ [AB^{2}S ἐλαίῳ] πίονι †
93 (94). 18. τὸ ἔλεός σου [A^{1} *om.* τὸ ἔ. σου], κύριε, ἐβοήθει μοι (2)
97 (98). 3. ἐμνήσθη τοῦ ἐλέους αὐτοῦ τῷ Ἰ. (2)
99 (100). 5. εἰς τὸν αἰῶνα τὸ ἔλεος αὐτοῦ (2)
100 (101). 1. ἔλεος [S^{2} -ον, A ἔλαιον] καὶ κρίσιν ᾄσομαί σοι, κύριε (2)
102 (103). 4. τὸν στεφανοῦντά σε ἐν ἐλέει καὶ οἰκτιρμοῖς (2)
— 11. ἐκραταίωσε κύριος τὸ ἔλεος αὐτοῦ (2)
— 17. τὸ δὲ ἔλεος τοῦ κυρίου ἀπὸ τοῦ αἰῶνος (2)
105 (106). 1. ὅτι εἰς τὸν αἰῶνα τὸ ἔλεος αὐτοῦ (2)
— 7. οὐκ ἐμνήσθησαν τοῦ πλήθους τοῦ ἐλέους σου (2)
— 45. μετεμελήθη κατὰ τὸ πλῆθος τοῦ ἐλέους αὐτῶν (2)
106 (107). 1. ὅτι εἰς τὸν αἰῶνα τὸ ἔλεος αὐτοῦ (2)
— 8, 15, 21, 31. ἐξομολογησάσθωσαν τῷ κυρίῳ τὰ ἐλέη αὐτοῦ (2)
— 43. καὶ συνήσει τὰ ἐλέη τοῦ κυρίου (2)
107 (108). 4. μέγα ἐπάνω τῶν οὐρ. τὸ ἔλεός σου (2)
108 (109). 16. οὐκ ἐμνήσθη τοῦ ποιῆσαι ἔλεος (2)
— 21. A S^{1} ποίησον μετ' ἐμοῦ ἔλεος [S^{2}R *om.*] ἕνεκεν τοῦ ὀνόματός σου ὅτι χρηστὸν τὸ ἔλεός σου (–, 2)
— 26. σῶσόν με κατὰ τὸ [S^{1} *add.* μέγα] ἔλεός σου (2)
113. 9 (115. 1). ἐπὶ τῷ ἐλέει σου καὶ τῇ ἀληθείᾳ σου (2)
116 (117). 2. ἐκραταιώθη τὸ ἔλεος αὐτοῦ ἐφ' ἡμᾶς (2)
117 (118). 1, 2, 3, 4 (AR), 29. ὅτι εἰς τὸν αἰῶνα τὸ ἔλεος αὐτοῦ (2)
118 (119). 41. S^{1} ἔλθοι ἐπ' ἐμὲ τὸ ἔ. σου, κύριε, τὸ σωτήριόν σου κατὰ τὸ ἔ. [A κατὰ λόγιόν, S^{2}R κατὰ τὸν λόγον] σου (2, †)
— 64. τοῦ ἐλέους σου, κύριε [A ἐ. κυρίου], πλήρης ἡ γῆ (2)
— 76. γενηθήτω δὴ τὸ ἔλεός σου (2)
— 88. κατὰ τὸ ἔλεός σου ζῆσόν με [S ζήσομαι] (2)
— 124. S^{2}R ποίησον μετὰ τοῦ δούλου σου κατὰ τὸ ἔλεός [A S^{1} λόγιόν] σου (2)
— 149. τῆς φωνῆς μου ἄκουσον, κύριε, κατὰ τὸ ἔλεός [S^{1} λόγιόν] σου (2)
— 159. ἐν τῷ ἐλέει σου ζῆσόν με (2)
129 (130). 7. παρὰ τῷ κυρίῳ τὸ ἔλεος (2)
135 (136). 1 *et in omni huius Ps. versu.* ὅτι εἰς τὸν αἰῶνα τὸ ἔλεος αὐτοῦ [S^{1} *om.* *v.* 23] (2)
137 (138). 2. ἐπὶ τῷ ἐ. σου καὶ τῇ ἀληθείᾳ σου (2)
— 8. τὸ ἔλεός σου εἰς τὸν αἰῶνα (2)
140 (141). 5. παιδεύσει με δίκαιος ἐν ἐλέει (2)
142 (143). 8. ἀκουστὸν ποίησόν μοι τὸ πρωῒ τὸ ἔλεός σου (2)
— 12. ἐν τῷ ἐλέει σου ἐξολεθρεύσεις τοὺς ἐχθρούς μου (2)
143 (144). 2. ἔλεός μου καὶ καταφυγή μου (2)
146 (147). 11. καὶ ἐν πᾶσι τοῖς ἐλπίζουσιν ἐπὶ τὸ ἔλεος αὐτοῦ (2)

Ps. 151. 4. A S ἔχρισέ με ἐν [S om.] τῷ ἐλέει [B ἐλαίῳ] τῆς χρίσεως αὐτοῦ
Pr. 3. 16. νόμον δὲ καὶ ἔλεον ἐπὶ γλώσσης φορεῖ –
14. 22. ἔλεον δὲ καὶ ἀλήθειαν τεκταίνουσιν ἀγαθοί· οὐκ ἐπίστανται ἔλεον καὶ πίστιν τέκτονες κακῶν (2, –)
Wi. 3. 9. χάρις καὶ ἔλεος τοῖς [A ἐν τοῖς] ἐκλεκτοῖς [S ὁσίοις] αὐτοῦ
4. 15. χάρις καὶ ἔλεος ἐν [S om.] τοῖς ἐκλεκτοῖς [A ὁσίοις] αὐτοῦ
6. 6. ὁ γὰρ ἐλάχιστος σύγγνωστός [S¹ εὔγν.] ἐστιν ἐλέους [A -ου]
9. 1. κύριε τοῦ ἐλέους σου
11. 9. καίπερ ἐν ἐλέει παιδευόμενοι
12. 22. κρινόμενοι δὲ προσδοκῶμεν ἔλεος
15. 1. R ἐν [A B S om.] ἐλέει [A B S¹ ἐλεεῖ (?), S² ἐλεήμων] διοικῶν τὰ πάντα
16. 10. τὸ ἔ. γάρ σου ἀντιπαρῆλθε
Si. 2. 7. ἀναμείνατε τὸ ἔ. αὐτοῦ
— 9. ἐλπίσατε . . . εἰς εὐφροσύνην αἰῶνος καὶ ἐλέους
— 18. οὕτως καὶ [S² καὶ πολὺ] τὸ ἔ. αὐτοῦ
5. 6. ἔλεος γὰρ καὶ ὀργὴ παρ' αὐτοῦ [A S -ῷ]
16. 11. ἔλεος γὰρ καὶ ὀργὴ παρ' αὐτοῦ [A S¹ παρ' αὐτῷ, S² παρὰ κυρίου]
— 12. κατὰ τὸ πολὺ ἔ. αὐτοῦ οὕτως καὶ πολὺς ὁ ἔλεγχος αὐτοῦ
18. 5. τίς προσθήσει ἐκδιηγήσασθαι τὰ ἐ. αὐτοῦ
— 11. ἐξέχεεν ἐπ' αὐτοὺς τὸ ἔ. αὐτοῦ
— 13. ἔλεος ἀνθρώπου ἐπὶ τὸν πλησίον αὐτοῦ ἔλεος δὲ κυρίου ἐπὶ πᾶσαν σάρκα
28. 4. ἐπ' ἄνθρωπον ὅμοιον αὐτῷ οὐκ ἔχει ἔλεος
29. 1. ὁ ποιῶν ἔλεος δανειεῖ τῷ πλησίον
32 (35). 19. εὐφρανεῖ αὐτοὺς ἐν τῷ ἐ. αὐτοῦ
— 20. ὡραῖον [S ὡς ὡρ.] ἔλεος ἐν καιρῷ θλίψεως αὐτοῦ
36. 28 (25). εἰ ἔστιν ἐπὶ γλώσσης αὐτῆς ἔλεος
44. 10. οὗτοι ἄνδρες ἐλέους
— 27. ἐξήγαγεν ἐξ αὐτοῦ ἄνδρα ἐλέους
46. 7. ἐν ἡμέραις Μωυσέως ἐποίησεν ἔλεος
47. 22. οὐ μὴ καταλίπῃ [A ἐγκαταλείπῃ] τὸ ἔ. αὐ.
50. 4. S¹ ὁ φροντίζων τὸ ἔλεον [A B S² τοῦ λαοῦ] αὐτοῦ
— 22. τὸν . . . ποιοῦντα μεθ' ἡμῶν κατὰ τὸ ἔ. αὐτοῦ
— 24. ἐμπιστεῦσαι μεθ' ἡμῶν τὸ ἔ. αὐτοῦ
51. 3. ἐλυτρώσω με κατὰ τὸ πλῆθος ἐλέους [B¹ -ου]
— 8. ἐμνήσθην τοῦ ἐ. σου, κύριε
— 29. εὐφρανθείη ἡ ψυχὴ ὑμῶν ἐν τῷ ἐ. αὐτοῦ
Ho. 2. 19 (21). ἐν δικαιοσύνῃ κ. ἐν κρίματι κ. ἐν ἐλέει κ. ἐν οἰκτιρμ. (2)
4. 1. οὐκ ἔστιν ἀλήθεια οὐδὲ ἔλεος (2)
6. 5 (4). τὸ δὲ ἔλεος ὑμῶν ὡς νεφέλη πρωϊνή (2)
— 7 (6). διότι ἔλεος θέλω ἢ θυσίαν (2)
12. 6. (7) ἔλεον καὶ κρίμα φυλάσσου (2)
Mi. 6. 8. καὶ ἀγαπᾶν ἔλεον [A -ος] (2)
7. 18. θελητὴς ἐλέους ἐστίν (2)
— 20. δώσει . . . ἔλεον [A -ος] τῷ Ἀβραάμ (2)
Jn. 2. 9. ἔλεος [S² -ον] αὐτῶν ἐγκατέλιπον (2)
Hb. 3. 2. ἐν ὀργῇ ἐλέους μνησθήσῃ (6 b)
Za. 7. 9. ἔλεος [S³ -ον] καὶ οἰκτιρμὸν ποιεῖτε (2)
Is. 16. 5. διορθωθήσεται μετ' ἐλέους θρόνος (2)
45. 8. ἀνατειλάτω ἡ γῆ καὶ βλαστησάτω [S om. κ. βλ.] ἔλεος (3)
47. 6. οὐκ ἔδωκας αὐτοῖς ἔλεος [S add. οὐδέν] (6 a)
54. 7. μετ' ἐλέους μεγάλου ἐλεήσω σε (6 a)
— 8. ἐν ἐλέει αἰωνίῳ ἐλεήσω [A S³ ἠλέησά] σε (2)
— 10. οὐδὲ τὸ παρ' ἐμοῦ σοι ἔ. ἐκλείψει (2)
56. 1. ἤγγικε . . . τὸ ἔ. μου ἀποκαλυφθῆναι (5)
60. 10. διὰ ἔλεον [A -ος] ἠγάπησά σε (7)
63. 7. τὸν ἔλεον [S² τὸ ἔ.] κυρίου ἐμνήσθην . . . ἐπάγει ἡμῖν κατὰ τὸ ἔ. αὐτοῦ (2, 6 a)
— 15. ποῦ ἔστι τὸ πλῆθος τοῦ ἐλέους σου (4)
64. 4 (3). ἃ ποιήσεις τοῖς ὑπομένουσιν ἔλεον †
Je. 2. 2. ἐμνήσθην ἐλέους νεότητός σου (2)
9. 24 (23). κύριος ὁ ποιῶν ἔ. καὶ κρίμα (2)
16. 13. οἳ οὐ δώσουσιν ὑμῖν ἔ. (1 b)
38 (31). 20. ἐλεῶν [S¹ -ον] ἐλεήσω αὐτόν (6 b)
39 (32). 18. ποιῶν ἔλεος εἰς χιλιάδας (2)
40 (33). 11. εἰς τὸν αἰῶνα τὸ ἔ. αὐτοῦ (2)
43 (36). 7. ἴσως πεσεῖται ἔ. αὐτῶν (1 c)
44 (37). 20. πεσάτω τὸ ἔ. μου (1 c)
45 (38). 26. A S R ῥίπτω ἐγὼ τὸ ἔ. [B τὸν ἔλεόν] μου (1 c)
49 (42). 2. πεσέτω δὴ τὸ ἔ. ἡμῶν κατὰ πρόσωπόν σου (1 c)

● Je. 49 (42). 12. δώσω ὑμῖν ἔλεος (6 a)
Ba. 2. 19. καταβάλλομεν τὸν ἔ. κατὰ πρόσωπόν σου
La. 3. 22. R τὰ ἐ. κυρίου ὅτι οὐκ ἐξέλιπέ με (2)
— 32. κατὰ τὸ πλῆθος τοῦ ἐ. αὐτοῦ (2)
Ez. 18. 19. ὁ υἱὸς δικαιοσύνην καὶ ἔλεος πεποίηκε (5)
— 21. ποιήσῃ δικαιοσύνην καὶ ἔλεος [A al.] (5)
Da. LXX. 3. (35). μὴ ἀποστήσῃς τὸ ἔ. σου
— (39). καὶ εὑρεῖν ἔλεος
— (42). ποίησον μεθ' ἡμῶν ἔλεος
— (42). κατὰ τὸ πλῆθος τοῦ ἐλέους σου
— (89), (90). εἰς τὸν αἰῶνα τὸ ἔ. αὐτοῦ
9. 3. εὑρεῖν προσευχὴν καὶ ἔλεος (1 c)
— 4. τηρῶν τὴν διαθήκην καὶ τὸ ἔ. (2)
— 9. τῷ κυρίῳ ἡ δικαιοσύνη καὶ τὸ ἔ. (6 a ?)
— 18. ἀλλὰ διὰ τὸ σὸν ἔ., κύριε (6 a)
Da. TH. 1. 9. ἔδωκεν ὁ θεὸς τὸν Δ. εἰς ἔλεον (2)
3. (35). μὴ ἀποστήσῃς τὸ ἔ. σου ἀφ' ἡμῶν
— (38). καὶ εὑρεῖν ἔλεος
— (42). κατὰ τὸ πλῆθος τοῦ ἐλέους σου
— (89), (90). εἰς τὸν αἰῶνα τὸ ἔ. αὐτοῦ
9. 4. ὁ φυλάσσων . . . τὸ ἔ. σου (2)
— 20. καὶ ῥιπτοῦντος τὸν ἔ. μου (1 c)
I Ma. 2. 57. A S Δαυὶδ ἐν τῷ ἐλέει [R -φ] αὐτοῦ ἐκληρονόμησε
3. 44. A R καὶ αἰτῆσαι ἔλεον [S -ος]
4. 24. εἰς τὸν αἰῶνα τὸ ἔ. αὐτοῦ
13. 46. ἀλλὰ κατὰ τὸ ἔ. σου
16. 3. καὶ ὑμεῖς δὲ ἐν τῷ ἐ. ἱκανοί ἐστε
II Ma. 2. 7. A καὶ ἔλεος [R ἵλεως] γένηται
4. 37. R καὶ τραπεὶς εἰς ἔλεον [A ἐπὶ ἔλεος]
6. 16. οὐδέποτε μὲν τὸν ἔ. αὐτοῦ ἀφ' ἡμῶν ἀφίστησι
7. 23. πάλιν ἀποδώσει μετ' ἐλέους
— 29. ἵνα ἐν τῷ ἐ. . . . κομίσωμαί σε
8. 5. τῆς ὀργῆς τοῦ κυρίου εἰς ἔλεον τραπείσης
— 27. ἀρχὴν ἐλέους τάξαντος αὐτοῖς
III Ma. 2. 19. ἐπίφανον τὸ ἔ. σου
4. 4. λαμβάνοντας . . . τὸν κοινὸν ἔ.
6. 4. φέγγος ἐπιφάνας ἐλέους Ἰσ. γένει
— 39. ἐπιφάνας τὸ ἔ. αὐτοῦ
IV Ma. 9. 4. τὸν ἐπὶ τῇ παρανόμῳ σωτηρίᾳ ἡμῶν ἔ.

[**Aq.** Ge. 32. 10 (11): Ex. 15. 13: Nu. 11. 15: Ps. 30 (31). 8, 17, 22: 31 (32). 10: 32 (33). 18, 22: 43 (44). 27: 50 (51). 3: 60 (61). 8: 61 (62). 13: 88 (89). 2: 89 (90). 14: 140 (141). 5: Pr. 3. 3: Is. 16. 5: 40. 6: 54. 10: 57. 1.]
[**Sm.** Ps. 30 (31). 17, 22: 32 (33). 18, 22: 41 (42). 9: 43 (44). 27: 47 (48). 10: 50 (51). 3: 58 (59). 17: 60 (61). 8: 78 (79). 8: 88 (89). 2: 89 (90). 14: 137 (138). 2: Pr. 3. 3: Is 40. 6: 54. 10: 55. 3: Jn. 2. 9.]
[**Th.** Ps. 83 (84). 12: 89 (90). 14: Pr. 3. 3: Is. 16. 5: 40. 6: 54. 10: 55. 3: Je. 16. 5: 42 (49). 9: Da. 3. (42).]
[**Al.** Ps. 58 (59). 11: 113. 9 (115. 1): 146 (147). 11.]
[**Quint.** Ps. 30 (31). 17: 60 (61). 8.]
[**Sext.** Ps. 60 (61). 8.]

ἐλεού. (1) *a.* אֵילָו *b.* אֵילָיו

Ez. 40. 21. A καὶ τὰ ἐ. [B αἰλεῦ] (1 a*, 1 b)

ἐλέπολις (-εόπ.).

I Ma. 13. 43. R καὶ ἐποίησεν ἐλεπόλεις [A om., S ἐλεόπολιν]
— 44. R ἐξήλλοντο οἱ ἐν τῇ ἐ. [S ἐλεοπ., A πόλει]

ἐλεῦ. (1) *a.* אֵילָו *b.* אֵילָיו

● Ez. 40. 24. B καὶ τὰ ἐ. [A R al.] (1 a*, 1 b)
— 37. A καὶ φοίνικες τῷ ἐ. [B αἰλ.] (1 a*, 1 b)

ἐλευθερία. (1) חֻפְשָׁה

Le. 19. 20. οὐ λελύτρωται ἢ ἐ. οὐκ ἐδόθη αὐτῇ (1)
I Es. 4. 49. ἔγραψε πᾶσι τοῖς Ἰ. . . . ὑπὲρ τῆς ἐ.
— 53. ὑπάρχειν τὴν ἐ. αὐτοῖς
Si. 7. 21. μὴ στερήσῃς αὐτὸν ἐλευθερίας
30. 34 (33. 25). καὶ ζητήσει [A¹ S¹ -εις] ἐλευθερίαν
I Ma. 14. 27. καὶ ἔστησαν αὐτῷ ἐλευθερίαν
III Ma. 3. 28. R καὶ τῆς ἐ. τεύξεται καὶ [A om. τ. καὶ] στεφανωθήσεται

[**Aq.** IV Ki. 15. 5: Ez. 27. 20.]
[**Al.** Le. 27. 24.]

ἐλεύθερος. (1) חָפְשִׁי (2) חֹר (3) לְנֶפֶשׁ (4) שַׂר (5) ὁ υἱὸς ὁ ἐ. חֹר

Ex. 21. 2. ἀπελεύσεται ἐλεύθερος δωρεάν [A al.] (1)
Ex. 21. 5. οὐκ ἀποτρέχω ἐ. (1)
— 26, 27. ἐλευθέρους ἐξαποστελεῖ αὐτούς (1)
De. 15. 12. ἐξαποστελεῖς αὐτὸν ἐλεύθερον (1)
— 13. A B² R ὅταν δὲ ἐξαποστέλλῃς αὐτὸν ἐλεύθερον (1)
— 18. ἐξαποστελλομένων αὐτῶν ἐλευθέρων ἀπὸ σοῦ (1)
21. 14. ἐξαποστελεῖς αὐτὴν ἐλευθέραν (3)
I Ki. 17. 25. A τὸν οἶκον τοῦ πατρὸς αὐτοῦ ποιήσει ἐλεύθερον (1)
III Ki. 20 (21). 8. τοὺς ἐ. τοὺς [A οἱ ἐν τῇ πόλει αὐτοῦ τοὺς] κατοικοῦντας μετὰ N. (2)
— 11. A R οἱ πρεσβύτεροι καὶ οἱ ἐ. (2)
I Es. 3. 19. τήν τε τοῦ οἰκέτου καὶ τὴν τοῦ ἐ.
Ne. 13. 17. ἐμαχεσάμην τοῖς υἱοῖς Ἰ. τοῖς ἐ. (5)
Ju. 16. 23. ἀφῆκε τὴν ἅβραν αὐτῆς ἐ.
Jb. 39. 5. τίς δέ ἐστιν ὁ ἀφεὶς ὄνον ἄγριον ἐλεύθερον (1)
Ps. 87 (88). 5. ἐν νεκροῖς ἐλεύθερος (1)
Ec. 10. 17. ὁ βασιλεύς σου υἱὸς ἐλευθέρων [A S -έρου] (2)
Si. 10. 25. οἰκέτῃ σοφῷ [S συνετῷ] ἐλεύθεροι λειτουργήσουσι
Je. 36 (29). 2. ἐξελθόντος Ἰεχονίου . . . καὶ τῶν εὐνούχων καὶ παντὸς ἐ. (4)
41 (34). 9. τοῦ ἐξαποστεῖλαι . . . τὸν Ἑβραῖον καὶ τὴν Ἑβραίαν ἐλευθέρους (1)
— 14. ἐξαποστελεῖς [A ἀποστ.] αὐτὸν ἐλεύθερον (1)
— 16. οὓς ἐξαπεστείλατε ἐλευθέρους τῇ ψυχῇ αὐτῶν (1)
I Ma. 2. 11. ἀντὶ ἐλευθέρας ἐγένετο εἰς δούλην
10. 33. πᾶσαν ψυχὴν Ἰ. . . . ἀφίημι ἐ. δωρεάν
15. 7. τὰ ἅγια εἶναι ἐλεύθερα
II Ma. 9. 14. τὴν μὲν ἁγίαν πόλιν . . . ἐλευθέραν ἀναδεῖξαι
III Ma. 7. 20. ἀνέλυσαν ἀσινεῖς ἐλεύθεροι
IV Ma. 14. 2. καὶ ἐλευθέρων ἐλευθερώτεροι

[**Aq.** Jb. 3. 19: Ps. 87 (88). 6: Is. 34. 12: 58. 6.]
[**Sm.** Jb. 3. 19: Ps. 87 (88). 6: Is. 34. 12.]
[**Th.** Jb. 3. 19: Is. 34. 12: Je. 27 (34) 20: 39 (46). 6.]

ἐλευθεροῦν.

Pr. 25. 10. χάρις καὶ φιλία ἐλευθεροῖ
II Ma. 1. 27. ἐλευθέρωσον τοὺς δουλεύοντας ἐν τοῖς ἔθνεσι
2. 22. καὶ τὴν πόλιν ἐλευθερῶσαι

ἐλευστέον.

II Ma. 6. 17. δι' ὀλίγων δ' ἐλευστέον ἐπὶ τὴν διήγησιν

ἐλεφαντάρχης.

II Ma. 14. 12. N. τὸν γενόμενον ἐ.
III Ma. 5. 4. ὁ δὲ ἐ. τὸ προσταγὲν . . . συνετέλει
— 45. ὁ δὲ ἐ. τὰ θηρία . . . ἀγηοχώς

ἐλεφαντίασις.

[**Sm.** Dt. 28. 27.]

ἐλεφάντινος. (1) שֵׁן (2) ὀδόντες ἐλεφάντινοι *a.* שֵׁן *b.* שֶׁנְהַבִּים

III Ki. 10. 18. θρόνον ἐ. μέγαν (1)
— 22. A ὀδόντων ἐ. καὶ πιθήκων [B al.] (2 b)
22. 39. καὶ οἶκον ἐ. ὃν ᾠκοδόμησε (1)
II Ch. 9. 17. A B ἐποίησεν ὁ βασιλεὺς θρόνον ἐλεφάντινον [R -ων] ὀδόντων (1)
— 21. γέμοντα [A -μον] χρυσίου καὶ . . . ὀδόντων ἐ. (2 a)
Ps. 44 (45). 8. ἀπὸ βάρεων ἐ. ἐξ ὧν ηὔφρανάν σε (1)
Ca. 5. 14. κοιλία αὐτοῦ πυξίον ἐλεφάντινον (1)
7. 4 (5). ὁ τράχηλός σου ὡς πύργος ἐ. (1)
Am. 3. 15. ἀπολοῦνται οἶκοι ἐ. (1)
6. 4. οἱ καθεύδοντες ἐπὶ κλινῶν ἐ. (1)
Ez. 27. 15. ἐπλήθυναν τὴν ἐμπορίαν σου ὀδόντας ἐ. (1)

[**Sm.** Ps. 44 (45). 9.]

ἐλέφας. (1) שֵׁן

Ez. 27. 6. τὰ ἱερά σου ἐποίησαν ἐξ ἐλέφαντος (1)
I Ma. 1. 17. S R ἐν ἅρμασι καὶ ἐν ἐλέφασι [A -ανσιν]
3. 34. παρέδωκεν αὐτῷ . . . τοὺς ἐ.
6. 30. καὶ ἐλέφαντες δύο καὶ τριάκοντα
— 34. S R τοῖς ἐλέφασιν [A -ανσιν] ἔδειξαν αἷμα σταφυλῆς

● = correction on page xxv

I Ma. 6. 35. S R παρέστησαν ἑκάστῳ [A ἐφ' ἑ.] ἐ. χιλίους ἄνδρας
— 46. καὶ εἰσέδυ ὑπὸ τὸν ἐ.
8. 6. ἔχοντα ἑκατὸν εἴκοσι ἐλέφαντας
II Ma. 11. 4. καὶ τοῖς ἐ. τοῖς ὀγδοήκοντα
13. 2. καὶ ἐλέφαντας εἴκοσι δύο
— 15. τὸν πρωτεύοντα τῶν ἐ.
III Ma. 5. 1. τὸν πρὸς τῇ τῶν ἐ. ἐπιμελείᾳ
— 2. οἴνῳ . . . ἅπαντας τοὺς ἐ. ποτίσαι
— 10. τοὺς ἀνηλεεῖς ἐ. ποτίσας
— 20. ἑτοίμασον τοὺς ἐ.
— 38. τοὺς ἐ. ἔτι καὶ νῦν καθόπλισον
— 48. τῶν ἐ. ἐξιόντων
[Al. Jb. 2. 7.]

ἐλθωθάρ.
[Heb. Ge. 49. 4.]

ἑλικτός. (1) לוּל (2) תֻּפִינִים
Le. 6. 21 (14). B πεφυραμένην οἴσει αὐτὴν ἑλικτά (2)
III Ki. 6. 8. ἑλικτὴ [A εἱλ.] ἀνάβασις εἰς τὸ μέσον (1)

ἕλιξ. (1) שֹׂרֵקָה
Ge. 49. 11. καὶ τῇ ἕ. τὸν πῶλον τῆς ὄνου αὐτοῦ (1)
[Sm. Le. 8. 23.]

ἑλίσσειν. (1) גָּלַל ni. (2) הָלַךְ hithpa.
(3) חָלַף hi.
III Ki. 7. 8. B αὐλὴ μία ἐξ ἑλισσομένης [? ἐξελ., A R ἐξελισσομένη] †
Jb. 18. 8. ἐν δικτύῳ ἑλιχθείη (2)
Ps. 101 (102). 26. ὡσεὶ περιβόλαιον ἑλίξεις [S[1] ἀλλάξεις] αὐτούς (3)
Is. 34. 4. ἑλιγήσεται [B[3] εἱλ.] ὁ οὐρανὸς ὡς βιβλίον (1)

ἑλιών.
[Heb. Ps. 90 (91). 9.]

ἕλκειν, ἑλκύειν. (1) גָּלָה (2) גָּרַר
(3) מָשָׁה hi. (4) *a.* מָשַׁךְ *b.* מֶשֶׁךְ (5) נגד
(6) נוּף hi. (7) שָׁדַד pi. (8) *a.* שָׁאַף
b. ἕ. πνεῦμα שָׁאַף (9) שָׁלַף
De. 21. 3. ἥτις οὐχ εἵλκυσε ζυγόν (4 *a*)
Jd. 5. 14. ἕλκοντες ἐν ῥάβδῳ διηγήσεως γραμματέως [A *al.*] (4 *a*)
20. 2. τετρακόσιαι χιλιάδες ἀνδρῶν πεζῶν ἑλκόντες [A σπωμένων] ῥομφαίαν (9)
— 15. χιλιάδες ἀνὴρ ἕλκων [A ἀνδρῶν σπωμένων] ῥομφαίαν (9)
— 17. χιλιάδες ἀνδρῶν ἑλκόντων [A σπωμένων] ῥομφαίαν (9)
— 25. B[2] R πάντες οὗτοι ἕλκοντες [A ἐσπασμένοι] ῥομφαίαν (9)
— 35. πάντες οὗτοι εἷλκον [A σπώμενοι] ῥομφαίαν (9)
— 46. ἀνδρῶν ἑλκόντων [A σπωμένων] ῥομφαίαν (9)
II Ki. 22. 17. εἵλκυσέ με ἐξ ὑδάτων πολλῶν (3)
Ne. 9. 30. καὶ εἵλκυσας [A ἠλ.] ἐπ' αὐτοὺς ἔτη [S[3] ἔθνη] πολλά (4 *a*)
Jb. 20. 28. ἑλκύσαι [S[1] ἐκλύσαι] τὸν οἶκον αὐτοῦ ἀπώλεια εἰς τέλος (1)
28. 18. ἕλκυσον σοφίαν ὑπὲρ τὰ ἐσώτατα (4 *b*)
39. 10. ἢ ἑλκύσει σου αὔλακας ἐν πεδίῳ (7)
Ps. 9. 30 (10. 9). ἁρπάσαι πτωχὸν ἐν τῷ ἑλκύσαι αὐτόν (4 *a*)
118 (119). 131. S[2] R καὶ εἵλκυσα [A S ἠλ.] πνεῦμα (8 *b*)
Pr. 25. 20. ὥσπερ ὄξος ἕλκει ἀσύμφορον †
Ec. 1. 5. εἰς τὸν τόπον αὐτοῦ ἕλκει (8 *a*)
2. 3. εἰ ἡ καρδία μου ἑλκύσει ὡς οἶνον τὴν σάρκα μου (4 *a*)
Ca. 1. 4. νεάνιδες ἠγάπησάν σε εἵλκυσάν σε (4 *a*)
Wi. 19. 4. εἷλκε γὰρ αὐτοὺς ἡ ἀξία . . . ἀνάγκη
Si. 28. 19. ὃς οὐχ εἵλκυσε τὸν ζυγὸν αὐτῆς
Hb. 1. 15. εἵλκυσεν αὐτὸν ἐν ἀμφιβλήστρῳ (2)
Is. 10. 15. ὑψωθήσεται πρίων ἄνευ τοῦ ἕλκοντος αὐτόν (6)
Je. 14. 6. εἵλκυσαν ἄνεμον (8 *a*)
38 (31). 3. εἵλκυσά σε εἰς οἰκτείρημα [S[1] οἰκτιρμα] (4 *a*)
45 (38). 13. εἵλκυσαν αὐτὸν [A *add.* ἐν] τοῖς σχοινίοις (4 *a*)

Da. LXX. 4. 15. καὶ εἱλκύσθη καὶ ἐρρίφη –
7. 10. ποταμὸς πυρὸς ἕλκων (5)
Da. TH. 7. 10. ποταμὸς πυρὸς εἷλκεν [A ἐκπορευόμενος εἷ.] (5)
I Ma. 10. 82. εἵλκυσε Σίμων τὴν δύναμιν αὐτοῦ
III Ma. 4. 7. εἵλκοντο μετὰ βίας
▶ 5. 49. R βρέφη τελευταῖον ἕλκοντα γάλα [A ἕλκονται]
● IV Ma. 11. 9. εἷλκον ἐπὶ τὸν καταπέλτην
14. 13. ἕλκουσα πάντα πρὸς τὴν . . . συμπάθειαν
15. 11. τῶν . . . εἰς συμπάθειαν ἑλκόντων τὴν μητέρα
[Aq. Jd. 4. 7: Jb. 40. 20 (25): Ps. 27 (28). 3: Ca. 1. 4: Je. 2. 24: 5. 8.]
[Sm. Ps. 74 (75). 9: Ca. 1. 4: Is. 5. 18: Je. 5. 8.]
[Th. Jb. 28. 18: Ec. 2. 3: Je. 5. 8: Da. 7. 9.]

ἕλκος. (1) שְׁחִין
Ex. 9. 9. ἔσται ἐπὶ τοὺς ἀνθρώπους . . . ἕλκη (1)
— 10. A[2] B καὶ ἐγένετο ἕλκη (1)
— 11. A[2] B οὐκ ἠδύναντο . . . στῆναι ἐναντίον Μ. διὰ τὰ ἕ. (1)
— 11. A[2] B ἐγένετο γὰρ τὰ ἕ. ἐν τοῖς φαρμακοῖς (1)
Le. 13. 18. σὰρξ ἐὰν γένηται ἐν τῷ δέρματι αὐτοῦ ἕλκος (1)
— 19. ἐν τῷ τόπῳ τοῦ ἕ. οὐλὴ λευκή (1)
— 20. ἐν τῷ ἕ. ἐξήνθησεν (1)
— 22. ἐν τῷ ἕ. ἐξήνθησεν –
— 23. οὐλὴ τοῦ ἕ. ἐστί (1)
— 27. ἐν τῷ ἕ. ἐξήνθησεν –
De. 28. 27. πατάξαι σε κύριος ἕλκει [A ἐν ἕ.] Αἰγυπτίῳ (1)
— 35. πατάξαι σε κύριος ἐν ἕλκει πονηρῷ (1)
IV Ki. 20. 7. καὶ ἐπιθέτωσαν ἐπὶ τὸ ἕ. (1)
Jb. 2. 7. ἔπαισε τὸν Ἰ. ἕ. πονηρῷ (1)
[Aq. I Ki. 5. 12: Is. 38. 21.]
[Sm., Th. Is. 38. 21.]

ἑλκύειν, *vid.* **ἕλκειν.**

ἑλκυσμός.
[Al. Ps. 9. 30 (10. 9).]

ἐλλαμβάνεσθαι.
[Th. Pr. 30. 28.]

ἔλλειμμα. (1) יֶתֶר
II Ki. 21. 2. R ἀλλ' ἢ ἐκ τοῦ ἐ. [A B αἵματος] τοῦ Ἀμορραίου (1)

ἐλλείπειν.
Si. 42. 24. A S οὐκ ἐποίησεν οὐδὲν ἐλλεῖπον [B ἐκλ.]

ἐλλήν.
IV Ki. 21. 6. B[1] καὶ ἐποίησεν ἐ. [A B[2] R *al.*] †

ἐλλιπής.
Si. 14. 10. ὀφθαλμὸς πονηρὸς . . . ἐλλιπὴς ἐπὶ τῆς τραπέζης αὐτοῦ

ἐλλουλίμ. (1) חִלּוּלִים
Jd. 9. 27. καὶ ἐποίησαν ἐ. [A χοροὺς] (1)

ἐλμωνί (B[1] ἐλιμ.). (1) אַלְמֹנִי
IV Ki. 6. 8. εἰς τὸν τόπον τόνδε τινὰ ἐ. παρεμβαλῶ
[Th. I Ki. 21. 2 (3).]

ἕλος. (1) אֲגַם (2) גֹּמֶא (3) סוּף
Ex. 2. 3. ἔθηκεν αὐτὴν εἰς τὸ ἕ. παρὰ τὸν ποταμόν (3)
— 5. ἰδοῦσα τὴν θῖβιν ἐν τῷ ἕ. (3)
7. 19. ἔκτεινον τὴν χεῖρα . . . ἐπὶ τὰ ἕ. αὐτῶν (1)
8. 5 (1). ἔκτεινον τῇ χειρὶ τὴν ῥάβδον σου . . . ἐπὶ τὰ ἕ. (1)
Is. 19. 6. ἐν παντὶ ἕλει καλάμου †
33. 9. ἕλη ἐγένετο ὁ Σάρων †
35. 7. ἔσται ἡ ἄνυδρος εἰς ἕλη . . . ἐπαύλεις καλάμου [S ποιμνίων] καὶ ἕλη (1, 2)
41. 18. ποιήσω τὴν ἔρημον εἰς ἕλη ὑδάτων [A S[3] *om.*] (1)
42. 15. ἕλη ξηρανῶ (1)
I Ma. 9. 42. S R ἀπέστρεψαν εἰς τὸ ἕ. [A ὄρος] τοῦ Ἰορδάνου
— 45. καὶ ἕλος καὶ δρυμός
[Aq., Sm. Ge. 41. 2: Jb. 8. 11: Je. 51 (28). 32.]

ἐλπίζειν. (1) *a.* בָּטַח *b.* בֶּטַח (2) גָּלַל
(3) דָּרַשׁ (4) חָלַל hoph. (5) חָסָה
(6) חָשַׁק (7) יָחַל *a.* pi. *b.* hi. (8) נָשָׂא pi.
(9) קָוָה pi. (10) קָרַב pi. (11) רָחַץ ithpe.
(12) שָׂבַר pi. (13) שָׁעַן ni. (14) שָׁפַט
(15) εἰς κενὸν ἐλπίζειν שָׁקַק
Ge. 4. 26. οὗτος ἤλπισεν ἐπικαλεῖσθαι τὸ ὄν. κ. (4)
Jd. 9. 26. ἤλπισαν ἐν [A ἐπεποίθησαν] αὐτῷ οἱ ἄνδρες Σικ. (1 *a*)
20. 36. ἤλπισαν πρὸς [A ἐπὶ] τὸ ἔνεδρον (1 *a*)
IV Ki. 18. 5. ἐν κυρίῳ θεῷ Ἰ. ἤλπισε (1 *a*)
— 24. καὶ ἤλπισας σαυτῷ ἐπ' [A εἰς] Αἴ. (1 *a*)
I Ch. 5. 20. ὅτι ἤλπισαν ἐπ' αὐτόν (1 *a*)
II Ch. 13. 18. ἤλπισαν ἐπὶ κύριον θεὸν τῶν πατέρων αὐτῶν (13)
To. 10. 8. οὐκέτι ἐλπίζουσιν ὄψεσθαί με [S *al.*]
Ju. 6. 9. εἴπερ ἐλπίζεις τῇ καρδίᾳ σου
8. 20. ὅθεν ἐλπίζομεν
9. 7. ἤλπισαν ἐν ἀσπίδι
Jb. 24. 23. μαλακισθεὶς μὴ ἐλπιζέτω ὑγιασθῆναι [A -ιᾶναι] (1 *b* ?)
Ps. 4. 5. ἐλπίσατε ἐπὶ κύριον (1 *a*)
5. 11. πάντες οἱ ἐλπίζοντες ἐπὶ σέ (5)
7. 1. κύριε ὁ θεός μου, ἐπὶ σοὶ ἤλπισα (5)
9. 10. ἐλπισάτωσαν ἐπὶ σέ [A σοί] (1 *a*)
12 (13). 5. ἐγὼ δὲ ἐπὶ τῷ ἐλέει σου ἤλπισα (1 *a*)
15 (16). 1. ὅτι ἐπὶ σοὶ ἤλπισα (5)
16 (17). 7. ὁ σῴζων τοὺς ἐλπίζοντας ἐπὶ σέ (5)
17 (18). 2. ἐλπιῶ ἐπ' αὐτόν (5)
— 30. ὑπερασπιστής ἐστι πάντων τῶν ἐλπιζόντων ἐπ' αὐτόν (5)
20 (21). 7. ὁ βασιλεὺς ἐλπίζει ἐπὶ κύριον (1 *a*)
21 (22). 4. ἐπὶ σοὶ ἤλπισαν οἱ πατέρες ἡμῶν ἤλπισαν καὶ ἐρρύσω αὐτούς (1 *a*, 1 *a*)
— 5. ἐπὶ σοὶ ἤλπισαν καὶ οὐ κατῃσχύνθησαν (1 *a*)
— 8. ἤλπισεν [B[1] -σαν] ἐπὶ κύριον (2)
24 (25). 20. ἤλπισα ἐπὶ σέ (5)
25 (26). 1. ἐπὶ τῷ κυρίῳ ἐλπίζων (1 *a*)
26 (27). 3. ἐν ταύτῃ ἐγὼ ἐλπίζω (1 *a*)
27 (28). 7. ἐπ' αὐτῷ ἤλπισεν ἡ καρδία μου (1 *a*)
30 (31). 1. ἐπὶ σοί, κύριε, ἤλπισα (5)
— 6. ἐγὼ δὲ ἐπὶ τῷ κυρίῳ ἤλπισα (1 *a*)
— 14. ἐγὼ δὲ ἐπὶ σοὶ [B[1] σά, S[1] σέ] ἤλπισα (1 *a*)
— 19. ἐξειργάσω τοῖς ἐλπίζουσιν ἐπὶ σέ [A σοί] (5)
— 24. πάντες οἱ ἐλπίζοντες ἐπὶ κύριον (7 *a*)
31 (32). 10. τὸν δὲ ἐλπίζοντα ἐπὶ κύριον ἔλεος κυκλώσει (1 *a*)
32 (33). 18. οἱ ὀφθαλμοὶ κυρίου ἐπὶ . . . τοὺς ἐλπίζοντας ἐπὶ τὸ ἔλεος αὐτοῦ (7 *a*)
— 21. ἐν τῷ ὀνόματι τῷ ἁγίῳ αὐ. ἠλπίσαμεν (1 *a*)
— 22. καθάπερ ἠλπίσαμεν ἐπὶ σέ [A σοί] (7 *a*)
33 (34). 8. μακάριος ἀνὴρ ὃς ἐλπίζει ἐπ' αὐτόν (5)
— 22. οὐ μὴ πλημμελήσουσι πάντες οἱ ἐλπίζοντες ἐπ' αὐτόν (5)
35 (36). 7. ἐν σκέπῃ [S[1] εἰς σκέπην] τῶν πτερύγων σου ἐλπιοῦσι (5)
36 (37). 3. ἔλπισον ἐπὶ κύριον (1 *a*)
— 5. ἔλπισον ἐπ' αὐτόν (1 *a*)
— 40. ὅτι ἤλπισαν ἐπ' αὐτόν (5)
37 (38). 15. A S R ἐπὶ σοί, κύριε, ἤλπισα (7 *b*)
39 (40). 3. καὶ ἐλπιοῦσιν ἐπὶ κύριον (1 *a*)
40 (41). 9. ἐφ' ὃν ἤλπισα (1 *a*)
41 (42). 5, 11: 42 (43). 5. ἔλπισον ἐπὶ τὸν θεόν (7 *b*)
43 (44). 6. οὐ γὰρ ἐπὶ τῷ τόξῳ μου ἐλπιῶ (1 *a*)
51 (52). 8. ἤλπισα ἐπὶ τὸ ἔλεος τοῦ θεοῦ (1 *a*)
54 (55). 23. ἐγὼ δὲ ἐλπιῶ ἐπὶ σὲ [S[2] σοί], κύριε (1 *a*)
55 (56). 2. ἐγὼ δὲ ἐλπιῶ ἐπὶ σοί [S σέ] (1 *a*)
— 4. ἐν [S ἐπὶ] τῷ θεῷ ἤλπισα (1 *a*)
— 11. ἐπὶ τῷ θεῷ ἤλπισα (1 *a*)
56 (57). 1. ἐν τῇ σκιᾷ τῶν πτερύγων σου ἐλπιῶ (5)
61 (62). 8. B S[2] ἐλπίσατε ἐπ' αὐτὸν πᾶσα συναγωγὴ λαοῦ (1 *a*)
— 10. μὴ ἐλπίζετε ἐπ' ἀδικίαν (1 *a*)
63 (64). 10. καὶ ἐλπιεῖ ἐπ' αὐτόν (5)
68 (69). 3. S R ἀπὸ τοῦ ἐλπίζειν [B ἐγγίζειν] ἐπὶ [R με ἐπὶ] τὸν θεόν μου (7 *a*)
70 (71). 1. ἐπὶ σοί, κύριε, ἤλπισα (5)
— 14. ἐγὼ δὲ διὰ παντὸς ἐλπιῶ [S[1] ἐπὶ σὲ ἐ.] (7 *a*)
77 (78). 22. οὐδὲ ἤλπισαν ἐπὶ τὸ σωτήριον αὐτοῦ (1 *a*)

● = correction on page xxv ▶ = additional entry on page xxv

Ps. 83 (84). 12. μακάριος ἄνθρωπος ὁ ἐλπίζων ἐπὶ σέ (1 *a*)
85 (86). 2. σῶσον τὸν δοῦλόν σου . . . τὸν ἐλπίζοντα ἐπὶ σέ (1 *a*)
90 (91). 2. ὁ θεός μου, ἐλπιῶ ἐπ' αὐτόν (1 *a*)
— 4. ὑπὸ τὰς πτέρυγας αὐτοῦ ἐλπιεῖς (5)
— 14. ὅτι ἐπ' ἐμὲ ἤλπισε (6)
111 (112). 7. ἑτοίμη ἡ καρδία αὐτοῦ ἐλπίζειν ἐπὶ κύριον (1 *a*)
113. 17 (115. 9). οἶκος Ἰσραὴλ ἤλπισεν ἐπὶ κύριον (1 *a*)
— 18 (115. 10). οἶκος Ἀαρὼν ἤλπισεν ἐπὶ κύριον (1 *a*)
— 19 (115. 11). οἱ φοβούμενοι τὸν κύριον ἤλπισαν ἐπὶ κύριον (1 *a*)
117 (118). 9. ἀγαθὸν ἐλπίζειν ἐπὶ κύριον ἢ ἐλπίζειν ἐπ' ἄρχουσι [**A**^{2} **S**^{1} ἄρχοντας] (5, 1 *a*)
118 (119). 42. ὅτι ἤλπισα ἐπὶ τοὺς λόγους σου (1 *a*)
— 114. **S**^{1} εἰς τὸν λαόν σου ἤλπισα [**A S**^{2} *al.*] (7 *a*)
129 (130). 6 (5). ἤλπισεν ἡ ψυχή μου ἐπὶ τὸν κύριον (7 *b*)
— 7 (**A S**^{2}) : 130 (131). 3. ἐλπισάτω Ἰσραὴλ ἐπὶ τὸν κύριον (7 *a*)
140 (141). 8. **B**^{2} **S**^{2} **R** ἐπὶ σοὶ [**B**^{1} **S**^{1} σὲ] ἤλπισα (5)
142 (143). 8. ἐπὶ σοὶ ἤλπισα (1 *a*)
143 (144). 2. ἐπ' αὐτῷ ἤλπισα (5)
144 (145). 15. οἱ ὀφθαλμοὶ πάντων εἰς σὲ ἐλπίζουσι (12)
146 (147). 11. καὶ ἐν πᾶσι τοῖς ἐλπίζουσιν ἐπὶ τὸ ἔλεος αὐτοῦ (7 *a*)
Wi. 2. 22. οὐδὲ μισθὸν ἤλπισαν ὁσιότητος
Si. 2. 6. ἔλπισον ἐπ' αὐτόν
— 9. οἱ φοβούμενοι κύριον ἐλπίσατε εἰς ἀγαθά
31 (34). 7. ἐξέπεσον ἐλπίζοντες ἐπ' [**S**^{1} ἐν] αὐτοῖς
Ho. 10. 13. ἤλπισας ἐν τοῖς ἁμαρτήμασί [**A** ἅρμασίν] σου (1 *a*)
Mi. 7. 5. μὴ ἐλπίζετε ἐπὶ ἡγουμένοις (1 *a*)
Is. 11. 10. ἐπ' αὐτῷ ἔθνη ἐλπιοῦσι (3)
18. 7. ἔθνος ἐλπίζον [**S** ἀνέλπιστον] καὶ καταπεπατημένον †
25. 9. ὁ θεὸς ἡμῶν ἐφ' ᾧ ἠλπίζομεν (9)
26. 4. ἐπὶ σοὶ ἐλπίδι [**A S** *om.*] ἤλπισαν [**A**^{2} -σα] (1 *a*)
— 8. ἠλπίσαμεν ἐπὶ τῷ ὀνόματί σου (9)
29. 8. ἡ δὲ ψυχὴ αὐτοῦ εἰς κενὸν ἤλπισεν (15)
30. 12. ἠλπίσατε ἐπὶ ψεύδει (1 *a*)
38. 18. οὐδὲ ἐλπιοῦσιν οἱ ἐν ᾅδου τὴν ἐλεημοσύνην σου (12)
42. 4. ἐπὶ τῷ ὀνόματι αὐτοῦ ἔθνη ἐλπιοῦσιν (7 *a*)
51. 5. εἰς τὸν βραχίονά μου ἔθνη ἐλπιοῦσιν . . . εἰς τὸν βραχίονά μου ἐλπιοῦσιν (14 ?, 7 *a*)
Je. 13. 25. ἤλπισας ἐπὶ ψεύδεσι (1 *a*)
51 (44). 14. ἐφ' ἣν αὐτοὶ ἐλπίζουσι ταῖς ψυχαῖς αὐτῶν (8)
Ba. 4. 22. ἤλπισα ἐπὶ τῷ αἰωνίῳ τὴν σωτηρίαν ὑμῶν
Ez. 36. 8. ἐλπίζουσι τοῦ ἐλθεῖν (10)
Da. LXX. 3. 28 (95). τοὺς παῖδας αὐτοῦ τοὺς ἐλπίζοντας ἐπ' αὐτόν (11)
Da. TH. Su. 60. τῷ θεῷ τῷ σώζοντι τοὺς ἐλπίζοντας ἐπ' αὐτόν
I Ma. 2. 61. πάντες οἱ ἐλπίζοντες ἐπ' αὐτόν
II Ma. 2. 18. ἐλπίζομεν γὰρ ἐπὶ τῷ θεῷ
7. 11. ταῦτα πάλιν ἐλπίζω κομίσασθαι

[**Aq.** Jd. 9. 15 : Jb. 14. 14 : Ps. 24 (25). 20 : 30 (31). 20 : 60 (61). 5 : Is. 30. 2 : 42. 4.]
[**Sm.** Ps. 15 (16). 1 : Pr. 3. 5 : Is. 30. 2 : 42. 4 : Je. 39 (46). 18 : 41 (48). 5.]
[**Th.** II Ki. 14. 14 : Jb. 14. 14 : Ps. 55 (56). 4 : 134 (135). 18 : Is. 12. 2 : 30. 2 : 42. 4 : Mi. 5. 7 (6).]
[**Heb.** Ge. 4. 26 : Is. 42. 4.]
[**Quint.**, **Sext.** Ps. 134 (135). 18.]

ἐλπίς. (1) בָּטַח *a.* qal. *b.* hi. *c.* בֶּטַח *d.* בִּטָּחוֹן *e.* מִבְטָח (2) חָזוּת (3) חֶסֶד (4) כֶּסֶל (5) מַבָּט (6) מַחְסֶה, מַחֲסֶה (7) נְדִיבָה (8) נֶפֶשׁ (9) עֶזְרָה (10) צְבִי (11) קַו (12) רַחַץ (13) שֵׂבֶר (14) תּוֹחֶלֶת (15) תִּקְוָה (16) **ἐλπὶς πονηρά** זְוָעָה (17) **ἔχειν τὴν ἐ.** בָּטַח

De. 24. 15. ἐν αὐτῷ ἔχει τὴν ἐ. (8)
Jd. 18. 7. καθήμενον ἐπ' [**A** ἐν] ἐλπίδι (1 *c*)
— 7. **A** ἡσυχάζοντας ἐν ἐλπίδι [**B** ἡσυχάζουσα] (1 *a*)
— 9. **A** τὸν κατοικοῦντα ἐν αὐτῇ ἐν ἐλπίδι –
— 10. πρὸς λαὸν ἐπ' ἐλπίδι [**A** λ. πεποιθότα] (1 *a*)
— 27. καὶ πεποιθότα ἐπ' ἐλπίδι [**A** *om.* ἐπ' ἐ.] –
II Ch. 35. 26. οἱ λόγοι Ἰ. καὶ ἡ ἐ. αὐτοῦ (3 ?)
Ju. 13. 19. οὐκ ἀποστήσεται ἡ ἐ. σου
Jb. 2. 9. προσδεχόμενος τὴν ἐ. τῆς σωτηρίας μου –
4. 6. ἡ ἐ. σου καὶ ἡ κακία τῆς ὁδοῦ σου (15)
5. 16. εἴη δὲ ἀδυνάτῳ ἐλπίς (15)
6. 8. εἰ γὰρ . . . τὴν ἐ. μου δῴη ὁ κύριος (15)
7. 6. ἀπόλωλε δὲ ἐν κενῇ ἐλπίδι (15)
8. 13. ἐλπὶς γὰρ ἀσεβοῦς ἀπολεῖται [**A** ὀλ.] (15)
11. 18. πεποιθώς τε ἔσῃ ὅτι ἐστί σοι ἐλπίς (15)
— 20. ἡ γὰρ ἐ. αὐτῶν ἀπώλεια [**A** ἀπολεῖται] (15)
14. 7. ἔστι γὰρ δένδρῳ ἐλπίς (15)
17. 15. ποῦ οὖν μου ἔτι ἐστὶν ἡ ἐ. (15)
19. 10. ἐξέκοψε δὲ ὥσπερ δένδρον τὴν ἐ. μου (15)
27. 8. τίς γάρ ἐστιν ἐλπὶς ἀσεβεῖ (15)
30. 15. ᾤχετό μου ἡ ἐ. ὥσπερ πνεῦμα (7)
Ps. 4. 8. κατὰ μόνας ἐπ' ἐλπίδι κατῴκισάς με (1 *c*)
13 (14). 6. κύριος ἐλπὶς αὐτοῦ ἐστι (6)
15 (16). 9. ἡ σάρξ μου κατασκηνώσει ἐπ' ἐλπίδι (1 *c*)
21 (22). 9. ἡ ἐ. μου ἀπὸ μαστῶν τῆς μητρός μου (1 *b*)
39 (40). 4. οὗ ἐστι τὸ ὄνομα κυρίου ἐλπὶς αὐτοῦ (1 *e*)
59 (60). 8. Μωὰβ λέβης τῆς ἐ. μου (12 ?)
60 (61). 3. ἐγενήθης ἐλπίς μου (6)
61 (62). 7. καὶ ἡ ἐ. μου ἐπὶ τῷ θεῷ (6)
64 (65). 5. ἡ ἐ. πάντων τῶν περάτων τῆς γῆς (1 *e*)
70 (71). 5. κύριε ἡ ἐ. μου ἐκ νεότητός μου (1 *e*)
72 (73). 28. τίθεσθαι ἐν τῷ κυρίῳ τὴν ἐ. μου (6)
77 (78). 7. ἵνα θῶνται ἐπὶ τὸν θεὸν τὴν ἐ. αὐτῶν (4)
— 53. ὡδήγησεν αὐτοὺς ἐν [**S**^{2} ἐπ'] ἐλπίδι (1 *c*)
90 (91). 9. σὺ, κύριε, ἡ ἐ. μου (6)
93 (94). 22. ὁ θεός μου εἰς βοηθὸν ἐλπίδος μου (6)
107 (108). 9. Μωὰβ λέβης τῆς ἐ. μου (12 ?)
141 (142). 5. σὺ εἶ ἡ ἐ. μου (6)
145 (146). 5. ἡ ἐ. αὐτοῦ ἐπὶ κύριον τὸν θεὸν αὐτοῦ (13)
Pr. 1. 33. **A** κατασκηνώσει ἐν [**B** ἐπ'] ἐλπίδι (1 *c*)
10. 28. ἐλπὶς δὲ ἀσεβῶν ἀπολεῖται [**A S** ὄλλυται] (15)
11. 7. τελευτήσαντος ἀνδρὸς δικαίου οὐκ ὄλλυται ἐλπίς (15)
— 23. ἐλπὶς δὲ ἀσεβῶν ἀπολεῖται (15)
13. 12. κρείσσων . . . τοῦ ἐπαγγελλομένου καὶ εἰς ἐλπίδα ἄγοντος (14 ?)
14. 26. ἐν φόβῳ κυρίου ἐλπὶς ἰσχύος (1 *e*)
22. 19. ἵνα σου γένηται ἐπὶ κύριον ἡ ἐ. (1 *e*)
23. 18. ἡ δὲ ἐ. σου οὐκ ἀποστήσεται (15)
24. 14. ἐλπίς σε οὐκ ἐγκαταλείψει (15)
26. 12. ἐλπίδα μέντοι ἔσχε μᾶλλον ἄφρων αὐτοῦ (15)
29. 20. ἐλπίδα ἔχει μᾶλλον ὁ ἄφρων αὐτοῦ (15)
Ec. 9. 4. ἔστιν ἐλπίς (1 *d*)
Wi. 3. 4. ἡ ἐ. αὐτῶν ἀθανασίας πλήρης
— 11. κενὴ ἡ ἐ. αὐτῶν
— 18. οὐχ ἕξουσιν ἐλπίδα
5. 14. ἐλπὶς ἀσεβοῦς ὡς φερόμενος χνοῦς
13. 10. ἐν νεκροῖς αἱ ἐ. αὐτῶν
14. 6. ἡ ἐ. τοῦ κόσμου ἐπὶ σχεδίας καταφυγοῦσα
15. 6. κακῶν ἐρασταὶ ἄξιοί τε τοιούτων ἐλπίδων
— 10. γῆς εὐτελεστέρα ἡ ἐ. αὐτοῦ
16. 29. ἀχαρίστου γὰρ ἐλπὶς . . . τακήσεται
Si. 13. 6. δώσει σοι ἐλπίδα
14. 2. ὃς οὐκ ἔπεσεν ἀπὸ τῆς ἐ. αὐτοῦ
31 (34). 1. κεναὶ ἐλπίδες καὶ ψευδεῖς ἀσυνέτῳ ἀνδρί
— 13. ἡ γὰρ ἐ. αὐτῶν ἐπὶ τὸν σώζοντα αὐτούς
— 14. αὐτὸς ἐλπὶς αὐτοῦ
49. 10. ἐλυτρώσατο αὐτοὺς ἐν πίστει ἐλπίδος
Ho. 2. 18 (20). κατοικιῶ σε ἐπ' ἐλπίδι (1 *c*)
Mi. 2. 8. τοῦ ἀφελέσθαι ἐλπίδα συντριμμὸν πολέμου (1 *c*)
Ze. 3. 1 (2. 15). ἡ κατοικοῦσα ἐπ' ἐλπίδι (1 *c*)
Za. 9. 5. **A** ᾐσχύνθη ἀπὸ τῆς ἐ. αὐ. [**B S** *al.*] (5)
Is. 24. 16. ἐλπὶς τῷ εὐσεβεῖ (10)
26. 3. ἐπὶ σοὶ ἐλπίδι [**A S** *om.*] ἤλπισαν (1 *a*)
28. 4. **A S R** τὸ ἄνθος τὸ ἐκπεσὸν τῆς ἐ. τῆς δόξης [**B** ζωῆς] (10)
— 5. κύριος σαβαὼθ ὁ στέφανος τῆς ἐ. (10)
— 10. θλῖψιν ἐπὶ θλῖψιν προσδέχου ἐλπίδα ἐπ' [**B**^{1} *om.* ἐλ. ἐπ'] ἐλπίδι (11, 11)
— 13. θλῖψις ἐπὶ θλῖψιν ἐλπὶς ἐπ' ἐλπίδι [**S** -*a*] (11, 11)
Is. 28. 15. ἐθήκαμεν ψεῦδος τὴν ἐ. ἡμῶν (6)
— 17. θήσω κρίσιν εἰς ἐλπίδα (11)
— 18. ἡ ἐ. ὑμῶν ἡ πρὸς τὸν ᾅδην οὐ μὴ ἐμμείνῃ (2)
— 19. ἐν νυκτὶ ἔσται ἐ. πονηρά (16)
30. 32. ὅθεν ἦν αὐτῶν [**A S** -ῷ] ἡ ἐ. τῆς βοηθείας †
31. 2. ἐπὶ τὴν ἐ. αὐτῶν τὴν ματαίαν (9 ?)
32. 9. θυγατέρες ἐν ἐλπίδι εἰσακούσατε [**A S** ἀκ.] (1 *a*)
— 10. μνείαν ποιήσασθε ἐν ὀδύνῃ μετ' ἐλπίδος (1 *a*)
47. 10. τῇ ἐ. τῆς πονηρίας σου (1 *a*)
Je. 2. 37. ἀπώσατο κύριος τὴν ἐ. σου (1 *e*)
17. 5. τὴν ἐ. ἔχει ἐπ' ἄνθρωπον (17)
— 7. ἔσται κύριος ἐ. αὐτοῦ (1 *e*)
31 (48). 13. κατῃσχύνθη οἶκος Ἰσραὴλ ἀπὸ Βαιθὴλ ἐλπίδος αὐτῶν (1 *e*)
La. 3. 18. καὶ ἡ ἐ. μου ἀπὸ κυρίου (14)
Ez. 28. 26. κατοικήσουσιν ἐπ' αὐτῆς ἐν ἐλπίδι . . . κατοικήσουσιν ἐν ἐλπίδι (1 *c*, 1 *c*)
29. 16. οὐκέτι ἔσονται τῷ οἴκῳ Ἰσραὴλ εἰς ἐλπίδα (1 *e*)
34. 27. κατοικήσουσιν ἐπὶ τῆς γῆς αὐ. ἐν ἐλπίδι εἰρήνης (1 *c*)
— 28. κατοικήσουσιν ἐν ἐλπίδι (1 *c*)
37. 11. ἀπόλωλεν ἡ ἐ. ἡμῶν (15)
II Ma. 3. 29. πάσης ἐστερημένος ἐ. καὶ σωτηρίας
7. 14. τὰς ὑπὸ τοῦ θεοῦ προσδοκᾶν ἐ.
— 20. διὰ τὰς ἐπὶ κύριον ἐ.
— 34. φρυαττόμενος ἀδήλοις ἐ.
9. 20. εἰς οὐρανὸν τὴν ἐ. ἔχων
— 22. ἔχων πολλὴν ἐ.
15. 7. πεποιθὼς μετὰ πάσης ἐ. ἀντιλήψεως τεύξασθαι
IV Ma. 11. 7. **A R** ἐλπίδα εἶχες παρὰ θεῷ σωτηρίου
17. 4. **A R** τὴν ἐ. τῆς ὑπομονῆς γενναίως [**S** βεβαίαν] ἔχουσα

[**Aq.** Jb. 11. 18 : Ps. 61 (62). 8 : 90 (91). 9 : Je. 17. 13, 17 : 29 (36). 11 : 31 (38). 17 : 50 (27). 7 : Ez. 28. 26.]
[**Sm.** Jb. 7. 6 : 31. 39 : Is. 30. 15 : Je. 17. 17 : 31 (38). 17 : 50 (27). 7 : Ez. 28. 26 : Ho. 2. 15 (17).]
[**Th.** Jb. 17. 15 : Is. 20. 5 : 28. 17 : 32. 17 : Je. 29 (36). 11 : 31 (38). 17 : 50 (27). 7 : Ez. 19. 5 : 30. 9.]
[**Quint.** Ps. 90 (91). 9.]

ἐλωαί (A), **ἐλωέ** (B).

I Ki. 1. 11. **A** Ἀδωναὶ καὶ ἐ. [**B** Ἀ. κύριε ἐ.] –

ἐλωαίχ.

[**Th.** Mi. 6. 8.]

ἐλωάχ.

[**Heb.** Ps. 44 (45). 9.]

ἐλωεί.

[**Heb.** Ps. 71 (72). 18.]

ἐλωείμ.

[**Th.** Hb. 3. 3.]
[**Al.** IV Ki. 1. 12.]
[**Heb.** Ps. 44 (45). 9 : 71 (72). 18.]

ἐλωή.

[**Heb.** IV Ki. 1. 2.]

ἐλωΐ.

[**Heb.** Ps. 46 (47). 10 : Ez. 2. 4.]

ἔμ.

[**Heb.** Ps. 46 (47). 10.]

ἔμ.

[**Heb.** Ps. 9. 7.]

ἐμαυτοῦ, ἐμαυτῇ.

Ge. 12. 19 : 22. 16 : 27. 12 : 30. 30 : 31. 39 : 50. 5.
Ex. 6. 7 : 19. 4.
Nu. 16. 28 : 24. 13.
De. 17. 14.
Ru. 4. 6, 10.
I Ki. 2. 35.
II Ki. 3. 14† : 17. 1.
III Ki. 11. 36 : 17. 12.
I Ch. 13. 12.
II Ch. 7. 12.

To. 3. 15.
Jb. 7. 13: 9. 35†: 10. 1†: 19. 27: 23. 2†, 4†: 27. 6: 30. 24: 32. 6†: 34. 32: 42. 6 *bis*.
Ps. 41 (42). 6.
Ca. 4. 6.
Wi. 8. 2, 17, 18.
Si. 51. 16, 27.
Ho. 2. 19 (21) *bis*, 20 (22), 23 (25): 3. 2: 12. 8 (9).
Za. 9. 13: 11. 7.
Is. 21. 2: 45. 23: 66. 21†.
Je. 13. 11: 22. 5: 29 (49). 13.
Ez. 12. 7: 27. 3.
I Ma. 3. 14.
IV Ma. 5. 33 *bis*: 11. 3.
[Aq. Ca. 4. 6.]
[Sm. Jb. 9. 35: 42. 6: Ps. 41 (42). 5: 54 (55). 3: 76 (77). 4: Ec. 2. 8: Ez. 29. 3.]
[Th. Jd. 18. 24: Jb. 10. 1.]
[Al. Hb. 3. 16.]

ἐμβαθύνειν. (1) עָמַק hi.
Je. 30. 8 (49. 30). R ἐμβαθύνατε εἰς κάθισιν [A B S *al*.] (1)

ἐμβαίνειν. (1) בּוֹא (2) יָרַד (3) עָלָה
Jd. 15. 6. A καὶ ἐνέβησαν [B ἀνέβ.] οἱ ἀλλόφυλοι (3)
II Ch. 1. 17. καὶ ἐνέβαινον [A ἀνέβ.] (3)
Jn. 1. 3. A B S^2 καὶ ἐνέβη [R ἀν.] (2)
Na. 3. 14. ἔμβηθι εἰς πηλὸν [S^1 πόλεμον] (1)
I Ma. 15. 37. Τρύφων δὲ ἐμβὰς εἰς πλοῖον
II Ma. 12. 3. ἐμβῆναι εἰς τὰ . . . σκάφη

ἐμβάλλειν. (1) אָסַף (2) בּוֹא (3) טוּל hi. (4) נָפַל hi. (5) נָתַן (6) פָּלַח pi. (7) פָּקַד hi. (8) רְמָה, רְמָא *a*. peal. *b*. ithpe. (9) שִׂים, שׂוּם (10) שָׁחַת hi. (11) שָׁלַח pu. (12) שָׁלַךְ hi. (13) שָׁמַר (14) תָּקַע (15) **λόγοις τοῖς πρὸς χάριν ἐμβάλλεσθαι** אֲמָרִים הֶחֱלִיק (16) **εἰς τὰ θεμέλια ἐμβάλλειν** יָסַד pi.

Ge. 31. 34. καὶ ἐνέβαλεν αὐτὰ εἰς τὰ σάγματα (9)
37. 22. A ἐμβάλετε δὲ [R ἐμβάλλετε] αὐτόν (12)
39. 20. ἐνέβαλεν αὐτὸν εἰς τὸ ὀχύρωμα (5)
40. 15. ἀλλ' ἐνέβαλόν με εἰς τὸν λάκκον τοῦτον (9)
43. 22. τίς ἐνέβαλε τὸ ἀργύριον (9)
44. 1. ἐμβάλατε ἑκάστου τὸ ἀργύρ. (9)
— 2. τὸ κόνδυ μου . . . ἐμβάλατε (9)
Ex. 2. 3. καὶ ἐνέβαλε τὸ παιδίον εἰς αὐτήν (9)
10. 19. A καὶ ἐνέβαλεν [B ἔβαλεν] αὐτὴν εἰς τὴν ἐρυθρὰν θάλ. (14)
15. 25. καὶ ἐνέβαλεν αὐτὸ εἰς τὸ ὕδωρ (12)
16. 33. A R ἔμβαλε [B -ετε] εἰς αὐτὸν πλῆρες τὸ γομόρ (5)
25. 15 (16). καὶ ἐμβαλεῖς εἰς τὴν κιβωτὸν τὰ μαρτ. (5)
— 20 (21). καὶ εἰς τὴν κιβωτὸν ἐμβαλεῖς τὰ μαρτ. (5)
40. 20. λαβὼν τὰ μαρτύρια ἐνέβαλεν (5)
Nu. 4. 10. καὶ ἐμβαλοῦσιν αὐτήν (5)
— 12. ἐμβαλοῦσιν εἰς ἱμάτιον ὑακίνθινον (5)
— 14. A ἐμβαλοῦσιν [B διεμβ.] τοὺς ἀναφορεῖς αὐτῆς (9)
— 14. ἐμβαλοῦσιν αὐτὸ εἰς κάλυμμα –
5. 17. λαβὼν ὁ ἱερεὺς ἐμβαλεῖ εἰς τὸ ὕδωρ (5)
19. 6. ἐμβαλοῦσιν εἰς μέσον τοῦ κατακαύματος (12)
22. 38. A R ὃ ἐὰν ἐμβάλῃ [B βάλῃ] ὁ θεός (9)
23. 5. ἐνέβαλεν ὁ θεὸς ῥῆμα εἰς τὸ στόμα B. (9)
— 12. ὅσα ἂν ἐμβάλῃ ὁ θεός (9)
— 16. ἐνέβαλε ῥῆμα εἰς τὸ στόμα αὐτοῦ (9)
De. 10. 2. ἐμβαλεῖς αὐτὰς εἰς τὴν κιβωτόν (9)
— 5. ἐνέβαλον τὰς πλάκας εἰς τὴν κιβωτόν (9)
11. 18. ἐμβαλεῖτε τὰ ῥήματα ταῦτα εἰς τὴν καρδίαν ὑμῶν (9)
23. 24 (25). A^{2}B εἰς δὲ ἄγγος οὐκ ἐμβαλεῖς [R -ῃς, A^2 ἐκβαλεῖς] (5)
26. 2. ἐμβαλεῖς εἰς κάρταλλον (9)
31. 19. ἐμβαλεῖτε [A -λετε] αὐτὴν εἰς τὸ στόμα αὐτῶν (9)
Jo. 7. 11. ἐνέβαλον εἰς τὰ σκεύη αὐτῶν (9)
18. 10. ἐνέβαλεν αὐτοῖς Ἰησοῦς κλῆρον (12)
I Ki. 18. 25. B ἐμβαλεῖν αὐτὸν εἰς χεῖρας τῶν ἀλλοφύλων (4)
IV Ki. 4. 39. ἐνέβαλεν εἰς τὸν λέβητα (6)
— 41. ἐμβάλετε [A -βάλλετε] εἰς τὸν λέβητα (12)
II Ch. 24. 10. ἐνέβαλλον εἰς τὸ γλωσσόκομον (12)
I Es. 6. 20. A R ἐνεβάλετο [B^2 -βάλλ., B^1 εἰσεβάλλ.] τοὺς θεμελίους τοῦ οἴκου
Ju. 13. 10. ἐνέβαλεν αὐτὴν εἰς τὴν πήραν
Jb. 18. 8. ἐμβέβληται [A -βληθείη] δὲ ὁ πούς αὐτοῦ (11)
Ps. 39 (40). 3. ἐνέβαλεν εἰς τὸ στόμα μου ᾆσμα καινόν (5)
Pr. 7. 5. ἐάν σε λόγοις τοῖς πρὸς χάριν ἐμβάληται (15)
11. 21. χειρὶ χεῖρας ἐμβαλὼν ἀδίκως –
16. 5. χειρὶ δὲ χεῖρας ἐμβαλὼν ἀδίκως –
22. 18. ἐὰν ἐμβάλῃς αὐτοὺς εἰς τὴν καρδίαν σου (13)
Wi. 19. 4. τῶν συμβεβηκότων ἀμνηστίαν ἐνέβαλεν
Si. 12. 8. A οὐκ ἐμβληθήσεται [S^2 οὐ γνωσθήσεται, B S^1 οὐκ ἐκδικηθήσεται] ἐν ἀγαθοῖς
28. 9. R ἀνὰ μέσον εἰρηνευόντων ἐμβάλλει [A S -αλεῖ, B ἐκβάλλει] διαβολήν
30. 36 (33. 27). ἔμβαλε αὐτὸν εἰς ἐργασίαν
Am. 4. 2. τοὺς μεθ' ὑμῶν . . . ἐμβαλοῦσιν [A *om*.] ἔμπυροι λοιμοί –
Jn. 1. 12. ἐμβάλετέ [S -ατέ] με [A *om*.] εἰς τὴν θάλασσαν (3)
— 15. A S^2 ἐνέβαλον [B ἐξεβ., S^1 ἐβ.] αὐτὸν εἰς τὴν θάλ. (3)
Hg. 2. 17 (16). ἐνεβάλλετε εἰς κυψέλην κριθῆς εἴκοσι σάτα (2 ?)
Za. 11. 13. ἐνέβαλον αὐτοὺς εἰς τὸν οἶκον κυρίου (12)
Is. 28. 16. ἐμβάλλω [A S -αλῶ] εἰς τὰ θεμέλια Σιὼν λίθον (16)
37. 7. ἐγὼ ἐμβάλλω [A -αλῶ] εἰς αὐτὸν πνεῦμα (5)
— 19. ἐνέβαλον τὰ εἴδωλα αὐτῶν εἰς τὸ πῦρ (5)
— 29. ἐμβαλῶ φιμὸν εἰς τὴν ῥῖνά σου (9)
51. 23. A καὶ ἐμβαλῶ [B S δώσω] αὐτό (9)
Je. 11. 19. ἐμβάλωμεν ξύλον εἰς τὸν ἄρτον [A *add*. τράχηλον] αὐτοῦ (10 ?)
20. 2. ἐνέβαλεν αὐτὸν εἰς τὸν καταράκτην (5)
22. 7. ἐμβαλοῦσιν εἰς τὸ πῦρ (4)
34 (27). 8. ὅσοι ἐὰν μὴ ἐμβάλωσι τὸν τράχηλον αὐτῶν (5)
44 (37). 21. ἐνεβάλοσαν αὐτὸν εἰς οἰκίαν τῆς φυλακῆς (7)
Ez. 4. 9. ἐμβαλεῖς αὐτὰ εἰς ἄγγος ἓν ὀστράκινον (5)
24. 4. ἔμβαλε εἰς αὐτὸν τὰ διχοτομήματα (1)
26. 12. τὸν χοῦν σου εἰς μέσον τῆς θαλάσσης σου ἐμβαλεῖ (9)
Da. LXX. 3. 6. ἐμβαλοῦσιν αὐτὸν εἰς τὴν κάμινον (8 *b*)
— 11. ἐμβληθήσεται εἰς τὴν κάμινον (8 *b*)
— 15. αὐθωρὶ ἐμβληθήσεσθε εἰς τὴν κάμινον (8 *b*)
— 20. ἐμβαλεῖν εἰς τὴν κάμινον (8 *a*)
— 22. ἐνεβάλοσαν εἰς αὐτήν –
— (24). ἐμβληθῆναι εἰς τὴν κάμινον
— (46). οὐ διέλιπον οἱ ἐμβάλλοντες αὐτοὺς ὑπηρέται
— (46). ἡνίκα ἐνεβάλοσαν τοὺς τρεῖς
— (46). ὅτε αὐτοὺς ἐνεβάλοσαν οἱ μὲν ἐμβάλλοντες αὐτοὺς ἦσαν ὑπεράνω αὐτῶν
Bel 26. ἐνέβαλεν εἰς τὸ στόμα τοῦ δράκοντος
— 30. ἐνεβάλοσαν τὸν Δ. οἱ ὄχλοι
— 41. τοὺς αἰτίους τῆς ἀπωλείας αὐτοῦ ἐνέβαλεν
Da. TH. 3. 6. ἐμβληθήσεται εἰς τὴν κάμινον (8 *b*)
— 11. ἐμβληθήσηται [A -σεται] εἰς τὴν κάμινον (8 *b*)
— 15. ἐμβληθήσεσθε εἰς τὴν κάμινον (8 *b*)
— 20. ἐμβαλεῖν εἰς τὴν κάμινον (8 *a*)
— 21. A ἐμβλήθησαν εἰς [B ἐβλ. εἰς τὸ] μέσον τῆς καμίνου (8 *a*)
— (46). οὐ διέλιπον οἱ ἐμβάλλοντες αὐτοὺς ὑπηρέται
— 24 (91). A οὐχὶ ἄνδρας τρεῖς ἐνεβάλομεν [B ἐβ.]
6. 7 (8). A B ἐμβληθήσεται [R -σηται] εἰς τὸν λάκκον (8 *b*)
— 12 (13). ἐμβληθήσεται εἰς τὸν λάκκον (8 *b*)
— 16 (17). ἐνέβαλον αὐτὸν [B^1 *om*.] εἰς τὸν λάκκον (8 *a*)
— 24 (25). εἰς τὸν λάκκον τῶν λεόντων ἐνεβλήθησαν [A ἐβλ.] (8 *a*)
Bel 31. A ἐνέβαλον [B ἔβ.] αὐτὸν εἰς τὸν λάκκον
— 42. τοὺς δὲ αἰτίους . . . ἐνέβαλεν εἰς τὸν λάκκον
[Aq. Je. 20. 2.]
[Sm. Jb. 16. 11: 18. 8: Ps. 68 (69). 22: Je. 20. 2.]
[Th. Is. 54. 11: Je. 20. 2: 38 (45). 9: 40 (47). 10: Da. 3. 22†, (46).]
[Al. Le. 1. 16.]

ἐμβατεύειν. (1) חָלַק pi. (2) נָחַל
Jo. 19. 49. ἐπορεύθησαν ἐμβατεῦσαι τὴν γῆν (2)
— 51. ἐπορεύθησαν ἐμβατεῦσαι τὴν γῆν (1)
I Ma. 12. 25. τοῦ ἐμβατεῦσαι εἰς τὴν χώραν αὐτοῦ
13. 20. τοῦ ἐμβατεῦσαι εἰς τὴν χώραν [A πόλιν]
14. 31. ἐμβατεῦσαι εἰς τὴν χώραν αὐτῶν
15. 40. καὶ ἐμβατεύειν [S^1 ἐκβασσεύειν] εἰς τὴν Ἰ.
II Ma. 2. 30. τὸ μὲν ἐμβατεύειν . . . τῷ . . . ἀρχηγέτῃ [A -γενέτῃ] καθήκει

ἐμβιβάζειν. (1) דָּרַךְ hi. (2) רָכַב hi.
IV Ki. 9. 28. A καὶ ἐνεβίβασαν [B ἐπεβ.] αὐτόν (2)
Pr. 4. 11. ἐμβιβάζω δέ σε τροχιαῖς ὀρθαῖς (1)

ἐμβίωσις.
Si. 31 (34). 22. A S ὁ ἀφαιρούμενος ἐμβίωσιν [B συμβ.]
38. 14. ἵνα εὐοδώσῃ αὐτοῖς . . . ἴασιν χάριν ἐμβιώσεως
III Ma. 3. 23. R διὰ [A μετὰ] τῆς δυσκλεεστάτης ἐ.

ἐμβλέπειν. (1) נָבַט *a*. ni. *b*. hi. (2) פָּנָה (3) רָאָה *a*. qal. *b*. ni.
Jd. 16. 27. A ἐμβλέποντες ἐμπαιζόμενον τὸν Σ. [B *al*.] (3 *a*)
I Ki. 16. 7. οὐχ ὡς ἐμβλέψεται ἄνθρωπος (3 *a*)
III Ki. 8. 8. ἐνεβλέποντο αἱ κεφαλαὶ τῶν ἡγιασμ. (3 *b*)
I Es. 4. 33. A ἐνέβλεπον ἕτερος πρὸς [B ἔβλ. εἰς] τὸν ἕτερον
Jb. 2. 10. ὁ δὲ ἐμβλέψας εἶπεν αὐτῇ –
6. 28. A ἐμβλέψας [B S εἰσβλ.] εἰς πρόσωπα ὑμῶν (2)
21. 5. A ἐμβλέψαντες [B S εἰσβλ.] εἰς ἐμὲ θαυμάσατε (2)
Ps. 39 (40). 4. A^{2}B^1 οὐκ ἐνέβλεψεν [A^1 B^2 S R ἐπέβλ.] εἰς ματαιότητας (2)
Si. 2. 10. ἐμβλέψατε εἰς ἀρχαίας γενεάς
30. 30 (33. 21). ἢ σὲ ἐμβλέπειν εἰς χεῖρας υἱῶν σου
36 (33). 15. ἔμβλεψον εἰς πάντα τὰ ἔργα τοῦ ὑψίστου
42. 12. παντὶ ἀνθρώπῳ μὴ ἔμβλεπε ἐν κάλλει
— 19. ἐνέβλεψεν εἰς σημεῖον αἰῶνος
51. 7. ἐμβλέπων [A ἔβλεπον] εἰς ἀντίληψιν ἀνθρώπων
Is. 5. 12. τὰ δὲ ἔργα κ. οὐκ ἐμβλέπουσι [S^1 -έψ.] (1 *b*)
— 30. ἐμβλέψονται εἰς [S *add*. τὸν οὐρανὸν ἄνω καὶ εἰς] τὴν γῆν [S^2 *add*. κάτω ἐμβλέψονται] (1 *a*, –)
8. 22. εἰς τὴν γῆν κάτω ἐμβλέψονται (1 *b*)
17. 7. εἰς τὸν ἅγιον τοῦ Ἰ. ἐμβλέψονται (3 *a*)
22. 8. ἐμβλέψονται τῇ ἡμέρᾳ ἐκείνῃ εἰς τοὺς ἐκλεκτοὺς οἴκους (1 *b*)
— 11. οὐκ ἐνεβλέψατε εἰς τὸν ἀπ' ἀρχῆς ποιήσαντα αὐτήν (1 *b*)
51. 1. ἐμβλέψατε εἰς τὴν στερεὰν πέτραν (1 *b*)
— 2. ἐμβλέψατε εἰς Ἀβραὰμ τὸν πατέρα ὑμῶν (1 *b*)
— 6. ἐμβλέψατε εἰς τὴν γῆν κάτω (1 *b*)
Da. TH. Bel 40. καὶ ἐνέβλεψε
II Ma. 12. 45. ἐμβλέπων τοῖς μετ' εὐσεβείας κοιμωμ.
[Aq. Is. 38. 11.]
[Sm. Is. 38. 11: Je. 48 (31). 19.]
[Th. Jd. 16. 27: Jb. 41. 26: Is. 38. 11.]

ἐμβολή.
III Ma. 4. 7. μέχρι τῆς εἰς τὸ πλοῖον ἐ.

ἐμβόλισμα.
[Aq., Th. Ez. 16. 16.]

ἐμβράσσειν.
[Aq. Ge. 40. 6: Is. 57. 20.]
[Sm., Th. Is. 57. 20.]

ἐμβριμᾶσθαι.
Da. LXX. 11. 30. καὶ ἐμβριμήσονται αὐτῷ
[Aq. Ps. 7. 12.]
[Sm. Is. 17. 13.]
[Al. Nu. 23. 8.]

ἐμβρίμημα. (1) זַעַם

La. 2. 6. ἐμβριμήματι ὀργῆς αὐτοῦ (1)
[**Th.** Ez. 21. 31 (36).]

ἐμβρίμησις.

[**Aq.** Ps. 37 (38). 4: Je. 10. 10: 15. 17: Ho. 7. 16.]
[**Sm.** Ps. 37 (38). 4: 75 (76). 7: Je. 15. 17: Ez. 21. 31 (36): Ho. 7. 16.]
[**Th.** Is. 30. 27.]
[**Al.** Je. 10. 10: Ez. 22. 24.]

ἔμβρυον.

[**Th.** Jb. 3. 16.]
[**Al.** Ex. 21. 22.]

ἐμεῖν. (1) קִיא

Is. 19. 14. ὡς πλανᾶται ὁ μεθύων καὶ ὁ ἐμῶν ἅμα (1)

ἐμέκ. (1) עֵמֶק עָכוֹר

Jo. 7. 24. ἀνήγαγεν αὐτοὺς [A -ὸν] εἰς ἐ. (1)
— 26. ἐπωνόμασεν αὐτὸ Ἐ. (1)

ἔμετος. (1) קֵא

Pr. 26. 11. ὥσπερ κύων ὅταν ἐπέλθῃ ἐπὶ τὸν ἑαυτοῦ ἔ. (1)
[**Aq.** Is. 28. 8: Je. 48 (31). 26.]
[**Sm.** Is. 28. 8.]
[**Th.** Is. 28. 8, 13 *bis*: Je. 48 (31). 26.]

ἐμίρ.

[**Aq.**, **Th.** Is. 17. 9.]

ἐμμανής.

Wi. 14. 23. ἐμμανεῖς ἐξάλλων θεσμῶν κώμους ἄγοντες

ἐμμελέτημα.

Wi. 13. 10. χρυσὸν καὶ ἄργυρον τέχνης ἐμμελέτημα [S² -ματα]

ἐμμένειν. (1) חָכָה *a.* qal. *b.* pi. (2) קוּם *a.* qal. *b.* hi. *c.* ἐ. ἐν קוּם hi. (3) c. neg. פָּרַר hi.

Nu. 23. 19. καὶ οὐχὶ ἐμμενεῖ (2 *b*)
De. 19. 15. οὐκ ἐμμενεῖ [B¹ -εῖς] μάρτυς εἷς (2 *a*)
27. 26. ὃς οὐκ ἐμμένει ἐν πᾶσι τοῖς λόγοις (2 *c*)
Si. 2. 10. τίς ἐνέμεινε τῷ φόβῳ αὐτοῦ
6. 20. οὐκ ἐμμενεῖ ἐν αὐτῇ ἀκάρδιος
7. 22. εἰ ἔστι σοι χρήσιμα ἐμμενέτω σοι
11. 21. ἔμμενε τῷ πόνῳ σου
28. 6. ἔμμενε ἐντολαῖς
39. 11. ἐὰν ἐμμείνῃ ὄνομα καταλείψει ἢ χίλιοι
Is. 7. 7. A S οὐ μὴ ἐμμείνῃ [B μείνῃ] ἡ βουλὴ αὕτη (2 *a*)
8. 10. οὐ μὴ ἐμμείνῃ ἡμῖν (2 *a*)
28. 18. ἡ ἐλπὶς ὑμῶν . . . οὐ μὴ ἐμμείνῃ (2 *a*)
30. 18. μακάριοι οἱ ἐμμένοντες ἐπ' [A S ἐν] αὐτῷ (1 *a*)
Je. 38 (31). 32. οὐκ ἐνέμειναν ἐν τῇ διαθήκῃ μου (3)
51 (44). 25. ἐμμείνασαι ἐνεμείνατε ταῖς ὁμολογίαις ὑμῶν (2 *b*, 2 *b*)
— 28. λόγος τίνος ἐμμενεῖ (2 *a*)
Da. LXX. 6. 12 (13). ὃς οὐκ ἐνέμεινε τῷ ὁρισμῷ τούτῳ –
12. 12. μακάριος ὁ ἐμμένων (1 *b*)
I Ma. 10. 26. ἐνεμείνατε [S¹ -ετείλατο] τῇ φιλίᾳ ἡμῶν
— 27. ἐμμείνατε ἔτι τοῦ συντηρῆσαι
[**Sm.** Jb. 2. 9.]

ἐμμέσῳ, *vid.* **ἐν** *et* **μέσος.**

ἔμμετρος.

[**Al.** Nu. 13. 33 (32).]

ἐμμολύνειν. (1) רָפַה hithpa.

Pr. 24. 9 (10). ἀκαθαρσία δὲ ἀνδρὶ λοιμῷ ἐμμολυνθήσεται (1 ?)

ἔμμονος. (1) מָאַר hi.

Le. 13. 51. λέπρα ἔμμονός ἐστιν ἡ ἁφή (1)
— 52. B² R λέπρα ἔμμονός ἐστιν [A B¹ *om.* ἔ. ἐ.] (1)
14. 44. λέπρα ἔμμονός ἐστιν ἐν τῇ οἰκίᾳ (1)
Si. 30. 17. κρείσσων θάνατος ὑπὲρ ζωὴν πικρὰν ἢ ἀρρώστημα ἔμμονον [S² *al.*]

ἐμμουνείμ.

[**Heb.** Is. 26. 2.]

ἔμμωμος.

[**Sm.**, **Th.** Ma. 1. 14]

ἐμός.

Ge. 22. 18: 26. 5: 31. 31, 43: 33. 10: 37. 7: 47. 4 (6): 49. 25, 29.
Ex. 8. 8 (4), 23 (19): 19. 5†, 5: 23. 22, 22†.
Le. 25. 23†.
Ru. 2. 21†.
II Ki. 14. 31.
III Ki. 1. 33: 2. 20: 3. 22†: 21 (20). 3 *bis*, 4.
To. 12. 18†.
Ju. 9. 4.
Es. 10. 3.
Jb. 2. 9: 6. 21: 16. 4: 23. 2†: 29. 21, 22, 23: 30. 1: 32. 6†: 41. 2 (3).
Ps. 49 (50). 10, 12: 59 (60). 7 *bis*: 107 (108). 8 *bis*: 118 (119). 98†.
Pr. 1. 23 *bis*, 25 *bis*, 30 *bis*: 2. 1: 3. 1, 21: 4. 2, 5, 10, 13, 20 *bis*: 5. 1 *bis*, 2, 7: 7. 1 *bis*, 2 *bis*: 8. 4, 14 *ter*, 19, 33, 34 *bis*: 9. 5: 22. 17: 23. 15, 16, 26: 24. 23 (29. 27), 69 (31. 1), 70 (31. 2) *bis*.
Ca. 1. 6: 8. 12.
Hg. 2. 9 (8) *bis*.
Is. 3. 6: 10. 6: 14. 25: 18. 4: 43. 1: 48. 9, 11: 59. 21: 62. 4: 66. 2†.
Je. 30. 14 (49. 25).
Ez. 18. 4 *bis*: 29. 3, 9: 35. 10.
II Ma. 6. 25: 7. 22: 9. 27.
III Ma. 5. 31.
IV Ma. 5. 38: 6. 29 *bis*: 8. 6, 7: 16. 9.
[**Sm.** Jb. 16. 4: 19. 20: Ps. 40 (41). 10: 59 (60). 9: 118 (119). 49: Ca. 8. 12.]
[**Th.** Je. 44 (51). 28.]

ἐμπαγή.

[**Sm.** Pr. 11. 15.]

ἔμπαιγμα. (1) קָלָה ni. (2) תַּעֲלוּלִים

Ps. 37 (38). 7. A S² ἐπλήσθησαν ἐμπαιγμάτων [B S¹ *al.*] (1 ?)
Wi. 17. 7. μαγικῆς δὲ ἐμπαίγματα κατέκειτο τέχνης
Is. 66. 4. A S R ἐκλέξομαι [B ἐκδ.] τὰ ἐ. αὐτῶν (2)

ἐμπαιγμός. (1) קָלָה ni. (2) קַלָּסָה

Ps. 37 (38). 7. B S¹ ἐπλήσθη ἐμπαιγμῶν [A S² *al.*] (1 ?)
Wi. 12. 25. τὴν κρίσιν εἰς ἐμπαιγμὸν ἔπεμψας
Si. 27. 28. ἐμπαιγμὸς καὶ ὀνειδισμὸς ὑπερηφάνων
Ez. 22. 4. δέδωκά σε . . . εἰς ἐμπαιγμόν (2)
II Ma. 7. 7. τὸν δεύτερον ἦγον ἐπὶ τὸν ἐ.
III Ma. 5. 22. εἰς τὸ παντοίους μηχανᾶσθαι . . . ἐ.
[**Th.** Ex. 1. 13.]
[**Al.** Le. 25. 43, 46.]

ἐμπαίζειν. (1) בּוּס (2) הָלַם (3) עָלַל hithpa. (4) צָחַק pi. (5) קָלַס hithpa. (6) שָׂחַק *a.* qal. *b.* pi. (7) *a.* תָּעַע hithpal. *b.* תַּעְתֻּעִים

Ge. 39. 14. εἰσήγαγεν ἡμῖν παῖδα Ἑβ. ἐμπαίζειν ἡμῖν (4)
— 17. εἰσῆλθε πρὸς μὲ . . . ἐμπαῖξαί μοι (4)
Ex. 10. 2. ὅσα ἐμπέπαιχα τοῖς Αἰγυπτίοις (3)
Nu. 22. 29. ὅτι ἐμπέπαιχάς μοι (3)
Jd. 16. 25. A καὶ ἐνέπαιζον αὐτῷ [B *al.*] (4)
— 27. A ἐμβλέποντες ἐμπαιζόμενον τὸν Σ. [B *al.*] (6 *a*)
19. 25. ἐνέπαιζον ἐν [A -έπαιξαν] αὐτῇ (3)
20. 5. A καὶ ἐνέπαιξαν αὐτῇ –
I Ki. 6. 6. ὅτε ἐνέπαιξεν αὐτοῖς (3)
31. 4. καὶ ἐμπαίξωσιν ἐμοί (3)
I Ch. 10. 4. καὶ ἐμπαίξωσί μοι (3)
II Ch. 36. 16. ἐμπαίζοντες ἐν τοῖς προφήταις αὐ. (7 *a*)
Jb. 40. 24 (29). A καὶ ἐμπαίξεις [B S παίξῃ δὲ ἐν] αὐτῷ (6 *b*)
Ps. 103 (104). 26. ὃν ἔπλασας ἐμπαίζειν αὐτῷ (6 *b*)
Pr. 23. 35. ἐνέπαιξάν μοι ἐγὼ δὲ οὐκ ᾔδειν (2)
27. 7. ψυχὴ ἐν πλησμονῇ οὖσα κηρίοις ἐμπαίζει (1)
Na. 2. 3 (4). ἄνδρας δυνατοὺς ἐμπαίζοντας ἐν πυρί †
Hb. 1. 10. αὐτὸς εἰς πᾶν ὀχύρωμα ἐμπαίξεται (6 *a*)
Za. 12. 3. πᾶς ὁ καταπατῶν αὐτὴν ἐμπαίζων ἐμπαίξεται †, †
Is. 33. 4. οὕτως ἐμπαίξουσιν [A S³ -ξονται] ὑμῖν †
Je. 10. 15. μάταιά ἐστιν ἔργα ἐμπεπαιγμένα (7 *b*)
Ba. 3. 17. οἱ ἐν τοῖς ὀρνέοις τοῦ οὐρανοῦ ἐμπαίζοντες
Ez. 22. 5. ἐμπαίξονται ἐν σοὶ ἀκάθαρτος ἡ ὀνομαστὴ καὶ πολλή (5)
I Ma. 9. 26. καὶ ἐνέπαιζεν [A -ον] αὐτοῖς
II Ma. 7. 10. ὁ τρίτος ἐνεπαίζετο
8. 17. τὸν τῆς ἐμπεπαιγμένης πόλεως αἰκισμόν
[**Sm.** Jb. 40. 24 (29).]

ἐμπαίκτης. (1) תַּעֲלוּלִים

Is. 3. 4. ἐμπαῖκται κυριεύσουσιν αὐτῶν (1)
[**Th.** Is. 3. 4.]

ἐμπαίρειν (?).

III Ma. 7. 5. A ἀγριοτέραν ἐμπεπηρμένοι [A -πεπορπημένοι] ὠμότητα

ἐμπαραγίνεσθαι. (1) בּוֹא

Pr. 6. 11. εἶτ' ἐμπαραγίνεταί σοι (1)

ἐμπαράσκευος.

[**Sm.** Ps. 26 (27). 3.]

ἐμπαρρησιάζεσθαι. (1) עָנַג hithpa.

Jb. 22. 26. A εἶτα ἐμπαρρησιάσῃ [B S παρρησιασθήσῃ] ἔναντι κυρίου (1)

ἐμπειρεῖν.

To. 5. 4. S ὃς ἐμπειρεῖ τῆς ὁδοῦ
— 6. καὶ τῆς ὁδοῦ ἐμπειρῶ [S *al.*]

ἐμπειρία.

Wi. 13. 13. S² R ἐμπειρίᾳ συνέσεως [A B S¹ ἀνέσεως] ἐτύπωσεν αὐτό
— 18. S² περὶ δὲ ἐμπειρίας [A B S¹ ἐπικουρίας] τὸν ἀπειρότατον ἱκετεύει [S *om.*]

ἔμπειρος.

To. 5. 5. εἰ ἔμπειρος εἶ τῶν τόπων [S *al.*]

ἐμπεποδεστάτη (?).

Jd. 11. 35. A ἐμπεποδεστάτη [?-ηκας] καὶ σεμνοτάτη [B *al.*] †

ἐμπεριπατεῖν. (1) הָלַךְ hithpa.

Le. 26. 12. ἐμπεριπατήσω ἐν ὑμῖν (1)
De. 23. 14 (15). ἐμπεριπατεῖ ἐν τῇ παρεμβ. σου (1)
Jd. 18. 9. A ἐνεπεριεπατήσαμεν ἐν τῇ γῇ [B *al.*] –
II Ki. 7. 6. καὶ ἤμην ἐμπεριπατῶν ἐν καταλύματι (1)
Jb. 1. 6. A ἐμπεριπατήσας τὴν ὑπ' οὐρανόν –
— 7. ἐμπεριπατήσας τὴν ὑπ' οὐρανὸν πάρειμι (1)
2. 2. ἐμπεριπατήσας τὴν σύμπασαν [A γῆν] πάρειμι (1)
Pr. 24. 66 (30. 31). ἀλέκτωρ ἐμπεριπατῶν θηλείαις εὔψυχος †
Wi. 19. 21. οὐκ ἐμάραναν σάρκας ἐμπεριπατούντων
[**Aq.** I Ki. 2. 35: Ps. 114 (116). 9: Ez. 19. 6: 28. 14.]
[**Sm.** Ps. 114 (116). 9.]
[**Al.** I Ch. 17. 6: Ps. 11 (12). 9.]

ἐμπηγνύναι. (1) טָבַע (2) מָעַךְ (3) נָחַת ni. (4) תָּקַע

Jd. 3. 21. ἐνέπηξεν αὐτὴν ἐν τῇ κοιλίᾳ αὐ. [A *al.*] (4)
I Ki. 26. 7. καὶ τὸ δόρυ αὐτοῦ ἐμπεπηγὸς εἰς τὴν γῆν (2)
II Ki. 18. 14. A R καὶ ἐνέπηξεν [B -αν] αὐτὰ ἐν τῇ καρδίᾳ [A εἰς τὴν κ.] Ἀ. (4)
Ps. 9. 15. ἐνεπάγησαν ἔθνη ἐν διαφθορᾷ (1)
31 (32). 4. ἐν τῷ ἐμπαγῆναι [A παγ. μοι] ἄκανθαν †
37 (38). 2. τὰ βέλη σου ἐνεπάγησάν μοι (3)
68 (69). 2. B¹ S ἐνεπάγην εἰς ὕλην [B² R ἰλὺν] βυθοῦ (1)
— 14. σῶσόν με ἀπὸ πηλοῦ ἵνα μὴ ἐμπαγῶ (1)
La. 2. 9. ἐνεπάγησαν εἰς γῆν πύλαι αὐτῆς (1)
[**Sm.** II Ki. 2. 16: Je. 38 (45). 6.]
[**Al.** Pr. 6. 1.]

ἐμπηδᾶν.

I Ma. 9. 48. καὶ ἐνεπήδησεν Ἰων.
[**Al.** Pr. 17. 16.]

ἐμπιπλᾶν, ἐμπιμπλάναι (-πιπλ.), ἐμπλήθειν. (1) דָּשֵׁן pu. (2) חָבַשׁ (3) מָלֵא *a.* qal. *b.* ni. *c.* pi. *d.* מָלֵא adj. *e.* מְלֹא (4) נוּחַ hi. (5) ἐ. πνεῦμα רוּחַ hi. (6) שָׂבַע *a.* qal. *b.* pi. *c.* hi. *d.* שָׂבָע *e.* שֹׂבַע *f.* שָׂבְעָה (7) ἐμπίπλασθαι εὐφροσύνης גִּיל

Ge. 42. 25. ἐμπλῆσαι τὰ ἀγγεῖα αὐτῶν σίτου (3 *c*)
Ex. 15. 9. ἐμπλήσω ψυχήν μου (3 *a*)
28. 3. οὓς ἐνέπλησα [A -ας] πνεύματος αἰσθήσεως (3 *c*)
— 37 (41). καὶ ἐμπλήσεις αὐτῶν τὰς χεῖρας (3 *c*)
31. 3. καὶ ἐνέπλησα αὐτὸν πνεῦμα θεῖον σοφίας (3 *c*)
35. 31. ἐνέπλησεν αὐτὸν πνεῦμα (3 *c*)
— 35. καὶ ἐνέπλησεν αὐτοὺς σοφίας (3 *c*)
40. 35. R δόξης κυρίου ἐνεπλήσθη [A B ἐπλήσθη] ἡ σκηνή (3 *a*)
Le. 19. 29. A ἡ γῆ ἐμπλησθήσεται [B πλησθ.] ἀνομίας (3 *a*)
26. 26. φάγεσθε καὶ οὐ μὴ ἐμπλησθῆτε (6 *a*)
Nu. 14. 21. ἐμπλήσει ἡ δόξα κυρίου πᾶσαν τὴν γῆν (3 *b*)
De. 6. 11. ἃς οὐκ ἐνέπλησας (3 *c*)
— 11. φαγὼν καὶ ἐμπλησθείς (6 *a*)
8. 10. καὶ ἐμπλησθήσῃ (6 *a*)
— 12 : 11. 15. φαγὼν καὶ ἐμπλησθείς (6 *a*)
14. 29. καὶ ἐμπλησθήσονται (6 *a*)
23. 24 (25). A[2] B ὅσον ψυχήν [A[2] ἂν ψυχή] σου ἐμπλησθῆναι (6 *e*)
26. 12. A καὶ ἐμπλησθήσονται [B εὐφρανθήσ.] (6 *a*)
27. 7. καὶ ἐμπλησθήσῃ -
31. 20. καὶ ἐμπλησθέντες κορήσουσι (6 *a*)
32. 15. καὶ ἐνεπλήσθη -
33. 23. A R ἐμπλησθήτω εὐλογίας [B -ίαν] παρὰ κυρίου (3 *d*)
34. 9. ἐνεπλήσθη πνεύματος συνέσεως (3 *d*)
Jd. 17. 5. A ἐνέπλησεν [B ἐπλήρωσε] τὴν χεῖρα (3 *c*)
— 12. A ἐνέπλησεν [B ἐπλήρωσε] M. τὴν χεῖρα τοῦ Λ. (3 *c*)
Ru. 2. 14. καὶ ἐνεπλήσθη (6 *a*)
— 18. ἐξ ὧν ἐνεπλήσθη (6 *e*)
I Ki. 20. 3. ἐμπέπλησται [A πεπλήρωται] ἀνὰ μέσον ἐμοῦ +
IV Ki. 3. 25. καὶ ἐνέπλησαν αὐτήν (3 *a*)
II Ch. 5. 13. ἐνεπλήσθη νεφέλης δόξης κυρίου (3 *a*)
— 14. A[2] B ἐνέπλησε δόξα κυρίου τὸν οἶκον τοῦ θεοῦ (3 *a*)
36. 5. B ἐνέπλησε [A R καὶ ἔπλ.] τὴν Ἰ. αἵματος ἀθῴου -
I Es. 3. 3. καὶ ἐμπλησθέντες ἀνέλυσαν
8. 83. καὶ τῆς ἀκαθαρσίας αὐτῶν ἐνέπλησαν αὐτήν
Ne. 9. 25. καὶ ἐφάγοσαν καὶ ἐνεπλήσθησαν (6 *a*)
Es. 4. 17. R ἐνέπλησε [A B S ἔπλ.] τὴν κεφαλὴν αὐ.
Jb. 8. 21. ἀληθινῶν δὲ στόμα ἐμπλήσει γέλωτος (3 *c*)
9. 19. ἐνέπλησε δέ με πικρίας (6 *c*)
15. 2. καὶ ἐνέπλησε [A ἐμπλήσει δὲ] πόνον γαστρός (3 *c*)
19. 22. ἀπὸ δὲ σαρκῶν μου οὐκ ἐμπίπλασθε (6 *a*)
20. 11. ὀστᾶ αὐτοῦ ἐνεπλήσθησαν [A -θη, S[1] -πλησαν] νεότητος αὐτοῦ (3 *a*)
22. 18. ἐνέπλησε τοὺς οἴκους αὐτῶν ἀγαθῶν (3 *c*)
23. 4. τὸ δὲ στόμα μου ἐμπλῆσαι [S[2] -σω, A -σει με] ἐλέγχων (3 *c*)
31. 31. A τίς ἂν δῴη ἡμῖν τῶν σαρκῶν αὐτοῦ ἐμπλησθῆναι [B S πλ.] (6 *a*)
33. 24. τὰ δὲ ὀστᾶ αὐτοῦ ἐμπλήσει μυελοῦ -
38. 39. ψυχὰς δὲ δρακόντων ἐμπλήσεις (3 *c*)
40. 8 (13). τὰ δὲ πρόσωπα αὐτῶν ἀτιμίας ἔμπλησον (2 ?)
Ps. 21 (22). 26. καὶ ἐμπλησθήσονται (6 *a*)
62 (63). 5. ὡσεὶ στέατος καὶ πιότητος ἐμπλησθείη ἡ ψυχή μου (6 *a*)
77 (78). 29. καὶ ἐνεπλήσθησαν σφόδρα (6 *a*)
89 (90). 14. ἐνεπλήσθημεν τὸ πρωῒ τοῦ ἐλέους σου (6 *b*)
90 (91). 16. μακρότητι [A -τα] ἡμερῶν ἐμπλήσω αὐτόν (6 *c*)
102 (103). 5. τὸν ἐμπιπλῶντα ἐν ἀγαθοῖς τὴν ἐπιθυμίαν σου (6 *c*)
103 (104). 28. B S τὰ σύμπαντα ἐμπλησθήσεται [A R πλησθήσονται] χρηστότητος [A πιότητος] (6 *a*)
104 (105). 40. ἄρτον οὐρανοῦ ἐνέπλησεν αὐτούς (6 *c*)
Ps. 106 (107). 9. ψυχὴν πεινῶσαν ἐνέπλησεν ἀγαθῶν (3 *c*)
144 (145). 16. ἐμπιπλᾷς πᾶν ζῷον εὐδοκίας (6 *c*)
147. 3 (14). καὶ στέαρ πυροῦ ἐμπιπλῶν σε (6 *c*)
Pr. 6. 30. ἵνα ἐμπλήσῃ [A -σει] τὴν ψυχὴν πεινῶν [A -ῶσαν] (3 *c*)
8. 21. τοὺς θησαυροὺς αὐτῶν ἐμπλήσω ἀγαθῶν (3 *c*)
12. 11. A S R ἐμπλησθήσεται [B -σηται] ἄρτων (6 *a*)
13. 25. ἐμπιπλᾷ τὴν ψυχὴν αὐτοῦ (6 *e*)
18. 20. ἀπὸ δὲ καρπῶν χειλέων αὐτοῦ ἐμπλησθήσεται [S πλ.] (6 *a*)
20. 13. ἐμπλήσθητι ἄρτων [S[1] αὐτῶν] (6 *a*)
24. 4. μετὰ αἰσθήσεως ἐμπίμπλανται [A -αται] ταμιεῖα (3 *b*)
— 50 (30. 15). αἱ τρεῖς αὗται οὐκ ἐνεπίμπλασαν αὐτήν (6 *a*)
— 51 (30. 16). γῆ οὐκ ἐμπιπλαμένη ὕδατος (6 *a*)
25. 16. S μή ποτε ἐμπλησθεὶς [A B πλ.] ἐξεμέσῃς (6 *a*)
27. 20. ᾅδης καὶ ἀπώλεια οὐκ ἐμπίμπλανται (6 *a*)
Ec. 1. 7. S R ἡ θάλασσα οὐκ ἔστιν [A B ἔσται] ἐμπιμπλαμένη (3 *d*)
— 8. A S οὐκ ἐμπλησθήσεται [B οὐ πλησθ.] ὀφθαλμὸς τοῦ ὁρᾶν (6 *a*)
— 8. S οὐκ ἐμπλησθήσεται [A B οὐ πλησθ.] οὖς ἀπὸ ἀκροάσεως (3 *b*)
4. 8. ὀφθαλμὸς αὐτοῦ οὐκ ἐμπίπλαται πλούτου (6 *a*)
5. 11. τῷ ἐμπλησθέντι τοῦ πλουτῆσαι (6 *d*)
6. 3. A S ἡ ψυχὴ αὐτοῦ οὐκ ἐμπλησθήσεται [B οὐ πλησθ.] ἀπὸ ἀγαθωσύνης (6 *a*)
Wi. 5. 7. ἀνομίας ἐνεπλήσθημεν τρίβοις
13. 12. εἰς ἑτοιμασίαν [A ὑπηρεσίαν] τροφῆς ἀναλώσας [S -ώσεως] ἐνεπλήσθη
Si. 1. 17. πάντα τὸν οἶκον αὐτῆς ἐμπλήσει ἐπιθυμημάτων
2. 16. ἐμπλησθήσονται τοῦ νόμου
4. 12. ἐμπλησθήσονται εὐφροσύνης
12. 16. οὐκ ἐμπλησθήσεται ἀφ' αἵματος
14. 9. πλεονέκτου ὀφθαλμὸς οὐκ ἐμπίπλαται [A[1] οὐ πίπλ.] μερίδι [A -δα]
16. 29. ἐνέπλησεν αὐτὴν τῶν ἀγαθῶν αὐτοῦ
17. 7. ἐπιστήμην συνέσεως ἐνέπλησεν αὐτούς
24. 19. ἀπὸ τῶν γεννημάτων μου ἐμπλήσθητε
34 (31). 3. ἐμπίπλαται τῶν τρυφημάτων αὐτοῦ
35 (32). 15. ὁ ζητῶν νόμον ἐμπλησθήσεται [S[1] ἐπιλησθ.] αὐτοῦ
37. 24. A ἀνὴρ σοφὸς ἐμπλησθήσεται [B S πλ.] εὐλογίας
39. 6. πνεύματι συνέσεως ἐμπλησθήσεται [A S[2] -πλήσει αὐτόν]
47. 14. ἐνεπλήσθης ὡς ποταμὸς συνέσεως
— 15. ἐνέπλησας ἐν παραβολαῖς αἰνιγμάτων
48. 12. Ἐλισαιὲ ἐνεπλήσθη πνεύματος αὐτοῦ [A ἐπλ. πν. ἁγίου]
Ho. 4. 10. καὶ οὐ μὴ ἐμπλησθῶσιν (6 *a*)
7. 6. ὕπνου Ἐ. ἐνεπλήσθη -
13. 6. καὶ ἐνεπλήσθησαν εἰς πλησμονήν (6 *a*)
Am. 4. 8. καὶ οὐ μὴ ἐμπλησθῶσι (6 *a*)
Mi. 3. 8. ἐμπλήσω ἰσχὺν ἐν πνεύματι κυρίου (3 *a*)
6. 12. A τὸν πλοῦτον αὐτῶν ἀσεβείας ἐνέπλησαν [B ἔπλ.] (3 *a*)
— 14. καὶ οὐ μὴ ἐμπλησθῇς (6 *a*)
Jl. 2. 19. καὶ ἐμπλησθήσεσθε αὐτῶν (6 *a*)
— 24. A ἐμπλησθήσονται [B S πλ.] αἱ ἅλωνες σίτου (3 *a*)
— 26. καὶ ἐμπλησθήσεσθε (6 *a*)
Hb. 2. 5. οὗτος ὡς θάνατος οὐκ ἐμπιπλάμενος (6 *a*)
— 14. ἐμπλησθήσεται ἡ γῆ τοῦ γνῶναι [A S *al.*] (3 *b*)
Is. 2. 6. ἐνεπλήσθη . . . ἡ χώρα αὐτῶν κληδονισμῶν (3 *a*)
— 7. ἐνεπλήσθη γὰρ ἡ χώρα αὐτῶν ἀργυρίου . . . ἐνεπλήσθη ἡ γῆ ἵππων (3 *b*, 3 *b*)
— 8. ἐνεπλήσθη ἡ γῆ βδελυγμάτων (3 *b*)
6. 4. ὁ οἶκος ἐνεπλήσθη [A S ἐπλήσθη] καπνοῦ (3 *b*)
9. 20 (19). οὐ μὴ ἐμπλησθῇ ἄνθρωπος ἔσθων (6 *a*)
11. 3. ἐμπλήσει αὐτὸν πνεῦμα φόβου θεοῦ (5)
— 9. ἐνεπλήσθη ἡ σύμπασα τοῦ γνῶναι τὸν κύριον (3 *a*)
13. 21. ἐμπλησθήσονται αἱ [A πλ.] οἰκίαι ἤχου (3 *a*)
14. 21. καὶ ἐμπλήσωσι τὴν γῆν πολέμων (3 *a*)
21. 3. ἐνεπλήσθη ἡ ὀσφύς μου ἐκλύσεως (3 *a*)
22. 2. ἐνεπλήσθη ἡ πόλις βοώντων (3 *d*)
— 7. πλησθήσονται [S[2] ἐμπλ.] ἁρμάτων (3 *a*)
23. 18. φαγεῖν καὶ πιεῖν καὶ ἐμπλησθῆναι (6 *f*)
27. 6. A S R ἐμπλησθήσεται [B πλ.] ἡ οἰκουμένη τοῦ καρποῦ αὐτοῦ (3 *a*)
Is. 29. 19. ἐμπλησθήσονται εὐφροσύνης (7)
31. 4. ἕως ἂν ἐμπλησθῇ [S[1] -σῃ] τὰ ὄρη τῆς φωνῆς αὐτοῦ (3 *e*)
33. 5. ἐνεπλήσθη Σιὼν κρίσεως (3 *c*)
34. 6. ἡ μάχαιρα τοῦ κυρίου ἐνεπλήσθη αἵματος (3 *a*)
— 7. ἀπὸ τοῦ στέατος αὐτῶν ἐμπλησθήσεται (1)
44. 16. ἔφαγε καὶ ἐνεπλήσθη (6 *a*)
58. 10. ψυχὴν τεταπεινωμένην ἐμπλήσῃς [S -σεις] (6 *c*)
— 11. ἐμπλησθήσῃ καθάπερ ἐπιθυμεῖ ἡ ψυχή σου (6 *c*)
65. 20. ὃς οὐκ ἐμπλήσει τὸν χρόνον αὐτοῦ (3 *c*)
66. 11. καὶ ἐμπλησθῆτε ἀπὸ μαστοῦ παρακλήσεως αὐτῆς (6 *a*)
Je. 15. 17. πικρίας ἐνεπλήσθην (3 *c*)
26 (46). 10. A R καὶ ἐμπλησθήσεται [B S πλ.] (6 *a*)
27 (50). 10. οἱ προνομεύοντες αὐτὴν ἐμπλησθήσονται (6 *a*)
— 19. A ἐμπλησθήσεται [B S πλ.] ἡ ψυχὴ αὐτοῦ (6 *a*)
38 (31). 14. ὁ λαός μου τῶν ἀγαθῶν μου ἐμπλησθήσεται [S -σονται] (6 *a*)
— 25. πᾶσαν ψυχὴν πεινῶσαν ἐνέπλησα (3 *c*)
48 (41). 9. τοῦτο ἐνέπλησεν Ἰ. τραυματιῶν (3 *c*)
Ba. 3. 32. ἐνέπλησεν αὐτὴν κτηνῶν τετραπόδων
Ez. 7. 19. αἱ ψυχαὶ αὐτῶν οὐ μὴ ἐμπλησθῶσι (6 *b*)
10. 4. B[1] ἐνέπλησεν [A B[2] R ἔπλησε] τὸν οἶκον ἡ νεφέλη (3 *b*)
11. 6. ἐνεπλήσατε τὰς ὁδοὺς αὐ. τραυματιῶν (3 *c*)
16. 28. οὐδ' οὕτως ἐνεπλήσθης . . . οὐκ ἐνεπίπλω [A ἐνεμπ.] (6 *f*, 6 *a*)
— 29. οὐδὲ ἐν τούτοις ἐνεπλήσθης (6 *a*)
24. 13. ἕως οὗ ἐμπλήσω τὸν θυμόν μου (4)
27. 25. ἐνεπλήσθης καὶ ἐβαρύνθης (3 *b*)
— 33. ἐνέπλησας [A ἐνεποίησας] ἔθνη ἀπὸ τοῦ πλήθους σου (6 *c*)
28. 13. χρυσίου ἐνέπλησας τοὺς θησαυρούς σου +
32. 4. ἐμπλήσω [A *add.* ἐκ σοῦ] πάντα τὰ θηρία πάσης τῆς γῆς (6 *c*)
— 5. ἐμπλήσω ἀπὸ τοῦ αἵματός σου [A *add.* πᾶσαν γῆν] (3 *c*)
— 6. φάραγγας ἐμπλήσω ἀπὸ σοῦ (3 *b*)
35. 8. ἐμπλήσω τῶν τραυματιῶν βουνούς σου (3 *c*)
39. 20. ἐμπλησθήσεσθε ἐπὶ τῆς τραπέζης μου (6 *a*)
Da. LXX. Su. 32. ἵνα ἐμπλησθῶσι κάλλους ἐπιθυμίας αὐτῆς
Da. TH. Su. 32. ὅπως ἐμπλησθῶσι τοῦ κάλλους αὐ.
III Ma. 1. 16. κραυγῆς τε μετὰ δακρύων τὸ ἱερὸν ἐμπλήσαντων
— 18. στεναγμῶν τὰς πλατείας ἐνεπίμπλων
4. 3. R τίνες ἀγυιαὶ κοπετοῦ . . . οὐκ ἐμπιπλῶντο [A οὐκ ἐ.]

[**Aq.** Ps. 16 (17). 14 : 58 (59). 16 : 89 (90). 14 : 103 (104). 28 : 122 (123). 4 : Is. 1. 11 : 53. 11 : 56. 11 : Je. 6. 11 : 23. 10.]
[**Sm.** Ps. 77 (78). 29 : 89 (90). 14 : Pr. 18. 20 : Is. 1. 11 : Je. 31 (38). 25 : Mi. 3. 8.]
[**Th.** Jb. 31. 31 : Ps. 89 (90). 14 : Is. 30. 27 : 53. 11 : Je. 23. 10.]
[**Al.** Dt. 26. 12 : Jb. 42. 17 : Pr. 13. 24 : 19. 23.]

ἐμπιπράναι, ἐμπρήθειν. (1) אָכַל ni. (2) יָצַת *a.* ni. *b.* hi. (3) שָׂרַף *a.* qal. *b.* ni. (4) שָׁלַח pi.

Nu. 31. 10. τὰς ἐπαύλεις αὐτῶν ἐνέπρησαν ἐν [B[2] *om.*] πυρί (3 *a*)
De. 13. 16 (17). ἐμπρήσεις τὴν πόλιν ἐν πυρί (3 *a*)
Jo. 6. 23 (24). ἡ πόλις ἐνεπρήσθη [A -πυρίσθη] (3 *a*)
8. 19. ἐνέπρησαν τὴν πόλιν ἐν πυρί (2 *b*)
11. 9. τὰ ἅρματα αὐτῶν ἐνέπρησεν [A κατέκαυσεν] ἐν πυρί (3 *a*)
— 11. τὴν Ἀσὼρ ἐνέπρησαν ἐν πυρί (3 *a*)
— 13. πάσας τὰς πόλεις . . . οὐκ ἐνέπρησεν Ἰ. (3 *a*)
— 13. Ἀσὼρ μόνην ἐνέπρησεν Ἰσραήλ [A *al.*] (3 *a*)
16. 10. καὶ ἐνέπρησεν αὐτὴν ἐν πυρί -
Jd. 1. 8. τὴν πόλιν ἐνέπρησαν ἐν πυρί (4)
9. 49. A ἐνέπρησαν ἐπ' αὐτοὺς τὸ ὀχύρωμα [B *al.*] (2 *b*)
— 52. τοῦ [A *om.*] ἐμπρῆσαι αὐτὸν ἐν πυρί (3 *a*)
12. 1. τὸν οἶκόν σου ἐμπρήσομεν (3 *a*)
15. 6. καὶ ἐνέπρησαν αὐτήν [A *al.*] (3 *a*)
18. 27. καὶ τὴν πόλιν ἐνέπρησαν (3 *a*)
20. 48. τὰς πόλεις τὰς εὑρεθείσας ἐνέπρησαν [A ἐξαπέστειλαν] ἐν πυρί (4)

I Ki. 30. 1. A ἐνέπρησεν [B -πύρισεν, R -πύρισαν] αὐτὴν ἐν πυρί (3 *a*)
II Ki. 14. 30. ἐμπρήσατε αὐτὴν ἐν πυρί (2 *b*)
— 30. καὶ ἐνέπρησαν αὐτὰς οἱ παῖδες Ἀ. τὴν μερίδα (2 *b*)
III Ki. 4. 34 (B), 9. 16 (A). A ἐνέπρησεν αὐτὴν ἐν πυρί [B -επύρισεν αὐ.] (3 *a*)
15. 13. καὶ ἐνέπρησε πυρί (3 *a*)
18. 10. καὶ ἐνέπρησε τὴν βασιλείαν †
IV Ki. 10. 26. καὶ ἐνέπρησαν αὐτήν (3 *a*)
25. 9. καὶ ἐνέπρησε τὸν οἶκον κυρίου (3 *a*)
— 9. πᾶν οἶκον ἐνέπρησεν (3 *a*)
II Ch. 36. 19. καὶ ἐνέπρησε τὸν οἶκον κυρίου (3 *a*)
— 19. καὶ τὰς βάρεις αὐτῆς ἐνέπρησεν ἐν πυρί (3 *a*)
Ne. 1. 3. αἱ πύλαι αὐ. ἐνεπρήσθησαν ἐν πυρί (2 *a*)
Ju. 2. 26. καὶ ἐνέπρησε τὰ σκηνώματα αὐτῶν
— 27. καὶ ἐνέπρησε πάντας τοὺς ἀγροὺς αὐτῶν
16. 5. A S R εἶπεν ἐμπρήσειν τὰ ὅριά [B ὄρη] μου
Mi. 1. 7. πάντα τὰ μισθώματα αὐτῆς ἐμπρήσουσιν ἐν πυρί (3 *b*)
Je. 28 (51). 32. B S τὰ συστήματα αὐ. ἐνέπρησαν [A ἐνεπρήσθησαν] ἐν πυρί (3 *a*)
52. 13. ἐνέπρησε τὸν οἶκον κυρίου . . . πᾶσαν οἰκίαν μεγάλην ἐνέπρησεν ἐν πυρί (3 *a*, 3 *a*)
Ba. 1. 2. ἐνέπρησαν αὐτὴν ἐν πυρί
Ez. 16. 41. ἐμπρήσουσι τοὺς οἴκους σου [A *add.* ἐν] πυρί (3 *a*)
23. 25. A τοὺς καταλοίπους σου ἐμπρήσουσιν ἐν πυρί [B σ. πῦρ καταφάγεται] (1)
— 47. τοὺς οἴκους αὐτῶν ἐμπρήσουσι [A -πυριοῦσιν] (3 *a*)
I Ma. 1. 31. S ἐνέπρησεν [A R ἐνεπύρισεν] αὐτὴν πυρί
5. 28. A R ἐνέπρησεν [S -σαν] αὐτὴν πυρί
— 35. A S καὶ ἐνέπρησεν αὐτὴν ἐν [R *om.*] πυρί
— 65. R τοὺς πύργους αὐτῆς ἐνέπρησε [A S -επύρισεν]
II Ma. 8. 6. πόλεις δὲ . . . ἐνεπίμπρα
— 33. τοὺς ἐμπρήσαντας τοὺς ἱεροὺς πυλῶνας
10. 36. ἐνεπίμπρων τοὺς πύργους
12. 6. τὸν μὲν λιμένα νύκτωρ ἐνέπρησε
[**Aq.** Le. 8. 17: Ps. 73 (74). 8.]
[**Sm.** Le. 8. 17: Ps. 59 (60). 2: 73 (74). 8.]
[**Th.** Je. 39 (46). 8.]

ἐμπίπτειν. (1) נִיחַ aph. (2) כָּרַע (3) נָפַל (4) פָּגַע (5) פָּגַשׁ (6) ἐμπίπτειν εἰς חָלַם

Ge. 14. 10. καὶ ἐνέπεσαν ἐκεῖ (3)
Ex. 21. 33. καὶ ἐμπέσῃ ἐκεῖ μόσχος ἢ ὄνος (3)
Jd. 15. 18. ἐμπεσοῦμαι ἐν χειρὶ τῶν ἀπεριτμήτων (3)
18. 1. οὐκ ἐνέπεσεν αὐτῇ (3)
I Ki. 29. 3. ἐνέπεσε πρὸς μέ (3)
II Ki. 24. 14. ἐμπεσοῦμαι δὴ ἐν χειρὶ κυρίου (3)
— 14. εἰς δὲ χεῖρας ἀνθρώπου οὐ μὴ ἐμπέσω (3)
IV Ki. 7. 4. ἐμπέσωμεν εἰς τὴν παρεμβολὴν Σ. (3)
25. 11. καὶ τοὺς ἐμπεπτωκότας οἳ ἐνέπεσον [A -σαν] πρὸς βασιλέα (3, 3)
I Ch. 21. 13. ἐμπεσοῦμαι δὴ εἰς χεῖρας κυρίου (3)
— 13. καὶ εἰς χεῖρας ἀνθρώπων οὐ μὴ ἐμπέσω (3)
To. 14. 10. Ἀ. δὲ ἐνέπεσεν εἰς τὴν παγίδα [S *al.*]
Ps. 7. 15. ἐμπεσεῖται εἰς βόθρον ὃν εἰργάσατο (3)
56 (57). 6. ἐνέπεσαν εἰς αὐτόν (3)
Pr. 12. 13. ἐμπίπτει εἰς παγίδας ἁμαρτωλός -
13. 17. βασιλεὺς θρασὺς ἐμπεσεῖται εἰς κακά (3)
17. 12. ἐμπεσεῖται μέριμνα ἀνδρὶ νοήμονι (5 ?)
— 16. ὁ δὲ σκολιάζων τοῦ μαθεῖν ἐμπεσεῖται εἰς κακά -
— 20. ἀνὴρ εὐμετάβολος γλώσσῃ ἐμπεσεῖται εἰς κακά (3)
22. 14. ὁ δὲ μισηθεὶς ὑπὸ κυρίου ἐμπεσεῖται εἰς αὐτόν (3)
26. 27. ἐμπεσεῖται εἰς αὐτόν (3)
28. 10. εἰς διαφθορὰν αὐτὸς ἐμπεσεῖται (3)
— 14. ὁ δὲ σκληρὸς τὴν καρδίαν ἐμπεσεῖται κακοῖς (3)
Ec. 10. 8. ὁ ὀρύσσων βόθρον εἰς αὐτὸν [A S ἐν αὐτῷ] ἐμπεσεῖται (3)
Wi. 16. 11. εἰς βαθεῖαν ἐμπεσόντες λήθην
Si. 2. 18. ἐμπεσούμεθα εἰς χεῖρας κυρίου
3. 26. ὁ ἀγαπῶν κίνδυνον ἐν αὐτῷ ἐμπεσεῖται [A S ἀπολεῖται]
8. 1. μή ποτε ἐμπέσῃς εἰς τὰς χεῖρας αὐτοῦ
9. 3. μή ποτε ἐμπέσῃς εἰς τὰς παγίδας αὐτῆς
13. 10. μὴ ἔμπιπτε ἵνα [A S *om.*] μὴ ἀπωσθῇς
27. 26. ὁ ὀρύσσων βόθρον εἰς αὐτὸν ἐμπεσεῖται
Si. 28. 23. ἐμπεσοῦνται εἰς αὐτήν
29. 19. ἁμαρτωλὸς ἐμπεσὼν [A S² -εσεῖται] εἰς ἐγγυὴν καὶ διώκων ἐργολαβείας ἐμπεσεῖται εἰς κρίσεις
— 20. πρόσεχε σεαυτῷ μὴ ἐμπέσῃς
38. 15. ἐμπέσοι εἰς χεῖρας ἰατροῦ [A αὐτοῦ]
Am. 5. 19. καὶ ἐμπέσῃ αὐτῷ ἡ ἄρκος (4)
Is. 10. 4. τοῦ μὴ ἐμπεσεῖν εἰς ἀπαγωγήν (2)
24. 18. ἐμπεσεῖται εἰς τὸν βόθυνον (3)
47. 11. καὶ ἐμπεσῇ εἰς αὐτόν (3)
Je. 31 (48). 32. S ἐπὶ τρυγηταῖς σου ὄλεθρος ἐνέπεσεν [A ἔπεσεν, B ἐπέπ.] (3)
— 44. ἐμπεσεῖται εἰς τὸν βόθυνον (3)
Ep. Je. 55. ὅταν ἐμπέσῃ εἰς οἰκίαν θεῶν ξυλίνων . . . πῦρ [A *om.*]
Da. LXX. Su. 23. ἐμπεσεῖν εἰς τὰς χεῖρας ὑμῶν
2. 1. εἰς . . . ἐνύπνια ἐμπεσεῖν τὸν βασιλέα (6)
7. 2. τέσσαρες ἄνεμοι . . . ἐνέπεσον εἰς τὴν θάλασσαν (1)
Da. TH. Su. 23. ἐμπεσεῖν εἰς τὰς χεῖρας ὑμῶν
I Ma. 6. 8. ἐνέπεσεν εἰς ἀρρωστίαν
II Ma. 5. 12. κόπτειν ἀφειδῶς τοὺς ἐμπίπτοντας
10. 17. κατέσφαζον δὲ τοὺς ἐμπίπτοντας
— 35. τὸν ἐμπίπτοντα ἔκοπτον
12. 24. ἐμπεσὼν τοῖς περὶ τὸν Δ.
III Ma. 3. 28. τὴν οὐσίαν τοῦ ἐμπίπτοντος
7. 14. τὸν ἐμπεσόντα . . . ἐκολάζοντο [A ἀπέκτενον]
[**Aq.** Je. 52. 15 *bis.*]
[**Sm.** Ps. 15 (16). 6: 140 (141). 10.]
[**Th.** Je. 39 (46). 9 *bis.*]

ἐμπιστεύειν. (1) אָמַן *a.* ni. *b.* hi.

De. 1. 32. οὐκ ἐνεπιστεύσατε κυρίῳ (1 *b*)
Jd. 11. 20. οὐκ ἐνεπίστευσε Σ. τῷ Ἰ. [A *al.*] (1 *b*)
II Ch. 20. 20. ἐμπιστεύσατε ἐν [A *om.*] κυρίῳ θεῷ ὑμῶν καὶ ἐμπιστευθήσεσθε ἐμπιστεύσατε ἐν προφήτῃ αὐτοῦ (1 *b*, 1 *a*, 1 *b*)
Si. 1. 15. μετὰ τοῦ σπέρματος αὐτοῦ ἐμπιστευθήσεται [S¹ -εύει]
2. 10. τίς ἐνεπίστευσε [S² ἐπίστ.] κυρίῳ καὶ κατῃσχύνθη
— 13. S ὅτι οὐκ ἐμπιστεύει [A B οὐ πιστ.]
4. 16. B¹ R ἐὰν ἐμπιστεύσῃς [A -σει, B³ S -σῃ] κατακληρονομήσεις αὐτήν
— 17. ἕως οὗ ἐμπιστεύσῃ τῇ ψυχῇ αὐτοῦ
6. 7. μὴ ταχὺ ἐμπιστεύσῃς αὐτῷ
7. 25. S¹ καὶ μισουμένῳ [S² μισούσῃ δὲ] μὴ ἐμπιστεύσῃς σεαυτόν
16. 3. μὴ ἐμπιστεύσῃς τῇ ζωῇ αὐτῶν
19. 4. ὁ ταχὺ ἐμπιστεύων κοῦφος καρδίᾳ
36 (33). 3. ἄνθρωπος συνετὸς ἐμπιστεύσει νόμῳ
36. 21 (18). οἱ προφῆταί σου ἐμπιστευθήτωσαν [A S -θήσονται]
38. 31. πάντες οὗτοι εἰς χεῖρας αὐτῶν ἐνεπίστευσαν
50. 24. ἐμπιστεῦσαι μεθ' ἡμῶν τὸ ἔλεος αὐτοῦ
Jn. 3. 5. B S¹ ἐνεπίστευσαν [A S² R ἐπ.] οἱ ἄνδρες N. τῷ θεῷ (1 *b*)
I Ma. 1. 30. S R καὶ ἐνεπίστευσαν [A ἐπίστ.] αὐτῷ
7. 16. ἐνεπίστευσαν [S¹ -σεν] αὐτῷ
12. 46. ἐμπιστεύσας αὐτῷ ἐποίησε
II Ma. 7. 24. καὶ χρείας ἐμπιστεύσειν
10. 13. τὴν Κύπρον ἐμπιστευθέντα
III Ma. 2. 7. τοὺς δὲ ἐμπιστεύσαντας ἐπὶ σοὶ . . . διεκόμισας

ἐμπλάσσειν.

To. 11. 7. S ἔμπλασον τὴν χολὴν τοῦ ἰχθύος [A B *al.*]

ἐμπλατύνειν. (1) רָחַב hi.

Ex. 23. 18. καὶ ἐμπλατύνω τὰ ὅριά σου -
34. 24. A καὶ ἐμπλατύνω [B πλ.] τὰ ὅριά σου (1)
De. 12. 20: 19. 8. ἐὰν δὲ ἐμπλατύνῃ κύριος . . . τὰ ὅριά σου (1)
33. 20. εὐλογημένος ἐμπλατύνων Γάδ (1)
Pr. 18. 16. δόμα ἀνθρώπου ἐμπλατύνει αὐτόν (1)
Am. 1. 13. ὅπως ἐμπλατύνωσι [A -ουσιν] τὰ ὅρια ἑαυτῶν (1)
Mi. 1. 16. ἐμπλάτυνον τὴν χηρείαν σου (1)
[**Aq.**, **Th.** Am. 1. 13.]

ἐμπλέκεσθαι. (1) נָפַל

Pr. 28. 18. ὁ δὲ σκολιαῖς ὁδοῖς πορευόμενος ἐμπλακήσεται (1)
II Ma. 15. 17. μετὰ πάσης εὐανδρίας ἐμπλακέντες

ἐμπλήθειν, *vid.* **ἐμπιπλᾶν.**

ἐμπληθύνειν.

III Ma. 5. 42. ὁ . . . βασιλεὺς ἐμπληθυνθεὶς ἀλογιστίας

ἐμπλόκιον. (1) כּוּמָז (2) עֲבֹת (3) קִשֻּׁרִים (4) שְׁבִיסִים

Ex. 35. 22. καὶ ἐμπλόκια καὶ περιδέξια (1 ?)
36. 22 (39. 15). ἔργον ἐμπλοκίου ἐκ χρυσίου καθαροῦ (2)
— 25 (39. 17). ἐπέθηκαν τὰ ἐ. ἐκ χρυσίου ἐπὶ τοὺς δακτ. (2)
— 25 (39. 18). καὶ εἰς τὰς δύο συμβολὰς τὰ δύο ἐ. (2)
Nu. 31. 50. καὶ περιδέξιον καὶ ἐμπλόκιον (1)
Is. 3. 18. τὰ ἐ. καὶ τοὺς κοσύμβους (4)
— 20. A B S² τὸ ἐ. καὶ τοὺς δακτυλίους (3 ?)
[**Aq.**, **Sm.** Ca. 7. 5 (6).]

ἐμπνεῖν. (1) נֶפֶשׁ (2) נְשָׁמָה

De. 20. 16. οὐ ζωγρήσεται πᾶν [A ἀπ' αὐτῶν πᾶν] ἐμπνέον (2)
Jo. 10. 28. ἐξωλέθρευσαν πᾶν [A αὐτοὺς καὶ πᾶν] ἐμπνέον (1)
— 30, 35. καὶ πᾶν ἐμπνέον ἐν αὐτῇ (1)
— 37. καὶ πᾶν τὸ ἐμπνέον [A καὶ πάντα τὰ ἐμπν.] (1)
— 39. καὶ πᾶν ἐμπνέον ἐν αὐτῇ (1)
— 40. πᾶν ἐμπνέον ζωῆς [A ἐξ αὐτῆς] (2)
11. 11. πᾶν ἐμπνέον ἐν αὐτῇ (1)
— 11. οὐ κατελείφθη ἐν αὐτῇ ἐμπνέον (2)
— 14. οὐδὲ ἓν ἐμπνέον (2)
Wi. 15. 11. ἠγνόησε . . . τὸν ἐμπνεύσαντα αὐτῷ ψυχὴν ἐνεργοῦσαν
[**Aq.** IV Ki. 4. 34.]
[**Sm.** Jb. 24. 12.]

ἔμπνευσις. (1) נְשָׁמָה

Ps. 17 (18). 15. ἀπὸ ἐμπνεύσεως πνεύματος ὀργῆς αὐτοῦ (1)

ἔμπνους.

II Ma. 7. 5. προσάγειν ἔμπνουν καὶ τηγανίζειν
14. 45. ἔτι δὲ ἔ. ὑπάρχων

ἐμποδίζειν. (1) *a.* בָּהַל *b.* בָּלָה pi. (2) הָלַם

Jd. 5. 22. ἐνεποδίσθησαν [A ἀπεκόπησαν] πτέρναι ἵππου (2)
II Es. 4. 4. καὶ ἐνεπόδιζον αὐτοὺς [A -οῖς] οἰκοδομεῖν (1 *a*, 1 *b**)
Si. 12. 5. ἐμπόδισον τοὺς ἄρτους αὐτοῦ
18. 22. μὴ ἐμποδισθῇς τοῦ ἀποδοῦναι εὐχὴν εὐκαίρως
35 (32). 3. μὴ ἐμποδίσῃς μουσικά
46. 4. A οὐχὶ ἐν χειρὶ αὐτοῦ ἐνεποδίσθη [S¹ -δισεν, B S² ἀνεπόδισεν] ὁ ἥλιος
I Ma. 9. 55. ἐνεποδίσθη τὰ ἔργα αὐτοῦ
[**Aq.** Is. 34. 16.]
[**Sm.**, **Th.** Is. 40. 26.]

ἐμποδιστικός.

IV Ma. 1. 4. τῶν τῆς δικαιοσύνης ἐ. παθῶν
— 4. τῶν τῆς ἀνδρείας ἐ. παθῶν

ἐμποδοστατεῖν (?). (1) כָּרַע hi.

Jd. 11. 35. A ἐμπεποδοστάτηκας [?-δεστάτη, B *al.*] (1)

ἐμποδοστάτης. (1) עָכַר

I Ch. 2. 7. Ἀχὰρ ὁ ἐ. Ἰσραήλ (1)

ἐμποιεῖν. (1) סָלַל hithpo.

Ex. 9. 17. ἔτι οὖν σὺ ἐμποιῇ τοῦ λαοῦ μου (1)
I Es. 5. 38. οἱ ἐμποιούμενοι ἱερωσύνης
Si. 39. 11. ἐμποιεῖ [S¹ -ποιήσει] αὐτῷ
42. 17. οὐκ ἐνεποίησε τοῖς ἁγίοις κύριος [S -ου] ἐκδιηγήσασθαι πάντα τὰ θαυμάσια αὐτοῦ
Ez. 27. 33. A ἐνεποίησας [B -έπλησας] ἔθνη ἀπὸ τοῦ πλήθους σου †

ἐμπολᾶν. (1) שָׁבַר hi.

Am. 8. 5. καὶ ἐμπολήσομεν (1)

ἐμπολιορκεῖν. (1) נָכָה hi.

Jo. 7. 3. A ἐμπολιορκησάτωσαν [B ἐκπ.] τὴν πόλιν
Si. 50. 4. ἐνισχύσας πόλιν ἐμπολιορκῆσαι

ἔμπονος.

III Ma. 1. 28. ἐκ δὲ τῆς . . . ἔ. τῶν ὄχλων συναγομένης κραυγῆς

ἐμπορεύεσθαι. (1) יָבַל hoph. (2) יָצָא (3) *a.* סָחַר *b.* סַחַר *c.* ἐ. ἐπί סָחַר (4) רָכַל (5) שָׁבַר hi.

Ge. 34. 10. ἐμπορεύεσθε ἐπ' αὐτῆς (3 *c*)
— 21. καὶ ἐμπορευέσθωσαν αὐτήν (3 *a*)
— 24. R οἱ ἐμπορευόμενοι [A ἐκπορ.] τὴν πύλην (2)
42. 34. A καὶ τῇ γῇ ἐμπορεύεσθε [R -σεσθε] (3 *a*)
II Ch. 9. 14. πλὴν τῶν ἀνδρῶν . . . τῶν [A *om.*] ἐμπορευομένων (3 *a*)
Pr. 3. 14. κρεῖττον γὰρ αὐτὴν ἐμπορεύεσθαι (3 *b*)
31. 14. ὡσεὶ ναῦς ἐμπορευομένη μακρόθεν (3 *a*)
Ho. 12. 1 (2). καὶ ἔλαιον εἰς Αἴ. ἐνεπορεύετο (1)
Am. 8. 6. ἀπὸ παντὸς γενήματος ἐμπορευσόμεθα (5)
Ez. 27. 13. ἐνεπορεύοντό [A ἐνεμπορεύονταί ?] σοι ἐν ψυχαῖς (4)
— 21. ἐν οἷς ἐμπορεύονταί σε [A *al.*] (3 *a*)
[Th. Ez. 27. 33.]

ἐμπορία. (1) מַעֲרָב (2) *a.* סַחַר *b.* סְחֹרָה *c.* סָחַר (3) *a.* רָכַל *b.* רְכֻלָּה *c.* φέρειν ἐμπορίαν רָכַל

To. 7. 8. A ὑπὲρ ὧν ἔλεγες ἐν τῇ ἐ. [B πορείᾳ, S *al.*]
Na. 3. 16. A B S² ἐπλήθυνας τὰς ἐ. σου (3 *a*)
Is. 23. 18. ἔσται αὐτῆς ἡ ἐ. καὶ ὁ μισθὸς ἅγιον κυρίῳ (2 *a*)
— 18. τοῖς κατοικοῦσιν ἔναντι κυρίου πᾶσα ἡ ἐ. αὐτῆς (2 *a*)
45. 14. ἐκοπίασεν Αἴγυπτος καὶ ἐ. Αἰθιόπων (2 *a*)
Ez. 27. 13. σκεύη χαλκᾶ ἔδωκαν τὴν ἐ. σου (1)
— 15. ἐπλήθυναν τὴν ἐ. σου ὀδόντας ἐλεφαντίνους (2 *b*)
— 16. ἀνθρώπους ἐμπορίαν σου ἀπὸ πλήθους τοῦ συμμίκτου σου (2 *c*)
— 24. ἔμποροί σου φέροντες ἐμπορίαν ὑάκινθον (3 *c*)
28. 5. ἐν τῇ πολλῇ ἐπιστήμῃ σου καὶ ἐ. σου (3 *b*)
— 16. ἀπὸ πλήθους τῆς ἐ. σου (3 *b*)
— 18. διὰ τὸ πλῆθος . . . τῶν ἀδικιῶν τῆς ἐ. σου (3 *b*)
[Aq. Pr. 31. 18: Ez. 27. 24.]
[Sm. Pr. 31. 18: Is. 23. 18: Je. 10. 17.]
[Th. Pr. 31. 18.]

ἐμπόριον. (1) רָכַל (2) שָׁכֵן (3) ἐμπόριον εἶναι זָנָה

De. 33. 19. ἐμπόρια παράλιον κατοικούντων (2)
Is. 23. 17. ἔσται ἐ. πάσαις ταῖς βασιλείαις (3)
Ez. 27. 3. ἐρεῖς τῇ Σὸρ . . . τῷ ἐ. τῶν λαῶν (1)
[Aq. Is. 23. 18 *bis*.]

ἔμπορος. (1) מַעֲרָב (2) *a.* סָחַר *b.* מִסְחָר (3) רָכַל

Ge. 23. 16. δίδραχμα ἀργυρίου δοκίμου ἐμπόροις (2 *a*)
37. 28. οἱ ἄνθρωποι οἱ Μαδιηναῖοι οἱ ἔ. (2 *a*)
III Ki. 10. 15. χωρὶς . . . τῶν ἐ. (2 *b et* 3)
— 28. καὶ ἐκ Θ. ἔμποροι τοῦ βασιλέως (2 *a*)
II Ch. 1. 16. ἡ τιμὴ τῶν ἐ. τοῦ βασιλέως πορεύεσθαι (2 *a*)
Si. 26. 29. μόλις ἐξελεῖται ἔμπορος ἀπὸ πλημμελείας
37. 11. μετὰ ἐμπόρου περὶ μεταβολίας [S -λῆς]
42. 5. περὶ ἀδιαφόρου πράσεως καὶ ἐμπόρων [A S *al.*]
Is. 23. 8. οἱ ἔ. αὐτῆς ἔνδοξοι ἄρχοντες τῆς γῆς (2 *a*)
Ba. 3. 23. οἱ ἔ. τῆς Μερρὰν καὶ Θαιμάν
Ez. 27. 12. Καρχηδόνιοι ἔμποροί σου (2 *a*)
— 15. υἱοὶ Ῥοδίων ἔμποροί σου (3)
— 17. οὗτοι ἔμποροί σου ἐν πράσει σίτου (3)
— 18. A R Δαμασκὸς ἔμποροί [B -ός] σου (2 *a*)
— 20. Δαιδὰν ἔμποροί σου μετὰ κτηνῶν (3)
— 21. οὗτοι ἔμποροί σου διὰ χειρός σου (2 *a*)
— 22. ἔμποροι Σαββὰ καὶ Ῥαμμὰ οὗτοι ἔμποροί σου (3, 3)
— 23. οὗτοι ἔμποροί σου Ἀσσοὺρ καὶ Χαρμὰν ἔμποροί σου (3, 3)
— 25. A Καρχηδόνιοι ἔμποροί σου –
— 25. ἔμποροί σου ἐν τῷ πλήθει (1)
— 36. ἔμποροι ἀπὸ ἐθνῶν ἐσύρισάν σε (2 *a*)
38. 13. ἔμποροι Καρχηδόνιοι [A οἱ ἔ. Χαλκηδόνος (2 *a*)
I Ma. 3. 41. ἤκουσαν οἱ ἔ. τῆς χώρας τὸ ὄνομα αὐτῶν
II Ma. 8. 34. ὁ τοὺς χιλίους ἐ. . . . ἀγαγών
[Aq. Is. 47. 15: Ez. 17. 4: 27. 16, 24.]
[Sm. Is. 47. 15: Ez. 27. 24.]
[Th. Is. 47. 15.]

ἐμπορπᾶν.

III Ma. 7. 5. R ἀγριοτέραν ἐμπεπορπημένοι [A -πεπηρμένοι] ὠμότητα

ἐμπορποῦν.

I Ma. 14. 44. ἐμπορποῦσθαι πόρπην χρυσῆν

ἐμπρήθειν, *vid.* ἐμπιπράναι.

ἐμπρηστής.

[Aq. De. 8. 15: Is. 30. 6.]

ἐμπροθέσειος (?).

II Ma. 3. 25. A ἔσεισεν . . . τὰς ἐ. ὁπλάς [R *al.*]

ἐμπρόθεσμος.

[Aq., Th. Ez. 35. 5.]
[Sm. Ez. 21. 25 (30): 35. 5.]

ἔμπροσθε, ἔμπροσθεν. (1) *a.* τὰ ἔ. אָחוֹר *b.* מֵאַחֲרֵי (2) אֶתְמוֹל (3) *a.* לְפָנִים *b.* מִלְּפָנִים *c.* לִפְנֵי *d.* מִפְּנֵי *e.* τὰ ἔ. פָּנִים *f.* τὸ ἔ., τὰ ἔ. פְּנֵי *g.* ἐκ τῶν ἔ. פָּנִים (4) *a.* קֶדֶם *b.* קֵדְמָה *c.* מִן־קַדְמַת דְּנָה *d.* קַדְמַי *e.* ὁ ἔ. קַדְמֹנִי *f.* מִקֶּדֶם (5) לִקְרַאת (6) *a.* τὸ ἔ., τὰ ἔ. רִאשָׁה *b.* רִאשׁוֹן *c.* בָּרִאשׁוֹן *d.* τὰ ἔ. רֵאשִׁית

Ge. 24. 7. ἀποστελεῖ τὸν ἄγγελον αὐ. ἔ. σου (3 *c*)
32. 3 (4). R ἀπέστειλε δὲ Ἰ. ἀγγέλους ἔ. αὐτοῦ [A *om.* ἔ. αὐ.] (3 *c*)
— 16 (17). προπορεύεσθε ἔ. μου (3 *c*)
33. 3. παρῆλθεν ἔ. αὐτῶν (3 *c*)
— 14. A¹ προσελθάτω [A² R προελ.] ὁ κ. μου ἔ. τοῦ παιδὸς αὐ. (3 *c*)
41. 43. ἐκήρυξεν ἔ. αὐτοῦ κῆρυξ (3 *c*)
45. 5. ἀπέστειλέ με ὁ θ. ἔ. ὑμῶν (3 *c*)
— 7. ἀπέστειλε γάρ με ὁ θ. ἔ. ὑμῶν (3 *c*)
46. 28. R τὸν δὲ Ἰ. ἀπέστειλεν ἔ. αὐτοῦ [A -ῶν] (3 *c*)
48. 20. ἔθηκε τὸν Ἐ. ἔ. τοῦ Μ. (3 *c*)
Nu. 14. 43. ὁ Χαν. ἐκεῖ ἔ. ὑμῶν (3 *c*)
Jo. 3. 6. ἐπορεύοντο ἔ. τοῦ λαοῦ (3 *c*)
4. 5. προαγάγετε ἔ. μου –
— 11. καὶ οἱ λίθοι ἔ. αὐτῶν (3 *c*)
— 12. διέβησαν . . . ἔ. τῶν υἱῶν Ἰ. (3 *c*)
— 23. ἀποξηράναντος κυρίου . . . ἐκ τῶν [A τοῦ] ἐ. αὐτῶν (3 *f*)
— 23. ἣν ἀπεξήρανε . . . ἔ. ἡμῶν (3 *d*)
5. 1. ἀπεξήρανε . . . ἐκ τῶν ἔ. τῶν υἱῶν Ἰ. (3 *f*)
6. 8 (9). παραπορευέσθωσαν ἔ. (3 *c*)
8. 6. ὃν τρόπον καὶ ἔ. (6 *c*)
Jd. 1. 10. A τὸ δὲ ὄν. Χ. ἦν ἔ. Κ. [B *al.*] (3 *a*)
— 11. τὸ δὲ ὄν. τῆς Δ. ἦν ἔ. Κ. (3 *a*)
— 23. τὸ δὲ ὄ. τῆς πόλεως ἦν ἔ. Λ. (3 *a*)
3. 2. οἱ ἔ. αὐτῶν οὐκ ἔγνωσαν αὐτά (3 *a*)
— 27. καὶ αὐτὸς ἔ. αὐτῶν (3 *c*)
4. 14. κύριος ἐξελεύσεται ἔ. σου [A *al.*] (3 *c*)
— 23. ἐτρόπωσεν . . . ἔ. υἱῶν Ἰ. [A *al.*] (3 *c*)
18. 21. καὶ ἔθηκαν . . . ἔ. αὐτῶν (3 *c*)
20. 32. A καθὼς ἔ. [B ὡς τὸ πρότερον] (6 *c*)
— 39. A καθὼς ὁ πόλεμος ἔ. [B *al.*] (6 *b*)
Ru. 4. 7. καὶ τοῦτο τὸ δικαίωμα ἔ. (3 *a*)
I Ki. 2. 29. ἐνευλογεῖσθαι . . . ἔ. μου †
8. 20. ἐξελεύσεται ἔ. ἡμῶν (3 *c*)
9. 9. ἔ. ἐν Ἰ. τάδε ἔλεγεν (3 *a*)
— 9. τὸν προφήτην ἐκάλει ὁ λαὸς ἔ. (3 *a*)
— 15. A² B ἔ. τοῦ ἐλθεῖν πρὸς αὐτὸν Σ. (3 *c*)
— 19. ἀνάβηθι ἔ. μου (3 *c*)
— 27. διελθέτω ἔ. ἡμῶν (3 *c*)
10. 5. καὶ ἔ. αὐτῶν νάβλα (3 *c*)
— 8. καταβήσῃ ἔ. τῆς Γ. (3 *c*)
17. 41. A καὶ ἀνὴρ . . . ἔ. αὐτοῦ (3 *c*)
18. 13. εἰσεπορεύετο ἔ. τοῦ λαοῦ (3 *c*)
23. 24. ἐπορεύθησαν ἔ. Σ. (3 *c*)
25. 19. προπορεύεσθε ἔ. μου (3 *c*)
30. 20. ἀπήγαγεν ἔ. τῶν σκύλων (3 *c*)
II Ki. 3. 31. A κόπτεσθε Ἀβ. ἔ. [B *al.*] (3 *c*)
II Ki. 5. 24. ἐξελεύσεται κύριος ἔ. σου (3 *c*)
6. 4. B ἐπορεύοντο ἔ. τῆς κιβωτοῦ (3 *c*)
10. 15. ἔπταισεν ἔ. Ἰσρ. (3 *c*)
— 16. καὶ Σ. . . . ἔ. αὐτῶν (3 *c*)
— 19. ἔπταισαν ἔ. Ἰσρ. (3 *c*)
15. 1. παρατρέχειν ἔ. αὐτοῦ (3 *c*)
19. 17 (18). κατεύθυναν τὸν Ἰ. ἔ. τοῦ βασ. (3 *c*)
20. 8. ἦλθεν ἔ. αὐτῶν (3 *c*)
24. 13. φεύγειν σε ἔ. τῶν ἐχθρῶν σου (3 *c*)
III Ki. 1. 5. παρατρέχειν ἔ. αὐτοῦ (3 *c*)
3. 12. οὐ γέγονεν ἔ. σου (3 *c*)
8. 5. καὶ ὁ βασ. . . . ἔ. τῆς κιβωτοῦ (3 *c*)
16. 25. ὑπὲρ πάντας τοὺς γενομ. ἔ. αὐτοῦ (3 *c*)
— 30. ὑπὲρ πάντας τοὺς ἔ. αὐτοῦ (3 *c*)
— 33. ὑπὲρ πάντας τοὺς βασ. Ἰ. τοὺς γενομ. ἔ. αὐτοῦ (3 *c*)
18. 46. ἔτρεχεν ἔ. Ἀχ. (3 *c*)
22. 54. κατὰ πάντα τὰ γενόμ. ἔ. αὐτοῦ †
IV Ki. 4. 31. διῆλθεν ἔ. αὐτῆς (3 *c*)
5. 23. ἦραν ἔ. αὐτοῦ (3 *c*)
9. 17. καὶ ἀπόστειλον ἔ. αὐτῶν (5)
10. 29. B οὐκ ἀπέστη ἔ. [A ὄπισθεν, R ἀπὸ ὄ.] αὐτῶν (1 *b*)
17. 2. οἳ ἦσαν ἔ. αὐτοῦ (3 *c*)
18. 5. καὶ ἐν τοῖς γενομ. ἔ. αὐτοῦ (3 *c*)
21. 11. ὧν ἐποίησεν ὁ Ἀμ. ὁ [A *om.*] ἔ. (3 *c*)
23. 25. οὐκ ἐγενήθη ἔ. αὐτοῦ βασιλεύς (3 *c*)
I Ch. 4. 40. τῶν κατοικούντων ἐκεῖ ἔ. (3 *a*)
9. 20. A R ἡγούμενος ἦν ἐπ' αὐτῶν ἔ. κυρίου [B *om.*] (3 *a*)
14. 15. ἐξῆλθεν ὁ θ. ἔ. σου [S μου] (3 *c*)
15. 24. σαλπίζοντες . . . ἔ. τῆς κιβωτοῦ τοῦ θ. (3 *c*)
17. 13. ἀπὸ τῶν ὄντων [A *om*]. ἔ. σου (3 *c*)
19. 16. Σ. ἀρχιστράτηγος . . . ἔ. αὐτῶν (3 *c*)
21. 30. τοῦ πορευθῆναι ἔ. αὐτοῦ (3 *c*)
22. 5. ἡτοίμασε Δ. . . . ἔ. τῆς τελευτῆς αὐ. (3 *c*)
29. 25. ὃ οὐκ ἐγένετο ἐπὶ παντὸς βασ. ἔ. αὐτοῦ (3 *c*)
II Ch. 1. 12. ἐν τοῖς βασιλεῦσι τοῖς ἔ. σου (3 *c*)
3. 15. ἐποίησεν ἔ. τοῦ τοίχου στύλους δύο (3 *c*)
5. 6. οἱ ἐπισυνηγμ. αὐ. ἔ. τῆς κιβωτοῦ (3 *c*)
9. 11. οὐκ ὤφθησαν τοιαῦτα ἔ. (3 *a*)
13. 13. καὶ ἐγένετο ἔ. Ἰούδα (3 *c*)
— 14. αὐτοῖς ὁ πόλεμος ἐκ τῶν ἔ. [A *al.*] (3 *g*)
15. 8. ὃ ἦν ἔ. τοῦ ναοῦ κυρίου (3 *c*)
20. 21. B ἐν τῷ ἐξελθεῖν ἔ. τῆς δυνάμεως (3 *c*)
35. 19. ὅμοιος αὐτῷ οὐκ ἐγενήθη ἔ. αὐτοῦ –
I Es. 1. 5. τῶν Λευιτῶν τῶν ἔ. τῶν ἀδ. ὑμῶν
— 11. κατὰ τὰς μεριδαρχίας τῶν πατ. ἔ. τοῦ λαοῦ
— 24. ἀναγέγραπται ἐν τοῖς ἔ. χρόνοις
6. 14. ᾠκοδόμητο οἶκος ἔ. ἐτῶν πλειόνων
8. 90. οὐ γάρ ἐστι στῆναι ἔτι ἔ. σου
— 91. κλαίων χαμαιπετὴς ἔ. τοῦ ἱεροῦ
II Es. 4. 18. ὁ φορολόγος . . . ἐκλήθη ἔ. ἐμοῦ (4 *b*)
Ne. 8. 1. εἰς τὸ πλάτος τὸ ἔ. πύλης τοῦ ὕδατος (3 *c*)
12. 36. καὶ Ἔ. ὁ γραμματεὺς ἔ. αὐτῶν (3 *c*)
To. 11. 3. προδράμωμεν ἔ. [S *om.*] τῆς γυναικός σου
Ju. 5. 13. κατεξήρανεν ὁ θ. . . . ἔ. αὐτῶν
8. 35. καὶ κ. ὁ θ. ἔ. σου
11. 22. ὁ θεὸς ἀποστείλας σε ἔ. τοῦ λαοῦ
Jb. 21. 33. καὶ ἔ. αὐτοῦ ἀναρίθμητοι (3 *c*)
29. 2. τίς ἄν με θείη κατὰ μῆνα ἔ. ἡμερῶν [A *al.*] (4 *a*)
41. 13 (14). ἔ. αὐτοῦ τρέχει ἀπώλεια (3 *c*)
42. 10. ὅσα ἦν ἔ. Ἰώβ [A *al.*] –
— 12. εὐλόγησε τὰ ἔσχατα Ἰ. ἢ τὰ ἔ. [A *al.*] (6 *d*)
Ps. 79 (80). 9. ὡδοποίησας ἔ. αὐτῆς (3 *c*)
104 (105). 17. ἀπέστειλεν ἔ. αὐτῶν ἄνθρωπον (3 *c*)
Ec. 1. 10. τοῖς γενομ. ἀπὸ ἔ. ἡμῶν (3 *c*)
— 16. οἳ ἐγένοντο ἔ. μου ἐν Ἱερ. (3 *c*)
2. 7. τοὺς γενομ. ἔ. μου ἐν Ἱερ. (3 *c*)
— 9. παρὰ πάντας τοὺς γενομ. ἀπὸ [A S *om.*] ἔ. μου (3 *c*)
4. 16. οἳ ἐγένοντο ἔ. αὐτῶν [A S *al.*] (3 *c*)
Mi. 2. 8. καὶ ἔ. ὁ λ. μου εἰς ἔχθραν ἀντέστη (2)
7. 20. κατὰ τὰς ἡμέρας τὰς ἔ. (4 *a*)
Jl. 2. 3. τὰ ἔ. αὐτοῦ πῦρ ἀναλίσκον (3 *c*)
— 23. βρέξει ὑμῖν . . . καθὼς ἔ. (6 *c*)
Jn. 3. 2. κατὰ τὸ κήρυγμα τὸ ἔ.
Hg. 2. 4 (3). ἐν τῇ δόξῃ αὐ. τῇ ἔ. (6 *b*)
Za. 1. 4. οἷς ἐνεκάλεσαν αὐτοῖς οἱ προφῆται [A S² *add.* οἱ] ἔ. (6 *b*)
7. 7, 12. ἐν χερσὶ τῶν προφητῶν τῶν ἔ. (6 *b*)
8. 11. οὐ κατὰ τὰς ἡμέρας τὰς ἔ. (6 *b*)
Ma. 3. 4. καὶ καθὼς τὰ ἔτη τὰ ἔ. (4 *e*)
Is. 41. 26. ἵνα γνῶμεν καὶ τὰ ἔ. (3 *b*)

Is. 43. 10. ἔ. μου οὐκ ἐγένετο ἄλλος θεός (3 c)
45. 1. ἐπακοῦσαι ἔ. αὐτοῦ ἔθνη (3 c)
— 1. ἀνοίξω ἔ. αὐτοῦ θύρας (3 c)
— 2. ἔ. σου [A αὐτοῦ] πορεύσομαι (3 c)
58. 8. προπορεύσεται ἔ. σου ἡ δικαιοσύνη (3 c)
Je. 7. 12. οὗ κατεσκήνωσα τὸ ὄν. μου ἐκεῖ ἔ. (6 c)
— 24. καὶ οὐκ εἰς τὰ ἔ. (3 e)
La. 5. 21. ἀνακαίνισον ἡμέρας ἡμῶν καθὼς ἔ. (4 a)
Ep. Je. 5. ἰδόντας ὄχλον ἔ.
Ez. 2. 10. γεγραμμένα ἦν τὰ ἔ. καὶ τὰ ὀπίσω [A τὰ ὄπισθεν καὶ τὰ ἔ.] (3 e [1 a])
36. 11. ὥσπερ τὰ [A τὸ] ἔ. ὑμῶν (6 a)
38. 17. πρὸ [A ἀφ'] ἡμερῶν τῶν ἔ. (4 e)
Da. LXX. 1. 5. στῆσαι ἔ. τοῦ βασ. (3 c)
6. 10 (11). καθὼς ἐποίει ἔ. (4 c)
Da. TH. Su. 29. εἶπαν ἔ. τοῦ λαοῦ
6. 10 (11). καθὼς ἦν ποιῶν ἔ. (4 c)
7. 7. A παρὰ πάντα τὰ θηρία τὰ ἔ. αὐτοῦ –
— 7. παρὰ πάντα τὰ θηρία τὰ ἔ. αὐτοῦ (4 b)
— 8. τρία κέρατα τῶν ἔ. αὐτοῦ (4 d)
— 10. εἵλκεν ἔ. αὐτοῦ (4 f)
— 24. ὑπεροίσει κακοῖς πάντας τοὺς ἔ. (4 d)
I Ma. 3. 30. ἃ ἐδίδου ἔ. δαψιλεῖ χειρί
— 30. ἐπερίσσευσεν ὑπὲρ τοὺς βασ. τοὺς ἔ.
5. 43. A καὶ πᾶς ὁ λαὸς αὐ. ἔ. [S R ὄπισθεν] αὐτοῦ
13. 27. S R λίθῳ ξεστῷ . . . ἐκ τῶν [S om. ἐκ τῶν] ἔ. [A ὄπισθεν]
II Ma. 14. 38. ἦν γὰρ ἐν τοῖς ἔ. χρόνοις
15. 23. ἀπόστειλον ἄγγελον ἀγαθὸν ἔ. ἡμῶν
III Ma. 1. 24. τὸ μὲν πλῆθος ὡς ἔ. . . . ἀνεστρέφετο
2. 4. τοὺς ἔ. ἀδικίαν ποιήσαντας
4. 14. τὴν ἔ. . . . προδεδηλωμένην . . . λατρείαν
5. 50. τὰς ἔ. αὐτῶν γεγενημ. ἀντιλήψεις
6. 22. ὑπὲρ τῶν ἔ. αὐτῷ μεμηχανημ.
7. 21. R πλείστην ἢ ἔ. ἐν τοῖς ἐχθροῖς ἐξουσίαν [A al.]
IV Ma. 8. 12. εἰς τὸ ἔ. προτεθῆναι τὰ βασανιστήρια
[**Aq.** Jo. 3. 11 : I Ki. 6. 20 : Ps. 49 (50). 3 : Is. 36. 7 : Je. 34 (41). 5 : 46 (26). 26.]
[**Sm.** Ex. 17. 6 : Le. 23. 40 : Dt. 10. 11 : 28. 14 (15) : Jo. 3. 11 : I Ki. 2. 35 : 6. 20 : 12. 7 : II Ki. 3. 34 : 6. 14 : III Ki. 6. 20 : 11. 36 : Jb. 21. 8 : 23. 4 : 42. 12 : Ps. 5. 9 : 21 (22). 30 : 30 (31). 23 (ἐξ ἔ.) : 33 (34). 1 : 40 (41). 13 : 55 (56). 14 : 60 (61). 8 : 68 (69). 23 : 71 (72). 5, 9 : 79 (80). 10 : 88 (89). 24 (ἀπὸ ἔ.) : Pr. 15. 33 : 18. 12 : Ec. 2. 9 (ἀπὸ ἔ.) : 9. 1 : 10. 5 (ἐξ ἔ.) : Is. 36. 7 : 41. 2 : 51. 9 : 55. 12 : 57. 1 : 62. 11 : 63. 12 : Je. 15. 1 (ἐξ ἔ.) : 35 (42). 5 : 46 (26). 26 : 49 (30). 5 : 50 (27). 8 : Ez. 40. 12 : Za. 12. 10.]
[**Th.** Ex. 17. 6 : Jo. 3. 11 : Jd. 4. 14 : I Ki. 1. 19 : 6. 20 : Jb. 42. 11, 12 : Pr. 15. 33 : 18. 12 : Is. 36. 7 : 57. 1 : Je. 46 (26). 26 : Da. 6. 10 *bis* : 7. 10.]
[**Al.** Ps. 114 (116). 9 : 140 (141). 2.]

ἐμπρόσθιος.

Ex. 28. 14. κατὰ τὰς παρωμίδας αὐτῶν ἐκ τῶν ἐ. –
I Ki. 5. 4. ἀφῃρημένα ἐπὶ τὰ ἐ. –
II Ma. 3. 25. ἐνέσεισε . . . τὰς ἐ. ὁπλάς [A al.]

ἐμπτίσσεσθαι.

[**Aq.**, **Th.** Pr. 27. 22.]

ἐμπτύειν. (1) יָרַק

Nu. 12. 14. ἐνέπτυσεν εἰς τὸ πρόσωπον αὐτῆς (1)
De. 25. 9. ἐμπτύσεται κατὰ [A εἰς τὸ] πρόσωπον αὐτοῦ (1)

ἔμπτυσμα. (1) רֹק

Is. 50. 6. τὸ δὲ πρόσωπόν μου οὐκ ἀπέστρεψα ἀπὸ αἰσχύνης ἐμπτυσμάτων (1)

ἐμπυρίζειν. (1) בָּעַר *a.* pi. *b.* hi. (2) דָּלַק (3) יָצַת *a.* qal. *b.* hi. (4) שָׂרַף *a.* qal. *b.* pu. *c.* שְׂרֵפָה (5) שָׁלַח pi.

Le. 10. 6. τὸν ἐμπυρισμὸν ὃν ἐνεπυρίσθησαν (4 a)
— 16. καὶ ὁ δὲ ἐνεπεπύριστο (4 b)
Jo. 6. 23 (24). A ἡ πόλις ἐνεπυρίσθη [B al.] (4 a)
8. 28. ἐνεπύρισεν Ἰησοῦς τὴν πόλιν ἐν πυρί (4 a)
Jd. 9. 49. ἐνεπύρισαν ἐπ' αὐτοὺς τὴν συνέλευσιν [A al.] (3 b)
14. 15. A μή ποτε ἐμπυρίσωμέν [B κατακαύσωμέν] σε (4 a)
15. 5. A καὶ ἐνεπύρισεν τοὺς στάχυας [B al.] (1 b)
— 6. A καὶ ἐνεπύρισαν τὴν οἰκίαν τοῦ πατρὸς αὐτῆς [B al.] (4 a)
I Ki. 30. 1. R ἐνεπύρισαν [B -σεν, A -έπρησεν] αὐτὴν ἐν πυρί (4 a)
— 3. ἐμπεπύρισται ἐν πυρί (4 a)
— 14. τὴν Σ. ἐνεπυρίσαμεν ἐν πυρί (4 a)
II Ki. 14. 30. ἐνεπύρισαν οἱ δοῦλοι Ἀ. τὴν μερίδα ἐν πυρί (3 b)
— 31. ἵνα τί ἐνεπύρισαν οἱ παῖδές σου τὴν μερίδα τὴν ἐμήν (3 b)
III Ki. 4. 34 (B), 9. 16 (A). ἐνεπύρισεν αὐτὴν [A al.] (4 a)
16. 18. B ἐνεπύρισεν [A -σαν] ὁ βασιλεὺς καὶ ἐνεπύρισεν [A R om. ὁ. β. κ. ἐ.] ἐπ' αὐτόν (–, 4 a)
II Ch. 35. 19. ἐνεπύρισεν ὁ βασιλεὺς Ἰ. –
I Es. 1. 55. καὶ ἐνεπύρισαν τὸν οἶκον τοῦ κυρίου
— 55. τοὺς πύργους αὐ. ἐνεπύρισαν ἐν πυρί
4. 45. ὃν ἐνεπύρισαν οἱ Ἰ.
6. 16. τόν τε οἶκον καθελόντες ἐνεπύρισαν
To. 13. 12. S καὶ ἐμπυρίζοντες τὰς οἰκήσεις σου
Ps. 9. 23 (10. 2). ἐμπυρίζεται ὁ πτωχός (2)
59 (60). *tit.* ὁπότε ἐνεπύρισε τὴν Μεσοποταμίαν Συρίας †
73 (74). 7. ἐνεπύρισαν ἐν πυρὶ τὸ ἁγιαστήριόν σου εἰς τὴν γῆν (5)
79 (80). 16. ἐμπεπυρισμένη πυρὶ καὶ ἀνεσκαμμένη (4 a)
Si. 8. 10. μὴ ἐμπυρισθῇς ἐν πυρὶ φλογὸς αὐτοῦ
49. 6. A S R ἐνεπύρισαν [B -εν] ἐκλεκτὴν πόλιν ἁγιάσματος
Is. 3. 14. τί ἐνεπυρίσατε τὸν ἀμπελῶνά μου (1 a)
Je. 4. 26. A πᾶσαι αἱ πόλεις ἐμπεπυρισμέναι πυρί [B S om.] †
28 (51). 25. δώσω σε ὡς ὄρος ἐμπεπυρισμένον (4 c)
— 30. ἐνεπυρίσθη τὰ σκηνώματα αὐτῆς (3 b)
— 58. αἱ πύλαι αὐτῆς αἱ ὑψηλαὶ ἐμπυρισθήσονται (3 a)
50 (43). 12. ἐμπυριεῖ αὐτάς (4 a)
Ez. 23. 47. A τοὺς οἴκους αὐτῶν ἐμπυριοῦσιν [B ἐμπρήσουσι] (4 a)
Da. LXX. 3. 23. τοὺς μὲν οὖν ἄνδρας . . . ἡ φλὸξ . . . ἐνεπύρισε †
— (48). ἐνεπύρισεν οὓς εὗρε
Da. TH. 3. (48). καὶ ἐνεπύρισεν οὓς εὗρε
I Ma. 1. 31. A R ἐνεπύρισεν [S -έπρησεν] αὐτὴν πυρί
— 56. τὰ βιβλία τοῦ νόμου . . . ἐνεπύρισαν
4. 20. ἐμπυρίζουσι τὴν παρεμβολήν
5. 5. ἐνεπύρισε τοὺς πύργους αὐτῆς
— 44. τὸ τέμενος ἐνεπύρισαν ἐν πυρί
— 65. A S τοὺς πύργους αὐτῆς ἐνεπύρισεν [R -έπρησε]
6. 31. S R καὶ ἐνεπύρισαν αὐτάς [A -ούς]
7. 35. ἐμπυριῶ τὸν οἶκον τοῦτον
9. 67. ἐνεπύρισαν τὰς μηχανάς
10. 84. ἐνεπύρισεν Ἰωνάθαν τὴν Ἄζ.
— 84. S R ἐνεπύρισε πυρί [A ἐν π.]
— 85. οἱ πεπτωκότες μαχαίρᾳ σὺν τοῖς ἐμπυρισθεῖσιν
11. 4. τὸ ἱερὸν Δαγὼν ἐμπεπυρισμένον
— 4. καὶ τοὺς ἐμπεπυρισμένους οὓς ἐνεπύρισεν
— 48. ἐνεπύρισαν τὴν πόλιν
— 61. ἐνεπύρισε τὰ περιπόλια αὐτῆς
16. 10. ἐνεπύρισεν αὐτὴν ἐν πυρί
II Ma. 1. 8. ἐνεπύρισαν τὸν πυλῶνα
[**Aq.** Je. 34 (41). 5.]
[**Sm.** Ps. 73 (74). 8.]
[**Th.** Ge. 4. 4, 5 : Ps. 73 (74). 8.]
[**Al.** Le. 10. 6.]

ἐμπυρισμός. (1) אֵשׁ (2) שְׂרֵפָה (3) שִׁדָּפוֹן (4) תַּבְעֵרָה

Le. 10. 6. κλαύσονται τὸν ἐ. (2)
Nu. 11. 3. ἐκλήθη τὸ ὄνομα τοῦ τόπου ἐκείνου Ἐμπυρισμός (4)
De. 9. 22. καὶ ἐν τῷ Ἐ. (4)
Jo. 6. 23. B ἐνεπρήσθη ἐμπυρισμῷ [A R al.] (1)
III Ki. 8. 37. ὅτι ἔσται ἐμπυρισμός (3)
Da. LXX. 3. 28 (95). παρέδωκαν τὰ σώματα αὐτῶν εἰς ἐμπυρισμόν –
[**Aq.** Je. 34 (41). 5.]
[**Quint.** IV Ki. 23. 4.]

ἐμπυριστής.

IV Ma. 7. 11. A R τὸν ἐ. [S om.] ἐνίκησεν ἄγγελον

ἔμπυρος. (1) אָכְלָה

Am. 4. 2. ἐμβαλοῦσιν [A om.] ἔμπυροι λοιμοί †

Ez. 23. 37. διήγαγον αὐτοῖς [A διῆγον αὐτὰ] δι' ἐμπύρων (1 ?)

ἐμφαίνειν. (1) יָפַע hi.

Ps. 79 (80). 2. ὁ καθήμ. ἐπὶ τῶν Χερ. ἐμφάνηθι (1)
Si. 24. 32. A ἐμφαίνω [S[1] ἐκφ., B S[2] ἐκφανῶ] αὐτὰ ἕως εἰς μακράν
II Ma. 3. 16. ἐνέφαινε τὴν κατὰ ψυχὴν ἀγωνίαν

ἐμφανής. (1) כֵּן ni. (2) **ἐμφανὴς γίνεσθαι** דָּרַשׁ ni. (3) **ἐμφανὴς γίνεσθαι** יָדַע ni.

Ex. 2. 14. εἰ οὕτως ἐμφανὲς γέγονε τὸ ῥῆμα τοῦτο (3)
Wi. 6. 22. θήσω εἰς τὸ ἐ. τὴν γνῶσιν αὐτῆς
7. 21. ὅσα τέ ἐστι κρυπτὰ καὶ ἐμφανῆ ἔγνων
14. 17. ἐ. εἰκόνα τοῦ τιμωμένου βασ. ἐποίησαν
Mi. 4. 1. καὶ ἔσται . . . ἐμφανὲς τὸ ὄρος τοῦ κυρίου (1 ?)
Is. 2. 2. ἔσται . . . ἐμφανὲς τὸ ὄρος κυρίου (1)
65. 1. ἐ. ἐγενήθην τοῖς ἐμὲ μὴ ἐπερωτῶσιν [A S al.] (2)
[**Sm.** Ps. 11 (12). 6.]

ἐμφανίζειν. (1) אָמַר (2) יָדַע hi. (3) לֹא כִחֵד pi. (4) רָאָה hi.

Ex. 33. 13. ἐμφάνισόν μοι σεαυτὸν γνωστῶς (2)
— 18. ἐμφάνισόν μοι σεαυτόν [A al.] (4)
Es. 2. 22. ἐνεφάνισε τῷ βασ. τὰ τῆς ἐπιβουλῆς (1)
Wi. 1. 2. ἐμφανίζεται δὲ τοῖς μὴ ἀπιστοῦσιν [A πιστεύουσιν] αὐτῷ
16. 21. τὴν σὴν γλυκύτητα πρὸς τέκνα ἐνεφάνισε [A S -ιζεν]
17. 4. φάσματα ἀμειδήτοις κατηφῆ προσώποις ἐνεφανίζετο
18. 18. δι' ἣν ἔθνησκεν αἰτίαν ἐνεφάνιζεν [A -ον]
Is. 3. 9. τὴν δὲ ἁμαρτίαν . . . ἐνεφάνισαν (3)
I Ma. 4. 20. ὁ γὰρ καπνὸς . . . ἐνεφάνιζε τὸ γεγονός
II Ma. 3. 7. περὶ τῶν . . . χρημάτων ἐνεφάνισεν
11. 29. ἐνεφάνισεν ἡμῖν ὁ Μενέλαος
[**Al.** Nu. 5. 18.]

ἐμφανισμός.

II Ma. 3. 9. περὶ τοῦ γεγονότος ἐ.
[**Al.** Nu. 5. 18.]

ἐμφανῶς. (1) יָפַע hi.

Ps. 49 (50). 3 (2). ὁ θεὸς ἐ. ἥξει (1)
Pr. 9. 14. ἐ. ἐν πλατείαις †
Ze. 1. 9. A S ἐκδικήσω ἐπὶ πάντας [B om. ἐπὶ π.] ἐ. †

ἔμφασις.

II Ma. 3. 8. τῇ μὲν ἐ. ὡς τὰς . . . πόλεις ἐφοδεύσων

ἐμφέρεσθαι.

II Ma. 15. 17. γενναίως δὲ ἐμφέρεσθαι

ἐμφιλόνεικος.

Pr. 23. 29. S[4] τίνος φλυαρίαι ὁμιλίαι ἐμφιλόνεικοι [A B S[1] al.] †

ἐμφιλονείκως.

[**Al.** Le. 26. 21.]
[**Sam.** Le. 26. 24.]

ἔμφοβος.

Si. 19. 24. κρείττων ἡττώμενος [B[2] ἠλαττωμένος] ἐν συνέσει ἔμφοβος
I Ma. 13. 2. R ἐστὶν ἔντρομος καὶ ἔ. [A S ἔκφ.]

ἐμφραγμός. (1) גְּדוּד

Si. 27. 14. ἡ μάχη αὐτῶν ἐμφραγμὸς [S[1] στεναγμὸς] ὠτίων
Mi. 5. 1 (4. 14). ἐμφραχθήσεται θυγάτηρ ἐμφραγμῷ [A ἐν φραγμῷ ?] (1)

ἐμφράσσειν. (1) נָדַד hithpo. (2) נוּס (3) סָגַר (4) סָכַר ni. (5) סָתַם *a.* qal. *b.* pi. (6) קָפַץ (7) שִׁית

Ge. 26. 15. ἐνέφραξαν αὐτὰ οἱ Φ. (5 b)
— 18. καὶ ἐνέφραξαν αὐτὰ οἱ Φυλιστιείμ (5 b)
IV Ki. 3. 19. R πάσας πηγὰς ὕδατος ἐμφράξεσθε [A -ξετε, B -ξατε] (5 a)
— 25. πᾶσαν πηγὴν [A π. ὕδατος] ἐνέφραξαν (5 a)
II Ch. 32. 3. ἐμφράξαι τὰ ὕδατα τῶν πηγῶν (5 a)

II Ch. 32. 4. καὶ ἐνέφραξεν τὰ ὕδατα τῶν πηγῶν (5 a)
— 30. αὐτὸς Ἐ. ἐνέφραξε τὴν ἔξοδον τοῦ ὕδατος (5 a)
Ju. 16. 4. τὸ πλῆθος αὐτῶν ἐνέφραξε [S ἔφρ.] χειμάρρους
Es. 4. 17. ἐμφράξαι [A -η] στόμα αἰνούντων [A ὑμν.] σοι
Jb. 5. 16. ἀδίκου δὲ στόμα ἐμφραχθείη (6)
Ps. 62 (63). 11. ἐνεφράγη στόμα λαλούντων ἄδικα (4)
106 (107). 42. ἐμφράξει τὸ στόμα αὐτῆς (6)
Mi. 5. 1 (4. 14). ἐμφραχθήσεται θυγατὴρ ἐμφραγμῷ (1)
Za. 14. 5. A ἐμφραχθήσεται [B S φρ.] ἡ φάραγξ (2?)
— 5. B S καὶ ἐμφραχθήσεται (2?)
— 5. καθὼς [S³ ὃν τρόπον] ἐνεφράγη (2?)
Is. 22. 7. οἱ δὲ ἱππεῖς ἐμφράξουσι [S -ωσιν] τὰς πύλας σου (7)
La. 3. 9. ἐνέφραξε τρίβους μου †
Da. TH. 6. 22 (23). καὶ ἐνέφραξε τὰ στόματα τῶν λεόντων (3)
12. 4. ἔμφραξον τοὺς λόγους [A τὸ βιβλίον] (5 a)
— 9. ἐμπεφραγμένοι καὶ ἐσφραγισμένοι οἱ λόγοι (5 a)
I Ma. 2. 36. οὐδὲ ἐνέφραξαν τοὺς κρύφους
5. 47. ἐνέφραξαν τὰς πύλας λίθοις
II Ma. 2. 5. τὴν θύραν ἐνέφραξε
[Aq. Ge. 8. 2 : Nu. 24. 4 : Za. 14. 5.]
[Sm. Nu. 24. 4 : Pr. 26. 10 : Za. 14. 5 bis.]
[Th. Nu. 24. 4 : Za. 14. 5.]

ἐμφύειν.

[Al. iv Ki. 4. 35.]

ἐμφύρεσθαι. (1) הָיָה

Ez. 22. 6. συνεφύροντο [A συνανεφ., B² ἐνεφύραντο] ἐν σοί (1)

ἐμφυσᾶν. (1) מָדַד hithpo. (2) נָפַח (3) פּוּחַ hi. (4) פּוּץ hi.

Ge. 2. 7. ἐνεφύσησεν εἰς τὸ πρόσ. αὐτοῦ πνοὴν ζωῆς (2)
III Ki. 17. 21. καὶ ἐνεφύσησε τῷ παιδαρίῳ τρίς (1?)
To. 6. 8. S ἐμφυσῆσαι ἐπ' αὐτοὺς [A B al.]
11. 11. S ἐνεφύσησεν εἰς τοὺς ὀφθαλμοὺς αὐ. [A B al.]
Jb. 4. 21. ἐνεφύσησε γὰρ αὐτοῖς [S¹ -ούς] †
Wi. 15. 11. ἠγνόησε . . . ἐμφυσήσαντα πνεῦμα ζωτικόν
Si. 43. 4. ἥλιος ἐκκαίων ὄρη ἀτμίδας πυρώδεις ἐμφυσῶν [A S ἐκφ.]
Na. 2. 1 (2). ἀνέβη ἐμφυσῶν εἰς πρόσωπόν σου (4?)
Ez. 21. 31 (36). ἐν πυρὶ ὀργῆς μου ἐμφυσήσω ἐπὶ σέ (3)
22. 20. A τοῦ ἐμφυσῆσαι εἰς αὐτὰ πῦρ [B al.] (2)
37. 9. ἐμφύσησον εἰς τοὺς νεκροὺς τούτους (2)
[Aq. Ge. 2. 7 : Ez. 37. 9.]
[Al. iv Ki. 4. 34.]

ἐμφύσημα.

[Sm. Jb. 37. 10.]

ἐμφυσιοῦν.

I Es. 9. 48. ἐμφυσιοῦντες ἅμα τὴν ἀνάγνωσιν
— 55. ἐνεφυσιώθησαν ἐν τοῖς ῥήμασιν

ἔμφυτος.

Wi. 12. 10. ἔμφυτος ἡ κακία αὐτῶν

ἐμωήδ. (1) הַמּוֹעֵד

Je. 26 (46). 17. A S σαὼν ἐσβεὶ ἐ. [B ἐσβειὲ μωήδ] (1)

ἐν. †† ἐν μέσῳ * ἐν τῷ *c. infin.* ** ὁ ἐν. ‡‡ ἐν ὀφθαλμοῖς. ἐν χειρί, *vid. sub* χείρ.

Ge. 1. 1, 6††, 11, 12, 14, 15, 17, 22, 29, 30 : 2. 2, 3, 8, 9††, 15, 16** : 3. 3††, 5†, 8, 8††, 10, 16, 17 *bis*, 19 : 4. 8*, 8, 16, 20 : 6. 3, 4, 5, 9, 17, 17† : 7. 1, 11 *bis*, 13, 15, 23 : 8. 1, 3, 5, 11, 13 *bis*, 14 : 9. 4, 6, 13, 14*, 14, 15, 16 *bis*, 21, 27 : 10. 5 *ter*, 10, 20 *ter*, 25, 31 *ter* : 11. 2*, 2, 28 *bis*, 32 *bis* : 12. 3, 8, 9 : 13. 12 *ter*, 13**, 18 : 14. 1, 5, 5**, 5, 5**, 6**, 6, 7, 8, 12, 13†, 15† : 15. 1, 13, 15†, 15, 18† : 16. 3, 4, 5, 6, 7† *bis*, 11 : 17. 11†, 17, 21, 23**, 23, 26 : 18. 9, 12, 13, 18, 24 *bis*, 26 *bis* : 19. 2, 11†, 12, 16*, 17, 25† *bis*, 25, 29* *bis*, 29 *bis*, 30 *ter*, 33, 33†, 33*, 33* †, 34† *bis*, 35, 35* : 20. 1, 3, 5 *bis*, 6, 11, 18 : 21. 7, 12, 20, 21, 22 *bis*, 23, 32, 34 : 22. 13, 14, 18 : 23. 2 *ter*, 6 *bis*, 9**, 9, 10††, 11**, 17, 17†, 17 *bis*, 19 *bis*, 20† : 24. 3†, 14, 15, 30†, 37 *bis*, 42† *bis*, 44, 45, 48, 52*, 56†, 62, 65 : 25. 8, 16 *bis*, 21, 22, 23, 24 : 26. 1, 2, 3, 4, 6, 12 *bis*, 15, 17, 19, 24, 25†, 32 : 27. 15, 41, 45 : 28. 6*, 11, 12, 14 *bis*, 15, 16, 20 : 29. 2, 26, 34 : 30. 11, 14 *bis*, 20, 32 *bis*, 33 *ter*, 35 *ter*, 38, 40, 41 *ter* : 31. 6, 10† *bis*, 10, 13, 14, 18, 23, 25 *bis*, 33, 35, 41 *bis*, 54 *bis* : 32. 10 (11), 19 (20)*, 20 (21), 21 (22), 25 (26)* : 33. 2 (ἐν πρώτοις), 8‡‡ †, 14, 16, 18 : 34. 5, 7, 9, 10, 15 *bis*, 15*, 19**, 22, 22*, 23, 25 *bis*, 26, 27, 28 *bis*, 29 *bis*, 30, 30†, 30 : 35. 1*, 3 *bis*, 4, 4** *bis*, 6, 7*, 9, 14, 15, 16, 17*, 18*, 19, 21, 26, 27 : 36. 5, 6, 8, 9, 16, 17, 21, 24, 30 *bis*, 31 *bis*, 32, 35, 40 *ter*, 43 *bis* : 37. 1 *bis*, 7††, 13†, 15, 17†, 22**, 29 : 38. 1, 5, 11 *bis*, 14, 18**, 18, 20, 21, 24, 25, 27, 28* : 39. 2, 3, 5†, 5 *bis*, 8, 9, 11** †, 12†, 13, 14, 15*, 20 *bis*, 22, 23 : 40. 3, 4, 5 *bis*, 7, 9, 10, 11, 14, 17, 20, 20†† : 41. 2, 3†, 5, 10 *bis*, 11, 17, 18, 19†, 19, 22 *bis*, 29, 30, 35, 36 *bis*, 38, 47, 48 *quater*, 52, 53, 54 *bis*, 57 : 42. 1, 2, 5, 13, 15, 17, 19, 21, 28, 30, 32†, 33, 35*, 35, 38 : 43. 11, 12 *bis*, 15, 18, 19, 21 *ter*, 23, 26 : 44. 5 *bis*, 8, 12, 29, 31* : 45. 6, 10, 13**, 24 : 46. 2, 6†, 12, 15, 20, 27, 31, 34 : 47. 1, 4 *quinquiens*, 6, 11 *ter*, 13, 14 *bis*, 17 *bis*, 18, 22, 24** †, 27, 28, 29, 30 : 48. 3 *bis*, 5, 6†, 7 *bis*, 13, 13†, 16, 20 *bis*, 22 : 49. 6 *bis*, 7 *bis*, 11 *bis*, 14†††, 16, 21, 29 *bis*, 30 *ter*, 32 *bis* : 50. 5 *bis*, 8, 11†, 13, 22†, 25, 26 *bis*.

Ex. 1. 5, 11, 14, 14** : 2. 2, 5, 6, 11, 12, 15, 22 *bis* : 3. 2, 5, 7**, 12*, 12, 16, 20 *bis* : 4. 2**, 4, 14, 17 *ter*, 18**, 19, 20, 21, 24 *bis*, 27 : 5. 1, 9, 12, 19 : 6. 1 *bis*, 4, 6, 8, 28†, 28 : 7. 3, 15, 16, 17, 17** *bis*, 18**, 19†, 19 *ter*, 20** *bis*, 21**, 21 : 8. 3 (7. 28), 3 (7. 28)†, 3 (7. 28), 7 (3)†, 9 (5), 11 (7), 16 (12) *ter*, 17 (13) *ter*, 17 (13)†, 18 (14) *bis*, 18 (14)†, 20 (16), 22 (18), 23 (19), 25 (21), 28 (24) : 9. 3, 3**, 3 *bis*, 3†, 4, 5†, 9 *bis*, 9†, 10† *bis*, 11† *bis*, 14 *bis*, 16 *bis*, 18, 19 *bis*, 21, 24 *bis*, 25, 25†, 25** *bis*, 26 : 10. 2, 6, 15 *ter*, 19, 23 : 11. 5, 7, 9, 10 : 12. 1, 2, 4**, 7 *ter*, 9, 10, 11 *bis*, 12 *quater*, 13 *quater*, 16, 17, 19 *bis*, 20, 27, 29, 29**, 30 *ter*, 34, 40 *bis*, 46, 49, 51 : 13. 2, 3 *bis*, 4 *bis*, 5, 7, 8, 9 *bis*, 12, 14, 15, 16, 20, 21 *bis* : 14. 3, 4 *bis*, 8, 11 *bis*, 12 *bis*, 17 *quater*, 18 *bis*, 21, 24 *bis*, 29††, 30 : 15. 4, 6, 8††, 10, 11 *ter*, 19††, 20, 22 : 16. 3 *bis*, 5†, 7*, 8*, 10, 16†, 24, 25, 26, 27, 31, 32 : 17. 1, 5 *bis*, 6, 7, 8, 9, 13, 14†, 16 : 18. 3, 8, 20 *bis* : 19. 9, 13, 16** †, 18 : 20. 4 *ter*, 10 *bis*, 11, 11**, 20, 24, 26† : 21. 8, 17, 20, 22 : 22. 2 (1), 4 (3), 21 (20), 27 (26) : 23. 2†, 3, 6, 9, 15, 16 *bis*, 19, 20, 29, 31, 33 : 24. 11, 18 : 25. 7 (8), 8 (9), 13 (14)**, 13 (14), 14 (15), 19 (20)†, 26 (27), 27 (28), 28 (29)†, 28 (29), 32 (33), 33 (34)†, 33 (34), 35 (36)†, 39 (40) : 26. 12, 30, 34 : 27. 7*, 8, 21 : 28. 3, 9†, 14, 17, 20†, 31 (35)*, 32 (36) : 29. 2, 2†, 4, 26, 29, 30, 31, 32**, 33 *bis*, 36*, 40, 42, 43, 45 : 30. 4 *bis*, 6, 12 *ter*, 15*, 35†, 36, 38 : 31. 3, 13, 14, 17† *bis*, 18 : 32. 2**, 3**, 4, 11 *bis*, 12, 15, 16, 17, 20†, 28†, 29, 29† : 33. 3, 4 : 34. 1†, 3, 5, 10 *ter*, 12, 13†, 18 *bis*, 26, 29*, 32 : 35. 2, 3, 3†, 10, 18 (19) *bis*, 18 (19)†, 26, 33, 34 : 36. 1, 2, 6, 8, 17 (39. 10), 20 (39. 13)†, 31 (39. 23) (ἐν τῷ μέσῳ) : 37. 4 (36. 36)† : 38. 4 (37. 5), 10 (37. 14), 12 (37. 16) *bis*, 24 (7), 26 (8) : 39. 5 (38. 27)†, 12, 13 (1) *bis* : 40. 2, 9, 17, 26, 38.

Le. 2. 4 *bis*, 5, 7 : 3. 17 : 4. 7, 12, 14, 18, 23, 24, 27*, 28, 29, 33 : 5. 16 : 6. 2 (5. 21), 3 (5. 22), 6 (5. 26)†, 16 (9) *bis*, 20 (13)†, 21 (14)†, 25 (18), 26 (19) *bis*, 27 (20), 28 (21)†, 28 (21), 29 (22), 30 (23) *bis*, 32 (7. 2), 36 (7. 6), 37 (7. 7), 39 (7. 9), 40 (7. 10) : 7. 2 (12), 2 (12)† *bis*, 5 (15), 7 (17), 9 (19), 16 (26), 23 (33), 25 (35), 28 (38) *bis* : 8. 8, 11** † *bis*, 28 (29), 31 *bis*, 31** †, 32, 34 : 9. 4 *bis*, 6 : 10. 3 *bis*, 5†, 13, 14, 17, 18 : 11. 3, 9**, 9†, 9 *bis*, 10 *ter*, 10** †, 12** †, 21, 24, 26, 27, 32, 34, 42, 43 *ter*, 44, 46 : 12. 4, 5 : 13. 2 *bis*, 3 *bis*, 4, 5, 6, 7, 8, 9, 10 *bis*, 11, 12, 14, 18, 19, 20, 21, 22 *bis*, 24 *bis*, 25†, 26, 27 *bis*, 28, 29 *ter*, 30, 31, 32, 34, 35, 36, 37, 38, 39 *bis*, 42 *quater*, 43 *ter*, 44, 45, 47 *ter*, 48 *sexiens*, 49 *quinquiens*, 51 *quinquiens*, 52 *quater*, 52†, 52, 53 *quater*, 55 *quater*, 57 *sexiens* : 14. 8, 10, 13 *bis*, 17** †, 21, 27**, 32, 34 *bis*, 35, 36, 37, 39, 40†, 43, 44 *bis*, 47 *bis*, 48, 51, 52 *sexiens* : 15. 3, 19 *bis*, 20, 23, 23*, 25, 31*, 31**, 32, 33 *bis*, 33† : 16. 1*, 2, 3, 16, 16††, 17 *bis*, 21, 24, 27 *bis*, 29 *bis*, 30 : 17. 3 *bis*, 5, 8, 10, 12, 13, 15 *bis* : 18. 3, 3†, 4, 5, 19, 24 *bis*, 25†, 26, 28*, 28†, 30 : 19. 6, 15 *bis*, 16, 22, 25, 28 *bis*, 31, 33, 34 *bis*, 35 *quater*, 36† : 20. 2 *bis*, 4*, 14 *bis*, 15, 24, 25 *quater* : 21. 1 *bis*, 2, 4, 15, 17, 18, 19, 20, 21 *bis* : 22. 5, 8, 16*, 18, 20, 21 *bis*, 25, 25†, 28, 32†† : 23. 3, 4, 5 *bis*, 6, 12 *bis*, 13, 14, 21 *bis*, 22*, 28†, 29, 30, 31, 39, 41, 42 *ter*, 43, 43* : 24. 3, 9, 10 *bis*, 12†, 16*, 23† : 25. 1, 7**, 9, 9†, 9, 13†, 20, 21, 28†, 29, 30 *bis*, 31**, 31, 31, 33, 33††, 42, 43, 45 *bis*, 46, 53, 54 : 26. 1, 4, 6, 11, 12, 26*†, 26 *bis*, 28, 32, 34, 35, 36, 37, 38, 39, 41 *bis*, 43*, 44, 46 *bis* : 27. 23, 24, 26, 32, 34.

Nu. 1. 1 *ter*, 3, 18, 19, 20, 22, 26, 28, 30, 32, 34, 36, 24, 38, 40, 42, 45†, 45, 47, 49††, 50 *bis*, 51* *bis*, 52, 53 : 2. 33† : 3. 1 *bis*, 4, 13 *ter*, 14, 25, 31, 41†, 42, 48 : 4. 3, 4, 5, 7, 9, 12 *bis*, 14, 15*, 15, 16 *ter*, 23†, 26, 28 *bis*, 31, 33 *ter*, 35†, 37 *bis*, 39, 41 *bis*, 45, 47, 49 : 5. 3 *bis*, 8, 9, 17, 18, 20, 21 *bis*, 21††, 21*, 27† : 6. 11, 15 *bis* : 7. 10, 12, 13, 19, 25, 31, 37, 43, 49, 55, 61, 67, 73, 79, 85, 86†, 89* : 8. 8, 17†, 17, 18, 19, 19†, 22, 24†, 24, 26 *bis* : 9. 1 *ter*, 5, 6 *bis*, 7††, 10, 10†, 10, 11 *bis*, 13, 14, 17, 18, 23 : 10. 3, 4, 6, 9, 10 *ter*, 11 *bis*, 12 *bis*, 13, 31 *bis*, 35*, 36 *bis*, 34* : 11. 1, 3, 4**, 5, 8 *ter*, 12, 18, 20, 21† *bis*, 25, 26 *bis*, 27, 33, 33†, 35† : 12. 2†, 5, 6 *bis*, 7, 8 : 13. 1 (12. 26), 20 (19) *ter*, 21 (20), 30 (29) *bis*, 33 (32) : 14. 3 (2) *bis*, 3, 9, 10†, 10, 10†, 11†, 11, 13†, 14 *ter*, 16, 22 *bis*, 24, 25, 29, 31†, 32, 33 *bis*, 35, 37, 43, 45 : 15. 3, 4 *bis*, 6, 9, 14 *quater*, 15, 16, 18*, 23, 29 *bis*, 30, 31, 32, 32†, 35†, 36†, 39 *bis* : 16. 3, 13, 26, 28, 30, 38 (17. 3), 38 (17. 3)†, 40 (17. 5)†, 42 (17. 7)*, 47 (17. 12), 48 (17. 13)†, 49 (17. 14) : 17. 4 (19) *bis*, 7 (22), 8 (23)† : 18. 5, 10, 11, 13 *bis*, 14, 20 *bis*, 20††, 21 *ter*, 23††, 24, 24††, 26, 31, 31** : 19. 2, 10†††, 13, 14 *bis*, 15†, 19 *bis*, 19† : 20. 1 *bis*, 3, 13, 15†, 16, 18, 20 *bis*, 23, 24† : 21. 4, 5 *bis*, 10†, 11 *bis*, 13, 14, 18†, 18*, 19, 25 *ter*, 31, 34 : 22. 7, 18, 23 *bis*, 23†, 23, 24, 26, 29, 31 *bis*, 34 : 23. 3 (ἐν συναντήσει), 9, 10, 21 *ter*, 23 *bis* : 24. 2†, 4, 16, 18, 21 : 25. 1, 7, 9, 11*, 11 *bis*, 18 *bis* : 26. 2, 3, 9 *bis*, 10 *bis*, 19, 59, 61*, 61, 62†††, 62††, 63, 64 *bis*, 65 : 27. 3, 3††, 3, 3 (4)††, 6 (7)††, 12**, 12, 13, 14, 14*, 14†, 14, 18 : 28. 2, 5 *bis*, 6, 7, 9, 10, 11, 12 *bis*, 13, 16, 20, 25, 28 : 29. 3, 9, 14, 35, 39 : 30. 4 *bis*, 11, 17 *bis* : 31. 6, 8, 10**, 10†, 16, 17, 23, 30 : 32. 5, 10, 13, 15, 17, 19†, 19 *bis*, 22, 26, 29, 30 *bis*, 32, 39 : 33. 1, 3, 4 *bis*, 8, 9, 11†, 13, 14, 15, 16, 17, 18, ● 19, 20†, 23†, 34†, 36, 38, 39, 40, 41†, 42†, 43†, 44 *bis*, 46†, 52, 53 *bis*, 54†, 55 *bis* : 34. 29 : 35. 14†, 14, 15**, 16, 17 *ter*, 18, 18†, 21*, 23 *bis*, 28, 29, 34†, 34†† : 36. 2, 7, 9, 13.

De. 1. 1, 2†, 3 *bis*, 4 *ter*, 5 *bis*, 6 *bis*, 9, 16, 17, 18, 22, 25, 27, 30 *bis*, 32, 33 *bis*, 33†, 33, 39†, 44, 46 : 2. 4, 5, 7, 8, 9, 12, 19 *bis*, 22, 23, 24, 27, 29 *bis*, 30, 34, 36, 37** : 3. 2, 4 *bis*, 8, 10, 11 *bis*, 12, 18 *bis*, 19, 20, 21, 23, 24, 29 : 4. 4, 5, 7†, 7, 8†, 10, 12†, 14, 15 *ter*, 18 20, 21, 22, 27 *bis*, 29, 34 *sexiens*, 34†, 34, 37, 39, 43 *quater*, 45†, 46 *quater* : 5. 1 *bis*, 2, 4†, 5, 8 *ter*, 14 *bis*, 14†, 14** †, 15 *ter*, 22 (19), 24 (21), 29 (26), 31 (28) *bis*, 33 (30)† : 6. 1, 3 (4)†, 6 *bis*, 7 *ter*, 15, 16, 21 *ter*, 22 *ter* : 7. 1* †, 8, 8†, 14 *bis*, 17, 21, 25† : 8. 2, 2**, 3†, 6†, 12, 16, 17 : 9. 3 (ἐν τάχει)†, 4, 4*, 7, 8, 9, 10 *bis*, 19, 20, 21, 22 *ter*, 26†, 26 *ter*, 28, 29, 29† : 10. 1, 2, 4, 8, 9, 10 *bis*, 12, 14, 19, 21†, 22 : 11. 3††, 5, 6††, 7†, 15, 15†, 17 (ἐν τάχει), 19†, 19 *bis*, 22, 30, 31 *bis* : 12. 1†, 1, 2, 5, 13, 14, 15 *ter*, 17, 18, 18**, 20, 21, 22, 29, 31†, 31 : 13. 1 (2), 5 (6), 6 (7)**, 9 (10) (ἐν πρώτοις), 10 (11), 11 (12), 12 (13), 14 (15), 15 (16) *bis*, 15 (16)**, 16 (17), 17 (18) : 14. 6, 9**, 9†, 21**, 21, 23, 25, 27**, 28 *bis*, 29**, 29 : 15. 4 *ter*, 7 *ter*, 7†, 9 *bis*, 10 *bis*, 15, 18, 19 *ter*, 20, 21, 22 *bis* : 16. 1, 2, 3, 4, 5, 6, 7, 8, 11** † *bis*, 11, 12, 13*, 14†, 14, 15 *ter*, 16 *quater*, 18 : 17. 1 *bis*, 2†, 2, 4, 5, 7 (ἐν πρώτοις), 8 *bis*, 9, 12 *bis*, 12†, 14†, 19, 20 : 18. 2, 5†, 10 *bis*, 16, 18, 20†, 21, 22 : 19. 1 *bis*, 2††, 9, 10 *ter*, 11†, 14 *ter*, 17, 20 : 20. 5, 6, 7, 11, 13, 14, 19** : 21. 1 *bis*, 4, 6, 8, 11, 13, 21, 22, 23 *bis* : 22. 1, 4, 6, 8, 10, 11†, 12, 21 *bis*, 23†, 24 *bis*, 25, 27 : 23. 4 (5), 7 (8), 10 (11), 13 (14), 13 (14)†, 14 (15) *bis*, 16 (17), 16 (17)†, 20 (21), 21 (22), 22

● = correction on page xxv

(23), 25 (26)†: 24. 1†, 4, 5, 8, 9, 10, 11, 12, 13, 14**, 15 *bis*, 16†, 18, 19, 19†, 19, 20, 22: 25. 7, 9†, 10, 13, 14, 15, 17, 18, 19† *bis*: 26. 1†, 2†, 3, 5, 8 *bis*, 8†, 8 *ter*, 11†, 11**, 12 *bis*, 14, 16, 17: 27. 4, 9, 11, 12, 13, 15, 18, 26: 28. 3 *bis*, 6* *bis*, 7†, 7, 8, 8†, 9, 11†, 16 *bis*, 19* *bis*, 20 (ἐν τάχει), 22†, 24 (ἐν τάχει)†, 25 *bis*, 25†, 25, 27† *bis*, 29, 30, 35, 37 *bis*, 40, 41, 43, 46 *bis*, 47, 47†, 48, 48† *ter*, 52 *ter*, 53 *bis*, 54**†, 54**, 55 *ter*, 56, 56**, 57 *ter*, 58, 60, 61, 62, 63 (ἐν τάχει)†, 65, 68 *bis*: 29. 1 (28. 69) *bis*, 2 (1), 5 (4), 7 (6), 8 (7), 11 (10)**††, 12 (11)†, 12 (11), 16 (15), 16 (15)††, 18 (17) *ter*, 19 (18) *bis*, 20 (19) *ter*, 21 (20), 23 (22), 27 (26), 28 (27): 30. 1, 9 *quater*, 10, 12, 14 *ter*, 16 *bis*: 31. 6†, 10 *ter*, 11*, 11, 12**, 15, 17 *ter*, 18, 19, 22, 26, 29: 32. 10 *ter*, 16, 20, 21, 28, 34, 35, 35†, 36, 44, 48, 49, 50 *bis*, 51 *ter*: 33. 5, 6, 8, 10, 16, 16†, 17, 18 *bis*, 24: 34. 5, 6, 6†, 7*, 8, 10, 11 *bis*.

Jo. 1. 7, 8, 14, 15†: 2. 5, 6, 11 *bis*, 12, 18†, 19, 24: 3. 5, 7, 8, 10 *bis*, 13, 17††: 4. 3, 8, 9 *bis*, 10, 14, 19, 20, 24: 5. 1*, 1, 4, 5, 8 *bis*, 9†, 9, 11 *bis*, 12 *bis*: 6. 2**, 2, 14 (15)†, 16 (17) *bis*, 20 (21) *bis*, 21 (22)†, 23 (24)†, 23 (24)**, 24 (25), 25 (26) *quinquiens*: 7. 13, 15 *bis*, 21, 21†, 21, 22†, 25†: 8. 3, 17, 18, 18**, 18 (ἐν τάχει), 19 (ἐν τάχει), 19, 24**†, 24**, 24 *bis*, 25, 27**, 28: 9. 1** *quater*, 1 (8. 30), 1 (8. 31), 1 (8. 33) (ἐν πρώτοις), 1 (8. 34), 5, 7, 9 *bis*, 10 *bis*, 12, 16, 22, 26, 27: 10. 2†, 7, 10, 11*, 11, 12, 13, 16**, 17, 17**, 28 *quater*, 29†, 30†, 30 *ter*, 32 *bis*, 33, 35 *quater*, 37 *ter*, 39 *bis*, 40†: 11. 3**, 6†, 7, 9†, 10, 11 *quater*, 12, 14, 19, 21, 22 *bis*, 22†, 23 *bis*: 12. 2 *bis*, 4 *bis*, 6, 7 *bis*, 8 *quinquiens*, 8†: 13. 6, 7, 8, 9††, 10†, 12 *bis*, 12†, 13, 14 *bis*, 16**†, 17, 19, 22, 30, 31 *ter*, 32 *bis*: 14. 1†, 2†, 3, 4, 6 *bis*, 9 *bis*, 10, 12† *bis*, 13, 14: 15. 13††, 18*, 33, 48, 63 *bis*: 16. 10 *quinquiens*: 17. 1†, 1, 4††, 4, 6††, 11 *bis*, 12, 16†, 16 *ter*: 18. 7, 8, 10: 19. 9††, 27†, 34, 48, 47 *ter*, 49, 50 *bis*, 51 *bis*: 20. 4†, 5†, 6† *bis*, 7 *quater*, 8 *quinquiens*, 9, 9†: 21. 2 *ter*, 3*, 6, 7†, 11, 12, 27, 32, 36, 37, 39††, 40 *septiens*, 41: 22. 4, 5†, 7, 7†, 8, 9† *bis*, 9, 10, 11, 17, 19, 22 *bis*, 27 *bis*, 27†, 29: 23. 4, 6, 7, 13 *bis*, 16*: 24. 1†, 3, 5, 5†, 6 *bis*, 7 *bis*, 12 *bis*, 13, 14 *quater*, 15 *bis*, 17 *ter*, 23**, 25 *bis*, 27†, 27, 30 *bis*, 30†, 30 *bis*, 32 *ter*, 32†, 33 *quinquiens*.

Jd. 1. 1† *bis*, 2, 3, 3†, 3, 4†, 4, 5† *bis*, 8 *bis*, 10†, 14*†, 16, 21, 21†, 25, 27, 29, 29††, 29, 30††, 32††, 33††, 35 *quinquiens*: 2. 7†, 9 *ter*, 10†, 14† *bis*, 14, 15, 18†, 20, 21†, 22 *bis*, 23: 3. 1, 4 *bis*, 5††, 8, 8†, 10, 15, 20, 21†, 24, 27†, 27, 28, 29†, 30, 31: 4. 2 *ter*, 4, 5, 7†, 8, 9, 14 *bis*, 15, 16, 18†, 20†, 21†, 21, 21†, 21 *bis*, 22, 23: 5. 1, 1†, 2*†, 2, 2*†, 4, 4†, 4*, 6 *bis*, 7 *bis*, 8, 8†, 9†, 11, 13†, 14 *bis*, 14†, 14, 15, 15†, 15†††, 15†, 17, 19, 23, 24†, 24, 25, 27†, 29†, 31: 6. 1, 2**, 4, 4†, 5†, 10 *bis*, 11**, 11 *bis*, 13 *bis*, 14, 15 *ter*, 15†, 17‡‡, 19† *bis*, 21**, 24, 25†, 26 *bis*, 32 *bis*, 33, 34, 35†, 35 *bis*, 35†, 36, 37 *bis*, 39 *bis*, 40: 7. 1, 2, 3†, 6, 7 *bis*, 8 *bis*, 9, 9†, 9, 10, 11**†, 12, 13, 14, 15, 16, 16†††, 17†††, 18† *bis*, 19, 19† *bis*, 19**, 20 *ter*, 22†, 22 *bis*, 24, 25 *bis*: 8. 1, 3, 3*, 5**, 6, 7*, 7 *ter*, 9*†, 10, 11, 15†, 15, 16 *bis*, 18, 21**, 22†, 23†, 26,**† 27, 27†, 28, 29, 31**†, 32 *ter*: 9. 2, 3, 4†, 6**, 9† *bis*, 15 *bis*, 16, 16†, 19, 19†, 19, 19†, 21†, 22†, 23, 25, 26† *bis*, 29, 31†, 32, 38†, 39†, 41 *bis*, 43, 44**, 45, 45**, 48, 49, 50†, 51††, ● 52: 10. 1†, 1, 2, 4, 5, 7 *ter*, 8, 8**†, 8, 8**†, 9† *bis*, 14, 15‡‡†, 15, 16†, 16, 17 *bis*, 18†: 11. 1†, 2, 3, 5†, 6†, 8†, 9, 11, 12, 13*†, 13†, 16*†, 16, 17†, 17, 18 *bis*, 18†, 19†, 20†, 21, 21†, 25†, 26*, 26 *bis*, 26† *bis*, 26 *quater*, 27, 30, 31*, 31, 32, 33, 34, 35‡‡†, 36†, 36*†, 39† *bis*, 39, 40: 12. 1 *bis*, 3, 3† *bis*, 3, 4†† *bis*, 6†, 7, 7†, 10†, 10, 12†, 12 *bis*, 14 *ter*: 13. 1, 3†, 5, 7, 8, 9, 10†, 20*, 20, 25: 14. 1†, 2, 3†, 3‡‡, 4, 4†, 6, 7‡‡†, 8, 11*†, 12, 15 *bis*, 17† *bis*, 17, 18† *bis*: 15. 1, 1†, 4 (ἐν τῷ μέσῳ)†, 5, 5†, 6, 7, 8, 9†, 9, 12 *bis*, 13, 13†, 14**†, 14, 15†, 15, 16 *bis*, 18, 18†, 18, 19**, 19†, 19, 20: 16. 2†, 3†, 4†, 5 *bis*, 6 *bis*, 7, 8, 9, 9*, 10, 11, 11† *bis*, 12, 12†, 13, 13†, 14*†, 14† *bis*, 15, 16, 18, 21 *bis*, 23, 24, 27†, 29† *bis*, 30, 30**, 30 *bis*, 31: 17. 2, 4, 6 *ter*, 8†, 9†, 12: 18. 1 *ter*, 1††, 3† *bis*, 5, 5† *bis*, 6† *bis*, 6, 7**†††, 7† *ter*, 7, 9† *ter*, 10, 10**†, 12 *bis*, 12†, 14, 19†, 20††, 22**†, 27, 27†, 28 *bis*, 29†, 31 *ter*: 19. 1, 11, 12†, 13, 13†, 14† *bis*, 15 *bis*, 16†, 16, 17, 20, 24‡‡, 25†, 29†: 20. 2, 6 *bis*, 9, 10, 12 *bis*, 13**, 15, 16†, 18, 18† *bis*, 21 *bis*, 22 *bis*, 23, 24, 25, 26, 27†, 28†, 28, 28† *bis*, 29†, 30, 31 *ter*, 33, 35†, 35, 37*†, 37, 39 *bis*, 42††, 45†, 46†, 46, 47, 48 *bis*: 21. 1, 3† *bis*, 4†, 5, 5†, 7, 10, 12**†, 13**†, 14, 15, 18†, 19, 19†, 20, 21†, 21, 22, 23, 24, 25 *bis*, 25‡‡†.

Ru. 1. 1†, 1*, 1 *bis*, 6, 7, 9, 11, 13, 19*†, 20, 22: 2. 1†, 2, 2‡‡, 3, 7 *bis*, 8, 10‡‡, 13‡‡, 14†, 17, 22: 3. 4*, 7, 7†, 8: 4. 5, 7†, 7, 11**, 11 *bis*, 14.

I Ki. 1. 1, 3†, 7*, 8†, 9, 13, 18‡‡, 20†, 21†, 23‡‡, 24, 24†, 26, 26*: 2. 1 *ter*, 5, 9, 10 *quater*, 10††, 13, 14 *bis*, 19*, 27, 32, 32† *bis*, 33, 34, 35** *bis*, 36, 36†: 3. 1, 2 *bis*, 3, 8 (ἐν τρίτῳ), 9, 11, 12, 13, 14 *bis*, 17, 21: 4. 1 *bis*, 2 *bis*, 3†††, 6, 8 *bis*, 12, 17, 20, 22*: 5. 5, 6, 9†, 12: 6. 1, 2, 4 (?), 7, 8, 10, 12 *bis*, 13**, 13, 14**, 15, 18**, 19 *ter*: 7. 1**, 2, 3, 6, 10 *bis*, 16: 8. 2, 3, 5, 6‡‡†, 11, 11†, 18 *bis*: 9. 2, 6, 7†, 8, 9†, 9*, 12, 13, 17, 19**, 22, 24, 25†: 10. 1†, 2, 9, 10††, 11††, 11, 12, 22 *bis*, 23††, 24, 25: 11. 2, 2*, 7, 8† *bis*, 11 *bis*, 13 *bis*, 15: 12. 2, 5 *ter*, 7†, 7, 8, 9†, 16‡‡, 18†, 20†, 24† *bis*: 13. 2**†, 2 *bis*, 3**†, 4† *bis*, 5†, 6† *quinquiens*, 7 , 11†, 16† *bis*, 19†, 22† *bis*, 23**†: 14. 1**†, 2**†, 3†, 6† *bis*, 14, 14† *bis*, 15 *bis*, 15**, 16, 18, 19, 22, 22 (23), 23, 24, 27*, 27**, 30**†, 31 *bis*, 33†, 34, 34**, 36 *bis*, 37, 38, 41 *bis*, 43, 43**, 45, 45†: 15. 2, 4, 5, 6*, 8, 14, 18, 20†, 21, 33: 16. 1, 2, 6*, 9, 10, 11, 13††, 16, 16*, 16†, 16, 19**, 20, 22‡‡, 23*, 23: 17. 1†, 2, 10, 12† *bis*, 15†, 19†, 20†, 24*†, 25†, 28*†, 28† *bis*, 34, 39, 40 *ter*, 43 *bis*, 45 *quater*, 45†, 46 *bis*, 47, 50† *ter*, 51†, 52, 54, 57†: 18. 2† *bis*, 3*†, 5†, 5‡‡†, 6*† *bis*, 6, 6†, 6, 7 *bis*, 8‡‡, 10†††, 10† *bis*, 11† *bis*, 14, 18†, 19†, 20‡‡, 21†, 22, 23‡‡, 25 *bis*, 26‡‡, 27: 19. 3, 5, 8†, 9 *bis*, 9†, 10†, 10, 18 *bis*, 19 *bis*, 22**, 22 *bis*, 23†, 23, 23†, 23, 24: 20. 1†, 1, 3‡‡†, 5, 8, 15*, 17*†, 19, 24, 26, 29, 29‡‡, 34 *bis*, 36, 42: 21. 2 (3), 5 (6)*, 7 (8), 8 (9), 9 (10) *bis*, 10 (11), 11 (12) *bis*, 12 (13), 13 (14) *bis*: 22. 2, 4, 5 *bis*, 6, 6**, 6, 8*, 11**, 14 *bis*, 15, 18, 19, 22: 23. 1, 2, 3, 5†, 5, 6*, 6, 14 *sexiens*, 15 *bis*, 15†, 16, 18, 19 *quater*, 22 (ἐν τάχει), 23, 24, 25**: 24. 1, 2, 5‡‡, 8, 11 *bis*, 12 *bis*, 20 *bis*, 21, 22: 25. 1 *bis*, 2†, 2, 2*, 2, 3, 4, 7 *bis*, 8‡‡, 9, 16*, 16, 20, 21, 24, 28, 29, 29††, 32†, 33, 36†, 37: 26. 1, 2, 3 *bis*, 5, 7, 15, 18, 19, 20, 21‡‡, 21, 24, 24‡‡: 27. 1 *bis*, 3†, 5‡‡, 5 *bis*, 6, 7, 11, 12 *ter*: 28. 1 *bis*, 3 *bis*, 6 *ter*, 7 *bis*, 9, 10†, 10, 15 *ter*, 17, 18, 18†, 20, 21, 22†, 22, 24: 29. 1, 1**, 3, 4 *bis*, 5 *ter*, 6‡‡, 6, 6†, 6‡‡, 7‡‡, 8, 9‡‡, 10†, 10: 30. 1, 2**, 3, 4, 6, 10†, 11, 11†, 12†, 14, 16, 21, 27**, 27**†, 27**, 28**, 28**†, 28** *bis*, 29** *septiens*, 30** *ter*, 31**: 31. 1, 4, 6, 7**, 7**†, 7, 10, 13**†.

II Ki. 1. 1, 2†, 2*, 6, 9, 12, 20 *bis*, 21**, 21, 23 *bis*, 25††: 2. 1, 3, 11†, 13**†, 15, 16, 17, 18, 23, 32, 32†, 32: 3. 2, 5, 6*, 9†, 14, 18, 19, 19‡‡, 21, 22†, 22, 23, 24, 27, 29, 30 *bis*, 32†, 34, 37, 38, 38†: 4. 1, 4* *bis*, 5 *bis*, 7, 10, 11, 12 *bis*: 5. 3, 4*, 5 *bis*, 8, 9, 14, 22, 24*, 24: 6. 2, 3**, 4†, 5 *octiens*, 8, 9, 12, 14, 16, 18, 20‡‡, 22‡‡: 7. 1, 2, 2††, 3, 4†, 6 *ter*, 7 *bis*, 9, 10 (?)†, 14 *bis*, 22 *bis*, 23: 8. 2†, 5, 6 *bis*, 7*, 7, 8, 10, 13*, 13, 14 *ter*: 9. 1†, 4, 13: 10. 2, 4, 5, 6†, 8, 10, 12‡‡: 11. 1, 5 *bis*, 11, 12 *bis*, 14, 15, 16*, 19*, 21†, 22, 25‡‡, 27‡‡: 12. 1, 3, 8, 9‡‡, 9 *bis*, 14, 18, 18*, 22*, 25, 26, 27†, 29, 31**†, 31 *bis*: 13. 2‡‡, 6‡‡, 12, 13, 20, 23, 28, 30, 34 *bis*: 14. 3†, 6, 19 *bis*, 20**, 22‡‡, 25 *bis*, 26*, 26, 28, 30 *ter*, 31, 32†: 15. 4, 5*, 7, 8*, 8 *bis*, 10†, 10*, 10, 11†, 12† *bis*, 12*, 14**, 14†, 17, 18† *bis*, 23, 25‡‡, 26, 26‡‡, 27, 28, 30†, 31, 36: 16. 2, 3, 4‡‡, 6†, 7*, 8 *bis*, 12, 12†, 13 *bis*, 23 *bis*: 17. 3†, 4‡‡ *bis*, 5, 8, 8†, 9 *bis*, 9*, 9 *bis*, 11††, 12, 12†, 16, 17, 18 *bis*, 23, 29: 18. 2 *ter*, 3, 4‡‡, 6, 7, 8† *bis*, 9, 10†, 12, 13, 14, 14†, 14, 16, 17, 18†, 18**, 20 *ter*, 25, 28, 33 (19. 1)*: 19. 2 (3) *bis*, 3 (4), 3 (4)*, 3 (4), 4 (5)†, 6 (7)‡‡, 7 (8), 8 (9) *bis*, 9 (10), 10 (11), 18 (19)‡‡, 19 (20), 24 (25), 27 (28)†, 27 (28)‡‡, 28 (29), 30 (31), 32 (33)*, 32 (33), 33 (34), 34 (35)†, 37 (38), 37 (38)‡‡, 38 (39)‡‡, 43 (44) *bis*: 20. 1†, 1 *bis*, 3, 8**, 8, 10**, 10 (ἐν πρώτοις), 12, 12††, 14 *bis*, 15, 15†, 15, 18, 18 *ter*, 19, 22 *bis*: 21. 1, 1†, 2*, 3, 4, 5, 6, 9 *ter*, 9 (ἐν πρώτοις), 9†, 10, 12 *bis*, 14 *ter*, 16†, 16, 18, 18**†, 19, 20, 22 *ter*: 22. 1, 7*, 7, 9, 12, 16, 20, 30 *bis*, 35†, 50 *bis*: 23. 2, 3, 4, 5, 7 *bis*, 9, 9*, 9, 10 *bis*, 12††, 13, 14 *bis*, 15** *bis*, 15, 16, 16** *bis*, 17, 18, 19, 20††, 20, 21, 21†, 21, 22, 24, 24†: 24. 1 *bis*, 3, 5, 5**††, 8, 13 *bis*, 14†, 15 *bis*, 16†, 16, 17*, 17 *ter*, 18 *bis*, 22‡‡, 24 *bis*, 25 (ἐν πρώτοις).

III Ki. 1. 17, 30, 40 *bis*, 45, 51, 52: 2. 2, 3 *bis*, 4 *bis*, 4†, 5†, 5 *ter*, 5**, 6, 7, 7*, 8 *bis*, 9, 10, 11 *bis*, 25 *bis*, 26 *bis*, 27, 32, 34 *bis*, 35: 3. 1†, 1 (ἐν πρώτοις), 1†, 1, 1 (9. 25)†, 1 (2. 8), 1 (2. 9) *bis*, 1 (2. 36), 1 (2. 37) *bis*, 1 (2. 38), 1 (2. 39), 1 (2. 42), 1†, 1 (*cf.* **A** 4. 21)† *bis*, 1 (*cf.* **A** 4. 24)† *bis*, 1† *bis*, 2†, 3 *bis*, 4, 5, 6 *ter*, 8††, 9, 13, 14, 15, 17 *ter*, 18, 18†, 18, 20 *bis*, 26, 28: 4. 7†, 8, 9, 9†, 10, 13†, 13, 15, 16, 16†, 17†, 18, 19, 19†, 19, 17, 22 (5. 2), 24 (5. 4)† *bis*, 31 (5. 11)†, 33 (5. 13)**, 34 (9. 16)†: 5. 9 (23)†, 14 (28) *ter*, 15 (29): 6. 1 *bis*, 1 (37) *bis*, 1 (38) *bis*, 2†, 2 *bis*, 3, 6 *bis*, 7*, 7†, 7*, 10 *bis*, 12†, 13†††, 15, 19††, 20†, 23, 24, 25†, 25, 26, 27††, 27**†††, 34, 37† *bis*, 38† *ter*: 7. 14, 23 *ter*, 24, 24†, 27, 31†, 31 *bis*, 40, 46 *bis*, 48**†, 6, 7†, 8, 10†: 8. 1*†, 1, 2, 2†, 9 *bis*, 9*, 12†, 15 *bis*, 16 *bis*, 16†, 21, 21*, 23 *bis*, 24 *bis*, 30 *bis*, 31, 33*, 33, 35*, 36 *bis*, 37†, 37, 44 *ter*, 47 *bis*, 48 *ter*, 52, 53, 53*, 53, 53†, 53, 56 *bis*, 58, 59, 61, 65 *bis*, 66: 9. 2, 4 *bis*, 5†, 5, 9, 10, 11, 11†, 11, 11†, 11, 16 (4. 34)† *bis*, 23† *bis*, 25†, 26 *bis*, 27: 10. 1, 2†, 2 *bis*, 5, 6, 7, 9, 9†, 9, 14, 21, 22, 22 (9. 19)† *bis*, 22 (9. 21)†, 26 *bis*, 27, 27**, 28: 11. 4, 7†, 12, 14 (23)**†, 14 (24)*†, 14 (25), 15* *bis*, 15, 16, 16†, 20††, 20†††, 21, 24*†, 24† *bis*, 25, 26†, 29 *ter*, 32, 33†, 33, 36, 37, 38, 40, 41, 42, 43, 43 (12. 2)† *bis*, 43**: 12. 2†, 7, 11 *bis*, 12, 14 *bis*, 15, 16 *bis*, 17†, 18, 24† *bis*, 24**†, 24 *bis*, 24††, 24**, 24 *quater*, 24**, 24 *quater*, 25**, 25, 26, 26†, 27, 29†, 29, 32 *bis*, 32**, 32 *bis*, 33†, 33 *bis*: 13. 1, 2, 3, 3†, 4**, 5, 8, 9 *bis*, 9†, 10 *ter*, 11†, 11 *bis*, 12, 16, 17 *ter*, 18, 19, 22, 24 *bis*, 25 *ter*, 28, 30, 31, 31†, 32, 32**†, 32**: 14. 1†, 4†, 5*†, 6†, 8†, 8‡‡†, 10†, 11† *bis*, 12*†, 13† *bis*, 15†, 17†, 18†, 21*, 21, 22 *bis*, 24, 25, 29, 31: 15. 1, 2†, 3, 4†, 5†, 8†, 8, 9, 10, 13 *bis*, 18, 18†, 18 (?)†, 18, 22†, 23, 24, 25, 25†, 26 *bis*, 27, 28, 29†, 30, 31, 33 *bis*, 34 *bis*: 16. 1, 2 *bis*, 4 *bis*, 5†, 6, 6†, 7 *bis*, 8†, 8, 9 *ter*, 10†, 11*†, 11*, 13, 14, 15†, 15, 16 *bis*, 16†, 16 *bis*, 17†, 18†, 19 *bis*, 20†, 22, 23 *bis*, 24 (ἐν δύο ταλάντων ἀργυρίου), 26 *ter*, 27, 28, 28 (22. 41)†, 28 (22. 42)† *bis*, 28 (22. 43)† *bis*, 28 (22. 45)†, 28 (22. 46)†, 28 (22. 47)†, 28 (22. 48)†, 28 (22. 49)†, 28 (22. 50)†, 29 *bis*, 31, 32†, 32, 34†, 34 *bis*: 17. 3, 5, 11**†, 12 *bis*, 13 (ἐν πρώτοις), 16, 17, 19, 22†, 24: 18. 1, 2, 4*, 4 *bis*, 6 *bis*, 7, 13*, 13 *bis*, 18*, 24 *ter*, 25, 26, 27, 28 *bis*, 28†, 32, 36†, 38**, 44: 19. 1, 4, 8, 10, 11 *bis*, 12 *bis*, 13, 14, 18, 19 *bis*, 21: 20 (21). 8**†, 9 *bis*, 11† *bis*, 12†, 13†, 18**, 18, 19 *bis*, 21, 23, 24 *bis*, 27, 28, 29 *bis*: 21 (20). 9 (ἐν πρώτοις)†, 12, 14 *bis*, 16, 17 (ἐν πρώτοις), 21, 29, 29†, 34 *ter*, 35, 38†: 22. 2, 10, 11, 13, 16, 17 *bis*, 20, 22, 22†, 23, 24, 25†, 27 *bis*, 28 *bis*, 35, 36†, 37, 38, 39, 41†, 42*, 42, 43, 43‡‡†, 44, 46, 47†, 48†, 49†, 51, 52 *ter*, 52†, 53 *ter*.

IV Ki. 1. 1, 2, 2** *bis*, 3 *bis*, 6 *bis*, 13‡‡, 14‡‡, 16, 16† *bis*, 18†, 18 (3. 1) *bis*, 18 (3. 3), 18 (3. 3)†: 2. 1*, 1, 3**†, 5**, 8, 9*, 9, 11, 15**, 16, 18, 23, 24: 3. 1† *bis*, 2‡‡, 3, 4, 5, 6, 7, 9**, 10, 18‡‡, 18, 19: 4. 2, 2†, 7, 10*, 13††, 17, 29, 35, 38, 39, 40*, 40, 41: 5. 1, 3**, 5, 8, 9, 10, 11, 12 *bis*, 14, 15 *bis*, 18*, 18, 18*†, 18†, 18, 23, 24, 27 *bis*: 6. 1, 8, 9, 12**†, 12, 13, 20††, 22, 25, 32 *bis*: 7. 1, 2, 4, 5, 7 *bis*, 12, 15*, 17†, 17*, 18, 19, 20: 8. 2, 8, 9, 12 *bis*, 12**, 15†, 16, 17*, 17, 18, 20, 22, 23†, 24, 25, 26*, 26, 27, 28, 29 *bis*, 29*, 29†: 9. 1†, 2, 8, 10, 13, 14, 15, 15*, 15, 16†, 16 *ter*, 17†, 17*, 20, 21 *bis*, 24, 25, 26 *bis*, 27†, 27*†, 28 *bis*, 29, 31, 35, 36 *bis*, 37: 10. 1 *bis*, 3, 5‡‡, 6†, 7, 7†, 9†, 10, 11 *bis*, 12 *bis*, 14†, 16*, 16, 17, 19, 21, 25, 29**†, 29, 30‡‡, 30, 31 *bis*, 32 *ter*, 35, 36: 11. 2, 3, 4, 4†, 6 *bis*, 7, 8, 8* *bis*, 10**, 11, 14, 15†, 15, 20 *bis*, 21 (12. 1)*: 12. 1 (2) *bis*, 3 (4), 4 (5) *bis*, 6 (7), 9 (10)†, 9 (10) *bis*, 10 (11) *bis*, 11 (12), 13 (14), 14 (15)†, 15 (16), 16 (17), 18 (19), 20 (21), 20 (21)†, 21 (22): 13. 1 *bis*, 2‡‡, 3 *ter*, 5, 6 *bis*, 9, 10 *bis*, 11‡‡, 11, 13, 17 *bis*, 20, 21, 25: 14. 1, 2*, 2, 3‡‡, 4, 5, 6 *bis*, 7 *bis*, 9** *bis*, 9**†, 10, 10†, 11, 13 *ter*, 14 *bis*, 15, 15†, 16, 19, 20 *bis*, 23 *bis*, 25,

● = correction on page xxv

28: 15. 1, 2*, 2, 3‡‡, 4, 5, 6†, 7, 8 *bis*, 9‡‡, 13 *bis*, 14, 16** *bis*, 17 *bis*, 18‡‡, 19, 19†, 20†, 20, 23 *bis*, 24‡‡, 25, 27 *bis*, 28‡‡, 29, 30, 32, 33*, 33, 34‡‡, 35, 37, 37†, 38: 16. 1, 2*, 2, 2‡‡, 3, 3†, 4, 6, 8, 10**†, 18, 18†, 20: 17. 1 *bis*, 2‡‡, 4 *ter*, 5, 5†, 6 *ter*, 9, 11, 13 *quater*, 17, 17‡‡, 18, 19, 20†, 20, 22, 23, 24 *bis*, 25 *ter*, 26, 28, 29 *ter*, 29†, 31, 32 *sexiens*, 36 *bis*: 18. 1, 2*, 2, 3‡‡, 5 *bis*, 5†, 7 *bis*, 9, 10, 11 *bis*, 15 *bis*, 16, 17, 17†, 17 *bis*, 20†, 22, 26, 30, 35: 19. 4†, 7 *ter*, 10†, 12**, 15, 23 *bis*, 26, 28 *bis*, 28†, 28 *bis*, 33, 35, 36, 37 *bis*: 20. 1, 3, 3†, 3‡‡†, 4, 5†, 10†, 11, 11†, 12, 13 *ter*, 15 *ter*, 15**†, 17**, 18, 19†: 21. 1*, 1, 2‡‡, 4 *bis*, 5, 6, 6‡‡, 7†, 7 *bis*, 7†, 9‡‡, 10, 11, 15‡‡, 16‡‡, 18 *bis*, 19*, 19, 20‡‡, 21, 22, 23, 26, 26†: 22. 1*, 1, 2‡‡, 2, 3 *bis*, 4†, 5, 5‡‡†, 7, 8, 9†, 9 *bis*, 13, 14 *bis*, 17 *bis*, 20, 20‡‡, 20: 23. 2, 2†, 2, 3 *ter*, 4, 5 *bis*, 5†, 6†, 7**, 8, 9, 9††, 10**, 10, 11 *bis*, 12, 15**, 16, 16*, 16, 19**, 19 *bis*, 23, 24 *ter*, 25 *ter*, 26†, 26, 29 *bis*, 29*, 30, 31*, 31, 32‡‡, 33 *ter*, 36*, 36, 37‡‡†: 24. 1, 1†, 2 *bis*, 3 *bis*, 8*, 8, 9‡‡, 10 *bis*, 12, 13, 18*, 18, 19‡‡†, 20 *bis*: 25. 1 *bis*, 2†, 3, 5, 7, 8, 9†, 11, 13** *bis*, 14 *bis*, 19 *bis*, 21†, 21, 22, 24, 25† *bis*, 27 *ter*, 28, 30.

I Ch. 1. 19†, 43†, 46: 2. 22, 55†: 3. 1, 4 *bis*, 5: 4. 22, 23 *bis*, 28 *bis*, 29, 29†, 29, 30, 30†, 30, 31, 38 *ter*, 41: 5. 1*, 2, 7, 8, 9, 10 *ter*, 11, 12, 16 *ter*, 17 *bis*, 20, 23†, 23, 25: 6. 10 (5. 36) *bis*, 15 (5. 41) *bis*, 31 (16) *bis*, 32 (17) *bis*, 39 (24), 54 (39) *bis*, 55 (40), 62 (47), 65 (50), 67 (52), 76 (61), 78 (63)†, 78 (63): 7. 2†, 21, 23 *ter*, 24, 29: 8. 8, 28, 29, 32: 9. 1 *bis*, 2 *bis*, 3, 16, 18, 22 *bis*, 23 *bis*, 25, 26, 28, 28†, 31, 33, 34, 35, 38††, 38, 38†††: 10. 1, 3, 4, 6, 7**, 7, 8, 10 *bis*, 11†, 12†, 13 *bis*, 14†: 11. 1, 3†, 3, 6 (ἐν πρώτοις) *bis*, 7, 10, 10†, 11, 12, 13, 14††, 15, 16 *bis*, 17**, 18**†, 18†, 19 *bis*, 20 *bis*, 22 *bis*, 23 *ter*, 24: 12. 1 *bis*, 2†, 2, 2†, 4, 8†, 15, 17, 19*, 19 *bis*, 20*, 21†, 21, 31, 33, 34, 37, 38, 40: 13. 2 *bis*, 4‡‡, 8 *bis*, 8†, 8 *quater*, 11, 12, 14: 14. 3, 4, 9†, 11, 12, 13, 14, 15*, 17: 15. 1, 3†, 13*, 13 *bis*, 15 *bis*, 16 *bis*, 19, 20, 21, 25, 26*, 27†, 28 *quater*, 28†, 28, 29: 16. 1††, 2, 5†, 5, 6, 6 (7), 7 *bis*, 8 *bis*, 9†, 10, 14, 19*, 19, 22†, 24† *bis*, 27, 29, 31, 32**, 35, 39, 39**, 40 *bis*: 17. 1 *bis*, 2**, 3, 4, 5 *ter*, 6 *bis*, 8, 14 *bis*, 20: 18. 5, 6 *bis*, 12, 13 *bis*: 19. 5, 9, 11, 13‡‡†: 20. 1 *ter*, 2, 3**, 3, 3†, 4, 6, 8 *bis*, 8†: 21. 1, 4†, 6††, 12, 12†, 14, 15, 16 *bis*, 17†, 17 *ter*, 18, 19, 22, 24, 25†, 26, 28, 28*, 28, 29 *ter*, 29**†: 22. 2**†, 9, 10, 15, 16, 16† *ter*, 18: 23. 5, 25, 27, 28, 31 *ter*, 32: 24. 5 *bis*: 25. 1 *quater*, 3, 5, 6 *quater*: 26. 8, 12, 31 *ter*: 27. 21**, 24 *ter*, 25** *quater*, 27**, 28**, 29** *bis*: 28. 1, 2††, 4 *bis*, 4†, 4, 5, 6, 8†, 9, 12, 19, 21 *bis*: 29. 1, 3*, 3, 4, 9, 11**, 12 *bis*, 17 *bis*, 18, 22, 27 *bis*, 28, 29.

II Ch. 1. 3 *bis*, 4†, 6**, 7, 11, 12, 13**, 13**†, 14, 14†, 15 *bis*, 15**†, 17: 2. 2 (1), 3 (2), 4 (3) *ter*, 7 (6) *sexiens*, 7 (6)†, 7 (6) *bis*, 11 (10), 11 (10)*, 14 (13) *noviens*, 17 (16)**†: 3. 1 *quater*, 2 *bis*, 9†, 10, 14, 16: 4. 3, 6 *ter*, 7, 8, 11, 13, 16, 17 *ter*, 22: 5. 3, 5**, 10 *bis*, 10*, 11*, 12 *ter*, 13* *ter*, 13 *ter*: 6. 1†, 4 *bis*, 5 *bis*, 6†, 6, 11, 13††, 14 *bis*, 15 *bis*, 16, 21, 22, 24, 26*, 27 *bis*, 34 *bis*, 37 *bis*, 38 *ter*, 41: 7. 2, 6 *bis*, 7**, 8, 9, 10, 11 *ter*, 12, 13, 18, 20: 8. 1, 4 *bis*, 6 *ter*, 8, 10, 11, 13 *septiens*, 14, 17, 18: 9. 1 *ter*, 4, 5, 8†, 8*, 11, 13, 16, 19, 20, 23, 25 *bis*, 27, 27**, 29, 31: 10. 2 *bis*, 6*, 7, 11 *bis*, 12†, 14 *bis*, 15, 16 *bis*, 17, 19: 11. 5, 11†, 13, 17†, 22, 23 *bis*: 12. 2, 3, 4, 5, 7*, 7†, 9** *bis*, 11*, 12*, 12, 12†, 13, 13*, 13 *bis*, 15, 16: 13. 1, 2, 3 *bis*, 4, 9†, 10, 12, 15*, 17, 18: 14. 1 (13. 23) *bis*, 6 (5) *bis*, 7 (6)†, 8 (7) *bis*, 9 (8) *bis*, 10 (9), 11 (10) *bis*, 13 (12): 15. 2†, 2*, 3 (ἐν οὐ θεῷ ἀληθινῷ), 3 (ἐν οὐ νόμῳ), 5, 6, 8*, 8, 9*, 10 *bis*, 11, 12, 14 *ter*, 14†, 15, 16, 17: 16. 1, 2, 5*, 6, 7, 7*, 8*, 9, 10 *bis*, 11, 12 *bis*, 13, 14 *bis*: 17. 2 *ter*, 3, 4, 5, 6, 7 *bis*, 9 *bis*, 12, 13 *bis*, 19 *bis*: 18. 1, 9, 10, 12, 15, 16, 16†, 19, 20, 21, 22, 24, 24†, 26, 27 *bis*, 34: 19. 1†, 3, 4†, 5†, 5, 8 *bis*, 9 *bis*, 9†, 10†: 20. 2, 3†, 5 *ter*, 6 *bis*, 8†, 8, 12, 14, 15†, 18†, 19, 20*, 20, 20†, 20, 21*†, 22*, 25†, 27, 28†, 28, 28†, 28, 29*, 31*, 31, 32†, 34, 36*, 36†: 21. 1, 3, 4, 5, 6, 8, 10, 11, 11†, 12 *ter*, 13, 13†, 14 *quater*, 15 *bis*, 17, 18†, 19, 20, 20 (ἐν οὐκ ἐπαίνῳ†), 20 *bis*: 22. 1, 2, 3, 5, 6, 6*, 7*, 9 *ter*, 10, 12: 23. 1, 3, 5†, 5 *bis*, 7, 9, 10, 13†, 13, 14, 18† *ter*: 24. 1*, 1, 8, 9 *ter*, 13, 14, 15*, 16, 18, 21, 23, 24, 25*, 25 *quater*: 25. 1, 2, 3, 5†, 8, 8†, 10, 13, 16*, 18**†, 18** *bis*, 19 *bis*, 21, 23, 24, 27, 28: 26. 3, 5 *ter*, 6, 9, 10 *quinquiens*, 13, 15, 16, 19 *bis*, 19*, 19 *bis*, 20, 21, 23: 27. 1*, 1, 3, 4 *bis*, 5, 5†, 8†, 9: 28. 1*, 1, 3† *bis*, 5, 5†, 6 *bis*, 6*, 9 *bis*, 15 *bis*, 16, 17 *bis*, 18**† *bis*, 21** *bis*, 24, 24†, 25 *bis*, 27: 29. 1, 3, 7†, 9†, 9 *bis*, 11, 16, 17, 18**, 19 *bis*, 25 *quinquiens*, 26, 27*, 30 *bis*, 35 *bis*: 30. 2**†, 3, 5, 5†, 9*, 9, 10, 11†, 12, 13, 14**, 14, 15, 21 *ter*, 23, 25†, 26 *bis*: 31. 1, 2†, 2, 3, 4 *bis*, 6, 7 *bis*, 12, 15, 17 *bis*, 18†, 18 *bis*, 19 *quater*, 20, 21, 21† *bis*, 21 *ter*: 32. 9**, 10 *bis*, 12†, 14, 21 *bis*, 22†, 24, 26, 30, 31**, 32, 33 *ter*: 33. 1*, 1, 4 *bis*, 5, 6 *bis*, 7 *bis*, 8, 9, 11 *bis*, 14 *ter*, 15, 15†, 19†, 20, 21*, 21, 24: 34. 1*, 1, 2, 3 *bis*, 6, 8, 9 *bis*, 10 *bis*, 12†, 12, 14*, 15, 16, 17, 21, 21†, 21 *bis*, 22 *bis*, 24, 25 *bis*, 27*, 28 *bis*, 30 *bis*, 31 *bis*, 32 *bis*, 33 *bis*: 35. 3, 5, 12, 13 *ter*, 14*, 16, 17†, 18 *bis*, 19 *bis*, 19†, 19 *quinquiens*, 22, 26: 36. 1†, 2*, 2 *quater*, 5*, 5 *quinquiens*, 6, 7 *bis*, 8†, 8, 9*, 9, 11*, 11, 13*, 14**, 15, 16 *bis*, 17 *ter*, 19, 22 *bis*, 23 *bis*.

I Es. 1. 1, 2, 3 *bis*, 5, 6, 11, 12†, 12, 17, 19, 20, 21 *bis*, 23, 24, 24†, 25, 29, 31, 32, 33 *ter*, 35 *bis*, 40, 41 *bis*, 42, 44, 49, 51, 53, 55, 57: 2. 1, 2†, 4, 4**, 5**, 5, 6**, 6 *bis*, 7, 7**, 8**, 9, 9†, 10, 16 *ter*, 17**, 21, 22, 23, 25, 27 *bis*, 30**: 3. 2, 6, 15: 4. 2**, 24, 29, 34 *bis*, 37 *bis*, 40, 43, 48, 48**, 54 *bis*: 5. 6, 39, 44*, 44**, 46 *bis*, 47, 49**, 50, 51, 57*, 58, 61†, 72**: 6. 1**, 2**, 3, 7**, 8, 9, 10 *bis*, 17, 18**, 18, 18**, 19, 19**, 20**, 21, 21**†, 22**, 23 *ter*, 23**, 23, 24**, 26** *bis*, 27, 30**, 33**: 7. 6**, 10: 8. 3, 6, 6†, 10, 12†, 13, 14**†, 15**, 17**†, 23, 25**, 28, 45**, 46**, 46, 59 *bis*, 60**, 62, 76, 78, 79 *bis*, 80*, 80, 81, 82, 89, 90, 91, 93: 9. 3, 4, 5, 6, 11, 37 *ter*, 41, 46*, 50*, 55.

II Es. 1. 1 *ter*, 2, 2**, 3, 3**† *bis*, 4, 4† *bis*, 4**, 5**, 6 *sexiens*, 6**†, 7: 2. 59†, 61†, 68*, 68**, 70 *bis*: 3. 1, 2, 3†, 4 *ter*, 6, 8, 8†, 8, 8†, 9, 10, 10†, 11, 12, 12‡‡, 12: 4. 6 *bis*, 7 *bis*, 10, 15, 15††, 17, 19, 20†, 23†, 23 *bis*, 24**: 5. 1**, 1, 2**, 3, 6**†, 7, 8 *bis*, 13, 14**, 15, 15**, 16†, 17, 17**: 6. 1 *bis*, 2†, 2 *ter*, 3, 3**, 5**, 5**†, 5, 6**†, 9**, 9, 12**, 14, 16, 18 *bis*, 18**†, 22 *bis*: 7. 1, 6 *bis*, 7, 9, 9†, 10† *bis*, 13, 14**, 15**, 16, 16**, 17, 17**, 18, 19, 21**, 23, 24, 25**†, 25**, 27, 27**, 28‡‡: 8. 1, 15 *bis*, 17 *ter*, 20, 22, 27, 29, 31 *bis*, 33, 34 *bis*, 35 (34): 9. 1, 2 *bis*, 2†, 5, 5*, 7 *septiens*, 8 *bis*, 9 *bis*, 9†, 11 *quater*, 13 *bis*, 14†, 15: 10. 3†, 3, 7†, 7, 9 *bis*, 13, 14†, 14**, 16†, 16, 17.

Ne. 1. 1 *bis*, 3, 3†, 3 *ter*, 4*, 8, 10 *bis*: 2. 1, 3, 5†, 13 *bis*, 13†, 15 *ter*, 17 *bis*, 20: 3. 13, 26: 4. 5, 8†, 10, 13, 17 *quater*, 17†, 18, 20, 22, 22††: 5. 2 *bis*, 3†, 8, 9, 14, 15† *bis*, 16, 18: 6. 1† *bis*, 2 *bis*, 5, 6 *bis*, 7, 7†, 10††, 16‡‡, 17, 18: 7. 2, 3 *bis*, 4, 5 (ἐν πρώτοις), 5, 72†, 73: 8. 1, 2, 3, 7, 8, 8†, 8, 12, 13, 14 *ter*, 14†, 15 *bis*, 16 *ter*, 17†, 17, 18 *bis*, 18†: 9. 1 *ter*, 3, 6, 6**, 7, 9, 10 *ter*, 10†, 11††, 11 *bis*, 12 *quater*, 14, 17, 19†, 19 *quater*, 20†, 21, 25, 26, 27 *ter*, 28 *bis*, 29† *ter*, 30 *ter*, 31, 32, 35 *ter*, 37, 37†, 37, 38: 10. 29 *quater*, 31 *ter*, 34, 35, 36, 37, 38: 11. 1 *ter*, 2, 3 *quater*, 4, 6, 18†, 19†, 20† *bis*, 21†, 22†, 25 *bis*, 26, 26† *quinquiens*, 27, 28† *ter*, 29† *ter*, 30†, 30: 12. 7, 12, 17†, 22 *bis*, 24†, 25*, 26 *bis*, 27 *ter*, 27†, 27, 29, 35†, 36, 37, 39†, 40†, 41†, 43, 43**†, 44 *ter*, 46, 47, 47†, 47: 13. 1 *quater*, 1†, 2, 2†, 3, 4, 4†, 6† *ter*, 7†, 7, 14 *bis*, 14†, 15 *quinquiens*, 16, 16†, 16, 19†, 19, 21 *ter*, 23, 25 *bis*, 26, 27, 31 *bis*.

To. 1. 2 *bis*, 3† *bis*, 4 *bis*, 4†, 5†, 6† *ter*, 6, 7†, 7, 8† *bis*, 12, 14, 16, 18†, 18, 19**†: 2. 1, 2†, 3, 5†, 9†, 10, 10†, 11†, 11, 12†: 3. 3†, 4†, 4, 5†, 6† *bis*, 7, 7**†, 8†, 10† *ter*, 11†, 15, 16†, 17: 4. 1 *bis*, 2†, 3†, 4 *bis*, 6, 7*†, 12†, 13† *bis*, 14† *bis*, 15†, 16*†, 19†, 20: 5. 5†, 6† *bis*, 6††, 9† *bis*, 13†, 16*, 17**†, 20†: 6. 5†, 6† *bis*, 8†, 10†, 13: 7. 3**†, 8†, 11†, 13†: 8. 15, 17†: 9. 2†, 5†: 10. 1† *bis*, 4†, 13, 13† *bis*: 11. 3†, 11†, 15† *bis*, 16**†, 17† *bis*, 17**†: 13. 3, 5†, 5, 6 *ter*, 6†, 8†, 10†, 10, 11, 11†, 14†, 16†, 17†: 14. 1† *bis*, 2†, 4, 4† *bis*, 4 *bis*, 5, 6**†, 7† *quinquiens*, 10†, 10, 10† *bis*, 10**, 12†, 13†, 14†, 15†.

Ju. 1. 1 *ter*, 5, 5† *bis*, 8**, 9**, 11, 12†, 12, 12**, 13 *ter*, 15 *bis*: 2. 1 *bis*, 5, 7 *bis*, 11, 12, 19, 21†, 27, 27†, 28, 28†, 28: 3. 2†, 4, 4‡‡: 4. 1, 5**, 6, 6†, 8, 9, 9†, 11†, 13, 13**†: 5. 1, 3 *bis*, 4, 7 *bis*, 9, 11, 11†, 12, 14, 15†, 15, 16, 18, 19, 20 *bis*, 21, 23: 6. 2, 4†, 4, 5, 6, 7, 10†, 12, 15, 16††, 17††, 19: 7. 2 *bis*, 3, 6†, 9, 10 *bis*, 14 *bis*, 15, 17, 18 *ter*, 21, 22 *ter*, 24, 25, 27‡‡†, 28, 29††, 30, 32 *bis*: 8. 1, 2, 3 *ter*, 4, 9†, 11†, 11 *bis*, 12, 12††, 15 *bis*, 18 *ter*, 21*, 22, 26, 28†, 29, 33 *bis*: 9. 1, 2, 6, 7 *ter*, 7†, 8 *bis*, 9, 10, 11 *bis*: 10. 2 *quater*, 3 *bis*, 11, 18, 19, 21: 11. 3, 5, 8 *ter*, 9, 10, 11, 12†, 13, 13(?)†, 15, 19††, 21†, 22 *bis*, 23 *ter*: 12. 4, 7 *bis*, 9†, 10, 13 *bis*, 14‡‡, 18, 20†: 13. 2†, 4 *bis*, 4†, 7, 8, 11, 14, 15 *ter*, 16, 17, 20: 14. 4, 6 *bis*, 7 *bis*, 8, 8††, 9, 19††: 15. 1**†, 3, 5†, 5** *bis*, 7**†, 8, 10, 10†, 12, 13 *bis*, 14†: 16. 2 *bis*, 3††, 4, 5†, 6, 7, 8†, 8 *bis*, 13, 17 *bis*, 20†, 21, 23†, 23, 25.

Es. 1. 1 *septiens*, 2 *bis*, 3, 4†, 5, 9, 10, 12†, 20, 22†, 22: 2. 3, 5, 7*, 9, 12†, 12, 12†, 15*, 15*†, 19, 23, 23†: 3. 2**, 3**, 7†, 7 *bis*, 8 *bis*, 13 *bis*, 13† *bis*, 13 *bis*, 15†: 4. 3, 8**†, 8, 13, 14, 16**, 17, 17*, 17 *quinquiens*, 17‡‡, 17 *bis*, 17† *bis*, 17 *quinquiens*: 5. 1, 1†, 1 *bis*, 2*, 6, 9†, 9*, 9, 13†, 13: 6. 2*, 2*†, 4*, 4 *bis*, 4†, 5, 6†, 8†, 9†, 10†: 7. 2, 7†, 7, 8, 9: 8. 1, 5‡‡†, 5, 6, 9†, 9, 11, 12 *bis*, 13 *quinquiens*, 14, 15**: 9. 1, 2, 4, 6, 10, 11, 12 *bis*, 15, 15†, 16**, 18**†, 19, 19†, 20, 22, 22†, 22: 10. 2, 3, 3† *bis*, 3, 3**.

Jb. 1. 1, 5, 12, 13, 15, 17†, 22, 22†: 2. 1††, 9, 10, 10†: 3. 3, 3† *bis*, 11, 20** *bis*: 4. 2, 6, 8†, 12: 5. 7†, 13, 14†, 15, 19, 20 *bis*, 24†, 26: 6. 2, 4, 6, 10†, 29†, 30: 7. 5, 6, 8, 11, 11, 14, 19†: 8. 4, 17††: 9. 5†, 17†, 22, 31: 10. 2†, 13: 11. 3, 8**, 13, 14: 12. 9, 10, 12 *bis*, 24†: 13. 14, 27: 14. 3, 8, 8†, 13 *bis*, 17: 15. 3 *bis*, 10, 20, 21, 23, 26, 27, 35: 16. 6 (5), 9 (8), 16 (15)†, 18 (17), 20 (19)† *bis*: 17. 6†, 10†, 11†, 13: 18. 6, 8 *bis*, 10, 11†, 15 *bis*, 19 *bis*, 20†: 19. 4†, 20 *bis*, 23, 24, 24†, 27, 28: 20. 12, 14††, 14, 20†, 20, 25: 21. 7†, 8‡‡, 10**†, 13 *bis*, 16, 21, 23: 22. 21, 22, 24, 30: 23. 6 *bis*, 11, 12: 24. 5, 11, 16, 24: 25. 2: 26. 8, 14: 27. 3†, 3, 11, 15†: 28. 9, 13, 14, 16, 24**, 26: 29. 3†, 3, 7 *bis*, 19†, 20, 25: 30. 1, 3, 14, 18†, 19, 22, 25, 26†, 28: 31. 2†, 6, 7†, 15 *bis*: 32. 5, 7, 8: 33. 3†, 8, 11, 13†, 14*, 14, 15, 16, 18, 19†, 22, 25, 30, 32†: 34. 11, 35 *bis*: 35. 1, 16: 36. 2†, 8 *bis*, 11 *bis*, 14, 19, 22, 25, 31, 32: 37. 2†, 4, 5, 7, 12†, 21: 38. 2, 4*†, 7†, 11, 16, 19†, 26, 30, 32, 40 *bis*: 39. 4, 10 *bis*, 17, 18†, 21 *bis*, 30: 40. 6 (11)†, 15 (20), 17 (22)†, 19 (24), 20 (25), 21 (26), 24 (29)†, 25 (30)†, 26 (31), 27 (32): 41. 9 (10), 13 (14), 25 (26)**: 42. 15†, 15, 17 *ter*, 17†.

Ps. 1. 1 *bis*, 2 *bis*, 3, 5, 6: 2. 4, 5 *bis*, 9, 11 *bis*, 12 (ἐν τάχει): 3. 2: 4. *tit*.†, 1*, 1, 3*, 4, 8: 5. 7 *bis*, 8, 9, 11, 11†: 6. *tit*.†, 5 *bis*, 6 *bis*, 7: 7. 3, 6 *ter*, 13: 8. 1, 9: 9. 1, 2, 3*, 7, 8 *bis*, 9 *bis*, 11 *bis*, 14, 14†, 15 *bis*, 16, 22 (10. 1) *bis*, 23 (10. 2)*, 23 (10. 2), 24 (10. 3)†, 26 (10. 5), 27 (10. 6), 29 (10. 8), 30 (10. 9)† *bis*, 30 (10. 9)*, 30 (10. 9), 31 (10. 10)*, 32 (10. 11), 34 (10. 13): 10 (11). 3, 5 *bis*: 11 (12). 2 *bis*, 5 *bis*: 12 (13). 2 *bis*, 5†: 13 (14). 1 *bis*, 3†, 4†, 5, 7*: 14 (15). 1 *bis*, 2, 3: 15 (16). 3**, 3, 6, 11: 16 (17). 1, 3, 5, 8, 11, 12, 14, 15, 15*: 17 (18). *tit*., 6*, 8, 11, 18, 29 *bis*, 49: 18 (19). 5, 11*: 19 (20). 1, 5†, 5, 6, 7 *ter*, 9: 20 (21). 1, 3, 5, 6, 7, 9, 12, 13: 21 (22). 3, 7, 14††, 22††, 24*, 25: 22 (23). 4††, 5, 6: 23 (24). 1, 3, 8: 24 (25). 5†, 8, 9, 12, 13: 25 (26). 1, 3, 6, 10, 11, 12 *bis*: 26 (27). 2*, 3, 4, 5 *quater*, 6, 9, 11†, 11, 13: 27 (28). 2*†, 2*, 3: 28 (29). 2, 4 *bis*, 9, 11: 29 (30). 5 *bis*, 6, 7, 9, 9*: 30 (31). 1, 8, 9, 10 *ter*, 13*, 15, 16, 18, 20 *bis*, 21, 22, 22*: 31 (32). 2, 4*, 6 *bis*, 8, 9: 32 (33). 1, 2, 3, 4, 7, 16, 17, 19, 21 *bis*: 33 (34). 1 *bis*, 2: 34 (35). 8 *bis*, 9†, 13*, 13, 18 *bis*, 25: 35 (36). 1, 5, 7†, 9: 36 (37). 1, 7 *ter*, 8*†, 19 *bis*, 31, 34*, 39: 37 (38). 3† *bis*, 7†, 14, 16*: 38 (39). 1, 1*, 3 *bis*, 6, 11, 12†: 39 (40). 7, 8††, 9, 10: 40 (41). 1, 2, 3, 11: 41 (42). 3*, 4 *bis*, 9*, 10* *bis*: 42 (43). 2*, 4, 4†: 43 (44). 1 *ter*, 3 *bis*, 5 *bis*, 8 *bis*, 9, 11, 12, 14†, 14, 17, 19: 44 (45). 2, 5, 9 *bis*, 12, 13, 15, 17: 45 (46). 1, 2*, 2, 3, 5††, 9, 10 *bis*: 46 (47). 1, 5 *bis*: 47 (48). 1, 1†, 3, 7, 8 *bis*, 9††, 12: 48 (49). 4, 5, 12, 13, 14 *bis*, 17*†, 18, 20: 49 (50). 10, 15: 50 (51). *tit*.*, 4, 4*, 5 *bis*, 10 *bis*, 18: 51 (52). *tit*.*, 1, 8: 52 (53). 1 *bis*, 6*: 53 (54). *tit*., *tit*.*, 1 *bis*, 5, 7: 54 (55). *tit*., 2, 3, 4, 7, 9, 10††, 14 *bis*, 15, 15††, 18 *bis*, 20*: 55 (56).

tit., 3, 3†, 7, 8, 9, 12, 13 : 56 (57). tit.*, 1, 7†, 9 bis : 57 (58). 2 bis, 6, 9, 10, 11 : 58 (59). 7 bis, 10, 11, 12, 13†, 13, 16 : 59 (60). 6, 10, 12 : 60 (61). tit., 2*, 2, 4 bis : 61 (62). 4, 9 : 62 (63). tit.*, tit., 1, 2, 4 bis, 6, 7, 11 : 63 (64). 1*, 4, 10† : 64 (65). 1, 1†, 4 ter, 5**†, 6 bis, 10 : 65 (66). 3, 5, 6, 7 bis, 13, 14, 18 : 66 (67). tit., 2 bis, 4†, 4 bis : 67 (68). 3, 5, 6 ter, 7* bis, 7†, 10 bis, 13, 14*, 14, 16, 17 ter, 18, 21, 22, 23, 24**, 25††, 26, 27, 28†, 30, 33†, 34, 35 : 68 (69). 10, 12, 13 bis, 25, 27, 30, 34†, 36 : 70 (71). 2, 6, 9*, 16, 22†, 22 : 71 (72). 2 bis, 3†, 7, 16, 17, 19† : 72 (73). 4†, 4, 5, 8, 10†, 11, 13, 18*†, 20, 24, 25, 28 bis : 73 (74). 2, 3, 4††, 5, 6, 7, 8, 12††, 13 : 74 (75). 3†, 8 : 75 (76). tit., 1 bis, 2 bis, 9* : 76 (77). 2, 9, 12 bis, 13, 14, 15, 18, 19 bis, 20 : 77 (78). 2, 5 bis, 8†, 9, 10, 12 bis, 14 bis, 15 bis, 17, 18, 19, 21, 22, 26, 30, 31, 32, 32†, 33, 36, 37, 40 bis, 43 bis, 47 bis, 48†, 51 bis, 52, 53†, 55 bis, 58†, 58, 60, 64, 69, 72 bis : 78 (79). 10†, 10 : 79 (80). 5 bis : 80 (81). 3 bis, 5, 5*, 6, 7 bis, 9, 12, 14 : 81 (82). 1, 1††, 5, 8 : 82 (83). 5, 9, 10, 15 bis : 83 (84). 4, 5, 6†, 7, 10 bis, 10†, 11 : 84 (85). 8, 9 : 85 (86). 7, 8, 11†, 11, 12 : 86 (87). 1, 5, 6 bis, 7 : 87 (88). 1, 5 bis, 6 bis, 6†, 11 bis, 12 bis, 15 : 88 (89). 1, 2, 5, 6 bis, 7, 10, 12†, 15, 16 bis, 17, 19, 20, 22, 24, 25 bis, 32 bis, 33, 34†, 35, 37, 43, 49, 50 : 89 (90). 1, 4‡‡, 4, 7 bis, 9, 10 bis, 12, 15 : 90 (91). 1 bis, 4, 6, 11, 15 : 91 (92). 3 bis, 4 bis, 7*, 10, 11†, 11, 12**, 13 bis, 14, 15 : 92 (93). 4 : 93 (94). 8, 19 : 94 (95). 2 bis, 4, 8 bis, 11 : 95 (96). 3†, 3, 6, 9, 10 bis, 12**, 13 bis : 96 (97). 7, 12† : 97 (98). 5 bis, 6, 7†, 9 bis : 98 (99). 2, 4, 6 bis, 7 : 99 (100). 2 bis, 4 bis : 100 (101). 2 bis, 2††, 6, 7†† : 101 (102). 2 bis, 6, 16, 21 bis, 22*, 23, 24 bis : 102 (103). 4, 5, 16, 19, 22 : 103 (104). 3, 10, 15, 20, 22†, 24, 33 : 104 (105). 2, 3, 7, 12*, 12, 15, 18, 23, 25, 27†, 27, 30, 31, 32, 35, 36†, 37 bis, 38, 41, 43 bis : 105 (106). 3, 4 bis, 5 bis, 5†, 7 bis, 9 bis, 12†, 14 bis, 16, 18, 19, 20, 21, 22, 23, 25, 26, 27 bis, 29, 29†, 33†, 35, 38, 39† bis, 43 bis, 44* bis, 47 : 106 (107). 4 bis, 5, 6*, 10 bis, 10†, 12, 13*, 19*, 22, 23 bis, 24, 26, 28*, 32 bis, 34, 40 : 107 (108). 1, 3 bis, 7, 11, 13 : 108 (109). 7*, 13, 18, 23*, 30†, 30†† : 109 (110). 2††, 3 bis, 5, 6†, 7 : 110 (111). 1 bis, 8 : 111 (112). 1, 2, 3, 4**†, 5, 9 : 112 (113). 5**, 6 bis, 9 : 113 (114). 1 : 113. 11 (115. 3), 11 (115. 3)† bis, 15 (115. 7) : 114 (116). 2, 9 : 115. 2 (116. 11), 8 (116. 17)†, 10 (116. 19), 10 (116. 19)†† : 117 (118). 5†, 12, 15, 19, 20, 23‡‡, 24, 26, 27 : 118 (119). 1 bis, 2, 3, 6*, 7, 7*, 9, 9*, 10, 11, 13, 14, 15, 16, 19, 20, 22, 27, 28, 34, 35, 37, 40, 45, 46, 47, 48, 50, 54, 55, 58, 68, 69, 78, 80, 83, 87, 89, 92, 93, 109, 117, 145, 147, 159 : 119 (120). 1* : 121 (122). 2, 7 bis : 122 (123). 1 : 123 (124). 1, 2, 2*, 3*, 8 : 124 (125). 3 : 125 (126). 1*, 2, 4, 5 bis, 6 : 126 (127). 4, 5 : 127 (128). 1, 3 : 128 (129). 8 : 130 (131). 1 bis : 131 (132). 6 bis : 133 (134). 1†, 1 bis : 134 (135). 2 bis, 6 quater, 9**†, 9 bis, 17†, 17, 18†, 21† : 135 (136). 5, 12 bis, 14†††, 16, 23† : 136 (137). 1*, 2††, 6, 7† : 137 (138). 1, 3 bis, 3†, 5, 7†† : 138 (139). tit.†, 4, 11, 15 bis, 16, 24 bis : 139 (140). 2, 7, 10†, 10, 13† : 140 (141). 1*, 4, 5 bis, 10 : 141 (142). tit.*, tit., 3*, 3, 5 : 142 (143). 1 bis, 3, 5 ter, 8, 10, 11, 12 : 143 (144). 9, 12, 13, 14 : 144 (145). 13 ter, 15, 17 bis, 18 : 145 (146). 2, 4, 6** : 146 (147). 7 bis, 8 bis, 10 bis, 11 bis : 147. 2 (13) : 148. 1 : 149. 1, 3 bis, 4 bis, 5, 6 bis, 7 bis, 8 bis, 9† : 150. 1 bis, 3 bis, 4 bis, 5 bis : 151. 1 bis, 4†, 5, 6.

Pr. 1. 1, 14†, 15†, 20 bis, 33† : 2. 13, 19, 20†, 21† : 3. 5, 6†, 16 bis, 17†, 19†, 20, 23, 32, 33 : 4. 3, 15, 21, 27 : 5. 14, 14††, 19 bis : 6. 8, 14, 27, 34 : 7. 8 bis, 11, 12, 19, 20, 25† : 8. 3, 8†, 20, 23†, 29*†, 30 bis, 31 : 9. 6, 12, 14, 15, 18 : 10. 5, 11, 21†, 22, 23, 24 : 11. 3†, 9, 10, 11† bis, 13, 14, 20, 22 : 12. 4, 9, 11 bis, 12, 13, 20, 24†, 28 : 13. 1, 4 bis, 7, 9, 12(?)†, 15, 23 : 14. 8, 13, 16†, 23 bis, 26, 28 bis, 29, 32, 33 bis : 15. 3, 5, 13, 22 : 16. 2 (15. 33), 10, 15, 17†, 20, 21, 26, 31 : 17. 1, 2, 3, 17, 23 : 18. 1, 4, 5, 9, 17, 18, 21 : 19. 21, 23 : 20. 4, 5, 7, 8‡‡, 21 (ἐν πρώτοις), 21, 11, 28 : 21. 1, 4†, 9†, 9 bis, 12, 16, 19 : 22. 5, 10, 13 bis, 15†, 22, 29 : 23. 17, 30, 30†, 30, 34 bis : 24. 7 ter, 10 bis, 16, 17, 25 (30. 2), 27 (30. 4) bis, 38 (23)†, 54 (30. 19), 61 (30. 26), 63 (30. 28), 66 (30. 31), 67 (30. 32)†, 74 (31. 6)** bis : 25. 5, 6, 7, 11, 13, 15, 19, 20† bis, 24 : 26. 1 bis, 8, 9 bis, 13, 13†, 15, 16**, 20, 24, 25, 26 : 27. 7, 7†, 15, 22††, 25** : 28. 3, 5, 6†, 10, 12, 17**, 17, 25, 27, 28 bis : 29. 6, 6†, 14, 20 : 31. 21**, 23 bis, 25, 31.

Ec. 1. 1, 3, 3†, 10†, 12, 13 bis, 16 bis, 18 : 2. 1 ter, 3, 3†, 5, 7, 8†, 9, 10, 11 bis, 14 bis, 15 bis, 19, 20†, 21 quater, 22†, 22 bis, 23, 24†, 24 : 3. 9, 10, 11†, 11, 12 bis, 13, 17, 18, 22 bis : 4. 9, 14, 16†, 17*† : 5. 1, 2 bis, 3, 6, 7, 9, 10, 13 bis, 14 bis, 16 bis, 17, 18, 19 : 6. 4 ter : 7. 1 (6. 12), 1 (6. 12)†, 3 (2)†, 4 (3), 5 (4) bis, 10 (9) bis, 11 (10), 13 (12), 15 (14) ter, 16 (15) ter, 18 (17) (ἐν οὐ καιρῷ σου), 19 (18), 20 (19), 21 (20), 24 (23), 27 (26), 29 (28) : 8. 3, 8, 8†, 8, 9, 10, 11, 13, 15, 16 ter, 16‡‡† : 9. 1, 2, 3 ter, 6, 7 bis, 8, 9, 9†, 10, 12 bis, 14, 15 bis, 17 bis : 10. 3, 6 bis, 8†, 9 bis, 11 (ἐν οὐ ψιθυρισμῷ), 16†, 17, 18 bis, 20 bis : 11. 1, 3 bis, 4, 5 bis, 6, 6†, 8, 9 quinquiens : 12. 1 bis, 2†, 3 bis, 4 bis, 5 bis, 14 bis.

Ca. 1. 4, 6 bis, 7, 8 bis, 9†, 12, 14 : 2. 2††, 3 ter, 5 bis, 7 bis, 12 bis, 14, 16 : 3. 1, 2 ter, 3, 5 bis, 8, 11 quater : 4. 2, 4†, 5, 7, 9 (?)†, 9 : 5. 6, 7, 8 bis, 9, 12, 17 : 6. 1 (2), 2 (3), 5 (6), 10 (11), 12 (13) : 7. 1, 1 (2), 2 (3), 4 (5) bis, 5 (6), 6 (7), 8 (9)†, 9 (10)†, 11 (12) : 8. 4†, 4, 7, 8 bis, 10‡‡, 11, 11†, 13.

Wi. 1. 1 bis, 4, 9, 12, 12†, 14 : 2. 1†, 1, 2 bis, 4, 17** : 3. 1, 2‡‡, 3, 4, 6, 7 bis, 9, 9† bis, 13 bis, 14 bis, 18 : 4. 1, 2, 4, 6, 7, 9†, 13 (ἐν ὀλίγῳ), 14†, 15†, 15, 18, 19, 20 : 5. 1, 3†, 5 bis, 6†, 10, 11†, 13, 15 : 6. 5, 16 bis : 7. 2 bis, 4, 4†, 8, 9, 11, 16, 22†, 27 : 8. 5, 7, 10, 11 bis, 15 bis, 17 bis, 17†, 18 quater : 9. 1, 3 bis, 5, 6, 8 bis, 9‡‡, 9, 11 bis, 16** bis : 10. 3, 5, 8, 10 bis, 11, 14, 16, 17 : 11. 1, 2, 9, 9†, 14, 15 : 12. 1, 2, 9, 17, 18, 22, 23, 24, 27 : 13. 7, 10, 13†, 14**, 15 : 14. 3 bis, 9 (ἐν ἴσῳ), 11 bis, 16, 17, 22†, 30 : 15. 1†, 19 : 16. 8, 16, 17, 22, 22† : 18. 4†, 5, 9, 12†, 14, 20 : 19. 3, 6, 10**, 18, 18†, 20, 22.

Si. prol. 9, 16, 19†, 19, 24, 26**, 27 : 1. 13, 14, 24, 27, 29 bis, 30†† : 2. 2, 4, 5 bis, 5†, 11 : 3. 5, 7†, 8, 10, 11, 12 bis, 13, 15, 15†, 17, 23, 24†, 26†, 28, 29†, 31 : 4. 2, 6, 8, 9*, 16, 17 (ἐν πρώτοις), 17 bis, 23, 24 bis, 29 bis, 30 bis, 31* : 5. 2†, 7, 8, 9 bis, 10, 11 bis, 13, 15 bis : 6. 2, 7, 8 bis, 10†, 11, 19, 20, 25†, 26 bis, 34, 37 bis : 7. 6, 7, 8, 9*, 10, 11, 14 bis, 16, 18, 20, 27, 29, 30, 36 : 8. 5, 6, 8, 9, 10, 15, 16‡‡ : 9. 4, 5, 7 bis, 8, 9, 12†, 13††, 15, 16, 17 bis, 18 bis : 10. 3, 4, 5, 6, 9, 11*, 18†, 20††, 20‡‡, 26, 27, 28, 31 quater : 11. 1††, 2 bis, 3, 4 bis, 4†, 8††, 9, 12†, 19*, 20 ter, 21, 21‡‡, 22†††, 22, 25 bis, 26‡‡†, 26, 27, 28, 30, 31, 34 : 12. 5 bis, 8 bis, 9 ter, 12†, 14, 16 bis, 16‡‡† : 13. 4, 7, 8, 19, 24, 26 : 14. 1 bis, 4, 5, 7, 16 (ἐν ᾅδου), 20 bis, 21 bis, 22, 24, 25, 26, 27 : 15. 5††, 9, 10, 14, 18 : 16. 5‡‡†, 6 bis, 9, 10, 13, 17 bis, 18, 19*, 21, 25†, 25, 26 : 17. 10†, 27 (ἐν ᾅδου), 30 : 18. 10†, 15 bis, 20, 21, 24 bis, 25 bis, 27 bis, 29, 33 : 19. 7†, 8, 8†, 9, 12 bis, 16, 20, 24 bis : 20. 4†, 9, 13, 19, 20, 21, 24 bis, 27, 29, 30 : 21. 6 bis, 7, 7*, 8, 16, 17 bis, 19, 20, 25 bis, 26, 26†, 27*, 28 : 22. 3, 6 bis, 13 bis, 16 bis, 22, 23, 23†, 23 bis : 23. 1 bis, 7, 8, 12 bis, 13, 15, 16, 18†, 21, 23 bis : 24. 1††, 2, 4 bis, 5, 6 ter, 7, 8†, 8, 10 bis, 11 bis, 12 bis, 13 bis, 14 ter, 15, 22, 25, 26, 27 : 25. 1, 3 bis, 7, 8, 20, 21† : 26. 2, 3, 4, 9 bis, 16 bis : 27. 3, 3 (ἐν τάχει), 4 bis, 5, 13†, 23, 26 : 28. 18, 19, 19†, 22, 23, 26 : 29. 2, 3, 5, 12, 17, 18, 22, 26 : 30. 5 bis, 11, 13 bis, 12†, 20, 20†, 21, 23, 25 (33. 16), 28 (33. 19), 29 (33. 20), 29 (33. 20)†, 31 (33. 22) bis, 32 (33. 23) bis, 34 (33. 25), 38 (33. 29)†, 39 (33. 30), 40 (33. 31) : 31 (34). 6, 7†, 11, 19, 25†, 26* : 32 (35). 4, 8, 9 bis, 10, 16, 19, 20 bis : 33 (36). 4 bis, 9 : 34 (31). 3 bis, 4 bis, 7, 9, 10, 14, 21, 22, 25, 26 bis, 27† bis, 28, 29, 31 ter : 35 (32). 1†, 3, 5, 6, 8, 9††, 11, 15, 19*, 20 bis, 21, 23 : 36 (33). 1, 2 bis, 8, 11, 13 bis, 20 (17)** : 37. 3, 4 bis, 6 bis, 8†, 12, 15, 20, 25, 26, 27, 28, 29, 30 : 38. 6, 7, 8, 9, 13, 19, 23 ter, 24, 25 ter, 28, 29 ter, 30, 31, 33 bis, 34†, 34 : 39. 1, 2, 3, 4, 4†, 5, 7 bis, 8, 15 quater, 16, 17 ter, 18, 28 bis, 31 bis, 32, 33, 34, 35 : 40. 3†, 3, 5, 6 quater, 7, 13, 14*, 17†, 17, 26†, 26, 29 bis, 30 bis : 41. 1 bis, 2†, 4†, 4 (ἐν ᾅδου), 11, 14 bis, 16 : 42. 7 bis, 9, 10 bis, 11 bis, 12, 12††, 15, 16†, 17, 18, 23 : 43. 1, 2 bis, 3, 4, 5, 6, 8 ter, 9, 10 bis, 11, 12, 15, 16 bis, 23 (?), 26, 30 : 44. 3 quater, 4, 4† ter, 5, 6†, 6, 7 bis, 11, 14, 17, 19, 20 ter, 21 bis, 22, 23 ter, 27‡‡ : 45. 1, 2†, 2, 3, 4, 7, 8†, 9 bis, 11†, 11, 15, 15†, 15 bis, 17†, 17 bis, 18 bis, 19, 19†, 19, 21 (ἐν πρώτοις)†, 21†, 22 bis, 23*, 23 ter, 26 bis : 46. 1 bis, 2*, 2*†, 4, 5*, 6†, 6, 7, 11, 14, 15 bis, 16*, 16, 17, 20 : 47. 1, 3 quater, 4, 4*, 4, 5 bis, 6 bis, 6*, 8 bis, 10†, 10*, 11, 12, 13, 14, 15, 16, 17 bis, 18, 19, 20† : 48. 3, 4, 5, 7 bis, 9 bis, 10†, 11, 12 bis, 13, 14 bis, 15 bis, 15†, 18, 20, 22 bis, 23, 24 : 49. 1 bis, 2, 3, 6, 7, 9, 10, 12, 16 bis : 50. 1 bis, 3, 5 bis, 5††, 6, 7, 8 bis, 10, 11*, 11, 12*, 12, 13 bis, 16, 18 bis, 19, 20, 21†, 23 bis, 24, 25, 26 bis, 27, 28 : 51. 4†††, 10 bis, 11, 13, 15 bis, 17, 19 bis, 20, 22, 23, 24, 27, 28 bis, 29 bis, 30.

Ho. 1. 1 bis, 2†, 5 bis, 7 quater, 7†, 7 bis, 10 (2. 1) : 2. 3 (5), 6 (8), 9 (11), 13 (15), 16 (18), 18 (20), 19 (21) quater, 20 (22), 21 (23) : 4. 8, 12 bis, 16, 19 : 5. 4, 5, 8, 9 bis : 6. 1, 3 (2), 6 (5), 11 (10), 12 (11)* : 7. 1*, 1, 3 bis, 6*, 7, 8, 10, 12, 14, 15, 16 bis : 8. 6, 8, 10, 13 : 9. 3 bis, 5 bis, 6, 8, 10 bis, 15†, 17 : 10. 6 bis, 9, 10*, 10, 13 bis, 14 bis : 11. 4 bis, 5, 6†, 6 bis, 8 (ἐν τῷ αὐτῷ), 9, 12 (12. 1) bis : 12. 3 (4) bis, 4 (5), 6 (7), 7 (8), 9 (10), 10 (11), 11 (12), 12 (13), 12 (13)†, 13 (14) bis : 13. 1, 5 bis, 10, 11 bis, 13 : 14. 1 bis, 2, 4**, 10 bis.

Am. 1. 1, 1†, 1 bis, 3, 3**†, 11, 13, 14 bis, 15 : 2. 2, 8, 10, 16 bis : 3. 6 bis, 9, 9††, 9**, 10†, 10, 12 bis, 14 : 4. 1**, 2, 6 bis, 9 bis, 10 quater : 5. 10, 11, 12, 13, 15, 16 bis, 17, 21, 25 : 6. 9, 13 (12) bis, 14 (13) : 7. 4, 7, 8†††, 9, 10††, 11, 17 quater : 8. 3 bis, 6, 8, 9 bis, 13 bis : 9. 1, 4, 9 bis, 10, 11, 13.

Mi. 1. 1, 2**, 2, 4, 7, 10**, 13 : 2. 1, 4 ter, 5 bis, 12, 12†† : 3. 4 bis, 5, 8, 10 bis, 11 : 4. 2, 5, 6, 7, 10 : 5. 1 (4. 14) (?)†, 1 (4. 14), 2 (1), 2 (1)†, 4 (3) bis, 6 (5) bis, 7 (6), 7 (6)††, 7 (6), 8 (7), 8 (7)††, 8 (7) ter, 10 (9), 12 (11), 15 (14) ter : 6. 6 ter, 7 bis, 11 bis, 12, 13†, 14, 16 : 7. 1 bis, 2, 4, 5, 6**, 8, 10, 14, 14††, 17.

Jl. 1. 2 bis, 13 : 2. 1 bis, 7, 8 bis, 12 ter, 15, 17, 19, 27††, 29 (3. 2), 30 (3. 3), 32 (3. 5), 32 (3. 5)† : 3 (4). 1 bis, 2, 9, 14 bis, 17, 18, 19, 21.

Ob. 1. 2, 3 bis, 7†, 8, 11, 12 ter, 13 bis, 13†, 14, 17, 19** bis.

Jn. 1. 2, 4, 5**, 7, 8† : 2. 1, 3†, 8* : 3. 2, 7, 8** : 4. 2, 5† bis, 11.

Na. 1. 3 bis, 5, 6, 7, 8, 9† : 2. 3 (4) ter, 4 (5), 5 (6), 7 (8), 11 (12)†, 13 (14) : 3. 3, 4 bis, 8, 13, 14, 17.

Hb. 1. 5, 10, 13*, 15 ter, 16 : 2. 1, 4, 12 bis, 13, 19, 20 : 3. 2††, 2* ter, 2, 4, 5†, 8 bis, 8†, 11, 12 bis, 14 bis, 16, 17, 18†, 19.

Ze. 1. 1, 8, 9, 10, 12, 12†, 13, 18 bis : 2. 3, 7, 8, 14††, 14 bis, 14† : 3. 1 (2. 15), 3, 5††, 5, 6, 8, 10†, 11, 12, 13, 15††, 16, 17 quater, 19 ter, 20 ter, 20*.

Hg. 1. 1 ter, 3, 4, 6, 8, 13, 14 : 2. 2 (1), 4 (3), 6 (5)††, 10 (9), 13 (12), 15 (14), 16 (15), 18 (17) ter, 19 (18), 23 (22), 24 (23).

Za. 1. 1, 6, 7, 9, 13, 14, 16†, 16, 17 bis, 19 (2. 2) : 2. 1 (5), 3 (7), 4 (8)**†††, 5 (9)††, 10 (14)††, 11 (15), 11 (15)†† : 3. 3 (2) bis, 8 (7)† bis, 8 (7)††, 10 (9), 11 (10) : 4. 1, 4, 5, 6 ter, 10, 12** : 5. 4††, 5, 6, 7††, 8†††, 9, 10, 11 : 6. 2 bis, 3 bis, 4, 5, 6, 8, 10, 14, 15 : 7. 1, 3**, 3, 5 bis, 7, 10, 12 bis : 8. 3††, 4 bis, 5, 6, 8††, 8 bis, 9, 13 quater, 14*, 15, 16, 17, 22†, 23 : 9. 1, 2†, 2, 4, 6, 7, 8†, 11, 12, 14 bis, 15, 16 : 10. 1, 3, 4, 4 (ἐν τῷ αὐτῷ), 5 bis, 7, 9, 11 bis, 12 bis : 11. 8, 11 : 12. 1, 2, 3, 4 quater, 5 bis, 6 bis, 8 ter, 9, 11 ter : 13. 1, 1†, 2, 3*†, 3†, 3*, 4, 4*, 6, 8 bis : 14. 1, 2, 3 bis, 4, 5†, 5, 6, 8 ter, 9, 11, 12, 13, 14, 15, 20**†, 21 quinquiens.

Ma. 1. 1, 2, 6, 7, 7*, 9, 10, 10†, 11 ter, 12*, 14 bis : 2. 2†, 2, 5†, 6 ter, 8, 9, 11 ter, 15, 16, 17 bis, 17*, 17 : 3. 2, 3, 5, 7, 8, 10 bis, 11**, 13 : 4. 2 (3. 20), 3 (3. 21), 4 (3. 22).

Is. 1. 1, 6†, 8 bis, 21 bis, 24 : 2. 2, 3, 11, 17 : 3. 7 bis, 14, 16†, 18 : 4. 2, 3 ter, 4, 4†, 6 bis : 5. 1 bis, 2††, 2, 3 bis, 9†, 16 bis, 21, 25††, 25, 26, 30†, 30 : 6. 5††, 6 : 7. 1, 2, 14, 18 bis, 19 bis, 19†, 20, 20†, 21, 23 : 8. 3, 10†, 14 ter, 15 bis, 18 bis,

22** : 9. 2 (1) *bis*, 3 (2) *bis*, 7 (6) *bis*, 9 (8), 9 (8)†, 14 (13), 18 (17) : 10. 3†, 5, 10†, 10 *bis*, 11†, 12, 13†, 13† *bis*, 15, 17, 20, 23 *bis*, 24 *bis*, 26, 27, 28, 30†, 30, 32, 32** : 11. 4, 10, 11†, 14, 15, 16 : 12. 1, 2† *bis*, 4 *bis*, 5, 6†, 6†† : 13. 12**†, 13†, 20, 22 : 14. 3†, 4†, 10, 13†, 13, 17**, 18 *bis*, 19, 20, 30† : 15. 3, 3†, 3, 5 : 16. 3, 5, 7, 10, 14, 14† : 17. 3, 4, 5†, 5, 6 : 18. 2, 4, 7 *bis* : 19. 1, 3, 6, 10, 14, 16 *bis*, 18†, 18, 19, 20, 21, 24 *ter*, 25** *bis* : 20. 6†, 6, 6† : 21. 13 *bis*, 14, 15 : 22. 2†, 3, 5, 12, 14†, 16†, 16, 20, 21, 21†, 23, 24, 24†, 24 (25)†, 25 : 23. 2, 3, 5†, 6, 15, 18† : 24. 1, 6, 13, 13††, 15, 17†, 23† *bis* : 25. 5, 7, 9†, 10 : 26. 5, 16 *bis*, 18, 19** *bis* : 27. 1†, 1**†, 4, 5, 11, 12, 13, 13†, 13 *bis*, 13† : 28. 14**†, 19, 21, 25 : 29. 7†, 8, 13† *bis*, 15†, 15, 18, 18** *bis*, 19, 21 *bis*, 21† : 30. 4, 6**, 6, 6†, 14 *bis*, 14†, 18†, 19, 21, 24, 25, 26, 28 : 31. 9 *bis* : 32. 2 *bis*, 7 *bis*, 9, 10, 16 *bis*, 18, 19, 19**† : 33. 2, 5, 6 *bis*, 7, 12, 14, 15, 16, 24 : 34. 1**†, 1**, 5, 6 *bis*, 11 *bis* : 35. 6 *bis*, 10 : 36. 2 *bis*, 5, 5†, 15 : 37. 1*, 7, 10†, 12, 26 *bis*, 29, 31, 34, 37, 38*, 38 : 38. 1, 3, 10 *bis*, 13, 18 (οἱ ἐν ᾅδου), 18 (οἱ ἐν ᾅδου†) : 39. 1, 2 *bis*, 2†, 4, 4**, 4, 4**, 6**, 7, 8 : 40. 3, 11, 22, 26 : 41. 3, 7, 17, 18††, 18, 27† : 42. 5**†, 5**, 6, 7, 12, 16, 22 *bis*, 23, 24 : 43. 7, 12, 14, 16 *bis*, 19 *bis*, 20, 20†, 20, 23, 23†, 23, 24 *bis* : 44. 3 *bis*, 12 *bis*, 13 *bis*, 13†, 16, 16†, 19†, 19, 20, 23** : 45. 14 *bis*, 16, 19 *bis*, 26† : 46. 6 *bis*, 13 : 47. 7, 8, 9†, 9 *bis*, 12, 12†, 13, 15 : 48. 16, 16†, 17 *bis* : 49. 2, 3, 8, 8**, 9**, 9 *bis*, 21, 22 : 50. 2, 4†, 10 *bis*, 11 : 51. 3, 7, 9, 14*, 16 : 52. 5, 6 : 53. 2, 3, 4 *ter*, 8, 9, 12 : 54. 8 *bis*, 9 *bis*, 13, 14, 17 : 55. 2, 3, 4, 6*, 12 *ter* : 56. 5 *bis*, 7, 11† : 57. 2, 4, 5, 13, 15 *ter*, 17 : 58. 1, 3, 4, 6, 10, 13 *bis* : 59. 3, 5, 7, 8, 9, 10 *bis*, 12, 14 : 60. 9 (ἐν πρώτοις), 13, 17 *bis*, 18 *bis* : 61. 6†, 9, 9†††, 9† : 62. 3 *bis*, 4, 9 : 63. 1, 3, 7, 11, 16† : 64. 2 (1), 9 (8) : 65. 2†, 3, 3†, 4 *bis*, 5, 8 *bis*, 10, 12†, 14, 18, 19†, 19 : 66. 5, 8, 10†, 10, 13, 15 *bis*, 16 *bis*, 17, 19, 20, 23, 24.

Je. 1. 1 *bis*, 2 *bis*, 3 *bis*, 5, 18 : 2. 5, 6 *quater*, 6†, 6, 19†, 20, 22 *bis*, 23, 24 *bis*, 27, 28, 33, 34 *bis*, 34†, 35*, 37 : 3. 1, 2, 2†, 6, 8, 10, 16, 17 *bis*, 18, 21, 25 : 4. 2 *quinquiens*, 4†, 5 *bis*, 9, 11 *bis*, 14, 16, 29 : 5. 1 *bis*, 2†, 6, 7 *bis*, 9, 13, 17, 18, 19†, 19, 20, 24, 26, 29† : 6. 1†, 5†, 6, 7, 15 *bis*, 16, 21†, 25, 26†, 27, 27* : 7. 3, 6, 7 *bis*, 10, 12**, 17†, 17, 22, 23, 24†, 30, 31 *ter*, 32 : 8. 1, 1†, 3, 5†, 6, 7, 9, 13 *bis*, 16, 19, 19†, 19, 21†, 22 : 9. 2 (1), 8 (7), 9 (8), 16 (15) *bis*, 19 (18), 23 (22) *ter*, 24 (23) *bis*, 26 (25) : 10. 4, 5, 12 *bis*, 13, 14, 15, 17, 18, 24 *bis* : 11. 2†, 4, 6, 9 *bis*, 9†, 12, 14 *bis*, 14†, 14, 15, 16†, 17*, 21, 22 *bis*, 23 *bis* : 12. 4†, 5 *bis*, 6, 8, 11, 12, 16†† : 13. 1, 4, 5, 13, 14 (ἐν τῷ αὐτῷ), 22, 27 : 14. 5, 8, 9, 10, 12 *quater*, 13 *bis*, 15 *bis*, 16, 22 : 15. 4, 7 *bis*, 8, 10†, 10, 11 *bis*, 13, 14, 17, 20† : 16. 2, 3 *bis*, 4 *ter*, 7, 9, 18 *ter*, 19, 20, 21 : 17. 6**†, 6 *ter*, 8†, 8, 11, 17†, 19 *bis*, 19† *ter*, 19, 20, 21, 22†, 24, 25†, 27 *bis* : 18. 4, 6, 11†, 13, 15, 18†, 21† *bis*, 21, 22, 23, 23† : 19. 3† *bis*, 4, 5 *bis*, 7 *ter*, 9, 9†, 12, 13 *bis*, 14 : 20. 2 *bis*, 4 *bis*, 6 *ter*, 9, 12, 14†, 14, 14†, 16, 17, 18 : 21. 4 *bis*, 5 *bis*, 6, 6†, 7 *bis*, 9 *ter*, 10, 14 : 22. 2†, 3, 4, 12, 13†, 13, 14 *bis*, 15, 21, 22, 23 *bis*, 23*, 30† : 23. 6 *bis*, 9†, 11, 12 *ter*, 13, 14 *bis*, 15†, 18, 22, 24, 26, 26*, 27 *bis*, 28 *bis*, 32 *bis* : 24. 8 *bis*, 9 : 25. 1†, 3, 6, 11, 12*, 13, 15 (49. 36), 17 (49. 38) : 26 (46). 1, 2 *bis*, 4, 8, 11†, 13, 18, 18**†, 19, 21 *bis*, 22 *bis*, 28 : 27 (50). 2, 3, 4 *bis*, 11, 16, 19 *ter*, 20 *bis*, 22, 23, 25, 30, 32, 37**†††, 38†, 38, 39 *bis*, 46 : 28 (51). 2, 4, 6, 7, 10†, 15 *ter*, 16, 17, 18, 20, 21 *bis*, 22 *bis*, 23 *ter*, 27†, 30, 32, 39, 41, 42, 43 *bis*, 49, 52, 54, 54†, 58, 59, 60, 62 : 29 (47). 2, 4 : 29 (49). 7, 8 *bis*, 9, 13††, 15 *bis*, 21†, 22 : 30 (49). 1, 1†, 1, 2, 3, 4 : 30. 8 (49. 30), 8 (49. 30)†, 15 (49. 26), 16 (49. 27) : 31 (48). 2† *bis*, 4, 5, 6 *bis*, 7, 11, 18, 19, 20, 26, 27, 28 *bis*, 37, 44 *bis* : 32 (25). 22**, 24, 29, 29†, 31, 33 : 33 (26). 1, 2 *bis*, 4, 7, 9, 10, 11, 14, 15 *bis*, 18, 23 : 34 (27). 3, 5 *bis*, 5‡‡, 8 *ter*, 11†, 11, 18 : 35 (28). 1 *ter*, 5, 9, 10‡‡, 17† : 36 (29). 3, 7, 8**, 14, 15, 22 *ter*, 23 *bis*, 26, 32†† : 37 (30). 6, 8, 8† : 38 (31). 1, 2 *bis*, 5, 6, 6†, 8, 9 *quater*, 12, 13, 15, 15†, 20, 22†, 23 *bis*, 24 *ter*, 29, 30, 32 *bis*, 35 : 39 (32). 1, 2† *quater*, 3†, 7**, 8** *bis*, 10, 12, 12**†, 15, 17†, 20 *ter*, 21, 21†, 21 *ter*, 23, 29 *bis*, 29†, 32†, 34 *bis*, 35**, 36 *ter*, 37, 37†, 41 *quater*, 43 *bis*, 44 *ter*, 44†, 44 : 40 (33). 1, 5†, 5, 10 *bis*, 12 *bis*, 13, 13†, 13 *quater* : 41 (34). 2, 5, 6, 7, 8†, 10†, 13, 15‡‡†, 15, 22 : 42 (35). 1, 7, 10, 13† : 43 (36). 1, 6 *quater*, 8 *bis*, 9, 9† *bis*, 10 *quinquiens*, 10†, 14 *ter*, 14†, 18, 20, 22, 30 *bis* : 44 (37). 2, 8†, 10 *bis*, 12††, 13, 21 : 45 (38). 2 *ter*, 4†, 5, 6 *ter*, 7 *bis*, 9†, 13†, 13, 14**, 17, 18, 22 *bis*, 23†, 28 : 46 (39). 1† *bis*, 2 *bis*, 3, 14††, 15, 17, 18 : 47 (40). 1*, 1, 1††, 5, 5††, 5, 5‡‡, 6††, 6, 7**, 7, 9, 10†, 11**†, 11**, 13**, 15† : 48 (41). 3†, 5, 5†, 8, 8††, 12, 15†, 16†, 17, 18 : 49 (42). 3, 5†, 10, 13, 14†, 16 *bis*, 17 *bis*, 20, 22 *ter* : 50 (43). 4, 5, 7†, 8, 9†, 9 *bis*, 12 *bis*, 13**, 13 : 51 (44). 1**†, 1, 1† *bis*, 1, 6, 8, 8† *bis*, 9, 12**†, 12 *bis*, 13 *ter*, 13†, 14, 15 *bis*, 16†, 17†, 18 *bis*, 21, 23 *quater*, 26 *bis*, 27 *ter*, 28, 31 (45. 1) *bis*, 33 (45. 3), 35 (45. 5) : 52. 1*, 1†, 4†, 4, 6†, 6, 8, 10, 11, 12, 13, 14†, 17** *bis*, 18 *bis*, 25**, 25, 25††, 27†, 27, 31 *quater*, 32.

Ba. 1. 1, 2, 2†, 2 *bis*, 3 *bis*, 4 *quater*, 7†, 8*, 14, 14†, 14, 18†, 20, 22 : 2. 2 *bis*, 4, 11 *quinquiens*, 13, 17, 20, 24, 25 *quater*, 28 *bis*, 29, 30, 32 : 3. 1, 5, 7, 8, 10 *bis*, 13, 17, 22 *bis*, 34, 37 : 4. 13, 20, 22 (ἐν τάχει), 24 (ἐν τάχει), 25 (ἐν τάχει).

La. 1. 1 *bis*, 2, 2†, 3, 4 *bis*, 5, 6†, 6 (ἐν οὐκ ἰσχΰϊ), 7*, 11†, 12 *bis*, 13, 14 *bis*, 18, 19, 20 *bis* : 2. 1†, 2 *bis*, 3, 3†, 4†, 6, 7 *ter*, 9, 10†, 11, 11*, 11, 12*, 12, 12*, 19†, 20, 21 *quater*, 22 : 3. 1, 3, 6, 6†, 10, 13†, 27, 36*, 41, 43, 45††, 53, 57†, 60, 66 : 4. 2, 3, 4, 5, 6, 8, 10, 11, 13†††, 14†, 14, 14*, 15, 18, 19†, 20 *ter* : 5. 4†, 4, 9, 11 *bis*, 12, 13, 18.

Ep. Je. 4, 15†, 17, 25, 31, 32, 37, 43, 44†, 51, 59 *bis*, 59**, 59, 61, 67 *bis*, 70, 71**, 71, 72.

Ez. 1. 1, 1†, 1††, 3, 4, 4†† *bis*, 4, 5††, 9*, 13††, 16†, 17*, 19* *bis*, 20, 21* *ter*, 21, 24*, 24*†, 24*, 25*†, 28 *bis* : 2. 3†, 5††, 6††, 9, 10 : 3. 3, 14, 15††, 18*, 19, 20*, 20, 24††, 25, 27* : 4. 3, 10, 11, 12, 13, 14, 16 *bis*, 16†, 16 *bis*, 17 : 5. 2**†, 2, 2††, 2, 3, 4, 5††, 6 *bis*, 7, 8††, 9, 10††, 10, 11†, 11, 12 *bis*, 12††, 12, 13, 13*, 15, 15*, 15, 15† *bis*, 15, 16* : 6. 6, 7††, 8*, 8 *ter*, 9 *bis*, 9†, 11 *ter*, 12 *ter*, 13*, 13††, 13† : 7. 8, 9, 9††, 7, 4††, 12†, 13†, 13, 14, 15, 15**, 15, 15**, 16, 19, 19†, 27† : 8. 1 *ter*, 3, 4, 5*†, 7†, 8†, 11††, 11, 12 : 9. 1†, 1, 2, 2††, 4††, 6, 8* *bis* : 10. 3*, 6*, 7†††, 10††, 11* *ter*, 16* *bis*, 17* *bis*, 17, 19* : 11. 1††, 2, 6, 7††, 9 *bis*, 11†††, 13*, 16, 17, 19, 20, 24 *bis* : 12. 2††, 10, 10††, 11†††, 11 *bis*, 12††, 13, 15*, 15 *bis*, 16, 19 *bis*, 24††, 25 : 13. 4, 5, 6, 9 *bis*, 13 *bis*, 19*, 21 : 14. 4, 5, 7 *quater*, 11, 14††, 14, 16††, 18††, 19, 20††, 20, 22, 23 : 15. 2, 6, 6†, 7* : 16. 4 *bis*, 4†, 5, 6, 8, 9 *bis*, 14, 14†, 14 *bis*, 15†, 17, 21*, 21†, 22, 24, 29, 30*, 30†, 31†, 31, 33, 34†, 34, 34*, 34, 36 *bis*, 37 *bis*, 38, 40 *bis*, 41†, 41, 43, 44, 47 *bis*, 49 *bis*, 51, 52 *bis*, 52*, 53††, 54*, 56 *bis*, 58†, 59†, 60, 61*, 63* : 17. 9 *bis*, 13, 16, 16††, 17 *quater*, 20, 20†, 21 *bis*, 23 : 18. 2, 3, 6, 11, 17 *bis*, 18†, 18††, 18, 22, 22†, 24*, 24 *ter*, 26*, 26 *bis*, 27* : 19. 2†† *bis*, 4 *bis*, 6††, 7†, 8, 9 *bis*, 10 *bis*, 11†, 11††, 11, 12, 13 *bis*, 14 : 20. 1, 1†, 5, 6, 7, 8, 8††, 9††, 9, 11, 13 *bis*, 13† *ter*, 13 *bis*, 15, 16 *bis*, 17, 18 *ter*, 19, 21 *bis*, 21†, 23 *ter*, 25 *bis*, 26, 26*, 27 *bis*, 30, 31 *bis*, 31†, 31, 33 *ter*, 34 *bis*, 34†, 34, 36, 37, 39 *bis*, 40, 41, 41*, 41†, 41 *bis*, 42*, 43 *ter*, 44*, 47†, 47 *bis* : 21. 6 (11) *bis*, 12 (17) *ter*, 17 (22)†, 19 (24)†, 20 (25)††, 21 (26), 22 (27), 24 (29)*, 24 (29) *ter*, 25 (30), 29 (34), 29 (34)*, 29 (34), 30 (35), 31 (36) *bis*, 32 (37), 32 (37)†† : 22. 3††, 4 *bis*, 5 *bis*, 6, 7 *ter*, 7†, 8, 9 *bis*, 9†, 9††, 10 *ter*, 11 *bis*, 12 *bis*, 12**, 13††, 14 *bis*, 15 *bis*, 16†, 18††, 20, 20†, 21, 21††, 22†† *bis*, 24, 25††, 25, 25†, 25††, 26††, 27††, 29†, 30, 31 : 23. 3 *bis*, 7, 8, 10 *bis*, 14, 16†, 17 *bis*, 19 *bis*, 21 *bis*, 24, 25 *ter*, 25†, 29 *bis*, 30*, 30, 31, 37, 39*, 39†, 40††, 41, 43, 45, 46, 47 : 24. 1 *bis*, 5††, 6 *bis*, 6†, 7††, 11††, 13† *bis*, 16, 17 *bis*, 21, 23 *bis*, 25, 26, 27 : 25. 3, 4†, 4 *bis*, 7, 10†, 11†, 12*†, 13, 14 *bis*, 15, 17, 17* : 26. 1, 3†, 5††, 6**†, 8**, 9, 11, 13†, 15* *bis*, 15††, 17†, 18†, 19* : 27. 4, 8, 9, 10 *bis*, 11, 13, 17, 19, 21, 25† *bis*, 25 *ter*, 26 *bis*, 27†, 27**†, 27††, 27, 28, 31†, 32†††, 34 *bis*, 34†† : 28. 2, 3†, 4, 4†, 4, 5 *bis*, 8, 10 *bis*, 13 *bis*, 14, 15††, 15 *bis*, 16†††, 19, 22, 22*, 22 *bis*, 23, 23†, 23, 24†, 25, 26 *quater* : 29. 1 *bis*, 3††, 5 (ἐν τάχει), 11, 12†† *bis*, 12, 14 *bis*, 15, 16*, 17, 21, 21†† : 30. 4 *bis*, 5†, 5, 6, 7†† *bis*, 9 *ter*, 12†, 12, 13†, 14, 16, 17† *bis*, 18, 18*, 19, 20 *bis*, 25* : 31. 1 *bis*, 2, 3, 3†, 6, 6†, 7, 8 *ter*, 10*, 12 *bis*, 14, 14**, 14, 14††, 15, 16, 17†, 17††, 18†† : 32. 1 *bis*, 2**, 3†, 3, 7*, 7, 8, 10*, 12, 15, 17, 17†, 19††, 19, 21††, 23, 23†, 25††, 27 *bis*, 28††, 32†† : 33. 8*, 10, 12 *bis*, 12†, 13*, 13 *bis*, 14*, 15, 16, 18*, 18, 19*, 19, 20†, 21 *bis*, 27** *ter*, 30, 31, 33†† : 34. 6, 12, 12††, 12, 13 *bis*, 14†, 14, 14†, 14 *bis*, 24††, 25 *bis*, 27**†, 27, 27*, 28 *bis* : 35. 4†, 5, 5†, 5, 8 *bis*, 11† *bis*, 14 : 36. 5 *bis*, 6 *bis*, 11 (ὡς τὸ ἐν ἀρχῇ ὑμῶν), 17†, 17 *bis*, 17†, 18† *bis*, 20*, 21, 22, 23, 23††, 23*, 23, 26, 27 *bis*, 30, 31, 31†, 33, 38 : 37. 1, 1††, 7*, 8†, 13*, 17, 19†, 20, 22 *bis*, 23, 23† *quater*, 23, 24††, 24, 26††, 27, 28*, 28†† : 38. 5†, 10, 11 *bis*, 14, 14*, 16*, 16, 17, 18 *bis*, 19 *bis* : 39. 7††, 7, 8, 9 *bis*, 11, 11†, 12, 21, 25†, 26*, 27*, 27, 28*, 28 : 40. 1 *quater*, 2, 3, 3†, 4 *bis*, 5 *bis*, 6, 17, 22. 39† *bis*, 42, 44 : 41. 6 *bis*, 17 *bis* : 42. 10, 13, 14 *bis*, 15, 16, 17, 18, 19, 20** : 43. 7, 7††, 7 *bis*, 7††, 8*, 8 *quater*, 9††, 13, 18, 21, 22 : 44. 3, 5, 7, 7*, 7, 8, 9, 9††, 10*, 11, 13, 15*, 17* *bis*, 19*, 19 *quater*, 21*, 24, 27, 28, 29 : 45. 1*, 1 *bis*, 3, 4, 4†, 8, 17 *quater*, 18, 20, 21, 22, 25 *bis* : 46. 1**, 1 *bis*, 3 *bis*, 4, 6, 8*, 9, 10††, 10* *bis*, 11 *bis*, 12, 16†, 23 : 47. 3 *bis*, 4, 4†, 4, 7, 11†, 11 *bis*, 14, 21, 22†† *bis*, 22 *bis*, 22††, 23 *bis* : 48. 8††, 10††, 11, 15††, 21††, 22††, 29.

Da. LXX. Su. 1, 5, 7, 28, 35, 36, 48††, 57, 58, 62, 63, 64 : 1. 2, 4 *bis*, 8 *ter*, 17 *ter*, 19, 20, 20**, 20 *ter* : 2. 1 *bis*, 19 *bis*, 21, 22** *bis*, 28, 30 *bis*, 35, 37, 41, 44, 49 : 3. 1, 7, 8, 17, 20**, (25), (28), (29) *bis*, (31), (37), (38), (39), (40) *bis*, (41), (51), (53), (56), (79), 24 (91)*, 25 (92) *bis*, 27 (94), 31 (98) : 4. 1, 9 *bis*, 10 *bis*, 12 *bis*, 14 *bis*, 15 *quater*, 17, 18, 20, 23, 24†, 25, 27, 28 *bis*, 29 *bis*, 33, 34**, 34 *bis*, 34**, 34 *ter*, 34†, 34 *bis* : 5. 1 *quater*, 2, 3, 5, 12 *bis*, 23 *bis*, 31 (6. 1) : 6. 3 (4) *ter*, 4 (5), 10 (11), 17 (18) *bis*, 22 (23) *bis*, 25 (26), 26 (27) : 7. 5, 5††, 7, 8 *ter*, 13, 15 *bis*, 28 : 8. 1, 2 *ter*, 6, 7, 15*, 17*, 24, 25 : 9. 2, 3, 7 *ter*, 11, 12, 13, 16 *ter*, 18, 20, 21 *ter*, 23, 27*, 27 : 10. 1 *bis*, 2, 7, 8, 11*, 15*, 17 *bis*, 19*, 21 : 11. 1, 2, 2*, 2, 4*, 7, 8, 13 *bis*, 14, 16, 16**†, 18, 20 *ter*, 21, 23, 25 *bis*, 28, 32 *bis*, 33 *ter*, 34, 37 *bis*, 38, 39, 40 *ter*, 42 *ter*, 43, 44 : 12. 1 *bis*, 2 : Bel 20, 22, 31, 30, 32 *bis*, 33, 35**.

Da. TH. Su. 1, 5, 6, 7, 8, 15*, 15, 20, 26, 34††, 36, 38, 48††, 50††, 62, 63 : 1. 1, 2, 4†, 4 *bis*, 4†, 6†, 8 *bis*, 17 *bis*, 20 *bis* : 2. 1, 12, 19, 22**, 25, 28, 30 *bis*, 37, 38, 41, 43, 44, 49 : 3. 1 *bis*, 4, 13, 17†, 23††, (24)††, (28), (30), (31), (37), (38), (39), (40) *bis*, (41), (51), (53), (56), (76), (79), 24 (91), 25 (92)††, 25 (92)†, 27 (94), 30 (97)†, 30 (97)**†, 31 (98) : 4. 1, 5, 6, 7††, 9 *bis*, 10, 11, 12 *quinquiens*, 15, 18 *bis*, 20 *bis*, 20†, 20 *bis*, 24 *bis*, 26, 27, 28, 32 *bis*, 34 : 5. 2, 2**, 2, 3**, 3, 5, 7 *bis*, 9†, 11 *quater*, 12, 12†, 14 *bis*, 16, 23 *bis*, 27, 29, 30 : 6. 1 (2), 3 (4)†, 5 (6), 10 (11), 17 (18) *ter*, 19 (20) *bis*, 20 (21)*, 22 (23)†, 23 (24), 23 (24)†, 25 (26), 26 (27), 27 (28), 28 (29) *bis* : 7. 1, 2†, 5, 8††, 8, 13, 15, 20**, 23, 25, 28 : 8. 1, 2 *bis*, 2†, 6, 8*, 15*, 17*, 18*, 22, 24†, 25 *bis* : 9. 1, 2†, 2, 3, 6, 7†, 7 *bis*, 8†, 10†, 10, 11, 12, 13 *bis*, 15, 16 *ter*, 21 *ter*, 23 *ter*, 26 *bis*, 27, 27† : 10. 1 *bis*, 2, 4, 5, 7, 8, 9*, 11, 11*, 12, 15*, 16 *bis*, 17 *bis*, 19*, 21 : 11. 1, 2, 6, 7†, 11, 13 *bis*, 14, 16 *bis*, 17, 20 *ter*, 21 *bis*, 23, 24 *bis*, 25 *bis*, 28, 29, 30**†, 32, 33 *quater*, 34*, 34, 38 *bis*, 39, 40 *bis*, 40†, 40, 43, 43†, 43, 44 : 12. 1 *quater*, 2, 7, 7* : Bel 14†, 23†, 32, 33, 36.

1 Ma. 1. 8, 9, 10, 10†, 11, 12‡‡, 14, 15†, 17†, 17, 17†, 17, 17†, 19, 20 *bis*, 21, 25, 27, 27†, 29, 30, 34, 44, 48, 52, 53 *bis*, 54, 55, 56†, 58 *ter*, 62 *bis* : 2. 1 *bis*, 6 *bis*, 7*, 7 *bis*, 9 *bis*, 10†, 17, 17†, 18, 19**, 19, 20, 23‡‡, 23**, 25, 27, 28, 31 *bis*, 32, 37, 38, 41, 44 *bis*, 46 *bis*, 47, 51†, 52, 53, 54*, 55*, 55, 56*, 56†, 57, 58*, 60, 64 *bis*, 66†, 70 *ter* : 3. 3, 4, 6, 7, 8, 12, 14, 15, 18 *ter*, 19, 20†, 24, 29, 36, 40, 42, 45, 45†, 46†, 51, 58, 59, 60 : 4. 3**, 5, 6 *bis*, 9 *bis*, 15, 18, 21, 25†, 25, 28, 29 *bis*, 30, 31†, 33, 38 *bis*, 38†, 41**, 46 *bis*, 50, 54 *ter*, 54†, 58, 59, 60 : 5. 2††, 2, 3, 4*, 4, 5†, 5, 9**, 13**†, 16, 17**†, 18, 23**†, 23, 24, 25,

● = correction on page xxv

26, 27 *bis*, 28, 33 *bis*, 34, 35†, 40*, 43, 44, 44**†, 45**, 49 *bis*, 50, 51, 54 *bis*, 55, 55†, 55 *bis*, 60, 61, 65, 67, 67†, 67*: 6. 1†, 1, 2**, 2†, 6 (ἐν πρώτοις), 7**, 11 *bis*, 12, 12**, 13, 26, 31†, 33, 35, 38, 43, 49, 53, 54: 7. 1† *bis*, 8 *bis*, 9, 13, 14, 16, 18, 19, 22, 23, 24, 28, 31, 35, 38†, 38 *bis*, 39, 40 *bis*, 41, 43: 8. 1†, 1, 2, 3, 4, 5†, 14, 14†, 16, 23, 24†, 24: 9. 1†, 2**, 4, 5, 10†, 12, 14†, 19 *bis*, 23, 24, 26†, 27, 27†, 29, 31, 43, 50, 50**, 50†, 51, 52**†, 52, 53 *ter*, 54, 55, 56, 58 *bis*, 60**, 62**, 65, 65†, 66, 67, 69†, 73: 10. 1, 6**, 7†, 10, 12, 14, 21, 32**†, 32, 34, 37†, 37, 39**, 41, 42†, 43**, 43 *bis*, 45**†, 46, 47†, 50, 55, 58 *bis*, 67†, 69†, 70, 72, 73, 75, 79†, 83, 84†, 86: 11. 3, 4 *bis*, 14†, 15†, 15, 18†, 18, 18**, 20, 20**, 20†, 37 *bis*, 41**, 47, 47†, 47, 48, 51**, 51†, 58 *bis*, 60, 61†, 63**, 64, 65†, 68 *bis*, 74: 12. 7, 8, 9**, 11 *bis*, 11†, 11, 14, 21, 28, 32, 35, 38, 41, 47, 48: 13. 5, 11†, 11, 12, 13, 22, 25, 30, 33, 39, 42, 43, 44**, 44, 45**, 47, 48†, 48, 49**†, 51 *quinquiens*, 53: 14. 1, 3†, 9, 10, 13, 16, 17**, 19, 22, 23, 27 *quater*, 29, 34 *bis*, 36 *bis*, 36** *bis*, 36, 37, 43**†, 44, 48 *ter*, 49: 15. 4, 9, 15, 21†, 25, 28**†, 29, 33, 35: 16. 2, 3 *bis*, 4, 7††, 10**, 10, 14**, 14.

II Ma. 1. 1** *bis*, 4 *bis*, 5, 7 *ter*, 10**†, 10** *bis*, 12, 13, 18, 19 *bis*, 27, 28: 2. 1, 4, 13 *bis*, 30: 3. 6, 11, 15, 31, 33: 4. 9, 14, 15, 18, 30, 31, 34: 5. 12†, 14 *bis*, 20 *bis*, 22, 23, 24**, 27: 6. 2 *bis*, 4: 7. 9, 12, 16, 27, 28**, 29, 38: 8. 1, 5, 8, 9†, 18†, 20**, 33, 36**: 9. 8, 9, 28: 10. 5, 6 *bis*, 20**, 23 *bis*, 36, 37: 11. 8, 10: 12. 3†, 8**, 11, 12, 18, 19, 27, 27† *bis*, 30: 13. 4, 5, 8, 15†, 22**, 23: 14. 3, 5, 18, 21, 22, 23, 24, 35, 38: 15. 1, 3, 4, 11, 18, 19 *bis*, 24.

III Ma. 1. 2, 3, 5, 16, 18, 19†, 23, 24†: 2. 2, 4, 9, 12, 13, 14, 16, 17 *quater*, 20, 21, 24, 26, 30:
● 3. 1**, 6, 11, 21, 23, 26: 4. 8, 10, 11, 20: 5. 8 (ἐν ἑτοίμῳ), 11, 23, 25, 26 (ἐν ἑτοίμῳ), 42 *bis*, 43 (ἐν τάχει): 6. 1, 2, 3, 8, 12, 15, 25, 29, 30 *ter*, 35, 39, 40: 7. 8, 16†, 17, 19, 20, 21.

IV Ma. 1. 25: 4. 3, 9: 5. 20† *bis*, 22: 6. 5, 13 *bis*: 7. 1: 8. 3, 4, 16: 9. 22, 32: 12. 19: 13. 15, 20 *bis*, 21†, 22: 14. 11: 15. 9, 18, 23, 25, 31, 32: 16. 15: 17. 5†, 5, 5†, 12†, 12: 18. 8, 11**, 12**, 13**.

[**Aq.** Ge. 1. 1, 6††, 26 *sexiens*, 27 *bis*, 28 *ter*, 30: 2. 7, 8, 17: 3. 9 (8): 4. 26: 5. 1: 9. 4: 11. 28: 15. 15: 18. 12: 22. 13 *bis*: 23. 9††: 24. 63: 25. 8: 27. 35: 28. 21: 30. 42: 36. 24, 24*, 40: 38. 22: 41. 2, 5: 42. 21: 45. 16‡‡: 47. 6 *bis*: 50. 26: Ex. 2. 3, 5††: 3. 20: 4. 13, 19: 6. 3: 7. 11: 8. 7 (3): 9. 15, 35: 11. 3‡‡: 12. 11, 19: 15. 13: 16. 13: 19. 9, 22: 21. 8‡‡, 18: 23. 21: 24. 6: 26. 6: 28. 17, 29*, 32††: 29. 14: 32. 25: 35. 35 *ter*: 36. 2: 38. 23 (37. 21): 40. 26 (24): Le. 2. 14: 4. 2, 22: 5. 15: 8. 7, 10**: 21. 20: 23. 41: 24. 9: 26. 39 *quater*: 27. 26: Nu. 14. 14, 14 (ὀφθαλμὸν ἐν ὀφθαλμοῖς): 21. 18: 23. 21: 31. 17: Dt. 1.
● 1, 7, 39: 4. 5: 7. 15: 10. 22: 11. 14, 19 *bis*: 12. 7: 14. 25 (26): 16. 3: 19. 5: 20. 19 *bis*: 23. 16 (17): 24. 17 (15), 21 (19): 25. 11: 26. 14 *bis*: 27. 24: 28. 28: 30. 20: 32. 8*, 10, 28, 51: Jo. 1. 8: 2. 15 *ter*: 4. 10††, 24: 13. 27: Jd. 1. 35 *bis*: 3. 31: 4. 21: 5. 2: 7. 16, 25: 8. 22, 27, 31, 32: 11. 26: 15. 9: I Ki. 2. 14: 3. 10, 13: 5. 6: 6. 8: 9. 12: 14. 18: 15. 5: 17. 1, 2, 40, 50 *ter*: 18. 21: 20. 19: 21. 13 (14): 22. 4: 23. 13, 14, 15, 19, 24: 25. 29: 26. 5: 28. 3, 6: 29. 1, 4: 31. 10: II Ki. 2. 29: 5. 8, 24: 6. 14: 8. 13: 21. 2*, 6: 23. 18: III Ki. 1. 3: 3. 18: 4. 16 *bis*, 21 (5. 1): 6. 17, 19††: 7. 7 (44), 9 (46): 8. 12, 24 *bis*: 9. 19, 23 *bis*, 25: 11. 7, 20: 12. 17, 33: 14. 1, 5*, 6, 8, 8‡‡, 10, 11 *bis*, 12*, 13 *bis*, 15, 17, 18: 15. 2, 4, 5, 18: 16. 8, 10, 15: 17. 12, 22: 20 (21). 38: 22. 36, 47, 48, 49, 50: IV Ki. 1. 2 *bis*, 16 *bis*: 9. 20: 10. 12: 15. 5, 19: 21. 5, 7: 22. 20: 23. 4, 7: Jb. 1. 1, 6††: 2. 3: 4. 13: 5. 19 *bis*: 7. 8: 8. 12: 9. 31: 10. 16: 11. 14, 18: 12. 12: 13. 9, 27: 14. 8: 15. 3, 8, 20: 16. 8: 18. 19, 20: 19. 20 *bis*: 21. 23: 23. 6: 24. 5: 27. 20: 28. 25: 30. 2: 31. 6, 13*, 27: 33. 8, 11, 15, 16, 26: 37. 2, 12, 17*: 38. 8*, 16: 39. 21: 40. 11 (16), 26 (31): 42. 10*: Ps. 1. 1 *bis*, 2 *bis*, 5: 3. 3: 4. 1, 5: 5. 8, 11: 6. 1, 2 *bis*, 8: 7. 7, 16: 9. 25 (10. 4), 35 (10. 14): 15 (16). 3, 6: 16 (17). 11, 14, 15*: 17 (18). 20: 18 (19). 5: 20 (21). 13: 22 (23). 2: 23 (24). 3: 24 (25). 2, 5, 8, 12, 20: 25 (26). 1 *bis*, 6, 7, 10, 11: 26 (27). 4, 5 *quater*, 6, 9, 12, 13: 27 (28). 2* *bis*, 3, 7: 28 (29). 2, 4: 29 (30). 6 *ter*, 7: 30 (31). 2, 5, 6, 8 *bis*, 9 *bis*, 10, 11 *ter*, 14*, 16, 17, 20, 21 *bis*, 23 *bis*: 31 (32). 2, 3, 4, 8, 10: 32 (33). 2, 3, 4, 6, 16 *bis*, 21: 33 (34). 23: 34 (35). 13, 15, 18: 36 (37). 1, 33*: 39 (40). 8, 9††, 11: 40 (41). 3: 41 (42). 5 *bis*, 9, 11*, 11: 42 (43). 2: 43 (44). 2, 9, 20 *bis*: 44 (45). 10: 47 (48). 8, 10††: 48 (49). 12, 15, 19: 53 (54). 1: 54 (55). 1, 3, 5, 16, 21: 55 (56). 1*, 1, 5, 8, 11 *bis*: 56 (57). 5††: 58 (59). 14: 59 (60). 8: 60 (61). 3, 5: 61 (62). 5, 8, 9 *bis*, 11: 62 (63). 7 *bis*: 65 (66). 7, 11 *bis*, 18: 67 (68). 6, 34: 68 (69). 11, 13, 31, 35: 70 (71). 22: 71 (72). 7, 14‡‡: 72 (73). 5, 25 *bis*: 73 (74). 3, 4††: 75 (76). 3: 76 (77). 14, 19: 77 (78). 2, 15, 17, 31, 47, 51, 58, 71**, 72: 80 (81). 4, 8, 10, 13 *bis*: 81 (82). 1 *bis*: 82 (83). 11: 83 (84). 7, 8: 85 (86). 11: 86 (87). 1, 5, 6*, 7: 87 (88). 6, 7 *bis*: 88 (89). 8, 13, 33, 34, 51: 89 (90). 14 *bis*: 90 (91). 1 *bis*, 2, 6, 10, 11, 12: 91 (92). 4, 15: 92 (93). 4: 93 (94). 23: 94 (95). 4: 99 (100). 2: 105 (106). 33: 109 (110). 3 *bis*: 115. 2 (116. 11)*: 117 (118). 23‡‡, 26, 27: 118 (119). 23, 35, 54, 109: 119 (120). 5: 121 (122). 7: 127 (128). 3: 130 (131). 1: 131 (132). 6: 138 (139). 15 *bis*, 16: 140 (141). 5, 6, 7: 142 (143). 1: 146 (147). 7 *bis*: 149. 6: 150. 1 *bis*, 3, 4: Pr. 2. 15: 3. 4‡‡, 20: 4. 7, 11: 5. 22: 6. 8, 25: 7. 8, 18: 8. 27*: 9. 6: 10. 9, 13, 21: 11. 5, 6, 9 *bis*: 12. 3: 13. 10: 14. 2, 4*, 28, 32, 33: 15. 22: 16. 2‡‡, 10, 15: 17. 16: 18. 2, 3*, 6, 10: 22. 15: 23. 2, 16*, 19: 24. 4, 19: 25. 9, 20: 26. 15, 24, 25: 27. 22, 22††, 22: 28. 6: 29. 2*, 6: 30. 4, 28: 31. 13, 31: Ec. 2. 3: 5. 10: 7. 16 (15): 9. 1: 10. 6: 11. 5: 12. 5: Ca. 1. 12: 2. 7 *bis*, 14: 3. 8: 4. 9: 6. 12 (7. 1): 7. 1 (2), 4 (5): 8. 4 *bis*, 10‡‡, 11, 13: Is. 1. 1, 6: 2. 20, 22 *bis*: 3. 25: 5. 16: 7. 14, 15 *bis*, 20, 24 *bis*: 8. 16, 18 *bis*, 21 *bis*: 11. 4, 11: 13. 17: 14. 25: 15. 3, 5 *bis*: 16. 5, 10, 14: 17. 13: 18. 2 *bis*: 19. 3, 4, 18: 20. 6: 21. 13: 22. 6: 24. 21: 25. 7: 26. 1, 4, 15: 27. 1**, 2, 8, 13: 28. 27 *bis*: 29. 13, 19, 23††: 30. 2, 6, 25, 25*: 31. 9 *bis*: 32. 2, 19 *bis*: 33. 17, 21: 34. 6, 13, 17: 35. 6: 36. 2 *bis*: 38. 9*, 10, 11, 16**: 40. 11, 12 *bis*, 26*: 41. 16 *bis*, 19 *bis*: 43. 22: 44. 12 *bis*, 13 *bis*, 23: 45. 14: 48. 14: 49. 22: 50. 4 (ἐν πρωΐ): 51. 20 *bis*: 52. 8*, 12: 53. 10, 11: 54. 9, 11, 16: 55. 2, 12: 57. 1*, 2, 13: 58. 1, 4, 11: 59. 9, 13, 14, 19, 20: 60. 10: 61. 6, 7, 8, 9††, 10: 62. 4, 7, 8, 9: 63. 2, 3: 65. 4 *bis*, 16 *bis*: 66. 4‡‡, 5, 15: Je. 2. 2 *bis*, 8, 23, 24: 5. 24: 6. 1, 6††, 18, 27: 7. 2, 23: 8. 5, 6: 9. 2 (1), 5 (4), 8 (7), 13 (12): 10. 3, 6, 7 *bis*, 12, 17, 18: 11. 19: 13. 10, 17, 22: 14. 8, 13, 15 *bis*, 22: 15. 7 *bis*, 11 *bis*, 12, 13, 17: 16. 4, 21: 17. 1 *bis*, 5, 6, 7, 11: 18. 4, 6: 19. 11: 20. 4, 9: 21. 7: 22. 25: 25. 14: 26 (33). 14‡‡, 18: 27 (34). 1, 8: 28 (35). 9, 11, 17: 30 (37). 8, 16: 31 (38). 4, 6, 7, 9, 13, 15, 22 *bis*, 24: 32 (39). 9**, 20, 30, 41, 44: 33 (40). 10: 34 (41). 15‡‡: 35 (42). 11: 36 (43). 1, 20 *bis*: 37 (44). 1, 4††, 17: 38 (45). 2, 6 *bis*, 10, 22, 24: 40 (47). 4‡‡, 5, 10, 11 *bis*: 41 (48). 5, 8, 17: 42 (49). 22: 43 (50). 3, 9 *bis*, 13**: 44 (51). 12, 29: 45. 3 (51. 33): 46 (26). 10, 12, 22: 48 (31). 28, 41: 49 (30). 3: 49. 14 (29. 15), 16 (29. 17), 23 (30. 12), 26 (30. 15): 50 (27). 1, 30, 38, 40: 51 (28). 4, 13, 30, 58: 52. 8, 15, 24: Ez. 1. 16††, 19; 3. 14, 24: 4. 3, 16: 5. 3, 14: 6. 12: 8. 8, 12: 9. 11: 11. 20: 12. 7, 13, 18 *bis*, 19: 13. 9, 14††: 16. 54*: 17. 17*: 18. 13: 19. 4 *bis*, 8: 20. 7, 26*, 31*, 37, 38, 40: 21. 21 (26), 29 (34)*: 22. 6: 23. 21*, 28, 38, 39: 24. 12, 13, 16: 25. 16: 26. 10, 12: 26. 20 *bis*: 27. 16, 18 *bis*, 19, 20, 24 *ter*, 33*: 28. 13, 17, 23††: 29. 4 *bis*, 5, 12: 30. 9, 12: 31. 4, 5*, 8, 9, 17††: 32. 1, 3, 10*, 10, 15*, 17, 20, 23, 25, *bis*, 25††, 32: 33. 12, 27††: 34. 13: 35. 5 *bis*: 36. 18: 37. 9: 40. 1, 3: 44. 14: Da. 1. 17: 3. 21, 24 (91): 10. 1: Ho. 9. 13: 10. 15: 12. 4 (5): Am. 1. 1: 2. 16: 3. 9: 4. 9 *bis*: 6. 10: 7. 16: 9. 9: Jn. 2. 4: Mi. 1. 10**: 6. 14: Hb. 2. 4 *bis*: 3. 2*: Za. 7. 5 *bis*: 9. 1, 2: 11. 8 *bis*, 13: 13. 1: Ma. 3. 8.]

[**Sm.** Ge. 1. 1, 6†† *bis*, 27, 29, 30: 2. 15: 3. 18 (17) *bis*: 5. 1: 11. 28: 20. 5: 22. 13: 24. 63: 25. 8: 28. 21: 41. 2, 5: 42. 28: 47. 6 *bis*: Ex. 4. 19: 9. 15, 35: 12. 11, 19: 15. 11 *bis*: 16. 2, 13, 31: 21. 8‡‡: 22. 31 (30): 23. 3: 28. 17: 30. 12: 39. 1 (13): 40. 26 (24): Le. 4. 2, 22: 13. 26: 21. 20: 24. 9: 26. 39: 27. 26: Nu. 1. 47: 21. 11: 31. 17: 33. 44: Dt. 1. 1, 7: 7. 15: 11. 19 *bis*: 23. 16 (17): 26. 14: 32. 10: 33. 5, 8, 18: Jo. 1. 8: 2. 15 *ter*: 4. 24: 8. 26: 13. 27: 15. 6: Jd. 1. 15 *bis*, 35 *bis*: 2. 14: 3. 31: 4. 18: 5. 2*: 7. 15, 16, 25 *bis*: 8. 27, 31, 32: 9. 6: 11. 26: 12. 2, 4: 15. 9: 18. 7 *ter*: I Ki. 2. 32 *bis*: 4. 20: 6. 8: 9. 27: 13. 1*, 3**: 14. 18, 38: 17. 40, 50 *ter*: 19. 19, 22: 22. 4: 23. 14, 15, 19, 24: 26. 5: 28. 3: 29. 1, 4: 30. 16: II Ki. 4. 4*: 5. 9, 24: 6. 5, 14: 8. 2, 13. 15. 28: 21. 6: 23. 18: III Ki. 1. 3: 2. 46: 4. 21 (5. 1): 6. 19††: 8. 2, 24: 9. 19: 12. 33: 15. 4: 16. 8, 10, 15: IV Ki. 1. 2: 10. 12: 18. 17: 21. 5, 7: 22. 20: 23. 4, 5, 7**, 10**, 16: II Ch. 26. 5: 34. 22: Jb. 4. 12, 13, 18 *bis*, 19: 5. 11: 9. 19: 11. 14: 12. 12: 14. 8: 15. 15: 16. 5, 8: 22. 24: 24. 16: 27. 3, 20: 29. 4, 25: 31. 5, 15: 32. 8, 14: 33. 26: 35. 10: 37. 12, 18: 39. 4, 24, 28: 40. 19 (24), 26 (31) *bis*: 41. 7: 42. 10*: Ps. 1. 1, 2 *bis*, 5: 4. 5: 5. 8: 7. 7 *bis*: 9. 8, 22 (10. 1), 25 (10. 4), 27 (10. 6) *bis*, 29 (10. 8), 30 (10. 9): 10 (11). 2: 11 (12). 3: 12 (13). 3: 15 (16). 3, 6: 16 (17). 11, 14: 17 (18). 19: 18 (19). 5: 20 (21). 7: 21 (22). 4, 31: 24 (25). 5: 25 (26). 1, 10, 11, 12: 26 (27). 2*, 3, 4, 5 *bis*, 6: 27 (28). 7: 28 (29). 2, 4: 29 (30). 6, 7, 8, 10: 30 (31). 2, 8, 9, 11, 12, 16, 21 *bis*, 22, 23: 31 (32). 2, 11: 32 (33). 7, 19: 34 (35). 13, 16, 18, 20: 37 (38). 12: 38 (39). 3, 4*: 39 (40). 8, 11: 40 (41). 2, 3: 43 (44). 10, 15 *bis*, 20: 44 (45). 10*, 10: 45 (46). 4: 46 (47). 2: 47 (48). 4, 10††: 48 (49). 6, 19*, 19: 50 (51). 7: 51 (52). 10: 53 (54). 7, 8: 54 (55). 8, 10, 11, 15, 16: 55 (56). 1, 4, 8: 56 (57). 5††: 58 (59). 14: 59 (60). 2, 12: 60 (61). 3*, 5 *bis*: 61 (62). 5, 9 *bis*: 62 (63). 2, 8, 12: 64 (65). 5: 65 (66). 18: 67 (68). 5, 6, 17, 19, 22, 36: 68 (69). 13, 22, 26, 35: 70 (71). 8, 16: 71 (72). 7: 72 (73). 5, 8, 9, 13, 18, 25 *bis*: 73 (74). 3, 5, 6: 74 (75). 9: 75 (76). 3: 76 (77). 4, 14, 15, 19: 77 (78). 17, 26, 30, 42, 43 *bis*, 47 *bis*, 51, 60, 72: 80 (81). 10, 15 (ἐν ὀλιγοστῷ): 81 (82). 1 *bis*: 83 (84). 12: 86 (87). 7 *bis*: 87 (88). 6, 7: 88 (89). 3, 7 *bis*, 8 *bis*, 34, 51: 89 (90). 1, 7, 9, 10, 14, 15: 90 (91). 2, 11, 12: 91 (92). 4, 8*, 12, 16: 93 (94). 23: 94 (95). 4: 95 (96). 12**: 97 (98). 7: 101 (102). 7, 24: 105 (106). 4, 7, 33: 106 (107). 40: 107 (108). 12: 109 (110). 3 *bis*: 111 (112). 7: 117 (118). 26, 27: 118 (119). 9, 54: 121 (122). 7 *bis*, 8: 130 (131). 1 *bis*: 131 (132). 6: 136 (137). 6: 137 (138). 3: 138 (139). 15 *bis*, 16**: 140 (141). 6: 142 (143). 1, 11: 143 (144). 14: 150. 1 *bis*, 5: Pr. 1. 20: 3. 4‡‡: 4. 7, 11, 19: 5. 11*: 6. 1 *bis*, 8, 25: 9. 6: 10. 5, 9, 13: 11. 5, 6, 9, 14: 12. 3: 13. 10: 14. 2, 4*, 4, 10, 13, 28 *bis*, 32: 15. 15, 22: 16. 12, 15: 17. 16: 18. 3*, 10, 17: 20. 4, 20: 21. 10‡‡, 24: 22. 15: 23. 7, 16*, 19: 24. 4, 6, 10, 27: 25. 9, 11 *bis*, 20 *bis*: 26. 7, 9, 15, 22, 24, 25, 26: 27. 10: 28. 6: 29. 6: 30. 4, 19, 28: 31. 13: Ec. 1. 13: 2. 3: 3. 11: 7. 7 (6): 8. 10, 13: 9. 1, 3, 17: 10. 3, 5, 6: 11. 8, 9: Ca. 1. 10, 12: 2. 7 *bis*: 7. 1 (2): 8. 11, 13: Is. 1. 1, 6: 2. 20, 22 *bis*: 5. 1, 8, 14, 16: 6. 5††, 10 *bis*: 7. 18, 20: 8. 11, 16, 18 *bis*: 9. 3 (2), 5 (4) *bis*: 10. 13, 17, 23††, 24, 26: 11. 4: 13. 3, 10: 14. 25: 15. 3: 16. 7, 14: 18. 2: 19. 3, 18: 20. 6: 24. 21: 25. 7: 26. 15: 27. 1**, 2, 8, 11*, 13: 28. 7, 21, 27: 29. 13, 19, 21, 23††: 30. 2, 6, 15 *ter*, 24, 25, 25*: 31. 9 *bis*: 32. 2, 19 *bis*: 33. 16, 17: 34. 6, 17: 35. 6: 36. 2: 37. 12**, 25: 38. 8, 10*, 20: 40. 3, 11, 12 *ter*, 26: 41. 16 *bis*, 19 *bis*: 44. 12 *bis*, 23: 45. 14: 46. 13: 49. 22: 50. 2, 11: 51. 20: 52. 4, 8*: 53. 4, 10 *bis*, 11: 54. 1, 8, 16: 55. 2, 12: 57. 13: 58. 1, 11: 59. 9, 10 *ter*, 20: 60. 10: 61. 7, 8, 9††, 10 *bis*: 62. 4 *bis*, 7, 9: 63. 1 *bis*, 3, 4, 6: 64. 5 (4): 65. 4 *bis*, 16 *bis*: 66. 5, 15, 17††, 20 *quater*: Je. 2. 8, 23: 5. 24: 6. 1, 27: 7. 2, 12, 17, 23: 8. 5, 6: 9. 8 (7): 10. 3, 8, 12, 17, 18: 11. 6 *bis*: 13. 21: 14. 16, 22: 15. 7 *bis*, 11, 12, 17: 17. 1 *bis*, 6 *bis*: 20. 9: 21. 4**, 7: 23. 18: 26 (33). 18: 27 (34). 8: 28 (35). 9, 17: 30 (37). 16: 31 (38). 2, 6, 7, 12: 32 (39). 9**, 20, 21, 30,

● = correction on page xxv

41, 44: 33 (40). 10: 34 (41). 20 *bis*: 35 (42). 7, 11: 36 (43). 1, 10: 37 (44). 1, 10, 15**: 38 (45). 1, 5, 6, 7: 40 (47). 1††, 5: 41 (48). 8: 43 (50). 3, 9 *bis*, 13**: 44 (51). 2: 46 (26). 10, 21††: 49. 8 (29. 9), 16 (29. 17), 23 (30. 12), 26 (30. 15), 30 (30. 8): 50 (27). 30, 38, 40: 51 (28). 4, 13: 52. 5, 8, 11, 24: La. 1. 15**††: 4. 14 *bis*: Ez. 3. 24: 4. 12: 5. 3, 14: 6. 12: 7. 13, 16: 8. 12: 9. 11: 10. 16*: 11. 16: 12. 7, 13, 18, 19: 13. 4, 5 *bis*, 9, 14††: 17. 5, 17: 18. 13: 19. 10: 20. 7, 31, 40, 43: 21. 6 (11), 20 (25), 24 (29), 29 (34)*: 22. 6, 12: 23. 6, 12, 14, 38, 39: 24. 13: 25. 15: 26. 18, 20 *bis*: 27. 18 *bis*, 20, 24 *bis*, 32, 33*: 28. 4, 23††: 29. 4, 5, 12: 30. 9, 14, 16: 31. 17††: 32. 1, 3, 10*, 15*, 23 *bis*, 25 *bis*, 25††, 32: 33. 21, 27: 34. 13: 35. 5 *bis*: 40. 1: 44. 14: 48. 10††: Da. 9. 26: Su. 5: Ho. 2. 18 (20): 5. 8: 7. 14, 16: 8. 9: 9. 13: 11. 8: 12. 4 (5): Am. 1. 1, 11: 2. 16: 3. 9: 4. 2, 9 *bis*: 5. 16: 7. 16: 9. 9: Mi. 1. 10**: Ze. 3. 9: Za. 7. 5 *bis*: 9. 2: 11. 8 *bis*: 14. 6: Ma. 2. 9, 13: 3. 8.]

[**Th.** Ge. 1. 1, 6††, 26 *bis*, 27 *bis*, 28 *ter*, 29, 30: 2. 8 (ἐν πρώτοις): 3. 9 (8), 18 (17): 11. 28: 22. 13: 36. 24: 47. 6 *bis*: Ex. 4. 13, 19: 7. 11: 8. 7 (3): 11. 3‡‡: 12. 11: 16. 2, 13: 21. 8‡‡: 22. 31 (30): 23. 21: 28. 17, 28: 29. 14: 30. 12: 35. 35 *ter*: 36. 2: 38. 23 (37. 21), 25 (39. 2): 39. 1 (13): 40. 26 (24): Le. 8. 10**: 21. 20: 22. 11: 24. 9: 26. 39 *bis*: 27. 26: Nu. 1. 47††: 21. 18: 31. 17: Dt. 1. 7: 11. 19 *bis*: 23. 16 (17): 33. 5: Jo. 1. 8: 2. 15 *quater*: 4. 10††, 24: Jd. 1. 4, 5, 8, 35 *bis*: 2. 14: 3. 31: 4. 7, 18, 20, 21: 5. 2*, 2, 14 *bis*, 23, 27, 31: 6. 5, 12: 7. 15, 16, 25: 8. 27, 31, 32: 9. 41: 10. 9 *bis*: 11. 13, 21, 26: 13. 3: 14. 18: 15. 9: 16. 12: 18. 19: I Ki. 2. 32 *bis*: 3. 13: 9. 27: 13. 18: 14. 18: 17. 2, 50 *ter*: 23. 14, 19: 26. 5: 28. 3: 29. 1, 4: II Ki. 2. 29: 6. 2: 10. 16**: 12. 12, 25: 21. 2*: 24. 1: III Ki. 1. 3: 6. 17, 19††: 15. 2, 4: 16. 8, 10, 15: 22. 36: IV Ki. 1. 17: 9. 20: 11. 4: 21. 5: 22. 20: 23. 4, 10**: Jb. 1. 1: 4. 21: 5. 19: 7. 8, 13: 9. 19: 10. 16: 11. 14: 12. 9: 13. 27: 14. 8: 15. 3, 10, 26, 27: 18. 4, 15 *bis*: 19. 27, 28: 20. 14, 20: 21. 21, 23: 22. 24: 27. 20: 28. 16: 29. 20, 25: 33. 2, 8, 30: 34. 9*, 23: 35. 10, 16: 36. 11, 25, 31, 32: 37. 2, 4, 7, 12: 38. 32: 39. 1, 4, 17, 18, 21: 40. 21 (26): 42. 7 *bis*, 10*: Ps. 1. 5: 4. 1: 6. 1, 6: 7. 7: 10 (11). 2: 15 (16). 3: 16 (17). 15*: 18 (19). 5: 25 (26). 1, 10, 11: 30 (31). 11, 16, 23: 31 (32). 4: 34 (35). 13*: 38 (39). 2: 39 (40). 9††, 11: 41 (42). 11*: 42 (43). 2*: 43 (44). 13: 44 (45). 10: 47 (48). 10††: 54 (55). 11††: 64 (65). 5: 65 (66). 5: 67 (68). 7 *bis*, 15: 71 (72). 14‡‡: 72 (73). 5††: 73 (74). 3, 8, 13: 75 (76). 3: 76 (77). 19: 77 (78). 31, 60, 72: 86 (87). 5, 6 *bis*: 88 (89). 6, 34: 89 (90). 14 *bis*: 91 (92). 12: 93 (94). 23: 105 (106). 4: 109 (110). 2††, 3: 117 (118). 26: 118 (119). 54, 109: 126 (127). 4: 130 (131). 1 *bis*: 138 (139). 16: 140 (141). 5: Pr. 2. 15: 3. 4‡‡: 4. 7: 5. 23*: 6. 25: 7. 8, 13, 18, 20, 21, 25: 8. 27*, 29*: 10. 13 *bis*: 11. 5 6, 9, 10, 11, 14 *bis*: 12. 18, 25: 13. 10 *bis*: 14. 2, 4 *bis*, 28, 32, 33: 15. 22: 16. 15, 26**: 17. 9, 12: 18. 3*, 10: 20. 18 *bis*: 21. 6: 22. 15: 23. 19, 20 *bis*, 28: 24. 6, 19: 25. 9, 11, 20: 26. 15, 24, 25: 27. 22, 22††, 22: 28. 6: 30. 28, 32*: 31. 13: Ec. 4. 17*: 7. 3 (2): 10. 11 (ἐν οὐκ ἐπαοιδῷ): Ca. 2. 7 *bis*: 5. 11: 8. 13: Is. 1. 1: 2. 20, 22 *bis*: 5. 14, 16: 7. 18, 20: 8. 18 *bis*, 21 *bis*: 10. 23††: 11. 4: 13. 10: 14. 25: 15. 3: 16. 14: 18. 2: 19. 3, 18: 20. 6: 21. 13: 24. 21: 25. 5, 7: 26. 15: 27. 1, 8 *quater*, 13: 28. 7, 21, 27: 29. 13, 19, 23*: 30. 2, 6, 19, 25*, 32: 31. 9 *bis*: 32. 2: 33. 17: 34. 6, 10, 11, 17: 37. 4, 12**: 38. 9*, 10, 11: 40. 11, 12 *ter*, 26: 41. 19 *bis*: 43. 22: 44. 12, 23: 45. 14: 49. 22: 51. 20: 52. 8 (ὀφθαλμὸν ἐν ὀφθαλμοῖς), 8*: 53. 2, 10, 11: 54. 9, 11, 16: 55. 2 (ἐν οὐκ ἄρτοις), 2, 12: 57. 6, 13: 58. 1, 11: 59. 4, 6, 9, 13 *bis*, 19: 60. 10: 61. 7, 8, 9††, 10 *bis*: 62. 4 *bis*, 7, 9: 63. 1, 3, 6: 66. 5, 15: Je. 2. 2 *ter*, 24: 6. 27: 7. 2: 8. 12: 10. 3, 6, 7 *bis*: 11. 6 *bis*, 7, 8: 13. 10: 14. 5, 15 *bis*: 16. 6, 21: 17. 1 *ter*, 3: 18. 4: 19. 11: 20. 9: 21. 7: 22. 25: 25. 14: 27 (34). 8, 18 *ter*, 19, 21 *ter*: 28 (35). 11, 17: 29 (36). 16 *bis*, 18 *quater*, 25, 25**: 30 (37). 11: 31 (38). 12, 22: 32 (39). 9**, 20: 33 (40). 10, 15 *ter*, 16, 20, 24: 34 (41). 20 *bis*: 35 (42). 11: 38 (45). 2, 11: 39 (46). 1, 5 *ter*, 6, 7, 8, 9, 10 *bis*, 11: 41 (48). 17: 42 (49). 17, 22: 43 (50). 9 *bis*: 44 (51). 12 *bis*, 24**, 29: 45. 3 (51. 33): 46 (26). 10, 22, 26 *ter*: 48 (31). 41, 45, 46: 49. 23 (30. 12), 26 (30. 15): 50 (27). 30: 51 (28). 58: 52. 28, 29, 30: Ez. 1. 16††, 17*, 19, 24*, 25*: 2. 3: 4. 3: 5. 11, 12, 14, 15, 16: 6. 13: 7. 11, 13, 19: 8. 7, 12, 18: 9. 1: 12. 7, 18, 19: 13. 5 *bis*, 9, 14††, 19: 18. 13: 19. 10: 20. 7, 37, 38, 40: 21. 21 (26): 22. 6, 12, 30: 23. 14, 28, 38, 39, 42: 25. 10, 12: 26. 9, 15*, 17, 18, 20 *bis*: 27. 16, 18, 24 *ter*, 31, 32††, 33*: 28. 23††: 29. 4, 5, 12: 30. 12, 14: 31. 5*, 8, 9, 17††, 18 *quater*: 32. 3, 10*, 10, 17, 23 *bis*, 25 *bis*, 25††, 32: 33. 12, 27††, 27: 34. 13: 35. 5 *bis*, 11: 36. 18: 38. 18: 40. 3: 44. 14: Da. 1. 4, 8, 17: 2. 41, 43: 3 (41), (56), (76), 24 (91): 4. 1†, 28: 5. 7, 30: 7. 2†, 7†: 8. 2† *bis*, 2, 2†, 24†: 9. 2†, 23, 26 *bis*, 27: 10. 1, 5, 7, 9†, 16 *bis*: 11. 16 *bis*, 20, 23 *bis*: 12. 7*: Su. 5: Ho. 2. 18 (20): 12. 4 (5): 14. 4: Am. 1. 1: 3. 9: 4. 2, 9 *bis*: 6. 10: Ob. 1. 12, 19: Jn. 2. 4: Mi. 6. 14: Hb. 3. 2††: Ze. 1. 11: Hg. 1. 13: Za. 7. 5 *bis*: Ma. 3. 8.]

[**Heb.** Ge. 4. 1: 47. 6 *bis*: 49. 6 *quater*: Ex. 5. 6: 21. 8‡‡: Jd. 1. 35 *bis*: II Ki. 7. 2††: III Ki. 19. 11: IV Ki. 14. 27: 22. 20: Jb. 2. 8: 3. 3: 14. 8: 18. 15: 20. 14: Ps. 35 (36). 3‡‡: 75 (76). 3: 91 (92). 12: 93 (94). 23: Je. 2. 23, 24, 24*: Ez. 1. 4†† *bis*: 16. 6: 20. 47 (21. 3): 32. 23: 47. 3*: Za. 14. 8.]

[**Al.** Ge. 9. 14*, 27: 43. 22: 44. 18: 49. 30: Ex. 1. 14: 2. 3: 6. 3: 7. 5*: 8. 22 (18)††: 9. 27: 10. 23: 12. 41: 13. 20: 22. 21 (20): 30. 13: 32. 4, 26: Le. 3. 9: 4. 3, 27: 5. 15: 6. 2 (5. 21) *ter*, 30 (23): 7. 9: 11. 32: 13. 23, 24, 28, 57 *bis*: 14. 36**: 15. 19: 16. 16: 17. 11: 18. 19, 23: 19. 17: 20. 9, 11, 23, 25, 27: 21. 7, 17: 23. 21, 28: 25. 28, 30 *etc.*, 43 *bis*, 46 *bis*, 47: 26. 26*: 27. 2: Nu. 8. 19: 11. 1, 33: 19. 10††: 20. 24: 21. 11: 31. 23: 33. 31: 35. 33: Dt. 2. 5: 4. 47: 5. 14**: 6. 7*, 7, 7*, 7, 7* *bis*: 7. 2, 25: 11. 20: 20. 2*: 32. 21 (ἐν οὐκ ἰσχυρῷ), 21 (ἐν οὐ λαῷ): Jo. 3. 4: 7. 21: 8. 34 (9. 7): 11. 19: 13. 22: 15. 33, 61: 22. 9 *bis*: Jd. 5. 13, 16††, 30 *bis*: 9. 21: 11. 26: 19. 1: I Ki. 10. 2: 12. 3: 14. 34**: 15. 4: 23. 12: 25. 22: 28. 15 *bis*, 17, 18, 19 *bis*: 30. 19: II Ki. 5. 23: 13. 34: III Ki. 1. 40: 15. 5: 20 (21). 38: 22. 47, 48, 49, 50: IV Ki. 4. 42: I Ch. 4. 9: II Ch. 3. 16: 26. 10 *bis*: 36. 22: Jb. 4. 21: 5. 24: 13. 27: 18. 11, 15: Ps. 1. 1: 9. 12, 30 (10. 9) *bis*, 34 (10. 13): 11 (12). 6: 30 (31). 14*: 43 (44). 2, 4, 13 (ἐν οὐχ ὑπάρξει): 44 (45). 10: 45 (46). 2, 10: 47 (48). 4: 48 (49). 5, 6: 50 (51). 20: 54 (55). 3: 104 (105). 1: 121 (122). 2: 127 (128). 3, 5: 135 (136). 9: 138 (139). 15 *bis*: 140 (141). 4, 5: Pr. 1. 14††, 15, 33: 3. 20: 7. 20: 18. 3*: 30. 19: 31. 26: Ec. 5. 9: Ca. 1. 12: 2. 16: 7. 6 (7): 8. 1, 4 *bis*: Is. 7. 19: 13. 22: 25. 11††: 32. 18: 43. 14: 57. 9: Je. 9. 13 (12): 31 (38). 2: 37 (44). 17: La. 2. 21: Ez. 12. 5: 20. 13, 31 *bis*: 32. 27: 34. 4 *bis*, 29: 41. 8: 42. 3: 46. 22**: Da. 11. 40: Am. 6. 6: 8. 14: Hb. 3. 8, 10* *bis*, 16, 17.]

[**Sam.** Ge. 44. 5: 49. 24: Ex. 14. 20: 38. 8 (26): Dt. 10. 22.]

[**Quint.** IV Ki. 11. 4: 18. 17: 22. 20: 23. 4, 5; Ps. 1. 1, 2 *bis*: 18 (19). 5: 25 (26). 1, 11: 26 (27). 5 *bis*: 27 (28). 2*: 28 (29). 2: 29 (30). 6: 30 (31). 16: 31 (32). 2, 4*: 32 (33). 16; 34 (35). 13*, 15: 36 (37). 1: 44 (45). 10: 47 (48). 10††: 48 (49). 19: 55 (56). 1, 5: 61 (62). 5: 67 (68). 5, 7: 73 (74). 3 *bis*: 77 (78). 31: 86 (87). 6: 87 (88). 7 *bis*: 90 (91). 1: 109 (110). 3 *bis*: 117 (118). 26: 118 (119). 23, 35, 83, 109: 131 (132). 6: 138 (139). 20: 140 (141). 7: Pr. 24. 27: Ca. 1. 11: 2. 7 *bis*: 8. 1: Ho. 7. 8: Am. 1. 1: Mi. 5. 6 (5).]

[**Sext.** Ps. 1. 1, 2 *bis*: 26 (27). 5: 27 (28). 2*: 28 (29). 2: 29 (30). 7: 30 (31). 14*, 22: 31 (32). 2: 32 (33). 17: 36 (37). 35 *bis*: 44 (45). 10: 47 (48). 10††: 117 (118). 26: Ca. 2. 16: 6. 2 (3), 9 (10).]

ἐνάγειν.

Si. 4. 21. *ἔστι γὰρ αἰσχύνη ἐπάγουσα* [A[1] *ἐνάγ.*] *ἁμαρτίαν*

ἐναγκαλίζεσθαι. (1) חָבַק

Pr. 6. 10. *ὀλίγον δὲ ἐναγκαλίζῃ χερσὶ στήθη* (1)
24. 48 (33). *ὀλίγον δὲ ἐναγκαλίζομαι χερσὶ στήθη* (1)

[**Sm.** Jb. 39. 13.]

ἐναγκάλισμα.

IV Ma. 13. 21. **A S** *ἀφ' ὧν συντρέφονται ἐναγκαλισμάτων* [**R** *ἐν ἀγκάλαις μαστῶν*]

ἐναγωνίζεσθαι.

IV Ma. 16. 16. **A R** *ἐναγωνίσασθε . . . ὑπὲρ τοῦ πατρίου* [**S** *-ῴου*] *νόμου*

ἐναθλεῖν.

IV Ma. 17. 13. *ἡ δὲ μήτηρ τῶν ἑπτὰ παίδων ἐνήθλει*

ἐνακίμ. (1) אֵין נָקִי

III Ki. 15. 22. **R** *παρήγγειλε . . . εἰς ἐ.* [**B** *αἰν.*, **A** *ἀνν.*] (1)

ἐνακόσιοι (ἐννακ.).

Ge. 5. 5, 8, 11, 14, 20, 27: 9. 29.
Jd. 4. 3, 13.
I Ch. 9. 9.
I Es. 5. 12, 24†.
II Es. 2. 8, 16†, 36.
Ne. 7. 13†, 38, 39†: 11. 8†.

[**Aq.** Ge. 5. 5.]
[**Th.** II Ki. 24. 9.]

ἐνακούειν. (1) עָנָה pi.

I Es. 4. 3. *ὃ ἐὰν εἴπῃ αὐτοῖς ἐνακούουσιν* [**A** *ποιήσουσιν*]
— 10. *αἱ δυνάμεις αὐτοῦ ἐνακούουσι*
Na. 1. 12. *ἡ ἀκοή σου οὐκ ἐνακουσθήσεται ἔτι* (1)

ἐναλλαγή.

Wi. 14. 26. *γενέσεως ἐναλλαγὴ γάμων ἀταξία*

[**Aq.** Ps. 9. 12: Is. 66. 4.]

ἐνάλλαγμα.

[**Aq.** Is. 66. 4.]

ἐναλλάκτης.

[**Aq.** Is. 3. 4.]

ἐναλλακτικός.

[**Aq.** Dt. 22. 14.]

ἐναλλάξ. (1) שָׂכַל pi.

Ge. 48. 14. *ἐ. τὰς χεῖρας*

ἐναλλάσσειν.

[**Aq.** I Ki. 21. 13 (14): 31. 4.]
[**Al.** I Ki. 6. 6.]

ἐνάλλεσθαι. (1) חָבַר hi. (2) יָכַח hi. (3) כָּרָה (4) ἀκίσιν ἐ. לָטַשׁ

Jb. 6. 27. *ἐνάλλεσθε δὲ ἐπὶ φίλῳ ὑμῶν* (3)
16. 5 (4). *ἐναλοῦμαι ὑμῖν ῥήμασι* [**A** *λόγοις*] (1)
— 11. *ἀκίσιν ὀφθαλμῶν ἐνήλατο* (4)
19. 5. *ἐνάλλεσθε δέ μοι ὀνείδει* (2)
I Ma. 3. 23. **S R** *ἐνήλατο εἰς* [**A** *ἐπ'*] *αὐτοὺς ἄφνω*
IV Ma. 6. 8. *εἰς τοὺς κενεῶνας ἐναλλόμενος*

ἔναντι.

Ge. 12. 19†: 19. 13†: 38. 7†.
Ex. 6. 12†: 24. 17†: 27. 21†: 28. 12, 12†, 23 (29)†, 26 (30)† *bis*, 31 (35)†, 34 (38): 29. 10, 11†, 23, 24, 25, 26, 42: 30. 8, 16: 32. 11†: 34. 28†, 34: 39. 12 (32): 40. 23†, 25†.
Le. 1. 3†, 5, 11: 3. 1†, 7, 12, 13: 4. 2, 4 *bis*, 6, 7†, 15, 15†, 17: 5. 19: 6. 6 (5. 26), 14 (7), 25 (18), 32 (7. 2): 7. 20 (30), 28 (38): 8. 25 (26), 26 (27), 28 (29): 9. 2, 4, 5, 21: 10. 1, 2, 15, 17, 19: 12. 7: 14. 11, 12, 16, 18, 20†, 23, 24, 27, 29, 31: 15. 14, 15, 30: 16. 1, 7, 10, 13, 15, 30: 19. 22: 23. 11, 20†, 28, 40: 24. 4†, 6, 8: 26. 45: 27. 11†.
Nu. 3. 4 *bis*, 7: 5. 16, 18, 25, 30: 6. 16, 20: 7. 3: 8. 9, 10, 11, 13 *ter*, 13†, 15, 21, 22 *bis*: 10. 9, 10: 11. 1, 10, 18: 14. 37: 15. 15, 25, 28: 16. 2, 7, 9, 16, 17†, 38 (17. 3), 40 (17. 5): 17. 7 (22): 18. 19: 20. 3, 8†, 13, 25†: 24. 1†: 25. 6† *bis*: 26. 61: 27. 2 *quater*, 3, 4 (5), 14†, 19, 19†, 21 *bis*, 22† *bis*: 31. 3, 50, 54: 32. 13, 20, 21, 22 *ter*, 23, 27, 29, 30, 32: 35. 12: 36. 1 *ter*.
De. 1. 41†, 45†: 4. 25†: 6. 18†, 25†: 9. 16†, 18† *bis*, 25†: 10. 8, 11†: 12. 12†, 18† *bis*, 25†,

28†: 13. 16 (17)†, 18 (19)†: 14. 23†, 26†: 15. 20: 16. 11†, 14†: 17. 2†: 18. 5, 7†, 13†: 19. 17 *ter*: 21. 9: 22. 17†: 24. 4†: 25. 2†, 9: 26. 5, 10†, 10, 13†: 27. 7†: 29. 10 (9)†, 15 (14)† *bis*: 31. 7, 29†: 34. 12.
Jo. 6. 6 (7)†: 7. 6†, 12†, 23: 18. 6†, 8, 10†: 19. 51†: 20. 9: 22. 16†, 22.
Jd. 3. 7†, 12†, 12: 4. 1†: 6. 1†: 10. 6†: 20. 26† *bis*.
II Ki. 21. 9†.
I Ch. 11. 3†: 13. 8†: 16. 6†, 37†.
II Ch. 1. 5: 6. 12, 13: 7. 4, 6: 20. 13†, 18†: 25. 8†: 27. 6†: 30. 9†.
I Es. 1. 39†, 44: 7. 14: 8. 26†, 50.
Jb. 1. 9†, 22†: 2. 1† *bis*, 2†: 4. 17†: 13. 7 *bis*: 15. 4, 13, 25†, 25: 16. 21†, 22†: 19. 28†: 22. 23, 26†: 25. 4: 27. 10†: 31. 28†: 32. 2†: 34. 10 *bis*, 37†: 35. 2.
Ps. 101 (102). *tit*.†: 108 (109). 14, 15†.
Pr. 3. 32: 14. 19.
Wi. 11. 25†.
Si. 3. 18: 7. 5, 33: 10. 7: 11. 26†: 15. 17: 17. 15†, 20: 18. 26: 23. 3: 24. 2: 25. 1: 26. 12†: 30. 3: 31 (34). 20: 32 (35). 6: 37. 5†: 38. 3, 15: 39. 4, 5: 42. 1, 8: 46. 7, 19: 50. 13, 16: 51. 2, 14.
Is. 8. 4: 23. 18, 18†: 49. 4†, 5†.
Je. 3. 25: 12. 13: 15. 9†: 16. 10†: 19. 7†.
Ba. 1. 5†, 17†: 2. 33.
Ep. Je. 2†.
Da. LXX. 5. 5: 6. 3 (4).
I Ma. 5. 63†.

[**Aq.** Dt. 10. 11: Ps. 137 (138). 1: Ez. 40. 2 (ἐξ ἐναντι).]
[**Th.** Le. 23. 40.]
[**Quint.** Ps. 137 (138). 1.]

ἐναντίον. * ὁ ἐναντίον.

Ge. 6. 8, 11, 13: 7. 1: 10. 9 *bis*: 12. 19†: 13. 9, 13: 16. 4, 5, 6†: 17. 1†, 18: 18. 3, 22: 19. 13†, 14, 19, 27: 20. 15: 21. 11, 12: 23. 11, 12, 13, 18: 24. 12, 40†: 27. 7, 12, 20: 28. 8: 29. 20†: 30. 27, 30, 40, 41: 31. 32, 37†: 32. 5 (6): 33. 8†, 10, 14*, 15: 34. 10, 11, 18 *bis*, 21: 35. 21: 38. 7†, 10: 39. 4, 9†, 21: 40. 9: 41. 37 *bis*, 46: 42. 24: 43. 9, 14, 15, 33: 44. 14, 18, 32†: 47. 2, 6, 7, 15, 18, 19, 25, 29: 48. 15†: 50. 4.
Ex. 3. 21: 4. 21, 30: 5. 21 *bis*: 6. 12†, 30: 7. 9 *bis*, 10 *ter*, 20 *bis*: 8. 20 (16), 26 (22): 9. 8 *bis*, 10†, 11†, 13: 10. 3, 16: 11. 3 *quater*, 10: 12. 36: 13. 22: 15. 26: 16. 9, 33, 34: 17. 6: 18. 12: 19. 11: 24. 17†: 25. 29 (30): 27. 21†: 28. 23 (29)†, 26 (30)† *bis*, 31 (35)†: 29. 11†: 33. 13, 13†, 19: 34. 24, 28†: 40. 5†, 23†, 25†, 38.
Le. 1. 3†: 3. 1†, 2†: 4. 7*†: 13. 5: 23. 20†: 24. 4†: 25. 23: 26. 8, 17, 40: 27. 8, 11†.
Nu. 1. 53†: 2. 2†: 3. 6: 7. 3: 9. 6: 11. 11, 20: 14. 5, 27: 19. 5: 20. 8†, 12, 25†, 27: 22. 32: 24. 1†: 25. 6† *bis*: 27. 14†, 19†, 19, 22† *bis*: 32. 5†: 33. 3: 36. 6.
De. 1. 23†, 41†, 45†: 3. 23†: 4. 6, 10†, 25†: 6. 18†, 25†: 9. 16†, 17, 18† *bis*, 25†: 10. 11†: 11. 26†: 12. 7, 8†, 12†, 18† *bis*, 25†, 28†: 13. 16 (17)†, 18 (19)†: 14. 26†: 15. 18: 16. 11†, 16: 17. 2†: 18. 7†, 13†: 20. 18: 22. 17†: 24. 1†, 4†, 13: 25. 2, 3: 26. 13†: 27. 7†: 28. 25, 31: 29. 10 (9)†, 15 (14)†: 31. 11, 29†.
Jo. 4. 13, 14: 5. 12: 6. 6 (7)†, 7 (8), 12 (13), 25 (26)†: 7. 6†, 20: 11. 6: 13. 4, 28†: 17. 4 *ter*: 18. 4, 6†, 10†: 19. 51†: 20. 3: 22. 16†, 27, 29†, 31: 24. 1†.
Jd. 2. 11†: 3. 7†: 13. 1†, 15†: 20. 39†.
Ru. 4. 4 *bis*.
I Ki. 17. 30 (εἰς ἐναντίον)†.
II Ki. 12. 11, 12: 21. 9†: 22. 13, 25†.
III Ki. 11. 19: 22. 53†.
IV Ki. 15. 25: 19. 14.
I Ch. 2. 3: 4. 40: 6. 32 (17): 11. 3†: 13. 8†: 16. 1, 6†, 37†, 37, 39: 17. 24, 27: 19. 3†, 10: 21. 7, 23: 22. 8, 18 *bis*: 23. 13: 24. 2, 31: 29. 15, 22, 25†.
II Ch. 1. 2: 6. 14, 16, 19, 24: 7. 6, 17, 19: 10. 6, 8: 12. 2: 13. 15: 14. 12 (11), 13 (12)†, 13 (12): 18. 9: 20. 9 *bis*, 13†, 18†: 21. 6: 22. 4: 23. 17: 25. 8†, 14: 26. 19: 27. 6†: 28. 14: 29. 6, 11, 19, 23: 30. 4 *bis*: 31. 20: 33. 2†, 6, 23: 34. 2, 18, 24, 27, 31: 36. 5.
I Es. 4. 58: 8. 4†, 26†.
II Es. 9. 15.
To. 3. 3†: 11. 17†.
Ju. 1. 11: 5. 21: 6. 1, 2 (?)†: 7. 23, 25: 8. 11, 22: 10. 14, 16: 11. 20 *bis*: 12. 15†.
Es. 5. 8†.
Jb. 1. 9†, 22†: 2. 1† *bis*, 10: 4. 17†: 8. 4: 9. 4: 11. 4: 13, 3, 15, 16: 15. 15, 25†, 26: 18. 3: 19. 15, 28†: 22. 26†: 25. 5: 27. 10†: 31. 28†, 34†: 32. 1, 2†: 34. 26, 37†: 35. 14.
Ps. 17 (18). 8†: 30 (31). 19: 33 (34). *tit*.: 37 (38). 9: 38 (39). 1: 49 (50). 3: 51 (52). 9: 68 (69). 19: 72 (73). 16†: 76 (77). 2: 77 (78). 12: 79 (80). 2: 84 (85). 13†: 87 (88). 1: 88 (89). 36: 89 (90). 8: 94 (95). 6†: 96 (97). 3: 97 (98). 2: 100 (101). 7†: 101 (102). *tit*.†: 105 (106). 46: 108 (109). 15†: 114 (116). 9†: 115. 5 (116. 14)†, 6 (116. 15), 10 (116. 19): 118 (119). 46, 168†, 169†: 137 (138). 1: 141 (142). 2†.
Pr. 8. 7.
Wi. 7. 9: 11. 22.
Si. 17. 15†, 19: 30. 6: 39. 20: 43. 3: 46. 6.
Ho. 2. 10 (12)†.
Am. 3. 10†.
Is. 37. 14: 40. 10: 41. 2: 43. 4: 48. 19†: 49. 4†, 5†: 53. 2, 7: 59. 12: 61. 11: 65. 3, 6†, 12: 66. 4.
Je. 1. 17: 2. 22: 7. 30†: 8. 14: 12. 3: 14. 7, 20: 15. 9†: 16. 10†: 18. 10, 23: 19. 7†: 25. 16 (49. 37): 47 (40). 4, 10.
Ba. 1. 5†, 12, 17†: 2. 28†: 3. 2, 4, 7.
Ep. Je. 2†, 32.
Ez. 28. 17, 18: 33. 31: 38. 23: 43. 11, 24: 44. 3, 11: 46. 3, 9.
Da. LXX. 1. 9: 2. 31: 3. 32 (99): 4. 32: 6. 5 (6), 6 (7), 22 (23) *bis*: 9. 7, 20: 10. 12, 13: 11. 16.
Da. TH. 1. 18: 3. (38)†, 32 (99): 6. 10 (11): 9. 20: 10. 12, 16.
I Ma. 1. 16†: 3. 18: 4. 18: 5. 63†: 6. 60: 8. 21†: 10. 60†: 11. 24†, 26, 51.

[**Aq.** Dt. 2. 19: 4. 46: Jd. 10. 6: Jb. 2. 1: Ps. 38 (39). 6: Je. 37 (44). 20.]
[**Sm.** Jd. 10. 6: Jb. 15. 4: 16. 9*: 32. 3: Ps. 137 (138). 1.]
[**Th.** Dt. 10. 11: Jd. 6. 1: 10. 6: 13. 1: Jb. 2. 1: Pr. 15. 11: Je. 42 (49). 9: Da. 1. 18.]
[**Al.** Ex. 23. 31: Nu. 13. 34 (33).]

ἐναντίος (*incl.* ἐξ ἐναντίας). (1) לֹא טוֹב (2) מִנֶּגֶד (3) בְּלִיַּעַל (4) **ἐξ ἐναντίας** *a.* ἐξ ἐ. κατά אֶל מוּל *b.* אֶל מוּל פְּנֵי (5) **ἐξ ἐναντίας** *a.* נֶגֶד *b.* לְנֶגֶד *c.* מִנֶּגֶד (6) **ἐξ ἐναντίας** *a.* נֹכַח *b.* עַד נֹכַח (7) **ἐξ ἐναντίας** לִפְנֵי (8) **ἐξ ἐναντίας** *a.* קָדִים *b.* קָדִימָה *c.* קֵדְמָה *d.* קִדְמָה (9) **ἐξ ἐναντίας** לִקְרַאת

Ex. 14. 2, 9. ἐξ ἐναντίας B. (7)
36. 26 (39. 18). ἐξ ἐναντίας κατὰ πρόσωπον (4 *a*)
Nu. 1. 53. A B[2] R οἱ δὲ Λ. παρεμβαλέτωσαν ἐναντίοι [B[1] ἐναντίον] κυρίου [A *om*.] –
2. 2. παρεμβαλέτωσαν οἱ υἱοὶ Ἰ. ἐναντίοι [A ἐναντίον κυρίου] (2)
Jo. 8. 11. ἦλθον ἐξ ἐναντίας τῆς πόλεως (5 *a*)
19. 12. ἐξ ἐναντίας ἀπὸ ἀνατολῶν Βαιθσαμύς (8 *c*)
— 13. ἐξ ἐναντίας ἐπ᾿ ἀνατολάς (8 *c*)
Jd. 1. 10. τὸν κατοικοῦντα ἐν Χεβρὼν καὶ ἐξῆλθε Χεβρῶν ἐξ ἐναντίας [A τὸν κατ. ἐξ ἐν.] –
8. 11. A ἐξ ἐναντίας Z. [B *al*.] –
9. 17. ἐξέρριψε [A ἔρρ.] τὴν ψυχὴν αὐτοῦ ἐξ ἐναντίας (5 *c*)
20. 34. ἐξ ἐναντίας Γαβαά (5 *c*)
— 43. A ἐξ ἐναντίας τῆς [B ἕως ἀπέναντι] Γ. (6 *b*)
I Ki. 10. 10. χορὸς προφητῶν ἐξ ἐναντίας αὐτοῦ (9)
13. 5. R ἐξ ἐναντίας B. κατὰ νότου [B νώτου] (8 *d*)
17. 2. ἐξ ἐναντίας ἀλλοφύλων (9)
— 8. παρατάξασθαι πολέμῳ ἐξ ἐναντίας ἡμῶν –
— 21. A παρετάξαντο . . . ἐξ ἐναντίας παρατάξεως (9)
26. 20. ἐξ ἐναντίας προσώπου κυρίου (5 *c*)
II Ki. 10. 9. ἐξ ἐναντίας [A *om*. ἐξ ἐ.] καὶ ἐκ τοῦ ὄπισθεν –
— 9. παρετάξαντο ἐξ ἐναντίας Συρίας (9)
— 10. παρετάξαντο ἐξ ἐναντίας υἱῶν Ἀ. (9)
11. 15. ἐξ ἐναντίας τοῦ πολέμου τοῦ κραταιοῦ (4 *b*)
18. 6. εἰς τὸν δρυμὸν ἐξ ἐναντίας [A δρ. ἐναντίαν] Ἰ. (9)
— 13. σὺ στήσῃ ἐξ ἐναντίας (5 *c*)
III Ki. 20 (21). 10. A R ἐξ ἐναντίας αὐτοῦ (5 *a*)
— 13. καὶ ἐκάθισαν ἐξ ἐναντίας αὐτοῦ (5 *a*)
21 (20). 27. παρενέβαλεν Ἰ. ἐξ ἐναντίας αὐτῶν (5 *a*)
22. 35. ἐπὶ τοῦ ἅρματος ἐξ ἐναντίας Συρίας (6 *a*)
IV Ki. 2. 7. ἔστησαν ἐξ ἐναντίας μακρόθεν (5 *c*)
— 15. εἶδον αὐτὸν . . . ἐξ ἐναντίας (5 *c*)
3. 22. εἶδε M. ἐξ ἐναντίας τὰ ὕδατα (5 *c*)
I Ch. 19. 11. παρετάξαντο ἐξ ἐναντίας υἱῶν Ἀ. (9)
— 17. A R καὶ παρατάσσεται Δ. ἐξ ἐναντίας τοῦ Σ. [B S *al*.] (9)
II Ch. 18. 34. ἦν ἑστηκὼς ἐπὶ τοῦ ἅρματος . . . ἐξ ἐναντίας Συρίας (6 *a*)
I Es. 8. 51. B ἕνεκεν ἀσφαλείας τῆς πρὸς τοὺς ἐ. [A R ἐναντιουμένους] ἡμῖν
Ne. 3. 25. ἐξ ἐναντίας τῆς γωνίας (5 *c*)
— 27. ἐξ ἐναντίας τοῦ πύργου τοῦ μεγάλου (5 *c*)
— 28. ἐξ ἐναντίας οἴκου ἑαυτοῦ (5 *b*)
— 29. ἐξ ἐναντίας οἴκου ἑαυτοῦ (5 *a*)
— 30. ἐξ ἐναντίας γαζοφυλακίου αὐτοῦ (5 *a*)
Ju. 6. 2. S[2] ἐναντίος [? -ον] παντὸς δήμου ἀλλοφύλων
Es. 3. 13. S[3] ἐναντίᾳ παραγωγῇ [A B S[1] ἐν ἀντιπαρ.] παντὶ . . . ἀνθρώπῳ κείμενον [S[1] -ων κινούμενον]
Ps. 22 (23). 5. ἡτοίμασας ἐνώπιόν μου τράπεζαν ἐξ ἐναντίας τῶν θλιβόντων με (5 *a*)
34 (35). 3. σύγκλεισον ἐξ ἐναντίας τῶν καταδιωκόντων με (9)
37 (38). 11. οἱ πλησίον μου ἐξ ἐναντίας μου ἤγγισαν (5 *c*)
Pr. 14. 7. πάντα ἐναντία ἀνδρὶ ἄφρονι (2)
Wi. 4. 20. ἐλέγξει αὐτοὺς ἐξ ἐναντίας τὰ ἀνομήματα αὐτοῦ
15. 7. τά τε ἐ. πάνθ᾿ ὁμοίως
Si. 37. 9. στήσεται ἐξ ἐναντίας ἰδεῖν τὸ συμβησόμ.
Ob. 1. 11. ἀφ᾿ ἧς ἡμέρας ἀντέστης ἐξ ἐναντίας (5 *c*)
Na. 1. 11. βουλευόμενος ἐναντία [A *al*.] (3)
Hb. 1. 3. ἐξ ἐναντίας μου γέγονε κρίσις (5 *b*)
— 9. ἀνθεστηκότας προσώποις αὐτῶν ἐξ ἐναντίας (8 *b*)
Ez. 17. 15. εἰ διασωθήσεται ὁ ποιῶν ἐναντία †
18. 18. ἐναντία ἐποίησεν ἐν μέσῳ τοῦ λαοῦ μου (1)
47. 3. ἔξοδος ἀνδρὸς ἐξ ἐναντίας (8 *a*)
Da. TH. 10. 13. ὁ ἄρχων . . . εἱστήκει ἐξ ἐναντίας μου (5 *b*)
I Ma. 4. 12. ἴδον αὐτοὺς ἐρχομένους ἐξ ἐναντίας
— 17. ὅτι πόλεμος ἐξ ἐναντίας ἡμῶν
— 34. ἔπεσον ἐξ ἐναντίας αὐτῶν
9. 45. ὁ πόλεμος ἐξ ἐναντίας ἡμῶν
10. 48. παρενέβαλεν ἐξ ἐναντίας Δημητρίου
11. 68. A R ἀπήντησαν [S παρειστήκεισαν] ἐξ ἐναντίας
II Ma. 10. 30. A εἰς δὲ τοὺς ἐ. [R ὑπεν.] . . . κεραυνοὺς ἐξερρίπτουν
III Ma. 2. 1. R ἐξ ἐναντίας τοῦ ναοῦ κάμψας τὰ γόνατα
3. 22. οἱ δὲ τοὐναντίον ἐκδεχόμενοι
IV Ma. 1. 6. τῶν τῆς δικαιοσύνης . . . ἐ.

[**Aq.** II Ki. 5. 23: Ps. 34 (35). 3: 38 (39). 2.]
[**Sm.** II Ki. 10. 16: III Ki. 4. 12: Jb. 15. 4: 16. 9: Ps. 26 (27). 2, 12: 34 (35). 3: 37 (38). 12: 38 (39). 2: 41 (42). 11: 43 (44). 11: 58 (59). 5: 77 (78). 61, 66: 80 (81). 15: 138 (139). 20.]
[**Th.** II Ki. 12. 14: Ps. 34 (35). 3: Is. 59. 18.]
[**Al.** Le. 26. 21.]
[**Quint.** Ps. 34 (35). 3.]

ἐναντιοῦν. (1) זָרָה pi.

I Es. 1. 27. μὴ ἐναντιοῦ τῷ κυρίῳ
8. 51. A R ἕνεκεν ἀσφαλείας τῆς πρὸς τοὺς ἐναντιουμ. [B -ίους] ἡμῖν
Pr. 20. 8. οὐκ ἐναντιοῦται ἐν ὀφθαλμοῖς αὐτοῦ πᾶν πονηρόν (1 ?)
Wi. 2. 12. ἐναντιοῦται τοῖς ἔργοις ἡμῶν
III Ma. 3. 1. τοῖς ἐν τῇ χώρᾳ βαρυτέρως ἐναντιωθῆναι
— 7. καὶ μέγα τι τοῖς πράγμασιν ἐναντιουμένους

IV Ma. 5. 26. τὰ δὲ ἐναντιωθησόμενα ἐκώλυσε σαρκοφαγεῖν
7. 20. οὐδὲν οὖν ἐναντιοῦται
[Sm. Nu. 22. 32: Jb. 7. 20: Ps. 54 (55). 4.]

ἐναντίωσις.
[Sm. Ge. 26. 21.]
[Al. Le. 26. 24.]

ἐναπερείδεσθαι.
II Ma. 9. 4. κακίαν εἰς τοὺς Ἰ. ἐναπερείσασθαι

ἐναποθνήσκειν. (1) מוּת
I Ki. 25. 37. ἐναπέθανεν ἡ καρδία αὐτοῦ ἐν αὐτῷ (1)
IV Ma. 6. 30. εὐγενῶς τοῖς βασάνοις ἐναπέθανε
11. 1. ὡς δὲ καὶ οὗτος . . . ἐναπέθανεν
12. 1. A R ὡς δὲ καὶ οὗτος μακαρίως ἐναπέθανε [S ἀπ.]

ἐναποσφραγίζειν.
IV Ma. 15. 4. R χαρακτῆρα θαυμάσιον ἐναποσφραγίζοντα [S¹ -ζομεν, S² -ζον, A -εσφράγιζον]

ἔναρα.
Jo. 13. 21. τὸν Ῥ. ἄρχοντα ἔναρα Σιών [A al.] –

ἐνάρετος.
IV Ma. 11. 5. κατὰ τὸν ἐ. αὐτοῦ ζῶμεν νόμον

ἐναρίθμητος.
II Ma. 3. 6. R ὥστε τὸ πλῆθος τῶν διαφόρων ἐ. [A ἀν.] εἶναι

ἐναρίθμιος.
Si. 38. 29. ἐναρίθμιος πᾶσα ἡ ἐργασία αὐτοῦ

ἐναρμόζειν.
Ju. 16. 2. ἐναρμόσασθε αὐτῷ ψαλμόν
IV Ma. 9. 26. σιδηρᾶς εναρμοσάμενοι χεῖρας

ἐνάρμοστος.
IV Ma. 14. 3. R ὦ ἱερᾶς καὶ ἐ. [S εὐ., A -ους] . . . συμφωνίας

ἐνάρχεσθαι. (1) חָלַל hi. (2) קָצִין (3) בְּרֵאשׁוֹן
Ex. 12. 18. A B ἐναρχομένου [R -οι] τῇ τεσσ. ἡμέρᾳ (3)
Nu. 9. 5. ἐναρχομένου τῇ τεσσαρεσκαιδεκάτῃ ἡμέρᾳ τοῦ μηνός (3)
16. 47 (17. 12). ἐνῆρκτο [B¹ -ται] ἡ θραῦσις ἐν τῷ λαῷ (1)
De. 2. 24. ἐνάρχου κληρονομεῖν (1)
— 25. ἐνάρχου δοῦναι τὸν τρόμον σου (1)
— 31. ἔναρξαι κληρονομῆσαι τὴν γῆν αὐτοῦ (1)
Jo. 10. 24. τοὺς ἐναρχομένους τοῦ πολέμου (2)
II Ch. 20. 22. A ἐν τῷ ἐνάρξασθαι [B ἄρξ., R ἀρξ. αὐτοὺς] τῆς αἰνέσεως αὐτοῦ (1)
Pr. 13. 12. A S R κρείσσων ἐναρχόμενος [B -οις, ? ἐν ἀρχ.] βοηθῶν [A S² -εῖν] καρδίᾳ †
Si. 36. 29 (26). ὁ κτώμενος γυναῖκα ἐνάρχεται κτήσεως
38. 16. ὡς δεινὰ πάσχων ἔναρξαι θρήνου
I Ma. 9. 54. καὶ ἐνήρξατο τοῦ καθαιρεῖν
[Al. I Ki. 12. 22.]

ἐνασελγεῖν.
[Aq. Jd. 19. 25.]

ἐνατενίζειν.
III Ma. 5. 30. ἐνατενίσας μετὰ ἀπειλῆς εἶπεν

ἔνατος (ἔννατος). (1) a. תֵּשַׁע, תִּשְׁעָה b. תְּשִׁיעִי
Le. 23. 32. ἀπὸ ἐνάτης τοῦ μηνός (1 a)
25. 22. ἕως τοῦ ἔτους τοῦ ἐ. (1 b)
Nu. 7. 60. τῇ ἡμέρᾳ τῇ ἐ. (1 b)
IV Ki. 15. 13. ἐν ἔτει τριακοστῷ καὶ ἐ. (1 a)
— 17. ἐν ἔτει τριακοστῷ καὶ ἐ. (1 a)
17. 6. ἐν ἔτει ἐ. Ὠ. (1 b)
18. 10. αὐτὸς [A οὗτος] ἐνιαυτὸς ἔ. (1 a)
25. 1. ἐν τῷ ἔτει τῷ ἐ. (1 b)
— 2 (3). ἐνάτῃ τοῦ μηνός (1 a)
I Ch. 12. 12. Ἐλιαζὲρ ὁ ἔ. (1 b)
24. 11. τῷ Ἰ. ὁ ἔ. (1 b)
25. 16. ὁ ἔ. Μ. (1 b)
27. 12. ὁ ἔ. τῷ μηνὶ τῷ ἐ. (1 b, 1 b)
II Ch. 16. 12. ἐν τῷ ἐ. καὶ τριακοστῷ ἔτει (1 a)
— 13. B ἐν τῷ ἐ. τριακοστῷ [A τεσσαρακοστῷ καὶ ἑνί, R τεσσαρακοστῷ] ἔτει †
I Es. 9. 5. οὗτος ὁ μὴν ἔ.
II Es. 10. 9. οὗτος ὁ μὴν ὁ ἔ. (1 b)
Hg. 2. 11 (10). τετράδι καὶ εἰκάδι τοῦ ἐ. μηνός [A μηνὶ τῷ ἐ.] (1 b)
— 19 (18). ἀπὸ τῆς τετράδος καὶ εἰκάδος τοῦ ἐ. μηνός (1 b)
Za. 7. 1. τετράδι [A τῇ τετράδι καὶ εἰκάδι] τοῦ μηνὸς τοῦ ἐ. (1 b)
Je. 43 (36). 9. A ἐν [B S om.] τῷ μηνὶ τῷ ἐ. (1 b)
46 (39). 1. ἐγένετο τῷ μηνὶ [A ἔτει] τῷ ἐ. τοῦ Σεδεκία (1 b)
— 2. ἐνάτῃ τοῦ μηνός (1 a)
52. 4. ἐγένετο τῷ ἔτει τῷ ἐ. τῆς βασιλείας αὐτοῦ ἐν μηνὶ τῷ ἐ. [A al.] (1 b, †)
— 6. ἐν τῇ [A om. ἐν τῇ] ἐνάτῃ τοῦ μηνός (1 a)
Ez. 24. 1. ἐν τῷ ἔτει τῷ ἐ. (1 b)
I Ma. 4. 52. A R τῇ πέμπτῃ καὶ εἰκάδι τοῦ μηνὸς τοῦ ἐ. [S om. τοῦ ἐ.]
6. 16. ἔτους ἐ. . . . καὶ ἑκατοστοῦ
9. 54. A ἐν ἔτει τρίτῳ . . . καὶ ἐ. [S R ἑκατοστῷ]
II Ma. 1. 7. ἔτους ἑκατοστοῦ ἑξηκοστοῦ ἐ.
13. 1. τῷ δὲ ἐ. . . . καὶ ἑκατοστῷ ἔτει

ἐναυλίζεσθαι.
[Aq. Jd. 14. 19: I Ki. 10. 10: 16. 13.]

ἐναφιέναι. (1) נוּחַ hi.
Ez. 21. 17 (22). ἐναφήσω θυμόν μου (1)

ἐνγεννᾶν, *vid.* **ἐγγεννᾶν.**

ἐνδεής. (1) אֶבְיוֹן (2) בַּעַל (3) a. חָסֵר verb. b. חָסֵר adj. c. מַחְסוֹר (4) רָעֵב (5) ἐνδεὴς γίνεσθαι חָבֵר (6) ἐνδεὴς φρενῶν כְּסִיל
De. 15. 4. οὐκ ἔσται ἐν σοὶ ἐνδεής (1)
— 7. ἐὰν δὲ γένηται ἐν σοὶ ἐνδεής (1)
— 11. οὐ γὰρ μὴ ἐκλίπῃ ἐνδεής (1)
24. 14. μισθὸν πένητος καὶ ἐνδεοῦς (1)
To. 2. 2. ὃν ἐὰν εὕρῃς . . . ἐνδεῆ [A om., S al.]
Jb. 30. 4. ἐνδεεῖς παντὸς [A om.] ἀγαθοῦ –
Pr. 3. 27. μὴ ἀπόσχῃ εὖ ποιεῖν ἐνδεῆ (2 ?)
7. 7. νεανίαν ἐνδεῆ φρενῶν (3 b)
9. 4. τοῖς ἐ. φρενῶν εἶπεν (3 b)
— 13. γυνὴ ἄφρων καὶ θρασεῖα ἐνδεὴς ψωμοῦ γίνεται †
— 16. ἐνδεέσιν δὲ φρονήσεως παρακελεύομαι (3 b)
11. 12. μυκτηρίζει πολίτας ἐνδεὴς φρενῶν (3 b)
— 16. πλούτου ὀκνηροὶ ἐνδεεῖς γίνονται –
12. 11. οἱ δὲ διώκοντες μάταια ἐνδεεῖς φρενῶν (3 b)
13. 25. ψυχαὶ δὲ ἀσεβῶν ἐνδεεῖς (3 a)
15. 21. ἀνοήτου τρίβοι ἐνδεεῖς φρενῶν (3 b)
18. 2. οὐ χρείαν ἔχει σοφίας ἐνδεὴς φρενῶν (6)
21. 17. ἀνὴρ ἐνδεὴς ἀγαπᾷ εὐφροσύνην (3 c)
24. 45 (30). ὥσπερ ἀμπελὼν ἄνθρωπος ἐνδεὴς φρενῶν (3 b)
27. 7. A S² R ψυχῇ δὲ ἐνδεεῖ [B S¹ ἐν ἐ.] καὶ τὰ πικρὰ γλυκέα φαίνεται [S¹ φέρει] (4)
28. 16. βασιλεὺς ἐνδεὴς προσόδων [S² χρημάτων] (3 b)
Wi. 16. 3. ἐπ' ὀλίγον ἐνδεεῖς γενόμενοι
Is. 41. 17. ἀγαλλιάσονται οἱ πτωχοὶ καὶ οἱ ἐ. (1)
Ez. 4. 17. ὅπως ἐνδεεῖς γένωνται ἄρτου καὶ ὕδατος (5)
[Aq. Is. 41. 17.]
[Sm. II Ki. 3. 29: Pr. 15. 21: 28. 16: Is. 41. 17.]
[Th. Is. 29. 19: 41. 17.]
[Al. Le. 25. 39.]

ἔνδεια. (1) בָּלַע hithp. (2) דְּאָגָה (3) a. חֹסֶר b. חָסֵר c. חֲסַר לֵב d. מַחְסוֹר e. חָסֵר adj. (4) מְאֵרָה (5) צַר
De. 28. 20. τὴν ἔ. καὶ τὴν ἐκλιμίαν (4)
— 57. διὰ τὴν ἔ. πάντων (3 a)
To. 4. 13. A B ἐλάττωσις καὶ ἔ. μεγάλη
Jb. 30. 3. ἐν ἐνδείᾳ καὶ λιμῷ ἄγονος (3 b)
Pr. 6. 11. καὶ ἡ ἔ. ὥσπερ ἀγαθὸς δρομεύς (3 d)
— 11. ἡ δὲ ἔ. ὥσπερ κακὸς δρομεὺς [A ἀνὴρ] ἀπαυτομολήσει [A αὐτ.] (3 d?)
— 32. ὁ δὲ μοιχὸς δι' ἔνδειαν φρενῶν (3 e)
10. 21. οἱ δὲ ἄφρονες ἐν [S¹ om.] ἐνδείᾳ τελευτῶσιν (3 c)
14. 23. ὁ δὲ ἡδὺς καὶ ἀνάλγητος ἐν ἐνδείᾳ ἔσται (3 d)
17. 14. προηγεῖται δὲ τῆς ἐ. στάσις καὶ μάχη (1 ?)
24. 49 (34). ἡ ἔ. σου ὥσπερ ἀγαθὸς δρομεύς (3 d)
Wi. 16. 4. ἐκείνοις μὲν ἀπαραίτητον ἔ. ἐπελθεῖν τυραννοῦσι
Si. 18. 25. μνήσθητι . . . ἔνδειαν ἐν ἡμέραις πλούτου
20. 21. ἔστι κωλυόμενος ἁμαρτάνειν ἀπὸ ἐνδείας
26. 28. ἀνὴρ πολεμιστὴς ὑστερῶν δι' ἔνδειαν
29. 9. κατὰ τὴν ἔ. αὐτοῦ μὴ ἀποστρέψῃς αὐτὸν κενόν
Am. 4. 6. δώσω ὑμῖν . . . ἔνδειαν ἄρτων (3 a)
Is. 25. 4. τοῖς ἀθυμήσασι δι' ἔνδειαν (5)
Ez. 4. 16. φάγονται ἄρτον ἐν σταθμῷ καὶ ἐν [A¹ om.] ἐνδείᾳ (2)
12. 19. τοὺς ἄρτους αὐ. μετ' ἐνδείας φάγονται (2)
[Aq. Pr. 10. 21.]
[Sm. Pr. 28. 22.]

ἐνδεικνύναι. (1) גָּמַל (2) לָכַד a. qal. b. ni. (3) רָאָה hi.
Ge. 50. 15. A B ἃ ἐνεδειξάμεθα αὐτῷ [R εἰς αὐτόν] (1)
— 17. ὅτι πονηρά σοι ἐνεδείξαντο (1)
Ex. 9. 16. ἵνα ἐνδείξωμαι ἐν σοὶ τὴν ἰσχύν [A δύναμίν] μου (3)
Jo. 7. 14 *bis*. A ὃν ἂν ἐνδείξῃ [B δείξῃ] κύριος (2 a)
— 15. ὃς ἂν ἐνδειχθῇ (2 b)
— 16. ἐνεδείχθη ἡ φυλὴ Ἰούδα (2 b)
— 17. ἐνεδείχθη δῆμος Ζαραΐ (2 a)
— 18. ἐνεδείχθη Ἄχαρ (2 b)
Wi. 12. 17. ἰσχὺν γὰρ ἐνδείκνυσαι [S¹ al.]
Ep. Je. 26. ἐνδεικνύμενοι τὴν ἑαυτῶν ἀτιμίαν
Da. LXX. 3. (44). πάντες οἱ ἐνδεικνύμ. τοῖς δούλοις σου κακά
Da. Th. 3. (43). πάντες οἱ ἐνδεικνύμ. τοῖς δούλοις σου κακά
II Ma. 9. 8. φανερὰν τοῦ θεοῦ πᾶσι τὴν δύναμιν ἐνδεικνύμενος
13. 9. τὰ χείριστα . . . ἐνδειξόμενος τοῖς Ἰ.

ἐνδείκτης.
II Ma. 4. 1. ὁ τῶν χρημάτων καὶ τῆς πατρίδος ἐ. γεγονώς

ἐνδεῖν. (1) אָחַז hoph. (2) מְסִבָּה (3) צָרַר
Ex. 12. 34. τὰ φυράματα αὐτῶν ἐνδεδεμένα ἐν τοῖς ἱματίοις (3)
I Ki. 25. 29. ἐνδεδεμένη ἐν δεσμῷ τῆς ζωῆς (3)
II Ch. 9. 18. ἓξ ἀναβαθμοὶ τῷ θρόνῳ ἐνδεδεμένοι χρυσίῳ (1)
Si. 22. 16. ἱμάντωσις ξυλίνη ἐνδεδεμένη [A¹ om.] εἰς οἰκοδομήν
Ez. 28. 13. πᾶν λίθον χρηστὸν ἐνδέδεσαι (2)
[Aq. Ex. 23. 22: Is. 8. 16.]
[Sm. Ge. 44. 30: Pr. 22. 15.]
[Th. Pr. 30. 4: Ho. 13. 12.]

ἐνδεῖσθαι. (1) a. חָסֵר b. מַחְסוֹר
De. 8. 9. οὐκ ἐνδεηθήσῃ ἐπ' αὐτῆς οὐδέν (1 a)
15. 8. καθότι ἐνδεεῖται [A al.] (1 a)
— 10. B καθότι ἐνδεεῖται –
Pr. 28. 27. ὃς δίδωσι πτωχοῖς οὐκ ἐνδεηθήσεται (1 b)
[Sm. Ps. 138 (139). 16 (ἐνδεούσης): Pr. 21. 17.]

ἕνδεκα.
Ge. 32. 22 (23): 37. 9.
Ex. 26. 7, 8.
Nu. 29. 20.
De. 1. 2.
Jo. 15. 51†, 60.
IV Ki. 23. 36: 24. 18.
II Ch. 36. 5, 11.
I Es. 1. 46.
Je. 52. 1.
II Ma. 13. 2.
[Aq., Th. Ez. 40. 49.]

ἑνδέκατος. (1) אַחַת עֶשְׂרֵה (2) a. עַשְׁתֵּי עָשָׂר b. עַשְׁתֵּי עֶשְׂרֵה
Ge. 8. 5. A ἐν δὲ τῷ ἑ. μηνί [R al.] †
Nu. 7. 72. τῇ ἡμέρᾳ τῇ ἑ. (2 a)
De. 1. 3. ἐν τῷ ἑ. μηνί (2 a)
III Ki. 6. 1 (38). ἐν ἑ. ἐνιαυτῷ (1)
16. 28 (22. 41). B ἐν τῷ ἐνιαυτῷ τῷ ἑ. ἔτει †
IV Ki. 9. 29. ἐν ἔτει ἑ. Ἰ. [A υἱοῦ Ἰ.] (1)
25. 2. ἕως τοῦ ἑ. ἔτους τοῦ βασιλέως Σ. (2 b)
I Ch. 12. 13. Μ. ὁ ἑ. (2 a)
24. 12. τῷ Ἐ. ὁ ἑ. (2 a)
25. 18. ὁ ἑ. Ἀσ. (2 a)

I Ch. 27. 14. ὁ ἐ. τῷ μηνὶ τῷ ἐ. (2 a, 2 a)
Za. 1. 7. τῷ ἐ. μηνί (2 a)
Je. 1. 3. ἕως [S *add.* συντελείας] ἑνδεκάτου ἔτους τοῦ Σεδεκία (2 b)
46 (39). 2. ἐν τῷ ἐ. ἔτει τοῦ Σεδεκία (2 b)
52. 5. ἕως ἑνδεκάτου ἔτους τῷ Βασ. Σ. (2 b)
Ez. 26. 1. ἐν τῷ ἐ. [A δωδ.] ἔτει (2 b)
29. 1. A ἐν τῷ ἐ. [B δεκάτῳ] μηνί †
30. 20: 31. 1. ἐγένετο ἐν τῷ ἐ. ἔτει (1)
32. 1. A ἐγένετο ἐν τῷ ἐ. [B δωδεκ., R δεκάτῳ] ἔτει †
I Ma. 16. 14. ἐν μηνὶ ἐ.
[**Aq.** IV Ki. 25. 1.]

ἐνδελεχεῖν.
Si. 30. 1. ἐνδελεχήσει μάστιγας αὐτῷ
41. 6. A ἐνδελεχεῖ [B S -χιεῖ] ὄνειδος

ἐνδελεχής.
I Es. 6. 24. ἐπιθύουσι διὰ πυρὸς ἐ.
Si. 17. 19. οἱ ὀφθαλμοὶ αὐ. ἐνδελεχεῖς ἐπὶ τὰς ὁδοὺς αὐτῶν

ἐνδελεχίζειν.
Si. 9. 4. μετὰ ψαλλούσης μὴ ἐνδελέχιζε [B^2 *al.*]
12. 3. οὐκ ἔστιν ἀγαθὰ τῷ ἐνδελεχίζοντι εἰς κακά
20. 19, 24. ἐν στόματι ἀπαιδεύτων ἐνδελεχισθήσεται
— 25. αἱρετὸν κλέπτης ἢ ὁ [A *om.* ἢ ὁ, B^1 *om.* ὁ] ἐνδελεχίζων ψεύδει
27. 12. εἰς μέσον δὲ διανοουμένων ἐνδελέχιζε
37. 12. μετὰ ἀνδρὸς εὐσεβοῦς ἐνδελέχιζε
41. 6. μετὰ τοῦ σπέρματος αὐτῶν ἐνδελεχιεῖ [A -χεῖ] ὄνειδος

ἐνδελεχισμός. (1) תָּמִיד
Ex. 29. 38. κάρπωμα ἐνδελεχισμοῦ (1 ?)
— 42. θυσίαν ἐνδελεχισμοῦ εἰς γενεὰς ὑμ. (1)
30. 8. θυμίαμα ἐνδελεχισμοῦ διὰ παντὸς ἔναντι κ. (1)
Nu. 28. 6, 23. ὁλοκαύτωμα ἐνδελεχισμοῦ (1)
I Es. 5. 52. μετὰ ταῦτα προσφορὰς ἐνδελεχισμοῦ
II Es. 3. 5. ὁλοκαυτώσεις ἐνδελεχισμοῦ (1)
Ne. 10. 33 (34). καὶ θυσίαν τοῦ [A *om.*] ἐ. καὶ εἰς ὁλοκαύτωμα τοῦ ἐ. τῶν σαββάτων (1, 1)
Ju. 4. 14. τὴν ὁλοκαύτωσιν τοῦ ἐ.
Si. 7. 13. ὁ γὰρ ἐ. αὐτοῦ οὐκ εἰς ἀγαθόν
Da. TH. 11. 31. μεταστήσουσι τὸν ἐ. [A -χιστόν] (1)
12. 11. ἀπὸ καιροῦ παραλλάξεως τοῦ ἐ. (1)

ἐνδελεχιστός. (1) תָּמִיד
Da. TH. 11. 31. A μεταστήσουσι τὸν ἐ. [B -χισμόν] (1)

ἐνδελεχῶς. (1) בִּתְדִירָא (2) תָּמִיד
Ex. 29. 38. ἀμνοὺς ἐνιαυσίους . . . ἐπὶ τὸ θυσιαστήριον ἐ. (2 ?)
Le. 24. 3. καύσουσιν αὐτὸ . . . ἐνώπιον κυρίου ἐ. (2)
Nu. 28. 3. εἰς ὁλοκαύτωσιν ἐ. (2)
I Es. 6. 30. οἶνον καὶ ἔλαιον ἐ. κατ᾽ ἐνιαυτόν
Si. 20. 26. ἡ αἰσχύνη αὐτοῦ μετ᾽ αὐτοῦ ἐ.
23. 10. οἰκέτης ἐξεταζόμενος ἐ. ἀπὸ μώλωπος
37. 18. καὶ κυριεύουσα ἐ. αὐτῶν γλῶσσά ἐστιν
45. 14. ὁλοκαρπωθήσονται καθ᾽ ἡμέραν ἐ. δίς
51. 11. αἰνέσω τὸ ὄνομά σου ἐ.
Da. LXX., TH. 6. 16 (17), 20 (21). ᾧ σὺ λατρεύεις ἐ. (1)
[**Aq.** Dt. 11. 12: Ps. 68 (69). 24: 118 (119). 109: Is. 52. 5: 60. 11: 62. 6.]
[**Sm.** Ps. 50 (51). 5: 70 (71). 7.]

ἐνδεσμεῖν.
[**Aq.** Ex. 28. 22: Ps. 6. 8: 7. 7: 8. 3: 68 (69). 20.]
[**Th.** Ps. 8. 3.]

ἔνδεσμος. (1) בַּיִת (2) *a.* יָצוּעַ *b.* יָצִיעַ (3) צְרוֹר
III Ki. 6. 10. καὶ ᾠκοδόμησε τοὺς ἐ. (2 a*, 2 b)
— 10. A καὶ σύνεσχε τὸν ἐ. [B σύνδ.] (1)
Pr. 7. 20. ἔνδεσμον ἀργυρίου λαβὼν ἐν χειρὶ αὐτοῦ (3)
Ez. 13. 11. δώσω λίθους πετροβόλους εἰς τοὺς ἐ. αὐτῶν –
III Ma. 3. 25. ἐ. σιδηροῖς παντόθεν κεκλεισμένους
[**Aq.** Pr. 7. 20: Ca. 1. 13.]
[**Sm.** I Ki. 25. 18: 30. 12.]
[**Th.** Pr. 7. 20: Hb. 2. 11.]
[**Quint.** Hb. 2. 11.]

ἐνδέχεσθαι. (1) עָרַב
Ps. 118 (119). 122. R ἔνδεξαι [A S ἔκδ.] τὸν δοῦλόν σου εἰς ἀγαθόν (1)
II Ma. 11. 18. ἃ δὲ ἦν ἐνδεχόμενα συνεχώρησεν

ἐνδεχομένως.
II Ma. 13. 26. ἀπελογήσατο ἐ.

ἐνδιαβάλλειν. (1) *a.* שָׂטַן *b.* שָׂטָן
Nu. 22. 22. B ἐνδιαβαλεῖν [A -βάλλειν, R διαβ.] αὐτόν (1 a)
Ps. 37 (38). 20. ἐνδιέβαλλόν με (1 b)
70 (71). 13. ἐκλιπέτωσαν οἱ ἐνδιαβάλλοντες τὴν ψυχήν μου (1 b)
108 (109). 4. ἀντὶ τοῦ ἀγαπᾶν με ἐνδιέβαλλόν με (1 b)
— 20. τοῦτο τὸ ἔργον τῶν ἐνδιαβαλλόντων με παρὰ κυρίῳ (1 b)
— 29. ἐνδυσάσθωσαν οἱ ἐνδιαβάλλοντές με ἐντροπήν (1 b)

ἐνδιαιτᾶσθαι.
[**Sm.** I Ki. 19. 19.]

ἐνδιαλλάσσειν. (1) קָדֵשׁ
III Ki. 22. 47. A περισσὸν τοῦ ἐνδιηλλαγμένου οὐχ ὑπελείφθη (1)
[**Aq.** Ge. 38. 21: Dt. 23. 17 (18): III Ki. 22. 47: IV Ki. 23. 7: Ho. 4. 14.]
[**Al.** Le. 21. 7.]

ἐνδιασπείρειν. (1) פָּזַר pu.
Es. 3. 8. ὑπάρχει ἔθνος διεσπαρμ. [S^3 ἐνδιεσπ., ? ἐν διεσπ.]

ἐνδιατρίβειν. (1) עָלַז
Pr. 23. 16. ἐνδιατρίψει [A -ῃ] λόγοις τὰ σὰ χείλη πρὸς τὰ ἐμὰ χείλη (1 ?)
[**Al.** Jo. 5. 6.]

ἐνδιδόναι. (1) חָדַל (2) מוּט ni. (3) נָתַן (4) שׁוּב
Ge. 8. 3. ἐνεδίδου τὸ ὕδωρ πορευόμενον ἀπὸ τῆς γῆς (4)
— 3. A ἐνεδίδου τὸ ὕδωρ (4)
Nu. 14. 1. B ἐνέδωκε [A ἔδ.] φωνὴ [A R -ήν] (3)
Pr. 10. 30. δίκαιος τὸν αἰῶνα οὐκ ἐνδώσει (2)
Ez. 3. 11. ἐὰν ἄρα ἐνδῶσι (1)
[**Sm.** Jb. 16. 6: 39. 3.]
[**Th.** Jb. 39. 3.]
[**Al.** Le. 14. 56: I Ki. 11. 3.]

ἐνδιδύσκειν. (1) לָבַשׁ *a.* qal. *b.* hi.
II Ki. 1. 24. τὸν ἐνδιδύσκοντα ὑμᾶς κόκκινα (1 b)
13. 18. ἐνεδιδύσκοντο αἱ θυγατέρες τοῦ βασ. (1 a)
Ju. 9. 1. A R ὃν ἐνεδιδύσκετο [B ἐδεδύκει, S ἐνδεδύκει] σάκκον
10. 3. A ὃν ἐνεδιδύσκετο [B^1S ἐνδεδύκει, B^2R ἐνεδεδύκει]
Pr. 31. 21. A B S πάντες γὰρ οἱ παρ᾽ αὐτῆς ἐνδιδύσκονται [R ἐνδεδυμένοι εἰσί] (1 a)
Si. 50. 11. ἐν τῷ . . . ἐνδιδύσκεσθαι αὐτὸν συντέλειαν καυχήματος [A καύματος]

ἐνδογενής. (1) מוֹלֶדֶת בַּיִת
Le. 18. 9. A B^1 ἐνδογενοῦς [B^2R *add.* ἢ] γεγεννημένης ἢ [B^2 R *om.*] ἔξω (1)

ἔνδοθεν. (1) לְמִבַּיִת (2) מִפְּנִימָה
Nu. 18. 7. καὶ τὸ ἔ. τοῦ καταπετάσματος (1)
III Ki. 6. 21. A περιεπίλησεν Σαλ. τὸν οἶκον ἔ. (2)
Wi. 17. 13. ἔ. δὲ οὖσα ἥττων ἡ προσδοκία
IV Ma. 18. 2. οὐ μόνον τῶν ἔ. . . . πόνων
[**Aq.**, **Th.** III Ki. 6. 19.]
[**Sm.** Ps. 35 (36). 2: 39 (40). 9.]
[**Al.** Ps. 44 (45). 14.]

ἔνδον. (1) *a.* אֶל תּוֹךְ *b.* בְּתוֹךְ
Le. 11. 33. εἰς ὃ ἐὰν πέσῃ ἀπὸ τούτων ἔ. ὅσα ἐὰν ἔ. ᾖ (1 a, 1 b)
De. 21. 12. καὶ εἰσάξεις αὐτὴν ἔ. (1 a)
22. 2. συνάξεις αὐτὸν ἔ. (1 a)
II Ma. 6. 4. R ἔτι δὲ τὰ μὴ καθήκοντα ἔ. φερόντων [A εἰσφ.]
9. 5. πικραὶ τῶν ἔ. βάσανοι
10. 34. οἱ δὲ ἔ. . . . ἐβλασφήμουν
— 36. προσαναβάντες . . . πρὸς τοὺς ἔ.
12. 14. οἱ δ᾽ ἔ. πεποιθότες
II Ma. 12. 28. καὶ κατέστρωσαν τῶν ἔ.
13. 20. τοῖς δὲ ἔ. Ἰ. τὰ δέοντα εἰσέπεμψε
[**Aq.** III Ki. 6. 18: Ps. 54 (55). 11.]
[**Sm.** Ps. 40 (41). 9: 54 (55). 5, 11, 12: 55 (56). 9 *bis*: 77 (78). 28: 109 (110). 2.]
[**Th.** III Ki. 6. 18.]
[**Quint.** Ho. 7. 1.]

ἐνδοξάζεσθαι. (1) הָלַל hithp. (2) כָּבֵד ni. (3) עָרַץ ni. (4) פָּאַר hithp. (5) פָּלָה ni.
Ex. 14. 4, 17. καὶ ἐνδοξασθήσομαι ἐν Φαραῷ (2)
— 18. ἐνδοξαζομένου μου ἐν Φαραῷ (2)
33. 16. B^2 R ἐνδοξασθήσομαι [A -σόμεθα] (5)
IV Ki. 14. 10. ἐνδοξάσθητι καθήμενος ἐν τῷ οἴκῳ σου (2)
Ps. 88 (89). 7. ὁ θεὸς ἐνδοξαζόμενος ἐν βουλῇ ἁγίων (3)
Si. 38. 6. ἔδωκεν ἀνθρώποις ἐπιστήμην ἐνδοξάζεσθαι ἐν τοῖς θαυμασίοις αὐτοῦ
Hg. 1. 8. καὶ ἐνδοξασθήσομαι (2)
Is. 45. 26. ἐν τῷ θεῷ [S^1 *om.* ἐ. τ. θ.] ἐνδοξασθήσεται πᾶν τὸ σπέρμα τῶν υἱῶν Ἰ. (1)
49. 3. ἐν σοὶ ἐνδοξασθήσομαι [A S δοξ.] (4)
Ez. 28. 22. ἐνδοξασθήσομαι ἐν σοί (2)
38. 23. ἁγιασθήσομαι καὶ ἐνδοξασθήσομαι –
I Ma. 3. 14. S ἐνδοξασθήσομαι [A R δοξασθ.] ἐν τῇ βασιλείᾳ

ἐνδοξασμός.
[**Sm.** Ps. 45 (46). 4: 46 (47). 5.]
[**Al.** Is. 24. 14.]

ἔνδοξος. (1) הָדָר (2) יָרֵא ni. (3) *a.* כָּבֵד ni. *b.* כָּבֵד adj. *c.* כָּבוֹד *d.* כָּבֹד adj. *e.* λόγοι ἔ. כָּבוֹד *f.* τὸ ὄνομα τὸ ἔ. כָּבוֹד (4) כַּבִּיר (5) כּוּן hi. (6) מַחְמָד (7) עֲלִילָה (8) *a.* ἔ. εἶναι פָּאַר pi. *b.* פְּאֵרָה (9) פָּלָא *a.* ni. *b.* hi. (10) פַּרְתְּמִים (11) צְבִי (12) שַׂר (13) תְּהִלָּה (14) תְּרוּעָה (15) οὐχὶ ἔνδοξος קָלָה ni.
Ge. 34. 19. αὐτὸς δὲ ἦν ἐνδοξότατος πάντων (3 a)
Ex. 34. 10. ποιήσω ἔνδοξα (9 a)
Nu. 23. 21. τὰ ἔ. ἀρχόντων ἐν αὐτῷ (14)
De. 10. 21. τὰ μεγάλα καὶ τὰ ἔ. ταῦτα (2)
Jo. 4. 4. δώδεκα ἄνδρας τῶν ἐ. ἀπὸ τῶν υἱῶν Ἰ. (5 ?)
Jd. 18. 21. A καὶ τὴν κτῆσιν αὐτοῦ τὴν ἔ. [B *al.*] (3 d)
I Ki. 9. 6. καὶ ὁ ἄνθρωπος ἔ. (3 a)
18. 23. κἀγὼ . . . οὐχὶ ἔνδοξος (15)
22. 14. καὶ ἔνδοξος ἐν τῷ οἴκῳ σου (3 a)
II Ki. 23. 19. ἐκ τῶν τριῶν ἐκείνων ἔνδοξος (3 a)
— 23. ἐκ τῶν τριῶν ἔνδοξος (3 a)
I Ch. 4. 9. ἦν Ἰ. ἔ. ὑπὲρ τοὺς ἀδελφοὺς αὐτοῦ (3 a)
11. 21. ἀπὸ τῶν τριῶν ὑπὲρ τοὺς δύο ἐνδόξος (3 a)
— 25. ὑπὲρ τοὺς τριάκοντα ἦν ἔ. οὗτος (3 a)
II Ch. 2. 9 (8). ὁ οἶκος . . . μέγας καὶ ἔ. (9 b)
36. 14. πάντες οἱ ἔ. Ἰούδα (12)
I Es. 1. 56. καὶ συνετέλεσαν πάντα τὰ ἔ. αὐτῆς ἀχρειῶσαι
Ne. 4. 19 (13). S εἶπα . . . πρὸς τοὺς ἐ. [A B S^2 *om.*] ἄρχοντας –
To. 8. 5. τὸ ὄνομά σου τὸ ἅγιον καὶ ἔ. [S *al.*]
14. 5. A S καὶ ὁ οἶκος . . . οἰκοδομηθήσεται . . . οἰκοδομῇ ἐ. [B οἰκοδομηθ. ἐνδόξως]
Ju. 16. 13. μέγας εἶ καὶ ἔ.
— 21. ἐγένετο . . . ἔνδοξος ἐν πάσῃ τῇ γῇ
Es. 1. 1. κατέφαγον τοὺς ἐ.
— 1. καὶ ἦν Ἀ. . . . ἔ.
— 3. δοχὴν ἐποίησε . . . τοῖς Περσῶν καὶ Μήδων ἐ. (10)
6. 9. τῶν φίλων τοῦ βασιλέως τῶν ἐ. (10)
Jb. 5. 9. τὸν ποιοῦντα . . . ἔνδοξά τε καὶ ἐξαίσια (9 a)
9. 10. ὁ ποιῶν . . . ἔνδοξά τε καὶ ἐξαίσια (9 a)
34. 24. ὁ καταλαμβάνων . . . ἔνδοξά τε καὶ ἐξαίσια (4 ?)
Ps. 149. 8. καὶ τοὺς ἐ. αὐτῶν ἐν χειροπέδαις σιδηραῖς (3 a)
Pr. 25. 27. τιμᾶν δὲ χρὴ λόγους ἐνδόξους (3 e)
Si. 10. 22. ἔνδοξος καὶ πτωχὸς τὸ καύχημα αὐτῶν φόβος κυρίου
11. 6. A B^2 R ἔνδοξοι παρεδόθησαν εἰς χεῖρας ἑτέρων [B^1 S ἑταίρων]
40. 3. A S ἀπὸ καθημένου ἐπὶ θρόνου ἐνδόξου [B ἐν δόξῃ]

Si. 44. 1. αἰνέσωμεν δὴ ἄνδρας ἐνδόξους
Na. 3. 10. ἐπὶ πάντα τὰ ἔ. αὐτῆς βαλοῦσι κλήρους (3 *a*)
Is. 5. 14. καταβήσονται οἱ ἔ. (1)
10. 33. συνταράσσει τοὺς ἐ. μετὰ ἰσχύος (8 *b* ?)
11. 4. S ἐλέγξει τοὺς ἐ. [A B ταπεινοὺς] τῆς γῆς †
12. 4. ἀναγγείλατε ἐν τοῖς ἔθνεσι τὰ ἔ. αὐτοῦ (7)
13. 19. καλεῖται ἔ. ἀπὸ [A S ὑπὸ] βασιλέως Χαλδαίων (11)
22. 17. τὸν στέφανόν σου τὸν ἔ. †
— 24. ἔσται πεποιθὼς ἐπ᾽ αὐτὸν πᾶς ἔ. (3 *c*)
23. 8. οἱ ἔμποροι αὐτῆς ἔ. [S οἱ ἔ.] ἄρχοντες τῆς γῆς (3 *a*)
— 9. παραλῦσαι πᾶσαν τὴν ὕβριν τῶν ἐ. (11)
— 9. ἀτιμάσαι πᾶν ἔνδοξον ἐπὶ τῆς γῆς (3 *a*)
24. 15. τὸ ὄνομα κυρίου ἔνδοξον ἔσται –
26. 15. πρόσθες κακὰ [A S *add.* πᾶσιν] τοῖς ἐ. τῆς γῆς (3 *a* ?)
32. 2. ὡς ποταμὸς φερόμενος ἔ. ἐν γῇ διψώσῃ (3 *b*)
48. 9. τὰ ἔ. μου ἐπάξω ἐπὶ σέ [A S σοί] (13)
59. 19. φοβηθήσονται . . . τὸ ὄνομα τὸ ἔ. (3 *f*)
60. 9. διὰ τὸ τὸν ἅγιον τοῦ Ἰσραὴλ ἔνδοξον εἶναι (8 *a*)
64. 3 (2). ὅταν ποιῇς τὰ ἔ. (2)
— 11 (10). πάντα [A S *add.* τὰ] ἔ. ἡμῶν συνέπεσε (6)
Da. LXX. Su. 4. διὰ τὸ εἶναι ἐνδοξότερον πάντων
3. (45). καὶ ἔνδοξος ἐφ᾽ ὅλην τὴν οἰκουμένην
5. 31 (6. 1). καὶ Δαρεῖος . . . ἔ. ἐν γήρει –
6. 3 (4). καὶ Δαν. ἦν . . . μέγας καὶ ἔ. –
— 3 (4). ἦν ἔνδοξος καὶ ἐπιστήμων καὶ συνετός –
Bel 13. καὶ τοῖς δακτυλίοις τινῶν ἐ. ἱερέων
Da. TH. Su. 4. διὰ τὸ εἶναι αὐτὸν ἐνδοξότερον πάντων
3. (45). καὶ ἔνδοξος ἐφ᾽ ὅλην τὴν οἰκουμένην
Bel 2. καὶ ἔνδοξος ὑπὲρ πάντας τοὺς φίλους αὐτοῦ
I Ma. 1. 6. ἐκάλεσε τοὺς παῖδας αὐτοῦ τοὺς ἐ.
2. 8. A S ὡς ἀνὴρ ἔ. [R ἄδ.]
— 17. ἄρχων καὶ ἔνδοξος καὶ μέγας εἶ
3. 32. Λυσίαν ἄνθρωπον ἔ.
6. 1. πόλις ἔνδοξος πλούτῳ
7. 26. ἕνα τῶν ἀρχόντων αὐτοῦ τῶν ἐ.
[**Aq.** II Ki. 23. 19 : Ps. 4. 3.]
[**Sm.** II Ki. 23. 19 : Jb. 31. 25 : Je. 13. 20.]
[**Th.** Jd. 18. 21 : Is. 63. 1.]
[**Al.** Le. 23. 40 : I Ki. 4. 18 : Ps. 44 (45). 10.]

ἐνδόξως. (1) נָאָה
Ex. 15. 1, 21. ἐ. γὰρ δεδόξασται (1)
To. 12. 7, 11. τὰ δὲ ἔργα τοῦ θεοῦ ἀνακαλύπτειν ἐ. [S *al.*]
14. 1. S καὶ ἐτάφη ἐ. ἐν Νιν.
— 5. καὶ ὁ οἶκος . . . οἰκοδομηθήσεται ἐ. [A S *al.*]
— 11. ἔθαψεν αὐτὸν ἐ. [S *al.*]
— 13. καὶ ἔθαψε τοὺς πενθεροὺς αὐτοῦ ἐ. [S *al.*]
— 14. S ἀπέθανεν . . . ἔ. [A B *al.*]
Da. LXX. 4. 34. προσφορὰν προσφέρετε αὐτῷ ἐ. –
— 34. ἀνθομολογοῦμαι αὐτῷ ἐ. –
I Ma. 11. 60. ἀπήντησαν αὐτῷ οἱ ἐκ τῆς πόλεως ἐ.
12. 8. ἐπεδέξατο [S[2] ἀπ.] Ὀνίας τὸν ἄνδρα . . . ἐ.
— 43. ἐπεδέξατο αὐτὸν ἐ. [S[1] εὐλόγως]
14. 23. ἐπιδέξασθαι τοὺς ἄνδρας ἐ.
— 40. ἀπήντησαν τοῖς πρεσβευταῖς Σίμωνος ἐ.

ἐνδόσθια. (1) קֶרֶב
Ex. 12. 9. κεφαλὴν σὺν τοῖς ποσὶ καὶ τοῖς ἐ. (1)
29. 17. πλυνεῖς τὰ ἐ. καὶ τοὺς πόδας ὕδατι (1)
Le. 4. 8. τὸ στέαρ τὸ κατακαλύπτον τὰ ἐ. καὶ πᾶν τὸ στέαρ τὸ ἐπὶ τῶν ἐ. (1, 1)
6. 33 (7. 3). πᾶν τὸ στέαρ τὸ κατακαλύπτον τὰ ἐ. καὶ πᾶν τὸ στέαρ τὸ ἐπὶ τῶν ἐ. (1, –)
8. 16. τὸ στέαρ τὸ ἐπὶ τῶν ἐ. (1)
Si. 10. 9. ὅτι ἐν ζωῇ ἔρριψα τὰ ἐ. αὐτοῦ [S[2] *al.*]
[**Sm.** Ps. 70 (71). 6.]
[**Al.** Le. 9. 14.]

ἐνδοσθιαῖος. (1) קֶרֶב
Le. 6. 33 (7. 3). τὸ κατακαλύπτον τὰ ἐνδόσθια [B[2] -θιαῖα] (1)

ἐνδυάζειν. (1) לָחַם
Ps. 140 (141). 4. S[1] οὐ μὴ ἐνδυάσω [A[2]S[2] συνδ., A[1] B συνδοιάσω] μετὰ τῶν ἐκλεκτῶν αὐτῶν (1)

ἐνδύειν, ἐνδύνειν. (1) חָגַר (2) לָבֵשׁ, לָבֵשׁ *a.* qal. *b.* hi. *c.* pu. *d.* לְבוּשׁ *e.* לְבֵשׁ peal. *f.* aph. (3) נָתַן (4) עָלָה
Ge. 3. 21. καὶ ἐνέδυσεν αὐτούς (2 *b*)
27. 15. A ἐνέδυσεν [R *add.* αὐτὴν] Ἰακώβ (2 *b*)
Ge. 38. 19. ἐνεδύσατο τὰ ἱμάτια τῆς χηρεύσεως (2 *a*)
41. 42. καὶ ἐνέδυσεν αὐτὸν στολὴν βυσσίνην (2 *b*)
Ex. 28. 37 (41). καὶ ἐνδύσεις αὐτὰ Ἀ. τὸν ἀδ. σου (2 *b*)
29. 5. ἐνδύσεις [A *add.* αὐτὰ] Ἀαρών (2 *b*)
— 8. καὶ ἐνδύσεις αὐτοὺς χιτῶνας (2 *b*)
— 30. ἑπτὰ ἡμέρας ἐνδύσεται αὐτὰ ὁ ἱερεύς (2 *a*)
40. 13. ἐνδύσεις Ἀαρὼν τὰς στολὰς τὰς ἁγίας (2 *b*)
— 14. ἐνδύσεις αὐτοὺς χιτῶνας (2 *b*)
Le. 6. 10 (3). ἐνδύσεται ὁ ἱερεὺς χιτῶνα λινοῦν καὶ περισκελὲς λινοῦν ἐνδύσεται περὶ [A *om.*] τὸ σῶμα (2 *a*, 2 *a*)
— 11 (4). ἐνδύσεται στολὴν ἄλλην (2 *a*)
8. 7. ἐνέδυσεν αὐτὸν τὸν χιτῶνα (3)
— 7. ἐνέδυσεν αὐτὸν τὸν ὑποδύτην (2 *b*)
— 13. ἐνέδυσεν αὐτοὺς χιτῶνας (2 *b*)
16. 4. χιτῶνα λινοῦν ἡγιασμένον ἐνδύσεται (2 *a*)
— 4. καὶ ἐνδύσεται αὐτά (2 *a*)
— 23. τὴν στολὴν τὴν λινῆν ἣν ἐνδεδύκει (2 *a*)
— 24. ἐνδύσεται [A ἐκδύσ.] τὴν στολὴν αὐτοῦ (2 *a*)
— 32. ἐνδύσεται τὴν στολὴν τὴν λινῆν (2 *a*)
21. 10. τετελειωμένου ἐνδύσασθαι τὰ ἱμάτια (2 *a*)
Nu. 20. 26. ἔνδυσον Ἐλεάζαρ τὸν υἱὸν αὐτοῦ (2 *b*)
— 28. ἐνέδυσεν αὐτὰ [B[1] *om.*] Ἐλ. τὸν υἱὸν αὐ. (2 *b*)
De. 22. 5. οὐδὲ μὴ ἐνδύσηται ἀνὴρ στολὴν γυναικείαν (2 *a*)
— 11. οὐκ ἐνδύσῃ κίβδηλον (2 *a*)
Jd. 6. 34. R πνεῦμα κυρίου ἐνέδυσε τὸν Γ. [A B *al.*] (2 *a*)
I Ki. 17. 5. θώρακα ἁλυσιδωτὸν αὐτὸς ἐνδεδυκώς (2 *a*)
— 38. καὶ ἐνέδυσε Σ. τὸν Δ. μανδύαν (2 *b*)
II Ki. 6. 14. ὁ Δ. ἐνδεδυκὼς στολὴν ἔξαλλον (1)
14. 2. ἔνδυσαι ἱμάτια πενθικά (2 *a*)
III Ki. 22. 30. ἔνδυσαι τὸν ἱματισμόν μου (2 *a*)
I Ch. 12. 18. πνεῦμα ἐνέδυσε τὸν Ἀ. [A *al.*] (2 *a*)
II Ch. 5. 12. τῶν ἐνδεδυμένων στολὰς βυσσίνας (2 *c*)
6. 41. ἱερεῖς σου . . . ἐνδύσαιντο σωτηρίαν (2 *a*)
18. 9. καὶ ἐνδεδυμένοι στολάς (2 *c*)
— 29. καὶ σὺ ἔνδυσαι τὸν ἱματισμόν μου (2 *a*)
24. 20. πνεῦμα θεοῦ ἐνέδυσε τὸν Ἀ. (2 *a*)
28. 15. καὶ ἐνέδυσαν αὐτούς (2 *b*)
I Es. 5. 40. ἐνδεδυμένος τὴν δήλωσιν
Ju. 9. 1. S ὃν ἐνδεδύκει [A R -εδιδύσκετο, B ἐδεδύκει] σάκκον
10. 3. B[1]S ὃν ἐνδεδύκει [B[2]R ἐνεδ., A ἐνεδιδύσκετο]
— 3. ἐνεδύσατο τὰ ἱμάτια τῆς εὐφροσύνης αὐτῆς
Es. 4. 1. καὶ ἐνεδύσατο σάκκον (2 *a*)
— 17. ἐνεδύσατο ἱμάτια στενοχωρίας
5. 1. πᾶσαν στολὴν τῆς ἐπιφανείας αὐτοῦ ἐνδεδύκει (2 *a* ?)
Jb. 8. 22. οἱ δὲ ἐχθροὶ αὐτῶν ἐνδύσονται [A -σωνται] αἰσχύνην (2 *a*)
10. 11. δέρμα δὲ καὶ κρέας με ἐνέδυσας (2 *b*)
29. 14. δικαιοσύνην δὲ ἐνδεδύκειν [S[2] -δοίκ., A S[1] ἐδεδοίκειν] (2 *a*)
39. 19. ἐνέδυσας δὲ τραχήλῳ αὐτοῦ φόβον (2 *b*)
Ps. 34 (35). 13. ἐγὼ δὲ . . . ἐνεδυόμην σάκκον (2 *d*)
— 26. ἐνδυσάσθωσαν αἰσχύνην (2 *a*)
64 (65). 13. ἐνεδύσαντο οἱ κριοὶ τῶν προβάτων (2 *a*)
92 (93). 1. εὐπρέπειαν ἐνεδύσατο ἐνεδύσατο κύριος δύναμιν (2 *a*, 2 *a*)
103 (104). 1. ἐξομολόγησιν . . . ἐνεδύσω (2 *a*)
108 (109). 18. ἐνεδύσατο κατάραν ὡς ἱμάτιον (2 *a*)
— 29. ἐνδυσάσθωσαν οἱ ἐνδιαβάλλοντές με ἐντροπήν (2 *a*)
131 (132). 9. οἱ ἱερεῖς σου ἐνδύσονται [S[1] -εδύσαντο] δικαιοσύνην (2 *a*)
— 16. τοὺς ἱερεῖς αὐτῆς ἐνδύσω σωτηρίαν (2 *b*)
— 18. τοὺς ἐχθροὺς αὐτοῦ ἐνδύσω αἰσχύνην (2 *b*)
Pr. 23. 21. ἐνδύσεται διερρηγμένα καὶ ῥακώδη πᾶς ὑπνώδης (2 *b*)
31. 21. R πάντες γὰρ οἱ ὑπ᾽ αὐτῆς ἐνδεδυμένοι εἰσί [A B S ἐνδιδύσκονται] (2 *a*)
— 25. ἰσχὺν καὶ εὐπρέπειαν ἐνεδύσατο (2 *d*)
Ca. 5. 3. πῶς ἐνδύσωμαι αὐτόν (2 *a*)
Wi. 5. 18. ἐνδύσεται θώρακα δικαιοσύνην [S -νης]
Si. 6. 31. στολὴν δόξης ἐνδύσῃ [S[1] -σεις, S[2] -σει] αὐτήν
17. 3. καθ᾽ ἑαυτοὺς ἐνέδυσεν αὐτοὺς ἰσχύν
27. 8. ἐνδύσῃ αὐτὸ ὡς ποδήρη δόξης
43. 20. ὡς θώρακα ἐνδύσεται [S ἐκδ.] τὸ ὕδωρ
45. 8. ἐνέδυσεν αὐτὸν συντέλειαν καυχήματος
— 13. οὐκ ἐνεδύσατο [S[2] *add.* αὐτὰ] ἀλλογενής
Jn. 3. 5. καὶ ἐνεδύσαντο σάκκους (2 *a*)
Ze. 1. 8. πάντας τοὺς ἐνδεδυμένους ἐνδύματα ἀλλότρια (2 *a*)
Za. 3. 4 (3). Ἰ. ἦν ἐνδεδυμένος ἱμάτια ῥυπαρά (2 *a*)
— 5 (4). ἐνδύσατε αὐτὸν ποδήρη (2 *b*)
13. 4. ἐνδύσονται δέρριν τριχίνην (2 *a*)
Is. 22. 21. ἐνδύσω αὐτὸν τὴν στολήν σου (2 *b*)
49. 18. πάντας αὐτοὺς . . . ἐνδύσῃ (2 *a*)
50. 3. ἐνδύσω τὸν οὐρανὸν σκότος (2 *b*)
51. 9. ἔνδυσαι τὴν ἰσχὺν τοῦ βραχίονός σου (2 *a*)
52. 1. ἔνδυσαι τὴν ἰσχύν σου, Σιών, καὶ σὺ ἔνδυσαι τὴν δόξαν σου (2 *a*, 2 *a*)
59. 17. A S R ἐνεδύσατο δικαιοσύνην [B -ῃ] ὡς θώρακα (2 *a*)
61. 10. ἐνέδυσε γάρ με ἱμάτιον σωτηρίου (2 *b*)
Je. 10. 9. πορφύραν ἐνδύσουσιν αὐτά (2 *d*)
26 (46). 4. ἐνδύσασθε τοὺς θώρακας ὑμῶν (2 *a*)
Ba. 4. 20. ἐνεδυσάμην δὲ σάκκον τῆς δεήσεώς μου
5. 1. ἔνδυσαι τὴν εὐπρέπειαν τῆς παρὰ τοῦ θεοῦ δόξης
Ep. Je. 33. οἱ ἱερεῖς ἐνδύσουσι τὰς γυναῖκας αὐτῶν
Ez. 7. 27. ἐνδύσεται ἀφανισμόν (2 *a*)
9. 2. εἷς ἀνὴρ ἐν μέσῳ αὐτῶν ἐνδεδυκὼς ποδήρη (2 *a*)
— 3. ἐκάλεσε τὸν ἄνδρα τὸν ἐνδεδυκότα τὸν ποδήρη (2 *a*)
— 11. ἰδοὺ ὁ ἀνὴρ ὁ ἐνδεδυκὼς τὸν ποδήρη (2 *a*)
10. 2. εἶπε πρὸς τὸν ἄνδρα τὸν ἐνδεδυκότα τὴν στολήν (2 *a*)
— 6. ἐν τῷ ἐντέλλεσθαι αὐτὸν τῷ ἀνδρὶ τῷ ἐνδεδυκότι τὴν στολὴν τὴν ἁγίαν (2 *a*)
— 7. εἰς τὰς χεῖρας τοῦ ἐνδεδυκότος τὴν στολὴν τὴν ἁγίαν (2 *a*)
16. 10. ἐνέδυσά σε ποικίλα (2 *b*)
23. 6. ἐπὶ τοὺς Ἀσσυρίους . . . ἐνδεδυκότας [A -υμένους] ὑακίνθινα (2 *a*)
— 12. ἐπέθετο . . . στρατηγοὺς τοὺς ἐγγὺς αὐτῆς ἐνδεδυκότας εὐπάρυφα [A -υμένους εὐπόρφυρα] (2 *a*)
38. 4. ἱππεῖς ἐνδεδυμένους θώρακας πάντας (2 *a*)
42. 14. ἐνδύσονται ἱμάτια ἕτερα (2 *a*)
44. 17. στολὰς λινᾶς ἐνδύσονται καὶ οὐκ ἐνδύσονται ἔρια (2 *a*, 4)
— 19. ἐνδύσονται στολὰς ἑτέρας (2 *a*)
Da. LXX. 5. 29. Βαλτ. ὁ βασιλεὺς ἐνέδυσε τὸν Δ. πορφύραν (2 *f*)
6. 3 (4). Δαν. ἦν ἐνδεδυμένος πορφύραν –
10. 5. ἄνθρωπος εἷς ἐνδεδυμένος βύσσινα (2 *a*)
Da. TH. 5. 7. πορφύραν ἐνδύσεται (2 *e*)
— 16. πορφύραν ἐνδύσῃ (2 *e*)
— 29. ἐνέδυσαν τὸν Δ. πορφύραν (2 *f*)
10. 5. ἀνὴρ εἷς ἐνδεδυμένος βαδδίν (2 *a*)
12. 6. τῷ ἀνδρὶ τῷ ἐνδεδυμένῳ τὰ β. (2 *a*)
— 7. τοῦ ἀνδρὸς τοῦ ἐνδεδυμένου τὰ β. (2 *a*)
I Ma. 1. 28. πᾶς ὁ οἶκος Ἰακὼβ ἐνεδύσατο αἰσχύνην
3. 3. ἐνεδύσατο θώρακα ὡς γίγας
10. 21. ἐνεδύσατο Ἰωνάθαν τὴν ἁγίαν στολήν
● — 62. ἐνέδυσαν αὐτὸν πορφύραν
14. 9. οἱ νεανίσκοι ἐνεδύσαντο δόξας
[**Aq.** I Ki. 17. 38 : Is. 51. 9 : 59. 17 : Ez. 9. 2.]
[**Sm.** I Ki. 17. 38 : Ps. 16 (17). 14 : Is. 51. 9 : 59. 17 : Ez. 9. 2 : 26. 16.]
[**Th.** I Ki. 17. 38 : Is. 51. 9 : 59. 17 : Ez. 9. 2 : 23. 6.]
[**Al.** I Ki. 28. 8 : Ps. 131 (132). 9.]

ἔνδυμα. (1) בֶּגֶד (2) *a.* לְבוּשׁ *b.* מַלְבּוּשׁ (3) מִדָּה
II Ki. 1. 24. τὸν ἀναφέροντα κόσμον . . . ἐπὶ τὰ ἐ. ὑμῶν (2 *a*)
20. 8. καὶ Ἰ. περιεζωσμένος μανδύαν τὸ ἔ. αὐ. (2 *a*)
IV Ki. 10. 22. ἐξάγαγε ἔνδυμα (2 *a*)
Es. 6. 9. S[3] δοθήτω τὸ ἔ. (2 *a*)
— 10. S[3] λάβε σὺν τὸ ἔ. (2 *a*)
Ps. 68 (69). 11. ἐθέμην τὸ ἔ. μου σάκκον (2 *a*)
132 (133). 2. τὸ καταβαῖνον ἐπὶ τὴν ὤαν τοῦ ἐ. αὐτοῦ (3)
Pr. 31. 22. ἐκ δὲ βύσσου καὶ πορφύρας ἑαυτῇ ἐνδύματα (2 *a*)
Wi. 18. 24. ἐπὶ γὰρ ποδήρους ἐ. ἦν ὅλος ὁ κόσμος
Ze. 1. 8. πάντας τοὺς ἐνδεδυμένους ἐ. ἀλλότρια (2 *b*)
Is. 63. 2. τὰ ἐ. σου ὡς ἀπὸ πατητοῦ ληνοῦ (1)
La. 4. 14. ἥψαντο ἐνδυμάτων αὐτῶν (2 *a*)
Ep. Je. 11. κοσμοῦσί τε αὐτοὺς ὡς ἀνθρώπους τοῖς ἐ.
Da. TH. 3. 21. A καὶ ἐνδύμασιν αὐτῶν (2 *a*)
7. 9. καὶ τὸ ἔ. αὐτοῦ ὡσεὶ χιὼν λευκόν (2 *a*)
[**Aq.** Ex. 28. 31 : Le. 8. 7 : I Ki. 15. 27 : 23. 9 : 24. 5 (?), 12 : 28. 14 : Jb. 1. 20 : Ps. 103 (104). 6 : 132 (133). 2 : Is. 59. 17 : 61. 10 : Je. 10. 9.]

● = correction on page xxv

[**Sm.** Jᴅ. 17. 5 : I Kɪ. 24. 5 : Ps. 34 (35). 13 : 68 (69). 12 : 101 (102). 27 : 132 (133). 2 : Is. 59. 17 : 63. 3 : Ez. 27. 20.]
[**Th.** Ps. 103 (104). 6 : Is. 59. 17 : 63. 1, 3 : Jᴇ. 10. 9.]
[**Al.** Jᴅ. 3. 16.]

ἐνδύμιος.

[**Th.** Pʀ. 26. 22.]

ἐνδυναμοῦν. (1) לָבֵשׁ (2) עָזַז

Jd. 6. 34. **A B** πνεῦμα κυρίου ἐνεδυνάμωσεν [**R** -δυσε] τὸν Γ. (1)
I Ch. 12. 18. **A** πνεῦμα ἐνεδυνάμωσεν [**B S** -έδυσε] τὸν Ἀ. (1)
Ps. 51 (52). 7. **B**^{2} **S**^{2} **R** ἐνεδυναμώθη [**B**^{1} **S**^{1} ἐδυν.] ἐπὶ τῇ ματαιότητι αὐτοῦ (2)
[**Aq.** Gᴇ. 7. 20.]

ἐνδύνειν, *vid.* ἐνδύειν.

ἔνδυσις. (1) לְבוּשׁ

Es. 5. 1. κουφίζουσα τὴν ἔ. αὐτῆς
Jb. 41. 4 (5). τίς ἀποκαλύψει [**A** ἀνακ.] πρόσωπον ἐνδύσεως αὐτοῦ (1)
[**Aq.** Ps. 34 (35). 13 : 44 (45). 14 : 68 (69). 12 : Is. 59. 17.]

ἐνδύτης.

[**Aq.** I Kɪ. 17. 38.]

ἐνεγκεῖν, *vid.* φέρειν.

ἐνέδρα. (1) *a.* אָרַב *b.* מַאֲרָב

Jo. 8. 7. ἐξαναστήσεσθε ἐκ τῆς ἐ. (1 *a*)
— 9. ἐπορεύθησαν εἰς τὴν ἐ. (1 *b*)
Ps. 9. 29 (10. 8). ἐγκάθηται ἐνέδρᾳ μετὰ πλουσίων (1 *b*)
[**Aq.** Ps. 9. 29 (10. 8).]
[**Sm.** Gᴇ. 27. 35 : Ho. 9. 8.]

ἐνεδρεύειν. (1) אָרַב *a.* qal. *b.* pi. *c.* hi. *d.* אֶרֶב (2) בַּשְׁלִי (3) רָמָה pi.

De. 19. 11. καὶ ἐνεδρεύσῃ αὐτόν (1 *a*)
Jo. 8. 4. ὑμεῖς ἐνεδρεύσατε [**A** -σετε] ὀπίσω τῆς πόλεως (1 *a*)
Jd. 9. 25. ἐνεδρεύοντας [**A** ἔνεδρα] ἐπὶ τὰς κεφαλὰς τῶν ὀρέων (1 *b*)
— 32. ἐνέδρευσον ἐν τῷ ἀγρῷ (1 *a*)
— 34. ἐνήδρευσαν ἐπὶ Σ. (1 *a*)
— 43. καὶ ἐνήδρευσεν ἐν ἀγρῷ [**A** αὐτῷ] (1 *a*)
16. 2. ἐνήδρευσαν ἐπ' [**A** *om.*] αὐτόν (1 *a*)
21. 20. ἐνεδρεύσατε ἐν τοῖς ἀμπελῶσι (1 *a*)
I Ki. 15. 5. ἐνήδρευσεν ἐν τῷ χειμάρρῳ (1 *c*)
II Ki. 3. 27. ἐξέκλινεν αὐτὸν Ἰ. . . . ἐνεδρεύων (2)
Jb. 24. 11. ἐν στενοῖς [**A S**^{2} σκοτεινοῖς] ἀδίκως ἐνήδρευσαν †
38. 40. κάθηνται δὲ ἐν ὕλαις ἐνεδρεύοντες (1 *d*)
Ps. 9. 30 (10. 9). **B S** ἐνεδρεύει ἐν ἀποκρύφῳ (1 *a*)
— 30 (10. 9). ἐνεδρεύει τοῦ ἁρπάσαι πτωχόν (1 *a*)
Pr. 7. 12. χρόνον δὲ ἐν πλατείαις παρὰ πᾶσαν γωνίαν ἐνεδρεύει (1 *a*)
26. 19. οὕτως πάντες οἱ ἐνεδρεύοντες τοὺς ἑαυτῶν φίλους (3)
Wi. 2. 12. ἐνεδρεύσωμεν δὲ τὸν δίκαιον
10. 12. ἀπὸ ἐνεδρευόντων ἠσφαλίσατο
Si. 5. 14. τῇ γλώσσῃ σου μὴ ἐνέδρευε [**B**^{1} -ευθῇς]
11. 31. τὰ γὰρ ἀγαθὰ εἰς κακὰ μεταστρέφων ἐνεδρεύει
— 32. ἄνθρωπος ἁμαρτωλὸς εἰς αἷμα ἐνεδρεύει
14. 22. ἐν ταῖς εἰσόδοις [**A S** ὁδ.] αὐ. ἐνέδρευε
27. 10. λέων θήραν ἐνεδρεύει
— 28. ἡ ἐκδίκησις ὡς λέων ἐνεδρεύσει αὐτόν
28. 26. μὴ πέσῃς κατέναντι ἐνεδρεύοντος
La. 3. 10. ἐτάραξεν ἄρκος ἐνεδρεύουσα (1 *a*)
4. 19. ἐνήδρευσαν ἡμᾶς (1 *a*)
Da. LXX. Su. 28. ἐνεδρεύοντες ἵνα θανατώσουσιν αὐτήν
I Ma. 5. 4. ἐν τῷ ἐνεδρεύειν αὐτοὺς ἐν ταῖς ὁδοῖς
[**Aq., Th.** Jʙ. 31. 9 : Pʀ. 1. 11 : 12. 6 : Ho. 7. 6.]
[**Sm.** Gᴇ. 29. 25 : I Kɪ. 28. 12 : Jʙ. 31. 9 : Ps. 9. 29 (10. 8) : Pʀ. 1. 11 : 24. 15 : Ho. 7. 6.]
[**Al.** I Kɪ. 24. 12.]

ἐνεδρευτής.

[**Sm.** I Kɪ. 22. 8.]

ἔνεδρον. (1) אָרַב *a.* qal. *b.* pi. *c.* מַאֲרָב (2) מָזוֹר (3) צְדִיָּה

Nu. 35. 20. καὶ ἐπιρρίψῃ ἐπ' αὐτὸν . . . ἐξ ἐνέδρου (3)
— 22. οὐκ ἐξ ἐνέδρου (3)
Jo. 8. 2. κατάστησον δὲ σεαυτῷ ἔνεδρα τῇ πόλει (1 *a*)
— 12. καὶ τὰ ἔ. τῆς πόλεως ἀπὸ θαλάσσης (1 *a*)
— 14. ἔνεδρα αὐτῷ ἐστιν (1 *a*)
— 18. τὰ ἔ. ἐξαναστήσονται –
— 19. τὰ ἔ. ἐξανέστησαν (1 *a*)
— 21. **B** ἔλαβον τὰ ἔ. τὴν πόλιν (1 *a*)
Jd. 9. 25. **A** ἔνεδρα [**B** ἐνεδρεύοντας] ἐπὶ τὰς κεφαλὰς τῶν ὀρέων (1 *b*)
— 35. ἀνέστη Ἀβ. . . . ἀπὸ τοῦ ἐ. [**A** ἐκ τῶν ἐ.] (1 *c*)
16. 9. τὸ ἔ. αὐτῇ [**A** -οῦ] ἐκάθητο (1 *a*)
— 12. καὶ τὰ ἔ. ἐξῆλθεν ἐκ τοῦ ταμείου [**A** *al.*] (1 *a*)
20. 29. ἔθηκαν οἱ υἱοὶ Ἰ. ἔνεδρα τῇ [**A** ἐν τῇ] Γ. κύκλῳ (1 *a*)
— 33. τὸ ἔ. Ἰ. ἐπήρχετο [**A** ἐπάλαιεν] (1 *a*)
— 36. ἤλπισαν πρὸς [**A** ἐπὶ] τὸ ἔ. (1 *a*)
— 36. **A** καὶ τὸ ἔ. ὃ ἔταξαν πρὸς τὴν Γ. –
— 37. τὸ ἔ. ἐκινήθη [**A** ὥρμησεν] (1 *a*)
— 37. ἐξεχύθη [**A** ἐπορεύθη] τὸ ἔ. (1 *a*)
— 38. μετὰ τοῦ ἐ. τῆς μάχης [**A** *al.*] (1 *a*)
— 39. **B** προκατελάβετο τὸ ἔ. τὴν Γ. –
III Ki. 21 (20). 40. τὰ ἔ. παρ' ἐμοὶ ἐφόνευσας †
II Ch. 13. 13. Ἰ. ἀπέστρεψε τὸ ἔ. (1 *c*)
— 13. καὶ τὸ ἔ. ἐκ τῶν ὄπισθεν (1 *c*)
Jb. 25. 3. ἐπὶ τίνας δὲ οὐκ ἐπελεύσεται ἔνεδρα παρ' αὐτοῦ †
Wi. 14. 21. τοῦτο ἐγένετο τῷ βίῳ εἰς ἔνεδρον [**S**^{1} -ρα]
Si. 8. 11. ἵνα μὴ ἐγκαθίσῃ ὡς ἔνεδρον τῷ στόματί σου
11. 29. πολλὰ γὰρ τὰ ἔ. τοῦ δολίου
Ob. 1. 7. ἔθηκαν ἔνεδρα ὑποκάτω σου (2)
I Ma. 1. 36. ἐγένετο εἰς ἔνεδρον τῷ ἁγιάσματι
9. 40. ἐξανέστησαν ἐπ' αὐτοὺς ἀπὸ τοῦ ἐ.
10. 80. ἔστιν ἔνεδρον κατόπισθεν αὐτοῦ
11. 68. ἐξέβαλον [**S**^{1} -εν] ἔνεδρον ἐπ' αὐτόν
— 69. τὰ δὲ ἔ. ἐξανέστησαν
[**Aq., Sm.** Jᴇ. 9. 8 (7) : 51 (28). 12.]
[**Th.** Jᴅ. 9. 35 : 16. 12.]

ἐνειλεῖν. (1) לוּט

I Ki. 21. 9 (10). αὕτη ἐνειλημένη [**A** εἰλημμένη] ἦν (1)
[**Sm.** Ex. 9. 24.]

ἐνεῖναι (ἔνι). (1) בֵּן (2) הָיָה (3) עָלָה

III Ki. 10. 17. τρεῖς μναῖ ἐνῆσαν χρυσοῦ [**A** -ίου] εἰς τὸ ὅπλον τὸ ἕν (3)
II Ch. 24. 15. **A** ἐνὼν [?, **B** ὢν] ἑκατὸν καὶ τριάκοντα ἐτῶν (1)
Jb. 27. 3. ἔτι τῆς πνοῆς μου ἐνούσης [**A** ἐν. ἐν ἐμοί] –
28. 14. οὐκ ἔνεστιν [**A S** ἔστιν] ἐν ἐμοί –
— 14. οὐκ ἔνεστι [**A S** ἔστιν] μετ' ἐμοῦ –
34. 13. τίς δέ ἐστιν ὁ ποιῶν . . . τὰ ἐνόντα [**S** ὄντα] πάντα –
36. 2. **A** ἔτι γάρ μοι ἔνεστιν [**B S** ἐν ἐμοί ἐστι] λέξις –
Pr. 14. 23. ἐν παντὶ μεριμνῶντι ἔνεστι περισσόν (2)
Si. 37. 2. οὐχὶ λύπη ἔνι [**B**^{2} **S**^{2} μένει] ἕως θανάτου
I Ma. 5. 5. σὺν πᾶσι τοῖς ἐνοῦσι [**S**^{2} ἐνοικοῦσιν]
IV Ma. 1. 25. **S** ἐν δὲ τῇ ἡδονῇ ἔνεστιν [**A R** ἐστι]
4. 22. ὡς ἔνι μάλιστα
[**Aq.** Jᴅ. 18. 7.]

ἐνείρειν. (1) שׂוּךְ pil.

Jb. 10. 11. ὀστέοις δὲ καὶ νεύροις με ἔνειρας (1)

ἕνεκα, ἕνεκεν, εἵνεκεν. * οὗ ἕνεκεν, οὗ εἵν. †† ἕ. τοῦ c. inf.

Ge. 2. 24 : 12. 13 : 16. 14 : 18. 5*, 24, 28, 29, 30†, 31†, 32 : 19. 8*, 20 : 20. 6, 11, 18 : 22. 16* : 32. 32 (33) : 33. 10 : 37. 8 *bis* : 38. 26* : 42. 21 : 49. 25.
Ex. 9. 16 : 18. 8, 11 : 20. 20†† : 23. 7.
Nu. 10. 31* : 12. 1 : 14. 43* : 16. 49 (17. 14) : 31. 16.
De. 3. 26 : 18. 12 : 32. 47.
Jo. 22. 24, 26 *bis*, 28 *bis*.
I Ki. 17. 28†††.
II Ki. 6. 12 : 7. 22†† : 9. 1 : 12. 21, 25 : 14. 20†† : 18. 18††, 20*.
III Ki. 8. 41† : 9. 8.
I Es. 6. 12†† : 8. 21††, 51.
Ju. 11. 3.
Ps. 5. 8 : 6. 4 : 8. 2 : 9. 34 (10. 13) : 11 (12). 5† : 22 (23). 3 : 24 (25). 7, 11 : 26 (27). 11 : 30 (31). 3 : 43 (44). 22, 26 : 44 (45). 4 : 47 (48). 11 : 68 (69). 7, 18 : 78 (79). 9 *bis* : 96 (97). 8 : 105 (106). 8 : 108 (109). 21† : 121 (122). 8, 9 : 129 (130). 4 : 131 (132). 10 : 142 (143). 11.
Pr. 7. 15.
Si. 7. 18† : 20. 11 : 38. 17.
Ho. 13. 7.
Am. 1. 6††, 11†† : 2. 4††, 6 : 6. 11 (10)††.
Mi. 1. 8 : 2. 10.
Jn. 1. 7, 8†, 14†.
Hb. 1. 4, 15, 16.
Ze. 3. 19.
Hg. 2. 15 (14).
Ma. 2. 14.
Is. 5. 23 : 28. 8 : 43. 14, 25† : 45. 4 : 48. 9, 10, 11 : 49. 7 : 55. 5 : 59. 20 : 61. 1* : 65. 8 *bis*.
Je. 5. 19 : 9. 12 (11) : 14. 7 : 33 (26). 3.
Ba. 2. 14.
La. 3. 44.
Ez. 7. 20 : 13. 19, 19† : 21. 7 (12) : 31. 5 : 40. 4†† : 44. 12.
Da. LXX., TH. 2. 30†† : 9. 17, 19.
II Ma. 3. 9 : 4. 20 : 8. 15 : 12. 25.
III Ma. 5. 18 : 7. 11.
[**Aq.** Gᴇ. 3. 18 (17) : II Kɪ. 12. 25 : III Kɪ. 11. 36††. Ps. 109 (110). 2 : 129 (130). 4 : Is. 30. 1.]
[**Sm.** II Kɪ. 12. 25 : Ps. 129 (130). 4 : Is. 52. 4 : Ez. 23. 21.]
[**Th.** II Kɪ. 12. 10 : Ps. 129 (130). 4 : Is. 43. 25 : Ez. 20. 26.]
[**Quint.** Ps. 26 (27). 11.]
[**Sext.** Ps. 26 (27). 11 : 129 (130). 4††.]
[**Al.** Hʙ. 3. 6, 14††.]

ἐνεμπορεύεσθαι. (1) רָכַל

Ez. 27. 13. **A** ἐνεμπορεύονταί [**B** ἐνεπορεύοντό] σοι ἐν ψυχαῖς (1)

ἐνενήκοντα (ἐννενήκοντα).

Ge. 5. 9, 17 : 17. 1, 17, 24.
I Ki. 4. 15.
I Ch. 8. 40† : 9. 6, 13†.
I Es. 5. 15† : 8. 65.
II Es. 2. 16†, 20, 58 : 8. 35.
Ne. 7. 21, 25, 60.
Je. 52. 23.
Ez. 4. 5, 9 : 41. 12.
Da. LXX. 12. 11.
Da. TH. 12. 11†.
II Ma. 8. 11.
[**Aq., Sm., Th.** Ez. 4. 5.]

ἐνενηκονταετής.

II Ma. 6. 24. Ἐλεάζαρον τὸν ἐ.

ἐνεξουσιάζεσθαι.

Si. 20. 8. ὁ ἐνεξουσιαζόμενος [**A** ἐξουσ.] μισηθήσεται
47. 19. ἐνεξουσιάσθης ἐν τῷ σώματί σου

ἐνεός, ἐννεός. (1) אִלֵּם (2) ἐνεὸν ποιεῖν אָטַם שְׂפָתַיִם

Pr. 17. 28. ἐνεὸν δέ τις ἑαυτοῦ ποιήσας (2)
Is. 56. 10. κύνες ἐνεοὶ οὐ δυνήσονται ὑλακτεῖν (1)
Ep. Je. 41. ὅταν ἴδωσιν ἐνεὸν οὐ δυνάμενον λαλῆσαι
[**Sm.** Ho. 9. 7.]

ἐνεργάζεσθαι.

II Ma. 14. 40. **A** τούτοις ἐνεργάσασθαι [**R** ἐργ.] συμφοράν

ἐνέργεια.

Wi. 7. 17. εἰδέναι σύστασιν κόσμου καὶ ἐνέργειαν στοιχείων
— 26. ἔσοπτρον ἀκηλίδωτον τῆς τοῦ θεοῦ ἐ.
13. 4. **A S R** ἐνέργειαν [**B** ἐνεργείᾳ] ἐκπλαγέντες
18. 22. ἐνίκησε δὲ τὸν ὄχλον . . . οὐχ ὅπλων ἐνεργείᾳ
II Ma. 3. 29. **R** διὰ τὴν θείαν ἐ. [**A** ἀν.] ἄφωνος
III Ma. 4. 21. τοῦτο δὲ ἦν ἐνέργεια

III Ma. 5. 12. κατεσχέθη τῇ ἐ. τοῦ δεσπότου
— 28. R τοῦτο δὲ ἦν ἡ [A *om.*] ἐ. τοῦ . . . θεοῦ

ἐνεργεῖν. (1) גָּמַל (2) *a.* פָּעַל *b.* פֹּעַל (3) צָבָא צָבָא בַּעֲבֹדַת

Nu. 8. 24. εἰσελεύσονται ἐνεργεῖν [A *al.*] (3)
I Es. 2. 20. ἐπεὶ ἐνεργεῖται τὰ κατὰ τὸν ναόν
Pr. 21. 6. ὁ ἐνεργῶν θησαυρίσματα γλώσσῃ ψευδεῖ (2 *b*)
31. 12. ἐνεργεῖ γὰρ τῷ ἀνδρὶ ἀγαθά [A -όν] (1)
Wi. 15. 11. τὸν ἐμπνεύσαντα αὐτῷ ψυχὴν ἐνεργοῦσαν
16. 17. πλεῖον ἐνήργει τὸ πῦρ
Is. 41. 4. τίς ἐνήργησε καὶ ἐποίησε ταῦτα (2 *a*)

ἐνεργός. (1) מַעֲשֶׂה

Ez. 46. 1. ἔσται κεκλεισμένη ἓξ ἡμέρας τὰς ἐ. (1)

ἐνευλογεῖσθαι. (1) בָּרָא hi. (2) בָּרַךְ *a.* ni. *b.* pi. *c.* hithp.

Ge. 12. 3. R ἐνευλογηθήσονται [A εὐλογ] ἐν σοί (2 *a*)
18. 18. ἐνευλογηθήσονται ἐν αὐτῷ (2 *a*)
22. 18. ἐνευλογηθήσονται ἐν τῷ σπέρματί σου (2 *c*)
26. 4. A ἐνευλογηθήσονται [R εὐλογ.] ἐν τῷ σπ. σου (2 *c*)
28. 14. ἐνευλογηθήσονται ἐν σοὶ πᾶσαι αἱ φ. (2 *a*)
I Ki. 2. 29. ἐνευλογεῖσθαι ἀπ' ἀρχῆς πασῆς θυσίας (1?)
Ps. 9. 24 (10. 3). ὁ ἀδικῶν ἐνευλογεῖται (2 *b*)
71 (72). 17. S^{2} ἐνευλογηθήσονται [B S^{1} εὐλογ.] ἐν αὐτῷ πᾶσαι αἱ φυλαὶ τῆς γῆς (2 *c*)
Si. 44. 21. ἐνευλογηθῆναι ἔθνη ἐν τῷ σπέρματι αὐτοῦ

ἐνευφραίνεσθαι. (1) שָׂחַק pi. (2) שַׁעֲשֻׁעִים

Pr. 8. 31. ὅτε ἐνευφραίνετο [A ηὐφρ.] τὴν οἰκουμένην συντελέσας (1)
— 31. A R ἐνευφραίνετο [B S εὐφρ.] ἐν υἱοῖς ἀνθρώπων (2)

ἐνέχειν. (1) שָׂטַם

Ge. 49. 23. ἐνεῖχον αὐτῷ κύριοι τοξευμάτων (1)
Ez. 14. 4. ἐν οἷς ἐνέχεται ἡ διάνοια αὐτοῦ †
— 7. ἐν ᾧ ἐνέχεται ἐν αὐτῷ –
III Ma. 6. 10. εἰ δὲ ἀσεβείαις . . . ὁ βίος ἡμῶν ἐνέσχηται

ἐνεχυράζειν. (1) חָבַל (2) עָבַט

Ex. 22. 26 (25). ἐὰν δὲ ἐνεχύρασμα ἐνεχυράσῃς τὸ ἱμάτιον (1)
De. 24. 6. οὐκ ἐνεχυράσεις [A -ρᾷς] μύλον (1)
— 6. ψυχὴν οὗτος ἐνεχυράζει (1)
— 10. ἐνεχυράσαι τὸ ἐνέχυρον αὐτοῦ (2)
— 17. A B^{2} οὐκ ἐνεχυρᾷς [R -άσεις] ἱμάτιον χήρας (1)
Ju. 8. 16. μὴ ἐνεχυράζετε τὰς βουλὰς κυρίου
Jb. 22. 6. ἠνεχύραζες δὲ τοὺς ἀδελφοὺς σου διὰ κενῆς (1)
24. 3. βοῦν χήρας ἠνεχύρασαν [S ἐνεχύρασον] (1)
34. 31. εἴληφα οὐκ ἐνεχυράσω [A -ασα] (1)
Ez. 18. 16. ἐνεχυρασμὸν οὐκ ἐνεχύρασε (1)
[**Aq.** Pr. 27. 13 : Ez. 18. 16.]
[**Sm.** Jb. 24. 9.]
[**Th.** Jb. 34. 31 : Pr. 20. 16 : 27. 13.]

ἐνεχύρασμα. (1) *a.* חָבַל *b.* חֲבֹל

Ex. 22. 26 (25). ἐὰν δὲ ἐνεχύρασμα ἐνεχυράσῃς τὸ ἱμάτιον τοῦ πλησίον (1 *a*)
Ez. 33. 15. ἐ. ἀποδοῖ καὶ ἁρπάγματα [A ἐνέχυρον καὶ ἅρπαγμα] ἀποτίσει (1 *b*)

ἐνεχυρασμός. (1) *a.* חֲבֹל *b.* חֲבֹלָה

Ez. 18. 7. ἐνεχυρασμὸν ὀφείλοντος ἀποδώσει (1 *b*)
— 12. ἐνεχυρασμὸν οὐκ ἀπέδωκε (1 *a*)
— 16. ἐνεχυρασμὸν οὐκ ἐνεχύρασε (1 *a*)

ἐνέχυρον. (1) חֲבֹל (2) עֲבוֹט

De. 24. 10. ἐνεχυράσαι τὸ ἐ. αὐτοῦ (2)
— 11. ἐξοίσει σοι τὸ ἐ. ἔξω (2)
— 12. οὐ κοιμηθήσῃ ἐν τῷ ἐ. αὐτοῦ (2)
— 13. ἀποδόσει ἀποδώσεις τὸ ἐ. [A ἱμάτιον] αὐτοῦ (2)
Ez. 33. 15. A ἐνέχυρον καὶ ἅρπαγμα ἀποτίσει [B *al.*] (1)
[**Aq.** Ez. 18. 16.]

ἐνῆλιξ.

IV Ma. 18. 9. S R τούτων δὲ ἐ. [A ἐνικῶν] γενομένων

ἔνηχος.

Si. *prol.* 11. A S^{2} οἱ φιλομαθεῖς καὶ τούτων [S^{1} οἱ τ.] ἔνηχοι [B S^{1} ἔνοχοι] γενόμενοι

ἔνθα. (1) ἔ. καὶ ἔ. אָנָּה וְאָנָּה (2) הֵנָּה

IV Ki. 2. 8. διῃρέθη τὸ ὕδωρ ἔ. καὶ ἔ. (2, 2)
— 14. διερράγησαν ἔ. καὶ ἔ. [A ἔνθεν καὶ ἔνθεν] (2, 2)
5. 25. οὐ πεπόρευται ὁ δοῦλός σου ἔ. καὶ ἔ. (1)
Jb. 37. 12. S^{2} ἔνθα ἐβούλετο θεὶς ἔργα αὐτῶν [A B S *al.*] †
I Ma. 6. 45. ἐσχίζοντο ἀπ' αὐτοῦ ἔ. καὶ ἔ.
II Ma. 12. 27. A ἔ. [R ἐνθάδε] ὀργάνων . . . παραθέσεις ὑπῆρχον
IV Ma. 6. 25. ἔ. διὰ κακοτέχνων ὀργάνων καταφλέγοντες αὐτόν

ἐνθάδε.

II Ma. 12. 27. R ἐ. [A ἔνθα] ὀργάνων . . . παραθέσεις ὑπῆρχον
III Ma. 6. 25. τίς . . . ἕκαστον ἀλόγως ἤθροισεν ἐ.
[**Al.** I Ki. 1. 26.]

ἔνθεμα. (1) עֲנָק

Ca. 4. 9. ἐν μιᾷ [S^{2} ἑνὶ] ἐνθέματι τραχήλων [A S -ου] σου (1)

ἐνθέμιον.

Ex. 38. 16 (37. 19). τὰ ἐ. ἐξ [A *om.*] αὐτῶν †
— 16 (37. 19). τὸ ἐ. τὸ ἕβδομον †

ἔνθεν. (1) ἔ. καὶ ἔ. וַיֵּלֶךְ וַהֲלֹם (2) מִזֶּה (3) הֵנָּה (4) מִפֹּה (5) מִפּוֹ

Ex. 26. 13. ἐπὶ τὰ πλάγια τῆς σκηνῆς ἔ. καὶ ἔ. (2, 2)
32. 15. ἔ. καὶ ἔ. ἦσαν γεγραμμέναι (2, 2)
37. 13 (38. 15). ἐπὶ τοῦ νώτου τοῦ δευτέρου ἔ. καὶ ἔ. (2, 2)
Jo. 9. 2 (8. 33). παρεπορεύοντο ἔ. καὶ ἔ. τῆς κιβωτοῦ ἀπέναντι (2, 2)
I Ki. 14. 4. B ἀκρωτήριον πέτρας ἔ. καὶ ἀκρωτήριον πέτρας ἔ. [R *al.*] (2, 2)
— 16. ἡ παρεμβολὴ τεταραγμένη ἔ. καὶ ἔ. (1)
III Ki. 10. 19. ἔ. καὶ ἔ. ἐπὶ τοῦ τόπου [A θρόνου] τῆς καθέδρας (2, 2)
— 20. ἐπὶ τῶν ἓξ ἀναβαθμῶν ἔ. καὶ ἔ. (2, 2)
IV Ki. 2. 14. A διερράγησαν ἔ. καὶ ἔ. [B ἔνθα καὶ ἔνθα] (3, 3)
4. 35. καὶ ἐπορεύθη ἐν τῇ οἰκίᾳ ἔ. καὶ ἔ. (3, 3)
II Ch. 9. 18. καὶ ἀγκῶνες ἔ. καὶ ἔ. (2, 2)
— 19. ἐπὶ τῶν ἓξ ἀναβαθμῶν ἔ. καὶ ἔ. (2, 2)
Ez. 40. 6. A διεμέτρησεν τὸ θεὲ ἓξ ἔ. καὶ ἓξ ἔ. [B *om.* τὸ θ. ἕ. ἔ. καὶ ἕ. ἔ.] –, –
— 10. τρεῖς ἔ. καὶ τρεῖς ἔ. . . . μέτρον ἐν τοῖς [A τῷ] αἰλὰμ ἔ. καὶ ἔ. (4 *ter*, 5)
— 12. ἐπὶ πρόσωπον τῶν θεεὶμ ἔ. καὶ ἔ. καὶ τὸ θεὲ πηχῶν ἓξ ἔ. καὶ πηχῶν ἓξ ἔ. [A *al.*] (4, –, 4, 5)
— 16. ἐπὶ τὸ αἰλὰμ φοίνικες ἔ. καὶ ἔ. –, –
— 21. τὸ θεὲ τρεῖς ἔ. καὶ τρεῖς ἔ. (5, 5)
— 26. φοίνικες αὐτῇ εἷς ἔ. καὶ εἷς ἔ. ἐπὶ τὰ αἰλεῦ (5, 5)
— 34. φοίνικες ἐπὶ τοῦ αἰλεῦ ἔ. καὶ ἔ. (5, 5)
— 37. φοίνικες τῷ αἰλεῦ ἔ. καὶ ἔ. (5, 5)
— 39. A δύο τράπεζαι ἔ. καὶ δύο τράπεζαι ἔ. (5, 4)
— 41. τέσσαρες ἔ. καὶ τέσσαρες ἔ. (4, 4)
— 48. πηχῶν [A -χεις] πέντε τὸ πλάτος ἔ. καὶ πηχῶν πέντε ἔ. . . . ἐπωμίδες τῆς θύρας τοῦ αἰλὰμ πηχῶν τριῶν ἔ. καὶ πηχῶν τριῶν ἔ. (4, 4, 5, 5)
— 49. A R στῦλοι ἦσαν ἐπὶ τὸ [A τὰ] αἰλὰμ εἷς ἔ. καὶ εἷς ἔ. [B ἐντεῖθεν] (4, 4)
41. 1. πηχῶν [A -χεις] ἓξ τὸ πλάτος ἔ. καὶ πηχῶν [A -χεις] ἓξ τὸ εὖρος τοῦ αἰλὰμ ἔ. (5, 5)
— 2. ἐπωμίδες τοῦ πυλῶνος πηχῶν πέντε ἔ. καὶ πηχῶν πέντε ἔ. (5, 5)
— 3. τὰς ἐπωμίδας τοῦ θυρώματος πηχῶν [A -χεις] ἑπτὰ ἔ. καὶ πηχῶν [A -χεις] ἑπτὰ ἔ. –, –
— 15. τὰ ἀπόλοιπα ἔ. καὶ ἔ. πηχῶν ἑκατὸν τὸ μῆκος (5, 5)
— 19. πρόσωπον ἀνθρώπου πρὸς τὸν φοίνικα ἔ. καὶ ἔ. καὶ πρόσωπον λέοντος πρὸς τὸν φοίνικα ἔ. καὶ ἔ. (5, –, 5, –)
Ez. 41. 26. διεμέτρησεν ἔ. καὶ ἔ. (5, 5)
47. 7. δένδρα πολλὰ σφόδρα [A *om.*] ἔ. καὶ ἔ. (2, 2)
— 12. ἐπὶ τοῦ χείλους αὐτοῦ ἔ. καὶ ἔ. πᾶν ξύλον (2, 2)
Da. LXX. 12. 5. εἷς ἔ. τοῦ ποταμοῦ καὶ εἷς ἔ. (3, 3)
I Ma. 6. 38. A ἔ. καὶ ἔ. ἔστησεν [R -αν, S καὶ ἔ.]
9. 45. τὸ δὲ ὕδωρ τοῦ Ἰορ. ἔ. καὶ ἔ.
10. 86. S ἀπῆρεν ἔ. [A R ἐκεῖθεν] Ἰων.
III Ma. 2. 22. ἔ. καὶ ἔ. κραδάνας αὐτόν

ἔνθεσμος.

III Ma. 2. 21. εἰσακούσας τῆς ἐ. λιτανείας

ἐνθήκη.

[**Sm.** Ge. 41. 36.]

ἐνθουσιάζειν, *vid.* **ἐνθυσιάζειν.**

ἐνθρονίζεσθαι. (1) יָשַׁב . . . עַל כִּסֵּא מַלְכוּת

Es. 1. 2. S^{3} ὅτε ἐνεθρονίσθη [A B S^{1} ἐθρ.] ὁ βασ. (1)
IV Ma. 2. 22. τὸν ἱερὸν ἡγεμόνα νοῦν . . . ἐνεθρόνισε

ἐνθρύπτειν.

Da. LXX. Bel 32. ἔχων ἄρτους ἐντεθρυμμένους ἐν σκάφῃ
Da. TH. Bel 33. ἐνέθρυψεν ἄρτους εἰς σκάφην

ἐνθυμεῖσθαι. (1) דָּמָה pi. (2) זָמַם (3) חָמַד (4) חָרַם hi. (5) חָשַׁק (6) נָחַם ni. (7) צָוָה pi. (8) שׂוּם

Ge. 6. 6. ἐνεθυμήθη ὁ θεός (6)
— 7. R ὅτι ἐνεθυμήθην [A ἐθυμώθην] ὅτι ἐποίησα αὐτούς (6)
De. 21. 11. καὶ ἐνθυμηθῇς αὐτῆς (5)
Jo. 6. 17 (18). μή ποτε ἐνθυμηθέντες ὑμεῖς (4?)
7. 21. ἐνθυμηθεὶς αὐτῶν ἔλαβον (3)
I Es. 8. 11. ὅσοι οὖν ἐνθυμοῦνται
Wi. 3. 14. μηδὲ ἐνθυμηθεὶς κατὰ τοῦ κυρίου πονηρά
6. 15. τὸ γὰρ ἐνθυμηθῆναι περὶ αὐτῆς φρονήσεως τελειότης
7. 15. ἐνθυμηθῆναι ἀξίως τῶν δεδομ. [A S λεγομ.]
9. 13. τίς ἐνθυμηθήσεται τί θέλει ὁ κύριος
Si. 16. 20. τὰς ὁδοὺς αὐτοῦ τίς ἐνθυμηθήσεται
17. 31. A B^{2} S^{1} R ἐνθυμηθήσεται [B^{1} -μήσεται, S^{2} -μεῖται] σάρκα [A B^{2} σὰρξ] καὶ αἷμα
Is. 10. 7. αὐτὸς δὲ οὐχ οὕτως ἐνεθυμήθη (1)
37. 29. S ὃν ἐνεθυμήθης [A B ἐθυμώθης] †
Ba. 3. 31. οὐδὲ ὁ ἐνθυμούμενος τὴν τρίβον αὐτῆς
La. 2. 17. A ἐποίησε κύριος ἃ ἐνεθυμήθη . . . ἃ ἐνεθυμήθη [B S ἐνετείλατο] ἐξ ἡμερῶν ἀρχαίων (2, 7)
Da. LXX. 1. 8. καὶ ἐνεθυμήθη Δ. ἐν τῇ καρδίᾳ (8)
I Ma. 6. 8. οὐκ ἐγένετο αὐτῷ καθὼς ἐνεθυμεῖτο
III Ma. 1. 10. ἐνεθυμήθη βουλεύσασθαι
— 25. R ἐξιστάνειν τῆς ἐντεθυμημένης βουλῆς [A ἐπιβ.]
IV Ma. 5. 13. καὶ γὰρ ἐνθυμήθητι
8. 21. ἐνθυμηθῶμεν ὅτι ἀπειθοῦντες τεθνηξόμεθα
— 27. οὐδὲ ἐνεθυμήθησαν
[**Aq.** Je. 51 (28). 12.]
[**Sm.** Jb. 37. 14 : Ps. 30 (31). 14 : 72 (73). 4.]

ἐνθύμημα. (1) גִּלּוּלִים (2) יֵצֶר מַחֲשָׁבוֹת (3) לְבוּשׁ (4) מוֹעֵצָה (5) עֲלִילָה (6) שְׁרִירוּת (7) תַּרְמִית

I Ch. 28. 9. καὶ πᾶν ἐ. γινώσκει (2)
Ps. 118 (119). 118. ἄδικον τὸ ἐ. αὐτῶν (7)
Si. 27. 6. οὕτως λόγος ἐνθυμήματος καρδίας [A -ίᾳ] ἀνθρώπου
32 (35). 19. τὰ ἔργα τῶν ἀνθρώπων κατὰ [A καὶ] τὰ ἐ. αὐτῶν
35 (32). 12. παῖζε καὶ ποίει τὰ ἐ. σου
37. 3. ὦ πονηρὸν ἐνθύμημα
Ma. 2. 16. καλύψει ἀσέβεια ἐπὶ τὰ ἐ. σου (3)
Je. 3. 17. ὀπίσω τῶν ἐ. [A ἐπιθ.] τῆς καρδίας αὐτῶν (6)
7. 24. ἐπορεύθησαν ἐν τοῖς ἐ. [A ἐπιθ.] τῆς καρδίας αὐτῶν (4 *et* 6)
Ez. 14. 5. κατὰ τὰς καρδίας αὐτῶν τὰς ἀπηλλοτριωμένας ἀπ' ἐμοῦ ἐν τοῖς ἐ. αὐτῶν (1)
— 7. θῆται τὰ ἐ. αὐ. ἐπὶ τὴν καρδίαν αὐτοῦ (1)
— 22, 23 (A B^{2} R). ὄψεσθε τὰς ὁδοὺς αὐτῶν καὶ τὰ ἐ. αὐτῶν (5)
16. 36. εἰς [A ἐπὶ] πάντα τὰ ἐ. τῶν ἀνομιῶν σου (1)

Ez. 18. 6. τοὺς ὀφθ. αὐ. οὐ μὴ ἐπάρῃ πρὸς [A ἐπὶ] τὰ ἐ. οἴκου Ἰσραὴλ (1)
— 15. τοὺς ὀφθ. αὐ. οὐκ ἔθετο εἰς τὰ ἐ. οἴκου Ἰ. (1)
20. 16. ὀπίσω τῶν ἐ. καρδίας [A τῶν κ.] αὐτῶν ἐπορεύοντο (1)
— 24. ὀπίσω τῶν ἐ. τῶν πατέρων αὐτῶν ἦσαν οἱ ὀφθαλμοὶ αὐτῶν (1)
— 31. μιαίνεσθε ἐν πᾶσι τοῖς ἐ. ὑμῶν (1)
22. 3. ὦ πόλις . . . ποιοῦσα ἐνθυμήματα καθ' ἑαυτῆς (1)
— 4. ἐν τοῖς ἐ. σου οἷς ἐποίεις ἐμιαίνου (1)
23. 7. ἐν πᾶσι τοῖς ἐ. αὐ. ἐμιαίνετο (1)
— 30. ἐμιαίνου ἐν τοῖς ἐ. [A ἐπιθ.] αὐτῶν (1)
— 37. τὰ ἐ. αὐτῶν ἐμοιχῶντο (1)
— 49. τὰς ἁμαρτίας τῶν ἐ. ὑμῶν λήψεσθε (1)
24. 14. κατὰ τὰ ἐ. σου κρινῶ σε (5)
— 14. κατὰ τὰ ἐ. σου κρινῶ σε –
44. 10. ἐν τῷ πλανᾶσθαι τὸν Ἰσραὴλ [A *add.* οἱ ἐπλανήθησαν] ἀπ' ἐμοῦ κατόπισθεν τῶν ἐ. αὐτῶν (1)

[**Aq.** Jb. 42. 2 : Je. 8. 5 : 14. 14 : 30 (37). 24 : 51 (28). 11.]
[**Sm.** Jb. 42. 2 : Je. 30 (37). 24 : 51 (28). 11 : Ez. 20. 32.]
[**Th.** Jb. 42. 2.]
[**Al.** Ps. 9. 25 (10. 4).]

ἐνθύμησις.

[**Sm.** Jb. 21. 27 : Ez. 11. 21.]

ἐνθύμιον. (1) חֵמָה

Ps. 75 (76). 10. ἐνθύμιον ἀνθρώπου ἐξομολογήσεταί σοι καὶ ἐγκατάλειμμα ἐνθυμίου ἑορτάσει σοι (1, 1)

ἐνθύμιος.

[**Th.** Pr. 26. 22.]

ἐνθυσιάζειν (-θουσ.).

Si. 34 (31). 7. ξύλον προσκόμματός [S[1] οὐδὲ προστάγματός] ἐστι τοῖς ἐνθυσιάζουσιν [S[1] -θουσ.] αὐτῷ

ἐνθώφ.

[**Al.** Jd. 8. 26.]

ἔνι, *vid.* **ἐνεῖναι.**

ἐνιαύσιος. (1) *a.* בֶּן־שָׁנָה *b.* בַּת־שָׁנָה

Ex. 12. 5. πρόβατον τέλειον ἄρσεν ἐ. ἔσται ὑμῖν (1 *a*)
29. 38. ἀμνοὺς ἐ. ἀμώμους δύο τὴν ἡμέραν (1 *a*)
Le. 9. 3. καὶ ἀμνὸν ἐ. εἰς ὁλοκάρπωσιν (1 *a*)
12. 6. ἀμνὸν ἐ. ἄμωμον εἰς ὁλοκαύτωμα (1 *a*)
14. 10. δύο ἀμνοὺς ἀμώμους ἐ. καὶ πρόβατον [A *add.* εἰς] ἄμωμον ἐνιαύσιον (–, 1 *b*)
23. 12. πρόβατον ἄμωμον ἐ. εἰς ὁλοκαύτωμα (1 *a*)
— 18. ἑπτὰ ἀμνοὺς ἀμώμους ἐ. (1 *a*)
— 19. δύο ἀμνοὺς ἐ. (1 *a*)
Nu. 6. 12. ἀμνὸν ἐ. εἰς πλημμέλειαν (1 *a*)
— 14. ἀμνὸν ἐ. ἄμωμον ἕνα (1 *a*)
— 14. ἀμνάδα ἐ. ἄμωμον μίαν (1 *b*)
7. 15. ἀμνὸν ἕνα ἐ. εἰς ὁλοκαύτωμα (1 *a*)
— 17. ἀμνάδας ἐ. πέντε (1 *a*)
— 21, 27, 33, 39, 45, 51, 57, 63, 81. ἀμνὸν ἕνα ἐ. εἰς ὁλοκαύτωμα (1 *a*)
— 23, 29, 35, 41, 47, 53, 59, 65, 71, 77, 83. ἀμνάδας ἐ. πέντε (1 *a*)
— 69. ἀμνὸν ἕνα ἐ. [A ἐ. ἄμωμον] εἰς ὁλοκαύτωμα (1 *a*)
— 75. ἀμνὸν ἐ. ἕνα [A *om.*] εἰς ὁλοκαύτωμα (1 *a*)
— 87. ἀμνοὶ ἐ. δώδεκα (1 *a*)
— 88. R τράγοι ἑξήκοντα ἐ. [A B *om.*] –
— 88. R ἀμνάδες ἑξήκ. ἐνιαύσιοι [A B -αι] (1 *a*)
8. 8. μόσχον ἐ. ἐκ βοῶν †
15. 27. αἶγα μίαν ἐ. περὶ ἁμαρτίας (1 *b*)
28. 3, 9. ἀμνοὺς ἐ. ἀμώμους (1 *a*)
— 11. ἀμνοὺς ἐ. ἑπτὰ ἀμώμους (1 *a*)
— 19. ἀμνοὺς ἐ. ἑπτά [B[1] *om.*] (1 *a*)
— 27 : 29. 2. ἀμνοὺς ἐ. ἑπτὰ ἀμώμους (1 *a*)
29. 8. ἀμνοὺς ἐ. ἑπτά (1 *a*)
— 13. ἀμνοὺς ἐ. δέκα τέσσαρας (1 *a*)
— 17, 20, 23, 26. ἀμνοὺς ἐ. τέσσαρας καὶ δέκα (1 *a*)
— 29, 32. ἀμνοὺς ἐ. δέκα τέσσαρας (1 *a*)
— 36. ἀμνοὺς ἐ. ἑπτὰ ἀμώμους (1 *a*)
Mi. 6. 6. εἰ καταλήψομαι αὐτὸν . . . ἐν μόσχοις ἐ. (1 *a*)
Ez. 46. 13. ἀμνὸν ἐ. ἄμωμον ποιήσει (1 *a*)

[**Sm.** I Ki. 13. 1.]

ἐνιαυτός. (1) שָׁנָה (2) אֹרַח

Ge. 1. 14. καὶ ἔστωσαν . . . εἰς ἐνιαυτούς (1)
17. 21. εἰς τὸν καιρὸν τοῦτον ἐν τῷ ἐ. τῷ ἑτέρῳ (1)
26. 12. καὶ εὗρεν ἐν τῷ ἐ. ἐκείνῳ . . . κριθήν (1)
47. 17. ἐν τῷ ἐ. ἐκείνῳ (1)
— 28. αἱ ἡμέραι Ἰακὼβ ἐνιαυτῶν τῆς ζωῆς αὐ. (1)
Ex. 12. 2. πρῶτός ἐστιν ὑμῖν ἐν τοῖς μησὶ τοῦ ἐ. (1)
23. 14. τρεῖς καιροὺς τοῦ ἐ. (1)
— 16. ἐπ' ἐξόδου [A -ῳ] τοῦ ἐ. (1)
— 17. τρεῖς καιροὺς τοῦ ἐ. (1)
— 29. ἐν ἐ. ἑνί (1)
30. 10. ἅπαξ τοῦ ἐ. (1)
— 10. A ἅπαξ τοῦ ἐ. (1)
34. 22. ἑορτὴν συναγωγῆς μεσοῦντος τοῦ ἐ. (1)
— 23, 24. τρεῖς καιροὺς τοῦ ἐ. (1)
Le. 16. 34. ἅπαξ τοῦ ἐ. (1)
23. 40 (41). ἑπτὰ ἡμέρας τοῦ ἐ. (1)
25. 5. ἐ. ἀναπαύσεως ἔσται τῇ γῇ (1)
— 10. A R ἁγιάσατε τὸ ἔτος τὸν [B τὸ] πεντηκοστὸν ἐνιαυτόν (1)
— 10. ἐ. ἀφέσεως σημασία αὕτη ἔσται ὑμῖν –
— 11. τὸ ἔτος τὸ πεντηκοστὸν ἐ. ἔσται ὑμῖν (1)
— 15. κατὰ ἀριθμὸν ἐνιαυτῶν γεννημάτων ἀποδώσει (1)
— 29. ἐ. ἡμερῶν ἔσται ἡ λύτρωσις αὐτῆς (1)
— 30. ἕως ἂν πληρωθῇ αὐτῆς ἐ. ὅλος (1)
— 50. ἕως τοῦ ἐ. τῆς ἀφέσεως (1)
— 52. εἰς τὸν ἐ. τῆς ἀφέσεως (1)
— 53. A B[1] ἐνιαυτὸς [B[2] R -ὸν] ἐξ ἐνιαυτοῦ ἔσται μετ' αὐτοῦ (1, 1)
— 54. A ἐν τῷ ἐ. [B ἔτει] τῆς ἀφέσεως (1)
27. 17. ἀπὸ τοῦ ἐ. τῆς ἀφέσεως (1)
— 18. ἕως εἰς τὸν ἐ. τῆς ἀφέσεως (1)
— 23. ἐκ τοῦ ἐ. τῆς ἀφέσεως (1)
— 24. ἐν τῷ ἐ. τῆς ἀφέσεως (1)
Nu. 10. 11. ἐν τῷ ἐ. τῷ δευτέρῳ (1)
14. 34. ἡμέραν τοῦ ἐ. λήψεσθε (1)
28. 14. εἰς τοὺς μῆνας τοῦ ἐ. (1)
De. 11. 12. ἀπ' ἀρχῆς τοῦ ἐ. καὶ ἕως συντελείας τοῦ ἐ. (1, 1)
14. 22. ἐνιαυτὸν κατ' ἐνιαυτόν (1, 1)
— 28. ἐν τῷ ἐ. ἐκείνῳ (1)
15. 20. ἐνιαυτὸν ἐξ ἐνιαυτοῦ (1, 1)
16. 16. τρεῖς καιροὺς τοῦ ἐ. (1)
24. 5. ἐνιαυτὸν ἕνα εὐφρανεῖ τὴν γυναῖκα (1)
31. 10. ἐν καιρῷ ἐνιαυτοῦ ἀφέσεως (1)
Jo. 5. 11 (12). ἐν τῷ ἐ. ἐκείνῳ (1)
Jd. 10. 8. A ἐν τῷ ἐ. [B καιρῷ] ἐκείνῳ (1)
11. 40. ἐπὶ [A *om.*] τέσσαρας ἡμέρας ἐν τῷ ἐ. (1)
I Ki. 1. 7. οὕτως ἐποίει ἐνιαυτὸν κατ' ἐνιαυτόν (1, 1)
7. 16. καὶ ἐπορεύετο κατ' ἐνιαυτὸν ἐνιαυτόν (1, 1)
II Ki. 11. 1. ἐπιστρέψαντος τοῦ ἐ. (1)
21. 1. ἐνιαυτὸς ἐχόμενος ἐνιαυτοῦ (1, 1)
III Ki. 3. 1 (9. 25). ἀνέφερε τρεῖς ἐν [A *om.*] τῷ ἐ. ὁλοκαυτώσεις (1)
4. 7. μῆνα ἐν τῷ [A *om.* ἐν τῷ] ἐνιαυτῷ ἐγίνετο (1)
5. 11 (25). ἐδίδου Σαλ. τῷ Χ. κατ' ἐνιαυτόν (1)
6. 1 (38). ἐν ἑνδεκάτῳ ἐ. (1)
8. 59. ῥῆμα ἡμέρας ἐν ἡμέρᾳ ἐνιαυτοῦ [A αὐτοῦ] †
9. 25. A τρεῖς καθόδους ἐν τῷ ἐ. (1)
10. 14. τοῦ ἐληλυθότος . . . ἐν ἐ. ἑνί (1)
— 25. τὸ κατ' ἐνιαυτὸν ἐνιαυτῷ [A -όν] (1, 1)
12. 24. B ἐνισταμένου τοῦ ἐ. –
14. 21. υἱὸς τεσσαράκοντα καὶ ἑνὸς ἐνιαυτῶν (1)
— 25. ἐν τῷ ἐ. τῷ πέμπτῳ (1)
15. 9. ἐν τῷ ἐ. τετάρτῳ καὶ εἰκοστῷ [A ἐν ἔτει εἰκοστῷ] (1)
16. 28 (22. 41). B ἐν τῷ ἐ. τῷ ἑνδεκάτῳ ἔτει (1)
18. 1. ἐν τῷ ἐ. τῷ τρίτῳ (1)
21 (20). 22. ἐπιστρέφοντος [A -στρέψαντος] τοῦ ἐ. (1)
— 26. ἐπιστρέψαντος τοῦ ἐ. (1)
22. 2. ἐν τῷ ἐ. τῷ τρίτῳ (1)
IV Ki. 8. 26. ἐνιαυτὸν ἕνα ἐβασίλευσεν (1)
13. 20. ἐλθόντος τοῦ ἐ. (1)
17. 4. ἐν τῷ ἐ. ἐκείνῳ (1)
18. 9. αὐτὸς ἐ. ὁ ἕβδομος [A ὁ ἐ. ἕ.] (1)
— 10. αὐτὸς [A οὗτος] ἐ. ἔνατος (1)
19. 29. φάγε τοῦτον τὸν ἐ. αὐτόματα (1)
24. 18. B υἱὸς εἴκοσι καὶ ἑνὸς [A υἱ. εἰ.] ἐνιαυτοῦ [R -ῶν, A ἐτῶν] (1)
25. 8. αὐτὸς ἐ. [A *om.*] ἐννεακαιδέκατος (1)
— 27. ἐν τῷ ἐ. τῆς βασιλείας αὐτοῦ (1)
I Ch. 27. 1. εἰς πάντας τοὺς μῆνας τοῦ ἐ. (1)
II Ch. 8. 13. τρεῖς καιροὺς τοῦ ἐ. (1)
II Ch. 9. 13. τοῦ ἐνεχθέντος τῷ Σ. ἐν ἐνιαυτῷ ἑνί (1)
— 24. τὸ κατ' ἐνιαυτὸν ἐνιαυτόν [A *om.*] (1, 1)
22. 2. ἐνιαυτὸν ἕνα ἐβασίλευσεν ἐν Ἰ. (1)
24. 5. κατισχῦσαι τὸν οἶκον κυρίου ἐνιαυτὸν κατ' ἐνιαυτόν (1, 1)
— 23. μετὰ τὴν συντέλειαν τοῦ ἐ. (1)
27. 5. κατ' ἐνιαυτὸν ἑκατὸν τάλαντα ἀργυρίου (1)
— 5. ταῦτα ἔφερεν . . . κατ' ἐνιαυτόν (1 ?)
36. 10. ἐπιστρέφοντος [A -στραφέντος] τοῦ ἐ. (1)
I Es. 1. 45. μετ' ἐνιαυτὸν ἀποστείλας N.
4. 51. δοθῆναι κατ' ἐνιαυτὸν τάλαντα εἴκοσι
— 52. τάλαντα δέκα κατ' ἐνιαυτόν
6. 30. ἐνδελεχῶς κατ' ἐνιαυτόν
8. 6. A R οὗτος ἐ. ἕβδομος τῷ βασ. [B *al.*]
Ne. 10. 32 (33). τρίτον τοῦ διδράχμου κατ' ἐνιαυτόν (1)
— 34 (35), 35 (36). ἐνιαυτὸν κατ' ἐνιαυτόν (1, 1)
To. 1. 7. καθ' ἕκαστον ἐ.
Jb. 3. 6. μὴ εἴη εἰς ἡμέρας ἐνιαυτοῦ [A -ῶν] (1)
Ps. 64 (65). 11. εὐλογήσεις τὸν στέφανον τοῦ ἐ. τῆς χρηστότητός σου (1)
89 (90). 10. B αἱ ἡμέραι τῶν ἐτῶν ἡμῶν ἐν ἐνιαυτοῖς [A S R αὐτοῖς] ἑβδομήκοντα ἔτη †
Pr. 2. 19. οὐ γὰρ καταλαμβάνονται ὑπὸ ἐνιαυτῶν ζωῆς (2)
Wi. 7. 19. ἐνιαυτῶν [A S[1] -οῦ] κύκλους [S[1] -ους] καὶ ἀστέρων [S[1] ἄστρων] θέσεις
Si. 36 (33). 7. πᾶν φῶς ἡμέρας ἐνιαυτοῦ ἀφ' ἡλίου
Za. 14. 16. καὶ ἀναβήσονται κατ' ἐνιαυτόν (1)
Is. 6. 1. τοῦ ἐ. οὗ ἀπέθανεν Ὀζίας (1)
21. 16. ἔτι ἐ. ὡς ἐ. μισθωτοῦ (1, 1)
29. 1. συναγάγετε γενήματα ἐνιαυτὸν ἐπὶ ἐνιαυτόν (1, 1)
32. 10. ἡμέρας ἐνιαυτοῦ μνείαν ποιήσασθε (1)
34. 8. ἐ. ἀνταποδόσεως κρίσεως Σιών (1)
37. 30. φάγε τοῦτον τὸν ἐ. ἃ ἔσπαρκας τῷ δὲ ἐ. τῷ δευτέρῳ τὸ κατάλειμμα (1, 1)
61. 2. καλέσαι ἐνιαυτὸν κυρίου δεκτόν (1)
63. 4. ἐ. λυτρώσεως πάρεστι (1)
Je. 11. 23. ἐν ἐνιαυτῷ ἐπισκέψεως αὐτῶν (1)
17. 8. ἐν ἐνιαυτῷ ἀβροχίας οὐ φοβηθήσεται (1)
23. 12 : 31 (48). 44. ἐν ἐνιαυτῷ ἐπισκέψεως αὐ. (1)
35 (28). 16. τούτῳ τῷ ἐ. ἀποθανῇ (1)
39 (32). 1. ἐν τῷ ἐ. δεκάτῳ [B[2] δωδ.] βασιλεῖ Σεδεκίᾳ οὗτος ἐ. ὀκτωκαιδέκατος τῷ βασ. Ναβ. (1, 1)
43 (36). 1 : 51. 31 (45. 1). ἐν τῷ ἐ. τῷ τετάρτῳ Ἰ. (1)
52. 12. S[a] αὐτὸς ἐ. ἐννεακαιδέκατος τοῦ N. (1)
— 31. ἐν τῷ ἐ. ᾧ ἐβασίλευσε (1)
Ez. 4. 6. ἡμέραν εἰς ἐνιαυτὸν τέθεικά σοι (1)
15. 4. τὴν κατ' ἐνιαυτὸν κάθαρσιν ἀπ' [A *om.*] αὐτῆς ἀναλίσκει τὸ πῦρ (1 ?)
Da. LXX. Su. 5. ἐν τῷ ἐ. ἐκείνῳ
10. 1 : 11. 1. ἐν τῷ ἐ. τῷ πρώτῳ Κύρου (1)
11. 6. εἰς συντέλειαν ἐνιαυτῶν ἄξει αὐτούς (1)
— 13. κατὰ συντέλειαν καιροῦ ἐνιαυτοῦ (1)
Da. TH. Su. 5. ἐν τῷ ἐ. ἐκείνῳ
11. 13. εἰς τὸ τέλος τῶν καιρῶν ἐνιαυτῶν (1)
I Ma. 3. 28. A ἔδωκεν ὀψώνια . . . εἰς τὸν [S R *om.*] ἐ.
— 28. A ἐνετείλατο αὐτοῖς εἰς ἐνιαυτὸν εἶναι ἑτοίμους [S R *al.*]
4. 28. A S ἐν τῷ ἐρχομένῳ [R ἐχομ.] ἐ.
— 59. ἵνα ἄγωνται . . . ἐνιαυτὸν [S[1] -οῦ] κατ' ἐνιαυτόν
7. 49. τοῦ ἄγειν κατ' ἐνιαυτὸν τὴν ἡμέραν τ.
8. 4. διδόασιν αὐτοῖς φόρον κατ' ἐνιαυτόν
— 16. πιστεύουσιν ἑνὶ ἀνθρώπῳ . . . κατ' ἐνιαυτόν
10. 40. δίδωμι κατ' ἐνιαυτὸν δέκα πέντε χιλιάδας σίκλων
— 42. ἀπὸ τοῦ λόγου κατ' ἐνιαυτόν
11. 34. ὧν ἐλάμβανεν ὁ βασιλεὺς . . . κατ' ἐνιαυτόν
13. 52. ἔστησε κατ' ἐνιαυτόν
II Ma. 10. 8. R κατ' ἐνιαυτὸν ἄγειν τάσδε τὰς [A τὰς δεκάτας] ἡμέρας
III Ma. 1. 11. καὶ τούτῳ κατ' ἐνιαυτὸν ἅπαξ
IV Ma. 4. 17. A R κατ' ἐνιαυτὸν τρισχίλια [S χ.] . . . τάλαντα

[**Aq.** Le. 23. 41 : III Ki. 9. 25 : Je. 11. 23 : 25. 1 : 28 (35). 17 : Ez. 27. 32.]
[**Sm.** Le. 23. 41 : Je. 28 (35). 17 : Da. Su. 5 : Hb. 3. 2.]
[**Th.** Le. 23. 41 : Is. 16. 14 : 38. 15 : Je. 28 (35). 17 : Da. 11. 13 : Su. 5.]
[**Al.** Le. 25. 29 : Da. 11. 13.]

ἐνιδεῖν. (1) רָאָה
Ge. 20. 10. τί ἐνιδὼν ἐποίησας τοῦτο (1)

ἐνιδρύειν.
[Al. I Ki. 15. 5.]

ἐνιέναι.
Ba. 2. 20. ἐνῆκας τὸν θυμόν σου καὶ τὴν ὀργήν σου εἰς [A ἐφ'] ἡμᾶς
IV Ma. 4. 10. φόβον τε καὶ τρόμον ἐνιέντες [A -οντες]

ἔνικμος.
[Aq. Jb. 8. 16.]

ἐνικός.
IV Ma. 18. 9. A τούτων δὲ ἐ. [S R ἐνηλίκων] γενομένων

ἔνιοι.
III Ma. 2. 31. ἔνιοι μὲν οὖν ἐπὶ πόλεως
3. 4. R ἐνίοις [A -οι] ἀπεχθεῖς ἐφαίνοντο

ἐνίοτε.
Si. 37. 14. ψυχὴ γὰρ ἀνδρὸς ἀπαγγέλλειν ἐνίοτε εἴωθεν

ἐνιουδαΐζειν. (1) יָהַד hithp.
Es. 8. 17. S[1] καὶ ἐνιουδάϊζον [A B S[2] ἰουδ.] (1)

ἐνιστάναι. (1) עָמַד
III Ki. 12. 24. B ἐνισταμένου τοῦ ἐνιαυτοῦ –
IV Ki. 13. 6. A τὸ ἄλσος ὃ ἐνστάθη [B al.] (1)
I Es. 5. 47. ἐνστάντος δὲ τοῦ ἑβδόμου μηνός
9. 6. τρέμοντες ἐνεστῶτα χειμῶνα
Es. 3. 13. τοῦ ἐνεστῶτος ἔτους
I Ma. 8. 24. ἐὰν δὲ ἐνστῇ πόλεμος
12. 44. πολέμου μὴ ἐνεστηκότος ἡμῖν
II Ma. 3. 17. τὸ κατὰ καρδίαν ἐνεστὸς ἄλγος
4. 43. περὶ δὲ τούτων ἐνέστη κρίσις
6. 9. παρῆν οὖν ὁρᾶν τὴν ἐνεστῶσαν ταλαιπωρίαν
12. 3. ὡς μηδεμιᾶς ἐνεστώσης πρὸς αὐτοὺς δυσμενείας
III Ma. 1. 16. R βοηθεῖν τῇ ἐνεστώσῃ ἀνάγκῃ [A β. τοῖς ἐνεστῶσιν]
3. 24. αἰφνιδίου . . . ταραχῆς ἐνστάσης ἡμῖν
IV Ma. 2. 8. S R τὸ δάνειον τῶν ἑβδομάδων ἐνστασῶν [A ἐντάσσων]
[Sm. Ps. 93 (94). 16 : Je. 27 (34). 18 : Ez. 7. 12 : 13. 5.]
[Th. Ez. 22. 4.]

ἐνισχύειν. (1) אָזַר pi. (2) אָמֵץ pi. (3) גָּבַר
(4) חָזַק a. qal. b. pi. c. hi. d. hithp.
(5) כָּבֵד (6) מָשַׁךְ (7) נָהַל hithp.
(8) נָצַח pi. (9) נָצַר (10) a. עוּז hi. b. מָעוֹז
(11) פְּרָזוֹן (12) שָׁדַד pi. (13) a. שׁוּר
b. שָׂרָה (14) תְּקַף pa.
Ge. 12. 10. ὅτι ἐνίσχυσεν ὁ λιμὸς ἐπὶ τῆς γῆς (5)
32. 28 (29). ὅτι ἐνίσχυσας μετὰ θεοῦ (13 b)
33. 14. ἐγὼ δὲ ἐνισχύσω ἐν τῇ ὁδῷ (7)
43. 1. ὁ δὲ λιμὸς ἐνίσχυσεν ἐπὶ τῆς γῆς (5)
47. 4. ἐνίσχυσε γὰρ ὁ λιμὸς ἐν γῇ Χανάαν (5)
— 13. ἐνίσχυσε γὰρ ὁ λιμὸς σφόδρα (5)
48. 2. ἐνισχύσας Ἰ. ἐκάθισεν ἐπὶ τὴν κλίνην (4 d)
De. 3. 28. A καὶ ἐνίσχυσον [B κατίσχ.] αὐτόν (4 b)
32. 43. ἐνισχυσάτωσαν αὐτῷ [A[1] -οὺς] πάντες –
Jd. 1. 28. ὅτε ἐνίσχυσεν Ἰ. (4 a)
3. 12. ἐνίσχυσε κύριος τὸν Ἐ. (4 b)
5. 11. A δικαιοσύνας ἐνίσχυσαν ἐν τῷ Ἰ. [B al.] (11)
— 12. A ἐνισχύων ἐξαναστὰς ὁ [? -στασο] B. [B al.] –
— 12. A ἐνίσχυσον Δ. τὸν B. –
— 14. A ἐν σκήπτρῳ ἐνισχύοντος ἡγήσεως [B al.] (6 ?)
9. 24. ἐνίσχυσαν τὰς χεῖρας αὐτοῦ (4 b)
16. 28. ἐνίσχυσόν με ἔτι τὸ ἅπαξ τοῦτο (4 b)
20. 22. καὶ ἐνίσχυσαν [A -σεν] ἀνὴρ Ἰ. (4 d)
▶ II Ki. 16. 21. ἐνισχύσουσιν αἱ χεῖρες πάντων τῶν μετὰ σοῦ (4 a)
22. 40. ἐνισχύσεις με δυνάμει εἰς πολέμον (1)
IV Ki. 12. 8 (9). A τοῦ μὴ ἐνισχῦσαι τὸ βεδὲκ [B βδέλυγμα] τοῦ οἴκου (4 b)
15. 19. A τοῦ ἐνισχῦσαι τὸ βασίλειον (4 c)
IV Ki. 25. 3. καὶ ἐνίσχυσεν ὁ λιμός (4 a)
I Ch. 4. 23. ἐν τῇ βασιλείᾳ αὐτοῦ ἐνίσχυσαν –
15. 21. A R τοῦ ἐνισχῦσαι [B S ἰσχ.] (8)
19. 13. A R ἐνισχύσωμεν περὶ τοῦ λαοῦ ἡμῶν (4 d)
II Ch. 1. 1. καὶ ἐνίσχυσε [B *etiam* κατενίσχυσεν] Σ. (4 d)
24. 13. καὶ ἐνίσχυσαν (2)
II Es. 1. 6. ἐνίσχυσαν ἐν χερσὶν αὐτῶν [A al.] (4 b)
9. 12. ὅπως ἐνισχύσητε (4 a)
Ne. 10. 29 (30). ἐνίσχυον ἐπὶ τοὺς ἀδελφοὺς αὐ. (4 c)
Ps. 147. 2 (13). ἐνίσχυσε τοὺς μοχλοὺς τῶν πυλῶν σου (4 b)
Si. 48. 22. ἐνίσχυσεν ἐν ὁδοῖς Δαυίδ
50. 4. ἐνισχύσας πόλιν ἐμπολιορκῆσαι
Ho. 10. 11. ἐνισχύσει αὐτῷ Ἰ. (12 ?)
12. 3 (4). καὶ ἐν κόποις αὐτοῦ ἐνίσχυσε πρὸς θεόν (13 b)
— 4 (5). καὶ ἐνίσχυσε μετὰ ἀγγέλου (13 a)
Jl. 3 (4). 16. ἐνισχύσει τοὺς υἱοὺς Ἰ. (10 b)
Hg. 2. 23 (22). A ἐνισχύσω τοὺς ἐκλεκτούς μου –
Is. 33. 23. ὅτι οὐκ ἐνίσχυσαν (4 b)
41. 10. ἐγώ εἰμι ὁ θεός σου ὁ ἐνισχύσας σε [S al.] (2)
42. 6. κρατήσω τῆς χειρός σου καὶ ἐνισχύσω σε (9)
45. 5. B ἐνίσχυσά σε (1)
57. 10. παύσομαι ἐνισχύουσα ὅτι ἔπραξας ταῦτα †
Je. 6. 1. ἐνισχύσατε υἱοὶ Βενιαμίν (10 a)
9. 3 (2). οὐ πίστις ἐνίσχυσεν ἐπὶ τῆς γῆς (3)
Ez. 27. 9. οὗτοι ἐνίσχυον τὴν βουλήν σου (4 c)
30. 25. ἐνισχύσω τοὺς βραχίονας βασιλέως Βαβυλῶνος (4 c)
34. 4. τὸ ἠσθενηκὸς οὐκ ἐνισχύσατε (4 b)
— 16. τὸ ἐκλεῖπον ἐνισχύσω (4 b)
Da. LXX. 10. 19. ὅτι ἐνίσχυσέ με (4 b)
11. 1. ἐνισχῦσαι καὶ ἀνδρίζεσθαι (4 c)
— 5. ἐνισχύσει βασιλείαν Αἰγύπτου (4 a)
Da. TH. 6. 7 (8). καὶ ἐνισχῦσαι ὁρισμόν (14)
10. 18. καὶ ἐνίσχυσέ με (4 b)
— 19. ὅτι ἐνίσχυσάς με (4 b)
11. 5. καὶ ἐνισχύσει ὁ βασιλεὺς τοῦ νότου (4 a)
— 5. A B εἷς τῶν ἀρχόντων αὐ. ἐνισχύσει ἐπ' αὐτῶν [R -όν] (4 a)
I Ma. 1. 34. ἐνίσχυσαν ἐν αὐτῇ
6. 6. S καὶ ἐνίσχυσαν [A R ἐπ.] ὅπλοις
7. 25. ἐνίσχυσεν Ἰούδας καὶ οἱ μετ' αὐτοῦ
III Ma. 2. 32. οἱ δὲ πλεῖστοι γενναίᾳ ψυχῇ ἐνίσχυσαν
[Aq. Ex. 4. 21 : I Ki. 30. 6 : II Ki. 2. 7 : 3. 6 : IV. Ki. 12. 5 (6) : 15. 19 : Jb. 37. 18 : Ps. 26 (27). 14 : 30 (31). 25 : Ec. 7. 20 (19) : Is. 39. 1 : 41. 6, 7 : Je. 8. 5.]
[Sm. Ps. 67 (68). 29 : Is. 39. 1 : 41. 7 : 45. 5.]
[Th. Ge. 32. 28 (29) : Ex. 4. 21 : Jd. 5. 11 : Is. 39. 1 : 41. 7 *bis* : 45. 5 : Da. 11. 5 *bis*.]

ἐνισχυρίζεσθαι.
[Sm. Ps. 51 (52). 9.]

ἐνίσχυσις.
[Sm. Ps. 27 (28). 8.]

ἐννακισχίλιοι.
II Ma. 8. 24 : 10. 18.

ἐννακόσιοι, *vid.* ἐνακόσιοι.

ἔννατος, *vid.* ἔνατος.

ἐννέα.
Ge. 5. 27 : 11. 19, 24, 25† : 17. 1, 24 : 46. 27.
Ex. 39. 1 (38. 24).
Le. 25. 8.
Nu. 1. 23 : 2. 13 : 29. 26 : 34. 13.
De. 3. 11.
Jo. 12. 24 : 13. 7 : 14. 2 : 15. 32, 44†, 54, 57 : 19. 38† : 21. 16.
II Ki. 2. 30 : 24. 8.
IV Ki. 14. 2 : 17. 1 : 18. 2.
I Ch. 3. 8.
II Ch. 25. 1 : 29. 1.
I Es. 2. 13, 14 : 5. 28.
II Es. 1. 9 : 2. 42.
Ne. 11. 1.
Si. 25. 7.
Da. LXX., TH. 3. (47).
II Ma. 7. 27 : 12. 10.

ἐννεακαίδεκα, *vid. sub* ἐννέα *et* δέκα.

ἐννεακαιδέκατος. (1) *a.* תְּשַׁע־עֶשְׂרֵה *b.* תְּשְׁעָה עָשָׂר
IV Ki. 25. 8. αὐτὸς ἐνιαυτὸς [A *om.*] ἐ. (1 a)
I Ch. 24. 16. τῷ X. ὁ ἐ. (1 b)
25. 26. ὁ ἐ. M. (1 b)
Je. 52. 12. S[c] αὐτὸς ἐνιαυτὸς ἐ. τοῦ Ναβ. (1 a)

ἐννέμειν.
III Ma. 3. 25. τοὺς ἐννεμομένους . . . ἀποστεῖλαι πρὸς ἡμᾶς

ἐννενήκοντα, *vid.* ἐνενήκοντα.

ἐννενηκονταδύο, *vid. sub vocc.* ἐνενήκοντα *et* δύο.

ἐννενηκονταεννέα, *vid. sub vocc.* ἐνενήκοντα *et* ἐννέα.

ἐννενηκονταέξ, *vid. sub vocc.* ἐνενήκοντα *et* ἕξ.

ἐννεός, *vid.* ἐνεός.

ἐννεύειν. (1) קָרַץ
Pr. 6. 13. ὁ δ' αὐτὸς ἐννεύει ὀφθαλμῷ (1)
10. 10. ὁ ἐννεύων ὀφθαλμοῖς μετὰ δόλου συνάγει ἀνδράσι λύπας (1)
Si. 27. 22. A ἐννεύειν [B S διαν.] ὀφθαλμῷ τεκταίνει κακά

ἔννευμα.
Pr. 6. 13. διδάσκει δὲ ἐννεύμασι δακτύλων –

ἐννοεῖν. (1) בִּין (2) ἐ. κακά חָטָא וּבֵרֵךְ
(3) שִׂים (4) שָׂכַל hi.
Ju. 9. 5. ἐγενήθησαν ἃ ἐνενοήθης
Jb. 1. 5. μή ποτε οἱ υἱοί μου . . . κακὰ ἐνενόησαν πρὸς θεόν (2)
Si. 14. 21. A S ἐν τοῖς ἀποκρύφοις αὐτῆς ἐννοηθήσεται [B νοηθ.]
Is. 41. 20. ἵνα ἴδωσι καὶ γνῶσι καὶ ἐννοηθῶσι (3)
Ba. 2. 16. ἐννόησον εἰς [A *om.*] ἡμᾶς
Da. LXX. 11. 33. ἐννοούμενοι τοῦ ἔθνους (4)
Da. TH. 9. 23. ἐννοήθητι ἐν τῷ ῥήματι (1)
I Ma. 2. 61. ἐννοήθητε κατὰ γενεάν
IV Ma. 1. 24. ἐὰν ἐννοηθῇ τις
[Aq. Ge. 11. 6 : Dt. 19. 19 : Ps. 30 (31). 14.]
[Sm. Dt. 2. 7 : Jb. 9. 11 : 26. 14 : 32. 12 : 36. 29 : 38. 18 : Ps. 35 (36). 4 : 36 (37). 12 : 40 (41). 8 : 100 (101). 2 : 140 (141). 4 : Pr. 1. 2 : Is. 43. 18.]
[Th. Je. 9. 17 (16).]
[Al. Jb. 9. 11.]

ἐννόημα.
Si. 21. 11. ὁ φυλάσσων νόμον κατακρατεῖ [S -τήσει] τοῦ ἐ. [S[2] νοήμ.] αὐ. [S[1] *om.* τοῦ ἐ. αὐ.]
[Th. Pr. 12. 5.]

ἔννοια. (1) *a.* בִּינָה *b.* תְּבוּנָה (2) דַּעַת
(3) דֶּרֶךְ (4) מְזִמָּה (5) שֵׂכֶל
Pr. 1. 4. παιδὶ δὲ νέῳ αἴσθησίν τε καὶ ἔννοιαν (4)
2. 11. ἔννοια δὲ ὁσία τηρήσει σε (1 b)
3. 21. τήρησον δὲ ἐμὴν βουλὴν καὶ ἔννοιαν (4)
4. 1. προσέχετε γνῶναι ἔννοιαν (1 a)
5. 2. ἵνα φυλάξῃς ἔννοιαν ἀγαθήν (4)
8. 12. ἔννοιαν ἐγὼ ἐπεκαλεσάμην (4)
16. 22. πηγὴ ζωῆς ἔννοια τοῖς κεκτημένοις (5)
18. 15. ὦτα δὲ σοφῶν ζητεῖ ἔννοιαν (2)
19. 7. ἔννοια ἀγαθὴ τοῖς εἰδόσιν αὐτὴν ἐγγιεῖ –
23. 4. τῇ δὲ σῇ ἐ. ἀπόσχου (1 a)
— 19. κατεύθυνε ἐννοίας [S[2] -αν] τῆς καρδίας (3)
24. 7. σοφία καὶ ἔννοια ἀγαθὴ ἐν πύλαις σοφῶν –
Wi. 2. 14. ἐγένετο ἡμῖν εἰς ἔλεγχον ἐννοιῶν ἡμῶν
Da. TH. Su. 28. πλήρεις τῆς ἀνόμου ἐ.
[Aq. Ps. 9. 25 (10. 4) : 25 (26). 10 : Pr. 21. 27 : 24. 9.]
[Sm. Jb. 21. 27 : 38. 36 : Ps. 9. 25 (10. 4) : 20 (21). 12 : 25 (26). 10 : 140 (141). 4 : Pr. 16. 22 : Ec. 7. 26 (25) : Ez. 20. 44.]
[Th. Pr. 24. 9.]

▶ = additional entry on page xxv

ἔννομος.

Si. *prol.* 12. πολλῷ μᾶλλον ἐπιπροσθῶσι [S ἔτι προσθήσουσιν] διὰ τῆς ἐννόμου [S¹ ἐκ νόμου] βιώσεως

ἐννόμως.

Pr. 31. 24 (26). στόμα αὐτῆς διήνοιξε προσεχόντως καὶ ἐ. †

Si. *prol.* 27. A προκατασκευαζομένους τὰ ἤθη ἐ. βιοτεύειν [B S *al.*]

ἐννοσσεύειν. (1) קָנַן *a.* pi. *b.* pu.

Ps. 103 (104). 17. ἐκεῖ στρουθία ἐννοσσευσουσι (1 *a*)

Je. 22. 23. ἐννοσσεύουσα ἐν ταῖς κέδροις (1 *b*)

31 (48). 28. A περιστεραὶ ἐννοσσεύουσαι [? αἱ νοσσ., B S νοσσ.] (1 *a*)

[Sm. Ps. 103 (104). 17.]

ἐννοσσοποιεῖν.

● IV Ma. 14. 16. τὰς τούτων ἄκρας ἐννοσσοποιησόμενα
● [A R νοσσοποιησάμ.]

ἔννυχος.

III Ma. 5. 5. ἔννυχον δόξαντες ὁμοῦ λήψεσθαι τὸ φῦλον πέρας τῆς ὀλεθρίας

ἐνοικεῖν. (1) אָהַב (2) בַּיִת (3) גּוּר (4) יָשַׁב (5) מָלֵא (6) מִשְׁכָּן

Le. 26. 32. οἱ ἐχθροὶ ὑμῶν οἱ ἐνοικοῦντες ἐν αὐτῇ (4)

Jd. 6. 10. A ἐν οἷς ὑμεῖς ἐνοικεῖτε ἐν τῇ γῇ αὐτῶν [B *al.*] (4)

IV Ki. 19. 26. οἱ ἐνοικοῦντες ἐν αὐταῖς ἠσθένησαν (4)

22. 16, 19. ἐπὶ τοὺς ἐνοικοῦντας αὐτόν (4)

Ju. 7. 10. ἐν οἷς αὐτοὶ ἐνοικοῦσιν [A κατοικ.] ἐν αὐτοῖς

— 13. S πάντες οἱ ἐνοικοῦντες [A B κατ.] B.

Si. 25. 16. ἐνοικῆσαι [A S² συν.] μετὰ γυναικὸς πονηρᾶς

Is. 5. 3. οἱ ἐνοικοῦντες ἐν Ἰερουσαλήμ (4)

— 9. οὐκ ἔσονται οἱ ἐνοικοῦντες ἐν αὐταῖς [A S³ *om.* ἐν αὐ.] (4)

21. 14. οἱ ἐνοικοῦντες ἐν χώρᾳ Θαιμάν (4)

22. 21. ἔσται ὡς πατὴρ τοῖς ἐνοικοῦσιν ἐν Ἰερουσαλὴμ καὶ τοῖς ἐνοικοῦσιν ἐν Ἰούδᾳ [A¹ *om.* καὶ . . . Ἰ.] (4, 2)

23. 2. τίνι ὅμοιοι γεγόνασιν οἱ ἐνοικοῦντες ἐν τῇ νήσῳ (4)

— 6. A S οἱ ἐνοικοῦντες [B κατ.] ἐν τῇ νήσῳ ταύτῃ (4)

24. 1. διασπερεῖ τοὺς ἐνοικοῦντας ἐν αὐτῇ (4)

— 6. πτωχοὶ ἔσονται οἱ ἐνοικοῦντες ἐν τῇ γῇ (4)

— 17. ἐφ' ὑμᾶς τοὺς ἐνοικοῦντας [S¹ κατ.] ἐπὶ τῆς γῆς [S ἐν τῇ γ.] (4)

26. 5. κατήγαγες τοὺς ἐνοικοῦντας ἐν ὑψηλοῖς (4)

— 9. οἱ ἐνοικοῦντες ἐπὶ τῆς γῆς (4)

— 18. πάντες [A S *om.*] οἱ ἐνοικοῦντες ἐπὶ τῆς γῆς (4)

— 21. ἐπάγει τὴν ὀργὴν ἐπὶ τοὺς ἐνοικοῦντας [S κατοικ.] ἐπὶ τῆς γῆς (4)

27. 5. βοήσονται οἱ ἐνοικοῦντες ἐν αὐτῇ †

32. 18. ἐνοικήσει πεποιθώς (6)

— 19. ἔσονται οἱ ἐνοικοῦντες ἐν τοῖς δρυμοῖς πεποιθότες †

33. 24. ὁ λαὸς [A S *add.* ὁ] ἐνοικῶν ἐν αὐτοῖς (4)

34. 1. ἀκουσάτω ἡ γῆ καὶ οἱ [A *add.* ἐνοικοῦντες] ἐν αὐτῇ (5)

37. 26. A S ἐξερημῶσαι . . . ἐνοικοῦντας [B οἰ.] ἐν πόλεσιν ὀχυραῖς –

40. 22. οἱ ἐνοικοῦντες ἐν αὐτῇ ὡς ἀκρίδες (4)

49. 19. A στενοχωρήσει ἀπὸ τῶν ἐνοικούντων [B S κατοι.] (4)

65. 21. αὐτοὶ ἐνοικήσουσι (4)

— 22. ἄλλοι ἐνοικήσουσι (4)

66. 10. A πάντες οἱ ἐνοικοῦντες ἐν αὐτῇ [B S *al.*] (1 ?)

Je. 29 (47). 2. A πόλιν καὶ τοὺς ἐνοικοῦντας [B S κατοι.] ἐν αὐτῇ (4)

29 (49). 18. B S οὐ μὴ ἐνοικήσει [R κατοι., A καθίσει] ἐκεῖ υἱὸς ἀνθρώπου (3)

30 (49). 1. ὁ λαὸς αὐτῶν ἐν πόλεσιν αὐτῶν ἐνοικήσει [A -κεῖ] (4)

31 (48). 9. A ἀπὸ ἐνοικούντων αὐτάς (4)

33 (26). 9. A ἐρημωθήσεται ἀπὸ ἐνοικούντων [B S κατοι.] (4)

Je. 34 (27). 11. ἐνοικήσει ἐν αὐτῇ (4)

38 (31). 24. ἐνοικοῦντες [A S³ οἱ ἐ.] ἐν ταῖς πόλεσιν Ἰούδα [S ἐν τῇ Ἰουδαίᾳ] (4)

49 (42). 17. οἱ θέντες τὸ πρόσωπον αὐτῶν εἰς γῆν Αἰγύπτου ἐ. ἐκεῖ (3)

51 (44). 2. A εἰσὶν ἔρημοι ἀπὸ ἐνοικούντων [B S -κων] (4)

— 8. A S εἰς ἣν εἰσήλθατε ἐ. ἐκεῖ [B *al.*] (3)

Ba. 2. 23. ἔσται πᾶσα ἡ γῆ εἰς ἄβατον ἀπὸ ἐνοικούντων

Da. TH. 9. 7. καὶ τοῖς ἐνοικοῦσιν ἐν [A κατ.] Ἱερ. (4)

I Ma. 5. 5. S² σὺν πᾶσι τοῖς ἐνοικοῦσιν [A S¹ R ἐνοῦσιν]

[Aq. Je. 44 (51). 22.]

[Sm. Je. 51 (28). 37.]

[Th. Jd. 5. 23 : Je. 44 (51). 22.]

[Al. Le. 18. 25 : Nu. 13. 19 (18).]

ἐνοικειοῦσθαι.

Es. 8. 1. ἐνοικείωται [A -το] αὐτῇ †

ἐνοικίζειν.

Si. 11. 34. ἐνοίκισον ἀλλότριον

ἔνοικος. (1) יָשַׁב

Jd. 5. 23. A καταράσασθε τοὺς ἐ. αὐτῆς [B *al.*] (1)

Je. 31. (48). 9. πόθεν ἔ. αὐτῇ [A *al.*] (1)

51 (44). 2. εἰσὶν ἔρημοι ἀπὸ ἐνοίκων [A -κούντων] (1)

[Aq. Je. 9. 11 (10) : 51 (28). 29, 37.]

[Th. Je. 44 (51). 22 : 51 (28). 37.]

ἐνοπλίζειν. (1) חָלַץ *a.* qal. *b.* ni.

Nu. 31. 5. ἐνωπλισμένοι εἰς παράταξιν (1 *a*)

32. 17. ἐνοπλισάμενοι προφυλακὴν [A -κή] (1 *b*)

— 27. πάντες ἐνωπλισμένοι καὶ ἐκτεταγμένοι (1 *a*)

— 29. πᾶς ἐνωπλισμένος εἰς πόλεμον (1 *a*)

— 30. ἐὰν δὲ μὴ διαβῶσιν ἐνωπλισμένοι (1 *a*)

— 32. διαβησόμεθα ἐνωπλισμένοι (1 *a*)

De. 3. 18. ἐνοπλισάμενοι προπορεύεσθε (1 *a*)

Jo. 6. 6. παραπορευέσθωσαν ἐνωπλισμένοι ἐναντίον κυρίου –

Ju. 15. 13. ἠκολούθει πᾶς ἀνὴρ Ἰ. ἐνωπλισμένοι

[Aq. Ex. 13. 18 : Jo. 4. 12.]

ἐνοπλισμός.

[Aq. II Ki. 2. 23 : 3. 27.]

ἔνοπλος. (1) מְלֻבָּשׁ בְּגָדִים

III Ki. 22. 10. ἔνοπλοι ἐν ταῖς πύλαις Σ. (1)

II Ma. 14. 22. διέταξεν Ἰ. ἐνόπλους ἑτοίμους

III Ma. 5. 48. R τῆς συνεπομένης [A ἐπ.] ἐ. δυνάμεως

6. 21. τὰς συνεπομένας ἐ. δυνάμεις

IV Ma. 5. 1. τῶν στρατευμάτων . . . παρεστηκότων κυκλόθεν ἐ.

[Aq., Sm. Jb. 5. 5.]

ἐνορία.

[Al. Ex. 32. 26.]

ἐνορκίζειν. (1) שָׁבַע hi.

Ne. 13. 25. A καὶ ἐνώρκισα [B S ὥρκ.] αὐτοὺς ἐν τῷ θεῷ (1)

ἐνόρκιος. (1) שְׁבֻעָה

Nu. 5. 21. δῴη σε κύριος . . . ἐνόρκιον (1)

ἔνορκος. (1) בַּעַל שְׁבוּעָה

Ne. 6. 18. πολλοὶ ἐν Ἰ. ἔνορκοι [B¹ ὅρκοι] ἦσαν αὐτῷ (1)

ἐνόρκως.

To. 8. 20. καὶ εἶπεν αὐτῷ [A -οῖς] Ῥ. . . . ἐ. [S *al.*]

ἐνοῦν.

[Sm. Le. 17. 14 : Ps. 85 (86). 11 : Ho. 4. 17.]

[Quint. Ho. 4. 17.]

ἐνοχλεῖν. (1) הָיָה נֶזֶק (2) חָלָה

Ge. 48. 1. ὅτι ὁ πατήρ σου ἐνοχλεῖται (2)

De. 29. 18 (17). A B¹ ῥίζα [A ῥ. πικρίας] ἄνω φύουσα ἐνοχλῇ [B² R ἐν χολῇ] †

I Ki. 19. 14. λέγουσιν ἐνοχλεῖσθαι αὐτόν (2)

30. 13. ἠνωχλήθην ἐγὼ σήμερον τριταῖος (2)

I Es. 2. 22. καὶ βασιλεῖς καὶ πόλεις ἐνοχλοῦσα

— 29. εἰς τὸ βασιλεῖς ἐνοχλῆσαι [A *al.*]

Ma. 1. 13. τὰ χωλὰ καὶ τὰ ἐνοχλούμενα (2)

Da. TH. 6. 2 (3). ὅπως ὁ βασιλεὺς μὴ ἐνοχλῆται (1)

I Ma. 10. 63. A μηδεὶς αὐτῷ ἐνοχλείτω [S R παρεν.]

[Sm. Jd. 18. 7 : I Ki. 25. 7.]

[Th. Ez. 34. 4.]

ἐνόχλησις.

[Aq., Th. Is. 1. 14.]

[Sm. Ps. 54 (55). 4 : Is. 1. 14.]

ἔνοχος. (1) חָלַף pi. (2) *a.* דָּם *b.* דָּם בְּרֹאשׁ *c.* αἵματι ἔ. דָּם (3) מוּת hoph. (4) *a.* רָשָׁע *b.* רָשַׁע hi.

Ge. 26. 11. A² θανάτου [R -τῳ] ἔ. ἔσται (3)

Ex. 22. 3 (2). ἔ. ἐστιν ἀνταποθανεῖται [A ἀποθ.] (2 *a*)

34. 7. καὶ οὐ καθαριεῖ τὸν ἔνοχον –

Le. 20. 9. ἔ. ἔσται (2 *a*)

— 11, 12, 13, 16, 27. ἔνοχοί εἰσι (2 *a*)

Nu. 14. 18. καθαρισμῷ οὐ καθαριεῖ τὸν ἔ. –

35. 27. οὐκ ἔνοχός ἐστιν (2 *a*)

— 31. παρὰ τοῦ φονεύσαντος τοῦ ἐ. ὄντος (5 *a*)

De. 19. 10. οὐκ ἔσται ἐν σοὶ αἵματι ἔνοχος (2 *c*)

Jo. 2. 19. ἔνοχος ἑαυτῷ ἔσται (2 *b*)

— 19. ἡμεῖς ἔνοχοι ἐσόμεθα (2 *b*)

Jb. 15. 5. ἔνοχος εἶ ῥήμασι στόματός σου (1 ?)

Si. *prol.* 11. οἱ φιλομαθεῖς καὶ τούτων [S οἱ τ.] ἔνοχοι [A S² ἔνηχοι] γενόμενοι

Is. 54. 17. οἱ δὲ ἔ. σου ἔσονται ἐν αὐτῇ (5 *b*)

Da. LXX. Su. 53. τοὺς δὲ ἐ. ἠφίεις

I Ma. 14. 45. ἔνοχος ἔσται

II Ma. 13. 6. R τὸν ἱεροσυλίας ἔ. ὄντα [A *om.*]

[Al. Ex. 34. 7.]

ἐνπολιορκεῖν, *vid.* **ἐμπολιορκεῖν.**

ἐνσείειν. (1) רָטַשׁ pi.

IV Ki. 8. 12. τὰ νήπια αὐτῶν ἐνσείσεις (1)

II Ma. 3. 25. R ἐνέσεισε [A ἔσεισεν] τῷ Ἡλ. τὰς ἐμπροσθίους ὁπλάς

12. 15. ἐνέσεισαν θηριωδῶς τῷ τείχει

— 37. ἐνσείσας ἀπροσδοκήτως τοῖς περὶ τὸν Γ.

14. 46. ἐνέσεισε τοῖς ὄχλοις

ἐνσεισμός.

[Th. Ez. 26. 9.]

ἐνσιτεῖσθαι. (1) כָּרָה

Jb. 40. 25 (30). ἐνσιτοῦνται δὲ ἐν αὐτῷ ἔθνη [A *al.*] (1 ?)

ἐνσκηνοῦν (?). (1) אָהַל

Ge. 13. 12. A ἐνσκήνωσεν [R ἐσκ.] ἐν Σοδ. (1)

ἐνσκιρροῦν.

[Th. Is. 27. 1.]

ἐνσκολιεύεσθαι. (1) בְּמוֹקֵשׁ

Jb. 40. 19 (24). ἐνσκολιευόμενος τρήσει ῥῖνα (1)

[Th. Jb. 40. 19 (24).]

ἔνταλμα. (1) אָשׁוּר (2) מִצְוָה

Jb. 23. 11. ἐξελεύσομαι δὲ ἐν ἐντάλμασιν αὐτοῦ (1)

— 12. οὐ μὴ ἐκκλίνω ἀπὸ ἐνταλμάτων αὐτοῦ καὶ [A ἐντολῶν αὐ.] οὐ μὴ παρέλθω (2)

Is. 29. 13. διδάσκοντες ἐντάλματα ἀνθρώπων (2)

55. 11. εὐοδώσω τὰς ὁδούς σου καὶ τὰ ἐ. μου †

ἐντάσσειν. (1) צָפָה (2) *a.* רְשַׁם *b.* רְשַׁם peil. (3) שׂוּם

II Es. 7. 17. ἔνταξον ἐν βιβλίῳ τούτῳ †

Jb. 15. 22. A ἐντέτακται [B S -ταλται] γὰρ ἤδη εἰς χεῖρας σιδήρου (1)

Am. 7. 8. ἐντάσσω ἀδάμαντα (3)

Da. TH. 5. 24. τὴν γραφὴν ταύτην ἐνέταξε (2 *b*)

▶ — 25. αὕτη ἡ γραφὴ ἡ ἐντεταγμένη (2 *b*)

10. 21. ἀναγγελῶ σοι τὸ ἐντεταγμένον (2 *a*)

IV Ma. 2. 8. A τὸ δάνειον τῶν ἑβδομάδων ἐντάσσων [S R ἐνστασῶν]

ἐνταῦθα. (1) אֵלַי (2) הֲלֹם (3) הֵנָּה (4) *a.* בָּזֶה *b.* בָּזֶה *c.* מָזֶה (5) פֹּה

Ge. 38. 21. οὐκ ἦν ἐ. πόρνη (4 *a*)

— 22. A μὴ εἶναι ἐ. [R ὧδε] πόρνην (4 *a*)

48. 9. οὓς ἔδωκέ μοι ὁ θεὸς ἐ. (4 *a*)

Nu. 23. 1. οἰκοδόμησόν μοι ἐ. (4 *a*)

— 1. ἑτοίμασόν μοι ἐ. (4 *a*)

● = correction on page xxv ▶ = additional entry on page xxv

Jd. 4. 20. A ἔστιν ἐ. ἀνήρ [B εἰ ἔστιν ὧδε ἀ.] (5)
16. 2. A ἥκει Σ. ἐ. [B ὧδε] (3)
18. 3. A τί ποιεῖς ἐ. [B ἐν τῷ τόπῳ τούτῳ] (4 a)
I Ki. 7. 12. ἕως ἐ. ἐβοήθησεν ἡμῖν κύριος (3)
9. 11. εἰ ἔστιν ἐ. ὁ βλέπων (4 a)
10. 22. εἰ ἔρχεται ὁ ἀνὴρ ἐ. [A al.] (2)
14. 33. κυλίσατέ μοι λίθον ἐ. μέγαν –
— 34. προσαγαγεῖν ἐ. ἕκαστος τὸν μόσχον αὐ. (1)
— 36. προσέλθωμεν ἐ. πρὸς τὸν θεόν (2)
— 38. προσαγάγετε ἐ. πάσας τὰς γωνίας τοῦ Ἰ. (2)
16. 11. A ἕως τοῦ ἐλθεῖν αὐτὸν ἐ. [B om.] (5)
17. 3. ἐπὶ τοῦ ὄρους ἐ. καὶ . . . ἐπὶ τοῦ ὄρους ἐ. (4 c, 4 c)
21. 8 (9). εἰ ἔστιν ἐ. ὑπὸ τὴν χεῖρά σου δόρυ (5)
— 9 (10). οὐκ ἔστιν ἑτέρα πάρεξ ταύτης ἐ. (4 b, 4 a*)
23. 3. ἡμεῖς ἐ. ἐν τῇ Ἰουδαίᾳ (5)
II Ki. 11. 12. κάθισον ἐ. καί γε σήμερον (4 a)
III Ki. 19. 9, 13. τί σὺ ἐ., Ἠ. (5)
IV Ki. 2. 2. A R κάθου δὴ ἐ. [B ἰδοὺ δὴ ἐ. κ.] (5)
— 4. κάθου δὴ ἐ. (5)
I Es. 5. 69. ὃς μετήγαγεν ἡμᾶς ἐ.
Ps. 72 (73). 10. ἐπιστρέψει ὁ λαός μου ἐ. (2)
II Ma. 9. 11. ἐ. οὖν ἤρξατο τὸ πολὺ τῆς ὑπερηφανίας
13. 6. ἐ. . . . προσωθοῦσιν εἰς ὄλεθρον
14. 33. ἱερὸν ἐ. τῷ Διονύσῳ ἐπιφανὲς ἀναστήσω
15. 39. ἐ. δὲ ἔσται ἡ τελευτή
III Ma. 2. 21. ἐ. ὁ πάντων ἐπόπτης θεός
IV Ma. 17. 9. ἐ. γέρων ἱερεύς
[**Aq.** Dt. 5. 31 (28) : Je. 51 (28). 64 (ἕως ἐ.).]
[**Th.** Jd. 4. 20 : 16. 2 : Je. 48 (31). 47 (ἕως ἐ.).]
[**Al.** I Ch. 17. 16 (ἕως ἐ.).]

ἐνταφιάζειν. (1) חָנַט
Ge. 50. 2. προσέταξεν Ἰ. . . . τοῖς ἐνταφιασταῖς ἐνταφιάσαι τὸν π. (1)
— 2. καὶ ἐνεταφίασαν οἱ ἐνταφιασταὶ τὸν Ἰσραήλ (1)

ἐνταφιαστής. (1) רָפָא
Ge. 50. 2. προσέταξεν Ἰ. τοῖς παισὶν αὐτοῦ τοῖς ἐ. ἐνταφιάσαι (1)
— 2. ἐνεταφίασαν οἱ ἐ. τὸν Ἰσραήλ (1)

ἐντείνειν. (1) דָּרַךְ a. qal. b. hi. (2) מָשַׁךְ (3) נָטָה (4) נָשַׁק (5) a. עור ni. b. עֶרְיָה (6) a. רָמָה b. רְמִיָּה
III Ki. 22. 34. A ἐνέτεινεν [B ἐπέτ.] εἰς τὸ τόξον εὐστόχως (2)
I Ch. 5. 18. A καὶ ἐντείνοντες [B τείν.] τόξον (1 a)
II Ch. 18. 33. ἐνέτεινεν [B ἔτ.] τόξον εὐστόχως (2)
Ps. 7. 12. τὸ τόξον αὐτοῦ ἐνέτεινε (1 a)
10 (11). 3. οἱ ἁμαρτωλοὶ ἐνέτειναν τόξον (1 a)
36 (37). 14. ἐνέτειναν τόξον αὐτῶν (1 a)
44 (45). 4. ἔντεινον καὶ κατευοδοῦ †
57 (58). 7. ἐντενεῖ τὸ τόξον αὐτοῦ (1 a)
63 (64). 3. ἐνέτειναν τόξον πρᾶγμα πικρόν (1 a)
77 (78). 9. B^{2} S υἱοὶ Ἐφραῒμ ἐντείνοντες καὶ βάλλοντες τόξοις [B^{1} R -ον] (4)
Ho. 7. 16. ἐγένοντο ὡς τόξον ἐντεταμένον (6 b)
Hb. 3. 9. ἐντείνων ἐνέτεινας [A S^{2} ἐντενεῖς τὸ] τόξον σου (5 b, 5 a)
Za. 9. 13. ἐνέτεινά σε, Ἰούδα, ἐμαυτῷ τόξον [A εἰς τ.] (1 a)
Is. 5. 28. τὰ τόξα αὐτῶν ἐντεταμένα (1 a)
Je. 4. 29. ἀπὸ φωνῆς . . . ἐντεταμένου τόξου (6 a)
9. 3 (2). ἐνέτειναν τὴν γλῶσσαν αὐ. ὡς τόξον (1 b)
21. 5. A πολεμήσω ἐγὼ ὑμᾶς ἐν χειρὶ ἐντεταμένῃ [B S ἐκτ.] (3)
26 (46). 9. ἐντείνατε τόξον (1 a)
27 (50). 29. παντὶ ἐντείνοντι τόξον (1 a)
La. 2. 4. ἐνέτεινε [A -τειλεν] τόξον αὐτοῦ (1 a)
3. 12. ἐνέτεινε τόξον αὐτοῦ (1 a)
[**Al.** Ps. 7. 13.]

ἐντέλλεσθαι (-ειν?). (1) אָמַר (2) אָצַר hi. (3) a. דָּבַר pi. b. דָּבָר (4) נָצַר (5) פָּנָה (6) פָּקַד a. qal. b. ni. c. pi. (7) צָוָה a. pi. b. pu.
Ge. 2. 16. ἐνετείλατο κύριος ὁ θ. τῷ Ἀδάμ (7 a)
3. 11, 17. οὗ ἐνετειλάμην σοι (7 a)
6. 22 : 7. 5. ὅσα ἐνετείλατο αὐτῷ κύριος ὁ θεός (7 a)
7. 9. A καθὰ ἐνετείλατο αὐτῷ ὁ θεός [R ὁ θ. τῷ Ν.] (7 a)
— 16. καθὰ ἐνετείλατο ὁ θεὸς τῷ Νῶε (7 a)
12. 20. ἐνετείλατο Φαραὼ ἀνδράσι περὶ Ἄ. (7 a)
Ge. 21. 4. καθὰ ἐνετείλατο αὐτῷ ὁ θεός (7 a)
27. 8. ἄκουσόν μου καθὰ ἐγὼ ἐντέλλομαί σοι (7 a)
28. 1, 6. καὶ ἐνετείλατο αὐτῷ λέγων (7 a)
32. 4 (5). καὶ ἐνετείλατο αὐτοῖς λέγων (7 a)
— 17 (18). καὶ ἐνετείλατο τῷ πρώτῳ λέγων (7 a)
— 19 (20). καὶ ἐνετείλατο τῷ πρώτῳ καὶ τῷ δ. (7 a)
42. 25. ἐνετείλατο δὲ Ἰωσὴφ ἐμπλῆσαι (7 a)
43. 16. A καὶ ἐνετείλατο [R εἶπε] τῷ ἐπὶ τῆς οἰκίας (1)
44. 1. ἐνετείλατο Ἰ. τῷ ὄντι ἐπὶ τῆς οἰκίας (7 a)
45. 19. σὺ δὲ ἔντειλαι ταῦτα (7 b)
50. 12. A καθὼς ἐνετείλατο αὐτοῖς (7 a)
Ex. 4. 28. ἃ ἐνετείλατο αὐτῷ (7 a)
7. 2. πάντα ὅσα σοι ἐντέλλομαι (7 a)
— 6, 10. καθάπερ ἐνετείλατο αὐτοῖς κ. (7 a)
— 13. καθάπερ ἐνετείλατο [A ἐλάλησεν] αὐτοῖς κύριος (3 a)
— 20. καθάπερ ἐνετείλατο αὐτοῖς κ. (7 a)
12. 28, 50. καθὰ ἐνετείλατο κύριος τῷ Μ. (7 a)
23. 15. καθάπερ ἐνετειλάμην σοι (7 a)
— 22. ὅσα ἂν ἐντείλωμαί [A ὅσα ἐντέλλομαί] σοι (3 a)
25. 21 (22). κατὰ πάντα ὅσα ἐὰν ἐντείλωμαί σοι (7 a)
29. 35. κατὰ πάντα ὅσα ἐνετειλάμην σοι (7 a)
31. 11. ὅσα ἐγὼ ἐνετειλάμην [A ἐντέταλμαί] σοι (7 a)
32. 8. τῆς ὁδοῦ ἧς ἐνετείλω αὐτοῖς (7 a)
34. 11. ὅσα ἐγὼ ἐντέλλομαί σοι (7 a)
— 18. καθάπερ ἐντέταλμαί σοι (7 a)
— 32. ἐνετείλατο αὐτοῖς πάντα ὅσα ἐνετείλατο [A ἐλάλησε] κύριος πρὸς αὐτόν (7 a, 3 a)
— 34. ὅσα ἐνετείλατο αὐτῷ κ. (7 b)
40. 16. ὅσα ἐνετείλατο αὐτῷ κ. [A al.] (7 a)
Le. 6. 8 (2). ἔντειλαι Ἀαρὼν καὶ τοῖς υἱοῖς (7 a)
7. 26 (36). καθὰ ἐνετείλατο κύριος δοῦναι αὐτοῖς (7 a)
— 28 (38). ὃν τρόπον ἐνετείλατο κύριος τῷ Μ. (7 a)
— 28 (38). ᾗ ἡμέρα ἐνετείλατο τοῖς υἱοῖς Ἰσ. (7 a)
8. 5. ὃ ἐνετείλατο κύριος ποιῆσαι (7 a)
— 20 (21). καθάπερ ἐνετείλατο κύριος τῷ Μ. (7 a)
— 28 (29). καθὰ ἐνετείλατο κύριος τῷ Μ. (7 a)
— 34. ᾗ ἐνετείλατο κύριος τοῦ ποιῆσαι (7 a)
— 35. οὕτω γὰρ ἐνετείλατό μοι κύριος ὁ θεός (7 b)
9. 5. καθὸ [A καθὼς] ἐνετείλατο Μωυσῆς (7 a)
— 7. καθάπερ ἐνετείλατο κύριος τῷ Μωυσῇ (7 a)
— 10. ὃν τρόπον ἐνετείλατο κύριος τῷ Μωυσῇ (7 a)
10. 13. οὕτω γὰρ ἐντέταλταί μοι (7 b)
17. 2. τοῦτο τὸ ῥῆμα ὃ ἐνετείλατο κύριος (7 a)
24. 2. ἔντειλαι τοῖς υἱοῖς Ἰσραήλ (7 a)
27. 34. ἃς ἐνετείλατο κύριος τῷ Μ. (7 a)
Nu. 1. 54. ἃ ἐνετείλατο κύριος τῷ Μ. (7 a)
2. 33. καθὰ ἐνετείλατο κύριος τῷ Μωυσῇ (7 a)
— 34. A καθὰ ἐνετείλατο κύριος τῷ Μ. [B al.] (7 a)
3. 42. ὃν τρόπον ἐνετείλατο κύριος [A κ. αὐτῷ] (7 a)
8. 20. καθὰ ἐνετείλατο κύριος τῷ Μωυσῇ (7 a)
9. 8. ἀκούσομαι τί ἐντελεῖται κύριος περὶ ὑμῶν (7 a)
27. 19. ἐντελῇ αὐτῷ ἔναντι πασῆς συναγωγῆς καὶ ἐντελῇ [A -τειλαι] περὶ αὐτοῦ ἐναντίον αὐτῶν (–, 7 a)
— 22. καθὰ ἐνετείλατο αὐτῷ κύριος (7 a)
28. 2. ἔντειλαι τοῖς υἱοῖς Ἰ. (7 a)
30. 1. ὅσα [A ἃ] ἐνετείλατο κύριος τῷ Μ. (7 a)
— 17. ὅσα ἐνετείλατο κύριος τῷ Μ. (7 a)
31. 7. καθὰ ἐνετείλατο κύριος τῷ Μωυσῇ (7 a)
32. 25. R καθὰ ὁ κύριος ἡμῶν [A -ῖν] ἐντέλλεται [A -τέταλται, B -τελεῖται] (7 a)
34. 2. ἔντειλαι τοῖς υἱοῖς Ἰ. (7 a)
— 13. ἐνετείλατο Μ. τοῖς υἱοῖς Ἰ. (7 a)
— 29. τούτοις [A οὗτοι οἷς] ἐνετείλατο κύριος (7 a)
36. 2. τῷ κυρίῳ ἡμῶν ἐνετείλατο κύριος (7 a)
— 5. ἐνετείλατο Μ. τοῖς υἱοῖς Ἰ. (7 a)
— 13. ἃ ἐνετείλατο κύριος (7 a)
De. 1. 3. ὅσα ἐνετείλατο κύριος αὐτῷ πρὸς αὐτούς (7 a)
— 16. ἐνετειλάμην τοῖς κριταῖς ὑμῶν (7 a)
— 18. ἐνετειλάμην ὑμῖν ἐν τῷ καιρῷ ἐκείνῳ (7 a)
— 19. καθότι ἐνετείλατο κύριος . . . ἡμῖν (7 a)
— 41. ὅσα ἐνετείλατο κύριος . . . ἡμῖν (7 a)
2. 4. τῷ λαῷ ἔντειλαι (7 a)
— 37. καθότι ἐνετείλατο κύριος . . . ἡμῖν (7 a)
3. 18. ἐνετειλάμην ὑμῖν ἐν τῷ καιρῷ ἐκείνῳ (7 a)
— 21. τῷ Ἰησοῖ ἐνετειλάμην (7 a)
— 28. ἔντειλαι Ἰησοῖ (7 a)
4. 2. ὃ ἐγὼ ἐντέλλομαι ὑμῖν (7 a)
— 2. ὅσα ἐγὼ ἐντέλλομαι ὑμῖν σήμερον (7 a)
— 5. καθὰ ἐνετείλατό μοι κύριος (7 a)
— 13. ἣν ἐνετείλατο ὑμῖν ποιεῖν (7 a)
De. 4. 14. ἐμοὶ ἐνετείλατο κύριος (7 a)
— 40. ὅσα ἐγὼ ἐντέλλομαί σοι σήμερον (7 a)
5. 12. ὃν τρόπον ἐνετείλατό σοι κύριος (7 a)
— 16. A B^{2} R ὃν τρόπον ἐνετείλατό σοι [B^{1} om.] (7 a)
— 32 (29). ὃν τρόπον ἐνετείλατό σοι κύριος (7 a)
— 33 (30). ἣν ἐνετείλατό σοι [A om.] κύριος (7 a)
6. 1. ὅσα ἐνετείλατο κύριος ὁ θεὸς ἡμῶν (7 a)
— 2. ἃς [B^{1} ὅσας] ἐγὼ ἐντέλλομαί σοι σήμερον (7 a)
— 3. ὅσα ἐνετείλατο κύριος τοῖς υἱοῖς Ἰ. –
— 6. ὅσα ἐγὼ ἐντέλλομαί σοι σήμερον (7 a)
— 17. ὅσα ἐνετείλατό σοι (7 a)
— 20. ὅσα ἐνετείλατο κύριος . . . ἡμῖν (7 a)
— 24. καὶ ἐνετείλατο ἡμῖν κύριος (7 a)
— 25. καθὰ ἐνετείλατο ἡμῖν (7 a)
7. 11. ὅσα ἐγὼ ἐντέλλομαί σοι σήμερον ποιεῖν (7 a)
8. 1. ἃς ἐγὼ ἐντέλλομαι ὑμῖν (7 a)
— 11. ὅσα ἐγὼ ἐντέλλομαί σοι σήμερον (7 a)
9. 12. ἧς ἐνετείλω αὐτοῖς (7 a)
— 16. ἧς ἐνετείλατο κύριος ὑμῖν (7 a)
10. 5. καθὰ ἐνετείλατό μοι κύριος (7 a)
— 13. ὅσα ἐγὼ ἐντέλλομαί σοι σήμερον (7 a)
11. 8. ὅσας ἐγὼ ἐντέλλομαί σοι σήμερον (7 a)
— 13, 22. ἃς ἐγὼ ἐντέλλομαί σοι σήμερον (7 a)
— 27. ὅσας ἐγὼ ἐντέλλομαι ὑμῖν σήμερον (7 a)
— 28. ὅσα ἐγὼ ἐντέλλομαι ὑμῖν σήμερον –
— 28. ἧς ἐνετειλάμην ὑμῖν (7 a)
12. 11. ὅσα ἐγὼ ἐντέλλομαι ὑμῖν σήμερον (7 a)
— 14. ὅσα ἐγὼ ἐντέλλομαί σοι σήμερον (7 a)
— 21. ὃν τρόπον ἐνετειλάμην σοι (7 a)
— 28. οὓς ἐγὼ ἐντέλλομαί σοι (7 a)
— 32 (13. 1). ὃ ἐγὼ ἐντέλλομαι ὑμῖν σήμερον (7 a)
13. 5 (6). ἧς ἐνετείλατό σοι κύριος (7 a)
— 18 (19) : 15. 5. ὅσας ἐγὼ ἐντέλλομαί σοι σήμερον (7 a)
15. 11, 15. ἐγώ σοι ἐντέλλομαι (7 a)
18. 18. καθότι ἂν ἐντείλωμαι αὐτῷ (7 a)
19. 7. ἐγώ σοι ἐντέλλομαι τὸ ῥῆμα τοῦτο (7 a)
— 9. ἃς ἐγὼ ἐντέλλομαί σοι σήμερον (7 a)
20. 17. ὃν τρόπον ἐνετείλατό σοι κύριος (7 a)
24. 8. ὃν τρόπον ἐνετειλάμην ὑμῖν (7 a)
— 18. ἐγώ σοι ἐντέλλομαι (7 a)
— 20. ἐγώ σοι ἐντέλλομαι –
— 22. ἐγώ σοι ἐντέλλομαι (7 a)
26. 13. ἃς ἐνετείλω μοι (7 a)
— 14. καθὰ ἐνετείλω μοι (7 a)
— 16. κύριος ὁ θεός σου ἐνετείλατό σοι (7 a)
27. 1. ὅσας ἐγὼ ἐντέλλομαι ὑμῖν σήμερον (7 a)
— 4. οὓς ἐγὼ ἐντέλλομαί σοι σήμερον (7 a)
— 10. ὅσα ἐγὼ ἐντέλλομαί σοι σήμερον (7 a)
— 11. ἐνετείλατο Μ. τῷ λαῷ (7 a)
28. 1. ἃς ἐγὼ ἐντέλλομαί σοι σήμερον (7 a)
— 13. ὅσα ἐγὼ ἐντέλλομαί σοι σήμερον (7 a)
— 14. ὧν ἐγὼ ἐντέλλομαί σοι σήμερον (7 a)
— 15. ὅσας ἐγὼ ἐντέλλομαί σοι σήμερον (7 a)
— 45. ὅσα ἐνετείλατό σοι (7 a)
29. 1 (28. 69). οὓς [A ἧς] ἐνετείλατο κύριος Μ. (7 a)
30. 2. ὅσα ἐγὼ ἐντέλλομαί σοι σήμερον (7 a)
— 8. ὅσας ἐγὼ ἐντέλλομαί σοι σήμερον (7 a)
— 11. ἣν ἐγὼ ἐντέλλομαί σοι σήμερον (7 a)
— 16. ἃς ἐγὼ ἐντέλλομαί σοι σήμερον (7 a)
31. 5. A B^{2} R καθότι ἐνετειλάμην ὑμῖν (7 a)
— 10. καὶ ἐνετείλατο Μ. αὐτοῖς (7 a)
— 14. A B^{2} R καὶ ἐντελοῦμαι αὐτῷ (7 a)
— 23. καὶ ἐνετείλατο Ἰησοῖ (7 a)
— 25. καὶ ἐνετείλατο τοῖς Λευίταις (7 a)
— 29. ἧς ἐνετειλάμην ὑμῖν (7 a)
32. 46. ἃ ἐντελεῖσθε τοῖς υἱοῖς ὑμῶν (7 a)
33. 4. ὃν ἐνετείλατο ἡμῖν Μ. (7 a)
34. 9. καθότι ἐνετείλατο κύριος τῷ Μ. (7 a)
Jo. 1. 7. καθότι ἐνετείλατό σοι Μ. (7 a)
— 9. ἐντέταλμαί [A -τέλλομαί] σοι (7 a)
— 10. ἐνετείλατο Ἰ. τοῖς γραμματεῦσι (7 a)
— 11. ἐντείλασθε τῷ λαῷ (7 a)
— 13. ὃ ἐνετείλατο ὑμῖν Μ. (7 a)
— 16. ὅσα ἂν ἐντείλῃ ἡμῖν (7 a)
— 18. καθότι ἂν ἐντείλῃ αὐτῷ (7 a)
3. 3. καὶ ἐνετείλαντο τῷ λαῷ (7 a)
— 8. ἔντειλαι τοῖς ἱερεῦσι (7 a)
4. 8. καθότι ἐνετείλατο κύριος τῷ Ἰησοῖ (7 a)
— 10. ἃ ἐνετείλατο κύριος [A al.] (7 a)
— 12. καθάπερ ἐνετείλατο αὐτοῖς Μ. (3 a)
— 16. ἔντειλαι τοῖς ἱερεῦσι (7 a)
— 17. ἐνετείλατο Ἰησοῦς τοῖς ἱερεῦσι (7 a)
6. 9 (10). τῷ δὲ λαῷ ἐνετείλατο Ἰ. (7 a)
8. 4. καὶ ἐνετείλατο αὐτοῖς (7 a)
— 8. ἰδοὺ ἐντέταλμαι ὑμῖν (7 a)

Jo. 9. 2 (8. 31). καθότι ἐνετείλατο Μωυσῆς . . . τοῖς υἱοῖς Ἰ. (7 a)
— 2 (8. 33). καθότι [A καθὰ] ἐνετείλατο M. (7 a)
— 2 (8. 35). ὧν ἐνετείλατο M. τῷ Ἰησοῖ (7 a)
10. 27. ἐνετείλατο Ἰησοῦς (7 a)
— 40. ὃν τρόπον ἐνετείλατο κύριος (7 a)
11. 9. ὃν τρόπον ἐνετείλατο αὐτῷ κύριος (1)
— 15. καὶ M. ὡσαύτως ἐνετείλατο τῷ Ἰ. (7 a)
— 23. καθότι ἐνετείλατο κύριος τῷ Μωυσῇ (3 a)
13. 6. ὃν τρόπον σοὶ ἐνετειλάμην (7 a)
14. 2. ὃν τρόπον ἐνετείλατο κύριος (7 a)
— 5. ὃν τρόπον ἐνετείλατο κύριος τῷ M. (7 a)
17. 4. ὁ θεὸς ἐνετείλατο διὰ χειρὸς Μωυσῆ (7 a)
18. 8. ἐνετείλατο Ἰησοῦς τοῖς ἀνδράσι (7 a)
21. 2. ἐνετείλατο κύριος ἐν χειρὶ M. (7 a)
— 8. ὃν τρόπον ἐνετείλατο κύριος τῷ Μωυσῇ (7 a)
22. 2. ὅσα ἐνετείλατο ὑμῖν M. (7 a)
— 2. ὅσα ἐνετείλατο [A -άμην] ὑμῖν (7 a)
— 5. ὃν ἐνετείλατο ἡμῖν ποιεῖν M. (7 a)
23. 16. ἣν ἐνετείλατο ἡμῖν (7 a)
Jd. 2. 20. ἣν ἐνετειλάμην τοῖς πατράσιν αὐτῶν (7 a)
3. 4. ἃς ἐνετείλατο τοῖς πατράσιν αὐτῶν (7 a)
4. 6. οὐχὶ ἐνετείλατο κύριος . . . σοι (7 a)
13. 14. ὅσα ἐνετειλάμην αὐτῇ (7 a)
19. 30. A καὶ ἐνετείλατο τοῖς ἀνδράσιν –
21. 10. καὶ ἐνετείλαντο αὐτοῖς (7 a)
— 20. καὶ ἐνετείλαντο τοῖς υἱοῖς B. (7 a)
Ru. 2. 9. ἐνετειλάμην τοῖς παιδαρίοις (7 a)
— 15. καὶ ἐνετείλατο B. τοῖς παιδαρίοις αὐτοῦ (7 a)
3. 6. ὅσα ἐνετείλατο αὐτῇ ἡ πενθερὰ αὐτῆς (7 a)
I Ki. 13. 13. B ἣν ἐνετείλατό σοι κύριος (7 a)
— 14. B ἐντελεῖται κύριος αὐτῷ (7 a)
— 14. B ὅτι [R ὅσα] ἐνετείλατό σοι κύριος (7 a)
17. 20. A καθὰ ἐνετείλατο αὐτῷ Ἰ. (7 a)
18. 22. ἐνετείλατο Σ. τοῖς παισὶν αὐτοῦ (7 a)
20. 29. ἐνετείλαντο πρὸς μὲ οἱ ἀδ. μου [A *al.*] (7 a)
21. 2 (3). ὁ βασ. ἐντέταλταί μοι ῥῆμα σήμερον (7 a)
— 2 (3). ὑπὲρ οὗ ἐντέταλμαί [A -τέλλομαί] σοι (7 a)
25. 7. οὐκ ἐνετειλάμεθα αὐτοῖς οὐθέν (6 b)
— 15. A R οὐδὲ ἐνετείλαντο ἡμῖν οὐδέν [B *om.*] (6 a)
— 21. οὐκ ἐνετειλάμεθα λαβεῖν (6 b)
— 30. ἐντελεῖταί σοι εἰς ἡγούμενον (7 a)
II Ki. 4. 12. ἐνετείλατο Δ. τοῖς παιδαρίοις αὐτοῦ (7 a)
5. 25. καθὼς ἐνετείλατο αὐτῷ κύριος (7 a)
7. 7. ᾧ [A ὧν] ἐνετειλάμην ποιμαίνειν (7 a)
9. 11. ὅσα ἐντέταλται . . . τῷ δούλῳ αὐ. (7 a)
11. 19. καὶ ἐνετείλατο τῷ ἀγγέλῳ (7 a)
13. 28. καὶ ἐνετείλατο Ἀ. τοῖς παιδαρίοις αὐτοῦ (7 a)
— 28. οὐχὶ ἐγώ εἰμι ὁ [B^2 *om.*] ἐντελλόμενος ὑμῖν (7 a)
— 29. καθὰ ἐνετείλατο αὐτοῖς Ἀ. (7 a)
14. 8. κἀγὼ ἐντελοῦμαι περὶ σοῦ (7 a)
— 19. αὐτὸς ἐνετείλατό μοι (7 a)
17. 14. καὶ κύριος ἐνετείλατο (7 a)
— 23. ἐνετείλατο τῷ οἴκῳ αὐτοῦ (7 a)
18. 5. καὶ ἐνετείλατο ὁ βασιλεὺς τῷ Ἰ. (7 a)
— 5. B ἐντελλομένου τοῦ βασ. πᾶσι τοῖς ἄρχουσιν (7 a)
— 12. ἐνετείλατο ὁ βασιλεύς σοι (7 a)
21. 14. ὅσα ἐνετείλατο ὁ βασιλεύς (7 a)
24. 19. καθ' ὃν τρόπον ἐνετείλατο αὐτῷ κύριος (7 a)
III Ki. 1. 35. καὶ ἐγὼ ἐνετειλάμην τοῦ εἶναι (7 a)
2. 3. ὅσα ἂν [A *om.*] ἐντείλωμαί σοι (5 ?)
3. 1. ἐνετείλατο τῷ Σ. –
— 1 (2. 43). ἣν ἐνετειλάμην κατὰ σοῦ (7 a)
— 1 (2. 46). ἐνετείλατο ὁ βασιλεὺς Σ. τῷ B. (7 a)
5. 6 (20). καὶ νῦν ἔντειλαι (7 a)
6. 1 (5. 17 [31]). B^2 R ἐνετείλατο ὁ βασιλεύς (7 a)
8. 58. ἃ ἐνετείλατο τοῖς πατράσιν ἡμῶν (7 a)
9. 4. ἃ ἐνετειλάμην αὐτῷ (7 a)
11. 10. A R ἐντειλαμένου [B -ῳ] αὐτῷ ὑπὲρ τοῦ λόγου τ. (7 a)
— 10. ἃ ἐνετείλατο αὐτῷ κύριος ὁ θεός (7 a)
— 11. ἃ [A ἃς] ἐνετειλάμην σοι (7 a)
— 38. ὅσα ἂν ἐντείλωμαί σοι (7 a)
13. 9. οὕτως ἐνετείλατό μοι ἐν λόγῳ κύριος (7 a)
— 17. οὕτως ἐντέταλταί μοι ἐν λόγῳ κυρίος (3 b)
— 21. ἣν ἐνετείλατό σοι κύριος ὁ θεός σου (7 a)
15. 5. ὧν ἐνετείλατο αὐτῷ (7 a)
17. 4. τοῖς κόραξιν ἐντελοῦμαι (7 a)
— 9. ἐντέταλμαι ἐκεῖ γυναικὶ χήρᾳ (7 a)
22. 31. ἐνετείλατο τοῖς ἄρχουσι τῶν ἁρμ. αὐ. (7 a)
IV Ki. 11. 5. καὶ ἐνετείλατο αὐτοῖς (7 a)
— 9. ὅσα ἐνετείλατο Ἰ. ὁ συνετός (7 a)
— 15. ἐνετείλατο Ἰ. . . . τοῖς ἑκατοντάρχοις (7 a)
14. 6. ὡς ἐνετείλατο κύριος (7 a)
IV Ki. 16. 15. καὶ ἐνετείλατο ὁ βασιλεὺς Ἀ. τῷ Οὐ. (7 a)
— 16. ὅσα ἐνετείλατο αὐτῷ ὁ βασιλεὺς Ἄ. (7 a)
17. 13. ὃν ἐνετειλάμην τοῖς πατράσιν ὑμῶν (7 a)
— 15. ὧν ἐνετείλατο κύριος αὐτοῖς (7 a)
— 27. καὶ ἐνετείλατο ὁ βασιλεὺς Ἀ. (7 a)
— 34. ἣν ἐνετείλατο κύριος τοῖς υἱοῖς Ἰ. (7 a)
— 35. καὶ ἐνετείλατο αὐτοῖς (7 a)
18. 6. ὅσας ἐνετείλατο Μωυσῇ (7 a)
— 12. ὅσα ἐνετείλατο M. (7 a)
20. 1. ἔντειλαι τῷ οἴκῳ σου (7 a)
21. 8. πάντα ὅσα ἐνετειλάμην [A ἐ. αὐτοῖς] (7 a)
— 8. A R ἣν ἐνετείλατο αὐτοῖς [B *om.*] (7 a)
22. 12 : 23. 4. καὶ ἐνετείλατο ὁ βασιλεὺς τῷ X. (7 a)
23. 21. καὶ ἐνετείλατο ὁ βασ. παντὶ τῷ λαῷ (7 a)
I Ch. 6. 49 (34). ὅσα ἐνετείλατο M. παῖς τοῦ θεοῦ (7 a)
14. 16. καθὼς ἐνετείλατο αὐτῷ [S μοι] ὁ θεός (7 a)
15. 15. ὡς ἐνετείλατο M. ἐν λόγῳ θεοῦ (7 a)
16. 15. ὃν ἐνετείλατο εἰς χιλίας γενεάς (7 a)
— 40. ὅσα ἐνετείλατο [S^1 ἐγένετο] ἐφ' υἱοῖς [A -οὺς] Ἰ. (7 a)
17. 6. A R οἷς ἐνετειλάμην (7 a)
22. 6. καὶ ἐνετείλατο αὐτῷ (7 a)
— 13. ἃ ἐνετείλατο κύριος τῷ M. (7 a)
— 17. R καὶ ἐνετείλατο Δ. τοῖς πᾶσιν [A B παισὶν] ἄρχουσιν Ἰ. (7 a)
24. 19. ὡς ἐνετείλατο κύριος ὁ θεὸς Ἰ. (7 a)
II Ch. 7. 13. ἐὰν ἐντείλωμαι τῇ ἀκρίδι (7 a)
— 17. κατὰ πάντα ἃ ἐνετειλάμην σοι (7 a)
18. 30. ἐνετείλατο τοῖς ἄρχουσι τῶν ἁρμάτων (7 a)
19. 9. καὶ ἐνετείλατο πρὸς αὐτούς (7 a)
23. 8. A B ὅσα ἐνετείλατο [R ἐν. αὐτοῖς] (7 a)
— 14. ἐνετείλατο Ἰ. ὁ ἱ. τοῖς ἑκατοντάρχοις –
25. 4. ὡς ἐνετείλατο κύριος (7 a)
33. 8. πάντα ἃ ἐνετειλάμην αὐτοῖς (7 a)
34. 20. καὶ ἐνετείλατο ὁ βασιλεὺς τῷ X. (7 a)
36. 23. καὶ αὐτὸς ἐνετείλατό μοι οἰκοδομῆσαι (6 a)
I Es. 8. 46. ἐντειλάμενος αὐτοῖς διαλεχθῆναι
II Es. 4. 3. ὡς ἐνετείλατο ἡμῖν Κῦρος (7 a)
Ne. 1. 7. ἃ ἐνετείλω τῷ M. (7 a)
— 8. ὃν ἐνετείλω τῷ M. (7 a)
5. 14. ἧς ἐνετείλατό μοι (7 a)
7. 2. καὶ ἐνετειλάμην τῷ Ἀ. (7 a)
8. 1. ὃ ἐνετείλατο κύριος τῷ Ἰ. (7 a)
— 14. ᾧ ἐνετείλατο κύριος τῷ M. (7 a)
9. 14. νόμον ἐνετείλω [S^3 ὃν ἐν.] αὐτοῖς (7 a)
13. 13. S^3 καὶ ἐνετειλάμην [A B S^1 *om.* καὶ ἐν.] ἐπὶ χεῖρα Σ. (2 ?)
To. 1. 8. καθὼς [S ἃς] ἐνετείλατο Δ.
5. 1. ὅσα ἐντέταλσαί μοι
6. 15. ὧν ἐνετείλατό σοι ὁ πατήρ σου [S *al.*]
14. 3. S καὶ ἐνετείλατο αὐτῷ [A B *al.*]
— 7. S ἐγὼ ὑμῖν ἐντέλλομαι
Es. 2. 10. ὁ γὰρ M. ἐνετείλατο αὐτῇ μὴ ἀπαγγεῖλαι (7 a)
— 15. ὧν ἐνετείλατο ὁ εὐνοῦχος [A S *al.*] (1)
— 20. ἐνετείλατο αὐτῇ M. (7 a)
4. 8. εἶπεν αὐτῷ ἐντείλασθαι αὐτῇ (7 a)
— 17. ὅσα ἐνετείλατο αὐτῷ Ἐ. (7 a)
8. 9. ὅσα ἐνετείλατο [S^3 ἐν. M. πρὸς Ἰουδαίους] τοῖς οἰκονόμοις (7 a)
Jb. 15. 22. ἐντέταλται [A -τακται] γὰρ ἤδη εἰς χεῖρας σιδήρου †
36. 32. ἐνετείλατο περὶ αὐτῆς ἐν ἀπαντῶντι (7 a)
37. 12. ὅσα ἂν ἐντείληται [A -λῃ] αὐτοῖς (7 a)
Ps. 7. 6. ἐν προστάγματι ᾧ ἐνετείλω (7 a)
32 (33). 9. αὐτὸς ἐνετείλατο καὶ ἐκτίσθησαν (7 a)
41 (42). 8. ἡμέρας ἐντελεῖται κ. τὸ ἔλεος αὐ. (7 a)
43 (44). 4. ὁ ἐντελλόμενος τὰς σωτηρίας Ἰ. (7 a)
67 (68). 28. ἔντειλαι ὁ θεὸς τῇ δυνάμει σου (7 a)
77 (78). 5. B S^2 ὃν ἐνετείλατο [S^1 ἔθετο] τοῖς πατράσιν ἡμῶν (7 a)
— 23. ἐνετείλατο νεφέλαις ὑπεράνωθεν (7 a)
90 (91). 11. τοῖς ἀγγέλοις αὐτοῦ ἐντελεῖται περὶ σοῦ (7 a)
104 (105). 8. οὗ ἐνετείλατο εἰς χιλίας γενεάς (7 a)
110 (111). 9. ἐνετείλατο εἰς τὸν αἰῶνα διαθήκην αὐτοῦ (7 a)
118 (119). 4. σὺ ἐνετείλω τὰς ἐντολάς σου (7 a)
— 138. ἐνετείλω δικαιοσύνην τὰ μαρτύριά σου (7 a)
132 (133). 3. ἐκεῖ ἐνετείλατο κ. τὴν εὐλογίαν (7 a)
148. 5. αὐτὸς ἐνετείλατο καὶ ἐκτίσθησαν (7 a)
Pr. 5. 2. αἴσθησις [A S^2 -ιν] δὲ ἐμῶν χειλέων ἐντέλλεταί [A S^2 -ομαί] σοι (4 ?)
6. 3. ποίει, υἱέ, ἃ ἐγώ σοι ἐντέλλομαι †
Si. 7. 31. δὸς τὴν μερίδα αὐτῷ καθὼς ἐντέταλταί σοι
15. 20. οὐκ ἐνετείλατο οὐδενὶ ἀσεβεῖν
Si. 17. 14. ἐνετείλατο αὐτοῖς ἑκάστῳ περὶ τοῦ πλησίον
24. 8. τότε ἐνετείλατό μοι ὁ κτίστης ἁπάντων
— 23. νόμον ὃν ἐνετείλατο [A S ἐνετ. ἡμῖν] Μωυσῆς
45. 3. ἐνετείλατο αὐτῷ πρὸς λαὸν αὐτοῦ
48. 22. ἃς ἐνετείλατο Ἡσαίας ὁ προφήτης ὁ μέγας
Am. 2. 12. τοῖς προφήταις ἐνετέλλεσθε (7 a)
6. 12 (11). ἰδοὺ κύριος ἐντέλλεται (7 a)
9. 3. ἐκεῖ ἐντελοῦμαι τῷ δράκοντι (7 a)
— 4. ἐκεῖ ἐντελοῦμαι τῇ ῥομφαίᾳ (7 a)
— 9. διότι ἐγὼ [A ἰδοὺ ἐ.] ἐντέλλομαι (7 a)
Na. 1. 14. A B ἐντελεῖται ὑπὲρ [S R περὶ σοῦ] κύριος (7 a)
Za. 1. 6. ὅσα ἐγὼ ἐντέλλομαι ἐν πνεύματί μου (7 a)
Ma. 4. 4 (3. 22). καθότι ἐνετειλάμην αὐτῷ (7 a)
Is. 5. 6. ταῖς νεφέλαις ἐντελοῦμαι τοῦ μὴ βρέξαι (7 a)
13. 4. ἐντέταλται ἔθνει ὁπλομάχῳ (6 c)
— 11. ἐντελοῦμαι τῇ οἰκουμένῃ ὅλῃ κακά (6 a)
23. 11. κύριος σαβαὼθ ἐνετείλατο περὶ Χαναάν (7 a)
34. 16. κύριος αὐτοῖς ἐνετείλατο (7 a)
45. 11. περὶ τῶν ἔργων τῶν χειρῶν μου ἐντείλασθέ μοι (7 a)
— 12. ἐγὼ πᾶσι τοῖς ἄστροις ἐνετειλάμην (7 a)
48. 5. τὰ χωνευτὰ ἐνετείλατό [S^2 -αντό] μοι (7 a)
Je. 1. 7. κατὰ πάντα ὅσα ἐὰν ἐντείλωμαί σοι (7 a)
— 17. ὅσα ἂν ἐντείλωμαί σοι (7 a)
7. 22. οὐκ ἐνετειλάμην [S^1 ἀν.] αὐτοῖς (7 a)
— 23. τὸ ῥῆμα τοῦτο ἐνετειλάμην αὐτοῖς (7 a)
— 23. αἷς ἂν ἐντείλωμαι ὑμῖν (7 a)
— 31. ὃ οὐκ ἐνετειλάμην αὐτοῖς (7 a)
11. 4. ἧς [A ἣν] ἐνετειλάμην τοῖς πατράσιν ὑμῶν (7 a)
— 4. ὅσα ἐὰν ἐντείλωμαι ὑμῖν (7 a)
13. 5. καθὼς ἐνετείλατό μοι κύριος (7 a)
— 6. ὃ ἐνετειλάμην σοι τοῦ κατακρύψαι ἐκεῖ (7 a)
14. 14. οὐκ ἐνετειλάμην αὐτοῖς (7 a)
17. 22. καθὼς ἐνετειλάμην τοῖς πατράσιν ὑμῶν (7 a)
19. 5. A S R ἃ [B *om.*] οὐκ ἐνετειλάμην (7 a)
23. 32. οὐκ ἐνετειλάμην αὐτοῖς (7 a)
27 (50). 21. ὅσα ἐντέλλομαί σοι (7 a)
28 (51). 59. ὃν ἐνετείλατο κύριος Ἱερεμίᾳ (7 a)
29 (47). 7. ἐνετείλατο αὐτῇ ἐπὶ τὴν Ἀσκ. (7 a)
39 (32). 23. ἃ ἐνετείλω [B^1 -ου] αὐτοῖς (7 a)
42 (35). 6. ὁ πατὴρ ἡμῶν ἐνετείλατο ἡμῖν (7 a)
— 10. ἃ ἐνετείλατο ἡμῖν Ἰ. ὁ πατὴρ ἡμῶν (7 a)
— 14. ὃ ἐνετείλατο τοῖς τέκνοις αὐτοῦ (7 a)
— 18. καθότι [A ὅσα] ἐνετείλατο αὐτοῖς (7 a)
43 (36). 5. ἐνετείλατο Ἱερεμίας τῷ Βαρούχ (7 a)
— 8. ἃ ἐνετείλατο αὐτῷ Ἱερεμίας (7 a)
— 26. ἐνετείλατο ὁ βασιλεὺς τῷ Ἱερεμεήλ (7 a)
45 (38). 10. ἐνετείλατο ὁ βασιλεὺς τῷ Ἀβδ. (7 a)
— 27. οὓς ἐνετείλατο αὐτῷ ὁ βασιλεύς (7 a)
Ba. 2. 9. ἃ ἐνετείλατο ἡμῖν
— 28. ἐν ἡμέρᾳ ἐντειλαμένου σου αὐτῷ
La. 1. 10. ἃ ἐνετείλω μὴ εἰσελθεῖν αὐτά (7 a)
— 17. ἐνετείλατο κύριος τῷ Ἰακώβ (7 a)
2. 4. A ἐνέτειλεν [B S -τεινεν] τόξον αὐτοῦ †
— 17. ἃ ἐνετείλατο [A ἐνεθυμήθη] ἐξ ἡμερῶν ἀρχαίων (7 a)
3. 37. κύριος οὐκ ἐνετείλατο (7 a)
Ez. 9. 11. καθὼς [A -θὰ] ἐνετείλω μοι (7 a)
10. 6. ἐν τῷ ἐντέλλεσθαι αὐτὸν τῷ ἀνδρί (7 a)
12. 7. ὅσα ἐνετείλατό μοι (7 b)
24. 18. ὃν τρόπον ἐνετείλατό μοι –
37. 7. καθὼς ἐνετείλατό μοι (7 b)
— 10. καθότι ἐνετείλατό μοι (7 a)
Da. LXX., TH. 3. (30). καθὼς ἐνετείλω ἡμῖν
I Ma. 1. 51. A R ἐνετείλατο [S -αντο] ταῖς πόλεσιν Ἰ.
3. 28. S R ἐνετείλατο εἶναι αὐτοὺς ἑτοίμους [A *al.*]
— 34. ἐνετείλατο αὐτῷ περὶ πάντων
— 42. οὓς ἐνετείλατο ποιῆσαι τῷ λαῷ
4. 27. οἷα ἐνετείλατο αὐτῷ ὁ βασιλεύς
5. 19, 42. καὶ ἐνετείλατο αὐτοῖς
6. 62. S R ἐνετείλατο καθελεῖν [A καὶ καθεῖλεν] τὸ τεῖχος
7. 9. ἐνετείλατο αὐτῷ ποιῆσαι τὴν ἐκδίκησιν
— 26. ἐνετείλατο αὐτῷ ἐξᾶραι τὸν λαόν
9. 55. καὶ ἐντείλασθαι περὶ τοῦ οἴκου αὐτοῦ
10. 26. ἐνεμείνατε [S^1 -τείλατο] τῇ φιλίᾳ ἡ.
12. 17. ἐνετειλάμεθα οὖν αὐτοῖς
— 23. ἐντελλόμεθα οὖν ὅπως ἀπαγγείλωσιν ὑμῖν
15. 39. ἐνετείλατο αὐτῷ παρεμβάλλειν
— 39. ἐνετείλατο αὐτῷ οἰκοδομῆσαι

II Ma. 2. 2. ὡς ἐνετείλατο τοῖς μεταγενομένοις
11. 20. ἐντέταλμαι τούτοις τε καὶ τοῖς παρ' ἐμοῦ
[**Aq.** Jo. 4. 10: II Ki. 6. 21: III Ki. 2. 1: Ps. 32 (33). 9: 90 (91). 11: Is. 13. 3: 38. 1: Je. 34 (41). 22: 37 (44). 21: 50 (27). 21: 51 (28). 59.]
[**Sm.** Jo. 4. 10: II Ki. 6. 21: III Ki. 2. 1: Ps. 41 (42). 9: 43 (44). 5: 90 (91). 11: Je. 34 (41). 22: La. 1. 17.]
[**Th.** Jo. 4. 10: III Ki. 2. 1: Jb. 36. 32: 37. 12: Is. 38. 1: Je. 11. 8: 39 (46). 11.]
[**Al.** Ge. 49. 29: Le. 14. 36: 24. 23: Nu. 1. 19: 2. 34: 3. 16, 51: Dt. 4. 45.]

ἔντερον. (1) רַחַם

Ge. 43. 30. **A** συνεστρέφετο γὰρ τὰ ἔ. [**B** ἔγκατα] αὐτοῦ (1)
Si. 34 (31). 20. ὕπνος ὑγιείας ἐπὶ ἔ. μετρίῳ
II Ma. 14. 46. προβαλὼν τὰ ἔ.
[**Aq.** Ps. 5. 10: 57 (58). 9.]
[**Sm.** Ca. 5. 4.]

ἐντεῦθεν. (1) הֵנָּה (2) מֵאֵת זֶה (3) מִזֶּה (4) כֹּה (5) מִזֶּה (6) ἀπ' ἐ. מִזֶּה

Ge. 37. 17. ἀπήρκασιν ἐ. (3)
42. 15. οὐ μὴ ἐξέλθητε ἐ. (3)
50. 25. συνανοίσετε τὰ ὀστᾶ μου ἐ. μεθ' ὑμῶν (3)
Ex. 11. 1. καὶ μετὰ ταῦτα ἐξαποστελεῖ ὑμᾶς ἐ. (3)
13. 3. ἐξήγαγεν ὑμᾶς κύριος ἐ. (3)
— 19. συνανοίσετέ μου τὰ ὀστᾶ ἐ. μεθ' ὑμῶν (3)
17. 12. ἐ. εἷς καὶ ἐ. εἷς (3, 3)
32. 7. βάδιζε τὸ τάχος κατάβηθι ἐ. –
33. 1. ἀνάβηθι ἐ. σὺ καὶ ὁ λαός σου (3)
— 15. μή με ἀναγάγῃς ἐ. (3)
Nu. 11. 31. ὁδὸν ἡμέρας ἐ. καὶ ὁδὸν ἡμέρας ἐ. [B¹ *om.* καὶ . . . ἐ.] (4, 4)
22. 24. φραγμὸς ἐ. καὶ φραγμὸς ἐ. (3, 3)
De. 9. 12. κατάβηθι τὸ τάχος ἐ. (3)
Jo. 4. 3. **A** ἀνέλεσθε ἐ. [**B** *om.*] . . . δώδεκα λίθους (3)
8. 22. οὗτοι ἐ. καὶ οὗτοι ἐ. (3, 3)
Jd. 6. 18. μὴ χωρισθῇς [**A** κινηθῇς] ἐ. (3)
7. 9. **A** κατάβηθι τὸ τάχος εἰς τὴν παρεμβολὴν ἐ. [**B** *al.*] –
Ru. 2. 8. καὶ σὺ οὐ πορεύσῃ ἐ. (3)
II Ki. 2. 13. οὗτοι [**A** αὐτοὶ] ἐπὶ τὴν κρήνην ἐ. καὶ οὗτοι ἐπὶ τὴν κρήνην ἐ. (3, 3)
III Ki. 17. 3. πορεύου ἐ. κατὰ ἀνατολάς (3)
I Es. 4. 22. ἐ. δεῖ ὑμᾶς γνῶναι
Ne. 1. 1. B² ἐ. τὰ περὶ Νεεμίου –
To. 7. 11. **S** μὴ φάγω ἐ. [**A B** *al.*]
8. 20. **S** οὐ μὴ κινηθῇς ἐ. [**A B** *al.*]
10. 10. **S** ὅπως ἐξαποστείλῃς με ἐ. [**A B** *al.*]
Je. 2. 37. καὶ ἔ. ἐξελεύσῃ (2)
45 (38). 10. λάβε εἰς τὰς χεῖράς σου [**A** τὴν χ. σ. ἀπ'] ἐ. τριάκοντα ἀνθρώπους (3 [6])
Ez. 40. 49. **B** εἰς ἔνθεν καὶ εἰς ἐ. [**A R** ἔνθεν] (5)
Da. Th. 12. 5. εἷς ἐ. τοῦ χείλους τοῦ ποταμοῦ καὶ εἷς ἐ. τοῦ χείλους τοῦ ποταμοῦ (1, 1)
II Ma. 2. 32. ἐ. οὖν ἀρξώμεθα τῆς διηγήσεως
[**Aq., Th.** Ex. 11. 1.]
[**Sm.** Ex. 14. 20.]

ἔντευξις.

II Ma. 4. 8. ἐπαγγειλάμενος τῷ βασιλεῖ δι' ἐντεύξεως

ἐντήκειν. (1) מָקַק ni.

Ez. 4. 17. **B²R** ἐντακήσονται [**A B¹** τακ.] ἐν ταῖς ἀδικίαις αὐτῶν (1)
24. 23. ἐντακήσεσθε ἐν ταῖς ἀδικίαις ὑμῶν (1)
IV Ma. 8. 26. πόθεν ἡμῖν ἡ τοσαύτη ἐντέτηκε φιλονεικία

ἐντιθέναι. (1) בִּין hi. (2) שׂוּם ithpe.

II Es. 5. 8. καὶ ξύλα ἐντίθεται ἐν τοῖς τοίχοις (2)
Pr. 8. 5. οἱ δὲ ἀπαίδευτοι ἔνθεσθε καρδίαν (1)
II Ma. 3. 27. εἰς φορεῖον ἐνθέντες
III Ma. 5. 28. θεοῦ . . . λήθην κατὰ διάνοιαν ἐντεθεικότος

ἔντιμος. (1) אַחַר (2) חוֹר (3) יָקַר *a.* qal. *b.* ἔ. εἶναι hi. *c.* יְקַר *d.* יָקָר (4) כָּבֵד ni. (5) כַּבִּיר (6) שַׂר (7) ἐντιμότερος נִכְבָּד מִ'

Nu. 22. 15. ἄρχοντας πλείους καὶ ἐντιμοτέρους τούτων (7)
De. 28. 58. τὸ ὄνομα τὸ ἔ. τὸ [**A** καὶ τὸ] θαυμαστὸν τοῦτο (4)
I Ki. 26. 21. ἔντιμος ψυχή μου ἐν ὀφθ. σου (3 *a*)
Ne. 2. 16. καὶ τοῖς ἱερεῦσι καὶ τοῖς ἐ. (2)
4. 14 (8). εἶπα πρὸς τοὺς ἐ. (2)
— 19 (13). καὶ εἶπα πρὸς τοὺς ἐ. (2)
5. 5. καὶ ἀμπελῶνες ἡμῶν τοῖς ἐ. (1 ?)
— 7. ἐμαχεσάμην πρὸς τοὺς ἐ. (2)
6. 17. ἀπὸ πολλῶν ἐ. Ἰ. ἐπιστολαὶ ἐπορεύοντο (2)
7. 5. συνῆξα τοὺς ἐ. (2)
To. 3. 11. τὸ ὄνομά σου τὸ ἅγιον καὶ ἔ. [**S** *al.*]
13. 16. καὶ λίθῳ ἐ. [**A** ἐπιτίμῳ] τὰ τείχη σου [**S** *al.*]
Jb. 28. 10. πᾶν δὲ ἔντιμον [**A** τίμιον] εἶδέ μου [**A S²** αὐτοῦ] ὁ ὀφθαλμός (3 *d*)
34. 19. ὃς οὐκ ἐπαισχυνθῇ [**A** αἰσχ.] πρόσωπον ἐντίμου (6)
Ps. 71 (72). 14. **B** ἔντιμον τὸ ὄνομα αὐτῶν ἐνώπιον αὐτοῦ [**S** *al.*] (3 *a*)
Wi. 18. 12. πρὸς μίαν ῥοπὴν ἡ ἐντιμοτέρα γένεσις αὐτῶν διεφθάρη
Si. 10. 19. σπέρμα ἔντιμον ποῖον; σπέρμα ἀνθρώπου
— 19. σπέρμα ἔντιμον ποῖον; οἱ φοβούμενοι τὸν κύριον
— 20. ἐν μέσῳ ἀδελφῶν ὁ ἡγούμενος αὐτῶν ἔντιμος
Is. 3. 5. ὁ ἄτιμος πρὸς τὸν ἔ. (4)
13. 12. ἔσονται οἱ καταλελειμμένοι ἔντιμοι (3 *b*)
— 12. ἄνθρωπος μᾶλλον ἔ. ἔσται –
16. 14. καταλειφθήσεται ὀλιγοστὸς καὶ οὐκ ἔ. (5)
28. 16. λίθον πολυτελῆ ἐκλεκτὸν ἀκρογωνιαῖον ἔντιμον (3 *c*)
43. 4. ἔ. ἐγένου ἐναντίον ἐμοῦ (3 *a*)
Da. Th. 2. 37. βασιλείαν . . . ἔντιμον ἔδωκεν (3 *d*)
III Ma. 2. 9. πρὸς δόξαν τοῦ μεγάλου καὶ ἐ. ὀνόματός σου
6. 13. **R** ἔντιμε δύναμιν [**A** ἐν τίνι με δυνάμει] ἔχων
IV Ma. 17. 5. ἔντιμος καθέστηκας θεῷ
[**Aq.** Je. 31 (38). 20.]
[**Sm.** Ps. 48 (49). 15.]
[**Al.** II Ki. 6. 20: Ps. 115. 6 (116. 15).]

ἐντιμοῦν. (1) יָקַר

IV Ki. 1. 13. ἐντιμωθήτω ἡ ψυχή μου (1)
— 14. ἐντιμωθήτω δὴ ἡ ψυχή μου [**A** τῶν δούλων σου] (1)
[**Quint.** Ps. 107 (108). 10.]

ἐντίμως. (1) כָּבֵד pi.

Nu. 22. 17. ἐ. γὰρ τιμήσω σε (1)
To. 12. 6. τοὺς λόγους τῶν ἔργων τοῦ θεοῦ ἐ. ὑποδεικνύοντες [**S** *al.*]
— 7. **S** καὶ ἐξομολογεῖσθε ἐ. [**A B** *al.*]
14. 5. καὶ οἰκοδομήσουσιν Ἰ. ἐ.
— 13. καὶ ἐγήρασεν ἐ. [**S** *al.*]

ἐντίναγμα.

Si. 22. 13. **A** οὐ μὴ μολυνθῇς ἐν τῷ ἐ. [**B S** -μῷ] αὐτοῦ
[**Aq.** Is. 28. 2: 32. 2.]
[**Sm., Th., Al.** Is. 28. 2.]

ἐντιναγμός.

Si. 22. 13. οὐ μὴ μολυνθῇς ἐν τῷ ἐ. [**A** -ματι] αὐτοῦ

ἐντινάσσειν.

I Ma. 2. 36. οὐδὲ λίθον ἐνετίναξαν αὐτοῖς
II Ma. 4. 41. φύρδην ἐνετίνασσον εἰς τοὺς περὶ τὸν Λ.
11. 11. ἐντινάξαντες εἰς τοὺς πολεμίους

ἐντολή. (1) בְּרִית (2) דָּבָר (3) *a.* חֹק *b.* חֻקָּה (4) מִצְוָה (5) מִשְׁפָּט (6) פִּקּוּדִים (7) קוֹל (8) תּוֹכַחַת (9) *a.* תּוֹרָה *b.* דִּבְרֵי הַתּוֹרָה (10) טַעַם (11) יָד

Ge. 26. 5. καὶ ἐφύλαξε . . . τὰς ἐ. μου (4)
Ex. 12. 17. καὶ φυλάξετε [**A** φυλάξασθε] τὴν ἐ. ταύτην †
15. 26. καὶ ἐνωτίσῃ ταῖς ἐ. αὐτοῦ (4)
16. 28. οὐ βούλεσθε εἰσακούειν τὰς ἐ. μου (4)
24. 12. τὸν νόμον καὶ τὰς ἐ. ἃς ἔγραψα (4)
Le. 4. 13. μίαν ἀπὸ πασῶν [**A** πάντων] τῶν ἐ. κ. (4)
— 22. ποιήσῃ μίαν ἀπὸ πασῶν τῶν ἐ. κ. (4)
— 27. μίαν ἀπὸ πασῶν [**A** πάντων] τῶν ἐ. κ. (4)
5. 17. ποιήσῃ μίαν ἀπὸ πασῶν τῶν ἐ. κ. (4)
6. 2 (5. 21). παριδὼν παρίδῃ τὰς ἐ. κυρίου –
22. 31. φυλάξετε τὰς ἐ. μου (4)
26. 3. τὰς ἐ. μου φυλάσσησθε (4)
— 15. ὥστε ὑμᾶς μὴ ποιεῖν πάσας τὰς ἐ. μου (4)
Le. 27. 34. αὗταί εἰσιν αἱ ἐ. ἃς ἐνετείλατο κ. (4)
Nu. 15. 22. καὶ μὴ ποιήσητε πάσας τὰς ἐ. ταύτας (4)
— 31. τὰς ἐ. αὐτοῦ διεσκέδασεν (4)
— 39. μνησθήσεσθε πασῶν τῶν ἐ. κυρίου (4)
— 40. καὶ ποιήσητε πάσας τὰς ἐ. μου (4)
36. 13. αὗται αἱ ἐ. καὶ τὰ δικαιώματα (4)
De. 4. 2. φυλάσσεσθε [B² *add.* πάσας] τὰς ἐ. κυρίου (4)
— 40. φυλάξασθε [**A** -ξῃ] . . . τὰς ἐ. αὐτοῦ (4)
5. 29 (26). καὶ φυλάσσεσθαι [**A** -ειν] τὰς ἐ. μου (4)
— 31 (28). λαλήσω πρὸς σὲ τὰς ἐ. (4)
6. 1. αὗται αἱ ἐ. καὶ τὰ δικαιώματα (4)
— 2. πάντα τὰ δικαιώμ. αὐ. καὶ τὰς ἐ. αὐ. (4)
— 17. φυλάσσων φυλάξῃ τὰς ἐ. κυρίου (4)
— 24. **A** ποιεῖν τὰς ἐ. καὶ τὰ κρίματα [**B** *al.*] (3 *a* ?)
— 25. ποιεῖν πάσας τὰς ἐ. ταύτας (4)
7. 9. τοῖς φυλάσσουσι τὰς ἐ. αὐτοῦ (4)
— 11. φυλάξῃ τὰς ἐ. [B¹ ἐ. αὐτοῦ] (4)
8. 1. πάσας τὰς ἐ. [B² ἐ. ταύτας] . . . φυλάξεσθε ποιεῖν (4)
— 2. εἰ φυλάξῃ τὰς ἐ. αὐτοῦ (4)
— 6. φυλάξῃ τὰς ἐ. κυρίου (4)
— 11. τοῦ μὴ [**A** *om.*] φυλάξαι τὰς ἐ. αὐτοῦ (4)
10. 13. φυλάσσεσθαι τὰς ἐ. κυρίου (4)
11. 1. **A R** καὶ τὰς ἐ. αὐτοῦ (5)
— 8. φυλάξεσθε πάσας τὰς ἐ. αὐτοῦ (4)
— 13. **A R** ἐὰν δὲ ἀκοῇ ἀκούσητε [**B** εἰσακ.] πάσας τὰς ἐ. (4)
— 22. ἐὰν ἀκοῇ ἀκούσητε πάσας τὰς ἐ. ταύτας (4)
— 27. ἐὰν ἀκούσητε τὰς ἐ. κυρίου (4)
— 28. ἐὰν μὴ ἀκούσητε [**A** εἰσακ.] τὰς ἐ. κυρίου (4)
13. 4 (5). **A** καὶ τὰς ἐ. αὐτοῦ φυλάξεσθε (4)
— 18 (19). φυλάσσειν τὰς [**A** πάσας τὰς] ἐ. αὐ. (4)
15. 5. πάσας τὰς ἐ. ταύτας (4)
16. 12. ποιήσεις τὰς ἐ. ταύτας (3 *a*)
17. 19. φυλάσσεσθαι πάσας τὰς ἐ. ταύτας (9 *b*)
— 20. ἵνα μὴ παραβῇ ἀπὸ τῶν ἐ. (4)
19. 9. ποιεῖν πάσας τὰς ἐ. ταύτας (4)
26. 13. κατὰ πάσας τὰς ἐ. (4)
— 13. οὐ παρῆλθον τὴν ἐ. σου (4)
— 18. φυλάττειν τὰς [**A** πάσας τὰς] ἐ. αὐτοῦ (4)
27. 1. φυλάσσεσθε πάσας τὰς ἐ. ταύτας (4)
— 10. ποιήσεις πάσας τὰς ἐ. αὐτοῦ (4)
28. 1. ποιεῖν πάσας τὰς ἐ. ταύτας [**A** *om.*] (4)
— 13. **A** ἐὰν ἀκούσῃς τῶν ἐ. [**B** τῆς φωνῆς] κυρίου (4)
— 14. οὐ παραβήσῃ ἀπὸ πασῶν τῶν ἐ. [**A** πάντων τῶν λόγων] (2)
— 15. φυλάσσεσθαι [**A** -ειν καὶ ποιεῖν] πάσας τὰς ἐ. αὐτοῦ (4 *et* 3 *b*)
— 45. φυλάξαι [**A** τοῦ φυλάσσεσθαί σε πάσας] τὰς ἐ. αὐτοῦ (4)
30. 8. καὶ ποιήσεις τὰς ἐ. αὐτοῦ (4)
— 10. φυλάσσεσθαι τὰς [**A** καὶ ποιεῖν πάσας τὰς] ἐ. αὐτοῦ (4)
— 11. ἡ ἐ. αὕτη . . . οὐχ ὑπέρογκός ἐστιν (4)
— 16. ἐὰν εἰσακούσῃς τὰς ἐ. κυρίου –
— 16. **A** φυλάσσειν τὰς ἐ. αὐτοῦ καὶ [**B** φυλάσσεσθαι] τὰ δικαιώματα αὐτοῦ (4)
Jo. 5. 6. οἱ ἀπειθήσαντες τῶν ἐ. τοῦ θεοῦ (7)
22. 3. ἐφυλάξατε τὴν ἐ. κυρίου (4)
— 5. φυλάξασθε σφόδρα ποιεῖν τὰς ἐ. (4)
— 5. φυλάξασθαι [**A** -άσσεσθαι] τὰς ἐ. αὐτοῦ (4)
Jd. 2. 17. **A** τοῦ εἰσακούειν ἐντολὰς [**B** τῶν λόγων] κυρίου (4)
3. 4. εἰ ἀκούσονται τὰς ἐ. κυρίου (4)
I Ki. 13. 13. **B** οὐκ ἐφύλαξας τὴν ἐ. μου (4)
III Ki. 2. 3. φυλάσσειν τὰς ἐ. αὐτοῦ (3 *b et* 4)
3. 1 (2. 43). οὐκ ἐφύλαξας . . . τὴν ἐ. (4)
— 14. φυλάσσειν τὰς ἐ. μου [**A** . . . τὰς ἐ. μου] (3 *a* [4])
6. 12. **A** καὶ φυλάσσῃς πάσας τὰς ἐ. μου (4)
8. 58. καὶ φυλάσσειν πάσας ἐ. αὐτοῦ (4)
— 61. καὶ φυλάσσειν ἐντολὰς αὐτοῦ (4)
9. 4. καὶ τὰς ἐ. μου φυλάξῃς (5)
— 6. καὶ μὴ φυλάξητε τὰς ἐ. μου (4)
11. 11. καὶ οὐκ ἐφύλαξας τὰς ἐ. μου [**A** . . . τὰς ἐ. μου] (1 [3 *b*])
— 34. **A** ὃς ἐφύλαξεν ἐντολάς μου (4)
— 38. τοῦ [**A** *om.*] φυλάξασθαι τὰς ἐ. μου (3 *b*)
13. 21. καὶ οὐκ ἐφύλαξας τὴν ἐ. (4)
14. 8. **A** ὃς ἐφύλαξεν τὰς ἐ. μου (4)
IV Ki. 17. 13. φυλάξατε τὰς ἐ. μου (4)
— 16. ἐγκατέλιπον τὰς ἐ. κυρίου (4)
— 19. Ἰούδα οὐκ ἐφύλαξε τὰς ἐ. κυρίου (4)
— 34. κατὰ τὴν ἐ. ἣν ἐνετείλατο κύριος (4)

IV Ki. 17. 37. τὰς ἐ. ἃς ἔγραψεν ὑμῖν (4)
18. 6. καὶ ἐφύλαξε τὰς ἐ. αὐτοῦ (4)
— 36. ὅτι ἐντολὴ τοῦ βασιλέως (4)
21. 8. κατὰ πᾶσαν τὴν [A *om.*] ἐ. (9 *a*)
23. 3. τοῦ φυλάσσειν τὰς ἐ. αὐτοῦ (4)
I Ch. 28. 7. τοῦ φυλάξασθαι τὰς ἐ. μου (4)
— 8. A R ζητήσατε πάσας [B *om.*] τὰς ἐ. κυρίου (4)
29. 19. ποιεῖν τὰς ἐ. σου (4)
II Ch. 7. 19. τὰ προστάγματά μου καὶ τὰς ἐ. μου (4)
8. 13. τοῦ ἀναφέρειν κατὰ τὰς ἐ. M. (4)
— 14. οὕτως ἐντολαὶ [A -λὴ] Δ. ἀνθρώπου τοῦ θεοῦ (4)
— 15. οὐ παρῆλθον τὰς ἐ. τοῦ βασιλέως (4)
12. 1. ἐγκατέλιπε τὰς ἐ. κυρίου (9 *a*)
14. 4 (3). καὶ ποιῆσαι τὸν νόμον καὶ τὰς ἐ. (4)
17. 4. ἐν ταῖς ἐ. τοῦ πατρὸς αὐ. ἐπορεύθη (4)
19. 10. ἀνὰ μέσον προστάγματος καὶ ἐντολῆς (4)
24. 20. τί παραπορεύεσθε τὰς ἐ. κυρίου (4)
— 21. δι' ἐντολῆς Ἰ. τοῦ βασιλέως (4)
29. 15. ἡγνίσθησαν κατὰ τὴν ἐ. τοῦ βασιλέως (4)
— 25. κατὰ τὴν ἐ. Δ. τοῦ βασιλέως (4)
— 25. δι' ἐντολῆς κυρίου τὸ πρόσταγμα (11)
30. 16. κατὰ τὴν ἐ. M. ἀνθρώπου τοῦ θεοῦ (9 *a*)
34. 22. φυλάσσουσαν τὰς ἐ. †
— 31. τοῦ φυλάσσειν τὰς [A *om.*] ἐ. αὐτοῦ (4)
35. 10. κατὰ τὴν ἐ. τοῦ βασιλέως (4)
— 15. κατὰ τὰς ἐ. Δαυίδ (4)
— 16. κατὰ τὴν ἐ. τοῦ βασιλέως Ἰ. (4)
I Es. 4. 52. καθὰ ἔχουσιν ἐντολήν
8. 7. ἐκ τοῦ νόμου κυρίου καὶ ἐκ [A *om.*] τῶν ἐ.
II Es. 7. 11. γραμματεῖ βιβλίου λόγων ἐντολῶν κυρίου (4)
9. 10. ἐγκατελίπομεν ἐντολάς σου (4)
— 14. διασκεδάσαι ἐντολάς σου (4)
10. 3. φοβέρισον αὐτοὺς ἐν ἐντολαῖς θεοῦ ἡμῶν (4)
— 3. S^3 τῶν τρεμόντων ἐν ἐ. αὐτοῦ –
Ne. 1. 5. τοῖς φυλάσσουσι τὰς ἐ. αὐτοῦ (4)
— 7. οὐκ ἐφυλάξαμεν τὰς ἐ. (4)
— 9. καὶ φυλάξητε τὰς ἐ. μου (4)
9. 13. προστάγματα καὶ ἐ. ἀγαθάς (4)
— 14. ἐντολὰς καὶ προστάγματα καὶ νόμον (4)
— 16. καὶ οὐκ ἤκουσαν τῶν ἐ. σου [S^1 *om.*] (4)
— 29. A S R ἐν ταῖς [B *om.* ἐν τ.] ἐ. σου . . . ἡμάρτοσαν (4)
— 34. καὶ οὐ προσέσχον τῶν ἐ. σου (4)
10. 29 (30). A R ποιεῖν πάσας τὰς ἐ. κυρίου [B S^1 ἡμῶν, S^3 τοῦ θεοῦ ἡμῶν] (4)
— 32 (33). A S R στήσομεν [B ποιήσ.] ἐφ' ἡμᾶς [S^1 ὑ.] ἐντολάς (4)
11. 23. ἐντολὴ τοῦ βασιλέως εἰς [A S ἐπ'] αὐτούς (4)
12. 24. A B ἐντολῇ [R ἐν ἐ., S -ὴν] Δαυὶδ ἀνθρώπου τοῦ θεοῦ (4)
— 45. ὡς ἐντολαὶ Δ. καὶ Σ. υἱοῦ αὐτοῦ (4)
13. 5. ἐντολὴν τῶν Λ. καὶ τῶν ᾀδόντων (4)
To. 1. 8. S καὶ κατὰ τὰς ἐ. [A B *al.*]
3. 4. παρήκουσαν [S^1 -σα] γὰρ τῶν ἐ. σου
— 5. οὐκ ἐποιήσαμεν τὰς ἐ. σου
4. 5. παραβῆναι τὰς ἐ. αὐτοῦ
— 19. μνημόνευε τῶν ἐ. μου [S τὰς ἐ. ταύτας]
6. 15. S οὐ μέμνησαι τὰς ἐ. τοῦ πατρός σου [A B *al.*]
Jb. 23. 12. A οὐ μὴ ἐκκλίνω ἀπὸ ἐντολῶν [B S ἐνταλμάτων] αὐτοῦ οὐ [B S καὶ οὐ] μὴ παρέλθω (4)
Ps. 18 (19). 8. ἡ ἐ. κυρίου τηλαυγὴς φωτίζουσα ὀφθαλμούς (4)
77 (78). 7. καὶ τὰς ἐ. αὐτοῦ ἐκζητήσουσιν (4)
88 (89). 31. καὶ τὰς ἐ. μου μὴ φυλάξωσιν (4)
102 (103). 18. καὶ μεμνημένοις τῶν ἐ. αὐτοῦ τοῦ ποιῆσαι αὐτάς (6)
110 (111). 7. πισταὶ πᾶσαι αἱ ἐ. αὐτοῦ (6)
111 (112). 1. ἐν ταῖς ἐ. αὐτοῦ θελήσει σφόδρα (4)
118 (119). 4. σὺ ἐνετείλω τὰς ἐ. σου (6)
— 6. ἐν τῷ με ἐπιβλέπειν ἐπὶ πάσας τὰς ἐ. σου (4)
— 10. μὴ ἀπώσῃ με ἀπὸ τῶν ἐ. σου (4)
— 15. ἐν ταῖς ἐ. σου ἀδολεσχήσω (6)
— 19. μὴ ἀποκρύψῃς [S^1 -στρέψῃς] ἀπ' ἐμοῦ τὰς ἐ. σου (4)
— 21. ἐπικατάρατοι οἱ ἐκκλίνοντες ἀπὸ τῶν ἐ. σου (4)
— 32. ὁδὸν ἐντολῶν σου ἔδραμον (4)
— 35. ὁδήγησόν με ἐν τῇ τρίβῳ τῶν ἐ. σου (4)
— 40. ἐπεθύμησα τὰς ἐ. σου (6)
— 45. τὰς ἐ. σου ἐξεζήτησα (6)
— 47. ἐμελέτων ἐν ταῖς ἐ. σου (4)
— 48. ἦρα τὰς χεῖράς μου πρὸς τὰς ἐ. σου (4)
— 57. S^1 φυλάξασθαι τὰς ἐ. [A S^2 R τὸν νόμον] σου (2)

Ps. 118 (119). 60. τοῦ φυλάξασθαι τὰς ἐ. σου (4)
— 63. τῶν φυλασσόντων τὰς ἐ. σου (6)
— 66. ταῖς ἐ. σου ἐπίστευσα (4)
— 69. ἐξερευνήσω τὰς ἐ. σου (6)
— 73. μαθήσομαι τὰς ἐ. σου (4)
— 78. ἐγὼ δὲ ἀδολεσχήσω ἐν ταῖς ἐ. σου (6)
— 86. πᾶσαι αἱ ἐ. σου ἀλήθεια (4)
— 87. ἐγὼ δὲ οὐκ ἐγκατέλιπον τὰς ἐ. σου (6)
— 96. πλατεῖα ἡ ἐ. σου σφόδρα (4)
— 98. ἐσόφισάς με τὴν ἐ. [S^1 τὰς ἐ.] σου (4)
— 100. τὰς ἐ. σου ἐξεζήτησα [S ἐζήτ.] (6)
— 104. ἀπὸ τῶν ἐ. σου συνῆκα (6)
— 110. ἐκ τῶν ἐ. σου οὐκ ἐπλανήθην (6)
— 115. ἐξερευνήσω τὰς ἐ. τοῦ θεοῦ μου (4)
— 127. ἠγάπησα τὰς ἐ. σου ὑπὲρ τὸ χρυσίον (4)
— 128. πρὸς πάσας τὰς ἐ. σου κατωρθούμην (6)
— 131. τὰς ἐ. σου ἐπεπόθουν (4)
— 134. φυλάξω τὰς ἐ. σου (6)
— 139. A S^1 ἐπελάθοντο τῶν ἐ. [S^2 R λόγων] σου οἱ ἐχθροί μου (2)
— 143. αἱ ἐ. σου μελέτη μου (4)
— 159. ὅτι τὰς ἐ. σου ἠγάπησα (6)
— 166. τὰς ἐ. σου ἠγάπησα (4)
— 168. ἐφύλαξα τὰς ἐ. σου (6)
— 172. πᾶσαι αἱ ἐ. σου δικαιοσύνη (4)
— 173. τὰς ἐ. σου ᾑρετισάμην (6)
— 176. τὰς ἐ. σου οὐκ ἐπελαθόμην (4)
Pr. 2. 1. δεξάμενος ῥῆσιν ἐμῆς ἐντολῆς (4)
4. 4. φύλασσε ἐντολάς [S^2 ἐ. μου] (4)
6. 23. λύχνος ἐντολὴ νόμου καὶ φῶς (4)
7. 1. τὰς δὲ ἐμὰς ἐ. κρύψον παρὰ σεαυτῷ (4)
— 2. φύλαξον ἐμὰς ἐ. καὶ βιώσεις (4)
10. 8. σοφὸς καρδίᾳ δέξεται ἐντολάς (4)
13. 13. ὁ δὲ φοβούμενος ἐντολὴν οὗτος ὑγιαίνει (4)
15. 5. ὁ δὲ φυλάσσων ἐντολὰς πανουργότερος (8)
19. 16. ὃς φυλάσσει ἐντολήν (4)
Ec. 8. 5. ὁ φυλάσσων ἐντολὴν οὐ γνώσεται ῥῆμα πονηρόν (4)
12. 13. τὰς ἐντολὰς αὐτοῦ φύλασσε (4)
Wi. 9. 9. τί εὐθὲς ἐν ἐντολαῖς σου
16. 6. εἰς ἀνάμνησιν ἐντολῆς νόμου [A -ον] σου [S *om.*]
Si. 1. 25. διατήρησον ἐντολάς
2. 15. S^2 συντηρήσουσι τὰς ἐ. [A B S^1 ὁδοὺς] αὐτοῦ
6. 37. ἐν ταῖς ἐ. αὐτοῦ μελέτα διὰ παντός
10. 19. οἱ παραβαίνοντες ἐντολάς
15. 15. ἐὰν θέλῃς συντηρήσεις [S^2 -σαι] ἐντολάς
23. 27. οὐθὲν γλυκύτερον τοῦ προσέχειν ἐντολαῖς κυρίου
28. 6. ἔμμενε ἐντολαῖς
— 7. μνήσθητι ἐντολῶν
29. 1. ὁ ἐπισχύων τῇ χειρὶ αὐτοῦ τηρεῖ [A ποιεῖ] ἐντολάς
— 9. χάριν ἐντολῆς ἀντιλαβοῦ πένητος
— 11. θὲς τὸν θησαυρόν σου κατ' ἐντολὰς ὑψίστου
32 (35). 1. ὁ προσέχων ἐντολαῖς
— 5. πάντα γὰρ ταῦτα χάριν ἐντολῆς
35 (32). 23. τοῦτό ἐστι τήρησις ἐντολῶν [A -ῆς]
— 24. ὁ πιστεύων νόμῳ προσέχει ἐντολαῖς [S -ῇ]
37. 12. ὃν ἂν ἐπιγνῷς συντηροῦντα ἐντολάς
39. 31. ἐν τῇ ἐ. αὐτοῦ εὐφρανθήσονται
45. 5. ἔδωκεν αὐτῷ κατὰ πρόσωπον ἐντολάς
— 17. ἔδωκεν αὐτὸν [A S -ῷ] ἐν ἐντολαῖς [A ταῖς ἐ., S -ὰς] αὐ.
Ma. 2. 1. ἡ ἐ. αὕτη πρὸς ὑμᾶς (4)
— 4. ἐξαπέσταλκα πρὸς ὑμᾶς τὴν ἐ. ταύτην (4)
Is. 48. 18. εἰ [S^1 *om.*] ἤκουσας τῶν ἐ. μου (4)
Je. 19. 15. τοῦ μὴ εἰσακούειν τῶν ἐ. [A λόγων] μου (2)
42 (35). 16. ἔστησαν . . . τὴν ἐ. τοῦ πατρὸς αὐ. (4)
— 18. ἤκουσαν . . . τὴν ἐ. [S *om.* τ. ἐ.] τοῦ πατρὸς αὐ. (4)
Ba. 3. 9. ἄκουε, Ἰσραήλ, ἐντολὰς ζωῆς
4. 13. οὐδὲ ἐπορεύθησαν ὁδοῖς ἐντολῶν θεοῦ
Ez. 18. 21. φυλάξηται [A -ξῃ] πάσας τὰς ἐ. μου (3 *b*)
— 31. A ποιήσατε πάσας τὰς ἐ. μου –
Da. LXX. 3. 12. οὐκ ἐφοβήθησάν σου τὴν ἐ. (10)
— (30). τῶν ἐ. τοῦ νόμου σου οὐχ ὑπηκούσαμεν
9. 5. παρέβημεν τὰς ἐ. σου (4)
Da. TH. 3. (30). τῶν ἐ. σου οὐκ ἠκούσαμεν
9. 4. καὶ τοῖς φυλάσσουσι τὰς ἐ. σου (4)
— 5. ἐξεκλίναμεν ἀπὸ τῶν ἐ. σου (4)
I Ma. 2. 19. ᾑρετίσαντο ἐν ταῖς ἐ. αὐτοῦ
— 31. A R διεσκέδασαν τὴν ἐ. [S βουλὴν] τοῦ βασιλέως
— 53. Ἰωσὴφ . . . ἐφύλαξεν ἐντολήν

I Ma. 11. 2. ὅτι ἐντολὴ ἦν Ἀλεξάνδρου
II Ma. 3. 7. ἀπέστειλε δοὺς ἐντολάς
— 13. δι' ἃς εἶχε βασιλικὰς ἐ.
4. 25. λαβὼν δὲ τὰς βασιλικὰς ἐ.
14. 13. R δοὺς ἐντολάς [A ἐπιστολάς]
IV Ma. 4. 6. ταῖς τοῦ βασιλέως ἐ. ἥκειν ἔλεγεν
6. 4. πείσθητι ταῖς τοῦ βασιλέως ἐ.
9. 1. παραβαίνειν τὰς πατρίους [S -ῴους] ἡμῶν ἐ.
13. 15. τοῖς παραβᾶσι τὴν ἐ. τοῦ θεοῦ
16. 24. ἢ παραβῆναι τὴν ἐ. τοῦ θεοῦ

[**Aq.** Dt. 27. 1 : Jd. 2. 17 : III Ki. 11. 34 : 14. 8 : Ps. 118 (119). 143 : Pr. 7. 1 : Is. 29. 13 : 36. 21 : Je. 32 (39). 11 : 35 (42). 14.]
[**Sm.** Dt. 27. 1 : Jd. 2. 17 : Ps. 118 (119). 93, 96, 143 : Pr. 7. 1 : Is. 28. 13 *bis* : 29. 13 : 33. 21 : 36. 21 : Je. 32 (39). 11.]
[**Th.** Dt. 27. 1 : Jd. 2. 17 : Ps. 118 (119). 143 : Pr. 7. 1 : Is. 29. 13 : 36. 21 : Je. 32 (39). 11 : 35 (42). 14.]
[**Al.** Le. 4. 2 : Dt. 4. 8 : 28. 9.]
[**Quint.** Ca. 4. 4.]

ἐντομίς. (1) *a.* שֶׂרֶט *b.* שָׂרֶטֶת (2) **ἐντομίδας ποιεῖν** גָּדַד hithpo.

Le. 19. 28. ἐντομίδας [B^3 -α] ἐπὶ ψυχῇ [A -ῆς] οὐ ποιήσετε (1 *a*)
21. 5. ἐπὶ τὰς σάρκας αὐτῶν οὐ κατατεμοῦσιν ἐντομίδας (1 *b*)
Je. 16. 6. οὐδὲ ἐντομίδας οὐ μὴ ποιήσουσι (2)

ἐντορνεύειν.

[**Sm.** Ex. 25. 32 (33).]

ἐντός. * ὁ ἐ., τὸ ἐ., τὰ ἐ.

Jb. 18. 20†.
Ps. 38 (39). 3 : 102 (103). 1* : 108 (109). 22.
Ca. 3. 10.
Si. 19. 26*.
Is. 16. 11*.
Da. TH. 10. 16*.
I Ma. 4. 48*.

[**Aq.** Jb. 2. 8 : Ez. 28. 16*.]
[**Sm.** Ps. 38 (39). 4 : 48 (49). 12* : 65 (66). 11 : 72 (73). 21 : 87 (88). 6 : 140 (141). 5 : Ca. 2. 14 : Is. 16. 11* : Je. 31 (38). 20* : La. 1. 3 : Ez. 1. 16 : 3. 24 : 28. 16* : Mi. 5. 6 (5) : 6. 14* : Hb. 3. 2.]
[**Th.** Da. 10. 16*.]
[**Al.** Dt. 5. 14*.]

ἐντότερος (?). (1) פְּנִימִי

Es. 4. 11. A ὃς εἰσελεύσεται . . . εἰς τὴν αὐλὴν τὴν ἐ. [B S ἐσωτέραν] (1)

ἐντρέπειν. (1) חָפֵר (2) כָּלַם ni. (3) כָּנָה pi. (4) כָּנַע ni. (5) עָנָה ni. (6) פָּחַד (7) רָאָה ni. (8) רָכַךְ

Ex. 10. 3. ἕως τίνος οὐ βούλει ἐντραπῆναί με (5)
Le. 26. 41. ἐντραπήσεται ἡ καρδία αὐτῶν ἡ ἀπερίτμητος (4)
Nu. 12. 14. οὐκ ἐντραπήσεται ἑπτὰ ἡμέρας (2)
Jd. 3. 30. ἐνετράπη Μωάβ (4)
8. 28. A καὶ ἐνετράπη [B συνεστάλη] Μαδιάμ (4)
11. 33. A ἐνετράπησαν [B συνεστάλησαν] οἱ υἱοὶ Ἀ. (4)
IV Ki. 22. 19. A B^2 καὶ ἐνετράπης ἀπὸ προσώπου κυρίου [R *om.*, B^1 τὸ πρ. κ.] (4)
II Ch. 7. 14. ἐὰν ἐντραπῇ ὁ λαός μου (4)
12. 7. ἐν τῷ ἰδεῖν κύριον ὅτι ἐνετράπησαν (4)
— 7. ἐνετράπησαν οὐ καταφθερῶ αὐτούς (4)
— 12. ἐν τῷ ἐντραπῆναι αὐτόν (4)
30. 11. A R ἄνθρωποι Ἀσὴρ . . . ἐνετράπησαν [B ἐτρ.] (4)
— 15. καὶ οἱ Λ. ἐνετράπησαν (2)
34. 27. καὶ ἐνετράπη ἡ καρδία σου (8)
36. 12. οὐκ ἐνετράπη ἀπὸ προσώπου Ἰ. (4)
I Es. 1. 47. καὶ οὐκ ἐνετράπη ἀπὸ τῶν ῥηθέντων λόγων
8. 51. ἐνετράπην γάρ
— 74. ἐντέτραμμαι κατὰ πρόσωπόν σου
II Es. 9. 6. καὶ ἐνετράπην τοῦ ὑψῶσαι (2)
Jb. 32. 21. οὐδὲ βροτὸν οὐ μὴ ἐντραπῶ (3)
Ps. 34 (35). 4. ἐντραπείησαν [A S -πήτωσαν] οἱ ζητοῦντες τὴν ψυχήν μου (2)
— 26. ἐντραπείησαν ἅμα οἱ ἐπιχαίροντες τοῖς κακοῖς μου (1)
39 (40). 14. ἐντραπείησαν ἅμα οἱ ζητοῦντες τὴν ψυχήν μου (1)

Ps. 39 (40). 14. ἐντραπείησαν [A S² καταισχυνθείησαν] οἱ θέλοντές μοι κακά (2)
68 (69). 6. B μὴ ἐντραπείησαν ἐπ' ἐμοὶ οἱ ζητοῦντές [S ἐκζ.] σε (2)
69 (70). 2. B ἐντραπείησαν [S -πήτωσαν] οἱ ζητοῦντες τὴν ψυχήν μου (1)
70 (71). 24. ὅταν . . . ἐντραπῶσιν οἱ ζητοῦντες τὰ κακά μοι (1)
82 (83). 17. ἐντραπήτωσαν καὶ ἀπολέσθωσαν (1)
Wi. 2. 10. μηδὲ πρεσβύτου [A -έρου] ἐντραπῶμεν πολιὰς πολυχρονίους
6. 7. οὐδὲ ἐντραπήσεται μέγεθος
Si. 4. 22. μὴ ἐντραπῇς εἰς πτῶσίν σου
— 25. S R περὶ τῆς ἀπαιδευσίας σου ἐντράπηθι [A B -τι]
41. 16. ἐντράπητε ἐπὶ τῷ ῥήματί μου
Is. 16. 8. οὐκ ἐντραπήσῃ [S² -ῃς] τὰ πεδία Ἐσεβὼν †
— 12. ἔσται εἰς [A ὡς] τὸ ἐντραπῆναί σε (7)
24. 23. S ἐντραπήσεται ἡ σελήνη (1)
41. 11. ἐντραπήσονται πάντες οἱ ἀντικείμενοί σοι (2)
44. 11. A B S¹ ἐντραπήτωσαν καὶ αἰσχυνθήτωσαν ἅμα (6)
45. 16. ἐντραπήσονται πάντες οἱ ἀντικείμενοι αὐτῷ (2)
— 17. οὐδὲ μὴ ἐντραπῶσιν ἕως τοῦ αἰῶνος (2)
50. 7. διὰ τοῦτο οὐκ ἐνετράπην (2)
54. 4. μηδὲ ἐντραπῇς ὅτι ὠνειδίσθης (2)
Je. 27 (50). 12. A R ἐνετράπη ἡ τεκοῦσα ὑμᾶς (1)
Ez. 36. 32. ἐντράπητε ἐκ τῶν ὁδῶν ὑμῶν (2)
Da. LXX. 3. (44). καὶ ἐντραπείησαν πάντες
Da. TH. 3. (43). καὶ ἐντραπείησαν πάντες
I Ma. 1. 18. ἐνετράπη [S¹ ἀπεστράφη] Πτ.
6. 6. S ἐνετράπη [A R ἀν.] ἀπὸ προσώπου αὐτῶν
[Aq. Jd. 11. 33: I Ki. 20. 34: 25. 7: II Ki. 10. 5: Jb. 11. 3: Je. 15. 9: 31 (38). 19: Ez. 16. 54, 61.]
[Sm. Ge. 32. 20 (21): I Ki. 25. 35: Ps. 17 (18). 46: 39 (40). 15: Is. 24. 23: Je. 15. 9: 50 (27). 12: Ez. 18. 24.]
[Th. Jd. 8. 28: 11. 33: Is. 29. 22: Je. 8. 12: 14. 3: 50 (27). 12: Ez. 16. 54, 61.]

ἐντρεχής.

Si. 34 (31). 22. ἐν πᾶσι τοῖς ἔργοις [A λόγοις] σου γίνου ἐντρεχής

ἔντριτος. (1) שָׁלַשׁ pu.

Ec. 4. 12. τὸ σπαρτίον τὸ ἔν. οὐ ταχέως ἀπορραγήσεται (1)

ἔντριχος.

[Sm. Ps. 67 (68). 22.]

ἔντρομος. (1) רָעַד hi. (2) ἔντρομος γίγνεσθαι רָעַשׁ

Ps. 17 (18). 7: 76 (77). 18. ἔντρομος ἐγενήθη ἡ γῆ (2)
Wi. 17. 10. διώλλυντο ἔντρομοι
Da. TH. 10. 11. ἀνέστην ἔντρομος (1)
I Ma. 13. 2. ὅτι ἐστὶν ἔντρομος

ἐντροπή. (1) כְּלִמָּה

Jb. 20. 3. παιδείαν ἐντροπῆς μου [A S² σου] ἀκούσομαι (1)
Ps. 34 (35). 26. ἐνδυσάσθωσαν . . . ἐντροπήν (1)
43 (44). 15. ἡ ἐ. μου κατεναντίον μού ἐστι (1)
68 (69). 7. ἐκάλυψεν ἐντροπὴ τὸ πρόσωπόν μου (1)
— 19. σὺ γὰρ γινώσκεις . . . τὴν ἐ. μου (1)
70 (71). 13. περιβαλέσθωσαν . . . ἐντροπήν (1)
108 (109). 29. ἐνδυσάσθωσαν οἱ ἐνδιαβάλλοντές με ἐντροπήν (1)
[Aq. Ez. 16. 54, 63: 32. 25: Mi. 2. 6.]
[Sm. Ez. 32. 25.]
[Th. Jb. 20. 3: Is. 61. 7: Ez. 16. 63: 32. 25.]
[Al. Is. 61. 7.]

ἐντρυφᾶν. (1) עָדַן hithp. (2) עָנַג hithp. (3) קָלַס hithp. (4) שַׁעֲשֻׁעִים

Ne. 9. 25. A καὶ ἐνετρύφησαν [B S ἐτρ.] ἐν ἀγαθωσύνῃ σου (1)
Si. 14. 4. S² ἐν τοῖς ἀγαθοῖς αὐτοῦ ἐντρυφήσουσιν [A B S¹ τρ.] ἕτεροι
Hb. 1. 10. αὐτὸς ἐν βασιλεῦσιν ἐντρυφήσει (3)
Is. 55. 2. ἐντρυφήσει ἐν ἀγαθοῖς ἡ ψυχὴ ὑμῶν (2)
57. 4. ἐν τίνι ἐνετρυφήσατε (2)
Je. 38 (31). 20. ἐμοὶ παιδίον ἐντρυφῶν (4)
IV Ma. 8. 8. ἐντρυφήσατε ταῖς νεότησιν ὑμῶν
[Aq. Is. 58. 14.]
[Sm. Ex. 1. 13: Is. 58. 14.]
[Th. Is. 58. 14: 66. 12.]

ἐντρύφημα. (1) תַּעֲנוּג

Ec. 2. 8. ἐποίησά μοι . . . ἐντρυφήματα υἱῶν ἀνθρώπων (1)

ἐντυγχάνειν. (1) קָרַב

Wi. 8. 20. ἐνέτυχον τῷ κυρίῳ καὶ ἐδεήθην αὐτοῦ
16. 28. πρὸς ἀνατολὴν [A S¹ πρὸ ἀνατολῆς τοῦ] φωτὸς ἐντυγχάνειν σοι
Da. LXX. 6. 12 (13). οὗτοι οἱ ἄνθρωποι ἐνέτυχον τῷ βασιλεῖ (1)
I Ma. 8. 32. ἐὰν οὖν ἔτι ἐντύχωσι κατὰ σοῦ
10. 61. ἐντυχεῖν κατ' αὐτοῦ
— 63. S R τοῦ μηδένα ἐντυγχάνειν κατ' αὐτοῦ [A κατὰ τοῦ σοῦ]
— 64. ὡς ἴδον οἱ ἐντυγχάνοντες
11. 25. ἐνετύγχανον κατ' αὐτοῦ τινες ἄνομοι
II Ma. 2. 25. πᾶσι δὲ τοῖς ἐντυγχάνουσιν ὠφέλειαν
4. 36. ἐνετύγχανον οἱ κατὰ πόλιν Ἰουδαῖοι
6. 12. τοὺς ἐντυγχάνοντας τῇδε τῇ βίβλῳ
15. 39. τὰς ἀκοὰς τῶν ἐντυγχανόντων τῇ συντάξει
III Ma. 6. 37. ἐνέτυχον δὲ τῷ βασ. τὴν ἀπόλυσιν αὐ.

ἐντυποῦν. (1) פִּתּוּחַ

Ex. 36. 39 (39. 30). A γράμματα ἐντετυπωμένα [B ἐκτετ.] σφραγῖδος (1)

ἐντυφλοῦν.

[Al. Le. 26. 16.]

ἐντυχία.

III Ma. 6. 40. τὴν ἐ. ἐποιήσαντο

ἐνυβρίζειν.

[Al. Le. 24. 11.]

ἔνυδρος.

Wi. 19. 10. ἀντὶ δὲ ἐνύδρων [A ἀνύδρων] ἐξηρεύξατο ὁ ποταμὸς πλῆθος βατράχων
— 19. χερσαῖα γὰρ εἰς ἔνυδρα [S¹ ἔνεδρα] μετεβάλλετο
IV Ma. 1. 34. ἐνύδρων ἐπιθυμοῦντες
[Aq. Ho. 10. 1.]

ἐνυπνιάζεσθαι. (1) הָזָה (2) חָלַם *a.* qal. *b.* hi. *c.* חֲלוֹם

Ge. 28. 12. καὶ ἐνυπνιάσθη (2 *a*)
37. 5. ἐνυπνιασθεὶς δὲ Ἰωσὴφ ἐνύπνιον (2 *a*)
— 6. τοῦ ἐνυπνίου τούτου οὗ ἐνυπνιάσθην (2 *a*)
— 9. A ἰδοὺ ἐνυπνιάσθην [R -ασάμην] ἐνύπνιον ἕτερον (2 *a*)
— 10. τί τὸ ἐνύπνιον τοῦτο ὃ ἐνυπνιάσθης (2 *a*)
41. 5. καὶ ἐνυπνιάσθη τὸ δεύτερον (2 *a*)
De. 13. 1 (2). ἢ ἐνυπνιαζομένος τὸ ἐνύπνιον (2 *a*)
— 3 (4). ἢ τοῦ ἐνυπνιαζομένου τὸ ἐνύπνιον ἐκεῖνο (2 *a*)
— 5 (6). ἢ ὁ τὸ ἐνύπνιον ἐνυπνιαζόμενος ἐκεῖνος (2 *a*)
Jd. 7. 13. ἐνυπνιασάμην ἐνύπνιον [A *al.*] (2 *a*)
Jl. 2. 28 (3. 1). ἐνύπνια [A S³ -ίοις] ἐνυπνιασθήσονται (2 *a*)
Is. 29. 7. ὡς [A *add.* ὁ] ἐνυπνιαζόμενος καθ' ὕπνους νυκτός [S ἐν ὕπνῳ, A ἐνύπνιον] (2 *c*)
— 8. ἐνυπνιάζεται ὁ διψῶν ὡς ὁ πίνων (2 *a*)
56. 10. κύνες . . . ἐνυπνιαζόμενοι κοίτην (1)
Je. 23. 25. ἠνυπνιασάμην ἐνύπνιον (2 *a*)
34 (27). 9. μὴ ἀκούετε . . . τῶν ἐνυπνιαζομένων ὑμῖν (2 *c*)
36 (29). 8. ἃ ὑμεῖς ἐνυπνιάζεσθε (2 *b*)
Da. TH. 2. 1. ἐνυπνιάσθη Ναβ. ἐνύπνιον (2 *a*)
— 3. ἠνυπνιάσθην καὶ ἐξέστη τὸ πνεῦμά μου (2 *c et* 2 *a*)
[Aq., Sm., Th. Ps. 125 (126). 1.]

ἐνυπνιαστής. (1) בַּעַל הַחֲלֹמוֹת

Ge. 37. 19. ἰδοὺ ὁ ἐ. ἐκεῖνος ἔρχεται (1)

ἐνύπνιον. (1) *a.* חָלַם *b.* חֲלוֹם *c.* חֵלֶם (2) נֶפֶשׁ (3) ἰδεῖν ἐνύπνιον חָלַם (4) ὁρᾶν ἐνύπνιον חָזָה

Ge. 37. 5. ἐνυπνιασθεὶς δὲ Ἰωσὴφ ἐνύπνιον (1 *b*)
— 6. ἀκούσατε τοῦ ἐ. τούτου οὗ ἐνυπνιάσθην (1 *b*)
Ge. 37. 8. μισεῖν αὐτὸν ἕνεκεν τῶν ἐ. αὐτοῦ (1 *b*)
— 9. εἶδε δὲ ἐ. ἕτερον (1 *b*)
— 9. A ἐνυπνιάσθην [R -ασάμην] ἐ. ἕτερον (1 *b*)
— 10. τί τὸ ἐ. τοῦτο ὃ ἐνυπνιάσθης (1 *b*)
— 20. A τί ἐστιν [R ἔσται] τὰ ἐ. αὐ. (1 *b*)
40. 5. A καὶ εἶδον ἀμφότεροι ἐ. ἑκάτερος ἐ. [R *om.* ἑκ. ἐ.] ἐν μιᾷ νυκτί· ὅρασις τοῦ ἐ. αὐτοῦ [R *om.*] (1 *b ter*)
— 8. ἐ. εἴδομεν (1 *b*)
— 9. διηγήσατο ὁ ἀρχιοι. τὸ ἐ. αὐτοῦ τῷ Ἰωσ. (1 *b*)
— 16. κἀγὼ εἶδον ἐ. καὶ ᾤμην (1 *b*)
41. 1. ἐγένετο δὲ μετὰ δύο ἔτη ἡμ. Φ. εἶδεν ἐ. (3)
— 7. ἠγέρθη δὲ Φαραὼ καὶ ἦν ἐ. (1 *b*)
— 8. καὶ διηγήσατο αὐτοῖς Φαραὼ τὸ ἐ. (1 *b*)
— 11. εἴδομεν ἐ. (1 *b*)
— 11. A¹ ἕκαστος κατὰ τὸ αὐτὸ [A² R αὐτοῦ] ἐ. εἴδομεν (1 *b*)
— 15. ἐ. ἑώρακα (1 *b*)
— 15. ἀκούσαντά σε ἐνύπνια συγκρῖναι αὐτά (1 *b*)
— 25, 26. τὸ ἐ. Φαραὼ ἕν ἐστιν (1 *b*)
— 32. περὶ δὲ τοῦ δευτερῶσαι τὸ ἐ. Φαραὼ δίς (1 *b*)
42. 9. καὶ ἐμνήσθη Ἰωσὴφ τῶν ἐ. (1 *b*)
De. 13. 1 (2). ἢ ἐνυπνιαζόμενος τὸ ἐ. (1 *b*)
— 3 (4). ἢ τοῦ ἐνυπνιαζομένου τὸ ἐ. ἐκεῖνο (1 *b*)
— 5 (6). ἢ ὁ τὸ ἐ. ἐνυπνιαζόμενος ἐκεῖνος (1 *b*)
Jd. 7. 13. ἐξηγούμενος [A -γεῖται] τῷ πλησίον αὐτοῦ ἐνύπνιον (1 *b*)
— 13. ἐνυπνιασάμην ἐνύπνιον [A *al.*] (1 *b*)
— 15. τὴν ἐξήγησιν [A διήγ.] τοῦ ἐ. (1 *b*)
I Ki. 28. 6. οὐκ ἀπεκρίθη αὐτῷ κύριος ἐν τοῖς ἐ. (1 *b*)
— 15. ἐν χειρὶ τῶν προφητῶν καὶ ἐν τοῖς ἐ. (1 *b*)
III Ki. 3. 15. καὶ ἰδοὺ ἐνύπνιον (1 *b*)
Es. 1. 1. ἐνύπνιον εἶδε M.
— 1. τοῦτο αὐτοῦ τὸ ἐ.
— 1. ὁ ἑωρακὼς τὸ ἐ. τοῦτο
— 1. A εἶχεν τὸ ἐ. τοῦτο ἐν καρδίᾳ [B S *al.*]
10. 3. ἐμνήσθην γὰρ περὶ τοῦ ἐ.
Jb. 7. 14. ἐκφοβεῖς [A διὰ τί ἐκφ.] με ἐνυπνίοις (1 *b*)
20. 8. ὥσπερ ἐ. ἐκπετασθὲν οὐ μὴ εὑρεθῇ (1 *b*)
33. 15. ἐνύπνιον ἢ [A ἐν. ὡς φάσμα] ἐν μελέτῃ νυκτερινῇ (1 *b*)
Ps. 72 (73). 20. ὡσεὶ ἐνύπνιον ἐξεγειρομένου (1 *b*)
Ec. 5. 2. παραγίνεται ἐνύπνιον [S¹ *om.*] ἐν πλήθει πειρασμοῦ (1 *b*)
— 6. ὅτι ἐν πλήθει ἐνυπνίων (1 *b*)
Si. 31 (34). 1. ἐνύπνια ἀναπτεροῦσιν ἄφρονας
— 2. οὕτως ὁ ἐπέχων ἐνυπνίοις
— 3. τοῦτο κατὰ τούτου [S τοῦτο] ὅρασις ἐνυπνίων
— 5. οἰωνισμοὶ καὶ ἐνύπνια μάταιά ἐστι
— 7. πολλοὺς ἐπλάνησε τὰ ἐ.
Mi. 3. 7. καταισχυνθήσονται οἱ ὁρῶντες τὰ ἐ. (4)
Jl. 2. 28 (3. 1). ἐνύπνια [A S³ -ίοις] ἐνυπνιασθήσονται (1 *b*)
Za. 10. 2. τὰ ἐ. ψευδῆ ἐλάλουν (1 *b*)
Is. 29. 7. A ὡς ὁ ἐνυπνιαζόμενος ἐ. [B S *al.*] (1 *b* ?)
— 8. ἐξαναστάντων μάταιον τὸ ἐ. (2 ?)
65. 4. ἐν τοῖς σπηλαίοις κοιμῶνται διὰ ἐνύπνια –
Je. 23. 25. ἠνυπνιασάμην ἐ. (1 *a*)
— 27. τοῦ ἐπιλαθέσθαι τοῦ νόμου μου ἐν τοῖς ἐ. αὐτῶν (1 *b*)
— 28. ὁ προφήτης ἐν ᾧ τὸ ἐ. ἐστι διηγησάσθω τὸ ἐ. αὐτοῦ (1 *b*, 1 *b*)
— 32. τοὺς προφητεύοντας ἐνύπνια ψευδῆ (1 *b*)
36 (29). 8. μὴ ἀκούετε εἰς τὰ ἐ. ὑμῶν (1 *b*)
Da. LXX. 1. 17. ἐν . . . ὁράματι καὶ ἐνυπνίοις (1 *b*)
2. 1. εἰς . . . ἐνύπνια ἐμπεσεῖν τὸν βασιλέα (1 *b*)
— 1. καὶ ταραχθῆναι ἐν τῷ ἐ. αὐτοῦ †
— 2. ἀναγγεῖλαι τῷ βασιλεῖ τὰ ἐ. αὐτοῦ (1 *b*)
— 3. ἐνύπνιον ἑώρακα (1 *b*)
— 3. ἐπιγνῶναι οὖν θέλω τὸ ἐ. (1 *b*)
— 4. ἀνάγγειλον τὸ ἐ. σου τοῖς παισί σου (1 *c*)
— 5. ἐὰν μὴ ἀπαγγείλητέ μοι . . . τὸ ἐ. (1 *c*)
— 6. ἐὰν δὲ τὸ ἐ. διασαφήσητέ μοι (1 *c*)
— 6. δηλώσατέ μοι τὸ ἐ. (1 *c*)
— 9. ἐὰν μὴ τὸ ἐ. ἀπαγγείλητέ μοι (1 *c*)
4. 2. ἐνύπνιον εἶδον (1 *c*)
— 15. τὸν ἡγούμενον τῶν κρινόντων τὰ ἐ. –
— 15. διηγησάμην αὐτῷ τὸ ἐ. –
— 16. τὸ ἐ. τοῦτο τοῖς μισοῦσί σε (1 *c*)
— 32. ἐνύπνιον εἶδον –
8. 1. ἐν τῷ ὁράματι τοῦ ἐ. μου –
Da. TH. 1. 17. ἐν πάσῃ ὁράσει καὶ ἐνυπνίοις (1 *b*)
2. 1. ἐνυπνιάσθη Ναβ. ἐνύπνιον (1 *b*)
— 2. τοῦ ἀναγγεῖλαι τῷ βασιλεῖ τὰ ἐ. αὐτοῦ (1 *b*)
— 3. τοῦ γνῶναι τὸ ἐ. (1 *b*)

Da. TH. 2. 4. εἰπὸν τὸ ἐ. τοῖς παισί σου (1 c)
— 5. ἐὰν μὴ γνωρίσητέ μοι τὸ ἐ. (1 c)
— 6. ἐὰν δὲ τὸ ἐ. . . . γνωρίσητέ μοι (1 c)
— 6. τὸ ἐ. . . . ἀπαγγείλατέ μοι (1 c)
— 7. εἰπάτω τὸ ἐ. τοῖς παισὶν αὐτοῦ (1 c)
— 9. ἐὰν οὖν τὸ ἐ. μὴ ἀναγγείλητέ [A ἀπ.] μοι (1 c)
— 9. τὸ ἐ. μου εἴπατέ μοι (1 c)
— 26. εἰ δύνασαί μοι ἀναγγεῖλαι τὸ ἐ. (1 c)
— 28. τὸ ἐ. σου καὶ αἱ ὁράσεις (1 c)
— 36. τοῦτό ἐστι τὸ ἐ. (1 c)
— 45. καὶ ἀληθινὸν τὸ ἐ. (1 c)
4. 2. ἐνύπνιον ἴδον (1 c)
— 3. ὅπως τὴν σύγκρισιν τοῦ ἐ. γνωρίσωσί μοι (1 c)
— 4. τὸ ἐ. εἶπα ἐγὼ ἐνώπιον αὐτῶν (1 c)
— 5. A καὶ τὸ ἐ. ἐνώπιον αὐτοῦ εἶπα [B ᾧ εἶ.] (1 c)
— 6. ἄκουσον τὴν ὅρασιν τοῦ ἐ. (1 c)
— 15. τοῦτο τὸ ἐ. ὃ ἴδον ἐγώ (1 c)
— 16. A τὸ ἐ. . . . μὴ κατασπευσάτω σε (1 c)
— 16. τὸ ἐ. ἔστω τοῖς μισοῦσί σε (1 c)
5. 12. συγκρίνων ἐνύπνια (1 c)
7. 1. Δανιὴλ ἐνύπνιον εἶδε (1 c)
— 1. τὸ ἐ. αὐτοῦ [A om.] ἔγραψεν (1 c)
[Aq. Ge. 41. 12 bis : Jb. 33. 15 : Is. 29. 7.]
[Th. Da. 2. 3, 28 : 4. 16†.]
[Al. I Ki. 28. 15.]

ἐνυποκρίνεσθαι.

Si. 36 (33). 2. S ὁ δὲ ἐνυποκρινόμενος [A B ὑποκρ.] ἐν αὐτῷ

ἐνυποτάσσειν.

To. 14. 7. S τοῖς παιδίοις ὑμῶν ἐνυποταγήσεται

ἔνυστρον. (1) פֶּרֶשׁ (2) קֵבָה

De. 18. 3. τὰ σιαγόνια καὶ τὸ ἔ. (2)
Ma. 2. 3. σκορπιῶ ἔνυστρον ἐπὶ τὰ πρόσωπα ὑμῶν ἔνυστρον ἑορτῶν ὑμῶν [S¹ al.] (1, 1)

ἐνυψοῦν.

Da. LXX. 5. 1. Βαλτ. ἐνυψούμενος [? ἀνυψ.] ἀπὸ τοῦ οἴνου

ἐνφανδανώ. (1) אַפֶּדֶן

Da. TH. 11. 45. A πήξει τὴν σκηνὴν αὐτοῦ ἐ. [B ἐφ.] (1)

ἐνώπιον. * τὸ ἐ.

Ge. 11. 28 : 16. 14 (adv.) (?) : 17. 1† : 24. 40†, 51 : 30. 33, 38 : 31. 35, 37† : 44. 32† : 48. 15.
Ex. 3. 6 : 14. 2 : 21. 1 : 22. 8 (7), 9 (8) : 23. 15, 17 : 32. 33† : 33. 13†, 17 : 34. 9, 10, 20, 23 : 40. 5†.
Le. 4. 4, 17†, 18, 24 : 20. 17 : 24. 3, 8 : 25. 53.
Nu. 13. 34 (33) bis : 17. 10 : 19. 3 : 32. 4, 5†.
De. 1. 8, 23†, 42 : 4. 8†, 10†, 25†, 34, 44 : 5. 5† : 6. 22 : 11. 26†, 32 : 12. 8† : 16. 16 : 29. 2 (1) : 31. 5†, 11.
Jo. 9. 2 (8. 32) : 10. 8 : 24. 25.
Jd. 2. 11† : 3. 12† : 4. 1†, 15, 23† : 6. 1†, 18 : 8. 28† : 9. 39† : 10. 6†, 15† : 11. 9, 11 : 12. 3† : 13. 1†, 15† : 14. 1†, 7† : 16. 25, 25† : 18. 6 : 20. 23, 26† bis, 28, 32, 35†, 39†, 42 : 21. 2, 25†.
I Ki. 1. 9, 11, 12, 15, 25, 26 : 2. 10, 11, 17, 18, 21, 28†, 30, 35 : 3. 1, 18, 21 : 4. 2, 3 : 5. 3, 4 : 6. 20 : 7. 6 bis, 10† : 8. 6† : 9. 24 bis : 18. 19, 25 : 11. 10, 15 bis : 12. 2 bis, 3 bis, 7, 17 : 14. 18, 36, 40 : 15. 17, 19, 21, 30 bis, 33 : 16. 6, 10, 16, 21, 22 : 17. 57† : 19. 7, 24 : 20. 1†, 1, 3†, 25† : 21. 7 (8), 13 (14) : 23. 18 : 25. 23 : 26. 19, 24 : 28. 22, 25 bis : 29. 8, 10.
II Ki. 2. 14, 17 : 3. 31†, 34, 36 bis : 4. 10 : 5. 3, 20 : 6. 5, 7, 14, 16, 17, 21, 21† : 7. 16, 18, 19, 26†, 29 : 10. 3 : 11. 13 : 13. 9 : 16. 19 ter : 18. 7, 9,
● 14, 24 (adv.†) : 19. 13 (14), 18 (19)† : 22. 25† : 24. 4.
III Ki. 1. 2 (adv.)†, 25, 28 bis, 32 : 2. 4, 26 : 3. 1 (9. 25), 1 (2. 45), 6, 10, 16, 22, 24 : 8. 22, 23, 25 bis, 28, 33, 46, 50, 59, 62, 64*, 65 bis : 9. 3, 4, 6 : 10. 8 : 11. 6, 33†, 33, 36, 38 : 12. 6, 24 (cf. 14. 22), 24 bis : 14. 22 : 15. 3, 5, 11, 26, 34 : 16. 7, 19, 25, 28 (22. 43)†, 30, 32† : 17. 1 : 18. 15 : 19. 11 bis, 19 : 20 (21). 2, 20, 25 : 22. 10, 21, 43†, 53†.
IV Ki. 1. 18 (3. 2) : 3. 14 : 4. 12, 38, 43 : 5. 1, 2, 3, 15†, 16 : 6. 1, 22 : 8. 9, 18, 27 : 12. 2 : 14. 24 : 18. 22 : 20. 3, 3† : 22. 10, 19 : 23. 2†, 3, 37† : 24. 19† : 25. 8, 29.
I Ch. 17. 17 : 29. 10.
II Ch. 1. 6, 10 : 14. 2 (1), 7 (6)†, 13 (12)† : 18. 20 : 20. 32 : 24. 2 : 25. 2 : 26. 4 : 27. 2 : 28. 1 : 29. 2 : 33. 2†, 22 : 34. 31 : 36. 2, 9, 12.
I Es. 1. 23, 39†, 47 : 3. 15 : 8. 4†, 80, 90 : 9. 41, 45 bis.
II Es. 4. 23 : 7. 19 : 8. 21, 29 : 9. 9, 15 : 10. 1, 11.
Ne. 1. 4, 6, 11 : 2. 1 bis, 5, 6 : 4. 2 (3. 34) : 8. 2, 5 : 9. 8, 11, 24 bis, 28, 32, 35.
To. 1. 13 : 3. 3†, 5, 6†, 16 : 4. 3†, 11†, 21 : 5. 17 : 6. 7 : 10. 13 : 11. 17† : 12. 6, 12, 15 : 13. 3, 4, 6, 6† : 14. 7†.
Ju. 3. 2 (adv.†) : 4. 14 : 5. 17 : 7. 16 bis : 8. 19 : 13. 20.
Es. 1. 1 : 2. 9, 15† : 4. 17 bis : 5. 1†, 8† : 6. 1†, 13 : 7. 3 : 8. 5† bis : 10. 3†, 3.
Jb. 1. 6 : 2. 1†, 2† : 14. 3† : 26. 6 : 31. 34† : 42. 7.
Ps. 5. 8 : 9. 19, 26 (10. 5) : 14 (15). 4 : 15 (16). 8 : 17 (18). 6, 12, 22, 24 : 18 (19). 14 : 21 (22). 25, 27, 29 : 22 (23). 5 : 35 (36). 2 : 37 (38). 17 : 38 (39). 5 : 40 (41). 12 : 49 (50). 8 : 50 (51). 3, 4 : 53 (54). 3 : 55 (56). 8, 13 : 60 (61). 7 : 61 (62). 8 : 65 (66). 11† : 67 (68). 3, 4†, 7 : 68 (69). 22 : 71 (72). 9, 14 : 72 (73). 16† : 78 (79). 10, 11 : 84 (85). 13† : 85 (86). 9, 14 : 87 (88). 2 : 89 (90). 8† : 94 (95). 6† : 95 (96). 6 : 97 (98). 6 : 99 (100). 2 : 100 (101). 7† : 101 (102). tit.† : 105 (106). 23 : 114 (116). 9† : 118 (119). 168†, 169†, 170 : 140 (141). 2 : 141 (142). 2†, 2 : 142 (143). 2.
Pr. 3. 4 : 5. 21 : 11. 1 : 12. 15 : 20. 10, 23 : 22. 14 : 25. 6, 26.
Ec. 3. 11†.
Ca. 8. 12.
Si. 2. 17 : 8. 18 : 17. 15† : 23. 14 : 24. 10 : 33 (36). 4 bis : 39. 19.
Ho. 2. 10 (12)† : 6. 3 (2).
Ze. 3. 20.
Hg. 2. 4 (3), 15 (14).
Za. 8. 6 bis : 11. 12 : 12. 8.
Ma. 2. 17 : 3. 16.
Is. 1. 7 : 5. 21 : 9. 3 (2) : 13. 16 (adv.†) : 24. 23 : 38. 3 bis : 48. 19† : 49. 16 : 52. 10 : 65. 6† : 66. 22, 23.
Je. 7. 10, 11, 30† : 16. 9 : 18. 4.
Ba. 2. 28†.
La. 1. 5†, 6†.
Ez. 2. 10 : 5. 8, 14 : 6. 4 : 8. 1 : 10. 2, 19 : 12. 3 bis, 4†, 4, 6, 7 : 16. 41, 50 : 20. 9 bis, 14, 22 : 21. 23 (28) : 22. 16† : 28. 9, 25 : 37. 20 : 38. 16 : 39. 27.
Da. LXX. Su. 23 : 3. (38), (40) : 4. 15, 34 : 9. 10, 18 : Bel 10, 41.
Da. TH. Su. 23, 64 : 1. 4†, 5, 9, 13, 19 : 2. 2, 9, 10, 11, 24, 25, 27, 36 : 3. 4, 13, (38)†, (40), 27 (94)† : 4. 3, 4, 5† : 5. 13, 15, 17, 22†, 23 : 6. 1 (2), 13 (14), 22 (23) : 7. 13† : 8. 4, 6†, 7, 15 : 9. 18 : Bel 14, 42.
I Ma. 1. 3, 16† : 3. 23 : 7. 42 : 8. 21† : 10. 60† : 11. 24†, 38, 51, 52 : 14. 19.
[Aq. I Ki. 9. 24 : Je. 31 (38). 36 : 34 (41). 18 : 38 (45). 26 : 52. 12 : Ez. 20. 41 : 30. 24.]
[Sm. Jd. 14. 7 : Ps. 71 (72). 14 : Pr. 15. 11 : Is. 9. 3 (2) : 23. 18 : 53. 2 : Je. 34 (41). 15 : Ez. 20. 41.]
[Th. Jd. 4. 23 : 12. 3 : 14. 7 : I Ki. 14. 18 : II Ki. 12. 9, 12 bis : 15. 26 : Is. 53. 2 : Je. 33 (40). 24 : Ez. 30. 24 : Da. 1. 4 : 3. 3 : 4. 5† : 7. 13† : 8. 4 : Bel 13.]
[Al. Ex. 23. 23 : Le. 10. 3 : 18. 23 : Dt. 1. 23 : 17. 2 : 34. 12 : Jo. 7. 12 : Ez. 12. 4.]
[Heb. III Ki. 1. 28.]

ἐνώπιος. (1) נָכֹחַ (2) בְּעֵינַיִם (3) פָּנֶה

Ge. 16. 13. ἐνώπιον εἶδον ὀφθέντα μοι †
Ex. 25. 29 (30). ἄρτους ἐ. ἐναντίον μου διὰ παντός (3)
33. 11. καὶ ἐλάλησε κύριος πρὸς Μ. ἐ. ἐνωπίῳ (3, 3)
Le. 13. 37. ἐὰν δὲ ἐνώπιον μείνῃ . . . τὸ θραῦσμα (2)
Pr. 8. 9. πάντα ἐ. τοῖς συνιοῦσι (1)

ἐνωτίζεσθαι. (1) אָזַן hi. (2) יָחַל hi. (3) קָשַׁב hi. (4) שָׁמַע hi.

Ge. 4. 23. ἐνωτίσασθέ μου τοὺς λόγους (1)
Ex. 15. 26. καὶ ἐνωτίσῃ ταῖς ἐντολαῖς αὐτοῦ (1)
Nu. 23. 18. ἐνώτισαι μάρτυς υἱὸς Σ. (1)
Jd. 5. 3. ἐνωτίσασθε σατράπαι [A al.] (1)
Ne. 9. 30. καὶ οὐκ ἐνωτίσαντο (1)
Jb. 32. 11. ἐνωτίζεσθέ μου τὰ ῥήματα (2)
— 11. A ἐνωτισάμην μέχρι συνέσεως ὑμῶν (1)
33. 1. λαλιάν ἐνωτίζου μου [A om.] (1)
— 31. A ἐπιστάμενοι ἐνωτίζεσθε τὸ καλόν (1 ?)
— 31. ἐνωτίζου [A πρόσεχε], Ἰώβ (3)
34. 2. ἐπιστάμενοι ἐνωτίζεσθε [A S² ἐν. τὸ καλόν] (1)
— 16. ἐνωτίζου φωνὴν ῥημάτων (1)
37. 14. ἐνωτίζου ταῦτα, Ἰώβ (1)
Ps. 5. 1. τὰ ῥήματά μου ἐνώτισαι, κύριε (1)
16 (17). 1. ἐνώτισαι τὴν προσευχήν [B¹ τῆς προσευχῆς] μου (1)
38 (39). 12. ἐνώτισαι τῶν δακρύων μου (1)
48 (49). 1. ἐνωτίσασθε πάντες οἱ κατοικοῦντες τὴν οἰκουμένην (1)
53 (54). 2. ἐνώτισαι τὰ ῥήματα τοῦ στόματός μου (1)
54 (55). 1. ἐνώτισαι, ὁ θεός, τὴν προσευχήν μου (1)
83 (84). 8. ἐνώτισαι, ὁ θεὸς Ἰακώβ (1)
85 (86). 6. ἐνώτισαι, κύριε, τὴν προσευχήν μου (1)
134 (135). 17. ὦτα ἔχουσι καὶ οὐκ ἐνωτισθήσονται [A ἀκούσονται] (1)
139 (140). 6. ἐνώτισαι, κύριε, τὴν φωνὴν τῆς δεήσεώς μου (1)
142 (143). 1. ἐνώτισαι τὴν δέησίν μου ἐν τῇ ἀληθείᾳ σου (1)
Wi. 6. 2. ἐνωτίσασθε, οἱ κρατοῦντες πλήθους
Si. 30. 27 (33. 18). οἱ ἡγούμενοι ἐκκλησίας ἐνωτίσασθε
Ho. 5. 1. καὶ ὁ οἶκος τοῦ βασ. ἐνωτίζεσθε (1)
Jl. 1. 2. ἐνωτίσασθε πάντες οἱ κατοικοῦντες τὴν γῆν (1)
Is. 1. 2. ἐνωτίζου, γῆ (1)
28. 23. ἐνωτίζεσθε καὶ ἀκούετε (1)
42. 23. τίς ἐν ὑμῖν ὃς ἐνωτιεῖται ταῦτα (1)
44. 8. οὐκ ἀπ' ἀρχῆς ἠνωτίσασθε (4)
51. 4. οἱ βασιλεῖς πρὸς μὲ ἐνωτίσασθε (1)
Je. 8. 6. ἐνωτίσασθε καὶ ἀκούσατε (3)
13. 15. ἀκούσατε [S¹ -σασθε] καὶ ἐνωτίσασθε (1)
23. 18. τίς ἐνωτίσατο καὶ ἤκουσεν (3)
Ba. 3. 9. ἐνωτίσασθε γνῶναι φρόνησιν
[Aq. Ec. 12. 9 : Is. 8. 9.]
[Sm., Th. Is. 8. 9.]
[Al. Dt. 1. 45.]

ἐνώτιον. (1) נֶזֶם (2) נֶזֶם הָאַף

Ge. 24. 22. ἐ. χρυσᾶ ἀνὰ δραχμὴν ὁλκῆς (1)
— 30. ἡνίκα εἶδε τὰ ἐ. (1)
— 47. περιέθηκα αὐτῇ τὰ ἐ. (1)
35. 4. τὰ ἐ. τὰ ἐν τοῖς ὠσὶν αὐτῶν (1)
Ex. 32. 2. τὰ ἐ. τὰ χρυσᾶ τὰ ἐν τοῖς ὠσὶ τῶν γυναικῶν (1)
— 3. τὰ ἐ. τὰ χρυσᾶ τὰ ἐν τοῖς ὠσὶν [A add. τῶν γυν.] αὐτῶν (1)
35. 22. σφραγῖδας καὶ ἐνώτια καὶ δακτυλίους (1)
Jd. 8. 24. δότε μοι ἀνὴρ ἐνώτιον ἐκ [A τῶν] σκύλων αὐτοῦ· ὅτι ἐνώτια χρυσᾶ αὐτοῖς [A πολλὰ ἦν αὐ.] (1, 1)
— 25. ἔβαλεν [A ἔρριψεν] ἐκεῖ ἀνὴρ ἐνώτιον (1)
— 26. καὶ ἐγένετο ὁ σταθμὸς τῶν ἐ. τῶν χρυσῶν (1)
Ju. 10. 4. καὶ περιέθετο . . . τὰ ἐ.
Pr. 11. 22. ὥσπερ ἐνώτιον [S² ἐ. χρυσοῦν] ἐν ῥινὶ ὑός (1)
25. 12. εἰς ἐνώτιον χρυσοῦν . . . δέδεται (1)
Ho. 2. 13 (15). καὶ περιετίθετο τὰ ἐ. αὐτῆς (1)
Is. 3. 21. τὰ ἐ. καὶ τὰ περιπόρφυρα (2 ?)
Ez. 16. 12. ἔδωκα ἐνώτιον περὶ [A ἐπὶ] τὸν μυκτῆρά σου (1)
[Aq., Th. Jb. 42. 11 : Ez. 16. 12.]
[Al. Pr. 25. 12.]

ἐξ, vid. **ἐκ.**

ἕξ.

Ge. 16. 16 : 30. 20 : 31. 41 : 46. 18, 26.
Ex. 6. 20† : 13. 6 : 16. 26 : 20. 9, 11 : 21. 2 : 23. 10, 12 : 24. 16 : 25. 31 (32), 32 (33), 34 (35) : 26. 9†, 22, 25 : 28. 10 bis : 31. 15, 17 : 34. 21 : 35. 2.
Le. 12. 5† : 23. 3 : 24. 6 : 25. 3 bis.
Nu. 1. 21 : 2. 11 : 7. 3 : 26. 22 : 31. 38, 40†, 44, 46, 52† : 35. 6, 13.
De. 5. 13, 14† : 15. 12, 18 : 16. 8.
Jo. 6. 13 (14) : 7. 5 : 15. 41, 59.

● = correction on page xxv

Jd. 12. 7†.
Ru. 3. 15, 17.
I Ki. 13. 5† : 17. 4†.
II Ki. 2. 11† : 5. 5 : 21. 20, 20†.
●III Ki. 6. 6†, 6 : 7. 27 : 10. 14, 19, 20 : 11. 16 : 15. 2† : 16. 23.
IV Ki. 11. 3 : 14. 21† : 15. 33†.
I Ch. 3. 4, 22 : 4. 27† : 7. 4, 40 : 8. 38 : 9. 9, 44 : 12. 24 : 20. 6 *bis* : 24. 4† : 25. 3 : 26. 17, 18.
II Ch. 9. 13, 18, 19 : 13. 9†, 21† : 21. 2 : 22. 12 : 26. 1†, 3† : 27. 1†, 8† : 28. 1†.
I Es. 5. 10, 14, 21, 43 : 8. 65, 66†.
II Es. 1. 10† : 2. 13, 14, 22, 30, 66†, 69 : 8. 35.
Ne. 5. 18† : 7. 26†, 33†, 68†.
To. 1. 7† : 14. 3†.
Ju. 1. 2.
Es. 1. 5 : 2. 12 *bis*.
Is. 5. 10 : 6. 2 *bis*.
Je. 41 (34). 14 *bis* : 52. 23.
Ez. 9. 2 : 40. 5, 6† *bis*, 7, 12 *bis* : 41. 1 *bis*, 3, 5, 8† : 46. 1, 4, 6.
Da. LXX. 3. 1 : Bel 2, 30.
Da. TH. 3. 1 : Bel 3, 31.
IV Ma. 11. 24.
[**Aq.** I Ki. 17. 4 : II Ki. 6. 13 : Jb. 5. 19.]
[**Sm.** I Ki. 17. 4. II Ki. 6. 13.]
[**Th.** I Ki. 17. 4 : Da. Bel 2.]

ἐξαγγέλλειν. (1) יָדַע ni. (2) סָפַר *a.* qal. *b.* pi.

Ps. 9. 14. ὅπως ἂν ἐξαγγείλω πάσας τὰς αἰνέσεις σου (2 *b*)
55 (56). 8. τὴν ζωήν μου ἐξήγγειλά σοι (2 *a*)
70 (71). 15. τὸ στόμα μου ἐξαγγελεῖ [S ἀναγγ.] τὴν δικαιοσύνην σου (2 *b*)
72 (73). 28. τοῦ ἐξαγγεῖλαι πάσας τὰς αἰνέσεις σου (2 *b*)
78 (79). 13. εἰς γενεὰν καὶ γενεὰν ἐξαγγελοῦμεν τὴν αἴνεσίν σου (2 *b*)
106 (107). 22. ἐξαγγειλάτωσαν τὰ ἔργα αὐτοῦ ἐν ἀγαλλιάσει (2 *b*)
118 (119). 13. ἐξήγγειλα πάντα τὰ κρίματα τοῦ στόματός σου (2 *b*)
— 26. τὰς ὁδούς σου ἐξήγγειλα (2 *b*)
Pr. 12. 16. ἄφρων αὐθημερὸν ἐξαγγέλλει [S -ελεῖ] ὀργὴν αὐτοῦ (1)
Si. 18. 4. οὐθενὶ ἐξεποίησεν ἐξαγγεῖλαι τὰ ἔργα αὐτοῦ
39. 10. τὸν ἔπαινον αὐτοῦ ἐξαγγελεῖ [S -έλλει] ἐκκλησία
44. 15. τὸν ἔπαινον ἐξαγγέλλει [A -ελεῖ] ἐκκλησία
[**Aq., Sm.** Ps. 44 (45). 2.]

ἐξάγειν. (1) אֲבַר aph. (2) בּוֹא hi. (3) חָנַף hi. (4) יָצָא *a.* qal. *b.* hi. *c.* hoph. (5) כָּרַת ni. (6) לָקַח (7) נָזַל hi. (8) עָבַר hi. (9) עָלָה hi. (10) פָּלַט pi. (11) קְטַל pa. (12) רוּץ hi. (13) שָׁלַח pi. (14) שָׁרַץ (15) תָּאַר (16) תָּעָה hi.

Ge. 1. 20. ἐξαγαγέτω τὰ ὕδατα ἑρπετὰ ψυχῶν (14)
— 21. ἃ ἐξήγαγε τὰ ὕδατα (14)
— 24. ἐξαγαγέτω ἡ γῆ ψυχὴν ζῶσαν κατὰ γένος (4 *b*)
8. 17. πᾶν ἑρπετὸν . . . ἐξάγαγε (4 *b*)
11. 31. ἐξήγαγεν αὐτοὺς ἐκ τῆς χώρας τῶν X. (4 *a*)
15. 5. R ἐξήγαγε δὲ αὐτὸν ἔξω (4 *b*)
— 7. ὁ ἐξαγαγών σε ἐκ χώρας Χαλδαίων (4 *b*)
19. 5. ἐξάγαγε αὐτοὺς πρὸς ἡμᾶς (4 *b*)
— 8. ἐξάξω αὐτὰς πρὸς ὑμᾶς (4 *b*)
— 12. ἐξάγαγε ἐκ τοῦ τόπου τούτου (4 *b*)
— 17. ἡνίκα ἐξήγαγον αὐτοὺς ἔξω (4 *b*)
20. 13. ἡνίκα ἐξήγαγέ με ὁ θεὸς ἐκ τοῦ οἴκου (16)
38. 24. ἐξαγάγετε αὐτὴν καὶ κατακαυθήτω (4 *b*)
40. 14. καὶ ἐξάξεις με ἐκ τοῦ ὀχυρώματος τούτου (4 *b*)
41. 14. A καὶ ἐξήγαγεν [R -ον] αὐτὸν ἐκ [R ἀπὸ] τοῦ ὀχυρ. (12)
43. 23. καὶ ἐξήγαγε πρὸς αὐτοὺς Συμεών (4 *b*)
48. 12. καὶ ἐξήγαγεν Ἰωσὴφ αὐτοὺς ἀπὸ τῶν γονάτων (4 *b*)
Ex. 3. 8. καὶ ἐξαγαγεῖν αὐτοὺς ἐκ τῆς γῆς ἐκείνης (9)
— 10. καὶ ἐξάξεις τὸν λαόν μου . . . ἐκ γῆς Αἰγύπτου (4 *b*)
— 11. καὶ ὅτι ἐξάξω τοὺς υἱοὺς Ἰσ. ἐκ γῆς Αἰγ. (4 *b*)
— 12. ἐν τῷ ἐξαγαγεῖν σε τὸν λαόν μου ἐξ Αἰγ. (4 *b*)
6. 6. ἐξάξω ὑμᾶς ἀπὸ τῆς δυναστείας τῶν Αἰγ. (4 *b*)
Ex. 6. 7. ὁ ἐξαγαγὼν ὑμᾶς ἐκ τῆς καταδυναστείας τῶν Αἰγ. (4 *b*)
— 8. B^1 καὶ ἐξάξω [A B^2R εἰσ.] ὑμᾶς εἰς τὴν γῆν (2)
— 13. A ὥστε ἐξαγαγεῖν [B ἐξαποστεῖλαι] τοὺς υἱοὺς Ἰ. (4 *b*)
— 26. ἐξαγαγεῖν τοὺς υἱοὺς Ἰ. (4 *b*)
— 27. καὶ ἐξήγαγον τοὺς υἱοὺς Ἰ. ἐκ γῆς [A *om.*] Αἰγ. (4 *b*)
7. 4. ἐξάξω σὺν δυνάμει μου τὸν λαόν μου . . . ἐκ γῆς (4 *b*)
— 5. καὶ ἐξάξω τοὺς υἱοὺς Ἰσ. ἐκ μέσου αὐ. (4 *b*)
8. 18 (14). ἐξαγαγεῖν τὸν σκνῖφα (4 *b*)
12. 17. ἐξάξω τὴν δύναμιν ὑμῶν ἐκ γῆς Αἰγύπτου (4 *b*)
— 42. ὥστε ἐξαγαγεῖν αὐτοὺς ἐκ γῆς Αἰγύπτου (4 *b*)
— 51. ἐξήγαγε κύριος τοὺς υἱοὺς Ἰσ. ἐκ γῆς Αἰγ. (4 *b*)
13. 3. ἐν γὰρ χειρὶ κραταιᾷ ἐξήγαγεν ὑμᾶς κ. ἐντεῦθεν (4 *b*)
— 9. ἐν γὰρ χειρὶ κραταιᾷ ἐξήγαγέ σε κ. . . . ἐξ Αἰγ. (4 *b*)
— 14. ὅτι ἐν χειρὶ κραταιᾷ ἐξήγαγε κ. ἡμᾶς ἐκ γῆς Αἰγ. (4 *b*)
— 16. ἐν γὰρ χειρὶ κραταιᾷ ἐξήγαγέ σε κ. ἐξ Αἰγ. (4 *b*)
14. 11. ἐξήγαγες ἡμᾶς θανατῶσαι ἐν τῇ ἐρήμῳ (6)
— 11. τί τοῦτο ἐποίησας ἡμῖν ἐξαγαγὼν [A *add.* ἡμᾶς] (4 *b*)
16. 3. ὅτι ἐξηγάγετε ἡμᾶς εἰς τὴν ἔρημον ταύτην (4 *b*)
— 6. ὅτι κύριος ἐξήγαγεν ὑμᾶς ἐκ γῆς Αἰγύπτου (4 *b*)
— 32. ὡς ἐξήγαγεν ὑμᾶς κύριος ἐκ γῆς Αἰγ. (4 *b*)
18. 1. ἐξήγαγε γὰρ κύριος τὸν Ἰσ. ἐξ Αἰγ. (4 *b*)
19. 17. καὶ ἐξήγαγε M. τὸν λαὸν εἰς συνάντ. (4 *b*)
20. 2. ὅστις ἐξήγαγόν [A ὁ ἐξαγαγών] σε ἐκ γῆς Αἰγύπτου (4 *b*)
29. 46. ὁ ἐξαγαγὼν αὐτοὺς ἐκ γῆς Αἰγύπτου (4 *b*)
32. 1. ὃς ἐξήγαγεν ἡμᾶς ἐκ γῆς Αἰγύπτου (9)
— 7. ὃν [A οὓς] ἐξήγαγες ἐκ γῆς Αἰγύπτου (9)
— 11. οὓς ἐξήγαγες ἐκ γῆς Αἰγύπτου (4 *b*)
— 12. μετὰ πονηρίας ἐξήγαγεν αὐτούς (4 *b*)
— 23. ὃς ἐξήγαγεν ἡμᾶς ἐξ [A ἐκ γῆς] Αἰγ. (9)
33. 1. οὓς ἐξήγαγες ἐκ γῆς Αἰγύπτου (9)
Le. 19. 36 : 22. 33. ὁ ἐξαγαγὼν ὑμᾶς ἐκ γῆς Αἰγύπτου (4 *b*)
23. 43. ἐν τῷ ἐξαγαγεῖν με αὐτοὺς ἐκ γῆς Αἰγ. (4 *b*)
24. 14. ἐξάγαγε τὸν καταρασάμενον ἔξω τῆς παρεμβολῆς (4 *b*)
— 23. ἐξήγαγον τὸν καταρασάμενον ἔξω τῆς παρεμβολῆς (4 *b*)
25. 38. ὁ ἐξαγαγὼν ὑμᾶς ἐκ γῆς Αἰγύπτου (4 *b*)
— 42, 55. οὓς ἐξήγαγον ἐκ γῆς Αἰγύπτου (4 *b*)
26. 13. ὁ ἐξαγαγὼν ὑμᾶς ἐκ γῆς Αἰγύπτου (4 *b*)
— 45. ὅτε ἐξήγαγον αὐτοὺς ἐκ γῆς Αἰγύπτου (4 *b*)
Nu. 15. 36. ἐξήγαγον αὐτὸν πᾶσα ἡ συναγωγή (4 *b*)
— 41. ὁ ἐξαγαγὼν ὑμᾶς ἐκ γῆς Αἰγύπτου (4 *b*)
19. 3. ἐξάξουσιν αὐτὴν ἔξω τῆς παρεμβολῆς (4 *b*)
20. 10. μὴ ἐκ τῆς πέτρας ταύτης ἐξάξομεν ὑμῖν ὕδωρ (4 *b*)
— 16. ἐξήγαγεν ἡμᾶς ἐξ Αἰγύπτου (4 *b*)
21. 5. ἐξήγαγες [A -γετε] ἡμᾶς ἐξ Αἰγύπτου (9)
23. 22. AR ὁ ἐξαγαγὼν αὐτὸν [B -οὺς] ἐξ Αἰ. (4 *b*)
27. 17. ὅστις ἐξάξει αὐτούς (4 *b*)
De. 1. 27. ἐξήγαγεν ἡμᾶς ἐκ γῆς Αἰ. (4 *b*)
4. 20. ἐξήγαγεν ὑμᾶς ἐκ γῆς Αἰ. (4 *b*)
— 37. ἐξήγαγέ σε αὐτός (4 *b*)
5. 6. ὁ ἐξαγαγών [A ὅστις ἐξήγαγόν] σε ἐκ γῆς Αἰ. (4 *b*)
— 15. ἐξήγαγέ σε κύριος . . . ἐκεῖθεν (4 *b*)
6. 12. τοῦ ἐξαγαγόντος σε ἐκ γῆς Αἰ. (4 *b*)
— 21. ἐξήγαγεν ἡμᾶς κύριος ἐκεῖθεν (4 *b*)
— 23. ἡμᾶς ἐξήγαγεν ἐκεῖθεν [A *al.*] (4 *b*)
7. 8. ἐξήγαγεν ὑμᾶς κύριος (4 *b*)
— 19. ὡς ἐξήγαγέ σε κύριος (4 *b*)
8. 14. τοῦ ἐξαγαγόντος σε (4 *b*)
— 15. τοῦ ἐξαγαγόντος σοι . . . πηγὴν ὕδατος (4 *b*)
9. 12, 26. οὓς ἐξήγαγες ἐκ γῆς Αἰ. (4 *b*)
— 28. ὅθεν ἐξήγαγες [A -εν] ἡμᾶς ἐκεῖθεν (4 *b*)
— 28. ἐξήγαγεν αὐτοὺς ἐν τῇ ἐρήμῳ (4 *b*)
— 29. οὓς ἐξήγαγες ἐκ γῆς Αἰ. (4 *b*)
13. 5 (6), 10 (11). τοῦ ἐξαγαγόντος σε ἐκ γῆς Αἰ. (4 *b*)
17. 5. ἐξάξεις [B^1 -ρεῖς] τὸν ἄνθρωπον ἐκεῖνον (4 *b*)
21. 19. ἐξάξουσιν αὐτόν (4 *b*)
22. 21. ἐξάξουσι τὴν νεάνιν ἐπὶ τὰς θύρας (4 *b*)
— 24. ἐξάξετε ἀμφοτέρους ἐπὶ τὴν πύλην (4 *b*)
26. 8. ἐξήγαγεν ἡμᾶς κύριος ἐξ Αἰ. (4 *b*)
29. 25 (24). ὅτε ἐξήγαγεν αὐτοὺς ἐκ γῆς Αἰ. (4 *b*)
Jo. 2. 3. ἐξάγαγε [A εἰσάγ.] τοὺς ἄνδρας (4 *b*)
6. 21 (22). ἐξαγάγετε αὐτὴν ἐκεῖθεν (4 *b*)
Jo. 6. 22 (23). ἐξηγάγοσαν [A -γαγεν τὴν] Ῥαάβ (4 *b*)
10. 22. ἐξαγάγετε [A -ενέγκατε] τοὺς πέντε βασιλεῖς τούτους (4 *b*)
— 23. A B^2R ἐξηγάγοσαν τοὺς πέντε βασιλεῖς (4 *b*)
— 24. ἐπεὶ ἐξήγαγον αὐτοὺς πρὸς Ἰ. (4 *b*)
15. 9. A ἐξάξει τὸ ὅριον εἰς Βαάλ [B *al.*] (15)
24. 6. ἐξήγαγε τοὺς πατέρας ὑμῶν [A ἐξήγ. ὑμᾶς] ἐξ Αἰ. (4 *b*)
— 30. ὅτε ἐξήγαγεν αὐτοὺς ἐξ Αἰ. –
Jd. 2. 12. τὸν ἐξαγαγόντα αὐτοὺς ἐκ γῆς Αἰ. (4 *b*)
6. 8. B ἐξήγαγον ὑμᾶς ἐξ οἴκου δουλείας ὑμῶν (4 *b*)
— 13. A οὐχὶ ἐξ Αἰ. ἐξήγαγεν ἡμᾶς κύριος [B *al.*] (9)
— 30. A ἐξάγαγε [A -ένεγκε] τὸν υἱόν σου (4 *b*)
19. 22. A ἐξάγαγε [B -ένεγκε] τὸν ἄνδρα (4 *b*)
— 24. ἐξάξω αὐτάς (4 *b*)
— 25. ἐξήγαγεν αὐτὴν πρὸς αὐτοὺς ἔξω (4 *b*)
I Ki. 12. 8. ἐξήγαγον [A -εν] τοὺς πατέρας ἡμῶν ἐξ Αἰ. (4 *b*)
II Ki. 5. 2. σὺ ἦσθα ὁ ἐξάγων . . . τὸν Ἰ. (4 *b*)
12. 31. τὸν λαὸν τὸν ὄντα ἐν αὐτῇ ἐξήγαγε [A *al.*] (4 *b*)
13. 9. ἐξαγάγετε πάντα ἄνδρα (4 *b*)
— 9. καὶ ἐξήγαγον πάντα ἄνδρα (4 *a*)
— 18. ἐξήγαγεν αὐτὴν ὁ λειτουργὸς αὐ. ἔξω (4 *b*)
22. 20. καὶ ἐξήγαγέ με εἰς πλατυσμόν (4 *b*)
— 49. B καὶ ἐξάγων με ἐξ ἐχθρῶν μου (4 *b*)
III Ki. 8. 16. ἐξήγαγον τὸν λαόν μου τὸν Ἰ. (4 *b*)
— 21. ἐν τῷ ἐξαγαγεῖν αὐτὸν αὐτοὺς ἐκ γῆς Αἰ. (4 *b*)
— 51. οὓς ἐξήγαγες ἐκ γῆς Αἰ. (4 *b*)
— 53. ἐν τῷ ἐξαγαγεῖν σε τοὺς πατέρας ἡμῶν (4 *b*)
9. 9. ὃς ἐξήγαγε τοὺς πατέρας αὐτῶν ἐξ Αἰ. (4 *b*)
20 (21). 10. A R καὶ ἐξαγαγέτωσαν αὐτόν (4 *b*)
— 13. καὶ ἐξήγαγον αὐτὸν ἔξω τῆς πόλεως (4 *b*)
21 (20). 39. B ἐξήγαγεν [AR εἰσή.] πρὸς μὲ ἄνδρα (2)
— 42. A ἐξήγαγες [B -ήνεγκας] σὺ ἄνδρα ὀλέθριον (13)
22. 34. ἐξάγαγέ με ἐκ τοῦ πολέμου (4 *b*)
IV Ki. 10. 22. ἐξάγαγε [A -γετε] ἔνδυμα (4 *b*)
11. 15. A B^2R ἐξαγάγετε αὐτὴν [B^1 -άγαγε αὐτούς] (4 *b*)
21. 15. B ἧς ἐξήγαγον τοὺς πατέρας αὐτῶν ἐξ Αἰ. (4 *a*)
23. 4. R τοῦ [A B *om.*] ἐξαγαγεῖν . . . πάντα τὰ σκεύη (4 *b*)
25. 27. καὶ ἐξήγαγεν αὐτόν –
I Ch. 11. 2. ὁ ἐξάγων καὶ εἰσάγων [S εἰσαγαγ. κ. ἐξαγαγ.] τὸν Ἰ. (4 *b* [2])
19. 16. καὶ ἐξήγαγον τὸν Σύρον (4 *b*)
20. 3. τὸν λαὸν τὸν ἐν αὐτῇ ἐξήγαγε [A -ήνεγκεν] (4 *b*)
II Ch. 1. 17. καὶ ἐξῆγον ἐξ Αἰ. ἅρμα ἓν (4 *b*)
7. 22. τὸν ἐξαγαγόντα αὐτοὺς ἐκ γῆς Αἰ. (4 *b*)
18. 33. ἐξάγαγέ με ἐκ τοῦ πολέμου (4 *b*)
23. 11. καὶ ἐξήγαγε τὸν υἱὸν τοῦ βασιλέως (4 *b*)
35. 23. ἐξαγάγετέ με (8)
— 24. καὶ ἐξήγαγον αὐτὸν οἱ παῖδες αὐτοῦ (8)
Ne. 9. 7. καὶ ἐξήγαγες αὐτὸν ἐκ τῆς χώρας τῶν X. (4 *b*)
— 18. οἱ θεοὶ οἱ ἐξαγαγόντες ἡμᾶς ἐξ Αἰ. (9)
Ju. 7. 6. ἐξήγαγεν Ὀ. πᾶσαν τὴν ἵππον αὐτοῦ
Es. 1. 1. A S^1 καὶ ὁμολογήσαντες ἐξήχθησαν [B S^2 ἀπήχ.]
Jb. 8. 10. ἐκ καρδίας ἐξάξουσι [A σε διδάξουσιν] ῥήματα (4 *b*)
10. 18. ἵνα τί οὖν ἐκ κοιλίας με ἐξήγαγες (4 *b*)
12. 22. ἐξάγαγε δὲ εἰς φῶς σκιὰν θανάτου (4 *b*)
15. 13. ἐξήγαγες δὲ ἐκ στόματος ῥήματα τοιαῦτα (4 *b*)
23. 7. ἐξαγάγοι δὲ εἰς τέλος τὸ κρίμα μου (10)
Ps. 17 (18). 19. ἐξήγαγέ με εἰς πλατυσμόν (4 *b*)
24 (25). 17. ἐκ τῶν ἀναγκῶν μου ἐξάγαγέ με (4 *b*)
30 (31). 4. ἐξάξεις με ἐκ παγίδος ταύτης (4 *b*)
65 (66). 12. ἐξήγαγες ἡμᾶς εἰς ἀναψυχήν (4 *b*)
67 (68). 6. ἐξάγων πεπεδημένους ἐν ἀνδρείᾳ (4 *b*)
77 (78). 16. ἐξήγαγεν ὕδωρ ἐκ πέτρας (4 *b*)
103 (104). 14. τοῦ ἐξαγαγεῖν ἄρτον ἐκ τῆς γῆς (4 *b*)
104 (105). 37. ἐξήγαγεν αὐτοὺς ἐν ἀργυρίῳ (4 *b*)
— 43. ἐξήγαγε τὸν λαὸν αὐτοῦ ἐν ἀγαλλιάσει (4 *b*)
106 (107). 14. ἐξήγαγεν αὐτοὺς ἐκ σκότους (4 *b*)
— 28. ἐκ τῶν ἀναγκῶν αὐτῶν ἐξήγαγεν αὐτούς (4 *b*)
134 (135). 7. ὁ ἐξάγων ἀνέμους ἐκ θησαυρῶν αὐτοῦ (4 *b*)
135 (136). 11. καὶ ἐξαγαγόντι τὸν Ἰ. ἐκ μέσου αὐτῶν (4 *b*)
141 (142). 7. ἐξάγαγε ἐκ φυλακῆς τὴν ψυχήν μου (4 *b*)

● = correction on page xxv

Ps. 142 (143). 11. ἐξάξεις ἐκ θλίψεως τὴν ψυχήν μου (4 *b*)
Wi. 19. 10. ἐξήγαγεν ἡ γῆ σκνῖπα
Si. 23. 24. αὕτη εἰς ἐκκλησίαν ἐξαχθήσεται
44. 27. ἐξήγαγεν ἐξ αὐτοῦ ἄνδρα ἐλέους
Ho. 9. 13. τοῦ ἐξαγαγεῖν εἰς ἀποκέντησιν τὰ τέκνα (4 *b*)
Mi. 7. 9. ἐξάξει [B^{1} -εις] με εἰς τὸ φῶς (4 *b*)
Jl. 1. 5. S^{1} ἐξήχθη [A S^{3} -ῆρται, B S^{2} -ήρθη] . . . εὐφροσύνη (5)
Is. 42. 7. ἐξαγαγεῖν ἐκ δεσμῶν δεδεμένους (4 *b*)
43. 8. ἐξήγαγον λαὸν τυφλόν (4 *b*)
— 17. ὁ ἐξαγαγὼν [A ἐξάγων] ἅρματα (4 *b*)
48. 21. ὕδωρ ἐκ πέτρας ἐξάξει αὐτοῖς (7)
65. 9. ἐξάξω τὸ ἐξ Ἰακὼβ σπέρμα (4 *b*)
Je. 10. 13. ἐξήγαγε φῶς ἐκ θησαυρῶν αὐτοῦ (4 *b*)
15. 19. S^{2}R ἐὰν ἐξαγάγῃς τίμιον ἀπὸ ἀναξίου [A B S^{1} ἀξ.] (4 *b*)
20. 3. ἐξήγαγε Π. τὸν Ἱερ. ἐκ τοῦ καταράκτου (4 *b*)
28 (51). 16. ἐξήγαγε φῶς ἐκ τῶν θησαυρῶν αὐτοῦ (4 *b*)
33 (26). 23. ἐξηγάγοσαν [A -ον] αὐτὸν ἐκεῖθεν (4 *b*)
38 (31). 32. ἐξαγαγεῖν αὐτοὺς ἐκ γῆς Αἰγύπτου (4 *b*)
▶39 (32). 21. ἐξήγαγες τὸν λαόν σου Ἰσραὴλ (4 *b*)
42 (35). 3. ἐξήγαγον [A ἤγ.] τὸν Ἰεχονίαν (6)
45 (38). 22. ἐξήγοντο πρὸς ἄρχοντας βασιλέως Βαβυλῶνος (4 *c*)
— 23. τὰ τέκνα σου ἐξάξουσι πρὸς τοὺς X. (4 *b*)
46 (39). 14. ἐξήγαγον αὐτόν (4 *b*)
52. 31. ἐξήγαγεν αὐτὸν ἐξ οἰκίας ἧς ἐφυλάσσετο (4 *b*)
Ba. 1. 19. ἧς ἐξήγαγε κύριος τοὺς πατέρας ἡμῶν ἐκ γῆς
— 20. ᾗ ἐξήγαγε τοὺς πατέρας ἡμῶν
2. 11. ἐξήγαγες τὸν λαόν σου ἐκ γῆς Αἰγύπτου
Ep. Je. 3. ἐξάξω ὑμᾶς ἐκεῖθεν μετ' εἰρήνης
Ez. 11. 7. ὑμᾶς ἐξάξω ἐκ μέσου αὐτῆς (4 *b*)
— 9. ἐξάξω ὑμᾶς ἐκ μέσου αὐτῆς (4 *b*)
14. 22. ἐξάγουσιν ἐξ αὐτῆς [A ἐξάξ.] υἱούς (4 *c*)
20. 6. τοῦ ἐξαγαγεῖν αὐτοὺς ἐκ γῆς [A εἰς γῆν] Αἰγύπτου (4 *b*)
— 9. τοῦ ἐξαγαγεῖν αὐτοὺς ἐκ γῆς Αἰγύπτου (4 *b*)
— 10. A ἐξήγαγον αὐτοὺς ἐκ γῆς Αἰγύπτου (4 *b*)
— 14. ὧν ἐξήγαγον αὐτοὺς κατ' ὀφθαλμοὺς αὐτῶν (4 *b*)
— 22. ἐξήγαγον αὐτοὺς κατ' ὀφθαλμοὺς αὐτῶν (4 *b*)
— 34. ἐξάξω ὑμᾶς ἐκ τῶν λαῶν (4 *b*)
— 36. A ὅτε ἐξήγαγον αὐτούς –
— 38. ἐκ τῆς παροικεσίας αὐτῶν ἐξάξω [A -αρῶ] αὐτούς (4 *b*)
— 41. ἐν τῷ ἐξαγαγεῖν [A -άγειν] με ὑμᾶς ἐκ τῶν λαῶν (4 *b*)
28. 18. ἐξάξω πῦρ ἐκ μέσου σου (4 *b*)
34. 13. ἐξάξω αὐτοὺς ἐκ τῶν ἐθνῶν (4 *b*)
37. 1. ἐξήγαγέ με ἐν πνεύματι κύριος (4 *b*)
42. 15. ἐξήγαγέ με καθ' ὁδὸν τῆς πύλης (4 *b*)
43. 1. ἐξήγαγέ με –
46. 21. ἐξήγαγέ με εἰς τὴν αὐλὴν τὴν ἐξωτέραν (4 *b*)
47. 2. ἐξήγαγέ με κατὰ τὴν ὁδὸν τῆς πύλης (4 *b*)
Da. LXX. Su. 42. ἐκείνης ἐξαγομένης ἀπολέσθαι
— 62. ἐξαγαγόντες ἔρριψαν εἰς φάραγγα
2. 12. ἐξαγαγεῖν πάντας τοὺς σοφοὺς τῆς Βαβ. (1)
— 14. ἐξαγαγεῖν τοὺς σοφιστὰς τῆς Βαβ. (11)
9. 15. ὁ ἐξαγαγὼν τὸν λαόν σου ἐξ Αἰ. (4 *b*)
Bel 21. ἐξήγαγεν αὐτοὺς ὁ βασιλεύς
— 41. ἐξήγαγεν ὁ βασιλεὺς τὸν Δ.
Da. TH. 9. 15. ὃς ἐξήγαγες τὸν λαόν σου (4 *b*)
11. 32. A διαθήκην ἐξάξουσιν [B ἐπ.] (3 ?)
I Ma. 11. 15. S^{2}R καὶ ἐξήγαγε Πτ. τὴν δύναμιν [A S^{1} *om.* τὴν δ.]
II Ma. 1. 8. A ἐξήγαγεν [R -ήψαμεν] τοὺς λύχνους
IV Ma. 8. 23. τί ἐξάγομεν ἑαυτοὺς τοῦ ἡδίστου βίου
[**Aq.** II Ki. 10. 16 : IV Ki. 11. 12 : Ps. 134 (135). 7 : 141 (142). 8 : Je. 7. 22 : 11. 4.]
[**Sm.** Ge. 1. 11 : 19. 16 : Ex. 3. 12 : II Ki. 10. 16 : IV Ki. 11. 12 : Ps. 67 (68). 7.]
[**Th.** Jd. 19. 22 : II Ki. 10. 16 : IV Ki. 11. 12 : Ps. 67 (68). 7.]
[**Al.** Dt. 16. 1.]
[**Quint.** IV Ki. 11. 12 : Ps. 134 (135). 7.]
[**Sext.** Ps. 134 (135). 7.]

ἐξαγοράζειν. (1) זְבַן

Da. LXX., TH. 2. 8. καιρὸν ὑμεῖς ἐξαγοράζετε (1)

ἐξαγορεύειν. (1) יָדָה *a.* hi. *b.* hithp. (2) c. neg. דָּמַם

Le. 5. 5. ἐξαγορεύσει [A -σῃ] τὴν ἁμαρτίαν (1 *b*)
16. 21. ἐξαγορεύσει ἐπ' αὐτοῦ πάσας τὰς ἀνομίας (1 *b*)
Le. 26. 40. ἐξαγορεύσουσι τὰς ἁμαρτίας αὐτῶν (1 *b*)
Nu. 5. 7. ἐξαγορεύσει τὴν ἁμαρτίαν (1 *b*)
III Ki. 8. 31. καὶ ἔλθῃ καὶ ἐξαγορεύσῃ †
II Es. 10. 1. ἐξηγόρευσε [B^{1} προσηγ.] κλαίων (1 *b*)
Ne. 1. 6. A S R ἐξαγορεύω [B -ων] ἐπὶ ἁμαρτίαις [A S -ας] υἱῶν Ἰ. (1 *b*)
9. 2. καὶ ἐξηγόρευσαν τὰς ἁμαρτίας αὐτῶν (1 *b*)
— 3. ἦσαν ἐξαγορεύοντες τῷ κυρίῳ (1 *b*)
Jb. 31. 34. τοῦ μὴ ἐξαγορεῦσαι ἐνώπιον αὐτῶν (2 ?)
Ps. 31 (32). 5. A S R ἐξαγορεύσω κατ' ἐμοῦ τὴν ἀνομίαν [B ἁμαρτίαν] μου τῷ κυρίῳ (1 *a*)
Ba. 1. 14. ἐξαγορεῦσαι ἐν οἴκῳ κυρίου
Da. TH. 9. 20. καὶ ἐξαγορεύοντος τὰς ἁμαρτίας μου (1 *b*)
[**Sm.** Pr. 28. 13.]

ἐξαγριαίνειν, ἐξαγριοῦν. (1) מָרַר hithpalp.

Da. TH. 8. 7. ἐξηγριάνθη [A -ώθη] πρὸς αὐτόν (1)

ἐξάδελφος.

To. 1. 22. ἦν δὲ ἐξάδελφός μου
11. 18. καὶ N. ὁ ἐ. αὐτοῦ [S *al.*]

ἔξαιμος.

II Ma. 14. 46. παντελῶς ἔ. ἤδη γενόμενος

ἐξαιρεῖν. (1) בָּחַר (2) גָּאַל (3) חָלַץ pi. (4) יָצָא hi. (5) יָשַׁע hi. (6) לָקַח ni. (7) מָלַט *a.* ni. *b.* pi. (8) *a.* נָצַל hi. *b.* נְצַל aph. (9) נָצַר (10) עָבַת pi. (11) עָזַר (12) פָּלַט pi. (13) פָּצָה (14) רָדָה (15) שֵׁיזִב

Ge. 32. 11 (12). ἐξελοῦ με ἐκ χειρὸς τοῦ ἀδ. μου (8 *a*)
37. 21. A ἐξείλατο [R -ετο] αὐτὸν ἐκ τῶν χειρῶν αὐ. (8 *a*)
— 22. ὅπως ἐξέληται αὐτὸν ἐκ τῶν χειρῶν (8 *a*)
Ex. 3. 8. ἐξελέσθαι αὐτοὺς ἐκ χειρὸς Αἰγ. (8 *a*)
18. 4. καὶ ἐξείλατό με ἐκ χειρὸς Φαραώ (8 *a*)
— 8. ἐξείλατο αὐτοὺς κύριος ἐκ χειρὸς Φ. (8 *a*)
— 9. ὅτι ἐξείλατο αὐτοὺς ἐκ χειρὸς Αἰγ. (8 *a*)
— 10. ὅτι ἐξείλατο αὐτοὺς [A τὸν λαὸν αὐτοῦ] ἐκ χειρὸς Αἰγ. (8 *a*)
Le. 14. 40. ἐξελοῦσι τοὺς λίθους (3)
— 43. μετὰ τὸ ἐξελεῖν τοὺς λίθους (3)
Nu. 35. 25. ἐξελεῖται ἡ συναγωγὴ τὸν φονεύσαντα (8 *a*)
De. 23. 14 (15). ἐξελέσθαι σε (8 *a*)
25. 11. ἐξελέσθαι τὸν ἄνδρα αὐτῆς (8 *a*)
32. 39. ὃς ἐξελεῖται ἐκ τῶν χειρῶν μου (8 *a*)
Jo. 2. 13. ἐξελεῖσθε τὴν ψυχήν μου ἐκ θανάτου (8 *a*)
9. 26. ἐξείλατο αὐτοὺς Ἰ. (8 *a*)
10. 6. καὶ ἐξελοῦ ἡμᾶς (11)
24. 10. ἐξείλατο ἡμᾶς ἐκ χειρῶν αὐτῶν (8 *a*)
Jd. 9. 17. A ἐξείλατο [B ἐρρύσατο] ὑμᾶς ἐκ χειρὸς M. (8 *a*)
10. 15. ἐξελοῦ ἡμᾶς ἐν τῇ ἡμέρᾳ ταύτῃ (8 *a*)
14. 9. ἐξεῖλεν αὐτὸ εἰς χεῖρας [A τὸ στόμα] (14)
— 9. ἀπὸ τοῦ στόματος [A ἐκ τῆς ἕξεως] τοῦ λέοντος ἐξεῖλε τὸ μέλι (14)
18. 28. A οὐκ ἔστιν ἐξαιρούμενος [B *al.*] (8 *a*)
I Ki. 4. 8 (7). ἐξελοῦ ἡμᾶς, κύριε, σήμερον –
— 8. τίς ἐξελεῖται ἡμᾶς ἐκ χειρὸς τῶν θεῶν (8 *a*)
7. 3. ἐξελεῖται ὑμᾶς ἐκ χειρὸς ἀλλοφύλων (8 *a*)
10. 18. ἐξειλάμην ὑμᾶς ἐκ χειρὸς Φ. (8 *a*)
12. 10. ἐξελοῦ ἡμᾶς ἐκ χειρὸς ἐχθρῶν ἡμῶν (8 *a*)
— 11. ἐξείλατο ὑμᾶς ἐκ χειρὸς ἐχθρῶν ὑμῶν (8 *a*)
— 21. B καὶ οἳ οὐκ ἐξελοῦνται (8 *a*)
14. 48. ἐξείλατο τὸν Ἰ. (8 *a*)
17. 37. ὃς ἐξείλατό με ἐκ χειρὸς τοῦ λέοντος (8 *a*)
— 37. ἐξελεῖταί με ἐκ χειρὸς τοῦ ἀλλοφύλου (8 *a*)
26. 24. ἐξελεῖταί [A -οιτό] με ἐκ πάσης θλίψεως (8 *a*)
30. 8. καὶ ἐξαιρούμενος ἐξελῇ (8 *a*, 8 *a*)
— 18. ἀμφοτ. τὰς γυναῖκας αὐ. ἐξείλατο (8 *a*)
— 22. ὧν ἐξειλάμεθα (8 *a*)
II Ki. 14. 6. καὶ οὐκ ἦν ὁ ἐξαιρούμενος ἀνὰ μέσον αὐτῶν (8 *a*)
19. 5 (6). τῶν ἐξαιρουμένων [A -ούντων] σε σήμερον (7 *b*)
— 9 (10). καὶ αὐτὸς ἐξείλατο [A ἐρρύσατο] ἡμᾶς (7 *b*)
II Ki. 22. 1. ἐξείλατο αὐτὸν κύριος (8 *a*)
— 2. καὶ ἐξαιρούμενός με ἐμοί (12)
— 20. καὶ ἐξείλατό με (3)
23. 12. καὶ ἐξείλατο αὐτήν (8 *a*)
III Ki. 1. 12. ἐξελοῦ τὴν ψυχήν σου (7 *b*)
IV Ki. 17. 39. καὶ αὐτὸς ἐξελεῖται ὑμᾶς (8 *a*)
18. 29. οὐ μὴ δύνηται ὑμᾶς ἐξελέσθαι (8 *a*)
— 30. ἐξαιρούμενος ἐξελεῖται [A -ελούμενος ἐξ. ἡμᾶς] κύριος (8 *a*, 8 *a*)
— 34. ὅτι [A μὴ] ἐξείλαντο Σ. ἐκ χειρός μου (8 *a*)
— 35. οἳ ἐξείλαντο τὰς γᾶς [A γαίας] αὐτῶν (8 *a*)
— 35. ὅτι ἐξελεῖται κύριος τὴν Ἰ. (8 *a*)
19. 12. A B μὴ ἐξείλαντο [R ἐξαιρούμενοι ἐξ.] αὐτοὺς οἱ θεοί (8 *a*)
I Ch. 16. 35. ἐξελοῦ ἡμᾶς ἐκ τῶν ἐθνῶν (8 *a*)
II Ch. 25. 15. οὐκ ἐξείλαντο τὸν λαὸν ἑαυτῶν (8 *a*)
32. 17. οὐκ ἐξείλαντο λαοὺς αὐτῶν (8 *a*)
— 17. οὐ μὴ ἐξέληται ὁ θεὸς Ἑ. λαὸν αὐτοῦ (8 *a*)
To. 6. 4. S ἔξελε τὴν χολήν [A B *al.*]
Ju. 16. 3. ἐν μέσῳ λαοῦ ἐξείλατό [S^{1} -ελεύσεσθαί, S^{2} -ελέσθαι] με
Jb. 5. 4. S R οὐκ ἔσται ὁ [A B *om.*] ἐξαιρούμενος (8 *a*)
— 5. A αὐτοὶ δὲ ἐκ κακῶν οὐκ ἐξαιρεθήσονται [B S ἐξαίρετοι ἔσονται] (6 ?)
— 19. ἑξάκις ἐξ ἀναγκῶν σε ἐξελεῖται (8 *a*)
10. 7. τίς ἐστιν ὁ ἐκ τῶν χειρῶν σου ἐξαιρούμενος (8 *a*)
36. 21. ἐξεῖλω ἀπὸ πτωχείας (1)
Ps. 30 (31). 1. A B καὶ ἐξελοῦ με (12 ?)
— 2. τάχυνον τοῦ ἐξελέσθαι με (8 *a*)
36 (37). 40. ἐξελεῖται αὐτοὺς ἐξ ἁμαρτωλῶν (12)
49 (50). 15. ἐξελοῦμαί σε (3)
58 (59). 1. ἐξελοῦ με ἐκ τῶν ἐχθρῶν μου (8 *a*)
63 (64). 1. ἀπὸ φόβου ἐχθροῦ ἐξελοῦ τὴν ψυχήν μου (9)
70 (71). 2. B S^{2} καὶ ἐξελοῦ με (12)
81 (82). 4. ἐξέλεσθε πένητα (12)
90 (91). 15. A S^{2}R ἐξελοῦμαι αὐτόν [B S^{1} *om.*] (3)
114 (116). 8. ἐξείλατο τὴν ψυχήν μου ἐκ θανάτου (3)
118 (119). 153. καὶ ἐξελοῦ με (3)
139 (140). 1. ἐξελοῦ με, κύριε, ἐξ ἀνθρώπου πονηροῦ (3)
— 4. ἀπὸ ἀνθρώπων ἀδίκων ἐξελοῦ με [A *al.*] (9)
142 (143). 9. ἐξελοῦ με ἐκ τῶν ἐχθρῶν μου (8 *a*)
143 (144). 7. ἐξελοῦ με καὶ ῥῦσαί με ἐξ ὑδάτων πολλῶν (13)
— 11. ἐξελοῦ με [S^{1} *om.* ἐ. με] ἐκ χειρὸς υἱῶν ἀλλοτρίων (8 *a*)
Ec. 7. 27 (26). ἀγαθὸς πρὸ προσώπου τοῦ θεοῦ ἐξαιρεθήσεται ἀπ' αὐτῆς (7 *a*)
Wi. 10. 1. ἐξείλατο αὐτὸν ἐκ παραπτώματος ἰδίου
Si. 4. 9. ἐξελοῦ ἀδικούμενον ἐκ χειρὸς ἀδικοῦντος
10. 15. A B ῥίζας ἐθνῶν ἐξέτειλεν [S^{2}R -τιλεν, S^{1} ἐξεῖλεν]
26. 29. μόλις ἐξελεῖται ἔμπορος ἀπὸ πλημμελείας
29. 12. αὕτη ἐξελεῖταί σε ἐκ πάσης κακώσεως
36 (33). 1. ἀλλ' ἐν πειρασμῷ καὶ πάλιν ἐξελεῖται [S^{2} *add.* αὐτόν]
51. 8. ἐξελῇ [A S ἐξαιρῇ] τοὺς ὑπομένοντάς σε
— 12. ἐξείλου με ἐκ καιροῦ πονηροῦ
— 12. A καὶ ἐξελοῦμαι
Ho. 2. 10 (12). καὶ οὐδεὶς οὐ μὴ ἐξέληται αὐτὴν ἐκ χειρός μου (8 *a*)
5. 14. λήψομαι καὶ οὐκ ἔσται ὁ ἐξαιρούμενος (8 *a*)
Mi. 5. 8 (7). καὶ μὴ ᾖ ὁ ἐξαιρούμενος (8 *a*)
7. 4 (3). ἐξελοῦμαι τὰ ἀγαθὰ αὐτῶν (10 ?)
Na. 2. 1 (2). ἐξαιρούμενος [A ἐξ. σε] ἐκ θλίψεως (9)
Ze. 1. 18. οὐ μὴ δύνηται ἐξελέσθαι αὐτούς (8 *a*)
Za. 11. 6. οὐ μὴ ἐξέλωμαι [A -οῦμαι] ἐκ χειρὸς αὐτῶν (8 *a*)
Is. 16. 12. οὐ μὴ δύνηται ἐξελέσθαι αὐτόν –
31. 5. ἐξελεῖται [S *add.* σε] καὶ περιποιήσεται (8 *a*)
38. 14. ὃς ἐξείλατό με †
42. 22. οὐκ ἦν [A S *add.* ὁ] ἐξαιρούμενος ἅρπαγμα (8 *a*)
43. 13. οὐκ ἔστιν ὁ ἐκ τῶν χειρῶν μου ἐξαιρούμενος (8 *a*)
44. 17. ἐξελοῦ με, ὅτι θεός μου εἶ σύ (8 *a*)
— 20. οὐδεὶς δύναται ἐξελέσθαι τὴν ψυχὴν αὐτοῦ (8 *a*)
47. 14. οὐ μὴ ἐξέλωνται τὴν ψυχὴν αὐτῶν ἐκ φλογός (8 *a*)
48. 10. ἐξειλάμην σε ἐκ καμίνου πτωχείας (1)

Is. 50. 2. A B S[1] οὐκ ἰσχύω τοῦ ἐξελέσθαι (8 *a*)
57. 13. ἐξελέσθωσάν σε ἐν τῇ θλίψει σου (8 *a*)
60. 16. ἐξαιρούμενός σε θεὸς Ἰσραήλ (2)
Je. 1. 8. μετὰ σοῦ ἐγώ εἰμι τοῦ ἐξαιρεῖσθαί σε (8 *a*)
— 17. μετὰ σοῦ εἰμι τοῦ ἐξαιρεῖσθαί σε –
— 19. μετὰ σοῦ ἐγώ εἰμι τοῦ ἐξαιρεῖσθαί σε (8 *a*)
15. 20. καὶ ἐξαιρεῖσθαί σε ἐκ χειρὸς πονηρῶν (8 *a*)
20. 13. ἐξείλατο ψυχὴν πένητος (8 *a*)
21. 12. ἐξέλεσθε διηρπασμένον ἐκ χειρὸς ἀδικοῦντος αὐτόν (8 *a*)
22. 3. ἐξαιρεῖσθε διηρπασμένον ἐκ χειρὸς ἀδικοῦντος αὐτόν (8 *a*)
38 (31). 11. ἐξείλατο αὐτὸν ἐκ χειρὸς στερεωτέρων αὐτοῦ (2)
41 (34). 13. ᾗ ἐξειλάμην αὐτοὺς ἐκ γῆς Αἰγ. (4)
49 (42). 11. ἐξαιρεῖσθαι [A S[2] τοῦ ἐ.] ὑμᾶς (5)
Ba. 2. 14. ἐξελοῦ ἡμᾶς ἕνεκεν [A *add.* τοῦ ὀνόματός] σου
4. 18. ἐξελεῖται ὑμᾶς ἐκ χειρὸς ἐχθρῶν ὑμῶν
— 21. ἐξελεῖται ὑμᾶς ἐκ δυναστείας [A *om.* ἐκ δ.] ἐκ χειρὸς ἐχθρῶν
Ep. Je. 15. ἑαυτὸν δὲ ἐκ πολέμου καὶ λῃστῶν οὐκ ἐξελεῖται
— 36. οὔτε ἥττονα ἀπὸ ἰσχυροῦ μὴ ἐξέλωνται
— 37. ἐν ἀνάγκῃ ἄνθρωπον ὄντα οὐ μὴ ἐξέλωνται
Ez. 7. 19. A τὸ χρυσίον αὐτῶν οὐ δυνηθήσεται ἐξελέσθαι αὐτούς (8 *a*)
33. 5. τὴν ψυχὴν αὐτοῦ ἐξείλατο (7 *b*)
— 9. σὺ τὴν ψυχὴν σαυτοῦ ἐξήρησαι [A σου ἐρρύσω] (8 *a*)
— 12. δικαιοσύνη δικαίου οὐ μὴ ἐξέληται αὐτόν (8 *a*)
34. 10. ἐξελοῦμαι τὰ πρόβατά μου ἐκ τοῦ στόματος αὐτῶν (8 *a*)
— 27. ἐξελοῦμαι αὐτοὺς ἐκ χειρὸς τῶν καταδουλωσαμένων αὐτούς (8 *a*)
Da. LXX. 3. 15. ποῖος θεὸς ἐξελεῖται ὑμᾶς (15)
— 17. ὅς ἐστι δυνατὸς ἐξελέσθαι ἡμᾶς (15)
— 17. ἐκ τῶν χειρῶν σου, βασιλεῦ, ἐξελεῖται ἡμᾶς (15)
— (43). καὶ ἐξελοῦ ἡμᾶς
— (88). ἐξείλετο ἡμᾶς ἐξ ᾅδου
— 29 (96). ὃς δυνήσεται ἐξελέσθαι οὕτως (8 *b*)
6. 14 (15). ἐβοήθει τοῦ ἐξελέσθαι αὐτόν (15)
— 15 (16). οὐκ ἠδύνατο ἐξελέσθαι αὐτόν –
— 16 (17). αὐτὸς ἐξελεῖταί σε (15)
Da. TH. 3. 15. ὃς ἐξελεῖται ὑμᾶς (15)
— 17. δυνατὸς ἐξελέσθαι ἡμᾶς (15)
— (43). ἐξελοῦ ἡμᾶς κατὰ τὰ θαυμάσιά σου
— (88). ἐξείλατο ἡμᾶς ἐξ ᾅδου
— 28 (95). καὶ ἐξείλατο τοὺς παῖδας αὐτοῦ (15)
6. 14 (15). ἠγωνίσατο τοῦ ἐξελέσθαι αὐτόν (15)
— 14 (15). A B[2] R ἀγωνιζόμενος τοῦ [A *om.*] ἐξελέσθαι αὐτόν (8 *b*)
— 16 (17). αὐτὸς ἐξελεῖταί σε (15)
— 20 (21). εἰ ἠδυνήθη ἐξελέσθαι σε (15)
— 27 (28). ὅστις ἐξείλατο τὸν Δ. (15)
8. 4. οὐκ ἦν ὁ ἐξαιρούμενος ἐκ χειρὸς αὐτοῦ (8 *a*)
— 7. οὐκ ἦν ὁ ἐξαιρούμενος τὸν κριόν (8 *a*)
I Ma. 5. 12. ἐλθὼν ἐξελοῦ ἡμᾶς
II Ma. 2. 18. ἐξείλατο γὰρ ἡμᾶς ἐκ μεγάλων κακῶν
6. 26. ἐξελοῦμαι τὴν ἐξ ἀνθρώπων τιμωρίαν

[**Aq.** Dt. 3. 18: 25. 10: I Ki. 25. 39.]
[**Sm.** II Ki. 14. 16: Ps. 30 (31). 3, 16: 32 (33). 19: 33 (34). 5: 38 (39). 9: 71 (72). 12: 114 (116). 4: Is. 38. 6: 57. 13.]
[**Th.** Jd. 6. 9: 18. 28: Jb. 36. 21: Ez. 7. 19.]
[**Al.** Ps. 47 (48). 4.]
[**Quint.** Ps. 29 (30). 2: 30 (31). 3.]

ἐξαίρειν. (**1**) אָבַד pi. (**2**) אָסַף (**3**) בָּעַר pi. (**4**) גָּאוֹן (**5**) נְּדַד (**6**) גָּרַע ni. (**7**) גָּרַע (**8**) גָּרַשׁ pi. (**9**) הָרַם (**10**) טָמֵא pi. (**11**) יָבֵשׁ hi. (**12**) יָצָא *a.* qal. *b.* hi. (**13**) יָרַשׁ *a.* ni. *b.* hi. (**14**) כָּחַד hi. (**15**) כָּרַת *a.* qal. *b.* ni. *c.* hi. *d.* hoph. (**16**) מוּט ni. (**17**) מָנַע (**18**) מַסַּע (**19**) נְטַל peil. (**20**) נָטַר (**21**) נָסַח ni. (**22**) נָסַע *a.* qal. *b.* hi. (**23**) נָשָׂא *a.* qal. *b.* ni. *c.* נְשָׂא (**24**) נָשַׁל (**25**) נָתַשׁ (**26**) סָגַר hi. (**27**) סוּר *a.* qal. *b.* hi. (**28**) סָלָה pi. (**29**) סָלַף pi. (**30**) סְעָרָה (**31**) סָפָה (**32**) עָבַר hi. (**33**) עוּר hi. (**34**) רָגַע hi. (**35**) רוּם *a.* hi. *b.* hoph. (**36**) שָׁחַת hi. (**37**) שָׁמַד *a.* ni. *b.* hi.

Ge. 29. 1. καὶ ἐξάρας Ἰακὼβ τοὺς πόδας (23 *a*)
35. 5. καὶ ἐξῆρεν Ἰσραὴλ ἐκ Σικίμων (22 *a*)
41. 44. ἄνευ σοῦ οὐκ ἐξαρεῖ οὐθεὶς τὴν χεῖρα αὐτοῦ (35 *a*)
49. 33. ἐξάρας τοὺς πόδας αὐτοῦ ἐπὶ τ. κλίνην (2)
Ex. 13. 20. ἐξάραντες δὲ οἱ υἱοὶ Ἰσ. ἐκ Σοκχὼθ (22 *a*)
14. 19. ἐξῆρε δὲ ὁ ἄγγελος τοῦ θεοῦ (22 *a*)
— 19. ἐξῆρε δὲ καὶ ὁ στῦλος τῆς νεφέλης (22 *a*)
15. 22. ἐξῆρε δὲ M. τοὺς υἱοὺς Ἰ. (22 *b*)
19. 2. A καὶ ἐξῆραν [B ἀπ.] ἐκ Ῥαφιδεὶν (22 *a*)
28. 34 (38). ἐξαρεῖ Ἀ. τὰ ἁμαρτήμ. τῶν ἁγίων (23 *a*)
Le. 9. 22. ἐξάρας Ἀ. τὰς χεῖρας ἐπὶ τὸν λαὸν (23 *a*)
Nu. 1. 51. ἐν τῷ ἐξαίρειν τὴν σκηνὴν (22 *a*)
2. 9. πρῶτοι ἐξαροῦσι [A ἀναζεύξουσιν] (22 *a*)
— 16. δεύτεροι ἐξαροῦσι [A ἀναζεύξουσιν] (22 *a*)
— 17. οὕτω καὶ ἐξαροῦσιν [A ἀναζεύξουσιν] ἕκαστος (22 *a*)
— 24. τρίτοι ἐξαροῦσι [A ἀναζεύξουσιν] (22 *a*)
— 31. ἔσχατοι ἐξαροῦσι [A ἀναζεύξουσιν] κατὰ τάγμα αὐτῶν (22 *a*)
— 34. οὕτως ἐξῆρον ἕκαστος (22 *a*)
4. 5. ὅταν ἐξαίρῃ ἡ παρεμβολή (22 *a*)
— 15. ἐν τῷ ἐξαίρειν τὴν παρεμβολήν (22 *a*)
9. 19. καὶ οὐ μὴ ἐξάρωσι (22 *a*)
— 20. A διὰ προστάγματος κυρίου ἐξαροῦσιν [B ἀπαρ.] (22 *a*)
10. 2. ἐξαίρειν τὰς παρεμβολάς (18)
— 5, 6. ἐξαροῦσιν αἱ παρεμβολαί (22 *a*)
— 6 *bis.* ἐξαροῦσιν αἱ παρεμβολαί –
— 12. ἐξῆραν οἱ υἱοὶ Ἰσραὴλ (22 *a*)
— 13. ἐξῆραν πρῶτοι (22 *a*)
— 14. ἐξῆραν τάγμα παρεμβολῆς (22 *a*)
— 17. ἐξαροῦσιν οἱ υἱοὶ Γεδσών (22 *a*)
— 18. ἐξῆραν τάγμα παρεμβολῆς (22 *a*)
— 21. ἐξαροῦσιν οἱ υἱοὶ Καάθ (22 *a*)
— 22, 25. ἐξαροῦσι τάγμα παρεμβολῆς (22 *a*)
— 28. ἐξῆραν σὺν δυνάμει αὐτῶν (22 *a*)
— 29. ἐξαίρομεν ἡμεῖς (22 *a*)
— 33. ἐξῆραν ἐκ τοῦ ὄρους κυρίου (22 *a*)
— 35. ἐν τῷ ἐξαίρειν τὴν κιβωτόν (22 *a*)
— 34. ἐν τῷ ἐξαίρειν αὐτοὺς ἐκ τῆς παρεμβολῆς (22 *a*)
11. 35. ἐξῆρεν ὁ λαὸς εἰς Ἀσηρώθ (22 *a*)
12. 15. ὁ λαὸς οὐκ ἐξῆρεν (22 *a*)
13. 1 (12. 16). ἐξῆρεν ὁ λαὸς ἐξ Ἀσηρώθ (22 *a*)
21. 11. A B[2] R ἐξάραντες ἐξ Ὠβώθ (22 *a*)
24. 2. ἐξάρας B. τοὺς ὀφθαλμοὺς αὐτοῦ (23 *a*)
33. 52. ἐξαρεῖτε τὰς σκοπιὰς αὐτῶν (1)
— 52. πάσας τὰς στήλας αὐτῶν ἐξαρεῖτε (37 *b*)
De. 7. 1. A R καὶ ἐξάρῃ [B -εῖ] ἔθνη μεγάλα (24)
16. 19. ἐξαίρει [B[1] -αρεῖ] λόγους δικαίων (29)
17. 5. B[1] ἐξαρεῖς [A B[2] R -άξεις] τὸν ἄνθρωπον ἐκεῖνον (12 *b*)
— 7. ἐξαρεῖς [A -εῖτε] τὸν πονηρὸν ἐξ ὑμῶν αὐτῶν (3)
— 12. ἐξαρεῖς τὸν πονηρὸν ἐξ [A ἐν] Ἰ. (3)
19. 19. ἐξαρεῖς [A -εῖτε] τὸν πονηρὸν ἐξ ὑμῶν (3)
21. 9. ἐξαρεῖς τὸ αἷμα τὸ ἀναίτιον (3)
— 21: 22. 21. ἐξαρεῖς τὸν πονηρὸν ἐξ ὑμῶν αὐτῶν (3)
22. 22. ἐξαρεῖς τὸν πονηρὸν ἐξ Ἰσραήλ (3)
— 24. ἐξαρεῖς τὸν πονηρὸν ἐξ ὑμῶν αὐτῶν (3)
24. 7. ἐξαρεῖς [A -εῖτε] τὸν πονηρὸν ἐξ ὑμῶν αὐτῶν (3)
28. 63. ἐξαρθήσεσθε ἐν τάχει [A *om.* ἐν τ.] ἀπὸ τῆς γῆς (21)
29. 28 (27). ἐξῆρεν αὐτοὺς κύριος (25)
Jo. 7. 12. A[2] B ἐὰν μὴ ἐξάρητε τὸ ἀνάθεμα ἐξ ὑμῶν αὐτῶν (37 *b*)
— 13. ἕως ἂν ἐξάρητε τὸ ἀνάθεμα ἐξ ὑμῶν (27 *b*)
Jd. 1. 20. A καὶ ἐξῆρεν ἐκεῖθεν (13 *b*)
— 21. A τὸν Ἰεβουσαῖον . . . οὐκ ἐξῆραν [B ἐκληρονόμησαν] (13 *b*)
— 27. οὐκ ἐξῆρε [A ἐκληρονόμησεν] M. τὴν B. (13 *b*)
— 28. ἐξαίρων οὐκ ἐξῆρεν αὐτόν (13 *b*, 13 *b*)
— 29. Ἐ. οὐκ ἐξῆρε τὸν X. (13 *b*)
— 30. Z. οὐκ ἐξῆρε τοὺς κατοικοῦντας K. (13 *b*)
— 31. Ἀ. οὐκ ἐξῆρε τοὺς κατοικοῦντας Ἀ. (13 *b*)
— 32. οὐκ ἠδυνήθη ἐξᾶραι αὐτόν (13 *b*)
— 33. N. οὐκ ἐξῆρε τοὺς κατοικοῦντας B. (13 *b*)

Jd. 2. 3. οὐ μὴ ἐξάρω αὐτούς [A *al.*] (8)
— 21. τοῦ ἐξᾶραι ἄνδρα ἐκ προσώπου αὐτῶν (13 *b*)
— 23. τοῦ μὴ ἐξᾶραι αὐτὰ τὸ τάχος (13 *b*)
11. 23. κύριος . . . ἐξῆρε τὸν Ἀμορραῖον (13 *b*)
— 24. οὓς ἐξῆρε κύριος [A *al.*] (13 *b*)
16. 14. ἐξῆρε τὸν πάσσαλον [A *al.*] (22 *a*)
20. 13. A ἐξαροῦμεν κακίαν [B *al.*] (3)
I Ki. 20. 15. οὐκ ἐξαρεῖς ἔλεός σου (15 *c*)
— 15. ἐν τῷ ἐξαίρειν κύριον τοὺς ἐχθροὺς Δ. (15 *c*)
— 15 (16). A ἐξαρθῆναι τὸ ὄνομα Ἰ. [B *al.*] (15 *a*)
II Ki. 14. 7. καὶ ἐξαροῦμεν καί γε τὸν κληρονόμον ὑμῶν (37 *b*)
— 11. καὶ οὐ μὴ ἐξάρωσι τὸν υἱόν μου (37 *b*)
— 16. τοῦ ζητοῦντος ἐξᾶραί με (37 *b*)
III Ki. 2. 31. καὶ ἐξαρεῖς σήμερον τὸ αἷμα (27 *b*)
8. 25. οὐκ ἐξαρθήσεταί σου ἀνήρ (15 *b*)
9. 5. οὐκ ἐξαρθήσεταί σοι [A σου] ἀνήρ (15 *b*)
— 7. καὶ ἐξαρῶ τὸν Ἰ. ἀπὸ τῆς γῆς (15 *c*)
14. 24. ὧν ἐξῆρε κύριος (13 *b*)
15. 14. τὰ δὲ ὑψηλὰ οὐκ ἐξῆρε (27 *a*)
16. 28 (22. 43 [44]). B πλὴν τῶν ὑψηλῶν οὐκ ἐξῆραν (27 *a*)
— 28 (22. 46 [47]). B τὰ λοιπὰ τῶν συμπλοκῶν . . . ἐξῆρεν ἀπὸ τῆς γῆς (3)
22. 44. πλὴν τῶν ὑψηλῶν οὐκ ἐξῆρεν (27 *a*)
IV Ki. 14. 4. τὰ ὑψηλὰ οὐκ ἐξῆρεν (27 *a*)
15. 4. πλὴν τῶν ὑψηλῶν οὐκ ἐξῆρεν (27 *a*)
— 35. τὰ ὑψηλὰ οὐκ ἐξῆρεν (27 *a*)
16. 3: 17. 8. ὧν ἐξῆρε κύριος (13 *b*)
18. 4. αὐτὸς ἐξῆρε τὰ ὑψηλά (27 *b*)
21. 2. ὧν ἐξῆρε κύριος (13 *b*)
23. 24. καί γε τοὺς θελητὰς . . . ἐξῆρεν Ἰ. (3)
I Ch. 5. 25. οὓς ἐξῆρεν ὁ θεὸς ἀπὸ προσώπου αὐτῶν (37 *b*)
II Ch. 7. 18. οὐκ ἐξαρθήσεταί σοι ἀνὴρ ἡγούμενος (15 *b*)
— 20. καὶ ἐξαρῶ ὑμᾶς ἀπὸ τῆς γῆς (25)
15. 17. A τὰ ὑψηλὰ οὐκ ἐξῆραν [B *al.*] (27 *a*)
17. 6. καὶ ἐξῆρε τὰ ὑψηλά (27 *b*)
19. 3. ἐξῆρας τὰ ἄλση ἀπὸ τῆς γῆς Ἰ. (3)
33. 9. ἃ ἐξῆρε κύριος ἀπὸ προσώπου υἱῶν Ἰ. (37 *b*)
II Es. 8. 31. καὶ ἐξήραμεν ἀπὸ τοῦ ποταμοῦ (22 *a*)
Ju. 15. 14. A[1] καὶ ἐξῆρεν [A[2] B S -ῆρχεν] Ἰ. τὴν ἐξομολόγησιν ταύτην
Es. 4. 17. ἐξᾶραι ὁρισμὸν στόματός σου
Ps. 39 (40). 14. τοῦ ἐξᾶραι αὐτήν (31)
Pr. 12. 3. αἱ δὲ ῥίζαι τῶν δικαίων οὐκ ἐξαρθήσονται (16)
20. 13. μὴ ἀγάπα καταλαλεῖν ἵνα μὴ ἐξαρθῇς (13 *a*)
Ec. 10. 9. ἐξαίρων λίθους διαπονηθήσεται ἐν αὐτοῖς (22 *b*)
Si. 7. 6. μὴ οὐκ ἐξισχύσεις [A S ἰσχ.] ἐξᾶραι ἀδικίας
10. 17. A S ἐξῆρεν αὐτοὺς [B ἐξήρανεν ἐξ αὐτῶν]
16. 9. τοὺς ἐξηρμένους ἐν ἁμαρτίαις αὐτῶν
19. 3. ψυχὴ τολμηρὰ ἐξαρθήσεται
32 (35). 18. ἕως ἐξάρῃ πλῆθος ὑβριστῶν
33 (36). 7. ἔξαρον ἀντίδικον
37. 7. πᾶς σύμβουλος ἐξαίρει [S[1] -αρεῖ] βουλήν
47. 4. ἐξῆρεν ὀνειδισμὸν ἐκ λαοῦ
— 5. ἐξᾶραι ἄνθρωπον δυνατὸν ἐν πολέμῳ
— 22. σπέρμα τοῦ ἀγαπήσαντος αὐτὸν οὐ μὴ ἐξάρῃ
49. 2. ἐξᾶραι βδελύγματα ἀνομίας
Ho. 2. 2 (4). καὶ ἐξαρῶ τὴν πορνείαν αὐτῆς ἐκ προσώπου μου (27 *b*)
— 17 (19). καὶ ἐξαρῶ τὰ ὀνόματα τῶν B. ἐκ στόματος αὐτῆς (27 *b*)
10. 8. καὶ ἐξαρθήσονται βωμοὶ Ὠν (37 *a*)
Am. 1. 8. ἐξαρθήσεται φυλὴ ἐξ Ἀσκ. †
2. 9. ἐξῆρα [A -ήγειρα] τὸν Ἀμορραῖον ἐκ προσώπου αὐτῶν (37 *b*)
6. 7. ἐξαρθήσεται χρεμετισμὸς ἵππων (27 *a*)
— 8. καὶ ἐξαρῶ πόλιν (26)
9. 8. ἐξαρῶ αὐτὴν ἀπὸ προσώπου τῆς γῆς (37 *b*)
— 8. οὐκ εἰς τέλος ἐξαρῶ τὸν οἶκον Ἰ. (37 *b*)
Mi. 5. 11 (10). ἐξαρῶ πάντα τὰ ὀχυρώματά σου (9)
— 12 (11). A ἐξαρῶ πάντα [B ἐξολεθρεύσω] τὰ φάρμακά σου (15 *c*)
7. 18. ἐξαίρων ἀνομίας [A ἀδικίας] (23 *a*)
Jl. 1. 5. ὅτι ἐξῆρθη [A S[3] -ῆρται, S[1] -ήχθη] . . . εὐφροσύνη (15 *b*)
— 9. ἐξῆρται [S[1] -ῆλθε] θυσία . . . ἐξ οἴκου κυρίου (15 *d*)
— 16. ἐξωλεθρεύθη [S[1] -ήρθη?] . . . εὐφροσύνη (15 *b*)
Ob. 1. 9. ὅπως ἐξαρθῇ ἄνθρωπος ἐξ ὄρους Ἡσαῦ (15 *b*)

Ob. 1. 10. ἐξαρθήσῃ εἰς τὸν αἰῶνα (15 *b*)
Na. 1. 2. καὶ ἐξαίρων αὐτὸς τοὺς ἐχθροὺς αὐτοῦ (20)
2. 1. συντετέλεσται ἐξῆρται [S^{1} -ητε, S^{3} ἀνήλωται] (15 *b*)
Ze. 1. 3. ἐξαρῶ τοὺς ἀνόμους ἀπὸ προσώπου τῆς γῆς (15 *c*)
— 4. ἐξαρῶ . . . τὰ ὀνόματα τῆς Β. (15 *c*)
Za. 4. 1. B καὶ ἐξῆρέν [A S R -ήγειρέ] με (33)
5. 7. A B τάλαντον μολίβου [S R μολίβδου] ἐξαιρόμενον (23 *b*)
9. 7. ἐξαρῶ τὸ αἷμα αὐτῶν (27 *b*)
10. 2. ἐξηράνθησαν [S^{3} -ήρθησαν] ὡς πρόβατα (22 *a*)
11. 8. ἐξαρῶ τοὺς τρεῖς ποιμένας ἐν μηνὶ ἑνί (14)
12. 9. ζητήσω ἐξᾶραι [A τοῦ ἐ.] πάντα τὰ ἔθνη (37 *b*)
13. 2. τὸ πνεῦμα τὸ ἀκάθαρτον ἐξαρῶ ἀπὸ τῆς γῆς (32)
Is. 16. 6. τὴν ὑπερηφανίαν ἐξῆρα [A B^{2} S^{3} -ας] (4 ?)
30. 22. A S^{3} ἐξαρεῖς [B S^{1} μιανεῖς] τὰ εἴδωλα (10)
62. 10. ἐξάρατε σύσσημον εἰς τὰ ἔθνη (35 *a*)
Je. 4. 7. ἐξολεθρεύων ἔθνη ἐξῆρε (22 *a*)
12. 17. ἐξαρῶ τὸ ἔθνος ἐκεῖνο ἐξάρσει (25)
18. 7. τοῦ ἐξᾶραι αὐτοὺς καὶ τοῦ ἀπολλύειν (25)
27 (50). 34. ὅπως ἐξάρῃ τὴν γῆν (34 ?)
28 (51). 9. ἐξῆρεν ἕως τῶν ἄστρων (23 *b*)
— 20. ἐξαρῶ ἐκ σοῦ βασιλεῖς (36)
— 36. S ἐξαρῶ [A B ξηρανῶ] τὴν πηγὴν [A S γῆν] αὐτῆς (11)
31 (48). 10. ἐξαίρων μάχαιραν αὐτοῦ ἀφ' αἵματος (17)
La. 1. 6. ἐξήρθη [A S^{1} -ῆλθεν] ἐκ θυγατρὸς Σιὼν πᾶσα ἡ εὐπρέπεια αὐτῆς (12 *a*)
— 15. ἐξῆρε πάντας τοὺς ἰσχυρούς μου ὁ κ. (28)
Ez. 1. 4. πνεῦμα ἐξαῖρον ἤρχετο ἀπὸ βορρᾶ (30)
— 19. ἐν τῷ ἐ. τὰ ζῷα ἀπὸ τῆς γῆς ἐξήροντο οἱ τροχοί (23 *b*, 23 *b*)
— 20. ἐξήροντο σὺν αὐτοῖς (23 *b*)
— 21. ἐν τῷ ἐ. αὐτὰ ἀπὸ τῆς γῆς ἐξήροντο σὺν αὐτοῖς (23 *b*, 23 *b*)
2. 2. ἐξῆρέ [A ἐξήγειρεν] με –
3. 14. τὸ πνεῦμα [A *add.* κυρίου] ἐξῆρέ με (23 *a*)
6. 6. ἐξαρθῇ [A -θήσεται] τὰ τεμένη ὑμῶν (6 ?)
10. 16. ἐν τῷ ἐ. τὰς χερ. τὰς πτέρυγας αὐ. (23 *a*)
— 19. A ἐν τῷ ἐ. [B ἐξελθεῖν] αὐτά (12 *a*)
11. 18. ἐξαροῦσι πάντα τὰ βδελύγματα αὐτῆς (27 *b*)
— 22. ἐξῆραν τὰ χερ. τὰς πτέρυγας αὐ. (23 *a*)
13. 11. πνεῦμα ἐξαῖρον καὶ ῥαγήσεται (30)
— 13. ῥήξω πνοὴν ἐξαίρουσαν μετὰ θυμοῦ (30)
14. 8. ἐξαρῶ αὐτὸν ἐκ μέσου τοῦ λαοῦ μου (15 *c*)
— 13. ἐξαρῶ ἐξ [A ἀπ'] αὐτῆς ἄνθρωπον (15 *c*)
— 17. ἐξαρῶ ἐξ αὐτῆς ἄνθρωπον (15 *c*)
16. 27. ἐξαρῶ τὰ νόμιμά σου (7)
— 42. ἐξαρθήσεται ὁ ζῆλός μου ἐκ σοῦ (27 *a*)
— 50. ἐξῆρα αὐτὰς καθὼς ἴδον [A *om.*] (27 *b*)
17. 17. τοῦ ἐξᾶραι ψυχάς (15 *c*)
20. 15, 23. ἐξῆρα τὴν χεῖρά μου ἐπ' αὐτοῖς (23 *a*)
— 38. A ἐκ τῆς παροικεσίας αὐτῶν ἐξαρῶ [B -άξω] αὐτούς (12 *b*)
— 39. ἕκαστος τὰ ἐπιτηδεύματα αὐτοῦ ἐξάρατε †
45. 9. ἐξάρατε καταδυναστείαν ἀπὸ τοῦ λαοῦ μου (35 *a*)
Da. LXX. 4. 20. ἐξᾶραι τὸ δένδρον (5)
5. 1. Φάρες ἐξῆρται –
— 17. ἠρίθμηται κατελογίσθη ἐξῆρται –
— 30. τὸ βασίλειον ἐξῆρται ἀπὸ τῶν Χαλδαίων †
8. 11. καὶ ἐξήρθη ὁ τόπος αὐτῶν (35 *b* †)
Da. TH. 2. 35. A R ἐξῆρεν αὐτὰ [B *om.*] τὸ πλῆθος τοῦ πνεύματος (23 *c*)
7. 4. ἐξήρθη [A -ηγέρθη] ἀπὸ τῆς γῆς (19)
I Ma. 3. 20. τοῦ ἐξᾶραι ἡμᾶς
— 35. τοῦ . . . ἐξᾶραι τὴν ἰσχὺν Ἰσ.
— 45. ἐξήρθη τέρψις ἐξ Ἰακώβ
— 52. τοῦ ἐξᾶραι ἡμᾶς
— 58. ἐξᾶραι ἡμᾶς καὶ τὰ ἅγια ἡμῶν
5. 2. τοῦ θανατοῦν ἐν τῷ λαῷ καὶ ἐξαίρειν
— 9. τοῦ ἐξᾶραι αὐτούς
— 10. τοῦ ἐξᾶραι ἡμᾶς
— 27. S R καὶ ἐξᾶραι πάντας τούτους [A αὐτούς]
6. 12. S R ἐξᾶραι [A τοῦ ἐ.] τοὺς κατοικοῦντας Ἰ.
— 19. ἐλογίσατο Ἰούδας ἐξᾶραι αὐτούς
7. 26. ἐνετείλατο αὐτῷ ἐξᾶραι τὸν λαόν
8. 9. ἐβουλεύσαντο ἐλθεῖν καὶ ἐξᾶραι αὐτούς
12. 53. S R ἐξάρωμεν [A -οῦμεν] . . . τὸ μνημόσυνον αὐτῶν
14. 7. ἐξῆρε τὰς ἀκαθαρσίας ἐξ αὐτῆς
I Ma. 14. 14. ἐξῆρε πάντα ἄνομον καὶ πονηρόν
— 36. τοῦ ἐξαρθῆναι τὰ ἔθνη ἐκ τῆς χώρας αὐτῶν
II Ma. 8. 9. R τὸ σύμπαν τῶν Ἰ. [A πᾶν τῆς Ἰ.] ἐξᾶραι γένος
[**Aq.** Ex. 20. 25: Is. 13. 2: 56. 5: Je. 7. 28.]
[**Sm.** Jb. 9. 5: Ps. 36 (37). 28: Is. 56. 5: Za. 3. 2.]
[**Th.** Nu. 2. 17: II Ki. 1. 21: 12. 10: Is. 56. 5: 57. 14: Je. 7. 28: 50 (27). 36: Da. 2. 35: Ob. 1. 9.]
[**Al.** Le. 11. 35: Nu. 9. 20: 10. 28: III Ki. 22. 47.]

ἐξαίρεσις (?).
Ge. 49. 5. A B συνετέλεσαν ἀδικίαν ἐξαιρέσεως [R ἐξ αἱρ.] αὐτῶν †

ἐξαίρετος. (1) אֶחָד (2) **ἐξαίρετος εἶναι** לָקַח
Ge. 48. 22. δίδωμί σοι Σ. ἐξαίρετον ὑπὲρ τοὺς ἀδελφούς (1)
Jb. 5. 5. αὐτοὶ δὲ ἐκ κακῶν οὐκ ἐξαίρετοι ἔσονται [A ἐξαιρεθήσονται] (2)
[**Aq.** Ex. 39. 28 (36): I Ki. 2. 18: 22. 18: II Ki. 6. 14: Je. 48 (31). 30: Ez. 9. 2, 11: 10. 2: Da. 10. 5.]
[**Sm.** Ex. 19. 5: 39. 28 (36): Dt. 14. 2: Jd. 17. 2: Ps. 134 (135). 4.]

ἐξαιρέτως.
[**Aq.** Dt. 32. 12.]

ἐξαίσιος. (1) *a.* פָּלָא ni. *b.* מִפְלָאָה (2) פִּתְאֹם (3) לְצֶלַע (4) מִקָּרוֹב (5) שֶׁמֶץ
Jb. 4. 12. πότερον οὐ δέξεταί μου τὸ οὖς ἐξαίσια παρ' αὐτοῦ [A *al.*] (5)
5. 9. τὸν ποιοῦντα . . . ἔνδοξά τε καὶ ἐξαίσια (1 *a*)
9. 10. ὁ ποιῶν . . . ἔνδοξά τε καὶ ἐξαίσια (1 *a*)
— 23. φαῦλοι ἐν θανάτῳ ἐξαισίῳ [A ἐξ. ἀπολοῦνται] (2)
18. 12. πτῶμα δὲ αὐτῷ ἡτοίμασται ἐξαίσιον (3 ?)
20. 5. εὐφροσύνη δὲ ἀσεβῶν πτῶμα ἐξαίσιον (4 ?)
22. 10. ἐσπούδασέ σε πόλεμος ἐξαίσιος (2)
34. 24. ὁ καταλαμβάνων . . . ἔνδοξά τε καὶ ἐξαίσια †
37. 16. ἐξαίσια δὲ πτώματα πονηρῶν (1 *b*)
[**Al.** Hb. 3. 10, 15.]

ἐξαίφνης (-εφ.) *cf.* **ἐξάπινα, ἐξαπίνης.** (1) וְהִנֵּה (2) פִּתְאֹם (3) פֶּתַע (4) רֶגַע (5) כִּתְמָם
Jb. 1. 19. ἐ. πνεῦμα μέγα ἐπῆλθεν ἐκ [A ἦλθεν ἀπὸ, S^{1} *om.* ἐπ.] τῆς ἐρήμου (1)
Pr. 24. 22. ἐ. γὰρ τίσονται τοὺς ἀσεβεῖς (2)
Si. 16. 3. S^{2} ἐ. αὐτῶν συντέλειαν γνώσεται
Mi. 2. 3. οὐ μὴ πορευθῆτε ὀρθοὶ ἐ. –
Hb. 2. 7. ἐ. ἀναστήσονται δάκνοντες αὐτόν (3)
Ma. 3. 1. ἐ. ἥξει εἰς τὸν ναὸν ἑαυτοῦ κύριος (2)
Is. 47. 9. B^{2} R ἥξει ἐπὶ σὲ τὰ δύο ταῦτα ἐξ. ἐν ἡμέρᾳ μιᾷ ἀτεκνία καὶ χηρεία ἥξει ἐ. [A B^{1} S *al.*] (4, 5 ?)
— 11. A S^{3} ἥξει ἐπὶ σὲ ἐ. [B S^{1} ἐξαπίνης] ἀπώλεια (2)
Je. 6. 26. ἐ. ἥξει ταλαιπωρία ἐφ' ὑμᾶς (2)
15. 8. ἐπέρριψα ἐπ' αὐτὴν ἐ. τρόμον (2)
III Ma. 4. 2. τὴν ἀπροσδόκητον ἐ. αὐτοῖς ἐπικριθεῖσαν ὀλεθρίαν
[**Aq.** Is. 29. 5.]
[**Sm.** Jb. 22. 10: Ps. 6. 11: 54 (55). 9: 72 (73). 19: Pr. 7. 22: Is. 29. 5.]
[**Quint.** Pr. 7. 22.]

ἑξάκις. (1) *a.* שֵׁשׁ פְּעָמִים *b.* שֵׁשׁ
Jo. 6. 13 (14). R περιεκύκλωσε τὴν πόλιν ἑ. [B *om.*] ἐγγύθεν –
— 14 (15). B περιῆλθοσαν [A -θον] . . . ἑ. [A R ἑπτάκις] †
IV Ki. 13. 19. εἰ ἐπάταξας πεντάκις ἢ ἑ. (1 *a*)
Jb. 5. 19. ἑ. ἐξ ἀναγκῶν σε ἐξελεῖται (1 *b*)

ἑξακισχίλιοι.
Nu. 2. 9: 3. 34.
IV Ki. 5. 5.
I Ch. 23. 4.
II Es. 2. 67†.
Ne. 7. 68†.
Jb. 42. 12.
II Ma. 8. 1, 16, 20†.

ἐξακολουθεῖν. (1) הָלַךְ אַחַר (2) פָּנָה (3) פָּתָה ni.
Jb. 31. 9. εἰ ἐξηκολούθησεν ἡ καρδία μου γυναικὶ ἀνδρὸς ἑτέρου (3)
Si. 5. 2. A B S^{2} μὴ ἐξακολούθει τῇ ψυχῇ σου
Am. 2. 4. οἷς ἐξηκολούθησαν οἱ πατέρες αὐτῶν (1)
Is. 56. 11. πάντες [A S^{3} *add.* ἐν] ταῖς ὁδοῖς αὐτῶν ἐξηκολούθησαν (2)
Je. 2. 2. A S^{2} R τοῦ [B *om.*, S^{1} τῷ] ἐξακολουθῆσαί σε τῷ ἁγίῳ Ἰσραήλ (1)
Da. LXX., TH. 3. (41). ἐξακολουθοῦμεν ἐν ὅλῃ καρδίᾳ

ἐξακονεῖν. (1) חָדַד hoph. (2) לָטַשׁ pu.
Ps. 51 (52). 2. B^{1} S^{1} ὡσεὶ ξυρὸν ἐξηκονημένον [B^{3} S^{2} R ἠκ.] ἐποίησας δόλον (2)
Ez. 21. 11 (16). ἐξηκονήθη ἡ ῥομφαία (1)

ἑξακόσιοι.
Ge. 7. 6.
Ex. 12. 37: 14. 7.
Nu. 1. 27, 25, 46: 2. 4, 15, 31, 32: 3. 28: 4. 40: 11. 21: 26. 47†, 43†, 51: 31. 32, 37.
Jd. 3. 31: 18. 11, 16, 17†: 20. 47.
I Ki. 11. 8: 13. 15†: 14. 2†: 17. 7: 27. 2†: 30. 9†.
II Ki. 15. 18†, 18.
III Ki. 3. 1 (5. 16 [30]): 5. 16 (30)†: 10. 14.
I Ch. 7. 2: 9. 6: 11. 20†: 12. 26: 21. 25.
II Ch. 1. 17: 2. 2 (1), 17 (16), 18 (17): 3. 8: 9. 13, 15†, 15: 26. 12: 29. 33: 35. 8.
I Es. 1. 8: 5. 12, 13, 13†, 14† *bis*, 20, 37: 8. 56.
II Es. 2. 10, 11, 13, 26, 33†, 35, 60: 8. 26.
Ne. 7. 10†, 11†, 15, 16, 18, 20, 30, 62.
Si. 16. 10: 46. 8.
I Ma. 6. 42.
II Ma. 10. 31: 11. 11: 12. 29.
IV Ma. 4. 17.
[**Th.** Je. 52. 30.]

ἑξακοσιοστός. (1) שֵׁשׁ מֵאוֹת
Ge. 7. 11. ἐν τῷ ἑ. ἔτει (1)
8. 13. ἐν τῷ ἑνὶ καὶ ἑ. ἔτει (1)

ἐξακριβάζεσθαι. (1) חָקַר (2) יְצַב pa. (3) מָנָה
Nu. 23. 10. τίς ἐξηκριβάσατο τὸ σπέρμα Ἰ. (3)
Jb. 28. 3. πᾶν πέρας αὐτὸς ἐξακριβάζεται [A *al.*] (1)
Da. LXX. 7. 19. ἤθελον ἐξακριβάσασθαι [R -ώσασθαι] (2)
[**Th.** I Ki. 20. 12.]

ἐξακριβοῦσθαι. (1) יְצַב pa.
Da. LXX. 7. 19. R ἤθελον ἐξακριβώσασθαι [*cod.* -άσασθαι] (1)
[**Al.** Ps. 110 (111). 2.]

ἐξάλειπτρον. (1) כֶּרְקָחָה
Jb. 41. 22 (23). ἥγηται δὲ τὴν θάλασσαν ὥσπερ ἐξάλειπτρον (1)

ἐξαλείφειν. (1) נִגְרַע ni. (2) *a.* חָמוֹר *b.* חֲמוֹרָה (3) טוּחַ *a.* qal. *b.* ni. (4) מָחָה *a.* qal. *b.* ni. *c.* hi. (5) שָׁחַת *a.* pi. *b.* hi. *c.* מַשְׁחִית
Ge. 7. 4. ἐξαλείψω πᾶν τὸ ἀνάστημα (4 *a*)
— 23. ἐξήλειψε πᾶν τὸ ἀνάστημα (4 *b*)
— 23. καὶ ἐξηλείφθησαν ἀπὸ τῆς γῆς (4 *b*)
9. 15. ὥστε ἐξαλεῖψαι πᾶσαν σάρκα (5 *a*)
Ex. 17. 14. ἀλοιφῇ ἐξαλείψω τὸ μνημόσυνον [A *om.*] Ἀμ. (4 *a*)
32. 32. ἐξάλειψόν με ἐκ τῆς βίβλου σου (4 *a*)
— 33. ἐξαλείψω αὐτοὺς ἐκ τῆς βίβλου μου (4 *a*)
Le. 14. 42. ἐξαλείψουσι τὴν οἰκίαν (3 *a*)
— 43. μετὰ τὸ ἐξαλειφθῆναι (3 *b*)
— 48. μετὰ τὸ ἐξαλειφθῆναι τὴν οἰκίαν (3 *b*)
Nu. 5. 23. καὶ ἐξαλείψει εἰς τὸ ὕδωρ (4 *a*)
27. 3 (4). μὴ ἐξαλειφθήτω τὸ ὄνομα (1)
De. 9. 14. ἐξαλείψω τὸ ὄνομα αὐτῶν (4 *a*)
25. 6. οὐκ ἐξαλειφθήσεται τὸ ὄνομα αὐτοῦ (4 *b*)
— 19. ἐξαλείψεις τὸ ὄνομα Ἀμαλήκ (4 *a*)
29. 20 (19). ἐξαλείψει κύριος τὸ ὄνομα αὐτοῦ (4 *a*)
Jd. 15. 16. ἐν σιαγόνι ὄνου ἐξαλείφων ἐξήλειψα αὐτούς (2 *a*, 2 *b*?)
21. 17. οὐκ ἐξαλειφθήσεται φυλὴ [A *al.*] (4 *b*)
IV Ki. 14. 27. ἐξαλεῖψαι τὸ σπέρμα Ἰ. (4 *a*)

I Ch. 29. 4. ἐξαλιφῆναι [A -αλειφθῆναι] ἐν αὐτοῖς τοὺς τοίχους τοῦ ἱεροῦ (3 a)
Ne. 13. 14. μὴ ἐξαλειφθήτω ἔλεός μου (4 c)
To. 4. 19. μὴ ἐξαλειφθήτωσαν ἐκ τῆς καρδίας σου
Ps. 9. 5. τὸ ὄνομα αὐτῶν ἐξήλειψας (4 a)
50 (51). 1. ἐξάλειψον τὸ ἀνόμημά μου (4 a)
— 9. πάσας τὰς ἀνομίας μου ἐξάλειψον (4 a)
68 (69). 28. ἐξαλειφθήτωσαν ἐκ βίβλου ζώντων (4 b)
108 (109). 13. S² R ἐξαλειφθείη [A S¹ -θήτω] τὸ ὄνομα αὐ. (4 b)
— 14. ἡ ἁμαρτία τῆς μητρὸς αὐτοῦ μὴ ἐξαλειφθείη (4 b)
Pr. 6. 33. τὸ δὲ ὄνειδος αὐτοῦ οὐκ ἐξαλειφθήσεται εἰς τὸν αἰῶνα (4 b)
Si. 23. 26. τὸ ὄνειδος αὐτῆς οὐκ ἐξαλειφθήσεται
39. 9. ἕως τοῦ αἰῶνος οὐκ ἐξαλειφθήσεται
40. 12. πᾶν δῶρον καὶ ἀδικία ἐξαλειφθήσεται
41. 11. ὄνομα δὲ ἁμαρτωλῶν οὐκ ἀγαθὸν [S² ἀ. οὐκ] ἐξαλειφθήσεται
44. 13. ἡ δόξα αὐτῶν οὐκ ἐξαλειφθήσεται [A S ἐγκαταλειφθ.]
— 18. ἵνα μὴ ἐξαλειφθῇ κατακλυσμῷ [A om.] πᾶσα σάρξ
46. 20. ἐν προφητείᾳ ἐξαλεῖψαι [S -λείψει] ἀνομίαν λαοῦ
47. 22. οὐδὲ μὴ ἐξαλείψῃ ἐκλεκτοῦ ἔκγονα
Ho. 11. 9. οὐ μὴ ἐγκαταλίπω τοῦ ἐξαλειφθῆναι τὸν Ἐ. (5 a)
Is. 43. 25. ἐγώ εἰμι ὁ ἐξαλείφων τὰς ἀνομίας σου (4 a)
Je. 18. 23. τὰς ἁμαρτίας [A S add. τῶν πατέρων] αὐτῶν ἀπὸ προσώπου σου μὴ ἐξαλείψῃς (4 c)
Ez. 6. 6. A ἐξαλειφθῶσιν τὰ ἔργα ὑμῶν (4 b)
9. 8. ἐξαλείφεις σὺ τοὺς καταλοίπους τοῦ Ἰσραήλ (5 b)
20. 17. τοῦ ἐξαλεῖψαι αὐτούς (5 a)
22. 30. τοῦ μὴ εἰς τέλος ἐξαλεῖψαι αὐτήν (5 a)
25. 15. τοῦ ἐξαλεῖψαι ἕως ἑνός [A αἰῶνος] (5 c)
II Ma. 12. 42. τὸ γεγονὸς ἁμάρτημα τελείως ἐξαλειφθῆναι
[Aq. Je. 18. 23.]
[Sm. Ps. 36 (37). 38 : Is. 25. 8 : 28. 18.]
[Th. Ez. 6. 6.]
[Al. Ex. 17. 14.]

ἐξάλειψις. (1) מַשְׁחִית
Jb. 15. 23. A καταπίπτει δὲ εἰς ἐξάλειψιν –
Mi. 7. 11. ἐξάλειψίς σου ἡ ἡμέρα ἐκείνη †
Ez. 9. 6. γυναῖκας ἀποκτείνατε εἰς ἐξάλειψιν (1)
[Al. Ez. 9. 8.]

ἐξαλλάσσειν. (1) חֲלִיפָה
Ge. 45. 22. R πέντε ἐξαλλασσούσας [A ἀλλασσ.] στολάς (1)
Wi. 2. 15. ἐξηλλαγμέναι αἱ τρίβοι αὐτοῦ

ἐξάλλεσθαι. (1) הום hi. (2) פָּצַח (3) קָלַל
(4) רָקַד pi.
Mi. 2. 12. ἐξαλοῦνται ἐξ ἀνθρώπων (1 ?)
Jl. 2. 5. ὡς φωνὴ ἁρμάτων . . . ἐξαλοῦνται (4)
Na. 3. 17. ἐξήλατο . . . ὁ σύμμικτός σου †
Hb. 1. 8. ἐξαλοῦνται ὑπὲρ παρδάλεις οἱ ἵπποι αὐτοῦ (3)
Is. 55. 12. τὰ ὄρη καὶ οἱ βουνοὶ ἐξαλοῦνται (2)
I Ma. 13. 44. ἐξήλλοντο οἱ ἐν τῇ ἐλεπόλει
[Aq. Is. 58. 11.]

ἐξαλλοιοῦν.
III Ma. 3. 21. R μύρια πράγματα τολμήσαντες [A om.] ἐξαλλοιῶσαι

ἔξαλλος. (1) בַּד (2) פָּלָא ni. (3) שָׁנָה
II Ki. 6. 14. ὁ Δ. ἐνδεδυκὼς στολὴν ἔξαλλον (1)
Es. 3. 8. οἱ δὲ νόμοι αὐτῶν ἔ. (3)
Wi. 14. 23. ἐμμανεῖς ἐξάλλων [? ἐξ ἄλλων] θεσμῶν κώμους ἄγοντες
Da. LXX. 11. 36. ἐπὶ τὸν θεὸν τῶν θεῶν ἔξαλλα λαλήσει (2)
III Ma. 4. 4. ἐπὶ ταῖς ἐ. τιμωρίαις

ἐξαλλοτριοῦν.
I Ma. 12. 10. πρὸς τὸ μὴ ἐξαλλοτριωθῆναι ὑμῶν

ἐξαμαρτάνειν. (1) חָטָא a. qal. b. hi.
(2) רָשַׁע hi.
Jd. 20. 16. καὶ οὐκ ἐξαμαρτάνοντες [A οὐ διαμ.] (1 b)
III Ki. 14. 16. A ὃς ἐξήμαρτεν τὸν Ἰ. (1 b)
III Ki. 15. 26. αἷς ἐξήμαρτε τὸν Ἰ. (1 b)
— 30. A R ὃς [B ὡς] ἐξήμαρτε τὸν Ἰ. (1 b)
— 34. ὡς ἐξήμαρτε τὸν Ἰ. (1 b)
16. 2. καὶ ἐξήμαρτες τὸν λαόν μου (1 b)
— 13, 19. ὡς ἐξήμαρτε τὸν Ἰ. (1 b)
— 26. αἷς ἐξήμαρτε τὸν Ἰ. (1 b)
20 (21). 22. καὶ ἐξήμαρτες τὸν Ἰ. (1 b)
22. 53. ὃς ἐξήμαρτε τὸν Ἰ. (1 b)
IV Ki. 1. 18 (3. 3) : 3. 3 : 10. 29, 31 : 13. 2, 6, 11 : 14. 24 : 15. 9, 18, 24, 28. ὃς ἐξήμαρτε τὸν Ἰ. (1 b)
17. 21. ἐξήμαρτεν αὐτοὺς ἁμαρτίαν μεγάλην (1 b)
21. 11. B καὶ ἐξήμαρτε καί γε Ἰούδα [A -as, R τὸν Ἰούδαν] (1 b)
— 16. ὧν ἐξήμαρτε τὸν Ἰούδαν (1 b)
23. 15. ὃς ἐξήμαρτε τὸν Ἰ. (1 b)
Ne. 9. 33. καὶ ἡμεῖς ἐξημάρτομεν (2)
Ec. 5. 5. τοῦ ἐξαμαρτῆσαι [A S² -τεῖν, S¹ -τάνειν] τὴν σάρκα μου (1 b)
Si. 47. 23. ὃς ἐξήμαρτε τὸν Ἰσραήλ
Hb. 2. 10. ἐξήμαρτεν ἡ ψυχή σου (1 a)
Ze. 1. 17. τῷ κυρίῳ ἐξήμαρτον (1 a)
Da. LXX., TH. 3. (29). καὶ ἐξημάρτομεν ἐν πᾶσι
[Aq. III Ki. 14. 16 : Je. 32 (39). 35.]
[Sm. Ec. 5. 5 : Is. 29. 21 : Je. 32 (39). 35.]
[Quint. Ho. 7. 12.]

ἐξαμαρτωλός (?). (1) רָשָׁע
Ps. 138 (139). 19. S¹ ἐὰν ἀποκτείνῃς ἐξαμαρτωλοὺς [A B S² ἁμ.] ὁ θεός (1)

ἑξάμηνον. (1) שִׁשָּׁה חֳדָשִׁים
IV Ki. 15. 8. ἐβασίλευσε Ζ. . . . ἑ. (1)
I Ch. 3. 4. A R ἑπτὰ ἔτη καὶ ἑ. (1)

ἐξαμυγδαλίζειν.
[Aq. Ex. 25. 32 (33).]

ἐξαμυγδαλοῦν.
[Aq. Ex. 25. 35 (36).]

ἐξανάδοσις.
[Aq. Le. 13. 6, 18.]

ἐξαναλίσκειν. (1) אָכַל (2) גָּוַע (3) הָדַף
(4) הָמַם (5) יָרַשׁ pi. (6) כָּלָה a. pi. b. pu.
(7) כָּרַת hi. (8) רוק hi. (9) שָׁמַד hi.
(10) תָּמַם a. qal. b. ni.
Ex. 32. 12. καὶ ἐξαναλῶσαι αὐτοὺς ἀπὸ τῆς γῆς (6 a)
33. 3. ἵνα μὴ ἐξαναλώσω σε ἐν τῇ ὁδῷ (6 a)
— 5. καὶ ἐξαναλώσω ὑμᾶς (6 a)
Le. 26. 22. ἐξαναλώσει τὰ κτήνη ὑμῶν (7)
— 33. ἐξαναλώσει ὑμᾶς ἐπιπορευομένη ἡ μάχαιρα (8)
— 44. ὥστε ἐξαναλῶσαι αὐτούς (6 a)
Nu. 14. 35. ἐν τῇ ἐρήμῳ ταύτῃ ἐξαναλωθήσονται (10 b)
16. 21, 45 (17. 10). ἐξαναλώσω αὐτοὺς εἰσάπαξ (6 a)
17. 12 (27). ἰδοὺ ἐξανηλώμεθα (2)
25. 11. οὐκ ἐξανήλωσα τοὺς υἱοὺς Ἰ. (6 a)
32. 13. ἕως ἐξανηλώθη [A ἂν ἐξαναλωθῇ] πᾶσα ἡ γενεά (10 a)
De. 2. 15. ἐξαναλῶσαι [A τοῦ ἐ.] αὐτούς (4)
5. 25 (22). ἐξαναλώσει ἡμᾶς τὸ πῦρ τὸ μέγα τοῦτο (1)
7. 22. οὐ δυνήσῃ ἐξαναλῶσαι αὐτοὺς τὸ τάχος (6 a)
9. 4. ἐν τῷ ἐξαναλῶσαι κύριον . . . τὰ ἔθνη ταῦτα (3)
28. 21. ἕως ἂν ἐξαναλώσῃ σε (6 a)
— 42. τὰ γεννήματα . . . ἐξαναλώσει ἡ ἐρισύβη (5)
Jo. 24. 20. καὶ ἐξαναλώσει ὑμᾶς (6 a)
Ju. 11. 13. τὰς δεκάτας . . . κεκρίκασιν ἐξαναλῶσαι
Je. 9. 16. ἕως τοῦ ἐξαναλῶσαι [S οὗ ἐξαναλώσω] αὐτοὺς ἐν αὐτῇ (6 a)
10. 25. ἐξανήλωσαν αὐτὸν [A τὸν Ἰσραήλ] (1 et 6 a)
25. 16 (49. 37). ἕως τοῦ ἐξαναλῶσαι αὐτούς (6 a)
La. 3. 66. ἐξαναλώσεις αὐτοὺς ὑποκάτω τοῦ οὐρανοῦ (9)
Ep. Je. 63. τό τε πῦρ ἐξαποσταλὲν ἄνωθεν ἐξαναλῶσαι ὄρη
Ez. 20. 13. τοῦ ἐξαναλῶσαι αὐτούς (6 a)
35. 15. πᾶσα ἡ Ἰδουμαία καὶ ἐξαναλωθήσεται [A Ἰ. ἐξολεθρευθ.] (6 b)
I Ma. 5. 15. τοῦ ἐξαναλῶσαι ἡμᾶς
[Al. De. 10. 10.]

ἐξανατέλλειν. (1) זָרַח (2) צָמַח hi.
Ge. 2. 9. ἐξανέτειλεν ὁ θ. ἔτι ἐκ τῆς γῆς πᾶν ξύλον (2)
Ps. 103 (104). 14. A S² R ὁ [B S¹ om.] ἐξανατέλλων χόρτον τοῖς κτήνεσι (2)
111 (112). 4. ἐξανέτειλεν ἐν σκότει φῶς τοῖς εὐθέσιν (1)
131 (132). 17. ἐκεῖ ἐξανατελῶ κέρας τῷ Δαυίδ (2)
146 (147). 8. τῷ ἐξανατέλλοντι ἐν ὄρεσι χόρτον (2)

ἐξανεγείρειν.
[Aq. Is. 15. 5.]

ἐξανθεῖν. (1) גֹּמֵל הָיָה (2) זָרַק (3) יָצָא hi.
(4) נָצַץ hi. (5) פָּרַח a. qal. b. hi.
c. פֶּרַח (6) צוּץ hi.
Ex. 28. 29 (33). ὡσεὶ ἐξανθούσης ῥόας ῥοΐσκους –
36. 32 (39. 24). ὡς ἐξανθούσης ῥόας ῥοΐσκους –
Le. 13. 12. A B¹ ἐὰν δὲ ἐξανθοῦσα [B² R ἀνθοῦσα] ἐξανθήσῃ [A -σει] ἡ λέπρα (5 a, 5 a)
— 20. ἐν τῷ ἕλκει ἐξήνθησεν (5 a)
— 22. ἐν τῷ ἕλκει ἐξήνθησεν –
— 25. A² B ἐν τῷ κατακαύματι ἐξήνθησε (5 a)
— 27. ἐν τῷ ἕλκει ἐξήνθησεν –
— 39. ἐξανθεῖ [B¹ -θήσει] ἐν τῷ δέρματι τῆς σαρκός (5 a)
— 57. λέπρα ἐξανθοῦσά [A ἐξοῦσά] ἐστιν (5 a)
Nu. 17. 8 (23). A ἐξήνθησεν [B ἐξήνεγκε] βλαστὸν καὶ ἐξήνθησεν ἄνθη (3, 6)
Ps. 71 (72). 16. ἐξανθήσουσιν ἐκ πόλεως (6)
91 (92). 13. ἐν ταῖς αὐλαῖς τοῦ θεοῦ ἡμῶν ἐξανθήσουσι (5 b)
102 (103). 15. οὕτως ἐξανθήσει (6)
131 (132). 18. ἐπὶ δὲ αὐτὸν ἐξανθήσει τὸ ἁγίασμά μου (6)
Ca. 6. 10 (11). ἐξήνθησαν [A εἰ ἤνθ.] αἱ ῥόαι (4)
Ho. 7. 9. καὶ πολιαὶ ἐξήνθησαν αὐτῷ (2)
14. 8. καὶ ἐξανθήσει ὡς ἄμπελος μνημόσυνον αὐτοῦ (5 a)
Na. 1. 4. τὰ ἐξανθοῦντα τοῦ Λιβάνου ἐξέλιπε (5 c)
Is. 18. 5. R ὅταν . . . ἐξανθήσῃ [A B S ἀνθήσει] ἄνθος ὀμφακίζουσα (1)
27. 6. ἐξανθήσει Ἰσραήλ (5 a)
35. 2. ἐξανθήσει καὶ ἀγαλλιάσεται τὰ ἔρημα τοῦ Ἰορδάνου (5 a)
[Sm. Ex. 9. 9.]

ἐξανιστάναι. (1) חָיָה pi. (2) יָקַץ (3) נָקַם ni.
(4) עָמַד (5) פָּרַח (6) קוּם a. qal. b. hi.
c. pil. (7) קִיץ hi. (8) שִׁית (9) שָׁכַם hi.
Ge. 4. 25. ἐξανέστησε γάρ μοι ὁ θ. σπέρμα ἕτερον (8)
18. 16. ἐξαναστάντες δὲ ἐκεῖθεν οἱ ἄνδρες (6 a)
19. 1. R ἰδὼν δὲ Λὼτ ἐξανέστη [A ἀνέστη] (6 a)
— 32, 34. ἐξαναστήσωμεν ἐκ τοῦ πατρὸς ἡμῶν σπέρμα (1
Ex. 10. 23. οὐκ ἐξανέστη [A ἀνέστη] οὐδεὶς ἐκ τῆς κοίτης (6 a)
21. 19. ἐὰν ἐξαναστὰς ὁ ἄνθρ. περιπατήσῃ ἔξω (6 a)
Le. 19. 32. ἀπὸ προσώπου πολιοῦ ἐξαναστήσῃ (6 a)
Nu. 25. 7. ἐξανέστη ἐκ μέσου τῆς συναγωγῆς (6 a)
Jo. 8. 7. ἐξαναστήσεσθε ἐκ τῆς ἐνέδρας (6 a)
— 18. τὰ ἔνεδρα ἐξαναστήσονται ἐν τάχει –
— 19. τὰ ἔνεδρα ἐξανέστησαν ἐν τάχει (6 a)
Jd. 3. 20. ἐξανέστη ἀπὸ τοῦ θρόνου Ἐ. (6 a)
5. 7. A ἕως οὗ ἐξανέστη [R ἀν., B ἀναστῇ] Δ. (6 a)
— 12. A ἐνισχύων ἐξαναστὰς ὁ [? -ασο] Β. [B ἀνάστα Β.] (6 a)
Ru. 3. 8. A ἐξανέστη [B ἐξέστη] ὁ ἀνήρ †
III Ki. 1. 49. B ἐξανέστησαν [A R ἐξέστ.] πάντες [A add. καὶ ἐξανέστησαν] οἱ κλητοί (†, 6 a)
2. 19. καὶ ἐξανέστη ὁ βασιλεύς (6 a)
18. 27. καὶ ἐξαναστήσεται (2)
Es. 7. 7. ὁ δὲ βασιλεὺς ἐξανέστη (6 a)
— 7. S³ ὁ δὲ Ἀ. ἐξανέστη καὶ [A B S¹ om. ἐξ. καὶ] παρῃτεῖτο (4)
Jb. 4. 4. ἀσθενοῦντάς τε ἐξανέστησας ῥήμασι (6 b)
Si. 8. 11. μὴ ἐξαναστῇς ἀπὸ προσώπου ὑβριστοῦ
17. 23. ἐξαναστήσεται καὶ ἀνταποδώσει αὐτοῖς
Ho. 6. 3 (2). R ἐν τῇ ἡμέρᾳ τῇ τρίτῃ ἐξαναστησόμεθα [A B ἀναστ.] (6 b)

Ho. 10. 14. ἐξαναστήσεται ἀπώλεια ἐν τῷ λαῷ σου (6 *a*)
Ob. 1. 1. ἐξαναστῶμεν [S^1 -στήσ.] ἐπ' αὐτὴν εἰς πόλεμον (6 *a*)
Jn. 3. 6. ἐξανέστη ἀπὸ τοῦ θρόνου αὐτοῦ (6 *a*)
Is. 29. 8. ἐξαναστάντων μάταιον τὸ ἐνύπνιον (7)
— 8. ἐξαναστὰς ἔτι διψᾷ (7)
37. 36. A S ἐξαναστάντες [B ἀνασ.] τὸ πρωῒ εὗρον πάντα τὰ σώματα νεκρά (9)
61. 4. ἐξηρημωμένας πρότερον [A -ρας, S τὸ πρ.] ἐξαναστήσουσι (6 *c*)
Je. 28 (51). 29. ἐξανέστη [S^1 ἀν.] ἐπὶ Βαβυλῶνα λογισμὸς κυρίου (6 *a*)
Ez. 7. 11. ἡ ὕβρις ἐξανέστηκε (5 ?, 6 *a* ?)
25. 15. ἐξανέστησαν ἐκδίκησιν (3)
Da. LXX. 5. 6. καὶ ἐξανέστη †
Da. TH. 3. 24 (91). καὶ ἐξανέστη ἐν σπουδῇ (6 *a*)
I Ma. 9. 40. καὶ ἐξανέστησαν ἐπ' αὐτούς
11. 69. τὰ δὲ ἔνεδρα ἐξανέστησαν
16. 16. ἐξανέστη Πτολεμαῖος
II Ma. 14. 45. ἐξαναστὰς φερομένων κρουνηδὸν τῶν αἱμάτων
● IV Ma. 6. 8. A R ὅπως ἐξανίσταιτο [S -ατο] πίπτων
[**Th.** Jd. 5. 12 : Da. 3. 24 (91).]

ἐξαντλεῖν. (1) דָּלָה (2) חָשַׂף

Pr. 20. 5. ἀνὴρ δὲ φρόνιμος ἐξαντλήσει αὐτήν (1)
Hg. 2. 17 (16). ἐξαντλῆσαι πεντήκοντα μετρητάς (2)

ἐξαπατᾶν. (1) תָּלַל hi.

Ex. 8. 29 (25). μὴ προσθῇς ἔτι . . . ἐξαπατῆσαι [A ἀπατ.] (1)
Da. TH. Su. 56. τὸ κάλλος ἐξηπάτησέ σε
[**Sm.** Ps. 88 (89). 23 : Is. 29. 9 : 47. 10.]

ἐξάπινα, *cf.* **ἐξαίφνης, ἐξαπίνης.** (1) כְּבֶלַע (2) *a.* פִּתְאֹם *b.* בְּפִתְאֹם *c.* בְּפֶתַע פִּתְאֹם (3) בְּפֶתַע (4) כְּרֶגַע (5) בְּשַׁלְוָה

Le. 21. 4. B^2 R οὐ μιανθήσεται ἐ. ἐν τῷ λαῷ αὐτοῦ [A B^1 *al.*] †
Nu. 4. 20. ἰδεῖν ἐ. τὰ ἅγια [A τὸ ἅ.] (1)
6. 9. ἐὰν δέ τις ἀποθάνῃ ἐπ' αὐτῷ ἐ. (2 *c*)
35. 22. ἐὰν δὲ ἐ. [A -νης] . . . ὤσῃ αὐτόν (3)
Jo. 11. 7. καὶ ἦλθεν Ἰησοῦς . . . ἐ. (2 *a*)
II Ch. 29. 36. ὅτι ἐ. ἐγένετο ὁ λόγος (2 *b*)
Ps. 63 (64). 4. ἐ. κατατοξεύσουσιν αὐτόν (2 *a*)
72 (73). 19. ἐ. ἐξέλιπον (4)
Si. 5. 7. ἐ. γὰρ ἐξελεύσεται ὀργὴ κυρίου [S^1 αὐτοῦ]
11. 21. κοῦφον ἐν ὀφθαλμοῖς κυρίου διὰ τάχους ἐ. πλουτίσαι [A -ῆσαι] πένητα
Is. 48. 3. ἐ. ἐποίησα (2 *a*)
Da. LXX. 11. 21. καὶ ἥξει ἐ. (5)
— 24. ἐ. ἐρημώσει πόλιν (5)
I Ma. 1. 30. ἐπέπεσεν ἐπὶ τὴν πόλιν ἐ.

ἐξαπίνης, *cf.* **ἐξαίφνης, ἐξάπινα.** (1) פִּתְאֹם (2) *a.* פֶּתַע *b.* בְּפֶתַע

Nu. 35. 22. A ἐὰν δὲ ἐ. [B -να] . . . ὤσῃ αὐτόν (2 *b*)
Pr. 6. 15. ἐ. ἔρχεται ἡ ἀπώλεια αὐτοῦ (1)
29. 1. ἐ. γὰρ φλεγομένου αὐτοῦ οὐκ ἔστιν ἴασις (2 *a*)
Is. 47. 11. ἥξει ἐπὶ σὲ ἐ. [A S^3 ἐξαίφνης] ἀπώλεια (1)
[**Sm.** La. 4. 6.]

ἐξαπλοῦν.

[**Th.** Pr. 26. 22.]
[**Al.** Is. 25. 11.]

ἐξαπόλλυσθαι.

Wi. 10. 6. αὕτη δίκαιον ἐξαπολλυμένων ἀσεβῶν ἐρρύσατο

ἐξαπορεῖσθαι. (1) פּוּן

Ps. 87 (88). 15. A^2 B S καὶ ἐξηπορήθην (1)
[**Aq.** Jb. 21. 5 : Is. 63. 5.]

ἐξαποστέλλειν. (1) אָבַד hi. (2) גָּרַשׁ pi. (3) הָלַךְ *a.* qal. *b.* hi. (4) יָצָא *a.* qal. *b.* hi. (5) מַחֲשָׁבָה (6) סוּר hi. (7) שׁוּב hi. (8) שָׁלַח *a.* qal. *b.* pi. *c.* pu. *d.* hi. *e.* מִשְׁלַח *f.* שִׁלּוּחִים

Ge. 3. 23. καὶ ἐξαπέστειλεν αὐτὸν κ. ὁ θεός (8 *b*)
8. 10, 12. πάλιν ἐξαπέστειλε τὴν περιστεράν (8 *b*)
19. 29. καὶ ἐξαπέστειλε τὸν Λώτ (8 *b*)
Ge. 24. 40. αὐτὸς ἐξαποστελεῖ τὸν ἄγγελον αὐτοῦ (8 *a*)
25. 6. καὶ ἐξαπέστειλεν αὐτοὺς ἀπὸ Ἰσαάκ (8 *b*)
26. 27. R καὶ ἐξαπεστείλατέ [A ἀπεσ.] με ἀφ' ὑμῶν (8 *b*)
— 29. καὶ ἐξαπεστείλαμέν σε μετ' εἰρήνης (8 *b*)
— 31. καὶ ἐξαπέστειλεν αὐτοὺς Ἰσαάκ (8 *b*)
31. 27. ἐξαπέστειλα ἄν σε μετ' εὐφροσύνης (8 *b*)
— 42. νῦν ἂν κενόν με ἐξαπέστειλας (8 *b*)
● 32. 13 (14). καὶ ἐξαπέστειλεν Ἡσαῦ τῷ ἀδ. αὐ. –
45. 1. ἐξαποστείλατε πάντας ἀπ' ἐμοῦ (4 *b*)
— 24. ἐξαπέστειλε δὲ τοὺς ἀδελφοὺς αὐτοῦ (8 *b*)
Ex. 3. 12. ἐγώ σε ἐξαποστελῶ [A ἀποστέλλω] (8 *a*)
— 20. καὶ μετὰ ταῦτα ἐξαποστελεῖ ὑμᾶς (8 *b*)
4. 21. καὶ οὐ μὴ ἐξαποστείλῃ τὸν λαόν (8 *b*)
— 23. ἐξαπόστειλον τὸν λαόν μου (8 *b*)
— 23. εἰ μὲν οὖν μὴ βούλει ἐξαποστεῖλαι αὐτούς (8 *b*)
5. 1. ἐξαπόστειλον τὸν λαόν μου (8 *b*)
— 2. ὥστε ἐξαποστεῖλαι τοὺς υἱοὺς Ἰσραήλ (8 *b*)
— 2. καὶ τὸν Ἰσραὴλ οὐκ ἐξαποστέλλω (8 *b*)
6. 1. ἐν γὰρ χειρὶ κραταιᾷ ἐξαποστελεῖ αὐτούς (8 *b*)
— 11. ἵνα ἐξαποστείλῃ τοὺς υἱοὺς Ἰσ. ἐκ τῆς γῆς (8 *b*)
— 13. ὥστε ἐξαποστεῖλαι [A ἐξαγαγεῖν] τοὺς υἱοὺς Ἰσ. (4 *b*)
7. 2. ὥστε ἐξαποστεῖλαι τοὺς υἱοὺς Ἰσ. ἐκ τῆς γῆς (8 *b*)
— 14. τοῦ μὴ ἐξαποστεῖλαι τὸν λαόν (8 *b*)
— 16 : 8. 1 (7. 26). ἐξαπόστειλον τὸν λαόν μου (8 *b*)
8. 2 (7. 27). εἰ δὲ μὴ βούλει σὺ ἐξαποστεῖλαι (8 *b*)
— 8 (4). καὶ ἐξαποστελῶ αὐτούς [A τὸν λαόν] (8 *b*)
— 20 (16). ἐξαπόστειλον τὸν λαόν μου (8 *b*)
— 21 (17). A R ἐὰν δὲ μὴ βούλῃ ἐξαποστεῖλαι τὸν λαόν μου ἰδοὺ ἐγὼ ἐξαποστέλλω [B ἐπαπ.] ἐπὶ σέ (8 *b*, 8 *c*)
— 28 (24). A ἐγὼ ἐξαποστέλλω [B ἀποστ.] ὑμᾶς (8 *b*)
— 29 (25). τοῦ μὴ ἐξαποστεῖλαι τὸν λαόν (8 *b*)
— 32 (28). καὶ οὐκ ἠθέλησεν ἐξαποστεῖλαι τὸν λαόν (8 *b*)
9. 1. ἐξαπόστειλον τὸν λαόν μου (8 *b*)
— 2. εἰ μὲν οὖν μὴ βούλει ἐξαποστεῖλαι τὸν λαόν (8 *b*)
— 7. A^2 B καὶ οὐκ ἐξαπέστειλε τὸν λαόν (8 *b*)
— 13. ἐξαπόστειλον τὸν λαόν μου (8 *b*)
— 14. ἐξαποστέλλω πάντα τὰ συναντήματά μου εἰς τὴν καρδίαν σου (8 *a*)
— 17. τὸν μὴ ἐξαποστεῖλαι αὐτούς (8 *b*)
— 28. καὶ ἐξαποστελῶ ὑμᾶς (8 *b*)
— 35. καὶ οὐκ ἐξαπέστειλε τοὺς υἱοὺς Ἰσ. (8 *b*)
10. 3. ἐξαπόστειλον τὸν λαόν μου (8 *b*)
— 4. ἐὰν δὲ μὴ θέλῃς σὺ ἐξαποστεῖλαι τὸν λαόν (8 *b*)
— 7. ἐξαπόστειλον τοὺς ἀνθρώπους (8 *b*)
— 20. καὶ οὐκ ἐξαπέστειλε τοὺς υἱοὺς Ἰσραήλ (8 *b*)
— 27. καὶ οὐκ ἐβουλήθη ἐξαποστεῖλαι αὐτούς (8 *b*)
11. 1. ἐξαποστελεῖ ὑμᾶς ἐντεῦθεν (8 *b*)
— 1. ὅταν δὲ ἐξαποστέλλῃ [A ἀποσ.] ὑμᾶς (8 *b*)
— 10. καὶ οὐκ εἰσήκουσεν [A ἠθέλησεν] ἐξαποστεῖλαι τοὺς υἱ. (8 *b*)
13. 15. ἐσκλήρυνε Φ. ἐξαποστεῖλαι ἡμᾶς (8 *b*)
— 17. ὡς δὲ ἐξαπέστειλε Φαραὼ τὸν λαόν (8 *b*)
14. 5. τοῦ ἐξαποστεῖλαι τοὺς υἱοὺς Ἰσ. (8 *b*)
18. 27. ἐξαπέστειλε δὲ M. τὸν ἑαυ. γαμβρόν (8 *b*)
21. 2. A ἐξαποστελεῖς αὐτὸν ἐλεύθερον [B *al.*] (4 *a*)
— 26, 27. ἐλευθέρους ἐξαποστελεῖ αὐτούς (8 *b*)
24. 5. καὶ ἐξαπέστειλε τοὺς νεανίσκους τῶν υἱῶν Ἰσ. (8 *a*)
Le. 14. 7, 53. ἐξαποστελεῖ τὸ ὀρνίθιον τὸ ζῶν (8 *b*)
16. 21. ἐξαποστελεῖ . . . εἰς τὴν ἔρημον (8 *b*)
— 22. ἐξαποστελεῖ τὸν χίμαρον εἰς τὴν ἔρημον (8 *b*)
— 26. ὁ ἐξαποστέλλων τὸν χίμαρον τὸν διεσταλμένον (8 *b*)
18. 24. ἃ ἐγὼ ἐξαποστέλλω [A -στελῶ] (8 *b*)
20. 23. οὓς ἐξαποστέλλω [A -στελῶ] ἀφ' ὑμῶν (8 *b*)
26. 25. ἐξαποστελῶ θάνατον εἰς ὑμᾶς (8 *b*)
Nu. 5. 2. ἐξαποστειλάτωσαν . . . πάντα λεπρόν (8 *b*)
— 3. ἐξαποστείλατε ἔξω τῆς παρεμβολῆς (8 *b*)
— 4. ἐξαπέστειλαν αὐτοὺς [A *om.*] ἔξω τῆς παρεμβολῆς (8 *b*)
13. 4 (3). ἐξαπέστειλεν [A ἀπέστ.] αὐτοὺς M. (8 *a*)
De. 9. 23. ὅτε ἐξαπέστειλεν [A ἀπέστ.] ὑμᾶς κύριος (8 *a*)
De. 15. 12. ἐξαποστελεῖς αὐτὸν ἐλεύθερον (8 *b*)
— 13. A B^2 R ὅταν δὲ ἐξαποστέλλῃς αὐτὸν ἐλεύθερον (8 *b*)
— 13. οὐκ ἐξαποστελεῖς αὐτὸν κενόν (8 *b*)
— 18. ἐξαποστελλομένων αὐτῶν ἐλευθέρων ἀπὸ σοῦ (8 *b*)
21. 14. ἐξαποστελεῖς αὐτὴν ἐλευθέραν (8 *b*)
22. 19, 29. οὐ δυνήσεται ἐξαποστεῖλαι αὐτήν (8 *b*)
24. 1. A^2 B ἐξαποστελεῖ αὐτὴν ἐκ τῆς οἰκίας αὐτοῦ (8 *b*)
— 3. ἐξαποστελεῖ [A -ῇ] αὐτὴν ἐκ τῆς οἰκίας αὐτοῦ (8 *b*)
— 4. A R ὁ ἀνὴρ ὁ πρότερος ὁ [B *om.*] ἐξαποστείλας αὐτήν (8 *b*)
28. 20. A ἐξαποστείλαι κύριός σοι [B *al.*] (8 *b*)
Jo. 2. 21 : 22. 6. ἐξαπέστειλεν αὐτούς (8 *b*)
22. 7. ἡνίκα ἐξαπέστειλεν αὐτοὺς Ἰ. (8 *b*)
24. 12. ἐξαπέστειλε [A ἐξέβαλεν] προτέραν ἡμῶν τὴν σφηκίαν (8 *a*)
— 12. ἐξαπέστειλεν αὐτοὺς ἀπὸ προσώπου ἡμῶν (2)
— 28. A ἐξαπέστειλεν [B ἀπέστ.] Ἰ. τὸν λαόν (8 *b*)
Jd. 1. 25. τὴν συγγένειαν αὐτοῦ ἐξαπέστειλαν (8 *b*)
2. 6. ἐξαπέστειλεν Ἰ. τὸν λαόν (8 *b*)
3. 15. ἐξαπέστειλαν [A ἀπέστ.] οἱ υἱοὶ Ἰ. δῶρα (8 *a*)
— 18. ἐξαπέστειλε τοὺς φέροντας [A αἴρ.] τὰ δῶρα (8 *b*)
— 19. ἐξαπέστειλεν ἀφ' ἑαυτοῦ πάντας [A *al.*] (4 *a*)
5. 15. A ἐξαπέστειλεν πεζοὺς αὐτοῦ [B *al.*] (8 *c*)
6. 8. ἐξαπέστειλε κύριος ἄνδρα προφήτην (8 *a*)
— 14. ἰδοὺ ἐξαπέστειλά σε (8 *a*)
— 35. A R καὶ ἀγγέλους ἐξαπέστειλεν [B ἀπέστ.] (8 *a*)
— 35. A καὶ ἐξαπέστειλεν ἀγγέλους (8 *a*)
7. 8. ἐξαπέστειλεν ἄνδρα εἰς σκηνὴν [A τὸ σκήνωμα] αὐτοῦ (8 *b*)
— 24. A ἀγγέλους ἐξαπέστειλεν [B ἀπέστ.] Γ. (8 *a*)
9. 23. ἐξαπέστειλεν ὁ θεὸς πνεῦμα πονηρόν (8 *a*)
11. 7. ἐξαπεστείλατέ με ἀφ' ὑμῶν –
— 17. A ἐξαπέστειλεν [B ἀπέστ.] Ἰ. ἀγγέλους (8 *a*)
— 38. A ἐξαπέστειλεν [B ἀπέστ.] αὐτὴν δύο μῆνας (8 *a*)
12. 9. ἃς ἐξαπέστειλεν [A ἐξαπεσταλμέναι] ἔξω (8 *b*)
15. 5. καὶ ἐξαπέστειλεν ἐν τοῖς στάχυσι [A εἰς τὰ δράγματα] (8 *b*)
18. 2. A ἐξαπέστειλαν [B ἀπέστ.] οἱ υἱοὶ Δ. πέντε ἄνδρας (8 *a*)
19. 25. καὶ ἐξαπέστειλαν αὐτήν (8 *b*)
— 29. A καὶ ἐξαπέστειλεν αὐτάς [B ἀπέστειλεν αὐτά] (8 *b*)
— 30. A τοῖς ἀνδράσιν οἷς ἐξαπέστειλεν –
20. 6. A R καὶ ἐξαπέστειλα [B ἀπέστ.] ἐν παντὶ ὁρίῳ (8 *b*)
— 12. A καὶ ἐξαπέστειλαν [B ἀπέστ.] αἱ φυλαὶ Ἰ. ἄνδρας (8 *a*)
— 48. A τὰς πόλεις τὰς εὑρεθείσας ἐξαπέστειλαν [B ἐνέπρησαν] ἐν πυρί (8 *b*)
I Ki. 5. 10. ἐξαποστέλλουσι τὴν κιβωτὸν τοῦ θεοῦ εἰς Ἀ. (8 *b*)
— 11. καὶ ἐξαποστέλλουσι [A ἀπ.] (8 *a*)
— 11. ἐξαποστείλατε τὴν κιβωτὸν τοῦ θεοῦ Ἰ. (8 *b*)
6. 3. εἰ ἐξαποστέλλετε ὑμεῖς τὴν κιβωτόν (8 *b*)
— 3. μὴ δὴ ἐξαποστείλητε [A ἀπ.] αὐτὴν κενήν (8 *b*)
— 6. οὐχὶ . . . ἐξαπέστειλαν [A -εν] αὐτούς (8 *b*)
— 8. καὶ ἐξαποστελεῖτε [A -στείλατε] αὐτήν (8 *b*)
9. 19. ἐξαποστελῶ [A -έλλω] σε πρωΐ (8 *b*)
— 26. καὶ ἐξαποστελῶ σε (8 *b*)
10. 25. ἐξαπέστειλε Σ. πάντα τὸν λαόν (8 *b*)
13. 2. B ἐξαπέστειλεν ἕκαστον εἰς τὸ σκήνωμα αὐτοῦ (8 *b*)
16. 20. ἐξαπέστειλεν ἐν χειρὶ Δ. . . . πρὸς Σ. (8 *a*)
19. 17. ἐξαπέστειλας [A -ες] τὸν ἐχθρόν μου (8 *b*)
— 17. ἐξαπόστειλόν με (8 *b*)
20. 5. καὶ ἐξαποστελεῖς με (8 *b*)
— 13. καὶ ἐξαποστελῶ [A -ελλω] σε (8 *b*)
— 22. ἐξαπέσταλκέ σε κύριος (8 *b*)
— 29. ἐξαπόστειλον δή με (8 *b*)
II Ki. 3. 14. ἐξαπέστειλε Δ. . . . ἀγγέλους [A ἀπεστ. Δ. ἀ.] (8 *a*)
— 24. ἵνα τί ἐξαπέσταλκας αὐτόν (8 *b*)
10. 4. καὶ ἐξαπέστειλεν αὐτούς (8 *b*)
11. 12. καὶ αὔριον ἐξαποστελῶ σε (8 *b*)
13. 16. τοῦ [A *om.*] ἐξαποστεῖλαί με (8 *b*)
— 17. ἐξαποστείλατε δὴ ταύτην ἀπ' ἐμοῦ ἔξω (8 *a*)
III Ki. 2. 25. καὶ ἐξαπέστειλεν ὁ βασιλεὺς Σαλ. (8 *a*)
8. 66. ἐξαπέστειλε τὸν λαόν (8 *b*)

● = correction on page xxv

III Ki. 11. 21. ἐξαπόστειλόν με (8 *b*)
— 22. ὅτι ἐξαποστέλλων ἐξαποστελεῖς με (8 *b*, 8 *b*)
12. 24. B ἐξαπόστειλόν με –
— 24. B ὄντως ἐξαπόστειλόν με –
15. 12. καὶ ἐξαπέστειλε πάντα τὰ ἐπιτηδεύματα (6)
— 18. B καὶ ἐξαπέστειλεν αὐτούς (8 *a*)
— 19. ἐξαπέσταλκά σοι δῶρα [A -ον] (8 *a*)
16. 28 (22. 49 [50]). B ἐξαποστελῶ τοὺς παῖδάς σου [B^{2} μου] (3 *a*)
21 (20). 34. ἐν διαθήκῃ [A Δαμασκῷ] ἐξαποστελῶ σε (8 *b*)
— 34. καὶ ἐξαπέστειλεν αὐτόν (8 *b*)
IV Ki. 1. 16. A ἐξαπέστειλας ἀγγέλους [B *al.*] (8 *a*)
3. 7. καὶ ἐξαπέστειλε πρὸς Ἰ. (8 *a*)
5. 5. ἐξαποστελῶ [A -έλλω] βιβλίον πρὸς βασιλέα Ἰ. (8 *a*)
— 24. καὶ ἐξαπέστειλε τοὺς ἄνδρας (8 *b*)
8. 12. τὰ ὀχυρώματα αὐ. ἐξαποστελεῖς ἐν πυρί (8 *b*)
11. 12. καὶ ἐξαπέστειλε τὸν υἱὸν τοῦ βασιλέως (4 *b*)
15. 37. A B ἐξαποστέλλειν [R ἐξ. ἐν Ἰούδᾳ] τὸν Ῥ. (8 *d*)
22. 3. A ἐξαπέστειλεν [B ἀπ.] ὁ βασιλεὺς τὸν Σ. (8 *a*)
24. 2. καὶ ἐξαπέστειλεν αὐτούς (8 *b*)
II Ch. 36. 15. καὶ ἐξαπέστειλε κύριος ὁ θεός (8 *a*)
I Es. 1. 27. οὐχὶ πρὸς σὲ ἐξαπέσταλμαι
3. 14. καὶ ἐξαποστείλας ἐκάλεσε
4. 4. ἐὰν δὲ ἐξαποστείλῃ αὐτοὺς πρὸς τοὺς πολεμίους
— 44. καὶ ηὔξατο ἐξαποστεῖλαι ἐκεῖ
— 57. καὶ ἐξαπέστειλε πάντα τὰ σκεύη
— 57. καὶ ἐξαποστεῖλαι εἰς Ἰ.
To. 5. 17. τί ἐξαπέστειλας τὸ παιδίον ἡμῶν [S *al.*]
10. 8. ἐξαπόστειλόν με
— 8. S ὅπως ἐξαποστείλῃς με
— 9. κἀγὼ ἐξαποστελῶ [B^{2} -έλλω] πρὸς τὸν πατέρα σου [S *al.*]
— 10. ἐξαπόστειλόν με πρὸς τὸν πατέρα μου [S *al.*]
— 12. καὶ εὐλογήσας αὐτοὺς ἐξαπέστειλε [S *al.*]
Ju. 6. 3. S ἐξαποστελεῖ [A B ἀπ.] τὸ κράτος αὐ.
7. 32. R τὰ τέκνα εἰς τοὺς οἴκους αὐ. ἐξαπέστειλε [A S^{2} ἀπ., B S^{1} ἀπέστειλεν]
Es. 4. 15. καὶ ἐξαπέστειλεν Ἐ. τὸν ἥκοντα [A *al.*] (7)
8. 5. A S^{3} τὰ γράμματα τὰ ἐξαπεσταλμένα [B S^{1} ἀπ.] ὑπὸ Ἀ. (5)
— 10. ἐξαπέστειλαν [A S^{3} -εν] τὰ γράμματα (8 *a*)
9. 19. ἐξαποστέλλοντες [S^{1} -έλλουσιν] μερίδας τοῖς πλησίον (8 *e*)
— 20. καὶ ἐξαπεστειλε [A ἀπ.] τοῖς Ἰ. (8 *a*)
— 22. A R ἐξαποστέλλοντες [B S -ας] μερίδας τοῖς φίλοις (8 *e*)
Jb. 12. 19. ἐξαποστέλλων [A ὁ ἐξ.] ἱερεῖς αἰχμαλώτους (3 *b*)
14. 20. καὶ ἐξαπέστειλας [A -εστάλη] (8 *b*)
22. 9. χήρας δὲ ἐξαπέστειλας κενάς (8 *b*)
30. 11. B^{2} S^{1} R χαλινὸν τοῦ προσώπου μου ἐξαπέστειλαν [A B^{1} S^{2} -εν] (8 *b*)
39. 3. ὠδῖνας δὲ αὐτῶν ἐξαποστελεῖς [S^{1} -έλλεις] (8 *b*)
Ps. 17 (18). 14. ἐξαπέστειλε βέλη (8 *a*)
— 16. ἐξαπέστειλεν ἐξ ὕψους (8 *a*)
19 (20). 2. ἐξαποστεῖλαι σοι βοήθειαν ἐξ ἁγίου (8 *a*)
42 (43). 3. ἐξαπόστειλον τὸ φῶς σου (8 *a*)
56 (57). 3. ἐξαπέστειλεν ἐξ οὐρανοῦ (8 *a*)
— 3. ἐξαπέστειλεν ὁ θεὸς τὸ ἔλεος αὐτοῦ (8 *a*)
77 (78). 45. ἐξαπέστειλεν εἰς αὐτοὺς κυνόμυιαν (8 *b*)
— 49. ἐξαπέστειλεν εἰς αὐτοὺς ὀργὴν θυμοῦ αὐτοῦ (8 *b*)
80 (81). 12. ἐξαπέστειλα αὐτοὺς κατὰ τὰ ἐπιτηδεύματα τῶν καρδιῶν αὐτῶν (8 *b*)
103 (104). 10. A S R ὁ ἐξαποστέλλων [B ἀποστ.] πηγὰς ἐν φάραγξιν (8 *b*)
— 30. ἐξαποστελεῖς τὸ πνεῦμά σου (8 *b*)
104 (105). 17. A^{2} ἐξαπέστειλεν [A^{1} B S ἀπ.] . . . ἄνθρωπον (8 *a*)
— 20. A S^{2} R ἀπέστειλε [B S^{1} ἐξαπ.] βασιλεύς (8 *a*)
— 26. ἐξαπέστειλε Μωυσῆν τὸν δοῦλον αὐτοῦ (8 *a*)
— 28. ἐξαπέστειλε σκότος καὶ ἐσκότασε (8 *a*)
105 (106). 15. ἐξαπέστειλε πλησμονὴν εἰς τὴν ψυχὴν αὐτῶν (8 *b*)
109 (110). 2. A S^{1} ῥάβδον δυνάμεως ἐξαποστελεῖ [S^{2} R ἐξ. σοι] κύριος (8 *a*)
134 (135). 9. ἐξαπέστειλε σημεῖα (8 *a*)
143 (144). 6. ἐξαπόστειλον τὰ βέλη σου (8 *a*)
— 7. ἐξαπόστειλον τὴν χεῖρά σου ἐξ ὕψους (8 *a*)
151. 4. αὐτὸς ἐξαπέστειλε τὸν ἄγγελον αὐτοῦ
Wi. 9. 10. ἐξαπόστειλον αὐτὴν ἐξ ἁγίων οὐρανῶν
Si. 28. 23. ἐξαποσταλήσεται ἐπ' [A S ἐπαποστ.] αὐτοῖς ὡς λέων
Ho. 8. 14. ἐξαποστελῶ πῦρ εἰς τὰς πόλεις αὐ. (8 *b*)
Am. 1. 4. A B ἐξαποστελῶ [R ἀποστ.] πῦρ εἰς τὸν οἶκον Ἀ. (8 *b*)
— 7. ἐξαποστελῶ πῦρ ἐπὶ τὰ τείχη Γ. (8 *b*)
— 10. ἐξαποστελῶ πῦρ ἐπὶ τὰ τείχη Τύρου (8 *b*)
— 12. ἐξαποστελῶ πῦρ εἰς Θ. (8 *b*)
2. 2. ἐξαποστελῶ πῦρ ἐπὶ Μωάβ (8 *b*)
— 5. ἐξαποστελῶ πῦρ ἐπὶ Ἰούδαν (8 *b*)
4. 10. ἐξαπέστειλα εἰς ὑμᾶς θάνατον (8 *b*)
7. 10. ἐξαπέστειλεν Ἀ. ὁ ἱερεὺς Βαιθήλ (8 *a*)
8. 11. ἐξαποστελῶ λιμὸν ἐπὶ τὴν γῆν (8 *d*)
Mi. 1. 14. δώσει [A -εις] ἐξαποστελλομένους ἕως κληρονομίας Γ. (8 *f*)
6. 4. ἐξαπέστειλα πρὸ προσώπου σου τὸν M. (8 *a*)
Jl. 2. 19. ἐξαποστέλλω ὑμῖν τὸν σῖτον (8 *a*)
— 25. ἣν ἐξαπέστειλα εἰς [A ἐφ'] ὑμᾶς (8 *b*)
3 (4). 13. ἐξαποστείλατε δρέπανα (8 *a*)
Ob. 1. 1. περιοχὴν εἰς τὰ ἔθνη ἐξαπέστειλεν (8 *c*)
— 7. ἕως τῶν ὁρίων ἐξαπέστειλάν σε (8 *b*)
Hg. 1. 12. καθότι ἐξαπέστειλεν αὐτὸν κύριος (8 *a*)
Za. 1. 10. οὓς ἐξαπέστειλε [A S^{3} -έσταλκεν] κύριος (8 *a*)
2. 11 (15). ἐξαπέσταλκέ [A ἀπ.] με πρὸς σέ (8 *a*)
4. 9. ἐξαπέσταλκέ [A -έστειλέν] με πρὸς σέ (8 *a*)
7. 2. ἐξαπέστειλεν [S^{2} ἀπ.] εἰς Βαιθὴλ Σαρασάρ (8 *a*)
— 12. οὓς ἐξαπέστειλε κύριος (8 *a*)
8. 10. ἐξαποστελῶ πάντας τοὺς ἀνθρώπους (8 *b*)
9. 11. ἐξαπέστειλας δεσμίους σου (8 *b*)
Ma. 2. 2. ἐξαποστελῶ [S^{1} -έλλω] ἐφ' ὑμᾶς τὴν κατάραν (8 *b*)
— 4. ἐξαπέσταλκα πρὸς ὑμᾶς τὴν ἐντολὴν ταύτην (8 *b*)
— 16. ἐὰν μισήσας ἐξαποστείλῃς (8 *b*)
3. 1. ἐξαποστέλλω τὸν ἄγγελόν μου (8 *a*)
Is. 27. 8. ὀνειδίζων ἐξαποστελεῖ αὐτούς (8 *b*?)
50. 1. ᾧ ἐξαπέστειλα αὐτὴν . . . ταῖς ἀνομίαις ὑμῶν ἐξαπέστειλα τὴν μητέρα ὑμῶν (8 *b*, 8 *c*)
66. 19. ἐξαποστελῶ ἐξ [S^{1} ἐπ'] αὐτῶν σεσωσμένους (8 *b*)
Je. 1. 7. οὓς ἐὰν ἐξαποστείλω σε (8 *a*)
3. 1. ἐὰν ἐξαποστείλῃ ἀνὴρ τὴν γυναῖκα αὐτοῦ (8 *b*)
— 8. ἐξαπέστειλα αὐτήν (8 *b*)
7. 25. ἐξαπέστειλα πρὸς ὑμᾶς πάντας τοὺς δούλους μου (8 *a*)
8. 17. ἐξαποστέλλω εἰς [A S ἐφ'] ὑμᾶς ὄφεις θανατοῦντας (8 *b*)
15. 1. ἐξαπόστειλον τὸν λαὸν τοῦτον (8 *b*)
24. 5. οὓς ἐξαπέσταλκα [A -ας] ἐκ τοῦ τόπου τούτου (8 *b*)
25. 16 (49. 37). A ἐξαποστελῶ [B S ἐπα.] ὀπίσω αὐτῶν τὴν μάχαιράν μου (8 *b*)
— 17 (49. 38). ἐξαποστελῶ ἐκεῖθεν βασιλέα (1)
27 (50). 33. οὐκ ἠθέλησαν ἐξαποστεῖλαι αὐτούς (8 *b*)
28 (51). 2. ἐξαποστελῶ εἰς Βαβυλῶνα ὑβριστάς (8 *b*)
33 (26). 22. ἐξαπέστειλεν ὁ βασιλεὺς ἄνδρας εἰς Αἴγυπτον (8 *a*)
35 (28). 16. ἐξαποστέλλω [S^{3} -ελῶ] σε ἀπὸ προσώπου τῆς γῆς (8 *b*)
41 (34). 9. τοῦ ἐξαποστεῖλαι ἕκαστον τὸν παῖδα αὐτοῦ (8 *b*)
— 10. S τοῦ ἐξαποστεῖλαι [A B ἀποσ.] ἕκαστον τὸν παῖδα αὐτοῦ (8 *b*)
— 14. ἐξαποστελεῖς [A ἀποσ.] αὐτὸν ἐλεύθερον (8 *b*)
— 16. οὓς ἐξαπεστείλατε ἐλευθέρους τῇ ψυχῇ αὐτῶν (8 *b*)
Ba. 4. 11. ἐξαπέστειλα δὲ μετὰ κλαυθμοῦ
— 37. ἔρχονται οἱ υἱοί σου οὓς ἐξαπέστειλας
Ep. Je. 63. τό τε πῦρ ἐξαποσταλὲν ἄνωθεν ἐξαναλῶσαι ὄρη
Ez. 2. 3. ἐξαποστέλλω [A -ελῶ] ἐγώ σε πρὸς τὸν οἶκον τοῦ Ἰσραήλ (8 *a*)
3. 5. ἐξαποστέλλῃ πρὸς τὸν οἶκον τοῦ Ἰσραήλ (8 *a*)
— 6. εἰ πρὸς τοιούτους ἐξαπέστειλά σε (8 *a*)
5. 16. A B ἐν τῷ ἐξαποστεῖλαί με τὰς βολίδας μου [R *al.*] (8 *b*)
— 17. ἐξαποστελῶ ἐπὶ σὲ λιμόν (8 *b*)
13. 20. ἐξαποστελῶ τὰς ψυχας (8 *b*)
14. 13. ἐξαποστελῶ ἐπ' αὐτὴν λιμόν (8 *d*)
— 21. ἐὰν δὲ καὶ τὰς τέσσαρας ἐκδικήσεις μου . . . ἐξαποστείλω [A ἐπαποστελῶ] (8 *b*)
17. 7. τὰ κλήματα αὐτῆς ἐξαπέστειλεν αὐτῷ [A καὶ ἐ. αὐτήν] (8 *b*)
Ez. 17. 15. τοῦ ἐ. ἀγγέλους ἑαυτοῦ εἰς Αἴγυπτον (8 *a*)
23. 16. ἐξαπέστειλεν ἀγγέλους πρὸς αὐτούς (8 *a*)
— 40. R οἷς ἀγγέλους ἐξαπέστειλον [A -έλλοσαν, B -ελλον] πρὸς αὐτούς (8 *a*)
28. 23. A ἐξαποστελῶ ἐπὶ σεαυτὴν θάνατον (8 *b*)
31. 4. τὰ συστήματα αὐτῆς ἐξαπέστειλεν εἰς πάντα τὰ ξύλα (8 *b*)
Da. TH. Su. 21. ἐξαπέστειλας τὰ κοράσια ἀπὸ σοῦ
I Ma. 6. 12. ἐξαπέστειλα ἐξᾶραι [A τοῦ ἐ.] τοὺς κατοικοῦντας Ἰ.
11. 62. ἐξαπέστειλεν αὐτοὺς εἰς Ἱερ.
12. 46. ἐξαπέστειλε [S^{1} -ας] τὰς δυνάμεις
II Ma. 6. 1. ἐξαπέστειλεν ὁ βασ. γέροντα Ἀθηναῖον
14. 13. R ἐξαπέστειλε δοὺς ἐντολάς [A ἐπιστολάς]
— 27. τὸν Μακκ. δέσμιον ἐξαποστέλλειν
III Ma. 4. 4. ὑπὸ τῶν . . . στρατηγῶν ὁμοθυμαδὸν ἐξαπεστέλλοντο
6. 27. εἰς τὰ ἴδια μετ' εἰρήνης ἐξαποστείλατε
[**Aq.** Ps. 43 (44). 3 : 80 (81). 13 : Pr. 29. 15 : Is. 16. 2 : Ez. 31. 5.]
[**Th.** Jb. 30. 11 : 39. 3 : Ps. 79 (80). 12 : Je. 29 (36). 17, 20.]
[**Al.** Le. 16. 26 : III Ki. 22. 50.]
[**Quint.** Ps. 79 (80). 12.]

ἐξαποστολή.

III Ma. 4. 4. δακρύειν αὐτῶν τρισάθλιον [A τὴν δυσάθ.] ἐξαποστολήν
[**Th.** Is. 27. 8.]

ἐξάπτειν. (1) בָּעַר hi. (2) דָּלַק (3) עָלָה hi. (4) קָשַׁר (5) שַׁלְהֶבֶת

Ex. 30. 8. ὅταν ἐξάπτῃ [A^{1} ἅπτῃ] Ἀ. τοὺς λύχνους ὀψέ (3)
Nu. 8. 3. ἐξῆψε τοὺς λύχνους αὐτῆς (3)
Jd. 15. 5. A ἐξῆψε [B -έκαυσε] πῦρ ἐν ταῖς λαμπάσι (1)
Pr. 22. 15. B^{1} R ἄνοια ἐξῆπται καρδίας [A B^{2} S^{1} -ᾳ, S^{2} ἐν κ.] νέου (4)
Si. 35 (32). 16. δικαιώματα ὡς φῶς ἐξάψουσιν
La. 4. 19. A ἐπὶ τῶν ὀρέων ἐξήφθησαν [B ἐξέπτησαν] (2 ?)
Ez. 20. 47 (21. 3). οὐ σβεσθήσεται ἡ φλὸξ ἡ ἐξαφθεῖσα (5)
24. 11. A ἐξήφθη [B *om.*] ὅπως ἐκκαυθῇ [B προσκ.] †
I Ma. 4. 50. ἐξῆψαν τοὺς λύχνους
II Ma. 1. 8. R ἐξήψαμεν [A -ήγαγεν] τοὺς λύχνους
[**Sm.** Am. 1. 14.]

ἔξαρθρος.

IV Ma. 9. 13. ὁ εὐγενὴς νεανίας ἔξαρθρος ἐγίνετο

ἐξαρθροῦν.

IV Ma. 10. 5. καὶ τοὺς πόδας ἐξήρθρουν
[**Sm.** Ps. 68 (69). 24.]

ἐξαριθμεῖν. (1) מָנָה *a.* qal. *b.* ni. (2) מָסַר ni. (3) סָפַר *a.* qal. *b.* ni. *c.* pi. *d.* מִסְפָּר

Ge. 13. 16. εἰ δύναταί τις ἐξαριθμῆσαι τὴν ἄμμον (1 *a*)
— 16. R καὶ τὸ σπέρμα σου ἐξαριθμηθήσεται [A ἀριθ.] (1 *b*)
15. 5. R εἰ δυνήσῃ ἐξαριθμῆσαι αὐτούς (3 *a*)
Le. 15. 13. A B ἐξαριθμήσεται [R -μηθήσεται] αὐτῷ ἑπτὰ ἡμέρας (3 *a*)
— 28. ἐξαριθμήσεται αὐτῇ ἑπτὰ ἡμέρας (3 *a*)
25. 8. ἐξαριθμήσεις σεαυτῷ ἑπτὰ ἀναπαύσεις ἐτῶν (3 *a*)
Nu. 23. 10. τίς ἐξαριθμήσεται δήμους Ἰ. (3 *d*)
31. 5. ἐξηρίθμησαν . . . χιλίους ἐκ φυλῆς (2)
De. 16. 9. ἑπτὰ ἑβδομάδας [A ἑβ. ὁλοκλήρους] ἐξαριθμήσεις (3 *a*)
— 9. ἄρξῃ ἐξαριθμῆσαι ἑπτὰ ἑβδομάδας (3 *a*)
Jb. 31. 4. B^{3} R πάντα τὰ διαβήματά μου ἐξαριθμήσεται [A B^{2} S -ηθήσεται] (3 *a*)
Ps. 21 (22). 17. ἐξηρίθμησαν πάντα τὰ ὀστᾶ μου (3 *c*)
89 (90). 11 (12). καὶ ἀπὸ τοῦ φόβου τοῦ θυμοῦ [A S^{2} τὸν θυμόν] σου ἐξαριθμήσασθαι (1 *a*)
138 (139). 18. ἐξαριθμήσομαι αὐτούς (3 *a*)
Si. 1. 2. ἡμέρας [S^{1} -αν] αἰῶνος τίς ἐξαριθμήσει

Si. 1. 9, 18. εἶδε καὶ ἐξηρίθμησεν αὐτήν
18. 5. κράτος μεγαλωσύνης αὐτοῦ τίς ἐξαριθμήσεται [S^1 -μηθήσ.]
Ho. 1. 10 (2. 1). οὐδὲ ἐξαριθμηθήσεται (3 *b*)
Ez. 44. 26. ἑπτὰ ἡμέρας ἐξαριθμήσει αὐτῷ (3 *a*)
[**Sm.** Ps. 55 (56). 9 *bis* : 70 (71). 15.]
[**Th.** Jb. 31. 4 : Je. 33 (40). 22.]

ἐξαρκεῖν. (1) c. neg. קָצַר
Nu. 11. 23. μὴ χεὶρ κυρίου οὐκ ἐξαρκέσει (1)

ἐξαρνεῖσθαι.
IV Ma. 5. 35. οὐδὲ ἐξαρνήσομαί σε

ἔξαρξις (?).
Je. 12. 17. **A** ἐξάρξει [**B S** -άρσει] καὶ ἀπωλείᾳ †

ἐξαρπάζειν. (1) שָׁלַךְ hi.
Jb. 29. 17. ἐκ μέσου τῶν ὀδόντων αὐτῶν ἅρπαγμα ἐξήρπασα [**A S**^{4} -έσπασα] (1)
I Ma. 7. 29. ἕτοιμοι ἐξαρπάσαι τὸν Ἰ.

ἔξαρσις. (1) מַסַּע (2) נָתַשׁ
Nu. 10. 6. σημασίᾳ σαλπιοῦσιν ἐν τῇ ἐ. αὐτῶν (1)
Je. 12. 17. ἐξαρῶ τὸ ἔθνος ἐκεῖνο ἐξάρσει (2)
[**Al.** Ez. 25. 10.]

ἐξαρτᾶν, ἐξαρτίζειν. (1) חָבַר pu.
Ex. 28. 7. **R** ἐπὶ τοῖς δυσὶ μέρεσιν ἐξηρτημέναι [**A B** -τισμέναι] (1)

ἐξάρχειν. (1) עָנָה *a.* qal. *b.* pi.
Ex. 15. 21. ἐξῆρχε δὲ αὐτῶν Μαριάμ (1 *a*)
32. 18. οὐκ ἔστι φωνὴ ἐξαρχόντων κατ' ἰσχὺν οὐδὲ φωνὴ ἐξαρχόντων τροπῆς ἀλλὰ φωνὴν ἐξαρχόντων οἴνου ἐγὼ ἀκούω (1 *a*, 1 *a*, 1 *b*)
Nu. 21. 17. ἐξάρχετε αὐτῷ φρέαρ (1 *a*)
I Ki. 18. 7. καὶ ἐξῆρχον [**A** -ῆλθον] αἱ γυναῖκες (1 *a*)
21. 11 (12). οὐχὶ τούτῳ ἐξῆρχον [**A** ἦρ.] αἱ χορεύουσαι (1 *a*)
29. 5. ᾧ ἐξῆρχον ἐν χοροῖς (1 *a*)
Ju. 15. 14. καὶ ἐξῆρχεν [**A**^{1} -ῆρεν] Ἰ. τὴν ἐξομολόγησιν ταύτην
16. 2. ἐξάρχετε τῷ θεῷ μου
Ps. 146 (147). 7. ἐξάρξατε τῷ κυρίῳ ἐν ἐξομολογήσει (1 *a*)
Is. 27. 2. ἐπιθύμημα ἐξάρχειν κατ' αὐτῆς (1 *b*)
I Ma. 9. 67. καὶ ἐξήρξατο [**S** ἤρξαντο] τύπτειν
III Ma. 4. 6. θρῆνον . . . ὁμοθυμαδὸν ἐξῆρχον
[**Sm.** Je. 25. 30 (32. 16).]

ἐξασθενεῖν. (1) כָּשַׁל hi.
Ps. 63 (64). 8. **B**^{2} **S** ἐξησθένησαν ἐπ' αὐτοὺς [**B**^{1} **R** ἐξουθένησαν αὐτὸν] αἱ γλῶσσαι αὐτῶν (1)
[**Th.** Ps. 63 (64). 9.]

ἐξασκεῖν.
IV Ma. 5. 23. καὶ ἀνδρείαν ἐξασκεῖ [**A** -εῖν, **S** ἐκδιδάσκειν]
13. 24. τὰς αὐτὰς ἐξασκήσαντες ἀρετάς

ἐξαστράπτειν. (1) בָּרָק (2) לָקַח hithp. (3) קָלָל
Na. 3. 3. φωνὴ . . . ἐξαστραπτόντων ὅπλων (1)
Ez. 1. 4. φέγγος κύκλῳ αὐτοῦ καὶ πῦρ ἐξαστράπτον (2)
— 7. σπινθῆρες ὡς [**A** *add.* ὁ] ἐξαστράπτων χαλκός (3)
Da. LXX. 10. 6. ὡσεὶ χαλκὸς ἐξαστράπτων (3)

ἐξατιμάζειν. (1) בָּזָה
I Ki. 17. 42. **R** καὶ ἐξητίμασεν [**A B** ἠτί.] αὐτόν (1)

ἐξατιμοῦν. (1) כָּלַם ni.
Ez. 16. 61. ἐξατιμωθήσῃ [**A** ἀτιμασθ.] ἐν τῷ ἀναλαβεῖν σε τὰς ἀδελφάς σου (1)

ἐξαυχενισμός.
[**Aq.** Na. 3. 1.]

ἐξαφιέναι.
II Ma. 12. 24. ἐξαφεῖναι σῶον αὐτόν

ἐξαφιστάναι. (1) מָנַע
Je. 5. 25. **A** αἱ ἁμαρτίαι ὑμῶν ἐξαπέστησαν [**B S** ἀπέ.] τὰ ἀγαθὰ ἀφ' ὑμῶν (1)

ἐξεγείρειν. (1) בָּעַר hi. (2) חוּל pil. (3) חַי (4) טוּל hi. (5) יָעַד hoph. (6) יָקַץ (7) נְטַל peil. (8) נָעַר (9) *a.* **ἐξεγείρεσθαι** סָעַר *b.* **ἐ. κλύδωνα** סַעַר (10) עָבַר hi. (11) עוּר *a.* qal. *b.* ni. *c.* pil. *d.* hi. *e.* hithp. (12) קוּם *a.* qal. *b.* hi. (13) קִיץ hi. (14) רָדָה (15) שָׂגַב (16) שַׁאֲנָן (17) שָׁמַד hi.
Ge. 28. 16. **A** καὶ ἐξηγέρθη Ἰακὼβ ἀπὸ [**R** ἐκ] τοῦ ὕπνου (6)
41. 21. ἐξεγερθεὶς δὲ ἐκοιμήθην (6)
Nu. 10. 35. ἐξεγέρθητι [**B**^{2} ἐγέρ.] κύριε (12 *a*)
24. 19. ἐξεγερθήσεται ἐξ Ἰακώβ (14)
Jd. 5. 12. ἐξεγείρου ἐξεγείρου, Δ. (11 *a*, 11 *a*)
— 12. **A** ἐξεγείρου μυριάδας μετὰ λαοῦ –
— 12. ἐξεγείρου ἐξεγείρου (11 *a*, 11 *a*)
— 16. **A** τοῦ εἰσακούειν συρισμοὺς ἐξεγειρόντων [**B** *al.*] †
16. 20. **A** ἐξηγέρθη [**B** ἐξυπνίσθη] ἐκ τοῦ ὕπνου αὐτοῦ (6)
I Ki. 26. 12. οὐκ ἦν ὁ ἐξεγειρόμενος (13)
II Ki. 12. 11. ἐξεγείρω [**A**^{1} -ερῶ] ἐπὶ σὲ κακά (12 *b*)
19. 18 (19). **A R** τοῦ [**B** *om.*] ἐξεγεῖραι τὸν οἶκον τοῦ βασιλέως (10 ?)
23. 18. αὐτὸς ἐξήγειρε τὸ δόρυ αὐτοῦ (11 *c*)
III Ki. 16. 3. ἐγὼ ἐξεγείρω ὀπίσω Β. (1 ?)
II Ch. 36. 22. ἐξήγειρε κύριος τὸ πνεῦμα Κύρου (11 *d*)
I Es. 3. 13. ὅτε ἐξηγέρθη ὁ βασιλεύς
8. 73. ἐξεγερθεὶς ἐκ τῆς νηστείας
II Es. 1. 1. ἐξήγειρε κύριος τὸ πνεῦμα Κ. (11 *d*)
— 5. ὧν ἐξήγειρεν ὁ θεὸς τὸ πνεῦμα αὐτῶν (11 *d*)
To. 6. 17. **S** ἐξεγέρθητε πρῶτον ἀμφότεροι [**A B** *al.*]
Es. 8. 4. ἐξηγέρθη δὲ Ἐ. (12 *a*)
Jb. 5. 11. τὸν . . . ἀπολωλότας ἐξεγείροντα (15)
14. 12. **A** καὶ οὐ μὴ ἐξεγερθῇ (13 ?)
Ps. 3. 5. ἐξηγέρθην ὅτι κύριος ἀντιλήψεταί [**S** ἀντελάβετό] μου (13)
7. 6. ἐξεγέρθητι, κύριε ὁ θεός μου (11 *a*)
34 (35). 23. ἐξεγέρθητι, κύριε (11 *d*)
43 (44). 23. ἐξεγέρθητι ἵνα τί ὑπνοῖς, κύριε (11 *a*)
56 (57). 8. ἐξεγέρθητι ἡ δόξα μου, ἐξεγέρθητι ψαλτήριον καὶ καθάρα, ἐξεγερθήσομαι ὄρθρου (11 *a*, 11 *a*, 11 *d*)
58 (59). 4. ἐξεγέρθητι εἰς συνάντησίν μου (11 *a*)
72 (73). 20. ὡσεὶ ἐνύπνιον ἐξεγειρομένου (13)
77 (78). 65. ἐξηγέρθη ὡς ὁ ὑπνῶν κύριος (6)
79 (80). 2. ἐξέγειρον τὴν δυναστείαν σου (11 *c*)
107 (108). 1. **S**^{2} ἐξεγέρθητι ἡ δόξα μου –
— 2. ἐξεγέρθητι [**S**^{1} ἐγ.] ψαλτήριον καὶ κιθάρα ἐξεγερθήσομαι ὄρθρου (11 *a*, 11 *d*)
118 (119). 62. μεσονύκτιον ἐξεγειρόμην (12 *a*)
138 (139). 18. ἐξηγέρθην καὶ ἔτι εἰμὶ μετὰ σοῦ (13)
Pr. 25. 23. ἄνεμος βορέας ἐξεγείρει νέφη (2)
Ca. 2. 7 : 3. 5. ἐὰν ἐγείρητε καὶ ἐξεγείρητε τὴν ἀγάπην (11 *c*)
4. 16. ἐξεγέρθητι, βορρᾶ, καὶ ἔρχου, νότε (11 *a*)
8. 4. ἐὰν [**A S**^{2} τί] ἐξεγείρητε τὴν ἀγάπην (11 *c*)
— 5. ὑπὸ μῆλον ἐξήγειρά σε (11 *c*)
Si. 22. 7. ἐξεγείρων καθεύδοντα ἐκ βαθέως ὕπνου
35 (32). 11. ἐν ὥρᾳ ἐξεγείρου καὶ μὴ οὐράγει
40. 7. ἐν καιρῷ σωτηρίας αὐτοῦ ἐξηγέρθη
Am. 2. 9. **A** ἐξήγειρα [**B** -ῆρα] τὸν Ἀμ. ἐκ προσώπου αὐτῶν (17)
Jl. 3 (4). 7. ἐξεγείρω αὐτοὺς ἐκ τοῦ τόπου (11 *d*)
— 9. ἐξεγείρατε τοὺς μαχητάς (11 *d*)
— 12. ἐξεγειρέσθωσαν [**A** ἐγ.] (11 *b*)
Jn. 1. 4. κύριος ἐξήγειρε πνεῦμα (4)
— 11. ἐξήγειρε μᾶλλον κλύδωνα (9 *b*)
— 13. ἐξηγείρετο μᾶλλον ἐπ' αὐτούς (9 *a*)
Hb. 1. 6. ἐξεγείρω τοὺς Χαλδαίους (12 *b*)
2. 19. ἔκνηψον ἐξεγέρθητι (11 *a*)
3. 13. ἐξήγειρας δεσμοὺς ἕως τραχήλου †
Hg. 1. 14. καὶ ἐξήγειρε κύριος τὸ πνεῦμα Ζ. (11 *d*)
Za. 2. 13 (17). ἐξεγήγερται ἐκ νεφελῶν ἁγίων αὐτοῦ (11 *b*)
4. 1. **A S R** καὶ ἐξήγειρέ [**B** -ῆρέν] με (11 *d*)
— 1. ὅταν ἐξεγερθῇ ἄνθρωπος ἐξ ὕπνου αὐτοῦ (11 *b*)
9. 13. ἐξεγερῶ [**A** ἐπ.] τὰ τέκνα σου (11 *c*)
11. 16. ἐξεγείρω ποιμένα ἐπὶ τὴν γῆν (12 *b*)
13. 7. ἐξεγέρθητι ἐπὶ τοὺς ποιμένας [**A S**^{3} τὸν ποιμένα] μου (11 *a*)
Is. 38. 16. ἐξήγειράς μου τὴν πνοήν (3 ?)
41. 2. τίς ἐξήγειρεν ἀπὸ ἀνατολῶν δικαιοσύνην (11 *d*)
51. 9. ἐξεγείρου ἐξεγείρου, Ἰερουσαλὴμ . . . ἐξεγείρου ὡς ἐν ἀρχῇ ἡμέρας (11 *a ter*)
— 17. ἐξεγείρου ἐξεγείρου ἀνάστηθι Ἰερουσαλήμ (11 *e*, 11 *e*)
52. 1. ἐξεγείρου ἐξεγείρου, Σιών (11 *a*, 11 *a*)
Je. 6. 22. **R** ἔθνη ἐξεγερθήσονται [**S**^{1} -θηται, **A S**^{2} *al.*, **B** ἐγερθήσεται] (11 *b*)
27 (50). 41. βασιλεῖς πολλοὶ ἐξεγερθήσονται (11 *b*)
28 (51). 1. ἐξεγείρω ἐπὶ Βαβυλῶνα . . . ἄνεμον (11 *d*)
— 38. ὡς λέοντες ἐξηγέρθησαν (16 *et* 8)
— 39. **A B**^{2} **S**^{2} **R** οὐ μὴ ἐξεγερθῶσι [**B**^{1} ἐγ.] (13)
38 (31). 26. ἐξηγέρθην καὶ εἶδον (13)
Ez. 2. 2. **A** ἐξήγειρέν [**R** ἐξῆρέ] με –
21. 16 (21). οὗ ἂν τὸ πρόσωπόν σου ἐξεγείρηται (5)
23. 22. ἐξεγείρω τοὺς ἐραστάς σου ἐπὶ σέ (11 *d*)
38. 14. **A** οὐχὶ ἐν τῇ ἡμέρᾳ ἐκείνῃ . . . ἐξεγερθήσῃ [**B** ἐγερ.] †
Da. Th. Su. 45. ἐξήγειρεν ὁ θεὸς τὸ πνεῦμα τὸ ἅγιον παιδαρίου
7. 4. **A** ἐξηγέρθη [**B** -ήρθη] ἀπὸ τῆς γῆς (7)
11. 25. καὶ ἐξεγερθήσεται ἡ ἰσχὺς αὐτοῦ (11 *d*)
12. 2. πολλοὶ . . . ἐξεγερθήσονται [**A** ἐγ.] (13)
II Ma. 13. 4. ἐξήγειρε τὸν θυμὸν τοῦ Ἀντ.
[**Aq.** Jb. 3. 8 : 41. 2 : Ps. 43 (44). 24 : Ca. 8. 5 : Is. 14. 9 : 50. 4 : 51. 9 *bis* : Je. 51 (28). 11, 57.]
[**Sm.** Jb. 14. 12 : Is. 51. 9 *bis*.]
[**Th.** Jb. 14. 12 : 41. 2 : Is. 14. 9 : 23. 13 : 51. 9 *bis* : Je. 51 (28). 57 : Ez. 7. 6.]
[**Al.** Ca. 2. 7 : Hb. 3. 9.]
[**Quint.** Ps. 43 (44). 24.]

ἐξέδρα. (1) חָצֵר (2) *a.* טוּר *b.* טִירָה (3) לִשְׁכָּה (4) צֵלָע
Ez. 40. 44. δύο ἐξέδραι ἐν τῇ αὐλῇ (3)
— 45. ἡ ἐ. αὕτη ἡ βλέπουσα πρὸς νότον τοῖς ἱερεῦσι (3)
— 46. ἡ ἐ. ἡ βλέπουσα πρὸς βορρᾶν τοῖς ἱερεῦσι (3)
41. 10. ἀνὰ μέσον τῶν ἐ. εὖρος πηχῶν εἴκοσι (3)
— 11. αἱ θύραι [**A** -ρίδες] τῶν ἐ. ἐπὶ τὸ ἀπόλοιπον τῆς θύρας (4)
42. 1. ἰδοὺ ἐξέδραι πέντε [**A** δέκα πέντε] (3)
— 4. κατέναντι τῶν ἐ. περίπατος πηχῶν δέκα (3)
— 6. **A** καθὼς οἱ στῦλοι τῶν ἐ. [**B** ἐξωτέρων] (1)
— 7. αἱ ἐ. τῆς αὐλῆς τῆς ἐξωτέρας αἱ βλέπουσαι ἀπέναντι τῶν ἔ. τῶν πρὸς βορρᾶν (3, 3)
— 8. τὸ μῆκος τῶν ἐ. . . . ἦν πηχῶν πεντήκοντα (3)
— 9. αἱ θύραι τῶν ἐ. τούτων (3)
— 11. αἱ ἐ. καὶ ὁ περίπατος κατὰ πρόσωπον αὐτῶν κατὰ τὰ μέτρα ἐξεδρῶν [**A** τῶν ἐ.] τῶν πρὸς βορρᾶν (3, 3)
— 12. τῶν ἐ. τῶν πρὸς νότον (3)
— 13. αἱ ἐ. αἱ πρὸς βορρᾶν καὶ αἱ ἐ. αἱ πρὸς νότον οὖσαι κατὰ πρόσωπον τῶν διαστημάτων αὗταί εἰσιν αἱ ἐ. τοῦ ἁγίου (3 *ter*)
44. 19. θήσουσιν αὐτὰς ἐν ταῖς ἐ. τῶν ἁγίων (3)
46. 19. εἰς τὴν ἐ. τῶν ἁγίων τῶν ἱερέων (3)
— 23. ἐξέδραι κύκλῳ ἐν αὐταῖς κύκλῳ ταῖς τέσσαρσι καὶ μαγειρεῖα γεγονότα ὑποκάτω τῶν ἐ. κύκλῳ (2 *a*, 2 *b*)
[**Sm.** I Ki. 9. 22 : II Ch. 31. 11 : Je. 36 (43). 10 : Ez. 40. 17 : 42. 1 : 45. 5.]

ἐξεικάζειν.
[**Al.** Hb. 3. 6.]

ἐξεικονίζειν. (1) אָסוֹן
Ex. 21. 22. καὶ ἐξέλθῃ τὸ παιδίον αὐτῆς μὴ ἐξεικονισμένον (1 ?)
— 23. ἐὰν δὲ ἐξεικονισμένον ᾖ (1 ?)
[**Al.** Ps. 138 (139). 15.]

ἐξεῖναι. (1) אֲרַךְ (2) יָצָא (3) פָּרַח
Le. 13. 57. **A** λέπρα ἐξοῦσά [**B** -ανθοῦσά] ἐστιν (3)
Nu. 21. 13. **B**^{1} τὸ ἐξὸν [**A B**^{2} **R** ἐξέχον] ἀπὸ τῶν ὁρίων (2)
II Es. 4. 14. ἀσχημοσύνην βασιλέως οὐκ ἔξεστιν ἡμῖν ἰδεῖν (1)
Es. 4. 2. οὐ γὰρ ἦν αὐτῷ ἐξὸν εἰσελθεῖν –
8. 13. σκοπεῖν δὲ ἔξεστιν

I Ma. 14. 44. οὐκ ἐξέσται [A -τι] οὐδενὶ [S^1 -θὲν] τοῦ λαοῦ
III Ma. 1. 11. R διὰ τὸ μηδὲ τοῖς ἐκ τοῦ ἔθνους [A τοῖς ἔ.] ἐξεῖναι εἰσιέναι
IV Ma. 1. 12. αὐτίκα δὴ λέγειν ἐξέσται
5. 18. οὐδὲ οὕτως ἐξὸν ἡμῖν ἦν
17. 7. A R εἰ δὲ ἐξὸν ἡμῖν [S ἐν ἡ.] ἦν

ἐξεκκλησιάζειν. (1) קָבַץ (2) קָהַל *a.* ni. *b.* hi. *c.* קָהָל (3) קָרָא

Le. 8. 4. ἐξεκκλησίασε τὴν συναγωγήν (2 *a*)
Nu. 1. 18. A τὴν συναγωγὴν ἐξεκκλησίασαν [B συνήγαγον] (2 *b*)
20. 10. ἐξεκκλησίασε M. καὶ Ἀ. τὴν συναγωγήν (2 *b*)
Jo. 18. 1. ἐξεκκλησιάσθη πᾶσα συναγωγὴ υἱῶν Ἰσραήλ (2 *a*)
Jd. 20. 1. ἐξεκκλησιάσθη ἡ [A πᾶσα ἡ] συναγωγή (2 *a*)
II Ki. 20. 14. καὶ ἐξεκκλησιάσθησαν (2 *a*)
III Ki. 8. 1. ἐξεκκλησίασεν ὁ βασιλεὺς Σ. πάντας τοὺς πρεσβυτέρους (2 *b*)
— 2. A ἐξεκκλησιάσθησαν πρὸς τὸν βασιλέα Σ. (2 *a*)
12. 21. καὶ ἐξεκκλησίασε τὴν συναγωγὴν Ἰ. (2 *b*)
I Ch. 13. 5. A R καὶ ἐξεκκλησίασε [B S ἐκκλ.] Δ. τὸν πάντα Ἰ. (2 *b*)
15. 3. καὶ ἐξεκκλησίασε [A συνήγαγεν] Δ. τὸν πάντα Ἰ. (2 *b*)
28. 1. καὶ ἐξεκκλησίασε Δ. πάντας τοὺς ἄρχοντας Ἰ. (2 *b*)
II Ch. 5. 2. ἐξεκκλησίασε Σ. τοὺς πρεσβυτέρους (2 *b*)
— 3. ἐξεκκλησιάσθησαν πρὸς τὸν βασιλέα (2 *a*)
11. 1. καὶ ἐξεκκλησίασε τὸν Ἰ. (2 *b*)
15. 9. καὶ ἐξεκκλησίασε τὸν Ἰ. (1)
24. 6. ἐξεκκλησίασε τὸν Ἰ. (2 *c*)
Je. 33 (26). 9. ἐξεκκλησιάσθη πᾶς ὁ λαὸς ἐπὶ Ἱερεμίαν (2 *a*)
43 (36). 9. ἐξεκκλησίασαν [S^1 -εν] νηστείαν κατὰ πρόσωπον κυρίου (3)
I Ma. 6. 19. καὶ ἐξεκκλησίασε πάντα τὸν λαόν
12. 35. ἐξεκκλησίασε τοὺς πρεσβυτέρους τοῦ λαοῦ
[**Al.** Nu. 1. 18 : 16. 3 (?).]

ἐξελαύνειν. (1) נָגַשׂ

Za. 9. 8. οὐ μὴ ἐπέλθῃ ἐπ' αὐτοὺς οὐκέτι ἐξελαύνων (1)
10. 4. πᾶς ὁ ἐξελαύνων [A ἐλ.] ἐν τῷ αὐτῷ (1)
[**Sm.** Ps. 43 (44). 3.]

ἐξελέγχειν. (1) יָכַח hi.

Pr. 24. 29 (30. 6). S ἵνα μὴ ἐξελέγξῃ [A B ἐλ.] σε (1)
Wi. 12. 17. τὸ θράσος [S^2 σου τὸ κράτος] ἐξελέγχεις [S^1 -χεται]
Mi. 4. 3. ἐξελέγξει [A ἐλ.] ἔθνη ἰσχυρά (1)
Is. 2. 4. ἐξελέγξει [A S ἐλ.] λαὸν πολύν (1)
IV Ma. 2. 12. S R διὰ πονηρίαν [A -as] αὐτοὺς ἐξελέγχων

ἐξελεῖν, *vid.* **ἐξαιρεῖν.**

ἐξέλευσις. (1) בּוֹא

II Ki. 15. 20. B ἐχθὲς ἡ ἐ. σου (1 ?)

ἐξελίσσειν.

III Ki. 7. 8. A R αὐλὴ μία ἐξελισσομένη [B ἐξ ἑλισσομένης, ? ἐξελ.] τούτοις †

ἐξέλκειν (-κύειν). (1) יָרַשׁ hi. (2) מִיץ (3) מָשַׁךְ (4) נָתַק hoph. (5) שָׁאַף

Ge. 37. 28. ἐξείλκυσαν καὶ ἀνεβίβασαν τὸν Ἰ. (3)
Jd. 20. 31. A ἐξειλκύσθησαν ἐκ τῆς πόλεως [B *al.*] (4)
Jb. 20. 15. ἐξ οἰκίας αὐτοῦ ἐξελκύσει αὐτὸν ἄγγελος [A ἄ. θανάτου] (1)
36. 20. μὴ ἐξελκύσῃς τὴν νύκτα (5)
Pr. 24. 68 (30. 33). ἐὰν δὲ ἐξέλκῃς [S -κύσῃς] λόγους (2)
III Ma. 2. 23. ταχέως αὐτὸν ἐξεἵλκυσαν
[**Aq.** Ez. 32. 20.]
[**Th.** Jb. 36. 20.]

ἐξεμεῖν. (1) נָעַשׁ hithpo. (2) קוֹא *a.* qal. *b.* hi.

Jb. 20. 15. πλοῦτος ἀδίκως συναγόμενος ἐξεμεθήσεται [A -μεσθ.] (2 *b*)
Pr. 23. 8. ἐξεμέσει γὰρ αὐτόν (2 *b*)
Pr. 25. 16. μή ποτε πλησθεὶς ἐξεμέσῃς (2 *b*)
Je. 32 (25). 16. ἐξεμοῦνται καὶ μανήσονται (1 ?)
— 27. ἐξεμέσετε [A -ατε] καὶ πεσεῖσθε (2 *a*)
[**Sm.** Le. 18. 28.]

ἐξέναντι, *vid. sub* **ἔναντι.**

ἐξεναντίας, *vid. sub* **ἐναντίος.**

ἐξερᾶν.

[**Aq.** Le. 18. 28.]

ἐξεργάζεσθαι. (1) פָּעַל

Es. 8. 13. αὐτὸν τὸν ταῦτα ἐξεργασάμενον
Ps. 7. 13. τὰ βέλη αὐτοῦ τοῖς καιομένοις ἐξειργάσατο (1)
30 (31). 19. ἐξειργάσω τοῖς ἐλπίζουσιν ἐπὶ σέ [A σοί] (1)

ἐξεργαστικός.

II Ma. 2. 31. καὶ τὸ ἐ. τῆς πραγματείας

ἐξερεύγεσθαι. (1) נָבַע hi. (2) פוּק hi. (3) רָחַשׁ (4) שָׁרַץ

Ex. 8. 3 (7. 28). καὶ ἐξερεύξεται ὁ ποταμὸς βατράχους (4)
Ps. 44 (45). 1. ἐξηρεύξατο ἡ καρδία μου λόγον ἀγαθόν (3)
118 (119). 171. ἐξερεύξαιντο [A -ξονται, S -ηρεύξαντο] τὰ χείλη μου ὕμνον (1)
143 (144). 13. τὰ ταμεῖα . . . ἐξερευγόμενα [A ἐξερευόμενα] ἐκ τούτου εἰς τοῦτο (2)
144 (145). 7. μνήμην τοῦ πλήθους τῆς χρηστότητός σου ἐξερεύξονται (1)
Wi. 19. 10. ἀντὶ δὲ ἐνύδρων [A ἀνύδρων] ἐξηρεύξατο [A -σατο] ὁ ποταμὸς πλῆθος βατράχων

ἐξερεύεσθαι (?). (1) פוּק hi.

Ps. 143 (144). 13. A τὰ ταμεῖα . . . ἐξερευόμενα [B S -γόμ.] ἐκ τούτου εἰς τοῦτο (1)
Wi. 19. 10. A ἐξηρεύσατο [B S -εύξ.] ὁ ποταμός

ἐξερευνᾶν (-αυν.). (1) חָפַשׂ *a.* qal. *b.* ni. *c.* pi. *d.* pu. (2) חָקַק po. (3) חָקַר (4) חָשַׂף (5) נָצַר (6) נָקַשׁ pi. (7) שָׁאַל

De. 13. 14 (15). A καὶ ἐξερευνήσεις [B ἐρ.] σφόδρα (7)
Jd. 5. 14. κατέβησαν ἐξερευνῶντες (2 ?)
18. 2. A ἐξερευνήσατε [B -ιχνιάσατε] τὴν γῆν (3)
I Ki. 23. 23. καὶ ἐξερευνήσω αὐτόν (1 *c*)
I Ch. 19. 3. ἐξερευνήσωσι [A ἐραυνήσουσιν] τὴν πόλιν (3)
Ju. 8. 34. οὐκ ἐξερευνήσετε [A -ατε] τὴν πρᾶξίν μου
Es. 1. 1. τὰς μερίμνας αὐτῶν ἐξηρεύνησεν
Ps. 63 (64). 6. ἐξηρεύνησαν ἀνομίαν ἐξέλιπον ἐξερευνῶντες ἐξερευνήσει (1 *a*, 1 *d*)
108 (109). 11. ἐξερευνησάτω δανειστὴς πάντα (6)
118 (119). 2. μακάριοι οἱ ἐξερευνῶντες τὰ μαρτύρια αὐτοῦ (5)
— 34. A S^2 ἐξερευνήσω [S^1 ἐκζητήσω] τὸν νόμον σου (5)
— 69. ἐξερευνήσω τὰς ἐντολάς σου (5)
— 115. ἐξερευνήσω τὰς ἐντολὰς τοῦ θεοῦ μου (5)
— 129. ἐξηρεύνησεν αὐτὰ ἡ ψυχή μου (5)
Pr. 2. 4. ἐὰν . . . ἐξερευνήσῃς [A -εις] αὐτήν (1 *a*)
Wi. 6. 3. S^1 τὰς βουλὰς ἐξερευνήσει [A B S^2 διερ.]
Am. 9. 3. ἐκεῖθεν ἐξερευνήσω (1 *c*)
Jl. 1. 7. ἐρευνῶν ἐξηρεύνησεν αὐτήν [A *om.*] (4 ?)
Ob. 1. 6. πῶς ἐξηρευνήθη Ἠσαῦ (1 *b*)
Ze. 1. 12. ἐξερευνήσω τὴν Ἰ. (1 *c*)
La. 3. 40. ἐξηρευνήθη ἡ ὁδὸς ἡμῶν (1 *a*)
I Ma. 3. 5. ἐδίωξεν ἀνόμους ἐξερευνῶν
— 48. ἐξηρεύνων τὰ ἔθνη τὰ ὁμοιώματα τῶν εἰδώλων αὐτῶν
9. 26. ἐξηρεύνων [S ἠρ.] τοὺς φίλους Ἰ.
[**Aq.** I Ki. 20. 12 : Jb. 28. 11 : Ec. 1. 13.]
[**Sm.** Nu. 24. 17 : Ps. 43 (44). 22 : 63 (64). 7 : Pr. 25. 27.]
[**Th.** Jb. 28. 11, 27 : Ps. 63 (64). 7 : Pr. 23. 30 : 25. 27 : Je. 48 (31). 45.]

ἐξερεύνησις (-αυν.). (1) חֵפֶשׂ

Ps. 63 (64). 6. ἐξέλιπον ἐξερευνῶντες ἐξερευνήσει [S^2 -σεις] (1)
[**Sm.** Is. 32. 14.]
[**Th.** Ps. 63 (64). 7.]

ἐξερημοῦν. (1) חָרֵב *a.* qal. *b.* hi. *c.* חָרְבָּה (2) חָרַם hi. (3) שָׁאָה hi. (4) שָׁמֵם *a.* qal. *b.* hi.

Le. 26. 31. ἐξερημώσω τὰ ἅγια ὑμῶν (4 *b*)
— 32. ἐξερημώσω ἐγὼ τὴν γῆν ὑμῶν (4 *b*)
Jd. 16. 24. A τὸν ἐξερημοῦντα [B ἐρ.] τὴν γῆν ἡμῶν (1 *b*)
IV Ki. 19. 24. ἐξηρήμωσα . . . πάντας ποταμούς (1 *b*)
Ho. 13. 15. ἐξερημώσει τὰς πηγὰς αὐτοῦ (1 *a*)
Am. 7. 9. A αἱ τελεταὶ τοῦ Ἰ. ἐξερημωθήσονται [B ἐρημ.] (1 *a*)
Na. 1. 4. καὶ πάντας τοὺς ποταμοὺς ἐξερημῶν (1 *b*)
Ze. 3. 6. ἐξερημώσω τὰς ὁδοὺς αὐτῶν (1 *b*)
Hg. 1. 4. ὁ δὲ οἶκος ἡμῶν [A οὗτος] ἐξηρήμωται (1 *a*)
Is. 37. 26. ἐπέδειξα ἐξερημῶσαι ἔθνη ἐν ὀχυροῖς (3)
50. 2. ἐξερημώσω τὴν θάλασσαν (1 *b*)
61. 4. ἐξηρημωμένας πρότερον [A -ρας, S τὸ πρ.] ἐξαναστήσουσι . . . ἐξηρημωμένας εἰς γενεάς (4 *a*, 4 *a*)
Je. 25. 9. ἐξερημώσω αὐτούς (2)
Ez. 6. 6. αἱ πόλεις ἐξερημωθήσονται (1 *a*)
12. 20. αἱ πόλεις αὐτῶν αἱ κατοικούμεναι ἐξερημωθήσονται (1 *a*)
19. 7. τὰς πόλεις αὐτῶν ἐξηρήμωσε (1 *b*)
36. 4. λέγει κύριος . . . τοῖς ἐξηρημωμένοις [A *al.*] (1 *c*)
Da. LXX. 4. 19. ἐξηρήμωσας τὸν οἶκον τοῦ θεοῦ –

ἐξέρπειν. (1) שָׁרַץ

Ps. 104 (105). 30. ἐξῆρψεν ἡ γῆ αὐτῶν βατράχους
[**Aq.**, **Sm.**, **Th.** Ge. 1. 20 : Ex. 1. 7.]
[**Al.** Le. 20. 25 : Ps. 44 (45). 2.]

ἐξέρχεσθαι. (1) אָסַף ni. (2) בָּדַל ni. (3) בּוֹא (4) הָלַךְ (5) יָצָא *a.* qal. *b.* hi. *c.* hoph. *d.* מוֹצָא *e.* יְצִיא (6) כָּרַת hoph. (7) לָקַח (8) נָזַל (9) נָסַע *a.* qal. *b.* ni. (10) נָפַק (11) עָבַר (12) עָטַף (13) עָלָה (14) צָבָא (15) רוּץ (16) תָּמַם

Ge. 4. 16. ἐξῆλθε δὲ Κάϊν ἀπὸ προσώπου τοῦ θ. (5 *a*)
8. 7. A ἐξελθὼν οὐχ ὑπέστρεψεν [R ἀνέσ.] (5 *a*)
— 16. ἔξελθε ἐκ τῆς κιβωτοῦ (5 *a*)
— 18. ἐξῆλθε Νῶε καὶ ἡ γυνὴ αὐτοῦ (5 *a*)
— 19. ἐξήλθοσαν ἐκ τῆς κιβωτοῦ (5 *a*)
9. 10. ἀπὸ πάντων τῶν ἐξελθόντων ἐκ τῆς κιβ. (5 *a*)
— 18. οἱ υἱοὶ Νῶε οἱ ἐξελθόντες ἐκ τῆς κιβ. (5 *a*)
— 22. ἐξελθὼν ἀνήγγειλε τοῖς δυσὶν ἀδελφοῖς –
10. 11. ἐκ τῆς γῆς ἐκείνης ἐξῆλθεν Ἀσσούρ (5 *a*)
— 14. A ὅθεν ἐξῆλθεν ἐκεῖθεν [R *om.*] Φυλιστιείμ (5 *a*)
12. 1. ἔξελθε ἐκ τῆς γῆς σου (4)
— 4. ὅτε ἐξῆλθεν ἐκ X. (5 *a*)
— 5. ἐξήλθοσαν πορευθῆναι εἰς γῆν Χαναάν (5 *a*)
14. 8, 17 (R). ἐξῆλθε δὲ βασιλεὺς Σοδόμων (5 *a*)
15. 4. R ἀλλ' ὃς ἐξελεύσεται ἐκ σοῦ (5 *a*)
— 14. ἐξελεύσονται ὧδε μετὰ ἀποσκευῆς πολλῆς (5 *a*)
17. 6. καὶ βασιλεῖς ἐκ σοῦ ἐξελεύσονται (5 *a*)
19. 6. ἐξῆλθε δὲ Λὼτ πρὸς αὐτούς (5 *a*)
— 14. ἐξῆλθε δὲ Λώτ (5 *a*)
— 14. ἐξέλθατε ἐκ τοῦ τόπου τούτου (5 *a*)
— 15. καὶ ἔξελθε –
— 23. ὁ ἥλιος ἐξῆλθεν ἐπὶ τὴν γῆν (5 *a*)
— 30. A καὶ ἐξῆλθεν [R ἀνέβη δὲ] Λὼτ ἐκ Σ. (13)
24. 5. ὅθεν ἐξῆλθες ἐκεῖθεν (5 *a*)
— 43. A ἐξελεύσονται ὑδρεύσασθαι [R *al.*] (5 *a*)
— 50. A παρὰ κυρίου ἐξῆλθε τὸ πρόσταγμα [R πρᾶγμα] (5 *a*)
— 63. καὶ ἐξῆλθεν Ἰ. ἀδολεσχῆσαι εἰς τὸ π. (5 *a*)
25. 25. ἐξῆλθε δὲ ὁ υἱὸς ὁ πρωτότοκος πυρράκης (5 *a*)
— 26. μετὰ τοῦτο ἐξῆλθεν ὁ ἀδελφὸς αὐ. (5 *a*)
27. 3. καὶ ἔξελθε εἰς τὸ πεδίον (5 *a*)
— 30. A ὡς [R *add.* ἂν] ἐξῆλθεν Ἰακώβ (5 *a*)
28. 10. καὶ ἐξῆλθεν Ἰακὼβ ἀπὸ τοῦ φρέατος (5 *a*)
30. 16. καὶ ἐξῆλθε Λεία εἰς συνάντησιν αὐτῷ (5 *a*)
31. 13. R ἔξελθε [A ἄπ.] ἐκ τῆς γῆς ταύτης (5 *a*)
— 33. A καὶ ἐξελθὼν [R ἐξῆλθεν] ἐκ τοῦ οἴκου Λείας (5 *a*)

Ge. 34. 1. ἐξῆλθε δὲ Δεῖνα . . . καταμαθεῖν τὰς θ. (5 a)
— 6. ἐξῆλθε δὲ Ἐμμὼρ . . . πρὸς Ἰ. (5 a)
— 26. καὶ ἔλαβον τὴν Δεῖναν . . . καὶ ἐξῆλθον (5 a)
35. 11. βασιλεῖς ἐκ τῆς ὀσφύος σου ἐξελεύσονται (5 a)
38. 28. οὗτος ἐξελεύσεται πρότερος (5 a)
— 29. καὶ εὐθὺς ἐξῆλθεν ὁ ἀδελφὸς αὐτοῦ (5 a)
— 30. μετὰ τοῦτο [A^{2} τοῦτον] ἐξῆλθεν ὁ ἀδ. (5 a)
39. 12. ἔφυγε καὶ ἐξῆλθεν ἔξω (5 a)
— 13. ἔφυγε καὶ ἐξῆλθεν ἔξω –
— 15. ἔφυγε καὶ ἐξῆλθεν ἔξω (5 a)
— 18. ἔφυγε καὶ ἐξῆλθεν ἔξω –
41. 46. A ἐξῆλθε δὲ Ἰωσὴφ ἐκ [R ἀπὸ] προσώπου Φ. (5 a)
42. 15. οὐ μὴ ἐξέλθητε ἐντεῦθεν (5 a)
43. 31. ἐξελθὼν ἐνεκρατεύσατο (5 a)
44. 4. ἐξελθόντων δὲ αὐτῶν τὴν πόλιν (5 a)
— 28. καὶ ἐξῆλθεν ὁ εἷς ἀπ' ἐμοῦ (5 a)
46. 26. οἱ ἐξελθόντες ἐκ τῶν μηρῶν αὐτοῦ (5 a)
47. 10. ἐξῆλθεν ἀπ' αὐτοῦ (5 a)
— 18. ἐξῆλθε δὲ τὸ ἔτος ἐκεῖνο (16)
Ex. 1. 10. ἐξελεύσονται ἐκ τῆς γῆς (13)
2. 11. ἐξῆλθε πρὸς τοὺς ἀδελφοὺς αὐτοῦ (5 a)
— 13. ἐξελθὼν δὲ τῇ ἡμέρᾳ τῇ δευτέρᾳ (5 a)
3. 13. ἐξελεύσομαι [A ἐλεύσ.] πρὸς τοὺς υἱοὺς Ἰ. (3)
4. 14. ἐξελεύσεται εἰς συνάντησίν σοι (5 a)
8. 12 (8). ἐξῆλθε δὲ M. καὶ Ἀ. ἀπὸ Φαραώ (5 a)
— 20 (16). αὐτὸς ἐξελεύσεται [A ἐκπορεύεται] (5 a)
— 29 (25). ὁ δὲ ἐγὼ ἐξελεύσομαι ἀπὸ σοῦ (5 a)
— 30 (26). ἐξῆλθε δὲ Μωυσῆς ἀπὸ Φαραώ (5 a)
9. 29. ὡς ἂν ἐξέλθω τὴν πόλιν (5 a)
— 33. ἐξῆλθε δὲ M. ἀπὸ Φ. ἐκτὸς τῆς πόλεως (5 a)
10. 6. καὶ ἐκκλίνας Μωυσῆς ἐξῆλθεν ἀπὸ Φ. (5 a)
— 18. ἐξῆλθε δὲ Μωυσῆς ἀπὸ Φ. (5 a)
11. 8. ἔξελθε σὺ καὶ πᾶς ὁ λαός σου (5 a)
— 8. καὶ μετὰ ταῦτα ἐξελεύσομαι (5 a)
— 8. ἐξῆλθε δὲ M. ἀπὸ Φαραὼ μετὰ θυμοῦ (5 a)
12. 22. ὑμεῖς δὲ οὐκ ἐξελεύσεσθε ἕκαστος τὴν θύραν (5 a)
— 31. ἀνάστητε καὶ ἐξέλθατε ἐκ τοῦ λαοῦ μου (5 a)
— 41. ἐξῆλθε πᾶσα ἡ δύναμις κυρίου ἐκ γῆς Αἰγ. νυκτός (5 a)
13. 3. ἐν ᾗ ἐξήλθατε ἐκ γῆς [A om.] Αἰγ. (5 a)
15. 20. καὶ ἐξήλθοσαν [A -θον] πᾶσαι αἱ γυναῖκες (5 a)
16. 1. ἐξεληλυθότων αὐτῶν ἐκ γῆς Αἰγ. (5 a)
— 4. καὶ ἐξελεύσεται ὁ λαός (5 a)
— 27. ἐξήλθοσάν [A -θόν] τινες ἐκ τοῦ λαοῦ (5 a)
17. 6. καὶ ἐξελεύσεται ἐξ αὐτῆς ὕδωρ (5 a)
— 9. καὶ ἐξελθὼν παράταξαι τῷ Ἀμ. (5 a)
— 10. καὶ ἐξελθὼν [A om.] παρετάξατο τῷ Ἀμαλήκ –
18. 5. καὶ ἐξῆλθεν [A ἦλθεν] Ἰοθὸρ . . . πρὸς M. εἰς τὴν ἔρ. (3)
— 7. ἐξῆλθε δὲ M. εἰς συνάντησιν τῷ γαμβρῷ (5 a)
21. 3. καὶ μόνος ἐξελεύσεται (5 a)
— 3. ἐξελεύσεται καὶ ἡ γυνή (5 a)
— 4. αὐτὸς δὲ μόνος ἐξελεύσεται (5 a)
— 11. ἐξελεύσεται δωρεὰν ἄνευ ἀργυρίου (5 a)
— 22. καὶ ἐξέλθῃ τὸ παιδίον αὐτῆς μὴ ἐξεικονισμένον (5 a)
22. 6 (5). ἐὰν δὲ ἐξελθὸν πῦρ εὕρῃ ἀκάνθας (5 a)
23. 15. ἐν γὰρ αὐτῷ ἐξῆλθες ἐξ Αἰγύπτου (5 a)
32. 24. καὶ ἐξῆλθεν ὁ μόσχος οὗτος (5 a)
34. 18. ἐν γὰρ μηνὶ τῶν νέων ἐξῆλθες ἐξ Αἰγ. (5 a)
— 34. ἐξελθὼν ἐλάλει πᾶσι τοῖς υἱοῖς Ἰσ. (5 a)
35. 20. καὶ ἐξῆλθε πᾶσα συναγωγὴ υἱῶν Ἰσ. ἀπὸ Μωυσῆ (5 a)
Le. 8. 33. ἀπὸ τῆς θύρας . . . οὐκ ἐξελεύσεσθε (5 a)
9. 23. ἐξελθόντες εὐλόγησαν πάντα τὸν λαόν (5 a)
— 24 : 10. 2. ἐξῆλθε πῦρ παρὰ κυρίου (5 a)
10. 7. ἀπὸ τῆς θύρας . . . οὐκ ἐξελεύσεσθε (5 a)
14. 3. ἐξελεύσεται ὁ ἱ. ἔξω τῆς παρεμβολῆς (5 a)
— 38. ἐξελθὼν ὁ ἱερεὺς ἐκ τῆς οἰκίας (5 a)
15. 16. ᾧ [A ὃς] ἐὰν ἐξέλθῃ ἐξ αὐτοῦ κοίτη (5 a)
— 32. ἐάν τινι ἐξέλθῃ ἐξ αὐτοῦ κοίτη (5 a)
16. 17. ἕως [A ὡς] ἂν ἐξέλθῃ (5 a)
— 18. ἐξελεύσεται ἐπὶ τὸ θυσιαστήριον (5 a)
— 24. A B ἐξελθὼν ποιήσει τὸ ὁλοκάρπωμα [R -καύτωμα] (5 a)
21. 12. ἐκ τῶν ἁγίων οὐκ ἐξελεύσεται (5 a)
22. 4. ᾧ ἂν ἐξέλθῃ ἐξ αὐτοῦ κοίτη σπέρματος (5 a)
24. 10. ἐξῆλθεν υἱὸς γυναικὸς Ἰσραηλίτιδος (5 a)
25. 28. AB ἐξελεύσεται [R add. ἐν] τῇ ἀφέσει [A τὴν ἄφεσιν] (5 a)
— 30. οὐκ ἐξελεύσεται ἐν τῇ ἀφέσει (5 a)

Le. 25. 31. ἐν τῇ ἀφέσει ἐξελεύσονται (5 a)
— 33. ἐξελεύσεται ἡ διάπρασις αὐτῶν (5 a)
— 41. ἐξελεύσεται τῇ ἀφέσει (5 a)
— 54. ἐξελεύσεται ἐν τῷ ἔτει [A ἐνιαυτῷ] τῆς ἀφέσεως (5 a)
27. 21. ἔσται ὁ ἀγρὸς ἐξεληλυθυίας τῆς ἀφέσεως ἅγιος (5 a)
Nu. 1. 1 : 9. 1. ἐξελθόντων αὐτῶν ἐκ γῆς Αἰ. (5 a)
10. 9. ἐὰν δὲ ἐξέλθητε εἰς πόλεμον (3)
11. 20. ἕως ἂν ἐξέλθῃ ἐκ τῶν μυκτήρων ὑμῶν (5 a)
— 20. ἵνα τί ἡμῖν ἐξελθεῖν ἐξ Αἰγύπτου (5 a)
— 24. καὶ ἐξῆλθε Μωυσῆς (5 a)
— 31. πνεῦμα ἐξῆλθε παρὰ κυρίου (9 a)
12. 4. ἐξέλθατε ὑμεῖς (5 a)
— 5 (4). καὶ ἐξῆλθον οἱ τρεῖς (5 a)
— 5. καὶ ἐξήλθοσαν [B^{2} -θον] ἀμφότεροι (5 a)
16. 27. Δαθὰν καὶ Ἀβειρὼν ἐξῆλθον (5 a)
— 35. πῦρ ἐξῆλθε παρὰ κυρίου (5 a)
— 46 (17. 11). ἐξῆλθε γὰρ ὀργὴ [A^{1} om.] ἀπὸ προσώπου κυρίου (5 a)
20. 11. ἐξῆλθεν ὕδωρ πολύ (5 a)
— 18. ἐξελεύσομαι εἰς συνάντησίν σοι (5 a)
— 20. ἐξῆλθεν Ἐ. εἰς συνάντησιν αὐτῷ [A -οῦ] (5 a)
21. 23. ἐξῆλθε παρατάξασθαι τῷ Ἰ. (5 a)
— 28. πῦρ ἐξῆλθεν ἐξ Ἐσεβών (5 a)
— 33. ἐξῆλθεν Ὢγ (5 a)
22. 5, 11. λαὸς ἐξελήλυθεν ἐξ Αἰγύπτου (5 a)
— 32. ἐγὼ ἐξῆλθον εἰς διαβολήν σου (5 a)
— 36. ἐξῆλθεν εἰς συνάντησιν αὐτῷ (5 a)
24. 7. ἐξελεύσεται ἄνθρωπος ἐκ τοῦ σπέρματος αὐτοῦ (8)
— 24. ἐξελεύσεται ἐκ χειρῶν Κιτιαίων †
26. 4. οἱ υἱοὶ Ἰ. οἱ ἐξελθόντες ἐξ Αἰ. (5 a)
27. 17. ἐξελεύσεται πρὸ προσώπου αὐτῶν (5 a)
— 21. ἐπὶ τῷ στόματι αὐτοῦ ἐξελεύσονται (5 a)
30. 3. ὅσα ἂν ἐξέλθῃ ἐκ τοῦ στόματος αὐτοῦ (5 a)
— 13. ὅσα ἐὰν ἐξέλθῃ ἐκ τῶν χειλέων αὐτῆς (5 d)
31. 13. καὶ ἐξῆλθε M. (5 a)
33. 1. ὡς ἐξῆλθον ἐκ γῆς Αἰ. (5 a)
— 3. ἐξῆλθον οἱ υἱοὶ Ἰ. (5 a)
— 54. εἰς ὃ ἂν ἐξέλθῃ τὸ ὄνομα αὐτοῦ (5 a)
34. 4. καὶ ἐξελεύσεται εἰς ἔπαυλιν Ἀράδ (5 a)
— 9. καὶ ἐξελεύσεται τὰ ὅρια Δεφρωνά (5 a)
35. 26. ἐὰν δὲ ἐξόδῳ ἐξέλθῃ (5 a)
De. 1. 44. καὶ ἐξῆλθεν ὁ Ἀμ. (5 a)
2. 23. οἱ ἐξελθόντες ἐκ Καππαδοκίας (5 a)
— 32. ἐξῆλθε Σηὼν . . . εἰς συνάντησιν ἡμῖν (5 a)
3. 1. ἐξῆλθεν Ὢγ . . . εἰς συνάντησιν ἡμῖν (5 a)
4. 45, 46. ἐξελθόντων αὐτῶν ἐκ γῆς Αἰ. (5 a)
6. 3. ἐξελθόντων αὐτῶν ἐκ γῆς Αἰ. –
9. 7. ἐξήλθετε ἐξ Αἰ. (5 a)
13. 13 (14). ἐξήλθοσαν [A -θον] ἄνδρες παράνομοι (5 a)
15. 16. οὐκ ἐξελεύσομαι ἀπὸ σοῦ (5 a)
16. 1. ἐξῆλθες ἐξ Αἰ. νυκτός (5 b)
— 3. ἐν σπουδῇ ἐξήλθετε ἐξ Αἰ. (5 a)
— 6. ᾧ ἐξῆλθες ἐξ [A ἐκ γῆς] Αἰ. (5 a)
20. 1. ἐὰν δὲ ἐξέλθῃς εἰς πόλεμον (5 a)
21. 2. ἐξελεύσεται ἡ γερουσία σου (5 a)
— 10. ἐὰν δὲ ἐξελθὼν [A -θῃς] εἰς πόλεμον (5 a)
23. 9 (10). ἐὰν δὲ ἐξέλθῃς παρεμβαλεῖν (5 a)
— 10 (11). A R καὶ ἐξελεύσεται ἔξω τῆς παρεμβολῆς [B al.] (5 a)
— 12 (13). A B^{2} R ἐξελεύσῃ ἐκεῖ ἔξω (5 a)
24. 5. οὐκ ἐξελεύσεται εἰς πόλεμον (5 a)
28. 7. ἐξελεύσονται πρὸς σέ (5 a)
— 25. ἐν ὁδῷ μιᾷ ἐξελεύσῃ πρὸς αὐτούς (5 a)
— 57. τὸ ἐξελθὸν διὰ τῶν μηρῶν αὐτῆς (5 a)
29. 7 (6). καὶ ἐξῆλθε Σηών (5 a)
Jo. 2. 5. καὶ οἱ ἄνδρες ἐξῆλθον (5 a)
— 8 (7). ὡς ἐξήλθοσαν οἱ διώκοντες [A -θον οἱ καταδ.] (5 a)
— 19. ὃς ἂν ἐξέλθῃ τὴν θύραν τῆς οἰκίας [A ἐξ. τὴν οἰ.] σου (5 a)
5. 4. τῶν ἐξεληλυθότων ἐξ Αἰ. (5 a)
— 6. τῶν ἐξεληλυθότων ἐκ γῆς Αἰ. (5 a)
8. 5. ὡς ἂν ἐξέλθωσιν οἱ κατοικοῦντες Γαί (5 a)
— 6. ὡς ἂν ἐξέλθωσιν ὀπίσω ἡμῶν (5 a)
— 14. ἐξῆλθεν εἰς συνάντησιν αὐτοῖς (5 a)
— 19. καὶ ἐξήλθοσαν (15)
— 22. ἐξήλθοσαν [A -θον] ἐκ τῆς πόλεως (5 a)
9. 12. ᾗ ἐξήλθομεν παραγενέσθαι πρὸς ὑμᾶς (5 a)
— 17. A ἐξῆλθον [B ἦλθον] εἰς τὰς πόλεις αὐτῶν (3)
11. 4. καὶ ἐξῆλθον αὐτοί (5 a)
14. 11. ἰσχύω νῦν ἐξελθεῖν [B^{1} . . . ἐξ.] (5 a [3])

Jo. 16. 2. καὶ ἐξελεύσεται εἰς B. [A ἀπὸ B.] (5 a)
18. 11. ἐξῆλθεν ὁ κλῆρος φυλῆς Βενιαμίν (13)
— 11. ἐξῆλθεν ὅρια τοῦ κλήρου αὐτοῦ (5 a)
19. 1. ἐξῆλθεν ὁ δεύτερος κλῆρος (5 a)
— 10. ἐξῆλθεν ὁ κλῆρος ὁ τρίτος (13)
— 17. ἐξῆλθεν ὁ κλῆρος ὁ τέταρτος (5 a)
— 24. ἐξῆλθεν ὁ κλῆρος ὁ πέμπτος (5 a)
— 32. ἐξῆλθεν ὁ κλῆρος ὁ ἕκτος (5 a)
— 40. ἐξῆλθεν ὁ κλῆρος ὁ ἕβδομος (5 a)
21. 4. ἐξῆλθεν ὁ κλῆρος τῷ δήμῳ Καάθ (5 a)
Jd. 1. 10. B καὶ ἐξῆλθε Χεβρών –
3. 10. ἐξῆλθεν εἰς [A ἐπὶ τὸν] πόλεμον (5 a)
— 19. A ἐξῆλθον ἀπ' αὐτοῦ πάντες [B al.] (5 a)
— 23 (22). ἐξῆλθεν Ἀ. τὴν [A εἰς τὴν] προστάδα (5 a)
— 23. B καὶ ἐξῆλθε τοὺς διατεταγμένους (5 a)
— 24. καὶ αὐτὸς ἐξῆλθε (5 a)
4. 14. ἐξελεύσεται [A ἐλ.] ἔμπροσθέν σου (5 a)
— 18, 22. καὶ ἐξῆλθεν Ἰαήλ (5 a)
9. 15. A B ἐξέλθῃ [R -θοι] πῦρ ἀπ' ἐμοῦ [A ἐκ τῆς ῥάμνου] (5 a)
— 20. ἐξέλθοι [A -θῃ] πῦρ ἀπὸ [A ἐξ] Ἀβ. (5 a)
— 20. ἐξέλθοι πῦρ ἀπὸ ἀνδρῶν Σικ. (5 a)
— 27. ἐξῆλθον [A ἦλθον] εἰς ἀγρόν (5 a)
— 29. καὶ ἔξελθε (5 a)
— 35. καὶ ἐξῆλθε Γ. (5 a)
— 38. ἔξελθε δὴ νῦν (5 a)
— 39. καὶ ἐξῆλθε Γ. (5 a)
— 42. καὶ ἐξῆλθεν ὁ λαός (5 a)
— 43. λαὸς ἐξῆλθεν ἐκ τῆς πόλεως (5 a)
10. 17. A ἐξῆλθον [B συνήχθησαν] οἱ υἱοὶ Ἰ. (1)
11. 3. καὶ ἐξῆλθον [A συνεξεπορεύοντο] μετ' αὐτοῦ (5 a)
— 31. ὃς ἂν ἐξέλθῃ ἀπὸ τῆς θύρας [A ἐκ τῶν θ.] (5 a)
— 36. ὃν τρόπον ἐξῆλθεν ἐκ στόματός σου (5 a)
14. 14. τί βρωτὸν ἐξῆλθεν ἐκ βιβρώσκοντος [A al.] (5 a)
— 14. A καὶ ἐξ ἰσχυροῦ ἐξῆλθεν γλυκύ [B al.] (5 a)
15. 19. ἐξῆλθεν ἐξ αὐτοῦ ὕδωρ [A ὕδατα] (5 a)
16. 12. καὶ τὰ ἔνεδρα ἐξῆλθεν ἐκ τοῦ ταμείου [A al.] –
— 20. ἐξελεύσομαι ὡς ἅπαξ καὶ ἅπαξ [A al.] (5 a)
19. 23. καὶ ἐξῆλθε πρὸς αὐτοὺς ὁ ἀνήρ (5 a)
— 27. καὶ ἐξῆλθε τοῦ πορευθῆναι [A ἀπελθεῖν] (5 a)
20. 1. καὶ ἐξῆλθον πάντες οἱ υἱοὶ Ἰ. (5 a)
— 14. ἐξελθεῖν εἰς παράταξιν [A al.] (5 a)
— 20. καὶ ἐξῆλθον πᾶς ἀνὴρ Ἰ. [A al.] (5 a)
— 21. καὶ ἐξῆλθον οἱ υἱοὶ B. (5 a)
— 25. καὶ ἐξῆλθον οἱ υἱοὶ B. [A -θεν B.] (5 a)
— 28. εἰ προσθῶμεν [A -θῶ] ἔτι ἐξελθεῖν (5 a)
— 31. καὶ ἐξῆλθον οἱ υἱοὶ B. (5 a)
21. 21. ἐὰν [A ὡς ἂν] ἐξέλθωσιν αἱ θυγατέρες (5 a)
— 21. ἐξελεύσεσθε ἐκ [A ἀπὸ] τῶν ἀμπελώνων (5 a)
— 24. ἐξῆλθον [A ἀπῆλθεν] ἐκεῖθεν (5 a)
Ru. 1. 7. καὶ ἐξῆλθεν [A -αν] ἐκ τοῦ τόπου (5 a)
— 13. ἐξῆλθεν ἐν ἐμοὶ χεὶρ κυρίου (5 a)
2. 22. R ἐξῆλθες [A B ἐπορεύθης] μετὰ τῶν κορασίων αὐτοῦ (5 a)
I Ki. 1. 23. τὸ ἐξελθὸν ἐκ τοῦ στόματός σου †
2. 3. μὴ ἐξελθάτω μεγαλορρημοσύνη ἐκ τοῦ στόματος ὑμῶν (5 a)
4. 1. ἐξῆλθεν Ἰσραὴλ εἰς ἀπάντησιν αὐτοῖς (5 a)
— 3. ἐξελθέτω ἐκ μέσου [A ἐν μέσῳ] ἡμῶν (3)
7. 11. B ἐξῆλθαν ἄνδρες Ἰ. (5 a)
8. 20. ἐξελεύσεται ἔμπροσθεν ἡμῶν (5 a)
9. 11. τὰ κοράσια ἐξεληλυθότα ὑδρεύεσθαι [A^{2} -σασθαι] ὕδωρ (5 a)
— 14. Σ. ἐξῆλθεν εἰς τὴν ἀπάντησιν αὐτῶν (5 a)
— 26. καὶ ἐξῆλθεν αὐτός (5 a)
11. 3. ἐξελευσόμεθα πρὸς ὑμᾶς (5 a)
— 10. αὔριον ἐξελευσόμεθα πρὸς ὑμᾶς (5 a)
13. 10. B ἐξῆλθε Σ. εἰς ἀπάντησιν αὐτῷ (5 a)
— 17. B ἐξῆλθε διαφθείρων ἐξ ἀγροῦ (5 a)
— 23. B ἐξῆλθε ἐξ ὑποστάσεως τῶν ἀλλοφύλων (5 a)
14. 41. ὁ λαὸς ἐξῆλθε (5 a)
17. 4. καὶ ἐξῆλθεν ἀνὴρ δυνατός (5 a)
18. 6. καὶ ἐξῆλθον αἱ χορεύουσαι (5 a)
— 7. A καὶ ἐξῆλθον [B -ῆρχον] αἱ γυναῖκες †
— 30. A ἐξῆλθον οἱ ἄρχοντες τῶν ἀλλοφύλων (5 a)
19. 3. καὶ ἐγὼ ἐξελεύσομαι (5 a)
20. 35. ἐξῆλθεν Ἰ. εἰς ἀγρόν (5 a)
21. 5 (6). ἐν τῷ ἐξελθεῖν με εἰς ὁδόν (5 a)

I Ki. 23. 13. καὶ ἐξῆλθον ἐκ Κ. (5 *a*)
— 13. A B ἀνῆκε τοῦ ἐξελθεῖν [R ἐλ.] (5 *a*)
— 15. ἐξέρχεται Σ. τοῦ [A ἔρ. Σ.] ζητεῖν τὸν Δ. (5 *a*)
24. 9. A καὶ ἐξῆλθεν [B *om.* καὶ ἐξ.] ἐκ τοῦ σπηλαίου (5 *a*)
— 14. ἐξ ἀνόμων ἐξελεύσεται πλημμέλεια (5 *a*)
26. 20. ἐξελήλυθεν ὁ βασιλεὺς Ἰ. (5 *a*)
28. 1. ἐξελθεῖν πολεμεῖν μετὰ Ἰ. [A *al.*] (14)
— 1. μετ' ἐμοῦ ἐξελεύσῃ [B^1 -ει] εἰς πόλεμον (5 *a*)
30. 21. ἐξῆλθον εἰς ἀπάντησιν Δ. (5 *a*)
II Ki. 2. 12. A R καὶ ἐξῆλθεν Ἀ. υἱὸς Ν. (5 *a*)
— 13. A R οἱ παῖδες Δ. ἐξῆλθον [A -οσαν] ἐκ Χ. (5 *a*)
— 23. A καὶ ἐξῆλθεν [B διεξ.] τὸ δόρυ (5 *a*)
5. 24. ἐξελεύσεται κύριος ἔμπροσθέν σου (5 *a*)
6. 20. καὶ ἐξῆλθε Μ. . . . εἰς ἀπάντησιν Δ. (5 *a*)
10. 8. A R καὶ ἐξῆλθον [B -αν] οἱ υἱοὶ Ἀ. (5 *a*)
11. 8. καὶ ἐξῆλθεν Οὐ. ἐξ οἴκου τοῦ βασιλέως καὶ ἐξῆλθεν ὀπίσω αὐτοῦ ἄρσις τοῦ βασιλέως (5 *a*, 5 *a*)
— 13. καὶ ἐξῆλθεν ἑσπέρας τοῦ κοιμηθῆναι (5 *a*)
— 17. καὶ ἐξῆλθον οἱ ἄνδρες τῆς πόλεως (5 *a*)
— 23. καὶ ἐξῆλθαν ἐφ' [A πρὸς] ἡμᾶς (5 *a*)
13. 39. τοῦ ἐξελθεῖν πρὸς Ἀ. (5 *a*)
15. 16, 17. καὶ ἐξῆλθεν ὁ βασιλεύς (5 *a*)
16. 5. ἐξῆλθε ἐκπορευόμενος (5 *a*)
— 7. ἔξελθε ἔξελθε [A *om.*] ἀνὴρ αἱμάτων (5 *a*, 5 *a*)
— 11. ὁ ἐξελθὼν ἐκ τῆς κοιλίας μου (5 *a*)
18. 2. ἐξελθὼν ἐξελεύσομαι καί γε ἐγὼ μεθ' ὑμῶν (5 *a*, 5 *a*)
— 3. οὐκ ἐξελεύσῃ (5 *a*)
— 6. καὶ ἐξῆλθε πᾶς ὁ λαός (5 *a*)
— 21. καὶ ἐξῆλθε (15)
19. 7 (8). ἀναστὰς ἔξελθε (5 *a*)
20. 7. A B καὶ ἐξῆλθεν [R -ον] ὀπίσω αὐτοῦ Ἀ. (5 *a*)
— 7. R καὶ ἐξῆλθον [A B -αν] ἐξ Ἰ. (5 *a*)
— 8. καὶ ἡ μάχαιρα ἐξῆλθε καὶ αὐτὴ ἐξῆλθε [A *om.* καὶ αὐ. ἐξ.] καὶ ἔπεσε (–, 5 *a*)
21. 17. οὐκ ἐξελεύσῃ ἔτι μεθ' ἡμῶν εἰς πόλεμον (5 *a*)
24. 4. καὶ ἐξῆλθεν Ἰ. (5 *a*)
— 20. καὶ ἐξῆλθεν Ὀρνά (5 *a*)
III Ki. 2. 30. τάδε λέγει ὁ βασιλεύς, Ἔξελθε (5 *a*)
3. 1 (2. 36). καὶ οὐκ ἐξελεύσῃ ἐκεῖθεν οὐδαμοῦ (5 *a*)
— 1 (2. 42). ἐν ᾗ ἂν ἡμέρᾳ ἐξέλθῃς ἐξ Ἰ. (5 *a*)
— 1 (2. 46). καὶ ἐξῆλθε (5 *a*)
8. 10. ὡς ἐξῆλθον οἱ ἱερεῖς ἐκ τοῦ ἁγίου (5 *a*)
— 19. ὁ ἐξελθὼν ἐκ τῶν πλευρῶν σου (5 *a*)
— 44. ὅτι ἐξελεύσεται ὁ λαός σου εἰς πόλεμον (5 *a*)
9. 12. καὶ ἐξῆλθε Χ. ἐκ Τύρου (5 *a*)
11. 29. καὶ Ἰ. ἐξῆλθεν ἐξ Ἰ. (5 *a*)
12. 24. B καὶ ἐξῆλθεν Ἰ. –
— 24. B ἔξελθε δὴ εἰς ἀπαντὴν Ἀ. –
— 24. B τὰ κοράσιά σου ἐξελεύσονταί σοι –
— 24. B καὶ ἐξῆλθεν ἡ κραυγὴ εἰς ἀπαντήν –
— 25. καὶ ἐξῆλθεν ἐκεῖθεν (5 *a*)
13. 12. A ὁ ἐξελθὼν [B ἐλ.] ἐξ Ἰ. (3)
19. 11. ἐξελεύσῃ αὔριον (5 *a*)
— 13. καὶ ἐξῆλθε (5 *a*)
21 (20). 16. καὶ ἐξῆλθε μεσημβρίας (5 *a*)
— 17. καὶ ἐξῆλθον ἄρχοντες παιδάρια [A *al.*] (5 *a*)
— 17. ἄνδρες ἐξεληλύθασιν ἐκ Σ. (5 *a*)
— 18. A καὶ ἡ εἰς πόλεμον ἐξῆλθον [B *al.*] (5 *a*)
— 19. μὴ ἐξελθάτωσαν ἐκ τῆς πόλεως (5 *a*)
— 21. καὶ ἐξῆλθεν βασιλεὺς Ἰ. (5 *a*)
— 31. ἐξέλθωμεν πρὸς βασιλέα Ἰ. (5 *a*)
— 33. καὶ ἐξῆλθε πρὸς αὐτὸν υἱὸς Ἄ. (5 *a*)
— 39. ὁ δοῦλός σου ἐξῆλθεν (5 *a*)
22. 21. καὶ ἐξῆλθε πνεῦμα (5 *a*)
— 22. ἐξελεύσομαι καὶ ἔσομαι πνεῦμα ψευδές (5 *a*)
— 22. ἔξελθε καὶ ποίησον οὕτως (5 *a*)
IV Ki. 2. 21. καὶ ἐξῆλθεν Ἐλ. εἰς τὴν διέξοδον τῶν ὑδάτων (5 *a*)
— 23. παιδάρια μικρὰ ἐξῆλθον ἐκ τῆς πόλεως (5 *a*)
— 24. ἐξῆλθον δύο ἄρκοι ἐκ τοῦ δρυμοῦ (5 *a*)
3. 6. καὶ ἐξῆλθεν ὁ βασιλεὺς Ἰ. (5 *a*)
4. 18. ἡνίκα ἐξῆλθε πρὸς τὸν πατέρα αὐτοῦ (5 *a*)
— 21, 37. καὶ ἐξῆλθε (5 *a*)
— 39. καὶ ἐξῆλθεν εἰς τὸν ἀγρόν (5 *a*)
5. 2. καὶ Συρία ἐξῆλθον [A -εν] μονόζωνοι (5 *a*)
— 11. πρὸς μὲ πάντως ἐξελεύσεται (5 *a*)
— 27. καὶ ἐξῆλθεν ἐκ προσώπου αὐτοῦ (5 *a*)
6. 15. καὶ ἐξῆλθε (5 *a*)
7. 12. καὶ ἐξῆλθαν [A -ον] ἐκ τῆς παρεμβολῆς (5 *a*)
— 12. ἐξελεύσονται ἐκ τῆς πόλεως [A γῆς] (5 *a*)

IV Ki. 7. 12. A καὶ ἐξελευσόμεθα –
— 16. καὶ ἐξῆλθεν ὁ λαός (5 *a*)
9. 11. καὶ Ἰ. ἐξῆλθε πρὸς τοὺς παῖδας τοῦ κυρίου αὐτοῦ (5 *a*)
— 15. μὴ [B^1 καὶ] ἐξελθέτω ἐκ τῆς πόλεως (5 *a*)
— 21. καὶ ἐξῆλθεν Ἰ. βασιλεὺς Ἰ. (5 *a*)
— 21. καὶ ἐξῆλθον εἰς ἀπαντὴν [A -ησιν] Ἰ. (5 *a*)
— 24. καὶ ἐξῆλθε τὸ βέλος αὐτοῦ (5 *a*)
10. 9. καὶ ἐξῆλθε (5 *a*)
— 25. μὴ ἐξελθάτω [A -θέτω] ἐξ αὐτῶν ἀνήρ (5 *a*)
13. 5. καὶ ἐξῆλθεν ὑποκάτωθεν χειρὸς Σ. (5 *a*)
18. 31. καὶ ἐξέλθατε πρὸς μέ (5 *a*)
19. 9. ἐξῆλθε [A -ον] πολεμεῖν μετὰ σοῦ (5 *a*)
— 31. ἐξ Ἰ. ἐξελεύσεται κατάλειμμα (5 *a*)
— 35. καὶ ἐξῆλθεν ἄγγελος κυρίου (5 *a*)
20. 18. οἳ ἐξελεύσονται ἐκ σοῦ (5 *a*)
23. 17. ὁ ἐξεληλυθὼς ἐξ Ἰούδα (3)
24. 7. ἐξελθεῖν ἐκ τῆς γῆς αὐτοῦ (5 *a*)
— 12. καὶ ἐξῆλθεν Ἰ. (5 *a*)
25. 4. ἐξῆλθον νυκτὸς ὁδὸν πύλης –
I Ch. 1. 12. A ὅθεν ἐξῆλθεν ἐκεῖθεν Φ. (5 *a*)
2. 53. ἐκ τούτων ἐξήλθοσαν οἱ Σ. (5 *a*)
12. 17. καὶ Δ. ἐξῆλθεν εἰς ἀπάντησιν αὐτῶν [A -οῖς] (5 *a*)
14. 8. καὶ ἐξῆλθεν (5 *a*)
— 15. A B S ἐξελεύσῃ [R εἰσελ.] εἰς τὸν πόλεμον ὅτι ἐξῆλθεν ὁ θεὸς ἔμπροσθέν σου [S μου] (5 *a*, 5 *a*)
19. 9. καὶ ἐξῆλθον οἱ υἱοὶ Ἀ. (5 *a*)
21. 4. A R καὶ ἐξῆλθεν Ἰ. (5 *a*)
— 21. καὶ Ὀ. ἐξῆλθεν ἐκ τῆς ἅλω (5 *a*)
24. 7: 25. 9. καὶ ἐξῆλθεν ὁ κλῆρος [A ἐξ. ὁλόκλ.] ὁ πρῶτος (5 *a*)
26. 14. καὶ ἐξῆλθεν ὁ κλῆρος βορρᾶ (5 *a*)
II Ch. 1. 10. καὶ ἐξελεύσομαι ἐνώπιον τοῦ λαοῦ τούτου (5 *a*)
5. 10. ἐν τῷ ἐξελθεῖν αὐτοὺς [A -ὸν] ἐκ γῆς Αἰ. (5 *a*)
— 11. ἐν τῷ ἐξελθεῖν τοὺς ἱερεῖς ἐκ τῶν ἁγίων (5 *a*)
6. 9. ὃς ἐξελεύσεται ἐκ τῆς ὀσφύος σου (5 *a*)
— 34. ἐὰν δὲ ἐξέλθῃ ὁ λαός σου εἰς πόλεμον (5 *a*)
14. 9 (8). καὶ ἐξῆλθεν ἐπ' αὐτοὺς Ζ. (5 *a*)
— 10 (9). καὶ ἐξῆλθεν Ἀ. εἰς συνάντησιν αὐτῷ (5 *a*)
15. 2. A R καὶ ἐξῆλθεν εἰς ἀπάντησιν Ἀ. [B αὐτῶν] (5 *a*)
18. 20. καὶ ἐξῆλθε τὸ πνεῦμα (5 *a*)
— 21. ἐξελεύσομαι καὶ ἔσομαι (5 *a*)
— 21. ἔξελθε καὶ ποίησον οὕτω (5 *a*)
19. 2. καὶ ἐξῆλθεν εἰς ἀπάντησιν αὐτοῦ Ἰ. (5 *a*)
— 4. καὶ πάλιν ἐξῆλθεν εἰς τὸν λαόν (5 *a*)
20. 10. ἐξελθόντων αὐτῶν ἐκ γῆς Αἰ. (3)
— 11. ἐξελθεῖν ἐκβαλεῖν ἡμᾶς (3)
— 17. ἐξελθεῖν εἰς ἀπάντησιν αὐτοῖς [A *om.*] (5 *a*)
— 20. καὶ ἐξῆλθον εἰς τὴν ἔρημον Θ. (5 *a*)
— 20. A B ἐν τῷ ἐξελθεῖν [R ἐ. αὐτούς] (5 *a*)
— 21. B ἐν τῷ ἐξελθεῖν ἔμπροσθεν τῆς δυνάμεως (5 *a*)
— 22. A^2 B τοὺς ἐξελθόντας ἐπὶ Ἰ. (3)
— 25. R καὶ ἐξῆλθεν [A B ἦλ.] Ἰ. (3)
21. 15. ἕως οὗ ἐξέλθῃ ἡ κοιλία (5 *a*)
— 19. ἐξῆλθεν ἡ κοιλία αὐτοῦ μετὰ τῆς νόσου (5 *a*)
22. 7. A B ἐν τῷ ἐξελθεῖν [R ἐλθεῖν αὐτὸν] ἐξῆλθεν μετ' αὐτοῦ Ἰ. (3, 5 *a*)
23. 14. καὶ ἐξῆλθεν Ἰ. ὁ ἱερεύς (5 *b*)
— 14. A καὶ ἐξέλθατε [B εἰσέλ.] ὀπίσω αὐτῆς (3)
24. 5. ἐξέλθατε εἰς τὰς πόλεις Ἰ. (5 *a*)
25. 5. δυνατοὺς ἐξελθεῖν εἰς πόλεμον (5 *a*)
26. 6. καὶ ἐξῆλθε καὶ ἐπολέμησε (5 *a*)
— 18. ἔξελθε ἐκ τοῦ ἁγιάσματος (5 *a*)
— 20. καὶ γὰρ αὐτὸς ἔσπευσεν ἐξελθεῖν (5 *a*)
28. 9. καὶ ἐξῆλθεν εἰς ἀπάντητιν τῆς δυνάμεως (5 *a*)
31. 1. ἐξῆλθε πᾶς Ἰ. (5 *a*)
32. 21. τῶν ἐξελθόντων ἐκ κοιλίας αὐτοῦ (5 *e*)
I Es. 1. 25. καὶ ἐξῆλθεν εἰς ἀπάντησιν αὐτῷ Ἰ.
4. 58. ὅτε ἐξῆλθεν ὁ νεανίσκος
— 61. καὶ ἐξῆλθε
8. 6. A R ἐξελθόντες [B -ος] γὰρ ἐκ Β.
Ne. 2. 13. καὶ ἐξῆλθον ἐν πύλῃ τοῦ γ. (5 *a*)
8. 15. ἐξέλθετε [A -ατε] εἰς τὸ ὄρος (5 *a*)
— 16. καὶ ἐξῆλθεν ὁ λαός (5 *a*)
To. 5. 4. S ἐξῆλθεν δὲ Τωβίας [A B *al.*]
— 4. S καὶ ἐξῆλθεν
— 9. S καὶ ἐξῆλθεν Τωβείας
— 16. S ἔξελθε μετὰ τοῦ ἀδ. σου
— 16. καὶ ἐξῆλθαν [A -ον] ἀμφότεροι ἀπελθεῖν [S *al.*]
6. 1. S καὶ ἐξῆλθεν τὸ παιδίον
— 1. S καὶ ὁ κύων ἐξῆλθεν μετ' αὐτοῦ

To. 7. 18. S καὶ ἐξῆλθεν
8. 4. S καὶ ἐξῆλθον
— 14. καὶ ἐξελθοῦσα ἀπήγγειλεν αὐτοῖς [S *al.*]
— 20. μὴ ἐξελθεῖν αὐτόν [S *al.*]
9. 3. ὀμώμοκε Ῥ. μὴ ἐξελθεῖν με [S *al.*]
11. 10. καὶ Τ. ἐξήρχετο πρὸς τὴν θύραν [S *al.*]
— 16. καὶ ἐξῆλθε Τ.
14. 8. S ἔξελθε ἐκ [A B ἄπ. ἀπὸ] Νινευῆ
— 10. S ἐξῆλθεν εἰς τὸ φῶς
— 10. S ἐξῆλθεν ἐκ τῆς παγίδος τοῦ θανάτου [A B *al.*]
Ju. 2. 5. ἐξελεύσῃ ἐκ τοῦ προσώπου μου
— 6. καὶ ἐξελεύσῃ εἰς συνάντησιν [S ὑπ.]
— 7. ἐξελεύσομαι ἐν θυμῷ μου ἐπ' αὐτούς
— 10. σὺ δὲ ἐξελθὼν προκαταλήψῃ [A προσκ.]
— 14. καὶ ἐξῆλθεν Ὀλ.
— 19. καὶ ἐξῆλθεν αὐτός
— 21. A ἐξῆλθεν [S^2 -θον, B ἐπῆλθον, S^1 R ἀπῆλθον] ἐκ Ν.
5. 5. οὐκ ἐξελεύσεται ψεῦδος ἐκ τοῦ στόματος τοῦ δούλου σου
— 9. ἐξελθεῖν ἐκ τῆς παροικίας αὐτῶν
7. 13. τοῦ μὴ ἐξελθεῖν ἐκ τῆς πόλεως ἄνδρα ἕνα
8. 33. καὶ ἐξελεύσομαι ἐγώ
10. 6. ἐξήλθοσαν ἐπὶ τὴν πύλην
— 9. ἐξελεύσομαι εἰς τελείωσιν τῶν λόγων
— 10. καὶ ἐξῆλθεν [B^3 -ον] Ἰ.
— 20. ἐξῆλθον οἱ παρακαθεύδοντες Ὀλ.
— 22. ἐξῆλθεν εἰς τὸ προσκήνιον
11. 17. A B ἐξελεύσεται ἡ δούλη σου
— 18. A B ἐξελεύσῃ σὺν πάσῃ τῇ δυνάμει σου
12. 6. A B ἐᾶσαι τὴν δούλην σου ἐπὶ προσευχὴν ἐξελθεῖν
— 13. A B καὶ ἐξῆλθε Β.
13. 3. A B ἐξελεύσεσθαι γὰρ ἔφη
— 9. καὶ μετ' ὀλίγον ἐξῆλθε
— 10. καὶ ἐξῆλθον οἱ δύο ἅμα
14. 2. καὶ ἐξέλθῃ ὁ ἥλιος ἐπὶ τὴν γῆν
— 2. καὶ ἐξελεύσεσθε [A -σεται] πᾶς ἀνὴρ ἰσχύων
— 8. ἀφ' ἧς ἡμέρας ἐξῆλθεν [S^1 -ες]
— 11. καὶ ἐξήλθοσαν κατὰ σπείρας [A -αν]
15. 9. S ὡς δὲ ἐξῆλθαν [A εἰσ., B εἰσῆλθον] πρὸς αὐτήν
16. 3. S^1 ἐν μέσῳ λαοῦ ἐξελεύσεσθαί [S^2 -λέσθαι, A B -είλατό] με
Es. 5. 9. καὶ ἐξῆλθεν ὁ Ἀ. (5 *a*)
7. 8. S^3 ὁ λόγος ἐξῆλθεν ἐκ τοῦ στόματος τοῦ βασιλέως (5 *a*)
8. 14. ἐξῆλθον σπεύδοντες (5 *a*)
— 15. ὁ δὲ Μ. ἐξῆλθεν (5 *a*)
Jb. 1. 12. ἐξῆλθεν ὁ διάβολος παρὰ τοῦ [A ἀπὸ προσώπου] κυρίου (5 *a*)
— 21. αὐτὸς γυμνὸς ἐξῆλθον ἐκ κοιλίας μητρός μου (5 *a*)
2. 7. ἐξῆλθε δὲ ὁ διάβολος ἀπὸ [A παρὰ] τοῦ κυρίου (5 *a*)
3. 11. ἐκ γαστρὸς δὲ ἐξῆλθον (5 *a*)
5. 6. οὐ γὰρ μὴ ἐξέλθῃ ἐκ τῆς γῆς κόπος (5 *a*)
— 15. ἀδύνατος δὲ ἐξέλθοι ἐκ χειρὸς δυνάστου –
8. 16. ἐκ σαπρίας αὐτοῦ ὁ ῥάδαμνος αὐτοῦ ἐξελεύσεται (5 *a*)
23. 11 (10). ἐξελεύσομαι δὲ ἐν ἐντάλμασιν αὐτοῦ (5 *a*)
24. 5. ὑπὲρ ἐμοῦ ἐξελθόντες τὴν ἑαυτῶν τάξιν [A τῇ ἑ. πράξει] (5 *a*)
26. 4. πνοὴ δὲ τίνος ἐστὶν ἡ ἐξελθοῦσα ἐκ σοῦ (5 *a*)
27. 13. A ὀργὴ δὲ δυναστῶν ἐξελεύσεται [B S *al.*] (7)
28. 5. ἐξ αὐτῆς ἐξελεύσεται ἄρτος (5 *a*)
31. 34. εἴασα ἀδύνατον ἐξελθεῖν θύραν μου (5 *a*)
— 40. ἀντὶ πυροῦ ἄρα ἐξέλθοι [A -θῃ] μοι κνίδη (5 *a*)
33. 28. A τοῦ μὴ ἐξελθεῖν [B S ἐλθεῖν] εἰς διαφθοράν (11)
37. 2. μελέτη ἐκ στόματος αὐτοῦ ἐξελεύσεται (5 *a*)
— 9. A ἐκ ταμείων ἐξέρχονται ὀδύναι [B S *al.*] (3)
— 21. A ὥσπερ τὸ παρ' αὐτοῦ ἐπὶ νεφῶν ἐξῆλθεν [B S *om.*] (11 ?)
39. 4. ἐξελεύσονται καὶ οὐ μὴ ἀνακάμψουσιν αὐτοῖς (5 *a*)
Ps. 16 (17). 2. ἐκ προσώπου σου τὸ κρίμα μου [S^1 μοι] ἐξέλθοι (5 *a*)
18 (19). 4. εἰς πᾶσαν τὴν γῆν ἐξῆλθεν ὁ φθόγγος αὐτῶν (5 *a*)
43 (44). 9. οὐκ ἐξελεύσῃ ἐν ταῖς δυνάμεσιν ἡμῶν (5 *a*)

Ps. 59 (60). 10. οὐκ ἐξελεύσῃ ὁ θεὸς ἐν ταῖς δυνάμεσιν ἡμῶν (5 a)
72 (73). 7. ἐξελεύσεται ὡς ἐκ στέατος ἡ ἀδικία αὐτῶν (5 a)
80 (81). 5. ἐν τῷ ἐξελθεῖν αὐτὸν ἐκ γῆς Αἰγ. (5 a)
103 (104). 23. ἐξελεύσεται ἄνθρωπος ἐπὶ τὸ ἔργον αὐτοῦ (5 a)
107 (108). 11. οὐκ ἐξελεύσῃ ὁ θεὸς ἐν ταῖς δυνάμεσιν ἡμῶν (5 a)
108 (109). 7. ἐξέλθοι καταδεδικασμένος (5 a)
145 (146). 4. ἐξελεύσεται τὸ πνεῦμα αὐτοῦ (5 a)
151. 6. ἐξῆλθον εἰς συνάντησιν τῷ ἀλλοφύλῳ
Pr. 7. 15. ἐξῆλθον εἰς συνάντησίν [B[1] ὑπάντ.] σοι (5 a)
24. 23 (29. 27). οὐδὲν ψεῦδος ἀπὸ γλώσσης αὐτοῦ οὐ μὴ ἐξέλθῃ –
— 68 (30. 33). ἐξελεύσεται αἷμα (5 b)
— 68 (30. 33). ἐξελεύσονται κρίσεις καὶ μάχαι (5 b)
Ec. 4. 14. ἐξελεύσεται τοῦ [A S *om.*] βασιλεῦσαι (5 a)
5. 14. ἐξῆλθεν ἀπὸ γαστρὸς μητρὸς αὐτοῦ γυμνός (5 a)
7. 19 (18). φοβουμένοις [A ὁ φοβούμενος] τὸν θεὸν ἐξελεύσεται τὰ πάντα (5 a)
10. 5. ἐξῆλθεν ἀπὸ προσώπου ἐξουσιάζοντος (5 a)
Ca. 1. 8. ἔξελθε σὺ ἐν πτέρναις τῶν ποιμνίων (5 a)
3. 11. ἐξέλθατε καὶ ἴδετε ἐν τῷ βασ. Σαλ. (5 a)
5. 6. ψυχή μου ἐξῆλθεν [S ἀπ.] ἐν λόγῳ αὐ. (5 a)
7. 11 (12). ἐξέλθωμεν εἰς ἀγρόν (5 a)
Wi. 16. 14. ἐξελθὸν δὲ πνεῦμα οὐκ ἀναστρέφει
Si. 5. 7. ἐξάπινα γὰρ ἐξελεύσεται ὀργὴ κυρίου
14. 22. ἔξελθε ὀπίσω αὐτῆς ὡς ἰχνευτής
24. 3. ἐγὼ ἀπὸ στόματος ὑψίστου ἐξῆλθον
— 30. ὡς ὑδραγωγὸς ἐξῆλθον εἰς παράδεισον
28. 12. A S ἀμφότερα ἐκ τοῦ στόματός σου ἐξελεύσεται [B ἐκπορεύεται]
29. 27. ἔξελθε, πάροικε, ἀπὸ προσώπου δόξης
Ho. 6. 6 (5). καὶ τὸ κρίμα μου ὡς φῶς ἐξελεύσεται (5 a)
Mi. 1. 11. οὐκ ἐξῆλθε κατοικοῦσα Σενναάρ (5 a)
2. 13. καὶ ἐξῆλθον δι' αὐτῆς καὶ ἐξῆλθεν ὁ βασιλεὺς αὐτῶν (5 a, 11)
4. 2. ἐκ Σιὼν ἐξελεύσεται νόμος (5 a)
— 10. ἐξελεύσῃ ἐκ πόλεως (5 a)
5. 2 (1). B[2]R ἐκ σοῦ [A B[1] ἐξ οὗ] μοι ἐξελεύσεται (5 a)
Jl. 1. 9. S[1] ἐξῆλθε [A B S[2] -ῆρται] θυσία . . . ἐξ οἴκου κυρίου (6)
2. 16. A B S[2] ἐξελθάτω [S[1] R -έτω] νυμφίος ἐκ τοῦ κοιτῶνος αὐτοῦ (5 a)
3 (4). 18. πηγὴ ἐξ οἴκου κυρίου ἐξελεύσεται (5 a)
Jn. 4. 5. καὶ ἐξῆλθεν Ἰωνᾶς ἐκ τῆς πόλεως (5 a)
Na. 1. 11. ἐξελεύσεται λογισμὸς κατὰ τοῦ κυρίου (5 a)
Hb. 1. 4. ἐξελεύσεται τὸ κρίμα διεστραμμένον (5 a)
— 7. τὸ λῆμμα αὐτοῦ ἐξ αὐτοῦ ἐξελεύσεται (5 a)
3. 5. καὶ ἐξελεύσεται εἰς πεδία [A ἐν πεδίοις] (5 a)
— 13. ἐξῆλθες εἰς σωτηρίαν λαοῦ σου (5 a)
Za. 1. 21 (2. 4). καὶ ἐξῆλθοσαν [A εἰσῆλθον] οὗτοι (3)
5. 5. καὶ ἐξῆλθεν ὁ ἄγγελος (5 a)
9. 14. ἐξελεύσεται ὡς ἀστραπὴ βολίς (5 a)
10. 4. ἀπ' [A S[3] ἐξ] αὐτοῦ ἐξελεύσεται πᾶς (5 a)
14. 2. ἐξελεύσεται τὸ ἥμισυ τῆς πόλεως ἐν αἰχμαλωσίᾳ (5 a)
— 3. καὶ ἐξελεύσεται κύριος (5 a)
— 8. ἐξελεύσεται ὕδωρ ζῶν ἐξ Ἱερ. (5 a)
Ma. 4. 2 (3. 20). καὶ ἐξελεύσεσθε (5 a)
Is. 2. 3. ἐκ γὰρ Σιὼν ἐξελεύσεται νόμος (5 a)
7. 3. ἔξελθε εἰς συνάντησιν Ἄχας (5 a)
— 19. S[1] ἐξελεύσονται [A B S[2] ἐλ.] πάντες (3)
11. 1. ἐξελεύσεται ῥάβδος ἐκ τῆς ῥίζης Ἰεσσαί (5 a)
— 16. ὅτε ἐξῆλθεν [S[1] -ον] ἐκ γῆς Αἰγύπτου (13)
14. 29. ἐξελεύσεται ἔκγονα ἀσπίδων καὶ τὰ ἔκγονα αὐτῶν ἐξελεύσονται [S[1] -σεται] ὄφεις (5 a, –)
28. 29. ταῦτα παρὰ κυρίου σαβ. ἐξῆλθε τὰ τέρατα (5 a)
36. 3. ἐξῆλθε πρὸς αὐτὸν Ἐλιακείμ (5 a)
37. 9. ἐξῆλθε Θαρακὰ βασιλεὺς Αἰθιόπων (5 a)
— 32. A ἐξ Ἱερ. ἐξελεύσονται [B S ἔσονται] οἱ καταλελειμμένοι (5 a)
— 36. ἐξῆλθεν ἄγγελος κυρίου (5 a)
38. 12. ἐξῆλθε καὶ ἀπῆλθεν ἀπ' ἐμοῦ (9 b)
42. 13. κύριος ὁ θεὸς τῶν δυνάμεων ἐξελεύσεται (5 a)
45. 23. εἰ μὴ [A μὴν] ἐξελεύσεται ἐκ τοῦ στόματός μου δικαιοσύνη (5 a)
48. 1. ἀκούσατε . . . [A S *add.* οἱ] ἐξ Ἰούδα ἐξελθόντες (5 a)

Is. 48. 3. ἐκ τοῦ στόματός μου ἐξῆλθε (5 a)
— 20. ἔξελθε ἐκ Βαβυλῶνος φεύγων (5 a)
49. 9. λέγοντα τοῖς ἐν δεσμοῖς, Ἐξέλθατε (5 a)
— 17. οἱ ἐρημώσαντές σε ἐκ σοῦ [B[1] ἐξ οὗ] ἐξελεύσονται (5 a)
51. 4. νόμος παρ' ἐμοῦ ἐξελεύσεται (5 a)
— 5. ἐξελεύσεται . . . τὸ σωτήριόν μου (5 a)
52. 11. ἐξέλθατε ἐκεῖθεν . . . ἐξέλθατε ἐκ μέσου αὐτῆς (5 a, 5 a)
— 12. οὐ μετὰ ταραχῆς ἐξελεύσεσθε (5 a)
55. 11. ὃ ἐὰν ἐξέλθῃ ἐκ τοῦ στόματός μου (5 a)
— 12. ἐν γὰρ εὐφροσύνῃ ἐξελεύσεσθε (5 a)
57. 16. πνεῦμα γὰρ παρ' ἐμοῦ ἐξελεύσεται (12)
62. 1. ἕως ἂν ἐξέλθῃ ὡς φῶς ἡ δικαιοσύνη αὐτῆς [A S μου] (5 a)
66. 24. ἐξελεύσονται καὶ ὄψονται τὰ κῶλα (5 a)
Je. 1. 5. πρὸ τοῦ σε ἐξελθεῖν ἐκ μήτρας (5 a)
2. 37. καὶ ἐντεῦθεν ἐξελεύσῃ (5 a)
4. 4. μὴ ἐξέλθῃ ὡς πῦρ ὁ θυμός μου (5 a)
— 7. ἐξῆλθεν ἐκ τοῦ τόπου αὐτοῦ (5 a)
7. 25. ἀφ' ἧς ἡμέρας ἐξήλθοσαν οἱ πατέρες αὐ. (5 a)
9. 3 (2). ἐκ κακῶν εἰς κακὰ ἐξήλθοσαν (5 a)
— 4 (3). A ἕκαστος ἀπὸ τοῦ πλησίον αὐτοῦ ἐξήλθοσαν [B S *om.*] †
11. 11. ἐξ ὧν οὐ δυνήσονται ἐξελθεῖν ἐξ αὐτῶν (5 a)
14. 18. ἐὰν ἐξέλθω εἰς τὸ πεδίον (5 a)
15. 1. καὶ ἐξελθέτωσαν [A S -θάτ.] (5 a)
— 2. ποῦ ἐξελευσόμεθα (5 a)
19. 2. ἐξελεύσῃ εἰς τὸ πολυάνδριον (5 a)
20. 18. ἵνα τί τοῦτο ἐξῆλθον ἐκ μήτρας [S[1] μητρός] (5 a)
22. 11. ὃς ἐξῆλθεν ἐκ τοῦ τόπου τούτου (5 a)
— 22. ἐν αἰχμαλωσίᾳ ἐξελεύσονται (4)
23. 15. ἀπὸ τῶν προφητῶν Ἱ. ἐξῆλθε μολυσμός (5 a)
26 (46). 9. ἐξέλθατε οἱ μαχηταὶ Αἰθιόπων (5 a)
27 (50). 8. ἀπαλλοτριώθητε . . . καὶ ἐξέλθατε (5 a)
28 (51). 32. ἄνδρες αὐτοῦ οἱ πολεμισταὶ ἐξέρχονται (2)
31 (48). 7. ἐξελεύσεται Χαμὼς ἐν ἀποικίᾳ (5 a)
36 (29). 2. ὕστερον ἐξελθόντος Ἰεχονίου (5 a)
37 (30). 19. ἐξελεύσονται ἀπ' αὐτῶν ᾄδοντες (5 a)
— 21. ὁ ἄρχων αὐτοῦ ἐξ αὐτοῦ ἐξελεύσεται (5 a)
— 23. ὀργὴ κυρίου ἐξῆλθε θυμώδης ἐξῆλθεν [S ἐπ.] ὀργή (–, 5 a)
38 (31). 4. ἐξελεύσῃ μετὰ συναγωγῆς παιζόντων (5 a)
— 9. ἐν κλαυθμῷ ἐξῆλθον (3)
— 39. ἐξελεύσεται ἡ διαμέτρησις αὐτῆς (5 a)
44 (37). 5. δύναμις Φαραὼ ἐξῆλθεν ἐξ Αἰγύπτου (5 a)
— 7. δύναμις Φαραὼ ἡ ἐξελθοῦσα ὑμῖν εἰς βοήθειαν (5 a)
— 12. ἐξῆλθεν Ἱερεμίας ἀπὸ Ἱερουσαλὴμ (5 a)
45 (38). 8. ἐξῆλθε πρὸς αὐτόν (5 a)
— 17. ἐὰν ἐξελθὼν ἐξέλθῃς πρὸς ἡγεμόνας (5 a, 5 a)
— 18. ἐὰν μὴ ἐξέλθῃς [S[1] ἔλ.] (5 a)
— 21. R εἰ μὴ θέλῃς [B S -εις, A βούλῃ] σὺ ἐξελθεῖν (5 a)
48 (41). 6. ἐξῆλθεν εἰς ἀπάντησιν αὐτοῖς Ἰσμαήλ (5 a)
50 (43). 12. ἐξελεύσεται ἐν εἰρήνῃ (5 a)
51 (44). 17. ὃς ἐξελεύσεται ἐκ τοῦ στόματος ἡμῶν (5 a)
52. 7. οἱ πολεμισταὶ ἐξῆλθον νυκτός (5 a)
Ba. 5. 6. ἐξῆλθον γὰρ παρὰ σοῦ πεζοί
La. 1. 6. A S[1] ἐξῆλθεν [B S[2] -ήρθη] ἐκ θυγατρὸς Σιὼν πᾶσα ἡ εὐπρέπεια αὐ. (5 a)
3. 7. οὐκ ἐξελεύσομαι (5 a)
— 38. ἐκ στόματος ὑψίστου οὐκ ἐξελεύσεται τὰ κακά (5 a)
Ez. 3. 22. ἔξελθε εἰς τὸ πεδίον (5 a)
— 23. R ἐξῆλθον πρὸς [A B εἰς] τὸ πεδίον (5 a)
— 25. οὐ μὴ ἐξέλθῃς ἐκ μέσου [A *om.*] αὐτῶν (5 a)
5. 4. ἐξ αὐτῆς ἐξελεύσεται πῦρ (5 a)
7. 10. A ἐξῆλθεν ἡ πλοκή (5 a)
10. 7. ἔλαβε καὶ ἐξῆλθε (5 a)
— 18. ἐξῆλθε δόξα κυρίου ἀπὸ [A *add.* τοῦ αἰθρίου] τοῦ οἴκου (5 a)
— 19. ἐν τῷ ἐξελθεῖν [A ἐξαίρειν] αὐτά (5 a)
12. 4. ἐξελεύσῃ ἑσπέρας (5 a)
— 6. κεκρυμμένος ἐξελεύσῃ (5 b)
— 7. κεκρυμμένος ἐξῆλθον (5 b)
— 12. κεκρυμμένος ἐξελεύσεται διὰ τοῦ τοίχου καὶ διορύξει [A ὀρ.] τοῦ ἐξελθεῖν αὐτὸν δι' αὐτοῦ (5 a, 5 b)
15. 7. ἐκ τοῦ πυρὸς ἐξελεύσονται (5 a)

Ez. 16. 14. A R ἐξῆλθέ σου [B σοι] ὄνομα (5 a)
19. 14. ἐξῆλθε πῦρ ἐκ ῥάβδου ἐκλεκτῶν αὐτῆς (5 a)
21. 4 (9). ἐξελεύσεται τὸ ἐγχειρίδιόν μου ἐκ τοῦ κολεοῦ αὐτοῦ (5 a)
— 19 (24). ἐκ χώρας μιᾶς ἐξελεύσονται αἱ δύο [A ἀρχαὶ δ.] (5 a)
24. 6. ὁ ἰὸς οὐκ ἐξῆλθεν ἐξ αὐτῆς (5 a)
— 12. οὐ μὴ ἐξέλθῃ ἐξ αὐτῆς πολὺς ὁ ἰὸς αὐτῆς (5 a)
30. 9. ἐξελεύσονται ἄγγελοι σπεύδοντες (5 a)
36. 20. ἐκ τῆς γῆς αὐτοῦ ἐξεληλύθασι [A *al.*] (5 a)
38. 8. οὗτος ἐξ ἐθνῶν ἐξελήλυθε (5 c)
39. 9. ἐξελεύσονται οἱ κατοικοῦντες τὰς πόλεις Ἰσραήλ (5 a)
42. 14. οὐκ ἐξελεύσονται ἐκ τοῦ ἁγίου εἰς τὴν αὐλήν (5 a)
44. 3. κατὰ τὴν ὁδὸν αὐτοῦ ἐξελεύσεται (5 a)
46. 2. καὶ ἐξελεύσεται (5 a)
— 8. κατὰ τὴν ὁδὸν τῆς πύλης ἐξελεύσεται (5 a)
— 9 *bis*. ἐξελεύσεται κατὰ τὴν ὁδὸν τῆς πύλης (5 a)
— 9. ἀλλ' ἢ κατ' εὐθὺ αὐτῆς ἐξελεύσεται (5 a)
— 10. ἐν τῷ ἐκπορεύεσθαι αὐτοὺς ἐξελεύσεται [A *add.* μετ' αὐτῶν] (5 a)
— 12. ἐξελεύσεται καὶ κλείσει τὰς θύρας μετὰ τὸ ἐξελθεῖν αὐτόν (5 a, 5 a)
Da. LXX. Su. 5. ἐξῆλθεν ἀνομία ἐκ Βαβυλῶνος
— 13. τί σὺ οὕτως ὄρθριος ἐξῆλθες
3. 23. ἐξελθοῦσα ἡ φλὸξ ἐκ τῆς καμίνου –
— 26 (93). ἐξέλθετε ἐκ τοῦ πυρός (10)
— 26 (93). ἐξῆλθον οἱ ἄνδρες ἐκ μέσου τοῦ πυρός (10)
5. 1. ἐξῆλθον δάκτυλοι ὡσεὶ ἀνθρώπου –
— 5. ἐξῆλθον δάκτυλοι ὡσεὶ χειρὸς ἀνθρώπου (10)
9. 22. ἄρτι ἐξῆλθον ὑποδεῖξαί σοι διάνοιαν (5 a)
— 23. ἐξῆλθε πρόσταγμα παρὰ κυρίου (5 a)
11. 11. καὶ ἐξελεύσεται (5 a)
— 44. καὶ ἐξελεύσεται ἐν θυμῷ ἰσχυρῷ (5 a)
Bel 39. ἐξῆλθε δὲ ὁ βασιλεύς
Da. TH. Su. 5. ἐξῆλθεν ἀνομία ἐκ Βαβυλῶνος
— 14. ἐξελθόντες διεχωρίσθησαν ἀπ' ἀλλήλων
— 18. καὶ ἐξῆλθαν [A -ον] κατὰ τὰς πλαγίας [A -ους] θύρας
— 19. ὡς ἐξήλθοσαν [A -θον] τὰ κοράσια
2. 13. καὶ τὸ δόγμα ἐξῆλθε (10)
— 14. ὃς ἐξῆλθεν ἀναιρεῖν τοὺς σοφούς (10)
— 15. περὶ τίνος ἐξῆλθεν ἡ γνώμη –
3. 26 (93). ἐξέλθετε [A -ατε] καὶ δεῦτε (10)
— 26 (93). καὶ ἐξῆλθον Σ. (10)
5. 5. ἐξῆλθον δάκτυλοι χειρὸς ἀνθρώπου (10)
8. 9. ἐξῆλθε κέρας ἓν ἰσχυρόν (5 a)
9. 22. ἐξῆλθον συμβιβάσαι σε (5 a)
— 23. ἐξῆλθε λόγος (5 a)
11. 11. καὶ ἐξελεύσεται (5 a)
Bel 14. ὡς ἐξήλθοσαν [A -ον] ἐκεῖνοι
— 14. ἐξελθόντες ἔκλεισαν τὴν θύραν
I Ma. 1. 1. ὃς ἐξῆλθεν ἐκ τῆς γῆς [S[1] εἰς γῆν] Χ.
— 10. ἐξῆλθεν ἐξ αὐτῶν ῥίζα
— 11. ἐξῆλθον ἐξ [S[1] -θεν] Ἰσραὴλ υἱοὶ παράνομοι
2. 27. ἐξελθέτω ὀπίσω μου
— 33. A S ἐξελθόντες [R -θετε καὶ] ποιήσατε
— 34. οὐκ ἐξελευσόμεθα
3. 11. ἐξῆλθεν εἰς συνάντησιν αὐτῷ
— 16. A S ἐξῆλθον Ἰ. εἰς συνάντησιν αὐτῷ [R -ῶν]
4. 13. S R ἐξῆλθον [A -αν] ἐκ τῆς παρεμβολῆς
5. 33. ἐξῆλθεν ἐν τρισὶν ἀρχαῖς
— 59. καὶ ἐξῆλθε Γοργίας
— 65. καὶ ἐξῆλθεν Ἰούδας
— 67. ἐν τῷ αὐτὸν ἐξελθεῖν
6. 21. ἐξῆλθον ἐξ αὐτῶν
— 31. καὶ ἐξῆλθον
— 49. A S ἐξῆλθεν [R -ον] ἐκ τῆς πόλεως
— 61. S R ἐξῆλθον [A -εν] ἐκ τοῦ ὀχυρώματος
7. 1. ἐξῆλθε Δημήτριος
— 24. ἐξῆλθεν εἰς πάντα τὰ ὅρια τῆς Ἰ.
— 31. ἐξῆλθεν εἰς συνάντησιν τῷ Ἰούδᾳ
— 33. S ἐξῆλθεν [A -αν, R -ον] ἀπὸ τῶν ἱερέων
— 35. ἐξῆλθε μετὰ θυμοῦ μεγάλου
— 39. ἐξῆλθε Νικάνωρ ἐξ Ἱερ.
— 41. ἐξῆλθεν ἄγγελός σου
— 46. ἐξῆλθον ἐκ πασῶν τῶν κωμῶν τῆς Ἰ.
9. 29. οὐκ ἔστιν ἐξελθεῖν
— 36. ἐξῆλθον οἱ υἱοὶ Ἰ.
— 39. καὶ ὁ νυμφίος ἐξῆλθε
— 65. R ἐξῆλθεν εἰς τὴν χώραν καὶ ἐξῆλθεν ἐν [A S ἦλθεν] ἀριθμῷ
— 67. ἐξῆλθον ἐκ τῆς πόλεως
10. 2. ἐξῆλθεν εἰς συνάντησιν αὐτῷ

I Ma. 10. 57. καὶ ἐξῆλθε Πτολεμαῖος
— 63. ἐξέλθατε μετ' αὐτοῦ
— 74. ἐξῆλθεν ἐξ [S^1 εἰς] Ἱερ.
— 86. ἐξῆλθον οἱ ἐκ τῆς πόλεως
11. 2. καὶ ἐξῆλθεν εἰς Συρίαν
— 13. S^1 καὶ ἐξῆλθεν [A S^2R εἰσ.] Πτ. εἰς Ἀντ.
— 60. καὶ ἐξῆλθεν Ἰων.
12. 33. καὶ Σίμων ἐξῆλθε
— 41. ἐξῆλθεν Ἰων. εἰς ἀπάντησιν αὐτῷ
15. 10. ἐξῆλθεν [S^1 ἦλ.] Ἀντ.
16. 3. ἐξελθόντες ὑπερμαχεῖτε [S^1 om.] ὑπὲρ τοῦ ἔθνους ἡμῶν
II Ma. 2. 4. ὡς δὲ ἐξῆλθεν εἰς τὸ ὄρος
5. 26. τοὺς ἐξελθόντας [A ἐλθ.] πάντας ἐπὶ τὴν θεωρίαν
12. 26. ἐξελθὼν δὲ ἐπὶ τὸ Καρνίον
— 33. ἐξῆλθε δὲ μετὰ πεζῶν τρισχιλίων
13. 13. ἐξελθόντας κρῖναι τὰ πράγματα
[**Aq.** Ex. 21. 7: Dt. 23. 13 (14): Jo. 8. 14: Jd. 4. 14: Jb. 24. 5: Ps. 72 (73). 7: 73 (74). 14: Ca. 1. 8: Je. 10. 20: 48 (31). 9: Ez. 27. 33: Hb. 3. 13.]
[**Sm.** Jo. 8. 14: 15. 9: I Ki. 13. 17: Jb. 5. 6: 39. 4: Ps. 16 (17). 2: 18 (19). 5: 40 (41). 7: 41 (42). 5: Ec. 4. 14: 10. 5: Ca. 1. 8: 5. 6: Is. 13. 2: 28. 29: 42. 13: Je. 9. 3 (2): 10. 20: 48 (31). 9.]
[**Th.** Ex. 21. 7: Jo. 8. 14: Jd. 4. 14: 14. 14 *bis*: I Ki. 13. 23: Jb. 39. 4: Pr. 23. 30: Is. 28. 29: 39. 7: Je. 29 (36). 16: 39 (46). 4 *bis*: 48 (31). 45: Ez. 7. 10: Da. 11. 11.]
[**Al.** Ex. 3. 21: 15. 22: Nu. 12. 12: 33. 1: La. 1. 6.]
[**Heb.** III Ki. 20 (21). 19.]
[**Quint.** Ps. 73 (74). 14: Ca. 1. 8: Hb. 3. 13.]
[**Sext.** Hb. 3. 13.]

ἐξεσθίειν.
[**Sm.** Ps. 104 (105). 35.]

ἐξετάζειν. (1) בָּחַן (2) דָּרַשׁ
De. 13. 14 (15). A καὶ ἐξετάσεις [R ἐτ., B om. καὶ ἐξ.] (2)
19. 18. καὶ ἐξετάσωσιν οἱ κριταὶ ἀκριβῶς (2)
I Ch. 28. 9. A πάσας καρδίας ἐξετάζει [B ἐτ.] κύριος (2)
Ju. 8. 13. κύριον παντοκράτορα ἐξετάζετε
Es. 1. 1. ἐξήτασεν ὁ βασιλεὺς τοὺς δύο εὐνούχους
Ps. 10 (11). 5. τὰ βλέφαρα αὐτοῦ ἐξετάζει τοὺς υἱοὺς τῶν ἀνθρώπων (1)
— 6. κύριος ἐξετάζει τὸν δίκαιον (1)
Wi. 6. 3. ἐξετάσει [S ἔξεται] ὑμῶν τὰ ἔργα
11. 10. ἐκείνους δὲ . . . καταδικάζων ἐξήτασας
Si. 3. 21. ἰσχυρότερά σου μὴ ἐξέταζε
11. 7. πρὶν [A S πρὶν ἢ] ἐξετάσῃς μὴ μέμψῃ
13. 11. ὡς προσεγελῶν ἐξετάσει σε
18. 20. πρὸ κρίσεως ἐξέταζε σεαυτόν
23. 10. ὥσπερ γὰρ οἰκέτης ἐξεταζόμενος ἐνδελεχῶς ἀπὸ μώλωπος οὐκ ἐλαττωθήσεται
[**Sm.** Jb. 32. 11: 36. 23: Ec. 9. 7.]
[**Al.** Jb. 13. 9.]

ἐξέτασις.
Wi. 1. 9. ἐν γὰρ διαβουλίοις ἀσεβοῦς ἐξέτασις ἔσται
III Ma. 7. 5. ἄνευ πάσης ἀνακρίσεως καὶ ἐ.

ἐξετασμός. (1) חֵקֶר (2) שַׁלְוָה
Jd. 5. 16. μεγάλοι ἐ. [A ἐξιχνιασμοὶ] καρδίας (1)
Pr. 1. 32. ἐξετασμὸς ἀσεβεῖς ὀλεῖ (2)
Wi. 4. 6. μάρτυρές εἰσι πονηρίας κατὰ γονέων ἐν ἐξετασμῷ αὐτῶν

ἐξεταστέον.
II Ma. 2. 29. τὰ ἐπιτήδεια πρὸς διακόσμησιν ἐξεταστέον

ἐξεταστής.
[**Al.** Ps. 10 (11). 5.]

ἐξευμενίζεσθαι.
IV Ma. 4. 11. A R τὸν ἐπουράνιον [S οὐρ.] ἐξευμενίσωνται στρατόν
[**Al.** Ps. 105 (106). 30.]

ἐξεύρεσις. (1) חֵקֶר
Is. 40. 28. οὐδὲ ἔστιν ἐ. τῆς φρονήσεως αὐτοῦ (1)
Ba. 3. 18. οὐκ ἔστιν ἐ. τῶν ἔργων αὐτῶν
[**Al.** Ps. 144 (145). 3.]

ἐξευρίσκειν.
Ba. 3. 32. ἐξεῦρεν αὐτὴν τῇ συνέσει αὐτοῦ
— 36. ἐξεῦρε πᾶσαν ὁδὸν ἐπιστήμης
II Ma. 7. 23. καὶ πάντων ἐξευρὼν γένεσιν
[**Sm.** Jb. 37. 23: Ec. 8. 17.]

ἐξευτελίζειν.
[**Sm.** II Ki. 6. 16: Ps. 68 (69). 34: 122 (123). 4: Pr. 6. 30: Ca. 8. 1, 7 *bis*.]
[**Al.** I Ki. 17. 10.]

ἐξευτελισμός.
[**Sm.** Ps. 122 (123). 3.]

ἐξευφραίνεσθαι.
Ez. 23. 41. A τὸ θυμίαμα καὶ τὸ ἔλαιόν μου ἐξευφραίνοντο [B εὐφρ.] ἐν αὐτοῖς †

ἐξέχειν. (1) אָכַל (2) אָצַל ni. (3) יָצָא (4) שְׁלַבִּים
Ex. 38. 15 (37. 18). οἱ βλαστοὶ ἐξέχοντες (3)
Nu. 21. 13. τὸ ἐξέχον [B^1 ἐξὸν] ἀπὸ τῶν ὁρίων (3)
III Ki. 7. 28. καὶ συγκλειστὸν ἀνὰ μέσον τῶν ἐξεχομένων (4)
— 29. ἀνὰ μέσον ἐξεχομένων λέοντες καὶ βόες . . . καὶ ἐπὶ τῶν ἐξεχομένων (4, 4)
Ne. 3. 25. ὁ πύργος ὁ ἐξέχων ἐκ τοῦ οἴκου τοῦ βασιλέως (3)
— 26. A S R καὶ ὁ πύργος ὁ [B om.] ἐξέχων (3)
— 27. τοῦ πύργου τοῦ μεγάλου τοῦ ἐξέχοντος (3)
Ez. 42. 5. ἐξείχετο τὸ περίστυλον ἐξ αὐτοῦ (1 ?)
— 6. ἐξείχοντο τῶν ὑποκάτωθεν (2)
[**Aq.** Ps. 118 (119). 174.]

ἐξηγεῖσθαι. (1) יָדָה hi. (2) יָרָה hi. (3) סָפַר pi.
Le. 14. 57. τοῦ ἐξηγήσασθαι ᾗ ἡμέρᾳ ἀκάθαρτον (2)
Jd. 7. 13. ἀνὴρ ἐξηγούμενος [A -γεῖται] τῷ πλησίον αὐτοῦ ἐνύπνιον (3)
IV Ki. 8. 5. αὐτοῦ ἐξηγουμένου τῷ βασιλεῖ (3)
I Ch. 16. 24. R ἐξηγεῖσθε ἐν τοῖς ἔθνεσι τὴν δόξαν αὐτοῦ (3)
Jb. 12. 8. ἐξηγήσονται [A εἰ ἐξ.] σοι οἱ ἰχθύες τῆς θαλάσσης (3)
28. 27. εἶδεν αὐτὴν καὶ ἐξηγήσατο αὐτήν (3)
Pr. 28. 13. ὁ δὲ ἐξηγούμενος ἐλέγχους ἀγαπηθήσεται (1)
I Ma. 3. 26. ἐξηγεῖτο πᾶν ἔθνος [S τὰ ἔθνη]
II Ma. 2. 13. ἐξηγοῦντο δὲ καὶ ἐν ταῖς ἀναγραφαῖς
[**Sm.** Ps. 25 (26). 7: 68 (69). 27.]
[**Th.** Jb. 12. 8.]

ἐξήγησις. (1) מִסְפָּר
Jd. 7. 15. ὡς ἤκουσε Γ. τὴν ἐ. [A διήγ.] τοῦ ἐνυπνίου (1)
Si. 21. 16. ἐξήγησις μωροῦ ὡς ἐν ὁδῷ φορτίον

ἐξηγητής. (1) חָזוֹן (2) חַרְטֻמִּים
Ge. 41. 8. ἐκάλεσε πάντας τοὺς ἐ. Αἰγ. (2)
— 24. εἶπα οὖν τοῖς ἐ. (2)
Pr. 29. 18. οὐ μὴ ὑπάρξῃ ἐξηγητὴς ἔθνει παρανόμῳ (1)

ἐξηγορία. (1) תּוֹרָה (2) תְּרוּעָה
Jb. 22. 22. ἔκλαβε δὲ ἐκ στόματος αὐτοῦ ἐξηγορίαν [A σὺν ἐξηγορίαν] (1)
33. 26. εἰσελεύσεται δὲ προσώπῳ ἱλαρῷ [A S^2 καθαρῷ] σὺν ἐξηγορίᾳ (2)

ἑξήκοντα.
Ge. 5. 15, 18, 20, 21, 23, 25, 27, 30: 25. 26: 46. 26.
Ex. 39. 3 (38. 26).
Le. 12. 5: 27. 7 (?).
Nu. 1. 39: 2. 26: 3. 50: 7. 88 *ter*: 26. 25, 27, 34†, 43: 31. 34, 39.
De. 3. 4.
Jo. 13. 30.
Jd. 12. 7†.
II Ki. 2. 31.
III Ki. 3. 1†: 4. 13, 22 (5. 2): 6. 2†: 10. 14: 12. 24†: 21 (20). 15†.
IV Ki. 25. 19†.
I Ch. 2. 21, 23: 5. 18: 9. 13†: 16. 38: 26. 8.
II Ch. 3. 3: 9. 13: 11. 21†, 21: 12. 3.
I Es. 2. 14: 5. 14†, 15, 41†: 6. 25 *bis*: 8. 36.
II Es. 2. 9, 13, 64: 6. 3, 3†: 8. 10, 13.
Ne. 7. 14, 18, 19, 66†, 72: 11. 6.
Ju. 1. 3, 4†.
Ca. 3. 7: 6. 7 (8).
Is. 7. 8.
Je. 52. 25.
Da. LXX. 9. 26, 27.
Da. Th. 3. 1: 5. 31: 9. 25, 26.
I Ma. 4. 28: 7. 16.
II Ma. 4. 8.
IV Ma. 4. 17.
[**Aq., Sm., Th.** Da. 9. 26.]
[**Quint.** IV Ki. 25. 19.]

ἑξηκονταδύο, *vid. sub* **ἑξήκοντα** *et* **δύο.**

ἑξηκονταεννέα, *vid. sub* **ἑξήκοντα** *et* **ἐννέα.**

ἑξηκονταέξ, *vid. sub* **ἑξήκοντα** *et* **ἕξ.**

ἑξηκονταεπτά, *vid. sub* **ἑξήκοντα** *et* **ἑπτά.**

ἑξηκονταετής. (1) בֶּן שִׁשִּׁים שָׁנָה
Le. 27. 3. ἕως ἑξηκονταετοῦς [A ἑξηκοστοῦ ἔτους] (1)
— 7. ἐὰν δὲ ἀπὸ ἑξηκονταετῶν καὶ ἐπάνω (1)

ἑξηκονταοκτώ, *vid. sub* **ἑξήκοντα** *et* **ὀκτώ.**

ἑξηκονταπέντε, *vid. sub* **ἑξήκοντα** *et* **πέντε.**

ἑξηκοστός. (1) שִׁשִּׁים
Le. 27. 3. A ἕως ἑξηκοστοῦ ἔτους [B ἑξηκονταετοῦς] (1)
I Ma. 10. 1. ἐν ἔτει ἑ. καὶ ἑκατοστῷ
— 21. τῷ ἑβδόμῳ μηνὶ ἔτους ἑ. καὶ ἑκατοστοῦ
— 57. ἔτους δευτέρου καὶ ἑ. καὶ ἑκατοστοῦ
— 67. ἐν ἔτει πέμπτῳ καὶ ἑ. καὶ ἑκατοστῷ
11. 19. ἔτους ἑβδόμου καὶ ἑ. καὶ ἑκατοστοῦ
II Ma. 1. 7. ἔτους ἑκατοστοῦ ἑ. ἐνάτου

ἐξηλιάζειν. (1) יָקַע *a.* hi. *b.* hoph.
II Ki. 21. 6. ἐξηλιάσωμεν αὐτοὺς τῷ κυρίῳ (1 *a*)
— 9. καὶ ἐξηλίασαν αὐτοὺς ἐν τῷ ὄρει (1 *a*)
— 13. καὶ συνήγαγε τὰ ὀστᾶ τῶν ἐξηλιασμένων (1 *b*)

ἐξημεροῦν.
IV Ma. 1. 29. ἐξημεροῖ τὰς τῶν ἠθῶν καὶ παθῶν ὕλας

ἑξῆς.
Ex. 10. 1. ἵνα ἑ. ἐπέλθῃ τὰ σημεῖα ταῦτα ἐπ' αὐτούς –
De. 2. 34: 3. 6. ἐξωλεθρεύσαμεν πᾶσαν πόλιν ἑ. †
Jd. 20. 48. A ἀπὸ πόλεως ἑ. [B Μεθλὰ καὶ ἕως] κτήνους †
II Ma. 7. 8. τὴν ἑ. ἔλαβε βάσανον
III Ma. 1. 9. τῶν ἑ. τι τῷ τόπῳ ποιήσας

ἐξηχεῖν. (1) הָמוֹן
Si. 40. 13. ὡς βροντὴ μεγάλη ἐν ὑετῷ ἐξηχήσει
Jl. 3 (4). 14. ἦχοι ἐξήχησαν (1)
III Ma. 3. 2. R φήμη δυσμενὴς ἐξηχεῖτο [A ἐξεχ.]

ἐξιέναι. (1) יָצָא
Ex. 28. 31 (35). εἰσιόντι εἰς τὸ ἅγιον ἔναντι κυρίου καὶ ἐξιόντι (1)
III Ma. 5. 5. κατὰ τὴν ἑσπέραν ἐξιόντες
— 48. τῶν ἐλεφάντων ἐξιόντων
[**Sm.** Ps. 72 (73). 7.]
[**Heb.** Ez. 47. 3.]

ἐξικνεῖσθαι.
Jd. 5. 15. μεγάλοι ἐξικνούμενοι καρδίαν [A *al.*] †

● **ἐξιλάσκειν.** (1) אָשַׁם (2) חָטָא pi. (3) חָלָה pi. (4) יָדַע ni. (5) כָּפַר *a.* pi. *b.* pu. *c.* hithpa. *d.* nithp. (6) פָּלַל pi.
Ge. 32. 20 (21). ἐξιλάσομαι τὸ πρόσωπον αὐ. (5 *a*)
Ex. 30. 10. A^2B^2R ἐξιλάσεται ἐπ' αὐτὸ [B^3 -οῦ, A^1B^1 περὶ αὐτοῦ] (5 *a*)
— 15, 16. ἐξιλάσασθαι περὶ τῶν ψυχῶν ὑμῶν (5 *a*)
● 32. 30. ἵνα ἐξιλάσωμαι περὶ τῆς ἁμαρτίας ὑμῶν (5 *a*)
Le. 1. 4. ἐξιλάσασθαι περὶ αὐτοῦ (5 *a*)
4. 20. ἐξιλάσεται περὶ αὐτῶν ὁ ἱερεύς (5 *a*)
— 26. ἐξιλάσεται περὶ αὐτοῦ ὁ ἱερεὺς ἀπὸ τῆς ἁμαρτίας (5 *a*)
— 31, 35: 5. 6. ἐξιλάσεται περὶ αὐτοῦ ὁ ἱερεύς (5 *a*)
5. 10. ἐξιλάσεται ὁ ἱερεὺς περὶ τῆς ἁμαρτίας (5 *a*)
— 13. ἐξιλάσεται περὶ αὐτοῦ ὁ ἱερεύς (5 *a*)

● = correction on page xxv

Le. 5. 16. ὁ ἱερεὺς ἐξιλάσεται περὶ αὐτοῦ ἐν τῷ κριῷ (5 *a*)
— 18 : 6. 6 (5. 26). ἐξιλάσεται περὶ αὐτοῦ ὁ ἱ. (5 *a*)
6. 30 (23). ἐξιλάσασθαι ἐν τῷ [A τόπῳ] ἁγίῳ (5 *a*)
— 37 (7. 7). ὅστις ἐξιλάσεται ἐν αὐτῷ (5 *a*)
8. 15. τοῦ ἐξιλάσασθαι ἐπ' [A περὶ] αὐτοῦ (5 *a*)
— 34. ὥστε ἐξιλάσασθαι περὶ ὑμῶν (5 *a*)
9. 7. ἐξίλασαι [A -σῃ] περὶ σεαυτοῦ (5 *a*)
— 7. ἐξίλασαι περὶ αὐτῶν (5 *a*)
10. 17. ἐξιλάσησθε περὶ αὐτῶν ἔναντι κ. (5 *a*)
12. 7, 8. ἐξιλάσεται περὶ αὐτῆς ὁ ἱερεύς (5 *a*)
14. 18. ἐξιλάσεται περὶ αὐτοῦ ὁ ἱερεύς (5 *a*)
— 19. ἐξιλάσεται ὁ ἱερεύς (5 *a*)
— 20. ἐξιλάσεται περὶ αὐτοῦ ὁ ἱερεύς (5 *a*)
— 21. ὥστε ἐξιλάσασθαι περὶ αὐτοῦ (5 *a*)
— 29. ἐξιλάσεται περὶ αὐτοῦ ὁ ἱερεύς (5 *a*)
— 31. ἐξιλάσεται ὁ ἱερεὺς περὶ τοῦ καθαριζομένου (5 *a*)
— 53. ἐξιλάσεται περὶ τῆς οἰκίας (5 *a*)
15. 15. ἐξιλάσεται περὶ αὐτοῦ ὁ ἱερεύς (5 *a*)
— 30. ἐξιλάσεται περὶ αὐτῆς ὁ ἱερεύς (5 *a*)
16. 6. ἐξιλάσεται περὶ αὐτοῦ καὶ τοῦ οἴκου (5 *a*)
— 10. τοῦ ἐξιλάσασθαι ἐπ' αὐτοῦ (5 *a*)
— 11. ἐξιλάσεται περὶ αὐτοῦ καὶ τοῦ οἴκου (5 *a*)
— 16. ἐξιλάσεται τὸ ἅγιον ἀπὸ τῶν ἀκαθαρσιῶν (5 *a*)
— 17. εἰσπορευομένου αὐτοῦ ἐξιλάσασθαι (5 *a*)
— 17. ἐξιλάσεται περὶ αὐτοῦ καὶ τοῦ οἴκου (5 *a*)
— 18. ἐξιλάσεται ἐπ' [A ἀπ'] αὐτοῦ (5 *a*)
— 20. συντελέσει ἐξιλασκόμενος τὸ ἅγιον (5 *a*)
— 24. ἐξιλάσεται περὶ αὐτοῦ (5 *a*)
— 27. ὧν τὸ αἷμα εἰσηνέχθη ἐξιλάσασθαι (5 *a*)
— 30. ἐξιλάσεται περὶ ὑμῶν (5 *a*)
— 32. ἐξιλάσεται ὁ ἱερεύς (5 *a*)
— 33. ἐξιλάσεται τὸ ἅγιον τοῦ ἁγίου (5 *a*)
— 33. τὸ θυσιαστήριον ἐξιλάσεται (5 *a*)
— 33. περὶ πάσης συναγωγῆς ἐξιλάσεται (5 *a*)
— 34. ἐξιλάσκεσθαι περὶ τῶν υἱῶν 'Ισ. (5 *a*)
17. 11. ἐξιλάσκεσθαι περὶ τῶν ψυχῶν ὑμῶν (5 *a*)
— 11. τὸ γὰρ αἷμα αὐτοῦ ἀντὶ τῆς ψυχῆς ἐξιλάσεται (5 *a*)
19. 22. ἐξιλάσεται περὶ αὐτοῦ ὁ ἱερεὺς ἐν τῷ κριῷ (5 *a*)
23. 28. ἐξιλάσασθαι περὶ ὑμῶν ἔναντι κυρίου (5 *a*)
Nu. 5. 8. δι' οὗ ἐξιλάσεται ἐν αὐτῷ περὶ αὐτοῦ (5 *a*)
6. 11. ἐξιλάσεται περὶ αὐτοῦ ὁ ἱερεύς (5 *a*)
8. 12. ἐξιλάσασθαι περὶ αὐτῶν (5 *a*)
— 19. ἐξιλάσκεσθαι περὶ τῶν υἱῶν 'Ι. (5 *a*)
— 21. ἐξιλάσατο περὶ αὐτῶν 'Α. (5 *a*)
15. 25. ἐξιλάσεται ὁ [B[1] περὶ αὐτοῦ ὁ] ἱερεύς (5 *a*)
— 28. ἐξιλάσεται ὁ ἱερεὺς περὶ τῆς ψυχῆς (5 *a*)
— 28. ἐξιλάσασθαι περὶ αὐτοῦ (5 *a*)
16. 46 (17. 11). ἐξίλασαι [B[1] -σεται] περὶ αὐτῶν (5 *a*)
— 47 (17. 12). ἐξιλάσατο περὶ τοῦ λαοῦ (5 *a*)
25. 13. ἐξιλάσατο περὶ τῶν υἱῶν 'Ι. (5 *a*)
28. 22, 30 : 29. 5. ἐξιλάσασθαι περὶ ὑμῶν (5 *a*)
29. 11. ἐξιλάσασθαι περὶ ὑμῶν –
31. 50. ἐξιλάσασθαι περὶ ἡμῶν (5 *a*)
35. 33. οὐκ ἐξιλασθήσεται ἡ γῆ ἀπὸ τοῦ αἵματος (5 *b*)
De. 21. 8. ἐξιλασθήσεται αὐτοῖς τὸ αἷμα (5 *d*)
I Ki. 3. 14. εἰ ἐξιλασθήσεται ἀδικία οἴκου 'Η. (5 *c*)
6. 3. καὶ ἐξιλασθήσεται ὑμῖν (4 ?)
II Ki. 21. 3. ἐν τίνι ἐξιλάσωμαι [A -σομαι] (5 *a*)
I Ch. 6. 49 (34). καὶ ἐξιλάσκεσθαι περὶ 'Ι. (5 *a*)
II Ch. 29. 24. καὶ ἐξιλάσαντο τὸ αἷμα αὐτῶν (2)
— 24. καὶ ἐξιλάσαντο περὶ παντὸς 'Ι. (5 *a*)
30. 18. κύριος ἀγαθὸς ἐξιλάσθω ὑπὲρ πάσης καρδίας (5 *a*)
Ne. 10. 33 (34). ἐξιλάσασθαι περὶ 'Ι. (5 *a*)
Ps. 105 (106). 30. ἔστη Φινεὲς καὶ ἐξιλάσατο (6)
Pr. 16. 14. ἀνὴρ δὲ σοφὸς ἐξιλάσεται αὐτόν (5 *a*)
Si. 3. 3. ὁ τιμῶν πατέρα ἐξιλάσεται [A S[2] -άσκεται] ἁμαρτίας
— 30. ἐλεημοσύνη ἐξιλάσεται ἁμαρτίας
5. 6. τὸ πλῆθος τῶν ἁμαρτιῶν μου ἐξιλάσεται
16. 7. οὐκ ἐξιλάσατο [A -λᾶτο] περὶ τῶν ἀρχαίων γιγάντων
20. 28. ὁ ἀρέσκων μεγιστᾶσιν ἐξιλάσεται ἀδικίαν
28. 5. τίς ἐξιλάσεται τὰς ἁμαρτίας αὐτοῦ
31 (34). 19. οὐδὲ ἐν πλήθει θυσιῶν ἐξιλάσκεται ἁμαρτίας
45. 16. ἐξιλάσκεσθαι περὶ τοῦ λαοῦ σου
— 23. ἐξιλάσατο περὶ τοῦ 'Ισραήλ
Hb. 1. 11. διελεύσεται καὶ ἐξιλάσεται (1)
Za. 7. 2. ἐξιλάσασθαι [A S[2] τοῦ ἐξ.] τὸν κύριον (3)
Za. 8. 22. ἐξιλάσασθαι [A S[2] τοῦ ἐξιλάσκεσθαι] τὸ πρόσωπον κυρίου (3)
Ma. 1. 9. ἐξιλάσκεσθε τὸ πρόσωπον τοῦ θεοῦ ὑμῶν (3)
Ez. 16. 63. ἐν τῷ ἐ. μέ σοι κατὰ πάντα (5 *a*)
43. 20. ἐξιλάσονται αὐτό (2 *et* 5 *a*)
— 22. ἐξιλάσονται τὸ θυσιαστήριον καθότι ἐξιλάσαντο ἐν τῷ μόσχῳ (2, 2)
— 26. ἐξιλάσονται τὸ θυσιαστήριον (5 *a*)
45. 15. τοῦ ἐ. [A -σασθαι] περὶ ὑμῶν (5 *a*)
— 17. τοῦ ἐ. ὑπὲρ τοῦ οἴκου 'Ισραήλ (5 *a*)
— 18. τοῦ ἐξιλάσασθαι τὸ ἅγιον (2)
— 20. ἐξιλάσεσθε τὸν οἶκον (5 *a*)
Da. LXX. 3. (40). καὶ ἐξιλάσαι ὄπισθέν σου
Da. TH. 9. 24. τοῦ ἐξιλάσασθαι ἀδικίας (5 *a*)
[**Aq.** Ex. 29. 37 : Is. 27. 9 : Je. 18. 23 : Da. 9. 24.]
[**Sm.** Ex. 29. 37 : Ps. 77 (78). 38 : Is. 27. 9 : 40. 2 : Ez. 16. 63.]
[**Th.** Ex. 29. 37 : Is. 27. 9 : Da. 9. 24.]
[**Al.** Le. 26. 41.]

● **ἐξίλασις.** (1) כִּפֻּרִים
Nu. 29. 11. πλὴν τὸ περὶ τῆς ἁμαρτίας τῆς ἐ. (1)
Hb. 3. 17. A ἐπὶ φάτναις ἐξιλάσεως αὐτῶν [B S *om.* ἐξ. αὐ.] –

ἐξίλασμα. (1) כֹּפֶר
I Ki. 12. 3. ἢ ἐκ χειρὸς τίνος εἴληφα ἐξίλασμα (1)
Ps. 48 (49). 7. οὐ δώσει τῷ θεῷ ἐξίλασμα αὐτοῦ (1)
[**Aq., Sm., Th.** Ex. 30. 12 : Pr. 13. 8 : 21. 18 : Am. 5. 12.]

ἐξιλασμός. (1) *a.* חָטָא pi. *b.* חַטָּאת (2) *a.* כִּפֻּרִים *b.* כַּפֹּרֶת (3) קְפָדָה
Ex. 30. 10. A τοῦ αἵματος τοῦ καθαρισμοῦ τῶν ἁμαρτιῶν τοῦ ἐ. [B *om.* τ. ἁ. τ. ἐ.] (2 *a*)
Le. 23. 27. τῇ δεκάτῃ τοῦ μηνὸς . . . ἡμέρα ἐξιλασμοῦ (2 *a*)
— 28. ἔστι γὰρ ἡμέρα ἐξιλασμοῦ αὕτη ὑμῖν (2 *a*)
Nu. 5. 8. A πλὴν τοῦ κριοῦ τοῦ ἐ. [B ἱλασμοῦ] (2 *a*)
I Ch. 28. 11. καὶ τοῦ οἴκου τοῦ ἐ. (2 *b*)
I Es. 9. 20. καὶ εἰς ἐξιλασμὸν κριούς
Wi. 18. 21. θυμιάματος ἐξιλασμὸν κομίσας
Si. 5. 5. περὶ ἐξιλασμοῦ μὴ ἄφοβος γίνου
16. 11. δυνάστης [A -ῶν] ἐξιλασμῶν
17. 29. ἐξιλασμὸς [S[1] -όν, S[2] ὁ ἐ.] τοῖς ἐπιστρέφουσιν ἐπ' αὐτόν
18. 12. ἐπλήθυνε τὸν ἐ. αὐτοῦ
— 20. ἐν ὥρᾳ ἐπισκοπῆς εὑρήσεις ἐξιλασμόν [A ἱλ.]
32 (35). 3. ἐξιλασμὸς [S[1] ἱλ.] ἀποστῆναι ἀπὸ ἀδικίας
Ez. 7. 25. ἐ. ἥξει (3 ?)
43. 23. μετὰ τὸ συντελέσαι σε τὸν ἐ. (1 *a*)
45. 19. λήψεται ὁ ἱερεὺς ἀπὸ τοῦ αἵματος [A *add.* τοῦ μόσχου] τοῦ ἐ. (1 *b*)
II Ma. 12. 45. περὶ τῶν τεθνηκότων τὸν ἐ. ἐποιήσατο
[**Aq.** Ex. 29. 36 : 30. 10.]
[**Sm., Th.** Ex. 29. 36.]
[**Al.** Le. 4. 14, 20, 21.]

ἐξιλεῖσθαι (?).
[**Aq.** Dt. 32. 43.]

ἐξιππάζεσθαι. (1) פּוּשׁ
Hb. 1. 8. ἐξιππάσονται οἱ ἱππεῖς αὐτοῦ (1)

ἐξίπτασθαι, *cf.* **ἐκπέτεσθαι.** (1) **ἐξίπτασθαι ποιεῖν** נָצַר
Pr. 7. 10. ἣ ποιεῖ νέων ἐξίπτασθαι καρδίας (1 ?)

ἕξις. (1) בָּרִיא (2) גָּבַהּ (3) גְּוִיָּה (4) גֵּו (5) הוֹד (6) זִיו נִדְנֶה
Jd. 14. 9. A ἐκ τῆς ἕ. [B ἀπὸ τοῦ στόματος] τοῦ λέοντος ἐξεῖλε τὸ μέλι (3 ?)
I Ki. 16. 7. μηδὲ εἰς τὴν ἕ. μεγέθους αὐτοῦ (2)
Si. *prol.* 9. ἐν τούτοις ἱκανὴν ἕξιν περιποιησάμενος [S *al.*]
30. 14. πτωχὸς ὑγιὴς καὶ ἰσχύων τῇ ἕ.
Hb. 3. 16. ὑποκάτωθέν μου ἐταράχθη ἡ ἕ. [S[3] ἰσχύς] μου †
Da. LXX. 1. 15. καὶ ἡ ἕ. τοῦ σώματος κρείσσων τῶν ἄλλων νεανίσκων (1)
7. 28. ἡ ἕ. μου διήνεγκεν ἐμοί (6)
Da. TH. 7. 15. ἔφριξε τὸ πνεῦμά μου ἐν τῇ ἕ. μου (4)
10. 8. A ἡ ἕ. [B δόξα] μου μετεστράφη (5)
[**Sm.** La. 4. 7.]

ἐξισάζειν.
Si. 35 (32). 9. ἐν μέσῳ μεγιστάνων μὴ ἐξισάζου [S ἐξουσιάζου]
[**Sm.** Ps. 88 (89). 7.]

ἐξισοῦν. (1) עָמָה
Ex. 37. 16 (38. 18). ἐξισούμενον τοῖς ἱστίοις τῆς αὐλῆς (1)
38. 15 (37. 18). βλαστοὶ . . . ἐξισούμενοι ἀλλήλοις –
[**Aq.** Is. 40. 25.]
[**Sm.** Ex. 15. 11 : Jb. 28. 25 : Ps. 130 (131). 2.]

ἐξιστᾶν, ἐξιστάναι. (1) הָלַל po. (2) הָמַם (3) חָרָה (4) חָדַר (5) חָרֵד *a.* qal. *b.* hi. *c.* adj. (6) חָתַת ni. (7) יָצָא (8) יָרֵא (9) לָבַשׁ (10) מָהַהּ hithp. (11) מָהַר ni. (12) מוּג ni. (13) מָסַס ni. (14) נָדַד (15) נוּעַ (16) נָטַף (17) עִלְפֶּה (18) עָמַד (19) פּוּג (20) פָּחַד (21) פָּעַם *a.* ni. *b.* hithp. (22) רָדָה hi. (23) רָדַם ni. (24) רָחַב (25) רָנַן (26) שָׂעַר (27) שָׁגָה (28) שָׁמֵם *a.* qal. *b.* ni. (29) תָּמַהּ
Ge. 27. 33. ἐξέστη δὲ 'Ισαὰκ ἔκστασιν μεγάλην σφόδρα (5 *a*)
42. 28. καὶ ἐξέστη ἡ καρδία αὐτῶν (7)
43. 33. ἐξίσταντο δὲ οἱ ἄνθρωποι (29)
45. 26. A καὶ ἐξέστη ἡ διάνοια [B τῇ δ.] 'Ιακώβ (19)
Ex. 18. 9. ἐξέστη δὲ 'Ιοθὸρ ἐπὶ πᾶσι τοῖς ἀγαθοῖς (3)
19. 18. καὶ ἐξέστη πᾶς ὁ λαὸς σφόδρα (5 *a*)
23. 27. καὶ ἐκστήσω πάντα τὰ ἔθνη (2)
Le. 9. 24. καὶ εἶδε πᾶς ὁ λαὸς καὶ ἐξέστη (25)
Jo. 2. 11. ἐξέστημεν τῇ καρδίᾳ ἡμῶν (13)
10. 10. ἐξέστησεν αὐτοὺς κύριος (2)
Jd. 4. 15. ἐξέστησε κύριος τὸν Σ. (2)
— 21. καὶ αὐτὸς ἐξεστὼς ἐσκοτώθη [A *al.*] (23)
5. 4. A ὁ οὐρανὸς ἐξεστάθη [B *al.*] (16)
8. 12. πᾶσαν τὴν παρεμβολὴν ἐξέστησε [A *al.*] (5 *b*)
9. 44. A καὶ ἐξέστησαν [B ἔστησαν] (18)
Ru. 3. 8. ἐξέστη [A ἐξανέστη] ὁ ἀνήρ (5 *a*)
I Ki. 4. 13. ἦν καρδία αὐτοῦ ἐξεστηκυῖα (5 *c*)
13. 7. B πᾶς ὁ λαὸς ἐξέστη ὀπίσω αὐτοῦ (5 *a*)
14. 15. οἱ διαφθείροντες ἐξέστησαν (5 *a*)
16. 4. ἐξέστησαν οἱ πρεσβύτεροι . . . τῇ ἀπαντήσει αὐτοῦ (5 *a*)
17. 11. καὶ ἐξέστησαν (6)
21. 1 (2). ἐξέστη 'Α. τῇ ἀπαντήσει αὐτοῦ (5 *a*)
28. 5. ἐξέστη ἡ καρδία αὐτοῦ σφόδρα (5 *a*)
II Ki. 17. 2. ἐκστήσω αὐτόν (5 *b*)
22. 15. καὶ ἐξέστησεν αὐτούς (2)
III Ki. 1. 49. A R καὶ ἐξέστησαν [B ἐξανέστ.] πάντες [A καὶ ἐξανέστησαν πάντες] οἱ κλητοί (5 *a*)
9. 8. πᾶς ὁ διαπορευόμ. δι' αὐτοῦ ἐκστήσεται (28 *a*)
IV Ki. 4. 13. A R ἐξέστησας ἡμῖν [A -ας] πᾶσαν τὴν ἔκστασιν ταύτην [B τὴν π. ἔγκτησιν] (5 *a*)
II Ch. 7. 21. πᾶς ὁ διαπορευόμενος αὐτὸν [A πρὸς αὐ.] ἐκστήσεται (28 *a*)
15. 6. ὁ θεὸς ἐξέστησεν αὐτούς (2)
Ju. 11. 16. A B ἐφ' οἷς ἐκστήσεται πᾶσα ἡ γῆ
12. 16. A B ἐξέστη ἡ καρδία 'Ο. ἐπ' αὐτήν
13. 17. ἐξέστη πᾶς ὁ λαὸς σφόδρα
15. 1. ἐξέστησαν ἐπὶ τὸ γεγονός
Jb. 5. 13. βουλὴν [A -ὰς] δὲ πολυπλόκων [S[1] τρόπων] ἐξέστησεν (11)
12. 17. κριτὰς δὲ γῆς ἐξέστησε (1)
26. 11. ἐξέστησαν ἀπὸ τῆς ἐπιτιμήσεως αὐτοῦ (29)
36. 28. ἐπὶ τούτοις πᾶσιν οὐκ ἐξίσταταί [A -ατό] σου ἡ διάνοια –
Wi. 5. 2. ἐκστήσονται ἐπὶ τῷ παραδόξῳ τῆς σωτηρίας
Si. 43. 18. ἐπὶ τοῦ ὑετοῦ αὐτῆς ἐκστήσεται καρδία
Ho. 3. 5. καὶ ἐκστήσονται ἐπὶ τῷ κυρίῳ (20)
5. 8. ἐξέστη B. †
11. 10. καὶ ἐκστήσονται τέκνα ὑδάτων (5 *a*)
— 11. B[2] R ἐκστήσονται [A B[1] ἐκπτ.] ὡς ὄρνεον ἐξ 'Α. (5 *a*)
Mi. 7. 17. ἐπὶ τῷ κυρίῳ θεῷ ἡμῶν ἐκστήσονται (20)
Hb. 3. 2. κατενόησα τὰ ἔργα σου καὶ ἐξέστην –
Is. 7. 2. ἐξέστη ἡ ψυχὴ αὐτοῦ (15)
10. 31. ἐξέστη Μαδεβηνά (14)

Is. 13. 8. καὶ ἐκστήσονται (29)
16. 3. φεύγουσιν ἐξέστησαν (14)
28. 7. ἱερεὺς καὶ προφήτης ἐξέστησαν (27)
29. 9. ἐκλύθητε καὶ ἔκστητε [S¹ ἔσ.] (10 ?, 29 ?)
32. 11. ἔκστητε λυπήθητε αἱ πεποιθυῖαι (5 a)
33. 3. ἐξέστησαν λαοὶ ἀπὸ τοῦ φόβου σου (14)
41. 2. βασιλεῖς ἐκστήσει (22)
42. 14. ἐκστήσω καὶ ξηρανῶ ἅμα (28 a)
52. 14. ἐκστήσονται ἐπὶ σὲ πολλοί (28 a)
60. 5. ἐκστήσῃ τῇ καρδίᾳ (24)
Je. 2. 12. ἐξέστη ὁ οὐρανὸς ἐπὶ τούτῳ (28 a)
4. 9. οἱ ἱερεῖς ἐκστήσονται (28 b)
9. 10 (9). ἐξέστησαν ᾤχοντο (14)
18. 16. οἱ διαπορευόμενοι [A παραπ.] δι' αὐτῆς ἐκστήσονται (28 a)
30. 12 (49. 23). ἐξέστησαν ἐθυμώθησαν [S¹ ἠθ., A ἐκοιμήθ.] (12)
Ez. 2. 6. μηδὲ ἐκστῇς ἀπὸ προσώπου αὐτῶν (8)
— 6. ἀπὸ προσώπου αὐτῶν μὴ ἐκστῇς (6)
21. 14 (19). ἐκστήσεις [A -σει] αὐτούς (4)
26. 16. ἐκστάσει ἐκστήσονται (9)
27. 31. A κοπετὸν πικρὸν ἐκστήσονται –
— 35. ἐκστάσει ἐξέστησαν (26)
31. 15. A ἐξέστησαν ἐπ' αὐτῷ πάντα τὰ ξύλα τοῦ πεδίου [B al.] (17)
32. 10. οἱ βασιλεῖς αὐτῶν ἐκστάσει ἐκστήσονται (26)
Da. TH. 2. 1. καὶ ἐξέστη τὸ πνεῦμα αὐτοῦ (21 b)
— 3. καὶ ἐξέστη τὸ πνεῦμά μου (21 a)
I Ma. 15. 32. καὶ ἐξίστατο [S¹ -αντο]
16. 22. ἐξέστη σφόδρα
[Aq. Je. 31 (38). 12 : 33 (40). 9 : 50 (27). 13.]
[Sm. Jb. 12. 17 : 27. 5 : Ec. 10. 4 : Je. 50. (27). 13.]
[Th. Dt. 7. 23 : I Ki. 7. 10 : II Ki. 4. 1 : Jb. 26. 11 : Is. 41. 5 : Da. 2. 1, 3.]

ἐξιστάνειν.
III Ma. 1. 25. τὸν ἀγέρωχον αὐτοῦ νοῦν ἐξιστάνειν

ἐξισχύειν.
Si. 7. 6. μὴ οὐκ ἐξισχύσεις [AS ἰσχ.] ἐξᾶραι ἀδικίας

ἐξίσωσις.
[Aq. Za. 4. 7.]

ἐξίτηλος.
[Al. Hb. 3. 17.]

ἐξιχνεύειν.
Si. 6. 27. ἐξίχνευσον καὶ ζήτησον
18. 4. AS τίς ἐξιχνεύσει [B -νιάσει] τὰ μεγαλεῖα αὐτοῦ
42. 18. ἄβυσσον καὶ καρδίαν ἐξίχνευσε

ἐξιχνιάζειν. (1) דָּרַשׁ (2) זָרָה pi. (3) חָקַר *a.* qal. *b.* pi. *c.* חֵקֶר
Jd. 18. 2. καὶ ἐξιχνιάσαι αὐτήν (3 a)
— 2. ἐξιχνιάσατε [A -ερευνήσατε] τὴν γῆν (3 a)
Jb. 5. 27. ταῦτα οὕτως ἐξιχνιάσαμεν (3 a)
8. 8. ἐξιχνίασον δὲ κατὰ γένος πατέρων (3 c ?)
10. 6. τὰς ἁμαρτίας μου ἐξιχνίασας (1)
13. 9. καλὸν γὰρ ἐὰν ἐξιχνιάσῃ ὑμᾶς [A al.] (3 a)
28. 27. ἑτοιμάσας ἐξιχνίασεν (3 a)
29. 16. δίκην δὲ ἣν οὐκ ᾔδειν ἐξιχνίασα (3 a)
Ps. 138 (139). 3. τὴν σχοινόν μου ἐξιχνίασας (2)
Ec. 12. 9. οὓς ἐξιχνιάσεται [S² αὐτοῦ ἐξιχνιάσατο] κόσμιον παραβολῶν (3 b)
Wi. 6. 22. ἀπ' ἀρχῆς γενέσεως ἐξιχνιάσω
9. 16. τὰ δὲ ἐν οὐρανοῖς τίς ἐξιχνίασε
Si. 1. 3. ἄβυσσον καὶ σοφίαν τίς ἐξιχνιάσει
18. 4. τίς ἐξιχνιάσει [AS -νεύσει] τὰ μεγαλεῖα αὐτοῦ
— 6. οὐκ ἔστιν ἐξιχνιάσαι τὰ θαυμάσια τοῦ κ.
24. 28. ὁ ἔσχατος οὐκ ἐξιχνίασεν αὐτήν
[Aq. Jb. 32. 11 : Ps. 43 (44). 22 : Pr. 25. 2 : 28. 11.]
[Sm. I Ki. 20. 12 : Jb. 32. 11 : 37. 4 : Pr. 25. 2.]
[Th. Ps. 138 (139). 3 : Pr. 28. 11.]

ἐξιχνιασμός. (1) חֵקֶר
Jd. 5. 16. A μεγάλοι ἐ. [B ἐξετασμοὶ] καρδίας (1)
[Aq. Jb. 11. 7 : 38. 16 : Ps. 94 (95). 4.]
[Sm. Jd. 5. 16.]

ἑξκαίδεκα, *vid. sub* **ἕξ** *et* **δέκα.**

ἐξοδεύειν. (1) שָׁדַד
Jd. 5. 27. ἐκεῖ ἔπεσεν ἐξοδευθεὶς [A ταλαίπωρος] (1)
I Es. 4. 23. ἐκπορεύεται ἐξοδεύειν καὶ [A εἰς ἐξοδίαν] λῃστεύειν
I Ma. 15. 41. ὅπως ἐκπορευόμενοι ἐξοδεύωσι [S -σουσιν] τὰς ὁδοὺς
II Ma. 12. 19. Δ. δὲ καὶ Σ. . . . ἐξοδεύσαντες

ἐξοδία. (1) גְּדוּד (2) יָצָא
De. 16. 3. τὴν ἡμέραν τῆς ἐ. ὑμῶν (2)
33. 18. εὐφράνθητι Ζαβουλὼν ἐν ἐξοδίᾳ σου (2)
I Ki. 18. 30. A ἀφ' ἱκανοῦ ἐξοδίας αὐτῶν (2)
II Ki. 3. 22. παρεγίνοντο ἐκ τῆς ἐ. (1)
11. 1. εἰς τὸν καιρὸν τῆς ἐ. τῶν βασιλέων (2)
III Ki. 3. 1 (2. 37). A ἐν τῇ ἡμέρᾳ τῆς ἐ. [B ἐξόδου] σου (2)
I Es. 4. 23. A ἐκπορεύεται εἰς ἐξοδίαν [B ἐξοδεύειν καὶ] λῃστεύειν
Mi. 7. 15. κατὰ τὰς ἡμέρας ἐξοδίας σου ἐξ Αἰ. (2)
Ez. 26. 18. A ταραχθήσονται νῆσοι ἐν τῇ θαλάσσῃ ἀπὸ τῆς ἐ. σου (2)
[Th. Ez. 26. 18.]

ἐξοδιάζειν. (1) יָצָא
IV Ki. 12. 12 (13). ὅσα ἐξωδιάσθη ἐπὶ τὸν οἶκον (1)

ἐξόδιον. (1) עֲצֶרֶת
Le. 23. 36. ἐ. ἐστι (1)
Nu. 29. 35. ἐξόδιον ἔσται ὑμῖν (1)
De. 16. 8. ἐξόδιον ἑορτὴ κυρίῳ (1)
II Ch. 7. 9. καὶ ἐποίησεν ἐν τῇ ἡμέρᾳ τῇ ὀγδόῃ ἐξόδιον (1)
Ne. 8. 18. καὶ τῇ [S¹ ἐν τῇ] ἡμέρᾳ τῇ ὀγδόῃ ἐξόδιον (1)
Ps. 28 (29). *tit.* ψαλμὸς τῷ Δ. ἐξοδίου σκηνῆς –

ἔξοδος. (1) בּוֹא *a.* qal. *b.* hi. (2) דֶּרֶךְ (3) חוּץ (4) יָצָא *a.* qal. *b.* hi. *c.* מוֹצָא *d.* מוֹצָאָה *e.* תּוֹצָאוֹת (5) צוֹאָה (6) צִנָּה (7) ὕδατος ἔξοδος מָקוֹר
Ex. *tit.* Ἔξοδος [A Ἔ. Αἰγύπτου]
19. 1. τοῦ δὲ μηνὸς τοῦ τρίτου τῆς ἐ. τῶν υἱῶν Ἰσ. (4 a)
23. 16. ἐπ' ἐξόδου [A -ῳ] τοῦ ἐνιαυτοῦ (4 a)
subscr. B ἔξοδος [A ἔ. τῶν υἱῶν Ἰ. ἐξ Αἰ., R τέλος τῆς ἐ.]
Nu. 33. 38. ἐν τῷ τεσσαρακοστῷ ἔτει τῆς ἐ. (4 a)
35. 26. ἐὰν δὲ ἐξόδῳ ἐξέλθῃ (4 a)
Jd. 5. 4. ἐν τῇ ἐ. σου ἐν [A ἐκ] Σηείρ (4 a)
— 31. ὡς ἔξοδος [A καθὼς ἡ ἀνατολὴ τοῦ] ἡλίου (4 a)
I Ki. 29. 6. ἡ ἔ. σου καὶ ἡ εἴσοδός σου (4 a)
II Ki. 1. 20. μὴ εὐαγγελίσησθε ἐν ταῖς ἐ. Ἀ. (3)
3. 25. γνῶναι τὴν ἔ. σου (4 c)
22. 43. ὡς πηλὸν ἐξόδων ἐλέπτυνα αὐτούς (3)
III Ki. 3. 1 (2. 37). ἐν τῇ ἡμέρᾳ τῆς ἐ. [A ἐξοδίας] σου (4 a)
— 7. οὐκ οἶδα τὴν ἔ. μου (4 a)
6. 1. ἐν τῷ . . . ἔτει τῆς ἐ. υἱῶν Ἰ. ἐξ Αἰ. (4 a)
10. 28. καὶ ἡ ἔ. Σ. τῶν ἱππέων [A τῶν ἵππων Σ.] (4 c)
— 29. ἀνέβαινεν ἡ ἔ. ἐξ Αἰ. ἅρμα [A ἅρματα ἐξ Αἰ.] (4 a)
21 (20). 34. ἐξόδους [B² -ον] θήσεις σαυτῷ (3)
IV Ki. 19. 27. τὴν καθέδραν σου καὶ τὴν ἔ. σου (4 a)
I Ch. 5. 16. πάντα τὰ περίχωρα Σ. ἕως ἐξόδου (4 e)
20. 1. ἐν τῇ ἐ. τῶν βασιλέων (4 a)
II Ch. 1. 16. AR ἡ ἔ. τῶν ἵππων [B -έων] τῶν [B τῷ, R om.] Σ. (4 c)
9. 28. καὶ ἡ ἔ. τῶν ἵππων ἐξ Αἰ. (4 b)
16. 1. τοῦ μὴ δοῦναι ἔξοδον καὶ εἴσοδον τῷ Ἀ. (4 a)
23. 8. ἕως ἐξόδου τοῦ σαββάτου (4 a)
32. 30. αὐτὸς Ἐ. ἐνέφραξε τὴν ἔ. τοῦ ὕδατος (4 c)
I Es. 2. 24. B ἔξοδος [A R κάθοδος] οὐκέτι σοι ἔσται
Ne. 4. 21 (15). ἕως ἐξόδου τῶν ἄστρων (4 a)
Ju. 1. 4. AS²R εἰς ἐξόδους δυνάμεων [BS¹ al.]
13. 3. AB ἐπιτηρεῖν τὴν ἔ. αὐτῆς
Jb. 38. 27. τοῦ ἐκβλαστῆσαι ἔξοδον χλόης (4 c)
Ps. 18 (19). 6. ἀπ' ἄκρου τοῦ οὐρανοῦ ἡ ἔ. αὐτοῦ (4 c)
64 (65). 8. ἐξόδους πρωΐας καὶ ἑσπέρας τέρψεις (4 c)
73 (74). 5. S² ὡς εἰς τὴν ἔ. [B εἴσοδον, S¹ ὁδὸν] ὑπεράνω (1 b)
74 (75). 6. οὔτε ἀπὸ [S² ἐξ] ἐξόδων (4 c)
104 (105). 38. εὐφράνθη Αἴγυπτος ἐν τῇ ἐ. αὐτῶν (4 a)
106 (107). 33. καὶ διεξόδους [S¹ ἐξ.] ὑδάτων (4 c)
113 (114). 1. ἐν ἐξόδῳ Ἰσραὴλ ἐξ Αἰγύπτου (4 a)
Ps. 120 (121). 8. κύριος φυλάξει . . . τὴν ἔ. σου (1 a)
143 (144). 13. τὰ πρόβατα αὐτῶν . . . πληθύνοντα ἐν ταῖς ἐ. αὐτῶν (3)
Pr. 1. 20. σοφία ἐν ἐξόδοις ὑμνεῖται (3)
4. 23. ἐκ γὰρ τούτων ἔξοδοι ζωῆς (4 e)
8. 35. αἱ γὰρ ἔ. μου ἔξοδοι ζωῆς †, †
24. 35 (30. 12). τὴν δὲ ἔ. αὐτοῦ οὐκ ἀπένιψεν (5)
— 42 (27). ἑτοίμαζε εἰς τὴν ἔ. τὰ ἔργα σου (3)
25. 13. ASR ὥσπερ ἔξοδος χιόνος [B om.] ἐν ἀμητῷ (6)
— 26. καὶ ὕδατος ἔξοδον λυμαίνοιτο (7)
Wi. 3. 2. ἐλογίσθη κάκωσις ἡ ἔ. αὐτῶν
7. 6. ἔξοδός τε ἴση
Si. 38. 23. ἐν ἐξόδῳ πνεύματος αὐτοῦ
40. 1. ἀφ' ἡμέρας ἐξόδου ἐκ γαστρὸς μητρὸς αὐτῶν
43. 2. ἥλιος ἐν ὀπτασίᾳ διαγγέλλων ἐν ἐξόδῳ
50. 5. ἐν ἐξόδῳ οἴκου καταπετάσματος
— 8. ὡς κρίνα ἐπ' ἐξόδων [AS -ῳ] ὕδατος
Mi. 5. 2 (1). ἔξοδοι [A αἱ ἔ.] αὐτοῦ ἀπ' ἀρχῆς (4 d)
Is. 37. 28. τὴν ἔ. σου . . . ἐγὼ ἐπίσταμαι (4 a)
51. 20. οἱ καθεύδοντες ἐπ' ἄκρου πάσης ἐξόδου (3)
Je. 11. 13. κατ' ἀριθμὸν ἐξόδων [S τῶν ἐ.] τῆς Ἱερ. (3)
La. 2. 19. τῶν ἐκλυομ. λιμῷ ἐπ' ἀρχῆς πασῶν ἐ. (3)
— 21. ἐκοιμήθησαν εἰς τὴν ἔ. παιδάριον καὶ πρεσβύτης (3)
4. 1. ἐξεχύθησαν λίθοι ἅγιοι ἐπ' ἀρχῆς πασῶν ἐ. (3)
— 5. ἠφανίσθησαν ἐν ταῖς ἐ. (3)
— 8. οὐκ ἐπεγνώσθησαν ἐν ταῖς ἐ. (3)
— 14. ἐσαλεύθησαν ἐγρήγοροι αὐτῆς ἐν [A ἐπὶ] ταῖς ἐ. (3)
Ez. 16. 25. A ἐπ' ἀρχὴν πασῶν ἐξόδων [B al.] (2)
42. 11. κατὰ πάσας τὰς ἐ. αὐτῶν (4 c)
43. 11. διαγράψεις . . . τὰς ἐ. αὐτοῦ (4 c)
44. 5. κατὰ πάσας τὰς ἐ. αὐτοῦ (4 c)
47. 3. καθὼς ἔ. ἀνδρὸς ἐξ ἐναντίας (4 a)
Da. TH. 9. 25. ἀπὸ ἐξόδου λόγου (4 c)
III Ma. 5. 26. R ἐκάλει [A ἐπικαλεῖ] πρὸς τὴν ἔ.
— 27. R καταπλαγέντος ἐπὶ τῇ παρανόμῳ [A ἀν.] ἐ.
[Aq. Ex. 21. 7 : Nu. 33. 2 : Ps. 120 (121). 8 : Pr. 8. 26 : Is. 58. 11 : Je. 11. 6, 13 : 51 (28). 4 : Ez. 26. 18.]
[Sm. Nu. 33. 2 : Ps. 67 (68). 21 : Pr. 8. 26 : Is. 13. 10 : 58. 11 : Je. 11. 13 : 48 (31). 9 : La. 4. 14.]
[Th. Nu. 33. 2 : Jb. 38. 27 : Is. 13. 10 : 58. 11 : Je. 11. 6 : 33 (40). 10 : Ez. 26. 11.]
[Sext. Ps. 74 (75). 7.]

ἐξοικίζειν.
[Sm. Je. 27 (34). 20 : 40 (47). 1.]

ἐξοικισμός.
[Sm. Ez. 3. 11.]

ἐξοικοδομεῖν. (1) בָּנָה
Ne. 3. 15. R αὐτὸς ἐξῳκοδόμησεν αὐτήν (1)

ἔξοικος. (1) ἔξοικος γίνεσθαι אָבַד
Jb. 6. 18. ἀπωλόμην δὲ καὶ ἔξοικος ἐγενόμην (1)

ἐξοκέλλειν. (1) נָדַח hi.
Pr. 7. 21. βρόχοις τε τοῖς ἀπὸ χειλέων ἐξώκειλεν αὐτόν (1)

ἐξολεθρεύειν (-ολοθρ.). (1) אָבַד *a.* pi. *b.* hi. (2) בָּעַר pi. (3) גָּדַע (4) הָדַף (5) חָרֵב (6) חָרַם *a.* hi. *b.* hoph. (7) יָרַשׁ hi. (8) כָּחַד hi. (9) כָּלָה *a.* pi. *b.* pu. (10) כָּרַת *a.* qal. *b.* ni. *c.* hi. (11) נָחַל (12) נָכָה hi. (13) נָשַׂג hi. (14) עָבַר (15) צָמַת hi. (16) רָזָה (17) שָׁדַד (18) שָׁחַת *a.* ni. *b.* pi. *c.* hi. *d.* מַשְׁחִית (19) שָׁמַד *a.* ni. *b.* hi. (20) אָשֵׁם (21) παραλογίζεσθαι ἐξολεθρεῦσαι דָּמָה pi.
Ge. 17. 14. ἐξολεθρευθήσεται ἡ ψυχὴ ἐκείνη (10 b)
Ex. 8. 24 (20). καὶ ἐξωλεθρεύθη ἡ γῆ ἀπὸ τῆς κυνομυίης (18 a)
12. 15, 19. ἐξολεθρευθήσεται ἡ ψυχὴ ἐκείνη (10 b)
22. 20 (19). A ἐξολεθρευθήσεται [B ὀλεθρ.] (6 b)
30. 33. ἐξολεθρευθήσεται ἐκ τοῦ λαοῦ αὐτοῦ (10 b)
31. 14 : Le. 17. 4. ἐξολεθρευθήσεται ἡ ψυχὴ ἐκείνη (10 b)

Le. 17. 9. ἐξολεθρευθήσεται ὁ ἄνθρ. ἐκεῖνος (10 *b*)
— 14. πᾶς ὁ ἔσθων αὐτὸ ἐξολεθρευθήσεται (10 *b*)
18. 29. ἐξολεθρευθήσονται αἱ ψυχαὶ αἱ ποιοῦσαι (10 *b*)
19. 8. ἐξολεθρευθήσονται αἱ ψυχαὶ αἱ ἔσθουσαι (10 *b*)
20. 17. ἐξολεθρευθήσονται ἐνώπιον υἱῶν γένους αὐτῶν (10 *b*)
— 18. ἐξολεθρευθήσονται ἀμφότεροι (10 *b*)
22. 3. ἐξολεθρευθήσεται ἡ ψυχὴ ἐκείνη ἀπ' ἐμοῦ (10 *b*)
23. 29. ἐξολεθρευθήσεται ἐκ τοῦ λαοῦ αὐτῆς (10 *b*)
26. 30. ἐξολεθρεύσω τὰ ξύλινα χειροποίητα ὑμῶν (10 *c*)
Nu. 4. 18. A μὴ ἐξολεθρεύσητε [B ὀλ.] τῆς φυλῆς τὸν δῆμον (10 *c*)
9. 13 : 15. 30 : 19. 20. ἐξολεθρευθήσεται ἡ ψυχὴ ἐκείνη (10 *b*)
De. 1. 27. ἐξολεθρεῦσαι ἡμᾶς (19 *b*)
2. 34. ἐξωλεθρεύσαμεν πᾶσαν πόλιν (6 *a*)
3. 6. A B^1 ἐξωλεθρεύσαμεν αὐτούς [B^2 R *om.*] (6 *a*)
— 6. ἐξωλεθρεύσαμεν πᾶσαν πόλιν (6 *a*)
4. 38. ἐξολεθρεῦσαι ἔθνη μεγάλα (7)
6. 15. μὴ . . . ἐξολεθρεύσῃ [B^1 -σει] σε (19 *b*)
7. 4. ἐξολεθρεύσει σε τὸ τάχος (19 *b*)
— 10. ἐξολεθρεῦσαι αὐτούς (1 *b*)
— 17. πῶς δυνήσομαι ἐξολεθρεῦσαι αὐτούς (7)
— 23. B^2 R ἕως ἂν ἐξολεθρεύσητε [A -σει, B^1 -σῃ] αὐτούς (19 *a*)
— 24. ἕως ἂν ἐξολεθρεύσῃς [B^1 -σῃ] αὐτούς (19 *b*)
9. 3. A καὶ ἐξολεθρεύσει αὐτούς –
— 3. οὗτος ἐξολεθρεύσει αὐτούς (19 *b*)
— 4 (A), 5. κύριος ἐξολεθρεύσει αὐτούς (7)
— 8. ἐξολεθρεῦσαι ὑμᾶς (19 *b*)
— 14. ἔασόν με ἐξολεθρεῦσαι αὐτούς (19 *b*)
— 19. τοῦ ἐξολεθρεῦσαι ὑμᾶς (19 *b*)
— 20. ἐξολεθρεῦσαι [A τοῦ ἐξ.] αὐτόν (19 *b*)
— 25. εἶπε γὰρ κύριος ἐξολεθρεῦσαι ὑμᾶς (19 *b*)
— 26. μὴ ἐξολεθρεύσῃς τὸν λαόν σου (18 *c*)
10. 10. οὐκ ἠθέλησε κ. ἐξολεθρεῦσαι ὑμᾶς (18 *c*)
12. 29. ἐὰν δὲ ἐξολεθρεύσῃ . . . τὰ ἔθνη (10 *c*)
— 30. μετὰ τὸ ἐξολεθρευθῆναι αὐτούς (19 *a*)
18. 12. ἐξολεθρεύσει αὐτοὺς ἀπὸ προσώπου σου (7)
20. 19. οὐκ ἐξολεθρεύσεις τὰ δένδρα αὐτῆς (18 *c*)
— 20. A τοῦτο ἐξολεθρεύσεις [B ὀλ.] (18 *c*)
28. 20. ἕως ἂν ἐξολεθρεύσῃ σε (19 *a*)
— 45. ἕως ἂν ἐξολεθρεύσῃ [A -σαι] σε (19 *a*)
— 48. ἕως ἂν ἐξολεθρεύσῃ σε (19 *b*)
— 61. ἕως ἂν ἐξολεθρεύσῃ σε (19 *a*)
— 63. ἐξολεθρεῦσαι ὑμᾶς (1 *b et* 19 *b*)
31. 3. ἐξολεθρεύσει τὰ ἔθνη ταῦτα (19 *b*)
— 4. καθότι ἐξωλέθρευσεν αὐτούς (19 *b*)
33. 19. ἔθνη ἐξολεθρεύσουσι †
Jo. 2. 10. οὓς ἐξωλεθρεύσατε αὐτούς (6 *a*)
7. 25. ἐξολεθρεῦσαι σε κύριος (14)
9. 24. καὶ ἐξολεθρεῦσαι ἡμᾶς (19 *b*)
10. 1. καὶ ἐξωλέθρευσεν αὐτήν (6 *a*)
— 28. ἐξωλέθρευσαν πᾶν [A αὐτοὺς καὶ πᾶν] ἐμπνέον (6 *a*)
— 32. καὶ ἐξωλέθρευσαν [A -σεν] αὐτήν †
— 37, 39. ἐξωλέθρευσαν αὐτήν (6 *a*)
— 40. πᾶν ἐμπνέον . . . ἐξωλέθρευσεν [A -σαν] (6 *a*)
11. 11. ἐξωλέθρευσαν [A -σεν] πάντας (6 *a*)
— 12. ἐξωλέθρευσαν [A -σεν] αὐτούς (6 *a*)
— 14. αὐτοὺς δὲ πάντας ἐξωλέθρευσαν (12)
— 20. ἵνα ἐξολεθρευθῶσιν (6 *a*)
— 20. ἵνα ἐξολεθρευθῶσιν (19 *b*)
— 21. ἐξωλέθρευσε τοὺς Ἐνακίμ (10 *c*)
— 21. ἐξωλέθρευσεν αὐτοὺς Ἰησοῦς (6 *a*)
13. 6. ἐγὼ αὐτοὺς ἐξολεθρεύσω (7)
— 12. καὶ ἐξωλέθρευσε (7)
— 13. οὐκ ἐξωλέθρευσαν οἱ υἱοὶ Ἰ. τὸν Γ. (7)
14. 12. ἐξολεθρεύσω αὐτούς (7)
15. 14. ἐξωλέθρευσεν ἐκεῖθεν . . . τοὺς τρεῖς υἱοὺς Ἐνάκ (7)
17. 12. ἐξολεθρεῦσαι τὰς πόλεις ταύτας (7)
— 13. ἐξολεθρεῦσαι [A ὀλεθρεῦσει] δὲ αὐτοὺς οὐκ ἐξωλέθρευσαν (7, 7)
— 18. ὅταν ἐξολεθρεύσῃς τὸν Χαναναῖον (7)
22. 33. ἐξολεθρεῦσαι τὴν γῆν τῶν υἱῶν Ῥ. (18 *b*)
23. 4. καὶ [A ἃ] ἐξωλέθρευσα (10 *c*)
— 5. οὗτος [A αὐτὸς] ἐξολεθρεύσει αὐτούς (4)
— 5. ἕως ἂν ἐξολεθρεύσῃ [A -σει] αὐτούς (7)
— 9. ἐξολεθρεύσει [A -ωλέθρευσεν] αὐτοὺς κύριος (7)
Jo. 23. 13. τοῦ ἐξολεθρεῦσαι τὰ ἔθνη ταῦτα (7)
— 15. ἕως ἂν ἐξολεθρεύσῃ ὑμᾶς (19 *b*)
24. 8. ἐξωλεθρεύσατε αὐτούς (19 *b*)
Jd. 1. 17. καὶ ἐξωλέθρευσαν αὐτούς [A -ήν] (6 *a*)
— 19. ἐξολεθρεῦσαι [A κληρονομῆσαι] τοὺς κατοικοῦντας (7)
2. 3. A ὃν εἶπα τοῦ ἐξολεθρεῦσαι αὐτούς [B *al.*] †
4. 24. ἕως οὗ ἐξωλέθρευσαν τὸν Ἰ. [A *al.*] (10 *c*)
6. 26. οὐ ἐξολεθρεύσεις [A ὁ ἐκκόψεις] (10 *a*)
Ru. 4. 10. οὐκ ἐξολεθρευθήσεται τὸ ὄνομα τοῦ τεθνηκότος (10 *b*)
I Ki. 2. 31. ἐξολεθρεύσω τὸ σπέρμα σου (3)
— 33. A R ἄνδρα οὐκ ἐξολεθρεύσω σοι [B *om.*] (10 *c*)
15. 3. καὶ ἐξολεθρεύσεις αὐτόν (6 *a* ?)
— 8. A καὶ πάντα τὸν λαὸν ἐξωλέθρευσεν [B *om.*] (6 *a*)
— 9. οὐκ ἐβούλετο ἐξολεθρεῦσαι αὐτά (6 *a*)
— 9. πᾶν ἔργον ἠτιμωμένον . . . ἐξωλέθρευσαν [A -σεν] (6 *a*)
— 15. τὰ λοιπὰ ἐξωλέθρευσα (6 *a*)
— 18. πορεύθητι καὶ ἐξολέθρευσον (6 *a*)
— 20. καὶ τὸν Ἀ. ἐξωλέθρευσα (6 *a*)
24. 22. οὐκ ἐξολεθρεύσεις τὸ σπέρμα μου ὀπίσω μου (10 *c*)
28. 9. ὡς ἐξωλέθρευσε τοὺς ἐγγαστριμύθους (10 *c*)
II Ki. 4. 11. ἐξολεθρεύσω ὑμᾶς ἐκ τῆς γῆς (2)
7. 9. ἐξωλέθρευσα πάντας τοὺς ἐχθρούς σου (10 *c*)
21. 5. ὃς παρελογίσατο ἐξολεθρεῦσαι ἡμᾶς (21)
III Ki. 2. 4. οὐκ ἐξολεθρευθήσεταί σοι ἀνήρ (10 *b*)
10. 22 (B), 9. 21 (A). οὐκ ἐδύναντο οἱ υἱοὶ Ἰ. ἐξολεθρεῦσαι αὐτούς (6 *a*)
11. 15. ἐν τῷ ἐξολεθρεῦσαι Δ. τὸν Ἐ. †
— 16. ἕως ὅτου [A οὗ] ἐξωλέθρευσε πᾶν ἀρσενικόν (10 *c*)
12. 24 (*cf.* A 14. 10). B ἐγὼ ἐξολεθρεύσω τοῦ Ἰ. οὐροῦντα πρὸς τοῖχον (10 *c*)
14. 10. A ἐξολεθρεύσω τοῦ Ἰ. οὐροῦντα πρὸς τοῖχον (10 *c*)
15. 29. ἕως τοῦ [A οὗ] ἐξολεθρεῦσαι αὐτόν (19 *b*)
16. 33. B τὴν ψυχὴν αὐτοῦ τοῦ ἐξολεθρευθῆναι –
18. 5. οὐκ ἐξολεθρευθήσονται ἀπὸ τῶν σκηνῶν [A κτηνῶν] (10 *c*)
20 (21). 21. ἐξολεθρεύσω τοῦ Ἀ. οὐροῦντα πρὸς τοῖχον (10 *c*)
— 26. ὃν [A ὧν] ἐξωλέθρευσε κύριος (7)
IV Ki. 9. 7. καὶ ἐξολεθρεύσεις τὸν οἶκον Ἀ. (12)
— 8. ἐξολεθρεύσεις [B^2 -σω] τῷ οἴκῳ [A τοῦ οἰ.] Ἀ. οὐροῦντα (10 *c*)
18. 4 : 23. 14. καὶ ἐξωλέθρευσε τὰ ἄλση (10 *a*)
I Ch. 17. 8. καὶ ἐξωλέθρευσα πάντας τοὺς ἐχθρούς σου (10 *c*)
21. 12. μάχαιρα ἐχθρῶν σου τοῦ ἐξολεθρεῦσαι (13)
— 12. καὶ ἄγγελος κυρίου ἐξολεθρεύων (18 *c*)
— 15. τοῦ ἐξολεθρεῦσαι αὐτήν (18 *c*)
— 15. ὡς ἐξωλέθρευεν [A -ευσεν] (18 *c*)
— 15. καὶ εἶπε τῷ ἀγγέλῳ τῷ ἐξολεθρεύοντι (18 *c*)
II Ch. 8. 8. R οὓς οὐκ [A B *om.*] ἐξωλέθρευσαν οἱ υἱοὶ Ἰ. (9 *a*)
20. 7. A R ὁ [A B *om.*] ἐξολεθρεύσας [B ἐξωλ.] τοὺς κατοικοῦντας (7)
— 10. καὶ οὐκ ἐξωλέθρευσαν αὐτούς (19 *b*)
— 23. A B ἐξολεθρεῦσαι καὶ ἐκτρῖψαι [R *add.* αὐτοὺς] (6 *a*)
— 23. ἀνέστησαν εἰς ἀλλήλους τοῦ ἐξολεθρευθῆναι (18 *d*)
21. 7. οὐκ ἐβούλετο κύριος ἐξολεθρεῦσαι τὸν οἶκον Δ. (18 *c*)
22. 4. τοῦ ἐξολεθρεῦσαι αὐτόν (18 *d*)
28. 3. ὧν ἐξωλέθρευσε κύριος (7)
32. 14. οὓς ἐξωλέθρευσαν οἱ πατέρες μου (6 *a*)
33. 2. οὓς ἐξωλέθρευσε κύριος (7)
34. 11. οὓς ἐξωλέθρευσαν βασιλεῖς Ἰ. (18 *c*)
36. 5. οὐκ ἠθέλησε κύριος ἐξολεθρεῦσαι αὐτούς –
Ju. 1. 15. καὶ ἐξωλέθρευσεν αὐτόν
3. 8. ἐξολεθρεῦσαι πάντας τοὺς θεοὺς [S ἐξ. τοὺς φόρους (? φόβους)] τῆς γῆς
5. 15. πάντας τοὺς Ἐ. ἐξωλέθρευσαν [S καὶ πάντας ἐξ.]
— 18. ἐξωλεθρεύθησαν ἐν πολλοῖς πολέμοις
6. 3. ἐξολεθρεύσει αὐτοὺς ἀπὸ προσώπου τῆς γῆς
— 3. A ἐξολεθρεύσωμεν [B S πατάξομεν] αὐτούς
— 8. ἕως οὗ ἐξολεθρευθῇς μετ' αὐτῶν
Ju. 14. 13. ἵνα ἐξολεθρευθῶσιν εἰς τέλος
Ps. 11 (12). 3. ἐξολεθρεῦσαι [A -λεθρεύσει] κύριος πάντα τὰ χείλη τὰ δόλια (10 *c*)
17 (18). 40. τοὺς μισοῦντάς με ἐξωλέθρευσας (15)
33 (34). 16. τοῦ ἐξολεθρεῦσαι ἐκ γῆς τὸ μνημόσυνον αὐτῶν (10 *c*)
36 (37). 9. οἱ πονηρευόμ. ἐξολεθρευθήσονται (10 *b*)
— 22. οἱ δὲ καταρώμενοι αὐτὸν ἐξολεθρευθήσονται (10 *b*)
— 28. σπέρμα ἀσεβῶν ἐξολεθρευθήσεται (10 *b*)
— 34. ἐν τῷ ἐξολεθρεύεσθαι ἁμαρτωλοὺς (10 *b*)
— 38. οἱ δὲ παράνομοι ἐξολεθρευθήσονται ἐπὶ τὸ αὐτὸ τὰ ἐγκαταλείμματα τῶν ἀσεβῶν ἐξολεθρευθήσονται [S -σεται] (19 *a*, 10 *b*)
43 (44). 2. ἡ χείρ σου ἔθνη ἐξωλέθρευσε (7)
53 (54). 5. ἐν τῇ ἀληθείᾳ σου ἐξολέθρευσον αὐτούς (15)
72 (73). 27. ἐξωλέθρευσας πάντα τὸν πορνεύοντα ἀπὸ σοῦ (15)
81 (82). 8. S^1 σὺ ἐξολεθρεύσεις ἐν πᾶσι τοῖς ἔθνεσιν [A B S^2 *al.*] (11)
82 (83). 4. ἐξολεθρεύσωμεν αὐτοὺς ἐξ ἔθνους (8)
— 10. ἐξωλεθρεύθησαν ἐν Ἀενδώρ (19 *a*)
91 (92). 7. ὅπως ἂν ἐξολεθρευθῶσιν εἰς τὸν αἰῶνα τοῦ αἰῶνος (19 *a*)
100 (101). 8. τοῦ ἐξολεθρεῦσαι ἐκ πόλεως κυρίου πάντας τοὺς ἐργαζομένους τὴν ἀδικίαν [A S ἀνομίαν] (10 *c*)
105 (106). 23. εἶπε τοῦ ἐξολεθρεῦσαι αὐτούς (19 *b*)
— 23. τοῦ μὴ ἐξολεθρεῦσαι (18 *c*)
— 34. οὐκ ἐξωλέθρευσαν τὰ ἔθνη (19 *b*)
108 (109). 15. ἐξολεθρευθείη ἐκ γῆς τὸ μνημόσυνον αὐτῶν (10 *c*)
142 (143). 12. ἐξολεθρεύσεις τοὺς ἐχθρούς μου (15)
144 (145). 20. πάντας τοὺς ἁμαρτωλοὺς ἐξολεθρεύσει [S -εύει] (19 *b*)
Wi. 12. 8. ἵνα αὐτοὺς κατὰ βραχὺ ἐξολεθρεύσωσιν
Ho. 8. 4. ὅπως ἐξολεθρευθῶσιν (10 *b*)
Am. 1. 5. ἐξολεθρεύσω κατοικοῦντας ἐκ πεδίου Ὤν (10 *c*)
— 8. ἐξολεθρεύσω κατοικοῦντας ἐξ Ἀ. (10 *c*)
2. 3. ἐξολεθρεύσω κριτὴν ἐξ αὐτῆς (10 *c*)
Mi. 5. 9 (8). πάντες οἱ ἐχθροί σου ἐξολεθρευθήσονται (10 *b*)
— 10 (9). ἐξολεθρεύσω τοὺς ἵππους (10 *c*)
— 11 (10). ἐξολεθρεύσω τὰς πόλεις τῆς γῆς σου (10 *c*)
— 12 (11). ἐξολεθρεύσω [A ἐξαρῶ πάντα] τὰ φάρμακά σου (10 *c*)
— 13 (12). ἐξολεθρεύσω τὰ γλυπτά σου (10 *c*)
Jl. 1. 16. ἐξολεθρεύθη ἐξ οἴκου θεοῦ ὑμῶν εὐφροσύνη [S^2 *al.*] (10 *b*)
Ob. 1. 14. ἐξολεθρεῦσαι [A τοῦ ἐξ.] τοὺς ἀνασωζομένους αὐ. (10 *c*)
Na. 1. 14. ἐξ οἴκου θεοῦ σου ἐξολεθρεύσω τὰ γλυπτά (10 *c*)
2. 13 (14). ἐξολεθρεύσω ἐκ τῆς γῆς τὴν θήραν σου (10 *c*)
3. 15. ἐξολεθρεύσει σε ῥομφαία (10 *c*)
Ze. 1. 11. ἐξωλεθρεύθησαν πάντες οἱ ἐπηρμένοι ἀργυρίῳ (10 *b*)
2. 11. ἐξολεθρεύσει πάντας τοὺς θεούς (16)
3. 7. οὐ μὴ ἐξολεθρευθῆτε [S^1 -θηται, S^2 -θῇ] (10 *b*)
Hg. 2. 23 (22). A S^2 ἐξολεθρεύσω [B ὀλ.] δύναμιν βασιλέων (19 *b*)
Za. 9. 10. ἐξολεθρεύσει ἅρματα ἐξ Ἐφ. [S^1 *al.*] (10 *c*)
— 10. ἐξολεθρεύσεται [A S^1 -θήσεται] τόξον πολεμικόν (10 *b*)
13. 2. ἐξολεθρεύσω τὰ ὀνόματα τῶν εἰδώλων (10 *c*)
— 8. τὰ δύο μέρη αὐτῆς ἐξολεθρευθήσεται (10 *b*)
14. 2. οὐ μὴ ἐξολεθρευθῶσιν ἐκ τῆς πόλεως (10 *b*)
Ma. 2. 12. ἐξολεθρεύσει κύριος τὸν ἄνθρωπον (10 *c*)
Is. 10. 7. τοῦ [S *om.*] ἔθνη ἐξολεθρεῦσαι οὐκ ὀλίγα (19 *b et* 10 *c*)
22. 25. ἐξολεθρευθήσεται [A S *om.*] ἡ δόξα ἡ ἐπ' αὐτόν (10 *b*)
29. 20. ἐξωλεθρεύθησαν οἱ ἀνομοῦντες (10 *b*)
48. 9. ἵνα μὴ ἐξολεθρεύσω σε (10 *c*)
— 19. οὐ μὴ ἐξολεθρευθῇς [S -ωλεθρ.] (10 *b*)
Je. 4. 7. ἐξολεθρεύων ἔθνη ἐξῆρε (18 *c*)
27 (50). 16. ἐξολεθρεύσατε σπέρμα ἐκ Βαβ. (10 *a*)
— 26. A B ἐξολεθρεύσατε αὐτήν (6 *a*)
28 (51). 11. τοῦ ἐξολεθρεῖσαι αὐτήν (18 *c*)
— 53. παρ' ἐμοῦ ἥξουσιν ἐξολεθρεύοντες αὐτήν (17)
— 55. ἐξωλέθρευσε κύριος τὴν Βαβυλῶνα (17)

Je. 28. 62. τοῦ [S[1] om.] ἐξολεθρεῦσαι αὐτόν (10 c)
29 (47). 4. ἐξολεθρεύσει κύριος τοὺς [A τὰς] καταλοίπους τῶν νήσων (17)
31 (48). 8. ἐξολεθρευθήσεται ἡ πεδινή (19 a)
43 (36). 29. ἐξολεθρεύσει τὴν γῆν ταύτην (18 c)
Ez. 6. 3. ἐξολεθρευθήσεται τὰ ὑψηλὰ ὑμῶν (1 a)
— 6. ὅπως ἐξολεθρευθῇ τὰ θυσιαστήρια ὑμῶν (5 et 20)
14. 19, 21. τοῦ ἐξολεθρεῦσαι ἐξ αὐτῆς ἄνθρωπον καὶ κτῆνος (10 c)
21. 3 (8), 4 (9) (B). ἐξολεθρεύσω ἐκ σοῦ ἄδικον (10 c)
25. 7. ἐξολεθρεύσω σε ἐκ τῶν λαῶν (10 c)
— 13. ἐξολεθρεύσω ἐξ αὐτῆς ἄνθρωπον (10 c)
— 16. ἐξολεθρεύσω Κρῆτας [A κριτὰς Σιδῶνος] (10 c)
31. 12. ἐξωλέθρευσαν αὐτὸν ἀλλότριοι λοιμοί (10 a)
35. 15. A ἡ Ἰδουμαία ἐξολεθρευθήσεται [B καὶ ἐξαναλωθ.] (9 b?)
Da. LXX. Su. 59. ἕως ὁ λαὸς ἐξολεθρεύσει ὑμᾶς
Da. TH. Su. 59. ὅπως ἐξολεθρεύσῃ [A -σει] ὑμᾶς
9. 26. ἐξολεθρευθήσεται χρίσμα (10 b)
I Ma. 2. 40. R τάχιον ἡμᾶς ἐξολεθρεύσουσιν [A S ὀλ.]
3. 8. ἐξωλέθρευσεν ἀσεβεῖς ἐξ [A ἐπ'] αὐτῆς
III Ma. 7. 12. ὅπως τοὺς παραβεβηκότας . . . ἐξολεθρεύσωσι

[Aq. DT. 19. 1 : III KI. 14. 10 : PR. 23. 18 : IS. 55. 13 : 56. 5 : EZ. 17. 17 : DA. 9. 26.]
[Sm. I KI. 15. 8 : PR. 23. 18 : IS. 9. 14 (13) : 55. 13 : EZ. 17. 17 : JL. 1. 16.]
[Th. DT. 19. 1 : IS. 22. 25 : 55. 13 : JE. 33 (40). 17, 18 : 44 (51). 11 : EZ. 17. 17 : DA. 9. 26.]
[Al. EX. 33. 5 : LE. 7. 20.]
[Heb. IV KI. 9. 8.]

ἐξολέθρευμα (-λόθρ.). (1) חֵרֶם

I Ki. 15. 21. τὰ πρῶτα τοῦ ἐ. (1)
[Al. IV KI. 14. 7.]

ἐξολέθρευσις (-λόθρ.). (1) חָרְמָה (2) כָּרַת hi. (3) מַשְׁחִית

Jd. 1. 17. A ἐκάλεσε τὸ ὄνομα τῆς πόλεως Ἐξολέθρευσις [B Ἀνάθεμα] (1)
Ps. 108 (109). 13. γενηθήτω τὰ τέκνα αὐτοῦ εἰς ἐξολέθρευσιν (2)
Ez. 9. 1. εἶχε τὰ σκεύη τῆς ἐ. ἐν χειρὶ αὐτοῦ (3)
I Ma. 7. 7. ἰδέτω τὴν ἐ. πᾶσαν
[Th. DT. 24. 3 (1).]

ἐξολισθαίνειν.

[Sm. Ps. 35 (36). 3.]

ἐξολλύειν, ἐξολλύναι. (1) כָּרַת ni. (2) עָכַר

Pr. 10. 31. γλῶσσα δὲ ἀδίκου ἐξολεῖται (1)
11. 17. ἐξολλύει δὲ αὐτοῦ σῶμα ὁ ἀνελεήμων [S[2] al.] (2)
15. 27. ἐξόλλυσιν ἑαυτὸν ὁ δωρολήπτης (2)
Si. 5. 7. ἐν καιρῷ ἐκδικήσεως ἐξολῇ
[Aq. Ps. 118 (119). 139 : 142 (143). 12.]

ἐξολοθρεύειν, ἐξολόθρευμα, ἐξολόθρευσις, *vid.* **ἐξολεθρεύειν, ἐξολέθρευμα, ἐξολέθρευσις.**

ἐξομβρεῖν.

Si. 1. 19. γνῶσιν συνέσεως ἐξώμβρησε
10. 13. ὁ κρατῶν αὐτῆς ἐξομβρήσει βδέλυγμα

ἐξομνύναι.

IV Ma. 4. 26. ἠνάγκαζε . . . ἐξόμνυσθαι τὸν Ἰουδαϊσμόν
5. 34. S οὐδ' ἐξομοῦμαί [A R οὐδὲ φεύξομαί] σε
9. 23. μηδὲ ἐξομόσησθέ μου τὴν τῆς εὐψυχίας ἀδελφότητα
10. 3. A R οὐκ ἐξόμνυμαι τὴν εὐγενῆ . . . συγγένειαν [S εὐγ.]

ἐξομοιοῦν.

II Ma. 4. 16. καὶ καθ' ἅπαν ἤθελον ἐξομοιοῦσθαι

ἐξομολογεῖν. (1) הֲדָרָה (2) הָלַל pi. (3) *a.* יְדָא aph. *b.* יָדָה hi. *c.* hithp. (4) שָׁבַע ni.

Ge. 29. 35. νῦν ἔτι τοῦτο ἐξομολογήσομαι κυρίῳ (3 b)
II Ki. 22. 50. ἐξομολογήσομαί σοι, κύριε (3 b)
III Ki. 8. 33, 35. καὶ ἐξομολογήσονται τῷ ὀνόματί σου (3 b)
I Ch. 16. 4. καὶ ἐξομολογεῖσθαι καὶ αἰνεῖν (3 b)
— 8. S R ἐξομολογεῖσθε τῷ κυρίῳ [A B om. τῷ κ.] (3 b)
— 34. ἐξομολογεῖσθε τῷ κυρίῳ (3 b)
23. 30. ἐξομολογεῖσθαι τῷ κυρίῳ (2)
29. 13. ἐξομολογούμεθά σοι (3 b)
II Ch. 5. 13. τοῦ ἐξομολογεῖσθαι καὶ αἰνεῖν τῷ κυρίῳ (2)
— 13. ἐξομολογεῖσθε τῷ κυρίῳ (2)
6. 24. A B καὶ ἐξομολογήσονται [R -ωνται] τῷ ὀνόματί σου (3 b)
7. 6. τοῦ ἐξομολογεῖσθαι ἔναντι κυρίου (3 b)
20. 21. ἔστησε ψαλτῳδοὺς καὶ αἰνοῦντας ἐξομολογεῖσθαι . . . ἐξομολογεῖσθε [A om.] τῷ κυρίῳ (1 ?, 3 b)
23. 12. ἐξομολογουμένων καὶ αἰνούντων τὸν βασιλέα (2)
30. 22. καὶ ἐξομολογούμενοι τῷ κυρίῳ (3 c)
31. 2. καὶ αἰνεῖν καὶ ἐξομολογεῖσθαι (3 b)
To. 11. 17. καὶ T. ἐξωμολογεῖτο ἐνώπιον αὐτοῦ
12. 6. καὶ αὐτῷ ἐξομολογεῖσθε
— 6. A B καὶ ἐξομολογεῖσθε αὐτῷ
— 6. μὴ ὀκνεῖτε ἐξομολογεῖσθαι αὐτῷ
— 7. S τὰ δὲ ἔργα τοῦ θεοῦ ἐξομολογεῖσθαι καὶ ἀνακαλύπτειν καὶ ἐξομολογεῖσθε ἐντίμως [A B al.]
— 20. ἐξομολογεῖσθε τῷ θεῷ
— 22. ἐξωμολογοῦντο τὰ ἔργα τὰ μεγάλα [S al.]
13. 3. ἐξομολογεῖσθε αὐτῷ
— 6. ἐξομολογήσασθε αὐτῷ
— 6. A B ἐγὼ . . . ἐξομολογοῦμαι αὐτῷ
— 8. A B καὶ ἐξομολογείσθωσαν αὐτῷ ἐν Ἰ.
— 10. B ἐξομολογοῦ τῷ κυρίῳ ἀγαθῶς [A al.]
— 16. S ἐξομολογήσασθαι τῷ βασ. τοῦ οὐρανοῦ
14. 1. καὶ ἐπαύσατο ἐξομολογούμενος T. [S al.]
— 2. καὶ ἐξωμολογεῖτο [A -ομολογεῖσθαι] αὐτῷ [S al.]
— 7. ὁ λαὸς αὐτοῦ ἐξομολογήσεται τῷ θεῷ [S al.]
Ps. 6. 5. ἐν δὲ τῷ ᾅδῃ τίς ἐξομολογήσεταί σοι (3 b)
7. 17. ἐξομολογήσομαι κυρίῳ κατὰ τὴν δικαιοσύνην αὐτοῦ (3 b)
9. 1. ἐξομολογήσομαί σοι, κύριε, ἐν ὅλῃ καρδίᾳ μου (3 b)
17 (18). 49. ἐξομολογήσομαί σοι ἐν ἔθνεσι (3 b)
21 (22). 25. S[2] ἐξομολογήσομαί σοι -
27 (28). 7. ἐκ θελήματός μου ἐξομολογήσομαι αὐτῷ (3 b)
29 (30). 4. ἐξομολογεῖσθε τῇ μνήμῃ τῆς ἁγιωσύνης αὐτοῦ (3 b)
— 9. μὴ ἐξομολογήσεταί σοι χοῦς (3 b)
— 12. εἰς τὸν αἰῶνα ἐξομολογήσομαί σοι (3 b)
32 (33). 2. ἐξομολογεῖσθε τῷ κυρίῳ ἐν κιθάρᾳ (3 b)
34 (35). 18. A S ἐξομολογήσομαί σοι ἐν [B κύριε ἐν, R καὶ ἐν] ἐκκλησίᾳ πολλῇ (3 b)
41 (42). 5, 11. ὅτι ἐξομολογήσομαι αὐτῷ (3 b)
42 (43). 4. ἐξομολογήσομαί σοι ἐν κιθάρᾳ (3 b)
— 5. ὅτι ἐξομολογήσομαι αὐτῷ (3 b)
43 (44). 8. ἐν τῷ ὀνόματί σου ἐξομολογησόμεθα εἰς τὸν αἰῶνα (3 b)
44 (45). 17. ἐξομολογήσονταί σοι εἰς τὸν αἰῶνα (3 b)
48 (49). 18. ἐξομολογήσεταί [S[1] -γηθήσ.] σοι (3 b)
51 (52). 9. ἐξομολογήσομαί σοι εἰς τὸν αἰῶνα (3 b)
53 (54). 6. ἐξομολογήσομαι τῷ ὀνόματί σου (3 b)
56 (57). 9. ἐξομολογήσομαί σοι ἐν λαοῖς (3 b)
66 (67). 3, 5. ἐξομολογησάσθωσάν σοι λαοί, ὁ θεός, ἐξομολογησάσθωσάν σοι λαοὶ πάντες (3 b, 3 b)
70 (71). 22. καὶ γὰρ ἐγὼ ἐξομολογήσομαί σοι (3 b)
73 (74). 19. μὴ παραδῷς τοῖς θηρίοις ψυχὴν ἐξομολογουμένην σοι †
74 (75). 1. ἐξομολογησόμεθά σοι, ὁ θεός, ἐξομολογησόμεθα (3 b, 3 b)
75 (76). 10. ἐνθύμιον ἀνθρώπου ἐξομολογήσεταί σοι (3 b)
85 (86). 12. ἐξομολογήσομαί σοι (3 b)
87 (88). 10. καὶ ἐξομολογήσονταί σοι (3 b)
88 (89). 5. ἐξομολογήσονται οἱ οὐρανοὶ τὰ θαυμάσιά σου (3 b)
91 (92). 1. ἀγαθὸν τὸ ἐξομολογεῖσθαι τῷ κυρίῳ (3 b)
96 (97). 12. ἐξομολογεῖσθε τῇ μνήμῃ τῆς ἁγιωσύνης αὐτοῦ (3 b)
98 (99). 3. ἐξομολογησάσθωσαν [S[1] -γείσθ.] τῷ ὀνόματί σου τῷ μεγάλῳ (3 b)
Ps. 99 (100). 4. ἐξομολογεῖσθε αὐτῷ (3 b)
104 (105). 1 : 105 (106). 1. ἐξομολογεῖσθε τῷ κυρίῳ (3 b)
105 (106). 47. τοῦ ἐξομολογήσασθαι τῷ ὀνόματί σου τῷ ἁγίῳ (3 b)
106 (107). 1. ἐξομολογεῖσθε τῷ κυρίῳ (3 b)
— 8, 15, 21, 31. ἐξομολογησάσθωσαν τῷ κυρίῳ τὰ ἐλέη αὐτοῦ (3 b)
107 (108). 3. ἐξομολογήσομαί σοι ἐν λαοῖς (3 b)
108 (109). 30. ἐξομολογήσομαι τῷ κυρίῳ σφόδρα ἐν τῷ στόματί μου (3 b)
110 (111). 1. ἐξομολογήσομαί σοι, κύριε, ἐν ὅλῃ καρδίᾳ μου (3 b)
117 (118). 1. ἐξομολογεῖσθε τῷ κυρίῳ (3 b)
— 19. ἐξομολογήσομαι τῷ κυρίῳ (3 b)
— 21. ἐξομολογήσομαί σοι ὅτι ἐπήκουσάς μου (3 b)
— 28. καὶ ἐξομολογήσομαί σοι (3 b)
— 28. ἐξομολογήσομαί σοι, ὅτι ἐπήκουσάς μου -
— 29. ἐξομολογεῖσθε τῷ κυρίῳ (3 b)
118 (119). 7. ἐξομολογήσομαί σοι ἐν εὐθύτητι καρδίας (3 b)
— 62. τοῦ ἐξομολογεῖσθαί [A -γήσασθαί] σοι (3 b)
121 (122). 4. τοῦ ἐξομολογήσασθαι τῷ ὀνόματι κυρίου (3 b)
135 (136). 1. ἐξομολογεῖσθε τῷ κυρίῳ (3 b)
— 2. ἐξομολογεῖσθε τῷ θεῷ τῶν θεῶν (3 b)
— 3. ἐξομολογεῖσθε τῷ κυρίῳ τῶν κυρίων (3 b)
— 26. ἐξομολογεῖσθε τῷ κυρίῳ τοῦ οὐρ. (3 b)
137 (138). 1. ἐξομολογήσομαί σοι, κύριε, ἐν ὅλῃ καρδίᾳ μου (3 b)
— 2. ἐξομολογήσομαι τῷ ὀνόματί σου (3 b)
— 4. ἐξομολογησάσθωσάν σοι, κύριε (3 b)
138 (139). 14. ἐξομολογήσομαί σοι (3 b)
139 (140). 13. δίκαιοι ἐξομολογήσονται τῷ ὀνόματί σου (3 b)
141 (142). 7. τοῦ ἐξομολογήσασθαι τῷ ὀνόματί σου (3 b)
144 (145). 10. ἐξομολογησάσθωσάν [S -γείσθ.] σοι (3 b)
Si. 39. 7. ἐν προσευχῇ ἐξομολογήσεται κυρίῳ [S[1] om.]
— 15. ἐξομολογήσασθε ἐν αἰνέσει αὐτοῦ
51. 1. ἐξομολογήσομαί [A -γοῦμαί] σοι
— 2. ἐξομολογοῦμαι τῷ ὀνόματί σου
— 12. ἐξομολογήσομαι [A S add. σοι]
Is. 45. 24. A S[3] ἐξομολογήσεται [B S[1] ὀμεῖται] πᾶσα γλῶσσα τῷ θεῷ (4)
Je. 40 (33). 11. ἐξομολογεῖσθε κυρίῳ παντοκράτορι (3 b)
Da. LXX. Su. 14. ἐξωμολογήσαντο πρὸς ἀλλήλους
2. 23. σοὶ . . . ἐξομολογοῦμαι (3 a)
3. (25). ἐξωμολογεῖτο τῷ κυρίῳ
— (89). ἐξομολογεῖσθε τῷ κυρίῳ
— (90). ὑμνεῖτε καὶ ἐξομολογεῖσθε
4. 34. τῷ κτίσαντι . . . ἐξομολογοῦμαι -
9. 4. ἐξωμολογησάμην καὶ εἶπα (3 c)
— 20. ἐξομολογούμενος τὰς ἁμαρτίας μου (3 c)
Da. TH. 2. 23. σοὶ . . . ἐξομολογοῦμαι καὶ αἰνῶ (3 a)
3. (89). ἐξομολογεῖσθε τῷ κυρίῳ
— (90). ὑμνεῖτε καὶ ἐξομολογεῖσθε
6. 10 (11). ἐξομολογούμενος ἐναντίον τοῦ θ. αὐ. (3 a)
9. 4. καὶ ἐξωμολογησάμην (3 c)
II Ma. 7. 37. καὶ σὲ μετὰ ἐτασμῶν . . . ἐξομολογήσασθαι
8. 27. καὶ ἐξομολογούμενοι τῷ κυρίῳ

[Aq. GE. 49. 8 : Ps. 27 (28). 7 : 29 (30). 5 : 31 (32). 5 : 98 (99). 3 : IS. 12. 1.]
[Sm. Ps. 29 (30). 10 : 31 (32). 5 : 41 (42). 6 : 42 (43). 4, 5 : 70 (71). 22 : 75 (76). 11 : 96 (97). 12 : IS. 12. 1.]
[Th. Ps. 98 (99). 3 : IS. 12. 1 : DA. 9. 4.]
[Heb. GE. 49. 8.]
[Al. Ps. 44 (45). 18.]

ἐξομολόγησις. (1) הוֹד (2) *a.* יָדָה hi. *b.* תּוֹדָה (3) תְּהִלָּה (4) תְּרוּעָה

Jo. 7. 19. δὸς τὴν ἐ. (2 b)
I Ch. 25. 3. A R ἀνακρουόμενοι [B -ος] ἐξομολόγησιν (2 a)
II Ch. 20. 22. A B τῆς αἰνέσεως αὐτοῦ [R καὶ τῆς ἐ.] (3)
Ne. 12. 27. S ἐν ἐξομολογήσει [A B om. ἐν ἐ.] καὶ ἐν ᾠδαῖς (2 b)
To. 14. 1. S οἱ λόγοι τῆς ἐ. Τωβ. [A B al.]

Ju. 15. 14. καὶ ἐξῆρχεν [A[1] -ῆρεν] Ἰ. τὴν ἐ. ταύτην
Jb. 8. 21. τὰ δὲ χείλη αὐτῶν ἐξομολογήσεως [A ἀγαλλιάσεως] (4)
Ps. 41 (42). 4. ἐν φωνῇ . . . ἐξομολογήσεως ἤχου ἑορταζόντων (2 b)
94 (95). 2. προφθάσωμεν τὸ πρόσωπον αὐτοῦ ἐν ἐξομολογήσει (2 b)
95 (96). 6. ἐξομολόγησις [A -σεις] καὶ ὡραιότης ἐνώπιον αὐτοῦ (1)
99 (100). tit. ψαλμὸς εἰς ἐξομολόγησιν (2 b)
— 4. εἰσέλθατε εἰς τὰς πύλας αὐτοῦ ἐν ἐξομολογήσει (2 b)
103 (104). 1. ἐξομολόγησιν . . . ἐνεδύσω (1)
110 (111). 3. ἐξομολόγησις [S -εις] . . . τὸ ἔργον αὐ. (1)
146 (147). 7. ἐξάρξατε τῷ κυρίῳ ἐν ἐξομολογήσει (2 b)
148. 13. ἡ ἐ. αὐτοῦ ἐπὶ γῆς καὶ οὐρανοῦ (1)
Si. 17. 28. ἀπὸ νεκροῦ ὡς μηδὲ ὄντος ἀπόλλυται ἐξομολόγησις
18. 28. τῷ εὑρόντι αὐτὴν δώσει ἐξομολόγησιν
39. 15. οὕτως ἐρεῖτε ἐν ἐξομολογήσει
47. 8. ἔδωκεν ἐξομολόγησιν ἁγίῳ ὑψίστῳ
51. 11. ὑμνήσω ἐν ἐξομολογήσει
Jn. 2. 10. μετὰ φωνῆς . . . ἐξομολογήσεως θύσω σοι (2 b ?)
Is. 51. 3. ἐξομολόγησιν καὶ φωνὴν αἰνέσεως (2 b)
II Ma. 10. 38. R μεθ' ὕμνων καὶ ἐξομολογήσεων [A -σεως]
III Ma. 6. 35. ἐν ἐ. ἱλαραῖς . . . διῆγον
7. 19. ἐν ταῖς πρεπούσαις ἐ.
[Sm. Jb. 22. 22: Ps. 25 (26). 7: 41 (42). 5: 146 (147). 7.]
[Th. Jb. 33. 26.]
[Al. Le. 22. 29.]

ἐξόπισθε, ἐξόπισθεν. (1) a. אָחוֹר b. מֵאַחַר c. מֵאַחֲרֵי d. מִן אַחֲרֵי

III Ki. 19. 21. ἀνέστρεψεν ἐ. αὐτοῦ (1 c)
IV Ki. 17. 21. ἐξέωσεν Ἰερ. τὸν Ἰσρ. ἐ. κυρίου (1 c)
I Ch. 17. 7. ἔλαβόν σε . . . ἐ. τῶν ποιμνίων (1 d)
19. 10. κατὰ πρόσωπον καὶ ἐ. (1 a)
Ps. 77 (78). 71. ἐ. τῶν λοχευομένων ἔλαβεν αὐτόν (1 b)
I Ma. 5. 33. ἐξῆλθεν . . . ἐ. αὐτῶν
9. 45. AR ἐξ ἐναντίας ἡμῶν [S om.] καὶ ἐ. ἡμῶν

ἐξοπλησία.

II Ma. 5. 25. τοῖς ὑφ' ἑαυτὸν ἐξοπλησίαν παρήγγειλε

ἐξοπλίζειν. (1) חָלַץ ni.

Nu. 31. 3. ἐξοπλίσατε ἐξ ὑμῶν ἄνδρας (1)
32. 20. ἐὰν ἐξοπλίσησθε [A -ισθήσεσθε] ἔναντι κυρίου (1)
II Ma. 5. 2. καὶ λόγχας σπειρηδὸν ἐξωπλισμένους

ἐξορθρίζειν.

[Aq. Ps. 109 (110). 3.]

ἐξορίζειν.

I Ma. 1. 11. ἐχωρίσθημεν [S[1] ἐξωρ.] ἀπ' αὐτῶν
[Aq. II Ki. 8. 4.]
[Al. Le. 18. 25, 28: Is. 66. 5.]

ἐξορκίζειν. (1) אָלָה (2) שָׁבַע hi.

Ge. 24. 3. ἐξορκιῶ [A[1] -ίσω] σε κύριον τὸν θεόν (2)
Jd. 17. 2. A καὶ ἐξώρκισας [B καὶ με ἠράσω] (1)
III Ki. 22. 16. B ἐγὼ ἐξορκίζω [A R ὁρ.] σε (2)

ἐξορμᾶν. (1) צָפַר

Jd. 7. 3. A ἐξώρμησεν ἀπὸ τοῦ ὄρους τοῦ Γ. [B ἐκχωρείτω ἀπὸ ὄ. Γ.] (1)
II Ma. 11. 7. ὁμοῦ δὲ καὶ προθύμως ἐξώρμησαν
III Ma. 1. 1. ἐξώρμησε μέχρι τῶν κατὰ Ῥαφίαν τόπων
— 18. αἵ τε κατάκλειστοι παρθένοι . . . ἐξώρμησαν
5. 47. ὁ δὲ . . . σὺν τοῖς θηρίοις ἐξώρμησε
[Aq., Sm., Th. Jd. 7. 3.]
[Al. Dt. 33. 22.]

ἐξορύσσειν. (1) נָקַר a. qal. b. pi.

Jd. 16. 21. A ἐξώρυξαν [B -έκοψαν] τοὺς ὀφθαλμοὺς αὐτοῦ (1 b)
I Ki. 11. 2. ἐν τῷ ἐξορύξαι ὑμῶν πάντα ὀφθαλμὸν δεξιόν (1 a)
Pr. 29. 22. ἀνὴρ δὲ ὀργίλος ἐξώρυξεν ἁμαρτίας +

ἐξουδενεῖν, ἐξουθενεῖν, cf. **ἐξουδενοῦν, ἐξουθενοῦν.** (1) בּוּז (2) בּוּס (3) בָּזָה (4) כָּשַׁל hi. (5) מָאַס (6) עַל־נְקַלָּה (7) שַׁאֲנָן

I Ki. 2. 30. ὁ ἐξουθενῶν με ἀτιμωθήσεται [A ἀτιμασθ.] (3)
8. 7. οὐ σὲ ἐξουθενήκασιν (5)
— 7. A ἐμὲ ἐξουθενήκασιν [B -δενώκ., R -θενώκ.] (5)
10. 19. B ἐξουθενήκατε [R -δενήκ., A -δενώκ.] τὸν θεόν (5)
IV Ki. 19. 21. B ἐξουδένησέν [A R -ωσέ] σε (1)
II Ch. 36. 16. A R ἐξουθενοῦντες [B -δεν.] τοὺς λόγους αὐτοῦ (3)
Jb. 30. 1. ὧν ἐξουδένουν τοὺς πατέρας αὐτῶν (5)
Ps. 43 (44). 5. ἐξουδενώσομεν [B S[1] -ουθ., S[1] -ήσ., A[2] -ωμεν] τοὺς ἐπανισταμ. ἡμῖν (2)
63 (64). 8. B[1] R ἐξουθένησαν αὐτὸν αἱ γλῶσσαι αὐτῶν [B[2] S al.] (4)
Pr. 1. 7. σοφίαν δὲ καὶ παιδείαν ἀσεβεῖς ἐξουθενήσουσιν [S -νοῦσιν] (1)
Ca. 8. 1. A οὐκ ἐξουδενήσουσίν [B S -ώσουσί] με [B S[1] μοι] (1)
— 7. A ἐξουδενώσει ἐξουδενήσουσιν [B -ώσουσιν, S ἐξουθενήσουσιν] αὐτόν (1)
Wi. 3. 11. παιδείαν ὁ ἐξουθενῶν ταλαίπωρος
4. 18. ὄψονται καὶ ἐξουθενήσουσιν [S[1] add. αὐτούς]
Si. 19. 1. ὁ ἐξουθενῶν τὰ ὀλίγα κατὰ μικρὸν πεσεῖται
34 (31). 22. B μὴ ἐξουδενήσῃς [A S R -ώσῃς] με
— 31. B μὴ ἐξουθενήσῃς [A -ώσῃς, S R -δενώσῃς] αὐτόν
Am. 6. 1. οὐαὶ τοῖς ἐξουθενοῦσι Σιών (7 ?)
Je. 6. 14. ἰῶντο τὸ σύντριμμα τοῦ λαοῦ μου ἐξουθενοῦντες (6)
Ez. 21. 10 (15). σφάζε ἐξουδένει (5 ?)
22. 8. B ἁγιασμόν ἐξουδένουν [A R τὰ ἅγιά μου ἐξουθένουν] (3)
Da. LXX. 4. 28. ἑτέρῳ δίδοται ἐξουθενημένῳ ἀνθρώπῳ -
II Ma. 1. 27. τοὺς ἐξουθενημένους . . . ἔπιδε
[Aq. I Ki. 10. 27: Pr. 11. 12: Is. 49. 7.]
[Sm., Th. Pr. 11. 12: Is. 49. 7.]
[Al. I Ki. 1. 6.]
[Sext. Ps. 11 (12). 9.]

ἐξουδένημα, ἐξουθένημα, cf. **ἐξουδένωμα.** (1) בָּזָה (2) שְׁפַל

Ps. 21 (22). 6. A S R ἐξουθένημα [B ἐξουδ.] λαοῦ (1)
Da. Th. 4. 14. B ἐξουδένημα [A R -ωμα] ἀνθρώπων ἀναστήσει (2)

ἐξουδενισμός.

[Aq. Ps. 122 (123). 4.]

ἐξουδενοῦν, ἐξουθενοῦν, cf. **ἐξουδενεῖν, ἐξουθενεῖν.** (1) בּוּז (2) בּוּס (3) בָּזָה a. qal. b. ni. (4) בָּעַר (5) לָעַג לְ (6) מָאַס a. qal. b. ni. (7) מָסַס ni. (8) סָלָה

Jd. 9. 38. ὃν ἐξουδένωσας [A ἐξ. ἐν αὐτῷ] (6 a)
I Ki. 8. 7. B ἐμὲ ἐξουδενώκασι [R -θεν., A -θενήκ.] (6 a)
10. 19. A ἐξουδενώκατε [B -θενήκ., R -δενήκ.] τὸν θεόν (6 a)
15. 9. πᾶν ἔργον ἠτιμωμένον καὶ ἐξουδενωμένον (7)
— 23, 26. ἐξουδένωσας τὸ ῥῆμα κυρίου καὶ ἐξουδενώσει σε κύριος (6 a, 6 a)
16. 1, 7. ἐξουδένωκα αὐτόν (6 a)
II Ki. 6. 16. καὶ ἐξουδένωσεν αὐτόν (3 a)
12. 10. A R ὅτι ἐξουδένωσάς με [B om.] (3 a)
IV Ki. 19. 21. A R ἐξουδένωσέ [B -ησέν] σε (1)
I Ch. 15. 29. ἐξουδένωσεν αὐτὸν ἐν τῇ ψυχῇ αὐ. (3 a)
Ju. 13. 17. ὁ ἐξουδενώσας [S -θεν.] τοὺς ἐχθροὺς τοῦ λαοῦ σου
Ps. 14 (15). 4. ἐξουδένωται ἐνώπιον αὐτοῦ (3 b)
21 (22). 24. οὐκ ἐξουδένωσεν οὐδὲ προσώχθισε τῇ δεήσει τοῦ πτωχοῦ (3 a)
43 (44). 5. ἐξουδενώσομεν [B S[1] -ουθ., S[1] -ήσ., A[2] -σωμεν] τοὺς ἐπανισταμ. ἡμῖν (2)
Ps. 50 (51). 17. S R καρδίαν συντετριμμένην . . . ὁ θεὸς οὐκ ἐξουδενώσει [B -θεν.] (3 a)
52 (53). 5. ὁ θεὸς ἐξουδένωσεν αὐτούς (6 a)
57 (58). 7. ἐξουδενωθήσονται ὡς ὕδωρ διαπορευόμενον (6 b)
58 (59). 8. ἐξουδενώσεις πάντα τὰ ἔθνη (5)
59 (60). 12. ἐξουδενώσει τοὺς θλίβοντας ἡμᾶς (2)
68 (69). 33. τοὺς πεπεδημένους αὐτοῦ οὐκ ἐξουδένωσεν [S[1] -σει] (3 a)
72 (73). 20. τὴν εἰκόνα αὐ. ἐξουδενώσεις (3 a)
— 22. κἀγὼ ἐξουδενωμένος (4)
77 (78). 59. ἐξουδένωσε σφόδρα τὸν Ἰσραήλ (6 a)
88 (89). 38. καὶ ἐξουδένωσας [S[1] add. ἡμᾶς] (6 a)
101 (102). 17. οὐκ ἐξουδένωσε τὴν δέησιν αὐτῶν (3 a)
105 (106). 24. ἐξουδένωσαν γῆν ἐπιθυμητήν (6 a)
107 (108). 13. αὐτὸς ἐξουδενώσει τοὺς ἐχθροὺς ἡμῶν [A[2] θλίβοντας ἡμᾶς] (2)
118 (119). 118. ἐξουδένωσας πάντας τοὺς ἀποστατοῦντας (8)
— 141. νεώτερος ἐγώ εἰμι καὶ ἐξουδενωμένος (3 b)
Ec. 9. 16. σοφία τοῦ πένητος ἐξουδενωμένη (3 a)
Ca. 8. 1. οὐκ ἐξουδενώσουσί [A -ήσουσίν] μοι [A S[2] με] (1)
— 7. ἐξουδενώσει ἐξουδενώσουσιν [A -ήσουσιν, S ἐξουθενήσουσιν] αὐτόν (1)
Si. 34 (31). 22. A S R μὴ ἐξουδενώσῃς [B -ήσῃς] με
— 31. S R μὴ ἐξουδενώσῃς [A- θεν., B -θενήσῃς] αὐτὸν ἐν εὐφροσύνῃ αὐτοῦ
47. 7. ἐξουδένωσε Φυλιστιεὶμ τοὺς ὑπεναντίους
Za. 4. 10. τίς ἐξουδένωσεν εἰς ἡμέρας μικράς (1)
Ma. 1. 7. S[2] τράπεζα κυρίου ἐξουδενωμένη [A B S[1] ἠλισγημ.] ἐστί (3 b)
— 7. τὰ ἐπιτιθέμ. ἐξουδενώσατε [A S[2] -ωμένα, S[3] -ουδένωται] -
— 12. A B S[1] τὰ ἐπιτιθέμενα ἐξουδένωνται [S[2] R -ωται] βρώματα αὐτοῦ (3 b)
2. 9. δέδωκα ὑμᾶς ἐξουδενωμένους (3 b)
Da. Th. 11. 21. ἐξουδενώθη (3 b)
I Ma. 3. 14. τοὺς ἐξουδενοῦντας τὸν λόγον τοῦ βασ.
[Aq. Ge. 25. 34: I Ki. 17. 42: Pr. 6. 30: Is. 53. 3: Je. 49. 15 (29. 16): Ma. 1. 6.]
[Sm. I Ki. 17. 42: Is. 53. 3 bis: Je. 49. 15 (29. 16).]
[Th. I Ki. 15. 9: 17. 42: 25. 14: II Ki. 12. 9, 10: Ps. 118 (119). 118: Is. 53. 3.]
[Quint. Ps. 118 (119). 118.]

ἐξουδένωμα, cf. **ἐξουδένημα.** (1) זָרַם (2) שְׁפַל

Ps. 89 (90). 5. τὰ ἐ. αὐτῶν ἔτη ἔσονται (1 ?)
Da. Th. 4. 14. A R ἐξουδένωμα [B -ημα] ἀνθρώπων ἀναστήσει [A -σεται] (2)

ἐξουδένωσις, ἐξουθένωσις. (1) בּוּז a. subst. b. verb.

Ps. 30 (31). 18. ἐν ὑπερηφανίᾳ καὶ ἐξουδενώσει (1 a)
106 (107). 40. ἐξεχύθη ἐξουδένωσις ἐπ' ἄρχοντας αὐτῶν (1 a)
118 (119). 22. περίελε ἀπ' ἐμοῦ ὄνειδος καὶ ἐξουδένωσιν (1 a)
122 (123). 3. A S[2] ἐπὶ πολὺ ἐπλήσθημεν [S[1] ἐπληθύνθημεν] ἐξουδενώσεως (1 a)
— 4. καὶ ἡ ἐ. τοῖς ὑπερηφάνοις (1 a)
Ca. 8. 7. ἐξουδενώσει ἐξουδενώσουσιν [A -ήσουσιν, S ἐξουθενήσουσιν] αὐτόν (1 b)
I Ma. 1. 39. ἡ τιμὴ αὐτῆς εἰς ἐξουδένωσιν [A -ουθ., S[1] al.]
[Aq. Ge. 38. 23: Pr. 12. 8: 18. 3.]
[Sm. Ge. 38. 23: Pr. 18. 3.]
[Th. Pr. 18. 3.]

ἐξουθενεῖν, vid. **ἐξουδενεῖν.**

ἐξουθένημα, vid. **ἐξουδένημα.**

ἐξουθενοῦν, vid. **ἐξουδενοῦν.**

ἐξουθένωσις, vid. **ἐξουδένωσις.**

ἐξουσία. (1) οἱ ἐπ' ἐξουσιῶν דְּתָבְרַיָּא (2) מֶמְשָׁלָה (3) a. שַׁלִּיט b. שָׁלְטָן c. שִׁלְטֹן (4) οἱ ἐπ' ἐξουσιῶν תִּפְתָּיֵא (5) δίδοσθαι ἐξουσίαν שְׁלֵט (6) ἐξουσίαν ἔχειν a. שְׁלֵט b. שַׁלִּיט

IV Ki. 20. 13. ὃν ἔδειξεν αὐτοῖς Ἑ. . . . ἐν πάσῃ τῇ ἐ. αὐτοῦ (2)

I Es. 4. 28. οὐχὶ μέγας ὁ βασιλεὺς τῇ ἐ. αὐτοῦ
— 40. ἡ ἐ. καὶ ἡ μεγαλειότης τῶν πάντων αἰώνων
8. 22. μηδένα ἔχειν ἐξουσίαν
To. 1. 21. S αὐτὸς εἶχε τὴν ἐ.
2. 13. S οὐ γὰρ ἐξουσίαν ἔχομεν ἡμεῖς φαγεῖν [A B *al.*]
7. 10. S οὐκ ἔχω ἐξουσίαν δοῦναι αὐτήν
Ju. 8. 15. αὐτὸς ἔχει τὴν ἐ.
Es. 3. 13. A² B S μὴ τῷ θράσει τῆς ἐ. ἐπαιρόμενος
4. 17. ἐν ἐξουσίᾳ σου τὸ πᾶν ἔστι
8. 13. τῶν ἐπ' ἐξουσίαις τεταγμένων
Ps. 113 (114). 2. A R Ἰσ. ἐξουσία [S ἡ ἐ.] αὐτοῦ (2)
135 (136). 8. τὸν ἥλιον εἰς ἐξουσίαν τῆς ἡμέρας (2)
— 9. εἰς ἐξουσίαν τῆς νυκτός (2)
Pr. 17. 14. ἐξουσίαν δίδωσι λόγοις ἀρχὴ δικαιοσύνης †
Ec. 8. 8. οὐκ ἔστιν ἐξουσία [A S ἐξουσιάζων] ἐν ἡμέρᾳ [A ἡμέρας] θανάτου (3 *c*)
Wi. 10. 14. ἤνεγκεν αὐτῷ . . . ἐξουσίαν τυραννούντων αὐτοῦ [S² -ον]
16. 13. σὺ γὰρ ζωῆς καὶ θανάτου ἐξουσίαν ἔχεις
Si. 9. 13. ὃς ἔχει ἐξουσίαν [S¹ -ας] τοῦ φονεύειν
10. 4. ἐν χειρὶ κυρίου ἐξουσία [A S ἡ ἐ.] τῆς γῆς
17. 2. ἔδωκεν αὐτοῖς ἐξουσίαν τῶν ἐπ' αὐτῆς
24. 11. ἐν Ἱερουσαλὴμ ἡ ἐ. [A -ίαν] μου
25. 25. μὴ δῷς . . . γυναικὶ πονηρᾷ ἐξουσίαν [A S παρρησίαν]
30. 11. μὴ δῷς αὐτῷ ἐξουσίαν ἐν νεότητι
— 28 (33. 19). φίλῳ μὴ δῷς ἐξουσίαν ἐπὶ σέ
45. 17. ἐξουσίαν ἐν διαθήκαις κριμάτων
Is. 39. 2. R καὶ ἐν πάσῃ τῇ ἐ. αὐτοῦ (2)
Je. 28 (51). 28. A πάσης τῆς γῆς ἐξουσίας αὐτοῦ (2)
Da. LXX. 3. 2. καὶ τοὺς ἐπ' ἐξουσιῶν κατὰ χώραν (1 ? *et* 4)
— 3. τύραννοι μεγάλοι ἐπ' ἐξουσιῶν (1 ? *et* 4)
— 30 (97). ἐξουσίαν δοὺς ἐφ' ὅλης τῆς χώρας –
— 33 (100). ἡ ἐ. αὐτοῦ εἰς γενεὰν καὶ γενεάν (3 *b*)
4. 14. ἐξουσίαν ἔχειν πάντων τῶν ἐν τῷ οὐρανῷ (6 *b*)
— 23. ἡ ἐ. αὐτοῦ ἐπὶ πάσῃ τῇ γῇ (3 *a*)
— 28. τὴν ἐ. σου . . . παραλήψεται –
— 29. ἐξουσίαν ἔχει ὁ θεὸς . . . ἐν τῇ βασιλείᾳ (6 *b*)
— 29. κρατήσει . . . τῆς ἐ. σου –
— 34. αἱ χῶραί μου αἱ ἐν τῇ ἐ. μου –
— 34. ἐκάθισέ με ἐπὶ . . . τῆς ἐ. μου –
— 34. ἡ ἐ. αὐτοῦ ἀπὸ γενεῶν εἰς γενεάς –
5. 4. τὸν ἔχοντα τὴν ἐ. τοῦ πνεύματος αὐτῶν –
— 7. δοθήσεται αὐτῷ ἐξουσία τοῦ τρίτου μέρους τῆς βασ. (5)
— 16. ἕξεις ἐξουσίαν τοῦ τρίτου μέρους τῆς βασιλείας μου (6 *a*)
— 29. καὶ ἔδωκεν ἐξουσίαν αὐτῷ (3 *a*)
6. 3 (4). ὑπὲρ πάντας ἔχων ἐξουσίαν ἐν τῇ βασιλείᾳ –
7. 12. ἀπέστησε τῆς ἐ. αὐτῶν (3 *b*)
— 14. ἐδόθη αὐτῷ ἐξουσία (3 *b*)
— 14. ἡ ἐ. αὐτοῦ ἐ. αἰώνιος (3 *b*, 3 *b*)
— 26. τὴν ἐ. ἀπολοῦσι (3 *b*)
— 27. τὴν ἐ. . . . ἔδωκε λαῷ ἁγίῳ ὑψίστου (3 *b*)
— 27. πᾶσαι ἐ. αὐτῷ ὑποταγήσονται (3 *b*)
Bel 25. δός μοι τὴν ἐ.
Da. TH. 3. 2. συναγαγεῖν . . . τοὺς ἐπ' ἐξουσιῶν (1 ? *et* 4)
— 3. τύραννοι μεγάλοι οἱ ἐπ' ἐξουσιῶν (1 ? *et* 4)
— 33 (100). ἡ ἐ. αὐτοῦ εἰς γενεὰν καὶ γενεάν (3 *b*)
4. 23. ἀφ' ἧς ἂν γνῷς τὴν ἐ. τὴν οὐράνιον [A ἐπου.] (3 *a*)
— 31. ἡ ἐ. αὐτοῦ ἐ. αἰώνιος (3 *b*, 3 *b*)
5. 4. A B² τὸν ἔχοντα τὴν [A *om.*] ἐ. τοῦ πνεύματος αὐ. –
7. 6. ἐξουσία ἐδόθη αὐτῇ [A -ῷ] (3 *b*)
— 14. ἡ ἐ. αὐτοῦ ἐ. αἰώνιος (3 *b*, 3 *b*)
— 27. καὶ ἡ ἐ. . . . ἐδόθη ἁγίοις ὑψίστου (3 *b*)
11. 5. A ἐπ' ἐξουσίας αὐτοῦ (2)
Bel 26. δός μοι ἐξουσίαν
I Ma. 1. 13. ἔδωκεν αὐτοῖς ἐξουσίαν
6. 11. ἀγαπώμενος ἤμην ἐν τῇ ἐ. μου
10. 6. ἔδωκεν αὐτῷ ἐξουσίαν
— 8. S R ἔδωκεν αὐτῷ [A -οῖς] . . . ἐξουσίαν
— 32. ἀφίημι καὶ τὴν ἐ. τῆς ἄκρας
— 35. οὐχ ἕξει ἐξουσίαν οὐδεὶς
— 38. A R τοῦ μὴ ὑπακοῦσαι [S¹ ἐπ.] ἄλλης ἐ. [S ἄλλη ἐ.]
11. 58. ἔδωκεν αὐτῷ ἐξουσίαν
14. 4. ἤρεσεν αὐτοῖς ἡ ἐ. αὐτοῦ
II Ma. 3. 6. ὑπὸ τὴν τοῦ βασιλέως ἐ. πεσεῖν
— 24. ὁ . . . πάσης ἐ. δυνάστης
II Ma. 4. 9. διὰ τῆς ἐ. αὐτοῦ γυμνάσιον . . . συστήσασθαι
— 24. δοξάσας αὐτὸν τῷ προσώπῳ τῆς ἐ.
7. 16. ἐξουσίαν ἐν ἀνθρώποις ἔχων
10. 13. μήτ' εὐγενῆ τὴν ἐ. ἔχων
III Ma. 7. 12. ἄνευ πάσης βασιλικῆς ἐ.
— 21. ἐν τοῖς ἐχθροῖς ἐξουσίαν ἐσχηκότες
IV Ma. 4. 5. λαβὼν τὴν περὶ αὐτῶν ἐ.
5. 15. λαβὼν τοῦ λέγειν ἐξουσίαν
6. 33. τὴν τῆς ἡγεμονίας προσνέμομεν ἐ.
[**Aq.** Ge. 1. 16 *bis* : Jb. 25. 2 : Je. 34 (41). 1 : 51 (28). 28 : Ez. 19. 14 : Za. 9. 10.]
[**Sm.** Ge. 49. 10 : II Ki. 8. 1 : Jb. 41. 25 : Je. 34 (41). 1 : 51 (28). 28.]
[**Th.** Ge. 1. 16 *bis* : Jb. 25. 2 : Je. 51 (28). 28 : Da. 3. 2 : 7. 6 : 11. 5†.]
[**Al.** Ps. 135 (136). 9.]

ἐξουσιάζειν. (1) מָשַׁל (2) שָׁלַט *a.* qal. *b.* hi. *c.* שַׁלִּיט *d.* שִׁלְטוֹן

III Ki. 3. 1 (A 4. 21 [5. 1]). A Σαλ. ἦν ἐξουσιάζων ἐν πᾶσιν τοῖς βασιλείοις [B *al.*] (1)
II Es. 7. 24. οὐκ ἐξουσιάσεις καταδουλοῦσθαι αὐτούς (2 *c*)
Ne. 5. 15. ἐξουσιάζονται ἐπὶ τὸν λαόν (2 *a*)
9. 37. A B S² ἐπὶ τὰ σώματα ἡμῶν ἐξουσιάζουσι (1)
Ec. 2. 19. εἰ ἐξουσιάζεται ἐν παντὶ μόχθῳ μου (2 *a*)
5. 18. R ἐξουσίασεν αὐτῷ [B -ῶν, A S -ὸν] φαγεῖν (2 *b*)
6. 2. οὐκ ἐξουσιάσει αὐτῷ ὁ θεὸς τοῦ φαγεῖν (2 *b*)
7. 20 (19). δέκα ἐξουσιάζοντας τοὺς ὄντας [S *om.*] ἐν τῇ πόλει (2 *c*)
8. 4. καθὼς βασιλεὺς ἐξουσιάζων (2 *d*)
— 8. οὐκ ἔστιν ἄνθρωπος ἐξουσιάζων ἐν πνεύματι (2 *c*)
— 8. A S οὐκ ἔστιν ἐξουσιάζων [B ἐξουσία] ἐν ἡμέρᾳ [A ἡμέρας] θανάτου (2 *d*)
— 9. τὰ ὅσα ἐξουσιάσατο [A -άζεται] ὁ ἄνθρωπος ἐν ἀνθρώπῳ (2 *a*)
9. 17. ὑπὲρ κραυγὴν ἐξουσιαζόντων ἐν ἀφροσύναις (1)
10. 4. ἐὰν πνεῦμα τοῦ ἐξουσιάζοντος ἀναβῇ ἐπὶ σέ (1)
— 5. ἐξῆλθεν ἀπὸ προσώπου ἐξουσιάζοντος [A S τοῦ ἐ.] (2 *c*)
Si. 20. 8. A ὁ ἐξουσιαζόμενος [B S ἐνεξ.] μισηθήσεται
35 (32). 9. S ἐν μέσῳ μεγιστάνων μὴ ἐξουσιάζου [A B ἐξισάζου]
I Ma. 10. 70. διὰ τί σὺ ἐξουσιάζῃ ἐφ' ἡμᾶς
[**Aq.** Ge. 1. 18 : Jd. 8. 22 : III Ki. 4. 21 (5. 1) : Ps. 65 (66). 7 : Is. 40. 10 : 52. 5.]
[**Sm.** Ge. 4. 7 : Jd. 8. 22 : III Ki. 4. 21 (5. 1) : Jb. 36. 24 : Pr. 12. 24 : Ec. 8. 9 : 9. 17 : 10. 5 : Is. 19. 4 : 25. 7 : 40. 10 : 52. 5 : 63. 19 : Ez. 19. 14.]
[**Th.** Ps. 8. 7 : Pr. 19. 10.]
[**Al.** Jo. 12. 5.]

ἐξουσιαστής. (1) נָבוֹן

Is. 9. 6 (5). A S² ἰσχυρὸς ἐ. ἄρχων εἰρήνης (1)
[**Sm.** Is. 25. 7 : Je. 51 (28). 46 *bis*.]

ἐξουσιαστικός.

[**Sm.** Ec. 8. 4.]

ἐξοχή. (1) שֵׁן

Jb. 39. 28. αὐλίζεται ἐπ' ἐξοχῇ πέτρας (1)
[**Sm.** Ca. 2. 14 : Je. 13. 4.]
[**Th.** Jb. 39. 28.]
[**Al.** I Ki. 14. 4, 5.]

ἐξόχως.

III Ma. 5. 31. βεβαίαν πίστιν ἐ. Ἰουδαίων

ἐξυβρίζειν. (1) נָאָה (2) פָּחַז

Ge. 49. 4. ἐξύβρισας ὡς ὕδωρ μὴ ἐκζέσῃς (2)
Ez. 47. 5. ἐξύβριζεν ὡς [A τὸ ὕδωρ ὕδωρ ἕως ῥοῖζος] χειμάρρου (1)
II Ma. 1. 28. βασάνισον τοὺς . . . ἐξυβρίζοντας ἐν ὑπερηφανίᾳ
[**Aq.** Pr. 20. 3.]
[**Th.** Ge. 49. 4.]

ἐξυπνίζειν. (1) יָקַץ (2) עוּר ni.

Jd. 16. 14. ἐξυπνίσθη [A ἠγέρθη] ἐκ τοῦ ὕπνου αὐτοῦ (1)
— 20. ἐξυπνίσθη [A ἐξηγέρθη] ἐκ τοῦ ὕπνου αὐτοῦ (1)
III Ki. 3. 15. καὶ ἐξυπνίσθη Σαλ. (1)
Jb. 14. 12. οὐκ ἐξυπνισθήσονται ἐξ ὕπνου αὐτῶν (2)
[**Aq.** Ps. 16 (17). 15 : Pr. 23. 35 : Is. 26. 19 : 29. 8 : Hb. 2. 7.]
[**Sm.** Ps. 16 (17). 15 : 43 (44). 24 : 72 (73). 20 : Pr. 23. 35 : Is. 26. 19 : 29. 8 : Je. 31 (38). 26 : Hb. 2. 7.]
[**Th.** Jb. 3. 8 : 14. 12 : Pr. 23. 35 : Is. 26. 19 : Hb. 2. 7.]
[**Al.** Ge. 9. 24 : Ps. 43 (44). 24 : 138 (139). 18.]
[**Sext.** Ca. 2. 7.]

ἔξυπνος.

I Es. 3. 3. καὶ ἔξυπνος ἐγένετο

ἐξυπνοῦν. (1) יָשֵׁן

Ps. 120 (121). 4. S οὐδὲ ἐξυπνώσει [A R ὑπν.] ὁ φυλάσσων τὸν Ἰσραήλ (1)
IV Ma. 5. 10. οὐκ ἐξυπνώσεις ἀπὸ τῆς . . . φιλοσοφίας ὑμῶν
[**Sm.**, **Al.** Ps. 138 (139). 18.]

ἐξυψοῦν.

Si. 1. 30. μὴ ἐξύψου σεαυτόν
Da. LXX. 3. (51). ἐξύψουν τὸν θεόν

ἔξω, ἐξωτέρω. (1) בַּר (2) *a.* חוּץ *b.* בַּחוּץ *c.* כַּחוּץ *d.* לַחוּץ *e.* חִיצוֹן *f.* מִחוּץ לְ *g.* אֶל־מִחוּץ לְ *h.* חִיצוֹן לְ *i.* חוּצָה לְ *j.* הַחוּצָה *k.* חוּצָה *l.* הַחוּץ *m.* ἕως ἐ. הַחוּצָה *n.* לַחוּצָה *o.* ἐξωτέρω חוּץ *p.* מִחוּץ (3) פְּרוֹת (4) מִבַּלְעֲדֵי

Ge. 9. 22. ἀνήγγειλε τοῖς δυσὶν ἀδ. αὐ. ἔ. (2 *b*)
15. 5. R ἐξήγαγε δὲ αὐτὸν ἔ. (2 *j*)
19. 17. ἡνίκα ἐξήγαγον αὐτοὺς ἔ. (2 *j*)
24. 11. ἐκοίμισε τὰς καμήλους ἔ. τῆς πόλεως (2 *f*)
— 29. ἔδραμε Λ. πρὸς τὸν ἄνθρωπον ἔ. (2 *f*)
— 31. ἵνα τί ἕστηκας ἔ. (2 *b*)
39. 12, 13, 15, 18. καὶ ἐξῆλθεν ἔ. (2 *j*)
Ex. 12. 46. οὐκ ἐξοίσετε . . . τῶν κρεῶν ἔ. (2 *k*)
21. 19. ἐὰν . . . περιπατήσῃ ἔ. ἐπὶ ῥάβδου (2 *b*)
29. 14. κατακαύσεις πυρὶ ἔ. τῆς παρεμβολῆς (2 *f*)
33. 7. τὴν σκηνὴν αὐ. ἔπηξεν ἔ. τῆς παρεμβ. (2 *f*)
— 7. εἰς τὴν σκηνὴν τὴν [A *om.*] ἔ. τῆς παρεμβ. (2 *f*)
— 8. B ἔ. τῆς παρεμβολῆς –
Le. 4. 12. ἐξοίσουσιν ὅλον τὸν μόσχον ἔ. τῆς παρεμβ. (2 *g*)
— 21. ἐξοίσουσι τὸν μόσχον ὅλον ἔ. τῆς παρεμβ. (2 *g*)
6. 11 (4). ἐξοίσει τὴν κατακάρπωσιν ἔ. τῆς παρεμβ. (2 *g*)
8. 17. κατέκαυσεν . . . ἔ. [A παρέξω] τῆς παρεμβ. (2 *f*)
9. 11. κατέκαυσεν αὐτὰ πυρὶ ἔ. τῆς παρεμβ. (2 *f*)
10. 4. ἄρατε τοὺς ἀδ. ὑ. . . . ἔ. τῆς παρεμβ. (2 *g*)
— 5. A B² R καὶ ἦραν . . . ἔ. τῆς παρεμβολῆς (2 *g*)
13. 46. ἔ. τῆς παρεμβ. αὐ. ἔσται ἡ διατριβή (2 *f*)
14. 3. ἐξελεύσεται ὁ ἱερεὺς ἔ. τῆς παρεμβ. (2 *g*)
— 8. διατρίψει ἔ. τοῦ οἴκου αὐ. (2 *f*)
— 40. ἐκβαλοῦσιν αὐτοὺς ἔ. τῆς πόλεως (2 *g*)
— 41. ἐκχεοῦσι τὸν χοῦν ἔ. τῆς πόλεως (2 *g*)
— 45. πάντα τὸν χοῦν ἐξοίσουσιν ἔ. τῆς πόλεως (2 *g*)
— 53. ἐξαποστελεῖ τὸ ὀρνίθιον τὸ ζῶν ἔ. τῆς πόλεως (2 *g*)
16. 27. ἐξοίσουσιν αὐτὰ ἔ. τῆς παρεμβ. (2 *g*)
17. 3. ὃς ἂν σφάξῃ ἔ. τῆς παρεμβ. (2 *f*)
— 4. ὃς ἂν σφάξῃ ἔ. –
18. 9. A B ἐνδογενοῦς γεγεννημένης ἢ [B² R ἢ γ.] ἔ. (2 *a*)
24. 14. ἐξάγαγε τὸν καταρασάμ. ἔ. τῆς παρεμβ. (2 *g*)
— 23. ἐξήγαγον τὸν καταρασάμ. ἔ. τῆς παρεμβ. (2 *g*)
Nu. 5. 3. ἐξαποστείλατε ἔ. τῆς παρεμβ. (2 *g*)
— 4. ἐξαπέστειλαν αὐτοὺς [A *om.*] ἔ. τῆς παρεμβ. (2 *g*)
12. 14. ἀφορισθήτω . . . ἔ. τῆς παρεμβ. [A *al.*] (2 *f*)
— 15. ἀφωρίσθη M. ἔ. τῆς παρεμβ. (2 *f*)
15. 36. ἐξήγαγον αὐτὸν . . . ἔ. τῆς παρεμβ. (2 *g*)
— 36. ἐλιθοβόλησεν αὐτὸν . . . ἔ. τῆς παρεμβ. –
19. 3. ἐξάξουσιν αὐτὴν ἔ. τῆς παρεμβ. (2 *g*)
— 9. ἀποθήσει ἔ. τῆς παρεμβ. (2 *f*)
31. 13. ἐξῆλθε . . . ἔ. τῆς παρεμβ. (2 *g*)
— 19. παρεμβάλετε ἔ. τῆς παρεμβ. (2 *f*)

Nu. 35. 4. ἀπὸ τείχους τῆς πόλεως καὶ ἔ. (2 k)
— 5. μετρήσεις ἔ. τῆς πόλεως (2 f)
— 27. καὶ εὕρῃ αὐτὸν . . . ἔ. τῶν ὁρίων τῆς πόλεως (2 f)
De. 23. 10 (11). A R ἔ. τῆς παρεμβολῆς (2 g)
— 12 (13). AB²R τόπος ἔσται σοι ἔ. τῆς παρεμβ. (2 f)
— 12 (13). AB²R ἐξελεύσῃ ἐκεῖ ἔ. (2 a)
— 13 (14). ὅταν διακαθιζάνῃς ἔ. (2 a)
24. 11. ἔξω στήσῃ (2 b)
— 11. ἐξοίσει σοι τὸ ἐνέχυρον ἔ. (2 j)
25. 5. οὐκ ἔσται ἡ γυνὴ τοῦ τεθνηκότος [A τετελευτηκ.] ἔ. (2 j)
Jo. 2. 19. ὃς ἂν ἐξέλθῃ . . . ἔ. (2 j)
6. 22 (23). κατέστησαν αὐτὴν ἔ. τῆς παρεμβ. Ἰ. (2 f)
22. 19. διὰ τὸ οἰκοδομῆσαι ὑμᾶς βωμὸν ἔ. τοῦ θυσ. κυρίου (4)
Jd. 12. 9. ἃς ἐξαπέστειλεν [A ἐξαπεσταλμέναι] ἔ. (2 j)
19. 25. ἐξήγαγεν αὐτὴν πρὸς αὐτοὺς ἔ. (2 l)
I Ki. 9. 26. καὶ ἐξῆλθεν . . . ἕως ἔ. (2 m)
II Ki. 13. 17. ἐξαποστείλατε δὴ ταύτην ἀπ' ἐμοῦ ἔ. (2 j)
— 18. ἐξήγαγεν αὐτὴν ὁ λειτουργὸς αὐτοῦ ἔ. (2 l)
III Ki. 8. 8. καὶ οὐκ ὠπτάνοντο ἔ. (2 j)
20 (21). 13. ἐξήγαγον αὐτὸν ἔ. τῆς πόλεως (2 f)
IV Ki. 10. 24. καὶ Ἰ. ἔταξεν ἑαυτῷ ἔ. ὀγδοήκοντα [A ὀκτὼ] ἄνδρας (2 b)
16. 18. τὴν εἴσοδον τοῦ βασιλέως τὴν ἔ. (2 e)
23. 4. κατέκαυσεν αὐτὰ ἔ. Ἱερ. (2 f)
I Ch. 26. 29. καὶ υἱοὶ τῆς ἐργασίας τῆς ἔ. (2 e)
II Ch. 5. 9. οὐκ ἐβλέποντο ἔ. (2 j)
24. 8. τεθήτω ἐν πύλῃ οἴκου κυρίου ἔ. (2 k)
29. 16. ἐκβαλεῖν εἰς τὸν χειμάρρουν Κέδρων ἔ. (2 k)
32. 3. ἃ ἦν ἔ. τῆς πόλεως (2 f)
— 5. καὶ ἔ. προτείχισμα ἄλλο (2 n)
33. 14. ᾠκοδόμησε τεῖχος ἔ. τῆς πόλεως (2 b)
— 15. A καὶ ἔ. [B -ωθεν] τῆς πόλεως (2 i)
II Es. 10. 13. οὐκ ἔστι δύναμις στῆναι ἔ. (2 b)
Ne. 13. 8. A S R ἔρριψα πάντα τὰ σκεύη οἴκου T. ἔ. [B om.] (2 l)
— 20. ἐποίησαν πρᾶσιν ἔ. Ἱερ. (2 f)
To. 10. 7. ἐπορεύετο καθ' ἡμέραν εἰς τὴν ὁδὸν ἔ. [S al.]
Ju. 6. 11. ἤγαγον αὐτὸν ἔ. τῆς παρεμβ.
— 12. ἀπῆλθον ἔ. τῆς πόλεως
10. 18. ὡς εἱστήκει ἔ. τῆς σκηνῆς Ὀλ.
13. 3. στῆναι ἔ. τοῦ κοιτῶνος αὐ.
14. 2. ἐξελεύσεσθε . . . ἔ. τῆς πόλεως
Es. 9. 19. ἐν πάσῃ [A τῇ] χώρᾳ τῇ ἔ. [S¹ om. τ. ἔ.] (3 ?)
Jb. 1. 10. οὐ σὺ περιέφραξας τὰ ἔ. αὐτοῦ –
— 10. καὶ τὰ ἔ. [A -ωθεν] πάντων τῶν ὄντων αὐ. –
2. 8. ἐκάθητο . . . ἔ. τῆς πόλεως –
18. 17. ὑπάρχει ὄνομα αὐτῷ ἐπὶ πρόσωπον ἐξωτέρω (2 o)
31. 32. ἔξω δὲ οὐκ ηὐλίζετο ξένος (2 b)
39. 3. ἐξέθρεψας δὲ αὐτῶν τὰ παιδία ἔξω [A ἄνευ] φόβου †
40. 8 (13). A S κρύψον δὲ αὐτοὺς εἰς γῆν ἔξω [B om.] –
Ps. 30 (31). 11. οἱ θεωροῦντές με ἔξω ἔφυγον ἀπ' ἐμοῦ (2 b)
40 (41). 6. ἐξεπορεύετο ἔξω (2 d)
Pr. 7. 12. R χρόνον γάρ τινα ἔξω ῥέμβεται (2 b)
Ca. 8. 1. εὑροῦσά σε ἔξω φιλήσω σε (2 b)
Si. 21. 23. ἀνὴρ δὲ πεπαιδευμένος ἔ. στήσεται
Am. 4. 5. ἀνέγνωσαν ἔ. νόμον †
Is. 42. 2. οὐδὲ ἀκουσθήσεται ἔ. ἡ φωνὴ αὐτοῦ (2 b)
51. 23. ἔθηκας ἴσα τῇ γῇ τὰ μέσα [A S μετάφρενά] σου ἔ. (2 c)
Ez. 40. 19. ἐπὶ τὸ αἴθριον τῆς πύλης τῆς βλεπούσης ἔ. (2 p)
Da. TH. 3. 26 (93). A καὶ δεῦτε ἔ. [B om. ἔ.] –
4. 12, 20. ἐν τῇ χλόῃ τῇ ἔ. (1 ?)
Bel 11. ἡμεῖς ἀποτρέχομεν ἔ.
I Ma. 13. 47. S ἐξέβαλεν αὐτοὺς ἔ. [A R ἐκ] τῆς πόλεως
II Ma. 1. 16. τοῖς ἔ. παρέρριψαν
4. 39. διαδοθείσης ἔ. τῆς φήμης

[Aq. Pr. 5. 16.]
[Sm. Ge. 19. 16 : Ps. 40 (41). 7 : 141 (142). 8 : Ca. 8. 1 : Je. 6. 11 : Ho. 7. 1.]
[Th. Jb. 18. 17 (ἐξωτέρω).]
[Al. Le. 18. 9.]
[Quint. Ho. 7. 1 (τὰ ἔ.).]

ἐξωθεῖν. (1) דּוּחַ hi. (2) דָּחָה pu. (3) כָּאָה ni. (4) לָקַח (5) נָדָא hi. (6) נָדַד hoph. (7) נָדַח *a.* qal. *b.* ni. *c.* hi. (8) נָדַף ni. (9) נָסַח (10) רָחַק hi. (11) תָּעָה hi.

De. 13. 5 (6). ἐξῶσαί σε ἀπὸ [A ἐκ] τῆς ὁδοῦ (7 c)
II Ki. 14. 13. τοῦ μὴ ἐπιστρέψαι τὸν [A πρὸς τὸν] βασιλέα τὸν ἐξωσμένον αὐτοῦ (7 b)
— 14. τοῦ ἐξῶσαι ἀπ' αὐτοῦ ἐξεωσμένον [A ἐξωσ.] (7 a, 7 b)
15. 14. καὶ ἐξώσῃ ἐφ' ἡμᾶς τὴν κακίαν (7 c)
23. 6. ὥσπερ ἄκανθα ἐξωσμένη (6)
IV Ki. 17. 21. καὶ ἐξέωσεν Ἰ. τὸν Ἰ. (5, 7 c*)
Ps. 5. 10. ἔξωσον αὐτούς (7 c)
35 (36). 12. ἐξώσθησαν καὶ οὐ μὴ δύνωνται στῆναι (2)
48 (49). 14. AS² ἐκ τῆς δόξης αὐτῶν ἐξώσθησαν [B S¹ om.] –
Pr. 2. 22. οἱ δὲ παράνομοι ἐξωσθήσονται ἀπ' αὐτῆς (9)
Mi. 2. 9. διὰ τὰ πονηρὰ ἐπιτηδεύματα αὐτῶν ἐξώσθησαν (4 ?)
4. 6. τὴν ἐξωσμένην [A ἀπ.] εἰσδέξομαι (7 b)
Jl. 2. 20. ἐξώσω αὐτὸν εἰς γῆν ἄνυδρον (7 c)
3 (4). 6. ὅπως ἐξώσητε αὐτοὺς ἐκ τῶν ὁρίων αὐτῶν (10)
Is. 41. 2. ὡς φρύγανα ἐξωσμένα τὰ τόξα αὐτῶν (8)
Je. 8. 3. οὗ ἐὰν [A ᾧ] ἐξώσω αὐτοὺς ἐκεῖ (7 c)
16. 15. οὗ [S¹ οὐκ] ἐξώσθησαν ἐκεῖ (7 c)
23. 2. καὶ ἐξώσατε [A ἀπώ.] αὐτά (7 c)
— 3. οὗ ἔξωσα αὐτοὺς ἐκεῖ (7 c)
— 8. οὗ ἔξωσεν αὐτοὺς ἐκεῖ (7 c)
24. 9. οὗ ἔξωσα αὐτοὺς ἐκεῖ (7 c)
25. 15 (49. 36). οἱ ἐξωσμένοι Αἰλάμ (7 b)
26 (46). 28. εἰς οὓς [S οὗ] ἔξωσά σε ἐκεῖ (7 c)
27 (50). 6. οἱ ποιμένες αὐτῶν ἔξωσαν αὐτούς (11)
— 17. λέοντες ἔξωσαν αὐτόν (7 c)
28. 35 (51. 34). ἔξωσάν με οἱ μόχθοι [S ἐχθροί] μου (1)
Da. LXX. 11. 30. καὶ ἐξώσουσιν αὐτόν (3 ?)

[Aq. Dt. 4. 19 : 19. 5 : Ps. 146 (147). 2 : Pr. 7. 21 : Is. 56. 8 : Je. 51 (28). 34.]
[Sm. Ps. 146 (147). 2 : Pr. 7. 21 : Is. 56. 8.]
[Th. Pr. 7. 21 : Is. 41. 2 : 56. 8 :]
[Al. Le. 26. 36 : Pr. 14. 32.]

ἔξωθεν. (1) מֵאֶרֶץ (2) *a.* חוּץ *b.* אֶל־הַחוּץ *c.* בַּחוּץ *d.* לַחוּץ *e.* מִחוּץ, מֵהַחוּץ, מִן הַחוּץ *f.* מִחוּץ לְ *g.* חוּצָה *h.* בְּחוּצוֹת *i.* ὁ ἔ. מִחוּץ *j.* τὸ ἔ. חִיצוֹן (3) בַּעַד (4) ἔ. οὗ מִחוּץ

Ge. 6. 14. ἀσφαλτώσεις αὐτὴν ἔσωθεν καὶ ἔ. (2 e)
7. 16. ἔκλεισε . . . τὴν κιβωτὸν ἔ. αὐτοῦ (3)
20. 18. συνέκλεισε κύριος ἔ. πᾶσαν μήτραν (3)
Ex. 25. 10 (11). ἔσωθεν καὶ ἔ. χρυσώσεις αὐτήν (2 e)
26. 35. θήσεις τὴν τράπεζαν ἔ. τοῦ καταπετάσματος (2 f)
27. 21. ἔ. τοῦ καταπετάσματος τοῦ ἐπὶ τῆς διαθήκης (2 f)
38 (37). 2. κατεχρύσωσεν αὐτὴν . . . ἔσωθεν καὶ ἔ. (2 e)
40. 22. ἔ. τοῦ καταπετάσματος τῆς σκηνῆς (2 f)
Le. 24. 3. καῦσαι λύχνον διὰ παντὸς ἔ. τοῦ καταπετάσματος (2 f)
De. 32. 25. ἔ. ἀτεκνώσει αὐτοὺς μάχαιρα (2 e)
Jd. 9. 51. ἔκλεισαν ἔ. αὐτῶν [A al.] (3)
12. 9. εἰσήνεγκε [A -ήγαγεν] τοῖς υἱοῖς αὐτοῦ ἔ. (2 e)
III Ki. 6. 6. διάστημα ἔδωκε . . . ἔ. τοῦ οἴκου (2 g)
7. 9. A ἐκ διαστήματος ἔσωθεν καὶ ἔ. [B om. καὶ ἔ.] (2 e)
— 9. καὶ ἔ. εἰς τὴν αὐλὴν τὴν μεγάλην (2 e)
IV Ki. 4. 3. αἴτησον σεαυτῇ σκεύη ἔ. (2 e)
23. 6. ἐξήνεγκε τὸ ἄλσος . . . ἔ. Ἱερ. (2 f)
Ju. 13. 1. A B συνέκλεισε τὴν σκηνὴν ἔ.
Jb. 1. 10. A οὐ σὺ περιέφραξας . . . τὰ ἔξωθεν [B S ἔξω] πάντων τῶν ὄντων (3)
Ps. 151. tit. καὶ ἔ. τοῦ ἀριθμοῦ
Je. 6. 11. ἐκχεῶ ἐπὶ νήπια ἔ. (2 c)
9. 21 (20). τοῦ ἐκτρῖψαι νήπια ἔ. (2 e)
10. 17. συνήγαγεν ἔ. τὴν ὑπόστασίν σου (1)
11. 6. ἐν πόλεσιν Ἰούδα καὶ ἔ. Ἱερουσαλήμ (2 h)
21. 4. τοὺς συγκεκλεικότας ὑμᾶς ἔ. τοῦ τείχους (2 f)
28 (51). 4. καὶ κατακεκεντημένοι ἔ. αὐτῆς (2 h)
40 (33). 10. ἐν πόλεσιν Ἰ. καὶ ἔ. Ἱερ. (2 h)
Je. 44 (37). 21. ἐδίδοσαν αὐτῷ ἄρτον ἕνα τῆς ἡμέρας ἔ. οὗ πέσσουσιν (4)
51 (44). 6. ἐν πύλαις Ἰ. καὶ ἔ. Ἱερ. (2 h)
— 9. ἐν γῇ Ἰ. καὶ ἔ. Ἱερ. (2 h)
— 17. καὶ ἔ. Ἱερ. (2 h)
— 21. ἐν ταῖς πόλεσιν Ἰ. καὶ ἔ. Ἱερ. (2 h)
Ba. 2. 23. ἐκ πόλεων Ἰ. καὶ ἔ. Ἱερ.
La. 1. 20. ἔ. ἠτέκνωσέ με μάχαιρα (2 e)
Ez. 7. 15. ὁ πόλεμος ἐν ῥομφαίᾳ ἔ. (2 c)
40. 5. περίβολος ἔ. τοῦ οἴκου κύκλῳ (2 f)
— 14. ἔ. πήχεις εἴκοσι θεεὶμ τῆς πύλης [A al.] –
— 15. τὸ αἴθριον τῆς πύλης ἔ. †
— 43. A γεῖσος λελαξευμένον ἔ. [B ἔσωθεν] κύκλῳ †
41. 9. εὖρος τοῦ τοίχου τῆς πλευρᾶς ἔ. πηχῶν πέντε (2 b)
— 17. ἐν τῷ ἔσωθεν καὶ ἐν τῷ ἔ. (2 j)
— 25. κατὰ πρόσωπον τοῦ αἰλὰμ ἔ. (2 e)
42. 7. φῶς ἔ. (2 d)
43. 21. κατακαυθήσεται . . . ἔ. τῶν ἁγίων (2 f)
46. 2. A κατὰ τὴν ὁδὸν τοῦ αἰλὰμ τῆς πύλης τῆς ἔ. [B ἔσωθεν] (2 i)
47. 2. περιήγαγέ με τὴν ὁδὸν ἔ. (2 a)
Da. LXX. Bel 6. ἔ. δὲ χαλκοῦς
Da. TH. Bel 7. ἔ. δὲ χαλκός
IV Ma. 6. 34. τῶν ἔ. ἀλγηδόνων ἐπικρατεῖ
18. 2. ἀλλὰ καὶ τῶν ἔ. πόνων

[Al. III Ki. 7. 9 (46) : Je. 6. 11 : 37 (44). 21 : Ez. 40. 40.]
[Sm. III Ki. 7. 9 (46) : Ez. 40. 40.]
[Th. III Ki. 7. 9 (46).]

ἔξωμος.

[Aq. Is. 15. 4.]

ἐξωμοσία.

[Al. Le. 22. 18 : 23. 38.]

ἔξωσμα. (1) מַדּוּחִים

La. 2. 14. εἴδοσάν σοι . . . ἐξώσματα (1)

ἐξώστρα.

[Sm. IV Ki. 1. 2.]

ἐξώτερος, ἐξώτατος. (1) *a.* חִיצוֹן *b.* ὁ ἐξώτερος לַחוּץ (2) חָצֵר (3) קִיצוֹן

Ex. 26. 4. τῆς αὐλαίας τῆς ἐξωτέρας (2)
III Ki. 6. 29. τῷ ἐσωτέρῳ καὶ τῷ ἐξωτέρῳ (1 a)
— 30. τοῦ ἐσωτάτου καὶ τοῦ ἐξωτάτου (1 a)
Ne. 11. 16. S³ ἐπὶ τοῦ ἔργου τοῦ ἐ. οἴκου τοῦ θεοῦ (1 a)
Es. 6. 4. S³ ἐν τῇ αὐλῇ οἴκου τοῦ βασιλέως τὴν ἐξωτέραν (1 a)
Ez. 10. 5. ἠκούετο ἕως τῆς αὐλῆς τῆς ἐ. (1 a)
40. 19. ἀπὸ τοῦ αἰθρίου τῆς πύλης τῆς ἐ. †
— 20. πύλη βλέπουσα πρὸς βορρᾶν τῇ αὐλῇ τῇ ἐ. (1 a)
— 31, 37. εἰς τὴν αὐλὴν τὴν ἐ. (1 a)
41. 15. αἱ γωνίαι καὶ τὸ αἰλὰμ τὸ ἐ. πεφατνωμένα (2)
— 17. ἕως πλησίον τῆς ἐσωτέρας καὶ ἕως τῆς ἐ. (1 b)
42. 1. A εἰσήγαγέ με εἰς τὴν αὐλὴν τὴν ἐ. [B ἐσωτέραν] (1 a)
— 3. ὃν τρόπον τὰ περίστυλα τῆς αὐλῆς τῆς ἐ. (1 a)
— 6. καθὼς οἱ στῦλοι τῶν ἐ. [A ἐξεδρῶν] (2)
— 7. ὃν τρόπον [A add. καὶ] αἱ ἐξέδραι τῆς αὐλῆς τῆς ἐ. (1 a)
— 8. εἰς τὴν αὐλὴν τὴν ἐ. (1 a)
— 9. τοῦ εἰσπορεύεσθαι δι' αὐτῶν ἐκ τῆς αὐλῆς τῆς ἐ. (1 a)
— 14. οὐκ ἐξελεύσονται ἐκ τοῦ ἁγίου εἰς τὴν αὐλὴν τὴν ἐ. (1 a)
44. 1. κατὰ τὴν ὁδὸν τῆς πύλης τῶν ἁγίων τῆς ἐ. (1 a)
— 19. ἐν τῷ ἐκπορεύεσθαι αὐτοὺς εἰς τὴν αὐλὴν τὴν ἐ. (1 a)
46. 20. τοῦ μὴ ἐκφέρειν εἰς τὴν αὐλὴν τὴν ἐ. (1 a)
— 21. ἐξήγαγέ με εἰς τὴν αὐλὴν τὴν ἐ. (1 a)

[Aq. Jb. 5. 10 : Is. 51. 20 : Ez. 26. 11.]
[Sm. IV Ki. 16. 18.]

ἑορτάζειν. (1) *a.* חָגַג *b.* חָגַג־אֶת־חַג *c.* הִתְקַדֵּשׁ חַג

Ex. 5. 1. ἵνα μοι ἑορτάσωσιν ἐν τῇ ἐρήμῳ (1 a)
12. 14. καὶ ἑορτάσετε αὐτὴν ἑορτὴν κυρίῳ (1 a)
— 14. νόμιμον αἰώνιον [A om. v. al.] ἑορτάσετε αὐτήν (1 a)
23. 14. τρεῖς καιροὺς τοῦ ἐνιαυτοῦ ἑορτάσατέ [A -ετέ] μοι (1 a)

Le. 23. 39. ἑορτάσατε [A -σετε] τῷ κυρίῳ ἑπτὰ ἡμέρας (1 b)
— 41. ἐν τῷ μηνὶ τῷ ἑβδόμῳ ἑορτάσετε αὐτήν (1 a)
Nu. 29. 12. ἑορτάσατε αὐτὴν [A -σετε] ἑορτήν (1 a)
De. 16. 15. ἑορτάσεις κυρίῳ τῷ θεῷ σου (1 a)
I Ki. 30. 16. ἑορτάζοντες ἐν πᾶσι τοῖς σκύλοις (1 a)
III Ki. 3. 1 (*cf.* A 4. 25 [5. 5]). R πίνοντες καὶ ἑορτάζοντες [B *om.* καὶ ἑ.] –
Ps. 41 (42). 4. ἐν φωνῇ ... ἐξομολογήσεως ἤχου ἑορταζόντων [A S² -ος] (1 a)
75 (76). 10 ἐγκατάλειμμα ἐνθυμίου ἑορτάσει σοι †
Na. 1. 15 (2. 1). ἑόρταζε Ἰούδα τὰς ἑορτάς σου (1 a)
Za. 14. 16. τοῦ ἑορτάζειν τὴν ἑορτὴν τῆς σκηνοπηγίας (1 a)
— 18. τοῦ ἑορτάσαι τὴν ἑορτὴν τῆς σκηνοπηγίας (1 a)
— 19. ἑορτάσαι [A S³ τοῦ ἑ.] τὴν ἑορτὴν τῆς σκηνοπηγίας (1 a)
Is. 30. 29. εἰσπορεύεσθαι ... ὡσεὶ ἑορτάζοντας (1 c?)
[**Aq.** Le. 23. 41: Ps. 41 (42). 5.]
[**Th.** Le. 23. 41.]

ἑόρτασμα.
Wi. 19. 16. οἱ δὲ μετὰ ἑορτασμάτων εἰσδεξάμενοι

ἑορτή. (1) חַג (2) חֹדֶשׁ (3) *a.* מוֹעֵד *b.* מוֹעָדָה

Ex. 10. 9. ἔστι γὰρ ἑ. κυρίου (1)
12. 14. καὶ ἑορτάσετε αὐτὴν ἑορτὴν κυρίῳ (1)
13. 6. τῇ δὲ ἡμέρᾳ τῇ ἑβδόμῃ ἑορτὴ κυρίου (1)
23. 15. τὴν ἑ. τῶν ἀζύμων φυλάξασθε ποιεῖν (1)
— 16. καὶ ἑορτὴν θερισμοῦ πρωτ. ποιήσεις (1)
— 16. καὶ ἑορτὴν συντελείας (1)
— 18. οὐδὲ μὴ κοιμηθῇ στέαρ τῆς ἑ. μου ἕως πρωΐ (1)
32. 5. ἑ. τοῦ κυρίου αὔριον (1)
34. 18. καὶ τὴν ἑ. τῶν ἀζύμων φυλάξῃ (1)
— 22. καὶ ἑορτὴν ἑβδομάδων ποιήσεις μοι (1)
— 22. A R καὶ ἑορτὴν [B ἀρχὴν] συναγωγῆς (1)
— 25. B θύματα [A θυμίαμα] τῆς [A R *om.*] ἑορτῆς τοῦ πάσχα (1)
Le. 22. 21. κατὰ αἵρεσιν ἢ [A *om.*] ἐν ταῖς ἑ. ὑμῶν –
23. 2. A B¹ αἱ ἑ. κυρίου ἃς καλέσετε αὐτὰς κλητὰς ἁγίας αὗται εἰσιν ἑορταί [B² R αἱ ἑ.] μου (3 a, 3 a)
— 4. αὗται αἱ ἑ. τῷ κ. (3 a)
— 6. ἑ. τῶν ἀζύμων τῷ κυρίῳ (1)
— 34. ἑ. σκηνῶν ἑπτὰ ἡμέρας τῷ κυρίῳ (1)
— 37. αὗται αἱ ἑ. κυρίῳ (3 a)
— 44. ἐλάλησε Μ. τὰς ἑ. κυρίου τοῖς υἱοῖς Ἰσρ. (3 a)
Nu. 10. 10. καὶ ἐν ταῖς ἑ. ὑμῶν (3 a)
15. 3. ἢ ἐν ταῖς ἑ. ὑμῶν (3 a)
28. 2. ἐν ταῖς ἑ. μου (3 a)
— 16. A ποιηθήσεται ἑορτή –
— 17. B τῇ πεντεκαιδεκ. ἡμ. τοῦ μηνὸς τούτου ἑορτή (1)
29. 12. ἑορτὴν κυρίῳ ἑπτὰ ἡμέρας (1)
— 39. ἐν ταῖς ἑ. ὑμῶν (3 a)
De. 16. 8. ἐξόδιον ἑορτὴ κυρίῳ –
— 10. ποιήσεις ἑορτὴν ἑβδομάδων (1)
— 13. ἑορτὴν σκηνῶν ποιήσεις [A τῶν σκ. ποιεῖς] (1)
— 14. ἐν τῇ ἑ. σου [A *al.*] (1)
— 16. ἐν τῇ ἑ. τῶν ἀζύμων καὶ ἐν τῇ ἑ. τῶν ἑβδομάδων καὶ ἐν τῇ ἑ. τῆς σκηνοπηγίας (1 *ter*)
31. 10. ἐν ἑορτῇ σκηνοπηγίας (1)
33. 10. A³ ἐπιθήσουσι θυμίαμα ἐν ἑορτῇ [A¹ B ὀργῇ] σου †
Jd. 21. 19. ἑορτὴ κυρίου [A τῷ κ.] ἐν Σ. (1)
III Ki. 8. 2. A ἐν τῇ ἑ. (1)
— 65. ἐποίησε Σαλ. τὴν ἑ. (1)
12. 32. ἐποίησεν Ἰ. ἑορτὴν ... κατὰ τὴν ἑ. τὴν ἐν γῇ Ἰ. (1, 1)
— 33. ἐν τῇ ἑ. ᾗ ἐπλάσατο (2?)
— 33. καὶ ἐποίησεν ἑορτὴν τοῖς υἱοῖς Ἰ. (1)
IV Ki. 23. 16. ἐν τῷ ἑστάναι Ἰ. ἐν τῇ ἑ. –
I Ch. 23. 31. ἐν ταῖς νεομηνίαις καὶ ἐν ταῖς ἑ. (3 a)
II Ch. 2. 4 (3). καὶ ἐν ταῖς ἑ. τοῦ κυρίου θεοῦ ἡμῶν (3 a)
5. 3. ἐξεκκλησιάσθησαν ... ἐν τῇ ἑ. (1)
7. 8. ἐποίησε Σ. τὴν ἑ. (1)
— 9. ἐποίησεν ἑπτὰ ἡμέρας ἑορτήν (1)
8. 13. ἐν τοῖς μησὶ καὶ ἐν ταῖς ἑ. (3 b)
— 13. ἐν τῇ ἑ. τῶν ἀζύμων καὶ ἐν τῇ ἑ. τῶν ἑβδομάδων καὶ ἐν τῇ ἑ. τῶν σκηνῶν (1 *ter*)
30. 13. τοῦ ποιῆσαι τὴν ἑ. τῶν ἀζύμων (1)
— 21. ἐποίησαν οἱ υἱοὶ Ἰ. ... τὴν ἑ. τῶν ἀζύμων (1)
II Ch. 30. 22. καὶ συνετέλεσαν τὴν ἑ. τῶν ἀζύμων (3 a)
— 26. οὐκ ἐγένετο τοιαύτη ἑ. ἐν Ἰ. –
31. 3. καὶ εἰς τὰς ἑ. τὰς γεγραμμένας ἐν τῷ νόμῳ κυρίου (3 a)
35. 17. καὶ ἐποίησαν ... τὴν ἑ. τῶν ἀζύμων (1)
I Es. 1. 19. τὸ πάσχα καὶ τὴν ἑ. τῶν ἀζύμων
5. 51. ἠγάγοσαν τὴν τῆς [A ἠγ. τὰς] σκηνοπηγίας ἑ.
— 52. καὶ θυσίας ... ἑορτῶν πασῶν ἡγιασμένων
7. 14. καὶ ἠγάγοσαν τὴν ἑ. τῶν ἀζύμων
II Es. 3. 4. ἐποίησαν τὴν ἑ. τῶν σκηνῶν (1)
— 5. καὶ εἰς πάσας ἑ. κυρίῳ τὰς ἡγιασμ. (3 a)
6. 22. ἐποίησαν τὴν ἑ. τῶν ἀζύμων (1)
Ne. 8. 14. ὅπως κατοικήσωσιν ... ἐν σκηναῖς ἐν ἑορτῇ (1)
— 18. καὶ ἐποίησαν ἑορτήν (1)
10. 33 (34). εἰς τὰς ἑ. καὶ εἰς τὰ ἅγια (3 a)
To. 1. 6. ἐπορευόμην ... εἰς Ἰ. ἐν ταῖς ἑ.
2. 1. ἐν τῇ πεντηκοστῇ ἑ. [A τῇ ἑ., S τῆς ἑ. ἡμῶν]
— 6. στραφήσονται αἱ ἑ. ὑμῶν εἰς πένθος
Ju. 8. 6. χωρὶς προσαββάτων ... καὶ [S *om.*] ἑορτῶν
10. 2. καὶ ἐν ταῖς ἑ.
Es. 8. 13. ἐν ταῖς ἐπωνύμοις ὑμῶν ἑ. [A *om.* ὑ. ἑ.]
Ps. 73 (74). 4. ἐνεκαυχήσαντο οἱ μισοῦντές σε ἐν μέσῳ τῆς ἑ. [S¹ ὀργῆς] σου (3 a)
— 8. καταπαύσωμεν τὰς ἑ. κυρίου ἀπὸ τῆς γῆς (3 a)
80 (81). 3. ἐν εὐσήμῳ ἡμέρᾳ [A -ας] ἑορτῆς ἡμῶν (1)
117 (118). 27. συστήσασθε ἑορτὴν ἐν τοῖς πυκάζουσιν (1)
Si. 36 (33). 8. ἠλλοίωσε καιροὺς καὶ ἑορτάς
43. 7. ἀπὸ σελήνης σημεῖον ἑορτῆς
47. 10. ἔδωκεν ἐν [S *om.*] ἑορταῖς εὐπρέπειαν
Ho. 2. 11 (13). ἑορτὰς αὐτῆς καὶ τὰς νουμηνίας αὐ. (1)
9. 5. καὶ ἐν ἡμέρᾳ ἑορτῆς τοῦ κ. (1)
12. 9 (10). καθὼς ἡμέραι ἑορτῆς (3 a)
Am. 5. 21. ἀπῶσμαι ἑορτὰς ὑμῶν (1)
8. 10. μεταστρέψω τὰς ἑ. ὑμῶν εἰς πένθος (1)
Na. 1. 15 (2. 1). ἑόρταζε Ἰούδα τὰς ἑ. σου (1)
Ze. 3. 18. ὡς ἐν ἡμέρᾳ ἑορτῆς (3 a)
Za. 8. 19. καὶ εἰς ἑ. ἀγαθάς (3 a)
14. 16. τοῦ ἑορτάζειν τὴν ἑ. τῆς σκηνοπηγίας (1)
— 18. τοῦ ἑορτάσαι τὴν ἑ. τῆς σκηνοπηγίας (1)
— 19. ἑορτάσαι [A S³ τοῦ ἑ.] τὴν ἑ. τῆς σκηνοπηγίας (1)
Ma. 2. 3. ἔνυστρον ἑορτῶν [A -ῆς] ὑμῶν (1)
Is. 1. 14. τὰς ἑ. ὑμῶν μισεῖ ἡ ψυχή μου (3 a)
Je. 38 (31). 8. συνάξω αὐτοὺς ἀπ' [A ἐπ'] ἐσχάτου τῆς γῆς ἐν ἑορτῇ φασέκ †
Ba. 1. 14. ἐξαγορεῦσαι ... ἐν ἡμέρᾳ ἑορτῆς
La. 1. 4. παρὰ τὸ μὴ εἶναι ἐρχομένους ἐν ἑορτῇ (3 a)
2. 6. διέφθειρεν ἑορτὴν αὐτοῦ ἐπελάθετο κύριος ἃ ἐποίησεν ἐν Σιὼν ἑορτῆς (3 a, 3 a)
— 7. φωνὴν ἔδωκαν ... ὡς ἐν ἡμέρᾳ ἑορτῆς (3 a)
— 22. ἐκάλεσεν ἡμέραν ἑορτῆς παροικίας μου (3 a)
Ez. 23. 34. τὰς ἑ. καὶ τὰς νουμηνίας αὐτῆς ἀποστρέψω †
36. 38. ὡς πρόβατα Ἱερουσαλὴμ ἐν ταῖς ἑ. αὐτῆς (3 a)
44. 24. τὰ προστάγματά μου ἐν πάσαις ταῖς ἑ. μου φυλάξονται (3 a)
45. 17. αἱ σπονδαὶ [A *add.* ἔσονται] ἐν ταῖς ἑ. ... καὶ ἐν πάσαις ταῖς ἑ. οἴκου Ἰσραήλ (1, 3 a)
— 21. ἔσται ὑμῖν τὸ πάσχα ἑ. (1)
— 23. τὰς ἑπτὰ ἡμέρας τῆς ἑ. ποιήσει [A -εις] ὁλοκαυτώματα (1)
— 25. ἐν τῇ ἑ. ποιήσεις κατὰ τὰ αὐτὰ ἑπτὰ ἡμέρας (1)
46. 9. ὅταν εἰσπορεύηται ὁ λαὸς τῆς γῆς [A *om.* τ. γ.] ἐναντίον κυρίου ἐν ταῖς ἑ. (3 a)
— 11. ἐν ταῖς ἑ. ... ἔσται τὸ μαναὰ πέμμα (1)
I Ma. 1. 39. αἱ ἑ. αὐτῆς ἐστράφησαν εἰς πένθος
— 45. βεβηλῶσαι σάββατα καὶ ἑορτάς
10. 21. ἐν ἑορτῇ σκηνοπηγίας
— 34. πᾶσαι αἱ ἑ. καὶ τὰ σάββατα
— 34. τρεῖς ἡμέραι πρὸ ἑορτῆς καὶ τρεῖς ἡμέραι μετὰ ἑορτήν
12. 11. ἔν τε ταῖς ἑ. ... μιμνῃσκόμεθα ὑμῶν
II Ma. 6. 6. οὔτε πατρῴους ἑορτὰς διαφυλάττειν
— 7. γενομένης δὲ Διονυσίων ἑ.
10. 6. μνημονεύοντες ... τὴν τῶν σκηνῶν ἑ.
12. 31. τῆς τῶν ἑβδομάδων ἑ. οὔσης ὑπογύου
[**Aq.** Le. 23. 41: Ps. 117 (118). 27: Is. 30. 29: 33. 20: Ma. 2. 3.]
[**Sm.** Is. 30. 29: 33. 20.]
[**Th.** Le. 23. 41: Is. 30. 29.]
[**Al.** Is. 29. 1.]

ἐπαγγελία. (1) אֲגֻדָּה (2) סְפִרָה (3) פָּרָשָׁה

I Es. 1. 7. ταῦτα ... ἐδόθη κατ' ἐπαγγελίαν τῷ λαῷ
Es. 4. 7. καὶ τὴν ἑ. [S³ ἑ. τοῦ ἀργυρίου] ἣν ἐπηγγείλατο Ἀ. (3)
Ps. 55 (56). 8. ὡς καὶ ἐν τῇ ἑ. σου (2)
Am. 9. 6. τὴν ἑ. αὐ. ἐπὶ τῆς γῆς θεμελιῶν (1?)
I Ma. 10. 15. ἤκουσεν Ἀλ. ... τὰς ἑ.
IV Ma. 12. 9. καὶ ἐπιχαρέντες [S οἱ δὲ χαρ.] μάλιστα ἐπὶ τῇ ἑ. τοῦ παιδός

ἐπαγγέλλειν. (1) אָמַר

Es. 4. 7. ἣν ἐπηγγείλατο Ἀ. [S³ Ἀ. παραστῆσαι] τῷ βασιλεῖ (1)
Pr. 13. 12. κρείσσων ... τοῦ ἐπαγγελλομένου καὶ εἰς ἐλπίδα ἄγοντος –
Wi. 2. 13. ἐπαγγέλλεται γνῶσιν ἔχειν θεοῦ
Si. 20. 23. ἔστι χάριν αἰσχύνης ἐπαγγελλόμενος φίλῳ
I Ma. 11. 28. S R ἐπηγγείλατο [A -αντο] αὐτῷ τάλαντα τριακόσια
II Ma. 2. 18. καθὼς ἐπηγγείλατο διὰ τοῦ νόμου
4. 8. ἐπαγγειλάμενος τῷ βασιλεῖ ... τάλαντα
— 27. τῶν δὲ ἐπηγγελμένων τῷ βασιλεῖ χρημάτων
— 45. ἐπηγγείλατο χρήματα ἱκανὰ τῷ Πτ.
III Ma. 1. 4. ἐπαγγελλομένη δώσειν ... δύο μνᾶς χρυσίου
2. 10. ἀγαπῶν τὸν οἶκον τοῦ Ἰ. ἐπηγγείλω
[**Al.** Le. 19. 20.]

ἐπάγειν. (1) אָנַף (2) בּוֹא *a.* qal. *b.* hi. (3) גָּמַל (4) חָתַם (5) חֲלִיפָה (6) חָנֵף hi. (7) מָשַׁךְ (8) נָהַג *a.* qal. *b.* pi. (9) נָחָה hi. (10) נָטָה *a.* qal. *b.* hi. (11) נָכָה hi. (12) נָשָׂא *a.* qal. *b.* hi. (13) עָבַר hi. (14) עָלָה *a.* qal. *b.* hi. (15) עָנָה pi. (16) פָּעַל (17) פָּצַר hi. (18) *a.* פָּקַד *b.* יָצָא לִפְקֹד *c.* פְּקֻדָּה (19) קָדַשׁ pi. (20) קָרָא (21) שִׂים, שׂוּם (22) שִׂישׂ (23) שׁוּב *a.* qal. *b.* hi. (24) שִׁית (25) שָׁלַח pi. (26) שָׁמֵם hi. (27) שָׁפַךְ (28) **ἐπάγειν ὑετόν** מָטָר (29) **ἐπάγειν ὀργήν** זָעַם

Ge. 6. 17. ἐπάγω τὸν κατακλυσμόν (2 b)
7. 4. ἐγὼ ἐπάγω ὑετὸν ἐπὶ τὴν γῆν (28)
8. 1. ἐπήγαγεν ὁ θεὸς πνεῦμα ἐπὶ τὴν γῆν (13)
18. 19. ὅπως ἂν ἐπαγάγῃ κύριος ἐπὶ Ἀ. πάντα (2 b)
20. 9. ἐπήγαγες ἐπ' ἐμὲ ... ἁμαρτίαν μεγάλην (2 b)
26. 10. A καὶ ἐπήγαγες [R *add.* ἂν] ἐφ' ἡμᾶς ἄγνοιαν (2 b)
27. 12. ἐπάξω ἐπ' ἐμαυτὸν κατάραν (2 b)
Ex. 10. 4. ἰδοὺ ἐγὼ ἐπάγω ... ἀκρίδα πολλήν (2 b)
— 13. καὶ κύριος ἐπήγαγεν ἄνεμον [A *om.*] νότον (8 b)
11. 1. ἔτι μίαν πληγὴν ἐπάξω ἐπὶ Φ. (2 b)
15. 19. ἐπήγαγεν ἐπ' αὐτοὺς κύριος τὸ ὕδωρ τῆς θαλάσσης (23 b)
— 26. πᾶσαν νόσον ἣν ἐπήγαγον τοῖς Αἰγυπτίοις οὐκ ἐπάξω ἐπὶ σέ (21, 21)
28. 39 (43). οὐκ ἐπάξονται πρὸς ἑαυτοὺς [A ἐφ' ἑαυτοῖς] ἁμαρτίαν (12 a)
32. 21. ὅτι ἐπήγαγες ἐπ' αὐτοὺς ἁμαρτίαν μεγάλην (2 b)
— 34. ἐπάξω ἐπ' αὐτοὺς τὴν ἁμαρτίαν αὐτῶν (18 a)
33. 5. μὴ πληγὴν ἄλλην ἐπάξω [A -άγω] ἐγὼ ἐφ' ὑμᾶς (14 a?)
34. 7. ἐπάγων ἀνομίας [A ἁμαρτίας] πατέρων ἐπὶ τέκνα (18 a)
Le. 22. 16. ἐπάξουσιν ἐφ' ἑαυτοὺς ἀνομίαν (12 b)
26. 25. ἐπάξω ἐφ' ὑμᾶς μάχαιραν (2 b)
— 36. ἐπάξω δουλείαν [A δειλίαν] εἰς τὴν καρδίαν (2 b)
De. 23. 13 (14). A R ἐπαγαγὼν [B -άγων] καλύψεις τὴν ἀσχημοσύνην σου (23 a)
28. 49. ἐπάξει κύριος ἐπὶ σὲ ἔθνος (12 a)
— 61. πᾶσαν [A *om.*] πληγὴν ... ἐπάξει κύριος ἐπὶ σέ (14 b)
29. 27 (26). ὠργίσθη θυμῷ ... ἐπαγαγεῖν ἐπ' αὐτήν (2 b)
Jo. 23. 15. ἐπάξει κύριος ... πάντα τὰ ῥήματα τὰ πονηρά (2 b)
24. 7. ἐπήγαγεν ἐπ' αὐτοὺς τὴν θάλασσαν (2 b)
Jd. 4. 7. ἐπάξω πρὸς σὲ εἰς [A ἀπ. σε πρὸς] τὸν χειμάρρουν (7)

Jd. 9. 24. τοῦ ἐπαγαγεῖν τὴν ἀδικίαν τῶν ἑβδομήκοντα υἱῶν (2 a)
I Ki. 5. 6. καὶ ἐπήγαγεν αὐτοῖς (26)
15. 23. A B ὀδύνη καὶ πόνος [R -ην καὶ πόνους] θεραφεῖν [B -πεῖαν] ἐπάγουσιν (17 ?)
30. 22. A τὰ τέκνα αὐτοῦ ἐπαγέσθωσαν [A ἀπ.] (8 a)
II Ki. 17. 14. ὅπως ἂν ἐπαγάγῃ κύριος ἐπὶ Ἀ. τὰ κακὰ πάντα (2 b)
III Ki. 8. 46. καὶ ἐπάξεις [A ἐπαρεῖς ἐπ'] αὐτοὺς (1 ?)
9. 9. ἐπήγαγε κύριος ἐπ' αὐτοὺς τὴν κακίαν ταύτην (2 b)
20 (21). 21. ἐγὼ ἐπάγω ἐπὶ σὲ κακά (2 b)
— 29. οὐκ ἐπάξω τὴν κακίαν (2 b)
— 29. ἐπάξω τὴν κακίαν (2 b)
IV Ki. 22. 16. ἐπάγω κακὰ ἐπὶ τὸν τόπον τοῦτον (2 b)
— 20. οἷς ἐγώ εἰμι ἐπάγω ἐπὶ τὸν τόπον τοῦτον (2 b)
I Ch. 4. 10. καὶ ἐπήγαγεν ὁ θεὸς πάντα (2 b)
II Ch. 7. 22. ἐπήγαγεν ἐπ' αὐτοὺς πᾶσαν τὴν κακίαν ταύτην (2 b)
34. 24. ἐγὼ ἐπάγω κακὰ ἐπὶ τὸν τόπον τοῦτον (2 b)
— 28. οἷς ἐγὼ ἐπάγω ἐπὶ τὸν τόπον τοῦτον (2 b)
To. 2. 10. S καὶ ἐπήγαγεν λευκώματα [A B *al.*]
Ju. 8. 30. B S ἐπαγαγεῖν [A -ήγαγεν, R ἀπ.] ὅρκον ἐφ' ἡμᾶς
Es. 9. 25. ἐπάξαι ἐπὶ τοὺς Ἰουδαίους [A ἐπάξαι τοῖς Ἰ.] κακά (23 a)
Jb. 10. 17. ἐπήγαγες [A -ήγειρας] δὲ ἐπ' ἐμὲ πειρατήρια (5 ?)
22. 17. τί ἐπάξεται [A -ξει] ἡμῖν ὁ παντοκράτωρ (16)
34. 28. τοῦ ἐπαγαγεῖν ἐπ' αὐτὸν κραυγὴν πενήτων (2 b)
38. 5. τίς ὁ ἐπαγαγὼν σπαρτίον ἐπ' αὐτῆς (10 a)
42. 11. οἷς ἐπήγαγεν αὐτῷ ὁ κύριος (2 b)
Ps. 7. 11. μὴ ὀργὴν ἐπάγων καθ' ἑκάστην ἡμέραν (29)
77 (78). 26. ἐπήγαγεν ἐν τῇ δυναστείᾳ αὐτοῦ λίβα (8 b)
87 (88). 7. πάντας τοὺς μετεωρισμούς σου ἐπήγαγες ἐπ' ἐμέ (15)
Pr. 6. 22. ἐπάγου αὐτὴν καὶ μετὰ σοῦ ἔστω (9)
26. 11. ἔστιν αἰσχύνη ἐπάγουσα ἁμαρτίαν –
Ec. 3. 18. S¹ ἐπάγω [A B S² εἶπα ἐγὼ] ἐν καρδίᾳ μου περὶ λαλιᾶς †
Si. 1. 30. ἵνα μὴ . . . ἐπαγάγῃς τῇ ψυχῇ σου ἀτιμίαν
2. 4. πᾶν ὃ ἐὰν ἐπαχθῇ σοι δέξαι
4. 17. φόβον δὲ καὶ δειλίαν ἐπάξει ἐπ' αὐτόν
— 21. ἔστι γὰρ αἰσχύνη ἐπάγουσα [A¹ ἐνάγ.] ἁμαρτίαν
23. 16. τὸ τρίτον ἐπάξει ὀργήν
46. 3. τοὺς γὰρ πολεμίους [S² -μους] κύριος [A S² -ιου] αὐτὸς ἐπήγαγεν [A ἀπήγ.]
47. 20. ἐπαγαγεῖν ὀργὴν ἐπὶ τὰ τέκνα σου
48. 2. ἐπήγαγεν ἐπ' αὐτοὺς λιμόν
Ho. 13. 15. ἐπάξει καύσωνα ἄνεμον (2 a)
Am. 1. 8. ἐπάξω τὴν χεῖρά μου ἐπὶ Ἀκκ. (23 b)
5. 9. ταλαιπωρίαν ἐπὶ ὀχύρωμα ἐπάγων (2 a)
Ze. 3. 17. ἐπάξει ἐπὶ σὲ εὐφροσύνην (22)
Hg. 1. 11. ἐπάξω ῥομφαίαν ἐπὶ τὴν γῆν (20)
Za. 3. 9 (8). S³ ἐπάγω [A B S¹ ἄγω] τὸν δοῦλόν μου (2 b)
13. 7. ἐπάξω [S³ ἐπιστρέψω] τὴν χεῖρά μου (23 b)
Is. 1. 25. ἐπάξω τὴν χεῖρά μου ἐπὶ σέ (23 b)
7. 17. ἐπάξει ὁ θεὸς ἐπὶ σὲ . . . ἡμέρας (2 b)
10. 12. A B S ἐπάξει [R ἐπισκέψομαι] ἐπὶ τὸν νοῦν (18 a)
— 24. πληγὴν γὰρ ἐπάγω ἐπὶ σέ (12 a)
15. 7. ἐπάξω γὰρ ἐπὶ τὴν φάραγγα Ἄραβας (18 c)
— 9. ἐπάξω γὰρ ἐπὶ Δειμὼν Ἄραβας (24)
24. 21. ἐπάξει ὁ θεὸς ἐπὶ τὸν κόσμον τοῦ οὐρανοῦ τὴν χεῖρα (18 a)
26. 14. ἐπήγαγες καὶ ἀπώλεσας (18 a)
— 21. ἐπάγει τὴν ὀργὴν ἐπὶ τοὺς ἐνοικοῦντας ἐπὶ τῆς γῆς (18 b)
27. 1. ἐπάξει ὁ θεὸς τὴν μάχαιραν (18 a)
31. 3. ἐπάξει τὴν χεῖρα αὐ. ἐπ' αὐτούς (10 b)
42. 25. ἐπήγαγεν ἐπ' αὐτοὺς ὀργὴν θυμοῦ αὐτοῦ (27)
48. 9. τὰ ἔνδοξά μου ἐπάξω ἐπὶ σέ [A S σοί] (4 ?)
63. 7. ἐπάγει ἡμῖν κατὰ τὸ ἔλεος αὐτοῦ (3)
Je. 4. 6. κακὰ ἐγὼ ἐπάγω ἀπὸ βορρᾶ (2 b)
5. 15. ἐπάγω ἐφ' ὑμᾶς ἔθνος πόρρωθεν (2 b)
6. 19. ἐπάγω ἐπὶ τὸν λαὸν τοῦτον κακά [S *al.*] (2 b)
11. 11. ἐπάγω ἐπὶ τὸν λαὸν τοῦτον κακά (2 b)
— 23. ἐπάξω κακὰ ἐπὶ τοὺς κατοικοῦντας (2 b)
15. 8. ἐπήγαγον ἐπὶ μητέρα νεανίσκους [S -κου] ταλαιπωρίαν (2 b)
17. 18. ἐπάγαγε ἐπ' αὐτοὺς ἡμέραν [A λιμὸν] πονηράν (2 b)
18. 22. ἐπάξεις [A -άγαγε] ἐπ' αὐτοὺς λῃστάς (2 b)
19. 3. ἐπάγω ἐπὶ τὸν τόπον τοῦτον κακά (2 b)

Je. 19. 15. ἐπάγω ἐπὶ τὴν πόλιν τ. . . . κακά (2 b)
22. 7. ἐπάξω [A εἰσάξω] ἐπὶ σὲ [S σοὶ] ἄνδρα ὀλεθρεύοντα (19)
23. 12. ἐπάξω ἐπ' αὐτοὺς κακά (2 b)
25. 13. ἐπάξω [A πατάξω] ἐπὶ τὴν γῆν ἐκείνην πάντας τοὺς λόγους μου (2 b)
— 15 (49. 36). ἐπάξω ἐπὶ Αἰλὰμ τέσσαρας ἀνέμους (2 b)
— 16 (49. 37). ἐπάξω ἐπ' αὐτοὺς [S *add.* κακὰ] κατὰ τὴν ὀργήν (2 b)
28 (51). 64. ὧν ἐγὼ ἐπάγω ἐπ' αὐτήν (2 b)
31 (48). 44. ἐπάξω ταῦτα ἐπὶ Μωάβ (2 b)
39 (32). 42. καθὰ ἐπήγαγον ἐπὶ τὸν λαὸν τοῦτον πάντα τὰ κακὰ . . . ἐπάξω [A -άγω] ἐπ' αὐτοὺς πάντα τὰ ἀγαθά (2 b, 2 b)
40 (33). 6. A ἐπάγω ἐπ' αὐτοὺς συνούλωσιν [B S *al.*] (14 b)
43 (36). 31. ἐπάξω ἐπ' αὐτὸν . . . τὰ κακά (2 b)
49 (42). 17. ὧν ἐγὼ ἐπάγω ἐπ' αὐτούς (2 b)
51 (44). 2. ἃ ἐπήγαγον [S ἤγ.] ἐπὶ Ἱερ. (2 b)
51. 35 (45. 5). ἐπάγω κακὰ ἐπὶ πᾶσαν σάρκα (2 b)
Ba. 2. 9. ἐπήγαγε κύριος ἐφ' ἡμᾶς
4. 9. ἐπήγαγέ μοι ὁ θεὸς πένθος μέγα
— 10, 14. ἣν ἐπήγαγεν αὐτοῖς ὁ αἰώνιος
— 15. ἐπήγαγε γὰρ ἐπ' αὐτοὺς ἔθνος μακρόθεν
— 18. ὁ γὰρ ἐπαγαγὼν τὰ κακά [A *add.* ὑμῖν]
— 27. ἔσται γὰρ ὑμῶν ὑπὸ τοῦ ἐπάγοντος μνεία
— 29. ὁ γὰρ ἐπαγαγὼν ὑμῖν τὰ κακὰ ἐπάξει ὑμῖν τὴν αἰώνιον εὐφροσύνην
La. 1. 21. ἐπήγαγες ἡμέραν (2 b)
Ez. 5. 1. ἐπάξεις αὐτὴν ἐπὶ τὴν κεφαλήν σου (13)
— 17. ῥομφαίαν ἐπάξω ἐπὶ σὲ κυκλόθεν (2 b)
6. 3. ἐπάγω ἐφ' ὑμᾶς ῥομφαίαν (2 b)
11. 8. ῥομφαίαν ἐπάξω ἐφ' ὑμᾶς (2 b)
13. 13. τοὺς λίθους τοὺς πετροβόλους ἐν θυμῷ ἐπάξω –
14. 15. ἐὰν καὶ θηρία πονηρὰ ἐπάγω ἐπὶ τὴν γῆν (13)
— 17. ῥομφαίαν ἐὰν ἐπάγω [A -αγάγω] ἐπὶ τὴν γῆν ἐκείνην (2 b)
— 19. A θάνατον ἐπάγω ἐπὶ τὴν γῆν ἐκ. [B *al.*] (25)
— 22. ἃ ἐπήγαγον ἐπὶ Ἱερ. πάντα τὰ κακὰ ἃ ἐπήγαγον ἐπ' αὐτήν (2 b, 2 b)
22. 13. B ἐὰν δ' ἐπάξω [A R δὲ πατάξω] χεῖρά μου (11)
23. 22. ἐπάξω αὐτοὺς ἐπὶ σὲ κυκλόθεν (2 b)
26. 7. ἐπάγω [B¹ *om.*] ἐπὶ σέ, Σόρ, τὸν Ναβ. (2 b)
28. 7. ἐπάγω ἐπὶ σὲ ἀλλοτρίους λοιμούς (2 b)
29. 8. ἐπάγω ἐπὶ σὲ ῥομφαίαν (2 b)
30. 24. ἐπάξει αὐτὴν ἐπ' Αἴγυπτον †
33. 2. ἐφ' ἣν ἂν ἐπάγω ῥομφαίαν [A *al.*] (2 b)
38. 17. ἣν ἐπήγαγον ἐπ' αὐτούς (21)
Da. LXX. 3. (28). ἃ ἐπήγαγες ἡμῖν
— (31). ὅσα ἡμῖν ἐπήγαγες
4. 23. ἐπάξουσι τὰ κεκριμένα ἐπὶ σέ –
9. 12. ἐπαγαγεῖν ἐφ' ἡμᾶς κακὰ μεγάλα (2 b)
— 14. καὶ ἐπήγαγεν ἐφ' ἡμᾶς (2 b)
Da. TH. 3. (28). ἃ ἐπήγαγες ἡμῖν
— (28). ἐπήγαγες ταῦτα πάντα
— (31). B ὅσα ἐπήγαγες ἡμῖν
9. 12. ἐπαγαγεῖν ἐφ' ἡμᾶς κακὰ μεγάλα (2 b)
— 14. ἐπήγαγεν αὐτὰ ἐφ' ἡμᾶς (2 b)
11. 32. ἐπάξουσιν [A ἐξ.] ἐν ὀλισθήμασι (6 ?)
II Ma. 7. 38. R τὴν ἐπὶ τὸ σύμπαν ἡμῶν γένος . . . ἐπηγμένην [A ἐπημμένην]
III Ma. 2. 4. R ἐπαγαγὼν αὐτοῖς [A -οὺς] ἀμέτρητον ὕδωρ
IV Ma. 4. 13. A R τούτοις ἐπαχθεὶς [S ὑπ.] τοῖς λόγοις

[**Aq.** Ge. 3. 14 (13) : Ps. 54 (55). 16 : Je. 18. 22 : 35 (42). 17 : 49. 32 (30. 10).]
[**Sm.** Ps. 77 (78). 26 : Je. 18. 22 : 35 (42). 17 : 49. 32 (30. 10) : La. 1. 5.]
[**Th.** Jb. 34. 28 : Is. 54. 9 : Je. 11. 8 : 18. 22 : 35 (42). 17.]
[**Al.** Hb. 3. 16.]

ἐπαγωγή. (1) אָפִיר (2) עָצַר

De. 32. 36. ἐκλελοιπότας ἐν ἐπαγωγῇ (2)
Si. 2. 2. μὴ σπεύσῃς ἐν καιρῷ ἐπαγωγῆς
3. 28. ἐπαγωγὴ ὑπερηφάνου οὐκ ἔστιν ἴασις
5. 8. ἐν ἡμέρᾳ ἐπαγωγῆς
10. 13. παρεδόξασε κύριος τὰς ἐ.
23. 11. πλησθήσεται γὰρ ἐπαγωγῶν ὁ οἶκος αὐτοῦ
25. 14. πᾶσαν ἐπαγωγὴν καὶ μὴ ἐπαγωγὴν μισούντων
38. 19. A S² ἐν ἐπαγωγῇ παραμένει [B S¹ *al.*]
40. 9. A B² S ἐπαγωγαὶ λιμὸς καὶ σύντριμμα
Is. 10. 4. A S τοῦ μὴ ἐμπεσεῖν εἰς ἐπαγωγήν [B ἀπ.] (1)
14. 17. τοὺς ἐν ἐπαγωγῇ οὐκ ἔλυσε (1)
[**Th.** Pr. 27. 10.]

ἐπαγωγός.

IV Ma. 8. 15. οἱ δὲ ἀκούσαντες ἐπαγωγά

ἐπᾴδειν, ἐπαείδειν. (1) בַּעַל הַלָּשׁוֹן (2) חָבַר (3) *a.* לָחַשׁ pi. *b.* לַחַשׁ

De. 18. 11. B¹ R ἐπαείδων [A B² -αοιδῶν] ἐπαοιδήν (2)
Ps. 57 (58). 5. ἥτις οὐκ εἰσακούσεται φωνὴν ἐπᾳδόντων (3 a)
Ec. 10. 11. οὐκ ἔστι περισσεία τῷ ἐπᾴδοντι (1)
Je. 8. 17. οἷς οὐκ ἔστιν ἐπᾶσαι [A¹ ἐπιλῆσαι, A² ἐπιλαλῆσαι] (3 b)
[**Aq.** Ps. 57 (58). 6.]

ἐπαινεῖν. (1) הָלַל *a.* pi. *b.* po. *c.* hithp. (2) שָׁבַח pi.

Ge. 12. 15. καὶ ἐπῄνεσαν αὐτὴν πρὸς Φαραώ (1 a)
Ju. 6. 20. ἐπῄνεσαν αὐτὸν σφόδρα
Ps. 9. 24 (10. 3). ἐπαινεῖται ὁ ἁμαρτωλός (1 a)
33 (34). 2. A B¹ S¹ ἐπαινεσθήσεται [B³ S² R ἐπαινεθ.] ἡ ψυχή μου (1 c)
43 (44). 8. A S² R ἐν τῷ θεῷ ἐπαινεθησόμεθα [B S¹ ἐπαινεσθ.] ὅλην τὴν ἡμέραν (1 a)
55 (56). 3. ἐν τῷ θεῷ ἐπαινέσω τοὺς λόγους μου (1 a)
62 (63). 3. τὰ χείλη μου ἐπαινέσουσί σε (2)
— 11. ἐπαινεθήσεται [B¹ S¹ -νεσθ.] πᾶς ὁ ὀμνύων ἐν αὐτῷ (1 c)
63 (64). 10. B³ R ἐπαινεθήσονται [B¹ S -νεσθ.] πάντες οἱ εὐθεῖς τῇ καρδίᾳ (1 c)
101 (102). 8. οἱ ἐπαινοῦντές με κατ' ἐμοῦ ὤμνυον (1 b)
104 (105). 3. ἐπαινεῖσθε ἐν τῷ ὀνόμ. τῷ ἁγίῳ αὐ. (1 c)
105 (106). 5. τοῦ ἐπαινεῖσθαι μετὰ τῆς κληρονομίας [S¹ ἐν τῇ κλ.] σου (1 c)
116 (117). 1. R ἐπαινέσατε [A -σάτωσαν, S¹ αἰνεσάτωσαν] αὐτὸν πάντες οἱ λαοί (2)
144 (145). 4. γενεὰ καὶ γενεὰ ἐπαινέσει [A¹ αἰν.] τὰ ἔργα σου (2)
147. 1 (12). ἐπαίνει Ἰερουσαλὴμ τὸν κύριον (2)
Ec. 4. 2. ἐπῄνεσα ἐγὼ σύμπαντας [A S σὺν] τοὺς τεθνηκότας (2)
8. 10. ἐπορεύθησαν καὶ ἐπῃνέθησαν ἐν τῇ πόλει †
— 15. ἐπῄνεσα ἐγὼ σὺν τὴν εὐφροσύνην (2)
Si. *prol.* 3. δέον ἐστὶν ἐπαινεῖν τὸν Ἰ. παιδείας
9. 17. A B¹ S¹ ἐν χειρὶ τεχνιτῶν ἔργον ἐπαινεσθήσεται [B³ S² R -εσθήσεται]
27. 7. πρὸ λογισμοῦ μὴ ἐπαινέσῃς [A -νει] ἄνδρα
Da. LXX. 5. 1. ἐπῄνεσε πάντας τοὺς θεοὺς τῶν ἐθνῶν –
III Ma. 4. 16. μὴ δυνάμενα . . . ἀρήγειν ἐπαινῶν
IV Ma. 1. 10. ἔπεστί μοι ἐπαινεῖν τοὺς . . . ἀποθανόντας
2. 2. ταύτῃ γοῦν ὁ σώφρων Ἰ. ἐπαινεῖται
4. 4. A S τὸν μὲν Σίμωνα τῆς . . . κηδεμονίας ἐπαινεῖ [R -ῄνει]
13. 3. τῷ ἐπαινουμένῳ λογισμῷ . . . περιεγένοντο τῶν παθῶν
— 17. καὶ πάντες οἱ πατέρες ἐπαινέσουσι

[**Aq.** Ca. 6. 8 (9).]
[**Sm.** Jb. 29. 21 : Ps. 29 (30). 5 : 48 (49). 19 : 77 (78). 63 : Pr. 12. 8 : Ca. 6. 8 (9) : Is. 41. 16 : Ho. 3. 5.]
[**Th.** Ps. 77 (78). 63.]
[**Al.** Ps. 47 (48). 13.]
[**Quint.** Ps. 55 (56). 5 : 77 (78). 63.]

ἐπαινετός (-εστός). (1) הָלַל pu.

Ez. 26. 17. κατελύθης ἐκ θαλάσσης ἡ πόλις ἡ ἐ. (1)
[**Aq.**, **Sm.**, **Th.** Je. 49. 25 (30. 14).]

ἔπαινος. (1) הָדָר (2) חֶמְדָּה (3) תְּהִלָּה

I Ch. 16. 27. δόξα καὶ ἔπαινος κατὰ πρόσωπον αὐτοῦ (1)
II Ch. 21. 20. ἐπορεύθη οὐκ ἐν [A ἐν οὐκ] ἐπαίνῳ (2)
Ps. 21 (22). 3. ὁ ἔ. Ἰσραήλ (3)
— 25. παρὰ σοῦ ὁ ἔ. μου ἐν ἐκκλησίᾳ (3)
34 (35). 28. ἡ γλῶσσά μου μελετήσει . . . ὅλην τὴν ἡμέραν τὸν ἔ. [A ὁ ἔ.] σου (3)
Wi. 15. 19. ἐκπέφευγε δὲ καὶ τὸν τοῦ θεοῦ ἔ.
Si. 39. 10. τὸν ἔ. αὐτοῦ ἐξαγγελεῖ ἐκκλησία
44. 8. τοῦ ἐκδιηγήσασθαι ἐπαίνους
— 15. τὸν ἔ. [A ἔ. αὐτῶν] ἐξαγγέλλει ἐκκλησία
IV Ma. 1. 2. τῆς μεγίστης ἀρετῆς . . . περιέχει ἔπαινον

[**Aq.** Ps. 148. 14 : Je. 51 (28). 41.]
[**Sm.** Ps. 8. 2 : 44 (45). 4 : 110 (111). 3 : Is. 42. 8 : Je. 51 (28). 41.]
[**Th.** Ps. 9. 15.]
[**Al.** Ps. 144 (145). 5.]

ἐπαίρειν. (1) אָנֵף (2) גָּבַה (3) גִּבּוֹר (4) גִּיל לֵב (5) דָּמַם (6) טוּל hi. (7) *a.* נָסַע hi. *b.* מַסָּע (8) מֹעַל (9) מַשּׁוּאוֹת (10) נוּעַ (11) נוּף hi. (12) נָטָה hi. (13) נָטִיל (14) נָשָׂא *a.* qal. *b.* ni. *c.* pi. *d.* hithp. *e.* נְשָׂא ithp. *f.* מַשָּׂא *g.* נָשִׂיא (15) נָשָׁא hi. (16) נָתַן (17) סָלָא pu. (18) עָלָה ni. (19) עָרָה hithp. (20) רוּם *a.* ni. *b.* hi. (21) שָׁעַן ni.

Ge. 7. 17. καὶ ἐπῆρε τὴν κιβωτόν (14 *a*)
13. 10. ἐπάρας Λὼτ τοὺς ὀφθαλμοὺς αὐ. (14 *a*)
Ex. 7. 20. ἐπάρας τῇ ῥάβδῳ [A Ἀαρὼν τὴν ῥ.] αὐτοῦ (20 *a*)
10. 13. καὶ ἐπῆρε M. τὴν ῥάβδον εἰς τὸν οὐρ. (12)
14. 16. καὶ σὺ ἔπαρον τῇ ῥάβδῳ [A τὴν ῥάβδον] σου (20 *b*)
17. 11. ὅταν ἐπῆρε M. τὰς χεῖρας (20 *b*)
Nu. 6. 26. ἐπάραι κ. τὸ πρόσωπον αὐ. ἐπὶ σέ (14 *a*)
20. 11. ἐπάρας M. τὴν χεῖρα αὐτοῦ (20 *b*)
Jd. 2. 4. ἐπῆραν [A -εν] ὁ λαὸς τὴν φωνὴν αὐ. (14 *a*)
9. 7. ἐπῆρε τὴν φωνὴν αὐτοῦ (14 *a*)
11. 1. καὶ Ἰ. . . . ἐπηρμένος δυνάμει [A *al.*] (3)
21. 2. A ἐπῆραν τὴν [B ἦραν] φωνὴν αὐτῶν (14 *a*)
Ru. 1. 9, 14. ἐπῆραν τὴν φωνὴν αὐτῶν (14 *a*)
I Ki. 20. 33. ἐπῆρε Σ. τὸ δόρυ ἐπὶ Ἰ. (6)
II Ki. 5. 12. ἐπήρθη ἡ βασιλεία αὐτοῦ (14 *c*)
13. 36. καὶ ἐπῆραν τὴν φωνὴν αὐτῶν (14 *a*)
18. 24. καὶ ἐπῆρε τοὺς ὀφθαλμοὺς αὐτοῦ (14 *a*)
— 28. R τοὺς ἐπαραμένους [A ἀντάραντας, B μισοῦντας] τὴν χεῖρα αὐτῶν (14 *a*)
20. 21. καὶ ἐπῆρε τὴν χεῖρα αὐτοῦ (14 *a*)
III Ki. 1. 5. Ἀδ. υἱὸς Ἀ. ἐπήρετο (14 *d*)
8. 1. A ἐπησμένους [? ἐπηρμ.] τῶν πατέρων τῶν υἱῶν Ἰ. (14 *g*)
● — 46. A καὶ ἐπιρεῖς ἐπ' [B -άγεις] αὐτούς (1)
11. 27. ὡς ἐπήρατο χεῖρας ἐπὶ βασιλέα Σ. (20 *b*)
12. 24. B καὶ ἦν ἐπαιρόμενος ἐπὶ τὴν βασ. –
IV Ki. 9. 32. καὶ ἐπῆρε τὸ πρόσωπον αὐτοῦ (14 *a*)
14. 10. καὶ ἐπῆρέ σε καρδία σου (14 *a*)
18. 29. μὴ ἐπαιρέτω ὑμᾶς Ἐ. λόγοις [A *om.*] (15)
19. 10. μὴ ἐπαιρέτω [A -ερωτῇ] σε ὁ θεός σου (15)
I Ch. 21. 16. ἐπῆρε Δ. τοὺς ὀφθαλμοὺς αὐ. (14 *a*)
II Ch. 25. 19. ἐπαίρει σε ἡ καρδία ἡ βαρεία (14 *a*)
35. 3. A ἐπᾶραι [B ἆραι] ἐπ' ὤμων οὐθέν (14 *f*)
II Es. 4. 19. ἡ πόλις ἐκείνη . . . ἐπὶ βασιλεῖς ἐπαίρεται (14 *e*)
7. 28. πάντων τῶν ἀρχόντων τοῦ βασιλέως τῶν ἐπηρμένων (3)
Ne. 8. 6. A S^{2} R ἐπάραντες τὰς χεῖρας αὐτῶν (8)
Es. 3. 13. A^{2} B S μὴ τῷ θράσει τῆς ἐξουσίας ἐπαιρόμενος
8. 13. τοῖς τῶν ἀπειραγάθων κόμποις ἐπαρθέντες
Jb. 31. 21. εἰ ἐπῆρα ὀρφανῷ χεῖρα (11)
41. 17 (18). S^{2} οὐδὲν οὐ μὴ ποιήσωσιν δόρυ ἐπηρμένον [A B S^{1} *om.*] (7 *b*)
Ps. 8. 1. ἐπήρθη ἡ μεγαλοπρέπειά σου ὑπεράνω τῶν οὐρανῶν (16)
23 (24). 7. ἐπάρθητε πύλαι αἰώνιοι (14 *b*)
— 9. ἐπάρθητε πύλαι αἰώνιοι (14 *a*)
27 (28). 9. ἔπαρον αὐτοὺς ἕως τοῦ αἰῶνος (14 *c*)
36 (37). 35. εἶδον τὸν ἀσεβῆ . . . ἐπαιρόμενον (19)
46 (47). 9. τοῦ θεοῦ οἱ κραταιοὶ τῆς γῆς σφόδρα ἐπήρθησαν (18)
72 (73). 18. B^{2} S R κατέβαλες αὐτοὺς ἐν τῷ ἐπαρθῆναι (9 ?)
73 (74). 3. ἔπαρον τὰς χεῖράς σου ἐπὶ τὰς ὑπερηφανίας αὐτῶν εἰς τέλος (20 *b*)
74 (75). 5. μὴ ἐπαίρετε εἰς ὕψος τὸ κέρας ὑμῶν (20 *b*)
77 (78). 26. ἀπῆρε [B^{1} ἐπ.] νότον ἐξ οὐρανοῦ (7 *a*)
92 (93). 3. ἐπῆραν οἱ ποταμοί, κύριε, ἐπῆραν οἱ ποταμοὶ φωνὰς αὐτῶν (14 *a*, 14 *a*)
101 (102). 10. ὅτι ἐπάρας κατέρραξάς με (14 *a*)
105 (106). 26. ἐπῆρε τὴν χεῖρα αὐ. ἐπ' αὐτούς (14 *a*)
133 (134). 2. ἐπάρατε τὰς χεῖρας ὑμῶν εἰς τὰ ἅγια (14 *a*)
Pr. 3. 5. ἐπὶ δὲ σῇ σοφίᾳ μὴ ἐπαίρου (21)
19. 18. εἰς δὲ ὕβριν μὴ ἐπαίρου τῇ ψυχῇ σου (14 *a*)
24. 17. ἐν δὲ τῷ ὑποσκελίσματι αὐ. μὴ ἐπαίρου (4)
— 36 (30. 13). τοῖς δὲ βλεφάροις αὐτοῦ ἐπαίρεται (14 *b*)
Si. 6. 2. μὴ ἐπάρῃς σεαυτὸν ἐν βουλῇ ψυχῆς σου
11. 4. ἐν ἡμέρᾳ δόξης μὴ ἐπαίρου
33 (36). 3. ἔπαρον τὴν χεῖρά σου ἐπὶ ἔθνη ἀλλότρια
35 (32). 1. ἡγούμενόν σε κατέστησαν μὴ ἐπαίρου
46. 2. ὡς ἐδοξάσθη ἐν τῷ ἐπᾶραι χεῖρας αὐτοῦ
47. 4. ἐν τῷ ἐπᾶραι χεῖρα ἐν λίθῳ σφενδόνης
48. 18. ἐπῆρεν ἡ χεὶρ [A ἐπ. χεῖρα] αὐτοῦ ἐπὶ Σιών
50. 20. ἐπῆρε χεῖρας αὐτοῦ ἐπὶ πᾶσαν ἐκκλησίαν υἱῶν Ἰσραήλ
Ob. 1. 3. ὑπερηφανία τῆς καρδίας σου ἐπῆρέ σε (15)
Hb. 3. 11 (10). ἐπήρθη ὁ ἥλιος (14 *a*)
Ze. 1. 11. πάντες οἱ ἐπηρμένοι ἀργυρίῳ (13)
Za. 1. 21 (2. 4). τὰ ἔθνη τὰ ἐπαιρόμενα κέρας (14 *a*)
Is. 6. 1. ἐπὶ θρόνου ὑψηλοῦ καὶ ἐπηρμένου (14 *b*)
— 4. ἐπήρθη τὸ ὑπέρθυρον ἀπὸ τῆς φωνῆς (10)
Je. 13. 15. μὴ ἐπαίρεσθε ὅτι κύριος ἐλάλησε (2)
29 (47). 6. ἀνάπαυσαι καὶ ἐπάρθητι (5)
La. 4. 2. υἱοὶ Σιὼν οἱ τίμιοι οἱ [A *om.*] ἐπηρμένοι ἐν χρυσίῳ (17)
Ez. 10. 15. A ἐπῆραν τὰ χερουβεὶν [B *al.*] (20 *a*)
17. 14. τὸ καθόλου μὴ ἐπαίρεσθαι (14 *d*)
18. 6. τοὺς ὀφθαλμοὺς αὐτοῦ οὐ μὴ ἐπάρῃ πρὸς [A ἐπὶ] τὰ ἐνθυμήμ. οἴκου Ἰ. (14 *a*)
Da. TH. 11. 14. ἐπαρθήσονται τοῦ στῆσαι ὅρασιν (14 *d*)
I Ma. 1. 3. ἐπήρθη ἡ καρδία αὐτοῦ
2. 63. σήμερον ἐπαρθήσεται
8. 5. καὶ τοὺς ἐπηρμένους ἐπ' αὐτούς
10. 70. σὺ μονώτατος ἐπαίρῃ ἐφ' ἡμᾶς
II Ma. 7. 34. R ἐπαιρόμενος [A ἐπαράμ.] χεῖρα
9. 4. ἐπαρθεὶς δὲ τῷ θυμῷ
III Ma. 2. 21. τὸν ὕβρει . . . μεγάλως ἐπηρμ.
6. 4. ἐπαρθέντα ἀνόμῳ θράσει

[**Aq.** III Ki. 8. 1 : Jb. 4. 2 : Ps. 4. 7 : 23 (24). 7 : 27 (28). 9 : 92 (93). 3 : 137 (138). 6 : Is. 30. 25 : 40. 4, 9 : 52. 13 : 57. 7 : 63. 9 *bis* : Je. 44 (51). 14 : 49. 16 (29. 17) : 51 (28). 9 : 52. 31 : Ez. 12. 10 : 32. 29.]
[**Sm.** Ge. 33. 1 : Jb. 15. 12 : Ps. 26 (27). 6 : 54 (55). 9 : 74 (75). 5, 6 : 82 (83). 3 : 138 (139). 20 : 139 (140). 9 : Is. 6. 1 : 10. 24 : 24. 14 : 30. 25 : 42. 11 : 52. 8, 13 : 57. 7 : 63. 9 *bis* : Je. 6. 1 : 13. 20 : 49. 16 (29. 17) : 52. 31 : Ez. 1. 19 : 10. 16 : 17. 23 : 20. 15 : 32. 29 : Za. 9. 16.]
[**Th.** Jb. 15. 12 : Ps. 4. 7 : Pr. 30. 32 : Is. 10. 24 : 42. 11 : 52. 8, 13 : 57. 7 : 63. 9 *bis* : Je. 52. 31 : Ez. 32. 29.]
[**Al.** Ps. 9. 33 (10. 12) : Ez. 10. 16.]

ἐπαισχύνεσθαι. (1) בּוֹשׁ (2) חָפֵר (3) נָשָׂא

Jb. 34. 19. ὃς οὐκ ἐπαισχυνθῇ [A αἰσχ.] πρόσωπον ἐντίμου (3)
Ps. 118 (119). 6. A S^{1} οὐ μὴ ἐπαισχυνθῶ [S^{2} R αἰσχ.] (1)
Is. 1. 29. A ἐπαισχυνθήσονται ἐπὶ τοῖς κήποις [B S *al.*] (2)

ἐπαιτεῖν. (1) שָׁאַל pi.

Ps. 108 (109). 10. καὶ ἐπαιτησάτωσαν (1)
Si. 40. 28. κρεῖσσον ἀποθανεῖν ἢ ἐπαιτεῖν

ἐπαίτησις.

Si. 40. 28. ζωὴν ἐπαιτήσεως μὴ βιώσῃς
— 30. ἐν στόματι ἀναιδοῦς γλυκανθήσεται ἐπαίτησις [S ἀπ.]

ἐπαίτιος.

Si. 37. 11. A S^{2} μετὰ μισθίου ἐπαιτίου [B ἀφεστίου, S^{1} R ἐφεστίου] περὶ συντελείας

ἐπακολουθεῖν. (1) *a.* אַחַר *b.* הָלַךְ אַחַר *c.* מִלֵּא אַחַר (2) הָלַךְ (3) פָּנָה אֶל (4) תּוּשִׁיָּה

Le. 19. 4. οὐκ ἐπακολουθήσετε εἰδώλοις (3)
— 31. οὐκ ἐπακολουθήσετε [A -θήσεσθε] ἐγγαστριμύθοις (3)
20. 6. ἣ ἐὰν ἐπακολουθήσῃ ἐγγαστριμύθοις (3)
Nu. 14. 24. καὶ ἐπηκολούθησέ μοι (1 *c*)
De. 12. 30. μὴ ἐκζητήσῃς ἐπακολουθῆσαι αὐτοῖς (1 *a*)
Jo. 6. 7 (8). ἡ κιβωτὸς τῆς διαθήκης κυρίου ἐπακολουθείτω (1 *a*)
14. 8. ἐπακολουθῆσαι κυρίῳ τῷ θεῷ μου (1 *a*)
— 9. ἐπακολουθῆσαι ὀπίσω κ. τοῦ θεοῦ ἡμῶν (1 *a*)
— 14. διὰ τὸ αὐτὸν ἐπακολουθῆσαι τῷ προστάγματι κυρίου (1 *c*)
Ju. 14. 4. ἐπακολουθήσαντες ὑμεῖς . . . καταστρώσατε αὐτούς
Es. 5. 1. ἡ δὲ ἑτέρα ἐπηκολούθει
Jb. 26. 3. τίνι ἐπακολουθήσεις [A -θεῖς] (4 ?)
31. 7. εἰ δὲ καὶ τῷ ὀφθαλμῷ ἐπηκολούθησεν ἡ καρδία μου (1 *b*)
Pr. 7. 22. ὁ δὲ ἐπηκολούθησεν αὐτῇ κεπφωθείς (1 *b*)
Si. 46. 6. ἐπηκολούθησεν ὀπίσω δυνάστου
Is. 55. 3. ἐπακολουθήσατε ταῖς ὁδοῖς μου (2)
[**Sm.** Ge. 6. 10 (9).]

ἐπακούειν. (1) אָזַן hi. (2) אָמַר (3) δεήσεως ἐ. עוּר hi. (4) עָנָה *a.* qal. *b.* ni. *c.* מַעֲנֶה (5) עָשָׂה (6) עָתַר ni. (7) קָשַׁב hi. (8) רָדַד (9) שָׁמַע, שָׁמֵעַ *a.* qal. *b.* ni.

Ge. 16. 11. ἐπήκουσε κύριος τῇ ταπεινώσει σου (9 *a*)
17. 20. ἐπήκουσά σου (9 *a*)
21. 17. ἐπακήκοε γὰρ ὁ θεὸς τῆς φωνῆς τοῦ π. (9 *a*)
25. 21. ἐπήκουσε δὲ αὐτοῦ ὁ θεός (6)
27. 13. R μόνον ἐπάκουσόν [A ὑπάκ.] μου τῆς φωνῆς (9 *a*)
30. 6. καὶ ἐπήκουσε τῆς φωνῆς μου (9 *a*)
— 17. A καὶ ἐπήκουσεν αὐτῆς ὁ θεός [R *al.*] (9 *a*)
— 22. καὶ ἐπήκουσεν αὐτῆς ὁ θεός (9 *a*)
— 33. ἐπακούσεταί μοι ἡ δικαιοσύνη μου (4 *a*)
35. 3. A τῷ θεῷ τῷ ἐπακούσαντί μου [R μοι] (4 *a*)
De. 26. 14. B ἐπήκουσα [A R ὑπ.] τῆς φωνῆς κυρίου (9 *a*)
— 14. B ἐπήκουσα καθότι [A R ἐποίησα καθὰ] ἐνετείλω μοι (5)
Jo. 10. 14. ὥστε ἐπακοῦσαι θεὸν ἀνθρώπου (9 *a*)
22. 2. B ἐπηκούσατε [R ὑπηκ., A οὐκ εἰσηκ.] τῆς φωνῆς μου (9 *a*)
Jd. 2. 16 (17). A τῶν αὐτῶν οὐκ ἐπήκουσαν [B *al.*] (9 *a*)
13. 9. A ἐπήκουσεν [B εἰσήκ.] ὁ θεὸς τῆς φωνῆς M. (9 *a*)
I Ki. 7. 9. ἐπήκουσεν αὐτοῦ κύριος (4 *a*)
8. 18. οὐκ ἐπακούσεται κύριος ὑμῶν (4 *a*)
28. 15. οὐκ ἐπακήκοέ μοι [A μου] ἔτι (4 *a*)
30. 24. A R τίς ἐπακούσεται [B ὑπ.] ὑμῶν τῶν λόγων τούτων (9 *a*)
II Ki. 21. 14. ἐπήκουσεν ὁ θεὸς τῇ γῇ (6)
22. 7. ἐπακούσεται ἐκ ναοῦ αὐτοῦ φωνῆς μου (9 *a*)
— 42. R οὐκ ἐπήκουσεν [A B ὑπ.] αὐτῶν (4 *a*)
24. 25. ἐπήκουσε κύριος τῇ γῇ (6)
III Ki. 18. 24. ὃς ἐὰν ἐπακούσῃ ἐν πυρί (4 *a*)
— 26. ἐπάκουσον ἡμῶν, ὁ B., ἐπάκουσον ἡμῶν (–, 4 *a*)
— 36. B ἐπάκουσόν μου, κύριε, ἐπάκουσόν μου –
— 37. ἐπάκουσόν μου, κύριε, ἐπάκουσόν μου (4 *a*, 4 *a*)
IV Ki. 13. 4. καὶ ἐπήκουσεν αὐτοῦ κύριος (9 *a*)
I Ch. 5. 20. καὶ ἐπήκουσεν αὐτοῖς (6)
21. 26. καὶ ἐπήκουσεν αὐτῷ ἐν πυρί (4 *a*)
— 28. ἐπήκουσεν [A εἰσήκ.] αὐτῷ (4 *a*)
29. 23. B καὶ ἐπήκουσαν [R ὑπ., A ὑπήκουσεν] αὐτοῦ πᾶς Ἰ. (9 *a*)
II Ch. 6. 19. τοῦ ἐπακοῦσαι τῆς δεήσεως (9 *a*)
11. 4. καὶ ἐπήκουσαν [A ὑπ.] τοῦ λόγου κυρίου (9 *a*)
24. 17. ἐπήκουσεν αὐτοῖς ὁ βασιλεύς (9 *a*)
25. 16. οὐκ ἐπήκουσας τῆς συμβουλίας μου (9 *a*)
30. 20. καὶ ἐπήκουσε κύριος τῷ Ἐ. (9 *a*)
— 27. καὶ ἐπηκούσθη ἡ φωνὴ αὐτῶν (9 *b*)
32. 24. καὶ ἐπήκουσεν αὐτῷ [A B^{2} -οῦ] (2)
33. 10. καὶ οὐκ ἐπήκουσαν [A ἤκ., B^{1} -εν] (7)
— 13. καὶ ἐπήκουσεν αὐτοῦ καὶ ἐπήκουσε τῆς βοῆς αὐτοῦ (6, 9 *a*)
— 19. καὶ [A καὶ ὡς] ἐπήκουσεν αὐτοῦ (6)
II Es. 8. 23. καὶ ἐπήκουσεν ἡμῖν (6)
Ju. 14. 15. ὡς δὲ οὐθεὶς ἐπήκουσε [A ὑπ.]
Es. 4. 17. ἐπάκουσον τῆς δεήσεώς μου
Jb. 8. 6. δεήσεως ἐπακούσεταί σου (3)
33. 12. δίκαιός εἰμι καὶ οὐκ ἐπακήκοέ μου (4 *a*)
— 13. διὰ τί τῆς δίκης μου οὐκ ἐπακήκοέ μου πᾶν ῥῆμα [A S *al.*] (4 *a*)
37. 23. οὐκ οἴει ἐπακούειν [S -σειν] αὐτόν [A *al.*] (4 *a*)
38. 34. S τρόμῳ ὕδατος λάβρῳ ἐπακούσεταί σου [A B *al.*] †
Ps. 3. 4. ἐπήκουσέ [A εἰσήκουσέν] μου (4 *a*)
16 (17). 6. B S^{2} ἐπήκουσάς [S^{1} εἰσήκ., A εἰσήκουσέν] μου, ὁ θεός (4 *a*)

● = correction on page xxv

Ps. 17 (18). 44. A εἰς ἀκοὴν ὠτίου ἐπήκουσάς μου [B S al.] (9 b)
19 (20). 1. ἐπακούσαι σου κύριος ἐν ἡμέρᾳ θλίψεως (4 a)
— 6. ἐπακούσεται αὐτοῦ ἐξ οὐρανοῦ ἁγίου αὐ. (4 a)
— 9. ἐπάκουσον ἡμῶν (4 a)
21 (22). 24. A ἐν τῷ κεκραγέναι με πρὸς αὐτὸν ἐπήκουσέν [B S εἰσήκ.] μου (9 a)
33 (34). 4. καὶ ἐπήκουσέ μου (4 a)
51 (52). 9. S[1] ὅτι ἐπήκουσάς μου [B S[2] al.] (5)
59 (60). 5. καὶ ἐπάκουσόν μου (4 a)
64 (65). 5. ἐπάκουσον ἡμῶν, ὁ θεός (4 a)
68 (69). 13. ἐν τῷ πλήθει τοῦ ἐλέους σου ἐπάκουσόν μου [B[1] S om.] (4 a)
— 17. ταχὺ ἐπάκουσόν μου (4 a)
80 (81). 7. ἐπήκουσά σου ἐν ἀποκρύφῳ καταιγίδος (4 a)
85 (86). 1. A S καὶ ἐπάκουσόν [B εἰσάκ.] μου (4 a)
— 7. A S[2] ὅτι ἐπήκουσάς [B S[1] εἰσήκ.] μου (4 a)
90 (91). 15. A S[2] καὶ ἐπακούσομαι [B S[1] εἰσακ.] αὐτοῦ (4 a)
98 (99). 6. B αὐτὸς ἐπήκουσεν [A S εἰσήκ., R εἰσήκουεν] αὐτοῖς [A S -ῶν, R om.] (4 a)
— 8. σὺ ἐπήκουες [S[1] -σας] αὐτῶν (4 a)
101 (102). 2. S ταχὺ ἐπάκουσόν [A B εἰσάκ.] μου (4 a)
107 (108). 6. καὶ ἐπάκουσόν μου (4 a)
117 (118). 5. ἐπήκουσέ μου [S[1] μοι] εἰς πλατυσμόν (4 a)
— 21. ἐπήκουσάς μου (4 a)
— 28. ἐπήκουσάς μου –
118 (119). 26. καὶ ἐπήκουσάς μου (4 a)
— 145. ἐπάκουσόν μου, κύριε (4 a)
137 (138). 3. ταχὺ ἐπάκουσόν μου (4 a)
142 (143). 1. ἐπάκουσόν [A εἰσάκ.] μου ἐν τῇ δικαιοσύνῃ σου (4 a)
144 (145). 19. τῆς δεήσεως αὐτῶν ἐπακούσεται [S[1] -σει, S[2] εἰσακούσει] (9 a)
Pr. 15. 29. εὐχαῖς δὲ δικαίων ἐπακούει [S ὑπακ.] (9 a)
21. 13. τοῦ μὴ ἐπακοῦσαι [A ὑπ.] ἀσθενοῦς †
— 13. S οὐκ ἔσται ὁ ἐπακούων [A B εἰσακ.] (4 b)
29. 12. B S βασιλέως ἐπακούοντος [A R ὑπ.] λόγον ἄδικον (7)
Ec. 10. 19. ἐπακούσεται [A add. σὺν] τὰ πάντα (4 a)
Ca. 5. 6. A ἐκάλεσα αὐτὸν καὶ οὐκ ἐπήκουσέν [B S οὐχ ὑπήκουσέ] μου (4 a)
Si. 4. 6. τῆς δεήσεως αὐτοῦ ἐπακούσεται [S εἰσακ.]
46. 6. ἐπήκουσεν αὐτῶν [A S -οῦ] μέγας κύριος
48. 20. ὁ ἅγιος ἐξ οὐρανοῦ ταχὺ ἐπήκουσεν αὐτῶν
Ho. 2. 21 (23). ἐπακούσομαι τῷ οὐρ. καὶ αὐτὸς ἐπακούσεται τῇ γῇ (4 a, 4 a)
— 22 (24). καὶ ἡ γῆ ἐπακούσεται τὸν σῖτον (4 a)
— 22. καὶ αὐτὰ ἐπακούσεται τῷ Ἰ. (4 a)
Mi. 3. 7. A οὐκ ἔσται ὁ ἐπακούσων [B εἰσακούων, R ἐπακούων] αὐτῶν (4 c)
Za. 10. 6. καὶ ἐπακούσομαι αὐτοῖς [S[2] -ούς] (4 a)
13. 9. κἀγὼ ἐπακούσομαι αὐτῷ (4 a)
Is. 8. 9. ἐπακούσατε [A -σετε] ἕως ἐσχάτου τῆς γῆς (1)
10. 30. R ἐπακούσεται Λαϊσὰ [A B ἐν Σὰ, S om.] (7)
— 30. ἐπακούσεται ἐν Ἀναθώθ †
19. 22. A ἐπακούσεται [B S εἰσακ., S[1] -σονται] αὐτῶν (6)
30. 19. ἐπήκουσέ σου (4 a)
41. 17. ἐγὼ ἐπακούσομαι ὁ θεὸς Ἰσραήλ (4 a)
45. 1. ἐπακοῦσαι ἔμπροσθεν αὐτοῦ ἔθνη (8 ?)
49. 8. καιρῷ δεκτῷ ἐπήκουσά σου [S[1] σοι] (4 a)
50. 2. S[1] οὐκ ἦν ὁ ἐπακούων [B S[2] ὑπ., A οὐχ ὑπήκουσεν] (4 a)
— 10. S ἐπακουσάτω [B ὑπ., A ἀκ.] τῆς φωνῆς τοῦ παιδὸς αὐτοῦ (9 a)
55. 3. A S[3] ἐπακούσατέ [B S[1] εἰσακ.] μου (9 a)
65. 24. A S ἐγὼ ἐπακούσομαι [B ὑπακ.] αὐτῶν (4 a)
Je. 18. 19. A ἐπάκουσον [B S εἰσάκ.] τῆς φωνῆς τοῦ δικαιώματός μου (9 a)
Da. LXX. 6. 21 (22). Δανιὴλ ἐπήκουσε φωνῇ μεγάλῃ –
9. 17. καὶ νῦν ἐπάκουσον (9 a)
— 18. καὶ ἐπάκουσόν μου (9 a)
— 19. ἐπάκουσον καὶ ποίησον (7)
Da. TH. Su. 44. A καὶ ἐπήκουσεν ὁ θεὸς [B εἰσήκ. κύριος] τῆς φωνῆς αὐτῆς
I Ma. 10. 38. S[1] τοῦ μὴ ἐπακοῦσαι ἄλλῃ ἐξουσίᾳ [A S[2] R al.]
II Ma. 1. 5. R καὶ ἐπακούσαι [A ὑπ.] ὑμῶν τῶν δεήσεων

[**Aq.** Jb. 19. 7: Ps. 3. 5: 4. 2: 61 (62). 12: 68 (69). 18: 80 (81). 8: 98 (99). 6.]
[**Sm.** Ps. 4. 2: 26 (27). 7: 80 (81). 8: 117 (118). 5: 137 (138). 3.]
[**Th.** Ps. 4. 2: 27 (28). 6: Za. 9. 9.]
[**Quint.** Ps. 3. 5.]
[**Sext.** Ps. 3. 5: 98 (99). 6.]

ἐπακουστός.

I Es. 4. 12. οὕτως ἐπακουστός ἐστι

ἐπακρόασις. (1) קֶשֶׁב hi.

I Ki. 15. 22. καὶ ἡ ἐ. ὑπὲρ στέαρ κριῶν (1)

ἐπαλγής.

IV Ma. 14. 10. ὧν τί ἂν [A S om.] γένοιτο ἐπαλγέστερον

ἐπάλληλος.

[**Sm.** Ho. 8. 13.]

ἔπαλξις. (1) a. אֻשְׁיָה b. אָשְׁיָה (2) טִירָה (3) שֶׁמֶשׁ

III Ki. 3. 1. ᾠκοδόμησε τὴν ἄκραν ἔ. –
Ju. 14. 1. κρεμάσατε αὐτὴν ἐπὶ τῆς ἐ. τοῦ τείχους ὑμῶν
Ca. 8. 9. οἰκοδομήσωμεν ἐπ᾽ αὐτὴν ἐ. ἀργυρᾶς (2)
Si. 9. 13. ἐπὶ ἐπάλξεων πόλεων περιπατεῖς
Is. 21. 11. φυλάσσετε [A -άξεται] ἐπάλξεις †
54. 12. θήσω τὰς ἐ. σου ἴασπιν (3)
Je. 27 (50). 15. ἔπεσαν αἱ ἐ. αὐτῆς (1 a*, 1 b)
[**Aq.** Ca. 4. 4.]
[**Sm.** II Ki. 5. 8.]
[**Th.** Is. 23. 13.]

ἐπαμύνειν.

III Ma. 1. 27. τοῖς παροῦσιν ἐπαμῦναι
IV Ma. 14. 19. A ἐπαμύνονται ἕως θανάτου [S R al.]

ἐπάν. (1) בְּכָל־עֵת אֲשֶׁר

Es. 5. 13. ὅταν [S[1] ἐπὰν] ἴδω Μαρδ. (1)
Da. LXX. Bel 12. ἐπὰν κλεισθῇ

ἐπαναβαίνειν.

[**Sm.** Jb. 36. 20.]

ἐπανάγειν. (1) רוּק hi.

Si. 17. 26. ἐπάναγε [S -άγαγε] ἐπὶ ὕψιστον
26. 28. ἐπανάγων ἀπὸ δικαιοσύνης ἐπὶ ἁμαρτίαν
Za. 4. 12. καὶ ἐπαναγόντων τὰς ἐπαρυστρίδας τὰς χρυσᾶς (1)
II Ma. 9. 21. R ἐπανάγων ἐκ τῶν περὶ τὴν Π. τόπων [A al.]
12. 4. R ἐπαναχθέντας [A ἀχ.] αὐτοὺς ἐβύθισαν

ἐπαναγκαστής.

[**Sm.** Jb. 3. 18.]

ἐπαναγωγή.

Ez. 25. 9. B οἴκου Βεθασιμοὺθ ἐπαναγωγῆς [A R ἐπάνω πηγῆς] πόλεως παραθαλασσίας †

ἐπαναιρεῖν.

II Ma. 14. 2. κεκρατηκέναι τῆς χώρας ἐπανελόμενον Ἀντ.
— 13. αὐτὸν μὲν τὸν Ἰ. ἐπανελέσθαι

ἐπανακαινίζειν. (1) חָדַשׁ pi.

Jb. 10. 17. ἐπανακαινίζων ἐπ᾽ ἐμὲ τὴν ἔτασίν μου [A σου] (1)

ἐπανακαλεῖν.

Si. 48. 20. S[1] ἐπανεκαλέσαντο [A B S[2] ἐπεκ.] τὸν κύριον τὸν ἐλεήμονα

ἐπανακάμπτειν.

[**Aq., Sm., Th.** Is. 35. 10.]

ἐπανακλίνειν.

[**Sm.** Ca. 2. 5.]

ἐπαναπαύεσθαι. (1) נוּחַ a. qal. b. hi (2) שָׁעַן ni.

Nu. 11. 25. ὡς δὲ ἐπανεπαύσατο πνεῦμα ἐπ᾽ αὐτούς (1 a)
Nu. 11. 26. ἐπανεπαύσατο ἐπ᾽ αὐτοὺς πνεῦμα (1 a)
Jd. 16. 26. A ἐπανάπαυσόν με δή [B ἄφες με] (1 b)
IV Ki. 2. 15. ἐπαναπέπαυται τὸ πνεῦμα Ἠ. ἐπὶ Ἐλ. (1 a)
5. 18. ἐπαναπαύσεται ἐπὶ τῆς χειρός μου (2)
7. 2, 17. ἐφ᾽ ὃν ὁ βασιλεὺς ἐπανεπαύετο (2)
Mi. 3. 11. καὶ ἐπὶ τὸν κύριον ἐπανεπαύοντο (2)
Is. 11. 2. S ἐπαναπαύσεται [A B ἀναπ.] ἐπ᾽ αὐτὸν πνεῦμα (1 a)
Ez. 29. 7. ἐπανεπαύσαντο ἐπὶ σέ (2)
I Ma. 8. 12. καὶ τῶν ἐπαναπαυομένων αὐτοῖς
[**Sm.** Ex. 24. 16.]

ἐπανάπαυσις.

[**Sm.** Is. 30. 30.]

ἐπανάστασις. (1) פְּקָעִים

III Ki. 6. 18. A ἐπαναστάσεις καὶ πέταλα καὶ ἀνάγλυφα (1)
IV Ki. 3. 4. ἐπέστρεψεν . . . ἐν τῇ ἐ. –
[**Sm.** III Ki. 6. 18.]

ἐπαναστρέφειν. (1) שׁוּב

Ge. 18. 10. ἐπαναστρέφων ἥξω πρὸς σέ (1)
Ex. 14. 28. καὶ ἐπαναστραφὲν τὸ ὕδωρ ἐκάλυψε τὰ ἅρματα (1)
Le. 22. 13. ἐπαναστρέψει ἐπὶ τὸν οἶκον τὸν πατρικόν (1)
Nu. 35. 28. ἐπαναστραφήσεται ὁ φονεύσας (1)
De. 3. 20. ἐπαναστραφήσεσθε ἕκαστος (1)
24. 4. ἐπαναστρέψας λαβεῖν αὐτὴν ἑαυτῷ (1)
— 19. A οὐκ ἐπαναστραφήσῃ [B ἀναστρ.] λαβεῖν αὐτό (1)
— 20. οὐκ ἐπαναστρέψεις καλαμήσασθαι –
Jb. 16. 23 (22). A B S[2] ᾗ οὐκ ἐπαναστραφήσομαι (1)
[**Sm., Th.** Ec. 1. 5.]

ἐπανατρυγᾶν. (1) עָלַל po.

Le. 19. 10. τὸν ἀμπελῶνά σου οὐκ ἐπανατρυγήσεις (1)
De. 24. 21. οὐκ ἐπανατρυγήσεις αὐτὸν [A om.] τὰ ὀπίσω σου (1)

ἐπανγέλτερος (?).

IV Ma. 14. 10. S ὧν τί ἂν γένοιτο ἐπανγέλτερον [A R ἐπαλγέστερον]

ἐπανδροῦν.

II Ma. 15. 17. A καὶ ψυχὰς νέων ἐπανδρῶσαι [R -ανορθῶσαι]

ἐπανέρχεσθαι. (1) בּוֹא (2) הָלַךְ (3) שׁוּב

Ge. 33. 18. R ὅτε ἐπανῆλθεν [A ἦλθεν] ἐκ τῆς Μεσοποταμίας (1)
50. 5. R καὶ ἐπανελεύσομαι [A ἐπελεύσ., B ἀπελεύσ.] (3)
Le. 25. 13. ἐπανελεύσεται [A B[2] add. ἕκαστος] εἰς τὴν κτῆσιν (3)
To. 6. 17. καὶ οὐκ ἐπανελεύσεται εἰς τὸν αἰῶνα τοῦ αἰῶνος [S al.]
Jb. 7. 7. οὐκέτι ἐπανελεύσεται ὀφθαλμός μου (3)
Pr. 3. 28. ἐπανελθὼν ἐπάνηκε (2)
II Ma. 4. 36. τοῦ δὲ βασιλέως ἐπανελθόντος
[**Sext.** Ps. 28 (29). 10.]

ἐπανήκειν. (1) בּוֹא (2) שׁוּב

Le. 14. 39. ἐπανήξει ὁ ἱερεὺς τῇ ἡμέρᾳ τῇ ἑβδόμῃ (2)
Pr. 3. 28. ἐπανελθὼν ἐπάνηκε (2)
7. 20. ἐπανήξει εἰς τὸν οἶκον αὐτοῦ (1)
Si. 4. 18. πάλιν ἐπανήξει κατ᾽ εὐθεῖαν πρὸς αὐτόν
27. 9. ἀλήθεια πρὸς τοὺς ἐργαζομ. αὐτὴν ἐπανήξει

ἐπανθεῖν. (1) חָלַף hi.

Jb. 14. 7. ἐὰν γὰρ ἐκκοπῇ ἔτι ἐπανθήσει [A S[2] al.] (1)

ἐπανιστάναι, ἐπανιστάνειν. (1) דָּרַךְ (2) הָפַךְ ni. (3) עוּר a. hi. b. hithp. (4) עָמַד a. qal. b. hi. (5) צוּר (6) קוּם a. qal. b. hithp.

De. 19. 11. καὶ ἐπαναστῇ ἐπ᾽ αὐτόν (6 a)
22. 26. εἴ τις ἐπαναστῇ ἄνθρωπος ἐπὶ τὸν πλησίον (6 a)
33. 11. ἐχθρῶν ἐπανεστηκότων αὐτῷ (6 a)
Jd. 6. 31. οἱ ἐπανέστησαν αὐτῷ [A al.] (4 a)

Jd. 9. 18. καὶ ὑμεῖς ἐπανέστητε ἐπὶ τὸν οἶκον τοῦ πατρός μου (6 a)
— 43. A ἐπανέστη αὐτοῖς [B ἀν. ἐπ' αὐτούς] (6 a)
I Ki. 4. 15. οἱ ὀφθαλμοὶ αὐτοῦ ἐπανέστησαν (6 a)
17. 35. εἰ ἐπανίστατο ἐπ' ἐμέ (6 a)
II Ki. 14. 7. ἐπανέστη ὅλη ἡ πατριὰ πρὸς τὴν δούλην σου (6 a)
18. 32. ὅσοι ἐπανέστησαν ἐπ' αὐτόν (6 a)
22. 40. τοὺς ἐπανιστανομένους μοι (6 a)
— 49. A ἐκ τῶν ἐπανισταμένων [B ἐπεγειρομ.] μοι ὑψώσεις με (6 a)
IV Ki. 16. 7. τῶν ἐπανισταμένων ἐπ' ἐμέ (6 a)
Ju. 5. 11. ἐπανέστη αὐτοῖς ὁ βασιλεὺς Αἰ.
13. 5. A B οἱ ἐπανέστησαν ἡμῖν
16. 17. οὐαὶ ἔθνεσιν ἐπανισταμένοις [A S -στανομ.] τῷ γένει μου
Jb. 17. 8. B S[2] δίκαιος δὲ ἐπὶ παρανόμῳ ἐπανασταίη [A al.] (3 b)
19. 19. ἐπανέστησάν μοι (2)
20. 27. γῆ δὲ ἐπαναστaίη αὐτῷ (6 b)
22. 15. A[1] ἣν ἐπανέστησαν [A[3] B S ἐπάτησαν] ἄνδρες δίκαιοι (1)
27. 7. B[3] οἱ ἐπ' ἐμὲ ἐπανιστάμενοι [A B[1] S -ανόμενοι] (6 b)
29. 8. A πρεσβῦται δὲ πάντες ἐπανέστησαν [B S ἔστ.] (6 a et 4 a)
30. 5. ἐπανέστησάν μοι κλέπται †
— 12. ἐπὶ δεξιῶν βλαστοῦ ἐπανέστησαν (6 a)
Ps. 3. 1. πολλοὶ ἐπανίστανται [A -έστησαν, S[2] -ίσταντο] ἐπ' ἐμέ (6 a)
17 (18). 39. A B[1] S συνεπόδισας πάντας τοὺς ἐπανιστανομένους [B[3] R -σταμένους] ἐπ' ἐμέ (6 a)
— 48. A B[3] R ἀπὸ τῶν ἐπανισταμένων [B[1] S -ανομένων] ἐπ' ἐμὲ ὑψώσεις με (6 a)
26 (27). 3. ἐὰν ἐπαναστῇ ἐπ' ἐμὲ πόλεμος (6 a)
— 12. ἐπανέστησάν μοι μάρτυρες ἄδικοι (6 a)
43 (44). 5. B[a] R ἐξουδενώσομεν τοὺς ἐπανισταμένους [A B[1] S -ανομένους] ἡμῖν (6 a)
53 (54). 3. ἀλλότριοι ἐπανέστησαν ἐπ' ἐμέ (6 a)
58 (59). 1. B[1] S ἐκ τῶν ἐπανιστανομένων [B[3] R -σταμένων] ἐπ' ἐμὲ λύτρωσαί με (6 b)
85 (86). 14. παράνομοι ἐπανέστησαν ἐπ' ἐμέ (6 a)
91 (92). 11. ἐν τοῖς ἐπανισταμένοις [A S -ανομένοις] ἐπ' ἐμὲ πονηρευομένοις (6 a)
108 (109). 28. A S οἱ ἐπανιστανόμενοί [B -στάμενοί] μοι αἰσχυνθήτωσαν (6 a)
123 (124). 2. ἐν τῷ ἐπαναστῆναι ἀνθρώπους ἐφ' ἡμᾶς (6 a)
Mi. 7. 6. θυγάτηρ ἐπαναστήσεται ἐπὶ τὴν μητέρα αὐτῆς (6 a)
Is. 9. 11 (10). ῥάξει ὁ θεὸς τοὺς ἐπανισταμένους ἐπὶ ὄρος [A S ἐπανισταμένους ἐπ' ὄρους] Σιών (5)
14. 22. ἐπαναστήσομαι αὐτοῖς (6 a)
31. 2. ἐπαναστήσεται ἐπ' οἴκους ἀνθρώπων πονηρῶν (6 a)
La. 3. 62. ἤκουσας . . . χείλη ἐπανισταμένων [A -ανομ.] μοι (6 a)
Da. LXX. 11. 2. ἐπαναστήσεται παντὶ βασιλεῖ Ἑλλήνων (3 a)
Da. TH. 11. 2. ἐπαναστήσεται πάσαις βασιλείαις Ἑλλήνων (3 a)
— 14. πολλοὶ ἐπαναστήσονται ἐπὶ βασιλέα τοῦ νότου (4 b)

[**Aq.** I Ki. 22. 13: Ps. 3. 2: 17 (18). 40.]
[**Sm.** I Ki. 22. 13: Jb. 31. 29.]
[**Th.** I Ki. 22. 13: Jb. 30. 12: Da. 11. 2.]

ἐπάνοδος.

Si. 17. 24. μετανοοῦσιν ἔδωκεν ἐπάνοδον
22. 21. ἔστι γὰρ ἐπάνοδος
38. 21. οὐ γάρ ἐστιν ἐπάνοδος

ἐπανορθοῦν.

II Ma. 2. 22. τοὺς μέλλοντας καταλύεσθαι νόμους ἐπανορθῶσαι
5. 20. μετὰ πάσης δόξης ἐπανωρθώθη
15. 17. R καὶ ψυχὰς νέων ἐπανορθῶσαι [A -ανδρῶσαι]

ἐπανόρθωσις.

I Es. 8. 52. μετὰ τῶν ἐπιζητούντων αὐτὸν εἰς πᾶσαν ἐ.
I Ma. 14. 34. A S ὅσα ἐπιτήδεια ἦν πρὸς τῇ τούτων ἐ. [R τὴν τ. ἐ.]

ἐπάνω. (1) אֶל (2) אֵת (3) בְּ׳ (4) מִ׳ (5) *a.* מַעְלָה *b.* לְמַעְלָה *c.* מִלְמַעְלָה (6) *a.* עַל *b.* עַל־פְּנֵי *c.* מֵעַל *d.* מֵעַל לְ׳ *e.* מִמַּעַל לְ׳ *f.* עֵלָּא מִן (7) עַל בָּמֳתֵי (8) עַל רֹאשׁ (9) עֶלְיוֹן

Ge. 1. 2. καὶ σκότος ἐ. τῆς ἀβύσσου (6 b)
— 2. πνεῦμα θεοῦ ἐπεφέρετο ἐ. τοῦ ὕδατος (6 b)
— 7. ἀνὰ μέσον τοῦ ὕδατος τοῦ ἐ. τοῦ στερεώματος (6 d)
— 29. ὅ ἐστιν ἐ. πάσης τῆς γῆς (6 b)
7. 18. ἐπεφέρετο ἡ κιβ. ἐ. τοῦ ὕδατος (6 b)
— 20. A δέκα πέντε πήχεις ἐ. [R ὑπεράνω] ὑψώθη τὸ ὕδωρ (5 c)
18. 2. τρεῖς ἄνδρες εἱστήκεισαν ἐ. αὐτοῦ (6 a)
22. 9. ἐπέθηκεν αὐτὸν . . . ἐπάνω τῶν ξύλων (6 e)
40. 17. ἐν δὲ τῷ κανῷ τῷ ἐ. (9)
— 17. ἀπὸ τοῦ κανοῦ τοῦ ἐ. τῆς κεφαλῆς μου (6 c)
42. 27. ἦν ἐ. τοῦ στόματος τοῦ μαρσίππου (3)
Ex. 30. 14: 39. 3 (38. 26). ἀπὸ εἰκοσαετοῦς καὶ ἐ. (5 a)
Le. 27. 7. ἀπὸ ἑξήκοντα ἐτῶν καὶ ἐ. (5 a)
Nu. 1. 3, 18, 20, 22, 26, 28, 30, 32, 34, 36, 24, 38, 40, 42, 45. ἀπὸ εἰκοσαετοῦς καὶ ἐ. (5 a)
3. 15, 22, 28, 34, 39, 40, 43. ἀπὸ μηνιαίου καὶ ἐ. (5 a)
4. 3. καὶ ἐ. ἕως πεντήκοντα ἐτῶν (5 a)
— 23, 30, 35, 39, 43, 47: 8. 24. ἀπὸ πέντε καὶ εἰκοσαετοῦς καὶ ἐ. (5 a)
14. 29: 26. 2, 4. ἀπὸ εἰκοσαετοῦς καὶ ἐ. (5 a)
26. 62. ἀπὸ μηνιαίου καὶ ἐ. (5 a)
32. 11. ἀπὸ εἰκοσαετοῦς καὶ ἐ. (5 a)
De. 28. 13. ἔσῃ τότε ἐ. (5 b)
Jo. 9. 5. καὶ τὰ ἱμάτια πεπαλαιωμ. ἐ. [A ἐπ'] αὐτῶν (6 a)
Jd. 1. 14. A ἐγόγγυζεν ἐ. τοῦ ὑποζυγίου [B om. ἐ. τ. ὑ.] (6 c)
— 36. ἀπὸ τῆς πέτρας καὶ ἐ. (5 a)
13. 20. ἐν τῷ ἀναβῆναι τὴν φλόγα ἐ. [A -ωθεν] τοῦ θυσιαστ. (6 c)
Ru. 3. 15. φέρε τὸ περίζωμα τὸ ἐ. σου (6 a)
I Ki. 9. 2: 10. 23. ὑπερωμίαν καὶ ἐ. ὑψηλός (5 a)
16. 13. ἀπὸ τῆς ἡμέρας ἐκείνης καὶ ἐ. (5 a)
17. 6. κνημῖδες χαλκαῖ ἐ. τῶν σκελῶν αὐ. (6 a)
— 39. ἔζωσε τὸν Δ. τὴν ῥομφ. αὐ. ἐ. τοῦ μανδύου αὐ. (6 d)
18. 4. A ἐξεδύσατο Ἰ. τὸν ἐπενδύτην τὸν ἐ. (6 a)
30. 25. ἀπὸ τῆς ἡμέρας ἐκείνης καὶ ἐ. (5 a)
II Ki. 1. 9. στῆθι δὴ ἐ. μου (6 a)
5. 20. ἐκ τῶν ἐ. διακοπῶν †
24. 20. καὶ τοὺς παῖδας αὐ. παραπορευομ. ἐ. αὐτοῦ (6 a)
— 21. καὶ συσχεθῇ ἡ θραῦσις ἐ. τοῦ λαοῦ (6 c)
III Ki. 3. 1. καὶ τὴν Β. ἐ. –
IV Ki. 3. 21. A καὶ ἐ. [B καὶ εἶπον, Ὦ] (5 a)
15. 35. τὴν πύλην οἴκου κυρίου τὴν ἐ. (9)
I Ch. 23. 3. ἀπὸ τριακονταετοῦς καὶ ἐ. (5 a)
— 24. ἀπὸ εἰκοσαετοῦς καὶ ἐ. (5 a)
— 27. ἀπὸ εἰκοσαετοῦς καὶ ἐ. (5 b)
II Ch. 4. 12. A ὅ ἐστιν ἐ. [B ἐπὶ] τῶν κεφαλῶν τῶν στύλων (6 a)
— 13. ἅ ἐστιν ἐ. τῶν στύλων (6 b)
24. 20. ἀνέστη ἐ. τοῦ λαοῦ (6 d)
25. 5. ἀπὸ εἰκοσαετοῦς καὶ ἐ. (5 a)
26. 19. ἐ. τοῦ θυσιαστηρίου τῶν θυμιαμάτων (6 d)
31. 16. ἀπὸ τριετοῦς καὶ ἐ. (5 b)
— 17. ἀπὸ εἰκοσαετοῦς καὶ ἐ. (5 b)
I Es. 5. 41. R ἀπὸ δωδεκαετοῦς καὶ ἐ. [A B om. καὶ ἐ.]
8. 92. ἐστὶν ἐ. πᾶς Ἰ.
II Es. 3. 8. ἀπὸ εἰκοσαετοῦς καὶ ἐ. (5 a)
Ne. 8. 5. αὐτὸς ἦν ἐ. τοῦ λαοῦ (6 c)
12. 31. ἀνήνεγκαν . . . ἐ. τοῦ τείχους (6 d)
— 31. S[2] R ἐ. τοῦ τείχους τῆς κοπρίας (6 d)
— 38. S[3] καὶ τὸ ἥμισυ τοῦ λαοῦ ἐ. τοῦ τείχους (6 d)
To. 2. 10. S ἐν τῷ τοίχῳ ἐ. μού εἰσιν [A B al.]
Ju. 1. 10. A B S[2] ἕως τοῦ ἐλθεῖν ἐ. Τάνεως [S[1] om. ἐ. T.]
Jb. 33. 12. αἰώνιος γάρ ἐστιν ὁ ἐ. βροτῶν (4)
Ps. 107 (108). 4. μέγα ἐ. τῶν οὐρ. τὸ ἔλεός σου (6 c)
Ec. 5. 7. ὑψηλὸς ἐ. ὑψηλοῦ φυλάξαι (6 c)
Si. 45. 12. στέφανον χρυσοῦν ἐ. κιδάρεως
Hg. 2. 16 (15). A ἀπὸ τῆς ἡμέρας ταύτης καὶ ἐ. [B S ὑπεράνω] (5 a)
— 20 (19). A ἀπὸ τῆς ἡμέρας ταύτης καὶ ἐ. [B S om. καὶ ἐ.] –
Za. 4. 2. καὶ τὸ λαμπάδιον ἐ. αὐτῆς καὶ ἑπτὰ λύχνοι ἐ. αὐτῆς (8, 6 a)
— 2. τοῖς λύχνοις τοῖς ἐ. αὐτῆς (8)
— 3. δύο ἐλαῖαι ἐ. αὐτῆς (6 a)
Is. 10. 9. οὐκ ἔλαβον τὴν χώραν τὴν ἐ. Βαβ. †
14. 13. ἐ. τῶν ἀστέρων τοῦ οὐρ. θήσω τὸν θρόνον μου (6 e)
— 14. ἀναβήσομαι ἐ. τῶν νεφῶν (7)
18. 2. καὶ ἐπιστολὰς βιβλίνας ἐ. τοῦ ὕδατος (6 b)
Je. 16. 16. θηρεύσουσιν αὐτοὺς ἐ. παντὸς ὄρους καὶ ἐ. παντὸς βωμοῦ (6 c, 6 c)
42 (35). 4. τοῦ οἴκου τῶν ἀρχόντων τῶν [A S[1] om.] ἐ. τοῦ οἴκου Μ. (6 e)
43 (36). 10. ἐν τῇ αὐλῇ τῇ ἐ. ἐν προθύροις (9)
50 (43). 10. θήσει αὐ. τὸν θρόνον ἐ. τῶν λίθων τούτων (6 e)
52. 32. ἔδωκε τὸν θρόνον αὐ. ἐ. τῶν βασ. (6 e)
Ba. 2. 5. ἐγενήθησαν ὑποκάτω καὶ οὐκ ἐ.
Ez. 1. 11. δύο ἐπεκάλυπτον ἐ. τοῦ σώματος αὐ. (2)
— 27. ἀπὸ ὁράσεως ὀσφύος καὶ ἐ. (5 b)
10. 1. καὶ ἰδοὺ ἐ. τοῦ στερεώματος (1)
25. 9. A R ἐ. πηγῆς [B ἐπαναγωγῆς] πόλεως παραθαλασσίας †
37. 8. ἀνέβαινεν ἐπ' αὐτὰ δέρματα ἐ. (5 c)
Da. LXX. 3. (47). διεχεῖτο ἡ φλὸξ ἐ. τῆς καμίνου
— (60). πάντα τὰ ἐ. τοῦ οὐρανοῦ
7. 6. πτερὰ τέσσαρα ἐπέτεινον ἐ. αὐτοῦ (6 a)
12. 6. cod. τῷ ἐ. [R ἐ. τοῦ ὕδατος τοῦ ποταμοῦ] (6 e)
— 7. ὃς ἦν ἐ. τοῦ ὕδατος τοῦ ποταμοῦ (6 e)
Bel 35. ἔθηκεν αὐτὸν ἐ. τοῦ λάκκου
Da. TH. 3. (47). διεχεῖτο ἡ φλὸξ ἐ. τῆς καμίνου
— (60). A B καὶ πάντα τὰ ἐ. [R ὑπεράνω] τοῦ οὐρανοῦ
6. 2 (3). καὶ ἐ. αὐτῶν τακτικοὺς τρεῖς (6 f)
12. 6, 7. ὃς ἦν ἐ. τοῦ ὕδατος τοῦ ποταμοῦ (6 e)
I Ma. 3. 37. διεπορεύετο τὰς ἐ. χώρας
5. 51. διῆλθε . . . ἐ. τῶν ἀπεκταμμένων
6. 1. διεπορεύετο . . . τὰς ἐ. χώρας
— 46. ἔπεσεν ἐπὶ τὴν γῆν ἐ. αὐτοῦ
II Ma. 9. 25. ἀνατρέχων εἰς τὰς ἐ. σατραπείας

[**Aq.** Nu. 1. 20: IV Ki. 3. 21†.]
[**Sm.** Nu. 1. 20: III Ki. 7. 20 (9): Ps. 41 (42). 8: 67 (68). 30: 73 (74). 5: 89 (90). 17: 94 (95). 3: Ec. 5. 7: Is. 30. 17: Je. 43 (50). 10.]
[**Th.** Ex. 28. 27: I Ki. 19. 20: IV Ki. 3. 21†: Ps. 7. 8: Da. 12. 6.]
[**Quint.** IV Ki. 3. 21†: Ca. 8. 9.]
[**Al.** Ps. 46 (47). 9: Is. 6. 2.]
[**Heb.** Ez. 13. 18.]

ἐπάνωθεν. (1) *a.* מִמַּעַל *b.* לְמַעְלָה *c.* מִלְמַעְלָה *d.* מֵעַל *e.* עַל *f.* מֵעַל לְ׳ *g.* מִמַּעַל מִ׳

Ex. 25. 19 (20). ἐκτείνοντες τὰς πτέρυγας ἐ. (1 b)
26. 14. ἐπικαλύμματα δέρματα ὑακίνθινα ἐ. (1 c)
38. 5 (37. 6). ἐ. [A ἄνωθεν] τῆς κιβωτοῦ –
Jd. 3. 21. ἔλαβε τὴν μάχαιραν ἐ. [A ἀπὸ] τοῦ μηροῦ αὐ. (1 d)
4. 15. κατέβη Σ. ἐ. [A ἀπὸ] τοῦ ἅρματος αὐ. (1 d)
8. 13. ἀπὸ ἐ. τῆς παρατάξεως Ἀ. [A al.] †
13. 20. A ἐν τῷ ἀναβῆναι τὴν φλόγα ἐ. [B -νω] τοῦ θυσιαστηρίου (1 d)
II Ki. 11. 21. A B οὐχὶ γυνὴ ἔρριψε . . . ἐ. [R ἀπὸ ἄν.] τοῦ τείχους (1 d)
13. 9. A B ἐξαγάγετε πάντα ἄνδρα [R add. ἀπὸ] ἐ. μου (1 d)
— 9. A B ἐξήγαγον πάντα ἄνδρα ἀπὸ [R om.] ἐ. αὐτοῦ (1 e)
24. 25. συνεσχέθη ἡ θραῦσις ἐ. Ἰσρ. (1 d)
III Ki. 2. 4. οὐκ ἐξολεθρευθήσεταί σοι ἀνὴρ ἐ. θρόνου Ἰ. (1 d)
7. 20. καὶ ἐ. τῶν πλευρῶν ἐπίθεμα (1 g)
— 25. καὶ ἡ θάλασσα ἐπ' αὐτῶν ἐ. (1 c)
— 29. οὕτως καὶ ἐ. (1 a)
— 11. καὶ ἐ. τιμίοις [A λίθοις τ.] (1 c)
8. 7. καὶ ἐπὶ τὰ ἅγια αὐτῆς ἐ. (1 c)
IV Ki. 2. 3. A B[2] R λαμβάνει τὸν κύριόν σου ἐ. [B[1] ἀπ.] τῆς κεφαλῆς σου (1 d)
— 5. λαμβάνει κύριος τὸν κύριόν σου ἐ. [A ἀπ.] τῆς κεφαλῆς σου (1 d)
— 13. ἔπεσεν ἐ. Ἐλ. (1 d)
— 14. ἔπεσεν ἐ. αὐτοῦ (1 d)
10. 31. A B οὐκ ἀπέστη ἐ. [R ἀπ.] ἁμαρτιῶν Ἰερ. (1 d)
17. 21. πλὴν Ἰσρ. ἐ. οἴκου Δ. (1 d)
— 23. ἀπῳκίσθη Ἰ. ἐ. τῆς γῆς αὐ. (1 d)
25. 5. πᾶσα ἡ δύναμις αὐ. διεσπάρη ἐ. αὐτοῦ (1 d)

IV Ki. 25. 21. ἀπῳκίσθη Ἰ. ἐ. τῆς γῆς αὐ. (1 d)
— 28. ἔδωκε τὸν θρόνον αὐ. ἐ. τῶν θρόνων τῶν βασ. (1 d)
I Ch. 29. 25. ἐμεγάλυνε κύριος τὸν Σ. ἐ. ἐναντίον παντὸς Ἰ. (1 b)
II Ch. 5. 8. καὶ ἐπὶ τοὺς ἀναφορεῖς αὐτῆς ἐ. (1 c)
Ne. 12. 37. ἐν ἀναβάσει τοῦ τείχους ἐ. τοῦ οἴκου Δ. (1 f)
Jb. 18. 16. ἐ. ἐπιπεσεῖται θερισμὸς αὐτοῦ (1 a)
Am. 2. 9. ἐξήρανα τὸν καρπὸν αὐτοῦ ἐ. [A ἀπ.] (1 a)
Ez. 1. 22. ἐκτεταμένον ἐπὶ τῶν πτερύγων αὐ. ἐ. (1 c)
40. 43. ἐπὶ τὰς τραπέζας ἐ. στέγας †
[Aq. Je. 37 (44). 5: 49. 19 (29. 20).]
[Sm. Is. 6. 2: Ez. 10. 16.]
[Th. Jb. 18. 16: Je. 52. 27.]

ἐπαξονεῖν. (1) יָלַד hithp.
Nu. 1. 18. ἐπηξονοῦσαν [A ἐπεσκέπησαν] κατὰ γενέσεις αὐτῶν (1)

ἐπαοιδή, ἐπῳδή. (1) חֶבֶר (2) לַט
Ex. 8. 7 (3). A ἐν ταῖς ἐ. [B φαρμακίαις] αὐτῶν (2)
De. 18. 11. B¹R ἐπαείδων [A B² ἐπαοιδὸν] ἐπαοιδήν (1)
Is. 47. 9. ἐν τῇ ἰσχύϊ τῶν ἐ. σου σφόδρα (1)
— 12. στῆθι νῦν ἐν ταῖς ἐ. σου (1)
[Aq. Ps. 57 (58). 6.]
[Sm. Ps. 57 (58). 6: Ec. 10. 11.]
[Th. Is. 3. 3.]

ἐπαοιδός. (1) אַשָּׁף (2) חָבַר (3) a. חַרְטֻמִּים b. חַרְטֹם (4) יִדְּעֹנִי
Ex. 7. 11. καὶ ἐποίησαν καὶ οἱ ἐ. τῶν Αἰγ. . . . ὡσαύτως (3 a)
— 22: 8. 7 (3). ἐποίησαν δὲ ὡσαύτως καὶ οἱ ἐ. τῶν Αἰγ. (3 a)
8. 18 (14). ἐποίησαν δὲ ὡσαύτως καὶ οἱ ἐ. (3 a)
— 19 (15). εἶπαν οὖν οἱ ἐ. τῷ Φαραώ (3 a)
Le. 19. 31. τοῖς ἐ. οὐ προσκολληθήσεσθε (4)
20. 6. ἢ ἐὰν ἐπακολουθήσῃ . . . ἐπαοιδοῖς (4)
— 27. ὃς ἂν γένηται αὐτῶν . . . ἐ. (4)
De. 18. 11. A B² ἐπαοιδῶν [B¹R ἐπαείδων] ἐπαοιδήν (2)
I Ki. 6. 2. καλοῦσιν ἀλλόφυλοι . . . τοὺς ἐ. αὐ. –
II Ch. 33. 6. καὶ ἐποίησεν . . . ἐπαοιδούς (4)
Si. 12. 13. τίς ἐλεήσει ἐπαοιδὸν ὀφιόδηκτον
Da. LXX. 2. 2. εἰσενεχθῆναι τοὺς ἐ. (3 a)
— 27. οὐκ ἔστι . . . ἐπαοιδῶν καὶ γαζαρηνῶν ἡ δήλωσις (3 b)
5. 7. καλέσαι τοὺς ἐ. (1 ?)
— 8. καὶ εἰσεπορεύοντο οἱ ἐ. †
Da. TH. 1. 20. εὗρεν αὐτοὺς δεκαπλασίονας παρὰ πάντας τοὺς ἐ. (3 a)
2. 2. καλέσαι τοὺς ἐ. (3 a)
— 10. ἐπαοιδὸν μάγον καὶ Χαλδαῖον (1)
— 27. ἔστι σοφῶν μαγῶν ἐ. (3 b)
4. 4. εἰσεπορεύοντο οἱ ἐ. (3 b)
— 6. ὁ ἄρχων τῶν ἐ. (3 b)
5. 11. ἄρχοντα ἐπαοιδῶν . . . κατέστησεν αὐτόν (3 b)
[Sm. Ex. 7. 11: 8. 7 (3).]
[Th. Ex. 7. 11: 8. 7 (3): Ec. 10. 11: Da. 1. 20: 2. 2: 4. 4.]
[Al. Ps. 57 (58). 6.]

ἐπαποστέλλειν. (1) שָׁלַח a. pi. b. hi.
Ex. 8. 21 (17). B ἐπαποστέλλω [A R ἐξαπ.] ἐπὶ σὲ . . . κυνόμυιαν (1 b)
De. 28. 48. οὓς ἐπαποστελλεῖ κ. ἐπὶ σέ [A al.] (1 a)
32. 24. A R ὀδόντας θηρίων ἐπαποστελῶ [B ἀποστ.] εἰς αὐτούς (1 a)
III Ki. 12. 24. B σκληρὰ ἐγὼ ἐπαποστέλλω ἐπὶ σέ –
Jb. 20. 23. ἐπαποστείλαι ἐπ' αὐτὸν θυμὸν ὀργῆς (1 a)
Wi. 11. 16. ἐπαπέστειλας αὐτοῖς πλῆθος ἀλόγων ζῴων
16. 3. R διὰ τὴν εἰδέχθειαν [A B S δειχθεῖσαν] τῶν ἐπαπεσταλμένων
Si. 28. 23. A S ἐπαποσταλήσεται [B ἐξαπ. ἐπ'] αὐτοῖς ὡς λέων
Je. 9. 16 (15). ἐπαποστελῶ [S¹ ἀποστείλω, S³ ἀποστελῶ] ἐπ' αὐτοὺς τὴν μάχαιραν (1 a)
25. 16 (49. 37). ἐπαποστελῶ [S¹ -είλω, A ἐξα.] ὀπίσω αὐτῶν τὴν μάχαιράν μου (1 a)
Ez. 14. 19. R θάνατον ἐπαποστέλλω [B -είλω, A ἐπάγω] ἐπὶ τὴν γῆν ἐκ. (1 a)
— 21. A τὰς τέσσαρας ἐκδικήσεις μου . . . ἐπαποστελῶ [B ἐξαποστείλω] (1 a)

ἐπαποστολή.
[Sm. Ps. 77 (78). 49.]

ἐπαποτίειν.
[Th. Is. 59. 18.]

ἐπάρδειν.
IV Ma. 1. 29. ἑκάστην . . . περιπλέκων καὶ ἐπάρδων

ἐπαρήγειν.
II Ma. 13. 17. R διὰ τὴν ἐπαρήγουσαν αὐτῷ τοῦ κυρίου [A τῷ κ.] σκέπην

ἐπαρκεῖν.
I Ma. 8. 26. οὐδὲ ἐπαρκέσουσι σῖτον
11. 35. A πάντα [S -ας] ἐπαρκέσομεν [S -σωμεν, R ἐπαρκῶς παρίεμεν] αὐτοῖς

ἐπαρκῶς.
I Ma. 11. 35. R πάντα [S -ας] ἐ. παρίεμεν [A S ἐπαρκέσομεν] αὐτοῖς

ἔπαρμα. (1) אֵשׁ
II Es. 6. 3. καὶ ἔθηκεν ἔπαρμα (1)
[Aq., Th. Jb. 20. 6.]
[Sm. Jb. 20. 6: 38. 11: Is. 16. 6: Je. 48 (31). 29.]

ἔπαρξις. (1) תִּפְאֶרֶת
Za. 12. 7. A καὶ ἐπάρξεις [B -άρσεις, S R -αρσις] τῶν κατοικούντων Ἱερ. (1)

ἔπαρσις. (1) מוֹצָא (2) a. מַשָּׂא b. מַשְׂאֵת (3) מָשׂוֹשׂ (4) a. שָׂאָה hi. b. שְׂאֵת (5) תִּפְאֶרֶת
Nu. 33. 2. A ἔγραψε M. τὰς ἐ. [B ἀπ.] αὐτῶν (1)
IV Ki. 19. 25. ἐγενήθη εἰς ἐπάρσεις (4 a)
Ps. 140 (141). 2. ἔπαρσις τῶν χειρῶν μου θυσία ἑσπερινή (2 b)
Za. 12. 7. S R καὶ ἔπαρσις [B -εις, A -άρξεις] τῶν κατοικούντων Ἱερ. (5)
La. 3. 47. ἐγενήθη ἡμῖν ἔ. καὶ συντριβή (4 b)
Ez. 24. 25. λαμβάνω . . . τὴν ἔ. τῆς καυχήσεως αὐτῶν . . . καὶ τὴν ἔ. ψυχῆς αὐτῶν (3, 2 a)
[Aq. Dt. 16. 10.]
[Th. Is. 32. 5.]

ἐπαρυστήρ. (1) מַלְקָחַיִם
Ex. 25. 37 (38). τὸν ἐ. αὐ. καὶ τὰ ὑποθέματα αὐ. (1)

ἐπαρυστρίς (-στίς). (1) מוּצָקָה (2) מַחְתָּה (3) מַלְקָחַיִם
Ex. 38. 17 (37. 23). τὰς ἐ. αὐ. χρυσᾶς (2)
Nu. 4. 9. τὰς λαβίδας αὐτῆς καὶ τὰς ἐ. αὐτῆς (2)
III Ki. 7. 49. A καὶ τὰς ἐ. χρυσᾶς τρεῖς [B al.] (3)
Za. 4. 2. ἑπτὰ ἐπαρυστρίδες τοῖς λύχνοις (1)
— 12. καὶ ἐπαναγόντων τὰς ἐ. τὰς χρυσᾶς †

ἐπάρχειν.
Es. 3. 13. πολλῶν ἐπάρξας ἐθνῶν

ἐπαρχία. (1) מְדִינָה
Ju. 3. 6. A κατέβη ἐπὶ τὴν ἐ. [B S παραλίαν]
Es. 4. 11. S³ καὶ λαὸς ἐπαρχιῶν τοῦ βασιλέως (1)

ἔπαρχος. (1) פֶּחָה
I Es. 6. 3, 7. ὁ ἔ. Συρίας καὶ Φ.
— 18. παρεδόθη Ζ. καὶ Σ. τῷ ἐ.
— 27. ἐπιμεληθῆναι Σ. ἐπάρχῳ Συρίας καὶ Φ.
— 27. A R ἔπαρχον [B ὕπ.] δὲ τῆς Ἰουδαίας
— 29. Ζοροβάβελ ἐπάρχῳ
7. 1. Σ. ἔπαρχος [A ὁ ἐ.] κοίλης Συρίας
8. 67. καὶ τοῖς ἐ. κοίλης Συρίας
II Es. 5. 3. Θ. ἔπαρχος πέραν τοῦ ποταμοῦ (1)
— 6. Θ. ὁ ἐ. τοῦ πέραν τοῦ ποταμοῦ [B al.] (1)
6. 6. ἔπαρχοι πέραν τοῦ ποταμοῦ (1)
— 13. Θ. ἔπαρχος πέραν τοῦ ποταμοῦ (1)
8. 36. καὶ ἐπάρχοις πέραν τοῦ ποταμοῦ (1)
Ne. 2. 7. ἐπιστολὰς πρὸς τοὺς ἐ. πέραν τοῦ ποταμοῦ (1)
— 9. καὶ ἦλθον πρὸς τοὺς ἐ. πέραν τοῦ ποταμοῦ (1)
II Ma. 4. 27. Σωστράτου τοῦ τῆς ἀκροπόλεως ἐ.

ἐπασθμαίνειν.
IV Ma. 6. 11. καὶ ἐπασθμαίνων σφοδρῶς

ἐπαστής.
[Sm. Ps. 57 (58). 6.]

ἔπαυλις. (1) גְּדֵרָה (2) חַוָּה (3) חוּץ (4) חָצֵר (5) טִירָה (6) נָוֶה (7) רְחֹב
Ge. 25. 16. ἐν ταῖς σκηναῖς αὐ. καὶ ἐν ταῖς ἐ. αὐ. (5)
Ex. 8. 11 (7). ἐκ τῶν οἰκιῶν ὑμῶν καὶ ἐκ τῶν ἐ. –
— 13 (9). ἐκ τῶν οἰκιῶν καὶ ἐκ τῶν ἐ. (4)
14. 2. στρατοπεδευσάτωσαν ἀπέναντι τῆς ἐ. †
— 9. ἀπέναντι τῆς ἐ. ἐξ ἐναντίας Βεελσεπφῶν †
Le. 25. 31. αἱ δὲ οἰκίαι αἱ ἐν ἐπαύλεσιν (4)
Nu. 22. 39. ἦλθον εἰς πόλεις ἐπαύλεων (3)
31. 10. τὰς ἐ. αὐτῶν ἐνέπρησαν (5)
32. 16. ἐπαύλεις προβάτων οἰκοδομήσομεν (1)
— 24. καὶ ἐπαύλεις τοῖς κτήνεσιν ὑμῶν (1)
— 36. καὶ ἐπαύλεις [A πόλεις] προβάτων (1)
— 41. καὶ ἔλαβε τὰς ἐ. αὐτῶν (2)
— 41. καὶ ἐπωνόμασεν αὐτὰς ἐπαύλεις Ἰαΐρ (2)
34. 4. ἐξελεύσεται εἰς ἔπαυλιν Ἀράδ (4)
Jo. 13. 23, 28. καὶ αἱ ἐ. αὐτῶν (4)
15. 28. καὶ αἱ ἐ. αὐτῶν –
— 36. καὶ αἱ ἐ. αὐτῆς †
— 45. καὶ αἱ ἐ. αὐτῶν (4)
— 47 *bis*. καὶ αἱ ἐ. αὐτῆς (4)
— 54, 60. καὶ αἱ ἐ. αὐτῶν (4)
19. 23. A καὶ αἱ ἐ. [B κῶμαι] αὐτῶν (4)
Jd. 10. 4. ἐκάλουν [A -λεσεν] αὐτὰς ἐπαύλεις Ἰ. (2)
I Ch. 4. 32. καὶ ἐπαύλεις [A² αἱ ἐ.] αὐτῶν Αἰ. (4)
— 33. καὶ πᾶσαι ἐ. [A αἱ ἐ.] αὐτῶν (4)
Ne. 11. 25. καὶ πρὸς τὰς ἐ. ἐν ἀγρῷ αὐτῶν (4)
— 30. καὶ ἐπαύλεις αὐτῶν (4)
12. 28. ἀπὸ τῆς περιχώρου . . . καὶ ἀπὸ ἐπαύλεων (4)
— 29. ἐπαύλεις ᾠκοδόμησαν ἑαυτοῖς (4)
Ju. 3. 3. αἱ ἐ. ἡμῶν . . . παράκεινται
15. 7. αἱ κῶμαι καὶ ἐ. [A S αἱ πόλεις] ἐν [S αἱ ἐν] τῇ ὀρεινῇ
Ps. 68 (69). 25. γενηθήτω ἡ ἔ. αὐτῶν ἠρημωμένη (5)
143 (144). 14. οὐδὲ κραυγὴ ἐν ταῖς ἐ. [S² πλατείαις] αὐτῶν (7)
Pr. 3. 33. ἐπαύλεις δὲ δικαίων εὐλογοῦνται (6)
Is. 34. 13. ἔσται ἐπαύλεις [S² -λις] σειρήνων (6)
35. 7. ἐπαύλεις [S¹ -λις] καλάμου [S ποιμνίων] καὶ ἕλη (6 ?)
42. 11. ἐπαύλεις [S¹ -λις] καὶ οἱ κατοικοῦντες K. (4)
62. 9. πίονται αὐτὰ ἐν ταῖς ἐ. ταῖς ἁγίαις μου (4)
65. 10. ἔσονται ἐν τῷ δρυμῷ ἐπαύλεις ποιμνίων (6)
[Aq. Dt. 3. 14: Ez. 25. 4.]
[Th. Ez. 25. 4.]

ἐπαύξειν.
III Ma. 2. 25. καὶ τὰ τῆς κακίας ἐπαύξων

ἐπαύριον. (1) a. מָחָר b. מָחֳרָת
Ge. 19. 34. A ἐγένετο δὲ τῇ [R ἐν τῇ] ἐ. (1 b)
30. 33. R ἐν τῇ ἡμέρᾳ τῇ ἐ. [A αὔριον] (1 a)
Ex. 9. 6. ἐποίησε κύριος τὸ ῥῆμα τοῦτο τῇ ἐ. (1 b)
18. 13. καὶ ἐγένετο μετὰ τὴν ἐ. (1 b)
32. 6. καὶ ὀρθρίσας τῇ ἐ. (1 b)
Le. 23. 11. τῇ ἐ. τῆς πρώτης (1 b)
— 15. ἀπὸ τῆς ἐ. τῶν σαββάτων (1 b)
— 16. ἕως τῆς ἐ. τῆς ἐσχάτης ἑβδ. (1 b)
Nu. 11. 32. ὅλην τὴν ἡμέραν τὴν [A τῇ] ἐ. (1 b)
16. 41 (17. 6). A R ἐγόγγυσαν οἱ υἱοὶ Ἰ. τῇ ἐ. [B αὔριον] (1 b)
17. 8 (23). καὶ ἐγένετο τῇ ἐ. (1 b)
33. 3. τῇ ἐ. τοῦ πάσχα (1 b)
Jd. 6. 38. ὤρθρισε τῇ ἐ. (1 b)
9. 42. καὶ ἐγένετο [A -νήθη] τῇ ἐ. (1 b)
21. 4. καὶ ἐγένετο τῇ [A ἐν τῇ] ἐ. (1 b)
I Ki. 5. 3. A καὶ ὤρθρισαν οἱ Ἀζ. τῇ ἐ. [B om. τῇ ἐ.] (1 b)
— 4. A ὅτε ὤρθρισαν τὸ πρωῒ τῇ ἐ. [B om. τῇ ἐ.] (1 b)
18. 10. A καὶ ἐγενήθη ἀπὸ τῆς ἐ. (1 b)
20. 27. καὶ ἐγενήθη τῇ ἐ. (1 b)
30. 17. καὶ τῇ ἐ. (1 b)
31. 8. καὶ ἐγενήθη τῇ ἐ. (1 b)
II Ki. 11. 12. ἐν τῇ ἡμέρᾳ ἐκείνῃ καὶ τῇ ἐ. (1 b)
IV Ki. 8. 15. καὶ ἐγένετο τῇ ἐ. (1 b)
I Ch. 29. 21. τῇ ἐ. τῆς πρώτης ἡμέρας (1 b)
Ju. 7. 1. τῇ δὲ ἐ. παρήγγειλεν Ὀ.
Jn. 4. 7. προσέταξεν ὁ θεὸς . . . τῇ ἐ. (1 b)
Da. LXX. Bel 14. καὶ ἐγένετο τῇ ἐ.
Da. TH. Su. 28. καὶ ἐγένετο τῇ ἐ.
[Aq., Th. Jo. 5. 11, 12: Je. 20. 3.]
[Sm. Jo. 5. 11, 12.]

ἐπαυχένιον.
[Sm., Th. Ez. 13. 18.]

ἐπαφιέναι. (1) נוּחַ hi. (2) נָתַךְ hi. (3) עָזַב (4) שָׁלַח pi.
Jb. 10. 1. ἐπαφήσω ἐπ' αὐτὸν τὰ ῥήματά μου [A al.] (2)
12. 15. ἐὰν δὲ ἐπαφῇ ἀπώλεσεν αὐτήν (4)
39. 11. ἐπαφήσεις δὲ αὐτῷ τὰ ἔργα σου (3)
Ez. 16. 42. ἐπαφήσω τὸν θυμόν μου ἐπὶ σέ (1)
22. 20. A¹ ἐπαφήσω [A²B χωνεύσω] ὑμᾶς (2)
[Al. Ez. 22. 20.]

ἐπαχθής.
[Sm. Jb. 16. 2.]

ἐπεγγελᾶν.
IV Ma. 5. 27. S R ὅπως τῇ . . . μιαροφαγίᾳ ταύτῃ ἐπεγγελάσῃς [A ἔτι ἐγγ.]

ἐπεγείρειν. (1) יָרַד hi. (2) סָכַךְ pil. (3) עוּר a. hi. b. pil. (4) קוּם a. qal. b. hi.
I Ki. 3. 12. ἐπεγερῶ ἐπὶ Ἡ. πάντα (4 b)
22. 8. ἐπήγειρεν ὁ υἱός μου τὸν δοῦλόν μου (4 b)
II Ki. 18. 31. ἐκ χειρὸς πάντων τῶν ἐπεγειρομένων [A ἐγ.] ἐπὶ σέ (4 a)
22. 49. ἐκ τῶν ἐπεγειρομένων [A ἐπανισταμένων] μοι ὑψώσεις με (4 a)
I Ch. 5. 26. καὶ ἐπήγειρεν ὁ θεὸς Ἰ. τὸ πνεῦμα Φ. (3 a)
II Ch. 21. 16. καὶ ἐπήγειρε κύριος ἐπὶ Ἰ. τοὺς ἀλλοφύλους (3 a)
Jb. 10. 17. A ἐπήγειρας [B S -ήγαγες] ἐπ' ἐμὲ πειρατήρια †
Si. 46. 1. ἐκδικῆσαι ἐπεγειρομένους ἐχθρούς
Am. 6. 15 (14). A B ἐπεγείρω [R -εγερῶ] ἐφ' ὑμᾶς . . . ἔθνος (4 b)
Mi. 5. 5 (4). ἐπεγερθήσονται ἐπ' αὐτὸν ἑπτὰ ποιμένες (4 b)
Na. 1. 8. τοὺς ἐπεγειρομένους . . . διώξεται σκότος †
Za. 9. 13. A ἐπεγερῶ [B S ἐξ.] τὰ τέκνα σου (3 b)
Is. 10. 26. A S ἐπεγερεῖ [B ἐγ.] ὁ θεὸς ἐπ' αὐτούς (3 b)
13. 17. ἐπεγείρω ὑμῖν τοὺς Μήδους (3 a)
19. 2. ἐπεγερθήσονται Αἰγύπτιοι ἐπ' Αἰγυπτίους (2)
— 2. A S² ἐπεγερθήσεται [S³ -σονται, B¹S¹R om.] πόλις ἐπὶ πόλιν –
42. 13. ἐπεγερεῖ ζῆλον (3 a)
43. 14. ἐπεγερῶ φεύγοντας πάντας (1)
Je. 29 (47). 7. ἐπὶ τὰς καταλοίπους ἐπεγερθῆναι †
II Ma. 4. 40. ἐπεγειρομένων δὲ τῶν ὄχλων
[Aq. Je. 51 (28). 1.]
[Sm. III Ki. 11. 14.]

ἐπεί.
●Ge. 15. 17†: 46. 30: 50. 4†.
Ex. 1. 21†: 2. 3†.
De. 2. 16†.
Jo. 4. 1: 7. 8: 10. 9†, 24: 17. 13.
Jd. 6. 7†.
I Ki. 1. 5†.
I Es. 2. 20: 6. 15.
Ju. 11. 12.
Jb. 7. 12†: 13. 15: 35. 7 (ἐπεὶ δὲ οὖν)†.
Ps. 37 (38). 20: 77 (78). 20: 118 (119). 136.
Wi. 18. 12: 19. 15.
Je. 20. 9 (?)†.
Ez. 21. 12 (17)†: 34. 21†.
Da. LXX. 4. 23: 6. 5 (6).
Da. TH. 3. 22.
I Ma. 10. 26, 52, 71†: 12. 7†: 14. 29: 15. 3†.
II Ma. 13. 8: 14. 29.
III Ma. 2. 12, 16.
IV Ma. 1. 33: 2. 7, 19: 3. 7: 4. 24, 26 (ἐπεὶ οὖν): 6. 35: 7. 21: 8. 9.
[Sm. Ec. 11. 5 (ἐπεὶ μή).]
[Th. Da. 3. 22.]
[Al. Jb. 36. 16.]

ἐπείγειν. (1) חָצַף aph.
Jb. 36. 27. ἐπιχυθήσονται [S¹ ἐπειχθ.(?)] ὑετῷ †
Da. LXX. 3. 22. ἐπειδὴ τὸ πρόσταγμα τοῦ βασιλέως ἤπειγε (1)
Da. TH. Bel 30. ἐπείγουσιν αὐτὸν σφόδρα
II Ma. 10. 19. εἰς ἐπείγοντας τόπους ἀπολιπὼν Σ.
[Sm. Is. 59. 19: Je. 17. 16.]
[Quint. Ho. 6. 3.]

ἐπειδή.
●Ge. 15. 3†: 18. 31: 19. 19: 23. 13: 41. 39: 50. 4†.
Ex. 1. 21†: 2. 3†: 34. 33.
De. 2. 16†.
Jb. 9. 29: 35. 7†.
Pr. 1. 24.
Je. 25. 8: 31 (48). 6: 36 (29). 31: 42 (35). 18.
Ez. 28. 6†.
Da. LXX. 3. 22.
I Ma. 15. 3†.
IV Ma. 3. 20: 4. 1, 22: 8. 1.
[Sm. Ez. 3. 20 (ἐ. μή).]

ἐπεῖναι. (1) הָיָה (2) עָלָה (3) עָמַד
Ex. 8. 22 (18). ἐφ' ἧς ὁ λαός μου ἔπεστιν ἐπ' αὐτῆς (3)
9. 3. ἰδοὺ χεὶρ κυρίου ἐπέσται [A ἔσται] ἐν τοῖς κτήνεσι (1)
III Ki. 10. 16. τριακόσιοι χρυσοῖ ἐπῆσαν ἐπὶ τὸ δόρυ τὸ ἕν (2)
II Ch. 9. 15. ἑξακόσιοι χρυσοῖ καθαροὶ ἐπῆσαν ἐπὶ τὸν ἕνα θυρεόν (2)
Si. 42. 19. τὰ παρεληλυθότα καὶ ἐπεσόμενα [A S τὰ ἐσ.]
IV Ma. 1. 10. ἔπεστί μοι ἐπαινεῖν

ἔπειξις.
[Sm. Ex. 12. 11: Ez. 30. 9: Ze. 1. 18.]

ἐπεισέρχεσθαι.
I Ma. 16. 16. A R ἐπεισήλθοσαν [S -ον] τῷ Σίμωνι

ἐπεισφέρειν. (1) בּוֹא
Jd. 3. 22. ἐπεισήνεγκε καί γε τὴν λαβήν (1)

ἐπείσχυσις (?). (1) יָצַק hoph.
Jb. 37. 18. A ὡς ὅρασις ἐπεισχύσεως [B S ἐπιχ.] (1)

ἔπειτα.
Nu. 19. 19. A ἔ. [B om.] καὶ ἐν τῇ ἡμέρᾳ τῇ ἑβδόμῃ –
Is. 16. 2. ἔ. δὲ [? ἐπὶ τάδε] Ἀρνῶν πλείονα βουλεύου †
IV Ma. 6. 3. ἔ. περιαγκωνίσαντες

ἐπείτοιγε.
[Sm. I Ki. 25. 34.]

ἐπέκεινα. (1) a. הָלְאָה b. מֵהָלְאָה לְ (2) מֵעֵבֶר לְ (3) מַעְלָה (4) עַד
Ge. 35. 16 (21). ἔπηξε τὴν σκηνὴν αὐ. ἐ. τοῦ πύργου Γ. (1 b)
Le. 22. 27. τῇ δὲ ἡμέρᾳ τῇ ὀγδόῃ καὶ ἐ. (1 a)
Nu. 15. 23. καὶ ἐ. εἰς τὰς γενεὰς ὑμῶν (1 a)
32. 19. ἀπὸ τοῦ πέραν τοῦ Ἰ. καὶ ἐ. (1 a)
I Ki. 10. 3. καὶ ἐ. ἥξεις ἕως τῆς δρυὸς Θ. (1 a)
18. 9. A R ἀπὸ τῆς ἡμέρας ἐκείνης καὶ ἐ. (1 a)
20. 22, 37. ἀπὸ σοῦ καὶ ἐ. (1 a)
Am. 5. 27. μετοικιῶ ὑμᾶς ἐ. Δαμασκοῦ (1 b)
Mi. 4. 5. εἰς τὸν αἰῶνα καὶ ἐ. (4)
Hg. 2. 19 (18). ἀπὸ τῆς ἡμέρας ταύτης καὶ ἐ. (3)
Is. 18. 1. οὐαὶ γῆς πλοίων πτέρυγες ἐ. ποταμῶν Αἰθιοπίας (2)
— 2. τίς [A τί] αὐτοῦ ἐ. (1 a)
Je. 22. 19. ῥιφήσεται ἐ. τῆς πύλης Ἰερουσαλήμ (1 b)
Ez. 39. 22. ἀπὸ τῆς ἡμέρας ταύτης καὶ ἐ. (1 a)
43. 27. ἔσται ἀπὸ τῆς ἡμέρας τῆς ὀγδόης καὶ ἐ. (1 a)
Da. TH. Su. 64. ἀπὸ τῆς ἡμέρας ἐκείνης καὶ ἐ.
I Ma. 10. 30. ἀπὸ τῆς σήμερον καὶ ἐ.
[Aq. Ge. 35. 21.]
[Sm. Is. 18. 2.]

ἐπεκκεντεῖν.
[Sm. Za. 12. 10.]

ἐπέκτασις. (1) מִפְרָשׂ
Jb. 36. 29. A S² ἐὰν συνῇς ἐπέκτασιν νεφέλης [B S¹ al.] (1)
[Th. Jb. 36. 29†.]

ἐπεκχεῖν.
Ju. 15. 4. ἵνα πάντες ἐπεκχυθῶσι [A ἀπ.] τοῖς πολεμίοις

ἐπελπίζειν. (1) בָּטַח a. qal. b. hi. (2) יָחַל pi.
IV Ki. 18. 30. μὴ ἐπελπιζέτω ὑμᾶς Ἐζ. (1 b)
Ps. 51 (52). 7. ἐπήλπισεν ἐπὶ τὸ πλῆθος [S² τῷ πλήθει] τοῦ πλούτου αὐτοῦ (1 a)
118 (119). 43. ἐπὶ τοῖς κρίμασί [S¹ τὰ κρ.] σου ἐπήλπισα (2)
— 49. A S ᾧ [R ὃν] ἐπήλπισάς με (2)
— 74. εἰς τοὺς λόγους σου ἐπήλπισα (2)
— 81. A S¹ εἰς τὸν λόγον [S² R τοὺς λ.] σου ἐπήλπισα (2)
— 114. A S² εἰς τοὺς λόγους σου ἐπήλπισα [S¹ al.] (2)
— 147. εἰς τοὺς λόγους σου ἐπήλπισα (2)
[Sm. Ps. 118 (119). 49.]

ἐπενδεῖν.
Si. 31 (34). 21. A S ἄρτος ἐπενδεομένων [B ἐπιδ.] ζωὴ πτωχῶν

ἐπένδυμα.
[Aq. Ex. 25. 6 (7): 28. 26, 31: 39. 2 (36. 9): Le. 8. 7 *bis*: Jd. 8. 27: I Ki. 2. 18: 21. 9 (10): 22. 18: 23. 9: 30. 7: II Ki. 6. 14: I Ch. 15. 27.]
[Sm. Ex. 25. 6 (7): 28. 26: 29. 5 *bis*: 39. 2 (36. 9): Ez. 16. 10: 26. 16.]
[Th. Ex. 25. 6 (7).]

ἐπενδύτης. (1) מְעִיל
Le. 8. 7. A ἐνέδυσεν αὐτὸν ἐπενδύτην [B τὸν ὑποδύτην] (1)
I Ki. 18. 4. A ἐξεδύσατο Ἰ. τὸν ἐ. τὸν ἐπάνω (1)
II Ki. 13. 18. ἐνεδιδύσκοντο . . . τοὺς ἐ. αὐτῶν (1)
[Aq. I Ki. 14. 3.]
[Sm. II Ki. 6. 14.]
[Th. Ex. 29. 5: I Ki. 2. 19: Jb. 1. 20: Ez. 26. 16.]
[Al. Le. 6. 10 (3): 8. 7.]

ἐπεξέρχεσθαι.
Ju. 13. 20. ἐπεξῆλθες πτώματι ἡμῶν
Wi. 14. 31. ἡ . . . δίκη ἐπεξέρχεται ἀεὶ τὴν τῶν ἀδίκων παράβασιν
[Sm. Je. 50 (27). 34: Hb. 1. 7.]

ἐπερείδειν. (1) תָּמַךְ
Es. 5. 1. τῇ μὲν μιᾷ ἐπηρείδετο [A B² -ερ.]
Pr. 3. 18. τοῖς ἐπερειδομένοις ἐπ' αὐτήν (1)
[Sm. Jb. 9. 13: Is. 26. 3.]
[Th. Pr. 3. 5.]
[Sext. Ca. 8. 5.]

ἐπέρχεσθαι. (1) τὰ ἐπερχόμενα a. אָחוֹר b. אַחֲרֹנִים (2) אָתָה (3) a. בּוֹא b. תְּבוּאָה (4) בִּלְבִּי (5) נוּז (6) נוּחַ hi. (7) הָלַךְ (8) חָלַף (9) טוּל hoph. (10) יָצָא (11) נָגַר ni. (12) נָפַל (13) נָחַת (14) עָבַר a. qal. b. hi. (15) עָלָה (16) עָרָה ni. (17) פָּלַס pi. (18) פִּתְאֹם (19) קוּם (20) רָאָה (21) רִיב (22) שׁוּב (23) שִׁית (24) שָׁכַן
Ge. 42. 21. ἐπῆλθεν ἐφ' ἡμᾶς ἡ θλῖψις αὕτη (3 a)
50. 5. A καὶ ἐπελεύσομαι [B ἀπελεύσ., R ἐπανελεύσ.] (22)
Ex. 10. 1. ἵνα ἑξῆς ἐπέλθῃ τὰ σημεῖα ταῦτα ἐπ' αὐτούς (23)
Le. 11. 34. B²R εἰς ὃ ἐὰν ἐπέλθῃ [A B¹ ἀπέλ.] ἐπ' αὐτὸ ὕδωρ (3 a)
14. 43. ἐὰν δὲ ἐπέλθῃ πάλιν ἁφή (22)
16. 9, 10. ἐφ' ὃν ἐπῆλθεν ἐπ' αὐτὸν ὁ κλῆρος (15)
Nu. 5. 14. καὶ ἐπέλθῃ αὐτῷ πνεῦμα ζηλώσεως (14 a)
— 14. ἢ ἐπέλθῃ αὐτῷ πνεῦμα ζηλώσεως (14 a)
— 30. ἐπέλθῃ ἐπ' αὐτὸν [S³ ἐπ. αὐτῷ] πνεῦμα ζηλώσεως (14 a)
6. 5. ξυρὸν οὐκ ἐπελεύσεται ἐπὶ τὴν κεφ. αὐ. (14 a)
8. 7. ἐπελεύσεται ξυρὸν ἐπὶ πᾶν τὸ σῶμα αὐ. (14 b)
Jo. 24. 20. καὶ ἐπελθὼν κακώσει ὑμᾶς (22)
Jd. 3. 24. οἱ παῖδες αὐτοῦ ἐπῆλθον [A εἰσ.] (3 a)
9. 57. καὶ ἐπῆλθεν ἐπ' αὐτοὺς ἡ κατάρα Ἰ. (3 a)

● = correction on page xxv

Jd. 18. 17. A ἐπελθόντες ἐκεῖ (3 *a*)
20. 33. τὸ ἔνεδρον 'I. ἐπήρχετο [A ἐπάλαιεν] (6)
I Ki. 7. 13. A οὐ προσέθεντο ἔτι ἐπελθεῖν [?, B προσελ.] (3 *a*)
11. 7. ἐπῆλθεν ἔκστασις κ. ἐπὶ τὸν λαὸν 'I. (12)
30. 23. τὸν γεδδοὺρ τὸν ἐπερχόμενον ἐφ' ἡμᾶς (3 *a*)
II Ki. 15. 4. A ἐπ' ἐμοῦ ἐπελεύσεται [B ἐμὲ ἐλ.] πᾶς ἀνήρ (3 *a*)
17. 2. ἐπελεύσομαι ἐπ' αὐτόν (3 *a*)
19. 7 (8). πᾶν τὸ κακὸν τὸ ἐπελθόν σοι (3 *a*)
III Ki. 19. 19. B ἐπῆλθεν [A R καὶ ἀπ.] ἐπ' αὐτόν (14 *a*)
IV Ki. 11. 9. A καὶ ἐπῆλθεν [B εἰσῆλθεν, R εἰσῆλθον] πρὸς 'I. (3 *a*)
II Ch. 20. 9. ἐὰν ἐπέλθῃ ἐφ' ἡμᾶς κακά (3 *a*)
22. 1. τὸ λῃστήριον τὸ ἐπελθὸν ἐπ' αὐτούς (3 *a*)
32. 26. καὶ οὐκ ἐπῆλθεν ἐπ' αὐτοὺς ὀργὴ κυρίου (3 *a*)
I Es. 4. 49. μὴ [A^{1} καὶ] ἐπελεύσεσθαι ἐπὶ τὰς θύρας αὐτῶν
Ne. 5. 9. S οὐχ οὕτως . . . ἐπελεύσεσθε [A B ἀπ.] ἀπὸ ὀνειδισμοῦ (7)
Ju. 2. 21. B ἐπῆλθον [A ἐξῆλθεν, S^{1}R ἀπ., S^{2} ἐξ.] ἐκ N.
6. 12. B S ἐπῆλθον [R ἀπ., A ἀπῆλθεν] ἔξω τῆς πόλεως
9. 5. τὰ ἐπερχόμενα διενοήθης
Jb. 1. 19. πνεῦμα μέγα ἐπῆλθεν [S^{1} *om.*] ἐκ [A ἦλθεν ἀπὸ] τῆς ἐρήμου (3 *a*)
2. 11. τὰ κακὰ πάντα τὰ ἐπελθόντα αὐτῷ (3 *a*)
3. 5. ἐπέλθοι ἐπ' αὐτὴν γνόφος (24)
4. 15. πνεῦμα ἐπὶ πρόσωπόν μου ἐπῆλθεν (8)
5. 21. S οὐ μὴ φοβηθῇς ἀπὸ κακῶν ἐπερχομένων [A B ἐρχ.] (3 *a*)
15. 19. οὐκ ἐπῆλθεν ἀλλογενὴς ἐπ' αὐτούς (14 *a*)
19. 29. θυμὸς γὰρ ἐπ' ἀνόμους [A -οις] ἐπελεύσεται †
20. 22. πᾶσα δὲ ἀνάγκη ἐπ' αὐτὸν ἐπελεύσεται (3 *a*)
— 28. ἡμέρα ὀργῆς ἐπέλθοι αὐτῷ (11 ?)
21. 17. ἐπελεύσεται δὲ αὐτοῖς ἡ καταστροφή (3 *a*)
23. 6. καὶ ἐν [A εἰ] πολλῇ ἰσχύϊ ἐπελεύσεταί μοι (21)
— 17. οὐ γὰρ ᾔδειν ὅτι ἐπελεύσεταί μοι σκότος [A γνόφος] †
25. 3. ἐπὶ τίνας δὲ οὐκ ἐπελεύσεται ἔνεδρα παρ' αὐτοῦ (19)
27. 9. ἢ ἐπελθούσης αὐτῷ ἀνάγκης (3 *a*)
31. 12. οὗ δ' ἂν ἐπέλθῃ ἐκ ῥιζῶν ἀπώλεσεν (3 *b* ?)
37. 9. ἐκ ταμιείων ἐπέρχονται [A ἐξέρχ.] ὀδύναι (3 *a*)
40. 15 (20). ἐπελθὼν δὲ ἐπ' ὄρος ἀκρότομον †
Ps. 89 (90). 10. ἐπῆλθε πραΰτης ἐφ' ἡμᾶς (5)
Pr. 3. 25. οὐ φοβηθήσῃ πτόησιν ἐπελθοῦσαν οὐδὲ ὁρμὰς ἀσεβῶν ἐπερχομένας (18 ?, 3 *a*)
4. 14. ὁδοὺς ἀσεβῶν μὴ ἐπέλθῃς (3 *a*)
— 15. μὴ ἐπέλθῃς ἐκεῖ (14 *a*)
5. 6. ὁδοὺς γὰρ ζωῆς οὐκ ἐπέρχεται (17 ?)
16. 33. εἰς κόλπους ἐπέρχεται πάντα τοῖς ἀδίκοις (9)
18. 3. ἐπέρχεται δὲ αὐτῷ ἀτιμία καὶ ὄνειδος (3 *a*)
19. 11. τὸ δὲ καύχημα αὐτοῦ ἐπέρχεται παρανόμοις (14 *a*)
26. 2. ἀρὰ ματαία οὐκ ἐπελεύσεται οὐδενί (3 *a*)
— 11. ὅταν ἐπέλθῃ ἐπὶ τὸν ἑαυ. ἔμετον (22)
27. 12. πανοῦργος κακῶν ἐπερχομένων ἀπεκρύβη ἄφρονες δὲ ἐπελθόντες [A ἐλθ.] ζημίαν τίσουσιν (20, 14 *a*)
Ec. 2. 12. τίς ἄνθρωπος ὃς [A *om.*] ἐπελεύσεται [S^{2} ἀπελ.] ὀπίσω τῆς βουλῆς (3 *a*)
— 16. A S^{2} ταῖς ἡμέραις ταῖς ἐπερχομέναις [B S^{1} αἱ ἡ. ἐρχόμεναι] τὰ πάντα ἐπελήσθη (3 *a*)
Wi. 1. 5. ἐλεγχθήσεται ἐπελθούσης ἀδικίας
12. 27. τὸ τέρμα τῆς καταδίκης ἐπ' αὐτοὺς ἐπῆλθε
16. 4. ἐκείνοις μὲν . . . ἔνδειαν ἐπελθεῖν τυραννοῦσι
— 5. ὅτε αὐτοῖς δεινὸς ἐπῆλθε θηρίων θυμός
17. 14. τὴν . . . νύκτα καὶ ἐξ ἀδυνάτου ᾅδου μυχῶν ἐπελθοῦσαν
— 15. αἰφνίδιος γὰρ αὐτοῖς . . . φόβος ἐπῆλθεν [S ἐπεχύθη]
19. 13. αἱ τιμωρίαι τοῖς ἁμαρτωλοῖς ἐπῆλθον
Si. 3. 8. ἵνα ἐπέλθῃ σοι εὐλογία παρ' αὐτοῦ
16. 21. S^{2} καταιγὶς . . . ἐπελεύσεται αὐτῷ [A B S^{1} *om.* ἐπ. αὐτῷ]
26. 28. ἐπὶ τῷ τρίτῳ θυμός μοι ἐπῆλθεν

Ho. 10. 11. ἐγὼ δὲ ἐπελεύσομαι ἐπὶ τὸ κάλλιστον τοῦ τραχήλου (14 *a*)
Am. 5. 17. A ἐπελεύσομαι [B ἐλ.] διὰ μέσου σου (14 *a*)
Mi. 3. 11. οὐ μὴ ἐπέλθῃ ἐφ' ἡμᾶς κακά (3 *a*)
5. 5 (4). 'Ασσοὺρ ὅταν ἐπέλθῃ [A *al.*] (3 *a*)
— 6 (5). ὅταν ἐπέλθῃ ἐπὶ τὴν γῆν ὑμῶν (3 *a*)
Na. 3. 19. ἐπὶ τίνα οὐκ ἐπῆλθεν ἡ κακία σου (14 *a*)
Ze. 2. 2. A B S^{1} πρὸ τοῦ ἐπελθεῖν ἐφ' ὑμᾶς ὀργὴν κυρίου (3 *a*)
— 2. πρὸ τοῦ ἐπελθεῖν ἐφ' ὑμᾶς ἡμέραν θυμοῦ κυρίου (3 *a*)
Za. 9. 8. οὐ μὴ ἐπέλθῃ ἐπ' αὐτοὺς οὐκέτι ἐξελαύνων (14 *a*)
12. 9. A πάντα τὰ ἔθνη τὰ ἐπερχόμενα [B S ἐρχ.] ἐπὶ 'Ιερ. (3 *a*)
Is. 7. 25. οὐ μὴ ἐπέλθῃ ἐκεῖ φόβος (3 *a*)
13. 13. ᾗ ἂν ἐπέλθῃ ὁ θυμὸς αὐτοῦ –
28. 18. καταιγὶς φερομένη ἐὰν ἐπέλθῃ (14 *a*)
32. 15. A S ἕως ἂν ἐπέλθῃ [B ἔλθῃ] ἐφ' ὑμᾶς πνεῦμα ἀφ' ὑψηλοῦ (16)
41. 4. εἰς τὰ ἐπερχόμενα ἐγώ εἰμι (1 *b*)
— 22. γνωσόμεθα τί τὰ ἔσχατα καὶ τὰ ἐπερχόμενα (3 *a*)
— 23. ἀναγγείλατε ἡμῖν τὰ ἐπερχόμενα ἐπ' ἐσχάτου (2)
42. 23. εἰσακούσατε [A S -σεται] εἰς τὰ ἐπερχόμενα (1 *a*)
44. 7. τὰ ἐπερχόμενα πρὸ τοῦ ἐλθεῖν ἀναγγειλάτωσαν ὑμῖν (2)
45. 11. ὁ ποιήσας τὰ ἐπερχόμενα (2)
48. 3. ἐξάπινα ἐποίησα καὶ ἐπῆλθε (3 *a*)
63. 4. A S R ἐπῆλθεν [B ἦλ.] αὐτοῖς (4)
65. 17. οὐ μὴ ἐπέλθῃ αὐτῶν ἐπὶ τὴν καρδίαν (15)
Je. 29 (47). 4. ἐν τῇ ἡμέρᾳ τῇ ἐπερχομένῃ [A S ἐρ.] τοῦ ἀπολέσαι (3 *a*)
37 (30). 23. S ἐπῆλθεν [A B ἐξῆλ.] ὀργὴ στρεφομένη (10)
Ba. 4. 9. τὴν ἐπελθοῦσαν ὑμῖν ὀργὴν παρὰ τοῦ θ.
— 24. ἣ ἐπελεύσεται ὑμῖν μετὰ δόξης μεγάλης
— 25. τὴν παρὰ τοῦ θ. ἐπελθοῦσαν ὑμῖν ὀργήν
— 35. πῦρ γὰρ ἐπελεύσεται αὐτῇ παρὰ τοῦ αἰωνίου
— 36. A ἴδε τὴν εὐφροσύνην τὴν παρὰ τοῦ θεοῦ σοι ἐπερχομένην [B ἐρ.]
Ep. Je. 48. ὅταν γὰρ ἐπέλθῃ [A *om.*] ἐπ' αὐτὰ [A -οὺς] πόλεμος
Ez. 33. 4. καὶ ἐπέλθῃ ἡ ῥομφαία [A *al.*] (3 *a*)
39. 11. τὸ πολυάνδριον τῶν ἐπελθόντων πρὸς τῇ θαλάσσῃ [A τὴν θ.] (14 *a*)
47. 9. ἐφ' ἃ ἂν ἐπέλθῃ ἐκεῖ ὁ ποταμός (3 *a*)
— 9. A ἐφ' ὃ ἂν ἐπέλθῃ [B ἔλ.] ὁ ποταμός (3 *a*)
Da. LXX. 4. 16. ἡ σύγκρισις αὐτοῦ τοῖς ἐχθροῖς σου ἐπέλθοι –
5. 30. τὸ σύγκριμα ἐπῆλθε Βαλτ. τῷ βασιλεῖ –
9. 11. ἐπῆλθεν ἐφ' ἡμᾶς ἡ κατάρα (13)
— 13. πάντα τὰ κακὰ ἐπῆλθεν ἡμῖν (3 *a*)
10. 13. Μιχαὴλ . . . ἐπῆλθε βοηθῆσαί μοι (3 *a*)
11. 15. καὶ ἐπελεύσεται βασιλεὺς βορρᾶ (3 *a*)
— 17. ἐπελθεῖν βίᾳ τὸ ἔργον αὐτοῦ (3 *a*)
— 41. καὶ ἐπελεύσεται εἰς τὴν χώραν μου (3 *a*)
Bel 20. καὶ ἐπῆλθεν ἐπὶ τὸν οἶκον
Da. TH. 9. 11. ἐπῆλθεν ἐφ' ἡμᾶς ἡ κατάρα (13)
11. 13. ἐπελεύσεται εἰσόδια (3 *a*)
I Ma. 8. 4. τῶν βασ. τῶν ἐπελθόντων ἐπ' αὐτούς
II Ma. 1. 7. ἐν τῇ ἀκμῇ τῇ ἐπελθούσῃ ἡμῖν
9. 17. καὶ πάντα τόπον οἰκητὸν ἐπελεύσεσθαι
— 18. ἐπεληλύθει γὰρ ἐπ' αὐτὸν . . . ἡ τοῦ θεοῦ κρίσις
III Ma. 1. 6. τὰς πλησίον πόλεις ἐπελθών
5. 2. R ὑπὸ τὴν ἐπερχομένην [A ἐρχ.] ἡμέραν

[**Aq.** II Ki. 5. 22 : Jb. 5. 21 : 27. 9.]
[**Sm.** Dt. 19. 14 : II Ki. 1. 15 : 5. 22 : Jb. 27. 9 : Ps. 54 (55). 16 : 68 (69). 2 : 77 (78). 31 : Pr. 28. 22 : Ec. 10. 4 : Is. 54. 9 : Je. 49. 9 (29. 10) : Hb. 3. 14.]
[**Th.** Jb. 27. 9 : Ps. 89 (90). 10 : Da. 11. 13.]
[**Al.** Ex. 10. 14.]

ἐπερωτᾶν. (1) בִּקֵּשׁ pi. (2) דָּרַשׁ (3) עָנָה (4) שָׁאַל, שָׁאֵל *a.* qal. *b.* pi. *c.* שְׁאֵל (5) **πορεύεσθαι ἐπερωτᾶν** קָרָה ni.

Ge. 24. 23. καὶ ἐπηρώτησεν αὐτὴν καὶ εἶπε –
— 57. A καὶ ἐπερωτήσωμεν [R ἐρωτ.] τὸ στόμα αὐτῆς (4 *a*)
26. 7. ἐπηρώτησαν δὲ οἱ ἄνδρες . . . περὶ 'P. (4 *a*)
38. 21. ἐπηρώτησε δὲ τοὺς ἄνδρας (4 *a*)
43. 7. ἐρωτῶν ἐπηρώτησεν ἡμᾶς ὁ ἄνθρ. (4 *a*)
Nu. 23. 4. ἐπερωτῆσαι τὸν θεόν –
— 15. πορεύσομαι ἐπερωτῆσαι τὸν θεόν (5)
27. 21. ἐπερωτήσουσιν [A -σωσιν] αὐτὸν τὴν κρίσιν (4 *a*)
De. 4. 32. ἐπερωτήσατε ἡμέρας προτέρας (4 *a*)
18. 11. ἐπερωτῶν τοὺς νεκρούς (2)
32. 7. A^{2} B ἐπερώτησον τὸν πατέρα σου (4 *a*)
Jo. 9. 14. κύριον οὐκ ἐπηρώτησαν (4 *a*)
Jd. 1. 1. ἐπηρώτων οἱ υἱοὶ 'Ισραὴλ διὰ τοῦ κυρίου [A ἐν κυρίῳ] (4 *a*)
8. 14. καὶ ἐπηρώτησεν αὐτόν (4 *a*)
18. 5. R ἐπερώτησον [A B ἐρ.] δὴ ἐν τῷ θεῷ (4 *a*)
20. 18. A ἐπηρώτησαν [B ἠρ.] ἐν τῷ θεῷ (4 *a*)
— 23. A καὶ ἐπηρώτησαν [B ἠρ.] ἐν κυρίῳ (4 *a*)
— 27. A καὶ ἐπηρώτησαν οἱ υἱοὶ 'I. ἐν κυρίῳ (4 *a*)
— 28. B καὶ ἐπηρώτησαν οἱ υἱοὶ 'I. ἐν κυρίῳ –
I Ki. 9. 9. ἐν τῷ πορεύεσθαι ἐπερωτᾶν τὸν [A -ωτῆσαι] θεόν (2)
10. 22. ἐπηρώτησε Σ. ἔτι ἐν κυρίῳ (4 *a*)
14. 37. καὶ ἐπηρώτησε Σ. τὸν θεόν (4 *a*)
17. 56. A ἐπερώτησον σύ (4 *a*)
22. 13. A ἐπερωτᾶν αὐτὸν [B ἐρ. αὐτῷ] διὰ τοῦ θεοῦ (4 *a*)
23. 2. ἐπηρώτησε Δ. διὰ τοῦ κυρίου (4 *a*)
— 4. R ἐπερωτῆσαι [A R ἐρ.] διὰ τοῦ κυρίου (4 *a*)
28. 6. ἐπηρώτησε Σ. διὰ κυρίου (4 *a*)
— 16. ἵνα τί ἐπερωτᾷς [A -ηρώτησάς] με (4 *a*)
30. 8. καὶ ἐπηρώτησε Δ. διὰ τοῦ κυρίου (4 *a*)
II Ki. 2. 1. καὶ ἐπηρώτησε Δ. ἐν κυρίῳ (4 *a*)
5. 23. καὶ ἐπηρώτησε Δ. διὰ κυρίου (4 *a*)
11. 7. καὶ ἐπηρώτησε Δ. εἰς εἰρήνην 'I. (4 *a*)
14. 18. ὃ ἐγὼ ἐπερωτῶ σε (4 *a*)
16. 23. A B ὃν τρόπον ἐπερωτήσῃ [R ἐ. τις] ἐν λόγῳ τοῦ θεοῦ (4 *a*)
20. 18. A R ἐρωτῶντες ἐπερωτήσουσιν ἐν 'A. [B *al.*] (4 *b*)
III Ki. 12. 24. B ἐπερωτῆσαι ὑπὲρ [R ἐρ. περὶ] τοῦ παιδαρίου –
— 24. B ἐπερώτησον τὸν θεόν –
22. 5. ἐπερωτήσατε δὴ σήμερον τὸν κύριον (2)
— 7. ἐπερωτήσομεν τὸν κύριον δι' αὐτοῦ (2)
— 8. εἰς τὸ ἐπερωτῆσαι δι' αὐτοῦ τὸν κύριον (2)
IV Ki. 1. 2. A ἐπερωτήσατε ἐν τῇ B. [B *al.*] (2)
— 2. ἐπορεύθησαν ἐπερωτῆσαι δι' αὐτοῦ –
— 16. A ἐπερωτῆσαι [B ζητῆσ., R ἐκζητῆσ.] ἐν τῇ B. (2)
8. 6. καὶ ἐπηρώτησεν ὁ βασιλεὺς τὴν γυναῖκα (4 *a*)
— 9. ἀπέστειλέ με πρὸς σὲ ἐπερωτῆσαι [A *om.*] –
19. 10. A μὴ ἐπερωτῇ [B -αιρέτω] σε ὁ θεός σου †
I Ch. 10. 13. ἐπηρώτησε Σ. ἐν τῷ ἐγγαστριμύθῳ (4 *a*)
14. 10. A^{2} R καὶ ἐπηρώτησε [B S ἠρ.] Δ. διὰ τοῦ θεοῦ (4 *a*)
I Es. 6. 12. ἐπερωτήσαμεν οὖν αὐτούς
Ju. 6. 16. ἐπηρώτησεν αὐτὸν 'O. τὸ συμβεβηκός
10. 12. καὶ ἐπηρώτησαν
Jb. 8. 8. ἐπερώτησον γὰρ γενεὰν πρώτην (4 *a*)
12. 7. A ἐπερώτησον [B S ἐρ.] τετράποδα (4 *a*)
Ps. 34 (35). 11. ἃ οὐκ ἐγίνωσκον ἐπηρώτων [A S ἠρ.] με (4 *a*)
136 (137). 3. ἐκεῖ ἐπηρώτησαν [S^{1} ἠρ.] ἡμᾶς . . . λόγους ᾠδῶν (4 *a*)
Pr. 17. 28. ἀνοήτῳ ἐπερωτήσαντι σοφίαν [A *om.*] σοφία λογισθήσεται †
Ec. 7. 11 (10). οὐκ ἐν σοφίᾳ ἐπηρώτησας περὶ τούτου (4 *a*)
Si. 35 (32). 7. λάλησον . . . μόλις δὶς ἐὰν ἐπερωτηθῇς
Ho. 4. 12. ἐν συμβόλοις ἐπηρώτων (4 *a*)
Hg. 2. 12 (11). ἐπερώτησον τοὺς ἱερεῖς νόμον (4 *a*)
Za. 4. 4. καὶ ἐπηρώτησα (3)
— 12. καὶ ἐπηρώτησα ἐκ δευτέρου (3)
Is. 19. 3. ἐπερωτήσουσι τοὺς θεοὺς αὐτῶν (2)
30. 2. ἐμὲ δὲ οὐκ ἐπηρώτησαν (4 *a*)
65. 1. ἐμφανὴς ἐγενήθην τοῖς ἐμὲ μὴ ἐπερωτῶσιν [A S ζητοῦσιν] εὑρέθην τοῖς ἐμὲ μὴ ζητοῦσιν [A S ἐπερωτῶσιν] (4 *a*, 1)
Je. 21. 2. ἐπερώτησον περὶ ἡμῶν τὸν κύριον (2)
23. 33. S ἐὰν ἐπερωτήσωσί [A B ἐρ.] σε ὁ λαὸς οὗτος (4 *a*)
37 (30). 14. οὐ μὴ ἐπερωτήσουσιν (2)
44 (37). 17. A ἐπηρώτησεν [S^{1} ἠρ., B S^{2} ἠρώτα] αὐτόν (4 *a*)

Ez. 14. 7. τοῦ ἐπερωτῆσαι αὐτὸν ἐν ἐμοί (2)
— 10. κατὰ τὸ ἀδίκημα τοῦ ἐπερωτῶντος (2)
20. 1. ἦλθον ἄνδρες . . . ἐπερωτῆσαι τὸν κύριον (2)
— 3. εἰ [A om.] ἐπερωτῆσαί με ὑμεῖς ἔρχεσθε (2)
21. 21 (26). ἐπερωτῆσαι ἐν τοῖς γλυπτοῖς (4 a)
Da. LXX. Su. 40. ἐπηρωτῶμεν αὐτήν
2. 10. τοιοῦτο πρᾶγμα οὐκ ἐπερωτᾷ πάντα σοφόν (4 c)
Da. TH. Su. 40. ἐπηρωτῶμεν τίς ἦν ὁ νεανίσκος
2. 10. A B ῥῆμα τοιοῦτο οὐκ ἐπερωτᾷ ἐπαοιδόν (4 c)
— 11. ὁ λόγος ὃν ὁ βασιλεὺς ἐπερωτᾷ (4 c)
— 27. A R ὃ ὁ βασιλεὺς ἐπερωτᾷ [B ἐρ.] (4 c)
II Ma. 3. 37. τοῦ δὲ βασιλέως ἐπερωτήσαντος τὸν Ἡλ.
7. 7. ἐπηρώτων, Εἰ φάγεσαι
14. 5. προσκληθεὶς . . . καὶ ἐπερωτηθεὶς
15. 3. ὁ δὲ τρισαλιτήριος ἐπηρώτησεν
[Aq. Dt. 18. 11 : Is. 7. 11 : Je. 37 (44). 17.]
[Th. Da. 2. 10.]
[Al. I Ki. 28. 16 : Je. 37 (44). 17.]

ἐπερώτημα. (1) שְׁאֵלָא
Si. 36 (33). 3. S ὁ νόμος αὐτῷ πιστὸς ὡς ἐπερώτημα δήλων [A B al.]
Da. TH. 4. 14. καὶ ῥῆμα [A λόγος] ἁγίων τὸ ἐ. (1)

ἐπερώτησις. (1) דָּבָר
Ge. 43. 7. ἀπηγγείλαμεν αὐτῷ κατὰ τὴν ἐ. αὐτοῦ (1)

ἕπεσθαι.
III Ma. 2. 26. καὶ αὐτοὺς ἕπεσθαι τῇ ἐκείνου θελήσει
5. 48. A ἑπομένης [R συνεπ.] ἐνόπλου δυνάμεως
[Sm. Ex. 4. 8.]

ἐπέτειος.
De. 15. 18. R ἐπέτειον [A B ἐφέτιον] μισθὸν τοῦ μισθωτοῦ †

ἐπευθυμεῖν.
Wi. 18. 6. ἵνα ἀσφαλῶς εἰδότες οἷς ἐπίστευσαν ὅρκοις ἐπευθυμήσωσι [S ἐπιθυμήσωσιν]

ἐπευκτός. (1) בָּרַךְ
Je. 20. 14. ἡ ἡμέρα . . . μὴ ἔστω ἐπευκτή (1)

ἐπευλαβεῖσθαι.
II Ma. 14. 18. R ἐπευλαβεῖτο [A ὑπ.] τὴν κρίσιν . . . ποιήσασθαι

ἐπευφημεῖν.
[Al. Ne. 12. 42.]

ἐπεύχεσθαι. (1) בָּרַךְ pi.
De. 10. 8 : I Ch. 23. 13. καὶ ἐπεύχεσθαι ἐπὶ τῷ ὀνόματι αὐτοῦ (1)

ἐπέχειν. (1) בִּין (2) בָּצַע (3) חָדַל (4) חול hi. (5) יָחַל ni. (6) לָאָה ni. (7) מָנַע ni. (8) עָצַר (9) קָוָה pi.
Ge. 8. 10. ἐπισχὼν ἔτι ἡμέρας ἑπτὰ ἑτέρας (4)
— 12. ἐπισχὼν ἔτι ἡμέρας ἑπτὰ ἑτέρας (5)
Jd. 20. 28. B ἢ ἐπίσχωμεν [R om. ἢ ἐ., A al.] (3)
III Ki. 22. 6. A R ἢ ἐπίσχω [B ἐπέχω] (3)
— 15. ἢ ἐπίσχω (3)
IV Ki. 4. 24. μὴ ἐπίσχῃς μοι τοῦ ἐπιβῆναι (8)
II Ch. 18. 5, 14. ἢ ἐπίσχω (3)
Jb. 18. 2. ἐπίσχες ἵνα καὶ αὐτοὶ λαλήσωμεν (1)
27. 8. τίς γάρ ἐστιν ἐλπὶς ἀσεβεῖ ὅτι ἐπέχει (2)
30. 26. ἐγὼ δὲ ἐπέχων ἀγαθοῖς [A S^2 al.] (9)
Si. 5. 1. μὴ ἔπεχε ἐπὶ τοῖς χρήμασί σου
— 8. μὴ ἔπεχε ἐπὶ χρήμασιν ἀδίκοις
13. 11. μὴ ἔπεχε ἰσηγορεῖσθαι μετ᾽ αὐτοῦ
— 14. ἐπ᾽ αὐτῆς [A S^2-ῇ] ἐφέξει
16. 3. μὴ ἔπεχε ἐπὶ τὸν τόπον [A S τὸ πλῆθος] αὐτῶν
31 (34). 2. οὕτως ὁ ἐπέχων ἐνυπνίοις
— 15. τίνι ἐπέχει
32 (35). 12. μὴ ἔπεχε θυσίᾳ ἀδίκῳ
37. 11. μὴ ἔπεχε ἐπὶ τούτοις περὶ πάσης συμβουλίας
Jl. 1. 13. S^1 ἐπέσχηκεν [A B S^2 ἀπ.] ἐξ οἴκου θεοῦ ὑμῶν θυσία (7)
Is. 41. 23. R τὰ ἐπεχόμενα [A B S ἐπερχ.] ἐπ᾽ ἐσχάτου †
Je. 6. 11. ἐπέσχον καὶ οὐ συνετέλεσα αὐτούς (6 ?)
II Ma. 5. 25. ἐπέσχεν ἕως τῆς ἁγίας ἡμέρας τοῦ σαββάτου
9. 25. τοῖς καιροῖς ἐπέχοντας
[Aq. Ge. 16. 2 : III Ki. 14. 10.]
[Al. Nu. 32. 13 : Hb. 3. 11.]

ἐπήκοος. (1) קַשָּׁב
II Ch. 6. 40. καὶ τὰ ὦτά σου ἐ. εἰς τὴν δέησιν (1)
7. 15. A R καὶ τὰ ὦτά μου ἐ. τῇ προσευχῇ [B τῆς πρ.] (1)

ἐπήλυτος. (I) שָׂרִיד
Jb. 20. 26. κακώσαι δὲ αὐτοῦ ἐπήλυτος τὸν οἶκον (1)

ἐπηρεαστής.
[Sm. Ps. 56 (57). 2.]

ἐπήρεια.
[Sm. Ps. 54 (55). 12 : 90 (91). 3 : 93 (94). ● 20 : 98 (99). 8.]

ἐπησμένος (?), *vid. sub* **ἐπαίρειν.**

ἐπηχεῖν (?). (1) מְלַל pa.
Da. LXX. 6. 21 (22). R Δ. ἐπήχουσε [*cod.* -κουσε] φωνῇ μεγάλῃ (1)

ἐπί. I. *c. gen.* * ὁ ἐπί †† ἐπὶ προσώπου
** ἐπ᾽ ἐσχάτου, ἐπ᾽ ἐσχάτων

Ge. 1. 11, 12, 14, 15, 17, 20, 22, 26, 28, 30 : 2. 5 : 3. 1, 14† : 4. 11†, 12, 14 : 6. 1, 4, 5, 6, 12, 17, 20 : 7. 6, 8, 10, 12, 14, 17†, 17, 18, 19, 21 *bis*, 22, 23††, 24 : 8. 17 *bis*, 19 : 9. 2, 7†, 16, 17 : 10. 8, 32 : 11. 4†† : 12. 10 *bis* : 16. 7† *bis* : 17. 13 : 18. 1 : 19. 11, 31 : 24. 13, 15, 30 *bis*, 43†, 45 : 26. 1, 22 : 28. 12†, 13 *ter* : 29. 2† : 30. 3 : 31. 46 : 32. 32 (33) : 34. 10, 21 : 35. 20, 20† : 38. 21†, 21 : 39. 4, 5 : 40. 16, 19 : 41. 1, 31, 33, 34, 41†, 43, 44†, 56†† : 43. 1, 16*, 19* : 44. 1 *bis*, 4* : 45. 6, 7 : 47. 26†, 27 *bis* : 48. 12, 16 : 49. 1, 8, 17 *bis*, 26†, 26 : 50. 23.

Ex. 2. 14, 15 : 4. 9 : 6. 4 : 8. 3 (7. 28), 21 (17) *bis*, 22 (18) *bis*, 22 (18)†, 23 (19), 32 (28) : 9. 5, 22*, 23, 24 : 10. 5, 6, 21† : 11. 5 : 12. 7, 8, 13, 22, 23 *bis*, 29, 34 : 13. 9, 16 : 14. 2, 7, 27 : 16. 3, 14 : 17. 6, 9, 12† : 18. 5†, 21, 25 : 19. 4, 16 : 20. 12, 24†, 26 : 21. 19 : 22. 8 (7), 11 (10)† : 23. 16†, 26 : 24. 17 : 25. 19 (20), 21 (22) : 26. 4 *bis*, 7, 10 *bis*, 23, 32, 33†, 35 *bis* : 27. 2, 21* : 28. 12 *bis*, 23 (29)†, 23 (29), 24 (29), 26 (30) *bis*, 29 (33)†, 30 (34)†, 33 (37) *bis*, 34 (38) *bis* : 29. 3†, 12, 13* *bis*, 22*†, 38 : 30. 6, 7, 8 *bis*, 9 *bis*, 10†, 10 : 31. 7* : 32. 26, 27† : 33. 9†, 10, 16, 21 : 34. 1, 2, 12, 15, 27, 28, 29 : 36. 25 (39. 17)†, 27 (39. 19), 29 (39. 21)*, 32 (39. 24), 34 (39. 26)†, 39 (39. 30) : 37. 13 (38. 15) : 38. 10 (37. 13)† *bis*, 16 (37. 19), 16 (37. 20), 16 (37. 21)†, 16 (37. 22), 17 (37. 23)†, 20 (36. 36) : 40. 19†, 23, 27, 38, 38†.

Le. 1. 5*, 8*†, 8, 12*†, 12*, 17* : 2. 13† : 3. 3*, 4* *ter*, 5*, 5, 10*†, 10* *ter*, 14†, 14*†, 15* *bis* : 4. 8*, 9*, 9*†, 9*, 12 *bis* : 5. 13† : 6. 9 (2) *ter*, 12 (5)† *bis*, 12 (5), 15 (8), 21 (14), 33 (7. 3)*, 34 (7. 4)* *ter*, 39 (7. 9) *bis* : 7. 2 (12), 10 (20)†, 20 (30)*, 21 (31) : 8. 11†, 15†, 16*, 16*†, 16*, 24 (25)* *bis*, 29 (30)* : 9. 10*†, 19, 19* *bis*, 24* : 10. 15 : 11. 2*, 21, 27, 29*, 31*, 41, 42, 42†, 42, 43, 44, 46 : 13. 37, 46*†, 54 *bis* : 14. 16, 18*, 28*, 29 : 15. 4† *bis*, 6, 23, 24†, 26†, 26 : 16. 2 *bis*, 4, 10, 13*, 18†, 19†, 21 : 17. 11 : 18. 3†, 25 : 19. 26, 28† : 20. 2*, 22 : 21. 9 : 22. 24 : 24. 4 : 25. 10, 13†, 18†, 19, 27*† : 26. 5.

Nu. 3. 10, 26, 32*† : 4. 7, 10, 25†, 26†, 49 *bis* : 5. 17 : 6. 7, 20 *bis* : 7. 2, 9, 89 : 9. 11, 15, 18, 19, 20, 22 : 10. 14, 15, 16, 18, 19, 20, 22, 23, 24, 25, 26, 27 : 11. 9, 10† : 12. 3, 5 : 13. 19 (18), 20 (19), 24 (23), 29 (28)†, 33 (32)†, 33 (32) : 14. 10, 14 *bis*, 30, 36† : 15. 5 *bis*, 9 : 17. 2 (17), 3 (18) : 19. 16††† : 20. 23, 24, 28 : 21. 8, 9, 17 : 22. 1, 5, 22, 30, 36 : 23. 3 *bis*, 6, 15, 17 : 24. 6†, 14 : 26. 3, 63 : 27. 2, 16 : 28. 10, 15, 24 : 30. 9†, 15*† : 31. 12 : 33. 44, 48 *bis*, 50, 50†, 55 *bis* : 34. 11 : 35. 1, 30†, 31†, 32, 33† *bis*, 33 *bis*, 34 *ter*, 34† : 36. 13 *bis*.

De. 1. 13†, 15, 33†, 40* : 2. 10, 20, 25††† : 3. 12†, 24 : 4. 10, 14, 17, 18, 25, 26, 30†, 32, 36, 39, 40, 48†, 48 : 5. 16, 33 (30) : 6. 8 : 7. 6††, 13 : 8. 9 *bis*, 10, 16† : 11. 4††, 9, 12, 18, 21 *bis*, 24*, 25†††, 25 *bis*, 30 : 12. 1†, 1, 2 *bis*, 10, 12*, 19 : 14. 2*††, 26, 26† : 15. 11* : 16. 3 *bis* : 17. 7†, 14†, 18, 20 : 19. 15 *bis* : 21. 22, 23 *bis* : 22. 6 *ter*, 12, 20 : 23. 13 (14), 20 (21) : 25. 15 : 26. 1† : 27. 3, 6†, 8, 13 : 28. 8, 11, 12, 56 : 29. 23 (22)† : 30. 18, 20 : 31. 13 : 32. 11, 20 (ἐπ᾽ ἐσχάτων†), (22), 24†, 47, 51 : 33. 8, 10†, 16, 17†, 28, 28† : 34. 1†††, 8.

Jo. 1. 15† : 2. 6, 7*, 11 : 3. 8 (ἐπὶ μέσου†), 12†, 17 : 4. 2†, 5, 18, 22 : 5. 3, 9†, 15† : 7. 5† : 8. 14 (ἐπ᾽ εὐθείας), 24†, 29 *bis* : 9. 2 (8. 32), 4, 5†, 24 : 10. 11, 18†, 26 *bis* : 11. 5 : 13. 9, 32† : 14. 9† : 15. 3†, 8, 8†, 10, 21 *bis* : 17. 8 : 18. 7†, 12†, 13, 16, 18† : 22. 10, 10†, 11 *bis*, 23, 33 : 23. 14* : 24. 13†, 15, 27.

Jd. 1. 16, 36† : 5. 10 *bis*, 19† : 6. 25†, 26† : 7. 12† : 9. 7†, 8, 9†, 10, 11†, 12, 13†, 14, 15†, 48† : 11. 23†, 29 : 16. 2†, 3†, 3*††, 4†, 26† *bis*, 27†, 29† : 18. 5† : 20. 40† : 21. 19†.

Ru. 1. 19† : 4. 5, 10.

I Ki. 1. 9 *bis* : 4. 12, 13 : 6. 15*, 15, 18† : 8. 7† : 9. 24*† : 10. 6†, 19 : 12. 12, 14 : 14. 2†, 34 : 15. 7†† : 17. 3 *bis*, 5, 6† : 19. 15, 16, 20 : 20. 25, 31 : 22. 2 : 23. 23 : 24. 4* : 26. 3*†††, 3 : 29. 2†.

II Ki. 1. 2, 10*, 18 : 2. 24†† : 3. 17†, 32 : 4. 7, 11, 12 : 5. 2† : 6. 2 *bis* : 7. 9* : 8. 7, 16 *bis* : 9. 7, 10, 11, 13 : 11. 2, 13 : 12. 16, 30 : 13. 5, 18, 19†, 19*, 22, 32 : 14. 7††, 14 : 15. 4†, 18†, 20 (ἐφ᾽ οὗ)†, 32 : 17. 11*, 25 : 18. 1, 9 : 19. 10 (11) : 20. 8, 23, 23†, 24 : 22. 11, 28 : 23. 2.

III Ki. 1. 13, 17, 20, 24, 30, 35, 48 : 2. 12, 19 : 3. 1, 1 (4. 20)*, 1† *bis*, 6 : 4. 3†, 5, 6 *bis*, 20* : 5. 14 (28), 16 (30) : 6. 32† : 7. 19, 20, 20†, 22†, 25, 29, 31†, 34, 35 *bis*, 38†, 41 *bis*, 43, 48, 3 : 8. 17, 20, 23, 25, 27, 40†††, 53 : 9. 23*†, 25†, 26 : 10. 9, 12†, 19†, 19, 20 : 12. 17†, 18*, 31 : 13. 20†, 32† : 14. 19† : 15. 7†, 23† : 16. 8†, 11, 20† : 17. 3*†††, 5†††, 7, 13*††, 14†††, 19 : 18. 23†, 26 : 20 (21). 4 : 21 (20). 20, 38 : 22. 10, 19, 35.

IV Ki. 1. 4, 6, 9, 16, 18† : 2. 7, 13 : 3. 4(?), 21, 27 : 4. 20 : 5. 9, 18 : 6. 26, 30 *bis* : 7. 17, 17† : 8. 20† : 9. 37†† : 10. 5*† *bis*, 22*†, 30, 33, 34† : 11. 3, 14, 19 : 12. 9 (10)†, 11 (12)*†, 19 (20)† : 13. 8†, 12†, 13†, 14††† : 14. 20 : 15. 6†, 11†, 12, 15†, 21†, 26†, 31†, 36† : 16. 4 : 18. 26*†, 27 : 19. 15 : 21. 25† : 23. 12*, 20, 21†, 24†, 35 : 25. 17, 17†, 19†, 22†.

I Ch. 1. 10 : 4. 41 : 5. 20 : 6. 65 (50)† : 7. 4† : 9. 19 *bis*, 20, 22†, 23, 26 *bis*, 27, 29, 32 : 12. 4, 8†, 8, 40 *bis* : 13. 6 : 15. 27 : 16. 40, 41 : 17. 8*, 21 : 18. 15, 17, 17† : 22. 8† : 23. 31 : 26. 20 *bis*, 22, 24, 26, 28, 30, 32 : 27. 2 *bis*, 4 *bis*, 4†, 5, 6†, 6, 7, 8, 9, 10, 11, 12, 13, 14, 15, 16, 25 *bis*, 26, 27 *bis*, 28 *ter*, 29 *bis*, 30 *bis*, 31 : 28. 1*, 5, 18 : 29. 11*, 15, 23, 25, 29 *bis*.

II Ch. 1. 1†, 6† : 2. 2 (1) : 3. 5, 7, 16 *bis* : 4. 4, 12 *bis*, 12†, 14†, 19 : 6. 6†, 13, 14, 16, 18, 28, 28†, 31††† : 7. 16 (ἐπ᾽ αἰῶνος)† : 9. 8†, 18, 19, 29 *bis* : 10. 17, 18* : 13. 11 : 16. 9†, 14 : 18. 9, 18, 34 : 20. 16, 24 : 22. 12 : 23. 13 *bis*, 20† : 24. 25 : 25. 26, 28 : 26. 7, 9, 15 *bis*, 21 : 27. 7† : 28. 4 *bis* : 29. 3, 10 : 31. 12, 14 : 32. 12†, 18*, 19†, 31, 32 : 33. 17, 19 *bis* : 34. 4*†, 12 *bis*, 13 *bis* : 35. 3, 15, 19, 25 : 36. 5†.

I Es. 1. 4, 15, 16, 25, 27 : 2. 16 : 5. 6, 44, 49†, 50, 50*, 58 : 6. 10†, 19, 27, 32† : 7. 9 *bis* : 9. 2†, 42.

II Es. 5. 14* : 6. 5, 7, 11, 18† : 7. 17 : 8. 17†.

Ne. 4. 3 (3. 35), 18†, 19 (13) : 8. 4, 16 : 9. 1†, 36† : 10. 1 (2) : 11. 9†, 14†, 16† : 12. 8, 23†, 37, 44.

To. 1. 5†, 17†, 22, 22† : 2. 1†, 6† : 4. 18† : 6. 1†, 8† *bis* : 8. 7 : 12. 20† : 14. 4† *bis*, 7†, 11†.

Ju. 1. 2† : 2. 24* : 5. 3 : 7. 3†, 3, 12, 18 : 8. 3†, 5, 5†, 7, 33 : 9. 14† : 10. 3, 6†, 21 : 11. 7†, 11††† : 12. 7†, 11†, 15† : 13. 11, 18* : 14. 1, 13, 15 : 15. 11† : 16. 21.

Es. 1. 1 *bis*, 6† : 3. 13 : 4. 17†, 17 : 5. 1, 1†, 14 : 7. 9, 10 : 8. 2, 7 : 9. 13†, 25†, 27† : 10. 1†.

Jb. 1. 3, 8*†, 10, 20† : 2. 3*, 8 : 5. 10†, 17† : 6. 5, 10 *bis*, 10† : 7. 1 : 8. 9, 12† : 9. 2, 8, 8† : 12. 18† : 14. 3†, 5 : 15. 27, 29† : 16. 16†, 17† : 17. 16 : 18. 10† : 19. 4 *bis*, 8†††, 25 : 20. 4, 11 : 21. 26, 26†, 31†††, 32† : 22. 8*, 24† : 23. 2†, 4† : 24. 13, 18†††, 18, 19 : 26. 7 : 27. 23† : 28. 8 : 29. 19 : 30. 8†, 12 : 31. 1†, 8, 12† : 33. 15 *bis*, 19, 24 : 36. 4, 21†, 28†, 32 : 37. 3, 6, 8, 12, 17, 21 : 38. 5, 6 *bis*, 12, 14, 26†, 32 : 39. 9†, 27 : 40. 11 (16)†, 11 (16) : 41. 16 (17), 24 (25) : 42. 17†.

● = correction on page xxvi

Ps. 9. 4, 39 (10. 18) : 17 (18). 10 *bis* : 22 (23). 2 : 23 (24). 2 *bis* : 28 (29). 3 *bis* : 35 (36). 4 : 36 (37). 11†, 29 : 40 (41). 3 : 45 (46). 8 : 46 (47). 8 : 48 (49). 11 : 62 (63). 6 : 67 (68). 4, 14 : 71 (72). 16 : 72 (73). 9, 25 : 73 (74). 13 : 79 (80). 2 : 80 (81). 7 : 90 (91). 12 : 98 (99). 1 : 103 (104). 3, 6 : 105 (106). 22, 32 : 109 (110). 6† : 113. 11 (115. 3)† : 128 (129). 3† : 131 (132). 3, 11†, 12† : 132 (133). 2† : 135 (136). 6† : 136 (137). 1, 4 : 139 (140). 10†, 11† : 140 (141). 7 : 148. 13 : 149. 5.

Pr. 1. 21 : 3. 16, 26 : 5. 11 : 6. 28 : 8. 2, 27 : 9. 14 : 10. 6†, 22† : 16. 27 : 19. 20† : 20. 8 : 21. 9†, 20 : 23. 1 : 24. 54 (30. 19), 59 (30. 24) : 25. 8†, 22†, 24 : 26. 14†, 14.

Ec. 3. 14 : 5. 1, 7† : 8. 14, 16 : 9. 8† : 10. 7†.

Ca. 5. 14.

Wi. 1. 14 : 3. 17** : 7. 12† : 9. 16*, 18*† : 11. 22† : 12. 27† : 14. 6 : 18. 16, 23, 24 *ter* : 19. 19†.

Si. *prol.* 20 : 1. 8, 13**† : 2. 3** : 3. 26**, 26**† : 5. 14 : 6. 28**, 30 : 9. 13 : 10. 4 : 11. 5 : 12. 12†, 12**†, 12 : 13. 7**† : 14. 7**, 10, 18, 23 : 15. 4† : 16. 24 : 17. 2*, 4 : 21. 10**†, 16, 19 : 22. 16, 17†, 18 *bis*, 27 : 23. 2 *bis* : 25. 7†, 21† : 26. 17, 18 : 27. 23 : 29. 5 : 30. 10**† : 31 (34). 26 : 32 (35). 13 : 34 (31). 12, 12†, 12*, 19, 22**† : 36 (33). 22 (19)*, 28 (25) : 37. 14 *bis*, 22†, 29 : 38. 8††, 28 : 39. 13, 31 : 40. 3, 5, 8, 15, 16 : 43. 7†, 18, 19, 20† : 49. 8, 11, 14 : 50. 8†, 9, 14, 15 : 51. 9†.

Ho. 2. 23 (25) : 3. 5 : 4. 1, 2 : 5. 8 : 10. 5†, 7††† : 14. 4†.

Am. 1. 11 : 3. 5†, 5 : 5. 2, 8††† : 6. 4 : 7. 7 : 8. 9 : 9. 1, 6, 6†††, 15.

Mi. 4. 1 : 7. 4.

Jl. 2. 9, 30 (3. 3).

Jn. 3. 6 : 4. 10†.

Na. 3. 10†.

Hb. 2. 1.

Ze. 2. 7†.

Hg. 1. 1 : 2. 1 (1. 15), 11 (10), 14 (13)†, 20 (19).

Za. 1. 1, 7 : 5. 3††† : 6. 13 : 7. 1 : 9. 16 : 14. 10.

Is. 2. 2 : 4. 2 : 5. 8 : 6. 1, 12, 13 : 7. 22 : 8. 6, 9 (ἐπ' ἐσχάτου τῆς γῆς)† : 9. 4 (3)* *bis*, 6 (5), 11 (10)† : 11. 8† : 13. 2, 4† : 14. 1, 2, 25† *bis*, 30 : 15. 2, 3, 5 : 16. 4†, 5 : 17. 6 *bis* : 19. 1 : 21. 1†, 8 : 22. 22† : 23. 9 : 24. 14, 17†, 20 : 26. 1, 9 *bis*, 10, 18 *bis*, 21, 21† : 28. 1, 4 : 30. 6, 8, 16†, 17 *bis*, 25 *bis*, 32† : 32. 11 : 33. 1† : 34. 17 : 35. 8, 10† : 37. 16, 18, 27, 32† : 38. 11, 11† : 41. 18, 23** : 42. 4, 5*, 10†, 11† : 44. 15, 16†, 16, 19 : 45. 12 : 46. 7 *bis* : 49. 16, 22 : 51. 11, 20 : 52. 7 : 54. 9* : 56. 7† : 59. 17 : 60. 4 : 62. 6, 7 : 65. 7 *bis*, 16 *bis* : 66. 10†, 12 *bis*, 19, 19†.

Je. 2. 37 : 3. 16 : 4. 5 : 5. 30 : 7. 11†, 29 : 8. 2††† : 9. 3 (2), 22 (21)††, 24 (23) : 13. 13†, 27 : 14. 2, 8, 13, 15 : 15. 9 (?)† : 16. 4†† : 17. 11**, 13†, 25 : 18. 3 : 19. 2, 8, 13 : 22. 2, 4 *bis*, 24, 30 : 23. 3†, 5, 20**†, 28 : 25. 5, 18 (49. 39)**† : 26 (46). 2† : 27 (50). 18†, 20 : 28 (51). 12, 25†, 27 : 29 (49). 19†, 20† : 31 (48). 19, 33†, 37, 38, 43† : 32 (25). 26*††, 29†, 29, 30† *bis*, 31†, 33†† : 34 (27). 11 : 35 (28). 8, 8† : 36 (29). 22† : 37 (30). 2, 6, 24**† : 38 (31). 7†, 8**†, 15†, 33† : 39 (32). 29 : 42 (35). 7 *ter*, 15 : 43 (36). 2†, 23* *bis*, 28, 29†, 30† : 48 (41). 3, 12 : 52. 7, 22, 23.

Ba. 1. 4, 11 : 2. 21† : 3. 16*, 20, 23*, 37 : 5. 5.

La. 1. 2, 7† : 2. 19 : 3. 41 : 4. 1, 5†, 19, 19†, 21.

Ep. Je. 11, 71, 72†.

Ez. 1. 1, 3, 15, 22, 26†, 26 : 3. 15, 23 : 4. 4 *bis*, 9, 15 : 7. 16 : 8. 10†, 16 : 9. 2, 3†, 3 *bis* : 10. 1†, 15, 19, 20, 22 : 11. 1, 10, 11†, 23 : 12. 6, 7, 12, 19, 22 : 15. 3† : 16. 25†, 31† : 18. 1†, 6, 11, 15 : 20. 40 *bis* : 21. 19 (24)†, 19 (24), 20 (25)†, 21 (26) : 22. 9 : 23. 6, 12, 14, 15, 23, 41 : 24. 23 : 26. 20 : 27. 3, 11 *bis*, 29† : 28. 18, 25, 26 : 29. 18† : 31. 5†, 12 : 32. 6, 23, 24, 26, 27, 32 : 33. 4†, 5†, 9†, 24, 27*†† : 34. 6†††, 14, 27, 29 : 35. 5**† : 36. 17, 28 : 37. 2††, 10, 25 *bis* : 38. 8**†, 8, 11, 14, 16, 19, 20, 20*†† : 39. 2**, 5††, 6, 14††, 20, 26 : 40. 2† *bis*, 3, 34, 38, 49 : 41. 25 : 43. 3, 12, 18 : 44. 11 : 46. 2 : 47. 7, 12 *bis*, 12†.

Da. LXX. Su. 34 : 1. 1 : 2. 5, 8, 9 *bis*, 10, 10*, 16, 27, 28, 36, 45, 48, 49 : 3. 1, 2, 3, 12, 21, (54), (55), (76), 30 (97) : 4. 1, 7 *bis*, 14*, 19††, 24, 26 *bis*, 28 *bis*, 34 : 5. 1 *bis*, 5 *bis* : 6. 1 (2), 2 (3), 3 (4) *bis*, 19 (20), 28 (29) : 7. 1, 2, 4, 5, 13, 20*, 23 : 8. 5††, 18, 19**, 23**, 25, 26 : 9. 1, 6, 18 *bis* : 10. 4, 10, 11, 14** : 11. 27, 34.

Da. TH. Su. 34† : 2. 8, 10, 28 *bis*, 29, 42†, 47, 48 : 3. 2*, 3*, (55), (54) : 4. 1†, 2, 7, 10 : 6. 1 (2), 3 (4), 7 (8), 27 (28) : 7. 1, 4, 17 : 8. 2, 3**†, 19**†, 23**†, 25† : 9. 1†, 18 *bis*, 27† : 10. 14 : 11. 5†, 7†, 37†, 38 : 12. 1† : Bel 21*†.

I Ma. 1. 55, 59 : 2. 23 : 3. 8†, 32 : 4. 50* : 5. 42, 46† : 6. 14, 28*, 35, 36†, 37†, 37, 37†, 37 : 7. 4, 37† : 8. 23 : 10. 37, 37*, 52, 53, 55, 69 : 11. 52, 57 : 12. 11, 45* : 13. 32, 37*, 42 : 14. 11, 13, 27, 28, 33*, 34* *bis*, 42 *quinquiens* : 15. 11*†, 29 : 16. 24†.

II Ma. 2. 29† : 3. 7* : 4. 12†, 29*, 33, 44, 47, 50† : 5. 9 : 6. 14 *bis*, 26 : 8. 19 *bis* : 9. 28 : 10. 11, 27, 29 : 11. 1, 25 : 12. 18, 20 : 13. 2, 3†, 3, 9, 23 : 14. 14*†, 45 : 15. 5, 22.

III Ma. 1. 1† : 2. 14, 27, 31 : 3. 4† : 4. 16 : 5. 27†, 40 : 6. 30* : 7. 1.

●IV Ma. 2. 9, 22† : 5. 1 : 6. 18† : 8. 7 : 11. 17 : 12. 5 : 13. 9 : 15. 11, 15, 19 : 17. 3†, 7†, 8 : 18. 4, 5.

[**Aq.** Ge. 1. 20, 26, 28 : 6. 7 (6) : Ex. 3. 5 : 14. 9 : 28. 29, 35, 37 : Le. 1. 12 : 7. 12 : 8. 9 : Dt. 4. 3 : 17. 6 : 21. 16†† : 28. 56 : Jo. 11. 13 : Jd. 9. 6 : II Ki. 20. 23 *bis* : III Ki. 4. 20* : 7. 20 (9) : 9. 23*, 25 : 12. 17 : 14. 19 : Jb. 1. 5 : 7. 1 : 21. 32 : 26. 7 : 30. 12 : 40. 11 (16) : 41. 26 : Ps. 4. 5 : 30 (31). 17 : 45 (46). 1 : 59 (60). 1 : 68 (69). 1 : 73 (74). 8, 13 : 90 (91). 12 : 103 (104). 5 : 105 (106). 7 : 118 (119). 49 : 132 (133). 2 : Pr. 9. 3 : Ec. 3. 14 : Is. 9. 6 (5) : 19. 1 : 22. 22 : 28. 6 : 37. 2* : 49. 16 : 57. 2 : 60. 4 : 65. 16 : 66. 12 : Je. 6. 16, 23 : 9. 10 (9) : 14. 6 : 17. 1 : 23. 8 : 25. 30 (32. 16) : 27 (34). 5†† : 30 (37). 18 : 48 (31). 11 : 52. 23 : Ez. 2. 10 : Da. 9. 27 : Hb. 3. 1 : Za. 9. 9.]

[**Sm.** Ge. 1. 20, 28, 29*††, 30 : Ex. 14. 9 : 28. 35 : Le. 1. 12 : 8. 9 : Nu. 4. 26* : 21. 8 : Dt. 4. 3 : 33. 8 : Jo. 11. 13 : II Ki. 7. 10 : 8. 16 : 20. 23 *bis* : 21. 6 : 23. 23 : III Ki. 4. 20* : Jb. 2. 8 : 32. 1 : 36. 20 : 40. 11 (16) : 41. 25 : 42. 8 : Ps. 39 (40). 6 : 44 (45). 4 : 62 (63). 7 : 65 (66). 4* : 80 (81). 8 : 90 (91). 12 : 103 (104). 5 : Pr. 3. 3 : 7. 22 : 29. 11** : Is. 5. 30 : 6. 1 : 9. 6 (5) : 16. 14 : 24. 21 : 28. 6 : 30. 8, 17, 25 : 32. 8 : 41. 1 : 42. 5 : 51. 20 : 52. 7 : 65. 16 : 66. 12 : Je. 17. 1, 7 : 18. 3 : 30 (37). 6 : 31 (38). 19 : 43 (50). 10 : 51 (28). 59 : 52. 22 : Ez. 9. 2 : 20. 17 : Da. 9. 27 : Am. 3. 15 : Mi. 7. 17 : Hb. 3. 1.]

[**Th.** Ge. 1. 2†† *bis*, 20, 28, 29*††, 30 : 15. 2* : Ex. 14. 9 : 28. 23 *bis*, 25, 26, 28, 35, 37 : Le. 1. 12 : 8. 9 : Dt. 4. 3 : Jd. 9. 11 : 16. 2 : II Ki. 14. 14 : 20. 23 : III Ki. 4. 4 : 7. 20 (9) : Jb. 15. 27 : 19. 25 : 21. 32 : 30. 12 : 36. 21, 32 : 37. 3 : 38. 32 : 40. 11 (16) : 41. 26 : Ps. 28 (29). 3 : 48 (49). 12 : 67 (68). 15 : Pr. 3. 3 : Ec. 3. 14 : Is. 22. 22 : 24. 20, 21 : 28. 6 : 30. 6 : 37. 2* : 59. 18 : 66. 12 : Je. 14. 4 : 17. 1 : 18. 3 : 25. 30 (32. 16) : 27 (34). 5†† : 29 (36). 16 : 31 (38). 33 : 33 (40). 17 : 48 (31). 47 : Ez. 20. 17 : 33. 25, 26 : Da. 2. 28 *bis*, 29 : 3. 2*, (54) : 4. 1†, 7 : 8. 2, 25 : 11. 5†.]

[**Al.** Ge. 30. 37* : Le. 7. 13 : 8. 16 : 14. 7††, 17 : 19. 26 : 24. 12 : Dt. 22. 24 : Jo. 7. 5 : 11. 13 : II Ki. 2. 23 : 8. 18 : I Ch. 15. 20 : Is. 13. 2 : Da. 9. 27.]

[**Heb.** IV Ki. 10. 5 : Jb. 2. 13 : 24. 5 : Ez. 9. 2.]

[**Quint.** Ps. 105 (106). 7 : Hb. 3. 1.]

[**Sext.** Ps. 103 (104). 5.]

II. *c. dat.* * ὁ ἐπί ** ἐπ' ἐσχάτῳ, ἐπ' ἐσχάτοις

Ge. 3. 14 : 4. 4 *bis*, 5 *bis*, 17 : 8. 9† : 9. 2 : 12. 8 : 19. 21 : 21. 33 : 22. 19† : 27. 40 : 28. 12† : 29. 2 : 30. 27†, 30, 37 : 31. 50†, 52 : 32. 11 (12) : 38. 30, 30† : 39. 5† : 40. 2 *ter* : 41. 40 *bis*, 41†, 44† : 43. 30 : 45. 14 *bis*, 15 : 48. 6, 6† : 49. 6, 26†, 26 : 50. 11†.

Ex. 5. 23 : 7. 23 : 8. 22 (18)† : 16. 7, 20 : 18. 9 : 20. 7 (ἐπὶ ματαίῳ) *bis* : 22. 3 (2) : 23. 2†, 16†, 18, 21 : 28. 7, 8, 9†, 11†, 39 (43)† : 29. 3, 36 : 32. 12 : 33. 19† : 34. 1†, 25.

Le. 5. 11† : 7. 3 (13)† *bis*, 10 (20)† : 10. 7 : 12. 6 *bis* : 14. 5, 6, 50, 51 : 15. 4† *bis*, 23, 24 *bis*, 24† : 16. 22 : 18. 3†, 18 *bis* : 19. 12 (ἐπ' ἀδίκῳ), 16†, 28† : 21. 2, 2† *ter*, 2, 3†, 3, 5, 11 *ter*, 12 : 22. 3, 5 : 25. 36, 37, 37† : 26. 18, 23, 27, 32.

Nu. 4. 14†, 25† : 5. 2 : 6. 6, 7, 7†, 7 *quater*, 9, 17 : 9. 6, 7, 10 : 10. 10 *bis*, 34 : 11. 13†, 17*, 25* : 12. 9 : 13. 24 (23) : 14. 11†, 29 : 17. 5 (20) : 19. 15† : 23. 6 : 24. 2†, 6† : 25. 2† : 27. 14, 21 *bis* : 30. 7, 15† : 31. 14.

De. 2. 15 : 3. 14, 27† : 4. 30**† : 5. 11 (ἐπὶ ματαίῳ) *bis* : 6. 13† : 7. 16 : 8. 3 *bis*, 16**† : 9. 8, 10, 15, 19 : 10. 3, 8, 20† : 11. 17 : 12. 7 : 13. 8 (9) *bis*, 9 (10)†, 9 (10)** : 14. 1, 26† *ter* : 17. 6 *ter*, 7, 7**†, 12 : 18. 5, 19, 20, 20†, 22† : 19. 13, 21 : 21. 5 *bis* : 22. 5, 6 : 24. 15 : 25. 12 : 26. 11† : 28. 11†, 11 *bis*, 52 *bis*, 63 *bis* : 30. 9†, 9 : 32. 11, 16, 21 (ἐπ' οὐ θεῷ), 21 (ἐπ' οὐκ ἔθνει), 21, 36, 38 *bis* : 33. 12, 16†, 28†.

Jo. 5. 15 : 9. 18 : 17. 9† : 19. 47† : 24. 13†.

Jd. 5. 10†, 17†, 19† : 6. 28*, 30* : 7. 21† : 8. 26* : 9. 7†, 19† : 15. 14*† : 16. 3†, 26†, 29† : 18. 7†, 10†, 27† : 20. 36† : 21. 15†.

Ru. 1. 19† : 3. 3†.

I Ki. 9. 25, 26 : 14. 9† : 16. 16† : 18. 17† : 19. 23 : 21. 13 (14) : 22. 17† : 24. 13† : 25. 5 : 29. 2**†, 4 : 30. 12†.

II Ki. 1. 26 : 3. 21 : 5. 2† : 6. 7† : 14. 2 : 16. 1 : 17. 19 : 18. 10†, 18† : 19. 2 (3), 38 (39) : 20. 8 : 22. 3, 11, 31† : 24. 16†, 25**.

III Ki. 3. 2†, 26 : 7. 38†, 42 : 8. 66 : 11. 30*, 23† : 13. 3*† : 15. 7†, 23† : 16. 5†, 17, 23†, 24 : 17. 13*† : 18. 21 : 20 (21). 4†, 8.

IV Ki. 1. 18† : 6. 31 : 7. 17† : 8. 23† : 10. 34† : 12. 19 (20)† : 13. 8†, 12†, 19 : 14. 15†, 18, 28 : 15. 5, 6†, 11†, 15†, 21†, 26†, 31†, 36† : 16. 15†, 19 : 17. 10, 40† : 19. 10, 10†, 21† : 20. 13, 20 : 21. 17, 25† : 23. 21†, 24†, 28 : 24. 5 : 25. 17†, 17, 22†.

I Ch. 9. 33 : 11. 6†, 42 : 12. 21† : 13. 2 : 16. 40† : 21. 4†, 15, 22 : 22. 7 : 23. 13, 28†, 31 : 28. 3, 4 : 29. 30.

II Ch. 1. 6† : 7. 10 : 13. 22 : 14. 11 (10) *bis* : 16. 9, 10 : 17. 10 : 20. 9, 12 : 25. 16 : 27. 7† : 28. 11, 13, 26 : 29. 10 : 32. 8, 10†, 12† : 33. 18, 19 : 34. 16†, 31 : 35. 27 : 36. 8†.

I Es. 1. 52 : 3. 6 : 4. 63 : 5. 38, 62 : 6. 1, 32† : 8. 6†, 61*, 72†, 72, 90.

II Es. 2. 61† : 3. 11 : 6. 18† : 8. 31 : 9. 4, 15† : 10. 2, 6, 16†.

Ne. 1. 6† : 2. 12 : 4. 1, 5† : 6. 1†, 7† : 7. 63† : 9. 3, 4, 5, 33 : 11. 21†, 23† : 12. 23† : 13. 11, 29.

To. 2. 12†, 14 : 4. 4 : 6. 14 : 13. 5†, 13†, 14, 14†, 14, 14†.

Ju. 1. 3 : 2. 6†, 21*† : 7. 10 *bis*, 13† : 8. 5†, 9†, 24 : 9. 3†, 7, 10 *bis* : 10. 5†, 6†, 7, 19†, 23 : 11. 16, 20 : 14. 18 : 15. 2†, 10† : 16. 15†.

Es. 1. 6 *ter* : 4. 16, 17†, 17 : 6. 4 : 8. 13 : 9. 27 *ter*, 27†.

Jb. 3. 14 : 5. 4 : 6. 13, 20, 27†, 27 : 7. 20 : 8. 17† : 14. 22† : 16. 10† *bis*, 11†, 12†, 15, 16†, 17†, 19 : 17. 5†, 8† *bis* : 18. 6†, 20 : 19. 5, 12†, 29† : 20. 26 : 21. 5†, 9†, 32† : 22. 24†, 28† : 23. 2†, 8**, 14, 15 : 29. 9, 19†, 21, 22 : 30. 4, 25 : 31. 9, 25, 27 *bis*, 29†, 36, 38 : 33. 7, 9† : 34. 37†, 37 : 36. 18†, 28†, 28 : 37. 22 : 39. 9†, 11, 23, 27, 28, 34 (40. 4), 35 (40. 5) : 40. 11 (16)†, 27 (32)† : 41. 1 : 42. 11, 11†, 17.

Ps. 1. 1† : 2. 12 : 4. 4, 8 : 5. 11† *bis* : 7. 1, 8 : 9. 10†, 14†, 24 (10. 3)† : 10 (11). 1 : 12 (13). 5, 5† : 14 (15). 5 *bis* : 15 (16). 1, 9 : 19 (20). 5† : 20 (21). 1 : 21 (22). 4, 5 : 23 (24). 4 (ἐπὶ ματαίῳ), 4 : 24 (25). 2 : 25 (26). 1 : 27 (28). 1† *bis*, 7 : 29 (30). 1† : 30 (31). 1, 6, 7, 14†, 19† : 32 (33). 22† : 34 (35). 9†, 9, 20†, 27† : 36 (37). 3, 11 : 37 (38). 15 : 39 (40). 16 : 43 (44). 6 : 48 (49). 6 *bis* : 49 (50). 5, 8 : 51 (52). 7†, 7 : 54 (55). 23† : 55 (56). 2†, 4†, 10 *bis*, 11 : 56 (57). 1 : 61 (62). 7 *bis* : 62 (63). 11 : 63 (64). 10† : 65 (66). 6 : 68 (69). 6† *bis* : 69 (70). 4 : 70 (71). 1 : 72 (73). 3 : 77 (78). 53†, 58† : 83 (84). 10† : 84 (85). 6 : 89 (90). 13 : 93 (94). 20† : 96 (97). 7†, 12† : 101 (102). 7 : 103 (104). 22†, 31, 34 : 105 (106). 29† : 112 (113). 9† : 113. 9 (115. 1), 16 (115. 8) : 117 (118). 9† : 118 (119). 14, 42†, 43† : 121 (122). 1 : 128 (129). 3† : 134 (135). 14, 18† : 136 (137). 2 : 137 (138). 2 : 138 (139). 21† : 140 (141). 8† : 142 (143). 8 : 143 (144). 2 : 149. 2 *bis* : 150. 2.

Pr. 1. 21 *bis*, 33† : 2. 14 *bis* : 3. 3, 5 *bis*, 29 : 6. 21, 21† : 8. 34 : 9. 12, 14 : 11. 11†, 28 : 16. 10, 17†, 20, 23, 27 : 17. 21 : 19. 12, 20† : 21. 4†, 22 :

● = correction on page xxvi

22. 16, 18: 23. 24, 25: 24. 19: 25. 8**†, 11†, 14: 26. 14†: 29. 21, 25†, 25: 31. 11†.
Ec. 1. 16: 2. 3†, 20†: 3. 14†, 17: 4. 16†: 5. 1, 1†, 5, 7, 7†, 8: 8. 12†: 11. 9: 12. 6†.
Ca. 1. 7†, 8, 9†: 7. 8 (9)†, 13 (14).
Wi. 1. 13: 2. 23: 3. 9: 4. 15: 5. 2: 6. 2†, 21: 7. 12†: 10. 5: 11. 14: 12. 3, 11, 17, 19, 27 *bis*: 13. 6†: 16. 24†: 17. 3, 7†: 18. 13: 19. 11 (ἐφ' ὑστέρῳ), 17.
Si. *prol.* 14: 1. 13**†: 2. 5†: 3. 2 *bis*, 5†, 15†, 27†: 4. 26: 5. 1, 5, 8, 12, 14: 6. 21: 7. 12, 12†, 33: 8. 7: 10. 6: 11. 13: 12. 12**†: 13. 7**†, 7: 14. 10: 15. 4†: 16. 1, 2, 9†, 20: 18. 11, 32: 21. 10**†, 21: 22. 1, 3, 8, 11 *ter*, 17†, 23†, 27†: 23. 2, 11: 25. 7 *bis*: 26. 5, 6, 10, 15, 17, 18, 28 *bis*: 28. 23†: 29. 8, 8†, 23, 25 (πρὸς ἐπὶ τούτοις): 30. 1**†, 2 *bis*, 3, 7, 10**†, 18 *bis*: 30. 38 (33. 29)†: 31 (34). 7†: 32 (35). 15†, 15, 18: 33 (30). 13: 34 (31). 12†, 15, 20, 22†, 23, 24: 35 (32). 5, 6, 13: 36. 17 (33. 14), 20 (17)**†: 37. 8, 11, 15, 22†: 38. 16: 39. 15: 40. 1† *bis*: 41. 16, 19†: 42. 6, 11: 43. 7†: 46. 1, 12: 47. 13, 20: 50. 8†, 21.
Ho. 2. 18 (20): 3. 3 *bis*, 5 *bis*: 4. 2: 7. 14: 10. 14.
Am. 1. 3 *bis*, 6 *bis*, 9 *bis*, 11 *bis*, 13 *bis*: 2. 1 *bis*, 4 *bis*, 6 *bis*: 6. 4, 6, 14 (13): 7. 2, 6: 8. 8.
Mi. 2. 6: 6. 13†: 7. 5, 7, 17.
Jl. 1. 17: 2. 9†, 13, 23: 3 (4). 4.
Jn. 3. 10†: 4. 2, 6, 9.
Hb. 3. 17, 18†, 18.
Ze. 3. 1 (2. 15), 2, 17†.
Hg. 2. 14 (13).
Za. 1. 16†: 5. 4: 9. 5†: 10. 7: 11. 5: 12. 10†, 10: 13. 3†: 14. 18†.
Ma. 1. 10†, 11†, 14: 3. 5.
Is. 1. 29†, 29: 8. 14, 17: 9. 9 (8)†, 12 (11), 17 (16), 21 (20): 10. 4: 11. 10: 12. 2†: 13. 18: 14. 8, 16: 15. 2†: 16. 9 *bis*, 12: 17. 7, 8†, 8 *bis*: 20. 5 *bis*: 21. 2: 22. 6†, 22†: 25. 9 *bis*: 26. 3, 8 *bis*, 17: 28. 6, 10†, 13†, 16†: 29. 20, 21†: 30. 1†, 12 *bis*, 15, 16†, 16, 18†, 28, 32†: 31. 1 *ter*, 4, 4†: 32. 2: 33. 1†, 2: 34. 11†: 36. 5†, 6, 9†, 11**†, 12: 37. 10 *bis*, 22: 39. 2: 40. 26: 42. 4, 17: 44. 5 *bis*: 47. 6, 14: 48. 1†, 2, 9†: 50. 10 *bis*: 52. 15: 54. 9: 57. 4†, 6, 19†: 58. 13: 59. 4, 21: 61. 6†, 10: 62. 5†, 5, 8: 64. 12 (11): 65. 3†, 19, 25: 66. 10†.
Je. 2. 12, 19†, 34†: 3. 2, 10: 4. 3†, 8, 28, 31: 5. 2†, 9, 17, 17†, 29: 6. 16, 23: 7. 4 *bis*, 8, 9 (ἐπ' ἀδίκῳ), 10, 11†, 14 *ter*: 8. 21: 9. 4 (3), 6 (5) *bis*, 9 (8): 10. 14, 19: 11. 21: 12. 5: 13. 25: 14. 14, 15†: 15. 5 *bis*, 16: 16. 7 *bis*, 7†: 17. 7, 8†: 18. 7†, 23†: 20. 9, 10†: 21. 7†: 22. 7†: 23. 13†, 25: 26 (46). 2†, 10, 21†, 25: 27 (50). 3†, 14, 38†, 42†: 28 (51). 13 *bis*, 27†: 29 (49). 20†: 30 (49). 4†: 31 (48). 11, 13, 32, 33, 38, 43†: 32 (25). 29†, 30†: 33 (26). 9†, 16, 19†, 20†: 34 (27). 14†, 14 (ἐπ' ἀδίκῳ) *bis*, 21†: 35 (28). 15 (ἐπ' ἀδίκῳ): 36 (29). 9, 31 (ἐπ' ἀδίκῳ†): 37 (30). 24**†: 38 (31). 15†, 19†, 20: 39 (32). 34: 41 (34). 15: 43 (36). 2†, 29†, 32: 45 (38). 4†: 46 (39). 18: 47 (40). 4†: 49 (42). 10†: 50 (43). 9†: 51 (44). 7†, 26, 32 (45. 2): 52. 22.
Ba. 2. 9, 12, 26: 4. 5, 22, 22†, 33 *ter*.
La. 1. 7†, 15: 3. 28, 53: 4. 14†.
Ep. Je. 4, 5, 13, 18, 26, 59.
Ez. 1. 5, 16†, 26†: 6. 11: 9. 4: 10. 1†: 11. 22†: 16. 5 *bis*, 14†, 15†, 15, 30†, 43: 17. 5, 8: 18. 8: 21. 7 (12), 12 (17)†, 31 (36)†: 22. 9†, 13 *bis*: 23. 11†: 27. 35†: 28. 17: 31. 15: 32. 31†: 33. 10†, 13, 25†, 26†: 34. 6†, 21†: 35. 5**†: 36. 31†: 37. 8†, 20†, 20: 40. 2†: 44. 18, 18†, 25, 25†, 25 *quater*: 46. 14: 48. 15 *bis*, 31.
Da. LXX. Su. 35 *bis*, 60: 2. 47 (ἐπ' ἀληθεῖ): 3. 16, (27), (40): 4. 15, 19, 23, 25, 32, 34: 8. 12, 27: 9. 6, 18: 10. 16.
Da. TH. Su. 35: 3. (27), (40), 28 (95): 4. 26: 5. 9†, 16†: 6. 3 (4)†, 14 (15), 23 (24): 7. 28†: 8. 3**†, 19**†, 23**†, 25†: 9. 18, 27†: 10. 11: 11. 27: Bel 21.
I Ma. 4. 31: 5. 9: 6. 31†, 35†, 37†, 61: 7. 37†: 8. 14†, 22: 10. 42, 71, 77†: 11. 44, 66†: 12. 12, 27: 13. 29: 14. 21, 43: 16. 24†.
II Ma. 2. 8, 18, 29†: 3. 39: 4. 34, 35, 50†: 5. 4, 5: 7. 6 *bis*, 25, 39, 40: 8. 11†, 18, 21, 35: 10. 17: 11. 1, 14, 15: 13. 3†, 19, 23.
III Ma. 1. 8, 21: 2. 6, 7: 3. 4†, 28: 4. 3, 4: 5. 27, 30: 6. 11, 13†, 31, 33, 34: 7. 6, 9†, 22.
IV Ma. 1. 11: 3. 12: 4. 20, 21: 5. 10, 13, 18, 20†: 6. 11†, 18†, 20: 8. 4, 9, 17, 24: 9. 4: 10. 2: 12. 9: 14. 12: 15. 16, 20 *ter*, 20†: 16. 5, 8: 17. 23.

[**Aq.** LE. 21. 12: II KI. 6. 7: JB. 2. 3: 6. 3: 14. 22: 21. 5: 23. 15: 31. 21: 42. 6: PS. 7. 8, 9: 9. 24 (10. 3): 24 (25). 8: 29 (30). 2: 30 (31). 7: 31 (32). 5: 40 (41). 12: 44 (45). 1, 9: 52 (53). 1: 61 (62). 8: 87 (88). 1: 91 (92). 4 *ter*: 134 (135). 18: PR. 9. 18: 17. 10, 26: 19. 11: 25. 11: 26. 11: IS. 26. 3, 4: 32. 12 *bis*: 38. 16: 53. 1: 54. 9: 57. 6: 59. 4, 18: JE. 6. 14: 7. 29: 9. 4 (3): 13. 16: 31 (38). 15: 33 (40). 9 *bis*: 48 (31). 13: 50 (27). 13: 52. 22: EZ. 9. 6: 17. 10: 28. 26.]
[**Sm.** LE. 21. 12: I KI. 23. 23 (ἐπὶ βεβαίῳ): II KI. 5. 6: III KI. 18. 21: JB. 8. 17: 16. 4: 21. 5: 34. 11, 23: PS. 4. 5: 7. 9*: 29 (30). 2: 33 (34). 23: 68 (69). 7: 98 (99). 8: 140 (141). 3: PR. 9. 18: 25. 20: EC. 5. 8: IS. 30. 8: 38. 15: 49. 13: 57. 6: 64. 12 (11): 66. 20: JE. 9. 4 (3): 15. 4: 25. 30 (32. 16): 31 (38). 12 *bis*, 15: 36 (43). 31: 48 (31). 11, 13: 50 (27). 13: EZ. 28. 26: HO. 8. 1.]
[**Th.** GE. 4. 7: EX. 28. 24: 37. 5 (38. 4): LE. 21. 12: I KI. 18. 21: JB. 14. 22: 19. 12: 20. 25: 21. 5: 22. 24: 23. 15: 31. 21: 37. 22: 39. 28: PS. 33 (34). 23: 61 (62). 11: PR. 9. 18: 25. 11: 26. 11: 31. 26: IS. 53. 1: 57. 6: JE. 8. 11: 16. 7: 29 (36). 21 (ἐπ' ἀδίκῳ): 31 (38). 15: 44 (51). 11: 48 (31). 13: EZ. 23. 30: DA. 3. 28 (95): 7. 28†: 10. 11.]
[**Al.** LE. 5. 5, 13; 7. 16: 26. 40: 27. 13: NU. 35. 30: DT. 7. 25: JB. 18. 15: PS. 44 (45). 3, 18: EC. 5. 1: IS. 1. 29 *bis*: DA. 9. 27: HB. 3. 13, 14, 17.]
[**Quint.** PS. 1. 1: 25 (26). 1: 30 (31). 25: 34 (35). 20: 134 (135). 18.]
[**Sext.** PS. 1. 1.]
[**Heb.** EZ. 13. 18: 44. 25.]

III. *c. acc.* †† ἐπὶ πρόσωπον.
* ἐπὶ τὸ αὐτό. ** ὁ ἐπί.

Ge. 2. 5, 21: 4. 8: 6. 5, 17: 7. 3, 4: 8. 1, 3, 9†, 20, 21: 9. 2 *bis*, 2†, 14, 19, 23: 11. 8††, 9††: 12. 6: 14. 3, 7, 15†: 15. 11, 11†: 16. 12 *bis*: 17. 3††, 17††: 18. 2, 6, 16††, 19, 19†: 19. 1, 19, 23, 24, 28†† *bis*: 20. 9 *bis*, 13†: 21. 14: 22. 2, 3, 9 *bis*, 12, 19, 19†: 24. 16, 18, 20, 22, 29, 30†, 42, 42†, 43†, 45, 46†, 47†, 52, 61: 26. 10, 23: 27. 12, 13, 16 *bis*: 28. 14, 14† *bis*, 14, 18: 29. 2*†, 3: 31. 10, 12, 17: 33. 1 *bis*, 3, 4, 12 (ἐπ' εὐθεῖαν), 13: 34. 27, 30: 35. 5, 14 *bis*: 37. 8, 10, 27, 29, 34: 38. 9, 12, 28, 30†: 39. 5, 7: 40. 13, 21: 41. 3, 13, 17†, 42, 43: 42. 6††, 6, 21, 26, 36: 43. 26††, 26: 44. 11, 12, 13, 14: 45. 14: 46. 1, 4, 5, 29: 47. 26†, 29, 31: 48. 2, 12††, 14 *bis*, 17 *bis*, 18: 49. 4, 26†, 33: 50. 1†††, 1†, 10†.
Ex. 1. 8: 2. 5, 5†: 3. 22 *bis*: 4. 3 *bis*, 9, 14, 20: 5. 14: 7. 4, 5, 9, 15 *bis*, 17, 19 *quinquiens*: 8. 3 (7. 28)†, 4 (7. 29) *ter*, 5 (1) *ter*, 6 (2), 7 (3), 20 (16), 21 (17) *quater*: 9. 9 *ter*, 19, 22 *ter*, 23, 33: 10. 1, 4, 12 *bis*, 13, 14 *bis*, 21†, 22: 11. 1 *bis*: 12. 7: 14. 5, 16, 21, 24†, 26 *bis*, 26†, 27: 15. 16, 18, 19, 24†, 26, 27†: 16. 2, 14††: 17. 3†, 10, 12† *bis*, 16: 18. 22, 26†: 19. 11, 13, 18, 20 *ter*: 20. 5, 24†, 25, 26: 21. 6†, 6, 18: 22. 13 (12): 23. 29: 24. 13†, 16: 25. 11 (12) *ter*, 18 (19), 20 (21), 25 (26), 29 (30): 26. 9*, 9*†, 13, 33†: 27. 4†, 18 *bis*: 28. 10 *bis*, 14, 22, 23 (29)†, 24 (29), 25 (29), 26 (30), 29 (33)†: 29. 3†, 4, 6 *bis*, 7, 10 *bis*, 13, 15, 17†, 18, 19, 20 *sexiens*, 21, 21†, 21 *bis*, 24 *bis*, 25, 38, 42: 30. 32: 32. 1, 20†, 21, 27, 27†, 29, 34: 33. 5, 9†, 22: 34. 2†, 7 *ter*, 8, 33, 35: 36. 14 (39. 7), 22 (39. 15), 24 (39. 17), 25 (39. 17), 26 (39. 18) *bis*, 27 (39. 19) *bis*, 28 (39. 20), 33 (39. 25), 34 (39. 26)†, 40 (39. 31) *bis*: 37. 4 (36. 36), 7 (38. 9), 9 (38. 11)† *bis*: 38 (37). 3†, 3 *bis*: 38. 7 (37. 8) *bis*, 8 (37. 9)†, 10 (37. 13)† *bis*: 40. 5, 12, 19, 19†, 22†, 35, 38†.
Le. 1. 4, 5, 7 *bis*, 8† *bis*, 9, 11 *bis*, 12, 13, 15†, 15, 17 *bis*: 2. 1 *bis*, 2, 6, 9, 12, 15 *bis*: 3. 2 *bis*, 5 *bis*, 5**†, 8 *bis*, 11, 13 *bis*, 16: 4. 4, 5†, 7, 10, 15, 18, 19, 24, 25, 26, 29, 30, 31, 33, 34, 35 *bis*: 5. 9 *bis*, 11, 11†, 12, 16: 6. 4 (5. 24), 12 (5), 12 (5)†, 12 (5), 13 (6), 15 (8), 27 (20) *bis*, 32 (7. 2), 35 (7. 5): 7. 3 (13)†: 8. 3, 4, 7†, 8 *bis*, 9 *bis*, 11, 12, 14, 15 *bis*, 16, 18, 18 (19), 20 (21), 21 (22), 22 (23) *ter*, 23 (24) *quater*, 25 (26), 26 (27) *bis*, 27 (28) *bis*, 29 (30), 35: 9. 9 *bis*, 10, 12, 13, 14 *bis*, 17, 20 *bis*, 22, 24††: 10. 1 *bis*, 6, 16: 11. 20, 21, 27, 32, 32†, 34, 35, 37, 38 *bis*, 42†: 12. 6: 13. 46†: 14. 7, 11, 14 *ter*, 15, 17 *quater*, 18, 20, 23, 25 *ter*, 26, 28 *quater*, 29, 38, 51: 15. 4†, 4 *bis*, 6, 8, 9†, 9 *bis*, 14, 17 *bis*, 20†, 20 *ter*, 22, 26†, 26 *bis*, 29: 16. 8, 9 *bis*, 10 *bis*, 13, 14, 15, 18 *bis*, 19†, 21 *bis*, 25: 17. 4 *bis*, 5, 6, 7†, 9, 10: 19. 16†: 20. 3, 5, 6: 21. 5, 10: 22. 13, 14, 16, 22†: 24. 6, 7, 14: 26. 9, 16, 17, 22, 25, 30: 27. 15, 18.
Nu. 1. 50 *ter*: 4. 6 *bis*, 7 *bis*, 8, 11, 12, 13 *bis*, 14, 14†, 14 *bis*, 25: 5. 7, 15 *bis*, 18, 25†, 26, 30†: 6. 5, 10, 18, 18†, 19, 25, 26, 27: 8. 7, 10, 12: 10. 3: 11. 9, 11, 13†, 17, 25 *bis*, 26, 29, 31: 12. 10†: 14. 2, 5††, 18, 30, 35, 40†, 44: 15. 38 *bis*: 16. 3†, 3, 4††, 7†, 7, 17†, 18† *bis*, 19†, 22††, 22, 41 (17. 6), 42 (17. 7) *bis*, 45 (17. 10)††, 46 (17. 11) *bis*, 50 (17. 15): 19. 2, 13, 16†††, 17, 18 *quater*, 19, 20: 20. 2, 6, 6††: 21. 4, 9, 30: 22. 41: 23. 2, 4, 14 *bis*, 28, 30: 24. 10: 26. 9: 27. 18, 20, 23: 29. 14, 15: 31. 3, 7: 32. 13, 14 *bis*: 33. 7, 10, 24†, 47, 55: 34. 11, 12: 35. 20, 22, 23, 30†: 36. 4, 7, 9, 12.
De. 1. 2, 13†, 17, 36: 2. 3†, 25†††: 3. 21, 27†: 4. 13, 30†, 32, 48†: 5. 9 *bis*, 22 (19): 6. 9: 7. 15 *bis*, 22: 9. 20, 27, 27†, 27: 10. 2, 4: 11. 20, 25††, 29 *bis*: 12. 15*, 16, 18, 24, 27†, 32: 13. 9 (10)†: 15. 17†, 23: 16. 9: 17. 5†, 14†, 14, 15 *ter*: 19. 11: 20. 1, 3, 19, 20: 21. 2†, 6, 10, 19 *bis*: 22. 10*, 11*†, 15, 19, 20, 24, 26: 23. 4 (5), 9 (10), 25 (26)†: 25. 5*, 7 *bis*, 11*: 26. 1†: 27. 5, 6†: 28. 1†, 2, 8, 8†, 15, 20 *bis*, 24†, 25†, 35 *bis*, 36, 36†, 43†, 45, 48†, 48, 49, 60†, 61: 29. 22 (21), 23 (22)†, 27 (26) *bis*: 30. 1, 2, 7 *bis*, 8†, 9†, 10: 31. 15†, 18, 20: 32. 2 *bis*, 13, 24†, 46: 33. 10†, 13†, 16, 26, 29: 34. 1 *bis*, 1†††, 9.
Jo. 1. 3: 2. 6, 7, 8, 9†: 3. 15: 5. 14††, 14: 6. 13 (14): 7. 6, 6††, 6, 10†††: 8. 10, 18, 19, 19†: 9. 2*, 2 (8. 31): 10. 6, 9, 18, 18†, 24 *bis*, 27: 11. 5*, 7 *bis*, 7†: 14. 9†: 15. 2, 3, 4 *bis*, 5†, 6 *ter*, 7, 7†, 7, 8, 8†, 9, 10†, 10 *ter*, 11 *quater*, 15: 16. 2, 3, 3†, 3, 6, 6†, 7†, 7, 8 *ter*: 17. 7 *ter*, 9 *bis*, 9†, 10 *ter*: 18. 7†, 12, 12†, 13, 14, 14††, 15, 16† *bis*, 16, 17, 18 *bis*, 18† *bis*, 19, 19†: 19. 11, 12 *ter*, 13 *quater*, 14 *ter*, 22 *bis*, 29, 34, 47†: 20. 4†: 22. 18, 19†, 20, 23: 23. 4, 15† *bis*, 15: 24. 7, 7†, 13† *bis*.
Jd. 1. 35: 2. 1 *ter*, 15†: 3. 10, 10† *bis*, 12, 16, 19, 23†, 25: 4. 7, 9†, 12†, 20†, 24: 5. 10†, 17†, 18, 28†: 6. 2, 3†, 4†, 11†, 19†, 25†, 26†, 28, 31†, 33*, 37 *bis*, 39 *bis*, 40 *bis*: 7. 1, 2, 5†, 6, 12†, 23: 8. 4: 9. 5, 7†, 8†, 15†, 18 *ter*, 22†, 24 *bis*, 25 *bis*, 31, 33, 43†, 44, 48†, 49 *bis*, 50†, 51†, 51, 53, 57: 10. 4: 11. 11†, 37 *bis*, 38 *bis*, 40†: 12. 1†, 3†, 6†, 13†: 13. 5, 19, 20††, 20: 14. 6, 14, 17†, 17, 19: 15. 8, 9†, 10, 11†, 14: 16. 2†, 3, 3††, 9, 12, 14, 17, 19†, 20, 26† *bis*, 26, 27†, 29† *bis*, 30 *bis*: 18. 9, 9†, 19, 27†, 27: 19. 3, 4†, 6*, 20, 22†, 27, 28, 30†: 20. 5 *bis*, 9, 19, 20, 21, 25, 34†, 36† *bis*, 37†, 40 (ἐ. πλεῖον)†, 41†, 42†: 21. 23†.
Ru. 2. 5, 6, 10††, 10†††, 10, 13: 3. 3†, 3, 9, 15: 4. 1, 7 *bis*.
I Ki. 1. 11†, 11: 2. 1, 28, 29, 34, 36: 3. 8†, 12, 13†, 19: 4. 1 *bis*, 2, 19: 5. 3††, 3†, 3, 4††, 4†, 4 *bis*, 5, 6, 7 *bis*: 6. 8, 11, 18†: 7. 6, 7, 10 *bis*, 13: 8. 5, 6†, 7†, 9, 11, 19: 9. 6 *bis*, 16 *bis*: 10. 1 *quater*, 6, 7, 10: 11. 1, 2, 6†, 6, 7: 12. 1, 12, 13, 15†, 15: 13. 5† *bis*, 13†, 14†, 17†, 18†: 14. 9, 13 *bis*, 20, 32, 45, 47, 51: 15. 1†, 1, 17, 19, 23, 26, 35 *bis*: 16. 1 *bis*, 7, 13, 23: 17. 22†, 28†, 32, 35, 38†, 43†, 49, 49†, 49††, 49, 51: 18. 5†, 10†, 17†, 21: 19. 9, 13, 15, 20: 20. 9, 13, 24, 25, 27, 29, 30, 33, 34†, 34, 40†, 41††, 41†: 21. 13 (14) *bis*: 22. 8 *bis*, 9, 13, 15: 23. 10, 17, 19, 26, 27: 24. 3††, 7, 9††, 9, 11, 13†, 14: 25. 8, 18, 20, 23††, 24 *bis*, 25, 25†, 30 *bis*, 36, 41, 41††, 42: 26. 9, 11, 12, 13, 19†, 20, 23: 27. 8 *bis*, 10: 28. 1†, 14††, 14, 20, 23: 29. 11†: 30. 1 *bis*, 6 *bis*, 14 *ter*, 15 *bis*, 16††, 17 *bis*, 23, 24: 31. 1, 3, 4, 5, 8.
II Ki. 1. 2†††, 2, 6, 7, 10, 10**, 12 *quater*, 16, 17 *bis*, 19, 21, 24 *bis*, 25: 2. 4, 4†, 5† *bis*, 7, 9 *sexiens*, 10†, 11†, 13†, 13*†, 13†, 13, 23, 25: 3. 1 (ἐπὶ πολύ),

8, 10 *bis*, 12†, 17†, 27†, 29 *bis*, 32, 33 : 5. 2, 3, 5 *bis*, 12, 17 : 6. 2, 3, 6, 21 *bis* : 7. 8†, 8, 11, 27† : 8. 2, 3, 15 *bis* : 9. 6††, 8 : 10. 15* : 11. 1, 11††, 16, 21, 22, 23, 23†, 23, 26† : 12. 3*, 7, 11, 17, 28 *bis* : 13. 19†, 19, 25, 29, 31, 33, 37, 39 : 14. 1, 4††, 4†, 9 *bis*, 11, 13, 22††, 22, 26, 33††, 33 : 15. 4†, 14, 18†, 18†††, 23††, 33, 34† : 16. 8, 22 : 17. 2, 11, 12†, 12 *bis*, 14, 19†† : 18. 3 *bis*, 8††, 12 *bis*, 17†, 28††, 28, 31, 32 : 19. 1 (2), 8 (9)†, 18 (19)††, 22 (23), 26 (27), 35 (36) : 20. 10†, 11, 12 *bis*, 15, 21 : 21. 1 *bis*, 5, 7, 9*, 10 *bis* : 22. 31†, 34 : 23. 1, 8, 18, 19† : 24. 12, 20††, 20, 25.

III Ki. 1. 23, 27, 31††, 31, 33, 34, 35, 35†, 38, 44, 46, 47, 52 : 2. 11, 14, 24, 27, 35 : 3. 1†, 1 (9. 25), 1 (5. 16), 1 (2. 8), 1 (2. 37), 1 (4. 25 [5. 5])† *bis*, 1†, 4, 19 : 4. 1, 7 *bis*, 27 (5. 7) : 5. 5 (19), 7 (21) : 6. 1, 5, 8, 32† *bis*, 35 : 7. 16, 18, 29, 35, 39†, 48†, 4, 5, 6†† *bis* : 8. 5†, 7, 7†, 7, 16†, 18 *bis*, 28, 31, 36, 43, 44, 46†, 54, 58† : 9. 5†, 9 : 10. 7, 9, 16 : 11. 7†††, 9, 14 (24†), 27, 28, 37, 42† : 12. 4, 9, 11, 14, 18†, 20, 24 † *septiens*, 32, 33 *bis* : 13. 1, 2 *bis*, 2†, 4 *bis*, 13, 14†, 29, 32†, 32 : 14. 2†, 7†, 14†, 21, 23, 25, 27 : 15. 1, 2†, 9, 17, 25, 25†, 27 *bis*, 33 : 16. 2, 7† *bis*, 8, 9, 12, 15, 16, 18, 23, 28 (22. 48 [49]) †, 29, 29† : 18. 1††, 5†, 5 *bis*, 7††, 23†, 28, 33, 33†, 33 *ter*, 39††, 42†, 42, 46 : 19. 16, 19 *bis* : 20 (21). 7, 21, 27†, 29† : 21 (20). 1 *ter*, 6, 12, 22, 26, 30, 31 *bis*, 32†, 32, 33, 39 : 22. 13†, 23, 24, 38, 41, 52.

IV Ki. 1. 13, 18 (3. 1) : 2. 9, 15 *bis*, 16, 16† : 3. 11, 15, 22, 23, 27 : 4. 9, 21, 29††, 31††, 32, 34 *quinquiens*, 35, 37 *bis* : 5. 11, 23 : 6. 24†, 25† : 7. 2 *bis*, 6, 6†, 17 : 8. 1 *bis*, 13, 15, 20†, 21 : 9. 3 *bis*, 6 *ter*, 12, 13, 17, 24, 25 *bis*, 28†, 29, 30† : 10. 3, 9, 10, 15, 24, 36 : 11. 8†, 11, 12 : 12. 4 (5), 11 (12), 12 (13), 15 (16), 17 (18) *bis* : 13. 1†, 10†, 14†††, 16, 16†, 16, 21, 23† : 14. 19, 23 : 15. 8, 10, 17, 19, 20 *bis*, 23, 25, 27, 30 : 16. 5, 7, 12†, 13 *bis*, 14, 15, 15† *bis*, 17 : 17. 1, 3, 5† : 18. 9 *bis*, 13, 14 *bis*, 17, 21 *quater*, 22, 23, 24†, 25 *bis*, 27†, 27 : 19. 8, 21† *bis*, 22, 27†, 27, 32† : 20. 6, 7 : 21. 12, 12†, 13, 13††, 24 : 22. 5, 9, 16 *bis*, 19 *bis*, 20 : 23. 3, 13** ††, 16 *ter*, 17, 20, 26, 29 *bis*, 33†, 34 : 24. 3, 11** †, 12, 20 *bis* : 25. 1 *ter*, 4.

I Ch. 5. 1, 8, 20, 26 : 6. 31 (16), 32 (17), 49 (34) *bis* : 9. 27, 28, 29 *bis*, 31 : 10. 3, 4, 5, 6* : 11. 2, 3, 4†, 6†, 10†, 11, 20, 23, 25 : 12. 15, 17, 19, 21, 38 : 13. 7, 10 *bis* : 14. 2, 8, 10†, 17 : 15. 15, 20 : 16. 25, 40† : 17. 7, 10, 17, 23, 26 : 18. 3, 7, 14 : 19. 17, 17† : 20. 2 : 21. 3, 10, 16, 16††, 21, 26 : 22. 8† *bis*, 9, 12, 13 : 23. 1, 4, 28†, 28 *quater* : 26. 29 : 27. 24 : 28. 2, 4, 5 : 29. 19, 26, 30 *bis*.

II Ch. 1. 1, 6, 6†, 9 *bis*, 11 *bis*, 13 : 2. 4 (3), 11 (10), 16 (15), 18 (17) : 3. 4††, 8††, 13 : 4. 14† : 5. 8, 8†, 8 : 6. 5, 6†, 7, 8 *bis*, 10, 13, 19 *bis*, 20, 22, 27, 31†††, 33, 34 : 7. 3, 3††, 3 *bis*, 6, 14 *bis*, 22 : 8. 12, 14† : 9. 6, 8†, 8, 15, 16†, 30 : 10. 4, 9, 11, 14, 18† : 11. 4, 5† : 12. 2, 7†, 9†, 10 : 13. 1, 5, 12, 18, 20† : 14. 9 (8), 11 (10), 14 (13) : 15. 1, 4, 5 : 16. 1, 4, 7 *bis*, 8 : 17. 1 : 18. 22, 23 : 19. 2, 4, 7, 10†, 10 *bis*, 11 : 20. 2, 9, 11, 12, 14, 16, 18††, 22, 22†, 23†, 24, 29, 31, 37 : 21. 4, 5, 8, 16, 17 : 22. 1, 5 : 23. 3, 10, 11, 18†, 19, 20† : 24. 4, 9, 13, 18, 18†, 23 *ter*, 26, 27 : 25. 10, 12, 13, 15 : 26. 7 *ter*, 9 *bis*, 13, 16, 18, 20† : 27. 5 : 28. 9, 12, 13 *ter*, 18, 20 : 29. 8, 21, 22 *bis*, 23, 27 : 30. 1 *bis*, 16, 22 : 31. 10† : 32. 1 *bis*, 2, 6, 6†, 6, 9 *bis*, 10†, 16 *bis*, 18, 19, 19†, 25 *bis*, 26 : 33. 10 *bis*, 11, 13†, 16, 25 : 34. 4††, 5, 10, 17, 17†, 24, 26, 27 *bis*, 28 *bis*, 31 : 35. 2, 10 *bis*, 16, 19, 20, 21, 23, 24 *bis*, 25 *ter* : 36. 1†, 3, 4† *bis*, 5†, 5, 6, 10, 17.

I Es. 1. 18, 24, 28, 31, 40†, 52 : 2. 29 (ἐπὶ πλεῖον), 29† : 4. 31, 49, 52 : 5. 4, 49†, 50† : 6. 1 *bis*, 5, 10† : 7. 15 *bis* : 8. 4, 15, 21†, 41 : 9. 11 (ἐπὶ πλεῖον), 17, 38, 47, 49.

II Es. 1. 2†, 8, 68 : 3. 2, 3, 3†, 3, 7, 8, 9, 10, 11 : 4. 3*, 5, 6, 12†, 19, 20† : 5. 1 *bis*, 3, 5, 17 : 6. 22 : 7. 6, 9, 11, 14, 18, 23, 28 *bis* : 8. 17†, 18, 21, 22 *bis*, 26, 33 : 9. 5, 9, 11, 13, 15† : 10. 4, 10, 12.

Ne. 1. 6† : 2. 5† *bis*, 7 *bis*, 8, 14, 18, 19 *bis* : 3. 2 *bis*, 4, 4† *ter*, 5, 7†, 8, 9, 10 *bis*, 12, 17, 19 : 4. 1 (ἐπὶ πολύ), 5†, 8*, 9, 12†, 18† : 5. 7 *bis*, 15 *bis*, 16, 17, 18 : 6. 2*, 3†, 7*, 13 : 8. 6††, 6 : 9. 9, 10, 13, 15†, 30, 33, 37, 37† : 10. 29 (30), 32 (33), 32 (33)†, 34 (35)† : 11. 9, 23† : 12. 37, 39, 39†, 44 *bis* : 13. 2, 13 *ter*, 15, 18 *quater*, 19, 26.

To. 1. 21 *bis* : 3. 3†, 12†, 15† : 4. 17† : 5. 15† : 6. 1†, 3, 8†, 16†, 17† : 7. 7†, 12† : 8. 2†, 4† : 11. 9, 11†, 12†, 13, 14† : 12. 14†, 16††, 22† : 13. 9† : 14. 11†, 15†, 15.

Ju. 1. 2†, 7 *bis*, 10, 12 *bis*, 16 : 2. 6†, 7, 9, 11, 21††, 24, 28 : 3. 6 : 4. 7, 10, 15 : 5. 18 (ἐπὶ πολύ), 19 : 6. 11†, 12 *ter*, 14† *bis*, 19 *bis* : 7. 1 *bis*, 5†, 13, 13†, 14, 23, 23†, 30†, 30, 31, 32, 32† : 8. 3†, 3, 3†, 5, 9, 30, 36 : 9. 1††, 1, 3†, 3, 14† : 10. 6, 7 (ἐπὶ πολύ), 15, 17, 23†† : 11. 2, 10, 11††† : 12. 6, 16 : 13. 1 (ἐπὶ πλεῖον), 2, 3, 4, 10†, 12†, 20 (ἐπ' εὐθεῖαν) : 14. 2 *bis*, 3 *bis*, 6††, 11, 12 *ter*, 13 *bis* : 15. 1, 2†, 2, 3†, 5, 11 *bis* : 16. 20, 24†.

Es. 1. 4†, 5†, 6† : 2. 18 : 3. 9†, 13 : 4. 5†, 16, 17, 17† *bis*, 17 *bis* : 5. 1†, 1, 2, 5†, 8†, 9† : 6. 8, 8†, 9†, 9, 11†, 14 : 7. 3†, 8 : 8. 13 (ἐπὶ τοσοῦτον), 13† : 9. 25† : 10. 1†.

Jb. 1. 16†, 19 : 2. 12† : 3. 5, 7 : 4. 5, 13, 15†† : 5. 10†, 10 : 7. 12† : 8. 17† : 10. 1, 17 *bis* : 12. 18†, 21 : 15. 19, 29† : 16. 10† *bis*, 11† *bis*, 12†, 15† : 18. 9 *bis*, 10†, 17†† : 19. 6, 8†††, 12†, 29† : 20. 22, 23 *bis* : 21. 5†, 9†, 31††† : 22. 28† : 23. 2†, 16† : 24. 18††† : 25. 3 : 26. 7, 9, 10††, 14 : 27. 7†, 9, 13, 22†, 23† : 29. 13 : 30. 2, 12, 16 : 31. 1† : 33. 15, 23† : 34. 23, 28, 37† : 36. 18, 21†, 30 : 38. 16, 22, 26† : 39. 14 : 40. 15 (20) : 41. 14.

Ps. 1. 1† : 2. 2*, 6 : 3. 1, 8 : 4. 5, 6, 8* : 5. 11†, 11 : 7. 16 : 8. 6 : 9. 10†, 20 : 10 (11). 2, 7 : 12 (13). 2 : 13 (14). 2 : 14 (15). 3 : 16 (17). 7 : 17 (18). 2, 30, 33, 39, 48 : 18 (19). 9* : 20 (21). 3, 5, 7 : 21 (22). 8, 10, 13, 18 : 22 (23). 3 : 24 (25). 5†, 16, 20 : 26 (27). 2, 3 *bis*, 6 : 29 (30). 1† : 30 (31). 13, 14†, 16, 19†, 24 : 31 (32). 4, 8, 10, 11 : 32 (33). 14, 18 *bis*, 22, 22† : 33 (34). 3*, 8, 15, 16, 22 : 34 (35). 15, 16, 20†, 21, 26 : 36 (37). 3, 5, 12, 38*, 40 : 37 (38). 2, 4, 16 : 39 (40). 2, 3 : 40 (41). 1, 6*, 9 *bis*, 11 : 41 (42). 1, 4, 5, 7, 11 : 42 (43). 5 : 43 (44). 17 : 44 (45). 3, 16 : 46 (47). 2, 8 : 47 (48). 4*, 10 : 48 (49). 2*, 10* : 50 (51). 2 (ἐ. πλεῖον), 13, 19 : 51 (52). 6, 7†, 8 : 52 (53). 2, 3* † : 53 (54). 3 : 54 (55). 3, 4, 5†, 10, 12, 14*, 15, 22, 23† : 55 (56). 2† : 56 (57). 5 *bis*, 11 *bis* : 57 (58). 8† : 58 (59). 1, 3 : 59 (60). 8 : 60 (61). 6 : 61 (62). 2 (ἐπὶ πλεῖον), 3, 8†, 9*, 10 *bis* : 63 (64). 8†, 10 : 65 (66). 7, 11†, 12 : 66 (67). 1 : 67 (68). 29, 33, 34 : 68 (69). 3, 6† *bis*, 9, 15, 16, 24, 26, 27 : 70 (71). 6, 10*, 14†, 14 : 71 (72). 6 *bis* : 73 (74). 1, 3, 6*, 8* : 77 (78). 7, 21, 22, 27, 31 : 78 (79). 6†, 6 : 79 (80). 4, 15, 17 *bis* : 80 (81). 14 : 82 (83). 3, 5, 18 : 83 (84). 2, 9, 12 : 84 (85). 8 *bis*, 8† *bis* : 85 (86). 2, 13, 14, 16 : 87 (88). 7 *bis*, 16 : 88 (89). 7, 19 : 89 (90). 10, 16, 16†, 17 *bis* : 90 (91). 2, 13, 14 : 91 (92). 11 : 93 (94). 16 *bis*, 20†, 21 : 94 (95). 3 : 95 (96). 4 : 96 (97). 9, 9† : 97 (98). 8* : 98 (99). 2, 8 : 100 (101). 6 : 101 (102). 17, 19, 22* : 102 (103). 11, 17 *bis* : 103 (104). 5, 12, 23 *bis*, 32 : 104 (105). 16, 38 : 105 (106). 17, 26†, 29†, 40 : 106 (107). 30†, 40 : 107 (108). 5 *bis*, 9 : 108 (109). 1, 6 : 109 (110). 6† : 111 (112). 7, 8† : 112 (113). 4 *bis* : 113. 17 (115. 9), 18 (115. 10), 19 (115. 11), 22 (115. 14) *ter* : 116 (117). 2 : 117 (118). 8 *bis*, 9, 9† : 118 (119). 6, 41, 42†, 43†, 62, 69, 132, 135, 162, 164 : 120 (121). 5 : 121 (122). 3*, 5 : 122 (123). 3 (ἐπὶ πολύ), 4 (ἐπὶ πλεῖον) : 123 (124). 2, 3 : 124 (125). 1, 3, 5 : 127 (128). 6 : 128 (129). 3†, 8 : 129 (130). 6, 6†, 7† : 130 (131). 2 *bis*, 3 : 131 (132). 11†, 12†, 18 : 132 (133). 1*, 2†, 2 *bis*, 3 : 135 (136). 6† : 137 (138). 2, 7 : 138 (139). 5, 16, 21† : 139 (140). 7, 10 : 140 (141). 8† : 142 (143). 4 : 144 (145). 9 : 145 (146). 3 *bis*, 5 : 146 (147). 11.

Pr. 2. 2 : 3. 4†, 18 *bis*, 29 : 7. 3, 22 *bis* : 9. 3, 18 : 10. 6†, 22† : 17. 24 : 21. 6 : 22. 19, 20 : 23. 5† : 24. 40 (25), 43 (28) : 25. 22† : 26. 11 *bis*, 15†, 27 : 28. 25 : 29. 5††, 25† : 31. 11†, 19.

Ec. 1. 6, 12 : 2. 3†, 17 : 5. 7† : 6. 1† : 7. 17 (16) (ἐ. πολύ)† : 8. 6, 14† : 9. 8†, 12, 14 *bis* : 10. 4, 7, 8† : 11. 1†††, 2, 3, 6* : 12. 6†, 6, 7.

Ca. 1. 7† : 2. 4, 8 *bis*, 9, 17 : 3. 1, 8 : 4. 4 : 5. 2†, 2, 4, 5, 12 *bis*, 15 : 7. 5 (6), 10 (11) : 8. 5, 6 *bis*, 9 *bis*, 14.

Wi. 4. 19††† : 5. 12, 20, 21 : 6. 2†, 14†, 20 : 7. 3 : 8. 1†, 12 (ἐ. πλεῖον), 12 : 10. 7† : 11. 22† : 12. 2, 27† : 14. 19, 25 (?)† : 16. 3 (ἐπ' ὀλίγον), 18, 28 : 18. 20 (ἐ. πολύ) : 19. 4.

Si. *prol.* 7 (ἐ. πλεῖον†), 25 : 1. 9 : 2. 6, 12 : 3. 27† : 4. 17 : 5. 6, 7† : 6. 11 : 7. 3 : 8. 3 : 9. 1, 2, 9 : 12. 12† : 15. 4, 19 : 16. 3, 29† : 17. 8, 19, 25, 26, 29 : 18. 11, 13 *bis*, 14 : 21. 15 : 22. 20, 21, 22, 27† : 23. 19†, 24 : 25. 21† : 26. 28 : 27. 25 : 28. 4, 12† : 29. 8† : 30. 28 (33. 19) : 31 (34). 13, 16 : 32 (35). 15† : 33 (36). 2, 3, 3† : 38. 29, 33 : 39. 20† : 40. 1†, 10 : 41. 19†, 22 : 43. 20 : 44. 23 : 46. 2, 6, 9, 13 : 47. 20, 25 : 48. 2, 18 : 49. 13 (ἐ. πολύ) : 50. 7, 17††, 17, 20, 28 : 51. 9†.

Ho. 1. 4, 11 (2. 2)* : 2. 13 (15), 14 (16) : 3. 1 : 4. 9, 13 *bis*, 14 *bis* : 5. 1, 8, 10 : 7. 12 : 8. 1, 5 : 9. 1, 8 : 10. 4, 5 *bis*, 8, 8† *bis*, 9, 10, 11 : 11. 3, 4, 7 : 12. 11 (12), 14 (15) : 13. 15 : 14. 4†.

Am. 1. 7, 8, 10, 14, 15* : 2. 2†, 5, 7 : 3. 1, 2, 3*, 5†, 9 *bis*, 14 *ter*, 15 : 4. 2, 7 *ter*, 7†, 13 : 5. 1, 5, 8†††, 9 *bis*, 19† : 6. 1, 15 (14) : 7. 9, 15, 16 *bis* : 8. 2, 10 *bis*, 11 : 9. 1, 4, 6†††, 8, 10, 12 *bis*.

Mi. 1. 3, 12, 16 : 2. 3, 4, 12* : 3. 4, 5 *ter*, 6 *bis*, 11 *bis* : 4. 1, 3, 7, 8, 11 *bis* : 5. 1 (4. 14) *bis*, 3 (2), 5 (4) *ter*, 6 (5) *bis*, 7 (6), 9 (8) : 7. 3, 6 *bis*, 7, 16.

Jl. 1. 6, 8 : 2. 2, 5, 7, 9†, 25†, 28 (3. 1), 29 (3. 2) *bis* : 3 (4). 3.

Ob. 1. 1, 3, 11, 12, 13, 14, 15, 16.

Jn. 1. 4†, 7, 12, 13, 14† : 2. 4, 11 : 3. 10† : 4. 8, 10†.

Na. 1. 9, 9* †, 15 : 2. 5 (6), 9 (10)†, 10 (11), 13 (14) : 3. 5 *bis*, 6, 10†, 10, 17, 18, 19 *bis*.

Hb. 1. 3†, 6†, 6, 9†, 13 *bis* : 2. 1 *bis*, 2†, 5†, 15, 16, 16†, 18 : 3. 8, 9, 19.

Ze. 1. 4 *bis*, 5, 8 *ter*, 9†, 9, 12 *bis*, 16 *bis*, 18 : 2. 2†, 2, 5†, 7†, 8, 10, 11, 13 : 3. 7, 8, 9, 11, 17, 17†, 18.

Hg. 1. 8†, 11 *octiens* : 2. 16 (15)†, 16 (15).

Za. 1. 2, 8†, 15, 16 *bis*, 21 (2. 4) : 2. 8 (12), 9 (13), 11 (15) 12 (16) : 3. 6 (5), 6 (5)†, 10 (9) : 4. 10 : 5. 3†††, 11 : 6. 6†, 6, 7†, 8, 11 : 8. 3, 10 : 9. 8, 9, 13, 14 : 10. 3 *bis* : 11. 6, 8 *bis*, 16, 17 *bis* : 12. 1, 2, 3, 4, 7, 9, 10 *ter*, 10† : 13. 7 *ter* : 14. 2, 4, 9, 12†, 12, 13, 16, 18†, 20**.

Ma. 1. 1 *bis*, 4 : 2. 2, 2†, 3†, 3* †, 16 : 3. 5 *quater*, 13.

Is. 1. 25 : 2. 2, 4, 12 *bis*, 13 *bis*, 14 *bis*, 15 *bis*, 16 *bis* : 4. 1 : 5. 25†, 25 : 7. 1, 17 *ter*, 19† : 8. 7 *ter*, 21 : 9. 2 (1), 4 (3), 6 (5), 7 (6), 8 (7) *bis*, 11 (10)† *bis*, 11 (10), 17 (16) : 10. 12, 12†, 12, 20 *bis*, 21, 24, 25, 26† : 11. 2, 8†, 8, 9, 14, 15 : 14. 1†, 4, 13, 26 *bis* : 15. 2†, 2, 7, 9 : 16. 1†, 9†, 11, 13 : 17. 8† *bis* : 18. 6 *bis* : 19. 2 *ter*, 12, 17 : 21. 2 : 22. 4, 5, 6†, 24, 25** : 23. 8, 17††† : 24. 17, 21 *bis* : 25. 6, 7, 10, 11 : 26. 21 : 27. 1 *bis*, 13 : 28. 6, 10, 13, 13†, 15†, 22, 27 : 29. 1, 2, 3†, 7 *ter*, 8†, 8, 22 : 30. 1†, 3, 31. 1 *bis*, 2 *ter*, 3, 4†, 4 *bis* : 32. 15, 19, 20 : 34. 2 *bis*, 5 *bis*, 11† : 35. 9† : 36. 1, 5†, 6 *ter*, 7, 8, 9†, 10, 10† : 37. 33 *quater* : 40. 9, 24 : 42. 1, 13, 25, 25†, 25 : 44. 3 *bis*, 4 : 45. 14, 22† : 46. 1† : 47. 1, 9† *bis*, 11 *ter*, 13, 14 : 48. 5, 9†, 14 : 49. 23†† : 52. 14 : 53. 5, 7 : 54. 15, 17 *bis* : 55. 1, 5, 7, 7 (ἐ. πολύ) : 56. 7†, 8 : 57. 4†, 4, 5†, 7, 19† : 58. 14 *bis* : 59. 7 : 60. 1, 2 *ter*, 5†, 7, 8† : 61. 1, 9 : 62. 5† : 63. 16†, 19 : 65. 7†, 16, 17, 19† : 66. 2 *bis*, 10†, 17*.

Je. 1. 1, 10, 10†, 12†, 14, 15 *ter* : 2. 3, 12 (ἐ. πλεῖον†), 15, 20, 23, 27 : 3. 6, 12, 16, 18, 18*, 18 : 4. 3†, 16, 17, 23, 29† : 5. 6, 8, 10, 12, 15, 17† : 6. 3, 4 *bis*, 5†, 6, 7††, 9, 11 *bis*, 12*, 12, 17, 19, 21, 26 : 7. 20 *quater*, 20†, 30 : 8. 2†††, 14, 17† : 9. 10 (9) *bis*, 16 (15), 18 (17), 25 (24), 26 (25) *sexiens* : 10. 1, 25 *bis* : 11. 10, 11, 16†, 16, 17, 19, 21, 22, 23 : 12. 6†, 8, 12 : 13. 4, 6, 7, 13†, 16, 21, 26† : 14. 3 *bis*, 6, 9, 16, 17 : 15. 3, 5†, 6†, 8 *bis*, 14 : 16. 10, 17 : 17. 5, 5†, 8, 18 : 18. 7, 7†, 9, 9†, 11 *bis*, 18, 22 *bis*, 23† : 19. 3, 15 *bis*, 15†, 15, 15† : 20. 10† : 21. 2, 7†, 10 : 22. 1†, 7†, 11, 18†, 18 : 23. 2 *bis*, 12, 17, 19, 40† : 24. 6, 7 : 25. 1, 9 *ter*, 13, 14 (49. 34), 15 (49. 36), 16 (49. 37) : 26 (46). 1†, 2, 6, 9, 12*, 20, 21†, 22, 25 *bis* : 27 (50). 1, 3†, 4*, 6 *bis*, 9, 12, 13, 14 *bis*, 15†, 15, 18†, 18 *bis*, 21, 21† *bis*, 29 *bis*, 31†, 35 *quater*, 36 *ter*, 37, 37†, 37, 42†, 44, 45 *bis* : 28 (51). 1 *bis*, 2, 3†, 3, 12, 13†, 14, 24, 25, 27†, 27 *bis*, 27†, 28, 29, 35, 35†, 42, 44, 50, 52†, 56, 60 *bis*, 62, 63†, 64 : 29 (47). 1, 3, 5, 7 *ter* : 29 (49). 8, 8†, 11, 17, 19†, 20 *bis*, 20†, 22 : 30 (49). 2, 3†, 4†, 4, 5, 6 (49. 28), 7 (49. 29)†, 8 (49. 30), 8 (49. 30)†, 9 (49. 31) : 31

● = correction on page xxvi

(48). 1, 2, 8, 21, 21† *bis*, 22 *ter*, 23, 23†, 23, 24 *ter*, 26, 31 *bis*, 32, 35, 36, 42, 43†, 44 : 32 (25). 15†, 17†, 29†, 29, 30†, 30, 30†, 31†, 32† : 33 (26). 9, 12 *bis*, 13†, 15 *ter*, 19, 19† : 35 (28). 8†, 14 : 36 (29). 4, 10, 11, 15 *bis*, 31, 32 *bis* : 37 (30). 4, 14, 15, 18, 21, 23 : 38 (31). 7†, 9, 12 *bis*, 19†, 23, 28 *bis*, 33† : 39 (32). 2†, 29, 31 *bis*, 35, 36, 42 *ter* : 40 (33). 6†, 13 : 41 (34). 1 *bis*, 7 *quater*, 22 : 42 (35). 11, 17† *ter* : 43 (36). 2 *ter*, 3†, 7, 29†, 30, 30†, 31 ● *sexiens*, 31† : 44 (37). 5†, 8†, 11†, 15, 19 : 45 (38). 1 : 46 (39). 1, 16† : 47 (40). 2, 4† *bis*, 10, 11 : 49 (42). 2†, 17, 18 *bis*, 19 : 50 (43). 10 : 51 (44). 2 *bis*, 7†, 13 *bis*, 14, 21, 27, 29, 35 (45. 5) : 52. 4.

Ba. 1. 10 : 2. 1 *quinquiens*, 2†, 7 *bis*, 9 *bis*, 15 *bis*, 18, 19, 20†, 21†, 30 : 3. 7, 7† : 4. 15, 25 : 5. 2.

La. 1. 1, 5, 10, 14 *bis*, 15 : 2. 10†, 11, 14, 15 *bis*, 16, 17 : 3. 1, 20, 46, 48, 51, 54, 64 : 4. 8, 21, 22 : 5. 4, 18, 22.

Ep. Je. 9, 22 *bis*, 27, 48, 60, 62, 72†.

Ez. 1. 3, 8, 17 : 2. 1††, 1, 2 *bis*, 6 : 3. 14, 22, 23††, 24 *bis*, 25 : 4. 1, 2 *quater*, 3, 4, 6, 7†, 7, 8 *bis* : 5. 1 *bis*, 8, 13 *bis*, 16, 17 *ter* : 6. 2 *bis*, 3, 12, 13, 14 : 7. 2, 3, 8, 9 *bis*, 7 *bis*, 7†, 4, 18 *ter*, 26 *bis* : 8. 1, 3, 5, 7, 10†, 14 : 9. 4, 6 *bis*, 8††, 8 : 10. 2, 18, 19 : 11. 1, 4, 5, 8, 13††, 22† : 12. 13 : 13. 1, 5, 8, 9, 14, 15 *bis*, 16, 17 *bis*, 18†, 18, 20 *bis* : 14. 3, 4, 7, 8, 9, 13 *bis*, 15, 17, 19 *bis*, 21, 22† *ter* : 15. 3†, 7 *bis* : 16. 5††, 6, 8, 12†, 12 *bis*, 14, 15, 16, 25†, 26, 27, 28, 36†, 37†, 37, 40, 42 : 17. 6, 12†, 20, 22 : 18. 6†, 13, 20 *bis* : 19. 1, 8 *bis*, 9, 11, 12 : 20. 8, 13, 15, 17, 21, 21†, 23, 32, 33, 46 (21. 2) *ter* : 21. 2 (7) *ter*, 4 (9), 13 (18), 14 (19), 15 (20), 20 (25) *ter*, 21 (26), 22 (27) *bis*, 29 (34), 31 (36)†, 31 (36) : 22. 21†, 22, 24†, 31 : 23. 5 *bis*, 7 *bis*, 8, 9, 12, 15, 16, 20, 22†, 22 *bis*, 24 *bis*, 27, 42 *bis*, 46, 46†, 47†, 49 : 24. 2, 3, 6, 7 *bis*, 7† *bis*, 8, 11, 17 : 25. 2 *bis*, 3 *ter*, 6, 7, 10, 13, 14, 16, 17 : 26. 2, 3 *bis*, 7, 8 *bis*, 8†, 11, 15†, 16, 17 *bis*, 19 : 27. 2, 3†, 9, 29†, 30 *bis*, 31†, 32, 35 : 28. 7 *ter*, 12, 17, 19, 19†, 21 *bis*, 22, 23† : 29. 2 *ter*, 3, 5††, 7 *bis*, 8, 10 *bis*, 15, 18†, 18, 18†, 20 : 30. 4, 5†, 8, 11, 14, 15, 16, 21, 22, 24, 25 : 31. 13 *bis*, 15† *bis* : 32. 2, 3, 4 *bis*, 5, 8 *bis*, 10, 10†††, 16 *bis*, 18, 31† : 33. 2, 3, 4†, 5†, 10†, 22 : 34. 2, 6, 10, 13, 23† : 35. 2, 2†, 3 *bis*, 13 : 36. 1, 2, 5 *bis*, 6, 7, 9†, 9, 10, 11, 12, 15, 18, 25, 29 : 37. 1, 2, 4, 5†, 6 *ter*, 6†, 8 *bis*, 9, 14, 16, 16†, 19, 20† : 38. 2 *bis*, 3, 8†, 10, 11 *bis*, 12 *bis*, 16 *bis*, 17, 18, 20, 21 *bis*, 22 *ter* : 39. 1 *bis*, 2, 3, 6, 17 *bis*, 21, 26, 29 : 40. 1, 2†, 12†††, 13 *bis*, 16 *ter*, 19 *bis*, 22, 23 *bis*, 26, 27, 41, 42 *bis*, 43, 47, 49 *bis* : 41. 6, 7, 8, 11, 17, 25 : 42. 2, 4, 12 : 43. 1, 3††, 13 *bis*, 14, 16 *bis*, 17 *bis*, 20 *ter*, 24, 27 : 44. 4††, 12, 18†, 24, 25, 30 : 45. 2, 7, 19 *quater* : 46. 2, 21, 22 : 47. 1 *bis*, 7, 8 *ter*, 9 *ter*, 18, 19 : 48. 1, 20, 21, 21†††, 21.

Da. LXX. Su. 28, 29 : 1. 11, 12 : 2. 34, 46†† : 3. 19, (28), (45), (47), 28 (95) : 4. 20, 21, 23 *bis*, 29, 30 : 5. 7 : 6. 10 (11)††, 14 (15) : 8. 6, 7 *bis*, 9, 9†, 9 *bis*, 10, 11, 16, 17††, 18††, 25 : 9. 1, 2, 3, 6, 11, 12 *ter*, 14 *ter*, 17 *bis*, 19 *bis*, 24 *bis*, 27 *ter* : 10. 7, 8, 9††, 9, 10, 11 *bis*, 15, 16 *bis* : 11. 7, 9, 11 (ἐ. πολύ), 13, 14, 16, 18, 21 *bis*, 23, 24, 25 *bis*, 27*, 28 *bis*, 30 *bis*, 34, 36 *bis*, 37, 38, 39 (ἐ. πολύ) : 12. 1, 13 : Bel 14, 20, 26*, 27, 29.

Da. TH. Su. 14*, 29, 34†, 38, 60, 61 : 1. 8†, 11 : 2. 34, 46††, 48, 49 : 3. 12, 19, (28), (45), (47), 30 (97)† : 4. 13, 14, 20, 21, 22, 25, 29, 30, 31, 33 *ter* : 5. 5, 7†, 23 : 6. 10 (11), 17 (18), 19 (20) : 7. 28 (ἐ. πολύ) : 8. 5††, 7, 10, 12, 17††, 18††, 18 *bis* : 9. 1, 11, 12 *ter*, 13, 14†, 14 *bis*, 17, 18, 19 *bis*, 24 *bis*, 27 *bis* : 10. 7, 9, 10, 15 : 11. 5†, 14, 20, 21 *bis*, 24, 25†, 25, 28, 30 *bis*, 34†, 36, 36†, 37†, 37 *bis*, 40†, 42 : 12. 1 : Bel 18, 27*, 28, 39†, 40.

I Ma. 1. 1, 5, 16, 20, 20†, 25, 28, 30, 51†, 51, 54, 59, 64 : 2. 24, 30, 32†, 35, 37†, 38†, 39†, 41†, 61 : 3. 20†, 23†, 25, 35, 47, 52 *bis*, 58, 59 : 4. 2, 23, 39†, 40††, 40, 50, 51, 53, 55†† : 5. 5, 6, 9, 10†, 15, 27, 29 (ἕως ἐπί), 39, 40, 42, 43†, 58 : 6. 7, 8, 9, 19, 20, 20†, 24†, 25 *bis*, 26, 31† *bis*, 37† *ter*, 38, 39, 40 *bis*, 46, 51 : 7. 18†, 30, 37†, 42 : 8. 4, 5, 6, 10, 31 : 9. 2, 3†, 8, 33, 40, 48, 64 : 10. 49, 61†, 69†, 70 *bis*, 74, 75, 77†, 86† : 11. 15, 20†, 36†, 47, 65†, 66†, 67, 68, 71, 73† : 12. 26, 31, 39, 42 : 13. 27, 28†, 43, 45 : 14. 31 : 15. 11†, 12, 13, 25 : 16. 4.

II Ma. 1. 20 : 3. 17†, 18, 19 *bis* : 4. 3 (ἐ. τοσοῦτον), 6†, 10†, 34, 37†, 38, 39, 43† : 5. 2, 5, 18, 26 : 6. 7, 9, 17, 19, 28 : 7. 5 (ἐφ' ἱκανόν), 7, 20, 34, 38, 42 (ἐπὶ τοσοῦτον) : 8. 2†, 11, 15, 16, 18, 20, 25, 25 (ἐφ' ἱκανόν), 34 : 9. 2, 7, 18 : 10. 4, 16, 26, 27 (ἐ. πλεῖον), 28 : 11. 2, 24† : 12. 6, 10, 13, 20, 22 *bis*, 26, 27, 29, 32, 36 (ἐ. πλεῖον) : 13. 1, 4, 12, 13†, 15, 26 : 14. 16, 31, 33†, 43 : 15. 17, 20, 21†, 24, 32.

III Ma. 1. 2, 23 *bis* : 2. 26, 28† : 3. 1 (ἐ. τοσοῦτον), 1*, 14 : 4. 11, 15, 18 : 5. 10, 16†, 17 (ἐ. πολύ), 18 (ἐ. πλεῖον), 19, 20, 34, 38, 43, 44, 46, 48†, 49 : 6. 3 *bis*, 5, 13†, 21, 30, 36, 38 : 7. 9†, 18 (ἕως ἐπί)†, 19.

IV Ma. 3. 8, 9, 19 : 4. 11, 19, 22 : 5. 14 : 6. 1, 24 : 7. 3 : 9. 12† : 10. 7 : 11. 9, 10 *bis*, 10† *bis*, 17, 20 : 12. 6, 10 (ἐπὶ πλησίον) : 13. 24† : 14. 1, 5 ● *bis* : 15. 12, 20† : 16. 13, 16, 20 : 18. 6, 20.

[**Aq**. Ge. 1. 2†† *bis*, 20††, 29†† : 24. 47 : 34. 3 : 38. 29 : 47. 6††, 31 : Ex. 7. 19 : 20. 25 : 28. 33 : 30. 16 : 34. 7 : Le. 1. 11 : 14. 7†† : Nu. 2. 17 : 6. 19 : 31. 3 : Dt. 18. 8 : 32. 13 : Jo. 15. 9 : I Ki. 4. 1 : 13. 18 : II Ki. 5. 10 : 7. 22 : 23. 23 : III Ki. 6. 10 : 11. 7†† : 14. 2 *bis*, 7, 14 : 18. 23 : 20 (21). 38 : IV Ki. 8. 20 : 13. 1 : 16. 12 : 23. 3 : Jb. 1. 8 : 3. 6† : 5. 10†† : 10. 1 : 12. 14 : 19. 5, 7, 8 : 20. 25 : 22. 2 : 29. 13 : 30. 2, 4 : 31. 1 : 36. 30 : 41. 26 : Ps. 3. 2 : 9. 35 (10. 14) : 10 (11). 2 : 15 (16). 2 : 17 (18). 34 : 20 (21). 13†† : 26 (27). 6 : 27 (28). 1 : 30 (31). 15, 23 (ἐ. περισσόν) : 31 (32). 4, 8 : 32 (33). 22 : 34 (35). 20 : 48 (49). 12 : 51 (52). 8 : 54 (55). 16 : 55 (56). 8 : 59 (60). 10 : 63 (64). 9 : 70 (71). 14 : 71 (72). 6 : 76 (77). 1 : 87 (88). 17 : 88 (89). 8 : 93 (94). 20 : 94 (95). 3 : 95 (96). 4 : 107 (108). 10 : 132 (133). 2 *bis* : 136 (137). 6 : 138 (139). 16 : 140 (141). 3 : 142 (143). 4 : Pr. 8. 27†† : 26. 14 : Ca. 2. 4 : Is. 2. 13 : 19. 1 : 27. 1 *bis* : 29. 3 : 30. 17, 28 : 32. 11 : 36. 10 : 37. 33 *bis* : 38. 5, 21 : 40. 9, 22, 24 : 52. 7 : 54. 9 : 58. 14 : 59. 18 : 60. 1, 14 : 65. 17 : Je. 6. 1, 4, 11 *bis*, 23 : 8. 18 : 9. 10 (9) : 11. 23 : 13. 14* : 14. 15 : 21. 14 : 22. 17 : 25. 12 *bis*, 17 (32. 3) : 26 (33). 20 : 28 (35). 8 : 29 (36). 21, 32 : 30 (37). 15 : 31 (38). 12, 19 : 32 (39). 31 *bis* : 36 (43). 4, 31 *bis*, 32 : 37 (44). 5 : 43 (50). 10 : 44 (51). 20, 29 *bis* : 45. 3 (51. 33) : 46 (26). 25 : 48 (31). 23 *bis*, 24, 31, 37 : 49 (30). 3* : 49. 19 (29. 20) : 50 (27). 21 *bis*, 44 : 51 (28). 2, 8, 14 : 52. 4 *bis* : Ez. 5. 16 : 9. 6 : 14. 3 : 20. 46 (21. 2) : 21. 2 (7), 21 (26) : 23. 30 : 24. 7 : 27. 5 : 28. 12, 26 : 29. 3 : 31. 13, 15 : 32. 31 : 34. 2 : 35. 5 : 36. 18 : Da. 9. 24 *bis*, 27 : 11. 37 *ter* : Ho. 5. 1 : 10. 11 : Am. 9. 9 : Mi. 5. 1 (4. 14), 7 (6) : Za. 12. 10 : 13. 7 : 14. 17 : Ma. 2. 3.]

[**Sm**. Ge. 1. 2†† : 47. 6††, 31 : Ex. 9. 14 : 20. 25 : 28. 33 : 30. 13 : Nu. 6. 19 : Dt. 33. 7 : I Ki. 4. 1 : II Ki. 14. 14 : IV Ki. 9. 13 : 11. 7 : 16. 12 : 23. 3 : Jb. 1. 8 : 8. 15 : 9. 26 : 18. 17†† : 19. 8 : 20. 5 (ἐπ' ὀλίγον) : 32. 11 (ἐφ' ὅσον) *bis* : 36. 30 : Ps. 10 (11). 2, 6 : 15 (16). 1 : 17 (18). 34 : 23 (24). 2 : 26 (27). 2, 6 : 27 (28). 1 : 29 (30). 6 (ἐπ' ὀλιγοστόν) : 30 (31). 14* : 31 (32). 10 : 41 (42). 5, 7 : 42 (43). 5 : 48 (49). 12 : 54 (55). 13 : 59 (60). 10 : 60 (61). 7 (ἐφ' ὅσον) : 61 (62). 11 : 67 (68). 34 : 68 (69). 7 : 71 (72). 5 (ἐφ' ὅσον), 6 : 77 (78). 38 (ἐ. πολύ) : 80 (81). 15 : 88 (89). 30 (ἐφ' ὅσον) : 89 (90). 16 : 95 (96). 4 : 132 (133). 2 *ter* : Pr. 1. 23 : 25. 20 : Ec. 5. 13 : Is. 2. 13 : 10. 24 : 32. 13 : 36. 10 : 37. 33 *bis* : 38. 21 : 40. 22 : 41. 19* : 52. 8* : 54. 9 : 57. 2 : 58. 14 : 59. 18 : 60. 1, 5, 8, 14 : 63. 3 : 65. 17 : 66. 9 : Je. 6. 1, 11 *bis*, 23 : 7. 29 (ἐπ' εὐθεῖαν) : 8. 18 : 13. 14* : 14. 6 (ἐπ' εὐθύ) : 15. 8 : 22. 17 : 29 (36). 32 : 36 (43). 4 : 48 (31). 23, 24, 31 : 49 (30). 3* : 49. 13 (29. 14) : 50 (27). 36, 44 : 51 (28). 8, 46 : 52. 4 : Ez. 7. 26 : 16. 12 : 20. 46 (21. 2) : 21. 2 (7) : 27. 36 : 28. 12, 26 : 29. 3 : 31. 13 : 32. 10, 31 : 35. 5 : Da. 9. 27 : Ho. 5. 1 : Am. 9. 1 : Mi. 4. 3 : 5. 7 (6) : Ze. 1. 9 : Za. 4. 2 : 9. 9 : 13. 7 : 14. 17.]

[**Th**. Ge. 47. 6††, 31 : Ex. 20. 25 : 28. 24†, 25 *bis*, 26, 27, 33 : 29. 20 : 30. 13, 16 : 34. 7 : 37. 13 : 40. 5 : Nu. 2. 17 : 31. 3 : Jo. 1. 3 : Jd. 16. 3†† : I Ki. 4. 1 : 14. 14 : II Ki. 1. 21 *bis* : 14. 13, 14 : 20. 23 : IV Ki. 8. 20 : 9. 13 : 11. 7 : Jb. 1. 8 : 2. 12 : 8. 17 : 12. 21 : 18. 17†† : 19. 5, 8 : 20. 25 : 22. 2 : 24. 18†† : 26. 7, 9 : 27. 23 : 29. 13 : 30. 2, 16 : 31. 1 : 34. 23 : 36. 28, 30 : 41. 15 : Ps. 7. 7 : 9. 35 (10. 14) : 55 (56). 4 : 94 (95). 3 : 95 (96). 4 : 134 (135). 18 : 140 (141). 3, 10* : Pr. 8. 27†† : 16. 3 : Ec. 8. 6 : Ca. 2. 17 : Is. 2. 13 : 5. 30 : 23. 17†† : 27. 1 *bis* : 29. 3 : 30. 6, 17, 28 : 34. 14 : 36. 10 : 37. 33 *bis* : 38. 5, 15, 21 : 40. 22 : 52. 8* : 54. 9 *bis* : 57. 2 : 58. 14 : 60. 1, 8, 14 : 63. 3 : 65. 7*, 17 : Je. 6. 23 : 11. 8 : 21. 14 : 25. 12 *bis*, 17 (32. 3) : 26 (33). 20 : 27 (34). 19, 21 : 29 (36). 16 : 30 (37). 15 : 33 (40). 14 *bis*, 21 : 35 (42). 17 : 37 (44). 5 : 39 (46). 12 : 44 (51). 29 *bis* : 48 (31). 36, 40 : 50 (27). 36 : Ez. 9. 6 : 13. 3, 5 : 21. 2 (7) : 27. 31, 32 *bis* : 28. 12 : 29. 3 : 31. 13, 15 : 32. 18, 31 : 34. 2 : 35. 5, 13 : 36. 18 : Da. 2. 46††, 48 : 3. 12 (28) : 4. 25 : 6. 5†, 15† : 9. 14†, 24 *bis*, 27 *bis* : 10. 9†††, 10 : 11. 5, 24, 30, 36†, 37, 37†, 37, 42 : Ho. 5. 1 : Am. 9. 1 : Mi. 4. 3 : 5. 1 (4. 14), 7 (6) *bis* : Za. 9. 9 : 11. 8 : 12. 10 : 13. 7 : 14. 17.]

[**Heb**. Ge. 6. 6 (5) : 38. 29 : 47. 6††, 31 : 49. 8 : Ez. 47. 8.]

[**Al**. Ge. 44. 21 : Ex. 7. 19 : 8. 5 (1) : 14. 27 : 17. 16 : 30. 13 : Le. 4. 7 : 6. 10 (3) : 14. 7†† : 15. 10 : 24. 7 : 26. 16 : Nu. 4. 19 *bis* : 18. 5 : 22. 41 : Jd. 5. 8, 17 : I Ki. 5. 6 : 11. 7 : III Ki. 22. 49 : IV Ki. 4. 34 *bis*, 35 : I Ch. 18. 17 : Ps. 44 (45). 4 : 47 (48). 11 : 84 (85). 9 : 95 (96). 4 : 127 (128). 6 : Pr. 29. 13* : Ca. 5. 5 : Is. 19. 17 : Je. 4. 20 : Ez. 32. 4†† : 46. 22 : Da. 8. 25 : Am. 4. 13 : Hb. 3. 8, 12, 15, 16, 19 : Za. 14. 10.]

[**Quint**. IV Ki. 13. 1 : 16. 12 : Ps. 26 (27). 6 : 51 (52). 8 : 61 (62). 3 (ἐ. πλεῖον) : 95 (96). 4 : 107 (108). 10 : 140 (141). 10* : Za. 9. 9.]

[**Sext**. Ps. 30 (31). 15 : 134 (135). 18.]

ἐπιβάθρα.

III Ma. 2. 31. *τὰς τῆς πόλεως εὐσεβείας ἐπιβάθρας [A -α] στυγοῦντες*

ἐπιβαίνειν. (1) דָּרַךְ (2) הָיָה (3) הָלַךְ (4) חָפַף ni. (5) חָנָה (6) יָצַב hithp. (7) עָלָה (8) עָמַד (9) צָעַד (10) רָכַב

Ge. 24. 61. *ἐπέβησαν ἐπὶ τὰς καμήλους* (10)
Le. 15. 9. *ἐφ' ὃ ἂν ἐπιβῇ [A καθίσῃ]* (10)
Nu. 22. 22. *ἐπιβεβήκει ἐπὶ τῆς ὄνου αὐ. [A al.]* (10)
— 30. *ἐφ' ἧς ἐπέβαινες* (10)
De. 1. 36. *ἐφ' ἣν ἐπέβη* (1)
11. 25. *ἐφ' ἧς ἂν ἐπιβῆτε ἐπ' αὐτῆς* (1)
33. 26. *ὁ ἐπιβαίνων ἐπὶ τὸν οὐρανόν* (10)
— 29. *σὺ ἐπὶ τὸν τράχηλον αὐτῶν ἐπιβήσῃ* (1)
Jo. 1. 3. *ἐφ' ὃν ἂν ἐπιβῆτε* (1)
14. 9. *ἐφ' ἣν [A ἧς] ἐπέβης* (1)
15. 6. *ἐπιβαίνει τὰ ὅρια ἐπὶ B.* (7)
Jd. 5. 10. *ἐπιβεβηκότες ἐπὶ ὄνου θηλείας [A al.]* (10)
10. 4. *ἐπιβαίνοντες [A -βεβηκότες] ἐπὶ τριάκοντα δύο πώλους* (10)
12. 13. *ἐπιβαίνοντες [A -βεβηκότες] ἐπὶ ἑβδομήκοντα πώλους* (10)
I Ki. 5. 5. *οὐκ ἐπιβαίνουσιν οἱ ἱερεῖς Δ. . . . ἐπὶ βαθμόν* (1)
25. 20. *αὐτῆς ἐπιβεβηκυίης ἐπὶ τὴν ὄνον* (10)
— 42. *καὶ ἐπέβη ἐπὶ τὴν ὄνον* (10)
30. 17. *ἃ ἦν ἐπιβεβηκότα ἐπὶ τὰς καμήλους* (10)
II Ki. 18. 9. A B *καὶ 'A. ἐπιβεβηκὼς [R ἦν ἐ.] ἐπὶ τοῦ ἡμιόνου αὐτοῦ* (10)
19. 26 (27). *καὶ ἐπιβῶ ἐπ' αὐτήν* (10)
III Ki. 12. 33. A *καὶ ἐπέβη [B ἀνέβη] ἐπὶ τὸ θυσιαστήριον* (7)
13. 13. *καὶ ἐπέβη ἐπ' αὐτόν* (10)
IV Ki. 4. 24. *μὴ ἐπίσχῃς μοι τοῦ ἐπιβῆναι* (10)
9. 25. *ἐγὼ καὶ σὺ ἐπιβεβηκότες ἐπὶ ζεύγη* (10)
Ne. 2. 12. *ᾧ [A S ὃ] ἐγὼ ἐπιβαίνω ἐπ' αὐτῷ* (10)
Es. 6. 8. *ἐφ' ὃν [S^{3} ὃν ἐπ' αὐτὸν] ὁ βασιλεὺς ἐπιβαίνει* (10)
Jb. 6. 21. *ὑμεῖς ἐπέβητέ μοι ἀνελεημόνως* †
17. 6. B *γέλως δὲ αὐτοῖς ἐπέβην [A S^{2} R ἀπ.]* (2)
30. 21. *ἐπέβησαν [S -βης, A ἀπέβησαν] δέ μοι* (4)
Ps. 17 (18). 10. *ἐπέβη ἐπὶ χερουβείν* (10)
67 (68). 4. *τῷ ἐπιβεβηκότι ἐπὶ δυσμῶν* (10)
— 33. *τῷ ἐπιβεβηκότι ἐπὶ τὸν οὐρ. τοῦ οὐρ.* (10)

Ps. 75 (76). 6. ἐνύσταξαν οἱ ἐπιβεβηκότες τοὺς ἵππους [S[2] τοῖς ἵπποις] †
90 (91). 13. ἐπ' ἀσπίδα καὶ βασιλίσκον ἐπιβήσῃ (1)
Pr. 21. 22. πόλεις ὀχυρὰς ἐπέβη σοφός (7)
Wi. 14. 4. ἵνα κἂν ἄνευ τέχνης τις ἐπιβῇ
Si. 2. 12. οὐαὶ . . . ἁμαρτωλῷ ἐπιβαίνοντι ἐπὶ δύο τρίβους
9. 2. ἐπιβῆναι αὐτὴν ἐπὶ τὴν ἰσχύν σου
46. 9. ἐπιβῆναι αὐτὸν ἐπὶ ὕψος τῆς γῆς
51. 15. ἐπέβη ὁ πούς μου ἐν εὐθύτητι
Am. 4. 13. A B ἐπιβαίνων ἐπὶ τὰ ὕψη [R ὑψηλὰ] τῆς γῆς (1)
Mi. 1. 3. ἐπιβήσεται [B[1] *om.*] ἐπὶ τὰ ὕψη τῆς γῆς (1)
5. 5 (4). ὅταν ἐπιβῇ ἐπὶ τὴν χώραν ὑμῶν (1)
— 6 (5). ὅταν ἐπιβῇ ἐπὶ τὰ ὅρια ὑμῶν (1)
Na. 3. 17. ὡς ἀκρὶς ἐπιβεβηκυῖα ἐπὶ φραγμόν (5)
Hb. 2. 1. ἐπιβήσομαι ἐπὶ πέτραν (6)
3. 8. ἐπιβήσῃ ἐπὶ τοὺς ἵππους σου (10)
Za. 1. 8. ἀνὴρ ἐπιβεβηκὼς ἐπὶ [S[1] *om.*] ἵππον πυρρόν (10)
9. 9. καὶ ἐπιβεβηκὼς ἐπὶ ὑποζύγιον (10)
Je. 10. 5. ὅτι οὐκ ἐπιβήσονται (9)
17. 25. ἄρχοντες . . . ἐπιβεβηκότες ἐφ' ἅρμασι (10)
18. 15. τοῦ ἐπιβῆναι τρίβους οὐκ ἔχοντας ὁδόν (3)
22. 4. βασιλεῖς . . . ἐπιβεβηκότες ἐφ' ἁρμάτων (10)
26 (46). 4. ἐπίβητε οἱ ἱππεῖς (7)
— 9. ἐπίβητε ἐπὶ τοὺς ἵππους (7)
27 (50). 21. πικρῶς ἐπίβηθι ἐπ' αὐτήν (7)
— 24. ἐπιβήσονταί [B[2] S ἐπιθήσ.] σοι †
Ba. 4. 13. οὐδὲ τρίβους παιδείας . . . ἐπέβησαν
— 25. ἐπὶ τραχήλους αὐτῶν ἐπιβήσῃ
Ez. 10. 18. ἐπέβη ἐπὶ τὰ χερουβίμ (8)
[**Aq.** Jd. 13. 5 : Jb. 18. 14 : Ps. 67 (68). 34 : Is. 19. 1 : Je. 50 (27). 42 : Za. 9. 9.]
[**Sm.** Ps. 59 (60). 10 : Je. 50 (27). 42 : Ze. 1. 9 : Za. 9. 9.]
[**Th.**, **Quint.** Za. 9. 9.]

ἐπιβάλλειν. (1) אַרְבָּה (2) בּוֹא (3) הָדָה (4) נָרַח (5) נוּף hi. (6) נָטָה (7) נָטַשׁ (8) נָפַל hi. (9) נָשָׂא (10) נָתַן (11) עָבַר (12) עָלָה *a.* qal. *b.* hi. (13) פָּרַשׂ (14) קָדַם pi. (15) שׂוּם, שִׂים (16) שׁוּב hi. (17) שִׁית *a.* qal. *b.* hoph. (18) *a.* שָׁלַח *b.* מִשְׁלָח *c.* מִשְׁלוֹחַ (19) שָׁלַךְ hi. (20) **ἐπιβάλλειν φόρον ἐπί** עָנַשׁ (21) **ἐπιβάλλειν κενά** הָבַל

Ge. 2. 21. ἐπέβαλεν ὁ θ. ἔκστασιν ἐπὶ τὸν 'Α. (8)
22. 12. μὴ ἐπιβάλῃς τὴν χεῖρά σου ἐπὶ τὸ παιδ. (18 *a*)
39. 7. ἐπέβαλεν . . . τοὺς ὀφθ. αὐτῆς ἐπὶ 'Ι. (9)
46. 4. ἐπιβαλεῖ τὰς χεῖρας . . . ἐπὶ τοὺς ὀφθ. (17 *a*)
48. 14. ἐκτείνας δὲ 'Ι. τὴν χεῖρα τὴν δεξ. ἐπέβαλεν (17 *a*)
— 17. ἐπέβαλεν ὁ πατὴρ τὴν δεξιὰν αὐ. (17 *a*)
Ex. 5. 8. τὴν σύνταξιν . . . καθ' ἑκάστην ἡμέραν ἐπιβαλεῖς αὐτοῖς (15)
7. 4. καὶ ἐπιβαλῶ τὴν χεῖρά μου ἐπ' Αἴγυπτον (10)
20. 25. τὸ γὰρ ἐγχειρίδιόν σου [A μου] ἐπιβέβληκας (5)
21. 22. καθότι ἂν ἐπιβάλῃ ὁ ἀνὴρ τῆς γυν. (17 *a*)
— 30. ἐὰν δὲ λύτρα ἐπιβληθῇ αὐτῷ (17 *b*)
— 30. ὅσα ἐὰν ἐπιβάλωσιν [A -λῃ] αὐτῷ (17 *b*)
Le. 10. 1. ἐπέβαλον ἐπ' αὐτὸ θυμίαμα (15)
19. 19. ἱμάτιον . . . κίβδηλον οὐκ ἐπιβαλεῖς σεαυτῷ (12 *a*)
Nu. 4. 6, 7, 8. ἐπιβαλοῦσιν ἐπ' αὐτὴν ἱμάτιον (13)
— 14. ἐπιβαλοῦσιν ἐπ' αὐτὸ κάλυμμα (13)
11. 31. ἐπέβαλεν ἐπὶ τὴν παρεμβολήν (7)
16. 18. A[2] B ἐπέβαλον ἐπ' αὐτὰ θυμίαμα (15)
— 46 (17. 11). ἐπίβαλε ἐπ' αὐτὸ θυμίαμα (15)
— 47 (17. 12). ἐπέβαλε τὸ θυμίαμα (10)
19. 2. ᾗ οὐκ ἐπεβλήθη ἐπ' αὐτὴν ζυγός (12 *a*)
De. 12. 7. οὗ ἐὰν ἐπιβάλητε τὴν χεῖρα (18 *b*)
— 18. οὗ ἐὰν ἐπιβάλῃς τὴν χεῖρά σου (18 *b*)
15. 10. οὗ ἂν ἐπιβάλῃς τὴν χεῖρά σου (18 *b*)
20. 19. ἐπιβαλεῖν ἐπ' αὐτὰ σίδηρον (4)
23. 25 (26). A[2] B δρέπανον οὐ μὴ ἐπιβάλῃς (5)
24. 5. οὐκ ἐπιβληθήσεται αὐτῷ οὐδὲν πρᾶγμα (11)
27. 5. οὐκ ἐπιβαλεῖς ἐπ' αὐτὸ σίδηρον (5)
28. 8. οὗ ἂν ἐπιβάλῃς τὴν χεῖρά σου (18 *b*)
— 20. οὗ ἐὰν ἐπιβάλῃς τὴν χεῖρά σου (18 *b*)

Jo. 7. 6. ἐπεβάλοντο [A -βαλον τὸν] χοῦν (12 *b*)
9. 2 (8. 31). ἐφ' οὓς οὐκ ἐπεβλήθη σίδηρος (5)
II Ki. 18. 12. οὐ μὴ ἐπιβάλω τὴν χεῖρά μου (18 *a*)
III Ki. 21 (20). 6. ἐφ' ἃ ἂν ἐπιβάλωσι τὰς χεῖρας αὐτῶν (15)
II Ch. 36. 3. καὶ ἐπέβαλε φόρον ἐπὶ τὴν γῆν (20)
I Es. 8. 22. A R ἐπιβαλεῖν τι [B *om.*] τούτοις
9. 20. καὶ ἐπέβαλον τὰς χεῖρας
To. 3. 17. Τωβίᾳ ἐπιβάλλει κληρονομῆσαι αὐτήν
6. 11. σοι ἐπιβάλλει ἡ κληρονομία αὐτῆς [S *al.*]
11. 12. S ἐπέβαλεν τὸ φάρμακον ἐπ' αὐτόν
Ju. 11. 12. ἐβουλεύσαντο ἐπιβαλεῖν τοῖς κτήνεσιν αὐτῶν
Es. 1. 1. ἐπιβαλεῖν 'Α. τῷ βασιλεῖ
6. 2. B S καὶ ζητῆσαι ἐπιβαλεῖν [A ἐν τῷ ἐ. αὐτοὺς] τὰς χεῖρας 'Α. (18 *a*)
Jb. 27. 12. κενὰ κενοῖς ἐπιβάλλετε [A -εσθε] (21)
Ps. 80 (81). 14. ἐπὶ τοὺς θλίβοντας αὐτοὺς [S -οῦ] ἐπέβαλον ἂν τὴν χεῖρά μου (16)
107 (108). 9. A S[2] R ἐπὶ τὴν 'Ιδουμαίαν ἐπιβαλῶ [S[1] ἐκτενῶ] τὸ ὑπόδημά μου (19)
Pr. 18. 17. ὡς δ' ἂν ἐπιβάλῃ ὁ ἀντίδικος ἐλέγχεται (2)
20. 26. ἐπιβαλεῖ αὐτοῖς τροχόν (16)
23. 2. ἐπίβαλλε τὴν χεῖρά σου (15)
Si. 33 (36). 2. ἐπίβαλε τὸν φόβον σου ἐπὶ πάντα τὰ ἔθνη
▶Ho. 7. 12. ἐπιβαλῶ ἐπ' αὐτοὺς τὸ δίκτυόν μου (13)
Is. 5. 25. ἐπέβαλε τὴν χεῖρα ἐπ' αὐτούς (6)
11. 8. ἐπὶ κοίτην ἐκγόνων ἀσπίδων τὴν χεῖρα ἐπιβαλεῖ (3)
— 14. ἐπὶ Μωὰβ πρῶτον τὰς χεῖρας ἐπιβαλοῦσιν (18 *c*)
— 15. ἐπιβαλεῖ τὴν χεῖρα αὐτοῦ ἐπὶ τὸν ποταμόν (5)
19. 16. ἣν αὐτὸς ἐπιβαλεῖ αὐτοῖς (5)
25. 11. ἐφ' ἃ [S ἣν] τὰς χεῖρας ἐπέβαλε (1 ?)
34. 11. ἐπιβληθήσεται ἐπ' αὐτὴν σπαρτίον (6)
— 17. αὐτὸς ἐπιβαλεῖ αὐτοῖς κλήρους (8)
37. 33. οὐδὲ μὴ ἐπιβάλῃ [A β.] ἐπ' αὐτὴν θυρεόν (14)
I Ma. 4. 2. ὥστε ἐπιβαλεῖν ἐπὶ τὴν παρεμβολήν
10. 30. τοῦ ἡμίσους τοῦ καρποῦ . . . τοῦ ἐπιβάλλοντός μοι
II Ma. 3. 3. τὰ πρὸς τὰς λειτουργίας . . . ἐπιβάλλοντα [A -ας] δαπανήματα
9. 16. τὰς δὲ ἐπιβαλλούσας πρὸς τὰς θυσίας συντάξεις
12. 9. τοῖς 'Ιαμνίταις νυκτὸς ἐπιβαλών
— 10. A ἐπέβαλλον [R προσέβαλον] ῎Αραβες αὐτῷ
— 13. ἐπέβαλε δὲ καὶ ἐπί τινα πόλιν
— 38. τῆς δὲ ἑβδομάδος ἐπιβαλλούσης
13. 15. ἐπιβαλὼν νύκτωρ ἐπὶ τὴν βασιλικὴν αὐλήν
15. 1. μετὰ πάσης ἀσφαλείας αὐτοῖς ἐπιβαλεῖν
III Ma. 1. 16. τὴν ὁρμὴν τοῦ κακῶς ἐπιβαλλομένου μεταθεῖναι
5. 11. ἐπιβαλλόμενον ὑπὸ τοῦ χαριζομένου πᾶσιν
[**Aq.** Jb. 6. 9.]
[**Sm.** Jb. 6. 9 : Ps. 77 (78). 28 : Pr. 19. 15.]
[**Th.** Ex. 20. 25 : Pr. 19. 15.]

ἐπίβασις. (1) *a.* מֶרְכָּב *b.* רְכוּב

Ps. 103 (104). 3. ὁ τιθεὶς νέφη τὴν [S[1] νεφέλην] ἐ. αὐ. (1 *b*)
Ca. 3. 10. ἐπίβασις [A S -άσεις] αὐτοῦ πορφυρᾶ (1 *a*)
Wi. 5. 11. οὐχ εὑρέθη σημεῖον ἐπιβάσεως ἐν αὐτῷ [S[1] ἐπ. αὐτοῦ]
15. 15. οἱ πόδες αὐτῶν ἀργοὶ πρὸς ἐπίβασιν
[**Al.** Le. 23. 5.]

ἐπιβάτης. (1) מַלָּח (2) *a.* רָכַב *b.* רַכָּב *c.* רֶכֶב

IV Ki. 7. 14. καὶ ἔλαβον δύο ἐπιβάτας ἵππων (2 *c*)
9. 17. λάβε ἐπιβάτην (2 *b*)
— 18. καὶ ἐπορεύθη ἐπιβάτης ἵππου (2 *a*)
— 19. καὶ ἀπέστειλεν ἐπιβάτην ἵππου δεύτερον (2 *a*)
18. 23. δοῦναι σεαυτῷ ἐπιβάτας ἐπ' αὐτούς (2 *a*)
Es. 8. 14. S[3] καὶ ἐπιβάται τῶν πορειῶν (2 *a*)
Jb. 39. 18. καταγελάσεται ἵππου καὶ τοῦ ἐ. αὐ. (2 *a*)
Je. 28 (51). 21. διασκορπιῶ ἐν σοὶ ἵππον καὶ ἐπιβάτην [A ἀναβ.] αὐτοῦ (2 *a*)
Ez. 27. 29. καταβήσονται ἀπὸ τῶν πλοίων οἱ κωπηλάται καὶ οἱ ἐ. (1)
II Ma. 3. 25. ἵππος . . . φοβερὸν ἔχων τὸν ἐ.
[**Sm.** Ez. 23. 23.]
[**Th.** Jb. 39. 18.]

ἐπίβατος.

Ne. 4. 13. S[1] ὅπου εὖ ἐπίβατα ἦν –

ἐπιβιβάζειν. (1) דָּרַךְ *a.* qal. *b.* hi. (2) יָרַד hi. (3) רָכַב hi.

II Ki. 6. 3. A B ἐπεβίβασεν [R -σαν] τὴν κιβωτὸν κυρίου (3)
III Ki. 1. 33. ἐπιβιβάσατε τὸν υἱόν μου Σ. ἐπὶ τὴν ἡμίονον τὴν ἐμήν (3)
IV Ki. 9. 28. καὶ ἐπεβίβασαν [A ἐνεβ.] αὐτὸν οἱ παῖδες αὐτοῦ (3)
13. 16. ἐπιβίβασον τὴν χεῖρά σου ἐπὶ τὸ τόξον (3)
— 16. καὶ ἐπεβίβασεν 'Ι. τὴν χεῖρα αὐτοῦ (3)
23. 30. καὶ ἐπεβίβασαν αὐτὸν οἱ παῖδες αὐτοῦ (3)
II Ch. 23. 20. καὶ ἐπεβίβασαν [A ἀνεβ.] τὸν βασιλέα εἰς οἶκον κυρίου (2)
Ps. 65 (66). 12. ἐπεβίβασας ἀνθρώπους ἐπὶ τὰς κεφαλὰς ἡμῶν (3)
Ho. 10. 11. ἐπιβιβῶ 'Ε. (3)
Hb. 3. 15. ἐπιβιβᾷς [A S[2] ἐπεβίβασας] . . . τοὺς ἵππους σου (1 *a*)
— 19. ἐπὶ τὰ ὑψηλὰ ἐπιβιβᾷ με (1 *b*)
[**Al.** Hb. 3. 19.]

ἐπιβιοῦν.

IV Ma. 6. 20. A S εἰ ἐπιβιώσομεν [R -σωμεν] ὀλίγον χρόνον

ἐπιβλέπειν. (1) אוּר hi. (2) בָּעַט (3) בָּקַשׁ pi. (4) נָבַט hi. (5) נָהָה ni. (6) נָטָה hi. (7) נָטַף hi. (8) פָּנָה *a.* qal. *b.* pi. *c.* hi. (9) צָפָה *a.* qal. *b.* pi. (10) צַפְצָפָה (11) רָאָה (12) שָׁגַח hi. (13) שׁוּב (14) שׁוּט pil. (15) שָׁקַף hi.

Ge. 19. 26. καὶ ἐπέβλεψεν ἡ γυνὴ αὐτοῦ εἰς τὰ ὀπίσω (4)
— 28. ἐπέβλεψεν ἐπὶ πρόσωπον Σοδόμων (15)
Ex. 14. 24. ἐπέβλεψε κ. ἐπὶ τὴν παρεμβολήν [A *al.*] (15)
Le. 26. 9. ἐπιβλέψω ἐφ' ὑμᾶς (8 *a*)
Nu. 12. 10. ἐπέβλεψεν 'Α. ἐπὶ [A πρὸς] M. (8 *a*)
21. 9. ἐπέβλεψεν ἐπὶ τὸν ὄφιν τὸν χαλκοῦν (4)
De. 9. 27. μὴ ἐπιβλέψῃς ἐπὶ τὴν σκληρότητα (8 *a*)
Jd. 5. 28. A ἐπιβλέπουσα ἐπὶ τοὺς μεταστρέφοντας Σ. [B *om.*] –
6. 14. A ἐπέβλεψεν [B -έστρεψε] πρὸς αὐτόν (8 *a*)
20. 40. καὶ ἐπέβλεψε B. ὀπίσω αὐτοῦ (8 *a*)
— 42. ἐπέβλεψαν ἐνώπιον υἱῶν 'Ι. [A *al.*] (8 *a*)
— 45, 47. ἐπέβλεψαν οἱ λοιποί [A *al.*] (8 *a*)
I Ki. 1. 11. A R ἐὰν ἐπιβλέπων ἐπιβλέψῃς ἐπὶ [B *om.*] τὴν ταπείνωσιν τῆς δούλης σου (11, 11)
2. 29. ἵνα τί ἐπέβλεψας [A -ατε] ἐπὶ τὸ θυμίαμά μου (2 ?)
— 32. A ἐπιβλέψῃ κραταίωμά μου (4)
4. 15. R καὶ οὐκ ἐπέβλεπε [A B ἔβλ.] (11)
7. 2. καὶ ἐπέβλεψε πᾶς οἶκος 'Ι. ὀπίσω κυρίου (5)
9. 16. ἐπέβλεψα ἐπὶ τὴν ταπείνωσιν τοῦ λαοῦ μου (11)
13. 17. B ἡ ἀρχὴ ἡ μία ἐπιβλέπουσα ὁδὸν Γ. (8 *a*)
— 18. B ἡ ἀρχὴ ἡ μία ἐπιβλέπουσα ὁδὸν B. (8 *a*)
— 18. B ἡ ἀρχὴ ἡ μία ἐπιβλέπουσα ὁδὸν Γ. (8 *a*)
14. 13. ἐπέβλεψαν κατὰ πρόσωπον 'Ι. †
16. 7. μὴ ἐπιβλέψῃς ἐπὶ τὴν ὄψιν αὐτοῦ [A *al.*] (4)
17. 42. A καὶ ἐπέβλεψεν ὁ ἀλλόφυλος (4)
24. 9. καὶ ἐπέβλεψε Σ. εἰς τὰ [A *om.* εἰς τὰ] ὀπίσω αὐτοῦ (4)
II Ki. 1. 7. καὶ ἐπέβλεψεν ἐπὶ τὰ ὀπίσω αὐτοῦ (8 *a*)
2. 20. καὶ ἐπέβλεψεν 'Α. εἰς τὰ ὀπίσω αὐτοῦ (8 *a*)
9. 8. ἐπέβλεψας ἐπὶ τὸν κύνα τὸν τεθνηκότα (8 *a*)
III Ki. 7. 25. οἱ τρεῖς ἐπιβλέποντες βορρᾶν καὶ οἱ τρεῖς ἐπιβλέποντες θάλασσαν καὶ οἱ τρεῖς ἐπιβλέποντες νότον καὶ οἱ τρεῖς ἐπιβλέποντες ἀνατολήν (8 *a quater*)
8. 28. καὶ ἐπιβλέψῃ ἐπὶ τὴν δέησίν μου (8 *a*)
18. 43. ἐπίβλεψον ὁδὸν τῆς θαλάσσης (4)
— 43. καὶ ἐπέβλεψε τὸ παιδάριον (4)
19. 6. καὶ ἐπέβλεψεν 'Η. (4)
IV Ki. 3. 14. A R εἰ [B ἦ] ἐπέβλεψα πρὸς σέ (4)
13. 23. καὶ ἐπέβλεψεν ἐπ' [A πρὸς] αὐτούς (8 *a*)
II Ch. 6. 19. ἐπιβλέψῃ ἐπὶ τὴν προσευχὴν παιδός σου (8 *a*)

▶ = additional entry on page xxvi

II Ch. 16. 9. ἐπιβλέπουσιν ἐν πάσῃ τῇ γῇ (14)
20. 24. καὶ ἐπέβλεψε (8 a)
To. 3. 3. ἐπίβλεψον ἐπ' ἐμέ [S om ἐπ' ἐ.]
— 15. ἐπίταξον ἐπιβλέψαι ἐπ' ἐμέ [S al.]
Ju. 6. 19. S ἐπίβλεψον [A B κάτιδε] ἐπὶ τὰς ὑπερηφανίας αὐτῶν
— 19. ἐπίβλεψον ἐπὶ τὸ πρόσωπον τῶν ἡγιασμένων σοι
13. 4. A B ἐπίβλεψον . . . ἐπὶ τὰ ἔργα τῶν χειρῶν μου
Es. 4. 17. ἐπιβλέπουσιν ἡμῖν εἰς καταφθοράν
Ps. 12 (13). 3. ἐπίβλεψον εἰσάκουσόν μου (4)
24 (25). 16. ἐπίβλεψον ἐπ' ἐμέ (8 a)
32 (33) 13. ἐξ οὐρανοῦ ἐπέβλεψεν ὁ κύριος (4)
— 14. ἐπέβλεψεν ἐπὶ πάντας τοὺς κατοικοῦντας τὴν γῆν (12)
39 (40). 4. οὐκ ἐπέβλεψεν [A² B¹ ἐνέβλ.] εἰς ματαιότητας (8 a)
65 (66). 7. ἐπὶ τὰ ἔθνη ἐπιβλέπουσιν (9 a)
68 (69). 16. ἐπίβλεψον ἐπ' ἐμέ (8 a)
73 (74). 20. ἐπίβλεψον εἰς τὴν διαθήκην σου (4)
79 (80). 14. ἐπίβλεψον ἐξ οὐρανοῦ (4)
83 (84). 9. ἐπίβλεψον ἐπὶ τὸ πρόσωπον τοῦ χριστοῦ σου (4)
85 (86). 16. ἐπίβλεψον ἐπ' ἐμέ (8 a)
101 (102). 17. ἐπέβλεψεν ἐπὶ τὴν προσευχὴν τῶν ταπεινῶν [S¹ πτωχῶν] (8 a)
— 19. κύριος ἐξ οὐρανοῦ ἐπὶ τὴν γῆν ἐπέβλεψε (4)
103 (104). 32. ὁ ἐπιβλέπων ἐπὶ τὴν γῆν (4)
118 (119). 6. ἐν τῷ με ἐπιβλέπειν ἐπὶ πάσας τὰς ἐντολάς σου (4)
— 132. ἐπίβλεψον ἐπ' ἐμέ (8 a)
141 (142). 4. καὶ ἐπέβλεπον (11)
Pr. 24. 47 (32). A S² R ἐπέβλεψα [B S¹ ἀπέβλ.] τοῦ ἐκλέξασθαι παιδείαν (11)
Ec. 2. 11. ἐπέβλεψα ἐγὼ ἐν πᾶσι ποιήμασί μου (8 a)
— 12. ἐπέβλεψα ἐγὼ τοῦ ἰδεῖν σοφίαν (8 a)
Si. 11. 12. ἐπέβλεψαν [S¹ -εν] αὐτῷ εἰς ἀγαθά
— 30. ὡς ὁ κατάσκοπος ἐπιβλέπει πτῶσιν
16. 19. ἐν τῷ ἐπιβλέψαι εἰς αὐτά
— 29. κύριος εἰς [A ἐπὶ] τὴν γῆν ἐπέβλεψε
23. 19. ὀφθαλμοὶ κυρίου . . . ἐπιβλέποντες πάσας [S² ἐπὶ π.] ὁδοὺς ἀνθρώπων
33 (36). 1. ἐλέησον ἡμᾶς . . . καὶ ἐπίβλεψον
34 (31). 14. οὗ ἐὰν ἐπιβλέψῃ [S¹ -ῃς]
39. 20. ἀπὸ τοῦ αἰῶνος εἰς τὸν αἰῶνα ἐπέβλεψε
42. 16. ἥλιος φωτίζων κατὰ πᾶν ἐπέβλεψε
Ho. 3. 1. ἐπιβλέπουσιν [A ἀποβλ.] ἐπὶ θεοὺς ἀλλοτρίους (8 a)
11. 4. καὶ ἐπιβλέψομαι πρὸς αὐτόν (6)
Am. 5. 22. σωτηρίους [A -ίου] ἐπιφανείας ὑμῶν οὐκ ἐπιβλέψομαι (4)
Mi. 7. 7. ἐπὶ τὸν κύριον ἐπιβλέψομαι (9 b)
Jn. 2. 5. A B S² προσθήσω τοῦ ἐπιβλέψαι [R ἐ. με, S¹ ἐπιστρ.] (4)
Na. 2. 8 (9). οὐκ ἦν ὁ ἐπιβλέπων [A βλ.] (8 c)
Hb. 1. 3. ἵνα τί ἔδειξάς μοι κόπους καὶ πόνους ἐπιβλέπειν (4)
— 5. ἴδετε οἱ καταφρονηταὶ καὶ ἐπιβλέψατε (4)
— 13. ἐπιβλέπειν ἐπὶ πόνους ὀδύνης [A S³ οὐ δυνήσῃ] (4)
— 13. ἵνα τί [A εἰς τί] ἐπιβλέπεις ἐπὶ καταφρονοῦντας (4)
2. 15. ὅπως ἐπιβλέπῃ ἐπὶ τὰ σπήλαια αὐτῶν (4)
3. 6. ἐπέβλεψε καὶ διετάκη [S¹ ἐτ.] ἔθνη (11)
Hg. 1. 9. ἐπεβλέψατε εἰς πολλά (8 a)
Za. 1. 16. B¹ ἐπιβλέψω [A B² S R -στρέψω] ἐπὶ Ἰερ. (13)
4. 10. ὀφθαλμοί εἰσιν [A εἰ. κυρίου] οἱ ἐπιβλέποντες ἐπὶ πᾶσαν τὴν γῆν (14)
6. 7. καὶ ἐπέβλεπον τοῦ πορεύεσθαι (3)
10. 3 (4). ἀπ' [A S² ἐξ] αὐτοῦ ἐπέβλεψε (8 b ?)
12. 10. ἐπιβλέψονται πρὸς μέ (4)
Ma. 2. 13. ἔτι ἄξιον ἐπιβλέψαι εἰς θυσίαν (8 a)
3. 1. ἐπιβλέψεται ὁδὸν πρὸ προσώπου μου (8 b)
Is. 63. 5. ἐπέβλεψα καὶ οὐκ ἦν [A S κ. οὐδεὶς] βοηθός (4)
64. 9 (8). ἐπίβλεψον ὅτι λαός σου πάντες (4)
66. 2. ἐπὶ τίνα ἐπιβλέψω (4)
Je. 4. 23. ἐπέβλεψα ἐπὶ τὴν γῆν (11)
— 25. ἐπέβλεψα καὶ ἰδοὺ οὐκ ἦν ἄνθρωπος (11)
La. 1. 11. ἐπίβλεψον ὅτι ἐγενήθη [A S¹ -ην] ἠτιμωμένη (4)
2. 20. ἐπίβλεψον τίνι ἐπεφύλλισας (4)
La. 3. 63. ἐπίβλεψον ἐπὶ ὀφθαλμοὺς αὐτῶν (4)
4. 16. οὐ προσθήσει ἐπιβλέψαι αὐτοῖς (4)
5. 1. ἐπίβλεψον καὶ ἴδε τὸν ὀνειδισμὸν ἡμῶν (4)
Ez. 10. 11. εἰς ὃν ἂν τόπον ἐπέβλεψεν ἡ ἀρχὴ ἡ μία ἐπορεύοντο (8 a)
17. 5. ἐπιβλεπόμενον ἔταξεν αὐτό (10)
20. 46 (21. 2). ἐπίβλεψον ἐπὶ δαρόμ (7)
21. 2 (7). ἐπίβλεψον ἐπὶ τὰ ἅγια αὐτῶν (7)
36. 9. ἐπιβλέψω ἐφ' ὑμᾶς (8 a)
47. 1. A τὸ πρόσωπον τοῦ οἴκου ἐπέβλεπεν [B ἔβλ.] κατὰ ἀνατολάς –
Da. LXX. 9. 17. ἐπιβλεψάτω τὸ πρόσωπόν σου ἐπὶ τὸ ὄρος (1)
Da. TH. 3. (55). ὁ ἐπιβλέπων [A βλ.] ἀβύσσους
Bel 18. ἐπιβλέψας ὁ βασιλεὺς ἐπὶ τὴν τράπεζαν
[**Aq.** I Ki. 2. 32 : Ps. 9. 35 (10. 14) : Is. 63. 15.]
[**Sm.** Is. 63. 15.]
[**Th.** I Ki. 2. 32 : 13. 18 : Ps. 10 (11). 4 : Da. 3. (55) : Jn. 2. 5 : Za. 12. 10.]

ἐπίβλημα. (1) מִטְפַּחַת
Is. 3. 22. τὰ ἐ. τὰ κατὰ τὴν οἰκίαν (1 ?)
[**Sm.** Jo. 9. 5 (11).]

ἐπίβλητος.
[**Sm.** Ez. 27. 20.]

ἐπιβλυσμός.
[**Aq.** Ge. 2. 6 : Jb. 30. 12 : Pr. 1. 26.]

ἐπιβοᾶν.
Wi. 14. 1. τοῦ φέροντος αὐτὸν πλοίου [A ξύλου] σαθρότερον ξύλον ἐπιβοᾶται
IV Ma. 6. 4. ἑτέρωθεν κήρυκος ἐπιβοῶντος

ἐπιβοηθεῖν.
I Ma. 7. 7. καὶ πάντας τοὺς ἐπιβοηθοῦντας αὐτοῖς
II Ma. 8. 8. ἐπιβοηθεῖν τοῖς τοῦ βασ. πράγμασιν
11. 7. ἐπιβοηθεῖν τοῖς ἀδελφοῖς αὐτῶν
13. 10. ἐπιβοηθεῖν τοῖς τοῦ νόμου . . . στερεῖσθαι μέλλουσι

ἐπιβόλαιον. (1) מִסְפָּחוֹת (2) שְׂמִיכָה
Jd. 4. 18. περιέβαλεν αὐτὸν ἐπιβολαίῳ [A al.] (2)
Ez. 13. 18. οὐαὶ ταῖς . . . ποιούσαις ἐπιβόλαια ἐπὶ πᾶσαν κεφαλήν (1)
— 21. διαρρήξω τὰ ἐ. [A περιβόλαια] ὑμῶν (1)
[**Th.** I Ki. 24. 12.]

ἐπιβολή.
II Ma. 8. 7. A τὰς νύκτας πρὸς τὰς τοιαύτας ἐ. [R -βουλὰς] συνεργούς
[**Sm.** Ho. 5. 14.]

ἐπιβουλεύειν. (1) נָכָה hi.
● Es. 8. 13. τοῖς δὲ ἡμῖν ἐπιβουλεύουσι μνημόσυνον
Pr. 17. 26. οὐδὲ ὅσιον ἐπιβουλεύειν δυνάσταις δικαίοις (1)
[**Aq.** Ps. 61 (62). 4.]
[**Al., Sext.** Ps. 30 (31). 14.]

ἐπιβουλή.
I Es. 5. 73. A ἐπιβουλὰς καὶ δημαγωγίας [B R al.]
8. 22. μηδὲ ἄλλη ἐ. γίνηται [A al.]
Es. 2. 22. ἐνεφάνισε . . . τὰ τῆς ἐ. †
II Ma. 5. 7. τὸ δὲ τέλος τῆς ἐ. αἰσχύνην λαβών
8. 7. τὰς νύκτας πρὸς τὰς τοιαύτας ἐ. [A -βολὰς] . . . ἐλάμβανε
III Ma. 1. 2. ἐκπληρῶσαι τὴν ἐ. διανοηθεὶς
— 6. κατακρατήσας δὲ τῆς ἐ.
— 25. A ἐξιστάνειν τῆς ἐντεθυμημένης ἐ. [R βουλῆς]
IV Ma. 4. 13. ἐξ ἀνθρωπίνης ἐ. . . . ἀνῃρῆσθαι τὸν Ἀπ.
[**Aq.** Ps. 56 (57). 2 : 90 (91). 3 : 93 (94). 20 : Pr. 19. 13.]
[**Sm.** I Ki. 22. 4 : IV Ki. 17. 4.]
[**Th.** Pr. 19. 13.]
[**Quint.** IV Ki. 17. 4.]

ἐπίβουλος. (1) זוּעַ pil. (2) צַר (3) שָׂטָן
I Ki. 29. 4. μὴ γινέσθω ἐπίβουλος τῆς παρεμβ. (3)
II Ki. 2. 16. μερὶς τῶν ἐ. †
19. 22 (23). γίνεσθέ μοι σήμερον εἰς ἐπίβουλον (3)
III Ki. 5. 4 (18). οὐκ ἔστιν ἐπίβουλος (3)
Es. 7. 6. S³ ἄνθρωπος ἐ. καὶ ἐχθρὸς [A B S¹ ἄν. ἐχ.] Ἀ. (2)
Hb. 2. 7. ἐκνήψουσιν οἱ ἐ. σου (1)
Da. LXX. Bel 31. παρεδίδοντο οἱ ἐ. τοῦ βασιλέως
II Ma. 3. 38. εἴ τινα ἔχεις . . . πραγμάτων ἐπίβουλον
4. 2. ἐπίβουλον τῶν πραγμάτων ἐτόλμα λέγειν
— 50. μέγας τῶν πολιτῶν ἐ. καθεστώς
14. 26. τὸν γὰρ ἐ. τῆς βασιλείας
III Ma. 4. 10. ἀγωγὴν ἐπιβούλων . . . λαμβάνωσι
6. 12. ἐν ἐπιβούλων τρόπῳ
7. 5. μᾶλλον δὲ ὡς ἐπιβούλους
[**Aq.** Ps. 5. 10.]

ἐπιβρέχειν. (1) מָטַר hi.
Ps. 10 (11). 7. ἐπιβρέξει ἐπὶ ἁμαρτωλοὺς παγίδας [A S² -δα] (1)
[**Sm., Th.** Jb. 20. 23.]

ἐπιβρίθειν. (1) חֹרֶף
Jb. 29. 4. ὅτε ἤμην ἐπιβρίθων [S¹ -τρίβων] ὁδούς [A S² -οῖς] (1 ?)
[**Sm.** Jb. 37. 11 : Ps. 87 (88). 8.]

ἐπιγαμβρεύειν. (1) חָתַן hithp. (2) יָבַם pi.
Ge. 34. 9. A καὶ ἐπιγαμβρεύσατε [R -σασθε] ἡμῖν (1)
38. 8. R καὶ ἐπιγάμβρευσαι [A γάμβρ.] αὐτήν (2)
I Ki. 18. 21. A ἐπιγαμβρεύσεις μοι σήμερον (1)
— 22. ἐπιγάμβρευσον τῷ βασιλεῖ (1)
— 23. ἐπιγαμβρεῦσαι βασιλεῖ (1)
— 26. ἐπιγαμβρεῦσαι τῷ βασιλεῖ (1)
— 27. ἐπιγαμβρεύεται τῷ βασιλεῖ (1)
II Ch. 18. 1. καὶ ἐπεγαμβρεύσατο ἐν οἴκῳ Ἀ. (1)
II Es. 9. 14. A S R καὶ ἐπιγαμβρεῦσαι [B γαμ.] τοῖς λαοῖς (1)
I Ma. 10. 54, 56. καὶ ἐπιγαμβρεύσω σοι
[**Aq.** Dt. 25. 5.]
[**Th.** I Ki. 18. 21.]

ἐπιγαμβρευτής.
[**Aq.** Dt. 25. 7.]

ἐπιγαμία. (1) **ἐπιγαμίαν ποιεῖν** חָתַן hithp.
Jo. 23. 12. καὶ ἐπιγαμίας ποιήσητε πρὸς αὐτούς (1)
III Ki. 3. 1. A ἐπιγαμίαν ἐποιήσατο Σ. πρὸς Φ. (1)
[**Sm.** III Ki. 3. 1.]

ἐπιγελᾶν. (1) שָׂחַק
To. 2. 8. καὶ οἱ πλησίον ἐπεγέλων [S al.]
Pr. 1. 26. τῇ ὑμετέρᾳ ἀπωλείᾳ ἐπιγελάσομαι (1)
[**Quint.** Ps. 51 (52). 8.]

ἐπιγεμίζειν. (1) עָמַס
Ne. 13. 15. καὶ ἐπιγεμίζοντας [B¹ S¹ -ες] ἐπὶ τοὺς ὄνους (1)

ἐπιγίνεσθαι.
Ep. Je. 47. κατέλιπον γὰρ ψεύδη . . . τοῖς ἐπιγινομ.
III Ma. 2. 5. παράδειγμα τοῖς ἐπιγινομ. καταστήσας

ἐπιγινώσκειν. (1) בִּין *a.* hi. *b.* hithpal.
(2) יָדַע *a.* qal. *b.* ni. *c.* hi. *d.* יְדַע
(3) נָכַר *a.* ni. *b.* hi. (4) רָאָה (5) שָׂכַל hi.
(6) **ἐπιγινώσκεσθαι** c. neg. דָּעַךְ ni.
Ge. 27. 23. καὶ οὐκ ἐπέγνω αὐτόν (3 b)
31. 32. ἐπίγνωθι τί ἐστι παρ' ἐμοὶ τῶν σῶν (3 b)
— 32. καὶ οὐκ ἐπέγνω παρ' αὐτῷ οὐθέν (2 a ?)
37. 32. ἐπίγνωθι εἰ χιτὼν τοῦ υἱοῦ σού ἐστιν (3 b)
— 33. καὶ ἐπέγνω αὐτὸν καὶ εἶπε (3 b)
38. 15. καὶ οὐκ ἐπέγνω αὐτήν –
— 25. ἐπίγνωθι τίνος ὁ δακτύλιος (3 b)
— 26. ἐπέγνω δὲ Ἰούδας (3 b)
41. 31. οὐκ ἐπιγνωσθήσεται ἡ εὐθηνία (2 b)
42. 7. ἰδὼν δὲ Ἰ. τοὺς ἀδελφοὺς αὐτοῦ ἐπέγνω (3 b)
— 8. ἐπέγνω δὲ Ἰωσὴφ τοὺς ἀδελφοὺς αὐ. αὐτοὶ δὲ οὐκ ἐπέγνωσαν αὐτόν (3 b, 3 b)
Ex. 14. 4. A ἐπιγνώσονται [B γνώσ.] πάντες οἱ Αἰγ. (2 a)
De. 1. 17. οὐκ ἐπιγνώσῃ [A -σεσθε] πρόσωπον ἐν κρίσει (3 b)
16. 19. οὐδὲ ἐπιγνώσονται πρόσωπον (3 b)
21. 17. τὸν πρωτότοκον υἱὸν τῆς μισουμένης ἐπιγνώσεται (3 b)
33. 9. τοὺς ἀδ. αὐ. οὐκ ἐπέγνω [A² ἔγνω] (3 b)
Jd. 18. 3. αὐτοὶ ἐπέγνωσαν τὴν φωνὴν τοῦ νεανίσκου [A παιδαρίου] (3 b)
Ru. 2. 10. τοῦ ἐπιγνῶναί με (3 b)
— 19. εἴη ὁ ἐπιγνούς σε εὐλογημένος (3 b)

● = correction on page xxvi

Ru. 3. 14. πρὸ τοῦ ἐπιγνῶναι ἄνδρα τὸν πλησίον αὐτοῦ (3 *b*)
— 18. ἕως τοῦ ἐπιγνῶναί σε (2 *a*)
I Ki. 26. 17. καὶ ἐπέγνω Σ. τὴν φωνὴν Δ. (3 *b*)
II Ki. 19. 7 (8). καὶ ἐπίγνωθι σεαυτῷ -
III Ki. 21 (20). 41. καὶ ἐπέγνω [A ἔγ.] αὐτὸν ὁ βασιλεὺς 'I. (3 *b*)
I Es. 5. 66. ἦλθοσαν ἐπιγνῶναι τίς ἡ φωνή
— 67. καὶ ἐπέγνωσαν
II Es. 3. 13. οὐκ ἦν ὁ λαὸς ἐπιγινώσκων φωνήν (3 *b*)
Ne. 6. 12. καὶ ἐπέγνων (3 *b*)
13. 24. οὐκ εἰσὶν ἐπιγινώσκοντες λαλεῖν 'I. (3 *b*)
To. 1. 19. ἐπιγνοὺς δέ [S καὶ ὅτε ἐπέγνων]
5. 2. S καὶ ἐπιγνῷ με
— 8. ἵνα ἐπιγνῷ ποίας φυλῆς ἐστι [S *al.*]
— 11. βούλομαι . . . ἐπιγνῶναι τὸ γένος σου [S *al.*]
— 13. ἐζήτησα τὴν φυλήν σου . . . ἐπιγνῶναι [S *al.*]
— 13. ἐπεγίνωσκον [A ἐγίγν.] γὰρ ἐγὼ 'Αν. [S *al.*]
Ju. 5. 8. ᾧ ἐπέγνωσαν
8. 13. οὐθὲν ἐπιγνώσεσθε ἕως τοῦ αἰῶνος
— 14. τὸν νοῦν αὐτοῦ ἐπιγνώσεσθε
— 20. ἡμεῖς δὲ ἕτερον θεὸν οὐκ ἐπέγνωμεν [A S ἔγν.]
11. 16. A B ἐγὼ ἡ δούλη σου ἐπιγνοῦσα ταῦτα πάντα
14. 5. A S R ἵνα ἰδὼν ἐπιγνῷ [B -οῖ] τὸν ἐκφαυλίσαντα
Es. 1. 1. ἤθελεν ἐπιγνῶναι αὐτό
3. 5. καὶ ἐπιγνοὺς [A -έγνω] 'A. (4)
4. 1. ὁ δὲ M. ἐπιγνοὺς τὸ συντελούμενον (2 *a*)
Jb. 2. 12. ἰδόντες δὲ αὐτὸν πόρρωθεν οὐκ ἐπέγνωσαν (3 *b*)
4. 16. ἀνέστην καὶ οὐκ ἐπέγνων (3 *b*)
6. 17. οὐκ ἐπεγνώσθη [A οὐκέτι ἐγνώσθη] ὅπερ ἦν (6 ?)
7. 10. οὐδ' οὐ μὴ ἐπιγνῷ αὐτὸν ἔτι ὁ τόπος αὐτοῦ (3 *b*)
24. 13. καὶ οὐκ ἐπέγνωσαν [A -σομαι] (3 *b*)
— 16. οὐκ ἐπέγνωσαν φῶς (2 *a*)
— 17. ἐπιγνώσεται τάραχος [A S^{2} -ὰς] σκιᾶς [A S^{1} -ὰ] θανάτου (3 *b*)
34. 27. δικαιώματα δὲ αὐτοῦ οὐκ ἐπέγνωσαν (5)
Ps. 78 (79). 6. B S^{2} ἔθνη τὰ μὴ ἐπεγνωκότα [S^{2} εἰδότα, S^{3} γινώσκοντά] σε (2 *a*)
102 (103). 16. οὐκ ἐπιγνώσεται ἔτι τὸν τόπον αὐτοῦ (3 *b*)
141 (142). 4. οὐκ ἦν ὁ ἐπιγινώσκων με (3 *b*)
Pr. 14. 8. σοφία πανούργων ἐπιγνώσεται τὰς ὁδοὺς αὐτῶν (1 *a*)
24. 38 (23). ταῦτα δὲ λέγω ὑμῖν τοῖς σοφοῖς ἐπιγινώσκειν (3 *b* ?)
— 53 (30. 18). τὸ τέταρτον οὐκ ἐπιγινώσκω (2 *a*)
27. 23. γνωστῶς ἐπιγνώσῃ ψυχὰς ποιμνίου σου (2 *a*)
Ec. 1. 16 (17). S τοῦ ἐπιγνῶναι [A B γν.] σοφίαν (2 *a*)
Wi. 5. 7. S τὴν δὲ ὁδὸν κυρίου οὐκ ἐπέγνωμεν [A B ἔγν.]
12. 27. ὃν πάλαι ἠρνοῦντο εἰδέναι [S *om.*] θεὸν ἐπέγνωσαν ἀληθῆ
13. 1. οὔτε . . . ἐπέγνωσαν [S ἔγν.] τὸν τεχνίτην
Si. 9. 13. ἐπίγνωθι ὅτι ἐν μέσῳ παγίδων [A -ος] διαβαίνεις
12. 12. ἐπιγνώσῃ τοὺς λόγους μου
15. 19. αὐτὸς ἐπιγνώσεται πᾶν ἔργον ἀνθρώπου
18. 12. εἶδε καὶ ἐπέγνω τὴν καταστροφὴν αὐτῶν
19. 27. ὅπου οὐκ ἐπεγνώσθη προφθάσει σε
— 29. ἀπὸ ὁράσεως ἐπιγνωσθήσεται ἀνὴρ [S^{1} νοήμων] καὶ ἀπὸ ἀπαντήσεως προσώπου ἐπιγνωσθήσεται νοήμων
23. 27. ἐπιγνώσονται οἱ καταλειφθέντες
25. 4. ὡς ὡραῖον . . . πρεσβυτέροις ἐπιγνῶναι βουλήν
27. 27. οὐ μὴ ἐπιγνῷ πόθεν ἥκει αὐτῷ
33 (36). 5. ἐπιγνώτωσάν σε καθάπερ καὶ ἡμεῖς ἐπέγνωμεν [A S ἐπέγν. σε]
37. 12. ὃν ἂν ἐπιγνῷς συντηροῦντα ἐντολάς
44. 23. ἐπέγνω αὐτὸν ἐν εὐλογίαις αὐτοῦ
Ho. 2. 20 (22). καὶ ἐπιγνώσῃ τὸν κύριον (2 *a*)
5. 4. τὸν δὲ κύριον οὐκ ἐπέγνωσαν (2 *a*)
7. 9. A αὐτὸς δὲ οὐκ ἐπέγνω [B ἔγνω] (2 *a*)
14. 10. ἢ συνετὸς καὶ ἐπιγνώσεται αὐτά (2 *a*)
Jl. 2. 27. ἐπιγνώσεσθε ὅτι ἐν μέσῳ τοῦ 'I. ἐγὼ εἰμί (2 *a*)
3 (4). 17. ἐπιγνώσεσθε διότι [S^{3} γν. ὅτι] ἐγὼ κύριος (2 *a*)
Jn. 1. 7. ἐπιγνῶμεν [S^{1} -γνώσομεν] τίνος ἕνεκεν ἡ κακία αὕτη ἐστὶν ἐν ἡμῖν (2 *a*)
Hb. 3. 2. ἐν τῷ ἐγγίζειν τὰ ἔτη ἐπιγνωσθήσῃ (2 *c*)
Hg. 2. 20 (19). εἰ ἐπιγνωσθήσεται ἐπὶ τῆς ἅλω †
Za. 2. 11 (15). ἐπιγνώσῃ [S^{2} γν.] ὅτι κύριος . . . ἐξαπέσταλκέ [A ἀπ.] με (2 *a*)
4. 9. ἐπιγνώσῃ διότι . . . ἐξαπέσταλκέ με (2 *a*)
6. 10. παρὰ τῶν ἐπεγνωκότων αὐτήν [A -ῶν] †
— 14. καὶ τοῖς ἐπεγνωκόσιν αὐτήν †
— 15. A ἐπιγνώσεσθε [B S γν.] διότι κύριος . . . ἀπέσταλκέ με (2 *a*)
Ma. 2. 4. καὶ ἐπιγνώσεσθε [S γν.] (2 *a*)
Is. 61. 9. πᾶς ὁ ὁρῶν αὐτοὺς ἐπιγνώσεται αὐτούς (3 *b*)
63. 16. 'Ισραὴλ οὐκ ἐπέγνω ἡμᾶς (3 *b*)
Je. 4. 22. τὸ δὲ καλῶς ποιῆσαι οὐκ ἐπέγνωσαν [A S *al.*] (2 *a*)
5. 5. αὐτοὶ ἐπέγνωσαν ὁδὸν κυρίου (2 *a*)
6. 15. S τὴν ἀτιμίαν αὐτῶν οὐκ ἐπέγνωσαν [A B ἔγν.] (2 *a*)
24. 5. ἐπιγνώσομαι τοὺς ἀποικισθέντας 'Ιουδαίους [A -δα] (3 *b*)
37 (30). 24. S ἐπιγνώσεσθε [A B γν.] αὐτά (1 *b*)
La. 4. 8. οὐκ ἐπεγνώσθησαν ἐν ταῖς ἐξόδοις (3 *a*)
Ez. 5. 13. ἐπιγνώσῃ διότι ἐγὼ κύριος λελάληκα (2 *a*)
6. 7. ἐπιγνώσεσθε ὅτι ἐγὼ κύριος (2 *a*)
— 10. ἐπιγνώσονται διότι ἐγὼ κύριος λελάληκα [A *al.*] (2 *a*)
— 14. ἐπιγνώσεσθε ὅτι ἐγὼ κύριος (2 *a*)
7. 9. ἐπιγνώσῃ διότι ἐγώ εἰμι κύριος ὁ τύπτων (2 *a*)
— 4. ἐπιγνώσῃ διότι [A γν. ὅτι] ἐγὼ κύριος (2 *a*)
11. 10. ἐπιγνώσεσθε ὅτι ἐγὼ κύριος (2 *a*)
— 12 (A) : 12. 20 : 13. 14, 21. ἐπιγνώσεσθε διότι ἐγὼ κύριος (2 *a*)
13. 23. A ἐπιγνώσεσθε [B γν.] ὅτι ἐγὼ κύριος (2 *a*)
14. 8. ἐπιγνώσεσθε [B^{2} -σθήσεσθε] ὅτι ἐγὼ κύριος (2 *a*)
— 23. ἐπιγνώσεσθε διότι οὐ μάτην πεποίηκα πάντα (2 *a*)
15. 7. ἐπιγνώσονται ὅτι ἐγὼ κύριος (2 *a*)
16. 62. ἐπιγνώσῃ [B^{1} -σει] ὅτι ἐγὼ κύριος (2 *a*)
17. 21. ἐπιγνώσεσθε διότι ἐγὼ κύριος λελάληκα (2 *a*)
20. 38. ἐπιγνώσεσθε διότι ἐγὼ κύριος (2 *a*)
— 42. ἐπιγνώσεσθε διότι [A ὅτι] ἐγὼ κύριος (2 *a*)
— 44. ἐπιγνώσεσθε διότι ἐγὼ κύριος (2 *a*)
— 48 (21. 4). A R ἐπιγνώσεται [B -σονται] πᾶσα σάρξ (4)
21. 5 (10). ἐπιγνώσεται πᾶσα σάρξ (2 *a*)
22. 22. ἐπιγνώσεσθε διότι ἐγὼ κύριος ἐξέχεα (2 *a*)
24. 24. ἐπιγνώσεσθε διότι ἐγὼ κύριος (2 *a*)
— 27. ἐπιγνώσονται διότι ἐγὼ κύριος (2 *a*)
25. 5. ἐπιγνώσεσθε διότι ἐγὼ κύριος (2 *a*)
— 7. ἐπιγνώσῃ [B^{1} -σει] διότι ἐγὼ κύριος (2 *a*)
— 11. ἐπιγνώσονται διότι ἐγὼ κύριος (2 *a*)
— 14. ἐπιγνώσονται τὴν ἐκδίκησίν μου (2 *a*)
— 17. ἐπιγνώσονται διότι ἐγὼ κύριος (2 *a*)
30. 26. A ἐπιγνώσονται πάντες οἱ Αἰγύπτιοι [B γν. π.] (2 *a*)
34. 15. A^{2} ἐπιγνώσονται διότι [R γν. ὅτι] ἐγώ εἰμι κύριος -
Da. LXX. Su. 39. ἐπέγνωμεν αὐτήν
— 48. οὐδὲ τὸ σαφὲς ἐπιγνόντες
2. 3. ἐπιγνῶναι οὖν θέλω τὸ ἐνύπνιον (2 *a*)
4. 29. ὅπως ἐπιγνῷς ὅτι ἐξουσίαν ἔχει ὁ θεός (2 *d*)
6. 10 (11). ἐπιγνοὺς δὲ Δ. τὸν ὁρισμόν (2 *d*)
11. 39. οὗ ἐὰν ἐπιγνῷ (3 *b*)
Da. TH. Su. 48. οὐδὲ τὸ σαφὲς ἐπιγνόντες
I Ma. 3. 42. S R ἐπέγνωσαν τοὺς λόγους τοῦ βασιλέως [A τῆς βασιλείας]
5. 34. ἐπέγνω ἡ παρεμβολὴ Τιμοθέου
6. 17. καὶ ἐπέγνω Λυσίας
9. 70. καὶ ἐπέγνω 'Ιωνάθαν
12. 50. A R καὶ [S οὓς καὶ] ἐπέγνωσαν
13. 14. καὶ ἐπέγνω Τρύφων
16. 22. S R ἐπέγνω [A ἔγ.] γάρ
II Ma. 3. 28. φανερῶς τὴν τοῦ θεοῦ δυναστείαν ἐπεγνωκότες
4. 33. R ἃ [A *om.*] καὶ σαφῶς ἐπεγνωκὼς ὁ 'O.
11. 37. ὅπως καὶ ἡμεῖς ἐπιγνῶμεν
14. 9. ἕκαστα δὲ τούτων ἐπεγνωκώς
15. 28. ἐπέγνωσαν προπεπτωκότα Νικάνορα
IV Ma. 2. 9. A R ἐπὶ τῶν ἑτέρων [S ἔργων] δ' ἔστιν ἐπιγνῶναι τοῦτο
15. 27. A R οὐκ ἐπέγνω τὴν . . . σωτηρίαν

[**Aq.** JB. 4. 16 : Ps. 13 (14). 4 : 72 (73). 16 : PR. 24. 23 : 26. 24.]
[**Sm.** Ps. 72 (73). 16 : PR. 24. 23 : 26. 24.]
[**Th.** JB. 24. 16, 17 : Ps. 72 (73). 16 : PR. 24. 23 : 26. 24 : DA. 11. 39†.]

ἐπιγλύφειν

I Ma. 13. 29. A R παρὰ ταῖς πανοπλίαις πλοῖα ἐπιγεγλυμμένα [S ἐγγ.]

ἐπιγνωμοσύνη. (1) לֶקַח

Pr. 16. 23. ἐπὶ δὲ χείλεσι φορέσει ἐπιγνωμοσύνην (1)

ἐπιγνώμων. (1) *a.* יָדַע *b.* יָדַע דַּעַת (2) יָעַץ ni. (3) תּוּר hi.

Pr. 12. 26. ἐπιγνώμων δίκαιος ἑαυτοῦ φίλος ἔσται (3)
13. 10. οἱ δὲ ἑαυτῶν ἐ. σοφοί (2)
17. 27. ὃς φείδεται ῥῆμα προέσθαι σκληρὸν ἐπιγνώμων (1 *b*)
29. 7. πτωχῷ οὐχ ὑπάρχει νοῦς ἐπιγνώμων (1 *a*)

ἐπιγνωρίζεσθαι.

[**Sm.** PR. 20. 11.]

ἐπίγνωσις. (1) דַּעַת

III Ki. 7. 14. A R πεπληρωμένος . . . ἐπιγνώσεως [B γν.] τοῦ ποιεῖν (1)
Ju. 9. 14. ποίησον ἐπὶ . . . πάσης φυλῆς ἐπίγνωσιν
Es. 8. 13. S^{1} τὴν τῶν ἐπικρατούντων ἀκέραιον ἐ. [A B S^{2} εὐγνωμοσύνην]
Pr. 2. 5. ἐπίγνωσιν θεοῦ εὑρήσεις (1)
Ho. 4. 1. οὐδὲ ἔλεος οὐδὲ ἐπίγνωσις θεοῦ (1)
— 6. ὅτι σὺ ἐπίγνωσιν ἀπώσω (1)
6. 7 (6). θέλω . . . ἐπίγνωσιν θ. ἢ ὁλοκαυτώματα (1)
II Ma. 9. 11. εἰς ἐπίγνωσιν ἔρχεσθαι

[**Sm.** Ps. 72 (73). 11.]

ἐπίγνωστος. (1) נִין (2) נֵכֶר

Jb. 18. 19. οὐκ ἔσται ἐπίγνωστος ἐν λαῷ αὐτοῦ (1 *et* 2)

ἐπιγονή. (1) טַף (2) יָחַשׂ hithp. (3) יֵצֶר

II Ch. 31. 16. A R ἐκτὸς [B ἕκαστος] τῆς ἐ. τῶν ἀρσενικῶν (2)
— 18. ἐγκαταλοχίσαι [A ἐν καταλοχίαις] ἐν πάσῃ ἐ. υἱῶν αὐτῶν (1)
Am. 7. 1. ἰδοὺ ἐ. ἀκρίδων ἐρχομένη ἑωθινή (3)

[**Al.** JB. 21. 11.]

ἐπιγράφειν. (1) כָּתַב

Nu. 17. 2 (17). τὸ ὄνομα αὐ. ἐπίγραψον ἐπὶ τῆς ῥάβδου (1)
— 3 (18). τὸ ὄνομα 'A. [A αὐτοῦ] ἐπίγραψον ἐπὶ τῆς ῥάβδου Λευί (1)
De. 9. 10. A ἐπέγραπτο (?) [B ἐγέγρ.] πάντες οἱ λόγοι -
Pr. 7. 3. ἐπίγραψον δὲ ἐπὶ τὸ πλάτος τῆς καρδίας σου (1)
Is. 44. 5. ἕτερος ἐπιγράψει [S -η, A -φει] χειρὶ αὐτοῦ [A S *om.* χ. αὐ.] (1)
Je. 38 (31). 33. A ἐπιγράψω αὐτοὺς ἐπὶ τὰς καρδίας αὐ. [B S *al.*] (1)
Da. LXX. 5. 1. ἐπέγραψαν ἐπὶ τοῦ τοίχου οἴκου αὐτοῦ -

ἐπιγώνιον.

[**Aq.** Ps. 143 (144). 12.]

ἐπιδεής.

Si. 4. 1. μὴ παρελκύσῃς ὀφθαλμοὺς ἐπιδεεῖς
34 (31). 4. ἐν τῇ ἀναπαύσει ἐπιδεὴς γίνεται

ἐπιδέησις.

Si. 30. 40 (33. 31). ἐπιδέησις [? -εις] αὐτῷ

ἐπιδεικνύειν (-νύναι). (1) בּוֹא hi. (2) פּוּחַ hi.

To. 4. 20. B ἐπιδεικνύω [A S R ὑποδ.] σοι τὰ δέκα τάλαντα
11. 15. S ἐπέδειξεν T. τῷ πατρὶ αὐ. [A B *al.*]
Ju. 8. 24. ἐπιδειξώμεθα τοῖς ἀδελφοῖς ἡμῶν [S^{1} αὐτῶν]
Es. 2. 3. A ἐπιδειξάτωσαν [B S -λεξ.] κοράσια [S^{3} πάντα κ.] †
3. 13. 'A. ἐπέδειξεν [A S^{3} ὑπ.] ἡμῖν
Pr. 12. 17. ἐπιδεικνυμένην πίστιν ἀπαγγέλλει δίκαιος (2)
Si. 50. 21. ἐπιδείξασθαι τὴν εὐλογίαν περὶ ὑψίστου
Is. 37. 26. ἐπέδειξα ἐξερημῶσαι ἔθνη (1)
Ep. Je. 59. κρεῖσσον εἶναι βασιλέα ἐπιδεικνύμενον τὴν ἑαυτοῦ ἀνδρείαν
Da. LXX. Bel 20. ἐπέδειξε Δ. τῷ βασιλεῖ τὰ ψευδοθύρια
II Ma. 15. 32. R ἐπιδειξάμενος [A -δεξ.] τὴν τοῦ μιαροῦ N. κεφαλήν

III Ma. 6. 26. A τοὺς . . . ἐπιδεδειγμένους [R -δεγ.] κινδύνους
IV Ma. 1. 1. φιλοσοφώτατον λόγον ἐπιδείκνυσθαι μέλλων
— 7. ἔχοιμ' ἂν ὑμῖν ἐπιδεῖξαι
— 9. ἐπεδείξαντο ὅτι περικρατεῖ . . . ὁ λογισμός
6. 35. A R τῶν ἀλγηδόνων ἐπιδείκνυμι κεκρατηκέναι [S κρατεῖν] τὸν λογισμόν
11. 12. διὰ γενναιοτέρων πόνων ἐπιδείξασθαι
14. 18. ἐπιδεικνύναι τὴν πρὸς τὰ τέκνα συμπάθειαν
17. 2. A R ἐπιδείξασα [S δείξ.] τὴν τῆς πίστεως γενναιότητα
[Sext. Ps. 10 (11). 2.]

ἐπιδεῖν (*egere*). (1) אֶבְיוֹן (2) *a.* חָסֵר *b.* מַחְסוֹר (3) שָׁחַד

De. 2. 7. οὐκ ἐπεδεήθης ῥήματος (2 *a*)
15. 7. ἀπὸ τοῦ ἀδελφοῦ σου τοῦ ἐπιδεομένου (1)
— 8. ὅσον ἐπιδέεται [A ἂν ἐπιδέηται] (2 *b*)
— 9. τῷ ἀδελφῷ σου τῷ ἐπιδεομένῳ (1)
— 10. ὅσον ἐπιδέεται [A ἂν ἐπιδέηται] –
— 11. καὶ τῷ ἐπιδεομένῳ [A δεομ.] τῷ ἐπὶ τῆς γῆς σου (1)
Jb. 6. 22. ἢ τῆς παρ' ὑμῶν ἰσχύος ἐπιδέομαι (3 ?)
Si. 30. 40 (33. 31). R ὡς ἡ ψυχή σου ἐπιδεήσεις [? -σις] αὐτοῦ [A B S -ῷ]
31 (34). 21. ἄρτος ἐπιδεομένων [A S ἐπενδ.] ζωὴ πτωχῶν
41. 2. καλόν σου τὸ κρίμα ἐστὶν ἀνθρώπῳ ἐπιδεομ. [A -δεουμ.]

ἐπιδεῖν (*ligare*), *cf.* πεδᾶν. (1) אָסַר (2) קָשַׁר

Jd. 16. 21. ἐπέδησαν [A ἔδ.] αὐτόν (1)
To. 8. 3. S καὶ ἐπέδησεν παραχρῆμα [A B *al.*]
Je. 28 (51). 63. ἐπιδήσεις [A¹ -σει] ἐπ' αὐτὸ [A ἐπιδ. αὐτῷ] λίθον (2)
[Aq. Jb. 34. 17.]
[Sm. Jb. 5. 18: 34. 17: Is. 30. 26: 61. 1: Ez. 30. 21 *bis*: Ho. 6. 2.]
[Th. Is. 30. 26.]

ἐπιδεῖν (ἐφ.) (*videre*). (1) יָדַע pi. (2) נָבַט hi. (3) צָפָה *a.* qal. *b.* pi. (4) *a.* רָאָה *b.* רְאִי (5) שָׁעָה

Ge. 4. 4. καὶ ἐπεῖδεν ὁ θεὸς ἐπὶ Ἄβελ (5)
13. 10. R ἐπάρας Λὼτ τοὺς ὀφθαλμοὺς . . . ἐπεῖδε [A ἴδεν] (4 *a*)
16. 13. σὺ ὁ θεὸς ὁ ἐπιδών με (4 *b*)
31. 49. ἐπίδοι ὁ θεὸς ἀνὰ μέσον ἐμοῦ (3 *a*)
Ex. 2. 25. καὶ ἐπεῖδεν [A εἰσίδεν] ὁ θ. τοὺς υἱοὺς Ἰ. (4 *a*)
I Ch. 17. 17. καὶ ἐπεῖδές με (4 *a*)
Es. 8. 6. A ἐπιδεῖν [B S ἰδ.] τὴν κάκωσιν τοῦ λαοῦ μου (4 *a*)
Jb. 38. 12. A ἑωσφόρος δὲ ἐπίδεν [B S εἶδε] τὴν ἑαυτοῦ τάξιν (1)
Ps. 21 (22). 17. καὶ ἐπεῖδόν με (4 *a*)
30 (31). 7. ἐπεῖδες τὴν ταπείνωσίν μου (4 *a*)
53 (54). 7. ἐν τοῖς ἐχθροῖς μου ἐπεῖδεν ὁ ὀφθαλμός μου (4 *a*)
91 (92). 11. ἐπεῖδεν ὁ ὀφθαλμός μου ἐν τοῖς [A¹ *om.* ἐν τοῖς] ἐχθροῖς μου (2)
111 (112). 8. ἕως οὗ ἐπίδῃ ἐπὶ [S¹ *om.*] τοὺς ἐχθροὺς αὐτοῦ (4 *a*)
Ob. 1. 12. μὴ ἐπίδῃς [A -οις] ἡμέραν ἀδελφοῦ σου (4 *a*)
— 13. μηδὲ ἐπίδῃς καὶ σὺ τὴν συναγωγὴν αὐ. (4 *a*)
Je. 31 (48). 19. ἔπιδε καθημένη ἐν Ἀροὴρ (3 *b*)
Da. LXX. Bel 15. ἐπίδετε τὰς σφραγίδας ὑμῶν
I Ma. 3. 59. ἐπιδεῖν ἐπὶ τὰ κακὰ τοῦ ἔθνους ἡμῶν
II Ma. 1. 27. τοὺς ἐξουθενημένους . . . ἔπιδε
8. 2. R ἐπιδεῖν ἐπὶ [A *om.*] τὸν . . . λαόν
III Ma. 6. 3. ἔπιδε ἐπὶ Ἀβραὰμ σπέρμα
— 12. σὺ δὲ . . . νῦν ἔπιδε
[Sm. Ps. 58 (59). 11: 70 (71). 6.]
[Th. Je. 48 (31). 19.]
[Al. I Ki. 1. 11.]

ἐπίδειξις.

IV Ma. 13. 10. S πρὸς τὴν τῆς εὐσεβείας ἐ. [A R ἀπόδ.]

ἐπιδέκατος. (1) *a.* מַעֲשֵׂר *b.* עֲשִׂירִי

Nu. 18. 21. δέδωκα πᾶν ἐ. ἐν Ἰσραήλ (1 *a*)
— 24. τὰ ἐ. τῶν υἱῶν Ἰ. (1 *a*)
Nu. 18. 26. ἐὰν λάβητε . . . τὸ ἐ. (1 *a*)
— 26. ἐπιδέκατον ἀπὸ τοῦ ἐ. (1 *a*, 1 *a*)
— 28. ἀπὸ πάντων ἐ. ὑμῶν (1 *a*)
De. 12. 11. καὶ τὰ ἐ. ὑμῶν (1 *a*)
— 17. τὸ ἐ. τοῦ σίτου σου (1 *a*)
14. 23. οἴσετε [A -σεις] τὰ ἐ. τοῦ σίτου σου (1 *a*)
— 28. ἐξοίσεις πᾶν τὸ ἐ. τῶν γεννημάτων σου (1 *a*)
26. 12. ἀποδεκατῶσαι πᾶν τὸ ἐ. (1 *a*)
— 12. τὸ δεύτερον ἐ. δώσεις τῷ Λευίτῃ (1 *a*)
II Ch. 31. 5. καὶ ἐπιδέκατα πάντα εἰς πλῆθος ἤνεγκαν (1 *a*)
— 6. καὶ αὐτοὶ ἤνεγκαν ἐπιδέκατα μόσχων . . . καὶ ἐπιδέκατα αἰγῶν (1 *a*, 1 *a*)
— 12. καὶ ἤνεγκαν [A εἰσήν.] ἐκεῖ . . . τὰ ἐ. (1 *a*)
Am. 4. 4. καὶ ἠνέγκατε . . . τὰ ἐ. ὑμῶν (1 *a*)
Ma. 3. 8. τὰ ἐ. . . . μεθ' ὑμῶν εἰσι (1 *a*)
Is. 6. 13. ἐπ' αὐτῆς ἐστι τὸ ἐ. (1 *b*)

ἐπίδεκτος.

[Sm., Th. Is. 60. 7.]

ἐπιδέννεσθαι.

[Sm. Is. 1. 6.]

ἐπιδέξιος. (1) אַסְפַּרְנָא (2) יָמִין

II Es. 5. 8. καὶ τὸ ἔργον ἐκεῖνο ἐ. γίνεται (1)
Pr. 27. 16. ὀνόματι δὲ ἐπιδέξιος καλεῖται (2)

ἐπίδεσις.

[Aq. Ho. 5. 13.]

ἐπιδεσμεῖν.

[Sm. Ps. 146 (147). 3.]

ἐπιδεσμεύειν.

[Th. Is. 3. 7.]

ἐπίδεσμος.

[Aq. Ez. 30. 21.]

ἐπιδέχεσθαι.

I Es. 9. 14. ἐπεδέξαντο κατὰ ταῦτα
Ju. 13. 13. B² καὶ ἐπεδέξαντο [A R ὑπ., B¹ ἀπ., S εἰσ.] αὐτάς
Si. 36. 26 (23). πάντα ἄρρενα ἐπιδέξεται γυνή
41. 1. ἔτι ἰσχύοντι ἐπιδέξασθαι [S δέξ.] τροφήν
51. 26. ἐπιδεξάσθω ἡ ψυχὴ ὑμῶν παιδείαν
I Ma. 1. 42. καὶ ἐπεδέξατο [A -αντο] πάντα τὰ ἔθνη
— 63. A S ἐπεδέξαντο [R ἐπελ.] ἀποθανεῖν
6. 60. S R καὶ ἐπεδέξαντο [A -ατο]
9. 31. ἐπεδέξατο Ἰων. . . . τὴν ἡγησιν
— 71. S καὶ ἐπεδέξατο [A R ἀπ.]
10. 1. καὶ ἐπεδέξατο [S¹ R -αντο, S² ἀπ.] αὐτόν
— 46. οὐδὲ ἐπεδέξαντο [S¹ -τάξ.]
12. 8. ἐπεδέξατο [S² ἀπ.] Ὀ. τὸν ἄνδρα
— 43. ἐπεδέξατο αὐτὸν ἐνδόξως [S¹ εὐλόγως]
14. 23. ἐπιδέξασθαι τοὺς ἄνδρας ἐνδόξως
— 47. καὶ ἐπεδέξατο Σίμων
II Ma. 2. 26. R τοῖς τὴν κακοπάθειαν ἐπιδεδεγμένοις [A -δειγ.] τῆς ἐπιτομῆς
7. 26. ἐπεδέξατο πείσειν τὸν υἱόν
— 29. ἐπίδεξαι τὸν θάνατον
12. 4. καὶ τούτων ἐπιδεξαμένων
13. 24. A τὸν Μακκ. ἐπεδέξατο [R ἀπ.]
15. 32. A ἐπιδεξάμενος [R -δειξ.] τὴν τοῦ μιαροῦ N. κεφαλήν
III Ma. 6. 26. R τοὺς . . . ἐπιδεδεγμένους [A -δειγ.] κινδύνους
[Sm. Pr. 19. 20.]

ἐπίδηλος.

II Ma. 15. 35. ἐπίδηλον πᾶσι καὶ φανερὸν . . . σημεῖον

ἐπιδιαιρεῖν. (1) חָצָה

Ge. 33. 1. A ἐπιδιεῖλεν [R διεῖλεν] Ἰ. τὰ παιδία (1)

ἐπιδιδόναι. (1) בּוֹא *a.* qal. *b.* hi. (2) מוּת pil. (3) נָתַן

Ge. 49. 21. ἐπιδιδοὺς ἐν τῷ γεννήματι κάλλος (3)
I Ki. 14. 13. ἐπεδίδου ὀπίσω αὐτοῦ (2)
IV Ki. 9. 9. A ἐπιδοῦναι [B δώσω] τὸν οἶκον Ἀχ. (3)
I Es. 3. 13. A λαβόντες τὸ γράμμα ἐπέδωκαν [B ἔδ.] αὐτῷ
9. 41. A R ἐπέδωκαν πᾶν τὸ πλῆθος [B πάντα] τὸν νοῦν
To. 11. 12. S καὶ ἐπέδωκεν [A B *al.*]
Es. 9. 11. ἐπεδόθη τε ὁ ἀριθμὸς τῷ βασιλεῖ (1 *a*)
Si. 6. 32. A S ἐὰν ἐπιδῷς [B δῷς] τὴν ψυχήν σου
38. 30. καρδίαν ἐπιδώσει [S αὐτοῦ δώσει] συντελέσαι τὸ χρῖσμα [B¹ χάρισμα]
— 34. πλὴν τοῦ ἐπιδόντος [A ἐπιδιδ.] τὴν ψυχὴν αὐτοῦ
39. 5. τὴν καρδίαν αὐτοῦ ἐπιδώσει ὀρθρίσαι πρὸς κύριον
Am. 4. 1. ἐπίδοτε ἡμῖν ὅπως πίωμεν (1 *b*)
I Ma. 9. 72. S¹ ἐπέδωκαν [A S² R ἀπέδωκεν] αὐτῷ τὴν αἰχμαλωσίαν
II Ma. 5. 16. R ταῖς βεβήλοις χερσὶ συσσύρων ἐπεδίδου [A χ. συσσύρω]
11. 15. ὅσα γὰρ ὁ Μακκ. ἐπέδωκε τῷ Λυσίᾳ
— 17. ἐπιδόντες τὸν ὑπογεγραμμένον χρηματισμόν
[Aq. Le. 13. 7, 8.]
[Al. Le. 9. 18.]

ἐπιδιηγεῖσθαι. (1) יָצָא

Es. 1. 17. S³ ἐπιδιηγήσατο [A διηγ., B S¹ γὰρ διηγ.] αὐτοῖς τὰ ῥήματα (1 ?)

ἐπιδιπλοῦν. (1) כָּפַל

Ex. 26. 9. ἐπιδιπλώσεις τὴν δέρριν τὴν ἕκτην (1)
[Sm. Ez. 21. 14 (19).]

ἐπιδιώκειν. (1) רָדַף

Ge. 44. 4. ἐπιδίωξον ὀπίσω τῶν ἀνθρώπων (1)
III Ma. 2. 7. ἐπιδιώξαντα αὐτὸν σὺν ἅρμασι

ἐπίδοξος.

Pr. 6. 8. ποθεινὴ δέ ἐστι πᾶσι καὶ ἐπίδοξος –
Si. 3. 18. S² πολλοὶ εἰσιν ὑψηλοὶ καὶ ἐ.
Da. LXX. 2. 11. ὁ λόγος . . . βαρύς ἐστι καὶ ἐ. †

ἐπιδοξότης.

[Aq. Ps. 44. (45). 4: 103 (104). 1: Ez. 7. 7: Za. 6. 13.]

ἐπιδόξως.

I Es. 9. 45. προεκάθητο γὰρ ἐ. ἐνώπιον πάντων

ἐπίδοσις.

[Aq. Le. 13. 7]

ἐπιδοχή.

[Sm. Pr. 16. 23.]
[Th. Pr. 16. 23: Is. 29. 24.]

ἐπιδύνειν. (1) בּוֹא

De. 24. 15. οὐκ ἐπιδύσεται ὁ ἥλιος ἐπ' αὐτῷ (1)
Jo. 8. 29. ἐπιδύνοντος τοῦ ἡλίου (1)
Je. 15. 9. ἐπέδυ ὁ ἥλιος αὐτῇ (1)

ἐπιδύτης.

[Th. I Ki. 2. 19: Is. 59. 17.]

ἐπιείκεια. (1) שַׁלְוָא

Wi. 2. 19. ἵνα γνῶμεν τὴν ἐ. αὐτοῦ
12. 18. σὺ δὲ δεσπόζων ἰσχύος ἐν ἐπιεικείᾳ κρίνεις
Ba. 2. 27. ἐποίησας εἰς ἡμᾶς . . . κατὰ πᾶσαν ἐ. σου
Da. LXX. 3. (42). κατὰ τὴν ἐ. σου
4. 24. ἵνα ἐπιείκεια δοθῇ σοι (1 ?)
Da. Th. 3. (42). κατὰ τὴν ἐ. σου
II Ma. 2. 22. τοῦ κυρίου μετὰ πάσης ἐ. ἵλεω γενομένου αὐτοῖς
10. 4. R μετ' ἐπιεικείας παιδεύεσθαι [A *om.*]
III Ma. 3. 15. ἐπιεικείᾳ δὲ καὶ πολλῇ φιλανθρωπίᾳ
7. 6. καθ' ἣν ἔχομεν πρὸς ἅπαντας ἀνθρώπους ἐπιείκειαν

ἐπιεικεύεσθαι. (1) הָיְתָה תְּחִנָּה

II Es. 9. 8. R ἐπιεικεύσατο [A B -εσκευάσ.] ἡμῖν ὁ θεὸς ἡμῶν (1)

ἐπιεικής. (1) סַלָּח

Es. 8. 13. μετ' ἐπιεικεστέρας ἀπαντήσεως [S ἀγανακτήσεως]
Ps. 85 (86). 5. σύ, κύριε, χρηστὸς καὶ ἐ. (1)
[Th. Pr. 11. 2.]

ἐπιεικῶς (ἐπιεικέστερον). (1) יָאַל hi.

I Ki. 12. 22. B ἐ. κύριος προσελάβετο ὑμᾶς (1)
IV Ki. 6. 3. καὶ εἶπεν ὁ εἷς [A ? εἷς δεῦρο] ἐ. (1)
Es. 3. 13. ἐπιεικέστερον [A¹ *om.*] δὲ . . . ἀεὶ διεξάγων
II Ma. 9. 27. R αὐτὸν ἐ. . . . παρακολουθοῦντα [A συσταθέντα] τῇ ἐμῇ προαιρέσει
[Al. Jd. 19. 6.]

ἐπιέναι. (1) ἡ ἐπιοῦσα יוֹם (2) תְּשׁוּבָה (3) ὁ ἐπιὼν χρόνος אַחֲרִית
De. 32. 29. εἰς τὸν ἐπιόντα χρόνον (3)
I Ch. 20. 1. ἐν τῷ ἐπιόντι ἔτει (2)
Pr. 3. 28. τί τέξεται ἡ ἐπιοῦσα –
27. 1. τί τέξεται ἡ ἐπιοῦσα (1)

ἐπίζεμα.
[Sm. Ho. 10. 7.]

ἐπιζευγνύναι.
II Ma. 2. 32. τοῖς προειρημένοις τοσοῦτον ἐπιζεύξαντες

ἐπιζήμιον. (1) עֲנֹשׁ
Ex. 21. 22. ἐ. ζημιωθήσεται (1)

ἐπιζῆν. (1) חָיָה
Ge. 47. 28. ἐπέζησεν δὲ Ἰ. ἐν γῇ Αἰγ. δεκ. ἔτη (1)
IV Ma. 18. 9. S R τὸν γὰρ τῆς εὐτεκνίας βίον ἐπιζήσας [A -ζητήσας]

ἐπιζητεῖν. (1) בִּקֵּשׁ pi. (2) דָּרַשׁ (3) פָּקַד
Jd. 6. 29. καὶ ἐπεζήτησαν [A ἀνήταζον] (2)
I Ki. 20. 1. ὅτι ἐπιζητεῖ τὴν ψυχήν μου (1)
II Ki. 3. 8. καὶ ἐπιζητεῖς ἐπ' ἐμέ (3)
IV Ki. 1. 2. ἐπιζητήσατε ἐν τῷ Β. [A al.] (2)
— 3. ἐπιζητῆσαι ἐν τῷ Β. μυῖαν θεὸν Ἀκκ. (2)
— 6. R ἐπιζητῆσαι ἐν τῷ [A B ζητ. ἐν τῇ] Β. (2)
3. 11. ἐπιζητήσωμεν τὸν κύριον παρ' αὐτοῦ (2)
8. 8. ἐπιζήτησον τὸν κύριον παρ' αὐτοῦ (2)
22. 18. ἐπιζητῆσαι τὸν κύριον (2)
II Ch. 18. 6. καὶ ἐπιζητήσομεν παρ' αὐτοῦ (2)
I Es. 8. 52. μετὰ τῶν ἐπιζητούντων αὐτόν
To. 2. 8. S ἤδη γὰρ ἐπεζητήθην
Es. 8. 7. τί ἔτι ἐπιζητεῖς –
Ec. 7. 29 (28). ὃν ἐπεζήτησεν [A ἐζ.] ἡ ψυχή μου (1)
Si. 40. 26. οὐκ ἔστιν ἐπιζητῆσαι ἐν αὐτῷ βοήθειαν
Ho. 3. 5. καὶ ἐπιζητήσουσι κύριον τὸν θ. (1)
5. 15. A ἐπιζητήσουσιν [B ζητ.] τὸ πρόσωπόν μου (1)
Is. 62. 12. ἐπιζητουμένη πόλις (2)
Ep. Je. 35. οὐ μὴ ἐπιζητήσωσιν
I Ma. 7. 13. ἐπεζήτουν παρ' αὐτῶν εἰρήνην
IV Ma. 18. 9. A τὸν γὰρ τῆς εὐτεκνίας βίον ἐπιζητήσας [S R -ζήσας]
[Aq. Is. 21. 12 bis.]
[Sm. Jb. 31. 14: Pr. 29. 10: Ec. 3. 15: 7. 29 (28): Is. 21. 12 bis: 34. 16: Je. 13. 21.]

ἐπιθανάτιος.
Da. LXX. Bel 31. τῶν ἐ. σώματα δύο

ἐπιθαυμάζειν.
Si. 47. 17. A ἐπεθαύμασάν [B S ἀπ.] σε χῶραι

ἐπίθεμα. (1) בֶּטֶן (2) כֹּתֶרֶת (3) תְּנוּפָה
Ex. 25. 16 (17). καὶ ποιήσεις ἱλαστήριον ἐ. χρυσίου καθαροῦ –
Le. 7. 24 (34). τὸ γὰρ στηθύνιον τοῦ ἐ. (3)
8. 28 (29). ἀφεῖλεν αὐτὸ [A τὸ] ἐ. (3)
14. 24. ἐπιθήσει αὐτὰ ἐπίθεμα ἔναντι κυρίου (3)
23. 15. τὸ δράγμα τοῦ ἐ. (3)
— 17. προσοίσετε ἄρτους ἐ. (3)
— 20. ἐπιθήσει αὐτὰ ὁ ἱερεὺς . . . ἐ. (3)
Nu. 6. 20. ἐπίθεμα ἔναντι κυρίου (3)
— 20. ἐπὶ τοῦ στηθυνίου τοῦ ἐ. (3)
18. 11. ἀπὸ πάντων τῶν ἐ. τῶν υἱῶν Ἰ. (3)
— 18. τὸ στηθύνιον τοῦ ἐ. (3)
III Ki. 7. 16. δύο ἐπιθέματα ἐποίησε (2)
— 16. πέντε πήχεις τὸ ὕψος τοῦ ἐ. τοῦ ἑνός (2)
— 16. A R πέντε πήχεις τὸ ὕψος τοῦ ἐ. τοῦ δευτέρου (2)
— 17. περικαλύψαι τὸ ἐ. τῶν στύλων (2)
— 17. B καὶ δίκτυον τῷ ἐ. τῷ ἑνί (2)
— 17. καὶ δίκτυον τῷ ἐ. τῷ δευτέρῳ (2)
— 18. οὕτως ἐποίησε τῷ ἐ. τῷ δευτέρῳ (2)
— 19. A καὶ ἐπιθέματα [B om.] ἐπὶ τῶν κεφαλῶν τῶν στύλων (2)
— 20. ἐπίθεμα τὸ μέλαθρον τῷ πάχει [B[2] πήχ., A om. τῷ π.] (1 ?)

ἐπιθεσία.
[Aq. Ps. 34 (35). 20.]

ἐπίθεσις. (1) עֲגָבָה (2) קֶשֶׁר
II Ch. 25. 27. καὶ ἐπέθεντο [A -θετο] αὐτῷ ἐπίθεσιν (2)
Ez. 23. 11. διέφθειρε τὴν ἐ. αὐτῆς ὑπὲρ αὐτήν [A[1] ἐπὶ αὐτῇ] (1)
II Ma. 4. 41. συνιδόντες δὲ καὶ τὴν ἐ. τοῦ Λ.
5. 5. ἐπὶ τὴν πόλιν συνετελέσατο ἐπίθεσιν
14. 15. ἀκούσαντες . . . τὴν ἐ. τῶν ἐθνῶν
[Aq. Ge. 27. 35: Ps. 42 (43). 1: 54 (55). 12, 24: Pr. 11. 1: 12. 17: 14. 8: 26. 24.]
[Sm. Ps. 54 (55). 12: Pr. 11. 1.]
[Th. Pr. 14. 8.]

ἐπιθέτης.
[Sm. Ps. 1. 1.]

ἐπιθεωρεῖν.
Si. 42. 22. S ὡς σπινθῆρος ἐπιθεωρῆσαι [A B ἐστι θεωρῆσαι]
IV Ma. 1. 30. ἐπιθεώρει γε τοίνυν πρῶτον

ἐπιθύειν. (1) זָבַח (2) קָטַר hi.
III Ki. 12. 33. ἀνέβη [A ἐπέβη] . . . τοῦ ἐπιθῦσαι (2)
13. 1. καὶ Ἰ. εἱστήκει . . . ἐπιθῦσαι (2)
— 2. A καὶ ἐπιθύσει [B θύσει] ἐπὶ σὲ τοὺς ἱερεῖς τῶν ὑψηλῶν τῶν ἐπιθυόντων ἐπὶ σέ (1, 2)
I Es. 5. 69. A R καὶ αὐτῷ ἐπιθύομεν [B -θύσομεν]
6. 24. ὅπου ἐπιθύουσι διὰ πυρὸς ἐνδελεχοῦς
Ho. 2. 13 (15). ἐν αἷς ἐπέθυεν αὐτοῖς (2)

ἐπιθυμεῖν. (1) אָוָה a. pi. b. hithp. c. אַוָּה d. תַּאֲוָה (2) אָמַר (3) בָּחַר (4) חָמַד a. qal. b. pi. (5) חָפֵץ (6) חָשַׁק (7) כָּסַף ni. (8) רָוָה hi. (9) שָׁאַל (10) a. תָּאַב b. תַּאֲבָה
Ge. 31. 30. ἐπιθυμίᾳ γὰρ ἐπεθύμησας . . . ἀπελθεῖν (7)
49. 14. Ἰσσάχαρ τὸ καλὸν ἐπεθύμησεν †
Ex. 20. 17. οὐκ ἐπιθυμήσεις τὴν γυναῖκα τοῦ πλησίον σου (4 a)
— 17. οὐκ ἐπιθυμήσεις τὴν οἰκίαν τοῦ πλησίον σου (4 a)
34. 24. οὐκ ἐπιθυμήσει οὐδεὶς τῆς γῆς σου (4 a)
Nu. 11. 4. ἐπεθύμησεν [A -σαν] ἐπιθυμίαν (1 b)
De. 5. 21 (18). οὐκ ἐπιθυμήσεις τὴν γυναῖκα τοῦ πλησίον σου οὐκ ἐπιθυμήσεις τὴν οἰκίαν τοῦ πλησίον σου (4 a, 1 b)
7. 25. οὐκ ἐπιθυμήσεις ἀργύριον (4 a)
12. 20. ἐὰν ἐπιθυμήσῃ [A -σει] ἡ ψυχή σου (1 a)
14. 26. A R οὗ ἐὰν ἐπιθυμῇ [B -εῖ] ἡ ψυχή σου (1 a)
— 26. A R οὗ ἐὰν ἐπιθυμῇ ἡ ψυχή σου (9)
18. 6. καθότι ἐπιθυμεῖ ἡ ψυχὴ αὐτοῦ (1 c)
I Ki. 2. 16. ὧν ἐπιθυμεῖ ἡ ψυχή σου (1 a)
20. 4. τί ἐπιθυμεῖ ἡ ψυχή σου (2)
II Ki. 3. 21. οἷς ἐπιθυμεῖ ἡ ψυχή σου (1 a)
23. 15. καὶ ἐπεθύμησε Δ. (1 b)
III Ki. 11. 37. ἐν οἷς ἐπιθυμεῖ ἡ ψυχή σου (1 a)
I Ch. 11. 17. καὶ ἐπεθύμησε Δ. (1 b)
II Ch. 8. 6. ὅσα ἐπεθύμησε Σ. (6)
Ju. 16. 22. πολλοὶ ἐπεθύμησαν αὐτήν
Es. 4. 17. ἐπεθύμησαν ἀπολέσαι τὴν ἐξ ἀρχῆς κληρονομίαν σου
Jb. 33. 20. ἡ ψυχὴ αὐτοῦ βρῶσιν ἐπιθυμήσει (1 d)
Ps. 44 (45). 11. ἐπεθύμησεν [A S[2] ἐπιθυμήσει] ὁ βασ. τοῦ κάλλους σου (1 b)
105 (106). 14. ἐπεθύμησαν ἐπιθυμίαν ἐν τῇ ἐρήμῳ (1 b)
118 (119). 20. τοῦ ἐπιθυμῆσαι τὰ κρίματά [S εἰς τὰ δικαιώματά] σου (10 b)
— 40. ἐπεθύμησα τὰς ἐντολάς σου (10 a)
Pr. 21. 26. ἀσεβὴς ἐπιθυμεῖ ὅλην τὴν ἡμέραν ἐπιθυμίας κακάς (1 b)
23. 3. μὴ ἐπιθύμει τῶν ἐδεσμάτων αὐτοῦ (1 b)
— 6. μηδὲ ἐπιθύμει τῶν βρωμάτων αὐτοῦ (1 b)
24. 1. μηδὲ ἐπιθυμήσῃς εἶναι μετ' αὐτῶν (1 b)
Ec. 6. 2. ἀπὸ πάντων ὧν ἐπιθυμήσει [A al.] (1 b)
Ca. 2. 3. ἐν τῇ σκιᾷ αὐτοῦ ἐπεθύμησα (4 b)
Wi. 6. 11. ἐπιθυμήσατε οὖν τῶν λόγων μου
— 13. φθάνει τοὺς ἐπιθυμοῦντας [S ἐπ. αὐτὴν] προγνωσθῆναι
16. 3. A B ἐπιθυμοῦντες τροφήν [S -ῆς]
18. 6. S ἵνα ἀσφαλῶς εἰδότες οἷς ἐπίστευσαν ὅρκοις ἐπιθυμήσωσι [A B ἐπευθυμήσωσι]
Si. 1. 25. R ἐπεθύμησας [A B S ἐπιθ.] σοφίαν
16. 1. μὴ ἐπιθύμει τέκνων πλῆθος ἀχρήστων
24. 19. προσέλθετε πρός με οἱ ἐπιθυμοῦντές μου
40. 22. κάλλος ἐπιθυμήσει ὁ ὀφθαλμός σου
Am. 5. 18. οἱ ἐπιθυμοῦντες τὴν ἡμέραν κυρίου (1 b)
Mi. 2. 2. καὶ ἐπεθύμουν ἀγρούς (4 a)
Is. 1. 29. ἃ ἐπεθύμησαν (3)
26. 8. ἐπὶ τῇ μνείᾳ ᾗ ἐπιθυμεῖ ἡ ψυχὴ ἡμῶν (1 d)
43. 24. οὐδὲ τὸ στέαρ τῶν θυσιῶν σου ἐπεθύμησα (8)
58. 2. γνῶναί μου τὰς ὁδοὺς ἐπιθυμοῦσιν [S[1] -μήσουσιν] (5)
— 2. ἐγγίζειν θεῷ ἐπιθυμοῦσι (5)
— 11. καθάπερ ἐπιθυμεῖ ἡ ψυχή σου †
Je. 17. 16. ἡμέραν ἀνθρώπου οὐκ ἐπεθύμησα (1 b)
Da. LXX. Su. 8. καὶ ἐπιθυμήσαντες αὐτῆς
Da. TH. Su. 15. καὶ ἐπεθύμησε λούσασθαι
I Ma. 4. 17. μὴ ἐπιθυμήσητε τῶν σκύλων
11. 11. χάριν τοῦ ἐπιθυμῆσαι αὐτὸν τῆς βασιλείας αὐτοῦ
IV Ma. 1. 34. ἐνύδρων ἐπιθυμοῦντες
2. 5. οὐκ ἐπιθυμήσεις τὴν γυναῖκα τοῦ πλησίον σου
— 6. μὴ ἐπιθυμεῖν εἴρηκεν ἡμᾶς ὁ νόμος
[Aq. Jo. 7. 21: Ps. 67 (68). 17: Pr. 6. 25.]
[Sm. Ge. 34. 19: Jb. 20. 20: Pr. 6. 25: 13. 4: Ec. 2. 10: Ca. 2. 3: Is. 53. 2.]
[Th. Jo. 7. 21: Jb. 33. 20: Pr. 6. 25.]
[Al. Ps. 44 (45). 12.]

ἐπιθύμημα. (1) גִּלּוּלִים (2) a. חֶמֶד b. חֲמֻדוֹת c. מַחְמָד d. מַחֲמַדִּים e. חֶמְדָּה (3) מוֹעֵצָה (4) שְׁרִירוּת
Nu. 16. 15. οὐκ ἐπιθύμημα οὐδενὸς αὐτῶν εἴληφα †
III Ki. 21 (20). 6. R ἔσται πάντα τὰ ἐ. τῶν ὀφθαλμῶν αὐτῶν [A B al.] (2 c)
Si. 1. 17. πάντα τὸν οἶκον αὐτῆς ἐμπλήσει ἐπιθυμημάτων
45. 12. ἐπιθυμήματα ὀφθαλμῶν κοσμούμενα ὡραῖα
Ho. 9. 16. ἀποκτενῶ τὰ ἐ. κοιλίας (2 c)
Is. 27. 2. ἐ. ἐξάρχειν κατ' αὐτῆς †
32. 12. ἀπὸ [A S[3] περὶ] ἀγροῦ ἐπιθυμήματος (2 a)
— 14. ἀφήσουσιν οἴκους ἐπιθυμήματος [A S[3] al.] †
Je. 3. 17. A ὀπίσω τῶν ἐ. [B S ἐνθ.] τῆς καρδίας αὐτῶν (4)
7. 24. A ἐπορεύθησαν ἐν τοῖς ἐ. τῆς καρδίας αὐτῶν [B S al.] (3 et 4)
La. 1. 6. S ἔδωκαν τὰ ἐ. αὐτῶν ἐν βρώσει –
— 7. πάντα τὰ ἐ. [B[1] -μητὰ] αὐτῆς (2 d)
— 10. χεῖρα αὐτοῦ ἐξεπέτασε θλίβων ἐπὶ πάντα τὰ ἐ. αὐτῆς (2 c)
— 11. ἔδωκαν τὰ ἐ. αὐτῆς ἐν βρώσει [S εἰς βρῶσιν] (2 d*, 2 c)
2. 4. ἀπέκτεινε πάντα τὰ ἐ. τῶν ὀφθαλμῶν μου (2 c)
Ez. 23. 30. A ἐμιαίνου ἐν τοῖς ἐ. [B ἐνθ.] αὐ. (1)
24. 16. λαμβάνω ἐκ σοῦ τὰ ἐ. τῶν ὀφθ. σου (2 c)
— 21. βεβηλῶ . . . ἐπιθυμήματα ὀφθαλμῶν ὑμῶν (2 c)
— 25. ὅταν λαμβάνω . . . τὰ ἐ. ὀφθαλμῶν αὐ. (2 c)
Da. LXX. 11. 8. μετὰ τῶν σκευῶν τῶν ἐ. αὐτῶν (2 e)
— 39 (38). ἐν ἐπιθυμήμασι ποιήσει πόλεων (2 b)
Da. TH. 11. 38. καὶ ἐν ἐπιθυμήμασι (2 b)
[Aq. Is. 64. 11 (10): Ho. 9. 6.]
[Sm. Ho. 9. 6.]
[Th., Quint. Ps. 118 (119). 118.]
[Heb. Ez. 24. 16.]

ἐπιθυμητής. (1) אָוָה hithp. (2) εἶναι ἐ. חָמַד
Nu. 11. 34. ἐκεῖ ἔθαψαν τὸν λαὸν τὸν ἐ. (1)
Pr. 1. 22. οἱ δὲ ἄφρονες τῆς ὕβρεως ὄντες ἐπιθυμηταί (2)

ἐπιθυμητός. (1) a. חָמַד ni. b. חֶמֶד c. חֶמְדָּה d. חֲמֻדוֹת e. מַחְמָד f. מַחֲמַדִּים
III Ki. 21 (20). 6. A ἔσται τὰ ἐ. ὀφθαλμῶν [B R al.] (1 e)
II Ch. 20. 25. καὶ σκῦλα καὶ σκεύη ἐ. (1 d)
32. 27. καὶ εἰς σκεύη ἐ. (1 c)
36. 10. μετὰ τῶν σκευῶν τῶν ἐ. οἴκου κυρίου (1 c)
II Es. 8. 27. σκεύη . . . διάφορα ἐ. ἐν χρυσίῳ (1 d)
Jb. 36. 28. ἐσκίασε δὲ νέφη ἐπὶ ἀμύθητῳ [S[1] ἐπιθυμητὰ] βροτῷ [A S[2] al.] †
Ps. 18 (19). 10. ἐπιθυμητὰ ὑπὲρ χρυσίον καὶ λίθον τίμιον πολύν (1 a)
105 (106). 24. ἐξουδένωσαν γῆν ἐπιθυμητήν (1 c)
Pr. 21. 20. θησαυρὸς ἐπιθυμητὸς ἀναπαύσεται ἐπὶ στόματος σοφοῦ (1 a)
Wi. 8. 5. εἰ δὲ πλοῦτός ἐστιν ἐπιθυμητὸν κτῆμα ἐν βίῳ
Si. 42. 22. ὡς πάντα τὰ ἔργα αὐτοῦ ἐπιθυμητά
Ho. 13. 15. καταξηρανεῖ . . . πάντα τὰ σκεύη τὰ ἐ. αὐτοῦ (1 c)
Am. 5. 11. ἀμπελῶνας ἐ. ἐφυτεύσατε (1 b)

Na. 2. 9 (10). πάντα τὰ σκεύη τὰ ἐ. αὐτῆς (1 *c*)
Is. 32. 14. A S[3] οἴκους ἐπιθυμητοὺς ἀφήσουσιν [B S[1] *al.*] †
Je. 12. 10. ἔδωκαν τὴν μερίδα τὴν ἐ. μου εἰς ἔρημον (1 *c*)
La. 1. 7. ἐμνήσθη . . . πάντα τὰ ἐπιθυμήματα [B[1] -μητὰ] αὐτῆς (1 *f*)
Ez. 26. 12. τοὺς οἴκους σου τοὺς ἐ. καθελεῖ (1 *c*)
Da. TH. 11. 8. πᾶν σκεῦος ἐ. αὐτῶν (1 *c*)
— 43. καὶ ἐν [A *om.*] πᾶσιν ἐ. Αἰγύπτου (1 *d*)
I Ma. 1. 23. καὶ τὰ σκεύη τὰ ἐ.
[**Aq.** Je. 25. 34 (32. 20).]
[**Sm.** Ps. 38 (39). 12 : Je. 25. 34 (32. 20) : Ez. 23. 7 : Da. 9. 23 : 10. 11.]
[**Th.** II Ki. 1. 27 : Ez. 23. 7.]
[**Al.** I Ki. 9. 20.]

ἐπιθυμία. (1) *a.* אָוָה hithp. *b.* אַוָּה *c.* מַאֲוַי *d.* תַּאֲוָה (2) אַשְׁפָּה (3) *a.* חָמַד *b.* חֶמְדָּה *c.* חֲמֻדוֹת *d.* מַחְמָד (pl.) (4) חֵשֶׁק (5) כָּסַף ni. (6) לֵבָב (7) עֲדִי (8) רָצוֹן

Ge. 31. 30. ἐπιθυμίᾳ γὰρ ἐπεθύμησας . . . ἀπελθεῖν (5)
49. 6. ἐν τῇ ἐ. αὐτῶν ἐνευροκόπησαν ταῦρον (8)
Nu. 11. 4. ἐπεθύμησεν [A -σαν] ἐπιθυμίαν (1 *d*)
— 34. μνήματα τῆς ἐ. (1 *d*)
— 35. ἀπὸ Μνημάτων ἐπιθυμίας [A τῆς ἐ.] ἐξῆρεν (1 *d*)
33. 16. παρενέβαλον ἐν Μνήμασι τῆς [B[1] *om.*] ἐ. (1 *d*)
— 17. A[2] R ἀπῆραν ἐκ Μνημάτων τῆς [A[1] B *om.*] ἐ. (1 *d*)
De. 9. 22. ἐν τοῖς Μνήμασι τῆς ἐ. (1 *d*)
12. 15. ἐν πάσῃ ἐ. σου θύσεις (1 *b*)
— 20. ἐν πάσῃ ἐ. τῆς ψυχῆς [A καρδίας] σου (1 *b*)
— 21. κατὰ τὴν ἐ. τῆς ψυχῆς σου (1 *b*)
II Ch. 8. 6. κατὰ τὴν ἐ. τοῦ οἰκοδομῆσαι (4)
Jb. 20. 20. ἐν ἐπιθυμίᾳ αὐτοῦ οὐ σωθήσεται (3 *a*)
Ps. 9. 24 (10. 3). ἐπαινεῖται ὁ ἁμαρτωλὸς ἐν [S[1] ἐπὶ] ταῖς ἐ. τῆς ψυχῆς αὐτοῦ (1 *d*)
— 38 (10. 17). τὴν ἐ. τῶν πενήτων εἰσήκουσε κύριος [S[2] *al.*] (1 *d*)
20 (21). 2. τὴν ἐ. τῆς ψυχῆς [S[2] καρδίας] αὐτοῦ ἔδωκας αὐτῷ (1 *d*)
37 (38). 9. ἐναντίον σου πᾶσα ἡ ἐ. μου (1 *d*)
77 (78). 29. τὴν ἐ. αὐτῶν ἤνεγκεν [S[1] ἔδωκεν] αὐτοῖς (1 *d*)
— 30. οὐκ ἐστερήθησαν ἀπὸ τῆς ἐ. αὐτῶν (1 *d*)
102 (103). 5. τὸν ἐμπιπλῶντα ἐν ἀγαθοῖς τὴν ἐ. σου (7)
105 (106). 14. ἐπεθύμησαν ἐπιθυμίαν ἐν τῇ ἐρήμῳ (1 *d*)
111 (112). 10. ἐπιθυμία ἁμαρτωλοῦ ἀπολεῖται (1 *d*)
126 (127). 5. ὃς πληρώσει τὴν ἐ. αὐτοῦ ἐξ αὐτῶν (2 ?)
139 (140). 8. μὴ παραδῷς με, κύριε, ἀπὸ τῆς ἐ. μου ἁμαρτωλῷ (1 *c*)
Pr. 6. 25. μή σε νικήσῃ κάλλους ἐπιθυμία (6 ?)
10. 24. ἐπιθυμία δὲ δικαίου δεκτή (1 *d*)
11. 23. ἐπιθυμία δικαίων πᾶσα ἀγαθή (1 *d*)
12. 12. ἐπιθυμίαι ἀσεβῶν κακαί (3 *a*)
13. 4. ἐν ἐπιθυμίαις ἐστὶ πᾶς ἀεργός (1 *a*)
— 12. δένδρον γὰρ ζωῆς ἐπιθυμία ἀγαθή [A κακή, S[1] *om.*] (1 *d*)
— 19. ἐπιθυμίαι εὐσεβῶν ἡδύνουσι ψυχήν (1 *d*)
21. 25. ἐπιθυμίαι ὀκνηρὸν ἀποκτείνουσιν (1 *d*)
— 26. ἀσεβὴς ἐπιθυμεῖ ὅλην τὴν ἡμέραν ἐ. κακάς (1 *d*)
Ca. 5. 16. φάρυγξ αὐτοῦ γλυκασμὸς καὶ ὅλος ἐπιθυμία (3 *d*)
Wi. 4. 12. ῥεμβασμὸς ἐπιθυμίας μεταλλεύει νοῦν ἄκακον
6. 17. ἀρχὴ γὰρ αὐτῆς ἡ ἀληθεστάτη παιδείας ἐ.
— 17. φροντὶς δὲ παιδείας ἀγάπη [S[1] ἐπιθυμία]
— 20. ἐπιθυμία ἄρα σοφίας ἀνάγει ἐπὶ βασιλείαν [S[1] *al.*]
16. 2. εἰς ἐπιθυμίαν ὀρέξεως ξένην γεῦσιν [S[1] γεύσεως]
— 21. τῇ δὲ τοῦ προσφερομένου ἐ. ὑπηρετῶν
19. 11. ἐπιθυμίᾳ προαχθέντες ᾐτήσαντο ἐδέσματα τρυφῆς
Si. 3. 29. οὖς ἀκροατοῦ ἐπιθυμία σοφοῦ
5. 2. B S[2] τοῦ πορεύεσθαι ἐν ἐπιθυμίαις καρδίας σου
6. 37. ἡ ἐ. τῆς σοφίας σου δοθήσεταί σοι
14. 14. μερὶς ἐπιθυμίας ἀγαθῆς μή σε παρελθάτω
18. 30. ὀπίσω τῶν ἐ. σου μὴ πορεύου
— 31. ἐὰν χορηγήσῃς [A εὐδοκήσεις] τῇ ψυχῇ σου εὐδοκίαν ἐπιθυμίας
20. 4. ἐπιθυμία εὐνούχου ἀποπαρθενῶσαι νεάνιδα
Si. 23. 5. ἐπιθυμίαν ἀπόστρεψον ἀπ' ἐμοῦ
36. 27 (24). ὑπὲρ πᾶσαν ἐ. ἀνθρώπου ὑπεράγει
Je. 2. 24. ἐν ἐπιθυμίαις ψυχῆς αὐτῆς ἐπνευματοφορεῖτο (1 *b*)
Da. LXX. Su. 32. ἵνα ἐμπλησθῶσι κάλλους ἐπιθυμίας αὐτῆς
— 56. τὸ κάλλος σε ἠπάτησεν, ἡ μικρὰ ἐ.
10. 3. ἄρτον ἐπιθυμιῶν οὐκ ἔφαγον (3 *c*)
11. 37. ἐν ἐπιθυμίᾳ γυναικὸς οὐ μὴ προνοηθῇ (3 *b*)
— 43. κρατήσει . . . πάσης τῆς ἐ. Αἰ. (3 *c*)
Da. TH. Su. 9. καὶ ἐγένοντο ἐν ἐπιθυμίᾳ αὐτῆς
— 11. ἀναγγεῖλαι [A ἀπ.] τὴν ἐ. αὐτῶν
— 14. ὡμολόγησαν τὴν ἐ. αὐτῶν
— 20. ἐν ἐπιθυμίᾳ σού ἐσμεν
— 56. ἐπιθυμία [A ἡ ἐ.] διέστρεψε τὴν καρδίαν σου
9. 23. ἀνὴρ ἐπιθυμιῶν σὺ εἶ (3 *c*)
10. 3. ἄρτον ἐπιθυμιῶν οὐκ ἔφαγον (3 *c*)
— 11. Δανιὴλ ἀνὴρ ἐπιθυμιῶν (3 *c*)
— 19. μὴ φοβοῦ, ἀνὴρ ἐπιθυμιῶν (3 *c*)
● 11. 37. καὶ ἐπιθυμία [A -αν] γυναικῶν (3 *b*)
IV Ma. 1. 3. γαστριμαργίας τε καὶ ἐπιθυμίας
— 22. πρὸ μὲν οὖν τῆς ἡδονῆς ἐστιν ἐπιθυμία
— 31. σωφροσύνη δὴ τοίνυν ἐστὶν ἐπικράτεια τῶν ἐ.
— 32. τῶν δὲ ἐ. αἱ μέν εἰσι ψυχικαί
2. 1. εἰ αἱ τῆς ψυχῆς ἐ. . . . ἀκυροῦνται
— 4. ἀλλὰ καὶ πάσης ἐ.
— 6. τῶν ἐ. κρατεῖν δύναται ὁ λογισμός
3. 2. ἐπιθυμίαν τις ὑμῶν οὐ δύναται ἐκκόψαι
— 2. μὴ δουλωθῆναι τῇ ἐ.
— 11. τις αὐτὸν ἀλόγιστος ἐ. . . . συνέφρυγε [S διέφρ.]
— 12. ἐπὶ τῇ τοῦ βασ. ἐπιθυμίᾳ σχετλιαζόντων
— 12. καταιδεσθέντες τὴν τοῦ βασ. ἐ.
— 16. ἀντιθεὶς τῇ ἐ. τὸν λογισμόν
5. 23. ὥστε πασῶν τῶν ἡδονῶν καὶ ἐ. κρατεῖν
[**Aq.** Pr. 18. 1 : Da. 11. 37.]
[**Sm.** I Ki. 23. 20 : Ps. 9. 25 (10. 4) : 77 (78). 29, 30 : 139 (140). 9 : Pr. 18. 1 : 21. 25.]
[**Th.** Jb. 20. 20 : Pr. 21. 25 : Da. 9. 23 : 10. 3, 11 : 11. 37.]

ἐπικαθῆσθαι. (1) רָכַב

II Ki. 16. 2. τὰ ὑποζύγια τῇ οἰκίᾳ τοῦ βασιλέως τοῦ ἐπικαθῆσθαι (1)
Si. 36 (33). 6. ὑποκάτω παντὸς ἐπικαθημένου χρεμετίζει
Ep. Je. 71. ἐφ' ἧς πᾶν ὄρνεον ἐπικάθηται
II Ma. 3. 25. ὁ δὲ ἐπικαθήμενος ἐφαίνετο

ἐπικαθίζειν. (1) יָשַׁב (2) רָכַב *a.* qal. *b.* hi. (3) שָׁכַן hi.

Ge. 31. 34. καὶ ἐπεκάθισεν αὐτοῖς (1)
Le. 15. 20. πᾶν ἐφ' ὃ ἂν ἐπικαθίσῃ ἐπ' αὐτό (1)
II Ki. 13. 29. καὶ ἐπεκάθισαν ἀνὴρ [A -σεν ἕκαστος] ἐπὶ τὴν ἡμίονον αὐτοῦ (2 *a*)
22. 11. ἐπεκάθισεν [A ἐκ.] ἐπὶ X. (2 *a*)
III Ki. 1. 38. ἐπεκάθισαν τὸν Σ. ἐπὶ τὴν ἡμίονον (2 *b*)
— 44. ἐπεκάθισαν αὐτὸν ἐπὶ τὴν ἡμίονον (2 *b*)
IV Ki. 10. 16. καὶ ἐπεκάθισεν αὐτὸν ἐν τῷ ἅρματι αὐτοῦ (2 *b*)
Ez. 32. 4. ἐπικαθιῶ ἐπὶ σὲ πάντα τὰ πετεινά (3)
[**Th.** Is. 58. 14.]

ἐπικαινίζειν.

I Ma. 10. 44. τοῦ ἐπικαινισθῆναι τὰ ἔργα τῶν ἁγίων

ἐπίκαιρος.

II Ma. 8. 6. τοὺς ἐ. τόπους ἀπολαμβάνων
— 31. πάντα συνέθηκαν εἰς τοὺς ἐ. τόπους
10. 15. ἐγκρατεῖς ἐπικαίρων ὀχυρωμάτων ὄντες
14. 22. ἐνόπλους ἑτοίμους ἐν τοῖς ἐ. τόποις

ἐπικαίρως.

[**Sm.** Ps. 9. 10.]

ἐπικαλεῖν. (1) זָכַר hi. (2) מָצָא (3) נָקַב ni. (4) עָשָׂה (5) קָרָא *a.* qal. *b.* ni. *c.* pu. (6) לִקְרַאת (7) *a.* שׂוּם *b.* שִׂים דִּבְרָה hi. (8) שָׁכַן *a.* qal. *b.* pi. (9) שֵׁם

Ge. 4. 26. οὗτος ἤλπισεν ἐπικαλεῖσθαι τὸ ὄνομα κυρίου (5 *a*)
12. 8. ἐπεκαλέσατο ἐπὶ τῷ ὀνόματι κυρίου (5 *a*)
13. 4. ἐπεκαλέσατο ἐκεῖ Ἁ. τὸ ὄνομα κυρίου (5 *a*)
21. 33. ἐπεκαλέσατο ἐκεῖ τὸ ὄνομα κυρίου (5 *a*)
Ge. 26. 25. ἐπεκαλέσατο τὸ ὄνομα κυρίου (5 *a*)
33. 20. καὶ ἐπεκαλέσατο τὸν θεὸν Ἰσραήλ (5 *a*)
48. 16. ἐπικληθήσεται τὸ ὄνομά μου ἐν αὐτοῖς (5 *b*)
Ex. 29. 45. ἐπικληθήσομαι ἐν τοῖς υἱοῖς Ἰσ. (8 *a*)
— 46. ἐπικληθῆναι αὐτοῖς (8 *a*)
Nu. 21. 3. ἐπεκάλεσαν [A -σεν] τὸ ὄνομα τοῦ τόπου ἐκείνου (5 *a*)
De. 4. 7. οἷς ἐὰν αὐτὸν ἐπικαλεσώμεθα (5 *a*)
12. 5. ἐκεῖ ἐπικληθῆναι (8 *a*)
— 11. ἐπικληθῆναι τὸ ὄνομα αὐτοῦ ἐκεῖ (8 *b*)
— 21. ἐπικληθῆναι τὸ ὄνομα αὐτοῦ (7 *a*)
— 26. ἐπικληθῆναι τὸ ὄνομα αὐτοῦ ἐκεῖ –
14. 23. ἐπικληθῆναι τὸ ὄνομα αὐτοῦ ἐκεῖ (8 *b*)
— 24. ἐπικληθῆναι τὸ ὄνομα αὐτοῦ ἐκεῖ (7 *a*)
— 25. B[2] ἐπικληθῆναι τὸ ὄνομα αὐτοῦ –
15. 2. ἐπικέκληται γὰρ ἄφεσις (5 *a*)
16. 2, 6, 11. ἐπικληθῆναι τὸ ὄνομα αὐτοῦ ἐκεῖ (8 *b*)
— 15. A ἐπικληθῆναι τὸ ὄνομα αὐτοῦ ἐκεῖ –
17. 8. A ἐπικληθῆναι τὸ ὄνομα αὐτοῦ –
— 10. A ἐπικληθῆναι τὸ ὄνομα αὐτοῦ ἐκεῖ –
26. 2. ἐπικληθῆναι τὸ ὄνομα αὐτοῦ ἐκεῖ (8 *b*)
28. 10. τὸ ὄνομα κυρίου ἐπικέκληταί σοι (5 *b*)
33. 19. καὶ ἐπικαλέσεσθε [A -σασθε] ἐκεῖ (5 *a*)
Jo. 21. 9. ἐπεκλήθησαν τοῖς υἱοῖς Ἀ. [A *al.*] (5 *a*)
Jd. 6. 24. καὶ ἐπεκάλεσεν αὐτῷ [A *al.*] (5 *a*)
15. 19. πηγὴ τοῦ ἐπικαλουμένου [A *al.*] (5 *a*)
I Ki. 12. 17. ἐπικαλέσομαι κύριον (5 *a*)
— 18. B ἐπεκαλέσατο Σ. τὸν κύριον (5 *a*)
23. 28. ἐπεκλήθη ὁ τόπος ἐκεῖνος (5 *a*)
II Ki. 6. 2. ἐφ' ἣν ἐπεκλήθη τὸ ὄνομα τοῦ κ. (5 *b*)
20. 1. καὶ ἐκεῖ ἐπικαλούμενος υἱὸς παράνομος (5 *b*)
22. 4. αἰνετὸν ἐπικαλέσομαι κύριον (5 *a*)
— 7. ἐπικαλέσομαι κύριον (5 *a*)
III Ki. 7. 21. ἐπεκάλεσε τὸ ὄνομα αὐτοῦ Ἰ. (5 *a*)
— 21. ἐπεκάλεσε τὸ ὄνομα αὐτοῦ B. (5 *a*)
8. 43. ὅσα ἂν ἐπικαλέσηταί σε ὁ ἀλλότριος (5 *a*)
— 43. τὸ ὄνομά σου ἐπικέκληται ἐπὶ τὸν οἶκον τοῦτον (5 *b*)
— 52. οἷς ἂν ἐπικαλέσωνταί σε (5 *a*)
13. 2. καὶ ἐπεκάλεσε πρὸς τὸ θυσιαστήριον (5 *a*)
— 4. τοῦ ἐπικαλεσαμένου ἐπὶ τὸ θυσιαστήριον (5 *a*)
16. 24. ἐπεκάλεσαν [A -σεν] τὸ ὄνομα τοῦ ὄρους (5 *a*)
17. 21. καὶ ἐπεκαλέσατο τὸν κύριον (5 *a*)
18. 24. ἐγὼ ἐπικαλέσομαι ἐν ὀνόματι κυρίου (5 *a*)
— 25. ἐπικαλέσασθε [A -λεῖσθε] ἐν ὀνόματι θεοῦ ὑμῶν (5 *a*)
— 26. καὶ ἐπεκαλοῦντο ἐν ὀνόματι τοῦ B. (5 *a*)
— 27. ἐπικαλεῖσθε ἐν φωνῇ μεγάλῃ (5 *a*)
— 28. καὶ ἐπεκαλοῦντο ἐν φωνῇ μεγάλῃ (5 *a*)
IV Ki. 5. 11. ἐπικαλέσεται ἐν ὀνόματι θεοῦ αὐ. (5 *a*)
23. 17. ἐπικαλεσάμενος τοὺς λόγους τ. οὓς ἐπεκαλέσατο ἐπὶ τὸ θυσιαστήριον B. (5 *a*, 4)
I Ch. 4. 10. καὶ ἐπεκαλέσατο Ἰγ. τὸν θεὸν Ἰ. (5 *a*)
13. 6. οὗ ἐπεκλήθη ὄνομα αὐτοῦ (5 *b*)
16. 8. ἐπικαλεῖσθε αὐτὸν ἐν ὀνόματι αὐτοῦ (5 *a*)
II Ch. 6. 20. ἐπικληθῆναι τὸ ὄνομά σου ἐκεῖ (7 *a*)
— 33. ὅσα ἂν ἐπικαλέσηταί σε ὁ ἀλλότριος (5 *a*)
— 33. ἐπικέκληται τὸ ὄνομά σου ἐπὶ τὸν οἶκον τοῦτον (5 *b*)
7. 14. ἐφ' οὓς τὸ ὄνομά μου ἐπικέκληται ἐπ' αὐτούς (5 *b*)
28. 15. οἳ ἐπεκλήθησαν ἐν ὀνόματι (3)
I Es. 6. 33. οὗ τὸ ὄνομα αὐτοῦ ἐπικέκληται ἐκεῖ
Ju. 3. 8. καὶ πᾶσαι αἱ φυλαὶ αὐ. ἐπικαλέσωνται [S -ονται] αὐτόν
6. 21. ἐπεκαλέσαντο τὸν θεὸν Ἰ.
7. 26. ἐπικαλέσασθε αὐτούς
8. 17. ἐπικαλεσώμεθα [A -σόμ.] αὐτόν
9. 4. ἐπεκαλέσαντό σε εἰς βοηθόν
16. 2. A B S ἐπικαλεῖσθε [R -λέσασθε] τὸ ὄνομα αὐτοῦ
Es. 4. 8. ἐπικάλεσαι τὸν κύριον –
5. 1. ἐπικαλεσαμένη τὸν πάντων ἐπόπτην θεόν
9. 26. ἐπεκλήθησαν αἱ ἡμέραι αὗται Φρ. [A ἐπ. Φρ.] (5 *a*)
Jb. 5. 1. ἐπικάλεσαι δὲ εἴ τις σοι ὑπακούσεται [A σου εἰσακ.] (5 *a*)
— 8. κύριον δὲ τὸν πάντων δεσπότην [A τὸν παντοκράτορα] ἐπικαλέσομαι (7 *b*)
17. 14. θάνατον ἐπεκαλεσάμην [A προσεκ., S[1] προσεκάλεσα] πατέρα μου εἶναι (5 *a*)
27. 10. ἢ ὡς [A S[2] πῶς] ἐπικαλεσαμένου αὐτοῦ εἰσακούσεται αὐτοῦ (5 *a*)

● = correction on page xxvi

Ps. 4. 1. ἐν τῷ ἐπικαλεῖσθαί με εἰσήκουσέ μου (5 *a*)
13 (14). 4. τὸν κύριον οὐκ ἐπεκαλέσαντο (5 *a*)
17 (18). 3. αἰνῶν ἐπικαλέσομαι κύριον (5 *a*)
— 6. ἐπεκαλεσάμην τὸν κύριον (5 *a*)
19 (20). 7. S² ἐν ὀνόματι κ. θεοῦ ἡμῶν ἐπικαλεσόμεθα [A B μεγαλυνθησόμεθα, S¹ ἀγαλλιασόμεθα] (1)
— 9. ἐν ᾗ ἂν ἡμέρᾳ ἐπικαλεσώμεθά σε (5 *a*)
24 (25). 14. A B¹ R καὶ τὸ ὄνομα κυρίου τῶν ἐπικαλεσαμ. [B¹ φοβουμ.] αὐτόν –
30 (31). 17. ὅτι ἐπεκαλεσάμην σε (5 *a*)
41 (42). 7. ἄβυσσος ἄβυσσον ἐπικαλεῖται (5 *a*)
48 (49). 11. ἐπεκαλέσαντο τὰ ὀνόματα αὐ. (5 *a*)
49 (50). 15. ἐπικάλεσαί με ἐν ἡμέρᾳ θλίψεως (5 *a*)
52 (53). 4. τὸν θεὸν οὐκ ἐπεκαλέσαντο (5 *a*)
55 (56). 9. ἐν ᾗ ἂν ἡμέρᾳ ἐπικαλέσωμαί σε (5 *a*)
74 (75). 1. ἐπικαλεσόμεθα τὸ ὄνομά σου †
78 (79). 6. αἳ τὸ ὄνομά σου οὐκ ἐπεκαλέσαντο (5 *a*)
79 (80). 18. τὸ ὄνομά σου ἐπικαλεσόμεθα [A -σώμ.] (5 *a*)
80 (81). 7. ἐν θλίψει ἐπεκαλέσω με (5 *a*)
85 (86). 5. καὶ πολυέλεος πᾶσι τοῖς ἐπικαλουμένοις σε (5 *a*)
88 (89). 26. αὐτὸς ἐπικαλέσεταί με (5 *a*)
90 (91). 15. B ἐπικαλέσεταί με [A S R *al.*] (5 *a*)
98 (99). 6. Σ. ἐν τοῖς ἐπικαλουμ. τὸ ὄνομα αὐ. ἐπεκαλοῦντο τὸν κύριον (5 *a*, 5 *a*)
101 (102). 2. ἐν ᾗ ἂν ἡμέρᾳ ἐπικαλέσωμαί [A -σομαί] σε (5 *a*)
104 (105). 1. ἐπικαλεῖσθε τὸ ὄνομα αὐτοῦ (5 *a*)
114 (116). 2. ἐν ταῖς ἡμέραις μου ἐπικαλέσομαι [S¹ *al.*] (5 *a*)
— 4. τὸ ὄνομα κυρίου ἐπεκαλεσάμην [A² -σα] (5 *a*)
115. 4 (116. 13). τὸ ὄνομα κυρίου ἐπικαλέσομαι (5 *a*)
— 8 (116. 17). A S² R ἐν ὀνόματι κυρίου ἐπικαλέσομαι (5 *a*)
117 (118). 5. ἐπεκαλεσάμην τὸν κύριον (5 *a*)
137 (138). 3. ἐν ᾗ ἂν ἡμέρᾳ ἐπικαλέσωμαί [A -σομαί] σε (5 *a*)
144 (145). 18. ἐγγὺς κύριος πᾶσι τοῖς ἐπικαλουμ. αὐτὸν πᾶσι τοῖς ἐπικαλουμ. αὐτὸν [A¹ S¹ *om.* π. τοῖς ἐ. αὐτὸν] ἐν ἀληθείᾳ (5 *a*, 5 *a*)
146 (147). 9. καὶ τοῖς νεοσσοῖς τῶν κοράκων τοῖς ἐπικαλουμένοις αὐτόν (5 *a*)
Pr. 1. 28. ὅταν ἐπικαλέσησθέ [S¹ -σεσθέ] με (5 *a*)
2. 3. ἐὰν γὰρ τὴν σοφίαν ἐπικαλέσῃ (5 *a*)
8. 12. ἔννοιαν ἐγὼ ἐπεκαλεσάμην (2)
18. 6. τὸ δὲ στόμα αὐτοῦ τὸ θρασὺ θάνατον ἐπικαλεῖται (5 *a*)
21. 13. καὶ αὐτὸς ἐπικαλέσεται (5 *a*)
Wi. 7. 7. ἐπεκαλεσάμην καὶ ἦλθέ μοι πνεῦμα σοφίας
11. 4. ἐδίψησαν καὶ ἐπεκαλέσαντό σε
13. 18. περὶ μὲν ὑγιείας τὸ ἀσθενὲς ἐπικαλεῖται
— 19. S¹ τὸ ἀδρανὲς ταῖς χερσὶν ἀδρανίαν ἐπικαλεῖται [A B S² *al.*]
Si. 2. 10. τίς ἐπεκαλέσατο αὐτόν
46. 5. ἐπεκαλέσατο τὸν ὕψιστον δυνάστην
— 16. ἐπεκαλέσατο [S¹ -σα] τὸν κύριον δυνάστην
47. 5. ἐπεκαλέσατο γὰρ κύριον τὸν ὕψιστον
— 18. ἐν ὀνόματι κ. τοῦ θεοῦ τοῦ ἐπικεκλημ. θεοῦ Ἰσ.
48. 20. ἐπεκαλέσαντο [S¹ ἐπανεκ.] τὸν κύριον
51. 10. ἐπεκαλεσάμην κύριον πατέρα κυρίου μου
Ho. 7. 7. οὐκ ἦν ὁ ἐπικαλούμ. ἐν αὐτοῖς πρός με (5 *a*)
— 11. Αἴγυπτον ἐπεκαλεῖτο (5 *a*)
Am. 4. 5. καὶ ἐπεκαλέσαντο ὁμολογίας (5 *a*)
— 12. ἑτοιμάζου τοῦ ἐπικαλεῖσθαι τὸν θ. σου (6)
9. 12. ἐφ' οὓς ἐπικέκληται τὸ ὄνομά μου (5 *b*)
Mi. 6. 9. φωνὴ κυρίου τῇ πόλει ἐπικληθήσεται (5 *a*)
Jl. 2. 32 (3. 5). ὃς ἂν ἐπικαλέσηται τὸ ὄνομα κυρίου (5 *a*)
Jn. 1. 6. ἐπικαλοῦ τὸν θεόν σου (5 *a*)
Ze. 3. 9. τοῦ ἐπικαλεῖσθαι πάντας τὸ ὄνομα κυρίου (5 *a*)
Za. 13. 9. αὐτὸς ἐπικαλέσεται τὸ ὄνομά μου (5 *a*)
Ma. 1. 4. ἐπικληθήσεται αὐτοῖς ὅρια ἀνομίας (5 *a*)
Is. 18. 7. S οὗ τὸ ὄνομα κυρίου Σαβαὼθ ἐπεκλήθη [A B *om.*] –
43. 7. ὅσοι ἐπικέκληνται τῷ ὀνόματί μου (5 *b*)
55. 5. ἔθνη . . . ἐπικαλέσονταί σε (5 *b*)
— 6. ἐν τῷ εὑρίσκειν αὐτὸν ἐπικαλέσασθε (5 *a*)
64. 7 (6). οὐκ ἔστιν ὁ ἐπικαλούμ. τὸ ὄν. σου (5 *a*)
Je. 4. 20. ταλαιπωρίαν συντριμμὸν ἐπικαλεῖται (5 *a*)
7. 10. οὗ ἐπικέκληται τὸ ὄνομά μου ἐπ' αὐτῷ (5 *b*)
— 11. οὗ ἐπικέκληται τὸ ὄνομά μου ἐπ' αὐτῷ [S¹ -ῶν] (5 *b*)
Je. 7. 14. ᾧ [S οὗ] ἐπικέκληται τὸ ὄνομά μου ἐπ' αὐτῷ (5 *b*)
— 30. οὗ ἐπικέκληται τὸ ὄν. μου ἐπ' αὐτόν (5 *b*)
10. 25. οἳ τὸ ὄνομά σου οὐκ ἐπεκαλέσαντο (5 *a*)
11. 14. ἐν [A *om.*] ᾧ ἐπικαλοῦνταί με (5 *a*)
14. 9. τὸ ὄνομά σου ἐπικέκληται ἐφ' ἡμᾶς (5 *b*)
15. 16. ἐπικέκληται τὸ ὄνομά σου ἐπ' ἐμοί (5 *b*)
20. 8. ἀθεσίαν καὶ ταλαιπωρίαν ἐπικαλέσομαι (5 *a*)
39 (32). 34. οὗ [A ᾧ] ἐπεκλήθη τὸ ὄνομά μου ἐπ' αὐτῷ (5 *b*)
41 (34). 15. οὗ ἐπεκλήθη τὸ ὄνομά μου ἐπ' αὐτῷ (5 *b*)
Ba. 2. 15. τὸ ὄνομά σου ἐπεκλήθη [A ἐπικέκληται] ἐπὶ Ἰσραήλ
— 26. οὗ ἐπεκλήθη τὸ ὄνομά σου ἐπ' αὐτῷ
3. 7. καὶ [A τοῦ] ἐπικαλεῖσθαι τὸ ὄνομά σου
La. 3. 55. B ἐπεκαλεσάμην τὸ ὄνομά σου (5 *a*)
— 57. B ἐν ἡμέρᾳ ᾗ ἐπεκαλεσάμην σε (5 *a*)
Ez. 10. 13. τοῖς δὲ τροχοῖς τούτοις [A τοῦτο] ἐπεκλήθη Γελγέλ (5 *c*)
20. 29. ἐπεκάλεσαν τὸ ὄνομα αὐτοῦ Ἀβαμά (5 *b*)
Da. LXX. 2. 26. ἐπικαλουμένῳ δὲ Χαλδαϊστὶ Βαλτάσαρ (9)
9. 18. ἐφ' ἧς ἐπεκλήθη τὸ ὄνομά σου ἐπ' αὐτῆς (5 *b*)
— 19. τὸ ὄν. σου ἐπεκλήθη ἐπὶ τὴν πόλιν σου (5 *b*)
10. 1. ὃς ἐπεκλήθη τὸ ὄνομα Βαλτάσαρ (5 *b*)
Da. TH. 9. 18. ἐφ' ἧς ἐπικέκληται τὸ ὄνομα ἐπ' αὐτῆς (5 *b*)
— 19. τὸ ὄνομά σου ἐπικέκληται ἐπὶ τὴν πόλιν σου (5 *b*)
10. 1. οὗ τὸ ὄνομα ἐπεκλήθη Βαλτάσαρ (5 *b*)
I Ma. 2. 2. A S ὁ ἐπικαλούμενος [R διακ.] Καδδὶς
— 4. R ὁ ἐπικαλούμενος [A S καλ.] Μακκαβαῖος [S¹ *om.*]
— 5. R ὁ ἐπικαλούμενος [A S καλ.] Αὐαράν
— 5. R ὁ ἐπικαλούμενος [A S καλ.] Ἀπφοῦς
7. 37. R ἐπικληθῆναι τὸ ὄνομά σου ἐπ' αὐτῷ [A -όν, S -οῦ]
II Ma. 3. 15. ἐπεκαλοῦντο . . . τὸν περὶ παραθήκης νομοθετήσαντα
— 22. ἐπεκαλοῦντο τὸν παντοκράτορα θεόν
— 31. ἠξίουν τὸν Ὀ. ἐπικαλέσασθαι τὸν ὕψιστον
7. 37. ἐπικαλούμενος [A -οι] τὸν θεόν
8. 2. ἐπεκαλοῦντο τὸν κύριον
12. 6. ἐπικαλεσάμενος τὸν δίκαιον κριτὴν θεόν
— 15. ἐπικαλεσάμενοι τὸν μέγαν τοῦ κόσμου δυνάστην
— 28. ἐπικαλεσάμενοι δὲ τὸν δυνάστην
— 36. ἐπικαλεσάμενος ὁ Ἰ. τὸν κύριον
13. 10. R ἐπικαλεῖσθαι [A -καλέσασθαι] τὸν κύριον
14. 34. ἐπεκαλοῦντο τὸν διὰ παντὸς ὑπέρμαχον τοῦ ἔθνους ἡμῶν
— 46. ἐπικαλεσάμενος τὸν δεσπόζοντα τῆς ζωῆς
15. 21. ἐπικαλέσατο τὸν τερατοποιὸν κύριον
— 22. ἐπικαλούμενος τόνδε τὸν τρόπον
III Ma. 1. 27. εἰς τὸ . . . ἐπικαλεῖσθαι τὸν πᾶν κράτος ἔχοντα
5. 7. ἐλεήμονα θεὸν αὐτῶν . . . ἐπεκαλέσαντο
— 26. A ἐπικαλεῖ [R ἐκάλει] πρὸς τὴν ἔξοδον
6. 1. ἐπικαλεῖσθαι τὸν ἅγιον θεόν
IV Ma. 12. 18. ἐπικαλοῦμαι δὲ τὸν πατρῷον θεόν
[**Aq.** Ps. 60 (61). 3: 85 (86). 7: 129 (130). 1: Je. 29 (36). 12.]
[**Sm.** Ps. 30 (31). 23: 55 (56). 10: 60 (61). 3: 65 (66). 17: 85 (86). 7: 87 (88). 10: 137 (138). 3: Is. 63. 19.]
[**Th.** Ps. 48 (49). 12: Je. 29 (36). 12.]
[**Heb.** Ge. 4. 26.]
[**Al.** Ex. 3. 18: Nu. 21. 3: Ps. 104 (105). 1: Pr. 1. 28.]
[**Quint.** Ho. 7. 10.]

ἐπικάλυμμα. (1) מִכְסֶה (2) מָסָךְ
Ex. 26. 14. ἐπικαλύμματα δέρματα ὑακίνθινα ἐπάνωθεν (1)
39. 21 (34). καὶ τῶν λοιπῶν τὰ ἐ. (1?, 2?)
II Ki. 17. 19. διεπέτασε τὸ ἐ. ἐπὶ πρόσωπον τοῦ λάκκου (2)
Jb. 19. 29. εὐλαβήθητε δὴ καὶ ὑμεῖς ἀπὸ ἐπικαλύμματος [A κρίματος, S² κρ. ἐ.] †

ἐπικαλύπτειν. (1) חָפָה (2) כָּסָה *a.* qal. *b.* pi. *c.* pu. (3) לוּט hi. (4) סָכַךְ ni. (5) סָרַח (6) פָּרַשׂ
Ge. 7. 19. A ἐπεκάλυψεν [R ἐκάλ.] πάντα τὰ ὄρη τὰ ὑψ. (2 *c*)
Ge. 7. 20. ἐπεκάλυψε πάντα τὰ ὄρη τὰ ὑψηλά (2 *c*)
8. 2. A ἐπεκαλύφθησαν [A ἀπ.] αἱ πηγαὶ τῆς ἀ. (4)
Ex. 14. 26. καὶ ἐπικαλυψάτω τοὺς Αἰγ. –
26. 12. A τὸ πλεονάζον . . . ἐπικαλύψεις [B ὑποκ.] (5 ?)
Nu. 4. 11. ἐπὶ τὸ θυσιαστήριον . . . ἐπικαλύψουσιν ἱμάτιον (6)
— 11. A ἐπικαλύψουσιν [B καλ.] αὐτὸ καλύμματι (2 *b*)
— 13. ἐπικαλύψουσιν ἐπ' αὐτὸ ἱμάτιον (6)
II Ki. 15. 30. καὶ τὴν κεφαλὴν ἐπικεκαλυμμένος (1)
— 30. ἐπεκάλυψεν ἀνὴρ τὴν κεφαλὴν αὐτοῦ (1)
III Ki. 19. 13. ἐπεκάλυψε τὸ πρόσωπον αὐτοῦ (3)
Ju. 7. 18. S ἐπεκάλυψαν [B ἐκ., A ἐκάλυψεν] τὸ πρόσωπον τῆς γῆς
Jb. 16. 19 (18). γῆ μὴ ἐπικαλύψῃς ἐφ' αἵματι τῆς σαρκός μου (2 *b*)
Ps. 31 (32). 1. ὧν ἐπεκαλύφθησαν αἱ ἁμαρτίαι (2 *a*)
43 (44). 19. ἐπεκάλυψεν ἡμᾶς σκιὰ θανάτου (2 *b*)
Pr. 28. 13. ὁ ἐπικαλύπτων ἀσέβειαν ἑαυτοῦ (2 *b*)
Si. 39. 22. ἡ εὐλογία αὐτοῦ ὡς ποταμὸς ἐπεκάλυψε
47. 15. γῆν ἐπεκάλυψεν ἡ ψυχή σου
Je. 3. 25. ἐπεκάλυψεν ἡμᾶς ἡ ἀτιμία ἡμῶν (2 *b*)
14. 4. ἐπεκάλυψαν [S¹ -εν] τὰς κεφ. αὐ. (1)
Ez. 1. 11. δύο ἐπεκάλυπτον ἐπάνω τοῦ σώματος αὐτῶν (2 *b*)
— 23. ἐπικαλύπτουσαι τὰ σώματα αὐ. [A *al.*] (2 *b*)
[**Aq.** Ps. 31 (32). 5: 43 (44). 20: 138 (139). 15: Ho. 5. 3.]
[**Sm.** Jb. 15. 27.]
[**Th.** Je. 14. 3.]

ἐπικάλυπτος.
[**Th.** Ez. 27. 20.]

ἐπικαρπία.
[**Sm.** Ec. 9. 5.]

ἐπικαρπολογεῖσθαι, ἐπικαρποῦσθαι.
IV Ma. 2. 9. S R μήτε ἐπικαρπολογούμενος [A -καρπούμενος] τοὺς ἀμητοὺς

ἐπικατάγειν.
I Ki. 26. 19. A ἐπικαταγάγοι ἐνώπιον κυρίου [B *al.*] †

ἐπικαταλαμβάνειν. (1) קָרָה
Nu. 11. 23. εἰ ἐπικαταλήψεταί σε ὁ λόγος μου (1)

ἐπικαταρᾶσθαι. (1) אָרַר *a.* qal. *b.* pi. (2) זָעַם (3) קָבַב
Nu. 5. 18. τὸ ὕδωρ τοῦ ἐλεγμοῦ τοῦ ἐπικαταρωμένου τούτου [A τὸ ἐπ. τοῦτο] (1 *b*)
— 19. τοῦ ὕδατος τοῦ ἐλεγμοῦ τοῦ ἐπικαταρωμένου τούτου (1 *b*)
— 22. τὸ ὕδωρ τὸ ἐπικαταρώμενον τοῦτο (1 *b*)
— 23. τὸ ὕδωρ τοῦ ἐλεγμοῦ τοῦ ἐπικαταρωμένου –
— 24. τὸ ὕδωρ τοῦ ἐλεγμοῦ τοῦ ἐπικαταρωμένου (1 *b*)
— 24. τὸ ὕδωρ τὸ ἐπικαταρώμενον τοῦ ἐλεγμοῦ (1 *b*)
— 27. τὸ ὕδωρ τοῦ ἐλεγμοῦ τὸ ἐπικαταρώμενον (1 *b*)
22. 17. ἐπικατάρασαί μοι τὸν λαὸν τοῦτον (3)
23. 7. ἐπικατάρασαί μοι τὸν Ἰ. (2)
Ps. 151. 6. ἐπικατηράσατό με ἐν τοῖς εἰδώλοις αὐ.
Ma. 2. 2. ἐπικαταράσομαι τὴν εὐλογίαν ὑμῶν (1 *a*)
[**Aq.** Jb. 3. 8.]

ἐπικατάρατος. (1) אָרַר (2) ἐ. εἶναι נָקַב (3) ἐ. εἶναι קָלַל pu.
Ge. 3. 14. ἐ. σὺ ἀπὸ πάντων τῶν κτηνῶν (1)
— 17. ἐ. ἡ γῆ ἐν τοῖς ἔργοις σου (1)
4. 11. A καὶ νῦν ἐ. σὺ ἐπὶ [R ἀπὸ] τῆς γῆς (1)
9. 25. ἐ. Χαναὰν παῖς (1)
27. 29. ὁ καταρώμενός σε ἐ. (1)
49. 7. ἐ. ὁ θυμὸς αὐτῶν ὅτι αὐθάδης (1)
De. 27. 15. ἐπικατάρατος ἄνθρωπος (1)
— 16. ἐπικατάρατος ὁ ἀτιμάζων (1)
— 17. ἐπικατάρατος ὁ μετατιθεὶς (1)
— 18. ἐπικατάρατος ὁ πλανῶν (1)
— 19. ἐπικατάρατος ὃς ἂν ἐκκλίνῃ (1)
— 20, 21, 22, 23. ἐπικατάρατος ὁ κοιμώμενος (1)
— 23. B ἐπικατάρατος ὁ κοιμώμενος –
— 24. ἐπικατάρατος ὁ τύπτων (1)
— 25. ἐπικατάρατος ὃς ἂν λάβῃ (1)

● = correction on page xxvi

De. 27. 26. ἐπικατάρατος πᾶς ἄνθρωπος (1)
28. 16. ἐπικατάρατος σὺ ἐν πόλει καὶ ἐπικατάρατος σὺ ἐν ἀγρῷ (1, 1)
— 17. ἐπικατάρατοι αἱ ἀποθῆκαί σου (1)
— 18. ἐπικατάρατα τὰ ἔκγονα τῆς κοιλίας σου (1)
— 19. ἐπικατάρατος σὺ ἐν τῷ εἰσπορεύεσθαί σε καὶ ἐπικατάρατος σὺ ἐν τῷ ἐκπορεύεσθαί σε (1, 1)
Jo. 6. 25 (26). ἐπικατάρατος ὁ ἄνθρωπος (1)
9. 23. ἐπικατάρατοί ἐστε (1)
Jd. 5. 23. ἐ. πᾶς ὁ κατοικῶν αὐτήν [A *al.*] (1)
21. 18. ἐπικατάρατος ὁ διδοὺς γυναῖκα τῷ B. (1)
I Ki. 14. 24, 28. ἐπικατάρατος ὁ ἄνθρωπος (1)
26. 19. ἐπικατάρατοι οὗτοι ἐνώπιον κυρίου [A *al.*] (1)
To. 13. 12. ἐ. πάντες οἱ μισοῦντές σε [S *al.*]
— 12. S ἐπικατάρατοι ἔσονται πάντες
Ps. 118 (119). 21. ἐπικατάρατοι οἱ ἐκκλίνοντες ἀπὸ τῶν ἐντολῶν σου (1)
Pr. 24. 39 (24). ἐπικατάρατος λαοῖς ἔσται (2)
Wi. 3. 12. ἐπικατάρατος ἡ γένεσις [S[1] γέννησις] αὐτῶν
14. 8. τὸ χειροποίητον δὲ ἐπικατάρατον αὐτό
Ma. 1. 14. ἐ. ὃς ἦν δυνατός (1)
Is. 65. 20. ὁ δὲ ἀποθνήσκων ἁμαρτωλὸς ἑκατὸν ἐτῶν καὶ ἐ. ἔσται (3)
Je. 11. 3. ἐ. ὁ ἄνθρωπος ὃς οὐκ ἀκούσεται (1)
17. 5. ἐ. ὁ ἄνθρωπος ὃς τὴν ἐλπίδα ἔχει (1)
20. 14. ἐ. ἡ ἡμέρα ἐν ᾗ ἐτέχθην [A ᾗ ἐγενήθην] (1)
— 15. ἐ. ὁ ἄνθρωπος ὁ εὐαγγελισάμενος τῷ πατρί μου (1)
31 (48). 10. ἐ. ὁ ποιῶν τὰ ἔργα κυρίου ἀμελῶς (1)
IV Ma. 2. 19. ἐ. ὁ θυμὸς αὐτῶν
[**Aq.** Je. 48 (31). 10.]
[**Sm.** Ge. 3. 18 (17): Je. 48 (31). 10.]
[**Th.** Ge. 3. 18 (17): II Ki. 16. 9: Je. 48 (31). 10.]

► **ἐπίκεισθαι.** (1) הָכַר hi. (2) חָמַס (3) נָתַן
Ex. 36. 40 (39. 31). ὥστε ἐπίκεισθαι ἐπὶ τὴν μίτραν ἄνωθεν (3)
Jb. 19. 3. οὐκ αἰσχυνόμενοί με ἐπίκεισθέ μοι (1)
21. 27. τόλμῃ ἐπίκεισθέ μοι (2)
Wi. 17. 21. S ἐκείνοις ἐπέκειτο [A B ἐπέτατο, R ἐπετέτατο] βαρεῖα νύξ
I Ma. 6. 57. ἐπίκειται ἡμῖν τὰ τῆς βασιλείας
II Ma. 1. 21. τά τε ξύλα καὶ τὰ ἐπικείμενα
III Ma. 1. 22. οὐκ ἠνείχοντο τέλεον αὐτοῦ ἐπικειμένου
[**Sm.** Ca. 5. 15: Ez. 24. 17.]

ἐπικερδής.
Wi. 15. 12. ἐλογίσαντο . . . τὸν βίον πανηγυρισμὸν ἐ.

ἐπικίνδυνος.
III Ma. 5. 33. ἐπικίνδυνον ὑπήνεγκεν ἀπειλήν

ἐπικινεῖν.
I Es. 8. 72. A R ὅσοι ποτὲ ἐπεκινοῦντο ἐπὶ [B *om.*] τῷ ῥήματι

ἐπικληροῦν. (1) הָיָה
Jo. 21. 9. A ἐπεκληρώθησαν [B -κλήθησαν] τοῖς υἱοῖς Ἀ. (1)

ἐπίκλησις.
II Ma. 8. 15. ἕνεκεν τῆς ἐπ' αὐτοὺς ἐ.
15. 26. μετ' ἐπικλήσεως καὶ εὐχῶν
[**Sm.** Is. 1. 13.]

ἐπίκλητος. (1) מוֹעֵדָה (2) *a.* קָרָא *b.* קְרִיא *c.* מִקְרָא
Nu. 1. 16. οὗτοι ἐπίκλητοι τῆς συναγωγῆς (2 *b**, 2 *a*)
26. 9. οὗτοι ἐπίκλητοι τῆς συναγωγῆς (2 *a**, 2 *b*)
28. 18, 26: 29. 1, 7, 12. ἐπίκλητος ἁγία ἔσται ὑμῖν (2 *c*)
Jo. 20. 9. αὗται αἱ πόλεις αἱ ἐ. (1)
Jd. 15. 19. A ἐπίκλητος σιαγόνος [B *al.*] (2 *a*)
Am. 1. 5. λαὸς Συρίας ἐπίκλητος †
[**Th.** Is. 1. 13.]

ἐπικλίνειν. (1) נָטָה hi.
Ge. 24. 14. ἐπίκλινον τὴν ὑδρίαν σου ἵνα πίω (1)
III Ki. 8. 58. ἐπικλῖναι καρδίας ἡμῶν ἐπ' [A πρὸς] αὐτόν (1)
[**Aq.** Ge. 4. 4: Is. 41. 10.]
[**Sm., Quint.** Ho. 4. 18.]

ἐπικλύζειν. (1) צוּף hi. (2) שָׁטַף
De. 11. 4. ὡς ἐπέκλυσε τὸ ὕδωρ . . . ἐπὶ προσώπου αὐτῶν (1)
Ju. 2. 8. ποταμὸς ἐπικλύζων τοῖς νεκροῖς αὐτῶν
Is. 66. 12. ὡς χειμάρρους ἐπικλύζων δόξαν ἐθνῶν (2)
III Ma. 2. 7. αὐτὸν . . . ἐπέκλυσας βάθει θαλάσσης
[**Aq.** Ps. 68 (69). 3.]
[**Sm.** Ps. 31 (32). 6: 68 (69). 3.]

ἐπικλυσμός.
[**Aq.** Jb. 21. 17.]
[**Sm.** Da. 9. 26.]

ἐπικοιμᾶσθαι. (1) לִין (2) שָׁכַב
De. 21. 23. A οὐκ ἐπικοιμηθήσεται [B οὐ κοιμ.] τὸ σῶμα αὐτοῦ (1)
III Ki. 3. 19. ὡς ἐπεκοιμήθη [A ἐκ.] ἐπ' αὐτόν (2)
I Es. 5. 72. τὰ δὲ ἔθνη τῆς γῆς ἐπικοιμώμενα τοῖς ἐν τῇ Ἰ.

ἐπικοινωνεῖν.
Si. 26. 6. μάστιξ γλώσσης πᾶσιν ἐπικοινωνοῦσα
IV Ma. 4. 3. τῷ ἱερῷ μὴ ἐπικοινωνούσας

ἐπικοπή (?). (1) נָגַף ni.
De. 28. 25. B[2] R δῴη σε κύριος ἐπὶ κοπήν [? ἐπικ., A B[1] ἐπισκ.] (1)

ἐπικοσμεῖν. (1) תָּקַן
Ec. 1. 15. διεστραμμένον οὐ δυνήσεται [A S[2] *add.* τοῦ] ἐπικοσμηθῆναι [A κ.] (1)

ἐπικουρία.
Wi. 13. 18. περὶ δὲ ἐπικουρίας [S[2] ἐμπειρίας] τὸν ἀπειρότατον ἱκετεύει [S *om.*]

ἐπικουφίζεσθαι.
IV Ma. 9. 31. τὸν πόνον ἐπικουφίζομαι

ἐπίκουφος.
III Ma. 4. 5. A τὴν . . . νωθρότητα ποδῶν ἐπίκουφον [R -κύφων]

ἐπικραταιοῦν. (1) תָּקַף
Ec. 4. 12. ἐὰν ἐπικραταιωθῇ ὁ εἷς (1)

ἐπικράτεια.
IV Ma. 1. 31. σωφροσύνη . . . ἐστὶν ἐ. τῶν ἐπιθυμιῶν
— 34. διὰ τὴν τοῦ λογισμοῦ ἐ.
3. 1. ὁ λογισμὸς ἐπικρατεῖν [S[2] κρ.] φαίνεται
— 18. ἀποπτύσαι πάσας τὰς τῶν παθῶν ἐ.
6. 32. A S τούτοις ἂν ἀπεδόμην [R -εν] τὴν τῆς ἐ. μαρτυρίαν

ἐπικρατεῖν. (1) בָּקַע (2) גָּבַר (3) חָזַק (4) טָפַח pi. (5) רָדָה (6) שַׁלִּיט
Ge. 7. 18. καὶ ἐπεκράτει τὸ ὕδωρ (2)
— 19. τὸ δὲ ὕδωρ ἐπεκράτει (2)
41. 57. ἐπεκράτησε γὰρ ὁ λιμὸς ἐν πάσῃ τῇ γῇ (3)
47. 20. ἐπεκράτησε γὰρ αὐτῶν ὁ λιμός (3)
III Ki. 9. 23. A ἐπικρατοῦντες ἐν τῷ λαῷ (5)
II Es. 4. 20. A B καὶ ἐπικρατοῦντες ὅλης τῆς ἑσπέρας [R πέραν] τοῦ ποταμοῦ (6)
Ju. 7. 12. ἐπικρατησάτωσαν οἱ παῖδές σου τῆς πηγῆς
Es. 3. 13. A[2] B S πάσης ἐπικρατήσας οἰκουμένης
4. 17. καὶ πάσης ἀρχῆς ἐπικρατῶν
8. 13. τὴν τῶν ἐπικρατούντων ἀκέραιον εὐγνωμοσύνην [S[1] ἐπίγνωσιν]
— 13. τοῦ τὰ πάντα ἐπικρατοῦντος θεοῦ
Am. 6. 5. R οἱ ἐπικρατοῦντες [A B ἐπικροτ.] πρὸς τὴν φωνὴν τῶν ὀργ. †
La. 2. 22. ὡς ἐπεκράτησα (4)
Ez. 29. 7. A ἐπεκράτησεν [B[2] R -ρότ., B[1] ἐκράτ.] ἐπ' αὐτοὺς πᾶσα χείρ (1 ?)
I Ma. 1. 8. ἐπεκράτησαν οἱ παῖδες αὐτοῦ
10. 52. ἐπεκράτησα [S[1] -σεν] τῆς χώρας ἡμῶν
14. 17. ἐπικρατεῖ τῆς χώρας
III Ma. 2. 3. καὶ τῶν ὅλων ἐπικρατῶν δυνάστης
IV Ma. 1. 3. τῶν . . . κωλυτικῶν παθῶν . . . ἐπικρατεῖν
— 14. εἰ πάντων ἐπικρατεῖ τούτων ὁ λογισμός
— 19. τῶν παθῶν ὁ λογισμὸς ἐπικρατεῖ
— 32. τούτων . . . ὁ λογισμὸς ἐπικρατεῖν φαίνεται
— 33. δύναται τῶν ὀρέξεων ἐπικρατεῖν ὁ λογισμός
2. 4. τὴν . . . οἰστρηλασίαν ἐπικρατεῖν ὁ λογισμὸς φαίνεται
— 11. S R τῆς πρὸς γαμετὴν [A -ῆς] φιλίας ἐπικρατεῖ

IV Ma. 2. 13. S R ἔχθρας [A -αν] ὁ λογισμὸς ἐπικρατεῖν δύναται
— 15. R ἐπικρατεῖν [A S κρ.] ὁ λογισμὸς φαίνεται
6. 34. τῶν ἔξωθεν ἀλγηδόνων ἐπικρατεῖ
7. 24. χαλεπωτέρων βασανιστηρίων ἐπεκράτησαν
13. 4. R ἐπεκράτησε [A S -σαν] γὰρ καὶ πάθους
16. 2. A R οὐ μόνον τῶν παθῶν ἄνδρες ἐπεκράτησαν [S ἐκρ.]
17. 20. S R τῷ . . . τοὺς πολεμίους μὴ ἐπικρατῆσαι [A -σας]
[**Aq.** Ge. 1. 26, 28: III Ki. 9. 23: Ps. 48 (49). 15: 67 (68). 28: 109 (110). 2: Is. 51. 18: Je. 5. 31: Ho. 11. 12 (12. 1).]
[**Sm.** Ge. 7. 20, 24: Ps. 135 (136). 8: Is. 51. 18.]
[**Th.** Is. 51. 18.]
[**Al.** Le. 26. 17.]

ἐπικράτησις.
Es. 8. 13. τὴν τῶν Π. ἐ. εἰς τοὺς Μ. μετάξαι

ἐπικρεμαννύναι. (1) תָּלָא (2) תָּלָה
Ho. 11. 7. καὶ ὁ λαὸς αὐτοῦ ἐπικρεμάμενος ἐκ τῆς κατοικίας (1)
Is. 22. 24. ἔσονται ἐπικρεμάμενοι αὐτῷ [A ἐν αὐ.] (2 ?)

ἐπικρίνειν.
II Ma. 4. 47. R τούτοις θάνατον ἐπέκρινε [A ἀπ.]
III Ma. 4. 2. τὴν . . . αὐτοῖς ἐπικριθεῖσαν ὀλεθρίαν
[**Al.** Le. 24. 12.]

ἐπίκρισις.
[**Al.** Le. 24. 12.]

ἐπικροτεῖν. (1) בָּקַע (2) מָחָא כַף (3) פָּרַט (4) תָּקַע כַּף
Pr. 17. 18. ἀνὴρ ἄφρων ἐπικροτεῖ (4)
Si. 12. 18. ἐπικροτήσει ταῖς χερσὶν αὐτοῦ
Am. 6. 5. A B οἱ ἐπικροτοῦντες [R ἐπικρατ.] πρὸς τὴν φωνὴν τῶν ὀργ. (3)
Is. 55. 12. πάντα τὰ ξύλα τοῦ ἀγροῦ ἐπικροτήσει τοῖς κλάδοις (2)
Je. 5. 31. οἱ ἱερεῖς ἐπεκρότησαν ταῖς χερσὶν αὐ. †
Ez. 29. 7. B[2] R ἐπεκρότησεν [A ἐπεκράτ., B[1] ἐκράτ.] ἐπ' αὐτοὺς πᾶσα χείρ (1 ?)
[**Aq.** Je. 5. 31.]
[**Th.** Pr. 17. 18.]

ἐπικρούειν. (1) סָפַק
Je. 31 (48). 26. ἐπικρούσει Μωὰβ ἐν χειρὶ αὐ. (1)

ἐπικρύπτειν. (1) לָאַט
II Ki. 19. 4 (5). A ὁ βασιλεὺς ἐπέκρυψεν [B ἔκρ.] τὸ πρόσωπον αὐτοῦ (1)

ἐπίκτητος.
II Ma. 6. 23. R καὶ τῆς ἐ. καὶ ἐπιφανοῦς πολιᾶς [A πολιτείας]

ἐπικυλίειν. (1) שִׂים
Jo. 10. 27. ἐπεκύλισαν [B[1] ἐκύλ.] λίθους (1)
[**Sm.** Ps. 36 (37). 5.]

ἐπικυλισμός.
[**Sm.** Pr. 2. 9: 5. 6, 21.]
[**Th.** Pr. 2. 15.]

ἐπικύπτειν.
Es. 5. 1. A ἐπέκυψεν ἐπὶ τῆς κεφαλῆς [B S κατεπ. ἐ. τὴν κ.]
[**Aq.** Ps. 32 (33). 14.]

ἐπίκυφος.
III Ma. 4. 5. R τὴν . . . νωθρότητα ποδῶν ἐπικύφων [A -κουφον]

ἐπιλαλεῖν. (1) לָחַשׁ
Je. 8. 17. A[2] οἷς οὐκ ἔστιν ἐπιλαλῆσαι [A[1] ἐπιλῆσαι, B S ἐπᾷσαι] (1)
[**Sm.** Ps. 122 (123). 4.]

ἐπιλαμβάνειν. (1) אָחַז (2) חָזַק hi. (3) עָרָה (4) קָמַט (5) קָרָא (6) שָׁקַק (7) תָּפַשׂ
Ge. 25. 26. ἡ χεὶρ αὐτοῦ ἐπειλημμένη τῆς πτέρνης Ἠ. (1)
Ex. 4. 4. ἐπιλαβοῦ τῆς κέρκου (1)

► = additional entry on page xxvi

Ex. 4. 4. ἐπελάβετο τῆς κέρκου (2)
De. 9. 17. ἐπιλαβόμενος τῶν δύο πλακῶν (7)
25. 11. ἐπιλάβηται τῶν διδύμων αὐτοῦ (2)
Jd. 12. 6. καὶ ἐπελάβοντο αὐτοῦ [A -ῶν] (1)
16. 3. ἐπελάβετο τῶν θυρῶν (1)
— 21. A καὶ ἐπελάβοντο αὐτοῦ [B *al.*] (1)
19. 25. ἐπελάβετο ὁ ἀνὴρ τῆς παλλακῆς αὐτοῦ (2)
— 29. A ἐπελάβετο τῆς παλλακῆς αὐ. [B *al.*] (2)
20. 6. A ἐπελαβόμην τῆς παλλακῆς μου [B *al.*] (1)
II Ki. 13. 11. καὶ ἐπελάβετο αὐτῆς (2)
15. 5. καὶ ἐπελαμβάνετο [A κατελ.] αὐτοῦ (2)
III Ki. 1. 50. καὶ ἐπελάβετο τῶν κεράτων τοῦ θυσιαστηρίου (2)
6. 6. ὅπως μὴ ἐπιλαμβάνωνται τῶν τοίχων τοῦ οἴκου (1)
11. 30. καὶ ἐπελάβετο Ἀ. τοῦ ἱματίου αὐτοῦ (7)
IV Ki. 2. 12. καὶ ἐπελάβετο τῶν ἱματίων αὐτοῦ (2)
4. 27. καὶ ἐπελάβετο τῶν ποδῶν αὐτοῦ (2)
To. 6. 3. ἐπιλαβοῦ τοῦ ἰχθύος [S *al.*]
11. 11. A B καὶ ἐπελάβετο τοῦ πατρὸς αὐτοῦ
Jb. 8. 15. ἐπιλαβομένου δὲ αὐτοῦ [A -ῆς] (2)
16. 8 (9). ἐπελάβου μου (4)
30. 18. ἐπελάβετό μου τῆς στολῆς †
38. 13. ἐπιλαβέσθαι πτερύγων γῆς (1)
Ps. 34 (35). 2. ἐπιλαβοῦ ὅπλου καὶ θυρεοῦ (2)
47 (48). 6. τρόμος ἐπελάβετο [A ὑπελ.] αὐτῶν (1)
Pr. 4. 13. ἐπιλαβοῦ ἐμῆς παιδείας (2)
7. 13. εἶτα ἐπιλαβομένη ἐφίλησεν αὐτόν (2)
Si. 4. 11. ἐπιλαμβάνεται τῶν ζητούντων αὐτήν
Jl. 2. 9. τῆς πόλεως ἐπιλήψονται (6)
Za. 8. 23. ἐὰν ἐπιλάβωνται δέκα ἄνδρες (2)
— 23. καὶ ἐπιλάβωνται τοῦ κρασπέδου ἀνδρὸς Ἰουδαίου (2)
14. 13. ἐπιλήψονται [A -εται] ἕκαστος τῆς χειρὸς τοῦ πλησίον αὐτοῦ (2)
Is. 3. 6. ἐπιλήψεται ἄνθρωπος τοῦ ἀδελφοῦ αὐ. (7)
4. 1. ἐπιλήψονται ἑπτὰ γυναῖκες ἀνθρώπου ἑνός (2)
5. 29. ἐπιλήψεται καὶ βοήσει ὡς θηρίον (1)
27. 4. οὐκ ἔστιν ἣ οὐκ ἐπελάβετο αὐτῆς -
Je. 30. 13 (49. 24). τρόμος ἐπελάβετο αὐτῆς (2)
38 (31). 4. B S ἐπιλήψῃ [B -ει, A R ἔτι λήψῃ] τύμπανόν σου (3)
— 32. ἐν ἡμέρᾳ ἐπιλαβομένου μου τῆς χειρὸς αὐτῶν (2)
51 (44). 23. ἐπελάβετο ὑμῶν τὰ κακὰ ταῦτα (5)
Ba. 4. 2. ἐπιλαβοῦ αὐτῆς
Ez. 29. 7. ἐπελάβετό [A -βοντό] σου τῇ χειρὶ αὐτῶν (7)
30. 21. τοῦ δοθῆναι ἰσχὺν ἐπιλαβέσθαι μαχαίρας (7)
41. 6. τοῦ εἶναι τοῖς ἐπιλαμβανομένοις ὁρᾶν (1)
Da. LXX. Su. 40. ταύτης δὲ ἐπιλαβόμενοι
Bel 35. ἐπιλαβόμενος αὐτοῦ ὁ ἄγγελος κυρίου
Da. TH. Su. 40. ταύτης δὲ ἐπιλαβόμενοι
Bel 36. καὶ ἐπελάβετο . . . τῆς κορυφῆς [A χειρὸς] αὐτοῦ
[**Aq.** Ex. 9. 2 : Je. 49. 16 (29. 17).]
[**Sm.** Je. 49. 16 (29. 17).]
[**Th.** Jd. 16. 21 : Pr. 11. 16.]
[**Al.** Dt. 32. 41 : Ps. 2. 11.]

ἐπιλάμπειν.
Wi. 5. 6. S τὸ τῆς δικαιοσύνης φῶς οὐκ ἐπέλαμψεν ἡμῖν [A B *al.*]
Is. 4. 2. ἐπιλάμψει [A λ.] ὁ θεὸς ἐν βουλῇ †

ἐπιλανθάνειν. (1) נוּחַ hi. (2) נָשָׁה *a.* qal. *b.* ni. *c.* נְשִׁיָּה (3) שָׁכַח *a.* qal. *b.* ni. *c.* pi. *d.* hi. *e.* שָׁכֵחַ (4) **ἐπιλανθάνεσθαι** c. neg. שָׁוָה pi.

Ge. 27. 45. καὶ ἐπιλάθηται ἃ πεποίηκας αὐτῷ (3 *a*)
40. 23. ἀλλ' ἐπελάθετο αὐτοῦ (3 *a*)
41. 30. A ἐπιλησθήσονται [R -λήσονται] τῆς πλησμονῆς (3 *b*)
— 51. ἐπιλαθέσθαι με ἐποίησεν ὁ θ. (2 *b*)
De. 4. 9. μὴ ἐπιλάθῃ πάντας τοὺς λόγους (3 *a*)
— 23. μὴ ἐπιλάθησθε τὴν διαθήκην κυρίου (3 *a*)
— 31. οὐκ ἐπιλήσεται τὴν διαθήκην (3 *a*)
6. 12 : 8. 11. μὴ ἐπιλάθῃ κυρίου τοῦ θεοῦ σου (3 *a*)
8. 14. καὶ ἐπιλάθῃ κυρίου τοῦ θεοῦ σου (3 *a*)
— 19. ἐὰν λήθῃ ἐπιλάθῃ κυρίου (3 *a*)
9. 7. μνήσθητι μὴ ἐπιλάθῃ (3 *a*)
24. 19. A B^{2}R καὶ ἐπιλάθῃ δράγμα ἐν τῷ ἀγρῷ σου (3 *a*)
25. 19. καὶ οὐ μὴ ἐπιλάθῃ (3 *a*)
26. 13. καὶ οὐκ ἐπελαθόμην (3 *a*)

De. 31. 21. οὐ γὰρ μὴ ἐπιλησθῇ ἀπὸ στόματος (3 *b*)
32. 18. ἐπελάθου θεοῦ τοῦ τρέφοντός σε (3 *a*)
Jd. 3. 7. ἐπελάθοντο [A -εντο] κυρίου (3 *a*)
I Ki. 1. 11. A μὴ ἐπιλάθῃς τῆς δούλης σου (3 *a*)
12. 9. ἐπελάθοντο κυρίου τοῦ θεοῦ αὐτῶν (3 *a*)
IV Ki. 17. 38. τὴν διαθήκην . . . οὐκ ἐπιλήσεσθε (3 *a*)
Jb. 8. 13. τὰ ἔσχατα πάντων τῶν ἐπιλανθανομένων τοῦ κυρίου [A θεοῦ] (3 *a*)
9. 27. ἐπιλήσομαι λαλῶν (3 *a*)
11. 16. τὸν κόπον [A τῶν κ. σου] ἐπιλήσῃ (3 *a*)
19. 14. ἐπελάθοντό μου (3 *a*)
28. 4. οἱ δὲ ἐπιλανθανόμενοι ὁδὸν δικαίαν [A *al.*] (3 *b*)
39. 15. A R ἐπελάθετο [B -θοντο, S^{1} ἐπελθόντος] ὅτι ποὺς σκορπιεῖ (3 *a*)
Ps. 9. 12. οὐκ ἐπελάθετο τῆς δεήσεως [A φωνῆς, S κραυγῆς] τῶν πενήτων (3 *a*)
— 17. πάντα τὰ ἔθνη τὰ ἐπιλανθανόμενα τοῦ θεοῦ (3 *c*)
— 18. οὐκ εἰς τέλος ἐπιλησθήσεται ὁ πτωχός (3 *b*)
— 32 (10. 11). ἐπιλέλησται ὁ θεός (3 *a*)
— 33 (10. 12). μὴ ἐπιλάθῃ [A -ῃς] τῶν πενήτων (3 *a*)
12 (13). 1. ἕως πότε, κύριε, ἐπιλήσῃ μου εἰς τέλος (3 *a*)
30 (31). 12. ἐπελήσθην [A^{1}B^{1} ἐπλήσθην] ὡσεὶ νεκρὸς ἀπὸ καρδίας (3 *b*)
41 (42). 9. διὰ τί μου ἐπελάθου (3 *a*)
43 (44). 17. οὐκ ἐπελαθόμεθά σου (3 *a*)
— 20. εἰ ἐπελαθόμεθα τοῦ ὀνόματος [A *om.* τοῦ ὀ.] τοῦ θεοῦ ἡμῶν (3 *a*)
— 24. ἐπιλανθάνῃ τῆς πτωχείας ἡμῶν (3 *a*)
44 (45). 10. ἐπιλάθου τοῦ λαοῦ σου (3 *a*)
49 (50). 22. οἱ ἐπιλανθανόμενοι τοῦ θεοῦ (3 *a*)
58 (59). 11. μή ποτε ἐπιλάθωνται τοῦ νόμου [S^{2} ὀνόματός] σου (3 *a*)
73 (74). 19. τῶν ψυχῶν τῶν πενήτων σου μὴ ἐπιλάθῃ εἰς τέλος (3 *a*)
— 23. μὴ ἐπιλάθῃ [B^{1} -θε] τῆς φωνῆς τῶν ἱκετῶν σου (3 *a*)
76 (77). 9. ἢ ἐπιλήσεται τοῦ οἰκτειρῆσαι ὁ θεός (3 *a*)
77 (78). 7. ἵνα . . . μὴ ἐπιλάθωνται τῶν ἔργων τοῦ θεοῦ (3 *a*)
— 11. ἐπελάθοντο [B^{1} -θεντο] τῶν εὐεργεσιῶν αὐτοῦ (3 *a*)
87 (88). 12. καὶ ἡ δικαιοσύνη σου ἐν γῇ ἐπιλελησμένῃ (2 *c*)
101 (102). 4. ἐπελαθόμην τοῦ φαγεῖν τὸν ἄρτον μου (3 *a*)
102 (103). 2. μὴ ἐπιλανθάνου πάσας τὰς αἰνέσεις [A ἀνταποδόσεις, S ἀποδόσεις] αὐτοῦ (3 *a*)
105 (106). 13. ἐπελάθοντο τῶν ἔργων αὐτοῦ (3 *a*)
— 21. ἐπελάθοντο τοῦ θεοῦ (3 *a*)
118 (119). 16. οὐκ ἐπιλήσομαι τῶν λόγων σου (3 *a*)
— 30. τὰ κρίματά σου οὐκ ἐπελαθόμην (4)
— 61. τοῦ νόμου σου οὐκ ἐπελαθόμην (3 *a*)
— 83. τὰ δικαιώματά σου οὐκ ἐπελαθόμην (3 *a*)
— 93. εἰς τὸν αἰῶνα οὐ μὴ ἐπιλάθωμαι τῶν δικαιωμάτων σου (3 *a*)
— 109. A S^{2}R τοῦ νόμου [S^{1} τὸν ν.] σου οὐκ ἐπελαθόμην (3 *a*)
— 139. A S^{1} ἐπελάθοντο τῶν ἐντολῶν [S^{2}R λόγων] σου οἱ ἐχθροί μου (3 *a*)
— 141. τὰ δικαιώματά σου οὐκ ἐπελαθόμην (3 *a*)
— 153. τοῦ νόμου [S^{1} τὸν ν.] σου οὐκ ἐπελαθόμην (3 *a*)
— 176. τὰς ἐντολάς σου οὐκ ἐπελαθόμην (3 *a*)
136 (137). 5. ἐὰν ἐπιλάθωμαί [A^{1} -μέν] σου, Ἰερ., ἐπιλησθείη ἡ δεξιά μου (3 *a*, 3 *a*)
Pr. 2. 17. διαθήκην θείαν ἐπιλελησμένη (3 *a*)
3. 1. ἐμῶν νομίμων μὴ ἐπιλανθάνου (3 *a*)
4. 4. φύλασσε ἐντολὰς μὴ ἐπιλάθῃ †
— 5. A μὴ ἐπιλάθῃ μηδὲ ἐκκλίνῃς (3 *a*)
24. 73 (31. 5). ἵνα μὴ πιόντες ἐπιλάθωνται τῆς σοφίας (3 *a*)
— 75 (31. 7). ἵνα ἐπιλάθωνται τῆς πενίας (3 *a*)
Ec. 2. 16. τὰ πάντα ἐπελήσθη (3 *b*)
9. 5. ἐπελήσθη [A S ἐπλήσθη] ἡ μνήμη αὐτῶν (3 *b*)
Wi. 2. 4. τὸ ὄνομα ἡμῶν ἐπιλησθήσεται ἐν χρόνῳ
16. 23. καὶ τῆς ἰδίας ἐπιλελῆσθαι [A S -λέλησται] δυνάμεως
19. 20. A πῦρ ἴσχυσεν [A S -υεν] ἐν ὕδατι τῆς ἰδίας δυνάμεως ἐπιλελησμένον [B S *om.*]
— 20. ὕδωρ τῆς σβεστικῆς δυνάμεως [A S φύσεως] ἐπελανθάνετο

Si. 3. 14. ἐλεημοσύνη γὰρ πατρὸς οὐκ ἐπιλησθήσεται
7. 27. μητρὸς ὠδῖνας μὴ ἐπιλάθῃ
13. 10. μὴ μακρὰν ἀφιστῶ ἵνα μὴ ἐπιλησθῇς
23. 14. μή ποτε ἐπιλάθῃ ἐνώπιον αὐτῶν
29. 15. χάριτας ἐγγύου μὴ ἐπιλάθῃ
32 (35). 7. τὸ μνημόσυνον αὐτῆς οὐκ ἐπιλησθήσεται
35 (32). 15. S^{1} ὁ ζητῶν νόμον ἐπιλησθήσεται [A B S^{2} ἐμπλησθ.] αὐτοῦ
37. 6. μὴ ἐπιλάθῃ [A -θου] φίλου ἐν τῇ ψυχῇ σου
38. 21. μὴ ἐπιλάθῃ οὐ γάρ ἐστιν ἐπάνοδος
44. 10. ὧν αἱ δικαιοσύναι οὐκ ἐπελήσθησαν
Ho. 2. 13 (15). ἐμοῦ δὲ ἐπελάθετο (3 *a*)
4. 6. ἐπελάθου νόμον [A -ου] θ. σου κἀγὼ ἐπιλήσομαι τέκνων σου (3 *a*, 3 *a*)
8. 14. καὶ ἐπελάθετο Ἰ. τοῦ ποιήσαντος αὐτόν (3 *a*)
13. 6. ἕνεκα τούτου ἐπελάθοντό [B^{1} -θεντό] μου (3 *a*)
Am. 8. 7. εἰ ἐπιλησθήσεται [A -λήσεται] . . . πάντα τὰ ἔργα ὑμῶν (3 *a*)
Is. 23. 16. πόλις πόρνη ἐπιλελησμένη (3 *b*)
44. 21. μὴ ἐπιλανθάνου μου (2 *b*)
49. 14. ὅτι κύριος ἐπελάθετό μου (3 *a*)
— 15. μὴ ἐπιλήσεται γυνὴ τοῦ παιδίου αὐ. (3 *a*)
— 15. εἰ δὲ καὶ ταῦτα ἐπιλάθοιτο [S^{1} -ελάθετο] γυνὴ ἀλλ' ἐγὼ οὐκ ἐπιλήσομαί σου (3 *a*, 3 *a*)
51. 13. A S R ἐπελάθου [B ἀπελ.] θεὸν [A^{1} θεοῦ] τὸν ποιήσαντά σε (3 *a*)
54. 4. αἰσχύνην αἰώνιον ἐπιλήσῃ (3 *a*)
65. 11. ἐπιλανθανόμενοι τὸ ὄρος τὸ ἅγιόν μου (3 *e*)
— 16. ἐπιλήσονται γὰρ τὴν θλῖψιν τὴν πρώτην (3 *b*)
Je. 2. 32. μὴ ἐπιλήσεται νύμφη τὸν κόσμον αὐ. (3 *a*)
— 32. ὁ δὲ λαός μου ἐπελάθετό μου ἡμέρας (3 *a*)
3. 21. A B^{2}R ἐπελάθοντο [B^{1}S -θεν.] θεοῦ ἁγίου αὐτῶν (3 *a*)
8. 17. A^{1} οἷς οὐκ ἔστιν ἐπιλῆσαι [A^{2} -λαλῆσαι, B S ἐπᾶσαι] †
13. 25. ὡς ἐπελάθου [A *add.* νόμου] μου (3 *a*)
14. 9. μὴ ἐπιλάθῃ ἡμῶν (1)
18. 15. B^{2}R ἐπελάθεντό [A B^{1}S -θεν.] μου λαός μου (3 *a*)
20. 11. αἱ δι' αἰῶνος οὐκ ἐπιλησθήσονται (3 *b*)
23. 27. τῶν λογιζομ. τοῦ ἐπιλαθέσθαι τοῦ νόμου μου . . . ἐπελάθοντο [B^{1} S -θεν.] οἱ πατέρες αὐ. τοῦ ὀνόματός μου (3 *d*, 3 *a*)
— 40. ἥτις οὐκ ἐπιλησθήσεται (3 *b*)
27 (50). 5. διαθήκη γὰρ αἰώνιος οὐκ ἐπιλησθήσεται (3 *b*)
— 6. ἐπελάθοντο [A S -θεν.] κοίτης αὐ. (3 *a*)
37 (30). 14. πάντες οἱ φίλοι σου ἐπελάθοντό [S^{3} -θεν.] σου (3 *a*)
51 (44). 9. μὴ ἐπιλέλησθε ὑμεῖς τῶν κακῶν [A ἔργων] (3 *a*)
Ba. 4. 8. ἐπελάθεσθε τὸν τροφεύσαντα ὑμᾶς θεόν
La. 2. 6. ἐπελάθετο κύριος ἃ ἐποίησεν (3 *c*)
3. 17. ἐπελαθόμην ἀγαθά (2 *a*)
5. 20. ἵνα τί εἰς νῖκος ἐπιλήσῃ ἡμῶν (3 *a*)
Ez. 22. 12. A R ἐμοῦ δὲ ἐπελάθου [B ἀπ.] (3 *a*)
23. 35. ἐπελάθου μου (3 *a*)
I Ma. 1. 49. ὥστε ἐπιλαθέσθαι τοῦ νόμου
II Ma. 2. 2. ἵνα μὴ ἐπιλάθωνται τῶν προσταγμάτων
IV Ma. 18. 18. ᾠδὴν μὲν γὰρ . . . οὐκ ἐπελάθετο
[**Aq.** Ps. 12 (13). 2 : 76 (77). 10 : 118 (119). 93, 109 : Pr. 3. 1.]
[**Sm.** Ps. 43 (44). 25 : 58 (59). 12 : 73 (74). 23 : 76 (77). 10 : 118 (119). 93 : Pr. 3. 1.]
[**Th.** Jb. 39. 15 : Ps. 76 (77). 10 : Pr. 3. 1.]
[**Al.** Ps. 9. 19.]
[**Sext.** Ps. 31 (32). 1.]

ἐπιλέγειν. (1) בָּחַר (2) בָּעַר pi. (3) קָבַץ
Ex. 17. 9. ἐπίλεξον σεαυτῷ ἄνδρας δυνατούς (1)
18. 25. καὶ ἐπέλεξε Μ. ἄνδρας δυνατούς (1)
De. 21. 5. αὐτοὺς ἐπέλεξε [A ἐξελέξατο] κύριος (1)
Jo. 8. 3. ἐπέλεξε δὲ Ἰ. τριάκοντα χιλιάδας ἀνδρῶν (1)
I Ki. 2. 28. A ἐπελεξάμην [B ἐξελ.] τὸν οἶκον τοῦ πατρός σου (1)
II Ki. 10. 9. A B ἐπέλεξεν [R -ατο] ἐκ πάντων τῶν νεανιῶν Ἰ. (1)
17. 1. ἐπιλέξω δὴ ἐμαυτῷ δώδεκα χιλιάδας ἀνδρῶν (1)
III Ki. 14. 10. καὶ ἐπιλέξω οἴκου Ἰ. καθὼς ἐπιλέγεται ἡ κόπρος (2, 2)
22. 47. A ἐπέλεξεν ἀπὸ τῆς γῆς (2)
I Es. 9. 16. καὶ ἐπελέξατο αὐτῷ Ἔ.
Ju. 10. 17. ἐπέλεξαν [B^{1}S^{1} ἀπ.] ἐξ αὐτῶν ἄνδρας ἑκατόν
Es. 2. 3. ἐπιλεξάτωσαν [A -δειξ.] κοράσια (3)

Si. 6. 18. ἐκ νεότητός σου ἐπίλεξαι παιδείαν
I Ma. 1. 63. R ἐπελέξαντο [A S ἐπεδ.] ἀποθανεῖν
3. 38. ἐπέλεξε Λυσίας Πτολεμαῖον
4. 42. A R ἐπέλεξεν [S -ατο] ἱερεῖς ἀμώμους
5. 17. ἐπίλεξον σεαυτῷ ἄνδρας
7. 8. ἐπέλεξεν ὁ βασιλεὺς τὸν Β.
8. 17. A R ἐπέλεξεν [S -ατο] Ἰούδας τὸν Εὐ.
10. 74. ἐπέλεξε δέκα χιλιάδας ἀνδρῶν
11. 23. A R ἐπέλεξε [S ἐξέλ.] τῶν πρεσβυτέρων Ἰσ.
12. 1. A R καὶ ἐπέλεξεν [S -ατο] ἄνδρας
— 16. ἐπελέξαμεν οὖν Νουμήνιον
● — 41. ἐν τεσσαράκοντα χιλιάσιν ἀνδρῶν ἐπιλελεγμέναις [S^2 -ων] ●
— 45. S R ἐπίλεξαι [A -ον] δὲ σεαυτῷ ἄνδρας ὀλίγους
13. 34. S R ἐπέλεξε [A -ατο] Σίμων ἄνδρας
16. 4. ἐπέλεξεν . . . εἴκοσι χιλιάδας ἀνδρῶν
[**Aq.** Dt. 26. 14 : III Ki. 14. 10 *bis* : 18. 25 : 22. 47.]
[**Sm.** Dt. 24. 9 (7) : III Ki. 18. 25 : Ps. 24 (25). 12.]
[**Th.** Dt. 24. 9 (7).]
[**Al.** Le. 27. 10 : Dt. 26. 13.]

ἐπιλείπειν. (1) שָׁאַר hi.

Ob. 1. 5. S^1 R οὐκ ἂν ἐπελείποντο [A B S^3 ὑπ.] ἐπιφυλλίδα (1)
[**Sm.** Is. 59. 15.]

ἐπίλεκτος. (1) אָצִיל (2) בַּרְזֶל (3) *a.* חָמַד *b.* מַחְמָד (4) מִבְחָר (5) פַּרְתְּמִים (6) צַמֶּרֶת

Ex. 15. 4. ἐ. ἀναβάτας τριστάτας (4)
24. 11. τῶν ἐ. τοῦ Ἰσραὴλ οὐ διεφώνησεν οὐδὲ εἷς (1)
Jo. 17. 16. καὶ ἵππος ἐπίλεκτος καὶ σίδηρος (2 ?)
— 18. ἵππος ἐπίλεκτος αὐτῷ ἐστι [A *om.*] (2 ?)
Ju. 2. 19. καὶ πεζοῖς ἐπιλέκτοις αὐτῶν
3. 6. καὶ ἔλαβεν ἐξ αὐτῶν . . . ἄνδρας ἐ.
Jl. 3 (4). 5. τὰ ἐ. μου καὶ τὰ καλὰ εἰσηνέγκατε (3 *b*)
Ez. 17. 3. ἔλαβε τὰ ἐ. [A ἐκλ.] τῆς κέδρου (6)
— 22. A λήψομαι ἐγὼ ἐκ τῶν ἐ. [B ἐκλ.] τῆς κέδρου (6)
23. 6. νεανίσκοι καὶ ἐπίλεκτοι [A *al.*] (3 *a*)
— 7. ἐπίλεκτοι υἱοὶ Ἀσσυρίων πάντες (4)
— 12. νεανίσκοι ἐπίλεκτοι πάντες (3 *a*)
— 23. ἐπάξω αὐτοὺς ἐπὶ σὲ . . . νεανίσκους ἐπιλέκτους (3 *a*)
24. 5. ἐξ ἐπιλέκτων κτηνῶν εἰλημμ. [A -να] (4)
Da. LXX. 1. 3. καὶ ἐκ τῶν ἐ. νεανίσκους (5)
I Ma. 4. 28. ἀνδρῶν ἐ. ἑξήκοντα χιλιάδας
[**Aq.** Ps. 88 (89). 4 : Ca. 5. 13 : Is. 62. 5.]
[**Sm.** Ps. 88 (89). 4, 20 : Ca. 5. 10.]
[**Th.** Ps. 88 (89). 4.]

ἐπιληπτεύεσθαι. (1) סָפַר (2) שָׁגַע hithp.

I Ki. 21. 15 (16). εἰσαγηόχατε αὐτὸν ἐπιληπτεύεσθαι πρός με (2)
● Je. 30 (49). 3. περιζώσασθε σάκκους [A S *add.* ἐπιληπτεύεσθε] (1) ●

ἐπίληπτος. (1) שָׁגַע *a.* pu. *b.* hithp.

I Ki. 21. 14 (15). ἴδετε ἄνδρα ἐ. (1 *b*)
— 15 (16). R μὴ [B *om.*, A ἦ] ἐλαττοῦμαι ἐπιλήπτων ἐγώ (1 *a*)
IV Ki. 9. 11. τί ὅτι εἰσῆλθεν ὁ ἐ. οὗτος (1 *a*)
[**Aq.** Je. 29 (36). 26 : Ho. 9. 7.]

ἐπιλησμονή.

Si. 11. 27. κάκωσις ὥρας ἐπιλησμονὴν ποιεῖ τρυφῆς

ἐπιλογίζεσθαι.

II Ma. 11. 4. οὐδαμῶς ἐπιλογιζόμενος τὸ τοῦ θεοῦ κράτος
IV Ma. 3. 6. ἔστι γοῦν τοῦτο . . . σαφέστερον ἐπιλογίσασθαι
16. 5. R τοῦτο ἔστιν [A S *om.*] ἐπιλογίσασθαι
[**Sm.** Jb. 35. 15.]

ἐπιλογισμός.

[**Aq.** Ca. 7. 4 (5).]

ἐπίλοιπος. (1) *a.* יָתַר ni. *b.* יֶתֶר (2) *a.* שָׁאַר ni. *b.* שְׁאֵרִית *c.* שְׁאָר

Le. 27. 18. ἐπὶ τὰ ἔτη τὰ ἐ. ἕως εἰς τὸν ἐνιαυτὸν τῆς ἀφ. (1 *a*)
De. 19. 20. οἱ ἐ. ἀκούσαντες φοβηθήσονται (2 *a*)
De. 21. 21. οἱ ἐ. ἀκούσαντες φοβηθήσονται †
Jd. 7. 6. A πᾶς ὁ ἐ. [B πᾶν τὸ κατάλ.] τοῦ λαοῦ (1 *b*)
21. 16. τί ποιήσωμεν τοῖς ἐ. [B περισσοῖς] εἰς γυναῖκας (1 *a*)
IV Ki. 4. 7. ζήσεσθε ἐν τῷ ἐ. [A ὑπολ.] ἐλαίῳ (1 *a*)
I Es. 1. 56. καὶ τοὺς ἐ. ἀπήγαγε
2. 17. καὶ οἱ ἐ. τῆς βουλῆς αὐτῶν
Mi. 5. 3 (2). οἱ ἐ. τῶν ἀδ. αὐ. ἐπιστρέψουσιν (1 *b*)
Is. 38. 10. ἐν πύλαις ᾅδου καταλείψω τὰ ἔτη τὰ ἐ. (1 *b*)
— 12. κατέλιπον τὸ ἐπίλοιπον [A λοιπὸν] τῆς ζωῆς μου †
Je. 32 (25). 20. τὴν Ἀκκάρων καὶ τὸ ἐ. Ἀζώτου (2 *b*)
34 (27). 19. τῶν ἐ. [S ὑπολ.] σκευῶν ὧν οὐκ ἔλαβε βασιλεύς (1 *b et* 1 *a*)
51 (44). 14. οὐκ ἔσται σεσωσμένος οὐδεὶς τῶν ἐ. Ἰούδα (2 *b*)
Da. Th. 2. 18. μετὰ τῶν ἐ. σοφῶν Βαβυλῶνος (2 *c*)
7. 7, 19. τὰ ἐ. τοῖς ποσὶν αὐτοῦ συνεπάτει (2 *c*)
I Ma. 3. 11. οἱ ἐ. ἔφυγον
5. 18. μετὰ τῶν ἐ. τῆς δυνάμεως
6. 38. τὴν ἐ. ἵππον ἔνθεν καὶ ἔνθεν ἔστησαν
7. 42. γνώτωσαν οἱ ἐ.
8. 4. οἱ ἐ. διδόασιν αὐτοῖς φόρον
— 11. τὰς ἐ. βασιλείας . . . κατέφθειραν
9. 40. οἱ ἐ. ἔφυγον εἰς τὸ ὄρος
III Ma. 3. 26. εἰς τὸν ἐ. χρόνον
4. 8. τὰς ἐ. τῶν γάμων ἡμέρας
[**Sm.** Is. 10. 19.]
[**Th.** Je. 39 (46). 3.]

ἐπιλύειν.

[**Aq.** Ge. 40. 8 : 41. 8, 12.]
[**Th.** Ho. 3. 4.]

ἐπιλυπεῖν.

II Ma. 4. 37. R ψυχικῶς οὖν ὁ Ἀντίοχος ἐπιλυπηθεὶς [A ὑπολ.]
8. 32. καὶ πολλὰ τοὺς Ἰουδαίους ἐπιλελυπηκότα
III Ma. 7. 9. ἢ ἐπιλυπήσωμεν αὐτοὺς τὸ σύνολον

ἐπίλυσις.

[**Aq.** Ge. 40. 8.]
[**Sm.** Ho. 3. 4.]
[**Al.** Ec. 7. 30 (8. 1).]

ἐπιμαίνεσθαι.

IV Ma. 7. 5. S τοὺς ἐπιμαινομένους [A R μαιν.] τῶν παθῶν κλύδωνας

ἐπιμαρτύρεσθαι. (1) עוּד hi.

III Ki. 3. 1 (2. 42). καὶ ἐπεμαρτυράμην σοι (1)
Ne. 9. 29. καὶ ἐπεμαρτύρω αὐτοῖς (1)
— 30. καὶ ἐπεμαρτύρω αὐτοῖς (1)
13. 15. ἐπεμαρτυράμην ἐν ἡμέρᾳ πράσεως αὐ. (1)
— 21. καὶ ἐπεμαρτυράμην [AS διεμ.] ἐν αὐτοῖς (1)
Si. 46. 19. ἐπεμαρτύρατο ἔναντι κυρίου καὶ χριστοῦ
Am. 3. 13. ἐπιμαρτύρασθε τῷ οἴκῳ Ἰ. (1)
Je. 39 (32). 25. καὶ ἐπεμαρτυράμην μάρτυρας (1)
I Ma. 2. 56. ἐν τῷ ἐπιμαρτύρασθαι [S μ.] ἐν τῇ ἐκκλησίᾳ
[**Th.** Je. 11. 7 *bis.*]

ἐπιμαρτυρία.

[**Th.** Je. 11. 7.]

ἐπιμέλεια (-λία). (1) שִׁקּוּי

I Es. 6. 10. A B ἐν πάσῃ δόξῃ καὶ ἐπιμελείᾳ συντελούμενα [R -ον]
Es. 2. 3. καὶ δοθήτω . . . ἡ λοιπὴ ἐ. –
Ps. 106 (107). 30. S^1 ὡδήγησεν αὐτοὺς ἐπιμελείᾳ [A S^2R ἐπὶ λιμένα] θελήματος αὐ. †
Pr. 3. 8. καὶ ἐπιμέλεια τοῖς ὀστέοις σου (1)
— 22. καὶ ἐπιμέλεια τοῖς σοῖς ὀστέοις –
13. 4. χεῖρες δὲ ἀνδρείων ἐν ἐπιμελείᾳ †
28. 25. ὃς δὲ πέποιθεν ἐπὶ κύριον ἐν ἐπιμελείᾳ ἔσται †
Wi. 13. 13. ἔγλυψεν ἐν [A S *om.*] ἐπιμελείᾳ ἀργίας [A S^2 ἐργασίας] αὐτοῦ
I Ma. 16. 14. A φροντίζων τὰς [S^1 τὰ τῆς, S^2R τῆς] ἐ. αὐτῶν
II Ma. 11. 23. R πρὸς τὴν τῶν ἰδίων [A Ἰουδαίων] ἐ.
15. 27. A τῇ τοῦ θεοῦ . . . εὐφρανθέντες ἐ. [B ἐπιφανείᾳ]
III Ma. 5. 1. τὸν πρὸς τῇ τῶν ἐλεφάντων ἐ.

ἐπιμελεῖσθαι. (1) שִׂים עֵינַיִם

Ge. 44. 21. καὶ ἐπιμελοῦμαι αὐτοῦ (1)
I Es. 6. 27. προσέταξε δὲ ἐπιμεληθῆναι Σισίννῃ
Pr. 27. 25. ἐπιμελοῦ τῶν ἐν τῷ πεδίῳ χλωρῶν [A^1 -ῷ] †
Si. 33. 13 (30. 25). τῶν βρωμάτων αὐτῆς ἐπιμελήσεται
I Ma. 11. 37. A ἐπιμελεῖσθε [S R -εσθε] τοῦ ποιῆσαι

ἐπιμέλεσθαι.

I Ma. 11. 37. S R ἐπιμέλεσθε [A -εῖσθε] τοῦ ποιῆσαι

ἐπιμελής.

[**Sm.** Pr. 11. 2.]

ἐπιμελῶς, ἐπιμελέστερον. (1) אָסְפַּרְנָא (2) רַק (3) שָׁחַר pi.

Ge. 6. 5. καὶ πᾶς τις διανοεῖται . . . ἐ. ἐπὶ τὰ πονηρά (2)
8. 21. ἔγκειται ἡ διάνοια τοῦ ἀνθρ. ἐ. ἐπὶ τὰ π. –
I Es. 6. 29. ἐ. σύνταξιν δίδοσθαι
— 34. δεδογμάτικα ἐ. κατὰ ταῦτα γίνεσθαι
7. 2. ἐπιμελέστερον συνεργοῦντες τοῖς πρεσβυτέροις
8. 20. ἐ. διδῶσιν αὐτῷ
— 21. A R ἐπιτελεσθήτω ἐ. [B *om.*] τῷ θεῷ
— 24. ἐ. κολασθήσονται
II Es. 6. 8. ἐ. δαπάνη ἔστω διδομένη (1)
— 12. ἐ. ἔσται (1)
— 13. οὕτως ἐποίησαν ἐ. (1)
Pr. 13. 24. ὁ δὲ ἀγαπῶν ἐ. παιδεύει (3)
II Ma. 8. 31. ὁπλολογήσαντες δὲ αὐτοὺς ἐ.
III Ma. 4. 13. καὶ τούτοις . . . ἐ. ὡς ἐκείνοις ποιῆσαι
IV Ma. 11. 18. S κατατεινόμενος ἐ. [A εὐ., R ἐκμ.]
[**Sm.** Dt. 9. 21 : IV Ki. 11. 18 : Ps. 32 (33). 3.]

ἐπιμένειν. (1) מָהַהּ hithp.

Ex. 12. 39. καὶ οὐκ ἠδυνήθησαν ἐπιμεῖναι (1)
[**Sm.** Ec. 8. 3 : La. 3. 49.]

ἐπιμερίζειν. (1) *a.* חָלַק *b.* חֵלֶק

Jb. 31. 2. A ἐπεμέρισεν [B S^2 ἐμ., S^1 διεμ.] ὁ θεὸς ἄνωθεν (1 *b*)
39. 17. R οὐκ [S^1 *om.*] ἐπεμέρισεν [A B S ἐμ.] αὐτῇ ἐν τῇ συνέσει (1 *a*)

ἐπιμεσοῦν (?).

Je. 15. 9. S ἐπιμεσούσης [? ἐπὶ μ., A B ἔτι μ.] τῆς ἡμέρας †

ἐπιμήκης.

Ba. 3. 24. ἐ. ὁ τόπος τῆς κτήσεως αὐτοῦ

ἐπιμιγνύναι. (1) עָרַב *a.* qal. *b.* hithp.

I Es. 8. 70. καὶ ἐπεμίγη τὸ σπέρμα τὸ ἅγιον
— 87. εἰς τὸ ἐπιμιγῆναι τῇ ἀκαθαρσίᾳ τῶν ἐθνῶν
Pr. 14. 10. οὐκ ἐπιμίγνυται ὕβρει [A -ριν] (1 *b*)
Ez. 16. 37. ἐν οἷς ἐπεμίγης ἐν αὐτοῖς (1 *a*)
[**Sm.** Ez. 27. 27.]
[**Al.** Pr. 24. 21.]

ἐπίμικτος. (1) אֲסַפְסֻף (2) *a.* עֵרֶב *b.* עֶרֶב

Ex. 12. 38. καὶ ἐ. πολὺς συνανέβη αὐτοῖς (2 *a*)
Nu. 11. 4. ὁ ἐ. ὁ ἐν αὐτοῖς (1)
Ne. 13. 3. ἐχωρίσθησαν πᾶς ἐ. ἐν Ἰ. (2 *a*)
Ju. 2. 20. καὶ πολὺς ὁ [S *om.*] ἐ.
Ez. 30. 5. καὶ πάντες οἱ ἐ. [A ἐ. ἐπ' αὐτήν] (2 *b*)

ἐπιμιμνήσκεσθαι.

I Ma. 10. 46. ἐπεμνήσθησαν [S ἐμν.] τῆς κακίας τῆς μεγάλης

ἐπιμίξ.

Wi. 14. 25. A B πάντα δὲ ἐ. ἔχει [S^1 ἐπὶ μίξιν ἔ., S^2 ἐπιμιξίαν] αἷμα

ἐπιμιξία.

Wi. 14. 25. πάντα δ' ἐπιμὶξ ἔχει [S^1 -μιξιν ἔ., S^2 -μιξίαν] αἷμα
II Ma. 14. 3. ἐν τοῖς τῆς ἐ. [A ἀμιξ.] χρόνοις
[**Sm.** Ez. 27. 9, 13, 27 *bis.*]

ἐπίμιξις.

Wi. 14. 25. πάντα δ' ἐπιμὶξ ἔχει [S^1 -ξιν ἔ., S^2 -ξίαν] αἷμα

ἐπιμονή.

Si. 38. 27. A S ἡ ἐ. [B ὑπομ.] αὐτοῦ ἀλλοιῶσαι ποικιλίαν

ἐπίμονος.

[**Sm.** Dt. 28. 59.]

● = correction on page xxvi

ἐπίμοχθος.
Wi. 15. 7. ἐπίμοχθον πλάσσει πρὸς ὑπηρεσίαν ἡμῶν ἕκαστον [A S ἐν ἕκ.]

ἐπιμύλιον. (1) רֶכֶב
De. 24. 6. οὐκ ἐνεχυράσεις μύλον οὐδὲ ἐ. (1)
Jd. 9. 53. B κλάσμα ἐπιμυλίου [R -λιον, A μύλου (1)

ἐπιμύλιος. (1) רֶכֶב
Jd. 9. 53. R κλάσμα ἐπιμύλιον [B -ίου, A μύλου] (1)

ἐπινεύειν. (1) נָכַר ni.
Pr. 26. 24. χείλεσι πάντα ἐπινεύει ἀποκλαιόμενος ἐχθρός (1)
I Ma. 6. 57. S καὶ ἐπένευσεν [A καὶ ἐπενύσσοντο, R om.] τοῦ ἀπελθεῖν
II Ma. 4. 10. ἐπινεύσαντος δὲ τοῦ βασιλέως
11. 15. ἐπένευσε δὲ ὁ Μακκ. ἐπὶ πᾶσιν
14. 20. ἐπένευσαν ταῖς συνθήκαις

ἐπινεφής.
II Ma. 1. 22. R ὅ τε ἥλιος . . . πρότερον [A om.] ἐ. ὤν

ἐπινίκιος (-ον).
I Es. 3. 5. δώσει αὐτῷ Δ. . . . ἐ. μεγάλα
II Ma. 8. 33. R ἐπινίκια δὲ ἄγοντες [A -ας]
[Aq. Ps. 83 (84). 1 : 84 (85). 1 : 87 (88). 1.]
[Sm. Ps. 4. 1 : 5. 1 : 6. 1 : 8. 1 : 9. 1 : 10 (11). 1 : 11 (12). 1 : 12 (13). 1 : 17 (18). 1 : 18 (19). 1 : 19 (20). 1 : 21 (22). 1 : 38 (39). 1 : 39 (40). 1 : 40 (41). 1 : 43 (44). 1 : 44 (45). 1 : 45. (46). 1 : 48 (49). 1 : 52 (53). 1 : 53 (54). 1 : 54 (55). 1 : 55 (56). 1 : 59 (60). 1 : 61 (62). 2 : 74 (75). 1 : 76 (77). 1 : 83 (84). 1 : 84 (85). 1 : 87 (88). 1 : Is. 63. 3.]
[Th. Ps. 83 (84). 1 : 84 (85). 1 : 87 (88). 1.]

ἐπινοεῖν. (1) שׂוּם
Jb. 4. 18. κατὰ δὲ ἀγγέλων αὐτοῦ σκολιόν τι ἐπενόησε (1)
9. 7. B S κατὰ δὲ ἀγγέλων αὐτοῦ σκολιόν τι ἐπενόησεν –
Wi. 14. 2. ἐκεῖνο μὲν γὰρ ὄρεξις πορισμῶν ἐπενόησε
— 14. σύντομον αὐτῶν τέλος ἐπενοήθη
IV Ma. 10. 16. ἐπινόει, τύραννε, βασάνους

ἐπίνοια.
Wi. 6. 16. ἐν πάσῃ ἐ. ὑπαντᾷ [A S ἀπ.] αὐτοῖς
9. 14. ἐπισφαλεῖς αἱ ἐ. ἡμῶν
14. 12. ἀρχὴ γὰρ πορνείας ἐπίνοια εἰδώλων
15. 4. οὔτε γὰρ ἐπλάνησεν ἡμᾶς ἀνθρώπων κακότεχνος ἐ.
Si. 40. 2. ἐπίνοια προσδοκίας ἡμέρα τελευτῆς
Je. 20. 10. τηρήσατε τὴν ἐ. αὐτοῦ †
II Ma. 12. 45. ὁσία καὶ εὐσεβὴς ἡ ἐ.
IV Ma. 17. 2. ἀκυρώσασα τὰς κακὰς ἐ. αὐτοῦ

ἐπινύσσεσθαι.
I Ma. 6. 57. A καὶ ἐπενύσσοντο [S καὶ ἐπένευσεν, R om.] τοῦ ἀπελθεῖν

ἐπινυστάζειν. (1) תְּנוּמָה
Pr. 6. 4. μηδὲ ἐπινυστάξῃς σοῖς βλεφάροις (1)

ἐπιξενοῦσθαι. (1) גּוּר
Es. 8. 13. Ἀ. . . . ἐπιξενωθεὶς ἡμῖν
Pr. 21. 7. ὄλεθρος ἀσεβέσιν ἐπιξενωθήσεται (1 ?)
Si. 29. 27. ἐπεξένωταί μοι ὁ ἀδελφός

ἐπιορκεῖν (ἐφι.).
I Es. 1. 48. ἐπιορκήσας ἀπέστη
Wi. 14. 28. ἢ ἐπιορκοῦσι ταχέως

ἐπιορκία.
Wi. 14. 26. ἀπιστία τάραχος ἐπιορκία

ἐπίορκος. (1) שָׁבַע ni.
Za. 5. 3. πᾶς ὁ ἐ. . . . ἐκδικηθήσεται (1)

ἐπιπαραγίνεσθαι. (1) בּוֹא
Jo. 10. 9. A ἐπιπαρεγένετο [B ἐπεὶ παρεγένετο] Ἰ. ἐπ' αὐτούς (1)

ἐπιπαρέρχεσθαι. (1) עָבַר
Je. 40 (33). 13. A ἐπιπαρελεύσεται [B S ἔτι παρ.] πρόβατα (1)

ἐπιπέμπειν. (1) שָׁלַח pi.
Pr. 6. 19. ἐπιπέμπει κρίσεις ἀνὰ μέσον ἀδελφῶν (1)
Wi. 11. 17. ἐπιπέμψαι αὐτοῖς πλῆθος ἄρκων
III Ma. 6. 6. φλόγα πᾶσιν ἐπιπέμψας τοῖς ὑπεναντίοις
[Sm. Ps. 77 (78). 45.]

ἐπίπεμπτος. (1) חֲמִישִׁי
Le. 5. 16. τὸ ἐ. προσθήσει ἐπ' αὐτό (1)
6. 4 (5. 24). A¹ R τὸ ἐ. [A² B πέμπτον] προσθήσει ἐπ' αὐτό (1)
22. 14. προσθήσει τὸ ἐ. αὐτοῦ ἐπ' αὐτό (1)
27. 13. προσθήσει τὸ ἐ. πρὸς τὴν τιμὴν αὐτοῦ (1)
— 15. προσθήσει ἐπ' αὐτὸ τὸ ἐ. τοῦ ἀργυρίου (1)
— 19. προσθήσει τὸ ἐ. τοῦ ἀργυρίου πρὸς τὴν τιμήν (1)
— 27. προσθήσει τὸ ἐ. πρὸς αὐτό (1)
— 31. τὸ ἐ. προσθήσει πρὸς αὐτό (1)
Nu. 5. 7. τὸ ἐ. αὐτοῦ προσθήσει ἐπ' αὐτό (1)

ἐπιπίπτειν. (1) בָּכָה (2) חָלַק ni. (3) מָלַל
(4) נָפַל *a.* qal. *b.* hi. (5) עָלַם hithp.
Ge. 14. 15. R καὶ ἐπέπεσεν ἐπ' αὐτοὺς τὴν νύκτα (2)
15. 12. ἔκστασις ἐπέπεσε τῷ Ἄβραμ καὶ ἰδοὺ φόβος σκοτεινὸς μέγας ἐπιπίπτει αὐτῷ (4 a, 4 a)
45. 14. A καὶ ἐπιπεσὼν ἐπὶ τὸν τράχηλον Βεν. . . . ἐπέπεσεν [R ἔκλαυσεν] ἐπ' αὐτῷ (4 a, 1)
46. 29. ἐπέπεσεν ἐπὶ τὸν τράχηλον (4 a)
50. 1. ἐπιπεσὼν Ἰ. ἐπὶ πρόσωπον [A τὸν τράχηλον] τοῦ πατρὸς αὐ. (4 a)
Ex. 15. 16. ἐπιπέσοι ἐπ' αὐτοὺς τρόμος (4 a)
Le. 11. 32. πᾶν ἐφ' ὃ ἂν ἐπιπέσῃ ἀπ' αὐτῶν (4 a)
— 35. B² R πᾶν ὃ ἐὰν ἐπιπέσῃ [A B¹ πέσῃ] ἀπὸ τῶν θν. (4 a)
— 37. A B ἐὰν δὲ ἐπιπέσῃ [R add. ἀπὸ] τῶν θνησιμαίων (4 a)
— 38. ἐπιπέσῃ τῶν θνησιμαίων αὐτῶν ἐπ' αὐτό (4 a)
Nu. 35. 23. καὶ ἐπιπέσῃ ἐπ' αὐτόν (4 b)
Jo. 2. 9. ἐπιπέπτωκε γὰρ ὁ φόβος ὑμῶν ἐφ' [A πρὸς] ἡμᾶς (4 a)
11. 7. ἐπέπεσαν ἐπ' αὐτούς [A ἔπεσαν αὐτοῖς] (4 a)
I Ki. 26. 12. R θάμβος κυρίου [B -ιος] ἐπέπεσεν [A B ἔπεσεν] ἐπ' αὐτούς (4 a)
31. 4. καὶ ἐπέπεσεν ἐπ' αὐτήν (4 a)
— 5. ἐπέπεσε καὶ αὐτὸς ἐπὶ τὴν ῥομφαίαν αὐ. (4 a)
II Ki. 17. 9. ἐν τῷ ἐπιπεσεῖν αὐτοῖς ἐν ἀρχῇ (4 a)
IV Ki. 4. 37. A καὶ ἐπέπεσεν [B ἔπεσεν] ἐπὶ τοὺς πόδας αὐτοῦ (4 a)
I Ch. 10. 4. ἐπέπεσεν [A S ἔπεσεν] ἐπ' αὐτήν (4 a)
Ne. 6. 16. καὶ ἐπέπεσε [A ἔπεσεν] φόβος (4 a)
To. 7. 7. S ἐπιπεσὼν ἐπὶ τὸν τράχηλον T.
11. 9. ἐπέπεσεν [A ἔπεσεν] ἐπὶ τὸν τράχηλον τοῦ υἱοῦ αὐτῆς
— 13. ἐπέπεσεν [A S ἔπεσεν] ἐπὶ τὸν τράχηλον αὐτοῦ
Ju. 2. 28. καὶ ἐπέπεσεν [A S ἔπεσεν] ὁ φόβος
11. 11. ἐπιπεσεῖται θάνατος ἐπὶ πρόσωπον [A S -ου] αὐτῶν
14. 3. ἐπιπεσεῖται ἐπ' αὐτοὺς φόβος
15. 2. ἐπέπεσεν [A S ἔπεσεν] ἐπ' αὐτοὺς [S¹ -οῖς] φόβος
— 5. ἐπέπεσον [S ἐπιπεσόντες] ἐπ' αὐτούς
— 6. ἐπέπεσαν [A -ον] τῇ παρεμβολῇ Ἀ.
Es. 7. 8. Ἀ. δὲ ἐπιπεπτώκει [A ἐ. καὶ ἔπεσεν] ἐπὶ τὴν κλίνην (4 a)
9. 4. S³ ἐπέπεσε [A B S¹ προσέπεσε] γὰρ τὸ πρόσταγμα (4 a)
Jb. 4. 13. ἐπιπίπτων φόβος ἐπ' ἀνθρώπους (4 a)
6. 16. νῦν ἐπιπεπτώκασί μοι ὥσπερ χιών (5 ?)
— 27. ἐπ' [A om.] ὀρφανῷ ἐπιπίπτετε (4 b)
13. 11. ὁ φόβος δὲ παρ' αὐτοῦ [A δὲ κυρίου] ἐπιπεσεῖται ὑμῖν (4 a)
18. 16. ἐπάνωθεν ἐπιπεσεῖται θερισμὸς αὐτοῦ (3)
33. 15. ὡς ὅταν ἐπιπίπτῃ δεινὸς φόβος ἐπ' ἀνθρώπους (4 a)
Ps. 15 (16). 6. σχοινία ἐπέπεσάν [S ἔπεσάν] μοι ἐν τοῖς κρατίστοις (4 a)
54 (55). 4. δειλία θανάτου ἐπέπεσεν ἐπ' ἐμέ (4 a)
57 (58). 8. B S¹ ἐπέπεσε [S² R ἔπεσε] πῦρ [S² πῦρ ἐπ' αὐτούς] †
68 (69). 9. B S ἐπέπεσαν [R -σον] ἐπ' ἐμέ (4 a)
77 (78). 28. ἐπέπεσον [S¹ ἔπεσον] εἰς μέσον τῆς παρεμβολῆς αὐτῶν (4 b)
Ps. 104 (105). 38. ἐπέπεσεν ὁ φόβος αὐτῶν ἐπ' αὐτούς (4 a)
Ec. 9. 12. ὅταν ἐπιπέσῃ ἐπ' αὐτοὺς ἄφνω (4 a)
Si. 25. 19. κλῆρος ἁμαρτωλοῦ ἐπιπέσοι αὐτῇ
Je. 31 (48). 32. ἐπὶ τρυγηταῖς σου ὄλεθρος ἐπέπεσε [A ἔπεσεν, S ἐνέπ.] (4 a)
Ez. 24. 6. B οὐκ ἐπέπεσεν [A R ἔπεσεν] ἐπ' αὐτὴν κλῆρος (4 a)
Da. LXX. 4. 2. καὶ φόβος μοι ἐπέπεσεν †
— 32. νυσταγμὸς ἐπέπεσέ μοι –
10. 7. φόβος ἰσχυρὸς ἐπέπεσεν ἐπ' αὐτούς (4 a)
Da. TH. 10. 7. ἔκστασις μεγάλη ἐπέπεσεν ἐπ' αὐτούς (4 a)
I Ma. 1. 30. ἐπέπεσεν ἐπὶ τὴν πόλιν ἐξάπινα
3. 25. S ἐπέπιπτεν [A ἔπιπτεν, R ἐπιπίπτειν] ἐπὶ τὰ ἔθνη
4. 45. R ἐπέπεσεν [A S ἔπεσεν] αὐτοῖς βουλὴ ἀγαθή
7. 18. A S ἐπέπεσεν αὐτῶν ὁ φόβος . . . εἰς [R ἐπὶ] πάντα τὸν λαόν
— 43. S ἐπέπεσεν [A R ἔπ.] αὐτὸς πρῶτος
12. 26. τάσσονται ἐπιπεσεῖν ἐπ' αὐτούς
— 37. S ἐπέπεσαν [A ἔπεσεν, R ἤγγισε] τοῦ τείχους [S¹ χείλους]
III Ma. 5. 49. ἐπὶ τοὺς τραχήλους ἐπιπίπτοντες
[Aq. Ge. 6. 5 (4) : Jb. 1. 15.]
[Sm. IV Ki. 4. 34 : Ps. 9. 31 (10. 10).]
[Th. I Ki. 4. 19 : Jb. 18. 16.]
[Al. I Ki. 10. 6, 10, 20 : 11. 7.]
[Heb. Jb. 1. 15.]

ἐπίπλαστος.
[Aq. Ps. 95 (96). 5 : Is. 31. 7.]
[Sm. Jb. 13. 4.]

ἐπιπλεῖν.
[Sm. Jb. 24. 18.]

ἐπιπληθύνειν. (1) רָבָה
Ge. 7. 17. R καὶ ἐπεπληθύνθη [A ἐπληθ.] τὸ ὕδωρ (1)

ἐπίπληξις.
II Ma. 7. 33. χάριν ἐπιπλήξεως καὶ παιδείας

ἐπιπληροῦν.
II Ma. 6. 4. A τὸ μὲν γὰρ ἱερὸν ἀσωτίας . . . ἐπεπλήρουτο [R -ωτο]

ἐπιποθεῖν. (1) גָּרַס (2) הָבַל (3) חָמַל
(4) יָאַב (5) כָּסַף ni. (6) עָרַג (7) רָחַף pi.
(8) תָּאַב
De. 13. 8 (9). οὐκ ἐπιποθήσεις ἐπ' αὐτῷ (3)
32. 11. ἐπὶ τοῖς νοσσοῖς αὐτοῦ ἐπεπόθησε (7)
Ps. 41 (42). 1. ὃν τρόπον ἐπιποθεῖ ἡ ἔλαφος ἐπὶ τὰς πηγὰς τῶν ὑδάτων οὕτως ἐπιποθεῖ ἡ ψυχή μου πρὸς σέ (6, 6)
61 (62). 10. ἐπὶ ἁρπάγματα μὴ ἐπιποθεῖτε (2 ?)
83 (84). 2. ἐπιποθεῖ . . . ἡ ψυχή μου εἰς τὰς αὐλὰς τοῦ κυρίου (5)
118 (119). 20. ἐπεπόθησεν ἡ ψυχή μου (1)
— 131. τὰς ἐντολάς σου ἐπεπόθουν (4)
— 174. ἐπεπόθησα τὸ σωτήριόν σου (8)
Wi. 15. 19. οὐδ' ὅσον ἐπιποθῆσαι . . . καλὰ τυγχάνει
Si. 25. 21. γυναῖκα [A S γ. ἐν κάλλει] μὴ ἐπιποθήσῃς
Je. 13. 14. οὐκ ἐπιποθήσω . . . καὶ οὐ φείσομαι (3)
[Aq. Ps. 118 (119). 20 : Ez. 23. 5, 7, 9.]
[Th. Jb. 14. 15 : Ps. 118 (119). 174.]
[Quint., Sext. Ps. 118 (119). 174.]
[Al. Mi. 7. 1.]

ἐπιπόθημα.
[Aq. Ps. 139 (140). 9.]

ἐπιπόθησις.
[Aq. Ez. 23. 11.]

ἐπίποκος. (1) צֶמֶר
IV Ki. 3. 4. καὶ ἑκατὸν χιλιάδας κριῶν ἐ. [? ἐπὶ πόκων] (1)

ἐπιπολάζειν. (1) צוּף hi.
IV Ki. 6. 6. καὶ ἐπεπόλασε τὸ σιδήριον [A -ρον]

▶ **ἐπιπόλαιον.**
[Aq., Sm., Th. Ez. 17. 5.]

▶ = additional entry on page xxvi

ἐπίπονος. (1) עַל מַכְאֹב
Si. 7. 15. μὴ μισήσῃς ἐπίπονον ἐργασίαν
Je. 51. 33 (45. 3). προσέθηκε κύριος κόπον ἐ. [? ἐπὶ πόνον] μοι (1)
III Ma. 5. 47. θεάσασθαι τὴν ἐ. . . . καταστροφήν
[Sm. Ec. 12. 5: Is. 53. 3.]

ἐπιπορεύεσθαι. (1) אָחַר (2) עָבַר
Le. 26. 33. ἐξαναλώσει ὑμᾶς ἐπιπορευομένη ἡ μάχαιρα (1)
Ep. Je. 62. ὅταν ἐπιταγῇ ὑπὸ τοῦ θεοῦ ἐ.
Ez. 39. 14. διαστελοῦσιν ἐπιπορευομένους τὴν γῆν (2)
II Ma. 2. 28. τὸ δὲ ἐ. τοῖς ὑπογραμμοῖς τῆς ἐπιτομῆς
III Ma. 1. 4. ἱκανῶς ἡ Ἀρσινόη ἐπιπορευσαμένη

ἐπιπρέπειν.
[Aq. Je. 10. 7.]

ἐπιπροστιθέναι.
To. 5. 15. S ἐπιπροσθήσω [A B ἔτι προσθ.] σοι
Si. *prol.* 12. ὅπως οἱ φιλομαθεῖς . . . πολλῷ μᾶλλον ἐπιπροσθῶσι [S ἔτι προσθήσουσιν]

ἐπιπωμάζειν.
[Sm. Ps. 43 (44). 20: 68 (69). 16.]
[Quint. Ps. 43 (44). 20.]

ἐπιρραίνειν.
II Ma. 1. 21. ἐπιρρᾶναι τῷ ὕδατι τά τε ξύλα

ἐπιρραντίζειν. (1) נָזָה
Le. 6. 27 (20). ᾧ ἐὰν ἐπιρραντισθῇ ἀπὸ τοῦ αἵματος . . . ἐπὶ τὸ ἱμ. (1)

ἐπιρρεῖν. (1) יָצַק hoph.
Jb. 22. 16. ποταμὸς ἐπιρρέων οἱ θεμέλιοι αὐτῶν (1)

ἐπιρρίνιον.
[Sm. Ez. 16. 12.]

ἐπίρρινον.
[Sm. Jb. 42. 11.]

ἐπιρρίπτειν (-εῖν). (1) נָפַל hi. (2) שָׁלַךְ *a.* hi. *b.* hoph.
Nu. 35. 20. A R καὶ ἐπιρρίψῃ [B -ει] ἐπ' αὐτὸν πᾶν σκεῦος [B² *om.* π. σ.] (2 *a*)
— 22. ἢ ἐπιρρίψῃ ἐπ' αὐτὸν πᾶν σκεῦος (2 *a*)
Jo. 10. 11. ἐπέρριψεν αὐτοῖς λίθους χαλάζης (2 *a*)
23. 4. A R ἐπέρριφα [B ὅπερ εἶπα] ὑμῖν τὰ ἔθνη (1)
II Ki. 20. 12. καὶ ἐπέρριψεν [A -αν] ἐπ' αὐτὸν ἱμάτιον (2 *a*)
III Ki. 19. 19. ἐπέρριψε τὴν μηλωτὴν αὐτοῦ ἐπ' αὐτόν (2 *a*)
Jb. 27. 22. ἐπιρρίψει [A ἀπορρ.] ἐπ' [A B S¹ *om.*] αὐτόν (2 *a*)
Ps. 21 (22). 10. ἐπὶ σὲ ἐπερρίφην ἐκ μήτρας (2 *b*)
54 (55). 22. ἐπίρριψον ἐπὶ κύριον τὴν μέριμνάν σου (2 *a*)
Am. 8. 3. ἐπιρρίψω σιωπήν (2 *a*)
Na. 3. 6. ἐπιρρίψω ἐπὶ σὲ βδελυγμόν (2 *a*)
Je. 15. 8. A S R ἐπέρριψα [B -αν] ἐπ' αὐτὴν ἐξαίφνης τρόμον (1)
28 (51). 63. S ἐπιρρίψεις [A B ῥίψεις] αὐτό (2 *a*)
Ez. 43. 24. ἐπιρρίψουσιν οἱ ἱ. ἐπ' αὐτὰ ἅλα (2 *a*)
II Ma. 3. 26. πολλὰς ἐπιρριπτοῦντες αὐτῷ πληγάς
[Aq. Jb. 40. 7 (12).]
[Sm. Ps. 54 (55). 4.]

ἐπίρριψις.
[Aq. Hb. 2. 15.]

ἐπιρρυτής.
[Aq. Za. 4. 2.]

ἐπίρρυτος.
[Al. I Ki. 14. 5.]

ἐπιρρωγολογεῖσθαι.
IV Ma. 2. 9. μήτε ἐπιρρωγολογούμενος τοὺς ἀμπελῶνας

ἐπιρρωνύειν.
II Ma. 11. 9. ἐπερρώσθησαν ταῖς ψυχαῖς
[Sm. Jb. 16. 5.]

ἐπίσαγμα. (1) מֶרְכָּב
Le. 15. 9. πᾶν ἐ. ὄνου ἐφ' ὃ ἂν ἐπιβῇ [A καθίσῃ] (1)

ἐπισάσσειν. (1) אָסַר (2) חָבַשׁ (3) עָמַס hi.
Ge. 22. 3. ἐπέσαξε τὴν ὄνον αὐτοῦ (2)
24. 32. A ἐπέσαξε [S R ἀπ.] τὰς καμήλους †
Nu. 22. 21. ἐπέσαξε τὴν ὄνον αὐτοῦ (2)
Jd. 19. 10. ζεῦγος ὄνων [A ὑποζυγίων] ἐπισεσαγμένων (2)
II Ki. 16. 1. ζεῦγος ὄνων ἐπισεσαγμένων (2)
17. 23. ἐπέσαξε τὴν ὄνον αὐτοῦ (2)
19. 26 (27). ἐπίσαξόν μοι τὴν ὄνον (2)
III Ki. 3. 1 (2. 40). καὶ ἐπέσαξε τὴν ὄνον αὐτοῦ (2)
12. 11. ὁ πατήρ μου ἐπεσάσσετο ὑμᾶς κλοιῷ βαρεῖ (3)
13. 13. ἐπισάξατέ μοι τὸν ὄνον καὶ ἐπέσαξαν αὐτῷ τὸν ὄνον (2, 2)
— 23. καὶ ἐπέσαξεν αὐτῷ τὸν ὄνον (2)
— 27. A ἐπισάξατέ μοι τὴν ὄνον καὶ ἐπέσαξαν (2, 2)
IV Ki. 4. 24. καὶ ἐπέσαξε τὴν ὄνον (2)
Je. 26 (46). 4. ἐπισάξατε τοὺς ἵππους (1)
[Aq., Th. III Ki. 13. 27 *bis*.]

ἐπισείειν. (1) סוּת hi.
Jd. 1. 14. ἐπέσεισεν αὐτὴν Γοθονιήλ (1)
I Ki. 26. 19. εἰ ὁ θεὸς ἐπισείει σε ἐπ' [A εἰς] ἐμέ (1)
II Ki. 24. 1. ἐπέσεισε τὸν Δ. ἐν αὐτοῖς (1)
I Ch. 21. 1. καὶ ἐπέσεισε τὸν Δ. (1)
II Ma. 4. 1. R ὡς αὐτός τε εἴη τὸν Ἡλ. ἐπισεσεικώς
[Aq., Sm. Je. 43 (50). 3.]

ἐπισημαίνειν. (1) טָפַל
Jb. 14. 17. ἐπεσημήνω δὲ εἴ τι ἄκων παρέβην (1 ?)
II Ma. 2. 6. ὥστε ἐπισημήνασθαι [A -μάν.] τὴν ὁδόν

ἐπίσημος. (1) קָשַׁר
Ge. 30. 42. τὰ δὲ ἐ. τοῦ Ἰακώβ (1)
Es. 5. 4. ἡμέρα μου [A S³ μοι] ἐπίσημος σήμερόν ἐστιν [A *om.*] -
8. 13. ἐπίσημον ἡμέραν [S¹ -ας] . . . ἄγετε
I Ma. 11. 37. A S ἐν τόπῳ ἐπιτηδείῳ [R *om.*] ἐ.
14. 48. S R στῆσαι [A θῆσαι] αὐτὰς . . . ἐν τόπῳ ἐ. [A πιστῷ]
II Ma. 15. 36. ἔχειν δὲ ἐ. τὴν τρισκαιδεκάτην
III Ma. 6. 1. Ἐλεάζαρος δέ τις ἀνὴρ ἐ.
[Sm. Ps. 4. 7.]
[Th., Quint. Ca. 5. 11.]

ἐπισήμως.
[Sm. Ps. 73 (74). 4.]

ἐπισιτίζειν.
Jo. 9. 4. καὶ ἐλθόντες ἐπεσιτίσαντο †

ἐπισιτισμός. (1) צֵידָה, צֵדָה
Ge. 42. 25. δοῦναι αὐτοῖς ἐπισιτισμόν (1)
45. 21. ἔδωκεν αὐτοῖς ἐπισιτισμόν (1)
Ex. 12. 39. οὐδὲ ἐπισιτισμὸν ἐποίησαν ἑαυτοῖς (1)
Jo. 1. 11. ἑτοιμάζεσθε ἐπισιτισμόν (1)
9. 5. ὁ ἄρτος αὐτῶν τοῦ ἐ. [A οἱ ἄ. τοῦ ἐ.] αὐ. (1)
— 11. λάβετε ἑαυτοῖς ἐπισιτισμόν (1)
— 14. ἔλαβον οἱ ἄρχοντες τοῦ ἐ. [A τοὺς ἐ.] αὐτῶν (1)
Jd. 7. 8. ἔλαβον τὸν ἐ. τοῦ λαοῦ (1)
20. 10. λαβεῖν ἐπισιτισμόν [A ἐ. τῷ λαῷ] (1)
I Ki. 22. 10. ἐπισιτισμὸν ἔδωκεν αὐτῷ (1)
Ju. 2. 18. καὶ ἐπισιτισμὸν ἀνδρί
4. 5. παρέθεντο εἰς ἐπισιτισμόν
Ps. 77 (78). 25. ἐπισιτισμὸν ἀπέστειλεν αὐτοῖς εἰς πλησμονήν (1)
[Aq. Ge. 45. 21: Jo. 9. 5 (11): Ps. 131 (132). 15.]
[Sm., Th. Ge. 45. 21: Jo. 9. 5 (11).]

ἐπισκάζειν. (1) צָלַע
Ge. 32. 31 (32). αὐτὸς δὲ ἐπέσκαζε τῷ μηρῷ αὐτοῦ (1)

ἐπισκεπάζειν. (1) סָכַךְ
La. 3. 43. ἐπεσκέπασας ἐν θυμῷ (1)
— 44. ἐπεσκέπασας νεφέλην σεαυτῷ (1)
[Sm. Ps. 138 (139). 11.]
[Al., Sext. Ps. 31 (32). 1.]

ἐπισκέπτειν (ἐπισκέπειν). (1) *a.* בָּקַר pi. *b.* בְּקַר pa. *c.* ithpa. *d.* בַּקָּרָה (2) דָּרַשׁ *a.* qal. *b.* ni. (3) יָלַד hithp. (4) נָחַם pi. (5) פָּקַד *a.* qal. *b.* ni. *c.* hithpa. *d.* hothp. (6) שׁוּשׁ (7) תּוּר (8) בָּחַן (9) בָּקַשׁ pi.
Ge. 21. 1. καὶ κύριος ἐπεσκέψατο τὴν Σάρραν (5 *a*)
50. 24. ἐπισκοπῇ ἐπισκέψεται ὑμᾶς ὁ θεός (5 *a*)
— 25. A B ᾗ ἐπισκέψεται [R -ηται] ὑμᾶς (5 *a*)
Ex. 3. 16. ἐπισκοπῇ ἐπέσκεμμαι ὑμᾶς (5 *a*)
4. 31. ἐπεσκέψατο ὁ θεὸς τοὺς υἱοὺς Ἰσρ. (5 *a*)
13. 19. ἐπισκοπῇ ἐπισκέψεται ὑμᾶς κύριος (5 *a*)
32. 34. ᾗ δ' ἂν ἡμέρᾳ ἐπισκέπτωμαι (5 *a*)
39. 2 (38. 25). παρὰ τῶν ἐπεσκεμμένων ἀνδρῶν τῆς συν. (5 *a*)
Le. 13. 36. οὐκ ἐπισκέψεται ὁ ἱερεὺς περὶ τῆς τριχός (1 *a*)
Nu. 1. 3. ἐπισκέψασθε αὐτοὺς . . . σὺ καὶ Ἀ. ἐπισκέψασθε αὐτούς (5 *a*, -)
— 18. A ἐπεσκέπησαν [B ἐπηξονοῦσαν] κατὰ γενέσεις αὐτῶν (3)
— 19. ἐπεσκέπησαν ἐν τῇ ἐρήμῳ τοῦ Σ. (5 *a*)
— 44. ἣν ἐπεσκέψαντο [A -ατο] Μ. καὶ Ἀαρών (5 *a*)
— 47. οἱ δὲ Λευῖται . . . οὐκ ἐπεσκέπησαν [A οὐ συνεπ.] (5 *d*)
2. 4, 6. δύναμις αὐτοῦ οἱ ἐπεσκεμμένοι [A ἠριθμημένοι] (5 *a*)
— 8. δύναμις αὐ. οἱ ἐπεσκεμμένοι (5 *a*)
— 9. πάντες οἱ ἐπεσκεμμένοι ἐκ τῆς παρεμβολῆς [A φυλῆς] (5 *a*)
— 11, 13, 15. δύναμις αὐτοῦ οἱ ἐπεσκεμμένοι [A ἠριθμημένοι] (5 *a*)
— 16. πάντες οἱ ἐπεσκεμμένοι [A ἠριθμημένοι] (5 *a*)
— 19, 21, 23. δύναμις αὐτοῦ οἱ ἐπεσκεμμένοι (5 *a*)
— 24. πάντες οἱ ἐπεσκεμμένοι [A ἠριθμημένοι] (5 *a*)
— 26. δύναμις αὐτοῦ οἱ ἐπεσκεμμένοι [A ἠριθμημένοι] (5 *a*)
— 28, 30. δύναμις αὐτοῦ οἱ ἐπεσκεμμένοι (5 *a*)
— 31. πάντες οἱ ἐπεσκεμμένοι [A ἀριθμηθέντες] (5 *a*)
3. 15. ἐπίσκεψαι τοὺς υἱοὺς Λευί (5 *a*)
— 15. ἐπισκέψασθε [A ἀριθμήσονται] αὐτούς (5 *a*)
— 16. ἐπεσκέψαντο [A ἠρίθμησεν] αὐτοὺς Μ. καὶ Ἀ. (5 *a*)
— 39. οὓς ἐπεσκέψατο Μωυσῆς καὶ Ἀαρών (5 *a*)
— 40. ἐπίσκεψαι πᾶν πρωτότοκον ἄρσεν (5 *a*)
— 42. καὶ ἐπεσκέψατο Μωυσῆς (5 *a*)
4. 23. ἐπίσκεψαι [A -ασθε] αὐτούς (5 *a*)
— 27. ἐπισκέψῃ αὐτοὺς ἐξ ὀνομάτων (5 *a*)
— 29, 30, 32. ἐπισκέψασθε αὐτούς (5 *a*)
— 34. ἐπεσκέψατο Μωυσῆς καὶ Ἀαρών (5 *a*)
— 37. καθὰ ἐπεσκέψατο Μωυσῆς καὶ Ἀαρών (5 *a*)
— 38. ἐπεσκέπησαν υἱοὶ Γεδσών (5 *a*)
— 41. οὓς ἐπεσκέψατο Μωυσῆς καὶ Ἀαρών (5 *a*)
— 42. ἐπεσκέπησαν δὲ καὶ δῆμος υἱῶν Μεραρί (5 *a*)
— 45. οὓς ἐπεσκέψατο Μωυσῆς καὶ Ἀαρών (5 *a*)
— 46. πάντες οἱ ἐπεσκεμμένοι οὓς ἐπεσκέψατο Μ. καὶ Ἀ. (5 *a*, 5 *a*)
— 48. ἐγενήθησαν οἱ ἐπισκεπέντες [A ἐπεσκεμμένοι] (5 *a*)
— 49. ἐπεσκέψατο αὐτοὺς ἐν χειρὶ Μωυσῆ (5 *a*)
— 49. ἐπεσκέπησαν ὃν τρόπον συνέταξε κύριος (5 *a*)
14. 34. ὅσας κατεσκέψασθε [B² ἐπεσκ.] τὴν γῆν (7)
16. 5. ἐπέσκεπται καὶ ἔγνω ὁ θεός †
26. 54. καθὼς ἐπεσκέπησαν (5 *a*)
— 63. ἐπεσκέψαντο τοὺς υἱοὺς Ἰ. (5 *a*)
— 64. τῶν ἐπεσκεμμένων ὑπὸ Μωυσῆ (5 *a*)
— 64. οὓς ἐπεσκέψαντο τοὺς υἱοὺς Ἰ. (5 *a*)
27. 16. ἐπισκεψάσθω κύριος . . . ἄνθρωπον (5 *a*)
Jo. 8. 10. ἐπεσκέψατο τὸν λαόν (5 *a*)
Jd. 15. 1. ἐπεσκέψατο Σ. τὴν γυναῖκα αὐτοῦ (5 *a*)
20. 15. καὶ ἐπεσκέπησαν οἱ υἱοὶ Β. (5 *c*)
— 16 (15). οἱ [A οὗτοι] ἐπεσκέπησαν (5 *c*)
— 17. καὶ ἀνὴρ Ἰ. ἐπεσκέπησαν (5 *c*)
21. 3. τοῦ ἐπισκεπῆναι σήμερον . . . φυλὴν μίαν (5 *b*)
— 9. καὶ ἐπεσκέπη [A ἀπεσκόπει ὁ λαός] (5 *c*)
Ru. 1. 6. ἐπέσκεπται κύριος τὸν λαὸν αὐτοῦ (5 *a*)
I Ki. 2. 21. ἐπεσκέψατο κύριος τὴν Ἄνναν (5 *a*)
11. 8. A R καὶ ἐπισκέπτεται [B -έπεται] αὐτούς (5 *a*)
13. 15. B ἐπεσκέψατο Σ. τὸν λαόν (5 *a*)
14. 17. ἐπισκέψασθε δὴ καὶ ἴδετε (5 *a*)
— 17. καὶ ἐπεσκέψαντο (5 *a*)

I Ki. 15. 4. ἐπισκέπτεται [B -έπεται] αὐτοὺς ἐν Γ. (5 a)
17. 18. A τοὺς ἀδελφούς σου ἐπισκέψῃ εἰς εἰρήνην (5 a)
20. 6. ἐὰν ἐπισκεπτόμενος ἐπισκέψηταί με ὁ πατήρ σου (5 a, 5 a)
— 18. καὶ ἐπισκεπήσῃ ὅτι ἐπισκεπήσεται καθέδρα σου (5 b, 5 b)
— 19. καὶ ἐπισκέψῃ †
— 25. καὶ ἐπεσκέπη ὁ τόπος Δ. (5 b)
— 27. ἐπεσκέπη ὁ τόπος τοῦ Δ. (5 b)
II Ki. 2. 30. A R καὶ ἐπεσκέπησαν [B -σκόπ.] τῶν παίδων Δ. ἐννέα καὶ δέκα ἄνδρες (5 b)
18. 1. καὶ ἐπεσκέψατο Δ. τὸν λαόν (5 a)
24. 2. ἐπίσκεψαι τὸν λαόν (5 a)
— 4. ἐπισκέψασθαι τὸν λαὸν Ἰ. (5 a)
III Ki. 21 (20). 15. ἐπεσκέψατο Ἀ. τοὺς ἄρχοντας [A al.] (5 a)
— 15. ἐπεσκέψατο τὸν λαὸν πάντα (5 a)
— 26. ἐπεσκέψατο υἱὸς Ἄδερ τὴν Σ. (5 a)
— 27. οἱ υἱοὶ Ἰ. ἐπεσκέπησαν (5 d)
IV Ki. 3. 6. καὶ ἐπεσκέψατο τὸν Ἰ. (5 a)
9. 34. ἐπισκέψασθε δὴ τὴν κατηραμ. ταύτην (5 a)
10. 19. ἀνὴρ μὴ ἐπισκεπήτω (5 b)
— 19. ὃς ἐὰν ἐπισκεπῇ (5 b)
I Ch. 26. 31. ἐν τῷ τεσσαρακοστῷ ἔτει . . . ἐπεσκέπησαν (2 b)
II Ch. 24. 6. διὰ τί οὐκ ἐπεσκέψω περὶ τῶν Λ. (2 a)
I Es. 2. 21. ἐπισκεφθῇ ἐν τοῖς ἀπὸ τῶν πατέρων σου βιβλίοις
— 26. ἐπέταξα οὖν ἐπισκέψασθαι
6. 21. ἐπισκεπήτω ἐν τοῖς βασιλικοῖς βιβλιοφυλακίοις
— 23. ἐπισκέψασθαι ἐν τοῖς βιβλιοφυλακίοις [A βασιλικοῖς β.]
8. 12. ὅπως ἐπισκέψωνται τὰ κατὰ τὴν Ἰ.
II Es. 1. 2. A B αὐτὸς ἐπεσκέψατο ἐπ' [B om.] ἐμέ (5 a)
4. 15. ἵνα ἐπισκέψηται ἐν βιβλίῳ (1 b)
— 19. καὶ ἐπεσκεψάμεθα καὶ εὕραμεν (1 b)
5. 17. ἐπισκεπήτω ἐν οἴκῳ (1 c)
6. 1. ἐπεσκέψατο ἐν ταῖς βιβλιοθήκαις (1 b)
7. 14. ἀπεστάλη ἐπισκέψασθαι ἐπὶ τὴν Ἰ. (1 b)
Ne. 7. 1. καὶ ἐπεσκέπησαν οἱ πυλωροί (5 b)
12. 42. καὶ ἐπεσκέπησαν †
Ju. 4. 15. ἐπισκέψασθαι πᾶν οἶκον Ἰ.
5. 20. καὶ ἐπισκεψόμεθα
7. 7. ἐπεσκέψατο τὰς ἀναβάσεις τῆς πόλεως αὐτῶν
8. 33. ἐπισκέψεται κύριος τὸν Ἰ.
13. 20. τοῦ ἐπισκέψασθαί σε ἐν ἀγαθοῖς
Jb. 2. 11. A τοῦ παρακαλέσαι καὶ ἐπισκέψασθαι αὐτόν -
— 11. τοῦ παρακαλέσαι καὶ ἐπισκέψασθαι αὐτόν (4)
35. 15. οὐκ ἔστιν ἐπισκεπτόμενος ὀργὴν αὐτοῦ (5 a)
Ps. 8. 4. ὅτι ἐπισκέπτῃ αὐτόν (5 a)
16 (17). 3. ἐπεσκέψω νυκτός (5 a)
26 (27). 4. καὶ ἐπισκέπτεσθαι τὸν ναὸν [S[1] λαὸν] αὐτοῦ [A τὸν ἅγιον] (1 a)
58 (59). 5. τοῦ ἐπισκέψασθαι πάντα τὰ ἔθνη (5 a)
64 (65). 9. ἐπεσκέψω τὴν γῆν (5 a)
79 (80). 14. ἐπίσκεψαι τὴν ἄμπελον ταύτην (5 a)
88 (89). 32. ἐπισκέψομαι ἐν ῥάβδῳ τὰς ἀνομίας αὐτῶν (5 a)
105 (106). 4. ἐπίσκεψαι ἡμᾶς ἐν τῷ σωτηρίῳ σου (5 a)
Si. 2. 14. τί ποιήσετε ὅταν ἐπισκέπτηται ὁ κύριος
7. 22. ἐπισκέπτου αὐτά
— 35. μὴ ὄκνει ἐπισκέπτεσθαι ἄρρωστον
17. 32. δύναμιν ὕψους οὐρανοῦ αὐτὸς ἐπισκέπτεται
32 (35). 17. ἕως ἐπισκέψηται ὁ ὕψιστος
46. 14. ἐπεσκέψατο κύριος τὸν Ἰακώβ
49. 15. τὰ ὀστᾶ αὐτοῦ ἐπεσκέπησαν
Ho. 4. 14. οὐ μὴ ἐπισκέψωμαι ἐπὶ τὰς θυγατέρας ὑμῶν (5 a)
Ze. 2. 7. ἐπέσκεπται αὐτοὺς κύριος (5 a)
Za. 10. 3. ἐπὶ τοὺς ἀμνοὺς ἐπισκέψομαι (5 a)
— 3. ἐπισκέψεται [A -σκέπτεται] κύριος . . . τὸ ποίμνιον αὐτοῦ (5 a)
11. 16. τὸ ἐκλιμπάνον οὐ μὴ ἐπισκέψηται (5 a)
— 16. τὸ ἐσκορπισμένον οὐ μὴ ζητήσῃ [S[1] ἐπισκέψηται] (9)
Ma. 3. 10. A S[2]R ἐπιστρέψατε [B S[1] -σκέψασθε] δὴ ἐν τούτῳ (8)
Is. 10. 12. R ἐπισκέψομαι [A B S ἐπάξει] ἐπὶ τὸν νοῦν τὸν μέγαν (5 a)
Je. 3. 16. οὐδὲ ἐπισκεφθήσεται (5 a)
Je. 5. 9. μὴ ἐπὶ τούτοις οὐκ ἐπισκέψομαι [A -ωμαι] (5 a)
— 29. μὴ ἐπὶ τούτοις οὐκ ἐπισκέψομαι (5 a)
9. 9 (8). μὴ [S[1] om.] ἐπὶ τούτοις οὐκ ἐπισκέψομαι (6 a)
— 25 (24). ἐπισκέψομαι ἐπὶ πάντας περιτετμημ. (5 a)
11. 22. ἐπισκέψομαι ἐπ' αὐτούς (5 a)
13. 21. τί ἐρεῖς ὅταν ἐπισκέπτωνταί σε (5 a)
15. 15. μνήσθητί μου καὶ ἐπίσκεψαί με (5 a)
23. 2. οὐκ ἐπεσκέψασθε [A -ατε] αὐτά (5 a)
29 (49). 8. ᾧ ἐπεσκεψάμην ἐπ' [A om.] αὐτόν (5 a)
34 (27). 8. ἐν λιμῷ ἐπισκέψομαι αὐτούς (5 a)
36 (29). 10. ἐπισκέψομαι ὑμᾶς (5 a)
— 32. ἐπισκέψομαι ἐπὶ Σαμαίαν (5 a)
37 (30). 20. ἐπισκέψομαι τοὺς θλίβοντας αὐτούς (5 a)
39 (32). 41. ἐπισκέψομαι τοῦ [S αὐτοὺς] ἀγαθῶσαι αὐτούς (6 ?)
43 (36). 31. ἐπισκέψομαι ἐπ' αὐτόν (5 a)
51 (44). 13. ἐπισκέψομαι ἐπὶ τοὺς καθημ. ἐν γῇ Αἰγ. ὡς ἐπεσκεψάμην ἐπὶ Ἱερ. (5 a, 5 a)
— 29. ἐπισκέψομαι ἐγὼ ἐφ' ὑμᾶς εἰς πονηρά (5 a)
La. 4. 22. ἐπεσκέψατο ἀνομίας [A ἀδικίαν] σου (5 a)
Ez. 20. 40. ἐκεῖ ἐπισκέψομαι τὰς ἀπαρχὰς [A -χίας] ὑμῶν (2 a)
23. 21. ἐπεσκέψω τὴν ἀνομίαν νεότητός σου (5 a)
34. 11. ἐπισκέψομαι αὐτά (1 a)
— 12. A ὡς ἐπισκέπτεται [B ὥσπερ ζητεῖ] ὁ ποιμὴν τὸ ποίμνιον αὐτοῦ (1 d)
II Ma. 11. 36. ἐπισκεψάμενοι περὶ τούτων
[Aq. Nu. 1. 21, 45, 47 : Dt. 5. 9 : I Ki. 15. 2 : Jb. 5. 24 : 7. 18 : Je. 14. 10 : 21. 14 : 23. 4 : 49. 19 (29. 20) : 50 (27). 18, 21 : 51 (28). 52 : Ze. 1. 9.]
[Sm. Nu. 1. 21, 45, 47 : III Ki. 6. 4 : Ps. 64 (65). 10 : Is. 26. 21 : Je. 50 (27). 21 : 51 (28). 52 : Ze. 1. 9.]
[Th. Nu. 1. 45, 47 : Dt. 5. 9 : Jb. 35. 15 : Je. 14. 10 : 21. 14 : 27 (34). 22 : 32 (39). 5 : 48 (31). 44 : Ze. 1. 9.]
[Al. Le. 18. 25 : 26. 16 : 27. 33 : Ps. 8. 5.]

ἐπισκέπτης.

[Aq. Ez. 23. 23.]

ἐπισκευάζειν. (1) בָּדַק (2) חָדַשׁ pi. (3) חָזַק pi. (4) כָּבָה (5) עָלָה hi.

Ex. 30. 8. B[2] R ὅταν ἐπισκευάζῃ [B[1] -σῃ, A -ζει] τοὺς λύχνους (5)
I Ki. 3. 3. ὁ λύχνος τοῦ θεοῦ πρὶν ἐπισκευασθῆναι (4 ?)
II Ch. 24. 4, 12. ἐπισκευάσαι τὸν οἶκον κυρίου (2)
— 12. B ἐπισκευάσαι τὸν οἶκον κυρίου (3)
29. 3. καὶ ἐπεσκεύασεν αὐτάς (3)
34. 10. ἐπισκευάσαι κατισχῦσαι τὸν οἶκον (1)
II Es. 9. 8. A B ἐπιεσκευάσατο [R -εικεύσ.] ἡμῖν ὁ θεὸς ἡμῶν †
I Ma. 12. 37. A S ἐπεσκεύασεν [R -αν] τὸ καλούμενον Χ.
[Aq., Sm. IV Ki. 12. 5 (6).]

ἐπισκευή. (1) פָּקַד a. qal. b. hoph.

IV Ki. 12. 11 (12). A τὰ ἔργα τῶν ἐ. [? ἐπὶ σκευῶν, B ἐπισκοπῶν] οἴκου κυρίου (1 a*, 1 b)
[Aq. IV Ki. 12. 5 (6) : Ez. 27. 27.]
[Sm. IV Ki. 12. 5 (6).]

ἐπίσκεψις. (1) a. פָּקַד b. פְּקֻדָּה c. מִפְקָד

Ex. 30. 13. ὅσοι ἂν παραπορεύωνται τὴν ἐ. (1 a)
— 14 : 39. 3 (38. 26). πᾶς ὁ παραπορευόμενος εἰς τὴν ἐ. (1 a)
Nu. 1. 21. A R ἡ ἐ. [B ἐπισκοπή] αὐτῶν ἐκ τῆς φυλῆς Ῥουβήν (1 a)
— 23. ἡ ἐ. αὐτῶν ἐκ τῆς φυλῆς Συμεών (1 a)
— 27. ἡ ἐ. αὐτῶν ἐκ τῆς φυλῆς Ἰούδα (1 a)
— 29. ἡ ἐ. αὐτῶν ἐκ τῆς φυλῆς Ἰσσάχαρ (1 a)
— 31. ἡ ἐ. αὐτῶν ἐκ τῆς φυλῆς Ζαβουλών (1 a)
— 33. ἡ ἐ. αὐτῶν ἐκ τῆς φυλῆς Ἐφραίμ (1 a)
— 35. ἡ ἐ. αὐτῶν ἐκ τῆς φυλῆς Μανασσῆ (1 a)
— 37. ἡ ἐ. αὐτῶν ἐκ τῆς φυλῆς Βενιαμίν (1 a)
— 25. ἡ ἐ. αὐτῶν ἐκ τῆς φυλῆς Γάδ (1 a)
— 39. ἡ ἐ. αὐτῶν ἐκ τῆς φυλῆς Δάν (1 a)
— 41. ἡ ἐ. αὐτῶν ἐκ τῆς φυλῆς Ἀσήρ (1 a)
— 43. ἡ ἐ. αὐτῶν ἐκ τῆς φυλῆς Νεφθαλί (1 a)
— 44. αὕτη ἡ ἐ. ἣν ἐπεσκέψαντο (1 a)
— 45. ἐγένετο πᾶσα ἡ ἐ. υἱῶν Ἰσραήλ (1 a)
Nu. 2. 32. αὕτη ἡ ἐ. τῶν υἱῶν Ἰσραήλ (1 a)
— 32. πᾶσα ἡ ἐ. τῶν παρεμβολῶν (1 a)
3. 22. ἡ ἐ. αὐτῶν κατὰ ἀριθμὸν παντὸς ἀρσενικοῦ (1 a)
— 22. ἡ ἐ. [A ὁ ἀριθμὸς] αὐτῶν ἑπτακισχίλιοι (1 a)
— 34. ἡ ἐ. αὐτῶν κατὰ ἀριθμόν (1 a)
— 36. A R ἡ ἐ. τῆς φυλακῆς [B ἡ φ.] υἱῶν Μ. (1 b)
— 39. πᾶσα ἡ ἐ. τῶν Λευιτῶν (1 a)
— 43. κατὰ ἀριθμὸν . . . ἐκ τῆς ἐ. αὐτῶν (1 a)
4. 36. ἐγένετο ἡ ἐ. αὐτῶν κατὰ δήμους αὐτῶν (1 a)
— 37. αὕτη ἡ ἐ. δήμου Καάθ (1 a)
— 40. B ἐγένετο ἡ ἐ. αὐτῶν (1 a)
— 41. αὕτη ἡ ἐ. δήμου υἱῶν Γεδσών (1 a)
— 44. ἐγενήθη ἡ ἐ. αὐτῶν [A τῆς συγγενείας αὐ.] (1 a)
— 45. αὕτη ἡ ἐ. δήμου υἱῶν Μεραρί (1 a)
16. 29. κατ' ἐπίσκεψιν πάντων ἀνθρώπων (1 b)
26. 7. ἐγένετο ἡ ἐ. αὐτῶν (1 a)
— 14. δῆμοι Συμεὼν ἐκ τῆς ἐ. αὐτῶν -
— 22. A R κατὰ τὴν ἐ. [B -σκοπὴν] αὐτῶν (1 a)
— 25, 27, 18, 47, 34, 37, 41, 50. ἐξ ἐπισκέψεως αὐτῶν (1 a)
— 51. αὕτη ἡ ἐ. υἱῶν Ἰ. (1 a)
— 62. ἐξ ἐπισκέψεως αὐτῶν (1 a)
— 63. αὕτη ἡ ἐ. Μωυσῆ (1 a)
II Ki. 24. 9 : I Ch. 21. 5. καὶ ἔδωκεν Ἰ. τὸν ἀριθμὸν τῆς ἐ. (1 c)
I Ch. 23. 11. καὶ ἐγένοντο . . . εἰς ἐπίσκεψιν μίαν (1 b)
— 24. κατὰ τὴν ἐ. αὐτῶν (1 a)
24. 3. κατὰ τὴν ἐ. αὐτῶν (1 b)
— 19. αὕτη ἡ ἐ. αὐτῶν (1 b)
26. 30. ἐπὶ τῆς ἐ. τοῦ Ἰ. (1 b)
Je. 11. 23. ἐν ἐνιαυτῷ ἐπισκέψεως [B[2] -σκοπῆς] αὐτῶν (1 b)
23. 12. ἐν ἐνιαυτῷ ἐπισκέψεως αὐτῶν (1 b)
28 (51). 18. ἐν καιρῷ ἐπισκέψεως αὐτῶν (1 b)
31 (48). 44. ἐν ἐνιαυτῷ ἐπισκέψεως αὐ. (1 b)
II Ma. 3. 14. τὴν περὶ τούτων ἐ. οἰκονομήσων
5. 18. ἐπὶ τὴν ἐ. τοῦ γαζοφυλακίου
14. 20. πλείονος δὲ γενομένης περὶ τούτων ἐ.
III Ma. 7. 12. ἄνευ πάσης βασιλικῆς ἐξουσίας ἢ ἐ.
[Aq. Is. 60. 17 : Je. 52. 11.]
[Sm. Ex. 30. 13.]
[Th. Nu. 1. 21.]
[Al. Le 19. 20.]

ἐπισκιάζειν. (1) סָכַךְ a. qal. b. hi. (2) שָׁכַן

Ex. 40. 35. ὅτι ἐπεσκίαζεν ἐπ' αὐτὴν ἡ νεφέλη (2)
Ps. 90 (91). 4. ἐν τοῖς μεταφρένοις αὐτοῦ ἐπισκιάσει σοι (1 b)
139 (140). 7. ἐπεσκίασας ἐπὶ τὴν κεφαλήν μου (1 a)
Pr. 18. 11. ἡ δὲ δόξα αὐτῆς μέγα ἐπισκιάζει †
[Sm. Ho. 4. 13.]
[Th. Nu. 11. 25.]

ἐπισκοπεῖν. (1) דָּרַשׁ (2) יָדַע (3) נָצַח pi. (4) פָּקַד ni.

De. 11. 12. ἣν κύριος . . . ἐπισκοπεῖται αὐτήν (1)
II Ki. 2. 30. B ἐπεσκόπησαν [A R -σκέπ.] τῶν παίδων Δ. (4)
II Ch. 34. 12. καὶ ἐπ' αὐτῶν ἐπίσκοποι . . . ἐπισκοπεῖν (3)
Es. 2. 11. ἐπισκοπῶν τί Ἐ. συμβήσεται (2)
Pr. 19. 23. ἐν τόποις οὗ οὐκ ἐπισκοπεῖται γνῶσις (4)
[Sm. Ps. 26 (27). 4 : 40 (41). 7.]

ἐπισκοπεύειν.

[Sm. Ps. 65 (66). 7.]

ἐπισκοπή. (1) בִּקֹּרֶת (2) יִרְאָה (3) סוֹד (4) ἐ. εἶναι סָכַן (5) פָּקַד a. qal. b. ἐ. εἶναι ni. c. hoph. d. פְּקֻדָּה (6) צָפַן (7) רָצָה (8) ἐπισκοπὴν ποιεῖν הֵאִיר עֵינַיִם (9) ἐπισκοπὴν ποιεῖν פָּקַד

Ge. 50. 24. ἐπισκοπῇ δὲ ἐπισκέψεται ὑμᾶς ὁ θεός (5 a)
— 25. ἐν τῇ ἐ. ᾗ ἐπισκέψεται (5 a)
Ex. 3. 16. ἐπισκοπῇ ἐπέσκεμμαι ὑμᾶς (5 a)
13. 19. ἐπισκοπῇ ἐπισκέψεται ὑμᾶς κύριος (5 a)
30. 12. τὸν συλλογισμὸν τῶν υἱῶν Ἰσ. ἐν τῇ ἐ. αὐτῶν (5 a)
— 12. οὐκ ἔσται ἐν αὐτοῖς πτῶσις ἐν τῇ ἐ. αὐ. (5 a)
Le. 19. 20. ἐ. ἔσται αὐτοῖς (1)

Nu. 1. 21. B ἡ ἐ. [AR ἐπίσκεψις] αὐτῶν ἐκ τῆς φυλῆς Ῥουβήν (5 *a*)
4. 16. ἡ ἐ. ὅλης τῆς σκηνῆς (5 *d*)
7. 2. οἱ παρεστηκότες ἐπὶ τῆς ἐ. (5 *a*)
14. 29. καὶ πᾶσα ἡ ἐ. ὑμῶν (5 *a*)
16. 29. ἐπισκοπὴ ἔσται αὐτῶν (5 *b*)
26. 22. B κατὰ τὴν ἐ. [AR -σκεψιν] αὐτῶν (5 *a*)
— 43. κατ᾽ ἐπισκοπὴν αὐτῶν (5 *a*)
De. 28. 25. AB^{1} δῴη σε κύριος ἐπισκοπήν [B^{2}R ἐπὶ κοπήν, ? ἐπικ.] †
IV Ki. 12. 11 (12). τὰ ἔργα τῶν ἐ. [A ἐπισκευῶν, ? ἐπὶ σκευῶν] οἴκου κυρίου (5 *a**, 5 *c*)
I Es. 6. 5. AR καὶ ἔσχοσαν χάριν ἐπισκοπῆς γενομένης [B -νοι]
Jb. 5. 24. A καὶ ἐπισκοπὴ τῆς εὐπρεπείας σου [B *al.*] (5 *a*)
6. 14. ἐπισκοπὴ δὲ κυρίου ὑπερεῖδέ με (2)
7. 18. ἡ ἐπισκοπὴν αὐτοῦ ποιήσῃ (9)
10. 12. ἡ δὲ ἐ. σου ἐφύλαξέ μου τὸ πνεῦμα (5 *d*)
24. 13 (12). διὰ τί τούτων ἐπισκοπὴν οὐ πεποίηται †
29. 4. ὅτε ὁ θεὸς ἐπισκοπὴν ἐποιεῖτο τοῦ οἴκου μου (3 ?)
31. 14. ἐὰν δὲ καὶ ἐπισκοπὴν τίνα ἀπόκρισιν ποιήσομαι (5 *a*)
34. 9. οὐκ ἔσται ἐπισκοπὴ ἀνδρὸς καὶ ἐπισκοπὴ αὐτῷ [A -οῦ] παρὰ κυρίου (4, 7)
Ps. 108 (109). 8. τὴν ἐ. αὐτοῦ λάβοι ἕτερος (5 *d*)
Pr. 29. 13. ἐπισκοπὴν ἀμφοτέρων ποιεῖται ὁ κύριος (9)
Wi. 2. 20. ἔσται γὰρ αὐτοῦ ἐπισκοπὴ ἐκ λόγων αὐτοῦ
3. 7. ἐν καιρῷ ἐπισκοπῆς αὐτῶν ἀναλάμψουσι
— 9. AS ἐπισκοπὴ ἐν τοῖς ὁσίοις [S ἐκλεκτοῖς] αὐτοῦ
— 13. ἕξει καρπὸν ἐν ἐπισκοπῇ ψυχῶν
4. 15. ἐπισκοπὴ ἐν τοῖς ὁσίοις [A ἐκλεκτοῖς] αὐτοῦ
14. 11. καὶ ἐν εἰδώλοις ἐθνῶν ἐπισκοπὴ ἔσται
19. 15. ἥτις [? ἥ τις] ἐπισκοπὴ ἔσται αὐτῶν
Si. 16. 18. σαλευθήσονται ἐν τῇ ἐ. αὐτοῦ
18. 20. ἐν ὥρᾳ ἐπισκοπῆς εὑρήσεις ἐξιλασμόν
23. 24. ἐπὶ τὰ τέκνα αὐτῆς ἐπισκοπὴ ἔσται
31 (34). 6. ἐὰν μὴ παρὰ [A ἀπὸ] ὑψίστου ἀποσταλῇ ἐν ἐπισκοπῇ
Is. 10. 3. τί ποιήσουσιν ἐν τῇ ἡμέρᾳ τῆς [A *om.*] ἐ. (5 *d*)
23. 17. ἐπισκοπὴν ποιήσει ὁ θεὸς Τύρου (10)
24. 22. διὰ πολλῶν γενεῶν ἐ. ἔσται αὐτῶν (5 *b*)
29. 6. ἐ. γὰρ ἔσται μετὰ βροντῆς [A κραυγῆς] (5 *b*)
Je. 6. 15. ἐν καιρῷ ἐπισκοπῆς [A *add.* αὐτῶν] ἀπολοῦνται (5 *a*)
10. 15. ἐν καιρῷ ἐπισκοπῆς αὐτῶν ἀπολοῦνται (5 *d*)
11. 23. B^{2} ἐν ἐνιαυτῷ ἐπισκοπῆς [AB^{1}SR -σκέψεως] αὐτῶν (5 *d*)
Ez. 7. 22. μιανοῦσι τὴν ἐ. μου (6 ?)
III Ma. 5. 42. τὰς γινομένας πρὸς ἐπισκοπὴν τῶν Ἰ. . . . μεταβολάς
[**Aq.** Je. 11. 23.]
[**Sm.** Ex. 30. 12 : Is. 60. 17 : Je. 6. 6.]
[**Th.** Ex. 30. 12, 13 : Is. 60. 17 : Je. 8. 12.]
[**Al.** Nu. 26. 22 (18) : Jb. 5. 24 : Pr. 19. 23.]

ἐπίσκοπος. (1) אֵל (2) נָגַשׂ (3) פָּקַד *a.* qal. *b.* hoph. *c.* פָּקִיד *d.* פְּקֻדָּה

Nu. 4. 16. ἐπίσκοπος Ἐλεάζαρ υἱὸς Ἀαρών (3 *d*)
31. 14. ὠργίσθη M. ἐπὶ τοῖς ἐ. τῆς δυνάμεως (3 *a*)
Jd. 9. 28. καὶ Z. ἐπίσκοπος αὐτοῦ (3 *c*)
IV Ki. 11. 15. τοῖς ἑκατοντάρχοις τοῖς ἐ. τῆς δυνάμεως (3 *a*)
— 18. ἔθηκεν ὁ ἱερεὺς ἐπισκόπους (3 *d*)
II Ch. 34. 12. καὶ ἐπ᾽ αὐτῶν ἐπίσκοποι (3 *b*)
— 17. ἔδωκαν ἐπὶ χεῖρα τῶν ἐ. (3 *b*)
Ne. 11. 9. καὶ Ἰ. υἱὸς Z. ἐπίσκοπος ἐπ᾽ αὐτούς (3 *c*)
— 14. καὶ ἐπίσκοπος [AS^{3} ἐ. ἐπ᾽ αὐτῶν] B. (3 *c*)
— 22. καὶ ἐπίσκοπος Λευιτῶν [S^{3} Λ. ἐν Ἰ. Ἀζά] (3 *c*)
Jb. 20. 29. κτῆμα ὑπαρχόντων αὐτῷ [A -οῦ] παρὰ τοῦ ἐ. (1)
Wi. 1. 6. τῆς καρδίας αὐτοῦ ἐ. ἀληθής
Is. 60. 17. δώσω . . . τοὺς ἐ. σου ἐν δικαιοσύνῃ (2)
I Ma. 1. 51. καὶ ἐποίησεν ἐπισκόπους
[**Sm.** Ge. 41. 34 : Je. 29 (36). 26.]

ἐπισκορπίζειν.

I Ma. 11. 55. ἃς ἀπεσκόρπισε [S^{1} ἐπ., A S^{2} *al.*]

ἔπισος (ἔφ.).

Si. 9. 10. ὁ γὰρ πρόσφατος οὐκ ἔστιν ἔ. αὐτῷ
34 (31). 27. ἔπισον ζωῆς οἶνος ἀνθρώπῳ [AS -οις]

ἐπισπᾶν. (1) מָשַׁךְ (2) שָׁאַב (3) תָּפַשׂ

Ge. 39. 12. καὶ ἐπεσπάσατο αὐτὸν τῶν ἱματίων (3)
Ju. 12. 12. AB ἐὰν ταύτην μὴ ἐπισπασώμεθα
Wi. 1. 12. μηδὲ ἐπισπᾶσθε ὄλεθρον ἔργοις [A ἐν ἐ.] χειρῶν ὑμῶν
19. 3. ἕτερον ἐπεσπάσαντο λογισμὸν ἀνοίας [S^{1} *om.*]
Na. 3. 14. ὕδωρ περιοχῆς ἐπίσπασαι σεαυτῇ [S^{1} *om.* ἐ. σ.] (2)
Is. 5. 18. οἱ ἐπισπώμενοι τὰς ἁμαρτίας ὡς σχοινίῳ (1)
41. 20. A ἵνα . . . ἐπισπῶνται [BS ἐπιστ.] †
I Ma. 14. 1. S^{1}R τοῦ ἐπισπάσασθαι [AS^{2} -σπᾶσθαι] βοήθειαν αὐτῷ
III Ma. 3. 10. μυστικῶς τινας ἐπισπώμενοι
IV Ma. 5. 2. SR ἕνα ἕκαστον . . . ἐπισπᾶσθαι [A περισπ.]
9. 27. ταῖς σιδηραῖς χερσὶν ἐπισπασάμενοι
10. 12. τὸν τέταρτον ἐπεσπῶντο
[**Sm.** Pr. 13. 6 : Je. 14. 6.]
[**Th.** Jd. 5. 14 : Pr. 16. 26.]

ἐπίσπαστρον. (1) מָסָךְ

Ex. 26. 36. καὶ ποιήσεις ἐ. (1)
[**Sm.** Ex. 35. 17 (?).]
[**Th.** Ex. 40. 28.]
[**Sam.** Nu. 4. 25.]

ἐπισπεύδειν. (1) בָּהַל hi. (2) מָהַר pi.

I Es. 1. 27. κύριος μετ᾽ ἐμοῦ ἐπισπεύδων ἐστίν
Es. 6. 14. ἐπισπεύδοντες [S^{3} ἐ. ἀγαγεῖν] τὸν Ἀ. ἐπὶ τὸν πότον (1)
Pr. 6. 18. πόδες ἐπισπεύδοντες κακοποιεῖν (2)
[**Aq.** Is. 60. 22.]
[**Sm.** Pr. 12. 11 : 19. 7.]

ἐπισπλαγχνίζεσθαι.

Pr. 17. 5. ὁ δὲ ἐπισπλαγχνιζόμενος [A σπλ.] ἐλεηθήσεται –
[**Sm.** Dt. 13. 8 (9).]

ἐπισπουδάζειν. (1) אוּץ hi. (2) בָּהַל pu. (3) בָּחַל pu.

Ge. 19. 15. A ἐπεσπούδαζον [R ἐσπ.] οἱ ἄγγ. τὸν Λώτ (1)
Pr. 13. 11. ὕπαρξις ἐπισπουδαζομένη μετὰ ἀνομίας †
20. 21. μερὶς ἐπισπουδαζομένη ἐν πρώτοις (2, 3*)
[**Th.** Pr. 21. 5.]

ἐπισπουδαστής.

Is. 14. 4. ἀναπέπαυται ὁ ἐ. †

ἐπίστασθαι. (1) בִּין (2) *a.* יָדַע *b.* דַּעַת (3) ἐ. τὸν νοῦν נָצַר (4) שָׂכַל hi.

Ge. 47. 4 (6). εἰ δὲ ἐπίστῃ ὅτι εἰσὶν ἐν αὐτοῖς ἄνδρες (2 *a*)
Ex. 4. 14. ἐπίσταμαι ὅτι λαλῶν λαλήσει (2 *a*)
9. 30. ἐπίσταμαι ὅτι οὐδέπω πεφόβησθε τὸν κ. (2 *a*)
Nu. 20. 14. σὺ ἐπίστῃ πάντα τὸν μόχθον (2 *a*)
22. 34. οὐ γὰρ ἠπιστάμην (2 *a*)
24. 16. ἐπιστάμενος ἐπιστήμην παρὰ [A *om.*] ὑψίστου (2 *a*)
32. 11. οἱ ἐπιστάμενοι τὸ ἀγαθὸν καὶ τὸ κακόν –
De. 20. 20. ξύλον ὃ ἐπίστασαι (2 *a*)
22. 2. AR μηδὲ ἐπίστῃ [B ἐγγίζῃ] αὐτόν (2 *a*)
28. 33, 36. ἔθνος ὃ οὐκ ἐπίστασαι (2 *a*)
— 64. οὓς [A οἷς] οὐκ ἠπίστω (2 *a*)
29. 26 (25). οὓς [A οἷς] οὐκ ἠπίσταντο (2 *a*)
31. 27. ὅτι ἐγὼ ἐπίσταμαι τὸν ἐρεθισμόν σου (2 *a*)
Jo. 2. 5. οὐκ ἐπίσταμαι ποῦ πεπόρευνται (2 *a*)
— 9. ἐπίσταμαι ὅτι ἔδωκεν ὑμῖν κύριος τὴν γῆν (2 *a*)
3. 4. ἵνα ἐπίστησθε τὴν ὁδόν (2 *a*)
14. 6. σὺ ἐπίστῃ τὸ ῥῆμα (2 *a*)
II Ch. 2. 7 (6). καὶ ἐπιστάμενον γλύψαι (2 *a*)
— 12 (11). υἱὸν σοφὸν καὶ ἐπιστάμενον ἐπιστήμην (2 *a*)
I Es. 8. 23. πάντας τοὺς ἐπισταμ. τὸν νόμον τοῦ θεοῦ σου καὶ τοὺς μὴ ἐπισταμ. διδάξεις
Ne. 2. 5. S^{3} ἐπίσταμαι [ABS^{1} *al.*] †
To. 5. 5. S ἐπίστῃ τὴν ὁδόν [AB *al.*]
— 6. S ἐπίσταμαι τὰς ὁδοὺς πάσας [AB *al.*]
— 9. S ἐπίσταμαι ἐγὼ τὰς ὁδοὺς πάσας
6. 12. ἐπίσταμαι Ῥαγουήλ [S *om.*]
11. 7. ἐπίσταμαι ἐγώ
Jb. 7. 20. ὁ ἐπιστάμενος τὸν νοῦν τῶν ἀνθρ. (3 ?)
11. 9. A ἢ μακρότερα μέτρων γῆς ἐπίστασαι [BS *al.*] †
13. 2. οἶδα ὅσα καὶ ὑμεῖς ἐπίστασθε (2 *a*)
14. 21. οὐκ ἐπίσταται [S^{1} -ανται] (1)
32. 22. οὐ γὰρ ἐπίσταμαι [S^{1} -σαι] θαυμάσαι πρόσωπα (2 *a*)
33. 31. A ἐπιστάμενοι ἐνωτίζεσθε τὸ καλόν (2 *a* ?)
34. 2. ἐπιστάμενοι ἐνωτίζεσθε [AS^{2} ἐν. τὸ καλόν] (2 *a*)
37. 16. ἐπίσταται [A -ασαι] δὲ διάκρισιν [S -θεσιν] νεφῶν (2 *a*)
38. 4. εἰ ἐπίστῃ [A -στασαι] σύνεσιν (2 *a*)
— 20. εἰ δὲ καὶ ἐπίστασαι τρίβους αὐτῶν (1)
— 33. ἐπίστασαι δὲ τροπὰς οὐρανοῦ (2 *a*)
42. 3. ἃ οὐκ ἐπιστάμην [AS ἠπ.] (2 *a*)
Pr. 9. 13. ἣ οὐκ ἐπίσταται αἰσχύνην (2 *a*)
10. 21. χείλη δικαίων ἐπίσταται ὑψηλά †
14. 22. οὐκ ἐπίστανται ἔλεον –
15. 2. γλῶσσα σοφῶν καλὰ ἐπίσταται (2 *b*)
29. 7. ἐπίσταται δίκαιος κρίνειν πενιχροῖς (2 *a*)
Wi. 8. 8. ἐπίσταται στροφὰς λόγων
9. 9. ἡ σοφία . . . ἐπισταμένη τί ἀρεστὸν ἐν ὀφθαλμοῖς σου
15. 3. τὸ γὰρ ἐπίστασθαί σε ὁλόκληρος δικαιοσύνη
Is. 29. 11. ἀνθρώπῳ ἐπισταμένῳ γράμματα (2 *a*)
— 12. εἰς χεῖρας ἀνθρώπου μὴ ἐπισταμένου γράμματα (2 *a*)
— 12. ἐρεῖ, Οὐκ ἐπίσταμαι γράμματα (2 *a*)
37. 28. τὴν εἴσοδόν σου ἐγὼ ἐπίσταμαι (2 *a*)
41. 20. ἐννοηθῶσι καὶ ἐπιστῶνται [A -σπ.] ἅμα (4)
48. 8. οὔτε ἔγνως οὔτε ἠπίστω (2 *a*)
55. 5. λαοὶ οἳ οὐκ ἐπίστανταί σε (2 *a*)
66. 18. S τὸν λογισμὸν αὐ. ἐπίσταμαι [AB *om.*] –
Je. 1. 5. ἐπίσταμαί σε (2 *a*)
— 6. οὐκ ἐπίσταμαι λαλεῖν (2 *a*)
2. 8. οἱ ἀντεχόμ. τοῦ νόμου οὐκ ἠπίσταντό με (2 *a*)
17. 16. σὺ ἐπίστῃ [A -τασαι] (2 *a*)
Ba. 3. 26. οἱ γίγαντες . . . ἐπιστάμενοι πόλεμον
Ez. 11. 5. τὰ διαβούλια τοῦ πνεύματος ὑμῶν ἐγὼ ἐπίσταμαι (2 *a*)
17. 12. οὐκ ἐπίστασθε τί ἦν [A ἐστιν] ταῦτα (2 *a*)
28. 19. οἱ ἐπιστάμενοί σε ἐν τοῖς ἔθνεσι (2 *a*)
37. 3. σὺ ἐπίστῃ ταῦτα (2 *a*)
Da. Th. Su. 42. σὺ ἐπίστασαι ὅτι ψευδῆ μου κατεμαρτύρησαν
[**Aq.** Ge. 47. 6 : Dt. 32. 29.]
[**Sm.** Ge. 47. 6 : Ec. 8. 7 : 9. 1 : 10. 15.]
[**Th.**, **Heb.** Ge. 47. 6.]
[**Al.** Dt. 11. 2.]

ἐπίστασις.

II Ma. 6. 3. δυσχερὴς ἡ ἐ. τῆς κακίας
[**Aq.** Ez. 40. 43.]

ἐπιστατεῖν.

I Es. 7. 2. ἐπεστάτουν τῶν ἱερῶν ἔργων

ἐπιστάτης. (1) נָגִיד (2) נָגַשׂ (3) נָצַח pi. (4) פָּקִיד (5) רָדָה (6) שַׂר

Ex. 1. 11. ἐπέστησεν αὐτοῖς ἐπιστάτας τῶν ἔργων (6)
5. 14. ὑπὸ τῶν ἐ. τοῦ Φαραώ (2)
III Ki. 3. 1. τρεῖς χιλιάδες καὶ ἐξακόσιοι ἐ. –
5. 16 (30). ἐπιστάται [A ἐ. τοῦ λαοῦ] οἱ ποιοῦντες τὰ ἔργα (5)
IV Ki. 25. 19. ὃς ἦν ἐ. τῶν [A ἐπὶ τῶν] ἀνδρῶν τῶν πολεμιστῶν (4)
II Ch. 2. 2 (1). καὶ οἱ ἐ. ἐπ᾽ αὐτῶν (3)
31. 12. καὶ ἐπ᾽ αὐτῶν ἐπιστάτης X. (1)
I Es. 1. 8. X. καὶ Z. καὶ Ἠ. οἱ ἐ. τοῦ ἱεροῦ
Ju. 2. 14. ἐκάλεσε πάντας τοὺς δυνάστας . . . καὶ ἐπιστάτας [S^{1} *om.* καὶ ἐ.]
Je. 36 (29). 26. γενέσθαι ἐπιστάτην ἐν τῷ οἴκῳ κυρίου (4)
52. 25. εὐνοῦχον ἕνα ὃς ἦν ἐ. τῶν ἀνδρῶν (4)
II Ma. 5. 22. κατέλιπε δὲ καὶ ἐπιστάτας
[**Sm.** Jo. 1. 10 : Is. 60. 17 : Je. 39 (46). 13.]

ἐπιστέλλειν. (1) שָׁלַח

III Ki. 5. 8 (22). A ὧν ἐπέσταλκας [B ἀπ.] πρός με (1)
Ne. 6. 19. B ἐπιστολὰς ἐπέστειλε [ASR ἀπ.] Τωβίας (1)
Ju. 15. 4. S καὶ ἐπέστειλεν [AB ἀπ.] Ὀ.
I Ma. 10. 25. S ἐπέστειλεν [AR ἀπ.] αὐτοῖς
● 12. 7. A ἐπεστάλησαν [SR ἀπ.] ἐπιστολαί
13. 18. S^{1} οὐκ ἐπέστειλα [AS^{2}R ἀπ.] αὐτῷ τὸ ἀργύριον

● = correction on page xxvi

ἐπιστερεῖν.

IV Ma. 8. 23. καὶ ἐπιστεροῦμεν ἑαυτοὺς τοῦ γλυκέος κόσμου

ἐπιστήμη. (1) *a.* בִּינָה *b.* תְּבוּנָה *c.* תובנה (2) *a.* דֵּעַ *b.* דַּעַת *c.* דֵּעָה *d.* מַדָּע *e.* ἐν ἐπιστήμῃ εἶναι יָדַע בִּינָה (3) חָכְמָה (4) *a.* שָׂכַל hi. *b.* שֶׂכֶל, שֵׂכֶל *c.* שִׂכְלוּת

Ex. 31. 3. πνεῦμα θεῖον σοφίας καὶ συνέσεως καὶ ἐπιστήμης (2 *b*)
35. 31. A R πνεῦμα θεῖον [B *om.*] σοφίας καὶ συνέσεως καὶ ἐπιστήμης (2 *b*)
36. 1. ᾧ ἐδόθη σοφία καὶ ἐ. ἐν αὐτοῖς συνιέναι (1 *b*)
— 2. ᾧ ἔδωκεν ὁ θεὸς ἐπιστήμην ἐν τῇ καρδίᾳ (3)
Nu. 24. 16. ἐπιστάμενος ἐπιστήμην παρὰ [A *om.*] ὑψίστου (2 *b*)
De. 32. 28. οὐκ ἔστιν ἐν αὐτοῖς ἐ. (1 *b*)
II Ch. 2. 12 (11). A R ἐπιστάμενον ἐπιστήμην καὶ σύνεσιν [B σ. κ. ἐ.] (4 *b* [1 *a*])
I Es. 8. 7. πολλὴν ἐ. περιεῖχεν
Ne. 8. 8. διέστελλεν ἐν [A *om.*] ἐπιστήμῃ κυρίου (4 *b*)
Ju. 11. 8. καὶ δυνατὸς ἐν ἐπιστήμῃ
Jb. 12. 12. ἐν δὲ πολλῷ [A μακρῷ] βίῳ ἐπιστήμη (1 *b*)
— 16. αὐτῷ [A παρ' αὐτῷ] ἐπιστήμη καὶ σύνεσις †
21. 22. ὁ διδάσκων σύνεσιν καὶ ἐπιστήμην (2 *b* ?)
22. 2. ὁ διδάσκων σύνεσιν καὶ ἐπιστήμην †
26. 12. ἐπιστήμῃ δὲ ἔστρωται [A S -ωσε] τὸ κῆτος (1 *b*, 1 *c**)
28. 12. ποῖος δὲ τόπος ἐστὶ τῆς [A *om.*] ἐ. (1 *a*)
— 28. τὸ δὲ ἀπέχεσθαι ἀπὸ κακῶν ἐστιν ἐπιστήμη (1 *a*)
32. 6. τοῦ ὑμῖν ἀναγγεῖλαι τὴν ἐμαυτοῦ [A ἐμὴν] ἐ. (2 *a*)
34. 35. τὰ ῥήματα αὐτοῦ [A σου] οὐκ ἐν ἐπιστήμῃ (4 *a*)
36. 3. ἀναλαβὼν τὴν ἐ. μου μακράν (2 *a*)
38. 36. τίς δὲ ἔδωκε γυναιξὶν . . . ποικιλτικὴν ἐ. [A *al.*] (1 *a*)
39. 26. ἐκ δὲ τῆς σῆς ἐ. ἕστηκεν ἱέραξ (1 *a*)
Ec. 1. 17. καρδία μου εἶδε . . . ἐπιστήμην (4 *c*)
Wi. 7. 16. πᾶσά τε φρόνησις καὶ ἐργατειῶν ἐπιστήμη
8. 4. μύστις γάρ ἐστι τῆς τοῦ θεοῦ ἐ.
Si. *prol.* 24. πολλὴν γὰρ ἀγρυπνίαν καὶ ἐπιστήμην προσενεγκάμενος
1. 19. ἐπιστήμην καὶ γνῶσιν συνέσεως ἐξώμβρησε
— 24. ἐν θησαυροῖς σοφίας παραβολὴ [S -αὶ] ἐπιστήμης
10. 30. πτωχὸς δοξάζεται δι' ἐπιστήμην [S^2 -ης] αὐτοῦ
16. 24. μάθε ἐπιστήμην
— 25. ἐν ἀκριβείᾳ ἀπαγγέλλω ἐπιστήμην
17. 7. ἐπιστήμην συνέσεως ἐνέπλησεν αὐτούς
— 11. προσέθηκεν αὐτοῖς ἐπιστήμην
19. 22. οὐκ ἔστι σοφία πονηρίας ἐπιστήμη
26. 13. τὰ ὀστᾶ αὐτοῦ πιανεῖ ἡ ἐ. αὐτῆς
35 (32). 3. λάλησον . . . ἐν ἀκριβεῖ ἐ.
36 (33). 11. ἐν πλήθει ἐπιστήμης κύριος διεχώρισεν αὐτούς
38. 3. ἐπιστήμη ἰατροῦ ἀνυψώσει κεφαλὴν αὐτοῦ
— 6. αὐτὸς ἔδωκεν ἀνθρώποις [A -ῳ] ἐπιστήμην
39. 7. αὐτὸς κατευθυνεῖ βουλὴν αὐτοῦ καὶ ἐπιστήμην
45. 5. ἔδωκεν αὐτῷ . . . νόμον ζωῆς καὶ ἐπιστήμης
50. 27. παιδείαν . . . ἐπιστήμης ἐχάραξα
Is. 33. 6. A S R ἐκεῖ [B ἥκει] σοφία καὶ ἐ. (2 *b*)
Je. 3. 15. ποιμανοῦσιν ὑμᾶς ποιμαίνοντες [A -μένες] μετ' ἐπιστήμης (2 *c et* 4 *a*)
Ba. 3. 20. ὁδὸν δὲ ἐπιστήμης οὐκ ἔγνωσαν
— 27. οὐδὲ ὁδὸν ἐπιστήμης ἔδωκεν αὐτοῖς
— 36. ἐξεῦρε πᾶσαν ὁδὸν ἐπιστήμης
Ez. 28. 3. σοφοὶ οὐκ ἐπαίδευσάν σε [A *add.* ἐν] τῇ ἐ. αὐτῶν †
— 4. μὴ ἐν τῇ ἐ. σου . . . ἐποίησας σεαυτῷ δύναμιν (3)
— 5. ἐν τῇ πολλῇ ἐ. σου . . . ἐπλήθυνας δύναμίν [A -μεις] σου (3)
— 7. ἐκκενώσουσι τὰς μαχαίρας αὐτῶν ἐπὶ σὲ καὶ ἐπὶ τὸ κάλλος τῆς ἐ. σου (3)
— 17. διεφθάρη ἡ ἐ. σου (3)
Da. LXX. Su. 64. πνεῦμα ἐπιστήμης καὶ συνέσεως
1. 17. τοῖς νεανίσκοις ἔδωκεν ὁ κύριος ἐπιστήμην (2 *d*)
Da. LXX. 2. 21. καὶ σύνεσιν τοῖς ἐν ἐπιστήμῃ οὖσιν (2 *e*)
Da. TH. 1. 20. ἐν παντὶ ῥήματι σοφίας καὶ ἐπιστήμης (1 *a*)
IV Ma. 1. 2. ἀναγκαῖος εἰς ἐπιστήμην παντὶ ὁ λόγος
5. 4. τὴν ἐ. νομικός
— 35. καὶ νομοθεσίας ἐπιστήμη
11. 21. ἀνίκητος γάρ ἐστιν . . . ἡ εὐσεβὴς ἐ.
[**Aq.** Ps. 43 (44). 1 : Pr. 1. 3 : 16. 22.]
[**Sm.** Jb. 12. 20 : 21. 22.]
[**Al.** Ps. 2. 11 : Ec. 2. 26.]

ἐπιστημονίζεσθαι.

[**Al.** Is. 52. 13.]

ἐπιστημόνως.

[**Aq.** Ge. 48. 14 : Ps. 46 (47). 8.]
[**Sext.** Ps. 46 (47). 8.]

ἐπιστημοῦν.

[**Aq.** Ps. 2. 10 : 31 (32). 8 : 93 (94). 8.]

ἐπιστήμων. (1) בִּין ni. (2) יָדַע (3) *a.* שָׂכַל hi. *b.* שִׂכְלְתָנוּ

De. 1. 13. ἄνδρας σοφοὺς καὶ ἐ. (1)
— 15. ἄνδρας σοφοὺς καὶ ἐ. (2)
4. 6. λαὸς σοφὸς καὶ ἐ. (1)
I Es. 8. 44. τοὺς ἡγουμένους καὶ ἐ.
— 47. A R ἄνδρας ἐ. [B ἄνδρα ἐ.] τῶν υἱῶν M.
Si. *prol.* 5. οὐ μόνον αὐτοὺς τοὺς ἀναγινώσκοντας δέον ἐστὶν ἐπιστήμονας γίνεσθαι
10. 25. ἀνὴρ ἐπιστήμων οὐ γογγύσει
21. 15. λόγον σοφὸν ἐὰν ἀκούσῃ ἐπιστήμων
40. 30. ἀνὴρ δὲ ἐ. καὶ πεπαιδευμένος φυλάξεται
47. 12. μετὰ τοῦτον ἀνέστη υἱὸς ἐπιστήμων
Is. 5. 21. ἐνώπιον αὐτῶν ἐπιστήμονες (1)
Da. LXX. 1. 4. νεανίσκους . . . ἐ. ἐν πάσῃ σοφίᾳ (3 *a*)
5. 12. ὁ ἄνθρωπος ἐ. ἦν καὶ σοφός (3 *b* ?)
6. 3 (4). ἦν ἔνδοξος καὶ ἐ. καὶ συνετός –
[**Aq.** I Ki. 18. 14 : Ps. 31 (32). 1 : 41 (42). 1 : 44 (45). 1 : 52 (53). 1 : 53 (54). 1 : 54 (55). 1 : Pr. 17. 27 : 19. 14.]
[**Sm.** Da. 12. 10.]
[**Th.** Pr. 19. 14.]

ἐπιστήριγμα. (1) מִשְׁעָן

II Ki. 22. 19. καὶ ἐγένετο κύριος ἐπιστήριγμά μου (1)

ἐπιστηρίζειν. (1) יָצַג (2) כּוּן ni. (3) נָחַת (4) נָצַב ni. (5) סָמַךְ *a.* qal. *b.* ni. (6) רָפַק hithp. (7) שָׁעַן ni.

Ge. 28. 13. ὁ δὲ κύριος ἐπεστήρικτο ἐπ' αὐτῆς (4)
Jd. 16. 26. A ὁ οἶκος ἐπεστήρικτο [B στήκει, R *om.*] ἐπ' αὐτοὺς [A -ῶν] (2)
— 26. ἐπιστηριχθήσομαι [A -ρισόν με] ἐπ' αὐτούς (7)
— 29. A ἐφ' ὧν ὁ οἶκος ἐπεστήρικτο [B *al.*] (2)
— 29. καὶ ἐπεστηρίχθη ἐπ' αὐτούς [A -ρίσατο ἐπ' αὐτοῖς] (5 *b*)
II Ki. 1. 6. Σ. ἐπεστήρικτο ἐπὶ τὸ δόρυ αὐτοῦ (7)
Ju. 8. 24. R τὸ θυσιαστήριον ἐπεστήρικται [B S -ισται, A ἐπιστηρίσαι] ἐφ' ἡμῖν
Ps. 31 (32). 8. ἐπιστηριῶ ἐπὶ σὲ τοὺς ὀφθαλμούς μου (1)
37 (38). 2. ἐπεστήρισας ἐπ' ἐμὲ τὴν χεῖρά σου (3)
70 (71). 6. ἐπὶ σὲ ἐπεστηρίχθην ἀπὸ γαστρός (5 *b*)
87 (88). 7. ἐπ' ἐμὲ ἐπεστηρίχθη ὁ θυμός σου (5 *a*)
Ca. 8. 5. ἐπιστηριζομένη ἐπὶ τὸν ἀδελφιδὸν αὐ. (6)
Is. 36. 6. R ὡς [A B S ὃς] ἂν ἐπιστηρισθῇ [A S -ιχ.] ἀνὴρ [A B S *om.*] ἐπ' αὐτήν (5 *b*)
[**Aq.** Ex. 17. 12 : Is. 59. 16.]
[**Sm.** Ps. 70 (71). 6 : Is. 59. 16 : Ez. 29. 7.]
[**Th.** Jd. 16. 26 : Is. 59. 16.]
[**Al.** Is. 59. 16 : Hb. 3. 4.]

ἐπιστοιβάζειν. (1) עָרַךְ

Le. 1. 7. B^1 R ἐπιστοιβάσουσι [A B^2 στοιβάσουσιν] ξύλα ἐπὶ τὸ πῦρ (1)
— 8. ἐπιστοιβάσουσιν . . . τὰ [A ἐπὶ τὰ] διχοτομήματα (1)
— 12. ἐπιστοιβάσουσιν αὐτὰ [A αὐτὸ] οἱ ἱερεῖς ἐπὶ τὰ ξύλα (1)
Si. 8. 3. μὴ ἐπιστοιβάσῃς ἐπὶ τὸ πῦρ αὐτοῦ ξύλα

ἐπιστολή. (1) *a.* אִגְּרָא *b.* אִגֶּרֶת (2) כְּלִי (3) כְּתָב (4) סֵפֶר (5) שִׂטְנָה

II Ch. 30. 1. καὶ ἐπιστολὰς ἔγραψεν ἐπὶ τὸν 'E. (1 *b*)
— 6. ἐπορεύθησαν οἱ τρέχοντες σὺν ταῖς ἐ. (1 *b*)
I Es. 2. 16. κατέγραψεν . . . τὴν ὑπογεγραμμένην ἐ.
— 26. ἀνέγνων τὴν ἐ.
4. 47. ἔγραψεν αὐτῷ τὰς ἐ.
— 48. ἔγραψεν ἐπιστολάς
— 61. καὶ ἔλαβε τὰς ἐ.
6. 7. ἀντίγραφον ἐπιστολῆς
II Es. 4. 6. A B^2 R ἔγραψεν ἐπιστολήν [B^1 *om.*] (5)
— 8. ἔγραψαν [A -εν] ἐπιστολὴν μίαν (1 *a*)
— 11. αὕτη ἡ διαταγὴ τῆς ἐ. (1 *a*)
5. 6. διασάφησις ἐπιστολῆς [A -ῇ] ἧς ἀπέστειλε (1 *a*)
Ne. 2. 7. δότω μοι ἐπιστολάς (1 *b*)
— 8. καὶ ἐπιστολὴν ἐπὶ 'A. (1 *b*)
— 9. καὶ ἔδωκα αὐτοῖς τὰς ἐ. τοῦ βασιλέως (1 *b*)
6. 5. καὶ ἐ. ἀνεῳγμένην ἐν χειρὶ αὐτοῦ (1 *b*)
— 17. ἐπιστολαὶ ἐπορεύοντο πρὸς T. (1 *b*)
— 19. A S R ἐπιστολὰς ἀπέστειλε [B ἐπ.] T. (1 *b*)
Es. 3. 13. τῆς δὲ ἐ. ἐστὶ τὸ ἀντίγραφον τόδε
— 14. τὰ δὲ ἀντίγραφα τῶν ἐ. ἐξετίθετο (3)
8. 13. ὧν [S^1 *om.*] ἐστιν ἀντίγραφον τῆς ἐ. (3 ?)
— 13. τὸ δὲ ἀντίγραφον τῆς ἐ. ταύτης
— 13. S^3 τὰ δὲ ἀντίγραφα τῆς ἐ. [A B S^1 *om.* τῆς ἐ.] (3 ?)
9. 26. διὰ τοὺς λόγους τῆς ἐ. ταύτης (1 *b*)
— 29. τό τε στερέωμα τῆς ἐ. τῶν Φ. (1 *b*)
10. 3. τὴν προκειμένην ἐ. τῶν Φ.
Is. 18. 2. ὁ ἀποστέλλων . . . ἐπιστολὰς βιβλίνας (2 ?)
39. 1. ἀπέστειλε Μαρωδὰχ Βαλαδὰν . . . ἐπιστολάς (4)
Je. 36 (29). 1. ἐπιστολὴν εἰς Βαβυλῶνα τῇ ἀποικίᾳ –
Ep. Je. *tit.* ἐ. 'Ιερεμίου
— 1. ἀντίγραφον ἐπιστολῆς ἧς ἀπέστειλεν
subscr. A θρῆνοι καὶ ἐ. [B ἐ. 'Ιερεμίου]
Da. LXX. 3. 31 (98). ἀρχὴ τῆς ἐ. –
4. 34. ἔγραψε δὲ . . . Ναβ. ἐπιστολὴν ἐγκύκλιον –
— 34. καὶ ἀπέστειλεν ἐπιστολάς –
I Ma. 5. 14. A R ἔτι αἱ [S *om.*] ἐ. ἀνεγινώσκοντο
8. 22. τοῦτο τὸ ἀντίγραφον τῆς ἐ. [A γραφῆς]
9. 60. ἀπέστειλεν ἐπιστολὰς λάθρα
10. 3. ἀπέστειλε Δ. πρὸς 'I. ἐπιστολάς
— 7. ἀνέγνω τὰς ἐ.
— 17. καὶ ἔγραψεν ἐπιστολάς
11. 29. ἔγραψε τῷ 'Ιωνάθαν ἐπιστολάς
— 31. τὸ ἀντίγραφον τῆς ἐ.
12. 2. πρὸς Σπαρτιάτας . . . ἀπέστειλεν ἐπιστολάς
— 4. ἔδωκαν ἐπιστολὰς αὐτοῖς
— 5. τοῦτο τὸ ἀντίγραφον τῶν ἐ.
— 7. S R ἀπεστάλησαν [A ἐπ.] ἐπιστολαί
— 8. ἔλαβε τὰς ἐ.
— 17. ἀποδοῦναι ὑμῖν τὰς παρ' ἡμῶν ἐ.
— 19. τοῦτο τὸ ἀντίγραφον τῶν ἐ.
13. 35. ἔγραψεν αὐτῷ ἐ. τοιαύτην
14. 20. τοῦτο τὸ ἀντίγραφον τῶν ἐ.
15. 1. ἀπέστειλεν 'Αντ. . . . ἐπιστολάς
— 15. ἔχοντες ἐπιστολὰς τοῖς βασιλεῦσι
16. 19. τοῖς χιλιάρχοις ἀπέστειλεν ἐπιστολάς
II Ma. 2. 13. καὶ ἐπιστολὰς βασιλέων περὶ ἀναθεμάτων
9. 18. ἔγραψε . . . τὴν ὑπογεγραμμένην ἐ.
11. 16. αἱ γεγραμμέναι τοῖς 'I. ἐ.
— 22. ἡ δὲ τοῦ βασιλέως ἐ. περιεῖχεν οὕτως
— 27. R ἡ τοῦ βασιλέως ἐ. τοιαύτη [A τοιάδε] ἦν
— 34. R ἔπεμψαν [A -αμεν] δὲ . . . ἐπιστολήν
14. 13. A ἐξαπέστειλε δοὺς ἐπιστολάς [R ἐντολάς]
subscr. A 'Ιούδα . . . πράξεων ἐπιστολή
III Ma. 3. 11. ἔγραψε κατ' αὐτῶν ἐ. τήνδε
— 25. ἅμα τῷ προσπεσεῖν τὴν ἐ. τήνδε
— 30. ὁ μὲν τῆς ἐ. τύπος οὕτως ἐγέγραπτο
6. 41. ἔγραψεν αὐτοῖς τὴν ὑπογεγραμμένην ἐ.
7. 10. λαβόντες δὲ τὴν ἐ. ταύτην

ἐπιστρατεία.

III Ma. 3. 14. R ἐκ [A *om.*] τῆς . . . γενομένης ἡμῖν ἐ.

ἐπιστρατεύειν. (1) צָבָא

Za. 14. 12. A B S^2 ὅσοι ἐπεστράτευσαν ἐπὶ 'I. (1)
Is. 29. 7. ὅσοι ἐπεστράτευσαν ἐπὶ 'A. (1)
— 8. ὅσοι ἐπεστράτευσαν ἐπὶ τὸ ὄρος Σιών (1)
31. 4. ἐπιστρατεῦσαι ἐπὶ τὸ ὄρος τὸ Σιών (1)

II Ma. 12. 27. ἐπεστράτευσεν Ἰ. καὶ ἐπὶ Ἐ.
III Ma. 5. 43. ἐπιστρατεύσαντα δὲ ἐπὶ τὴν Ἰ.

ἐπιστράτηγος.

I Ma. 15. 38. A S τὸν Κενδεβαῖον ἐ. [R στρ.] τῆς παραλίας

ἐπιστρατοπεδεύειν.

Ju. 2. 21. A B S ἐπεστρατοπέδευσαν [R -σεν] ἀπὸ B.

ἐπιστρέφειν. (1) אָסַף (2) בּוֹא (3) בָּחַן (4) הָלַךְ (5) הָפַךְ *a.* qal. *b.* ni. *c.* hoph. (6) חָשַׁב (7) כָּנַע ni. (8) נָבַט hi. (9) נָגַשׁ (10) נָפַל (11) נָשַׂג hi. (12) סָבַב *a.* qal. *b.* ni. *c.* hi. *d.* סָבִיב (13) סוּג ni. (14) סוּר (15) עָזַב (16) פָּנָה *a.* qal. *b.* hi. (17) שִׂים (18) שׁוּב *a.* qal. *b.* pil. *c.* hi. *d.* hoph. *e.* תְּשׁוּבָה *f.* שׁוֹבָב *g.* תּוּב (19) שָׁלַח *a.* qal. *b.* pi. (20) שָׁמַע (21) שָׁפַךְ

Ge. 8. 12. οὐ προσέθετο τοῦ ἐπιστρέψαι πρὸς αὐτὸν ἔτι (18 *a*)
21. 32. ἐπέστρεψαν εἰς τὴν γῆν τῶν Φυλισ. (18 *a*)
24. 49. ἵνα ἐπιστρέψω εἰς δεξιάν (16 *a*)
37. 30. R καὶ ἐπέστρεψε [A ἀν.] πρὸς τοὺς ἀδελφούς (18 *a*)
39. 6. A ἐπέστρεψε [R ἐπέτρ.] πάντα . . . εἰς χεῖρας Ἰ. (15)
44. 13. καὶ ἐπέστρεψαν εἰς τὴν πόλιν (18 *a*)
50. 14. A ἐπέστρεψεν [B ἀπ., R ὑπ.] Ἰ. εἰς Αἴγ. (18 *a*)
Ex. 4. 18. A καὶ ἐπέστρεψεν [B ἀπ.] (18 *a*)
— 20. καὶ ἐπέστρεψεν εἰς Αἴγυπτον (18 *a*)
5. 22. ἐπέστρεψε δὲ Μωυσῆς πρὸς κύριον (18 *a*)
7. 23. ἐπιστραφεὶς δὲ Φαραὼ εἰσῆλθεν (16 *a*)
10. 8. A καὶ ἐπέστρεψαν [B ἀπ.] τόν τε M. (18 *d*)
16. 10. καὶ ἐπεστράφησαν εἰς τὴν ἔρημον (16 *a*)
32. 31. A ἐπέστρεψε [B ὑπ.] δὲ M. πρὸς κύριον (18 *a*)
34. 31. ἐπεστράφησαν πρὸς αὐτὸν Ἀαρὼν καὶ πάντες (18 *a*)
Nu. 10. 36. ἐπίστρεφε, κύριε, χιλιάδας μυριάδας ἐν τῷ Ἰ. (18 *a*)
13. 26 (25). A ἐπέστρεψαν [B ἀπ.] ἐκεῖθεν (18 *a*)
14. 25. αὔριον ἐπιστράφητε (16 *a*)
16. 50 (17. 15). ἐπέστρεψεν Ἀαρὼν πρὸς Μωυσῆν (18 *a*)
21. 33. ἐπιστρέψαντες ἀνέβησαν (16 *a*)
23. 5. ἐπιστραφεὶς πρὸς Βαλάκ (18 *a*)
De. 1. 7. ἐπιστράφητε καὶ ἀπάρατε ὑμεῖς (16 *a*)
— 24. ἐπιστραφέντες ἀνέβησαν (16 *a*)
— 40. ἐπιστραφέντες ἐστρατοπεδεύσατε (16 *a*)
2. 1. ἐπιστραφέντες ἀπήραμεν (16 *a*)
— 3. ἐπιστράφητε οὖν ἐπὶ [A πρὸς] βορρᾶν (16 *a*)
— 8. ἐπιστρέψαντες [A -στραφέντες] παρήλθομεν (16 *a*)
3. 1. ἐπιστραφέντες [B^1 στραφ.] ἀνέβημεν (16 *a*)
4. 30. καὶ ἐπιστραφήσῃ πρὸς [A ἐπὶ] κύριον (18 *a*)
— 39. ἐπιστραφήσῃ τῇ διανοίᾳ (18 *c*)
9. 15 : 10. 5. ἐπιστρέψας κατέβην (16 *a*)
20. 5. A ἐπιστραφήτω [B ἀποσ.] εἰς τὴν οἰκίαν αὐ. (18 *a*)
— 6. ἐπιστραφήτω εἰς τὴν οἰκίαν αὐ. (18 *a*)
— 7. A ἐπιστραφήτω [B ἀποσ.] εἰς τὴν οἰκίαν αὐ. (18 *a*)
28. 60. ἐπιστρέψει πᾶσαν [A ἐπὶ σὲ π.] τὴν ὀδύνην Αἰ. (18 *c*)
30. 2. καὶ ἐπιστραφήσῃ ἐπὶ κύριον (18 *a*)
— 8. A R καὶ σὺ ἐπιστραφήσῃ [B ἐπ. ἐπὶ κύριον] (18 *a*)
— 9. ἐπιστρέψει κύριος . . . εὐφρανθῆναι (18 *a*)
— 10. ἐὰν ἐπιστραφῇς ἐπὶ κύριον (18 *a*)
31. 18. A ἐπέστρεψαν [B ἀπ.] ἐπὶ θεοὺς ἀλλοτρίους (16 *a*)
— 20. ἐπιστραφήσονται ἐπὶ θεοὺς ἀλλοτρίους (16 *a*)
Jo. 7. 12. A^2 B^2 αὐχένα ἐπιστρέψουσιν [A^1 B^1 R ὑποσ.] (16 *a*)
8. 24. A R ἐπέστρεψεν [B ἀπ.] Ἰησοῦς [A αὐτοὺς] εἰς Γαί (18 *a*)
10. 15. B^3 καὶ ἐπέστρεψεν Ἰησοῦς (18 *a*)
— 21. A ἐπεστράφη [B ἀπ.] πᾶς ὁ λαός (18 *a*)
11. 10. R ἐπεστράφη [B ἀπ., A -έστρεψεν] Ἰ. (18 *a*)
13. 28. B αὐχένα ἐπιστρέψουσιν –
Jo. 19. 27. ἐπιστρέψει ἀπὸ ἀνατολῶν ἡλίου (18 *a*)
— 34. R ἐπιστρέψει [A B -φει] τὰ ὅρια ἐπὶ θάλασσαν (18 *a*)
20. 4. A ἐπιστρέψουσιν αὐτὸν ἡ συναγωγὴ πρὸς αὐτούς (1)
— 6. A ἐπιστρέψει ὁ φονεύσας (18 *a*)
Jd. 6. 14. ἐπέστρεψε [A -έβλεψεν] πρὸς αὐτόν (16 *a*)
— 18. ἕως τοῦ ἐπιστρέψαι σε (18 *a*)
7. 3. R ἐπιστραφέτω [B -εφ., A ἀποστραφήτω] (18 *a*)
— 3. ἐπέστρεψεν [A ἀπεστράφησαν] . . . εἴκοσι καὶ δύο χιλιάδες (18 *a*)
— 15. A ἐπέστρεψεν [B ὑπ.] εἰς τὴν παρεμβολήν (18 *a*)
8. 9. A ἐν τῷ ἐ. με [B ἐν ἐπιστροφῇ μου] (18 *a*)
— 13. καὶ ἐπέστρεψε [A ἀνέστρ.] Γ. (18 *a*)
— 33. ἐπέστρεψαν [A ἀπεστράφησαν] οἱ υἱοὶ Ἰ. (18 *a*)
9. 56. ἐπέστρεψεν ὁ θεὸς τὴν πονηρίαν Ἀβ. [A *al.*] (18 *c*)
— 57. καὶ τὴν πᾶσαν πονηρίαν ἀνδρῶν Σ. ἐπέστρεψεν ὁ θεός [A *al.*] (18 *c*)
11. 8. ἐπεστρέψαμεν [A ἤλθομεν] πρὸς σέ (18 *a*)
— 9. εἰ ἐπιστρέφετέ με ὑμεῖς (18 *c*)
— 13. ἐπίστρεψον αὐτὰς ἐν εἰρήνῃ [A μετ᾽ εἰρήνης] (18 *c*)
— 31. ἐν τῷ ἐ. [A -στρέψαι] με ἐν εἰρήνῃ (18 *a*)
— 35. B καὶ οὐ δυνήσομαι ἐπιστρέψαι [A R ἀποστρ.] (18 *a*)
— 39. ἐπέστρεψε [A ἀνέκαμψεν] πρὸς τὸν πατέρα αὐτῆς (18 *a*)
14. 8. A ἐπέστρεψεν [B ὑπ.] μεθ᾽ ἡμέρας (18 *a*)
15. 4. ἐπέστρεψε [A συνέδησεν] κέρκον πρὸς κέρκον (16 *b*)
— 19. ἐπέστρεψε τὸ πνεῦμα αὐτοῦ (18 *a*)
17. 3. A ἐπιστρέψω αὐτά σοι (18 *c*)
18. 21. καὶ ἐπέστρεψαν (16 *a*)
— 23. καὶ ἐπέστρεψαν οἱ υἱοὶ Δ. τὸ [A κατὰ] πρόσωπον αὐτῶν (12 *c*)
— 26. ἐπέστρεψεν [A ἀν.] εἰς τὸν οἶκον αὐ. (18 *a*)
19. 3. τοῦ ἐπιστρέψαι αὐτὴν αὐτῷ [A *al.*] (18 *c*)
20. 8. καὶ οὐκ ἐπιστρέψομεν [A ἐκκλινοῦμεν] (14)
— 41. καὶ ἀνὴρ Ἰ. ἐπέστρεψε [A ἀπ.] (5 *a*)
— 48. οἱ υἱοὶ Ἰ. ἐπέστρεψαν πρὸς υἱοὺς B. [A *al.*] (18 *a*)
21. 14. ἐπέστρεψε [A ἀπ.] B. πρὸς τοὺς υἱοὺς Ἰ. (18 *a*)
Ru. 1. 6. A ἐπέστρεψαν [A ἀπ.] ἐξ ἀγροῦ M. (18 *a*)
— 7. τοῦ ἐπιστρέψαι εἰς τὴν γῆν Ἰ. (18 *a*)
— 10. μετὰ σοῦ ἐπιστρέφομεν [A -έψομεν] (18 *a*)
— 11, 12. ἐπιστράφητε δή, θυγατέρες μου (18 *a*)
— 14. καὶ ἐπέστρεψεν εἰς τὸν λαὸν αὐτῆς –
— 15. A B^1 ἐπιστράφητι [B^2 R -ηθι] δὴ καὶ σύ (18 *a*)
— 22. καὶ ἐπέστρεψε N. (18 *a*)
— 22. A B ἐπιστρέφουσα [R -σαι] ἐξ ἀγροῦ M. (18 *a*)
4. 3. τῇ ἐπιστρεφούσῃ ἐξ ἀγροῦ M. (18 *a*)
— 15. ἔσται σοι εἰς ἐπιστρέφοντα ψυχήν (18 *c*)
I Ki. 4. 19. ἐπεστράφησαν ἐπ᾽ αὐτὴν ὠδῖνες αὐ. (5 *b*)
7. 3. εἰ . . . ὑμεῖς ἐπιστρέφετε πρὸς κύριον (18 *a*)
10. 9. ὥστε ἐπιστραφῆναι τῷ ὤμῳ αὐτοῦ (16 *b*)
14. 21. A R ἐπεστράφησαν [B ἀν.] καὶ αὐτοί (12 *d*)
— 26. οὐκ ἦν ἐπιστρέφων τὴν χεῖρα αὐτοῦ εἰς τὸ στόμα αὐτοῦ (11)
— 27. ἐπέστρεψε τὴν χεῖρα αὐ. εἰς τὸ στόμα αὐ. (18 *c*)
15. 12. καὶ ἐπέστρεψε τὸ ἅρμα (12 *a*)
— 27. ἐπέστρεψε [A ἀπ.] Σ. τὸ πρόσωπον αὐτοῦ (12 *a*)
16. 7. A μὴ ἐπιστρέψῃς ἐπὶ τὸ πρόσωπον αὐτοῦ [B *al.*] (8)
17. 30. A καὶ ἐπέστρεψεν παρ᾽ αὐτοῦ (12 *a*)
— 57. A ὡς ἐπέστρεψεν Δ. (18 *a*)
18. 2. A οὐκ ἔδωκεν αὐτὸν ἐπιστρέψαι (18 *a*)
— 6. A ἐν τῷ ἐπιστρέφειν Δ. (18 *a*)
22. 18. ἐπιστρέφου σύ (12 *a*)
— 18. καὶ ἐπεστράφη [A ἀπ.] Δ. (12 *a*)
23. 23. A. ἐπεστρέψατε πρὸς μέ (18 *a*)
26. 21. ἐπίστρεφε, τέκνον Δ. (18 *a*)
— 23. A B κύριος ἐπιστρέψει ἑκάστῳ τὰς [R κατὰ τὰς] δικαιοσύνας αὐτοῦ (18 *c*)
27. 9. A καὶ ἐπέστρεψαν [B ἀν.] (18 *a*)
30. 19. πάντα [A -as] ἐπέστρεψε Δ. (18 *c*)
— 22. A καὶ ἐπιστρεφέτωσαν [B ἀποστρ.] (4)
II Ki. 2. 23. ἐπίστρεφε [A ἀπόστρ.] πρὸς Ἰ. –
— 26. A οὐ μὴ εἴπῃς τῷ λαῷ ἐπιστρέφειν [B ἀνασ., R ἀποστρ.] (18 *a*)
II Ki. 3. 12. ἐπιστρέψαι πρὸς σὲ πάντα τὸν οἶκον Ἰ. [A *al.*] (12 *c*)
— 26. ἐπιστρέφουσιν αὐτὸν ἀπὸ τοῦ φρέατος (18 *c*)
— 27. καὶ ἐπέστρεψε τὸν Ἀ. εἰς X. (18 *a*)
10. 5. καὶ ἐπιστραφήσεσθε (18 *a*)
11. 1. ἐπιστρέψαντος τοῦ ἐνιαυτοῦ (18 *e*)
12. 23. μὴ δυνήσομαι ἐπιστρέψαι αὐτὸ ἔτι (18 *c*)
— 31. καὶ ἐπέστρεψε Δ. (18 *a*)
14. 13. τοῦ μὴ ἐπιστρέψαι τὸν [A πρὸς τὸν] βασιλέα τὸν ἐξωσμένον αὐτοῦ (18 *c*)
— 21. ἐπίστρεψον τὸ παιδάριον τὸν Ἀ. (18 *c*)
— 24. A καὶ ἐπέστρεψεν ὁ [B ἀπ.] Ἀ. εἰς τὸν οἶκον αὐτοῦ (12 *a*)
15. 8. ἐὰν ἐπιστρέφων ἐπιστρέψῃ [A -ει] με κύριος (18 *a*, 18 *c* *, 18 *c*)
— 19. ἐπίστρεφε καὶ οἴκει (18 *a*)
— 20. ἐπιστρέφου καὶ ἐπίστρεψον τοὺς ἀδ. σου (18 *a*, 18 *c*)
— 25. καὶ ἐπιστρέψει με (18 *c*)
— 27. σὺ ἐπιστρέφεις εἰς τὴν πόλιν ἐν εἰρήνῃ (18 *a*)
— 34. A B ἐὰν ἐπιστρέψῃς εἰς [R ἐπὶ] τὴν πόλιν (18 *a*)
16. 3. ἐπιστρέψουσί μοι οἶκος Ἰ. τὴν βασ. (18 *c*)
— 8. ἐπέστρεψεν ἐπὶ σὲ κ. πάντα τὰ αἵματα (18 *c*)
— 12. καὶ ἐπιστρέψει μοι ἀγαθά (18 *c*)
17. 3. ἐπιστρέψω πάντα τὸν λαὸν πρὸς σὲ ὃν τρόπον ἐπιστρέφει ἡ νύμφη πρὸς τὸν ἄνδρα αὐτῆς (18 *c*, 18 *a*)
18. 30. ἐπίστρεψον στηλώθητι ὧδε [A *om.*] (12 *a*)
— 31 (30). καὶ ἐπεστράφη (12 *a*)
19. 10 (11), 11 (12). A B τοῦ ἐπιστρέψαι πρὸς [R *om.*] τὸν βασιλέα (18 *c*)
— 12 (13). τοῦ ἐπιστρέψαι τὸν βασιλέα (18 *c*)
— 14 (15). ἐπιστράφηθι [B^1 -ητι] σύ (18 *a*)
— 15 (16). καὶ ἐπέστρεψεν ὁ βασιλεύς (18 *a*)
— 39 (40). καὶ ἐπέστρεψεν εἰς τὸν τόπον αὐ. (18 *a*)
— 43 (44). ἐπιστρέψαι τὸν βασιλέα ἐμοί (18 *c*)
III Ki. 2. 30. R ἐπέστρεψε [A B ἀπ.] B. (18 *c*)
— 32. R καὶ ἐπέστρεψε [A B ἀπ.] κύριος τὸ αἷμα (18 *c*)
— 33. καὶ ἐπεστράφη [A ἀπ.] τὰ αἵματα αὐ. (18 *a*)
3. 1 (2. 41). A καὶ ἐπέστρεψεν [B ἀπ., R ἀν.] τοὺς δούλους αὐτοῦ (18 *a*)
8. 33. καὶ ἐπιστρέψουσι [A ἐ. πρὸς σέ] (18 *a*)
— 34. R καὶ ἐπιστρέψεις [A B ἀποστρ.] αὐτοὺς εἰς τὴν γῆν (18 *c*)
— 35. A ἀπὸ τῶν ἁμαρτιῶν αὐτῶν ἐπιστρέψουσιν [B ἀποστρ.] (18 *a*)
— 44. ᾗ ἐπιστρέψεις αὐτούς (19 *a*)
— 47. καὶ ἐπιστρέψουσι καρδίας αὐτῶν (18 *c*)
— 47. καὶ ἐπιστρέψωσιν ἐν γῇ μετοικίας αὐ. (18 *a*)
— 48. καὶ ἐπιστρέψωσι πρὸς σὲ ἐν ὅλῃ καρδίᾳ αὐτῶν (18 *a*)
12. 2. A καὶ ἐπέστρεψεν Ἰ. ἐξ Αἰ. †
— 21. ἐπιστρέψαι τὴν βασιλείαν Ῥ. (18 *c*)
— 26. νῦν ἐπιστρέψει ἡ βασιλεία (18 *a*)
— 27. ἐπιστραφήσεται καρδία τοῦ λαοῦ (18 *a*)
— 27. A καὶ ἐπιστραφήσονται πρὸς Ῥ. (18 *a*)
13. 4. οὐκ ἐδυνήθη ἐπιστρέψαι αὐτὴν πρὸς αὐτόν (18 *c*)
— 6. καὶ ἐπιστρεψάτω ἡ χείρ μου πρὸς ἐμέ (18 *a*)
— 6. καὶ ἐπέστρεψε τὴν χεῖρα τοῦ βασιλέως πρὸς αὐτόν (18 *a*)
— 9. καὶ μὴ ἐπιστρέψῃς ἐν τῇ ὁδῷ (18 *a*)
— 11. καὶ ἐπέστρεψαν τὸ πρόσωπον τοῦ πατρὸς αὐτῶν †
— 16. τοῦ [A *om.*] ἐπιστρέψαι μετὰ σοῦ (18 *a*)
— 17. καὶ μὴ ἐπιστρέψῃς ἐκεῖ (18 *a*)
— 18. ἐπίστρεψον [A -ψαι] αὐτὸν πρὸς σεαυτόν (18 *c*)
— 19. καὶ ἐπέστρεψεν αὐτόν [A αὐ. σὺν ἑαυτῷ] (18 *a*)
— 20. τὸν προφήτην τὸν ἐπιστρέψαντα αὐτόν (18 *c*)
— 22. καὶ ἐπέστρεψας (18 *a*)
— 23. καὶ ἐπέστρεψε (18 *c* ?)
— 26. ὁ ἐπιστρέψας αὐτὸν ἐκ τῆς ὁδοῦ (18 *c*)
— 29. καὶ ἐπέστρεψεν αὐτόν (18 *c*)
— 33. οὐκ ἐπέστρεψεν Ἰ. ἀπὸ τῆς κακίας αὐτοῦ (18 *a*)
— 33. καὶ ἐπέστρεψε (18 *a*)
17. 21. ἐπιστραφήτω δὴ ἡ ψυχὴ τοῦ παιδαρίου τούτου (18 *a*)
18. 37. A ἐπέστρεψας [B ἔστρ.] τὴν καρδίαν (12 *c*)
— 43. ἐπίστρεψον ἑπτάκις (18 *a*)
— 44. A R ἐπέστρεψε [B ἀπ.] τὸ παιδάριον ἑπτάκις –
19. 6. καὶ ἐπιστρέψας ἐκοιμήθη (18 *a*)
— 7. καὶ ἐπέστρεψεν ὁ ἄγγελος κυρίου (18 *a*)

III Ki. 21 (20). 9. καὶ ἐπέστρεψαν [A ἀν.] αὐτῷ λόγον (18 c)
— 22. ἐπιστρέφοντο [A -στρέψαντος] τοῦ ἐνιαυτοῦ (18 e)
— 26. ἐπιστρέψαντος τοῦ ἐνιαυτοῦ (18 e)
22. 27. ἕως τοῦ ἐπιστρέψαι με [A -ψωμεν] ἐν εἰρήνῃ (2)
— 28. ἐὰν ἐπιστρέφων ἐπιστρέψῃς ἐν εἰρήνῃ (18 a, 18 a)
— 34. ἐπίστρεψον τὰς χεῖράς σου (5 a)
IV Ki. 1. 5. ἐπεστράφησαν οἱ ἄγγελοι πρὸς αὐτόν (18 a)
— 5. τί ὅτι ἐπεστρέψατε [A -στράφητε] (18 a)
— 6. ἐπιστράφητε πρὸς τὸν βασιλέα (18 a)
— 7. R καὶ ἐπιστρέψαντες ἀπήγγειλαν -
2. 13. A B^2 R ἐπέστρεψεν Ἑλ. (18 a)
— 18. A καὶ ἐπέστρεψαν [R ἀν.] πρὸς αὐτόν (18 a)
— 25. καὶ ἐκεῖθεν ἐπέστρεψεν [A ὑπ.] εἰς Σ. (18 a)
3. 4. A B ἐπέστρεψε [R -εφε] τῷ βασ. Ἰ. (18 c)
— 27. καὶ ἐπέστρεψαν [A ὑπ.] εἰς τὴν γῆν (18 a)
4. 22. καὶ ἐπιστρέψω (18 a)
— 31. καὶ ἐπέστρεψεν εἰς ἀπαντὴν αὐ. (18 a)
— 35. καὶ ἐπέστρεψε (18 a)
— 38. καὶ Ἑλ. ἐπέστρεψεν εἰς Γ. (18 a)
5. 10. καὶ ἐπιστρέψει ἡ σάρξ σου σοί (18 a)
— 14. καὶ ἐπέστρεψεν ἡ σάρξ αὐτοῦ (18 a)
— 15. καὶ ἐπέστρεψε πρὸς Ἑλ. (18 a)
— 21. καὶ ἐπέστρεψεν ἀπὸ τοῦ ἅρματος εἰς ἀπαντὴν αὐτοῦ (10)
— 26. ὅτε ἐπέστρεψεν ὁ ἀνὴρ ἀπὸ τοῦ ἅρματος (5 a)
7. 8. καὶ ἐπέστρεψαν ἐκεῖθεν [A om.] (18 a)
— 15. καὶ ἐπέστρεψαν οἱ ἄγγελοι (18 a)
8. 3. καὶ ἐπέστρεψεν ἡ γυνή (18 a)
— 6. ἐπίστρεψον πάντα αὐτῆς (18 c)
— 29. καὶ ἐπέστρεψεν ὁ βασιλεὺς Ἰ. (18 a)
9. 18. ἐπίστρεφε εἰς τὰ [A πρὸς τὸ] ὀπίσω μου (12 a)
— 19. B ἐπίστρεφου εἰς τὰ ὀπίσω μου (12 a)
— 23. καὶ ἐπέστρεψεν Ἰ. τὰς χεῖρας αὐτοῦ (5 a)
— 36. καὶ ἐπέστρεψαν (18 a)
13. 25. καὶ ἐπέστρεψεν [A ἀπ.] Ἰ. (18 a)
— 25. καὶ ἐπέστρεψε τὰς πόλεις Ἰ. (18 c)
14. 22. καὶ ἐπέστρεψεν [A ἀπ.] αὐτὴν τῷ Ἰ. (18 c)
— 28. ὅσα ἐπέστρεψε τὴν Δαμασκόν (18 c)
16. 6. ἐπέστρεψε [A ἀπ.] Ῥ. . . . τὴν Αἰ. τῇ Συρίᾳ (18 c)
— 18. A R τὴν εἴσοδον . . . ἐπέστρεψεν ἐν [B om.] οἴκῳ κυρίου (12 c)
17. 3. καὶ ἐπέστρεψεν αὐτῷ μαναά (18 c)
19. 8. καὶ ἐπέστρεψε [A ἀπ.] Ῥ. (18 a)
— 9. καὶ ἐπέστρεψε [A ἀπ.] (18 a)
20. 2. A B καὶ ἐπέστρεψεν [R ἀπ.] Ἐ. πρὸς τὸν τοῖχον (12 c)
— 5. ἐπίστρεψον καὶ ἐρεῖς (18 a)
— 9. B ἐὰν ἐπιστρέψῃ δέκα βαθμούς (18 a)
— 10. ἐπιστραφήτω ἡ σκιά (18 a)
— 11. καὶ ἐπέστρεψεν ἡ σκιά (18 c)
21. 3. καὶ ἐπέστρεψε [A ἀπ.] (18 a)
22. 9. A καὶ ἐπέστρεψεν [B ἀπ.] τῷ βασιλεῖ ῥῆμα (18 c)
23. 1 (22. 20). A R καὶ ἐπέστρεψαν τῷ βασιλεῖ [B οἱ β.] τὸ ῥῆμα (18 c)
— 16. καὶ ἐπιστρέψας ἦρε τοὺς ὀφθ. αὐ. -
— 20. καὶ ἐπεστράφη εἰς Ἰ. (18 a)
— 25. ὃς ἐπέστρεψε πρὸς κύριον (18 a)
— 34. καὶ ἐπέστρεψε τὸ ὄνομα αὐτοῦ Ἰ. (12 c)
24. 1. καὶ ἐπέστρεψε (18 a)
I Ch. 10. 14. καὶ ἐπέστρεψε [S ἀπ.] τὴν βασιλείαν τῷ Δ. (12 c)
12. 19. ἐπιστρέψει πρὸς τὸν κύριον αὐτοῦ Σ. (10)
— 23. A τοῦ ἐπιστρέψαι [B S ἀποστρ.] τὴν βασιλείαν Σ. (12 c)
16. 43. καὶ ἐπέστρεψε Δ. (12 a)
21. 20. καὶ ἐπέστρεψεν Ὀ. (18 a)
II Ch. 6. 3. καὶ ἐπέστρεψεν ὁ βασιλεὺς τὸ πρόσωπον αὐτοῦ (12 c)
— 24. καὶ ἐπιστρέψωσι [A -ουσιν] (18 a)
— 26. καὶ ἀπὸ τῶν ἁμαρτιῶν αὐτῶν ἐπιστρέψουσιν (18 a)
— 37. καὶ ἐπιστρέψωσι [A -ουσιν] καρδίαν αὐτῶν (18 c)
— 37. καί γε ἐπιστρέψωσι [A -ουσιν] (18 a)
— 38. καὶ ἐπιστρέψωσι [A -ουσιν] πρὸς σέ (18 a)
10. 12. ἐπιστρέψατε πρὸς μέ (18 a)
11. 1. τοῦ ἐπιστρέψαι τὴν βασιλείαν τῷ Ῥ. (18 c)
12. 11. οἱ ἐπιστρέφοντες εἰς ἀπάντησιν τῶν παρατρεχόντων (18 c)

II Ch. 14. 15 (14). καὶ ἐπέστρεψαν εἰς Ἰ. (18 a)
15. 4. καὶ ἐπιστρέψει αὐτοὺς ἐπὶ κύριον θεὸν Ἰ. (18 a)
18. 26. ἕως τοῦ ἐπιστρέψαι με ἐν εἰρήνῃ (18 a)
— 27. ἐὰν ἐπιστρέφων ἐπιστρέψῃς ἐν εἰρήνῃ (18 a, 18 a)
— 33. ἐπίστρεφε τὴν χεῖρά σου (5 a)
19. 1. A R καὶ ἐπέστρεψεν [B^1 ἀπ.] Ἰ. (18 a)
— 4. καὶ ἐπέστρεψεν αὐτοὺς ἐπὶ κύριον (18 c)
20. 27. καὶ ἐπέστρεψε πᾶς ἀνὴρ Ἰ. (18 a)
22. 6. καὶ ἐπέστρεψεν Ἰ. (18 a)
24. 19. ἐπιστρέψαι πρὸς κύριον (18 c)
25. 10. καὶ ἐπέστρεψαν [A ὑπέστρεψεν] εἰς τὸν τόπον αὐτῶν (18 a)
— 24. καὶ ἐπέστρεψεν εἰς Σ. (18 a)
26. 2. αὐτὸς ἐπέστρεψεν αὐτὴν τῷ Ἰ. (18 c)
— 20. A B καὶ ἐπέστρεψεν ἐπ' [R πρὸς] αὐτὸν ὁ ἱερεύς (18 a)
28. 15. καὶ ἐπέστρεψαν [A ὑπ.] εἰς Σ. (18 a)
30. 6. ἐπιστρέψατε πρὸς θεόν (18 a)
— 6. ἐπιστρέψατε [A -στρέψει] τοὺς ἀνασεσωσμ. (18 a)
— 9. ἐν τῷ ἐπιστρέφειν ὑμᾶς πρὸς κύριον (18 a)
— 9. A καὶ ἐπιστρέψει [B ἀποστρ.] εἰς τὴν γῆν ταύτην (18 a)
— 9. ἐὰν ἐπιστρέψωμεν πρὸς αὐτόν (18 a)
31. 1. καὶ ἐπέστρεψαν [A -εν] πᾶς Ἰ. (18 a)
33. 3. καὶ ἐπέστρεψε καὶ ᾠκοδόμησε (18 a)
— 13. B καὶ ἐπέστρεψεν αὐτὸν εἰς Ἰ. (18 c)
— 19. πρὸ τοῦ ἐπιστρέψαι (7)
35. 19. ὃς ἐπέστρεψε πρὸς κύριον -
36. 10. ἐπιστρέφοντος [A -στραφέντος] τοῦ ἐνιαυτοῦ (18 e)
— 13. τοῦ μὴ ἐπιστρέψαι πρὸς κύριον θεὸν Ἰ. (18 a)
I Es. 5. 8. καὶ ἐπέστρεψαν [B^1 -εν] εἰς Ἰ.
II Es. 2. 1. A R καὶ ἐπέστρεψαν [B -εν] εἰς Ἰ. (18 a)
6. 22. A R ἐπέστρεψε καρδίαν [B -ίᾳ] βασιλέως Ἀ. (12 c)
9. 14. ἐπεστρέψαμεν [? A ἀπ.] διασκεδάσαι ἐντολάς σου (18 a)
10. 16. A R ἐπέστρεψαν ἐν ἡμέρᾳ μιᾷ [B om.] τοῦ μηνός †
Ne. 1. 9. ἐὰν ἐπιστρέψητε πρὸς μέ (18 a)
2. 6. καὶ πότε ἐπιστρέψεις (18 a)
— 15. καὶ ἐπέστρεψα (18 a)
— 20. καὶ ἐπέστρεψα αὐτοῖς λόγον (18 c)
4. 4 (3. 36). ἐπίστρεψον ὀνειδισμὸν αὐτῶν εἰς κεφαλὴν αὐτῶν (18 c)
— 12 (6). S^3 ἐπιστρέψετε εἰς ὑμᾶς [A B S^1 al.] (18 a)
— 15 (9). καὶ ἐπεστρέψαμεν πάντες ἡμεῖς (18 a)
5. 11. A S R ἐπιστρέψατε δὴ αὐτοῖς [B -οὶ] . . . ἀγροὺς αὐτῶν (18 c)
7. 6. καὶ ἐπέστρεψεν [A -αν] εἰς Ἰ. (18 a)
8. 17. οἱ ἐπιστρέψαντες ἀπὸ τῆς αἰχμαλωσίας (18 a)
9. 17. ἐπιστρέψαι εἰς δουλείαν αὐτῶν (18 a)
— 26. ἐπιστρέψαι αὐτοὺς πρὸς σέ (18 c)
— 28. ἐπέστρεψαν ποιῆσαι τὸ πονηρόν (18 a)
— 29. ἐπιστρέψαι αὐτοὺς εἰς τὸν νόμον σου (18 c)
— 35. A οὐκ ἐπέστρεψαν [B S ἀπ.] ἀπὸ ἐπιτηδευμάτων αὐτῶν (18 a)
13. 2. A R καὶ ἐπέστρεψεν [B S ἔστρ.] ὁ θεὸς ἡμῶν τὴν κατάραν εἰς εὐλογίαν (5 a)
— 9. καὶ ἐπέστρεψα ἐκεῖ σκεύη οἴκου (18 c)
To. 2. 3. S καὶ ἐπιστρέψας λέγει
— 5. καὶ ἐπιστρέψας ἐλουσάμην
3. 17. ἐπιστρέψας Τ. εἰσῆλθεν [S al.]
5. 15. ἐὰν ὑγιαίνοντες ἐπιστρέψητε [S al.]
6. 12. S ὅταν ἐπιστρέψωμεν [A B ὑποστρ.] ἐκ Ῥ.
— 12. S ὅταν ἐπιστρέψωμεν ἐκ Ῥαγῶν
10. 1. S ἐν πόσαις ἐπιστρέψει
13. 6. ἐὰν ἐπιστρέψητε πρὸς αὐτόν
— 6. τότε ἐπιστρέψει πρὸς ὑμᾶς
— 6. ἐπιστρέψατε, ἁμαρτωλοί
14. 5. καὶ ἐπιστρέψει αὐτοὺς εἰς τὴν γῆν
— 5. ἐπιστρέψουσιν ἐκ τῶν αἰχμαλωσιῶν
— 6. πάντα τὰ ἔθνη ἐπιστρέψουσιν ἀληθινῶς
Ju. 5. 19. ἐπιστρέψαντες ἐπὶ τὸν θεὸν αὐτῶν
6. 6. ὅταν ἐπιστρέψω [B^1 -ωσιν]
7. 30. ἐπιστρέψει [A -φει] κύριος . . . τὸ ἔλεος αὐτοῦ ἐφ' ἡμᾶς
8. 11. ἐὰν μὴ ἐν αὐταῖς ἐπιστρέψῃ ὁ [A -ψει] κύριος
— 22. τὴν ἐρήμωσιν . . . ἐπιστρέψει εἰς κεφαλὴν ἡμῶν
16. 14. S ἐπέστρεψας [A B ἀπέστειλας] τὸ πνεῦμά σου
Es. 6. 12. ἐπέστρεψε δὲ ὁ Μ. (18 a)

Es. 7. 8. ἐπέστρεψεν δὲ ὁ βασιλεύς (18 a)
9. 14. B S^2 ἐπέτρεψεν [S^1 -έστρ.] οὕτως γενέσθαι †
Jb. 7. 10. οὐδ' οὐ μὴ ἐπιστρέψῃ εἰς τὸν ἴδιον οἶκον (18 a)
22. 23. ἐὰν δὲ ἐπιστραφῇς (18 a)
30. 15. ἐπιστρέφονταί μου αἱ ὀδύναι (5 c)
33. 23. ἐπιστραφῆναι πρὸς κύριον [A ἐπὶ τοῦ κ., S ἐπὶ κύριον] -
— 31. A τοῦ ἐπιστρέψαι ψυχὴν αὐτοῦ ἐκ διαφθορᾶς -
36. 10. ἐπιστραφήσονται ἐξ [S^1 om.] ἀδικίας [S^1 ἀκακίας] (18 a)
Ps. 6. 4. ἐπίστρεψον, κύριε, ῥῦσαι τὴν ψυχήν μου (18 a)
— 10. ἐπιστραφείησαν [A S ἀποστρ. εἰς τὰ ὀπίσω] (18 a)
7. 7. ὑπὲρ ταύτης εἰς ὕψος ἐπίστρεψον (18 a)
— 12. ἐὰν μὴ ἐπιστραφῆτε (18 a)
— 16. ἐπιστρέψει ὁ πόνος αὐ. εἰς κεφαλὴν αὐ. (18 a)
13 (14). 7. ἐν τῷ ἐπιστρέψαι κύριον τὴν αἰχμαλωσίαν τοῦ λαοῦ αὐτοῦ (18 a)
18 (19). 7. ὁ νόμος τοῦ κυρίου ἄμωμος ἐπιστρέφων ψυχάς (18 c)
21 (22). 27. ἐπιστραφήσονται πρὸς κύριον πάντα τὰ πέρατα τῆς γῆς (18 a)
22 (23). 3. τὴν ψυχήν μου ἐπέστρεψεν (18 b)
50 (51). 13. ἀσεβεῖς ἐπὶ σὲ ἐπιστρέψουσι (18 a)
52 (53). 6. B^2 S ἐν τῷ ἐπιστρέψαι [B^1 R ἀποστρ.] κύριον τὴν αἰχμαλωσίαν τοῦ λαοῦ αὐ. (18 a)
55 (56). 9. ἐπιστρέψουσιν οἱ ἐχθροί μου εἰς τὰ ὀπίσω (18 a)
58 (59). 6, 14. ἐπιστρέψουσιν εἰς ἑσπέραν (18 a)
59 (60). tit. καὶ ἐπέστρεψεν Ἰωάβ (18 a)
67 (68). 22. ἐκ Βασὰν ἐπιστρέψω ἐπιστρέψω ἐν βυθοῖς θαλάσσης (18 c, 18 c)
70 (71). 20. ἐπιστρέψας ἐζωοποίησάς με (18 a)
— 21. ἐπιστρέψας παρεκάλεσάς με (12 a)
72 (73). 10. ἐπιστρέψει ὁ λαός μου ἐνταῦθα (18 c*, 18 a)
77 (78). 34. ἐπέστρεφον καὶ ὤρθριζον (18 a)
— 39. πνεῦμα πορευόμενον καὶ οὐκ ἐπιστρέφον (18 a)
— 41. ἐπέστρεψαν καὶ ἐπείρασαν τὸν θεόν (18 a)
— 57. B^1 S καὶ ἐπέστρεψαν [B^2 R ἀπ.] (13 ?)
79 (80). 3. ὁ θεός, ἐπίστρεψον ἡμᾶς (18 c)
— 7. ἐπίστρεψον ἡμᾶς (18 c)
— 14. ὁ θεὸς τῶν δυνάμεων, ἐπίστρεψον δή (18 a)
— 19. ἐπίστρεψον ἡμᾶς (18 c)
84 (85). 1. A ἐπέστρεψας [B S ἀπ.] τὴν αἰχμαλωσίαν Ἰακώβ (18 a)
— 4. ἐπίστρεψον ἡμᾶς (18 a)
— 6. σὺ ἐπιστρέψας ζωώσεις ἡμᾶς (18 a)
— 8. ἐπὶ τοὺς ἐπιστρέφοντας πρὸς αὐτὸν καρδίαν (18 a)
89 (90). 3. ἐπιστρέψατε υἱοὶ ἀνθρώπων (18 a)
— 13. ἐπίστρεψον, κύριε, ἕως πότε (18 a)
93 (94). 15. ἕως οὗ δικαιοσύνη ἐπιστρέψῃ εἰς κρίσιν (18 a)
103 (104). 9. A S R οὐδὲ ἐπιστρέψουσι [B ἀποστρ.] καλύψαι τὴν γῆν (18 a)
— 29. εἰς τὸν χοῦν αὐτῶν ἐπιστρέψουσιν (18 a)
114 (116). 7. S R ἐπίστρεψον ψυχή [S^1 ἡ ψ.] μου εἰς τὴν ἀνάπαυσίν σου (18 a)
118 (119). 59. ἐπέστρεψα [S ἀπ.] τοὺς πόδας μου εἰς τὰ μαρτύριά σου (18 c)
— 79. ἐπιστρεψάτωσάν με [S^1 om.] οἱ φοβούμ. σε (18 a)
125 (126). 1. ἐν τῷ ἐπιστρέψαι κύριον τὴν αἰχμαλωσίαν Σιών (18 a)
— 4. ἐπίστρεψον, κύριε, τὴν αἰχμαλωσίαν ἡμῶν (18 a)
145 (146). 4. ἐπιστρέψει εἰς τὴν γῆν αὐτοῦ (18 a)
Pr. 17. 8. οὗ δ' ἂν ἐπιστρέψῃ (16 a)
Ec. 1. 6. ἐπὶ κύκλους αὐτοῦ ἐπιστρέφει τὸ πνεῦμα (18 a)
— 7. ἐκεῖ αὐτοὶ ἐπιστρέφουσι τοῦ πορευθῆναι (18 a)
2. 20. ἐπέστρεψα ἐγὼ τοῦ ἀποτάξασθαι (12 a)
3. 20. τὰ πάντα ἐπιστρέψει [A S -φει] εἰς τὸν χοῦν (18 a)
4. 1, 7. ἐπέστρεψα ἐγὼ καὶ εἶδον (18 a)
5. 14. ἐπιστρέψει τοῦ πορευθῆναι (18 a)
9. 11. ἐπέστρεψα [S ὑπ.] καὶ εἶδον (18 a)
12. 2. ἐπιστρέψουσι [A S -ωσιν] τὰ νέφη ὀπίσω τοῦ ὑετοῦ (18 a)

Ec. 12. 7. καὶ ἐπιστρέψῃ [A -ει] ὁ χοῦς ἐπὶ τὴν γῆν ὡς ἦν καὶ τὸ πνεῦμα ἐπιστρέψῃ [A -ει] πρὸς τὸν θεόν (18 *a*, 18 *a*)
Ca. 6. 12 (7. 1). ἐπίστρεφε ἐπίστρεφε, ἡ Σ., ἐπίστρεφε ἐπίστρεφε (18 *a quater*)
Wi. 16. 7. ὁ γὰρ ἐπιστραφεὶς οὐ διὰ τὸ θεωρούμενον ἐσῴζετο
19. 2. αὐτοὶ ἐπιστρέψαντες [A S^2 ἐπιτρ.] τοῦ ἀπεῖναι
Si. 5. 7. μὴ ἀνάμενε ἐπιστρέψαι πρὸς [S ἐπὶ] κύριον
17. 25. ἐπίστρεφε ἐπὶ κύριον
— 29. ἐξιλασμὸς τοῖς ἐπιστρέφουσιν ἐπ' αὐτόν
18. 13. ἐπιστρέφων ὡς ποιμὴν τὸ ποίμνιον αὐτοῦ
21. 6. ὁ φοβούμενος κύριον ἐπιστρέψει ἐν καρδίᾳ
40. 1. S^2 ἕως ἡμέρας ἐπιστραφῇ [A ἐπιταφῆς, B S^1 ἐπὶ ταφῇ] εἰς μητέρα πάντων
48. 10. ἐπιστρέψαι καρδίαν πατρὸς πρὸς υἱόν
Ho. 2. 7 (9). ἐπιστρέψω πρὸς τὸν ἄνδρα μου (18 *a*)
— 9 (11). διὰ τοῦτο ἐπιστρέψω καὶ κομιοῦμαι (18 *a*)
3. 5. καὶ μετὰ ταῦτα ἐπιστρέψουσιν οἱ υἱοὶ Ἰ. (18 *a*)
5. 4. τοῦ ἐπιστρέψαι πρὸς τὸν θ. αὐ. (18 *a*)
— 15. ἐπιστρέψω εἰς τὸν τόπον μου (18 *a*)
6. 1. ἐπιστρέψωμεν πρὸς κ. τὸν θ. (18 *a*)
— 12 (11). ἐν τῷ ἐ. με τὴν αἰχμαλωσίαν τοῦ λαοῦ (18 *a*)
7. 10. οὐκ ἐπέστρεψαν πρὸς κ. τὸν θ. αὐτῶν (18 *a*)
11. 5. ὅτι οὐκ ἠθέλησεν ἐπιστρέψαι (18 *a*)
12. 6 (7). καὶ σὺ ἐν θεῷ σου ἐπιστρέψεις (18 *a*)
14. 2. ἐπιστράφηθι [A B^1 -τι], Ἰ., πρὸς κ. τὸν θ. σου (18 *a*)
— 3. ἐπιστράφητε πρὸς κ. τὸν θ. ὑμῶν (18 *a*)
— 8. ἐπιστρέψουσι καὶ καθιοῦνται (18 *a*)
Am. 4. 6. καὶ οὐκ ἐπεστρέψατε πρὸς μέ (18 *a*)
— 8. οὐκ ἐπεστράφητε πρὸς μέ [A *al.*] (18 *a*)
— 9, 10, 11. οὐδ' ὡς ἐπεστρέψατε πρὸς μέ (18 *a*)
9. 14. ἐπιστρέψω τὴν αἰχμαλωσίαν τοῦ λαοῦ μου (18 *a*)
Mi. 5. 3 (2). ἐπιστρέψουσιν ἐπὶ τοὺς υἱοὺς Ἰ. (18 *a*)
7. 19. ἐπιστρέψει καὶ οἰκτειρήσει ἡμᾶς (18 *a*)
Jl. 2. 12. ἐπιστράφητε πρὸς μέ (18 *a*)
— 13. ἐπιστράφητε πρὸς κ. τὸν θεὸν ὑ. (18 *a*)
— 14. τίς οἶδεν εἰ ἐπιστρέψει (18 *a*)
3 (4). 1. A S R ὅταν ἐπιστρέψω [B -φω] τὴν αἰχμαλωσίαν Ἰούδα (18 *a**, 18 *c*)
Jn. 1. 13. τοῦ ἐπιστρέψαι πρὸς τὴν γῆν (18 *c*)
2. 5. S^1 τοῦ ἐπιστρέψαι [A B S^2 ἐπιβλ.] πρὸς ναόν (8)
Ze. 2. 7. S^1 ἐπέστρεψεν [A B S^3 ἀπ., R ἀποστρέψει] τὴν αἰχμαλωσίαν αὐτοῦ (18 *a*)
3. 20. ἐν τῷ ἐ. [B^1 στρ.] με τὴν αἰχμαλωσίαν ὑ. (18 *a*)
Hg. 2. 18 (17). καὶ οὐκ ἐπεστρέψατε πρὸς μέ –
Za. 1. 3. ἐπιστρέψατε πρὸς μέ (18 *a*)
— 3. καὶ ἐπιστραφήσομαι πρὸς ὑμᾶς [S^1 *al.*] (18 *a*)
— 16. A S R ἐπιστρέψω [B^1 ἐπιβλ., B^2 -ων] ἐπὶ Ἰερουσαλήμ (18 *a*)
4. 1. καὶ ἐπέστρεψεν ὁ ἄγγελος (18 *a*)
5. 1 : 6. 1. καὶ ἐπέστρεψα (18 *a*)
8. 3. ἐπιστρέψω ἐπὶ Σιών (18 *a*)
10. 9. καὶ ἐπιστρέψουσι (18 *a*)
— 10. ἐπιστρέψω αὐτοὺς ἐκ γῆς Αἰγύπτου (18 *c*)
13. 7. S^3 ἐπιστρέψω [A B S^1 ἐπάξω] τὴν χεῖρά μου (18 *c*)
Ma. 1. 4. ἐπιστρέψωμεν καὶ ἀνοικοδομήσωμεν (18 *a*)
2. 6. πολλοὺς ἐπέστρεψεν ἀπὸ ἀδικίας (18 *c*)
3. 7. ἐπιστρέψατε [A -στράφητε] πρὸς μὲ καὶ ἐπιστραφήσομαι πρὸς ὑμᾶς (18 *a*, 18 *a*)
— 7. A B S^2 ἐν τίνι ἐπιστρέψωμεν [S^1 -ωμαι, R -ομεν] (18 *a*)
— 10. A S^2 R ἐπιστρέψατε [B S^1 -σκέψασθε] δὴ ἐν τούτῳ (3)
— 18. καὶ ἐπιστραφήσεσθε (18 *a*)
Is. 6. 10. ἐπιστρέψωσι [S -ουσιν] καὶ ἰάσομαι αὐτούς (18 *a*)
9. 13 (12). ὁ λαὸς οὐκ ἐπεστράφη [A S ἀπ.] (18 *a*)
19. 22. ἐπιστραφήσονται πρὸς κύριον (18 *a*)
31. 6. ἐπιστράφητε οἱ τὴν βαθεῖαν βουλὴν βουλευόμενοι (18 *a*)
44. 22. B^2 R ἐπιστράφηθι [A B^1 S -τι] πρὸς μέ (18 *a*)
45. 13. τὴν αἰχμαλωσίαν τοῦ λαοῦ μου ἐπιστρέψει (19 *b*)
— 22. B^2 R ἐπιστράφητε ἐπ' ἐμέ [B^1 ἐφ' ἡμᾶς, A^2 S πρὸς μέ] (16 *a*)
46. 8. ἐπιστρέψατε τῇ καρδίᾳ (18 *c*)
49. 6. τὴν διασπορὰν τοῦ Ἰσραὴλ ἐπιστρέψαι (18 *c*)
55. 7. ἐπιστραφήτω ἐπὶ κύριον (18 *a*)
63. 15. ἐπίστρεψον ἐκ τοῦ οὐρανοῦ (8)
— 17. ἐπίστρεψον διὰ τοὺς δούλους σου (18 *a*)

Je. 2. 24. τίς ἐπιστρέψει [S^1 -στέψει] αὐτήν (18 *c*)
— 27. S ἐπέστρεψαν [A B ἔστρ.] ἐπ' ἐμὲ νῶτα (16 *a*)
3. 10. οὐκ ἐπεστράφη [A ἀπ.] πρὸς μέ (18 *a*)
— 12. B^2 R ἐπιστράφηθι [A B^1 S -τι] πρὸς μέ (18 *a*)
— 14. ἐπιστράφητε, υἱοὶ ἀφεστηκότες (18 *a*)
— 22. ἐπιστράφητε, υἱοὶ ἐπιστρέφοντες (18 *a*, 18 *f*)
4. 1. ἐὰν ἐπιστραφῇ Ἰσραὴλ . . . πρὸς μὲ ἐπιστραφήσεται (18 *a*, 18 *a*)
5. 3. οὐκ ἠθέλησαν ἐπιστραφῆναι (18 *a*)
6. 9. ἐπιστρέψατε ὡς ὁ τρυγῶν ἐπὶ τὸν κάρταλλον αὐτοῦ (18 *c*)
8. 4. A ὁ ἀποστρέφων οὐκ ἐπιστρέψει [S -φει, B ἀναστρέφει] (18 *a*)
— 5. οὐκ ἠθέλησαν τοῦ [A *om.*] ἐπιστρέψαι (18 *a*)
9. 5 (4). οὐ διέλιπον τοῦ ἐπιστρέψαι †
11. 10. ἐπεστράφησαν ἐπὶ τὰς ἀδικίας (18 *a*)
12. 15. μετὰ τὸ ἐκβαλεῖν με αὐτοὺς ἐπιστρέψω (18 *a*)
— 17. ἐὰν μὴ ἐπιστρέψωσι (20)
15. 19. ἐὰν ἐπιστρέψῃς καὶ ἀποκαταστήσω σε (18 *a*)
18. 8. ἐπιστραφῇ [A -έψῃ] τὸ ἔθνος ἐκεῖνο (18 *a*)
22. 10. S R οὐκ ἐπιστρέψει [B -φει, A ἀναστρ.] ἔτι (18 *a*)
— 27. A εἰς τὴν γῆν . . . οὐ μὴ ἐπιστρέψουσιν [B S ἀποστρέψωσιν] (18 *a*)
24. 7. ἐπιστραφήσονται ἐπ' ἐμὲ ἐξ ὅλης τῆς καρδίας αὐτῶν (18 *a*)
26 (46). 21. R ἐπεστράφησαν [A B S ἀπ.] καὶ ἔφυγον (16 *b*)
27 (50). 9. οὐκ ἐπιστρέψει κενή (18 *a*)
29 (47). 3. οὐκ ἐπέστρεψαν [S^1 ἔστρ.] πατέρες ἐφ' υἱοὺς αὐτῶν (16 *b*)
34 (27). 16. σκεύη οἴκου κυρίου ἐπιστρέψει [A -φει] ἐκ Βαβυλῶνος (18 *d*)
35 (28). 6. τοῦ ἐπιστρέψαι τὰ σκεύη οἴκου κυρίου (18 *c*)
37 (30). 21. A ἔδωκε τὴν καρδίαν αὐτοῦ ἐπιστρέψαι [B S ἀποστρ.] (9)
38 (31). 13. στρέψω [S^1 ἐπιστρ.] τὸ πένθος αὐτῶν (5 *a*)
— 16. ἐπιστρέψουσιν ἐκ γῆς ἐχθρῶν (18 *a*)
— 18. ἐπίστρεψόν με καὶ ἐπιστρέψω (18 *c*, 18 *a*)
39 (32). 33. S ἐπέστρεψαν [A B ἀπ.] πρὸς μὲ νῶτον (16 *a*)
— 37. ἐπιστρέψω αὐτοὺς εἰς τὸν τόπον τοῦτον (18 *c*)
40 (33). 7. B S^3 ἐπιστρέψω [A S^1 R ἀποσ.] τὴν ἀποικίαν Ἰούδα (18 *c*)
— 11. S ἐπιστρέψω [A B ἀποσ.] πᾶσαν τὴν ἀποικίαν (18 *c*)
41 (34). 10. ἐπεστράφησαν πάντες οἱ μεγιστᾶνες (20)
— 15. ἐπέστρεψαν [A ἔστρ.] σήμερον ποιῆσαι τὸ εὐθές (18 *a*)
— 16. ἐπεστρέψατε καὶ ἐβεβηλώσατε τὸ ὄνομά [A τὴν διαθήκην] μου τοῦ ἐπιστρέψαι ἕκαστον τὸν παῖδα αὐτοῦ (18 *a*, 18 *c*)
— 22. ἐπιστρέψω αὐτοὺς εἰς τὴν γῆν ταύτην (18 *c*)
45 (38). 26. A S πρὸς τὸ μὴ ἐπιστρέψαι εἰς οἰκίαν [B *al.*] (18 *c*)
49 (42). 12. ἐπιστρέψω ὑμᾶς εἰς τὴν γῆν ὑμῶν (18 *c*)
51 (44). 14. τοῦ ἐπιστρέψαι εἰς γῆν Ἰούδα . . . τοῦ ἐπιστρέψαι ἐκεῖ· οὐ μὴ ἐπιστρέψωσιν [A S -ουσιν] (18 *a ter*)
— 28. ἐπιστρέψουσιν εἰς γῆν Ἰούδα (18 *a*)
Ba. 2. 30. ἐπιστρέψουσιν ἐπὶ καρδίαν αὐτῶν
— 33. A ἐπιστρέψουσιν [B ἀποστ.] ἀπὸ τοῦ νώτου αὐτῶν
4. 2. ἐπιστρέφου, Ἰακώβ
— 28. δεκαπλασιάσατε ἐπιστραφέντες ζητῆσαι αὐτόν
La. 1. 11. τοῦ ἐπιστρέψαι ψυχήν (18 *c*)
— 12. ἐπιστρέψατε καὶ ἴδετε (8)
— 16. ἐμακρύνθη . . . ὁ ἐπιστρέφων ψυχήν μου (18 *c*)
— 19. ἵνα ἐπιστρέψωσι [S -ουσιν εἰς] ψυχὰς αὐτῶν (18 *c*)
2. 8. ἐπέστρεψε [A S ἀπ. τοῦ] διαφθεῖραι τεῖχος (6 ?)
— 8. B S οὐκ ἐπέστρεψε [A R ἀπ.] χεῖρα αὐτοῦ ἀπὸ καταπατήματος (18 *c*)
— 14. τοῦ ἐπιστρέψαι αἰχμαλωσίαν σου (18 *c*)
3. 3. ἐν ἐμοὶ ἐπέστρεψε χεῖρα αὐτοῦ (18 *a et* 5 *a*)
— 40. A B ἐπιστρέψωμεν [R -ομεν] ἕως κυρίου (18 *a*)
5. 21. ἐπίστρεψον ἡμᾶς, κύριε, πρὸς σὲ καὶ ἐπιστραφησόμεθα (18 *c*, 18 *a*)
Ez. 1. 9. τὰ πρόσωπα αὐτῶν . . . οὐκ ἐπεστρέφοντο (12 *b*)
— 12. καὶ οὐκ ἐπέστρεφον [A -φεν] (12 *b*)
— 17. οὐκ ἐπέστρεφον ἐν τῷ πορεύεσθαι αὐτά (12 *b*)

Ez. 7. 13. οὐκέτι μὴ ἐπιστρέψει [A *al.*] (18 *a*)
8. 17. A ἐπέστρεψαν παροργίσαι με (18 *a*)
10. 11 *bis*. οὐκ ἐπέστρεφον ἐν τῷ πορεύεσθαι αὐτά (12 *b*)
— 16. οὐκ ἐπέστρεφον οἱ τροχοὶ αὐτῶν (12 *b*)
14. 6. ἐπιστράφητε . . . ἐπιστρέψατε τὰ πρόσωπα ὑμῶν [A *al.*] (18 *a*, 18 *c*)
18. 30. ἐπιστράφητε καὶ ἀποστρέψατε (18 *a*)
— 32. A ἐπιστρέψατε καὶ ζήσατε (18 *c*)
26. 2. ἐπεστράφη πρὸς μέ (12 *b*)
34. 4. A τὸ πλανώμενον οὐκ ἐπεστρέψατε [B ἀπ.] (18 *c*)
— 16. A B τὸ πλανώμενον ἐπιστρέψω [R ἀποστρ.] (18 *c*)
35. 2. ἐπίστρεψον τὸ πρόσωπόν σου ἐπ' ὄρος Σηείρ (17)
38. 12. τοῦ ἐπιστρέψαι χεῖρά μου εἰς τὴν ἠρημωμένην (18 *c*)
42. 17 (16). ἐπέστρεψε πρὸς βορρᾶν (12 *d*)
— 18 (19). ἐπέστρεψε πρὸς θάλασσαν (12 *a*)
— 19 (17). ἐπέστρεψε πρὸς νότον (12 *d*)
44. 1. ἐπέστρεψέ με κατὰ τὴν ὁδὸν τῆς πύλης (18 *c*)
47. 7. A R καὶ ἐπέστρεψέ με [A *om.*] (18 *c*)
Da. LXX. 9. 27. καὶ πάλιν ἐπιστρέψει †
10. 8. πνεῦμα ἐπεστράφη ἐπ' ἐμὲ εἰς φθοράν (5 *b*)
— 16. ὡς ὅρασις ἐπεστράφη [*cod.* ἀπ.] ἐπὶ τὸ πλευρόν μου (5 *b*)
— 20. ἐπιστρέψω διαμάχεσθαι (18 *a*)
11. 9. καὶ ἐπιστρέψει ἐπὶ τὴν γῆν αὐτοῦ (18 *a*)
— 10. παρελεύσεται καὶ ἐπιστρέψει (18 *a*)
— 13. καὶ ἐπιστρέψει βασιλεὺς βορρᾶ (18 *a*)
— 15. ἐπιστρέψει τὰ δόρατα αὐτοῦ (21 ?)
— 18. ἐπιστρέψει ὀργὴν ὀνειδισμοῦ αὐτῶν †
— 19. ἐπιστρέψει τὸ πρόσωπον αὐτοῦ (18 *c*)
— 28 *bis*. καὶ ἐπιστρέψει εἰς τὴν χώραν αὐτοῦ (18 *a*)
— 29. εἰς καιρὸν ἐπιστρέψει (18 *a*)
— 30 *bis*. καὶ ἐπιστρέψει (18 *a*)
Da. TH. Su. 47. ἐπέστρεψε δὲ πᾶς ὁ λαὸς πρὸς αὐτόν
4. 31. αἱ φρένες μου ἐπ' ἐμὲ ἐπεστράφησαν (18 *g*)
— 33. αἱ φρένες μου ἐπεστράφησαν ἐπ' ἐμέ (18 *g*)
— 33. ἡ μορφή μου ἐπέστρεψεν ἐπ' ἐμέ (18 *g*)
9. 25. καὶ ἐπιστρέψει (18 *a*)
10. 20. ἐπιστρέψω [A -φω] τοῦ πολεμῆσαι (18 *a*)
11. 13. ἐπιστρέψει ὁ βασιλεὺς τοῦ βορρᾶ (18 *a*)
— 18. ἐπιστρέψει τὸ πρόσωπον αὐτοῦ (18 *c*)
— 18. ὀνειδισμὸς αὐτοῦ ἐπιστρέψει αὐτῷ (18 *c*)
— 19. καὶ ἐπιστρέψει τὸ πρόσωπον αὐ. (18 *a*)
— 28 *bis*. ἐπιστρέψει εἰς τὴν γῆν αὐ. (18 *a*)
— 29. εἰς τὸν καιρὸν ἐπιστρέψει (18 *a*)
— 30 *bis*. καὶ ἐπιστρέψει (18 *a*)
I Ma. 1. 20. καὶ ἐπέστρεψεν Ἀντίοχος
2. 63. A S ἐπέστρεψεν [R ἔστρ.] εἰς τὸν χοῦν αὐτοῦ
3. 33. ἕως τοῦ ἐπιστρέψαι αὐτόν
4. 16. A R ἐπέστρεψεν [S ἀπ.] Ἰούδας
— 24. S R ἐπιστραφέντες [A -στρέψαντες] ὕμνουν
5. 19. ἕως τοῦ ἐπιστρέψαι ἡμᾶς
— 54. ἕως τοῦ ἐπιστρέψαι ἐν εἰρήνῃ
— 68. ἐπέστρεψεν εἰς τὴν γῆν Ἰούδα
7. 25. ἐπέστρεψε πρὸς τὸν βασιλέα
— 35. ἐὰν ἐπιστρέψω ἐν εἰρήνῃ
9. 9. καὶ ἐπιστρέψωμεν
— 16. καὶ ἐπέστρεψαν κατὰ πόδας Ἰούδα [S^1 *al.*]
— 50. S R καὶ ἐπέστρεψεν [A ἀπέστρεψαν] εἰς Ἱερ.
— 57. S ἐπέστρεψε [A R ἀπ.] πρὸς τὸν βασιλέα
10. 55. S ἐπέστρεψας [A R ἀν.] εἰς γῆν πατέρων σου
— 66, 87. καὶ ἐπέστρεψεν Ἰωνάθαν
11. 7. καὶ ἐπέστρεψεν εἰς Ἱερ.
— 51. καὶ ἐπέστρεψαν [S^1 -εν] εἰς Ἱερ.
— 72. A ἐπέστρεψεν [S^2 R ὑπ., S^1 ὑπέστρεφον] πρὸς αὐτούς
— 73. A R καὶ ἐπέστρεψαν πρὸς [S ἐπ'] αὐτόν
— 74. καὶ ἐπέστρεψεν Ἰων. εἰς Ἱερ.
12. 24. ἐπέστρεψαν οἱ ἄρχοντες Δημ.
— 26. A S ἐπέστρεψαν [R ἀπ.] καὶ ἀπήγγειλαν αὐτῷ
— 35. καὶ ἐπέστρεψεν Ἰωνάθαν
— 45. καὶ ἐπιστρέψας ἀπελεύσομαι
— 51. καὶ ἐπέστρεψαν
13. 24. καὶ ἐπέστρεψε Τρύφων
14. 44. S ἐπιστρέψαι [A R ἐπισυστρ.] συστροφήν
III Ma. 7. 8. πάντας εἰς τὰ ἴδια ἐπιστρέφειν
IV Ma. 13. 5. A R διὰ πυρὸς ἀλγηδόνων οὐκ ἐπεστράφησαν [S ἀπ.]

[Aq. GE. 3. 20 (19) *bis* : EX. 14. 26 : JO. 2. 22 : 5. 2 : III KI. 12. 27 : 17. 22 : IV KI. 2. 18 : JB. 10. 16 : 17. 10 : 20. 10 : PS. 27 (28). 4 : 55 (56). 10 : 68 (69). 5 : 83 (84). 10 : 89 (90). 3 : 131 (132). 10 : PR. 2. 19 : CA. 6. 12 (7. 1) *bis* :

Is. 21. 12 : 51. 11 : 52. 8 : 57. 17 : 58. 12 : 60. 5 : Je. 6. 9 : 13. 23 : 15. 19 : 16. 15 : 22. 27 : 31 (38). 17, 19 : 36 (43). 15 : 37 (44). 20 : 49 (30). 6 : 50 (27). 19 : Ez. 8. 6, 13, 15 : 16. 55 : 18. 28 : 20. 22 : 21. 5 (10), 30 (35) : Jn. 3. 8.]
[**Sm.** Jo. 2. 22 : Ps. 55 (56). 10 : 67 (68). 23 : 89 (90). 13 : 118 (119). 59 : Pr. 1. 23 : 2. 19 : Is. 6. 10 : 21. 12 : 52. 8 : 57. 17 : 60. 5 : Je. 16. 15 : 30 (37). 21 : Ez. 20. 22 : 21. 30 (35).]
[**Th.** Jo. 2. 22 : II Ki. 14. 13 : IV Ki. 2. 18 : Jb. 10. 16 : 17. 10 : 33. 30 : 36. 10 : Ps. 55 (56). 10 : Pr. 2. 19 : Is. 52. 8 : 57. 17 : Je. 6. 9 : 22. 27 : 27 (34). 22 : 29 (36). 14 *bis* : 30 (37). 10, 21 : 33 (40). 26 : 48 (31). 47 : 49 (30). 6 : Ez. 8. 13, 15, 17 : 20. 22 : 21. 30 (35) : Da. 11. 29, 30 : Jn. 3. 8.]
[**Al.** Dt. 4. 39 : Ps. 125 (126). 1 : Za. 14. 10.]
[**Quint.** Ps. 55 (56). 10.]
[**Sext.** Ps. 29 (30). 12.]

ἐπιστροφή. (1) מִשְׁפָּט (2) שׁוּב (3) תְּשׁוּקָה

Jd. 8. 9. B ἐν ἐπιστροφῇ μου μετ' εἰρήνης [A *al.*] (2)
Ca. 7. 10 (11). ἐπ' ἐμὲ ἡ ἐπιστροφὴ αὐτοῦ (3)
Si. 18. 21. ἐν καιρῷ ἁμαρτημάτων δεῖξον ἐπιστροφήν
49. 2. κατευθύνθη ἐν ἐπιστροφῇ λαοῦ [S[1] αὐτοῦ]
Ez. 42. 11. κατὰ πάσας τὰς ἐ. αὐτῶν (1)
47. 7. ἐπέστρεψέ με [A *om.*] . . . ἐν τῇ ἐ. μου (2)
— 11. ἐν τῇ ἐ. αὐτοῦ καὶ ἐν τῇ ὑπεράρσει αὐτοῦ †
[**Th.** Je. 33 (40). 26.]

▶ **ἐπιστρωφᾶν.**

[**Aq.** Is. 58. 12.]

ἐπιστύλιον.

[**Sm.** III Ki. 7. 20 (9).]

ἐπισυνάγειν. (1) אָסַף *a.* qal. *b.* ni. *c.* pi. (2) יָסַד ni. (3) יָעַד ni. (4) כָּנַס pi. (5) כְּנַשׁ (6) לָוָה ni. (7) מָלֵא (8) סָאַן (9) צֹהַר (10) קָבַץ *a.* qal. *b.* ni. *c.* pi. (11) קָהַל ni. (12) שׁוּב hi.

Ge. 6. 16. ἐπισυνάγων ποιήσεις τὴν κιβωτόν (9 ?)
38. 29. ὡς δὲ ἐπισυνήγαγε τὴν χεῖρα (12)
III Ki. 18. 20. ἐπισυνήγαγε [A συν.] πάντας τοὺς προφήτας (10 *a*)
II Ch. 5. 6. καὶ οἱ ἐπισυνηγμένοι αὐτῶν (3)
20. 26. ἐπισυνήχθησαν εἰς τὸν αὐλῶνα τῆς εὐλογίας (11)
I Es. 5. 50. καὶ ἐπισυνήχθησαν αὐτοῖς
8. 72. καὶ ἐπισυνήχθησαν πρὸς μέ
— 91. ἐπισυνήχθησαν πρὸς αὐτόν
9. 5. καὶ ἐπισυνήχθησαν οἱ ἐκ τῆς φυλῆς 'I.
— 17. B τοὺς ἐπισυναχθέντας [R -έχοντας, A συνέχοντας] γυναῖκας ἀλλογενεῖς
— 18. οἱ ἐπισυναχθέντες ἀλλογενεῖς γυναῖκας ἔχοντες
— 55. καὶ ἐπισυνήχθησαν
To. 13. 13. S ὅτι πάντες ἐπισυναχθήσονται [A B ὅτι συν.]
14. 7. S ἐπισυναχθήσονται καὶ ἥξουσιν
Ju. 7. 23. ἐπισυνήχθησαν πᾶς ὁ λαὸς ἐπὶ 'O.
Es. 10. 3. τὰ δὲ ἔθνη τὰ ἐπισυναχθέντα [A συν.]
Ps. 30 (31). 13. A S ἐν τῷ ἐπισυναχθῆναι [B συν.] αὐτοὺς ἅμα ἐπ' ἐμέ (2)
101 (102). 22. A S[2] ἐν τῷ ἐπισυναχθῆναι [B S[1] συν.] λαοὺς ἐπὶ τὸ αὐτό (10 *b*)
105 (106). 47. ἐπισυνάγαγε ἡμᾶς ἐκ τῶν ἐθνῶν (10 *c*)
146 (147). 2. τὰς διασπορὰς τοῦ 'I. ἐπισυνάξει (4)
Si. 16. 10. ἑξακοσίας χιλιάδας πεζῶν τοὺς ἐπισυναχθέντας ἐν σκληροκαρδίᾳ αὐτῶν
Mi. 4. 11. A B ἐπισυνήχθη [R -ησαν] ἐπὶ σὲ ἔθνη πολλά (1 *b*)
Hb. 2. 5. ἐπισυνάξει ἐπ' [A πρὸς] αὐτὸν πάντα τὰ ἔθνη (1 *a*)
Za. 12. 3. A R ἐπισυναχθήσονται [B S -σεται] ἐπ' αὐτὴν πάντα τὰ ἔθνη τῆς γῆς (1 *b*)
14. 2. ἐπισυνάξω πάντα τὰ ἔθνη (1 *a*)
Is. 9. 5 (4). πᾶσαν στολὴν ἐπισυνηγμένην δόλῳ (8 ?)
52. 12. ὁ ἐπισυνάγων [S[1] συν.] ὑμᾶς θεὸς 'Ισ. (1 *c*)
Je. 12. 6. ἐκ τῶν ὀπίσω σου ἐπισυνήχθησαν (7)
Ez. 16. 37. ἐπισυνάγω [A ἐπὶ σὲ συνάγω] πάντας τοὺς ἐραστάς σου (10 *c*)
40. 12. πῆχυς ἐπισυναγόμενος ἐπὶ πρόσωπον τῶν θεεὶμ [A *al.*] †
Da. LXX. 3. 2. ἀπέστειλεν ἐπισυναγαγεῖν πάντα τὰ ἐ. (5)
Da. LXX. 11. 34. ἐπισυναχθήσονται ἐπ' αὐτοὺς πολλοί (6)
Bel 29. ἐπισυνήχθη ὁ ὄχλος τῆς χώρας ἐπ' αὐτόν
I Ma. 3. 58. ἐν τοῖς ἔθνεσι τούτοις τοῖς ἐπισυνηγμένοις ἐφ' ἡμᾶς
5. 9. A R ἐπισυνήχθησαν τὰ [S εἰς τὰ] ἔθνη
— 10. ἐπισυνηγμένα ἐστὶν ἐφ' ἡμᾶς τὰ ἔθνη
— 15. S R λέγοντες ἐπισυνῆχθαι [A -θη] ἐπ' αὐτούς
— 16. ἐπισυνήχθη ἐκκλησία μεγάλη
— 38. ἐπισυνηγμένα [A -οι] εἰσὶ . . . πάντα τὰ ἔθνη
— 53. ἦν 'Ιούδας ἐπισυνάγων τοὺς ἐσχατίζοντας
— 64. ἐπισυνήγοντο πρὸς αὐτούς
7. 12. ἐπισυνήχθησαν πρὸς ''A.
10. 61. S R ἐπισυνήχθησαν πρὸς [A συν. ἐπ'] αὐτὸν ἄνδρες λοιμοί
11. 45. S R ἐπισυνήχθησαν οἱ ἐκ [A ἀπὸ] τῆς πόλεως
— 47. ἐπισυνήχθησαν πρὸς αὐτὸν πάντες ἅμα
— 55. ἐπισυνήχθησαν [S[1] -συνῆσαν] . . . πᾶσαι αἱ δυνάμεις
15. 12. A S ἐπισυνῆκται [R συν.] ἐπ' αὐτὸν τὰ κακά
II Ma. 1. 27. ἐπισυνάγαγε τὴν διασπορὰν ἡμῶν
2. 13. ἐπισυνήγαγε τὰ περὶ τῶν βασιλέων
— 14. R ἐπισυνήγαγε πάντα [A ταῦτα]
— 18. ἐπισυνάξει ἐκ τῆς ὑπὸ τὸν οὐρανόν
4. 39. ἐπισυνήχθη τὸ πλῆθος ἐπὶ τὸν Λ.
[**Th.** Ez. 42. 6.]

ἐπισυναγωγή.

II Ma. 2. 7. ἐπισυναγωγὴν τοῦ λαοῦ

ἐπισυνεῖναι.

I Ma. 11. 55. S[1] ἐπισυνῆσαν [A S[2] R -συνήχθησαν] . . . πᾶσαι αἱ δυνάμεις

ἐπισυνέχειν.

I Es. 9. 17. R τοὺς ἐπισυνέχοντας [B -αχθέντας, A συνέχ.] γυναῖκας ἀλλογενεῖς

ἐπισυνιστάναι. (1) יָעַד ni. (2) נָגַד hi. (3) נָצָה hi. (4) סַלּוֹן (5) פָּקַד hi. (6) קָהַל hi.

Le. 26. 16. A B ἐπισυστήσω [R ἐπιστήσω] ἐφ' ὑμᾶς τὴν ἀπορίαν (5)
Nu. 14. 35. R τῇ συναγωγῇ τῇ ἐπισυνισταμένῃ [A B -εστ.] ἐπ' ἐμέ (1)
16. 19. A[2] B ἐπισυνέστησεν . . . τὴν πᾶσαν αὐτοῦ συναγωγήν (6)
26. 9. οἱ ἐπισυστάντες [A ἐπιστ.] ἐπὶ M. (3)
27. 3. τῆς συναγωγῆς τῆς ἐπισυστάσης ἔναντι κυρίου (1)
Si. 45. 18. ἐπισυνέστησαν αὐτῷ ἀλλότριοι
Je. 20. 10. ἐπισύστητε [S[1] ἐπίστ.] καὶ ἐπισυστῶμεν ἐπ' αὐτῷ [A -όν] (2, 2)
Ez. 2. 6. ἐπισυστήσονται ἐπὶ σὲ κύκλῳ (4 ?)

▶ **ἐπισύστασις.** (1) נָצָה hi. (2) עֵדָה

Nu. 16. 40 (17. 5). ὥσπερ Κορὲ καὶ ἡ ἐ. αὐτοῦ (2)
26. 9. ἐν τῇ ἐ. κυρίου (1)
I Es. 5. 73. A καὶ ἐπισυστάσεις [B συστ.] ποιούμενοι

ἐπισυστρέφειν. (1) קָהַל ni.

Nu. 16. 42 (17. 7). ἐν τῷ ἐπισυστρέφεσθαι τὴν συναγωγὴν ἐπὶ M. (1)
I Ma. 14. 44. A R ἐπισυστρέψαι [S ἐπιστρ.] συστροφήν

ἐπισύσχεσις.

[**Al.** Le. 23. 36.]

ἐπισφαλής.

Wi. 9. 14. ἐπισφαλεῖς αἱ ἐπίνοιαι ἡμῶν

ἐπισφαλῶς.

Wi. 4. 4. ἐ. βεβηκότα [S[1] βεβιωκ.] ὑπὸ ἀνέμου σαλευθήσεται

ἐπισφραγίζειν. (1) עַל הֶחָתוּם

Ne. 9. 38 (10. 1). καὶ ἐπισφραγίζουσιν ἄρχοντες ἡμῶν (1)
Da. LXX. Bel 12. *cod.* ἐπισφραγίσαι [R -σεις] τὰς κλεῖδας τοῦ ναοῦ

ἐπίσχεσις.

[**Aq.** Dt. 16. 8 : I Ki. 14. 6.]
[**Al.** Le. 23. 36.]
[**Sam.** Nu. 29. 35.]

ἐπισχύειν.

Si. 29. 1. ὁ ἐπισχύων τῇ χειρὶ αὐτοῦ
I Ma. 6. 6. καὶ ἐπίσχυσαν [S ἐνίσχ.] ὅπλοις

ἐπισωρεύειν.

[**Sm.** Jb. 14. 17 : Ca. 2. 4.]

ἐπιταγή. (1) פִּתְגָם

I Es. 1. 18. κατὰ τὴν ἐ. τοῦ βασιλέως 'I.
Wi. 14. 16. τυράννων ἐπιταγαῖς ἐθρησκεύετο τὰ γλυπτά
18. 16. ξίφος ὀξὺ τὴν ἀνυπόκριτον ἐ. [A ὑποτ.] σου φέρων
19. 6. ὑπηρετοῦσα ταῖς ἰδίαις [A S σαῖς] ἐ.
Da. LXX. 3. 16. ἐπὶ τῇ ἐ. ταύτῃ ἀποκριθῆναί σοι (1)
III Ma. 7. 20. ἀνασωζόμενοι τῇ τοῦ βασιλέως ἐ.
[**Sm.** Mi. 7. 11.]

ἐπίταγμα.

IV Ma. 8. 6. τοὺς ἀπειθοῦντάς μου τοῖς ἐ.
[**Sm.** Jb. 25. 3.]

ἐπιταράσσειν.

II Ma. 9. 24. μὴ ἐπιταράσσωνται

ἐπίτασις.

Wi. 14. 18. εἰς ἐπίτασιν δὲ θρησκείας . . . ἡ . . . προετρέψατο φιλοτιμία

ἐπιτάσσειν. (1) *a.* אָמַר *b.* אֲמַר (2) יָסַד pi. (3) נָתַן (4) צָוָה *a.* pi. *b.* pu. (5) קוּם hi. (6) רְשַׁם *a.* peal. *b.* peil. (7) בְּשֵׁם

Ge. 49. 33. κατέπαυσεν 'Ιακὼβ ἐπιτάσσων τοῖς υἱοῖς αὐ. (4 *a*)
I Es. 2. 26. ἐπέταξα οὖν ἐπισκέψασθαι
— 28. ἐπέταξα ἀποκωλῦσαι τοὺς ἀνθρ. ἐκείνους
4. 57. καὶ αὐτὸς ἐπέταξε ποιῆσαι
5. 51. ὡς ἐπιτέτακται ἐν τῷ νόμῳ
6. 19. καὶ ἐπετάγη αὐτῷ
— 28. ἐπέταξα ὁλοσχερῶς οἰκοδομῆσαι
To. 3. 6. ἐπίταξον ἀναλαβεῖν τὸ πνεῦμά μου
— 6. ἐπίταξον ἀπολυθῆναί με [S *al.*]
— 15. ἐπίταξον ἐπιβλέψαι ἐπ' ἐμέ
8. 7. ἐπίταξον ἐλεῆσαί με [S *al.*]
Ju. 10. 9. ἐπιτάξατε ἀνοῖξαί μοι τὴν πύλην
12. 6. A B ἐπιταξάτω δὴ ὁ κύριός μου
Es. 1. 1. ἐπέταξεν ὁ βασιλεὺς Μαρδοχαίῳ
— 8. ἐπέταξε τοῖς οἰκονόμοις (2)
3. 2. A οὕτως γὰρ ἐπέταξεν [B S προσέτ.] ὁ βασιλεὺς ποιῆσαι (4 *a*)
— 12. ὡς ἐπέταξεν [A προσέτ.] 'A. τοῖς στρατηγοῖς (4 *a*)
8. 8. τοῦ βασιλέως ἐπιτάξαντος (7)
— 11. ὡς ἐπέταξεν αὐτοῖς (3)
Ps. 106 (107). 29. ἐπέταξε τῇ καταιγίδι [S *al.*] (5)
Ep. Je. 1. ἐπετάγη αὐτῷ [A ὑπ. αὐτοῖς] ὑπὸ τοῦ θεοῦ
— 62. ὅταν ἐπιταγῇ ὑπὸ τοῦ θεοῦ ἐπιπορεύεσθαι
Ez. 24. 18. ὃν τρόπον [A καθὼς] ἐπετάγη μοι (4 *b*)
Da. LXX. 1. 18. ἐπέταξεν ὁ βασιλεὺς εἰσαγαγεῖν αὐτούς (1 *a*)
2. 2. καὶ ἐπέταξεν ὁ βασιλεύς (1 *a*)
— 46. καὶ ἐπέταξε θυσίας . . . ποιῆσαι αὐτῷ (1 *b*)
3. 19. ἐπέταξε καῆναι τὴν κάμινον ἑπταπλασίως (1 *b*)
— 20. ἄνδρας ἰσχυροτάτους τῶν ἐν τῇ δυνάμει ἐπέταξε (1 *b*)
Da. TH. 6. 9 (10). ἐπέταξε γραφῆναι τὸ δόγμα (6 *a*)
● — 10 (11). ἡνίκα ἔγνω ὅτι ἐνετάγη τὸ δόγμα (6 *b*)
Bel 14. ἐπέταξε Δ. τοῖς παιδαρίοις αὐτοῦ
I Ma. 4. 41. A S ἐπέταξεν 'Ιούδας ἀνδράσιν [R ἄνδρας]
— 61. R ἐπέταξεν [S ἀπ., A ἀπέταξαν] ἐκεῖ δύναμιν
5. 49. ἐπέταξεν 'Ιούδας κηρῦξαι
6. 50. A S ἐπέταξεν [R ἀπ.] ἐκεῖ φρουράν
9. 54. ἐπέταξεν ''A. καθαιρεῖν τὸ τεῖχος
10. 46. S[1] οὐδὲ ἐπετάξαντο [A S[2] R -δέξ.]
— 81. καθὼς ἐπέταξεν 'Ιωνάθαν
12. 27. ἐπέταξεν 'Ιων. τοῖς παρ' αὐτοῦ
— 43. καὶ ἐπέταξε [S[1] *om.*] ταῖς δυνάμεσιν αὐ.

● = correction on page xxvi ▶ = additional entry on page xxvi

II Ma. 9. 8. R τοῖς τῆς θαλάσσης κύμασιν ἐπιτάσσειν [A *om.*]

[**Sm.** Jd. 5. 14 : Jb. 36. 32 : Ez. 29. 15 : 34. 4.]
[**Th.** Da. Bel 13.]
[**Al.** II Ch. 34. 17.]

ἐπιταφή.

Si. 40. 1. A ἕως ἡμέρας ἐπιταφῆς [B S[1] ἐπὶ ταφῇ, S[2] ἐπιστραφῇ] εἰς μητέρα πάντων

ἐπιτάφιον.

IV Ma. 17. 8. ἐπὶ αὐτοῦ τοῦ ἐ. ἀναγράψαι

ἐπιτείνειν. (1) מָשַׁךְ

III Ki. 22. 34. ἐπέτεινεν [A ἐνέτ.] εἰς τὸ τόξον εὐστόχως (1)
Wi. 16. 24. ἡ γὰρ κτίσις . . . ἐπιτείνεται εἰς κόλασιν κατὰ τῶν ἀδίκων
17. 21. ἐκείνοις ἐπετέτατο [A B ἐπέτατο, S ἐπέκειτο] βαρεῖα νύξ
Da. LXX. 7. 6. πτερὰ τέσσαρα ἐπέτεινον ἐπάνω αὐτοῦ †
II Ma. 9. 11. ἐπιτεινόμενος ταῖς ἀλγηδόσι
IV Ma. 3. 11. τις αὐτὸν ἀλόγιστος ἐπιθυμία . . . ἐπιτείνουσα
13. 25. ἡ γὰρ ὁμοζηλία . . . ἐπέτεινεν . . . τὴν . . . ὁμόνοιαν
15. 23. ἐπέτεινε τὴν πρόσκαιρον φιλοτεκνίαν παριδεῖν
[**Aq.** Ps. 62 (63). 2.]

ἐπιτείχισμα.

[**Sm.** Je. 33 (40). 4.]

ἐπιτελεῖν. (1) בָּצַע pi. (2) דָּחַף (3) זְמַן (4) כָּלָה *a.* qal. *b.* pi. (5) עָשָׂה (6) פָּעַל (7) קָטַר hoph.

Le. 6. 22 (15). B ἅπαν ἐπιτελεσθήσεται (7)
Nu. 23. 23. τί ἐπιτελέσει ὁ θεός (6)
Jd. 11. 39. A ἐπετέλεσεν Ἰ. τὴν εὐχὴν αὐτοῦ [B *al.*] (5)
20. 10. A τοῖς εἰσπορευομένοις ἐπιτελέσαι [B *al.*] (5)
I Ki. 3. 12. ἄρξομαι καὶ ἐπιτελέσω (4 *b*)
I Es. 4. 55. ἐπιτελεσθῇ ὁ οἶκος
5. 73. A ἀπεκώλυσαν τοῦ ἐπιτελεσθῆναι [B ἀποτ.] τὴν οἰκοδομήν
6. 4. καὶ τὰ ἄλλα πάντα ἐπιτελεῖτε
— 4. A R οἱ οἰκοδόμοι οἱ ταῦτα ἐπιτελοῦντες [B[1] τελ.]
— 14. καὶ ἐπετελέσθη
— 28. μέχρι τοῦ ἐπιτελεσθῆναι τὸν οἶκον τοῦ κ.
8. 16. πάντα . . . ἐπιτέλει κατὰ τὸ θέλημα τοῦ θεοῦ σου
— 21. A R ἐπιτελεσθήτω ἐπιμελῶς [B *om.*] τῷ θεῷ
— 95. ἀναστὰς ἐπιτέλει
To. 12. 1. S ὅτε ἐπετελέσθη ὁ γάμος
Ju. 2. 13. ἐπιτελῶν ἐπιτελέσεις
Es. 8. 14. τὰ ὑπὸ τοῦ βασ. λεγόμ. ἐπιτελεῖν (2 ?)
9. 27. μνημόσυνον [A -ναι] ἐπιτελούμενον [A -αι, S[1] *om.*] κατὰ γενεάν (3 ?)
Za. 4. 9. αἱ χεῖρες αὐτοῦ ἐπιτελέσουσιν [A -λοῦσιν] αὐτόν (1)
Da. LXX. 11. 16. ἐπιτελεσθήσεται πάντα τὰ ἐν ταῖς χερσὶν αὐτοῦ (4 *a*)
II Ma. 3. 8. R τὴν τοῦ βασιλέως πρόθεσιν ἐπιτελέσων [A -λεῖν]
— 23. ὁ δὲ Ἡλ. τὸ διεγνωσμένον ἐπετέλει
12. 8. τὸν αὐτὸν ἐπιτελεῖν βουλομένους τρόπον
14. 29. R τοῦτ' [A τοῦ] ἐπιτελέσαι
15. 5. τὰς βασιλικὰς χρείας ἐπιτελεῖν
— 5. ἐπιτελέσαι τὸ σχέτλιον αὐτοῦ βούλημα
III Ma. 6. 15. οὕτως ἐπιτέλεσον, κύριε
[**Aq.** Ps. 137 (138). 8.]
[**Sm.** Ge. 18. 21 : III Ki. 8. 24 : Ps. 71 (72). 20 : 89 (90). 17 : 137 (138). 8 : Je. 33 (40). 2.]
[**Th.** Jd. 11. 39.]

ἐπιτέλλειν.

III Ma. 5. 20. R εἰς τὴν ἐπιτέλλουσαν [A ὑποστ.] ἡμέραν

ἐπιτέμνειν.

II Ma. 2. 23. πειρασόμεθα δι' ἑνὸς προστάγματος ἐπιτεμεῖν
— 32. R τὴν δὲ ἱστορίαν ἐπιτεμεῖν [A -τέμνειν]

ἐπιτερπής.

II Ma. 15. 39. ἐ. τὴν χάριν ἀποτελεῖ

ἐπιτήδειος.

I Ch. 28. 2. ἡτοίμασα τὰ εἰς τὴν κατασκήνωσιν ἐ. –
Wi. 4. 5. ὁ καρπὸς αὐτῶν . . . εἰς οὐθὲν ἐ.
I Ma. 4. 46. ἀπέθεντο τοὺς λίθους . . . ἐν τόπῳ ἐ.
10. 19. ἐπιτήδειος εἶ τοῦ εἶναι ἡμῶν φίλος
11. 37. A S ἐν τόπῳ ἐ. [R *om.*] ἐπισήμῳ
13. 40. εἴ τινες ἐ. ὑμῶν γραφῆναι
14. 34. ὅσα ἐπιτήδεια ἦν
II Ma. 2. 29. τὰ ἐ. πρὸς διακόσμησιν ἐξεταστέον
3. 37. ποῖός τις εἴη ἐ. ἔτι ἅπαξ
III Ma. 6. 30. τὰ λοιπὰ πρὸς εὐωχίαν ἐ.

ἐπίτηδες.

[**Sm.** I Ki. 9. 24 : Je. 38 (45). 4.]

ἐπιτηδεύειν. (1) ἐ. εἰς בַּעַל בַּת (2) καλὸν ἐπιτηδεύειν יָטַב hi.

Es. 8. 13. ἐπετήδευσε τῆς ἀρχῆς στερῆσαι ἡμᾶς
Wi. 19. 13. χαλεπωτέραν μισοξενίαν ἐπετήδευσαν
Ma. 2. 11. ἐπετήδευσεν εἰς [S[3] *om.*] θεοὺς ἀλλοτρίους (1 ?)
Je. 2. 33. τί ἔτι καλὸν ἐπιτηδεύσεις ἐν ταῖς ὁδοῖς σου (2)
III Ma. 2. 14. βέβηλος οὗτος ἐπιτηδεύει καθυβρίσαι
[**Sm.** Ps. 52 (53). 2.]

ἐπιτήδευμα. (1) מַעֲשֶׂה (2) מוֹעֵצָה (3) גִּלּוּלִים (4) *a.* עֲלִילָה *b.* מַעֲלָל *c.* מַעֲלָל (5) צַעַד (6) שְׁרִירוּת (7) תּוֹעֵבָה

Le. 18. 3. κατὰ τὰ ἐ. γῆς Αἰγύπτου (3)
— 3. κατὰ τὰ ἐ. γῆς Χανααν . . . οὐ ποιήσετε (3)
De. 28. 20. διὰ τὰ πονηρὰ ἐ. σου (4 *c*)
Jd. 2. 19. οὐκ ἀπέρριψαν τὰ ἐ. αὐτῶν (4 *c*)
I Ki. 2. 3. θεὸς ἑτοιμάζων ἐπιτηδεύματα αὐ. (4 *a*)
25. 3. καὶ πονηρὸς ἐν ἐπιτηδεύμασι (4 *c*)
III Ki. 15. 12. καὶ ἐξαπέστειλε πάντα τὰ ἐ. (1)
I Ch. 16. 8. γνωρίσατε ἐν λαοῖς τὰ ἐ. αὐ. (4 *a*)
Ne. 9. 35. οὐκ ἀπέστρεψαν [A ἐπ.] ἀπὸ ἐπιτηδευμάτων αὐτῶν (4 *c*)
Ju. 10. 8. τελειῶσαι τὰ ἐ. [S τὸ ἐ.] σου
11. 6. οὐκ ἀποπεσεῖται ὁ κύριός μου τῶν ἐ. αὐτοῦ
13. 5. καὶ ποιῆσαι τὸ ἐ. μου [A σου]
Jb. 14. 16. ἠρίθμησας δέ μου τὰ ἐ. (5)
Ps. 9. 11. ἀναγγείλατε ἐν τοῖς ἔθνεσι τὰ ἐ. αὐ. (4 *a*)
13 (14). 1. ἐβδελύχθησαν ἐν ἐπιτηδεύμασιν (4 *a*)
27 (28). 4. κατὰ τὴν πονηρίαν τῶν ἐ. αὐτῶν (4 *c*)
76 (77). 12. ἐν τοῖς ἐ. σου ἀδολεσχήσω (4 *a*)
80 (81). 12. ἐξαπέστειλα αὐτοὺς κατὰ τὰ ἐ. τῶν καρδιῶν αὐ. πορεύσονται ἐν τοῖς ἐ. αὐ. (6, 2)
98 (99). 8. καὶ ἐκδικῶν ἐπὶ πάντα τὰ ἐ. αὐτῶν (4 *a*)
105 (106). 29. παρώξυναν αὐτὸν ἐν τοῖς ἐ. αὐ. (4 *c*)
— 39. S R ἐπόρνευσαν ἐν τοῖς ἐ. (4 *c*)
Pr. 20. 11. ἐν τοῖς ἐ. αὐτοῦ συμποδισθήσεται νεανίσκος (4 *c*)
Ho. 9. 15. ἐκεῖ αὐτοὺς ἐμίσησα διὰ τὰς κακίας τῶν ἐ. αὐτῶν (4 *c*)
12. 2 (3). κατὰ τὰ ἐ. αὐτοῦ ἀποδώσει (4 *c*)
Mi. 2. 7. R οὐ [A B εἰ] ταῦτα τὰ ἐ. αὐ. ἐστιν (4 *c*)
— 9. διὰ τὰ πονηρὰ ἐ. αὐτῶν ἐξώσθησαν †
3. 4. ἐπονηρεύσαντο ἐν τοῖς ἐ. αὐτῶν (4 *c*)
7. 13. ἀπὸ [A ἐκ] καρπῶν ἐπιτηδευμάτων αὐ. (4 *c*)
Ze. 3. 11. οὐ μὴ καταισχυνθῇς ἐκ πάντων τῶν ἐ. σου (4 *a*)
Za. 1. 4. ἀποστρέψατε . . . ἀπὸ τῶν ἐ. ὑμῶν τῶν πονηρῶν (4 *b**, 4 *c*)
— 6. κατὰ τὰς ὁδοὺς ἡμῶν καὶ κατὰ τὰ ἐ. ἡμῶν (4 *c*)
Je. 4. 4. ἀπὸ προσώπου πονηρίας ἐπιτηδευμάτων ὑμῶν (4 *c*)
— 18. τὰ ἐ. σου ἐποίησαν ταῦτά σοι (4 *c*)
7. 3. διορθώσατε . . . τὰ ἐ. ὑμῶν (4 *c*)
— 5. διορθώσητε . . . τὰ ἐ. ὑ. [A *om.* τὰ ἐ. ὑ.] (4 *c*)
11. 18. τότε εἶδον τὰ ἐ. αὐτῶν (4 *c*)
17. 10. κατὰ τοὺς καρποὺς τῶν ἐ. αὐ. (4 *c*)
18. 11. καλλίονα ποιήσατε τὰ [S[1] *om.*] ἐ. ὑμῶν (4 *c*)
23. 2. ἐκδικῶ ἐφ' ὑμᾶς κατὰ τὰ πονηρὰ ἐ. ὑμῶν (4 *c*)
— 22. ἀπέστρεφον αὐτοὺς ἀπὸ τῶν πονηρῶν ἐ. αὐ. (4 *c*)
25. 5. ἀποστράφητε . . . ἀπὸ τῶν πονηρῶν ἐ. ὑμῶν (4 *c*)
Je. 33 (26). 3. τοῦ ποιῆσαι αὐτοῖς ἕνεκεν τῶν πονηρῶν ἐ. αὐτῶν (4 *c*)
42 (35). 15. βελτίω ποιήσατε τὰ ἐ. ὑμῶν (4 *c*)
Ez. 6. 9. τοῖς ὀφθαλμοῖς αὐτῶν τοῖς ἐκπορνεύουσιν ὀπίσω τῶν ἐ. αὐ. (1)
— 9. A καὶ ἐν πᾶσιν τοῖς ἐ. αὐτῶν (7 ?)
8. 15. ἔτι ὄψει ἐπιτηδεύματα μείζονα τούτων (7)
14. 6. ἀποστρέψατε ἀπὸ τῶν ἐ. ὑμῶν (1)
20. 7. ἐν τοῖς ἐ. Αἰγύπτου μὴ μιαίνεσθε (1)
— 8. τὰ ἐ. Αἰγύπτου οὐκ ἐγκατέλειπον (1)
— 18. ἐν τοῖς ἐ. αὐτῶν μὴ συναναμίσγεσθε (1)
— 39. ἕκαστος τὰ ἐ. αὐτοῦ ἐξάρατε . . . τὸ ὄνομά μου τὸ ἅγιον οὐ βεβηλώσετε οὐκέτι . . . ἐν τοῖς ἐ. ὑμῶν (1, 1)
— 43. μνησθήσεσθε ἐκεῖ . . . τὰ ἐ. ὑμῶν (4 *a*)
— 44. κατὰ τὰ ἐ. ὑμῶν τὰ διεφθαρμένα (4 *a*)
21. 24 (29). τοῦ ὁραθῆναι ἁμαρτίας ὑμῶν . . . ἐν τοῖς ἐ. ὑμῶν (4 *a*)
36. 31. μνησθήσεσθε . . . τὰ ἐ. ὑμῶν τὰ μὴ ἀγαθά (4 *c*)
[**Aq.** Is. 3. 8 : Je. 18. 11 : 21. 14 : 35 (42). 15 : 44 (51). 22 : Ho. 5. 4 : 7. 2.]
[**Sm.** Je. 18. 11 : 44 (51). 22 : Ho. 7. 2.]
[**Th.** Je. 21. 12, 14 : 32 (39). 19 : 44 (51). 22.]
[**Al.** Je. 25. 14.]

ἐπιτηρεῖν.

Ju. 13. 3. A B καὶ ἐπιτηρεῖν τὴν ἔξοδον αὐτῆς
[**Sm.** Ps. 70 (71). 10.]

ἐπιτιθέναι. (1) בּוֹא (2) נוּר (3) הוּת pil. (4) זוּד *a.* qal. *b.* hi. (5) זָמַם (6) יָדָה pi. (7) יָצַק (8) יָקֹשׁ (9) לָקַח (10) נוּחַ hi. (11) נוּף hi. (12) נִיב (13) נָפַל hithpa. (14) נָשָׂא (15) נָתַן *a.* qal. *b.* ni. (16) סָבַב hi. (17) סָמַךְ (18) עָנַב (19) עָלָה hi. (20) עָמַס (21) עָרַךְ (22) עָשָׂה (23) פָּקַד hi. (24) פָּשַׁט (25) קָטַר hi. (26) קָשַׁר *a.* qal. *b.* hithpa. *c.* קֶשֶׁר (27) רוּם hi. (28) רָכַב hi. (29) שׂוּם, שִׂים (30) שׂוּם peal. (31) שָׁוָה pi. (32) שִׁית (33) שָׁחַת hi. (34) μάλαγμα ἐπιτιθέναι רָבַךְ pu.

Ge. 9. 23. A ἐπέθηκαν [R ἐπέθεντο] ἐπὶ τὰ δύο νῶτα (29)
11. 6. ὅσα ἂν ἐπιθῶνται ποιῆσαι (5)
21. 14. A ἐπέθηκεν ἐπὶ τὸν ὦμον καὶ [R αὐτῆς] τὸ π. (29)
22. 6. καὶ ἐπέθηκεν Ἰσαὰκ τῷ υἱῷ αὐτοῦ (29)
— 9. καὶ ἐπέθηκε τὰ ξύλα (21)
— 9. ἐπέθηκεν αὐτὸν ἐπὶ τὸ θυσιαστήριον (29)
28. 11. A ἐπέθηκεν [R ἔθηκε] πρὸς κεφαλῆς αὐ. (29)
37. 34. καὶ ἐπέθετο σάκκον ἐπὶ τὴν ὀσφὺν αὐ. (29)
42. 26. καὶ ἐπιθέντες τὸν σῖτον ἐπὶ τοὺς ὄνους (14)
43. 18. τοῦ συκοφαντῆσαι ἡμᾶς καὶ ἐπιθέσθαι ἡμῖν (13)
44. 13. καὶ ἐπέθηκαν ἕκ. τὸν μάρσιππον αὐ. (20)
48. 18. ἐπίθες τὴν δεξιάν σου ἐπὶ τὴν κεφ. αὐ. (29)
Ex. 3. 22. ἐπιθήσετε ἐπὶ τοὺς υἱοὺς ὑμῶν (29)
18. 11. ἐπέθεντο αὐτοῖς (4 *a*)
21. 14. ἐὰν δέ τις ἐπιθῆται τῷ πλησίον ἀποκτεῖναι αὐτὸν δόλῳ (4 *b*)
22. 25 (24). οὐκ ἐπιθήσεις αὐτῷ τόκον (29)
25. 11 (12). καὶ ἐπιθήσεις ἐπὶ τὰ τέσσαρα κλίτη (15 *a*)
— 17 (18). καὶ ἐπιθήσεις αὐτὰ ἐξ ἀμφ. τῶν κλιτῶν (22)
— 20 (21). καὶ ἐπιθήσεις τὸ ἱλαστήριον ἐπὶ τὴν κιβωτόν (15 *a*)
— 25 (26). B καὶ ἐπιθήσεις τοὺς τέσσαρας δακτυλίους (15 *a*)
— 29 (30). καὶ ἐπιθήσεις ἐπὶ τὴν τράπεζαν ἄρτους ἐνωπ. (15 *a*)
— 36 (37). καὶ ἐπιθήσεις τοὺς λύχνους (19)
26. 32. ἐπιθήσεις αὐτὸ ἐπὶ τεσσάρων στύλων (15 *a*)
— 35. B[2] R ἐπιθήσεις [A B[1] θ.] τὴν τράπεζαν ἔξωθεν (29)
— 35. B[1] καὶ τὴν τράπεζαν ἐπιθήσεις [A B[2] R θήσεις] (15 *a*)
28. 14. ἐπιθήσεις τὰ κροσσωτὰ . . . ἐπὶ τὰς ἀσπιδίσκας (15 *a*)

Ex. 28. 24 (29). τὰ ἁλυσιδωτὰ ἐπ' ἀμφ. τῶν κλιτῶν . . . ἐπιθήσεις –
— 25 (29). τὰς δύο ἀσπιδίσκας ἐπιθήσεις ἐπ' ἀμφ. τοὺς ὤμους –
— 26 (30). ἐπιθήσεις ἐπὶ τὸ λογεῖον . . . τὴν δήλωσιν καὶ τὴν ἀ. (15 *a*)
— 33 (37). ἐπιθήσεις αὐτὸ ἐπὶ ὑακίνθου κεκλωσμένης (29)
29. 3. B καὶ ἐπιθήσεις αὐτά (15 *a*)
— 6. ἐπιθήσεις [B^1 θήσεις] τὴν μίτραν ἐπὶ τὴν κεφαλήν (29)
— 6. καὶ ἐπιθήσεις τὸ πέταλον τὸ ἁγίασμα ἐπὶ τὴν μ. (15 *a*)
— 10. ἐπιθήσουσιν . . . τὰς χεῖρας αὐτῶν ἐπὶ τὴν κεφαλήν (17)
— 12. A ἐπιθήσεις [B θήσεις] ἐπὶ τῶν κεράτων . . . τῷ δακτύλῳ (15 *a*)
— 13. καὶ ἐπιθήσεις ἐπὶ τὸ θυσιαστήριον (25)
— 15. ἐπιθήσουσιν . . . τὰς χεῖρας αὐτῶν ἐπὶ τὴν κεφαλήν (17)
— 17. ἐπιθήσεις ἐπὶ [B^1 *om.*] τὰ διχοτομήμ. σὺν τῇ κεφ. (15 *a*)
— 19. ἐπιθήσει . . . τὰς χεῖρας αὐ. ἐπὶ τὴν κεφ. (17)
— 20. ἐπιθήσεις ἐπὶ τὸν λοβὸν τοῦ ὠτὸς Ἀαρὼν τοῦ δ. (15 *a*)
— 24. ἐπιθήσεις τὰ πάντα ἐπὶ τὰς χεῖρας Ἀ. (29)
30. 10. A^2 καὶ ἐπιθήσει –
34. 33. ἐπέθηκεν ἐπὶ τὸ πρόσωπον αὐτοῦ κάλυμμα (15 *a*)
36. 14 (39. 7). ἐπέθηκεν αὐτοὺς ἐπὶ τοὺς ὤμους τῆς ἐπωμίδος (29)
— 24 (39. 17). ἐπέθηκαν τοὺς δύο δακτυλίους (15 *a*)
— 25 (39. 17). ἐπέθηκαν τὰ ἐμπλόκια (15 *a* ?)
— 26 (39. 18). καὶ ἐπέθηκαν ἐπὶ τὰς δύο ἀσπιδίσκας καὶ ἐπέθηκαν ἐπὶ τοὺς ὤμους τῆς ἐπωμίδος (15 *a*, 15 *a*)
— 27 (39. 19). καὶ ἐπέθηκαν ἐπὶ τὰ δύο πτερύγια (29)
— 28 (39. 20). καὶ ἐπέθηκαν ἐπ' ἀμφοτέρους τοὺς ὤμους (15 *a*)
— 33 (39. 25). καὶ ἐπέθηκαν τοὺς κώδωνας ἐπὶ τὸ λῶμα (15 *a*)
— 40 (39. 31). καὶ ἐπέθηκαν ἐπὶ τὸ λῶμα ὑακίνθινον (15 *a*)
37. 4 (36. 36). καὶ ἐπέθηκαν αὐτὸ ἐπὶ τέσσαρας στύλους (22)
38. 24 (5). ἐπέθηκεν αὐτῷ τέσσαρας δακτυλίους (7)
40. 4. ἐπιθήσεις τοὺς λύχνους αὐτῆς (19)
— 5. ἐπιθήσεις [A θήσεις] κάλυμμα καταπετάσματος (29)
— 18. ἐπέθηκε τὰς κεφαλίδας (29)
— 19. ἐπέθηκε τὸ κατακάλυμμα τῆς σκηνῆς ἐπ' αὐτήν (29)
— 20. A ἐπέθηκεν [B ὑπέθ.] τοὺς διωστῆρας ὑπὸ τὴν κιβ. (29)
— 21. ἐπέθηκε [A^1 ἔθηκεν] τὸ κατακάλυμμα τοῦ καταπ. (29)
— 22. ἐπέθηκε [A B^2 ἔθηκεν] τὴν τράπεζαν εἰς τὴν σκηνήν (15 *a*)
— 25. ἐπέθηκε τοὺς λύχνους αὐτῆς ἔναντι κυρίου (19)
Le. 1. 4. ἐπιθήσει τὴν χεῖρα ἐπὶ τὴν κεφαλήν (17)
— 7. ἐπιθήσουσιν . . . πῦρ ἐπὶ τὸ θυσιαστ. (15 *a*)
— 9. ἐπιθήσουσιν [A -σει] . . . τὰ πάντα ἐπὶ τὸ θυσ. (25)
— 11. ἐπιθήσει τὴν χεῖρα ἐπὶ τὴν κεφαλὴν αὐτοῦ –
— 13. καὶ ἐπιθήσει ἐπὶ τὸ θυσιαστήριον (25)
— 15. ἐπιθήσει ὁ ἱερεὺς ἐπὶ τὸ θυσιαστήριον (25)
— 17. ἐπιθήσει αὐτὸ ὁ ἱ. ἐπὶ τὸ θυσιαστ. (25)
2. 1. ἐπιθήσει ἐπ' αὐτὸ λίβανον (15 *a*)
— 2. ἐπιθήσει ὁ ἱερεὺς τὸ μνημόσυνον αὐτῆς ἐπὶ τὸ θυσ. (25)
— 9. ἐπιθήσει ὁ ἱερεὺς ἐπὶ τὸ θυσιαστήριον (25)
— 15. ἐπιθήσεις ἐπ' αὐτὴν λίβανον (29)
3. 2, 8, 13. ἐπιθήσει τὰς χεῖρας ἐπὶ τὴν κεφ. (17)
4. 4. ἐπιθήσει τὴν χεῖρα αὐ. ἐπὶ τὴν κεφ. (17)
— 7. ἐπιθήσει ὁ ἱερεὺς ἀπὸ τοῦ αἵματος . . . ἐπὶ τὰ κέρατα (15 *a*)
— 15. ἐπιθήσουσιν οἱ πρεσβύτεροι . . . τὰς χεῖρας (17)
— 18. ἀπὸ τοῦ αἵματος ἐπιθήσει ὁ ἱερεύς (15 *a*)
— 24. ἐπιθήσει τὴν χεῖρα ἐπὶ τὴν κεφαλήν (17)
— 25. ἐπιθήσει ὁ ἱερεὺς ἀπὸ τοῦ αἵματος (9 *et* 15 *a*)
— 29. ἐπιθήσει τὴν χεῖρα ἐπὶ τὴν κεφαλήν (17)
— 30. ἐπιθήσει ἐπὶ τὰ κέρατα τοῦ θυσιαστ. (15 *a*)
Le. 4. 33. ἐπιθήσει τὴν χεῖρα ἐπὶ τὴν κεφαλήν (17)
— 34. ἐπιθήσει ἐπὶ τὰ κέρατα τοῦ θυσιαστ. (15 *a*)
— 35. ἐπιθήσει αὐτὸ ὁ ἱ. ἐπὶ τὸ θυσιαστ. (25)
5. 11. οὐδὲ ἐπιθήσει ἐπ' αὐτὸ λίβανον (15 *a*)
— 12. τὸ μνημόσυνον αὐτῆς ἐπιθήσει ἐπὶ τὸ θυσιασ. (25)
6. 12 (5). ἐπιθήσει ἐπ' αὐτὸ τὸ στέαρ τοῦ σωτηρίου (25)
7. 20 (30). AB ὥστε ἐπιθεῖναι [R -τιθέναι] δόμα (11)
8. 7. ἐπέθηκεν ἐπ' αὐτὸν [A ἐπέθ. αὐτῷ] τὴν ἐπωμ. (15 *a*)
— 8. ἐπέθηκεν ἐπ' αὐτὴν τὸ λογεῖον (29)
— 8. ἐπέθηκεν ἐπὶ τὸ λογεῖον τὴν δήλωσιν (15 *a*)
— 9. ἐπέθηκε τὴν μίτραν ἐπὶ τὴν κεφαλήν (29)
— 9. ἐπέθηκεν ἐπὶ τὴν μίτραν . . . τὸ πέταλον (29)
— 14. ἐπέθηκεν Ἀαρὼν . . . τὰς χεῖρας ἐπὶ τὴν κεφαλήν (17)
— 15. ἐπέθηκεν ἐπὶ τὰ κέρατα τοῦ θυσ. (15 *a*)
— 18. ἐπέθηκεν Ἀαρὼν . . . τὰς χεῖρας (17)
— 21 (22). ἐπέθηκεν Ἀαρὼν . . . τὰς χεῖρας αὐτῶν (17)
— 22 (23). ἐπέθηκεν ἐπὶ τὸν λοβὸν τοῦ ὠτὸς Ἀαρών (15 *a*)
— 23 (24). ἐπέθηκε M. ἀπὸ τοῦ αἵματος ἐπὶ τοὺς λοβούς (15 *a*)
— 25 (26). ἐπέθηκεν ἐπὶ τὸ στέαρ (29)
— 25 (26). B^1 ἐπέθηκεν [AB^{2}R *om.*] τὸν βραχίονα –
— 26 (27). ἐπέθηκεν ἅπαντα ἐπὶ τὰς χεῖρας Ἀ. (15 *a*)
9. 9. ἐπέθηκεν ἐπὶ τὰ κέρατα τοῦ θυσιαστ. (15 *a*)
— 13. ἐπέθηκεν ἐπὶ τὸ θυσιαστήριον (25)
— 14. ἐπέθηκεν ἐπὶ τὸ ὁλοκαύτωμα ἐπὶ τὸ θυσιασ. (25)
— 17. ἐπέθηκεν ἐπὶ τὸ θ. (25)
— 20. ἐπέθηκε τὰ στέατα ἐπὶ τὸ στηθύνια (29)
10. 1. ἐπέθηκαν [A ἔθηκαν] ἐπ' αὐτὸ πῦρ (15 *a*)
14. 14, 17. ἐπιθήσει ὁ ἱερεὺς ἐπὶ τὸν λοβὸν τοῦ ὠτός (15 *a*)
— 18. ἐπιθήσει ὁ ἱ. ἐπὶ τὴν κεφ. τοῦ καθ. (15 *a*)
— 24. ἐπιθήσει αὐτὰ ἐπίθεμα ἔναντι κυρίου (11)
— 25. ἐπιθήσει ἐπὶ τὸν λοβὸν τοῦ ὠτός (15 *a*)
— 28. ἐπιθήσει ὁ ἱερεὺς ἀπὸ τοῦ ἐλαίου (15 *a*)
— 29. ἐπιθήσει ἐπὶ τὴν κεφαλὴν τοῦ καθαρ. (15 *a*)
16. 8. ἐπιθήσει Ἀαρὼν ἐπὶ τοὺς δύο χιμάρους (15 *a*)
— 13. ἐπιθήσει τὸ θυμίαμα ἐπὶ τὸ πῦρ (15 *a*)
— 18. ἐπιθήσει ἐπὶ τὰ κέρατα τοῦ θυσιαστ. (15 *a*)
— 21. ἐπιθήσει [A προσάξει] Ἀ. τὰς χεῖρας αὐ. ἐπὶ τὴν κ. (17)
— 21. ἐπιθήσει αὐτὰς ἐπὶ τὴν κεφαλὴν τοῦ χιμάρου (15 *a*)
23. 20. ἐπιθήσει αὐτὰ ὁ ἱερεὺς . . . ἐπίθεμα (11)
24. 6. ἐπιθήσετε αὐτοὺς δύο θέματα (29)
— 7. ἐπιθήσετε ἐπὶ τὸ θέμα λίβανον καθαρόν (15 *a*)
— 14. ἐπιθήσουσι . . . τὰς χεῖρας αὐτῶν ἐπὶ τὴν κεφ. (17)
Nu. 4. 6. ἐπιθήσουσιν ἐπ' αὐτὸ κατακάλυμμα (15 *a*)
— 10. ἐπιθήσουσιν αὐτὴν ἐπ' ἀναφορέων (15 *a*)
— 12. ἐπιθήσουσιν ἐπὶ ἀναφορεῖς (15 *a*)
— 13. τὸν καλυπτῆρα ἐπιθήσει [A -σεις] ἐπὶ τὸ θυσιαστήριον †
— 14. ἐπιθήσουσιν ἐπ' αὐτὸ πάντα τὰ σκεύη (15 *a*)
— 14. ἐπιθήσουσιν ἐπὶ ἀναφορεῖς (29)
5. 15. οὐδὲ ἐπιθήσει ἐπ' αὐτὸ λίβανον (15 *a*)
— 25. ἐπιθήσει τὴν θυσίαν ἔναντι κυρίου (11)
6. 18. ἐπιθήσει τὰς τρίχας ἐπὶ τὸ πῦρ (9 *et* 15 *a*)
— 19. ἐπιθήσει ἐπὶ τὰς χεῖρας τοῦ ηὐγμένου (15 *a*)
— 27 (23). ἐπιθήσουσι τὸ ὄνομά μου ἐπὶ τοὺς υἱοὺς Ἰ. (29)
8. 2. ὅταν ἐπιτιθῇς τοὺς λύχνους (19)
— 10. ἐπιθήσουσιν οἱ υἱοὶ Ἰ. τὰς χεῖρας αὐτῶν ἐπὶ τοὺς Λ. (17)
— 12. ἐπιθήσουσι τὰς χεῖρας ἐπὶ τὰς κεφαλάς (17)
11. 11. ἐπιθεῖναι τὴν ὁρμήν [A ὀργήν] . . . ἐπ' ἐμέ (29)
— 17. καὶ ἐπιθήσω ἐπ' αὐτούς (29)
— 25. ἐπέθηκεν ἐπὶ τοὺς ἑβδομήκοντα ἄνδρας (15 *a*)
15. 38. ἐπιθήσετε ἐπὶ τὰ κράσπεδα . . . κλῶσμα ὑακίνθινον (15 *a*)
16. 7. A B^2 R ἐπίθετε ἐπ' αὐτὰ πῦρ (15 *a*)
— 7. ἐπίθετε ἐπ' αὐτὰ θυμίαμα (29)
— 17. A^2 B ἐπιθήσετε ἐπ' αὐτὰ θυμίαμα (15 *a*)
— 18. B ἐπέθηκαν ἐπ' αὐτὰ [B^2 -ὸ] πῦρ (15 *a*)
— 40 (17. 5). ἐπιθεῖναι θυμίαμα ἔναντι κυρίου (25)
— 46 (17. 11). ἐπίθες ἐπ' αὐτὸ πῦρ (15 *a*)
27. 18. ἐπιθήσεις [A^1 -σει] τὰς χεῖράς σου ἐπ' αὐτόν (17)
Nu. 27. 23. ἐπέθηκε τὰς χεῖρας αὐτοῦ ἐπ' αὐτόν (17)
De. 7. 15. οὐκ ἐπιθήσει ἐπὶ σὲ καὶ ἐπιθήσει αὐτὰ ἐπὶ πάντας τοὺς μισοῦντάς σε (29, 15 *a*)
11. 25. τὸν τρόμον ὑμῶν ἐπιθήσει κύριος (15 *a*)
14. 1. οὐκ ἐπιθήσετε φαλάκρωμα (29)
22. 14. καὶ ἐπιθῇ αὐτῇ προφασιστικοὺς λόγους (29)
— 17. ἐπιτίθησιν αὐτῇ προφασιστικοὺς λόγους (29)
26. 6. ἐπέθηκαν ἡμῖν ἔργα σκληρά (15 *a*)
28. 48. AB ἐπιθήσει [R -σῃ] κλοιὸν σιδηροῦν (15 *a*)
33. 10. ἐπιθήσουσι θυμίαμα (29)
34. 9. ἐπέθηκε γὰρ M. τὰς χεῖρας αὐτοῦ ἐπ' αὐτόν (17)
Jo. 10. 24. ἐπίθετε τοὺς πόδας ὑμῶν ἐπὶ τοὺς τραχήλους αὐτῶν (29)
— 24. ἐπέθηκαν τοὺς πόδας αὐτῶν ἐπὶ τοὺς τραχήλους αὐτῶν (29)
Jd. 6. 19. A τὰ κρέα ἐπέθηκεν ἐπὶ τὸ κανοῦν [B *al.*] (29)
8. 31. A ἐπέθηκεν [B ἔθ.] τὸ ὄνομα αὐ. Ἀβ. (29)
9. 24. A τὸ αἷμα αὐ. ἐπιθεῖναι ἐπὶ Ἀβ. [B *al.*] (29)
— 48. A ἐπέθηκεν ἐπὶ τοὺς ὤμους αὐ. [B *al.*] (29)
— 49. ἐπέθηκαν ἐπὶ τὴν συνέλευσιν [A τὸ ὀχύρωμα] (29)
16. 3. A ἐπέθηκεν ἐπὶ τῷ ὤμῳ αὐ. [B *al.*] (29)
18. 19. ἐπίθες τὴν χεῖρά σου ἐπὶ τὸ στόμα σου (29)
Ru. 3. 15. καὶ ἐπέθηκεν ἐπ' αὐτήν (32)
I Ki. 6. 18. οὗ ἐπέθηκαν [A -θεσαν] ἐπ' αὐτοῦ τὴν κιβωτόν (10)
23. 27. ἀλλόφυλοι ἐπέθεντο ἐπὶ τὴν γῆν (24)
27. 8. ἐπετίθεντο ἐπὶ πάντα τὸν Γ. (24)
— 10. ἐπὶ τίνα ἐπέθεσθε σήμερον (24)
30. 1. καὶ Ἀ. ἐπέθετο ἐπὶ τὸν νότον (24)
— 14. ἡμεῖς ἐπεθέμεθα ἐπὶ νότον (24)
II Ki. 13. 19. A R ἐπέθηκεν ἐπὶ [B σποδὸν ἐπὶ] τὴν κεφαλὴν [A τῆς κ.] αὐτῆς –
— 19. ἐπέθηκε τὰς χεῖρας αὐ. ἐπὶ τὴν κεφ. αὐ. (29)
III Ki. 13. 29. καὶ ἐπέθηκεν αὐτὸ ἐπὶ τὸν ὄνον (10)
14. 27. καὶ ἐπέθεντο ἐπ' αὐτόν (23 ?)
16. 28 (22. 46 [47]). B ἃς ἐπέθεντο ἐν ταῖς ἡμέραις Ἀ. †
18. 23. B ἐπιθέτωσαν ἐπὶ τῶν ξύλων (29)
— 23. πῦρ μὴ ἐπιθέτωσαν (29)
— 23. καὶ πῦρ οὐ μὴ ἐπιθῶ (29)
— 25. καὶ πῦρ μὴ ἐπιθῆτε (29)
— 33. A R καὶ ἐπέθηκεν ἐπὶ [B *om.*] τὰς σχίδακας (29)
21 (20). 31. ἐπιθώμεθα δὴ σάκκους ἐπὶ τὰς ὀσφύας ἡμῶν (29)
IV Ki. 4. 29. ἐπιθήσεις τὴν βακτηρίαν μου ἐπὶ πρόσωπον τοῦ παιδαρίου (29)
— 31. ἐπέθηκε τὴν βακτηρίαν ἐπὶ πρόσωπον τοῦ παιδαρίου (29)
5. 11. καὶ ἐπιθήσει τὴν χεῖρα αὐ. ἐπὶ τὸν τόπον (11)
11. 16. καὶ ἐπέθηκαν αὐτῇ χεῖρας (29)
13. 16. καὶ ἐπέθηκεν Ἑλ. τὰς χεῖρας αὐ. (29)
18. 14. ὃ [A *om.*] ἐὰν ἐπιθῇς ἐπ' ἐμέ (15 *a*)
— 14. καὶ ἐπέθηκεν ὁ βασιλεὺς Ἀ. . . . τριακόσια τάλαντα (29)
20. 7. καὶ ἐπιθέτωσαν ἐπὶ τὸ ἕλκος (29)
24. 17. καὶ ἐπέθηκε [A ἔθ.] τὸ ὄνομα αὐτοῦ Σ. (16)
I Ch. 13. 7. καὶ ἐπέθηκαν τὴν κιβωτὸν . . . ἐπὶ ἅμαξαν καινήν (28)
II Ch. 3. 16. B καὶ ἐπέθηκεν [A R ἔθ.] ἐπὶ τῶν χαλαστῶν (15 *a*)
4. 6. A καὶ ἐπέθηκεν [B ἔθ.] τοὺς πέντε ἐκ δεξιῶν (15 *a*)
23. 13. ἐπιτιθέμενοι [A ἐπιθ.] ἐπιτίθεσθε (26 *c*, 26 *c*)
24. 21. καὶ ἐπέθεντο αὐτῷ (26 *a*)
— 25. καὶ ἐπέθεντο αὐτῷ οἱ παῖδες αὐτοῦ (26 *b*)
— 26. καὶ οἱ ἐπιθέμενοι ἐπ' αὐτόν (26 *b*)
25. 13. ἐπέθεντο ἐπὶ τὰς πόλεις Ἰ. (24)
— 27. καὶ ἐπέθεντο [A -θετο] αὐτῷ ἐπίθεσιν (26 *a*)
28. 17. ὅτι Ἰδουμαῖοι ἐπέθεντο (1)
— 18. καὶ οἱ ἀλλόφυλοι ἐπέθεντο ἐπὶ τὰς πόλεις (24)
29. 23. ἐπέθηκαν τὰς χεῖρας αὐ. ἐπ' αὐτούς (17)
33. 24. καὶ ἐπέθεντο αὐτῷ οἱ παῖδες αὐτοῦ (26 *a*)
— 25. τοὺς ἐπιθεμένους [A ἐπιτιθ.] ἐπὶ τὸν βασιλέα Ἀ. (26 *a*)
I Es. 4. 30. καὶ ἐπιτιθοῦσαν ἑαυτῇ
Ne. 9. 7. καὶ ἐπέθηκας αὐτῷ ὄνομα Ἁ. (29)
To. 6. 16. καὶ ἐπιθήσεις ἀπὸ τῆς καρδίας [S *al.*]
8. 2. ἐπέθηκε τὴν καρδίαν τοῦ ἰχθύος [S *al.*]
Ju. 4. 10. ἐπέθεντο σάκκους ἐπὶ τὰς ὀσφύας αὐτῶν

Ju. 4. 11. A ἐπέθεντο [B ἔπεσον, S ἔπεσαν] κατὰ πρόσωπον τοῦ ναοῦ
8. 5. καὶ ἐπέθηκεν ἐπὶ τὴν ὀσφὺν αὐτῆς σάκκον
9. 1. ἐπέθετο [S^2 ἔθ.] σποδὸν ἐπὶ τὴν κεφαλὴν αὐ.
10. 3. ἐπέθετο μίτραν ἐπ' αὐτῆς
— 5. καὶ ἐπέθηκεν αὐτῇ
15. 11. ἐπέθηκεν [S ἔθ.] ἐπὶ τὴν ἡμίονον αὐτῆς
16. 7. οὐδὲ ὑψηλοὶ γίγαντες ἐπέθεντο αὐτῷ
Es. 2. 17. καὶ ἐπέθηκεν αὐτῇ [S^1 om.] τὸ διάδημα (29)
5. 2. ἐπέθηκεν ἐπὶ τὸν τράχηλον αὐτῆς †
8. 13. τοὺς ἐν καιρῷ θλίψεως ἐπιθεμ. αὐτοῖς [S^1 om.]
9. 14. S^1 καὶ ἐπέθηκεν τοῖς Ἰ. τῶν υἱῶν Ἀ. [A B S^2 al.] (15 b ?)
Jb. 29. 9. δάκτυλον ἐπιθέντες [A ἐπιτιθ.] ἐπὶ στόματι (29)
31. 27. χεῖρά μου ἐπιθεὶς ἐπὶ στόματί μου –
40. 27 (32). A^2 S R ἐπιθήσεις [A^1 B -σει] δὲ [A S δὲ ἐπ'] αὐτῷ χεῖρα (29)
Ps. 3. 6. ἀπὸ μυριάδων λαοῦ τῶν κύκλῳ [A -ων] ἐπιτιθεμένων [A S συνεπ.] μοι (32)
20 (21). 5. δόξαν . . . ἐπιθήσεις ἐπ' αὐτόν (31)
58 (59). 3. ἐπέθεντο ἐπ' ἐμὲ κραταιοί (2)
61 (62). 3. ἕως πότε ἐπιτίθεσθε ἐπ' ἄνθρωπον (3)
Wi. 8. 12. χεῖρα [S -ας] ἐπιθήσουσιν ἐπὶ στόμα αὐτῶν
18. 21. πέρας ἐπέθηκε τῇ συμφορᾷ
Si. 10. 5. προσώπῳ γραμματέως ἐπιθήσει δόξαν αὐ.
11. 31. ἐν τοῖς αἱρετοῖς [A ἑτέροις] ἐπιθήσει μῶμον
Mi. 7. 16. ἐπιθήσουσι χεῖρας [A -α] ἐπὶ τὸ στόμα αὐτῶν (29)
Za. 3. 6 (5). ἐπίθετε κίδαριν καθαρὰν ἐπὶ τὴν κεφ. (29)
— 6 (5). A B S^2 ἐπέθηκαν κίδαριν καθαρὰν ἐπὶ τὴν κεφαλὴν αὐτοῦ (29)
6. 11. ἐπιθήσεις ἐπὶ τὴν κεφαλὴν Ἰησοῦ (29)
Ma. 1. 7. τὰ ἐπιτιθέμ. ἐξουδενώσατε [A S^2 al.] –
— 12. τὰ ἐπιτιθέμ. ἐξουδενώνται βρώματα αὐ. (12)
Is. 1. 6. οὐκ ἔστι μάλαγμα ἐπιθεῖναι (34 ?)
44. 3. ἐπιθήσω τὸ πνεῦμά μου ἐπὶ τὸ σπέρμα σου (7)
Je. 27 (50). 24. B^2 S ἐπιθήσονταί [A B^1 R ἐπιβήσ.] σοι (8)
29 (49). 9. ἐπιθήσουσι χεῖρα [A S -ας] αὐ. (33)
Ba. 5. 2. ἐπίθου τὴν μίτραν ἐπὶ τὴν κεφαλήν σου
La. 3. 53. ἐπέθηκαν λίθον ἐπ' ἐμοί (6)
Ez. 21. 26 (31). ἐπέθου τὸν στέφανον αὐτῇ (27 ?)
23. 5. ἐπέθετο [A προσέθ.] ἐπὶ τοὺς ἐραστὰς αὐτῆς (18)
— 7. ἐπὶ πάντας οὓς ἐπέθετο (18)
— 9. εἰς χεῖρας υἱῶν Ἀσσ. ἐφ' οὓς ἐπετίθετο (18)
— 12. ἐπὶ τοὺς υἱοὺς τῶν Ἀσσ. ἐπέθετο ἡγουμένους (18)
— 16. ἐπέθετο ἐπ' αὐτοὺς τῇ [A ἐν] ὁράσει ὀφθαλμῶν αὐτῆς (18)
— 20. ἐπέθου ἐπὶ τοὺς Χαλδαίους (18)
27. 30. ἐπιθήσουσιν ἐπὶ τὴν κεφαλὴν αὐ. γῆν (19)
40. 42. ἐπ' αὐτὰ ἐπιθήσουσι τὰ σκεύη [A om. τὰ σκ.] (10)
43. 20. ἐπιθήσουσιν ἐπὶ τὰ τέσσαρα κέρατα (15)
Da. LXX. Su. 34. ἐπέθηκαν τὰς χεῖρας αὐτῶν ἐπὶ τῆς κεφαλῆς αὐτῆς
1. 7. καὶ ἐπέθηκεν αὐτοῖς ὁ ἀρχιευν. ὀνόματα (29)
Da. TH. 1. 7. καὶ ἐπέθηκεν αὐτοῖς ὁ ἀρχιευν. ὀνόματα (29)
5. 12. ὁ βασιλεὺς ἐπέθηκεν αὐτῷ ὄνομα (30)
6. 17 (18). ἐπέθηκαν [A -εν] ἐπὶ τὸ στόμα τοῦ λάκκου (30)
I Ma. 1. 9. καὶ ἐπέθεντο πάντες διαδήματα
4. 39. A R ἐπέθεντο σποδὸν ἐπὶ τὴν κεφαλὴν αὐτῶν [S om. ἐ. τ. κ. αὐ.]
— 51. ἐπέθηκαν ἐπὶ τὴν τράπεζαν ἄρτους
8. 14. A B οὐκ ἐπέθεντο [R -ετο] . . . διάδημα
11. 54. καὶ ἐπέθετο διάδημα
— 71. A S ἐπέθετο [R -έθηκε] γῆν ἐπὶ τὴν κεφ. αὐ.
III Ma. 1. 26. τέλος ἐπιθήσειν δοκῶν τῷ προειρημ.
[Aq. Ge. 29. 25 : I Ki. 28. 12 : Ez. 23. 41.]
[Sm. I Ki. 15. 2 : II Ki. 6. 3 : II Ch. 23. 13 *bis* : Jb. 23. 6 : Ps. 88 (89). 20 : Is. 22. 22 : Je. 43 (50). 10 : Ez. 19. 8.]
[Th. Ex. 37. 13 : Ez. 23. 41.]
[Al. Le. 6. 22 (15) : Nu. 16. 18 : III Ki. 22. 47.]
[Heb. Ez. 13. 18.]

ἐπιτιμᾶν. (1) גָּעַר
Ge. 37. 10. καὶ ἐπετίμησεν αὐτῷ ὁ πάτηρ αὐτοῦ (1)
Ru. 2. 16. καὶ οὐκ ἐπιτιμήσετε αὐτῇ (1)
Ps. 9. 5. ἐπετίμησας ἔθνεσι (1)
Ps. 67 (68). 30. ἐπιτίμησον τοῖς θηρίοις τοῦ καλάμου (1)
105 (106). 9. ἐπετίμησε τῇ ἐρυθρᾷ θαλάσσῃ (1)
106 (107). 29. S^2 ἐπετίμησεν τῇ καταιγίδι [A B S^1 *al.*] †
118 (119). 21. ἐπετίμησας ὑπερηφάνοις (1)
Si. 11. 7. νόησον πρῶτον καὶ τότε ἐπιτίμα
Za. 3. 3 (2). ἐπιτιμήσαι κύριος ἐν σοί, διάβολε, καὶ ἐπιτιμήσαι κύριος ἐν σοί (1, 1)
III Ma. 2. 24. εἰς μετάμελον ἦλθεν ἐπιτιμηθείς
[Aq. Is. 17. 13 : 54. 9 : Ma. 2. 3.]
[Sm. Is. 54. 9 : Mi. 2. 6 *ter.*]
[Th. Is. 54. 9.]

ἐπιτίμησις. (1) גְּעָרָה
II Ki. 22. 16. ἐν τῇ ἐ. κυρίου (1)
Jb. 26. 11. ἐξέστησαν ἀπὸ τῆς ἐ. αὐτοῦ (1)
Ps. 17 (18). 15. ἀπὸ ἐπιτιμήσεώς σου, κύριε (1)
75 (76). 6. ἀπὸ ἐπιτιμήσεώς σου, ὁ θεὸς Ἰακώβ (1)
79 (80). 16. ἀπὸ ἐπιτιμήσεως τοῦ προσώπου σου ἀπολοῦνται (1)
103 (104). 7. ἀπὸ ἐπιτιμήσεώς σου φεύξονται (1)
Ec. 7. 6 (5). ἀγαθὸν τὸ ἀκοῦσαι ἐπιτίμησιν σοφοῦ (1)
Wi. 12. 26. παιγνίοις ἐπιτιμήσεως μὴ νουθετηθέντες
Si. 29. 28. ἐπιτίμησις [A S -εις] οἰκίας καὶ ὀνειδισμὸς δανειστοῦ
[Aq. Dt. 28. 20 : Ps. 75 (76). 7 : Pr. 13. 8 : 17. 10 : Is. 30. 17 : 66. 15.]
[Sm. Pr. 13. 8 : Is. 30. 17 : 50. 2 : 66. 15.]
[Th. Jb. 26. 11 : Pr. 13. 8 : 17. 10 : Is. 30. 17 : 51. 20 : 66. 15.]

ἐπιτιμία.
Wi. 3. 10. οἱ δὲ ἀσεβεῖς . . . ἕξουσιν ἐπιτιμίαν

ἐπιτίμιον.
Si. 8. 5. B^2 S^4 R πάντες ἐσμὲν ἐν ἐπιτιμίοις [A B^1 S^1 -μοις]
9. 5. μή ποτε σκανδαλισθῇς [S -ίσῃ σε] ἐν τοῖς ἐ. αὐτῆς
II Ma. 6. 13. R εὐθέως περιπίπτειν ἐπιτιμίοις [A τοῖς ἐπιτίμοις]

ἐπίτιμος.
To. 13. 16. A καὶ λίθῳ ἐ. [B ἐντ., S τιμίῳ] τὰ τείχη σου
Si. 8. 5. A B^1 S^1 πάντες ἐσμὲν ἐν ἐπιτίμοις [B^2 S^2 R -μίοις]
II Ma. 6. 13. A εὐθέως περιπίπτειν τοῖς ἐ. [R π. ἐπιτιμίοις]

ἐπιτιτρώσκειν.
IV Ma. 9. 19. A πῦρ ἐπέτρωσαν [S R ὑπέστρ.]

ἐπιτοαυτό, *vid. sub* **ἐπί.**

ἐπίτοκος.
[Sm. I Ki. 4. 19.]

ἐπιτομή.
II Ma. 2. 26. τοῖς τὴν κακοπάθειαν ἐπιδεδεγμένοις τῆς ἐ.
— 28. τὸ δὲ ἐπιπορεύεσθαι τοῖς ὑπογραμμοῖς τῆς ἐ.

ἐπιτρέπειν. (1) אָמַר (2) עָזַב (3) עָרַךְ
Ge. 39. 6. R ἐπέτρεψε [A ἐπέστρ.] πάντα . . . εἰς χεῖρας Ἰ. (2)
Es. 9. 14. B S^2 καὶ ἐπέτρεψεν [S^1 -έστρ.] οὕτως γενέσθαι (1)
Jb. 32. 14. ἀνθρώπῳ δὲ ἐπετρέψατε λαλῆσαι (3 ?)
Wi. 19. 2. A S^2 ἐπιτρέψαντες [B S^1 -στρ.] τοῦ ἀπιέναι
I Ma. 15. 6. S R καὶ ἐπέτρεψά σοι
IV Ma. 4. 17. εἰ ἐπιτρέψειεν αὐτῷ τὴν ἀρχήν
— 18. ὁ δὲ ἐπέτρεψεν αὐτῷ
5. 26. τὰ μὲν οἰκειωθησόμενα . . . ἐπέτρεψεν ἐσθίειν
[Sm. I Ki. 24. 8.]

ἐπιτρέχειν. (1) רוּץ
Ge. 24. 17. ἐπέδραμε δὲ ὁ παῖς εἰς συνάντησιν (1)
III Ki. 19. 20. A καὶ ἐπέδραμεν [B κατέδρ.] ὀπίσω Ἠ. (1)
Da. TH. Su. 19. καὶ ἐπέδραμον αὐτῇ
I Ma. 6. 45. καὶ ἐπέδραμεν [S^1 ἀπ.] αὐτῷ
IV Ma. 7. 11. διὰ τοῦ ἐθνοπλήθους ἐπιτρέχων
[Sm. Ps. 58 (59). 5.]

ἐπιτρίβειν.
Jb. 29. 4. S^1 ὅτε ἤμην ἐπιτρίβων [A B S^2 -βρίθων] ὁδούς [A S^2 -οῖς] †
[Aq. Jb. 5. 4 : 19. 2.]
[Sm. Ps. 55 (56). 3.]

ἐπιτριμμός.
[Aq. Dt. 23. 1 (2).]

ἐπίτριπτος.
[Aq. Ps. 9. 10.]

ἐπίτριψις. (1) דֳּכִי
Ps. 92 (93). 3. A S^2 ἀροῦσιν οἱ ποταμοὶ ἐπιτρίψεις αὐτῶν (1)

ἐπιτροπή.
II Ma. 13. 14. δοὺς δὲ τὴν ἐ. τῷ κτίστῃ [A κυρίῳ] τοῦ κόσμου
[Aq. Je. 10. 17.]

ἐπίτροπος.
II Ma. 11. 1. Λυσίας ἐ. τοῦ βασιλέως
13. 2. καὶ σὺν αὐτῷ Λυσίαν τὸν ἐ.
14. 2. καὶ τὸν τούτου ἐ. Λυσίαν

ἐπιτυγχάνειν. (1) חָרַךְ (2) צָלַח hi.
Ge. 39. 2. καὶ ἦν ἀνὴρ ἐπιτυγχάνων (2)
Pr. 12. 27. οὐκ ἐπιτεύξεται δόλιος θήρας (1)

ἐπιτυχία.
Wi. 13. 19. περὶ δὲ . . . χειρῶν ἐπιτυχίας

ἐπιφαίνειν. (1) אוֹר hi. (2) גָּלָה *a.* ni. *b.* hi. (3) זָרַח (4) יָרֵא ni. (5) מָצָא ni. (6) פָּנָה
Ge. 35. 7. A ἐκεῖ γὰρ ἐπεφάνη [R ἐφάνη] αὐτῷ ὁ θεός (2 *a*)
Nu. 6. 25. ἐπιφάναι κ. τὸ πρόσωπον αὐ. ἐπὶ σέ (1)
De. 33. 2. ἐπέφανεν ἐκ Σηεὶρ ἡμῖν (3)
Ps. 30 (31). 16. ἐπίφανον τὸ πρόσωπόν σου ἐπὶ τὸν δοῦλόν σου (1)
66 (67). 1. ἐπιφάναι τὸ πρόσωπον αὐ. ἐφ' ἡμᾶς (1)
79 (80). 3, 7, 19. ἐπίφανον τὸ πρόσωπόν σου (1)
117 (118). 27. θεὸς κύριος καὶ ἐπέφανεν ἡμῖν (1)
118 (119). 135. τὸ πρόσωπόν σου ἐπίφανον ἐπὶ τὸν δοῦλόν σου (1)
Ze. 2. 11. ἐπιφανήσεται [A S^1 -νὴς ἔσται] κύριος ἐπ' αὐτούς (4)
Je. 36 (29). 14. ἐπιφανοῦμαι ὑμῖν (5)
Ep. Je. 61. ἀστραπὴ ὅταν ἐπιφανῇ
Ez. 17. 6. τοῦ ἐπιφαίνεσθαι αὐτὴν [A τῷ ἐ. αὐτῇ] τὰ κλήματα αὐ. (6)
39. 28. ἐν τῷ ἐπιφανῆναί με αὐτοῖς ἐν τοῖς ἔθνεσι (2 *b*)
Da. TH. 9. 17. ἐπίφανον τὸ πρόσωπόν σου (1)
II Ma. 3. 30. τοῦ παντοκράτορος ἐπιφανέντος κυρίου
12. 9. A ὥστε ἐπιφαίνεσθαι [R φ.] τὰς αὐγάς
— 22. ἐπιφανείσης δὲ τῆς Ἰ. σπείρας [A om.]
15. 13. εἶθ' οὕτως ἐπιφανῆναι ἄνδρα
III Ma. 2. 19. ἐπίφανον τὸ ἔλεός σου
6. 4. φέγγος ἐπιφάνας ἐλέους Ἰσ. γένει
— 9. ἐπιφάνηθι τοῖς ἀπὸ Ἰσ. γένους . . . ὑβριζομένοις
— 18. ἐπιφάνας τὸ ἅγιον αὐτοῦ πρόσωπον
— 39. ἐπιφάνας τὸ ἔλεος αὐτοῦ
[Aq. Ps. 49 (50). 2 : 79 (80). 2 : 93 (94). 1.]
[Sm. Dt. 33. 2 : Ps. 93 (94). 1.]
[Th. I Ki. 16. 13 : Ps. 93 (94). 1.]

ἐπιφάνεια (-νία). (1) יָרֵא ni.
II Ki. 7. 23. τοῦ ποιῆσαι . . . ἐπιφάνειαν (1)
Es. 5. 1. πᾶσαν [A om.] στολὴν τῆς ἐ. αὐτοῦ
Am. 5. 22. σωτηρίους [A -ίου] ἐπιφανείας ὑμῶν οὐκ ἐπιβλέψομαι †
II Ma. 2. 21. τὰς ἐξ οὐρανοῦ γενομένας ἐ.
3. 24. ἐ. μεγάλην ἐποίησεν
5. 4. ἠξίουν . . . τὴν ἐ. γενέσθαι
12. 22. ἐκ τῆς τοῦ πάντα ἐφορῶντος ἐ.
14. 15. μετ' ἐπιφανείας ἀντιλαμβανόμενον τῆς ἑαυτοῦ μερίδος
15. 27. R τῇ τοῦ θεοῦ . . . εὐφρανθέντες ἐ. [A ἐπιμελείᾳ]
III Ma. 2. 9. παρεδόξασας ἐν ἐ. μεγαλοπρεπεῖ

III Ma. 5. 8. ῥύσασθαι αὐτοὺς μετὰ μεγαλομεροῦς ἐ.
— 51. οἰκτεῖραι μετὰ ἐπιφανείας αὐτούς
[Aq. II Ki. 8. 9.]
[Al. Ca. 6. 9 (10).]
[Quint. Ho. 6. 3.]

ἐπιφανής. (1) יָרֵא ni. (2) רָאָה hoph. (3) ἐ. εἶναι יָרֵא ni.

Jd. 13. 6. A καὶ ἡ ὅρασις αὐτοῦ . . . ἐπιφανὴς σφόδρα [B *al.*] (1)
I Ch. 17. 21. ὄνομα μέγα καὶ ἐ. (1)
Es. 1. 6. S καὶ στρωμναὶ ἐ. ποικίλως διηνθισμέναι [A B *al.*] †
5. 1. καὶ γενηθεῖσα [S^1 ἐγενήθη] ἐπιφανής
Pr. 25. 14. ὥσπερ ἄνεμοι καὶ νέφη καὶ ὑετοὶ ἐπιφανέστατα [A S^2 -οι] †
Jl. 2. 11. μεγάλη ἡ ἡμέρα τοῦ κυρίου μεγάλη καὶ ἐ. σφόδρα (1)
— 31 (3. 4). ἡμέραν κυρίου τὴν μεγάλην καὶ ἐ. (1)
Hb. 1. 7. φοβερὸς καὶ ἐ. ἐστιν (1)
Ze. 2. 11. A S^1 ἐπιφανὴς ἔσται [B S^2 -φανήσεται] κύριος ἐπ' αὐτούς (3)
3. 2. ὦ ἡ ἐ. . . . πόλις (2?)
Ma. 1. 14. τὸ ὄνομά μου ἐ. ἐν τοῖς ἔθνεσι (1)
4. 5 (3. 23). ἡμέραν κυρίου τὴν μεγάλην καὶ ἐ. (1)
II Ma. 6. 23. R καὶ τῆς ἐπικτήτου καὶ ἐ. πολιᾶς [A πολιτείας]
14. 33. ἱερὸν ἐνταῦθα τῷ Διον. ἐπιφανὲς ἀναστήσω
15. 34. εὐλόγησαν τὸν ἐ. κύριον
III Ma. 5. 35. τὸν ἐ. θεὸν . . . ᾔνουν
[Sm. Ps. 75 (76). 5.]
[Quint. Ca. 6. 9 (10).]

ἐπιφαυλίζειν.

La. 1. 22. A ἐπιφαύλισον [B S -φύλλ.] αὐτοῖς [S -οὺς] †
2. 20. A τίνι ἐπεφαύλισας [B S -φύλλ.] οὕτως †

ἐπιφαύσκειν. (1) אָהַל hi. (2) הָלַל hi.

Jb. 25. 5. καὶ οὐκ ἐπιφαύσκει [A -σει] (1)
31. 26. ἢ οὐχ ὁρῶμεν ἥλιον τὸν ἐπιφαύσκοντα ἐκλείποντα [A S^1 καὶ ἐκλ.] (2)
41. 9 (10). ἐν πταρμῷ αὐτοῦ ἐπιφαύσκεται [A ἐπιφώσκ.] φέγγος (2)

ἐπιφέρειν. (1) הָלַךְ (2) נוּף hi. (3) רָזַם (4) רָחַף pi. (5) שׁוּב hi. (6) שָׁלַח

Ge. 1. 2. πνεῦμα θεοῦ ἐπεφέρετο ἐπάνω τοῦ ὕδατος (4)
7. 18. ἐπεφέρετο ἡ κιβ. ἐπάνω τοῦ ὕδατος (1)
37. 22. χεῖρα δὲ μὴ ἐπενέγκητε αὐτῷ (6)
I Ki. 22. 17. ἐπενεγκεῖν τὰς χεῖρας αὐτῶν (6)
24. 7. ἐπενέγκαι [A -κεῖν] χεῖρά μου ἐπ' αὐτόν (6)
— 11. οὐκ ἐποίσω χεῖρά μου ἐπὶ κύριόν μου (6)
26. 9. τίς ἐποίσει χεῖρα αὐτοῦ ἐπὶ χριστὸν κυρίου (6)
— 11. ἐπενεγκεῖν [A ἐπήνεγκεν] χεῖρά μου ἐπὶ χριστὸν κυρίου (6)
— 23. ἐπενεγκεῖν χεῖρά μου ἐπὶ χριστὸν κυρίου (6)
II Ki. 1. 14. ἐπενεγκεῖν χεῖρά σου (6)
Ju. 8. 8. ὃς ἐπήνεγκεν αὐτῇ ῥῆμα πονηρόν
Es. 8. 7. τὰς χεῖρας ἐπήνεγκε [S^1 -κα ἂν] τοῖς Ἰ. (6)
Jb. 15. 12. τί [A τί σοι] ἐπήνεγκαν οἱ ὀφθαλμοί σου (3)
Pr. 26. 15. οὐ δυνήσεται ἐπενεγκεῖν ἐπὶ [A S^2 εἰς τὸ] στόμα (5)
Wi. 17. 7. S^1 τῆς ἐπιφερομένης [A B S^2 ἐπὶ] φρονήσει ἀλαζονείας
Za. 2. 9 (13). ἐπιφέρω τὴν χεῖρά μου ἐπ' αὐτούς (2)
Da. LXX. Su. 53. κρίνειν κρίσεις θάνατον ἐπιφερούσας
II Ma. 7. 36. A βραχὺν ἐπενέγκαντες [R ὑπ.] πόνον
12. 35. τινὸς Θρακῶν ἐπενεχθέντος αὐτῷ
IV Ma. 15. 6. S τὴν πρὸς αὐτοὺς ἐπιφερομένην φιλοστοργίαν [R *al.*]
[Aq., Th. Ge. 1. 2.]
[Sm. Ge. 1. 2: Jb. 20. 10.]
[Al. Le. 16. 21: Dt. 32. 11.]

ἐπιφημίζειν. (1) בָּרַךְ hithp.

De. 29. 19 (18). ἐπιφημίσηται ἐν τῇ καρδίᾳ αὐ. (1)
Wi. 2. 12. ἐπιφημίζει ἡμῖν ἁμαρτήματα παιδείας ἡμῶν

ἐπιφθέγγεσθαι.

[Aq. Ps. 2. 5.]
[Sm. Ps. 58 (59). 9.]

ἐπίφοβος.

[Aq. Dt. 10. 21: II Ki. 7. 23: Ps. 44 (45). 5: 88 (89). 8: Is. 64. 3 (2): Ma. 1. 14.]
[Sm. Ps. 88 (89). 8: Ca. 6. 3 (4), 9 (10): Ma. 1. 14.]
[Th. Ma. 1. 14.]
[Quint. Ps. 129 (130). 4.]

ἐπιφύεσθαι.

I Ma. 4. 50. ἐπιφυόμενος τῇ κακίᾳ

ἐπιφυλλίζειν. (1) עָלַל po.

La. 1. 22. ἐπιφύλλισον [A -φαύλ.] αὐτοῖς [S -οὺς] (1)
2. 20. τίνι ἐπεφύλλισας [A -φαύλ.] οὕτως (1)
3. 51. ἐπιφυλλιεῖ ἐπὶ τὴν ψυχήν μου (1)
[Aq. Dt. 24. 23 (21).]
[Sm. Je. 6. 9 *bis*: La. 1. 12.]
[Al. Le. 19. 10.]

ἐπιφυλλίς. (1) עֹלֵלוֹת (2) ἐπιφυλλίδα ποιεῖν עָלַל po.

Jd. 8. 2. R οὐχὶ κρείττων [B κρεῖσσον, A κρείττω] ἐπιφυλλὶς [A -ίδες] Ἐφ. (1)
Mi. 7. 1. ὡς ἐπιφυλλίδα ἐν τρυγητῷ (1)
Ob. 1. 5. A B S^3 οὐκ ἂν ὑπελείποντο [S^1 R ἐπ.] ἐπιφυλλίδα [S^1 ὑποφ., B S^1 -ας] (1)
Ze. 3. 7. ἔφθαρται [A S^2 διέφθ.] πᾶσα ἡ ἐ. αὐ. †
La. 1. 22. ὃν τρόπον ἐποίησαν ἐπιφυλλίδα (2)
2. 20. ἐπιφυλλίδα ἐποίησε μάγειρος †
[Aq., Th. Jd. 8. 2.]
[Sm. Jd. 8. 2: Is. 24. 13.]

ἐπιφυτεύειν.

IV Ma. 15. 6. R τὴν πρὸς αὐτοὺς ἐπιφυτευομένην [A -η, S -φερομένην] φιλοστοργίαν

ἐπιφωνεῖν.

I Es. 9. 47. A R καὶ ἐπεφώνησε [B ἐφ.] πᾶν τὸ πλῆθος
II Ma. 1. 23. τῶν δὲ λοιπῶν ἐπιφωνούντων
III Ma. 7. 13. ἐπιφωνήσαντες τὸ ἀλληλούϊα

ἐπιφώσκειν. (1) הָלַל hi.

Jb. 41. 9 (10). A ἐν πταρμῷ αὐτοῦ ἐπιφώσκεται [B S ἐπιφαύσκ.] φέγγος (1)

ἐπιχαίρειν. (1) אָמַר הֶאָח (2) גִּיל (3) רוּעַ hi. (4) *a.* שָׂמֵחַ *b.* שָׂמַח (5) שְׁאָט

Ps. 34 (35). 19. μὴ ἐπιχαρείησάν μοι οἱ ἐχθραίνοντές μοι ματαίως [A S ἀδίκως] (4 *a*)
— 24. μὴ ἐπιχαρείησάν μοι (4 *a*)
— 26. ἐντραπείησαν ἅμα οἱ ἐπιχαίροντες τοῖς κακοῖς μου (4 *b*)
37 (38). 16. μή ποτε ἐπιχαρῶσί μοι (4 *a*)
40 (41). 11. οὐ μὴ ἐπιχαρῇ ὁ ἐχθρός μου ἐπ' ἐμέ (3)
Pr. 17. 5. ὁ δὲ ἐπιχαίρων ἀπολλυμένῳ οὐκ ἀθῳωθήσεται (4 *b*)
— 18. ἀνὴρ ἄφρων ἐπικροτεῖ καὶ ἐπιχαίρει ἑαυτῷ –
24. 17. μὴ ἐπιχαρῇς αὐτῷ (4 *a*)
Si. 8. 7. μὴ ἐπίχαιρε ἐπὶ νεκρῷ
23. 3. ἐπιχαρεῖταί μοι ὁ ἐχθρός μου
Ho. 10. 5. ἐπιχαροῦνται ἐπὶ τὴν δόξαν αὐτοῦ (2)
Mi. 4. 11. λέγοντες, Ἐπιχαρούμεθα †
7. 8. μὴ ἐπίχαιρέ μοι (4 *a*)
Ob. 1. 12. μὴ ἐπιχαρῇς ἐπὶ τοὺς υἱοὺς Ἰούδα (4 *a*)
Ba. 4. 12. μηδεὶς ἐπιχαιρέτω μοι τῇ χήρᾳ
— 31. δείλαιοι οἱ . . . ἐπιχαρέντες [A B^1 -ραν.] τῇ σῇ πτώσει
Ez. 25. 3. ἐπεχάρητε ἐπὶ τὰ ἅγιά μου (1)
— 6. ἐπέχαρας ἐκ ψυχῆς σου ἐπὶ τὴν γῆν τοῦ Ἰσραήλ (4 *a et* 5?)
— 15. ἐξανέστησαν ἐκδίκησιν ἐπιχαίροντες ἐκ ψυχῆς (5)
IV Ma. 12. 9. A R καὶ ἐπιχαρέντες [S οἱ δὲ χαρ.] μάλιστα ἐπὶ τῇ ἐπαγγελίᾳ
[Aq. Je. 50 (27). 11.]
[Sm. Ps. 24 (25). 2.]

ἐπιχαρής. (1) ἐπιχαρὴς γίγνεσθαι שָׂמֵחַ

Jb. 31. 29. εἰ δὲ καὶ ἐπιχαρὴς [S^1 -ις] ἐγενόμην πτώματι [A S ἐπὶ πτ.] ἐχθρῶν μου (1)
Na. 3. 4. A B^1 S πόρνη καλὴ καὶ ἐ. [B^2 R -χαρις] †

ἐπίχαρις. (1) חֵן

Jb. 31. 29. εἰ δὲ καὶ ἐπιχαρὴς [S^1 -ις] ἐγενόμην †
Na. 3. 4. B^2 R πόρνη καλὴ καὶ ἐ. [A B^1 S ἐπιχαρής] (1)
[Sm. Pr. 31. 26.]

ἐπίχαρμα. (1) שִׁמְצָה

Ex. 32. 25. διεσκέδασε γὰρ αὐτοὺς Ἀ. ἐπίχαρμα τοῖς ὑπεναντίοις αὐ. (1)
Ju. 4. 12. ἐπίχαρμα τοῖς ἔθνεσι
Si. 6. 4. ἐπίχαρμα ἐχθρῶν [S -οῖς] ποιήσει αὐτόν
18. 31. ποιήσει σε [A S^1 ποιήσεις] ἐπίχαρμα τῶν ἐχθρῶν σου
42. 11. μή ποτε ποιήσῃ [A -σει] σε [S^1 -σῃς] ἐπίχαρμα ἐχθροῖς
[Th. Ex. 32. 25.]

ἐπίχαρτος.

Pr. 11. 4. πρόχειρος δὲ γίνεται καὶ ἐπίχαρτος ἀσεβῶν ἀπώλεια –

ἐπιχεῖν. (1) זָקַק (2) יָצַק *a.* qal. *b.* pi. *c.* hiph. *d.* hoph. (3) נָתַן *a.* qal. *b.* hoph. (4) ריק hi. (5) שִׂים

Ge. 28. 18. καὶ ἐπέχεεν ἔλαιον ἐπὶ τὸ ἄκρον (2 *a*)
35. 14. καὶ ἐπέχεεν ἐπ' αὐτὴν ἔλαιον (2 *a*)
Ex. 29. 7. καὶ ἐπιχεεῖς αὐτὸ ἐπὶ τὴν κεφαλὴν αὐ. (2 *a*)
Le. 2. 1. ἐπιχεεῖ ἐπ' αὐτὸ ἔλαιον (2 *a*)
— 6. ἐπιχεεῖς ἐπ' αὐτὰ ἔλαιον (2 *a*)
— 15. ἐπιχεεῖς ἐπ' αὐτὴν ἔλαιον (3 *a*)
5. 11. οὐκ ἐπιχεεῖ ἐπ' αὐτὸ ἔλαιον [B^1 λίβανον] (5)
8. 12. ἐπέχεε M. ἀπὸ τοῦ ἐλαίου τῆς χρίσεως (2 *a*)
11. 38. ἐὰν δὲ ἐπιχυθῇ ὕδωρ ἐπὶ πᾶν σπέρμα (3 *b*)
14. 15. ἐπιχεεῖ ἐπὶ τὴν χεῖρα τοῦ ἱερέως (2 *a*)
— 26. ἀπὸ τοῦ ἐλαίου ἐπιχεεῖ ὁ ἱ. ἐπὶ τὴν χεῖρα (2 *a*)
21. 10. τοῦ ἐπικεχυμ. ἐπὶ τὴν κεφ. τοῦ ἐλαίου (2 *d*)
Nu. 5. 15. οὐκ ἐπιχεεῖ ἐπ' αὐτὸ ἔλαιον (2 *a*)
I Ki. 10. 1. καὶ ἐπέχεεν ἐπὶ τὴν κεφαλὴν αὐτοῦ (2 *a*)
III Ki. 18. 33 (34). ἐπιχέετε ἐπὶ τὸ ὁλοκαύτωμα (2 *a*)
IV Ki. 3. 11. ὃς ἐπέχεεν ὕδωρ ἐπὶ χεῖρας Ἠ. (2 *a*)
4. 5. καὶ αὐτὴ ἐπέχεεν (2 *b**, 2 *c*)
9. 3. καὶ ἐπιχεεῖς ἐπὶ τὴν κεφαλὴν αὐτοῦ (2 *a*)
— 6. καὶ ἐπέχεε τὸ ἔλαιον ἐπὶ τὴν κεφαλὴν αὐ. (2 *a*)
Jb. 36. 27. ἐπιχυθήσονται [S^1 ἐπειχθ.] ὑετῷ εἰς νεφέλην (1)
Wi. 17. 15. S αἰφνίδιος γὰρ αὐτοῖς . . . φόβος ἐπεχύθη [A B ἐπῆλθεν]
Za. 4. 12. τῶν δύο μυξωτήρων τῶν χρυσῶν τῶν ἐπιχεόντων (4)
[Aq. Dt. 28. 53.]
[Th. Jb. 36. 27.]
[Al. Le. 21. 10.]

ἐπιχειρεῖν. (1) גָּמַל (2) חָשַׁב

II Ch. 20. 11. αὐτοὶ ἐπιχειροῦσιν ἐφ' ἡμᾶς (1)
I Es. 1. 28. πολεμεῖν αὐτὸν ἐπεχείρει
II Es. 7. 23. μήτις ἐπιχειρήσῃ εἰς τὸν οἶκον [B *al.*] †
Es. 8. 13. τοῖς ἑαυτῶν εὐεργέταις ἐπιχειροῦσι μηχανᾶσθαι
9. 25. ὅσα δὲ ἐπεχείρησεν [S -σαν] (2)
II Ma. 2. 29. τῷ δὲ . . . ζωγραφεῖν ἐπιχειροῦντι
7. 19. θεομαχεῖν ἐπιχειρήσας
9. 2. καὶ ἐπεχείρησεν ἱεροσυλεῖν
10. 15. τοὺς φυγαδευθέντας . . . πολεμοτροφεῖν ἐπεχείρουν
III Ma. 6. 24. ἐμὲ . . . ἐπιχειρεῖτε τῆς ἀρχῆς . . . μεθιστᾶν
7. 5. ὡς ἀνδράποδα . . . ἐπεχείρησαν ἀνελεῖν
IV Ma. 1. 5. γελοῖον ἐπιχειροῦντες λέγειν
[Sm. II Ki. 21. 2.]

ἐπιχείρημα.

Si. 9. 4. μή ποτε ἁλῷς ἐν τοῖς ἐ. αὐτῆς

ἐπίχειρον. (1) זְרוֹעַ

Je. 31 (48). 25. τὸ ἐ. αὐτοῦ συνετρίβη (1)
34 (27). 5. ἐποίησα τὴν γῆν . . . ἐν τῷ ἐ. μου τῷ ὑψηλῷ (1)
II Ma. 15. 33. τὰ δὲ ἐ. τῆς ἀνοίας . . . κρεμάσαι

ἐπιχορηγεῖν.

Si. 25. 22. ἐὰν ἐπιχορηγῇ τῷ ἀνδρὶ αὐτῆς
II Ma. 4. 9. A ἐὰν ἐπιχορηγηθῇ [R συγχωρηθῇ]

ἐπιχρίειν.

[**Sm.** Ez. 13. 10 : 22. 28.]

ἐπίχυσις. (1) יָצַק hoph.

Jb. 37. 18. ἰσχυραὶ ὡς ὅρασις ἐπιχύσεως [A ἐπεισχ.] (1)
[**Aq.** Pr. 1. 27.]
[**Sm.** Jb. 37. 18 : 38. 38.]
[**Th.** Jb. 37. 18.]

ἐπιχυτήρ.

[**Sm.** Za. 4. 2, 12.]

ἐπιχωρεῖν.

II Ma. 12. 12. R ἐπεχώρησεν [A ὑπ.] εἰρήνην ἄξειν

ἐπιχώρησις. (1) רִשְׁיוֹן

II Es. 3. 7. κατ' ἐπιχώρησιν Κύρου (1)

ἐπιψάλλειν.

II Ma. 1. 30. οἱ δὲ ἱερεῖς ἐπέψαλλον τοὺς ὕμνους

ἐπιψοφεῖν. (1) רָקַע

Ez. 25. 6. A B ἐπεψόφησας [B ἐψ.] τῷ ποδί σου (1)

ἐπόζειν. (1) בָּאַשׁ *a.* qal. *b.* hi.

Ex. 7. 18. καὶ ἐποζέσει ὁ ποταμός (1 *a*)
— 21. καὶ ἐπώζεσεν ὁ ποταμός (1 *a*)
16. 20. A^2 B καὶ ἐπώζεσε (1 *a*)
— 24. οὐκ ἐπώζεσεν οὐδὲ σκώληξ ἐγένετο (1 *b*)

ἐποικία.

[**Al.** IV Ki. 17. 9.]

ἐποίκιον. (1) כָּפָר

I Ch. 27. 25. ἐν ταῖς κώμαις καὶ ἐν τοῖς ἐ. (1)
[**Al.** Le. 25. 31 : Jo. 18. 24.]

ἐποικτείρειν. (1) יָטַב hi.

Jb. 24. 21. A στεῖραν γὰρ οὐκ ἐποίκτειραν [B S *al.*] (1?)

ἐπονείδιστος. (1) חָרַף (2) **ἐπονείδιστος γίνεσθαι** חָסַד pi. (3) **ἐπ. εἶναι** גָּלַע hithpa. (4) **ἐπ. εἶναι** חָפֵר hi.

Pr. 18. 1. ἐν παντὶ δὲ καιρῷ ἐπονείδιστος ἔσται (3 ?)
19. 26. καὶ ἐπονείδιστος ἔσται (4)
25. 10. ἵνα μὴ ἐπονείδιστος γένῃ (2)
27. 11. ἀπόστρεψον ἀπὸ σοῦ ἐ. λόγους (1)
III Ma. 6. 31. R οἱ πρὶν [A τὸ πρὶν] ἐ.
[**Sm.** Ps. 38 (39). 9.]

ἐπονομάζειν. (1) זָכַר hi. (2) נָקַב (3) *a.* קָרָא *b.* קָרָא שֵׁם (4) שׂוּם (5) **ἐ. τὸ ὄνομα** קָרָא

Ge. 4. 17. ἐπωνόμασε τὴν πόλιν ἐπὶ τῷ ὀνόματι (3 *b*)
— 25. A^2 R ἐπωνόμασε τὸ ὄνομα αὐτοῦ Σήθ (3 *a*)
— 26. ἐπωνόμασε δὲ τὸ ὄνομα αὐτοῦ Ἐνώς (3 *a*)
5. 2. ἐπωνόμασε τὸ ὄνομα αὐ. Ἀδάμ (3 *a*)
— 3. ἐπωνόμασε τὸ ὄνομα αὐτοῦ Σήθ (3 *a*)
— 29. ἐπωνόμασε τὸ ὄνομα αὐτοῦ Νῶε (3 *a*)
19. 22. A ἐπωνόμασεν [R ἐκάλεσε] τὸ ὄνομα τῆς πόλεως ἐκ. (3 *a*)
21. 31. ἐπωνόμασεν τὸ ὄνομα τοῦ τόπου (5)
25. 25. ἐπωνόμασε δὲ τὸ ὄνομα αὐτοῦ Ἡσαῦ (3 *a*)
26. 18. ἐπωνόμασεν αὐτοῖς ὀνόματα (3 *a*)
— 21. καὶ ἐπωνόμασε τὸ ὄνομα αὐτοῦ Ἐχθρία (3 *a*)
— 22. ἐπωνόμασε τὸ ὄνομα αὐ. Εὐρυχωρία (3 *a*)
30. 11. καὶ ἐπωνόμασε τὸ ὄνομα αὐτοῦ Γάδ (3 *a*)
Ex. 2. 10. ἐπωνόμασε δὲ τὸ ὄνομα αὐτοῦ M. (3 *a*)
— 22. καὶ ἐπωνόμασε M. τὸ ὄνομα αὐ. Γ. (3 *a*)
15. 23. ἐπωνόμασε [A -άσθη] τὸ ὄν. τοῦ τόπου (3 *a*)
16. 31. ἐπωνόμασαν αὐτὸ [A *om.*] . . . τὸ ὄνομα αὐτοῦ Μάν (3 *a*)
17. 7. ἐπωνόμασε τὸ ὄνομα τοῦ τόπου ἐκ. (3 *a*)
— 15. ἐπωνόμασε τὸ ὄνομα αὐ. [A τοῦ τόπου] (3 *a*)
20. 24. οὗ ἐὰν ἐπονομάσω τὸ ὄνομά μου (1)
Le. 24. 11. ἐπονομάσας ὁ υἱὸς . . . τὸ ὄνομα (2)
Nu. 13. 17 (16). ἐπωνόμασε M. τὸν Αὐσὴ . . . Ἰησοῦν (3 *a*)
Nu. 13. 25 (24). τὸν τόπον ἐκεῖνον ἐπωνόμασαν Φάραγξ βότρυος (3 *a*)
32. 38. ἐπωνόμασαν . . . τὰ ὀνόματα τῶν πόλεων (3 *a*)
— 41. καὶ ἐπωνόμασεν αὐτάς (3 *a*)
— 42. καὶ ἐπωνόμασεν αὐτὰς Ναβώθ (3 *a*)
De. 2. 11. οἱ M. ἐπονομάζουσιν αὐτοὺς Ὀμμίν (3 *a*)
— 20. οἱ Ἀ. ἐπονομάζουσιν [B^1 ὀνομ.] αὐτοὺς Ζοχομμίν (3 *a*)
3. 9. οἱ Φ. ἐπονομάζουσι [B^2 -ωνόμασαν] τὸ Ἀ. Σανιὼρ καὶ ὁ Ἀμ. ἐπωνόμασεν αὐτὸ Σανίρ (3 *a*, 3 *a*)
— 14. ἐπωνόμασεν αὐτὰς . . . Θαυὼθ Ἰαΐρ (3 *a*)
12. 5. ἐπονομάσαι τὸ ὄνομα αὐτοῦ ἐκεῖ (4)
Jo. 7. 26. ἐπωνόμασαν αὐτὸ Ἐμεκαχώρ (3 *b*)
22. 34. ἐπωνόμασεν Ἰ. τὸν βωμόν (3 *a*)
Jd. 2. 5. καὶ ἐπωνόμασαν τὸ ὄνομα [A *al.*] (3 *a*)
I Ch. 28. 3. τοῦ ἐπονομάσαι τὸ ὄνομά μου ἐπ' αὐτῷ –
II Ch. 12. 13. ἐπονομάσαι τὸ ὄνομα αὐτοῦ ἐκεῖ (4)
[**Aq.** Ge. 30. 28.]
[**Sm.** Jd. 2. 5.]

ἐποξύνειν.

II Ma. 9. 7. κελεύων ἐποξύνειν τὴν πορείαν

ἐπόπτεσθαι, *vid.* **ἐφορᾶν.**

ἐποπτεύειν.

[**Sm.** Ps. 9. 35 (10. 14) : 32 (33). 13.]

ἐπόπτης.

Es. 5. 1. ἐπικαλεσαμένη τὸν πάντων ἐ. θεόν
II Ma. 3. 39. αὐτὸς γὰρ . . . ἐπόπτης ἐστί
7. 35. τὴν τοῦ παντοκράτορος ἐ. θεοῦ κρίσιν
III Ma. 2. 21. ὁ πάντων ἐ. θεός

ἐποπτικός.

IV Ma. 5. 13. εἰ καί τίς ἐστι . . . ἐ. δύναμις

ἐποργίζεσθαι. (1) שָׂעַר hithpa.

Da. LXX. 11. 40. ἐποργισθήσεται αὐτῷ βασιλεὺς βορρᾶ (1)
II Ma. 7. 33. ὁ ζῶν κύριος ἡμῶν βραχέως ἐπώργισται

ἐπορθρίζειν.

[**Sm.** Jb. 24. 5.]

ἔπος.

Si. 44. 5. διηγούμενοι ἔπη ἐν γραφῇ
Za. 7. 3. S^1 ἐποίησεν ἤδη ἱκανὰ ἔ. [A B S^2 ἔτη] †

ἐποτρύνειν.

IV Ma. 5. 14. τοῦτον τὸν τρόπον . . . ἐποτρύνοντος τοῦ τυράννου
14. 1. ἐπὶ τὸν αἰκισμὸν ἐποτρύνοντες

ἐπουράνιος. (1) שַׁדַּי (2) שְׁמַיָּא

Ps. 67 (68). 14. ἐν τῷ διαστέλλειν τὸν ἐ. βασιλεῖς ἐπ' αὐτῆς (1)
Da. TH. 4. 23. A ἀφ' ἧς ἂν γνῷς τὴν ἐξουσίαν τὴν ἐ. [B οὐ.] (2)
II Ma. 3. 39. ὁ τὴν κατοικίαν ἐπουράνιον ἔχων
III Ma. 6. 28. τοὺς υἱοὺς τοῦ παντοκράτορος ἐ. θεοῦ ζῶντος
7. 6. τὸν ἐ. θεὸν ἐγνωκότες
IV Ma. 4. 11. A R τὸν ἐ. [S οὐρ.] ἐξευμενίσωνται στρατόν
11. 3. S τῇ ἐ. [A R οὐρ.] δίκῃ

ἐποχεῖσθαι.

[**Sm.** Ps. 67 (68). 5, 34.]

ἐποχή.

[**Aq.** Pr. 30. 16.]
[**Sm.** I Ki. 14. 6.]

ἔποψ. (1) דּוּכִיפַת (2) חֲסִידָה

Le. 11. 19. ταῦτα ἃ βδελύξεσθε . . . ἔποπα (1)
De. 14. 17. ταῦτα οὐ φάγεσθε . . . ἔποπα (1 ?, 2 ?)
Za. 5. 9. πτέρυγας ἔποπος (2)

ἑπτά.

Ge. 4. 15, 24 : 5. 7, 25 : 7. 2 (ἑ. ἑ.), 3 (ἑ. ἑ.), 4, 10 : 8. 10, 12 : 11. 21 : 21. 28, 29, 30 : 23. 1 : 25. 17 : 29. 18, 20, 27, 30 : 31. 23 : 37. 2 : 41. 2, 3, 4 *bis*, 5, 6, 7 *bis*, 18, 19, 20 *bis*, 22, 23, 24 *bis*, 26 *quater*, 27 *ter*, 27†, 27, 29, 30, 34, 35, 36, 47, 48, 50, 53, 54 : 46. 25 : 47. 28 *bis* : 50. 10.
Ex. 2. 16 : 6. 16 : 7. 25 : 12. 15, 19 : 13. 7 : 22. 30 (29) : 23. 15 : 25. 36 (37) : 29. 30, 35, 37, 38† : 34. 18 : 38. 17 (37. 23).
Le. 8. 33 *bis*, 35 : 12. 2, 5 : 13. 4, 5, 21, 26, 31, 33, 50, 54 : 14. 8, 38 : 15. 13, 19, 24, 28 : 22. 27 : 23. 6, 8, 15, 18, 34, 36, 39, 40, 42 : 25. 8 *ter* : 26. 21.
Nu. 1. 31† : 2. 8, 31 : 8. 2 : 12. 14 *bis*, 15 : 13. 23 (22) : 19. 11, 14, 16 : 23. 1 *ter*, 4, 14, 29 *ter* : 28. 11, 17†, 19†, 21, 24†, 27, 29 : 29. 2, 4, 8, 10, 12, 32, 36 : 31. 19.
De. 7. 1 : 15. 1 : 16. 3, 4, 9 *bis*, 13, 15 : 28. 7, 25 : 31. 10.
Jo. 6. 7 (8) *bis*, 12 (13) *bis* : 15. 62 : 18. 2, 5, 6, 9.
Jd. 6. 1 : 8. 14 : 12. 9 : 14. 10, 12, 17 : 16. 7, 8, 11†, 13, 14, 19.
Ru. 4. 15.
I Ki. 2. 5 : 6. 1 : 10. 8 : 11. 3 : 13. 8† : 16. 10 : 31. 13.
II Ki. 2. 11† : 5. 5 : 6. 13 : 8. 4†, 4 : 21. 6, 9 : 23. 39.
III Ki. 2. 11 : 3. 1 : 6. 1 (38)†, 6 : 8. 65, 65† : 14. 21 : 16. 15 : 19. 18 : 21 (20). 15†, 29, 30.
IV Ki. 3. 9 : 8. 1, 2, 3 : 11. 21 (12. 1) : 13. 1 : 25. 19†.
I Ch. 3. 4†, 24 : 5. 13† : 7. 5, 11 : 9. 25 : 10. 12 : 12. 25, 34 : 15. 26 *bis* : 18. 4 : 19. 18 : 29. 27.
II Ch. 7. 8, 9 : 12. 13 : 13. 9 : 15. 11† *bis* : 24. 1 : 26. 13† : 29. 21 *quater* : 30. 21, 22, 23 *bis* : 35. 17.
I Es. 1. 19 : 3. 2 : 4. 52, 63 : 5. 14, 15, 25 *bis*, 42 : 7. 14 : 8. 11.
II Es. 2. 38, 39†, 65† : 6. 22 : 7. 14 : 8. 35.
Ne. 7. 18, 19, 41, 42, 67, 72 : 8. 18.
To. 2. 1† : 3. 8 *bis*, 15 : 6. 13 : 7. 11 : 11. 19† : 12. 15 : 14. 14.
Ju. 16. 24.
Es. 1. 1, 10 : 2. 9, 18 : 3. 12, 13 : 8. 9, 13.
Jb. 1. 2 : 2. 13, 13† : 42. 8 *bis*, 13.
Pr. 9. 1 : 26. 25.
Ec. 11. 2.
Si. 22. 12 : 37. 14.
Mi. 5. 5.
Za. 3. 10 : 4. 2 *bis*, 10.
Is. 4. 1 : 11. 15.
Je. 15. 9 : 39 (32). 9 : 52. 25, 31†.
Ep. Je. 3.
Ez. 3. 15, 16 : 39. 9 : 40. 6, 22, 26 : 41. 3 *bis* : 43. 25, 26 : 44. 26 : 45. 21, 23 *quater*, 25.
Da. LXX. 4. 13, 29, 30, 31, 32 : 6. 1 (2), 3 (4) : 9. 26, 27 : Bel 31.
Da. TH. 4. 13, 20, 22, 29 : 9. 25 : Bel 32.
I Ma. 13. 28.
II Ma. 7. 1, 20.
III Ma. 6. 30 : 7. 17.
IV Ma. 1. 8 : 8. 3 : 13. 1, 23 : 14. 3, 4, 7, 12 : 15. 2, 6†, 6, 24, 27† : 16. 1, 3, 6, 7 *bis* : 17. 2, 5, 7, 9, 13†, 14† : 18. 6†, 20.
[**Aq.** Ge. 4. 24 : 5. 25 : Le. 23. 40, 41 : Jd. 16. 13 : I Ki. 13. 8 : III Ki. 8. 65 : Jb. 5. 19 : Pr. 6. 16 : Je. 15. 9 : Ez. 21. 23 (28) : Da. 9. 26 : Mi. 5. 5 (4).]
[**Sm.** Ge. 5. 25 : Le. 23. 40, 41 : Jd. 16. 13 : I Ki. 13. 8 : Pr. 26. 16 : Da. 9. 26 : Mi. 5. 5 (4).]
[**Th.** Ge. 5. 25 : Le. 23. 40, 41 : Jb. 5. 19 : Ps. 15 (16). 11 : Pr. 6. 16 : Je. 15. 9 : Mi. 5. 5 (4).]
[**Al.** Ge. 5. 25 : Ex. 13. 6.]
[**Quint.** Pr. 6. 16.]

ἑπταετής. (1) שֶׁבַע שָׁנִים

Jd. 6. 25. καὶ μόσχον δεύτερον ἑ. (1)

ἑπτακαίδεκα, *vid. sub vocc.* **ἑπτά** *et* **δέκα.**

ἑπτακαιδέκατος. (1) *a.* שְׁבַע עֶשְׂרֵה *b.* שִׁבְעָה עָשָׂר

III Ki. 22. 52. ἐν ἔτει ἑ. Ἰ. (1 *a*)
IV Ki. 16. 1. ἐν ἔτει ἑ. Φ. (1 *a*)
I Ch. 24. 15. ὁ ἑ. (1 *b*)
25. 24. ὁ ἑ. Ἰ. (1 *b*)
Ju. 1. 13. ἐν τῷ ἔτει τῷ ἑ.

ἑπτάκις (-κι). (1) *a.* שֶׁבַע *b.* שִׁבְעָתַיִם *c.* שֶׁבַע פְּעָמִים

Ge. 4. 24. ὅτι ἑ. ἐκδεδίκηται ἐκ Κάϊν (1 *b*)
33. 3. προσεκύνησεν ἐπὶ τὴν γῆν ἑ. (1 *c*)

Le. 4. 6. προσρανεῖ ἀπὸ τοῦ αἵματος ἑ. (1 *c*)
— 17. ῥανεῖ ἑ. ἔναντι κυρίου (1 *c*)
8. 11. ἔρρανεν . . . ἐπὶ τὸ θυσιαστ. ἑ. (1 *c*)
14. 7. περιρρανεῖ . . . ἑ. (1 *c*)
— 16. ῥανεῖ [A *add.* ὁ ἱερεὺς] . . . ἑ. (1 *c*)
— 27. ῥανεῖ ὁ ἱερεὺς . . . ἑ. (1 *c*)
— 51. περιρρανεῖ ἐν αὐτοῖς . . . ἑ. (1 *c*)
16. 14. ῥανεῖ ἑ. (1 *c*)
— 19. ῥανεῖ . . . ἑ. (1 *c*)
25. 8. ἑπτὰ ἔτη ἑ. (1 *c*)
26. 18. τοῦ παιδεῦσαι ὑμᾶς ἑ. (1 *a*)
— 24. πατάξω ὑμᾶς κἀγὼ ἑ. (1 *a*)
— 28. παιδεύσω ὑμᾶς ἐγὼ ἑ. (1 *a*)
Nu. 19. 4. ῥανεῖ . . . ἀπὸ τοῦ αἵματος αὐτῆς ἑ. (1 *c*)
Jo. 6. 14 (15). A R περιήλθοσαν . . . ἑ. [B ἑξάκις] (1 *c*)
III Ki. 18. 43. ἐπίστρεψον ἑπτάκις (1 *c*)
— 43. B καὶ ἀπόστρεψον ἑπτάκι (1 *c* ?)
— 44. A R καὶ ἐπέστρεψε [B ἀπ.] τὸ παιδάριον ἑ. –
IV Ki. 4. 35. συνέκαμψεν [A -εκάλυψεν] ἐπὶ τὸ παιδάριον ἕως ἑ. (1 *c*)
5. 10. λοῦσαι ἑ. ἐν τῷ Ἰορδάνῃ (1 *c*)
— 14. ἐβαπτίσατο ἐν τῷ Ἰ. ἑ. (1 *c*)
Ps. 118 (119). 164. ἑ. τῆς ἡμέρας ᾔνεσά σοι (1 *a*)
Pr. 24. 16. ἑ. γὰρ πεσεῖται δίκαιος (1 *a*)
II Ma. 10. 20. ἑ. δὲ μυριάδας [A -ίας] δραχμὰς λαβόντες

ἑπτακισχίλιοι.

Nu. 3. 22 : 31. 36†, 43.
IV Ki. 24. 16.
I Ch. 29. 4.
II Ch. 15. 11† : 17. 11, 11† : 26. 13† : 30. 24.
I Es. 5. 42†, 43.
II Es. 2. 65.
Ne. 7. 67†.
Jb. 1. 3.
II Ma. 12. 20†.

ἑπτακισχίλιος.

I Ma. 3. 39. καὶ ἑπτακισχιλίαν [A -ον] ἵππον

ἑπτακόσιοι.

Ge. 5. 4, 7, 10, 13, 16, 26†, 31.
Ex. 39. 1 (38. 24), 2 (38. 25), 6 (38. 28).
Nu. 1. 39 : 2. 26† : 4. 36† : 16. 49 (17. 14) : 26. 7, 34†, 51 : 31. 52.
Jd. 8. 26† : 16. 27† : 20. 16.
II Ki. 10. 18.
III Ki. 11. 1 (3).
IV Ki. 3. 26.
I Ch. 5. 18 : 9. 13 : 12. 27 : 26. 30, 32.
II Ch. 15. 11† : 17. 11, 11†.
I Es. 1. 9 : 5. 10, 12, 19, 22.
II Es. 2. 5, 9, 25, 33†, 66, 67.
Ne. 7. 10†, 14†, 29, 37, 68†, 69.
II Ma. 12. 17.
[**Th.** Je. 52. 30.]
[**Heb.**, **Sam.** Ge. 5. 26.]

ἑπτάμηνος. (1) שִׁבְעָה חֳדָשִׁים

Ez. 39. 12. ἵνα καθαρισθῇ ἡ γῆ ἐν ἑπταμήνῳ (1)
— 14. καθαρίσαι αὐτὴν μετὰ τὴν ἑπτάμηνον (1)

ἑπταμήτωρ.

IV Ma. 16. 24. ἡ ἑ. ἕνα ἕκ. τῶν υἱῶν παρακαλοῦσα

ἑπταπλάσιος. (1) שִׁבְעָתַיִם

II Ki. 12. 6. A τὴν ἀμνάδα ἀποτίσει ἑπταπλάσιον [B -ονα] †
Ps. 78 (79). 12. ἀπόδος τοῖς γείτοσιν ἡμῶν ἑπταπλάσια [S -σίονα] (1)
Pr. 6. 31. ἐὰν δὲ ἁλῷ ἀποτίσει ἑπταπλάσια (1)
Si. 7. 3. A οὐ μὴ θερίσῃς αὐτὰ ἑπταπλάσια [B S -ίως]
20. 12. ἀποτιννύων αὐτὰ ἑπταπλάσιον [S -σια]
32 (35). 11. A S R ἑπταπλάσια [B -πλᾶ] ἀνταποδώσει [A ἀποδ.] σοι
40. 8. ἐπὶ ἁμαρτωλῶν ἑπταπλάσια πρὸς ταῦτα
Is. 30. 26. τὸ φῶς τοῦ ἡλίου ἔσται ἑπταπλάσιον (1)

ἑπταπλασίων. (1) שִׁבְעָתַיִם

II Ki. 12. 6. τὴν ἀμνάδα ἀποτίσει ἑπταπλασίονα [A -σιον] †
Ps. 78 (79). 12. S ἀπόδος τοῖς γείτοσιν ἡμῶν ἑπταπλασίονα [B -σια] (1)

ἑπταπλασίως. (1) *a.* חַד־שִׁבְעָה *b.* שִׁבְעָתַיִם

Ps. 11 (12). 6. ἀργύριον . . . κεκαθαρισμένον ἑ. (1 *b*)
Si. 7. 3. οὐ μὴ θερίσῃς αὐτὰς ἑ. [A *al.*]
Da. LXX. 3. 19. καῆναι τὴν κάμινον ἑ. (1 *a*)
— 22. ἡ κάμινος ἐξεκαύθη ὑπὲρ τὸ πρότερον ἑ. †
— (46). ἡ κάμινος ἦν διάπυρος . . . ἑ.
Da. TH. 3. 19. ἐκκαῦσαι τὴν κάμινον ἑ. (1 *a*)
[**Aq.** Ge. 4. 15, 24.]
[**Al.** Le. 26. 18.]

ἑπταπλοῦς.

Si. 32 (35). 11. B ἑπταπλᾶ [A S R -πλάσια] ἀνταποδώσει [A ἀποδ.] σοι

ἑπτάπυργος.

IV Ma. 13. 7. ἡ ἑ. τῶν νεανίσκων εὐλογιστία

ἐπῳδή, *vid.* **ἐπαοιδή.**

ἐπωμίς. (1) *a.* אֵפוֹד *b.* אֲפֻדָּה (2) כָּתֵף

Ex. 25. 6 (7). εἰς τὴν ἐ. καὶ τὸν ποδήρη (1 *a*)
28. 4. τὸ περιστήθιον καὶ τὴν ἐ. καὶ τὸν ποδήρη (1 *a*)
— 6. ποιήσουσι τὴν ἐ. ἐκ βύσσου κεκλωσμένης (1 *a*)
— 7. δύο ἐ. συνέχουσαι ἔσονται αὐτῷ (2)
— 8. τὸ ὕφασμα τῶν ἐ. ὅ ἐστιν ἐπ' αὐτῷ (1 *b*)
— 12. ἐπὶ τῶν ὤμων τῆς ἐ. (1 *a*)
— 15. κατὰ τὸν ῥυθμὸν τῆς ἐ. ποιήσεις αὐτό (1 *a*)
— 25 (29). ἐπ' ἀμφοτέρους τοὺς ὤμους τῆς ἐ. –
29. 5. τὸν χιτῶνα τὸν ποδήρη καὶ τὴν ἐ. (1 *a*)
— 5. συνάψεις αὐτῷ τὸ λογεῖον [B *om.* σ. αὐ. τὸ λ.] πρὸς τὴν ἐ. (1 *a*)
35. 9. εἰς τὴν ἐ. καὶ [A *add.* εἰς] τὸν ποδήρη (1 *a*)
— 27. τοὺς λίθους τῆς πληρώσεως εἰς τὴν ἐ. (1 *a*)
36. 9 (39. 2). ἐποίησε [A -σαν] τὴν ἐ. (1 *a*)
— 11 (39. 4). ἐπωμίδας συνεχούσας ἐξ ἀμφοτέρων τῶν μερῶν (2)
— 14 (39. 7). ἐπέθηκεν αὐτοὺς ἐπὶ τοὺς ὤμους τῆς ἐ. (1 *a*)
— 15 (39. 8). κατὰ τὸ ἔργον τῆς ἐ. (1 *a*)
— 26 (39. 18). ἐπέθηκαν ἐπὶ τοὺς ὤμους τῆς ἐ. (1 *a*)
— 27 (39. 19). ἐπὶ τὸ ἄκρον τοῦ ὀπισθίου τῆς ἐ. ἔσωθεν (1 *a*)
— 28 (39. 20). ἐπ' ἀμφοτέρους τοὺς ὤμους τῆς ἐ. (1 *a*)
— 28 (39. 20). A R κατὰ τὴν συμβολὴν ἄνωθεν τῆς συνυφῆς τῆς ἐ. (1 *a*)
— 29 (39. 21). εἰς τοὺς δακτυλίους τῆς ἐ. (1 *a*)
— 29 (39. 21). συμπεπλεγμένους εἰς τὸ ὕφασμα τῆς ἐ. ἵνα μὴ χαλᾶται τὸ λογεῖον ἀπὸ τῆς ἐ. [B^1 *om.* ἵνα . . . ἐ.] (1 *a*, 1 *a*)
— 30 (39. 22). ἐποίησαν τὸν ὑποδύτην ὑπὸ τὴν ἐ. (1 *a*)
Le. 8. 7. ἐπέθηκεν ἐπ' αὐτὸν [A ἐπέθ. αὐτῷ] τὴν ἐ. (1 *a*)
— 8 (7). συνέζωσεν αὐτὸν κατὰ τὴν ποίησιν τῆς ἐ. (1 *a*)
I Ki. 21. 9 (10). A ἐν ἱματίῳ ὀπίσω τῆς ἐ. [B *al.*] (1 *a*)
Si. 45. 8. περισκελῆ καὶ ποδήρη καὶ ἐπωμίδα
Ez. 40. 48. ἐπωμίδες τῆς θύρας τοῦ αιλάμ –
41. 2. ἐπωμίδες τοῦ πυλῶνος πηχῶν πέντε ἔνθεν (2)
— 3. διεμέτρησε . . . τὰς ἐ. τοῦ θυρώματος †
[**Aq.** Jd. 17. 5.]
[**Sm.** Le. 8. 7 : I Ki. 30. 7 : I Ch. 15. 27.]
[**Th.** Ex. 28. 25, 26, 27, 28 *ter* : 29. 5 : Le. 8. 7 : I Ki. 21. 9 (10).]

ἐπώνυμος.

Es. 8. 13. ἐν ταῖς ἐ. ὑμῶν ἑορταῖς [A *om.* ὑ. ἑ.]

ἐπωρύεσθαι. (1) בָּהַל

Jn. 1. 11, 13. A S^3 ἡ θάλασσα ἐπώρυετο [B S^1 ἐπορεύετο] †
Za. 11. 8. αἱ ψυχαὶ [S^1 χεῖρες] αὐτῶν ἐπωρύοντο ἐπ' ἐμέ (1 ?)

ἐρᾶσθαι, ἔρασθαι. (1) אָהֵב

I Es. 4. 24. τῇ ἐρωμένῃ [A ἐρημωμ.] ἀποφέρει
Es. 2. 17. καὶ ἠράσθη ὁ βασιλεὺς Ἐ. (1)
Pr. 4. 6. ἐράσθητι αὐτῆς καὶ τηρήσει σε (1)

ἐραστής. (1) אָהֵב pi. (2) עָגַב

Wi. 8. 2. ἐραστὴς ἐγενόμην τοῦ κάλλους αὐτῆς
15. 6. κακῶν ἐρασταὶ ἄξιοί τε τοιούτων ἐλπίδων
Ho. 2. 5 (7). πορεύσομαι ὀπίσω τῶν ἐ. μου (1)
— 7 (9). καὶ καταδιώξεται τοὺς ἐ. αὐτῆς (1)
— 10 (12). ἀποκαλύψω τὴν ἀκαθαρσ. αὐτῆς ἐνώπιον τῶν ἐ. (1)
Ho. 2. 12 (14). ἃ ἔδωκάν μοι οἱ ἐ. μου (1)
— 13 (15). καὶ ἐπορεύετο ὀπίσω τῶν ἐ. αὐτῆς (1)
Je. 4. 30. ἀπώσαντό σε οἱ ἐ. σου (2)
9. 14 (13). A ἐπορεύθησαν ὀπίσω τῶν ἐ. [B S ἀρεστῶν] τῆς καρδίας αὐτῶν †
16. 12. A ὀπίσω τῶν ἐ. [B S ἀρεστῶν] τῆς καρδίας ὑμῶν †
22. 20. συνετρίβησαν πάντες οἱ ἐ. σου (1)
— 22. οἱ ἐ. σου [A *om.* οἱ ἐ. σ.] ἐν αἰχμαλωσίᾳ ἐξελεύσονται (1)
La. 1. 19. ἐκάλεσα τοὺς ἐ. μου (1)
Ez. 16. 33. μισθώματα πᾶσι τοῖς ἐ. σου (1)
— 36. ἀποκαλυφθήσεται ἡ αἰσχύνη σου ἐν τῇ πορνείᾳ σου πρὸς τοὺς ἐ. σου (1)
— 37. ἐπισυνάγω [A ἐπὶ σὲ συν.] πάντας τοὺς ἐ. σου (1)
23. 5. ἐπέθετο [A προσέθ.] ἐπὶ τοὺς ἐ. αὐτῆς (1)
— 9. παρέδωκα αὐτὴν εἰς χεῖρας τῶν ἐ. αὐτῆς (1)
— 22. ἐξεγείρω τοὺς ἐ. σου ἐπὶ σέ (1)

ἐργάβ. (1) אַרְגָּז.

I Ki. 6. 11, 15. καὶ τὸ θέμα ἐ. [A ἀργόζ] (1)
20. 19. καθήσῃ παρὰ τὸ ἐ. [A ἔργον] ἐκεῖνο †

ἐργάζεσθαι (-ζειν). (1) אָרַג (2) בָּגַד (3) גָּמַל (4) חָטַב (5) לָקַשׁ pi. (6) מְלָאכָה (7) סָחַר (8) עָבַד *a.* qal. *b.* ni. *c.* pu. *d.* עֲבֹדָה (9) *a.* עָשָׂה *b.* מַעֲשֶׂה (10) עָשׁוֹת (11) *a.* פָּעַל *b.* פֹּעַל (12) שָׁדַד pi. (13) שִׁית (14) **ἐ. τὰ ἔργα** עָבַד

Ge. 2. 5. A ἄνθρωπος οὐκ ἦν ἐργάζεσθαι τὴν γῆν [R αὐτήν] (8 *a*)
— 15. ἐργάζεσθαι αὐτὸν καὶ φυλάσσειν (8 *a*)
3. 23. ἐργάζεσθαι τὴν γῆν ἐξ ἧς ἐλήφθη (8 *a*)
4. 2. Κάϊν δὲ ἦν ἐργαζόμενος τὴν γῆν (8 *a*)
— 12. R ὅτε [A ὅτι] ἐργᾷ τὴν γῆν (8 *a*)
29. 27. ἧς ἐργᾷ παρ' ἐμοὶ ἔτι ἑπτὰ ἔτη (8 *a*)
Ex. 5. 18. νῦν οὖν πορευθέντες [A ἀπελθόντες] ἐργάζεσθε (8 *a*)
20. 9. ἓξ ἡμέρας ἐργᾷ (8 *a*)
31. 4. ἐργάζεσθαι τὸ χρυσίον καὶ τὸ ἀργύριον (9 *a*)
— 5. ἐργάζεσθαι κατὰ πάντα τὰ ἔργα (9 *a*)
34. 21. ἓξ ἡμέρας ἐργᾷ (8 *a*)
35. 10. ἐργαζέσθω πάντα ὅσα συνέταξε κ. (9 *a*)
36. 4. A B^1 ὃ ἠργάζοντο [B^2 R εἰργ.] αὐτοί (9 *a*)
— 6. μηκέτι ἐργαζέσθωσαν εἰς τὰς ἀπαρχάς (9 *a et b*)
— 8. πᾶς σοφὸς [A *add.* τῇ διανοίᾳ] ἐν τοῖς ἐργαζομ. (9 *a*)
Le. 25. 40. ἐργᾶται παρὰ σοί (8 *a*)
Nu. 3. 7. ἐργάζεσθαι τὰ ἔργα τῆς σκηνῆς (8 *a*)
8. 11. ὥστε ἐργάζεσθαι τὰ ἔργα κυρίου (8 *a*)
— 15. ἐργάζεσθαι τὰ ἔργα τῆς σκηνῆς (14)
— 19. ἐργάζεσθαι τὰ ἔργα τῶν υἱῶν Ἰ. (8 *a*)
— 25. A R οὐκ ἐργᾶται [B ἐργάζεται] ἔτι (8 *a*)
— 26. ἔργα δὲ οὐκ ἐργᾶται [B^1 ἐργάζεται] (8 *a*)
31. 51. πᾶν σκεῦος εἰργασμένον (9 *b*)
De. 5. 13. ἓξ ἡμέρας ἐργᾷ (8 *a*)
15. 19. οὐκ ἐργᾷ ἐν τῷ πρωτοτόκῳ μόσχῳ σου (8 *a*)
21. 3. ἥτις οὐκ εἴργασται (8 *c*)
— 4. ἥτις οὐκ εἴργασται (8 *b*)
II Ki. 9. 10. καὶ ἐργᾷ [A -ᾶν] αὐτῷ τὴν γῆν (8 *a*)
11. 20. A τί ἠργάσατε πρὸς τὴν πόλιν [B *al.*] †
I Ch. 25. 1. κατὰ κεφαλὴν αὐτῶν ἐργαζομένων ἐν τοῖς ἔργοις αὐτῶν (6)
27. 26. τῶν γεωργούντων τὴν γῆν τῶν ἐργαζομένων (8 *d*)
II Ch. 2. 10 (9). τοῖς ἐργαζομένοις . . . δέδωκα σῖτον (4)
To. 4. 14. A B ὃς ἐὰν ἐργάσηται παρὰ σοί
Jb. 24. 6. ἀδύνατοι ἀμπελῶνας ἀσεβῶν [S^1 *om.*] ἀμισθὶ . . . εἰργάσαντο (5)
33. 29. ταῦτα πάντα ἐργᾶται ὁ ἰσχυρὸς ὁδοὺς τρεῖς μετὰ ἀνδρός (11 *a*)
— 31. A ταῦτα πάντα ἐργᾶται ὁ ἰσχυρὸς ὁδοὺς τρεῖς μετὰ ἀνδρός (11 *a* ?)
34. 32. S^2 R εἰ ἀδικίαν εἰργασάμην [A B S^1 ἠργ.] (11 *a*)
Ps. 5. 5. πάντας τοὺς ἐργαζομ. τὴν ἀνομίαν (11 *a*)
6. 8. πάντες οἱ ἐργαζομ. τὴν ἀνομίαν (11 *a*)
7. 15. ἐμπεσεῖται εἰς βόθρον ὃν εἰργάσατο (11 *a*)
13 (14). 4. A S R οὐχὶ γνώσονται πάντες οἱ ἐργαζόμενοι τὴν ἀνομίαν [B ἀδικίαν] (11 *a*)
14 (15). 2. καὶ ἐργαζόμενος δικαιοσύνην (11 *a*)

Ps. 27 (28). 3. μετὰ ἐργαζομένων ἀδικίαν [S^1 *al.*] (11 *a*)
35 (36). 12. πάντες οἱ ἐργαζόμ. τὴν ἀνομίαν (11 *a*)
43 (44). 1. ὃ εἰργάσω ἐν ταῖς ἡμέραις αὐ. (11 *a*)
52 (53). 4. πάντες οἱ ἐργαζόμ. τὴν ἀνομίαν (11 *a*)
57 (58). 2. ἐν καρδίᾳ ἀνομίας ἐργάζεσθε ἐν τῇ γῇ (11 *a*)
58 (59). 2. ἐκ τῶν ἐργαζόμενων τὴν ἀνομίαν (11 *a*)
— 5. πάντας τοὺς ἐργαζομένους τὴν ἀνομίαν (2)
63 (64). 2. B^2 S R ἀπὸ πλήθους ἐργαζομένων ἀδικίαν (11 *a*)
73 (74). 12. εἰργάσατο σωτηρίαν (11 *a*)
91 (92). 7, 9 : 93 (94). 4. πάντες οἱ ἐργαζόμ. τὴν ἀνομίαν (11 *a*)
93 (94). 16. A S^2 R ἐπὶ τοὺς [B S^1 *om.*] ἐργαζομ. τὴν ἀνομίαν (11 *a*)
100 (101). 8. πάντας τοὺς ἐργαζομ. τὴν ἀδικίαν [A S ἀνομίαν] (11 *a*)
118 (119). 3. οὐ γὰρ οἱ ἐργαζόμενοι τὴν ἀνομίαν (11 *a*)
124 (125). 5. μετὰ τῶν ἐργαζομ. τὴν ἀνομίαν (11 *a*)
140 (141). 4. σὺν ἀνθρώποις ἐργαζομένοις τὴν ἀνομίαν (11 *a*)
— 9. ἀπὸ σκανδάλων τῶν ἐργαζομ. τὴν ἀνομίαν (11 *a*)
Pr. 3. 30. μήτι σε [S^1 *om.*, A S^2 εἰς σὲ] ἐργάσηται κακόν (3)
10. 29. συντριβὴ δὲ τοῖς ἐργαζομένοις κακά (11 *a*)
12. 11 : 28. 19. ὁ ἐργαζόμενος τὴν ἑαυτοῦ γῆν (8 *a*)
31. 18. καλόν ἐστι τὸ ἐργάζεσθαι (7)
Ec. 5. 8. ἐστι βασιλεὺς τοῦ ἀγροῦ εἰργασμένου (8 *b*)
Wi. 3. 14. ὁ μὴ ἐργασάμ. ἐν χειρὶ ἀνόμημα
8. 5. τί σοφίας πλουσιώτερον [S τιμιώτερον] τῆς τὰ πάντα ἐργαζομένης [S^1 περιεργ.]
— 6. εἰ δὲ φρόνησις ἐργάζεται
14. 8. B^3 R ὁ μὲν εἰργάζετο [A B^1 S ἠργάζ.]
15. 17. νεκρὸν ἐργάζεται χερσὶν ἀνόμοις
Si. 7. 20. μὴ κακώσῃς οἰκέτην ἐργαζόμενον ἐν ἀληθείᾳ
10. 27. κρείσσων ἐργαζόμενος ἐν πᾶσιν [A S *al.*]
13. 4. ἐὰν χρησιμεύσῃς ἐργάσεται ἐν σοί
14. 19. ὁ ἐργαζόμενος αὐτὸ μετ' αὐτοῦ ἀπελεύσεται
20. 28. ὁ ἐργαζόμενος γῆν ἀνυψώσει θημωνίαν αὐτοῦ
24. 22. οἱ ἐργαζόμενοι ἐν ἐμοὶ οὐχ ἁμαρτήσουσι
27. 9. πρὸς τοὺς ἐργαζομένους αὐτὴν ἐπανήξει
— 10. οὕτως ἁμαρτίαι ἐργαζομένους ἄδικα [S^1 -ίᾳ, S^2 -ίαν]
30. 13. καὶ ἔργασαι ἐν αὐτῷ
— 34 (33. 25). ἔργασαι ἐν παιδί
51. 2. ἀπὸ χειλέων ἐργαζομένων ψεῦδος
— 30. ἐργάζεσθε τὸ ἔργον ὑμῶν πρὸ καιροῦ
Ho. 6. 9 (8). Γ. πόλις ἐργαζομένη μάταια (11 *a*)
7. 1. ὅτι εἰργάσαντο [B^1 ἠρ.] ψευδῆ (11 *a*)
Mi. 2. 1. ἐργαζόμενοι κακὰ ἐν ταῖς κοίταις αὐτῶν (11 *a*)
Hb. 1. 5. ἔργον ἐγὼ ἐργάζομαι (11 *a*)
Ze. 2. 3. κρίμα ἐργάζεσθε (11 *a*)
Za. 13. 5. B S ἄνθρωπος ἐργαζόμενος τὴν γῆν ἐγώ εἰμι (8 *a*)
Is. 5. 10. οὗ γὰρ ἐργῶνται δέκα ζεύγη βοῶν –
19. 9. αἰσχύνη λήψεται τοὺς ἐργαζομένους τὸ λίνον τὸ σχιστὸν καὶ τοὺς ἐργαζομένους τὴν βύσσον (8 *a*, 1)
— 10. ἔσονται οἱ ἐργαζόμ. [A διαλογιζόμ., S^3 διαζόμ.] αὐτὰ ἐν ὀδύνῃ (13)
23. 10. ἐργάζου τὴν γῆν σου †
28. 24. πρὶν ἐργάσασθαι [S -ζεσθαι] τὴν γῆν (12)
30. 24. οἱ βόες οἱ ἐργαζόμενοι τὴν γῆν (8 *a*)
44. 12. σκεπάρνῳ εἰργάσατο αὐτό . . . εἰργάσατο αὐτὸ ἐν τῷ βραχίονι τῆς ἰσχύος αὐτοῦ (11 *a*, 11 *a*)
— 15. τὸ δὲ λοιπὸν εἰργάσαντο [A -ατο, A S *add.* εἰς] θεούς (11 *a*)
45. 9. οὐκ ἐργάζῃ οὐδὲ ἔχεις χεῖρας (11 *b*)
Je. 22. 13. παρὰ τῷ πλησίον αὐ. ἐργᾶται δωρεάν (8 *a*)
34 (27). 6. ἔδωκα . . . τὰ θηρία τοῦ ἀγροῦ ἐ. αὐτῷ (8 *a*)
— 9. οὐ μὴ ἐργάσησθε τῷ βασιλεῖ Βαβυλῶνος (8 *a*)
— 11. ἐργάσηται αὐτῷ . . . ἐργᾶται [S^1 *add.* ἐν] αὐτῷ (8 *a*, 8 *a*)
— 12 (13). ἐργάσασθε [A -ζεσθε, S -σεσθαι] τῷ βασιλεῖ Βαβυλῶνος (8 *a*)
35 (28). 14. ἐ. [S -σασθαι] τῷ βασ. Βαβ. (8 *a*)
37 (30). 8. οὐκ ἐργῶνται αὐτοὶ ἔτι [A *add.* ἐν] ἀλλοτρίοις (8 *a*)
— 9. ἐργῶνται τῷ κυρίῳ θεῷ αὐτῶν (8 *a*)
41 (34). 14. ἐργᾶταί σοι ἓξ ἔτη (8 *a*)
— 18. ὃν ἐποίησαν ἐ. αὐτῷ †
47 (40). 9. ἐργάσασθε [A -ζεσθε] τῷ βασ. Βαβ. (8 *a*)
Ba. 1. 22. ἐ. θεοῖς ἑτέροις
Ba. 2. 21. R ἐργάσασθαι [B -θε, A -ζεσθε] τῷ βασιλεῖ Βαβυλῶνος
— 22, 24. ἐργάσασθαι [A -ζεσθαι] τῷ βασ. Βαβ.
Ez. 27. 19. ἐξ Ἀσὴλ σίδηρος εἰργασμένος [A *al.*] (10)
36. 34. ἡ γῆ ἠφανισμένη ἐργασθήσεται (8 *b*)
48. 18. εἰς ἄρτους τοῖς ἐργαζομ. τὴν πόλιν (8 *a*)
— 19. οἱ δὲ ἐργαζόμ. τὴν πόλιν ἐργῶνται αὐτήν (8 *a*, 8 *a*)
I Ma. 9. 23. πάντες οἱ ἐργαζόμενοι τὴν ἀδικίαν
II Ma. 14. 40. R τούτοις ἐργάσασθαι [A ἐνεργ.] συμφοράν
III Ma. 2. 5. τοὺς ὑπερηφανίαν ἐργαζομ. Σοδ.
[**Aq.** Ps. 7. 16 : 13 (14). 4 : Is. 41. 4.]
[**Sm.** Jb. 35. 6 : 37. 12 : Ps. 7. 16 : 13 (14). 4 : 27 (28). 3 : 30 (31). 20 : 35 (36). 13 : 63 (64). 3 : 140 (141). 4 : Pr. 21. 15 : Ec. 5. 8 : Is. 28. 21 : 31. 2 : 41. 4 : Ez. 29. 18.]
[**Th.** Jb. 22. 17 : 33. 29. Pr. 16. 4 : 21. 6, 15 : Is. 28. 21 : 41. 4.]
[**Quint.**, **Sext.** Ps. 27 (28). 3.]

ἐργαλεῖον. (1) כְּלִי (2) עֲבֹדָה
Ex. 27. 19. καὶ πάντα τὰ ἐ. (2)
39. 10 (38. 31). πάντα τὰ ἐ. τῆς σκηνῆς τοῦ μαρτυρίου –
— 21 (40). πάντα [A *om.*] τὰ ἐ. αὐτῆς (1 ?)
— 21 (40). πάντα τὰ ἐ. τὰ εἰς τὰ [A *om.*, B ἔριστα ?] ἔργα (1 ?)

ἐργασία. (1) מְלָאכָה (2) מַעֲשֶׂה (3) *a.* עָבַד *b.* עֲבֹדָה (4) עֶצְיוֹן (5) *a.* פֹּעַל *b.* פְּעֻלָּה
Ge. 29. 27. ἀντὶ τῆς ἐ. ἧς ἐργᾷ παρ' ἐμοί (3 *b*)
Ex. 26. 1. ἐργασίᾳ ὑφάντου ποιήσεις αὐτάς (2)
39. 1 (38. 24). κατὰ πᾶσαν τὴν ἐ. τῶν ἁγίων (1)
Le. 13. 51. ὅσα ἐὰν ποιηθῇ δέρματα ἐν τῇ ἐ. (1)
Nu. 31. 20. πᾶσαν ἐ. ἐξ αἰγείας (2)
Ru. 2. 12. ἀποτίσαι κύριος τὴν ἐ. σου (5 *a*)
I Ch. 6. 48 (33). εἰς πᾶσαν ἐ. λειτουργίας (3 *b*)
— 49 (34). εἰς πᾶσαν ἐ. ἅγια [A -ίαν] τῶν ἁγίων (1)
9. 13. εἰς ἐργασίαν λειτουργίας οἴκου τοῦ θεοῦ (1)
26. 8. ποιοῦντες δυνατῶς ἐν τῇ ἐ. (3 *b*)
— 29. καὶ υἱοὶ τῆς ἐ. τῆς ἔξω (1)
— 30. εἰς πᾶσαν . . . ἐ. τοῦ βασιλέως (3 *b*)
28. 13. εἰς πᾶσαν ἐ. λειτουργίας οἴκου κυρίου (1)
— 20. πᾶσαν ἐ. λειτουργίας οἴκου κυρίου (1)
II Ch. 4. 11. ποιῆσαι πᾶσαν τὴν ἐ. (1)
— 22 (5. 1). καὶ συνετελέσθη πᾶσα ἡ ἐ. (1)
8. 16. ἡτοιμάσθη [A -ασεν] πᾶσα ἡ ἐ. (1)
15. 7. ἔστι μισθὸς τῇ ἐ. ὑμῶν (5 *b*)
20. 36. A ἐποίησε πλοῖα ἐργασιῶν [B ἐν Γ.] Γαβέρ (4)
24. 12. εἰς τὴν ἐ. οἴκου κυρίου (3 *b*)
31. 21. A R ἤρξατο ἐν [B *om.*] ἐργασίᾳ ἐν οἴκῳ κυρίου (3 *b*)
34. 13. ἐπὶ πάντων τῶν ποιούντων τὰ ἔργα ἐργασίᾳ καὶ ἐργασίᾳ (3 *b*, 3 *b*)
— 17. τῶν ποιούντων ἐργασίαν (1)
I Es. 8. 49. οἱ ἡγούμενοι εἰς τὴν ἐ. τῶν Λ.
Ps. 103 (104). 23. καὶ ἐπὶ τὴν ἐ. αὐ. ἕως ἑσπ. (3 *b*)
106 (107). 23. ποιοῦντες ἐργασίαν ἐν ὕδασι πολλοῖς (1)
Pr. 6. 8. τήν τε ἐ. ὡς σεμνὴν ποιεῖται –
Ec. 9. 1. A R αἱ [B S *om.*] ἐ. αὐ. ἐν χειρὶ τοῦ θεοῦ (3 *a*)
Wi. 13. 12. τὰ δὲ ἀποβλήματα [A ὑπολείμματα] τῆς ἐ.
— 13. A S^2 ἐπιμελείᾳ ἐργασίας [B S^1 ἀργίας] αὐ.
— 19. περὶ δὲ . . . ἐργασίας . . . τὸ ἀδρανέστατον ταῖς χερσὶν εὐδράνειαν αἰτεῖται [S^1 *al.*]
14. 20. διὰ τὸ εὔχαρι [A -ὲς] τῆς ἐ.
Si. 6. 19. ἐν γὰρ τῇ ἐ. αὐτῆς ὀλίγον κοπιάσεις
7. 15. μὴ μισήσῃς ἐπίπονον ἐργασίαν
30. 36 (33. 27). ἔμβαλε αὐτὸν εἰς ἐργασίαν
37. 11. οἰκέτῃ ἀργῷ περὶ πολλῆς ἐργασίας
38. 29. ἐναρίθμιος πᾶσα ἡ ἐ. αὐτοῦ
— 34. ἡ δέησις αὐτῶν ἐν [S *om.*] ἐργασίᾳ τέχνης
51. 8. ἐμνήσθην . . . τῆς ἐ. σου τῆς ἀπ' αἰῶνος
Jn. 1. 8. τίς σου ἡ ἐ. ἐστί (1)
Is. 1. 31. αἱ ἐ. αὐτῶν ὡς σπινθῆρες (5 *a*)
41. 24. πόθεν ἡ ἐ. ὑμῶν (5 *a*)
Ez. 15. 3. τοῦ ποιῆσαι εἰς ἐργασίαν (1)
— 4. μὴ χρήσιμον ἔσται εἰς ἐργασίαν (1)
— 5. οὐκ ἔσται εἰς ἐργασίαν . . . εἰ ἔτι ἔσται [A μὴ ἔσται ἔτι] εἰς ἐργασίαν (1, 1)
[**Aq.** Is. 61. 8 : Je. 25. 14.]
[**Sm.** Ge. 3. 18 (17) : Jb. 24. 5 : Ps. 110 (111). 3 : Pr. 8. 22 : Is. 28. 21 *bis* : 61. 8 : Ez. 29. 18.]
[**Th.** Pr. 8. 22 : 20. 11 : Is. 28. 21 *bis* : 45. 11 : 61. 8 : Je. 25. 14.]
[**Al.** Le. 25. 39.]

ἐργάσιμος. (1) מְלָאכָה (2) מַעֲשֶׂה
Le. 13. 48. ἐν παντὶ ἐ. δέρματι (1)
— 49. ἐν παντὶ σκεύει ἐργασίμῳ δέρματος –
I Ki. 20. 19. ἐν τῇ ἡμέρᾳ τῇ ἐ. (2)
[**Al.** Le. 23. 7.]

ἐργαστήριον.
[**Aq.** Je. 37 (44). 16.]

ἐργατεία (-τία).
Wi. 7. 16. πᾶσά τε φρόνησις καὶ ἐργατειῶν ἐπιστήμη

ἐργατεύεσθαι.
To. 5. 5. S ἐλήλυθα ὧδε ἐργατεύεσθαι

ἐργάτης.
Wi. 17. 17. τῶν κατ' ἐρημίαν ἐργάτης μόχθων
Si. 19. 1. ἐργάτης μέθυσος οὐ πλουτισθήσεται
40. 18. ζωὴ αὐτάρκους ἐργάτου γλυκανθήσεται
I Ma. 3. 6. πάντες οἱ ἐ. τῆς ἀνομίας συνεταράχθησαν
[**Sm.** Ps. 93 (94). 16.]

ἐργάτις.
Pr. 6. 8. μάθε ὡς ἐργάτις ἐστί –

ἐργοδιωκτεῖν. (1) רָדָה
II Ch. 8. 10. ἐργοδιωκτοῦντες ἐν τῷ λαῷ (1)

ἐργοδιώκτης. (1) נָגַשׂ (2) נָצַח pi.
Ex. 3. 8 (7). τῆς κραυγῆς αὐτῶν ἀκήκοα ἀπὸ τῶν ἐ. (1)
5. 6. τοῖς ἐ. τοῦ λαοῦ καὶ τοῖς γραμματεῦσι (1)
— 10. κατέσπευδον δὲ αὐτοὺς οἱ ἐ. (1)
— 13. οἱ δὲ ἐ. κατέσπευδον αὐτοὺς λέγοντες (1)
I Ch. 23. 4. ἀπὸ τῶν ἐ. [A τούτων ἐργοδιῶκται] ἐπὶ τὰ ἔργα οἴκου (2)
II Ch. 2. 18 (17). καὶ τρισχιλίους ἑξακοσίους ἐ. [B^1 *om.*, A τοὺς ἐ.] ἐπὶ τὸν λαόν (2)
I Es. 5. 58. πάντες οἱ Λ. ὁμοθυμαδὸν ἐ.
[**Sm.** Ex. 1. 11.]

ἐργολάβεια (-βία).
Si. 29. 19. διώκων ἐργολαβείας ἐμπεσεῖται εἰς κρίσεις

ἔργον. (1) אֹרַח (2) גְּמוּל (3) דָּבָר (4) דֶּרֶךְ (5) חֹק (6) יְגִיעַ (7) כְּלִי (8) לֶקַח (9) מָלֵא pi. (10) מְלָאכָה (11) מַס (12) מַשָּׂא (13) מִשְׁלַח יַד (14) מַת (15) סִבְלָה (16) *a.* עָבַד *b.* עֲבֹדָה *c.* עֲבִידָא *d.* מַעְבָּד *e.* עֲבֻדָּה (17) *a.* עֲלִילָה *b.* מַעֲלָל *c.* עֲלִילִיָּה (18) עֵצָה (19) *a.* עָשָׂה *b.* מַעֲשֶׂה (20) *a.* פָּעַל *b.* פֹּעַל *c.* פְּעֻלָּה *d.* מִפְעָל *e.* מִפְעָלָה (21) פְּקֻדָּה (22) רָעָה (23) תּוֹעֵבָה (24) ἔργα πόρνης תַּזְנוּת (25) ποιεῖν τὰ ἔ. לַעֲבֹדָה (26) πρὸς τὸ ἔ. לַעֲבֹד עֲבֹדָה (27) ἐργάζεσθαι τὰ ἔ. לַעֲבֹד
Ge. 2. 2. συνετέλεσεν . . . τὰ ἔ. αὐτοῦ ἃ ἐποίησε (10)
— 2. ἀπὸ πάντων τῶν ἔ. αὐτοῦ ὧν ἐποίησε (10)
— 3. ἀπὸ πάντων τῶν ἔ. αὐτοῦ ὧν ἤρξατο (10)
3. 17. ἐπικατάρατος ἡ γῆ ἐν τοῖς ἔ. σου †
5. 29. διαναπαύσει ἡμᾶς ἀπὸ τῶν ἔ. ἡμῶν (19 *b*)
8. 21. διὰ τὰ ἔ. τῶν ἀνθρώπων †
20. 9. ἔ. ὃ οὐδεὶς ποιήσει πεποίηκάς μοι (19 *b*)
39. 11. A τοῦ [R *om.*] ποιεῖν τὰ ἔ. αὐτοῦ (10)
40. 17. ἔργον σιτοποιοῦ (19 *b*)
46. 33. τί τὸ ἔ. ὑμῶν ἐστιν [A *om.*] (19 *b*)
47. 3. τί τὸ ἔ. ὑμῶν (19 *b*)
Ex. 1. 11. ἐπέστησεν αὐτοῖς ἐπιστάτας τῶν ἔ. ἵνα κακώσωσιν αὐτοὺς ἐν τοῖς ἔ. (11, 15)
— 14. κατωδύνων αὐτῶν τὴν ζωὴν ἐν τοῖς ἔ. τοῖς σκληροῖς . . . καὶ πᾶσι τοῖς ἔ. τοῖς ἐν τοῖς πεδίοις κατὰ πάντα τὰ ἔ. (16 *b* *ter*)
2. 23. κατεστέναξαν οἱ υἱοὶ Ἰσραὴλ ἀπὸ τῶν ἔ. (16 *b*)
— 23. ἀνέβη ἡ βοὴ αὐ. πρὸς τὸν θ. ἀπὸ τῶν ἔ. (16 *b*)
5. 4. ἵνα τί . . . διαστρέφετε τὸν λαόν μου ἀπὸ τῶν ἔ. (19 *b*)

Ex. 5. 4. ἀπέλθατε ἕκαστος ὑμῶν πρὸς τὰ ἔ. αὐτοῦ (15)
— 5. μὴ οὖν καταπαύσωμεν αὐτοὺς ἀπὸ τῶν ἔ. (15)
— 9. βαρυνέσθω τὰ ἔ. τῶν ἀνθρώπων τούτων (16 *b*)
— 13. συντελεῖτε τὰ ἔ. τὰ καθήκοντα (19 *b*)
6. 9. οὐκ εἰσήκουσαν Μωυσῆ . . . ἀπὸ τῶν ἔ. τῶν σκληρῶν (16 *b*)
12. 16. πᾶν ἔ. λατρευτὸν οὐ ποιήσετε ἐν αὐταῖς (10)
18. 20. καὶ τὰ ἔ. ἃ ποιήσουσι (19 *b*)
20. 9. καὶ ποιήσεις πάντα τὰ ἔ. σου (10)
— 10. οὐ ποιήσεις ἐν αὐτῇ πᾶν ἔ. (10)
23. 12. ἓξ ἡμέρας ποιήσεις τὰ ἔ. σου (19 *b*)
— 16. τῶν ἔ. σου ὧν ἐὰν σπείρῃς (19 *b*)
— 16. ἐν τῇ συναγωγῇ τῶν ἔ. σου τῶν ἐκ τοῦ ἀγροῦ σου (19 *b*)
— 24. οὐ ποιήσεις κατὰ τὰ ἔ. αὐτῶν (19 *b*)
24. 10. ὡσεὶ ἔργον πλίνθου σαπφείρου (19 *b*)
26. 31. ἔ. ὑφαντὸν [B^2 -ου] ποιήσεις αὐτὸ χερ. (19 *b*)
— 36. ἔ. ποικιλτοῦ (19 *b*)
27. 4. ἐσχάραν ἔργῳ δικτυωτῷ χαλκῆν (19 *b*)
28. 6. A R ἔ. ὑφαντὸν [B -του] ποικιλτοῦ (19 *b*)
— 11. ἔ. λιθουργικῆς τέχνης (19 *b*)
— 14. ἔ. πλοκῆς (19 *b*)
— 15. ἔ. ποικιλτοῦ (19 *b*)
— 22. A R ἔ. ἁλυσιδωτὸν [B -τοῦ] ἐκ [A *om.*] χρυσίου καθ. (19 *b*)
— 28 (32). ἔ. ὑφάντου (19 *b*)
— 35 (39). ἔ. ποικιλτοῦ (19 *b*)
30. 35. ἔ. μυρεψοῦ μεμιγμένον [A^2 *add.* συνθέσεως] καθαρὸν ἔ. ἅγιον (19 *b*, –)
31. 3. ἐν παντὶ ἔ. διανοεῖσθαι (10)
— 5. εἰς τὰ ἔ. [A *add.* καὶ] τὰ τεκτονικὰ τῶν ξύλων (9 ?)
— 5. ἐργάζεσθαι κατὰ πάντα τὰ ἔ. (10)
— 14. πᾶς ὃς ποιήσει ἐν αὐτῷ ἔργον (10)
— 15. ἓξ ἡμέρας ποιήσεις ἔργα (10)
— 15. πᾶς ὃς ποιήσει ἔργον (10)
32. 16. καὶ αἱ πλάκες ἔ. θεοῦ ἦσαν (19 *b*)
34. 10. ὄψεται πᾶς ὁ λαὸς . . . τὰ ἔ. κ. (19 *b*)
35. 2. ἓξ ἡμέρας ποιήσεις ἔργα (10)
— 2. πᾶς ὁ ποιῶν ἔργον ἐν αὐτῇ τελευτάτω (10)
— 21. εἰς πάντα τὰ ἔ. τῆς σκηνῆς (10)
— 24. καὶ εἰς πάντα τὰ ἔ. τῆς κατασκευῆς (10)
— 29. ποιεῖν πάντα τὰ ἔ. (10)
— 32. κατὰ πάντα τὰ ἔ. τῆς ἀρχιτεκτονίας –
— 33. καὶ ποιεῖν ἐν παντὶ ἔ. σοφίας (10)
— 35. πάντα συνιέναι ποιῆσαι τὰ ἔ. τοῦ ἁγίου (10)
— 35. ποιεῖν πᾶν ἔ. ἀρχιτεκτονίας ποικιλίας (10)
36. 1. συνιέναι ποιεῖν πάντα τὰ ἔ. (10 *et* 16 *b*)
— 2. προσπορεύεσθαι πρὸς τὰ ἔ. (10)
— 3. εἰς πάντα τὰ ἔ. τοῦ ἁγίου ποιεῖν αὐτά (10 *et* 16 *b*)
— 4. οἱ σοφοὶ οἱ ποιοῦντες τὰ ἔ. τοῦ ἁγίου (10)
— 4. ἕκαστος κατὰ τὸ αὐτοῦ ἔ. (10)
— 5. πλῆθος φέρει ὁ λαὸς κατὰ [A παρὰ] τὰ ἔ. (10 *et* 16 *b*)
— 7. τὰ ἔ. ἦν αὐτοῖς ἱκανά (10)
— 10 (39. 3). ἔ. ὑφαντὸν ἐποίησαν αὐτό (19 *b*)
— 11 (39. 4). ἔ. ὑφαντὸν εἰς ἄλληλα συμπεπλεγμένα [A -ον] †
— 15 (39. 8). ἔ. ὑφαντὸν ποικιλίᾳ [A -ας] (19 *b*)
— 15 (39. 8). κατὰ τὸ ἔ. τῆς ἐπωμίδος (19 *b*)
— 22 (39. 15). ἔ. ἐμπλοκίου (19 *b*)
— 30 (39. 22). ἔ. ὑφαντὸν ὅλον ὑακίνθινον (19 *b*)
— 35 (39. 27). ἔ. ὑφαντόν (19 *b*)
— 37 (39. 29). ἔ. ποικιλτοῦ (19 *b*)
37. 3 (36. 35). A R ἔ. ὑφαντὸν [B -του] χερ. (19 *b*)
— 5 (36. 37). ἔ. ὑφαντὸν [A -του] χερουβειμ (19 *b*)
— 16 (38. 18). ἔ. ποικιλτοῦ (19 *b*)
38. 24 (4). ἔ. δικτυωτόν (19 *b*)
— 25 (37. 29). καθαρὸν ἔ. μυρεψοῦ (19 *b*)
39. 1 (38. 24). ὃ κατειργάσθη εἰς τὰ ἔ. (10)
— 21 (40). A R τὰ ἐργαλεῖα τὰ εἰς τὰ [A *om.*] ἔ. [B *al.*] (16 *b*)
— 23 (43). καὶ εἶδε Μωυσῆς πάντα τὰ ἔ. (10)
40. 33. συνετέλεσε Μωυσῆς πάντα τὰ ἔ. (10)
Le. 7. 14 (24). ποιηθήσεται [A οὐ π.] εἰς πᾶν ἔ. (10)
11. 32. πᾶν σκεῦος ὃ ἂν ποιηθῇ ἔ. ἐν αὐτῷ (10)
16. 29. πᾶν ἔ. οὐ ποιήσετε (10)
22. 11. A φάγεται ἀπὸ τῶν ἔ. [B ἄρτων] †
23. 3. ἓξ ἡμέρας ποιήσεις ἔργα (10)
— 3. πᾶν ἔ. οὐ ποιήσεις (10)
— 7, 8. πᾶν ἔ. λατρευτὸν οὐ ποιήσετε (10)
— 21. πᾶν ἔ. λατρευτὸν οὐ ποιήσετε ἐν αὐτῇ (10)
— 25. πᾶν ἔ. λατρευτὸν οὐ ποιήσετε (10)
— 28. πᾶν ἔ. οὐ ποιήσετε (10)
— 30. πᾶσα ψυχὴ ἥτις ποιήσει ἔργον (10)

Le. 23. 31. πᾶν ἔ. οὐ ποιήσετε (10)
— 35, 36. πᾶν ἔ. λατρευτὸν οὐ ποιήσετε (10)
Nu. 3. 7. ἐργάζεσθαι τὰ ἔ. τῆς σκηνῆς (16 *b*)
— 8. κατὰ πάντα τὰ ἔ. τῆς σκηνῆς (16 *b*)
— 26. τὰ κατάλοιπα πάντων τῶν ἔ. αὐτοῦ (16 *b*)
— 31. τὸ κατακάλυμμα καὶ πάντα τὰ ἔ. αὐτῶν (16 *b*)
— 36. πάντα τὰ σκεύη αὐτῶν καὶ τὰ ἔ. αὐτῶν (16 *b*)
4. 3. ποιῆσαι πάντα τὰ ἔ. ἐν τῇ σκηνῇ (10)
— 4. ταῦτα τὰ ἔ. τῶν υἱῶν Καάθ (16 *b*)
— 16. ἐν πᾶσι τοῖς ἔ. (7)
— 23. ποιεῖν τὰ ἔ. (16 *b*)
— 27. B κατὰ πάντα τὰ ἔ. [A ἀρτὰ] δι' [R *om.*] αὐτῶν (16 *b*)
— 27. B^2 πάντα τὰ ἔ. [A B^1 R ἀρτὰ] ὑπ' αὐτῶν (12)
— 30. λειτουργεῖν τὰ ἔ. τῆς σκηνῆς (16 *b*)
— 31. κατὰ πάντα τὰ ἔ. αὐτῶν (16 *b*)
— 33. ἐν πᾶσι τοῖς ἔ. αὐτῶν (16 *b*)
— 35. A ποιεῖν τὰ ἔ. τῆς σκηνῆς [B *al.*] (25)
— 39. ποιεῖν τὰ ἔ. ἐν τῇ σκηνῇ (25)
— 43. λειτουργεῖν πρὸς τὰ ἔ. τῆς σκηνῆς τοῦ μαρτυρίου (16 *b*)
— 47. πᾶς ὁ εἰσπορευόμενος πρὸς τὸ ἔ. τῶν ἔ., καὶ τὰ ἔ. τὰ αἰρόμενα ἐν τῇ σκηνῇ τοῦ μαρτυρίου (26, 16 *b*, 16 *b*)
— 49. ἄνδρα κατὰ ἄνδρα ἐπὶ τῶν ἔ. αὐ. (16 *b*)
7. 5. ἔσονται πρὸς τὰ ἔ. τὰ λειτουργικὰ τῆς σκηνῆς (16 *a*)
8. 11. ὥστε ἐργάζεσθαι τὰ ἔ. κυρίου (16 *b*)
— 15. ἐργάζεσθαι τὰ ἔ. τῆς σκηνῆς (27)
— 19. ἐργάζεσθαι τὰ ἔ. τῶν υἱῶν 'I. (16 *b*)
— 24. A λειτουργεῖν λειτουργίαν ἐν ἔργοις [B ἐνεργεῖν] (16 *b*)
— 26. A R ἔργα δὲ οὐκ ἐργᾶται [B^1 ἐργάζεται] (16 *b*)
16. 28. ποιῆσαι πάντα τὰ ἔ. ταῦτα (19 *b*)
28. 18, 25, 26 : 29. 1. πᾶν ἔργον λατρευτὸν οὐ ποιήσετε (10)
29. 7. πᾶν ἔ. [A ἔ. λατρευτὸν] οὐ ποιήσετε (10)
— 12, 35. πᾶν ἔ. λατρευτὸν οὐ ποιήσετε (10)
De. 2. 7. ἐν παντὶ ἔ. τῶν χειρῶν σου (19 *b*)
4. 28. θεοῖς ἑτέροις ἔργοις χειρῶν ἀνθρώπων (19 *b*)
5. 13. ποιήσεις πάντα τὰ ἔ. σου (10)
— 14. οὐ ποιήσεις ἐν αὐτῇ πᾶν ἔ. (10)
11. 7. ἑώρακαν [A -ρων] πάντα τὰ ἔ. κυρίου (19 *b*)
14. 29. ἐν πᾶσι τοῖς ἔ. [A ἔ. σου] οἷς ἐὰν ποιῇς (19 *b*)
15. 10. εὐλογήσει σε . . . ἐν πᾶσι τοῖς ἔ. [A ἔ. σου] (19 *b*)
16. 8. οὐ ποιήσεις ἐν αὐτῇ πᾶν ἔ. (10)
— 15. καὶ ἐν παντὶ ἔ. τῶν χειρῶν σου (19 *b*)
23. 20 (21). ἵνα εὐλογήσῃ σε . . . ἐν πᾶσι τοῖς ἔ. σου (13)
24. 19. ἐν πᾶσι τοῖς ἔ. τῶν χειρῶν σου (19 *b*)
26. 6. ἐπέθηκαν ἡμῖν ἔργα σκληρά (16 *b*)
27. 15. ἔργον χειρῶν τεχνιτῶν [A -ίτου] (19 *b*)
28. 12. εὐλογῆσαι πάντα τὰ ἔ. τῶν χειρῶν σου (19 *b*)
30. 9. ἐν παντὶ ἔ. τῶν χειρῶν σου (19 *b*)
31. 29. ἐν τοῖς ἔ. τῶν χειρῶν ὑμῶν (19 *b*)
32. 4. ἀληθινὰ τὰ ἔ. αὐτοῦ (20 *b*)
33. 11. τὰ ἔ. τῶν χειρῶν αὐτοῦ δέξαι (20 *b*)
Jo. 4. 24. σέβησθε κύριον . . . ἐν παντὶ ἔ. [A χρόνῳ] †
24. 31. ὅσοι εἴδοσαν πάντα τὰ ἔ. κυρίου (19 *b*)
Jd. 2. 7. πᾶν τὸ ἔ. κυρίου τὸ μέγα (19 *b*)
— 10. οὐκ ἔγνωσαν τὸν κύριον καί γε [A *om.*] τὸ ἔ. (19 *b*)
13. 12. A καὶ τὰ ἔ. [B ποιήματα] αὐτοῦ (19 *b*)
16. 11. οἷς οὐκ ἐγένετο ἐν αὐτοῖς ἔργον [A *al.*] (10)
19. 16. ἤρχετο ἐξ ἔργων αὐ. [A *al.*] (19 *b*)
I Ki. 8. 16. καὶ ἀποδεκατώσει εἰς τὰ ἔ. αὐτοῦ (10)
14. 47. B κατακληροῦται ἔργον –
15. 9. πᾶν ἔ. ἠτιμωμένον . . . ἐξωλέθρευσαν (10)
20. 19. A καθήσῃ παρὰ τὸ ἔ. [B ἐργὰβ] ἐκεῖνο †
II Ki. 23. 20. αὐτὸς πολλοστὸς ἔργοις (20 *b*)
III Ki. 3. 1. οἱ καθεστάμενοι ἐπὶ τὰ ἔ. τοῦ Σ. –
— 1. τῶν ποιούντων τὰ ἔ. –
5. 16 (30). R καθεσταμένων ἐπὶ τῶν ἔ. τῷ Σαλ. [A B *al.*] (10)
— 16 (30). οἱ ποιοῦντες τὰ ἔ. (10)
7. 14. τοῦ ποιεῖν πᾶν ἔ. ἐν χαλκῷ (10)
— 14. ἐποίησε πάντα τὰ ἔ. (10)
— 18. καὶ ἔ. κρεμαστόν . . . ἔ. κρεμαστόν †, †
— 19. ἔργον κρίνου κατὰ τὸ αἰλάμ (19 *b*)

III Ki. 7. 22. A ἐπὶ τῶν κεφαλῶν ἔργον κρίνου καὶ ἐτελειώθη τὸ ἔ. τῶν στύλων (19 *b*, 10)
— 24 (B), 26 (A). B ὡς ἔργον χείλους ποτηρίου (19 *b*)
— 28. τοῦτο τὸ ἔ. τῶν μεχωνὼθ συγκλειστὸν αὐτοῖς (19 *b*)
— 29. χῶραι ἔργον καταβάσεως (19 *b*)
— 33. τὸ ἔ. τῶν τροχῶν ἔργον τροχῶν ἅρματος (19 *b*, 19 *b*)
— 40. συνετέλεσε X. ποιῶν πάντα τὰ ἔ. (10)
— 45. πάντα τὰ ἔ. τοῦ βασιλέως –
— 47. οὗ ἐποίησε πάντα τὰ ἔ. ταῦτα –
— 51. καὶ ἀνεπληρώθη τὸ ἔ. (10)
— 8. αὐλὴ μία . . . κατὰ τὸ ἔ. τοῦτο (19 *b*)
9. 23. A οἱ ἐπὶ τοῦ ἔ. τοῦ Σ. (10)
— 23. A οἱ ποιοῦντες ἐν τῷ ἔ. (10)
11. 28. ἀνὴρ ἔργων ἐστί (10)
13. 11. διηγήσαντο αὐτῷ πάντα τὰ ἔ. (19 *b*)
16. 7. τοῦ παροργίσαι αὐτὸν ἐν τοῖς ἔ. τῶν χειρῶν αὐτοῦ (19 *b*)
18. 36. διὰ σὲ πεποίηκα τὰ ἔ. ταῦτα (3)
IV Ki. 12. 11 (12). ἐπὶ χεῖρας ποιούντων τὰ ἔ. (10)
— 14 (15). τοῖς ποιοῦσι τὰ ἔ. δώσουσιν αὐτό (10)
— 15 (16). δοῦναι τοῖς ποιοῦσι τὰ ἔ. (10)
19. 18. ἀλλ' ἢ ἔργα χειρῶν ἀνθρώπων (19 *b*)
22. 5. ἐπὶ χεῖρα ποιούντων τὰ ἔ. (10)
— 5. καὶ ἔδωκεν αὐτὸ τοῖς ποιοῦσι τὰ ἔ. (10)
— 9. ἐπὶ χεῖρα ποιούντων τὰ ἔ. (10)
— 17. ὅπως παροργίσωσί με ἐν τοῖς ἔ. τῶν χειρῶν αὐτῶν (19 *b*)
23. 19. καὶ ἐποίησεν [A ἀπέστησεν] ἐν αὐτοῖς πάντα τὰ ἔ. (19 *b*)
I Ch. 9. 19. ἐπὶ τῶν ἔ. τῆς λειτουργίας (10)
— 31. ἐπὶ τὰ ἔ. τῆς θυσίας (19 *b*)
— 33. ἡμέρα καὶ νὺξ ἐπ' αὐτοῖς ἐν τοῖς ἔ. (10)
11. 22. πολλὰ ἔ. αὐτοῦ ὑπὲρ K. (20 *b*)
22. 15. εἰς πλῆθος ποιούντων ἔργα (10)
— 15. πᾶς σοφὸς ἐν παντὶ ἔ. (10)
23. 4. ἐπὶ τὰ ἔ. οἴκου (10)
— 24. ποιοῦντες τὰ ἔ. λειτουργίας οἴκου κυρίου (10)
— 28. καὶ ἐπὶ τὰ ἔ. λειτουργίας (19 *b*)
25. 1. καὶ ἔστησε Δ. . . . εἰς τὰ ἔ. τοὺς υἱοὺς 'A. (16 *b*)
— 1. ἐργαζομένων ἐν τοῖς ἔ. αὐτῶν (16 *b*)
29. 1. καὶ τὸ ἔ. μέγα (10)
— 5. R καὶ εἰς πᾶν ἔ. (10)
— 6. καὶ οἱ προστάται τῶν ἔ. (10)
— 7. καὶ ἔδωκαν εἰς τὰ ἔ. . . . τάλαντα (16 *b*)
II Ch. 3. 10. ἔργον ἐκ ξύλων (19 *b*)
4. 6. τοῦ πλύνειν ἐν αὐτοῖς τὰ ἔ. τῶν ὁλοκαυτωμάτων (19 *b*)
16. 5. καὶ κατέπαυσε τὸ ἔ. αὐτοῦ (10)
17. 4. οὐχ ὡς τοῦ 'I. τὰ ἔ. (19 *b*)
— 13. καὶ ἔ. πολλὰ ἐγένετο αὐτῷ (10)
20. 37. ἔθραυσε κύριος τὸ ἔ. σου (19 *b*)
23. 18. ἐνεχείρισεν 'I. . . . τὰ ἔ. οἴκου (21)
24. 12. τοῖς ποιοῦσι τὰ ἔ. (10)
— 13. οἱ ποιοῦντες τὰ ἔ. (10)
— 13. ἀνέβη μῆκος τῶν ἔ. (10)
29. 34. ἕως οὗ συνετελέσθη τὸ ἔ. (10)
— 35. καὶ κατωρθώθη τὸ ἔ. ἐν οἴκῳ κυρίου (16 *b*)
31. 21. ἐν παντὶ ἔ. ᾧ [A ἐν ᾧ] ἤρξατο (19 *b*)
32. 19. A R ἔργα [B -ων] χειρῶν ἀνθρώπων (19 *b*)
— 30. καὶ εὐοδώθη 'E. ἐν πᾶσι τοῖς ἔ. αὐτοῦ (19 *b*)
34. 10. ἐπὶ χεῖρα ποιούντων τὰ ἔ. (10)
— 10. καὶ ἔδωκαν αὐτὸ ποιοῦσι τὰ ἔ. (10)
— 12. οἱ ἄνδρες ἐν [A *om.*] πίστει ἐπὶ τῶν ἔ. (10)
— 13. ἐπὶ πάντων τῶν ποιούντων τὰ ἔ. (10)
— 16. A ἐν χειρὶ τῶν παίδων σου τῶν ποιούντων τὸ ἔ. [B *om.* τὸ ἔ.] –
— 25. ἐν πᾶσι τοῖς ἔ. τῶν χειρῶν αὐτῶν (19 *b*)
35. 2. κατίσχυσεν αὐτοὺς εἰς τὰ ἔ. οἴκου (16 *b*)
I Es. 1. 23. ὠρθώθη τὰ ἔ. 'I.
4. 11. καὶ ποιεῖν τὰ ἔ. αὐτοῦ
— 36. καὶ πάντα τὰ ἔ. σείεται
— 37. ἄδικα πάντα τὰ ἔ. αὐτῶν
— 39. πάντες εὐδοκοῦσι τοῖς ἔ. αὐτῆς
5. 45. δοῦναι εἰς τὸ ἱερὸν γαζοφυλάκιον τῶν ἔ.
— 58. ἔστησαν τοὺς Λ. . . . ἐπὶ τῶν ἔ. τοῦ κυρίου
— 58. ποιοῦντες εἰς τὰ ἔ.
6. 10. καὶ τὰ ἔ. ἐκεῖνα ἐπὶ σπουδῆς [A -ὴν] γινόμενα καὶ εὐοδούμενον τὸ ἔ.
— 11. καὶ τὰ ἔ. ταῦτα ἐθεμελιοῦτε
7. 2. ἐπεστάτουν τῶν ἱερῶν ἔ.
— 3. εὔοδα ἐγίνετο τὰ ἱερὰ ἔργα
— 9. ἐπὶ τῶν ἔ. κυρίου

I Es. 7. 15. ἐπὶ τὰ ἔ. κυρίου θεοῦ Ἰ.
8. 86. διὰ τὰ ἔ. ἡμῶν τὰ πονηρά
9. 11. τὸ ἔ. οὐκ ἔστιν ἡμῖν ἡμέρας μιᾶς
II Es. 2. 69. ἔδωκαν εἰς θησαυρὸν τοῦ ἔ. (10)
3. 8. A R ἐπὶ τοὺς ποιοῦντας τὰ ἔ. ἐν οἴκῳ [B *al.*] (10)
— 9. ἐπὶ τοὺς ποιοῦντας τὰ ἔ. (10)
4. 24. ἤργησε τὸ ἔ. (16 *c*)
5. 8. καὶ τὸ ἔ. ἐκεῖνο ἐπιδέξιον γίνεται (16 *c*)
6. 7. ἄφετε τὸ ἔ. οἴκου [A *om.*] τοῦ θεοῦ (16 *c*)
— 22. ἐν ἔργοις οἴκου τοῦ θεοῦ Ἰ. (10)
10. 13. τὸ ἔ. οὐκ εἰς ἡμέραν μίαν (10)
Ne. 2. 16. τοῖς ποιοῦσι τὰ ἔ. (10)
4. 11 (5). καὶ καταπαύσωμεν τὸ ἔ. (10)
— 15 (9). ἀνὴρ εἰς τὸ ἔ. αὐτοῦ (10)
— 16 (10). ἐποίουν τὸ ἔ. (10)
— 17 (11). B S^1 ἐποίει αὐτὸ [A ἑαυτοῦ, S^2 R αὐτοῦ] τὸ ἔ. (10)
— 19 (13). τὸ ἔ. πλατὺ καὶ πολύ (10)
— 20 (14). πολεμήσει [S^1 *add.* τὸ ἔ.] περὶ ἡμῶν –
— 21 (15). ποιοῦντες τὸ ἔ. (10)
— 22 (16). καὶ ἡ ἡμέρα ἔργον (10)
5. 16. ἐν ἔργῳ τοῦ τείχους (10)
— 16. πάντες οἱ συνηγμένοι ἐκεῖ ἐπὶ τὸ ἔ. (10)
6. 3. ἔ. μέγα ἐγὼ ποιῶ (10)
— 3. μή ποτε καταπαύσῃ τὸ ἔ. (10)
— 9. ἐκλυθήσονται χεῖρες αὐ. ἀπὸ τοῦ ἔ. τ. (10)
— 16. τελειωθῆναι τὸ ἔ. τοῦτο (10)
7. 70. ἔδωκαν εἰς τὸ ἔ. τῷ N. (10)
— 71. A S^2 R εἰς θησαυροὺς τοῦ ἔ. [B S^1 ἔτους] (10)
10. 33 (34). εἰς ἔργα οἴκου τοῦ [S^1 τὰ] θεοῦ ἡμῶν (10)
11. 12. ποιοῦντες τὸ ἔ. τοῦ οἴκου (10)
— 16. S^3 ἐπὶ τοῦ ἔ. τοῦ ἐξωτάτου οἴκου τοῦ θεοῦ (10)
— 22. ἀπέναντι ἔργου οἴκου τοῦ θεοῦ (10)
13. 10. οἱ ᾄδοντες ποιοῦντες τὸ ἔ. (10)
— 30. ἀνὴρ ὡς τὸ ἔ. αὐτοῦ (10)
To. 2. 11. S ἐν τοῖς ἔ. τοῖς γυναικείοις [A B *al.*]
3. 2. πάντα τὰ ἔ. σου . . . ἐλεημοσύναι καὶ ἀλήθεια
— 11. εὐλογήσαισάν σε πάντα τὰ ἔ. σου
4. 6. εὐοδίαι ἔσονται ἐν τοῖς ἔ. σου [S *al.*]
— 14. A B πρόσεχε σεαυτῷ . . . ἐν πᾶσι τοῖς ἔ. σου
12. 6. τοὺς λόγους τῶν ἔ. τοῦ θεοῦ [S *al.*]
— 7, 11. τὰ δὲ ἔ. τοῦ θεοῦ ἀνακαλύπτειν
— 22. ἐξωμολογοῦντο τὰ ἔ. τὰ μεγάλα [S *al.*]
13. 9. A B μαστιγώσει ἐπὶ τὰ ἔ. τῶν υἱῶν σου
Ju. 13. 4. ἐπίβλεψον . . . ἐπὶ τὰ ἔ. τῶν χειρῶν μου
Es. 3. 9. S^3 ἐπὶ χεῖρας τῶν ποιούντων τὰ ἔ. (10)
4. 17. μνημονεύων πάντα τὰ ἔ. κυρίου –
Jb. 1. 3. ἔργα μεγάλα ἦν αὐτῷ ἐπὶ τῆς γῆς (16 *e*)
— 10. τὰ ἔ. τῶν χειρῶν αὐτοῦ εὐλόγησας (19 *b*)
4. 17. ἢ ἀπὸ τῶν ἔ. αὐτοῦ ἄμεμπτος ἀνήρ (19 *a*)
10. 3. ὅτι ἀπείπω [A ἀπ. με] ἔργα χειρῶν σου (6)
11. 4. καθαρός εἰμι τοῖς ἔ. (8)
— 11. αὐτὸς γὰρ οἶδεν ἔργα ἀνόμων (14 ?)
13. 27. ἐφύλαξας δέ μου πάντα τὰ ἔ. (1)
14. 15. τὰ δὲ ἔ. τῶν χειρῶν σου μὴ ἀποποιοῦ (19 *b*)
21. 16. ἔργα δὲ ἀσεβῶν οὐκ ἐφορᾷ [A οὐ καθαρά] (18)
22. 3. ἐὰν σὺ ἦσθα [A ᾖς] τοῖς ἔ. ἄμεμπτος –
24. 14. γνοὺς δὲ αὐτῶν τὰ ἔ. †
33. 9. A οὐχ ἥμαρτον τοῖς ἔ. [B S *al.*] –
34. 21. αὐτὸς γὰρ ὁρατής ἐστιν ἔργων ἀνθρώπων (4)
— 25. ὁ γνωρίζων αὐτῶν τὰ ἔ. (16 *d*)
36. 3. ἔργοις δέ μου δίκαια ἐρῶ ἐπ᾽ ἀληθείας (20 *a*)
— 9. ἀναγγελεῖ αὐτοῖς τὰ ἔ. αὐτῶν (20 *b*)
— 23. τίς δέ ἐστιν ὁ ἐτάζων αὐτοῦ τὰ ἔ. (4)
— 24. μεγάλα ἐστὶν αὐτοῦ τὰ ἔ. (20 *b*)
37. 12. ἐν θεεβουλαθὼθ εἰς ἔργα αὐτῶν [A S *al.*] (20 *b*)
— 15. ὁ θεὸς ἔθετο ἔργα αὐτοῦ –
39. 11. ἐπαφήσεις δὲ αὐτῷ τὰ ἔ. σου (6)
Ps. 8. 3. ὄψομαι τοὺς οὐρανοὺς ἔργα τῶν δακτύλων σου (19 *b*)
— 6. κατέστησας αὐτὸν ἐπὶ τὰ ἔ. τῶν χειρῶν σου (19 *b*)
9. 16. ἐν τοῖς ἔ. τῶν χειρῶν αὐ. συνελήφθη (20 *b*)
16 (17). 4. ὅπως ἂν μὴ λαλήσῃ τὸ στόμα μου τὰ ἔ. τῶν ἀνθρώπων (20 *c*)
27 (28). 4. δὸς αὐτοῖς κατὰ τὰ ἔ. αὐτῶν (20 *b*)
— 4. κατὰ τὰ ἔ. τῶν χειρῶν αὐ. δὸς αὐτοῖς (19 *b*)
— 5. οὐ συνῆκαν [A -κα] εἰς τὰ ἔ. κυρίου καὶ εἰς τὰ ἔ. τῶν χειρῶν αὐ. (20 *c*, 19 *b*)
32 (33). 4. πάντα τὰ ἔ. αὐτοῦ ἐν πίστει (19 *b*)
— 15. ὁ συνιεὶς [S^2 σ. εἰς] πάντα τὰ ἔ. αὐ. (19 *b*)
43 (44). 1. ἀνήγγειλαν ἡμῖν ἔργον (20 *b*)
44 (45). 1. λέγω ἐγὼ τὰ ἔ. μου τῷ βασιλεῖ (19 *b*)
Ps. 45 (46). 8. ἴδετε τὰ ἔ. τοῦ κυρίου (20 *e*)
61 (62). 12. ἀποδώσεις ἑκάστῳ κατὰ τὰ ἔ. αὐ. (19 *b*)
63 (64). 9. ἀνήγγειλαν τὰ ἔ. τοῦ θεοῦ (20 *b*)
65 (66). 3. ὡς φοβερὰ τὰ ἔ. σου (19 *b*)
— 5. ἴδετε τὰ ἔ. τοῦ θεοῦ (20 *e*)
76 (77). 11. ἐμνήσθην τῶν ἔ. κυρίου (17 *b*)
— 12. μελετήσω ἐν πᾶσι τοῖς ἔ. σου (20 *b*)
77 (78). 7. καὶ μὴ ἐπιλάθωνται τῶν ἔ. τοῦ θεοῦ (17 *b*)
85 (86). 8. οὐκ ἔστι κατὰ τὰ ἔ. σου (19 *b*)
89 (90). 16. ἴδε . . . ἐπὶ τὰ ἔ. σου (20 *b*)
— 17. τὰ ἔ. τῶν χειρῶν ἡμῶν κατεύθυνον ἐφ᾽ ἡμᾶς (19 *b*)
— 17. A S καὶ τὸ ἔ. τῶν χειρῶν ἡμῶν κατεύθυνον (19 *b*)
91 (92). 4. ἐν τοῖς ἔ. τῶν χειρῶν σου ἀγαλλιάσομαι (19 *b*)
— 5. ὡς ἐμεγαλύνθη τὰ ἔ. σου, κύριε (19 *b*)
94 (95). 9. εἶδον τὰ ἔ. μου (20 *b*)
101 (102). 25. ἔργα τῶν χειρῶν σού εἰσιν οἱ οὐρανοί (19 *b*)
102 (103). 22. εὐλογεῖτε τὸν κ. πάντα τὰ ἔ. αὐ. (19 *b*)
103 (104). 13. ἀπὸ καρποῦ τῶν ἔ. σου χορτασθήσεται ἡ γῆ (19 *b*)
— 23. ἐξελεύσεται ἄνθρωπος ἐπὶ τὸ ἔ. αὐτοῦ (20 *b*)
— 24. ὡς ἐμεγαλύνθη τὰ ἔ. σου, κύριε (19 *b*)
— 31. εὐφρανθήσεται κύριος ἐπὶ τοῖς ἔ. αὐτοῦ (19 *b*)
104 (105). 1. ἀπαγγείλατε ἐν τοῖς ἔθνεσι τὰ ἔ. [S^1 μεγαλεῖα] αὐτοῦ (17 *a*)
105 (106). 13. ἐπελάθοντο τῶν ἔ. αὐτοῦ (19 *b*)
— 35. ἔμαθον τὰ ἔ. αὐτῶν (19 *b*)
— 39. S R ἐμιάνθη ἐν τοῖς ἔ. αὐτῶν (19 *b*)
106 (107). 22. ἐξαγγειλάτωσαν τὰ ἔ. αὐτοῦ (19 *b*)
— 24. αὐτοὶ εἶδον τὰ ἔ. κυρίου (19 *b*)
108 (109). 20. τοῦτο τὸ ἔ. τῶν ἐνδιαβαλλόντων με (20 *c*)
110 (111). 2. μεγάλα τὰ ἔ. κυρίου (19 *b*)
— 3. μεγαλοπρέπεια τὸ ἔ. αὐτοῦ (20 *b*)
— 6. ἰσχὺν ἔργων αὐ. ἀνήγγειλε τῷ λαῷ αὐ. (19 *b*)
— 7. ἔργα χειρῶν αὐτοῦ ἀλήθεια καὶ κρίσις (19 *b*)
113. 12 (115. 4). ἔργα χειρῶν ἀνθρώπων (19 *b*)
117 (118). 17. A S^1 ἐκδιηγήσομαι [S^2 R διηγ.] τὰ ἔ. κυρίου (19 *b*)
134 (135). 15. ἔργα χειρῶν ἀνθρώπων (19 *b*)
137 (138). 8. A S τὰ ἔ. τῶν χειρῶν σου μὴ παρίδῃς [B παρῇς] (19 *b*)
138 (139). 14. θαυμάσια τὰ ἔ. σου (19 *b*)
142 (143). 5. ἐμελέτησα ἐν πᾶσι τοῖς ἔ. σου (20 *b*)
144 (145). 4. γενεὰ καὶ γενεὰ ἐπαινέσει τὰ ἔ. σου (19 *b*)
— 9. οἱ οἰκτιρμοὶ αὐτοῦ ἐπὶ πάντα τὰ ἔ. αὐτοῦ (19 *b*)
— 10. ἐξομολογησάσθωσάν σοι, κύριε, πάντα τὰ ἔ. σου (19 *b*)
— 13. καὶ ὅσιος ἐν πᾶσι τοῖς ἔ. αὐτοῦ –
— 17. καὶ ὅσιος ἐν πᾶσι τοῖς ἔ. αὐτοῦ (19 *b*)
Pr. 8. 22. κύριος ἔκτισέ με ἀρχὴν ὁδῶν αὐτοῦ εἰς ἔργα αὐτοῦ (20 *d*)
10. 16. ἔργα δικαίων ζωὴν ποιεῖ (20 *c*)
11. 18. ἀσεβὴς ποιεῖ ἔργα ἄδικα (20 *c*)
13. 19. ἔργα δὲ ἀσεβῶν μακρὰν ἀπὸ γνώσεως (23)
16. 2 (4). πάντα τὰ ἔ. τοῦ ταπεινοῦ φανερὰ παρὰ τῷ θεῷ (20 *a*)
— 5 (4). πάντα τὰ ἔ. τοῦ κυρίου μετὰ δικαιοσύνης –
— 11. τὰ δὲ ἔ. αὐτοῦ στάθμια δίκαια (19 *b*)
18. 9. ὁ μὴ ἰώμενος αὐτὸν ἐν τοῖς ἔ. αὐτοῦ (10)
20. 6. ἄνδρα δὲ πιστὸν ἔργον εὑρεῖν †
— 12. κυρίου ἔργα καὶ ἀμφότερα (19 *a*)
21. 8. ἁγνὰ γὰρ καὶ ὀρθὰ τὰ ἔ. αὐτοῦ (20 *b*)
22. 8. πληγὴν δὲ ἔργων αὐτοῦ συντελέσει †
— 8. ματαιότητα δὲ ἔργων αὐτοῦ συντελέσει –
— 29. ὀξὺν ἐν τοῖς ἔ. αὐτοῦ (10)
24. 12. ὃς ἀποδίδωσιν ἑκάστῳ κατὰ τὰ ἔ. αὐ. (20 *b*)
— 42 (27). ἑτοίμαζε εἰς τὴν ἔξοδον τὰ ἔ. σου (10)
31. 15. ἔδωκε . . . ἔργα ταῖς θεραπαίναις (5)
— 17. ἤρεισε τοὺς βραχίονας αὐτῆς εἰς ἔργον –
Ca. 7. 1 (2). ἔργον [A ἔργῳ χειρῶν] τεχνίτου (19 *b*)
Wi. 1. 12. μηδὲ ἐπισπᾶσθε ὄλεθρον ἔργοις [A ἐν ἔ.] χειρῶν ὑμῶν
2. 4. οὐθεὶς μνημονεύσει τῶν ἔ. ἡμῶν
— 12. ἐναντιοῦται τοῖς ἔ. ἡμῶν
3. 11. ἄχρηστα τὰ ἔ. αὐτῶν
6. 3. ἐξετάσει [S ἔξεται] ὑμῶν τὰ ἔ.
8. 4. αἱρετὶς τῶν ἔ. αὐτοῦ
9. 9. ἡ σοφία ἡ εἰδυῖα τὰ ἔ. σου
— 12. ἔσται προσδεκτὰ τὰ ἔ. μου [S^1 αὐτοῦ]
11. 1. εὐώδωσε τὰ ἔ. αὐ.
12. 4. ἐπὶ τῷ ἔχθιστα πράσσειν ἔργα φαρμακειῶν
Wi. 12. 19. ἐδίδαξας δέ σου τὸν λαὸν διὰ τῶν τοιούτων ἔ.
13. 1. οὔτε τοῖς ἔ. προσχόντες
— 7. ἐν γὰρ τοῖς ἔ. αὐτοῦ ἀναστρεφόμενοι
— 10. ἐκάλεσαν θεοὺς ἔργα χειρῶν ἀνθρώπων
— 10. λίθον ἄχρηστον χειρὸς ἔργον ἀρχαίας
14. 5. θέλεις δὲ μὴ ἀργὰ εἶναι τὰ τῆς σοφίας σου ἔ.
15. 7. ἀνεπλάσατο τά τε τῶν καθαρῶν ἔ. δοῦλα σκεύη
17. 20. ἀνεμποδίστοις συνείχετο ἔργοις
Si. 1. 9. ἐξέχεεν αὐτὴν ἐπὶ πάντα τὰ ἔ. αὐτοῦ
3. 8. ἐν ἔργῳ καὶ λόγῳ τίμα τὸν πατέρα σου
— 17. ἐν πραΰτητι τὰ ἔ. σου διέξαγε
— 23. ἐν τοῖς περισσοῖς τῶν ἔ. σου μὴ περιεργάζου
4. 29. μὴ γίνου . . . παρειμένος ἐν τοῖς ἔ. [S^2 τοῖς λόγοις] σου
7. 25. ἔσῃ τετελεκὼς [S^1 τετελειωκὼς] ἔργον μέγα
9. 17. ἐν χειρὶ τεχνιτῶν ἔργον ἐπαινεθήσεται
10. 6. μὴ πρᾶσσε μηδὲν ἐν ἔργοις ὕβρεως
— 26. μὴ σοφίζου ποιῆσαι τὸ ἔ. σου
11. 4. θαυμαστὰ τὰ ἔ. κυρίου καὶ κρυπτὰ τὰ ἔ. αὐτοῦ ἐν [A S *om.*] ἀνθρώποις
— 20. ἐν τῷ ἔ. σου παλαιώθητι
— 21. μὴ θαύμαζε ἐν ἔργοις ἁμαρτωλοῦ
— 27. ἐν συντελείᾳ ἀνθρώπου ἀποκάλυψις ἔργων αὐτοῦ
14. 19. πᾶν ἔργον σηπόμενον ἐκλείπει
15. 19. αὐτὸς ἐπιγνώσεται πᾶν ἔ. ἀνθρώπου
16. 12. ἄνδρα κατὰ τὰ ἔ. αὐτοῦ κρινεῖ [A κτείνει]
— 14. ἕκαστος κατὰ τὰ ἔ. αὐτοῦ εὑρήσει
— 21. τὰ δὲ πλείονα τῶν ἔ. αὐ. ἐν ἀποκρύφοις
— 22. ἔργα δικαιοσύνης τίς ἀναγγελεῖ
— 26. ἐν κρίσει κυρίου τὰ ἔ. αὐτοῦ ἀπ᾽ ἀρχῆς
— 27. ἐκόσμησεν εἰς αἰῶνα τὰ ἔ. αὐτοῦ
— 27. οὐκ ἐξέλιπον ἀπὸ τῶν ἔ. αὐτῶν
17. 8. δεῖξαι αὐτοῖς τὸ μεγαλεῖον τῶν ἔ. αὐτοῦ
— 9. ἵνα διηγῶνται τὰ μεγαλεῖα τῶν ἔ. αὐ.
— 19. ἅπαντα τὰ ἔ. αὐ. ὡς ὁ ἥλιος
18. 4. οὐθενὶ ἐξεποίησεν ἐξαγγεῖλαι τὰ ἔ. αὐτοῦ
30. 31 (33. 22). ἐν πᾶσι τοῖς ἔ. σου γίνου ὑπεράγων
— 33 (33. 24). ἄρτος καὶ παιδεία καὶ ἔργον οἰκέτῃ
— 37 (33. 28). εἰς ἔργα κατάστησον
32 (35). 19. τὰ ἔ. τῶν ἀνθρώπων κατὰ [A καὶ] τὰ ἐνθυμήματα αὐτῶν
34 (31). 22. ἐν πᾶσι τοῖς ἔ. [A λόγοις] σου γίνου ἐντρεχής
35 (32). 23. ἐν παντὶ ἔργῳ πίστευε τῇ ψυχῇ σου
36 (33). 15. ἔμβλεψον εἰς πάντα τὰ ἔ. τοῦ ὑψίστου
37. 11. μετὰ ὀκνηροῦ περὶ παντὸς ἔργου
— 16. ἀρχὴ παντὸς ἔργου λόγος
38. 8. οὐ μὴ συντελέσῃ [A S -εσθῇ] ἔργα αὐτοῦ
— 25. καὶ ἀναστρεφόμενος ἐν ἔργοις αὐτῶν
— 27. ἡ ἀγρυπνία αὐτοῦ τελέσαι ἔργον
— 28. S καταμανθάνων ἔργα [A -ον] σιδήρου [B *al.*]
— 28. καρδίαν αὐτοῦ δώσει εἰς συντέλειαν ἔργων
— 29. κεραμεὺς καθήμενος ἐν ἔργῳ αὐτοῦ
— 29. ὃς ἐν μερίμνῃ κεῖται διὰ παντὸς ἐπὶ τὸ ἔ. αὐτοῦ
— 31. ἕκαστος ἐν τῷ ἔ. αὐτοῦ σοφίζεται
39. 15. εὐλογήσατε κύριον ἐπὶ πᾶσι τοῖς ἔ.
— 16. τὰ ἔ. κυρίου πάντα ὅτι καλὰ σφόδρα
— 19. ἔργα πάσης σαρκὸς ἐνώπιον αὐτοῦ
— 33. τὰ ἔ. κυρίου πάντα ἀγαθά
42. 15. μνησθήσομαι δὴ τὰ ἔ. κυρίου
— 15. ἐν λόγοις κυρίου τὰ ἔ. αὐτοῦ
— 16. τῆς δόξης αὐ. [A S^2 κυρίου] πλῆρες τὸ ἔ. αὐ.
— 22. ὡς πάντα τὰ ἔ. αὐτοῦ ἐπιθυμητά
43. 2. σκεῦος θαυμαστὸν ἔργον ὑψίστου
— 4. A S^2 R κάμινον φυσῶν [B S^1 φυλάσσων] ἐν ἔργοις καύματος
— 25. ἐκεῖ τὰ παράδοξα καὶ θαυμάσια ἔ.
— 28. αὐτὸς γὰρ ὁ μέγας παρὰ πάντα τὰ ἔ. αὐτοῦ
— 32. ὀλίγα γὰρ ἑωράκαμεν τῶν ἔ. αὐτοῦ
45. 10. A R ὑακίνθῳ καὶ πορφύρᾳ ἔργῳ [B S -ων] ποικιλτοῦ
— 11. κεκλωσμένῃ κόκκῳ ἔργῳ τεχνίτου
— 11. A S R ἐν δέσει [S^1 εἴδεσι] χρυσίου ἔργῳ [B -ων] λιθουργοῦ
— 12. καύχημα τιμῆς ἔργον ἰσχύος
47. 8. ἐν παντὶ ἔργῳ αὐτοῦ ἔδωκεν ἐξομολόγησιν ἁγίῳ ὑψίστῳ
— 22. οὐ μὴ διαφθαρῇ [A S -είρῃ] ἀπὸ τῶν ἔ. αὐτοῦ
48. 14. ἐν τελευτῇ θαυμάσια τὰ ἔ. αὐτοῦ
49. 1. ἐσκευασμένον [S -ου] ἔργῳ [A ἔργον] μυρεψοῦ
51. 30. ἐργάζεσθε τὸ ἔ. ὑμῶν πρὸ καιροῦ
Ho. 13. 2. χώνευμα . . . ἔργα τεκτόνων (19 *b*)
14. 4. οὐκέτι μὴ εἴπωμεν, Θεοὶ ἡμῶν, τοῖς ἔ. τῶν χειρῶν ἡμῶν (19 *b*)

Am. 8. 7. εἰ ἐπιλησθήσεται . . . πάντα τὰ ἔ. ὑμῶν (19 b)
Mi. 5. 13 (12). οὐκέτι μὴ προσκυνήσεις τοῖς ἔ. τῶν χειρῶν σου (19 b)
6. 16. καὶ πάντα τὰ ἔ. οἴκου Ἀχαάβ (19 b)
Jl. 2. 11. ἰσχυρὰ ἔ. λόγων αὐτοῦ (19 a)
— 20. A²BS ἐμεγάλυνε [A² -ύνθη] τὰ ἔ. αὐ. (19 a)
Jn. 3. 10. εἶδεν ὁ θεὸς τὰ ἔ. αὐτῶν (19 b)
Na. 2. 13 (14). οὐ μὴ ἀκουσθῇ οὐκέτι τὰ ἔ. σου †
Hb. 1. 5. ἔργον ἐγὼ ἐργάζομαι (20 b)
3. 2. κατενόησα τὰ ἔ. σου (20 b)
— 17. ψεύσεται ἔργον ἐλαίας (19 b)
Hg. 1. 14. καὶ ἐποίουν ἔργα [A τὰ ἔ.] (10)
2. 15 (14). οὕτως πάντα τὰ ἔ. τῶν χειρῶν αὐ. (19 b)
— 18 (17). ἐπάταξα ὑμᾶς . . . πάντα τὰ ἔ. τῶν χειρῶν ὑμῶν (19 b)
Is. 2. 8. βδελυγμάτων τῶν ἔ. τῶν χειρῶν αὐτῶν (19 b)
3. 10. τὰ γεννήματα τῶν ἔ. αὐτῶν φάγονται (17 b)
— 11. πονηρὰ κατὰ τὰ ἔ. τῶν χειρῶν αὐτοῦ (2)
— 24. φαλάκρωμα ἕξεις διὰ τὰ ἔ. σου (19 b)
5. 12. τὰ δὲ ἔ. κυρίου οὐκ ἐμβλέπουσι καὶ τὰ ἔ. τῶν χειρῶν αὐ. οὐ κατανοοῦσι (20 b, 19 b)
17. 8. οὐδὲ ἐπὶ τοῖς ἔ. τῶν χειρῶν αὐτῶν (19 b)
19. 14. ἐπλάνησαν Αἴγυπτον ἐν πᾶσι τοῖς ἔ. αὐτῶν (19 b)
— 15. οὐκ ἔσται τοῖς Αἰγυπτίοις ἔ. (19 b)
28. 21. ποιήσει τὰ ἔ. αὐτοῦ πικρίας ἔργον [S¹ -α] (19 b, 19 b)
29. 15. ἔσται ἐν σκότει τὰ ἔ. αὐτῶν (19 b)
— 23. ὅταν ἴδωσι τὰ τέκνα αὐ. τὰ ἔ. μου [S¹ al.] (19 b)
32. 17. ἔσται τὰ ἔ. τῆς δικαιοσύνης εἰρήνη (19 b)
37. 19. ἀλλὰ ἔργα χειρῶν ἀνθρώπων (19 b)
40. 10. τὸ ἔ. ἐναντίον αὐτοῦ (20 c)
45. 11. περὶ τῶν ἔ. τῶν χειρῶν μου (20 b)
54. 16. ἐκφέρων σκεῦος εἰς ἔργον (19 b)
58. 13. οὐκ ἀρεῖς τὸν πόδα σου ἐπ' ἔργῳ (19 a ?)
59. 6. οὐδὲ μὴ περιβάλωνται ἀπὸ τῶν ἔ. αὐ. τὰ γὰρ ἔ. αὐ. ἔ. ἀνομίας (19 b ter)
60. 21. φυλάσσων τὸ φύτευμα ἔργα χειρῶν αὐ. (19 b)
62. 11. τὸ ἔ. αὐτοῦ πρὸ προσώπου αὐτοῦ (20 c)
64. 4 (3). τὰ ἔ. σου ἃ ποιήσεις τοῖς ὑπομένουσιν ἔλεον (19 a)
— 8 (7). ἔργα [A -ον] τῶν χειρῶν σου πάντες (19 b)
65. 7. ἀποδώσω τὰ ἔ. αὐτῶν εἰς [S ἐπὶ] τὸν κόλπον αὐτῶν (20 c)
— 22. τὰ γὰρ ἔ. τῶν πόνων αὐ. παλαιώσουσιν (19 b)
66. 18. κἀγὼ τὰ ἔ. αὐτῶν καὶ τὸν λογισμὸν αὐτῶν [S add. ἐπίσταμαι] (19 b)
— 19. οὔτε ἑωράκασί μου [S¹ add. τὰ ἔ. καὶ] τὴν δόξαν –
Je. 1. 16. προσεκύνησαν τοῖς ἔ. τῶν χειρῶν αὐ. (19 b)
7. 13. ἀνθ' ὧν ἐποιήσατε πάντα τὰ ἔ. ταῦτα (19 b)
10. 3. ἔργον τέκτονος καὶ χώνευμα (19 b)
— 9. ἔργα τεχνιτῶν πάντα (19 b)
— 15. μάταιά ἐστιν ἔργα ἐμπεπαιγμένα (19 b)
14. 4. τὰ ἔ. τῆς γῆς ἐξέλιπεν †
17. 22. πᾶν ἔ. οὐ ποιήσετε (10)
— 24. τοῦ μὴ ποιεῖν πᾶν ἔ. (10)
18. 3. αὐτὸς ἐποίει ἔργον ἐπὶ τῶν λίθων (10)
25. 6. ὅπως μὴ παροργίζητέ με ἐν τοῖς ἔ. τῶν χειρῶν ὑμῶν (19 b)
27 (50). 25. ἔργον τῷ κυρίῳ θεῷ ἐν γῇ Χαλδ. (10)
— 29. ἀνταπόδοτε αὐτῇ κατὰ τὰ ἔ. αὐτῆς (20 b)
28 (51). 10. ἀναγγείλωμεν ἐν [A εἰς] Σιὼν τὰ ἔ. κυρίου (19 b)
— 18. μάταιά ἐστιν ἔργα μεμωκημένα (19 b)
31 (48). 10. ὁ ποιῶν τὰ ἔ. κυρίου ἀμελῶς (10)
— 30. ἔγνων ἔργα [A τὰ ἔ.] αὐτοῦ †
33 (26). 13. ABS² καὶ τὰ ἔ. ὑμῶν (17 b)
38 (31). 16. ἔστι μισθὸς τοῖς σοῖς ἔ. (20 c)
39 (32). 19. κύριος . . . δυνατὸς τοῖς ἔ. (17 c)
51 (44). 8. παραπικρᾶναί με ἐν τοῖς ἔ. τῶν χειρῶν ὑμῶν (19 b)
— 9. A μὴ ἐπιλέλησθε ὑμεῖς τῶν ἔ. [BS κακῶν] (22)
Ba. 2. 9. δίκαιος ὁ κύριος ἐπὶ πάντα τὰ ἔ. αὐτοῦ
3. 18. οὐκ ἔστιν ἐξεύρεσις τῶν ἔ. αὐτῶν
La. 3. 64. ἀνταποδώσεις αὐτοῖς . . . κατὰ τὰ ἔ. τῶν χειρῶν αὐτῶν (19 b)
4. 2. ἔργα χειρῶν κεραμέως (19 b)
Ep. Je. 51. οὐκ εἰσὶ θεοὶ ἀλλὰ ἔργα χειρῶν ἀνθρώπων καὶ οὐδὲν θεοῦ [A οὖν] ἔ. ἐν αὐτοῖς ἐστι
Ez. 1. 16. τὸ ἔ. αὐτῶν ἦν καθὼς ἂν εἴη τροχὸς ἐν [A ἐπὶ] τροχῷ (19 b)
6. 6. A ἐξαλειφθῶσιν τὰ ἔ. ὑμῶν (19 b)
16. 30. ἐν τῷ ποιῆσαί σε πάντα ταῦτα [A om. π. τ.] ἔργα γυναικὸς πόρνης (19 b)
23. 43. ἔργα πόρνης καὶ αὐτὴ ἐξεπόρνευσε [A al.] (24)
44. 14. φυλάσσειν φυλακὰς τοῦ οἴκου εἰς πάντα τὰ ἔ. αὐτοῦ (16 b)
Da. LXX. 3. (27). πάντα τὰ ἔ. σου ἀληθινά
— (57). εὐλογεῖτε πάντα τὰ ἔ. τοῦ κυρίου τὸν κύριον
4. 19. τὰ ἔ. σου ὤφθη –
11. 17. ἐπελθεῖν βίᾳ τὸ ἔ. αὐτοῦ †
Da. TH. 2. 49. καὶ κατέστησεν ἐπὶ τὰ ἔ. τῆς χώρας B. (16 c)
3. 12. οὓς κατέστησας ἐπὶ τὰ ἔ. τῆς χώρας Βαβ. (16 c)
— (27). καὶ πάντα τὰ ἔ. σου ἀληθινά
— (57). εὐλογεῖτε πάντα τὰ ἔ. κυρίου τὸν κύριον
— 30 (97). A κατεύθυνε . . . ἐπὶ τὰ ἔ. τῆς χώρας [B ἐν τῇ χ.] B. –
4. 34. πάντα τὰ ἔ. αὐτοῦ ἀληθινά (16 d)
8. 27. ἐποίουν τὰ ἔ. τοῦ βασιλέως (10)
I Ma. 2. 47. κατευοδώθη τὸ ἔ.
— 51. μνήσθητε τῶν πατέρων ἡμῶν τὰ ἔ.
3. 4. ὡμοιώθη λέοντι ἐν τοῖς ἔ. αὐ.
— 7. εὔφρανε τὸν Ἰ. ἐν τοῖς ἔ. αὐτοῦ
4. 51. ἐτέλεσαν πάντα τὰ ἔ.
9. 54. καθεῖλε τὰ ἔ. τῶν προφητῶν
— 55. ἐνεποδίσθη τὰ ἔ. αὐτοῦ
10. 11. εἶπε πρὸς τοὺς ποιοῦντας τὰ ἔ.
— 41. δώσουσιν εἰς τὰ ἔ. τοῦ οἴκου
— 44. τοῦ ἐπικαινισθῆναι τὰ ἔ. τῶν ἁγίων
14. 42. SR καθιστάναι αὐτοὺς [A δι' αὐτοῦ] ἐπὶ τῶν ἔ. αὐτῶν
II Ma. 3. 36. τεθεαμένος ἔργα τοῦ μεγίστου θεοῦ
III Ma. 2. 8. συνειδότες ἔργα σῆς χειρός
4. 14. R τῶν ἔ. κατάπονον [A -τροπον] λατρείαν
IV Ma. 1. 30. διὰ τῶν κωλυτικῶν τῆς σωφροσύνης ἔ.
2. 9. S ἐπὶ τῶν ἔ. [AR ἑτέρων] δὲ ἔστιν ἐπιγνῶναι τοῦτο
5. 38. οὔτε λόγοις δεσπόσεις οὔτε δι' ἔργων
7. 10. διὰ τῶν ἔ. ἐπιστοποιήσας τοὺς . . . λόγους
16. 14. ἔργοις δυνατωτέρα . . . εὑρέθης
[Aq. Ex. 35. 29 : I Ki. 20. 19 : III Ki. 9. 23 *bis* : Jb. 7. 2 : Ps. 61 (62). 13 : Ec. 7. 28 (27) : Is. 54. 16 : Je. 10. 9 *bis* : 25. 14 : 32 (39). 30 : Ez. 27. 18 : 28. 13.]
[Sm. Ge. 18. 21 : Ex. 30. 16 : Jb. 36. 9 : Ps. 18 (19). 2 : 27 (28). 5 : 89 (90). 16, 17 : 142 (143). 5 : Pr. 31. 31 : Ec. 2. 4 : 4. 3 : 8. 14 *bis*, 17 *bis* : Is. 29. 23 : 54. 16 : 57. 12 : Je. 32 (39). 30 : Ez. 27. 16, 18 : 28. 13.]
[Th. Jd. 13. 12 : Jb. 7. 2 : 37. 12 : Ps. 8. 7 : Pr. 16. 3 : Ec. 7. 28 (27) : Is. 41. 29 : 54. 16 : 57. 12 : 59. 6 : Je. 10. 9 *bis* : 25. 14 : Ez. 6. 6 : 27. 16, 18 : 28. 13 : Da. 3. 12.]
[Al. Ex. 27. 16 : Le. 11. 32 : 18. 3 : Nu. 4. 19 : Dt. 3. 24 : 11. 3 : Pr. 18. 10 : Je. 25. 14.]

ἔρδειν.

Ps. 31. 19. A τοὺς δὲ πήχεις αὐ. ἔρδει εἰς ἄτρακτον [BS al.] †

ἐρεθίζειν. (1) גָּרָה hithp. (2) מָרָה (3) סֵתֶר (4) רָדַף pi.

Nu. 14. 8. B εἰ ἐρεθίζει [AR αἱρετίζει] ἡμᾶς κύριος †
De. 21. 20. ὁ υἱὸς ἡμῶν οὗτος ἀπειθεῖ καὶ ἐρεθίζει (2)
Pr. 19. 7. ὃς δὲ ἐρεθίζει λόγους οὐ σωθήσεται (4)
25. 23. πρόσωπον δὲ ἀναιδὲς γλῶσσαν ἐρεθίζει (3)
Da. LXX. 11. 10. καὶ ἐρεθισθήσεται (1)
— 25. ὁ βασιλεὺς Αἰ. ἐρεθισθήσεται εἰς πόλεμον (1)
I Ma. 15. 40. ἤρξατο τοῦ ἐρεθίζειν τὸν λαόν
II Ma. 14. 27. ταῖς τοῦ παμπονήρου ἐρεθισθεὶς διαβολαῖς
[Aq. Pr. 15. 18 : 28. 25.]
[Sm. Pr. 29. 22.]
[Quint. Ps. 36 (37). 1.]

ἐρεθισμός. (1) חַרְחֻר (2) מְרִי

De. 28. 22. καὶ ῥίγει καὶ ἐρεθισμῷ (1)
31. 27. ὅτι ἐγὼ ἐπίσταμαι τὸν ἐ. σου (2)
Si. 34 (31). 29. οἶνος πινόμενος [A γιν.] πολὺς ἐν ἐρεθισμῷ
[Sm. Pr. 17. 11.]

ἐρεθιστής. (1) מָרָה

De. 21. 18. υἱὸς ἀπειθὴς καὶ ἐ. (1)

ἐρείδειν. (1) אָמֵץ pi. (2) שׁוּב (3) שָׁמַר (4) תָּמַךְ (5) תָּפַשׂ pi.

Jb. 17. 10. ABS² οὐ μὴν δὲ ἀλλὰ πάντες ἐρείδετε [S² κρίνατε] (2)
Pr. 3. 26. ἐρείσει σὸν πόδα ἵνα μὴ σαλευθῇς (3)
4. 4. ἐρειδέτω ὁ ἡμέτερος λόγος εἰς σὴν καρδίαν [S διάνοιαν] (4)
5. 5. τὰ δὲ ἴχνη αὐτῆς οὐκ ἐρείδεται (4)
9. 12. ὃς ἐρείδεται ἐπὶ ψεύδεσιν –
11. 16. οἱ δὲ ἀνδρεῖοι ἐρείδονται πλούτῳ (4)
24. 63 (30. 28). καλαβώτης χερσὶν ἐρειδόμενος (5)
29. 23. AR τοὺς δὲ ταπεινόφρονας ἐρείδει [BS¹ ἐρίζει, S² ἐγείρει] δόξῃ κύριος (4)
31. 17. ἤρεισε τοὺς βραχίονας αὐτῆς εἰς ἔργον (1)
— 19. τὰς δὲ χεῖρας [A τοὺς δὲ πήχεις] αὐτῆς ἐρείδει [A ἔρδει, S ἐρίζει] εἰς ἄτρακτον (4)
[Sm. Jb. 8. 15.]

ἐρεῖν, *vid.* εἰπεῖν.

ἐρείπιον.

[Aq., Th. Ps. 108 (109). 10.]
[Sm. Jb. 3. 14 : Ps. 9. 7 : 101 (102). 7 : 108 (109). 10 : Ez. 13. 4 : 33. 24.]
[Sext. Ps. 9. 7.]

ἔρεισμα. (1) מַחְסֶה

Pr. 14. 26. τοῖς δὲ τέκνοις αὐτοῦ καταλείπει ἔρεισμα (1)
[Aq. Is. 3. 1.]

ἐρεισμός.

[Aq. Is. 3. 1.]

ἐρεμάζειν (?). (1) שָׁמֵם po.

II Es. 9. 4. A καὶ ἐκαθήμην ἐρεμάζων [B ἠρ.] (1)

ἔρεος. (1) צֶמֶר

Le. 13. 47. ἐν ἱματίῳ ἐ. [B³ ἐρίῳ] ἢ ἐν ἱματίῳ στυππυίνῳ (1)
— 48. ἢ ἐν τοῖς λινοῖς ἢ ἐν τοῖς ἐ. [B² ἐρίοις] (1)
— 52. ἐν τοῖς ἐ. ἢ ἐν τοῖς λινοῖς (1)
— 59. ἱματίου ἐ. ἢ στυππυίνου [A om. ἐ. ἢ στ.] (1)
II Es. 2. 69. B κόθωνοι τῶν ἐ. [AR ἱερέων] ἑκατόν †

ἐρεοῦς. (1) צֶמֶר

Ez. 44. 17. AB¹ οὐκ ἐνδύσονται ἐρεᾶ [B²R ἔρια] (1)

ἐρεύγεσθαι. (1) נָבַע hi. (2) שָׁאַג (3) שָׁרַץ

Le. 11. 10. ἀπὸ πάντων ὧν ἐρεύγεται τὰ ὕδατα (3)
Ps. 18 (19). 2. ἡμέρα τῇ ἡμέρᾳ ἐρεύγεται ῥῆμα (1)
Ho. 11. 10. ὡς λέων ἐρεύξεται (2)
Am. 3. 4. εἰ ἐρεύξεται λέων ἐκ τοῦ δρυμοῦ αὐτοῦ (2)
— 8. λέων ἐρεύξεται (2)
Ez. 22. 25. A ὡς λέοντες ἐρευγόμενοι [B ὠρυόμ.] (2)
I Ma. 3. 4. ὡς σκύμνος ἐρευγόμενος εἰς θήραν
[Aq., Th. Je. 51 (28). 38.]

ἔρευνα.

Wi. 6. 8. τοῖς δὲ κραταιοῖς ἰσχυρὰ ἐφίσταται ἔρευνα

ἐρευνᾶν. (1) בָּקַשׁ pi. (2) חָפַשׂ *a.* qal. *b.* pi. (3) חָקַר (4) חָשַׂף (5) מָשַׁשׁ pi. (6) סָלַל (7) שָׁאַל

Ge. 31. 33. ἠρεύνησεν εἰς τὸν οἶκον –
— 33. A ἠρεύνησεν εἰς [R om.] τὸν οἶκον Ἰ. †
— 35. ἠρεύνησεν δὲ Λάβαν ἐν ὅλῳ τῷ οἴκῳ (2 b)
— 37. ἠρεύνησας πάντα τὰ σκεύη τοῦ οἴκου (5)
44. 12. A ἠρεύνα [R -νησε] δὲ ἀπὸ τοῦ πρεσβ. ἀρξάμενος (2 b)
De. 13. 14 (15). καὶ ἐρευνήσεις [A ἐξερ.] σφόδρα (7)
Jd. 6. 29. καὶ ἠρεύνησαν [A ἐξεζήτουν] (1)
II Ki. 10. 3. ἐρευνήσωσι τὴν πόλιν (3)
III Ki. 21 (20). 6. ἐρευνήσουσι τὸν οἶκόν σου (2 b)
IV Ki. 10. 23. ἐρευνήσατε καὶ ἴδετε (2 b)
I Ch. 19. 3. A ἐραυνήσουσιν [BS ἐξερευνήσωσι] τὴν πόλιν (3)
Ju. 8. 14. πῶς τὸν θεὸν . . . ἐρευνήσετε [A -σατε, S -νᾶτε]
Pr. 20. 27. ὃς ἐρευνᾷ ταμιεῖα κοιλίας (2 a)
Jl. 1. 7. ἐρευνῶν ἐξηρεύνησεν αὐτήν [A om.] (4)
Je. 27 (50). 26. ἐρευνήσατε αὐτήν (6 ?)
I Ma. 9. 26. S ἠρεύνων [AR ἐξηρ.] τοὺς φίλους Ἰ.
[Aq. Ec. 12. 9 : Ez. 21. 13 (18) : Am. 7. 14.]
[Al. Ge. 31. 34.]

ἐρημάζειν.
[**Sm.** Je. 46 (26). 19.]

ἐρημία. (1) *a.* חָרֵב *b.* חָרְבָּה (2) שְׁמָמָה
Wi. 17. 17. τῶν κατ' ἐρημίαν [S -ας] ἐργάτης μόχθων
Si. 47. 17. A ἐν ἐρημίαις [B S ἑρμηνείαις] ἀπεθαύμασάν σε χῶραι
Is. 60. 12. τὰ ἔθνη ἐρημίᾳ ἐρημωθήσεται (1 *a*)
Ba. 4. 33. λυπηθήσεται ἐπὶ τῇ ἑαυτῆς ἐ.
Ez. 35. 4. ταῖς [A ἐν τ.] πόλεσί σου ἐρημίαν ποιήσω (1 *b*)
— 9. ἐρημίαν αἰώνιον θήσομαί σε (2)
IV Ma. 18. 8. A R λυμεὼν τῆς [S *om.*] ἐ. φθορεὺς ἐν πεδίῳ
[**Aq.** Je. 49. 13 (29. 14): Ez. 23. 33.]
[**Sm.** Ps. 79 (80). 14: Je. 49. 13 (29. 14).]
[**Th.** Ps. 31 (32). 4.]

ἐρημικός. (1) מִדְבָּר (2) רֹתֶם
Ps. 101 (102). 6. ὡμοιώθην πελεκᾶνι ἐρημικῷ (1)
119 (120). 4. σὺν τοῖς ἄνθραξι τοῖς ἐ. (2)

ἐρημίτης. (1) פֶּרֶא
Jb. 11. 12. βροτὸς δὲ γεννητὸς γυναικὸς ἴσα [A *om.*] ὄνῳ ἐρημίτῃ (1)

ἔρημος. (1) בָּמָה (2) *a.* חָרֵב *b.* חָרְבָּה *c.* חָרְבָּה *d.* חֹרֶב (3) יְשִׁימוֹן (4) כָּחַד ni. (5) מִדְבָּר (6) מוֹרָשׁ (7) מְשַׁמָּה (8) נֶגֶב (9) עֲרָבָה (10) צִיָּה (11) *a.* שָׁמֵם verb. *b.* שָׁמֵם adj. *c.* שַׁמָּה *d.* שְׁמָמָה *e.* שִׁמְמָה *f.* אֶרֶץ נְשַׁמָּה (pl.) (12) תֹּהוּ (13) אֶרֶץ מִדְבָּר
Ge. 12. 9. πορευθεὶς ἐστρατοπέδευσεν ἐν τῇ ἐ. (8)
13. 1. ἀνέβη δὲ Ἅβραμ . . . εἰς τὴν ἔ. (8)
— 3. ἐπορεύθη ὅθεν ἦλθεν εἰς τὴν ἔ. (8)
14. 6. ἥ ἐστιν ἐν τῇ ἐ. (5)
16. 7. R ἐπὶ τῆς πηγῆς τοῦ ὕδατος ἐν τῇ ἐ. (5)
21. 14. A ἀπελθοῦσα δὲ ἐπλανᾶτο [R *add.* κατὰ] τὴν ἔ. (5)
— 20. καὶ κατῴκησεν ἐν τῇ ἐ. (5)
— 21. A καὶ κατῴκησεν ἐν τῇ ἐ. τῇ Φαράν [R *om.* τῇ Φ.] (5)
24. 62. A Ἰσαὰκ δὲ ἐπορεύετο [R διεπορ.] διὰ τῆς ἐ. †
36. 24. ὃς εὗρε τὸν Ἰαμεὶν ἐν τῇ ἐ. (5)
37. 22. τῶν λάκκων τῶν ἐν τῇ ἐ. (5)
Ex. 3. 1. ἤγαγε τὰ πρόβατα ὑπὸ τὴν ἔ. (5)
— 18. ὁδὸν τριῶν ἡμερῶν εἰς τὴν ἔ. (5)
4. 27. πορεύθητι . . . εἰς τὴν ἔ. (5)
5. 1. ἵνα μοι ἑορτάσωσιν ἐν τῇ ἐ. (5)
— 3. ὁδὸν τριῶν ἡμερῶν εἰς τὴν ἔ. (5)
7. 16. ἵνα μοι λατρεύσῃ ἐν τῇ ἐ. (5)
8. 20 (16). ἵνα μοι λατρεύσωσιν ἐν τῇ ἐ. –
— 27 (23). ὁδὸν τριῶν ἡμερῶν πορευσόμεθα εἰς τὴν ἔ. (5)
— 28 (24). καὶ θύσατε τῷ θ. ὑμῶν ἐν τῇ ἐ. (5)
13. 18. ὁδὸν εἰς τὴν ἔ. εἰς τὴν ἐρυθρὰν θάλ. (5)
— 20. ἐστρατοπέδευσαν ἐν Ὀθὼμ παρὰ τὴν ἔ. (5)
14. 3. συγκέκλεικε γὰρ αὐτοὺς ἡ ἔ. (5)
— 11. ἐξήγαγες ἡμᾶς θανατῶσαι ἐν τῇ ἐ. (5)
— 12. ἢ ἀποθανεῖν ἐν τῇ ἐ. ταύτῃ (5)
15. 22. καὶ ἤγαγεν αὐτοὺς εἰς τὴν ἔ. Σοὺρ καὶ ἐπορεύοντο τρεῖς ἡμέρας ἐν τῇ ἐ. (5, 5)
16. 1. καὶ ἤλθοσαν . . . εἰς τὴν ἔ. Σίν (5)
— 3. ὅτι ἐξηγάγετε ἡμᾶς εἰς τὴν ἔ. ταύτην (5)
— 10. καὶ ἐπεστράφησαν εἰς τὴν ἔ. (5)
— 14. καὶ ἰδοὺ ἐπὶ πρόσωπον τῆς ἐ. λεπτόν (5)
— 32. τὸν ἄρτον ὃν ἐφάγετε ὑμεῖς ἐν τῇ ἐ. (5)
17. 1. ἀπῆρε πᾶσα συναγωγὴ . . . ἐκ τῆς ἐ. Σίν (5)
18. 5. ἐξῆλθεν [A ἦλθεν] Ἰ. . . . εἰς τὴν ἔ. (5)
19. 1, 2. ἤλθοσαν εἰς τὴν ἔ. τοῦ Σινά (5)
23. 29. ἵνα μὴ γένηται ἡ γῆ ἔ. (11 *d*)
— 31. ἀπὸ τῆς ἐ. ἕως τοῦ μεγάλου ποταμοῦ Εὐφράτου (5)
Le. 7. 28 (38). ἐν τῇ ἐ. Σινᾷ (5)
16. 10. ἀφήσει αὐτὸν εἰς τὴν ἔ. (5)
— 21. ἐξαποστελεῖ . . . εἰς τὴν ἔ. (5)
— 22. ἐξαποστελεῖ τὸν χίμαρον εἰς τὴν ἔ. (5)
26. 31. θήσω τὰς πόλεις ὑμῶν ἐρήμους (2 *c*)
— 33. ἔσται ἡ γῆ ὑμῶν ἔ. καὶ αἱ πόλεις ὑ. ἔσονται ἔ. (11 *d*, 2 *c*)
Nu. 1. 1. ἐλάλησε κύριος . . . ἐν τῇ ἐ. τῇ Σινᾶ (5)
— 19. A R ἐπεσκέπησαν ἐν τῇ ἐ. τοῦ [B τῇ] Σ. (5)
3. 4. ἐτελεύτησε Ναδὰβ . . . ἐν τῇ ἐ. Σινᾷ (5)
— 14: 9. 1. ἐλάλησε κύριος πρὸς M. ἐν τῇ ἐ. Σ. (5)
9. 5. ἐν τῇ ἐ. τοῦ Σινᾷ (5)
10. 12. ἐν τῇ ἐ. Σινᾷ καὶ ἔστη ἡ νεφέλη ἐν τῇ ἐ. τοῦ Φαράν (5, 5)
— 31. ἦσθα μεθ' ἡμῶν ἐν τῇ ἐ. (5)
13. 1 (12. 16). παρενέβαλον ἐν τῇ ἐ. τοῦ Φαράν (5)
— 4 (3). ἐκ τῆς ἐ. Φαράν (5)
— 19 (17). ἀνάβητε ταύτῃ τῇ ἐ. (8)
— 22 (21). ἀπὸ τῆς ἐ. Σίν (5)
— 23 (22). ἀνέβησαν κατὰ τὴν ἔ. (8)
— 27 (26). εἰς τὴν ἔ. Φαρὰν Κάδης (5)
14. 3 (2). ἐν τῇ ἐ. ταύτῃ εἰ ἀπεθάνομεν (5)
— 16. κατέστρωσεν αὐτοὺς ἐν τῇ ἐ. (5)
— 22. καὶ ἐν τῇ ἐ. [A ἐ. ταύτῃ] (5)
— 25. ἀπάρατε ὑμεῖς εἰς τὴν ἔ. (5)
— 29, 32. ἐν τῇ ἐ. ταύτῃ (5)
— 33. νεμόμενοι ἐν τῇ ἐ. (5)
— 33. ἀναλωθῇ τὰ κῶλα ὑμῶν ἐν τῇ ἐ. (5)
— 35. ἐν τῇ ἐ. ταύτῃ (5)
15. 32. ἦσαν οἱ υἱοὶ Ἰ. ἐν τῇ ἐ. (5)
16. 13. ἀποκτεῖναι ἡμᾶς ἐν τῇ ἐ. (5)
20. 1. εἰς τὴν ἔ. Σίν (5)
— 4. εἰς τὴν ἔ. ταύτην (5)
21. 1. ὁ κατοικῶν κατὰ τὴν ἔ. (8)
— 5. ἀποκτεῖναι ἐν [A ἡμᾶς ἐν] τῇ ἐ. (5)
— 11. ἐκ τοῦ [A τῷ] πέραν ἐν τῇ ἐ. (5)
— 13. εἰς τὸ πέραν Ἀρνῶν ἐν τῇ ἐ. (5)
— 19 (20). κατὰ πρόσωπον τῆς ἐ. (3)
— 23. ἐξῆλθε . . . εἰς τὴν ἔ. (5)
23. 28. τὸ παρατεῖνον εἰς τὴν ἔ. (3)
24. 1. ἀπέστρεψε τὸ πρόσωπον αὐτοῦ εἰς τὴν ἔ. (5)
26. 61. ἐν τῇ ἐ. Σινᾷ –
— 64. ἐν τῇ ἐ. Σινᾷ (5)
— 65. θανάτῳ ἀποθανοῦνται ἐν τῇ ἐ. (5)
27. 3. ἀπέθανεν ἐν τῇ ἐ. (5)
— 14 *bis.* ἐν τῇ ἐ. Σίν (5)
32. 13. κατερόμβευσεν αὐτοὺς ἐν τῇ ἐ. (5)
— 15. καταλιπεῖν αὐτὸν ἐν τῇ ἐ. (5)
33. 6. μέρος τι τῆς ἐ. (5)
— 8. διέβησαν . . . εἰς τὴν ἔ. (5)
— 8. ὁδὸν τριῶν ἡμερῶν διὰ τῆς ἐ. (5)
— 11. παρενέβαλον εἰς τὴν ἔ. [A ἐν τῇ ἐ.] Σίν [A *om.*] (5)
— 12. ἀπῆραν ἐκ τῆς ἐ. Σίν [A *om.*] (5)
— 15. παρενέβαλον ἐν τῇ ἐ. Σινᾷ (5)
— 16. ἀπῆραν ἐκ τῆς ἐ. Σινᾶ (5)
— 36. παρενέβαλον ἐν τῇ ἐ. Σίν (5)
— 36. ἀπῆραν ἐκ τῆς ἐ. Σὶν καὶ παρενέβαλον εἰς τὴν ἔ. Φαράν –, –
34. 3. ἀπὸ ἐρήμου Σὶν ἕως ἐχόμενον Ἐδώμ (5)
De. 1. 1. πέραν τοῦ Ἰορδάνου ἐν τῇ ἐ. (5)
— 19. πᾶσαν τὴν ἔ. τὴν μεγάλην (5)
— 31. καὶ ἐν τῇ ἐ. ταύτῃ (5)
— 40. ἐστρατοπεδεύσατε εἰς τὴν ἔ. (5)
2. 1. εἰς τὴν ἔ. [B[1] *om.*] ὁδὸν θάλασσαν (5)
— 7. διῆλθες τὴν ἔ. τὴν μεγάλην (5)
— 8. ὁδὸν ἔρημον Μωάβ (5)
— 26. ἀπέστειλα πρέσβεις ἐκ τῆς ἐ. (5)
4. 43. τὴν Βοσὸρ ἐν τῇ ἐ. (5)
— 45. A ὅσα ἐλάλησε M. τοῖς υἱοῖς Ἰ. ἐν τῇ ἔ. [B *om.* ἐν τ. ἐ.] –
6. 3. A B[2] R ἐν τῇ ἐ. –
7. 22. ἵνα μὴ γένηται ἡ γῆ ἔ. –
8. 2. ἐν τῇ ἐ. (5)
— 3. B[2] ἐν τῇ ἐ. –
— 15. τοῦ ἀγαγόντος σε διὰ τῆς ἐ. (5)
— 16. τὸ μάννα ἐν τῇ ἐ. (5)
9. 7. ἐν τῇ ἐ. (5)
— 28. ἐξήγαγεν αὐτοὺς ἐν τῇ ἐ. (5)
11. 5. ὅσα ἐποίησεν ὑμῖν ἐν τῇ ἐ. (5)
— 24. ἀπὸ τῆς ἐ. καὶ Ἀντιλιβάνου (5)
29. 5 (4). τεσσαράκοντα ἔτη ἐν τῇ ἐ. (5)
32. 10. αὐτάρκησεν αὐτὸν ἐν τῇ ἐ. (5)
— 51. ἐν τῇ ἐ. Σίν (5)
34. 3. καὶ τὴν ἔ. (8)
Jo. 1. 4. τὴν ἔ. καὶ τὸν Ἀντιλίβανον (5)
5. 5 (6). ἐν τῇ ἐ. τῇ Μαβδαρίτιδι (5)
11. 3. B τοὺς ὑπὸ τὴν ἔ. [A R Ἀερμών] †
12. 8. καὶ ἐν τῇ ἐ. (5)
14. 10. ἐπορεύθη Ἰσραὴλ ἐν τῇ ἐ. (5)
15. 1. ἀπὸ τῆς ἐ. [A τῶν ὁρίων] Σ. (5)
— 21. ἐφ' ὁρίων Ἐδὼμ ἐπὶ τῆς ἐ. (8)
16. 1. A ἀπὸ ἀνατολῶν τὴν ἔ. [B *om.* τὴν ἔ.] (5)
Jo. 16. 1. εἰς τὴν ὀρεινὴν τὴν ἔ. –
20. 8. Βοσὸρ ἐν τῇ ἐ. (5)
21. 36. τὴν Βοσὸρ ἐν τῇ ἐ. –
— 40. ἐν τῇ ὁδῷ ἐν τῇ ἐ. –
24. 7. ἦτε ἐν τῇ ἐ. ἡμέρας πλείους (5)
Jd. 1. 16. εἰς τὴν ἔ. τὴν οὖσαν ἐν τῷ νότῳ Ἰ. (5)
8. 7, 16. ἐν ταῖς ἀκάνθαις τῆς ἐ. (5)
11. 16. ἐπορεύθη Ἰ. ἐν τῇ ἐ. (5)
— 18. ἐπορεύθη [A διῆλθεν] ἐν τῇ ἐ. (5)
— 22. ἀπὸ τῆς ἐ. ἕως τοῦ Ἰ. (5)
20. 42. εἰς τὴν ὁδὸν τῆς ἐ. (5)
— 45, 47. ἔφευγον εἰς τὴν ἔ. (5)
I Ki. 4. 8. καὶ ἐν τῇ ἐ. (5)
17. 28. A ἀφῆκας τὰ μικρὰ πρόβατα ἐκ. ἐν τῇ ἐ. (5)
23. 14. ἐκάθισεν ἐν M. ἐν τῇ ἐ. (5)
— 14. καὶ ἐκάθητο ἐν τῇ ἐ. (5)
— 24. οἱ ἄνδρες αὐτοῦ ἐν τῇ ἐ. τῇ M. (5)
— 25. τὴν πέτραν τὴν ἐν τῇ ἐ. M. (5)
— 25. κατεδίωξεν . . . εἰς τὴν ἔ. M. (5)
24. 2. Δ. ἐν τῇ ἐ. Ἐ. (5)
25. 1. κατέβη εἰς τὴν ἔ. (5)
— 4. ἤκουσε Δ. ἐν τῇ ἐ. (5)
— 7. οἳ ἦσαν μεθ' ἡμῶν ἐν τῇ ἐ. –
— 14. Δ. ἀπέστειλεν ἀγγέλους ἐκ τῆς ἐ. (5)
— 21. πεφύλακα πάντα τὰ αὐτοῦ ἐν τῇ ἐ. (5)
26. 2. κατέβη [A ἐπορεύθη] εἰς τὴν ἔ. Z. (5)
— 2. ζητεῖν τὸν Δ. ἐν τῇ ἐ. Z. (5)
— 3. Δ. ἐκάθισεν ἐν τῇ ἐ. (5)
— 3. ἥκει Σ. ὀπίσω αὐτοῦ εἰς τὴν ἔ. (5)
II Ki. 2. 24. ὁδὸν ἔρημον Γ. (5)
15. 18. B καὶ ἔστησαν ἐπὶ τῆς ἐλαίας ἐν τῇ ἐ. –
— 23. ἐπὶ πρόσωπον ὁδοῦ τὴν ἔ. (5)
— 28. στρατεύομαι ἐν Ἀ. τῆς ἐ. (5)
16. 2. τοῖς ἐκλελυμένοις ἐν τῇ ἐ. (5)
17. 16. ἐν Ἀ. τῆς ἐ. (5)
— 29. ὁ λαὸς . . . διψῶν ἐν τῇ ἐ. (5)
III Ki. 2. 34. ἔθαψεν αὐτὸν . . . ἐν τῇ ἐ. (5)
3. 1. B ᾠκοδόμησε τὴν Θ. ἐν τῇ ἐ. –
10. 22 (B), 9. 18 (A). A τὴν Θ. ἐν τῇ ἐ. [B τὴν Ἰεθ.] (5)
19. 4. ἐπορεύθη ἐν τῇ ἐ. (5)
— 15. εἰς τὴν ὁδὸν ἐρήμου Δ. (5)
IV Ki. 2. 8. διέβησαν ἀμφότεροι ἐν ἐρήμῳ (2 *b*)
3. 8. ὁδὸν ἔρημον Ἐδώμ (5)
I Ch. 5. 9. ἕως ἐρχομένων τῆς ἐ. (5)
6. 78 (63). τὴν Βοσὸρ ἐν τῇ ἐ. (5)
12. 8. ἐχωρίσθησαν πρὸς Δ. ἀπὸ τῆς ἐ. [A *al.*] (5)
21. 29. ἣν ἐποίησε M. ἐν τῇ ἐ. (5)
II Ch. 1. 3. ἣν ἐποίησε M. . . . ἐν τῇ ἐ. (5)
8. 4. ᾠκοδόμησε τὴν Θ. ἐν τῇ ἐ. (5)
20. 16. ἐπ' ἄκρου ποταμοῦ [A *om.*] τῆς ἐ. Ἰ. (5)
— 20. καὶ ἐξῆλθον εἰς τὴν ἔ. Θ. (5)
— 24. ἐπὶ τὴν σκοπιὰν τῆς ἐ. (5)
24. 9. καθὼς εἶπε M. . . . ἐν τῇ ἐ. (5)
26. 10. καὶ ᾠκοδόμησε πύργους ἐν τῇ ἐ. (5)
I Es. 8. 81. καὶ ἐγεῖραι τὴν ἔ. Σ.
II Es. 9. 9. καὶ ἀναστῆσαι τὰ ἔ. αὐτῆς (2 *c*)
Ne. 2. 17. πῶς Ἱερ. ἔρημος (2 *a*)
9. 19. οὐκ ἐγκατέλιπες αὐτοὺς ἐν τῇ ἐ. (5)
— 21. διέθρεψας αὐτοὺς ἐν τῇ ἐ. (5)
To. 14. 4. S ἔσται πᾶσα ἡ γῆ τοῦ Ἰ. ἔρημος
— 4. Ἱ. ἔσται ἔρημος
— 4. καὶ ἔρημος ἔσται μέχρι χρόνου [S *al.*]
Ju. 2. 23. κατὰ πρόσωπον τῆς ἐ. –
5. 14. πάντας τοὺς κατοικοῦντας ἐν τῇ ἐ. –
— 19. ὅτι ἦν ἔρημος –
Es. 8. 13. A S[3] λαβεῖν τὰς ἐ. [B S[1] *al.*] (5)
Jb. 1. 19. πνεῦμα μέγα ἐπῆλθεν ἐκ τῆς ἐ. [A S[1] *al.* (5)
15. 28. αὐλισθείη δὲ πόλεις ἐρήμους (4)
38. 26. ἔρημον οὗ οὐχ ὑπάρχει ἄνθρωπος ἐν αὐτῇ (5)
39. 6. ἐθέμην δὲ τὴν δίαιταν αὐτοῦ ἔρημον (9)
Ps. 28 (29). 8. φωνὴ κυρίου συσσείοντος ἔρημον συσσείσει κύριος τὴν ἔ. Κάδης (5, 5)
54 (55). 7. ηὐλίσθην ἐν τῇ ἐ. (5)
62 (63). *tit.* ἐν τῷ εἶναι αὐτὸν ἐν τῇ ἐ. τῆς Ἰ. (5)
— 1. ἐν γῇ ἐρήμῳ καὶ ἀβάτῳ καὶ ἀνύδρῳ (10)
64 (65). 12. B S[1] πιανθήσεται τὰ ὄρη τῆς ἐ. [S[2] *al.*] (5)
67 (68). 7. B ἐν τῷ διαβαίνειν σε τὴν ἔ. [S ἐν τῇ ἐ.] (3)
74 (75). 6. S R οὔτε ἀπὸ ἐρήμων ὀρέων [B *om.*] (5)
77 (78). 15. διέρρηξε πέτραν ἐν ἐρήμῳ [S τῇ ἐ.] (5)
— 19. ἑτοιμάσαι τράπεζαν ἐν ἐρήμῳ (5)

Ps. 77 (78). 40. ποσάκις παρεπίκραναν αὐτὸν ἐν τῇ ἐ. (5)
— 40. S[1] παρώργισαν αὐτὸν ἐν τῇ ἐ. [B S[2] ἐν γῇ ἀνύδρῳ] (3)
— 52. ἤγαγεν [S ἀνήγ.] αὐτοὺς ὡσεὶ ποίμνιον ἐν ἐρήμῳ (5)
94 (95). 8. κατὰ τὴν ἡμέραν τοῦ πειρασμοῦ ἐν τῇ ἐ. (5)
105 (106). 9. ὡδήγησεν αὐτοὺς ἐν ἀβύσσῳ ὡς ἐν ἐρήμῳ (5)
— 14. ἐπεθύμησαν ἐπιθυμίαν ἐν τῇ ἐ. (5)
— 26. τοῦ καταβαλεῖν αὐτοὺς ἐν τῇ ἐ. (5)
106 (107). 4. ἐπλανήθησαν ἐν τῇ ἐ. ἐν ἀνύδρῳ (5)
— 33. ἔθετο ποταμοὺς εἰς ἔρημον (5)
— 35. A R ἔθετο ἔρημον εἰς λίμνας [S λιμένας] ὑδάτων (5)
135 (136). 16. A[2] S[2] R τῷ διαγαγόντι τὸν λαὸν αὐτοῦ ἐν τῇ [A[1] S[1] *om.*] ἐ. (5)
Pr. 9. 12. διαπορεύεται δὲ δι' ἀνύδρου ἐρήμου –
21. 19. κρεῖσσον οἰκεῖν ἐν τῇ ἐ. (13)
Ca. 3. 6. τίς αὕτη ἡ ἀναβαίνουσα ἀπὸ τῆς ἐ. (5)
Wi. 5. 7. διωδεύσαμεν [A ὡδ.] ἐρήμους ἀβάτους
11. 2. διώδευσαν ἔρημον ἀοίκητον
18. 20. θραῦσις ἐν ἐρήμῳ ἐγένετο πλήθους
Si. 8. 16. μὴ διαπορεύου μετ' αὐτοῦ τὴν ἔ.
9. 7. ἐν ταῖς ἐ. [S[1] ῥύμαις] αὐτῆς μὴ πλανῶ
13. 19. κυνήγια λεόντων ὄναγροι ἐν ἐρήμῳ
43. 21. καταφάγεται ὄρη καὶ ἔρημον ἐκκαύσει
45. 18. ἐζήλωσαν αὐτὸν ἐν τῇ ἐ.
Ho. 2. 3 (5). θήσω αὐτὴν ἔρημον (5)
— 14 (16). καὶ τάξω αὐτὴν ὡς ἔρημον (5)
9. 10. ὡς σταφυλὴν ἐν ἐρήμῳ εὗρον τὸν Ἰ. (5)
13. 5. ἐγὼ ἐποίμαινόν σε ἐν τῇ ἐ. (5)
— 15. ἐπάξει καύσωνα ἄνεμον κ. ἐκ τῆς ἐ. ἐπ' αὐτόν (5)
Am. 2. 10. περιήγαγον ὑμᾶς ἐν τῇ ἐ. (5)
5. 25. τεσσαράκοντα ἔτη ἐν τῇ ἐ. (5)
Jl. 1. 19. πῦρ ἀνήλωσε τὰ ὡραῖα τῆς ἐ. (5)
— 20. πῦρ κατέφαγε τὰ ὡραῖα τῆς ἐ. (5)
2. 22. βεβλάστηκε τὰ πεδία τῆς ἐ. (5)
Ze. 2. 13. θήσει . . . ἄνυδρον ὡς ἔρημον (5)
Hg. 1. 9. ἀνθ' ὧν ὁ οἶκός μού ἐστιν ἔ. (2 *a*)
Za. 14. 10. καὶ τὴν ἔ. ἀπὸ Γ. (9)
Ma. 1. 3. τὴν κληρονομίαν αὐ. εἰς δώματα ἐρήμου (5)
— 4. ἀνοικοδομήσωμεν τὰς ἐ. [A S[2] ἠρημωμένας] (2 *c*)
Is. 1. 7. ἡ γῆ ὑμῶν ἔ. (11 *d*)
5. 9. εἰς ἔρημον ἔσονται μεγάλαι καὶ καλαί (11 *c*)
— 17. τὰς ἐ. τῶν ἀπειλημμένων ἄρνες φάγονται (2 *c*)
6. 11. ἡ γῆ καταλειφθήσεται ἔ. (11 *d*)
13. 9. θεῖναι τὴν οἰκουμένην ἔρημον (11 *c*)
14. 17. ὁ θεὶς τὴν οἰκουμένην ὅλην ἔρημον (5)
— 23. θήσω τὴν Βαβυλωνίαν ἔρημον (6 ?)
15. 6. τὸ ὕδωρ τῆς Νεμηρεὶμ ἔρημον ἔσται (7)
16. 1. μὴ πέτρα ἔ. ἐστι τὸ ὄρος θυγατρὸς [A *om.*] Σιών (5)
— 8. πλανήθητε τὴν ἔ. (5)
— 8. A S[1] διέβησαν γὰρ τὴν ἔ. [B S[2] θάλασσαν] †
17. 9. ἔσονται ἔρημοι (11 *d*)
21. 1. τὸ ὅραμα τῆς ἐ. ὡς καταιγὶς δι' ἐρήμου διέλθοι ἐξ [S[1] ἐπ'] ἐρήμου (5, 8, 5)
24. 12. καταλειφθήσονται πόλεις ἔρημοι (11 *c*)
30. 6. ἡ ὅρασις τῶν τετραπόδων τῶν ἐν τῇ ἐ. (8)
32. 15. ἔσται ἔ. ὁ Χέρμελ (5)
— 16. ἀναπαύσεται ἐν τῇ ἐρήμῳ κρίμα (5)
34. 11. ἐπιβληθήσεται ἐπ' αὐτὴν σπαρτίον γεωμετρίας ἐρήμου (12)
35. 1. εὐφράνθητι ἔ. διψῶσα ἀγαλλιάσθω ἔ. (5, 9)
— 2. ἀγαλλιάσεται τὰ ἔ. τοῦ Ἰορδάνου †
— 6. ἐρράγη ἐν τῇ ἐ. ὕδωρ (5)
40. 3. φωνὴ βοῶντος ἐν τῇ ἐ. (5)
41. 18. ποιήσω τὴν ἔ. εἰς ἕλη ὑδάτων [A S[3] *om.*] (5)
42. 11. εὐφράνθητι ἔ. καὶ αἱ κῶμαι αὐτῆς (5)
43. 19. ποιήσω ἐν τῇ ἐ. ὁδόν (5)
— 20. ἔδωκα ἐν τῇ ἐ. ὕδωρ (5)
44. 26. τὰ ἔ. αὐτῆς ἀνατελεῖ (2 *c*)
48. 21. δι' ἐρήμου ἄξει αὐτούς (2 *c*)
49. 8. κληρονομῆσαι κληρονομίας ἐρήμους [A S *al.*] (11 *b*)
— 19. τὰ ἔ. σου καὶ τὰ κατεφθαρμένα [A S[3] διεφ.] (2 *c*)
50. 2. θήσω ποταμοὺς ἐρήμους (5)
51. 3. παρεκάλεσα πάντα τὰ ἔ. αὐτῆς (2 *c*)
— 3. B S θήσω τὰ ἔ. αὐτῆς (5)
52. 9. ῥηξάτω εὐφροσύνην [S -νη] ἅμα τὰ ἔ. Ἰερουσαλήμ (2 *c*)
Is. 54. 1. πολλὰ τὰ τέκνα τῆς ἐ. (11 *a*)
58. 12. οἰκοδομηθήσονταί σου αἱ ἔ. αἰώνιοι (2 *c*)
61. 4. οἰκοδομήσουσιν ἐρήμους αἰωνίας (2 *c*)
— 4. καινιοῦσι πόλεις ἐρήμους [S[1] αἰωνίους] (2 *d*)
62. 4. ἡ γῆ σου οὐ κληθήσεται ἔτι Ἔρημος (11 *d*)
63. 13. ἤγαγεν αὐτοὺς δι' ἀβύσσου ὡς ἵππον δι' ἐρήμου (5)
64. 10 (9). ἐγενήθη ἔ. Σιὼν ὡς ἔ. ἐγενήθη (5, 5)
Je. 2. 6. ὁ καθοδηγήσας ἡμᾶς ἐν τῇ ἐ. (5)
— 15. ἔταξαν τὴν γῆν αὐτοῦ εἰς ἔρημον (11 *c*)
— 24. τὰς ὁδοὺς αὐτῆς ἐπλάτυνεν ἐφ' ὕδατα ἐρήμου (5)
— 31. μὴ ἔ. ἐγενόμην τῷ Ἰσραήλ (5)
4. 11. πνεῦμα πλανήσεως ἐν τῇ ἐ. (5)
— 26. ἰδοὺ ὁ Κάρμηλος ἔ. (5)
— 27. ἔ. ἔσται πᾶσα ἡ γῆ (11 *d*)
7. 34. S εἰς ἔρημον [A B -μωσιν] ἔσται πᾶσα ἡ γῆ (2 *c*)
9. 2 (1). τίς δῴη μοι ἐν τῇ ἐ. σταθμὸν ἔσχατον (5)
— 10 (9). λάβετε . . . ἐπὶ τὰς τρίβους τῆς ἐ. θρῆνον (5)
— 12 (11). ἀνήφθη ὡς ἔρημος (5)
— 26 (25). τοὺς κατοικοῦντας ἐν τῇ ἐ. (5)
12. 10. ἔδωκαν τὴν μερίδα τὴν ἐπιθυμητήν μου εἰς ἔρημον ἄβατον (5)
— 12. ἐν τῇ ἐ. ἦλθον ταλαιπωροῦντες (5)
13. 24. φρύγανα φερόμενα ὑπὸ ἀνέμου εἰς ἔρημον [A *add.* τόπον] (5)
17. 6. ἔσται ὡς ἡ ἀγριομυρίκη ἡ ἐν τῇ ἐ. (9)
— 6. κατασκηνώσει . . . ἐν ἐρήμῳ [A τῇ ἐ., S[1] -μοις] (5)
22. 6. ἐὰν μὴ θῶ σε εἰς ἔρημον (5)
23. 10. ἐξηράνθησαν αἱ νομαὶ τῆς ἐ. (5)
27 (50). 12. ἔρημος ἀπὸ ὀργῆς κυρίου οὐ κατοικηθήσεται (5 *et* 10 *et* 9)
29 (49). 13. αἱ πόλεις αὐτῆς ἔσονται ἔρημοι (2 *c*)
▶ 31 (48). 6. ὥσπερ ὄνος ἄγριος ἐν ἐρήμῳ (5)
32 (25). 24. τοὺς συμμίκτους τοὺς καταλύοντας ἐν τῇ ἐ. (5)
38 (31). 2. εὗρον θερμὸν ἐν ἐρήμῳ (5)
40 (33). 10. ἐρημός ἐστιν ἀπὸ ἀνθρώπων (2 *a*)
— 12. ἔσται ἐν τῷ τόπῳ τούτῳ τῷ ἐ. [A τῷ ἠρημωμένῳ τ.] (2 *a*)
41 (34). 22. δώσω αὐτὰς ἐρήμους [A εἰς ἄβατον] (11 *d*)
51 (44). 2. εἰσὶν ἔρημοι ἀπὸ ἐνοίκων [A -κούντων] (2 *c*)
Ba. 4. 19. ἐγὼ γὰρ κατελείφθην ἔ.
La. 4. 3. ὡς στρουθίον ἐν ἐρήμῳ (5)
— 19. ἐν ἐρήμῳ ἐνήδρευσαν ἡμᾶς (5)
5. 9. ἀπὸ προσώπου ῥομφαίας τῆς ἐ. (5)
Ez. 5. 14. θήσομαί σε εἰς ἔρημον (2 *c*)
6. 14. εἰς ὄλεθρον ἀπὸ τῆς ἐ. Δεβλαθά (5)
13. 4. ὡς ἀλώπεκες ἐν ταῖς ἐ. οἱ προφῆταί σου (2 *c*)
14. 8. θήσομαι [A -σω] αὐτὸν εἰς ἔρημον †
19. 13. πεφύτευκαν αὐτὴν ἐν τῇ ἐ. (5)
20. 10. ἤγαγον αὐτοὺς εἰς τὴν ἔ. (5)
— 13. εἶπα πρὸς τὸν οἶκον τοῦ Ἰσραὴλ ἐν τῇ ἐ. –
— 13. A παρεπίκρανάν με ὁ οἶκος Ἰ. ἐν τῇ ἐ. (5)
— 13. τοῦ ἐκχέαι τὸν θυμόν μου ἐπ' αὐτοὺς ἐν τῇ ἐ. (5)
— 15. ἐξῆρα τὴν χεῖρά μου ἐπ' αὐτοὺς ἐν τῇ ἐ. (5)
— 17. οὐκ ἐποίησα αὐτοὺς εἰς συντέλειαν ἐν τῇ ἐ. (5)
— 18. εἶπα πρὸς τὰ τέκνα αὐτῶν ἐν τῇ ἐ. (5)
— 21. τοῦ ἐκχέαι τὸν θυμόν μου ἐπ' αὐτοὺς ἐν τῇ ἐ. [A *om.* ἐ. αὐ. ἐ. τ. ἐ.] (5)
— 23. ἐξῆρα τὴν χεῖρά μου ἐπ' αὐτοὺς ἐν τῇ ἐ. (5)
— 35. ἄξω ὑμᾶς εἰς τὴν ἔ. τῶν λαῶν (5)
— 36. διεκρίθην πρὸς τοὺς πατέρας ὑμῶν ἐν τῇ ἐ. (5)
23. 42. πρὸς ἄνδρας . . . ἥκοντας [A *add.* οἰνωμένους] ἐκ τῆς ἐ. (5)
26. 13. θήσομαι αὐτὴν ἔρημον (2 *c*)
— 20. κατοικιῶ σε . . . ὡς ἔρημον αἰώνιον (2 *c*)
29. 9. ἔσται ἡ γῆ Αἰγύπτου ἀπώλεια καὶ ἔ. (2 *c*)
— 10. δώσω γῆν Αἰγύπτου εἰς ἔρημον (2 *c*)
— 12. A δώσω τὴν γῆν αὐτῆς εἰς ἀπώλειαν ἐν μέσῳ τῆς ἐ. [B *al.*] (11 *f*)
30. 12. δώσω τοὺς ποταμοὺς αὐτῶν ἐρήμους (2 *b*)
33. 28. δώσω τὴν γῆν ἔρημον (11 *d*)
— 29. ποιήσω τὴν γῆν αὐτῶν ἔρημον (11 *d*)
34. 25. κατοικήσουσιν ἐν τῇ ἐ. (5)
35. 3. δώσω σε εἰς [A B[2] *om.*] ἔρημον (11 *d*)
— 4. σὺ ἔ. ἔσῃ (11 *d*)
— 7. δώσω ὄρος Σηεὶρ εἰς ἔρημον (11 *e*)
— 12. τὰ ὄρη Ἰσ. ἔρημα ἡμῖν δέδοται (11 *a*, 11 *d**)
Ez. 35. 14. B ἔρημον ποιήσω σε (11 *d*)
— 15. ἔρημον ἔσῃ, ὄρος Σηείρ (11 *d*)
36. 2. ἔρημα αἰώνια εἰς κατάσχεσιν ἡμῖν ἐγενήθη (1)
— 33. οἰκοδομηθήσονται ἔρημοι [A αἱ ἔ.] (2 *c*)
— 35. αἱ πόλεις αἱ ἔ. . . . ἐκάθισαν (2 *a*)
— 38. ἔσονται αἱ πόλεις αἱ ἔ. πλήρεις προβάτων ἀνθρώπων (2 *a*)
38. 8. ἐγενήθη ἔρημος δι' ὅλου (2 *c*)
Da. LXX. 4. 22. εἰς τόπον ἔ. ἀποστελοῦσί σε †
9. 17. ἐπὶ τὸ ὄρος τὸ ἅγιόν σου τὸ ἔ. (11 *b*)
Da. TH. 9. 17. ἐπὶ τὸ ἁγίασμά σου τὸ ἔ. (11 *b*)
I Ma. 1. 39. τὸ ἁγίασμα αὐτῆς ἠρημώθη ὡς ἔρημος
2. 29. κατέβησαν . . . εἰς τὴν ἔ.
— 31. A R εἰς τοὺς κρύφους [S -ίους] ἐν τῇ ἐ.
3. 45. Ἱερ. ἦν ἀοίκητος [S[1] ἀν.] ὡς ἔρημος
5. 24. ἐπορεύθησαν ὁδὸν τριῶν ἡμερῶν ἐν τῇ ἐ.
— 28. ἀπέστρεψεν . . . ὁδὸν εἰς τὴν ἔ.
9. 33. ἔφυγον εἰς τὴν ἔ. Θεκωέ
— 62. εἰς B. τὴν ἐν τῇ ἐ.
13. 21. τοῦ ἐλθεῖν πρὸς αὐτοὺς διὰ τῆς ἐ.
II Ma. 5. 27. ἀναχωρήσας εἰς τὴν ἔ. [A *om.* εἰς τ. ἔ.]
8. 35. ἔρημον ἑαυτὸν ποιήσας
III Ma. 5. 6. οἱ δὲ πάσης σκέπης ἔ. δοκοῦντες εἶναι
— 43. ἔρημον [A εἰς] τὸν ἅπαντα χρόνον καταστήσειν

[**Aq.** Ge. 36. 24: Ex. 13. 20: Dt. 1. 40: Ps. 9. 7: 64 (65). 13: 77 (78). 15: Ca. 8. 5: Is. 41. 19: Je. 2. 2: 9. 2 (1): 27 (34). 17: 52. 8: Ez. 29. 5.]
[**Sm.** Ge. 16. 11, 12: Ex. 13. 20: 16. 2: Dt. 1. 40: I Ki. 13. 18: 23. 19: 26. 1, 3: Ps. 54 (55). 8: 64 (65). 13: 74 (75). 7: Ca. 8. 5: Is. 5. 17: 27. 10: 32. 15: 41. 19: 50. 2: 52. 9: Je. 27 (34). 17: 31 (38). 2: 39 (46). 4, 5: 44 (51). 2: 52. 7, 8: La. 1. 16: Ez. 29. 5.]
[**Th.** Ge. 16. 11: 36. 24: Ex. 13. 20: 16. 2: Ca. 8. 5: Is. 41. 19: Je. 2. 2: 27 (34). 17: Ez. 29. 5.]
[**Al.** Le. 16. 10: Jo. 15. 61: Ez. 20. 13.]
[**Heb.** Jb. 24. 5.]

ἐρημοῦν. (1) בָּלַק (2) חָרֵב *a.* qal. *b.* ni. *c.* pu. *d.* hi. *e.* hoph. *f.* חָרֵב adj. *g.* חָרְבָּה *h.* חָרֵב hoph. (3) חָרַם hi. (4) יָשַׁם (5) בַּמִּדְבָּר (6) שְׁאָה (7) שָׁבַר ni. (8) שָׁלַךְ hoph. (9) שָׁמַד hi. (10) שָׁמֵם *a.* qal. *b.* ni. *c.* hiph. *d.* hoph. *e.* שְׁמָמָה *f.* מְשַׁמָּה

Ge. 47. 19. καὶ ἡ γῆ ἐρημωθῇ [A -θήσεται] –
— 19. A[1] B καὶ ἡ γῆ [A[2] R *add.* οὐκ] ἐρημωθήσεται (4)
Le. 26. 22. ἐρημωθήσονται αἱ ὁδοὶ ὑμῶν (10 *b*)
— 29. ἐρημώσω τὰς στήλας ὑμῶν (9)
— 43. ἐν τῷ ἐρημωθῆναι αὐτὴν δι' αὐτούς (10 *d*)
Jd. 16. 7. A ἐν ἑπτὰ νευραῖς ὑγραῖς μὴ ἠρημωμέναις [B διεφθαρμ.] (2 *c*)
— 8. A ἑπτὰ νευρὰς ὑγρὰς μὴ ἠρημωμένας [B διεφθαρμ.] (2 *c*)
— 24. τὸν ἐρημοῦντα [A ἐξερ.] τὴν γῆν ἡμῶν (2 *d*)
IV Ki. 19. 17. ἠρήμωσαν βασιλεῖς Ἀ. τὰ ἔθνη (2 *d*)
I Es. 2. 23. ἡ πόλις αὕτη ἠρημώθη
4. 8. B εἶπεν ἐρημῶσαι, ἐρημοῦσιν
— 24. A τῇ ἐρημωμένῃ [B ἐρωμ.] ἀποφέρει
— 45. ὅτε ἠρημώθη ἡ Ἰ. ὑπὸ τῶν X.
II Es. 4. 15. ἡ πόλις αὕτη ἠρημώθη (2 *h*)
Ne. 2. 3. ἡ πόλις . . . ἠρημώθη [S[1] *om.*] (2 *f*)
Jb. 14. 11. ποταμὸς δὲ ἐρημωθεὶς ἐξηράνθη [A *al.*] (2 *a*)
Ps. 68 (69). 25. γενηθήτω ἡ ἔπαυλις αὐ. ἠρημωμ. (10 *b*)
78 (79). 7. τὸν τόπον αὐτοῦ ἠρήμωσαν (10 *c*)
Wi. 5. 23. ἐρημώσει πᾶσαν τὴν γῆν ἀνομία
Si. 16. 4. φυλὴ δὲ ἀνόμων ἐρημωθήσεται
21. 4. καταπληγμὸς καὶ ὕβρις ἐρημώσουσι πλοῦτον οὕτως οἶκος ὑπερηφάνου ἐρημωθήσεται
49. 6. ἠρήμωσαν τὰς ὁδοὺς αὐτῆς ἐν χειρὶ Ἱερεμίου
Am. 3. 11. ἡ γῆ σου ἐρημωθήσεται –
7. 9. αἱ τελεταὶ τοῦ Ἰ. ἐρημωθήσονται [A ἐξερ.] (2 *a*)
Ma. 1. 4. A S[2] ἀνοικοδομήσωμεν τὰς ἠρημωμένας [B S[1] ἐρήμους] (2 *g*)
Is. 1. 7. ἠρήμωται κατεστραμμένη ὑπὸ λαῶν (10 *e*)
6. 11. ἕως ἂν ἐρημωθῶσι πόλεις (6)

▶ = additional entry on page xxvi

Is. 11. 15. ἐρημώσει κύριος τὴν θάλασσαν Αἰγ. (3)
23. 13. αὕτη ἠρήμωται ἀπὸ τῶν Ἀσσυρίων †
24. 1. ἐρημώσει αὐτήν (1)
— 10. ἠρημώθη [S add. ὅλη ἡ γῆ] πᾶσα πόλις (7)
33. 8. ἐρημωθήσονται γὰρ αἱ τούτων ὁδοί (10 *b*)
34. 10. εἰς γενεὰς αὐτῆς ἐρημωθήσεται (2 *a*)
— 10. S εἰς χρόνον πολὺν [A S^{3} om. εἰς χρ. π.] ἐρημωθήσεται [A B om.] †
37. 18. ἠρήμωσαν βασιλεῖς Ἀσσυρίων τὴν οἰκουμένην ὅλην (2 *d*)
— 25. ἠρήμωσα ὕδατα (2 *d*)
42. 15. B ἐρημώσω ὄρη καὶ βουνούς (2 *d*)
44. 27. ὁ λέγων τῇ ἀβύσσῳ, Ἐρημωθήσῃ (2 *a*)
49. 17. οἱ ἐρημώσαντές σε ἐκ σοῦ ἐξελεύσονται (2 *d*)
51. 10. οὐ σὺ εἶ ἡ ἐρημοῦσα θάλασσαν (2 *d*)
54. 3. πόλεις ἠρημωμένας κατοικιεῖς (10 *b*)
60. 12. τὰ ἔθνη ἐρημίᾳ ἐρημωθήσεται [A S -σονται] (2 *a*)
Je. 3. 2. ἐκάθισας αὐτοῖς ὡσεὶ κορώνη ἐρημουμένη [A ἠρημωμ.] (5)
10. 25. τὴν νομὴν [S^{1} τὸν νόμον] αὐ. ἠρήμωσαν (10 *c*)
28 (51). 36. ἐρημώσω τὴν θάλασσαν αὐτῆς (2 *d*)
33 (26). 9. ἡ πόλις αὕτη ἐρημωθήσεται ἀπὸ κατοικούντων [A ἐνοι.] (2 *a*)
40 (33). 10. ἐν πόλεσιν Ἰούδα καὶ ἔξωθεν Ἱερουσαλὴμ ταῖς ἠρημωμέναις (10 *b*)
— 12. A ἔσται ἐν τῷ τόπῳ τῷ ἠρημωμένῳ τούτῳ [B S τ. τῷ ἐρήμῳ] (2 *f*)
Ba. 4. 12. ἠρημώθην διὰ τὰς ἁμαρτίας τῶν τέκνων μου
— 16. ἀπὸ τῶν θυγατέρων τὴν μόνην [A μονογενῆ] ἠρήμωσαν
La. 1. *tit.* μετὰ τὸ αἰχμαλωτισθῆναι τὸν Ἰσραὴλ καὶ Ἱερουσαλὴμ ἐρημωθῆναι
Ez. 26. 2. ἡ πλήρης ἠρήμωται (2 *e*)
— 19. ὅταν δῶ σε πόλιν ἠρημωμένην (2 *b*)
29. 12. ἐν μέσῳ γῆς ἠρημωμένης [A μ. τῆς ἐρήμου] (10 *b*)
— 12. ἐν μέσῳ πόλεων ἠρημωμ. ἔσονται (2 *e*)
30. 7. ἐρημωθήσεται ἐν μέσῳ χωρῶν ἠρημωμ. [A ἠφανισμ.] καὶ αἱ πόλεις αὐ. ἐν μέσῳ πόλεων ἠρημωμ. ἔσονται (10 *b*, 10 *b*, 2 *b*)
32. 15. ἐρημωθῇ ἡ γῆ σὺν τῇ πληρώσει αὐτῆς (10 *b*)
33. 24. οἱ κατοικοῦντες τὰς ἠρημωμ. ἐπὶ τῆς γῆς (2 *g*)
— 27. οἱ ἐν ταῖς ἠρημωμέναις μαχαίραις [A -ρᾳ] πεσοῦνται (2 *g*)
— 28. ἐρημωθήσεται [A -σονται] τὰ ὄρη τοῦ Ἰ. (10 *a*)
— 29. ἐρημωθήσεται διὰ πάντα τὰ βδελύγματα αὐτῶν (10 *f*)
35. 3. καὶ ἐρημωθήσῃ (10 *f*)
— 7. εἰς ἔρημον καὶ ἠρημωμένον (10 *e*)
36. 4. A ταῖς νάπαις ταῖς ἐρημωμέναις [B *al.*] (2 *g*)
— 10. ἡ ἠρημωμένη οἰκοδομηθήσεται [A *al.*] (2 *g*)
38. 12. τοῦ ἐπιστρέψαι χεῖρά μου εἰς τὴν ἠρημωμένην (2 *g*)
Da. LXX. 8. 11. καὶ τὸ ἅγιον ἐρημωθήσεται (8)
— 13. καὶ τὰ ἅγια ἐρημωθήσεται †
11. 24. ἐξάπινα ἐρημώσει πόλιν †
Da. TH. 8. 11. καὶ τὸ ἅγιον ἐρημωθήσεται (8)
I Ma. 1. 39. τὸ ἁγίασμα αὐτῆς ἠρημώθη
2. 12. ἡ δόξα ἡμῶν ἠρημώθη
4. 38. ἴδον τὸ ἁγίασμα ἠρημωμένον
15. 4. καὶ τοὺς ἠρημωκότας πόλεις πολλάς
— 29. A R τὰ ὅρια αὐτῶν ἠρημώσατε [S ἐρ.]
[Aq. Is. 34. 10: Da. 9. 27 *bis*.]
[Sm. Is. 34. 10: 37. 25: 42. 15: Da. 9. 27 *bis*.]
[Th. Jd. 16. 7: Is. 34. 10: 42. 15.]
[Quint. Ps. 31 (32). 4.]

ἐρήμωσις. (1) חָרְבָּה (2) שָׁמֵם *a.* qal. *b.* po. *c.* hoph. *d.* שַׁמָּה

Le. 26. 34, 35. πάσας τὰς ἡμέρας τῆς ἐ. αὐτῆς (2 *c*)
II Ch. 30. 7. καὶ παρέδωκεν αὐτοὺς εἰς ἐρήμωσιν (2 *d*)
36. 21. A R πάσας τὰς ἡμέρας ἐρημώσεως αὐ. (2 *c*)
I Es. 1. 58. πάντα τὸν χρόνον τῆς ἐ. αὐτῆς
Ju. 8. 22. τὴν ἐ. τῆς κληρονομίας ἡμῶν ἐπιστρέψει
Ps. 72 (73). 19. πῶς ἐγένοντο εἰς ἐρήμωσιν (2 *d*)
Je. 4. 7. A S^{2} R τοῦ θεῖναι τὴν γῆν εἰς ἐρήμωσιν [B S^{1} *al.*] (2 *d*)
7. 34. εἰς ἐρήμωσιν [S -μον] ἔσται πᾶσα ἡ γῆ (1)
22. 5. εἰς ἐρήμωσιν ἔσται ὁ οἶκος οὗτος (1)
Je. 32 (25). 18. τοῦ θεῖναι αὐτὰς εἰς ἐρήμωσιν (1)
51 (44). 6. ἐγενήθησαν εἰς ἐρήμωσιν (1)
— 22. ἐγενήθη ἡ γῆ ὑμῶν εἰς ἐρήμωσιν (1)
Da. LXX. 8. 13. ἡ ἁμαρτία ἐρημώσεως ἡ δοθεῖσα (2 *a*)
9. 18. ἴδε τὴν ἐ. ἡμῶν (2 *a*)
— 27. καὶ ἀφαιρεθήσεται ἡ ἐ. †
— 27. βδέλυγμα τῶν ἐ. ἔσται (2 *b*)
— 27. συντέλεια δοθήσεται ἐπὶ τὴν ἐ. (2 *a*)
11. 31. δώσουσι βδέλυγμα ἐρημώσεως (2 *b*)
12. 11. δοθῆναι τὸ βδέλυγμα τῆς ἐ. (2 *a*)
Da. TH. 8. 13. ἡ ἁμαρτία ἐρημώσεως ἡ δοθεῖσα (2 *a*)
9. 2. εἰς συμπλήρωσιν ἐρημώσεως Ἱερ. (1)
— 27. βδέλυγμα τῶν ἐ. (2 *b*)
— 27. συντέλεια δοθήσεται ἐπὶ τὴν ἐ. (2 *a*)
12. 11. τὸ βδέλυγμα ἐρημώσεως [A τῆς ἐ.] (2 *a*)
I Ma. 1. 54. ᾠκοδόμησαν βδέλυγμα ἐρημώσεως
[Aq. Ps. 31 (32). 4: Je. 25. 11: Da. 9. 26.]
[Sm. Je. 25. 11: Da. 9. 26.]
[Th. Je. 25. 11: Da. 9. 27 *bis*.]

ἔριγμα.

[Al. Le. 2. 16.]

ἐρίζειν. (1) גָּרָה hithp. (2) מָרָה (3) מֹרַת רוּחַ

Ge. 26. 35. καὶ ἦσαν ἐρίζουσαι τῷ Ἰ. καὶ τῇ Ῥ. (3)
49. 6. ἐπὶ τῇ συστάσει αὐτῶν μὴ ἐρίσαι τὰ ἡπατά μου †
I Ki. 12. 14. καὶ μὴ ἐρίσητε τῷ στόματι κυρίου (2)
— 15. καὶ ἐρίσητε τῷ στόματι κυρίου (2)
IV Ki. 14. 10. ἵνα τί ἐρίζεις ἐν κακίᾳ σου [A *al.*] (1)
Pr. 29. 23. B τοὺς δὲ ταπεινόφρονας ἐρίζει δόξῃ [A S R *al.*] †
— 24. S^{1} ὃς ἐρίζεται κλέπτῃ [A B S^{2} *al.*] †
31. 19. S τὰς δὲ χεῖρας αὐ. εἰς ἄτρακτον [A B *al.*] †
Si. 8. 2. μὴ ἔριζε μετὰ ἀνθρώπου πλουσίου
11. 9. B περὶ πράγματος οὗ οὐκ ἔστι σοι χρεία [A S om.] μὴ ἔριζε
[Aq. Ps. 67 (68). 17: Je. 12. 5: 50 (27). 24.]
[Sm. Je. 50 (27). 24.]
[Th. Ps. 67 (68). 17: 138 (139). 20.]
[Al. Dt. 2. 5.]

ἐριθεία.

[Sm. Ez. 23. 11.]

ἐριθεύεσθαι.

To. 2. 11. ἡ γυνή μου Ἄ. ἠριθεύετο ἐν τοῖς γυναικείοις
[Sm. Ez. 23. 5, 12.]

ἔριθος. (1) אֶרֶג

Is. 38. 12. ἐρίθου ἐγγιζούσης ἐκτεμεῖν (1 ?)

ἐρικτός. (1) גֶּרֶשׂ

Le. 2. 14. νέα πεφρυγμένα χίδρα ἐρικτά (1)

ἔριον. (1) עֲמַר (2) צֶמֶר

Le. 13. 47. ἐν ἱματίῳ ἐρέῳ [B^{3} ἐρίῳ] (2)
— 48. ἢ ἐν τοῖς ἐρέοις [B^{2} ἐρίοις] (2)
De. 22. 11. ἔρια καὶ λίνον ἐν τῷ αὐτῷ [A ἐπὶ τὸ αὐτό] (2)
Jd. 6. 37. τὸν πόκον τοῦ ἐ. [A τῶν ἐ.] (2)
Ps. 147. 5 (16). τοῦ διδόντος χιόνα ὡσεὶ ἔριον (2)
Pr. 31. 13. μηρυομένη ἔρια καὶ λίνον (2)
Is. 1. 18. ὡς ἔ. λευκανῶ (2)
51. 8. ὡς ἔρια βρωθήσεται ὑπὸ σητός (2)
Ez. 27. 18. οἶνος ἐκ Χελβὼν καὶ ἔρια ἐκ Μιλήτου (2)
34. 3. τὰ ἔ. περιβάλλεσθε (2)
44. 17. B^{2} R οὐκ ἐνδύσονται ἔρια [A B^{1} ἐρεᾶ] (2)
Da. LXX. 7. 9. ὡσεὶ ἔριον λευκὸν καθαρόν (1)
Da. TH. 7. 9. ὡσεὶ ἔριον καθαρόν (1)
[Aq., Sm., Th. Ho. 2. 5 (7).]
[Al. Le. 13. 48.]

ἔρις. (1) מָרָה

Ps. 138 (139). 20. ὅτι ἐρεῖς [B^{2} ἔρις S^{2} ἐρισταί ἐστε] εἰς διαλογισμόν (1 ?)
Si. 28. 11. ἔρις κατασπευδομένη ἐκκαίει πῦρ
40. 5. μηνίαμα [A S -νιμα] καὶ ἔρις
— 9. θάνατος καὶ αἷμα καὶ ἔρις

ἐριστής. (1) מָרָה

Ps. 138 (139). 20. S^{2} ἐρισταί ἐστε [A B^{1} S^{1} ἐρεῖς, B^{2} ἔρις] εἰς διαλογισμόν (1 ?)

ἐριστός (?).

Ex. 39. 21 (40). B τὰ ἐ. ἔργα τῆς σκηνῆς [A R *al.*] †

ἐρισύβη, *vid.* **ἐρυσίβη.**

ἐρίφιον.

To. 2. 13. πόθεν τὸ ἐ.

ἔριφος. (1) גְּדִי (2) כַּר (3) עֵז (4) עַתּוּד (5) שָׂעִיר

Ge. 27. 9. δύο ἐ. ἁπαλοὺς καὶ καλούς (3)
— 16. τὰ δέρματα τῶν ἐ. περιέθηκεν (1 *et* 3)
37. 31. ἔσφαξαν ἔριφον αἰγῶν (5)
38. 17. ἔριφον αἰγῶν ἐκ τῶν προβάτων (1)
— 20. ἀπέστειλε δὲ Ἰούδας τὸν ἔ. ἐξ αἰγῶν (1)
— 23. ἐγὼ μὲν ἀπέσταλκα τὸν ἔ. τοῦτον (1)
Ex. 12. 5. ἀπὸ . . . τῶν ἐ. λήψεσθε (3)
Le. 1. 10. ἀπό τε τῶν ἀρνῶν καὶ τῶν ἐ. (3)
Jd. 6. 19. ἐποίησεν ἔριφον αἰγῶν (1)
13. 15. ποιήσωμεν . . . ἔριφον αἰγῶν (1)
— 19. ἔλαβε M. τὸν ἔ. τῶν αἰγῶν (1)
14. 6. A R ὡσεὶ συντρίψει [A διασπάσαι] ἔριφον αἰγῶν [B om.] (1)
15. 1. ἐν ἐρίφῳ αἰγῶν [A φέρων ἔριφον *al.*] (1)
I Ki. 16. 20. ἔλαβεν Ἰ. . . . ἔριφον αἰγῶν [A ἐξ *ai.*] ἕνα (1)
II Ch. 35. 7. ἀπήρξατο Ἰ. . . . ἀμνοὺς καὶ ἐρίφους –
— 8. καὶ ἔδωκαν . . . ἀμνοὺς καὶ ἐρίφους –
I Es. 1. 7. ἀρνῶν καὶ ἐρίφων τριάκοντα χιλιάδας
To. 2. 12. προσδόντες καὶ ἔριφον [S *al.*]
— 13. S ὅτε εἰσῆλθεν πρὸς μὲ ὁ ἔ. [A B *al.*]
Ca. 1. 8. ποίμαινε τὰς ἐ. σου (1)
Si. 47. 3. R ἐν λέουσιν ἔπαισεν [A B^{1} -ζεν, B^{2} S -ξεν] ὡς ἐν ἐρίφοις
Am. 6. 4. καὶ ἔσθοντες ἐρίφους ἐκ ποιμνίων (2)
Is. 11. 6. πάρδαλις συναναπαύσεται ἐρίφῳ (1)
Je. 28 (51). 40. καὶ ὡς κριοὺς μετ' ἐρίφων (4)
Ez. 43. 22. λήψονται ἐρίφους δύο [A *add.* ἀπὸ] αἰγῶν (5)
— 25. ἑπτὰ ἡμέρας ποιήσεις ἔριφον ὑπὲρ ἁμαρτίας (5)
45. 23. ποιήσει [A -εις] . . . ὑπὲρ ἁμαρτίας ἔριφον αἰγῶν (5)
[Aq. Dt. 14. 20 (21): Je. 50 (27). 8.]
[Sm. Ex. 23. 19.]

ἑρμηνεία.

Si. *prol.* 14. ἐφ' οἷς ἂν δοκῶμεν τῶν κατὰ τὴν ἑ. πεφιλοπονημένων τισὶ τῶν λέξεων ἀδυναμεῖν [B^{1} S^{1} om.]
47. 17. ἐν ἑρμηνείαις [A ἐρημίαις] ἀπεθαύμασάν σε χῶραι
Da. LXX. 5. 1. ἐστὶ δὲ ἡ ἑ. αὐτῶν –
[Aq., Th. Pr. 1. 6.]

ἑρμηνεύειν. (1) תִּרְגֵּם

II Es. 4. 7. γραφὴν Συριστὶ καὶ ἡρμηνευμένην (1)
Es. 10. 3. ἣν ἔφασαν . . . ἡρμηνευκέναι Λ.
Jb. 42. 18. οὗτος ἑρμηνεύεται ἐκ τῆς Συριακῆς βίβλου
— 18. A οὗτος ἑρμηνεύεται ἐκ τῆς Συριακῆς βίβλου
[Aq., Sm., Th. Is. 19. 20.]

ἑρμηνεύς.

[Aq., Sm. Is. 43. 27.]

ἑρμηνευτής. (1) לִיץ hi.

Ge. 42. 23. ὁ γὰρ ἑ. ἀνὰ μέσον αὐτῶν ἦν (1)

ἕρπειν. (1) רָמַשׂ (2) שָׁרַץ

Ge. 1. 26, 28. τῶν ἑρπετῶν τῶν ἑρπόντων ἐπὶ τῆς γῆς (1)
— 30. παντὶ ἑρπετῷ τῷ ἕρποντι ἐπὶ τῆς γῆς (1)
6. 20. τῶν ἑρπετῶν τῶν ἑρπόντων ἐπὶ τῆς γῆς –
7. 8. R πάντων τῶν ἑρπόντων ἐπὶ τῆς γῆς [A *al.*] (1)
8. 1. R πάντων τῶν ἑρπετῶν τῶν ἑρπόντων [A om. τ. ἑ.] –
Le. 11. 41. πᾶν ἑρπετὸν ὃ ἕρπει ἐπὶ τῆς γῆς (2)
— 42, 43. ἐν πᾶσι τοῖς ἑρπετοῖς τοῖς ἕρπουσιν ἐπὶ τῆς γῆς (2)
— 46. πάσης ψυχῆς ἑρπούσης ἐπὶ τῆς γῆς (2)
De. 4. 18. παντὸς ἑρπετοῦ ὃ ἕρπει ἐπὶ τῆς γῆς (1)
Ps. 68 (69). 34. θάλασσα καὶ πάντα τὰ ἕρποντα ἐν αὐτοῖς [S^{1} *al.*] (1)
Ez. 38. 20. πάντα τὰ ἑρπετὰ τὰ ἕρποντα ἐπὶ τῆς γῆς (1)
[Sm. Ge. 1. 28.]
[Th. Ge. 1. 28, 30.]
[Al. Le. 11. 44.]

ἑρπετός. (1) חַיָּה (2) כַּר (3) *a.* רָמַשׂ *b.* רֶמֶשׂ (4) שֶׁרֶץ

Ge. 1. 20. ἑρπετὰ ψυχῶν ζωσῶν (4)
— 21. R πᾶσαν ψυχὴν ζῴων ἑρπετῶν (3 *a*)
— 24. τετράποδα καὶ ἑρπετὰ καὶ θηρία τῆς γῆς (3 *b*)
— 25. πάντα τὰ ἑ. τῆς γῆς κατὰ γένος (3 *b*)
— 26. πάντων τῶν ἑ. τῶν ἑρπόντων ἐπὶ τῆς γῆς (3 *b*)
— 28. πάντων τῶν ἑ. τῶν ἑρπόντων ἐπὶ τῆς γῆς (1?)
— 30. παντὶ ἑ. τῷ ἕρποντι ἐπὶ τῆς γῆς (3 *a*?)
6. 7. ἀπὸ ἑρπετῶν ἕως τῶν πετεινῶν τοῦ οὐρ. (3 *b*)
— 19. καὶ ἀπὸ πάντων τῶν ἑ. –
— 20. ἀπὸ πάντων τῶν ἑ. τῶν ἑρπόντων ἐπὶ τῆς γῆς (3 *b*)
7. 8. A ἀπὸ πάντων τῶν ἑ. τῶν ἐπὶ τῆς γῆς [R *al.*] (3 *a*)
— 14. πᾶν ἑ. κινούμενον ἐπὶ τῆς γῆς κατὰ γ. (3 *b*)
— 21. καὶ πᾶν ἑ. κινούμενον ἐπὶ τῆς γῆς (4)
— 23. ἕως κτήνους καὶ ἑρπετῶν καὶ τῶν πετ. (3 *b*)
8. 1. A καὶ πάντων τῶν ἑ. [R *add.* τῶν ἑρπόντων] –
— 17. πᾶν ἑ. κινούμενον ἐπὶ τῆς γῆς (3 *b*)
— 19. πᾶν ἑ. κινούμενον ἐπὶ τῆς γῆς κατὰ γένος (3 *b*)
9. 3. πᾶν ἑ. ὅ ἐστι ζῶν ὑμῖν ἔσται εἰς βρῶσιν (3 *b*)
Le. 11. 20. πάντα τὰ ἑ. τῶν πετεινῶν (4)
— 21. ἀπὸ τῶν ἑ. τῶν πετεινῶν ἃ πορεύεται (4)
— 23. πᾶν ἑ. ἀπὸ τῶν πετεινῶν (4)
— 29. ἀκάθαρτα ἀπὸ τῶν ἑ. τῶν ἐπὶ τῆς γῆς (4)
— 31. ἀκάθαρτα ὑμῖν ἀπὸ πάντων τῶν ἑ. τῶν ἐπὶ τῆς γῆς (4)
— 41. πᾶν ἑ. ὃ ἕρπει ἐπὶ τῆς γῆς (4)
— 42, 43. ἐν πᾶσι τοῖς ἑ. τοῖς ἕρπουσιν ἐπὶ τῆς γῆς (4)
— 44. ἐν πᾶσι τοῖς ἑ. τοῖς κινουμ. ἐπὶ τῆς γῆς (4)
20. 25. ἐν πᾶσι τοῖς ἑ. τῆς γῆς (3 *a*)
22. 5. ὅστις ἂν ἅψηται παντὸς ἑ. ἀκαθάρτου (4)
De. 4. 18. ὁμοίωμα παντὸς ἑ. (3 *a*)
14. 19. πάντα τὰ ἑ. τῶν πετεινῶν (4)
III Ki. 4. 33 (5. 13). ἐλάλησε . . . περὶ τῶν ἑ. (3 *b*)
Ps. 103 (104). 25. ἐκεῖ ἑρπετὰ ὧν οὐκ ἔστιν ἀριθμός (3 *b*)
148. 10. ἑρπετὰ [S¹ -τινα] καὶ πετεινὰ πτερωτά (3 *b*)
Wi. 11. 15. ἐθρήσκευον ἄλογα ἑρπετά
17. 9. ἑρπετῶν συριγμοῖς [A S¹ -ισμοῖς] ἐκσεσοβημένοι [A ἐκπεφοβ.]
Si. 10. 11. ἐν γὰρ τῷ ἀποθανεῖν ἄνθρωπον κληρονομήσει ἑρπετά
Ho. 2. 12 (14). τὰ πετεινὰ τοῦ οὐρ. καὶ τὰ ἑ. τῆς γῆς –
— 18 (20). μετὰ . . . τῶν ἑ. τῆς γῆς (3 *b*)
4. 3. σὺν τοῖς ἑ. τῆς γ. –
Hb. 1. 14. ὡς τὰ ἑ. τὰ οὐκ ἔχοντα ἡγούμενον (3 *b*)
Is. 16. 1. ἀποστελῶ ὡς ἑρπετὰ ἐπὶ τὴν γῆν (2?)
Ep. Je. 20. τὰς δὲ καρδίας αὐτῶν φασιν ἐκλείχεσθαι τῶν ἀπὸ τῆς γῆς ἑ.
Ez. 8. 10. A πᾶσα ὁμοίωσις ἑρπετοῦ (3 *b*)
38. 20. πάντα τὰ ἑ. τὰ ἕρποντα ἐπὶ τῆς γῆς (3 *b*)
[**Aq.** Ge. 1. 20.]
[**Sm.** Ge. 1. 20: Ps. 68 (69). 35.]
[**Th.** Ge. 1. 20, 30: Ez. 8. 10.]
[**Al.** Ge. 8. 19: Le. 5. 2.]

ἐρυθαίνειν.

Wi. 13. 14. φύκει ἐρυθήνας [A -θηνὸς, S¹ -θημα] χρόαν [B² S¹ -ας] αὐτοῦ

ἐρύθημα. (1) חָמַץ

Wi. 13. 14. S¹ φύκει ἐρύθημα [B S² -θήνας, A -θηνὸς] χρόαν [B² S¹ -ας] αὐτοῦ
Is. 63. 1. ἐρύθημα [A -ματα, S¹ -θρημα] ἱματίων ἐκ Βοσόρ (1)

ἐρυθηνός (?).

Wi. 13. 14. A φύκει ἐρυθηνὸς [S¹ -θημα, B S² -θήνας] χρόαν [B² S¹ -ας] αὐτοῦ

ἐρυθραίνειν.

[**Sm.** Is. 63. 1.]

ἐρύθρεσθαι (?).

[**Sm.** Is. 63. 1.]

ἐρύθρημα. (1) חָמַץ

Is. 63. 1. ἐρύθημα [A -ματα, S¹ -θρημα] ἱματίων (1)

ἐρυθριᾶν.

To. 2. 14. καὶ ἠρυθρίων πρὸς αὐτὴν [S *al.*]

Es. 5. 1. ἐρυθριῶσα ἀκμῇ [S¹ ὡς ἀ., S³ ἐν ἀ.] κάλλους αὐτῆς

ἐρυθροδανοῦν (-θοδ.). (1) אָדַם pu.

Ex. 25. 5: 26. 14: 35. 7, 23: 39. 21 (34). δέρματα κριῶν ἠρυθροδανωμένα (1)

ἐρυθρός. (1) אָדֹם (2) סוּף

Ex. 10. 19. εἰς τὴν ἐ. θάλασσαν [A τὴν θάλασσαν τὴν ἐ.] (2)
13. 18. ὁδὸν τὴν εἰς τὴν ἔρημον εἰς τὴν ἐ. θάλασσαν (2)
15. 4. κατεπόθησαν [A κατεπόντισεν] ἐν ἐ. θαλάσσῃ (2)
— 22. ἐξῆρε δὲ Μ. τοὺς υἱοὺς Ἰσ. ἀπὸ θαλάσσης ἐ. (2)
23. 31. ἀπὸ τῆς ἐ. θαλάσσης (2)
Nu. 14. 25. ὁδὸν θάλασσαν ἐ. (2)
21. 4. ὁδὸν ἐπὶ θάλασσαν ἐ. (2)
33. 10. παρενέβαλον ἐπὶ θάλασσαν ἐ. (2)
— 11. ἀπῆραν ἀπὸ θαλάσσης ἐ. (2)
De. 1. 1. A B πλησίον τῆς ἐ. [R ἐ. θαλάσσης] (2)
— 40. ὁδὸν τὴν ἐπὶ τῆς ἐ. θαλάσσης (2)
2. 1. ὁδὸν θάλασσαν ἐ. (2)
11. 4. τὸ ὕδωρ τῆς θαλάσσης τῆς ἐ. (2)
Jo. 2. 10. κατεξήρανε . . . τὴν ἐ. θάλασσαν [A τὴν θ. τὴν ἐ.] (2)
4. 23. καθάπερ ἐποίησε . . . τὴν ἐ. θάλασσαν (2)
24. 6. εἰσήλθετε εἰς τὴν θάλασσαν τὴν ἐ. [A *om.* τὴν ἐ.] –
— 6. εἰς τὴν θάλασσαν τὴν ἐ. (2)
Jd. 11. 16. A ἕως θαλάσσης ἐ. [B Σίφ] (2)
Ne. 9. 9. ἐπὶ θάλασσαν ἐ. (2)
Ju. 5. 13. κατεξήρανεν ὁ θεὸς τὴν ἐ. θάλασσαν
Ps. 105 (106). 7. ἀναβαίνοντες ἐν τῇ ἐ. θαλάσσῃ (2)
— 9. ἐπετίμησε τῇ ἐ. θαλάσσῃ (2)
— 22. καὶ φοβερὰ ἐπὶ θαλάσσης ἐρυθρᾶς (2)
135 (136). 13. τῷ καταδιελόντι τὴν ἐ. θάλασσαν εἰς διαιρέσεις (2)
— 15. καὶ ἐκτινάξαντι Φ. . . . εἰς θάλασσαν ἐ. (2)
Wi. 10. 18. διεβίβασεν αὐτοὺς θάλασσαν [S εἰς θ.] ἐρυθράν
19. 7. ἐξ ἐρυθρᾶς θαλάσσης ὁδὸς ἀνεμπόδιστος
Is. 63. 2. διὰ τί σου ἐ. τὰ ἱμάτια (1)
I Ma. 4. 9. ἐσώθησαν οἱ πατέρες ἡμῶν ἐν θαλάσσῃ ἐ.
[**Aq.** Dt. 1. 1: Ps. 105 (106). 7: Jn. 2. 6.]
[**Sm.** Dt. 1. 1: 11. 4: Ps. 105 (106). 7.]
[**Quint.** Ps. 105 (106). 7.]

ἐρυμνός.

II Ma. 11. 5. R ὄντι μὲν ἐ. χωρίῳ [A -ων]

ἐρυμνότης.

II Ma. 10. 34. τῇ ἐ. τοῦ τόπου πεποιθότες
12. 14. πεποιθότες τῇ τῶν τειχέων ἐ.

ἐρυσίβη, ἐρισύβη. (1) חָסִיל (2) צְלָצַל

De. 28. 42. τὰ γεννήματα . . . ἐξαναλώσει ἡ ἐ. (2)
III Ki. 8. 37. ἐρυσίβη ἐὰν γένηται (1)
Ps. 77 (78). 46. ἔδωκε τῇ ἐ. τὸν καρπὸν αὐτῶν (1)
Ho. 5. 7. καταφάγεται αὐτοὺς ἡ ἐ. †
Jl. 1. 4. τὰ κατάλοιπα τοῦ βρούχου κατέφαγεν ἡ ἐ. (1)
2. 25. ὧν κατέφαγεν . . . ἡ ἐ. (1)

ἔρχεσθαι. (1) אֵזַל (2) אָחַז (3) אֹרַח (4) אָתָה *a.* qal. *b.* hi. *c.* אֲתָה (5) בּוֹא *a.* qal. *b.* hi. *c.* מָבוֹא (6) דֶּרֶךְ (7) הָיָה (8) הָלַךְ (9) הִנֵּה (10) חָבֵר (11) חָלַל hi. (12) יָאַשׁ ni. (13) יָסַף hi. (14) יָפַע hi. (15) יָצָא (16) יָרַד (17) יָשַׁב (18) לָקַח (19) מוּל (20) מַסַּע (21) מִנֶּגֶד (22) נָדָה pi. (23) נָפַל (24) נָצַב ni. (25) נָשָׂא hi. (26) עָבַר (27) עָדָה (28) עָלָה (29) עֲלַל (30) עָרָה ni. (31) פָּגַע (32) קָבַץ ni. (33) קָרַב (34) שׁוּב (35) ἔρχεται ἀδικία עָוָה hi.

Ge. 10. 19. ἕως ἐλθεῖν εἰς Γεραρά (5 *a*)
— 19. ἕως ἐλθεῖν ἕως Σοδόμων (5 *a*)
— 30. ἕως ἐλθεῖν εἰς Σωφηρά (5 *a*)
11. 31. A καὶ ἦλθεν [R -ον] ἕως Χαρράν (5 *a*)
12. 5. A καὶ ἦλθον εἰς γῆν Χαναάν (5 *a*)
13. 3. ἐπορεύθη ὅθεν ἦλθεν εἰς τὴν ἔρημον (20?)
— 10. ἕως ἐλθεῖν εἰς Ζόγορα (5 *a*)
— 18. ἐλθὼν κατῴκησε παρὰ τὴν δρῦν τὴν Μ. (5 *a*)
14. 5. ἐν δὲ τῷ τεσσαρεσκαιδεκάτῳ ἔτει ἦλθε Χ. (5 *a*)
— 7. A ἀναστρέψαντες ἤλθοσαν [R ἦλθον] (4 *a*)
16. 8. R Ἄγαρ παιδίσκη Σάρας, πόθεν ἔρχῃ (5 *a*)
18. 21. τὴν κραυγὴν αὐ. τὴν ἐρχομένην πρὸς μέ (5 *a*)
— 22. ἦλθον εἰς Σ. (8)
19. 1. ἦλθον δὲ οἱ δύο ἄγγελοι εἰς Σόδομα (5 *a*)
— 22. ἕως τοῦ σε ἐλθεῖν ἐκεῖ (5 *a*)
22. 3. καὶ ἦλθεν ἐπὶ τὸν τόπον (8)
— 9. ἦλθον ἐπὶ τὸν τόπον (5 *a*)
23. 2. ἦλθε δὲ Ἀβ. κόψασθαι Σάρραν (5 *a*)
24. 30. καὶ ἦλθε πρὸς τὸν ἄνθρωπον (5 *a*)
— 41. ἡνίκα γὰρ ἐὰν ἔλθῃς εἰς τὴν φυλήν μου (5 *a*)
— 42. καὶ ἐλθὼν σήμερον ἐπὶ τὴν πηγήν (5 *a*)
— 63. εἶδε καμήλους ἐρχομένας (5 *a*)
25. 18. ἕως ἐλθεῖν πρὸς Ἀσσυρίους (5 *a*)
— 29. ἦλθε δὲ Ἡσαῦ ἐκ τοῦ πεδίου (5 *a*)
26. 27. A ἵνα τί ἤλθατε [R -ετε] πρὸς μέ (5 *a*)
27. 30. Ἡσαῦ ὁ ἀδ. αὐ. ἦλθεν ἀπὸ τῆς θήρας (5 *a*)
— 33. R πρὸ τοῦ ἐλθεῖν σε [A σε εἰσελθεῖν] (5 *a*)
— 35. ἐλθὼν ὁ ἀδελφός σου μετὰ δόλου (5 *a*)
29. 6, 9. ἤρχετο μετὰ τῶν προβάτων (5 *a*)
30. 38. ὡς ἂν ἔλθωσι τὰ πρόβατα πιεῖν (5 *a*)
— 38. ἐλθόντων αὐτῶν εἰς τὸ πιεῖν (5 *a*)
31. 24. ἦλθε δὲ ὁ θεὸς πρὸς Λ. (5 *a*)
32. 6 (7). ἤλθομεν πρὸς τὸν ἀδελφόν σου Ἡσαῦ (5 *a*)
— 6 (7). ἔρχεται εἰς συνάντησίν σοι (8)
— 8 (9). ἐὰν ἔλθῃ Ἡσαῦ εἰς παρεμβολὴν μίαν (5 *a*)
— 11 (12). μή ποτε ἐλθὼν πατάξῃ με (5 *a*)
33. 1. καὶ ἰδοὺ Ἡσαῦ ὁ ἀδ. αὐ. ἐρχόμενος (5 *a*)
— 14. ἕως τοῦ με ἐλθεῖν πρὸς τὸν κύριόν μου εἰς Σ. (5 *a*)
— 18. καὶ ἦλθεν Ἰακὼβ εἰς Σαλήμ (5 *a*)
— 18. A ὅτε ἦλθεν [R ἐπανῆλθεν] ἐκ τῆς Μεσοποταμίας (5 *a*)
34. 5. παρεσιώπησε . . . ἕως τοῦ ἐλθεῖν αὐτούς (5 *a*)
— 7. οἱ δὲ υἱοὶ Ἰακὼβ ἦλθον ἐκ τοῦ πεδίου (5 *a*)
— 20. ἦλθε δὲ Ἑ. καὶ Σ. . . . πρὸς τὴν πύλην (5 *a*)
35. 6. ἦλθε δὲ Ἰακὼβ εἰς Λουζά (5 *a*)
— 16. τοῦ ἐλθεῖν εἰς τὴν Ἐφρ. (5 *a*)
— 27. ἦλθε δὲ Ἰ. πρὸς Ἰ. . . . εἰς Μαμβρῆ (5 *a*)
37. 10. ἆρά γε ἐλθόντες ἐλευσόμεθα (5 *a*, 5 *a*)
— 14. καὶ ἦλθεν εἰς Συχέμ (5 *a*)
— 19. ἰδοὺ ὁ ἐνυπνιαστὴς ἐκεῖνος ἔρχεται (5 *a*)
— 23. ἡνίκα ἦλθεν Ἰωσὴφ πρὸς τοὺς ἀδ. (5 *a*)
— 25. ὁδοιπόροι Ἰσμ. ἤρχοντο ἐκ Γαλαάδ (5 *a*)
— 35. καὶ ἦλθον παρακαλέσαι αὐτόν –
39. 16. ἕως ἦλθεν ὁ κύριος εἰς τὸν οἶκον αὐτοῦ (5 *a*)
41. 14. καὶ ἦλθε πρὸς Φαραώ (5 *a*)
— 29. ἑπτὰ ἔτη ἔρχεται εὐθηνία πολλή (5 *a*)
— 35. τῶν ἑπτὰ ἐτῶν τῶν ἐρχομ. τῶν καλῶν (5 *a*)
— 50. πρὸ τοῦ ἐλθεῖν τὰ ἑπτὰ ἔτη τοῦ λιμοῦ (5 *a*)
— 54. ἤρξαντο τὰ ἑ. ἔτη τοῦ λιμοῦ ἔρχεσθαι (5 *a*)
— 57. πᾶσαι αἱ χῶραι ἦλθον εἰς Αἴγυπτον (5 *a*)
42. 5. ἦλθον δὲ οἱ υἱοὶ Ἰσραὴλ ἀγοράζειν μετὰ τῶν ἐρχομένων (5 *a*, 5 *a*)
— 6. ἐλθόντες δὲ οἱ ἀδ. Ἰωσ. προσεκύνησαν (5 *a*)
— 10. ἤλθομεν πριάσασθαι βρώματα (5 *a*)
— 12. A τὰ ἴχνη τῆς γῆς ἤλθατε [R -ετε] ἰδεῖν (5 *a*)
— 15. ἐὰν μὴ ὁ ἀδ. ὑμῶν ὁ νεώτ. ἔλθῃ ὧδε (5 *a*)
— 29. ἦλθον δὲ πρὸς Ἰ. . . . εἰς γῆν Χ. (5 *a*)
43. 21. ἡνίκα ἤλθομεν εἰς τὸ καταλῦσαι (5 *a*)
— 25. ἕως τοῦ ἐλθεῖν Ἰωσὴφ μεσημβ. (5 *a*)
44. 12. ἕως ἦλθεν ἐπὶ τὸν νεώτερον †
45. 25. καὶ ἦλθον εἰς γῆν Χαναὰν πρὸς Ἰακὼβ (5 *a*)
46. 1. A ἦλθον [R -εν] ἐπὶ τὸ φρέαρ (5 *a*)
47. 1. ἐλθὼν δὲ Ἰωσὴφ ἀπήγγειλε τῷ Φ. (5 *a*)
— 1. ὁ πατήρ μου καὶ οἱ ἀδ. μου . . . ἦλθον (5 *a*)
— 4. ἦλθον δὲ εἰς Αἴγυπτον πρὸς Ἰωσήφ –
— 15. ἦλθον δὲ πάντες οἱ Αἰγ. πρὸς Ἰ. (5 *a*)
— 18. A R καὶ ἦλθον [B -αν] πρὸς αὐτὸν ἐν τῷ ἔτει τῷ δευτ. (5 *a*)
48. 1. ἦλθε πρὸς Ἰακὼβ –
— 2. ἰδοὺ ὁ υἱός σου Ἰωσὴφ ἔρχεται πρὸς σέ (5 *a*)
— 5. πρὸ τοῦ με ἐλθεῖν εἰς Αἴγυπτον πρὸς σέ (5 *a*)
— 7. ἡνίκα ἠρχόμην ἐκ Μεσοποταμίας (5 *a*)
— 7. τοῦ ἐλθεῖν Ἐφραθά (5 *a*)
49. 6. εἰς βουλὴν αὐτῶν μὴ ἔλθοι ἡ ψυχή μου (5 *a*)
— 10. ἕως ἂν ἔλθῃ τὰ ἀποκείμενα αὐτῷ (5 *a*)
50. 18. καὶ ἐλθόντες πρὸς αὐτὸν εἶπαν (8)
Ex. 2. 8. ἐλθοῦσα δὲ ἡ νεᾶνις ἐκάλεσε (8)

Ex. 2. 15. ἐλθὼν δὲ εἰς γῆν Μαδιὰμ ἐκάθισεν -
3. 1. καὶ ἦλθεν εἰς τὸ ὄρος Χωρήβ (5 *a*)
— 13. A ἰδοὺ ἐγὼ ἐλεύσομαι [B ἐξελ.] πρὸς τοὺς υἱούς (5 *a*)
— 16. ἐλθὼν οὖν συνάγαγε τὴν γερουσίαν (8)
5. 20. συνήντησαν δὲ M. καὶ 'A. ἐρχομένοις εἰς συνάντησιν (24)
8. 25 (21). ἐλθόντες θύσατε κ. τῷ θεῷ ὑμῶν (8)
10. 26. ἕως τοῦ ἐλθεῖν ἡμᾶς ἐκεῖ (5 *a*)
12. 12. B ἐλεύσομαι [A R διελ.] ἐν γῇ Αἰγ. (26)
15. 23. ἦλθον δὲ εἰς Μερρᾶ (5 *a*)
— 27. καὶ ἤλθοσαν [A ἦλθον] εἰς Αἰλείμ (5 *a*)
16. 1. καὶ ἤλθοσαν [A ἦλθον] πᾶσα συναγωγὴ υἱῶν 'Ισ. (5 *a*)
— 35. ἕως ἦλθον εἰς τὴν [A γῆν] οἰκουμένην (5 *a*)
17. 6. A πρὸ τοῦ σε ἐλθεῖν [B *om.*] ἐπὶ τῆς πέτρας †
— 8. ἦλθε δὲ 'Αμαλήκ (5 *a*)
18. 5. A ἦλθεν [B ἐξῆλθεν] 'I. ὁ γαμβρὸς M. (5 *a*)
— 16. καὶ ἔλθωσι πρὸς μέ (5 *a*)
19. 1, 2. ἤλθοσαν [A ἦλθον] εἰς τὴν ἔρημον τοῦ Σ. (5 *a*)
— 7. ἦλθε δὲ Μωυσῆς (5 *a*)
22. 9 (8). ἐνώπιον τοῦ θεοῦ ἐλεύσεται ἡ κρίσις ἀμφοτέρων (5 *a*)
33. 8. A ἕως τοῦ ἐλθεῖν [B εἰσελθεῖν] αὐτὸν εἰς τὴν σκηνήν (5 *a*)
35. 10. ἐλθὼν ἐργαζέσθω πάντα [A *om.*] (5 *a*)
Le. 13. 16. ἐλεύσεται πρὸς τὸν ἱερέα (5 *a*)
25. 22. ἕως ἂν ἔλθῃ τὸ γέννημα αὐτῆς (5 *a*)
— 25. ἔλθῃ ὁ ἀγχιστεύων ὁ ἐγγίζων (5 *a*)
27. 32. πᾶν ὃ ἐὰν ἔλθῃ ἐν τῷ ἀριθμῷ ὑπὸ τὴν ῥάβδον (26)
Nu. 11. 26. οὐκ ἦλθον πρὸς [A εἰς] τὴν σκηνήν (15)
13. 23 (22). A B ἦλθον [R ἀπῆλθον] ἕως Χεβρών (5 *a*)
— 24 (23). A R ἤλθοσαν [B ἦλθον] ἕως φάραγγος βότρυος (5 *a*)
— 27 (26). ἦλθον πρὸς Μωυσῆν (5 *a*)
— 28 (27). ἤλθαμεν [A -ομεν] εἰς τὴν γῆν (5 *a*)
20. 1. ἦλθον οἱ υἱοὶ 'Ισραήλ (5 *a*)
— 6. ἦλθε M. καὶ 'A. (5 *a*)
21. 1. ὅτι ἦλθεν 'Ισραὴλ ὁδὸν 'A. (5 *a*)
— 23. ἦλθεν εἰς 'I. (5 *a*)
— 27. ἔλθετε [A -ατε] εἰς 'Εσεβών (5 *a*)
22. 7. ἦλθον πρὸς Βαλαάμ (5 *a*)
— 9. ἦλθεν ὁ θεὸς πρὸς [B^{2} παρὰ] Βαλαάμ (5 *a*)
— 14. ἦλθον πρὸς Βαλάκ (5 *a*)
— 16. ἦλθον πρὸς Βαλαάμ (5 *a*)
— 16. μὴ ὀκνήσῃς ἐλθεῖν πρὸς μέ (8)
— 20. ἦλθεν ὁ θεὸς πρὸς B. (5 *a*)
— 37. διὰ τί οὐκ ἤρχου πρὸς μέ (8)
— 39. ἦλθον εἰς πόλεις ἐπαύλεων (5 *a*)
24. 23. B^{1} ὅταν ἔλθῃ [A B^{2} R θῇ] ταῦτα ὁ θεός †
25. 6. ἄνθρωπος τῶν υἱῶν 'I. ἐλθών (5 *a*)
31. 14. τοῖς ἐρχομένοις ἐκ τῆς παρατάξεως (5 *a*)
— 21. τοὺς ἐρχομένους ἐκ τῆς παρατάξεως (5 *a*)
33. 9. καὶ ἦλθον εἰς Αἰλίμ (5 *a*)
De. 1. 19. ἤλθομεν ἕως Κάδης Βαρνή (5 *a*)
— 20. ἤλθατε ἕως τοῦ ὄρους τοῦ 'A. (5 *a*)
— 24. ἤλθοσαν ἕως φάραγγος βότρυος (5 *a*)
— 31. ἕως ἤλθετε εἰς τὸν τόπον τοῦτον (5 *a*)
9. 7. ἤλθετε εἰς τὸν τόπον τοῦτον (5 *a*)
11. 5. ἕως ἤλθετε [A ὡς εἰσήλθ.] εἰς τὸν τόπον τοῦτον (5 *a*)
12. 5. B^{2} R καὶ ἐλεύσεσθε [A εἰσελ., B^{1} *om.* καὶ ἐλ.] ἐκεῖ (5 *a*)
13. 2 (3). καὶ ἔλθῃ τὸ σημεῖον (5 *a*)
14. 29. καὶ ἐλεύσεται ὁ Λευίτης (5 *a*)
16. 7. ἐλεύσῃ [A ἀπελ.] εἰς τοὺς οἴκους σου (8)
17. 3. καὶ ἐλθόντες [A ἀπελ.] λατρεύσωσι (8)
— 9. καὶ ἐλεύσῃ πρὸς τὸν κριτήν (5 *a*)
26. 3. καὶ ἐλεύσῃ πρὸς τὸν ἱερέα (5 *a*)
28. 15, 45. ἐλεύσονται ἐπὶ σὲ πᾶσαι αἱ κατάραι αὗται (5 *a*)
29. 7 (6). ἤλθετε ἕως τοῦ τόπου τούτου (5 *a*)
— 22 (21). ὃς ἂν ἔλθῃ ἐκ γῆς μακρόθεν (5 *a*)
30. 1. ὡς ἂν ἔλθωσιν ἐπὶ σὲ πάντα τὰ ῥήματα ταῦτα (5 *a*)
33. 7. εἰς τὸν λαὸν αὐτοῦ ἔλθοις [A εἰσέλθοις] ἄν (5 *b*)
— 16. ἔλθοισαν ἐπὶ κεφαλὴν 'Ιωσήφ (5 *a*)
Jo. 2. 1. A ἦλθον [B εἰσήλθοσαν] εἰς 'Ιεριχώ -
— 22. καὶ ἤλθοσαν [A -ον] εἰς τὴν ὀρεινήν (5 *a*)
3. 1. ἤλθοσαν [A -ον] ἕως τοῦ 'Ιορδάνου (5 *a*)
8. 11. ἦλθον ἐξ ἐναντίας τῆς πόλεως (5 *a*)
— 19. B καὶ ἤλθοσαν [A R *al.*] (5 *a*)
9. 4. καὶ ἐλθόντες ἐπεσιτίσαντο (8)
Jo. 9. 6. καὶ ἤλθοσαν [A -θον] πρὸς 'Ιησοῦν (8)
— 17. ἦλθον [A ἐξῆλθον] εἰς τὰς πόλεις αὐτῶν (5 *a*)
11. 7, 21. καὶ ἦλθεν 'Ιησοῦς (5 *a*)
16. 6. ἐλεύσεται [A διελ.] τὰ ὅρια ἐπὶ τὴν θάλ. (15)
— 7. ἐλεύσεται ἐπὶ [A διελ. εἰς] 'Ιεριχώ (31)
18. 5 (4). A καὶ ἦλθον [B διήλθοσαν] πρὸς αὐτόν (5 *a*)
20. 6. A ἐλεύσεται εἰς τὴν πόλιν αὐτοῦ (5 *a*)
22. 10. καὶ ἦλθον [A -οσαν] εἰς Γ. (5 *a*)
Jd. 2. 6. B ἦλθεν ἀνὴρ εἰς τὴν κληρονομίαν αὐτοῦ [A *al.*] (8)
3. 27. ἡνίκα ἦλθεν 'A. [A *om.*] (5 *a*)
4. 14. A κύριος ἐλεύσεται [B ἐξελ.] ἔμπροσθέν σου (15)
— 20. ἐὰν ἀνὴρ [A τις] ἔλθῃ πρὸς σέ (5 *a*)
5. 18 (19). ἐπὶ ὕψη ἀγροῦ ἦλθον αὐτῶν [A *al.*] (5 *a*)
— 23. οὐκ ἤλθοσαν εἰς βοήθειαν κυρίου (5 *a*)
6. 4. ἕως ἐλθεῖν [A τοῦ ἐ.] εἰς Γάζαν (5 *a*)
— 5. ἤρχοντο εἰς τὴν γῆν 'I. [A *al.*] (5 *a*)
— 11. ἦλθεν ἄγγελος κυρίου (5 *a*)
— 18. ἕως τοῦ ἐλθεῖν με πρὸς σέ (5 *a*)
7. 13. καὶ ἦλθε [A εἰσῆλθεν] Γ. (5 *a*)
— 13. καὶ ἦλθεν ἕως τῆς σκηνῆς (5 *a*)
8. 4. καὶ ἦλθε Γ. ἐπὶ τὸν 'Ιορδάνην (5 *a*)
9. 26. καὶ ἦλθε Γ. (5 *a*)
— 27. A ἦλθον [B ἐξῆλθον] εἰς ἀγρόν (15)
— 31. ἔρχονται [A παραγεγόνασιν] εἰς Σ. (5 *a*)
— 37. ἀρχὴ ἑτέρα ἔρχεται [A *al.*] (5 *a*)
— 46. ἦλθον εἰς συνέλευσιν B. [A *al.*] (5 *a*)
— 52. καὶ ἦλθεν 'Aβ. (5 *a*)
11. 7. ἤλθατε πρὸς μέ (5 *a*)
— 8. A ἤλθομεν [B ἐπεστρέψαμεν] πρὸς σέ (34)
— 12. ἦλθες [A ἥκεις] πρὸς μέ (5 *a*)
— 16. καὶ ἦλθεν εἰς [A ἕως] Κάδης (5 *a*)
— 18. ἦλθεν ἀπὸ ἀνατολῶν ἡλίου [A *al.*] (5 *a*)
— 33. ἕως ἐλθεῖν ἄχρις 'Αρνῶν [A *al.*] (5 *a*)
— 34. καὶ ἦλθεν [A εἰσῆλθεν] 'I. (5 *a*)
12. 1. A ἦλθον εἰς K. [B παρῆλθαν εἰς βορρᾶν] (26)
13. 6. A ἦλθεν [B εἰσῆλθεν] ἡ γυνή (5 *a*)
— 6. ἄνθρωπος θεοῦ ἦλθε πρὸς μέ (5 *a*)
— 8. ἐλθέτω δὴ ἔτι πρὸς ἡμᾶς (5 *a*)
— 9. ἦλθεν [A παρεγένετο] ὁ ἄγγελος (5 *a*)
— 10. ὃς ἦλθεν . . . πρὸς μέ [A *al.*] (5 *a*)
— 11. καὶ ἦλθε [A *om.* καὶ ἠ.] πρὸς τὸν ἄνδρα (5 *a*)
— 12. νῦν ἐλεύσεται ὁ λόγος [A *al.*] (5 *a*)
— 17. ὅτι ἔλθοι [A ὅταν ἔλθῃ] τὸ ῥῆμά σου (5 *a*)
14. 5. ἦλθεν ἕως τοῦ ἀμπελῶνος [A *al.*] (5 *a*)
15. 14. καὶ ἦλθον [A αὐτὸς ἦλθεν] ἕως σιαγόνος (5 *a*)
17. 8. ἦλθεν ἕως ὄρους 'Εφ. [A *al.*] (5 *a*)
— 9. πόθεν ἔρχῃ (5 *a*)
18. 2. ἦλθον ἕως ὄρους 'Εφ. [A *al.*] (5 *a*)
— 7. καὶ ἦλθον [A παρεγένοντο] εἰς Λ. (5 *a*)
— 8. ἦλθον [A παρεγένοντο] οἱ πέντε ἄνδρες πρὸς τοὺς ἀδ. αὐ. (5 *a*)
— 9. A τοῦ ἐλθεῖν καὶ κατακληρονομῆσαι τὴν γῆν [B *al.*] (5 *a*)
— 10. ἡνίκα ἂν ἔλθητε [A εἰσέλθητε] (5 *a*)
— 13. A καὶ ἦλθον (5 *a*)
— 13. καὶ ἦλθον ἕως οἴκου M. (5 *a*)
— 19. A ἐλθὲ [B δεῦρο] μεθ' ἡμῶν (8)
— 20. ἦλθεν [A εἰσῆλθεν] ἐν μέσῳ τοῦ λαοῦ (5 *a*)
— 27. καὶ ἦλθον ἐπὶ [A ἕως] Λ. (5 *a*)
19. 10. καὶ ἦλθεν ἕως ἀπέναντι 'I. [A *al.*] (5 *a*)
— 11. καὶ ἤλθοσαν ἕως 'I. [A *al.*] -
— 13. A ἔλθωμεν εἰς ἕνα [B ἐγγίσωμεν ἑνὶ] τῶν τόπων (33)
— 16. ἤρχετο ἐξ ἔργων αὐ. [A *al.*] (5 *a*)
— 17. πόθεν ἔρχῃ (5 *a*)
— 22. A τὸν ἐλθόντα [B ὃς εἰσῆλθεν] εἰς τὴν οἰκίαν σου (5 *a*)
— 26. καὶ ἦλθεν ἡ γυνή (5 *a*)
— 29. A καὶ ἦλθεν εἰς τὸν οἶκον αὐτοῦ (5 *a*)
20. 3. καὶ ἐλθόντες [A *om.*] εἶπαν οἱ υἱοὶ 'I. -
— 4. εἰς Γαβαὰ τῆς B. ἦλθον ἐγώ (5 *a*)
— 10. τοῦ ποιῆσαι ἐλθεῖν αὐτοὺς εἰς Γαβαά [A *al.*] (5 *a*)
— 11. A ὡς ἀνὴρ εἷς ἐρχόμενοι [B *om.*] (10)
— 26. ἦλθον [A -θοσαν] εἰς Βαιθήλ (5 *a*)
— 34. ἦλθον ἐξ ἐναντίας Γ. [A *al.*] (5 *a*)
21. 2. ἦλθεν ὁ λαὸς εἰς B. [A *al.*] (5 *a*)
— 8. οὐκ ἦλθεν ἀνὴρ εἰς τὴν παρεμβολήν (5 *a*)
— 22. ὅταν ἔλθωσιν οἱ πατέρες αὐτῶν (5 *a*)
Ru. 1. 2. ἤλθοσαν εἰς ἀγρὸν Μωάβ (5 *a*)
— 19. R ἐν τῷ ἐλθεῖν αὐτὰς εἰς B. (5 *a*)
2. 3. A R καὶ ἐλθοῦσα [B *om.*] συνέλεξεν (5 *a*)
Ru. 2. 4. ἰδοὺ B. ἦλθεν ἐκ B. (5 *a*)
— 7. καὶ ἦλθε καὶ ἔστη (5 *a*)
— 12. πρὸς ὃν ἦλθες (5 *a*)
3. 4. καὶ ἐλεύσῃ (5 *a*)
— 7. καὶ ἦλθε κοιμηθῆναι (5 *a*)
— 7. ἡ δὲ ἦλθεν κρυφῇ (5 *a*)
— 14. ἦλθε γυνὴ εἰς τὸν ἅλω (5 *a*)
I Ki. 1. 19. A πορεύονται καὶ ἦλθον [B πορ.] τὴν ὁδὸν αὐτῶν (5 *a*)
2. 13. καὶ ἤρχετο τὸ παιδάριον τοῦ ἱερέως (5 *a*)
— 14. τοῖς ἐρχομένοις θῦσαι κυρίῳ (5 *a*)
— 15. ἤρχετο τὸ παιδάριον τοῦ ἱερέως (5 *a*)
— 27. ἦλθεν ὁ ἄνθρωπος θεοῦ πρὸς 'H. (5 *a*)
— 31. ἔρχονται ἡμέραι (5 *a*)
3. 10. καὶ ἦλθε κύριος (5 *a*)
4. 3. ἦλθεν ὁ λαὸς εἰς τὴν παρεμβολήν (5 *a*)
— 5. ὡς ἦλθεν κιβωτός (5 *a*)
— 12. καὶ ἦλθεν εἰς Σ. (5 *a*)
— 13. καὶ ἦλθε (5 *a*)
7. 1. καὶ ἔρχονται οἱ ἄνδρες K. (5 *a*)
9. 5. αὐτῶν δὲ ἐλθόντων εἰς τὴν [A γῆν] Σ. (5 *a*)
— 13. A ἕως τοῦ ἐλθεῖν [B εἰσελ.] αὐτόν (5 *a*)
— 15. A^{2} B ἔμπροσθεν τοῦ ἐλθεῖν πρὸς αὐτὸν Σ. (5 *a*)
— 16. ἦλθε βοὴ αὐτῶν πρὸς μέ (5 *a*)
10. 8. ἕως τοῦ ἐλθεῖν με πρὸς σέ (5 *a*)
— 9. καὶ ἦλθε πάντα τὰ σημεῖα (5 *a*)
— 10. ἔρχεται ἐκεῖθεν εἰς τὸν βουνόν (5 *a*)
— 13. ἔρχεται εἰς τὸν βουνόν (5 *a*)
— 22. εἰ ἔρχεται ὁ ἀνὴρ ἐνταῦθα [A *al.*] (5 *a*)
11. 4. ἔρχονται οἱ ἄγγελοι εἰς Γ. (5 *a*)
— 5. Σ. ἤρχετο μετὰ τὸ πρωῒ ἐξ ἀγροῦ (5 *a*)
— 9. εἶπε τοῖς ἀγγέλοις τοῖς ἐρχομένοις (5 *a*)
— 9. ἦλθον [A -αν] οἱ ἄγγελοι εἰς τὴν πόλιν (5 *a*)
12. 12. Ναὰς . . . ἦλθεν ἐφ' ὑμᾶς (5 *a*)
14. 5. B ἀπὸ βορρᾶ ἐρχομένῳ M. (19)
— 5. B ἀπὸ νότου ἐρχομένῳ Γ. (19)
— 20. ἔρχονται ἕως τοῦ πολέμου (5 *a*)
15. 5. ἦλθε Σ. ἕως τῶν πόλεων 'A. (5 *a*)
16. 4. καὶ ἦλθεν εἰς B. (5 *a*)
— 11. ἕως τοῦ ἐλθεῖν αὐτόν [A αὐ. ἐνταῦθα] (5 *a*)
17. 12. A πρεσβύτερος ἐληλυθὼς ἐν ἀνδράσιν (5 *a*)
— 20. A καὶ ἦλθεν εἰς τὴν στρογγύλωσιν (5 *a*)
— 22. A καὶ ἦλθεν (5 *a*)
— 34. ὅταν ἤρχετο ὁ λέων καὶ ἡ ἄρκος (5 *a*)
— 43. ὅτι σὺ ἔρχῃ ἐπ' ἐμέ [A πρὸς μέ] (5 *a*)
— 45. σὺ ἔρχῃ πρὸς μὲ ἐν ῥομφαίᾳ (5 *a*)
19. 16. καὶ ἔρχονται οἱ ἄγγελοι (5 *a*)
— 22. ἔρχεται [A -ονται] ἕως τοῦ φρέατος (5 *a*)
— 23. ἕως τοῦ ἐλθεῖν αὐτὸν εἰς [A ἐν] N. (5 *a*)
20. 1. ἔρχεται ἐνώπιον 'I. [A *al.*] (5 *a*)
— 9. τοῦ ἐλθεῖν ἐπὶ σέ (5 *a*)
— 24. ἔρχεται ὁ βασιλεὺς ἐπὶ τὴν τράπεζαν (17)
— 37. καὶ ἦλθε τὸ παιδάριον (5 *a*)
21. 1 (2). καὶ ἔρχεται Δ. εἰς N. (5 *a*)
— 10 (11). καὶ ἦλθε Δ. πρὸς 'A. (5 *a*)
22. 1. ἔρχεται εἰς τὸ σπήλαιον τὸ 'O. -
— 5. καὶ ἦλθε (5 *a*)
23. 10. ζητεῖ Σ. ἐλθεῖν ἐπὶ K. (5 *a*)
— 13. R ἀνῆκε τοῦ ἐλθεῖν [A B ἐξελ.] (15)
— 15. A ἔρχεται Σ. [B ἐξέρ. Σ. τοῦ] ζητεῖν τὸν Δ. (15)
— 27. πρὸς Σ. ἦλθεν ἄγγελος (5 *a*)
24. 4. καὶ ἦλθεν εἰς τὰς ἀγέλας τῶν ποιμνίων (5 *a*)
25. 9. καὶ ἔρχονται τὰ παιδάρια (5 *a*)
— 12. καὶ ἦλθον [A -αν] (5 *a*)
— 26. τοῦ μὴ ἐλθεῖν εἰς αἷμα ἀθῷον (5 *a*)
— 33. μὴ ἐλθεῖν εἰς αἵματα (5 *a*)
— 40. ἦλθον οἱ παῖδες Δ. πρὸς 'A. (5 *a*)
26. 1. καὶ ἔρχονται οἱ Z. ἐκ τῆς αὐχμώδους (5 *a*)
— 10. ἡ ἡμέρα αὐτοῦ ἔλθῃ (5 *a*)
27. 1. καὶ ἦλθεν [B ἐὰν ᾖ, R ἀνῇ ἀπ' ἐμοῦ] Σ. (12 ?)
— 9. καὶ ἤρχοντο πρὸς 'A. (5 *a*)
28. 4. καὶ ἔρχονται (5 *a*)
— 8. καὶ ἔρχονται πρὸς τὴν γυναῖκα νυκτός (5 *a*)
29. 4. μὴ ἐρχέσθω μεθ' ἡμῶν εἰς τὸν πόλεμον (16)
— 8. ὅτι οὐ μὴ ἔλθω (5 *a*)
30. 3. καὶ ἦλθε Δ. (5 *a*)
— 9. ἔρχονται [A -εται] ἕως τοῦ χειμάρρου B. (5 *a*)
— 17. καὶ ἦλθεν ἐπ' αὐτοὺς Δ. -
— 26. καὶ ἦλθε Δ. εἰς Σ. (5 *a*)
31. 4. μὴ ἔλθωσιν οἱ ἀπερίτμητοι οὗτοι (5 *a*)
— 7. καὶ ἔρχονται οἱ ἀλλόφυλοι (5 *a*)
— 8. ἔρχονται οἱ ἀλλόφυλοι (5 *a*)
II Ki. 1. 2. ἀνὴρ ἦλθεν [A *om.*] ἐκ τῆς παρεμβολῆς (5 *a*)
2. 4. ἔρχονται ἄνδρες τῆς 'Ιουδαίας (5 *a*)

II Ki. 2. 23. πᾶς ὁ ἐρχόμενος ἕως τοῦ τόπου (5 a)
— 29. καὶ ἔρχονται εἰς τὴν παρεμβολήν (5 a)
3. 20. καὶ ἦλθεν Ἀ. πρὸς Δ. (5 a)
— 23. R Ἰ. καὶ πᾶσα ἡ στρατιὰ αὐτοῦ ἤλθοσαν [A B ἤχθησαν] (5 a)
— 24. ἦλθεν Ἀ. πρὸς σέ (5 a)
— 35. καὶ ἦλθε πᾶς ὁ λαός (5 a)
4. 4. ἐν τῷ ἐλθεῖν τὴν ἀγγελίαν Σ. (5 a)
5. 3. καὶ ἔρχονται πάντες οἱ πρεσβύτεροι Ἰ. (5 a)
— 13. A R μετὰ τὸ ἐλθεῖν αὐτὸν ἐκ [B εἰς] X. (5 a)
— 20. καὶ ἦλθε Δ. ἐκ τῶν ἐπάνω διακοπῶν (5 a)
7. 14. ἐὰν ἔλθῃ ἡ ἀδικία αὐτοῦ (35)
11. 10. οὐχὶ ἐξ ὁδοῦ σὺ ἔρχῃ (5 a)
— 27. A καὶ ἦλθεν [B διῆλθε] τὸ πένθος (26)
12. 4. καὶ ἦλθε πάροδος τῷ ἀνδρὶ τῷ πλουσίῳ (5 a)
— 4. τῷ ξένῳ ὁδοιπόρῳ [A om.] ἐλθόντι πρὸς αὐτόν (5 a)
— 4. ἐποίησεν αὐτὴν τῷ ἀνδρὶ τῷ ἐλθόντι πρὸς αὐτόν (5 a)
13. 5. ἐλθέτω δὴ Θ. [A -άτω Θ.] (5 a)
— 6. ἐλθέτω [A -άτω] δὴ Θ. (5 a)
— 24. καὶ ἦλθεν Ἀ. πρὸς τὸν βασιλέα (5 a)
— 30. καὶ ἡ ἀκοὴ ἦλθε πρὸς Δ. (5 a)
— 36. R οἱ υἱοὶ τοῦ βασ. ἦλθον [A B -αν] (5 a)
14. 3. καὶ ἐλεύσῃ πρὸς τὸν βασιλέα (5 a)
— 15. ὃ ἦλθον λαλῆσαι πρὸς τὸν βασιλέα (5 a)
— 29. οὐκ ἠθέλησεν ἐλθεῖν πρὸς αὐτόν (5 a)
— 31. καὶ ἦλθε πρὸς Ἀ. εἰς τὸν οἶκον (5 a)
— 32. ἵνα τί ἦλθον ἐκ Γ. (5 a)
15. 2. πᾶς ἀνὴρ . . . ἦλθε πρὸς τὸν βασιλέα (5 a)
— 4. ἐπ' ἐμὲ ἐλεύσεται πᾶς ἀνήρ [A al.] (5 a)
— 18. οἱ ἐλθόντες τοῖς ποσὶν αὐ. [A al.] (5 a)
— 28. ἕως τοῦ ἐλθεῖν ῥῆμα παρ' ὑμῶν (5 a)
— 32. ἦν Δ. ἐρχόμενος [A εἰσερχ.] ἕως τοῦ Ῥ. (5 a)
— 34. A ἐλήλυθεν [B διελ.] ὁ πατήρ σου -
16. 5. καὶ ἦλθεν ὁ βασιλεὺς Δ. ἕως B. (5 a)
— 14. καὶ ἦλθεν ὁ βασιλεύς (5 a)
— 16. ἡνίκα ἦλθε [A εἰσῆλ.] X. . . . πρὸς Ἀ. (5 a)
17. 20. ἦλθαν οἱ παῖδες Ἀ. πρὸς τὴν γυναῖκα (5 a)
— 27. ἡνίκα ἦλθε Δ. εἰς M. (5 a)
18. 27. εἰς εὐαγγελίαν ἀγαθὴν ἐλεύσεται (5 a)
19. 10 (11). τὸ ῥῆμα παντὸς Ἰ. ἦλθε πρὸς τὸν βασιλέα -
— 11 (12). καὶ λόγος παντὸς [A -τὶ] Ἰ. ἦλθε πρὸς τὸν βασ. (5 a)
— 15 (16). καὶ ἦλθεν ἕως τοῦ Ἰ. (5 a)
— 15 (16). καὶ ἄνδρες Ἰ. ἦλθαν [A -ον] εἰς Γ. (5 a)
— 20 (21). ἐγὼ ἦλθον σήμερον (5 a)
20. 8. A B καὶ Ἀ. ἦλθεν [R εἰσῆλ.] ἔμπροσθεν αὐτῶν (5 a)
— 12. εἶδε πάντα τὸν ἐρχόμενον ἐπ' αὐτὸν ἑστηκότα (5 a)
— 14. A R καὶ ἦλθον [B -εν] κατόπισθεν αὐτοῦ (5 a)
23. 19. ἕως τῶν τριῶν οὐκ ἦλθε [B^1 ἤθελε] (5 a)
— 23. πρὸς τοὺς τρεῖς οὐκ ἦλθε (5 a)
24. 6. καὶ ἦλθον εἰς Γ. (5 a)
— 7. A R καὶ ἦλθον [B -αν] εἰς M. Τύρου (5 a)
— 7. καὶ ἦλθαν κατὰ νότου Ἰ. [A al.] (15)
— 13. εἰ ἔλθῃ [A εἰσέλ.] σοι τρία ἔτη λιμός (5 a)
— 18. καὶ ἦλθε Γ. πρὸς Δ. (5 a)
— 21. τί ὅτι ἦλθεν ὁ κύριός μου (5 a)
III Ki. 1. 22. καὶ N. ὁ προφήτης ἦλθε (5 a)
— 22. B^1 Νάθαν ὁ προφήτης ἦλθεν -
— 42. A Ἰωνάθαν . . . ἦλθεν [B εἰσῆλ.] (5 a)
— 49. καὶ ἦλθον [A ἀπῆλθεν] ἀνὴρ εἰς τὴν ὁδὸν αὐτοῦ (8)
2. 28. ἡ ἀκοὴ ἦλθεν ἕως Ἰ. (5 a)
— 30. καὶ ἦλθε B. . . . πρὸς Ἰ. (5 a)
8. 3. A καὶ ἦλθον πάντες οἱ πρεσβύτεροι Ἰ. (5 a)
— 18. ἦλθεν ἐπὶ τὴν καρδίαν σου (7)
— 31. καὶ ἔλθῃ καὶ ἐξαγορεύσῃ (5 a)
— 41. A καὶ ἔλθῃ ἀπὸ γῆς μακρόθεν (5 a)
9. 28. καὶ ἦλθον εἰς Σ. (5 a)
10. 1. καὶ ἦλθε πειράσαι αὐτόν (5 a)
— 2. A R καὶ ἦλθεν εἰς [B ἐν] Ἱ. (5 a)
— 10. οὐκ ἐληλύθει κατὰ τὰ ἡδύσματα ἐκεῖνα (5 a)
— 12. οὐκ ἐληλύθει τοιαῦτα ξύλα (5 a)
— 13. καὶ ἦλθεν εἰς τὴν γῆν αὐτῆς (8)
— 14. τοῦ χρυσίου τοῦ ἐληλυθότος τῷ [A τοῦ] Σ. (5 a)
— 22. ἤρχετο τῷ βασιλεῖ ναῦς (5 a)
11. 18. καὶ ἔρχονται [B^1 ἄρχοντες] εἰς Φ. (5 a)
— 18. καὶ ἔρχονται πρὸς Φ. [A εἰς Αἴ. πρὸς Φ.] (5 a)
— 43. B καὶ ἔρχεται εἰς τὴν πόλιν αὐτοῦ -
12. 1. εἰς Σ. ἤρχοντο [A -ετο] πᾶς Ἰ. (5 a)
— 3. A καὶ ἦλθεν Ἰ. (5 a)

III Ki. 12. 24. B καὶ ἦλθεν εἰς γῆν Σ. -
— 24. B ἐλθούσης αὐτῆς εἰς τὴν πόλιν -
13. 10. ᾗ ἦλθεν ἐν αὐτῇ εἰς B. (5 a)
— 11. καὶ ἔρχονται οἱ υἱοὶ αὐτοῦ (5 a)
— 12. ὁ ἐλθὼν [A ἐξελ.] ἐξ Ἰ. (5 a)
— 14. ὁ ἐληλυθὼς ἐξ Ἰ. (5 a)
— 29. A καὶ ἦλθεν [B om. καὶ ἦ.] εἰς τὴν πόλιν (5 a)
14. 3. A καὶ ἐλεύσῃ πρὸς αὐτόν (5 a)
17. 10. R καὶ ἦλθεν [A B om. καὶ ἦ.] εἰς τὸν πυλῶνα (5 a)
18. 7. καὶ ἦλθεν [A ἀπῆλ.] Ἠ. (9)
— 46. A τοῦ ἐλθεῖν εἰς Ἰ. [B εἰς Ἰ.] (5 a)
19. 3. καὶ ἔρχεται εἰς B. (5 a)
— 4. καὶ ἦλθε (5 a)
20 (21). 4. A καὶ ἦλθεν Ἀ. πρὸς οἶκον αὐτοῦ [B al.] (5 a)
— 13. A καὶ ἦλθον δύο ἄνδρες [R al.] (5 a)
21 (20). 43. καὶ ἔρχεται εἰς Σ. (5 a)
22. 15. καὶ ἦλθε πρὸς τὸν βασιλέα (5 a)
— 37. καὶ ἦλθον εἰς Σ. (5 a)
IV Ki. 1. 9. A R ἀνέβη καὶ ἦλθεν [B om. καὶ ἦ.] πρὸς αὐτόν -
— 13. καὶ ἦλθεν πεντηκόνταρχος [A al.] (5 a)
2. 2. A B καὶ ἦλθεν [R -ον] εἰς B. (16)
— 3. καὶ ἦλθον οἱ υἱοὶ τῶν προφητῶν (15)
— 4. καὶ ἦλθον εἰς Ἱ. (5 a)
— 15. καὶ ἦλθον εἰς συναντὴν [A -ησιν] αὐ. (5 a)
3. 20. ὕδατα ἤρχοντο ἐξ ὁδοῦ Ἐ. (5 a)
4. 1. καὶ ὁ δανειστὴς ἦλθε (5 a)
— 7. καὶ ἦλθε [A ἀνέστη] (5 a)
— 24. καὶ ἐλεύσῃ πρὸς τὸν ἄνθρωπον τοῦ θεοῦ -
— 25. R καὶ ἦλθεν ἕως τοῦ ἀνθρώπου τοῦ θεοῦ (5 a)
— 25. ὡς εἶδεν Ἑλ. ἐρχομένην αὐτήν (21)
— 27. καὶ ἦλθε πρὸς Ἑλ. (5 a)
— 39. A ἐλθὼν [B om.] καὶ ἐνέβαλεν εἰς τὸν λέβητα (5 a)
5. 6. ὡς ἂν ἔλθῃ τὸ βιβλίον τοῦτο πρὸς σέ (5 a)
— 8. ἐλθέτω δὴ πρὸς μὲ N. (5 a)
— 9. καὶ ἦλθε N. (5 a)
— 15. καὶ ἦλθε (5 a)
— 22. ἦλθον πρὸς μὲ δύο παιδάρια (5 a)
— 24. R καὶ ἦλθεν [A -αν, B -ον] εἰς τὸ σκοτεινόν (5 a)
6. 4. καὶ ἦλθον εἰς τὸν Ἰορδάνην (5 a)
— 14. καὶ ἦλθον [A^2 -αν] νυκτός (5 a)
— 23. τοῦ ἐλθεῖν εἰς γῆν Ἰ. (5 a)
— 32. πρὶν ἐλθεῖν τὸν ἄγγελον πρὸς αὐτόν (5 a)
— 32. ὡς ἂν ἔλθῃ ὁ ἄγγελος (5 a)
7. 5. A B^1 καὶ ἦλθον εἰς μέσον [B^2 R μέρος] παρεμβολῆς (5 a)
— 6. A R τοῦ ἐλθεῖν ἐφ' [B πρὸς] ἡμᾶς (5 a)
8. 1. καί γε ἦλθεν ἐπὶ τὴν γῆν ἑπτὰ ἔτη (5 a)
— 3. καὶ ἦλθε βοῆσαι πρὸς τὸν βασιλέα (15)
— 7. καὶ ἦλθεν Ἑλ. εἰς Δ. (5 a)
— 9. καὶ ἦλθε (5 a)
9. 18. ἦλθεν ὁ ἄγγελος ἕως αὐτῶν (5 a)
— 19. καὶ ἦλθε πρὸς [A μετ'] αὐτόν (5 a)
— 20. ἦλθεν ἕως αὐτῶν (5 a)
— 30. καὶ ἦλθεν Ἰ. (5 a)
10. 2. ὡς ἂν ἔλθῃ τὸ βιβλίον τοῦτο πρὸς ὑμᾶς (5 a)
— 7. ὡς ἦλθε τὸ βιβλίον πρὸς αὐτούς (5 a)
— 8. καὶ ἦλθεν ὁ ἄγγελος (5 a)
— 12. A καὶ ἦλθεν (5 a)
— 21. καὶ ἦλθον πάντες οἱ δοῦλοι τοῦ B. (5 a)
13. 20. ἦλθον ἐν τῇ γῇ ἐλθόντος τοῦ ἐνιαυτοῦ (5 a, 5 a)
14. 13. καὶ ἦλθεν εἰς Ἱ. (5 a)
15. 14. καὶ ἦλθεν εἰς Σ. (5 a)
— 29. ἦλθε Θ. βασιλεὺς Ἀσσυρίων (5 a)
16. 6. καὶ Ἰδουμαῖοι ἦλθον εἰς Αἰ. (5 a)
— 11. A ἕως ἔρχεσθαι τὸν βασιλέα Ἄ. (5 a)
— 12. A καὶ ἦλθεν ὁ βασιλεὺς ἀπὸ Δ. (5 a)
18. 17. καὶ ἦλθον εἰς [A^1 ἐν] Ἱ. (5 a)
— 18. καὶ ἦλθον πρὸς αὐτόν (15)
— 32. ἕως ἔλθω καὶ λάβω ὑμᾶς (5 a)
19. 3. ἦλθον υἱοὶ ἕως ὠδίνων (5 a)
— 5. ἦλθον οἱ παῖδες τοῦ βασ. Ἐ. πρὸς Ἠ. (5 a)
— 23. ἦλθον [B^1 -εν] εἰς μέσον δρυμοῦ [A al.] (5 a)
— 28. ᾗ ἦλθες ἐν αὐτῇ (5 a)
— 33. τῇ ὁδῷ ᾗ ἦλθεν (5 a)
20. 17. ἰδοὺ ἡμέραι ἔρχονται (5 a)
24. 10. καὶ ἦλθεν ἡ πόλις ἐν περιοχῇ (5 a)
25. 1. ἦλθε N. βασιλεὺς B. (5 a)
— 2. καὶ ἦλθεν ἡ πόλις ἐν περιοχῇ [A al.] (5 a)
— 8. ἦλθε N. ὁ ἀρχιμάγειρος (5 a)
— 23. καὶ ἦλθον πρὸς Γ. (5 a)

IV Ki. 25. 25. ἦλθεν Ἰ. υἱὸς N. (5 a)
I Ch. 2. 24. ἦλθε X. εἰς Ἐ. †
— 55. οὗτοι οἱ K. οἱ ἐλθόντες ἐξ Αἰ. (5 a)
4. 39. ἕως τοῦ ἐλθεῖν Γ. (5 c)
— 41. καὶ ἤλθοσαν οὗτοι γεγραμμένοι (5 a)
5. 9. ἕως ἐρχομένων τῆς ἐρήμου (5 a)
7. 22. καὶ ἦλθον ἀδελφοὶ αὐ. (5 a)
10. 4. μὴ ἔλθωσιν οἱ ἀπερίτμητοι οὗτοι (5 a)
— 7, 8. καὶ ἦλθον ἀλλόφυλοι (5 a)
11. 1. καὶ ἦλθε πᾶς Ἰ. πρὸς Δ. (32)
— 3. καὶ ἦλθον πάντες πρεσβύτεροι Ἰ. (5 a)
— 18. καὶ ἔλαβον καὶ ἦλθον [B^1 om. κ. ἦ.] πρὸς Δ. (5 b)
— 21. ἕως τῶν τριῶν οὐκ ἤρχετο (5 a)
— 25. πρὸς τοὺς τρεῖς οὐκ ἤρχετο (5 a)
12. 1. οὗτοι οἱ ἐλθόντες πρὸς Δ. εἰς Σ. (5 a)
— 16. καὶ ἦλθον ἀπὸ τῶν υἱῶν B. (5 a)
— 19. ἐν τῷ ἐλθεῖν τοὺς ἀλλοφύλους ἐπὶ Σ. (5 a)
— 22. ἡμέραν ἐξ ἡμέρας ἤρχοντο πρὸς Δ. (5 a)
— 23. οἱ ἐλθόντες πρὸς Δ. εἰς X. (5 a)
— 38. καὶ ἦλθον εἰς X. (5 a)
13. 9. καὶ ἤλθοσαν ἕως τῆς ἅλωνος (5 a)
14. 9. καὶ ἀλλόφυλοι ἦλθον (5 a)
15. 29. καὶ ἦλθεν ἕως πόλεως Δ. (5 a)
16. 33. ἦλθε κρῖναι τὴν γῆν (5 a)
17. 16. καὶ ἦλθεν ὁ βασιλεὺς Δ. (5 a)
18. 5. καὶ ἦλθε Σύρος ἐκ Δαμασκοῦ (5 a)
19. 2. καὶ ἦλθον παῖδες Δ. εἰς γῆν υἱῶν Ἀ. (5 a)
— 3. ἦλθον παῖδες αὐτοῦ πρὸς σέ (5 a)
— 5. καὶ ἦλθον ἀπαγγεῖλαι τῷ Δ. (8)
— 7. καὶ ἦλθον καὶ παρενέβαλον (5 a)
— 7. καὶ ἦλθον εἰς τὸ πολεμῆσαι (5 a)
— 9. καὶ οἱ βασιλεῖς οἱ ἐλθόντες παρενέβαλον (5 a)
— 15. καὶ ἦλθον [A εἰσῆλ.] εἰς τὴν πόλιν (5 a)
— 15. καὶ ἦλθεν Ἰωὰβ εἰς Ἱερ. (5 a)
— 17. καὶ ἦλθεν ἐπ' αὐτούς (5 a)
20. 1. καὶ ἦλθε [A -αν] (5 a)
21. 4. καὶ ἦλθεν εἰς Ἱ. (5 a)
— 11. καὶ ἦλθε Γ. πρὸς Δ. (5 a)
— 21. καὶ ἦλθε Δ. πρὸς Ὀ. (5 a)
II Ch. 1. 13. καὶ ἦλθε Σ. (5 a)
5. 4. καὶ ἦλθον πάντες οἱ πρεσβύτεροι Ἰ. (5 a)
6. 22. καὶ ἔλθῃ καὶ ἀράσηται (5 a)
— 32. καὶ ἔλθῃ ἐκ γῆς μακρόθεν (5 a)
— 32. καὶ ἔλθωσι καὶ προσεύξωνται (5 a)
8. 3. καὶ ἦλθε Σ. εἰς B. (8)
— 18. καὶ ἦλθον πρὸς τὸν βασιλέα Σ. (5 b)
9. 1. καὶ ἦλθε τοῦ πειράσαι Σ. (5 a)
— 1. καὶ ἦλθε πρὸς Σ. (5 a)
— 6. ἕως οὗ ἦλθον (5 a)
— 21. ἤρχετο πλοῖα [A -ον] ἐκ Θ. (5 a)
10. 1. καὶ ἦλθε Ῥ. εἰς Σ. ὅτι εἰς Σ. ἤρχετο πᾶς Ἰ. (8, 5 a)
— 3. B καὶ ἦλθεν Ἱ. καὶ πᾶσα ἡ ἐκκλησία ἦλθον [A R om.] πρὸς Ῥ. (5 a, †)
— 5. καὶ ἔρχεσθε πρὸς μέ (34)
— 12. καὶ ἦλθεν Ἱ. (5 a)
11. 1. καὶ ἦλθε Ῥ. εἰς Ἱ. (5 a)
— 16. καὶ ἦλθον εἰς Ἱ. (5 a)
12. 3. τοῦ πλήθους τοῦ ἐλθόντος μετ' αὐτοῦ ἐξ Αἰ. (5 a)
— 4. A R καὶ ἦλθον [B -εν] εἰς Ἱ. (5 a)
— 5. καὶ Σ. ὁ προφήτης ἦλθε πρὸς Ῥ. (5 a)
13. 13. A R ἐλθεῖν αὐτῷ [B -ῶν] ἐκ τῶν ὄπισθεν (5 a)
14. 9 (8). καὶ ἦλθεν ἕως M. (5 a)
— 11 (10). A R ἐπὶ τῷ ὀνόματί σου ἤλθομεν [B -αμεν] (5 a)
16. 7. ἦλθεν Ἀ. ὁ προφήτης πρὸς Ἀσά (5 a)
18. 14. καὶ ἦλθε πρὸς τὸν βασιλέα (5 a)
19. 10. κρίσιν τὴν ἐλθοῦσαν ἐφ' [A πρὸς] ὑμᾶς (5 a)
20. 1. ἦλθον οἱ υἱοὶ M. (5 a)
— 2. καὶ ἦλθον καὶ ὑπέδειξαν τῷ Ἰ. (5 a)
— 4. ἦλθον ζητῆσαι τὸν κύριον (5 a)
— 12. πρὸς τὸ πλῆθος τὸ πολὺ τοῦτο τὸ ἐλθὸν ἐφ' ἡμᾶς (5 a)
— 24. Ἰ. ἦλθεν ἐπὶ τὴν σκοπιὰν τῆς ἐρήμου (5 a)
— 25. A B καὶ ἦλθεν [R ἐξῆλ.] Ἰ. (5 a)
21. 12. καὶ ἦλθεν αὐτῷ ἐν γραφῇ (5 a)
— 19. ὡς ἦλθε καιρὸς τῶν ἡμερῶν (15)
22. 7. ἐλθεῖν πρὸς Ἰ. (5 a)
— 7. R ἐν τῷ ἐλθεῖν αὐτόν [A B ἐξελθεῖν] (5 a)
23. 2. καὶ ἦλθον εἰς Ἱ. (5 a)
24. 11. καὶ ἦλθεν ὁ γραμματεὺς τοῦ βασιλέως (5 a)
— 23. καὶ ἦλθεν ἐπὶ Ἰ. (5 a)
25. 7. ἄνθρωπος τοῦ θεοῦ ἦλθε πρὸς αὐτόν (5 a)

II Ch. 25. 10. τῇ δυνάμει τῇ ἐλθούσῃ πρὸς αὐτόν (5 a)
— 14. μετὰ τὸ ἐλθεῖν Ἀ. (5 a)
— 18. ἐλεύσεται τὰ θηρία τοῦ ἀγροῦ –
— 18. A B καὶ ἦλθαν [R -ον] τὰ θηρία (26)
28. 9. τῆς δυνάμεως τῶν ἐρχομένων εἰς Σ. (5 a)
— 12. ἐπὶ τοὺς ἐρχομένους ἀπὸ τοῦ πολέμου (5 a)
— 20. καὶ ἦλθεν ἐπ᾽ αὐτὸν Θ. (5 a)
30. 1. ἐλθεῖν εἰς οἶκον κυρίου (5 a)
— 5. A R ἐλθόντας [B -ες] ποιῆσαι τὸ φασέκ (5 a)
— 11. καὶ ἦλθον εἰς Ἰ. (5 a)
— 12. ἐλθεῖν τοῦ ποιῆσαι κατὰ τὰ προστάγματα [A τὸ πρ.] –
— 25. R οἱ προσήλυτοι οἱ ἐλθόντες [A B εἰσελ.] ἀπὸ γῆς Ἰ. (5 a)
— 27. καὶ ἦλθεν ἡ προσευχὴ αὐτῶν (5 a)
31. 8. καὶ ἦλθεν Ἐ. (5 a)
32. 1. ἦλθε Σ. βασιλεὺς Ἀσσυρίων καὶ ἦλθεν ἐπὶ Ἰ. (5 a, 5 a)
— 4. μὴ ἔλθῃ βασιλεὺς Ἀ. (5 a)
— 21. ἦλθεν εἰς οἶκον θεοῦ αὐ. [A al.] (5 a)
34. 9. καὶ ἦλθον πρὸς Χ. (5 a)
35. 22. καὶ ἦλθε τοῦ πολεμῆσαι (5 a)
36. 5. ἦλθε Ν. βασιλεὺς Βαβυλῶνος –
I Es. 1. 25. Φ. βασιλέα Αἰ. ἐλθόντα πόλεμον ἐγεῖραι
2. 18. ἐλθόντες εἰς Ἱερουσαλήμ
4. 61. R καὶ ἦλθεν
5. 8. οἱ ἐλθόντες μετὰ Ζ.
— 57. ἐν τῷ ἐλθεῖν εἰς τὴν Ἰ.
— 63. καὶ ἤλθοσαν ἐκ τῶν ἱερέων [A -ρῶν] τῶν Λ.
— 66. ἤλθοσαν ἐπιγνῶναι τίς ἡ φωνή
6. 8. εἰς τὴν χώραν τῆς Ἰ. καὶ ἐλθόντες εἰς [B¹ om. ἐλ. εἰς] Ἰ.
8. 45. καὶ εἶπα αὐτοῖς ἐλθεῖν
— 61. B ἕως ἤλθοσαν [A R εἰσήλθομεν] εἰς Ἰ.
— 61. A R καὶ ἤλθομεν [B -θεν] εἰς Ἰ.
II Es. 2. 2. οἳ ἦλθον μετὰ Ζ. (5 a)
— 68. A B ἐν τῷ ἐλθεῖν [R εἰσελ.] αὐτοὺς εἰς οἶκον κυρίου (5 a)
3. 8. τοῦ ἐλθεῖν αὐτοὺς εἰς οἶκον τοῦ θεοῦ (5 a)
— 8. πάντες οἱ ἐρχόμ. ἀπὸ τῆς αἰχμαλωσίας (5 a)
4. 12. οἱ Ἰ. . . . ἤλθοσαν εἰς Ἰ. (4 c)
5. 3. ἦλθεν ἐπ᾽ αὐτοὺς Θ. (4 c)
— 16. τότε Σ. ἐκεῖνος ἦλθε (4 c)
7. 8. καὶ ἤλθοσαν [A -θον] εἰς Ἰ. (5 a)
— 9. ἤλθοσαν [A -θον] εἰς Ἰ. (5 a)
8. 15. τὸν ποταμὸν τὸν ἐρχόμ. πρὸς τὸν Εὐί (5 a)
— 18. καὶ ἤλθοσαν ἡμῖν (5 b)
— 18. A R καὶ ἀρχὴν ἦλθον οἱ [B -θοσαν] υἱοὶ αὐτοῦ †
— 31. τοῦ ἐλθεῖν εἰς Ἰ. (8)
— 32. καὶ ἤλθομεν εἰς Ἰ. (5 a)
— 35. A R οἱ ἐλθόντες [B διελ.] ἐκ [A ἀπὸ] τῆς αἰχμαλωσίας (5 a)
9. 13. μετὰ πᾶν τὸ ἐρχόμενον [S³ πάντα τὰ εἰσελθόντα] ἐφ᾽ ἡμᾶς (5 a)
10. 8. ὃς ἂν μὴ ἔλθῃ εἰς τρεῖς ἡμέρας (5 a)
— 14. ἐλθέτωσαν εἰς καιρούς (5 a)
Ne. 1. 2. καὶ ἦλθεν Ἀ. (5 a)
2. 7. ἕως [S³ ἕως οὗ] ἔλθω ἐπὶ Ἰ. (5 a)
— 9. καὶ ἦλθον πρὸς τοὺς ἐπάρχους (5 a)
— 11. καὶ ἦλθον εἰς Ἰ. (5 a)
— 19. καὶ ἦλθον [S -αν] ἐφ᾽ ἡμᾶς †
4. 3 (3. 35). καὶ Τ. . . . ἐχόμενα αὐτοῦ ἦλθε –
— 8 (2). ἐλθεῖν παρατάξασθαι [A καὶ π.] (5 a)
— 11 (5). ἕως ὅτου ἔλθωμεν εἰς μέσον αὐτῶν (5 a)
— 12 (6). ὡς ἤλθοσαν οἱ Ἰ. (5 a)
5. 17. καὶ ἐρχόμενοι [S¹ ἐχ.] πρὸς ἡμᾶς (5 a)
6. 10. ἔρχονται νυκτὸς φονεῦσαί σε (5 a)
— 17. καὶ αἱ Τ. ἤρχοντο πρὸς αὐτούς (5 a)
7. 7. S³ οἱ ἐλθόντες [A B S¹ om. οἱ ἐ.] μετὰ Ζ. (5 a)
9. 33. ἐπὶ πᾶσι τοῖς ἐρχομένοις [S¹ ἐχ.] ἐφ᾽ ἡμᾶς (5 a)
13. 6. ἦλθον πρὸς τὸν βασιλέα (5 a)
— 7. καὶ ἦλθον εἰς Ἰ. (5 a)
— 21. οὐκ ἤλθοσαν ἐν σαββάτῳ (5 a)
— 22. καὶ ἐρχόμενοι φυλάσσοντες τὰς πύλας (5 a)
To. 1. 18. ἦλθε [S ἀπῆλ.] φεύγων ἐκ τῆς Ἰ.
— 22. ἦλθον εἰς [S κατῆλ. εἰς τὴν] Ν.
2. 2. S μέχρι τοῦ σε ἐλθεῖν
— 3. καὶ ἐλθὼν εἶπε [S al.]
— 13. ὅτε δὲ ἦλθε πρὸς μέ [S al.]
4. 3. S καὶ ἦλθεν πρὸς αὐτόν
5. 3. S ἕως ὅτου ἔλθῃς [A B ἕ. ζῶ]
— 5. S καὶ ἐλήλυθα ὧδε ἐργατεύεσθαι
— 13. ὑγιαίνων ἔλθοις

To. 5. 13. S καὶ χαίρων ἔλθοις
— 20. ὑγιαίνων ἐλεύσεται
— 20. S ᾗ ἂν ἔλθῃ πρὸς σέ
6. 1. ἦλθεν ἑσπέρας ἐπὶ τὸν Τίγριν ποταμόν [S al.]
7. 1. καὶ ἦλθεν [A -ον] εἰς Ἐκβάτανα [S al.]
— 1. S καλῶς ἤλθατε ὑγιαίνοντες
— 13. S ἦλθεν πρὸς αὐτόν
8. 11. καὶ ἦλθε Ῥ. εἰς τὴν οἰκίαν ἑαυτοῦ [S al.]
9. 6. καὶ ἦλθον [B¹ -οσαν, B² -αν, S εἰσῆλ.] εἰς τὸν γάμον
10. 1. καὶ οὐκ ἤρχετο [A -οντο, S al.]
11. 3. S ἐν ᾧ ἔρχονται
— 6. προσενόησεν αὐτὸν ἐρχόμενον
— 6. ὁ υἱός μου [A S σου] ἔρχεται
— 17. ἔλθοις ὑγιαίνουσα [S al.]
12. 4. S ὧν ἔχων ἦλθεν
— 5. S ὧν ἔχων ἦλθες [A B al.]
— 18. A τῇ θελήσει τοῦ θεοῦ ἡμῶν ἦλθον [B S om.]
Ju. 1. 10. A B S² ἕως τοῦ ἐλθεῖν ἐπάνω Τ.
— 10. ἕως τοῦ ἐλθεῖν ἐπὶ τὰ ὅρια τῆς Αἰ.
— 12. ἕως τοῦ [S om.] ἐλθεῖν ἐπὶ τὰ ὅρια
2. 24. ἕως τοῦ ἐλθεῖν ἐπὶ θάλασσαν
— 25. καὶ ἦλθεν ἕως ὁρίων Ἰ.
3. 4. ἐλθὼν ἀπάντησον αὐταῖς
— 9. καὶ ἦλθε κατὰ πρόσωπον Ἐ.
5. 4. τοῦ μὴ ἐλθεῖν εἰς ἀπάντησίν μοι
7. 14. πρὶν ἐλθεῖν τὴν ῥομφαίαν ἐπ᾽ αὐτούς
— 31. καὶ μὴ ἔλθῃ ἐφ᾽ ἡμᾶς βοήθεια
8. 3. ὁ καύσων ἦλθεν ἐπὶ τὴν κεφαλὴν αὐτοῦ
— 11. καὶ ἦλθον πρὸς αὐτήν
10. 12. πόθεν ἔρχῃ
— 13. ἔρχομαι εἰς τὸ πρόσωπον Ὀ.
— 18. ἐλθόντες ἐκύκλουν αὐτήν
— 23. ὡς δὲ ἦλθε κατὰ πρόσωπον αὐτοῦ Ἰ.
11. 3. καὶ ἦλθες πρὸς ἡμᾶς
— 18. A B καὶ ἐλθοῦσα προσανοίσω σοι
— 19. A B ἕως τοῦ ἐλθεῖν ἀπέναντι Ἰ.
12. 11. A B τοῦ ἐλθεῖν πρὸς ἡμᾶς
— 13. A B ἡ παιδίσκη ἡ καλὴ αὕτη ἐλθοῦσα πρὸς τὸν κύριόν μου
13. 10. ἤλθοσαν [S -θον] πρὸς τὰς πύλας
— 13. παράδοξον ἦν αὐτοῖς τὸ [B¹ τοῦ] ἐλθεῖν αὐτήν
14. 6. ὡς δὲ ἦλθε
— 12. οἱ δὲ ἦλθον ἐπὶ στρατηγούς
15. 8. ἦλθον [S¹ om.] τοῦ θεάσασθαι τὰ ἀγαθά
16. 4. ἦλθεν Ἀσσοὺρ ἐξ ὀρέων
— 4. A S R ἦλθεν ἐν μυριάσι δυνάμεως [B -ων] αὐτοῦ
— 18. ὡς δὲ ἤλθοσαν εἰς Ἰ.
Es. 1. 12. οὐκ εἰσήκουσεν αὐτοῦ [A S³ -ῶν] . . . ἐλθεῖν [S¹ εἰσελ.] (5 a)
4. 2. καὶ ἦλθεν ἕως τῆς πύλης [A αὐλῆς] τοῦ βασ. (5 a)
— 11. S¹ ἐλθεῖν [A B S² εἰσελ.] πρὸς τὸν βασιλέα (5 a)
5. 4. ἐλθάτω [A -έτω] καὶ αὐτός [A S³ ὁ βασ.] (5 a)
— 8. ἐλθάτω ὁ βασιλεύς (5 a)
8. 13. τὰ δὲ ὑπὸ τὴν ὄψιν ἐρχόμενα διακρίνοντες
10. 3. A B² S R καὶ ἦλθον οἱ δύο κλῆροι οὗτοι
Jb. 1. 6. ἦλθον οἱ ἄγγελοι τοῦ θεοῦ (5 a)
— 6. ὁ διάβολος ἦλθε μετ᾽ αὐτῶν (5 a)
— 14. ἄγγελος ἦλθε πρὸς Ἰώβ (5 a)
— 15. ἐλθόντες οἱ αἰχμαλωτεύοντες ᾐχμαλώτευσαν αὐτάς [A -ούς] (23)
— 15. ἦλθον τοῦ ἀπαγγεῖλαί σοι –
— 16. ἦλθεν ἕτερος ἄγγελος [A ἄ. πρὸς Ἰώβ] (5 a)
— 16. ἦλθον τοῦ ἀπαγγεῖλαί σοι –
— 17. ἦλθεν [A ἔρχεται] ἕτερος ἄγγελος (5 a)
— 17. ἦλθον τοῦ ἀπαγγεῖλαί σοι –
— 18. ἄλλος ἄγγελος ἔρχεται (5 a)
— 19. A πνεῦμα μέγα ἦλθεν [B S² ἐπῆλθεν, S¹ om.] ἀπὸ [B S ἐκ] τῆς ἐρήμου (5 a)
— 19. ἦλθον τοῦ ἀπαγγεῖλαί σοι –
2. 1. ἦλθον οἱ ἄγγελοι τοῦ θεοῦ (5 a)
— 1. ὁ διάβολος ἦλθεν ἐν μέσῳ αὐτῶν (5 a)
— 2. πόθεν σὺ ἔρχῃ (5 a)
3. 4. μηδὲ ἔλθοι εἰς αὐτὴν φέγγος (14)
— 7. μὴ ἔλθοι ἐπ᾽ αὐτὴν εὐφροσύνη (5 a)
— 9. καὶ εἰς φωτισμὸν μὴ ἔλθοι [A S¹ al.] –
— 25. φόβος γὰρ . . . ἦλθέ μοι (4 a)
— 26. ἦλθε δέ μοι ὀργή (5 a)
5. 21. οὐ μὴ φοβηθῇς ἀπὸ κακῶν ἐρχομένων [S ἐπερχ.] (5 a)
— 21. A ἐλεύσεται ταλαιπωρία (5 a ?)
— 26. ἐλεύσῃ [A ἀπελ.] δὲ ἐν τάφῳ (5 a)
6. 8. εἰ γὰρ . . . ἔλθοι [A -ῃ] μου ἡ αἴτησις (5 a)

Jb. 9. 32. ἵνα ἔλθωμεν ὁμοθυμαδὸν εἰς κρίσιν (5 a)
18. 9. ἔλθοισαν δὲ ἐπ᾽ αὐτὸν παγίδες [A al.] (2)
— 11. πολλοὶ δὲ περὶ πόδα αὐτοῦ ἔλθοισαν ἐν λιμῷ στενῷ [A al.] †
19. 12. ἦλθον [A -εν] τὰ πειρατήρια αὐ. ἐπ᾽ ἐμοί (5 a)
23. 3. καὶ ἔλθοιμι εἰς τέλος (5 a)
27. 13. κτῆμα [A S² ὀργὴ] δὲ δυναστῶν ἐλεύσεται [A ἐξελ.] παρὰ παντοκράτορος ἐπ᾽ αὐτούς (18)
28. 8. A οὐ γὰρ ἦλθεν [B S οὐ παρῆλθεν] ἐπ᾽ αὐτῆς λέων (27)
29. 13. εὐλογία ἀπολλυμένου ἐπ᾽ ἐμὲ ἔλθοι (5 a)
31. 32. ἡ δὲ θύρα μου παντὶ ἐλθόντι ἀνέῳκτο (3)
33. 28. τοῦ μὴ ἐλθεῖν [A ἐξελθεῖν] εἰς διαφθοράν (26)
38. 11. μέχρι τούτου ἐλεύσῃ (5 a)
— 16. ἦλθες [S¹ -ας] δὲ ἐπὶ πηγὴν [A γῆν] θαλάσσης (5 a)
— 22. ἦλθες δὲ ἐπὶ θησαυροὺς χιόνος (5 a)
42. 11. ἦλθον πρὸς αὐτόν (5 a)
— 18. οἱ δὲ ἐλθόντες πρὸς αὐτὸν φίλοι –
Ps. 21 (22). 30 (31). ἀναγγελήσεται τῷ κυρίῳ γενεὰ ἡ ἐρχομένη (5 a)
34 (35). 8. ἐλθέτω [A -άτω] αὐτοῖς [S² -ῷ] παγίς (5 a)
35 (36). 11. μὴ ἐλθέτω [A -άτω] μοι ποὺς ὑπερηφανίας (5 a)
43 (44). 17. ταῦτα πάντα ἦλθεν ἐφ᾽ ἡμᾶς (5 a)
47 (48). 4. ἤλθοσαν [A² S διῆλθ.] ἐπὶ τὸ αὐτό (26)
50 (51). tit. ἐν τῷ ἐλθεῖν πρὸς αὐτὸν Νάθαν (5 a)
51 (52). tit. ἐν τῷ ἐλθεῖν Δωὴκ τὸν Ἰδουμαῖον (5 a)
— tit. ἦλθε Δαυὶδ εἰς τὸν οἶκον Ἀβιμέλεχ (5 a)
53 (54). tit. ἐν τῷ ἐλθεῖν τοὺς Ζειφαίους (5 a)
54 (55). 5. B² S R φόβος καὶ τρόμος ἦλθεν ἐπ᾽ ἐμέ (5 a)
— 15. ἐλθέτω [S -άτω] θάνατος ἐπ᾽ αὐτούς (†*, 25)
68 (69). 2. ἦλθον εἰς τὰ βάθη τῆς θαλάσσης (5 a)
70 (71). 18. ἕως ἂν ἀπαγγείλω τὸν βραχίονά σου πάσῃ τῇ γενεᾷ τῇ ἐρχομένῃ (5 a)
78 (79). 1. ἤλθοσαν ἔθνη εἰς τὴν κληρονομίαν σου (5 a)
79 (80). 2. ἐλθὲ εἰς τὸ σῶσαι ἡμᾶς (8)
95 (96). 13. ὅτι ἔρχεται ὅτι ἔρχεται κρῖναι τὴν γῆν (5 a, 5 a)
97 (98). 9. A S² ὅτι ἔρχεται (5 a)
101 (102). 1. A B S¹ ἡ κραυγή μου πρὸς σὲ ἐλθάτω [S² R -έτω] (5 a)
104 (105). 19. μέχρι τοῦ ἐλθεῖν τὸν λόγον αὐ. (5 a)
— 31. εἶπε καὶ ἦλθε κυνόμυια (5 a)
— 34. εἶπε καὶ ἦλθεν ἀκρίς (5 a)
— 40. ᾔτησαν καὶ ἦλθεν ὀρτυγομήτρα (5 b)
117 (118). 26. εὐλογημένος ὁ ἐρχόμενος ἐν ὀνόματι κυρίου (5 a)
118 (119). 41. ἔλθοι ἐπ᾽ ἐμὲ τὸ ἔλεός σου (5 a)
— 77. ἐλθέτωσάν [A ἐλθάτ.] μοι οἱ οἰκτιρμοί σου (5 a)
125 (126). 6. ἐρχόμενοι δὲ ἥξουσιν ἐν ἀγαλλιάσει (5 a)
Pr. 1. 11. ἐλθὲ μεθ᾽ ἡμῶν (8)
— 26. ἡνίκα ἂν ἔρχηται ὑμῖν ὄλεθρος (5 a)
— 27. ὅταν ἔρχηται ὑμῖν θλῖψις καὶ πολιορκία ἢ ὅταν ἔρχηται ὑμῖν ὄλεθρος (5 a, 5 a)
2. 10. A S R ἐὰν γὰρ ἔλθῃ ἡ σοφία εἰς σὴν [B τὴν] διάνοιαν (5 a)
5. 10. οἱ δὲ σοὶ πόνοι εἰς οἴκους ἀλλοτρίων ἔλθωσι [A εἰσέλθωσιν] –
6. 15. ἐξαπίνης ἔρχεται ἡ ἀπώλεια αὐτοῦ (5 a)
7. 18. ἐλθὲ καὶ ἀπολαύσωμεν φιλίας (8)
9. 5. ἔλθατε [S -ετε] φάγετε τῶν ἐμῶν ἄρτων (8)
14. 12. τὰ δὲ τελευταῖα αὐ. ἔρχεται εἰς πυθμένα ᾅδου (6)
— 13. τελευταῖα δὲ χαρὰ [A -ᾶς] εἰς πένθος ἔρχεται –
— 15. πανοῦργος δὲ ἔρχεται εἰς μετάνοιαν †
18. 3. ὅταν ἔλθῃ ἀσεβὴς εἰς βάθος κακῶν (5 a)
21. 6. μάταια διώκει [A S² add. καὶ ἔρχεται] ἐπὶ παγίδας θανάτου †
23. 35. ἵνα ἐλθὼν ζητήσω μεθ᾽ ὧν συνελεύσομαι (13)
27. 12. A ἄφρονες δὲ ἐλθόντες [B S ἐπελθ.] ζημίαν τίσουσιν (26)
Ec. 1. 4. γενεὰ πορεύεται καὶ γενεὰ ἔρχεται (5 a)
2. 16. αἱ ἡμέραι ἐρχόμεναι [A S² ταῖς ἡ. ταῖς ἐπερχομέναις] τὰ πάντα ἐπελήσθη (5 a)
6. 4. ἐν ματαιότητι ἦλθε (5 a)
9. 14. καὶ ἔλθῃ ἐπ᾽ αὐτὴν βασιλεὺς μέγας (5 a)

Ec. 11. 8. πᾶν τὸ ἐρχόμενον ματαιότης (5 *a*)
12. 1. ἕως ὅτου μὴ ἔλθωσιν αἱ ἡμέραι τῆς κακίας (5 *a*)
Ca. 2. 10. ἀνάστα ἐλθὲ, ἡ πλησίον μου †
— 13. ἀνάστα ἐλθὲ, ἡ πλησίον μου . . . καὶ ἐλθέ (8*, 8)
4. 8. ἐλεύσῃ καὶ διελεύσῃ ἀπὸ ἀρχῆς πίστεως (5 *a*)
— 16. ἐξεγέρθητι, βορρᾶ, καὶ ἔρχου, νότε (5 *a*)
7. 1. ἡ ἐρχομένη ὡς χοροὶ τῶν παρεμβολῶν –
— 11 (12). ἐλθὲ, ἀδελφιδέ μου (8)
Wi. 4. 20. ἐλεύσονται ἐν συλλογισμῷ ἁμαρτημάτων αὐτῶν
7. 7. ἐπεκαλεσάμην καὶ ἦλθέ μοι πνεῦμα σοφίας
— 11. ἦλθε δέ μοι τὰ ἀγαθὰ ὁμοῦ πάντα μετ' αὐτῆς
8. 20. ἀγαθὸς ὢν ἦλθον εἰς σῶμα ἀμίαντον
12. 12. τίς εἰς κατάστασίν σοι ἐλεύσεται ἔκδικος
15. 5. ὄψις ἄφροσιν [**A**^{1} **S**^{1} -ονι] εἰς ὄνειδος [**A S** ὄρεξιν] ἔρχεται
Si. 18. 7. **A** τότε ἔρχεται [**B S** ἄρχ.]
21. 5. τὸ κρίμα αὐτοῦ κατὰ σπουδὴν ἔρχεται
47. 25. ἕως [**A** ὡς] ἐκδίκησις ἔλθῃ ἐπ' αὐτούς
Ho. 10. 9 (10). **A** ἦλθεν [**B** *om.*] παιδεῦσαι αὐτούς †
— 12. ἕως τοῦ ἐλθεῖν γεννήματα δικαιοσύνης ὑμῖν (5 *a*)
Am. 4. 2. ἡμέραι ἔρχονται ἐφ' ὑμᾶς (5 *a*)
5. 17. ἐλεύσομαι [**A** ἐπελ.] διὰ μέσου σου (26)
6. 3. οἱ ἐρχόμενοι [**A** εὐχ.] εἰς ἡμέραν κακήν (22 ?)
7. 1. ἐπιγονὴ ἀκρίδων ἐρχομένη ἑωθινή (28 ?)
8. 11 : 9. 13. ἰδοὺ ἡμέραι ἔρχονται (5 *a*)
Mi. 1. 9. ἦλθεν ἕως Ἰούδα (5 *a*)
Jl. 2. 31 (3. 4). πρὶν ἐλθεῖν τὴν ἡμέραν κυρίου (5 *a*)
Jn. 1. 8. καὶ πόθεν ἔρχῃ (5 *a*)
2. 8. **A S**^{2} **R** ἔλθοι πρὸς σὲ ἡ προσευχή [**B S**^{1} εὐχή] σου (5 *a*)
Hb. 2. 3. ὅτι ἐρχόμενος ἥξει (5 *a*)
Za. 1. 21 (2. 4). τί οὗτοι ἔρχονται ποιῆσαι (5 *a*)
2. 10 (14). ἰδοὺ ἐγὼ ἔρχομαι (5 *a*)
9. 9. ὁ βασιλεύς σου ἔρχεταί σοι (5 *a*)
12. 9. πάντα τὰ ἔθνη τὰ ἐρχόμενα [**A** ἐπερχ.] ἐπὶ Ἱερ. (5 *a*)
14. 1. ἡμέραι ἔρχονται τοῦ κυρίου (5 *a*)
— 16. ἐκ πάντων τῶν ἐθνῶν τῶν ἐλθόντων ἐπὶ Ἱερ. (5 *a*)
— 18. ἐὰν δὲ φυλὴ Αἰγ. μὴ ἀναβῇ μηδὲ ἔλθῃ (5 *a*)
Ma. 3. 1. ἰδοὺ ἔρχεται (5 *a*)
4. 1 (3. 19). ἰδοὺ ἡμέρα [**A** ἡ. κυρίου] ἔρχεται (5 *a*)
— 1 (3. 19). **A S R** ἀνάψει αὐτοὺς ἡ ἡμέρα ἡ [**B** *om.*] ἐρχομένη (5 *a*)
— 5 (3. 23). πρὶν ἐλθεῖν ἡμέραν κυρίου (5 *a*)
— 6 (3. 24). μὴ ἔλθω καὶ [**S**^{3} -ὼν] πατάξω τὴν γῆν ἄρδην (5 *a*)
Is. 1. 12. οὐδ' ἂν ἔρχησθε ὀφθῆναί μοι (5 *a*)
5. 19. ἐλθάτω [**A** -οι, **S** -έτω] ἡ βουλή (33 *et* 5 *a*)
— 26. ταχὺ κούφως ἔρχονται (5 *a*)
7. 19. καὶ ἐλεύσονται [**S**^{1} ἐξελ.] πάντες (5 *a*)
9. 8 (7). ἦλθεν ἐπὶ Ἰσραήλ (23)
13. 3. γίγαντες ἔρχονται πληρῶσαι τὸν θυμόν μου –
— 4. ἔρχεσθαι ἐκ γῆς (5 *a*)
— 9. ἡμέρα κυρίου ἔρχεται (5 *a*)
14. 1 (13. 22). ταχὺ ἔρχεται καὶ οὐ χρονιεῖ (5 *a*)
— 31. ἀπὸ βορρᾶ καπνὸς ἔρχεται (5 *a*)
21. 1. καταιγὶς . . . ἐρχομένη ἐκ γῆς (5 *a*)
— 2. οἱ πρέσβεις τῶν Περσῶν ἐπ' ἐμὲ ἔρχονται †
— 9. αὐτὸς ἔρχεται ἀναβάτης συνωρίδος (5 *a*)
23. 1. οὐκέτι ἔρχονται ἐκ γῆς Κιτιαίων (5 *a*)
— 10. πλοῖα οὐκέτι ἔρχεται [**A** -ονται] ἐκ Καρχηδόνος †
27. 6. οἱ ἐρχόμενοι τέκνα Ἰακώβ (5 *a*)
— 11. γυναῖκες ἐρχόμεναι ἀπὸ θέας δεῦτε (5 *a*)
28. 15. οὐ μὴ ἔλθῃ ἐφ' ἡμᾶς [**A S**^{3} ἔλ. ἡμῖν] (5 *a*)
30. 27. τὸ ὄνομα κυρίου ἔρχεται διὰ χρόνου [**A S** *add.* πολλοῦ] (5 *a*)
32. 10. οὐκέτι μὴ ἔλθῃ (5 *a*)
— 15. ἕως ἂν ἔλθῃ [**A S** ἐπέλ.] ἐφ' ὑμᾶς πνεῦμα ἀφ' ὑψηλοῦ (30)
36. 17. ἕως ἂν ἔλθω καὶ λάβω ὑμᾶς εἰς γῆν (5 *a*)
37. 5. ἦλθον [**S** -οσαν] οἱ παῖδες τοῦ βασ. (5 *a*)
— 29. τῇ ὁδῷ ᾗ ἦλθες ἐν αὐτῇ (5 *a*)
— 34. τῇ ὁδῷ ᾗ ἦλθεν (5 *a*)
38. 1. ἦλθε πρὸς αὐτὸν Ἡσαΐας (5 *a*)
39. 3. ἦλθεν Ἡ. ὁ προφήτης πρὸς τὸν βασ. (5 *a*)
— 6. ἰδοὺ ἡμέραι ἔρχονται (5 *a*)
40. 10. κύριος μετὰ ἰσχύος ἔρχεται (5 *a*)
41. 6 (5). ἦλθον [**A S** -οσαν] ἅμα κρίνων ἕκαστος τῷ πλησίον (4 *a*)
Is. 41. 25. ἐρχέσθωσαν ἄρχοντες (5 *a*)
44. 7. τὰ ἐπερχόμενα πρὸ τοῦ ἐλθεῖν (5 *a*)
47. 13. τί μέλλει ἐπὶ σὲ ἔρχεσθαι (5 *a*)
48. 5. πρὶν ἐλθεῖν ἐπὶ σέ (5 *a*)
49. 12. **A S** οὗτοι πόρρωθεν ἔρχονται [**B** ἥξουσιν] (5 *a*)
— 18. συνήχθησαν καὶ ἦλθοσαν πρὸς σέ (5 *a*)
50. 2. τί ὅτι [**S** διότι] ἦλθον (5 *a*)
63. 4. **B** ἡμέρα γὰρ [**S**^{2} *add.* κυρίου] ἀνταποδόσεως ἦλθεν [**A S R** ἐπῆλ.] αὐτοῖς –
66. 7. πρὶν ἐλθεῖν τὸν πόνον τῶν ὠδίνων (5 *a*)
— 18. ἔρχομαι συναγαγεῖν πάντα τὰ ἔθνη (5 *a*)
Je. 2. 10. ἔλθετε [**A** ἦλ., **S** διέλθατε] εἰς νήσους Χεττιείμ (26)
4. 16. συστροφαὶ ἔρχονται ἐκ γῆς μακρόθεν (5 *a*)
6. 22. λαὸς ἔρχεται ἀπὸ βορρᾶ (5 *a*)
7. 10. ἤλθετε [**A S** -θατε] καὶ ἔστητε ἐνώπιον ἐμοῦ (5 *a*)
— 32. ἡμέραι ἔρχονται (5 *a*)
9. 17 (16). καὶ ἐλθέτωσαν [**A S** -θάτ.] (5 *a*)
— 21 (20). **A** ἦλθεν διὰ τῶν θυρίδων [**B S** *al.*] (5 *a*)
— 25 (24). **A B S**^{2} ἡμέραι ἔρχονται (5 *a*)
10. 22. φωνὴ ἀκοῆς ἰδοὺ ἔρχεται (5)
12. 9. ἐλθέτωσαν [**A S** -θάτ.] τοῦ φαγεῖν [**A** καταφ.] αὐτήν (4 *b*)
— 12. ἐν τῇ ἐρήμῳ ἦλθον [**A** -οσαν] ταλαιπωροῦντες (5 *a*)
13. 20. ἴδε τοὺς ἐρχομένους ἀπὸ βορρᾶ (5 *a*)
14. 3. ἤλθοσαν ἐπὶ τὰ φρέατα (5 *a*)
16. 14. ἰδοὺ ἡμέραι ἔρχονται (5 *a*)
17. 6. οὐκ ὄψεται ὅταν ἔλθῃ τὰ ἀγαθά (5 *a*)
— 8. οὐ φοβηθήσεται ὅταν ἔλθῃ καῦμα (5 *a*)
— 15. ποῦ ἐστιν ὁ λόγος κυρίου; ἐλθάτω (5 *a*)
19. 6. ἰδοὺ ἡμέραι ἔρχονται (5 *a*)
— 14. ἦλθεν Ἱερεμίας ἀπὸ τῆς διαπτώσεως (5 *a*)
22. 8. διελεύσονται [**S**^{1} ἐλ.] ἔθνη διὰ τῆς πόλεως (26)
— 23. ἐν τῷ ἐλθεῖν σοι ὀδύνας [**A** ὠδῖνας] (5 *a*)
23. 5, 7. ἰδοὺ ἡμέραι ἔρχονται (5 *a*)
26 (46). 13. τοῦ ἐλθεῖν τὸν βασιλέα Βαβ. (5 *a*)
— 20. ἀπόσπασμα ἀπὸ βορρᾶ ἦλθεν ἐπ' αὐτήν (5 *a*)
— 21. ἡμέρα ἀπωλείας ἦλθεν ἐπ' αὐτούς [**A** -τοῖς] (5 *a*)
27 (50). 26. ἐληλύθασιν οἱ καιροὶ αὐτῆς (5 *a*)
— 41. λαὸς ἔρχεται ἀπὸ [**A** *add.* γῆς] βορρᾶ (5 *a*)
28 (51). 52. ἡμέραι ἔρχονται [**B**^{1} *om.*] (5 *a*)
— 56. ἦλθεν ἐπὶ Βαβυλῶνα ταλαιπωρία (5 *a*)
— 61. **A B S**^{2} ὅταν ἔλθῃς εἰς Βαβυλῶνα (5 *a*)
29 (47). 4. **A S** ἐν τῇ ἡμέρᾳ τῇ ἐρχομένῃ [**B** ἐπερ.] (5 *a*)
29 (49). 9. τρυγηταὶ ἦλθον (5 *a*)
30 (49). 2. ἰδοὺ ἡμέραι ἔρχονται (5 *a*)
31 (48). 12. ἡμέραι αὐτοῦ ἔρχονται (5 *a*)
— 16. ἐγγὺς ἡμέρα Μωὰβ ἐλθεῖν (5 *a*)
— 21. κρίσις ἔρχεται εἰς τὴν γῆν τοῦ Μεισώρ (5 *a*)
32 (25). 29. **A** ἐγὼ ἔρχομαι [**B S** ἄρ.] κακῶσαι (11)
— 32. κακὰ ἔρχεται ἀπὸ ἔθνους ἐπὶ [**A S** εἰς] ἔθνος (15)
33 (26). 2. πᾶσι τοῖς ἐρχομένοις προσκυνεῖν (5 *a*)
34 (27). 3. ἐν χερσὶν ἀγγέλων αὐ. τῶν ἐρχομ. (5 *a*)
35 (28). 9. ἐλθόντος τοῦ λόγου (5 *a*)
37 (30). 3 : 38 (31). 27. ἡμέραι ἔρχονται, φησὶ κύριος (5 *a*)
38 (31). 31. ἡμέραι ἔρχονται, φησὶ [**A S** λέγει] κύριος (5 *a*)
— 38. ἡμέραι ἔρχονται, φησὶ κύριος (5 *a*, – *)
39 (32). 7. Ἀ. υἱὸς Σαλὼμ ἀδελφοῦ πατρός σου ἔρχεται πρὸς σέ (5 *a*)
— 8. ἦλθε πρὸς μὲ Ἀναμεήλ (5 *a*)
41 (34). 10. **A** πᾶς ὁ λαὸς οἱ ἐλθόντες εἰς τὴν διαθήκην [**B S** *al.*] (5 *a*)
43 (36). 6. ἐν ὠσὶ . . . τῶν ἐρχομένων ἐκ πόλεως αὐ. (5 *a*)
44 (37). 4. Ἱερεμίας ἦλθε καὶ διῆλθε (5 *a*)
— 16. ἦλθεν Ἱερεμίας εἰς οἶκον τοῦ λάκκου (5 *a*)
— 19. οὐ μὴ ἔλθῃ βασιλεὺς Βαβυλῶνος (5 *a*)
45 (38). 18. **S** ἐὰν μὴ ἔλθῃς [**A B** ἐξέλ.] (15)
— 25. ἔλθωσι πρὸς σέ (5 *a*)
— 27. ἤλθοσαν [**A S** -θαν] πάντες οἱ ἄρχοντες πρὸς Ἱερεμίαν (5 *a*)
47 (40). 4. εἰ καλὸν ἐναντίον σου ἐλθεῖν μετ' ἐμοῦ (5 *a*)
— 6. ἦλθε πρὸς Γοδολίαν εἰς Μασσηφά (5 *a*)
— 8. ἦλθε πρὸς Γοδολίαν εἰς Μ. Ἰσμαήλ (5 *a*)
— 10. οἳ ἂν ἔλθωσιν ἐφ' ὑμᾶς (5 *a*)
— 12. ἦλθον πρὸς Γυδολίαν εἰς γῆν Ἰούδα (5 *a*)
Je. 47 (40). 13. ἦλθον [**A** -θαν] πρὸς τὸν Γ. εἰς Μ. (5 *a*)
48 (41). 1. ἦλθεν Ἰσμαήλ (5 *a*)
— 5. ἤλθοσαν ἄνδρες ἀπὸ Συχέμ (5 *a*)
51 (44). 8. **R** εἰς ἣν ἤλθετε [**B** -θατε, **A S** εἰσήλθατε] κατοικεῖν [**A S** ἐνοι.] ἐκεῖ (5 *a*)
52. 4. ἦλθε Ναβουχοδονόσορ (5 *a*)
— 5. ἦλθεν ἡ πόλις εἰς συνοχήν (5 *a*)
— 12. ἦλθε Ναβουζαρδάν (5 *a*)
Ba. 1. 3. ἐν ὠσὶ παντὸς τοῦ λαοῦ τῶν ἐρχομένων πρὸς τὴν βίβλον
2. 7. τὰ κακὰ ταῦτα ἃ ἦλθεν ἐφ' ἡμᾶς
4. 14. ἐλθάτωσαν αἱ πάροικοι Σιών
— 22. ἦλθέ μοι χαρὰ παρὰ τοῦ ἁγίου
— 36. ἴδε τὴν εὐφροσύνην τὴν παρὰ τοῦ θεοῦ σοι ἐρχομένην [**A** ἐπερ.]
— 37. ἔρχονται οἱ υἱοί σου . . . ἔρχονται συνηγμένοι
La. 1. 4. παρὰ τὸ μὴ εἶναι ἐρχομένους ἐν ἑορτῇ (5 *a*)
5. 4. ξύλα ἡμῶν ἐν ἀλλάγματι ἦλθεν [**A** -ον] (5 *a*)
Ez. 1. 4. πνεῦμα ἐξαῖρον ἤρχετο ἀπὸ βορρᾶ (5 *a*)
2. 2 : 3. 24. ἦλθεν ἐπ' ἐμὲ πνεῦμα (5 *a*)
9. 2. ἤρχοντο ἀπὸ τῆς ὁδοῦ τῆς πύλης (5 *a*)
14. 1. ἦλθον πρὸς μὲ . . . ἄνδρες (5 *a*)
— 4, 7. ἔλθῃ πρὸς τὸν προφήτην (5 *a*)
16. 33. τοῦ ἔ. πρὸς σὲ κύκλοθεν (5 *a*)
17. 12. ὅταν ἔλθῃ βασιλεὺς Βαβ. ἐπὶ [**A** εἰς] Ἱερ. (5 *a*)
19. 9. ἦλθε πρὸς βασιλέα Βαβ. [**A** *al.*] (5 *b*)
20. 1. ἦλθον ἄνδρες ἐκ τῶν πρεσβυτέρων οἴκου Ἰσραήλ (5 *a*)
— 3. εἰ [**A** *om.*] ἐπερωτῆσαί με ὑμεῖς ἔρχεσθε (5 *a*)
21. 7 (12). διότι [**A** ὅτι] ἔρχεται . . . ἰδοὺ ἔρχεται (5 *a*, 5 *a*)
— 27 (32). ἕως οὗ ἔλθῃ ᾧ καθήκει (5 *a*)
22. 3. τοῦ ἐλθεῖν [**B**^{1} εἰσελ.] καιρὸν αὐτῆς (5 *a*)
23. 17. ἤλθοσαν [**A** -θον] πρὸς αὐτὴν υἱοὶ Βαβ. (5 *a*)
— 40. τοῖς ἀνδράσι τοῖς ἐρχομένοις μακρόθεν . . . ἅμα τῷ ἔ. αὐτοὺς εὐθὺς ἐλούου (5 *a*, 5 *a*)
24. 24. ὅταν ἔλθῃ ταῦτα (5 *a*)
33. 3. ἴδῃ τὴν ῥομφαίαν ἐρχομ. ἐπὶ τὴν γῆν (5 *a*)
— 4. **A** ἐλθοῦσα ἡ ῥομφαία καταβάλῃ αὐτόν [**B** *al.*] (5 *a*)
— 6. ἐὰν ἴδῃ τὴν ῥομφαίαν ἐρχομένην . . . καὶ ἐλθοῦσα ἡ ῥομφαία λάβῃ ἐξ αὐτῶν ψυχήν (5 *a*, 5 *a*)
— 21. ἦλθεν ὁ ἀνασωθεὶς πρὸς μέ (5 *a*)
— 22. πρὶν ἐλθεῖν αὐτόν [**A** *add.* πρὸς μέ] (5 *a*)
— 22. ὡς [**A B**^{1} ἕως] ἦλθε πρὸς μὲ τὸ πρωΐ (5 *a*)
— 31. ἔρχονται πρὸς σέ (5 *a*)
— 33. ἡνίκα ἐὰν ἔλθῃ (5 *a*)
36. 8. ἐλπίζουσι τοῦ ἐλθεῖν (5 *a*)
37. 9. ἐκ τῶν τεσσάρων πνευμάτων ἐλθέ [**A** *al.*] (5 *a*)
38. 8. ἐπ' ἐσχάτου [**A** -των] ἐτῶν ἐλεύσεται (5 *a*)
— 13. εἰς προνομὴν τοῦ προνομεῦσαι σὺ ἔρχῃ (5 *a*)
— 18. ᾗ ἂν ἔλθῃ Γὼγ ἐπὶ τὴν γῆν Ἰσραήλ (5 *a*)
39. 17. συνάχθητε καὶ ἔρχεσθε (5 *a*)
43. 2. δόξα θεοῦ Ἰσραὴλ ἤρχετο κατὰ τὴν ὁδόν (5 *a*)
47. 8. ἤρχετο ἕως ἐπὶ τὴν θάλασσαν (5 *a*)
— 9. ἐφ' ὃ ἂν ἔλθῃ [**A** ἐπέλ.] ὁ ποταμός (5 *a*)
Da. LXX. Su. 6. ἤρχοντο κρίσεις . . . πρὸς αὐτούς
— 12. ἐρχόμενοι ἔκλεπτον ἀλλήλους σπεύδοντες
— 13. ὁ εἷς τῶν πρεσβυτέρων ἐληλύθει
— 28. ἐλθόντες ἐπὶ τὴν συναγωγὴν τῆς πόλεως
3. 2. ἐλθεῖν εἰς τὸν ἐγκαινισμὸν τῆς εἰκόνος (4 *c*)
— 3. τοῦ ἐλθεῖν εἰς τὸν ἐγκαινισμὸν τῆς εἰκόνος –
4. 32. ὁ χρόνος μου τῆς ἀπολυτρώσεως ἦλθε –
7. 13. ὡς υἱὸς ἀνθρώπου ἤρχετο (4 *c*)
— 22. ἕως τοῦ ἐλθεῖν τὸν παλαιὸν ἡμερῶν (4 *c*)
8. 5. ἰδοὺ τράγος αἰγῶν ἤρχετο (5 *a*)
— 6. καὶ ἦλθεν ἐπὶ τὸν κριόν (5 *a*)
— 17. καὶ ἦλθε (5 *a*)
— 17. ἐν τῷ ἔρχεσθαι αὐτόν (5 *a*)
9. 23. ἐγὼ ἦλθον ὑποδεῖξαί σοι (5 *a*)
10. 14. ἦλθον ὑποδεῖξαί σοι (5 *a*)
— 20. γινώσκεις τί ἦλθον πρὸς σέ (5 *a*)
11. 2. ἦλθον τὴν ἀλήθειαν ὑποδεῖξαί σοι –
Da. TH. Su. 6. ἤρχοντο πρὸς αὐτοὺς πάντες οἱ κρινόμενοι
— 14. ἦλθον ἐπὶ τὸ αὐτό
— 28. ἦλθον οἱ δύο πρεσβῦται [**A** -τεροι]
— 30. καὶ ἦλθεν αὐτή
— 37. καὶ ἦλθε πρὸς αὐτὴν νεανίσκος
1. 1. ἦλθε Ναβ. . . . εἰς Ἱερουσαλήμ (5 *a*)
2. 2. καὶ ἦλθαν [**A** -ον] (5 *a*)
— 24. καὶ ἦλθε Δ. πρὸς Ἀριώχ (29)

Da. TH. 3. 2. ἐλθεῖν εἰς τὰ ἐγκαίνια [A *al.*] (4 *c*)
4. 5. ἕως [A ἕ. οὗ] ἦλθε Δ. (29)
— 33. εἰς τὴν τιμὴν τῆς βασιλείας μου ἦλθον –
6. 19 (20). ἦλθεν ἐπὶ τὸν λάκκον τῶν λεόντων (1)
7. 13. ὡς υἱὸς ἀνθρώπου ἐρχόμενος [A ἐ. ἦν] (4 *c*)
— 22. ἕως οὗ [A *om.*] ἦλθεν ὁ παλαιὸς ἡμερῶν (4 *c*)
8. 5. τράγος αἰγῶν ἤρχετο (5 *a*)
— 6. καὶ ἦλθεν ἕως τοῦ κριοῦ (5 *a*)
— 17. καὶ ἦλθε (5 *a*)
— 17. ἐν τῷ ἐλθεῖν αὐτόν (5 *a*)
9. 13. πάντα τὰ κακὰ ταῦτα ἦλθεν ἐφ' ἡμᾶς (5 *a*)
— 23. ἦλθον τοῦ ἀναγγεῖλαί σοι [A¹ *om.*] (5 *a*)
— 26. σὺν τῷ ἡγουμένῳ τῷ ἐρχομένῳ (5 *a*)
10. 12. ἐγὼ ἦλθον ἐν τοῖς λόγοις σου (5 *a*)
— 13. Μιχαὴλ . . . ἦλθε βοηθῆσαί μοι (5 *a*)
— 14. ἦλθον συνετίσαι σε (5 *a*)
— 20. ἵνα τί ἦλθον πρὸς σέ (5 *a*)
— 20. ὁ ἄρχων τῶν Ἑλλήνων ἤρχετο (5 *a*)
11. 10. καὶ ἐλεύσεται ἐρχόμενος [A *al.*] (5 *a*, 5 *a*)
Bel 10. καὶ ἦλθεν ὁ βασιλεύς
— 12. καὶ ἐλθὼν πρωΐ
— 15. οἱ δὲ ἱερεῖς ἦλθον τὴν νύκτα
— 29. ἐλθόντες πρὸς τὸν βασιλέα
— 40. ὁ δὲ βασιλεὺς ἦλθε
— 40. καὶ ἦλθεν ἐπὶ τὸν λάκκον
I Ma. 1. 29. καὶ ἦλθεν εἰς Ἱερ.
2. 15. ἦλθον οἱ παρὰ τοῦ βασιλέως [S¹ *al.*]
— 41. A R ὃς ἐὰν ἔλθῃ πρὸς [S ἐφ'] ἡμᾶς
3. 17. S² R ὡς δὲ ἴδον [A -αν, S¹ -εν] τὴν παρεμβολὴν ἐρχομένην
— 20. A R αὐτοὶ ἔρχονται πρὸς [S ἐφ'] ἡμᾶς
— 39. τοῦ ἐλθεῖν εἰς [S¹ *om.*] γῆν Ἰούδα
— 40. καὶ ἦλθον
— 41. ἦλθον [S¹ -εν] εἰς τὴν παρεμβολήν
— 46. καὶ ἦλθοσαν εἰς Μασσηφά
4. 5. ἦλθε Γοργίας εἰς τὴν παρεμβολὴν Ἰούδα
— 12. S R ἴδον αὐτοὺς ἐρχομένους [A ἐχ.] ἐξ ἐναντίας
— 28. A S ἐν τῷ ἐρχομένῳ [R ἐχομ.] ἐνιαυτῷ
— 29. A R ἦλθον [S -εν] εἰς τὴν Ἰ.
5. 11. καὶ ἑτοιμάζονται [A¹ -τες] ἐλθεῖν
— 12. ἐλθὼν ἐξελοῦ ἡμᾶς
— 39. ἕτοιμοι τοῦ ἐλθεῖν ἐπὶ σὲ εἰς πόλεμον
— 42. ἐρχέσθωσαν πάντες εἰς τὸν πόλεμον
— 45. ἐλθεῖν εἰς γῆν Ἰούδα
— 46. ἦλθον ἕως Ἐφρών
— 53. A S ἦλθεν [R -ον] εἰς γῆν Ἰούδα
6. 3. καὶ ἦλθε καὶ ἐζήτει
— 5. καὶ ἦλθεν ἀπαγγέλλων τις
— 11. A R ἕως τίνος θλίψεως ἦλθον [S -θα]
— 29. ἦλθον πρὸς αὐτόν
— 31. A R καὶ ἦλθοσαν [S -θον] διὰ τῆς Ἰ.
— 40. ἤρχοντο ἀσφαλῶς καὶ τεταγμένως
7. 5. ἦλθον πρὸς αὐτὸν πάντες ἄνδρες ἄνομοι
— 10. S R ἦλθον [A -εν] μετὰ δυνάμεως πολλῆς
— 11. A R ἦλθον [S -αν] μετὰ δυνάμεως πολλῆς
— 14. ἄνθρωπος ἱερεὺς . . . ἦλθεν ἐν ταῖς δυνάμεσι
— 27. ἦλθε Νικάνωρ εἰς Ἱερ.
— 29. ἦλθε πρὸς Ἰούδαν
— 30. μετὰ δόλου ἦλθεν ἐπ' αὐτόν
— 45. ἕως τοῦ ἐλθεῖν εἰς Γ.
8. 9. ἐβουλεύσαντο ἐλθεῖν καὶ ἐξᾶραι αὐτούς
9. 34. καὶ ἦλθεν αὐτός
— 43. καὶ ἦλθε τῇ ἡμέρᾳ τῶν σαββάτων
— 60. τοῦ ἐλθεῖν μετὰ δυνάμεως πολλῆς
— 64. ἐλθὼν παρενέβαλεν ἐπὶ B.
— 65. A S ἦλθεν [R ἐξῆλθεν ἐν] ἀριθμῷ
— 69. ἐλθεῖν εἰς τὴν χώραν
— 72. οὐ προσέθετο ἔτι ἐλθεῖν εἰς τὰ ὅρια αὐτῶν
10. 7. καὶ ἦλθεν Ἰωνάθαν
— 57. A S καὶ ἦλθεν [R εἰσῆλθον] εἰς Πτολ.
— 59. ἐλθεῖν εἰς συνάντησιν αὐτῷ
— 67. ἦλθε Δ. . . . ἐκ Κρήτης
11. 15. ἦλθεν [S¹ -ον] ἐπ' αὐτόν
— 22. ἦλθεν εἰς Πτολεμαΐδα
— 44. A R ἦλθοσαν [S -θον] πρὸς τὸν βασιλέα
— 60. καὶ ἦλθεν εἰς Ἀσκάλωνα
12. 32. καὶ ἀναζεύξας ἦλθεν εἰς Δαμασκόν
— 40. ἀπάρας ἦλθεν εἰς B.
— 41. καὶ ἦλθεν εἰς B.
— 42. S ἦλθεν [A R πάρεστιν] Ἰων. μετὰ δυνάμεως πολλῆς
— 51. καὶ ἦλθον πάντες . . . εἰς γῆν Ἰούδα
13. 1. τοῦ ἐλθεῖν εἰς γῆν Ἰούδα
— 12. S ἐλθεῖν [A R εἰσελ.] εἰς γῆν Ἰούδα

I Ma. 13. 20. μετὰ ταῦτα ἦλθε Τρύφων
— 21. τοῦ ἐλθεῖν πρὸς αὐτοὺς διὰ τῆς ἐρήμου
— 22. ἡτοίμασε Τρ. πᾶσαν τὴν ἵππον αὐτοῦ ἐλθεῖν
— 22. οὐκ ἦλθε διὰ τὴν χιόνα
— 22. ἦλθεν εἰς τὴν Γαλααδῖτιν
14. 2. ἦλθε [S¹ εἰσῆλ.] Δ. εἰς τὰ ὅρια αὐτοῦ
— 22. A R ἤλθοσαν [S -ον] πρὸς ἡμᾶς
15. 10. S¹ ἦλθεν [A S² R ἐξῆλ.] Ἀντίοχος
— 11. καὶ ἦλθεν εἰς Δωρᾶ
— 15. καὶ ἦλθε Νουμήνιος
— 17. S R ἦλθον [A -αν] πρὸς ἡμᾶς
— 32. καὶ ἦλθεν Ἀθηνόβιος
16. 9. ἕως ἦλθεν [A ἐλθεῖν] εἰς Κεδρών
— 22. τοὺς ἄνδρας τοὺς ἐλθόντας ἀπολέσαι αὐτόν
II Ma. 2. 5. καὶ ἐλθὼν ὁ Ἱερ.
3. 5. ἦλθε πρὸς Ἀπολλώνιον
— 18. εἰς καταφρόνησιν ἔρχεσθαι τὸν τόπον
5. 26. A τοὺς ἐλθόντας [R ἐξελ.] πάντας ἐπὶ τὴν θεωρίαν
6. 28. ἐπὶ τὸ τύμπανον εὐθέως ἦλθε
8. 6. πόλεις δὲ . . . ἀπροσδοκήτως ἐρχόμενος ἐνεπίμπρα
— 8. εἰς προκοπὴν ἐρχόμενον τὸν ἄνδρα
— 18. καὶ τοὺς ἐρχομένους ἐφ' ἡμᾶς
— 20. ἐπὶ τὴν χρείαν ἦλθον ὀκτακισχίλιοι
9. 11. εἰς ἐπίγνωσιν ἔρχεσθαι
12. 39. ἦλθον οἱ περὶ τὸν Ἰούδαν
13. 9. ὁ βασιλεὺς βεβαρβαρωμένος ἤρχετο
— 24. ἦλθεν εἰς Πτολεμαΐδα
14. 4. A ἦλθεν [R ἧκε] πρὸς τὸν βασιλέα Δ.
— 7. R δεῦρο [A δεύτερον] νῦν ἐλήλυθα
— 44. ἦλθε κατὰ μέσον τὸν κενεῶνα
III Ma. 2. 10. ἐλθόντες εἰς τὸν τόπον τοῦτον
— 24. εἰς μετάμελον ἦλθεν ἐπιτιμηθείς
5. 2. A ὑπὸ τὴν ἐρχομένην [R ἐπερχ.] ἡμέραν
IV Ma. 3. 8. ἐπὶ τὴν βασίλειον σκηνὴν ἦλθε

[**Aq.** GE. 30. 11 : 49. 10 : EX. 18. 5 : II KI. 10. 16 : 12. 4 : 23. 19 : III KI. 12. 3 : 14. 3 : IV KI. 7. 5 : 10. 12 : 16. 11, 12 : JB. 1. 14, 16 : 3. 24 : 14. 14 : 29. 13 : Ps. 40 (41). 7 : 41 (42). 5 : 48 (49). 20 : 78 (79). 1 : 117 (118). 26 : PR. 6. 11 : 18. 3 *bis* : EC. 8. 10 : IS. 19. 1 : 27. 6, 11 : 30. 27 : 32. 10 : 41. 3 : 50. 2 : 55. 1 : 56. 1 : 57. 2 : 59. 19, 20 : 60. 1 : JE. 40 (47). 4 : 50 (27). 26 : EZ. 7. 6 *bis* : 37. 9 : DA. 9. 26 : HB. 2. 3 *bis*.]

[**Sm.** GE. 30. 11, 38 *bis* : 33. 1 : EX. 18. 5 : II KI. 3. 29 : 5. 23 : 12. 4 : 23. 19 : IV KI. 4. 39 : 16. 11, 12 : JB. 2. 11 : 14. 14 : 30. 26 : Ps. 42 (43). 4 : 47 (48). 5 : 48 (49). 20 : 65 (66). 5 : 67 (68). 32 : 70 (71). 16 : 78 (79). 1 : 104 (105). 18 : 117 (118). 26 : PR. 18. 3 *bis* : EC. 11. 8 : 12. 1 : CA. 2. 8 : IS. 27. 6, 11 : 30. 27 : 32. 10 : 41. 3 : 50. 2 : 55. 1 : 56. 1 : 66. 7 : JE. 9. 17 (16) : 33 (40). 5 : 40 (47). 4 : 46 (26). 22.]

[**Th.** GE. 49. 10 : JD. 13. 12 : 18. 19 : II KI. 12. 4 : III KI. 21 (20). 13 : IV KI. 7. 5 : JB. 1. 16 : 14. 14 : 29. 13 : Ps. 48 (49). 20 : 78 (79). 1 : 117 (118). 26 : PR. 18. 3 *bis* : IS. 27. 6, 11 : 30. 27 : 50. 2 : 55. 1 : 56. 1 : JE. 33 (40). 5, 14 : 37 (44). 16 : EZ. 24. 16 : DA. 2. 24 : 4. 5† : 9. 26 : 11. 10 *bis*.]

[**Al.** GE. 43. 23 : JB. 18. 11 : Ps. 121 (122). 1 : PR. 29. 13 : EC. 5. 9 : JE. 37 (44). 16.]

[**Quint.** IV KI. 16. 11, 12 : Ps. 117 (118). 26.]

[**Sext.** Ps. 78 (79). 1 : 117 (118). 26.]

[**Heb.** EZ. 16. 7 : 20. 47 (21. 3).]

ἐρωδιός (ἀρωδιός). (1) חֲסִידָה (2) כּוֹס

Le. 11. 19. ταῦτα ἃ βδελύξεσθε . . . ἐ. (1)
De. 14. 16. ταῦτα οὐ φάγεσθε . . . ἐρωδιόν (2 ?)
Ps. 103 (104). 17. τοῦ ἐ. [A ἀρωδιοῦ] ἡ οἰκία ἡγεῖται αὐτῶν (1)

[**Aq.** JB. 39. 13 : Ps. 103 (104). 17 : JE. 8. 7 : ZA. 5. 9.]

[**Sm., Th.** ZA. 5. 9.]

ἔρως. (1) אַהַב (pl.) (2) ἔ. γυναικός עֹצֶר רַחַם

Pr. 7. 18. ἐγκυλισθῶμεν ἔρωτι (1)
24. 51 (30. 16). ᾅδης καὶ ἔρως γυναικός (2 ?)

ἐρωτᾶν. (1) אָמַר (2) חָקַר (3) שָׁאַל, שְׁאֵל
a. qal. *b.* pi. *c.* שְׁאֵל

Ge. 24. 47. καὶ ἠρώτησα αὐτὴν καὶ εἶπα (3 *a*)
— 57. R καὶ ἐρωτήσωμεν [A ἐπερ.] τὸ στόμα αὐτῆς (3 *a*)

Ge. 32. 17 (18). καὶ ἐρωτᾷ σε λέγων, Τίνος εἶ (3 *a*)
— 29 (30). ἠρώτησε δὲ Ἰακὼβ καὶ εἶπεν (3 *a*)
— 29 (30). A ἵνα τί [R *add.* τοῦτο] σὺ ἐρωτᾷς τὸ ὄν. μου (3 *a*)
37. 15. ἠρώτησε δὲ αὐτὸν ὁ ἄνθρωπος (3 *a*)
40. 7. καὶ ἠρώτα τοὺς εὐνούχους Φ. (3 *a*)
43. 7. ἐρωτῶν ἐπηρώτησεν ἡμᾶς ὁ ἄνθρωπος (3 *a*)
— 27. ἠρώτησε δὲ αὐτούς, Πῶς ἔχετε (3 *a*)
44. 19. κύριε, σὺ ἠρώτησας τοὺς παῖδας (3 *a*)
Ex. 3. 13. ἐρωτήσουσί με, Τί ὄνομα αὐτῷ (1)
13. 14. ἐὰν δὲ ἐρωτήσῃ σε ὁ υἱός σου (3 *a*)
De. 6. 20. ὅταν ἐρωτήσῃ σε ὁ υἱός σου (3 *a*)
13. 14 (15). καὶ ἐρωτήσεις (2)
Jo. 4. 6. ὅταν ἐρωτᾷ σε ὁ υἱός σου (3 *a*)
— 21. ὅταν ἐρωτῶσιν ὑμᾶς οἱ υἱοὶ ὑμῶν (3 *a*)
Jd. 4. 20. καὶ ἐρωτήσῃ σε (3 *a*)
13. 6. οὐκ ἠρώτησα αὐτόν (3 *a*)
— 18. εἰς τί [A ἵνα τί] τοῦτο ἐρωτᾷς τὸ ὄνομά μου (3 *a*)
18. 5. A B ἐρώτησον [R ἐπερ.] δὴ ἐν τῷ θεῷ (3 *a*)
— 15. B ἠρώτησαν αὐτὸν εἰς εἰρήνην [A *al.*] (3 *a*)
20. 18. καὶ ἠρώτησαν [A ἐπηρ.] ἐν τῷ θεῷ (3 *a*)
— 23. καὶ ἠρώτησαν [A ἐπηρ.] ἐν κυρίῳ (3 *a*)
I Ki. 10. 4. ἐρωτήσουσί σε τὰ εἰς εἰρήνην (3 *a*)
17. 22. A ἠρώτησεν τοὺς ἀδ. αὐ. εἰς εἰρήνην (3 *a*)
19. 22. καὶ ἠρώτησε (3 *a*)
22. 10. ἠρώτα αὐτῷ διὰ τοῦ θεοῦ (3 *a*)
— 13. καὶ ἐρωτᾶν αὐτῷ [A ἐπερ. αὐτὸν] διὰ τοῦ θεοῦ (3 *a*)
— 15. ἐρωτᾶν αὐτῷ διὰ τοῦ θεοῦ (3 *a*)
23. 4. A B ἐρωτῆσαι [R ἐπερ.] διὰ τοῦ κυρίου (3 *a*)
25. 5. ἐρωτήσατε αὐτὸν . . . εἰς εἰρήνην (3 *a*)
— 8. ἐρώτησον τὰ παιδάριά σου [A *om.*] (3 *a*)
30. 21. ἠρώτησεν αὐτὸν τὰ εἰς εἰρήνην [A αὐ. εἰρ.] (3 *a*)
II Ki. 5. 19. ἠρώτησε Δ. διὰ κυρίου (3 *a*)
8. 10. ἐρωτῆσαι αὐτὸν τὰ εἰς εἰρήνην (3 *a*)
20. 18. ἠρωτημένος ἠρωτήθη [A -θην] ἐν τῇ Ἀ. (3 *a*, 3 *b*)
— 18. A R ἐρωτῶντες [B ἐρῶντες] ἐπερωτήσουσιν (3 *a*)
III Ki. 12. 24. R ἐρωτῆσαι περὶ [B ἐπερ. ὑπὲρ] τοῦ παιδαρίου
I Ch. 10. 14. A καθότι οὐκ ἠρώτησεν ἐν κυρίῳ –
14. 10. B S καὶ ἠρώτησε [A² R ἐπηρ.] Δ. διὰ τοῦ θεοῦ (3 *a*)
— 14. καὶ ἠρώτησε Δ. ἔτι ἐν θεῷ (3 *a*)
18. 10. τοῦ ἐρωτῆσαι αὐτὸν τὰ εἰς εἰρήνην (3 *a*)
II Es. 5. 9. ἠρωτήσαμεν τοὺς πρεσβυτέρους ἐκείνους (3 *c*)
— 10. τὰ ὀνόματα αὐτῶν ἠρωτήσαμεν αὐτούς (3 *c*)
Ne. 1. 2. καὶ ἠρώτησα αὐτούς (3 *a*)
To. 6. 6. S ἠρώτησεν τὸ παιδάριον τὸν ἄγγελον [A B *al.*]
7. 3. καὶ ἠρώτησεν αὐτοὺς Ῥ.
Jb. 12. 7. ἐρώτησον [A ἐπερ.] τετράποδα (3 *a*)
21. 29. ἐρωτήσατε παραπορευομένους ὁδόν (3 *a*)
38. 3. A S R ἐρωτήσω δέ σε [B *om.*] (3 *a*)
40. 2 (7). ἐρωτήσω δέ σε (3 *a*)
42. 4. A S R ἐρωτήσω δέ σε [B *om.*] (3 *a*)
Ps. 34 (35). 11. A S ἃ οὐκ ἐγίνωσκον ἠρώτων [B ἐπηρ.] με (3 *a*)
121 (122). 6. ἐρωτήσατε δὴ τὰ εἰς εἰρήνην τὴν Ἱερουσαλήμ (3 *a*)
136 (137). 3. ἐκεῖ ἐπηρώτησαν [S¹ ἠρ.] ἡμᾶς (3 *a*)
Is. 41. 28. ἐὰν ἐρωτήσω αὐτούς, Πόθεν ἐστέ (3 *a*)
45. 11. ἐρωτήσατέ με περὶ τῶν υἱῶν μου (3 *a*)
Je. 6. 16. ἐρωτήσατε τρίβους κυρίου αἰωνίους (3 *a*)
18. 13. ἐρωτήσατε δὴ ἐν ἔθνεσι (3 *a*)
23. 33. ἐὰν ἐρωτήσωσίν [S ἐπερωτήσουσίν] σε ὁ λαὸς οὗτος (3 *a*)
27 (50). 5. ἐρωτήσουσι τὴν ὁδόν (3 *a*)
31 (48). 19. ἐρώτησον φεύγοντα καὶ σωζόμενον (3 *a*)
37 (30). 6. ἐρωτήσατε καὶ ἴδετε (3 *a*)
43 (36). 17. τὸν Βαρούχ ἠρώτησαν (3 *a*)
44 (37). 17. ἠρώτα αὐτὸν ὁ βασ. κρυφαίως εἰπεῖν [A S *al.*]
45 (38). 14. ἐρωτήσω σε λόγον (3 *a*)
— 27. ἠρώτησαν αὐτόν (3 *a*)
Da. LXX. 2. 10. καθάπερ σὺ ἐρωτᾷς –
Da. TH. 2. 27. B ὃ ὁ βασιλεὺς ἐρωτᾷ [A R ἐπερ.] (3 *c*)
I Ma. 10. 72. ἐρώτησον καὶ μάθε
II Ma. 7. 2. τί [A *om.*] μέλλεις ἐρωτᾶν

[**Aq.** JE. 15. 5 : 38 (45). 14.]

[**Sm., Th.** JE. 15. 5.]

ἐρώτημα.
Si. 36 (33). 3. ὁ νόμος αὐτῷ πιστὸς ὡς ἐρώτημα [S ἐπερ.] δικαίων [A S δήλων]

ἐσβεί.
Je. 26 (46). 17. σαὼν ἐ. ἐμωήδ †

ἐσεφείμ.
1 Ch. 26. 18. A B καὶ ἐ. [R -ὶμ] δύο –

ἐσεφείν. (1) אֲסֻפִּים
1 Ch. 26. 15. B κατέναντι οἴκου ἐ. [R -φίμ, A ἀσαφείν] (1)
— 17. B καὶ εἰς τὸ [R τὸν] ἐ. [R -φίμ, A ἀσαφείν] (1)

ἐσεφίμ. (1) אֲסֻפִּים
1 Ch. 26. 15. R κατέναντι οἴκου ἐ. [B -φείν, A ἀσαφείν] (1)
— 17. R καὶ εἰς τὸ [R τὸν] ἐ. [B -φείν, A ἀσαφείν] (1)
— 18. R καὶ ἐ. [A B -φεὶμ] δύο –

ἔσθειν, ἐσθίειν (*incl.* **ἔδεσθαι** *et* **φαγεῖν**).
(1) אָכַל *a.* qal. *b.* ni. *c.* hi. *d.* אֲכַל *e.* אָכְלָה *f.* מַאֲכָל (2) בָּרָה (3) יָנַק
● (4) נָפַל (5) נָשָׂא (6) סָעַד לֵב (7) שָׁמֵן
Ge. 2. 16. ἀπὸ παντὸς ξύλου τοῦ ἐν τῷ π. βρώσει φάγῃ (1 *a*)
— 17. οὐ φάγεσθε ἀπ' αὐτοῦ (1 *a*)
— 17. A ᾗ δ' ἂν ἡμέρᾳ φάγησθε [R -ητε] ἀπ' αὐτοῦ (1 *a*)
3. 1. οὐ μὴ φάγητε ἀπὸ παντὸς ξύλου τοῦ παραδείσου (1 *a*)
— 2. A ἀπὸ παντὸς ξύλου τοῦ παραδείσου φαγόμεθα [R *al.*] (1 *a*)
— 3. οὐ φάγεσθε ἀπ' αὐτοῦ (1 *a*)
— 5. A ἐν [R *om.*] ᾗ ἂν ἡμέρᾳ φάγησθε [R φάγητε] ἀπ' αὐτοῦ (1 *a*)
— 6. A λαβοῦσα [R *add.* ἀπὸ] τοῦ καρποῦ αὐτοῦ ἔφαγε (1 *a*)
— 6. καὶ ἔδωκε καὶ τῷ ἀνδρὶ . . . καὶ ἔφαγον (1 *a*)
— 11. εἰ μὴ ἀπὸ τοῦ ξύλου οὗ ἐνετειλάμην σοι τούτου μόνου μὴ φαγεῖν ἀπ' αὐτοῦ ἔφαγες (1 *a*, 1 *a*)
— 12. καὶ ἔφαγον (1 *a*)
— 13. ὁ ὄφις ἠπάτησέ με καὶ ἔφαγον (1 *a*)
— 14. καὶ γῆν φάγῃ πάσας τὰς ἡμέρας τῆς ζωῆς σου (1 *a*)
— 17. καὶ ἔφαγες ἀπὸ τοῦ ξύλου οὗ ἐνετειλάμην σοι τούτου μόνου μὴ φαγεῖν ἀπ' αὐτοῦ ἔφαγες (1 *a*, 1 *a*, –)
— 17. ἐν λύπαις φάγῃ αὐτήν (1 *a*)
— 18. καὶ φάγῃ τὸν χόρτον τοῦ ἀγροῦ (1 *a*)
— 19. ἐν ἱδρῶτι τοῦ προσώπου σου φάγῃ τὸν ἄρτον σου (1 *a*)
— 22. μή ποτε . . . λάβῃ . . . καὶ φάγῃ (1 *a*)
6. 21. ἀπὸ πάντων τῶν βρωμάτων ἃ ἔδεσθε (1 *b*)
— 21. καὶ ἔσται σοὶ καὶ ἐκείνοις φαγεῖν (1 *e*)
9. 4. πλὴν κρέας ἐν αἵματι ψυχῆς οὐ φάγεσθε (1 *a*)
14. 24. πλὴν ὧν ἔφαγον οἱ νεανίσκοι (1 *a*)
18. 5. λήψομαι ἄρτον καὶ φάγεσθε (6)
— 8. A καὶ ἐφάγοσαν [R ἔφαγον] (1 *a* ?)
19. 3. καὶ ἀζύμους ἔπεψεν αὐτοῖς καὶ ἔφαγον (1 *a*)
24. 33. καὶ παρέθηκεν αὐτοῖς ἄρτους φαγεῖν (1 *a*)
— 33. οὐ μὴ φάγω ἕως τοῦ λαλῆσαί με τὰ ῥήματά μου (1 *a*)
— 54. καὶ ἔφαγον καὶ ἔπιον (1 *a*)
25. 34. καὶ ἔφαγε καὶ ἔπιε (1 *a*)
26. 30. καὶ ἔφαγον καὶ ἔπιον (1 *a*)
27. 4. καὶ ἐνεγκόν μοι ἵνα φάγω (1 *a*)
— 7. ἵνα φαγὼν εὐλογήσω σε ἐναντίον κυρίου (1 *a*)
— 10. καὶ εἰσοίσεις τῷ πατρί σου καὶ φάγεται (1 *a*)
— 19. A φάγε [R *add.* ἀπὸ] τῆς θήρας μου (1 *a*)
— 25. φάγομαι ἀπὸ τῆς θήρας σου (1 *a*)
— 25. καὶ προσήνεγκεν αὐτῷ καὶ ἔφαγε (1 *a*)
— 31. A φαγέτω [R *add.* ἀπὸ] τῆς θήρας (1 *a*)
— 33. ἔφαγον ἀπὸ πάντων (1 *a*)
28. 20. καὶ δῷ μοι ἄρτον φαγεῖν (1 *a*)
31. 46. A καὶ ἔφαγον καὶ ἔπιον [Rom. κ. ἐ.] ἐκεῖ (1 *a*)
— 54. καὶ ἔφαγον καὶ ἔπιον (1 *a*)
32. 32 (33). οὐ μὴ φάγωσιν οἱ υἱοὶ Ἰσ. τὸ νεῦρον (1 *a*)
37. 25. ἐκάθισαν δὲ φαγεῖν ἄρτον (1 *a*)
39. 6. πλὴν τοῦ ἄρτου οὗ ἤσθιεν αὐτός (1 *a*)
40. 17. ὧν ὁ βασιλεὺς Φ. ἐσθίει (1 *f*)

Ge. 40. 19. φάγεται τὰ ὄρνεα τοῦ οὐρανοῦ τὰς σάρκας σου ἀπὸ σοῦ (1 *a*)
43. 16. μετ' ἐμοῦ γὰρ φάγονται οἱ ἄνθρωποι ἄρτους (1 *a*)
45. 18. καὶ φάγεσθε τὸν μυελὸν τῆς γῆς (1 *a*)
47. 22. καὶ ἤσθιον τὴν δόσιν (1 *a*)
49. 27. τὸ πρωϊνὸν ἔδεται ἔτι (1 *a*)
Ex. 2. 20. ὅπως φάγῃ ἄρτον (1 *a*)
12. 7. ἐν οἷς ἐὰν φάγωσιν αὐτὰ ἐν αὐτοῖς (1 *a*)
— 8. φάγονται τὰ κρέα τῇ νυκτὶ ταύτῃ (1 *a*)
— 8. καὶ ἄζυμα ἐπὶ πικρίδων ἔδονται (1 *a*)
— 9. οὐκ ἔδεσθε ἀπ' αὐτῶν ὠμόν (1 *a*)
— 11. οὕτω δὲ φάγεσθε αὐτό (1 *a*)
— 11. καὶ ἔδεσθε αὐτὸ μετὰ σπουδῆς (1 *a*)
— 15. ἑπτὰ ἡμέρας ἄζυμα ἔδεσθε (1 *a*)
▶ — 18. ἔδεσθε ἄζυμα ἕως ἡμέρας μιᾶς καὶ εἰκάδος (1 *a*)
— 19. πᾶς ὃς ἂν φάγῃ ζυμωτόν (1 *a*)
— 20. πᾶν ζυμωτὸν οὐκ ἔδεσθε ἐν παντὶ δὲ κατοικητηρίῳ ἔδεσθε ἄζυμα (1 *a*, 1 *a*)
— 43. πᾶς ἀλλογενὴς οὐκ ἔδεται ἀπ' αὐτοῦ (1 *a*)
— 44. καὶ τότε φάγεται ἀπ' αὐτοῦ (1 *a*)
— 45. πάροικος ἢ μισθωτὸς οὐκ ἔδεται ἀπ' αὐτοῦ (1 *a*)
— 48. πᾶς ἀπερίτμητος οὐκ ἔδεται ἀπ' αὐτοῦ (1 *a*)
13. 6. ἓξ ἡμέρας ἔδεσθε ἄζυμα (1 *a*)
— 7. ἄζυμα ἔδεσθε ἑπτὰ ἡμέρας (1 *b*)
16. 3. καὶ ἠσθίομεν ἄρτους εἰς πλησμονήν (1 *a*)
— 8. ἐν τῷ διδόναι κύριον ὑμῖν ἑσπέρας κρέα φαγεῖν (1 *a*)
— 12. τὸ πρὸς ἑσπέραν ἔδεσθε κρέα (1 *a*)
— 15. ὃν ἔδωκε κύριος ὑμῖν φαγεῖν (1 *e*)
— 25. φάγετε σήμερον (1 *a*)
— 32. ὃν ἐφάγετε ὑμεῖς ἐν τῇ ἐρήμῳ (1 *c*)
— 35. οἱ δὲ υἱοὶ Ἰσ. ἔφαγον τὸ μάν (1 *a*)
— 35. ἐφάγοσαν [A ἔφαγον] τὸ μάν (1 *a*)
18. 12. A φαγεῖν [B συμφαγεῖν] ἄρτον . . . ἐναντίον τοῦ θεοῦ (1 *a*)
22. 31 (30). κρέας θηριάλωτον οὐκ ἔδεσθε (1 *a*)
23. 11. καὶ ἔδονται οἱ πτωχοὶ τοῦ ἔθνους σου (1 *a*)
— 11. τὰ δὲ ὑπολειπόμενα ἔδεται τὰ ἄγρια θηρία (1 *a*)
— 15. ἑπτὰ ἡμέρας ἔδεσθε ἄζυμα (1 *a*)
24. 11. καὶ ἔφαγον καὶ ἔπιον (1 *a*)
29. 32. ἔδονται Ἀ. καὶ οἱ υἱοὶ αὐ. τὰ κρέα τοῦ κρ. (1 *a*)
— 33. ἔδονται αὐτὰ ἐν οἷς ἡγιάσθησαν ἐν αὐτοῖς (1 *a*)
— 33. καὶ ἀλλογενὴς οὐκ ἔδεται ἀπ' αὐτῶν (1 *a*)
32. 6. καὶ ἐκάθισεν ὁ λαὸς φαγεῖν καὶ πιεῖν (1 *a*)
34. 15. R καὶ φάγῃς τῶν [A *add.* θυσιῶν, B *add.* θυμιαμάτων] αὐτῶν (1 *a*)
— 18. ἑπτὰ ἡμέρας φάγῃ ἄζυμα (1 *a*)
— 28. ἄρτον οὐκ ἔφαγε καὶ ὕδωρ οὐκ ἔπιε (1 *a*)
Le. 3. 17. πᾶν στέαρ καὶ πᾶν αἷμα οὐκ ἔδεσθε (1 *a*)
6. 16 (9). ἔδεται Ἀαρὼν καὶ οἱ υἱοὶ αὐτοῦ (1 *a*)
— 16 (9). ἐν αὐλῇ τῆς σκηνῆς τοῦ μαρτ. ἔδονται αὐτήν (1 *a*)
— 18 (11). πᾶν ἀρσενικὸν τῶν ἱερέων ἔδονται αὐτήν (1 *a*)
— 26 (19). ὁ ἱερεὺς ὁ ἀναφέρων αὐτὴν ἔδεται αὐτήν (1 *a*)
— 29 (22). πᾶς ἄρσην ἐν τοῖς ἱερεῦσι φάγεται αὐτά (1 *a*)
— 36 (7. 6). πᾶς ἄρσην ἐκ τῶν ἱερέων ἔδεται αὐτὰ ἐν τόπῳ ἁγίῳ ἔδονται αὐτά (1 *a*, 1 *b*)
7. 8 (18). ἐὰν δὲ φαγὼν φάγῃ ἀπὸ τῶν κρεῶν (1 *b*, 1 *b*)
— 8 (18). ἡ δὲ ψυχὴ ἥτις ἐὰν φάγῃ ἀπ' αὐτοῦ (1 *a*)
— 9 (19). πᾶς καθαρὸς φάγεται κρέα (1 *a*)
— 10 (20). ἡ δὲ ψυχὴ ἥτις ἐὰν φάγῃ ἀπὸ τῶν κρεῶν (1 *a*)
— 11 (21). καὶ φάγῃ ἀπὸ τῶν κρεῶν τῆς θυσίας (1 *a*)
— 13 (23). πᾶν στέαρ βοῶν . . . οὐκ ἔδεσθε (1 *a*)
— 14 (24). A εἰς βρῶσιν οὐ φάγεται [B βρωθήσεται] (1 *a*)
— 15 (25). πᾶς ὁ ἔσθων στέαρ ἀπὸ τῶν κτηνῶν (1 *a*)
— 16 (26). πᾶν αἷμα οὐκ ἔδεσθε (1 *a*)
— 17 (27). πᾶσα ψυχὴ ἣ ἂν φάγῃ αἷμα ἀπολεῖται (1 *a*)
8. 31. ἐκεῖ φάγεσθε αὐτά (1 *a*)
— 31. Ἀ. καὶ οἱ υἱοὶ αὐτοῦ φάγονται ταῦτα (1 *a*)
10. 12. φάγεσθε ἄζυμα παρὰ τὸ θυσιαστήριον [A τοῦ θ.] (1 *a*)
— 13. A B² R φάγεσθε [B¹ ἄγ.] αὐτὴν ἐν τόπῳ ἁγίῳ (1 *a*)
— 14. τὸν βραχίονα τοῦ ἀφ. φάγεσθε ἐν τόπῳ ἁγίῳ (1 *a*)

Le. 10. 17. διὰ τί οὐκ ἐφάγετε τὸ περὶ τῆς ἁμ. ἐν τόπῳ ἁγ. (1 *a*)
— 17. τοῦτο ἔδωκεν ὑμῖν φαγεῖν –
— 18. φάγεσθε αὐτὸ ἐν τόπῳ ἁγίῳ (1 *a*)
— 19. φάγομαι τὰ περὶ τῆς ἁμαρτίας σήμερον (1 *a*)
11. 2. ταῦτα τὰ κτήνη ἃ φάγεσθε (1 *a*)
— 3. ταῦτα φάγεσθε (1 *a*)
— 4. B πλὴν ἀπὸ τούτων οὐ φάγεσθε (1 *a*)
— 8. ἀπὸ τῶν κρεῶν αὐτῶν οὐ φάγεσθε (1 *a*)
— 9. ταῦτα φάγεσθε ἀπὸ πάντων (1 *a*)
— 9. ταῦτα φάγεσθε (1 *a*)
— 11. ἀπὸ τῶν κρεῶν αὐτῶν οὐκ ἔδεσθε (1 *a*)
— 21. ταῦτα φάγεσθε ἀπὸ τῶν ἑρπετῶν τῶν πετεινῶν (1 *a*)
— 22. ταῦτα φάγεσθε ἀπ' αὐτῶν (1 *a*)
— 34. πᾶν βρῶμα ὃ ἔσθεται (1 *b*)
— 39. τῶν κτηνῶν ὅ ἐστιν ὑμῖν φαγεῖν τοῦτο (1 *e*)
— 40. ὁ ἐσθίων ἀπὸ τῶν θνησιμαίων τούτων (1 *a*)
— 42. οὐ φάγεσθε αὐτό (1 *a*)
— 47. ἀνὰ μέσον τῶν ζωογονούντων τὰ ἐσθιόμενα καὶ ἀνὰ μέσον τῶν ζ. τὰ μὴ ἐσθιόμενα (1 *b*, 1 *b*)
14. 47. ὁ ἔσθων ἐν τῇ οἰκίᾳ (1 *a*)
17. 10. ὃς ἂν φάγῃ πᾶν αἷμα (1 *a*)
— 10. ἐπὶ τὴν ψυχὴν τὴν ἔσθουσαν τὸ αἷμα (1 *a*)
— 12. πᾶσα ψυχὴ ἐξ ὑμῶν οὐ φάγεται αἷμα (1 *a*)
— 12. ὁ προσήλυτος . . . οὐ φάγεται αἷμα (1 *a*)
— 13. θηρίον ἢ πετεινὸν ὃ ἔσθεται (1 *b*)
— 14. αἷμα πάσης σαρκὸς οὐ φάγεσθε (1 *a*)
— 14. πᾶς ὁ ἔσθων αὐτὸ ἐξολεθρευθήσεται (1 *a*)
— 15. πᾶσα ψυχὴ ἥτις φάγεται θνησιμαῖον (1 *a*)
19. 8. ὁ δὲ ἔσθων αὐτὸ ἁμαρτίαν λήψεται (1 *a*)
— 8. αἱ ψυχαὶ αἱ ἔσθουσαι †
— 25. φάγεσθε τὸν καρπόν (1 *a*)
— 26. μὴ ἔσθετε ἐπὶ τῶν ὀρέων (1 *a*)
21. 22. ἀπὸ τῶν ἁγίων φάγεται (1 *a*)
22. 4. τῶν ἁγίων οὐκ ἔδεται (1 *a*)
— 6. οὐκ ἔδεται ἀπὸ τῶν ἁγίων (1 *a*)
— 7. τότε φάγεται τῶν ἁγίων (1 *a*)
— 8. θηριάλωτον οὐ φάγεται [A ἔδεται] (1 *a*)
— 10. πᾶς ἀλλογενὴς οὐ φάγεται ἅγια (1 *a*)
— 10. μισθωτὸς οὐ φάγεται ἅγια (1 *a*)
— 11. οὗτος φάγεται ἐκ τῶν ἄρτων [A ἔργων] αὐτοῦ (1 *a*)
— 11. οὗτοι φάγονται τῶν ἄρτων αὐτοῦ (1 *a*)
— 12. τῶν ἀπαρχῶν τοῦ ἁγίου [A τῶν ἁ.] οὐ φάγεται (1 *a*)
— 13. ἀπὸ τῶν ἄρτων τοῦ πατρὸς αὐτῆς φάγεται (1 *a*)
— 13. πᾶς ἀλλογενὴς οὐ φάγεται ἀπ' αὐτῶν (1 *a*)
— 14. ἄνθρωπος ὃς ἂν φάγῃ ἅγια κατ' ἄγνοιαν (1 *a*)
— 16. ἐν τῷ ἐσθίειν αὐτοὺς τὰ ἅγια αὐτῶν (1 *a*)
23. 6. ἑπτὰ ἡμέρας ἄζυμα ἔδεσθε (1 *a*)
— 14. ἄρτον . . . οὐ φάγεσθε (1 *a*)
24. 9. φάγονται αὐτὰ ἐν τόπῳ ἁγίῳ (1 *a*)
25. 12. ἀπὸ τῶν πεδίων φάγεσθε τὰ γεννήματα αὐτῆς (1 *a*)
— 19. φάγεσθε εἰς πλησμονήν (1 *a*)
— 20. τί φαγόμεθα ἐν τῷ ἔτει τῷ ἑβδόμῳ τούτῳ (1 *a*)
— 22. φάγεσθε ἀπὸ τῶν γεννημάτων παλαιά (1 *a*)
— 22. φάγεσθε παλαιὰ παλαιῶν (1 *a*)
26. 5. φάγεσθε τὸν ἄρτον ὑμῶν εἰς πλησμονήν (1 *a*)
— 10. φάγεσθε παλαιὰ καὶ παλαιὰ παλαιῶν (1 *a*)
— 16. ἔδονται οἱ ὑπεναντίοι ὑμῶν (1 *a*)
— 26. φάγεσθε καὶ οὐ μὴ ἐμπλησθῆτε (1 *a*)
— 29. φάγεσθε τὰς σάρκας τῶν υἱῶν ὑμῶν καὶ τὰς σάρκας τῶν θυγατέρων ὑμῶν φάγεσθε (1 *a*, 1 *a*)
Nu. 6. 3. σταφίδα οὐ φάγεται (1 *a*)
— 4. οἶνον ἀπὸ στεμφύλων . . . οὐ φάγεται (1 *a*)
9. 11. ἐπ' ἀζύμων καὶ πικρίδων φάγονται αὐτό (1 *a*)
11. 5. τοὺς ἰχθύας οὓς ἠσθίομεν ἐν Αἰγύπτῳ (1 *a*)
— 13. δὸς ἡμῖν κρέα ἵνα φάγωμεν (1 *a*)
— 18. καὶ φάγεσθε κρέα (1 *a*)
— 18. δώσει κύριος ὑμῖν κρέα φαγεῖν καὶ φάγεσθε κρέα (–, 1 *a*)
— 19. οὐχ ἡμέραν μίαν φάγεσθε (1 *a*)
— 20. ἕως μηνὸς ἡμερῶν φάγεσθε –
— 21. κρέα δώσω αὐτοῖς φαγεῖν [A² *al.*] –
— 21. φάγονται μῆνα ἡμερῶν (1 *a*)
15. 19. ὅταν ἔσθητε ὑμεῖς ἀπὸ τῶν ἄρτων τῆς γῆς (1 *a*)
18. 10. ἐν τῷ ἁγίῳ τῶν ἁγίων φάγεσθε αὐτά (1 *a*)
— 10. πᾶν ἀρσενικὸν φάγεται αὐτά (1 *a*)

● = correction on page xxvi ▶ = additional entry on page xxvi

Nu. 18. 11, 13. πᾶς καθαρὸς ἐν τῷ οἴκῳ σου ἔδεται αὐτά (1 *a*)
— 31. ἔδεσθε αὐτὸ ἐν παντὶ τόπῳ (1 *a*)
23. 24. ἕως φάγῃ θήραν (1 *a*)
24. 8. ἔδεται ἔθνη ἐχθρῶν αὐτοῦ (1 *a*)
25. 2. ἔφαγεν ὁ λαὸς τῶν θυσιῶν αὐτῶν (1 *a*)
28. 17. B ἑπτὰ ἡμέρας ἄζυμα ἔδεσθε (1 *b*)
De. 2. 6. καὶ φάγεσθε (1 *a*)
— 28. καὶ φάγομαι (1 *a*)
4. 28. οὐδὲ μὴ φάγωσιν (1 *a*)
6. 11. καὶ φαγὼν καὶ ἐμπλησθείς (1 *a*)
7. 16. φάγῃ πάντα τὰ σκῦλα (1 *a*)
8. 9. οὐ μετὰ πτωχείας φάγῃ τὸν ἄρτον σου (1 *a*)
— 10. καὶ φάγῃ (1 *a*)
— 12. φαγὼν καὶ ἐμπλησθείς [A -ῇς] (1 *a*)
9. 9, 18. ἄρτον οὐκ ἔφαγον (1 *a*)
11. 15. φαγὼν καὶ ἐμπλησθείς (1 *a*)
12. 7. φάγεσθε ἐκεῖ ἐναντίον κυρίου (1 *a*)
— 15. καὶ φάγῃ κρέα (1 *a*)
— 15. φάγεται [A -τε] αὐτό (1 *a*)
— 16. τὸ αἷμα οὐ φάγεσθε (1 *a*)
— 17. οὐ δυνήσῃ φαγεῖν ἐν ταῖς πόλεσί σου (1 *a*)
— 18. φάγῃ αὐτό [A -ά] (1 *a*)
— 20. φάγομαι κρέα (1 *a*)
— 20. ὥστε φαγεῖν κρέα (1 *a*)
— 20. φάγῃ κρέα (1 *a*)
— 21. φάγῃ ἐν ταῖς πόλεσί σου (1 *a*)
— 22. ὡς ἔσθεται ἡ δορκάς (1 *b*)
— 22. οὕτω φάγῃ αὐτό (1 *a*)
— 22. ὁ καθαρὸς ὡσαύτως ἔδεται (1 *a*)
— 23. τοῦ μὴ φαγεῖν αἷμα (1 *a*)
— 24. οὐ φάγεσθε (1 *a*)
— 25. οὐ φάγῃ αὐτό (1 *a*)
— 27. τὰ δὲ κρέα φαγῇ (1 *a*)
14. 3. οὐ φάγεσθε πᾶν βδέλυγμα (1 *a*)
— 4. ταῦτα κτήνη ἃ φάγεσθε (1 *a*)
— 6. ταῦτα φάγεσθε (1 *a*)
— 7. ταῦτα οὐ φάγεσθε (1 *a*)
— 8. ἀπὸ τῶν κρεῶν αὐτῶν οὐ φάγεσθε (1 *a*)
— 9. ταῦτα φάγεσθε (1 *a*)
— 9. πάντα . . . φάγεσθε [A ταῦτα φ.] (1 *a*)
— 10. πάντα . . . οὐ φάγεσθε (1 *a*)
— 11. πᾶν ὄρνεον καθαρὸν φάγεσθε (1 *a*)
— 12. ταῦτα οὐ φάγεσθε ἀπ' αὐτῶν (1 *a*)
— 19. οὐ φάγεσθε ἀπ' αὐτῶν (1 *b*)
— 20. πᾶν πετεινὸν καθαρὸν φάγεσθε (1 *a*)
— 21. πᾶν θνησιμαῖον οὐ φάγεσθε (1 *a*)
— 21. καὶ φάγεται (1 *a*)
— 23. καὶ φάγῃ αὐτό (1 *a*)
— 26. καὶ φάγῃ ἐκεῖ (1 *a*)
— 29. καὶ φάγονται (1 *a*)
15. 20. φάγῃ αὐτό (1 *a*)
— 22. ἐν ταῖς πόλεσί σου φάγῃ αὐτό (1 *a*)
— 22. καὶ ὁ καθαρὸς ὡσαύτως ἔδεται [A φάγεται] –
— 23. αἷμα οὐ φάγεσθε [A -γῃ] (1 *a*)
16. 3. οὐ φάγῃ ἐπ' αὐτοῦ ζύμην (1 *a*)
— 3. φάγῃ ἐπ' αὐτοῦ ἄζυμα (1 *a*)
— 7. καὶ φάγῃ ἐν τῷ τόπῳ (1 *a*)
— 8. ἓξ ἡμέρας φάγῃ ἄζυμα (1 *a*)
18. 1. φάγονται αὐτά (1 *a*)
— 8. μερίδα μεμερισμένην φάγεται (1 *a*)
20. 14. καὶ φάγῃ πᾶσαν τὴν προνομήν (1 *a*)
— 19. ἀπ' αὐτοῦ φάγῃ (1 *a*)
23. 24 (25). A^{2}B φάγῃ σταφυλήν (1 *a*)
26. 12. καὶ φάγονται ἐν ταῖς πόλεσί σου (1 *a*)
— 14. οὐκ ἔφαγον ἐν ὀδύνῃ μου ἀπ' αὐτῶν (1 *a*)
27. 7. καὶ φάγῃ [A φ. ἐκεῖ] καὶ ἐμπλησθήσῃ (1 *a*)
28. 31. οὐ [A οὐ μὴ] φάγῃ ἐξ αὐτοῦ (1 *a*)
— 33. τὰ ἐκφόρια . . . φάγεται ἔθνος (1 *a*)
— 53. φάγῃ τὰ ἔκγονα τῆς κοιλίας σου (1 *a*)
29. 6 (5). ἄρτον οὐκ ἐφάγετε (1 *a*)
31. 20. A^{2}B καὶ φάγονται (1 *a*)
32. 15. καὶ ἔφαγεν Ἰακώβ (7)
— 38. ὧν τὸ στέαρ τῶν θυσιῶν αὐ. ἠσθίετε [A ἐσθ.] (1 *a*)
— 42. A ἡ μάχαιρά μου καταφάγεται [R φάγ.] κρέα (1 *a*)
Jo. 5. 10 (11). ἐφάγοσαν [A -γον] ἀπὸ τοῦ σίτου . . . ἄζυμα (1 *a*)
24. 13. ἀμπελῶνας καὶ ἐλαιῶνας . . . ἔδεσθε (1 *a*)
Jd. 9. 20. B φάγοι [A R καταφ.] τοὺς ἄνδρας Σικ. (1 *a*)
— 27. καὶ ἔφαγον (1 *a*)
13. 4. μὴ φάγῃς πᾶν ἀκάθαρτον (1 *a*)
— 7. μὴ φάγῃς πᾶν ἀκάθαρτον [A *al.*] (1 *a*)

Jd. 13. 14. ἀπὸ παντὸς [A πάντων] . . . οὐ φάγεται (1 *a*)
— 14. πᾶν ἀκάθαρτον μὴ φαγέτω (1 *a*)
— 16. οὐ φάγομαι ἀπὸ [A *om.*] τῶν ἄρτων σου (1 *a*)
14. 9. πορευόμενος καὶ ἐσθίων [A ἔσθων] (1 *a*)
— 9. ἔδωκεν αὐτοῖς καὶ ἔφαγον (1 *a*)
— 14. A ἐκ τοῦ ἔσθοντος ἐξῆλθεν βρῶσις [B *al.*] (1 *a*)
19. 4. καὶ ἔφαγον (1 *a*)
— 6. καὶ ἔφαγον οἱ δύο ἐπὶ τὸ αὐτό [A *al.*] (1 *a*)
— 8. καὶ ἔφαγον οἱ δύο [A *al.*] (1 *a*)
— 21. καὶ ἔφαγον (1 *a*)
Ru. 2. 14. ἤδη ὥρα τοῦ φαγεῖν (1 *c*)
— 14. φάγεσαι τῶν ἄρτων (1 *a*)
— 14. καὶ ἔφαγε (1 *a*)
— 16. καὶ φάγεται [A ἄφετε] †
3. 3. τοῦ [A *om.*] φαγεῖν καὶ πιεῖν (1 *a*)
— 7. καὶ ἔφαγε B. (1 *a*)
I Ki. 1. 7. καὶ οὐκ ἤσθιε (1 *a*)
— 8. ἵνα τί [A S διὰ τί] οὐκ ἐσθίεις (1 *a*)
— 9. μετὰ τὸ φαγεῖν αὐτοὺς ἐν Σ. (1 *a*)
— 18. ἔφαγε μετὰ τοῦ ἀνδρὸς αὐτῆς (1 *a*)
2. 36. φαγεῖν ἄρτον (1 *a*)
9. 13. πρὶν ἀναβῆναι αὐτὸν . . . τοῦ φαγεῖν (1 *a*)
— 13. οὐ μὴ φάγῃ ὁ λαός (1 *a*)
— 13. μετὰ ταῦτα ἐσθίουσιν οἱ ξένοι (1 *a*)
— 19. φάγε μετ' ἐμοῦ σήμερον (1 *a*)
— 24. καὶ φάγε (1 *a*)
— 24. καὶ ἔφαγε Σαοὺλ μετὰ Σ. (1 *a*)
14. 24, 28. ὃς φάγεται ἄρτον (1 *a*)
— 30. ἔφαγεν ἔσθων σήμερον ὁ λαὸς τῶν σκύλων (1 *a*, 1 *a*)
— 32. ἤσθιεν ὁ λαὸς σὺν τῷ αἵματι (1 *a*)
— 33. φαγὼν σὺν τῷ αἵματι (1 *a*)
— 34. A καὶ φάγετε αὐτά (1 *a*)
— 34. τοῦ ἐσθίειν σὺν τῷ αἵματι (1 *a*)
20. 5. οὐ καθήσομαι [A κ. μετὰ τοῦ βασιλέως] φαγεῖν (1 *a*)
— 24. ἔρχεται ὁ βασιλεὺς ἐπὶ τὴν τράπεζαν τοῦ φαγεῖν (1 *a*)
— 34. καὶ οὐκ ἔφαγεν . . . ἄρτον (1 *a*)
21. 4 (5). καὶ φάγεται –
28. 20. οὐ γὰρ ἔφαγεν ἄρτον (1 *a*)
— 22. καὶ φάγε (1 *a*)
— 23. οὐκ ἐβουλήθη φαγεῖν (1 *a*)
— 25. καὶ ἔφαγον (1 *a*)
30. 11, 12. καὶ ἔφαγε (1 *a*)
— 16. ἐσθίοντες καὶ πίνοντες [A *om.* καὶ π.] (1 *a*)
II Ki. 9. 7. καὶ σὺ φάγῃ ἄρτον (1 *a*)
— 10. καὶ ἔδεται ἄρτους [A αὐτούς] (1 *a*)
— 10. καὶ M. . . . φάγεται διὰ παντὸς ἄρτον [A -ους] (1 *a*)
— 11. καὶ M. ἤσθιεν ἐπὶ τῆς τραπέζης Δ. (1 *a*)
— 13. ἐπὶ τῆς τραπέζης . . . διὰ παντὸς ἤσθιε (1 *a*)
11. 11. A B φαγεῖν [R τοῦ φ.] καὶ πιεῖν (1 *a*)
— 13. καὶ ἔφαγεν ἐνώπιον αὐτοῦ (1 *a*)
— 25. φάγεται [A καταφ.] ἡ μάχαιρα (1 *a*)
12. 3. ἐκ τοῦ ἄρτου αὐτοῦ ἤσθιε (1 *a*)
— 20. ᾔτησεν ἄρτον φαγεῖν –
— 20. καὶ ἔφαγε (1 *a*)
— 21. καὶ ἔφαγες ἄρτον (1 *a*)
13. 5. ὅπως . . . φάγω ἐκ τῶν χειρῶν αὐτῆς (1 *a*)
— 6. καὶ φάγομαι ἐκ τῆς χειρὸς αὐτῆς (2)
— 9. καὶ οὐκ ἠθέλησε φαγεῖν (1 *a*)
— 10. καὶ φάγομαι ἐκ τῆς χειρός σου (2)
— 11. προσήγαγεν αὐτῷ τοῦ φαγεῖν (1 *a*)
17. 29. προσήνεγκαν τῷ Δ. . . . φαγεῖν (1 *a*)
19. 28 (29). ἐν τοῖς ἐσθίουσι τὴν τράπεζάν μου (1 *a*)
— 35 (36). ὃ [A ὅ, τι] φάγομαι ἢ πίομαι (1 *a*)
— 42 (43). μὴ βρώσει ἐφάγαμεν [A *al.*] (1 *a*)
III Ki. 1. 25. εἰσὶν ἐσθίοντες καὶ πίνοντες (1 *a*)
— 41. καὶ αὐτοὶ συνετέλεσαν φαγεῖν (1 *a*)
2. 7. ἐν τοῖς ἐσθίουσι τὴν τράπεζάν σου (1 *a*)
3. 1 (A 4. 20). ἐσθίοντες [A -θοντες] καὶ πίνοντες (1 *a*)
— 1 (A 4. 25 [5. 5]). ἐσθίοντες καὶ πίνοντες –
8. 65. ἐσθίων καὶ πίνων –
13. 8. οὐδὲ μὴ φάγω ἄρτον (1 *a*)
— 9. μὴ φάγῃς ἄρτον (1 *a*)
— 15. καὶ φάγε ἄρτον (1 *a*)
— 16. οὐδὲ μὴ [A *om.*] φάγομαι ἄρτον (1 *a*)
— 17. μὴ [A οὐ μὴ] φάγῃς ἄρτον ἐκεῖ (1 *a*)
— 18. καὶ φαγέτω [A -ται] ἄρτον (1 *a*)
— 19. καὶ ἔφαγεν ἄρτον (1 *a*)
— 22. καὶ ἔφαγες ἄρτον (1 *a*)
— 22. οὐ [A *om.*] μὴ φάγῃς ἄρτον (1 *a*)
— 23. R μετὰ τὸ φαγεῖν αὐτὸν [A B *om.*] ἄρτον (1 *a*)

III Ki. 13. 28. οὐκ ἔφαγεν ὁ λέων τὸ σῶμα (1 *a*)
17. 12. καὶ φαγόμεθα [A φ. αὐτό] (1 *a*)
— 15. καὶ ἤσθιεν αὐτή (1 *a*)
18. 19. ἐσθίοντας τράπεζαν Ἰ. (1 *a*)
— 41. φάγε καὶ πίε (1 *a*)
— 42. τοῦ φαγεῖν καὶ πιεῖν (1 *a*)
19. 5. ἀνάστηθι καὶ φάγε (1 *a*)
— 6. καὶ ἔφαγε καὶ ἔπιε (1 *a*)
— 7. ἀνάστα [A -στηθι] φάγε (1 *a*)
— 8. καὶ ἔφαγε καὶ ἔπιε (1 *a*)
— 21. καὶ ἔφαγον (1 *a*)
20 (21). 4. καὶ οὐκ ἔφαγεν ἄρτον (1 *a*)
— 5. καὶ οὐκ εἶ σὺ ἐσθίων ἄρτον (1 *a*)
— 7. φάγε ἄρτον (1 *a*)
— 24. φάγονται [A καταφ.] οἱ κύνες (1 *a*)
— 24. φάγονται [A καταφ.] τὰ πετεινὰ τοῦ οὐρανοῦ (1 *a*)
22. 27. καὶ ἐσθίειν αὐτὸν ἄρτον θλίψεως [A *al.*] (1 *c*)
IV Ki. 4. 8. καὶ ἐκράτησεν αὐτὸν φαγεῖν ἄρτον (1 *a*)
— 8. ἐξέκλινε τοῦ ἐκεῖ [A *om.*] φαγεῖν (1 *a*)
— 40. καὶ ἐνέχει [A -χεαν] τοῖς ἀνδράσι φαγεῖν (1 *a*)
— 40. ἐν τῷ ἐσθίειν αὐτοὺς ἐκ τοῦ ἑψήματος (1 *a*)
— 40. καὶ οὐκ ἠδύναντο φαγεῖν (1 *a*)
— 41, 42, 43. καὶ ἐσθιέτωσαν (1 *a*)
— 43. φάγονται καὶ καταλείψουσι (1 *a*)
— 44. καὶ ἔφαγον (1 *a*)
6. 22. φαγέτωσαν καὶ πιέτωσαν (1 *a*)
— 23. καὶ ἔφαγον καὶ ἔπιον (1 *a*)
— 28. καὶ φαγόμεθα αὐτὸν σήμερον καὶ τὸν υἱόν μου φαγόμεθα αὐτὸν [A *om.*] αὔριον (1 *a*, 1 *a*)
— 29. καὶ ἐφάγομεν αὐτόν (1 *a*)
— 29. καὶ φάγωμεν [A φάγομεν] αὐτόν (1 *a*)
7. 2. καὶ ἐκεῖθεν οὐ φάγῃ [A^{1} -ῃς] (1 *a*)
— 8. καὶ ἔφαγον καὶ ἔπιον (1 *a*)
— 19. καὶ ἐκεῖθεν οὐ μὴ [A *om.*] φάγῃ [A^{1} φάγῃς] (1 *a*)
9. 34. καὶ ἔφαγε καὶ ἔπιε (1 *a*)
18. 27. τοῦ φαγεῖν τὴν κόπρον αὐτῶν (1 *a*)
— 31. καὶ ἀνὴρ τὴν συκῆν αὐτοῦ φάγεται (1 *a*)
19. 29. φάγε [A -γῃ] τοῦτον τὸν ἐνιαυτὸν αὐτόματα (1 *a*)
— 29. καὶ φάγεσθε τὸν καρπὸν αὐτῶν (1 *a*)
23. 9. ἔφαγον ἄζυμα ἐν μέσῳ τῶν ἀδελφῶν αὐ. (1 *a*)
25. 29. καὶ ἤσθιεν ἄρτον διὰ παντός (1 *a*)
I Ch. 12. 39. ἦσαν ἐκεῖ ἡμέρας τρεῖς ἐσθίοντες (1 *a*)
29. 22. καὶ ἔφαγον καὶ ἔπιον (1 *a*)
II Ch. 18. 26. ἐσθιέτω ἄρτον θλίψεως (1 *c*)
28. 15. A R καὶ ἔδωκαν φαγεῖν [B καὶ φ.] καὶ ἀλείψασθαι (1 *a*)
30. 18. ἔφαγον τὸ φασὲκ παρὰ τὴν γραφήν (1 *a*)
31. 10. ἐφάγομεν καὶ ἐπίομεν (1 *a*)
I Es. 3. 3. ἐφάγοσαν καὶ ἐπίοσαν [A *al.*]
4. 10. ἐσθίει καὶ πίνει καὶ καθεύδει
7. 13. καὶ ἐφάγοσαν οἱ υἱοὶ Ἰ.
8. 85. ἵνα ἰσχύσαντες φάγητε τὰ ἀγαθὰ τῆς γῆς
9. 51. φάγετε λιπάσματα
— 54. ᾤχοντο πάντες φαγεῖν
II Es. 2. 63. τοῦ μὴ φαγεῖν ἀπὸ τοῦ ἁγίου τῶν ἁγίων (1 *a*)
6. 21. καὶ ἔφαγον οἱ υἱοὶ Ἰ. τὸ πάσχα (1 *a*)
9. 12. καὶ φάγητε τὰ ἀγαθὰ τῆς γῆς (1 *a*)
10. 6. ἄρτον οὐκ ἔφαγε (1 *a*)
Ne. 4. 3 (3. 35). ἦ φάγονται ἐπὶ τοῦ τόπου αὐτῶν †
5. 2. καὶ φαγόμεθα [S^{1} ἀγ.] καὶ ζησόμεθα (1 *a*)
— 3. ληψόμεθα σῖτον καὶ φαγόμεθα †
— 14. βίαν αὐτῶν οὐκ ἔφαγον (1 *a*)
7. 65. ἵνα μὴ φάγωσιν ἀπὸ τοῦ ἁγίου τῶν ἁγίων (1 *a*)
8. 10. φάγετε λιπάσματα (1 *a*)
— 12. ἀπῆλθε πᾶς ὁ λαὸς φαγεῖν (1 *a*)
9. 25. καὶ ἐφάγοσαν καὶ ἐνεπλήσθησαν (1 *a*)
— 36. φαγεῖν τὸν καρπὸν αὐτῆς (1 *a*)
To. 1. 8. S καὶ ἠσθίομεν αὐτά
— 10. ἤσθιον ἐκ τῶν ἄρτων τῶν ἐθνῶν
— 11. μὴ φαγεῖν [S φ. ἐκ τῶν ἄρτων τῶν ἐθνῶν]
2. 1. ἀνέπεσα [A -παυσάμην] τοῦ φαγεῖν [S ἀριστῆσαι]
— 2. S καὶ φάγεται κοινῶς μετ' ἐμοῦ
— 5. καὶ ἤσθιον τὸν ἄρτον μου
— 13. οὐ γὰρ θεμιτόν ἐστι φαγεῖν κλεψιμαῖον [S *al.*]
6. 5. τὸν δὲ ἰχθὺν ὀπτήσαντες ἔφαγον [S *al.*]
7. 10. φάγε πίε
— 11. S φάγε καὶ πίε
— 11. S οὐ μὴ φάγω ἐντεῦθεν [A B *al.*]
— 15. καὶ ἤρξαντο [B^{2} -ατο] ἐσθίειν [S φαγεῖν]
8. 1. S ὅτε δὲ συνετέλεσαν τὸ φαγεῖν [A B *al.*]

To. 8. 20. S ἔσθων καὶ πίνων παρ' ἐμοί
10. 7. ἡμέρας τε ἄρτον οὐκ ἤσθιε [S *al.*]
12. 19. οὐκ ἔφαγον οὐδὲ ἔπιον [S *al.*]
Ju. 11. 12. ὅσα διεστείλατο αὐτοῖς ὁ θεὸς . . . μὴ φαγεῖν
12. 2. A B οὐ φάγομαι ἐξ αὐτῶν
— 11. A B φαγεῖν καὶ πιεῖν μεθ' ἡμῶν
— 15. A B εἰς τὸ ἐσθίειν κατακλινομένην ἐπ' αὐτῶν
— 19. A B καὶ λαβοῦσα ἔφαγε
Es. 4. 16. μὴ φάγητε μηδὲ πίητε (1 *a*)
— 17. οὐκ ἔφαγεν ἡ δούλη σου τράπεζαν 'A.
Jb. 1. 4. ἐσθίειν καὶ πίνειν μετ' αὐτῶν (1 *a*)
— 13. A S^2 ἤσθιον καὶ [BS^1 *om.* ἤ. καὶ] ἔπινον (1 *a*)
— 18. τῶν υἱῶν σου καὶ τῶν θυγατέρων σου ἐσθιόντων (1 *a*)
5. 5. ἃ γὰρ ἐκεῖνοι συνήγαγον [A ἐθέρισαν] δίκαιοι ἔδονται (1 *a*)
21. 25. οὐ φαγὼν οὐδὲν [S^1 *om.*] ἀγαθόν (1 *a*)
31. 8. καὶ ἄλλοι φάγοισαν [A φάγονται]
— 17. εἰ δὲ καὶ τὸν ψωμόν μου ἔφαγον μόνος (1 *a*)
— 39. εἰ δὲ καὶ τὴν ἰσχὺν αὐ. ἔφαγον μόνος [S *om.*] (1 *a*)
32. 22. καὶ ἐμὲ σῆτες ἔδονται (5)
40. 10 (15). χόρτον ἴσα βουσὶν ἐσθίουσιν [A *al.*] (1 *a*)
42. 11. φάγοντες δὲ καὶ πιόντες παρ' [A *om.*] αὐτῷ (1 *a*)
Ps. 13 (14). 4. S οἱ ἐσθίοντες [A κατεσθ., B κατέσθοντες] τὸν λαόν μου βρώσει [A ἐν βρ.] ἄρτου (1 *a*)
21 (22). 26. φάγονται πένητες (1 *a*)
— 29. ἔφαγον καὶ προσεκύνησαν (1 *a*)
26 (27). 2. τοῦ φαγεῖν τὰς σάρκας μου (1 *a*)
40 (41). 9. ὁ ἐσθίων ἄρτους μου (1 *a*)
49 (50). 13. μὴ φάγομαι κρέα ταύρων (1 *a*)
52 (53). 4. B S^1 οἱ ἔσθοντες [S^2R κατεσθίοντες] τὸν λαόν μου βρώσει ἄρτου (1 *a*)
58 (59). 15. διασκορπισθήσονται τοῦ φαγεῖν (1 *a*)
77 (78). 24. ἔβρεξεν αὐτοῖς μάννα φαγεῖν (1 *a*)
— 25. ἄρτον ἀγγέλων ἔφαγεν ἄνθρωπος (1 *a*)
— 29. ἐφάγοσαν [S -ον] καὶ ἐνεπλήσθησαν (1 *a*)
101 (102). 4. ἐπελαθόμην τοῦ φαγεῖν τὸν ἄρτον μου (1 *a*)
— 9. σποδὸν ὡσεὶ ἄρτον ἔφαγον (1 *a*)
105 (106). 20. ἐν ὁμοιώματι μόσχου ἔσθοντος χόρτον (1 *a*)
— 28. A S καὶ ἔφαγον θυσίας νεκρῶν (1 *a*)
126 (127). 2. A S^1 οἱ ἔσθοντες [S^2R ἐσθίοντες] ἄρτον ὀδύνης (1 *a*)
127 (128). 2. A S^1 τοὺς καρποὺς τῶν πόνων [S^2R πόνους τῶν καρπῶν] σου φάγεσαι (1 *a*)
▶Pr. 1. 31. ἔδονται τῆς ἑαυτῶν ὁδοῦ τοὺς καρποὺς (1 *a*)
13. 2. ἀπὸ καρπῶν δικαιοσύνης φάγεται ἀγαθός (1 *a*)
— 25. δίκαιος ἔσθων [S^2 -θίων] ἐμπιπλᾷ τὴν ψυχὴν αὐ. (1 *a*)
18. 21. ἔδονται τοὺς καρποὺς αὐτῆς (1 *a*)
23. 7. οὕτως ἐσθίει καὶ πίνει (1 *a*)
— 8. καὶ φάγῃς τὸν ψωμόν σου μετ' αὐτοῦ (1 *a*)
24. 13. φάγε μέλι, υἱέ (1 *a*)
25. 16. μέλι εὑρὼν φάγε τὸ ἱκανόν (1 *a*)
— 27. ἐσθίειν μέλι πολὺ οὐ καλόν (1 *a*)
27. 18. φάγεται τοὺς καρποὺς αὐτῆς (1 *a*)
31. 26 (27). σῖτα δὲ ὀκνηρὰ οὐκ ἔφαγε (1 *a*)
Ec. 2. 24. ὃ [A^1 ὃς] φάγεται καὶ ὃ πίεται (1 *a*)
— 25. τίς φάγεται καὶ τίς πίεται (1 *a*)
3. 13. ὃς φάγεται καὶ πίεται (1 *a*)
4. 5. καὶ ἔφαγε τὰς σάρκας αὐτοῦ (1 *a*)
5. 10. ἐπληθύνθησαν ἔσθοντες [A οἱ ἔ.] αὐτήν (1 *a*)
— 11. εἰ ὀλίγον καὶ εἰ πολὺ φάγεται (1 *a*)
— 17. τοῦ φαγεῖν καὶ τοῦ πιεῖν (1 *a*)
— 18. ἐξουσίασεν αὐτῷ φαγεῖν ἀπ' αὐτοῦ [A S *al.*] (1 *a*)
6. 2. τοῦ [A *om.*] φαγεῖν ἀπ' αὐτοῦ ὅτι ἀνὴρ ξένος φάγεται [S^1 καταφ.] αὐτόν (1 *a*, 1 *a*)
8. 15. εἰ μὴ τοῦ φαγεῖν καὶ τοῦ πιεῖν (1 *a*)
9. 7. φάγε ἐν εὐφροσύνῃ τὸν ἄρτον σου (1 *a*)
10. 16. οἱ ἄρχοντές σου πρωὶ [A ἐν πρωίᾳ, S πρωίας] ἐσθίουσι (1 *a*)
— 17. φάγονται ἐν δυνάμει (1 *a*)
Ca. 5. 1 (4. 16). φαγέτω καρπὸν ἀκροδρύων αὐτοῦ (1 *a*)
— 1. ἔφαγον ἄρτον μου μετὰ μέλιτός μου (1 *a*)
— 1. φάγετε πλήσιοι [A S^2 οἱ πλησίον] (1 *a*)
Si. 6. 19. ταχὺ φάγεσαι τῶν γενημάτων αὐτῆς
11. 19. φάγομαι ἐκ τῶν ἀγαθῶν μου
Si. 20. 16. οἱ ἔσθοντες τὸν ἄρτον μου
24. 21. οἱ ἐσθίοντές [A S -θοντές] με ἔτι πεινάσουσι
30. 19. οὔτε γὰρ ἔδεται οὔτε μὴ ὀσφρανθῇ
34 (31). 16. φάγε ὡς ἄνθρωπος τὰ παρακείμενά σοι
36. 23 (20). πᾶν βρῶμα φάγεται κοιλία
45. 21. θυσίας κυρίου φάγονται
Ho. 4. 8. ἁμαρτίας λαοῦ μου φάγονται (1 *a*)
— 10. καὶ φάγονται καὶ οὐ μὴ ἐμπλησθῶσιν (1 *a*)
8. 13. ἐὰν θύσωσι θυσίαν καὶ φάγωσι κρέα (1 *a*)
— 13. ἐν 'A. ἀκάθαρτα φάγονται –
9. 3. καὶ ἐν 'A. ἀκάθαρτα φάγονται (1 *a*)
— 4. πάντες οἱ ἔσθοντες αὐτὰ μιανθήσονται (1 *a*)
10. 13. ἐφάγετε καρπὸν ψευδῆ (1 *a*)
11. 6. καὶ φάγονται ἐκ τῶν διαβουλίων αὐτῶν (1 *a*)
13. 8. A φάγονται [B καταφ.] αὐτοὺς ἐκεῖ (1 *a*)
Am. 6. 4. ἔσθοντες ἐρίφους ἐκ ποιμνίων (1 *a*)
9. 14. A R φάγονται τὸν καρπὸν [B τοὺς κ.] αὐτῶν (1 *a*)
Mi. 6. 14. σὺ φάγεσαι (1 *a*)
7. 1. οὐχ ὑπάρχοντος βότρυος τοῦ φαγεῖν τὰ πρωτόγονα (1 *a*)
Jl. 2. 26. καὶ φάγεσθε ἐσθίοντες (1 *a*, 1 *a*)
Na. 3. 12. πεσοῦνται εἰς στόμα ἔσθοντος [S^2 -θίοντος] (1 *a*)
Hb. 1. 8. ὡς ἀετὸς πρόθυμος εἰς τὸ φαγεῖν (1 *a*)
3. 14. ὡς ἔσθων [S^2 -θίων] πτωχὸς λάθρα (1 *a*)
Hg. 1. 6. ἐφάγετε καὶ οὐκ εἰς πλησμονήν (1 *a*)
Za. 7. 6. ἐὰν φάγητε ἢ [A καὶ] πίητε οὐχ ὑμεῖς ἔσθετε [A S^2 -θίετε] (1 *a*, 1 *a*)
Is. 1. 19. τὰ ἀγαθὰ τῆς γῆς φάγεσθε (1 *a*)
3. 10. τὰ γενήματα τῶν ἔργων αὐτῶν φάγονται (1 *a*)
4. 1. τὸν ἄρτον ἡμῶν φαγόμεθα (1 *a*)
5. 17. τὰς ἐρήμους τῶν ἀπειλημμένων ἄρνες φάγονται [S^1 -ωνται] (1 *a*)
7. 15, 22. βούτυρον καὶ μέλι φάγεται (1 *a*)
9. 20 (19). φάγεται ἐκ τῶν ἀριστερῶν . . . ἔσθων τὰς σάρκας τοῦ βραχίονος [A *add.* τοῦ ἀδελφοῦ] αὐτοῦ (1 *a*, –)
— 21 (19). φάγεται γὰρ Μανασσῆς τοῦ 'Εφραίμ (1 *a*)
10. 17. φάγεται ὡσεὶ χόρτον τὴν ὕλην (1 *a*)
11. 7. R λέων ὡς [A S καὶ] βοῦς φάγεται [A B S -γονται] ἄχυρα (1 *a*)
21. 5. ἑτοίμασον τὴν τράπεζαν φάγετε πίετε (1 *a*)
22. 13. ὥστε φαγεῖν κρέα καὶ πιεῖν οἶνον (1 *a*)
— 13. φάγωμεν καὶ πίωμεν (1 *a*)
23. 18. φαγεῖν καὶ πιεῖν καὶ ἐμπλησθῆναι (1 *a*)
24. 6. ἀρὰ ἔδεται τὴν γῆν (1 *a*)
26. 11. πῦρ τοὺς ὑπεναντίους ἔδεται (1 *a*)
28. 8. ἀρὰ ἔδεται ταύτην τὴν βουλήν †
29. 1. φάγεσθε φάγεσθε [A *om.*] γὰρ σὺν Μωάβ †, †
— 8. οἱ ἐν τῷ ὕπνῳ πίνοντες καὶ ἔσθοντες (1 *a*)
30. 24. φάγονται ἄχυρα (1 *a*)
— 27. ἡ ὀργὴ τοῦ θυμοῦ ὡς πῦρ ἔδεται (1 *a*)
36. 12. ἵνα φάγωσι κόπρον (1 *a*)
— 16. φάγεσθε ἕκαστος τὴν ἄμπελον αὐτοῦ (1 *a*)
37. 30. φάγε τοῦτον τὸν ἐνιαυτὸν ἃ ἔσπαρκας . . . καὶ φάγεσθε τὸν καρπὸν αὐ. (1 *a*, 1 *a*)
44. 16. ἐπ' αὐτοῦ κρέας ὀπτήσας ἔφαγε (1 *a*)
— 19. ὀπτήσας κρέα [A S -as] ἔφαγε (1 *a*)
46. 1. A ἔδεται [B S αἴρετε] αὐτὰ καταδεδεμένα †
49. 26. φάγονται οἱ θλίψαντές [A θλίβον.] σε τὰς σάρκας αὐτῶν (1 *c*)
55. 1. φάγετε [A S πίετε] ἄνευ ἀργυρίου (1 *a*)
— 2. φάγεσθε ἀγαθά (1 *a*)
56. 9. πάντα τὰ θηρία τὰ ἄγρια, δεῦτε φάγετε (1 *a*)
59. 5. ὁ μέλλων τῶν ᾠῶν αὐτῶν φαγεῖν (1 *a*)
60. 16. πλοῦτον βασιλέων φάγεσαι (3)
62. 9. οἱ συναγαγόντες φάγονται αὐτά (1 *a*)
65. 4. οἱ ἔσθοντες κρέας ὕειον (1 *a*)
— 13. οἱ δουλεύοντές μοι φάγονται (1 *a*)
— 21. αὐτοὶ φάγονται [S -ωνται] τὰ γεννήματα αὐτῶν (1 *a*)
— 22. οὐ μὴ φυτεύσουσι καὶ ἄλλοι φάγονται (1 *a*)
— 25. λέων ὡς βοῦς φάγεται ἄχυρα ὄφις δὲ γῆν ὡς ἄρτον [S^2 *add.* φάγεται] (1 *a*, –)
66. 17. ἐν τοῖς προθύροις ἔσθοντες κρέας ὕειον (1 *a*)
Je. 2. 3. πάντες οἱ ἔσθοντες αὐτὸν πλημμελήσουσι (1 *a*)
— 7. τοῦ φαγεῖν ὑμᾶς τοὺς καρποὺς αὐτοῦ (1 *a*)
7. 21. φάγετε κρέα (1 *a*)
12. 9. ἐλθέτωσαν τοῦ φαγεῖν [A καταφ.] αὐτήν (1 *a*)
16. 8. τοῦ φαγεῖν καὶ πιεῖν (1 *a*)
19. 9. ἔδονται τὰς σάρκας . . . ἕκαστος τὰς σάρκας τοῦ πλησίον αὐ. ἔδονται (1 *c*, 1 *a*)
21. 14. ἔδεται [A κατέδ.] πάντα τὰ κύκλῳ αὐτῆς (1 *a*)
22. 15. οὐ φάγονται καὶ οὐ πίονται (1 *a*)
Je. 27 (50). 17. ὁ πρῶτος ἔφαγεν αὐτὸν βασιλεὺς 'Ασσούρ (1 *a*)
36 (29). 5. φάγετε [A -εσθε] τοὺς καρποὺς αὐ. (1 *a*)
— 28. φάγεσθε τὸν καρπὸν αὐτῶν (1 *a*)
37 (30). 16. πάντες οἱ ἔσθοντές σε [S ἐχθροί σου] βρωθήσονται καὶ πάντες οἱ ἐχθροί σου κρέας αὐ. πᾶν ἔδονται (1 *a*, –)
38 (31). 29. οἱ πατέρες ἔφαγον ὄμφακα (1 *a*)
— 30. τοῦ φαγόντος τὸν ὄμφακα αἱμωδιάσουσιν οἱ ὀδόντες αὐτοῦ (1 *a*)
48 (41). 1. ἔφαγον ἐκεῖ ἄρτον ἅμα (1 *a*)
52. 33. ἤσθιεν ἄρτον διὰ παντός (1 *a*)
Ba. 2. 3. τοῦ φαγεῖν ἡμᾶς ἄνθρωπον σάρκας υἱοῦ αὐτοῦ
La. 2. 20. εἰ φάγονται γυναῖκες καρπὸν κοιλίας αὐτῶν (1 *a*)
4. 5. οἱ ἔσθοντες [A -θίον.] τὰς τροφάς (1 *a*)
Ez. 2. 8. φάγε ὃ ἐγὼ δίδωμί σοι (1 *a*)
3. 3. τὸ στόμα σου φάγεται . . . ἔφαγον αὐτήν (1 *c*, 1 *a*)
4. 9. ἐνενήκοντα καὶ ἑκατὸν ἡμέρας φάγεσαι αὐτά (1 *a*)
— 10. τὸ βρῶμά σου [A *add.* ὃ] φάγεσαι ἐν σταθμῷ [A -μίῳ] (1 *a*)
— 10. ἀπὸ [A φάγεσαι ἀπὸ] καιροῦ ἕως καιροῦ φάγεσαι αὐτά (–, 1 *a*)
— 12. ἐγκρυφίαν κρίθινον φάγεσαι αὐτά (1 *a*)
— 13. οὕτως φάγονται οἱ υἱοὶ τοῦ 'Ισραὴλ ἀκάθαρτα (1 *a*)
— 16. φάγονται ἄρτον ἐν σταθμῷ (1 *a*)
5. 10. πατέρες φάγονται τέκνα ἐν μέσῳ σου καὶ τέκνα φάγονται πατέρας (1 *a*, 1 *a*)
12. 18. τὸν ἄρτον σου μετ' ὀδύνης φάγεσαι (1 *a*)
— 19. τοὺς ἄρτους αὐ. μετ' ἐνδείας φαγονται (1 *a*)
16. 13. ἔλαιον καὶ μέλι ἔφαγες (1 *a*)
18. 2. οἱ πατέρες ἔφαγον ὄμφακα (1 *a*)
— 4. A τοῦ φαγόντος τὸν ὄμφακα αἱμωδιάσουσιν οἱ ὀδόντες αὐτοῦ –
— 6. ἐπὶ τῶν ὀρέων οὐ φάγεται (1 *a*)
— 11. ἐπὶ τῶν ὀρέων ἔφαγε (1 *a*)
— 15. A ἐπὶ τῶν ὀρέων οὐκ ἔφαγεν [B οὐ βέβρωκε] (1 *a*)
19. 3, 6. ἀνθρώπους ἔφαγε (1 *a*)
22. 9. ἐπὶ τῶν ὀρέων ἤσθιον [B^1 ἤσθοσαν] ἐν σοί (1 *a*)
24. 17. ἄρτον ἀνδρῶν οὐ μὴ φάγῃς (1 *a*)
— 22. ἄρτον ἀνδρῶν οὐ φάγεσθε [A οὐ μὴ φάγησθε] (1 *a*)
25. 4. αὐτοὶ φάγονται τοὺς καρπούς σου (1 *a*)
33. 25. A ἐπὶ τῷ αἵματι φάγεσθε (1 *a*)
34. 28. τὰ θηρία τῆς γῆς οὐκέτι μὴ φάγωσιν [A πτοήσει] αὐτούς (1 *a*)
36. 8. A τὸν καρπὸν φάγεται [B ὑμῶν καταφ.] ὁ λαός μου (5)
— 14. ἀνθρώπους οὐκέτι φάγεσαι (1 *a*)
39. 17. φάγεσθε κρέα (1 *a*)
— 18. κρέα γιγάντων φάγεσθε (1 *a*)
— 19. φάγεσθε στέαρ εἰς πλησμονήν (1 *a*)
42. 13. φάγονται ἐκεῖ οἱ ἱερεῖς (1 *a*)
44. 3. τοῦ φαγεῖν ἄρτον ἐναντίον κυρίου (1 *a*)
— 29. τὰ ὑπὲρ ἀγνοίας οὗτοι φάγονται (1 *a*)
— 31. πᾶν θνησιμαῖον . . . οὐ φάγονται οἱ ἱ. (1 *a*)
45. 21. ἑπτὰ ἡμέρας ἄζυμα ἔδεσθε (1 *b*)
47. 22. μεθ' ὑμῶν φάγονται ἐν κληρονομίᾳ (4 ?)
Da. LXX. 1. 13. τοὺς ἐσθίοντας ἀπὸ τοῦ βασιλικοῦ δείπνου (1 *a*)
— 15. τῶν ἐσθιόντων τὸ βασιλικὸν δεῖπνον (1 *a*)
4. 15. τὸν χόρτον τῆς γῆς ἤσθιε –
— 30. ἀπὸ τῆς χλόης τῆς γῆς ἤσθιον (1 *d*)
7. 7. θηρίον . . . ἐσθίον καὶ κοπανίζον (1 *d*)
10. 3. ἄρτον ἐπιθυμιῶν οὐκ ἔφαγον (1 *a*)
11. 27. ἐπὶ μιᾶς τραπέζης φάγονται †
Bel 7. τὸν ἐσθίοντα τὰ παρασκευαζόμενα τῷ Βήλ
— 8. μὴ ἐσθίεσθαι αὐτὰ ὑπ' αὐτοῦ
— 23. ζῇ καὶ ἐσθίει καὶ πίνει
— 26. καὶ φαγὼν διερράγη
— 36. φάγε τὸ ἄριστον
— 38. καὶ ἔφαγε Δ.
Da. TH. 1. 12. A B καὶ φαγόμεθα [R -ώμεθα] (1 *a*)
— 13. τῶν ἐσθόντων [A ἐσθι.] τὴν τράπεζαν τοῦ βασ. (1 *a*)
— 15. τὰ ἔσθοντα [A ἐσθί.] τὴν τράπεζαν τοῦ βασ. (1 *a*)
4. 30. χόρτον ὡς βοῦς ἤσθιε (1 *d*)
7. 5. φάγε σάρκας πολλάς (1 *d*)
— 7. θηρίον . . . ἐσθίον καὶ λεπτῦνον (1 *d*)

▶ = additional entry on page xxvi

Da. TH. 7. 19. ἐσθίον καὶ λεπτῦνον (1 d)
10. 3. ἄρτον ἐπιθυμιῶν οὐκ ἔφαγον (1 a)
11. 26. καὶ φάγονται τὰ δέοντα αὐτοῦ (1 a)
Bel 6. ὅσα ἐσθίει καὶ πίνει
— 24. A B²R ζῇ καὶ ἐσθίει καὶ πίνει
— 27. φαγὼν διερράγη ὁ δρακών
— 39. ἀναστὰς Δ. ἔφαγεν
I Ma. 1. 62. τοῦ μὴ φαγεῖν κοινά
II Ma. 6. 18. ἠναγκάζετο φαγεῖν ὕειον κρέας
— 21. R ὡς ἐσθίοντα τὰ ὑπὸ τοῦ βασιλέως προστεταγμένα [A τετ.]
7. 7. R ἐπηρώτων, Εἰ φάγεσαι [A -έσθαι]
IV Ma. 5. 26. τὰ μὲν οἰκειωθησόμενα . . . ἐπέτρεψεν ἐσθίειν
— 27. A R ἀλλὰ καὶ ἐσθίειν [S παρανομεῖν]
8. 2. ἀπολύειν φαγόντας
9. 16. ὁμολόγησον φαγεῖν
— 27. εἰ φαγεῖν βούλοιτο
11. 13. εἰ βούλοιτο φαγὼν ἀπολύεσθαι
[Aq. Ge. 3. 2 (1) : Jo. 5. 12 : I Ki. 9. 24 : III Ki. 4. 20 : IV Ki. 4. 40 : 6. 28 : 18. 31 : Jb. 5. 5 : Ps. 17 (18). 9 : 58 (59). 16 : 77 (78). 25 : 104 (105). 35 : 127 (128). 2 : Pr. 30. 20 : Is. 7. 22 : 23. 18 : 36. 12 : 55. 1, 10 : 59. 5 : Je. 19. 9 : Ez. 3. 1 : Hb. 3. 14.]
[Sm. Ge. 2. 17 bis : Jo. 5. 12 : III Ki. 4. 20 : IV Ki. 4. 40 : 6. 28 : Jb. 5. 5 : Ps. 77 (78). 25, 29, 45 : 127 (128). 2 : Pr. 30. 20 : Is. 5. 17 : 7. 22 : 23. 18 : 36. 12 : 55. 1, 10 : 59. 5 : 66. 17 : Je. 22. 15 : 31 (38). 30 : La. 1. 11 : Ez. 3. 1.]
[Th. Le. 22. 11 : Jo. 5. 12 : Jd. 14. 14 : IV Ki. 4. 40 : 6. 28 : 18. 31 : Ps. 127 (128). 2 : Pr. 30. 20 : Is. 7. 22 : 30. 27 : 55. 1, 10 : 59. 5 : Ez. 3. 1 : 33. 25.]
[Al. Ex. 13. 3 : Le. 19. 26 : 23. 6.]
[Quint. IV Ki. 4. 40 : 18. 31.]
[Heb. IV Ki. 18. 31.]

ἐσθής.

I Es. 8. 71. A R διέρρηξα [B ἔρρ.] . . . τὴν ἱερὰν ἐ.
— 73. διερρηγμένα ἔχων τὰ ἱμάτια καὶ τὴν ἱερὰν ἐ.
II Ma. 8. 35. τὴν δοξικὴν ἀποθέμενος ἐ.
11. 8. ἔφιππος [A¹ om.] ἐν λευκῇ ἐ.
[Sm. La. 4. 14.]

ἔσθησις.

II Ma. 3. 33. ἐν ταῖς αὐταῖς ἐ. ἐστολισμένοι
III Ma. 1. 16. R ἐν ταῖς ἁγίαις ἐ. προπεσόντων [A al.]
[Aq. Is. 23. 18.]

ἔσοπτρον.

Wi. 7. 26. ἔσοπτρον ἀκηλίδωτον τῆς τοῦ θεοῦ ἐνεργείας
Si. 12. 11. ἔσῃ αὐτῷ ὡς ἐκμεμαχὼς ἔσοπτρον

ἑσπέρα. (1) מֵעַל שִׁמְשָׁא (2) *a.* עֲרַב *b.* עֶרֶב *c.* עֲרַב *d.* עֲרָבָה *e.* πρὸς ἑσπέραν, τὸ πρὸς ἑσπέραν בֵּין הָעַרְבַּיִם *f.* τὸ πρὸς ἑσπέραν לִפְנוֹת־עֶרֶב *g.* τὸ ἑσπέρας בָּעֶרֶב *h.* τὸ ἑσπέρας לָעֶרֶב *i.* τὸ ἑσπέρας הָעֶרֶב *j.* τὸ ἑσπέρας עֶרֶב (3) עַתָּה

Ge. 1. 5, 8, 13, 19, 23, 31. καὶ ἐγένετο ἑ. (2 b)
8. 11. ἀνέστρεψε . . . τὸ πρὸς ἑσπέραν (2 b)
19. 1. ἦλθον δὲ οἱ δύο ἄγγελοι εἰς Σ. ἑσπέρας (2 b)
29. 23. καὶ ἐγένετο ἑ. (2 b)
30. 16. εἰσῆλθε δὲ Ἰακὼβ ἐξ ἀγροῦ ἑσπέρας (2 b)
49. 27. καὶ εἰς τὸ ἑσπέρας δίδωσι τροφήν (2 j)
Ex. 12. 6. σφάξουσιν αὐτὸ . . . πρὸς ἑσπέραν (2 e)
— 18. τῇ τεσσ. ἡμέρᾳ τοῦ μηνὸς τοῦ πρώτου ἀφ' ἑσπέρας (2 b)
— 18. ἕως ἡμ. μιᾶς καὶ εἰκάδος τοῦ μηνὸς ἕως [A om.] ἑ. (2 b)
16. 6. ἑσπέρας γνώσεσθε (2 b)
— 8. ἐν τῷ διδόναι κύριον ὑμῖν ἑσπέρας κρέα φαγεῖν (2 b)
— 12. τὸ πρὸς ἑσπέραν ἔδεσθε κρέα (2 e)
— 13. ἐγένετο δὲ ἑ. καὶ ἀνέβη ὀρτυγ. (2 b)
18. 13. A ἀπὸ πρωΐθεν ἕως ἑσπέρας [B δείλης] (2 b)
27. 21. ἀφ' ἑσπέρας ἕως πρωΐ (2 b)
Le. 11. 24, 25. ἀκάθαρτος ἔσται ἕως ἑσπέρας (2 b)
— 26. ἀκάθαρτος ἔσται ἕως ἑσπέρας –
— 27, 28, 31. ἀκάθαρτος ἔσται ἕως ἑσπέρας (2 b)
— 32. ἀκάθαρτον ἔσται ἕως ἑσπέρας (2 b)
— 39, 40, 40 [A²B]: 14. 46. ἀκάθαρτος ἔσται ἕως ἑσπέρας (2 b)
Le. 14. 47 bis. ἀκάθαρτος ἔσται ἕως ἑσπέρας –
15. 5, 6, 7, 8. ἀκάθαρτος ἔσται ἕως ἑσπέρας (2 b)
— 9. ἀκάθαρτον ἔσται ἕως ἑσπέρας –
— 10 bis, 11, 16. ἀκάθαρτος ἔσται ἕως ἑσπέρας (2 b)
— 17. ἀκάθαρτον ἔσται ἕως ἑσπέρας (2 b)
— 18. ἀκάθαρτοι ἔσονται ἕως ἑσπέρας (2 b)
— 19, 21, 22. ἀκάθαρτος ἔσται ἕως ἑσπέρας (2 b)
— 23. A R ἀκάθαρτος [B -ον] ἔσται ἕως ἑσπέρας (2 b)
— 27. ἀκάθαρτος ἔσται ἕως ἑσπέρας (2 b)
17. 15. B²R ἀκάθαρτος ἔσται [A B¹ om.] ἕως ἑσπέρας (2 b)
22. 6. ἀκάθαρτος ἔσται ἕως ἑσπέρας (2 b)
23. 32. ἀπὸ ἑσπέρας ἕως ἑσπέρας σαββατιεῖτε (2 b, 2 b)
24. 3. ἀπὸ ἑσπέρας ἕως πρωΐ (2 b)
Nu. 9. 3. πρὸς ἑσπέραν ποιήσεις [A -σετε] αὐτό (2 e)
— 11. τὸ [A om.] πρὸς ἑσπέραν ποιήσουσιν αὐτό (2 e)
— 15. τὸ ἑσπέρας ἦν ἐπὶ τῆς σκηνῆς [A γῆς] (2 g)
— 21. ἀφ' ἑσπέρας ἕως πρωΐ (2 b)
19. 7. ἀκάθαρτος ἔσται ὁ ἱερεὺς ἕως ἑσπέρας (2 b)
— 8, 10. ἀκάθαρτος ἔσται ἕως ἑσπέρας (2 b)
— 11. A² ἀκάθαρτος ἔσται ἑπτὰ ἡμέρας ἕως ἑσπέρας [B om. ἕ. ἑ.] –
— 19, 21, 22. ἀκάθαρτος ἔσται ἕως ἑσπέρας (2 b)
28. 4. ποιήσεις [A -σετε] τὸ πρὸς ἑσπέραν (2 e)
— 8. ποιήσεις τὸ πρὸς ἑσπέραν (2 e)
De. 16. 4. τὸ ἑσπέρας τῇ ἡμέρᾳ τῇ πρώτῃ (2 g)
— 6. ἑσπέρας πρὸς δυσμὰς [A -μαῖς] ἡλίου (2 b)
23. 11 (12). καὶ ἔσται τὸ πρὸς ἑσπέραν (2 f)
28. 67. πῶς ἂν γένοιτο ἑσπέρα καὶ τὸ ἑσπέρας ἐρεῖς (2 b, 2 g)
Jo. 5. 9 (10). ἐποίησαν οἱ υἱοὶ Ἰ. τὸ πάσχα . . . ἀφ' ἑσπέρας [A -ρου] (2 b)
7. 6 : 8. 29 : 10. 26. ἕως ἑσπέρας (2 b)
Jd. 19. 9. ἠσθένησεν ἡ ἡμέρα εἰς τὴν ἑ. [A al.] (2 a)
— 16. B ἐν ἑσπέρᾳ [A ἑσπέρας] (2 b)
20. 23, 26 : 21. 2. ἕως ἑσπέρας (2 b)
Ru. 2. 7. ἀπὸ πρωΐθεν καὶ ἕως ἑσπέρας (3)
— 17 : I Ki. 14. 24. ἕως ἑσπέρας (2 b)
I Ki. 23. 24. καθ' ἑσπέραν ἐκ δεξιῶν τοῦ Ἰ. (2 d)
II Ki. 11. 2. καὶ ἐγένετο πρὸς ἑσπέραν (2 b)
— 13. καὶ ἐξῆλθεν ἑσπέρας τοῦ κοιμηθῆναι (2 b)
III Ki. 22. 35. ἀπὸ πρωΐ ἕως ἑσπέρας (2 b ?)
— 35. καὶ ἀπέθανεν ἑσπέρας (2 b)
I Ch. 16. 40. τὸ πρωΐ καὶ τὸ ἑσπέρας (2 h)
23. 30. καὶ οὕτως τὸ ἑσπέρας (2 h)
II Ch. 18. 34. ἦν ἑστηκὼς ἐπὶ τοῦ ἅρματος ἕως ἑσπέρας (2 b)
II Es. 3. 3. τὸ πρωΐ καὶ εἰς ἑσπέραν (2 b)
4. 20. A B ἐπικρατοῦντες ὅλης τῆς ἑ. [R πέραν] τοῦ ποταμοῦ †
To. 6. 1. ἦλθον ἑσπέρας ἐπὶ τὸν Τίγριν ποταμόν [S al.]
Ju. 9. 1. τὸ θυμίαμα [A τοῦ θυμιάματος] τῆς ἑ. ἐκείνης
12. 9. A B προσηνέγκατο τὴν τροφὴν [A τρυφὴν] αὐτῆς πρὸς ἑσπέραν
Jb. 4. 20. ἀπὸ πρωΐθεν μέχρι [A S ἕως] ἑσπέρας (2 b)
7. 4. πότε ἑσπέρα (2 b)
— 4. ἀπὸ ἑσπέρας ἕως πρωΐ –
Ps. 29 (30). 5. τὸ ἑσπέρας αὐλισθήσεται κλαυθμός (2 g)
54 (55). 17. ἑσπέρας καὶ πρωΐ καὶ μεσημβρίας (2 b)
58 (59). 6, 14. ἐπιστρέψουσιν εἰς ἑσπέραν (2 b)
64 (65). 8. ἐξόδους πρωΐας καὶ ἑσπέρας τέρψεις (2 b)
89 (90). 6. τὸ ἑσπέρας ἀποπέσοι (2 h)
103 (104). 23. ἐπὶ τὴν ἐργασίαν αὐ. ἕως ἑσπέρας (2 b)
Ec. 11. 6. ἐν ἑσπέρᾳ [S εἰς ἑσπέραν] μὴ ἀφέτω ἡ χείρ σου (2 b)
Si. 18. 26. ἀπὸ πρωΐθεν ἕως ἑσπέρας μεταβάλλει καιρός
Za. 14. 7. πρὸς ἑσπέραν ἔσται φῶς (2 b)
Is. 17. 14. πρὸς ἑσπέραν καὶ [A S om.] ἔσται πένθος (2 b)
21. 13. ἐν τῷ δρυμῷ ἑσπέρας κοιμηθήσῃ (2 c)
Je. 6. 4. A ἐκλείπουσιν αἱ σκιαὶ τῆς ἑ. [B S ἡμέρας] (2 b)
Ez. 12. 4. ἐξελεύσῃ ἑσπέρας (2 b)
— 7. ἑσπέρας διώρυξα [A ὤρ.] ἐμαυτῷ τὸν τοῖχον (2 b)
24. 18. ἐνετείλατό μοι ἑσπέρας [A al.] (2 b)
33. 22. ἐγενήθη ἐπ' ἐμὲ χεὶρ κυρίου ἑσπέρας (2 b)
46. 2. ἡ πύλη οὐ μὴ κλεισθῇ ἕως ἑσπέρας (2 b)
Da. LXX. 8. 14. ἕως ἑσπέρας καὶ πρωΐ (2 b)
— 26. τὸ ὅραμα τὸ ἑσπέρας καὶ πρωΐ (2 i)
Da. TH. 6. 14 (15). A B²R ἕως ἑσπέρας ἦν ἀγωνιζόμενος (1)
8. 14. ἕως ἑσπέρας καὶ πρωΐ (2 b)
— 26. ἡ ὅρασις τῆς ἑ. (2 b)
I Ma. 9. 13. ἀπὸ πρωΐθεν ἕως [S μέχρι] ἑσπέρας
10. 80. ἐκ πρωΐθεν ἕως ἑσπέρας [A S δείλης]
III Ma. 5. 5. κατὰ τὴν ἑ. ἐξιόντες
IV Ma. 3. 8. γενομένης ἑ.
[Aq. Ps. 29 (30). 6 : 140 (141). 2 : Hb. 1. 8.]
[Sm. Ps. 58 (59). 7, 15 : 64 (65). 9 : Is. 17. 14 : Za. 14. 7.]
[Th. Jd. 19. 16 : Is. 17. 14 : Da. 6. 14†.]

ἑσπερινός. (1) עֶרֶב

Le. 23. 5. ἀνὰ μέσον τῶν ἑ. πάσχα τῷ κυρίῳ (1)
IV Ki. 16. 15. καὶ τὴν θυσίαν τὴν ἑ. (1)
II Es. 9. 4. ἕως τῆς θυσίας τῆς ἑ. (1)
— 5. ἐν θυσίᾳ τῇ ἑ. (1)
Ps. 140 (141). 2. ἔπαρσις τῶν χειρῶν μου θυσία ἑ. (1)
Pr. 7. 9. λαλοῦντα ἐν σκότει ἑσπερινῷ (1)
Da. LXX. 9. 21. ἐν ὥρᾳ θυσίας ἑ. (1)
Da. TH. 9. 21. ὡσεὶ ὥραν θυσίας ἑ. (1)
[Sm. Ps. 29 (30). 6 : 140 (141). 2.]
[Al. Nu. 9. 5.]

ἕσπερος. (1) כְּסִיל (2) עַיִשׁ (3) עֶרֶב

Jo. 5. 9 (10). A ἐποίησαν οἱ υἱοὶ Ἰσραὴλ τὸ πάσχα . . . ἀφ' ἑσπέρου [B -ας] (3)
Jb. 9. 9. ὁ ποιῶν Πλειάδα καὶ Ἕσπερον (1)
38. 32. ἕσπερον ἐπὶ κόμης αὐτοῦ ἄξεις αὐτά (2)
[Th. Jb. 38. 32.]

ἐσπευσμένως.

[Aq. Ps. 67 (68). 32.]
[Al. Ps. 139 (140). 11.]

ἐσσά.

[Heb. Ge. 2. 23.]

ἐσσήν.

[Heb. Ex. 28. 15.]

ἐσσίμ.

[Th. Ez. 30. 9.]

ἔστε. (1) כִּי

Jb. 13. 22. S¹ ἔστ' ἂν καλέσῃ [A B S² al.] (1)

ἑστία.

To. 2. 12. S ἔδωκαν αὐτῇ ἐφ' ἑστίᾳ ἔριφον [A B al.]

ἑστίασις.

[Aq. Je. 16. 5.]
[Al. Ge. 26. 30.]

ἑστιατορία (ἑστιατορεία). (1) אֲרֻחָה (2) לְחֶם

IV Ki. 25. 30. καὶ ἡ ἑ. αὐτοῦ ἑ. διὰ παντὸς [A ἑ. θεράποντος] ἐδόθη (1, 1)
Da. LXX. 5. 1. ἐποίησεν ἑστιατορίαν μεγάλην (2)
— 23. σὺ ἐποίησω ἑστιατορίαν τοῖς φίλοις σου †
[Aq. Je. 52. 34 bis.]
[Sm. Je. 40 (47). 5.]

ἐσχάρα. (1) אָח (2) גַּב (3) כִּידוֹד (4) כַּרְכֹּב (5) מִזְרָק (6) מִכְבָּר (7) מַרְחֶשֶׁת (8) פֶּחָם (9) רֶשֶׁת

Ex. 27. 4. ποιήσεις αὐτῷ ἐσχάραν ἔργῳ δικτυωτῷ χαλκῆν (6)
— 4. ποιήσεις τῇ ἐ. τέσσαρας δακτυλίους χαλκοῦς (9)
— 5. ὑποθήσεις αὐτοὺς ὑπὸ τὴν ἐ. τοῦ θυσιαστ. (4)
— 5. ἔσται δὲ ἡ ἐ. ἕως τοῦ ἡμίσους τοῦ θυσιαστηρίου (9)
30. 3. καταχρυσώσεις . . . τὴν ἐ. [A ἐσχαρίδα] αὐτοῦ (2)
Le. 2. 7. ἐὰν δὲ θυσία ἀπὸ ἐσχάρας τὸ δῶρόν σου (7)
6. 39 (7. 9). ἥτις ποιηθήσεται ἐπ' ἐσχάρας (7)
II Ch. 4. 11. καὶ τὴν ἐ. τοῦ θυσιαστηρίου (5 ?)
Jb. 41. 10 (11). R διαρριπτοῦνται ὡς [A B S om.] ἐσχάραι πυρός (3)
Pr. 26. 21. ἐσχάρα ἄνθραξι καὶ ξύλα πυρί (8)
Si. 50. 12. αὐτὸς ἑστὼς παρ' ἐσχάρᾳ [S¹ -ας] βωμοῦ
Je. 43 (36). 22. ἐ. πυρὸς κατὰ πρόσωπον αὐτοῦ (1)
— 23. ἔρριπτεν εἰς τὸ πῦρ τὸ ἐπὶ τῆς ἐ. ἕως ἐξέλιπε πᾶς ὁ χάρτης εἰς τὸ πῦρ τὸ ἐπὶ τῆς ἐ. (1, 1)

ἐσχαρίς. (1) נָג
Ex. 30. 3. A καταχρυσώσεις . . . τὴν ἐ. [B ἐσχάραν] αὐτοῦ (1)

ἐσχαρίτης. (1) אֶשְׁפָּר
II Ki. 6. 19. ἑκάστῳ [A *om.*] κολλυρίδα ἄρτου καὶ ἐσχαρίτην [A -ης] (1)

ἐσχατίζειν. (1) בּוֹשׁ pil.
Jd. 5. 28. A διὰ τί ἠσχάτισεν τὸ ἅρμα αὐτοῦ παραγενέσθαι [B *al.*] (1)
I Ma. 5. 53. ἦν Ἰούδας ἐπισυνάγων τοὺς ἐσχατίζοντας

ἐσχατογήρως.
Si. 41. 2. ἀνθρώπῳ . . . ἐσχατογήρῳ καὶ περισπωμένῳ περὶ πάντων
42. 8. R περὶ παιδείας . . . ἐσχατογήρου [A -ρῳ, B -ρως, S -ρους] κρινομένου [A -ῳ] πρὸς νέους

ἔσχατος. (1) *a.* אַחַר *b.* אָחוֹר *c.* אַחֲרוֹן *d.* אַחֲרִית *e.* לָאַחֲרֹנָה *f.* בְּאַחֲרִית *g.* **ἐπ᾽ ἐσχάτων ἡμερῶν** אַחֲרִית *h.* **ἐπ᾽ ἐσχάτων** אַחֲרִית *i.* **τὰ ἐπ᾽ ἐσχάτοις** אָחוֹר *j.* **ἐπ᾽ ἐσχάτων τῶν ἡμερῶν** אַחֲרֵי דְנָה (2) אָסַף pi. (3) אֶפֶס (4) *a.* אָרַח *b.* אֹרַח (5) גָּדוֹל (6) יַרְכָּה (7) מֶרְחָק (8) סוּף (9) *a.* **ἐπ᾽ ἐσχάτῳ, ἐπ᾽ ἐσχάτων** קֵין *b.* קָצֶה (10) שְׁבִיעִי (11) תַּכְלִית

Ge. 33. 2. καὶ Ῥαχὴλ καὶ Ἰωσὴφ ἐσχάτους (1 *d*)
49. 1. τί ἀπαντήσει ὑμῖν ἐπ᾽ ἐ. τῶν ἡμερῶν (1 *c*)
Ex. 4. 8. A B τῆς φωνῆς τοῦ σημείου τοῦ ἐ. [R δευτέρου] (1 *c*)
Le. 23. 16. B^{1}R τῆς ἐ. ἑβδομάδος [AB^2 ἑβδόμης] (10)
27. 18. ἐὰν δὲ ἔσχατον μετὰ τὴν ἄφεσιν ἁγιάσῃ (1 *a*)
Nu. 2. 31. ἔσχατοι ἐξαροῦσι [A ἀναζεύξουσιν] (1 *e*)
10. 25. ἔσχατοι πασῶν τῶν παρεμβολῶν (2)
24. 14. ἐπ᾽ ἐσχάτου τῶν ἡμερῶν (1 *d*)
31. 2. ἔσχατον προστεθήσῃ πρὸς τὸν λαόν σου (1 *a*)
De. 4. 30. ἐπ᾽ ἐσχάτῳ [A -ου] τῶν ἡμερῶν (1 *d*)
8. 16. ἐπ᾽ ἐσχάτων τῶν ἡμερῶν [A ἐπ᾽ ἐσχάτῳ] σου (1 *d*)
13. 9 (10). αἱ χεῖρες παντὸς τοῦ λαοῦ ἐπ᾽ ἐσχάτῳ (1 *c*)
17. 7. ἡ χεὶρ τοῦ λαοῦ ἐπ᾽ ἐσχάτων [A -ῳ] (1 *c*)
24. 3. καὶ μισήσῃ αὐτὴν ὁ ἀνὴρ ὁ ἔ. (1 *c*)
— 3. καὶ [A ἢ] ἀποθάνῃ ὁ ἀνὴρ ὁ ἔ. (1 *c*)
28. 49. μακρόθεν ἀπ᾽ ἐσχάτου τῆς γῆς (9 *b*)
31. 27. πῶς οὐχὶ καὶ ἔσχατον τοῦ θανάτου μου (1 *a*)
— 29. ἔσχατον τῆς τελευτῆς μου (1 *a*)
— 29. ἔσχατον τῶν ἡμερῶν (1 *f*)
32. 20. ἐπ᾽ ἐσχάτων ἡμερῶν [A *om.*] (1 *g*[1 *h*])
34. 2. ἕως τῆς θαλάσσης τῆς ἐ. (1 *c*)
Jo. 1. 4. καὶ ἕως τῆς θαλάσσης τῆς ἐ. (5)
10. 14. οὐδὲ τὸ πρότερον οὐδὲ τὸ ἔ. (1 *a*)
24. 27. ἐπ᾽ ἐσχάτων τῶν ἡμερῶν –
Jd. 15. 7. καὶ ἔσχατον κοπάσω [A *al.*] (1 *a*)
Ru. 3. 10. τὸ ἔ. ὑπὲρ τὸ πρῶτον (1 *c*)
I Ki. 29. 2. παρεπορεύοντο ἐπ᾽ ἐσχάτων [A -ῳ] (1 *c*)
II Ki. 2. 26. πικρὰ ἔσται εἰς τὰ ἔ. (1 *c*)
13. 15. B μείζων ἡ κακία ἡ ἐ. –
19. 11 (12), 12 (13). ἵνα τί γίνεσθε ἔσχατοι (1 *c*)
23. 1. οὗτοι οἱ λόγοι Δ. οἱ ἔ. (1 *c*)
24. 25. προσέθηκε Σ. ἐπὶ τὸ θυσιαστήριον ἐπ᾽ ἐσχάτῳ –
III Ki. 9. 26. ἐπὶ τοῦ χείλους τῆς ἐ. θαλάσσης (8)
17. 13. R ποιήσεις ἐπ᾽ ἐσχάτῳ [A -ων, B -ου] (1 *c*)
I Ch. 23. 27. ἐν τοῖς λόγοις Δ. τοῖς ἐ. (1 *c*)
II Ch. 9. 29. οἱ κατάλοιποι λόγοι Σ. οἱ πρῶτοι καὶ οἱ ἔ. (1 *c*)
12. 15. λόγοι Ῥ. οἱ πρῶτοι καὶ οἱ ἔ. (1 *c*)
16. 11. οἱ λόγοι Ἀ. οἱ πρῶτοι καὶ οἱ ἔ. (1 *c*)
20. 34. οἱ λοιποὶ λόγοι Ἰ. οἱ πρῶτοι καὶ οἱ ἔ. (1 *c*)
25. 26. οἱ λοιποὶ λόγοι Ἀ. οἱ πρῶτοι καὶ οἱ ἔ. (1 *c*)
26. 22. οἱ λοιποὶ λόγοι Ὀ. οἱ πρῶτοι καὶ οἱ ἔ. (1 *c*)
28. 26. αἱ πράξεις αὐτοῦ αἱ πρῶται καὶ αἱ ἔ. (1 *c*)
35. 27. οἱ λόγοι [A λοιποὶ λ.] αὐτοῦ οἱ πρῶτοι καὶ οἱ ἔ. (1 *c*)
I Es. 8. 39. ἐκ τῶν υἱῶν Ἀ. οἱ ἔ.
II Es. 8. 13. ἀπὸ υἱῶν Ἀ. ἔσχατοι (1 *c*)
Ne. 5. 15. ἐλάβοσαν παρ᾽ αὐτῶν . . . ἔ. ἀργύριον (1 *a*)
8. 18. ἕως τῆς ἡμέρας τῆς ἐ. (1 *c*)
To. 13. 11. S καὶ κατοικιεῖ πάντων τῶν ἐ. τῆς γῆς
Jb. 8. 7. τὰ δὲ ἔσχατά σου ἀμύθητα (1 *d*)
— 13. οὕτως τοίνυν ἔσται τὰ ἔ. πάντων τῶν ἐπιλανθανομένων τοῦ κυρίου (4 *b*)
11. 7. ἢ εἰς τὰ ἔ. ἀφίκου (11)
18. 20. ἐπ᾽ αὐτῷ ἐστέναξαν ἔσχατοι (1 *c*)
23. 8. τὰ δὲ ἐπ᾽ ἐσχάτοις τί οἶδα (1 *i*)
42. 12. ὁ δὲ κύριος εὐλόγησε τὰ ἐ. Ἰώβ (1 *d*)
Ps. 72 (73). 17. συνῶ εἰς τὰ ἔ. [S^2 ἔ. αὐτῶν] (1 *d*)
134 (135). 7. ἀνάγων νεφέλας ἐξ ἐσχάτου τῆς γῆς (9 *b*)
138 (139). 5. σὺ ἔγνως πάντα τὰ ἔ. (1 *b*)
— 9. ἐὰν . . . κατασκηνώσω εἰς τὰ ἔ. τῆς θαλ. (1 *d*)
Pr. 5. 11. μεταμεληθήσῃ ἐπ᾽ ἐσχάτων (1 *d*)
19. 20. ἵνα σοφὸς γένῃ ἐπ᾽ ἐσχάτων [S^1 -ῳ] σου (1 *d*)
23. 32. τὸ δὲ ἔ. ὥσπερ ὑπὸ ὄφεως πεπληγὼς ἐκτείνεται (1 *d*)
25. 8. ASR ἵνα μὴ μεταμεληθῇς ἐπ᾽ ἐσχάτων [B -ῳ] (1 *d*)
29. 21. ἔσχατον δὲ ὀδυνηθήσεται ἐφ᾽ ἑαυτῷ (1 *d*)
31. 25. εὐφράνθη ἐν ἡμέραις ἐσχάταις (1 *c*)
Ec. 1. 11. τοῖς ἐ. γενομ. οὐκ ἔσται αὐτῶν μνήμη μετὰ τῶν γενησομ. εἰς τὴν ἐ. (1 *c*, 1 *c*)
4. 16. οἱ ἔ. οὐκ εὐφρανθήσονται ἐπ᾽ [AS ἐν] αὐτῷ (1 *c*)
7. 9 (8). ἀγαθὴ ἐσχάτη λόγων ὑπὲρ ἀρχὴν αὐτοῦ (1 *d*)
10. 13. ASR ἐσχάτη στόματος [B *om.*] αὐτοῦ περιφέρεια πονηρά (1 *d*)
Wi. 2. 16. μακαρίζει ἔσχατα δικαίων
3. 17. ἄτιμον ἐπ᾽ ἐσχάτων τὸ γῆρας αὐτῶν
4. 19. ἕως ἐσχάτου [A -ων] χερσωθήσονται
Si. 1. 13. τῷ φοβουμένῳ τὸν κύριον εὖ ἔσται ἐπ᾽ ἐσχάτων [S^1 -ῳ]
2. 3. ἵνα αὐξηθῇς ἐπ᾽ ἐσχάτων σου [S^1 *om.*]
3. 26. καρδία σκληρὰ κακωθήσεται ἐπ᾽ ἐσχάτων
— 26. B καρδία σκληρὰ βαρυνθήσεται ἐπ᾽ ἐσχάτων
6. 28. ἐπ᾽ ἐσχάτων γὰρ εὑρήσεις τὴν ἀνάπαυσιν αὐτῆς
7. 36. μιμνήσκου τὰ ἔ. σου
12. 12. ἐπ᾽ ἐσχάτῳ [A S -ων] ἐπιγνώσῃ τοὺς λόγους μου
13. 7. ἐπ᾽ ἐσχάτῳ [S^2 -ων] καταμωκήσεταί σου
14. 7. ἐπ᾽ ἐσχάτων ἐκφαίνει τὴν κακίαν αὐτοῦ
21. 10. ἐπ᾽ ἐσχάτῳ [A -ων, S -ου] αὐτῆς βόθρος ᾅδου
24. 28. ὁ ἔ. οὐκ ἐξιχνίασεν αὐτήν
28. 6. μνήσθητι τὰ ἔ.
30. 1. AB^{2}R ἵνα εὐφρανθῇ ἐπ᾽ ἐσχάτῳ [B^{1}S -ων] αὐ.
— 10. ἐπ᾽ ἐσχάτῳ [A -ων] γομφιάσεις τοὺς ὀδόντας σου
34 (31). 22. ἐπ᾽ ἐσχάτῳ [A -ου, S^2 -ων] εὑρήσεις τοὺς λόγους μου
36 (33). 16. κἀγὼ ἔσχατος ἠγρύπνησα
38. 20. ἀπόστησον αὐτὴν μνησθεὶς τὰ ἔ.
41. 3. μνήσθητι προτέρων σου καὶ ἐσχάτων
48. 24. πνεύματι μεγάλῳ εἶδε τὰ ἔ.
51. 14. ἕως ἐσχάτων ἐκζητήσω αὐτήν
Ho. 3. 5. ἐκστήσονται ἐπὶ τῷ κ. . . . ἐπ᾽ ἐ. τῶν ἡμερῶν (1 *d*)
Mi. 4. 1. ἐπ᾽ ἐ. τῶν ἡμερῶν (1 *d*)
Jl. 2. 20. A^{2}BS καὶ τὰ ὀπίσω αὐ. εἰς τὴν θάλ. τὴν ἐ. (1 *c*)
Jn. 2. 6. ἄβυσσος ἐκύκλωσέ με ἐσχάτη (8)
Hg. 2. 10 (9). ἡ δόξα . . . ἡ ἐ. ὑπὲρ τὴν πρώτην (1 *c*)
Za. 14. 8. τὸ ἥμισυ αὐ. εἰς τὴν θάλ. τὴν ἐ. (1 *c*)
Is. 2. 2. ἐν ταῖς ἐσχάταις ἡμέραις (1 *d*)
8. 9. ἐπακούσατε ἕως [B^1 *add.* ἐπ᾽] ἐσχάτου τῆς γῆς (7)
37. 24. ἀνέβην . . . εἰς τὰ ἔ. τοῦ Λιβάνου (6)
41. 22. γνωσόμεθα τί τὰ ἔ. (1 *d*)
— 23. τὰ ἐπερχόμενα ἐπ᾽ ἐσχάτου (1 *b*)
45. 22. A^{2}BS σωθήσεσθε οἱ ἀπ᾽ ἐσχάτου τῆς γῆς (3)
46. 10. ἀναγγέλλων πρότερον τὰ ἔ. (1 *d*)
47. 7. οὐδὲ ἐμνήσθης τὰ ἔσχατα (1 *d*)
48. 20. ἕως ἐσχάτου τῆς γῆς (9 *b*)
49. 6. εἰς σωτηρίαν ἕως ἐσχάτου τῆς γῆς (9 *b*)
62. 11. ἐποίησεν ἀκουστὸν ἕως ἐσχάτου τῆς γῆς (9 *b*)
Je. 6. 22. ἀπ᾽ ἐσχάτου τῆς γῆς (6)
9. 2 (1). τίς δῴη μοι ἐν τῇ ἐρήμῳ σταθμὸν ἔ. (4 *a*?)
10. 13. ἀνήγαγε νεφέλας ἐξ ἐσχάτου τῆς γῆς (9 *b*)
16. 19. ἔθνη ἥξουσιν ἀπ᾽ ἐσχάτου τῆς γῆς (3)
Je. 17. 11. ἐπ᾽ ἐσχάτων αὐτοῦ ἔσται ἄφρων (1 *d*)
23. 20. ἐπ᾽ ἐσχάτου [A -ων] τῶν ἡμερῶν νοήσουσιν αὐτό (1 *d*)
25. 18 (49. 39). ἔσται ἐπ᾽ ἐσχάτου [A -ων] τῶν ἡμερῶν (1 *d*)
27 (50). 12. ἐσχάτη ἐθνῶν . . . οὐ κατοικηθήσεται (1 *d*)
— 41. ἐξεγερθήσονται ἀπ᾽ ἐσχάτου τῆς γῆς (6)
28 (51). 16. ἀνήγαγε νεφέλας ἀπ᾽ ἐσχάτου τῆς γῆς (9 *b*)
— 32 (31). ἀπ᾽ ἐσχάτου τῶν διαβάσεων αὐτοῦ ἐλήφθησαν (9 *b*)
32 (25). 32. ἐκπορεύεται ἀπ᾽ ἐσχάτου τῆς γῆς (6)
37 (30). 24. ἐπ᾽ ἐσχάτων [A -ου, S -ῳ] τῶν ἡμερῶν γνώσεσθε [S ἐπιγ.] αὐτά (1 *d*)
38 (31). 8. συνάξω αὐτοὺς ἀπ᾽ [A ἐπ᾽] ἐσχάτου τῆς γῆς (6)
La. 1. 9. οὐκ ἐμνήσθη ἔσχατα [A -ων] αὐτῆς (1 *d*)
Ez. 35. 5. AR ἐν καιρῷ ἀδικίας ἐπ᾽ ἐσχάτων [B -τῳ] (9 *a*)
38. 6. οἶκος τοῦ Θεργαμὰ ἀπ᾽ ἐσχάτου βορρᾶ (6)
— 8. ἐπ᾽ ἐσχάτου [A -ων] ἐτῶν ἐλεύσεται (1 *d*)
— 15. ἥξεις . . . ἀπ᾽ ἐσχάτου βορρᾶ (6)
— 16. ἐπ᾽ ἐσχάτων τῶν ἡμερῶν ἔσται (1 *d*)
39. 2. ἀναβιβῶ σε ἐπ᾽ [A ἀπ᾽] ἐσχάτου τοῦ βορρᾶ (6)
Da. LXX. 2. 28. ἐπ᾽ ἐ. τῶν ἡμερῶν (1 *d*)
— 45. τὰ ἐσόμενα ἐπ᾽ ἐ. τῶν ἡμερῶν (1 *j*)
8. 19. ἐπ᾽ ἐσχάτου τῆς ὀργῆς τοῖς υἱοῖς τοῦ λαοῦ σου (1 *d*)
— 23. ἐπ᾽ ἐσχάτου τῆς βασιλείας αὐτῶν (1 *d*)
10. 14. ἐπ᾽ ἐσχάτου τῶν ἡμερῶν (1 *d*)
11. 20. ἐν ἡμέραις ἐ. συντριβήσεται †
— 29. οὐκ ἔσται ὡς ἡ πρώτη καὶ ἡ ἐ. (1 *c*)
Da. TH. 2. 28. ἐπ᾽ ἐ. τῶν ἡμερῶν (1 *d*)
8. 3. AR ἀνέβαινεν ἐπ᾽ ἐσχάτων [B -ῳ] (1 *c*)
— 19. B ἐπ᾽ ἐσχάτῳ [A -ου, R -ων] τῆς ὀργῆς (1 *d*)
— 23. ἐπ᾽ ἐσχάτων [A -ῳ] τῆς βασιλείας αὐ. (1 *d*)
10. 14. ἐπ᾽ ἐ. τῶν ἡμερῶν (1 *d*)
11. 4. οὐκ εἰς τὰ ἔ. αὐτοῦ (1 *d*)
— 29. οὐκ ἔσται ὡς ἡ πρώτη καὶ ἡ ἐ. (1 *c*)
12. 8. τί τὰ [A *om.*] ἔ. τούτων (1 *d*)
I Ma. 3. 9. ἕως ἐσχάτου τῆς γῆς
4. 15. οἱ δὲ ἔ. πάντες ἔπεσον ἐν ῥομφαίᾳ
II Ma. 3. 31. τῷ παντελῶς ἐν ἐ. πνοῇ κειμένῳ
7. 9. ἐν ἐ. δὲ πνοῇ γενόμενος
— 41. ἐσχάτη δὲ τῶν υἱῶν ἡ μήτηρ ἐτελεύτησε

[**Aq.** Ex. 4. 8 : Dt. 11. 24 : 32. 29 : Ps. 36 (37). 37, 38 : Pr. 14. 12 : Is. 9. 1 (8. 23) : 30. 8 : 48. 12 : Je. 12. 4 : 31 (38). 17 : 50 (27). 17 : Ez. 23. 25.]
[**Sm.** Dt. 11. 24 : Ps. 36 (37). 37, 38 : 43 (44). 11 : 72 (73). 17 : Pr. 29. 11 : Is. 9. 1 (8. 23) : 30. 8 : 48. 12 : 56. 11 : 66. 24 : Je. 12. 4 : 29 (36). 17 : 31 (38). 17 : 50 (27). 17 : Ez. 23. 25.]
[**Th.** Dt. 11. 24 : Jb. 19. 25 : Ps. 36 (37). 37, 38 : 73 (74). 14 : Pr. 14. 12 : Is. 9. 1 (8. 23) : 30. 8 : 34. 10 *bis* : 41. 4 : 48. 12 : 56. 11 : Je. 31 (38). 17 : 48 (31). 47 : Ez. 23. 25 : Da. 2. 28 : 11. 29.]
[**Al.** Nu. 23. 10 : II Ki. 2. 26 : Pr. 14. 13.]

ἐσχαύ.
[**Heb.** Ge. 34. 2.]

ἔσω, ἐσώτερον (εἴσω). (1) *a.* בַּבַּיִת *b.* בַּיְתָה *c.* **ἐσώτερον** מִבֵּית לְ (2) *a.* **ἔσω ἐν** לִפְנֵי *b.* פְּנִימָה *c.* לִפְנִימָה (3) **ἐσώτερον** בְּיַרְכְּתֵי (4) **τὸ ἔ.** קַרְקַע (5) *a.* לְ *b.* **ἐσώτερον** לְ

Ge. 39. 11. οὐθεὶς ἦν τῶν ἐν τῇ οἰκίᾳ ἔ. (1 *a*)
Ex. 26. 33. εἰσοίσεις ἐκεῖ ἐσώτερον τοῦ καταπετάσματος (1 *c*)
Le. 10. 18. ἔσω [A ἕως] φάγεσθε αὐτό (2 *b*?)
16. 2. μὴ εἰσπορευέσθωσαν . . . ἐσώτερον τοῦ καταπετάσμ. (1 *c*)
— 12. εἰσοίσει ἐσώτερον τοῦ καταπετάσμ. (1 *c*)
— 15. εἰσοίσει [A οἴσουσιν] . . . ἐσώτερον τοῦ καταπετάσμ. (1 *c*)
Nu. 3. 10. καὶ ἔσω [A τὰ ἔ.] τοῦ καταπετάσματος –
I Ki. 24. 4. ἐσώτερον τοῦ σπηλαίου ἐκάθηντο (3)
III Ki. 6. 15. περιέσχε τὸ ἔσω τοῦ οἴκου (4)
— 18. A πρὸς τὸν οἶκον ἔ. (2 *b*)
— 22. A ὅλον τὸ ἔσω τοῦ δαβεὶρ ἐπετάλωσεν χρυσίῳ (5 *a*?)

III Ki. 6. 36. ἐχόμενον ἕκαστον κατὰ πρόσωπον [A πρ. αὐτοῦ] ἔ. –
IV Ki. 7. 11. ἀνήγγειλαν εἰς τὸν οἶκον τοῦ βασιλέως ἔ. (2 *b*)
II Ch. 4. 4. ἦσαν τὰ ὀπίσθια αὐτῶν ἔ. (1 *b*)
29. 16. B εἰσῆλθον οἱ ἱερεῖς ἔ. [A B ἕως] εἰς τὸν οἶκον (2 *c*)
— 18. εἰσῆλθαν ἔ. πρὸς 'Ε. (2 *b*)
Jb. 1. 10. τὰ ἔξω αὐτοῦ καὶ τὰ ἔσω τῆς οἰκίας αὐ. †
Is. 22. 11. ἐσώτερον τῆς κολυμβήθρας τῆς ἀρχαίας (5 *b*?)
Ez. 9. 6. οἳ ἦσαν ἔ. ἐν τῷ οἴκῳ (2 *a*)
44. 17. A ἀπὸ τῆς πύλης τῆς ἐσωτέρας αὐλῆς καὶ ἔ. [B *om.* κ. ἔ.] (1 *b*)
Da. TH. Bel 19. τοῦ μὴ εἰσελθεῖν αὐτὸν ἔ.
II Ma. 14. 43. A τῶν ὄχλων ἔσω [B εἴσω] τῶν θυρωμ. εἰσβαλλόντων
[**Aq.** I Ki. 26. 19 (τὸ ἔ.) : Ez. 44. 17.]
[**Sm.** I Ki. 26. 19 (τὸ ἔ.) : II Ki. 5. 9 : III Ki. 6. 16 (ἐσώτερον), 18, 19 : Ez. 40. 9 (ἐσώτερον).]
[**Th.** I Ki. 25. 1 (τὸ ἔ.) : 26. 19 (τὸ ἔ.) : Ez. 44. 17.]

ἔσωθεν. (1) *a.* בַּבַּיִת *b.* בַּיְתָה *c.* מִבַּיִת *d.* מִבַּיְתָה *e.* מִבַּיִת לְ *f.* אֶל־מִבֵּית לְ *g.* בַּיִת לְ (2) *a.* לִפְנֵי *b.* פְּנִימָה *c.* לִפְנִימָה *d.* מִפְּנִימָה *e.* פְּנִימִי *f.* לִפְנִימָה לְ

Ge. 6. 14. ἀσφαλτώσεις αὐτὴν ἔ. καὶ ἔξωθεν (1 *c*)
Ex. 25. 10 (11). ἔ. καὶ ἔξωθεν χρυσώσεις αὐτήν (1 *c*)
36. 27 (39. 19). ἐπὶ τὸ ἄκρον τοῦ ὀπισθίου τῆς ἐπωμίδος ἔ. (1 *b*)
38 (37). 2. κατεχρύσωσεν αὐτὴν . . . ἔ. (1 *c*)
Le. 14. 41. τὴν οἰκίαν ἀποξύσουσιν ἔ. κύκλῳ (1 *c*)
III Ki. 6. 15. A R ᾠκοδόμησε τοὺς τοίχους τοῦ οἴκου ἔ. [B *om.*] (1 *d*)
— 15. A R συνεχόμενα [B -ος] ξύλοις ἔ. (1 *c*)
— 16. A καὶ ἐποίησεν αὐτῷ ἔ. τοῦ δαβείρ [B *al.*] (1 *e*)
— 19. ἐν μέσῳ τοῦ οἴκου ἔ. (2 *d*)
7. 31. A καὶ στόμα αὐ. ἔ. τῆς κεφαλίδος (1 *e*)
— 9. ἐκ διαστήματος ἔ. (1 *c*)
IV Ki. 6. 30. τὸν σάκκον ἐπὶ τῆς σαρκὸς αὐτοῦ ἔ. (1 *c*)
11. 15. ἐξαγάγετε αὐτὴν ἔ. [B^2 ὄπισθεν] τῶν σαδ. [A B^1 *al.*] (1 *f*)
II Ch. 3. 4. καὶ κατεχρύσωσεν αὐτὸν ἔ. (2 *d*)
Ps. 44 (45). 13. A B^2 S^2 πᾶσα ἡ δόξα αὐ. θυγατρὸς τοῦ βασ. ἔ. [B^1 S^1 R 'Εσεβών] (2 *b*)
Ez. 1. 27. A ὡς ὅρασις πυρὸς ἔ. αὐτοῦ (1 *g*)
7. 15. ὁ λιμὸς καὶ ὁ θάνατος ἔ. (1 *c*)
40. 9. A πλησίον τοῦ αἰλὰμ τῆς πύλης ἔ. [B *om.*] –
— 9. καὶ τὰ αἰλὰμ τῆς πύλης ἔ. (1 *c*)
— 15. εἰς τὸ αἴθριον [A *add.* τῆς πύλης τοῦ] αἰλὰμ τῆς πύλης ἔ. (2 *e*)
— 16. ἐπὶ τὸ θεεὶμ [A τὰ θεὲ ἔ.] καὶ ἐπὶ τὰ αἰ. ἔ. τῆς πύλης (–, 2 *f*)
— 16. θυρίδας κύκλῳ ἔ. (2 *c*)
— 19. ἀπὸ τοῦ αἰθρίου τῆς πύλης τῆς ἐξωτέρας ἔ. (2 *a*?)
— 22. τὰ αἰλαμμὼν ἔ. (2 *a*)
— 26. αἰλαμμὼν ἔ. καὶ φοίνικες αὐτῇ (2 *a*)
— 43. γεῖσος λελαξευμένον ἔ. [A ἔξωθεν] κύκλῳ (1 *a*)
41. 17. ἐν τῷ ἔ. καὶ ἐν τῷ ἔξωθεν (2 *e*)
42. 15. συνετελέσθη ἡ διαμέτρησις τοῦ οἴκου ἔ. (2 *e*)
46. 2. κατὰ τὴν ὁδὸν τοῦ αἰλὰμ τῆς πύλης τῆς ἔ. [A ἔξωθεν] †
Da. LXX. Bel 6. ἔ. μὲν πήλινός ἐστιν
Da. TH. Bel 7. ἔ. μέν ἐστι πηλός
[**Aq.** III Ki. 6. 15, 16 : Ez. 1. 27.]
[**Sm.** III Ki. 6. 15.]
[**Th.** Ex. 28. 26 : III Ki. 6. 15, 16 : Ps. 44 (45). 14 : Ez. 1. 27.]

ἐσώτερον, *vid.* ἔσω.

ἐσώτερος, ἐσώτατος. (1) חִיצוֹן (2) עֶלְיוֹן (3) *a.* מִלִּפְנִים *b.* פְּנִימָה *c.* לִפְנֵי *d.* פְּנִימִי

III Ki. 6. 17. A οὗτος ὁ ναὸς ὁ ἐσώτατος [B *al.*] (3 *c*)
— 27. ἐν μέσῳ τοῦ οἴκου τοῦ ἐσωτάτου (3 *d*)
— 29. τῷ ἐσωτέρῳ καὶ τῷ ἐξωτέρῳ (3 *a*)
— 30. τοῦ ἐσωτάτου καὶ τοῦ ἐξωτάτου (3 *b*)
— 36. ᾠκοδόμησε τὴν αὐλὴν τὴν ἐσωτάτην (3 *d*)
III Ki. 7. 50. τὰ θυρώματα τῶν θυρῶν τοῦ οἴκου τοῦ ἐσωτάτου (3 *d*)
— 12. A ᾠκοδόμησεν αὐλὴν . . . τὴν ἐσωτάτην (3 *d*)
I Ch. 28. 11. καὶ τῶν ἀποθηκῶν τῶν ἐσωτέρων (3 *d*)
— 20. καὶ τὰς ἀποθήκας τὰς ἐσωτέρας –
II Ch. 4. 22. καὶ ἡ θύρα τοῦ οἴκου ἡ ἐσωτέρα (3 *d*)
23. 20. καὶ εἰσῆλθε διὰ τῆς πύλης τῆς ἐσωτέρας (2)
Es. 4. 11. ὃς εἰσελεύσεται . . . εἰς τὴν αὐλὴν τὴν ἐσωτέραν [A ἐντοτέραν] (3 *d*)
Jb. 28. 18. ἕλκυσον σοφίαν ὑπὲρ τὰ ἐσώτατα †
Ez. 8. 3. A ἐπὶ τὰ πρόθυρα τῆς πύλης τῆς ἐ. [B *om.* τ. ἐ.] (3 *d*)
— 16. εἰς τὴν αὐλὴν οἴκου κυρίου τὴν ἐ. (3 *d*)
10. 3. ἡ νεφέλη ἔπλησε τὴν αὐλὴν τὴν ἐ. (3 *d*)
40. 17. εἰσήγαγέ με εἰς τὴν αὐλὴν τὴν ἐ. (1)
— 23. πύλη τῇ αὐλῇ τῇ ἐ. βλέπουσα ἐπὶ πύλην τοῦ βορρᾶ (3 *d*)
— 27. πύλη κατέναντι τῆς πύλης τῆς αὐλῆς τῆς ἐ. (3 *d*)
— 28. εἰσήγαγέ με εἰς τὴν αὐλὴν τὴν ἐ. τῆς πύλης (3 *d*)
— 34. αἰλαμμὼν εἰς τὴν αὐλὴν τὴν ἐ. (1)
— 44. εἰς τὴν αὐλὴν τὴν ἐ. καὶ ἰδοὺ δύο ἐξέδραι ἐν τῇ αὐλῇ τῇ ἐ. (3 *d*, 3 *d*)
41. 3. εἰσῆλθεν εἰς τὴν αὐλὴν τὴν ἐ. (3 *b*)
— 17. ἕως πλησίον τῆς ἐ. καὶ ἕως τῆς ἐξωτέρας (3 *d*)
42. 1. εἰσήγαγέ με εἰς τὴν αὐλὴν τὴν ἐ. [A ἐξωτέραν] (1)
— 3. αἱ πύλαι τῆς αὐλῆς τῆς ἐ. (3 *d*)
43. 5. εἰσήγαγέ με εἰς τὴν αὐλὴν τὴν ἐ. (3 *d*)
44. 17. ἐν τῷ εἰσπορεύεσθαι αὐτοὺς τὰς πύλας τῆς αὐλῆς τῆς ἐ. . . . ἐν τῷ λειτουργεῖν αὐτοὺς ἀπὸ τῆς πύλης τῆς ἐ. αὐλῆς (3 *d*, 3 *d*)
— 21. ἐν τῷ εἰσπορεύεσθαι αὐτοὺς εἰς τὴν αὐλὴν τὴν ἐ. (3 *d*)
— 27. ᾗ ἂν ἡμέρᾳ εἰσπορεύωνται εἰς τὴν αὐλὴν τὴν ἐ. (3 *d*)
45. 19. ἐπὶ τὰς φλιὰς τῆς πύλης τῆς αὐλῆς τῆς ἐ. (3 *d*)
46. 1. πύλη ἡ ἐν τῇ αὐλῇ τῇ ἐ. (3 *d*)
I Ma. 9. 54. τὸ τεῖχος τῆς αὐλῆς τῶν ἁγίων τῆς ἐ.
[**Sm.** III Ki. 6. 17 : Pr. 8. 11 : Ez. 40. 15, 31.]
[**Th.** Jb. 28. 18 : Pr. 20. 15 : Ez. 42. 4.]
[**Al.** Ps. 127 (128). 3.]

ἐτάζειν. (1) בָּחַן (2) בִּקֵּשׁ pu. (3) דָּרַשׁ (4) חָקַר (5) נָגַע pi. (6) פָּקַד

Ge. 12. 17. ἤτασεν ὁ θεὸς τὸν Φ. ἐτασμοῖς μεγ. (5)
De. 13. 14 (15). R καὶ ἐτάσεις [A ἐξετ.] (3)
I Ch. 28. 9. πάσας καρδίας ἐτάζει [A ἐξετ.] κύριος (3)
29. 17. σὺ εἶ ὁ ἐτάζων καρδίας (1)
I Es. 9. 16. ἐτάσαι τὸ πρᾶγμα
Es. 2. 23. ἤτασε [S^3 ἀνήτ.] τοὺς δύο εὐνούχους (2)
Jb. 32. 11. ἄχρις οὗ ἐτάσητε λόγους (4)
33. 27. οὐκ ἄξια ἤτασέ [S^1 ἡτοίμασέν] με ὧν ἥμαρτον †
36. 23. τίς δέ ἐστιν ὁ ἐτάζων αὐτοῦ τὰ ἔργα (6)
Ps. 7. 9. ἐτάζων καρδίας καὶ νεφροὺς ὁ θεός (1)
138 (139). 23. ἔτασόν με (1)
Wi. 2. 19. ὕβρει καὶ βασάνῳ ἐτάσωμεν αὐτόν
6. 6. δυνατοὶ δὲ δυνατῶς ἐτασθήσονται
Je. 17. 10. ἐγὼ κύριος ἐτάζων καρδίας (4)
La. 3. 40. ἐξηρευνήθη ἡ ὁδὸς ἡμῶν καὶ ἠτάσθη (4)
Da. LXX. Su. 51. ἵνα ἐτάσω αὐτούς
[**Th.** Jb. 32. 11.]
[**Al.** La. 3. 40.]

ἑταίρα. (1) אַחֶרֶת (2) אִשָּׁה

Jd. 11. 2. υἱὸς γυναικὸς ἑταίρας [A ἑτέρας εἶ] σύ (1)
Pr. 19. 13. οὐχ ἁγναὶ εὐχαὶ ἀπὸ μισθώματος ἑταίρας (2)
Si. 41. 20. ἀπὸ ὁράσεως γυναικὸς ἑ. [A S ἑτέρας]
II Ma. 6. 4. B ῥᾳθυμούντων μεθ' ἑταιρῶν [A ἑτέρων]
[**Aq.** Is. 34. 15.]
[**Sm.** Ca. 1. 15 : Is. 34. 15.]

ἑταιρεία.

[**Sm.** Am. 6. 7.]

ἑταιρεῖσθαι.

[**Aq.** Ps. 59 (60). 10.]

ἑταιρία.

[**Sm.** Je. 6. 11 : 16. 5.]

ἑταιρίζεσθαι.

Si. 9. 3. μὴ ὑπάντα γυναικὶ ἑταιριζομένῃ

ἑταιρικός.

[**Sm., Th.** Pr. 21. 9.]

ἑταιρίς.

[**Sm.** Ho. 4. 14.]

ἑταῖρος. (1) חָבֵר (2) *a.* רֵעַ *b.* רֵעֶה *c.* מֵרֵעַ (3) ἑταῖρος εἶναι רָעָה *a.* pi. *b.* hithp.

Jd. 4. 17. Χαβὲρ ἑταίρου [A *om.*] τοῦ Κιναίου †
14. 11. A προσκατέστησαν αὐτῷ ἑτέρους [? ἑταίρους, B καὶ ἔλαβον] τριάκοντα κλητούς (2 *c*)
— 20. A ὃς ἦν ἑταῖρος αὐτοῦ [B ὧν ἐφιλίασε] (3 *a*)
II Ki. 13. 3. καὶ ἦν τῷ 'Α. ἑταῖρος (2 *a*)
15. 37. Χ. ὁ ἑ. [A ἀρχιετ.] Δ. (2 *b*)
16. 17. τοῦτο τὸ ἔλεός σου μετὰ τοῦ ἑ. σου (2 *b*)
— 17. ἵνα τί οὐκ ἀπῆλθες μετὰ τοῦ ἑ. σου (2 *b*)
III Ki. 2. 22. καὶ αὐτῷ 'Ι. . . . ἀρχιστράτηγος ἑταῖρος –
4. 5. καὶ Ζ. . . . ἑταῖρος τοῦ βασιλέως (2 *b*)
16. 11. A οὐχ ὑπέλειπεν αὐτῷ . . . ἑταῖρον αὐ. (2 *a*)
Jb. 30. 29. ἑταῖρος δὲ στρουθῶν (2 *a*)
31. 10. S ἀρέσαι ἄρα καὶ ἡ γυνή μου ἑταίρῳ [A B ἑτέρῳ] †
Pr. 22. 24. μὴ ἴσθι ἑταῖρος ἀνδρὶ θυμώδει (3 *b*)
27. 17. ἀνὴρ δὲ παροξύνει πρόσωπον ἑταίρου [A ἑτέρου] (2 *a*)
Ec. 4. 4. αὐτὸ ζῆλος ἀνδρὸς ἀπὸ τοῦ ἑ. [A S ἑτέρου] αὐ. (2 *a*)
Ca. 1. 7. ὡς περιβαλλομένη ἐπ' ἀγέλαις ἑταίρων σου (1)
8. 13. ἑταῖροι [S ἕτεροι] προσέχοντες τῇ φωνῇ σου (1)
Si. 11. 6. B^1 S ἔνδοξοι παρεδόθησαν εἰς χεῖρας ἑταίρων [A B^2 R ἑτέρων]
37. 2. ἑταῖρος καὶ φίλος τρεπόμενος εἰς ἔχθραν [A -όν]
— 4. ἑταῖρος φίλου ἐν εὐφροσύνῃ ἥδεται
— 5. ἑταῖρος φίλῳ συμπονεῖ χάριν γαστρός
40. 23. φίλος καὶ ἑταῖρος εἰς καιρὸν ἀπαντῶντες
42. 3. περὶ δόσεως κληρονομίας ἑταίρων [A S ἑτέρων]
Da. LXX. 5. 1. ἐποίησεν ἑστιατορίαν μεγάλην τοῖς ἑ. αὐτοῦ †
— 2. οἰνοχοῆσαι ἐν αὐτοῖς τοῖς ἑ. αὐτοῦ †
III Ma. 2. 25. διὰ δὲ τῶν προαποδεδειγμένων . . . ἑ.
6. 6. τοὺς κατὰ τὴν Βαβυλωνίαν τρεῖς ἑ.
[**Aq.** I Ki. 15. 28 : 20. 41 : 28. 17 : Jb. 36. 33 : Ps. 27 (28). 3 : 44 (45). 9 : Pr. 6. 1, 24, 29 : 16. 29 : 25. 9 : 27. 9 : Ca. 5. 1 : Is. 34. 14 : 38. 12 : 41. 6 : La. 1. 2.]
[**Sm.** I Ki. 15. 28 : Jb. 16. 21 : 36. 33 : 42. 7 : Ps. 14 (15). 4 : 27 (28). 3 : 34 (35). 14 : 37 (38). 12 : 44 (45). 9 : 87 (88). 19 : Pr. 16. 29 : 25. 9, 17 : Ec. 4. 10 : Ca. 5. 1 : Is. 34. 14 : La. 1. 2.]
[**Th.** Jb. 31. 32 : Pr. 6. 29 : 25. 9 : La. 1. 2.]
[**Al.** Ex. 2. 13 : II Ki. 3. 8 : Ps. 138 (139). 17 : Pr. 16. 28 : 22. 11 : Hb. 2. 15.]
[**Quint.** Ca. 1. 13.]

ἔτασις. (1) עַד (2) ἔτασιν ποιεῖν קוּם

Jb. 10. 17. ἐπανακαινίζων ἐπ' ἐμὲ τὴν ἔ. μου [A σου] (1)
12. 6. ὡς οὐχὶ καὶ ἔτασις αὐτῶν ἔσται †
31. 14. ἐὰν ἔτασίν μου ποιῆται ὁ κύριος (2)

ἐτασμός. (1) נֶגַע

Ge. 12. 17. ἤτασεν ὁ θ. τὸν Φ. ἐτασμοῖς μεγάλοις (1)
Ju. 8. 27. εἰς ἐτασμὸν τῆς καρδίας αὐτῶν
II Ma. 7. 37. καὶ σὲ μετὰ ἐτασμῶν . . . ἐξομολογήσασθαι

ἐταστής.

[**Th.** Ps. 7. 10.]

ἑτερογενής.

[**Sm.** Dt. 22. 11.]

ἑτερόγλωσσος.

[**Aq.** Ps. 113 (114). 1 : Is. 33. 19.]

ἑτερόζυγος. (1) כִּלְאַיִם

Le. 19. 19. τὰ κτήνη σου οὐ κατοχεύσεις ἑτεροζύγῳ (1)

ἑτεροκλινεῖν.

[Sm. Ps. 16 (17). 11.]

ἑτεροκωφεῖν.

Si. 19. 27. συγκύφων πρόσωπον καὶ ἑτεροκωφῶν

ἑτερολογία.

[Sm. Ps. 138 (139). 4.]

ἕτερος, *cf.* μηδέτερος, μηθέτερος. (1) אָח
(2) אֶחָד (3) אָחוֹת (4) *a.* אַחֵר *b.* אַחֲרֵי
c. אָחֳרָן *d.* אַחֲרוֹן (5) *a.* אִישׁ *b.* אִשָּׁה
(6) זֶה (7) זָר (8) חָדָשׁ (9) כֹּל
(10) נֵכָר (11) עוֹד (12) *a.* רֵעַ *b.* רְעוּת
(13) שֵׁנִי

Ge. 4. 25. ἐξανέστησε γάρ μοι ὁ θεὸς σπέρμα ἕ. (4 *a*)
8. 10, 12. ἡμέρας ἑπτὰ ἑτέρας (4 *a*)
17. 21. ἐν τῷ ἐνιαυτῷ τῷ ἑ. (4 *a*)
26. 21, 22. ὤρυξε φρέαρ ἕ. (4 *a*)
29. 19. ἀνδρὶ ἑ. (4 *a*)
— 27. ἔτι ἑπτὰ ἔτη ἕ. (4 *a*)
— 30. ἑπτὰ ἔτη ἕ. (4 *a*)
30. 24. υἱὸν ἕ. (4 *a*)
31. 49. A ὅτι ἀποστησόμεθα ἕτερος ἀπὸ τοῦ ἑ. [R ἀφ' ἑ.] (5 *a*, 12 *a*)
37. 9. ἐνύπνιον ἕ. (4 *a*)
— 9. ἐνύπνιον ἕ. (11)
41. 19. ἑπτὰ βόες ἕτεραι (4 *a*)
42. 13. ὁ δὲ ἕ. οὐχ ὑπάρχει (2)
43. 22. καὶ ἀργύριον ἕ. ἠνέγκαμεν (4 *a*)
Ex. 1. 8. βασιλεὺς ἕ. (8)
16. 15. εἶπαν ἕτερος τῷ ἑτέρῳ (5 *a*, 1)
20. 3. θεοὶ ἕ. πλὴν ἐμοῦ (4 *a*)
22. 5 (4). καταβοσκῆσαι ἀγρὸν ἕ. (4 *a*)
— 20 (19). A ὁ θυσιάζων θεοῖς ἑ. [B *om.*] –
23. 13. ὄνομα θεῶν ἑ. (4 *a*)
26. 3. ἐξ ἀλλήλων ἐχόμεναι ἡ ἑ. ἐκ τῆς ἑ. (5 *b*, 3)
— 3. συνεχόμεναι ἑτέρα τῇ ἑ. [A ἐκ τῆς ἑ.] (5 *b*, 3)
— 6. συνάψεις τὰς αὐλαίας ἑτέραν τῇ ἑ. (5 *b*, 3)
— 17. δύο ἀγκωνίσκους . . . ἀντιπίπτοντας ἕτερον τῷ ἑ. (5 *b*, 3)
— 28. ἀπὸ τοῦ ἑνὸς κλίτους εἰς τὸ ἕ. κλίτος –
28. 7. συνέχουσαι ἔσονται αὐτῷ ἑτέρα τὴν ἑ. –
30. 9. θυμίαμα ἕ. (7)
34. 14. οὐ γὰρ μὴ προσκυνήσητε θεοῖς ἑ. [A θεῷ ἑ.] (4 *a*)
Le. 14. 42. R λίθους ἀπεξυσμένους ἑ. [A B στερεούς] (4 *a*)
— 42. χοῦν ἕ. λήψονται (4 *a*)
27. 20. ἀποδῶται τὸν ἀγρὸν ἀνθρώπῳ ἑ. (4 *a*)
Nu. 14. 4. εἶπαν ἕτερος τῷ ἑ. (5 *a*, 1)
— 24. πνεῦμα ἕ. ἐν αὐτῷ (4 *a*)
36. 9. ἐκ φυλῆς ἐπὶ φυλὴν ἑ. (4 *a*)
De. 4. 28. λατρεύσετε ἐκεῖ θεοῖς ἑ. –
5. 7. οὐκ ἔσονταί σοι θεοὶ ἕ. (4 *a*)
6. 14. οὐ πορεύσεσθε ὀπίσω θεῶν ἑ. (4 *a*)
7. 4. λατρεύσει θεοῖς ἑ. (4 *a*)
8. 19. καὶ πορευθῇς ὀπίσω θεῶν ἑ. (4 *a*)
11. 16. καὶ λατρεύσητε θεοῖς ἑ. (4 *a*)
— 28. λατρεύειν θεοῖς ἑ. (4 *a*)
13. 2 (3), 6 (7), 13 (14). λατρεύσωμεν θεοῖς ἑ. (4 *a*)
17. 3. λατρεύσωσι θεοῖς ἑ. (4 *a*)
18. 20. ἐν [A ἐπ'] ὀνόματι θεῶν ἑ. (4 *a*)
20. 5. καὶ ἄνθρωπος ἕ. ἐγκαινιεῖ αὐτήν (4 *a*)
— 6. καὶ ἄνθρωπος ἕ. εὐφρανθήσεται ἐξ αὐτοῦ (4 *a*)
— 7. καὶ ἄνθρωπος ἕ. λήψεται αὐτήν (4 *a*)
24. 2. καὶ ἀπελθοῦσα γένηται ἀνδρὶ ἑ. (4 *a*)
28. 14. πορεύεσθαι ὀπίσω θεῶν ἑ. (4 *a*)
— 30. ἀνὴρ ἕ. ἕξει αὐτήν (4 *a*)
— 32. A B[a] R δεδομέναι ἔθνει ἑ. (4 *a*)
— 36. λατρεύσεις ἐκεῖ θεοῖς ἑ. (4 *a*)
— 64. δουλεύσεις ἐκεῖ θεοῖς ἑ. (4 *a*)
— 65. καρδίαν ἑ. ἀπειθοῦσαν [A *al.*] –
29. 22 (21). ἡ γενεὰ ἡ ἑ. οἱ υἱοὶ ὑμῶν (4 *d*)
— 26 (25). ἐλάτρευσαν θεοῖς ἑ. (4 *a*)
— 28 (27). ἐξέβαλεν αὐτοὺς εἰς γῆν ἑ (4 *a*)
30. 17. προσκυνήσῃς θεοῖς ἑ. (4 *a*)
Jo. 23. 16. λατρεύσητε θεοῖς ἑ. (4 *a*)
24. 2. ἐλάτρευσαν θεοῖς ἑ. (4 *a*)
Jo. 24. 16. λατρεύειν θεοῖς ἑ. (4 *a*)
— 20. καὶ λατρεύσητε θεοῖς ἑ. [A ἀλλοτρίοις] (10)
Jd. 2. 10. ἀνέστη γενεὰ ἑ. μετ' αὐτούς (4 *a*)
— 12. ἐπορεύθησαν ὀπίσω θεῶν ἑ. (4 *a*)
— 17. ἐξεπόρνευσαν ὀπίσω θεῶν ἑ. (4 *a*)
— 19. πορεύεσθαι [A -ευθῆναι] ὀπίσω θεῶν ἑ. (4 *a*)
9. 37. ἀρχὴ ἑ. ἔρχεται [A μία παραγίνεται] (2)
10. 13. ἐδουλεύσατε [A ἐλατρεύσατε] θεοῖς ἑ. (4 *a*)
11. 2. A υἱὸς γυναικὸς ἑ. εἶ [B γ. ἑταίρας] σύ (4 *a*)
— 34. οὐκ ἦν αὐτῷ ἕ. υἱός [A *al.*] –
14. 11. A προσκατέστησαν αὐτῷ ἑτέρους [? ἑταίρους] τριάκοντα [B *al.*] †
Ru. 2. 8. ἐν ἀγρῷ συλλέξαι ἑτέρῳ (4 *a*)
— 22. οὐκ ἀπαντήσονταί σοι ἐν ἀγρῷ ἑτέρῳ (4 *a*)
I Ki. 8. 8. ἐδούλευον θεοῖς ἑ. (4 *a*)
17. 30. A εἰς ἐναντίον ἑτέρου (4 *a*)
19. 21. ἀπέστειλεν ἀγγέλους ἑ. (4 *a*)
21. 9 (10). οὐκ ἔστιν ἑτέρα πάρεξ ταύτης (4 *a*)
26. 19. δούλευε θεοῖς ἑ. (4 *a*)
28. 8. περιεβάλετο ἱμάτια ἕ. (4 *a*)
II Ki. 13. 16. περὶ τῆς κακίας τῆς μεγάλης ταύτης ὑπὲρ ἑτέραν (4 *a*)
18. 26. ἄνδρα ἕ. τρέχοντα (4 *a*)
— 26. ἀνὴρ ἕ. τρέχων μόνος –
III Ki. 3. 22. καὶ εἶπεν ἡ γυνὴ ἡ ἑ. (4 *a*)
9. 6. καὶ δουλεύσητε θεοῖς ἑ. (4 *a*)
— 9. A ἀντελάβοντο θεῶν ἑ. [B ἀλλοτρίων] (4 *a*)
11. 4. A ἐξέκλιναν τὴν καρδίαν αὐτοῦ ὀπίσω θεῶν ἑ. [B *al.*] (4 *a*)
— 10. μὴ πορευθῆναι ὀπίσω θεῶν ἑ. (4 *a*)
14. 9. A καὶ ἐποίησας σεαυτῷ θεοὺς ἑ. (4 *a*)
IV Ki. 5. 17. οὐ ποιήσει ἔτι ὁ δοῦλός σου ὁλοκαύτωμα . . . θεοῖς ἑ. (4 *a*)
17. 7. καὶ ἐφοβήθησαν θεοὺς ἑ. (4 *a*)
— 35, 37, 38. οὐ φοβηθήσεσθε θεοὺς ἑ. (4 *a*)
22. 17. καὶ ἐθυμίων θεοῖς ἑ. (4 *a*)
I Ch. 2. 26. ἦν γυνὴ ἑ. τῷ Ἰ. (4 *a*)
16. 20. καὶ ἀπὸ βασιλείας εἰς λαὸν ἕ. (4 *a*)
23. 17. οὐκ ἦσαν τῷ Ἐλιέζερ υἱοὶ ἕ. (4 *a*)
II Ch. 3. 11. καὶ ἡ πτέρυξ ἡ ἑ. (4 *a*)
— 11. τῆς πτέρυγος τοῦ χ. τοῦ ἑ. (4 *a*)
— 12. A καὶ ἡ πτέρυξ ἡ ἑ. (4 *a*)
— 12. A τῆς πτέρυγος τοῦ χ. τοῦ ἑ. (4 *a*)
7. 19. καὶ λατρεύσητε θεοῖς ἑ. (4 *a*)
— 22. καὶ ἀντελάβοντο θεῶν ἑ. (4 *a*)
34. 25. A ἔθυαν θεοῖς ἑ. [B *al.*] (4 *a*)
I Es. 3. 4. εἶπαν ἕτερος πρὸς τὸν ἕ. [A ἕ. τῷ ἑ.]
— 5. τὸ ῥῆμα αὐτοῦ σοφώτερον τοῦ ἑ.
— 11. ὁ ἕ. ἔγραψεν
4. 4. ποιῆσαι πόλεμον ἕτερος πρὸς τὸν ἕ.
— 6. ἕτερος τὸν ἕ. ἀναγκάζοντες
— 33. A ἐνέβλεπον ἕτερος πρὸς [B ἔβλ. εἷς] τὸν ἕ.
II Es. 1. 10. σκεύη ἕ. χίλια (4 *a*)
Ne. 2. 1. οὐκ ἦν ἕτερος ἐνώπιον αὐτοῦ †
To. 3. 15. S οὐχ ὑπάρχει αὐτῷ ἕ. τέκνον [A B *al.*]
6. 12. οὐ μὴ δῷ αὐτὴν ἀνδρὶ ἑ. [S *al.*]
— 12. S ἢ ἐγγυᾶσθαι ἑτέρῳ [A B *al.*]
— 14. υἱὸς ἕ. οὐχ ὑπάρχει αὐτοῖς
7. 10. S δοῦναι αὐτὴν ἑ. ἀνδρί
— 16. ἑτοίμασον τὸ ἕ. ταμεῖον [S τὸ τ. τὸ ἕ.]
Ju. 8. 20. ἡμεῖς δὲ ἕ. θεὸν οὐκ ἐπέγνωμεν [A S ἔγν.]
Es. 5. 1. ἡ δὲ ἑ. ἐπηκολούθει
Jb. 1. 16. ἦλθεν ἕ. ἄγγελος (6)
— 17. ἦλθεν [A ἔρχεται] ἕ. ἄγγελος (6)
— 18. S ἕ. [A B ἄλλος] ἄγγελος ἔρχεται (6)
18. 20. ἐν τοῖς [A ἐντὸς] αὐτοῦ ζήσονται ἕτεροι (4 *d*)
30. 24. ἢ δεηθεὶς γε [A δεηθῆναι] ἑτέρου †
31. 9. εἰ ἐξηκολούθησεν ἡ καρδία μου γυναικὶ ἀνδρὸς ἑτέρου –
— 10. ἀρέσαι ἄρα καὶ ἡ γυνή μου ἑτέρῳ [A ἄλλῳ, S ἑταίρῳ] (4 *a*)
Ps. 47 (48). 13. ὅπως ἂν διηγήσησθε εἰς γενεὰν ἑ. (4 *d*)
77 (78). 4. οὐκ ἐκρύβη ἀπὸ τῶν τέκνων αὐτῶν εἰς γενεὰν ἑτέραν (4 *d*)
— 6. ὅπως ἂν γνῷ γενεὰ ἑτέρα (4 *d*)
101 (102). 18. γραφήτω αὕτη εἰς γενεὰν ἑτέραν (4 *d*)
104 (105). 13. διῆλθον . . . ἐκ βασιλείας εἰς λαὸν ἕτερον (4 *a*)
108 (109). 8. τὴν ἐπισκοπὴν αὐτοῦ λάβοι ἕτερος (4 *a*)
Pr. 27. 17. A ἀνὴρ δὲ παροξύνει πρόσωπον ἑτέρου [B S ἑταίρου] (12 *a*)
Ec. 4. 4. A S αὐτὸ ζῆλος ἀνδρὸς ἀπὸ τοῦ ἑ. [B ἑταίρου] αὐ. (12 *a*)
7. 23 (22). ὡς καί γε σὺ κατηράσω ἑτέρους (4 *a*)
Ca. 8. 13. S ἕτεροι [A B ἑταῖροι] προσέχοντες τὴν φωνήν σου †
Wi. 7. 5. οὐδεὶς γὰρ βασιλεὺς [A -έων] ἑτέραν ἔσχε γενέσεως ἀρχήν
14. 24. ἕτερος δ' ἕτερον ἢ λοχῶν [S[2] λοχεύων] ἀναιρεῖ
15. 7. B S[2] τούτων δὲ ἑτέρου [S[1] -ων, A R ἑκατέρου] τίς ἑκάστου ἐστὶν ἡ χρῆσις
19. 3. ἕτερον ἐπεσπάσαντο λογισμὸν ἀνοίας
Si. *prol.* 16. ὅταν μεταχθῇ εἰς ἑ. γλῶσσαν
11. 6. A B[2] R ἔνδοξοι παρεδόθησαν εἰς χεῖρας ἑτέρων [B[1] S ἑταίρων]
— 19. καταλείψει αὐτὰ ἑτέροις καὶ ἀποθανεῖται
— 31. A ἐν τοῖς ἑ. [B S αἱρετοῖς] ἐπιθήσει μῶμον
14. 4. ἐν τοῖς ἀγαθοῖς αὐτοῦ τρυφήσουσιν [S[2] ἐντρ.] ἕτεροι
— 15. οὐχὶ ἑτέρῳ [A S -οις] καταλείψεις τοὺς πόνους σου
— 18. ἡ μὲν τελευτᾷ ἑτέρα δὲ γεννᾶται
30. 28 (33. 19). μὴ δῷς ἑτέρῳ τὰ χρήματά σου
35 (32). 9. ἑτέρου λέγοντος μὴ πολλὰ ἀδολέσχει
41. 20. A S ἀπὸ ὁράσεως γυναικὸς ἑτέρας [B ἑταίρας]
42. 3. A S περὶ δόσεως κληρονομίας ἑτέρων [B ἑταίρων]
49. 5. ἔδωκαν γὰρ τὸ κέρας αὐτῶν ἑτέροις
Ho. 3. 3. A R οὐδὲ μὴ γένῃ ἀνδρὶ ἑτέρῳ [B *om.*] –
Am. 3. 15. προστεθήσονται ἕ. οἶκοι πολλοί –
Jl. 1. 3. καὶ τὰ τέκνα αὐτῶν εἰς γενεὰν ἑ. (4 *a*)
Za. 2. 3 (7). ἄγγελος ἕ. ἐξεπορεύετο (4 *a*)
11. 7. τὴν ἑ. ἐκάλεσα Σχοίνισμα (2)
Is. 6. 3. ἐκέκραγεν [A S -ον] ἕ. πρὸς τὸν ἕ. (6, 6)
13. 8. συμφοράσουσιν ἕτερος πρὸς τὸν ἕ. (5 *a*, 12 *a*)
28. 11. διὰ γλώσσης ἑτέρας (4 *a*)
30. 10. ἀναγγέλλετε ἡμῖν ἑτέραν πλάνησιν –
34. 14. βοήσονται ἕτερος πρὸς τὸν ἕτερον (†, 12 *a*)
— 16. ἑτέρα τὴν ἑ. οὐκ ἐζήτησαν [A ἐξεζ.] (5 *b*, 12 *b*)
42. 8. τὴν δόξαν μου ἑτέρῳ οὐ δώσω (4 *a*)
44. 5. ἕ. ἐπιγράψει χειρὶ αὐτοῦ (6)
— 25 (24). τίς ἕ. διασκεδάσει σημεῖα †
47. 8. ἐγώ εἰμι καὶ οὐκ ἔστιν ἑτέρα (11 ?)
— 10. καὶ οὐκ ἔστιν ἑτέρα †
— 10. καὶ οὐκ ἔστιν ἑτέρα (1 ?)
48. 11. τὴν δόξαν μου ἑτέρῳ οὐ δώσω (4 *a*)
Je. 3. 1. γένηται ἀνδρὶ ἑτέρῳ (4 *a*)
5. 19. A ἐδουλεύσατε θεοῖς ἑτέροις [B S *al.*] (10)
6. 12. μεταστραφήσονται αἱ οἰκίαι αὐτῶν εἰς ἑτέρους (4 *a*)
8. 10. δώσω τὰς γυναῖκας αὐτῶν ἑτέροις (4 *a*)
16. 13. δουλεύσετε ἐκεῖ θεοῖς ἑ. (4 *a*)
18. 4. ἐποίησεν αὐτὸ ἀγγεῖον ἕτερον (4 *a*)
24. 2. ὁ κάλαθος ὁ ἕ. σύκων πονηρῶν σφόδρα (2)
39 (32). 29. ἔσπενδον σπονδὰς θεοῖς ἑτέροις (4 *a*)
— 39. δώσω αὐτοῖς ὁδὸν ἑ. καὶ καρδίαν ἑ. (2, 2)
42 (35). 15. οὐ πορεύεσθε ὀπίσω θεῶν ἑτέρων [A S ἀλλοτρίων] (4 *a*)
43 (36). 28. λάβε σὺ [A σεαυτῷ] χαρτίον ἕτερον (4 *a*)
— 32. ἔλαβε Βαρούχ χαρτίον ἕτερον (4 *a*)
51 (44). 3. πορευθέντες θυμιᾶν θεοῖς ἑτέροις (4 *a*)
— 5. πρὸς τὸ μὴ θυμιᾶν θεοῖς ἑτέροις (4 *a*)
— 8. θυμιᾶν θεοῖς ἑτέροις (4 *a*)
— 15. θυμιῶσιν αἱ γυναῖκες αὐτῶν [A *add.* θεοῖς ἑτέροις] (4 *a*)
Ba. 1. 22. ἐργάζεσθαι θεοῖς ἑτέροις
3. 35. οὐ λογισθήσεται ἕ. πρὸς αὐτόν
4. 3. μὴ δῷς ἑτέρῳ τὴν δόξαν σου
Ez. 1. 9. A ἐχόμεναι ἑτέρα τῆς ἑτέρας (5 *b*, 3)
— 23. πτερυσσόμεναι ἑτέρα τῇ ἑ. [B[2] ἑκατ. τῇ ἑκατ.] (5 *b*, 3)
3. 13. ἴδον φωνὴν πτερύγων τῶν ζῴων πτερυσσομένων ἑτέρα πρὸς τὴν ἑ. (5 *b*, 3)
11. 19. δώσω αὐτοῖς καρδίαν ἑτέραν (2)
12. 3. αἰχμαλωτευθήσῃ . . . εἰς ἕτερον τόπον (4 *a*)
17. 7. ἐγένετο ἀετὸς ἕ. μέγας (2)
34. 23. A ἀναστήσω αὐτοῖς ποιμένα ἕ. [B *al.*] (2)
42. 14. ἐνδύσονται ἱμάτια ἕτερα (4 *a*)
44. 19. ἐνδύσονται στολὰς ἑτέρας (4 *a*)
Da. LXX. Su. 10. ἕτερος τῷ ἑ. οὐ προσεποιεῖτο τὸ κακόν
— 13. ὁ ἕ. παρεγένετο καὶ εἷς τὸν ἕ. ἀνέκρινε
— 19. εἶπεν εἷς τῷ ἑ.
— 56. εἶπε προσαγαγεῖν αὐτῷ τὸν ἕ.
3. 28 (95). μηδὲ προσκυνήσωσι θεῷ ἑ. (9)
— 29 (96). οὐκ ἔστι θεὸς ἕ. (4 *c*)
4. 28. καὶ ἑτέρῳ δίδοται –
— 29. βασιλεὺς ἕ. εὐφρανθήσεται –
— 29. τὸν οἶκον . . . ἕτερος ἕξει –
— 34. καθιστῶν ἑτέρους ἀντ' αὐτῶν –

Da. LXX. 4. 34. ἀποστρέψαι βασιλείαν βασιλέως εἰς ἕ. βασιλέα –
8. 3. καὶ τὸ ἓν ὑψηλότερον τοῦ ἑ. (13)
— 8. ἀνέβη ἕ. τέσσαρα κέρατα †
— 13. ἤκουον ἑ. ἁγίου λαλοῦντος καὶ εἶπεν ὁ ἕ. ἅγιος (2, 2)
11. 4. ἑτέρους διδάξει ταῦτα (4 *a*)
12. 5. δύο ἕτεροι εἱστήκεισαν (4 *a*)
Da. TH. Su. 13. καὶ εἶπαν [A -εν] ἕτερος τῷ ἑ.
— 56. ἐκέλευσε προσαγαγεῖν τὸν ἕ.
2. 11. ἕτερος οὐκ ἔστιν (4 *c*)
— 39. ἀναστήσεται βασιλεία ἑ. (4 *b*)
— 44. λαῷ ἑ. οὐχ ὑπολειφθήσεται (4 *c*)
3. 29 (96). οὐκ ἔστι θεὸς ἕ. (4 *c*)
5. 7. τὴν δωρεὰν τῆς οἰκίας σου ἑτέρῳ δός (4 *c*)
7. 6. θηρίον ἕ. ὡσεὶ πάρδαλις (4 *b*)
— 8. κέρας ἕ. μικρὸν ἀνέβη (4 *b*)
— 20. καὶ τοῦ ἑ. τοῦ ἀναβάντος (4 *b*)
— 24. ἀναστήσεται ἕτερος [B^{1} *om.*] (4 *c*)
8. 3. καὶ τὸ ἓν ὑψηλότερον τοῦ ἑ. (13)
— 8. A R ἀνέβη ἕ. [B *om.*] κέρατα τέσσαρα †
11. 4. καὶ ἑτέροις ἐκτὸς τούτων (4 *a*)
12. 5. δύο ἕτεροι εἱστήκεισαν (4 *a*)
I Ma. 5. 14. ἄγγελοι ἕ. παρεγένοντο
6. 29. S R ἀπὸ βασιλειῶν [A -λέων] ἑ. . . . ἦλθον
11. 24. S R καὶ ἕ. ξένια [A ἐτάραξεν τὰ] πλείονα [S^{1} πλεῖον]
12. 2. A R πρὸς Σπαρτιάτας καὶ τόπους [S εἰς τ.] ἑ.
16. 19. ἀπέστειλεν ἑτέρους εἰς Γ.
— 20. ἑτέρους ἀπέστειλε καταλαβέσθαι τὴν Ἱερ.
II Ma. 2. 3. ἕ. τοιαῦτα λέγων
▶ — 27. καὶ ζητοῦντι τὴν ἑτέρων λυσιτέλειαν
● 3. 26. R ἕτεροι δὲ δύο προεφάνησαν [A ἐφ.]
4. 9. ἕτερα διαγράψαι πεντήκοντα
— 19. R εἰς ἑ. δὲ καταθέσθαι δαπάνην
— 26. R ὑπονοθευθεὶς [A -νομ.] ὑφ᾽ ἑτέρου
— 32. ἕτερα ἐτύγχανε πεπρακώς
6. 4. A ῥαθυμούντων μεθ᾽ ἑτέρων [R ἑταιρῶν]
— 11. ἕτεροι δὲ πλησίον συνδραμόντες
9. 6. ἑτέρων σπλάγχνα βασανίσαντα
— 28. ὡς ἑτέρους διέθηκεν
10. 3. ἕ. θυσιαστήριον ἐποίησαν
— 36. ἕτεροι δὲ ὁμοίως προσαναβάντες
14. 31. συγγνοὺς δὲ ὁ ἕ.
▶ 15. 5. ὁ δὲ ἕ. . . . φησι
● III Ma. 5. 49. ἕτεραι δὲ νεογνὰ πρὸς μαστοὺς ἔχουσαι βρέφη
IV Ma. 2. 9. A R ἐπὶ τῶν ἑ. [S ἔργων] δ᾽ ἔστιν ἐπιγνῶναι τοῦτο

[**Aq.** III Ki. 14. 9: Is. 65. 15: Je. 22. 26: Ez. 1. 9 *bis*: Da. 4. 5: Za. 11. 7.]
[**Sm.** III Ki. 18. 25: Jb. 16. 4: Pr. 5. 9: Ec. 6. 5 *bis*: Is. 65. 15: Da. 4. 5.]
[**Th.** Is. 34. 16 *bis*: 65. 15: Je. 22. 26: Ez. 1. 9 *bis*: Da. 4. 5.]
[**Al.** Ge. 43. 14: Le. 6. 11 (4).]

ἑτέρωθεν.

IV Ma. 6. 4. ἑ. κήρυκος ἐπιβοῶντος

ἔτι, *cf.* **οὐκέτι.** (1) אֶחָד (2) מְאֹז (3) אַךְ (4) אַף (5) גַּם (6) הֵנָּה (7) נָא (8) עַד (9) עַד־הֵנָּה (10) עַד מָה (11) עוֹד (12) רַק (13) שָׁם

Ge. 2. 9. ἐξανέτειλεν ὁ θεὸς ἕ. ἐκ τῆς γῆς πᾶν ξύλον –
— 19. ἔπλασεν ὁ θεὸς ἕ. ἐκ τῆς γῆς –
7. 4. ἕ. γὰρ ἡμερῶν ἑπτά (11)
8. 10, 12. ἐπισχὼν ἕ. ἡμέρας ἑπτὰ ἑτέρας (11)
— 12. τοῦ ἐπίστρεψαι πρὸς αὐτὸν ἕ. (11)
— 21. οὐ προσθήσω ἕ. καταράσασθαι τὴν γῆν (11)
— 21. οὐ προσθήσω οὖν ἕ. πατάξαι (11)
9. 11. οὐκ ἀποθανεῖται πᾶσα σὰρξ ἕ. (11)
— 15. καὶ οὐκ ἔσται ἕ. τὸ ὕδωρ (11)
17. 5. οὐ κληθήσεται ἕ. τὸ ὄνομά σου Ἄ. (11)
18. 22. R Ἀβραὰμ δὲ ἕ. [A *om.*] ἦν ἑστηκὼς ἐναντίον κ. (11)
— 29. καὶ προσέθηκεν ἕ. λαλῆσαι πρὸς αὐτόν (11)
— 32. ἐὰν λαλήσω ἕ. ἅπαξ (3)
25. 6. ἕ. ζῶντος αὐτοῦ (11)
29. 6. A ἕ. αὐτοῦ λαλοῦντος αὐτοῖς –
— 7. ἕ. ἐστὶν ἡμέρα πολλή (11)
— 9. ἕ. αὐτοῦ λαλοῦντος αὐτοῖς (11)
— 27. ἕ. ἑπτὰ ἔτη ἕτερα (11)
Ge. 29. 34. καὶ συνέλαβεν ἕ. (11)
— 35. καὶ συλλαβοῦσα ἕ. ἔτεκεν υἱόν (11)
— 35. νῦν ἕ. τοῦτο ἐξομολογήσομαι κυρίῳ –
30. 7. καὶ συνέλαβεν ἕ. Βαλλά (11)
— 12. καὶ συνέλαβεν ἕ. Ζελφά –
— 12. A καὶ ἔτεκεν ἕ. [R *om.*] τῷ Ἰ. –
— 19. καὶ συνέλαβεν ἕ. Λεία (11)
31. 14. μὴ ἔστιν ἡμῖν ἕ. μερίς (11)
32. 28 (29). οὐ κληθήσεται ἕ. τὸ ὄνομά σου (11)
35. 9. ὤφθη δὲ ὁ θεὸς . . . ἕ. ἐν Λουζᾷ (11)
— 10. τὸ ὄνομά σου οὐ κληθήσεται ἕ. Ἰακώβ (11)
37. 8. προσέθεντο ἕ. μισεῖν αὐτόν (11)
— 30. ποῦ πορεύσομαι ἕ. –
38. 4. καὶ συλλαβοῦσα ἕ. ἔτεκεν υἱόν (11)
— 5. A καὶ προσθεῖσα ἕ. [R *om.*] ἔτεκεν υἱόν (11)
— 26. οὐ προσέθετο ἕ. τοῦ γνῶναι αὐτήν (11)
40. 13. ἕ. τρεῖς ἡμέραι καὶ μνησθήσεται (11)
— 19. A ἕ. τριῶν ἡμερῶν [R *add.* καὶ] ἀφελεῖ Φ. (11)
43. 7. εἰ ἔτι ὁ πατὴρ ὑμῶν ζῇ (11)
— 27. ἔτι ζῇ (11)
— 28. ὑγιαίνει ὁ παῖς σου ὁ πατὴρ ἡμῶν ἔτι ζῇ (11)
44. 14. ἕ. αὐτοῦ ὄντος ἐκεῖ (11)
— 23. A οὐ προσθήσεσθε ἕ. [R *om.*] ἰδεῖν –
— 28. A καὶ οὐκ ἴδον αὐτὸν ἕ. [R ἀχρὶ νῦν] (9)
45. 1. A οὐ παρειστήκει οὐδεὶς ἕ. [R *om.*] τῷ Ἰ. –
— 3. ἕ. ὁ πατήρ μου ζῇ (11)
— 6. καὶ ἕ. λοιπὰ πέντε ἔτη (11)
— 11. ἔτι γὰρ πέντε ἔτη λιμός (11)
— 28. εἰ ἕ. ὁ υἱός μου Ἰωσὴφ ζῇ (11)
46. 30. ἕ. γὰρ σὺ ζῇς (11)
49. 27. τὸ πρωϊνὸν ἔδεται ἕ. †
Ex. 2. 3. οὐκ ἐδύναντο αὐτὸ ἕ. κρύπτειν (11)
4. 18. καὶ ὄψομαι εἰ ἕ. ζῶσι (11)
8. 29 (25). μὴ προσθῇς ἕ., Φαραώ, ἐξαπατῆσαι (12)
9. 2. ἀλλὰ ἕ. ἐγκρατεῖς αὐτοῦ (11)
— 17. ἕ. οὖν σὺ ἐμποιῇ τοῦ λαοῦ (11)
— 29. καὶ ὁ ὑετὸς οὐκ ἔσται ἕ. (11)
— 33. A R καὶ ὁ ὑετὸς οὐκ ἔσταξεν ἕ. [B οὐκέτι] –
10. 17. προσδέξασθε οὖν μου τὴν ἁμαρτίαν ἕ. νῦν (3)
— 28. ἕ. προσθεῖναι ἰδεῖν μου τὸ πρόσωπον –
11. 1. ἕ. μίαν πληγὴν ἐπάξω (11)
14. 13. οὐ προσθήσεσθε ἕ. ἰδεῖν αὐτούς (11)
15. 18. βασιλεύων τὸν αἰῶνα καὶ ἐπ᾽ αἰῶνα καὶ ἕ. (8 ?)
17. 4. ἕ. μικρὸν καὶ καταλιθοβολήσουσί με (11)
36. 3. προσεδέχοντο ἕ. τὰ προσφερόμενα (11)
— 6. ἐκωλύθη ὁ λαὸς ἕ. προσφέρειν –
Le. 13. 57. ἐὰν δὲ ὀφθῇ ἕ. [A *al.*] (11)
17. 7. R οὐ θύσουσιν ἕ. [A B ἐπὶ] τὰς θυσίας αὐτῶν (11)
18. 18. ἕ. ζώσης αὐτῆς †
Nu. 8. 25. οὐκ ἐργᾶται ἕ. (11)
11. 33. τὰ κρέα ἕ. ἦν ἐν τοῖς ὀδοῦσιν αὐ. (11)
18. 5. A οὐκ ἔσται ἕ. [B *om.*] θυμός (11)
— 22. οὐ προσελεύσονται ἕ. οἱ υἱοὶ Ἰ. (11)
19. 13. ἕ. ἡ ἀκαθαρσία αὐτοῦ ἐν αὐτῷ ἐστι (11)
21. 30. αἱ γυναῖκες ἕ. προσεξέκαυσαν πῦρ †
22. 15. προσέθετο Β. ἕ. ἀποστεῖλαι (11)
— 25. προσέθετο ἕ. μαστίξαι αὐτήν –
23. 13. δεῦρο ἕ. μετ᾽ ἐμοῦ (7)
32. 14. προσθεῖναι ἕ. ἐπὶ τὸν θυμόν (11)
— 15. προσθεῖναι ἕ. καταλιπεῖν αὐτόν (11)
De. 3. 26. μὴ προσθῇς ἕ. λαλῆσαι (11)
4. 35. οὐκ ἔστιν ἕ. [A ἄλλος] πλὴν αὐτοῦ (11)
— 39. οὐκ ἔστιν ἕ. πλὴν αὐτοῦ (11)
5. 25 (22). ἐὰν προσθώμεθα ἡμεῖς ἀκοῦσαι . . . ἕ. (11)
10. 16. A τὸν τράχηλον ὑμῶν οὐ σκληρυνεῖτε ἕ. [B *om.*] (11)
13. 11 (12). οὐ προσθήσει ποιῆσαι ἕ. –
— 16 (17). οὐκ ἀνοικοδομηθήσεται ἕ. (11)
17. 13. οὐκ ἀσεβήσει ἕ. (11)
— 16. ἀποστρέψαι τῇ ὁδῷ ταύτῃ ἕ. (11)
18. 16. οὐκ ὀψόμεθα ἕ. (11)
19. 9. προσθήσεις σεαυτῷ ἕ. τρεῖς πόλεις (11)
— 20. οὐ προσθήσουσιν ἕ. (11)
28. 68. οὐ προσθήσῃ ἕ. (11)
31. 2. οὐ δυνήσομαι ἕ. εἰσπορεύεσθαι (11)
— 27. ἕ. γὰρ ἐμοῦ ζῶντος μεθ᾽ ὑμῶν (11)
34. 10. οὐκ ἀνέστη ἕ. προφήτης (11)
Jo. 1. 11. ἕ. τρεῖς ἡμέραι (11)
2. 11. οὐκ ἔστη ἕ. πνεῦμα ἐν οὐδενί (11)
7. 12. A^{2} B οὐ προσθήσω ἕ. εἶναι μεθ᾽ ὑμῶν –
14. 11. ἕ. εἰμὶ σήμερον ἰσχύων (11)
Jd. 2. 14. οὐκ ἠδυνήθησαν ἕ. ἀντιστῆναι (11)
4. 1. A προσέθεντο ἕ. [B *om.*] οἱ υἱοὶ Ἰσρ. –
6. 24. ἕ. αὐτοῦ ὄντος ἐν Ἐ. (11)
— 39. λαλήσω ἕ. [A πρὸς σὲ ἕ.] ἅπαξ (3)
Jd. 6. 39. πειράσω δὴ καί γε ἕ. ἅπαξ [A *al.*] (12)
7. 4. ἕ. ὁ λαὸς πολύς (11)
8. 20. ἕ. [A *om.*] νεώτερος ἦν (11)
9. 37. προσέθετο ἕ. Γ. τοῦ λαλῆσαι (11)
11. 14. προσέθηκεν ἕ. Ἰ. [A *al.*] (11)
13. 1. R προσέθηκαν ἕ. [A B *om.*] οἱ υἱοὶ Ἰ. –
— 8. ἐλθέτω δὴ ἕ. [A *om.*] πρὸς ἡμᾶς (11)
— 9. ἦλθεν [A παρεγένετο] ὁ ἄγγελος . . . ἕ. πρὸς τὴν γυναῖκα (11)
— 21. οὐ προσέθηκεν ἕ. ὁ ἄγγελος . . . ὀφθῆναι (11)
16. 18. ἀνάβητε ἕ. [A *om.*] τὸ ἅπαξ τοῦτο –
— 28. ἐνίσχυσόν με [A με δὴ πλὴν] ἕ. τὸ ἅπαξ τοῦτο (3)
18. 24. τί μοι ἕ. (11)
19. 9. A κατάλυσον ὧδε ἕ. σήμερον [B *al.*] †
— 11. A ἔτι αὐτῶν ὄντων κατὰ Ἰ. [B *al.*] –
20. 25. διέφθειραν ἀπὸ υἱῶν Ἰ. ἕ. [A *al.*] (11)
— 28. εἰ προσθῶμεν [A -θῶ] ἕ. ἐξελθεῖν (11)
Ru. 1. 11. μὴ ἕ. μοι υἱοὶ ἐν τῇ κοιλίᾳ μου (11)
— 14. καὶ ἔκλαυσαν ἕ. (11)
— 18. τοῦ λαλῆσαι πρὸς αὐτὴν ἕ. –
I Ki. 1. 18. τὸ πρόσωπον αὐτῆς οὐ συνέπεσεν ἕ. (11)
2. 21. ἔτεκεν ἕ. τρεῖς υἱούς –
3. 6. A καὶ ἐκάλεσεν ἕ. [B *om.*] (11)
7. 13. οὐ προσέθεντο ἕ. προσελθεῖν (11)
10. 22. A ἐπηρώτησεν ἕ. [B *om.*] Σ. ἕ. ἐν κυρίῳ (11, –)
— 22. A εἰσέρχεται ἕ. ἐνταῦθα ἀνήρ [B *al.*] (11)
13. 7. B Σ. ἕ. ἦν ἐν Γ. (11)
15. 35. οὐ προσέθετο ἕ. Σ. ἰδεῖν τὸν Σ. –
16. 11. ἕ. ὁ μικρός (11)
17. 8. A ἕ. [B τί] ἐκπορεύεσθε παρατάξασθαι †
18. 29. προσέθετο εὐλαβεῖσθαι ἀπὸ Δ. ἕ. (11)
20. 14. ἕ. μου ζῶντος (11)
— 17. προσέθετο ἕ. Ἰ. ὀμόσαι –
23. 4. προσέθετο Δ. ἕ. ἐρωτῆσαι (11)
— 22. καὶ ἑτοιμάσατε ἕ. (11)
26. 21. A οὐ κακοποιήσω σε ἕ. [B *om.*] (11)
27. 4. οὐ προσέθετο ἕ. ζητεῖν αὐτόν (11)
28. 15. οὐκ ἐπακήκοέ μοι ἕ. (11)
— 20. ἐν αὐτῷ οὐκ ἦν ἰσχὺς ἕ. –
30. 4. οὐκ ἦν ἐν αὐτοῖς ἰσχὺς ἕ. –
II Ki. 2. 22. καὶ προσέθετο ἕ. Ἀ. (11)
— 28. οὐ προσέθεντο ἕ. τοῦ πολεμεῖν (11)
3. 11. οὐκ ἠδυνάσθη ἕ. Μεμφιβοσθὲ ἀποκριθῆναι (11)
— 35. ἕ. οὔσης ἡμέρας (11)
5. 13. ἔλαβε Δ. ἕ. γυναῖκας (11)
— 13. ἐγένοντο τῷ Δ. ἕ. υἱοί (11)
— 22. προσέθεντο ἕ. ἀλλόφυλοι (11)
6. 1. συνήγαγεν ἕ. Δ. πάντα νεανίαν (11)
— 22. ὀρχήσομαι . . . καὶ ἀποκαλυφθήσομαι [A *om.* καὶ ἀ.] ἕ. οὕτως (11)
7. 10. A καὶ οὐ προσθήσει ἕ. [B *al.*] –
— 20. τί προσθήσει Δ. ἕ. (11)
9. 1. εἰ ἔστιν ἕ. [A *om.*] ὑπολελειμμένος (11)
— 3. εἰ ὑπολέλειπται . . . ἕ. ἀνήρ (11)
— 3. ἕ. ἐστὶν υἱὸς τῷ Ἰ. (11)
10. 19. τοῦ σῶσαι ἕ. τοὺς υἱοὺς Ἀ. (11)
12. 18. ἐν τῷ τὸ παιδάριον ἕ. ζῆν –
— 21. ἔτι [A ὅτι] ζῶντος ἐνήστευες –
— 22. ἐν τῷ τὸ παιδάριον ἕ. ζῆν (11)
— 23. ἐπιστρέψαι αὐτὸ ἕ. (11)
14. 10. οὐ προσθήσει ἕ. ἅψασθαι αὐτοῦ (11)
— 32. A ἀγαθόν μοι ἦν ἕ. εἶναί με ἐκεῖ [B *al.*] (11)
18. 14. ἕ. αὐτοῦ ζῶντος (11)
— 18. B ἕ. ζῶν †
— 22. καὶ προσέθετο ἕ. Ἀ. (11)
19. 28 (29). τί ἔστι μοι ἕ. δικαίωμα (11)
— 28 (29). τοῦ κεκραγέναι με ἕ. πρὸς τὸν βασ. (11)
— 29 (30). ἵνα τί λαλεῖς ἕ. τοὺς λόγους σου (11)
— 35 (36). εἰ γεύσεται ὁ δοῦλός σου ἕ. [A *om.*] –
— 35 (36). ἢ ἀκούσομαι ἕ. φωνήν (11)
— 35 (36). ἵνα τί ἔσται ἕ. ὁ δοῦλός σου εἰς φορτίον (11)
21. 15. καὶ ἐγενήθη ἕ. πόλεμος (11)
— 17. οὐκ ἐξελεύσῃ ἕ. μεθ᾽ ἡμῶν (11)
— 18. καὶ ἐγενήθη μετὰ ταῦτα ἕ. πόλεμος (11)
— 20. καὶ ἐγένετο ἕ. πόλεμος (11)
III Ki. 1. 14. ἕ. λαλούσης σου ἐκεῖ (11)
— 22. ἕ. αὐτῆς λαλούσης μετὰ τοῦ βασιλέως (11)
— 42. ἕ. αὐτοῦ λαλοῦντος (11)
3. 1. ἐν τῷ ἕ. Δαυὶδ ζῆν –
8. 60. καὶ οὐκ ἔστιν ἕ. (11)
10. 10. οὐκ ἐληλύθει κατὰ τὰ ἡδύσματα ἐκεῖνα ἕ. [A *om.*] εἰς πλῆθος (11)

● = correction on page xxvi ▶ = additional entry on page xxvi

III Ki. 11. 43 (B), 12. 2 (A). αὐτοῦ ἔ. ὄντος ἐν Αἰ. (11)
12. 6. ἔ. ζῶντος αὐτοῦ –
— 24. B ἔτι τριῶν ἡμερῶν –
21 (20). 31. B ἐξέλθωμεν ἔ. [A R om.] πρὸς βασιλέα Ἰ. –
— 32. εἰ ἔ. ζῇ (11)
22. 8. A ἔ. [B εἷς] ἐστὶν ἀνήρ (11)
— 16. A B^2 ἔ. δὶς [B^1 πεντάκις, R ποσάκις] ἐγὼ ὁρκίζω [B ἐξορ.] σε †
— 44. ἔ. ὁ λαὸς ἐθυσίαζε (11)
IV Ki. 1. 13. προσέθετο ὁ βασιλεὺς ἔ. [A om.] –
2. 12. καὶ οὐκ εἶδεν αὐτὸν ἔ. (11)
— 21. οὐκ ἔσται ἔ. ἐκεῖθεν θάνατος (11)
4. 6. ἐγγίσατε ἔ. πρὸς μὲ τὸ σκεῦος (11)
— 6. οὐκ ἔστιν ἔ. σκεῦος (11)
— 41. οὐκ ἐγενήθη ἐκεῖ ἔ. [A om.] ῥῆμα πονηρόν –
5. 17. οὐ ποιήσει ἔ. ὁ δοῦλός σου ὁλοκαύτωμα (11)
6. 23. καὶ οὐ προσέθεντο ἔ. (11)
— 33. ἔ. αὐτοῦ λαλοῦντος μετ᾽ αὐτῶν (11)
— 33. τί ὑπομείνω τῷ κυρίῳ ἔ. (11)
9. 22. ἔ. αἱ πορνεῖαι Ἰ. (8)
12. 3 (4). ἐκεῖ ἔ. ὁ λαὸς ἐθυσίαζε (11)
14. 4 : 15. 4, 35. ἔ. [A ὅτι] ὁ λαὸς ἐθυσίαζε (11)
17. 40. B οὐκ ἀκούσεσθε ἔ. [A R ἐπὶ] τῷ κρίματι αὐτῶν †
24. 7. καὶ οὐ προσέθετο ἔ. βασιλεύς (11)
I Ch. 12. 1. ἔ. συνεχομένου ἀπὸ προσώπου Σ. (11)
— 29. καὶ ἔ. τὸ πλεῖστον αὐτῶν ἀπεσκόπει (9)
14. 3. καὶ ἔλαβε Δ. ἔ. γυναῖκας (11)
— 3. ἐτέχθησαν Δ. ἔ. υἱοί (11)
— 13. καὶ προσέθεντο ἔ. ἀλλόφυλοι καὶ συνέπεσαν ἔ. [A ἐκεῖ, S al.] (11, –)
— 14. καὶ ἠρώτησε Δ. ἔ. [A ὅτι] ἐν θεῷ (11)
17. 9. οὐ μεριμνήσει ἔ. (11)
— 18. τί προσθήσει ἔ. [S^1 om.] Δ. πρὸς σέ (11)
— 21. οὐκ ἔστιν . . . ἔθνος ἔ. ἐπὶ τῆς γῆς (1)
19. 19. τοῦ βοηθῆσαι Ἀμμὼν ἔ. (11)
20. 4. καὶ ἐγένετο ἔ. πόλεμος –
— 5, 6. καὶ ἐγένετο ἔ. πόλεμος (11)
29. 3. καὶ ἔ. ἐν τῷ εὐδοκῆσαί με (11)
II Ch. 13. 20. οὐκ ἔσχεν ἰσχὺν Ἰ. ἔ. [A ἐπὶ] πάσας τὰς ἡμέρας Ἀ. (11)
15. 17. ἔ. ὑπῆρχεν ἐν τῷ Ἰ. –
17. 6. A καὶ ἔ. [B om.] ἐξῆρε τὰ ὑψηλά (11)
18. 1. καὶ ἐγενήθη τῷ Ἰ. ἔ. πλοῦτος –
— 6. οὐκ ἔστιν ὧδε προφήτης τοῦ κυρίου ἔ. (11)
— 7. ἔ. ἀνὴρ εἷς (11)
20. 33. τὰ ὑψηλὰ ἔ. ὑπῆρχε καὶ ἔ. ὁ λαὸς οὐ κατεύθυνε τὴν καρδίαν (–, 11)
27. 2. καὶ ἔ. ὁ λαὸς κατεφθείρετο (11)
31. 10. A κατελίπομεν ἔ. [B ἐπὶ] τὸ πλῆθος τοῦτο –
— 11. A R καὶ εἶπεν Ἐ. ἔ. [B om.] –
32. 16. καὶ ἔ. ἐλάλησαν οἱ παῖδες αὐτοῦ (11)
33. 17. ὁ λαὸς ἔ. ἐπὶ τῶν ὑψηλῶν (11)
34. 3. καὶ αὐτὸς ἔ. παιδάριον (11)
— 16. καὶ ἀπέδωκεν ἔ. [A ἐπὶ] τῷ βασιλεῖ λόγον (11)
I Es. 2. 23. ἐν αὐτῇ ἔ. ἐξ αἰῶνος
8. 76. A R ἔ. [B om.] ἀπὸ τῶν χρόνων τῶν πατέρων ἡμῶν
— 90. οὐ γάρ ἐστι στῆναι ἔ. ἔμπροσθέν σου
II Es. 4. 21. ἡ πόλις ἐκ. οὐκ οἰκοδομηθήσεται ἔ. (8 ?)
7. 18. B ἔ. [A R εἴ τι] ἐπὶ σὲ καὶ τοὺς ἀδ. σου †
Ne. 2. 17. οὐκ ἐσόμεθα ἔ. ὄνειδος (11)
7. 3. ἔ. αὐτῶν γρηγορούντων (8)
9. 18. ἔ. δὲ καὶ ἐποίησαν ἑαυτοῖς μόσχον χωνευτόν (4)
To. 3. 15. S ἵνα τί μοι ἔ. [A B om.] ζῆν
5. 9. S τί μοι ἔ. ὑπάρχει χαίρειν
— 15. καὶ ἔ. προσθήσω σοι ἐπὶ τὸν μισθόν [S al.]
10. 8. S ὄψονταί με ἔ. [A B al.]
12. 3. S πόσον αὐτῷ ἔ. δῶ μισθόν
13. 18. S εἰς τὸν αἰῶνα καὶ ἔ. [A B al.]
14. 2. S ἔ. προσέθετο εὐλογεῖν τὸν θεόν [A B al.]
Ju. 6. 5. οὐκ ὄψῃ ἔ. [S om.] τὸ πρόσωπόν μου
7. 22. οὐκ ἦν κραταίωσις ἔ. ἐν αὐτοῖς
— 30. διακαρτερήσωμεν ἔ. [A ἐπὶ] πέντε ἡμέρας
8. 31. οὐκ ἐκλείψομεν ἔ. [S om.]
13. 11. ποιῆσαι ἔ. ἰσχὺν ἐν Ἰ.
15. 2. οὐκ ἦν ἄνθρωπος μένων κατὰ πρόσωπον τοῦ πλησίον ἔ.
16. 15. A B S ἔ. [R ἐπὶ] δὲ τοῖς φοβουμένοις σε
— 25. οὐκ ἦν ἔ. ὁ ἐκφοβῶν τοὺς υἱοὺς Ἰ.
Es. 1. 19. μηδὲ εἰσελθάτω ἔ. [S^1 Ἀστὶν] ἡ βασίλισσα †
5. 8. ἔ. τὴν αὔριον [A S^2 al.] –
6. 14. ἔ. αὐτῶν λαλούντων (11)
Es. 8. 7. τί ἔ. [A om.] ἐπιζητεῖς –
9. 12. τί οὖν ἀξιοῖς ἔ. (11)
Jb. 1. 16, 17. ἔτι τούτου λαλοῦντος (11)
— 18. ἔτι τούτου λαλοῦντος (8)
2. 3. ἔτι δὲ ἔχεται ἀκακίας (11)
— 9. ἰδοὺ ἀναμένω [S^1 om.] χρόνον ἔτι μικρόν –
7. 9. A οὐ μὴ ἂν ἀναβῇ ἔτι [B S al.] –
— 10. A S οὐδ᾽ οὐ μὴ ἐπιστρέψῃ ἔτι [B om.] εἰς τὸν ἴδιον οἶκον οὐδ᾽ οὐ μὴ ἐπιγνῷ αὐτὸν ἔτι ὁ τόπος αὐτοῦ (11, 11)
8. 12. A B S^2 ἔτι ὢν ἐπὶ ῥίζης (11)
14. 7. ἐὰν γὰρ ἐκκοπῇ ἔτι [A S^2 πάλιν] ἐπανθήσει (11)
17. 15. A ποῦ οὖν μου ἔτι ἐστὶν ἡ ἐλπὶς ἢ τὰ ἀγαθά μου ὄψομαι ἔτι [B S om.] (–, –)
20. 4. μὴ ταῦτα ἔγνως ἀπὸ τοῦ [B^3 ἀπ᾽ αὐτοῦ] ἔ. [S om. ἀπὸ τοῦ ἔ.] (8)
24. 13. A ἔτι [B S om.] ὄντων αὐτῶν ἐπὶ γῆς –
27. 1. ἔτι δὲ προσθεὶς Ἰώβ –
— 3. ἔτι τῆς πνοῆς μου ἐνούσης (11)
— 3. A πνεῦμα δὲ θεῖον ἔ. [B S τὸ] περιόν –
— 8. A τίς γάρ ἐστιν ἔτι [B S om.] ἐλπὶς ἀσεβεῖ –
29. 1. ἔτι δὲ προσθεὶς Ἰώβ –
31. 2. B S^4 ἔτι ἐμέρισεν ὁ θεὸς ἄνωθεν [A S^1 R al.] †
32. 1. ἡσύχασαν δὲ καὶ οἱ τρεῖς φίλοι αὐτοῦ ἔτι ἀντειπεῖν [A ἔτι δὲ ἀντεῖπεν] Ἰώβ –
— 15. οὐκ ἀπεκρίθησαν ἔτι (11)
34. 23. οὐκ ἐπ᾽ ἄνδρα θήσει ἔτι (11)
— 36. μὴ δῷς ἔτι ἀνταπόκρισιν [A ἀπόκρ.] †
36. 1. προσθεὶς δὲ Ἐλιοὺς ἔτι λέγει –
— 2. μεῖνόν με μικρὸν ἔτι ἵνα διδάξω σε ἔτι γὰρ ἐν ἐμοί ἐστι λέξις (–, 11)
39. 34 (40. 4). τί ἔτι [S^1 om.] ἐγὼ κρίνομαι –
40. 1 (6). ἔτι δὲ ὑπολαβὼν ὁ κύριος –
Ps. 8. 7. ἔτι δὲ καὶ τὰ κτήνη τοῦ πεδίου (5)
9. 39 (10. 18). ἵνα μὴ προσθῇ ἔτι μεγαλαυχεῖν (11)
15 (16). 7. ἔτι δὲ καὶ ἕως νυκτὸς ἐπαίδευσάν με (4)
— 9. ἔτι δὲ καὶ ἡ σάρξ μου κατασκηνώσει (4)
36 (37). 10. ἔτι ὀλίγον καὶ οὐ μὴ ὑπάρξῃ (11)
59 (60). *tit.* τοῖς ἀλλοιωθησομένοις ἔτι εἰς στηλογραφίαν †
70 (71). 24. ἔτι δὲ καὶ ἡ γλῶσσά μου . . . μελετήσει τὴν δικαιοσύνην σου (5)
73 (74). 9. οὐκ ἔστιν ἔτι προφήτης καὶ ἡμᾶς οὐ γνώσεται ἔτι (11, 10)
76 (77). 7. καὶ οὐ προσθήσει τοῦ εὐδοκῆσαι ἔτι (11)
77 (78). 17. προσέθεντο ἔτι τοῦ ἁμαρτάνειν αὐτῷ (11)
— 30. ἔτι τῆς βρώσεως αὐτῶν οὔσης ἐν τῷ στόματι αὐτῶν (11)
— 32. ἐν πᾶσι τούτοις ἥμαρτον ἔτι (11)
82 (83). 4. οὐ μὴ μνησθῇ τὸ ὄνομα Ἰσραὴλ ἔτι (11)
87 (88). 5. ὧν οὐκ ἐμνήσθης ἔτι (11)
91 (92). 14. A S^2 ἔτι [B S^1 τότε] πληθυνθήσονται ἐν γήρει πίονι (11)
102 (103). 16. οὐκ ἐπιγνώσεται ἔ. τὸν τόπον αὐ. (11)
138 (139). 18. ἔτι εἰμὶ μετὰ σοῦ (11)
140 (141). 5. B ἔτι καὶ ἔτι [A S R om.] ἡ προσευχή μου ἐν ταῖς εὐδοκίαις αὐ. (11, –)
Pr. 24. 75 (31. 7). ἵνα . . . τῶν πόνων μὴ μνησθῶσιν ἔτι (11)
Ec. 3. 16. ἔτι εἶδον ὑπὸ τὸν ἥλιον (11)
4. 13. ὃς οὐκ ἔγνω τοῦ προσέχειν ἔτι (11)
9. 5. οὐκ ἔστιν αὐτοῖς ἔτι μισθός (11)
— 6. μερὶς οὐκ ἔστιν αὐτοῖς ἔτι (11)
Wi. 10. 7. A B S ἧς ἔτι [R οἷς ἐπὶ] μαρτύριον
13. 6. A ἔτι [B S ἐπὶ] τούτοις ἔστι μέμψις ὀλίγη
14. 24. οὔτε γάμους καθαροὺς ἔτι φυλάσσουσιν
19. 3. ἔτι γὰρ ἐν χερσὶν ἔχοντες τὰ πένθη
— 10. ἐμέμνηντο γὰρ ἔτι τῶν ἐν τῇ παροικίᾳ αὐτῶν
Si. *prol.* 12. S ὅπως οἱ φιλομαθεῖς . . . πολλῷ μᾶλλον ἔτι προσθήσουσιν [A B ἐπιπροσθῶσι]
24. 21. οἱ ἐσθίοντές με ἔτι πεινάσουσι καὶ οἱ πίνοντές με ἔτι διψήσουσιν
— 32. ἔτι παιδείαν ὡς ὄρθρον φωτιῶ
— 33. ἔτι διδασκαλίαν ὡς προφητείαν ἐκχεῶ
30. 29 (33. 20). ἕως ἔτι ζῇς καὶ πνοὴ ἐν σοί
39. 12. ἔτι διανοηθεὶς ἐκδιηγήσομαι
41. 1. ἀνδρὶ . . . ἔτι ἰσχύοντι ἐπιδέξασθαι τροφήν
43. 30. ὑπερέξει γὰρ καὶ ἔτι
51. 13. ἔτι ὢν νεώτερος
Ho. 1. 4. ἔ. μικρὸν καὶ ἐκδικήσω (11)
— 6. καὶ συνέλαβεν ἔτι καὶ ἔτεκε θυγατέρα (11)
— 6. οὐ μὴ προσθήσω ἔτι ἐλεῆσαι (11)
— 8. καὶ συνέλαβεν ἔτι καὶ ἔτεκε υἱόν –
2. 16 (18). καὶ οὐ καλέσει με ἔτι [A οὐκέτι] B. (11)
— 17 (19). A καὶ οὐ μὴ μνησθῶσιν ἔτι [B οὐκέτι] τὰ ὀνόματα αὐτῆς (11)
Ho. 3. 1. ἔτι πορεύθητι (11)
12. 9 (10). ἔτι κατοικιῶ σε ἐν σκηναῖς (11)
13. 2. A προσέθετο τοῦ ἁμαρτάνειν ἔ. [B al.] –
14. 9. τί αὐτῷ ἔτι καὶ εἰδώλοις (11)
Am. 6. 10. εἰ ἔτι ὑπάρχει παρὰ σοί (11)
8. 2. οὐ προσθήσω ἔτι [A al.] (11)
— 14. οὐ μὴ ἀναστῶσιν ἔτι (11)
Mi. 4. 3. A οὐ μὴ μάθωσιν ἔ. [B οὐκέτι μὴ μ.] (11)
Jl. 2. 27. οὐκ ἔστιν ἔτι πλὴν ἐμοῦ (11)
— 27. οὐ μὴ καταισχυνθῶσιν ἔ. [A al.] –
Jn. 3. 4. ἔ. τρεῖς ἡμέραι (11)
4. 2. ἔ. ὄντος μου ἐν τῇ γῇ μου (8)
Na. 1. 12. ἡ ἀκοή σου οὐκ ἐνακουσθήσεται ἔ. (11)
— 14. οὐ σπαρήσεται ἐκ τοῦ ὀνόματός σου ἔ. (11)
— 15 (2. 1). οὐ μὴ προσθήσωσιν ἔ. (11)
2. 13 (14). οὐ μὴ ἀκουσθῇ οὐκέτι [S^2 ἔ.] (11)
Hb. 2. 3. ἔ. ὅρασις εἰς καιρόν (11)
Ze. 3. 1 (2. 15). οὐκ ἔστι μετ᾽ ἐμὲ ἔ. (11)
Hg. 2. 7 (6). ἔ. ἅπαξ ἐγὼ σείσω τὸν οὐρανόν (11)
— 20 (19). A S^2 εἰ ἔ. [B S^1 om.] ἐπιγνωσθήσεται (11)
— 20 (19). καὶ εἰ ἔ. [A καὶ] ἡ ἄμπελος καὶ ἡ συκῆ (8)
Za. 1. 16. μέτρον ἐκταθήσεται ἐπὶ Ἱερ. ἔ. (11 ?)
— 17. R ἔ. [A B S om.] ἀνάκραγε λέγων (11)
— 17. ἔ. διαχυθήσονται πόλεις ἐν ἀγαθοῖς (11)
— 17. ἐλεήσει κύριος ἔ. τὴν Σιών (11)
— 17. A αἱρετιεῖ κύριος τὴν Ἱερ. ἔ. [B S al.] (11)
2. 12 (16). αἱρετιεῖ ἔ. τὴν Ἱερ. (11)
8. 4. ἔ. καθήσονται πρεσβύτεροι (11)
— 20. ἔτι [S^1 τί] ἥξουσι λαοὶ πολλοί (11)
11. 15. ἔ. λάβε σεαυτῷ σκεύη ποιμενικά (11)
12. 6. κατοικήσει Ἱερ. ἔ. καθ᾽ ἑαυτήν (11)
13. 3. ἐὰν προφητεύσῃ ἄνθρωπος ἔ. (11)
14. 11. ἀνάθεμα οὐκ ἔσται ἔ. (11)
— 21. οὐκ ἔσται Χαναναῖος ἔ. [A οὐκέτι] (11)
Ma. 2. 13. ἔ. ἄξιον ἐμβλέψαι εἰς θυσίαν (11)
Is. 1. 5. τί ἔ. πληγῆτε προστιθέντες ἀνομίαν (11)
2. 4. οὐ λήψεται [A S^2 add. ἔ.] ἔθνος ἐπ᾽ ἔθνος μάχαιραν –
— 4. οὐ μὴ μάθωσιν ἔ. πολεμεῖν (11)
5. 4. τί ποιήσω ἔ. τῷ ἀμπελῶνί μου (11)
— 6. S^1 οὐδ᾽ οὐ μὴ σκαφῇ ἔ. [A B S^2 al.] –
— 25. ἔ. ἡ χεὶρ ὑψηλή (11)
6. 13. ἔ. ἐπ᾽ αὐτῆς ἐστι τὸ ἐπιδέκατον (11)
7. 8. ἔ. ἑξήκοντα καὶ πέντε ἐτῶν ἐκλείψει (11)
8. 5. προσέθετο κύριος λαλῆσαί μοι ἔ. (11)
9. 12 (11), 17 (16), 21 (20) : 10. 4. ἔ. ἡ χεὶρ ὑψηλή (11)
10. 25. ἔ. γὰρ μικρὸν καὶ παύσεται ἡ ὀργή (11)
14. 1. ἐκλέξεται ἔ. τὸν Ἰσραήλ (11)
16. 9. S ἔ. [A B ὅτι] . . . καταπατήσω †
21. 16. ἔ. ἐνιαυτὸς ὡς ἐνιαυτὸς μισθωτοῦ (11)
28. 10, 13. ἔ. μικρὸν ἔ. μικρόν (13, 13)
29. 8. ἐξαναστὰς ἔ. διψᾷ (6)
43. 13. ἐγὼ κύριος ὁ θεὸς ἔ. ἀπ᾽ ἀρχῆς (5)
44. 2. ἔ. βοηθηθήσῃ –
45. 5. οὐκ ἔστιν ἔ. πλὴν ἐμοῦ θεός (11)
— 6. S^2 οὐκ ἔστιν ἔ. [A B S^1 om.] θεὸς πλὴν ἐμοῦ –
— 6. ἐγὼ κύριος ὁ θεὸς καὶ οὐκ ἔστιν ἔ. (11)
— 17. R οὐδὲ μὴ ἐντραπῶσιν ἕως τοῦ αἰῶνος ἔ. [A B S om.] (8)
— 18. καὶ οὐκ ἔστιν ἔ. (11)
46. 9. οὐκ ἔστιν ἔ. πλὴν ἐμοῦ (11)
48. 3. τὰ πρότερα ἔ. ἀνήγγειλα (2)
— 8. ἄνομος ἔ. ἐκ κοιλίας κληθήσῃ –
51. 22. οὐ προσθήσῃ ἔ. πιεῖν αὐτό (11)
54. 3. ἔ. εἰς τὰ δεξιὰ καὶ τὰ ἀριστερὰ ἐκπέτασον –
— 4. R ὄνειδος τῆς χηρείας σου οὐ μὴ μνησθήσῃ ἔ. [A B S om.] (11)
— 9. μὴ θυμωθήσεσθαι ἐπὶ σοὶ ἔ. –
58. 9. ἔ. λαλοῦντός σου ἐρεῖ –
60. 18. οὐκ ἀκουσθήσεται ἔ. ἀδικία (11)
— 19. οὐκ ἔσται σοι ἔ. [A S om.] ὁ ἥλιος (11)
62. 4. ἡ γῆ σου οὐ κληθήσεται ἔ. [A S om.] Ἔρημος (11)
— 8. εἰ ἔ. δώσω τὸν σῖτόν σου . . . εἰ ἔ. πίονται υἱοὶ ἀλλότριοι τὸν οἶνόν σου (11, –)
65. 20. οὐ μὴ γένηται ἔ. [A S om.] ἐκεῖ ἄωρος (11)
— 24. ἔ. λαλούντων αὐτῶν ἐρῶ, Τί ἐστι (11)
Je. 2. 9. ἔ. κριθήσομαι πρὸς ὑμᾶς (11)
— 31. οὐχ ἥξομεν πρὸς σὲ ἔ. (11)
— 33. τί ἔ. καλὸν ἐπιτηδεύσεις –
3. 1. ἀνακάμψει πρὸς αὐτὸν ἔ. (11)
— 12. S οὐ μηνιῶ ἔ. [A B om.] ὑμῖν –
— 16. οὐκ ἐροῦσιν ἔ., Κιβωτὸς διαθήκης . . . οὐ ποιηθήσεται ἔ. (11, 11)

Je. 3. 17. οὐ πορεύσονται ἔ. [S¹ om.] ὀπίσω τῶν ἐνθυμημάτων [A ἐπιθ.] (11)
7. 32. οὐκ ἐροῦσιν ἔ., Βωμὸς τοῦ Ταφέθ (11)
10. 20. οὐκ ἔστιν ἔ. τόπος τῆς σκηνῆς μου (11)
11. 19. A ὄνομα αὐτοῦ οὐ μὴ μνησθῇ ἔ. [B S οὐκέτι] (11)
13. 27. οὐκ ἐκαθαρίσθης ὀπίσω μου ἕως τίνος ἔ. (11)
15. 9. ἔ. μεσούσης [S ἐπιμεσούσης vel ἐπὶ μ.] τῆς ἡμέρας (11)
16. 14. οὐκ ἐροῦσιν ἔ., Ζῇ κύριος (11)
19. 6. B²R οὐ κληθήσεται τῷ τόπῳ τούτῳ ἔ. [A B¹ al.] (11)
— 11. A R οὐ δυνήσεται ἰαθῆναι ἔ. [B S ὅτι] (11)
20. 9. οὐ μὴ λαλήσω ἔ. [A om.] (11)
22. 10. οὐκ ἐπιστρέψει [A ἀναστρ.] ἔ. (11)
— 11. οὐκ ἀναστρέψει [S ἀνακάμψει] ἐκεῖ ἔ. [A S οὐκέτι] (11)
— 12. τὴν γῆν ταύτην οὐκ ὄψεται ἔ. (11)
— 30. ἄρχων ἔ. ἐν τῷ Ἰούδα (11)
23. 4. οὐ φοβηθήσονται ἔ. (11)
— 4. A καὶ οὐ πτοηθήσονται ἔ. [S om., B al.] -
— 36. λῆμμα κυρίου μὴ ὀνομάζετε ἔ. [A S om.] (11)
— 7. οὐκ ἐροῦσιν ἔ., Ζῇ κύριος (11)
28 (51). 33. ἔ. μικρὸν καὶ ἥξει ὁ ἀμητὸς αὐτῆς (11)
— 44. οὐ μὴ συναχθῶσι πρὸς αὐτὴν ἔ. τὰ ἔθνη (11)
29 (49). 7. οὐκ ἔστιν ἔ. σοφία ἐν Θαιμάν (11)
31 (48). 2. οὐκ ἔστιν ἔ. ἰατρεία Μωάβ (11)
35 (28). 3. ἔ. δύο ἔτη ἡμερῶν (11)
37 (30). 8. οὐκ ἐργῶνται αὐτοὶ ἔ. [B¹ om.] (11)
38 (31). 4. A S ἔ. [B ὅτι] οἰκοδομήσω σε . . . ἔ. λήψῃ [B S ἐπιλήψῃ] τύμπανόν σου (11, 11)
— 5. A S ἔ. [B ὅτι] ἐφυτεύσατε ἀμπελῶνας (11)
— 12. οὐ πεινάσουσιν ἔ. (11)
— 23. ἔ. ἐροῦσι τὸν λόγον τοῦτον (11)
— 34. τῶν ἁμαρτιῶν αὐτῶν οὐ μὴ μνησθῶ ἔ. (11)
39 (32). 15. ἔ. κτισθήσονται ἀγροὶ καὶ οἰκίαι (11)
— 27. A μὴ ἀπ' ἐμοῦ κρυβήσεται ἔ. [B S τι] †
— 33. οὐκ ἤκουσαν [A ἠθέλησαν] ἔ. λαβεῖν παιδείαν -
— 43. κτηθήσονται ἔ. ἀγροί -
40 (33). 1. αὐτὸς ἦν ἔ. δεδεμένος (11)
— 10. ἔ. ἀκουσθήσεται ἐν τῷ τόπῳ τούτῳ (11)
— 12. A S R ἔ. [B ὅτι] ἔσται ἐν τῷ τόπῳ τούτῳ τῷ ἐρήμῳ (11)
— 13. ἔ. παρελεύσεται πρόβατα [A al.] (11)
43 (36). 32. ἔ. προσετέθησαν αὐτῷ λόγοι πλείονες (11)
45 (38). 9. οὐκ εἰσὶν ἔ. ἄρτοι ἐν τῇ πόλει (11)
51 (44). 22. οὐκ ἠδύνατο κύριος ἔ. φέρειν (11)
— 26. ἐὰν γένηται ἔ. ὄνομά μου ἐν τῷ στόματι παντὸς Ἰούδα (11)
Ba. 2. 35. οὐ κινήσω ἔ. τὸν λαόν μου Ἰσραήλ (11)
La. 4. 17. ἔ. ὄντων ἡμῶν ἐξέλιπον οἱ ὀφθ. ἡμῶν (11)
— 22. οὐ προσθήσει [A add. ἔ.] ἀποικίσαι σε -
Ep. Je. 40. ἔ. δὲ καὶ αὐτῶν τῶν Χαλδαίων ἀτιμαζόντων αὐτά
Ez. 5. 4. ἐκ τούτων λήψῃ ἔ. (11)
— 9. οὐ ποιήσω ὅμοια αὐτοῖς ἔ. (11)
7. 13. A ἔ. ἐν ζωῇ τὸ ζῆν αὐτῶν (11)
8. 6, 13. ἔ. ὄψει ἀνομίας μείζονας (11)
— 15. ἔ. ὄψει ἐπιτηδεύματα μείζονα τούτων (11)
12. 24. οὐκ ἔσται ἔ. πᾶσα ὅρασις ψευδής [A al.] (11)
— 25. οὐ μὴ μηκυνῶ ἔ. (11)
13. 23. μαντείας οὐ μὴ μαντεύσησθε ἔ. [A al.] (11)
14. 11. ὅπως μὴ πλανᾶται ἔ. ὁ οἶκος τοῦ Ἰσραὴλ ἀπ' ἐμοῦ καὶ ἵνα μὴ μιαίνωνται ἔ. (11, 11)
15. 5. οὐδὲ ἔ. αὐτοῦ ὄντος ὁλοκλήρου . . . εἰ ἔσται [A μὴ ἔσται] ἔ. εἰς ἐργασίαν (-, 11)
16. 63. μὴ ᾖ σοι ἔ. ἀνοῖξαι τὸ στόμα σου (11)
18. 3. ἐὰν γένηται ἔ. λεγομένη ἡ παραβολή (11)
20. 48 (21. 4). A οὐ σβεσθήσεται ἔ. [B om. ἔ.] -
21. 13 (18). A καὶ ἔ. καὶ φυλὴ ἀπωσθῇς [B al.] †
24. 13. τί ἐὰν μὴ καθαρισθῇς ἔ. [A ἔ. ἔσται ἐὰν μὴ κ.] (11)
26. 13. ἡ φωνὴ τῶν ψαλτηρίων σου οὐ μὴ ἀκουσθῇ ἔ. [A ἐν σοὶ οὐκέτι] (11)
— 14. οὐ μὴ οἰκοδομηθῇς ἔ. (11)
— 21. οὐχ ὑπάρξεις ἔ. (11)
28. 19. οὐχ ὑπάρξεις ἔ. εἰς τὸν αἰῶνα -
▶ 29. 15. οὐ μὴ ὑψωθῇ ἔ. ἐπὶ τὰ ἔθνη (11)
30. 13. οὐκ ἔσονται ἔ. [A οὐκέτι] (11)
32. 13. οὐ μὴ ταράξῃ αὐτὸ πούς ἀνθρώπου ἔ. (11)
33. 16. A οὐ μὴ μνησθῶσιν ἔ. [B al.] -

Ez. 33. 22. ἀνοιχθέν μου τὸ στόμα οὐ συνεσχέθη [A -εκλείσθη] ἔ. (11)
34. 10. οὐ βοσκήσουσιν ἔ. οἱ ποιμένες αὐτὰ . . . οὐκ ἔσονται αὐτοῖς ἔ. εἰς κατάβρωμα (11, -)
— 22. οὐ μὴ ὦσιν [A οὐκέτι ἔσονται] ἔ. εἰς προνομήν (11)
— 28. οὐκ ἔσονται ἔ. [B² οὐκέτι] ἐν προνομῇ (11)
— 29. ὀνειδισμὸν ἐθνῶν οὐ μὴ ἐνέγκωσιν ἔ. (11)
35. 9. αἱ πόλεις σου οὐ μὴ κατοικηθῶσιν ἔ. -
36. 12. οὐ μὴ προσθῆτε ἔ. ἀτεκνωθῆναι ἀπ' αὐτῶν (11)
— 14. τὸ ἔθνος σου οὐκ ἀτεκνώσεις ἔ. [A al.] (11)
— 15. A R ὀνειδισμοὺς λαῶν οὐ μὴ ἀνενέγκητε ἔ. [B om.] (11)
— 30. A ὅπως μὴ λάβητε ἔ. ὀνειδισμὸν λαοῦ [B al.] (11)
— 37. ἔ. τοῦτο ζητηθήσομαι [A ζήτημα θή.] (11)
37. 22. οὐκ ἔσονται ἔ. [A οὐκέτι] εἰς δύο ἔθνη (11)
▶ — 23. ἵνα μὴ μιαίνωνται ἔ. ἐν τοῖς εἰδώλοις (11)
Da. LXX. 4. 28. ἔ. τοῦ λόγου ἐν τῷ στόματι τοῦ βασιλέως ὄντος (11)
6. 21 (22). ἔ. εἰμὶ ζῶν †
8. 2. ἔ. ὄντος μου πρὸς τῇ πύλῃ Αἰλάμ -
— 17. ἔ. γὰρ εἰς ὥραν καιροῦ τοῦτο τὸ ὅραμα -
— 19. ἔ. γὰρ εἰς ὥρας καιροῦ συντελείας μενεῖ -
— 26. ἔ. γὰρ εἰς ἡμέρας πολλάς -
9. 21. ἔ. λαλοῦντός μου ἐν τῇ προσευχῇ μου (11)
10. 14. cod. ἔ. γὰρ ὥρα [R ὅρασις] εἰς ἡμέρας (11)
11. 27. ἔ. γὰρ συντέλεια εἰς καιρόν (11)
— 35. ἔ. γὰρ καιρὸς εἰς ὥρας (11)
12. 13. ἔ. γάρ εἰσιν ἡμέραι -
Da. TH. 4. 28. ἔ. τοῦ λόγου ἐν στόματι τοῦ βασιλέως ὄντος (11)
8. 17, 19. ἔ. γὰρ εἰς καιροῦ πέρας ἡ ὅρασις -
9. 20, 21. ἔ. ἐμοῦ λαλοῦντος (11)
10. 14. ὅτι ἔ. ἡ [A ὅτι] ὅρασις εἰς ἡμέρας (11)
11. 2. ἔ. τρεῖς βασιλεῖς ἀναστήσονται (11)
— 20. R ἔ. [A B om.] συντριβήσεται -
— 27. ὅτι ἔ. πέρας εἰς καιρόν (11)
— 35. ὅτι ἔ. εἰς καιρόν (11)
12. 3. εἰς τοὺς αἰῶνας καὶ ἔ. (8)
— 13. ἔ. γὰρ ἡμέραι -
I Ma. 1. 6. ἔ. ζῶντος αὐτοῦ
2. 13. ἵνα τί ἡμῖν ἔ. ζῆν
4. 4. A R ἕως [S ὡς] ἔ. αἱ δυνάμεις ἐσκορπισμέναι ἦσαν
— 19. ἔ. λαλοῦντος Ἰούδα ταῦτα
5. 14. ἔ. αἱ ἐπιστολαὶ ἀνεγινώσκοντο
— 44. οὐκ ἐδύναντο ἔ. ὑποστῆναι
6. 55. A S ὁ βασιλεὺς Ἀντ. ἔ. ζῶντος αὐτοῦ [R ἔ. ζῶν]
7. 30. οὐκ ἐβουλήθη ἔ. ἰδεῖν τὸ πρόσωπον αὐτοῦ
8. 32. ἐὰν οὖν ἔ. ἐντύχωσι κατὰ σοῦ
9. 55. οὐκ ἠδύνατο ἔ. λαλῆσαι λόγον
— 72. οὐ προσέθετο ἔ. ἐλθεῖν εἰς τὰ ὅρια αὐτῶν
10. 27. ἐμμείνατε ἔ.
— 71. S¹ οὐκ ἔστιν ἔ. [A S²R μετ' ἐμοῦ ἐστι] δύναμις
— 88. S προσέθετο ἔ. [A R om.] δοξάσαι τὸν Ἰων.
12. 7. A S¹R ἔ. [S² ἐπεὶ] πρότερον ἀπεστάλησαν
II Ma. 2. 20. ἔ. τε τοὺς πρὸς Ἀντ. . . . πολέμους
3. 1. R τῶν νόμων ἔ. [A ὅτι] κάλλιστα συντηρουμένων
— 37. ποῖός τις εἴη ἐπιτήδειος ἔ. ἅπαξ
4. 6. R τυχεῖν εἰρήνης ἔ. [A ἐπὶ] τὰ πράγματα
6. 4. ἔ. δὲ τὰ μὴ καθήκοντα ἔνδον φερόντων
7. 24. ἔ. τοῦ νεωτέρου περιόντος
— 30. ἔ. δὲ ταύτης καταλεγούσης
8. 17. ἔ. δὲ τὴν τῆς προγονικῆς πολιτείας κατάλυσιν
— 23. ἔ. δὲ καὶ Ἐλεάζαρον
— 30. ἔ. δὲ καὶ πρεσβυτέροις ποιήσαντες
9. 7. ἔ. δὲ καὶ τῆς ὑπερηφανίας ἐπεπλήρωτο
10. 2. ἔ. δὲ τεμένη καθεῖλον
— 7. ἔ. δὲ φοίνικας ἔχοντες
— 19. ἔ. δὲ καὶ Ζακχαῖον
12. 2. ἔ. δὲ Ἱερώνυμος καὶ Δημοφῶν
14. 3. οὐδὲ πρὸς ἅγιον θυσιαστήριον ἔ. πρόσοδος
— 45. ἔ. δὲ ἔμπνους ὑπάρχων
15. 18. ἔ. δὲ ἀδελφῶν καὶ συγγενῶν
III Ma. 2. 22. ὥστε κατ' ἐδάφους ἄπρακτον ἔ.
4. 10. ἔ. καὶ τῷ καθύπερθε πυκνῷ σανιδώματι διακειμένῳ
— 18. καίπερ ὄντων ἔ. κατὰ τὴν χώραν τῶν πλειόνων
— 18. τῶν μὲν κατὰ τὰς οἰκίας ἔ. συνεστηκότων

III Ma. 5. 27. A τὸ διασαφούμενον ἔ. αὐτῷ [R al.]
— 38. τοὺς ἐλέφαντας ἔ. καὶ νῦν καθόπλισον
IV Ma. 5. 10. ἔ. κἀμοῦ καταφρονήσεις
— 27. A ὅπως τῇ . . . μιαροφαγίᾳ ταύτῃ ἔ. ἐγγελάσῃς [S R τ. ἐπεγγ.]
9. 19. A ταῦτα λέγοντες ἔ. [?, S R al.]
16. 25. ἔ. δὲ καὶ ταῦτα εἰδότες
18. 10. ἔ. ὢν σὺν ἡμῖν
[Aq. Ge. 43. 27: II Ki. 6. 22: Jb. 1. 16: 6. 10: 8. 12: Ps. 20 (21). 5: 38 (39). 2: 44 (45). 7: 87 (88). 6: 91 (92). 15: 140 (141). 5: 144 (145). 1 (εἰς ἔ.): Pr. 12. 19 (εἰς ἔ.): 19. 19: 29. 14 (εἰς ἔ.): 31. 15: Ec. 4. 13: Is. 9. 6 (5): 26. 21: 29. 17: 38. 11: 45. 14: 54. 4, 9: 64. 9 (8) (εἰς ἔ.): 65. 17: Je. 13. 27: 31 (38). 4, 20: Ez. 7. 13: 8. 6: 20. 27: 32. 13: Ma. 2. 13.]
[Sm. Ge. 43. 27: I Ki. 10. 11: III Ki. 17. 20: Jb. 2. 9: 34. 23: Ps. 38 (39). 2: 44 (45). 7: 57 (58). 10: 67 (68). 19: 77 (78). 30: 82 (83). 9: 91 (92). 15: 138 (139). 10: 140 (141). 5: Pr. 12. 19 (εἰς ἔ.): 25. 1: 31. 15: Is. 7. 13: 38. 11: 45. 14: 54. 4, 9: 65. 17: Je. 12. 6: 13. 27: Ez. 7. 13: 8. 6: 20. 27: Mi. 1. 15: Za. 9. 2: 14. 5: Ma. 2. 13.]
[Th. Jb. 1. 16: 6. 10: 20. 4 (ἀπὸ τοῦ ἔ.): 32. 15: 34. 23: Ps. 20. (21). 5: 91 (92). 15: Pr. 12. 19 (εἰς ἔ.): 19. 19: 31. 15: Is. 26. 21: 29. 17: 38. 11: 45. 14: 54. 4, 9: 64. 9 (8) (εἰς ἔ.): 65. 17: Je. 33 (40). 24: Ez. 7. 13: 20. 27: 32. 13: Da. 4. 28: 12. 3, 13: Ma. 2. 13.]
[Al. I Ki. 28. 15: Ps. 140 (141). 5.]
[Heb. Jb. 2. 3.]
[Quint. Ps. 20 (21). 5: 91 (92). 15.]
[Sext. Ps. 91 (92). 15.]

ἐτιείμ.

[Aq. Ez. 30. 9.]

ἑτοιμάζειν. (1) בָּרָא pi. (2) חוּשׁ (3) יָטַב hi. (4) יָכַח hi. (5) כּוּן a. ni. b. pil. c. hi. d. hoph. (6) מָשַׁח (7) סוּר hi. (8) עוּר a. qal. b. hi. (9) עָרַךְ (10) עָשָׂה (11) עָתַד hithp. (12) פּוּק hi. (13) פָּלַג pi. (14) פָּנָה pi. (15) פָּקַד ni. (16) רָבַץ hi. (17) תּוּר (18) תָּכַן a. ni. b. pu.

Ge. 24. 14. ταύτην ἡτοίμασας τῷ παιδί σου (4)
— 31. ἐγὼ δὲ ἡτοίμασα [S -κα] τὴν οἰκίαν (14)
— 44. ἣν ἡτοίμασε κ. τῷ ἑαυτοῦ θεράποντι (4)
43. 16. σφάξον θύματα καὶ ἑτοίμασον (5 c)
— 25. ἡτοίμασαν δὲ τὰ δῶρα (5 c)
Ex. 15. 17. ὃ ἡτοίμασαν αἱ χεῖρές σου (5 b)
16. 5. ἑτοιμάσουσιν [A -σωσιν] ὃ ἐὰν εἰσενέγκωσι (5 c)
23. 20. εἰς τὴν γῆν ἣν ἡτοίμασά σοι (5 c)
Nu. 23. 1. ἑτοίμασόν μοι ἐνταῦθα ἑπτὰ μόσχους (5 c)
— 4. τοὺς ἑπτὰ βωμοὺς ἡτοίμασα (9)
— 29. ἑτοίμασόν μοι ὧδε ἑπτὰ μόσχους (5 c)
Jo. 1. 11. ἑτοιμάζεσθε ἐπισιτισμόν (5 c)
9. 4. καὶ ἡτοιμάσαντο †
I Ki. 2. 3. θεὸς ἑτοιμάζων ἐπιτηδεύματα αὐτοῦ (18 a)
7. 3. ἑτοιμάσατε τὰς καρδίας ὑμῶν πρὸς κύριον (5 c)
13. 13. B ἡτοίμασε κύριος τὴν βασιλείαν σου (5 c)
20. 31. οὐχ ἑτοιμασθήσεται ἡ βασιλεία σου (5 a)
23. 22. καὶ ἑτοιμάσατε ἔτι (5 c)
II Ki. 5. 12. ἡτοίμασεν αὐτὸν κύριος εἰς βασιλέα (5 c)
7. 12. ἑτοιμάσω τὴν βασιλείαν αὐτοῦ (5 c)
— 24. ἡτοίμασας σεαυτῷ τὸν λαόν σου (5 b)
III Ki. 2. 12. ἡτοιμάσθη ἡ βασιλεία αὐ. σφόδρα (5 a)
— 24. ὃς ἡτοίμασέ με (5 c)
5. 18 (32). ἡτοίμασαν τοὺς λίθους καὶ τὰ ξύλα (5 c)
6. 19. A ἡτοίμασεν [B om.] δοῦναι ἐκεῖ τὴν κιβωτόν (5 c)
IV Ki. 12. 11 (12). R ἔδωκαν τὸ ἀργύριον τὸ ἑτοιμασθέν (18 b)
I Ch. 9. 32. τοῦ ἑτοιμάσαι σάββατον κατὰ σάββατον (5 c)
12. 39. ἡτοίμασαν [A² ἡ. αὐτοῖς] οἱ ἀδελφοὶ αὐ. (5 c)
14. 2. ἡτοίμασεν [S -ακεν] αὐτὸν κύριος (5 c)
15. 1. καὶ ἡτοίμασε τὸν τόπον (5 c)
— 3. A²B S ὃν ἡτοίμασεν αὐτῇ (5 c)
— 12. οὗ ἡτοίμασα [S -ας] αὐτῇ [A -ήν] (5 c)
17. 11. καὶ ἑτοιμάσω τὴν βασιλείαν αὐτοῦ (5 c)
22. 3. καὶ τοὺς στροφεῖς ἡτοίμασε Δ. (5 c)

I Ch. 22. 5. εἰς πᾶσαν τὴν γῆν ἑτοιμάσω αὐτῷ (5 c)
— 5. καὶ ἡτοίμασε Δ. εἰς πλῆθος (5 c)
— 14. ἡτοίμασα εἰς οἶκον κυρίου (5 c)
— 14. ξύλα καὶ λίθους ἡτοίμασα (5 c)
28. 2. καὶ ἡτοίμασα τὰ εἰς τὴν κατασκήνωσιν ἐπιτήδεια (5 c)
29. 2. ἡτοίμακα εἰς οἶκον θεοῦ μου χρυσίον (5 c)
— 3. ἐκτὸς ὧν ἡτοίμακα εἰς τὸν οἶκον (5 c)
— 16. ὃ ἡτοίμακα οἰκοδομηθῆναι οἶκον (5 c)
II Ch. 1. 4. ἡτοίμασεν αὐτῇ (5 c)
2. 7 (6). ἃ [A ὧν] ἡτοίμασε Δ. ὁ πατήρ μου (5 c)
— 9 (8). ἑτοιμάσαι μοι ξύλα εἰς πλῆθος (5 c)
3. 1. ᾧ ἡτοίμασε Δ. ἐν ἅλῳ Ὀ. (5 c)
8. 16. ἡτοιμάσθη [A -ασεν] πᾶσα ἡ ἐργασία (5 a)
12. 1. ὡς ἡτοιμάσθη ἡ βασιλεία Ῥ. (5 c)
26. 14. A B καὶ ἡτοίμαζεν [R -ασεν] αὐτοῖς [B -οὺς] Ὀ. (5 c)
27. 6. ὅτι ἡτοίμασε τὰς ὁδοὺς αὐτοῦ (5 c)
29. 19. ἡτοιμάκαμεν καὶ ἡγνίκαμεν (5 c)
— 36. διὰ τὸ ἡτοιμακέναι τὸν θεὸν τῷ λαῷ (5 c)
31. 11. ἑτοιμάσαι παστοφόρια εἰς οἶκον κυρίου καὶ ἡτοίμασαν (5 c, 5 c)
35. 4. ἑτοιμάσθητε κατ᾽ οἴκους πατριῶν ὑμῶν (5 c, 5 a*)
— 6. ἑτοιμάσατε [A τὰ ἅγια ἑ.] τοῖς ἀδ. ὑ. (5 c)
— 12. καὶ ἡτοίμασαν τὴν ὁλοκαύτωσιν (7)
— 14. μετὰ τὸ ἑτοιμάσαι αὐτοῖς (5 c)
— 14. καὶ οἱ Λ. ἡτοίμασαν αὐτοῖς (5 c)
— 15. οἱ Λ. ἡτοίμασαν αὐτοῖς (5 c)
— 16. καὶ ἡτοιμάσθη πᾶσα ἡ λειτουργία κυρίου (5 a)
I Es. 1. 4. ἑτοιμάσατε κατὰ τὰς πατριάς
— 6. τὰς θυσίας ἑτοιμάσατε τοῖς ἀδελφοῖς ὑμῶν
— 13. ἡτοίμασαν ἑαυτοῖς τε καὶ τοῖς ἱερεῦσιν
— 14. οἱ Λ. ἡτοίμασαν ἑαυτοῖς
— 16. οἱ γὰρ ἀδ. αὐ. οἱ Λ. ἡτοίμασαν αὐτοῖς
5. 48. ἡτοίμασαν τὸ θυσιαστήριον τοῦ θεοῦ
II Es. 3. 3. καὶ ἡτοίμασαν τὸ θυσιαστήριον (5 c)
To. 5. 16. S ἑτοίμασον τὰ πρὸς τὴν ὁδόν [A B *al.*]
— 16. καὶ ἡτοίμασεν ὁ υἱὸς αὐτοῦ τὰ πρὸς τὴν ὁδόν
6. 17. αὕτη ἡτοιμασμένη ἦν ἀπὸ τοῦ αἰῶνος [S *al.*]
7. 16. ἑτοίμασον τὸ ἕτερον ταμεῖον
11. 3. ἑτοιμάσωμεν τὴν οἰκίαν
Ju. 2. 7. ἑτοιμάζειν [S^2 ἑ. μοι] γῆν καὶ ὕδωρ
12. 19. A B ἃ ἡτοίμασεν ἡ δούλη αὐτῆς
Es. 1. 1. ἡτοιμάσθη πᾶν ἔθνος εἰς πόλεμον
— 1. ἡτοιμάσθησαν ἀπολέσθαι
— 1. ἑτοιμάζουσι τὰς χεῖρας ἐπιβαλεῖν
5. 14. καὶ ἡτοιμάσθη τὸ ξύλον (10)
6. 4. ᾧ ἡτοίμασε [S^3 ἡ. αὐτῷ] (5 c)
— 14. ὃν ἡτοίμασεν Ἐ. (10)
7. 9. ξύλον ἡτοίμασεν [A S^3 τὸ ξ. ὃ ἡτ.] Ἀ. Μαρδοχαίῳ (10)
— 10. ὃ ἡτοιμάσθη [A S^3 οὗ ἡτοίμασεν] Μαρδοχαίῳ (5 c)
Jb. 12. 5. ἡτοίμαστο πεσεῖν (5 a)
15. 28. ἃ δὲ ἐκεῖνοι ἡτοίμασαν [A ἐκεῖνος ἡτοίμασεν] ἄλλοι ἀποίσονται (11)
18. 12. πτῶμα δὲ αὐτῷ ἡτοίμασται [A -το] ἐξαίσιον (5 a)
27. 16. ἴσα δὲ πηλῷ ἑτοιμάσῃ χρυσίον (5 c)
28. 27. ἑτοιμάσας ἐξιχνίασεν (5 c)
33. 27. S^1 οὐκ ἄξια ἡτοίμασέν [A B S^2 ἤτασέ] με ὧν ἥμαρτον †
38. 25. τίς δὲ ἡτοίμασεν ὑετῷ λάβρῳ ῥύσιν (13)
— 41. τίς δὲ ἡτοίμασε κόρακι βοράν (5 c)
41. 1. οὐ δέδοικας ὅτι ἡτοίμασταί μοι (8 b*, 8 a)
Ps. 7. 12. καὶ ἡτοίμασεν αὐτό (5 b)
— 13. καὶ ἐν αὐτῷ ἡτοίμασε σκεύη θανάτου (5 c)
9. 7. ἡτοίμασεν ἐν κρίσει τὸν θρόνον αὐτοῦ (5 b)
10 (11). 3. ἡτοίμασαν βέλη εἰς φαρέτραν (5 b)
20 (21). 12. ἑτοιμάσεις τὸ πρόσωπον αὐτῶν (5 b)
22 (23). 5. ἡτοίμασας ἐνώπιόν μου τράπεζαν (9)
23 (24). 2. ἐπὶ ποταμῶν ἡτοίμασεν αὐτήν (5 b)
56 (57). 6. παγίδας ἡτοίμασαν τοῖς ποσί [S τὴν ψυχήν] μου (5 c)
64 (65). 6. ἑτοιμάζων ὄρη ἐν τῇ ἰσχύϊ σου [S αὐτοῦ] (5 c)
— 9. ἡτοίμασας τὴν τροφὴν αὐτῶν (5 c)
67 (68). 10. ἡτοίμασας ἐν τῇ χρηστότητί σου τῷ πτωχῷ (5 c)
77 (78). 19. μὴ δυνήσεται ὁ θεὸς ἑτοιμάσαι τράπεζαν ἐν ἐρήμῳ (9)
— 20. ἢ ἑτοιμάσαι τράπεζαν τῷ λαῷ αὐτοῦ (5 c)
88 (89). 2. ἑτοιμασθήσεται ἡ ἀλήθειά σου (5 c)

Ps. 88 (89). 4. ἕως τοῦ αἰῶνος ἑτοιμάσω τὸ σπέρμα σου (5 c)
98 (99). 4. σὺ ἡτοίμασας εὐθύτητας (5 b)
102 (103). 19. κύριος ἐν τῷ οὐρανῷ ἡτοίμασε τὸν θρόνον αὐτοῦ (5 c)
118 (119). 60. ἡτοιμάσθην καὶ οὐκ ἐταράχθην (2)
— 73. S^1 αἱ χεῖρές σου . . . ἡτοίμασάν με [A S^2 R *al.*] (5 b)
131 (132). 17. ἡτοίμασα [A -σας] λύχνον τῷ χριστῷ μου [S σου] (9)
146 (147). 8. τῷ ἑτοιμάζοντι τῇ γῇ ὑετόν (5 c)
Pr. 3. 19. ἡτοίμασε δὲ οὐρανούς (5 b)
6. 8. ἑτοιμάζεται θέρους τὴν τροφήν (5 c)
8. 27. ἡνίκα ἡτοίμαζε τὸν οὐρανόν (5 c)
— 35. ἑτοιμάζεται θέλησις παρὰ κυρίου (12)
9. 2. ἡτοιμάσατο τὴν ἑαυτῆς τράπεζαν (9)
16. 12. μετὰ γὰρ δικαιοσύνης ἑτοιμάζεται θρόνος ἀρχῆς (5 a)
19. 29. ἑτοιμάζονται ἀκολάστοις μάστιγες (5 a)
21. 31. ἵππος ἑτοιμάζεται εἰς ἡμέραν πολέμου (5 d)
23. 12. τὰ δὲ ὦτά σου ἑτοίμασον λόγοις αἰσθήσεως –
24. 42 (27). ἑτοίμαζε εἰς τὴν ἔξοδον τὰ ἔργα σου (5 c)
— 60 (30. 25). ἑτοιμάζονται θέρους τὴν τροφήν (5 c)
Wi. 16. 2. τροφὴν ἡτοίμασας ὀρτυγομήτραν
Si. 2. 1. ἑτοίμασον τὴν ψυχήν σου εἰς πειρασμόν
— 17. οἱ φοβούμ. κύριον ἑτοιμάσουσι καρδίας αὐ.
18. 23. ἑτοίμασον σεαυτὸν [S^2 τὴν εὐχήν σου]
26. 28. ὁ κύριος ἑτοιμάσει εἰς ῥομφαίαν αὐτόν
36 (33). 4. ἑτοίμασον λόγον καὶ οὕτως ἀκουσθήσῃ
39. 31. ἐπὶ τῆς γῆς εἰς χρείας [A χεῖρας] ἑτοιμασθήσονται
45. 21. ἄρτον . . . ἡτοίμασε πλησμονήν [A S ἐν πλησμονῇ]
47. 13. ἵνα . . . ἑτοιμάσῃ ἁγίασμα εἰς τὸν αἰῶνα
49. 12. λαὸν [A ναὸν] ἅγιον κυρίῳ ἡτοιμασμένον εἰς δόξαν αἰῶνος
Am. 4. 12. ἑτοιμάζου τοῦ ἐπικαλεῖσθαι τὸν θ. σου (5 a)
Mi. 7. 3. ἐπὶ τὸ κακὸν τὰς χεῖρας αὐτῶν ἑτοιμάζουσιν (3 ?)
Na. 2. 5 (6). ἑτοιμάσουσι τὰς προφυλακὰς αὐτῶν (5 d)
3. 8. A B S^1 ἑτοιμάσαι μερίδα –
— 8. ἑτοιμάσαι [S^3 *om.*] μερίδα Ἀμμών (3 ?)
Hb. 2. 12. καὶ ἑτοιμάζων πόλιν ἐν ἀδικίαις (5 b)
Ze. 1. 7. A S ἡτοίμασεν [B -ακε] κύριος τὴν θυσίαν αὐτοῦ (5 c)
3. 7. ἑτοιμάζου ὄρθρισον †
Za. 5. 11. καὶ ἑτοιμάσαι (5 d)
Is. 14. 21. ἑτοίμασον τὰ τέκνα σου σφαγῆναι (5 c)
21. 5. ἑτοίμασον [S -σατε] τὴν τράπεζαν (9)
— 5. οἱ ἄρχοντες ἑτοιμάσατε θυρεούς (6)
28. 24. ἢ σπόρον προετοιμάσει [S^1 ἑτ.] †
30. 33. μὴ καὶ σοὶ ἡτοιμάσθη βασιλεύειν (5 d)
40. 3. ἑτοιμάσατε τὴν ὁδὸν κυρίου (14)
44. 7. ἑτοιμασάτω μοι (9)
54. 11. ἑτοιμάζω σοι [S^1 *om.*] ἄνθρακα τὸν λίθον σου (16)
65. 11. ἑτοιμάζοντες τῷ δαιμονίῳ [S δαίμονι] τράπεζαν (9)
Je. 26 (46). 14. ἐπίστηθι καὶ ἑτοίμασον (5 c)
28 (51). 12. ἑτοιμάσατε ὅπλα (5 c)
— 15. ἑτοιμάζων οἰκουμένην ἐν τῇ σοφίᾳ αὐτοῦ (5 c)
Ez. 4. 3. ἑτοιμάσεις τὸ πρόσωπόν σου ἐπ᾽ αὐτήν (5 c)
— 7. εἰς τὸν συγκλεισμὸν Ἰερουσαλὴμ ἑτοιμάσεις τὸ πρόσωπόν σου (5 c)
20. 6. ἣν ἡτοίμασα [A ὤμοσα] αὐτοῖς (17)
21. 19 (24). A χεῖρα ἑτοιμάσουσιν ἐπ᾽ ἀρχῆς ὁδοῦ [B *al.*] (1)
— 28 (33). A ἑτοιμάζου [B *om.*] ἐσπασμένη [B *add.* εἰς] σφάγια –
38. 7. ἑτοιμάσθητι ἑτοίμασον σεαυτόν (5 a, 5 c)
— 8. ἀφ᾽ ἡμερῶν πλειόνων [A *add.* ἐτῶν] ἑτοιμασθήσεται (15)
Da. LXX. 4. 23. ἰδοὺ ἐπὶ σὲ ἑτοιμάζονται †
12. 11. καὶ ἑτοιμασθῇ δοθῆναι τὸ βδέλυγμα –
Da. TH. 12. 11. A καὶ ἑτοιμασθῇ δοθῆναι [B καὶ δοθήσεται] τὸ βδέλυγμα –
I Ma. 1. 16. ἡτοιμάσθη ἡ βασιλεία
5. 11. καὶ ἑτοιμάζονται [A^1 -τες] ἐλθεῖν
12. 27. ἑτοιμάζεσθαι εἰς πόλεμον
— 28. ἡτοίμασται Ἰωνάθαν
13. 22. ἡτοίμασε Τρύφων πᾶσαν τὴν ἵππον αὐτοῦ
III Ma. 5. 20. ἑτοίμασον τοὺς ἐλέφαντας

III Ma. 5. 29. R τὰς δυνάμεις ἡτοίμασθαι [A -ασται]
6. 31. τὸν εἰς . . . τάφον ἡτοιμασμένον τόπον

[**Aq.** Dt. 19. 3: 32. 6: III Ki. 6. 19: Ps. 8. 4: 9. 38 (10. 17): 73 (74). 16: Pr. 4. 26: 12. 3, 19: 21. 29: 22. 18: Is. 16. 5: 40. 12: Ez. 7. 14: 28. 13.]
[**Sm.** III Ki. 6. 19: Ps. 88 (89). 5: Pr. 4. 26: 12. 3, 19: 21. 2, 29: 22. 18: Is. 40. 12: 51. 13: 62. 7: Ez. 21. 19 (24).]
[**Th.** III Ki. 6. 19: Ps. 8. 4: 73 (74). 16: 86 (87). 5: Pr. 4. 26: 12. 19: 20. 18: 21. 2: 22. 18: 25. 5: Is. 16. 5: 30. 33 *bis*: 40. 12, 18: 51. 13: 62. 7, 10: Ez. 7. 14: 28. 13: Ma. 3. 1.]
[**Al.** Jb. 10. 8: Ps. 140 (141). 2.]
[**Quint.** Ps. 74 (75). 4.]

ἑτοιμασία. (1) *a.* כּוּן hi. *b.* כֵּן *c.* מָכוֹן *d.* מְכוֹנָה *e.* תְּכוּנָה

II Es. 2. 68. τοῦ στῆσαι αὐτὸν ἐπὶ τὴν ἑ. αὐτοῦ (1 c)
3. 3. ἡτοίμασαν τὸ θυσιαστ. ἐπὶ τὴν ἑ. αὐ. (1 d)
Ps. 9. 38 (10. 17). τὴν ἑ. τῆς καρδίας αὐτῶν προσέσχε τὸ οὖς σου [A αὐτοῦ] (1 a)
64 (65). 9. ὅτι οὕτως ἡ ἑ. (1 a)
88 (89). 14. δικαιοσύνη καὶ κρίμα ἑτοιμασία τοῦ θρόνου σου (1 c)
Wi. 13. 12. εἰς ἑτοιμασίαν [A ὑπηρεσίαν] τροφῆς ἀναλώσας [S -ώσεως] ἐνεπλήσθη
Na. 2. 3 (4). ἐν ἡμέρᾳ ἑτοιμασίας αὐτοῦ (1 a)
Za. 5. 11. θήσουσιν αὐτὸ ἐκεῖ ἐπὶ τὴν ἑ. αὐτοῦ (1 d)
Ez. 43. 11. A διαγράψεις τὸν οἶκον καὶ τὴν ἑ. αὐτοῦ [B *om.* κ. τ. ἑ. αὐ.] (1 e)
Da. TH. 11. 7. τῆς [A ἐπὶ τῆς] ἑ. αὐτοῦ (1 b)
— 20. ἀναστήσεται . . . ἐπὶ τὴν ἑ. αὐτοῦ (1 b)
— 21. στήσεται ἐπὶ τὴν ἑ. αὐτοῦ (1 b)

[**Aq.** Ez. 28. 12.]
[**Th.** Pr. 4. 18: Ez. 28. 12: 43. 11.]
[**Al.** Le. 23. 3.]
[**Quint.** Pr. 4. 18.]

ἕτοιμος. (1) כּוּן *a.* ni. *b.* hi. *c.* מָכוֹן (2) כָּסַף (3) מָרַט *a.* qal. *b.* pu. (4) עָרַךְ (5) *a.* עָתוּד *b.* עָתִיד (6) עִתִּי (7) צָנַע hi.

Ex. 15. 17. εἰς ἕ. κατοικητήριόν σου (1 c)
19. 11. ἔστωσαν ἕτοιμοι εἰς τὴν ἡμ. τὴν τρίτην (1 a)
— 15. γίνεσθε ἕτοιμοι (1 a)
34. 2. καὶ γίνου ἕτοιμος εἰς τὸ πρωΐ (1 a)
Le. 16. 21. ἐν χειρὶ ἀνθρώπου ἑ. [A^1 B^1 *om.*] (6)
Nu. 16. 16. γίνεσθε ἕτοιμοι ἔναντι κυρίου –
De. 32. 35. πάρεστιν ἕτοιμα ὑμῖν (5 b)
Jo. 4. 3. ἑτοίμους δώδεκα λίθους (1 b)
8. 4. ἔσεσθε πάντες ἕ. (1 a)
I Ki. 13. 21. B ἦν ὁ τρυγητὸς ἕ. τοῦ θερίζειν †
23. 23. A ἐπιστρέψατε πρὸς μὲ εἰς ἕτοιμον (1 a)
26. 4. ἥκει Σ. ἕ. ἐκ Κ. (1 a?)
II Ki. 23. 5. διαθήκην γὰρ αἰώνιον ἔθετό μοι ἑτοίμην (4)
III Ki. 3. 1 (2. 45). ὁ θρόνος Δ. ἔσται [A *om.*] ἕ. (1 a)
8. 39, 43, 49. ἐξ ἑ. κατοικητηρίου σου (1 c)
II Ch. 6. 2. οἶκον . . . ἕ. τοῦ κατασκηνῶσαι [A^2 κατοικῆσαι] (1 c)
— 30, 33, 39. ἐξ ἑτοίμου κατοικητηρίου σου (1 c)
To. 5. 16. ἕτοιμος γίνου πρὸς τὴν ὁδόν [S *al.*]
Ju. 9. 6. πᾶσαι γὰρ αἱ ὁδοί σου ἕτοιμοι
Es. 1. 1. ἕτοιμοι προῆλθον [A προσῆλ.] ἀμφότεροι
3. 14. ἑτοίμους εἶναι εἰς τὴν ἡμέραν ταύτην (5 b)
8. 13. ἑτοίμους τε εἶναι πάντας τοὺς Ἰ. (5 a*, 5 b)
Ps. 16 (17). 12. ὡσεὶ λέων ἕτοιμος εἰς θήραν (2)
32 (33). 14. ἐξ ἑτοίμου κατοικητηρίου αὐ. (1 c)
37 (38). 17. ἐγὼ εἰς μάστιγας ἕτοιμος (1 a)
56 (57). 7. ἑτοίμη ἡ καρδία μου, ὁ θεός, ἑτοίμη ἡ καρδία μου (1 a, 1 a)
92 (93). 2. ἕτοιμος ὁ θρόνος σου ἀπὸ τότε (1 a)
107 (108). 1. ἑτοίμη ἡ καρδία μου, ὁ θεός, ἑτοίμη ἡ καρδία μου (1 a, –)
111 (112). 7. ἑτοίμη ἡ καρδία αὐτοῦ ἐλπίζειν ἐπὶ κύριον (1 a)
Wi. 16. 20. ἕτοιμον ἄρτον αὐτοῖς ἀπ᾽ οὐρανοῦ ἔπεμψας [A S παρέσχες]
Si. 51. 3. R ἐκ βρυγμῶν ἑτοίμων [A -ον, B S -ος] εἰς βρῶμα
Ho. 6. 4 (3). ὡς ὄρθρον ἕτοιμον εὑρήσομεν αὐτόν (1 a)
Mi. 4. 1. τὸ ὄρος . . . ἕτοιμον ἐπὶ τὰς κορυφὰς τῶν ὀρέων (1 a)

Mi. 6. 8. ἕτοιμον εἶναι τοῦ πορεύεσθαι μετὰ κυρίου (7?)
Ez. 21. 10 (15). ὅπως γένῃ εἰς στίλβωσιν ἑτοίμη εἰς παράλυσιν (3 *b*)
— 11 (16). ἔδωκεν αὐτὴν ἑτοίμην τοῦ κρατεῖν χεῖρα αὐτοῦ . . . ἐστὶν ἑτοίμη τοῦ δοῦναι [A δοθῆναι] αὐτήν (3 *a*, 3 *b*)
I Ma. 3. 28. S R ἐνετείλατο εἶναι αὐτοὺς ἑ. [A *al.*]
— 44. τοῦ εἶναι ἑτοίμους εἰς πόλεμον
— 58. γίνεσθε ἕτοιμοι εἰς τὸ πρωΐ
4. 21. τὴν Ἰούδα παρεμβολὴν ἐν τῷ πεδίῳ ἑτοίμην
— 35. ὡς ἕτοιμοί εἰσιν
5. 39. ἕτοιμοι τοῦ ἐλθεῖν ἐπὶ σὲ εἰς πόλεμον
7. 29. οἱ πολέμιοι ἦσαν ἕ. ἐξαρπάσαι τὸν Ἰ.
12. 50. ἐπορεύοντο . . . ἕτοιμοι εἰς πόλεμον
13. 37. ἕτοιμοί ἐσμεν τοῦ ποιεῖν ὑμῖν εἰρήνην μεγ.
II Ma. 7. 2. ἕτοιμοι γὰρ ἀποθνήσκειν ἐσμέν
8. 21. ἑτοίμους ὑπὲρ τῶν νόμων . . . ἀποθνήσκειν
11. 9. σιδηρᾶ τείχη τιτρώσκειν ὄντες ἕ.
14. 22. διέταξεν Ἰ. ἐνόπλους ἑ.
III Ma. 5. 8. ἐκ τοῦ παρὰ πόδας ἐν ἑτοίμῳ μόρου
— 26. τὸ πρόθυμον τοῦ βασιλέως ἐν ἑτοίμῳ κεῖσθαι
IV Ma. 9. 1. ἕτοιμοι γάρ ἐσμεν ἀποθνήσκειν
[**Aq.** Ge. 41. 32 : Jo. 3. 17 : II Ki. 6. 6 : Pr. 4. 18 : Is. 2. 2.]
[**Sm.** Jo. 3. 17 : I Ki. 26. 4 : Is. 2. 2.]
[**Th.** Jb. 3. 8 : Is. 2. 2.]

ἑτοίμως. (1) אָסְפַּרְנָא (2) עָתִיד

II Es. 7. 17. πάντα προσπορευόμενον τοῦτον ἑ. (1)
— 21. πᾶν . . . ἑ. γινέσθω (1)
— 26. ὃς ἂν μὴ ᾖ ποιῶν νόμον . . . ἑ. (1)
Da. LXX. 3. 15. εἰ μὲν ἔχετε ἑ. (2)
Da. TH. 3. 15. εἰ ἔχετε ἑ. (2)
[**Aq., Sm., Th.** Jo. 3. 17.]

ἔτος. (1) יוֹם (2) עַד (3) *a.* שָׁנָה *b.* שְׁנָה (4) ἔτος ἐξ ἔτους בְּמִסְפַּר שָׁנִים (5) δεύτερον ἔτος שְׁנָתַיִם

Ge. 5. 3. ἔζησε δὲ Ἀδὰμ τριάκ. καὶ διακ. ἔτη (3 *a*)
— 4. ἔτη ἑπτακόσια (3 *a*)
— 5. τριάκοντα καὶ ἐννακόσια ἔτη (3 *a*)
— 6. πέντε καὶ διακόσια ἔτη (3 *a*)
— 7. ἑπτὰ ἔτη καὶ ἑπτακόσια (3 *a*)
— 8. δώδεκα καὶ ἐννακόσια ἔτη (3 *a*)
— 9. ἔτη ἑκατὸν ἐννενήκοντα (3 *a*)
— 10. πέντε καὶ δέκα ἔτη καὶ ἑπτακόσια (3 *a*)
— 11. πέντε ἔτη καὶ ἐννακόσια (3 *a*)
— 12. ἑβδομήκοντα καὶ ἑκατὸν ἔτη (3 *a*)
— 13. τεσσαράκοντα καὶ ἑπτακόσια ἔτη (3 *a*)
— 14. δέκα ἔτη καὶ ἐννακόσια (3 *a*)
— 15. πέντε καὶ ἑξήκοντα καὶ ἑκατὸν ἔτη (3 *a*)
— 16. ἔτη τριάκοντα καὶ ἑπτακόσια (3 *a*)
— 17. ἔτη πέντε καὶ ἐνενήκοντα καὶ ὀκτακόσια (3 *a*)
— 18. δύο καὶ ἑξήκοντα ἔτη καὶ ἑκατόν (3 *a*)
— 19. ὀκτακόσια ἔτη (3 *a*)
— 20. δύο καὶ ἑξήκοντα καὶ ἐννακόσια ἔτη (3 *a*)
— 21. πέντε καὶ ἑξήκοντα καὶ ἑκατὸν ἔτη (3 *a*)
— 22. διακόσια ἔτη (3 *a*)
— 23. πέντε καὶ ἑξήκοντα καὶ τριακόσια ἔτη (3 *a*)
— 25. A[2] ἑκατὸν καὶ ὀγδοήκοντα [R ἑξήκ.] ἑπτὰ ἔτη (3 *a*)
— 26. A[2] ἑπτακόσια καὶ ὀγδοήκοντα δύο ἔτη [R *al.*] (3 *a*)
— 27. ἐννέα καὶ ἑξήκοντα καὶ ἐννακόσια ἔτη (3 *a*)
— 28. ὀκτὼ καὶ ὀγδοήκοντα καὶ ἑκατὸν ἔτη (3 *a*)
— 30. πεντακόσια καὶ ἑξήκοντα καὶ πέντε ἔτη (3 *a*)
— 31. ἑπτακόσια καὶ πεντήκοντα τρία ἔτη (3 *a*)
— 32. καὶ ἦν Νῶε ἐτῶν πεντακοσίων (3 *a*)
6. 3. ἑκατὸν εἴκοσιν ἔτη (3 *a*)
7. 6. Νῶε δὲ ἦν ἐτῶν ἑξακοσίων (3 *a*)
— 11. ἐν τῷ ἑξακοσιοστῷ ἔ. ἐν τῇ ζωῇ τοῦ Ν. (3 *a*)
8. 13. ἐν τῷ ἑνὶ καὶ ἑξακοσ. ἔ. ἐν τῇ ζωῇ τοῦ Ν. (3 *a*)
9. 28. ἔτη τριακόσια πεντήκοντα (3 *a*)
— 29. ἐννακόσια πεντήκοντα ἔτη (3 *a*)
11. 10. Σὴμ υἱὸς ἑκατὸν ἐτῶν (3 *a*)
— 10. δευτέρου ἔτους μετὰ τὸν κατακλυσμόν (5)
— 11. ἔτη πεντακόσια (3 *a*)
— 12. ἑκατὸν τριάκοντα πέντε ἔτη (3 *a*)
— 13. A ἔτη τετρακόσια τριάκοντα [R *om.*] (3 *a*?)
— 13. ἑκατὸν καὶ τριάκοντα ἔτη –
— 13. ἔτη τριακόσια τριάκοντα (3 *a*?)
— 14. ἑκατὸν τριάκοντα ἔτη (3 *a*)
— 15. τριακόσια τριάκοντα ἔτη (3 *a*)
— 16. ἑκατὸν τριάκοντα τέσσαρα ἔτη (3 *a*)
Ge. 11. 17. A ἔτη τριακόσια [R διακόσια] ἑβδομήκοντα (3 *a*)
— 18. τριάκοντα καὶ ἑκατὸν ἔτη (3 *a*)
— 19. ἐννέα καὶ διακόσια ἔτη (3 *a*)
— 20. ἑκατὸν τριάκοντα καὶ δύο ἔτη (3 *a*)
— 21. διακόσια ἑπτὰ ἔτη (3 *a*)
— 22. ἑκατὸν τριάκοντα ἔτη (3 *a*)
— 23. ἔτη διακόσια (3 *a*)
— 24. A ἔτη [R *add.* ἑκατὸν] ἑβδομήκοντα ἐννέα (3 *a*)
— 25. A ἔτη ἑκατὸν εἴκοσι ἐννέα [R πέντε] (3 *a*)
— 26. ἑβδομήκοντα ἔτη (3 *a*)
— 32. διακόσια πέντε ἔτη (3 *a*)
12. 4. Ἄβραμ δὲ ἦν ἐτῶν ἑβδομήκοντα πέντε (3 *a*)
14. 4. A δώδεκα ἔτη ἐδούλευον [R *al.*] (3 *a*)
— 4. τῷ δὲ τρισκαιδεκάτῳ ἔτει (3 *a*)
— 5. ἐν δὲ τῷ τεσσαρεσκαιδεκάτῳ ἔτει (3 *a*)
15. 13. τετρακόσια ἔτη (3 *a*)
16. 3. μετὰ δέκα ἔτη τοῦ οἰκῆσαι Ἄβραμ (3 *a*)
— 16. Ἄβραμ δὲ ἦν ἐτῶν ὀγδοήκοντα ἕξ (3 *a*)
17. 1. ἐγένετο δὲ Ἄβραμ ἐτῶν ἐνενήκοντα ἐννέα (3 *a*)
— 17. A εἰ Σάρρα ἐνενήκοντα ἐτῶν γενήσεται [R *al.*] (3 *a*)
— 24. Ἀβραὰμ δὲ ἐνενήκοντα ἐννέα ἦν ἐτῶν (3 *a*)
— 25. Ἰσμαὴλ δὲ ἦν ἐτῶν δέκα τριῶν (3 *a*)
21. 5. Ἀβραὰμ δὲ ἦν ἑκατὸν ἐτῶν (3 *a*)
23. 1. ἔτη ἑκατὸν εἴκοσι ἑπτά (3 *a*)
25. 7. ταῦτα δὲ τὰ ἔ. ἡμερῶν ζωῆς Ἀβρ. ὅσα ἔζησεν ἑκατὸν ἑβδ. πέντε ἔτη (3 *a*, 3 *a*)
— 17. ταῦτα τὰ ἔ. τῆς ζωῆς Ἰσμαὴλ ἑκατὸν τριάκοντα ἑπτὰ ἔτη (3 *a*, 3 *a*)
— 20. ἦν δὲ Ἰσαὰκ ἐτῶν τεσσαράκοντα (3 *a*)
— 26. Ἰσαὰκ δὲ ἦν ἐτῶν ἑξήκοντα (3 *a*)
26. 34. ἦν δὲ Ἡσαῦ ἐτῶν τεσσαράκοντα (3 *a*)
29. 18. δουλεύσω σοι ἑπτὰ ἔτη (3 *a*)
— 20. ἑπτὰ ἔτη (3 *a*)
— 27. ἔτι ἑπτὰ ἔ. ἕτερα (3 *a*)
— 30. ἑπτὰ ἔ. ἕτερα (2 *a*)
31. 38. ταῦτά μοι εἴκοσιν ἔ. ἐγώ εἰμι μετὰ σοῦ (3 *a*)
— 41. ταῦτά μοι εἴκοσιν ἔ. ἐγώ εἰμι ἐν τῇ οἰκίᾳ σου (3 *a*)
— 41. δέκα τέσσαρα ἔτη (3 *a*)
— 41. καὶ ἓξ ἔτη (3 *a*)
35. 28. ἔτη ἑκατὸν ὀγδοήκοντα (3 *a*)
37. 2. Ἰωσὴφ δὲ δέκα καὶ ἑπτὰ ἐτῶν ἦν (3 *a*)
41. 1. μετὰ δύο ἔτη ἡμερῶν (3 *a*)
— 26 *bis*, 27. ἑπτὰ ἔτη ἐστί (3 *a*)
— 27. R ἑπτὰ ἔτη ἐστίν –
— 27. ἔσονται ἑπτὰ ἔτη λιμοῦ (3 *a*)
— 29. ἰδοὺ ἑπτὰ ἔτη ἔρχεται εὐθηνία πολλή (3 *a*)
— 30. ἥξει δὲ ἑπτὰ ἔτη λιμοῦ μετὰ ταῦτα (3 *a*)
— 34. τῶν ἑπτὰ ἐ. τῆς εὐθηνίας (3 *a*)
— 35. τῶν ἑπτὰ ἐ. τῶν ἐρχομένων τῶν καλῶν (3 *a*)
— 36. εἰς τὰ ἑπτὰ ἔ. τοῦ λιμοῦ (3 *a*)
— 46. Ἰωσὴφ δὲ ἦν ἐτῶν τριάκοντα (3 *a*)
— 47. ἐν τοῖς ἑπτὰ ἔ. τῆς εὐθηνίας (3 *a*)
— 48. τῶν ἑπτὰ ἐ. ἐν οἷς ἦν εὐθηνία (3 *a*)
— 50. πρὸ τοῦ ἐλθεῖν τὰ ἑπτὰ ἔ. τοῦ λιμοῦ (3 *a*)
— 53. παρῆλθον δὲ τὰ ἑπτὰ ἔ. τῆς εὐθηνίας (3 *a*)
— 54. ἤρξαντο τὰ ἑπτὰ ἔ. τοῦ λιμοῦ ἔρχ. (3 *a*)
45. 6. τοῦτο γὰρ δεύτερον ἔ. λιμὸς ἐπὶ τῆς γῆς καὶ ἔτι λοιπὰ πέντε ἔτη (5, 3 *a*)
— 11. ἔτι γὰρ πέντε ἔτη λιμός (3 *a*)
47. 8. πόσα ἔτη ἡμερῶν τῆς ζωῆς σου (3 *a*)
— 9. αἱ ἡμέραι τῶν ἐ. τῆς ζωῆς μου ἃς παροικῶ ἑκατὸν τριάκοντα ἔτη (3 *a*, 3 *a*)
— 9. αἱ ἡμέραι τῶν ἐ. τῆς ζωῆς μου (3 *a*)
— 9. εἰς τὰς ἡμέρας τῶν ἐ. τῆς ζωῆς τῶν πατ. (3 *a*)
— 18. ἐξῆλθε δὲ τὸ ἔ. ἐκεῖνο καὶ ἦλθον πρὸς αὐτὸν ἐν τῷ ἔ. τῷ δευτέρῳ (3 *a*, 3 *a*)
— 28. ἐπέζησε δὲ Ἰακὼβ . . . δέκα ἑπτὰ ἔτη (3 *a*)
— 28. ἑκατὸν τεσσαράκοντα ἑπτὰ ἔτη (3 *a*)
50. 22. ἔζησεν Ἰωσὴφ ἔτη ἑκατὸν δέκα (3 *a*)
— 26. καὶ ἐτελεύτησεν Ἰ. ἐτῶν ἑκατὸν δέκα (3 *a*)
Ex. 6. 16. τὰ ἔ. τῆς ζωῆς Λευὶ ἑκατὸν τριάκοντα ἑπτά (3 *a*)
— 18. τὰ ἔ. τῆς ζωῆς Καὰθ ἑκατὸν τριάκοντα ἔ. (3 *a*, 3 *a*)
— 20. τὰ δὲ ἔ. τῆς ζωῆς Ἀ. ἑκατὸν τριάκοντα δύο ἔ. (3 *a*)
7. 7. Μ. δὲ ἦν ἐτῶν ὀγδοήκοντα Ἀ. δὲ ὁ ἀδελφὸς αὐτοῦ ἐτῶν ὀγδοήκοντα τριῶν (3 *a*, 3 *a*)
12. 40. A R ἔτη τετράκοσια τριάκοντα [B[1] *add.* πέντε] (3 *a*)
Ex. 12. 41. A R μετὰ τὰ τετράκοσια τριάκοντα [B[1] *add.* πέντε] ἔ. (3 *a*)
16. 35. ἔτη τεσσαράκοντα (3 *a*)
21. 2. ἓξ ἔτη δουλεύσει σοι (3 *a*)
— 2. τῷ δὲ ἑβδόμῳ ἔ. –
23. 10. ἓξ ἔτη σπερεῖς τὴν γῆν σου (3 *a*)
— 11. A τῷ δὲ ἑβδόμῳ ἔ. [B *om.*] –
40. 17. τῷ [A *om.*] δευτέρῳ ἔ. ἐκπορευομένων αὐτῶν (3 *a*)
Le. 19. 23. τρία ἔ. ἔσται ὑμῖν ἀπερικάθαρτος (3 *a*)
— 24. τῷ ἔ. τῷ τετάρτῳ (3 *a*)
— 25. ἐν δὲ τῷ ἔ. τῷ πέμπτῳ (3 *a*)
25. 3. ἓξ ἔτη σπερεῖς (3 *a*)
— 3. ἓξ ἔτη τεμεῖς (3 *a*)
— 4. τῷ δὲ ἔ. τῷ ἑβδόμῳ (3 *a*)
— 8. ἑπτὰ ἀναπαύσεις ἐτῶν (3 *a*)
— 8. ἑπτὰ ἔτη ἑπτάκις (3 *a*)
— 8. ἑπτὰ ἑβδομάδες ἐτῶν ἐννέα καὶ τεσσαράκοντα ἔτη (3 *a*, 3 *a*)
— 10. ἁγιάσατε τὸ ἔ. τὸ πεντηκοστὸν ἐνιαυτόν (3 *a*)
— 11. τὸ ἔ. τὸ πεντηκοστὸν ἐνιαυτὸς ἔσται ὑμῖν (3 *a*)
— 13. ἐν τῷ ἔ. τῆς ἀφέσεως [A *al.*] (3 *a*)
— 15. B κατὰ ἀριθμὸν ἐτῶν (3 *a*)
— 16. καθότι ἂν πλεῖον τῶν ἐ. (3 *a*)
— 16. καθότι ἂν ἔλαττον τῶν ἐ. [A *al.*] (3 *a*)
— 20. τί φαγόμεθα ἐν τῷ ἔ. τῷ ἑβδόμῳ τούτῳ (3 *a*)
— 21. ἐν τῷ ἔτει τῷ ἕκτῳ (3 *a*)
— 21. ποιήσει τὰ γεννήμ. αὐ. εἰς τὰ τρία ἔ. (3 *a*)
— 22. σπερεῖτε τὸ ἔ. τὸ ὄγδοον (3 *a*)
— 22. ἕως τοῦ ἔ. τοῦ ἐνάτου (3 *a*)
— 27. συλλογιεῖται τὰ ἔ. [A ἐπὶ] τῆς πράσεως αὐτοῦ (3 *a*)
— 28. ἕως τοῦ ἕκτου ἔ. τῆς ἀφέσεως (3 *a*)
— 40. ἕως τοῦ ἔ. τῆς ἀφέσεως (3 *a*)
— 50. ἀπὸ τοῦ ἔ. οὗ ἀπέδοτο ἑαυτόν (3 *a*)
— 50. ἔ. ἐξ ἔτους ἔσται μετ' αὐτοῦ (4)
— 51. ἐὰν δέ τινι πλεῖον τῶν ἐ. ᾖ (3 *a*)
— 52. ἐὰν δὲ ὀλίγον καταλειφθῇ ἀπὸ τῶν ἐ. εἰς τὸν ἐνιαυτόν (3 *a*)
— 52. συλλογιεῖται αὐτῷ κατὰ τὰ ἔ. αὐτοῦ (3 *a*)
— 54. ἐξελεύσεται ἐν τῷ ἔ. [A ἐνιαυτῷ] τῆς ἀφέσεως (3 *a*)
27. 3. A ἕως ἑξηκοστοῦ ἔ. [B ἑξηκονταετοῦς] (3 *a*)
— 5. ἕως εἴκοσι ἐτῶν [A εἰκοστοῦ ἔτους] (3 *a*)
— 7. ἐὰν δὲ ἀπὸ ἑξήκοντα ἐτῶν (3 *a*)
— 18. ἐπὶ τὰ ἔ. τὰ ἐπίλοιπα (3 *a*)
Nu. 1. 1. ἔτους δευτέρου ἐξελθόντων αὐτῶν (3 *a*)
— 18. ἐν μιᾷ τοῦ μηνὸς τοῦ δευτέρου ἔ. –
4. 3. ἀπὸ εἴκοσι καὶ πέντε ἐτῶν [A εἰκοσαετοῦς] καὶ ἐπάνω ἕως πεντήκοντα ἐτῶν (3 *a*, 3 *a*)
9. 1. ἐν τῷ ἔ. τῷ δευτέρῳ (3 *a*)
13. 23 (22). ἑπτὰ ἔτεσιν ᾠκοδομήθη πρὸ τοῦ Τάνιν Αἰγύπτου (3 *a*)
14. 33, 34 : 32. 13. τεσσαράκοντα ἔτη (3 *a*)
33. 38. ἐν τῷ τεσσερακοστῷ ἔ. τῆς ἐξόδου (3 *a*)
— 39. τριῶν καὶ εἴκοσι καὶ ἑκατὸν ἐτῶν (3 *a*)
De. 1. 3. ἐν τῷ τεσσαρακοστῷ ἔ. (3 *a*)
2. 7. τεσσαράκοντα ἔτη (3 *a*)
— 14. τριάκοντα καὶ ὀκτὼ ἔτη (3 *a*)
8. 4. τεσσαράκοντα ἔτη (3 *a*)
14. 28. μετὰ τρία ἔ. (3 *a*)
15. 1. δι' ἑπτὰ ἐτῶν ποιήσεις ἄφεσιν (3 *a*)
— 9. ἐγγίζει τὸ ἔ. τὸ ἕβδομον ἔτος τῆς ἀφέσεως (3 *a*, 3 *a*)
— 12, 18. δουλεύσει σοι ἓξ ἔτη (3 *a*)
26. 12. ἐν τῷ ἔ. τῷ τρίτῳ (3 *a*)
29. 5 (4). τεσσαράκοντα ἔτη (3 *a*)
31. 2. ἑκατὸν καὶ εἴκοσι ἐτῶν ἐγώ εἰμι σήμερον (3 *a*)
— 10. μετὰ ἑπτὰ ἔτη (3 *a*)
32. 7. A[2] B σύνετε ἔτη γενεῶν γενεαῖς [A[2] γενεᾶς γενεῶν] (3 *a*)
34. 7. ἦν ἑκατὸν καὶ εἴκοσι ἐτῶν (3 *a*)
Jo. 5. 5 (6). τεσσαράκοντα γὰρ καὶ δύο ἔτη (3 *a*)
14. 7. τεσσαράκοντα γὰρ ἐτῶν ἤμην (3 *a*)
— 10. τοῦτο τεσσαρακοστὸν καὶ πέμπτον ἔ. (3 *a*)
— 10. ἐγὼ σήμερον ὀγδοήκοντα καὶ πέντε ἐτῶν (3 *a*)
24. 29. ἑκατὸν δέκα ἐτῶν (3 *a*)
— 33. ἐκυρίευσεν [A κατεκ.] αὐτῶν ἔτη δέκα ὀκτώ –
Jd. 2. 8. υἱὸς [A *om.*] ἑκατὸν δέκα ἐτῶν (3 *a*)
3. 8. ἐδούλευσαν . . . ἔτη ὀκτώ (3 *a*)
— 11. ἡσύχασεν ἡ γῆ ἔτη τεσσαράκοντα [A πεντήκ.] (3 *a*)
— 14. ἐδούλευσαν . . . ἔτη δέκα ὀκτώ (3 *a*)
— 30. ἡσύχασεν ἡ γῆ ὀγδοήκοντα ἔτη (3 *a*)

Jd. 4. 3. ἔθλιψε τὸν Ἰ. . . . εἴκοσι ἔτη (3 a)
5. 32 (31). ἡσύχασεν ἡ γῆ τεσσαράκοντα ἔτη (3 a)
6. 1. ἐν χειρὶ Μ. ἑπτὰ ἔτη (3 a)
8. 28. ἡσύχασεν ἡ γῆ τεσσαράκοντα ἔτη (3 a)
9. 22. ἦρξεν Ἀβ. . . . τρία ἔτη (3 a)
10. 2. ἔκρινε τὸν Ἰ. εἴκοσι τρία ἔτη (3 a)
— 3. ἔκρινε τὸν Ἰ. εἴκοσι δύο ἔτη (3 a)
— 8. ὀκτὼ καὶ δέκα ἔτη (3 a)
11. 26. τριακόσια ἔτη (3 a)
12. 7. A R ἓξ [B ἑξήκοντα] ἔτη (3 a)
— 9. ἔκρινε τὸν Ἰ. ἑπτὰ ἔτη (3 a)
— 11. ἔκρινε . . . τὸν Ἰ. Αἰ. . . . δέκα ἔτη (3 a)
— 13 (14). ἔκρινε τὸν Ἰ. ὀκτὼ ἔτη (3 a)
13. 1. παρέδωκεν αὐτοὺς . . . τεσσαράκοντα ἔτη (3 a)
15. 20. ἔκρινε τὸν Ἰ. . . . εἴκοσιν ἔτη (3 a)
16. 31. ἔκρινε τὸν Ἰ. εἴκοσιν ἔτη (3 a)
Ru. 1. 4. κατῴκησαν ἐκεῖ ὡς δέκα ἔτη (3 a)
I Ki. 2. 9. εὐλόγησεν ἔτη δικαίου †
4. 15. υἱὸς ἐνενήκοντα ἐτῶν [A *al.*] (3 a)
— 18. ἔκρινε τὸν Ἰ. εἴκοσι ἔτη (3 a)
7. 2. καὶ ἐγένοντο εἴκοσι ἔτη (3 a)
29. 3. τοῦτο δεύτερον ἔ. (3 a)
II Ki. 2. 10. τεσσαράκοντα ἐτῶν Ἰ. υἱὸς Σ. (3 a)
— 10. A R δύο ἔτη ἐβασίλευσε (3 a)
— 11. A R ἑπτὰ ἔτη καὶ μῆνας ἕξ (3 a)
4. 4. υἱὸς ἐτῶν πέντε (3 a)
5. 4. υἱὸς τριάκοντα ἐτῶν [A ἐ. ἦν] Δ. (3 a)
— 4. τεσσαράκοντα ἔτη ἐβασίλευσεν (3 a)
— 5. ἑπτὰ ἔτη καὶ μῆνας ἕξ (3 a)
— 5. τριάκοντα τρία ἔτη ἐβασίλευσεν (3 a)
13. 38. καὶ ἦν ἐκεῖ ἔτη τρία (3 a)
14. 28. δύο ἔτη ἡμερῶν (3 a)
15. 7. ἀπὸ τέλους τεσσαράκοντα ἐτῶν (3 a)
19. 32 (33). υἱὸς ὀγδοήκοντα ἐτῶν (3 a)
— 34 (35). A R πόσαι ἡμέραι ἐτῶν [B ἡμερῶν] ζωῆς μου (3 a)
— 35 (36). υἱὸς ὀγδοήκοντα ἐτῶν ἐγώ εἰμι σήμερον (3 a)
21. 1. ἐγένετο λιμὸς . . . τρία ἔτη (3 a)
24. 13. εἰ ἔλθῃ [A εἰσέλθῃ] σοι τρία ἔ. λιμός (3 a)
III Ki. 2. 11. αἱ ἡμέραι . . . τεσσαράκοντα ἔτη (3 a)
— 11. ἐν Χ. ἐβασίλευσεν ἑπτὰ ἔτη καὶ ἐν Ἰ. τριάκοντα τρία ἔτη (3 a, 3 a)
— 12. A καὶ Σ. ἐκάθισεν . . . ἐτῶν δώδεκα [B *om.* ἐ. δ.] –
3. 1. ἐν [A *om.*] ἑπτὰ ἔτεσιν ἐποίησε –
— 1 (2. 38). ἐκάθισε Σ. ἐν Ἰ. τρία ἔτη †
— 1 (2. 39). ἐγενήθη μετὰ τὰ [A *om.*] τρία ἔ. (3 a)
5. 18 (32). καὶ ἡτοίμασαν . . . τρία ἔ. †
6. 1. ἐν τῷ τεσσαρακοστῷ καὶ τετρακοσιοστῷ ἔ. (3 a)
— 1. τῷ ἔ. τῷ τετάρτῳ (3 a)
— 1 (A 37). ἐν τῷ ἔ. τῷ τετάρτῳ (3 a)
— 1 (A 38). A ᾠκοδόμησεν αὐτὸν ἐν ἑπτὰ ἔ. (3 a)
7. 1. A R ᾠκοδόμησε Σαλ. τρισκαίδεκα ἔτεσι [B ἔτη] (3 a)
8. 1. B μετὰ εἴκοσι ἔτη –
9. 10. εἴκοσιν ἔτη ἐν οἷς ᾠκοδόμησε (3 a)
10. 22. μία διὰ τριῶν ἐτῶν ἤρχετο . . . ναῦς (3 a)
11. 42. αἱ ἡμέραι . . . τεσσαράκοντα ἔτη (3 a)
12. 24. B υἱὸς ὢν ἓξ καὶ δέκα ἐτῶν –
— 24. B καὶ δώδεκα ἔτη ἐβασίλευσεν –
— 24. B οὗτος ἦν υἱὸς ἑξήκοντα ἐτῶν –
14. 20. A αἱ ἡμέραι ἃς ἐβασίλευσεν Ἱερ. εἴκοσι δύο ἔ. (3 a)
— 21. ἑπτὰ καὶ δέκα ἔτη ἐβασίλευσεν (3 a)
15. 1. ἐν τῷ ὀκτωκαιδεκάτῳ ἔ. (3 a)
— 2. B ἓξ [A δέκα ἕξ, R τρία] ἔτη ἐβασίλευσεν (3 a)
— 8. B ἐν τῷ εἰκοστῷ καὶ τετάρτῳ ἔ. –
— 9. A ἐν ἔτει εἰκοστοῦ (?) [B *al.*] (3 a)
— 10. τεσσαράκοντα καὶ ἓν ἔτος ἐβασίλευσεν (3 a)
— 25. ἐν ἔ. δευτέρῳ τοῦ Ἀ. (3 a)
— 25. ἐβασίλευσεν ἐν [A ἐπὶ] Ἰ. ἔτη δύο (3 a)
— 28. ἐθανάτωσεν αὐτὸν Β. ἐν ἔ. τρίτῳ (3 a)
— 33. ἐν τῷ ἔ. τῷ τρίτῳ (3 a)
— 33. βασιλεύει Β. . . . εἴκοσι καὶ τέσσαρα ἔτη (3 a)
16. 6. A B ἐν τῷ εἰκοστῷ ἔ. βασιλέως Ἀ. –
— 8. A ἐν ἔ. εἰκοστῷ καὶ ἕκτῳ (3 a)
— 8. ἐβασίλευσεν . . . δύο ἔτη ἐν Θ. (3 a)
— 10, 15. A ἐν ἔ. εἰκοστῷ καὶ ἑβδόμῳ (3 a)
— 15. B Ζ. ἐβασίλευσεν . . . ἔτη [A R ἡμέρας] ἑπτά (1)
— 23. A ἐν τῷ ἔ. τῷ τριακοστῷ καὶ πρώτῳ ἔ. [B *om.*] (3 a, 3 a)
— 23. βασιλεύει . . . δώδεκα ἔτη [A *om.*] (3 a)

III Ki. 16. 23. ἐν Θ. βασιλεύει ἓξ ἔτη (3 a)
— 28 (22. 41). B ἐν τῷ ἐνιαυτῷ τῷ ἑνδεκάτῳ ἔ. –
— 28 (22. 42). ἐτῶν τριάκοντα καὶ πέντε ἐν τῇ βασιλείᾳ αὐτοῦ [A *al.*] (3 a)
— 28 (22. 42). εἴκοσι πέντε ἔτη ἐβασίλευσεν (3 a)
— 29. B ἐν ἔτει δευτέρῳ τοῦ Ἰ. –
— 29. A ἐν ἔτει τριακοστῷ καὶ ὀγδόῳ τοῦ Ἀ. (3 a)
— 29. ἐβασίλευσεν . . . εἴκοσι καὶ δύο ἔτη (3 a)
17. 1. εἰ ἔσται τὰ ἔ. ταῦτα δρόσος (3 a)
22. 1. ἐκάθισε τρία ἔ. (3 a)
— 41. A B ἔτει [R ἐν ἔ.] τετάρτῳ τοῦ [B τῷ] Ἀ. (3 a)
— 42. υἱὸς τριάκοντα καὶ πέντε ἐτῶν (3 a)
— 42. εἴκοσι καὶ πέντε ἔτη ἐβασίλευσεν (3 a)
— 52. ἐν ἔτει ἑπτακαιδεκάτῳ Ἰ. (3 a)
— 52. ἐβασίλευσεν ἐν Ἰ. δύο ἔτη (3 a)
IV Ki. 1. 18 (3. 1). βασιλεύει . . . ἔτη δέκα [A *om.*] δύο ἐν ἔτει ὀκτωκαιδεκάτῳ Ἰ. (3 a, 3 a)
— 18 (3. 3). A ἐν ἔτει δευτέρῳ Ἰ. –
3. 1. B ἐν ἔ. ὀκτωκαιδεκάτῳ Ἰ. (3 a)
— 1. ἐβασίλευσε δώδεκα ἔτη (3 a)
8. 1. καί γε ἦλθεν ἐπὶ τὴν γῆν ἑπτὰ ἔτη (3 a)
— 2. παρῴκει ἐν γῇ ἀλλοφύλων ἑπτὰ ἔτη (3 a)
— 3. μετὰ τὸ τέλος τῶν ἑπτὰ ἐ. (3 a)
— 16. ἐν ἔ. πέμπτῳ τῷ [A τοῦ] Ἰ. (3 a)
— 17. υἱὸς τριάκοντα καὶ δύο ἐτῶν ἦν (3 a)
— 17. A B τεσσαράκοντα [R ὀκτὼ] ἔτη ἐβασίλευσεν (3 a)
— 25. ἐν ἔ. δωδεκάτῳ τῷ [A τοῦ] Ἰ. (3 a)
— 26. υἱὸς [A *om.*] εἴκοσι καὶ δύο ἐτῶν (3 a)
9. 29. ἐν ἔ. ἑνδεκάτῳ Ἰ. [A υἱοῦ Ἰ.] (3 a)
10. 36. εἴκοσι ὀκτὼ ἔτη ἐν Σ. (3 a)
11. 3. ἦν μετ' αὐτῆς . . . ἓξ ἔτη (3 a)
— 4. ἐν τῷ [A *om.*] ἔ. τῷ ἑβδόμῳ (3 a)
— 21 (12. 1). υἱὸς ἑπτὰ ἐτῶν Ἰ. (3 a)
12. 1 (2). ἐν ἔ. ἑβδόμῳ τῷ [A τοῦ] Ἰ. (3 a)
— 1 (2). τεσσαράκοντα ἔτη ἐβασίλευσεν (3 a)
— 6 (7). ἐν τῷ εἰκοστῷ καὶ τρίτῳ ἔ. (3 a)
13. 1. ἐν ἔ. εἰκοστῷ καὶ τρίτῳ ἔ. (3 a, 3 a)
— 1. A R ἐβασίλευσεν Ἰ. . . . ἑπτὰ καὶ δέκα [B ἑπτὰ ἔτη καὶ δέκα] ἔτη (–, 3 a)
— 10. ἐν ἔ. τριακοστῷ καὶ ἑβδόμῳ ἔ. [A *om.*] (3 a, 3 a)
— 10. ἐβασίλευσεν Ἰ. . . . ἑκκαίδεκα ἔτη (3 a)
14. 1. ἐν ἔ. δευτέρῳ τῷ Ἰ. (3 a)
— 2. υἱὸς εἴκοσι καὶ πέντε ἐτῶν ἦν (3 a)
— 2. εἴκοσι καὶ ἐννέα ἔτη ἐβασίλευσεν (3 a)
— 17. ἔζησεν Ἀ. . . . πέντε καὶ δέκα ἔτη (3 a)
— 21. καὶ αὐτὸς υἱὸς ἑκκαίδεκα ἐτῶν (3 a)
— 23. ἐν ἔ. πεντεκαιδεκάτῳ τοῦ Ἀ. (3 a)
— 23. ἐβασίλευσεν Ἰ. . . . τεσσαράκοντα καὶ ἓν ἔτος (3 a)
15. 1. A ἐν ἔ. εἰκοστῷ καὶ ἑβδόμῳ ἔ. [B *om.*] (3 a, 3 a)
— 2. υἱὸς ἑκκαίδεκα ἐτῶν ἦν (3 a)
— 2. πεντήκοντα καὶ δύο ἔτη ἐβασίλευσεν (3 a)
— 8. A ἐν ἔ. τριακοστῷ καὶ ὀγδόῳ ἔ. [B *om.*] (3 a, 3 a)
— 13, 17. ἐν ἔ. τριακοστῷ καὶ ἐνάτῳ (3 a)
— 17. ἐβασίλευσε Μ. . . . δέκα ἔτη (3 a)
— 23. ἐν ἔ. πεντηκοστῷ τοῦ Ἀ. (3 a)
— 23. ἐβασίλευσε Φ. . . . δύο [A δέκα] ἔτη (3 a)
— 27. ἐν ἔ. πεντηκοστῷ καὶ δευτέρῳ (3 a)
— 27. ἐβασίλευσε Φ. . . . εἴκοσιν ἔτη (3 a)
— 30. ἐν ἔ. εἰκοστῷ Ἰ. (3 a)
— 32. ἐν ἔ. δευτέρῳ Φ. (3 a)
— 33. υἱὸς εἴκοσι καὶ πέντε ἐτῶν ἦν (3 a)
— 33. ἑκκαίδεκα ἔτη ἐβασίλευσεν (3 a)
16. 1. ἐν ἔ. ἑπτακαιδεκάτῳ Φ. (3 a)
— 2. υἱὸς εἴκοσι ἐτῶν ἦν Ἄ. (3 a)
— 2. ἑκκαίδεκα ἔτη ἐβασίλευσεν (3 a)
17. 1. ἐν ἔ. δωδεκάτῳ τῷ Ἄ. (3 a)
— 1. ἐβασίλευσεν Ὠ. . . . ἐννέα ἔτη (3 a)
— 5. καὶ ἐπολιόρκησεν ἐπ' αὐτὴν [A ἐν αὐτῇ] τρία ἔτη (3 a)
— 6. ἐν ἔ. ἐνάτῳ Ὠ. (3 a)
18. 1. ἐν ἔ. τρίτῳ τῷ Ὠ. (3 a)
— 2. υἱὸς εἴκοσι καὶ πέντε ἐτῶν [A ἐ. ἦν] (3 a)
— 2. εἴκοσι καὶ ἐννέα ἔτη ἐβασίλευσεν (3 a)
— 9. ἐν τῷ ἔ. τῷ τετάρτῳ (3 a)
— 10. ἀπὸ τέλους τριῶν ἐ. ἐν ἔ. ἕκτῳ τῷ Ἐ. (3 a, 3 a)
— 13. τῷ τεσσαρεσκαιδεκάτῳ ἔ. (3 a)
19. 29. καὶ τῷ ἔ. τῷ δευτέρῳ τὰ ἀνατέλλοντα καὶ ἔ. [A τῷ ἔ. τῷ] τρίτῳ σπορά (3 a, 3 a)

IV Ki. 20. 6. καὶ προσθήσω ἐπὶ τὰς ἡμέρας σου πέντε καὶ δέκα ἔτη (3 a)
21. 1. υἱὸς δώδεκα ἐτῶν Μ. (3 a)
— 1. πεντήκοντα καὶ πέντε ἔτη ἐβασίλευσεν (3 a)
— 19. υἱὸς εἴκοσι καὶ δύο ἐτῶν Ἀ. (3 a)
— 19. δύο [A^2 δώδεκα] ἔτη ἐβασίλευσεν (3 a)
22. 1. υἱὸς ὀκτὼ ἐτῶν Ἰ. (3 a)
— 1. τριάκοντα καὶ ἓν ἔτος ἐβασίλευσεν (3 a)
— 3. ἐν τῷ ὀκτωκαιδεκάτῳ ἔ. (3 a)
23. 23. τῷ ὀκτωκαιδεκάτῳ ἔ. τοῦ βασιλέως Ἰ. (3 a)
— 31. υἱὸς εἴκοσι καὶ τριῶν ἐτῶν (3 a)
— 36. υἱὸς εἴκοσι καὶ πέντε ἐτῶν Ἰ. (3 a)
— 36. ἕνδεκα ἔτη ἐβασίλευσεν (3 a)
24. 1. καὶ ἐγενήθη αὐτῷ Ἰ. δοῦλος τρία ἔτη (3 a)
— 8. υἱὸς ὀκτὼ καὶ δέκα ἐτῶν Ἰ. (3 a)
— 12. A B ἐν ἔ. ὀγδόῳ [R ἐν τῷ ὀ. ἔ.] (3 a)
— 18. A υἱὸς εἴκοσι ἐτῶν [B *al.*] (3 a)
— 18. ἕνδεκα ἔτη ἐβασίλευσεν (3 a)
25. 1. ἐν τῷ ἔ. τῷ ἐνάτῳ (3 a)
— 2. ἕως τοῦ ἑνδεκάτου ἔ. τοῦ βασιλέως Σ. (3 a)
— 27. ἐν τῷ τριακοστῷ καὶ ἑβδόμῳ ἔ. (3 a)
I Ch. 2. 21. A ἦν ἑξήκοντα ἐτῶν [B ἐ. ἦν ἑ., R ἑξήκοντα πέντε ἐ. ἦν] (3 a)
3. 4. A R ἐβασίλευσεν ἐκεῖ ἑπτὰ ἔτη (3 a)
— 4. τριάκοντα καὶ τρία ἔτη ἐβασίλευσεν (3 a)
20. 1. ἐν τῷ ἐπιόντι ἔ. (3 a)
21. 12. ἢ τρία ἔτη λιμοῦ (3 a)
26. 31. ἐν τῷ τεσσαρακοστῷ ἔ. τῆς βασ. αὐ. (3 a)
29. 27. ἔτη τεσσαράκοντα ἐν Χ. ἔτη ἑπτὰ καὶ ἐν Ἰ. ἔτη τριάκοντα τρία (3 a, 3 a, –)
II Ch. 3. 2. ἐν τῷ ἔ. τῷ τετάρτῳ τῆς βασ. αὐ. (3 a)
8. 1. μετὰ εἴκοσι ἔτη (3 a)
9. 21. ἅπαξ διὰ τριῶν ἐ. (3 a)
— 30. καὶ ἐβασίλευσε Σ. . . . τεσσαράκοντα ἔτη (3 a)
11. 17. καὶ κατίσχυσε Ῥ. . . . εἰς ἔτη τρία ὅτι ἐπορεύθη ἐν [A *om.*] ταῖς ὁδοῖς Δ. . . . ἔτη τρία (3 a, 3 a)
12. 2. A B ἐν τῷ πέμπτῳ ἔ. [R ἔ. τῷ π.] τῆς βασιλείας Ῥ. (3 a)
— 13. καὶ τεσσαράκοντα καὶ ἑνὸς ἐτῶν Ῥ. (3 a)
— 13. ἑπτὰ καὶ δέκα ἔτη ἐβασίλευσεν ἐν Ἰ. (3 a)
13. 1. ἐν τῷ ὀκτωκαιδεκάτῳ ἔ. τῆς βασιλείας Ἰ. (3 a)
— 2. τρία ἔτη ἐβασίλευσεν ἐν Ἰ. (3 a)
14. 1 (13. 23). ἡσύχασεν ἡ γῆ Ἰ. ἔτη δέκα (3 a)
— 6 (5). οὐκ ἦν αὐτῷ πόλεμος ἐν τοῖς ἔ. τούτοις (3 a)
15. 10. ἐν τῷ πεντεκαιδεκάτῳ ἔ. [R ἔ. τῷ π.] τῆς βασιλείας Ἀ. (3 a)
— 19. ἕως τοῦ πέμπτου καὶ τριακοστοῦ ἔ. τῆς βασιλείας Ἀ. (3 a)
16. 1. ἐν τῷ ὀγδόῳ καὶ τριακοστῷ ἔ. τῆς βασιλείας Ἀ. (3 a)
— 12. A B ἐν τῷ ἐνάτῳ καὶ τριακοστῷ ἔ. [R ἔ. τῷ ἐ. κ. τρ.] (3 a)
— 13. B^1 ἐν τῷ τριακοστῷ [B^2 ἐνάτῳ καὶ τρ., A τεσσαρακοστῷ καὶ ἑνί, R τεσσαρακοστῷ] ἔ. (3 a)
17. 7. ἐν τῷ τρίτῳ ἔ. [R ἔ. τῷ τρίτῳ ἔ.] τῆς βασιλείας αὐτοῦ (3 a, –)
18. 2. καὶ κατέβη διὰ τέλους ἐτῶν (3 a)
20. 31. A B ἐτῶν [R ὢν ἐ.] τριάκοντα πέντε [A *om.*] ἐν τῷ βασιλεῦσαι αὐτὸν καὶ εἴκοσι πέντε ἔτη ἐβασίλευσεν (3 a, 3 a)
21. 5. ὄντος αὐτοῦ [A ὢν αὐτὸς] τριάκοντα καὶ δύο ἐτῶν (3 a)
— 5. ὀκτὼ ἔτη ἐβασίλευσεν ἐν Ἰ. (3 a)
— 20. ἦν τριάκοντα καὶ δύο ἐτῶν –
— 20. ὀκτὼ ἔτη ἐβασίλευσεν ἐν Ἰ. (3 a)
22. 2. ὢν εἴκοσι ἐτῶν Ὀ. ἐβασίλευσε (3 a)
— 12. κατακεκρυμμένος ἓξ ἔτη (3 a)
23. 1. ἐν τῷ ἔ. τῷ ὀγδόῳ [A ἑβδόμῳ] (3 a)
24. 1. ὢν ἑπτὰ ἐτῶν Ἰωὰς . . . τεσσαράκοντα ἔτη ἐβασίλευσεν ἐν Ἰ. (3 a, 3 a)
— 15. ὢν [A ἐνὼν ἐτῶν] ἑκατὸν καὶ τριάκοντα ἐτῶν (–, 3 a)
25. 1. ὢν εἴκοσι καὶ πέντε ἐτῶν (3 a)
— 1. εἴκοσι ἐννέα ἔτη ἐβασίλευσεν (3 a)
— 25. καὶ ἔζησεν Ἀ. . . . ἔτη δέκα πέντε (3 a)
26. 1. A B αὐτὸς δεκὰ καὶ ἓξ [R αὐ. υἱὸς ἑκκαίδεκα] ἐτῶν (3 a)
— 3. υἱὸς δέκα ἓξ ἐτῶν (3 a)
— 3. πεντήκοντα καὶ δύο ἔτη ἐβασίλευσεν (3 a)
27. 1. A B εἴκοσι [R υἱὸς εἴ.] καὶ πέντε ἐτῶν Ἰ. (3 a)
— 1. καὶ δέκα ἓξ ἔτη ἐβασίλευσεν (3 a)
— 5. ἐν τῷ πρώτῳ ἔ. καὶ τῷ δευτέρ –

II Ch. 27. 8. A εἴκοσι καὶ πέντε ἐτῶν ἦν (3 *a*)
— 8. A ἓξ καὶ δέκα ἔτη ἐβασίλευσεν (3 *a*)
28. 1. A B υἱὸς [B *om.*] εἴκοσι ἐτῶν [R εἴ. καὶ πέντε ἐ. ἦν] Ἄ. (3 *a*)
— 1. δέκα ἓξ ἔτη [A *om.*] ἐβασίλευσεν (3 *a*)
29. 1. A R ὢν [B *om.*] εἴκοσι καὶ πέντε ἐτῶν καὶ εἴκοσι ἐννέα ἔτη ἐβασίλευσεν (3 *a*, 3 *a*)
33. 1. ὢν δέκα δύο ἐτῶν M. (3 *a*)
— 1. πεντήκοντα πέντε [A *om.*] ἔτη ἐβασίλευσεν (3 *a*)
— 21. ὢν ἐτῶν εἴκοσι καὶ δύο Ἀ. (3 *a*)
— 21. δύο ἔτη ἐβασίλευσεν (3 *a*)
34. 1. ὢν ὀκτὼ ἐτῶν Ἰ. (3 *a*)
— 1. τριάκοντα ἓν ἔτος ἐβασίλευσεν (3 *a*)
— 3. ἐν τῷ ὀγδόῳ ἔ. τῆς βασιλείας αὐτοῦ (3 *a*)
— 3. ἐν τῷ δωδεκάτῳ [A δεκ.] ἔ. τῆς βασιλείας αὐτοῦ (3 *a*)
— 8. ἐν τῷ ὀκτωκαιδεκάτῳ ἔ. [R ἔ. τῷ ὀ.] τῆς βασιλείας αὐτοῦ (3 *a*)
35. 19. τῷ ὀκτωκαιδεκάτῳ ἔ. τῆς βασιλείας Ἰ. (3 *a*)
36. 2. A R υἱὸς [B *om.*] εἴκοσι καὶ τριῶν ἐτῶν Ἰ. (3 *a*)
— 5. ὢν εἴκοσι καὶ πέντε ἐτῶν Ἰ. (3 *a*)
— 5. ἕνδεκα ἔτη ἐβασίλευσεν ἐν Ἱ. (3 *a*)
— 5. ἦν αὐτῷ δουλεύων τρία ἔτη -
— 9. ὀκτὼ [A υἱὸς ὀκτὼ καὶ δέκα] ἐτῶν Ἰ. (3 *a*)
— 11. A B ἐτῶν εἴκοσι ἑνὸς [R εἴ. υἱὸς καὶ ἑ. ἔτους] Σ. (-, 3 *a*)
— 11. ἕνδεκα ἔτη ἐβασίλευσεν ἐν Ἱ. (3 *a*)
— 21. εἰς συμπλήρωσιν ἐτῶν ἑβδομήκοντα (3 *a*)
— 22. A R ἔτους πρώτου Κύρου [B *om.*] βασιλέως Περσῶν (3 *a*)
I Es. 1. 22. ὀκτωκαιδεκάτῳ ἔ. βασιλεύοντος Ἰ.
— 34. ὄντα ἐτῶν εἴκοσι τριῶν
— 39. ἐτῶν δὲ ἦν εἴκοσι πέντε Ἰ.
— 43. ἦν ἐτῶν ὀκτώ [A δέκα ὀ.]
— 46. ὄντα ἐτῶν εἴκοσι ἑνός· βασιλεύει [A ἐβασίλευσεν] δὲ ἔτη ἕνδεκα
— 58. εἰς συμπλήρωσιν ἐτῶν ἑβδομήκοντα
2. 1. βασιλεύοντος Κύρου Περσῶν ἔτους πρώτου
— 30. μέχρι τοῦ δευτέρου ἔ. τῆς βασιλείας Δ.
5. 6. ἐν τῷ δευτέρῳ ἔ. τῆς βασιλείας αὐτοῦ
— 56. τῷ δευτέρῳ ἔ.
— 57. τῇ νουμηνίᾳ τοῦ δευτ. μηνὸς τοῦ δευτ. ἔ.
— 73. εἴρχθησαν τῆς οἰκοδομῆς ἔτη δύο
6. 1. ἐν δὲ τῷ δευτέρῳ ἔ. τῆς Δ. βασ.
— 14. ἔμπροσθεν ἐτῶν πλειόνων
— 17. ἐν δὲ τῷ πρώτῳ ἔ. βασιλεύοντος Κύρου
— 24. ἔτους πρώτου βασιλεύοντος K.
7. 4. A ἕως τοῦ ἕκτου ἔ. Δ.
— 5. τοῦ ἕκτου ἔ. βασιλέως Δ.
8. 6. ἔτους ἑβδόμου βασιλεύοντος Ἀ.
II Es. 1. 1. ἐν τῷ πρώτῳ ἔ. Κύρου (3 *a*)
3. 8. ἐν τῷ ἔ. τῷ δευτέρῳ (3 *a*)
4. 24. A R ἕως δευτέρου ἔ. τῆς βασιλείας [B *om.* τῆς β.] Δ. (3 *b*)
5. 11. ὃς ἦν ᾠκοδομημένος πρὸ τούτου ἔτη πολλά (3 *b*)
— 13 : 6. 3. ἐν ἔ. πρώτῳ Κύρου (3 *b*)
6. 15. A R ὅ [B ὅς] ἐστιν ἔ. ἕκτον (3 *b*)
7. 7. ἐν ἔ. ἑβδόμῳ τῷ Ἀ. τῷ βασιλεῖ (3 *a*)
— 8. τοῦτο τὸ ἔ. ἕβδομον τῷ βασιλεῖ (3 *a*)
Ne. 1. 1. ἐν μηνὶ X. [S^1 X. . . .] ἔ. εἰκοστοῦ (3 *a*)
2. 1. ἐν μηνὶ N. ἔ. εἰκοστοῦ (3 *a*)
5. 14. ἀπὸ ἔ. εἰκοστοῦ καὶ ἕως ἔ. τριακοστοῦ . . . ἔτη δώδεκα (3 *a ter*)
7. 71. B S^1 εἰς θησαυρὸν τοῦ ἔ. [A S^2 R ἔργου] †
9. 21. τεσσαράκοντα ἔτη διέθρεψας αὐτούς (3 *a*)
— 30. εἵλκυσας ἐπ᾽ αὐτοὺς ἔ. [S^3 ἔθνη] πολλά (3 *a*)
10. 31 (32). ἀνήσομεν τὸ ἔ. τὸ ἕβδομον (3 *a*)
13. 6. ἐν ἔ. τριακοστῷ [S^1 καὶ τρ.] καὶ δευτέρῳ (3 *a*)
To. 1. 7. S ἀργυρίῳ τῶν ἓξ ἐ.
— 8. S ἐδίδουν αὐτοῖς ἐν τῷ τρίτῳ ἔ.
2. 10. S ἤμην ἀδύνατος τοῖς ὀφθ. ἔ. τέσσαρα
— 10. S Ἀχ. ἔτρεφέ με ἔ. δύο [A B *om.* ἔ. δύο]
5. 3. S ἰδοὺ ἔ. εἴκοσι
14. 2. ἦν ἐτῶν πεντήκοντα [A ὀγδοήκοντα] ὀκτώ
— 2. μετὰ ἔτη ὀκτὼ ἀνέβλεψε [S *al.*]
— 11. A B ἦν δὲ ἐτῶν ἑκατὸν πεντήκοντα ὀκτώ
— 14. A S R ἀπέθανεν ἐτῶν ἑκατὸν εἴκοσι [B *om.*] ἑπτά
Ju. 1. 1. ἔ. δωδεκάτου τῆς βασιλείας N.
— 13. ἐν τῷ ἔ. τῷ ἑπτακαιδεκάτῳ
2. 1. ἐν τῷ ἔ. τῷ ὀκτωκαιδεκάτῳ
8. 4. χηρεύουσα ἔτη τρία

Ju. 16. 23. ἐγήρασεν . . . ἔτη ἑκατὸν πέντε
Es. 1. 1. ἔ. δευτέρου βασιλεύοντος Ἀ.
— 3. ἐν τῷ τρίτῳ ἔ. βασιλεύοντος αὐτοῦ (3 *a*)
2. 16. τῷ ἑβδόμῳ ἔ. τῆς βασιλείας αὐτοῦ (3 *a*)
3. 7. ἐν ἔ. δωδεκάτῳ τῆς βασιλείας Ἀ. (3 *a*)
— 13. τοῦ ἐνεστῶτος ἔ.
8. 9. τρίτῃ καὶ εἰκάδι τοῦ αὐτοῦ [S^1 δευτέρου] ἔ. [A μηνός] -
10. 3. ἔ. τετάρτου βασιλεύοντος Πτ.
Jb. 10. 5. ἢ τὰ ἔ. σου ἀνδρός (3 *a*)
15. 20. ἔτη δὲ ἀριθμητὰ δεδομένα δυνάστῃ (3 *a*)
16. 23 (22). A B S^2 ἔτη δὲ ἀριθμητὰ ἥκασιν (3 *a*)
32. 7. A R ἐν πολλοῖς δὲ ἔτεσιν οἴδασι [B S οὐκ οἴ.] σοφίαν (3 *a*)
36. 11. συντελέσουσι . . . τὰ ἔ. αὐ. ἐν εὐπρεπείαις (3 *a*)
— 26. ἀριθμὸς ἐτῶν αὐτοῦ καὶ ἀπέραντος (3 *a*)
38. 21. ἀριθμὸς δὲ ἐτῶν σου πολύς (1)
42. 16. ἔζησε δὲ Ἰὼβ μετὰ τὴν πληγὴν ἔτη ἑκατὸν ἑβδομήκοντα (3 *a*)
— 16. τὰ δὲ πάντα ἔ. ἔζησε διακόσια τεσσαράκοντα [A S^2 τ. ὀκτώ] -
Ps. 30 (31). 10. καὶ τὰ ἔ. μου ἐν στεναγμοῖς (3 *a*)
60 (61). 6. B S^1 βασιλέως προσθήσεις ἔτη [S^2 R τὰ ἔ.] αὐτοῦ (3 *a*)
76 (77). 5. ἔτη αἰώνια ἐμνήσθην (3 *a*)
77 (78). 33. καὶ τὰ ἔ. αὐτῶν μετὰ σπουδῆς (3 *a*)
89 (90). 4. χίλια ἔτη ἐν ὀφθαλμοῖς σου (3 *a*)
— 5. τὰ ἐξουδενώματα αὐτῶν ἔτη ἔσονται †
— 9. τὰ ἔ. ἡμῶν ὡς ἀράχνη ἐμελέτων (3 *a*)
— 10. A S R αἱ ἡμέραι τῶν ἐ. ἡμῶν ἐν αὐτοῖς [B ἐνιαυτοῖς] ἑβδομήκοντα ἔτη ἐὰν δὲ ἐν δυναστείαις ὀγδοήκοντα ἔτη (3 *a ter*)
— 15. ἐτῶν ὧν εἴδομεν κακά (3 *a*)
94 (95). 10. τεσσαράκοντα ἔτη προσώχθισα τῇ γενεᾷ ἐκείνῃ (3 *a*)
101 (102). 24. ἐν γενεᾷ γενεῶν τὰ ἔ. σου (3 *a*)
— 27. τὰ ἔ. σου οὐκ ἐκλείψουσιν (3 *a*)
Pr. 3. 2. ἔτη ζωῆς καὶ εἰρήνην προσθήσουσί σοι (3 *a*)
— 16. ἔτη ζωῆς ἐν τῇ δεξιᾷ αὐτῆς -
4. 10. πληθυνθήσεται ἔτη ζωῆς σου (3 *a*)
9. 11. προστεθήσεταί σοι ἔτη ζωῆς σου (3 *a*)
— 18. προστεθῇ δέ σοι ἔτη ζωῆς -
10. 27. ἔτη δὲ ἀσεβῶν ὀλιγωθήσεται (3 *a*)
13. 23. δίκαιοι ποιήσουσιν ἐν πλούτῳ ἔτη πολλά †
Ec. 6. 3. ἔτη πολλὰ ζήσεται (3 *a*)
— 3. πλῆθος ὅτι ἔσονται αἱ ἡμέραι ἐτῶν αὐτοῦ (3 *a*)
— 6. ἔζησε χιλίων ἐ. καθόδους (3 *a*)
11. 8. ἐὰν ἔτη πολλὰ ζήσεται ὁ ἄνθρωπος (3 *a*)
12. 1. φθάσουσιν ἔτη [S^1 *om.*] ἐν οἷς ἐρεῖς (3 *a*)
Wi. 4. 8. οὐδὲ ἀριθμῷ ἐτῶν μεμέτρηται
Si. *prol.* 20. ἐν γὰρ τῷ ὀγδόῳ καὶ τριακοστῷ ἔ.
18. 9. ἀριθμὸς ἡμερῶν ἀνθρώπου πολλὰ ἔτη ἑκατόν
— 10. οὕτως ὀλίγα ἔτη ἐν [S^1 *om.*] ἡμέρᾳ αἰῶνος
26. 2. τὰ ἔ. αὐτοῦ πληρώσει ἐν εἰρήνῃ
41. 4. εἴτε δέκα εἴτε ἑκατὸν εἴτε χίλια ἔτη
Am. 1. 1. πρὸ δύο ἐτῶν τοῦ σεισμοῦ (3 *a*)
2. 10. περιήγαγον ὑμᾶς ἐν τῇ ἐρήμῳ τεσσαράκοντα ἔτη (3 *a*)
5. 25. τεσσαράκοντα ἔτη ἐν τῇ ἐρήμῳ (3 *a*)
Jl. 2. 2. ἕως ἐτῶν εἰς γενεὰς γενεῶν (3 *a*)
— 25. A R ἀνταποδώσω [B -σει] ὑμῖν ἀντὶ τῶν ἐ. (3 *a*)
Hb. 3. 2. ἐν τῷ ἐγγίζειν τὰ ἔ. ἐπιγνωσθήσῃ (3 *a*)
Hg. 1. 1. ἐν τῷ δευτέρῳ ἔ. (3 *a*)
2. 1 (1. 15). τῷ δευτέρῳ ἔ. ἐπὶ Δαρείου (3 *a*)
— 11 (10). ἔτους δευτέρου ἐπὶ Δαρείου (3 *a*)
Za. 1. 1. ἐν τῷ ὀγδόῳ μηνὶ ἔ. δευτέρου (3 *a*)
— 7. ἐν τῷ δευτέρῳ ἔ. (3 *a*)
— 12. ἃς ὑπερεῖδες τοῦτο ἑβδομηκοστὸν ἔ. (3 *a*)
7. 1. ἐν τῷ τετάρτῳ ἔ. ἐπὶ Δαρείου (3 *a*)
● — 3. ἐποίησεν [A -σαν] ἤδη ἱκανὰ ἔ. (3 *a*)
— 5. καὶ ἰδοὺ ἑβδομήκοντα ἔ. (3 *a*)
Ma. 3. 4. καθὼς τὰ ἔ. τὰ ἔμπροσθεν (3 *a*)
— 10 (9). τὸ ἔ. [S^1 ἔθνος] συνετελέσθη †
Is. 7. 8. ἔτι ἑξήκοντα καὶ πέντε ἐτῶν (3 *a*)
14. 28. τοῦ ἔ. οὗ ἀπέθανεν ὁ βασ. Ἄχαζ (3 *a*)
16. 14. ἐν τρισὶν ἔ. ἐτῶν μισθωτοῦ (3 *a*, 3 *a*)
20. 1. τοῦ ἔ. ὅτε [A S οὗ] εἰσῆλθε Τανάθαν (3 *a*)
— 3. γυμνὸς καὶ ἀνυπόδετος τρία ἔτη τρία ἔτη [A S *om.* τρ. ἔ.] ἔσται εἰς [A S *om.*] σημεῖα (3 *a*, -)
23. 15. καταλειφθήσεται Τύρος ἔτη ἑβδομήκ. (3 *a*)

Is. 23. 15. μετὰ ἑβδομήκοντα ἔτη [A^1 *om.*] ἔσται Τύρος ὡς ᾆσμα πόρνης (3 *a*)
— 17. μετὰ τὰ [A S *om.*] ἑβδομήκ. ἔτη (3 *a*)
36. 1. ἐγένετο τοῦ τεσσαρεσκαιδεκάτου ἔτους (3 *a*)
38. 5. προστίθημι πρὸς τὸν χρόνον σου ἔτη δέκα πέντε (3 *a*)
— 10. ἐν πύλαις ᾅδου καταλείψω τὰ ἔ. τὰ ἐπίλοιπα (3 *a*)
65. 20. ἔσται γὰρ ὁ νέος ἑκατὸν ἐτῶν . . . ἁμαρτωλὸς ἑκατὸν ἐτῶν (3 *a*, 3 *a*)
Je. 1. 2. ἔτους τρισκαιδεκάτου ἐν τῇ βασ. αὐ. (3 *a*)
— 3. ἕως [S *add.* συντελείας] ἑνδεκάτου ἔτους Σεδεκίᾳ (3 *a*)
25. 1. A B S^2 ἐν τῷ ἔ. τῷ τετάρτῳ τοῦ Ἰ. (3 *a*)
— 3. ἐν τρισκαιδεκάτῳ ἔ. Ἰωσία . . . εἴκοσι καὶ τρία ἔτη (3 *a*, 3 *a*)
— 11. δουλεύσουσιν ἐν τοῖς ἔθνεσιν ἑβδομήκοντα ἔτη (3 *a*)
— 12. ἐν τῷ πληρωθῆναι [A συμπλ.] τὰ [B^1 *om.*] ἑβδομήκοντα ἔτη (3 *a*)
26 (46). 2. ἐν τῷ ἔ. τῷ τετάρτῳ Ἰωακείμ (3 *a*)
28 (51). 59. ἐν τῷ ἔ. τῷ τετάρτῳ [A τῷ τετ. ἔ.] τῆς βασιλείας αὐτοῦ (3 *a*)
35 (28). 1. ἐν τῷ τετάρτῳ ἔ. Σεδεκία [A βασιλεύοντος Σεδεκίου] (3 *a*)
— 3. ἔτι δύο ἔτη ἡμερῶν (3 *a*)
36 (29). 10. ὅταν μέλλῃ πληροῦσθαι Βαβυλῶνι ἑβδομήκοντα ἔτη (3 *a*)
41 (34). 14. ὅταν πληρωθῇ ἓξ ἔτη . . . ἐργᾶταί σοι ἓξ ἔτη (3 *a*, 3 *a*)
43 (36). 9. ἐν τῷ ἔ. τῷ ὀγδόῳ [A πέμπτῳ] (3 *a*)
46 (39). 1. A ἐν τῷ ἔ. τῷ ἐνάτῳ τοῦ Σεδεκίου [B S *al.*] (3 *a*)
— 2. ἐν τῷ ἑνδεκάτῳ ἔ. τοῦ Σεδεκία (3 *a*)
52. 1. ὄντος εἰκοστοῦ καὶ ἑνὸς [A δευτέρου κ. εἰ.] ἔτους Σεδεκίου . . . ἕνδεκα ἔτη ἐβασίλευσεν (3 *a*, 3 *a*)
— 4. ἐγένετο [A *add.* ἐν] τῷ ἔ. τῷ ἐνάτῳ τῆς βασιλείας αὐτοῦ (3 *a*)
— 5. ἕως ἑνδεκάτου ἔτους τῷ βασιλεῖ (3 *a*)
— 31. ἐγένετο ἐν τῷ τριακοστῷ καὶ ἑβδόμῳ ἔ. [S τριάκοντα καὶ ἑπτὰ ἔτεσιν] (3 *a*)
Ba. 1. 2. ἐν τῷ ἔ. τῷ πέμπτῳ
Ep. Je. 3. ἔσεσθε ἐκεῖ ἔτη πλείονα
Ez. 1. 1. ἐγένετο ἐν τῷ τριακοστῷ ἔ. (3 *a*)
— 2. τοῦτο τὸ ἔ. τὸ πέμπτον τῆς αἰχμαλωσίας (3 *a*)
8. 1. ἐγένετο ἐν τῷ ἕκτῳ ἔτει (3 *a*)
20. 1. ἐγένετο ἐν τῷ ἔ. τῷ ἑβδόμῳ (3 *a*)
22. 4. ἤγαγες καιρὸν ἐτῶν σου (3 *a*)
24. 1. ἐν τῷ ἔ. τῷ ἐνάτῳ (3 *a*)
26. 1. ἐν τῷ ἑνδεκάτῳ [A δωδ.] ἔ. (3 *a*)
29. 1. ἐν τῷ ἔ. τῷ δωδεκάτῳ [A δεκ.] (3 *a*)
— 11. οὐ κατοικηθήσεται τεσσαράκοντα ἔτη (3 *a*)
— 12. αἱ πόλεις αὐτῆς ἐν μέσῳ πόλεων ἠρημωμένων ἔσονται τεσσαράκοντα ἔτη [A ἀφανισμὸς ἔσται] (3 *a*)
— 13. μετὰ τεσσαράκοντα ἔτη (3 *a*)
— 17. ἐγένετο ἐν τῷ ἑβδόμῳ καὶ εἰκοστῷ ἔ. (3 *a*)
30. 20 : 31. 1. ἐγένετο ἐν τῷ ἑνδεκάτῳ ἔ. (3 *a*)
32. 1. R ἐν τῷ δεκάτῳ [A ἑνδ., B δωδ.] ἔ. (3 *a*)
— 17. ἐγενήθη [A -νετο] ἐν τῷ δωδεκάτῳ ἔ. (3 *a*)
33. 21. R ἐν τῷ δεκάτῳ [A B δωδ.] ἔ. (3 *a*)
38. 8. A ἀφ᾽ ἡμερῶν πλειόνων ἐτῶν [B *om.*] ἑτοιμασθήσεται -
— 8. ἐπ᾽ ἐσχάτου [A -ων] ἐτῶν ἐλεύσεται (3 *a*)
— 17. ἐν ταῖς ἡμέραις ἐκείναις καὶ ἔτεσι (3 *a*)
39. 9. καύσουσιν ἐν αὐτοῖς πῦρ ἑπτὰ ἔτη (3 *a*)
40. 1. ἐν τῷ πέμπτῳ καὶ εἰκοστῷ ἔτει . . . ἐν τῷ τεσσαρεσκαιδεκάτῳ ἔτει (3 *a*, 3 *a*)
46. 17. ἔσται αὐτῷ ἕως τοῦ ἔ. τῆς ἀφέσεως (3 *a*)
Da. LXX. 1. 1. ἐπὶ βασιλέως Ἰ. τῆς Ἰουδ. ἔ. τρίτου (3 *a*)
— 5. καὶ ἐκπαιδεῦσαι αὐτοὺς ἔ. τρία (3 *a*)
— 21. ἕως τοῦ πρώτου ἔ. τῆς βασιλείας Κύρου (3 *a*)
2. 1. ἐν τῷ ἔ. τῷ δευτέρῳ τῆς βασιλείας Ναβ. (3 *a*)
3. 1. ἔ. ὀκτωκαιδεκάτου Ναβουχ. -
4. 1. ἔ. ὀκτωκαιδεκάτου τῆς βασιλείας -
— 13. καὶ ἑπτὰ ἔ. βοσκηθῇ σὺν αὐτοῖς (2)
— 29. οἱ ἄγγελοι διώξονταί σε ἐπὶ ἔτη ἑπτά (2)
— 30. ἑπτὰ ἔτη ἐπεδήθην -
— 31. μετὰ ἔτη ἑπτά (1 ?)
— 32. ἐπὶ συντελείᾳ τῶν ἑπτὰ ἐ. -
7. 1. ἔ. πρώτου βασιλεύοντος Βαλτ. (3 *b*)
8. 1. ἔ. τρίτου βασιλεύοντος Βαλτ. (3 *a*)
9. 1. ἔ. πρώτου ἐπὶ Δαρείου (3 *a*)
— 2. τῷ πρώτῳ ἔ. τῆς βασιλείας αὐτοῦ (3 *a*)

● = correction on page xxvi

Da. LXX. 9. 2. διενοήθην . . . τὸν ἀριθμὸν τῶν ἐ. . . . ἑβδομήκοντα ἔτη (3 a, 3 a)
— 27. καὶ ἑξήκοντα δύο ἐτῶν –
11. 8. ἔσται ἔτος βασιλεῖ βορρᾶ (3 a)
Da. TH. 1. 1. ἐν ἔ. τρίτῳ τῆς βασιλείας Ἰ. (3 a)
— 5. θρέψαι αὐτοὺς ἔ. τρία (3 a)
— 21. ἕως ἔ. ἑνὸς Κύρου (3 a)
2. 1. ἐν τῷ ἔ. τῷ δευτέρῳ τῆς βασιλείας (3 a)
3. 1. ἔ. ὀκτωκαιδεκάτου Ναβ. –
5. 31 (6. 1). ὢν ἐτῶν ἑξήκοντα δύο (3 b)
7. 1. ἐν ἔ. πρώτῳ [B^1 τρίτῳ] τῷ Βαλ. (3 b)
▶ 8. 1. ἐν ἔ. τρίτῳ τῆς βασιλείας Βαλ. (3 a)
9. 1. ἐν τῷ πρώτῳ ἔ. Δ. [A ἐπὶ Δ.] (3 a)
— 2. A^2 ἐν ἔ. ἑνὶ τῆς βασιλείας αὐτοῦ (3 a)
— 2. συνῆκα . . . τὸν ἀριθμὸν τῶν ἐ. [A ἡμερῶν] . . . ἑβδομήκοντα ἔτη (3 a, 3 a)
10. 1. ἐν ἔ. τρίτῳ Κύρου (3 a)
11. 1. ἐν [B^1 ἐν τῷ] ἔ. πρώτῳ Κύρου (3 a)
— 6. μετὰ τὰ ἔ. αὐτοῦ (3 a)
I Ma. 1. 7. ἐβασίλευσεν Ἀλ. ἔτη δώδεκα
— 9. καὶ οἱ υἱοὶ αὐτῶν ὀπίσω αὐτῶν ἔ. πολλά
— 10. ἐβασίλευσεν ἐν [A om.] ἔ. ἑκατοστῷ
— 20. ἐν τῷ ἑκατοστῷ . . . ἔ.
— 29. μετὰ δύο ἔτη ἡμερῶν
— 54. τῷ πέμπτῳ . . . ἔ.
2. 70. ἐν τῷ ἕκτῳ . . . ἔ.
3. 37. ἔ. ἑβδόμου καὶ τεσσαρακοστοῦ καὶ ἑκατοστ.
4. 52. S^2 ἔ. [A S^1 R τοῦ] ὀγδόου . . . καὶ ἑκατοστοῦ ἔ. [S om.]
6. 16. ἔ. ἐνάτου . . . καὶ ἑκατοστοῦ
— 20. ἔ. πεντηκοστοῦ καὶ ἑκατοστοῦ
— 53. διὰ τὸ ἕβδομον ἔ. εἶναι
7. 1. ἔ. ἑνὸς καὶ πεντηκοστοῦ
9. 3. τοῦ μηνὸς τοῦ πρώτου ἔ. τοῦ δευτέρου
— 54. ἐν ἔ. τρίτῳ καὶ πεντηκοστῷ
— 57. ἡσύχασεν ἡ γῆ Ἰούδα ἔτη δύο
10. 1. ἐν ἔ. ἑξηκοστῷ καὶ ἑκατοστῷ
— 21. τῷ ἑβδόμῳ μηνὶ ἔ. ἑξηκοστοῦ
— 41. ὡς ἐν τοῖς πρώτοις ἔ. [S^1 ἔθνεσιν]
● — 42. A ὡς ἐν τοῖς πρώτοις ἔ.
— 57. ἔ. δευτέρου καὶ ἑξηκοστοῦ καὶ ἑκατοστοῦ
— 67. ἐν [S^1 om.] ἔ. πέμπτῳ . . . καὶ ἑκατοστῷ
11. 19. ἔ. ἑβδόμου καὶ ἑξηκοστοῦ καὶ ἑκατοστοῦ
13. 41. ἔ. ἑβδομηκοστοῦ καὶ ἑκατοστοῦ
— 42. ἔ. πρώτου ἐπὶ Σίμωνος ἀρχιερέως μεγάλου
— 51. AR ἔ. ἑνὸς καὶ [S ἔ. πρώτου] ἑβδομηκοστοῦ
14. 1. AR ἐν ἔ. δευτέρῳ καὶ ἑβδομηκοστῷ [S -μῳ]
— 27. AR ἔ. δευτέρου . . . καὶ ἑκατοστοῦ καὶ τοῦτο [S ἑ. τὸ] τρίτον ἔ.
15. 10. ἔ. τετάρτου καὶ ἑβδομηκοστοῦ καὶ ἑκατοστοῦ
16. 3. ἱκανοὶ ἔστε ἐν τοῖς ἔ.
— 14. ἔ. ἑβδόμου καὶ ἑβδομηκοστοῦ καὶ ἑκατοστοῦ
II Ma. 1. 7. ἔ. ἑκατοστοῦ ἑξηκοστοῦ ἐνάτου
— 7. τῇ ἐπελθούσῃ ἡμῖν ἐν τοῖς ἔ. τούτοις
— 10. R ἔ. ἑκατοστοῦ [A om.] ὀγδοηκοστοῦ καὶ ὀγδόου
— 20. διελθόντων δὲ ἐ. ἱκανῶν
7. 27. καὶ θηλάσασάν σε ἔ. τρία
11. 3. πρατὴν δὲ κατ' ἔτος τὴν ἀρχιερωσύνην ποιήσειν
— 21, 33, 38. ἔ. ἑκατοστοῦ τεσσαρακοστοῦ ὀγδόου
13. 1. τῷ δὲ ἐνάτῳ . . . καὶ ἑκατοστῷ ἔ.
14. 4. πρώτῳ καὶ ἑκατοστῷ καὶ πεντηκοστῷ ἔ.

[Aq. GE. 5. 5 *bis*, 25 *bis*: 47. 9: III KI. 14. 20: 16. 8, 10, 15: IV KI. 14. 23: Ps. 30 (31). 11: 77 (78). 33: 94 (95). 10: PR. 5. 9: Is. 16. 14 *bis*: 38. 5: JE. 25. 3: 28 (35). 11: 36 (43). 1: 52. 1: Ez. 32. 1, 17: HB. 3. 2.]
[Sm. GE. 5. 25 *bis*: III KI. 9. 10: 16. 8, 10, 15: IV KI. 11. 4: 18. 10: JB. 15. 20: Ps. 60 (61). 7: 76 (77). 6: 89 (90). 15: 94 (95). 10: 101 (102). 28: PR. 5. 9: Is. 16. 14: 38. 5, 15: JE. 25. 3: 36 (43). 1: 52. 1: Ez. 32. 1.]
[Th. GE. 5. 25 *bis*: III KI. 16. 8, 10, 15: IV KI. 1. 17: JB. 15. 20: 36. 26: PR. 5. 9: Is. 16. 14: 38. 5: JE. 28 (35). 11: 39 (46). 1: 52. 1, 28, 29, 30: Ez. 22. 4: 32. 17: DA. 9. 2†: HB. 3. 2.]
[Al. EX. 23. 26: LE. 27. 18: Is. 24. 22.]
[Heb. GE. 5. 25, 26: III KI. 9. 10.]
[Sam. GE. 5. 25, 26.]
[Quint. IV KI. 14. 23.]

εὖ. (1) εὖ γίγνεσθαι *a.* יָטַב *b.* עָשָׂה *c.* מְעַט (2) εὖ εἶναι *a.* יָטַב *b.* טוֹב (3) εὖ ποιεῖν *a.* יָטַב hi. *b.* טוֹב *c.* עָשָׂה *d.* נָשַׁג hi. (4) εὖ χρᾶσθαι יָטַב hi. (5) εὖ συνιστάναι בִּין hi.

Ge. 12. 13. ὅπως ἂν εὖ μοι γένηται (1 a)
— 16. τῷ Ἀβραμ εὖ ἐχρήσαντο δι' αὐτήν (4)
32. 9 (10). καὶ εὖ σε ποιήσω (3 a)
— 12 (13). A καλῶς [R om.] εὖ σε ποιήσω (3 a)
40. 14. ὅταν εὖ σοι γένηται (1 a)
Ex. 1. 20. εὖ δὲ ἐποίει ὁ θεὸς ταῖς μαίαις (3 a)
20. 12. B ἵνα εὖ σοι γένηται –
Nu. 10. 29, 32. εὖ σε ποιήσομεν (3 a)
De. 4. 40: 5. 16. ἵνα εὖ σοι γένηται (1 a)
5. 29 (26). ἵνα εὖ ᾖ αὐτοῖς (2 a)
— 33 (30). καὶ εὖ σοι ᾖ (2 b)
6. 3. A B^1 R ὅπως [B^2 ἵνα] εὖ σοι ᾖ (2 a)
— 18. ἵνα εὖ σοι γένηται (1 a)
— 24. ἵνα εὖ ᾖ ἡμῖν [A πολυήμεροι ὦμεν] (2 b)
8. 16. καὶ εὖ σε ποιήσῃ [A al.] (3 a)
10. 13. ἵνα εὖ σοι ᾖ (2 b)
12. 25, 28. ἵνα εὖ σοι γένηται (1 a)
15. 16. εὖ ἐστιν αὐτῷ παρὰ σοί (2 b)
19. 13. καὶ εὖ σοι ἔσται (2 b)
22. 7. ἵνα εὖ σοι γένηται (1 a)
28. 63. εὖ ποιῆσαι ὑμᾶς (3 a)
30. 5. εὖ σε ποιήσει (3 a)
Jo. 24. 20. ἀνθ' ὧν εὖ ἐποίησεν ὑμᾶς [A -ῖν] (3 a)
Ru. 3. 1. ἵνα εὖ γένηταί σοι (1 a)
Ne. 4. 13 (7). S^1 ὅπου εὖ ἐπίβατα ἦν –
Ju. 10. 16. εὖ [A εὐθῇ] σε ποιήσει
11. 4. ἀλλ' εὖ σε ποιήσει
— 22. A B εὖ ἐποίησεν ὁ θεός
15. 10. A εὖ ποιήσας [B S ἐπ.] τὰ ἀγαθά
Jb. 24. 21. στεῖραν δὲ οὐκ εὖ ἐποίησε [A al.] †
28. 23. εὖ συνέστησεν αὐτῆς τὴν ὁδόν (5)
Pr. 3. 27. A μὴ ἀπόσχῃ εὖ ποιεῖν ἐνδεῆ ἡνίκα ἂν ἔχῃ ἡ χείρ σου εὖ ποίει [B S σου βοηθεῖν] (3 b, 3 c)
— 28. δυνατοῦ σου ὄντος εὖ ποιεῖν –
Si. 1. 13. εὖ ἔσται ἐπ' ἐσχάτων [S^1 -ῳ]
11. 17. S ἡ εὐδοκία αὐ. . . . εὖ ὁδωθήσεται [A B al.]
12. 1. ἐὰν εὖ ποιῇς γνῶθι τίνι ποιεῖς
— 2. εὖ ποίησον εὐσεβεῖ
— 5. εὖ ποίησον τῷ ταπεινῷ
14. 7. κἂν εὖ ποιῇ ἐν λήθῃ ποιεῖ
— 11. καθὼς ἐὰν ἔχῃς εὖ ποίει σεαυτόν
— 13. πρίν σε τελευτῆσαι εὖ ποίει φίλῳ
Is. 41. 23. εὖ ποιήσατε καὶ κακώσατε (3 a)
53. 11. δικαιῶσαι δίκαιον εὖ δουλεύοντα πολλοῖς †
Je. 7. 23. A B S^2 ὅπως ἂν εὖ ᾖ ὑμῖν (2 a)
13. 23. ὑμεῖς δυνήσεσθε εὖ ποιῆσαι (3 a)
Ep. Je. 38. AR οὔτε ὀρφανὸν εὖ ποιήσωσι [B -σουσιν]
— 64. R οὔτε εὖ ποιῆσαι [A B ποιεῖν] ἀνθρώποις
Ez. 21. 15 (20). εὖ γέγονεν εἰς σφαγὴν εὖ γέγονεν εἰς στίλβωσιν (1 b, 1 c)
36. 11. εὖ ποιήσω ὑμᾶς (3 a)
46. 7. A καθὼς ἂν εὖ ποιῇ [B ἂν ἐκπ.] ἡ χεὶρ αὐτοῦ (3 d)
Da. LXX., TH. 3. (30). ἵνα εὖ ἡμῖν γένηται
II Ma. 8. 9. A εὖ [R ἐν] πολεμικαῖς χρείαις ἔχοντα πεῖραν
— 30. ὀχυρωμάτων ὑψηλῶν εὖ μάλα ἐγκρατεῖς ἐγένοντο
9. 19. καὶ ὑγιαίνειν καὶ εὖ πράττειν
10. 18. εἰς δύο πύργους ὀχυροὺς εὖ μάλα
— 32. εὖ μάλα φρούριον
11. 26. εὖ οὖν ποιήσεις
III Ma. 3. 15. R εὖ ποιῆσαί [A -σαντές] τε ἀσμένως

[Aq. JE. 32 (39). 39: 42 (49). 6.]
[Sm. II KI. 14. 20: JE. 32 (39). 39: 42 (46). 6.]

εὐαγγελία. (1) בְּשֹׂרָה, בְּשׂוֹרָה
II Ki. 18. 20. οὐκ ἀνὴρ εὐαγγελίας σύ (1)
— 22. οὐκ ἔστι σοι εὐαγγελία [? -έλια] (1)
▶ — 27. εἰς εὐαγγελίαν ἀγαθὴν ἐλεύσεται (1)
IV Ki. 7. 9. ἡ ἡμέρα αὕτη ἡμέρα εὐαγγελίας ἐστί (1)

εὐαγγελίζειν. (1) בָּשַׂר *a.* pi. *b.* hithp.
I Ki. 31. 9. εὐαγγελίζοντες τοῖς εἰδώλοις αὐτῶν (1 a)
II Ki. 1. 20. μὴ εὐαγγελίσησθε ἐν ταῖς ἐξόδοις Ἀ. (1 a)
4. 10. αὐτὸς ἦν ὡς εὐαγγελιζόμενος (1 a)
18. 19. εὐαγγελιῶ τῷ βασιλεῖ (1 a)
— 20. καὶ εὐαγγελιῇ ἐν ἡμέρᾳ ἄλλῃ ἐν δὲ τῇ ἡμέρᾳ ταύτῃ οὐκ εὐαγγελιῇ (1 a, 1 a)
— 27 (26). καί γε οὗτος εὐαγγελιζόμενος (1 a)
II Ki. 18. 31. εὐαγγελισθήτω ὁ κύριός μου (1 b)
III Ki. 1. 42. καὶ ἀγαθὰ εὐαγγέλισαι (1 a)
I Ch. 10. 9. τοῦ εὐαγγελίσασθαι τοῖς εἰδώλοις αὐτῶν [S -οις] (1 a)
Ps. 39 (40). 9. εὐηγγελισάμην δικαιοσύνην ἐν ἐκκλησίᾳ μεγάλῃ (1 a)
67 (68). 11. δώσει ῥῆμα τοῖς εὐαγγελιζομένοις δυνάμει πολλῇ (1 a)
95 (96). 2. εὐαγγελίζεσθε ἡμέραν ἐξ ἡμέρας τὸ σωτήριον αὐτοῦ (1 a)
Jl. 2. 32 (3. 5). εὐαγγελιζόμενοι [S -ος] οὓς κύριος προσκέκληται †
Na. 1. 15 (2. 1). ἐπὶ τὰ ὄρη οἱ πόδες εὐαγγελιζομένου (1 a)
Is. 40. 9. ἀνάβηθι ὁ εὐαγγελιζόμενος Σιὼν ὕψωσον τῇ ἰσχύϊ τὴν φωνήν σου ὁ εὐαγγελιζόμενος Ἰερουσαλήμ (1 a, 1 a)
52. 7. ὡς πόδες εὐαγγελιζομένου ἀκοὴν εἰρήνης ὡς εὐαγγελιζόμενος ἀγαθά (1 a, 1 a)
60. 6. τὸ σωτήριον κυρίου εὐαγγελιοῦνται [S *add.* σοι] (1 a)
61. 1. εὐαγγελίσασθαι πτωχοῖς ἀπέσταλκέ με (1 a)
Je. 20. 15. ἐπικατάρατος ὁ ἄνθρωπος ὁ εὐαγγελισάμενος τῷ πατρί μου (1 a)
IV Ma. 18. 23. S εἰ πατέρων χορὸν εὐαγγελίζονται [A R al.]

[Aq. Is. 40. 9 *bis*: 52. 7 *bis*: JE. 51 (28). 10.]
[Sm. Ps. 67 (68). 12: Is. 40. 9 *bis*: 52. 7 *bis*.]
[Th. Is. 40. 9 *bis*.]
[Al. I CH. 16. 23.]

εὐαγγέλιον. (1) בְּשׂרָה, בְּשׂוֹרָה
II Ki. 4. 10. ᾧ ἔδει με δοῦναι εὐαγγέλια (1)
18. 22. οὐκ ἔστι σοι εὐαγγέλια [? -ία] (1)
● — 25. εὐαγγέλια ἐν τῷ στόματι αὐτοῦ (1)

εὐάλωτος. (1) תָּפַשׂ pi.
Pr. 24. 63 (30. 28). καλαβώτης χερσὶν ἐρειδόμενος καὶ εὐάλωτος ὤν (1)

εὐανδρία (-εία).
II Ma. 8. 7. R λαλιά τις [A λαλιὰν] τῆς εὐ. αὐτοῦ
15. 17. μετὰ πάσης εὐ. ἐμπλακέντες

εὐαπάντητος.
II Ma. 14. 9. καθ' ἣν ἔχεις . . . εὐ. φιλανθρωπίαν

εὐαρεστεῖν. (1) הָלַךְ hithp. (2) שָׁרַת pi. (3) c. neg. רַע
Ge. 5. 22. εὐηρέστησε δὲ Ἐνὼχ τῷ θεῷ (1)
— 24. καὶ εὐηρέστησεν Ἐνὼχ τῷ θεῷ (1)
6. 9. τῷ θεῷ εὐηρέστησε Νῶε (1)
17. 1. A εὐαρέστει ἐναντίον [R ἐνώπιον] ἐμοῦ (1)
24. 40. ᾧ εὐηρέστησα ἐναντίον [S^1 ἐνώπιον] αὐτοῦ (1)
39. 4. A εὐηρέστει δὲ αὐτῷ [R al.] (2)
48. 15. ᾧ εὐηρέστησαν οἱ π. μου ἐνώπιον αὐτοῦ (1)
Ex. 21. 8. ἐὰν μὴ εὐαρεστήσῃ τῷ κυρίῳ αὐτῆς (3)
Jd. 10. 16. A καὶ οὐκ εὐηρέστησαν ἐν τῷ λαῷ –
Ps. 25 (26). 3. εὐηρέστησα ἐν τῇ ἀληθείᾳ σου (1)
34 (35). 14. ὡς ἀδελφὸν ἡμέτ. οὕτως εὐηρέστουν (1)
55 (56). 13. τοῦ εὐαρεστῆσαι ἐνώπιον τοῦ θεοῦ ἐν φωτὶ ζώντων [S^2 al.] (1)
114 (116). 9. εὐαρεστήσω ἐνώπιον [S^1 ἐναντίον] κυρίου ἐν χώρᾳ ζώντων (1)
Si. 44. 16. Ἐνὼχ εὐηρέστησε κυρίῳ

[Al. Ps. 55 (56). 14.]

εὐαρέστησις.
[Aq. EX. 29. 18.]
[Sm. EX. 29. 18: EZ. 20. 41.]
[Th. EX. 29. 18: LE. 1. 9.]

εὐάρεστος.
Wi. 4. 10. εὐάρεστος τῷ θεῷ γενόμενος ἠγαπήθη
9. 10. καὶ γνῶ τί εὐάρεστόν ἐστι παρὰ σοί

εὐάρμοστος. (1) מֵטִב נַגֵּן
Ez. 33. 32. γίνῃ αὐτοῖς ὡς φωνὴ ψαλτηρίου ἡδυφώνου εὐαρμόστου (1)
IV Ma. 14. 3. S ὦ ἱερᾶς καὶ εὐ. [A R ἐν.] . . . συμφωνίας

εὖγε. (1) אָח (2) הֶאָח
Jb. 31. 29. A εἰ εἶπον τῇ καρδίᾳ μου, Εὖγε εὖγε [B S al.] (†, †)
39. 25. λέγει [A ἐρεῖ], Εὖγε (2)
Ps. 34 (35). 21. εἶπαν, Εὖγε εὖγε (2, 2)

● = correction on page xxvi ▶ = additional entry on page xxvi

Ps. 34 (35). 25. εὖγε εὖγε τῇ ψυχῇ [S² ἡ ψυχὴ] ἡμῶν (2, -)
39 (40). 15 : 69 (70). 3. οἱ λέγοντές μοι, Εὖγε εὖγε (2, 2)
Ez. 6. 11. εὖ. εὖ. ἐπὶ πᾶσι τοῖς βδελύγμασιν οἴκου Ἰσραήλ (1, -)
26. 2. εὖ. συνετρίβη (2)
36. 2. εὖ. [A add. εὖγε] ἔρημα αἰώνια εἰς κατάσχεσιν ἡμῖν ἐγενήθη (2, -)
[Sm. Ps. 39 (40). 16 *bis*.]
[Th. Ez. 6. 11.]

εὐγένεια. (1) מַתָּנָה
Ec. 7. 8 (7). ἀπόλλυσι τὴν καρδίαν εὐγενείας [A S εὐτονίας] αὐτοῦ (1)
Wi. 8. 3. εὐγένειαν δοξάζει συμβίωσιν θεοῦ ἔχουσα
II Ma. 14. 42. τῆς ἰδίας εὐ. ἀναξίως ὑβρισθῆναι
IV Ma. 8. 4. τῆς εὐ. προσεμειδίασεν αὐτοῖς
10. 3. S τὴν εὐγενῆ τῆς ἀδελφότητος εὐ. [A R συγγ.]

εὐγενής. (1) גָּדוֹל
Jb. 1. 3. ἦν ὁ ἄνθρωπος ἐκεῖνος εὐ. τῶν ἀφ' ἡλίου ἀνατολῶν (1)
II Ma. 10. 13. R μήτ' εὐγενῆ τὴν ἐξουσίαν ἔχων [A *om.*]
IV Ma. 6. 5. ὁ δὲ μεγαλόφρων καὶ εὐ.
9. 13. ὁ εὐ. νεανίας ἔξαρθρος ἐγίνετο
— 23. εὐ. στρατείαν στρατεύσασθε
— 27. τὴν εὐ. γνώμην ἤκουσαν
10. 3. τὴν εὐ. τῆς ἀδελφότητος συγγένειαν [S εὐγ.]
— 15. οὐκ ἀρνήσομαι τὴν εὐ. ἀδελφότητα
[Heb. Da. 1. 3.]

▶ **εὐγεννασία** (?).
● II Ma. 10. 13. A εὐγεννασίας [R ὑπ' ἀθυμίας] φαρμακεύσας ἑαυτόν

εὐγενῶς.
II Ma. 14. 42. εὐ. θέλων ἀποθανεῖν
IV Ma. 6. 22. εὐ. ὑπὲρ τῆς εὐσεβείας τελευτᾶτε
— 30. εὐ. ταῖς βασάνοις ἐναπέθανε
9. 22. ὑπέμεινεν εὐ. τὰς στρέβλας
12. 14. οἱ μὲν εὐ. ἀποθανόντες
13. 11. εὐ. καρτέρησον

εὐγνωμοσύνη.
Es. 8. 13. τὴν τῶν ἐπικρατούντων ἀκέραιον εὐ. [S¹ ἐπίγνωσιν]

εὔγνωστος. (1) יָדַע
Pr. 3. 15. εὔγνωστός ἐστι πᾶσι τοῖς ἐγγίζουσιν αὐτῇ –
5. 6. σφαλεραὶ δὲ αἱ τροχιαὶ αὐτῆς καὶ οὐκ εὔγνωστοι (1)
26. 26. εὔγνωστος ἐν συνεδρίοις [A S² -ίῳ] –
Wi. 6. 6. S¹ ὁ γὰρ ἐλάχιστος εὐ. [A B S² σύγγν.] ἐστιν ἐλέους

εὐδία.
Si. 3. 15. ὡς εὐδία ἐπὶ [S¹ ἐν] παγετῷ

εὐδιανόητος.
[Sm. I Ki. 25. 3.]

εὐδοκεῖν. (1) אָבָה (2) חָמַד (3) חָפֵץ (4) יָשַׁר (5) נָתַן (6) פַּחְדָּה (7) צָלַח *a.* qal. *b.* hi. (8) קָדַד (9) רָצָה *a.* qal. *b.* hi.

Ge. 24. 26. εὐδοκήσας ὁ ἄνθρωπος προσεκύνησε κ. (8)
— 48. καὶ εὐδοκήσας προσεκύνησα κυρίῳ (8)
33. 10. καὶ εὐδοκήσεις με (9 *a*)
Le. 26. 34. εὐδοκήσει ἡ γῆ τὰ σάββατα αὐ. (9 *a*)
— 35 (34). εὐδοκήσει ἡ γῆ τὰ σάββατα αὐ. (9 *b*)
— 41. τότε εὐδοκήσουσι τὰς ἁμαρτίας αὐτῶν (9 *a*)
Jd. 11. 17. καὶ οὐκ εὐδόκησε [A ἠθέλησε] (1)
15. 7. A οὐκ εὐδοκήσω [B *al.*] –
— 18. σὺ εὐδόκησας [A ἔδωκας] ... τὴν σωτηρίαν τὴν μεγάλην ταύτην (5)
19. 10. οὐκ εὐδόκησεν [A ἠθέλησεν] ὁ ἀνὴρ αὐλισθῆναι (1)
— 25. οὐκ εὐδόκησαν [A ἠθέλησαν] οἱ ἄνδρες (1)
20. 13. καὶ οὐκ εὐδόκησαν οἱ υἱοὶ B. ἀκοῦσαι [A *al.*] (1)
II Ki. 22. 20. ὅτι εὐδόκησεν ἐν ἐμοί (3)
I Ch. 29. 3. ἐν τῷ εὐδοκῆσαί με ἐν οἴκῳ θεοῦ μου (9 *a*)
— 23. καὶ εὐδοκήθη (7 *b*)
II Ch. 10. 7. καὶ εὐδοκήσῃς καὶ λαλήσῃς (9 *a*)
I Es. 1. 58. ἕως τοῦ εὐδοκῆσαι τὴν γῆν τὰ σάββατα αὐτῆς
I Es. 4. 39. πάντες εὐδοκοῦσι τοῖς ἔργοις αὐτῆς
To. 5. 16. A B καὶ εὐδόκησαν οὕτως
Ju. 15. 10. εὐδοκήσαι [A S -σεν] ἐπ' αὐτοῖς ὁ θεός
Es. 4. 17. ηὐδόκουν φιλεῖν πέλματα ποδῶν αὐτοῦ
Jb. 14. 6. εὐδοκήσῃ [A -ήσω μου] τὸν βίον (9 *a*)
Ps. 39 (40). 13. εὐδόκησον, κύριε, τοῦ ῥύσασθαί με (9 *a*)
43 (44). 3. ὅτι εὐδόκησας ἐν αὐτοῖς (9 *a*)
48 (49). 13. A S² ἐν τῷ στόματι αὐτῶν εὐδοκήσουσιν [B S¹ εὐλογήσουσι] (9 *a*)
50 (51). 16. ὁλοκαυτώματα οὐκ εὐδοκήσεις (9 *a*)
— 19. τότε εὐδοκήσεις θυσίαν δικαιοσύνης (3)
67 (68). 16. ὃ εὐδόκησεν ὁ θεὸς κατοικεῖν ἐν αὐτῷ (2)
76 (77). 7. καὶ οὐ προσθήσει τοῦ εὐδοκῆσαι ἔτι (9 *a*)
● 84 (85). 1. εὐδόκησας, κύριε, τὴν γῆν σου (9 *a*)
101 (102). 14. εὐδόκησαν οἱ δοῦλοί σου τοὺς λίθους αὐτῆς (9 *a*)
118 (119). 108. τὰ ἑκούσια τοῦ στόματός μου εὐδόκησον δή [S¹ εὐλόγησον] (9 *a*)
146 (147). 10. οὐδὲ ἐν ταῖς κνήμαις τοῦ ἀνδρὸς εὐδοκεῖ (9 *a*)
— 11. εὐδοκεῖ κύριος ἐν τοῖς φοβουμένοις αὐτόν (9 *a*)
149. 4. εὐδοκεῖ κύριος ἐν λαῷ αὐτοῦ (9 *a*)
151. 5. οὐκ εὐδόκησεν ἐν αὐτοῖς κύριος
Ec. 9. 7. εὐδόκησεν ὁ θεὸς τὰ ποιήματά σου (9 *a*)
Si. 9. 12. μὴ εὐδοκήσῃς ἐν [A S *om.*] εὐδοκίᾳ ἀσεβῶν
15. 17. ὃ ἐὰν εὐδοκήσῃ [A -σει] δοθήσεται αὐτῷ
18. 31. A ἐὰν εὐδοκήσεις [B S χορηγήσῃς] τῇ ψυχῇ σου εὐδοκίαν ἐπιθυμίας
25. 16. συνοικῆσαι λέοντι καὶ δράκοντι εὐδοκήσω [A S² -ῆσαι]
31 (34). 19. οὐκ εὐδοκεῖ ὁ ὕψιστος ἐν προσφοραῖς ἀσεβῶν
37. 28. οὐ πάσα ψυχὴ ἐν παντὶ εὐδοκεῖ
45. 19. εἶδε κύριος καὶ οὐκ εὐδόκησε
Hb. 2. 4. οὐκ εὐδοκεῖ [S¹ -εῖς] ἡ ψυχή μου ἐν αὐτῷ (4)
Hg. 1. 8. εὐδοκήσω ἐν αὐτῷ (9 *a*)
Ma. 2. 17. ἐν αὐτοῖς αὐτὸς εὐδόκησε (3)
Is. 54. 17. A πᾶν σκεῦος φθαρτὸν ἐπὶ δὲ σὲ οὐκ εὐδοκήσω [B S *al.*] (7 *a*)
62. 4. B εὐδόκησε κύριος ἐν σοί (3)
Je. 2. 19. οὐκ εὐδόκησα ἐπὶ [A ἐν] σοί (6 ?)
— 37. S¹ οὐκ εὐδοκήσῃ [A B S² εὐοδωθήσῃ] ἐν αὐτῇ (7 *b*)
14. 10. A S ὁ θεὸς οὐκ ηὐδόκησεν [B εὐώδωσεν] ἐν αὐτοῖς (9 *a*)
— 12. οὐκ εὐδοκήσω [S -κῶ] ἐν αὐτοῖς (9 *a*)
I Ma. 1. 43. εὐδόκησαν τῇ λατρείᾳ αὐτοῦ
6. 23. ἡμεῖς εὐδοκοῦμεν δουλεύειν τῷ πατρί σου
8. 1. αὐτοὶ εὐδοκοῦσιν ἐν πᾶσι
10. 47. S R εὐδόκησαν ἐν [A -σαμεν] Ἀλεξάνδρῳ
11. 29. καὶ εὐδόκησεν ὁ βασιλεύς
14. 41. οἱ Ἰουδαῖοι καὶ οἱ ἱερεῖς εὐδόκησαν
— 46. εὐδόκησε πᾶς ὁ λαός
— 47. καὶ εὐδόκησεν ἀρχιερατεύειν
II Ma. 14. 35. εὐδόκησας ναὸν . . . ἐν ἡμῖν γενέσθαι
III Ma. 2. 16. ἐπεὶ εὐδόκησας τὴν δόξαν σου
[Aq. Dt. 33. 11 : I Ki. 29. 4 : Is. 13. 17.]
[Sm. Le. 19. 7 : Ps. 36 (37). 23 : 48 (49). 14 : 146 (147). 10 : Is. 38. 17 : 62. 4 : Ma. 2. 13.]
[Th. Jd. 15. 7 : I Ki. 18. 22 : Ca. 6. 3 (4) : Is. 42. 1 : 62. 4.]
[Al. Le. 7. 18 : Jd. 17. 11.]
[Quint. Ca. 6. 3 (4).]

εὐδόκητος.
[Sm. Ps. 67 (68). 31 : Ca. 6. 3 (4).]

εὐδοκία. (1) *a.* רָצוֹן *b.* תִּרְצָה
I Ch. 16. 10. καρδία ζητοῦσα τὴν εὐ. αὐτοῦ †
Ps. 5. 12. ὡς ὅπλῳ εὐδοκίας ἐστεφάνωσας ἡμᾶς (1 *a*)
18 (19). 14. ἔσονται εἰς εὐδοκίαν τὰ λόγια τοῦ στόματός μου (1 *a*)
50 (51). 18. ἀγάθυνον, κύριε, ἐν τῇ εὐ. σου τὴν Σιών (1 *a*)
68 (69). 13. καιρὸς εὐδοκίας (1 *a*)
88 (89). 17. ἐν τῇ εὐ. σου ὑψωθήσ. τὸ κέρας ἡ. (1 *a*)
105 (106). 4. μνήσθητι ἡμῶν, κύριε, ἐν τῇ εὐ. τοῦ λαοῦ σου (1 *a*)
140 (141). 5. ἡ προσευχή μου ἐν ταῖς εὐ. αὐτῶν †
144 (145). 16. ἐμπιπλᾷς πᾶν ζῷον εὐδοκίας (1 *a*)
Ca. 6. 3 (4). καλὴ εἶ [S *om.*] ἡ πλησίον μου ὡς εὐδοκία (1 *b*)
Si. 1. 26. ἡ εὐ. [S¹ -δοξία] αὐτοῦ πίστις καὶ πραότης
2. 15. A οἱ φοβούμ. κύριον ζητήσουσιν εὐδοκίαν αὐτοῦ [B S *al.*]
— 16. οἱ φοβούμ. κύριον ζητήσουσιν εὐδοκίαν αὐτοῦ
Si. 9. 12. μὴ εὐδοκήσῃς ἐν [A S *om.*] εὐδοκίᾳ [S -αις] ἀσεβῶν
11. 17. ἡ εὐ. αὐτοῦ εἰς τὸν αἰῶνα εὐοδωθήσεται
15. 15. πίστιν ποιῆσαι εὐδοκίας
18. 31. ἐὰν χορηγήσῃς [A εὐδοκήσεις] τῇ ψυχῇ σου εὐδοκίαν ἐπιθυμίας
29. 23. ἐπὶ μικρῷ καὶ μεγάλῳ εὐδοκίαν ἔχε
31 (34). 18. οὐκ εἰς εὐδοκίαν μωκήματα [A S² μωμήμ.] ἀνόμων
32 (35). 3. εὐδοκία κυρίου ἀποστῆναι ἀπὸ πονηρίας
— 16. θεραπεύων ἐν εὐδοκίᾳ δεχθήσεται
35 (32). 14. οἱ ὀρθρίζοντες εὑρήσουσιν εὐδοκίαν
36 (33). 13. πᾶσαι αἱ ὁδοὶ αὐτοῦ κατὰ τὴν εὐ. αὐτοῦ
39. 18. ἐν προστάγματι αὐτοῦ πᾶσα ἡ [S² *om.*] εὐ.
41. 4. τί ἀπαναίνῃ ἐν [S¹ *om.*] εὐδοκίᾳ ὑψίστου
43. 26. A δι' αὐτὸν εὐοδία [B -ωδία, S R -οδίω] τέλος [S² -ους] αὐτοῦ
[Aq. Dt. 33. 23 : Ps. 29 (30). 6 : 50 (51). 20 : Pr. 11. 20, 27 : 12. 2, 22 : 14. 35 : 16. 13, 15 : 18. 22 : 19. 12 : Ca. 6. 3 (4) : Is. 58. 5 : 60. 7, 10 : 61. 2 : Ma. 2. 13.]
[Sm. Dt. 33. 23 : Ps. 29 (30). 8 : Pr. 8. 35 : 12. 22 : 14. 9, 35 : 18. 22 : 19. 12 : Is. 61. 2.]
[Th. Ps. 140 (141). 5 : Pr. 11. 20 : 12. 22 : 14. 35 : 16. 13 : 18. 22 : 19. 12 : Is. 60. 10 : 61. 2.]

εὐδοκιμεῖν.
Ge. 43. 23. τὸ ἀργύριον ὑμῶν εὐδοκιμοῦν ἀπέχω –
Si. 39. 34. πάντα γὰρ ἐν καιρῷ εὐδοκιμηθήσεται [A -μήσεται, S δοκιμασθήσεται]
40. 25. A B² S R ὑπὲρ ἀμφότερα βουλὴ [B¹ γυνὴ] εὐδοκιμεῖται
41. 16. οὐ πάντα πᾶσιν ἐν πίστει εὐδοκιμεῖται
[Th. Jb. 34. 9.]

εὐδόκιμος.
III Ma. 3. 5. ἅπασιν ἀνθρώποις εὐδόκιμοι καθειστήκεισαν

εὐδοξία.
Si. 1. 26. ἡ εὐδοκία [S¹ -δοξία] αὐτοῦ πίστις
[Sm. Jb. 36. 11 : Ps. 103 (104). 1.]

εὐδράνεια.
Wi. 13. 19. τὸ ἀδρανέστατον ταῖς χερσὶν εὐδράνειαν αἰτεῖται [S¹ *al.*]

εὐειδής. (1) טוֹב מַרְאֶה
Da. LXX. 1. 4. νεανίσκους ἀμώμους καὶ εὐ. (1)

εὐεκτεῖν. (1) εὐεκτεῖν ποιεῖν הֵיטִיב גֵּהָה
Pr. 17. 22. καρδία εὐφραινομένη εὐεκτεῖν ποιεῖ (1)

εὔελπις. (1) תִּקְוָה
Pr. 19. 18. οὕτως γὰρ ἔσται εὔελπις (1)
Wi. 12. 19. εὐέλπιδας ἐποίησας τοὺς υἱούς σου
III Ma. 2. 33. εὐέλπιδες δὲ καθειστήκεισαν

εὐεξία.
Si. 30. 15. S R εὐεξία βέλτιον [A B -ίων] παντὸς χρυσίου

εὐεργεσία. (1) עֲלִילָה
Ps. 77 (78). 11. ἐπελάθοντο τῶν εὐ. αὐτοῦ (1)
Wi. 16. 11. ἵνα μὴ . . . ἀπερίσπαστοι γένωνται τῆς σῆς εὐ.
— 24. ἀνίεται εἰς εὐεργεσίαν
II Ma. 6. 13. μεγάλης εὐ. σημεῖόν ἐστιν
9. 26. μεμνημένους τῶν εὐ.
IV Ma. 8. 17. A R καὶ ἐπὶ εὐεργεσίᾳ φωνοῦντος [S παρακαλοῦντος]
[Sm. Ps. 102 (103). 2.]

εὐεργετεῖν. (1) גָּמַל (2) גָּמַר
Es. 8. 13. τῇ πλείστῃ τῶν εὐεργετούντων χρηστότητι
Ps. 12 (13). 6. ᾄσω τῷ κυρίῳ τῷ εὐεργετήσαντί με (1)
56 (57). 2. κεκράξομαι πρὸς . . . τὸν θεὸν τὸν εὐεργετήσαντά με (2)
114 (116). 7. S R κύριος εὐηργέτησέ σε [A με] (1)
Wi. 3. 5. ὀλίγα παιδευθέντες μεγάλα εὐεργετηθήσονται
11. 5. διὰ τούτων αὐτοὶ ἀποροῦντες εὐεργετήθησαν
— 13. διὰ τῶν ἰδίων κολάσεων εὐεργετουμένους [A S -ημένους] αὐτούς
16. 2. εὐεργετήσας τὸν λαόν σου [S *al.*]
II Ma. 10. 38. τῷ μεγάλως εὐεργετοῦντι τὸν Ἰσ.
IV Ma. 8. 6. εὐεργετεῖν τοὺς εὐπειθοῦντάς μοι
[Sm. I Ki. 2. 32 : Ps. 50 (51). 20 : 118 (119). 65 : 141 (142). 8 : Pr. 11. 17 : Is. 63. 7.]
[Al. Ps. 141 (142). 8.]

εὐεργέτημα.
II Ma. 5. 20. R εὐεργετημάτων ὑπὸ τοῦ κυρίου ἐκοινώνησε [A al.]

εὐεργέτης.
Es. 8. 13. τοῖς ἑαυτῶν εὐ. ἐπιχειροῦσι μηχανᾶσθαι
— 13. τόν τε ἡμέτερον σωτῆρα καὶ διὰ παντὸς εὐ. M.
Wi. 19. 14. οὗτοι δὲ εὐεργέτας ξένους ἐδουλοῦντο
II Ma. 4. 2. καὶ τὸν εὐ. τῆς πόλεως
III Ma. 3. 19. τοῖς ἑαυτῶν εὐ. ὑψαυχενοῦντες
6. 24. ἐμὲ αὐτὸν τὸν ὑμῶν εὐ.

εὐεργετικός (-ετος ?).
Wi. 7. 22. ἔστι γὰρ ἐν [A om.] αὐτῇ πνεῦμα . . . εὐεργετικόν [S^1 -ετον]

εὐζωνία.
[Aq. Ge. 30. 11.]

εὐζωνίζειν.
[Aq. Ge. 49. 19 *bis*.]

εὔζωνος. (1) חָלַץ (2) חָמֻשׁ
Jo. 1. 14. ὑμεῖς δὲ διαβήσεσθε εὔζωνοι (2)
4. 13. τετρακισμύριοι εὔ. εἰς μάχην διέβησαν (1)
Si. 36. 31 (28). τίς γὰρ πιστεύσει εὔ. λῃστῇ
[Aq. Ge. 49. 19: I Ki. 30. 8, 15: II Ki. 3. 22: 4. 2: IV Ki. 6. 23: Je. 18. 22: Ho. 6. 9.]

εὐήθης.
II Ma. 2. 32. εὔηθες γὰρ τὸ μὲν πρὸ τῆς ἱστορίας πλεονάζειν

εὐήκοος. (1) שָׁמַע
Pr. 25. 12. λόγος σοφὸς εἰς εὐήκοον οὖς (1)
Ep. Je. 60. ἄστρα ὄντα λαμπρὰ καὶ ἀποστελλόμενα ἐπὶ χρείας εὐήκοά εἰσιν

εὐημερεῖν.
II Ma. 8. 35. A ὑπὲρ ἅπαν εὐημερηκώς [R al.]
12. 11. καὶ τῶν περὶ τὸν Ἰούδαν . . . εὐημερησάντων
13. 16. καὶ ἐξέλυσαν εὐημεροῦντες

εὐημερία.
II Ma. 5. 6. τὴν εἰς τοὺς συγγενεῖς εὐ.
8. 8. πυκνότερον δὲ ἐν ταῖς εὐ. προβαίνοντα
10. 28. ἔγγυον ἔχοντες εὐημερίας
14. 14. συμφορὰς ἰδίας εὐημερίας δοκοῦντες ἔσεσθαι
III Ma. 3. 11. τῇ κατὰ τὸ παρὸν εὐ. γεγαυρωμένος

εὐηχοῖος (?). (1) שֶׁמַע
Ps. 150. 5. αἰνεῖτε αὐτὸν ἐν κυμβάλοις εὐήχοις [S^1 -χοίοις] (1)

εὔηχος. (1) שִׂיחַ (2) שֶׁמַע
Jb. 30. 7. ἀνὰ μέσον εὐήχων βοήσονται (1 ?)
Ps. 150. 5. αἰνεῖτε αὐτὸν ἐν κυμβάλοις εὐήχοις [S^1 -οίοις] (2)

εὐθαλεῖν. (1) רַעֲנָן
Da. Th. 4. 1. εὐθηνῶν ἤμην . . . καὶ εὐθαλῶν (1)
[Sm. Jb. 15. 32.]
[Th. Da. 4. 1.]

εὐθαλής. (1) שַׁפִּיר
Da. Th. 4. 18. τὰ φύλλα αὐτοῦ εὐ. (1)
[Aq. Dt. 12. 2: Ca. 1. 16: Is. 57. 5: Je. 11. 16: Ho. 14. 9.]
[Sm. Ps. 51 (52). 10: 91 (92). 11, 15: Is. 57. 5: Ez. 6. 13.]
[Th. Is. 57. 5.]

εὐθαρσεῖν.
[Sm. Ps. 56 (57). 5: 60 (61). 5: 90 (91). 2.]

εὐθαρσέως.
II Ma. 7. 10. A τὰς χεῖρας εὐ. [R -σῶς] προέτεινε

εὐθαρσής.
I Es. 8. 27. καὶ ἐγὼ εὐ. ἐγενόμην
II Ma. 8. 21. εὐθαρσεῖς αὐτοὺς παραστήσας
III Ma. 1. 7. εὐθαρσεῖς τοὺς ὑποτεταγμένους κατέστησε

εὐθαρσῶς.
II Ma. 7. 10. R τὰς χεῖρας εὐ. [A -σέως] προέτεινε

εὐθετεῖν.
[Aq. Ec. 11. 6.]

εὔθετος. (1) מָצָא
Ps. 31 (32). 6. προσεύξεται πρὸς σὲ πᾶς ὅσιος ἐν καιρῷ εὐ. (1)
Da. Th. Su. 15. ἐν τῷ παρατηρεῖν αὐτοὺς ἡμέραν εὔθετον

εὐθέως. (1) פִּתְאֹם
Jo. 6. 10 (11). εὐ. εἰς τὴν παρεμβολήν †
I Es. 1. 30. καὶ εὐ. ἀπέστησαν αὐτὸν οἱ παῖδες αὐτοῦ
Jb. 5. 3. εὐ. [A -ὺς] ἐβρώθη αὐτῶν ἡ δίαιτα (1)
Wi. 5. 12. ὁ ἀὴρ εὐ. εἰς ἑαυτὸν ἀνελύθη
Da. lxx. Su. 29. οἱ δὲ εὐ. ἐκάλεσαν αὐτήν
I Ma. 11. 22. εὐ. ἀναζεύξας ἦλθεν εἰς Πτ.
II Ma. 3. 8. εὐ. δὲ ὁ Ἡλ. ἐποιεῖτο τὴν πορείαν
4. 10. R εὐ. . . . τοὺς ὁμοφύλους μετῆγε [A -έστησε]
6. 13. R εὐ. περιπίπτειν ἐπιτιμίοις [A τοῖς ἐπιτίμοις]
— 28. ἐπὶ τὸ τύμπανον εὐ. ἦλθε
8. 11. εὐ. δὲ εἰς τὰς παραθαλασσίους πόλεις ἀπέστειλε
14. 12. προσκαλεσάμενος δὲ εὐ. N. [A al.]
— 16. R ἐκεῖθεν εὐ. ἀνέζευξαν [A ἀναζεύξας]
III Ma. 7. 10. R εὐ. γενέσθαι [A om.] περὶ τὴν ἄφοδον
IV Ma. 10. 7. καὶ εὐ. ἦγον ἐπὶ τὸν τροχόν
[Aq. Mi. 2. 7.]
[Th. Da. 2. 24†.]
[Quint. Ho. 8. 10.]

εὐθηνεῖν. (1) סָרַח (2) פָּרָה (3) רַעֲנָן (4) שַׁאֲנָן (5) שָׁוָה pi. (6) *a.* שָׁלָה *b.* שָׁלֵה *c.* שָׁלֵיו (7) שָׁלוֹם (8) שָׁתַל
Jb. 21. 9. οἱ οἶκοι αὐτῶν εὐθηνοῦσι (7)
— 23. ὅλος δὲ εὐπαθῶν καὶ εὐθηνῶν (6 *c*)
Ps. 67 (68). 17. χιλιάδες εὐθηνούντων †
72 (73). 12. BS^1 οὗτοι ἁμαρτωλοὶ καὶ εὐθηνοῦνται [S^{2}R -τες] εἰς τὸν αἰῶνα (6 *c*)
122 (123). 4. τὸ ὄνειδος τοῖς εὐθηνοῦσι (4)
127 (128). 3. ἡ γυνή σου ὡς ἄμπελος εὐθηνοῦσα (2)
Ho. 10. 1. ὁ καρπὸς εὐθηνῶν αὐτῆς (5)
Za. 7. 7. ἦν Ἱερ. κατοικουμένη καὶ εὐθηνοῦσα (6 *c*)
Je. 12. 1. εὐθήνησαν πάντες οἱ ἀθετοῦντες ἀθετήματα [A -ήσει] (6 *a*)
17. 8. ἔσται ὡς ξύλον εὐθηνοῦν παρ' ὕδατα (8)
La. 1. 5. οἱ ἐχθροὶ αὐτῆς εὐθηνοῦσαν [S -σιν] (6 *a*)
Ez. 17. 6. A ἐγένετο εἰς ἄμπελον εὐθηνοῦσαν [B ἀσθεν.] (1)
Da. lxx. 4. 1. καὶ εὐθηνῶν ἐπὶ τοῦ θρόνου μου (3)
Da. Th. 4. 1. ἐγὼ Ναβ. εὐθηνῶν ἤμην (6 *b*)
[Aq. Jb. 3. 18: Is. 32. 9, 11: Je. 49. 31 (30. 9).]
[Sm. Ps. 122 (123). 4: Is. 32. 9, 11: Mi. 1. 11.]
[Th. Jb. 3. 18: 21. 23: Is. 32. 9, 11: Da. 4. 1.]

εὐθηνία. (1) שָׂבָע (2) *a.* שָׁלֵה *b.* שְׁלִי *c.* שַׁלְוָה
Ge. 41. 29. ἔρχεται εὐ. πολλὴ ἐν πάσῃ γῇ Αἰγ. (1)
— 31. οὐκ ἐπιγνωσθήσεται ἡ εὐ. ἐπὶ τῆς γῆς (1)
— 34. τὰ γεννήματα . . . τῶν ἑπτὰ ἐτῶν τῆς εὐ. (1)
— 47. ἐν τοῖς ἑπτὰ ἔτεσι τῆς εὐ. (1)
— 48. τῶν ἑπτὰ ἐτῶν ἐν οἷς ἦν εὐ. ἐν γῇ Αἰγ. -
— 53. τὰ ἑπτὰ ἔτη τῆς εὐ. (1)
Ps. 29 (30). 6. ἐγὼ δὲ εἶπα ἐν τῇ εὐ. μου (2 *b*)
121 (122). 6. εὐθηνία τοῖς ἀγαπῶσί σε (2 *a*)
— 7. γενέσθω δὴ . . . εὐθηνία ἐν ταῖς πυργοβάρεσί σου (2 *c*)
Ez. 16. 49. ἐν εὐθηνίᾳ [A εὐ. οἴνου] ἐσπατάλων (2 *c*)
Da. Th. 11. 21. καὶ ἥξει ἐν εὐθηνίᾳ (2 *c*)
— 24. ἐν ὀλίγῳ ἔθνει καὶ ἐν εὐθηνίᾳ (2 *c*)
[Aq. Ps. 29 (30). 7: Pr. 1. 32: Is. 37. 29.]
[Sm. Jb. 20. 5: Pr. 1. 32: Is. 33. 20.]
[Th. Is. 33. 20: 37. 29: Ez. 23. 42: Da. 11. 24.]
[Sext. Ps. 29 (30). 7.]

εὐθής, *cf.* εὐθύς. (1) טוֹב (2) *a.* יָשָׁר *b.* יֹשֶׁר (3) כּוּן ni. (4) כָּשֵׁר
Jd. 17. 6. τὸ εὐ. [A ἀγαθὸν] ἐν ὀφθ. αὐ. ἐποίει (2 *b*)
21. 25. τὸ εὐ. ἐνώπιον [A ἐν ὀφθ.] αὐ. ἐποίει (2 *b*)
I Ki. 29. 6. AB ὅτι εὐθὴς [R -ὺς] σύ (2 *b*)
II Ki. 1. 18. γέγραπται ἐπὶ βιβλίου τοῦ εὐ. (2 *b*)
17. 4. AB καὶ εὐθὴς [R -ὺς] ὁ λόγος (2 *a*)
19. 6 (7). τότε τὸ εὐ. ἦν ἐν ὀφθαλμοῖς σου (2 *b*)
— 18 (19). τοῦ ποιῆσαι τὸ εὐ. ἐν ὀφθ. αὐ. (1)
III Ki. 11. 33. τοῦ ποιῆσαι τὸ εὐ. ἐνώπιον ἐμοῦ (2 *b*)
— 38. καὶ ποιήσῃς τὸ εὐ. ἐνώπιον ἐμοῦ (2 *b*)
III Ki. 14. 8. A ποιῆσαι ἕκαστος τὸ εὐ. ἐν ὀφθ. μου (2 *b*)
15. 5. ὡς ἐποίησε Δ. τὸ εὐ. ἐνώπιον κυρίου (2 *b*)
— 11. ἐποίησεν Ἀ. τὸ εὐ. ἐνώπιον κυρίου (2 *b*)
16. 28 (22. 43). B τοῦ ποιεῖν τὸ εὐ. ἐνώπιον κυρίου (2 *b*)
22. 43. τοῦ ποιῆσαι τὸ εὐ. ἐν ὀφθαλμοῖς [A ἐνώπιον] κυρίου (2 *b*)
IV Ki. 10. 3. ὄψεσθε . . . τὸν [A om.] εὐ. (2 *b*)
— 30. ποιῆσαι τὸ εὐ. ἐν ὀφθαλμοῖς μου (2 *b*)
12. 2 (3). ἐποίησεν Ἰ. τὸ εὐ. (2 *b*)
14. 3. ἐποίησε τὸ εὐ. ἐν ὀφθαλμοῖς κυρίου (2 *b*)
15. 3. ἐποίησε τὸ εὐ. [A ἀγαθὸν] ἐν ὀφθ. κυρίου (2 *b*)
— 34. καὶ ἐποίησε τὸ εὐ. ἐν ὀφθαλμοῖς κυρίου (2 *b*)
16. 2. οὐκ [B^1 om.] ἐποίησε τὸ εὐ. ἐν ὀφθαλμοῖς κυρίου (2 *b*)
18. 3: 22. 2. ἐποίησε τὸ εὐ. ἐν ὀφθαλμοῖς κυρίου (2 *b*)
I Ch. 13. 4. ABS εὐ. [R -ὺς] ὁ λόγος ἐν ὀφθαλμοῖς παντὸς τοῦ λαοῦ (2 *a*)
II Ch. 14. 2 (1). ἐποίησε . . . τὸ εὐ. ἐνώπιον κυρίου (2 *b*)
20. 32. τοῦ ποιῆσαι τὸ εὐ. ἐνώπιον κυρίου (2 *b*)
24. 2. καὶ ἐποίησεν Ἰ. τὸ εὐ. ἐνώπιον κυρίου (2 *b*)
25. 2: 26. 4: 27. 2. καὶ ἐποίησε τὸ εὐ. ἐνώπιον κυρίου (2 *b*)
28. 1. καὶ οὐκ ἐποίησε τὸ εὐ. ἐνώπιον κυρίου (2 *b*)
29. 2. καὶ ἐποίησε τὸ εὐ. ἐνώπιον κυρίου (2 *b*)
31. 20. ἐποίησε . . . τὸ εὐ. ἐναντίον τοῦ κ. (2 *b*)
34. 2. καὶ ἐποίησε τὸ εὐ. ἐναντίον κυρίου (2 *b*)
Ju. 8. 11. οὐκ εὐ. ὁ λόγος ὑμῶν
10. 16. A εὐθῆ [BS εὐ] σε ποιήσει
Es. 8. 5. S^3 καὶ εὐ. ὁ λόγος ἐνώπιον τοῦ βασιλέως (4)
Ps. 24 (25). 8. χρηστὸς καὶ εὐ. [A -ὺς] ὁ κύριος (2 *b*)
32 (33). 4. εὐ. ὁ λόγος τοῦ κυρίου (2 *b*)
50 (51). 10. πνεῦμα εὐ. ἐγκαίνισον ἐν τοῖς ἐγκάτοις μου (3)
91 (92). 15. εὐ. κύριος ὁ θεός μου [AS ἡμῶν] (2 *b*)
118 (119). 137. S εὐθὴς ἡ κρίσις [AR -θεῖς αἱ κρ.] σου (2 *b*)
Pr. 21. 29. ABS ὁ δὲ εὐ. [R -ὺς] αὐτὸς συνιεῖ τὰς ὁδοὺς αὐτοῦ (2 *b*)
27. 21. ABS καρδία δὲ εὐ. [R -ὺς] ζητεῖ [AS ἐκζ.] γνῶσιν -
Ec. 7. 30 (29). ἐποίησεν ὁ θεὸς σὺν τὸν ἄνθρωπον εὐθῆ [A εὑρέθη] (2 *b*)
Wi. 9. 9. τί εὐθὲς ἐν ἐντολαῖς σου
Je. 41 (34). 15. ποιῆσαι τὸ εὐ. πρὸ ὀφθαλμῶν [A ἐν ὀφθαλμοῖς] μου (2 *b*)
[Aq. Dt. 12. 28: III Ki. 14. 8: Jb. 6. 25: Ps. 32 (33). 4: Is. 44. 2: Je. 26 (33). 14.]
[Sm., Th. Is. 44. 2.]
[Al. Dt. 6. 18: Pr. 21. 18.]
[Heb. IV Ki. 15. 3.]

εὐθίκτως.
II Ma. 15. 38. A εἶπεν [R εἰ μὲν] . . . εὐ. τῇ συντάξει

εὔθραστος, εὔθραυστος.
Wi. 15. 13. AS ὕλης γεώδους εὔθραστα [B -αυστα] σκεύη . . . δημιουργῶν

εὐθυμεῖν.
[Sm. Ps. 31 (32). 11: Pr. 15. 15.]

εὐθυμία.
[Sm. Ps. 42 (43). 4: 50 (51). 10.]

εὔθυμος.
II Ma. 11. 26. ὅπως . . . εὔθυμοί τε ὦσι

εὔθυνα.
III Ma. 2. 23. ἰδόντες τὴν καταλαβοῦσαν αὐτὸν εὐ.
3. 28. ὑπὸ τὴν εὐ. λήψεται

εὐθύνειν. (1) יָשַׁר (2) נָטָה hi.
Nu. 22. 23. τοῦ εὐθῦναι αὐτὴν ἐν τῇ ὁδῷ (2)
Jo. 24. 23. εὐθύνατε τὴν καρδίαν ὑμῶν πρὸς κύριον (2)
Jd. 14. 7. ηὐθύνθη ἐν ὀφθαλμοῖς Σ. [A al.] (1)
I Ki. 18. 20. ηὐθύνθη ἐν τοῖς ὀφθ. αὐ. [A al.] (1)
— 26. καὶ εὐθύνθη ὁ λόγος (1)
Pr. 20. 24. παρὰ κυρίου εὐθύνεται τὰ διαβήματα ἀνδρί -
Si. 2. 2. εὔθυνον τὴν καρδίαν σου
— 6. εὔθυνον τὰς ὁδούς σου
6. 17. ὁ φοβούμενος κύριον εὐθύνει φιλίαν αὐτοῦ
37. 15. ἵνα εὐθύνῃ ἐν ἀληθείᾳ τὴν ὁδόν σου
38. 10. ἀπόστησον πλημμέλειαν καὶ εὔθυνον χεῖρας

Si. 49. 9. ἀγαθῶσαι τοὺς εὐθύνοντας ὁδούς
III Ma. 2. 17. μηδὲ εὐθύνῃς ἡμᾶς ἐν βεβηλώσει
[**Aq.**, **Th.** Pr. 4. 25.]
[**Sm.** Is. 45. 13.]

εὐθύς, adj., *cf.* **εὐθής.** (1) בַּר (2) יָשַׁר *a.* qal. *b.* pi. *c.* יָשָׁר *d.* יֹשֶׁר *e.* מִישׁוֹר *f.* מֵישָׁרִים (3) כּוּן ni. (4) נֶגֶד (5) *a.* נָכֹחַ *b.* נֵכַח (6) שְׁפִי (7) תָּכַן ni. (8) **εὐθὺ ποιεῖν** יִשַּׁר pi. (9) **εὐ. ὁδός** מֵישָׁרִים

Ge. 33. 12. ἀπάραντες πορευθῶμεν ἐπ' εὐθεῖαν (4)
Nu. 23. 4 (3). ἐπορεύθη εὐθεῖαν (6 ?)
Jo. 8. 14. ἐξῆλθεν εἰς συνάντησιν αὐτοῖς ἐπ' εὐθείας †
Jd. 14. 3. ὅτι αὕτη εὐθεῖα [**A** ὅτι ἤρεσεν] ἐν ὀφθαλμοῖς μου (2 *a*)
I Ki. 12. 23. **B** τὴν ὁδὸν τὴν ἀγαθὴν καὶ τὴν εὐ. (2 *c*)
29. 6. **R** ὅτι εὐθὺς [**A B** -ὴς] σύ (2 *c*)
II Ki. 17. 4. **R** καὶ εὐθὺς [**A B** -ὴς] ὁ λόγος (2 *a*)
III Ki. 21 (20). 23. ἐὰν δὲ πολεμήσομεν αὐτοὺς κατ' εὐθύ (2 *e*)
— 25. πολεμήσομεν πρὸς αὐτοὺς κατ' εὐθύ (2 *e*)
IV Ki. 10. 15. εἰ ἔστι καρδία σου μετὰ καρδίας μου εὐθεῖα [**A** *al.*] (2 *c*)
I Ch. 13. 4. **R** εὐ. [**A B S** -ὴς] ὁ λόγος ἐν ὀφθαλμοῖς παντὸς τοῦ λαοῦ (2 *a*)
II Es. 8. 21. ζητῆσαι παρ' αὐτοῦ ὁδὸν εὐ. ἡμῖν (2 *c*)
Ne. 9. 13. καὶ ἔδωκας αὐτοῖς κρίματα εὐ. [**A S** -θεῖα] (2 *c*)
To. 4. 19. ὅπως αἱ ὁδοί σου εὐ. γένωνται
7. 1. **S** ἀπάγαγέ με εὐθεῖαν πρὸς Ῥαγ.
Ju. 10. 11. ἐπορεύοντο ἐν τῷ αὐλῶνι εἰς εὐθεῖαν
13. 20. ἐπ' εὐθεῖαν πορευθεῖσα
Ps. 7. 10. τοῦ θεοῦ τοῦ σῴζοντος τοὺς εὐθεῖς τῇ καρδίᾳ (2 *c*)
10 (11). 3. τοῦ κατατοξεῦσαι . . . τοὺς εὐθεῖς τῇ καρδίᾳ (2 *c*)
18 (19). 8. **B[3] R** τὰ δικαιώματα κυρίου εὐθέα [**A B[1] S** -εῖα] εὐφραίνοντα καρδίαν (2 *c*)
24 (25). 8. **A** εὐθὺς [**BS** -ὴς] ὁ κύριος (2 *c*)
— 21. ἄκακοι καὶ εὐθεῖς ἐκολλῶντό μοι (2 *d*)
26 (27). 11. ὁδήγησόν με ἐν τρίβῳ εὐθείᾳ (2 *e*)
31 (32). 11. καυχᾶσθε πάντες οἱ εὐθεῖς τῇ καρδίᾳ (2 *c*)
32 (33). 1. τοῖς εὐθέσι πρέπει αἴνεσις (2 *c*)
35 (36). 10. παράτεινον . . . τὴν δικαιοσύνην σου τοῖς εὐθέσι τῇ καρδίᾳ (2 *c*)
36 (37). 14. τοῦ σφάξαι τοὺς εὐθεῖς τῇ καρδίᾳ (2 *c*)
48 (49). 14. κατακυριεύσουσιν αὐτῶν οἱ εὐθεῖς τὸ πρωΐ (2 *c*)
57 (58). 1. εὐθεῖα [**B[2]** -ας] κρίνετε (2 *f*)
63 (64). 10. ἐπαινεθήσονται πάντες οἱ εὐθεῖς τῇ καρδίᾳ (2 *c*)
72 (73). 1. ὡς ἀγαθὸς ὁ θεὸς τῷ Ἰσραὴλ τοῖς εὐθέσι τῇ καρδίᾳ (1)
77 (78). 37. ἡ δὲ καρδία αὐ. οὐκ εὐ. μετ' αὐτοῦ (3)
93 (94). 15. ἐχόμενοι αὐτῆς πάντες οἱ εὐθεῖς τῇ καρδίᾳ (2 *c*)
96 (97). 11. τοῖς εὐ. τῇ καρδίᾳ εὐφροσύνη (2 *c*)
106 (107). 7. ὡδήγησεν αὐτοὺς εἰς ὁδὸν εὐθεῖαν (2 *c*)
— 42. ὄψονται εὐθεῖς καὶ εὐφρανθήσονται (2 *c*)
110 (111). 1. ἐν βουλῇ εὐθέων καὶ συναγωγῇ (2 *c*)
111 (112). 2. γενεὰ εὐθέων [**A S** -είων] εὐλογηθήσεται (2 *c*)
— 4. ἐξανέτειλεν ἐν σκότει φῶς τοῖς εὐθέσιν (2 *c*)
118 (119). 137. καὶ εὐθεῖς αἱ κρίσεις [**S** εὐθὴς ἡ κρίσις] σου (2 *c*)
124 (125). 4. ἀγάθυνον, κύριε, τοῖς ἀγαθοῖς καὶ τοῖς εὐθέσι τῇ καρδίᾳ (2 *c*)
139 (140). 13. **A S[2] R** κατοικήσουσιν εὐθεῖς σὺν [**B S[1]** ἐν] τῷ προσώπῳ σου (2 *c*)
142 (143). 10. ὁδηγήσει με ἐν τῇ [**A** γῇ] εὐθείᾳ (2 *e*)
Pr. 2. 13. ὦ οἱ ἐγκαταλείποντες ὁδοὺς εὐθείας (2 *d*)
— 16. τοῦ μακράν σε ποιῆσαι ἀπὸ ὁδοῦ εὐθείας †
— 19. οὐδὲ μὴ καταλάβωσι τρίβους εὐθείας –
— 21. εὐθεῖς κατασκηνώσουσι γῆν (2 *c*)
11. 3. **A** τελειότης εὐθείων ὁδηγήσει αὐτούς (2 *c*)
— 11. **A B[2] S[2]** ἐν εὐλογίᾳ εὐθείων [**B[2]** δικαίων] ὑψωθήσεται πόλις (2 *c*)
20. 11. καὶ εὐθεῖα ἡ ὁδὸς αὐτοῦ (2 *c*)
21. 29. **A B S** ὁ δὲ εὐθὴς [**R** -θὺς] αὐτὸς συνιεῖ τὰς ὁδοὺς αὐτοῦ (2 *c*)
28. 10. ὃς πλανᾷ εὐθεῖς ἐν ὁδῷ κακῇ (2 *c*)
29. 10. οἱ δὲ εὐ. ἐκζητήσουσι ψυχὴν αὐτοῦ (2 *c*)
Wi. 10. 10. δίκαιον ὡδήγησεν ἐν τρίβοις εὐθείαις
Si. 4. 18. πάλιν ἐπανήξει κατ' εὐθεῖαν πρὸς αὐτόν
39. 24. αἱ ὁδοὶ αὐτοῦ τοῖς ὁσίοις εὐθεῖαι
Ho. 14. 10. εὐ. αἱ ὁδοὶ τοῦ κυρίου (2 *c*)
Is. 26. 7. ὁδὸς εὐσεβῶν εὐθεῖα ἐγένετο (2 *f*)
33. 15. λαλῶν εὐθεῖαν ὁδόν (9)
40. 3. εὐθείας ποιεῖτε τὰς τρίβους τοῦ θεοῦ ἡμῶν (8)
— 4. ἔσται πάντα [**A** *om.*] τὰ σκολιὰ εἰς εὐθεῖαν (2 *e*)
42. 16. ποιήσω . . . τὰ σκολιὰ εἰς [**B[1]** *om.*] εὐθεῖαν (2 *e*)
45. 13. πᾶσαι αἱ ὁδοὶ αὐτοῦ εὐθεῖαι (2 *b*)
59. 14. δι' εὐθείας οὐκ ἐδύναντο διελθεῖν (5 *a*)
Je. 3. 2. ἆρον εἰς εὐθεῖαν τοὺς ὀφθαλμούς σου (6 ?)
Ez. 23. 40. ἅμα τῷ ἔρχεσθαι αὐτοὺς ἐ. ἐλούου †
33. 17. οὐκ εὐθεῖα ἡ ὁδὸς τοῦ κυρίου καὶ αὕτη ἡ ὁδὸς αὐτῶν οὐκ εὐθεῖα (7, 7)
— 20. οὐκ εὐθεῖα ἡ ὁδὸς κυρίου (7)
46. 9. κατ' εὐθὺ αὐτῆς ἐξελεύσεται (5 *b*)
Da. LXX. 3. (27). αἱ ὁδοί σου εὐ.
Da. TH. 3. (27). καὶ εὐθεῖαι αἱ ὁδοί σου
11. 17. καὶ εὐθεῖα πάντα μετ' αὐτοῦ ποιήσει (2 *c*)
[**Aq.** Dt. 3. 10: 4. 43: Jb. 1. 8: 33. 3: Ps. 31 (32). 11: 32 (33). 1: 93 (94). 15: Pr. 11. 6: 12. 6: 15. 8, 19: 23. 16: Is. 44. 2: Je. 14. 6: Ez. 18. 25: Hb. 2. 4.]
[**Sm.** Dt. 33. 5: Ps. 36 (37). 37: Pr. 3. 6: 4. 11, 25: 11. 6: 12. 6: 14. 9: 15. 8, 19: 23. 16: Ca. 1. 4: Is. 44. 2: Je. 7. 29: 14. 6.]
[**Th.** Dt. 33. 5: Jb. 33. 3: Ps. 10 (11). 2: 93 (94). 15: Pr. 11. 3, 6, 11: 12. 6: 15. 8, 19: 20. 11: Is. 44. 2: Ez. 1. 23: 18. 25.]
[**Al.** Pr. 2. 21: 21. 18.]

εὐθύς, adv. (1) הִנֵּה (2) פִּתְאֹם

Ge. 15. 4. **R** καὶ εὐ. φωνὴ κυρίου ἐγένετο (1)
24. 45. εὐ. Ῥεβέκκα ἐξεπορεύετο (1)
38. 29. καὶ εὐ. ἐξῆλθε ὁ ἀδελφὸς αὐτοῦ (1)
Jb. 3. 11. καὶ οὐκ εὐθὺς ἀπωλόμην –
5. 3. **A** εὐθὺς [**B S** -έως] ἐβρώθη αὐτῶν ἡ δίαιτα (2)
Pr. 27. 21. **R** καρδία δὲ εὐθὺς [**A B S** εὐθὴς] ἐκζητεῖ [**B** ζητεῖ] γνῶσιν –
[**Sm.** II Ki. 3. 22.]

εὐθύτης. (1) זָכוּ (2) *a.* יָשָׁר *b.* יֹשֶׁר *c.* יְשָׁרָה *d.* מִישׁוֹר *e.* מֵישָׁרִים (3) תָּמִים

Jo. 24. 14. λατρεύσατε αὐτῷ ἐν εὐθύτητι (3)
III Ki. 3. 6. καὶ ἐν εὐθύτητι καρδίας μετὰ σοῦ (2 *c*)
9. 4. ἐν ὁσιότητι καρδίας καὶ ἐν εὐθύτητι (2 *b*)
Ps. 9. 8. κρινεῖ λαοὺς ἐν εὐθύτητι (2 *e*)
10 (11). 8. εὐθύτητα [**A S[2]** -ας] εἶδε τὸ πρόσωπον αὐ. (2 *a*)
16 (17). 2. **A B S[2]** οἱ ὀφθαλμοί μου ἰδέτωσαν εὐθύτητας (2 *e*)
25 (26). 12. ὁ γὰρ πούς μου ἔστη ἐν εὐθύτητι (2 *d*)
36 (37). 37. φύλασσε ἀκακίαν καὶ ἴδε εὐθύτητα (2 *a*)
44 (45). 6. ῥάβδος εὐθύτητος ἡ ῥάβδος τῆς βασιλείας σου (2 *d*)
66 (67). 4. κρινεῖς [**S** -εῖ] λαοὺς ἐν εὐθύτητι (2 *d*)
74 (75). 2. ἐγὼ εὐθύτητας κρινῶ (2 *e*)
95 (96). 10. κρινεῖ λαοὺς ἐν εὐθύτητι (2 *e*)
97 (98). 9. κρινεῖ . . . λαοὺς ἐν εὐθύτητι (2 *e*)
98 (99). 4. σὺ ἡτοίμασας εὐθύτητας (2 *e*)
110 (111). 8. πεποιημέναι ἐν ἀληθείᾳ καὶ εὐθύτητι (2 *a*)
118 (119). 7. ἐξομολογήσομαί σοι ἐν εὐθύτητι καρδίας (2 *b*)
Ec. 12. 10. καὶ γεγραμμένον εὐθύτητος λόγους ἀληθείας (2 *b*)
Ca. 1. 4. **S** εὐθύτης ἠγάπησέν σε (2 *e* ?)
— 4. εὐθύτης ἠγάπησέ σε (2 *e*)
7. 9 (10). πορευόμενος τῷ ἀδελφιδῷ μου εἰς εὐθύτητα (2 *e*)
Wi. 9. 3. καὶ ἐν εὐθύτητι ψυχῆς κρίσιν κρίνῃ
Si. 7. 6. θήσεις σκάνδαλον ἐν εὐθύτητί σου
51. 15. ἐπέβη ὁ πούς μου ἐν εὐθύτητι
Da. TH. 6. 22 (23). εὐθύτης εὑρέθη ἐμοί [**A** ἐν ἐ.] (1)
[**Aq.** Dt. 9. 5: Ps. 44 (45). 7: Pr. 1. 3: 4. 11: 14. 2: 17. 26: Is. 11. 4: Je. 13. 10.]
[**Sm.** Pr. 1. 3: 14. 2: Ca. 7. 9 (10): Is. 11. 4.]
[**Th.** Jb. 42. 7: Ps. 67 (68). 7: Pr. 1. 3: 11. 24: 14. 2: Is. 11. 4: Je. 11. 8: 13. 10.]
[**Al.** Ps. 10 (11). 7.]

εὐϊλατεύειν (εὐειλ.) (1) סָלַח

De. 29. 20 (19). οὐ μὴ θελήσει ὁ θ. εὐϊλατεῦσαι [**A** -εύειν] αὐτῷ (1)
Ju. 16. 15. ἔτι δὲ τοῖς φοβουμένοις σε σὺ εὐϊλατεύεις [**A** -σεις, **S** ἱλατεύσεις]
Ps. 102 (103). 3. τὸν εὐϊλατεύοντα πάσαις ταῖς ἀνομίαις σου (1)
[**Al.** Le. 26. 9.]

εὐΐλατος. (1) נָשָׂא

I Es. 8. 53. ἐτύχομεν εὐϊλάτου [**A** *al.*]
Ps. 98 (99). 8. εὐΐλατος ἐγίνου αὐτοῖς (1)

εὐκαιρία. (1) עֵת

Ps. 9. 9. βοηθὸς ἐν εὐκαιρίαις ἐν θλίψει (1)
— 22 (10. 1). ὑπερορᾷς ἐν εὐκαιρίαις ἐν θλίψει (1)
144 (145). 15. σὺ δίδως τὴν τροφὴν αὐτῶν ἐν εὐκαιρίᾳ (1)
Si. 38. 24. σοφία γραμματέως ἐν εὐκαιρίᾳ σχολῆς
I Ma. 11. 42. ἐὰν εὐκαιρίας τύχω
[**Sm.** Ec. 9. 12.]

εὔκαιρος. (1) עֵת

Ps. 103 (104). 27. δοῦναι τὴν τροφὴν αὐτοῖς εὔκαιρον [**A** *al.*] (1)
II Ma. 14. 29. εὔκαιρον ἐτήρει
15. 20. τῶν θηρίων ἐπὶ μέρος εὔ. ἀποκατασταθέντων
— 21. **A** τήν τε τῶν θηρίων ἐπὶ μέρος εὔ. ἀγριότητα [**R** *al.*]
III Ma. 4. 11. ἱπποδρόμῳ . . . πρὸς παραδειγματισμὸν ἄγαν εὐκαιροτάτῳ
5. 44. ἐπὶ τοὺς εὐκαιροτάτους τόπους τῆς πόλεως

εὐκαίρως.

Si. 18. 22. μὴ ἐμποδισθῇς τοῦ ἀποδοῦναι εὐχὴν εὐ.

εὔκαρπος.

[**Aq.** Je. 11. 16.]

εὐκατάλλακτος.

III Ma. 5. 13. ἠξίου τὸν εὐ.

εὐκαταφρόνητος. (1) בָּזָה *a.* qal. *b.* ni.

Je. 29 (49). 15. ἔδωκά σε . . . εὐκαταφρόνητον ἐν ἀνθρώποις (1 *a*)
Da. LXX. 11. 21. ἀναστήσεται ἐπὶ τὸν τόπον αὐτοῦ εὐκαταφρόνητος (1 *b*)

εὐκίνητος.

Wi. 7. 22. ἔστι γὰρ ἐν [**A** *om.*] αὐτῇ πνεῦμα . . . εὐ.
13. 11. τέκτων εὐκίνητον φυτὸν ἐκπρίσας

εὔκλαδος.

[**Quint.** Ps. 47 (48). 3.]

εὐκλεής. (1) עֹז

Wi. 3. 15. ἀγαθῶν γὰρ πόνων καρπὸς εὐκλεής
8. 18. **A** εὐκλεὴς [**B S** -κλεια] ἐν κοινωνίᾳ λόγων αὐτῆς
Je. 31 (48). 17. πῶς συνετρίβη βακτηρία εὐ. (1)

εὔκλεια.

Wi. 8. 18. εὔκλεια [**A** -εής] ἐν κοινωνίᾳ λόγων αὐτῆς
II Ma. 6. 19. τὸν μετ' εὐκλείας θάνατον
III Ma. 2. 31. ὡς μεγάλης τινὸς κοινωνήσοντες εὐ.

εὐκληματεῖν. (1) בָּקַק

Ho. 10. 1. ἄμπελος εὐκληματοῦσα Ἰ. (1)

εὔκληρος. (1) נַחֲלָה

De. 4. 20. **B[1]** εἶναι αὐτῷ λαὸν εὔ. [**A B[2] R** ἔγκλ.] (1)

εὔκολος. (1) נָכֹחַ

II Ki. 15. 3. οἱ λόγοι σου ἀγαθοὶ καὶ εὔ. (1)

εὐκοπία.

II Ma. 2. 25. εἰς τὸ διὰ μνήμης ἀναλαβεῖν εὐκοπίαν

εὔκοπος.

Si. 22. 15. βῶλον σιδήρου [**AS[1]** -οῦν] εὔκοπον ὑπενεγκεῖν
I Ma. 3. 18. εὔκοπόν ἐστι συγκλεισθῆναι πολλούς

εὐκοσμεῖν.

I Ma. 8. 15. τοῦ εὐκοσμεῖν αὐτούς

εὐκοσμία.

Si. 35 (32). 2. ἵνα . . . εὐκοσμίας χάριν λάβῃς στέφανον
45. 7. ἐμακάρισεν αὐτὸν ἐν εὐκοσμίᾳ

εὔκυκλος.

Wi. 5. 21. ὡς ἀπὸ εὐκύκλου τόξου τῶν νεφῶν

εὐλάβεια (-βία). (1) דְּאָגָה
Jo. 22. 24. ἕνεκεν εὐλαβείας ῥήματος (1)
Pr. 28. 14. ὃς καταπτήσσει πάντα δι' [S[1] om.] εὐλάβειαν –
Wi. 17. 8. οὗτοι καταγέλαστον εὐ. ἐνόσουν

εὐλαβεῖσθαι. (1) נזר (2) דָּאַג (3) דָּחַל pa. (4) הַס (5) חִיל (6) חָסָה (7) חָסִיד (8) חָשַׁב (9) יָגֹר (10) יָרֵא (11) לֹא נוּד (12) עָלַז (13) עָרַץ (14) פָּחַד (15) שָׁמַר ni.
Ex. 3. 6. εὐλαβεῖτο γὰρ κατεμβλέψαι ἐνώπιον τοῦ θ. (10)
De. 2. 4. εὐλαβηθήσονται ὑμᾶς [A om.] σφόδρα (15)
1 Ki. 18. 15. εὐλαβεῖτο ἀπὸ προσώπου αὐτοῦ (1)
— 29. εὐλαβεῖσθαι ἀπὸ Δ. (10)
1 Es. 4. 28. οὐχὶ πᾶσαι αἱ χῶραι εὐλαβοῦνται [A εὐ. αὐτὸν] ἅψασθαι αὐτοῦ
Jb. 3. 25. A φόβος γὰρ ὃν εὐλαβούμην [B S[1] ἐφρόντισα, S[2] ἐφοβούμην] ἦλθέ μοι (14)
6. 16. A οἵτινές με εὐλαβοῦντο [B S διευλ.] †
13. 25. ἢ ὡς φύλλον κινούμενον ὑπὸ ἀνέμου εὐλαβηθήσῃ (13 ?)
19. 29. εὐλαβήθητε δὴ καὶ ὑμεῖς ἀπὸ ἐπικαλύμματος [A S[2] κρίματος] (1)
Pr. 2. 8. ὁδὸν εὐλαβουμένων αὐτὸν διαφυλάξει (7)
24. 28 (30. 5). ὑπερασπίζει δὲ αὐτὸς τῶν εὐλαβουμένων αὐτόν (6)
Wi. 12. 11. οὐδὲ εὐλαβούμενός τινα . . . ἄδειαν ἐδίδους
Si. 7. 6. μή ποτε εὐλαβηθῇς ἀπὸ προσώπου δυνάστου
— 29. ἐν ὅλῃ ψυχῇ σου εὐλαβοῦ τὸν κύριον
18. 27. ἄνθρωπος σοφὸς ἐν παντὶ εὐλαβηθήσεται
22. 22. ἐπὶ φίλον ἐὰν ἀνοίξῃς στόμα μὴ εὐλαβηθῇς
23. 18. τί [A τίνα] εὐλαβοῦμαι
26. 5. ἀπὸ τριῶν εὐλαβήθη ἡ καρδία μου
29. 7. ἀποστερηθῆναι δωρεὰν εὐλαβήθησαν
31 (34). 14. ὁ φοβούμενος κύριον οὐ μὴ [A πολλὰ, S οὐδὲν] εὐλαβηθήσεται
41. 3. μὴ εὐλαβοῦ κρίμα θανάτου
Na. 1. 7. καὶ γινώσκων τοὺς εὐλαβουμένους αὐτόν (6)
Hb. 2. 20. εὐλαβείσθω ἀπὸ προσώπου αὐτοῦ πᾶσα ἡ γῆ (4)
Ze. 1. 7. εὐλαβεῖσθε ἀπὸ προσώπου κυρίου (4)
3. 12. εὐλαβηθήσονται ἀπὸ τοῦ ὀνόματος κυρίου (6)
Za. 2. 13 (17). εὐλαβείσθω πᾶσα σάρξ (4)
Ma. 3. 16. τοῖς . . . εὐλαβουμένοις τὸ ὄνομα αὐτοῦ (8)
Is. 51. 12. A S γνῶθι τίνα εὐλαβηθεῖσα [B τίς οὖσα] ἐφοβήθης –
57. 11. τίνα εὐλαβηθεῖσα ἐφοβήθης (2)
Je. 4. 1. ἀπὸ τοῦ προσώπου μου εὐλαβηθῇ (11 ?)
5. 22. ἀπὸ προσώπου μου οὐκ εὐλαβηθήσεσθε (5)
15. 17. εὐλαβούμην ἀπὸ προσώπου χειρός σου (12)
22. 25. ὧν σὺ εὐλαβῇ ἀπὸ προσώπου αὐτῶν (9)
Ep. Je. 5. εὐλαβήθητε οὖν
Da. LXX. 4. 2. καὶ εὐλαβήθην (3)
1 Ma. 3. 30. εὐλαβήθη μὴ οὐκ ἔχῃ
12. 40. A S ηὐλαβήθη [R ἐφοβήθη] μή ποτε οὐκ ἐάσῃ αὐτὸν 'Ιων.
— 42. ἐκτεῖναι χεῖρας ἐπ' αὐτὸν εὐλαβήθη [S[2] al.]
II Ma. 8. 16. μηδὲ εὐλαβεῖσθαι τὴν . . . πολυπληθίαν
9. 29. A εὐλαβηθεὶς [R διευ.] τὸν υἱὸν 'Αντιόχου
IV Ma. 4. 13. καίπερ ἄλλως εὐλαβηθείς
[Sm. Jb. 19. 29: 41. 17: Ps. 32 (33). 8: 118 (119). 39.]
[Al. Hb. 3. 2.]

εὐλαβής. (1) חָסִיד (2) εὐλαβῆ ποιεῖν נָזַר hi.
Le. 15. 31. εὐλαβεῖς ποιήσετε τοὺς υἱοὺς 'Ισ. (2)
Si. 11. 17. S[2] δόσις κυρίου παραμένει εὐλαβέσι [A B S[1] -σεβέσι]
Mi. 7. 2. A B[2] ἀπόλωλεν εὐλαβὴς [B[1] R -σεβὴς] ἀπὸ τῆς γῆς (1)

εὐλαβῶς.
II Ma. 6. 11. διὰ τὸ εὐ. ἔχειν βοηθῆσαι ἑαυτοῖς

εὔλαλος. (1) אִישׁ שְׂפָתַיִם
Jb. 11. 2. ἢ καὶ ὁ εὔ. οἴεται εἶναι δίκαιος (1)
Si. 6. 5. γλῶσσα εὔ. πληθυνεῖ εὐπροσήγορα
[Sm. Ex. 4. 10.]

εὐλογεῖν. (1) בָּרַךְ *a.* qal. *b.* ni. *c.* pi. *d.* pu. *e.* hithp. *f.* בִּרַךְ pa. *g.* בְּרָכָה (2) הָדַר pa. (3) הָלַל pi. (4) יָדָה hi. (5) יָרֵא (6) יָתַר hi. (7) כָּבֵד pi. (8) נָגַן pi. (9) רָנַן hi. (10) רָצָה (11) שָׁבַח pa.
Ge. 1. 22. καὶ ηὐλόγησεν αὐτὰ ὁ θεὸς λέγων (1 c)
— 28. ηὐλόγησεν αὐτοὺς ὁ θεός (1 c)
2. 3. ηὐλόγησεν ὁ θ. τὴν ἡμέραν τὴν ἑβδ. (1 c)
5. 2. καὶ ηὐλόγησεν αὐτούς (1 c)
9. 1. καὶ ηὐλόγησεν ὁ θεὸς τὸν Νῶε (1 c)
12. 2. καὶ εὐλογήσω σε (1 c)
— 2. R καὶ ἔσῃ εὐλογημένος [A εὐλογητός] (1 g)
— 3. καὶ εὐλογήσω τοὺς εὐλογοῦντάς σε (1 c, 1 c)
— 3. A εὐλογηθήσονται [R ἐνευλογ.] ἐν σοὶ πᾶσαι αἱ φ. (1 b)
14. 19. καὶ ηὐλόγησεν τὸν Ἄβραμ (1 c)
— 19. εὐλογημένος Ἄ. τῷ θεῷ τῷ ὑψίστῳ (1 a)
17. 16. εὐλογήσω δὲ αὐτήν (1 c)
— 16. A εὐλογήσω αὐτόν [R αὐτό] (1 c)
— 20. A καὶ ηὐλόγησα [R καὶ ἰδοὺ εὐλόγηκα] αὐτόν (1 c)
22. 17. ἦ μὴν εὐλογῶν εὐλογήσω σε (1 c, 1 c)
24. 1. κύριος ηὐλόγησε τὸν 'Αβραὰμ κατὰ πάντα (1 c)
— 35. κύριος δὲ ηὐλόγησε τὸν κ. μου σφόδρα (1 c)
— 48. καὶ ηὐλόγησα κύριον τὸν θ. τοῦ κυρίου (1 c)
— 60. καὶ εὐλόγησαν 'Ρεβέκκαν (1 c)
25. 11. εὐλόγησεν ὁ θεὸς τὸν 'Ισαάκ (1 c)
26. 3. καὶ ἔσομαι μετὰ σοῦ καὶ εὐλογήσω σε (1 c)
— 4. R εὐλογηθήσονται [A ἐνευλ.] ἐν τῷ σπ. σου (1 e)
— 12. εὐλόγησε δὲ αὐτὸν κύριος (1 c)
— 24. καὶ εὐλογήσω σε (1 c)
— 29. R καὶ νῦν εὐλογημένος [A -ητὸς] σὺ ὑπὸ κ. (1 a)
27. 4. ὅπως εὐλογήσῃ σε ἡ ψυχή μου (1 c)
— 7. ἵνα φαγὼν εὐλογήσω σε ἐναντίον κυρίου (1 c)
— 10. ὅπως εὐλογήσῃ σε ὁ πατήρ σου (1 c)
— 19. ὅπως εὐλογήσῃ με ἡ ψυχή σου (1 c)
— 23. καὶ εὐλόγησεν αὐτὸν καὶ εἶπε (1 c)
— 25. A ὅπως [R ἵνα] εὐλογήσῃ σε ἡ ψυχή μου (1 c)
— 27. καὶ εὐλόγησεν αὐτὸν καὶ εἶπεν (1 c)
— 27. ὃν εὐλόγησε κύριος (1 c)
— 29. ὁ δὲ εὐλογῶν σε εὐλογημένος (1 c, 1 a)
— 30. μετὰ τὸ παύσασθαι 'Ισαὰκ εὐλογοῦντα τὸν 'Ι. (1 c)
— 31. ὅπως εὐλογήσῃ[A[1] -σει] με ἡ ψυχή σου (1 c)
— 33. A εὐλόγησα αὐτὸν καὶ εὐλογημένος ἔστω [R ἔσται] (1 c, 1 a)
— 34, 38. εὐλόγησον δὴ κἀμέ, πάτερ (1 c)
— 41. περὶ τῆς εὐλογίας ἧς εὐλόγησεν αὐτόν (1 c)
28. 1. εὐλόγησεν αὐτόν (1 c)
— 3. ὁ δὲ θεός μου εὐλογήσαι σε (1 c)
— 6. ἴδε δὲ 'Ησαῦ ὅτι εὐλόγησεν 'Ισ. τὸν 'Ιακ. (1 c)
— 6. ἐν τῷ εὐλογεῖν αὐτόν (1 c)
30. 27. A εὐλόγησε γάρ με ὁ θεὸς [R add. ἐπὶ] τῇ σῇ εἰσ. (1 c)
— 30. εὐλόγησέ σε κύριος ἐπὶ τῷ ποδί μου (1 c)
31. 55 (32. 1). καὶ εὐλόγησεν αὐτούς (1 c)
32. 26 (27). ἐὰν μὴ εὐλογήσῃς με (1 c)
— 29 (30). καὶ εὐλόγησεν αὐτὸν ἐκεῖ (1 c)
35. 9. καὶ εὐλόγησεν αὐτὸν ὁ θεός (1 c)
39. 5. καὶ ηὐλόγησε κύριος τὸν οἶκον τοῦ Αἰγ. (1 c)
43. 28. R εὐλογημένος [A -ητὸς] ὁ ἄνθρ. ἐκ. τῷ θεῷ –
47. 7. καὶ ηὐλόγησεν 'Ιακὼβ τὸν Φαραώ (1 c)
— 10. καὶ εὐλογήσας 'Ιακὼβ τὸν Φ. ἐξῆλθεν (1 c)
48. 3. ὁ θεός μου . . . εὐλόγησέ με (1 c)
— 9. ἵνα εὐλογήσω αὐτούς (1 c)
— 15. καὶ εὐλόγησεν αὐτούς (1 c)
— 16. εὐλογήσαι τὰ παιδία ταῦτα (1 c)
— 20. καὶ εὐλόγησεν αὐτοὺς ἐν τῇ ἡμέρᾳ ἐκ. (1 c)
— 20. ἐν ὑμῖν εὐλογηθήσεται 'Ισραήλ (1 e)
49. 25. εὐλόγησέ σε εὐλογίαν οὐρανοῦ ἄνωθεν (1 c)
— 28. καὶ εὐλόγησεν αὐτούς (1 c)
— 28. ἕκαστον κατὰ τὴν εὐλογίαν αὐτοῦ εὐλόγησεν αὐτούς (1 c)
Ex. 12. 32. εὐλογήσατε δὴ κἀμέ (1 c)
20. 11. εὐλόγησε κύριος τὴν ἡμέραν τὴν ἑβδ. (1 c)
— 24. καὶ ἥξω πρὸς σὲ καὶ εὐλογήσω σε (1 c)
23. 25. καὶ εὐλογήσω τὸν ἄρτον σου (1 c)
39. 23 (43). καὶ εὐλόγησεν αὐτοὺς Μωυσῆς (1 c)
Le. 9. 22. εὐλόγησεν αὐτούς (1 c)
— 23. ἐξελθόντες εὐλόγησαν πάντα τὸν λαόν (1 c)
Nu. 6. 23. οὕτως εὐλογήσετε τοὺς υἱοὺς 'Ισραήλ (1 c)
— 24. εὐλογήσαι σε κύριος (1 c)
Nu. 6. 27 (23). ἐγὼ κύριος εὐλογήσω αὐτούς (1 c)
22. 6. οὓς ἐὰν εὐλογήσῃς [A ἂν εὐλογῇς] σὺ εὐλόγηνται (1 c, 1 d)
— 12. ἔστι γὰρ εὐλογημένος (1 a)
23. 11. εὐλόγηκας [A -ησας] εὐλογίαν (1 c)
— 20. εὐλογεῖν παρείλημμαι εὐλογήσω (1 c, 1 c)
— 25. οὔτε εὐλογῶν μὴ εὐλογήσῃς αὐτόν (1 c, 1 c)
24. 1. εὐλογεῖν τὸν 'Ισραήλ (1 c)
— 9. οἱ εὐλογοῦντές σε εὐλόγηνται (1 c, 1 a)
— 10. εὐλογῶν εὐλόγησας τρίτον τοῦτο (1 c, 1 c)
De. 1. 11. καὶ εὐλογήσαι ὑμᾶς (1 c)
2. 7. εὐλόγησέ σε ἐν παντὶ ἔργῳ (1 c)
7. 13. A B καὶ εὐλογήσει σε . . . καὶ εὐλογήσει τὰ ἔκγονα [R ἔγγ.] τῆς κοιλίας σου (1 c, 1 c)
8. 10. καὶ εὐλογήσεις κύριον (1 c)
12. 7. καθότι εὐλόγησέ σε κύριος (1 c)
14. 24. εὐλογήσει [A -σῃ] σε κύριος (1 c)
— 29. ἵνα εὐλογήσῃ [A -σει] σε κύριος (1 c)
15. 4. εὐλογῶν εὐλογήσει σε κύριος (1 c, 1 c)
— 6. κύριος ὁ θεός σου εὐλόγησέ σε (1 c)
— 10. εὐλογήσει σε κύριος (1 c)
— 14. καθὰ εὐλόγησέ σε κύριος (1 c)
— 18. εὐλογήσει σε κύριος (1 c)
16. 10. A καθότι ηὐλόγησέν σε (1 c)
— 15. ἐὰν δὲ εὐλογήσῃ σε κύριος (1 c)
18. 5. εὐλογεῖν ἐπὶ τῷ ὀνόματι αὐτοῦ [A κυρίου] –
21. 5. εὐλογεῖν ἐπὶ τῷ ὀνόματι αὐτοῦ (1 c)
23. 20 (21). ἵνα εὐλογήσῃ σε κύριος (1 c)
24. 13. καὶ εὐλογήσει σε (1 c)
— 19. ἵνα εὐλογήσῃ σε κύριος (1 c)
26. 15. εὐλόγησον τὸν λαόν σου (1 c)
27. 12. εὐλογεῖν τὸν λαόν (1 c)
28. 3. εὐλογημένος σὺ ἐν πόλει καὶ εὐλογημένος σὺ ἐν ἀγρῷ (1 a, 1 a)
— 4. εὐλογημένα τὰ ἔκγονα τῆς κοιλίας σου (1 a)
— 5. εὐλογημέναι αἱ ἀποθῆκαί σου (1 a)
— 6. εὐλογημένος [A -ητὸς] σὺ ἐν τῷ εἰσπορεύεσθαί σε καὶ εὐλογημένος [A -ητὸς] σὺ ἐν τῷ ἐκπορεύεσθαί σε (1 a, 1 a)
— 12. εὐλογῆσαι πάντα τὰ ἔργα τῶν χειρῶν σου (1 c)
30. 9. εὐλογήσει [A πολυωρήσει] σε κύριος (6)
— 16. εὐλογήσει σε κύριος (1 c)
33. 1. ἣν ηὐλόγησε Μ. (1 c)
— 11. εὐλόγησον, κύριε, τὴν ἰσχὺν αὐτοῦ (1 c)
— 20. εὐλογημένος ἐμπλατύνων Γάδ (1 a)
— 24. A R εὐλογημένος [B -ητὸς] ἀπὸ τέκνων 'Ασήρ (1 a)
Jo. 9. 2 (8. 33). εὐλογῆσαι τὸν λαὸν ἐν πρώτοις (1 c)
14. 13. εὐλόγησεν αὐτὸν 'Ιησοῦς (1 c)
17. 14. καὶ ὁ θεὸς εὐλόγησέ με (1 c)
22. 6. καὶ εὐλόγησεν αὐτοὺς 'Ιησοῦς (1 c)
— 7. καὶ εὐλόγησεν αὐτούς (1 c)
— 33. καὶ εὐλόγησαν τὸν θεὸν υἱῶν 'Ισραήλ (1 c)
24. 10. A B εὐλογίαν [R -ίαις] εὐλόγησεν ἡμᾶς (1 c)
Jd. 5. 2, 9. εὐλογεῖτε κύριον (1 c)
— 24. εὐλογηθείη ἐν γυναιξὶν [A ἐκ γυναικῶν] 'Ιαήλ (1 d)
— 24. ἀπὸ [A ἐκ] γυναικῶν ἐν σκηναῖς [A -ῇ] εὐλογηθείη (1 d)
9. 19. A εὐλογηθείητε ὑμεῖς –
13. 24. καὶ εὐλόγησεν αὐτὸ κύριος (1 c)
17. 2. A εὐλογημένος [B -γητὸς] ὁ υἱός μου τῷ κυρίῳ (1 a)
Ru. 2. 4. εὐλογήσαι σε κύριος (1 c)
— 19. εἴη ὁ ἐπιγνούς σε εὐλογημένος (1 a)
3. 10. εὐλογημένη σὺ τῷ κυρίῳ θεῷ (1 a)
I Ki. 2. 9. εὐλογήσεν ἔτη δικαίου [A -ων] †
— 20. εὐλόγησεν 'Η. τὸν 'Ε. (1 c)
9. 13. οὗτος εὐλογεῖ τὴν θυσίαν (1 c)
13. 10. B ἐξῆλθε Σ. . . . εὐλογῆσαι αὐτόν (1 c)
23. 21. εὐλογημένοι ὑμεῖς τῷ κυρίῳ (1 a)
25. 14. εὐλογῆσαι τὸν κύριον ἡμῶν (1 c)
— 33. καὶ εὐλογημένη σύ (1 a)
26. 25. εὐλογημένος σὺ τέκνον [A al.] (1 a)
II Ki. 2. 5. A R εὐλογημένοι ὑμεῖς τῷ κυρίῳ (1 a)
6. 11. καὶ εὐλόγησε κύριος ὅλον τὸν οἶκον 'Α. [A al.] (1 c)
— 12. εὐλόγησε κύριος τὸν οἶκον 'Α. (1 c)
— 18. καὶ εὐλόγησε τὸν λαόν (1 c)
— 20. εὐλογῆσαι τὸν οἶκον αὐτοῦ (1 c)

II Ki. 6. 20. καὶ εὐλόγησεν αὐτόν -
7. 29. εὐλόγησον τὸν οἶκον τοῦ δούλου σου (1 *c*)
— 29. εὐλογηθήσεται ὁ οἶκος τοῦ δούλου σου (1 *d*)
8. 10. καὶ εὐλογῆσαι αὐτόν (1 *c*)
13. 25. καὶ εὐλόγησεν αὐτόν (1 *c*)
14. 22. καὶ εὐλόγησε τὸν βασιλέα (1 *c*)
19. 39 (40). καὶ εὐλόγησεν αὐτόν (1 *c*)
21. 3. καὶ εὐλογήσετε τὴν κληρονομίαν κυρίου (1 *c*)
24. 23. κύριος ὁ θεός σου εὐλογήσαι σε (10)
III Ki. 1. 47. εὐλογῆσαι τὸν κύριον ἡμῶν (1 *c*)
3. 1 (2. 45). ὁ βασιλεὺς Σαλ. εὐλογημένος (1 *a*)
8. 14. καὶ εὐλόγησεν ὁ βασιλεὺς πάντα Ἰ. (1 *c*)
— 55. καὶ εὐλόγησε πᾶσαν ἐκκλησίαν Ἰ. (1 *c*)
— 66. A R καὶ εὐλόγησαν τὸν βασ. [B *al.*] (1 *c*)
10. 9. γένοιτο κύριος ὁ θεός σου εὐλογημένος (1 *a*)
20 (21). 10. A R εὐλόγησε θεὸν καὶ βασιλέα (1 *c*)
— 13. εὐλόγηκας θεόν [A ηὐλόγησεν N. θ.] (1 *c*)
IV Ki. 4. 29. οὐκ εὐλογήσεις αὐτόν (1 *c*)
— 29. ἐὰν εὐλογήσῃ [A -σει] σε ἀνήρ (1 *c*)
10. 15. καὶ εὐλόγησεν αὐτόν (1 *c*)
I Ch. 4. 10. ἐὰν εὐλογῶν εὐλογήσῃς με (1 *c*, 1 *c*)
13. 14. καὶ εὐλόγησεν ὁ θεὸς Ἀ. (1 *c*)
16. 2. καὶ εὐλόγησε τὸν λαόν (1 *c*)
— 36. εὐλογημένος κύριος ὁ θεὸς Ἰ. (1 *a*)
— 43. τοῦ εὐλογῆσαι τὸν οἶκον αὐτοῦ (1 *c*)
17. 27. A B τοῦ [B *om.*] εὐλογῆσαι [S -γεῖν] τὸν οἶκον τοῦ παιδός σου (1 *c*)
— 27. σύ, κύριε, εὐλόγησας καὶ εὐλόγησον εἰς τὸν αἰῶνα (1 *c*, 1 *d*)
18. 10. καὶ τοῦ εὐλογῆσαι αὐτόν (1 *c*)
26. 5. εὐλόγησεν αὐτὸν ὁ θεός (1 *c*)
29. 10. καὶ εὐλόγησεν ὁ βασιλεὺς Δ. τὸν κ. (1 *c*)
— 20. εὐλογήσατε κύριον τὸν θεὸν ἡμῶν (1 *c*)
— 20. καὶ εὐλόγησε πᾶσα ἡ ἐκκλησία κύριον (1 *c*)
II Ch. 6. 3. καὶ εὐλόγησε τὴν πᾶσαν ἐκκλησίαν Ἰ. (1 *c*)
9. 8. ἔστω κύριος ὁ θεός σου εὐλογημένος (1 *a*)
20. 26. ἐκεῖ γὰρ ηὐλόγησαν τὸν κύριον (1 *c*)
30. 27. καὶ ηὐλόγησαν τὸν λαόν (1 *c*)
31. 8. καὶ ηὐλόγησαν τὸν κύριον (1 *c*)
— 10. ὅτι κύριος ηὐλόγησε τὸν λαὸν αὐτοῦ (1 *c*)
I Es. 4. 36. καὶ ὁ οὐρανὸς αὐτὴν εὐλογεῖ
— 58. εὐλόγησε τῷ βασιλεῖ τοῦ οὐρανοῦ
— 62. εὐλόγησαν τὸν θεὸν τῶν πατέρων αὐ.
5. 60. ὑμνοῦντες τῷ κυρίῳ καὶ εὐλογοῦντες
— 61. εὐλογοῦντες [A ὁμολογ.] τῷ κυρίῳ
9. 46. καὶ εὐλόγησεν Ἔ. τῷ κυρίῳ θεῷ ὑψίστῳ θεῷ
Ne. 8. 6. καὶ ηὐλόγησεν Ἔ. κύριον (1 *c*)
9. 5. εὐλογεῖτε κύριον (1 *c*)
— 5. εὐλογήσουσιν ὄνομα δόξης σου (1 *c*)
11. 2. καὶ εὐλόγησεν ὁ λαὸς τοὺς πάντας ἄνδρας (1 *c*)
To. 3. 11. εὐλογήσαισάν [S -σάτωσάν] σε πάντα τὰ ἔργα σου
4. 12. B καὶ εὐλογήθησαν [A -γίσθ.] ἐν τοῖς τέκνοις αὐτῶν
— 19. A B εὐλόγει κύριον τὸν θεόν
7. 7. καὶ εὐλόγησεν αὐτόν [S *al.*]
— 13. καὶ εὐλογήσεν αὐτούς [S *al.*]
8. 5. εὐλογησάτωσάν σε οἱ οὐρανοί
— 15. καὶ εὐλόγησε Ῥ. τὸν θεόν [S *al.*]
— 15. εὐλογείτωσάν σε οἱ ἅγιοί σου
— 15. εὐλογείτωσάν σε εἰς τοὺς αἰῶνας
9. 6. A B καὶ εὐλόγησε Τ. τὴν γυναῖκα αὐτοῦ
— 6. S καὶ εὐλόγησεν αὐτόν
10. 12. καὶ εὐλογήσας αὐτοὺς ἐξαπέστειλε [S *al.*]
— 12. A εὐλογήσει [B -οδώσει] ὑμᾶς τέκνα ὁ θεός [S *al.*]
11. 1. A B ἐπορεύετο καὶ Τ. εὐλογῶν τὸν θεόν
— 14. εὐλογημένοι πάντες οἱ ἅγιοί σου ἄγγελοι [S *al.*]
— 15. S εὐλογῶν τὸν θεὸν ἐν ὅλῳ τῷ σώματι
— 16. καὶ εὐλογῶν τὸν θεόν
— 17. S εὐλόγησεν [A B κατευλ.] αὐτήν
— 17. S εὐλογημένος [A B *om.*] ὁ πατήρ σου
— 17. S εὐλογημ. Τ. ὁ υἱός μου καὶ εὐλογημένη σύ
12. 6. εὐλογεῖτε τὸν θεόν
— 6. ἀγαθὸν τὸ εὐλογεῖν τὸν θεόν [S *al.*]
— 17. τὸν δὲ θεὸν εὐλογεῖτε
— 18. εὐλογεῖτε αὐτόν
— 20. S εὐλογεῖτε ἐπὶ τῆς γῆς κύριον
— 22. S ηὐλόγουν καὶ ὕμνουν τὸν θεόν
13. 6. εὐλογήσατε [A -γεῖτε] τὸν κύριον τῆς δικαιοσύνης
— 10. A B εὐλόγει τὸν βασιλέα τῶν αἰώνων
— 12. εὐλογημένοι ἔσονται πάντες οἱ ἀγαπῶντές σε [S *al.*]

To. 13. 13. εὐλογήσουσι τὸν κύριον
— 15. A R ἡ ψυχή μου εὐλογείτω τὸν θ. [B S *al.*]
— 18. S εὐλογήσουσι τὸ ὄνομα τὸ ἅγιον
14. 2. S ἔτι προσέθετο εὐ. τὸν θεόν [A B *al.*]
— 6. καὶ εὐλογήσουσι πάντα τὰ ἔθνη κύριον [S *al.*]
— 7. S καὶ εὐλογῶσιν τὸ ὄνομα αὐτοῦ
— 15. S εὐλόγησεν τὸν θεόν
— 15. S εὐλόγησεν κύριον τὸν θεόν
Ju. 13. 18. A εὐλογημένη εἶ [B S -γητὴ] σὺ θυγάτηρ τῷ θεῷ
— 18. εὐλογημένος κύριος ὁ θεός
14. 7. εὐλογημένη σὺ ἐν παντὶ σκηνώματι Ἰ.
15. 9. εὐλόγησαν αὐτὴν πάντες ὁμοθυμαδόν
— 10. εὐλογημένη γίνου παρὰ τῷ παντοκράτορι κυρίῳ
— 12. καὶ εὐλόγησαν αὐτήν
Jb. 1. 10. τὰ δὲ ἔργα τῶν χειρῶν αὐ. εὐλόγησας (1 *c*)
— 11. εἰς πρόσωπόν σε [S^{1} σου] εὐλογήσει (1 *c*)
— 21. εἴη τὸ ὄνομα κυρίου εὐλογημένον (1 *d*)
2. 5. εἰς πρόσωπόν σε εὐλογήσει (1 *c*)
11. 2. εὐλογημένος γεννητὸς γυναικὸς ὀλιγόβιος -
29. 13. στόμα δὲ χήρας με εὐλόγησε [S^{1} -σαι] (9)
31. 20. ἀδύνατοι δὲ εἰ μὴ εὐλόγησάν [A -γουν] με (1 *c*)
42. 12. ὁ δὲ κύριος εὐλόγησε τὰ ἔσχατα Ἰώβ (1 *c*)
Ps. 5. 12. S R εὐλογήσεις [A B -γεῖς] δίκαιον (1 *c*)
15 (16). 7. εὐλογήσω τὸν κύριον τὸν συνετίσαντά με (1 *c*)
25 (26). 12. ἐν ἐκκλησίαις εὐλογήσω σε (1 *c*)
27 (28). 9. εὐλόγησον τὴν κληρονομίαν σου (1 *c*)
28 (29). 11. εὐλογήσει τὸν λαὸν αὐ. ἐν εἰρήνῃ (1 *c*)
33 (34). 1. εὐλογήσω τὸν κύριον ἐν παντὶ καιρῷ (1 *c*)
36 (37). 22. οἱ εὐλογοῦντες αὐτὸν κληρονομήσουσι γῆν (1 *d*)
44 (45). 2. εὐλόγησέ σε ὁ θεὸς εἰς τὸν αἰῶνα (1 *c*)
48 (49). 13. ἐν τῷ στόματι αὐτῶν εὐλογήσουσι [A S^{2} εὐδοκήσουσιν] (10)
— 18. ἡ ψυχὴ αὐ. ἐν τῇ ζωῇ αὐ. εὐλογηθήσεται (1 *c*)
61 (62). 4. B^{1} S^{1} τῷ στόματι αὐτῶν εὐλογοῦσαν [B^{2} S^{2} R -γουν] (1 *c*)
62 (63). 4. οὕτως εὐλογήσω σε ἐν τῇ ζωῇ μου (1 *c*)
64 (65). 11 (10). εὐλογήσεις τὸν στέφανον τοῦ ἐνιαυτοῦ τῆς χρηστότητός σου (1 *c*)
65 (66). 8. εὐλογεῖτε ἔθνη τὸν θεὸν ἡμῶν (1 *c*)
66 (67). 1. καὶ εὐλογήσαι ἡμᾶς (1 *c*)
— 6. εὐλογήσαι ἡμᾶς ὁ θεὸς ὁ θεὸς ἡμῶν (1 *c*)
— 7. εὐλογήσαι ἡμᾶς ὁ θεός (1 *c*)
67 (68). 26. ἐν ἐκκλησίαις εὐλογεῖτε τὸν θεόν (1 *c*)
71 (72). 15. ὅλην τὴν ἡμέραν εὐλογήσουσιν αὐτόν (1 *c*)
— 17. ἔστω τὸ ὄνομα αὐτοῦ εὐλογημένον -
— 17. εὐλογηθήσονται [S^{2} ἐνευλ.] ἐν αὐτῷ πᾶσαι αἱ φυλαὶ τῆς γῆς (1 *e*)
— 19. S^{2} εὐλογημένον [B S^{1} -ητὸν] τὸ ὄνομα τῆς δόξης (1 *a*)
95 (96). 2. εὐλογήσατε τὸ ὄνομα αὐτοῦ (1 *c*)
102 (103). 1, 2. εὐλόγει ἡ ψυχή μου τὸν κύριον (1 *c*)
— 20. εὐλογεῖτε τὸν κ. πάντες οἱ ἄγγελοι αὐ. (1 *c*)
— 21. εὐλογεῖτε τὸν κ. πᾶσαι αἱ δυνάμεις αὐ. (1 *c*)
— 22. εὐλογεῖτε τὸν κύριον πάντα τὰ ἔργα αὐ. (1 *c*)
— 22. εὐλόγει ἡ ψυχή μου τὸν κύριον (1 *c*)
103 (104). 1, 35. εὐλόγει ἡ ψυχή μου τὸν κ. (1 *c*)
106 (107). 38. εὐλόγησεν αὐτούς (1 *c*)
108 (109). 28. καὶ σὺ εὐλογήσεις (1 *c*)
111 (112). 2. γενεὰ εὐθέων εὐλογηθήσεται (1 *d*)
112 (113). 2. εἴη τὸ ὄνομα κυρίου εὐλογημένον (1 *d*)
113. 20 (115. 12). κύριος μνησθεὶς ἡμῶν εὐλόγησεν ἡμᾶς εὐλόγησε τὸν οἶκον Ἰσ. εὐλόγησε τὸν οἶκον Ἀ. (1 *c ter*)
— 21 (115. 13). εὐλόγησε τοὺς φοβουμ. τὸν κ. (1 *c*)
— 23 (115. 15). εὐλογημένοι ὑμεῖς τῷ κυρίῳ (1 *a*)
— 26 (115. 18). A S εὐλογήσωμεν [R -σομεν] τὸν κ. (1 *c*)
117 (118). 26. εὐλογημένος ὁ ἐρχόμενος ἐν ὀνόματι κυρίου, εὐλογήκαμεν ὑμᾶς ἐξ οἴκου κυρίου (1 *a*, 1 *c*)
118 (119). 108. S^{2} τὰ ἑκούσια τοῦ στόματός μου εὐλόγησον [A S^{2} R εὐδόκησον δή] (10)
127 (128). 4. οὕτως εὐλογηθήσεται ἄνθρωπος ὁ φοβούμενος τὸν κύριον (1 *d*)
— 5. εὐλογήσαι [A -σει] σε κύριος ἐκ Σιών (1 *c*)
128 (129). 8. εὐλογήκαμεν [S^{1} -γήσομεν] ὑμᾶς ἐν ὀνόματι κυρίου (1 *c*)

Ps. 131 (132). 15. A S^{1} τὴν χήραν [S^{2} R θήραν] αὐτῆς εὐλογῶν εὐλογήσω (1 *c*, 1 *c*)
133 (134). 1. εὐλογεῖτε τὸν κύριον πάντες οἱ δοῦλοι κυρίου (1 *c*)
— 2. εὐλογεῖτε τὸν κύριον (1 *c*)
— 3. A R εὐλογήσαι [S -σει] σε κ. ἐκ Σιών (1 *c*)
134 (135). 19. οἶκος Ἰσ. εὐλογήσατε τὸν κύριον οἶκος Ἀ. εὐλογήσατε τὸν κ. (1 *c*, 1 *c*)
— 20. οἶκος Λευὶ εὐλογήσατε τὸν κ. οἱ φοβούμ. τὸν κ. εὐλογήσατε τὸν κ. (1 *c*, 1 *c*)
144 (145). 1. εὐλογήσω τὸ ὄνομά σου (1 *c*)
— 2. καθ' ἑκάστην ἡμέραν εὐλογήσω σε (1 *c*)
— 10. οἱ ὅσιοί σου εὐλογησάτωσάν σε (1 *c*)
— 21. εὐλογείτω πᾶσα σὰρξ τὸ ὄν. τὸ ἅγιον αὐ. (1 *c*)
147. 2 (13). εὐλόγησε τοὺς υἱούς σου ἐν σοί (1 *c*)
Pr. 3. 33. ἐπαύλεις δὲ δικαίων εὐλογοῦνται (1 *c*)
11. 25. ψυχὴ εὐλογουμένη [A ηὐλογημ.] πᾶσα ἁπλῆ (1 *g*)
20. 21. μερὶς ἐπισπουδαζομένη ἐν πρώτοις ἐν τοῖς τελευταίοις οὐκ εὐλογηθήσεται (1 *d*)
22. 8. ἄνδρα ἱλαρὸν καὶ δότην εὐλογεῖ ὁ θεός -
24. 34 (30. 11). τὴν δὲ μητέρα οὐκ εὐλογεῖ (1 *c*)
27. 14. ὃς ἂν εὐλογῇ φίλον τὸ πρωῒ μεγάλῃ τῇ φωνῇ (1 *c*)
28. 20. ἀνὴρ ἀξιόπιστος [A -τότερος] πολλὰ εὐλογηθήσεται (1 *g*)
31. 30. γυνὴ γὰρ συνετὴ εὐλογεῖται -
Wi. 14. 7. εὐλόγηται γὰρ ξύλον
Si. 1. 13. A S ἐν ἡμέρᾳ τελευτῆς αὐτοῦ εὐλογηθήσεται [B εὑρήσει χάριν]
4. 13. οὗ εἰσπορεύεται εὐλογήσει [A S -γεῖ] κύριος
34 (31). 23. λαμπρὸν ἐπ' ἄρτοις εὐλογήσει χείλη
35 (32). 13. εὐλόγησον τὸν ποιήσαντά σε
36 (33). 11. ἐξ αὐτῶν εὐλόγησε
39. 15. εὐλογήσατε κύριον ἐπὶ πᾶσι τοῖς ἔργοις
— 35. εὐλογήσατε τὸ ὄνομα κυρίου
43. 11. εὐλόγησον τὸν ποιήσαντα αὐτό
45. 15. εὐλογεῖν τὸν λαὸν αὐτοῦ ἐν τῷ ὀνόματι αὐ.
50. 22. εὐλογήσατε τῷ θεῷ
51. 12. εὐλογήσω τῷ ὀνόματι κυρίου
Hg. 2. 20 (19). ἀπὸ τῆς ἡμέρας ταύτης εὐλογήσω [A καὶ ἐπάνω εὐ. αὐτά] (1 *c*)
Is. 12. 1. εὐλογῶ [A S^{3} -ήσω] σε, κύριε (4)
19. 24. εὐλογημένος ἐν τῇ γῇ (1 *g*)
— 25. ἣν [A ᾗ] εὐλόγησε κύριος (1 *c*)
— 25. εὐλογημένος ὁ λαός μου (1 *a*)
25. 3. εὐλογήσει σε ὁ λαὸς ὁ πτωχός (7)
— 3. πόλεις ἀνθρώπων ἀδικουμένων εὐλογήσουσί σε (5)
— 4. A S πνεῦμα ἀνθρώπων ἀδικουμένων εὐλογήσουσί σε [B *om.* εὐ. σε] †
36. 16. εἰ βούλεσθε εὐλογηθῆναι (1 *g*)
38. 18. οὐδὲ οἱ ἀποθανόντες εὐλογήσουσί σε (3)
— 19. οἱ ζῶντες εὐλογήσουσί σε (4)
— 20. οὐ παύσομαι εὐλογῶν σε μετὰ ψαλτηρίου (8)
43. 20. εὐλογήσουσί [A S -ήσει] με τὰ θηρία τοῦ ἀγροῦ (7)
51. 2. ἐκάλεσα αὐτὸν καὶ εὐλόγησα αὐτόν (1 *c*)
61. 9. οὗτοί εἰσι σπέρμα ηὐλογημένον ὑπὸ θεοῦ (1 *c*)
64. 11 (10). ἣν εὐλόγησαν οἱ πατέρες ἡμῶν (3)
65. 16. ὃ εὐλογηθήσεται ἐπὶ τῆς γῆς εὐλογήσουσι [S^{1} ἐλλ.] γὰρ τὸν θεόν (1 *e*, 1 *e*)
— 23. σπέρμα εὐλογημένον ὑπὸ θεοῦ ἐστι (1 *a*)
Je. 4. 2. εὐλογήσουσιν ἐν αὐτῷ ἔθνη (1 *e*)
17. 7. εὐλογημ. ὁ ἄνθρ. ὃς πέποιθεν ἐπὶ τῷ κ. (1 *a*)
38 (31). 23. εὐλογημ. κύριος ἐπὶ δίκαιον ὄρος (1 *c*)
Ep. Je. 66. οὔτε μὴ εὐλογήσωσι [A -σουσιν]
Ez. 3. 12. εὐλογημένη ἡ δόξα κυρίου ἐκ τοῦ τόπου αὐτοῦ (1 *a*)
Da. LXX. 2. 19. τότε Δ. εὐλόγησεν τὸν κύριον τὸν ὕψιστον (1 *f*)
— 20. ἔσται τὸ ὄνομα τοῦ κυρίου τοῦ μεγάλου εὐλογημένον (1 *f*)
3. (51). εὐλόγουν καὶ ἐξύψουν τὸν θεόν
— (52). εὐλογημένον τὸ ὄνομα τῆς δόξης σου
— (53). εὐλογημένος εἶ ἐν τῷ ναῷ
— (57), (58), (59), (60), (61), (62), (63), (64), (65), (66), (67), (68), (69), (70), (71), (72), (73), (75), (76), (77), (78), (79), (80), (81), (82), (83), (84), (85), (86), (87), (88), (90). εὐλογεῖτε . . . τὸν κύριον
— (74). εὐλογείτω . . . τὸν κύριον
5. 4. καὶ ηὐλόγουν τὰ εἴδωλα τὰ χειροποίητα αὐτῶν (11)

Da. LXX. 5. 4. τὸν θεὸν τοῦ αἰῶνος οὐκ εὐλόγησαν –
— 23. τῷ θεῷ τῷ ζῶντι οὐκ εὐλογήσατε –
— 23. καὶ οὐκ εὐλόγησας αὐτόν (2)
Da. TH. Su. 60. εὐλόγησαν [A ἐβόησαν] τῷ θεῷ
2. 19. καὶ εὐλόγησε τὸν θεὸν τοῦ οὐρ. (1 *f*)
— 20. εἴη τὸ ὄνομα τοῦ θεοῦ εὐλογημένον (1 *f*)
3. 23. καὶ εὐλογοῦντες τὸν κύριον –
— (51). καὶ ηὐλόγουν τὸν θεόν
— (52). εὐλογημένον τὸ ὄνομα τῆς δόξης σου
— (53). εὐλογημένος εἶ ἐν τῷ ναῷ
— (55). εὐλογημένος εἶ ὁ ἐπιβλέπων [A βλ.] ἀβύσσους
— (54). εὐλογημένος εἶ ἐπὶ θρόνου τῆς βασ. σου
— (56). A εὐλογημένος [B -γητὸς] εἶ ἐν τῷ στερεώματι
— (57), (59), (58), (60), (61) (A), (62), (63), (64) (A), (65), (66), (67) (A), (68) (A), (71), (72), (69), (70), (73), (75), (76), (78), (77), (79), (80), (81), (82), (83) (B), (84), (85), (86), (87), (88), (90). εὐλογεῖτε . . . τὸν κύριον
— (61), (64). εὐλογείτω [A -γεῖτε] . . . τὸν κύριον
— (74). εὐλογείτω ἡ γῆ τὸν κύριον
— (83). A εὐλογείτω [B -εῖτε] Ἰσραὴλ τὸν κύριον
4. 31. τῷ ὑψίστῳ ηὐλόγησα (1 *f*)
5. 4. A B² τὸν θεὸν τοῦ αἰῶνος οὐκ ηὐλόγησαν –
I Ma. 2. 69. καὶ εὐλόγησεν αὐτούς
4. 24. A S εὐλόγουν εἰς οὐρανόν [R οὐ. τὸν κύριον]
— 55. εὐλόγησαν εἰς οὐρανόν
13. 47. εἰσῆλθεν εἰς αὐτὴν ὕμνων καὶ εὐλογῶν
II Ma. 3. 30. οἱ δὲ τὸν κύριον εὐλόγουν
8. 27. περισσῶς εὐλογοῦντες
10. 38. εὐλόγουν τῷ κυρίῳ
11. 9. εὐλόγησαν τὸν ἐλεήμονα θεόν
12. 41. πάντες οὖν εὐλογήσαντες
15. 29. εὐλόγουν τὸν δυνάστην
— 34. εὐλόγησαν τὸν ἐπιφανῆ κύριον
III Ma. 6. 11. μὴ τοῖς ματαίοις οἱ ματαιόφρονες εὐλογησάτωσαν
— 29. τὸν ἅγιον σωτῆρα . . . εὐλόγουν
[**Aq.** Ge. 1. 28: 24. 31: Dt. 10. 8: Jb. 1. 5, 11: 2. 5: Ps. 9. 24 (10. 3): 117 (118). 26: 131 (132). 15 *bis*: Pr. 5. 18: Is. 65. 16 *bis*: 66. 3: Je. 20. 14.]
[**Sm.** Ge. 1. 28: 24. 31: iv Ki. 10. 15: Jb. 1. 11: Ps. 9. 24 (10. 3): 36 (37). 22: 48 (49). 19: 117 (118). 26: 131 (132). 15 *bis*: Pr. 5. 18: Is. 65. 16 *bis*: 66. 3: Je. 20. 14.]
[**Th.** Ge. 1. 28: iii Ki. 21 (20). 10: Jb. 33. 26: Ps. 117 (118). 26: Pr. 5. 18: Is. 66. 3: Da. 3. (55), (83).]
[**Heb.** Ge. 24. 31.]
[**Quint.**, **Sext.** Ps. 117 (118). 26.]
[**Al.** Is. 38. 18.]

εὐλογητός. (1) *a.* בָּרַךְ *b.* בְּרַךְ *c.* בְּרָכָה

Ge. 9. 26. εὐ. κύριος ὁ θεὸς τοῦ Σήμ (1 *a*)
12. 2. A καὶ ἔσῃ εὐ. [R εὐλογημένος] (1 *c*)
14. 20. καὶ εὐ. ὁ θεὸς ὁ ὕψιστος (1 *a*)
24. 27. εὐ. κύριος ὁ θεὸς τοῦ κυρίου μου Ἀ. (1 *a*)
— 31. A S δεῦρο εἴσελθε, εὐ. κύριος [R κυρίου] (1 *a*)
26. 29. A καὶ νῦν σὺ εὐ. [R εὐλογημένος] ὑπὸ κυρίου (1 *a*)
43. 28. A εὐ. [R εὐλογημένος] ὁ ἄνθρ. ἐκεῖνος τῷ θεῷ –
Ex. 18. 10. εὐ. κύριος (1 *a*)
De. 7. 14. εὐλογητὸς ἔσῃ παρὰ πάντα τὰ ἔθνη (1 *a*)
28. 6. A εὐλογητὸς [B -γημένος] σὺ ἐν τῷ εἰσπορεύεσθαί σε καὶ εὐλογητὸς [B -γημένος] σὺ ἐν τῷ ἐκπορεύεσθαί σε (1 *a*, 1 *a*)
33. 24. B εὐλογητὸς [A R -ημένος] ἀπὸ τέκνων Ἀσήρ (1 *a*)
Jd. 17. 2. εὐλογητὸς [A -γημένος] ὁ υἱός μου τῷ κυρίῳ (1 *a*)
Ru. 2. 20. εὐλογητός ἐστι τῷ κυρίῳ (1 *a*)
4. 14. εὐλογητὸς κύριος (1 *a*)
I Ki. 15. 13. εὐλογητὸς σὺ τῷ κυρίῳ (1 *a*)
25. 32. εὐλογητὸς κύριος ὁ θεὸς Ἰ. (1 *a*)
— 33. καὶ εὐλογητὸς ὁ τρόπος σου (1 *a*)
— 39. εὐλογητὸς κύριος (1 *a*)
II Ki. 6. 21. B εὐλογητὸς κύριος –
18. 28. εὐλογητὸς κύριος ὁ θεός σου (1 *a*)
22. 47. εὐλογητὸς ὁ φύλαξ μου (1 *a*)
III Ki. 1. 48. εὐλογητὸς κύριος ὁ θεὸς Ἰ. (1 *a*)
5. 7 (21). εὐλογητὸς ὁ θεὸς σήμερον (1 *a*)
8. 15. εὐλογητὸς κύριος ὁ θεὸς Ἰ. σήμερον (1 *a*)
III Ki. 8. 56. εὐλογητὸς κύριος σήμερον (1 *a*)
I Ch. 29. 10. εὐλογητὸς εἶ (1 *a*)
II Ch. 2. 12 (11): 6. 4. εὐλογητὸς κύριος ὁ θεὸς Ἰ. (1 *a*)
I Es. 4. 40. εὐλογητὸς ὁ θεὸς τῆς ἀληθείας
— 60. εὐλογητὸς εἶ
8. 25. εὐλογητὸς μόνος ὁ κύριος
II Es. 7. 27. εὐλογητὸς κύριος ὁ θεὸς τῶν πατέρων ἡμῶν (1 *a*)
To. 3. 11. εὐλογητὸς εἶ, κύριε ὁ θεός μου, καὶ εὐ. τὸ ὄνομά σου
8. 5. εὐλογητὸς εἶ, ὁ θεὸς τῶν πατέρων ἡμῶν, καὶ εὐ. τὸ ὄνομά σου
— 15. εὐλογητὸς εἶ σύ, ὁ θεός
— 16, 17. εὐλογητὸς εἶ
9. 6. S εὐ. ὁ θεός
11. 14. εὐλογητὸς εἶ, ὁ θεός, καὶ εὐ. τὸ ὄνομά σου
— 14. S εὐ. πάντες οἱ ἄγγελοι
— 17: 13. 1. εὐ. ὁ θεός
13. 12. S εὐλογητοὶ ἔσονται πάντες [A B *al.*]
— 18. εὐ. ὁ θεός
— 18. S εὐλογητοὶ εὐλογήσουσιν τὸ ὄνομα τὸ ἅγιον
Ju. 13. 17. εὐλογητὸς εἶ [S *om.*] ὁ θεὸς ἡμῶν
— 18. εὐλογητὴ [A -γημένη εἶ] σὺ θυγάτηρ τῷ θ.
Ps. 17 (18). 46. εὐλογητὸς ὁ θεός μου (1 *a*)
27 (28). 6: 30 (31). 21. εὐλογητὸς κύριος (1 *a*)
40 (41). 13. εὐλογητὸς κύριος ὁ θεὸς Ἰσραὴλ (1 *a*)
65 (66). 20. εὐλογητὸς ὁ θεός (1 *a*)
67 (68). 19. κύριος ὁ θεὸς εὐλογητὸς εὐλογητὸς κύριος ἡμέραν καθ᾽ ἡμέραν (–, 1 *a*)
— 35. εὐλογητὸς ὁ θεός (1 *a*)
71 (72). 18. εὐλογητὸς κύριος ὁ θεὸς Ἰσραὴλ (1 *a*)
— 19. εὐλογητὸν [S² -ημένον] τὸ ὄνομα τῆς δόξης αὐτοῦ (1 *a*)
88 (89). 52. εὐλογητὸς κύριος εἰς τὸν αἰῶνα (1 *a*)
105 (106). 48. εὐλογητὸς κύριος ὁ θεὸς Ἰσραὴλ (1 *a*)
118 (119). 12. εὐλογητὸς εἶ, κύριε (1 *a*)
123 (124). 6. εὐλογητὸς κύριος (1 *a*)
134 (135). 21. A S εὐλογητὸς κύριος ἐκ [R ἐν] Σιών (1 *a*)
143 (144). 1. εὐλογητὸς κύριος ὁ θεός μου (1 *a*)
Za. 11. 5. ἔλεγον, Εὐλογητὸς κύριος (1 *a*)
Da. LXX. 3. (26), (52). εὐλογητὸς εἶ, κύριε
— (54), (55), (56). εὐλογητὸς εἶ
— 28 (95). εὐ. κύριος τοῦ Σ. (1 *b*)
Da. TH. 3. (26), (52). εὐλογητὸς εἶ, κύριε
— (56). εὐλογητὸς [A -γημένος] εἶ ἐν τῷ στερεώματι
— 28 (95). εὐ. ὁ θεὸς τοῦ Σ. (1 *b*)
I Ma. 4. 30. εὐλογητὸς εἶ
II Ma. 1. 17. εὐλογητὸς ἡμῶν ὁ θεός
15. 34. εὐ. ὁ διατηρήσας τὸν ἑαυτοῦ τόπον ἀμίαντον
III Ma. 7. 23. εὐ. ὁ ῥύστης Ἰσ.

[**Aq.**, **Th.** Ps. 17 (18). 47: 71 (72). 18.]
[**Sm.** Ps. 17 (18). 47: 30 (31). 22: 71 (72). 18: Ez. 34. 26.]
[**Al.** Dt. 28. 6.]
[**Quint.**, **Sext.** Ps. 71 (72). 18.]

εὐλογία. (1) בְּכֹרָה (2) בָּרַךְ *a.* qal. *b.* pi. *c.* pu. *d.* בְּרָכָה (3) פְּרִי (4) תַּאֲוָה

Ge. 27. 12. ἐπάξω ἐπ᾽ ἐμαυτὸν κατάραν καὶ οὐκ εὐλογίαν (2 *d*)
— 35. ἔλαβε τὴν εὐ. σου (2 *d*)
— 36. A καὶ νῦν εἴληφεν [R ἔλαβεν] τὴν εὐ. μου (2 *d*)
— 36. οὐχ ὑπελείπω μοι εὐλογίαν, πάτερ (2 *d*)
— 38. μὴ εὐλογία μία σοί ἐστι, πάτερ (2 *d*)
— 41. περὶ τῆς εὐ. ἧς εὐλόγησεν αὐτόν (2 *d*)
28. 4. καὶ δῴη σοι τὴν εὐ. Ἀβραὰμ τοῦ πατρός (2 *d*)
33. 11. λάβε τὰς εὐ. μου ἃς ἤνεγκά σοι (2 *d*)
39. 5. A ἐγενήθη εὐ. κυρίου ἐπὶ [R ἐν] πᾶσι τοῖς ὑπάρχουσιν (2 *d*)
49. 25. εὐλόγησέ σε εὐλογίαν οὐρανοῦ ἄνωθεν καὶ εὐ. γῆς ἐχούσης πάντα ἕνεκεν εὐλογίας μαστῶν καὶ μήτρας (2 *d ter*)
— 26. εὐλογίας πατρός σου (2 *d*)
— 26. A B ὑπερίσχυσεν ἐπ᾽ εὐλογίαις [R ὑπὲρ εὐλογίας] ὀρέων [A *om.*] μονίμων καὶ ἐπ᾽ εὐλογίαις θινῶν ἀενάων (2 *d*, 4 ?)
— 28. ἕκαστον κατὰ τὴν εὐ. αὐτοῦ εὐλόγησεν αὐτούς (2 *d*)
Ex. 32. 29. δοθῆναι ἐφ᾽ ὑμᾶς εὐλογίαν (2 *d*)
Le. 25. 21. ἀποστέλλω τὴν εὐ. μου ὑμῖν (2 *d*)
Nu. 23. 11. εὐλόγηκας [A -ησας] εὐλογίαν (2 *a*)
De. 11. 26. δίδωμι . . . τὴν εὐ. καὶ τὴν κατάραν (2 *d*)
— 27. τὴν εὐ. ἐὰν ἀκούσητε (2 *d*)
De. 11. 29. δώσεις εὐλογίαν ἐπ᾽ ὄρος Γαριζίν (2 *d*)
12. 15: 16. 17. κατὰ τὴν εὐ. κυρίου (2 *d*)
23. 5 (6). μετέστρεψε κύριος . . . τὰς κατάρας εἰς εὐλογίαν [A -ίας] (2 *d*)
28. 2. ἥξουσιν ἐπὶ σὲ πᾶσαι αἱ εὐ. αὗται (2 *d*)
— 8. ἀποστεῖλαι κύριος ἐπὶ σὲ τὴν εὐ. (2 *d*)
30. 1. ἡ εὐ. καὶ ἡ [B¹ ἡ] κατάρα (2 *d*)
— 19. τὴν εὐ. καὶ τὴν κατάραν (2 *d*)
— 19. A ἐκλέξαι τὴν εὐ. [B ζωήν] †
33. 1. αὕτη ἡ εὐ. (2 *d*)
— 13. A R ἀπ᾽ [B ἐπ᾽] εὐλογίας κυρίου ἡ γῆ αὐ. (2 *c*)
— 23. A R ἐμπλησθήτω εὐλογίας [B -αν] παρὰ κυρίου (2 *d*)
Jo. 9. 2 (8. 34). τὰς εὐ. καὶ τὰς κατάρας (2 *d*)
15. 19. δός μοι εὐλογίαν (2 *d*)
24. 10. A B εὐλογίαν [R -ίαις] εὐλόγησεν ἡμᾶς (2 *a*)
Jd. 1. 15. δὸς δή μοι εὐλογίαν (2 *d*)
I Ki. 25. 27. A R λάβε τὴν εὐ. ταύτην [B *om.*] (2 *d*)
30. 26. A ἰδοὺ ὑμῖν εὐλογία [B ἰδοὺ] ἀπὸ τῶν σκύλων (2 *d*)
II Ki. 7. 29. A R ἀπὸ τῆς εὐ. σου [B *om.*] εὐλογηθήσεται ὁ οἶκος (2 *d*)
IV Ki. 5. 15. λάβε τὴν εὐ. παρὰ [A *om.*] τοῦ δούλου σου (2 *d*)
18. 31. ποιήσατε μετ᾽ ἐμοῦ εὐλογίαν (2 *d*)
I Ch. 5. 1. ἔδωκεν εὐλογίαν αὐτοῦ τῷ υἱῷ αὐτοῦ (1 ?)
— 2. καὶ ἡ εὐ. τοῦ Ἰ. (1 ?)
II Ch. 20. 26. ἐπισυνήχθησαν εἰς τὸν αὐλῶνα τῆς εὐ. (2 *d*)
— 26. ἐκάλεσαν τὸ ὄνομα . . . Κοιλὰς εὐλογίας (2 *d*)
Ne. 9. 5. ἐπὶ πάσῃ εὐ. καὶ αἰνέσει (2 *d*)
13. 2. A R ἐπέστρεψεν [B S ἔστρ.] . . . τὴν κατάραν εἰς εὐλογίαν (2 *d*)
To. 5. 15: 7. 7. S εὐλογία σοι γένοιτο
8. 15. εὐλογητὸς εἶ σὺ ὁ θεὸς ἐν πάσῃ εὐ.
9. 6. S δῴη σοι κύριος εὐλογίαν οὐρανοῦ
11. 17. S ἐν εὐλογίᾳ καὶ χαρᾷ εἰσελθε
Jb. 29. 13. εὐλογία ἀπολλυμένου ἐπ᾽ ἐμὲ ἔλθοι (2 *d*)
Ps. 3. 8. ἐπὶ τὸν λαόν σου ἡ εὐ. σου (2 *d*)
20 (21). 3. προέφθασας αὐτὸν ἐν εὐλογίαις χρηστότητος (2 *d*)
— 6. δώσεις αὐτῷ εὐλογίαν (2 *d*)
23 (24). 5. οὗτος λήψεται εὐλογίαν παρὰ κυρίου (2 *d*)
36 (37). 26. τὸ σπέρμα αὐτοῦ εἰς εὐλογίαν ἔσται (2 *d*)
83 (84). 6. εὐλογίας δώσει ὁ νομοθετῶν (2 *d*)
108 (109). 17. οὐκ ἠθέλησεν εὐλογίαν (2 *d*)
128 (129) 8. εὐλογία κυρίου ἐφ᾽ ὑμᾶς (2 *d*)
132 (133). 3. ἐκεῖ ἐνετείλατο κύριος τὴν εὐ. (2 *d*)
Pr. 10. 6. εὐλογία κυρίου ἐπὶ κεφαλὴν [A S¹ -ῆς] δικαίου (2 *d*)
— 22. εὐλογία κυρίου ἐπὶ κεφαλὴν [A S -ῆς] δικαίου (2 *d*)
11. 11. A B S² ἐν εὐλογίᾳ εὐθείων ὑψωθήσεται πόλις (2 *d*)
— 26. εὐλογία δὲ εἰς κεφαλὴν τοῦ μεταδιδόντος (2 *d*)
24. 40 (25). ἐπ᾽ αὐτοὺς δὲ ἥξει εὐλογία [A S² εὐ. ἀγαθή] (2 *d*)
Wi. 15. 19. τὸν τοῦ θεοῦ ἔπαινον καὶ τὴν εὐ. αὐτοῦ
Si. 3. 8. ἵνα ἐπέλθῃ σοι εὐλογία παρ᾽ αὐτοῦ
— 9. εὐλογία γὰρ πατρὸς στηρίζει οἴκους τέκνων
7. 32. ἵνα τελειωθῇ ἡ εὐ. σου
11. 22. εὐλογία κυρίου ἐν μισθῷ [A ἐμμέσῳ] εὐσεβοῦς καὶ ἐν ὥρᾳ ταχινῇ ἀναθάλλει εὐλογίαν αὐτοῦ
30. 25 (33. 16). ἐν εὐλογίᾳ κυρίου ἔφθασα
31 (34). 17. ἴασιν διδοὺς ζωὴν καὶ εὐλογίαν
36. 22 (19). κατὰ τὴν εὐ. Ἀαρὼν περὶ τοῦ λαοῦ [S¹ υἱοῦ] σου
37. 24. ἀνὴρ σοφὸς πλησθήσεται [A ἐμπλ.] εὐλογίας
39. 22. ἡ εὐ. αὐτοῦ ὡς ποταμὸς ἐπεκάλυψε
40. 17. χάρις ὡς παράδεισος ἐν εὐλογίαις
— 27. φόβος κυρίου ὡς παράδεισος εὐλογίας
42. 16. S² καὶ γέγονεν ἐν εὐλογίᾳ αὐτοῦ κρίμα
44. 22. ἔστησεν . . . εὐλογίαν πάντων ἀνθρώπων
— 23. ἐπέγνω αὐτὸν ἐν εὐλογίαις αὐτοῦ
45. 1. οὗ τὸ μνημόσυνον ἐν εὐλογίαις
46. 11. εἴη τὸ μνημόσυνον αὐτῶν ἐν εὐλογίαις
47. 6. ἐν εὐλογίαις κυρίου
50. 20. δοῦναι εὐλογίαν κυρίῳ [S¹ -ου] ἐκ χειλέων αὐτοῦ
— 21. ἐπιδείξασθαι τὴν εὐ. παρὰ ὑψίστου
Jl. 2. 14. καὶ ὑπολείψεται ὀπίσω αὐτοῦ εὐλογίαν (2 *d*)
Za. 8. 13. ἔσεσθε ἐν εὐλογίᾳ (2 *d*)
Ma. 2. 2. ἐπικαταράσομαι τὴν εὐ. ὑμῶν (2 *d*)
— 2. διασκεδάσω τὴν εὐ. ὑμῶν –
3. 10. ἐκχεῶ τὴν εὐ. μου ὑμῖν (2 *d*)

Is. 27. 9. τοῦτό ἐστιν ἡ εὐ. αὐτοῦ (3)
44. 3. ἐπιθήσω . . . τὰς εὐ. μου ἐπὶ τὰ τέκνα σου (2 d)
65. 8. εὐ. [A S^{2} *add.* κυρίου] ἐστὶν ἐν αὐτῷ (2 d)
Ez. 34. 26. δώσω τὸν ὑετὸν ὑμῖν ὑετὸν εὐλογίας [A *al.*] (2 d)
44. 30. τοῦ θεῖναι εὐλογίας ὑμῶν ἐπὶ τοὺς οἴκους ὑμῶν (2 d)
I Ma. 3. 7. τὸ μνημόσυνον αὐτοῦ εἰς [S^{1} καὶ εἰς] εὐλογίαν
▶ [Aq. Jb. 29. 13: Pr. 10. 7: Is. 44. 3: 56. 7: Ez. 34. 26.]
[Sm. Ps. 99 (100). 1: Is. 44. 3: 56. 7.]
[Th. Jb. 29. 13: Pr. 11. 11: Is. 44. 3: Ez. 34. 26.]

εὐλογίζειν (?).
To. 4. 12. A ηὐλογίσθησαν [B εὐλογήθ.] ἐν τοῖς τέκνοις

εὐλογιστία.
IV Ma. 5. 22. ὥσπερ οὐ μετὰ εὐλογιστίας ἐν αὐτῇ βιούντων
8. 15. διὰ τῆς εὐ. τὴν τυραννίδα αὐτοῦ κατέλυσαν
● 13. 5. τὴν τῆς εὐ. παθοκράτειαν
— 7. ἡ ἑπτάπυργος τῶν νεανίσκων εὐ.

εὐλόγως.
I Ma. 12. 43. S^{1} ἐπεδέξατο αὐτὸν εὐ. [A S^{2} R ἐνδόξως]

εὐμαθῶς.
Wi. 13. 11. περιέξυσεν εὐ. πάντα τὸν φλοιὸν αὐτοῦ

εὐμεγέθης. (1) בָּחוּר
I Ki. 9. 2. καὶ τούτῳ υἱὸς . . . εὐ.
Ba. 3. 26. οἱ ὀνομαστοὶ ἀπ' ἀρχῆς γενόμενοι εὐ.

εὐμελής.
Wi. 17. 18. ὀρνέων ἦχος εὐμελής

εὐμελῶς.
IV Ma. 11. 18. A κατατεινόμενος εὐ. [S ἐπιμ., R ἐκμ.]

εὐμένεια.
II Ma. 6. 29. τὴν μικρῷ πρότερον εὐ. πρὸς αὐτόν
[Sm. Pr. 16. 15.]

εὐμενής.
II Ma. 12. 31. προσπαρακαλέσαντες . . . εὐμενεῖς εἶναι
13. 26. εὐμενεῖς ἐποίησεν

εὐμενῶς.
Wi. 6. 16. ἐν ταῖς τρίβοις φαντάζεται αὐτοῖς εὐμενῶς

εὐμετάβολος. (1) הָפַךְ ni.
Pr. 17. 20. ἀνὴρ εὐμετάβολος γλώσσῃ ἐμπεσεῖται εἰς κακά (1)

εὐμήκης. (1) רוּם
De. 9. 2. λαὸν μέγαν καὶ πολὺν καὶ εὐμήκη [A -κεις] (1)
[Sm. Ez. 17. 3.]

εὐμορφία.
Wi. 7. 10. ὑπὲρ . . . εὐμορφίαν ἠγάπησα αὐτήν
IV Ma. 8. 10. καὶ τῆς εὐ. οἰκτείρομαι

εὔμορφος.
Si. 9. 8. ἀπόστρεψον ὀφθαλμὸν ἀπὸ γυναικὸς εὐ.

εὐνοεῖν. (1) דָּבַק
Es. 8. 13. B S^{1} καὶ τοῖς εὐνοοῦσι Πέρσαις [A S^{3} *al.*]
Da. LXX. 2. 43. οὔτε εὐνοοῦντες ἀλλήλοις (1?)
III Ma. 7. 11. προφερόμενοι . . . μηδέποτε εὐνοήσειν
[Quint. Ge. 34. 15.]

εὔνοια.
Es. 2. 23. ὑπὲρ τῆς εὐ. M. ἐν [A *om.*] ἐγκωμίῳ –
3. 13. ἐν τῇ εὐ. . . . ἀποδεδειγμένος
6. 4. ἐν δὲ τῷ πυνθάνεσθαι τὸν βασιλέα περὶ τῆς εὐ. M. –
Si. *prol.* 13. παρακέκλησθε οὖν μετ' εὐνοίας καὶ προσοχῆς τὴν ἀνάγνωσιν ποιεῖσθαι
I Ma. 11. 33. S R χάριν τῆς ἐξ αὐτῶν [A τῆς ἑαυτῶν] εὐ. πρὸς ἡμᾶς
— 53. A R ἀνταπέδωκε τὰς [R κατὰ τὰς] εὐ.
II Ma. 9. 21. τὴν εὐ. ἂν ἐμνημόνευον
— 26. συντηρεῖν τὴν οὖσαν εὐ. εἰς ἐμέ
II Ma. 11. 19. ἐὰν μὲν οὖν συντηρήσητε τὴν εἰς τὰ πράγματα εὐ.
12. 30. ἀπομαρτυρησάντων δὲ . . . πρὸς αὐτοὺς εὔνοιαν
14. 26. συνιδὼν τὴν πρὸς ἀλλήλους εὐ.
— 37. κατὰ τὴν εὐ. πατὴρ τῶν 'I. προσαγορευόμενος
15. 30. ὁ τὴν τῆς ἡλικίας εὐ. . . . διαφυλάξας
III Ma. 3. 3. τὴν μὲν πρὸς τοὺς βασιλεῖς εὐ.
6. 26. τοὺς ἐξ ἀρχῆς εὐνοίᾳ . . . διαφέροντας
7. 7. τήν τε τοῦ φίλου . . . εὐ. ἀναλογισάμενοι
IV Ma. 2. 10. ὁ γὰρ νόμος καὶ τῆς πρὸς γονεῖς εὐ. κρατεῖ
4. 24. καταλῦσαι . . . τὴν τοῦ ἔθνους εὐ. [S R εὐνομίαν]
13. 25. τὴν πρὸς ἀλλήλους εὐ. καὶ [A R *om.* εὐ. καὶ] ὁμόνοιαν

εὐνομία.
IV Ma. 3. 20. βαθεῖαν εἰρήνην διὰ τὴν εὐ.
4. 24. S R καταλῦσαι . . . τὴν τοῦ ἔθνους εὐ. [A εὔνοιαν]
7. 9. τὴν εὐ. ἡμῶν . . . ἐκύρωσας
18. 4. τὴν εὐ. τὴν ἐπὶ τῆς πατρίδος
[Aq. Pr. 8. 14: Is. 28. 29.]

εὔνους.
IV Ma. 4. 3. εὔνους ὢν τοῖς τοῦ βασ. πράγμασιν

εὐνοῦχος. (1) סָרִיס
Ge. 39. 1. Πετεφρῆς ὁ εὐ. Φαραώ (1)
40. 2. ὠργίσθη Φαραὼ ἐπὶ τοῖς δυσὶν εὐ. αὐτοῦ (1)
— 7. τοὺς εὐ. Φ. οἳ ἦσαν μετ' αὐτοῦ ἐν τῇ φ. (1)
I Ki. 8. 15. καὶ δώσει τοῖς εὐ. αὐτοῦ (1)
III Ki. 22. 9. ἐκάλεσεν ὁ βασιλεὺς 'I. εὐ. ἕνα (1)
IV Ki. 8. 6. καὶ ἔδωκεν αὐτῇ ὁ βασιλεὺς εὐ. ἕνα (1)
9. 32. καὶ κατέκυψαν πρὸς αὐτὸν δύο [A τρεῖς] εὐνοῦχοι (1)
20. 18. καὶ ἔσονται εὐνοῦχοι (1)
23. 11. εἰς τὸ γαζοφυλάκιον Νάθαν βασιλέως τοῦ εὐ. (1)
24. 12. οἱ ἄρχοντες αὐ. καὶ οἱ [A *om.*] εὐ. αὐ. (1)
— 15. τὰς γυναῖκας τοῦ βασ. καὶ τοὺς εὐ. αὐ. (1)
25. 19. ἐκ τῆς πόλεως ἔλαβεν εὐνοῦχον ἕνα (1)
I Ch. 28. 1. B σὺν τοῖς εὐ. (1)
II Ch. 18. 8. καὶ ἐκάλεσεν ὁ βασ. εὐνοῦχον ἕνα (1)
Ne. 1. 11. B S^{2} ἤμην εὐνοῦχος [A S^{1} R οἰνοχόος] τῷ βασιλεῖ †
Ju. 12. 11. A B καὶ εἶπε Βαγώᾳ τῷ εὐ.
Es. 1. 1. ἡσύχασε M. . . . μετὰ Γ. καὶ Θ. τῶν δύο εὐ.
— 1. ἐξήτασεν ὁ βασιλεὺς τοὺς δύο εὐ.
— 1. κακοποιῆσαι τὸν M. . . . ὑπὲρ τῶν δύο εὐ.
— 10. εἶπε . . . τοῖς ἑπτὰ εὐ. (1)
— 12. ἐλθεῖν [S^{1} εἰσελ.] μετὰ [S^{3} κατὰ τὸ ῥῆμα τοῦ βασιλέως τὸ μ.] τῶν εὐ. (1)
— 15. τὰ ὑπὸ τοῦ βασ. προσταχθέντα διὰ τῶν εὐ. (1)
— 21. S^{1} καθὰ ἐλάλησεν ὁ εὐ. [A B S^{2} M.] †
2. 3. παραδοθήτωσαν τῷ εὐ. τοῦ βασιλέως (1)
— 14. οὗ Γαι ὁ εὐ. τοῦ βασ. (1)
— 15. ὧν ἐνετείλατο [S αὐτῇ ἐν., A αὐτῇ ἔλεγεν] ὁ εὐ. (1)
— 21. ἐλυπήθησαν οἱ δύο εὐ. τοῦ βασ. (1)
— 23. ὁ δὲ βασ. ἤτασε [S^{3} ἀνήτ.] τοὺς δύο εὐ. –
4. 4. αἱ ἅβραι καὶ οἱ εὐ. τῆς βασιλίσσης (1)
— 5. προσεκαλέσατο 'A. τὸν εὐ. αὐτῆς (1)
6. 2. περὶ τῶν δύο εὐ. τοῦ βασ. [A εὐ. αὐ.] (1)
— 14. παραγίνονται οἱ εὐ. [S^{3} εὐ. τοῦ βασιλέως] (1)
7. 9. εἷς τῶν εὐ. πρὸς τὸν βασ. [A εὐ. τοῦ β.] (1)
Wi. 3. 14. εὐνοῦχος ὁ μὴ ἐργασάμενος ἐν χειρὶ ἀνόμημα
Si. 20. 4. ἐπιθυμία εὐνούχου ἀποπαρθενῶσαι νεάνιδα
30. 20. ὥσπερ εὐνοῦχος περιλαμβάνων παρθένον
Is. 56. 3. μὴ λεγέτω ὁ εὐ. (1)
— 4. τάδε λέγει κύριος τοῖς εὐ. (1)
Je. 36 (29). 2. ἐξελθόντος 'Ιεχονίου . . . καὶ τῶν εὐ. (1)
48 (41). 16. ἔλαβεν 'Ιωάναν . . . τοὺς εὐ. (1)
52. 25. ἔλαβεν . . . εὐνοῦχον ἕνα (1)
[Aq. Is. 39. 7: Je. 34 (41). 19: 38 (45). 7.]
[Sm., Th. Is. 39. 7: Je. 38 (45). 7.]
[Al. Je. 34 (41). 19: Da. 1. 3.]

εὐοδία. (1) פָּתָה pu.
I Es. 8. 6. κατὰ τὴν δοθεῖσαν αὐτοῖς εὐ.
— 50. ζητῆσαι παρ' αὐτοῦ εὐοδίαν
To. 4. 6. εὐοδίαι ἔσονται ἐν τοῖς ἔργοις σου [S *al.*]
Pr. 25. 15. ἐν μακροθυμίᾳ εὐοδία βασιλεῦσι (1?)
Si. 10. 5. ἐν χειρὶ κυρίου εὐοδία ἀνδρός
20. 9. ἔστιν εὐοδία [A -ωδία] ἐν κακοῖς ἀνδρί
38. 13. A B ἔστι καιρὸς ὅτε καὶ ἐν χερσὶν αὐτῶν εὐοδία [S R -ωδία]
43. 26. S R δι' αὐτὸν εὐοδία [A -δοκία, B -ωδία] τέλος [S^{2} -ους] αὐτοῦ

εὔοδος. (1) חָלַץ ni. (2) εὔοδον εἶναι צָלַח
Nu. 14. 41. οὐκ εὔοδα ἔσται ὑμῖν (2)
I Es. 7. 3. εὔοδα ἐγίνετο τὰ ἱερὰ ἔργα
Pr. 11. 9. αἴσθησις δὲ δικαίων εὔοδος (1)
13. 13. οἰκέτῃ δὲ σοφῷ εὔοδοι ἔσονται πράξεις –

εὐοδοῦν. (1) נָחָה *a.* qal. *b.* hi. (2) פָּרַץ (3) צָלַח *a.* qal. *b.* hi. *c.* צְלַח aph. (4) קָרָה hi. (5) רָצָה (6) שָׂכַל hi.
Ge. 24. 12. εὐόδωσον ἐναντίον μου σήμερον (4)
— 21. A γνῶναι ἢ [R εἰ] εὐώδωκε κύριος τὴν ὁδὸν αὐτοῦ (3 b)
— 27. ἐμὲ εὐόδωκε κύριος εἰς οἶκον τοῦ ἀδ. (1 a)
— 40. καὶ εὐοδώσει τὴν ὁδόν σου (3 b)
— 42. εἰ σὺ εὐοδοῖς τὴν ὁδόν μου (3 b)
— 48. A ὃς εὐώδωσέ μοι [R με] ἐν ὁδῷ ἀληθείας (1 b)
— 56. κύριος εὐώδωσε τὴν ὁδόν μου (3 b)
39. 3. ὅσα ἂν ποιῇ κύριος εὐοδοῖ ἐν ταῖς χερσίν (3 b)
— 23. A κύριος εὐοδοῖ [R εὐώδου] (3 b)
De. 28. 29. οὐκ εὐοδώσει τὰς ὁδούς σου (3 b)
Jo. 1. 8. A R τότε εὐοδωθήσῃ καὶ εὐοδώσεις [B -σει] τὰς ὁδούς σου (–, 3 b)
Jd. 4. 8. ἐν ᾗ εὐοδοῖ κ. τὸν ἄγγελον μετ' ἐμοῦ –
18. 5. εἰ εὐοδωθήσεται [A κατευοδοῖ] ἡ ὁδὸς ἡμῶν (3 b)
III Ki. 22. 12. καὶ εὐοδώσει (3 b)
— 15. εὐοδώσει [A εὐ. καὶ δώσει] κύριος εἰς χεῖρα (3 b)
I Ch. 13. 2. A S R καὶ παρὰ κυρίου θεοῦ ἡμῶν εὐοδωθῇ [B -ωδώθη] (2 ?)
22. 11. καὶ εὐοδώσει (3 b)
— 13. τότε εὐοδώσει [A -ωθήσει] (3 b)
II Ch. 7. 11. A B^{1} καὶ ἐν οἴκῳ αὐτοῦ εὐοδωθῇ [B^{2} R -ωδώθη] (3 b)
13. 12. A ὅτι οὐκ εὐοδωθήσεται [B S -δώσεται] ὑμῖν (3 b)
14. 7 (6). καὶ εὐώδωσεν ἡμῖν (3 b)
18. 11. καὶ εὐοδωθήσῃ (3 b)
— 14. καὶ εὐοδώσεις (3 b)
20. 20. καὶ εὐοδωθήσεσθε (3 b)
24. 20. καὶ οὐκ εὐοδωθήσεσθε (3 b)
26. 5. καὶ εὐώδωσεν αὐτῷ κύριος (3 b)
31. 21. καὶ εὐοδώθη (3 b)
32. 30. εὐοδώθη 'E. ἐν πᾶσι τοῖς ἔργοις αὐ. (3 b)
35. 13. καὶ εὐωδώθη †
I Es. 6. 10. καὶ εὐοδούμενον τὸ ἔργον
II Es. 5. 8. καὶ εὐοδοῦται ἐν ταῖς χερσὶν αὐτῶν (3 c)
Ne. 1. 11. εὐόδωσον δὴ τῷ παιδί σου σήμερον (3 b)
2. 20. A S R ὁ θεὸς τοῦ οὐρανοῦ αὐτὸς εὐοδώσει ἡμῖν [B -ᾶς] (3 b)
To. 4. 6. S οἱ ποιοῦντες ἀλήθειαν εὐοδωθήσονται [A B *al.*]
— 19. A B καὶ βουλαὶ εὐοδωθῶσι
5. 16. καὶ εὐοδωθείητε [S *al.*]
— 16. ὁ δὲ . . . θεὸς εὐοδώσει τὴν ὁδὸν ὑμῶν [S *al.*]
— 21. καὶ εὐοδωθήσεται ἡ ὁδὸς αὐτοῦ
7. 12. ὁ δὲ ἐλεήμων θεὸς εὐοδώσει ὑμῖν τὰ κάλλιστα [S *al.*]
— 13. S εὐοδῶσαι ὑμῖν εἰρήνην [A B *al.*]
10. 12. B εὐοδώσει [A -λογήσει] ὑμᾶς τέκνα ὁ θεός [S *al.*]
— 13. S εὐοδωθείημεν πάντες ἐν τῷ αὐτῷ
11. 1. ὅτι εὐώδωσε [S -όδωκεν] τὴν ὁδὸν αὐτοῦ
— 1. S εὐοδωθῇ σοι τιμᾶν αὐτούς
— 15. S εὐοδώθη ἡ ὁδὸς αὐτοῦ
Ps. 117 (118). 25. ὦ κύριε, εὐόδωσον δή (3 b)
Pr. 17. 8. οὗ δ' ἂν ἐπιστρέψῃ εὐοδωθήσεται [S ἀδικηθήσ.] (6)
28. 13. ὁ ἐπικαλύπτων ἀσέβειαν ἑαυτοῦ οὐκ εὐοδωθήσεται (3 b)
Wi. 11. 1. εὐώδωσε τὰ ἔργα αὐ.
Si. 11. 17. ἡ εὐδοκία αὐτοῦ εἰς τὸν αἰῶνα εὐοδωθήσεται [S εὐδοθ.]
15. 10. ὁ κύριος εὐοδώσει αὐτόν

● = correction on page xxvi ▶ = additional entry on page xxvi

Si. 38. 14. ἵνα εὐοδώσῃ αὐτοῖς ἀνάπαυσιν
41. 1. ἀνδρὶ ἀπερισπάστῳ καὶ εὐοδουμένῳ ἐν πᾶσι
Is. 46. 11. εὐώδωσα τὴν ὁδὸν αὐτοῦ —
48. 15. εὐώδωσα [S -κα] τὴν ὁδὸν αὐτοῦ (3 b)
54. 17. πᾶν σκεῦος . . . ἐπὶ σὲ οὐκ εὐοδώσω [A al.] (3 a)
55. 11. εὐοδώσω τὰς ὁδούς σου (3 b)
Je. 2. 37. οὐκ εὐοδωθήσῃ [S¹ εὐδοκήσῃ] ἐν αὐτῇ (3 b)
12. 1. τί ὅτι ὁδὸς ἀσεβῶν εὐοδοῦται (3 a)
14. 10. ὁ θεὸς οὐκ εὐώδωσεν [A S ηὐδόκησεν] ἐν αὐτοῖς (5)
Da. LXX. 6. 3 (4). καὶ εὐοδούμενος ἐν ταῖς πραγματείαις τοῦ βασ. —
8. 11. καὶ εὐωδώθησαν —
— 12. καὶ εὐωδώθη (3 b)
— 24. καὶ εὐοδωθήσεται (3 b)
— 25. καὶ εὐοδωθήσεται τὸ ψεῦδος (3 b)
11. 27. καὶ οὐκ εὐοδωθήσονται (3 a)
— 36. καὶ εὐοδωθήσεται (3 b)
Da. TH. 8. 12. καὶ εὐωδώθη [A κατευ.] (3 b)
I Ma. 3. 6. εὐοδώθη σωτηρία ἐν χειρὶ αὐτοῦ
4. 55. S R εὐλόγησαν . . . τὸν εὐοδώσαντα αὐτοῖς [A -ούς]
14. 36. εὐοδώθη ἐν ταῖς χερσὶν αὐτοῦ
16. 2. εὐοδώθη ἐν ταῖς χερσὶν ἡμῶν
II Ma. 10. 7. R τῷ εὐοδώσαντι καθαρισθῆναι [A -ρίσαι] τὸν ἑαυτοῦ τόπον
— 23. τὰ πάντα ἐν ταῖς χερσὶν εὐοδούμενος
[**Aq.**, **Th.**, **Quint.** Ps. 117 (118). 25.]
[**Sm.** Ge. 39. 2: Ps. 117 (118). 25: Pr. 28. 13: Is. 53. 10.]
[**Al.** I Ch. 29. 23: Pr. 28. 27.]

εὐόδως. (1) יָטַב hi.
Pr. 24. 64 (30. 29). τρία δέ ἐστιν ἃ εὐ. πορεύεται (1)

εὔοπτος.
Ep. Je. 61. ἀστραπὴ ὅταν ἐπιφανῇ εὔ. ἐστι

εὐπάθεια.
[**Al.** Ps. 121 (122). 7.]

εὐπαθεῖν. (1) רַעֲנָן (2) שַׁלְאֲנָן
Jb. 21. 23. ὅλος δὲ εὐπαθῶν καὶ εὐθηνῶν (2)
Ps. 91 (92). 14. εὐπαθοῦντες ἔσονται τοῦ ἀναγγεῖλαι (1)
[**Aq.** Jb. 3. 26: Ps. 121 (122). 6.]
[**Th.** Jb. 21. 23: Je. 30 (37). 10.]

εὐπάρυφος. (1) מִכְלוֹל
Ez. 23. 12. στρατηγοὺς τοὺς ἐγγὺς αὐτῆς ἐνδεδυκότας εὐπάρυφα [A al.] (1)

εὐπείθεια.
IV Ma. 5. 16. τῆς πρὸς τὸν νόμον ἡμῶν εὐ.
9. 2. εἰ μὴ τῇ τοῦ νόμου εὐ. συμβούλῳ . . . χρησαίμεθα
12. 6. S ἐπὶ τὴν σωτήριον εὐ. [A R -αν εὐπειθῆ]
15. 9. τὴν πρὸς τὸν νόμον αὐτῶν εὐ.

εὐπειθεῖν.
IV Ma. 8. 6. εὐεργετεῖν τοὺς εὐπειθοῦντάς μοι

εὐπειθής.
IV Ma. 12. 6. A R ἐπὶ τὴν σωτηρίαν εὐ. ποιῆσαι τὸν περιλειπόμ. [S al.]

εὐποιεῖν, *vid. sub* εὖ *et* ποιεῖν.

εὐπορεῖν. (1) מָצָא (2) נָשַׂג hi.
Le. 25. 26. εὐπορηθῇ [A εὑρεθῇ] τῇ χειρί (2)
— 28. B² R ἐὰν δὲ μὴ εὐπορηθῇ [A B¹ εὑρεθῇ] αὐτοῦ ἡ χείρ (1)
— 49. εὐπορηθεὶς ταῖς χερσί (2)
Wi. 10. 10. εὐπόρησεν αὐτὸν ἐν μόχθοις
[**Sm.** Hb. 2. 5.]

εὐπορία. (1) חַיִל
IV Ki. 25. 10. A τὸ τεῖχος . . . κατέλυσαν πᾶσα εὐ. X. [B al.] (1)
[**Aq.** Dt. 8. 18: Jd. 6. 12: I Ki. 10. 26: II Ki. 2. 7: Jb. 5. 5: Ps. 32 (33). 16: 47 (48). 14: 109 (110). 3: Is. 36. 2: 60. 5: 61. 6: Ez. 29. 18.]
[**Sm.** Pr. 12. 4.]
[**Al.** I Ki. 14. 52.]
[**Sext.** Ps. 32 (33). 17.]

εὔπορος.
[**Aq.** I Ki. 31. 12.]

εὐπόρφυρος. (1) מִכְלוֹל
Ez. 23. 12. A στρατηγοὺς τοὺς ἐγγὺς αὐτῆς ἐνδεδυμένους εὐπόρφυρα [B al.] (1)

εὐπραγεῖν.
[**Sm.** Ps. 35 (36). 4: Hb. 2. 5.]

εὐπραξία.
III Ma. 3. 5. τῇ δὲ τῶν δικαίων εὐ.
— 6. τὴν μὲν οὖν . . . θρυλλουμένην εὐ.

εὐπρέπεια (-πία). (1) גֵּאוּת (2) הָדָר (3) מִכְלָל (4) מָעוֹז (5) נָוֶה (6) נָעִים
II Ki. 15. 25. καὶ δείξει μοι [A om.] αὐτὴν καὶ τὴν εὐ. αὐτῆς (5)
Jb. 5. 24. A καὶ ἐπισκοπὴ τῆς εὐ. σου (5)
36. 11. συντελέσουσι . . . τὰ ἔτη αὐτῶν ἐν εὐπρεπείαις (6)
Ps. 25 (26). 8. ἠγάπησα εὐπρέπειαν οἴκου σου (4)
49 (50). 2. ἐκ Σιὼν ἡ εὐ. τῆς ὡραιότητος αὐτοῦ (3)
92 (93). 1. εὐπρέπειαν ἐνεδύσατο (1)
103 (104). 2. ἐξομολόγησιν καὶ εὐπρέπειαν [AS² μεγαλοπρ.] ἐνεδύσω (2)
Pr. 31. 25. ἰσχὺν καὶ εὐπρέπειαν ἐνεδύσατο (2)
Wi. 5. 16. λήψονται τὸ βασίλειον τῆς εὐ.
Si. 47. 10. ἔδωκεν ἐν [S om.] ἑορταῖς εὐπρέπειαν
Je. 23. 9. ἀπὸ προσώπου εὐπρεπείας δόξης αὐτοῦ †
Ba. 5. 1. ἔνδυσαι τὴν εὐ. τῆς παρὰ τοῦ θεοῦ δόξης
La. 1. 6. ἐξῆρθη [AS¹ -ἦλθεν] ἐκ θυγατρὸς Σιὼν πᾶσα ἡ εὐ. αὐτῆς (2)
Ez. 16. 14. συντετελεσμένον ἦν ἐν εὐπρεπείᾳ (2)
III Ma. 1. 9. R τῇ . . . εὐπρεπείᾳ [A -σεβείᾳ] καταπλαγείς
IV Ma. 8. 4. καὶ τῆς εὐ. ἐκπλαγείς
[**Aq.** Jd. 5. 22: Jb. 5. 3: Ps. 26 (27). 4: 28 (29). 2: Je. 10. 25: 25. 30 (32. 16): 50 (27). 7, 19: Hb. 3. 3: Za. 11. 7, 10.]
[**Sm.** Ps. 28 (29). 2 *bis*, 4: 70 (71). 8: Is. 35. 2 *bis*: Ez. 23. 26: Za. 11. 7, 10.]
[**Th.** Jb. 8. 6: 36. 11: 40. 5 (10): Ps. 28 (29). 2: 78 (79). 7: 109 (110). 3: Pr. 20. 29: Je. 25. 30 (32. 16): 50 (27). 7: Hb. 3. 3: Za. 11. 10.]
[**Al.** Jb. 5. 24: Ps. 44 (45). 4: Hb. 3. 3: Za. 6. 13.]
[**Quint.** Ps. 28 (29). 2.]

εὐπρεπεῖν.
[**Aq.** Pr. 2. 10.]

εὐπρεπής. (1) הוֹד (2) נָוֶה (3) *a.* נָעֵם *b.* נָעִים
II Ki. 1. 23. εὐπρεπεῖς ἐν τῇ ζωῇ αὐτῶν (3 b)
23. 1. καὶ εὐπρεπεῖς ψαλμοὶ Ἰ. (3 b)
III Ki. 8. 53. AR οἰκοδόμησον . . . οἶκον εὐ. [B ἐκ.] σαυτῷ —
Jb. 18. 15. κατασπαρήσονται τὰ εὐ. αὐτοῦ θείῳ (2)
Wi. 7. 29. ἔστι γὰρ αὕτη εὐπρεπεστέρα ἡλίου
Si. 24. 14. ὡς ἐλαία εὐπρεπὴς ἐν πεδίῳ
Za. 10. 3. ὡς ἵππον εὐ. αὐτοῦ ἐν πολέμῳ (1)
Ez. 32. 19. A ἐξ ὑδάτων εὐπρεποῦς κατάβηθι (3 a?)
[**Aq.** Ps. 15 (16). 6: 80 (81). 3: 134 (135). 3.]
[**Sm.** Is. 52. 7: 63. 1.]
[**Th.** Jb. 18. 15: Is. 52. 7: Ez. 32. 19.]

εὐπρεπίζειν.
[**Aq.** Ps. 140 (141). 6.]

εὐπρεποῦν.
[**Aq.** Pr. 2. 10.]

εὐπρεπῶς.
I Es. 1. 10. ταῦτα τὰ γενόμενα [A τούτων γενομένων] εὐ. ἔστησαν οἱ ἱερεῖς
Wi. 13. 11. τεχνησάμενος εὐ. [S εὐτρεπῶς]

εὐπροσήγορος.
Si. 6. 5. γλῶσσα εὔλαλος πληθυνεῖ εὐπροσήγορα

εὐπροσωπίζεσθαι.
[**Al.** Ps. 140 (141). 6.]

εὐπρόσωπος. (1) יְפַת־מַרְאֶה
Ge. 12. 11. γινώσκω ἐγὼ ὅτι γυνὴ εὐ. εἶ (1)

εὕρεμα (-ημα). (1) שָׁלָל
Si. 20. 9. ἔστιν εὕρεμα εἰς ἐλάττωσιν
29. 4. πολλοὶ ὡς εὕρεμα ἐνόμισαν δάνος
— 6. λογιεῖται αὐτὸ ὡς εὕρεμα
32 (35). 10. δὸς . . . ἐν ἀγαθῷ ὀφθαλμῷ καθ' εὕρεμα [S αἵρεμα] χειρός
Je. 45 (38). 2: 46 (39). 18. ἔσται ἡ ψυχὴ εἰς εὕ. (1)
51. 35 (45. 5). δώσω τὴν ψυχήν σου εἰς [S om.] εὕ. (1)

εὕρεσις.
Wi. 14. 12. εὑρέσεις δὲ αὐτῶν [S -ῷ] φθορὰ ζωῆς
Si. 13. 26. εὕρεσις [A -εις] παραβολῶν διαλογισμοὶ μετὰ κόπου [A S -ων]
[**Aq.**, **Sext.** Ps. 31 (32). 6.]

εὑρετής. (1) מָצָא
Pr. 16. 20. συνετὸς ἐν πράγμασιν εὑρετὴς ἀγαθῶν (1)
II Ma. 7. 31. σὺ δὲ πάσης κακίας εὑρετὴς γενόμενος

εὑρετός.
Jd. 9 6 πρὸς τῇ βαλάνῳ τῇ εὐ. τῆς στάσεως †

εὕρημα, *vid.* **εὕρεμα.**

εὔριζος. (1) יְפֵה נוֹף
Ps. 47 (48). 2. εὐρίζων [B² -ζῳ] ἀγαλλιάματι πάσης τῆς γῆς (1)
[**Th.** Ps. 47 (48). 3.]

εὑρίσκειν. (1) אָמַר ni. (2) בּוֹא *a.* qal. *b.* hoph. (3) בָּקַע ni. (4) בִּקֵּשׁ pi. (5) דָּרַךְ hi. (6) יָתַר ni. (7) מִלֵּט pi. (8) מָצָא *a.* qal. *b.* ni. *c.* hi. (9) נָשָׂא (10) נָשַׂג hi. (11) עָבַר (12) פּוּק hi. (13) רָאָה *a.* qal. *b.* ni. (14) שְׁכַח *a.* aph. *b.* ithpe. (15) שָׁמַר
Ge. 2. 20. οὐχ εὑρέθη βοηθὸς ὅμοιος αὐτῷ (8 a)
4. 14. πᾶς ὁ εὑρίσκων με ἀποκτενεῖ με (8 a)
— 15. τοῦ μὴ ἀνελεῖν αὐτὸν πάντα τὸν εὑρίσκοντα αὐτόν (8 a)
5. 24. καὶ οὐχ ηὑρίσκετο —
6. 8. Νῶε δὲ εὗρε χάριν ἐναντίον κ. τοῦ θεοῦ (8 a)
8. 9. οὐχ εὑροῦσα ἡ περιστερὰ ἀνάπαυσιν (8 a)
11. 2. εὗρον πεδίον ἐν γῇ Σεννααρ (8 a)
16. 7. R εὗρε δὲ αὐτὴν ἄγγελος κυρίου (8 a)
18. 3. εἰ ἄρα εὗρον χάριν ἐναντίον σου (8 a)
— 26. A ἐὰν εὕρω [R ὦσιν] ἐν Σοδόμοις (8 a)
— 28. ἐὰν εὕρω ἐκεῖ τεσσαράκοντα πέντε (8 a)
— 29. ἐὰν δὲ εὑρεθῶσιν ἐκεῖ τεσσαράκοντα (8 b)
— 30. ἐὰν δὲ εὑρεθῶσιν ἐκεῖ τριάκοντα (8 b)
— 30. A ἐὰν εὑρεθῶσιν ἐκεῖ τριάκοντα [R al.] (8 a)
— 31. ἐὰν δὲ εὑρεθῶσιν ἐκεῖ εἴκοσι (8 b)
— 31. R ἐὰν εὕρω ἐκεῖ εἴκοσι [A ἕνεκεν τῶν εἰ.] †
— 32. ἐὰν δὲ εὑρεθῶσιν ἐκεῖ δέκα (8 b)
19. 19. ἐπειδὴ εὗρεν ὁ παῖς σου ἔλεος ἐναντίον σου (8 a)
26. 12. καὶ εὗρεν . . . ἑκατοστεύουσαν κριθήν (8 a)
— 19. καὶ εὗρον ἐκεῖ φρέαρ ὕδατος ζῶντος (8 a)
— 32. οὐχ εὕρομεν ὕδωρ (8 a)
27. 20. τί τοῦτο ὃ ταχὺ εὗρες, ὦ τέκνον (8 a)
30. 14. καὶ εὗρε μῆλα μανδρ. (8 a)
— 27. εἰ εὗρον χάριν ἐναντίον σου (8 a)
31. 32. παρ' ᾧ ἂν εὕρῃς τοὺς θεούς σου (8 a)
— 33. καὶ οὐχ εὗρεν —
— 33. καὶ οὐχ εὗρεν (8 a)
— 35. καὶ οὐχ εὗρε τὰ εἴδωλα (8 a)
— 37. τί εὗρες ἀπὸ πάντων τῶν σκευῶν (8 a)
32. 5 (6). ἵνα εὕρῃ ὁ παῖς σου χάριν ἐναντίον σου (8 a)
— 19 (20). ἐν τῷ εὑρεῖν ὑμᾶς αὐτόν (8 a)
33. 8. A ἵνα εὕρῃ ὁ παῖς σου χάριν ἐν ὀφθαλμοῖς σου [R ἐναντίον σου] (8 a)
— 10. A εἰ εὕρηκα [R εὗρον] χάριν ἐναντίον σου (8 a)
— 15. εὗρον χάριν ἐναντίον σου (8 a)
34. 11. εὕροιμι χάριν ἐναντίον ὑμῶν (8 a)
36. 24. ὃς εὗρε τὸν Ἰαμεὶν ἐν τῇ ἐρήμῳ (8 a)
37. 15. καὶ εὗρεν αὐτὸν ἄνθρωπος πλανώμενον (8 a)
— 17. A καὶ εὗρεν αὐτοὺς εἰς [R ἐν] Δωθαείμ (8 a)
— 32. τοῦτον εὕρομεν (8 a)
38. 20. καὶ οὐχ εὗρεν αὐτήν (8 a)
— 22. καὶ εἶπεν, Οὐχ εὗρον (8 a)

Ge. 38. 23. σὺ δὲ οὐχ εὕρηκας (8 a)
39. 4. εὗρεν Ἰ. χάριν ἐναντίον τοῦ κυρίου (8 a)
41. 38. μὴ εὑρήσομεν ἄνθρωπον τοιοῦτον (8 a)
44. 6. εὑρὼν δὲ αὐτοὺς εἶπεν αὐτοῖς (10)
— 8. A τὸ ἀργύριον ὃ εὕραμεν [R -ομεν] (8 a)
— 9. A παρ' ᾧ ἂν εὑρεθῇ [R εὕρῃς] τὸ κόνδυ (8 b)
— 10. παρ' ᾧ ἂν εὑρεθῇ τὸ κόνδυ (8 b)
— 12. εὗρε τὸ κόνδυ ἐν τῷ μαρσίππῳ τῷ Βεν. (8 b)
— 16. ὁ θεὸς δὲ εὗρε τὴν ἀδικίαν τῶν παίδων (8 a)
— 16, 17. παρ' ᾧ εὑρέθη τὸ κόνδυ (8 b)
— 34. ἵνα μὴ ἴδω τὰ κακὰ ἃ εὑρήσει τὸν πατέρα (8 a)
47. 14. πᾶν τὸ ἀργύριον τὸ εὑρεθὲν ἐν γῇ Αἰγ. (8 b)
— 25. εὕρομεν [A -αμεν] χάριν ἐναντίον τοῦ κυρίου ἡμῶν (8 a)
— 29. εἰ εὕρηκα χάριν ἐναντίον σου (8 a)
50. 4. εἰ εὗρον χάριν ἐναντίον ὑμῶν (8 a)
Ex. 5. 11. συλλέγετε ἑαυτοῖς ἄχυρα ὅθεν ἐὰν εὕρητε (8 a)
9. 19. A^2R ὅσα ἐὰν εὑρεθῇ [B σοί ἐστιν] ἐν τῷ πεδίῳ (8 b)
12. 19. ἑπτὰ ἡμέρας ζύμη οὐχ εὑρεθήσεται ἐν ταῖς οἰκίαις (8 b)
14. 9. εὕροσαν [A^2 εὗρον] αὐτοὺς παρεμβεβληκότας (10)
15. 22. καὶ οὐχ ηὕρισκον ὕδωρ ὥστε πιεῖν (8 a)
16. 25. οὐχ εὑρεθήσεται [A εὑρήσετε] ἐν τῷ πεδίῳ (8 a)
— 27. καὶ οὐχ εὗρον (8 a)
21. 17 (16). καὶ εὑρεθῇ ἐν αὐτῷ (8 b)
22. 2 (1). ἐὰν δὲ ἐν τῷ διορύγματι εὑρεθῇ ὁ κλέπτης (8 b)
— 4 (3). καὶ εὑρεθῇ ἐν τῇ χειρὶ αὐτοῦ τὸ κλέμμα (8 b)
— 6 (5). ἐὰν δὲ ἐξελθὸν πῦρ εὕρῃ ἀκάνθας (8 a)
— 7 (6). ἐὰν εὑρεθῇ ὁ κλέψας (8 b)
— 8 (7). ἐὰν δὲ μὴ εὑρεθῇ ὁ κλέψας (8 b)
33. 13. εἰ οὖν εὕρηκα χάριν ἐναντίον σου (8 a)
— 13. ὅπως ἂν [A *om.*] ὦ εὑρηκὼς χάριν ἐναντίον σου (8 a)
— 16. ὅτι εὕρηκα χάριν παρὰ σοί (8 a)
— 17. εὕρηκας γὰρ χάριν ἐνώπιον ἐμοῦ (8 a)
34. 9. εἰ εὕρηκα [A εὗρον] χάριν ἐνώπιόν σου (8 a)
35. 23. καὶ παρ' ᾧ εὑρέθη βύσσος [A *al.*] (8 b)
— 24. παρ' οἷς εὑρέθη ξύλα ἄσηπτα (8 b)
Le. 5. 11. ἐὰν δὲ μὴ εὑρίσκῃ αὐτοῦ ἡ χεὶρ ζεῦγος τρυγόνων (10)
6. 3 (5. 22). ἢ εὗρεν ἀπώλειαν (8 a)
— 4 (5. 23). τὴν ἀπώλειαν ἣν εὗρεν (8 a)
12. 8. ἐὰν δὲ μὴ εὑρίσκῃ ἡ χεὶρ αὐτῆς τὸ ἱκανόν (8 a)
14. 21. καὶ ἡ χεὶρ αὐτοῦ μὴ εὑρίσκῃ (10)
— 22. ὅσα εὗρεν ἡ χεὶρ αὐτοῦ (10)
— 30. καθότι εὗρεν αὐτοῦ ἡ χείρ (10)
— 32. τοῦ μὴ εὑρίσκοντος τῇ χειρὶ εἰς τὸν καθαρισμόν (10)
25. 26. A εὑρεθῇ [B εὐπορηθῇ] τῇ χειρί (10)
— 26. εὑρεθῇ αὐτῷ τὸ ἱκανὸν λύτρα αὐτοῦ (8 a)
— 28. AB^1 ἐὰν δὲ μὴ εὑρεθῇ [B^2R εὐπορηθῇ] ἡ χεὶρ αὐτοῦ (8 a)
— 47. ἐὰν δὲ εὕρῃ ἡ χεὶρ τοῦ προσηλύτου (10)
Nu. 6. 21. χωρὶς ὧν ἂν εὕρῃ ἡ χεὶρ αὐτοῦ (10)
11. 11. διὰ τί οὐχ εὕρηκα χάριν ἐναντίον σου (8 a)
— 15. εἰ εὕρηκα ἔλεος παρὰ σοί (8 a)
15. 32. εὗρον ἄνδρα συλλέγοντα ξύλα (8 a)
— 33. προσήγαγον αὐτὸν οἱ εὑρόντες (8 a)
20. 14. τὸν μόχθον τὸν εὑρόντα ἡμᾶς (8 a)
31. 50. ὃ εὗρε σκεῦος χρυσοῦν (8 a)
32. 5. εἰ εὕρομεν χάριν ἐνώπιον [A ἐναντίον] σου (8 a)
35. 27. καὶ εὕρῃ αὐτὸν ὁ ἀγχιστεύων τὸ αἷμα (8 a)
De. 4. 29. AR καὶ εὑρήσετε αὐτόν [B *om.*] (8 a)
— 30. εὑρήσουσί σε πάντες οἱ λόγοι οὗτοι (8 a)
17. 2. ἐὰν δὲ εὑρεθῇ . . . ἀνήρ (8 b)
18. 10. οὐχ εὑρεθήσεται [A -ρήσεται] ἐν σοί (8 b)
20. 11. πᾶς ὁ λαὸς οἱ εὑρεθέντες ἐν αὐτῇ [A τῇ πόλει] (8 b)
21. 1. ἐὰν δὲ εὑρεθῇ τραυματίας ἐν τῇ γῇ (8 b)
— 17. ὧν ἂν εὑρεθῇ αὐτῷ (8 b)
22. 3. καὶ εὕρῃς [A εὕ. αὐτά] (8 a)
— 14. οὐχ εὕρηκα αὐτῆς τὰ παρθένια (8 a)
— 17. οὐχ εὕρηκα τῇ θυγατρί σου παρθένια (8 a)
— 20. καὶ μὴ εὑρέθῃ παρθένια τῇ νεάνιδι (8 b)
— 22. ἐὰν δὲ εὑρεθῇ ἄνθρωπος (8 b)
— 23. εὑρὼν αὐτὴν ἄνθρωπος (8 a)
— 25. ἐὰν δὲ . . . εὕρῃ ἄνθρωπος τὴν παῖδα (8 a)
— 27. ἐν τῷ ἀγρῷ εὗρεν αὐτήν (8 a)
— 28. ἐὰν δέ τις εὕρῃ τὴν παῖδα . . . καὶ εὑρεθῇ (8 a, 8 b)

De. 24. 1. A^2B ἐὰν μὴ εὕρῃ χάριν ἐναντίον αὐτοῦ ὅτι εὗρεν [A^2 εὕρηκεν] ἐν αὐτῇ ἄσχημον πρᾶγμα (8 a, 8 a)
28. 2. καὶ εὑρήσουσί σε (10)
31. 17. καὶ εὑρήσουσιν αὐτὸν κακὰ πολλά (8 a)
— 17. εὕροσάν με τὰ κακὰ ταῦτα (8 a)
— 21. A ὅταν εὕρωσιν αὐτὸν κακὰ πολλά (8 a)
Jo. 2. 22. καὶ οὐχ εὕροσαν [A -ρον] (8 a)
10. 17. εὕρηνται οἱ πέντε βασιλεῖς (8 b)
Jd. 1. 5. A καὶ εὗρον [B κατέλαβον] τὸν Ἀδ. (8 a)
5. 30. οὐχ εὑρήσουσιν αὐτὸν διαμερίζοντα σκῦλα (8 a)
6. 12. A εὗρεν αὐτὸν ἄγγελος κυρίου [B *al.*] (13 b)
— 13. εἰς τί εὗρεν ἡμᾶς τὰ κακὰ ταῦτα [A *al.*] (8 a)
— 17. εἰ δὴ εὗρον ἔλεος (8 a)
9. 33. ὅσα ἂν [A καθάπερ ἐὰν] εὕρῃ ἡ χείρ σου (8 a)
14. 12. καὶ εὕρητε (8 a)
— 18. A οὐκ ἂν εὕρητε [B ἔγνωτε] τὸ πρόβλημά μου (8 a)
15. 15. εὗρε σιαγόνα ὄνου (8 a)
17. 8. ἐν ᾧ ἐὰν εὕρῃ τόπῳ [A οὗ ἐὰν εὕ.] (8 a)
— 9. ἐν ᾧ ἐὰν εὕρω τόπῳ [A οὗ ἐὰν εὕ.] (8 a)
18. 9. A εὑρήκαμεν [B εἴδομεν] τὴν γῆν (13 a)
20. 48. ἕως παντὸς τοῦ εὑρισκομένου [A εὑρεθέντος] εἰς πάσας τὰς πόλεις (8 b)
— 48. τὰς πόλεις τὰς εὑρεθείσας (8 b)
21. 12. εὗρον . . . τετρακοσίας νεάνιδας παρθένους (8 a)
Ru. 1. 9. AR εὕρητε [B εὕροιτε] ἀνάπαυσιν (8 a)
2. 2. οὗ ἐὰν εὕρω χάριν ἐν ὀφθαλμοῖς αὐτοῦ (8 a)
— 10. τί ὅτι εὗρον χάριν ἐν ὀφθαλμοῖς σου (8 a)
— 13. εὕροιμι χάριν ἐν ὀφθαλμοῖς σου (8 a)
3. 1. A οὐ μὴ εὕρω [B ζητήσω] σοι ἀνάπαυσιν (4)
I Ki. 1. 18. εὗρεν ἡ δούλη σου χάριν (8 a)
9. 4 *bis.* καὶ οὐχ εὗρον (8 a)
— 8. εὕρηται ἐν τῇ χειρί μου τέταρτον σίκλου ἀργυρίου (8 b)
— 11. αὐτοὶ εὑρίσκουσι τὰ κοράσια (8 a)
— 13. οὕτως εὑρήσετε αὐτὸν ἐν τῇ πόλει (8 a)
— 13. διὰ τὴν ἡμέραν εὑρήσετε αὐτόν (8 a)
— 20. ὅτι εὕρηνται (8 b)
10. 2. εὑρήσεις δύο ἄνδρας (8 a)
— 2. εὕρηνται αἱ ὄνοι (8 b)
— 3. εὑρήσεις ἐκεῖ τρεῖς ἄνδρας (8 a)
— 7. ὅσα ἐὰν εὕρῃ ἡ χείρ σου (8 a)
— 16. εὕρηνται αἱ ὄνοι (8 b)
— 21. καὶ οὐχ εὑρίσκετο (8 a)
12. 5. οὐχ εὑρήκατε ἐν χειρί μου οὐδέν (8 a)
13. 15. B τὸν λαὸν τὸν εὑρεθέντα μετ' αὐτοῦ (8 b)
— 16. R ὁ λαὸς οἱ [B καὶ οἱ] εὑρεθέντες μετ' αὐτῶν (8 b)
— 19. B τέκτων σιδήρου οὐχ εὑρίσκετο (8 b)
— 22. B οὐχ εὑρέθη ῥομφαία (8 b)
— 22. B καὶ εὑρέθη τῷ Σ. (8 b)
14. 17. οὐχ εὑρίσκετο [A -ται] Ἰ. –
— 30. ὧν εὗρεν (8 a)
16. 22. εὗρε χάριν ἐν ὀφθαλμοῖς μου (8 a)
20. 3. εὕρηκα χάριν ἐν ὀφθ. [A ἐνώπιόν] σου (8 a)
— 15. εὑρεθῆναι [A ἐξαρθ.] τὸ ὄνομα τοῦ Ἰ. †
— 21. AR εὑρέ μοι τὴν σχίζαν [B γοῦζαν] (8 a)
— 29. εὕρηκα χάριν ἐν ὀφθαλμοῖς σου (8 a)
— 36. εὑρέ μοι τὰς σχίζας (8 a)
21. 3 (4). δὸς εἰς χεῖρά μου τὸ εὑρεθέν (8 b)
23. 17. οὐ μὴ εὕρῃ σε ἡ χεὶρ Σ. (8 a)
24. 20. R εἰ εὕροι [B εἰ εὕροιτο, A εὑρὼν] τις τὸν ἐχθρὸν αὐτοῦ (8 a)
25. 8. εὑρέτωσαν τὰ παιδάριά σου χάριν (8 a)
— 8. ὃ ἐὰν εὕρῃ ἡ χείρ σου (8 a)
— 28. κακία οὐχ εὑρεθήσεται ἐν σοὶ πώποτε (8 b)
26. 18. τί εὑρέθη ἐν ἐμοὶ ἀδίκημα –
27. 5. εἰ δὴ εὕρηκεν ὁ δοῦλός σου χάριν (8 a)
29. 3. οὐχ εὕρηκα ἐν αὐτῷ οὐθέν (8 a)
— 6. οὐχ εὕρηκα κατὰ σοῦ [A ἐν σοὶ] κακίαν (8 a)
— 8. τί εὗρες ἐν τῷ δούλῳ σου (8 a)
30. 11. εὑρίσκουσιν ἄνδρα Αἰ. ἐν ἀγρῷ (8 a)
31. 3. εὑρίσκουσιν αὐτὸν οἱ ἀκοντισταί (8 a)
— 8. B εὑρίσκουσι τὸν Σ. (8 a)
II Ki. 7. 27. εὗρεν ὁ δοῦλός σου τὴν καρδίαν ἑαυτοῦ (8 a)
14. 22. εὗρον χάριν ἐν ὀφθαλμοῖς σου (8 a)
15. 25. ἐὰν εὕρω χάριν ἐν ὀφθαλμοῖς κυρίου (8 a)
16. 4. εὕροιμι χάριν ἐν ὀφθαλμοῖς σου (8 a)
17. 12. οὗ ἐὰν εὕρωμεν αὐτὸν ἐκεῖ (8 b)
— 20. καὶ οὐχ εὗρον (8 a)
20. 6. μή ποτε ἑαυτῷ εὕρῃ πόλεις ὀχυράς (8 a)
III Ki. 1. 3. καὶ εὗρον τὴν Ἀ. (8 a)
— 52. ἐὰν κακία εὑρεθῇ ἐν αὐτῷ (8 b)

III Ki. 11. 19. καὶ εὗρεν Ἀ. χάριν ἐναντίον Φ. σφόδρα (8 a)
— 29. καὶ εὗρεν αὐτὸν Ἀ. . . . ἐν τῇ ὁδῷ (8 a)
12. 24 (*cf.* A 14. 13). B εὑρέθη ἐν αὐτῷ ῥῆμα καλόν –
13. 14. καὶ εὗρεν αὐτόν (8 a)
— 24. καὶ εὗρεν αὐτὸν λέων (8 a)
— 28. καὶ εὗρε τὸ σῶμα αὐτοῦ (8 a)
14. 13. A εὑρέθη ἐν αὐτῷ ῥῆμα καλόν (8 b)
15. 18. τὸ χρυσίον τὸ εὑρεθὲν ἐν τοῖς θησαυροῖς (6)
18. 5. ἐάν πως εὕρωμεν [A -ομεν] βοτάνην (8 a)
— 10. ὅτι οὐχ εὕρηκέ σε (8 a)
— 12. AR καὶ οὐχ εὑρήσει σε (8 a)
19. 19. καὶ εὑρίσκει τὸν Ἐ. (8 a)
20 (21). 20. εἰ εὕρηκάς με ὁ ἐχθρός μου (8 a)
— 20. καὶ εἶπεν, Εὕρηκα (8 a)
21 (20). 36. καὶ εὑρίσκει αὐτὸν λέων (8 a)
— 37. B καὶ εὑρίσκει ἄνθρωπον ἄλλον (8 a)
IV Ki. 2. 16. AB μή ποτε εὗρεν [R ἦρεν] αὐτὸν πνεῦμα κυρίου (9)
— 17. καὶ οὐχ εὗρον αὐτόν (8 a)
4. 29. ἐὰν εὕρῃς ἄνδρα (8 a)
— 39. καὶ εὗρεν ἄμπελον ἐν τῷ ἀγρῷ (8 a)
7. 9. καὶ εὑρήσομεν ἀνομίαν (8 a)
9. 21. καὶ εὗρον αὐτόν (8 a)
— 35. οὐχ εὗρον ἐν αὐτῇ ἄλλο τι (8 a)
10. 13. καὶ Ἰ. εὗρε τοὺς ἀδελφοὺς Ὀ. (8 a)
— 15. R καὶ εὗρε [A B ἔλαβεν] τὸν Ἰ. (8 a)
12. 5 (6). οὗ ἐὰν εὑρεθῇ ἐκεῖ βεδέκ (8 b)
— 9 (10). πᾶν τὸ ἀργύριον τὸ εὑρεθὲν ἐν οἴκῳ κ. (2 b)
— 10 (11). τὸ ἀργύριον τὸ εὑρεθὲν ἐν οἴκῳ κ. (8 b)
— 18 (19). πᾶν τὸ χρυσίον [A ἀργύριον] τὸ εὑρεθὲν ἐν θησαυροῖς (8 b)
14. 14. πάντα τὰ σκεύη τὰ εὑρεθέντα ἐν οἴκῳ κυρίου (8 b)
16. 8. τὸ εὑρεθὲν ἐν θησαυροῖς οἴκου κυρίου (8 b)
17. 4. καὶ εὗρε βασιλεὺς Ἀσσ. ἐν τῷ Ὠ. ἀδικίαν (8 a)
18. 15. πᾶν τὸ ἀργύριον τὸ εὑρεθὲν ἐν οἴκῳ κυρίου (8 b)
19. 4. AR περὶ τοῦ λείμματος [B λήμμ.] τοῦ εὑρισκομένου (8 b)
— 8. καὶ εὗρε τὸν βασιλέα Ἀ. (8 a)
20. 13. ὅσα ηὑρέθη ἐν τοῖς θησαυροῖς αὐτοῦ (8 b)
22. 8. βιβλίον τοῦ νόμου εὗρον ἐν οἴκῳ κυρίου (8 a)
— 9. τὸ ἀργύριον τὸ εὑρεθὲν ἐν τῷ οἴκῳ κυρίου (8 b)
— 13. περὶ τῶν λόγων τοῦ βιβλίου τοῦ εὑρεθέντος τούτου (8 b)
23. 2. τοῦ βιβλίου τῆς διαθήκης τοῦ εὑρεθέντος ἐν οἴκῳ κυρίου (8 b)
— 18. A καὶ εὑρέθησαν [B ἐρύσθησαν] τὰ ὀστᾶ αὐτοῦ (7)
— 24. οὗ [A ᾧ] εὗρε Χ. ὁ ἱερεύς (8 a)
25. 19 *bis.* τοὺς εὑρεθέντας ἐν τῇ πόλει (8 b)
I Ch. 4. 40. καὶ εὗρον νομάς (8 a)
— 41. οὓς εὕροσαν ἐκεῖ (8 b)
10. 3. καὶ εὗρον αὐτὸν οἱ τοξόται (8 a)
— 8. καὶ εὗρον τὸν Σ. (8 a)
17. 25. εὗρεν ὁ παῖς σου τοῦ προσεύξασθαι (8 a)
20. 2. καὶ εὑρέθη ὁ σταθμὸς αὐτοῦ τάλαντον χρυσίου (8 a)
24. 4. καὶ εὑρέθησαν οἱ υἱοὶ Ἐλ. (8 b)
26. 31. καὶ εὑρέθη ἀνὴρ δυνατὸς ἐν αὐτοῖς (8 b)
28. 9. εὑρεθήσεταί σοι (8 b)
29. 8. οἷς εὑρέθη παρ' αὐτοῖς λίθος (8 b)
— 17. τὸν λαόν σου τὸν εὑρεθέντα ὧδε (8 b)
II Ch. 2. 17 (16). καὶ εὑρέθησαν ἑκατὸν πεντήκοντα χιλιάδες (8 b)
5. 11. πάντες οἱ ἱερεῖς οἱ εὑρεθέντες ἡγιάσθησαν (8 b)
15. 2. εὑρεθήσεται ὑμῖν (8 b)
— 4. καὶ εὑρεθήσεται αὐτοῖς (8 b)
— 15. καὶ εὑρέθη αὐτοῖς (8 b)
19. 3. λόγοι ἀγαθοὶ ηὑρέθησαν ἐν σοί (8 b)
20. 16. καὶ εὑρήσετε αὐτούς (8 a)
— 25. καὶ εὗρον κτήνη πολλά (8 a)
21. 17. ἣν εὗρον ἐν οἴκῳ τοῦ βασιλέως (8 b)
22. 8. AR καὶ εὗρε [B -ον] τοὺς ἄρχοντας Ἰ. (8 a)
25. 5. καὶ εὗρεν αὐτοὺς τριακοσίας χιλιάδας (8 a)
— 13. AB τοῦ μὴ εὑρεθῆναι [R πορευθ.] μετ' αὐτοῦ εἰς πόλεμον †
— 24. πάντα τὰ σκεύη τὰ εὑρεθέντα ἐν οἴκῳ κυρίου (8 b)
29. 16. πᾶσαν τὴν ἀκαθαρσίαν τὴν εὑρεθεῖσαν ἐν τῷ οἴκῳ κυρίου (8 a)
— 29. ἔκαμψεν ὁ βασιλεὺς καὶ πάντες οἱ εὑρεθέντες (8 b)
30. 21. οἱ υἱοὶ Ἰ. οἱ εὑρεθέντες ἐν Ἰ. (8 b)
— 25. καὶ οἱ εὑρεθέντες ἐξ Ἰ. (2 a)

II Ch. 31. 1. οἱ εὑρεθέντες ἐν πόλεσιν Ἰ. (8 b)
32. 4. καὶ εὕρῃ ὕδωρ πολύ (8 a)
34. 14. εὗρε Χ. ὁ ἱερεὺς βιβλίον νόμου κυρίου (8 a)
— 15. βιβλίον νόμου εὗρον ἐν οἴκῳ κυρίου (8 a)
— 17. τὸ ἀργύριον τὸ εὑρεθὲν ἐν οἴκῳ κυρίου (8 b)
— 21. περὶ τῶν λόγων τοῦ βιβλίου τοῦ εὑρεθέντος (8 b)
— 30. λόγους βιβλίου . . . τοὺς εὑρεθέντας [A τοῦ εὑ.] ἐν οἴκῳ κυρίου (8 b)
— 32, 33. πάντας τοὺς εὑρεθέντας ἐν Ἰ. (8 b)
35. 7. καὶ πάντας τοὺς εὑρεθέντας (8 b)
— 17. οἱ υἱοὶ Ἰ. οἱ εὑρεθέντες (8 b)
— 18. πᾶς Ἰούδα καὶ Ἰσραὴλ ὁ εὑρεθείς (8 b)
— 19. οὗ εὗρε Χ. ὁ ἱερεὺς ἐν τῷ οἴκῳ κυρίου –
I Es. 1. 7. ἐδωρήσατο Ἰ. τῷ λαῷ τῷ εὑρεθέντι
— 19. οἱ υἱοὶ Ἰ. οἱ εὑρεθέντες
— 21. καὶ πᾶς Ἰ. ὁ εὑρεθεὶς [A οἱ εὑρεθέντες]
2. 22. εὑρήσεις . . . τὰ γεγραμμένα περὶ τούτων
— 26. καὶ εὑρέθη
4. 42. ὃν τρόπον [A ἀνθ᾽ ὧν] εὑρέθης σοφώτερος
5. 38. καὶ οὐχ εὑρέθησαν
— 39. ζητηθείσης τῆς γενικῆς γραφῆς . . . καὶ μὴ εὑρεθείσης
6. 22. ἐὰν εὑρίσκητε [? -ται]
— 23. καὶ εὑρέθη ἐν Ε.
8. 4. A B εὑρόντος χάριν ἐνώπιον [B ἐναντίον] αὐτοῦ
— 13. ὃ ἐὰν εὑρεθῇ ἐν τῇ χώρᾳ τῆς Β.
— 42. ἐκ τῶν Λ. οὐχ εὑρὼν ἐκεῖ
9. 11. B καὶ οὐχ εὕρομεν
— 18. εὑρέθησαν τῶν ἱερέων
II Es. 2. 62. καὶ οὐχ εὑρέθησαν (8 b)
4. 15. καὶ εὑρήσεις καὶ γνώσῃ (14 a)
— 19. ἐπεσκεψάμεθα καὶ εὕραμεν (14 a)
6. 2. καὶ εὑρέθη ἐν πόλει (14 b)
7. 16. ὅ τι ἐὰν εὕρῃς (14 a)
8. 15. ἀπὸ υἱῶν Λ. οὐχ εὗρον ἐκεῖ (8 a)
— 25. καὶ πᾶς Ἰ. οἱ εὑρισκόμενοι (8 b)
10. 18. A S^2 R καὶ εὑρέθησαν [B -θη] ἀπὸ υἱῶν τῶν ἱερέων (8 b)
Ne. 5. 8. καὶ οὐχ εὕροσαν λόγον (8 a)
7. 5. καὶ εὗρον βιβλίον τῆς συνοδίας (8 a)
— 5. καὶ εὗρον γεγραμμένον ἐν αὐτῷ (8 a)
— 64. καὶ οὐχ εὑρέθη [S^1 -σαν] (8 b)
8. 14. καὶ εὕροσαν γεγραμμένον ἐν τῷ νόμῳ (8 a)
9. 8. εὗρες [S -ας] τὴν καρδίαν αὐ. πιστήν (8 a)
— 32. πᾶς ὁ μόχθος ὃς εὗρεν ἡμᾶς (8 a)
13. 1. εὑρέθη γεγραμμένον [S^1 τὸ γ.] ἐν αὐτῷ (8 b)
To. 1. 18. καὶ οὐχ εὑρέθη [S εὗρεν αὐτά]
2. 2. ὃν ἐὰν εὕρῃς
5. 4. καὶ εὗρε Ῥ.
— 8. A B εὕρηκα ὃς συμπορεύσεταί μοι
7. 1. S εὗρον αὐτὸν καθήμενον παρὰ τὴν θύραν
8. 13. καὶ εὗρε τοὺς δύο [S αὐτοὺς] καθεύδοντας
9. 6. S εὗρον Τωβείαν ἀνακείμενον
12. 7. κακὸν οὐχ εὑρήσει ὑμᾶς
Ju. 8. 14. βάθος καρδίας ἀνθρώπου οὐχ εὑρήσετε
10. 6. εὕροσαν [S -ραν] ἐφεστῶτα ἐπ᾽ [A S om.] αὐτῇ Ὀ.
14. 3. οὐχ εὑρήσουσιν αὐτόν
— 15. εὗρεν αὐτὸν ἐπὶ τῆς χελωνίδος
— 17. οὐχ εὗρεν αὐτήν
Es. 1. 5. τοῖς ἔθνεσι τοῖς εὑρεθεῖσιν εἰς τὴν πόλιν (8 b)
2. 9. καὶ εὗρε χάριν ἐνώπιον αὐτοῦ (9)
— 15. ἦν γὰρ Ε. εὑρίσκουσα χάριν (9)
— 17. εὗρε χάριν παρὰ πάσας τὰς παρθένους (9)
5. 8. εἰ εὗρον χάριν ἐνώπιον [A ἐναντίον] τοῦ βασ. (8 a)
6. 2. εὗρε δὲ τὰ γράμματα (8 b)
7. 3. εἰ εὗρον χάριν ἐνώπιον τοῦ βασιλέως (8 a)
8. 5. καὶ εὗρον χάριν [S^3 χ. ἐνώπιόν σου] (8 a)
— 13. εὑρίσκομεν οὐ κακούργους [A κ. οὐκ] ὄντας
Jb. 11. 7. ἢ [A μὴ] ἴχνος κυρίου εὑρήσεις (8 a)
12. 12. A ἐν πολλῷ χρόνῳ σοφία εὑρίσκεται [B S om.] –
17. 10. A B οὐ γὰρ εὑρίσκω [S^2 ἐστὶν] ἐν ὑμῖν ἀληθές (8 a)
19. 28. ῥίζαν λόγου εὑρήσομεν [A -ησον] ἐν αὐτῷ (8 a)
20. 8. ὥσπερ ἐνύπνιον ἐκπετασθὲν οὐ μὴ εὑρεθῇ (8 a)
23. 3. τίς δ᾽ ἄρα γνοίη ὅτι εὕροιμι αὐτόν (8 a)
28. 12. ἡ δὲ σοφία πόθεν εὑρέθη (8 b)
— 13. οὐδὲ μὴν [A S^2 μὴ] εὑρέθη ἐν ἀνθρώποις (8 b)

Jb. 28. 20. ἡ δὲ σοφία πόθεν εὑρέθη (2 a)
32. 13. εὕρομεν σοφίαν κυρίῳ προσθέμενοι (8 a)
33. 10. μέμψιν δὲ κατ᾽ ἐμοῦ εὗρεν [S^1 -ον] (8 a)
34. 11. ἐν τρίβῳ ἀνδρὸς εὑρήσει αὐτόν (8 c)
37. 13. ἐὰν εἰς ἔλεος εὑρήσει αὐτόν [A al.] (8 c)
— 23. οὐχ εὑρίσκομεν ἄλλον ὅμοιον (8 a)
39. 30. παραχρῆμα εὑρίσκονται –
42. 15. οὐχ εὑρέθησαν κατὰ τὰς θυγ. Ἰώβ (8 b)
Ps. 9. 36 (10. 15). A B S^1 οὐ μὴ εὑρεθῇ δι᾽ αὐτήν [S^2 R om. δι᾽ αὐτήν] (8 a)
16 (17). 3. οὐχ εὑρέθη ἐν ἐμοὶ ἀδικία (8 a)
20 (21). 8. εὑρεθείη ἡ χείρ σου πᾶσι τοῖς ἐχθροῖς σου ἡ δεξιά σου εὕροι πάντας τοὺς μισοῦντάς σε (8 a, 8 a)
35 (36). 2. τοῦ εὑρεῖν τὴν ἀνομίαν αὐτοῦ (8 a)
36 (37). 10. καὶ οὐ μὴ εὕρῃς –
— 36. οὐχ εὑρέθη ὁ τόπος αὐτοῦ (8 b)
45 (46). 1. βοηθὸς ἐν θλίψεσι ταῖς εὑρούσαις ἡμᾶς σφόδρα (8 b)
68 (69). 20. καὶ οὐχ εὗρον (8 a)
72 (73). 10. S R ἡμέραι πλήρεις εὑρεθήσονται ἐν [B om.] αὐτοῖς †
75 (76). 5. οὐχ εὗρον οὐδὲν πάντες οἱ ἄνδρες τοῦ πλούτου ταῖς χερσὶν αὐτῶν (8 a)
83 (84). 3. στρουθίον εὗρεν ἑαυτῷ οἰκίαν (8 a)
88 (89). 20. εὗρον Δαυὶδ τὸν δοῦλόν μου (8 a)
106 (107). 4. ὁδὸν πόλεως κατοικητηρίου οὐχ εὗρον (8 a)
114 (116). 3. κίνδυνοι ᾅδου εὕροσάν με (8 a)
— 4. θλίψιν καὶ ὀδύνην εὗρον (8 a)
118 (119). 143. ἀνάγκαι εὕροσάν με (8 a)
— 162. ὡς ὁ εὑρίσκων σκῦλα πολλά (8 a)
131 (132). 5. ἕως οὗ εὕρω τόπον τῷ κυρίῳ (8 a)
— 6. εὕρομεν [A -αμεν] αὐτήν (8 a)
Pr. 1. 28. καὶ οὐχ εὑρήσουσιν (8 a)
2. 5. ἐπίγνωσιν θεοῦ εὑρήσεις (8 a)
— 20. εὕροσαν ἂν τρίβους δικαιοσύνης λείους (15)
3. 4. καὶ εὑρήσεις χάριν (8 a)
— 13. μακάριος ἄνθρωπος ὃς εὗρε σοφίαν (8 a)
4. 22. A S R ζωὴ γάρ ἐστι τοῖς εὑρίσκουσιν αὐτὰς [B -ήν] (8 a)
5. 4. ὕστερον μέντοι πικρότερον χολῆς εὑρήσεις –
7. 15. ποθοῦσα τὸ σὸν πρόσωπον εὕρηκά σε (8 a)
8. 9. πάντα . . . ὀρθὰ τοῖς εὑρίσκουσι γνῶσιν (8 a)
— 17. οἱ δὲ ἐμὲ ζητοῦντες εὑρήσουσι [A S^2 add. χάριν] (8 a)
12. 2. κρείσσων ὁ εὑρὼν χάριν παρὰ κυρίῳ (12)
14. 6. καὶ οὐχ εὑρήσεις –
16. 5. ὁ ζητῶν τὸν κύριον εὑρήσει γνῶσιν μετὰ δικαιοσύνης οἱ δὲ ὀρθῶς ζητοῦντες αὐτὸν εὑρήσουσιν εἰρήνην –, –
— 31. ἐν δὲ ὁδοῖς δικαιοσύνης εὑρίσκεται (8 b)
18. 22. ὃς εὗρε γυναῖκα ἀγαθὴν εὗρε χάριτας (8 a, 8 a)
19. 7. ἀνὴρ δὲ φρόνιμος εὑρήσει αὐτήν –
— 8. ὃς δὲ φυλάσσει φρόνησιν εὑρήσει ἀγαθά (8 a)
20. 6. ἄνδρα δὲ πιστὸν ἔργον εὑρεῖν (8 a)
21. 21. ὁδὸς δικαιοσύνης . . . εὑρήσει ζωήν (8 a)
24. 14. ἐὰν γὰρ εὕρῃς (8 a)
25. 16. μέλι εὑρὼν φάγε τὸ ἱκανόν (8 a)
31. 10. γυναῖκα ἀνδρείαν τίς εὑρήσει (8 a)
Ec. 3. 11. ὅπως μὴ εὕρῃ ὁ ἄνθρωπος τὸ ποίημα (8 a)
7. 15 (14). ἵνα μὴ εὕρῃ ἄνθρωπος ὀπίσω αὐτοῦ οὐδέν [A S μηδέν] (8 a)
— 25 (24). βαθὺ βάθος τίς εὑρήσει αὐτό [S^1 -ήν] (8 a)
— 27 (26). εὑρίσκω ἐγὼ αὐτήν (8 a)
— 28 (27). ἴδε τοῦτο εὗρον (8 a)
— 28 (27). μία τῇ μιᾷ τοῦ εὑρεῖν λογισμόν (8 a)
— 29 (28). καὶ οὐχ εὗρον (8 a)
— 29 (28). ἄνθρωπον ἕνα ἀπὸ χιλίων εὗρον (8 a)
— 29 (28). γυναῖκα ἐν πᾶσι τούτοις οὐχ εὗρον (8 a)
— 30 (29). ἴδε τοῦτο εὗρον (8 a)
8. 17. οὐ δυνήσεται ἄνθρωπος τοῦ εὑρεῖν σὺν τὸ ποίημα (8 a)
— 17. καὶ οὐχ εὑρήσει (8 a)
— 17. οὐ δυνήσεται τοῦ εὑρεῖν (8 a)
9. 10. ὅσα ἂν εὕρῃ ἡ χείρ σου τοῦ ποιῆσαι (8 a)
— 15. καὶ εὕρῃ [S^1 -ήσει] ἐν αὐτῇ ἄνδρα πένητα σοφόν (8 a)
11. 1. ἐν πλήθει ἡμερῶν εὑρήσεις αὐτόν (8 a)
12. 10. τοῦ εὑρεῖν λόγους θελήματος (8 a)
Ca. 3. 1, 2. ἐζήτησα αὐτὸν καὶ οὐχ εὗρον αὐτόν (8 a)
— 3. εὕροσάν με οἱ τηροῦντες (8 a)
— 4. ἕως οὗ εὗρον ὃν ἠγάπησεν ἡ ψυχή μου (8 a)

Ca. 3. 4. S εὑροῦσα τὸν νυμφίον εἶπεν εὑροῦσα αὐτόν –, –
5. 6. ἐζήτησα αὐτὸν καὶ οὐχ εὗρον αὐτόν (8 a)
— 7. εὕροσάν με οἱ φύλακες (8 a)
— 8. ἐὰν εὕρητε τὸν ἀδελφιδόν [S^1 -φόν] μου (8 a)
8. 1. εὑροῦσά σε ἔξω φιλήσω σε (8 a)
— 10. ὡς [A om.] εὑρίσκουσα εἰρήνην [S χάριν] (8 a)
Wi. 1. 2. εὑρίσκεται τοῖς μὴ πειράζουσιν αὐτόν
3. 5. εὗρεν αὐτοὺς ἀξίους ἑαυτοῦ
5. 10. οὐκ ἔστιν ἴχνος εὑρεῖν
— 11. οὐθὲν εὑρίσκεται τεκμήριον πορείας
— 11. οὐχ εὑρέθη σημεῖον ἐπιβάσεως
6. 10. οἱ διδαχθέντες αὐτὰ εὑρήσουσιν ἀπολογίαν
— 12. A B^2 S R εὑρίσκεται ὑπὸ τῶν ζητούντων αὐτήν
— 14. πάρεδρον γὰρ εὑρήσει τῶν πυλῶν [S^1 πλουτων] αὐτοῦ
7. 29. φωτὶ συγκρινομένη εὑρίσκεται προτέρα
8. 11. ὀξὺς εὑρεθήσομαι ἐν κρίσει
9. 16. τὰ ἐν χερσὶν [S ποσὶν] εὑρίσκομεν μετὰ πόνου
10. 5. αὕτη . . . εὗρε [A S ἔγνω] τὸν δίκαιον
13. 6. θεὸν ζητοῦντες καὶ θέλοντες εὑρεῖν
— 9. τὸν τούτων δεσπότην πῶς τάχιον οὐχ εὗρον
16. 9. οὐχ εὑρέθη ἴαμα τῇ ψυχῇ αὐτῶν
19. 5. ἐκεῖνοι δὲ ξένον εὕρωσι θάνατον
Si. *prol.* 21. εὗρον οὐ μικρᾶς παιδείας ἀφόμοιον
1. 13. ἐν ἡμέρᾳ τελευτῆς αὐτοῦ εὑρήσει χάριν [A S εὐλογηθήσεται]
3. 18. ἔναντι κυρίου εὑρήσεις χάριν
— 31. ἐν καιρῷ πτώσεως εὑρήσει στήριγμα
6. 14. ὁ δὲ εὑρὼν αὐτὸν εὗρε θησαυρόν
— 16. οἱ φοβούμενοι κύριον εὑρήσουσιν αὐτόν
— 18. ἕως πολιῶν εὑρήσεις σοφίαν [S χάριν]
— 28. ἐπ᾽ ἐσχάτων γὰρ εὑρήσεις τὴν ἀνάπαυσιν αὐτῆς
11. 19. εὗρον ἀνάπαυσιν
12. 2. καὶ εὑρήσεις ἀνταπόδομα
— 5. διπλάσια γὰρ κακὰ εὑρήσεις [A -σουσιν] ἐν πᾶσιν ἀγαθοῖς
— 16. ἐὰν εὕρῃ καιρόν
— 17. εὑρήσεις αὐτὸν ἐκεῖ πρότερόν σου
15. 6. A S^1 στέφανον ἀγαλλιάματος εὑρήσει [B S^2 om.]
16. 14. ἕκαστος κατὰ τὰ ἔργα αὐτοῦ εὑρήσει
18. 20. ἐν ὥρᾳ ἐπισκοπῆς εὑρήσεις ἐξιλασμόν [A ἱλ.]
— 28. τῷ εὑρόντι αὐτὴν δώσει ἐξομολόγησιν
19. 28. ἐὰν εὕρῃ καιρὸν κακοποιήσει
20. 5. ἔστι σιωπῶν εὑρισκόμενος σοφός
21. 16. ἐπὶ δὲ χείλους συνετοῦ εὑρεθήσεται χάρις [A om., S^2 παραβολή]
22. 13. ἔκκλινον ἀπ᾽ αὐτοῦ καὶ εὑρήσεις ἀνάπαυσιν
23. 12. μὴ εὑρεθήτω ἐν κληρονομίᾳ Ἰακώβ
25. 3. πῶς ἂν εὕροις ἐν τῷ γήρᾳ σου
— 9. ὃς εὗρε φρόνησιν
— 10. ὡς μέγας ὁ εὑρὼν σοφίαν
26. 10. ἵνα μὴ εὑροῦσα ἄνεσιν ἑαυτῇ χρήσηται
27. 16. οὐ μὴ εὕρῃ φίλον πρὸς τὴν ψυχὴν αὐτοῦ
28. 1. ὁ ἐκδικῶν παρὰ κυρίου εὑρήσει ἐκδίκησιν
— 16. ὁ προσέχων αὐτῇ οὐ μὴ εὕρῃ ἀνάπαυσιν
29. 3. ἐν παντὶ καιρῷ εὑρήσεις τὴν χρείαν σου
30. 34 (33. 25). καὶ εὑρήσεις ἀνάπαυσιν
33 (36). 9. εὕροισαν ἀπώλειαν
34 (31). 8. μακάριος πλούσιος ὃς εὑρέθη ἄμωμος
— 22. ἐπ᾽ ἐσχάτῳ [A -ου, S^2 -ων] εὑρήσεις τοὺς λόγους μου
35 (32). 14. οἱ ὀρθρίζοντες εὑρήσουσιν εὐδοκίαν
— 16. οἱ φοβούμενοι κύριον εὑρήσουσι κρίμα [S^1 χάριν]
— 17. κατὰ τὸ θέλημα αὐτοῦ εὑρήσει σύγκριμα
38. 33. ἐν παραβολαῖς οὐχ εὑρεθήσονται
40. 18. ὑπὲρ ἀμφότερα ὁ [A S^1 om.] εὑρίσκων θησαυρόν
42. 1. ἔσῃ . . . εὑρίσκων χάριν ἔναντι παντὸς ἀνθρ.
44. 17. Νῶε εὑρέθη τέλειος δίκαιος
— 19. οὐχ εὑρέθη ὅμοιος [A ὅ. αὐτῷ] ἐν τῇ δόξῃ
— 20. ἐν πειρασμῷ εὑρέθη πιστός
— 27. ἄνδρα ἐλέους εὑρίσκοντα χάριν ἐν ὀφθαλμοῖς πάσης σαρκός
51. 16. πολλὴν εὗρον ἐμαυτῷ παιδείαν
— 20. ἐν καθαρισμῷ [A καιρῷ θερισμοῦ] εὗρον αὐτήν
— 26. ἐγγύς ἐστιν εὑρεῖν αὐτήν
— 27. εὗρον ἐμαυτῷ πολλὴν ἀνάπαυσιν

Ho. 2. 6 (8). καὶ τὴν τρίβον αὐτῆς οὐ μὴ εὕρῃ (8 *a*)
— 7 (9). καὶ οὐ μὴ εὕρῃ αὐτούς (8 *a*)
5. 6. καὶ οὐ μὴ εὕρωσιν αὐτόν (8 *a*)
6. 4 (3). ὡς ὄρθρον ἕτοιμον εὑρήσομεν αὐτόν †
9. 10. ὡς σταφυλὴν ἐν ἐρήμῳ εὗρον τὸν Ἰ. (8 *a*)
12. 4 (5). ἐν τῷ οἴκῳ Ὢν [A μου] εὕροσάν με (8 *a*)
— 8 (9). εὕρηκα ἀναψυχὴν ἐμαυτῷ (8 *a*)
— 8 (9). πάντες οἱ πόνοι αὐ. οὐχ εὑρεθήσονται αὐτῷ (8 *a*)
14. 9. ἐξ ἐμοῦ ὁ καρπός σου εὕρηται (8 *b*)
Am. 2. 16. καὶ ὁ κραταιὸς οὐ μὴ εὑρήσει τὴν καρδίαν αὐτοῦ [A B² *al.*] –
8. 12. καὶ οὐ μὴ εὕρωσιν (8 *a*)
Mi. 1. 13. ἐν σοὶ εὑρέθησαν ἀσέβειαι τοῦ Ἰ. (8 *b*)
Jn. 1. 3. καὶ εὗρε πλοῖον βαδίζον εἰς Θ. (8 *a*)
Ze. 3. 13. οὐ μὴ εὑρεθῇ ἐν τῷ στόματι αὐτῶν γλῶσσα δολία (8 *b*)
Za. 12. 5. εὑρήσομεν ἑαυτοῖς τοὺς κατοικοῦντας Ἰερ. †
Ma. 2. 6. ἀδικία οὐχ εὑρέθη ἐν χείλεσιν αὐτοῦ (8 *b*)
Is. 30. 14. ὥστε μὴ εὑρεῖν ἐν αὐτοῖς ὄστρακον (8 *b*)
34. 14. εὑρόντες [A S εὗρον γὰρ] αὐτοῖς ἀνάπαυσιν (8 *a*)
35. 9. οὐδὲ μὴ εὑρεθῇ ἐκεῖ (8 *b*)
37. 36. εὗρον πάντα τὰ σώματα νεκρά –
41. 12. οὐ μὴ εὕρῃς τοὺς ἀνθρώπους (8 *a*)
48. 17. δέδειχά σοι τοῦ εὑρεῖν σε τὴν ὁδόν (5)
51. 3. ἀγαλλίαμα εὑρήσουσιν ἐν αὐτῇ (8 *b*)
53. 9. A S² οὐδὲ εὑρέθη δόλος ἐν τῷ στόματι αὐτοῦ [B S¹ *al.*] –
55. 6. ἐν τῷ εὑ. αὐτὸν ἐπικαλέσασθε (8 *b*)
58. 3. εὑρίσκετε τὰ θελήματα ὑμῶν (8 *a*)
59. 5. S R εὗρε καὶ ἐν αὐτῷ βασιλίσκον [A B -ος] (3 ?)
65. 1. εὑρέθην τοῖς ἐμὲ μὴ ζητοῦσιν [A S ἐπερωτῶσιν] (8 *b*)
— 8. εὑρεθήσεται ὁ ῥὼξ ἐν τῷ βότρυϊ (8 *b*)
— 18. ἀγαλλίαμα εὑρήσουσιν ἐν αὐτῇ †
Je. 2. 5. τί εὕροσαν [A -ροισαν] οἱ πατέρες ὑμῶν ἐν ἐμοὶ πλημμέλημα (8 *a*)
— 24. ἐν τῇ ταπεινώσει αὐτῆς εὑρήσουσιν αὐτήν (8 *a*)
— 34. ἐν ταῖς χερσί σου εὑρέθησαν [A -η] αἵματα ψυχῶν ἀθῴων οὐκ ἐν διορύγμασιν εὗρον αὐτούς (8 *b*, 8 *a*)
5. 1. ἐὰν εὕρητε [S *add.* ἄνδρα] (8 *a*)
— 26. εὑρέθησαν ἐν τῷ λαῷ μου ἀσεβεῖς [A -βειαι] (8 *b*)
6. 16. εὑρήσετε ἁγνισμὸν [A ἁγιασ.] ταῖς ψυχαῖς ὑμῶν (8 *a*)
10. 18. ὅπως εὑρεθῇ ἡ πληγή σου (8 *a*)
11. 9. εὑρέθη σύνδεσμος ἐν ἀνδράσιν [A πόλεσιν] Ἰούδα (8 *b*)
14. 3. οὐχ εὕροσαν [A -ρον] ὕδωρ (8 *a*)
27 (50). 7. πάντες οἱ εὑρίσκοντες αὐτούς (8 *a*)
— 20. οὐ μὴ εὑρεθῶσιν (8 *b*)
— 24. εὑρέθης καὶ ἐλήφθης (8 *b*)
31 (48). 27. ἐν κλοπαῖς σου εὑρέθη (8 *b*)
36 (29). 13. A B καὶ εὑρήσετέ με (8 *a*)
38 (31). 2. εὗρον θερμὸν ἐν ἐρήμῳ (8 *a*)
48 (41). 3. πάντας τοὺς Χ. τοὺς εὑρεθέντας ἐκεῖ (8 *b*)
— 8. δέκα ἄνδρες εὑρέθησαν ἐκεῖ (8 *b*)
— 12. εὗρον αὐτὸν ἐπὶ ὕδατος πολλοῦ ἐν Γ. (8 *a*)
49 (42). 16. εὑρήσει ὑμᾶς ἐν γῇ Αἰγ. (10)
51. 33 (45. 3). ἀνάπαυσιν οὐχ εὗρον (8 *a*)
52. 25. ἔλαβεν . . . τοὺς εὑρεθέντας ἐν τῇ πόλει . . . τοὺς εὑρεθέντας ἐν μέσῳ τῆς πόλεως (8 *b*, 8 *b*)
Ba. 1. 7. πρὸς πάντα τὸν λαὸν τοὺς εὑρεθέντας μετ᾽ αὐτοῦ
— 12. εὑρήσομεν χάριν ἐναντίον αὐτῶν
3. 15. τίς εὗρε τὸν τόπον αὐτῆς
— 30. τίς διέβη πέραν τῆς θαλάσσης καὶ εὗρεν αὐτήν
La. 1. 3. οὐχ εὗρεν ἀνάπαυσιν (8 *a*)
— 6. ὡς κριοὶ οὐχ [A μὴ] εὑρίσκοντες νομήν (8 *a*)
— 19. ἐζήτησαν βρῶσιν . . . καὶ οὐχ εὗρον –
2. 16. εὕρομεν αὐτὴν εἴδομεν (8 *a*)
Ez. 22. 30. καὶ οὐχ εὗρον (8 *a*)
27. 33. πόσον τινὰ [A καὶ τίνα] εὗρες μισθὸν ἀπὸ τῆς θαλάσσης †
28. 15. ἕως [A *add.* ἡμέρας] εὑρέθη τὰ ἀδικήματα [A *add.* σου] ἐν σοί (8 *b*)
Da. LXX. 1. 19. οὐχ εὑρέθη ἐν τοῖς σοφοῖς ὅμοιος τῷ Δ. (8 *b*)
2. 25. εὕρηκα ἄνθρωπον σοφόν (14 *a*)

Da. LXX. 3. (39). καὶ εὑρεῖν ἔλεος
— (48). ἐνεπύρισεν οὓς εὗρε
6. 5 (6). οὐδὲ ἄγνοιαν ηὕρισκον κατὰ τοῦ Δ. (14 *a*)
— 13 (14). εὕρομεν Δ. τὸν φίλον σου εὐχόμενον –
— 22 (23). δικαιοσύνη ἐν ἐμοὶ εὑρέθη (14 *b*)
— 22 (23). οὔτε ἁμαρτία εὑρέθη ἐν ἐμοί (11)
8. 26. τὸ ὅραμα . . . ηὑρέθη ἐπ᾽ ἀληθείας (1)
9. 3. εὑρεῖν προσευχὴν καὶ ἔλεος (4)
— 25. καὶ εὑρήσεις προστάγματα ἀποκριθῆναι †
11. 19. καὶ οὐχ εὑρεθήσεται (8 *b*)
12. 1. ὃς ἂν εὑρεθῇ ἐγγεγραμμένος (8 *b*)
Bel 16. εὗρον ὡς ἦν ἡ σφραγίς
— 20. εὗρεν τὰ βρώματα τοῦ Βήλ
Da. TH. Su. 14. ὅτε αὐτὴν δυνήσονται εὑρεῖν μόνην
— 63. οὐχ εὑρέθη ἐν αὐτῇ ἄσχημον πρᾶγμα
1. 19. οὐχ εὑρέθησαν ἐκ πάντων αὐτῶν ὅμοιοι (8 *b*)
— 20. εὗρεν αὐτοὺς δεκαπλασίονας παρὰ πάντας (8 *a*)
2. 25. εὕρηκα ἄνδρα (14 *a*)
— 35. τόπος οὐχ εὑρέθη αὐτοῖς (14 *b*)
3. (38). καὶ εὑρεῖν ἔλεος
— (48). οὓς εὗρε περὶ τὴν κάμινον τῶν Χ.
5. 11. σύνεσις εὑρέθη ἐν αὐτῷ (14 *b*)
— 14. σοφία περισσὴ εὑρέθη ἐν σοί (14 *b*)
— 27. καὶ εὑρέθη ὑστεροῦσα (14 *b*)
6. 4 (5). ἐζήτουν πρόφασιν εὑρεῖν κατὰ Δ. (14 *a*)
— 4 (5). πᾶσαν πρόφασιν . . . οὐχ εὗρον (14 *a*)
— 5 (6). οὐχ εὑρήσομεν κατὰ Δ. πρόφασιν (14 *a*)
— 11 (12). εὗρον τὸν Δανιὴλ ἀξιοῦντα (14 *a*)
— 22 (23). A εὐθύτης εὑρέθη ἐν ἐμοί [B *al.*] (14 *b*)
— 23 (24). πᾶσα διαφθορὰ οὐχ εὑρέθη ἐν αὐτῷ (14 *b*)
11. 19. καὶ οὐχ εὑρεθήσεται (14 *b*)
12. 1. A πᾶς ὁ εὑρεθεὶς [B *om.* ὁ εὑ.] ὁ γεγραμμένος (8 *b*)
Bel 12. ἐὰν μὴ εὕρῃς πάντα βεβρωμένα
I Ma. 1. 11. εὗρεν ἡμᾶς κακὰ πολλά
— 23. τοὺς θησαυροὺς τοὺς ἀποκρύφους οὓς εὗρε
— 56. τὰ βιβλία τοῦ νόμου ἃ εὗρον
— 57. ὅπου εὑρίσκετο . . . βιβλίον διαθήκης
— 58. τοῖς εὑρισκομένοις . . . ἐν ταῖς πόλεσι
2. 46. S R ὅσα εὗρον [A -εν] ἐν ὁρίοις [S υἱοῖς] Ἰσ.
— 52. Ἀβ. οὐχὶ ἐν πειρασμῷ εὑρέθη πιστός
— 63. S R αὔριον [A *om.*] οὐ μὴ εὑρεθῇ
4. 5. καὶ οὐδένα εὗρε
5. 6. εὗρε χεῖρα κραταιάν
6. 13. A R εὑρόν [S -έν] με τὰ κακὰ ταῦτα
— 24. A S² R ὅσοι εὑρίσκοντο ἀφ᾽ ἡμῶν [S¹ *al.*]
— 63. εὗρε Φιλ. κυριεύοντα τῆς πόλεως
10. 16. μὴ εὑρήσομεν ἄνδρα τοιοῦτον ἕνα
— 60. A R καὶ εὗρε χάριν ἐναντίον [S ἐνώπιον] αὐτῶν
— 75. S φρουρὰν Ἀπ. ἐν Ἰόππῃ εὗρον [A R *al.*]
11. 24. A S εὗρε χάριν ἐναντίον [R ἐνώπιον] αὐτοῦ
12. 21. εὑρέθη ἐν γραφῇ περί τε τῶν Σπ.
II Ma. 1. 20. μὴ εὑρηκέναι πῦρ
2. 1. εὑρίσκεται δὲ ἐν ταῖς ἀπογραφαῖς Ἱερ.
— 5. εὗρεν οἶκον ἀντρώδη
— 6. οὐκ ἠδυνήθησαν εὑρεῖν
12. 40. εὗρον δὲ ἑκάστου . . . ἱερώματα
▶ IV Ma. 16. 14. S R καὶ λόγοις εὑρέθης ἀνδρός [A ἄνανδρος]
[**Aq.** GE. 26. 32: 31. 34: 36. 24: EX. 35. 23: DT. 32. 10: I KI. 1. 18: III KI. 14. 13: 18. 12: IV KI. 12. 5 (6): JB. 28. 12: PS. 9. 36 (10. 15): 45 (46). 2: 83 (84). 4: 118 (119). 143: PR. 8. 35 *bis*: 10. 13: 20. 6: EC. 3. 11: CA. 8. 10: IS. 34. 14: 47. 15: EZ. 3. 1: HO. 12. 4 (5).]
[**Sm.** GE. 26. 32: EX. 35. 23: I KI. 1. 18: IV KI. 8. 1: 12. 5 (6): JB. 4. 18: 28. 12: PS. 9. 36 (10. 15): 20 (21). 9: 31 (32). 6: 35 (36). 3: 45 (46). 2: 68 (69). 21: 77 (78). 26: PR. 6. 33: 8. 35 *bis*: 10. 13: 20. 4, 6: EC. 7. 15 (14), 25 (24), 28 (27), 29 (28): 11. 6: CA. 8. 1: IS. 37. 4: 47. 15: 55. 6: 57. 10: JE. 6. 16: 14. 18: 29 (36). 12: 31 (38). 2: EZ. 3. 1: 36. 37: HO. 12. 4 (5).]
[**Th.** GE. 26. 32: 36. 24: EX. 35. 23: DT. 32. 10: JD. 1. 5: 14. 18: III KI. 18. 12: JB. 19. 28: 28. 12: 37. 13: PS. 9. 36 (10. 15): 118 (119). 143: PR. 8. 12, 35 *bis*: 10. 13: 20. 6: IS. 10. 10: 37. 4: 47. 15: 58. 13: EZ. 3. 1: 26. 21: DA. 6. 4, 5†: 12. 1†: HO. 12. 4 (5).]
[**Al.** GE. 31. 34: JD. 5. 30: I CH. 4. 41: PS. 45 (46). 2: CA. 8. 1.]
[**Quint.** PS. 1. 1: 31 (32). 6.]
[**Sext.** PS. 1. 1.]
[**Heb.** PS. 35 (36). 3: JE. 2. 24.]

εὖρος. (1) אֹרֶךְ (2) פְּתִי (3) *a.* רָחָב *b.* רַחַב *c.* רֹחַב
Ex. 25. 22 (23). πήχεος τὸ εὖ. (3 *c*)
26. 2. A² B εὖ. τεσσάρων πήχεων (3 *c*)
— 8. τεσσάρων πήχεων τὸ εὖ. τῆς δέρρεως [B¹ *om.* τ. δ.] τῆς μιᾶς (3 *c*)
27. 1. πέντε πήχεων τὸ [A *om.*] εὖ. (3 *c*)
— 12. τὸ δὲ εὖ. τῆς αὐλῆς τὸ κατὰ θάλασσαν (3 *c*)
— 13. καὶ εὖ. τῆς αὐλῆς τὸ πρὸς νότον [A ἀνατολάς] (3 *c*)
— 18. καὶ εὖ. πεντήκοντα ἐπὶ πεντήκοντα (3 *c*)
28. 16. σπιθαμῆς τὸ εὖ. (3 *c*)
30. 2. πήχεως τὸ εὖ. (3 *c*)
36. 16 (39. 9). σπιθαμῆς τὸ εὖ. [A *add.* αὐτοῦ] διπλοῦν (3 *c*)
37. 2 (36. 9). τεσσάρων πήχεων τὸ εὖ. τῆς αὐλαίας (3 *c*)
— 16 (38. 18). τὸ εὖ. πέντε πήχεων (3 *c*)
38. 4 (37. 5). A εὖρος [B εὐρεῖς] τοῖς διωστῆρσιν †
De. 3. 11. τεσσάρων πήχεων τὸ εὖ. αὐτῆς (3 *c*)
II Ch. 3. 3. καὶ εὖρος πήχεων εἴκοσι (3 *c*)
— 8. A καὶ τὸ εὖ. [B μῆκος] πήχεων εἴκοσι (3 *c*)
4. 1. καὶ τὸ εὖ. εἴκοσι πήχεων [A π. δέκα] (3 *c*)
6. 13. καὶ πέντε πήχεων τὸ εὖ. αὐτῆς (3 *c*)
Ju. 7. 3. παρέτειναν εἰς εὖρος
Jb. 11. 9. ἢ μακρότερα μέτρου γῆς ἢ εὔρους θαλάσσης [A *al.*] (3 *a*)
38. 18. νενουθέτησαι δὲ τὸ εὖρος τῆς ὑπ᾽ οὐρανόν (3 *b*)
Ez. 40. 11. τὸ εὖ. τοῦ πυλῶνος πηχῶν δέκα τριῶν (1)
— 21, 25. πηχῶν εἴκοσι πέντε τὸ εὖ. αὐτῆς (3 *c*)
— 27. πήχεις ἑκατὸν τὸ εὖ. πρὸς νότον –
— 30. τὸ εὖ. [A *add.* αὐτῆς] πήχεις εἴκοσι πέντε (3 *c*)
— 33. εὖ. [A τὸ εὖ.] αὐτῆς πήχεις εἴκοσι πέντε (3 *c*)
— 36. εὖ. [A *add.* αὐτῆς] πήχεις εἴκοσι πέντε (3 *c*)
— 47. εὖ. πήχεις [A -χεων] ἑκατόν (3 *c*)
— 48. τὸ εὖ. τοῦ θυρώματος πηχῶν δέκα τεσσάρων (3 *c*)
— 49. τὸ εὖ. πηχῶν [A -χεις] δώδεκα (3 *c*)
41. 1. πηχῶν [A -χεις] ἓξ τὸ εὖ. τοῦ αἰλὰμ ἔνθεν (3 *c*)
— 2. τὸ εὖ. τοῦ πυλῶνος πηχῶν δέκα . . . τὸ εὖ. πηχῶν εἴκοσι [A *al.*] (3 *c*, 3 *c*)
— 4. A διεμέτρησε τὸ εὖ. τῶν θυρωμάτων [B τὸ μῆκος τῶν θυρῶν] (1)
— 4. καὶ εὖ. πηχῶν [A -χεις] εἴκοσι (3 *c*)
— 5. τὸ εὖ. τῆς πλευρᾶς πηχῶν τεσσάρων κυκλόθεν [A *al.*] (3 *c*)
— 7. τὸ εὖ. τῆς ἀνωτέρας τῶν πλευρῶν κατὰ τὸ πρόσθεμα (3 *c* ?)
— 9. καὶ εὖ. τοῦ τοίχου τῆς πλευρᾶς ἔξωθεν πηχῶν πέντε (3 *c*)
— 10. εὖ. πηχῶν εἴκοσι (3 *c*)
— 11. τὸ εὖ. τοῦ φωτὸς τοῦ ἀπολοίπου πηχῶν πέντε (3 *c*)
— 12. εὖ. κυκλόθεν καὶ μῆκος αὐτοῦ πηχῶν ἐνενήκοντα (3 *c*)
— 14. τὸ εὖ. κατὰ πρόσωπον τοῦ οἴκου (3 *c*)
— 22. τὸ εὖ. πηχῶν δύο (1 ?)
42. 11. κατὰ τὸ μῆκος αὐ. καὶ κατὰ τὸ εὖ. αὐ. (3 *c*)
— 20. πεντακοσίων πηχῶν εὖ. (3 *c*)
43. 13. πῆχυς τὸ εὖ. (3 *c*)
— 14. τὸ εὖ. πήχεος . . . εὖ. πῆχυς [A -χεως] (3 *c*, 3 *c*)
— 17. τὸ εὖ. [A *add.* τετράγωνον] ἐπὶ τέσσαρα μέρη (3 *c*)
45. 1, 3. εὖ. εἴκοσι χιλιάδας (3 *c*)
— 5. εὖ. εἴκοσι χιλιάδες (3 *c*)
— 6. δώσεις πέντε χιλιάδας εὖ. (3 *c*)
46. 22. εὖ. πηχῶν τριάκοντα (3 *c*)
48. 8. πέντε καὶ εἴκοσι χιλιάδες εὖ. (3 *c*)
— 9. καὶ εὖρος εἴκοσι καὶ πέντε χιλιάδες (3 *c*)
— 13. εὖ. δέκα χιλιάδες . . . εὖ. εἴκοσι χιλιάδες (3 *c*, 3 *c*)
Da. TH. 3. 1. εὖρος αὐτῆς πήχεων ἕξ (2)
[**Th.** EX. 37. 11.]
[**Al.** EX. 25. 9 (10).]

εὔρυθμος.
Es. 4. 17. δὸς λόγον εὔ. εἰς τὸ στόμα μου

εὐρύς. (1) בַּיִת
Ex. 38. 4 (37. 5). εὐρεῖς [A εὖρος] τοῖς διωστῆρσιν †
— 10 (37. 14). εὐρεῖς ὥστε αἴρειν . . . ἐν αὐτοῖς (1)
— 24 (7). εὐρεῖς τοῖς μοχλοῖς ὥστε αἴρειν ἐν αὐτοῖς †

▶ = additional entry on page xxvi

εὐρυχωρεῖν.
[Sm. Ps. 17 (18). 37.]

εὐρυχωρία. (1) רְחֹבוֹת
Ge. 26. 22. καὶ ἐπωνόμασε τὸ ὄνομα αὐτοῦ Εὐ. (1)
[Sm. Ps. 17 (18). 20 : 30 (31). 9 : 65 (66). 12 : 117 (118). 5.]
[Quint. Ps. 74 (75). 9.]

εὐρύχωρος. (1) גֹּרֶן (2) *a.* רָחַב ni. *b.* רְחַב יָדַיִם *c.* מֶרְחָב
Jd. 18. 10. A καὶ ἡ γῆ εὐ. [B πλατεῖα] (2 *b*)
II Ch. 18. 9. καθήμενοι ἐν τῷ εὐ. θύρας πύλης Σ. (1)
I Es. 5. 47. συνήχθησαν . . . εἰς τὸ εὐ. τοῦ πρώτου πυλῶνος
9. 6. R ἐν τῷ [A B τῇ] εὐ. τοῦ ἱεροῦ
— 38. συνήχθη πᾶν τὸ πλῆθος ὁμοθυμαδὸν ἐπὶ τὸ εὐ.
— 41. A R ἐν τῷ πρὸ τοῦ ἱεροῦ πυλῶνος εὐ. [B -ρου]
Ps. 30 (31). 8. ἔστησας ἐν εὐρυχώρῳ τοὺς πόδας μου (2 *c*)
103 (104). 25. αὕτη ἡ θάλ. ἡ μεγάλη καὶ εὐ. (2 *b*)
Ho. 4. 16. νεμήσει αὐτοὺς κ. ὡς ἀμνὸν ἐν εὐρυχώρῳ (2 *c*)
Is. 30. 23. βοσκηθήσεται . . . τόπον πίονα καὶ εὐρύχωρον (2 *a*)
33. 21. διώρυχες πλατεῖς καὶ εὐρύχωροι (2 *b*)
[Aq. Ps. 103 (104). 25 : Je. 22. 14.]
[Sm. Ps. 103 (104). 25 : 118 (119). 96 : Is. 33. 21 : Je. 22. 14.]
[Th. Jd. 18. 10 : Ps. 103 (104). 25.]
[Al. Nu. 35. 3.]

εὐρώς.
[Sm. Ps. 38 (39). 12 : Is. 50. 9.]

εὔρωστος.
Si. 30. 15. σῶμα εὔρωστον ἢ ὄλβος ἀμέτρητος

εὐρώστως.
Wi. 8. 1. διατείνει δὲ ἀπὸ πέρατος εἰς [A² S ἐπὶ] πέρας εὐ.
II Ma. 10. 17. καὶ προσβαλόντες εὐ.
12. 27. ἀπεμάχοντο εὐ.
— 35. ἦγεν αὐτὸν εὐ.

εὐρωτιᾶν. (1) נִקֻּדִים
Jo. 9. 5. B καὶ εὐρωτιῶν (1)
[Sm. Ps. 30 (31). 11 : Jl. 1. 17.]

εὐσέβεια (-βία). (1) *a.* יִרְאָה *b.* יִרְאַת יְהוָֹה
I Es. 1. 23. ἐν καρδίᾳ πλήρει εὐσεβείας
Pr. 1. 7. εὐσέβεια δὲ εἰς θεὸν ἀρχὴ [A ἀρετὴ] αἰσθήσεως (1 *a*)
13. 11. ὁ δὲ συνάγων ἑαυτῷ μετ' εὐσεβείας πληθυνθήσεται †
Wi. 10. 12. παντὸς [S¹ πάντως] δυνατωτέρα ἐστὶν εὐσέβεια [A ἡ εὐ.]
Si. 49. 3. ἐν ἡμέραις ἀνόμων κατίσχυσε τὴν εὐ.
Is. 11. 2. πνεῦμα γνώσεως καὶ εὐσεβείας (1 *b*)
33. 6. A S R ἐκεῖ [B ἥκ.] . . . εὐ. πρὸς τὸν κύριον (1 *a*)
II Ma. 3. 1. διὰ τὴν Ὀ. τοῦ ἀρχιερέως εὐ.
12. 45. τοῖς μετ' εὐσεβείας κοιμωμένοις
III Ma. 1. 9. A τῇ . . . εὐσεβείᾳ [R -πρεπείᾳ] καταπλαγείς
2. 31. R τὰς τῆς πόλεως εὐ. ἐπιβάθρας στυγοῦντες [A *al.*]
— 32. οὐ διέστησαν τῆς εὐ.
IV Ma. 5. 18. τὴν ἐπὶ τῇ εὐ. δόξαν ἀκυρῶσαι
— 24. R εὐσέβειαν διδάσκει [A -ειν, S ἐκδιδάσκειν]
— 31. ὥστε μοι διὰ τὴν εὐ. μὴ νεάζειν τὸν λογισμόν
— 38. A R τῶν δὲ ἐμῶν περὶ [S ὑπὲρ] τῆς εὐ. λογισμῶν
6. 2. τῇ περὶ τὴν εὐ. εὐσχημοσύνῃ
— 22. εὐγενῶς ὑπὲρ τῆς εὐ. τελευτᾶτε
7. 1. πηδαλιουχῶν τὴν τῆς εὐ. ναῦν
— 3. A R μετέτρεψε [S ἔτρ.] τοὺς τῆς εὐ. οἴακας
— 4. διὰ τὸν ὑπερασπίζοντα τῆς εὐ. λογισμόν
— 16. εἰ . . . περιεφρόνησε δι' εὐσέβειαν
— 18. ὅσοι τῆς εὐ. προνοοῦσιν
— 22. A R οὐκ ἂν περικρατήσειε τῶν παθῶν διὰ τὴν εὐ. [S θεοσ.]
— 24. τῷ τῆς εὐ. λογισμῷ φιλοσοφοῦντες
9. 6. διὰ τὴν εὐ. καὶ βασανισμοὺς ὑπομείναντες
— 7. εἰ θανατώσεις διὰ τὴν εὐ.
— 23. A R στρατεύσασθε [S ἐστρ.] περὶ τῆς εὐ.
IV Ma. 9. 29. διὰ τὴν πάτριον ἡμῶν εὐ.
— 30. τῆς διὰ τὴν εὐ. ἡμῶν ὑπομονῆς
11. 20. διὰ τὴν εὐ. . . . κληθέντες
12. 11. A R τοὺς τῆς [S *om.*] εὐ. ἀσκητὰς στρεβλῶσαι
— 14. ἐπλήρωσαν τὴν εἰς τὸν θεὸν εὐ.
13. 7. τὸν τῆς εὐ. ὀχυρώσασα λιμένα
— 8. ἱερὸν γὰρ εὐσεβείας στήσαντες χορόν
— 10. A R πρὸς τὴν τῆς εὐ. ἀπόδειξιν [S ἐπίδ.]
— 12. σφαγιασθῆναι διὰ τὴν εὐ.
— 26. σὺν γὰρ τῇ εὐ. . . . κατεσκεύαζε
— 27. ἀνέσχοντο διὰ τὴν εὐ. τοὺς ἀδελφούς
14. 3. A R περὶ τῆς εὐ. [S ἱερᾶς] . . . συμφωνίας
— 6. ὑπὸ ψυχῆς ἀθανάτου τῆς εὐ.
— 7. ἑπτὰ . . . ἡμέραι περὶ τὴν εὐ.
15. 1. εὐ. μητρὶ τέκνων ποθεινοτέρα
— 2. δυοῖν προκειμένων εὐσεβείας καὶ τῆς . . . σωτηρίας
— 3. A R τὴν εὐ. μᾶλλον ἠγάπησε [S -σας]
— 12. R ἐπὶ τὸν ὑπὲρ [A S *om.*] τῆς εὐ. προετρέπετο θάνατον
— 14. οὐ μετεβάλετο διὰ τὴν εὐ.
— 17. τὴν εὐ. ὁλόκληρον ἀποκυήσασα
— 29. ὑπερασπίστρια τῆς εὐ.
— 32. S R ὑπέμεινας τοὺς ὑπὲρ [A *om.*] τῆς εὐ. χειμῶνας
16. 4. τῷ λογισμῷ τῆς εὐ. κατέσβεσε τοσαῦτα
— 13. ὑπὲρ τῆς εὐ. . . . αὐτοὺς προετρέπετο ἱκετεύουσα
— 14. δι' εὐσέβειαν θεοῦ στρατιῶτι
— 17. τὰς διὰ τὴν εὐ. ἀλγηδόνας
— 23. εἰδότας εὐσέβειαν
17. 5. φωταγωγήσασα πρὸς τὴν εὐ.
— 7. S R ζωγραφῆσαι τὴν τῆς εὐ. σου ἱστορίαν [A ἱστορίας σου εὐσέβειαν]
— 7. δι' εὐσέβειαν ποικίλας βασάνους . . . ὑπομείνασαν
18. 3. διὰ τὴν εὐ. προϊέμενοι τὰ σώματα

εὐσεβεῖν.
Da. LXX. Su. 64. εὐσεβήσουσι γὰρ νεώτεροι
IV Ma. 9. 6. S R ὑπομείναντες ηὐσέβησαν [A ἀπέθανον]
11. 5. τὸν πάντων κτίστην εὐσεβοῦμεν
— 8. A R πολεμεῖς τοὺς εὐσεβοῦντας εἰς τὸν θεόν
— 23. πολέμιε τῶν ἀληθῶς εὐσεβούντων
18. 2. πάντα τρόπον εὐσεβεῖτε

εὐσεβής. (1) חָסִיד (2) נָדִיב (3) צַדִּיק
Ju. 8. 31. γυνὴ εὐ. εἶ
Jb. 32. 3. ἔθεντο αὐτὸν εἶναι ἀσεβῆ [A¹ S⁴ εὐσ.] †
Pr. 12. 12. A S R αἱ δὲ ῥίζαι τῶν εὐ. [B ἀσ.] ἐν ὀχυρώμασι (3)
13. 19. ἐπιθυμίαι εὐσεβῶν ἡδύνουσι ψυχήν †
Ec. 3. 16. τόπον τοῦ δικαίου [A τῶν δ.] ἐκεῖ ὁ εὐ. †
Si. 11. 17. δόσις κυρίου παραμένει εὐσεβέσι [S² εὐλαβέσιν]
— 22. εὐλογία κυρίου ἐν μισθῷ [A ἐμμέσῳ] εὐσεβοῦς
12. 2. εὖ ποίησον εὐσεβεῖ καὶ εὑρήσεις ἀνταπόδομα
— 4. δὸς τῷ εὐ.
13. 17. οὕτως ἁμαρτωλὸς πρὸς εὐσεβῆ
— 24. B πονηρὰ ἡ πτωχεία ἐν στόμασιν [A S -ατι] εὐσεβοῦς [A S R ἀσεβοῦς]
16. 13. οὐ μὴ καθυστερήσει ὑπομονὴν [A S -ῇ] εὐσεβοῦς
23. 12. ἀπὸ γὰρ εὐσεβῶν ταῦτα πάντα ἀποστήσεται
27. 11. διήγησις εὐσεβοῦς [A σοφοῦ] διὰ παντὸς σοφία
— 29. παγίδι ἁλώσονται οἱ εὐφραινόμενοι πτώσει εὐσεβῶν
28. 22. οὐ μὴ κρατήσῃ εὐσεβῶν
36 (33). 14. οὕτως ἀπέναντι εὐσεβοῦς [S τοῦ εὐ.] ἁμαρτωλός
37. 12. μετὰ ἀνδρὸς εὐσεβοῦς ἐνδελέχιζε
39. 27. ταῦτα πάντα τοῖς εὐ. εἰς ἀγαθά
43. 33. τοῖς εὐ. ἔδωκε σοφίαν
Mi. 7. 2. ἀπόλωλεν εὐσεβὴς [A B² -λαβὴς] ἀπὸ τῆς γῆς (1)
Is. 24. 16. τέρατα ἠκούσαμεν ἐλπὶς τῷ εὐ. (3)
26. 7. ὁδὸς εὐσεβῶν εὐθεῖα ἐγένετο (3)
— 7. ἡ ὁδὸς τῶν εὐ. καὶ παρεσκευασμένη (3)
32. 8. οἱ δὲ εὐ. συνετὰ ἐβουλεύσαντο (2)
II Ma. 1. 19. οἱ τότε [A τε] εὐ. ἱερεῖς
12. 45. ὅσια καὶ εὐ. ἡ ἐπίνοια
IV Ma. 1. 1. εἰ αὐτοδέσποτός ἐστι . . . ὁ εὐ. λογισμός
IV Ma. 1. 7. A R αὐτοκράτωρ ἐστὶ . . . ὁ εὐ. [S *om.*] λογισμός
6. 31. δεσπότης ἐστὶ τῶν παθῶν ὁ εὐ. λογισμός
7. 16. ἡγεμών ἐστι τῶν παθῶν ὁ εὐ. λογισμός
10. 15. A R τὸν ἀοίδιμον [S ἀΐδιον] τῶν εὐ. βίον
11. 21. ἀνίκητος γάρ ἐστιν . . . ἡ εὐ. ἐπιστήμη
13. 1. αὐτοδέσποτός ἐστι . . . ὁ εὐ. λογισμός
15. 23. τὰ σπλάγχνα αὐ. ὁ εὐ. λογισμὸς . . . ἐπέτεινε
16. 1. αὐτοκράτωρ ἐστι . . . ὁ εὐ. λογισμός
▶ 17. 22. A R διὰ [S τῆς] τοῦ αἵματος τῶν εὐ. ἐκείνων
18. 2. δεσπότης ἐστὶν ὁ εὐ. λογισμός

εὐσεβῶς.
IV Ma. 7. 21. A R πρὸς ὅλον τὸν τῆς φιλοσοφίας κανόνα εὐ. [S *om.*] φιλοσοφῶν

εὔσημος. (1) כֶּסֶה
Ps. 80 (81). 3. ἐν εὐσήμῳ ἡμέρᾳ [A -ας] ἑορτῆς ἡμῶν (1)
[Th., Al. Pr. 7. 20.]

εὐσήμως.
Da. LXX. 2. 19. τὸ μυστήριον τοῦ βασιλέως ἐξεφάνθη εὐ. –

εὐσθενής.
[Heb. Jb. 10. 16.]

εὔσκιος. (1) רַעֲנָן
Je. 11. 16. ἐλαίαν ὡραίαν εὔσκιον τῷ εἴδει (1)
[Sm. Ez. 31. 3.]

εὐστάθεια (-θία).
Es. 3. 13. πρὸς τὸ μὴ τὴν βασιλείαν εὐσταθείας τυγχάνειν
Wi. 6. 24. βασιλεὺς φρόνιμος εὐστάθεια δήμου
II Ma. 14. 6. οὐκ ἐῶντες τὴν βασ. εὐσταθείας τυχεῖν
III Ma. 3. 26. ἐν εὐσταθείᾳ καὶ βελτίστῃ διαθέσει
6. 28. ἀπαραπόδιστον εὐ. . . . παρέχει

εὐσταθεῖν. (1) שָׁלֵו
Je. 30. 9 (49. 31). ἀνάβηθι ἐπ' ἔθνος εὐσταθοῦν (1)
II Ma. 12. 2. A οὐκ εἴων αὐτοὺς εὐσταθεῖν [R -θεῖς]
14. 25. ἐγάμησεν εὐστάθησεν
III Ma. 7. 4. μή ποτε εὐσταθήσειν τὰ πράγματα ἡμῶν
[Sm. Je. 30 (37). 10 : 46 (26). 27 : 49. 31 (30. 9).]

εὐσταθής.
Es. 3. 13. εὐ. . . . παρέχωσιν [A -ουσιν] ἡμῖν . . . τὰ πράγματα
Si. 26. 18. πόδες ὡραῖοι ἐπὶ στέρνοις εὐσταθοῦς [S¹ πτέρνοις εὐστάθμοις]
II Ma. 12. 2. οὐκ εἴων αὐτοὺς εὐ. [A -θεῖν]

εὔσταθμος.
Si. 26. 18. S¹ πόδες ὡραῖοι ἐπὶ πτέρνοις εὐστάθμοις [A B S² στέρνοις εὐσταθοῦς]

εὔστοχος.
Wi. 5. 21. πορεύσονται εὔστοχοι βολίδες ἀστραπῶν

εὐστόχως. (1) לְתֻמּוֹ
III Ki. 22. 34. ἐπέτεινεν [A ἐνέτ.] εἰς τὸ τόξον εὐ. (1)
II Ch. 18. 33. καὶ ἀνὴρ ἔτεινε [A ἐνέτ.] τόξον εὐ. (1)

εὐστροφία. (1) עֶבְרָה
Pr. 14. 35. τῇ δὲ ἑαυτοῦ εὐ. ἀφαιρεῖται ἀτιμίαν (1 ?)

εὐσυναλλάκτως.
Pr. 25. 10. φύλαξον τὰς ὁδούς σου εὐ. –

εὐσχημοσύνη.
IV Ma. 6. 2. τῇ περὶ τὴν εὐσέβειαν εὐσχ. [A τὴν . . . εὐσχ.]

εὐσχήμων.
Pr. 11. 25. ἀνὴρ δὲ θυμώδης οὐκ εὐσχήμων †

εὐσχολία.
[Aq., Th. III Ki. 6. 17.]

εὐτακτεῖν.
II Ma. 4. 27. οὐδὲν εὐτάκτει

εὐτάκτως. (1) כָּלּוֹ
Pr. 24. 62 (30. 27). A ἐκστρατεύει [B S στρατ.] ἀφ' ἑνὸς κελεύσματος εὐ. (1)

▶ = additional entry on page xxvi

III Ma. 2. 1. εὐ. ἐποιήσατο τὴν δέησιν τοιαύτην [Sm. Ps. 49 (50). 23.]

εὐταξία.

II Ma. 4. 37. δακρύσας διὰ . . . πολλὴν εὐ.
III Ma. 1. 10. θαυμάσας δὲ καὶ τὴν τοῦ ἱεροῦ εὐ.

εὐτεκνία.

IV Ma. 18. 9. τὸν . . . τῆς εὐ. βίον

εὐτελής.

Wi. 10. 4. δι' εὐτελοῦς ξύλου τὸν δίκαιον κυβερνήσασα
11. 15. ἐθρήσκευον . . . κνώδαλα [A κλώδ.] εὐτελῆ
13. 14. ζῴῳ τινὶ εὐτελεῖ ὡμοίωσεν [S ἀφωμ.] αὐτό
15. 10. γῆς εὐτελεστέρα ἡ ἐλπὶς αὐτοῦ
[Aq. I Ki. 18. 23.]
[Sm. I Ki. 15. 9: II Ki. 6. 22: Ps. 11 (12). 9: Pr. 10. 20: Je. 15. 19.]

εὐτελῶς.

II Ma. 15. 38. εἰ δὲ εὐ. καὶ μετρίως

εὔτηκτος.

Wi. 19. 21. οὐδὲ τηκτὸν εὔτηκτον . . . γένος ἀμβροσίας τροφῆς

εὐτολμία.

II Ma. 13. 18. R γεῦσιν [A γεῦμα] τῆς τῶν 'I. εὐ.

εὐτονία. (1) מַתָּנָה

Ec. 7. 8 (7). AS^{2} ἀπόλλυσι τὴν καρδίαν εὐτονίας [S^{1} -αν, B εὐγενείας] αὐτοῦ (1)
[Aq., Th. Ec. 7. 8 (7).]

εὔτονος.

II Ma. 12. 23. ἐποιεῖτο δὲ τὸν διωγμὸν εὐτονώτερον
IV Ma. 7. 10. AR πυρὸς εὐτονώτερε πρεσβῦτα [S πρέσβυ]

εὐτόνως. (1) בַּשּׁוֹפָרוֹת

Jo. 6. 7 (8). καὶ σημαινέτωσαν εὐ. (1)

εὐτρεπίζειν.

IV Ma. 5. 32. πρὸς ταῦτα τροχοὺς εὐτρέπιζε
[Sm. Is. 40. 3.]

εὐτρεπῶς.

Wi. 13. 11. S τεχνησάμενος εὐ. [A B εὐπρεπῶς]

εὐτροφία.

[Sm. Ps. 67 (68). 16 *bis*.]

εὔτροφος.

[Sm. Am. 4. 1.]

εὐτυχία.

IV Ma. 6. 11. A ἐθαυμάζετο ἐπὶ [S *om.*] τῇ εὐ. [S R εὐψυχίᾳ]

εὐφημεῖν.

I Ma. 5. 64. ἐπισυνήγοντο πρὸς αὐτοὺς εὐφημοῦντες
[Sm. Ps. 31 (32). 11: 32 (33). 1: 66 (67). 5: 70 (71). 23: 80 (81). 2: 88 (89). 13: 97 (98). 4: 131 (132). 16 *bis*: 144 (145). 7.]
[Al. Ps. 46 (47). 2.]

εὐφημία.

[Sm. Ps. 41 (42). 5: 46 (47). 2: 99 (100). 2: 125 (126). 2.]

εὔφημος.

[Sm. Ps. 62 (63). 6.]

εὔφθαρτος.

Wi. 19. 21. φλόγες . . . εὐφθάρτων ζῴων οὐκ ἐμάραναν σάρκας ἐμπεριπατούντων

εὔφορος.

[Sm. I Ki. 16. 23.]

εὐφραίνειν. (1) אָגַר (2) בּוֹא (3) *a.* גִּיל verb. *b.* גִּיל subst. (4) הָמָה (5) חָדָה pi. (6) חָלַל *a.* qal. *b.* pi. (7) טוֹב לֵב (8) יָחַד pi. (9) כּוּן ni. (10) לִיץ hithpal. (11) מוּג pil. (12) נָשָׂא (13) רָנַן *a.* qal. *b.* pi. *c.* pu. *d.* hi. (14) רָעַף hi. (15) שָׁנַב pu. (16) שׂוּם (17) *a.* שׂוּשׂ, שִׂישׂ *b.* מָשׂוֹשׂ (18) שָׂחַק *a.* qal. *b.* pi. (19) שָׂמֵחַ, שָׂמַח *a.* qal. *b.* pi. *c.* hi. *d.* שָׂמֵחַ *e.* שִׂמְחָה *f.* ποιεῖν εὐ. שָׂמַח pi. (20) שָׂשׂוֹן (21) שִׁיר (22) *a.* שָׁעַע pilp. *b.* שַׁעֲשֻׁעִים

Le. 23. 40. εὐφρανθῆναι ἔναντι κυρίου (19 *a*)
De. 12. 7. εὐφρανθήσεσθε ἐπὶ πᾶσιν (19 *a*)
— 12. εὐφρανθήσεσθε ἐναντίον κυρίου (19 *a*)
— 18. εὐφρανθήσῃ ἐναντίον κυρίου (19 *a*)
14. 21. A^{2} καὶ εὐφρανθήσῃ –
— 26. B καὶ εὐφρανθήσῃ (19 *a*)
16. 11, 14. καὶ εὐφρανθήσῃ (19 *a*)
— 15. καὶ ἔσῃ εὐφραινόμενος (19 *d*)
20. 6. καὶ οὐκ εὐφράνθη ἐξ αὐτοῦ (6 *b*)
— 6. ἄνθρωπος ἕτ. εὐφρανθήσεται ἐξ αὐτοῦ (6 *b*)
24. 5. ἐνιαυτὸν ἕνα εὐφρανεῖ τὴν γυναῖκα αὐτοῦ (19 *b*)
26. 11. εὐφρανθήσῃ ἐν [A ἐπὶ] πᾶσι τοῖς ἀγαθοῖς (19 *a*)
— 12. καὶ εὐφρανθήσονται [A ἐμπλησθήσονται] †
27. 7. καὶ εὐφρανθήσῃ (19 *a*)
28. 39. οὐδὲ εὐφρανθήσῃ ἐξ αὐτοῦ (1 ?)
— 63. ὃν τρόπον εὐφράνθη κύριος ἐφ' ὑμῖν (17 *a*)
— 63. οὕτως εὐφρανθήσεται κύριος ἐφ' ὑμῖν (17 *a*)
30. 9. εὐφρανθῆναι ἐπὶ σοὶ [A σὲ] εἰς ἀγαθὰ καθότι εὐφράνθη ἐπὶ τοῖς πατράσι σου (17 *a*, 17 *a*)
32. 43. εὐφράνθητε οὐρανοὶ ἅμα αὐτῷ –
— 43. εὐφράνθητε ἔθνη μετὰ τοῦ λαοῦ αὐτοῦ (13 *d*)
33. 18. εὐφράνθητι Ζαβουλὼν ἐν ἐξοδίᾳ σου (19 *a*)
Jd. 5. 11. A ἀνὰ μέσον εὐφραινομένων [B *al.*] †
9. 13. τὸν εὐφραίνοντα θεόν [A *al.*] (19 *b*)
— 19. εὐφρανθείητε ἐν 'Aβ. καὶ εὐφρανθείη καί γε αὐτὸς ἐφ' [A ἐν] ὑμῖν (19 *a*, 19 *a*)
16. 23. καὶ εὐφρανθῆναι [A τοῦ εὐ.] (19 *e*)
19. 3. ηὐφράνθη εἰς συνάντησιν αὐ. [A *al.*] (19 *a*)
I Ki. 2. 1. εὐφράνθην ἐν σωτηρίᾳ σου (19 *a*)
6. 13. ηὐφράνθησαν εἰς ἀπάντησιν αὐτῆς (19 *a*)
11. 9. καὶ εὐφράνθησαν (19 *a*)
— 15. καὶ εὐφράνθη Σ. (19 *a*)
16. 5. εὐφράνθητε μετ' ἐμοῦ σήμερον (2)
II Ki. 1. 20. μή ποτε εὐφρανθῶσι θυγατέρες ἀλλοφύλων (19 *a*)
III Ki. 1. 40. εὐφραινόμενοι εὐφροσύνην μεγ. (19 *d*)
— 45. ἀνέβησαν ἐκεῖθεν εὐφραινόμενοι (19 *d*)
3. 1 (A 4. 20). A καὶ εὐφραινόμενοι (19 *d*)
8. 65. εὐφραινόμενος ἐνώπιον κυρίου θεοῦ ἡμῶν –
I Ch. 16. 10. εὐφρανθήσεται καρδία ζητοῦσα τὴν εὐδοκίαν αὐτοῦ (19 *a*)
— 31. εὐφρανθήτω ὁ οὐρανός (19 *a*)
— 33. εὐφρανθήσεται τὰ ξύλα τοῦ δρυμοῦ (13 *b*)
29. 9. καὶ εὐφράνθη ὁ λαός (19 *a*)
— 9. καὶ Δ. ὁ βασιλεὺς εὐφράνθη μεγάλως (19 *a*)
II Ch. 6. 41. οἱ υἱοί σου εὐφρανθήτωσαν ἐν ἀγαθοῖς (19 *a*)
7. 10. ἀπέστειλε τὸν λαὸν . . . εὐφραινομένους (19 *d*)
15. 15. καὶ εὐφράνθησαν πᾶς 'I. (19 *a*)
20. 27. εὔφρανεν αὐτοὺς κύριος (19 *b*)
23. 13. καὶ πᾶς ὁ λαὸς ηὐφράνθη (19 *d*)
— 21. καὶ ηὐφράνθη πᾶς ὁ λαὸς τῆς γῆς (19 *a*)
29. 36. καὶ ηὐφράνθη 'E. (19 *a*)
30. 25. καὶ ηὐφράνθη πᾶσα ἡ ἐκκλησία (19 *a*)
I Es. 7. 14. εὐφραινόμενοι ἔναντι κυρίου
9. 54. καὶ πιεῖν καὶ εὐφραίνεσθαι
— 54. καὶ εὐφρανθῆναι μεγάλως
II Es. 6. 22. ὅτι εὔφρανεν αὐτοὺς κύριος (19 *b*)
Ne. 12. 43. καὶ ηὐφράνθησαν ὅτι ὁ θεὸς ηὔφρανεν αὐτούς (19 *a*, 19 *b*)
— 43. καὶ τὰ τέκνα αὐτῶν ηὐφράνθησαν (19 *a*)
To. 8. 16. ὅτι ηὔφρανάς με
— 20. S εὐφρανεῖς τὴν ψυχὴν τῆς θυγατρός μου
10. 13. A B ἵνα εὐφρανθῶ ἐνώπιον τοῦ κυρίου
13. 10. εὐφρᾶναι ἐν σοὶ τοὺς αἰχμαλώτους [A *al.*]
— 14. A R εὐφρανθήσονται [B -σεται] εἰς τὸν αἰῶνα [S *al.*]
Ju. 12. 20. A B καὶ ηὐφράνθη 'O. ἀπ' αὐτῆς
16. 20. ἦν ὁ λαὸς εὐφραινόμενος
Es. 4. 17. οὐκ ηὐφράνθη ἡ δούλη σου
5. 9. ὑπερχαρὴς εὐφραινόμενος [S^{3} εὐ. τῇ καρδίᾳ] (7)
— 14. καὶ εὐφραίνου (19 *d*)
Es. 8. 16. S^{3} καὶ εὐφράνθησαν (19 *a*)
Jb. 21. 12. εὐφραίνονται [S^{1} -φρανθήσονται] φωνῇ ψαλμοῦ (19 *a*)
31. 25. εἰ δὲ καὶ εὐφράνθην [S^{1} -η] πολλοῦ πλούτου μοι γενομένου (19 *a*)
Ps. 5. 11. εὐφρανθήτωσαν ἐπὶ [S^{2} *om.*] σοί [S σέ] (19 *a*)
9. 2. εὐφρανθήσομαι καὶ ἀγαλλιάσομαι ἐν σοί (19 *a*)
13 (14). 7. εὐφρανθήτω [A S -θήσεται] 'Iσραήλ (19 *a*)
15 (16). 9. ηὐφράνθη ἡ καρδία μου (19 *a*)
18 (19). 8. τὰ δικαιώματα κυρίου εὐθέα εὐφραίνοντα καρδίαν (19 *b*)
20 (21). 1. ἐν τῇ δυνάμει σου εὐφρανθήσεται ὁ βασιλεύς (19 *a*)
— 6. εὐφρανεῖς αὐτὸν ἐν χαρᾷ (5)
29 (30). 1. οὐκ εὔφρανας τοὺς ἐχθρούς μου ἐπ' ἐμέ [A S ἐμοί] (19 *b*)
30 (31). 7. εὐφρανθήσομαι ἐπὶ τῷ ἐλέει σου (19 *a*)
31 (32). 11. εὐφράνθητε ἐπὶ κύριον (19 *a*)
32 (33). 21. ἐν αὐτῷ εὐφρανθήσεται ἡ καρδία ἡμῶν (19 *a*)
33 (34). 2. καὶ εὐφρανθήτωσαν (19 *a*)
34 (35). 15. κατ' ἐμοῦ εὐφράνθησαν (19 *a*)
— 27. εὐφρανθείησαν [A εὐ. ἐπὶ σοὶ] οἱ θέλοντες τὴν δικαιοσύνην μου (19 *a*)
39 (40). 16. εὐφρανθείησαν ἐπὶ σοὶ πάντες οἱ ζητοῦντές σε (19 *a*)
42 (43). 4. πρὸς τὸν θεὸν τὸν εὐφραίνοντα τὴν νεότητά μου (19 *e*)
44 (45). 9. ἐξ ὧν ηὔφρανάν σε θυγατέρες βασιλέων (19 *b*)
45 (46). 4. τοῦ ποταμοῦ τὰ ὁρμήματα εὐφραίνουσι τὴν πόλιν τοῦ θεοῦ (19 *b*)
47 (48). 11. εὐφρανθήτω τὸ ὄρος Σιών (19 *a*)
52 (53). 6. εὐφρανθήσεται 'Iσραήλ (19 *a*)
57 (58). 10. εὐφρανθήσεται δίκαιος (19 *a*)
62 (63). 11. ὁ δὲ βασ. εὐφρανθήσεται ἐπὶ τῷ θεῷ (19 *a*)
63 (64). 10. B S^{1} εὐφρανθήσεται δίκαιος ἐπὶ [S^{2} R ἐν] τῷ κυρίῳ (19 *a*)
64 (65). 10. ἐν ταῖς σταγόσιν αὐτῆς εὐφρανθήσεται ἀνατέλλουσα (11 ?)
65 (66). 6. ἐκεῖ εὐφρανθησόμεθα ἐπ' αὐτῷ (19 *a*)
66 (67). 4. εὐφρανθήτωσαν . . . ἔθνη (19 *a*)
67 (68). 3. οἱ δίκαιοι εὐφρανθήτωσαν (19 *a*)
68 (69). 32. καὶ εὐφρανθήτωσαν (19 *a*)
69 (70). 4. εὐφρανθήτωσαν ἐπὶ σοὶ πάντες οἱ ζητοῦντές σε (19 *a*)
72 (73). 21. ηὐφράνθη [S^{2} ἐξεκαύθη] ἡ καρδία μου †
76 (77). 3. ἐμνήσθην τοῦ θεοῦ καὶ εὐφράνθην (4 ?)
84 (85). 6. ὁ λαός σου εὐφρανθήσεται ἐπὶ σοί (19 *a*)
85 (86). 4. εὔφρανον τὴν ψυχὴν τοῦ δούλου σου (19 *b*)
— 11. εὐφρανθήτω ἡ καρδία μου (8)
86 (87). 7. ὡς εὐφραινομένων πάντων ἡ κατοικία ἐν σοί (6 *a*)
88 (89). 42. εὔφρανας πάντας τοὺς ἐχθροὺς αὐτοῦ (19 *c*)
89 (90). 14. ἠγαλλιασάμεθα καὶ εὐφράνθημεν (19 *a*)
— 15. A^{2} S^{2} ἐν πάσαις ταῖς ἡμέραις ἡμῶν εὐφράνθημεν [A^{1} B S^{1} *om.*, R -θείημεν] (19 *b*)
91 (92). 4. εὔφρανάς με, κύριε, ἐν τῷ ποιήματί σου (19 *b*)
93 (94). 19. A B^{3} S^{2} αἱ παρακλήσεις σου ηὔφραναν [B^{1} S^{1} ἠγάπησαν] τὴν ψυχήν [S^{1} καρδίαν] μου (22 *a*)
95 (96). 11. εὐφραινέσθωσαν οἱ οὐρανοί (19 *a*)
96 (97). 1. εὐφρανθήτωσαν νῆσοι πολλαί (19 *a*)
— 8. ἤκουσε καὶ εὐφράνθη Σιών (19 *a*)
— 12. A S^{2} R εὐφράνθητε δίκαιοι ἐν [B S^{1} ἐπὶ] τῷ κυρίῳ (19 *a*)
103 (104). 15. οἶνος εὐφραίνει καρδίαν ἀνθρώπου (19 *b*)
— 31. εὐφρανθήσεται κ. ἐπὶ τοῖς ἔργοις αὐ. (19 *a*)
— 34. ἐγὼ δὲ εὐφρανθήσομαι ἐπὶ τῷ κυρίῳ (19 *a*)
104 (105). 3. εὐφρανθήτω καρδία ζητούντων τὸν κύριον (19 *a*)
— 38. εὐφράνθη Αἴγυπτος ἐν τῇ ἐξόδῳ αὐτῶν (19 *a*)
105 (106). 5. τοῦ εὐφρανθῆναι ἐν τῇ εὐφροσύνῃ τοῦ ἔθνους σου (19 *a*)
106 (107). 30. εὐφράνθησαν ὅτι ἡσύχασαν (19 *a*)
— 42. ὄψονται εὐθεῖς καὶ εὐφρανθήσονται (19 *a*)
108 (109). 28. ὁ δὲ δοῦλός σου εὐφρανθήσεται (19 *a*)
112 (113). 9. μητέρα ἐπὶ τέκνοις [S^{1} μ. τέκνων] εὐφραινομένην [S^{1} -ων, S^{2} -η] (19 *d*)
117 (118). 24. καὶ εὐφρανθῶμεν ἐν αὐτῇ (19 *a*)

Ps. 118 (119). 74. καὶ εὐφρανθήσονται (19 *a*)
121 (122). 1. εὐφράνθην ἐπὶ τοῖς εἰρηκόσι μοι (19 *a*)
125 (126). 3. **A S** ἐγενήθημεν εὐφραινόμενοι (19 *d*)
149. 2. εὐφρανθήτω Ἰ. ἐπὶ τῷ ποιησάντι αὐτόν (19 *a*)
Pr. 2. 14. οἱ εὐφραινόμενοι ἐπὶ κακοῖς (19 *d*)
8. 30. καθ' ἡμέραν δὲ εὐφραινόμην ἐν προσώπῳ αὐτοῦ (18 *b*)
— 31. **A** ὅτε ηὐφραίνετο [**B S** ἐνευφρ.] τὴν οἰκουμένην συντελέσας (18 *b*)
— 31. **B S** εὐφραίνετο [**A R** ἐνευφρ.] ἐν υἱοῖς ἀνθρώπων (22 *b*)
10. 1. υἱὸς σοφὸς εὐφραίνει πατέρα (19 *b*)
12. 20. οἱ δὲ βουλόμενοι εἰρήνην εὐφρανθήσονται (19 *e*)
— 25. ἀγγελία δὲ ἀγαθὴ εὐφραίνει [**AS**[1] -ανεῖ] αὐτόν (19 *b*)
14. 10. ὅταν δὲ εὐφραίνηται (19 *e*)
15. 13. καρδίας εὐφραινομένης πρόσωπον θάλλει (19 *d*)
— 20. υἱὸς σοφὸς εὐφραίνει πατέρα (19 *b*)
16. 2 (15. 30). θεωρῶν ὀφθαλμὸς καλὰ εὐφραίνει καρδίαν (19 *b*)
17. 21. οὐκ εὐφραίνεται πατὴρ ἐφ' υἱῷ ἀπαιδεύτῳ υἱὸς δὲ φρόνιμος εὐφραίνει [**A** -ανεῖ] μητέρα αὐ. (19 *a*, –)
— 22. καρδία εὐφραινομένη εὐεκτεῖν ποιεῖ (19 *d*)
22. 18. εὐφρανοῦσί σε ἅμα ἐπὶ σοῖς χείλεσιν (9)
23. 15. εὐφρανεῖς καὶ τὴν ἐμὴν καρδίαν (19 *a*)
— 24. ἐπὶ δὲ υἱῷ σοφῷ εὐφραίνεται ἡ ψυχὴ αὐτοῦ (19 *a*)
— 25. εὐφραινέσθω ὁ πατὴρ καὶ ἡ μητὴρ ἐπὶ σοί (19 *a*)
27. 11. ἵνα σου εὐφραίνηται ἡ καρδία (19 *b*)
29. 2. ἐγκωμιαζομένων δικαίων εὐφρανθήσονται λαοί (19 *a*)
— 3. ἀνδρὸς φιλοῦντος σοφίαν εὐφραίνεται πατὴρ αὐτοῦ (19 *b*)
— 25. ὁ δὲ πεποιθὼς ἐπὶ κυρίῳ [**A** -ον] εὐφρανθήσεται (15)
31. 25. εὐφράνθη ἐν ἡμέραις ἐσχάταις (18 *a*)
Ec. 2. 10. καρδία μου εὐφράνθη ἐν παντὶ μόχθῳ μου (19 *a*)
3. 12. οὐκ ἔστιν ἀγαθὸν ἐν αὐτοῖς εἰ μὴ τοῦ εὐφρανθῆναι (19 *a*)
— 22. ὃ εὐφρανθήσεται ὁ ἄνθρωπος ἐν ποιήμασιν αὐ. (19 *a*)
4. 16. οἱ ἔσχατοι οὐκ εὐφρανθήσονται ἐπ' [**A S** ἐν] αὐτῷ (19 *a*)
5. 18. τοῦ εὐφρανθῆναι ἐν μόχθῳ αὐτοῦ (19 *a*)
8. 15. οὐκ ἔστιν ἀγαθὸν . . . ὅτι εἰ μὴ . . . τοῦ εὐφρανθῆναι (19 *a*)
10. 19. οἶνον καὶ ἔλαιον τοῦ εὐφρανθῆναι [**A S** οἶνος εὐφραίνει] ζῶντας (19 *b*)
11. 8. ἐν πᾶσιν αὐτοῖς εὐφρανθήσεται (19 *a*)
— 9. εὐφραίνου, νεανίσκε, ἐν νεότητί σου (19 *a*)
Ca. 1. 4. καὶ εὐφρανθῶμεν ἐν σοί (19 *a*)
Wi. 7. 12. εὐφράνθην δὲ ἐπὶ πάντων [**A S** πᾶσιν]
14. 28. ἢ γὰρ εὐφραινόμενοι μεμήνασιν
Si. 3. 5. ὁ τιμῶν πατέρα εὐφρανθήσεται ὑπὸ τέκνων [**A** ἐπὶ τέκνοις]
4. 18. εὐφρανεῖ αὐτόν
14. 5. οὐ μὴ εὐφρανθήσεται ἐν τοῖς χρήμασιν αὐτοῦ
16. 1. μηδὲ εὐφραίνου ἐπὶ υἱοῖς ἀσεβέσιν
— 2. ἐὰν πληθύνωσι μὴ εὐφραίνου ἐπ' αὐτοῖς
18. 32. μὴ εὐφραίνου ἐπὶ πολλῇ τρυφῇ
19. 5. ὁ εὐφραινόμενος καρδίᾳ [**S**[1] πονηρὰ] καταγνωσθήσεται
22. 23. **A** ἵνα ἐπὶ τοῖς ἀγαθοῖς αὐτοῦ εὐφρανθῇς σύ [**B S** *al.*]
25. 7. ἄνθρωπος εὐφραινόμενος ἐπὶ τέκνοις
26. 2. γυνὴ ἀνδρεία εὐφραίνει τὸν ἄνδρα αὐτῆς
27. 29. παγίδι ἁλώσονται οἱ εὐφραινόμενοι πτώσει εὐσεβῶν
30. 1. ἵνα εὐφρανθῇ ἐπ' ἐσχάτῳ [**B**[1] **S** -ων] αὐτοῦ
— 5. ἐν τῇ ζωῇ αὐτοῦ εἶδε καὶ εὐφράνθη
32 (35). 19. εὐφρανεῖ αὐτοὺς ἐν τῷ ἐλέει αὐτοῦ
35 (32). 2. ἵνα εὐφρανθῇς δι' αὐτούς
39. 31. ἐν τῇ ἐντολῇ αὐτοῦ εὐφρανθήσονται
40. 14. ἐν τῷ ἀνοῖξαι αὐτὸν χεῖρας εὐφρανθήσεται
— 20. οἶνος καὶ μουσικὰ εὐφραίνουσι καρδίαν
51. 15. εὐφράνθη ἡ καρδία μου ἐν αὐτῇ
— 29. εὐφρανθείη ἡ ψυχὴ ὑμῶν ἐν τῷ ἐλέει αὐτοῦ
Ho. 7. 3. ἐν ταῖς κακίαις αὐ. εὔφραναν βασιλεῖς (19 *b*)
9. 1. μὴ χαῖρε, Ἰ., μηδὲ εὐφραίνου (3 *b*)
Am. 6. 14 (13). οἱ εὐφραινόμενοι ἐπ' οὐδενὶ λόγῳ (19 *d*)
Jl. 2. 21. χαῖρε καὶ εὐφραίνου (19 *a*)
— 23. εὐφραίνεσθε ἐπὶ τῷ κυρίῳ θεῷ ὑμῶν (19 *a*)
Hb. 1. 15. εὐφρανθήσεται . . . ἡ καρδία αὐτοῦ (19 *a*)
Ze. 3. 14. εὐφραίνου καὶ κατατέρπου [**S**[1] τέρπου] (19 *a*)
— 17. εὐφρανθήσεται [**S**[1] -ανεῖ σε] ἐπὶ σέ (3 *a*)
Za. 2. 10 (14). τέρπου καὶ εὐφραίνου (19 *a*)
8. 19. καὶ εὐφρανθήσεσθε [**S**[1] *al.*] –
10. 7. καὶ εὐφρανθήσονται [**A** -σεται] (19 *a*)
Is. 9. 3 (2). εὐφρανθήσονται ἐνώπιόν σου ὡς οἱ εὐφραινόμενοι (19 *a*, 19 *e*)
— 3 (2). **AS** ὃν τρόπον εὐφραίνονται [**B** *om.*] οἱ διαιρούμενοι (3 *a*)
— 17 (16). ἐπὶ τοὺς νεανίσκους αὐτῶν οὐκ εὐφρανθήσεται (19 *a*)
12. 6. ἀγαλλιᾶσθε καὶ εὐφραίνεσθε (13 *a*)
14. 8. τὰ ξύλα τοῦ Λιβάνου [**S**[1] δρυμοῦ] εὐφράνθησαν (19 *a*)
— 29. μὴ εὐφρανθείητε πάντες οἱ ἀλλόφυλοι (19 *a*)
16. 10. ἐν τοῖς ἀμπελῶσί σου οὐ μὴ εὐφρανθήσονται (13 *c*)
24. 7. στενάξουσι πάντες οἱ εὐφραινόμενοι τὴν ψυχήν (19 *d*)
— 14. εὐφρανθήσονται ἅμα τῇ δόξῃ κυρίου (13 *a*)
25. 9. εὐφρανθησόμεθα [**A**[2] -θημεν] ἐπὶ τῇ σωτηρίᾳ [**S**[1] τῷ σωτῆρι] ἡμῶν (19 *a*)
26. 19. εὐφρανθήσονται οἱ ἐν τῇ γῇ (13 *b*)
28. 22. ὑμεῖς μὴ εὐφρανθείητε (10)
— 26. **A B S**[2] καὶ εὐφρανθήσῃ †
30. 29. μὴ διὰ παντὸς δεῖ ὑμᾶς εὐφραίνεσθαι . . . καὶ ὡσεὶ εὐφραινομένους εἰσελθεῖν μετὰ αὐλοῦ (22 ?, 19 *e*)
35. 1. εὐφράνθητι ἔρημος διψῶσα (17 *a*)
41. 16. εὐφρανθήσῃ ἐν τοῖς ἁγίοις (3 *a*)
42. 11. εὐφράνθητι ἔρημος . . . εὐφρανθήσονται οἱ κατοικοῦντες πέτραν (12, 13 *a*)
44. 23. εὐφράνθητε οὐρανοί (13 *a*)
45. 8. εὐφρανθήτω ὁ οὐρανός (14 ?)
49. 13. εὐφραίνεσθε [**S**[1] -φράνθητε] οὐρανοί (13 *a*)
52. 8. τῇ φωνῇ ἅμα εὐφρανθήσονται (13 *b*)
54. 1. εὐφράνθητι στεῖρα ἡ οὐ τίκτουσα (13 *a*)
56. 7. εὐφρανῶ αὐτοὺς ἐν τῷ οἴκῳ τῆς προσευχῆς μου (19 *b*)
61. 9 (10). εὐφροσύνῃ [**S** -ην, **A** ἐν εὐ.] εὐφρανθήσονται ἐπὶ κύριον (17 *a*)
62. 5. ὃν τρόπον εὐφρανθήσεται νυμφίος ἐπὶ νύμφῃ [**S** -ην] οὕτως εὐφρανθήσεται κύριος ἐπὶ σοί (17 *b*, 17 *a*)
65. 13. οἱ δουλεύοντές μοι εὐφρανθήσονται (19 *a*)
— 19. εὐφρανθήσομαι ἐπὶ τῷ λαῷ μου (17 *a*)
66. 10. εὐφράνθητι, Ἱερουσαλήμ (19 *a*)
Je. 7. 34. καταλύσω . . . φωνὴν εὐφραινομένων [**S**[1] -ην] (21)
20. 16. εὐφραινόμενος ἔστω [**A** ἔσται] ὁ ἄνθρωπος ἐκεῖνος (19 *b*)
27 (50). 11. ηὐφραίνεσθε καὶ κατεκαυχᾶσθε (19 *a*)
38 (31). 7. εὐφράνθητε καὶ χρεμετίσατε (13 *a et* 19 *e*)
— 12. εὐφρανθήσονται ἐν τῷ ὄρει Σιών (13 *b*)
— 13. ποιήσω αὐτοὺς εὐφραινομένους (19 *f*)
Ba. 3. 34. καὶ εὐφράνθησαν
4. 33. εὐφράνθη ἐπὶ τῷ πτώματί σου
La. 2. 17. ηὔφρανεν ἐπὶ σὲ ἐχθρόν (19 *b*)
4. 21. χαῖρε καὶ εὐφραίνου (19 *a*)
Ez. 23. 41. τὸ θυμίαμα καὶ τὸ ἔλαιόν μου εὐφραίνοντο [**A** ἐξευ.] ἐν αὐτοῖς (16 ?)
Da. LXX. 4. 29. βασιλεὺς ἕτερος εὐφρανθήσεται –
9. 24. καὶ εὐφρᾶναι ἅγιον ἁγίων †
— 25. καὶ εὐφρανθήσῃ –
I Ma. 3. 7. εὔφρανε τὸν Ἰακὼβ ἐν τοῖς ἔργοις αὐτοῦ
7. 48. ηὐφράνθη ὁ λαὸς σφόδρα
11. 44. ηὐφράνθη ὁ βασιλεὺς ἐπὶ τῇ ἐφόδῳ αὐτῶν
12. 12. εὐφραινόμεθα δὲ ἐπὶ τῇ δόξῃ ὑμῶν
14. 11. εὐφράνθη Ἰσραὴλ εὐφροσύνην μεγάλην
— 21. ηὐφράνθημεν ἐπὶ τῇ ἐφόδῳ αὐτῶν
II Ma. 15. 11. **R** ὕπαρ [**A** ὑπέρ] τι πάντας εὔφρανεν
— 27. **R** τῇ τοῦ θεοῦ μεγάλως εὐφρανθέντες ἐπιφανείᾳ [**A** -μελείᾳ]
IV Ma. 8. 18. **AR** τί βουλήμασι κενοῖς [**S** *om.*] ἑαυτοὺς εὐφραίνομεν

[**Aq.** Le. 23. 40: III Ki. 4. 20: Ps. 34 (35). 15: 45 (46). 5: 89 (90). 14: Is. 25. 9: 66. 10: Je. 31 (38). 13: 32 (39). 41.]
[**Sm.** Le. 23. 40: III Ki. 4. 20: Ps. 31 (32). 11: 34 (35). 15: 44 (45). 9: 45 (46). 5: 47 (48). 12: 89 (90). 14, 15: 103 (104). 15: Pr. 12. 20: Ec. 11. 8: Is. 9. 3 (2): 16. 7: 49. 13: 61. 10: 66. 10: Je. 32 (39). 41.]
[**Th.** Le. 23. 40: Jb. 29. 13: Ps. 47 (48). 12: 89 (90). 14: Pr. 11. 10: Is. 25. 9: 49. 13: 61. 10: 66. 10: Je. 20. 15: 32 (39). 41: Ez. 35. 15.]
[**Al.** Dt. 14. 28 (29): Ps. 121 (122). 1: Pr. 13. 18.]
[**Quint.** Ps. 34 (35). 15.]

εὐφρονεύεσθαι (?).

Je. 10. 21. **A** οἱ ποιμένες ηὐφρονεύσαντο [**B S** ηὐφρ.] †

εὐφροσύνη. (1) אַהֲבָה (2) גְּדוּלָּה (3) גִּיל (4) חֶדְוָה (5) *a.* יוֹם טוֹב *b.* טוּב לֵב (6) מִשְׁתֶּה (7) נֶבֶל (8) נָוֶה (9) נָשָׂא hithp. (10) סִכְלוּת (11) צְדָקָה (12) *a.* רָנַן pi. *b.* רִנָּה *c.* רְנָנָה (13) *a.* שִׂישׂ, שׂוּשׂ *b.* מָשׂוֹשׂ (14) שְׂחֹק (15) שָׂמַח *a.* qal. *b.* pi. *c.* ἐν εὐφροσύνῃ εἶναι שָׂמֵחַ *d.* שִׂמְחָה (16) שָׂשׂוֹן (17) שֶׁמֶן (18) ἐμπλήθεσθαι εὐφροσύνης גִּיל

Ge. 31. 27. μετ' εὐφροσύνης καὶ μετὰ μουσικῶν (15 *d*)
Nu. 10. 10. ἐν ταῖς ἡμέραις τῆς εὐ. ὑμῶν (15 *d*)
De. 28. 47. οὐκ ἐλάτρευσας κυρίῳ . . . ἐν εὐφροσύνῃ (15 *d*)
Jd. 9. 13. **A** τὴν εὐ. τὴν παρὰ τοῦ θεοῦ τῶν ἀνθρώπων [**B** *al.*] (15 *b*)
II Ki. 6. 12. ἀνήγαγε τὴν κιβωτὸν . . . ἐν εὐφροσύνῃ (15 *d*)
III Ki. 1. 40. εὐφραινόμενοι εὐφροσύνην μεγ. (15 *d*)
I Ch. 12. 40. ὅτι εὐφροσύνη ἐν Ἰ. (15 *d*)
15. 16. τοῦ φωνῆσαι εἰς ὕψος ἐν φωνῇ εὐφροσύνης (15 *d*)
— 25. τοῦ ἀναγαγεῖν τὴν κιβωτὸν . . . ἐν εὐφροσύνῃ (15 *d*)
29. 17. τὸν λαόν σου . . . εἶδον ἐν εὐφροσύνῃ προθυμηθέντα σοι (15 *d*)
II Ch. 20. 27. καὶ Ἰ. ἡγουμένος αὐτῶν ἐν εὐ. μεγάλῃ (15 *d*)
23. 18. ἐν εὐφροσύνῃ καὶ ἐν ᾠδαῖς (15 *d*)
29. 30. καὶ ὕμνουν ἐν εὐφροσύνῃ (15 *d*)
30. 21. ἐποίησαν . . . τὴν ἑορτὴν τῶν ἀζύμων . . . ἐν εὐ. μεγάλῃ (15 *d*)
— 23. ἐποίησαν ἑπτὰ ἡμέρας ἐν εὐφροσύνῃ (15 *d*)
— 26. καὶ ἐγένετο εὐ. μεγάλη ἐν Ἰ. (15 *d*)
I Es. 3. 20. πᾶσαν διάνοιαν μεταστρέφει εἰς . . . εὐφροσύνην
II Es. 3. 12. καὶ ὁ ὄχλος ἐν σημασίᾳ μετ' εὐφροσύνης (15 *d*)
— 13. **A** τὴν φωνὴν σημασίας τῆς εὐ. ἀπὸ τῆς εὐ. [**B** φωνῆς] τοῦ κλαυθμοῦ (15 *d*, †)
6. 16. ἐποίησαν . . . ἐγκαίνια τοῦ οἴκου τοῦ θεοῦ ἐν εὐφροσύνῃ (4)
— 22. ἐποίησαν τὴν ἑορτὴν τῶν ἀζύμων . . . ἐν εὐφροσύνῃ (15 *d*)
Ne. 8. 12. καὶ ποιῆσαι εὐ. μεγάλην (15 *d*)
— 17. καὶ ἐγένετο εὐ. μεγάλη (15 *d*)
12. 27. ποιῆσαι ἐγκαίνια καὶ εὐφροσύνην (15 *d*)
— 43. **S**[3] ὁ θεὸς ηὔφρανεν αὐτοὺς εὐφροσύνῃ [**A B S**[1] *om.*] (15 *d*)
— 43. ἠκούσθη ἡ [**A** *om.*] εὐ. ἐν [**S**[3] ἡ ἐν] Ἰ. (15 *d*)
— 44. εὐφροσύνη ἐν [**A S** ἦν ἐν] Ἰ. (15 *d*)
To. 2. 6. στραφήσονται . . . πᾶσαι αἱ εὐ. ὑμῶν εἰς θρῆνον [**S** *al.*]
8. 17. συντέλεσον τὴν ζωὴν αὐτῶν . . . μετ' εὐφροσύνης
11. 19. **A B** ἤχθη ὁ γάμος Τ. μετ' εὐφροσύνης
Ju. 10. 3. ἐνεδύσατο τὰ ἱμάτια τῆς εὐ. αὐτῆς
12. 13. **A B** πίεσαι [**A** πιεῖν] μεθ' ἡμῶν εἰς εὐφροσύνην [**A**[1] *om.* εἰς εὐ.] οἶνον
— 17. **A B** γενήθητι μεθ' ἡμῶν εἰς εὐφροσύνην
14. 9. **A** ἔδωκε φωνὴν εὐφροσύνης [**B S** -νον]
Es. 1. 4. τὴν δόξαν τῆς εὐ. τοῦ [**S**[1] καὶ τοῦ] πλούτου αὐτοῦ (2 ?)
8. 13. ἐποίησεν αὐτοῖς εὐφροσύνην [**S**[3] εἰς εὐ.]
— 16. ἐγένετο φῶς καὶ εὐφροσύνη (15 *d*)
— 17. **A B S**[2] χαρὰ καὶ εὐφροσύνη τοῖς Ἰ. κώθων καὶ εὐφροσύνη (16, 5 *a*)
9. 17, 18. μετὰ χαρᾶς καὶ εὐφροσύνης (15 *d*)
— 19. ἡμέραν ἀγαθὴν μετ' εὐφροσύνης (6 ?)

Es. 9. 19. A S ἡμέραν εὐφροσύνης [B -ην] ἀγαθήν –
— 22. ἡμέρας γάμων καὶ εὐφροσύνης [S^1 -ην] (15 *d*)
10. 3. μετὰ συναγωγῆς καὶ χαρᾶς καὶ εὐφροσύνης
Jb. 3. 7. μὴ ἔλθοι ἐπ' αὐτὴν εὐφροσύνη (12 *c*)
20. 5. εὐφροσύνη δὲ ἀσεβῶν πτῶμα ἐξαίσιον (12 *c*)
Ps. 4. 7. ἔδωκας εὐφροσύνην εἰς τὴν καρδίαν μου (15 *d*)
15 (16). 11. πληρώσεις με εὐφροσύνης [A -ην] μετὰ τοῦ προσώπου σου (15 *d*)
29 (30). 11. περιέζωσάς με εὐφροσύνην (15 *d*)
44 (45). 15. ἀπενεχθήσονται ἐν εὐφροσύνῃ (15 *d*)
50 (51). 8. ἀκουτιεῖς με . . . εὐφροσύνην (15 *d*)
67 (68). 3. τερφθήτωσαν ἐν εὐφροσύνῃ (15 *d*)
96 (97). 11. καὶ τοῖς εὐθέσι τῇ καρδίᾳ εὐφροσύνη [A S^1 -ην] (15 *d*)
99 (100). 2. δουλεύσατε τῷ κυρίῳ ἐν εὐφροσύνῃ (15 *d*)
104 (105). 43. ἐξήγαγε . . . τοὺς ἐκλεκτοὺς αὐτοῦ ἐν εὐφροσύνῃ (12 *b*)
105 (106). 5. τοῦ εὐφρανθῆναι ἐν τῇ εὐ. τοῦ ἔθνους σου (15 *d*)
136 (137). 6. ἐν ἀρχῇ τῆς εὐ. μου (15 *d*)
Pr. 10. 28. ἐγχρονίζει δικαίοις εὐφροσύνη (15 *d*)
14. 13. ἐν εὐφροσύναις [S -ῃ] οὐ προσμίγνυται λύπη (14)
21. 15. A S R εὐφροσύνη δικαίων ποιεῖν [B ποιεῖ] κρίμα (15 *d*)
— 17. ἀνὴρ ἐνδεὴς ἀγαπᾷ εὐφροσύνην (15 *d*)
24. 67 (30. 32). A S ἐὰν πρόῃ σεαυτὸν εἰς εὐφροσύνην [B ἐν εὐφροσύνῃ] (9)
29. 6. δίκαιος δὲ . . . ἐν εὐφροσύνῃ ἔσται (15 *c*)
Ec. 2. 1. δεῦρο δὴ πειράσω σε ἐν εὐφροσύνῃ (15 *d*)
— 2. τῷ γέλωτι εἶπα περιφορὰν καὶ τῇ εὐ. (15 *d*)
— 3. R τοῦ κρατῆσαι [S^2 -εῖν] ἐπ' εὐφροσύνην [A B S -ύνῃ] (10 ?)
— 10. οὐκ ἀπεκώλυσα τὴν καρδίαν μου ἀπὸ πάσης εὐ. μου [A S *om.*] (15 *d*)
— 26. τῷ ἀνθρώπῳ τῷ ἀγαθῷ . . . ἔδωκε . . . εὐφροσύνην (15 *d*)
5. 19. ὁ θεὸς περισπᾷ αὐτὸν ἐν εὐφροσύνῃ καρδίας αὐτοῦ (15 *d*)
7. 5 (4). καρδία ἀφρόνων ἐν οἴκῳ εὐφροσύνης (15 *d*)
— 27 (26). S^2 καὶ εὐφροσύνην πλανᾶς –
8. 15. ἐπῄνεσα ἐγὼ σὺν τὴν εὐ. (15 *d*)
9. 7. φάγε ἐν εὐφροσύνῃ τὸν ἄρτον σου (15 *d*)
Ca. 3. 11. ἐν ἡμέρᾳ εὐφροσύνης καρδίας αὐτοῦ (15 *d*)
Wi. 2. 9. πανταχῇ καταλίπωμεν σύμβολα τῆς εὐ.
8. 16. ἔχει . . . εὐφροσύνην καὶ χαράν
Si. 1. 11. φόβος κυρίου δόξα . . . καὶ εὐφροσύνη
— 12. φόβος κυρίου . . . δώσει εὐφροσύνην
— 22. ὕστερον αὐτῷ ἀναδώσει εὐφροσύνη [A S^1 -ην]
2. 9. ἐλπίσατε . . . εἰς εὐφροσύνην αἰῶνος
4. 12. οἱ ὀρθρίζοντες πρὸς αὐτὴν ἐμπλησθήσονται εὐφροσύνης
6. 28. στραφήσεταί σοι εἰς εὐφροσύνην
9. 10. μετ' εὐφροσύνης [A -νῃ] πίεσαι αὐτόν
13. 8. μὴ ταπεινωθῇς ἐν εὐφροσύνῃ σου
15. 6. εὐφροσύνην . . . καὶ [A S^1 εὑρήσει καὶ] ὄνομα αἰώνιον [A S αἰῶνος] κατακληρονομήσει
30. 16. οὐκ ἔστιν εὐφροσύνη ὑπὲρ χαρὰν [A S^1 χάριν] καρδίας
— 22. εὐφροσύνη καρδίας ζωὴ ἀνθρώπου
32 (35). 9. ἐν εὐφροσύνῃ ἁγίασον δεκάτην
34 (31). 27. αὐτὸς ἔκτισται εἰς εὐφροσύνην ἀνθρώποις [S^1 -ων]
— 28. εὐφροσύνη ψυχῆς οἶνος πινόμενος ἐν καιρῷ αὐτάρκης
— 31. μὴ ἐξουδενώσῃς αὐτὸν ἐν εὐφροσύνῃ αὐτοῦ
37. 4. ἑταῖρος φίλου ἐν εὐφροσύνῃ ἥδεται
50. 23. δῴη ἡμῖν εὐφροσύνην καρδίας [S^1 -αν]
Ho. 2. 11 (13). ἀποστρέψω πάσας τὰς εὐ. αὐτῆς (13 *b*)
Jl. 1. 5. ὅτι ἐξήρθη [A S^3 -ῆρται, S^1 -ήχθη] . . . εὐφροσύνη καὶ χαρά –
— 16. ἐξωλεθρεύθη ἐξ οἴκου θεοῦ ὑμῶν εὐφροσύνη (15 *d*)
Ze. 3. 17. ἐπάξει ἐπὶ σὲ εὐφροσύνην (15 *d*)
— 17. S^1 καινιεῖ σε ἐν τῇ εὐ. [A B S^2 ἀγαπήσει] σου (1)
Za. 8. 19. εἰς χαρὰν καὶ εὐφροσύνην [A εἰς εὐ.] (15 *d*)
Is. 9. 3 (2). ὃ κατήγαγες ἐν εὐφροσύνῃ σου (15 *d*)
12. 3. ἀντλήσετε ὕδωρ μετ' εὐφροσύνης (16)
14. 7. πᾶσα ἡ γῆ βοᾷ μετ' εὐφροσύνης (12 *b*)

Is. 14. 11. κατέβη εἰς ᾅδου ἡ δόξα σου ἡ πολλή εὐ. σου (7)
16. 10. ἀρθήσεται εὐ. καὶ ἀγαλλίαμα (15 *d*)
22. 13. αὐτοὶ δὲ ἐποιήσαντο εὐφροσύνην (16)
24. 8. πέπαυται εὐ. τυμπάνων (13 *b*)
— 11. πέπαυται πᾶσα εὐ. (15 *d*)
— 11. R ἀπῆλθε πᾶσα εὐ. τῆς γῆς (13 *b*)
25. 6. πίονται εὐφροσύνην (17)
29. 19. ἀγαλλιάσονται πτωχοὶ διὰ κύριον ἐν εὐφροσύνῃ (15 *d*)
— 19. ἐμπλησθήσονται εὐφροσύνης (18)
32. 13. ἐκ πάσης οἰκίας εὐ. ἀρθήσεται (13 *b*)
— 14. εὐ. ὄνων ἀγρίων (13 *b*)
35. 7. ἐκεῖ εὐ. ὀρνέων (8 ?)
— 10. ἥξουσιν εἰς Σιὼν μετ' εὐφροσύνης καὶ εὐ. αἰώνιος ὑπὲρ κεφαλῆς αὐτῶν . . . καὶ εὐ. καταλήψεται αὐτούς (12 *b*, 15 *d*, 15 *d*)
44. 23. βοήσατε ὄρη εὐφροσύνην (12 *b*)
48. 20. φωνὴν εὐφροσύνης ἀναγγείλατε (12 *b*)
49. 13. ῥηξάτωσαν τὰ ὄρη εὐφροσύνην (12 *b*)
51. 3. εὐφροσύνην . . . εὑρήσουσιν ἐν αὐτῇ (16)
— 11. ἥξουσιν εἰς Σιὼν μετ' εὐφροσύνης . . . εὐ. καταλήψεται αὐτούς (12 *b*, 15 *d*)
52. 9. ῥηξάτω εὐφροσύνην [S -νῃ] ἅμα τὰ ἔρημα Ἰερουσαλήμ (12 *a*)
55. 12. ἐν γὰρ εὐφροσύνῃ ἐξελεύσεσθε (15 *d*)
60. 15. θήσω σε . . . εὐφροσύνην γενεῶν γενεαῖς (13 *b*)
61. 3. ἄλειμμα εὐφροσύνης τοῖς πενθοῦσι (16)
— 7. εὐ. αἰώνιος ὑπὲρ κεφαλῆς αὐτῶν (15 *d*)
— 9 (10). εὐφροσύνῃ [A ἐν εὐ., S -ην] εὐφρανθήσονται ἐπὶ κύριον (13 *a*)
— 10. ἐνέδυσε γάρ με . . . χιτῶνα εὐφροσύνης (11)
65. 14. οἱ δουλεύοντές μοι ἀγαλλιάσονται ἐν εὐφροσύνῃ (5 *b*)
— 18. εὐφροσύνην . . . εὑρήσουσιν ἐν αὐτῇ . . . ποιῶ . . . τὸν λαόν μου εὐφροσύνην (13 *a*, 13 *b*)
66. 5. ὀφθῇ ἐν τῇ εὐ. αὐτῶν (15 *d*)
Je. 15. 16. ἔσται ὁ λόγος σου ἐμοὶ εἰς εὐφροσύνην (16)
16. 9. καταλύω . . . φωνὴν εὐφροσύνης (15 *d*)
25. 10. ἀπολῶ ἀπ' αὐτῶν . . . φωνὴν εὐφροσύνης [A αὐ. φ. εὐ.] (15 *d* [16])
31 (48). 33. συνεψήσθη χαρμοσύνη καὶ εὐ. (3)
38 (31). 13. A στρέψω τὸ πένθος αὐτῶν εἰς εὐφροσύνην [B S χαρμονήν] (16)
40 (33). 9. ἔσται εἰς εὐφροσύνην καὶ αἴνεσιν (16)
— 11. φωνὴ εὐφροσύνης καὶ φωνὴ χαρμοσύνης [A -μονῆς] (16)
Ba. 2. 23. ἐκλείψειν ποιήσω . . . φωνὴν εὐφροσύνης
3. 34. ἔλαμψαν μετ' εὐφροσύνης
4. 11. ἔθρεψα γὰρ αὐτοὺς μετ' εὐφροσύνης
— 23. ἀποδώσει δέ μοι ὁ θεὸς ὑμᾶς μετὰ χαρμοσύνης καὶ εὐφροσύνης
— 29. ἐπάξει ὑμῖν τὴν αἰώνιον εὐ.
— 36. ἴδε τὴν εὐ. τὴν παρὰ τοῦ θεοῦ σοι ἐρχομένην [A ἐπερ.]
5. 9. ἡγήσεται γὰρ ὁ θεὸς Ἰσραὴλ μετ' εὐφροσύνης
La. 2. 15. στέφανος δόξης εὐφροσύνης [S^1 -ῃ] πάσης τῆς γῆς (13 *b*)
Ez. 35. 14. ἐν τῇ εὐ. πάσης τῆς γῆς (15 *a*)
36. 5. ἔδωκαν τὴν γῆν μου ἑαυτοῖς εἰς κατάσχεσιν μετ' εὐφροσύνης (15 *d*)
I Ma. 3. 2. ἐπολέμουν τὸν [S^1 -μοῦντο] . . . μετ' εὐφροσύνης
4. 56. προσήνεγκαν ὁλοκαυτώματα μετ' εὐφροσύνης
— 58. ἐγενήθη εὐ. μεγάλη
— 59. ἵνα ἄγωνται . . . μετ' εὐφροσύνης καὶ χαρᾶς
5. 23. ἤγαγεν . . . μετ' εὐ. μεγάλης
— 54. ἀνέβησαν . . . ἐν εὐφροσύνῃ καὶ χαρᾷ
7. 48. S^2 R ἡμέραν εὐφροσύνης μεγάλης [A S^1 -ην]
10. 66. μετ' εἰρήνης καὶ εὐφροσύνης
13. 52. S R τοῦ ἄγειν τὴν ἡμέραν ταύτην μετ' εὐφροσύνης [A *om.* μετ' εὐ.]
14. 11. εὐφράνθη Ἰσραὴλ εὐ. μεγάλην
II Ma. 3. 30. χαρᾶς καὶ εὐφροσύνης ἐπεπλήρωτο
10. 6. μετ' εὐφροσύνης ἦγον ἡμέρας ὀκτώ
III Ma. 5. 17. εἰς εὐφροσύνην καταθέσθαι μέρος
— 36. εἰς εὐφροσύνην τραπῆναι παρεκάλει
6. 30. ἐν εὐ. πάσῃ σωτήρια ἄγειν
— 32. εὐ. εἰρηνικῆς σημεῖον

III Ma. 7. 15. ἤγαγον εὐφροσύνην μετὰ χαρᾶς
— 16. μετ' εὐφροσύνης καὶ βοῆς
[**Aq.** Jb. 20. 5: Ps. 15 (16). 11: 136 (137). 6: Is. 66. 5: Je. 7. 34: 31 (38). 7: 33 (40). 9: 49. 25 (30. 14).]
[**Sm.** Jd. 9. 13: Ps. 15 (16). 11: 20 (21). 7: 42 (43). 4: 50 (51). 10: 136 (137). 6: Pr. 14. 10: Ec. 9. 7: Is. 9. 3 (2) *ter*: 66. 5: Je. 31 (38). 7: 33 (40). 9: 49. 25 (30. 14).]
[**Th.** Ps. 15 (16). 11: Is. 54. 1: 66. 5: Je. 49. 25 (30. 14).]
[**Al.** Pr. 14. 13.]

εὐφρόσυνος.

Ju. 14. 9. ἔδωκε φωνὴν εὐ. [A -νης]
Es. 9. 19. B ἡμέραν εὐφροσύνην [A S -ης] ἀγαθήν –
Si. 50. 23. δῴη ἡμῖν εὐφροσύνην καρδίας [S^1 -αν]
III Ma. 6. 36. τὰς προειρημένας ἡμέρας ἄγειν . . . εὐ.
7. 19. ταύτας ἄγειν τὰς ἡμέρας . . . εὐ.

εὐφυής.

I Es. 8. 3. ὡς γραμματεὺς εὐ. ὤν
Wi. 8. 19. παῖς δὲ ἤμην εὐ.
II Ma. 4. 32. εἰληφέναι καιρὸν εὐ.

εὐχαρής.

Wi. 14. 20. A τὸ δὲ πλῆθος ἐφελκόμενον διὰ τὸ εὐ. [B S εὔχαρι] τῆς ἐργασίας

εὔχαρις.

Wi. 14. 20. τὸ δὲ πλῆθος ἐφελκόμενον διὰ τὸ εὔχαρι [A -ὲς] τῆς ἐργασίας
[**Sm.** Ec. 9. 11.]

εὐχαριστεῖν.

Ju. 8. 25. εὐχαριστήσωμεν κυρίῳ τῷ θεῷ ἡμῶν
Wi. 18. 2. ὅτι δὲ οὐ βλάπτουσι [S^1 βλαστοῦσιν, S^2 βλέπουσιν] προηδικημένοι εὐχαριστοῦσι [A ηὐχαρίστουν]
II Ma. 1. 11. μεγάλως εὐχαριστοῦμεν αὐτῷ
10. 7. A ηὐχαρίστουν [R ὕμνους ἀνέφερον] τῷ εὐοδώσαντι
12. 31. R εὐχαριστήσαντες αὐτοῖς [A *om.*]
III Ma. 7. 16. εὐχαριστοῦντες τῷ θεῷ τῶν πατέρων αὐτῶν

εὐχαριστήριον.

II Ma. 12. 45. A κάλλιστον ἀποκείμενον εὐ. [R χαριστ.]

εὐχαριστία.

Es. 8. 13. τὴν [A S κατὰ τὴν] εὐ. οὐ μόνον . . . ἀνταναιροῦντες [S^3 ἀν.]
Wi. 16. 28. δεῖ φθάνειν τὸν ἥλιον ἐπ' εὐχαριστίαν σου
Si. 37. 11. μετὰ βασκάνου περὶ εὐχαριστίας
II Ma. 2. 27. διὰ τὴν τῶν πολλῶν εὐ.
[**Aq.** Le. 7. 12: Ps. 25 (26). 7: 41 (42). 5: 49 (50). 14: 68 (69). 31: 99 (100). 1: 106 (107). 22: 146 (147). 7: Am. 4. 5.]
[**Al.** Le. 22. 29.]

εὐχάριστος. (1) חֵן

Pr. 11. 16. γυνὴ εὐχάριστος ἐγείρει ἀνδρὶ δόξαν (1)

εὐχέρεια.

[**Sm.** Je. 6. 14.]

εὐχερής. (1) קָלַל ni.

Ju. 7. 10. οὐ γὰρ ἔστιν εὐχερές
Pr. 14. 6. αἴσθησις δὲ παρὰ φρονίμοις εὐχερής (1)
II Ma. 2. 27. τῷ παρασκευάζοντι συμπόσιον . . . οὐκ εὐχερὲς μέν

εὐχερῶς.

Ju. 4. 7. ἦν εὐ. διακωλῦσαι
Pr. 12. 24. χεὶρ ἐκλεκτῶν κρατήσει εὐ. [A ἐχθρῶν] –
Wi. 6. 12. εὐ. θεωρεῖται ὑπὸ τῶν ἀγαπώντων αὐτήν
III Ma. 2. 31. εὐ. ἑαυτοὺς ἐδίδοσαν

εὔχεσθαι. (1) אָסַר (2) בָּעָה, בָּעָא (3) נָדָה pi. (4) *a.* נֶדֶר *b.* נָדַר (5) *a.* נָזַר hi. *b.* נָזִיר (6) נָשָׂא pi. (7) עָתַר *a.* qal. *b.* hi. (8) פָּלָא hi. (9) פָּלַל hithp. (10) תְּפִלָּה (11) חָנַן ithp.

Ge. 28. 20. καὶ ηὔξατο Ἰακὼβ εὐχὴν λέγων (4 *a*)
31. 13. καὶ ηὔξω μοι ἐκεῖ εὐχήν (4 *a*)

Ex. 8. 8 (4). εὔξασθε [A εὖξαι ?] περὶ ἐμοῦ πρὸς κύριον (7 *b*)
— 9 (5). τάξαι πρός με πότε εὔξομαι περὶ σοῦ (7 *b*)
— 28 (24). εὔξασθε οὖν περὶ ἐμοῦ πρὸς κύριον (7 *b*)
— 29 (25). καὶ εὔξομαι πρὸς τὸν θεόν (7 *b*)
— 30 (26). καὶ ηὔξατο πρὸς τὸν θεόν (7 *a*)
9. 28. εὔξασθε οὖν περὶ ἐμοῦ [A *om.* π. ἐ.] πρὸς κύριον (7 *b*)
10. 18. καὶ ηὔξατο πρὸς τὸν θεόν (7 *a*)
Le. 27. 2. ὃς ἂν εὔξηται εὐχήν (8)
— 8. καθάπερ ἰσχύει ἡ χεὶρ τοῦ [A αὐτοῦ] εὐξαμένου (4 *a*)
Nu. 6. 2. ὃς ἂν μεγάλως εὔξηται εὐχήν (4 *a*)
— 5. ὅσας [A ἃς] ηὔξατο κυρίῳ (5 *a*)
— 13. οὗτος ὁ νόμος τοῦ εὐξαμένου (5 *b*)
— 18. ξυρήσεται ὁ ηὑγμένος (5 *b*)
— 19. ἐπιθήσει ἐπὶ τὰς χεῖρας τοῦ ηὑγμένου (5 *b*)
— 20. πίεται ὁ ηὑγμένος οἶνον (5 *b*)
— 21. οὗτος ὁ νόμος τοῦ εὐξαμένου ὃς ἂν εὔξηται κυρίῳ δῶρον αὐτοῦ (5 *b*, 4 *a*)
— 21. ἣν [A ἧς] ἂν εὔξηται κατὰ νόμον ἁγνείας (4 *a*)
11. 2. ηὔξατο Μωυσῆς πρὸς κύριον (9)
21. 2. ηὔξατο Ἰσραὴλ εὐχὴν κυρίῳ (4 *a*)
— 7. εὖξαι οὖν πρὸς κύριον (9)
— 8 (7). A B^{2} R ηὔξατο Μ. πρὸς κύριον [B^{1} *om.* πρ. κ.] (9)
30. 3. ὃς ἂν εὔξηται εὐχὴν κυρίῳ (4 *a*)
— 4. ἐὰν δὲ γυνὴ εὔξηται εὐχὴν κυρίῳ (4 *a*)
— 10. ὅσα ἂν εὔξηται (1)
De. 9. 20. ηὐξάμην καὶ περὶ Ἀαρών (9)
— 26. εὐξάμην πρὸς τὸν θεόν (9)
12. 11. ὅσα ἂν εὔξησθε τῷ θεῷ (4 *a*)
— 17. ὅσας ἂν εὔξησθε (4 *a*)
23. 21 (22). ἐὰν δὲ εὔξῃ εὐχὴν κυρίῳ (4 *a*)
— 22 (23). ἐὰν δὲ μὴ θέλῃς εὔξασθαι (4 *a*)
— 23 (24). ὃν τρόπον ηὔξω κυρίῳ τῷ θεῷ (4 *a*)
Jd. 11. 30. καὶ ηὔξατο Ἰ. εὐχὴν τῷ κυρίῳ (4 *a*)
— 39. τὴν εὐχὴν αὐτοῦ ἣν ηὔξατο (4 *a*)
I Ki. 1. 11. ηὔξατο εὐχὴν κυρίῳ (4 *a*)
2. 9. διδοὺς εὐχὴν τῷ εὐχομένῳ †
II Ki. 15. 7. ἃς ηὐξάμην τῷ κυρίῳ ἐν Χ. (4 *a*)
— 8. εὐχὴν ηὔξατο ὁ δοῦλός σου (4 *a*)
IV Ki. 20. 2. καὶ ηὔξατο πρὸς κύριον (9)
I Es. 4. 43. ἣν ηὔξω οἰκοδομῆσαι τὴν Ἰ.
— 44. ὅτε ηὔξατο ἐκκόψαι Β. καὶ ηὔξατο ἐξαποστεῖλαι ἐκεῖ
— 45. σὺ ηὔξω οἰκοδομῆσαι τὸν ναόν
— 46. ἣν ηὔξω τῷ βασιλεῖ τοῦ οὐρανοῦ
5. 44. ηὔξαντο ἐγεῖραι τὸν οἶκον
— 53. ὅσοι ηὔξαντο εὐχὴν τῷ θεῷ
8. 13. ἃ ηὐξάμην ἐγώ
— 50. καὶ εὐξάμην ἐκεῖ νηστείαν
Jb. 22. 27. εὐξαμένου δέ σου πρὸς αὐτόν (7 *b*)
33. 26. εὐξάμενος δὲ [A εὔξεται, S^{2} εὐξαμένου δὲ αὐτοῦ] πρὸς κύριον (7 *a*)
42. 8. εὔξεται περὶ ὑμῶν (9)
— 10. εὐξαμένου δὲ αὐτοῦ καὶ περὶ τῶν φίλων αὐτοῦ (9)
Ps. 75 (76). 11. εὔξασθε καὶ ἀπόδοτε κυρίῳ τῷ θεῷ ἡμῶν (4 *a*)
131 (132). 2. ηὔξατο τῷ θεῷ Ἰακώβ (4 *a*)
Pr. 20. 25. μετὰ γὰρ τὸ εὔξασθαι μετανοεῖν γίνεται (4 *b*)
Ec. 5. 3. καθὼς εὔξῃ [A S ἂν εὔξῃ] εὐχὴν τῷ θεῷ (4 *a*)
— 3. σὺ οὖν ὅσα ἐὰν εὔξῃ ἀπόδος (4 *a*)
— 4. ἀγαθὸν τὸ μὴ εὔξασθαί σε ἢ τὸ εὔξασθαί σε καὶ μὴ [S^{1} *om.*] ἀποδοῦναι (4 *a*, 4 *a*)
Wi. 7. 7. διὰ τοῦτο ηὐξάμην
13. 17. S περὶ δὲ κτημάτων . . . εὐχόμενος [A B προσευχ.]
Si. 18. 23. πρὶν εὔξασθαι ἑτοίμασον σεαυτόν [S^{2} *al.*]
31 (34). 24. εἷς εὐχόμενος καὶ εἷς καταρώμενος
38. 9. εὖξαι κυρίῳ καὶ αὐτὸς ἰάσεταί σε
Am. 6. 3. A οἱ εὐχόμενοι [B ἐρχ.] εἰς ἡμέραν κακήν (3 ?)
Jn. 1. 16. ηὔξαντο εὐχάς (4 *a*)
2. 10. ὅσα ηὐξάμην ἀποδώσω (4 *a*)
Is. 19. 21. εὔξονται εὐχὰς τῷ κυρίῳ (4 *a*)
Je. 7. 16. B S μὴ εὔχου καὶ μὴ προσέλθῃς μοι (10)
22. 27. ἣν αὐτοὶ εὔχονται ταῖς ψυχαῖς αὐτῶν (6)
Ba. 1. 5. ηὔχοντο ἐναντίον [A εὐχὰς ἔναντι] κυρίου
Ep. Je. 35. ἐάν τις αὐτοῖς εὐχὴν εὐξάμενος μὴ ἀποδῷ
Da. LXX. 6. 5 (6). καὶ οὐ μὴ εὔξηται εὐχήν –
— 7 (8). ὃς ἂν εὔξηται εὐχήν (2)
— 11 (12). κατελάβοσαν αὐτὸν εὐχόμενον (2 *et* 11)
Da. LXX. 6. 12 (13). ἵνα πᾶς ἄνθρωπος μὴ εὔξηται εὐχήν (2)
— 13 (14). εὕρομεν Δ. τὸν φίλον σου εὐχόμενον (2)
II Ma. 3. 35. εὐχὰς μεγίστας εὐξάμενος
9. 13. ηὔχετο δὲ ὁ μιαρός
— 20. R εὔχομαι μὲν τῷ θεῷ τὴν μεγίστην χάριν
12. 44. A ληρῶδες ὑπὲρ νεκρῶν εὔχεσθαι [R προσευ.]
15. 27. ταῖς δὲ καρδίαις [A *om.*] πρὸς τὸν θεὸν εὐχόμενοι
● IV Ma. 4. 11. A R περὶ αὐτοῦ εὐξάμενοι [S προσευξ.]
— 13. ηὔξατο περὶ αὐτοῦ
[**Aq.** Ps. 5. 3: Je. 44 (51). 25.]
[**Sm.** Ps. 5. 3: 55 (56). 13: Je. 44 (51). 25.]
[**Th.** Ps. 5. 3.]
[**Al.** I Ki. 1. 11.]

εὐχή. (1) בָּעוּ (2) *a.* נָדַר *b.* נֶדֶר, נֵדֶר (3) *a.* נָזַר hi. *b.* נֵזֶר (4) תְּפִלָּה

Ge. 28. 20. ηὔξατο Ἰακὼβ εὐχήν (2 *b*)
31. 13. καὶ ηὔξω μοι ἐκεῖ εὐχήν (2 *b*)
Le. 7. 6 (16). ἐὰν εὐ. [B^{2} -ὴν] ᾖ (2 *b*)
22. 21. διαστείλας εὐχήν (2 *b*)
— 23. A^{2}B εἰς δὲ εὐχήν σου οὐ προσδεχθήσεται (2 *b*)
— 29. ἐὰν δὲ θύσῃς θυσίαν εὐχὴν χαρμοσύνης –
23. 38. πλὴν πασῶν τῶν εὐ. ὑμῶν (2 *b*)
27. 2. ὃς ἂν εὔξηται εὐχήν (2 *b*)
Nu. 6. 2. A^{2} B ὃς ἐὰν μεγάλως εὔξηται εὐχήν (2 *b*)
— 4. πάσας τὰς ἡμέρας τῆς εὐ. αὐτοῦ (3 *b*)
— 5. A πάσας τὰς ἡμέρας τῆς εὐ. [B *om.* τ. εὐ.] τοῦ ἁγνισμοῦ (2 *b*)
— 6. πάσας τὰς ἡμέρας τῆς [S^{1} *om.*] εὐ. κυρίῳ (3 *a*)
— 7. εὐχὴ θεοῦ αὐτοῦ ἐπ' αὐτῷ (3 *b*)
— 8. πάσας τὰς ἡμέρας τῆς εὐ. αὐτοῦ (3 *b*)
— 9. μιανθήσεται ἡ κεφαλὴ εὐχῆς αὐτοῦ (3 *b*)
— 12. τὰς ἡμέρας τῆς εὐ. (3 *b*)
— 12. ἐμιάνθη κεφαλὴ εὐχῆς αὐτοῦ (3 *b*)
— 13. πληρώσῃ ἡμέρας εὐχῆς αὐτοῦ (3 *b*)
— 18. τὴν κεφαλὴν τῆς εὐ. αὐτοῦ (3 *b*)
— 19. μετὰ τὸ ξυρήσασθαι αὐτὸν τὴν εὐ. [A κεφαλὴν] αὐτοῦ (3 *b*)
— 21. δῶρον αὐτοῦ κυρίῳ περὶ τῆς εὐ. (3 *b*)
— 21. κατὰ δύναμιν τῆς [A *om.*] εὐ. αὐτοῦ (3 *b*)
15. 3, 8. μεγαλῦναι εὐχήν (2 *b*)
21. 2. ηὔξατο Ἰσραὴλ εὐχὴν κυρίῳ (2 *b*)
29. 39. πλὴν τῶν εὐ. ὑμῶν (2 *b*)
30. 3. ὃς ἂν εὔξηται εὐχὴν κυρίῳ (2 *b*)
— 4. ἐὰν δὲ γυνὴ εὔξηται εὐχὴν κυρίῳ (2 *b*)
— 4 (5). καὶ ἀκούσῃ ὁ πατὴρ αὐτῆς τὰς εὐ. αὐτῆς (2 *b*)
— 4 (5). καὶ στήσονται πᾶσαι αἱ εὐ. αὐτῆς (2 *b*)
— 6. ἀκούσῃ πάσας [A *om.*] τὰς εὐ. αὐτῆς (2 *b*)
— 7. καὶ αἱ εὐ. [A εὐχὴ] αὐτῆς ἐπ' αὐτῇ (2 *b*)
— 8. στήσονται πᾶσαι αἱ εὐ. αὐτῆς (2 *b*)
— 9. πᾶσαι αἱ εὐ. αὐτῆς καὶ οἱ ὁρισμοὶ αὐτῆς (2 *b*)
— 10. εὐχὴ χήρας καὶ ἐκβεβλημένης (2 *b*)
— 11. ἡ εὐ. αὐτῆς ἢ ὁ ὁρισμός (2 *a*)
— 12. στήσονται πᾶσαι αἱ εὐ. αὐτῆς (2 *b*)
— 13. κατὰ τὰς εὐ. αὐτῆς (2 *b*)
— 14. πᾶσα εὐ. καὶ πᾶς ὅρκος δεσμοῦ (2 *b*)
— 15. στήσει αὐτῇ πάσας τὰς εὐ. αὐτῆς (2 *b*)
De. 12. 6. R καὶ τὰς εὐ. ὑμῶν (2 *b*)
— 17. καὶ πάσας εὐ. (2 *b*)
— 26. καὶ τὰς εὐ. σου λαβών (2 *b*)
23. 18. A^{2} τελισκόμενος πρὸς πᾶσαν εὐ. [B *om.* πρὸς π. εὐ.] –
— 18. οὐ προσοίσεις . . . πρὸς πᾶσαν εὐ. (2 *b*)
— 21 (22). ἐὰν δὲ εὔξῃ εὐχὴν κυρίῳ (2 *b*)
Jd. 11. 30. καὶ ηὔξατο Ἰ. εὐχὴν τῷ κυρίῳ (2 *b*)
— 39. ἐποίησεν ἐν αὐτῇ [A ἐπετέλεσεν Ἰ.] τὴν εὐ. αὐτοῦ (2 *b*)
I Ki. 1. 11. ηὔξατο εὐχὴν κυρίῳ (2 *b*)
— 21. θῦσαι . . . τὰς εὐ. αὐτοῦ (2 *b*)
2. 9. διδοὺς εὐχὴν τῷ εὐχομένῳ †
II Ki. 15. 7. ἀποτίσω τὰς εὐ. μου (2 *b*)
— 8. εὐχὴν ηὔξατο ὁ δοῦλός σου (2 *b*)
III Ki. 2. 23. A κατὰ τῆς εὐ. [B ψυχῆς] αὐτοῦ ἐλάλησεν Ἀ. †
I Es. 2. 7. σὺν τοῖς ἄλλοις τοῖς κατ' εὐχὰς προστεθειμένοις
— 9. ἵπποις κτήνεσι καὶ εὐχαῖς
4. 43. μνήσθητι τὴν εὐ.
— 46. ἵνα ποιήσῃς τὴν εὐ.
5. 53. ὅσοι ηὔξαντο εὐχὴν τῷ θεῷ
8. 58. καὶ τὸ ἀργύριον εὐχὴ τῷ κυρίῳ
Ju. 4. 14. A B καὶ τὰς εὐ. καὶ τὰ ἑκούσια δόματα τοῦ λαοῦ
Jb. 11. 17. ἡ δὲ εὐ. σου ὥσπερ ἑωσφόρος †
16. 18. εὐχὴ δέ μου καθαρά (4)
22. 27. δώσει δέ σοι ἀποδοῦναι τὰς εὐ. (2 *b*)
Ps. 21 (22). 25. τὰς εὐ. μου ἀποδώσω [S^{2} τῷ κυρίῳ ἀπ.] (2 *b*)
49 (50). 14. ἀπόδος τῷ ὑψίστῳ τὰς εὐ. σου (2 *b*)
55 (56). 12. ἐν ἐμοί, ὁ θεός, αἱ εὐ. (2 *b*)
60 (61). 8. τοῦ ἀποδοῦναί με τὰς εὐ. μου (2 *b*)
64 (65). 1. σοὶ ἀποδοθήσεται εὐχή (2 *b*)
65 (66). 13. ἀποδώσω σοι τὰς εὐ. μου (2 *b*)
115. 5 (116. 14). R τὰς εὐ. μου τῷ κυρίῳ ἀποδώσω (2 *b*)
— 9 (116. 18). τὰς εὐ. μου τῷ κυρίῳ ἀποδώσω (2 *b*)
Pr. 7. 14. σήμερον ἀποδίδωμι τὰς εὐ. μου (2 *b*)
15. 8. εὐχαὶ δὲ κατευθυνόντων δεκταὶ παρ' αὐτῷ (4)
— 29. εὐχαῖς δὲ δικαίων ἐπακούει [S ὑπακ.] (4)
19. 13. οὐχ ἁγναὶ εὐχαὶ ἀπὸ μισθώματος ἑταίρας †
24. 70 (31. 2). τί τέκνον ἐμῶν εὐχῶν (2 *b*)
Ec. 5. 3. καθὼς [A S *add.* ἂν] εὔξῃ εὐχὴν τῷ θεῷ (2 *b*)
Si. 18. 22. μὴ ἐμποδισθῇς τοῦ δοῦναι εὐχὴν εὐκαίρως
— 23. S^{2} πρὶν εὔξασθαι ἑτοίμασον τὴν εὐ. σου [A B S^{1} ἑτ. σεαυτόν]
19. 7. S^{2} μηδέποτε δευτερώσῃς λόγον ἐν εὐχῇ [A B S^{1} *om.* ἐν εὐ.]
Jn. 1. 16. καὶ ηὔξαντο εὐχάς (2 *b*)
2. 8. B S^{1} ἔλθοι πρὸς σὲ ἡ εὐ. [A S^{2} R προσευ.] μου (4)
Na. 1. 15 (2. 1). ἀπόδος τὰς εὐ. σου (2 *b*)
Ma. 1. 14. καὶ εὐχὴ αὐτοῦ ἐπ' αὐτῷ (2 *a*)
Is. 19. 21. εὔξονται εὐχὰς τῷ κυρίῳ (2 *b*)
Je. 11. 15. μὴ εὐχαὶ καὶ κρέα ἅγια ἀφελοῦσιν ἀπὸ σοῦ τὰς κακίας σου †
Ba. 1. 5. A ηὔχοντο εὐχὰς ἔναντι [B ηὐ. ἐναντίον] κυρίου
Ep. Je. 35. ἐάν τις αὐτοῖς εὐχὴν εὐξάμενος μὴ ἀποδῷ
Da. LXX. 6. 5 (6). καὶ οὐ μὴ εὔξηται εὐχήν –
— 7 (8). ὃς ἂν εὔξηται εὐχήν (1)
— 12 (13). ἵνα πᾶς ἄνθρωπος μὴ εὔξηται εὐχήν –
II Ma. 3. 35. εὐ. μεγίστας εὐξάμενος
15. 26. μετ' ἐπικλήσεως καὶ εὐχῶν
[**Aq.** Ps. 60 (61). 6: Je. 44 (51). 25.]
[**Sm.** Ps. 60 (61). 9: Je. 44 (51). 25.]
[**Al.** I Ki. 1. 11.]

εὐχρηστεῖν.

[**Sm.** Ec. 10. 19.]

εὐχρηστία.

III Ma. 2. 33. καὶ τῆς . . . εὐ. ἐστέρουν

εὔχρηστος. (1) חֵפֶץ

Pr. 31. 13. ἐποίησεν εὔχρηστον [A -α] ταῖς χερσὶν αὐ. (1)
Wi. 13. 13. τὸ δὲ ἐξ αὐτῶν ἀπόβλημα εἰς οὐθὲν εὔ.

εὐψυχία.

II Ma. 14. 18. R ἐν τοῖς ὑπὲρ [A περὶ] τῆς πατρίδος ἀγῶσιν εὐψυχίαν
IV Ma. 6. 11. S R ἐθαυμάζετο ἐπὶ [S *om.*] τῇ εὐ. [A εὐτυχίᾳ]
9. 23. τὴν τῆς εὐ. ἀδελφότητα

εὔψυχος.

Pr. 24. 66 (30. 31). ἀλέκτωρ ἐμπεριπατῶν θηλείαις εὔψυχος –
I Ma. 9. 14. πάντες οἱ εὔ. τῇ καρδίᾳ

εὐψύχως.

II Ma. 7. 20. εὐ. ἔφερε διὰ τὰς ἐπὶ κύριον ἐλπίδας
III Ma. 7. 18. τοῦ βασιλέως χορηγήσαντος αὐτοῖς εὐ.

εὐώδης. (1) בֹּשֶׂם, בֶּשֶׂם

Ex. 30. 23. κινναμώμου εὐώδους τὸ ἥμισυ τούτου (1)
— 23. A^{2} B καὶ καλάμου εὐώδους διακοσίους πεντήκοντα (1)
III Ma. 5. 45. R εὐωδεστάτοις πόμασιν οἴνου [A -φ]
7. 16. εὐωδεστάτοις ἄνθεσι κατεστεμμένοι
[**Sm.** Ec. 7. 2 (1): 10. 1.]

εὐωδία. (1) נִיחֹחַ

Ge. 8. 21. ὠσφράνθη κ. ὁ θεὸς ὀσμὴν εὐωδίας (1)
Ex. 29. 18. ὁλοκαύτωμα τῷ κυρίῳ εἰς ὀσμὴν εὐωδίας (1)
— 25. εἰς ὀσμὴν εὐωδίας ἔναντι κυρίου (1)
— 41. A B ποιήσεις [R *add.* εἰς] ὀσμὴν εὐωδίας κάρπωμα κ. (1)
Le. 1. 9. κάρπωμά ἐστι θυσία ὀσμὴ εὐωδίας τῷ κ. (1)
— 13. A R κάρπωμά ἐστι θυσία [B -ας] ὀσμὴ εὐωδίας τῷ κ. (1)

● = correction on page xxvi

Le. 1. 17. κάρπωμά ἐστι θυσία ὀσμὴ εὐωδίας τῷ κ. (1)
2. 2. θυσία ὀσμὴ εὐωδίας τῷ κυρίῳ (1)
— 9. κάρπωμα ὀσμὴ εὐωδίας κυρίῳ (1)
— 12. εἰς ὀσμὴν εὐωδίας κυρίῳ (1)
3. 5. κάρπωμα ὀσμὴ εὐωδίας κυρίῳ (1)
— 11. ὀσμὴ [**A** -ὴν] εὐωδίας κάρπωμα κυρίῳ †
— 16. κάρπωμα ὀσμὴ εὐωδίας τῷ κυρίῳ (1)
4. 31. εἰς ὀσμὴν εὐωδίας κυρίῳ (1)
6. 15 (8). κάρπωμα ὀσμὴ εὐωδίας (1)
— 21 (14). **B** θυσίαν εἰς [**B**^{1} *om.*] ὀσμὴν εὐωδίας κυρίῳ (1)
8. 20 (21). ὅ ἐστιν εἰς ὀσμὴν εὐωδίας (1)
— 27 (28). ὅ ἐστὶν ὀσμὴ εὐωδίας (1)
17. 4. ποιῆσαι αὐτὸ . . . εἰς ὀσμὴν εὐωδίας –
— 6. εἰς ὀσμὴν εὐωδίας κυρίῳ (1)
23. 13. ὀσμὴ εὐωδίας κυρίῳ (1)
— 18. ὀσμὴν εὐωδίας τῷ κυρίῳ (1)
Nu. 15. 3. ποιῆσαι ὀσμὴν εὐωδίας κυρίῳ (1)
— 5. ὀσμὴν εὐωδίας τῷ κυρίῳ –
— 7. εἰς ὀσμὴν εὐωδίας κυρίῳ (1)
— 10. ὀσμὴν εὐωδίας κυρίῳ (1)
— 13. εἰς ὀσμὴν εὐωδίας κυρίῳ (1)
— 14. ὀσμὴν εὐωδίας κυρίῳ (1)
— 24 : 18. 17. εἰς ὀσμὴν εὐωδίας κυρίῳ (1)
28. 2. εἰς ὀσμὴν εὐωδίας (1)
— 6. εἰς ὀσμὴν εὐωδίας κυρίῳ (1)
— 8. **A B**^{2} **R** εἰς ὀσμὴν εὐωδίας κυρίῳ [**B**^{1} -ίου] (1)
— 13. ὀσμὴν εὐωδίας κάρπωμα κυρίῳ (1)
— 24. **A B**^{2} **R** εἰς ὀσμὴν εὐωδίας κυρίῳ [**B**^{1} -ίου] (1)
— 27 : 29. 2. εἰς ὀσμὴν εὐωδίας κυρίῳ (1)
29. 6. **A B**^{2} **R** εἰς ὀσμὴν εὐωδίας κυρίῳ [**B**^{1} -ίου] (1)
— 8. εἰς ὀσμὴν εὐωδίας (1)
— 11. εἰς ὀσμὴν εὐωδίας –
— 13. εἰς ὀσμὴν εὐωδίας κυρίῳ (1)
— 36. εἰς ὀσμὴν εὐωδίας (1)
I Es. 1. 12. τὰς θυσίας ἥψησαν [**A** ὤπτησαν] . . . μετ᾽ εὐωδίας
II Es. 6. 10. ἵνα ὦσιν προσφέροντες εὐωδίας (1)
Ju. 16. 16. μικρὸν πᾶσα θυσία εἰς ὀσμὴν εὐωδίας
Si. 20. 9. **A** ἔστιν εὐωδία [**B S** -οδία] ἐν κακοῖς ἀνδρί
24. 15. ὡς σμύρνα ἐκλεκτὴ διέδωκα [**A S**^{1} δέδ.] εὐωδίαν
32 (35). 6. ἡ εὐ. αὐτῆς ἔναντι ὑψίστου
38. 11. δὸς εὐωδίαν καὶ μνημόσυνον σεμιδάλεως
— 13. **S R** ἔστι καιρὸς ὅτε καὶ ἐν χερσὶν αὐτῶν εὐωδία [**A B** -οδία]
43. 26. **B** εὐωδία [**A** εὐδοκία, **S R** εὐοδία] τέλος αὐτοῦ
45. 16. θυμίαμα καὶ εὐωδίαν [**A** -α] εἰς μνημόσυνον
50. 15. ὀσμὴν εὐωδίας ὑψίστῳ παμβασιλεῖ
Ba. 5. 8. ἐσκίασαν δὲ καὶ οἱ δρυμοὶ καὶ πᾶν ξύλον εὐωδίας
Ez. 6. 13. ἔδωκαν ἐκεῖ ὀσμὴν εὐωδίας πᾶσι τοῖς εἰδώλοις αὐτῶν (1)
16. 19. ἔθηκας αὐτὰ . . . εἰς ὀσμὴν εὐωδίας (1)
20. 28. ἔταξαν ἐκεῖ ὀσμὴν εὐωδίας (1)
— 41. ἐν ὀσμῇ εὐωδίας προσδέξομαι ὑμᾶς (1)
Da. LXX. 4. 34. εἰς ὀσμὴν εὐωδίας τῷ κυρίῳ –
Da. TH. 2. 46. εὐωδίας εἶπε σπεῖσαι αὐτῷ (1)
[**Th.** DA. 2. 46.]
[**Al.** LE. 26. 31.]

εὐωδιάζειν. (1) נוּב pil.

Si. 39. 14. ὡς λίβανος εὐωδιάσατε ὀσμήν
Za. 9. 17. καὶ οἶνος εὐωδιάζων εἰς παρθένους (1)

εὐωνίζειν.

[**Aq.** Ps. 11 (12). 9.]

εὐώνυμος. (1) צָפוֹן (2) *a.* שְׂמֹאול, שְׂמֹאל
● *b.* שְׂמָאלִי *c.* שַׂמְאֵל hi.

Ex. 14. 22, 29. καὶ τεῖχος ἐξ εὐωνύμων (2 *a*)
Nu. 20. 17. οὐκ ἐκκλινοῦμεν δεξιὰ οὐδὲ εὐώνυμα (2 *a*)
Jo. 13. 3. ἐξ εὐωνύμων τῶν Χαναναίων (1)
23. 6. **B** εἰς δεξιὰν ἢ εὐώνυμα [**A R** *al.*] (2 *a*)
II Ki. 16. 6. ἐξ εὐωνύμων τοῦ βασιλέως (2 *a*)
III Ki. 22. 19. καὶ ἐξ εὐωνύμων αὐτοῦ (2 *a*)
IV Ki. 11. 11. τῆς ὠμίας τοῦ οἴκου τῆς εὐ. (2 *b*)
II Ch. 3. 17. καὶ τὸν ἕνα ἐξ εὐωνύμων (2 *a*)
4. 8. καὶ πέντε ἐξ εὐωνύμων (2 *a*)
I Es. 9. 44. καὶ ἐξ εὐωνύμων Φ.
Ne. 8. 4. **A** καὶ ἐξ εὐωνύμων [**B S** ἀριστερῶν] Φ. (2 *a*)
Ca. 2. 6 : 8. 3. εὐώνυμος αὐτοῦ ὑπὸ τὴν κεφαλήν μου (2 *a*)
Za. 4. 3. καὶ μία ἐξ εὐωνύμων (2 *a*)
— 11. **A B**^{1} **S**^{2} καὶ ἐξ εὐωνύμων [**B**^{2} εὐ. αὐτῆς] (2 *a*)
12. 6. ἐκ δεξιῶν καὶ ἐξ εὐωνύμων (2 *a*)
Ez. 16. 46. ἡ κατοικοῦσα ἐξ εὐωνύμων σου (2 *a*)
21. 16 (21). ὀξύνου ἐκ δεξιῶν καὶ ἐξ εὐωνύμων (2 *c*)
I Ma. 6. 45. καὶ ἐθανάτου δεξιὰ καὶ εὐώνυμα

εὐωχεῖν.

Ju. 1. 16. **A S R** ἦν ἐκεῖ ῥᾳθυμῶν καὶ εὐωχούμενος
III Ma. 6. 40. εὐωχοῦντο δὲ πάνθ᾽ ὑπὸ τοῦ βασιλέως

εὐωχία.

I Es. 3. 20. πᾶσαν διάνοιαν μεταστρέφει εἰς εὐωχίαν
Es. 4. 17. στρέψον τὸ πένθος ἡμῶν εἰς εὐωχίαν
8. 13. ἐπίσημον ἡμέραν [**S**^{1} -ας] μετὰ πάσης εὐ. ἄγετε
III Ma. 4. 1. δημοτελὴς συνίστατο τοῖς ἔθνεσιν εὐωχία
— 8. ἀντὶ εὐωχίας καὶ νεωτερικῆς ῥᾳθυμίας
5. 3. ἐτρέπετο πρὸς τὴν εὐ.
— 17. εἰς εὐωχίαν δόντας ἑαυτούς
6. 30. τὰ λοιπὰ πρὸς εὐωχίαν ἐπιτήδεια
— 35. μετ᾽ εὐωχίας . . . διῆγον

ἐφαδανώ. (1) אַפַּדְנוֹ

Da. TH. 11. 45. πήξει τὴν σκηνὴν αὐτοῦ ἐ. [**A** *al.*] (1)
[**Th.** DA. 11. 45.]

ἐφάλλεσθαι. (1) צָלַח

I Ki. 10. 6. ἐφαλεῖται ἐπὶ σὲ πνεῦμα κυρίου (1)
11. 6. **B** ἐφήλατο πνεῦμα κυρίου ἐπὶ Σ. (1)
16. 13. ἐφήλατο πνεῦμα κυρίου ἐπὶ Δ. (1)

ἐφαμαρτάνειν. (1) חָטָא hi.

Je. 39 (32). 35. πρὸς τὸ ἐφαμαρτεῖν τὸν Ἰούδαν (1)

ἐφάπτειν. (1) נָגַע (2) נָגַשׁ hi.

Am. 6. 3. καὶ ἐφαπτόμενοι σαββάτων ψευδῶν (2)
9. 5. καὶ κύριος . . . ὁ ἐφαπτόμενος τῆς γῆς (1)
II Ma. 7. 1. ἀπὸ τῶν ἀθεμίτων ὑείων κρεῶν ἐφάπτεσθαι

ἐφαπτίς.

[**Aq.** Ez. 26. 16.]

ἐφαρμόζειν.

IV Ma. 11. 10. **R** ταῦτα ποδάγραις σιδηραῖς ἐφαρμόσαντες [**A S** -ορμάσ.]

ἐφέλκειν (-ύειν). (1) אָרַךְ hi.

Nu. 9. 19. ὅταν ἐφέλκηται ἡ νεφέλη ἐπὶ τῆς σκηνῆς (1)
Jo. 24. 31. ὅσοι ἐφείλκυσαν τὸν χρόνον μετὰ Ἰ. (1)
Wi. 14. 20. τὸ δὲ πλῆθος ἐφελκόμενον διὰ τὸ εὔχαρι [**A** -ὲς] τῆς ἐργασίας
Ep. Je. 43. ὅταν δέ τις αὐτῶν ἐφελκυσθεῖσα [**A** ἀπελκυσθεὶς] ὑπό τινος τῶν παραπορευομένων κοιμηθῇ
IV Ma. 15. 21. τοὺς ἀκούοντας ἐφέλκονται
[**Aq.** JE. 47 (29). 5.]
[**Th.** IS. 13. 22.]

ἐφέστιος.

Si. 37. 11. **S**^{1} **R** μετὰ μισθίου ἐφεστίου [**B** ἀφεστ., **A S**^{2} ἐπαιτίου] περὶ συντελείας

ἐφεστρίς.

[**Sm.** I KI. 2. 19 : 24. 12 : JB. 1. 20.]

ἐφέτιος (?).

De. 15. 18. **A B** ἐφέτιον [**R** ἐπέτειον] μισθὸν τοῦ μισθωτοῦ †

ἐφηβία.

II Ma. 4. 9. ἐφηβίαν αὐτῷ συστήσασθαι

ἔφηβος.

II Ma. 4. 12. τοὺς κρατίστους τῶν ἐ. [**A** ἐφ᾽ ἡμῶν] ὑποτάσσων

ἔφηλος. (1) דַּק

Le. 21. 20. ἢ κυρτὸς ἢ ἔ. (1)

ἐφημερία. (1) מַחֲלֹקֶת (2) מְלָאכָה
(3) *a.* מִשְׁמָר *b.* מִשְׁמֶרֶת

I Ch. 9. 33. οὗτοι ψαλτῳδοὶ . . . διατεταγμέναι [**A** -οι] ἐφημερίαι [**S**^{1} -α] †
23. 6. καὶ διεῖλεν αὐτοὺς Δ. ἐφημερίας (1)
25. 8. καὶ ἔβαλον καὶ αὐτοὶ κλήρους ἐφημεριῶν (3 *b*)
26. 12. τοῖς ἄρχουσι τῶν δυνατῶν ἐφημερίαι (3 *b*)
28. 1. καὶ πάντας τοὺς ἄρχοντας τῶν ἐ. (1)
— 13. τῶν ἐ. τῶν ἱερέων καὶ τῶν Λ. (1)
I Ch. 28. 21. αἱ ἐ. τῶν ἱερέων καὶ τῶν Λ. (1)
II Ch. 5. 11. οὐκ ἦσαν διατεταγμένοι κατ᾽ ἐφημερίαν (1)
13. 10. ἐν ταῖς ἐ. αὐτῶν (2)
23. 8. οὐ κατέλυσεν Ἰ. τὰς ἐ. (1)
— 18. **A**^{2} **B** καὶ ἀνέστησε τὰς ἐ. τῶν ἱερέων –
31. 2. ἔταξεν Ἑ. τὰς ἐ. τῶν ἱερέων . . . καὶ τὰς ἐ. ἑκάστου κατὰ τὴν ἑαυτοῦ λειτουργίαν (1, 1)
— 15. δοῦναι τοῖς ἀδελφοῖς αὐτῶν κατὰ τὰς ἐ. (1)
— 16. **A R** εἰς [**B** *om.*] λειτουργίαν ἐφημερίαις διατάξεως αὐτῶν (3 *b*)
— 17. καὶ οἱ Λ. ἐν ταῖς ἐ. αὐτῶν (3 *b*)
35. 4. ἑτοιμάσθητε . . . κατὰ τὰς ἐ. ὑμῶν (1)
I Es. 1. 2. στήσας τοὺς ἱερεῖς κατ᾽ ἐφημερίας
— 16. παραβῆναι ἕκαστον τὴν ἑαυτοῦ ἐ.
Ne. 12. 9. καὶ οἱ ἀδελφοὶ αὐ. [**S**^{3} *add.* ἄντικρυς αὐτῶν] εἰς τὰς ἐ. (3 *b*)
— 24. **S R** ἐφημερίαν [**A B** -ία] πρὸς [**S**^{1} εἰς] ἐφημερίαν (3 *a*, 3 *a*)
13. 30. ἔστησα ἐφημερίας τοῖς ἱερεῦσι (3 *b*)

ἐφθός. (1) *a.* בָּשַׁל pu. *b.* בָּשֵׁל

Nu. 6. 19. τὸν βραχίονα ἑ. ἀπὸ τοῦ κριοῦ (1 *b*)
I Ki. 2. 15. **A R** οὐ μὴ λάβω παρὰ σοῦ κρέας [**B** *om.*] ἑ. ἐκ τοῦ λέβητος (1 *a*)
[**Aq.**, **Sm.**, **Th.** Ex. 12. 9.]

ἐφιδεῖν, *vid.* **ἐπιδεῖν.**

ἐφικνεῖσθαι.

Si. 43. 27. **R** πολλὰ ἐροῦμεν καὶ οὐ μὴ ἐφικώμεθα [**A B S** ἀφικ.]
— 30. **R** οὐ γὰρ μὴ ἐφίκησθε [**A B S** ἀφίκ.]
[**Sm.** JB. 11. 8 : 32. 12 : EC. 9. 10.]

ἐφικτός.

II Ma. 15. 38. τοῦτο ἐ. ἦν μοι

ἐφιορκεῖν, *vid.* **ἐπιορκεῖν.**

ἔφιππος.

II Ma. 11. 8. ἐφάνη προηγούμενος αὐτῶν ἔ. [**A**^{1} *om.*]
12. 35. Δωσίθεος δέ τις . . . ἔ. ἀνήρ
IV Ma. 4. 10. οὐρανόθεν ἔ. προυφάνησαν ἄγγελοι

ἐφίπτασθαι.

Ep. Je. 22. ἐπὶ τὴν κεφαλὴν αὐτῶν ἐφίπτανται νυκτερίδες χελιδόνες [**A** χ. καὶ ν.]

ἔφισος, *vid.* **ἔπισος.**

ἐφιστάναι. (1) חָזַק hi. (2) יָצַב hithp.
(3) כָּסָה pi. (4) לָחַם ni. (5) מָנַע
(6) נָצַב *a.* ni. *b.* hi. (7) נָצָה hi.
(8) נָתַן (9) סָמַךְ (10) עוּף *a.* qal. *b.* hi.
(11) עָמַד *a.* qal. *b.* hi. (12) פָּקַד *a.* qal.
b. hi. (13) קוּם hi. (14) רוּף pulal.
(15) שִׂים (16) שָׂכַל hi. (17) שׁוּב hi.
(18) שִׁית (19) שָׁנָה pi. (20) שָׁפַת

Ge. 24. 43. **R** ἰδοὺ ἐγὼ ἐφέστηκα [**A**^{1} ἕστηκα] ἐπὶ τῆς πηγῆς [**A** τὴν π.] (6 *a*)
Ex. 1. 11. ἐπέστησεν αὐτοῖς ἐπιστάτας τῶν ἔργων (15)
7. 23. οὐκ ἐπέστησε τὸν νοῦν αὐτοῦ (18)
Le. 17. 10. ἐπιστήσω τὸ πρόσωπόν μου ἐπὶ τὴν ψυχήν (8)
19. 16. οὐκ ἐπιστήσῃ ἐφ᾽ αἷμα [**A** -ματι] τοῦ πλησίον (11 *a*)
20. 3. ἐπιστήσω τὸ πρόσωπόν μου ἐπὶ τὸν ἄνθρ. ἐκ. (8)
— 5. ἐπιστήσω τὸ πρόσωπόν μου ἐπὶ τὸν ἄνθρ. (15)
— 6. ἐπιστήσω τὸ πρόσωπόν μου ἐπὶ τὴν ψυχήν (8)
26. 16. **R** ἐπιστήσω [**A B** ἐπισυστήσω] ἐφ᾽ ὑμᾶς τὴν ἀπορίαν (12 *b*)
— 17. ἐπιστήσω τὸ πρόσωπόν μου ἐφ᾽ ὑμᾶς (8)
Nu. 1. 50. ἐπίστησον τοὺς Λ. ἐπὶ τὴν σκηνὴν τοῦ μαρτυρίου (12 *b*)
14. 14. ἡ νεφέλη σου ἐφέστηκεν ἐπ᾽ αὐτῶν (11 *a*)
23. 6. καὶ ὁ δὲ ἐφειστήκει ἐπὶ τῶν ὁλοκαυτωμάτων αὐτοῦ (6 *a*)
— 17. καὶ ὁ δὲ ἐφειστήκει ἐπὶ τῆς ὁλοκαυτώσεως αὐτοῦ (6 *a*)

● = correction on page xxvi

Nu. 26. 9. A οἱ ἐπιστάντες [B ἐπισυστ.] ἐπὶ M. (7)
Jo. 6. 25 (26). ἐπιστήσει τὰς πύλας αὐτῆς (6 b)
— 25 (26). ἐπέστησε τὰς πύλας αὐτῆς –
7. 26. ἐπέστησαν αὐτῷ σωρὸν λίθων μέγαν (13)
8. 29. ἐπέστησαν αὐτῷ σωρὸν λίθων (13)
Jd. 3. 19. πάντας τοὺς ἐφεστῶτας ἐπ' αὐτόν [A *al.*] (11 a)
Ru. 2. 5. τῷ ἐφεστῶτι ἐπὶ τοὺς θερίζοντας (6 a)
— 6. τὸ ἐφεστὸς ἐπὶ τοὺς θερίζοντας (6 a)
I Ki. 17. 51. καὶ ἐπέστη ἐπ' αὐτόν (11 a)
22. 17. τοῖς ἐφεστηκόσι πρὸς αὐτόν [A ἐπ' αὐτῷ] (6 a)
II Ki. 1. 10. καὶ ἐπέστην ἐπ' αὐτόν (11 a)
8. 3. ἐπιστῆσαι τὴν χεῖρα αὐτοῦ ἐπὶ τὸν ποταμὸν Εὐ. (17)
III Ki. 3. 1. B ἄρχων τῶν ἐφεστηκότων –
16. 34. ἐπέστησε θύρας αὐτῆς (6 b)
IV Ki. 4. 38. ἐπίστησον τὸν λέβητα (20)
I Ch. 18. 3. ἐπιστῆσαι χεῖρα αὐτοῦ ἐπὶ ποταμὸν Εὐ. (6 b)
Ne. 6. 1. θύρας οὐκ ἐπέστησα ἐν [S¹ ἐπὶ, S³ *om.*] ταῖς πύλαις (11 b)
8. 13. ἐπιστῆσαι πρὸς πάντας τοὺς λόγους τοῦ νόμου (16)
Ju. 6. 14. ἐπέστησαν αὐτῷ [A ἐπ' αὐτόν]
7. 7. ἐπέστησεν αὐταῖς παρεμβολὰς ἀνδρῶν πολεμιστῶν [S *al.*]
8. 3. ἐπέστη γὰρ ἐπὶ τοῦ δεσμεύοντος τὸ δράγμα [A S τοὺς δ. τὰ δρ.]
— 10. τὴν ἐφεστῶσαν πᾶσι τοῖς ὑπάρχουσιν αὐ.
10. 6. B εὗροσαν ἐφεστῶτα ἐπ' αὐτῇ 'Ο. [ASR *al.*]
12. 11. A B ὃς ἦν ἐφεστηκὼς ἐπὶ πάντων τῶν αὐτοῦ
Jb. 14. 20. ἐπέστησας αὐτῷ τὸ πρόσωπον (19 ?)
26. 11. A στῦλοι οὐρανοῦ ἐπεστάθησαν [B S ἐπετάσθησαν] (14)
Pr. 9. 18. μηδὲ ἐπιστήσῃς τὸ σὸν ὄνομα πρὸς αὐτήν [A *al.*] –
22. 17. τὴν δὲ σὴν καρδίαν ἐπίστησον ἵνα γνῷς (18)
23. 5. ἐὰν ἐπιστήσῃς τὸ σὸν ὄμμα πρὸς [S¹ ἐπ'] αὐτόν (10 a*, 10 b)
27. 23. ἐπιστήσεις [A -ῃς] καρδίαν σου σαῖς ἀγέλαις (18)
Wi. 6. 5. φρικτῶς καὶ ταχέως ἐπιστήσεται ὑμῖν
— 8. τοῖς δὲ κραταιοῖς ἰσχυρὰ ἐφίσταται ἔρευνα
18. 17. φόβοι δὲ ἐπέστησαν ἀδόκητοι
19. 1. τοῖς δὲ ἀσεβέσι . . . ἀνελεήμων θυμὸς ἐπέστη
Si. 12. 11. ἐπίστησον τὴν ψυχήν [A τῇ ψ.] σου
23. 2. τίς ἐπιστήσει [A -σῃ] ἐπὶ τοῦ διανοήματός μου μάστιγας
40. 25. χρυσίον καὶ ἀργύριον ἐπιστήσουσι πόδα
41. 22. μὴ ἐπιστῇς ἐπὶ τὴν κοίτην αὐτῆς
Am. 9. 1. τὸν κύριον ἐφεστῶτα ἐπὶ τοῦ θυσιαστ. (6 a)
Ob. 1. 14. μηδὲ ἐπιστῇς [A στῇς] ἐπὶ τὰς διεκβολὰς αὐ. (11 a)
Hg. 2. 6 (5). τὸ πνεῦμά μου ἐφέστηκεν ἐν μέσῳ ὑμῶν (11 a)
Za. 1. 10. ὁ ἀνὴρ ὁ ἐφεστηκὼς ἀνὰ μέσον τῶν ὀρέων (11 a)
— 11. τῷ ἀγγέλῳ κυρίου τῷ ἐφεστῶτι ἀνὰ μέσον τῶν ὀρέων (11 a)
Is. 1. 26. ἐπιστήσω τοὺς κριτάς σου ὡς τὸ πρότερον (17)
3. 4. ἐπιστήσω νεανίσκους ἄρχοντας αὐτῶν (8)
21. 4. ἡ ψυχή μου ἐφέστηκεν εἰς φόβον (15)
41. 22. ἐπιστήσομεν [S¹ -σατε] τὸν νοῦν (15)
63. 5. ὁ θυμός μου ἐπέστη [S ἔστη] (9)
Je. 5. 27. ὡς παγὶς ἐφεσταμένη [S συνεστ.] πλήρης πετεινῶν –
20. 10. ἐπισύστητε [S¹ -στῆτε] †
21. 2. βασιλεὺς Βαβυλῶνος ἐφέστηκεν ἐφ' ἡμᾶς (4)
26 (46). 14. ἐπίστηθι καὶ ἑτοίμασον (2)
27 (50). 44. πάντα νεανίσκον ἐπ' αὐτὴν ἐπιστήσω (12 a)
28 (51). 12. ἐπιστήσατε φαρέτρας (1)
— 27. ἐπιστήσατε ἐπ' αὐτὴν βελοστάσεις (12 a)
29 (49). 19. τοὺς νεανίσκους ἐπ' [S¹ *om.*] αὐτὴν [S -ῆς] ἐπιστήσατε (12 a)
36 (29). 10. ἐπιστήσω τοὺς λόγους μου ἐφ' ὑμᾶς (13)
51 (44). 11. ἐφίστημι τὸ πρόσωπόν μου (15)
Ez. 24. 3. ἐπίστησον τὸν λέβητα (20)
31. 15. A ἐπέστησα ἐπ' αὐτὸν τὴν ἄβυσσον [B ἐπένθησεν αὐτὸν ἡ ἄ.] καὶ ἐκώλυσα [B ἐπέστησα] τοὺς ποταμοὺς αὐτῆς (3, 5)
44. 24. ἐπιστήσονται τοῦ διακρίνειν (11 a)

I Ma. 12. 38. S ὠχύρωσεν αὐτὴν καὶ ἐπέστησεν θύρας [A R ὠχ. θ.]
[Aq. Pr. 25. 6: Ez. 24. 2.]
[Sm., Th. Pr. 25. 6.]
[Al. Je. 35 (42). 4.]

▶ **ἐφοδεύειν.** (1) חָפַר
De. 1. 22. ἐφοδευσάτωσαν ἡμῖν τὴν γῆν (1)
Ju. 7. 7. τὰς πηγὰς τῶν ὑδάτων αὐ. ἐφώδευσε
I Ma. 16. 14. Σίμων δὲ ἦν ἐφοδεύων τὰς πόλεις
II Ma. 3. 8. R ὡς τὰς . . . πόλεις ἐφοδεύσων [A -εῦσαι]
[Aq. Jb. 37. 3: Ps. 5. 9: 26 (27). 11.]

ἐφοδευτής.
[Aq. Ge. 42. 9.]

ἐφοδιάζειν. (1) עָנַק hi. (2) צוּד hithp.
De. 15. 14. ἐφόδιον ἐφοδιάσεις αὐτόν (1)
Jo. 9. 12. θερμοὺς ἐφωδιάσθημεν αὐτούς (2)

ἐφόδιον. (1) עָנַק hi.
De. 15. 14. ἐφόδιον ἐφοδιάσεις αὐτόν (1)

ἔφοδος.
I Ma. 9. 68. καὶ ἡ ἔ. αὐτοῦ κενή
11. 44. ηὐφράνθη ὁ βασιλεὺς ἐπὶ τῇ ἔ. αὐτῶν
14. 21. ηὐφράνθημεν ἐπὶ τῇ ἔ. αὐτῶν
II Ma. 5. 1. R τὴν δευτέραν ἔ. [A ἄφ.] ὁ Ἀντ. . . . ἐστείλατο
8. 12. προσέπεσε περὶ τῆς τοῦ N. ἐ.
12. 21. τὴν δὲ ἔ. μεταλαβών
● 13. 26. τὰ τῆς ἐ. τοῦ βασιλέως . . . ἐχώρησε
14. 15. ἀκούσαντες δὲ τὴν τοῦ N. ἔ.
15. 8. μὴ δειλιᾶν τὴν τῶν ἐθνῶν ἔ.
[Sm. Je. 10. 18.]

ἐφορᾶν (*incl.* **ἐπόπτεσθαι**). (1) חָזָה (2) נָבַט hi. (3) עַיִן (4) צָפָה pi. (5) רָאָה (6) c. neg. רָחַק
Jb. 21. 16. ἔργα δὲ ἀσεβῶν οὐκ ἐφορᾷ [A οὐ καθαρά] (6)
22. 12. μὴ οὐχὶ ὁ τὰ ὑψηλὰ ναίων ἐφορᾷ [A *al.*] (5)
28. 24. αὐτὸς γὰρ τὴν ὑπ' οὐρανὸν πᾶσαν ἐφορᾷ (2)
34. 24. ὁ γὰρ κύριος πάντας [A τὰ πάντα] ἐφορᾷ –
Ps. 5. 3. καὶ ἐπόψομαι [A S² -όψῃ με] (4)
34 (35). 17. κύριε, πότε ἐπόψῃ (5)
112 (113). 6. καὶ τὰ ταπεινὰ ἐφορῶν ἐν τῷ οὐρανῷ (5)
117 (118). 7. ἐπόψομαι τοὺς ἐχθρούς μου (5)
137 (138). 6. καὶ τὰ ταπεινὰ ἐφορᾷ (5)
Si. 7. 9. τῷ πλήθει τῶν δώρων μου ἐπόψεται [A -ομαι]
Mi. 4. 11. ἐπόψονται ἐπὶ Σιὼν οἱ ὀφθ. ὑμῶν (1)
7. 10. οἱ ὀφθαλμοί μου ἐπόψονται αὐτήν (5)
Za. 9. 1. κύριος ἐφορᾷ ἀνθρώπους (3)
Ez. 8. 12. A οὐκ ἐφορᾷ [B ὁρᾷ] ὁ κύριος τὴν γῆν (5)
9. 9. οὐκ ἐφυρᾷ ὁ κύριος [A *al.*] (5)
II Ma. 7. 6. ὁ κύριος ὁ θεὸς ἐφορᾷ
12. 22. R ἐκ τῆς τοῦ [A τοῦ τὰ] πάντα ἐφορῶντος ἐπιφανείας
15. 2. ὑπὸ τοῦ πάντα ἐφορῶντος
IV Ma. 13. 13. S R ἀλλήλους ὁμοῦ πάντες ἐφορῶντες [A -ῶν]
[Sm., Heb. Ps. 91 (92). 12.]
[Th. Ps. 91 (92). 12: Ez. 8. 12.]

ἐφόρασις.
[Al. I Ki. 1. 11.]

ἐφορμάζειν (?).
IV Ma. 11. 10. A S ταῦτα ποδάγραις σιδηραῖς ἐφορμάσαντες [R -αρμόσ.]

ἐφορμᾶν.
[Aq. Jd. 5. 22.]
[Sm. Jd. 14. 6: I Ki. 10. 6, 10.]

ἔφορος.
[Al. Ps. 58 (59). 11.]

ἐφούδ, ἐφώδ. (1) אֵפוֹד
Jd. 17. 5. ἐποίησεν ἐ. (1)
18. 14. ἐν τῷ οἴκῳ ἐ. [A *al.*] (1)

Jd. 18. 17. A ἔλαβον . . . τὸ ἐ. (1)
— 18. ἔλαβον . . . τὸ ἐ. (1)
— 20. ἔλαβε τὸ ἐ. (1)
I Ki. 2. 18. περιεζωσμένον ἐφοὺδ βάρ (1)
— 28. καὶ αἴρειν ἐφούδ (1)
14. 3. B ἱερεὺς τοῦ θεοῦ . . . αἴρων ἐφούδ (1)
— 18. προσάγαγε τὸ ἐφούδ †
— 18. αὐτὸς ἦρε τὸ ἐφούδ [A *al.*] †
22. 18. πάντας αἴροντας ἐφούδ [A ἐ. λίνον] (1)
23. 6. ἔχων ἐφοὺδ ἐν τῇ χειρὶ αὐτοῦ (1)
— 9. προσάγαγε τὸ ἐφοὺδ κυρίου (1)
30. 7. προσάγαγε τὸ ἐφούδ (1)
— 7. A προσήγαγεν Ἀ. τὸ ἐφοὺδ πρὸς Δ. (1)
[Sm. I Ki. 2. 18: 21. 9 (10).]
[Th. Ex. 39. 2 (36. 9): I Ki. 2. 18.]
[Al. I Ki. 28. 14.]

ἐφράθ. (1) עֲבֹדַת
I Ch. 4. 21. γενέσεις οἰκείων ἐφρὰθ ἀβάκ [A *al.*] (1)

ἐφύβριστος.
Wi. 17. 7. τῆς ἐπὶ φρονήσει ἀλαζονείας ἔλεγχος ἐφύβριστος [S¹ *al.*]

ἐφώδ, *vid.* **ἐφούδ.**

ἔχειν (*incl.* **ἐχόμενον, ἐχόμενα**). (1) אָהֵב (2) אָחַז (3) אַחַר (4) אִיתַי (5) הָיָה לְאֵל (6) אָצֵל (7) אֵת (8) בַּעַל (9) דָּבַק (10) הָיָה (11) הִנֵּה (12) חָבַר (13) חָזַק hi. (14) חָלַק pi. (15) יָאַל hi. (16) *a.* אֶל יַד *b.* בִּידֵי *c.* בְּעַד יַד *d.* לְיַד *e.* עַל יַד *f.* **ἕως ἐχόμενον** עַל יְדֵי *g.* הָיָה . . . יָדַיִם (17) יֵשׁ (18) כּוּן ni. (19) כָּתַב (20) לְבוּשׁ (21) לָקַח (22) *a.* מוּל *b.* מִמּוּל (23) מָחֳרָת (24) מָלַט hithp. (25) כְּמַעַר (26) מָצָא *a.* qal. *b.* ni. (27) נֶגֶד (28) נָשָׂא (29) נָתַן (30) עַל (31) עִם (32) עָמַד hi. (33) לְעֻמַּת (34) עָצַר (35) צָפַן (36) רַב (37) רָבַץ (38) שִׂים (39) שָׁגַל *a.* qal. *b.* ni. (40) שָׁלוֹם (41) **ἁγνὸν ἔχειν** זָכָה pi. (42) **ἀνάγκη ἔχει** צָעַד hi. (43) **ἄνδρα ἔχειν** בָּעַל (44) **βούλεσθαι ἔχειν** מָשׁוֹשׁ (45) **ἐν γαστρὶ ἔχειν** *a.* הָרָה *b.* הָרֶה *c.* הֵרִיָּה *d.* עוּל *e.* פָּרָה (46) **ἔχειν τὴν ἐλπίδα** בָּטַח (47) **ἐξουσίαν ἔχειν** *a.* שְׁלֵט *b.* שַׁלִּיט (48) **ἡσυχίαν ἔχειν** תָּמַם (49) *a.* **θαῦμα ἔχει** שָׁמֵם *b.* **θαῦμα ἔχειν** שָׁמֵם ho. (50) **κακῶς ἔχειν** חָלָה (51) **λόγον ἔχειν** דָּאַג (52) **παρρησίαν ἔχειν** עָנַג hithp. (53) **ἔχειν παρρησίαν** c. neg. חָפֵר hi. (54) **πίστιν ἔχειν** אָמַן ni. (55) **λειχῆνας ἔχειν** יַלֶּפֶת (56) **ὑψηλὸν ἔχειν** רוּם (57) **χρείαν ἔχειν** *a.* חָפֵץ *b.* חָשַׁח *c.* עַל (58) **ὠδῖνας ἔχειν** חוּל (59) שָׁכַב *a.* qal. *b.* ni.
Ge. 1. 29. πᾶν ξύλον ὃ ἔχει ἐν ἑαυτῷ καρπόν –
— 30. ὃ ἔχει ἐν ἑαυτῷ ψυχὴν ζωῆς –
7. 22. ὅσα ἔχει πνοὴν ζωῆς –
8. 11. εἶχε φύλλον ἐλαίας (11)
16. 4. καὶ εἶδεν ὅτι ἐν γαστρὶ ἔχει (45 a)
— 5. ἰδοῦσα δὲ ὅτι ἐν γαστρὶ ἔχει (45 a)
— 11. ἰδοὺ σὺ ἐν γαστρὶ ἔχεις (45 b)
18. 10. καὶ ἕξει υἱὸν Σάρρα ἡ γυνή σου (11)
— 31. ἐπειδὴ ἔχω λαλῆσαι πρὸς τὸν κύριον (15)
19. 15. τὰς δύο θυγατέρας σου ἃς ἔχεις (26 b)
23. 8. εἰ ἔχετε τῇ ψυχῇ ὑμῶν (17)
24. 15. ἔχουσα τὴν ὑδρίαν ἐπὶ τῶν ὤμων αὐτῆς –
— 45. ἔχουσα τὴν ὑδρίαν ἐπὶ τῶν ὤμων –
34. 14. ὃς ἔχει ἀκροβυστίαν –
37. 24. A ὁ δὲ λάκκος ἐκεῖνος [R κενὸς] ὕδωρ οὐκ εἶχεν –

● = correction on page xxvi ▶ = additional entry on page xxvi

Ge. 38. 23. ἐχέτω αὐτά (21)
— 24. καὶ ἰδοὺ ἐν γαστρὶ ἔχει ἐκ πορνείας (45 *b*)
— 25. ἐγὼ ἐν γαστρὶ ἔχω (45 *b*)
41. 23. ἀνεφύοντο ἐχόμενοι αὐτῶν (3)
— 38. ἄνθρωπον τοιοῦτον ὃς ἔχει πνεῦμα θεοῦ –
43. 26. τὰ δῶρα ἃ εἶχον ἐν ταῖς χερσὶν αὐτῶν –
— 27. ἠρώτησε δὲ αὐτούς, Πῶς ἔχετε (40)
44. 19. λέγων, Εἰ ἔχετε πατέρα ἢ ἀδελφόν (17)
49. 25. εὐλογίαν γῆς ἐχούσης πάντα (37)
Ex. 2. 1. **A** καὶ ἔσχεν αὐτήν –
21. 22. καὶ πατάξωσι γυναῖκα ἐν γαστρὶ ἔχουσαν (45 *b*)
26. 3. ἐξ ἀλλήλων ἐχόμεναι [**A** συνεχ.] ἡ ἑτέρα ἐκ τῆς ἑτ. (12)
28. 28 (32). ᾤαν ἔχον κύκλῳ τοῦ περιστομίου (10)
— 39 (43). καὶ ἕξει Ἀαρὼν αὐτὰ καὶ οἱ υἱοὶ αὐτοῦ (10)
33. 12. καὶ χάριν ἔχεις παρ' ἐμοί (26 *a*)
36. 2. καὶ πάντας τοὺς ἔχοντας τὴν σοφίαν –
— 31 (39. 23). ᾤαν ἔχον κύκλῳ τὸ περιστόμιον –
Le. 6. 10 (3). παραθήσει αὐτὸ ἐχόμενον τοῦ θυσιαστ. (6)
11. 21. ἃ [**A B**^{1} *om.*] ἔχει σκέλη ἀνώτερον τῶν ποδ. –
21. 23. ὅτι μῶμον ἔχει –
22. 20. πάντα ὅσα ἂν ἔχῃ μῶμον ἐν αὐτῷ –
— 22. **A**^{2}**B** ἢ λειχῆνας ἔχοντα (55)
25. 27. **A B**^{1} ὅπερ ἔχει τῷ ἀνθρώπῳ [**B**^{2} **R** *al.*] †
— 30. ἐν πόλει τῇ ἐχούσῃ τεῖχος –
Nu. 2. 2. ἄνθρωπος ἐχόμενος αὐτοῦ κατὰ τάγμα –
— 5. οἱ παρεμβάλλοντες ἐχόμενοι φυλῆς Ἰσσ. (30)
— 7. οἱ παρεμβάλλοντες ἐχόμενοι φυλῆς Ζαβ. –
— 12. οἱ παρεμβάλλοντες ἐχόμενοι αὐτοῦ (30)
— 14. οἱ παρεμβάλλοντες ἐχόμενοι αὐτοῦ –
— 17. **R** ἕκαστος ἐχόμενος καθ' ἡγεμονίας [**B** -αν, **A** κατὰ τάγμα αὐτῶν] (16 *e*)
— 20. οἱ παρεμβάλλοντες ἐχόμενοι φυλῆς [**A**^{1} -ῇ] Μανασσῆ (30)
— 22. οἱ παρεμβάλλοντες ἐχόμενοι φυλῆς Βενιαμίν –
— 27. **A R** οἱ παρεμβάλλοντες ἐχόμενοι αὐτοῦ φυλὴ [**B** -ῆς] Ἀσήρ (30)
— 29. οἱ παρεμβάλλοντες ἐχόμενοι φυλῆς Νεφθαλί –
— 34. ἕκαστος ἐχόμενοι κατὰ δήμους αὐτῶν –
7. 9. τὰ λειτουργήματα τοῦ ἁγίου ἔχουσιν (30)
16. 3. ἐχέτω ὑμῖν (36)
19. 2. ἥτις οὐκ ἔχει ἐν αὐτῇ μῶμον –
— 15. **A B**^{1} ὅσα οὐκ ἔχει [**B**^{2} **R** ὅσα οὐχὶ] δεσμὸν καταδέδεται –
22. 5. οὗτος ἐγκάθηται ἐχόμενός μου (22 *b*)
— 11. οὗτος ἐγκάθηται ἐχόμενός μου –
— 29. εἰ εἶχον μάχαιραν ἐν τῇ χειρί (17)
27. 18. ὃς ἔχει πνεῦμα ἐν ἑαυτῷ –
34. 3. ἀπὸ ἐρήμου Σὶν ἕως ἐχόμενον Ἐδώμ (16 *f*)
De. 2. 25. **A R** ὠδῖνας [**B** -νες] ἕξουσιν ἀπὸ προσώπου σου (58)
4. 38. καθὼς ἔχεις σήμερον –
11. 30. ἐχόμενον τοῦ Γολγόλ (22 *a*)
24. 15. ἐν αὐτῷ ἔχει τὴν ἐλπίδα (28)
28. 30. ἀνὴρ ἕτερος ἕξει αὐτήν (39 *a**, 59 *a*)
30. 20. καὶ ἔχεσθαι αὐτοῦ (9)
Jo. 5. 8. ἡσυχίαν εἶχον [**A** ἔσχον] (48)
6. 7. ἑπτὰ ἱερεῖς ἔχοντες ἑπτὰ σάλπιγγας ἱεράς (28)
8. 20. **B** οὐκέτι εἶχον ποῦ φύγωσιν (16 *g*)
17. 17. καὶ ἰσχὺν μεγάλην ἔχεις –
Jd. 4. 11. ἥ ἐστιν ἐχόμενα Κέδες (7)
6. 20. τὸν ζωμὸν ἐχόμενα ἔκχεε [**A** ζ. ἔκχεον] –
9. 37. ἀπὸ τοῦ ἐχόμενα ὀμφαλοῦ τῆς γῆς (31)
13. 3. **A** καὶ ἐν γαστρὶ ἕξεις (45 *a*)
— 5, 7. σὺ ἐν γαστρὶ ἔχεις [**A** ἕξεις] (45 *b*)
18. 7. λόγον οὐκ ἔχουσι πρὸς ἄνθρωπον [**A** *al.*] –
19. 14. ἐχόμενα τῆς Γ. (6)
I Ki. 4. 18. ἐχόμενος τῆς πύλης (16 *c*)
19. 3. στήσομαι ἐχόμενος τοῦ πατρός μου (16 *d*)
23. 6. ἔχων ἐφοὺδ ἐν τῇ χειρὶ αὐτοῦ –
II Ki. 11. 5. ἐγώ εἰμι ἐν γαστρὶ ἔχω (45 *b*)
13. 23. ἐν Β. τῇ ἐχόμενα Ἐ. (31)
14. 30. ἡ [**A** εἰ] μερὶς ἐν ἀγρῷ τοῦ Ἰ. ἐχόμενά μου (16 *a*)
15. 18. **B** πᾶς ὁ λαὸς παρεπορεύετο ἐχόμενος αὐτοῦ –
16. 13. **A R** ἐκ [**A** εἰς] πλευρᾶς [**B** πέρας] τοῦ ὄρους ἐχόμενα αὐτοῦ (33)
21. 1. ἐνιαυτὸς ἐχόμενος ἐνιαυτοῦ (3)

III Ki. 1. 9. ὃς ἦν ἐχόμενα τῆς Ῥ. (6)
7. 36. ἐχόμενον ἕκαστον κατὰ πρόσωπον [**A** πρ. αὐτοῦ] ἔσω (25 ?)
9. 26. τὴν οὖσαν ἐχομένην Αἰ. (7)
13. 25. ὁ λέων εἱστήκει ἐχόμενα τοῦ θνησιμαίου (6)
14. 10. **A** ἐχόμενον καὶ ἐγκαταλελειμμένον ἐν Ἰ. (34)
IV Ki. 8. 12. τὰς ἐν γαστρὶ ἐχούσας αὐτῶν ἀναρρήξεις (45 *b*)
15. 16. τὰς ἐν γαστρὶ ἐχούσας ἀνέρρηξεν (45 *b*)
I Ch. 2. 30. καὶ ἀπέθανε Σ. οὐκ ἔχων τέκνα –
— 32. καὶ ἀπέθανεν Ἰ. οὐκ ἔχων τέκνα –
10. 8. καὶ ἐγένετο τῇ ἐχομένῃ (23)
25. 2. ἐχόμενοι [**A** -να] τοῦ βασιλέως (16 *e*)
— 6. ἐχόμενα τοῦ βασιλέως (16 *e*)
27. 34. μετὰ τοῦτον Ἀ. ἐχόμενος –
28. 12. ὃ εἶχεν ἐν πνεύματι αὐτοῦ (10)
II Ch. 11. 21. γυναῖκας δέκα ὀκτὼ εἶχε (28)
13. 20. καὶ οὐκ ἔσχεν ἰσχὺν Ἰ. (34)
18. 16. **A**^{2}**B** οὐκ ἔχουσιν ἡγούμενον –
I Es. 1. 10. ἔχοντες τὰ ἄζυμα κατὰ τὰς φυλάς
2. 20. καλῶς ἔχειν ὑπολαμβάνομεν
4. 42. καὶ ἐχόμενός μου καθήσῃ
— 52. καθὰ ἔχουσιν ἐντολήν
5. 59. υἱοὶ Ἀ. ἔχοντες τὰ κύμβαλα
6. 5. καὶ ἔσχοσαν χάριν ἐπισκοπῆς
8. 12. **A R** ᾧ [**A** ὡς] ἔχει ἐν τῷ [**B** *om.* ἐν τῷ] νόμῳ κυρίου
— 22. μηδένα ἔχειν ἐξουσίαν
— 73. διερρηγμένα ἔχων τὰ ἱμάτια
— 82. τί ἐροῦμεν, κύριε, ἔχοντες ταῦτα
9. 12. ὅσοι ἔχουσι γυναῖκας ἀλλογενεῖς
— 18. ἀλλογενεῖς γυναῖκας ἔχοντες
— 51. ἀποστείλατε ἀποστολὰς τοῖς μὴ ἔχουσιν
— 54. καὶ δοῦναι ἀποστολὰς τοῖς μὴ ἔχουσι
Ne. 2. 6. ἡ παλλακὴ ἡ καθημένη ἐχόμενα αὐτοῦ (6)
3. 23. ἐχόμενα οἴκου αὐτοῦ (6)
4. 3 (3. 35). καὶ Τ. . . . ἐχόμενα αὐτοῦ ἦλθε (6)
— 12 (6). οἱ Ἰ. οἱ οἰκοῦντες ἐχόμενα αὐτῶν (6)
— 18 (12). καὶ ὁ σαλπίζων . . . ἐχόμενα αὐτοῦ (6)
5. 17. **S**^{1} καὶ ἐχόμενοι [**A B S**^{2} ἐρχ.] πρὸς ἡμᾶς †
8. 4. ἔστησαν ἐχόμενα αὐτοῦ Μ. καὶ Σ. (6)
— 10. ἀποστείλατε μερίδας τοῖς μὴ [**S**^{1} *om.*] ἔχουσιν (18)
9. 33. **S**^{1} δίκαιος ἐπὶ πᾶσι τοῖς ἐχομένοις [**A B S**^{2} ἐρχ.] ἐφ' ἡμᾶς †
To. 1. 6. τὰς πρωτοκουρίας ἔχων
— 21. **S** αὐτὸς εἶχεν τὴν ἐξουσίαν
2. 13. **S** οὐ γὰρ ἐξουσίαν ἔχομεν ἡμεῖς φαγεῖν [**A B** *al.*]
3. 8. ἤδη ἑπτὰ ἔσχες [**S** *al.*]
4. 19. **A B** πᾶν ἔθνος οὐκ ἔχει βουλήν
5. 7. **S** χρείαν γὰρ ἔχω
— 11. **S** τί χρείαν ἔχεις φυλῆς [**A B** *al.*]
— 20. μὴ λόγον ἔχε
— 20. **S** μὴ λόγον ἔχε
6. 8. ὃς ἔχει λευκώματα [**A** -μα, **S** *al.*]
— 15. τοῦ δαιμονίου μηδένα λόγον ἔχε
— 17. **S** μὴ λόγον ἔχε
7. 10. **S** οὐκ ἔχω ἐξουσίαν δοῦναι αὐτήν
— 11. **A B**^{2}**R** τὸ νῦν ἔχον [**B**^{1} ἔχων] ἡδέως γίνου [**S** *al.*]
— 13. **S** καὶ ἔχε καὶ ἀπάγαγε [**A B** *al.*]
8. 2. **S** ἐκ τοῦ βαλαντίου οὗ εἶχεν
10. 6. μὴ λόγον ἔχε
— 7. **S** καὶ οὐκ εἶχεν ὕπνον
12. 4. **S** ὧν ἔχων ἦλθεν
— 5. **S** ὧν ἔχων ἦλθες [**A B** *al.*]
13. 11. δῶρα ἐν χερσὶν ἔχοντες
Ju. 7. 21. οὐκ εἶχον πιεῖν
8. 15. αὐτὸς ἔχει τὴν ἐξουσίαν
10. 19. ὃς ἔχει ἐν ἑαυτῷ γυναῖκας τοιαύτας
12. 3. **A** πόθεν ἕξομέν σοι δοῦναι τὰ ὅμοια αὐτοῖς [**B** π. ἐξοίσομέν σ. δ. ὅ. αὐ.]
Es. 1. 1. εἶχεν αὐτὸ ἐν τῇ καρδίᾳ
3. 11. τὸ μὲν ἀργύριον ἔχε (29)
4. 2. σάκκον ἔχοντι [**A** -τα] καὶ σποδόν (20)
— 17. καὶ μὴ ἐχούσῃ βοηθόν
— 17. καὶ μὴ ἐχούσῃ [**A** ἐ. βοηθὸν] εἰ μὴ σέ
— 17. πάντων γνῶσιν ἔχεις
8. 13. ἧς ἔχομεν πρὸς πᾶν ἔθνος φιλανθρωπίας
— 15. στέφανον ἔχων χρυσοῦν –
Jb. 1. 11. ἅψαι πάντων ὧν ἔχει –
— 14. αἱ θήλειαι ὄνοι ἐβόσκοντο ἐχόμεναι αὐτῶν (16 *e*)

Jb. 2. 3. ἔτι δὲ ἔχεται ἀκακίας (13)
4. 11. παρὰ τὸ μὴ ἔχειν βοράν –
— 21. παρὰ τὸ μὴ ἔχειν αὐτοὺς [**S**^{2} -οῖς] σοφίαν –
6. 5. βοῦς ἐπὶ φάτνης ἔχων τὰ βρώματα –
10. 13. ταῦτα ἔχων ἐν σεαυτῷ [**A**^{1} **S**^{2} ἑαυτῷ] (35)
17. 8. **A B S**^{2} θαῦμα ἔσχεν ἀληθινοὺς ἐπὶ τούτῳ (49 *a*)
— 9. **A B S**^{2} σχοίη δὲ πιστὸς τὴν ἑαυτοῦ ὁδόν (2)
18. 14. σχοίη δὲ αὐτὸν ἀνάγκη αἰτίᾳ βασιλικῇ (42)
— 20. πρώτους δὲ ἔσχε θαῦμα (2)
19. 20. τὰ δὲ ὀστᾶ μου ἐν ὀδοῦσιν [**A** ὀδύναις] ἔχεται (24 ?)
20. 18. **A** σχοίη δὲ [**B S** *om.* σχ. δὲ] πλοῦτον †
21. 5. θαυμάσετε [**A S**^{1} -σατε, **S**^{4} θαῦμα σχῆτε] (49 *b*)
— 6. ἔχουσι δέ μου τὰς σάρκας ὀδύναι (2)
— 10. διεσώθη δὲ αὐτῶν ἐν [**A** ἡ ἐν] γαστρὶ ἔχουσα [**S**^{1} *om.*] (45 *e* ?)
— 17. ὠδῖνες δὲ αὐτοὺς [**A** -οῖς] ἕξουσιν ἀπὸ ὀργῆς (14)
24. 8. παρὰ τὸ μὴ ἔχειν ἑαυτοὺς σκέπην –
27. 10. μὴ ἔχει [**S** -ειν] τινὰ [**A** *om.*] παρρησίαν ἔναντι αὐτοῦ (52)
30. 9. ἐμὲ θρύλημα ἔχουσιν (10)
— 16. ἔχουσι δέ με ἡμέραι ὀδυνῶν (2)
31. 16. χρείαν ἥν ποτε εἶχον –
— 36. συγγραφὴν δὲ ἣν εἶχον κατά τινος (19)
42. 10. **A** τὰ διπλᾶ ὧν εἶχεν ἔμπροσθεν [**B S** *al.*] –
Ps. 15 (16). 2. **A S R** τῶν ἀγαθῶν μου οὐ χρείαν ἔχεις (57 *c*)
37 (38). 14. οὐκ ἔχων ἐν τῷ στόματι αὐ. ἐλεγμούς –
67 (68). 25. προέφθασαν ἄρχοντες ἐχόμενοι [**S** -να] ψαλλόντων (3)
93 (94). 15. ἐχόμενοι αὐτῆς πάντες οἱ εὐθεῖς τῇ καρδίᾳ (3)
113. 13 (115. 5). στόμα ἔχουσι καὶ οὐ λαλήσουσιν ὀφθαλμοὺς ἔχουσι καὶ οὐκ ὄψονται –, –
— 14 (115. 6). ὦτα ἔχουσι καὶ οὐκ ἀκούσονται ῥῖνας ἔχουσι καὶ οὐκ ὀσφρανθήσονται –, –
— 15 (115. 7). χεῖρας ἔχουσι καὶ οὐ ψηλαφήσουσι πόδας ἔχουσι καὶ οὐ περιπατήσουσιν –, –
134 (135). 16. στόμα ἔχουσι καὶ οὐ λαλήσουσιν ὀφθαλμοὺς ἔχουσι καὶ οὐκ ὄψονται –, –
— 17. ὦτα ἔχουσι καὶ οὐκ ἐνωτισθήσονται [**A** ἀκούσονται] –
— 17. **A** ῥεῖνας ἔχουσιν καὶ οὐκ ὀσφρανθήσονται χεῖρας ἔχουσιν καὶ οὐ ψηλαφήσουσιν πόδας ἔχουσιν καὶ οὐ περιπατήσουσιν –, –, –
139 (140). 5. ἐχόμενα τρίβου σκάνδαλον ἔθεντό μοι (16 *d*)
140 (141). 6. κατεπόθησαν ἐχόμενα πέτρας (16 *b*)
Pr. 1. 9. **A** στέφανον γὰρ χαρίτων ἕξῃ [**B S** δέξῃ] σῇ κορυφῇ †
— 22. ὅσον ἂν χρόνον ἄκακοι ἔχωνται τῆς δικαιοσύνης (1)
3. 27. ἡνίκα ἂν ἔχῃ ἡ χείρ σου βοηθεῖν [**A** εὖ ποιεῖν] (5)
6. 7. μηδὲ τὸν ἀναγκάζοντα ἔχων –
7. 10. ἡ δὲ γυνὴ συναντᾷ αὐτῷ εἶδος ἔχουσα πορνικόν –
12. 19. μάρτυς δὲ ταχὺς γλῶσσαν ἔχει ἄδικον –
13. 5. οὐχ ἕξει παρρησίαν (53)
— 7. εἰσὶν οἱ πλουτίζοντες ἑαυτοὺς μηδὲν ἔχοντες –
16. 32. **A S**^{2} ἀνὴρ φρόνησιν ἔχων γεωργίου μεγάλου –
18. 2. οὐ χρείαν ἔχει σοφίας ἐνδεὴς φρενῶν (57 *a*)
20. 9. τίς καυχήσεται ἁγνὴν ἔχειν τὴν καρδίαν (41)
22. 27. ἐὰν γὰρ μὴ ἔχῃ πόθεν ἀποτίσῃ [**A** *al.*] –
23. 3. ταῦτα γὰρ ἔχεται ζωῆς ψευδοῦς †
24. 5. ἀνὴρ φρόνησιν ἔχων γεωργίου μεγάλου –
— 36 (30. 13). ἔκγονον κακὸν ὑψηλοὺς ὀφθαλμοὺς ἔχει (56)
— 37 (30. 14). ἔκγονον κακὸν μαχαίρας τοὺς ὀδόντας ἔχει –
26. 12. ἐλπίδα μέντοι ἔσχε μᾶλλον ἄφρων αὐτοῦ –
27. 26. ἵνα ἔχῃς πρόβατα εἰς ἱματισμόν –
— 27. παρ' ἐμοῦ ἔχεις ῥήσεις ἰσχυρὰς εἰς τὴν ζωήν σου †
28. 23. χάριτας ἕξει μᾶλλον τοῦ γλωσσοχαριτοῦντος (26 *a*)
29. 20. ἐλπίδα ἔχει μᾶλλον ὁ ἄφρων αὐτοῦ –
Ec. 7. 13 (12). **S**^{2} ζωοποιήσει τὸν ἔχοντα αὐτὴν [**A B S**^{1} τὸν παρ' αὐτῆς] (8)

Ec. 10. 20. **A S R** ὁ ἔχων [**B** *om.*] τὰς πτέρυγας ἀπαγγελεῖ λόγον σου (8)
Ca. 2. 14. ἐν σκέπῃ τῆς πέτρας ἐχόμενα τοῦ προτειχίσματος †
8. 8. ἀδελφὴ ἡμῶν μικρὰ καὶ μαστοὺς οὐκ ἔχει –
Wi. 1. 7. τὸ συνέχον τὰ πάντα γνῶσιν ἔχει φωνῆς
2. 13. ἐπαγγέλλεται γνῶσιν ἔχειν θεοῦ
3. 10. οἱ δὲ ἀσεβεῖς . . . ἕξουσιν ἐπιτιμίαν
— 13. ἕξει καρπὸν ἐν ἐπισκοπῇ ψυχῶν
— 18. **A S R** οὐχ ἕξουσιν [**B** οὐκ ἔχουσιν] ἐλπίδα
5. 3. οὗτος ἦν ὃν ἔσχομέν ποτε εἰς γέλωτα
— 13. ἀρετῆς μὲν σημεῖον οὐδὲν ἔσχομεν δεῖξαι
6. 3. **S** ὃς ἕξεται [**A B** ἐξετάσει] ὑμῶν τὰ ἔργα
7. 5. οὐδεὶς γὰρ βασιλεὺς [**A** -έων] ἑτέραν ἔσχε γενέσεως ἀρχήν
— 10. προειλόμην αὐτὴν ἀντὶ φωτὸς ἔχειν
8. 3. εὐγένειαν δοξάζει συμβίωσιν θεοῦ ἔχουσα
— 10. ἕξω δι' αὐτὴν δόξαν ἐν ὄχλοις
— 13. ἕξω δι' αὐτὴν ἀθανασίαν
— 16. οὐ γὰρ ἔχει πικρίαν ἡ συναναστροφὴ αὐτῆς
13. 16. χρείαν ἔχει βοηθείας
14. 25. πάντα δὲ ἐπιμὶξ ἔχει αἷμα [**S** *al.*]
15. 9. βραχυτελῆ βίον ἔχει
16. 6. **A S R** σύμβουλον [**B** -βολον] ἔχοντες σωτηρίας
— 13. σὺ γὰρ ζωῆς καὶ θανάτου ἐξουσίαν ἔχεις
18. 12. νεκροὺς εἶχον ἀναριθμήτους
19. 3. ἔτι γὰρ ἐν χερσὶν ἔχοντες τὰ πένθη
Si. *prol.* 14. συγγνώμην ἔχειν ἐφ' οἷς ἂν δοκῶμεν τῶν κατὰ τὴν ἑρμηνείαν πεφιλοπονημένων τισὶ τῶν λέξεων ἀδυναμεῖν [**B**^{1} **S**^{1} *om.*]
— 18. τὰ λοιπὰ τῶν βιβλίων οὐ μικρὰν ἔχει τὴν διαφοράν
3. 13. κἂν ἀπολείπῃ σύνεσιν συγγνώμην ἔχε
9. 13. ὃς ἔχει ἐξουσίαν τοῦ φονεύειν
13. 5. ἐὰν ἔχῃς συμβιώσεταί σοι
— 6. χρείαν ἔσχηκέ σου
14. 11. καθὼς ἐὰν ἔχῃς εὖ ποίει σεαυτόν
15. 12. οὐ γὰρ χρείαν ἔχει ἀνδρὸς ἁμαρτωλοῦ
16. 3. καὶ [**S**^{2} δίκαιον] ἀποθανεῖν ἢ ἔχειν τέκνα ἀσεβῆ
20. 6. ἔστι σιωπῶν οὐ γὰρ ἔχει ἀπόκρισιν
22. 13. φύλαξαι ἀπ' αὐτοῦ ἵνα μὴ κόπον ἔχῃς
28. 4. ἐπ' ἄνθρωπον ὅμοιον αὐτῷ οὐκ ἔχει ἔλεος
29. 23. ἐπὶ μικρῷ καὶ μεγάλῳ εὐδοκίαν ἔχε
— 28. βαρέα ταῦτα ἀνθρώπῳ ἔχοντι φρόνησιν
36. 31 (28). οὕτως ἀνθρώπῳ μὴ ἔχοντι νοσσιάν
51. 3. ἐκ πλειόνων θλίψεων ὧν ἔσχον
Ho. 4. 6. ὡμοιώθη ὁ λαός μου ὡς οὐκ ἔχων γνῶσιν –
7. 11. ὡς περιστερὰ ἄνους οὐκ ἔχουσα καρδίαν –
8. 7. δράγμα οὐκ ἔχον ἰσχὺν τοῦ ποιῆσαι ἄλευρον –
13. 11. καὶ ἔσχον ἐν τῷ θυμῷ (21)
14. 1. αἱ ἐν γαστρὶ ἔχουσαι διαρραγήσονται (45)
Am. 1. 3. τὰς ἐν γαστρὶ ἐχούσας τῶν ἐν [**A** *om.*] Γ. –
— 13. τὰς ἐν γαστρὶ ἐχούσας τῶν Γαλααδιτῶν (45 *b*)
2. 8. παραπετάσματα . . . ἐχόμενα τοῦ θυσιαστ. (6)
3. 4. εἰ ἐρεύξεται λέων . . . θήραν οὐκ ἔχων –
5. 20. καὶ γνόφος οὐκ ἔχων φέγγος αὐτῇ –
6. 14 (13). οὐκ ἐν τῇ ἰσχύϊ ἡμῶν ἔσχομεν κέρατα (21)
Mi. 1. 11. κόψασθαι οἶκον ἐχόμενον αὐτῆς (6)
Na. 3. 12. συκαῖ σκοποὺς [**B**^{2} καρποὺς] ἔχουσαι (31)
Hb. 1. 14. ὡς τὰ ἑρπετὰ τὰ [**A S**^{1} *om.*] οὐκ ἔχοντα ἡγούμενον –
Za. 5. 9. αὗται εἶχον [**S**^{1} εἶπον] πτέρυγας –
8. 4. ἕκαστος τὴν ῥάβδον αὐτοῦ ἔχων –
9. 11. ἐκ λάκκου οὐκ ἔχοντος ὕδωρ –
Is. 1. 30. παράδεισος ὕδωρ μὴ ἔχων –
3. 6. λέγων, Ἱμάτιον ἔχεις –
— 24. φαλάκρωμα ἕξεις διὰ τὰ ἔργα σου –
6. 5. ἀκάθαρτα χείλη ἔχων ἐν μέσῳ λαοῦ ἀκάθαρτα χείλη ἔχοντος –, –
— 6. ἐν τῇ χειρὶ εἶχεν ἄνθρακα –
7. 14. **A S** ἡ παρθένος ἐν γαστρὶ ἕξει [**B** λήψεται] (45 *b*)
8. 6. βούλεσθαι ἔ. τὸν Ῥασσίν (44)
13. 8. ὠδῖνες αὐτοὺς ἕξουσιν (2)
— 16. τὰς γυναῖκας αὐτῶν ἕξουσιν (39 *b* *, 59 *b*)
— 17. οὐδὲ χρυσίου [**A S**^{1} χρυσίον] χρείαν ἔχουσι (57 *a*)
27. 11. οὐ γὰρ λαός ἐστιν ἔχων σύνεσιν –
28. 2. χάλαζα καταφερομένη οὐκ ἔχουσα σκέπην [**S**^{1} *om.* οὐκ. ἔ. σκ.] –
31. 9. μακάριος ὃς ἔχει ἐν Σιὼν σπέρμα –
37. 3. ἰσχὺν δὲ οὐκ ἔχει τοῦ τεκεῖν –
40. 11. ἐν [**S**^{2} τὰς ἐν] γαστρὶ ἐχούσας παρακαλέσει (45 *d*)
43. 8. κωφοὶ τὰ ὦτα ἔχοντες –

Is. 45. 9. οὐκ ἐργάζῃ οὐδὲ ἔχεις χεῖρας –
47. 14. ἔχεις ἄνθρακας πυρός –
53. 2. οὐκ εἶχεν εἶδος οὐδὲ κάλλος –
54. 1. μᾶλλον ἢ τῆς ἐχούσης τὸν ἄνδρα (43)
55. 1. ὅσοι μὴ ἔχετε ἀργύριον –
57. 8. ἐὰν ἀπ' ἐμοῦ ἀποστῇς πλεῖόν τι ἕξεις –
62. 11. ὁ σωτήρ σοι παραγέγονεν ἔχων τὸν ἑαυτοῦ μισθόν (11)
Je. 3. 3. ἔσχες ποιμένας πολλοὺς εἰς πρόσκομμα σεαυτῇ [**S**^{1} *al.*] –
9. 8 (7). ἐν ἑαυτῷ ἔχει τὴν ἔχθραν (38)
15. 18. ὡς ὕδωρ ψευδὲς [**A S** -ος] οὐκ ἔχον [**A** ἔχων, **S**^{2} ἔσχον] πίστιν (54)
17. 5. ὃς τὴν ἐλπίδα ἔχει ἐπ' ἄνθρωπον (46)
18. 15. τοῦ ἐπιβῆναι τρίβους οὐκ ἔχοντας ὁδόν –
▶ 27 (50). 42. τόξον καὶ ἐγχειρίδιον ἔχοντες (13)
45 (38). 19. λόγον ἔχω τῶν Ἰουδαίων (51)
49 (42). 16. οὗ ὑμεῖς λόγον ἔχετε (51)
Ba. 3. 25. μέγας καὶ οὐκ ἔχει τελευτήν
— 28. ἀπώλοντο παρὰ τὸ μὴ ἔ. φρόνησιν
Ep. Je. 14. σκῆπτρον ἔχει ὡς ἄνθρωπος κριτὴς χώρας
— 15. ἔχει δὲ ἐγχειρίδιον [**A** *add.* ἐν τῇ] δεξιᾷ
— 31. διφρεύουσιν [**A** διαφθείρουσιν] ἔχοντες τοὺς χιτῶνας διερρωγότας
— 42. αἴσθησιν γὰρ οὐκ ἔχουσιν
— 58. τὸν ἱματισμὸν τὸν περικείμενον αὐτοῖς ἀπελεύσονται ἔχοντες
— 73. κρείσσων οὖν ἄνθρωπος δίκαιος οὐκ ἔχων εἴδωλα
Ez. 1. 9. **A** αἱ πτέρυγες αὐτῶν τῶν τεσσάρων ἐχόμεναι ἑτέρα τῆς ἑτέρας [**B** *al.*] (12)
— 15. τροχὸς εἷς ἐπὶ τῆς γῆς ἐχόμενος τῶν ζῴων τοῖς τέσσαρσι (6)
— 19. ἐπορεύοντο οἱ τροχοὶ ἐχόμενοι αὐτῶν (6)
3. 13. φωνὴ τῶν τροχῶν ἐχομένη αὐτῶν (33)
8. 11. ἕκαστος θυμιατήριον αὐ. εἶχεν ἐν τῇ χειρί –
9. 1. εἶχε τὰ σκεύη τῆς ἐξολεθρεύσεως ἐν χειρὶ αὐτοῦ –
— 2. ἔστησαν ἐχόμενοι [**A** -να] τοῦ θυσιαστηρίου τοῦ χαλκοῦ (6)
— 3. ὃς εἶχεν ἐπὶ τῆς ὀσφύος αὐτοῦ τὴν ζώνην –
10. 6. ἔστη ἐχόμενος τῶν τροχῶν (6)
— 9. τροχοὶ τέσσαρες εἱστήκεισαν ἐχόμενοι τῶν χερ. τροχὸς εἷς ἐχόμενος χεροὺβ ἑνός (6, 6)
— 9. **A** τροχὸς εἷς ἐχόμενος τοῦ χ. (6)
— 16. οὗτοι ἐχόμενοι αὐτῶν (6)
— 16. **A** καί γε αὐτοὶ ἀπὸ τῶν ἐχόμενα αὐτῶν (6)
— 19 : 11. 22. οἱ τροχοὶ ἐχόμενοι αὐτῶν (33)
12. 2. οἳ ἔχουσιν ὀφθαλμοὺς τοῦ βλέπειν [**A** ὁρᾶν] καὶ οὐ βλέπουσι καὶ ὦτα ἔχουσι τοῦ ἀκούειν –, –
17. 3. ἔχει τὸ ἥγημα εἰσελθεῖν εἰς τὸν Λίβανον –
34. 4. τὸ κακῶς ἔχον οὐκ ἐσωματοποιήσατε (50)
40. 43. παλαιστὴν ἕξουσι γεῖσος λελαξευμένον –
41. 22. κέρατα εἶχε –
42. 1. ἐξέδραι πέντε [**A** δέκα π.] ἐχόμεναι τοῦ ἀπολοίπου καὶ ἐχόμεναι τοῦ διορίζοντος πρὸς βορρᾶν (27, 27)
— 6. στύλους οὐκ εἶχον –
43. 6. ὁ ἀνὴρ εἱστήκει ἐχόμενός μου (6)
— 8. ἐν τῷ τιθέναι αὐτοὺς . . . τὰς φλιάς μου ἐχομένας τῶν φλιῶν αὐτῶν (6)
44. 18. κιδάρεις λινᾶς ἕξουσιν ἐπὶ ταῖς κεφάλαις αὐτῶν καὶ περισκελῆ λινᾶ ἕξουσιν ἐπὶ τὰς ὀσφύας [**A** ταῖς ὀσφύσιν] αὐτῶν (10, 10)
48. 13. τοῖς δὲ Λευίταις τὰ [**A** *om.*] ἐχόμενα τῶν ὁρίων τῶν ἱερέων (33)
— 18. τὸ περισσὸν τοῦ μήκους τὸ ἐχόμενον τῶν ἀπαρχῶν τῶν ἁγίων δέκα χιλιάδες (33)
— 21. ἐχόμενα τῶν μερίδων τοῦ ἀφηγουμένου (33)
Da. LXX. Su. 10. τὸ κακὸν τὸ ἔχον αὐτοὺς περὶ αὐτῆς
— 59. ὁ ἄγγελος κυρίου τὴν ῥομφαίαν ἔστηκεν ἔχων
2. 14. γνώμην ἣν εἶχεν Ἀριώχῃ –
3. 15. εἰ μὲν ἔχετε ἑτοίμως (4)
— 16. οὐ χρείαν ἔχομεν ἡμεῖς (57 *b*)
— 21. ἔχοντες τὰ ὑποδήματα αὐτῶν –
4. 14. ἐξουσίαν ἔχειν πάντων τῶν ἐν τῷ οὐρανῷ (47 *b* ?)
— 29. ἐξουσίαν ἔχει ὁ θ. τοῦ οὐρ. (47 *b*)
— 29. τὸν οἶκον . . . ἕτερος ἕξει –
— 34. οὐκ ἔχουσιν ἐν ἑαυτοῖς ἰσχύν –
5. 4. τὸν θεὸν . . . τὸν ἔχοντα τὴν ἐξουσίαν –
— 16. ἕξεις ἐξουσίαν τοῦ τρίτου μέρους τῆς βασιλείας μου (47 *a*)

Da. LXX. 6. 3 (4). ὑπὲρ πάντας ἔχων ἐξουσίαν ἐν τῇ βασιλείᾳ †
7. 4. ὡσεὶ λέαινα ἔχουσα πτερά –
— 5. ἄλλο θηρίον ὁμοίωσιν ἔχον ἄρκου –
— 7. θηρίον . . . ἔχον ὀδόντας σιδηροῦς μεγάλους –
— 7. εἶχε δὲ κέρατα δέκα –
— 9. ἔχων περιβολὴν ὡσεὶ χιόνα –
— 20. τὸ κέρας ἐκεῖνο εἶχεν ὀφθαλμούς –
8. 3. καὶ εἶχε κέρατα –
— 6. τὸν κριὸν τὸν τὰ κέρατα ἔχοντα (8)
— 17. ἔστη ἐχόμενός μου τῆς στάσεως (6)
— 20. τὸν κριὸν . . . τὸν ἔχοντα τὰ κέρατα (8)
Bel 4. καὶ ἔχοντα πάσης σαρκὸς κυρείαν
— 32. ἔχων ἄρτους ἐντεθρυμμένους ἐν σκάφῃ
— 33. τὸ ἄριστον ὃ ἔχεις
Da. TH. Su. 59. ὁ ἄγγελος . . . τὴν ῥομφαίαν ἔχων
3. 15. εἰ ἔχετε ἑτοίμως (4)
— 16. οὐ χρείαν ἔχομεν ἡμεῖς (57 *b*)
4. 5. ὃς πνεῦμα θεοῦ ἅγιον ἐν ἑαυτῷ ἔχει –
— 6. **A** πνεῦμα θεοῦ ἅγιον ἐν ἑαυτῷ ἔχει [**B** ἐν σοί] †
5. 4. **AB**^{2} τὸν [**A** *om.*] ἔχοντα ἐξουσίαν –
7. 4. **AB**^{2} ὡσεὶ λέαινα ἔχουσα πτερά [**B**^{1}**R** *al.*] –
8. 6. τοῦ κριοῦ τοῦ τὰ κέρατα ἔχοντος (8)
— 17. ἔστη ἐχόμενος [**A** ἀνὰ μέσον] τῆς στάσεως μου (6)
— 20. ὁ κριὸς . . . ὁ ἔχων τὰ κέρατα (8)
10. 4. ἤμην ἐχόμενα τοῦ ποταμοῦ τοῦ μεγάλου (16 *e*)
— 16. καὶ οὐκ ἔσχον ἰσχύν (34)
11. 13. **A** ἕξει [**B** ἄξει] ὄχλον πολύν (32)
Bel 5. καὶ ἔχοντα πάσης σαρκὸς κυρείαν
— 34. τὸ ἄριστον ὃ ἔχεις
I Ma. 2. 28. ὅσα εἶχον ἐν τῇ πόλει
3. 30. **S R** μὴ οὐκ ἔχῃ [**A** -ει] . . . εἰς τὰς δαπάνας
4. 6. μαχαίρας [**A** -αν] οὐκ εἶχον
— 12. **A** ἴδαν αὐτοὺς ἐχομένους [**S R** ἐρχ.] ἐξ ἐναντίας
— 28. **R** ἐν τῷ ἐχομένῳ [**A S** ἐρχ.] ἐνιαυτῷ
— 29. **S** ἕνδεκα χιλιάδας ἔχων [**A R** ἐν δέκα χιλιάσιν] ἀνδρῶν
— 61. τοῦ ἔχειν τὸν λαὸν ὀχύρωμα
6. 2. **S** καὶ ἔχει [**A R** ἐκεῖ] καλύμματα χρυσᾶ
8. 6. ἔχοντα ἑκατὸν εἴκοσι ἐλέφαντας
9. 7. οὐκ εἶχε καιρὸν συναγαγεῖν αὐτούς
— 36. συνέλαβον . . . πάντα ὅσα εἶχε καὶ ἀπῆλθον ἔχοντες
10. 15. τοὺς κόπους οὓς ἔσχοσαν [**S**^{1} *om.* οὓς ἔσ.]
— 35. οὐχ ἕξει [**S** οὐκ ἔχει] ἐξουσίαν οὐδείς
— 77. διὰ τὸ ἔχειν αὐτὸν πλῆθος ἵππου
— 87. ἔχοντες σκῦλα πολλά
11. 9. ἣν ἔχει [**S**^{1} εἶχεν] Ἀλέξανδρος
— 27. ὅσα ἄλλα εἶχε τίμια τὸ πρότερον
— 29. ἐπιστολὰς περὶ πάντων τούτων ἐχούσας τὸν τρόπον τοῦτον
— 51. ἔχοντες σκῦλα πολλά
— 58. καὶ ἔχειν πόρπην χρυσῆν
12. 9. παράκλησιν ἔχοντες τὰ βιβλία τὰ ἅγια
— 15. ἔχομεν γὰρ τὴν ἐξ οὐρανοῦ βοήθειαν
— 53. οὐκ ἔχουσιν ἄρχοντα
13. 15. δι' ἃς εἶχε χρείας
14. 23. **A R** τοῦ [**S** τὸ] μνημόσυνον ἔχειν τὸν δῆμον τῶν [**S**^{1} τὸν] Σπ.
— 24. ἔχοντα ἀσπίδα χρυσῆν μεγάλην
— 49. ὅπως ἔχῃ Σίμων
15. 15. ἔχοντες ἐπιστολὰς τοῖς βασιλεῦσι
— 34. ἡμεῖς δὲ καιρὸν ἔχοντες
16. 11. καὶ ἔσχεν ἀργύριον καὶ χρυσίον πολύ
II Ma. 1. 19. **R** φρέατος τάξιν ἔχοντος ἀνύδρου [**A** ἔχοντες ἄνυδρον]
— 24. τὸν τρόπον ἔχουσα τοῦτον
2. 9. ὡς σοφίαν ἔχων
— 15. ὧν οὖν ἐὰν χρείαν ἔχητε
3. 9. εἰ ταῖς ἀληθείαις ταῦτα οὕτως ἔχοντα τυγχάνει
— 13. δι' ἃς εἶχε βασιλικὰς ἐντολάς
— 25. ἵππος . . . φοβερὸν ἔχων τὸν ἐπιβάτην
— 25. χρυσῆν πανοπλίαν ἔχων
— 32. μή ποτε διάληψιν ὁ βασιλεὺς σχῇ
— 33. **R** πολλὰς τῷ [**A** πολλὰ] Ὀ. . . . χάριτας ἔχε
— 38. εἴ τινα ἔχεις πολέμιον
— 39. ὁ τὴν κατοικίαν ἐπουράνιον ἔχων
4. 16. **R** τούτους [**A** τοὺς] πολεμίους καὶ τιμωρητὰς ἔσχον
— 25. θηρὸς βαρβάρου ὀργὰς ἔχων
5. 2. τρέχοντας ἱππεῖς διαχρύσους στολὰς ἔχοντας
— 15. ὁδηγὸν ἔχων τὸν Μενέλαον
— 22. τὸν δὲ τρόπον βαρβαρώτερον ἔχοντα
— 23. **R** ἀπεχθῆ [**A** -ήχθη] . . . ἔχων διάθεσιν

▶ = additional entry on page xxvi

II Ma. 6. 7. κισσοὺς ἔχοντες πομπεύειν
— 11. διὰ τὸ εὐλαβῶς ἔχειν βοηθῆσαι ἑαυτοῖς
— 30. τῷ τὴν ἁγίαν γνῶσιν ἔχοντι
7. 16. ἐξουσίαν ἐν ἀνθρώποις ἔχων
— 24. καὶ φίλον ἕξειν
8. 9. **R** ἐν [**A** εὖ] πολεμικαῖς χρείαις ἔχοντα πεῖραν
— 36. **R** ὑπέρμαχον ἔχειν τὸν θεὸν [**A** *om.* τ. θ.] τοὺς Ἰ.
9. 18. ἐπιστολὴν ἔχουσαν ἱκετηρίας τάξιν
— 20. εἰς οὐρανὸν τὴν ἐλπίδα ἔχων
— 21. ἀσθενείᾳ δυσχέρειαν ἐχούσῃ
— 22. ἔχων πολλὴν ἐλπίδα
10. 7. ἔτι δὲ φοίνικας ἔχοντες
— 9. τὰ μὲν τῆς Ἀντ. . . . τελευτῆς οὕτως εἶχε
— 13. **R** μήτ' εὐγενῆ τὴν ἐξουσίαν ἔχων [**A** *al.*]
— 18. πάντα τὰ πρὸς πολιορκίαν ἔχοντας
— 28. οἱ μὲν ἔγγυον ἔχοντες
11. 10. τὸν ἀπ' οὐρανοῦ σύμμαχον ἔχοντες
— 34. ἐπιστολὴν ἔχουσαν οὕτως
— 36. **A** ἵνα ἔχωμεν [**R** ἐκθῶμεν]
12. 4. καὶ μηδὲν ὕποπτον ἐχόντων
— 16. **R** τὸ πλάτος ἔχουσαν σταδίων [**A** -ίους] δύο
— 20. ἔχοντα περὶ αὐτὸν μυριάδας δώδεκα πεζῶν
— 24. ὧν δὲ ἀδελφοὺς ἔχειν
— 30. ἣν οἱ Σκ. ἔσχον
— 35. Δωσίθεος δέ τις . . . εἴχετο τοῦ Γοργίου
— 39. τῇ δὲ ἐχομένῃ ἦλθον
13. 2. ἕκαστον ἔχοντα δύναμιν Ἑλληνικήν
— 5. οὗτος δὲ ὄργανον εἶχε
14. 4. τὴν ἡμέραν ἐκείνην ἡσυχίαν ἔσχε
— 9. καθ' ἣν ἔχεις . . . εὐαπάντητον φιλανθρωπίαν
— 11. δυσμενῶς ἔχοντες τὰ πρὸς τὸν Ἰ.
— 18. ἣν εἶχον οἱ περὶ τὸν Ἰούδαν ἀνδραγαθίαν
— 24. εἶχε τὸν Ἰ. διὰ παντὸς ἐν προσώπῳ
— 30. **R** τὴν εἰθισμένην ἀπάντησιν ἀγριωτέραν [**A** ἀγροικότερον] ἐσχηκότα
— 39. ἣν εἶχε πρὸς τοὺς Ἰ. δυσμένειαν
15. 8. **R** ἔχοντας [**A** -ες] δὲ κατὰ νοῦν τὰ . . . βοηθήματα
— 36. ἔχειν δὲ ἐπίσημον τὴν τρισκαιδεκάτην
III Ma. 1. 27. ἐπικαλεῖσθαι τὸν πᾶν κράτος ἔχοντα
3. 8. καὶ δυσφόρως εἶχον
— 18. δι' ἣν ἔχομεν πρὸς ἅπαντας ἀνθρώπους φιλανθρωπίαν
— 24. καὶ βαρβάρους ἔχωμεν πολεμίους
5. 3. τοὺς . . . ἀπεχθῶς ἔχοντας πρὸς τοὺς Ἰ.
— 20. τὴν ὠμότητα χείρονα Φ. ἐσχηκώς
— 20. **R** τῷ [**A** τὸ] τῆς σήμερον ὕπνῳ χάριν ἔχειν [**A** εἶχεν] αὐτούς
— 49. ἕτεραι δὲ νεογνὰ πρὸς μαστοὺς ἔχουσαι βρέφη
6. 12. καὶ δυναστείαν ἔχων ἅπασαν
— 13. **R** ἔντιμε δύναμιν [**A** ἐν τίνι με δυνάμει] ἔχων
— 41. ἐπιστολὴν . . . τὴν ἐκτενίαν ἔχουσαν
7. 4. δι' ἣν ἔχουσιν οὗτοι . . . δυσμένειαν
— 6. καθ' ἣν ἔχομεν πρὸς ἅπαντας ἀνθρώπους ἐπιείκειαν
— 7. ἣν ἔχουσι βεβαίαν πρὸς ἡμᾶς
— 9. κατὰ πᾶν ἀφεύκτως διὰ παντὸς ἕξομεν
— 16. **A** οἱ μέχρι θανάτου τὸν θεὸν ἐσχηκότες παντελῆ σωτηρίας ἀπόλυσιν ἐσχηκότες [**R** *al.*]
— 21. ἐν τοῖς ἐχθροῖς ἐξουσίαν ἐσχηκότες
— 22. τοὺς ἔχοντάς τι
IV Ma. 1. 7. ἔχοιμ' ἂν ὑμῖν ἐπιδεῖξαι
3. 10. καίπερ ἀφθόνους ἔχων πηγάς
— 20. βαθεῖαν εἰρήνην . . . οἱ πατέρες ἡμῶν εἶχον
4. 1. τόν ποτε τὴν ἀρχιερωσύνην ἔχοντα
5. 6. ἣν μετὰ τοσοῦτον ἔχων χρόνον
6. 7. ὀρθὸν εἶχε καὶ ἀκλινῆ τὸν λογισμόν
7. 17. οὐδὲ πάντες φρόνιμον ἔχουσι τὸν λογισμόν
9. 8. **S** τὰ τῆς ἀρετῆς ἆθλα ἕξομεν [**A R** οἴσομεν]
— 21. **A R** περιτετηγμένον [**S** -τετμημένον] ἤδη ἔχων τὸ . . . πῆγμα
10. 4. **A R** εἴ τι ἔχετε κολαστήριον
— 14. οὐχ οὕτω καυστικώτερον ἔχετε κατ' ἐμοῦ τὸ πῦρ
11. 7. **A R** ἐλπίδα εἶχες παρὰ θεῷ σωτηρίου
— 27. ἀνίκητον ἔχομεν τὸν λογισμόν
13. 23. συμπαθέστερον ἔσχον τὴν ὁμόνοιαν [**S** *al.*]
14. 14. καὶ στοργὴν ἔχει τοῖς ἀνθρώποις
15. 7. τὴν εἰς αὐτοὺς ἔχειν συμπάθειαν
— 9. τὴν ἐν αὐτοῖς ἔσχε φιλοστοργίαν
16. 10. θάπτοντα τῶν υἱῶν ἔξω τινά
— 13. ὥσπερ ἀδαμάντινον ἔχουσα τὸν νοῦν
— 22. τὴν αὐτὴν πίστιν πρὸς τὸν θεὸν ἔχοντες
IV Ma. 17. 4. **A R** τὴν ἐλπίδα τῆς ὑπομονῆς γενναίως [**S** βεβαίαν] ἔχουσα
— 24. ἔσχε τε αὐτοὺς γενναίους

[**Aq.** Ex. 4. 25, 26 : Jo. 6. 13 : I Ki. 5. 12 : 20. 41 : 28. 7 : II Ki. 5. 20 : 6. 2 : Jb. 4. 11 : Ps. 77 (78). 71 : Ca. 8. 11 : Is. 41. 15 : 54. 5 : 62. 4 : Je. 5. 31 : 6. 3 : 35 (42). 4 : 41 (48). 17 : Ez. 1. 9 : Na. 1. 2.]
[**Sm.** Ex. 5. 16 : Jo. 6. 13 : 9. 5 (11) : Jd. 17. 2 : II Ki. 6. 2 : Jb. 2. 4 : 6. 6 : 20. 20 : 34. 31 : Ps. 27 (28). 3 : 31 (32). 2 : 72 (73). 6 : 121 (122). 3 : Ec. 4. 9 : 5. 10 : 7. 13 (12) : 8. 8 : Is. 26. 1 : 31. 9 : Je. 38 (45). 5 : 41 (48). 17 : Ez. 1. 6 : 8. 16 : 9. 2, 11 : Ho. 7. 16 : Am. 7. 14 : Na. 1. 2.]
[**Th.** Ge. 1. 29, 30 : Ex. 4. 25 : Jo. 6. 13 : Jd. 13. 3 : I Ki. 23. 12 : III Ki. 1. 9 : Is. 40. 11 : Je. 44 (51). 10 : Ez. 1. 9 : Da. 10. 16 : Mi. 2. 1.]
[**Al.** Nu. 27. 8 : Dt. 4. 7 : I Ki. 9. 7 *bis* : III Ki. 22. 17 : I Ch. 18. 17 : Ps. 145 (146). 3 : Pr. 3. 13.]
[**Heb.** Jb. 2. 3 : 36. 30.]
[**Quint.** Ca. 8. 8.]

ἐχέτλη.

[**Sm.** Jd. 3. 31.]
[**Al.** I Ki. 13. 20.]

ἐχθές, *vid.* **χθές.**

ἔχθος.

Wi. 11. 14. **AS** τὸν γὰρ ἐν ἔχθεσι [**B** ἐκθέσει] πάλαι ῥιφέντα

ἔχθρα. (1) *a.* אָיַב *b.* אֵיבָה (2) אַף (3) אֹרֶב (4) שִׂנְאָה

Ge. 3. 15. καὶ ἔχθραν θήσω ἀνὰ μέσον σοῦ (1 *b*)
Nu. 35. 20. ἐὰν δὲ δι' ἔχθραν ὤσῃ αὐτόν (4)
— 22. ἐὰν δὲ ἐξαπίνα οὐ δι' ἔχθραν ὤσῃ αὐτόν (1 *b*)
I Es. 5. 50. ἐν ἔχθρᾳ ἦσαν αὐτοῖς
Pr. 6. 35. οὐκ ἀνταλλάξεται οὐδενὸς λύτρου τὴν ἔ. –
10. 18. καλύπτουσιν ἔχθραν χείλη δίκαια (4)
15. 17. παράθεσις μόσχων μετὰ ἔχθρας (4)
25. 10. ἡ δὲ μάχη σου καὶ ἡ ἔ. οὐκ ἀπέσται †
26. 26. ὁ κρύπτων ἔχθραν συνίστησι δόλον (4)
Si. 6. 9. **A B S**^{2} ἔστι φίλος μετατιθέμενος εἰς ἔχθραν [**A** -όν]
37. 2. ἑταῖρος καὶ φίλος τρεπόμενος εἰς ἔχθραν [**A** -όν]
Mi. 2. 8. ὁ λαός μου εἰς ἔχθραν ἀντέστη [**A** ἀντικατ.] (1 *a*)
Is. 63. 10. ἐστράφη αὐτοῖς εἰς ἔχθραν (1 *a*)
Je. 9. 8 (7). ἐν ἑαυτῷ ἔχει τὴν ἔ. (3)
Ez. 35. 5. ἀντὶ τοῦ γενέσθαι σε ἔχθραν [? ἐχθρὰν] αἰώνιαν (1 *b*)
— 11. ποιήσω [**A** *add.* ἐν] σοι κατὰ τὴν ἔ. σου (2)
I Ma. 11. 12. καὶ ἐφάνη ἡ [**A** *om.*] ἔ. αὐτῶν
— 40. τὴν ἔ. ἣν ἐχθραίνουσιν αὐτῷ
13. 6. ἐκτρῖψαι ἡμᾶς ἔχθρας χάριν
— 17. μή ποτε ἔχθραν ἄρῃ μεγάλην
II Ma. 4. 3. τῆς δὲ ἔ. ἐπὶ τοσοῦτον προβαινούσης
IV Ma. 2. 13. **S R** ἔχθρας [**A** -αν] ὁ λογισμὸς ἐπικρατεῖν δύναται

[**Aq.** Ez. 24. 12.]
[**Sm.** Ec. 9. 1 : Ez. 25. 15.]

ἐχθράζειν.

I Ma. 11. 38. **A** ἤχθρασαν αὐτῶν πᾶσαι αἱ δυνάμεις [**S R** *al.*]

ἐχθραίνειν. (1) אָיַב (2) צוּר (3) צָרַר

Nu. 25. 17. ἐχθραίνετε τοῖς Μαδιηναίοις (3)
— 18. ἐχθραίνουσιν αὐτοὶ ὑμῖν ἐν δολιότητι (3)
De. 2. 9. μὴ ἐχθραίνετε τοῖς Μωαβίταις (2)
— 19. μὴ ἐχθραίνετε αὐτοῖς (2)
Ps. 3. 7. σὺ ἐπάταξας πάντας τοὺς ἐχθραίνοντάς μοι ματαίως (1)
34 (35). 19. μὴ ἐπιχαρείησάν μοι οἱ ἐχθραίνοντές μοι ματαίως [**A S** ἀδίκως] (1)
Si. 28. 6. μνήσθητι τὰ ἔσχατα καὶ παῦσαι ἐχθραίνων
I Ma. 7. 26. καὶ ἐχθραίνοντα τῷ Ἰσ.
9. 29. ἐν τοῖς ἐχθραίνουσι τοῦ ἔθνους ἡμῶν
— 51. τοῦ ἐχθραίνειν τῷ Ἰσ.
11. 38. **S** ἤχθραινον [**A** -ασαν, **R** -αναν] αὐτῷ [**A** -ῶν] πᾶσαι αἱ δυνάμεις
— 40. τὴν ἔχθραν ἣν ἐχθραίνουσιν αὐτῷ

[**Aq.** Ps. 34 (35). 19.]

ἐχθρεύειν. (1) אָיַב (2) צָרַר

Ex. 23. 22. ἐχθρεύσω τοῖς ἐχθροῖς σου (1)
Nu. 33. 55. **A R** ἐχθρεύσουσιν ὑμῖν [**B** *om.*] ἐπὶ τῆς γῆς (2)
I Ki. 18. 29. **A** ἐγένετο Σ. ἐχθρεύων τὸν Δ. (1)
II Ma. 10. 26. ἐχθρεῦσαι τοῖς ἐχθροῖς αὐτῶν

ἐχθρία. (1) שִׂטְנָה

Ge. 26. 21. καὶ ἐπωνόμασε τὸ ὄνομα αὐτοῦ Ἐ. (1)

ἐχθρός. (1) אָיַב (2) אֵיבָה (3) אָכַל (4) אָרַב (5) גּוֹי (6) זָר (7) מַת (8) עָר (9) צָמַת hi. (10) צַר (11) צָרַר (12) קוּם hithp. (תְּקוֹמֵם) (13) רַע (14) שָׂנֵא *a.* qal. *b.* pi. (15) *a.* שׁוּר subst. *b.* שׁוּר pil.

Ge. 14. 20. ὃς παρέδωκε τοὺς ἐ. σου ὑποχειρίους σοι (10)
49. 8. αἱ χεῖρές σου ἐπὶ νώτου τῶν ἐ. σου (1)
Ex. 15. 6. ἡ δεξιά σου χείρ, κύριε, ἔθραυσεν ἐχθρούς (1)
— 9. εἶπεν ὁ ἐ. (1)
23. 4. ἐὰν δὲ συναντήσῃς τῷ βοῒ τοῦ ἐ. σου (1)
— 5. ἐὰν δὲ ἴδῃς τὸ ὑποζύγιον τοῦ ἐ. σου πεπτωκός (14 *a*)
— 22. ἐχθρεύσω τοῖς ἐ. σου (1)
Le. 26. 7. διώξεσθε τοὺς ἐ. ὑμῶν (1)
— 8. πεσοῦνται οἱ ἐ. ὑμῶν ἐναντίον ὑμῶν μαχαίρᾳ (1)
— 17. πεσεῖσθε ἐναντίον τῶν ἐ. ὑμῶν [**B**^{1} *om.*] (1)
— 25. παραδοθήσεσθε εἰς χεῖρας ἐχθρῶν (1)
— 32. οἱ ἐ. ὑμῶν οἱ ἐνοικοῦντες ἐν αὐτῇ (1)
— 34. ὑμεῖς ἔσεσθε ἐν τῇ γῇ τῶν ἐ. ὑμῶν (1)
— 36. ἐν τῇ γῇ τῶν ἐ. αὐτῶν (1)
— 37. οὐ δυνήσεσθε ἀντιστῆναι τοῖς ἐ. ὑμῶν (1)
— 38. κατέδεται ὑμᾶς ἡ γῆ τῶν ἐ. ὑμῶν (1)
— 39. ἐν τῇ γῇ τῶν ἐ. αὐτῶν τακήσονται (1)
— 41. ἀπολῶ αὐτοὺς ἐν τῇ γῇ τῶν ἐ. αὐτῶν (1)
— 44. ὄντων αὐτῶν ἐν τῇ γῇ τῶν ἐ. αὐτῶν (1)
Nu. 10. 9. διασωθήσεσθε ἀπὸ τῶν ἐ. ὑμῶν (1)
— 35. διασκορπισθήτωσαν οἱ ἐ. σου (1)
14. 42. πεσεῖσθε πρὸ προσώπου τῶν ἐ. ὑμῶν (1)
23. 11. εἰς κατάρασιν ἐχθρῶν μου κέκληκά σε (1)
24. 8. ἔδεται ἔθνη ἐχθρῶν αὐτοῦ (10)
— 8. κατατοξεύσει ἐχθρόν –
— 10. καταρᾶσθαι [**A** -ράσασθαι] τὸν ἐ. μου (1)
— 18. ἔσται κληρονομία Ἡσαῦ ὁ ἐ. αὐτοῦ (1)
32. 21. ἕως ἂν ἐκτριβῇ ὁ ἐ. αὐτοῦ (1)
35. 23. αὐτὸς δὲ οὐκ ἐχθρὸς αὐτοῦ ἦν (1)
De. 1. 42. οὐ μὴ συντριβῆτε ἐνώπιον τῶν ἐ. ὑμῶν (1)
6. 19. ἐκδιῶξαι πάντας τοὺς ἐ. σου (1)
12. 10. καταπαύσει ὑμᾶς ἀπὸ πάντων τῶν ἐ. ὑμῶν (1)
20. 1. εἰς πόλεμον ἐπὶ τοὺς ἐ. σου (1)
— 3. εἰς τὸν πόλεμον ἐπὶ τοὺς ἐ. ὑμῶν (1)
— 4. συνεκπολεμῆσαι ὑμῖν τοὺς ἐ. ὑμῶν (1)
— 14. πᾶσαν τὴν προνομὴν τῶν ἐ. σου (1)
21. 10. εἰς πόλεμον ἐπὶ τοὺς ἐ. σου (1)
23. 9 (10). παρεμβαλεῖν ἐπὶ [**A**^{2} εἰς πόλεμον ἐπὶ] τοὺς ἐ. σου (1)
— 14 (15). παραδοῦναι τὸν [**A** σοι τὸν] ἐ. σου (1)
25. 19. καταπαύσῃ σε . . . ἀπὸ πάντων τῶν ἐ. σου [**A** *om.*] (1)
28. 7. παραδῷ [**A** π. σοι] κύριος . . . τοὺς ἐ. σου (1)
— 25. ἐναντίον τῶν ἐ. [**A** ἐ. σου] (1)
— 31. τὰ πρόβατά σου δεδομένα τοῖς ἐ. σου (1)
— 48. λατρεύσεις τοῖς ἐ. σου (1)
— 53. ᾗ θλίψει σε ὁ ἐ. σου (1)
— 55. ᾗ ἂν θλίψωσί σε οἱ ἐ. σου [**A** *al.*] (1)
— 57. ᾗ [**A** ᾗ ἂν] θλίψει σε ὁ ἐ. σου (1)
— 68. πραθήσεσθε ἐκεῖ τοῖς ἐ. ὑμῶν (1)
30. 7. δώσει κύριος . . . τὰς ἀρὰς ταύτας ἐπὶ τοὺς ἐ. σου (1)
32. 27. εἰ μὴ δι' ὀργὴν ἐχθρῶν (1)
— 31. οἱ δὲ ἐ. ἡμῶν ἀνόητοι (1)
— 41. ἀποδώσω [**A** ἀνταπ.] δίκην τοῖς ἐ. (10)
— 42. ἀπὸ κεφαλῆς ἀρχόντων ἐχθρῶν [**A** ἐθνῶν] (1)
— 43. ἀνταποδώσει δίκην τοῖς ἐ. [**A** ἐ. αὐτοῦ] (10)
33. 7. βοηθὸς ἐκ τῶν ἐ. [**A** ἐ. αὐτοῦ] ἔσῃ (10)
— 11. κάταξον ὀσφὺν ἐχθρῶν –
— 27. ἐκβαλεῖ ἀπὸ προσώπου σου ἐχθρόν (1)
— 29. ψεύσονταί σε οἱ ἐ. σου (1)
Jo. 7. 8. ἀπέναντι τοῦ ἐ. αὐτοῦ (1)

Jo. 7. 12. κατὰ πρόσωπον τῶν ἐ. αὐτῶν (1)
— 12. A^{2}B ἔναντι τῶν ἐ. αὐτῶν (1)
— 13. ἀπέναντι τῶν ἐ. ὑμῶν (1)
10. 13. ἕως ἠμύνατο ὁ θεὸς τοὺς ἐ. αὐτῶν (1)
— 19. καταδιώκοντες ὀπίσω τῶν ἐ. ὑμῶν (1)
— 25. οὕτω ποιήσει κύριος πᾶσι τοῖς ἐ. ὑμῶν (1)
13. 28. B ἐναντίον τῶν ἐ. αὐτῶν –
21. 42. οὐθεὶς . . . ἀπὸ πάντων τῶν ἐ. αὐτῶν (1)
— 42. πάντας τοὺς ἐ. αὐτῶν παρέδωκε κύριος εἰς [A αὐτοῖς εἰς] τὰς χεῖρας αὐτῶν (1)
22. 8. διείλαντο τὴν προνομὴν τῶν ἐ. (1)
23. 1. ἀπὸ πάντων τῶν ἐ. αὐ. κυκλόθεν (1)
Jd. 2. 14. ἐν χερσὶ τῶν ἐ. αὐτῶν [A al.] (1)
— 14. κατὰ πρόσωπον τῶν [A om.] ἐ. αὐτῶν (1)
— 18. ἐκ χειρὸς ἐχθρῶν αὐτῶν [A al.] (1)
3. 28. παρέδωκε κύριος . . . τοὺς ἐ. ἡμῶν (1)
5. 31. ἀπόλοιντο πάντες οἱ ἐ. σου (1)
8. 34. A ἐκ χειρὸς πάντων τῶν ἐ. αὐτῶν [B al.] (1)
11. 36. B ἐκδίκησιν ἀπὸ [A ἐκ, R om.] τῶν ἐ. σου (1)
16. 23. Σ. τὸν ἐ. ἡμῶν (1)
— 24. παρέδωκεν ὁ θεὸς ἡμῶν τὸν ἐ. ἡμῶν ἐν χειρὶ ἡμῶν (1)
I Ki. 2. 1. ἐπλατύνθη ἐπ' ἐχθρούς μου τὸ στόμα μου (1)
4. 3. σώσει ἡμᾶς ἐκ χειρὸς ἐχθρῶν ἡμῶν (1)
10. 1. σώσεις αὐτὸν ἐκ χειρὸς ἐχθρῶν αὐτοῦ –
12. 10. ἐξελοῦ ἡμᾶς ἐκ χειρὸς ἐχθρῶν ἡμῶν (1)
— 11. ἐξείλατο ὑμᾶς ἐκ χειρὸς ἐχθρῶν ὑμῶν (1)
14. 24. ἐκδικήσω τὸν ἐ. μου (1)
— 30. τῶν σκύλων τῶν ἐ. αὐτῶν (1)
— 47. ἐπολέμει κύκλῳ πάντας τοὺς ἐ. αὐτοῦ (1)
18. 25. B ἐκδικῆσαι ἐχθροὺς τοῦ βασιλέως (1)
19. 17. ἐξαπέστειλας τὸν ἐ. μου (1)
20. 15. ἐν τῷ ἐξαίρειν κύριον τοὺς ἐ. Δ. (1)
— 16. ἐκζητῆσαι κύριος ἐχθροὺς τοῦ Δ. (1)
22. 8. ἐπήγειρεν . . . τὸν δοῦλόν μου ἐπ' ἐμὲ εἰς ἐχθρόν (4)
— 13. θέσθαι αὐτὸν ἐπ' ἐμὲ εἰς ἐχθρόν (4)
24. 5. παραδοῦναι τὸν ἐ. σου εἰς τὰς χεῖράς σου (1)
— 20. B εἰ εὕροι [B εἰ εὕροιτό, A εὑρών] τις τὸν ἐ. αὐτοῦ ἐν θλίψει (1)
25. 26. γένοιντο ὡς N. οἱ ἐ. σου (1)
— 29. ψυχὴν ἐχθρῶν [A τῶν ἐ.] σου σφενδονήσεις (1)
26. 8. ἀπέκλεισε κύριος . . . τὸν ἐ. σου (1)
29. 8. πολεμῆσαι τοὺς ἐ. τοῦ κυρίου μου (1)
30. 26. ἀπὸ τῶν σκύλων τῶν ἐ. κυρίου (1)
II Ki. 3. 18. καὶ ἐκ χειρὸς πάντων τῶν ἐ. αὐτῶν (1)
4. 8. ἡ κεφαλὴ 'I. υἱοῦ Σ. τοῦ ἐ. σου (1)
— 8. ἐκδίκησιν τῶν ἐ. αὐτοῦ . . . ἐκ Σ. τοῦ ἐ. σου –, –
5. 20. διέκοψε κύριος τοὺς ἐ. [A ἐ. μου] (1)
7. 1. κατεκληρονόμησεν αὐτὸν . . . ἀπὸ πάντων τῶν ἐ. αὐτοῦ (1)
— 9. ἐξωλέθρευσα πάντας τοὺς ἐ. σου (1)
— 11. ἀναπαύσω σε ἀπὸ πάντων τῶν ἐ. σου (1)
12. 14. παροξύνων παρώξυνας τοὺς ἐ. κυρίου (1)
18. 19. ἔκρινε κύριος ἐκ χειρὸς τῶν ἐ. αὐτοῦ (1)
— 32. γένοιντο ὡς τὸ παιδάριον οἱ ἐ. τοῦ κυρίου μου (1)
19. 9 (10). ἐρρύσατο ἡμᾶς ἐκ χειρὸς ἀπὸ πάντων τῶν ἐ. ἡμῶν (1)
22. 1. ἐκ χειρὸς πάντων τῶν ἐ. αὐτοῦ (1)
— 4. ἐκ τῶν ἐ. μου σωθήσομαι (1)
— 18. ἐρρύσατό με ἐξ ἐχθρῶν μου ἰσχύος [A -χυρός] (1)
— 38. διώξω ἐχθρούς μου (1)
— 41. τοὺς ἐ. μου ἔδωκάς μοι νῶτον (1)
— 49. B καὶ ἐξάγων με ἐξ ἐχθρῶν μου (1)
24. 13. φεύγειν σε ἔμπροσθεν τῶν ἐ. σου (10)
III Ki. 3. 11. οὐδὲ ᾔτησω ψυχὰς ἐχθρῶν σου (1)
8. 33. ἐν τῷ πταῖσαι τὸν λαόν σου 'I. ἐνώπιον ἐχθρῶν (1)
— 37. καὶ ἐὰν θλίψῃ [A καὶ ἐκθλίψει] αὐτὸν ἐχθρὸς αὐτοῦ (1)
— 44. εἰς πόλεμον ἐπὶ τοὺς ἐ. αὐτοῦ (1)
— 46. παραδώσεις αὐτοὺς ἐνώπιον ἐχθρῶν (1)
— 46. A εἰς τὴν γῆν τοῦ ἐ. μακρὰν καὶ ἐγγύς [B R al.] (1)
— 48. ἐν τῇ γῇ ἐχθρῶν αὐτῶν (1)
20 (21). 20. εἰ εὕρηκάς με ὁ ἐ. μου (1)
IV Ki. 17. 39. ἐξελεῖται ὑμᾶς ἐκ πάντων τῶν ἐ. ὑμῶν (1)
21. 14. παραδώσω αὐτοὺς εἰς χεῖρας ἐχθρῶν αὐ. (1)
— 14. ἔσονται . . . εἰς προνομὴν πᾶσι τοῖς ἐ. αὐ. (1)

I Ch. 12. 17. τοῦ παραδοῦναί με τοῖς ἐ. μου [S al.] (10)
14. 11. διέκοψεν ὁ θεὸς τοὺς ἐ. μου [B S al.] (1)
17. 8. ἐξωλέθρευσα πάντας τοὺς ἐ. σου (1)
— 10. ἐταπείνωσα πάντας τοὺς ἐ. σου (1)
21. 12. A R φεύγειν σε ἐκ προσώπου ἐχθρῶν σου καὶ μάχαιραν ἐχθρῶν [B ἐξ ἐ.] σου τοῦ ἐξολεθρεῦσαι (10, 1)
22. 9. ἀναπαύσω αὐτὸν ἀπὸ πάντων τῶν ἐ. (1)
II Ch. 6. 24. ἐὰν θραυσθῇ ὁ λαός σου 'I. κατέναντι τοῦ ἐ. (1)
— 28. ἐὰν θλίψῃ αὐτὸν ὁ ἐ. (1)
— 34. εἰς πόλεμον ἐπὶ τοὺς ἐ. αὐτοῦ (1)
— 36. παραδώσεις αὐτοὺς κατὰ πρόσωπον ἐχθρῶν (1)
— 36. οἱ αἰχμαλωτεύοντες αὐτοὺς [A om.] εἰς γῆν ἐχθρῶν –
20. 27. εὔφραινεν αὐτοὺς κ. ἀπὸ τῶν ἐ. αὐ. (1)
25. 8. τροπώσεταί σε κύριος ἐναντίον τῶν ἐ. (1)
I Es. 5. 66. ἀκούσαντες οἱ ἐ. τῆς φυλῆς 'I.
8. 61. ἐρρύσατο ἡμᾶς . . . ἀπὸ παντὸς ἐ.
II Es. 8. 22. σῶσαι ἡμᾶς ἀπὸ ἐχθροῦ (1)
— 31. ἐρύσατο ἡμᾶς ἀπὸ χειρὸς ἐχθροῦ (1)
Ne. 4. 10 (4). συνετρίβη ἡ ἰσχὺς τῶν ἐ. †
— 15 (9). ἡνίκα ἤκουσαν [A ἔγνωσαν] οἱ ἐ. ἡμῶν (1)
5. 9. A B S^{1} ἀπὸ ὀνειδισμοῦ τῶν [S^{2} R τῶν ἐθνῶν τῶν] ἐ. ἡμῶν (1)
6. 1. B καὶ τοῖς καταλοίποις ἐ. [R -ῶν, A S τῶν ἐ.] ἡμῶν (1)
— 16. A S R ἡνίκα ἤκουσαν πάντες [B om.] οἱ ἐ. ἡμῶν (1)
9. 28. ἐγκατέλιπες αὐτοὺς εἰς χεῖρας ἐχθρῶν αὐτῶν (1)
Ju. 7. 19. ἐκύκλωσαν [A add. αὐτοὺς] πάντες οἱ ἐ. αὐτῶν (1)
8. 11. ἐκδώσειν τὴν πόλιν τοῖς ἐ. ἡμῶν
— 15. ὀλεθρεῦσαι ἡμᾶς πρὸ προσώπου τῶν ἐ. ἡμῶν
— 19. ἔπεσον . . . ἐνώπιον τῶν ἐ. ἡμῶν
— 33. παραδώσειν τὴν πόλιν τοῖς ἐ. ἡμῶν
— 35. εἰς ἐκδίκησιν τῶν ἐ. ἡμῶν
13. 5. A B εἰς θραῦμα ἐχθρῶν
— 11. καὶ κράτος κατὰ τῶν ἐ. [B^{1} ἐ. ἡμῶν]
— 14. ἔθραυσε τοὺς ἐ. ἡμῶν
— 17. ὁ ἐξουδενώσας . . . τοὺς ἐ. τοῦ λαοῦ σου
— 18. A S R εἰς τραῦμα κεφαλῆς [B -ὴν] ἄρχοντος ἐχθρῶν
15. 5. τὰ γεγονότα τῇ παρεμβολῇ τῶν ἐ. αὐτῶν
Es. 3. 13. ταῖς τῶν ἐ. μαχαίραις [A ἐθνῶν μάχαις]
4. 17. παρέδωκας ἡμᾶς εἰς χεῖρας τῶν ἐ. ἡμῶν
7. 6. ἄνθρωπος ἐ. [S^{3} ἐπίβουλος καὶ ἐ.] 'A. (1 et 10 [10])
8. 13. ἔχθιστος [A S^{1} αἴσχιστος] κατασταθήσεται [S^{1} αὐτὰ στ.]
9. 10. τοὺς δέκα υἱοὺς . . . τοῦ ἐ. τῶν 'I. (11)
— 22. ἀνεπαύσαντο οἱ 'I. ἀπὸ [S^{1} om.] τῶν ἐ. αὐτῶν (1)
Jb. 6. 23. ὥστε σῶσαί με ἐξ ἐχθρῶν [A al.] (10)
8. 22. οἱ δὲ ἐχθροὶ αὐ. ἐνδύσονται αἰσχύνην (14 a)
19. 11. A B S^{2} ἡγήσατο δέ με ὥσπερ ἐχθρόν (10)
22. 25. ἔσται οὖν σου ὁ παντοκράτωρ βοηθὸς ἀπὸ ἐχθρῶν (10 ?)
27. 7. εἴησαν οἱ ἐ. μου ὥσπερ ἡ καταστροφὴ τῶν ἀσεβῶν (1)
31. 29. ἐπιχαρὴς ἐγενόμην πτώματι ἐχθρῶν μου [A al.] (14 b)
34. 26. A ὁρατοὶ ἐγένοντο ἐναντίον τῶν ἐ. [B S al.] †
36. 16. προσεπιπάτησέ [S^{2} προσέτι ἠπ.] σε ἐκ στόματος ἐχθροῦ (10)
38. 23. ἀπόκειται δέ σοι εἰς ὥραν ἐχθρῶν (10)
Ps. 5. 8. ὁδήγησόν με . . . ἕνεκα τῶν ἐ. μου (15 b)
6. 7. ἐπαλαιώθην ἐν πᾶσι τοῖς ἐ. μου (11)
— 10. ταραχθείησαν σφόδρα [S^{2} om.] πάντες οἱ ἐ. μου (1)
7. 4. ἀποπέσοιμι ἄρα ἀπὸ τῶν ἐ. μου κενός (11)
— 5. καταδιώξαι ἄρα ὁ ἐ. τὴν ψυχήν μου (1)
— 6. ὑψώθητι ἐν τοῖς πέρασι τῶν ἐ. μου (11)
8. 2. ἕνεκα τῶν ἐ. σου τοῦ καταλῦσαι ἐχθρὸν καὶ ἐκδικητήν (11, 1)
9. 3. ἐν τῷ ἀποστραφῆναι τὸν ἐ. μου εἰς τὰ ὀπίσω (1)
— 6. τοῦ ἐ. ἐξέλιπον αἱ ῥομφαῖαι εἰς τέλος (1)
— 13. ἴδε τὴν ταπείνωσίν μου ἐκ τῶν ἐ. μου (14 a)
— 26 (10. 5). πάντων τῶν ἐ. αὐ. κατακυριεύσει (11)
12 (13). 2. ἕως πότε ὑψωθήσεται ὁ ἐ. μου ἐπ' ἐμέ (1)

Ps. 12 (13). 4. μή ποτε εἴπῃ ὁ ἐ. μου (1)
16 (17). 9. οἱ ἐ. μου τὴν ψυχήν μου περιέσχον (1)
— 14. ῥομφαίαν σου ἀπὸ ἐχθρῶν τῆς χειρός σου (7)
17 (18). tit. ἡ ἐρρύσατο αὐτὸν κύριος ἐκ χειρὸς πάντων τῶν ἐ. αὐτοῦ (1)
— 3. ἐκ τῶν ἐ. μου σωθήσομαι (1)
— 17. ῥύσεταί με ἐξ ἐχθρῶν μου δυνατῶν (1)
— 20. A B S ῥύσεταί με ἐξ ἐχθρῶν μου δυνατῶν –
— 37. καταδιώξω τοὺς ἐ. μου (1)
— 40. τοὺς ἐ. μου ἔδωκάς μοι νῶτον (1)
— 48. ὁ ῥύστης μου ἐξ ἐχθρῶν [A ἐ. μου] ὀργίλων (1)
20 (21). 8. εὑρεθείη ἡ χείρ σου πᾶσι τοῖς ἐ. σου (1)
24 (25). 2. μηδὲ καταγελασάτωσάν μου οἱ ἐ. μου (1)
— 19. ἴδε τοὺς ἐ. μου (1)
26 (27). 2. οἱ ἐ. μου αὐτοὶ ἠσθένησαν καὶ ἔπεσαν (1)
— 6. ὕψωσε τὴν κεφαλήν μου ἐπ' ἐχθρούς μου (1)
— 11. ὁδήγησόν με ἐν τρίβῳ εὐθείᾳ ἕνεκα τῶν ἐ. μου (15 b)
29 (30). 1. οὐκ εὔφρανας τοὺς ἐ. μου ἐπ' ἐμέ (1)
30 (31). 8. οὐ συνέκλεισάς με εἰς χεῖρας ἐχθροῦ (1)
— 11. παρὰ πάντας τοὺς ἐ. μου ἐγενήθην ὄνειδος (11)
— 15. ῥῦσαί με ἐκ χειρὸς ἐχθρῶν μου (1)
34 (35). 24. S^{1} μὴ ἐπιχαρείησάν μοι οἱ ἐ. μου [A B S^{2} om. οἱ ἐ. μου] –
36 (37). 20. οἱ δὲ ἐ. τοῦ κυρίου . . . ἐκλείποντες ὡσεὶ καπνὸς ἐξέλιπον (1)
37 (38). 16. μή ποτε ἐπιχαρῶσί μοι οἱ ἐ. μου [S^{1} om. οἱ ἐ. μου] –
— 19. οἱ δὲ ἐ. μου ζῶσι (1)
40 (41). 2. μὴ παραδοῖ αὐτὸν εἰς χεῖρας ἐχθροῦ [A S -ῶν] αὐτοῦ (1)
— 5. οἱ ἐ. μου εἶπαν κακά μοι (1)
— 7. ἐψιθύριζον πάντες οἱ ἐ. μου (14 a)
— 11. οὐ μὴ ἐπιχαρῇ μου ὁ ἐ. μου ἐπ' ἐμέ (1)
41 (42). 9. ἐν τῷ ἐκθλίβειν τὸν ἐ. μου [S^{2} om.] (1)
— 10. A S^{2} ὠνείδιζόν με οἱ ἐ. μου [B S^{1} al.] (11)
42 (43). 2. ἐν τῷ ἐκθλίβειν τὸν ἐ. μου [B S^{2} om.] (1)
43 (44). 5. ἐν σοὶ τοὺς ἐ. ἡμῶν κερατιοῦμεν (10)
— 10. ἀπέστρεψας ἡμᾶς εἰς τὰ ὀπίσω παρὰ τοὺς ἐ. ἡμῶν (10)
— 13. A^{2} καὶ οἱ ἐ. ἡμῶν ἐμυκτήρισαν ἡμᾶς –
— 16. ἀπὸ προσώπου [S^{1} φόβου] ἐχθροῦ καὶ ἐκδιώκοντος (1)
44 (45). 5. ἐν καρδίᾳ τῶν ἐ. τοῦ βασιλέως (1)
53 (54). 5. ἀποστρέψει τὰ κακὰ τοῖς ἐ. μου (15 b)
— 7. ἐν τοῖς ἐ. μου ἐπεῖδεν ὁ ὀφθαλμός μου (1)
54 (55). 3. ἐταράχθην ἀπὸ φωνῆς ἐχθροῦ (1)
— 12. εἰ ἐχθρὸς ὠνείδισέ με (1)
55 (56). 2. κατεπάτησάν με οἱ ἐ. μου (15 b)
— 9. ἐπιστρέψουσιν οἱ ἐ. μου εἰς τὰ ὀπίσω (1)
58 (59). 1. ἐξελοῦ με ἐκ τῶν ἐ. μου (1)
— 10. ὁ θεὸς μου δείξει μοι ἐν τοῖς ἐ. μου (15 b)
60 (61). 3. πύργος ἰσχύος ἀπὸ προσώπου ἐχθροῦ (1)
63 (64). 1. ἀπὸ φόβου ἐχθροῦ ἐξελοῦ τὴν ψυχήν μου (1)
65 (66). 3. ψεύσονταί σε οἱ ἐ. σου (1)
67 (68). 1. διασκορπισθήτωσαν οἱ ἐ. αὐτοῦ (1)
— 21. ὁ θεὸς συνθλάσει κεφαλὰς ἐχθρῶν αὐτοῦ (1)
— 23. ἡ γλῶσσα τῶν κυνῶν σου ἐξ ἐχθρῶν παρ' αὐτοῦ (1)
68 (69). 4. ἐκραταιώθησαν οἱ ἐ. μου (9)
— 18. ἕνεκα τῶν ἐ. μου ῥῦσαί με (1)
70 (71). 10. ὅτι εἶπαν οἱ ἐ. μου ἐμοί (1)
71 (72). 9. οἱ ἐ. αὐτοῦ χοῦν λείξουσι (1)
73 (74). 3. ὅσα ἐπονηρεύσατο ὁ ἐ. (1)
— 10. ἕως πότε, ὁ θεός, ὀνειδιεῖ ὁ ἐ. (10)
— 18. ἐχθρὸς ὠνείδισε τὸν κύριον (1)
76 (77). 4. προκατελάβοντο φυλακὰς πάντες οἱ ἐ. μου †
77 (78). 53. τοὺς ἐ. αὐτῶν ἐκάλυψε θάλασσα (1)
— 61. καὶ τὴν καλλονὴν αὐ. εἰς χεῖρας ἐχθροῦ (10)
— 66. ἐπάταξε τοὺς ἐ. αὐ. εἰς τὰ ὀπίσω (10)
79 (80). 6. οἱ ἐ. ἡμῶν ἐμυκτήρισαν ἡμᾶς (1)
80 (81). 14. ἐν τῷ μηδενὶ ἂν τοὺς ἐ. αὐτῶν ἐταπείνωσα (1)
— 15. οἱ ἐ. κυρίου ἐψεύσαντο αὐτῷ (14 b)
82 (83). 2. οἱ ἐ. σου ἤχησαν (1)
88 (89). 10. διεσκόρπισας τοὺς ἐ. σου (1)
— 22. οὐκ ὠφελήσει ἐχθρὸς ἐν αὐτῷ (1)
— 23. συγκόψω ἀπὸ προσώπου αὐτοῦ τοὺς ἐ. αὐτοῦ [A μου] (10)

Ps. 88 (89). 42. ὕψωσας τὴν δεξιὰν τῶν ἐ. αὐτοῦ [A S^2 θλιβόντων αὐτὸν] εὔφρανας πάντας τοὺς ἐ. αὐτοῦ (10, 1)
— 51. οὗ ὠνείδισαν οἱ ἐ. σου, κύριε (1)
91 (92). 9. A^2 S ὅτι ἰδοὺ οἱ ἐ. σου, κύριε (1)
— 9. ὅτι ἰδοὺ οἱ ἐ. σου ἀπολοῦνται (1)
— 11. ἐπεῖδεν ὁ ὀφθαλμός μου ἐν τοῖς [A^2 om. ἐν τοῖς] ἐ. μου (15 a)
96 (97). 3. καὶ φλογιεῖ κύκλῳ τοὺς ἐ. αὐτοῦ (10)
101 (102). 8. ὠνείδιζόν με οἱ ἐ. μου (1)
104 (105). 24. ἐκραταίωσεν αὐτὸν ὑπὲρ τοὺς ἐ. αὐτοῦ (10)
105 (106). 10. ἐλυτρώσατο αὐτοὺς ἐκ χειρὸς ἐχθροῦ [S^2 -ῶν] (1)
— 41. A^2 R παρέδωκεν αὐτοὺς εἰς χεῖρας ἐχθρῶν [A^1 S ἐθνῶν] (5)
— 42. ἔθλιψαν αὐτοὺς οἱ ἐ. αὐτῶν (1)
106 (107). 2. οὓς ἐλυτρώσατο ἐκ χειρὸς ἐχθροῦ [S^2 -ῶν] (10)
107 (108). 13. S R αὐτὸς ἐξουδενώσει τοὺς ἐ. ἡμῶν [A^2 θλίβοντας ἡμᾶς] (10)
109 (110). 1. ἕως ἂν θῶ τοὺς ἐ. σου ὑποπόδιον τῶν ποδῶν σου (1)
— 2. κατακυρίευε ἐν μέσῳ τῶν ἐ. σου (1)
111 (112). 8. ἕως οὗ ἐπίδῃ ἐπὶ [S^1 om.] τοὺς ἐ. αὐ. (10)
117 (118). 7. κἀγὼ ἐπόψομαι τοὺς ἐ. μου (14 a)
118 (119). 98. ὑπὲρ τοὺς ἐ. μου ἐσόφισάς με τὴν ἐντολήν σου (1)
— 139. A S^1 ἐπελάθοντο τῶν ἐντολῶν [S^2 R λόγων] σου οἱ ἐ. μου (10)
126 (127). 5. ὅταν λαλῶσι τοῖς ἐ. αὐτῶν (1)
131 (132). 18. τοὺς ἐ. αὐτοῦ ἐνδύσω αἰσχύνην (1)
135 (136). 24. ἐλυτρώσατο ἡμᾶς ἐκ τῶν [S χειρὸς] ἐ. ἡμῶν (10)
137 (138). 7. ἐπ' ὀργὴν ἐχθρῶν μου ἐξέτεινας χεῖράς σου (1)
138 (139). 21. A B S ἐπὶ τοῖς ἐ. [R τοὺς ἐ.] σου ἐξετηκόμην (12)
— 22. εἰς ἐχθροὺς ἐγένοντό μοι (1)
142 (143). 3. A B^2 S κατεδίωξεν ὁ ἐ. τὴν ψυχήν μου (1)
— 9. ἐξελοῦ με ἐκ τῶν ἐ. μου (1)
— 12. ἐξολεθρεύσεις τοὺς ἐ. μου (1)
Pr. 6. 1. παραδώσεις σὴν χεῖρα ἐχθρῷ (6)
12. 24. A χεὶρ ἐκλεκτῶν κρατήσει ἐχθρῶν [B S εὐχερῶς] –
15. 28 (16. 7). οἱ ἐ. φίλοι γίνονται (1)
20. 22. μὴ εἴπῃς, Τίσομαι τὸν ἐ. (13)
24. 17. ἐὰν πέσῃ ὁ ἐ. σου (1)
25. 21. ἐὰν πεινᾷ ὁ ἐ. σου (14 a)
26. 24. χείλεσι πάντα ἐπινεύει [A add. ὁ] ἀποκλαιόμενος ἐχθρός (14 a)
— 25. ἐάν σου δέηται ὁ ἐ. μεγάλῃ τῇ φωνῇ –
27. 6. ἑκούσια φιλήματα ἐχθροῦ (14 a)
Wi. 5. 17. εἰς ἄμυναν ἐχθρῶν
10. 12. διεφύλαξεν [S καὶ ἐφ.] αὐτὸν ἀπὸ ἐχθρῶν
— 19. τοὺς δὲ ἐ. αὐτῶν κατέκλυσε [A -σαν, S^1 κατέπαυσεν]
11. 3. ἠμύναντο ἐχθρούς
— 5. δι' ὧν γὰρ ἐκολάσθησαν οἱ ἐ. αὐτῶν
12. 4. ἐπὶ τῷ ἔχθιστα πράσσειν ἔργα φαρμακειῶν
— 20. εἰ γὰρ ἐχθροὺς παίδων σου . . . ἐτιμώρησας
— 22. τοὺς ἐ. ἡμῶν ἐν μυριότητι μαστιγοῖς
— 24. τὰ καὶ ἐν ζῴοις τῶν ἐ. ἄτιμα
15. 14. οἱ ἐ. τοῦ λαοῦ σου καταδυναστεύσαντες αὐτόν
— 18. καὶ τὰ ζῷα δὲ τὰ ἔχθιστα σέβονται
16. 4. πῶς οἱ ἐχθροὶ αὐτῶν ἐβασανίζοντο
— 8. καὶ ἐν τούτῳ δὲ ἔπεισας τοὺς ἐ. ἡμῶν [S^1 σου]
— 22. τοὺς τῶν ἐ. [A ἐθνῶν] καρποὺς κατέφθειρε πῦρ
18. 5. S^1 τοὺς δὲ ἐχθροὺς τοῦ λαοῦ [A B S^2 καὶ] ὁμοθυμαδὸν ἀπώλεσας
— 7. προσεδέχθη [A προσδεχθῇ] . . . ἐχθρῶν . . . ἀπώλεια
— 10. ἀντήχει δ' ἀσύμφωνος ἐχθρῶν βοή
Si. 6. 1. ἀντὶ φίλου μὴ γίνου ἐχθρός
— 4. ἐπίχαρμα ἐχθρῶν [S -οῖς] ποιήσει αὐτόν
— 9. A ἔστι φίλος μετατιθέμενος εἰς ἐχθρόν [B S^2 ἔχθραν]
— 13. ἀπὸ τῶν ἐ. σου διαχωρίσθητι
12. 8. οὐ κρυβήσεται ἐν κακοῖς ὁ ἐ.
— 9. ἐν ἀγαθοῖς ἀνδρὸς οἱ ἐ. αὐτοῦ ἐν λύπῃ
— 10. μὴ πιστεύσῃς τῷ ἐ. σου εἰς τὸν αἰῶνα
— 16. ἐν τοῖς χείλεσιν αὐτοῦ γλυκανεῖ ὁ ἐ.
— 16. ἐν ὀφθαλμοῖς αὐτοῦ δακρύσει ὁ ἐ.

Si. 18. 31. ποιήσει σε [A S^1 ποιήσεις] ἐπίχαρμα τῶν ἐ. σου
19. 8. ἐν φίλῳ καὶ ἐν [A S om.] ἐχθρῷ μὴ διηγοῦ
20. 23. ἐκτήσατο αὐτὸν ἐχθρὸν δωρεάν
23. 3. ἐπιχαρεῖταί μοι ὁ ἐ. μου
25. 7. ἄνθρωπος . . . ζῶν καὶ βλέπων ἐπὶ πτώσει ἐχθρῶν
— 14. πᾶσαν ἐκδίκησιν καὶ μὴ ἐκδίκησιν ἐχθρῶν
— 15. οὐκ ἔστι θυμὸς ὑπὲρ θυμὸν ἐχθροῦ
27. 18. καθὼς γὰρ ἀπώλεσεν ἄνθρωπος τὸν ἐ. αὐ.
29. 6. ἐκτήσατο αὐτὸν ἐχθρὸν δωρεάν [B S^1 οὐ δ.]
— 13. ὑπὲρ δόρυ ἀλκῆς [A^2 S ὁλκῆς] κατέναντι ἐχθροῦ πολεμήσει ὑπὲρ σοῦ
30. 3. ὁ διδάσκων τὸν υἱὸν αὐτοῦ παραζηλώσει τὸν ἐ.
— 6. ἐναντίον ἐχθρῶν κατέλιπεν ἔκδικον
33 (36). 7. ἔκτριψον ἐχθρόν
— 10. σύντριψον κεφαλὰς ἀρχόντων ἐχθρῶν
37. 2. A ἑταῖρος καὶ φίλος τρεπόμενος εἰς ἐχθρόν [B S -αν]
42. 11. μή ποτε ποιήσῃ σε [S^1 -σῃς] ἐπίχαρμα ἐχθροῖς
45. 2. ἐμεγάλυνεν αὐτὸν ἐν φόβοις ἐχθρῶν
46. 1. ἐκδικῆσαι ἐπεγειρομένους ἐχθρούς
— 5. ἐν τῷ θλῖψαι αὐτὸν ἐχθροὺς κυκλόθεν
— 7. ἀντιστῆναι ἔναντι ἐχθροῦ [S^1 om.]
— 16. ἐν τῷ θλῖψαι ἐχθροὺς αὐτοῦ κυκλόθεν
47. 7. ἐξέτριψε γὰρ ἐχθροὺς κυκλόθεν
49. 9. ἐμνήσθη τῶν ἐ. ἐν ὄμβρῳ
51. 8. A S σώζεις αὐτοὺς ἐκ χειρὸς ἐχθρῶν [B ἐθνῶν]
Ho. 8. 3. ἐχθρὸν κατεδίωξαν (1)
Am. 9. 4. πρὸ προσώπου τῶν ἐ. αὐτῶν (1)
Mi. 4. 10. λυτρώσεταί σε κύριος . . . ἐκ χειρὸς ἐχθρῶν σου (1)
5. 9 (8). πάντες οἱ ἐ. σου ἐξολεθρευθήσονται (1)
7. 6. ἐχθροὶ πάντες ἀνδρὸς [A οἱ ἄ.] οἱ ἐν τῷ οἴκῳ αὐτοῦ (1)
— 8. μὴ ἐπίχαιρέ μοι, ἡ ἐ. μου (1)
— 10. ὄψεται ἡ ἐ. μου (1)
Na. 1. 2. καὶ ἐξαίρων αὐτὸς τοὺς ἐ. αὐτοῦ (1)
— 8. τοὺς ἐ. αὐτοῦ διώξεται σκότος (1)
3. 11. ζητήσεις σεαυτῇ στάσιν ἐξ [S^1 om.] ἐχθρῶν (1)
— 13. τοῖς ἐ. σου ἀνοιγόμεναι ἀνοιχθήσονται πύλαι (1)
Ze. 3. 15. λελύτρωταί σε ἐκ χειρὸς ἐχθρῶν σου (1)
Za. 9. 10. καὶ εἰρήνη ἐξ ἐθνῶν [S^2 ἐχθρῶν ?] (5)
Is. 1. 24. κρίσιν ἐκ τῶν ἐ. μου ποιήσω (1)
9. 11 (10). τοὺς ἐ. διασκεδάσει (1)
11. 13. οἱ ἐ. Ἰούδα ἀπολοῦνται (11)
42. 13. βοήσεται ἐπὶ τοὺς ἐ. αὐτοῦ (1)
62. 8. εἰ ἔτι δώσω τὸν σῖτόν σου . . . τοῖς ἐ. σου (1)
Je. 6. 25. ῥομφαία τῶν ἐ. παροικεῖ κυκλόθεν (1)
12. 7. εἰς χεῖρας ἐχθρῶν αὐτῆς (1)
15. 9. εἰς μάχαιραν δώσω ἐναντίον τῶν ἐ. αὐτῶν (1)
— 11. εἰς ἀγαθὰ πρὸς τὸν ἐ. (1)
— 14. καταδουλώσω [A -σουσίν] σε κύκλῳ τοῖς ἐ. σου (1)
18. 17. διασπερῶ αὐτοὺς κατὰ πρόσωπον ἐχθρῶν [A τῶν ἐ.] αὐτῶν (1)
19. 7. καταβαλῶ αὐτοὺς ἐν μαχαίρᾳ ἐναντίον τῶν ἐ. αὐτῶν (1)
— 9. ᾗ πολιορκήσουσιν αὐτοὺς οἱ ἐ. αὐτῶν (1)
20. 4. πεσοῦνται ἐν μαχαίρᾳ ἐχθρῶν αὐτῶν (1)
— 5. δώσω τὴν πᾶσαν ἰσχὺν . . . εἰς χεῖρας ἐχθρῶν αὐ. (1)
21. 7. εἰς χεῖρας ἐχθρῶν αὐτῶν (1)
25. 16 (49. 37). πτοήσω αὐτοὺς ἐναντίον τῶν ἐ. αὐτῶν (1)
26 (46). 10. τοῦ ἐκδικῆσαι τοὺς ἐ. αὐτοῦ (10)
27 (50). 7. οἱ ἐ. αὐτῶν εἶπαν (10)
28 (51). 35. S ἔξωσάν με οἱ ἐ. [A B μόχθοι] μου †
37 (30). 14. πληγὴν ἐχθροῦ ἔπαισά σε (1)
— 16. S πάντες οἱ ἐ. σου [A B ἔσθοντές σε] βρωθήσονται καὶ πάντες οἱ ἐ. σου κρέας αὐτῶν πᾶν ἔδονται (3, 10)
38 (31). 16. ἐπιστρέψουσιν ἐκ γῆς ἐχθρῶν (1)
41 (34). 20. δώσω αὐτοὺς τοῖς ἐ. αὐτῶν (1)
— 21. τοὺς ἄρχοντας αὐτῶν δώσω εἰς χεῖρας ἐχθρῶν αὐτῶν (1)
51 (44). 30. εἰς χεῖρας ἐχθροῦ αὐ. . . . εἰς χεῖρας Ναβ. βασιλέως Βαβ. ἐχθροῦ αὐ. (1, 1)
Ba. 3. 10. ἐν γῇ τῶν ἐ. εἶ
4. 18. ἐξελεῖται ὑμᾶς ἐκ χειρὸς ἐχθρῶν ὑμῶν
— 21. ἐξελεῖται ὑμᾶς . . . ἐκ χειρὸς ἐχθρῶν
— 25. κατεδίωξέ σε ὁ ἐ.

Ba. 4. 26. ὡς ποίμνιον ἡρπασμένον ὑπὸ [A ἀπὸ] ἐχθρῶν
5. 6. πεζοὶ ἀγόμενοι ὑπὸ ἐχθρῶν
La. 1. 2. ἐγένοντο αὐτῇ εἰς ἐχθρούς (1)
— 5. οἱ ἐ. αὐτῆς εὐθηνοῦσαν (1)
— 7. οἱ ἐ. αὐτῆς ἐγέλασαν ἐπὶ κατοικεσίᾳ [A μετοικεσίας] αὐτῆς (10)
— 9. A R ἐμεγαλύνθη ὁ [B S om.] ἐ. (1)
— 16. ἐκραταιώθη ὁ ἐ. (1)
— 21. πάντες οἱ ἐ. μου ἤκουσαν τὰ κακά μου (1)
2. 3. ἀπέστρεψεν [A add. εἰς τὰ] ὀπίσω δεξιὰν αὐτοῦ ἀπὸ προσώπου ἐχθροῦ [S^1 al.] (1)
— 4. ἐνέτεινε τόξον αὐτοῦ ὡς ἐ. ὑπεναντίος (1)
— 5. ἐγενήθη κύριος ὡς ἐ. (1)
— 7. A S R συνέτριψεν ἐν χειρὶ ἐχθροῦ [B αὐτοῦ] τεῖχος (1)
— 16. διήνοιξαν ἐπὶ σὲ στόμα αὐτῶν πάντες οἱ ἐ. σου (1)
— 17. ηὔφρανεν ἐπὶ σὲ ἐχθρόν (1)
— 22. ἐπλήθυνα ἐχθρούς μου πάντας (1)
3. 46. διήνοιξαν ἐφ' ἡμᾶς τὸ στόμα αὐτῶν πάντες οἱ ἐ. ἡμῶν (1)
— 52. πάντες οἱ ἐ. μου δωρεὰν ἐθανάτωσαν ἐν λάκκῳ ζωήν μου (1)
4. 12. εἰσελεύσεται ἐ. καὶ ἐκθλίβων (10)
Ez. 35. 5. ἀντὶ τοῦ γενέσθαι σε ἐχθρὰν [? ἔχθραν] αἰωνίαν (2)
— 5. ἐν χειρὶ ἐχθρῶν μαχαίρᾳ [A al.] –
36. 2. εἶπεν ὁ ἐ. ἐφ' ὑμᾶς (1)
39. 23. παρέδωκα αὐτοὺς εἰς χεῖρας τῶν ἐ. αὐτῶν (10)
Da. LXX. 3. (32). εἰς χεῖρας ἐχθρῶν ἡμῶν ἀνόμων καὶ ἐχθίστων ἀποστατῶν (10)
4. 16. ἡ σύγκρισις αὐτοῦ τοῖς ἐ. σου ἐπέλθοι (8)
Da. TH. 3. (32). εἰς χεῖρας ἐχθρῶν ἀνόμων καὶ [A om.] ἐχθίστων ἀποστατῶν
4. 16. καὶ ἡ σύγκρισις αὐτοῦ τοῖς ἐ. σου (8)
I Ma. 2. 7. ἐν τῷ δοθῆναι αὐτὴν ἐν χειρὶ ἐχθρῶν
— 9. οἱ νεανίσκοι αὐτῆς ἐν ῥομφαίᾳ ἐχθροῦ
4. 18. στῆτε νῦν ἐναντίον τῶν ἐ. ἡμῶν
— 36. συνετρίβησαν οἱ ἐ. ἡμῶν
8. 23. ἐχθρὸς μακρυνθείη ἀπ' αὐτῶν
9. 29. A R ἐξελθεῖν [S ἐ. καὶ εἰσελθεῖν] πρὸς τοὺς ἐ.
— 46. A R ὅπως διασωθῆτε ἐκ χειρὸς ἐχθρῶν [S τῶν ἐ.] ὑμῶν
10. 26. οὐ προσεχωρήσατε τοῖς ἐ. ἡμῶν
12. 15. A R ἐρρύσθημεν ἀπὸ τῶν ἐ. ἡμῶν [S om.] καὶ ἐταπεινώθησαν οἱ ἐ. ἡμῶν
13. 51. συνετρίβη ἐ. μέγας ἐξ Ἰσραήλ
14. 26. ἐπολέμησαν τοὺς ἐ. Ἰσ.
— 31. ἐβουλήθησαν οἱ ἐ. αὐτῶν ἐμβατεῦσαι
15. 33. ὑπὸ δὲ ἐχθρῶν ἡμῶν . . . κατεκρατήθη
II Ma. 10. 26. ἐχθρεῦσαι τοῖς ἐ. αὐτῶν
III Ma. 2. 13. ὑπετάγημεν τοῖς ἐ. ἡμῶν
3. 27. A ἐχθίσταις [R αἰσχίστοις] βασάνοις ἀποτυμπανισθήσεται
4. 4. καί τινας τῶν ἐ. . . . δακρύειν
6. 10. ῥυσάμενος ἡμᾶς ἀπὸ ἐχθρῶν χειρός
— 15. οὐδ' ἐν τῇ γῇ τῶν ἐ. αὐτῶν ὄντων
7. 21. ἐν τοῖς ἐ. ἐξουσίαν ἐσχηκότες
IV Ma. 2. 14. τὰ δὲ τῶν ἐ. τοῖς ἀπολέσασι διασώζων
● 5. 27. τῇ ἐχθίστῃ ἡμῶν μιαροφαγίᾳ ταύτῃ
9. 15. τῆς οὐρανίου δίκης ἐχθρέ
[**Aq**. Le. 26. 39 : Dt. 23. 14 (15) : 28. 48 : II Ki. 12. 14 : Ps. 3. 8 : 17 (18). 49 : 24 (25). 2 : 26 (27). 6 : 30 (31). 9, 16 : 36 (37). 20 : 40 (41). 3 : 42 (43). 2 : 82 (83). 3 : 109 (110). 2 : Is. 59. 18 : Je. 34 (41). 20.]
[**Sm**. Le. 26. 39 : Dt. 23. 14 (15) : 28. 48 : Jo. 10. 13 : II Ki. 12. 14 : Ps. 3. 8 : 8. 3 : 9. 4, 26 (10. 5) : 16 (17). 9 : 17 (18). 49 : 20 (21). 9 : 26 (27). 6 : 30 (31). 12, 16 : 36 (37). 20 : 40 (41). 3, 6, 12 : 41 (42). 10 : 43 (44). 17 : 54 (55). 4, 13 : 55 (56). 10 : 60 (61). 4 : 63 (64). 2 : 67 (68). 24 : 80 (81). 15 : 82 (83). 3 : 88 (89). 23 : 109 (110). 2 : 137 (138). 7 : Is. 59. 18 : Je. 17. 4 : 34 (41). 20.]
[**Th**. Le. 26. 39 : Dt. 23. 14 (15) : 28. 48 : Ps. 7. 7 : 17 (18). 49 : 42 (43). 2 : 109 (110). 2 : Is. 59. 18 : 66. 6 : Je. 34 (41). 20 : Na. 3. 11.]
[**Heb**. Ge. 49. 8.]
[**Al**. Ex. 15. 7 : Ps. 44 (45). 6 : Hb. 3. 19.]
[**Quint**. Ps. 26 (27). 6.]
[**Sext**. Ps. 30 (31). 12 : 73 (74). 23 : 88 (89). 43.]

ἔχιδνα.

[**Aq**. Is. 59. 5.]

● = correction on page xxvi

ἐχῖνος. (1) קִפֹּד (2) קִפּוֹז (3) תַּן

Ze. 2. 14. χαμαιλέοντες καὶ ἐχῖνοι (1)
Is. 13. 22. νοσσοποιήσουσιν ἐχῖνοι (3)
14. 23. ἔρημον ὥστε κατοικεῖν ἐχίνους (1)
34. 11. ἐχῖνοι καὶ ἴβεις καὶ κόρακες (1)
— 15. ἐκεῖ ἐνόσσευσεν ἐ. (2)

ἔχις.

Si. 39. 30. θηρίων ὀδόντες καὶ σκορπίοι καὶ ἔχεις

ἐχομένως.

II Ma. 7. 15. ἐ. δὲ τὸν πέμπτον προσάγοντες ᾐκίζοντο

ἕψειν. (1) בָּשֵׁל *a.* qal. *b.* pi. *c.* pu. (2) זוּד hi. (3) רוּם hi.

Ge. 25. 29. ἥψησε δὲ Ἰακὼβ ἕψημα (2)
Ex. 12. 9. οὐκ ἔδεσθε . . . ὠμὸν οὐδὲ ἡψημένον ἐν ὕδατι (1 *c*)
16. 23. καὶ ὅσα ἐὰν ἕψητε ἕψετε (1 *b*, 1 *b*)
23. 19. οὐχ ἑψήσεις ἄρνα ἐν γάλακτι μητρὸς αὐτοῦ (1 *b*)
29. 31. καὶ ἑψήσεις τὰ κρέα ἐν τόπῳ ἁγίῳ (1 *b*)
34. 26. A R οὐχ ἑψήσεις [B οὐ προσοίσεις] ἄρνα ἐν γάλακτι μητρὸς αὐτοῦ (1 *b*)
Le. 6. 28 (21). σκεῦος ὀστράκινον οὗ ἐὰν ἑψεθῇ ἐν αὐτῷ (1 *c*)
— 28 (21). ἐὰν δὲ ἐν σκεύει χαλκῷ ἑψεθῇ (1 *c*)
8. 31. ἑψήσατε τὰ κρέα ἐν τῇ αὐλῇ (1 *b*)
Nu. 11. 8. ἥψουν αὐτὸ ἐν τῇ χύτρᾳ (1 *b*)
De. 14. 21. οὐχ ἑψήσεις ἄρνα ἐν γάλακτι μητρὸς αὐτοῦ (1 *b*)
16. 7. καὶ ἑψήσεις (1 *b*)
I Ki. 2. 13. ὡς ἂν ἡψήθη τὸ κρέας (1 *b*)
9. 24. ἥψησεν ὁ μάγειρος τὴν κωλέαν (3)
II Ki. 13. 8. καὶ ἥψησε [A ἧψεν] τὰς κολλυρίδας (1 *b*)
III Ki. 19. 21. ἥψησεν αὐτὰ ἐν τοῖς σκεύεσι (1 *b*)
IV Ki. 4. 38. ἕψε ἕψεμα τοῖς υἱοῖς τῶν προφητῶν (1 *b*)
6. 29. καὶ ἡψήσαμεν τὸν υἱόν μου (1 *b*)
II Ch. 35. 13. καὶ τὰ ἅγια ἥψησαν ἐν τοῖς χαλκείοις (1 *b*)
I Es. 1. 12. τὰς θυσίας ἥψησαν [A ὤπτησαν]
Za. 14. 21. καὶ ἑψήσουσιν ἐν αὐτοῖς (1 *b*)
La. 4. 10. χεῖρες γυναικῶν οἰκτιρμόνων ἥψησαν τὰ παιδία αὐτῶν (1 *b*)
Ez. 24. 5. ἥψηται [A -ήθη] τὰ ὀστᾶ αὐτῆς ἐν μέσῳ αὐτῆς (1 *a*)
46. 20. ἑψήσουσιν ἐκεῖ οἱ ἱερεῖς τὰ ὑπὲρ ἀγνοίας (1 *b*)
— 24. ἑψήσουσιν ἐκεῖ οἱ λειτουργοῦντες τῷ οἴκῳ τὰ θύματα (1 *b*)
Da. LXX. Bel 26. ἥψησεν ἐπὶ τὸ αὐτό
Da. TH. Bel 27. ἥψησεν ἐπὶ τὸ αὐτό
— 33. ἥψησεν ἕψεμα
IV Ma. 6. 15. τῶν ἡψημένων βρωμάτων παραθήσομεν

ἕψεμα, ἕψημα. (1) אָדֹם (2) נָזִיד

Ge. 25. 29. ἥψησε δὲ Ἰακὼβ ἕ. (2)
— 30. γεῦσόν με ἀπὸ τοῦ ἑ. πυρροῦ τούτου (1)
— 34. Ἰ. δὲ ἔδωκε τῷ Ἠ. ἄρτον καὶ ἑ. φακοῦ (2)
IV Ki. 4. 38. ἕψε ἑ. τοῖς υἱοῖς τῶν προφητῶν (2)
— 39. ἐνέβαλεν εἰς τὸν λέβητα τοῦ ἑ. (2)
— 40. ἐν τῷ ἐσθίειν αὐτοὺς ἐκ τοῦ ἑ. (2)
Hg. 2. 13 (12). ἢ ἑψέματος [S³ -ήματος] ἢ οἴνου (2)
Da. LXX. Bel 32. ἐν σκάφῃ ἐν ἑψήματι
Da. TH. Bel 33. ἥψησεν ἕψεμα

ἕψησις.

[Aq. Ez. 24. 10.]

ἑωθινός. (1) בֹּקֶר (2) *a.* שַׁחַר *b.* בַּעֲלוֹת הַשַּׁחַר

Ex. 14. 24. ἐγενήθη δὲ ἐν τῇ φυλακῇ τῇ ἑ. (1)
I Ki. 11. 11. ἐν φυλακῇ τῇ ἑ. [A πρωϊνῇ] (1)
Ju. 12. 5. πρὸς [A περὶ] τὴν ἑ. φυλακὴν
Ps. 21 (22). *tit.* ὑπὲρ τῆς ἀντιλήψεως τῆς ἑ. (2 *a*)
Si. 50. 6. ὡς ἀστὴρ ἑ. ἐν μέσῳ νεφέλης [S -ῶν]
Am. 7. 1. ἐπιγονὴ ἀκρίδων ἐρχομένη ἑ. †
Jn. 4. 7. προσέταξεν ὁ θεὸς σκώληκι ἑ. τῇ ἐπαύριον (2 *b*)
I Ma. 5. 30. καὶ ἐγένετο ἑωθινὴ [S² τῇ ἑ.]

ἕωλος. (1) פִּגּוּל

Ez. 4. 14. οὐδὲ εἰσελήλυθεν εἰς τὸ στόμα μου πᾶν κρέας ἕωλον [A²B² βέβηλον] (1)

ἕως (*aurora*).

III Ma. 5. 45. περὶ τὴν ἕω

ἕως (*usque*). †† ἕως, ἕως τοῦ, ἕως οὗ, *c. infin.* ** ἕως ἄν, ἕως οὗ ἄν * ἕως, ἕως οὗ *c. verb. finit.*

Ge. 3. 19†† : 6. 7 *bis* : 7. 23 : 8. 4, 7††, 17 : 10. 19†† *bis*, 19 *bis*, 30†† : 11. 4, 31 : 12. 6 : 13. 3 *bis*, 10††, 15 : 14. 6, 14†, 15†, 23 : 15. 16 (ἕ. τοῦ νῦν)†, 18† : 18. 12 (ἕ. τοῦ νῦν) : 19. 4, 11, 22††, 38, 39 : 22. 5 (ἕως ὧδε) : 24. 14**, 18*, 19**, 33†† : 25. 18, 18†† : 26. 13*, 33 : 27. 44†† : 28. 15†† : 29. 8†† : 32. 4 (5) (ἕ. τοῦ νῦν), 24 (25) (ἕ. πρωΐ), 32 (33) : 33. 3††, 14†† : 34. 5†† : 35. 4, 20 : 38. 1 (ἕ. πρός), 11*, 17†† : 39. 16* : 41. 49* : 42. 16†† : 43. 25†† : 44. 12* : 46. 34 (ἕ. τοῦ νῦν) : 47. 3 (ἕ. τοῦ νῦν)†, 21, 26 : 48. 15 : 49. 10**, 13 : 50. 23.

Ex. 2. 16* : 7. 16 : 9. 18, 25 : 10. 3 (ἕ. τίνος), 6, 7 (ἕ. τίνος), 26†† : 11. 5 *bis*, 7 : 12. 6, 10 (ἕ. πρωΐ)†, 10 (ἕ. πρωΐ), 12, 15, 18, 18†, 22 (ἕ. πρωΐ), 24, 29, 29† : 13. 2, 15 : 15. 16*, 16**† *bis* : 16. 23 (ἕ. πρωΐ)†, 24 (ἕ. πρωΐ)†, 28 (ἕ. τίνος), 35* *bis* : 17. 12 : 18. 13, 14 : 20. 5† : 22. 4 (37) : 23. 18 (ἕ. πρωΐ), 30**, 31 *bis* : 24. 14* : 27. 5, 21 (ἕ. πρωΐ) : 28. 38 (42) : 29. 34 (ἕ. πρωΐ) : 33. 8††, 22** : 34. 34††, 35** : 38. 24 (4) : 40. 37.

Le. 6. 9 (2) (ἕ. τὸ πρωΐ) : 7. 7 (17) : 8. 33*† : 10. 18*† : 11. 24, 25, 26, 27, 28, 31, 32, 39, 40†, 40 : 12. 4**†, 4*† : 13. 12 : 14. 46, 47 *bis* : 15. 5, 6, 7, 8, 9, 10 *bis*, 11, 16, 17, 18, 19, 21, 22, 23, 27 : 16. 17**† : 17. 15 : 19. 6, 13 (ἕ. πρωΐ) : 22. 4**, 6 : 23. 14 (ἕ. εἰς), 14**, 16, 32 : 24. 3 (ἕ. πρωΐ), 4 (ἕ. εἰς†) (ἕ. τὸ πρωΐ†) : 25. 22, 22**, 28, 29*, 30**, 40, 50 : 26. 18 : 27. 3, 5, 6, 18 (ἕ. εἰς), 28.

Nu. 3. 13 : 4. 3, 23, 30, 35, 39, 43, 47 : 5. 2 : 6. 4, 5** : 8. 17 : 9. 15 (ἕ. πρωΐ), 21 (ἕ. πρωΐ) : 10. 21* : 11. 20, 20** : 12. 15* : 13. 22 (21), 23 (22), 24 (23) : 14. 11 (ἕ. τίνος) *bis*, 18, 19 (ἕ. τοῦ νῦν), 27 (ἕ. τίνος), 33**†, 33*†, 45 : 17. 13 (28) : 18. 15 : 19. 7, 8, 10, 11†, 19, 21, 22 : 20. 17** : 21. 22*†, 22**†, 24 *bis*, 26, 28, 30, 35†† : 22. 30 : 23. 24* : 31. 11, 26 : 32. 13*†, 13**†, 17**, 18**, 21**† : 33. 49 : 34. 3 (ἕ. ἐχόμενον) : 35. 12**, 25**, 28**, 32**.

De. 1. 2, 7, 19, 20, 24, 28, 31*, 44 : 2. 14* *bis*, 15*, 21, 22†, 23, 29**†, 29*†, 36 : 3. 3††, 8, 10, 14 *bis*, 16 *bis*, 17, 20** : 4. 11, 32 : 7. 20**†, 23**, 24** : 9. 1, 7*†, 15†, 21* : 10. 8 : 11. 4, 5*†, 12, 24 : 12. 9 (ἕ. τοῦ νῦν) : 13. 7 (8), 13**†, 20** : 22. 2** : 23. 3 (4), 3 (4) (ἕ. εἰς) : 28. 20**, 20**†, 20*†, 21**, 22**, 24** *bis*, 35, 45** *bis*, 46, 48**, 51**, 52**, 61**, 64 : 29. 4 (3), 7 (6), 11 (10) : 30. 4 : 31. 24 (ἕ. εἰς), 30 (ἕ. εἰς) : 32. 22 : 33. 17 (ἕ. ἀπ' *vel* ἐπ') : 34. 1†, 2, 3, 6.

Jo. 1. 4 *bis*, 15** : 2. 16**†, 22*† : 3. 1, 16, 16 (ἕ. εἰς), 17* : 4. 7, 9, 10*, 23* : 5. 8* : 6. 9 (10)**, 20 (21) *ter*, 20 (21)†, 24 (25) : 7. 5*†, 6, 13**, 26 : 8. 22††, 24 (ἕ. εἰς)†, 25, 28, 29 *bis* : 9. 27 : 10. 10 *bis*, 11, 13*, 20 (ἕ. εἰς), 26, 27, 33††, 41 *bis* : 11. 8 *ter*, 8††, 14*, 17 : 12. 1, 2, 3 *bis*, 5, 7 : 13. 3, 4 *bis*, 5, 6, 8, 10, 11, 13, 16, 25, 26 *bis*, 27 : 14. 14 : 15. 1, 2, 4, 5, 47, 63 : 16. 3, 5, 10, 10* : 18. 3 (ἕ. τίνος) : 19. 8, 10†, 28, 29, 33 : 20. 3**, 6 (ἕ. τῆς κατὰ πρόσωπον)†, 6*†, 9** : 22. 3, 17 : 23. 5** *bis*, 8, 9, 13**, 15** : 24. 30, 33*.

Jd. 1. 21, 26 : 2. 9 (? ἕ. ἐν)† : 3. 3, 25*†, 26*, 26†, 30* : 4. 11†, 16 *bis*, 24* : 5. 7*, 7*† : 6. 4††, 18†† *bis*, 24, 31 (ἕ. πρωΐ) : 7. 13, 23, 23†, 24, 24† : 9. 21, 40, 52 *bis* : 10. 4 : 11. 13 *bis*, 16, 16†, 19, 22 *bis*, 33*, 33 : 13. 7, 20† : 14. 5† : 15. 5†, 5, 14, 19 : 16. 2*†, 2†, 3, 16†††, 16 (ἕ. εἰς)† : 17. 8†, 8 : 18. 1, 2†, 2, 9†††, 12, 13†, 13, 27†, 30 : 19. 3†, 8†††, 8*†, 10 (ἕ. ἀπέναντι *vel* κατέναντι), 11†, 12, 18 *bis*, 25 (ἕ. πρωΐ), 26*†, 26†††, 30, 30† : 20. 1, 23, 26, 40†, 43 (ἕ. ἀπέναντι)†, 45, 48*, 48 : 21. 2.

Ru. 1. 13*, 19†† : 2. 7, 17, 21**, 23†††, 23*† : 3. 3††, 13 (ἕ. πρωΐ), 14 (ἕ. πρωΐ), 18††, 18**.

I Ki. 1. 11, 14 (ἕ. πότε), 16 (ἕ. νῦν), 22††, 22, 23**†, 23*†, 23** : 2. 30 : 3. 13, 14, 15 (ἕ. πρωΐ), 20, 21 : 5. 5, 9 : 6. 12, 18 *bis*, 18† : 7. 11 (ἕ. ὑποκάτω), 12 (ἕ. ἐνταῦθα), 14 : 8. 8 : 9. 13††, 26 (ἕ. ἔξω) : 10. 3, 8†† : 11. 11*, 15 (ἕ. τε λίαν)† : 12. 2 : 13. 13† : 14. 9**†, 20, 24, 36* : 15. 3 *quater*, 5, 7, 18*, 35 : 16. 1 (ἕ. πότε), 1, 11†† : 17. 52 *bis*, 52†, 52 : 18. 4† *ter* : 19. 22, 23†† : 20. 3†, 5, 6 (ἕ. εἰς)†, 8, 15, 23, 28 (ἕ. εἰς), 37, 41, 42 : 22. 3 (ἕ. ὅτου), 19 *bis* : 25. 22 (ἕ. πρωΐ), 34, 36 (ἕ. σφόδρα), 36, 37*† : 27. 6, 8 : 29. 3, 6, 8 : 30. 2, 4 (ἕ. ὅτου), 9, 17, 19 *ter*, 21, 25.

II Ki. 1. 12 : 2. 23, 24, 26 (ἕ. πότε) : 3. 10, 16, 28 : 4. 3 : 5. 25 : 6. 6, 8, 16, 19 *bis*, 23 : 7. 6, 13 (ἕ. εἰς), 16, 18, 24, 25, 26 : 10. 4, 5†† : 11. 23 : 12. 10 : 13. 22 : 14. 25 : 15. 24*†, 28††, 32 : 16. 5 : 17. 11, 13 (ἕ. εἰς), 22 *bis* : 18. 18 : 19. 7 (8) (ἕ. τοῦ νῦν), 14 (15)†, 15 (16), 24 (25) : 20. 2, 3, 16 (ἕ. ὧδε)† : 21. 10* : 22. 38*, 51 : 23. 10*, 19 : 24. 2, 15 *bis*.

III Ki. 1. 4 (ἕ. σφόδρα) : 2. 28, 33 : 3. 1††, 1*†, 1 (4. 21)†, 1 (4. 24)†, 1 (4. 24) (ἕ. ἐν)†, 1 (4. 25), 1 *bis*, 2†, 2 (ἕ. νῦν)† : 4. 9, 12†, 12, 24 (ἕ. ἐν)†, 33, 34 (3. 1)*† : 5. 3 (17)††, 9 (23) : 6. 15 *bis*, 16, 21, 24† : 7. 23, 7†, 9 : 8. 8†, 65 : 9. 13, 21† : 10. 7 (ἕ. ὅτου), 12, 22 (9. 21)†, 26 *bis* : 11. 16 (ἕ. ὅτου)†, 16*†, 40* : 12. 5, 19, 24*†, 30 : 15. 20, 29†† : 17. 14, 17* : 18. 21 (ἕ. πότε), 26, 28, 29*†, 45 (ἕ. ὧδε), 45 (ἕ. ὧδε)†, 45† : 19. 8 : 22. 11*, 27††, 35 *bis*.

IV Ki. 2. 2, 6 (ἕ. εἰς)†, 17*, 22 : 3. 25†† : 4. 5*, 20, 22, 25†, 35 (ἕ. ἑπτάκις) : 6. 2, 25* : 7. 3*, 8, 9, 15 : 8. 6 (ἕ. τοῦ νῦν), 7 (ἕ. ὧδε), 11, 22 : 9. 18, 20 : 10. 17††, 26, 27 : 11. 11† : 13. 17, 19 : 14. 7, 13, 25 : 15. 5 : 16. 6, 11†† : 17. 9, 20*, 23*, 23, 34, 41 : 18. 4, 8 *ter*, 32* : 19. 3, 35† : 20. 17 : 21. 15†, 16* : 23. 2, 8 : 24. 7, 20*† : 25. 2, 26.

I Ch. 4. 31, 33, 39††, 39, 41, 43 : 5. 9, 10 (ἕ. πάντες)†, 11, 16, 22, 23, 26 : 6. 32 (17)* : 7. 28, 29 : 9. 18 : 11. 21 : 12. 15, 40 : 13. 5, 9, 11 : 14. 16 : 15. 2, 29 : 16. 3, 19*†, 36† : 17. 5, 12, 14 *bis*, 16, 22, 23, 24† : 19. 4, 5†† : 21. 2 : 22. 10 : 23. 13 *bis*, 25 : 28. 7, 8, 20†† : 29. 10.

II Ch. 5. 9 : 7. 8, 16† : 8. 8, 16* : 9. 6*, 26 *bis* : 10. 5, 19 : 14. 9 (8), 13 (12) : 15. 13 *bis*, 19 : 16. 12 (ἕ. σφόδρα), 14 (ἕ. σφόδρα)† : 17. 12 (ἕ. εἰς) : 18. 10**†, 10*†, 26††, 34 : 19. 4 : 20. 26 : 21. 10, 15* : 23. 8, 10 : 24. 10* : 25. 13, 23 : 26. 8, 8 (ἕ. ἄνω), 15 (ἕ. πόρρω), 15*, 21 : 28. 9 : 29. 16 (ἕ. εἰς)†, 28*, 34* *bis* : 30. 5, 10 : 31. 1 (ἕ. εἰς), 10 (ἕ. εἰς)† : 32. 24 : 34. 30 : 35. 14, 25 : 36. 16* *bis*, 20, 21††.

I Es. 1. 14, 32, 52**†, 58†† : 4. 55 : 5. 2††, 40*†, 40**†, 73 : 7. 4†, 5 : 8. 20 *bis*, 59††, 61*, 72, 75, 76, 85, 88†† : 9. 13††, 17, 40, 41.

II Es. 2. 63* : 3. 13 (ἕ. ἀπὸ μακρόθεν) : 4. 5, 24 : 5. 5*, 16 (ἕ. τοῦ νῦν†, ἕ. νῦν†) : 6. 15, 20 (ἕ. εἰς) : 7. 22 *ter*, 22† : 8. 28* : 9. 4, 6 (ἕ. εἰς), 7, 12 *bis*, 14 : 10. 3**†, 17†.

Ne. 1. 9† : 2. 6 (ἕ. πότε), 7*, 16 (ἕ. τότε) : 3. 1 *bis*, 7†, 8, 11, 13†, 15, 16 *ter*, 20, 21, 24 *bis*, 26, 27, 31, 31†, 31 (ἕ. ἀνὰ μέσον) : 4. 11 (ἕ. ὅτου), 21 : 5. 14 : 6. 1 : 7. 3 (ἕ. ἅμα), 65*†, 65**† : 8. 2, 3, 16, 17, 18 : 9. 5†, 32 : 11. 30† : 12. 23, 38†, 39†, 39 : 13. 1, 19 (ἕ. ὀπίσω)†.

To. 1. 14†††, 21* : 2. 4*†, 10*† : 4. 19† : 5. 3*†, 3 (ἕ. ὅτου)† : 6. 5* : 7. 11** : 8. 3 (ἕ. εἰς)† : 10. 7*†, 13*† *bis* : 13. 2† : 14. 4†, 5*†, 5†.

Ju. 1. 9 (ἕ. εἰς†), 10††, 10†††, 12††, 14, 15 : 2. 24††, 25 : 5. 17* : 6. 5*, 8* : 7. 3, 3†, 3 : 8. 13, 34†† : 10. 10* *bis*, 15*, 18* : 11. 19††, 21 : 12. 4**, 8*†, 14 : 13. 4, 13, 19 : 14. 8*, 10 : 15. 5, 5* : 16. 3†, 17.

Es. 1. 1, 1†, 5†, 20 : 2. 13 : 3. 12, 13 : 4. 2 : 5. 3, 6† : 7. 2 : 8. 9, 13.

Jb. 2. 7† : 4. 20† : 7. 4 (ἕ. πρωΐ), 18 (ἕ. τὸ πρωΐ)†, 19 (ἕ. τίνος), 19** : 14. 12**, 13**†, 14*†, 14**† : 19. 2 (ἕ. τίνος†, ἕ. πότε†) : 27. 5** : 32. 12† : 33. 21** : 39. 24** : 42. 5†.

Ps. 4. 2 (ἕ. πότε) : 6. 3 (ἕ. πότε) : 12 (13). 1 (ἕ. πότε) *bis*, 2 (ἕ. τίνος), 2 (ἕως πότε) : 13 (14). 1†, 3 : 15 (16). 7 : 17 (18). 37**, 50† : 18 (19). 6 : 27 (28). 9 : 35 (36). 5 : 37 (38). 6, 8 (ἕ. σφόδρα) : 41 (42). 4 : 48 (49). 19 *bis* : 52 (53). 3 : 56 (57). 1*, 10 *bis* : 57 (58). 7* : 59 (60). 9 : 60 (61). 6 : 61 (62). 3 (ἕ. πότε) : 68 (69). 1 : 70 (71). 18, 18**†, 18*†, 19 : 71 (72). 7*, 8 *bis* : 72 (73). 17* : 73 (74). 10 (ἕ. πότε) : 78 (79). 5 (ἕ. πότε) :

79 (80). 4 (ἕ. πότε), 11 *bis* : 81 (82). 2 (ἕ. πότε) : 88 (89). 4, 46 (ἕ. πότε) : 89 (90). 2, 13 (ἕ. πότε) : 93 (94). 3 (ἕ. πότε) *bis*, 13*, 15* : 99 (100). 5 : 102 (103). 17 : 103 (104). 23†, 33*† : 105 (106). 31, 48 : 106 (107). 18, 26 *bis* : 107 (108). 4, 10 : 109 (110). 1** : 111 (112). 8* : 112 (113). 2 : 113. 26 (115. 18) : 117 (118). 27 : 118 (119). 8 (ἕ. σφόδρα), 43 (ἕ. σφόδρα), 51 (ἕ. σφόδρα)†, 107 (ἕ. σφόδρα) : 120 (121). 8 : 122 (123). 2* : 124 (125). 2 : 130 (131). 2†, 3 : 131 (132). 5*, 12 : 132 (133). 3 : 134 (135). 8 : 136 (137). 7†, 7*† : 140 (141). 10**†, 10*† : 141 (142). 7* : 145 (146). 2* : 146 (147). 6 : 147. 4 (15)†.

Pr. 4. 18* : 6. 9 (ἕ. τίνος) : 7. 18 : 24. 10**†.

Ec. 2. 3*, 15† : 4. 2 (ἕ. τοῦ νῦν) : 7. 1 (6. 12)† : 12. 1 (ἕ. ὅτου *vel* οὗ)*, 2*, 6 (ἕως ὅτου).

Ca. 1. 12* : 2. 7*†, 7**†, 17* : 3. 4* *bis*, 5** : 4. 6* : 8. 4**.

Wi. 4. 19 : 10. 14*.

Si. 1. 22, 23 : 4. 17*, 28 : 6. 18 : 9. 12 : 10. 16† : 13. 7*, 23 : 16. 28 : 18. 22, 26 : 20. 7 : 21. 5 : 23. 16**, 17** *bis* : 24. 9, 32 (ἕ. εἰς) : 29. 5* : 30. 12*†, 29 (33. 20)* : 31 (34). 12 : 32 (35). 16, 17* *bis*, 18**, 18* *bis*, 19*†, 19**†, 20† : 37. 2, 30 : 39. 9 : 40. 1, 3†, 4, 8 : 42. 21*†, 22† : 44. 13, 21 *bis* : 45. 13 : 46. 9, 19 : 47. 7 (ἕ. σήμερον), 25*† : 48. 15*, 25 : 50. 19* : 51. 6, 14, 15†.

Ho. 5. 15* : 7. 4†† : 8. 5 (ἕ. τίνος) : 10. 12††.

Am. 6. 15 (14)† : 8. 12†, 12.

Mi. 1. 9 *ter*, 14, 15*, 15 : 4. 3 (ἕ. εἰς), 7 (ἕ. εἰς), 10 : 5. 3, 4 : 6. 5 : 7. 9††, 12 *ter*.

Jl. 2. 2.

Ob. 1. 7, 20 *bis*.

Jn. 2. 6 : 3. 5 : 4. 5*, 9.

Na. 1. 10†.

Hb. 1. 2 (ἕ. τίνος) : 2. 6 (ἕ. τίνος) : 3. 13.

Za. 1. 12 (ἕ. τίνος) : 5. 3, 3† : 9. 10† *bis* : 14. 5, 10†, 10 *quater*.

Ma. 1. 4, 11 : 2. 12*†, 12**† : 3. 10††.

Is. 1. 6 : 6. 11 (ἕ. πότε), 11** : 8. 9 (ἕ. ἐπ'†), 22 : 9. 7 (6)†, 13 (12)* : 10. 18 : 15. 4, 5†, 8 : 16. 8 : 22. 5, 14**, 24 : 25. 12 : 26. 4†, 5, 20** : 27. 12 : 30. 8 (ἕ. εἰς)†, 17**, 28 : 31. 4**†, 4*† : 32. 14, 15**, 17 : 33. 23* : 36. 17** : 38. 1, 13 (ἕ. πρωΐ), 13 : 39. 1, 6 : 42. 4** : 45. 17 : 46. 4, 4** : 48. 20† : 49. 6 : 55. 10**, 11** : 57. 9 : 62. 1**, 11 : 65. 6**.

Je. 1. 3 *bis* : 3. 25 : 4. 10†, 14 (ἕ. πότε), 18, 21 (ἕ. πότε) : 5. 6 : 6. 13†, 13 : 7. 7, 25 : 9. 10 (9), 16 (15)†††, 16 (15)*† : 12. 4 (ἕ. πότε), 12† : 13. 27 (ἕ. τίνος ἔτι) : 23. 20*†, 20**† *bis*, 26 (ἕ. πότε) : 24. 10** : 25. 3, 5, 16 (49. 37)†† : 27 (50). 3, 5 (ἕ. εἰς†) : 28 (51). 9, 62 : 29 (47). 6 (ἕ. τίνος) *bis* : 30. 11 (49. 33) : 31 (48). 34† *bis*, 34 : 32 (25). 33 (ἕ. εἰς)† : 34 (27). 8*†, 8**† : 37 (30). 24*, 24*† : 38 (31). 22 (ἕ. πότε), 34, 38, 39, 40 *ter* : 39 (32). 20, 31 : 41 (34). 5 : 42 (35). 6 : 43 (36). 2, 23* : 44 (37). 21* : 45 (38). 28 : 49 (42). 1, 8 : 51 (44). 10, 12, 27** : 52. 5, 11†, 11*†, 34.

Ba. 1. 4, 13, 19 : 4. 37 : 5. 5.

La. 3. 40, 50* : 5. 22 (ἕ. σφόδρα).

Ep. Je. 3.

Ez. 1. 27 (ἕ. κάτω) : 2. 3 : 4. 8*, 10, 11, 14 (ἕ. τοῦ νῦν) : 8. 2 (ἕ. κάτω) : 10. 5 : 20. 27, 29, 31, 47 : 21. 4 (9), 27 (32)* : 23. 38* : 24. 13* : 25. 15 : 28. 15*†, 15† : 29. 10 : 30. 6 : 33. 22*† : 37. 25† : 39. 15 (ἕ. ὅτου) : 41. 16, 17 (ἕ. πλησίον), 17, 20 : 46. 2, 17 : 47. 4 *bis*, 5*†, 8 (ἕ. ἐπί), 10, 19, 20 (ἕ. κατέναντι), 20 : 48. 1 (ἕ. πρός), 2†, 2 (ἕ. πρός)†, 3, 4, 5†, 6, 7, 8†, 8, 21 *bis*, 23, 24, 25, 26, 27, 28†, 28 (ἕ. πρός)†, 28.

Da. LXX. Su. 59* : 1. 21 : 2. 9**, 34 (ἕ. ὅτου) : 3. 1 : 4. 9 *bis*, 14**, 18, 29, 30 (ἕ. πρωΐ) : 6. 5 (6), 7 (8), 12 (13), 14 (15), 16 (17) (ἕ. πρωΐ), 26 (27) : 7. 4 (ἕ. ὅτου), 9 (ἕ. ὅτε), 12, 18, 22††, 25 *bis*, 26, 27 : 8. 10, 11*, 11 (ἕ. χαμαί), 13 (ἕ. τίνος), 14 : 9. 20*†, 26†, 27 *bis* : 10. 3†† : 11. 35, 36** : 12. 1, 4, 4**, 7, 10**.

Da. TH. 1. 21 : 2. 9*, 20, 34* : 3. 19* : 4. 5*, 8, 20*, 22*, 29*, 30* : 5. 21* : 6. 7 (8), 12 (13), 14 (15)†, 24 (25)*, 26 (27) : 7. 4*, 9 (ἕ. ὅτου), 11*, 12, 13, 18, 22*, 25, 26, 28 (ἕ. ὧδε) : 8. 6, 7, 8 (ἕ. σφόδρα), 10, 11*, 13 (ἕ. πότε), 14 : 9. 25, 26, 27† *bis*, 27 : 10. 3 : 11. 10, 24, 35, 45 : 12. 1, 4, 4*, 6 (ἕ. πότε), 9.

I Ma. 1. 3 : 2. 33 (ἕ. τοῦ νῦν), 38, 39 (ἕ. σφόδρα)†, 58 (ἕ. εἰς)† : 3. 7, 9, 16, 24, 26, 32, 33†† : 4. 4*†, 15 *bis*, 41**†, 41*† : 5. 19††, 21, 29 (ἕ. ἐπί), 31†, 45, 46, 53*, 54††, 60 : 6. 11, 22 (ἕ. πότε) : 7. 45†† : 8. 4*†, 10 : 9. 13†, 15, 43 : 10. 50*, 80 : 11. 7, 8, 59, 62, 73 *bis* : 12. 29 (ἕ. πρωΐ), 33 : 13. 30, 39 : 14. 10 (ἕ. ὅτου), 10, 16, 41†† : 16. 2, 9*†, 9†††, 10 (ἕ. εἰς)†.

II Ma. 2. 7** : 4. 4† : 5. 25 : 6. 17 : 13. 24.

III Ma. 6. 38 *bis* : 7. 18 (ἕ. εἰς *vel* ἐπί).

IV Ma. 1. 9 : 7. 3* : 14. 19 : 16. 3†.

[**Aq.** GE. 41. 49* : 49. 10** : EX. 18. 14 : NU. 14. 33** : 21. 26 : DT. 2. 23 : 31. 24 : JO. 2. 22* : JD. 3. 3 : 7. 22 : I KI. 14. 9†† : II KI. 2. 17 (ἕ. σφόδρα) : 6. 6 : 15. 32 : 23. 19 : III KI. 4. 21 (5. 1) : 7. 7 (44), 9 (46) : 14. 10†† : 22. 16 : IV KI. 16. 11†† : JB. 14. 14** : 20. 5 : 38. 16 : PS. 4. 3 (ἕ. πότε) : 12 (13). 2 (ἕ. πότε) *bis* : 41 (42). 5 : 56 (57). 2** : 61 (62). 4 (ἕ. τίνος) : 70 (71). 19 : 71 (72). 7* : 88. (89). 47 (ἕ. πότε) : 140 (141). 10* : 141 (142). 8* : PR. 1. 22 (ἕ. πότε) : 4. 18 : 6. 9 (ἕ. πότε) : CA. 2. 17* : 4. 6* : IS. 5. 8 : 9. 7 (6) : 26. 4 : 27. 12 : 32. 17 : 38. 12 : 57. 9 (ἕ. εἰς), 9 : 62. 7* *bis* : 64. 9 (8) (ἕ. σφόδρα), 12 (11) (ἕ. σφόδρα) : 65. 18 : JE. 33 (40). 12 : 35 (42). 14 : 38 (45). 28 : 43 (50). 7 : 47 (29). 5 (ἕ. πότε) : 50 (27). 39 : 51 (28). 9 *bis*, 64 (ἕ. ἐνταῦθα) : 52. 11 : EZ. 37. 25 : 43. 14 *bis* : 47. 3 : DA. 9. 27 : ZA. 9. 10 *bis*.]

[**Sm.** GE. 12. 6 : 41. 49* : EX. 18. 14 : NU. 21. 26 : DT. 4. 49 : JO. 2. 22* : 10. 13* : 11. 8 : JD. 3. 3 : I KI. 6. 18 *bis* : II KI. 2. 17 (ἕ. σφόδρα) : 23. 19 : III KI. 4. 21 (5. 1) : 7. 9 (46) : 18. 21 (ἕ. πότε) : IV KI. 16. 11†† : JB. 14. 12*, 14** : 23. 3 : 38. 11 (ἕ. ὧδε), 16 : PS. 4. 3 (ἕ. πότε) : 12 (13). 2 (ἕ. πότε) *bis* : 41 (42). 5 : 48 (49). 20 : 56 (57). 2** : 61 (62). 4 (ἕ. τίνος) : 68 (69). 2 : 70 (71). 19 : 71 (72). 7 : 72 (73). 17* : 88 (89). 5, 47 (ἕ. τίνος) : 89 (90). 13 (ἕ. πότε) : 117 (118). 27 : PR. 4. 18 : 6. 9 (ἕ. πότε) : IS. 5. 8†† : 10. 18 : 27. 12 : 32. 17 : 33. 23 : 38. 12 : 56. 11 : 57. 9 (ἕ. εἰς), 9 : 62. 7* *bis* : 64. 9 (8) (ἕ. σφόδρα), 12 (11) (ἕ. σφόδρα) : 65. 18 : JE. 25. 31 (32. 17) : 43 (50). 7 : 47 (29). 5 (ἕ. πότε) : 50 (27). 39 : 51 (28). 9 : 52. 11 : EZ. 5. 2** : 47. 3, 4 : DA. 9. 26, 27 : 11. 45 : AM. 1. 11 : MI. 1. 15.]

[**Th.** GE. 49. 10** : EX. 18. 14 : NU. 21. 26 : JO. 2. 22* : JD. 4. 11 : 15. 5 : JB. 14. 12*, 14** : PS. 12 (13). 2 (ἕ. πότε) : PR. 4. 18 : 6. 9 (ἕ. πότε) : 7. 23* : IS. 5. 8†† : 26. 5 : 27. 12 : 32. 17 : 38. 12, 13 (ἕ. πρωΐ) : 56. 11 : 57. 9 (ἕ. εἰς), 9 : 62. 7* *bis* : 64. 9 (8) (ἕ. σφόδρα), 12 (11) (ἕ. σφόδρα) : 65. 18 : JE. 8. 10 *bis* : 11. 7 : 27 (34). 22 : 32 (39). 5* : 35 (42). 14 : 38 (45). 28 : 48 (31). 47 : EZ. 37. 25 : 47. 3 : DA. 4. 5* : 6. 14 (ἕ. πρός†) : 7. 18, 18†, 28 (ἕ. ὧδε) : 8. 11*, 11 : 9. 24†††. 26, 27 : 11. 10, 45.]

[**Al.** EX. 9. 27 (ἕ. τοῦ νῦν) : LE. 8. 33 : NU. 32. 9 : DT. 4. 48, 49 : 7. 23* : JO. 7. 5 : II KI. 2. 26 : IV KI. 8. 11* : I CH. 17. 16 (ἕ. ἐνταῦθα) : II CH. 18. 10** : PS. 48 (49). 20 : CA. 2. 7** : DA. 9. 27 *bis* : HB. 3. 13.]

[**Heb.** JB. 33. 21** : ZA. 9. 10.]

[**Sam.** DT. 34. 3.]

[**Quint.** IV KI. 16. 12†† : CA. 6. 3 (4)*.]

[**Sext.** PS. 70 (71). 19.]

ἑωσφόρος. (1) בֹּקֶר (2) הֵילֵל (3) נֶשֶׁף (4) *a.* שַׁחַר *b.* מִשְׁחָר

I Ki. 30. 17. *ἀπὸ ἑωσφόρου ἕως δείλης* (3)

Jb. 3. 9. *καὶ μὴ ἴδοι ἑωσφόρον ἀνατέλλοντα* (4 *a*)

11. 17. *ἡ δὲ εὐχή σου ὥσπερ ἑωσφόρος* (1)

38. 12. *ἑωσφόρος δὲ εἶδε* [A *ἐπίδεν*] *τὴν ἑαυτοῦ τάξιν* (4 *a*)

41. 9 (10). *οἱ δὲ ὀφθαλμοὶ αὐ. εἶδος ἑωσφόρου* (4 *a*)

Ps. 109 (110). 3. *ἐκ γαστρὸς πρὸ ἑωσφόρου ἐγέννησά* [S^1 *ἐξεγ.*] *σε* (4 *b*)

Is. 14. 12. *ἐξέπεσεν ἐκ τοῦ οὐρανοῦ ὁ ἑ. ὁ πρωῒ ἀνατέλλων* (2)

[**Aq., Sm., Th.** JB. 41. 10.]

Z

ζακχόν. (1) גַּנְזַךְ

I Ch. 28. 11. R *τὸ παράδειγμα . . . τῶν ζακχῶν* [A^2 B *ζακχώ*] (1)

— 20. A R *τὸ παράδειγμα . . . ζακχὼ* [B *σακ.*] *αὐτοῦ* –

ζακχώ. (1) גַּנְזַךְ

I Ch. 28. 11. R *καὶ τῶν ζακχῶν* [A^2 B *-χὼ*] *αὐ.* (1)

ζέα. (1) כֻּסֶּמֶת

Is. 28. 25. *καὶ ζέαν ἐν τοῖς ὁρίοις σου* (1)

[**Aq., Sm.** Ez. 4. 9.]

ζεβούβ.

[**Hebr.** IV KI. 1. 2.]

ζεῖν. (1) רוּם (2) *a.* רָתַח pi. *b.* רֶתַח

Ex. 16. 20. A^2 *ἔζεσεν* [B *ἐξέζεσε*] *σκώληκας* (1)

Jb. 32. 19. *ὥσπερ ἀσκὸς γλεύκους ζέων* [A *γέμων*] *δεδεμένος* †

Ez. 24. 5. R *ἔζεσε* [B *add.* *ἔζεσεν*, A *add.* *καὶ ἐξέζεσεν*] (2 *a*, 2 *b*)

IV Ma. 18. 20. *λέβησιν ὠμοῖς καὶ ζέουσι θυμοῖς*

[**Al.** LE. 7. 9.]

ζέμα, *cf.* **ζέμμα.** (1) זִמָּה

Jd. 20. 6. *ἐποίησαν ζέμα καὶ ἀπόπτωμα* [A *al.*] (1)

ζέμμα, *cf.* **ζέμα.** (1) זִמָּה

Ez. 24. 13. A *ἐν τῇ ἀκαθαρσίᾳ σου ζ.* (1)

[**Aq., Sm.** Ez. 24. 13.]

[**Th.** LE. 18. 17 : EZ. 16. 27 : 22. 9 : 23. 29.]

[**Al.** LE. 19. 29 : 20. 14.]

ζεστός.

[**Aq.** LE. 6. 21 (14).]

[**Al.** LE. 7. 12.]

ζευγίζειν.

I Ma. 1. 15. A S^1 *ἐζευγίσθησαν* [S^2 R *ἐζεύχθησαν*] *τοῖς ἔθνεσι*

[**Aq., Th.** NU. 25. 3.]

ζευγνύειν (-ύναι). (1) אָסַר (2) צָמַד pu.

Ge. 46. 29. *ζεύξας δὲ Ἰωσὴφ τὰ ἅρματα αὐτοῦ* (1)

Ex. 14. 6. *ἔζευξεν οὖν Φαραὼ τὰ ἅρματα αὐτοῦ* (1)

I Ki. 6. 7. *ζεύξατε τὰς βόας ἐν τῇ ἁμάξῃ* (1)

— 10. *ἔζευξαν αὐτὰς ἐν τῇ ἁμάξῃ* (1)

II Ki. 20. 8. *μάχαιραν ἐζευγμένην ἐπὶ τῆς ὀσφύος αὐ.* (2)

III Ki. 18. 44. *ζεῦξον τὸ ἅρμα σου* (1)

IV Ki. 9. 21. *εἶπεν Ἰ., Ζεῦξον καὶ ἔζευξεν* [A *-αν*] *ἅρμα* (1, 1)

Ju. 15. 11. *ἔζευξε τὰς ἁμάξας αὐτῆς* –

I Ma. 1. 15. S^2 R *ἐζεύχθησαν* [A S^1 *ἐζευγίσθησαν*] *τοῖς ἔθνεσι*

ζεῦγος. (1) עֵרֶךְ (2) צֶמֶד (3) שְׁתַּיִם

Le. 5. 11. ζ. τρυγόνων ἢ δύο νοσσοὺς περιστερῶν (3)
Jd. 17. 10. A ζεῦγος ἱματίων [B στολὴν ἱ.] (1)
19. 3, 10. ζεῦγος ὄνων [A ὑποζυγίων] (2)
II Ki. 16. 1. ζεῦγος ὄνων ἐπισεσαγμένων (2)
III Ki. 19. 19. δώδεκα ζεύγη [A βοῶν] ἐνώπιον αὐτοῦ (2)
— 21. ἔλαβε τὰ ζ. [A τὸ ζ.] τῶν βοῶν (2)
IV Ki. 5. 17. γόμορ ζεῦγος [A -ους, B^1 -η] ἡμιόνων (2)
9. 25. ἐγὼ καὶ σὺ ἐπιβεβηκότες ἐπὶ ζεύγη (2)
Jb. 1. 3. ἦν τὰ κτήνη αὐτοῦ . . . ζεύγη βοῶν πεντακόσια (2)
— 14. τὰ ζ. τῶν βοῶν ἠροτρία –
42. 12. ἦν δὲ τὰ κτήνη αὐτοῦ . . . ζεύγη βοῶν χίλια (2)
Is. 5. 10. οὗ γὰρ ἐργῶνται δέκα ζεύγη βοῶν (2)
[Aq. Jd. 17. 10: III Ki. 19. 21: Je. 51 (28). 23.]
[Sm. Jd. 17. 10: Is. 21. 7: Je. 51 (28). 23.]
[Th. Jd. 17. 10.]
[Hebr. III Ki. 19. 21.]

ζηλεῖν (?), *vid.* **ζηλοῦν.**

ζῆλος. (1) קִנְאָה

Nu. 25. 11. ἐν τῷ ζηλῶσαί μου τὸν ζ. (1)
— 11. οὐκ ἐξανήλωσα . . . ἐν τῷ ζ. μου (1)
De. 29. 20 (19). ἐκκαυθήσεται ὀργὴ κυρίου καὶ ὁ ζ. αὐτοῦ (1)
IV Ki. 19. 31. ὁ ζ. κυρίου τῶν δυνάμεων ποιήσει τοῦτο (1)
Ju. 9. 4. ἐζήλωσαν τὸν ζ. σου –
Jb. 5. 2. πεπλανημένον δὲ θανατοῖ ζῆλος (1)
Ps. 68 (69). 9. B^{1}S^1 ὁ ζ. τοῦ οἴκου σου καταφάγεται [B^{3}S^{2}R -έφαγέ] με (1)
78 (79). 5. ἐκκαυθήσεται ὡς πῦρ ὁ ζ. σου (1)
118 (119). 139. A^{2}S^1 ἐξέτηξέ με ὁ ζ. τοῦ οἴκου σου [A^{1}S^{2}R ζ. σου] (1)
Pr. 6. 34. AB μεστὸς γὰρ ζήλου θυμὸς ἀνδρὸς αὐτῆς (1)
27. 4. BS οὐδένα [AR οὐδὲν] ὑφίσταται ζῆλος (1)
Ec. 4. 4. ASR αὐτὸ ζῆλος ἀνδρὸς [B -ρὶ] ἀπὸ τοῦ ἑταίρου αὐ. (1)
9. 6. καί γε ζῆλος αὐτῶν ἤδη ἀπώλετο (1)
Ca. 8. 6. σκληρὸς [A -ὸν] ὡς ᾅδης ζῆλος (1)
Wi. 5. 17. λήψεται πανοπλίαν τὸν ζῆλον [S^1 τὸ ζῆλος] αὐτοῦ
Si. 30. 24. ζῆλος καὶ θυμὸς ἐλαττοῦσιν ἡμέρας
40. 5. θυμὸς καὶ ζῆλος καὶ ταραχὴ
48. 2. τῷ ζ. αὐτοῦ ὠλιγοποίησεν αὐτούς
Ze. 1. 18. AR ἐν πυρὶ ζήλου [BS -λους] αὐτοῦ (1)
3. 8. SR ἐν πυρὶ ζήλου [B^1 -λους, AB^2 τοῦ ζ.] μου (1)
Za. 1. 14: 8. 2. ἐζήλωκα τὴν Ἰ. . . . ζῆλον μέγαν (1)
Is. 9. 7 (6). ὁ ζ. κυρίου σαβαὼθ ποιήσει ταῦτα (1)
11. 13. ἀφαιρεθήσεται ὁ ζ. [A ζυγὸς] Ἐφραὶμ (1)
26. 11. ζ. λήψεται λαὸν ἀπαίδευτον (1)
37. 32. ὁ ζ. κυρίου σαβαὼθ ποιήσει ταῦτα (1)
42. 13. ἐπεγερεῖ ζῆλον (1)
63. 15. ποῦ ἐστιν ὁ ζ. σου (1)
Ez. 5. 13. λελάληκα ἐν ζήλῳ [A τῷ ζ.] μου (1)
8. 5. A ἡ εἰκὼν τοῦ ζ. τούτου (1)
16. 38. ἐν αἵματι θυμοῦ καὶ ζήλου [A *al.*] (1)
— 42. ἐξαρθήσεται ὁ ζ. μου ἐκ σοῦ (1)
23. 25. δώσω τὸν ζ. μου ἐν σοί (1)
35. 11. A κατὰ τὸν ζ. σου ὃν ἐποίησας (1)
36. 6. ἐγὼ ἐν τῷ ζ. μου . . . ἐλάλησα (1)
38. 19. ἀναβήσεται ὁ θυμός μου καὶ ὁ ζ. μου (1)
I Ma. 2. 54. ἐν τῷ ζηλῶσαι ζῆλον
— 58. AR ἐν τῷ ζηλῶσαι ζῆλον νόμου [S νόμον ζήλους]
8. 16. οὐκ ἔστι φθόνος οὐδὲ ζ. ἐν αὐτοῖς
[Aq. Ps. 118 (119). 139: Pr. 14. 30: Is. 59. 17: Ez. 8. 3.]
[Sm. Jb. 36. 33: Pr. 14. 30: Is. 59. 17.]
[Th. Pr. 14. 30: Is. 59. 17: Ez. 8. 3: 35. 11.]
[Al. IV Ki. 10. 16: Pr. 3. 31: 27. 4.]

ζηλοτυπεῖν.

[Al. Nu. 5. 29.]

ζηλοτυπία. (1) קְנָאֹת (pl.)

Nu. 5. 15. ἔστι γὰρ θυσία ζηλοτυπίας (1)
— 18. καὶ δώσει . . . τὴν θυσίαν τῆς ζ. (1)
Nu. 5. 25. λήψεται ὁ ἱερεὺς . . . τὴν θυσίαν τῆς ζ. (1)
— 29. οὗτος ὁ νόμος τῆς ζ. (1)

ζηλοῦν (-εῖν?). (1) אִשֵּׁר pi. (2) בָּחַר (3) נָאַץ (4) *a.* קִנֵּא pi. *b.* קַנּוֹא *c.* קִנְאָה

Ge. 26. 14. ἐζήλωσαν δὲ αὐτὸν οἱ Φυλιστιεὶμ (4 *a*)
30. 1. καὶ ἐζήλωσε Ῥαχὴλ τὴν ἀδελφὴν αὐτῆς (4 *a*)
37. 11. ἐζήλωσαν δὲ αὐτὸν οἱ ἀδελφοὶ αὐτοῦ (4 *a*)
Nu. 5. 14 *bis*, 30. ζηλώσῃ τὴν γυναῖκα αὐτοῦ (4 *a*)
11. 29. μὴ ζηλοῖς σὺ ἐμέ [A μοι] (4 *a*)
25. 11. ἐν τῷ ζηλῶσαί μου τὸν ζῆλον (4 *a*)
— 13. ἀνθ' ὧν ἐζήλωσε τῷ θεῷ αὐτοῦ (4 *a*)
De. 32. 19. καὶ εἶδε κύριος καὶ ἐζήλωσε (3)
Jo. 24. 19. ζηλώσας οὗτος οὐκ ἀνήσει τὰ ἁμαρτήματα (4 *b*)
II Ki. 21. 2. ἐν τῷ ζηλῶσαι αὐτὸν τοὺς υἱοὺς Ἰ. (4 *a*)
III Ki. 19. 10. ζηλῶν ἐζήλωκα [A -σα] τῷ κ. παντοκράτορι (4 *a*, 4 *a*)
— 14. ζηλῶν ἐζήλωκα [A -σα] τῷ κ. παντοκράτορι (4 *a*, 4 *a*)
IV Ki. 10. 16. ἐν τῷ ζηλῶσαί με τῷ κυρίῳ (4 *c*)
— 18. AB ἐζήλωσεν [R συνήθροισεν] Ἰοὺ πάντα τὸν λαὸν †
Ju. 9. 4. ἐζήλωσαν τὸν ζῆλόν σου
Ps. 36 (37). 1. μηδὲ ζήλου τοὺς ποιοῦντας τὴν ἀνομίαν (4 *a*)
72 (73). 3. ἐζήλωσα ἐπὶ τοῖς ἀνόμοις (4 *a*)
Pr. 3. 31. μηδὲ ζηλώσῃς [A -σῃ] τὰς ὁδοὺς αὐ. (2)
4. 14. μηδὲ ζηλώσῃς ὁδοὺς παρανόμων (1 ?)
6. 6. ζήλωσον ἰδὼν τὰς ὁδοὺς αὐτοῦ –
23. 17. μὴ ζηλούτω ἡ καρδία σου ἁμαρτωλούς (4 *a*)
24. 1. μὴ ζηλώσῃς κακοὺς ἄνδρας (4 *a*)
— 19. μηδὲ ζήλου ἁμαρτωλούς (4 *a*)
Wi. 1. 12. μὴ ζηλοῦτε θάνατον ἐν πλάνῃ ζωῆς ὑμῶν
Si. 9. 1. μὴ ζήλου γυναῖκα τοῦ κόλπου σου
— 11. μὴ ζηλώσῃς δόξαν ἁμαρτωλοῦ
37. 10. ἀπὸ τῶν ζηλούντων σε κρύψον βουλήν
45. 18. ἐζήλωσαν αὐτὸν ἐν τῇ ἐρήμῳ
— 23. ἐν τῷ ζηλῶσαι αὐτὸν ἐν φόβῳ κυρίου
51. 18. ἐζήλωσα τὸ ἀγαθόν
Jl. 2. 18. καὶ ἐζήλωσε κύριος τὴν γῆν αὐτοῦ (4 *a*)
Za. 1. 14. ἐζήλωκα [S -σα] τὴν Ἰ. καὶ τὴν Σ. ζῆλον μέγαν (4 *a*)
8. 2. ἐζήλωκα [A -σα, S -ησα] τὴν Ἰ. . . . ζῆλον μέγαν (4 *a*)
— 2. θυμῷ μεγάλῳ ἐζήλωκα [AS -σα] αὐτήν (4 *a*)
Is. 11. 11. τοῦ ζηλῶσαι τὸ καταλειφθὲν ὑπόλοιπον τοῦ λαοῦ †
— 13. Ἐφραὶμ οὐ ζηλώσει Ἰούδαν (4 *a*)
● Ez. 31. 9. ἐζήλωσαν αὐτὸν τὰ ξύλα τοῦ παραδείσου (4 *a*)
39. 25. ζηλώσω διὰ τὸ ὄνομα τὸ ἅγιόν μου (4 *a*)
I Ma. 2. 24. εἶδε Ματταθίας καὶ ἐζήλωσε
— 26. ἐζήλωσε [S^1 ἔδωκαν] τῷ νόμῳ
— 27. πᾶς ὁ ζηλῶν τῷ νόμῳ
— 50. καὶ νῦν, τέκνα, ζηλώσατε τῷ νόμῳ
— 54. ἐν τῷ ζηλῶσαι ζῆλον
— 58. AR ἐν τῷ ζηλῶσαι ζῆλον νόμου [S νόμον ζήλους]
II Ma. 4. 16. ὧν ἐζήλουν τὰς ἀγωγάς
[Aq. Dt. 32. 16: II Ki. 21. 2.]
[Sm., Th. II Ki. 21. 2.]

ζήλωσις. (1) קִנְאָה

Nu. 5. 14 *bis*. ἐπέλθῃ αὐτῷ πνεῦμα ζηλώσεως (1)
— 30. ἐπέλθῃ ἐπ' αὐτὸν [S^3 αὐτῷ] πνεῦμα ζηλώσεως (1)
Wi. 1. 10. οὖς [S^1 οὐ] ζηλώσεως ἀκροᾶται τὰ πάντα
[Sm. Ps. 118 (119). 139.]

ζηλωτής. (1) *a.* קַנָּא *b.* קַנּוֹא

Ex. 20. 5. θεὸς ζ. (1 *a*)
34. 14. θεὸς ζ. ἐστι (1 *a*)
De. 4. 24. κύριος ὁ θεός σου . . . θεὸς ζ. (1 *a*)
5. 9. κύριος ὁ θεός σου θεὸς ζ. (1 *a*)
6. 15. ὅτι θεὸς ζ. κύριος ὁ θεός σου (1 *a*)
I Es. 8. 72. A ὅσοι ἦσαν ζηλωταί
Na. 1. 2. θεὸς ζηλωτὴς καὶ ἐκδικῶν κύριος (1 *b*)
II Ma. 4. 2. ζηλωτὴν τῶν νόμων
IV Ma. 18. 12. ἔλεγε δὲ ὑμῖν τὸν ζ. Φινεές

ζηλωτός. (1) קַנָּא

Ge. 49. 22. υἱὸς ηὐξημένος μου [A *om.*] ζ. †
Ex. 34. 14. ζ. ὄνομα θεὸς ζηλωτής ἐστι (1)

ζημία. (1) *a.* עֹנֶשׁ *b.* עָנַשׁ *c.* עָנַשׁ ni.

IV Ki. 23. 33. AR ζημίαν ἐπὶ τὴν γῆν (1 *a*)
I Es. 8. 24. AR κολασθήσονται . . . ἀργυρικῇ [B -ρίῳ] ζημίᾳ
II Es. 7. 26. εἰς ζημίαν τοῦ βίου (1 *b*)
Pr. 27. 12. ἄφρονες δὲ ἐπελθόντες [A ἐλθ.] ζημίαν τίσουσιν (1 *c*)
II Ma. 4. 48. τὴν ἄδικον ζ. ὑπέσχον
[Sm. Ps. 54 (55). 12.]

ζημιοῦν. (1) נָשָׂא עֹנֶשׁ (2) עָנַשׁ *a.* qal. *b.* ni.

Ex. 21. 22. ἐπιζήμιον ζημιωθήσεται (2 *b*)
De. 22. 19. ζημιώσουσιν αὐτὸν ἑκατὸν σίκλους (2 *a*)
I Es. 1. 36. ἐζημίωσε τὸ ἔθνος ἀργυρίου ταλάντοις
Pr. 17. 26. ζημιοῦν ἄνδρα δίκαιον οὐ καλόν (2 *a*)
19. 19. BS κακόφρων ἀνὴρ ζημιωθήσεται [AR πολλὰ ζ.] (1)
21. 11. ζημιουμένου ἀκολάστου πανουργότερος γίνεται ὁ ἄκακος (2 *a*)
22. 3. οἱ δὲ ἄφρονες παρελθόντες ἐζημιώθησαν (2 *b*)

ζῆν, *cf.* ζώειν. (1) חָזַק (2) חָיָה *a.* qal. *b.* pi. *c.* hi. *d.* **ζῆν ποιεῖν** חָיָה pi. *e.* חָיָה (3) חַי (4) חַיָּה subst. (5) נָצַב ni. (6) מִחְיָה (7) הָיָה (8) חַיּוּת (9) **μακρὸν χρόνον ζῆν** הֶאֱרִיךְ יָמִים

Ge. 1. 20. ἑρπετὰ ψυχῶν ζωσῶν (3)
— 24. ἐξαγαγέτω ἡ γῆ ψυχὴν ζῶσαν κατὰ γένος (3)
2. 7. ἐγένετο ὁ ἄνθρωπος εἰς ψυχὴν ζῶσαν (3)
— 19. πᾶν ὃ ἐὰν ἐκάλεσεν . . . ψυχὴν ζῶσαν (3)
3. 20. ὅτι μήτηρ πάντων τῶν ζώντων (3)
— 22. καὶ ζήσεται εἰς τὸν αἰῶνα (2 *a*)
5. 3. ἔζησε δὲ Ἀδὰμ τριάκ. καὶ διακ. ἔτη (2 *a*)
— 4. R αἱ ἡμέραι Ἀδὰμ ἃς ἔζησε [R *om.* ἃς ἔ.] –
— 5. πᾶσαι αἱ ἡμέραι Ἀδὰμ ἃς ἔζησε (2 *a*)
— 6. ἔζησε δὲ Σὴθ πέντε καὶ διακ. ἔτη (2 *a*)
— 7. καὶ ἔζησε Σὴθ μετὰ τὸ γεννῆσαι (2 *a*)
— 9. καὶ ἔζησεν Ἐνὼς ἔτη ἑκατὸν ἐννεν. (2 *a*)
— 10. καὶ ἔζησεν Ἐνὼς μετὰ τὸ γεννῆσαι (2 *a*)
— 12. καὶ ἔζησε Καϊνᾶν ἑκ. ἑβδ. ἔτη (2 *a*)
— 13. καὶ ἔζησε Καϊνᾶν μετὰ τὸ γεννῆσαι (2 *a*)
— 15. καὶ ἔζησε Μαλελεὴλ . . . ἔτη (2 *a*)
— 16. καὶ ἔζησε Μαλελεὴλ μετὰ τὸ γεννῆσαι (2 *a*)
— 18. καὶ ἔζησεν Ἰάρεδ . . . ἔτη (2 *a*)
— 19. καὶ ἔζησεν Ἰάρεδ μετὰ τὸ γεννῆσαι (2 *a*)
— 21. καὶ ἔζησεν Ἐνὼχ . . . ἔτη (2 *a*)
— 25. καὶ ἔζησε Μαθουσάλα . . . ἔτη (2 *a*)
— 26. καὶ ἔζησε Μαθουσάλα μετὰ τὸ γεννῆσαι (2 *a*)
— 27. πᾶσαι αἱ ἡμέραι Μαθουσάλα ἃς ἔζησεν –
— 28. καὶ ἔζησε Λάμεχ . . . ἔτη (2 *a*)
— 30. καὶ ἔζησε Λάμεχ μετὰ τὸ γεννῆσαι (2 *a*)
8. 21. πατάξαι πᾶσαν σάρκα ζῶσαν (3)
9. 3. πᾶν ἑρπετὸν ὅ ἐστι ζῶν (3)
— 10. καὶ πάσῃ ψυχῇ ζώσῃ μεθ' ὑμῶν (3)
— 12. καὶ ἀνὰ μέσον πάσης ψυχῆς ζώσης (3)
— 15. ἀνὰ μέσον πάσης ψυχῆς ζώσης ἐν πάσῃ σαρκί (3)
— 16. ἀνὰ μέσον ψυχῆς ζώσης ἐν πάσῃ σαρκί (3)
— 28. ἔζησε δὲ Νῶε . . . ἔτη (2 *a*)
11. 11. καὶ ἔζησε Σὴμ μετὰ τὸ γεννῆσαι (2 *a*)
— 12. καὶ ἔζησεν Ἀρφαξὰδ . . . ἔτη (2 *a*)
— 13. καὶ ἔζησεν Ἀρφαξὰδ μετὰ τὸ γεννῆσαι (2 *a*)
— 13. καὶ ἔζησε Καϊνᾶν . . . ἔτη –
— 13. καὶ ἔζησε Καϊνᾶν μετὰ τὸ γεννῆσαι –
— 14. καὶ ἔζησε Σαλὰ . . . ἔτη (2 *a*)
— 15. καὶ ἔζησε Σαλὰ μετὰ τὸ γεννῆσαι (2 *a*)
— 16. καὶ ἔζησεν Ἔβερ . . . ἔτη (2 *a*)
— 17. καὶ ἔζησεν Ἔβερ μετὰ τὸ γεννῆσαι (2 *a*)
— 18. καὶ ἔζησε Φαλὲκ . . . ἔτη (2 *a*)
— 19. καὶ ἔζησε Φαλὲκ μετὰ τὸ γεννῆσαι (2 *a*)
— 20. καὶ ἔζησε Ῥαγαῦ . . . ἔτη (2 *a*)
— 21. καὶ ἔζησε Ῥαγαῦ μετὰ τὸ γεννῆσαι (2 *a*)
— 22. καὶ ἔζησε Σεροὺχ . . . ἔτη (2 *a*)
— 23. καὶ ἔζησε Σεροὺχ μετὰ τὸ γεννῆσαι (2 *a*)
— 24. καὶ ἔζησε Ναχὼρ ἔτη (2 *a*)
— 25. καὶ ἔζησε Ναχὼρ μετὰ τὸ γεννῆσαι (2 *a*)
— 26. καὶ ἔζησε Θάρρα . . . ἔτη (2 *a*)
12. 13. καὶ ζήσεται ἡ ψυχή μου ἕνεκεν σοῦ (2 *a*)
17. 18. Ἰσμαὴλ οὗτος ζήτω ἐναντίον σου (2 *a*)
19. 19. τοῦ ζῆν τὴν ψυχήν μου (2 *c*)
— 20. καὶ ζήσεται ἡ ψυχή μου ἕνεκεν σοῦ (2 *a*)
20. 7. καὶ προσεύξεται περὶ σοῦ καὶ ζήσῃ (2 *a*)
21. 19. καὶ εἶδε φρέαρ ὕδατος ζῶντος –

● = correction on page xxvi

Ge. 25. 6. ἔτι ζῶντος αὐτοῦ (3)
— 7. A τὰ ἔτη ἡμερῶν ζωῆς ʽΑ. ὅσα ἔζησεν (2 *a*)
26. 19. εὗρον ἐκεῖ φρέαρ ὕδατος ζῶντος (3)
27. 40. καὶ ἐπὶ τῇ μαχαίρᾳ σου ζήσῃ (2 *a*)
— 46. A ἵνα τί μοι ζῆν [R τὸ ζ.] (3)
31. 32. οὐ ζήσεται ἐναντίον τῶν ἀδελφῶν ἡμῶν (2 *a*)
35. 28. αἱ ἡμέραι Ἰσαὰκ ἃς ἔζησεν –
42. 2. A ἵνα ζῶμεν [R ζήσωμεν] (2 *a*)
— 18. τοῦτο ποιήσατε καὶ ζήσεσθε (2 *a*)
43. 7. εἰ ἔτι ὁ πατὴρ ὑμῶν ζῇ (3)
— 8. ἵνα ζῶμεν καὶ μὴ ἀποθάνωμεν (2 *a*)
— 27. εἰ ὑγιαίνει ὁ πατὴρ ὑμῶν . . . ἔτι ζῇ (3)
— 28. ὑγιαίνει ὁ πατὴρ ἡμῶν ἔτι ζῇ (3)
45. 3. ἔτι ὁ πατήρ μου ζῇ (3)
— 26. ὅτι ὁ υἱός σου Ἰωσὴφ ζῇ (3)
— 28. μέγα μοί ἐστιν εἰ ἔτι ὁ υἱός μου Ἰ. ζῇ (3)
46. 30. ἔτι γὰρ σὺ ζῇς (3)
47. 19. B^{2}R καὶ ζῶμεν [A ζήσωμεν] καὶ μὴ ἀποθάνωμεν (2 *a*)
50. 22. καὶ ἔζησεν Ἰωσὴφ ἔτη ἑκατὸν δέκα (2 *a*)
Ex. 4. 18. καὶ ὄψομαι εἰ ἔτι ζῶσι (3)
19. 13. ἐάν τε κτῆνος ἐάν τε ἄνθρωπος οὐ ζήσεται (2 *a*)
21. 35. ἀποδώσονται τὸν ταῦρον τὸν ζῶντα (3)
22. 4 (3). ἀπό τε ὄνου ἕως προβάτου ζῶντα (3)
33. 20. οὐ γὰρ μὴ ἴδῃ ἄνθρ. τὸ πρ. μου καὶ ζήσεται (2 *a*)
Le. 11. 10. ἀπὸ πάσης ψυχῆς ζώσης ἐν τῷ ὕδ. (3)
13. 10. ἀπὸ τοῦ ὑγιοῦς τῆς σαρκὸς τῆς ζώσης (3)
— 14. ᾗ ἂν ἡμέρᾳ ὀφθῇ ἐν αὐτῷ χρὼς ζῶν (3)
14. 4. δύο ὀρνίθια ζῶντα καθαρά (3)
— 5. σφάξουσι τὸ ὀρνίθιον τὸ ἓν . . . ἐφ' ὕδατι ζῶντι (3)
— 6. τὸ ὀρνίθιον τὸ ζῶν λήψεται αὐτό (3)
— 6. βάψει αὐτὰ καὶ τὸ ὀρνίθιον τὸ ζῶν (3)
— 6. τοῦ σφαγέντος ἐφ' ὕδατι ζῶντι (3)
— 7. ἐξαποστελεῖ τὸ ὀρνίθιον τὸ ζῶν (3)
— 49. δύο ὀρνίθια ζῶντα καθαρά –
— 50. σφάξει τὸ ὀρνίθιον τὸ ἓν . . . ἐφ' ὕδατι ζῶντι (3)
— 51. τὸ ὀρνίθιον τὸ ζῶν (3)
— 51. τοῦ ἐσφαγμένου ἐφ' ὕδατι ζῶντι (3)
— 52. ἐν τῷ ὕδατι τῷ ζῶντι καὶ ἐν τῷ ὀρνιθίῳ τῷ ζῶντι (3, 3)
— 53. ἐξαποστελεῖ τὸ ὀρνίθιον τὸ ζῶν (3)
16. 10. στήσει αὐτὸν ζῶντα ἔναντι κυρίου (3)
— 20. προσάξει τὸν χίμαρον τὸν ζῶντα (3)
— 21. ἐπὶ τὴν κεφαλὴν τοῦ χιμάρου τοῦ ζῶντος (3)
— 21. ἐπὶ τὴν κεφαλὴν τοῦ χιμάρου τοῦ ζῶντος –
18. 5. ἃ ποιήσας ἄνθρωπος ζήσεται ἐν αὐτοῖς (2 *a*)
— 18. ἔτι ζώσης αὐτῆς (3)
25. 35, 36. ζήσεται ὁ ἀδελφός σου μετὰ σοῦ (2 *a*)
Nu. 4. 19. ζήσονται καὶ οὐ μὴ ἀποθάνωσι (2 *a*)
5. 17. ὕδωρ καθαρὸν ζῶν –
14. 21. ἀλλὰ ζῶ ἐγὼ καὶ ζῶν τὸ ὄνομά μου (3, –)
— 28. ζῶ ἐγὼ, λέγει κύριος (3)
— 38. καὶ Ἰησοῦς . . . καὶ Χάλεβ . . . ἔζησαν (2 *a*)
16. 30. καταβήσονται ζῶντες εἰς ᾅδου (3)
— 33. αὐτοὶ καὶ ὅσα ἐστὶν αὐτῶν ζῶντα [A αὐτοῖς ζῶντες] (3)
— 48 (17. 13). ἀνὰ μέσον τῶν τεθνηκότων καὶ τῶν ζώντων (3)
19. 17. ἐκχεοῦσιν ἐπ' αὐτὴν ὕδωρ ζῶν εἰς σκεῦος (3)
21. 8. πᾶς ὁ δεδηγμένος ἰδὼν αὐτὸν ζήσεται (2 *a*)
— 9. ἐπέβλεψεν . . . καὶ ἔζη (2 *a*)
24. 23. ὢ ὤ, τίς ζήσεται (2 *a*)
De. 4. 1. ἵνα ζῆτε (2 *a*)
— 4. ζῆτε πάντες ἐν τῇ σήμερον (3)
— 10. ἃς [AB^{2} ὅσας] αὐτοὶ ζῶσιν ἐπὶ τῆς γῆς (3)
— 33. φωνὴν θεοῦ ζῶντος –
— 33. ὃν τρόπον ἀκήκοας σὺ καὶ ἔζησας (2 *a*)
— 42. B^{2} καὶ ζήσεται –
— 42. καὶ καταφεύξεται . . . καὶ ζήσεται (2 *a*)
5. 3. ὑμεῖς ὧδε πάντες ζῶντες (3)
— 24 (21). ὅτι λαλήσει ὁ θεὸς . . . καὶ ζήσεται (2 *a*)
— 26 (23). φωνὴν θεοῦ ζῶντος (3)
— 26 (23). καὶ ζήσεται (2 *a*)
6. 24. ἵνα ζῶμεν (2 *a*)
8. 1. ἵνα ζῆτε καὶ πολυπλασιασθῆτε (2 *a*)
— 3. ὅτι οὐκ ἐπ' ἄρτῳ . . . ζήσεται ὁ ἄνθρωπος (2 *a*)
— 3. ἐπὶ παντὶ ῥήματι . . . ζήσεται (2 *a*)
11. 8. ἵνα ζῆτε καὶ πολυπλασιασθῆτε (1 ?)
12. 1. ἡμέρας ἃς ὑμεῖς ζῆτε ἐπὶ τῆς γῆς (3)
— 19. χρόνον ὅσον ἂν ζῇς ἐπὶ τῆς γῆς [A *al.*] –
16. 20. ἵνα ζῆτε καὶ . . . κληρονομήσητε (2 *a*)
19. 4. ὃς ἂν φύγῃ ἐκεῖ καὶ ζήσεται (2 *a*)
De. 19. 5. καταφεύξεται . . . καὶ ζήσεται (2 *a*)
30. 6. ἵνα ζῇς σύ (3)
— 16. καὶ ζήσεσθε καὶ πολλοὶ ἔσεσθε (2 *a*)
— 19. R ἵνα ζήσῃς [AB ζῇς] σὺ καὶ τὸ σπέρμα σου (2 *a*)
31. 13. ἡμέρας ὅσας αὐτοὶ ζῶσιν ἐπὶ τῆς γῆς (3)
— 27. ἐμοῦ ζῶντος μεθ' ὑμῶν (3)
32. 39. ἐγὼ ἀποκτενῶ καὶ ζῆν ποιήσω (2 *d*)
— 40. ζῶ ἐγὼ εἰς τὸν αἰῶνα (3)
33. 6. ζήτω Ῥουβὴν καὶ μὴ ἀποθανέτω (2 *a*)
Jo. 3. 10. ὅτι θεὸς [A ἐγὼ κύριος] ζῶν ἐν ὑμῖν (3)
4. 14. ὅσον χρόνον ἔζη (3)
8. 23. τὸν βασιλέα τῆς Γαὶ συνέλαβον ζῶντα (3)
9. 21. ζήσονται καὶ ἔσονται ξυλοκόποι (2 *a*)
Jd. 8. 19. ζῇ κύριος . . . οὐκ ἂν ἀπέκτεινα ὑμᾶς (3)
15. 19. καὶ ἔζησε [A *al.*] (2 *a*)
17. 10. A πρὸς τὸ ζῆν σου [B τὰ πρὸς ζωήν σου] (6)
Ru. 2. 20. μετὰ τῶν ζώντων καὶ μ. τ. τεθνηκότων (3)
3. 13. ζῇ κύριος [B *add.* σὺ εἶ κύριος] κοιμήθητι (3)
I Ki. 1. 26. ζῇ ἡ ψυχή σου (3)
— 28. πάσας τὰς ἡμέρας ἃς ζῇ αὐτός (7)
5. 12. οἱ ζῶντες καὶ οὐκ ἀποθανόντες ἐπλήγησαν †
10. 24. ζήτω ὁ βασιλεύς (2 *a*)
14. 39. ζῇ κύριος . . . ὅτι . . . ἀποθανεῖται (3)
— 45. ζῇ κύριος εἰ πεσεῖται (3)
15. 8. συνέλαβε τὸν Ἀγὰγ . . . ζῶντα (3)
— 9. περιεποιήσατο . . . τὸν Ἀγὰγ ζῶντα –
17. 26. A ὠνείδισεν παράταξιν θεοῦ ζῶντος (3)
— 36. ὠνείδισε παράταξιν θεοῦ ζῶντος (3)
— 55. A ζῇ ἡ ψυχή σου, βασιλεῦ, εἰ οἶδα (3)
19. 6. ζῇ κύριος εἰ ἀποθανεῖται (3)
20. 3. ζῇ κύριος καὶ ζῇ ἡ ψυχή σου (3, 3)
— 14. ἔτι μου ζῶντος (3)
— 22 (21). ζῇ κύριος (3)
— 31. ἡμέρας ἃς ὁ υἱὸς Ἰ. ζῇ ἐπὶ τῆς γῆς (2 *a*)
25. 26. ζῇ κύριος καὶ ζῇ ἡ ψυχή σου (3, 3)
— 34. πλὴν ὅτι ζῇ κύριος (3)
26. 10. ζῇ κύριος (3)
— 16. ζῇ κύριος ὅτι υἱοὶ θανατώσεως ὑμεῖς (3)
28. 10. ζῇ κύριος εἰ ἀπαντήσεταί σοι ἀδικία (3)
29. 6. ζῇ κύριος ὅτι εὐθὴς σύ (3)
II Ki. 1. 10. οὐ ζήσεται μετὰ τὸ πεσεῖν αὐτόν (2 *a*)
2. 27. ζῇ κύριος ὅτι εἰ μὴ ἐλάλησας (3)
4. 9. ζῇ κύριος (3)
11. 11. ζῇ ἡ ψυχή σου εἰ ποιήσω τὸ ῥῆμα τοῦτο (3)
12. 5. ζῇ κύριος ὅτι υἱὸς θανάτου ὁ ἀνήρ (3)
— 18. ἐν τῷ τὸ παιδάριον ἔτι ζῆν (7 *et* 3)
— 21. ἔτι [A ὅτι] ζῶντος ἐνήστευες (3)
— 22. ἐν τῷ τὸ παιδάριον ἔτι ζῆν (3)
— 22. εἰ . . . ζήσεται τὸ παιδάριον (2 *a*)
14. 11. ζῇ κύριος εἰ πεσεῖται (3)
— 19. ζῇ ἡ ψυχή σου . . . εἰ ἔστιν (3)
15. 21. ζῇ κύριος καὶ ζῇ ὁ κύριός μου ὁ β. (3, 3)
— 34. ἔασόν με ζῆσαι –
16. 16. ζήτω ὁ βασιλεύς (2 *a*)
18. 14. ἔτι αὐτοῦ ζῶντος (3)
— 18. Ἀβεσσαλὼμ ἔτι ζῶν [A *al.*] (3)
19. 6 (7). εἰ Ἀβεσσαλὼμ ἔζη (2 *a*)
20. 3. χῆραι ζῶσαι (8)
22. 47. ζῇ κύριος καὶ εὐλογητὸς ὁ φύλαξ μου (3)
III Ki. 1. 25.. ζήτω ὁ βασιλεύς (2 *a*)
— 29. ζῇ κύριος (3)
— 31. ζήτω ὁ κύριός μου . . . εἰς τὸν αἰῶνα (2 *a*)
— 34, 39. ζήτω ὁ βασιλεὺς Σ. (2 *a*)
2. 24. ζῇ κύριος . . . ὅτι σήμερον θανατωθήσεται (3)
3. 1. ἐν τῷ ἔτι Δαυὶδ ζῆν –
— 22. A υἱὸς δὲ ἐμὸς ὁ ζῶν (3)
— 22. ὁ υἱός μου ὁ ζῶν (3)
— 23. οὗτος ὁ υἱός μου ὁ ζῶν (3)
— 23. ὁ υἱός μου ὁ ζῶν (3)
— 25. τὸ παιδίον τὸ ζῶν τὸ θηλάζον (3)
— 26. ἧς ἦν ὁ υἱὸς ὁ ζῶν (3)
— 26. A δότε αὐτῇ τὸ παιδίον τὸ ζῶν [B *om.* τ. ζ.] (3)
— 27. A δότε αὐτῇ τὸ παιδίον τὸ ζῶν [B *al.*] (3)
8. 40. ἡμέρας ὅσας [A *om.*] αὐτοῦ ζῶσιν (3)
12. 6. ἔτι ζῶντος αὐτοῦ (7 *et* 3)
— 24. B εἰ ζήσεται ἐκ τῆς ἀρρωστίας αὐτοῦ –
17. 1. ζῇ κύριος ὁ θεὸς τῶν δυνάμεων (3)
— 12. ζῇ κύριος ὁ θεός σου (3)
— 22. A ἀπεστράφη ἡ ψυχὴ τοῦ π. . . καὶ ἔζησεν (2 *a*)
— 23. ζῇ ὁ υἱός σου (2 *a*)
18. 10. ζῇ κύριος ὁ θεός σου (3)
— 15. ζῇ κύριος . . . ὅτι σήμερον ὀφθήσομαι αὐτῷ (3)
III Ki. 20 (21). 15. οὐκ ἔστι Ναβουθαὶ ζῶν (3)
21 (20). 18. συλλαβεῖν [A -ετε] αὐτοὺς ζῶντας (3)
— 18. ζῶντας συλλαβεῖν [A -ετε] αὐτούς (3)
— 32. ζησάτω [A ζήτω] δὴ ἡ ψυχὴ ἡμῶν (2 *a*)
— 32. εἰ ἔτι ζῇ (3)
22. 14. ζῇ κύριος ὅτι . . . λαλήσω (3)
IV Ki. 1. 2. εἰ ζήσομαι ἐκ τῆς ἀρρωστίας (2 *a*)
2. 2, 4, 6. ζῇ κύριος καὶ ζῇ ἡ ψυχή σου (3, 3)
3. 14. ζῇ κύριος τῶν δυνάμεων (3)
4. 7. ζήσεσθε ἐν τῷ ἐπιλοίπῳ [A ὑπο.] ἐλαίῳ (2 *a*)
— 16, 17. ὡς ἡ ὥρα ζῶσα (3)
— 30. ζῇ κύριος καὶ ζῇ ἡ ψυχή σου (3, 3)
5. 16. ζῇ κύριος . . . εἰ λήψομαι (3)
— 20. ζῇ κύριος ὅτι εἰ μὴ δραμοῦμαι (3)
7. 4. ἐὰν ζωογονήσωσιν ἡμᾶς καὶ ζησόμεθα (2 *a*)
— 12. συλληψόμεθα αὐτοὺς ζῶντας (3)
8. 8, 9. εἰ ζήσομαι ἐκ τῆς ἀρρωστίας μου τ. (2 *a*)
— 10, 14. ζωῇ ζήσῃ (2 *a*)
10. 14. συλλάβετε αὐτοὺς ζῶντας (3)
— 14. A καὶ συνελάβοντο αὐτοὺς ζῶντας (3)
— 19. ὃς ἐὰν ἐπισκεπῇ οὐ ζήσεται (2 *a*)
— 21. B ὃς ἂν ἀπολειφθῇ οὐ ζήσεται –
11. 12. ζήτω ὁ βασιλεύς (2 *a*)
13. 21. ἔζησε καὶ ἀνέστη (2 *a*)
14. 17. ἔζησεν Ἀμ. . . . πέντε καὶ δέκα ἔτη (2 *a*)
18. 32. ζήσετε καὶ οὐ μὴ ἀποθάνητε (2 *a*)
19. 4, 16. ὀνειδίζειν θεὸν ζῶντα (3)
20. 1. ἀποθνήσκεις σὺ καὶ οὐ ζήσῃ (2 *a*)
II Ch. 6. 31. ἡμέρας ἃς αὐτοὶ ζῶσιν (3)
10. 6. ἐν τῷ ζῆν αὐτόν (7 *et* 3)
18. 13. ζῇ κύριος ὅτι . . . λαλήσω (3)
23. 11. ζήτω ὁ βασιλεύς (2 *a*)
25. 25. ἔζησεν Ἀμασίας . . . ἔτη δέκα πέντε (2 *a*)
I Es. 4. 38. καὶ ἡ ἀλήθεια . . . ζῇ
Ne. 2. 3. ὁ βασιλεὺς εἰς τὸν αἰῶνα ζήτω (2 *a*)
5. 2. φαγόμεθα καὶ ζησόμεθα (2 *a*)
6. 11. ἀνὴρ ὃς εἰσελεύσεται . . . καὶ ζήσεται (2 *a*)
9. 29. ἃ [B^{2} ὃ] ποιήσας αὐτὰ ἄνθρωπος ζήσεται (2 *a*)
To. 3. 6. λυσιτελεῖ μοι [A S *add.* μᾶλλον] ἀποθανεῖν ἢ ζῆν
— 15. ἵνα τί μοι ζῆν
5. 3. δώσω αὐτῷ μισθὸν ἕως ζῶ [S *al.*]
— 9. S ζῶν ἐγὼ ἐν νεκροῖς εἰμι
— 19. ὡς γὰρ δέδοται ἡμῖν ζῆν
7. 5. καὶ ζῇ καὶ ὑγιαίνει
8. 12. ἰδέτωσαν εἰ ζῇ
— 14. ἀπήγγειλεν αὐτοῖς ὅτι ζῇ
10. 4. S οὐκέτι ὑπάρχει ἐν τοῖς ζῶσιν
— 13 *bis*. S ἕως ζῶ
12. 6. ἐνώπιον πάντων τῶν ζώντων
13. 1. ὁ θεὸς ὁ ζῶν εἰς τοὺς αἰῶνας
— 4. ἐνώπιον παντὸς ζῶντος
14. 2. S ἔζησεν ἐν ἀγαθοῖς
— 3. A B ἀποτρέχειν ἐκ [A ἀπὸ] τοῦ ζῆν
— 10. S οὐχὶ ζῶν κατηνέχθη εἰς τὴν γῆν [A B *al.*]
Ju. 2. 12. ζῶν [S ζῶ] ἐγὼ καὶ τὸ κράτος τῆς βασιλείας μου
7. 27. ζήσεται ἡ ψυχὴ ἡμῶν
11. 3. ἐν τῇ νυκτὶ ταύτῃ ζήσῃ [S ζωῇ ζήσῃ]
— 7. ζῇ γὰρ βασιλεὺς . . . καὶ ζῇ τὸ κράτος αὐ.
— 7. A S^{2}R τὰ θηρία . . . ζήσονται ἐπὶ [B S^{1} *om.*] Ναβ.
12. 4. ζῇ ἡ ψυχή σου, κύριέ μου
— 18. ἐμεγαλύνθη τὸ ζῆν μου
13. 16. ζῇ κύριος . . . ὅτι ἠπάτησεν
Es. 4. 17. ἵνα ζῶντες ὑμνῶμεν
6. 13. θεὸς ζῶν [A ὁ θ. ὁ ζ.] μετ' αὐτοῦ
8. 13. υἱοὺς . . . ζῶντος θεοῦ
Jb. 7. 16. οὐ γὰρ εἰς τὸν αἰῶνα ζήσομαι (2 *a*)
8. 17. ἐν δὲ μέσῳ χαλίκων ζήσεται †
12. 10. ἐν χειρὶ αὐτοῦ ψυχὴ πάντων ζώντων [A S^{2} τῶν ζ.] (3)
14. 14. ζήσεται συντελέσας ἡμέρας τοῦ βίου (2 *a*)
18. 20. ἐν τοῖς [A ἐντὸς] αὐτοῦ ζήσονται ἕτεροι †
21. 7. διὰ τί ἀσεβεῖς ζῶσι (2 *a*)
27. 1. ζῇ ὁ θεὸς [A S^{4} ζῇ κύριος] (3)
33. 31. A τοῦ φωτίσαι αὐτῷ ἐν φωτὶ ζώντων (3)
42. 16. ἔζησε δὲ Ἰὼβ μετὰ τὴν πληγὴν ἔτη ἑκατὸν ἑβδομήκοντα τὰ δὲ πάντα ἔτη ἔζησε [A ζῇ] διακόσια τεσσαράκοντα [A S^{2} τ. ὀκτώ] (2 *a*, –)
Ps. 17 (18). 46. ζῇ κύριος (3)
21 (22). 26. ζήσονται αἱ καρδίαι αὐτῶν εἰς αἰῶνα αἰῶνος (2 *a*)
— 29. ἡ ψυχή μου αὐτῷ ζῇ (2 *b*)
26 (27). 13. τοῦ ἰδεῖν τὰ ἀγαθὰ κυρίου ἐν γῇ ζώντων (3)

Ps. 37 (38). 19. οἱ δὲ ἐχθροί μου ζῶσι (3)
38 (39). 5. πλὴν τὰ σύμπαντα ματαιότης πᾶς ἄνθρωπος ζῶν (5 ?)
40 (41). 2. A S R κύριος . . . ζῆσαι αὐτόν [B om. ζ. αὐ.] (2 b)
41 (42). 2. ἐδίψησεν ἡ ψυχή μου πρὸς τὸν θεὸν τὸν [A S^2 τὸν ἰσχυρὸν τὸν] ζῶντα (3)
48 (49). 9. ζήσεται εἰς τέλος (2 a)
51 (52). 5. καὶ τὸ ῥίζωμά σου ἐκ γῆς ζώντων (3)
54 (55). 15. καταβήτωσαν εἰς ᾅδου ζῶντες (3)
55 (56). 13. τοῦ εὐαρεστῆσαι ἐνώπιον τοῦ [S^2 κυρίου] θεοῦ ἐν φωτὶ ζώντων (3)
57 (58). 9. ὡσεὶ ζῶντας ὡσεὶ ἐν ὀργῇ καταπίεται ὑμᾶς [S αὐτούς] (3)
68 (69). 28. ἐξαλειφθήτωσαν ἐκ βίβλου ζώντων (3)
— 32. καὶ ζήσεσθε [S ζήσεται ἡ ψυχὴ ὑμῶν] (2 a)
71 (72). 15. ζήσεται καὶ δοθήσεται αὐτῷ (2 a)
83 (84). 2. ἠγαλλιάσαντο ἐπὶ θεὸν ζῶντα (3)
88 (89). 48. ὃς ζήσεται καὶ οὐκ ὄψεται θάνατον (2 a)
113. 26 (115. 18). ἡμεῖς οἱ ζῶντες εὐλογήσωμεν τὸν κύριον –
114 (116). 9. εὐαρεστήσω ἐνώπιον κυρίου ἐν χώρᾳ ζώντων (3)
117 (118). 17. οὐκ ἀποθανοῦμαι ἀλλὰ ζήσομαι (2 a)
118 (119). 17. ζήσομαι καὶ φυλάξω τοὺς λόγους σου (2 a)
— 25. ζῆσόν με [S ζήσομαι] κατὰ τὸν λόγον [A^2 S τὸ λόγιόν] σου (2 b)
— 37. ἐν τῇ ὁδῷ σου ζῆσόν με (2 b)
— 40. ἐν τῇ δικαιοσύνῃ σου ζῆσόν με (2 b)
— 50. τὸ λόγιόν σου ἔζησέ με [S^1 σου οὐκ ἐξέκλινα] (2 b)
— 77. ἐλθέτωσάν μοι οἱ οἰκτιρμοί σου καὶ ζήσομαι [A ζῆσόν με] (2 a)
— 88. κατὰ τὸ ἔλεός σου ζῆσόν με [S ζήσομαι] (2 b)
— 93. ἐν αὐτοῖς ἔζησάς με (2 b)
— 107. ζῆσόν με κατὰ τὸν λόγον [S^1 τὸ λόγιόν] σου (2 b)
— 116. καὶ ζῆσόν με (2 a)
— 144. A S συνέτισόν με καὶ ζῆσόν με [R ζήσομαι] (2 a)
— 149. κατὰ τὸ κρίμα σου ζῆσόν με (2 b)
— 154. διὰ τὸν λόγον σου ζῆσόν με (2 b)
— 156. κατὰ τὸ κρίμα σου ζῆσόν με (2 b)
— 159. ἐν τῷ ἐλέει σου ζῆσόν με (2 b)
— 170. A κατὰ τὸ κρίμα σου ζῆσόν [S R λόγιόν σου ῥῦσαί] με †
— 175. ζήσεται ἡ ψυχή μου (2 a)
— 176. S ζῆσον [A R ζήτησον] τὸν δοῦλόν σου †
123 (124). 3. ἄρα ζῶντας ἂν κατέπιον ἡμᾶς (3)
137 (138). 7. S R ζήσεις [A ζώσεις] με (2 b)
141 (142). 5. μερίς μου ἐν γῇ ζώντων (3)
142 (143). 2. οὐ δικαιωθήσεται ἐνώπιόν σου πᾶς ζῶν (3)
— 11. ζήσεις με (2 b)
Pr. 1. 12. καταπίωμεν δὲ αὐτὸν ὥσπερ ᾅδης ζῶντα (3)
3. 22. ἵνα ζήσῃ ἡ ψυχή σου (7 et 3)
9. 6. S^2 ἵνα ζήσεσθε [A B S^1 εἰς τὸν αἰῶνα βασιλεύσητε] (2 a)
— 11. πολὺν ζήσεις [A -σῃ] χρόνον †
— 18. ἵνα πολὺν ζήσῃς [A -σῃ] χρόνον –
25. 25. ὥσπερ ὕδωρ ψυχρὸν ψυχῇ διψώσῃ [S^1 ζώσῃ] †
28. 16. ὁ δὲ μισῶν ἀδικίαν μακρὸν χρόνον ζήσεται (9)
Ec. 4. 2. ἐπῄνεσα . . . τοὺς τεθνηκότας . . . ὑπὲρ τοὺς ζῶντας ὅσοι αὐτοὶ ζῶσι ἕως τοῦ νῦν (3, 3)
— 15. εἶδον σύμπαντας τοὺς ζῶντας (3)
6. 3. ἔτη πολλὰ ζήσεται (2 a)
— 6. ἔζησε χιλίων ἐτῶν καθόδους (2 a)
7. 3 (2). ὁ ζῶν δώσει ἀγαθὸν εἰς καρδίαν [A ἐν κ.] αὐτοῦ (3)
— 15 (14). ζῆθι ἐν ἀγαθῷ [S^1 ἀγαθωσύνῃ] (7)
9. 4. τίς ὃς κοινωνεῖ πρὸς πάντας τοὺς ζῶντας (3)
— 4. ὁ κύων ὁ ζῶν αὐτὸς ἀγαθὸς ὑπὲρ τὸν λέοντα τὸν νεκρόν (3)
— 5. οἱ ζῶντες γνώσονται ὅτι ἀποθανοῦνται (3)
10. 19. τοῦ εὐφρανθῆναι [A S εὐφραίνει] ζῶντας (3)
11. 8. ἐὰν ἔτη πολλὰ ζήσεται ὁ ἄνθρωπος (2 a)
Ca. 4. 15. φρέαρ ὕδατος ζῶντος (3)
Wi. 1. 13. οὐδὲ τέρπεται ἐπ' ἀπωλείᾳ [A ἀγγελείᾳ] ζώντων
4. 10. ζῶν μεταξὺ ἁμαρτωλῶν μετετέθη
— 16. κατακρινεῖ δὲ δίκαιος καμὼν [A B^2 θανὼν] τοὺς ζῶντας ἀσεβεῖς

Wi. 5. 15. δίκαιοι δὲ εἰς τὸν αἰῶνα ζῶσι
14. 22. μεγάλῳ [A S^2 ἐν μ., S^1 -λως] ζῶντες ἀγνοίας πολέμῳ
— 28. ἢ ζῶσιν ἀδίκως
15. 17. ὧν [S ἀνθ' ὧν] αὐτὸς μὲν ἔζησεν
18. 12. οὐδὲ γὰρ πρὸς τὸ θάψαι οἱ ζῶντες ἦσαν ἱκανοί
— 23. διέσχισε [S^2 διέκοψεν] τὴν πρὸς τοὺς ζῶντας ὁδόν
Si. 7. 33. χάρις [S χάρισμα] δόματος ἔναντι παντὸς ζῶντος
17. 27. ἀντὶ ζώντων καὶ ζώντων [A S om. καὶ ζ.] καὶ διδόντων ἀνθομολόγησιν
— 28. ζῶν καὶ ὑγιὴς αἰνέσει τὸν κύριον
18. 1. ὁ ζῶν εἰς τὸν αἰῶνα ἔκτισε τὰ πάντα κοινῇ
25. 7. ζῶν καὶ βλέπων ἐπὶ πτώσει ἐχθρῶν
30. 29 (33. 20). ἕως ἔτι ζῇς καὶ πνοὴ ἐν σοί
31 (34). 13. πνεῦμα φοβουμένων κύριον ζήσεται
37. 26. τὸ ὄνομα αὐτοῦ ζήσεται [A -σει] εἰς τὸν αἰῶνα
39. 9. ὄνομα αὐ. ζήσεται [A ζητήσ.] εἰς γενεὰς γενεῶν
42. 8. ἔσῃ . . . δεδοκιμασμένος ἔναντι παντὸς ζῶντος
— 23. πάντα ταῦτα ζῇ καὶ μένει εἰς τὸν αἰῶνα
44. 14. τὸ ὄνομα αὐτῶν ζῇ εἰς γενεάς
45. 16. ἐξελέξατο αὐτὸν ἀπὸ παντὸς ζῶντος
48. 11. καὶ γὰρ ἡμεῖς ζωῇ [A S^1 -ῃς] ζησόμεθα
Ho. 1. 10 (2. 1). κληθήσονται καὶ αὐτοὶ υἱοὶ θεοῦ ζῶντος (3)
4. 15. καὶ μὴ ὀμνύετε ζῶντα κύριον (3)
6. 3 (2). καὶ ζησόμεθα ἐνώπιον αὐτοῦ (2 a)
14. 8. ζήσονται καὶ μεθυσθήσονται σίτῳ (2 b)
Am. 5. 4. ἐκζητήσατέ με καὶ ζήσεσθε (2 a)
— 6. καὶ ζήσατε [A ζήσετε, B^1 ζῆτε] (2 a)
— 14. ἐκζητήσατε τὸ καλὸν . . . ὅπως ζήσητε (2 a)
8. 14. ζῇ ὁ θ. σου, Δάν (3)
— 14. ζῇ ὁ θ. σου, Βηρσαβεέ (3)
Jn. 4. 3. ὅτι καλὸν τὸ ἀποθανεῖν με ἢ ζῆν με (3)
— 8. καλόν μοι ἀποθανεῖν με ἢ ζῆν (3)
Hb. 2. 4. ὁ δὲ δίκαιος ἐκ πίστεώς μου ζήσεται (2 a)
Ze. 2. 9. ζῶ ἐγώ, λέγει κ. τῶν δυνάμεων (3)
Za. 1. 5. μὴ τὸν αἰῶνα ζήσονται (2 a)
13. 3. οὐ ζήσῃ ὅτι ψευδῆ ἐλάλησας (2 a)
14. 8. ἐξελεύσεται ὕδωρ ζῶν ἐξ Ἰ. (3)
Is. 8. 19. τί ἐκζητοῦσι περὶ τῶν ζώντων τοὺς νεκρούς (3)
37. 4, 17. ὀνειδίζειν θεὸν ζῶντα (3)
38. 1. ἀποθνήσκεις γὰρ σὺ καὶ οὐ ζήσῃ (2 a)
— 11. οὐκέτι οὐ μὴ ἴδω τὸ σωτήριον τοῦ θεοῦ ἐπὶ γῆς ζώντων [A S om.] (3)
— 16. παρακληθεὶς ἔζησα (2 c)
— 19. οἱ ζῶντες εὐλογήσουσί σε (3)
45. 19. B μάταιον ζήσατε [A S R ζητήσατε] †
49. 18. ζῶ ἐγώ, λέγει κύριος (3)
55. 3. ζήσεται ἐν ἀγαθοῖς ἡ ψυχὴ ὑμῶν (2 a)
Je. 2. 13. A S^2 ἐμὲ ἐγκατέλιπον πηγὴν ὕδατος ζῶντος [B S^1 ζωῆς] (3)
4. 2. ζῇ κύριος μετὰ ἀληθείας (3)
5. 2. ζῇ κύριος, λέγουσι (3)
11. 19. ἐκτρίψωμεν αὐτὸν ἀπὸ γῆς ζώντων (3)
12. 16. τοῦ ὀμνύειν τῷ ὀνόματί μου, Ζῇ κύριος (3)
16. 14. οὐκ ἐροῦσιν ἔτι, Ζῇ κύριος (3)
— 15. ζῇ κύριος ὃς ἀνήγαγε τὸν οἶκον Ἰσραήλ (3)
21. 9. ὁ ἐκπορευόμενος . . . ζήσεται καὶ ἔσται ἡ ψυχὴ αὐτοῦ εἰς σκῦλα καὶ ζήσεται (2 a, –)
22. 24. ζῶ ἐγώ, λέγει κύριος (3)
23. 7. ζῇ κύριος ὃς ἀνήγαγε τὸν οἶκον [S λαὸν] Ἰσραήλ (3)
— 8. ζῇ κύριος ὃς συνήγαγεν ἅπαν τὸ σπέρμα Ἰσ. (3)
26 (46). 18. ζῶ ἐγώ, λέγει κύριος ὁ θεός (3)
29 (49). 11. A B^1 S ἵνα ζήσεται [B^2 R -σηται] καὶ ἐγὼ ζήσομαι (–, 2 b)
42 (35). 7. ὅπως ἂν ζήσητε [A ζῆτε, S ζήσετε] ἡμέρας πολλάς (2 a)
45 (38). 2. ὁ ἐκπορευόμενος . . . ζήσεται καὶ ἔσται ἡ ψυχὴ αὐτοῦ εἰς εὕρεμα καὶ ζήσεται [A om. κ. ζ.] (2 a, 2 a)
— 16. ὤμοσεν αὐτῷ ὁ βασιλεὺς λέγων, Ζῇ κύριος (3)
— 17. ζήσεται ἡ ψυχή σου . . . καὶ ζήσῃ σύ (2 a, 2 a)
— 20. ζήσεται ἡ ψυχή σου (2 a)
51 (44). 26. εἰπεῖν, Ζῇ κύριος (3)
52. 33. πάσας τὰς ἡμέρας ἃς ἔζησε (3)
Ba. 1. 12. ζησόμεθα ὑπὸ τὴν σκιὰν Ναβ.

La. 3. 39. τί γογγύσει ἄνθρωπος ζῶν (3)
4. 20. ἐν τῇ σκιᾷ αὐτοῦ ζησόμεθα ἐν τοῖς ἔθνεσι (2 a)
Ez. 3. 18. ἀποστρέψαι ἀπὸ τῶν ὁδῶν αὐτοῦ τοῦ ζῆσαι [A ζητῆσαι] αὐτόν (2 b)
— 21. ὁ δίκαιος ζωῇ ζήσεται (2 a)
5. 11. ζῶ ἐγώ, λέγει κύριος (3)
7. 13. A ἔτι ἐν ζωῇ τὸ ζῆν αὐτῶν (4)
13. 19. ἃς οὐκ ἔδει ζῆσαι [A ζῆν] (2 a)
— 22. καὶ ζῆσαι [A ζητῆσαι] αὐτόν (2 c)
14. 16, 18, 20. ζῶ ἐγώ, λέγει κύριος (3)
16. 22. πεφυρμένη ἐν τῷ αἵματί σου ἔζησας (7)
— 48 : 17. 16. ζῶ ἐγώ, λέγει κύριος (3)
17. 19. τάδε λέγει κύριος, Ζῶ ἐγώ (3)
18. 3. ζῶ ἐγώ, λέγει κύριος (3)
— 9. ζωῇ ζήσεται (2 a)
— 13. οὗτος ζωῇ οὐ ζήσεται (2 a)
— 17, 19, 21. ζωῇ ζήσεται (2 a)
— 22. ἐν τῇ δικαιοσύνῃ αὐτοῦ ᾗ ἐποίησε [A add. ἐν αὐτῇ] ζήσεται (2 a)
— 23. ὡς τὸ ἀποστρέψαι αὐτὸν . . . καὶ ζῆν αὐτόν (2 a)
— 28. ζωῇ ζήσεται (2 a)
— 32. A ἐπιστρέψατε καὶ ζήσατε (2 a)
20. 3. ζῶ ἐγώ, εἰ ἀποκριθήσομαι ὑμῖν (3)
— 11. ζήσεται ἐν αὐτοῖς (2 a)
— 13. A ζήσεται ἐν αὐτοῖς –
— 13, 21. ζήσεται ἐν αὐτοῖς (2 a)
— 25. ἐν οἷς οὐ ζήσονται ἐν αὐτοῖς (2 a)
— 31, 33. ζῶ ἐγώ, λέγει κύριος (3)
33. 10. πῶς ζησόμεθα (2 a)
— 11. ζῶ ἐγώ (3)
— 11. ἀποστρέψαι τὸν ἀσεβῆ ἀπὸ τῆς ὁδοῦ αὐ. καὶ ζ. αὐτόν (2 a)
— 13. A ζωῇ ζήσῃ (2 a)
— 15. ζωῇ ζήσεται (2 a)
— 16. ἐν αὐταῖς [A -οῖς] ζήσεται (2 a)
— 19. ἐν αὐτοῖς αὐτὸς ζήσεται (2 a)
— 27 : 34. 8 : 35. 6, 11. ζῶ ἐγώ (3)
37. 3. εἰ ζήσεται τὰ ὀστᾶ ταῦτα (2 a)
— 6. καὶ ζήσεσθε (2 a)
— 9. καὶ ζησάτωσαν (2 a)
— 10. ἔζησαν καὶ ἔστησαν (2 a)
— 14. δώσω πνεῦμά μου εἰς ὑμᾶς καὶ ζήσεσθε (2 a)
47. 9. πᾶσα ψυχὴ τῶν ζῴων . . . ζήσεται . . . ζήσεται πᾶν ἐφ' ὃ ἂν ἔλθῃ [A ἐπέλ.] ὁ ποταμὸς ἐκεῖ ζήσεται (2 a, 2 a, 7)
Da. LXX. 2. 4. κύριε βασιλεῦ, τὸν αἰῶνα ζῆθι (2 e)
3. 9. κύριε βασιλεῦ, εἰς τὸν αἰῶνα ζῆθι (2 e)
— 24 (91). ἑστὼς ἐθεώρει αὐτοὺς ζῶντας –
4. 19. τὸν οἶκον τοῦ θεοῦ τοῦ ζῶντος –
— 23. κύριος ζῇ ἐν οὐρανῷ –
— 34. καὶ ἀποκτεῖναι καὶ ζῆν ποιῆσαι –
5. 23. τὰ σκεύη τοῦ οἴκου τοῦ θεοῦ τοῦ ζῶντος –
— 23. τῷ θ. τῷ ζῶντι οὐκ εὐλογήσατε –
6. 20 (21) ὦ Δανιήλ, εἰ ἄρα ζῇς –
— 21 (22). βασιλεῦ, ἔτι εἰμὶ ζῶν (2 e)
— 26 (27). ἔστι θεὸς μένων καὶ ζῶν εἰς γενεάς (3)
12. 7. ὤμοσε τὸν ζῶντα εἰς τὸν αἰῶνα θεόν (3)
Bel 23. ἰδοὺ ζῇ καὶ ἐσθίει καὶ πίνει
Da. TH. 2. 4. βασιλεῦ, εἰς τοὺς αἰῶνας ζῆθι (2 e)
— 30. παρὰ πάντας τοὺς ζῶντας (3)
3. 9. βασιλεῦ, εἰς τοὺς αἰῶνας ζῆθι (2 e)
4. 14. ἵνα γνῶσιν οἱ ζῶντες ὅτι κ. ἐστιν (3)
— 31. τῷ ζῶντι εἰς τὸν αἰῶνα ᾔνεσα (3)
5. 10. βασιλεῦ, εἰς τὸν αἰῶνα ζῆθι (2 e)
6. 6 (7). βασιλεῦ, εἰς τοὺς αἰῶνας ζῆθι (2 e)
— 20 (21). ὁ δοῦλος τοῦ θεοῦ τοῦ ζῶντος (3)
— 21 (22). βασιλεῦ, εἰς τοὺς αἰῶνας ζῆθι (2 e)
— 26 (27). αὐτός ἐστι θ. ζῶν καὶ μένων εἰς τοὺς αἰ. (3)
12. 7. ὤμοσεν ἐν τῷ ζῶντι εἰς τὸν αἰῶνα (3)
Bel 5. σέβομαι . . . τὸν ζῶντα θεόν
— 6. οὐ δοκεῖ σοι Βὴλ εἶναι ζῶν θεός
— 24. A B^2 R ἰδοὺ ζῇ καὶ ἐσθίει καὶ πίνει
— 24. οὐκ ἔστιν οὗτος θεὸς ζῶν
— 25. οὗτός ἐστι θεὸς ζῶν
I Ma. 1. 6. διεῖλεν αὐ. τὴν βασ. ἔτι ζῶντος αὐτοῦ
2. 13. A R ἵνα τί ἡμῖν ἔτι ζῆν [S ζωή]
— 33. ποιήσατε . . . καὶ ζήσεσθε
4. 35. ἕτοιμοί εἰσιν ἢ ζῆν ἢ τεθνηκέναι
6. 55. A S ἔτι ζῶντος αὐτοῦ [R ζῶν]
8. 7. ἔλαβον αὐτὸν ζῶντα
14. 2. συλλαβεῖν αὐτὸν ζῶντα
II Ma. 3. 31. τὸ ζῆν χαρίσασθαι τῷ . . . κειμένῳ
— 33. σοὶ κεχάρισται τὸ ζῆν ὁ κύριος
— 35. τῷ τὸ ζῆν περιποιήσαντι

II Ma. 6. 20. πρὸς τὸ ζῆν φιλοστοργίαν
— 25. διὰ τὸ μικρὸν καὶ ἀκαριαῖον ζῆν
— 26. οὔτε ζῶν οὔτε ἀποθανὼν ἐκφεύξομαι
7. 9. ἐκ τοῦ παρόντος ἡμᾶς ζῆν ἀπολύεις
— 33. ὁ ζῶν κύριος ἡμῶν
9. 9. ζῶντος ἐν ὀδύναις
10. 36. ζῶντας τοὺς βλασφήμους κατέκαιον
15. 4. ὁ κύριος ζῶν αὐτὸς ἐν οὐρανῷ δυνάστης
III Ma. 2. 23. φοβούμενοι μὴ καὶ τὸ ζῆν ἐκλείπῃ
— 28 : 3. 1. τοῦ ζῆν μεταστῆσαι
5. 32. τὸ ζῆν ἀντὶ τούτων ἐστερήθης
6. 12. ἐκ τοῦ ζῆν μεθισταμένους
— 28. τοῦ παντοκράτορος ἐπουρ. θεοῦ ζῶντος
7. 6. μόγις τὸ ζῆν αὐτοῖς χαρισάμενοι
IV Ma. 6. 18. πρὸς ἀλήθειαν ζήσαντες τὸν . . . βίον
7. 19. ἀλλὰ ζῶσι τῷ θεῷ
8. 26. S R παρὸν μετὰ ἀταραξίας ζῆν [A χρή]
11. 5. κατὰ τὸν ἐνάρετον αὐτοῦ ζῶμεν νόμον
15. 3. S τὴν εὐσ. . . . τὴν ζῶσαν [A R σώζουσαν] εἰς αἰώνιον ζωήν
16. 25. ζῶσι τῷ θεῷ
18. 17. εἰ ζήσεται τὰ ὀστᾶ τὰ ξηρὰ ταῦτα
— 18. ἐγὼ ἀποκτενῶ καὶ ζῆν ποιήσω

[**Aq.** GE. 1. 20, 30 : 2. 7 : 42. 15 : 43. 27 : DT. 5. 33 (30) : III KI. 3. 26 : 17. 22 : IV KI. 10. 14 : JB. 14. 14 : PS. 21 (22). 30 : 48 (49). 10 : PR. 4. 4 : 7. 2 : 9. 6 : 15. 27 : IS. 26. 14, 19 : 38. 9, 11, 16 : JE. 10. 10 : 27 (34). 17 : EZ. 13. 22 : 18. 32 : 26. 20 : 32. 23, 25, 32 : HB. 2. 4.]

[**Sm.** GE. 1. 20, 30 : 2. 7 : 43. 27 : DT. 5. 33 (30) : II KI. 15. 21 : III KI. 3. 26 : PS. 16 (17). 14 : 21 (22). 30 : 37 (38). 20 : 48 (49). 10, 19 : 51 (52). 7 : 57 (58). 10 : PR. 4. 4 : 7. 2 : 9. 6 : EC. 9. 4 *bis* : IS. 26. 19 : 53. 8 : JE. 27 (34). 17 : EZ. 7. 13 : 18. 32 : 26. 20 : 32. 23, 25, 32 : 33. 16 *bis* : HB. 2. 4.]

[**Th.** GE. 1. 20 : 2. 7 : DE. 5. 33 (30) : II KI. 15. 21 *bis* : JB. 14. 14 : 19. 25 : 33. 30 : PS. 21 (22). 30 : 118 (119). 149 : PR. 4. 4 : 7. 2 : 9. 6 : 15. 27 : IS. 26. 19 : 38. 9, 11 : 53. 8 : JE. 10. 10 : 23. 36 : 27 (34). 17 : EZ. 7. 13 : 18. 32 : 26. 20 : 32. 23, 25, 32 : 33. 16 *bis* : DA. 2. 28†.]

[**Hebr.**, **Sam.** GE. 5. 25, 26.]
[**Al.** LE. 13. 10, 15 : JE. 10. 10 : EZ. 32. 27.]
[**Quint.** PS. 48 (49). 10 : PR. 15. 27.]

ζητεῖν. (1) אָהֵב (2) בְּלִי (3) בָּעָה (4) בְּעָה ,בְּעָא a. pe. b. pa. c. הֲוָה בָעֵין (5) בַּקָּרָה (6) בִּקֵּשׁ a. pi. b. pu. c. הָיָה מְבַקֵּשׁ (7) בַּקָּשָׁה (8) דָּרַשׁ a. qal. b. ni. (9) בִּין hithpal. (10) חָלָה pi. (11) חָפַר (12) מָצָא (13) נָצַר (14) עַל (15) צָבָא (16) a. שָׁאַל b. שְׁאֵל (17) שִׁחֵר pi. (18) פָּקַד

Ge. 19. 11. παρελύθησαν ζητοῦντες τὴν θύραν (12)
37. 15. τί ζητεῖς (6 a)
— 16. τοὺς ἀδελφούς μου ζητῶ (6 a)
43. 9. ἐκ χειρός μου ζήτησον αὐτόν (6 a)
— 30. καὶ ἐζήτει κλαῦσαι (6 a)
Ex. 2. 15. καὶ ἐζήτει ἀνελεῖν Μωυσῆν (6 a)
4. 19. πάντες οἱ ζητοῦντές σου τὴν ψυχήν (6 a)
— 24. καὶ ἐζήτει αὐτὸν ἀποκτεῖναι (6 a)
10. 11. B τοῦτο γὰρ αὐτοὶ ἐζητεῖτε [A ζητ., R ἐκζητ.] (6 a)
33. 7. πᾶς ὁ ζητῶν κύριον (6 a)
Le. 10. 16. τὸν χίμαρον . . . ζητῶν ἐξεζήτησε Μωυσῆς (8 a)
Nu. 16. 10. καὶ ζητεῖτε καὶ ἱερατεύειν (6 a)
35. 23. οὐδὲ ζητῶν κακοποιῆσαι αὐτόν (6 a)
De. 4. 29. ζητήσετε [A ἐκζ.] ἐκεῖ κύριον (6 a)
13. 10 (11). ὅτι ἐζήτησεν ἀποστῆσαί σε (6 a)
22. 2. ἕως ἂν ζητήσῃ αὐτὰ ὁ ἀδελφός σου (8 a)
Jd. 4. 22. τὸν ἄνδρα ὃν σὺ ζητεῖς (6 a)
14. 4. ἐκδίκησιν αὐτὸς ζητεῖ [A *al.*] (6 a)
18. 1. ἡ φυλὴ Δ. ἐζήτει ἑαυτῇ κληρονομίαν (6 a)
Ru. 3. 1. οὐ μὴ ζητήσω [A εὕρω] σοι ἀνάπαυσιν (6 a)
I Ki. 9. 3. πορεύθητε καὶ ζητήσατε τὰς ὄνους (6 a)
10. 2. αἱ ὄνοι ἃς ἐπορεύθητε ζητεῖν (6 a)
— 14. ζητεῖν τὰς ὄνους (6 a)
— 21. ἐζήτει αὐτὸν καὶ οὐχ εὑρίσκετο (6 a)
13. 14. B ζητήσει κύριος ἑαυτῷ ἄνθρωπον (6 a)

I Ki. 14. 4. B οὓς ἐζήτει Ἰωνάθαν διαβῆναι (6 a)
16. 16. ζητησάτωσαν τῷ κυρίῳ ἡμῶν ἄνδρα (6 a)
19. 2. Σαοὺλ ζητεῖ θανατῶσαί σε (6 a)
— 10. ἐζήτει Σαοὺλ πατάξαι τὸ δόρυ (6 a)
22. 23. οὗ ἐὰν ζητῶ τῇ ψυχῇ μου τόπον (6 a)
— 23. ζητήσω καὶ τῇ ψυχῇ σου (6 a)
23. 10. ζητεῖ Σαοὺλ ἐλθεῖν (6 a)
— 14. ἐζήτει αὐτὸν Σαοὺλ (6 a)
— 15. ἐξέρχεται [A ἔρχ.] Σαοὺλ τοῦ [A *om.*] ζητεῖν τὸν Δ. (6 a)
— 25. ἐπορεύθη Σαοὺλ . . . ζητεῖν αὐτόν (6 a)
24. 3. ἐπορεύθη ζητεῖν τὸν Δαυίδ (6 a)
— 10. ἰδοὺ Δ. ζητεῖ τὴν ψυχήν σου (6 a)
25. 26. οἱ ζητοῦντες τῷ κυρίῳ μου κακά (6 a)
— 29. ζητῶν τὴν ψυχήν σου (6 a)
26. 2. ζητεῖν τὸν Δαυὶδ ἐν τῇ ἐρήμῳ Ζίφ (6 a)
— 20. ἐξελήλυθεν . . . ζητεῖν ψυχήν μου (6 a)
27. 1. τοῦ ζητεῖν με (6 a)
— 4. οὐ προσέθετο ἔτι ζητεῖν αὐτόν (6 a)
28. 7. ζητήσατέ μοι γυναῖκα ἐγγαστρίμυθον (6 a)
— 7. ζητήσω ἐν αὐτῇ (8 a)
II Ki. 3. 17. ἐζητεῖτε τὸν Δαυὶδ βασιλεύειν (6 c)
4. 8. ὃς ἐζήτει τὴν ψυχήν σου (6 a)
5. 17. ἀνέβησαν . . . ζητεῖν τὸν Δαυίδ (6 a)
11. 3. ἐζήτησε τὴν γυναῖκα (8 a)
12. 16. ἐζήτησε Δ. τὸν θεὸν περὶ τοῦ παιδαρίου (6 a)
14. 16. τοῦ ἀνδρὸς τοῦ ζητοῦντος ἐξᾶραί με —
16. 11. ζητεῖ τὴν ψυχήν μου (6 a)
17. 3. ψυχὴν ἑνὸς ἀνδρὸς σὺ ζητεῖς (6 a)
— 20. καὶ ἐζήτησαν καὶ οὐχ εὗραν (6 a)
20. 19. σὺ δὲ ζητεῖς θανατῶσαι πόλιν (6 a)
21. 1. ἐζήτησε Δ. τὸ πρόσωπον τοῦ κυρίου (6 a)
— 2. ἐζήτησε Σ. πατάξαι αὐτούς [A αὐτόν] (6 a)
III Ki. 1. 2. ζητησάτωσαν τῷ βασ. παρθένον (6 a)
— 3. ἐζήτησαν νεάνιδα καλήν (6 a)
10. 24. πάντες . . . ἐζήτουν τὸ πρόσωπον (6 a)
11. 22. σὺ ζητεῖς ἀπελθεῖν εἰς τὴν γῆν σου (6 a)
— 40. ἐζήτησε Σαλωμὼν θανατῶσαι τὸν Ἰ. (6 a)
12. 24. B ἐζήτει Σαλωμὼν θανατῶσαι αὐτόν —
18. 10. ἀπέστειλεν ὁ κύριός μου ζητεῖν σε (6 a)
19. 10. ζητοῦσι τὴν ψυχήν μου (6 a)
— 14. ζητοῦσι τὴν ψυχήν μου λαβεῖν αὐτήν (6 a)
21 (20). 7. κακίαν οὗτος ζητεῖ (6 a)
IV Ki. 1. 6. A B ζητῆσαι [R ἐπιζ.] ἐν τῇ Βάαλ μυῖαν (8 a)
— 16. B ζητῆσαι [R ἐκζ., A ἐπερωτῆσαι] ἐν τῇ Βάαλ μυῖαν (8 a)
2. 16. ζητησάτωσαν τὸν κύριόν σου (6 a)
— 17. ἐζήτησαν τρεῖς ἡμέρας (6 a)
6. 19. τὸν ἄνδρα ὃν ζητεῖτε (6 a)
I Ch. 4. 39. τοῦ ζητῆσαι νομὰς τοῖς κτήνεσιν (6 a)
10. 13. ἐπηρώτησε Σαοὺλ ἐν τῷ ἐγγ. τοῦ ζητῆσαι (8 a)
— 14. οὐκ ἐζήτησε [A ἐξεζ.] κύριον [S κύριος] (8 a)
13. 3. οὐκ ἐζήτησαν [A² ἐξεζ.] αὐτήν (8 a)
14. 8. ἀνέβησαν . . . ζητῆσαι τὸν Δαυίδ (6 a)
15. 13. A B S οὐκ ἐζητήσαμεν [R ἐξεζ.] ἐν κρίματι (8 a)
16. 10. καρδία ζητοῦσα τὴν εὐδοκίαν αὐτοῦ (6 a)
— 11. ζητήσατε καὶ ἰσχύσατε (8 a)
— 11. ζητήσατε τὸ πρόσωπον αὐτοῦ (6 a)
21. 3. ἵνα τί ζητεῖ κύριός μου τοῦτο (6 a)
— 30. πορευθῆναι . . . τοῦ [A *om.*] ζητῆσαι τὸν θεόν (8 a)
22. 19. δότε καρδίας ὑμῶν . . . τοῦ ζητῆσαι τῷ κυρίῳ (8 a)
28. 8. ζητήσατε πάσας τὰς ἐντολὰς κυρίου (8 a)
— 9. ἐὰν ζητήσῃς αὐτόν (8 a)
II Ch. 7. 14. ζητήσωσι [A -ουσιν] τὸ πρόσωπόν μου (6 a)
9. 23. ἐζήτουν τὸ πρόσωπον Σ. (6 a)
11. 16. τοῦ ζητῆσαι κύριον (8 a)
14. 7 (6). B ἐζητήσαμεν [A R ἐξεζ.] κύριον θεόν (8 a)
15. 12. ἐν διαθήκῃ ζητῆσαι κύριον θεόν (8 a)
— 15. ἐν πάσῃ θελήσει ἐζήτησαν αὐτόν (6 a)
16. 12. B R οὐκ ἐζήτησε [A ἐξεζ.] τὸν κύριον [B -ος] (8 a)
18. 4. ζήτησον δὴ σήμερον τὸν κύριον (8 a)
— 7. ἀνὴρ εἷς τοῦ ζητῆσαι τὸν κύριον (8 a)
20. 4. ἦλθον ζητῆσαι τὸν κύριον (6 a)
22. 9. εἶπε τοῦ ζητῆσαι τὸν Ὀχοζίαν (6 a)
— 9. ὃς ἐζήτησε [A ἐκζητήσει] τὸν κύριον (8 a)
25. 15. τί ἐζήτησας τοὺς θεοὺς τοῦ λαοῦ (8 a)
26. 5. ἐζήτησε τὸν κύριον (8 a)
33. 12. ἐζήτησε τὸ πρόσωπον θεοῦ τοῦ κ. αὐ. (10)
34. 3. ἤρξατο τοῦ ζητῆσαι κύριον (8 a)

II Ch. 34. 21. ζητήσατε τὸν κύριον περὶ ἐμοῦ (8 a)
— 26. ἀποστείλαντα ὑμᾶς τοῦ ζητῆσαι τὸν κ. (8 a)
I Es. 5. 39. ζητηθείσης τῆς γενικῆς γραφῆς
7. 13. ζητοῦντες τὸν κύριον
8. 50. ζητῆσαι παρ' αὐτοῦ εὐοδίαν ἡμῖν
— 85. οὐ ζητήσετε εἰρηνεῦσαι
II Es. 2. 62. οὗτοι ἐζήτησαν γραφὴν αὐτῶν (6 a)
7. 6. ἐν πᾶσιν οἷς ἐζήτει αὐτός (7)
— 10. ζητῆσαι τὸν νόμον (8 a)
8. 21. ζητῆσαι παρ' αὐτοῦ ὁδὸν εὐθεῖαν (6 a)
— 22. τοὺς ζητοῦντας αὐτὸν εἰς ἀγαθόν (6 a)
— 23. ἐζητήσαμεν παρὰ τοῦ θεοῦ ἡμῶν (6 a)
Ne. 2. 4. S R περὶ τίνος τοῦτο σὺ ζητεῖς [A B συνζ.] (6 a)
— 10. ζητῆσαι ἀγαθὸν τοῖς υἱοῖς Ἰσραήλ (6 a)
5. 12. παρ' αὐτῶν οὐ ζητήσομεν (6 a)
— 18. ἄρτους τῆς βίας οὐκ ἐζήτησα (6 a)
7. 64. ἐζήτησαν γραφὴν αὐτῶν (6 a)
12. 27. ἐζήτησαν τοὺς Λευίτας (6 a)
To. 1. 18. ἐζητήθη ὑπὸ τοῦ βασ. τὰ σώματα [S *al.*]
— 19. ζητοῦμαι ἀποθανεῖν [S τοῦ ἀ.]
2. 3. S ζήτησαί τινα πτωχὸν τῶν ἀδ. ἡμῶν
4. 18. A B συμβουλίαν . . . ζήτησον
5. 3. ζήτησον σεαυτῷ ἄνθρωπον
— 4. ἐπορεύθη ζητῆσαι ἄνθρωπον
— 11. φυλὴν καὶ πατριὰν σὺ ζητεῖς [S *al.*]
— 13. ἐζήτησα τὴν φυλήν σου . . . ἐπιγνῶναι [S *al.*]
14. 10. S ἐζήτησεν ἀποκτεῖναι Ἀχ.
Ju. 8. 21. ζητήσει [A S ἐκζ.] τὴν βεβήλωσιν αὐ.
Es. 1. 1. ἐζήτησε κακοποιῆσαι τὸν M.
2. 2. ζητηθήτω τῷ βασιλεῖ κοράσια (6 a)
— 21. ἐζήτουν ἀποκτεῖναι Ἀρτ. (6 a)
6. 2. ἐν τῷ . . . ζητῆσαι ἐπιβαλεῖν τὰς χεῖρας [A *al.*] (6 a)
8. 13. ζητοῦσι [S¹ αἰτοῦσιν] κακοποιεῖν —
Jb. 6. 5. μὴ διὰ κενῆς κεκράξεται ὄνος ἄγριος ἀλλ' ἢ τὰ σῖτα ζητῶν (14)
9. 26. ἢ ἀετοῦ πετομένου ζητοῦντος βοράν (14)
38. 41. νεοσσοὶ . . . κεκράγασι πλανώμενοι τὰ σῖτα ζητοῦντες (2 ?)
39. 8. ὀπίσω παντὸς χλωροῦ ζητεῖ [A -τήσει] (8 a)
— 29. ἐκεῖσε ὢν ζητεῖ [S¹ ζήσει] τὰ σῖτα (11)
Ps. 4. 2. ἵνα τί . . . ζητεῖτε ψεῦδος (6 a)
9. 34 (10. 13). οὐ ζητήσει [A S οὐκ ἐκζητήσει] (8 a)
— 36 (10. 15). ζητηθήσεται ἡ ἁμαρτία αὐτοῦ (8 a)
23 (24). 6. αὕτη ἡ γενεὰ ζητούντων αὐτὸν [S² τὸν κύριον] ζητούντων τὸ πρόσωπον τοῦ θεοῦ Ἰακώβ (8 a, 6 a)
26 (27). 8. S² κύριον ζητήσω —
— 8. S¹ ἐζήτησεν [S² ἐξεζ., A B ἐξεζήτησα] τὸ πρόσωπόν μου τὸ πρόσωπόν σου, κύριε, ζητήσω (6 a, 6 a)
33 (34). 14. ζήτησον εἰρήνην καὶ δίωξον αὐτήν (6 a)
34 (35). 4. οἱ ζητοῦντες τὴν ψυχήν μου (6 a)
36 (37). 10. ζητήσεις τὸν τόπον αὐτοῦ (9)
— 25. οὐδὲ τὸ σπέρμα αὐτοῦ ζητοῦν ἄρτους (6 a)
— 32. ζητεῖ τοῦ θανατῶσαι αὐτόν (6 a)
— 36. ἐζήτησα αὐτόν (6 a)
37 (38). 12. ἐξεβιάζοντο οἱ ζητοῦντες τὴν ψυχήν μου καὶ οἱ ζητοῦντες τὰ κακά μοι ἐλάλησαν ματαιότητας (6 a, 8 a)
39 (40). 6. A S ὁλοκαύτωμα . . . οὐκ ἐζήτησας [B ᾔτησας] (16 a)
— 14. ἐντραπείησαν ἅμα οἱ ζητοῦντες τὴν ψυχήν μου (6 a)
— 16. εὐφρανθείησαν ἐπὶ σοὶ πάντες οἱ ζητοῦντές σε (6 a)
53 (54). 3. κραταιοὶ ἐζήτησαν τὴν ψυχήν μου (6 a)
62 (63). 9. εἰς μάτην ἐζήτησαν τὴν ψυχήν μου (6 a)
68 (69). 6. B μὴ ἐντραπείησαν ἐπ' ἐμοὶ οἱ ζητοῦντές [S ἐκζ.] σε (6 a)
69 (70). 2. ἐντραπείησαν οἱ ζητοῦντες τὴν ψυχήν μου (6 a)
— 4. εὐφρανθήτωσαν ἐπὶ σοὶ πάντες οἱ ζητοῦντές σε (6 a)
70 (71). 13, 24. οἱ ζητοῦντες τὰ κακά μοι (6 a)
77 (78). 34. ἐζήτουν [S τότε ἐξεζ.] αὐτόν (8 a)
82 (83). 16. ζητήσουσι τὸ ὄνομά [A πρόσωπόν] σου, κύριε (6 a)
85 (86). 14. ἐζήτησαν τὴν ψυχήν μου (6 a)
103 (104). 21. ζητῆσαι παρὰ τοῦ θεοῦ βρῶσιν αὐτοῖς (6 a)
104 (105). 3. εὐφρανθήτω καρδία ζητούντων τὸν κύριον (6 a)
— 4. ζητήσατε τὸν κύριον . . . ζητήσατε τὸ πρόσωπον αὐτοῦ διὰ παντός (8 a, 6 a)

Ps. 118 (119). 100. S τὰς ἐντολάς σου ἐζήτησα [A R ἐξεζ.] (13)
— 176. ζήτησον [S ζῆσον] τὸν δοῦλόν σου (6 a)
Pr. 1. 28. ζητήσουσί με κακοί (17)
2. 3. A B² τὴν δὲ αἴσθησιν ζητήσῃς μεγάλῃ τῇ φωνῇ †
— 4. ἐὰν ζητήσῃς αὐτὴν ὡς ἀργύριον (6 a)
8. 17. τοὺς ἐμὲ φιλοῦντας [S¹ ζητοῦντας] ἀγαπῶ (1)
— 17. οἱ δὲ ἐμὲ ζητοῦντες εὑρήσουσι [A S² *add.* χάριν] (17)
9. 6. ζητήσατε φρόνησιν –
11. 27. τεκταινόμενος ἀγαθὰ ζητεῖ χάριν ἀγαθήν (6 a)
14. 6. ζητήσεις σοφίαν παρὰ κακοῖς (6 a)
15. 14. καρδία ὀρθὴ ζητεῖ αἴσθησιν (6 a)
16. 5. ὁ ζητῶν τὸν κύριον εὑρήσει γνῶσιν μετὰ δικαιοσύνης οἱ δὲ ὀρθῶς ζητοῦντες αὐτὸν εὑρήσουσιν εἰρήνην –, –
17. 9. ὃς κρύπτει ἀδικήματα ζητεῖ φιλίαν (6 a)
— 16 (19). ὃς ὑψηλὸν ποιεῖ τὸν ἑαυτοῦ οἶκον ζητεῖ συντριβήν (6 a)
18. 1. προφάσεις ζητεῖ ἀνὴρ βουλόμενος χωρίζεσθαι ἀπὸ φίλων (6 a)
— 15. ὦτα δὲ σοφῶν ζητεῖ ἔννοιαν (6 a)
23. 35. ἵνα ἐλθὼν ζητήσω μεθ' ὧν συνελεύσομαι (6 a)
27. 21. καρδία δὲ εὐθὴς ζητεῖ [A S ἐκζ.] γνῶσιν –
28. 5. οἱ δὲ ζητοῦντες τὸν κύριον συνήσουσιν ἐν παντί (6 a)
29. 10. A ἄνδρες αἱμάτων μέτοχοι ζητήσουσιν [B μισοῦσιν, S μισήσουσιν] ὅσιον †
Ec. 3. 6. καιρὸς τοῦ ζητῆσαι (6 a)
— 15. ὁ θεὸς ζητήσει τὸν διωκόμενον (6 a)
7. 26 (25). τοῦ ζητῆσαι σοφίαν καὶ ψῆφον (6 a)
— 29 (28). A ὃν ἐζήτησεν [B S ἐπεζ.] ἡ ψυχή μου (6 a)
— 30 (29). αὐτοὶ ἐζήτησαν λογισμοὺς πολλούς (6 a)
8. 17. ὅσα ἂν μοχθήσῃ [A ποιήσῃ] ἄνθρωπος τοῦ ζητῆσαι (6 a)
12. 10. πολλὰ ἐζήτησεν ἐκκλησιαστής (6 a)
Ca. 3. 1. ἐζήτησα ὃν ἠγάπησεν ἡ ψυχή μου ἐζήτησα αὐτόν (6 a, 6 a)
— 2. ζητήσω ὃν ἠγάπησεν ἡ ψυχή μου ἐζήτησα αὐτόν (6 a, 6 a)
5. 6. ἐζήτησα αὐτὸν καὶ οὐχ εὗρον αὐτόν (6 a)
— 17 (6. 1). ζητήσομεν αὐτὸν μετὰ σοῦ (6 a)
Wi. 1. 1. ἐν ἁπλότητι καρδίας ζητήσατε αὐτόν
6. 12. A B² S R εὑρίσκεται ὑπὸ τῶν ζητούντων αὐτήν
— 16. τοὺς ἀξίους αὐτῆς αὐτὴ περιέρχεται ζητοῦσα
8. 2. ταύτην . . . ἐζήτησα νύμφην ἀγαγέσθαι ἐμαυτῷ
— 18. περιῄειν ζητῶν ὅπως λάβω [S ἀγάγω] αὐτήν
13. 6. τάχα πλανῶνται θεὸν ζητοῦντες
19. 17. ἕκαστος τῶν αὐτοῦ θυρῶν τὴν δίοδον ἐζήτει
Si. 2. 15. A οἱ φοβούμ. κύριον ζητήσουσιν εὐδοκίαν αὐ. [B S *al.*]
— 16. οἱ φοβούμ. κύριον ζητήσουσιν εὐδοκίαν αὐ.
3. 21. χαλεπώτερά [S² βαθύτερά] σου μὴ ζήτει
4. 11. ἐπιλαμβάνεται τῶν ζητούντων αὐτήν
6. 27. ζήτησον [S² *add.* αὐτὴν] καὶ γνωσθήσεταί σοι
7. 4. μὴ ζήτει παρὰ κυρίου ἡγεμονίαν
— 6. μὴ ζήτει γενέσθαι κριτής
12. 12. μή ποτε ζητήσῃ τὴν καθέδραν σου
14. 16. οὐκ ἔστιν ἐν ᾅδου ζητῆσαι τρυφήν [A -ῆς]
21. 17. στόμα φρονίμου ζητηθήσεται ἐν ἐκκλησίᾳ
24. 7. μετὰ τούτων πάντων ἀνάπαυσιν ἐζήτησα
27. 1. ὁ ζητῶν πληθῦναι ἀποστρέψει ὀφθαλμόν
28. 3. παρὰ κυρίου ζητεῖ ἴασιν
30. 26 (33. 17). ἀλλὰ πᾶσι τοῖς ζητοῦσι παιδείαν [S² *al.*]
— 34 (33. 25). καὶ ζητήσει [A¹ S¹ -εις] ἐλευθερίαν
— 40 (33. 31). ἐν ποίᾳ ὁδῷ ζητήσεις αὐτόν
35 (32). 15. ὁ ζητῶν νόμον ἐμπλησθήσεται [S¹ ἐπιλησθ.] αὐτοῦ
38. 32. S² εἰς βουλὴν λαοῦ ζητηθήσονται
39. 9. A τὸ ὄνομα αὐτοῦ ζητήσεται [B S ζήσ.] εἰς γενεὰς γενεῶν
— 17. πάντα γὰρ ἐν καιρῷ αὐτοῦ ζητηθήσεται
44. 20. S ἐν σαρκὶ αὐτοῦ ἐζήτησεν [A B ἔστησε] διαθήκην
51. 3. ἐκ χειρὸς ζητούντων τὴν ψυχήν μου
— 13. ἐζήτησα σοφίαν προφανῶς ἐν προσευχῇ μου
Ho. 2. 7 (9). καὶ ζητήσει αὐτούς (6 a)
5. 15. καὶ ζητήσουσι [A ἐπιζ.] τὸ πρόσωπόν μου (6 a)

Am. 8. 12. ζητοῦντες τὸν λόγον τοῦ κ. (6 a)
Mi. 3. 2. καὶ ζητοῦντες τὰ πονηρά (1)
Na. 3. 7. πόθεν ζητήσω παράκλησιν αὐτῇ (6 a)
— 11. καὶ σὺ ζητήσεις σεαυτῇ στάσιν ἐξ ἐχθρῶν (6 a)
Ze. 1. 6. ἐξαρῶ . . . τοὺς μὴ ζητοῦντας [A ζητήσαντας] τὸν κ. (6 a)
2. 3. ζητήσατε τὸν κ. πάντες ταπεινοὶ γῆς (6 a)
— 3. καὶ δικαιοσύνην ζητήσατε (6 a)
Za. 6. 7. S² καὶ ἐζήτουν (6 a)
11. 16. τὸ ἐσκορπισμένον [A διεσκ.] οὐ μὴ ζητήσῃ [S¹ ἐπισκέψηται] (6 a)
12. 9. ζητήσω [A *add.* τοῦ] ἐξᾶραι πάντα τὰ ἔθνη (6 a)
Ma. 2. 15. τί ἄλλο ἢ σπέρμα ζητεῖ ὁ θεός (6 a)
3. 1. κύριος ὃν ὑμεῖς ζητεῖτε (6 a)
Is. 8. 19. ζητήσατε τοὺς ἐγγαστριμύθους (8 a)
9. 13 (12). τὸν κ. οὐκ ἐζήτησαν [A S³ ἐξεζ.] (8 a)
21. 12. ἐὰν ζητῇς ζήτει (3, 3)
31. 1. τὸν κύριον οὐκ ἐζήτησαν [A S ἐξεζ.] (8 a)
34. 16. ἑτέρα τὴν ἑτέραν οὐκ ἐζήτησαν [A ἐξεζ.] (18)
40. 20. σοφῶς ζητήσει [A S³ -τεῖ] πῶς στήσει αὐτοῦ εἰκόνα (6 a)
41. 12. ζητήσεις αὐτούς (6 a)
— 17. ζητήσουσι γὰρ ὕδωρ καὶ οὐκ ἔσται (6 a)
45. 19. A S R μάταιον ζητήσατε [B ζήσατε] (6 a)
51. 1. οἱ διώκοντες τὸ δίκαιον καὶ ζητοῦντες τὸν κύριον (6 a)
55. 6. ζητήσατε τὸν κύριον [A θεόν] (8 a)
58. 2. ἐμὲ ἡμέραν ἐξ ἡμέρας ζητοῦσι [A -τήσουσιν] (8 a)
65. 1. A S ἐμφανὴς ἐγενόμην τοῖς ἐμὲ μὴ ζητοῦσιν [B ἐπερωτῶσιν] εὑρέθην τοῖς ἐμὲ μὴ ἐπερωτῶσιν [B ζητοῦσιν] (16 a, 6 a)
— 10. οἳ ἐζήτησάν με (8 a)
Je. 2. 24. πάντες οἱ ζητοῦντες αὐτὴν οὐ κοπιάσουσιν (6 a)
— 33. τοῦ ζητῆσαι ἀγάπησιν (6 a)
4. 30. τὴν ψυχήν σου ζητοῦσιν [A S -τήσουσιν] (6 a)
5. 1. ζητήσατε ἐν ταῖς πλατείαις αὐτῆς . . . εἰ ἔστι . . . ζητῶν πίστιν (6 a, 6 a)
10. 21. τὸν κύριον οὐκ ἐζήτησαν [A S ἐξεζ.] (8 a)
11. 21. τάδε λέγει κύριος ἐπὶ τοὺς ἄνδρας A. τοὺς ζητοῦντας τὴν ψυχήν μου (6 a)
19. 7. ἐν χερσὶ τῶν [S¹ *om.*] ζητούντων τὰς ψυχὰς αὐτῶν (6 a)
21. 7. εἰς χεῖρας ἐχθρῶν αὐτῶν τῶν ζητούντων τὰς ψυχὰς αὐτῶν (6 a)
22. 25. παραδώσω σε [S *om.* π. σ.] εἰς χεῖρας τῶν ζητούντων τὴν ψυχήν σου (6 a)
25. 16 (49. 37). ἐναντίον τῶν ἐχθρῶν αὐτῶν τῶν ζητούντων τὴν ψυχὴν αὐτῶν (6 a)
27 (50). 4. πορεύσονται τὸν κύριον θεὸν αὐτῶν ζητοῦντες (6 a)
— 20. ζητήσουσι τὴν ἀδικίαν Ἰσραήλ (6 b)
33 (26). 21. ἐζήτουν ἀποκτεῖναι αὐτόν (6 a)
36 (29). 7. ζητήσατε εἰς εἰρήνην τῆς γῆς (6 a)
— 13. S καὶ ζητήσετέ [A ἐκζ., B ἐκζητήσατέ] με (6 a)
— 13. ζητήσετέ με [A S *om.* ζ. μ.] ἐν ὅλῃ καρδίᾳ ὑμῶν (8 a)
37 (30). 17. ζητῶν οὐκ ἔστιν αὐτήν (8 a)
43 (36). 24. οὐκ ἐζήτησαν [A ἐξεζ.] †
51 (44). 30. εἰς χεῖρας ζητούντων τὴν ψυχὴν αὐτοῦ (6 a)
— 30. εἰς χεῖρας Ναβουχοδονόσορ . . . ζητοῦντος τὴν ψυχὴν αὐτοῦ (6 a)
51. 35 (45. 5). ζητήσεις [S -τεῖς] σεαυτῷ [A ἑαυ.] μεγάλα; μὴ ζητήσῃς [A *om.* μ. ζ., S¹ -τῇς] (6 a, 6 a)
Ba. 4. 28. δεκαπλασιάσατε ἐπιστραφέντες ζητῆσαι αὐτόν
La. 1. 11. πᾶς ὁ λαὸς αὐτῆς καταστενάζοντες ζητοῦντες ἄρτον [S *om.*] (6 a)
— 19. ἐζήτησαν βρῶσιν αὐτοῖς (6 a)
3. 25. ἡ ζητήσει αὐτὸν ἀγαθόν (6 a)
Ez. 3. 18. A ἀποστρέψαι ἀπὸ τῶν ὁδῶν αὐτοῦ τοῦ ζητῆσαι [B ζῆσ.] αὐτόν †
7. 25. ζητήσει [A *add.* εἰς] εἰρήνην (6 a)
— 26. ζητηθήσεται ὅρασις ἐκ προφήτου (6 a)
13. 22. A ἀποστρέψαι καὶ ζητῆσαι αὐτόν [B *al.*] †
22. 30. ἐζήτουν ἐξ αὐτῶν ἄνδρα ἀναστρεφόμενον ὀρθῶς (6 a)

Ez. 26. 21. A οὐχ ὑπάρξεις ἔτι καὶ ζητηθήσῃ [B *om.* κ. ζ.] εἰς τὸν αἰῶνα (6 b)
34. 4. τὸ ἀπολωλὸς οὐκ ἐζητήσατε (6 a)
— 6. A οὐκ ἦν ὁ ζητῶν [B ἐκζ.] (8 a)
— 12. ὥσπερ ζητεῖ [A ὡς ἐπισκέπτεται] ὁ ποιμὴν τὸ ποίμνιον αὐ. (5)
— 16. τὸ ἀπολωλὸς ζητήσω [A ἐκζ.] (6 a)
36. 37. ἔτι τοῦτο ζητηθήσομαι [A ζήτημα θήσομαι] τῷ οἴκῳ Ἰσρ. (8 b)
Da. LXX. 1. 20. ὅσα ἐζήτησε παρ' αὐτῶν ὁ βασ. (6 a)
2. 11. ὁ λόγος ὃν ζητεῖς (16 b)
— 13. ἐζητήθη δὲ ὁ Δ. (4 a)
— 18. ζητῆσαι παρὰ τοῦ κ. . . . περὶ τοῦ μυστηρίου (4 a)
3. (41). ζητοῦμεν τὸ πρόσωπόν σου
7. 16. τὴν ἀκρίβειαν ἐζήτουν παρ' αὐτοῦ (4 a)
8. 15. ἐζήτουν διανοηθῆναι (6 a)
Da. TH. 1. 20. ὧν ἐζήτησε παρ' αὐτῶν ὁ βασ. (6 a)
2. 13. ἐζήτησαν Δ. καὶ τοὺς φίλους αὐτοῦ (4 a)
— 18. οἰκτιρμοὺς ἐζήτουν παρὰ τοῦ θεοῦ (4 a)
3. (41). ζητοῦμεν τὸ πρόσωπόν σου
4. 33. οἱ μεγιστᾶνές μου ἐζήτουν με (4 b)
6. 4 (5). ἐζήτουν πρόφασιν εὑρεῖν κατὰ Δ. (4 c)
7. 16. τὴν ἀκρίβειαν ἐζήτουν παρ' αὐτοῦ (4 a)
— 19. ἐζήτουν ἀκριβῶς περὶ τοῦ θηρίου (15)
8. 15. καὶ ἐζήτουν σύνεσιν (6 a)
I Ma. 2. 29. πολλοὶ ζητοῦντες δικαιοσύνην
4. 5. ἐζήτει αὐτοὺς ἐν τοῖς ὄρεσιν
6. 3. ἐζήτει καταλαβέσθαι τὴν πόλιν
— 18. ζητοῦντες κακὰ δι' ὅλου
— 56. ὅτι ζητεῖ παραλαβεῖν τὰ πράγματα
9. 32. ἐζήτει αὐτὸν ἀποκτεῖναι
11. 1. ἐζήτησε κατακρατῆσαι τῆς βασιλείας
— 10. ἐζήτησε γὰρ ἀποκτεῖναί με
12. 39. ἐζήτησε Τρύφων βασιλεῦσαι τῆς Ἀσίας
— 40. A R ἐζήτει πόρον τοῦ [S *om.* π. τ.] συλλαβεῖν
— 53. ἐζήτησαν [S¹ -εν] . . . ἐκτρῖψαι αὐτούς
14. 4. ἐζήτησεν ἀγαθὰ τῷ ἔθνει αὐτοῦ
— 35. R ἐζήτησε [A S ἐξεζήτησεν] . . . ὑψῶσαι
16. 22. ἐζήτουν [A -ουσαν] αὐτὸν ἀπολέσαι
II Ma. 2. 27. ζητοῦντι τὴν ἑτέρων λυσιτέλειαν
14. 32. ποῦ ποτ' ἐστὶν ὁ ζητούμενος
IV Ma. 1. 13. ζητοῦμεν δὴ τοίνυν
[**Aq.** Le. 13. 36 : II Ki. 21. 2 : Ps. 26 (27). 7 : 69 (70). 3 : 70 (71). 24 : Pr. 11. 27 : 14. 6 : 31. 13 : Is. 41. 17 : 45. 19 : Je. 19. 9 : 34 (41). 20 : 38 (45). 16 : 50 (27). 20.]
[**Sm.** I Ki. 20. 18 : Jb. 7. 21 : Ps. 26 (27). 7 : 69 (70). 3 : 70 (71). 24 : 85 (86). 14 : Pr. 14. 6 : 17. 19 : 21. 6 : 31. 13 : Is. 41. 17 : 45. 19 : Je. 19. 9 : 34 (41). 20 : 38 (45). 16.]
[**Th.** Jb. 39. 8 : Ps. 69 (70). 3 : Pr. 17. 19 : 31. 13 : Is. 34. 15 : 41. 17 : 45. 19 : Je. 19. 9 : 34 (41). 20 : 46 (26). 26 : 50 (27). 20 : Ez. 26. 21 : Da. 2. 18.]
[**Al.** Dt. 10. 12.]
[**Sext.** Ps. 26 (27). 7 : 109 (110). 3.]

ζήτημα. (1) ζήτημα τίθεσθαι דָּרַשׁ ni.
Ez. 36. 37. A τοῦτο ζ. θήσομαι [B ζητηθήσομαι] τῷ οἴκῳ Ἰσραήλ (1)
[**Aq., Sm., Th.** Ez. 36. 37.]

ζιβύνη (σιβ.). (1) חֲנִית (2) כִּידוֹן
Ju. 1. 15. κατηκόντισεν αὐτὸν ἐν ταῖς ζ. [B¹ S¹ σιβ.] αὐτοῦ
Mi. 4. 3. A κατακόψουσι . . . τὰς ζ. [B τὰ δόρατα] αὐ. εἰς δρέπανα (1)
Is. 2. 4. συγκόψουσι . . . τὰς ζ. αὐτῶν εἰς δρέπανα (1)
Je. 6. 23. τόξον καὶ ζιβύνην κρατήσουσιν (2)
[**Sm.** Jo. 8. 26.]

ζιρσάμ.
[**Heb.** Is. 28. 13 *bis.*]

ζμύρνα, *vid.* σμύρνα.

ζολλῶ, ζολλώθ.
[**Heb.** Ps. 11 (12). 9.]

ζόφος.
[**Sm.** Ex. 10. 22 : Jb. 28. 3 : Ps. 10 (11). 2 : 90 (91). 6 : Is. 59. 9.]

ζύγιον.
[**Aq.** Pr. 11. 1 : 16. 11.]
[**Sm.** Pr. 11. 1.]

ζυγός, ζυγόν. (1) *a.* מֹאזְנַיִם *b.* מֹאזֵן (2) מַטֶּה (3) *a.* מוֹטוֹת *b.* מוֹטוֹת עַל (4) מְשׂוּרָה (5) סֹבֶל (6) *a.* עֲבֹת *b.* ζυγοῦ ἱμᾶς עֲבֹת (7) עֹל (8) קָנֶה (9) שֵׁבֶט (10) שְׁכֶם

Ge. 27. 40. ἡνίκα ἐὰν . . . ἐκλύσῃς τὸν ζ. αὐτοῦ (7)
Le. 19. 35. ἐν μέτροις καὶ ἐν σταθμίοις καὶ ἐν ζυγοῖς (4)
— 36. ζ. δίκαια καὶ στάθμια δίκαια (1 *a*)
26. 13. συνέτριψα τὸν δεσμὸν τοῦ ζ. ὑμῶν (7)
Nu. 19. 2. ἣ οὐκ ἐπεβλήθη ἐπ' αὐτὴν ζυγός (7)
De. 21. 3. ἥτις οὐχ εἵλκυσε ζυγόν (7)
II Ch. 10. 4. ἐσκλήρυνε τὸν ζ. ἡμῶν (7)
— 4. ἄφες . . . ἀπὸ τοῦ ζ. αὐτοῦ (7)
— 9. ἄνες ἀπὸ τοῦ ζ. (7)
— 10. ἐβάρυνε τὸν ζ. ἡμῶν (7)
— 11. ἐπαίδευσεν ὑμᾶς ζυγῷ βαρεῖ (7)
— 11. προσθήσω ἐπὶ τὸν ζ. ὑμῶν (7)
— 14. ἐβάρυνε τὸν ζ. ὑμῶν (7)
Jb. 6. 2. τὰς δὲ ὀδύνας μου ἄραι ἐν ζυγῷ ὁμοθυμαδόν (1 *a*)
31. 6. ἔσταμαι [S ἱστ., A ἱστᾷ με] γὰρ ἐν ζυγῷ δικαίῳ (1 *a*)
39. 10. δήσεις δὲ ἐν ἱμᾶσι ζυγὸν αὐτοῦ (6 *a*)
Ps. 2. 3. ἀπορρίψωμεν ἀφ' ἡμῶν τὸν ζ. αὐτῶν (6 *a*)
61 (62). 9. ψευδεῖς οἱ υἱοὶ τῶν ἀνθρώπων ἐν ζυγοῖς τοῦ ἀδικῆσαι (1 *a*)
Pr. 11. 1. ζυγοὶ δόλιοι βδέλυγμα ἐνώπιον κυρίου (1 *a*)
16. 11. ῥοπὴ ζυγοῦ δικαιοσύνη παρὰ κυρίῳ (1 *a*)
20. 23. ζυγὸς δόλιος οὐ καλὸν ἐνώπιον αὐτοῦ (1 *a*)
Si. 21. 25. λόγοι δὲ φρονίμων ἐν ζυγῷ σταθήσονται
28. 19. οὐχ εἵλκυσε τὸν ζ. αὐτῆς
— 20. ὁ γὰρ ζ. αὐτῆς ζυγὸς σιδηροῦς
— 25. τοῖς λόγοις σου ποίησον ζυγὸν καὶ σταθμόν
30. 35 (33. 26). ζυγὸς καὶ ἱμὰς κάμψουσι τράχηλον
40. 1. ζυγὸς βαρὺς ἐπὶ υἱοὺς [S -οῖς] Ἀδάμ
42. 4. περὶ ἀκριβείας ζυγοῦ καὶ σταθμίων
51. 26. τὸν τράχηλον ὑμῶν ὑπόθετε ὑπὸ ζυγόν
Ho. 12. 7 (8). X. ἐν χειρὶ αὐτοῦ ζυγὸς ἀδικίας (1 *a*)
Am. 8. 5. καὶ ποιῆσαι ζυγὸν ἄδικον (1 *a*)
Mi. 6. 11. εἰ δικαιωθήσεται ἐν ζυγῷ ἄνομος (1 *a*)
Ze. 3. 9. τοῦ δουλεύειν αὐτῷ ὑπὸ ζυγὸν ἕνα (10 ?)
Is. 5. 18. ὡς ζυγοῦ ἱμάντι δαμάλεως τὰς ἀνομίας (6 *b*)
9. 4 (3). ὁ ζ. ὁ ἐπ' αὐτῶν κείμενος (7)
10. 27. A S ἀφαιρεθήσεται ὁ φόβος [B ζυγὸς] αὐτοῦ ἀπὸ σοῦ . . . καὶ ὁ ζ. [B φόβος] αὐ. ἀπὸ τοῦ ὤμου [B *om.* τ. ὤ.] σοῦ καὶ καταφθαρήσεται ὁ ζ. ἀπὸ τῶν ὤμων ὑμῶν (5, 7, 7)
11. 13. A ἀφαιρεθήσεται ὁ ζ. [BS ζῆλος] Ἐφ. †
14. 5. συνέτριψε κύριος τὸν ζ. τῶν ἁμαρτωλῶν τὸν ζ. τῶν ἀρχόντων (2, 9)
— 25. ἀφαιρεθήσεται ἀπ' αὐτῶν ὁ ζ. αὐτῶν (7)
— 29. συνετρίβη γὰρ ὁ ζ. τοῦ παίοντος ὑμᾶς (9)
19. 10. οἱ ποιοῦντες τὸν ζῦθον [S¹ ζυγόν] †
40. 12. τίς ἔστησε . . . τὰς νάπας ζυγῷ (1 *a*)
— 15. ὡς ῥοπὴ ζυγοῦ ἐλογίσθησαν (1 *a*)
46. 6. οἱ συμβαλλόμενοι . . . ἀργύριον ἐν ζυγῷ (8)
47. 6. τοῦ πρεσβυτέρου ἐβάρυνας τὸν ζ. σφόδρα (7)
Je. 2. 20. ἀπ' αἰῶνος συνέτριψας τὸν ζ. σου (7)
5. 5. ὁμοθυμαδὸν συνέτριψαν ζυγόν (7)
34 (27). 8. ἐὰν μὴ ἐμβάλωσι τὸν τράχηλον αὐτῶν ὑπὸ τὸν ζ. βασιλέως Βαβυλῶνος (7)
— 11. ὃ ἐὰν εἰσαγάγῃ τὸν τράχηλον αὐτοῦ ὑπὸ τὸν ζ. βασιλέως [A *al.*] (7)
35 (28). 2. συνέτριψα τὸν ζ. τοῦ βασ. Βαβ. (7)
— 4. συντρίψω [A συνέτριψα] τὸν ζ. βασιλέως Βαβυλῶνος (7)
— 11. συντρίψω τὸν ζ. βασιλέως Βαβυλῶνος (7)
— 14. ζυγὸν σιδηροῦν ἔθηκα ἐπὶ τὸν τράχηλον (7)
37 (30). 8. συντρίψω τὸν ζ. ἀπὸ τοῦ τραχήλου αὐτῶν (7)
39 (32). 10. ἔστησα τὸ ἀργύριον ἐν ζυγῷ (1 *a*)
La. 3. 27. ὅταν ἄρῃ ζυγὸν ἐν νεότητι αὐτοῦ (7)
Ez. 5. 1. λήψῃ ζυγὸν σταθμίων (1 *a*)
34. 27. ἐν τῷ συντρῖψαί με τὸν ζ. [A *add.* τοῦ κλοιοῦ] αὐτῶν (3 *b* [3 *a*])
45. 10. ζ. δίκαιος [A ζυγὸν δ.] καὶ μέτρον δίκαιον (1 *a*)
Da. TH. 5. 27. ἐστάθη ἐν ζυγῷ (1 *b*)
8. 25. ὁ ζυγὸς τοῦ κλοιοῦ αὐτοῦ κατευθυνεῖ †
I Ma. 8. 18. τοῦ ἆραι τὸν ζ. ἀπ' αὐτῶν
— 31. ἐβάρυνας τὸν ζ. σου ἐπὶ τοὺς φίλους
I Ma. 13. 41. ἤρθη ὁ ζ. τῶν ἐθνῶν ἀπὸ τοῦ Ἰσρ.
III Ma. 4. 9. τοῖς ζ. τῶν πλοίων προσηλωμένοι
[**Aq.** Dt. 28. 48: Jb. 31. 6.]
[**Sm.** Ge. 27. 40: Jb. 16. 8: La. 5. 5: Ho. 7. 16.]
[**Th.** Ps. 61 (62). 10.]
[**Quint.** Ho. 7. 16.]

ζυγοῦν. (1) עָבָה

III Ki. 7. 6. ἐζυγωμένα αἰλὰμ ἐπὶ πρόσωπον αὐτῶν –
Ez. 41. 26. τὰ πλευρὰ τοῦ οἴκου ἐζυγωμένα [A ἐξυλωμ.] (1 ?)

ζῦθος.

Is. 19. 10. πάντες οἱ ποιοῦντες τὸν ζ. [S¹ ζυγὸν] λυπηθήσονται †

ζύμη. (1) חָמֵץ (2) שְׂאֹר

Ex. 12. 15. ἀφανιεῖτε ζύμην ἐκ τῶν οἰκιῶν ὑμῶν (2)
— 15. πᾶς ὃς ἂν φάγῃ ζύμην ἐξολεθρευθήσεται (1)
— 19. ἑπτὰ ἡμέρας ζ. οὐχ εὑρεθήσεται ἐν ταῖς οἰκ. (2)
13. 3. καὶ οὐ βρωθήσεται ζύμη (1)
— 7. οὐδὲ ἔσται σοι ζύμη ἐν πᾶσι τοῖς ὁρίοις (2)
23. 18. οὐ θύσεις [A¹ θυμιάσεις] ἐπὶ ζύμῃ αἷμα θυμιάματός μου (1)
34. 25. οὐ σφάξεις ἐπὶ ζύμῃ αἷμα θυμιαμάτων [A θυσιασμ.] (1)
Le. 2. 11. πᾶσαν γὰρ ζ. . . . οὐ προσοίσετε (2)
De. 16. 3. οὐ φάγῃ ἐπ' αὐτοῦ ζύμην (1)
— 4. οὐκ ὀφθήσεταί σοι ζύμη (2)
[**Al.** Ex. 13. 3.]

ζυμίτης. (1) חָמֵץ

Le. 7. 3 (13). A² B ἐπ' ἄρτοις ζ. προσοίσει τὰ δῶρα αὐτοῦ (1)

ζυμοῦσθαι. (1) חָמֵץ *a.* verb. *b.* subst.

Ex. 12. 34. πρὸ τοῦ ζυμωθῆναι τὰ φυράματα αὐτῶν (1 *a*)
— 39. οὐ γὰρ ἐζυμώθη (1 *a*)
Le. 6. 17 (10). οὐ πεφθήσεται ἐζυμωμένη (1 *b*)
23. 17. ἐζυμωμένοι πεφθήσονται πρωτογεννημάτων (1 *b*)
Ho. 7. 4. ἀπὸ φυράσεως στέατος ἕως τοῦ ζυμωθῆναι αὐτό (1 *a*)
[**Quint.** Ho. 7. 4.]

ζυμωτός. (1) *a.* חָמֵץ *b.* מַחְמֶצֶת

Ex. 12. 19. πᾶς ὃς ἂν φάγῃ ζυμωτὸν ἐξολεθρευθήσεται (1 *b*)
— 20. πᾶν ζυμωτὸν οὐκ ἔδεσθε (1 *b*)
13. 7. οὐκ ὀφθήσεταί σοι ζυμωτόν (1 *a*)
Le. 2. 11. πᾶσαν θυσίαν . . . οὐ ποιήσετε ζυμωτόν (1 *a*)
[**Aq.** Dt. 16. 3.]

ζωγραφεῖν. (1) חָקָה (2) חָקַק

Is. 49. 16. ἐπὶ τῶν χειρῶν μου ἐζωγράφηκά [A -σά] σου τὰ τείχη (2)
Ez. 23. 14. εἶδεν ἄνδρας ἐζωγραφημένους ἐπὶ τοῦ τοίχου εἰκόνας Χαλδαίων ἐζωγραφημένους [A -ας] ἐν γραφίδι (1, 2)
II Ma. 2. 29. τῷ δὲ . . . ζωγραφεῖν ἐπιχειροῦντι τὰ ἐπιτήδεια
IV Ma. 17. 7. ζωγραφῆσαι τὴν τῆς εὐσεβείας σου ἱστορίαν

ζωγραφία.

Si. 38. 27. καρδίαν αὐτοῦ δώσει εἰς ὁμοιῶσαι ζωγραφίαν
[**Th.** Pr. 7. 16.]

ζωγρεῖν. (1) חָיָה *a.* pi. *b.* hi. (2) חַיִּים שָׁבָה

Nu. 31. 15. ἵνα τί ἐζωγρήσατε πᾶν θῆλυ (1 *a*)
— 18. πᾶσαν τὴν ἀπαρτίαν . . . ζωγρήσατε αὐτάς (1 *b*)
De. 20. 16. R οὐ ζωγρήσετε [A B -σεται] πᾶν ἐμπνέον (1 *a*)
Jo. 2. 13. ζωγρήσατε τὸν οἶκον τοῦ πατρός μου (1 *b*)
6. 24 (25). τὸν οἶκον τὸν πατρικὸν ἐζώγρησεν (1 *b*)
9. 20. τοῦτο ποιήσομεν ζωγρῆσαι αὐτούς (1 *b*)
II Ki. 8. 2. τὰ δύο σχοινίσματα ἐζώγρησε [A -σαν] (1 *b*)
II Ch. 25. 12. δέκα χιλιάδας ἐζώγρησαν (2)

ζωγρεῖον.

[**Aq.** Je. 5. 27.]

ζωγρία (-εία). (1) שָׂרִיד

Nu. 21. 35. ἕως τοῦ μὴ καταλιπεῖν αὐτοῦ ζωγρείαν (1)
De. 2. 34. οὐ κατελίπομεν ζωγρίαν (1)
II Ma. 12. 35. τὸν κατάρατον λαβεῖν ζωγρίαν

ζῷγρος.

[**Sm.** Je. 5. 27.]

ζώειν, *cf.* **ζῆν.** (1) חָיָה pi.

Ps. 137 (138). 7. S ζώσεις [A R ζήσεις] με (1)

ζωή. (1) הוֹד (2) חַוָּה (3) *a.* חַיָּה *b.* חַיָּה *c.* מִחְיָה *d.* ὑπόστασις ζωῆς מִחְיָה *e.* τὰ πρὸς ζωήν מִחְיָה *f.* ζωὴν ἰδεῖν *vel* εἰδέναι חָיָה *g.* διδόναι ζωήν חָיָה hi. (4) חַי (pl.) (5) חָכְמָה (6) חֶסֶד (7) יוֹם (pl.) (8) לֶחֶם (9) נוֹד (10) דֶּרֶךְ

Ge. 1. 30. ὃ ἔχει ἐν ἑαυτῷ ψυχὴν ζωῆς (3 *b*)
2. 7. ἐνεφύσησεν εἰς τὸ πρόσωπον . . . πνοὴν ζωῆς (4)
— 9. τὸ ξύλον τῆς ζ. ἐν μέσῳ τῷ παραδείσῳ (4)
3. 14, 17. πάσας τὰς ἡμ. τῆς ζωῆς σου (4)
— 20. τὸ ὄνομα τῆς γυναικὸς Ζωή (2)
— 22. καὶ λάβῃ ἀπὸ τοῦ ξύλου τῆς ζ. (4)
— 24. φυλάσσειν τὴν ὁδὸν τοῦ ξύλου τῆς ζ. (4)
6. 17. ἐν ᾗ ἐστιν ἐν αὐτῇ πνεῦμα ζωῆς (4)
7. 11. ἐν τῷ ἑξακοσ. ἔτει ἐν τῇ ζ. τοῦ Νῶε (4)
— 15. ἀπὸ πάσης σαρκὸς ἐν ᾧ ἐστι πνεῦμα ζωῆς (4)
— 22. πάντα ὅσα ἔχει πνοὴν ζωῆς (4)
8. 13. ἐν τῷ ἑνὶ καὶ ἑξακοσ. ἔτει ἐν τῇ ζ. τοῦ Νῶε –
23. 1. ἐγένετο δὲ ἡ ζ. Σάρρας ἔτη (4)
25. 7. τὰ ἔτη ἡμερῶν ζωῆς Ἀβραάμ (4)
— 17. ταῦτα τὰ ἔτη τῆς ζ. Ἰσμ. (4)
27. 46. προσώχθικα τῇ ζ. μου διὰ τὰς θυγ. (4)
45. 5. εἰς γὰρ ζωὴν ἀπέστειλέ με ὁ θεός (3 *c*)
47. 8. R πόσα ἔτη ἡμερῶν τῆς [A *om.*] ζ. σου (4)
— 9. αἱ ἡμέραι τῶν ἐτῶν τῆς ζ. μου –
— 9. αἱ ἡμέραι τῶν ἐτῶν τῆς ζ. μου (4)
— 9. εἰς τὰς ἡμέρας τῶν ἐτῶν τῆς ζ. τῶν πατ. (4)
— 28. αἱ ἡμέραι Ἰακὼβ ἐνιαυτῶν τῆς ζ. αὐτοῦ (4)
Ex. 1. 14. κατωδύνων αὐτῶν τὴν ζ. (4)
6. 16. τὰ ἔτη τῆς ζ. Λευὶ ἑκατὸν τριάκοντα ἑπτά (4)
— 18. τὰ ἔτη τῆς ζ. Καὰθ ἑκατὸν τριάκοντα ἔτη (4)
— 20. τὰ δὲ ἔτη τῆς ζ. Ἀμβρὰμ ἑκατὸν τριάκ. δύο ἔτη (4)
De. 4. 9. πάσας τὰς ἡμέρας τῆς ζ. σου (4)
6. 2. πάσας τὰς [A *om.*] ἡμέρας τῆς ζ. σου (4)
16. 3. πάσας τὰς ἡμέρας τῆς ζ. ὑμῶν (4)
17. 19. πάσας τὰς ἡμέρας τῆς ζ. αὐτοῦ (4)
28. 66. ἔσται ἡ ζ. σου κρεμαμένη [A κεκραμένη] (4)
— 66. καὶ οὐ πιστεύσεις τῇ ζ. σου (4)
30. 15. δέδωκα πρὸ προσώπου . . . τὴν ζ. καὶ τὸν θάνατον (4)
— 19. τὴν ζ. καὶ τὸν θάνατον δέδωκα πρὸ προσώπου (4)
— 19. B ἔκλεξαι τὴν ζ. σύ [A εὐλογίαν] (4)
— 20. A R ὅτι τοῦτο ἡ ζ. σου [B αὐτοῦ] (4)
32. 47. αὕτη ἡ ζ. ὑμῶν (4)
Jo. 1. 5. πάσας τὰς ἡμέρας τῆς ζ. σου (4)
10. 40. πᾶν ἐμπνέον ζωῆς ἐξωλέθρευσεν [A *al.*] –
Jd. 6. 4. R οὐ κατελείποντο [A οὐχ ὑπ., B κατέλιπον] ὑπόστασιν ζωῆς (3 *d*)
16. 30. οὓς ἐθανάτωσεν ἐν τῇ ζ. αὐτοῦ (4)
17. 10. τὰ πρὸς ζωήν σου [A *al.*] (3 *e*)
I Ki. 7. 15. πάσας τὰς ἡμέρας τῆς ζ. αὐτοῦ (4)
18. 18. A τίς ἡ ζ. τῆς συγγενείας σου πατρός μου (4)
25. 29. ἐνδεδεμένη ἐν δεσμῷ τῆς ζ. (4)
II Ki. 1. 23. εὐπρεπεῖς ἐν τῇ ζ. αὐτῶν (4)
15. 21. ἐὰν εἰς θάνατον καὶ ἐὰν εἰς ζωήν (4)
19. 34 (35). A R πόσαι ἡμέραι ἐτῶν [B ἡμερῶν] ζωῆς μου (4)
III Ki. 3. 1 (*cf.* 4. 21 [5. 1]). B πάσας τὰς ἡμέρας τῆς ζ. αὐτοῦ (4)
4. 21 (5. 1). A πάσας ἡμέρας ζωῆς αὐτοῦ (4)
11. 34: 15. 5, 6 (A). πάσας τὰς ἡμέρας τῆς ζ. αὐ.
IV Ki. 8. 10, 14. ζωῇ ζήσῃ (3 *a*)
25. 29, 30. πάσας τὰς ἡμέρας τῆς ζ. αὐτοῦ (4)
I Es. 5. 73. τὸν χρόνον τῆς ζ. τοῦ βασιλέως
6. 31. προσεύχωνται περὶ τῆς αὐτῶν ζ.
II Es. 6. 10. προσεύχωνται εἰς ζωὴν τοῦ βασιλέως (4)

To. 1. 3. πάσας τὰς ἡμέρας τῆς ζ. μου
3. 6. S ἢ βλέπειν ἀνάγκην πολλὴν ἐν τῇ ζ. μου
— 10. S καὶ μηκέτι ὀνειδισμοὺς ἀκούσω ἐν τῇ ζ. μου
4. 3, 5. πάσας τὰς ἡμέρας τῆς ζ.
6. 14. κατάξω τὴν ζ. τοῦ πατρός μου
8. 17. συντέλεσον τὴν ζ. αὐτῶν
10. 13. S πάσας τὰς ἡμέρας τῆς ζ. μου
— 13. S πάσας τὰς ἡμέρας ἐν τῇ ζ. ἡμῶν
11. 1. S πάσας τὰς ἡμέρας τῆς ζ. αὐτῶν
12. 9. πλησθήσονται [S χορτασθ.] ζωῆς
— 10. πολέμιοί εἰσι τῆς ἑαυτῶν ζ. [S ψυχῆς]
Ju. 10. 3. ἐν ταῖς ἡμέραις τῆς ζ. τοῦ ἀνδρὸς αὐτῆς
— 13. οὐ διαφωνήσει τῶν ἀνδρῶν . . . πνεῦμα ζωῆς
11. 3. S ἐν τῇ νυκτὶ ταύτῃ ζωῇ [A B om.] ζήσῃ
16. 22. πάσας τὰς ἡμέρας τῆς ζ. αὐτῆς
Jb. 3. 20. ζωὴ δὲ ταῖς ἐν ὀδύναις ψυχαῖς (4)
7. 1. ὥσπερ μισθίου αὐθημερινοῦ ἡ ζ. αὐτοῦ (7)
— 7. πνεῦμά μου ἡ ζ. (4)
— 15. A ἀπαλλάσσεις δὲ ἀπὸ πνεύματός μου τὴν ζ. [B S ψυχήν] μου †
9. 21. ἀφαιρεῖταί [A ἀφῄρηταί] μου ἡ ζ. (4)
10. 12. ζωὴν δὲ καὶ ἔλεος ἔθου παρ' ἐμοί (4)
— 21 (22). οὐδὲ ὁρᾶν ζωὴν βροτῶν †
11. 17. ἐκ δὲ μεσημβρίας ἀνατελεῖ σοι ζωή †
16. 14 (13). A ἐξέχεαν εἰς γῆν τὴν ζ. [BS χολήν] μου †
24. 22. οὐ μὴ πιστεύσῃ κατὰ [A ὑπὲρ] τῆς ἑαυτοῦ ζ. (4)
33. 22. ἡ δὲ ζ. αὐτοῦ ἐν ᾅδῃ (3 b)
— 28. ἡ [A om.] ζ. [S[2] ψυχή] μου φῶς ὄψεται (3 b)
— 30. ἵνα ἡ ζ. [AS[2] ψυχή] μου ἐν φωτὶ αἰνῇ αὐτόν (4)
36. 14. ἡ δὲ ζ. αὐτῶν τιτρωσκομένη ὑπὸ [A εἴη ὑπὸ] ἀγγέλων (3 b)
Ps. 7. 5. καταπατήσαι εἰς γῆν τὴν ζ. μου (4)
15 (16). 11. ἐγνώρισάς μοι ὁδοὺς ζωῆς (4)
16 (17). 14. διαμέρισον αὐτοὺς ἐν τῇ ζ. αὐτῶν (4)
20 (21). 4. ζωὴν ᾐτήσατό σε (4)
22 (23). 6. πάσας τὰς ἡμέρας τῆς ζ. μου (4)
25 (26). 9. μὴ συναπολέσῃς . . . μετὰ ἀνδρῶν αἱμάτων τὴν ζ. μου (4)
26 (27). 1. κύριος ὑπερασπιστὴς τῆς ζ. μου (4)
— 4. πάσας τὰς ἡμέρας τῆς ζ. μου (4)
29 (30). 5. ζωὴ ἐν τῷ θελήματι αὐτοῦ (4)
30 (31). 10. ἐξέλιπεν ἐν ὀδύνῃ ἡ ζ. μου (4)
33 (34). 12. τίς ἐστιν ἄνθρωπος ὁ θέλων ζωήν (4)
35 (36). 9. παρὰ σοὶ πηγὴ ζωῆς (4)
36 (37). 7. B S[1] μὴ παραζήλου ἐν τῷ κατευοδουμένῳ ἐν τῇ ζ. [A S[2] R ὁδῷ] αὐ. (10)
41 (42). 8. παρ' ἐμοὶ προσευχὴ τῷ θεῷ τῆς ζ. μου (4)
48 (49). 18. ἡ ψυχὴ αὐτοῦ ἐν τῇ ζ. αὐτοῦ εὐλογηθήσεται (4)
55 (56). 8. τὴν ζ. μου ἐξήγγειλά σοι (9 ?)
62 (63). 3. κρεῖσσον τὸ ἔλεός σου ὑπὲρ ζωάς (4)
— 4. οὕτως εὐλογήσω σε ἐν τῇ ζ. μου (4)
65 (66). 9. τοῦ θεμένου τὴν ψυχήν μου εἰς ζωήν (4)
87 (88). 3. ἡ ζ. μου τῷ ᾅδῃ ἤγγισεν (4)
102 (103). 4. τὸν λυτρούμενον ἐκ φθορᾶς τὴν ζ. σου (4)
103 (104). 33. ᾄσω τῷ κυρίῳ ἐν τῇ ζ. μου (4)
127 (128). 5. πάσας τὰς ἡμέρας τῆς ζ. σου (4)
132 (133). 3. ἐνετείλατο κύριος τὴν εὐλογίαν καὶ ζωὴν ἕως τοῦ αἰῶνος (4)
142 (143). 3. ἐταπείνωσεν εἰς τὴν γῆν τὴν ζ. μου (3 b)
145 (146). 2. αἰνέσω κύριον ἐν ζωῇ μου (4)
Pr. 2. 19. οὐ γὰρ καταλαμβάνονται ὑπὸ ἐνιαυτῶν ζωῆς (4)
3. 2. ἔτη ζωῆς καὶ εἰρήνην προσθήσουσί σοι (4)
— 16. ἔτη ζωῆς ἐν τῇ δεξιᾷ αὐτῆς -
— 18. ξύλον ζωῆς ἐστι πᾶσι τοῖς ἀντεχομένοις αὐτῆς (4)
4. 10. πληθυνθήσεται ἔτη ζωῆς σου (4)
— 13. φύλαξον αὐτὴν σεαυτῷ εἰς ζωήν σου (4)
— 22. ζωὴ γάρ ἐστι τοῖς εὑρίσκουσιν αὐτάς (4)
— 23. ἐκ γὰρ τούτων ἔξοδοι ζωῆς (4)
5. 6. ὁδοὺς γὰρ ζωῆς οὐκ ἐπέρχεται (4)
— 9. ἵνα μὴ πρόῃ ἄλλοις ζωήν σου (1 ?)
6. 23. ὁδὸς ζωῆς καὶ ἔλεγχος καὶ παιδεία (4)
8. 35. αἱ γὰρ ἔξοδοί μου ἔξοδοι ζωῆς (4)
9. 11. προστεθήσεταί σοι ἔτη ζωῆς σου (4)
— 18. προστεθῇ δέ σοι ἔτη ζωῆς -
10. 3. ζωὴν δὲ ἀσεβῶν ἀνατρέψει †
— 11. πηγὴ ζωῆς ἐν χειρὶ δικαίου (4)

Pr. 10. 16. ἔργα δικαίων ζωὴν ποιεῖ (4)
— 17. ὁδοὺς δικαίας [A S[2] om.] ζωῆς φυλάσσει παιδεία (4)
11. 19. υἱὸς δίκαιος γεννᾶται εἰς ζωήν (4)
— 30. ἐκ καρποῦ δικαιοσύνης φύεται δένδρον ζωῆς (4)
12. 28. ἐν ὁδοῖς δικαιοσύνης ζωή (4)
13. 12. δένδρον γὰρ ζωῆς ἐπιθυμία ἀγαθή [A κακή, S[1] om.] (4)
— 14. νόμος σοφοῦ πηγὴ ζωῆς (4)
14. 27. πρόσταγμα κυρίου πηγὴ ζωῆς (4)
15. 4. ἴασις γλώσσης δένδρον ζωῆς (4)
— 24. ὁδοὶ ζωῆς διανοήματα συνετοῦ (4)
16. 15. ἐν φωτὶ ζωῆς υἱὸς βασιλέως (4)
— 17. τρίβοι ζωῆς ἐκκλίνουσιν [S -κινοῦσιν] ἀπὸ κακῶν †
— 17. ἀγαπῶν δὲ ζωὴν αὐτοῦ φείσεται στόματος αὐτοῦ †
— 22. πηγὴ ζωῆς ἔννοια τοῖς κεκτημένοις (4)
18. 4. ποταμὸς δὲ ἀναπηδύει καὶ πηγὴ ζωῆς (5 ?)
— 21. θάνατος καὶ ζωὴ [A θ. ζωῆς] ἐν χειρὶ γλώσσης (4)
19. 23. φόβος κυρίου εἰς ζωὴν ἀνδρί (4)
21. 21. ὁδὸς δικαιοσύνης . . . εὑρήσει ζωήν (4)
22. 4. γενεὰ σοφίας φόβος κυρίου καὶ πλοῦτος καὶ δόξα καὶ ζωή (4)
23. 3. ταῦτα γὰρ ἔχεται ζωῆς ψευδοῦς (8)
27. 27. υἱέ, παρ' ἐμοῦ ἔχεις ῥήσεις ἰσχυρὰς εἰς τὴν ζ. σου καὶ εἰς τὴν ζ. σῶν θεραπόντων (8, 8 et 4)
Ec. 2. 3. ἀριθμὸν [S[2] ἐν ἀριθμῷ] ἡμερῶν ζωῆς αὐτῶν (4)
— 17. ἐμίσησα σὺν τὴν ζ. (4)
3. 12. τοῦ ποιεῖν [S[1] πιεῖν] ἀγαθὸν ἐν ζωῇ αὐ. (4)
5. 17. ἀριθμὸν ἡμερῶν ζωῆς αὐτοῦ (4)
— 19. μνησθήσεται τὰς ἡμέρας τῆς ζ. αὐτοῦ (4)
6. 8. ὁ πένης οἶδε πορευθῆναι κατέναντι τῆς ζ. (4)
7. 1 (6. 12). τίς οἶδεν ἀγαθὸν [A S[2] τί ἀ.] τῷ ἀνθρώπῳ ἐν τῇ ζ. ἀριθμὸν ἡμερῶν ζωῆς ματαιότητος αὐτοῦ (4, 4)
8. 15. συμπρόσεσται αὐτῷ . . . ἡμέρας [S -έρα] ζωῆς αὐτοῦ (4)
9. 3. περιφέρεια ἐν καρδίᾳ αὐτῶν ἐν ζωῇ αὐτῶν (4)
— 9. ἴδε ζωὴν μετὰ γυναικὸς ἧς ἠγάπησας πάσας ἡμέρας ζωῆς ματαιότητός σου (4, 4)
— 9. αὐτὸ [S -ὸς] μερίς σου ἐν τῇ ζ. σου (4)
Wi. 1. 12. μὴ ζηλοῦτε θάνατον ἐν πλάνῃ ζωῆς ὑμῶν
12. 23. τοὺς ἐν ἀφροσύνῃ [S -ναις] ζωῆς βιώσαντας ἀδίκους [A S[2] -ως]
13. 11. κατεσκεύασε χρήσιμον σκεῦος εἰς ὑπηρεσίαν ζωῆς
— 18. περὶ δὲ ζωῆς τὸ νεκρὸν ἀξιοῖ
14. 12. εὑρέσεις δὲ αὐτῶν [S -ῷ] φθορὰ ζωῆς
15. 12. ἐλογίσαντο παίγνιον εἶναι τὴν ζ. ἡμῶν
16. 13. σὺ γὰρ ζωῆς καὶ θανάτου ἐξουσίαν ἔχεις
Si. 3. 12. μὴ λυπήσῃς αὐτὸν ἐν τῇ ζ. αὐτοῦ [S[1] al.]
4. 1. τὴν ζ. τοῦ πτωχοῦ μὴ ἀποστερήσῃς
— 12. ὁ ἀγαπῶν αὐτὴν ἀγαπᾷ ζωήν
6. 16. φίλος πιστὸς φάρμακον ζωῆς
9. 13. ἵνα μὴ ἀφέληται τὴν ζ. σου
10. 9. ἐν ζωῇ ἔρριψα τὰ ἐνδόσθια αὐ. [S[2] al.]
— 29. τίς δοξάσει τὸν ἀτιμάζοντα τὴν ζ. αὐ.
11. 14. ζωὴ καὶ θάνατος . . . παρὰ κυρίου ἐστί
15. 17. ἔναντι ἀνθρώπων ἡ ζ. καὶ ὁ θάνατος
16. 3. μὴ ἐμπιστεύσῃς τῇ ζ. αὐτῶν
17. 11. νόμον ζωῆς ἐκληροδότησεν αὐτοῖς [A S[2] -ούς]
21. 13. ἡ βουλὴ αὐτοῦ ὡς πηγὴ ζωῆς
22. 11. τοῦ δὲ μωροῦ ὑπὲρ θάνατον ἡ [A om.] ζ. πονηρά
— 12. μωροῦ δὲ καὶ ἀσεβοῦς πᾶσαι αἱ ἡμέραι τῆς ζ. αὐ.
23. 1. κύριε πάτερ καὶ δέσποτα [A πατὴρ καὶ θεὸς] ζωῆς μου
— 4. κύριε πάτερ καὶ θεὲ ζωῆς μου
25. 2. προσώχθισα σφόδρα τῇ ζ. αὐτῶν
29. 21. ἀρχὴ ζωῆς [A[2] ζ. ἀνθρώπου] ὕδωρ καὶ ἄρτος
— 24. ζωὴ πονηρὰ ἐξ οἰκίας εἰς οἰκίαν
30. 5. ἐν τῇ ζ. αὐτοῦ εἶδε καὶ εὐφράνθη
— 17. κρείσσων θάνατος ὑπὲρ ζωὴν πικράν
— 22. εὐφροσύνη καρδίας ζωὴ ἀνθρώπου
— 28 (33. 19). ἀδελφῷ καὶ φίλῳ μὴ δῷς ἐξουσίαν ἐπὶ σὲ ἐν ζωῇ σου
— 32 (33. 23). ἐν ἡμέρᾳ συντελείας ἡμερῶν ζωῆς σου

Si. 31 (34). 17. ἴασιν διδοὺς ζωὴν καὶ εὐλογίαν
— 21. ἄρτος ἐπιδεομένων [A S ἐπενδ.] ζωὴ πτωχῶν
34 (31). 27. ἔπισον ζωῆς οἶνος ἀνθρώπῳ [A S -οις]
— 27. τίς ζωὴ ἐλασσουμένῳ οἴνῳ [A -ου, S[2] ἐν οἴνῳ]
36 (33). 14. ἀπέναντι τοῦ θανάτου ἡ ζ.
37. 18. ἀγαθὸν καὶ κακὸν ζωὴ καὶ θάνατος
— 25. ζωὴ ἀνδρὸς ἐν ἀριθμῷ ἡμερῶν
— 27. ἐν τῇ [A S om.] ζ. σου πείρασον τὴν ψυχήν σου
— 31. ὁ δὲ προσέχων προσθήσει ζωήν
39. 26. ἀρχὴ πάσης χρείας εἰς ζωὴν ἀνθρώπου
40. 18. ζωὴ αὐτάρκους ἐργάτου γλυκανθήσεται
— 28. ζωὴν ἐπαιτήσεως μὴ βιώσῃς
— 29. οὐκ ἔστιν αὐτοῦ ὁ βίος ἐν λογισμῷ [S διαλ.] ζωῆς
41. 4. οὐκ ἔστιν ἐν ᾅδου ἐλεγμὸς ζωῆς
— 13. ἀγαθῆς ζωῆς ἀριθμὸς ἡμερῶν
45. 5. ἔδωκεν αὐτῷ . . . νόμον ζωῆς καὶ ἐπιστήμης
48. 11. καὶ γὰρ ἡμεῖς ζωῇ [A S[1] -ῆς] ζησόμεθα
— 14. ἐν ζωῇ αὐτοῦ ἐποίησε τέρατα
— 23. προσέθηκε ζωὴν βασιλεῖ
50. 1. ἐν ζωῇ αὐτοῦ ὑπέρραψεν [S[2] ὑπέγραψεν] οἶκον
51. 6. ἡ ζ. μου ἦν σύνεγγυς ᾅδου κάτω [S[2] -ωτάτου]
Ho. 10. 12. τρυγήσατε εἰς καρπὸν ζωῆς (6 ?)
Jn. 2. 7. ἀναβήτω φθορὰ ζωῆς [A ἐκ φθορᾶς ἡ ζ.] μου (4)
Ma. 2. 5. ἡ διαθήκη μου ἦν μετ' αὐτοῦ τῆς ζωῆς (4)
Is. 4. 3. ἅγιοι κληθήσονται πάντες οἱ γραφέντες εἰς ζωήν (4)
26. 14. οἱ δὲ νεκροὶ ζωὴν οὐ μὴ ἴδωσιν [S[1] εἰδ.] (3 f)
28. 4. B ἔσται τὸ ἄνθος τὸ ἐκπεσὸν τῆς ἐλπίδος τῆς ζ. [A S R δόξης] †
38. 12. κατέλιπον τὸ ἐπίλοιπον [A λ.] τῆς ζ. μου (4)
— 20. πάσας τὰς ἡμέρας τῆς ζ. μου (4)
53. 8. αἴρεται ἀπὸ τῆς γῆς ἡ ζ. αὐτοῦ (4)
57. 15. διδοὺς ζωὴν τοῖς συντετριμμένοις τὴν καρδίαν (3 g)
65. 22. κατὰ γὰρ τὰς ἡμέρας τοῦ ξύλου τῆς ζ. -
Je. 2. 13. ἐμὲ ἐγκατέλιπον πηγὴν ὕδατος ζωῆς [A S ζῶντος] (4)
8. 3. εἵλοντο τὸν θάνατον [A add. μᾶλλον] ἢ τὴν ζ. (4)
17. 13. ἐγκατέλιπον πηγὴν ζωῆς (4)
21. 8. δέδωκα πρὸ προσώπου ὑμῶν τὴν ὁδὸν τῆς ζ. (4)
42 (35). 7. A πάσας τὰς ἡμέρας τῆς ζ. [B S om. τ. ζ.] ὑμῶν -
— 8. A πάσας τὰς ἡμέρας τῆς ζ. [B S om. τ. ζ.] ἡμῶν -
Ba. 1. 11. προσεύξασθε περὶ τῆς ζ. Ναβουχοδονόσορ . . . καὶ εἰς ζωὴν Βαλτάσαρ
3. 9. ἄκουε, Ἰσ., ἐντολὰς ζωῆς
— 14. ποῦ ἐστι μακροβίωσις καὶ ζ.
4. 1. πάντες οἱ κρατοῦντες αὐτὴν [A -ῆς] εἰς ζωήν
La. 3. 53. ἐθανάτωσαν ἐν λάκκῳ ζωήν μου (4)
— 58. ἐλυτρώσω τὴν ζ. μου (4)
Ez. 1. 20. πνεῦμα ζωῆς [A add. ἦν] ἐν τοῖς τροχοῖς (3 b)
— 21. πνεῦμα ζωῆς ἦν ἐν τοῖς τροχοῖς (3 b)
3. 21. ὁ δίκαιος ζωῇ ζήσεται (3 a)
7. 13. A ἐν ζωῇ τὸ ζῆν αὐτῶν (4)
— 13. ἄνθρωπος ἐν ὀφθαλμῷ ζωῆς αὐτοῦ οὐ κρατήσει (3 b)
10. 17. πνεῦμα ζωῆς ἐν αὐτοῖς ἦν (3 b)
16. 6. ἐκ τοῦ αἵματός σου ζ. [A ἡ ζ. σου] (3 a)
18. 9. ζωῇ ζήσεται (3 a)
— 13. οὗτος ζωῇ οὐ ζήσεται (3 a)
— 17, 19, 21, 28. ζωῇ ζήσεται (3 a)
26. 20. μηδὲ ἀναστῇς ἐπὶ γῆς ζωῆς (4)
31. 17. ἐν μέσῳ τῆς ζ. αὐτῶν ἀπώλοντο †
32. 23. A B οἱ δόντες τὸν φόβον αὐτῶν ἐπὶ τῆς [R γῆς] ζωῆς (4)
— 24. R οἱ δεδωκότες αὐτῶν φόβον ἐπὶ γῆς [A B τῆς] ζωῆς (4)
— 26. R οἱ δεδωκότες τὸν φόβον αὐτῶν ἐπὶ γῆς [A B τῆς] ζωῆς (4)
— 27. ἐξεφόβησαν πάντας [A γίγαντας] ἐν τῇ ζ. αὐτῶν (4)
— 32. δέδωκα τὸν φόβον αὐ. ἐπὶ γῆς [A B τῆς] ζωῆς (4)
33. 13. A ζωῇ ζήσῃ (3 a)
— 15. ἐν προστάγμασι [A -ατι] ζωῆς διαπορεύηται . . . ζωῇ ζήσεται (4, 3 a)

Ez. 37. 5. φέρω εἰς ὑμᾶς πνεῦμα ζωῆς (3 a)
— 10. A εἰσῆλθεν εἰς αὐτοὺς πνεῦμα ζωῆς [B al.] –
Da. LXX. 7. 12. χρόνος ζωῆς ἐδόθη αὐτοῖς (4)
12. 2. οἱ μὲν εἰς ζωὴν αἰώνιον (4)
Da. TH. 7. 12. μακρότης ζωῆς ἐδόθη αὐτοῖς (4)
12. 2. οὗτοι εἰς ζωὴν αἰώνιον (4)
I Ma. 2. 13. S ἵνα τί ἡμῖν ἔτι ζωή [A R ζῆν]
9. 71. πάσας τὰς ἡμέρας τῆς ζ. αὐτοῦ
II Ma. 7. 9. εἰς αἰώνιον ἀναβίωσιν ζωῆς
— 14. σοὶ μὲν γὰρ ἀνάστασις εἰς ζωὴν οὐκ ἔσται
— 22. τὸ πνεῦμα καὶ τὴν ζ. ὑμῖν ἐχαρισάμην
— 23. τὸ πνεῦμα καὶ τὴν ζ. ὑμῖν πάλιν ἀποδώσει
— 36. πόνον ἀενάου ζωῆς
14. 46. τὸν δεσπόζοντα τῆς ζ. καὶ τοῦ πνεύματος
IV Ma. 15. 3. A R τὴν σώζουσαν [S ζῶσαν] εἰς αἰώνιον ζωήν
17. 12. ἀφθαρσία ἐν ζωῇ πολυχρονίῳ
18. 16. ξύλον ζωῆς ἐστι πᾶσι τοῖς ποιοῦσιν
— 19. αὕτη ἡ ζ. ὑμῶν καὶ ἡ μακρότης τῶν ἡμερῶν
[Aq. Ge. 2. 7 : III Ki. 4. 21 (5. 1) : Ps. 16 (17). 14 : 30 (31). 11 : 48 (49). 19 : 87 (88). 4 : Pr. 8. 35 : 11. 30 : 16. 15 : 22. 19 : 31. 12 : Is. 38. 12, 16 : Je. 8. 3 : Jn. 2. 7.]
[Sm. Ge. 2. 7 : Dt. 28. 66 : I Ki. 1. 26 : II Ki. 15. 21 : III Ki. 4. 21 (5. 1) : Jb. 30. 2 : Ps. 30 (31). 11 : 55 (56). 14 : 63 (64). 2 : 65 (66). 9 : 87 (88). 4 : Pr. 4. 23 : 8. 35 : 10. 17 : 11. 30 : 16. 15 : 22. 19 : 31. 12 : Ec. 9. 9 : Is. 38. 12 : 57. 10 : Ez. 7. 13 : Jn. 2. 7.]
[Th. Ge. 1. 30 : 2. 7 : Pr. 8. 35 : 11. 30 : 16. 15 : 31. 12 : Is. 38. 12 : Je. 8. 3 : Ez. 7. 13 : Jn. 2. 7.]
[Al. I Ki. 1. 11 : III Ki. 15. 6 : Pr. 10. 17 : 16. 15.]
[Quint. Ps. 48 (49). 19 : Pr. 16. 15.]

ζώθ.
[Heb. Ps. 91 (92). 7.]

ζωμός. (1) מָרָק (2) מֶרְקָחָה (3) פָּרָק
Jd. 6. 19. τὸν ζ. ἔβαλεν ἐν τῇ χύτρᾳ [A al.] (1)
— 20. τὸν ζ. ἐχόμενα ἔκχεε [A ζωμὸν ἔκχεον] (1)
Is. 65. 4. οἱ ἔσθοντες . . . ζωμὸν θυσιῶν (1, 3*)
Ez. 24. 10. ὅπως . . . ἐλαττωθῇ ὁ ζ. (2)

ζώνη. (1) אַבְנֵט (2) אֵזוֹר (3) אָזֵן (4) a. חֲגוֹר b. חֲגוֹרָה (5) מֵזַח (6) קֶסֶת
Ex. 28. 4. καὶ κίδαριν καὶ ζώνην (1)
— 35 (39). καὶ ζώνην ποιήσεις (1)
— 36 (40). τοῖς υἱοῖς 'A. ποιήσεις . . . ζώνας (1)
29. 9. καὶ ζώσεις αὐτοὺς ταῖς ζ. (1)
36. 37 (39. 29). καὶ τὰς ζ. αὐτῶν ἐκ βύσσου (1)
Le. 8. 7. ἔζωσεν αὐτὸν τὴν ζ. (1)
— 13. ἔζωσεν αὐτοὺς ζώνας [B² -αις] (1)
16. 4. ζ. λινῇ ζώσεται (1)
De. 23. 13 (14). πάσσαλος ἔσται σοι ἐπὶ τῆς ζ. σου (3 ?)
I Ki. 18. 4. A ἕως τῆς ζ. αὐτοῦ (4 a)
III Ki. 2. 5. ἐν τῇ ζ. αὐτοῦ ἐν τῇ ὀσφύϊ αὐτοῦ (4 b)
IV Ki. 1. 8. ζώνην δερματίνην περιεζωσμένος (2)
3. 21. περιεζωσμένοι ζώνην (4 b)
Jb. 12. 18. περιέδησε ζώνῃ ὀσφύας αὐ. [A al.] (2)
Ps. 108 (109). 19. S² R ὡσεὶ ζώνη [AS¹ -ην] ἣν διὰ παντὸς περιζώννυται (5)
Is. 3. 24. ἀντὶ ζώνης σχοινίῳ [S -ίον] ζώσῃ (4 b)
5. 27. οὐδὲ λύσουσι τὰς ζ. αὐτῶν (2)
Ez. 9. 2. ζώνη [A -ην] σαπφείρου ἐπὶ τῆς ὀσφύος αὐτοῦ (6 ?)
— 3. εἶχεν ἐπὶ τῆς ὀσφύος αὐτοῦ τὴν [B¹ om.] ζ. (6 ?)
— 11. ἐζωσμένος [A περιεζ.] τῇ ζ. τὴν ὀσφὺν αὐτοῦ (6 ?)
[Aq., Th. Ex. 29. 9 : IV Ki. 3. 21 : Pr. 31. 24.]
[Sm. Ex. 29. 9 : Ez. 23. 15.]
[Quint. IV Ki. 3. 21.]

ζωννύειν (-ύναι). (1) a. אָזַר b. אֵזוֹר (2) אָסַר (3) חָבַשׁ (4) a. חָגַר b. חֲגוֹר c. חָגוֹר (5) שִׂים
Ex. 29. 9. καὶ ζώσεις αὐτοὺς ταῖς ζώναις (4 a)
Le. 8. 7. A B¹ ἔζωσεν αὐτοὺς [B² R -ὸν] τὴν ζώνην (4 a)
— 13. ἔζωσεν αὐτοὺς ζώνας [B² -αις] (4 a)
16. 4. ζώνῃ λινῇ ζώσεται (4 a)
Jd. 18. 11. ἄνδρες ἐζωσμένοι σκεύη παρατάξεως [A al.] (4 a)
I Ki. 17. 39. ἔζωσε τὸν Δ. τὴν ῥομφαίαν αὐτοῦ [A al.] (4 a)
25. 13. ζώσασθε ἕκαστος τὴν ῥομφαίαν αὐτοῦ (4 a)
II Ki. 20. 8. R ἐζωσμένος [AB περιεζ.] μάχαιραν (4 b)
III Ki. 20 (21). 27. ἐζώσατο σάκκον ἐπὶ τὸ σῶμα αὐτοῦ [A ἐ. τ. σ. αὐ. om.] (5)
IV Ki. 4. 29 : 9. 1. ζῶσαι τὴν ὀσφύν σου (4 a)
Ne. 4. 18 (12). ἀνὴρ ῥομφαίαν αὐτοῦ ἐζωσμένος (2)
Jb. 38. 3 : 40. 2 (7). ζῶσαι ὥσπερ ἀνὴρ τὴν ὀσφύν σου (1 a)
Ps. 108 (109). 19. ἣν διὰ παντὸς περιζώννυται [S¹ ζώνν.] (4 a)
Is. 3. 24. ἀντὶ ζώνης σχοινίῳ [S -ίον] ζώσῃ –
11. 5. ἔσται δικαιοσύνῃ ἐζωσμένος τὴν ὀσφὺν αὐτοῦ (1 b)
Ez. 9. 11. ἰδοὺ ὁ ἀνὴρ . . . ἐζωσμένος [A περιεζ.] τῇ ζώνῃ τὴν ὀσφὺν αὐτοῦ –
16. 10. ἔζωσά σε βύσσῳ (3)
23. 15. εἶδεν ἄνδρας . . . ἐζωσμένους [A διεζ.] ποικίλματα ἐπὶ τὰς ὀσφύας αὐτῶν (4 c)
I Ma. 6. 37. AR ἐζωσμένοι ἐπ' [S ὑπ'] αὐτοῦ μηχαναῖς
II Ma. 10. 25. τὰς ὀσφύας σάκκοις ζώσαντες
[Aq. Dt. 1. 41 : Is. 8. 9 : 32. 11.]
[Sm., Th. Is. 8. 9.]
[Al. Ps. 44 (45). 4.]

ζωογονεῖν. (1) חָיָה a. pi. b. hi. c. חַיָּה
Ex. 1. 17. καὶ ἐζωογόνουν τὰ ἄρσενα (1 a)
— 18. τί ὅτι . . . ἐζωογονεῖτε τὰ ἄρσενα (1 a)
— 22. καὶ πᾶν θῆλυ ζωογονεῖτε αὐτό (1 a)
Le. 11. 47. τῶν ζωογονούντων τὰ ἐσθιόμενα (1 c)
— 47. τῶν ζωογονούντων τὰ μὴ ἐσθιόμενα (1 c)
Jd. 8. 19. εἰ ἐζωογονήκειτε [A -ήσατε] αὐτούς (1 b)
I Ki. 2. 6. κύριος θανατοῖ καὶ ζωογονεῖ (1 a)
27. 9. οὐκ ἐζωογόνει ἄνδρα ἢ γυναῖκα (1 a)
— 11. καὶ ἄνδρα καὶ γυναῖκα οὐκ ἐζωογόνησα (1 a)
III Ki. 21 (20). 31. εἴπως ζωογονήσει τὰς ψυχὰς ἡμῶν (1 a)
IV Ki. 7. 4. ἐὰν ζωογονήσωσιν ἡμᾶς (1 a)
[Th. Ex. 1. 19.]
[Al. Ex. 22. 18 (17).]

ζωογόνος.
[Sm. Ge. 3. 21 (20).]

ζῷον. (1) a. חַיָּה b. חָיָה pi. c. חַי
Ge. 1. 21. πᾶσαν ψυχὴν ζῴων ἑρπετῶν (1 a)
Jb. 38. 14. ἢ σὺ λαβὼν γῆν πηλὸν ἔπλασας ζῷον †
Ps. 67 (68). 10. τὰ ζ. σου κατοικοῦσιν ἐν αὐτῇ (1 a)
103 (104). 25. ζῷα μικρὰ μετὰ μεγάλων (1 a)
144 (145). 16. ἐμπιπλᾷς πᾶν ζῷον εὐδοκίας (1 c)
Wi. 7. 20. φύσεις ζῴων καὶ θυμοὺς θηρίων
11. 16. ἐπαπέστειλας αὐτοῖς πλῆθος ἀλόγων ζῴων
12. 24. θεοὺς ὑπολαμβάνοντες τὰ καὶ ἐν ζῴοις τῶν ἐχθρῶν ἄτιμα
13. 10. οἵτινες ἐκάλεσαν θεοὺς . . . ἀπεικάσματα ζῴων
— 14. ζῴῳ τινὶ εὐτελεῖ ὡμοίωσεν [S ἀφωμ.] αὐτό
15. 18. καὶ τὰ ζ. δὲ τὰ ἔχθιστα σέβονται
— 19. οὐδ' ὅσον ἐπιποθῆσαι ὡς ἐν ζῴων ὄψει καλὰ τυγχάνει
16. 18. ἵνα μὴ καταφλέξῃ τὰ ἐπ' ἀσεβεῖς ἀπεσταλμένα ζ. [S¹ om.]
17. 19. σκιρτώντων ζῴων δρόμος ἀθεώρητος
19. 10. ἀντὶ μὲν γενέσεως ζῴων ἐξήγαγεν ἡ γῆ σκνῖπα [A S² σκνῖφας]
— 21. φλόγες . . . εὐφθάρτων ζῴων οὐκ ἐμάραναν σάρκας
Si. 13. 15. πᾶν ζῷον ἀγαπᾷ τὸ ὅμοιον αὐτῷ
Si. 16. 30. ψυχὴν [S -ὴ] παντὸς ζῴου ἐκάλυψε τὸ πρόσωπον αὐτῆς
43. 25. ποικιλία παντὸς ζῴου
49. 16. ὑπὲρ πᾶν ζῷον ἐν τῇ κτίσει 'Αδάμ
Hb. 3. 2. ἐν μέσῳ δύο ζῴων γνωσθήσῃ (1 b)
Ez. 1. 5. ἐν τῷ μέσῳ ὡς ὁμοίωμα τεσσάρων ζῴων (1 a)
— 13. ἐν μέσῳ τῶν ζ. ὅρασις ὡς [A om.] ἀνθράκων . . . ὡς ὄψις λαμπάδων συστρεφομένων ἀνὰ μέσον τῶν ζ. (1 a, 1 a)
— 14. A τὰ ζ. ἔτρεχον (1 a)
— 15. τροχὸς εἷς ἐπὶ τῆς γῆς ἐχόμενος τῶν ζ. (1 a)
— 19. ἐν τῷ πορεύεσθαι τὰ ζ. . . . ἐν τῷ ἐξαίρειν τὰ ζ. ἀπὸ τῆς γῆς (1 a, 1 a)
— 20. A ἐπορεύοντο τὰ ζ. [B om. τ. ζ.] –
— 22. R ὁμοίωμα ὑπὲρ κεφαλῆς αὐτῶν [A B¹ -οῖς, B² om.] τῶν ζ. ὡσεὶ στερέωμα (1 a)
3. 13. ἴδον φωνὴν πτερύγων τῶν ζ. πτερυσσομένων (1 a)
10. 15. τοῦτο τὸ ζ. ὃ ἴδον (1 a)
— 20. τοῦτο τὸ ζ. ἐστιν ὃ ἴδον (1 a)
47. 9. ἔσται πᾶσα ψυχὴ τῶν ζ. τῶν ἐκζεόντων ἐπὶ πάντα . . . ζήσεται (1 a)
Da. LXX. 4. 9. ἐχορήγει πᾶσι τοῖς ζῴοις –
IV Ma. 5. 7. τὴν τοῦδε τοῦ ζ. σαρκοφαγίαν
14. 14. τὰ ἄλογα ζ. ὁμοίαν . . . στοργὴν ἔχει
— 18. τὴν διὰ τῶν ἀλόγων ζ. . . . συμπάθειαν
[Aq. Ge. 1. 26, 28, 30 : 2. 19, 20 : 3. 2 (1), 15 (14) : 6. 20 (19) : 9. 5 : Ex. 23. 11 : Le. 17. 13 : Is. 35. 9 : 56. 9 *bis* : Ez. 1. 13 : 10. 17.]
[Sm. Ge. 1. 28, 30 : 2. 19, 20 : 3. 15 (14) : 6. 20 (19) : 9. 5 : Ps. 79 (80). 14 : Is. 46. 1 : Ez. 1. 19.]
[Th. Ge. 1. 28 : Ez. 1. 14.]
[Al. Le. 11. 2, 47 : 25. 7.]

ζωοποιεῖν. (1) חָיָה a. pi. b. hi.
Jd. 21. 14. ἃς ἐζωοποίησαν ἀπὸ τῶν θυγατέρων (1 a)
IV Ki. 5. 7. θανατῶσαι καὶ ζωοποιῆσαι (1 b)
Ne. 9. 6. σὺ ζωοποιεῖς τὰ πάντα (1 a)
Jb. 36. 6. ἀσεβῆ [A S² -ῶν] οὐ μὴ ζωοποιήσει (1 a)
Ps. 70 (71). 20. ἐπιστρέψας ἐζωοποίησάς με (1 a)
Ec. 7. 13 (12). ζωοποιήσει τὸν παρ' αὐτῆς [S² ἔχοντα αὐτήν] (1 a)
[Th. Jb. 36. 6 : Is. 26. 14.]

ζωοποίησις. (1) מִחְיָה
II Es. 9. 8. δοῦναι ζωοποίησιν μικράν (1)
— 9. δοῦναι ἡμῖν ζωοποίησιν (1)

ζωοῦν. (1) חָיָה pi.
Ps. 79 (80). 18. ζωώσεις ἡμᾶς (1)
84 (85). 6. σὺ ἐπιστρέψας ζωώσεις ἡμᾶς (1)
[Aq. Ge. 12. 12 : 45. 7 : Ps. 29 (30). 4 : 32 (33). 19 : 40 (41). 3 : 118 (119). 149, 156 : Is. 38. 16 : Ez. 13. 19 : Hb. 3. 2.]
[Sm. Ps. 79 (80). 19 : Is. 38. 16.]
[Th. Ps. 40 (41). 3 : Is. 38. 16 : Ez. 13. 19 : Hb. 3. 2.]
[Al. Ge. 19. 19.]

ζωπυρεῖν. (1) חָיָה hi.
IV Ki. 8. 1. ἧς ἐζωπύρησε τὸν υἱόν (1)
— 5. ὡς ἐζωπύρησεν υἱὸν τεθνηκότα (1)
— 5. ἡ γυνὴ ἧς ἐζωπύρησε τὸν υἱὸν αὐτῆς (1)
— 5. ὃν ἐζωπύρησεν 'Ελισαιέ (1)

ζώπυρον.
IV Ma. 8. 13. τὰ ζ. τοῦ πυρὸς . . . προέθεσαν

ζῶσις. (1) חָגַר
Is. 22. 12. ἐκάλεσε κύριος . . . ζῶσιν σάκκων (1)

ζωτικός.
Wi. 15. 11. ἐμφυσήσαντα πνεῦμα ζωτικόν

ζωώμ, ζωωνή.
[Heb. Ps. 7. 12.]

ζώωσις.
[Aq. Ge. 45. 5.]

H

ἤ. * ἤ *in sententiis compar., cf.* ἀλλ' ἤ *sub* ἀλλά ††πρὶν ἤ ** ἤ *pro* εἰ

Ge. 19. 9*, 12 *ter*: 24. 21**†, 21, 49, 50†: 26. 11†: 27. 21: 29. 19*, 26††, 30*: 31. 14, 43: 37. 8, 32: 38. 26*: 42. 16, 19**†: 44. 8, 16 *bis*, 19: 49. 12*.
Ex. 1. 19††: 2. 14†: 4. 18**†: 5. 3: 7. 9: 10. 7: 12. 44†, 45†: 13. 12†: 14. 12*: 16. 4: 17. 7: 19. 13: 21. 4†, 15, 16 (17), 18, 20, 21, 26, 27, 28, 29, 31, 32, 33†, 33: 22. 1 (21. 37) *bis*, 5 (4), 5 (4)†, 6 (5) *bis*, 7 (6), 10 (9) *quinquiens*, 14 (13), 14 (13)†: 23. 4: 28. 39 (43)†: 30. 20†: 32. 29†: 35. 29†: 38. 27 (40. 32).
Le. 1. 14: 3. 6: 5. 1† *bis*, 2 *ter*, 2†, 2, 3, 4, 6, 7, 11: 6. 2 (5. 21) *ter*, 3 (5. 22), 4 (5. 23)†, 4 (5. 23) *bis*, 39 (7. 9)†: 7. 6 (16), 11 (21) *ter*: 10. 9: 11. 10, 32†, 32 *bis*: 12. 6 *bis*, 7, 8: 13. 2, 19 *bis*, 24, 29†, 29, 30, 38, 42 *ter*, 43†, 43, 47, 48 *sexiens*, 49 *quinquiens*, 51 *ter*, 52 *quater*, 53 *ter*, 55 *bis*, 56 *ter*, 57 *ter*, 58 *ter*, 59†, 59 *quater*: 14. 22†, 22, 30, 37†: 15. 14, 23, 29, 33: 17. 3, 3†, 3 *bis*, 4, 8†, 8, 10†, 13†, 13, 15 *bis*: 18. 9, 9† *bis*, 10, 26†: 19. 20: 20. 2, 6, 9 *bis*, 10, 17, 27 *bis*: 21. 18 *ter*, 19†, 19, 20 *sexiens*: 22. 4 *bis*, 5†, 5, 10, 13†, 18 *bis*, 19†, 21† *bis*, 21, 22† *quinquiens*, 23† *bis*, 27 *bis*, 28† *bis*: 25. 40, 47 *bis*, 47†, 49 *bis*.
Nu. 5. 6, 14, 20, 30: 6. 2†, 10: 9. 10 *bis*, 21, 22†: 11. 12, 22, 23**†, 23, 33††: 13. 19 (18)**†, 19 (18), 19 (18)**†, 19 (18), 20 (19)**†, 20 (19), 20 (19)**†, 20 (19), 21 (20) *bis*, 21 (20)**†, 21 (20): 14. 3, 12*, 23†: 15. 3 *quater*, 5, 6†, 6, 8, 8†, 11 *ter*, 14, 30: 18. 29†: 19. 16 *ter*, 18 *ter*: 22. 6*†, 18†, 18, 29 (ἦ εἶχον μάχαιραν)**†: 23. 8: 24. 13: 30. 3 *bis*, 4, 11: 35. 21, 22, 23.
De. 1. 39: 3. 24: 4. 16†: 7. 17*: 8. 2: 9. 1*, 14*: 11. 23*: 12. 15: 13. 1 (2) *bis*, 2 (3), 3 (4), 5 (6), 6 (7) *quinquiens*, 7 (8): 14. 21, 26† *quater*: 15. 12†, 21, 21†, 22: 17. 1, 2, 3 *bis*, 5, 6, 12, 20: 18. 10†: 22. 1, 4, 6 *quater*: 24. 3†, 14: 25. 13, 14†: 27. 16, 22: 28. 14†: 29. 18 (17) *ter*: 30. 1† *bis*: 31. 2†.
Jo. 1. 7†: 2. 8††, 20†: 5. 12: 6. 18 (19)† *ter*: 7. 3: 8. 20†: 10. 11*: 22. 23†, 28†: 23. 6.
Jd. 2. 22†: 6. 31: 8. 2†, 2*: 9. 2: 11. 25, 34: 14. 15: 16. 30*†: 18. 7†, 19*: 19. 13†: 20. 28†: 21. 22.
Ru. 1. 13, 16.
I Ki. 2. 14†, 14 *bis*: 3. 7†††: 10. 11, 12: 12. 3 *quater*, 3†: 14. 6†, 41**†, 41: 16. 4†: 17. 26†: 19. 24**†: 20. 2†: 21. 4 (5) (ὅτι ἤ)†, 8 (9), 15 (16)†: 22. 15†, 15: 25. 36: 26. 10 *bis*: 27. 9†.
II Ki. 2. 21, 26: 3. 25†, 35: 13. 15*†: 14. 13, 19:
● 17. 9: 19. 35 (36)**†, 35 (36), 35 (36)†, 42 (43) *bis*, 43 (44)*: 21. 4†: 24. 13 *bis*.
III Ki. 3. 1 (2. 42): 8. 46†: 18. 10, 13†, 27: 21 (20). 18**†, 39: 22. 6, 15.
IV Ki. 2. 9††, 16† *bis*: 3. 14**†: 4. 13: 5. 7†: 6. 27: 9. 35*: 13. 19: 19. 26: 22. 2†.
I Ch. 14. 10**†: 21. 12 *ter*.
II Ch. 6. 36: 13. 9: 18. 5, 14: 19. 2: 32. 7*: 34. 2†.
I Es. 4. 14, 19*, 25*: 6. 32†, 33: 8. 24†, 24: 9. 4.
II Es. 6. 12.
Ne. 2. 19: 4. 3 (3. 35): 6. 11†.
To. 2. 4†††: 3. 6*, 6*†, 8††, 9†: 5. 11†, 17†: 6. 7†, 7 *bis*, 12, 12*†: 8. 20†††: 10. 2: 12. 8*, 8*†: 13. 6**†: 14. 15†††.
Ju. 4. 10†: 8. 15.
Es. 4. 11†, 14**†: 6. 3: 8. 13.
Jb. 3. 15†, 16 *bis*: 4. 7, 17: 5. 1, 26: 6. 11, 12, 13, 15, 16, 22, 23, 30†: 7. 2 *bis*, 12, 17, 18: 8. 3, 10, 11: 9. 12, 14, 26 *bis*: 10. 3, 4 *bis*, 5 *bis*, 10, 20: 11. 2, 7†, 7, 8†, 9 *bis*: 12. 2: 13. 8**†, 22†, 25 *bis*, 28: 14. 2: 15. 7, 8, 8† *bis*, 9, 12, 14: 16. 3: 17. 15, 16 *bis*: 18. 4: 19. 13*, 24† *bis*: 20. 2*: 21. 4, 18†: 22. 3, 4, 13, 17, 21†: 24. 24†: 25. 2†, 4: 26. 2, 3†: 27. 9, 9†, 10: 30. 24: 31. 13, 26: 32. 19: 33. 15†: 34. 8†, 12: 35. 2†, 7: 36. 23†: 37. 20: 38. 5, 6†, 12, 14, 24, 31†, 32, 33, 36†: 39. 1**†, 9, 10, 19, 27†: 40. 3 (8)† *bis*, 4 (9)**†, 4 (9), 21 (26)**†, 22 (27)†, 24 (29)†: 41. 2 (3), 2 (3)**†: 42. 12*.
Ps. 8. 4: 13 (14). 2†: 14 (15). 1†: 17 (18). 31†: 23 (24). 3†: 29 (30). 9: 40 (41). 6**†: 49 (50). 13: 52 (53). 2: 59 (60). 9†: 76 (77). 8, 9† *bis*: 77 (78). 20: 83 (84). 10*: 84 (85). 5: 87 (88). 10: 93 (94). 9, 16: 94 (95). 11**†: 107 (108). 10†: 117 (118). 8*, 9*: 131 (132). 3**†: 132 (133). 1: 138 (139). 24**: 143 (144). 3.
Pr. 1. 27†, 27: 3. 14*: 6. 8, 28: 7. 23: 12. 9*: 15. 16*, 17*, 29 (16. 8)*: 16. 5 (8)*, 19*: 17. 1*: 19. 22*: 20. 9, 20, 27†: 21. 3*, 9*, 19*: 22. 1*: 24. 27 (30. 4), 32 (30. 9): 25. 7*, 24*: 27. 6*, 10†, 10*†: 28. 24.
Ec. 2. 19**†, 19: 5. 4*: 6. 10**†: 7. 3 (2)*†: 11. 6 *bis*.
Ca. 2. 9, 17: 8. 9**†, 14.
Wi. 2. 8††: 4. 11: 5. 8†, 10†, 11, 12, 14†: 9. 13: 11. 17†, 18 *ter*, 25: 12. 9 *bis*, 12 *bis*, 14: 13. 2 *sexiens*, 10, 14: 14. 21 *bis*, 23 *ter*, 24 *bis*, 28 *quater*: 17. 17†, 17, 18, 18†, 19 *quinquiens*.
Si. 2. 10 *bis*: 4. 10*: 10. 27† *ter*: 11. 7†††, 8†††: 13. 7: 16. 3*†, 3* *bis*, 22: 18. 16*, 19†††: 19. 13**†, 14**†, 17††, 24*: 20. 1, 18, 25*†, 31*: 22. 15*: 23. 20††: 25. 16*: 29. 11*, 22*: 30. 14*, 15*, 17*, 30 (33. 21)*: 31 (34). 23*: 37. 14*: 39. 11*: 40. 28*: 41. 12*, 15*: 42. 14*: 48. 25††: 51. 13††, 24†.
Ho. 2. 7 (9)*: 6. 7 (6)*†, 7 (6)*: 14. 10.
Am. 3. 12.
Mi. 4. 9: 6. 3 *bis*, 7, 8.
Jl. 1. 3: 3 (4). 4.
Ob. 1. 5**†.
Jn. 4. 3*, 8*, 11*†, 11†.
Hb. 3. 8, 8†.
Hg. 2. 13 (12) *quater*, 14 (13)†.
Za. 7. 5 *bis*, 6†: 11. 12.
Ma. 1. 8: 2. 13*, 15*: 3. 2†.
Is. 3. 6: 7. 11, 15††, 15†, 16††, 16: 8. 4††, 4, 8**†: 10. 14, 15 *bis*: 13. 12* *bis*: 17. 6 *quater*, 14††: 21. 13†: 23. 7††, 8, 13†: 28. 4†††, 24, 25†: 29. 15†, 16: 31. 4: 36. 5†, 12: 37. 11†, 23: 40. 14 *ter*, 14†, 19, 19†: 41. 22: 43. 9: 49. 15†: 50. 1, 2†: 54. 1*: 55. 10: 59. 1: 65. 24†††: 66. 1†, 7††† *bis*, 8**† *bis*.
Je. 2. 10**†, 14, 31: 3. 5: 5. 9, 22†, 29: 7. 17: 8. 3*, 4, 19, 22: 9. 9 (8): 11. 15: 12. 9†: 13. 25†: 14. 9†, 9: 15. 5†, 5: 16. 7†: 18. 7†, 14: 21. 13: 23. 33, 33†: 30 (49). 1: 43 (36). 23†.
La. 2. 13, 15†: 4. 9*.
Ep. Je. 18†, 19*†, 40, 44, 45*, 55 *bis*, 56, 59*, 59 *ter*, 59*.
Ez. 2. 5, 7: 3. 6: 14. 16†, 17, 18†, 19, 20: 28. 3†, 4, 5†.
Da. LXX. Su. 23*: 6. 7 (8), 17 (18): Bel 8.
Da. TH. Su. 23*: Bel 6, 12.
I Ma. 2. 22, 27†: 3. 18†, 18, 59*: 4. 35†, 35, 38: 5. 46: 8. 24, 30†, 30 *bis*: 10. 4††: 14. 45.
II Ma. 3. 38: 6. 19*, 29†: 7. 2*: 9. 24†: 13. 6.
III Ma. 1. 29†: 4. 3 *ter*, 16: 5. 31: 7. 9, 12†, 21*†.
IV Ma. 2. 7†: 8. 17**†: 9. 1*: 10. 2: 11. 5†: 13. 12: 16. 24*.

[**Aq.** Ex. 5. 3: Le. 25. 47: IV Ki. 9. 32: Jb. 1. 11: 7. 12: 8. 11: 21. 4: 36. 23: Pr. 8. 26††: Ca. 2. 7: 8. 4: Je. 44 (51). 28: 49 (30). 1: Ez. 20. 4 *bis*.]
[**Sm.** Ge. 42. 21*: Ex. 5. 3: 15. 11: I Ki. 2. 36: 13. 12††: IV Ki. 9. 32: 23. 10: Jb. 6. 5: 8. 11: 12. 2, 8: 21. 4: 22. 3: 38. 31, 32, 36, 37: 39. 10: Ps. 29 (30). 10: 57 (58). 9, 10††: 68 (69). 32*: 87 (88). 12, 13: 119 (120). 3: Pr. 8. 26††: 12. 9*: 21. 9*: 27. 5*: Ec. 6. 9*: 9. 4*, 17*: 12. 6††: Ca. 2. 7: Is. 40. 28: 49. 24: 66. 7††, 9: Je. 40 (47). 5††.]
[**Th.** Ex. 2. 14: 5. 3: Jb. 10. 4: 13. 8: 16. 3: 22. 3: 35. 7: 40. 21 (26): Pr. 21. 9*: Ca. 2. 7: Je. 44 (51). 28.]
[**Al.** Le. 5. 2 *bis*: 13. 2, 29: 18. 9: 20. 2, 27: 22. 4, 21: 25. 47: 27. 33: Nu. 24. 13: Jo. 22. 23: Jb. 15. 12: Ca. 8. 4: Hb. 3. 8.]
[**Quint.** Ca. 2. 7: Ho. 6. 9.]

ἤπερ.

To. 14. 4. **S** *σωτηρία μᾶλλον ἤ. ἐν* Ἀσσυρίοις [**AB***al.*]
II Ma. 14. 42. *εὐγενῶς θέλων ἀποθανεῖν ἤ. . . . ὑποχείριος γενέσθαι*
IV Ma. 15. 16. *ἤ. τῶν ἐπ' αὐτοῖς ὠδίνων*

ἤτοι.

Wi. 11. 18. *ἤτοι πυρπνόον φυσῶντας ἆσθμα*

ἦ. (1) ἦ μήν אַךְ (2) ἦ μήν *a.* אִם *b.* אִם־לֹא (3) ἦ הֵן (4) ἦ μήν כִּי (5) ἦ μὴν μή אִם־לֹא (6) ἦ μὴν οὐκ אִם (7) ἦ אִם

Ge. 22. 17. **R** *ἦ* [**A** *εἰ*] *μὴν εὐλογῶν εὐλογήσω σε* (4)
42. 16. **R** *ἦ* [**A** *εἰ*] *μὴν κατάσκοποί ἐστε* (4)
Ex. 22. 8 (7). *ἦ μὴν μὴ* [**A** *om.*] *αὐτὸν πεπονηρεῦσθαι* (5 [2 *b*])
— 11 (10). *ἦ μὴν μὴ αὐτὸν πεπονηρεῦσθαι* (5)
Nu. 14. 23. **R** *ἦ* [**AB** *εἰ*] *μὴν οὐκ ὄψονται τὴν γῆν* (6)
— 28. **R** *ἦ* [**AB** *εἰ*] *μὴν* [**A** *μὴ*] . . . *οὕτω ποιήσω* (2 *b* [7])
— 35. **R** *ἦ* [**AB** *εἰ*] *μὴν* [**B**[1] *μὴ*] *οὕτω ποιήσω* (2 *b* [7])
Jd. 15. 7. **R** *ἦ* [**B** *εἰ*] *μὴν ἐκδικήσω* [**A** *al.*] (2 *a*)
Jb. 1. 11. **R** *ἦ* [**ABS** *εἰ*] *μὴν εἰς πρόσωπόν σε εὐλογήσει* (2 *b*)
2. 5. **R** *ἦ* [**ABS** *εἰ*] *μὴν* [**A** *μὴ*] *εἰς πρόσωπόν σε εὐλογήσει* (2 *b* [7])
13. 15. *ἦ μὴν* [**A** *οὐ μὴν δὲ ἀλλὰ*] *λαλήσω* (1)
25. 5. **B** *ἦ* [**SR** *εἰ*, **A** *om.*] *σελήνη συντάσσει* (3)
27. 3. **S** *ἦ* [**AB** *εἰ*] *μὴν ἔτι τῆς πνοῆς μου ἐνούσης* (4)
Wi. 19. 15. *ἀλλ' ἦ τις* [*? ἥτις*] *ἐπισκοπὴ ἔσται*
Ez. 5. 11. **R** *ἦ* [**AB** *εἰ*] *μὴν* [**A** *μὴ*] . . . *κἀγὼ ἀπώσομαί σε* (2 *b* [7])
I Ma. 13. 46. **A** *μὴ ἦ μὴν* [**SR** *ἡμῖν*] *χρήσῃ*
[**Th.** Ez. 35. 6 (*ἦ μήν*).]

ἡγεῖσθαι (*incl.* ἡγούμενος, ἡγουμένη).

(1) אֲדוֹנִים (2) אֲדַרְגָּזְרִין (3) אֱוִיל (4) אֵיל (5) אִישׁ (6) אַלּוּף (7) אִשָּׁה (8) בַּעַל (9) בַּעֲלָה (10) גְּבִירָה (11) דָּבַר (12) הָלַךְ לִפְנֵי (13) הָפַךְ ni. (14) חָקַק po. (15) חָשַׁב (16) יָרָה hi. (17) לִפְנֵי (18) ἡ. ἄξιον c. neg. מָאַס (19) מֶלֶךְ (20) מָשַׁל (21) נָגִיד (22) נָזִיר (23) נָחַם pi. (24) נְצִיב (25) נָשִׂיא (26) סָרַךְ (27) מֵעַל כִּסֵּא (28) עַם (29) פֶּחָה (30) קָצִין (31) רֹאשׁ (32) שָׂדֶה (33) שִׂים (34) שַׂר (35) סְגַן

Ge. 49. 10. *καὶ ἡγούμενος ἐκ τῶν μηρῶν* (14)
— 26. *ἐπὶ κορυφῆς ὧν ἡγήσατο ἀδελφῶν* (22)
Ex. 13. 21. *ὁ δὲ θεὸς ἡγεῖτο αὐτῶν* (12)
23. 23. *πορεύσεται γὰρ ὁ ἄγγελός μου ἡγούμενός σου* [**B**[1] *ὑμῶν*] (17)
— 27. *τὸν φόβον ἀποστελῶ ἡγούμενόν σου* (17)

● = correction on page xxvi

De. 1. 13. καταστήσω ἐφ' ὑμῶν ἡγουμένους ὑμῶν [A al.] (31)
— 15. κατέστησα αὐτοὺς ἡγεῖσθαι ἐφ' ὑμῶν (31)
5. 23 (20). πάντες οἱ ἡγούμενοι τῶν φυλῶν ὑμῶν (31)
Jo. 13. 21. τοὺς ἡγουμένους Μαδιάμ (25)
Jd. 9. 51. A καὶ πάντες οἱ ἡγούμενοι (8)
11. 6. A ἔσῃ ἡμῖν εἰς ἡγούμενον [B ἀρχηγόν] (30)
— 11. A κατέστησαν ὁ λαὸς αὐτὸν . . . εἰς ἡγούμενον [B al.] (30)
I Ki. 15. 17. ἡγούμενος σκήπτρου φυλῆς Ἰσραὴλ (31)
22. 2. ἦν ἐπ' αὐτῶν ἡγούμενος (34)
25. 30. εἰς ἡγούμενον ἐπὶ Ἰσραήλ (21)
II Ki. 2. 5. πρὸς τοὺς ἡγουμένους Ἰαβίς (5)
3. 38. ἡγούμενος μέγας πέπτωκεν (34)
4. 2. δύο ἄνδρες ἡγούμενοι συστρεμμάτων (34)
5. 2. A B^2 R σὺ ἔσῃ εἰς ἡγούμενον [B^1 εἰσηγούμενος] (21)
6. 21. τοῦ καταστῆσαί με εἰς ἡγούμενον (21)
7. 8. τοῦ εἶναί σε εἰς ἡγούμενον (21)
III Ki. 1. 35. τοῦ εἶναι εἰς [A om.] ἡγούμενον ἐπὶ Ἰσρ. (21)
9. 5. οὐκ ἐξαρθήσεταί σοι [A σου] ἀνὴρ ἡγούμενος (27)
10. 26. ἦν ἡγούμενος πάντων τῶν βασιλέων –
12. 24. B οὗτος ὁ ἄνθρωπος οὐκ . . . εἰς ἡγούμενον –
14. 7. A ἔδωκά σε ἡγούμενον ἐπὶ τὸν λαόν μου (21)
— 27. οἱ ἡγούμενοι τῶν παρατρεχόντων (34)
15. 13. τοῦ μὴ [A om.] εἶναι ἡγουμένην (10)
16. 2. ἔδωκά σε ἡγούμενον ἐπὶ τὸν λαόν [A δοῦλόν] μου (21)
— 16. τὸν ἡγούμενον τῆς στρατιᾶς (34)
IV Ki. 1. 9. A ἡγούμενον [B om.] πεντηκόνταρχον (34)
— 13. ἀποστεῖλαι ἡγούμενον [A πεντηκόνταρχον] (34)
20. 5. τὸν ἡγούμενον τοῦ λαοῦ μου (21)
I Ch. 5. 2. εἰς ἡγούμενον ἐξ αὐτοῦ (21)
7. 40. ἄρχοντες ἡγούμενοι (25)
9. 11. R ἡγουμένου [A B -νος] οἴκου τοῦ θεοῦ (21)
— 20. Φινεὲς . . . ἡγούμενος ἦν ἐπ' αὐτῶν (21)
11. 2. σὺ ἔσῃ [A S^1 om.] εἰς ἡγούμενον (21)
12. 21. ἦσαν ἡγούμενοι ἐν [A ἐπὶ] τῇ στρατιᾷ (34)
— 27. Ἰωαδὰς ὁ ἡγούμενος τῷ [A τῶν] Ἀ. (21)
13. 1. παντὶ ἡγουμένῳ (21)
16. 5. Ἀσὰφ ὁ ἡγούμενος (31)
17. 7. τοῦ εἶναι εἰς ἡγούμενον [S add. μου] ἐπὶ τὸν λ. (21)
26. 24. A ἡγούμενος [B om.] ἐπὶ τῶν θησαυρῶν (21)
27. 4. R Μακελλὼθ ὁ ἡγούμενος (21)
— 8. ὁ ἡγούμενος Σαμαώθ (34)
— 16. ἡγούμενος Ἐλιέζερ (21)
II Ch. 5. 2. τοὺς ἡγουμένους πατριῶν υἱῶν Ἰ. (25)
6. 5. τοῦ εἶναι εἰς ἡγούμενον ἐπὶ τὸν λ. (21)
7. 18. οὐκ ἐξαρθήσεταί σοι ἀνὴρ ἡγούμενος (20)
9. 26. ἦν ἡγούμενος πάντων τῶν βασιλέων (20)
11. 11. ἔδωκεν ἐν [A om.] αὐτοῖς ἡγουμένους (21)
— 22. κατέστησεν . . . εἰς ἡγούμενον (21)
17. 2. κατέστησεν ἡγουμένους (24)
— 7. ἀπέστειλε τοὺς ἡγουμένους αὐτοῦ (34)
— 15. Ἰωανὰν ὁ ἡγούμενος (34)
18. 16. A^2 B οὐκ ἔχουσιν ἡγούμενον (1)
19. 11. Ἀ. ὁ ἱερεὺς ἡγούμενος ἐφ' ὑμᾶς (31)
— 11. Ζαβδίας . . . ὁ [A om.] ἡγούμενος εἰς οἶκον (21)
20. 27. Ἰωσαφὰτ ἡγούμενος αὐτῶν (31)
28. 7. τὸν Ἐ. ἡγούμενον τοῦ οἴκου αὐτοῦ (21)
31. 13. Ἀζ. ὁ ἡγούμενος οἴκου κυρίου (21)
I Es. 1. 49. καὶ οἱ ἡγούμενοι δὲ τοῦ λαοῦ
5. 36. ἡγούμενος αὐτῶν Χαρααθαλάν
— 44. ἐκ τῶν ἡγουμένων κατὰ τὰς πατριάς
— 68. προσελθόντες . . . τοῖς ἡγουμένοις τῶν πατριῶν
— 70. οἱ ἡγούμενοι τῶν πατριῶν τοῦ Ἰσρ.
8. 44. τοὺς ἡγουμένους καὶ ἐπιστήμονας
— 45. τὸν ἡγούμενον τὸν ἐν τῷ τόπῳ τοῦ γαζ.
— 49. οἱ ἡγούμενοι εἰς τὴν ἐργασίαν τῶν Λευ.
— 59. τοῖς ἡγουμένοις [A ἡγεμόνοις] τῶν πατριῶν
— 68. προσήλθοσάν μοι οἱ ἡγούμενοι
9. 16. ἄνδρας ἡγουμένους τῶν πατριῶν αὐτῶν
Ju. 5. 3. R ἡγούμενος στρατηγίας [A B -τιᾶς] αὐτῶν
— 5. Ἀχ. ὁ ἡγούμενος πάντων υἱῶν Ἀμ.
7. 8. πάντες οἱ ἡγούμενοι τοῦ λαοῦ Μ.
14. 12. διέπεμψαν ἐπὶ τοὺς ἡγουμένους αὐτῶν
15. 13. ἡγουμένη πασῶν τῶν γυναικῶν
Es. 1. 16. τοὺς ἡγουμένους τοῦ βασιλέως (28?)
5. 11. ἡγεῖσθαι τῆς βασιλείας †
10. 3. A S φιλούμενος ἡγεῖτο [B διηγ.] τὴν ἀγωγήν (11?)
Jb. 13. 24. ἥγησαι δέ με ὑπεναντίον [A ὥσπερ ὑπ.] σοι [A S^1 σου] (15)
19. 11. A B S^2 ἡγήσατο δέ με ὥσπερ ἐχθρόν (15)
30. 1. οὓς οὐχ ἡγησάμην ἀξίους [A ἀ. εἶναι] κυνῶν τῶν ἐμῶν νομάδων (18)
— 19. ἥγησαι [A -ηται] δέ με ἴσα πηλῷ (16)
33. 10. ἥγηται δέ με ὥσπερ ὑπεναντίον (15)
35. 2. τί τοῦτο ἡγήσω ἐν κρίσει (15)
41. 18 (19). ἥγηται μὲν γὰρ σίδηρον ἄχυρα (15)
— 19 (20). ἥγηται μὲν πετροβόλον χόρτον (13)
— 22 (23). ἥγηται δὲ τὴν θάλασσαν ὥσπερ ἐξάλειπτρον (33)
42. 6. ἥγημαι [A -γῆ] δὲ ἐμαυτὸν γῆν καὶ σποδόν (23)
Ps. 103 (104). 17. τοῦ ἐρωδιοῦ ἡ οἰκία ἡγεῖται αὐτῶν †
Pr. 5. 19. ἡ δὲ ἰδία ἡγείσθω σου †
16. 18. πρὸ συντριβῆς ἡγεῖται ὕβρις –
24. 66 (30. 31). τράγος ἡγούμενος αἰπολίου –
29. 26. πολλοὶ θεραπεύουσι πρόσωπα ἡγουμένων (20)
Wi. 1. 16. φίλον ἡγησάμενοι αὐτὸν ἐτάκησαν
7. 8. πλοῦτον οὐδὲν ἡγησάμην ἐν συγκρίσει αὐτῆς
— 12. αὐτῶν ἡγεῖται σοφία
12. 15. αὐτὸν . . . ἀλλότριον ἡγούμενος [S^1 -ον] τῆς σῆς δυνάμεως
15. 9. δόξαν ἡγεῖται ὅτι κίβδηλα πλάσσει
17. 6. ἡγοῦντο χείρω τὰ βλεπόμενα
Si. 9. 17. ὁ ἡγούμενος λαοῦ σοφὸς ἐν λόγῳ αὐτοῦ
10. 2. κατὰ τὸν ἡγούμενον τῆς πόλεως
— 20. ἐν μέσῳ ἀδελφῶν ὁ ἡγούμενος αὐτῶν ἔντιμος
17. 17. ἑκάστῳ ἔθνει κατέστησεν ἡγούμενον
24. 6. S^2 ἐν παντὶ λαῷ καὶ ἔθνει ἡγησάμην [A B S^1 ἐκτησάμην]
30. 27 (33. 18). οἱ ἡγούμενοι ἐκκλησίας ἐνωτίσασθε
35 (32). 1. R περὶ ἡγουμένων
— 1. ἡγούμενόν σε κατέστησαν
39. 4. ἔναντι ἡγουμένου [S -ων] ὀφθήσεται
41. 17. αἰσχύνεσθε . . . ἀπὸ ἡγουμένου [S προηγ.] καὶ δυνάστου περὶ ψεύδους
44. 4. ἡγούμενοι λαοῦ ἐν διαβουλίοις
46. 18. ἐξέτριψεν ἡγουμένους Τυρίων
49. 15. οὐδὲ ὡς Ἰωσὴφ ἐγενήθη ἀνὴρ ἡγούμενος ἀδελφῶν
Mi. 2. 9. ἡγούμενοι λαοῦ μου ἀπορριφήσονται (7?)
— 13. ὁ δὲ κύριος ἡγήσεται αὐτῶν (31)
3. 9. ἀκούσατε δὴ ταῦτα οἱ ἡγούμ. οἴκου Ἰ. (31)
— 11. οἱ ἡγούμενοι αὐτῆς μετὰ δώρων ἔκρινον (31)
5. 2 (1). A ἐκ σοῦ μοι ἐξελεύσεται ἡγούμενος [B om.] (20)
7. 5. καὶ μὴ ἐλπίζετε ἐπὶ ἡγουμένοις (6)
Na. 3. 4. πόρνη καλὴ . . . ἡγουμένη φαρμάκων (9)
Hb. 1. 14. ὡς τὰ ἑρπετὰ τὰ οὐκ ἔχοντα ἡγούμενον (20)
Ma. 1. 8. προσάγαγε δὴ αὐτὸ τῷ ἡγουμένῳ σου (29)
Je. 4. 22. οἱ ἡγούμενοι τοῦ λαοῦ μου ἐμὲ οὐκ ᾔδεισαν (3?)
20. 1. οὗτος ἦν καθεσταμένος ἡγούμενος οἴκου κυρίου (21)
28 (51). 28. ἀναβιβάσατε . . . τοὺς [S om.] ἡγουμένους [A -γεμόνας] αὐτοῦ (29)
46 (39). 3. εἰσῆλθον πάντες οἱ ἡγούμενοι [A S ἡγεμόνες] βασιλέως (34)
Ba. 5. 9. ἡγήσεται γὰρ ὁ θεὸς Ἰσραήλ
Ez. 17. 13. A τοὺς ἡγουμένους [B ἡγεμόνας] τῆς γῆς λήψεται (4)
19. 11. ῥάβδος [A add. ἰσχύος] ἐπὶ φυλὴν ἡγουμένων (20)
20. 46 (21. 2). προφήτευσον ἐπὶ δρυμὸν ἡγούμενον ναγέβ (32?)
23. 6. ἡγουμένους καὶ στρατηγούς (29)
— 12. ἐπὶ τοὺς υἱοὺς τῶν Ἀσσ. ἐπέθετο ἡγουμένους (29)
43. 7. αὐτοὶ καὶ οἱ ἡγούμενοι αὐτῶν (19)
— 7. ἐν τοῖς φόνοις τῶν ἡγουμένων ἐν μέσῳ αὐτῶν (19)
— 9. ἀπωσάσθωσαν . . . τοὺς φόνους τῶν ἡγουμ. αὐτῶν (19)
44. 3. ὁ ἡγούμενος οὗτος [A αὐτῆς] καθήσεται ἐν αὐτῇ (25)
45. 7. τῷ ἡγουμένῳ ἐκ τούτου (25)
Da. LXX. 2. 48. ἡγούμενον πάντων τῶν σοφιστῶν (35)
3. 3. συνήχθησαν ὕπατοι στρατηγοί . . . ἡγούμενοι (2)
— (38). οὐδὲ ἡγούμενος οὐδὲ ὁλοκαύτωσις –
4. 15. τὸν ἡγούμενον τῶν κρινόντων τὰ ἐνύπνια –
6. 2 (3). ἄνδρας τρεῖς ἡγουμένους αὐτῶν (26)
Da. TH. 3. 2. ἀπέστειλε συναγαγεῖν . . . ἡγουμένους καὶ τυράννους (2)
— 3. συνήχθησαν . . . ἡγούμενοι τύραννοι (2)
— (38). οὐκ ἔστιν . . . προφήτης καὶ ἡγούμενος –
— 30 (97). ἠξίωσεν αὐτοὺς ἡγεῖσθαι πάντων τῶν Ἰ. –
9. 25. ἕως χριστοῦ ἡγουμένου ἑβδομάδες ἑπτά (21)
— 26. σὺν τῷ ἡγουμένῳ τῷ ἐρχομένῳ (21)
11. 22. ἡγούμενος διαθήκης (21)
I Ma. 3. 55. κατέστησεν Ἰ. ἡγουμένους τοῦ λαοῦ
5. 6. καὶ Τιμόθεον ἡγούμενον αὐτῶν
— 11. S R ἡγεῖται τῆς δυνάμεως [A παρεμβολῆς]
— 18. A S ἡγούμενον [R -ους] τοῦ λαοῦ
7. 5. A ἡγεῖται [S R -το] αὐτῶν [S add. ἡγούμενος]
9. 30. εἰς ἄρχοντα καὶ ἡγούμενον
— 35. ἡγούμενος τοῦ ὄχλου
— 53. τοὺς υἱοὺς τῶν ἡγουμένων τῆς χώρας
11. 27. τῶν πρώτων φίλων ἡγεῖσθαι
13. 8. σὺ εἶ ἡμῶν ἡγούμενος ἀντὶ Ἰούδα
— 42. στρατηγοῦ καὶ ἡγουμένου Ἰουδαίων
— 53. ἡγούμενον τῶν δυνάμεων πασῶν
14. 35. ἔθεντο αὐτὸν ἡγούμενον αὐ. καὶ ἀρχιερέα
— 41. ἡγούμενον καὶ ἀρχιερέα
II Ma. 1. 18. δέον ἡγησάμεθα διασαφῆσαι ὑμῖν
4. 15. τὰς δὲ Ἑλλ. δόξας καλλίστας ἡγούμενοι
9. 21. ἀναγκαῖον ἡγησάμην φροντίσαι
10. 21. συναγαγὼν τοὺς ἡγουμένους τοῦ λαοῦ
14. 16. προστάξαντος δὲ τοῦ ἡγουμένου
— 20. A τοῦ ἡγουμένου [S R ἡγεμόνος] . . . ἀνακοινωσαμένου
III Ma. 3. 15. ἡγησάμεθα μὴ βίᾳ δόρατος . . . τιθηνήσασθαι
5. 42. τὰς . . . μεταβολὰς . . . παρ' οὐδὲν ἡγούμενος
IV Ma. 14. 11. μὴ θαυμαστὸν ἡγεῖσθε
[Aq. III Ki. 14. 7: Da. 9. 26: Hg. 1. 1.]
[Sm. Ge. 1. 16: Jb. 31. 24: Pr. 28. 16: Ca. 6. 11 (12): Hg. 1. 1.]
[Th. Jd. 9. 11: Pr. 2. 17: 16. 28: 17. 7, 9: Da. 3. 2: 9. 26: Hg. 1. 1.]
[Al. Jd. 1. 2.]
[Quint. Ca. 6. 11 (12).]

ἡγεμονία. (1) אַלּוּף (2) דֶּגֶל

Ge. 36. 30. ἡγεμόνες Χορρεὶ ἐν ταῖς ἡ. αὐτῶν (1)
Nu. 1. 52. ἀνὴρ κατὰ τὴν ἑαυτοῦ ἡγεμονίαν (2)
2. 17. B ἐξαροῦσιν . . . καθ' ἡγεμονίαν [R -as, A al.] (2)
Si. 7. 4. μὴ ζήτει παρὰ κυρίου ἡγεμονίαν
10. 1. ἡγεμονία συνετοῦ τεταγμένη ἔσται
IV Ma. 6. 33. τὴν τῆς ἡ. προσνέμομεν ἐξουσίαν
13. 4. οὐκ ἔστι παριδεῖν τὴν ἡ. τῆς διανοίας
[Sm. Ge. 1. 16.]

ἡγεμονίδης.

II Ma. 13. 24. κατέλιπε στρατηγὸν . . . . ἡγεμονίδην

ἡγεμονικός. (1) נְדִיבָה

Ps. 50 (51). 12. πνεύματι ἡγεμονικῷ στήρισόν με (1)
IV Ma. 8. 7. ἀρχὰς . . . ἡ. λήψεσθε
[Sm. Ps. 109 (110). 3: Pr. 8. 6.]
[Th. Pr. 8. 6.]

ἡγεμόνος (?).

I Es. 8. 59. A τοῖς ἡ. [B ἡγουμένοις] τῶν πατριῶν

ἡγεμών. (1) אַיִל (2) אַלּוּף (3) פֶּחָה (4) רִגְמָה (5) שַׂר

Ge. 36. 15. A οὗτοι οἱ ἡ. υἱοῦ [R υἱοί] Ἠσαῦ (2)
— 15. ἡ. Θαιμὰν ἡ. Ὠμὰρ ἡ. Σωφὰρ ἡ. Κενέζ (2 quater)
— 16. ἡ. Κορὲ ἡ. Γοθὰ ἡ. Ἀμαλήκ (2 ter)
— 16. οὗτοι ἡ. Ἐλιφὰς ἐν γῇ Ἰδουμαίᾳ (2)
— 17. ἡ. Ναχὸθ ἡ. Ζαρὲ ἡ. Σομὲ ἡ. Μοζέ (2 quater)
— 17. οὗτοι ἡ. Ῥαγουὴλ ἐν γῇ Ἐδώμ (2)
— 18. ἡ. Ἰεοὺλ ἡ. Ἰεγλὸμ ἡ. Κορέ (2 ter)
— 18. οὗτοι ἡ. Ἐλιβεμάς (2)
— 19. καὶ οὗτοι οἱ ἡ. αὐτῶν (2)
— 19. A οὗτοί εἰσιν οἱ ἡ. [R om. οἱ ἡ.] υἱοὶ Ἐδώμ –
— 21. οὗτοι οἱ ἡ. τοῦ Χορραίου (2)
— 29. οὗτοι δὲ ἡ. Χορρεὶ ἡ. Λωτὰν ἡ. Σωβὰλ ἡ. Σεβεγὼν ἡ. Ἀνά (2 quinquiens)
— 30. ἡ. Δησὼν ἡ. Σάαρ ἡ. Ῥεισών (2 ter)
— 30. οὗτοι ἡ. Χορρεὶ ἐν ταῖς ἡγεμονίαις αὐ. (2)

Ge. 36. 40. ταῦτα τὰ ὀνόματα τῶν ἡ. Ἡσαῦ ἐν ταῖς φ. (2)
— 40. A ἡ. Θαμνὰ ἡ. Γωλὰ ἡ. Ἰεβέρ (2 ter)
— 41. ἡ. Ἐλιβεμὰς ἡ. Ἡλὰς ἡ. Φινές (2 ter)
— 42. ἡ. Κενὲζ ἡ. Θαιμὰν ἡ. Μαζάρ (2 ter)
— 43. ἡ. Μετοδιὴλ ἡ. Ζαφωεί (2, 2)
— 43. οὗτοι ἡ. Ἐδώμ (2)
Ex. 15. 15. ἡγεμόνες Ἐδὼμ καὶ ἄρχοντες Μωαβιτῶν (2)
I Ch. 1. 51. ἡγεμόνες Ἐδὼμ ἡγεμὼν Θαμνὰ ἡ. Γωλαδὰ ἡ. Ἰεθέρ (2 quater)
— 52. ἡ. Ἐλιβαμὰς ἡ. Ἡλὰς ἡ. Φινών (2 ter)
— 53. ἡ. Κενὲζ ἡ. Θαιμὰν ἡ. Βαβσάρ (2 ter)
— 54. ἡ. Μαγεδιὴλ ἡ. Ζαφωὶν οὗτοι ἡγεμόνες Ἐδώμ (2 ter)
I Es. 6. 7. οἱ ἐν Συρίᾳ καὶ Φοινίκῃ ἡ.
— 27. τοῖς ἀποτεταγμένοις ἐν Συρίᾳ . . . ἡ.
Jb. 42. 17. Ἀσὼμ ὁ ὑπάρχων ἡγεμών –
— 17. A Θαιμὰν . . . ἡγεμὼν τῆς Ἰδουμαίας –
Ps. 54 (55). 13. σὺ δέ, ἄνθρωπε ἰσόψυχε, ἡγεμών μου (2)
67 (68). 27. B S² ἄρχοντες Ἰούδα ἡγεμόνες αὐ. (4)
Je. 28 (51). 23. διασκορπιῶ ἐν σοὶ ἡγεμόνας [A -α] (3)
— 28. A ἀναβιβάσατε . . . τοὺς ἡ. [B S ἡγουμένους] αὐτοῦ (3)
— 57. μεθύσει μέθῃ τοὺς ἡ. αὐτῆς (3)
45 (38). 17. ἐὰν ἐξελθὼν ἐξέλθῃς πρὸς ἡγεμόνας βασιλέως Βαβυλῶνος (5)
46 (39). 3. A S εἰσῆλθον πάντες οἱ ἡ. [B ἡγούμενοι] βασιλέως (5)
— 3. οἱ κατάλοιποι ἡ. βασιλέως Βαβ. (5)
47 (40). 7. πάντες οἱ ἡ. τῆς δυνάμεως τῆς ἐν ἀγρῷ (5)
— 13. πάντες οἱ ἡ. τῆς δυνάμεως (5)
48 (41). 11. καὶ πάντες οἱ ἡ. τῆς δυνάμεως (5)
— 13. τὸν Ἰ. καὶ τοὺς ἡ. τῆς δυνάμεως τῆς μετ' αὐτοῦ (5)
— 16. Ἰ. καὶ πάντες οἱ ἡ. τῆς δυνάμεως οἱ μετ' αὐτοῦ (5)
49 (42). 1. προσῆλθον πάντες οἱ ἡ. τῆς δυνάμεως (5)
— 8. ἐκάλεσε τὸν Ἰ. καὶ τοὺς ἡ. τῆς δυνάμεως (5)
50 (43). 4, 5. Ἰ. καὶ πάντες οἱ ἡ. τῆς δυνάμεως (5)
Ez. 17. 13. τοὺς ἡ. [A ἡγουμένους] τῆς γῆς λήψεται (1)
23. 23. ἐπάξω αὐτοὺς ἐπὶ σὲ . . . ἡγεμόνας (3)
I Ma. 6. 57. τοὺς ἡ. τῆς δυνάμεως
II Ma. 1. 13. ὁ ἡ. καὶ ἡ περὶ αὐτὸν . . . δύναμις
— 16. συνεκεραύνωσαν τὸν ἡ.
12. 19. τῶν περὶ τὸν Μακκαβαῖον ἡγεμόνων
14. 20. R τοῦ ἡ. [A ἡγουμένου] . . . ἀνακοινωσαμένου
IV Ma. 1. 30. τῶν μὲν ἀρετῶν ἐστιν ἡγεμών
2. 22. τὸν ἱερὸν ἡ. νοῦν
7. 16. ἡγεμών ἐστι τῶν παθῶν ὁ. . . . λογισμός
[Aq. Pr. 2. 17 : Je. 39 (46). 13.]
[Sm. Ps. 75 (76). 13 : Ca. 7. 1 (2) : Is. 32. 8.]
[Th. Je. 39 (46). 13.]

ἥγημα. (1) רִקְמָה
Ez. 17. 3. ἔχει τὸ ἡ. εἰσελθεῖν εἰς τὸν Λίβανον (1 ?)

ἥγησις. (1) סֹפֵר
Jd. 5. 14. A ἐν σκήπτρῳ ἐνισχύοντος ἡγήσεως [B al.] (1)
I Ma. 9. 31. S R ἐπεδέξατο . . . τὴν ἡ. [A ἥτησιν ?]

ἡγητέον.
Pr. 26. 23. ἀργύριον . . . ὥσπερ ὄστρακον ἡγητέον –

ἡγιασμένως.
[Al. Ps. 133 (134). 2.]

ἡδάδ.
[Aq. Je. 25. 30 (32. 16) : 48 (31). 33 ter : 51 (28). 14.]
[Sm. Je. 48 (31). 33 ter.]

ἥδεσθαι.
Wi. 6. 21. εἰ οὖν ἥδεσθε ἐπὶ θρόνοις καὶ σκήπτροις
Si. 37. 4. ἑταῖρος φίλου ἐν εὐφροσύνῃ ἥδεται
[Sm. Ez. 23. 7.]

ἡδέως. (1) ἡ. γίνεσθαι טוֹב לֵב (2) ἡ. ἅπτεσθαι נָעֵם (3) עָרֵב
To. 7. 10. φάγε πίε καὶ ἡ. γίνου
— 11. ἀλλὰ τὸ νῦν ἔχον ἡ. γίνου
Es. 1. 10. ἡ. γενόμενος ὁ βασιλεὺς (1)
Pr. 3. 24. ἐὰν δὲ καθεύδῃς ἡ. ὑπνώσεις (3)
9. 17. ἄρτων κρυφίων ἡ. ἅψασθε (2)
Si. 22. 11. ἥδιον κλαῦσον ἐπὶ νεκρῷ [A al.]
II Ma. 2. 27. ἡ. τὴν κακοπάθειαν ὑποίσομεν
6. 30. κατὰ ψυχὴν δὲ ἡ. . . . ταῦτα πάσχω
11. 26. ἡ. διαγίνωνται πρὸς τὴν . . . ἀντίληψιν
IV Ma. 10. 20. ἡ. ὑπὲρ τοῦ νόμου . . . ἀκρωτηριαζόμεθα

ἤδη. (1) הִנֵּה (2) כְּבָר (3) עַתָּה
Ge. 27. 36. A ἐπτέρνικε γάρ με ἤδη [R ἰδοὺ] δεύτερον τοῦτο –
43. 10. ἤ. ἂν ὑπεστρέψαμεν δίς (3)
Ex. 6. 1. ἤ. ὄψει ἃ ποιήσω τῷ Φαραῷ (3)
Nu. 11. 23. ἤ. γνώσῃ (3)
16. 47 (17. 12). ἤ. ἐνῆρκτο ἡ θραῦσις (1)
22. 29. ἤ. ἂν ἐξεκέντησά σε (3)
Ru. 2. 14. ἤ. ὥρα τοῦ φαγεῖν –
II Ki. 14. 17. R εἰ ἤ. [A B εἴη δὴ] ὁ λόγος . . . εἰς θυσίας †
To. 2. 8. S ἤ. γὰρ ἐπεζητήθην
3. 6. ἀπολυθῆναί με τῆς ἀνάγκης ἤ. [S al.]
— 8. ἤ. ἑπτὰ ἔσχες [S al.]
— 15. ἤ. ἀπώλοντό μοι ἑπτά
6. 9. S ἤ. ἤγγιζεν εἰς Ἐκβ. [A B al.]
— 13. S ἑπτὰ ἤ. ἐδόθη ἀνδράσιν [A B al.]
10. 6. S ἤ. πάρεστιν
— 8. S ἤ. ὑπέδειξά σοι
12. 11. S ἤ. ὑμῖν ὑπέδειξα
Jb. 15. 21. ὅταν δοκῇ ἤ. εἰρηνεύειν –
— 22. ἐντέταλται γὰρ ἤ. εἰς χεῖρας σιδήρου –
20. 7. ὅταν γὰρ δοκῇ ἤ. κατεστηρίχθαι [A ἑστ.] –
— 22. ὅταν δὲ δοκῇ ἤ. πεπληρῶσθαι –
23. 10. οἶδε γὰρ ἤ. ὁδόν μου –
Ec. 1. 10. ἤδη γέγονεν ἐν [A om.] τοῖς αἰῶσι (2)
2. 16. ἤ. αἱ ἡμέραι ἐρχόμεναι [A S² al.] (2)
3. 15. τὸ γενόμ. [A γεννώμ.] ἤ. ἐστί (2)
— 15. ὅσα τοῦ γίνεσθαι [S² γεν.] ἤ. γέγονεν (2)
4. 2. ἐπῄνεσα ἐγὼ . . . τοὺς τεθνηκότας τοὺς ἤ. ἀποθανόντας (2)
6. 10. εἴ τι ἐγένετο ἤ. (2)
9. 6. καί γε ζῆλος αὐτῶν ἤδη ἀπώλετο (2)
— 7. ἤδη [A om.] εὐδόκησεν ὁ θεὸς τὰ ποιήματά σου (2)
Wi. 18. 9. πατέρων ἤ. προαναμελπόντων αἴνους
— 23. σωρηδὸν γὰρ ἤ. πεπτωκότων ἐπ' ἀλλήλων νεκρῶν
19. 16. τοὺς ἤ. τῶν αὐτῶν [S om. τῶν αὐ.] μετεσχηκότας δικαίων
Za. 7. 3. καθότι ἐποίησεν ἤ. ἱκανὰ ἔτη †
Da. Th. Su. 55. ἤ. γὰρ ἄγγελος τοῦ θεοῦ
II Ma. 3. 24. αὐτόθι δὲ αὐτοῦ . . . ἤ. παρόντος
4. 39. χρυσωμάτων ἤ. πολλῶν διενηνεγμένων
— 45. ἤ. δὲ λελειμμένος ὁ Μεν.
5. 5. τέλος ἤ. καταλαμβανομένης τῆς πόλεως
6. 18. ἤ. προβεβηκὼς τὴν ἡλικίαν
8. 5. ἀνυπόστατος ἤ. τοῖς ἔθνεσιν ἐγίνετο
13. 17. ὑποφαινούσης δὲ ἤ. τῆς ἡμέρας
14. 46. παντελῶς ἔξαιμος ἤ. γενόμενος
15. 20. πάντων ἤ. προσδοκώντων
— 20. ἤ. συμμιξάντων τῶν πολεμίων
— 39. A οἶνος ὕδατι συγκερασθεὶς ἤ. [S R ἡδύς]
III Ma. 1. 26. R ἤ. καὶ πρόσβασιν [A add. ἤ.] ἐποιεῖτο
3. 10. ἤ. δὲ καί τινες γείτονες
4. 8. παρὰ πόδας ἤ. τὸν ᾅδην ὁρῶντες κείμενον
— 20. τὴν χαρτηρίαν ἤ. . . . ἐκλελοιπέναι
5. 14. μεσούσης δὲ ἤ. τῆς δεκάτης ὥρας
— 15. τὸν . . . καιρὸν ἤ. παρατρέχοντα
— 40. προστάσσων ἤ. τρίτον
— 41. ἤ. καὶ κινδυνεύει . . . διαρπασθῆναι
— 46. τῆς πόλεως ἤ. . . . καταμεμεστωμένης
— 51. ἤ. πρὸς πύλαις ᾅδου καθεστῶτας
6. 1. τὴν ἡλικίαν ἤ. λελογχώς
— 5. ὑποχείριον ἤ. λαβόντα γῆν
— 24. τῆς ἀρχῆς ἤ. καὶ τοῦ πνεύματος μεθιστᾶν
IV Ma. 3. 19. ἤ. δὲ καὶ ὁ καιρὸς ἡμᾶς καλεῖ
6. 26. μέχρι τῶν ὀστέων ἤ. κατακεκαυμένος
7. 13. λελυμένων μὲν ἤ. τῶν . . . τόνων
9. 21. περιτετηγμένον ἤ. ἔχων τὸ . . . πῆγμα
12. 3. ὁρῶν ἤ. τὰ δεσμὰ περικείμενον
[Quint. Ho. 7. 9.]

ἡδονή. (1) טַעַם
Nu. 11. 8. ἡ ἡ. αὐτοῦ ὡσεὶ γεῦμα ἐγκρὶς ἐξ ἐλαίου (1)
Pr. 17. 1. κρείσσων ψωμὸς μεθ' ἡδονῆς ἐν εἰρήνῃ †
Wi. 7. 2. παγεὶς ἐν αἵματι ἐκ . . . ἡδονῆς ὕπνῳ [S -ου] συνελθούσης
16. 20. ἄρτον . . . πᾶσαν ἡδονὴν ἰσχύοντα
IV Ma. 1. 20. παθῶν δὲ φύσεις . . . ἡδονή τε καὶ πόνος
— 21. περὶ τὴν ἡ. καὶ τὸν πόνον . . . ἀκολουθίαι
— 22. πρὸ . . . τῆς ἡ. ἐστιν ἐπιθυμία μετὰ δὲ τὴν ἡ. χαρά
— 24. κοινὸν πάθος ἐστὶν ἡδονῆς καὶ πόνου
— 25. ἐν δὲ τῇ ἡ. ἔστι καὶ ἡ κακοήθης διάθεσις
— 28. φυτῶν ὄντων ἡδονῆς τε καὶ πόνου
— 33. ἀποτρεπόμεθα τὰς ἐξ αὐτῶν ἡ.
5. 23. ὥστε πασῶν τῶν ἡ. καὶ ἐπιθυμιῶν κρατεῖν
6. 35. ἀλλὰ καὶ τῶν ἡ. κρατεῖν
9. 31. ταῖς . . . ἡδοναῖς τὸν πόνον ἐπικουφίζομαι

ἦδος (?).
Jb. 3. 23. A οὗ ἦδος (? ἡ ὁδὸς) ἀπεκρύβη †

ἡδύνειν. (1) נָאוָה (2) a. נָעֵם b. נְעִים (3) עָרֵב, עֲרַב
Jb. 24. 5. ἡδύνθη αὐτῷ ἄρτος εἰς νεωτέρους [A al.] †
Ps. 103 (104). 34. ἡδυνθείη αὐτῷ ἡ διαλογή μου (3)
140 (141). 6. A B³ S¹ R ἀκούσονται τὰ ῥήματά μου ὅτι ἡδύνθησαν [B¹ S² ἡδυνήθ.] (2 a)
146 (147). 1. τῷ θεῷ ἡμῶν ἡδυνθείη αἴνεσις (2 b et 1)
Pr. 13. 19. ἐπιθυμίαι εὐσεβῶν ἡδύνουσι ψυχήν (3)
Ca. 7. 6 (7). τί ἡδύνθης [S ἡδυνήθης] ἀγάπη (2 a)
Si. 40. 21. αὐλὸς καὶ ψαλτήριον ἡδύνουσι μέλη
Ho. 9. 4. καὶ οὐχ ἥδυναν αὐτῷ αἱ θυσίαι αὐ. [A al.] (3)
Je. 6. 20. αἱ θυσίαι ὑμῶν οὐχ ἥδυνάν μοι (3)
[Th. Jb. 24. 5 : Pr. 20. 17.]

ἡδυπάθεια.
IV Ma. 2. 2. διανοίᾳ περιεκράτησε τῆς ἡ.
— 4. τὴν τῆς ἡ. οἰστρηλασίαν ἐπικρατεῖν

ἡδύς. (1) ὀσμὴ ἡδεῖα בֹּשֶׂם (2) ἡδύ μοι הֶאָח (3) מַלְכוּת (4) נָעִים (5) עָרֵב
a. ἡ. γίνεσθαι verb. b. adj.
Ju. 5. 18. εἰς γῆν οὐκ ἰδίαν [B¹ οὐχ ἡδεῖαν]
Es. 1. 7. οἶνος πολὺς καὶ ἡδύς (3 ?)
Ps. 134 (135). 3. A² ψάλατε τῷ ὀνόματι αὐτοῦ ὅτι ἡδύ [S R καλόν] (4)
Pr. 5. 19. ἡ δὲ ἰδία [S¹ ἡδεῖα] ἡγείσθω σοῦ –
12. 11. ὅς ἐστιν ἡδὺς ἐν οἴνων διατριβαῖς –
14. 23. ὁ δὲ ἡ. καὶ ἀνάλγητος ἐν ἐνδείᾳ ἔσται †
Ca. 2. 14. ἡ φωνή σου ἡδεῖα (5 b)
Si. 23. 17. ἀνθρώπῳ πόρνῳ πᾶς ἄρτος ἡδύς
35 (32). 6. μέλος μουσικῶν ἐφ' ἡδεῖ οἴνῳ
40. 21. ὑπὲρ ἀμφότερα γλῶσσα ἡδεῖα
Is. 3. 24. ἔσται ἀντὶ ὀσμῆς ἡδείας [A ἰδίας] κονιορτός (1)
44. 16. ἡδύ μοι ὅτι ἐθερμάνθην (2)
Je. 38 (31). 26. ὁ ὕπνος μου ἡδύς μοι ἐγενήθη (5 a)
II Ma. 15. 39. οἶνος ὕδατι συγκερασθεὶς ἡδύς [A ἤδη]
III Ma. 5. 12. καὶ ἡδίστῳ καὶ βαθεῖ κατεσχέθη τῇ ἐνεργείᾳ
IV Ma. 5. 8. ἀπολαύειν τῶν χωρὶς ὀνείδους ἡδέων
8. 23. τί ἐξάγομεν ἑαυτοὺς τοῦ ἡδίστου βίου
9. 29. ὡς ἡδὺς πᾶς τρόπος θανάτου
[Sm. I Ki. 18. 20 : Jb. 24. 5 : Ps. 80 (81). 3 : 140 (141). 4, 6.]
[Th. Ps. 134 (135). 3.]

ἥδυσμα. (1) בֹּשֶׂם, בֶּשֶׂם (2) סַם (3) רָקַח
Ex. 30. 23. καὶ σὺ λάβε ἡδύσματα (1)
— 34. λάβε σεαυτῷ ἡδύσματα (2)
III Ki. 10. 2. κάμηλοι αἴρουσαι ἡδύσματα (1)
— 10. ἔδωκε . . . ἡδύσματα πολλὰ σφόδρα (1)
— 10. οὐκ ἐληλύθει κατὰ τὰ ἡ. ἐκεῖνα (1)
— 25 : II Ch. 9. 24. στακτὴν καὶ ἡδύσματα (1)
Es. 4. 17. ἀντὶ τῶν ὑπερηφάνων ἡ.
Ec. 10. 1. A S² R μυῖαι θανατοῦσαι σαπριοῦσι σκευασίαν ἐλαίου [B S¹ ἔλαιον] ἡδύσματος (3)
Ez. 27. 22. οὗτοι ἔμποροί σου μετὰ πρώτων ἡ. (1)
[Aq. Ex. 30. 7 : Is. 39. 2.]
[Sm. Ex. 30. 7 : 35. 8 : Ca. 8. 14 : Is. 39. 2.]

ἡδυσμός. (1) סַם
Ex. 30. 34. χαλβάνην ἡδυσμοῦ (1)

ἡδύφωνος. (1) יְפֵה קוֹל
Ez. 33. 32. γίνῃ αὐτοῖς ὡς φωνὴ ψαλτηρίου ἡδυφώνου (1)

ἠδώ. (1) אוֹר
Jb. 36. 30. S^{2}R ἰσότητα σκηνῆς αὐτοῦ ἰδοὺ ἐκτενεῖ ἐπ' αὐτὸν ἠδώ [B S^1 ἡ ᾠδή, A τὸ τόξον, S^4 ᾠρηδόν] (1)
[Th. Jb. 36. 30.]

ἠθάμ. (1) אֵיתָן
Ps. 73 (74). 15. R σὺ ἐξήρανας ποταμοὺς ἠ. (1)

ἠθολογεῖν.
IV Ma. 15. 4. ἠθολογήσαιμι φιλότεκνα γονέων πάθη

ἦθος.
Si. *prol.* 27. προκατασκευαζομένους τὰ ἤ. ἐν νόμῳ [A ἐννόμως] βιοτεύειν
20. 26. ἦθος ἀνθρώπου ψεύδους [A B^2 ψεῦδος] ἀτιμία
IV Ma. 1. 29. τὰς τῶν ἠ. καὶ παθῶν ὕλας
2. 7. μονοφάγος τις ὢν τὸ ἤ.
— 21. τὰ πάθη αὐτῷ καὶ τὰ ἤ. περιεφύτευσεν
5. 24. ὥστε διὰ πάντων τῶν ἠ. ἰσονομεῖν
13. 27. καὶ τῶν τῆς ἀρετῆς ἠθῶν

ἥκειν. (1) אָתָה (2) בּוֹא *a.* qal. *b.* ho. (3) הָלַךְ (4) חוּל (5) חָרַף (6) יָצָא (7) נָהַר (8) עָבַר (9) עָלָה (10) עָמַד (11) קוּם (12) שׁוּב (13) שָׁכַן (14) שָׁרַת pi.

Ge. 6. 13. καιρὸς παντὸς ἀνθρώπου ἥκει ἐναντίον μου (2 *a*)
18. 10. ἥξω πρὸς σὲ κατὰ τὸν καιρόν (12)
41. 30. ἥξει δὲ ἑπτὰ ἔτη λιμοῦ μετὰ ταῦτα (11)
42. 7. πόθεν ἥκατε (2 *a*)
— 9. κατανοῆσαι τὰ ἴχνη τῆς χώρας ἥκατε (2 *a*)
45. 16. ἥκασιν οἱ ἀδελφοὶ Ἰωσήφ (2 *a*)
— 18. ἥκετε πρὸς μέ (2 *a*)
46. 31. οἱ ἀδελφοί μου . . . ἥκασι πρὸς μέ (2 *a*)
47. 4. παροικεῖν ἐν τῇ γῇ ἥκαμεν (2 *a*)
— 5. οἱ ἀδ. σου ἥκασι πρὸς σέ (2 *a*)
Ex. 3. 9. κραυγὴ τῶν υἱῶν Ἰσ. ἥκει πρὸς μέ (2 *a*)
18. 23. εἰς τὸν ἑαυ. τόπον μετ' εἰρήνης ἥξει (2 *a*)
20. 24. καὶ ἥξω πρὸς σὲ καὶ εὐλογήσω σε (2 *a*)
Le. 13. 9. καὶ ἥξει πρὸς τὸν ἱερέα (2 *b*)
14. 35. καὶ ἥξει τίνος αὐτοῦ ἡ οἰκία (2 *a*)
Nu. 22. 36. ὅτι ἥκει Βαλαάμ (2 *a*)
— 38. ἰδοὺ ἥκω πρὸς σὲ νῦν (2 *a*)
De. 12. 9. οὐ γὰρ ἥκατε . . . εἰς τὴν κατάπαυσιν (2 *a*)
— 26. ἥξεις εἰς τὸν τόπον (2 *a*)
28. 2. ἥξουσιν ἐπὶ σὲ πᾶσαι αἱ εὐλογίαι (2 *a*)
32. 17. καινοὶ καὶ πρόσφατοι ἥκασιν (2 *a*)
33. 2. κύριος ἐκ Σινὰ ἥκει (2 *a*)
Jo. 2. 3. κατασκοπεῦσαι γὰρ τὴν γῆν ἥκασι (2 *a*)
9. 6. ἐκ γῆς μακρόθεν ἥκαμεν (2 *a*)
— 9. ἐκ γῆς μακρόθεν σφόδρα ἥκασιν (2 *a*)
23. 14. A πάντα ἥκει ὑμῖν [B *al.*] (2 *a*)
— 15. ὃν τρόπον ἥκει πρὸς ἡμᾶς [A ἐφ' ὑ.] πάντα τὰ ῥήματα (2 *a*)
Jd. 11. 12. A ἥκεις [B ἦλθες] πρὸς μέ (2 *a*)
16. 2. ἥκει Σαμψὼν ὧδε [A ἐνταῦθα] (2 *a*)
18. 10. A ἥξετε πρὸς λαὸν πεποιθότα [B *al.*] (2 *a*)
I Ki. 2. 34. σημεῖον ὃ ἥξει [A ἥξαι] (2 *a*)
— 36. ἥξει προσκυνεῖν αὐτῷ (2 *a*)
4. 6. κιβωτὸς κυρίου ἥκει εἰς τὴν παρεμβολήν (2 *a*)
— 7. οὗτοι οἱ θεοὶ ἥκασι πρὸς αὐτούς (2 *a*)
— 16. ἐγώ εἰμι ὁ ἥκων ἐκ τῆς παρεμβολῆς (2 *a*)
9. 12. διὰ τὴν ἡμέραν ἥκει εἰς τὴν πόλιν (2 *a*)
10. 3. ἥξεις ἕως τῆς δρυὸς Θαβώρ (2 *a*)
— 7. ὅταν ἥξει τὰ σημεῖα ταῦτα ἐπὶ σέ (2 *a*)
15. 12. ἥκει Σ. εἰς Κάρμηλον (2 *a*)
16. 2, 5. θῦσαι τῷ κυρίῳ ἥκω (2 *a*)
20. 19. ἥξεις εἰς τὸν τόπον σου (2 *a*)
22. 5. ἥξεις εἰς γῆν Ἰούδα (2 *a*)
23. 7. B ἥκει ὁ Δαυὶδ εἰς Κεϊλά (2 *a*)
25. 8. ἐφ' ἡμέραν ἀγαθὴν ἥκομεν (2 *a*)
26. 3. ἥκει Σαοὺλ ὀπίσω αὐτοῦ (2 *a*)
— 4. ἥκει Σαοὺλ ἕτοιμος ἐκ Κεϊλά (2 *a*)
29. 6. ἀφ' ἧς ἡμέρας ἥκεις πρὸς μέ (2 *a*)
— 9. οὐχ ἥξει μεθ' ἡμῶν εἰς πόλεμον (9)
— 10. οἱ ἥκοντες μετὰ σοῦ (2 *a*)
II Ki. 3. 23. ἥκει Ἀβεννήρ (2 *a*)
14. 32. ἧκε ὧδε (2 *a*)
17. 12. ἥξομεν πρὸς [A ἐπ'] αὐτόν (2 *a*)
III Ki. 8. 42. ἥξουσι καὶ προσεύξονται (2 *a*)
13. 21. τὸν ἄνθρωπον τοῦ θ. τὸν ἥκοντα ἐξ Ἰ. (2 *a*)
19. 15. ἥξεις εἰς τὴν ὁδόν –
— 15. ἥξεις καὶ χρίσεις (2 *a*)
IV Ki. 8. 7. ἥκει ὁ ἄνθρωπος τοῦ θ. ἕως ὧδε (2 *a*)
20. 14. πόθεν ἥκασι πρὸς σέ (2 *a*)
— 14. ἐκ γῆς πόρρωθεν ἥκασι πρὸς μέ (2 *a*)
23. 18. τοῦ προφήτου τοῦ ἥκοντος ἐκ Σαμ. (2 *a*)
I Ch. 12. 17. εἰ εἰς εἰρήνην ἥκατε πρὸς μέ (2 *a*)
II Ch. 20. 2. ἥκει ἐπὶ σὲ πλῆθος πολύ (2 *a*)
32. 2. ἥκει Σενναχηρίμ (2 *a*)
35. 21. οὐκ ἐπὶ σὲ ἥκω σήμερον –
Ne. 2. 10. ἥκει ἄνθρωπος ζητῆσαι ἀγαθόν (2 *a*)
To. 9. 2. S καὶ ἧκε
13. 11. ἔθνη πολλὰ μακρόθεν ἥξει [S *om.*]
14. 7. S ἥξουσιν εἰς Ἰερουσ.
Ju. 11. 1. S ὅστις ἧκε [B ᾑρέτικε, A ᾑρέτισεν] δουλεύειν βασιλεῖ
— 3. ἥκεις γὰρ εἰς σωτηρίαν
Es. 4. 15. ἐξαπέστειλεν Ἐ. τὸν ἥκοντα πρὸς αὐτὴν [A *al.*] †
Jb. 3. 24. πρὸ γὰρ τῶν σίτων μου στεναγμὸς ἥκει (2 *a*)
4. 5. ἥκει ἐπὶ σὲ πόνος (2 *a*)
15. 21. ἥξει αὐτοῦ ἡ καταστροφή (2 *a*)
16. 23 (22). B S^2 ἔτη δὲ ἀριθμητὰ ἥκασιν [A ἥκουσίν μοι] (1)
36. 18. A θυμὸς δὲ ἐπ' ἀσεβεῖς ἥξει [B S ἔσται] †
Ps. 36 (37). 13. ἥξει ἡ ἡμέρα αὐτοῦ (2 *a*)
39 (40). 7. ἰδοὺ ἥκω (2 *a*)
41 (42). 2. πότε ἥξω καὶ ὀφθήσομαι (2 *a*)
49 (50). 3. ὁ θεὸς ἐμφανῶς ἥξει (2 *a*)
64 (65). 2. πρὸς σὲ πᾶσα σὰρξ ἥξει (2 *a*)
67 (68). 31. ἥξουσι πρέσβεις ἐξ Αἰγύπτου (1)
85 (86). 9. πάντα τὰ ἔθνη ὅσα ἐποίησας ἥξουσι (2 *a*)
97 (98). 9. ἥκει κρῖναι τὴν γῆν (2 *a*)
100 (101). 2. πότε ἥξεις πρὸς μέ (2 *a*)
101 (102). 13. ὅτι ἥκει καιρός (2 *a*)
108 (109). 17. καὶ ἥξει αὐτῷ (2 *a*)
120 (121). 1. A S πόθεν [R ὅθεν] ἥξει ἡ βοήθειά μου (2 *a*)
125 (126). 6. ἐρχόμενοι δὲ ἥξουσιν ἐν ἀγαλλιάσει (2 *a*)
Pr. 6. 3. ἥκεις γὰρ εἰς χεῖρας κακῶν (2 *a*)
— 11. ἥξει ὥσπερ πηγὴ ὁ ἀμητός σου –
10. 30. B^1 ἀσεβεῖς δὲ οὐχ ἥκουσιν [A B^3 S R οὐκ οἰκήσουσι] γῆν (13)
24. 40 (25). ἐπ' αὐτοὺς δὲ ἥξει εὐλογία (2 *a*)
— 49 (34). ἥξει προπορευομένη ἡ πενία σου (2 *a*)
Ec. 5. 14. ἐπιστρέψει τοῦ πορευθῆναι ὡς [S ἐκεῖ ὡς] ἥκει (2 *a*)
Ca. 2. 8. οὗτος ἥκει πηδῶν ἐπὶ τὰ ὄρη (2 *a*)
Wi. 1. 9. λόγων δὲ αὐτοῦ ἀκοὴ πρὸς κύριον ἥξει
Si. 20. 18. πτῶσις κακῶν κατὰ σπουδὴν ἥξει
27. 27. οὐ μὴ ἐπιγνῷ πόθεν ἥκει αὐτῷ
Ho. 6. 4 (3). καὶ ἥξει ὡς ὑετὸς ἡμῖν (2 *a*)
9. 7. ἥκασιν αἱ ἡμέραι τῆς ἐκδικήσεως (2 *a*)
— 7. ἥκασιν αἱ ἡμέραι τῆς ἀνταποδόσεώς σου (2 *a*)
13. 13. ὠδῖνες ὡς τικτούσης ἥξουσιν αὐτῷ (2 *a*)
Am. 8. 2. ἥκει τὸ πέρας ἐπὶ τὸν λαόν μου Ἰσ. (2 *a*)
Mi. 1. 15. ἕως Ὀδ. ἥξει (2 *a*)
4. 8. σὺ . . . θυγάτηρ Σιών, ἐπὶ σὲ ἥξει (1)
— 10. καὶ ἥξεις ἕως Βαβυλῶνος (2 *a*)
7. 4. οὐαὶ αἱ ἐκδικήσεις σου ἥκασι (2 *a*)
— 12. αἱ πόλεις σου ἥξουσιν εἰς ὁμαλισμόν (2 *a*)
Jl. 1. 15. ὡς ταλαιπωρία ἐκ ταλαιπωρίας ἥξει (2 *a*)
Hb. 1. 9. συντέλεια εἰς [A S^3 ἐπ'] ἀσεβεῖς ἥξει (2 *a*)
2. 3. ὅτι ἐρχόμενος ἥξει καὶ οὐ μὴ χρονίσῃ (2 *a*)
3. 3. ὁ θεὸς ἐκ Θαιμὰν ἥξει (2 *a*)
Hg. 1. 2. οὐχ ἥκει ὁ καιρὸς τοῦ οἰκοδομῆσαι (2 *a*)
2. 8 (7). ἥξει τὰ ἐκλεκτὰ πάντων τῶν ἐθνῶν (2 *a*)
Za. 6. 10. εἰς τὸν οἶκ. Ἰ. τοῦ Σ. τοῦ ἥκοντος ἐκ Β. (2 *a*)
— 15. οἱ μακρὰν ἀπ' αὐτῶν ἥξουσι (2 *a*)
8. 20. ἔτι ἥξουσι λαοὶ πολλοί (2 *a*)
— 22. καὶ ἥξουσι λαοὶ πολλοὶ καὶ ἔθνη πολλά (2 *a*)
14. 5. ἥξει κ. ὁ θ. μου καὶ πάντες οἱ ἅγιοι (2 *a*)
— 21. καὶ ἥξουσι πάντες οἱ θυσιάζοντες (2 *a*)
Ma. 3. 1. ἐξαίφνης ἥξει εἰς τὸν ναὸν ἑαυτοῦ κ. (2 *a*)
Is. 2. 2. ἥξουσιν ἐπ' αὐτὸ πάντα τὰ ἔθνη (7)
3. 14. κύριος εἰς κρίσιν ἥξει (2)
4. 5. ἥξει καὶ ἔσται πᾶς τόπος τοῦ ὄρους Σιών †
7. 17. ἡμέρας αἳ οὔπω ἥκασιν (2 *a*)
8. 21. ἥξει ἐφ' ὑμᾶς σκληρὰ λιμός (8)
10. 3. ἡ γὰρ θλῖψις ὑμῖν πόρρωθεν ἥξει (2 *a*)
Is. 10. 28. ἥξει γὰρ εἰς τὴν πόλιν Ἀγγαί (2 *a*)
— 29. ἥξει εἰς Ἀγγαί †
13. 6. συντριβὴ παρὰ τοῦ θεοῦ ἥξει (2 *a*)
18. 6. πάντα τὰ θηρία τῆς γῆς ἐπ' αὐτὸν ἥξει (5)
19. 1. ἥξει εἰς Αἴγυπτον (2 *a*)
27. 13. ἥξουσιν οἱ ἀπολόμενοι [A ἀπὸ ἀνατολῶν] (2 *a*)
30. 28. τὸ πνεῦμα αὐτοῦ . . . ἥξει ἕως τοῦ τραχήλου –
32. 19. οὐκ ἐφ' ὑμᾶς ἥξει †
33. 6. B ἥκει [A S R ἐκεῖ] σοφία –
35. 4. αὐτὸς ἥξει καὶ σώσει ἡμᾶς (2 *a*)
— 10. ἥξουσιν εἰς Σιὼν μετ' εὐφροσύνης (2 *a*)
37. 3. ἥκει ἡ ὠδὶν τῇ τικτούσῃ (2 *a*)
39. 3. πόθεν ἥκασι πρὸς σὲ . . . ἐκ γῆς πόρρωθεν ἥκασι πρὸς μέ (2 *a*, 2 *a*)
— 6. εἰς Βαβυλῶνα ἥξει –
42. 9. τὰ ἀπ' ἀρχῆς ἰδοὺ ἥκασι (2 *a*)
45. 20. συνάχθητε καὶ ἥκετε (2 *a*)
— 25 (24). δικαιοσύνη καὶ δόξα [S^1 εἰρήνη] πρὸς αὐτὸν ἥξει [A S^3 ἥξουσιν] (2 *a*)
47. 9. ἥξει ἐπὶ σὲ τὰ δύο ταῦτα ἐξαίφνης ἐν ἡμέρᾳ μιᾷ ἀτεκνία καὶ χηρεία ἥξει ἐξαίφνης [A B^1 *al.*] (2 *a*, 2 *a*)
— 11. ἥξει ἐπὶ σὲ ἀπώλεια . . . ἥξει ἐπὶ σὲ ταλαιπωρία . . . ἥξει ἐπὶ σὲ ἐξαπίνης ἀπώλεια (2 *a*, –, 2 *a*)
49. 12. οὗτοι πόρρωθεν ἥξουσιν [A S ἔρχονται] (2 *a*)
51. 11. ἥξουσιν εἰς Σιὼν μετ' εὐφροσύνης (2 *a*)
59. 19. ἥξει γὰρ ὡς ποταμὸς βίαιος ἡ ὀργὴ παρὰ κυρίου ἥξει μετὰ θυμοῦ (2 *a*, †)
— 20. ἥξει ἕνεκεν Σιὼν ὁ ῥυόμενος (2 *a*)
60. 1. ἥκει γάρ σου τὸ φῶς (2 *a*)
— 4. ἥκασι πάντες οἱ υἱοί σου μακρόθεν (2 *a*)
— 6 (5). ἥξουσί [S^1 ἥξ.] σοι ἀγέλαι καμήλων . . . πάντες ἐκ Σαβὰ ἥξουσι φέροντες χρυσίον (2 *a*, 2 *a*)
— 7. κριοὶ Ναβαιὼθ ἥξουσι [A S *add.* σοι] (14)
— 13. ἡ δόξα τοῦ Λιβάνου πρὸς σὲ ἥξει (2 *a*)
61. 5. ἥξουσιν ἀλλογενεῖς ποιμαίνοντες τὰ πρόβατά σου (10)
66. 15. κύριος ὡς πῦρ ἥξει (2 *a*)
— 18. ἥξουσι καὶ ὄψονται τὴν δόξαν μου (2 *a*)
— 23. ἥξει πᾶσα σὰρξ τοῦ προσκυνῆσαι (2 *a*)
Je. 1. 15. ἥξουσι καὶ θήσουσιν ἕκαστος τὸν θρόνον αὐτοῦ (2 *a*)
2. 3. κακὰ ἥξει ἐπ' αὐτούς (2 *a*)
— 31. οὐχ ἥξομεν πρὸς σὲ ἔτι (2 *a*)
3. 18. ἥξουσιν ἐπὶ τὸ αὐτὸ ἀπὸ γῆς βορρᾶ (2 *a*)
4. 12. πνεῦμα πληρώσεως ἥξει μοι (2 *a*)
— 15. φωνὴ ἀγγέλλοντος [A S ἀναγγ.] ἐκ Δὰν ἥξει –
— 16. ἰδοὺ ἥκασιν –
5. 12. οὐχ ἥξει ἐφ' ἡμᾶς κακά (2 *a*)
6. 3. εἰς αὐτὴν ἥξουσι ποιμένες (2 *a*)
— 26. ἐξαίφνης ἥξει ταλαιπωρία ἐφ' ἡμᾶς (2 *a*)
8. 16. ἥξει καὶ καταφάγεται τὴν γῆν (2 *a*)
10. 9. ἀπὸ Θαρσὶς ἥξει (2 *b*)
16. 19. πρὸς σὲ ἔθνη ἥξουσιν ἀπ' ἐσχάτου τῆς γῆς (2 *a*)
17. 26. ἥξουσιν ἐκ τῶν πόλεων Ἰούδα (2 *a*)
23. 17. οὐχ ἥξει ἐπὶ σὲ κακά (2 *a*)
— 19. συστρεφομένη ἐπὶ τοὺς ἀσεβεῖς ἥξει (4)
25. 15 (49. 36). ὃ οὐχ ἥξει ἐκεῖ (2 *a*)
26 (46). 18. ὡς ὁ Κάρμηλος ὁ ἐν τῇ θαλ. ἥξει (2 *a*)
— 22. ἐν ἀξίναις ἥξουσιν ἐπ' αὐτήν (2 *a*)
27 (50). 4. ἥξουσιν οἱ υἱοὶ Ἰσραήλ (2 *a*)
— 5. τὸ πρόσωπον αὐ. δώσουσι καὶ ἥξουσι (2 *a*)
— 27. ἥκει ἡ ἡμέρα αὐτῶν (2 *a*)
— 31. ἥκει ἡ ἡμέρα σου (2 *a*)
28 (51). 13. ἥκει τὸ πέρας σου ἀληθῶς εἰς [A S ἐπὶ] τὰ σπλάγχνα σου (2 *a*)
— 33. ἥξει ὁ ἀμητὸς αὐτῆς (2 *a*)
— 53. παρ' ἐμοῦ ἥξουσιν ἐξολεθρεύοντες αὐτήν (2 *a*)
— 60. ἃ ἥξει ἐπὶ Βαβυλῶνα (2 *a*)
29 (47). 5. ἥκει φαλάκρωμα ἐπὶ Γάζαν (2 *a*)
31 (48). 8. ἥξει ὄλεθρος ἐπὶ πᾶσαν πόλιν (2 *a*)
32 (25). 31. ἐπὶ καθημένους τὴν γῆν ἥκει ὄλεθρος (2 *a*)
37 (30). 23. ἐπ' ἀσεβεῖς ἥξει (4)
38 (31). 12. ἥξουσι καὶ εὐφρανθήσονται . . . ἥξουσιν ἐπ' ἀγαθὰ κυρίου (2 *a*, 7)
39 (32). 24. ὄχλος ἥκει εἰς τὴν πόλιν συλλαβεῖν αὐτήν (2 *a*)

Je. 39 (32). 29. ἥξουσιν οἱ Χ. πολεμοῦντες (2 a)
43 (36). 14. λάβε αὐτὸ εἰς τὴν χεῖρά σου καὶ ἧκε (3)
47 (40). 4. A ἧκε [B καί, S ἤ. καί] θήσω τοὺς ὀφθαλμούς μου ἐπὶ σέ (2 a)
Ba. 4. 22. ἥξει ὑμῖν ἐν τάχει παρὰ τοῦ αἰωνίου σωτῆρος ὑμῶν
Ez. 7. 2. τῇ γῇ τοῦ Ἰ. πέρας ἥκει τὸ πέρας ἥκει (2 a, –)
— 3. ἥκει τὸ πέρας ἐπὶ σέ –
— 7. ἥκει ὁ καιρός (2 a)
— 10. τὸ πέρας ἥκει (2 a)
— 10. A ἰδοὺ ἡμέρα ἥκει –
— 12. ἥκει ὁ καιρός (2 a)
— 25. ἐξιλασμὸς ἥξει (2 a)
21. 25 (30), 29 (34). ἥκει ἡ ἡμέρα ἐν καιρῷ ἀδικίας πέρας (2 a)
23. 24. πάντες ἥξουσιν ἐπὶ σὲ ἀπὸ βορρᾶ (2 a)
— 42. πρὸς ἄνδρας ἐκ πλήθους ἀνθρώπων ἥκοντας [A add. οἰνωμένους] ἐκ τῆς ἐρήμου (2 b)
24. 14. ἥξει καὶ ποιήσω (2 a)
— 26. ἥξει ὁ ἀνασῳζόμενος πρὸς σέ (2 a)
30. 4. ἥξει μάχαιρα ἐπ' Αἰγυπτίους (2 a)
— 9. ἰδοὺ ἥκει (2 a)
32. 11. ῥομφαία βασιλέως Βαβυλῶνος ἥξει σοι (2 a)
33. 33. ἰδοὺ ἥκει (2 a)
38. 8. ἥξει εἰς τὴν γῆν τὴν ἀπεστραμμένην ἀπὸ μαχαίρας (2 a)
— 9. A R ἥξεις [B -ει] ὡς νεφέλη κατακαλύψαι γῆν (2 a)
— 11. ἥξω ἐπὶ ἡσυχάζοντας ἐν ἡσυχίᾳ (2 a)
— 15. ἥξεις ἐκ τοῦ τόπου σου (2 a)
39. 8. ἰδοὺ ἥκει (2 a)
47. 9. ἥξει ἐκεῖ τὸ ὕδωρ τοῦτο (2 a)
Da. LXX. Su. 52. νῦν ἥκασί σου αἱ ἁμαρτίαι
4. 20. ἡ κρίσις τοῦ θεοῦ τοῦ μεγάλου ἥξει ἐπὶ σέ –
9. 26. ἥξει ἡ συντέλεια αὐτοῦ μετ' ὀργῆς (2 a ?)
11. 7. ἥξει ἐπὶ τὴν δύναμιν αὐτοῦ ἐν ἰσχύϊ (2 a)
— 21. ἥξει ἐξάπινα (2 a)
— 30. ἥξουσι Ῥωμ. καὶ ἐξώσουσιν αὐτόν (2 a)
— 39. εἰς ὀχύρωμα ἰσχυρὸν ἥξει –
— 45. ἥξει ὥρα τῆς συντελείας αὐτοῦ (2 a)
Da. TH. Su. 52. νῦν ἥκασιν αἱ ἁμαρτίαι σου
11. 7. ἥξει πρὸς τὴν δύναμιν (2 a)
— 21. ἥξει ἐν εὐθηνίᾳ (2 a)
— 24. ἐν εὐθηνίᾳ καὶ ἐν πίοσι χώραις ἥξει (2 a)
— 29. ἥξει ἐν τῷ νότῳ (2 a)
— 44. ἥξει ἐν θυμῷ πολλῷ (6)
— 45. ἥξει ἕως μέρους αὐτοῦ (2 a)
I Ma. 7. 28. ἥξω ἐν ἀνδράσιν ὀλίγοις
II Ma. 4. 31. ἧκε καταστεῖλαι τὰ πράγματα
8. 35. ἧκεν εἰς Ἀντιόχειαν
12. 7. ἀνέλυσεν ὡς πάλιν ἥξων
— 38. A ἧκεν [R ἦγεν] εἰς Ὀδ. πόλιν
14. 4. R ἧκε [A ἦλθεν] πρὸς τὸν βασ. Δημ.
— 21. ἐν ᾗ κατ' ἰδίαν ἥξουσιν εἰς τὸ αὐτό
— 26. ἧκε πρὸς τὸν Δημήτριον
IV Ma. 4. 2. A R ὅθεν ἥκων πρὸς [S ὡς] Ἀπολλώνιον
— 3. ἥκω μηνύων
— 6. ταῖς τοῦ βασιλέως ἐντολαῖς ἥκειν ἔλεγεν
[**Aq.** Jb. 37. 22 : Is. 21. 12 : 41. 3, 5 : 56. 12 : Je. 20. 6 : 51 (28). 13 : Ez. 17. 12 : Hb. 2. 3 : 3. 3.]
[**Sm.** Pr. 6. 11 : Is. 7. 19 : 21. 12 : 41. 3 : 59. 19, 20 : Je. 20. 6 : 51 (28). 13 : Ez. 17. 12 : Da. 11. 45 : Mi. 1. 15 : Hb. 1. 9 : 3. 3.]
[**Th.** Jd. 18. 10 : Jb. 37. 22 : Pr. 6. 11 : 17. 10 : Is. 41. 3 : 59. 19 : Je. 20. 6 : Ez. 7. 6 *bis*, 7 : 17. 12 : Da. 11. 45 : Hb. 3. 3.]
[**Al.** Ps. 120 (121). 1.]
[**Quint.** Hb. 3. 3.]
[**Sext.** Ps. 48 (49). 20.]

ἤλ.
[**Heb.** Is. 9. 6 (5).]

ἠλᾶ. (1) אֵלָה
I Ki. 21. 9 (10). ἐν τῇ κοιλάδι ἠ. (1)

ἤλεκτρον. (1) חַשְׁמַל
Ez. 1. 4. ἐν τῷ μέσῳ αὐτοῦ ὡς ὅρασις [A ὁμοίωμα] ἠλέκτρου (1)
— 27. ἴδον ὡς ὄψιν ἠλέκτρου (1)
8. 2. ὡς ὅρασις [A add. αὔρας ὡς εἶδος] ἠλέκτρου (1)

ἡλιάζεσθαι.
II Ki. 21. 14. τὰ ὀστᾶ τῶν ἡλιασθέντων –

ἡλικία. (1) גִּיל (2) קוֹמָה
Jb. 29. 18. ἡ ἡ. μου γηράσει †
Wi. 4. 9. ἡλικία γήρως βίος ἀκηλίδωτος
Si. 26. 17. κάλλος προσώπου ἐπὶ ἡλικίᾳ στασίμῃ
Ez. 13. 18. ἐπὶ πᾶσαν κεφαλὴν πάσης ἡλικίας (2)
Da. TH. 1. 10. A τὰ παιδάρ. τὰ σὺν ἡλικίᾳ [B συνήλικα] ὑμῶν (1)
II Ma. 4. 40. προβεβηκότος τὴν ἡ.
5. 24. τοὺς ἐν ἡλικίᾳ πάντας κατασφάξαι
6. 18. ἀνὴρ ἤδη προβεβηκὼς τὴν ἡ.
— 23. λογισμὸν . . . ἄξιον τῆς ἡ.
— 24. οὐ γὰρ τῆς ἡμετέρας ἡ. ἄξιόν ἐστιν
7. 27. ἀγαγοῦσαν εἰς τὴν ἡ. ταύτην
15. 30. τὴν τῆς ἡ. εὔνοιαν εἰς ὁμοεθνεῖς
III Ma. 4. 8. μετὰ ἀκμαίας καὶ νεανικῆς ἡ.
6. 1. ἐν πρεσβείῳ τὴν ἡ. ἤδη λελογχώς
IV Ma. 5. 4. τὴν ἡ. προήκων . . . διὰ τὴν ἡ. γνώριμος
— 6. αἰδοῦμαι γάρ σου τὴν ἡ. καὶ τὴν πολιάν
— 11. ἄξιον τῆς ἡ. ἀναλαβὼν νοῦν
— 36. νομίμου βίου ἡλικίαν
8. 2. ἄλλους ἐκ τῆς ἡ. τῶν Ἑβραίων
— 10. καὶ τῆς ἡ. καὶ τῆς εὐμορφίας οἰκτείρομαι
— 20. ἐλεήσωμεν τὰς ἑαυτῶν ἡ.
9. 26. τὸν καθ' ἡλικίαν τοῦ προτέρου δεύτερον
11. 14. τῇ μὲν ἡ. τῶν ἀδελφῶν . . . νεώτερος
[**Sm.** Pr. 17. 22 : Ca. 7. 7 (8) : Ez. 13. 18.]
[**Heb.** Ez. 13. 18.]

ἡλικιώτης.
IV Ma. 11. 14. S R τῇ δὲ διανοίᾳ [A ἀν.] ἡλικιώτης

ἥλιος. (1) **Ἡλίου πόλις** אֹן, אוֹן (2) אוֹר (3) **ἡλίου δυσμαί** אָחוֹר (4) **ἡλίου ἀνατολή** מִזְרָח (5) חַמָּה (6) חֶרֶס (7) **ἡλίου ἀνατολαί** קֶדֶם (8) שָׁמַיִם (9) שֶׁמֶשׁ (10) שִׁמְשָׁא
Ge. 15. 12. περὶ δὲ ἡλίου δυσμάς (9)
— 17. R ἐπεὶ δὲ ὁ ἥ. ἐγένετο πρὸς δυσμάς (9)
19. 23. ὁ ἥ. ἐξῆλθεν ἐπὶ τὴν γῆν (9)
28. 11. ἔδυ γὰρ ὁ ἥ. (9)
32. 31 (32). ἀνέτειλε δὲ αὐτῷ ὁ ἥ. (9)
37. 9. ὥσπερ ὁ ἥ. καὶ ἡ σελήνη (9)
41. 45, 50: 46. 20. Πετεφρῆ ἱερέως Ἡλίου πόλεως (1)
Ex. 1. 11. ἥ ἐστιν Ἡλίου πόλις –
16. 21. ἡνίκα δὲ διεθέρμαινεν ὁ ἥ. ἐτήκετο (9)
17. 12. ἕως δυσμῶν ἡλίου (9)
22. 3 (2). ἐὰν δὲ ἀνατείλῃ ὁ ἥ. ἐπ' αὐτῷ (9)
— 26 (25). πρὸ δυσμῶν ἡλίου ἀποδώσεις αὐτῷ (9)
Le. 22. 7. καὶ δύῃ ὁ ἥ. (9)
Nu. 21. 11. παρενέβαλον . . . κατ' ἀνατολὰς ἡλίου (9)
25. 4. B R κατέναντι [B ἀπ.] τοῦ ἡ. [A λαοῦ] (9)
De. 4. 19. ἰδὼν τὸν ἥ. (9)
— 41. ἀπὸ ἀνατολῶν ἡλίου (9)
— 47. κατὰ ἀνατολὰς ἡλίου (9)
— 49. κατὰ ἀνατολὰς ἡλίου (4)
11. 30. ὀπίσω ὁδὸν δυσμῶν ἡλίου (9)
16. 6. πρὸς δυσμὰς [A -αῖς] ἡλίου (9)
17. 3. προσκυνήσουσιν αὐτοῖς τῷ ἡ. (9)
23. 11 (12). δεδυκότος ἡλίου (9)
24. 13. A R πρὸς [A περὶ] δυσμὰς [B -αῖς] ἡλίου (9)
— 15. οὐκ ἐπιδύσεται ὁ ἥ. ἐπ' αὐτῷ (9)
33. 14. καθ' ὥραν γεννημάτων ἡλίου τροπῶν (9)
Jo. 1. 4. ἀφ' ἡλίου δυσμῶν ἔσται τὰ ὅρια ὑμῶν (9)
— 15. ἐπ' [A ἀπ'] ἀνατολῶν ἡλίου (9)
4. 19. κατὰ μέρος τὸ πρὸς ἡλίου ἀνατολάς (4)
8. 29. ἐπιδύνοντος τοῦ ἡ. (8)
10. 12. στήτω ὁ ἥ. κατὰ Γαβαών (9)
— 13. καὶ ἔστη ὁ ἥ. (9)
— 13. ἔστη ὁ ἥ. κατὰ μέσον τοῦ οὐρανοῦ (9)
— 27. καὶ ἐγενήθη πρὸς ἡλίου δυσμάς (9)
12. 1. ἀφ' ἡλίου ἀνατολῶν (9)
13. 5. ἀπὸ ἀνατολῶν ἡλίου (9)
— 8. κατὰ δυσμὰς ἡλίου –
— 8. κατ' ἀνατολὰς ἡλίου (4)
15. 7. ἐπὶ τὸ ὕδωρ τῆς πηγῆς ἡλίου (9)
— 10. καταβήσεται ἐπὶ πόλιν ἡλίου (9)
19. 27, 34. ἀπὸ ἀνατολῶν ἡλίου (9)
23. 4. ἐπὶ δυσμὰς ἡλίου (9)
Jd. 5. 31. ὡς ἔξοδος ἡλίου ἐν δυνάμει αὐτοῦ [A *al.*] (9)
9. 33. ἅμα τῷ ἀνατεῖλαι τὸν ἥ. (9)
11. 18. ἀπὸ ἀνατολῶν [A κατ' ἀνατολὰς] ἡλίου (9)
14. 18. πρὸ τοῦ ἀνατεῖλαι τὸν ἥ. [A *al.*] (6)
19. 14. ἔδυ αὐτοῖς [A *om.*] ὁ ἥ. (9)
20. 43. πρὸς ἀνατολὰς ἡλίου [A ἀπὸ ἀνατολῶν ἡ.] (9)
21. 19. κατ' ἀνατολὰς ἡλίου (9)
I Ki. 11. 9. διαθερμάναντος τοῦ ἡ. (9)
II Ki. 2. 24. ὁ ἥ. ἔδυνε (9)
3. 35. ἐὰν μὴ δύῃ ὁ ἥ. (9)
12. 11. ἐναντίον τοῦ ἡ. τούτου (9)
— 12. ἀπέναντι τούτου τοῦ ἡ. (9)
23. 4. ἀνατεῖλαι ἥλιος [A ὁ ἥ.] τὸ πρωΐ (9)
III Ki. 8. 53. ἥλιον ἐγνώρισεν ἐν οὐρανῷ –
22. 36. δύνοντος τοῦ ἡ. (9)
IV Ki. 3. 22. ὁ ἥ. ἀνέτειλεν ἐπὶ τὰ ὕδατα (9)
10. 33. κατ' ἀνατολὰς ἡλίου (9)
23. 5. τοὺς θυμιῶντας . . . τῷ ἡ. καὶ τῇ σελήνῃ (9)
— 11. ἵππους οὓς ἔδωκαν . . . τῷ ἡ. (9)
— 11. τὸ ἅρμα τοῦ ἡ. (9)
II Ch. 18. 34. A R δύνοντος [B -αντος] τοῦ ἡ. (9)
I Es. 4. 34. ταχὺς τῷ δρόμῳ ὁ ἥ.
Ne. 7. 3. ἕως ἅμα τῷ ἡ. (9)
8. 3. ἀπὸ τῆς ὥρας τοῦ διαφωτίσαι τὸν ἥ. (2)
To. 1. 2. S ὀπίσω δυσμῶν ἡλίου
2. 4. ἕως οὗ ἔδυ ὁ ἥ. [S *al.*]
— 7. ὅτε ἔδυ ὁ ἥ.
10. 7. S ὅτε ἔδυ ὁ ἥ.
Ju. 14. 2. ἡνίκα . . . ἐξέλθῃ ὁ ἥ.
Es. 1. 1. ὁ ἥ. ἀνέτειλε
10. 3. ἦν φῶς καὶ ἥλιος
Jb. 1. 3. ἦν ὁ ἄνθρωπος ἐκεῖνος εὐγενὴς τῶν ἀφ' ἡλίου ἀνατολῶν (7)
2. 9. προσδεχομένη τὸν ἥ. πότε δύσεται –
8. 16. ὑγρὸς γάρ ἐστιν ὑπὸ ἡλίου (9)
9. 7. ὁ λέγων τῷ ἡ. [A ἡ. μὴ ἀνατέλλειν] (6)
25. 5. A ὁ λέγων τῷ ἡ. μὴ ἀνατέλλειν –
31. 26. οὐχ ὁρῶμεν ἥλιον τὸν ἐπιφαύσκοντα ἐκλείποντα (2)
42. 17. A ἦν δὲ ὁ πατὴρ αὐτοῦ Ζ. ἐξ ἀνατολῶν ἡλίου –
Ps. 18 (19). 4. ἐν τῷ ἡ. ἔθετο τὸ σκήνωμα αὐτοῦ (9)
49 (50). 1. ἀπὸ ἀνατολῶν ἡλίου καὶ μέχρι δυσμῶν (9)
57 (58). 8. οὐκ εἶδον τὸν ἥ. (9)
71 (72). 5. συμπαραμενεῖ τῷ ἡ. (9)
— 17. πρὸ τοῦ ἡ. διαμενεῖ τὸ ὄνομα αὐτοῦ (9)
73 (74). 16. σὺ κατηρτίσω ἥλιον καὶ σελήνην [S² κατ. φαῦσιν καὶ ἥ.] (9)
88 (89). 36. ὁ θρόνος αὐτοῦ ὡς ὁ ἥ. ἐναντίον μου (9)
103 (104). 19. ὁ ἥ. ἔγνω τὴν δύσιν αὐτοῦ (9)
— 22. ἀνέτειλεν ὁ ἥ. (9)
112 (113). 3. ἀπὸ ἀνατολῶν ἡλίου μέχρι δυσμῶν (9)
120 (121). 6. ἡμέρας ὁ ἥ. οὐ συγκαύσει [S¹ οὐκ ἐκκαύσει] σε (9)
135 (136). 8. τὸν ἥ. εἰς ἐξουσίαν τῆς ἡμέρας (9)
148. 3. αἰνεῖτε αὐτὸν ἥλιος καὶ σελήνη (9)
Ec. 1. 3. μοχθεῖ ὑπὸ τὸν ἥ. (9)
— 5. ἀνατέλλει ὁ ἥ. καὶ δύνει ὁ ἥ. (9, 9)
— 9. οὐκ ἔστι πᾶν πρόσφατον ὑπὸ τὸν ἥ. (9)
— 13. S² πάντων τῶν γινομένων ὑπὸ τὸν ἥ. [A B S¹ οὐρανόν] (8)
— 14. τὰ πεποιημένα ὑπὸ τὸν ἥ. (9)
2. 3. τὸ ἀγαθὸν . . . ὃ ποιήσουσιν ὑπὸ τὸν ἥ. (8)
— 11. οὐκ ἔστι περισσεία ὑπὸ τὸν ἥ. (9)
— 17. τὸ ποίημα τὸ πεποιημένον ὑπὸ τὸν ἥ. (9)
— 18. ὃν ἐγὼ κοπιῶ [A S μοχθῶ] ὑπὸ τὸν ἥ. (9)
— 19. ᾧ ἐσοφισάμην ὑπὸ τὸν ἥ. (9)
— 20. ᾧ ἐμόχθησα ὑπὸ τὸν ἥ. (9)
— 22. αὐτὸς μοχθεῖ ὑπὸ τὸν ἥ. (9)
3. 1. S² καιρὸς τῷ παντὶ πράγματι ὑπὸ τὸν ἥ. [A B S¹ οὐρανόν] (8)
— 16. εἶδον ὑπὸ τὸν ἥ. τόπον τῆς κρίσεως (9)
4. 1. τὰς συκοφαντίας τὰς γενομ. ὑπὸ τὸν ἥ. (9)
— 3. A B S² τὸ πονηρὸν τὸ πεποιημ. ὑπὸ τὸν ἥ. (9)
— 7. εἶδον ματαιότητα ὑπὸ τὸν ἥ. (9)
— 15. τοὺς ζῶντας τοὺς περιπατοῦντας ὑπὸ τὸν ἥ. (9)
5. 12. ἀρρωστία ἣν εἶδον ὑπὸ τὸν ἥ. (9)
— 17. ᾧ ἐὰν μοχθῇ ὑπὸ τὸν ἥ. (9)
6. 1. πονηρία ἣν εἶδον ὑπὸ τὸν ἥ. (9)
— 5. καί γε ἥλιον οὐκ εἶδε (9)
7. 1 (6. 12). τί ἔσται ὀπίσω αὐτοῦ ὑπὸ τὸν ἥ. (9)
— 12 (11). περισσεία τοῖς θεωροῦσι τὸν ἥ. (9)
8. 9. τὸ ποίημα ὃ πεποίηται ὑπὸ τὸν ἥ. (9)
— 15. οὐκ ἔστιν ἀγαθὸν τῷ ἀνθρώπῳ ὑπὸ τὸν ἥ. (9)
— 15. ἔδωκεν αὐτῷ ὁ θεὸς ὑπὸ τὸν ἥ. (9)
— 17. τὸ ποίημα τὸ πεποιημένον ὑπὸ τὸν ἥ. (9)
9. 3. ἐν παντὶ πεποιημένῳ ὑπὸ τὸν ἥ. (9)

Ec. 9. 6. ἐν παντὶ τῷ πεποιημένῳ ὑπὸ τὸν ἥ. (9)
— 9. ἡμέρας . . . τὰς δοθείσας σοι ὑπὸ τὸν ἥ. (9)
— 9. ᾧ σὺ μοχθεῖς ὑπὸ τὸν ἥ. (9)
— 11. εἶδον ὑπὸ τὸν ἥ. (9)
— 13. τοῦτο εἶδον σοφίαν ὑπὸ τὸν ἥ. (9)
10. 5. πονηρία ἣν εἶδον ὑπὸ τὸν ἥ. (9)
11. 7. ἀγαθὸν τοῖς ὀφθαλμοῖς τοῦ βλέπειν σὺν τὸν ἥ. (9)
12. 2. ἕως οὗ μὴ σκοτισθῇ ὁ ἥ. (9)
Ca. 1. 6. παρέβλεψέ με [S μοι] ὁ ἥ. (9)
6. 9 (10). ἐκλεκτὴ ὡς ὁ [S om.] ἥ. (5)
Wi. 2. 4. ὡς ὁμίχλη διασκεδασθήσεται διωχθεῖσα ὑπὸ ἀκτίνων ἡλίου
5. 6. ὁ ἥ. οὐκ ἀνέτειλεν ἡμῖν
7. 29. ἔστι γὰρ αὕτη εὐπρεπεστέρα ἡλίου
16. 27. ὑπὸ βραχείας ἀκτῖνος ἡλίου θερμαινόμενον ἐτήκετο
— 28. δεῖ φθάνειν τὸν ἥ. ἐπ' εὐχαριστίαν σου
18. 3. ἥλιον δὲ ἀβλαβῆ φιλοτίμου ξενιτείας παρέσχες [A S[1] al.]
Si. 17. 19. ἅπαντα τὰ ἔργα αὐ. ὡς ὁ ἥ. ἐναντίον αὐτοῦ
— 31. τί φωτεινότερον ἡλίου
23. 19. ὀφθαλμοὶ κυρίου μυριοπλασίως ἡλίου φωτεινότεροι
26. 16. ἥλιος ἀνατέλλων ἐν ὑψίστοις κυρίου
36 (33). 7. πᾶν φῶς ἡμέρας ἐνιαυτοῦ ἀφ' ἡλίου
42. 16. ἥλιος φωτίζων κατὰ πᾶν ἐπέβλεψε
43. 2. ἥλιος ἐν ὀπτασίᾳ διαγγέλλων ἐν ἐξόδῳ
— 4. τριπλασίως [A -ιον] ἥλιος ἐκκαίων ὄρη
46. 4. οὐχὶ ἐν χειρὶ αὐτοῦ ἀνεπόδισεν [S[1] ἐνεπ., A ἐνεποδίσθη] ὁ ἥ.
48. 23. ἐν ταῖς ἡμέραις αὐτοῦ ἀνεπόδισεν ὁ ἥ.
50. 7. ὡς ἥλιος ἐκλάμπων ἐπὶ ναὸν ὑψίστου
Am. 8. 9. δύσεται ὁ ἥ. μεσημβρίας (9)
Mi. 3. 6. καὶ δύσεται ὁ ἥ. ἐπὶ τοὺς προφήτας (9)
Jl. 2. 10. ὁ ἥ. καὶ ἡ σελήνη συσκοτάσουσι (9)
— 31 (3. 4). ὁ ἥ. μεταστραφήσεται εἰς σκότος (9)
3 (4). 15. ὁ ἥ. καὶ ἡ σελήνη συσκοτάσουσι (9)
Jn. 4. 8. ἐγένετο ἅμα τῷ ἀνατεῖλαι τὸν ἥλιον (9)
— 8. ἐπάταξεν ὁ ἥ. ἐπὶ τὴν κεφαλήν (9)
Na. 3. 17. ὁ ἥ. ἀνέτειλε καὶ ἀφήλατο (9)
Hb. 3. 11. ἐπήρθη ὁ ἥ. καὶ ἡ σελήνη ἔστη (9)
Ma. 1. 11. ἀπὸ ἀνατολῶν ἡλίου καὶ ἕως δυσμῶν (9)
4. 2 (3. 20). καὶ ἀνατελεῖ ὑμῖν . . ἥλιος δικαιοσύνης (9)
Is. 9. 12 (11). διασκεδάσει Συρίαν ἀφ' ἡλίου ἀνατολῶν καὶ τοὺς Ἕλληνας ἀφ' ἡλίου δυσμῶν (7, 3)
11. 11. ἀπὸ ἡλίου ἀνατολῶν καὶ ἐξ Ἀραβίας †
— 14. θάλασσαν ἅμα προνομεύσουσι καὶ τοὺς ἀφ' ἡλίου ἀνατολῶν (7)
13. 10. σκοτισθήσεται τοῦ ἡ. ἀνατέλλοντος (9)
19. 18. πόλις ἀσεδέκ [S[1] ἀσὲδ ἡλίου?] †
24. 23. S αἰσχυνθήσεται ὁ ἥ. (5)
30. 26. ἔσται τὸ φῶς τῆς σελήνης ὡς τὸ φῶς τοῦ ἡ. καὶ τὸ φῶς τοῦ ἡ. ἔσται ἑπταπλάσιον (5, 5)
38. 8. οὓς κατέβη [S add. ὁ ἥ.] τοὺς δέκα ἀναβαθμοὺς τοῦ οἴκου τοῦ πατρός σου ὁ ἥ. [A S om. ὁ ἥ.] ἀποστρέψω τὸν ἥ. τοὺς δέκα ἀναβαθμοὺς καὶ ἀνέβη ὁ ἥ. τοὺς δέκα ἀναβαθμούς (–, –, 9, 9)
41. 25. ἤγειρα . . . τὸν ἀφ' ἡλίου ἀνατολῶν (9)
45. 6. ἵνα γνῶσιν οἱ ἀπ' ἀνατολῶν ἡλίου (9)
49. 10. οὐδὲ πατάξει αὐτοὺς καύσων οὐδὲ ὁ ἥ. (9)
59. 19. φοβηθήσονται . . . οἱ ἀπ' ἀνατολῶν ἡλίου τὸ ὄνομα (9)
60. 19. οὐκ ἔσται σοι ἔτι ὁ ἥ. εἰς φῶς ἡμέρας (9)
— 20. οὐ δύσεται [B[1] S[1] δυνήσ.] ὁ ἥ. σοι (9)
Je. 8. 2. ψύξουσιν αὐτὰ πρὸς τὸν ἥ. (9)
15. 9. ἐπέδυ ὁ ἥ. αὐτῇ (9)
38 (31). 35. ὁ δοὺς τὸν ἥ. εἰς φῶς τῆς ἡμέρας (9)
50 (43). 13. τοὺς στύλους Ἡλίου πόλεως (9)
Ba. 5. 5. ἴδε συνηγμένα τὰ τέκνα σου ἀπὸ ἡλίου δυσμῶν
Ep. Je. 60. ἥ. μὲν γὰρ καὶ σελήνη καὶ ἄστρα
— 67. οὐδὲ ὡς ὁ ἥ. λάμψουσιν [A ἐκλ.]
Ez. 8. 16. προσκυνοῦσι [A προσεκύνουν κατ' ἀνατολὰς] τῷ ἡ. (9)
30. 17. νεανίσκοι Ἡλίου πόλεως †
32. 7. ἥλιον ἐν νεφέλῃ καλύψω (9)
Da. LXX. 3. (62). εὐλογεῖτε ἥλιος καὶ σελήνη
4. 9. ὁ ἥ. καὶ ἡ σελήνη ἦν –
— 29. ἕως δὲ ἡλίου ἀνατολῆς –
6. 14 (15). ἕως δυσμῶν ἡλίου (10)
Da. TH. 3. (62). εὐλογεῖτε ἥλιος καὶ σελήνη
I Ma. 6. 39. ὡς δὲ ἔστιλβεν ὁ ἥ.
10. 50. ἕως ἔδυ ὁ [S[1] om.] ἥ.
12. 27. ὡς δὲ ἔδυ ὁ ἥ.
II Ma. 1. 22. ὅ τε [? ὅτε] ἥ. ἀνέλαμψε
III Ma. 4. 15. ἀπὸ ἀνατολῶν ἡλίου μέχρι δυσμῶν
5. 26. οὔπω δὲ ἡλίου βολαὶ κατεσπείροντο
[**Aq.** Jo. 15. 7 : 18. 17 : 19. 12 : Jb. 8. 16 : Ps. 18 (19). 5 : 57 (58). 9 : 73 (74). 16 : 83 (84). 12 : Is. 38. 8 : Je. 43 (50). 13.]
[**Sm.** Jo. 19. 12 : Ps. 18 (19). 5 : 57 (58). 9 : 71 (72). 5 : 73 (74). 16 : 83 (84). 12 : Is. 13. 10 : 19. 18 : 24. 23 : 38. 8 : Je. 43 (50). 13.]
[**Th** Jo. 19. 12 : Jd. 5. 31 : II Ki. 12. 12 : Ps. 18 (19). 5 : 57 (58). 9 : 73 (74). 16 : Is. 13. 10 : 38. 8 : Da. 6. 14†.]
[**Al.** Dt. 4. 49 : Jd. 5. 31 : Hb. 3. 11.]
[**Quint.** Ps. 18 (19). 5 : 73 (74). 16 : 83 (84). 12.]
[**Sext.** Ps. 73 (74). 16.]

ἧλος. (1) מְזַמֶּרֶת (2) *a.* מַסְמְרִים *b.* מִסְמְרִים *c.* מַסְמְרוֹת *d.* מִסְמְרוֹת (3) מַשְׂמְרוֹת (4) שֹׁטֵט

Jo. 23. 13. ἔσονται ὑμῖν . . . εἰς ἥλους (4)
III Ki. 7. 50. τὰ πρόθυρα καὶ οἱ ἧ. καὶ αἱ φιάλαι (1)
IV Ki. 12. 13 (14). ἧλοι φιάλαι καὶ σάλπιγγες (1)
I Ch. 22. 3. εἰς τοὺς ἥ. τῶν θυρωμάτων (2 *b*)
II Ch. 3. 9. ὁλκὴ τῶν ἥ. (2 *d*)
Ec. 12. 11. ὡς ἧλοι πεφυτευμένοι [A S πεπυρωμένοι] (3)
Is. 41. 7. ἰσχύρωσαν αὐτὰ ἐν ἥλοις (2 *a*)
Je. 10. 4. ἥλοις ἐστερέωσαν αὐτά (2 *c*)

ἡλοῦσθαι.

[**Aq.** Ps. 118 (119). 120.]

ἡμέρα. (1) אוֹר הַבֹּקֶר (2) אָז (3) אֵיד (4) אַשְׁמָה (5) בֹּקֶר (6) דֶּרֶךְ (7) חֹדֶשׁ (8) חֹם (9) יוֹם (10) יְמִימָה (11) יָרֵחַ (12) מַיִם (13) עֶרֶב (14) עֵת (15) ἡ ἡ. αὕτη עַתָּה (16) קוּם (17) ἡ. μεγάλη קְרָא מִקְרָא (18) רוּחַ (19) δὶς ἑπτὰ ἡμέρας שְׁבֻעִים (20) τρίτη ἡ. *a.* שִׁלְשֹׁם *b.* תְּמוֹל (21) τὸ καθ' ἡμέραν יוֹם (22) אֶתְמוֹל (23) καθ' ἑκάστην ἡ. *a.* תְּמוֹל שִׁלְשֹׁם *b.* יוֹם בְּיוֹם *c.* יוֹם וָיוֹם *d.* אִישׁ יוֹמוֹ *e.* כָּל־הַיּוֹם (24) καθ' ἡμέραν *a.* יוֹם בְּיוֹמוֹ *b.* תָּמִיד *c.* יוֹם יוֹם (25) ἡ σήμερον ἡ. יוֹם (26) *a.* ἡμέρας יוֹמָם *b.* ἡμέραν יוֹמָם *c.* ἡμέρα יוֹמָם *d.* ἡμέρας בְּיוֹמָם *e.* ἐν ἡμέρᾳ יוֹמָם (27) ἡμέραν καθ' ἡμέραν יוֹם יוֹם

Ge. 1. 5. ἐκάλεσεν ὁ θεὸς τὸ φῶς ἡμέραν (9)
— 5. καὶ ἐγέν. ἑσπέρα καὶ ἐγέν. πρωΐ ἡ. μία (9)
— 8. καὶ ἐγέν. ἑσπέρα καὶ ἐγέν. πρωΐ ἡ. δευτέρα (9)
— 13. καὶ ἐγέν. ἑσπέρα καὶ ἐγέν. πρωΐ ἡ. τρίτη (9)
— 14. A ἄρχειν τῆς ἡ. καὶ τῆς νυκτός –
— 14. ἀνὰ μέσον τῆς ἡ. καὶ ἀνὰ μέσον τῆς ν. (9)
— 14. καὶ ἔστωσαν . . . εἰς ἡμέρας (9)
— 16. εἰς ἀρχὰς τῆς ἡ. (9)
— 18. ἄρχειν τῆς ἡ. καὶ τῆς νυκτός (9)
— 19. καὶ ἐγέν. ἑσπέρα καὶ ἐγέν. πρωΐ ἡ. τετάρτη (9)
— 23. καὶ ἐγέν. ἑσπέρα καὶ ἐγέν. πρωΐ ἡ. πέμπτη (9)
— 31. καὶ ἐγέν. ἑσπέρα καὶ ἐγέν. πρωΐ ἡ. ἕκτη (9)
2. 2. ἐν τῇ ἡ. τῇ ἕκτῃ (9)
— 2. καὶ κατέπαυσε τῇ ἡ. τῇ ἑβδόμῃ (9)
— 3. εὐλόγησεν ὁ θεὸς τὴν ἡ. τὴν ἑβδόμην (9)
— 4. ᾗ ἡμέρᾳ ἐποίησε κ. ὁ θ. τὸν οὐρανόν (9)
— 17. ᾗ δ' ἂν ἡ. φάγησθε ἀπ' αὐτοῦ (9)
3. 5. A ὅτι ἐν ᾗ ἂν ἡ. φάγησθε [R al.] (9)
— 14, 17. πάσας τὰς ἡμέρας τῆς ζ. σου (9)
4. 3. καὶ ἐγένετο μεθ' ἡμέρας (9)
5. 1. ᾗ ἡ. ἐποίησεν ὁ θεὸς τὸν Ἀδάμ (9)
— 2. ᾗ ἡ. ἐποίησεν αὐτούς (9)
— 4. ἐγένοντο δὲ αἱ ἡ. Ἀδὰμ . . . ἔτη ἑπτ. (9)
— 5. καὶ ἐγένοντο πᾶσαι αἱ ἡ. Ἀδὰμ ἃς ἔζησε (9)
— 8. καὶ ἐγένοντο πᾶσαι αἱ ἡ. Σὴθ . . . ἔτη (9)
— 11. καὶ ἐγένοντο πᾶσαι αἱ ἡ. Ἐνὼς . . . ἔτη (9)
— 14. καὶ ἐγένοντο πᾶσαι αἱ ἡ. Καϊνᾶν . . . ἔτη (9)
— 17. καὶ ἐγένοντο πᾶσαι αἱ ἡ. Μαλελεὴλ ἔτη (9)
— 20. καὶ ἐγένοντο πᾶσαι αἱ ἡ. Ἰάρεδ . . . ἔτη (9)
— 23. καὶ ἐγένοντο πᾶσαι αἱ ἡ. Ἐνὼχ . . . ἔτη (9)
— 27. καὶ ἐγένοντο πᾶσαι αἱ ἡ. Μαθουσάλα (9)
— 31. καὶ ἐγένοντο πᾶσαι αἱ ἡ. Λάμεχ . . . ἔτη (9)
6. 3. ἔσονται δὲ αἱ ἡ. αὐτῶν ἑκατὸν εἴκοσιν ἔτη (9)
— 4. ἐν ταῖς ἡ. ἐκείναις (9)
— 5. πᾶς τις διανοεῖται . . . ἐπὶ τὰ πονηρὰ πάσας τὰς ἡ. (9)
7. 4. ἔτι γὰρ ἡμερῶν ἑπτὰ ἐγὼ ἐπάγω ὑετόν (9)
— 4. τεσσαράκοντα ἡμέρας καὶ τεσσαράκοντα νύκτας (9)
— 10. καὶ ἐγένετο μετὰ τὰς ἑπτὰ ἡ. (9)
— 11. τῇ ἡ. ταύτῃ ἐρράγησαν (9)
— 12. τεσσαράκοντα ἡμέρας καὶ τεσσ. νύκτας (9)
— 13. ἐν τῇ ἡ. ταύτῃ εἰσῆλθε Νῶε (9)
— 17. τεσσαράκοντα ἡμέρας καὶ τεσσ. νύκτας (9)
— 24. ἡμέρας ἑκατὸν πεντήκοντα (9)
8. 3. μετὰ πεντήκοντα καὶ ἑκατὸν ἡμέρας (9)
— 6. μετὰ τεσσαράκοντα ἡμέρας (9)
— 10, 12. ἡμέρας ἑπτὰ ἑτέρας (9)
— 22. πάσας τὰς ἡ. τῆς γῆς (9)
— 22. ἡμέραν καὶ νύκτα οὐ καταπαύσουσι (9)
9. 29. καὶ ἐγένοντο πᾶσαι αἱ ἡ. Νῶε . . . ἔτη (9)
10. 25. ὅτι ἐν ταῖς ἡ. αὐτοῦ διεμερίσθη ἡ γῆ (9)
11. 32. A καὶ ἐγένοντο [R add. πᾶσαι] αἱ ἡ. Θ. (9)
15. 18. R ἐν τῇ ἡ. ἐκείνῃ (9)
17. 12. παιδίον ὀκτὼ ἡμερῶν περιτμηθήσεται ὑμῖν (9)
— 14. ὃς οὐ περιτμηθήσεται . . . τῇ ἡ. τῇ ὀγδόῃ –
— 23, 26. ἐν τῷ καιρῷ τῆς ἡ. ἐκείνης (9)
18. 11. πρεσβύτεροι προβεβηκότες ἡμερῶν (9)
19. 38 (37), 39 (38). ἕως τῆς σήμερον ἡ. (25)
21. 4. τῇ ἡ. τῇ ὀγδόῃ (9)
— 8. ᾗ ἡμέρᾳ ἀπεγαλακτίσθη Ἰσαάκ (9)
— 34. παρῴκησεν δὲ Ἀ. ἐν τῇ γῇ . . . ἡ. πολλάς (9)
22. 3 (4). ἦλθεν ἐπὶ τὸν τόπον . . . τῇ ἡ. τῇ τρίτῃ (9)
24. 1. Ἀ. ἦν πρεσβύτερος προβεβηκὼς ἡμερῶν (9)
— 55. μεινάτω ἡ παρθ. μεθ' ἡμῶν ἡμέρας ὡσεὶ δέκα (9)
25. 7. τὰ ἔτη ἡμερῶν ζωῆς Ἀβραάμ (9)
— 8. πρεσβύτης καὶ πλήρης ἡμερῶν –
— 24. καὶ ἐπληρώθησαν αἱ ἡ. τοῦ τεκεῖν αὐτήν (9)
26. 32. ἐγένετο δὲ ἐν τῇ ἡ. ἐκείνῃ (9)
— 33. ἕως τῆς σήμερον ἡ. (25)
27. 2. καὶ οὐ γινώσκω τὴν ἡ. τῆς τελευτῆς μου (9)
— 41. αἱ ἡ. τοῦ πένθους τοῦ πατρός μου (9)
— 44. καὶ οἴκησον μετ' αὐτοῦ ἡ. τινάς (9)
— 45. A μή ποτε ἀτεκνωθῶ [R ἀποτεκ.] . . . ἐν ἡ. μιᾷ (9)
29. 7. ἔτι ἐστὶν ἡ. πολλή (9)
— 14. καὶ ἦν μετ' αὐτοῦ μῆνα ἡμερῶν (9)
— 20. R καὶ ἦσαν ἐναντίον αὐτοῦ ὡς ἡ. ὀλίγαι (9)
— 21. A πεπλήρωνται γὰρ αἱ ἡ. μου [R om.] (9)
30. 14. A ἐν ἡμέραις [R -ρᾳ] θερισμοῦ πυρῶν (9)
— 33. A ἐν τῇ ἡ. τῇ αὔριον [R ἐπαύριον] (9)
— 35. διέστειλεν ἐν τῇ ἡ. ἐκείνῃ τοὺς τράγους (9)
— 36. A καὶ ἀπέστησεν ὁδὸν τριῶν ἡ. (9)
31. 2, 5. ὡς ἐχθὲς καὶ τρίτην ἡ. (20 *a*)
— 22. ἀνηγγέλη δὲ . . . τῇ ἡ. τῇ τρίτῃ (9)
— 23. ὁδὸν ἡμερῶν ἑπτά (9)
— 39. κλέμματα ἡμέρας καὶ κλέμματα τῆς ν. (9)
— 40. ἐγενόμην τῆς ἡ. συγκαιομένης τῷ κ. (9)
32. 32 (33). ἕως τῆς ἡ. ταύτης (9)
33. 13. ἐὰν οὖν καταδιώξω αὐτοὺς ἡ. μίαν (9)
— 16. ἀπέστρεψε δὲ . . . ἐν τῇ ἡ. ἐκείνῃ (9)
34. 25. ἐγένετο δὲ ἐν τῇ ἡ. τῇ τρίτῃ (9)
35. 3. ἐν ἡμέρᾳ θλίψεως (9)
— 4. ἕως τῆς σήμερον ἡ. –
— 20. A ἕως τῆς σήμερον ἡ. [R τῆς ἡ. ταύτης] (25 [9])
— 28. ἐγένοντο δὲ αἱ ἡ. Ἰσαὰκ . . . ἔτη (9)
— 29. πρεσβύτερος καὶ πλήρης ἡμερῶν (9)
37. 34. A ἐπένθει τὸν υἱὸν αὐτοῦ ἡ. τινάς [R πολλάς] (9)
38. 12. ἐπληθύνθησαν δὲ αἱ ἡ. καὶ ἀπέθανε Σ. (9)
39. 10. ἡνίκα δὲ ἐλάλει Ἰωσὴφ ἡμέραν ἐξ ἡμέρας (9, 9)
— 11. ἐγένετο δὲ τοιαύτη τις ἡ. (9)
40. 4. ἦσαν δὲ ἡμέρας ἐν τῇ φυλακῇ (9)
— 12. οἱ τρεῖς πυθμένες τρεῖς ἡ. εἰσίν (9)
— 13. ἔτι τρεῖς ἡμέραι καὶ μνησθήσεται (9)
— 18. τὰ τρία κανᾶ τρεῖς ἡ. εἰσίν (9)
— 19. A ἔτι τριῶν ἡ. [R add. καὶ] ἀφελεῖ Φ. (9)
— 20. ἐν τῇ ἡ. τῇ τρίτῃ ἡμέρα γενέσεως ἦν Φαραώ (9, 9)
41. 1. μετὰ δύο ἔτη ἡμερῶν (9)
42. 17. ἔθετο αὐτοὺς ἐν φυλακῇ ἡμέρας τρεῖς (9)
— 18. εἶπε δὲ αὐτοῖς τῇ ἡ. τῇ τρίτῃ (9)
43. 9. A ἡμαρτηκὼς ἔσομαι πρὸς [R εἰς] σὲ πάσας τὰς ἡ. (9)

Ge. 44. 32. A ἡμαρτηκὼς ἔσομαι . . . πάσας τὰς ἡ. (9)
47. 8. πόσα ἔτη ἡμερῶν τῆς ζωῆς σου (9)
— 9. αἱ ἡ. τῶν ἐτῶν τῆς ζωῆς μου ἃς παροικῶ (9)
— 9. μικραὶ καὶ πονηραὶ γεγόνασιν αἱ ἡ. τῶν ἐτῶν (9)
— 9. εἰς τὰς ἡ. τῶν ἐτῶν τῆς ζωῆς τῶν πατέρων μου ἃς ἡ. παρῴκησαν (9, 9)
— 26. ἕως τῆς ἡ. ταύτης (9)
— 28. ἐγένοντο αἱ ἡ. Ἰ. ἐνιαυτῶν τῆς ζωῆς αὐ. (9)
— 29. ἤγγισαν δὲ αἱ ἡ. Ἰσρ. τοῦ ἀποθανεῖν (9)
48. 15. ἐκ νεότητος ἕως τῆς ἡ. ταύτης (9)
— 20. ἐν τῇ ἡ. ἐκείνῃ (9)
49. 1. τί ἀπαντήσει ὑμῖν ἐπ' ἐσχάτων τῶν ἡ. (9)
50. 3. A R ἐπλήρωσαν αὐτοῦ [B -σεν αὐτοὺς] τεσσαράκοντα ἡμέρας οὕτω γὰρ καταριθμοῦνται αἱ ἡ. τῆς ταφῆς καὶ ἐπένθησεν αὐτὸν Αἴγυπτος ἑβδομήκοντα ἡ. (9 *ter*)
— 4. ἐπειδὴ δὲ παρῆλθον αἱ ἡ. τοῦ πένθους (9)
— 10. ἐποίησε τὸ πένθος . . . ἑπτὰ ἡμέρας (9)
Ex. 2. 11. ἐγένετο δὲ ἐν ταῖς ἡ. ταῖς πολλαῖς ἐκείναις (9)
— 13. ἐξελθὼν δὲ τῇ ἡ. τῇ δευτέρᾳ (9)
— 23. μετὰ δὲ τὰς ἡ. τὰς πολλὰς ἐκείνας (9)
3. 18. ὁδὸν τριῶν ἡ. εἰς τὴν ἔρημον (9)
4. 10. πρὸ τῆς ἐχθὲς οὐδὲ [A καὶ] πρὸ τῆς τρίτης ἡ. (20 *a*)
— 18. μετὰ δὲ τὰς ἡ. τὰς πολλὰς ἐκείνας -
5. 3. ὁδὸν τριῶν ἡ. εἰς τὴν ἔρημον (9)
— 7. ἐχθὲς καὶ τρίτην ἡ. (20 *a*)
— 8. καθ' ἑκάστην ἡ. ἐπιβαλεῖς αὐτοῖς (23 *a*)
— 13. συντελεῖτε τὰ ἔργα τὰ καθήκοντα καθ' ἡμέραν (24 *a*)
— 14. καθάπερ ἐχθὲς καὶ τρίτην ἡ. καὶ τὸ τῆς σήμερον (20 *b*)
— 19. οὐκ ἀπολείψετε τῆς πλινθείας τὸ καθῆκον τῇ ἡ. (9)
6. 28. ᾗ [A ἐν] ἡ. ἐλάλησε κύριος Μωυσῇ (9)
7. 25. ἀνεπληρώθησαν ἑπτὰ ἡμέραι (9)
8. 22 (18). παραδοξάσω ἐν τῇ ἡ. ἐκείνῃ τὴν γῆν Γ. (9)
— 27 (23). ὁδὸν τριῶν ἡ. πορευσόμεθα (9)
9. 18. ἀφ' ἧς ἡ. ἔκτισται ἕως τῆς ἡ. ταύτης (9, 15)
— 24. ἀφ' ἧς ἡ. [A ἀφ' οὗ] γεγένηται ἐπ' αὐτῆς ἔθνος (2)
10. 6. ἀφ' ἧς ἡ. γεγόνασιν ἐπὶ τῆς γῆς ἕως τῆς ἡ. ταύτης (9, 9)
— 13. ὅλην τὴν ἡ. ἐκείνην καὶ ὅλην τὴν νύκτα (9)
— 22. ἐγένετο σκότος . . . τρεῖς ἡμέρας (9)
— 23. οὐκ εἶδεν οὐδεὶς τὸν ἀδ. αὐ. τρεῖς ἡμέρας [A *om.* τρ. ἡ.] καὶ οὐκ ἐξανέστη [A ἀνέστη] οὐδεὶς . . . τρεῖς ἡ. (–, 9)
— 28. ᾗ δ' ἂν ἡμέρᾳ ὀφθῇς μοι ἀποθανῇ (9)
12. 14. καὶ ἔσται ἡ ἡ. ὑμῖν αὕτη μνημόσυνον (9)
— 15. ἑπτὰ ἡμέρας ἄζυμα ἔδεσθε (9)
— 15. ἀπὸ δὲ τῆς ἡ. τῆς πρώτης (9)
— 15. ἀπὸ τῆς ἡ. τῆς πρώτης ἕως τῆς ἡ. τῆς ἑβδόμης (9)
— 16. καὶ ἡ ἡ. ἡ πρώτη κληθήσεται ἁγία (9)
— 16. καὶ ἡ ἡ. ἡ ἑβδόμη κλητὴ ἁγία ἔσται ὑμῖν (9)
— 17. ἐν γὰρ τῇ ἡ. ταύτῃ ἐξάξω τὴν δύναμιν ὑμῶν (9)
— 17. ποιήσετε τὴν ἡ. ταύτην εἰς γενεὰς ὑμῶν νόμιμον (9)
— 18. τῇ τεσσαρεσκαιδεκάτῃ ἡ. τοῦ μηνὸς τοῦ πρώτου (9)
— 18. ἕως ἡ. μιᾶς καὶ εἰκάδος τοῦ μηνός (9)
— 19. ἑπτὰ ἡμέρας ζύμη οὐχ εὑρεθήσεται (9)
— 51. καὶ ἐγένετο ἐν τῇ ἡ. ἐκείνῃ (9)
13. 3. μνημονεύετε τὴν ἡ. ταύτην ἐν ᾗ ἐξήλθατε (9)
— 6. ἓξ ἡμέρας ἔδεσθε ἄζυμα τῇ δὲ ἡ. τῇ ἑβδόμῃ (9, 9)
— 7. ἄζυμα ἔδεσθε [A *add.* τὰς] ἑπτὰ ἡμέρας (9)
— 8. ἀναγγελεῖς τῷ υἱῷ σου ἐν τῇ ἡ. ἐκείνῃ (9)
— 10. ἀφ' ἡμερῶν εἰς ἡμέρας (9, 9)
— 21. ἡμέρας μὲν ἐν στύλῳ νεφέλης (26 *a*)
— 22. οὐκ ἐξέλιπε δὲ ὁ στῦλος τῆς νεφέλης ἡμέρας (26 *a*)
14. 27. ἀπεκατέστη τὸ ὕδωρ πρὸς ἡμέραν ἐπὶ χώρας (5)
— 30. ἐρρύσατο κύριος τὸν Ἰσ. ἐν τῇ ἡ. ἐκείνῃ (9)
15. 22. καὶ ἐπορεύοντο τρεῖς ἡμέρας ἐν τῇ ἐρήμῳ (9)
16. 1. τῇ δὲ πεντεκαιδεκάτῃ ἡ. τῷ μηνὶ τῷ δευτέρῳ (9)
— 4. καὶ συλλέξουσι τὸ τῆς ἡ. εἰς ἡμέραν (9, 9)
— 5. A R καὶ ἔσται ἐν [B *om.*] τῇ ἡ. τῇ ἕκτῃ (9)

Ex. 16. 5. ὃ ἐὰν συναγάγωσι [A εἰσενέγκωσι] τὸ καθ' ἡμέραν εἰς ἡμέραν (21, 9)
— 22. ἐγένετο δὲ τῇ ἡ. τῇ ἕκτῃ (9)
— 26. ἓξ ἡμέρας συλλέξετε τῇ δὲ ἡ. τῇ ἑβδόμῃ (9, 9)
— 27. ἐγένετο δὲ ἐν τῇ ἡ. τῇ ἑβδόμῃ (9)
— 29. ἔδωκεν ὑμῖν τὴν ἡ. ταύτην †
— 29. ἔδωκεν ὑμῖν τῇ ἡ. τῇ ἕκτῃ ἄρτους δύο ἡμερῶν (9, 9)
— 29. μηδεὶς ἐκπορευέσθω . . . τῇ ἡ. τῇ ἑβδόμῃ (9)
— 30. καὶ ἐσαββάτισεν ὁ λαὸς τῇ ἡ. τῇ ἑβδόμῃ (9)
19. 1. τοῦ δὲ μηνὸς τοῦ τρίτου . . . τῇ ἡ. ταύτῃ (9)
— 11. ἔστωσαν ἕτοιμοι εἰς τὴν ἡ. τὴν τρίτην (9)
— 11. τῇ γὰρ ἡ. τῇ τρίτῃ καταβήσεται κύριος (9)
— 15. τρεῖς ἡμέρας μὴ προσέλθητε γυναικί (9)
— 16. ἐγένετο δὲ τῇ ἡ. τῇ τρίτῃ (9)
20. 8. μνήσθητι τὴν ἡ. τῶν σαββάτων (9)
— 9. ἓξ ἡμέρας ἐργᾷ (9)
— 10. τῇ δὲ ἡ. τῇ ἑβδόμῃ σάββατα (9)
— 11. ἐν γὰρ ἓξ ἡμέραις ἐποίησε κ. τὸν οὐρ. (9)
— 11. καὶ κατέπαυσε τῇ ἡ. τῇ ἑβδόμῃ (9)
— 11. εὐλόγησε κ. τὴν ἡ. τὴν ἑβδόμην (9)
21. 21. ἐὰν δὲ διαβιώσῃ ἡμέραν μίαν ἢ δύο (9)
— 36. πρὸ τῆς ἐχθὲς καὶ πρὸ τῆς τρίτης ἡ. [A *om.*] (20 *a*)
22. 30 (29.) ἑπτὰ ἡμέρας ἔσται ὑπὸ τὴν μητέρα (9)
— 30 (29). τῇ δὲ ὀγδόῃ ἡ. (9)
23. 12. ἓξ ἡμέρας ποιήσεις τὰ ἔργα σου τῇ δὲ ἡ. τῇ ἑβδ. (9, 9)
— 15. ἑπτὰ ἡμέρας ἔδεσθε ἄζυμα (9)
— 26. τὸν ἀριθμὸν τῶν ἡ. σου ἀναπληρώσω (9)
24. 16. ἐκάλυψεν αὐτὸ ἡ νεφέλη ἓξ ἡμέρας (9)
— 16. τῇ ἡ. τῇ ἑβδόμῃ (9)
— 18. τεσσαράκοντα ἡμέρας καὶ τεσσαρ. νύκτας (9)
29. 30. ἑπτὰ ἡμέρας ἐνδύσεται αὐτὰ ὁ ἱερεύς (9)
— 35. ἑπτὰ ἡμέρας τελειώσεις τὰς χεῖρας αὐτῶν (9)
— 36. τῇ ἡ. τοῦ καθαρισμοῦ (9)
— 37. ἑπτὰ ἡμέρας καθαριεῖς τὸ θυσιαστήριον (9)
— 38. δύο τὴν ἡ. [A *add.* ἑπτὰ ἡμέρας] ἐπὶ τὸ θυσιαστ. (9, –)
31. 15. ἓξ ἡμέρας ποιήσεις ἔργα τῇ δὲ ἡ. τῇ ἑβδόμῃ σ. (9, 9)
— 15. τῇ ἡ. τῇ ἑβδόμῃ [A τοῦ σαββάτου] (9)
— 17. A B[2] ἐν [B[1] R *om.*] ἓξ ἡμέραις ἐποίησε κ. τὸν οὐρανόν (9)
— 17. καὶ τῇ ἡ. τῇ ἑβδόμῃ κατέπαυσε (9)
32. 28. ἔπεσαν ἐκ τοῦ λαοῦ ἐν [A *om.*] ἐκείνῃ τῇ ἡ. (9)
— 34. ᾗ δ' ἂν ἡ. ἐπισκέπτωμαι (9)
34. 18. ἑπτὰ ἡμέρας φάγῃ ἄζυμα (9)
— 21. ἓξ ἡμέρας ἐργᾷ (9)
— 21. A τῇ δὲ ἡ. τῇ ἑβδόμῃ [B *al.*] (9)
— 28. τεσσαράκοντα ἡμέρας καὶ τεσσαρ. νύκτας (9)
35. 2. ἓξ ἡμέρας ποιήσεις ἔργα τῇ δὲ ἡ. τῇ ἑβδόμῃ (9, 9)
— 3. οὐ καύσετε πῦρ . . . [A *add.* ἐν] τῇ ἡ. τῶν σαββάτων (9)
38. 26 (8). ἐν ᾗ ἡ. ἔπηξεν αὐτήν -
40. 2. ἐν ἡ. μιᾷ [A *om.*] τοῦ μηνὸς τοῦ πρώτου (9)
— 37. ἕως [A *add.* τῆς] ἡμέρας ἧς [B[1] *om.*] ἀνέβη (9)
— 38. νεφέλη γὰρ ἦν ἐπὶ τῆς σκηνῆς ἡμέρας (26 *a*)
Le. 6. 4 (5. 24). ἀποδώσει ᾗ ἡ. ἐλεγχθῇ (9)
— 20 (13). B ἐν τῇ ἡ. ᾗ ἂν χρίσῃς αὐτόν (9)
7. 5 (15). ἐν ᾗ ἡ. δωρεῖται βρωθήσεται (9)
— 6 (16). ᾗ ἂν ἡ. προσαγάγῃ τὴν θυσίαν (9)
— 7 (17). τὸ καταλειφθὲν . . . ἕως ἡ. τρίτης (9)
— 8 (18). ἐὰν δὲ φαγὼν φάγῃ . . . τῇ ἡ. τῇ τρίτῃ (9)
— 25 (35). ἐν ᾗ ἡ. προσηγάγετο αὐτούς (9)
— 26 (36). ᾗ ἡ. ἔχρισεν αὐτούς (9)
— 28 (38). ᾗ ἡ. ἐνετείλατο τοῖς υἱοῖς Ἰσραήλ (9)
8. 33. οὐκ ἐξελεύσεσθε ἑπτὰ ἡμέρας ἕως ἡ. [A -ας] πληρωθῇ ἡ. [A B[1] *om.*] τελειώσεως ὑμῶν ἑπτὰ γὰρ ἡμέρας τελειώσει τὰς χεῖρας ὑ. (9 *quater*)
— 34. καθάπερ ἐποίησεν ἐν τῇ ἡ. ταύτῃ (9)
— 35. ἐπὶ τὴν θύραν . . . καθήσεσθε ἑπτὰ ἡμέρας ἡμέραν [A -ας] καὶ νύκτα [A νύκτας] (9, 26 *b* [26 *a*])
9. 1. ἐγενήθη τῇ ἡ. τῇ ὀγδόῃ (9)
12. 2. ἀκάθαρτος ἔσται ἑπτὰ ἡμέρας κατὰ τὰς ἡ. τοῦ χωρισμοῦ . . . ἀκάθαρτος ἔσται (9, 9)
— 3. τῇ ἡ. τῇ ὀγδόῃ περιτεμεῖ τὴν σάρκα (9)
— 4. τριάκοντα ἡμέρας καὶ τρεῖς [A δέκα] (9)
— 4. ἕως ἂν [A οὗ] πληρωθῶσιν αἱ ἡ. καθάρσεως (9)

Le. 12. 5. ἀκάθαρτος ἔσται δὶς ἑπτὰ ἡμέρας (19)
— 5. ἑξήκοντα ἡμέρας καὶ ἓξ [A μίαν] καθεσθήσεται (9)
— 6. ὅταν ἀναπληρωθῶσιν αἱ ἡ. καθάρσεως (9)
13. 4. ἀφοριεῖ ὁ ἱερεὺς τὴν ἁφὴν ἑπτὰ ἡμέρας (9)
— 5. ὄψεται ὁ ἱερεὺς τὴν ἁφὴν τῇ ἡ. τῇ ἑβδόμῃ (9)
— 5. ἀφοριεῖ αὐτὸν ὁ ἱερεὺς ἑπτὰ ἡμέρας (9)
— 6. ὄψεται ὁ ἱερεὺς αὐτὸν τῇ ἡ. τῇ ἑβδόμῃ (9)
— 14. ᾗ ἂν ἡ. ὀφθῇ ἐν αὐτῷ χρὼς ζῶν (9)
— 21, 26. ἀφοριεῖ αὐτὸν ὁ ἱερεὺς ἑπτὰ ἡμέρας (9)
— 27. τῇ ἡ. τῇ ἑβδόμῃ (9)
— 31. ἀφοριεῖ ὁ ἱερεὺς τὴν ἁφὴν . . . ἑπτὰ ἡμέρας (9)
— 32. τῇ ἡ. τῇ ἑβδόμῃ (9)
— 33. ἀφοριεῖ ὁ ἱερεὺς τὸ θραῦσμα ἑπτὰ ἡμέρας (9)
— 34. τῇ ἡ. τῇ ἑβδόμῃ (9)
— 46. πάσας τὰς ἡ. (9)
— 50. ἀφοριεῖ ὁ ἱ. τὴν ἁφὴν ἑπτὰ ἡμέρας (9)
— 51. τῇ ἡ. τῇ ἑβδόμῃ (9)
— 54. ἀφοριεῖ ὁ ἱερεὺς τὴν ἁφὴν ἑπτὰ ἡμέρας (9)
14. 2. ᾗ ἂν ἡ. καθαρισθῇ (9)
— 8. διατρίψει ἔξω τοῦ οἴκου ἑπτὰ ἡμέρας (9)
— 9. τῇ ἡ. τῇ ἑβδόμῃ (9)
— 10, 23. τῇ ἡ. τῇ ὀγδόῃ (9)
— 38. ἀφοριεῖ ὁ ἱερεὺς τὴν οἰκίαν ἑπτὰ ἡμέρας (9)
— 39. τῇ ἡ. τῇ ἑβδόμῃ (9)
— 46. πάσας τὰς ἡ. ἃς ἀφωρισμένη ἐστίν (9)
— 57. ᾗ ἡ. ἀκάθαρτον καὶ ᾗ ἡ. καθαρισθήσεται (9, 9)
15. 3. πᾶσαι αἱ ἡ. ῥύσεως σώματος -
— 13. ἐξαριθμήσεται αὐτῷ ἑπτὰ ἡμέρας (9)
— 14. τῇ ἡ. τῇ ὀγδόῃ (9)
— 19. ἑπτὰ ἡμέρας ἔσται [A ἔστω] ἐν τῇ ἀφέδρῳ (9)
— 24. ἀκάθαρτος ἔσται ἑπτὰ ἡμέρας (9)
— 25. ἐὰν ῥέῃ . . . ἡμέρας πλείους (9)
— 25. πᾶσαι αἱ ἡ. ῥύσεως ἀκαθαρσίας αὐτῆς καθάπερ αἱ ἡ. τῆς ἀφέδρου (9, 9)
— 26. πάσας τὰς ἡ. τῆς ῥύσεως (9)
— 28. ἐξαριθμήσεται αὐτῇ ἑπτὰ ἡμέρας (9)
— 29. τῇ ἡ. τῇ ὀγδόῃ (9)
16. 30. ἐν γὰρ τῇ ἡ. ταύτῃ (9)
19. 6. ᾗ ἂν ἡ. θύσητε (9)
— 6. ἐὰν καταλειφθῇ ἕως ἡ. τρίτης (9)
— 7. ἐὰν δὲ βρώσει βρωθῇ τῇ ἡ. τῇ τρίτῃ (9)
22. 27. ἔσται ἑπτὰ ἡμέρας ὑπὸ τὴν μητέρα (9)
— 27. τῇ δὲ ἡ. τῇ ὀγδόῃ (9)
— 28. οὐ σφάξεις ἐν ἡ. μιᾷ (9)
— 30. αὐτῇ τῇ ἡ. ἐκείνῃ βρωθήσεται (9)
23. 3. ἓξ ἡμέρας ποιήσεις ἔργα (9)
— 3. τῇ ἡ. τῇ ἑβδόμῃ (9)
— 5. ἐν τῇ τεσσαρεσκαιδεκάτῃ ἡ. τοῦ μηνός -
— 6. ἐν τῇ τεσσαρεσκαιδεκάτῃ ἡ. τοῦ μηνός (9)
— 6. ἑπτὰ ἡμέρας ἄζυμα ἔδεσθε (9)
— 7. ἡ ἡ. ἡ πρώτη κλητὴ ἁγία ἔσται (9)
— 8. προσάξετε ὁλοκαυτώματα . . . ἑπτὰ ἡμέρας (9)
— 8. ἡ ἡ. ἡ ἑβδόμη κλητὴ ἁγία ἔσται ὑμῖν (9)
— 12. ἐν τῇ ἡ. ἐν ᾗ ἂν φέρητε τὸ δράγμα (9)
— 14. ἕως εἰς αὐτὴν τὴν ἡ. ταύτην (9)
— 15. ἀπὸ τῆς ἡ. ἧς ἂν προσενέγκητε τὸ δράγμα (9)
— 16. ἀριθμήσετε πεντήκοντα ἡμέρας (9)
— 21. καλέσετε ταύτην τὴν ἡ. κλητήν [A -τή] (9)
— 27. ἡ. ἐξιλασμοῦ (9)
— 28. ἐν [A *om.*] αὐτῇ τῇ ἡ. ταύτῃ (9)
— 28. ἔστι γὰρ ἡ. ἐξιλασμοῦ αὕτη ὑμῖν (9)
— 29, 30. ἐν αὐτῇ τῇ ἡ. ταύτῃ (9)
— 34. ἑορτὴ σκηνῶν ἑπτὰ ἡμέρας τῷ κυρίῳ (9)
— 35. ἡ ἡ. ἡ πρώτη κλητὴ ἁγία (9)
— 36. ἑπτὰ ἡμέρας προσάξετε ὁλοκαυτώματα (9)
— 36. ἡ ἡ. ἡ ὀγδόη κλητὴ ἁγία ἔσται (9)
— 37. τὸ καθ' ἡμέραν εἰς ἡμέραν (9, 9)
— 39. ἐν τῇ πεντεκαιδεκάτῃ ἡ. [A τῇ ἡ.] τοῦ μηνός (9)
— 39. ἑορτάσατε τῷ κυρίῳ ἑπτὰ ἡμέρας (9)
— 39. τῇ ἡ. τῇ πρώτῃ ἀνάπαυσις καὶ τῇ ἡ. τῇ ὀγδόῃ (9, 9)
— 40. B[2]R τῇ ἡ. [A B[1] *om.* τ. ἡ.] τῇ πρώτῃ (9)
— 40. εὐφρανθῆναι . . . ἑπτὰ ἡμέρας τοῦ ἐνιαυτοῦ (9)
— 42. ἐν σκηναῖς κατοικήσετε ἑπτὰ ἡμέρας (9)
24. 8. τῇ ἡ. τῶν σαββάτων (9)
25. 9. τῇ ἡ. τοῦ ἱλασμοῦ (9)
— 29. ἐνιαυτὸς ἡμερῶν ἔσται ἡ λύτρωσις αὐτῆς (9)
26. 34, 35. πάσας τὰς ἡ. τῆς ἐρημώσεως αὐτῆς (9)
27. 23. ἀποδώσει τὴν τιμὴν ἐν τῇ ἡ. ἐκείνῃ (9)
Nu. 3. 1. ἐν ᾗ ἡ. ἐλάλησε κύριος τῷ Μωυσῇ (9)
— 13. ἐν ᾗ ἡ. ἐπάταξα (9)

Nu. 4. 16. ἡ θυσία ἡ καθ' ἡμέραν (24 b)
6. 4. πάσας τὰς ἡ. τῆς εὐχῆς αὐτοῦ (9)
— 5. πάσας τὰς ἡ. τοῦ ἁγνισμοῦ [A *al.*] (9)
— 5. ἕως ἂν πληρωθῶσιν αἱ ἡ. (9)
— 6. πάσας τὰς ἡ. τῆς εὐχῆς κυρίῳ (9)
— 8. πάσας τὰς ἡ. τῆς εὐχῆς αὐτοῦ (9)
— 9. ᾗ ἂν ἡ. καθαρισθῇ (9)
— 9. τῇ ἡ. τῇ ἑβδόμῃ ξυρηθήσεται (9)
— 10. καὶ τῇ ἡ. τῇ ὀγδόῃ (9)
— 11. ἐν ἐκείνῃ τῇ ἡ. (9)
— 12. τὰς [A πάσας τ.] ἡ. τῆς εὐχῆς (9)
— 12. αἱ ἡ. αἱ πρότεραι [A -ον] ἄλογοι ἔσονται (9)
— 13. ᾗ ἂν ἡ. πληρώσῃ ἡμέρας εὐχῆς αὐ. (9, 9)
7. 1. ἐγένετο ᾗ ἡ. [A τῇ ἡ. ᾗ] συνετέλεσε (9)
— 10. ἐν τῇ ἡ. ᾗ ἔχρισεν αὐτό (9)
— 11. ἄρχων εἷς καθ' ἡμέραν ἄρχων καθ' ἡμέραν προσοίσουσι (9, 9)
— 12. ἐν [A *om.*] τῇ ἡ. τῇ πρώτῃ (9)
— 18. τῇ ἡ. τῇ δευτέρᾳ (9)
— 24. τῇ ἡ. τῇ τρίτῃ (9)
— 30. τῇ ἡ. τῇ τετάρτῃ (9)
— 36. τῇ ἡ. τῇ πέμπτῃ (9)
— 42. τῇ ἡ. τῇ ἕκτῃ (9)
— 48. τῇ ἡ. τῇ ἑβδόμῃ (9)
— 54. τῇ ἡ. τῇ ὀγδόῃ (9)
— 60. τῇ ἡ. τῇ ἐνάτῃ (9)
— 66. τῇ ἡ. τῇ δεκάτῃ (9)
— 72. τῇ ἡ. τῇ ἑνδεκάτῃ (9)
— 78. τῇ ἡ. τῇ δωδεκάτῃ (9)
— 84. ᾗ ἡ. ἔχρισεν αὐτό (9)
8. 17. ᾗ ἡ. ἐπάταξα πᾶν πρωτότοκον (9)
9. 3, 5. τῇ τεσσαρεσκαιδεκάτῃ ἡ. τοῦ μηνός (9)
— 6. ἐν τῇ ἡ. ἐκείνῃ (9)
— 6. ἐν ἐκείνῃ τῇ ἡ. (9)
— 11. ἐν τῇ τεσσαρεσκαιδεκάτῃ ἡ. (9)
— 15. τῇ ἡ. ᾗ ἐστάθη ἡ σκηνή (9)
— 16. ἡ νεφέλη ἐκάλυπτεν αὐτὴν ἡμέρας –
— 18. πάσας τὰς ἡ. ἐν αἷς σκιάζει ἡ νεφέλη (9)
— 19. ὅταν ἐφέλκηται . . . ἡμέρας πλείους (9)
— 20. ὅταν σκεπάσῃ . . . ἡμέρας ἀριθμῷ (9)
— 21. ἀπαροῦσιν ἡμέρας ἢ νυκτός (26 a)
— 22. μηνὸς ἡμέρας [A ἡμέρας ἢ μ. ἡ.] πλεοναζούσης τῆς νεφέλης [A *om.* τ. ν.] (9, 9)
10. 10. ἐν ταῖς ἡ. τῆς εὐφροσύνης ὑμῶν (9)
— 33 *bis.* ὁδὸν τριῶν ἡμερῶν (9)
— 34. ἡ νεφέλη ἐγένετο σκιάζουσα . . . ἡμέρας (9)
11. 19. οὐχ ἡμέραν μίαν φάγεσθε . . . οὐδὲ πέντε ἡμέρας οὐδὲ δέκα ἡμέρας οὐδὲ εἴκοσι ἡμέρας (9 *quater*)
— 20. ἕως μηνὸς ἡμερῶν (9)
— 21. φάγονται μῆνα ἡμερῶν (9)
— 31. ὁδὸν ἡμέρας ἐντεῦθεν (9)
— 31. AB²R καὶ ὁδὸν ἡμέρας ἐντεῦθεν (9)
— 32. ἀναστὰς ὁ λαὸς ὅλην τὴν ἡ. (9)
— 32. ὅλην τὴν ἡ. τὴν [A τῇ] ἐπαύριον (9)
12. 14. οὐκ ἐντραπήσεται ἑπτὰ ἡμέρας (9)
— 14. ἀφορισθήτω [A -ήσεται ἔξω] ἑπτὰ ἡμέρας (9)
— 15. ἀφωρίσθη . . . ἑπτὰ ἡμέρας (9)
13. 21 (20). αἱ ἡ. ἡμέραι ἔαρος [B¹ ἀέρος] (9, 9)
— 26 (25). μετὰ τεσσαράκοντα ἡμέρας (9)
14. 14. ἐν στύλῳ νεφέλης σὺ πορεύῃ . . . τὴν ἡ. (26 b)
— 34. κατὰ τὸν ἀριθμὸν τῶν ἡ. (9)
— 34. κατεσκέψασθε [B² ἐπ.] . . . τεσσαράκοντα ἡμέρας (9)
— 34. ἡμέραν τοῦ ἐνιαυτοῦ λήψεσθε (9)
15. 23. R ἀπὸ τῆς ἡ. ᾗ [A B ἧς] συνέταξε κύριος (9)
— 32. τῇ [A ἐν τ.] ἡ. τῶν σαββάτων [A τοῦ σ.] (9)
— 33. τῇ ἡ. τῶν σαββάτων –
19. 11. ἀκάθαρτος ἔσται ἑπτὰ ἡμέρας (9)
— 12 *bis.* τῇ ἡ. τῇ τρίτῃ καὶ τῇ ἡ. τῇ ἑβδόμῃ (9, 9)
— 14. ἀκάθαρτα ἔσται ἑπτὰ ἡμέρας (9)
— 16. ἑπτὰ ἡμέρας ἀκάθαρτος ἔσται (9)
— 19. ἐν τῇ ἡ. τῇ τρίτῃ καὶ [A ἔπειτα κ.] ἐν τῇ ἡ. τῇ ἑβδόμῃ (9, 9)
— 19. AB²R ἀφαγνισθήσεται τῇ [A ἐν τ.] ἡ. τῇ ἑβδόμῃ (9)
20. 15. B παρῳκήσαμεν . . . ἡμέρας πλείους [A *om.* ἡ. πλ.] (9)
— 15. A ἐκάκωσαν ἡμᾶς . . . ἡμέρας πλείους [B *om.* ἡ. πλ.] –
— 29. ἔκλαυσαν τὸν Ἀαρὼν τριάκοντα ἡμέρας (9)
22. 30. ἕως τῆς σήμερον ἡ. [A ἡ. ταύτης] (9)
24. 14. ἐπ' ἐσχάτου τῶν ἡ. (9)
25. 18. ἐν τῇ ἡ. τῆς πληγῆς (9)

Nu. 28. 3. ἀμνοὺς . . . δύο τὴν ἡ. (9)
— 9. τῇ ἡ. τῶν σαββάτων προσάξετε (9)
— 16. τεσσαρεσκαιδεκάτῃ ἡμέρᾳ τοῦ μηνός (9)
— 17. B τῇ πεντεκαιδεκάτῃ ἡ. τοῦ μηνός (9)
— 17. B ἑπτὰ ἡμέρας ἄζυμα ἔδεσθε (9)
— 18. ἡ ἡ. ἡ πρώτη ἐπίκλητος ἁγία ἔσται ὑμῖν (9)
— 24. τὴν ἡ. εἰς τὰς ἑπτὰ [A² δύο] ἡ. (9, 9)
— 25. καὶ ἡ ἡ. ἡ ἑβδόμη κλητὴ ἁγία (9)
— 26. τῇ ἡ. τῶν νέων (9)
29. 1. ἡμέρα σημασίας ἔσται ὑμῖν (9)
— 12. τῇ πεντεκαιδεκάτῃ ἡ. τοῦ μηνός (9)
— 12. ἑορτάσατε [A -σετε] . . . ἑπτὰ ἡμέρας (9)
— 13. προσάξετε . . . τῇ ἡ. τῇ πρώτῃ –
— 17. τῇ ἡ. τῇ δευτέρᾳ (9)
— 20. τῇ ἡ. τῇ τρίτῃ (9)
— 23. τῇ ἡ. τῇ τετάρτῃ (9)
— 26. τῇ ἡ. τῇ πέμπτῃ (9)
— 29. τῇ ἡ. τῇ ἕκτῃ (9)
— 32. τῇ ἡ. τῇ ἑβδόμῃ (9)
— 35. τῇ ἡ. τῇ ὀγδόῃ (9)
30. 6, 8, 9, 13. ᾗ ἂν ἡ. ἀκούσῃ (9)
— 15. ἐὰν . . . παρασιωπήσῃ αὐτῇ ἡμέραν ἐξ ἡμέρας (9, 9)
— 15. ἐσιώπησεν αὐτῇ τῇ ἡ. (9)
— 16. AB²R μετὰ τὴν ἡ. ἣν ἤκουσε –
31. 19. παρεμβάλετε . . . ἑπτὰ ἡμέρας (9)
— 19. ἁγνισθήσεται τῇ ἡ. τῇ τρίτῃ καὶ τῇ ἡ. τῇ ἑβδόμῃ (9, 9)
— 24. πλυνεῖσθε τὰ ἱμάτια τῇ ἡ. τῇ ἑβδόμῃ (9)
32. 10. ὠργίσθη θυμῷ κύριος ἐν τῇ ἡ. ἐκείνῃ (9)
33. 3. τῇ πεντεκαιδεκάτῃ ἡ. τοῦ μηνός (9)
— 8. ὁδὸν τριῶν ἡμερῶν (9)
De. 1. 2. A R ἕνδεκα ἡμερῶν ἐκ [B ἐν] Χωρὴβ ὁδός (9)
— 33. ὁδηγῶν ὑμᾶς . . . ἐν νεφέλῃ ἡμέρας (26 a)
— 46. ἐνεκάθησθε . . . ἡμέρας πολλάς (9)
— 46. ὅσας ποτὲ ἡμέρας ἐνεκάθησθε (9)
2. 1. ἐκυκλώσαμεν . . . ἡμέρας πολλάς (9)
— 14. αἱ ἡ. ἃς παρεπορεύθημεν (9)
— 21. ἕως τῆς ἡ. ταύτης –
— 22. A² B ἕως τῆς ἡ. ταύτης (9)
— 24 (25). σύναπτε . . . ἐν τῇ ἡ. ταύτῃ (9)
— 30. ὡς ἐν τῇ ἡ. ταύτῃ (9)
3. 14. ἕως τῆς ἡ. ταύτης (9)
4. 9. πάσας τὰς ἡ. τῆς ζωῆς σου (9)
— 10. συμβιβάσεις τοὺς υἱούς σου . . . ἡμέραν ἣν ἔστητε (9)
— 10. τῇ ἡ. τῆς ἐκκλησίας –
— 10. πάσας τὰς ἡ. ἃς [A B² ὅσας] αὐτοὶ ζῶσιν (9)
— 15. ἐν τῇ ἡ. ᾗ ἐλάλησε (9)
— 20. ὡς ἐν τῇ ἡ. ταύτῃ (9)
— 26. οὐχὶ πολυχρονιεῖτε ἡμέρας (9)
— 30. ἐπ' ἐσχάτῳ [A -ου] τῶν ἡ. (9)
— 32. ἐπερωτήσατε ἡμέρας προτέρας (9)
— 32. ἀπὸ τῆς ἡ. ἧς ἔκτισεν (9)
— 40. ἧς κύριος . . . δίδωσί σοι πάσας τὰς ἡ. (9)
5. 1. ὅσα ἐγὼ λαλῶ . . . ἐν τῇ ἡ. [B¹ *om.* τ. ἡ.] ταύτῃ (9)
— 12. φύλαξαι τὴν ἡ. τῶν σαββάτων (9)
— 13. ἓξ ἡμέρας ἐργᾷ (9)
— 14. τῇ δὲ ἡ. τῇ ἑβδόμῃ σάββατα κυρίῳ (9)
— 14. B¹ ἐν γὰρ ἓξ ἡμέραις –
— 15. φυλάσσεσθαι [A B² *add.* σε] τὴν ἡ. τῶν σαββ. (9)
— 24 (21). ἐν τῇ ἡ. ταύτῃ εἴδομεν (9)
— 29 (26). φυλάσσεσθαι [A -ειν] . . . πάσας τὰς ἡ. (9)
6. 2. πάσας τὰς [A *om.*] ἡ. τῆς ζωῆς σου (9)
— 24. ἵνα εὖ ᾖ ἡμῖν πάσας τὰς ἡ. [A *al.*] (9)
8. 16. ἐπ' ἐσχάτων τῶν [B² *om.*] ἡ. [A ἐσχάτῳ] σου –
9. 7. ἀφ' ἧς ἡ. ἐξήλθετε (9)
— 9. κατεγενόμην τεσσαράκοντα ἡμέρας (9)
— 10. ἐλάλησε κύριος . . . ἡμέρᾳ ἐκκλησίας (9)
— 11. ἐγένετο διὰ τεσσαράκοντα ἡμερῶν (9)
— 18. ἐδεήθην . . . τεσσαράκοντα ἡμέρας (9)
— 24. ἀπὸ τῆς ἡ. ἧς [A ἀφ' ἧς ἡ.] ἐγνώσθη (9)
— 25. ἐδεήθην . . . τεσσαράκοντα ἡμέρας (9)
10. 8. ἕως τῆς ἡ. ταύτης (9)
— 10. εἱστήκειν . . . τεσσαράκοντα ἡμέρας (9)
— 15. ἐξελέξατο . . . κατὰ τὴν ἡ. ταύτην (9)
11. 1. φυλάξῃ . . . τὰς κρίσεις αὐτοῦ πάσας τὰς ἡ. (9)
— 4. ἕως τῆς σήμερον ἡ. (9)
— 21. αἱ ἡ. τῶν υἱῶν ὑμῶν . . . καθὼς αἱ ἡ. τοῦ οὐρανοῦ (9, 9)
— 31. δίδωσιν ὑμῖν . . . πάσας τὰς ἡ. –

De. 12. 1. πάσας τὰς ἡ. ἃς ὑμεῖς ζῆτε (9)
14. 23. ἵνα μάθῃς φοβεῖσθαι . . . πάσας τὰς ἡ. (9)
16. 3. ἑπτὰ ἡμέρας φάγῃ ἐπ' αὐτοῦ ἄζυμα (9)
— 3. ἵνα μνησθῆτε τὴν ἡ. τῆς ἐξοδίας ὑμῶν (9)
— 3. πάσας τὰς ἡ. τῆς ζωῆς ὑμῶν (9)
— 4. οὐκ ὀφθήσεταί σοι ζύμη . . . ἑπτὰ ἡμέρας (9)
— 4. τῇ ἡ. τῇ πρώτῃ (9)
— 8. ἓξ ἡμέρας φάγῃ ἄζυμα (9)
— 8. τῇ ἡ. τῇ ἑβδόμῃ ἐξόδιον ἑορτὴ κυρίῳ (9)
— 13. ἑορτὴν σκηνῶν ποιήσεις . . . ἑπτὰ ἡμέρας [A *al.*] (9)
— 15. ἑπτὰ ἡμέρας ἑορτάσεις (8)
17. 9. ὃς ἂν γένηται ἐν ταῖς ἡ. ἐκείναις (9)
— 12. ὃς ἂν ᾖ [A γένηται] ἐν ταῖς ἡ. ἐκείναις –
— 19. πάσας τὰς ἡ. τῆς ζωῆς αὐτοῦ (9)
18. 5. A εὐλογεῖν . . . πάσας τὰς ἡ. [B *al.*] (9)
— 16. ὅσα ᾐτήσω . . . τῇ ἡ. τῆς ἐκκλησίας (9)
19. 9. πορεύεσθαι . . . πάσας τὰς ἡ. (9)
— 17. οἳ ἂν ὦσιν ἐν ταῖς ἡ. ἐκείναις (9)
20. 19. ἐὰν δὲ περικαθίσῃς . . . ἡμέρας πλείους (9)
21. 13. κλαύσεται . . . μηνὸς ἡμέρας (9)
— 16. ᾗ ἂν ἡ. κατακληρονομῇ [A -δοτῇ] (9)
— 23. θάψετε αὐτὸ [A -ὸν] ἐν τῇ ἡ. ἐκείνῃ (9)
23. 6 (7). οὐ προσαγορεύσεις . . . πάσας τὰς ἡ. σου (9)
26. 3. ὃς ἔσται ἐν ταῖς ἡ. ἐκείναις [A *al.*] (9)
— 16. ἐν τῇ ἡ. ταύτῃ κύριος . . . ἐνετείλατό σοι (9)
27. 2. ᾗ ἂν ἡ. διαβῆτε (9)
— 9. ἐν τῇ ἡ. ταύτῃ γέγονας εἰς λαὸν κυρίῳ (9)
— 11. ἐνετείλατο Μωυσῆς . . . ἐν τῇ ἡ. ἐκείνῃ (9)
28. 29. διαρπαζόμενος πάσας τὰς ἡ. (9)
— 33. τεθραυσμένος πάσας τὰς ἡ. (9)
— 66. φοβηθήσῃ ἡμέρας καὶ νυκτός (26 a)
29. 4 (3). ἕως τῆς ἡ. ταύτης (9)
30. 20. ἡ μακρότης τῶν ἡ. σου (9)
31. 10. ἐνετείλατο . . . ἐν τῇ ἡ. ἐκείνῃ –
— 13. πάσας τὰς ἡ. ὅσας αὐτοὶ ζῶσιν (9)
— 14. ἐγγίκασιν αἱ ἡ. τοῦ θανάτου σου (9)
— 17. ὀργισθήσομαι . . . ἐν τῇ ἡ. ἐκείνῃ (9)
— 17, 18. ἐν τῇ ἡ. ἐκείνῃ (9)
— 22. ἐν ἐκείνῃ τῇ ἡ. (9)
— 29. A R συναντήσεται ὑμῖν [B *om.* σ. ὑ.] τὰ κακὰ ἔσχατον τῶν ἡ. (9)
32. 7. μνήσθητε ἡμέρας αἰῶνος (9)
— 20. τί ἔσται αὐτοῖς ἐπ' ἐσχάτων ἡμερῶν [A *om.*] –
— 35. ἐν ἡμέρᾳ ἐκδικήσεως ἀνταποδώσω †
— 35. ἐγγὺς ἡμέρα ἀπωλείας αὐ. (9)
— 44. ἔγραψε M. . . . ἐν ἐκείνῃ τῇ ἡ. –
— 48. ἐλάλησε κύριος . . . ἐν τῇ ἡ. ταύτῃ (9)
33. 12. ὁ θεὸς σκιάζει ἐπ' αὐτῷ πάσας τὰς ἡ. (9)
— 25. ὡς αἱ ἡ. σου ἡ ἰσχύς σου (9)
34. 6. ἕως τῆς ἡ. ταύτης (9)
— 8. ἔκλαυσαν . . . τριάκοντα ἡμέρας (9)
— 8. συνετελέσθησαν αἱ ἡ. πένθους κλαυθμοῦ M. (9)
Jo. 1. 5. πάσας τὰς ἡ. τῆς ζωῆς σου (9)
— 8. μελετήσεις . . . ἡμέρας καὶ νυκτός (26 a)
— 11. ἔτι τρεῖς ἡμέραι (9)
2. 16. κρυβήσεσθε ἐκεῖ τρεῖς ἡμέρας (9)
— 22. κατέμειναν ἐκεῖ τρεῖς ἡμέρας (9)
3. 2. ἐγένετο μετὰ τρεῖς ἡμέρας (9)
— 4. ἀπ' ἐχθὲς καὶ τρίτης ἡμέρας (20 a)
— 7. ἐν τῇ ἡ. ταύτῃ [A αὐτῇ] ἄρχομαι (9)
— 15. ὡσεὶ ἡμέραι θερισμοῦ πυρῶν (9)
4. 9. ἕως τῆς σήμερον ἡ. (9)
— 14. ἐν ἐκείνῃ τῇ ἡ. ηὔξησε κύριος (9)
— 18. καθὰ χθὲς καὶ τρίτην ἡμέραν (20 a)
5. 8 (9). ἐν τῇ σήμερον ἡ. ἀφεῖλον (9)
— 9 (10). ἐποίησαν . . . τὸ πάσχα τῇ [A *om.*] τεσσαρεσκαιδεκάτῃ ἡ. τοῦ μηνός (9)
— 11. ἐν ταύτῃ τῇ ἡ. ἐξέλιπε τὸ μάννα (9)
6. 9 (10). ἕως ἂν ἡμέραν [A² -α] διαγγείλῃ αὐτὸς ἀναβοῆσαι (9)
— 11 (12). τῇ ἡ. τῇ δευτέρᾳ ἀνέστη –
— 13 (14). οὕτως ἐποίει ἐπὶ ἓξ ἡμέρας (9)
— 14 (15). τῇ ἡ. τῇ ἑβδόμῃ ἀνέστησαν (9)
— 14 (15). ἐν τῇ ἡ. ἐκείνῃ (9)
— 24 (25). ἕως τῆς σήμερον ἡ. (6)
— 25 (26). ὥρκισεν Ἰησοῦς ἐν τῇ ἡ. ἐκείνῃ (14)
7. 26. ἕως τῆς ἡ. ταύτης (9)
8. 25. οἱ πεσόντες ἐν τῇ ἡ. ἐκείνῃ (9)
— 28, 29. ἕως τῆς ἡ. ταύτης (9)
9. 12. ἐν τῇ ἡ. ᾗ ἐξήλθομεν (9)
— 16. ἐγένετο μετὰ τρεῖς ἡμέρας (9)
— 26. ἐξείλατο αὐτοὺς Ἰησοῦς ἐν τῇ ἡ. ἐκείνῃ –
— 27. κατέστησεν αὐτοὺς Ἰησοῦς ἐν τῇ ἡ. ἐκείνῃ (9)

Jo. 9. 27. ἕως τῆς σήμερον ἡ. (9)
10. 12. ᾗ ἡ. [A *om.*] παρέδωκεν ὁ θ. (9)
— 13. εἰς τέλος ἡμέρας μιᾶς (9)
— 14. οὐκ ἐγένετο ἡμέρα τοιαύτη (9)
— 27. ἕως τῆς σήμερον ἡ. (9)
— 28. ἐλάβοσαν ἐν τῇ ἡ. ἐκείνῃ (9)
— 32. ἔλαβεν αὐτὴν ἐν τῇ ἡ. τῇ δευτέρᾳ (9)
— 35. ἔλαβεν αὐτὴν ἐν τῇ ἡ. ἐκείνῃ (9)
11. 18. ἡμέρας πλείους ἐποίησεν Ἰ. . . . τὸν πόλεμον (9)
13. 1. Ἰησοῦς . . . προβεβηκὼς τῶν ἡ. (9)
— 1. σὺ προβέβηκας τῶν ἡ. (9)
— 13. ἕως τῆς σήμερον ἡ. [A τ. ἡ. ταύτης] (9)
14. 9. ὤμοσε Μωυσῆς ἐν ἐκείνῃ τῇ ἡ. (9)
— 12. καθὰ εἶπε κύριος τῇ [A ἐν τ.] ἡ. ἐκείνῃ (9)
— 12. A R ἐν [B *om.*] τῇ ἡ. ἐκείνῃ (9)
— 14. ἕως τῆς ἡ. ταύτης [A τ. σήμερον ἡ.] (9)
15. 63. R ἕως τῆς ἡ. ταύτης [A B ἐκείνης] (9)
16. 10. ἕως τῆς ἡ. ταύτης (9)
20. 6. A ὃς ἔσται ἐν ταῖς ἡ. ἐκείναις (9)
22. 3. οὐκ ἐγκαταλελοίπατε . . . ταύτας τὰς ἡ. πλείους [A καὶ πλ.] (9)
— 3. ἕως τῆς σήμερον ἡ. (9)
— 17. ἕως τῆς ἡ. ταύτης (9)
— 22. A R μὴ ῥύσαιτο ἡμᾶς ἐν τῇ ἡ. [B *om.* τ. ἡ.] ταύτῃ (9)
— 29. A R ἐν τῇ σήμερον ἡ. [B ἐν ταῖς σ. ἡ.] (9)
23. 1. ἐγένετο μεθ᾽ ἡμέρας πλείους (9)
— 1. Ἰησοῦς πρεσβύτερος προβεβηκὼς ταῖς [A *om.*] ἡ. (9)
— 2. προβέβηκα ταῖς ἡ. (9)
— 8, 9. ἕως τῆς ἡ. ταύτης (9)
24. 7. ἦτε ἐν τῇ ἐρήμῳ ἡμέρας πλείους (9)
— 25. διέθετο Ἰ. διαθήκην . . . ἐν τῇ ἡ. ἐκείνῃ (9)
— 27. εἰς μαρτύριον ἐπ᾽ ἐσχάτων τῶν ἡ. -
— 31. πάσας τὰς ἡ. Ἰησοῦ καὶ πάσας τὰς ἡ. τῶν πρεσβυτέρων (9, 9)
— 30. ἕως τῆς σήμερον ἡ. -
— 33. ἐν ἐκείνῃ τῇ ἡ. λαβόντες -
Jd. 1. 21, 26. ἕως τῆς ἡ. ταύτης (9)
2. 7. πάσας τὰς ἡ. Ἰησοῦ καὶ πάσας τὰς ἡ. τῶν πρεσβυτέρων (9, 9)
— 18. πάσας τὰς ἡ. τοῦ κριτοῦ (9)
3. 29. B ἐπάταξαν τὴν M. ἐν [R *om.*] τῇ ἡ. ἐκείνῃ [A *al.*] (14)
— 30. ἐνετράπη Μωὰβ ἐν τῇ ἡ. ἐκείνῃ (9)
4. 8. οὐκ οἶδα τὴν ἡ. ἐν ᾗ εὐοδοῖ κύριος -
— 14. αὕτη ἡ ἡ. ἐν ᾗ παρέδωκε [A παραδώσει] (9)
— 23. ἐν τῇ ἡ. ἐκείνῃ (9)
5. 1. ᾖσαν . . . ἐν τῇ ἡ. ἐκείνῃ (9)
— 6. ἐν ἡμέραις Σαμ. . . . ἐν ἡμέραις Ἰ. (9, 9)
6. 24. ἕως τῆς ἡ. ταύτης (9)
— 27. ἐφοβήθη . . . τοῦ [A μὴ] ποιῆσαι ἡμέρας (26 *a*)
— 32. ἐκάλεσεν αὐτὸ ἐν τῇ ἡ. ἐκείνῃ (9)
8. 28. ἡσύχασεν ἡ γῆ . . . ἐν ἡμέραις Γεδεών (9)
9. 19. ἐν [A *om.*] τῇ ἡ. ταύτῃ (9)
— 45. παρετάσσετο . . . ὅλην τὴν ἡ. ἐκείνην [A *al.*] (9)
10. 4. ἕως τῆς ἡ. ταύτης (9)
— 15. ἐξελοῦ ἡμᾶς ἐν τῇ ἡ. ταύτῃ (9)
11. 4. A καὶ ἐγένετο μεθ᾽ ἡμέρας (9)
— 40. ἀπὸ [A ἐξ] ἡμερῶν εἰς ἡμέρας (9, 9)
— 40. θρηνεῖν . . . ἐπὶ [A *om.*] τέσσαρας ἡμέρας (9)
12. 3. ἀνέβητε ἐπ᾽ ἐμὲ ἐν τῇ ἡ. ταύτῃ [A *al.*] (9)
13. 7. ἕως ἡμέρας θανάτου αὐτοῦ (9)
— 10. ὃς ἦλθεν ἐν ἡμέρᾳ πρὸς μέ [A *al.*] (9)
14. 8. ὑπέστρεψε [A ἐπ.] μεθ᾽ ἡμέρας (9)
— 10. ἐποίησεν . . . πότον ἡμέρας ἑπτά -
— 12. ἐν ταῖς ἑπτὰ ἡ. τοῦ πότου (9)
— 14. οὐκ ἠδύναντο . . . ἐπὶ τρεῖς ἡμέρας [A *al.*] (9)
— 15. ἐγένετο ἐν τῇ ἡ. τῇ τετάρτῃ (9)
— 17. ἔκλαυσε . . . ἐπὶ τὰς ἑπτὰ ἡ. (9)
— 17. ἐγένετο ἐν τῇ ἡ. τῇ ἑβδόμῃ (9)
— 18. εἶπαν . . . ἐν [A *om.*] τῇ ἡ. τῇ ἑβδόμῃ (9)
15. 1. ἐγένετο μεθ᾽ ἡμέρας ἐν ἡμέραις θερισμοῦ πυρῶν (9, 9)
— 19. ἕως τῆς ἡ. ταύτης (9)
— 20. ἔκρινε τὸν Ἰσρ. ἐν ἡμέραις ἀλλοφύλων (9)
16. 16. ἐξέθλιψεν αὐτὸν . . . πάσας τὰς ἡ. [A *al.*] (9)
17. 6. ἐν δὲ ταῖς ἡ. ἐκείναις οὐκ ἦν βασιλεύς (9)
— 10. δώσω σοι δέκα ἀργυρίου εἰς ἡμέραν [A -ας] (9)
18. 1. ἐν ταῖς ἡ. ἐκείναις οὐκ ἦν βασιλεύς (9)

Jd. 18. 1. ἐν ταῖς ἡ. ἐκείναις . . . ἐζήτει (9)
— 1. ἕως τῆς ἡ. ἐκείνης [A τῶν ἡ. ἐκείνων] (9)
— 12. ἕως τῆς ἡ. ταύτης (9)
— 30. ἕως ἡμέρας ἀποικίας τῆς γῆς [A *al.*] (9)
— 31. ἔθηκαν ἑαυτοῖς . . . πάσας τὰς ἡ. (9)
— 31 (19. 1). ἐγένετο ἐν ταῖς ἡ. ἐκείναις (9)
19. 2. ἦν ἐκεῖ ἡμέρας μηνῶν τεσσάρων [A *al.*] (9)
— 4. ἐκάθισε . . . ἐπὶ [A *om.*] τρεῖς ἡμέρας (9)
— 5. ἐγένετο τῇ ἡ. τῇ τετάρτῃ (9)
— 8. ὤρθρισε τὸ πρωῒ τῇ ἡ. τῇ πέμπτῃ [A τρίτῃ] (9)
— 8. ἕως κλῖναι τὴν ἡ. [A ἕ. κλίνῃ ἡ ἡ.] (9)
— 9. ἠσθένησεν ἡ ἡ. εἰς τὴν ἑσπ. [A *al.*] (9)
— 11. ἡ ἡ. προβεβήκει [A κεκλικυῖα] σφόδρα (9)
— 30. ἀπὸ ἡμέρας ἀναβάσεως . . . ἕως τῆς ἡ. ταύτης (9, 9)
— 30. A ἀπὸ τῆς ἡ. ἀναβάσεως . . . ἕως τῆς ἡ. ταύτης (9, 9)
20. 15, 21. ἐν τῇ ἡ. ἐκείνῃ (9)
— 22. ἐν τῇ ἡ. τῇ πρώτῃ (9)
— 24, 25. ἐν τῇ ἡ. τῇ δευτέρᾳ (9)
— 26. ἐνήστευσαν ἐν τῇ ἡ. ἐκείνῃ (9)
— 27. A R ἐν ταῖς ἡ. ἐκείναις (9)
— 28. ἐν ταῖς ἡ. ἐκείναις (9)
— 30. ἐν τῇ ἡ. τῇ τρίτῃ (9)
— 35, 46. ἐν τῇ ἡ. ἐκείνῃ (9)
21. 19. ἀφ᾽ ἡμερῶν εἰς ἡμέρας (9, 9)
— 25. ἐν δὲ ταῖς ἡ. ἐκείναις (9)
Ru. 1. 1. A ἐγένετο ἐν ταῖς ἡ. [B *om.* ἐν τ. ἡ.] ἐν τῷ κρίνειν (9)
4. 5. ἐν ἡμέρᾳ τοῦ κτήσασθαί σε (9)
I Ki. 1. 3. ἀνέβαινεν . . . ἐξ ἡμερῶν εἰς ἡμέρας (9, 9)
— 4. ἐγενήθη ἡμέρα καὶ ἔθυσεν Ἑλκανά (9)
— 11. ἕως ἡμέρας [A -α] θανάτου αὐτοῦ (9)
— 15. γυνὴ ἡ σκληρὰ ἡμέρα ἐγώ εἰμι (18)
— 20. ἐγενήθη τῷ [A ἐν τ.] καιρῷ τῶν ἡ. (9)
— 21. θῦσαι . . . τὴν θυσίαν τῶν ἡ. (9)
— 25. ἣν ἐποίει ἐξ ἡμερῶν εἰς ἡμέρας -, -
— 28. πάσας τὰς ἡ. ἃς ζῇ αὐτός (9)
2. 19. ἀνέφερεν αὐτῷ ἐξ ἡμερῶν εἰς ἡμέρας (9, 9)
— 19. θῦσαι τὴν θυσίαν τῶν ἡ. (9)
— 31. ἰδοὺ ἔρχονται ἡμέραι (9)
— 32. πάσας τὰς ἡ. (9)
— 34. ἐν μιᾷ ἡμέρᾳ ἀποθανοῦνται (9)
— 35. διελεύσεται . . . πάσας τὰς ἡ. (6)
3. 1. ἐν ταῖς ἡ. ἐκείναις (9)
— 2. ἐγένετο ἐν τῇ ἡ. ἐκείνῃ (9)
— 12. ἐν τῇ ἡ. ἐκείνῃ ἐπεγερῶ (9)
4. 1. ἐγενήθη ἐν ταῖς ἡ. ἐκείναις -
— 12. ἦλθεν εἰς Σηλὼμ ἐν τῇ ἡ. ἐκείνῃ (9)
5. 5. ἕως τῆς ἡ. ταύτης (9)
6. 15. ἀνήνεγκαν ὁλοκαυτώσεις . . . ἐν τῇ ἡ. ἐκείνῃ (9)
— 16. ἀνέστρεψαν . . . τῇ ἡ. ἐκείνῃ (9)
— 18. A ἕως τῆς ἡ. ταύτης (9)
7. 2. ἐγενήθη ἀφ᾽ ἧς ἡ. ἦν ἡ κιβωτός (9)
— 2. ἐπλήθυναν αἱ ἡ. (9)
— 6. ἐνήστευσαν ἐν τῇ ἡ. ἐκείνῃ (9)
— 10. ἐβρόντησε κύριος . . . ἐν τῇ ἡ. ἐκείνῃ (9)
— 13. πάσας τὰς ἡ. τοῦ Σαμουήλ (9)
— 15. πάσας τὰς ἡ. τῆς ζωῆς αὐτοῦ (9)
8. 8. ἀφ᾽ ἧς ἡ. ἀνήγαγον αὐτοὺς . . . ἕως τῆς ἡ. ταύτης (9, 9)
— 18. βοήσεσθε ἐν τῇ ἡ. ἐκείνῃ (9)
— 18. οὐκ ἐπακούσεται κ. ὑμῶν ἐν ταῖς ἡ. ἐκείναις (9)
9. 12. διὰ τὴν ἡ. ἥκει εἰς τὴν πόλιν (9)
— 13. διὰ τὴν ἡ. εὑρήσετε αὐτόν (8)
— 15. A² B κύριος ἀπεκάλυψε . . . ἡμέρᾳ μιᾷ (9)
— 24. ἔφαγε Σαοὺλ μετὰ Σαμ. ἐν τῇ ἡ. ἐκείνῃ (9)
10. 8. ἑπτὰ ἡμέρας διαλείψεις (9)
— 9. ἦλθε πάντα τὰ σημεῖα ἐν τῇ ἡ. ἐκείνῃ (9)
11. 3. ἄνες ἡμῖν ἑπτὰ ἡμέρας (9)
— 11. ἕως διεθερμάνθη ἡ ἡ. (9)
— 13. οὐκ ἀποθανεῖται οὐδεὶς ἐν τῇ ἡ. ταύτῃ (9)
12. 2. ἕως τῆς ἡ. ταύτης (9)
— 5. ἐν ταύτῃ τῇ ἡ. (9)
— 18. B ἔδωκε κ. φωνὰς . . . ἐν τῇ ἡ. ἐκ. (9)
13. 8. B διέλιπεν ἑπτὰ ἡμέρας (9)
— 11. B οὐ παρεγένου . . . ἐν τῷ μαρτυρίῳ τῶν ἡ. (9)
— 22. B ἐγενήθη ἐν ταῖς ἡ. τοῦ πολέμου (9)
14. 1. B γίνεται ἡ ἡ. (9)
— 18. ἦρε τὸ ἐφοὺδ ἐν τῇ ἡ. ἐκείνῃ [A *al.*] (9)
— 21. ἐχθὲς καὶ τρίτην ἡμέραν (20 *a*)
— 22 (23). ἔσωσε κύριος ἐν τῇ ἡ. ἐκείνῃ (9)

I Ki. 14. 24. Σαοὺλ ἠγνόησεν . . . ἐν τῇ ἡ. ἐκείνῃ (9)
— 31. ἐπάταξεν ἐν τῇ ἡ. ἐκείνῃ (9)
— 36. ἕως διαφαύσῃ ἡμέρα [A ἡ ἡ.] (5)
— 37. οὐκ ἀπεκρίθη αὐτῷ ἐν τῇ ἡ. ἐκείνῃ (9)
— 45. ὁ λαὸς τοῦ θεοῦ ἐποίησε τὴν ἡ. ταύτην (9)
— 45. προσηύξατο ὁ λαὸς . . . ἐν τῇ [A *om.* ἐν τ.] ἡ. ἐκείνῃ -
— 51 (52). πάσας τὰς ἡ. Σαούλ (9)
15. 35. ἕως ἡμέρας θανάτου αὐτοῦ (9)
16. 13. ἀπὸ τῆς ἡ. ἐκείνης (9)
17. 10. σήμερον ἐν τῇ ἡ. ταύτῃ (9)
— 12. A ἐν ταῖς ἡ. Σαούλ (9)
— 16. A ἐστηλώθη τεσσαράκοντα ἡμέρας (9)
— 46. δώσω τὰ κῶλά σου . . . ἐν ταύτῃ τῇ ἡ. (9)
18. 2. A ἔλαβεν αὐτὸν Σ. ἐν τῇ ἡ. ἐκείνῃ (9)
— 9. A ἀπὸ τῆς ἡ. ἐκείνης καὶ ἐπέκεινα (9)
— 10. A ὡς καθ᾽ ἑκάστην ἡμέραν (23 *b*)
— 26. A καὶ οὐκ ἐπληρώθησαν αἱ ἡ. (9)
— 29. A ἐχθρεύων τὸν Δ. πάσας τὰς ἡ. (9)
19. 7. ὡσεὶ ἐχθὲς καὶ τρίτην ἡμέραν (20 *a*)
— 24. ἔπεσε γυμνὸς ὅλην τὴν ἡ. ἐκείνην (9)
20. 6. θυσία τῶν ἡ. (9)
— 19. οὗ κρυβῇς [A ἐκρύβης] ἐν τῇ ἡ. τῇ ἐργασίμῃ (9)
— 26. οὐκ ἐλάλησε . . . ἐν τῇ ἡ. ἐκείνῃ (9)
— 27. τῇ ἐπαύριον τοῦ μηνὸς τῇ ἡ. [A *om.* τ. ἡ.] τῇ δευτέρᾳ -
— 31. πάσας τὰς ἡ. ἃς ὁ υἱὸς Ἰεσσαὶ ζῇ (9)
— 34. A ἐν ἡμέρᾳ [B *om.*] τῇ δευτέρᾳ τοῦ μηνός (9)
21. 5 (6). ἐχθὲς καὶ τρίτην ἡμέραν (20 *a*)
— 6 (7). ᾗ ἡ. ἔλαβεν αὐτούς (9)
— 7 (8). ἐκεῖ ἦν . . . ἐν τῇ ἡ. ἐκείνῃ (9)
— 10 (11). ἔφυγεν ἐν τῇ ἡ. ἐκείνῃ (9)
— 13 (14). προσεποιήσατο ἐν τῇ ἡ. ἐκείνῃ †
22. 4. κατῴκουν μετ᾽ αὐτοῦ πάσας τὰς ἡ. (9)
— 8, 13. ὡς ἡ ἡ. αὕτη (9)
— 18. ἐθανάτωσε . . . ἐν τῇ ἡ. ἐκείνῃ (9)
— 22. ᾔδειν ὅτι [A *om.*] ἐν τῇ ἡ. ἐκείνῃ (9)
23. 14. ἐζήτει αὐτὸν Σ. πάσας τὰς ἡ. (9)
24. 5. ἰδοὺ ἡ [A *om.*] ἡ. αὕτη ἣν εἶπε κ. (9)
— 11. ἰδοὺ ἐν τῇ ἡ. ταύτῃ ἑωράκασιν (9)
25. 7. οὐκ ἐνετειλάμεθα . . . πάσας τὰς ἡ. (9)
— 8. ἐφ᾽ ἡμέραν ἀγαθὴν ἥκομεν (9)
— 15. ἐνετείλαντο ἡμῖν οὐδὲν πάσας τὰς ἡ. (9)
— 16. τὴν νύκτα καὶ τὴν ἡ. πάσας τὰς ἡ. (26 *b*, 9)
— 38. ἐγένετο ὡσεὶ δέκα ἡμέραι καὶ ἐπάταξε (9)
26. 10. ἐὰν μὴ . . . ἡμέρα αὐτοῦ ἔλθῃ (9)
27. 1. προστεθήσομαι ἐν ἡμέρᾳ μιᾷ (9)
— 6. ἔδωκεν . . . ἐν τῇ ἡ. ἐκείνῃ (9)
— 6. ἕως τῆς ἡ. ταύτης (9)
— 7. ἐγενήθη ὁ ἀριθμὸς τῶν ἡ. (9)
— 7. A ἡμέρας τέσσαρες μῆνας [B *al.*] (9)
— 11. πάσας τὰς ἡ. ἃς ἐκάθητο Δαυίδ (9)
28. 1. ἐγενήθη ἐν ταῖς ἡ. ἐκείναις (9)
— 2. ἀρχισωματοφύλακα θήσομαί σε πάσας τὰς ἡ. (9)
— 18. R ἐν [A B *om.*] τῇ ἡ. ταύτῃ (9)
— 20. οὐ γὰρ ἔφαγεν ἄρτον ὅλην τὴν ἡ. (9)
29. 3. γέγονε μεθ᾽ ἡμῶν ἡμέρας τοῦτο δεύτερον ἔτος (9)
— 3. ἀφ᾽ ἧς ἡ. ἐνέπεσε πρὸς μὲ καὶ ἕως τῆς ἡ. ταύτης (9, 9)
— 6. ἀφ᾽ ἧς ἡ. ἥκεις . . . ἕως τῆς σήμερον ἡ. [A τῆς ἡ. τῆς σ.] (9, 9)
— 8. ἀφ᾽ ἧς ἡ. ἤμην . . ἕως τῆς ἡ. ταύτης (9, 9)
30. 1. ἐγενήθη εἰσελθόντος Δ. . . τῇ ἡ. τῇ τρίτῃ (9)
— 12. οὐ πεπώκει ὕδωρ τρεῖς ἡμέρας (9)
— 25. ἀπὸ τῆς ἡ. ἐκείνης καὶ ἐπάνω (9)
31. 6. ἀπέθανε Σαοὺλ . . . ἐν τῇ ἡ. ἐκείνῃ (9)
— 13. νηστεύουσιν ἑπτὰ ἡμέρας (9)
II Ki. 1. 1. ἐκάθισε Δαυὶδ . . . ἡμέρας δύο (9)
— 2. ἐγενήθη τῇ [A ἐν τ.] ἡ. τῇ τρίτῃ (9)
2. 11. αἱ ἡ. ἃς Δαυὶδ ἐβασίλευσεν (9)
— 17. ἐν τῇ ἡ. ἐκείνῃ (9)
3. 9. B ἐν τῇ ἡ. ταύτῃ -
— 35. ἔτι οὔσης ἡμέρας (9)
— 37. ἔγνω πᾶς ὁ λαὸς . . . ἐν τῇ ἡ. ἐκείνῃ (9)
— 38. πέπτωκεν ἐν τῇ ἡ. ταύτῃ (9)
4. 3. ἕως τῆς ἡ. ταύτης (9)
— 5. ἐν τῷ καύματι τῆς ἡ. (9)
— 8. ὡς ἡ ἡ. αὕτη (9)
5. 8. εἶπε Δαυὶδ τῇ ἡ. ἐκείνῃ (9)
6. 8. ἕως τῆς ἡ. ταύτης [A τ. σήμερον ἡ.] (9)
— 9. ἐφοβήθη Δ. τὸν κύριον ἐν τῇ ἡ. ἐκείνῃ (9)
— 23. ἕως τῆς ἡ. τοῦ ἀποθανεῖν αὐτήν (9)
7. 6. ἀφ᾽ ἧς ἡ. ἀνήγαγον (9)

II Ki. 7. 6. ἕως τῆς ἡ. ταύτης (9)
— 11. ἀπὸ τῶν ἡ. ὧν ἔταξα κριτάς (9)
— 12. ἐὰν πληρωθῶσιν αἱ ἡ. σου (9)
8. 7. ἐν ἡμέραις Ῥοβοάμ –
11. 12. ἐκάθισεν Οὐρ. ἐν Ἱερ. ἐν τῇ ἡ. ἐκείνῃ (9)
12. 18. ἐγένετο ἐν τῇ ἡ. τῇ ἑβδόμῃ (9)
13. 23. ἐγένετο εἰς διετηρίδα ἡμερῶν (9)
— 32. ἀπὸ τῆς ἡ. ἧς ἐταπείνωσε (9)
— 37. ἐπένθησεν . . . πάσας τὰς ἡ. (9)
14. 2. ἔσῃ ὡς γυνὴ πενθοῦσα . . . ἡμέρας πολλάς (9)
— 26. ἐγένετο ἀπ' ἀρχῆς ἡμερῶν εἰς ἡμέρας (9, 9)
— 28. ἐκάθισεν Ἀβεσ. . . . δύο ἔτη ἡμερῶν (9)
16. 12. ἀντὶ τῆς κατάρας αὐτοῦ τῇ ἡ. ταύτῃ [A *al.*] (9)
— 23. ἐν ταῖς ἡ. ταῖς πρώταις (9)
18. 7. ἐγένετο ἡ θραῦσις μεγάλη ἐν τῇ ἡ. ἐκείνῃ (9)
— 8. R οὓς κατέφαγεν . . . τῇ [A B ἐν τ.] ἡ. ἐκείνῃ (9)
— 18. ἕως τῆς ἡ. ταύτης (9)
— 20. οὐκ ἀνὴρ εὐαγγελίας σὺ ἐν τῇ ἡ. ταύτῃ (9)
— 20. εὐαγγελιῇ ἐν ἡμέρᾳ ἄλλῃ (9)
— 20. ἐν δὲ τῇ ἡ. ταύτῃ οὐκ εὐαγγελιῇ (9)
19. 2 (3). ἐγένετο ἡ σωτηρία ἐν τῇ ἡ. ἐκείνῃ (9)
— 2 (3). ἤκουσεν ὁ λαὸς ἐν τῇ ἡ. ἐκείνῃ (9)
— 3 (4). διεκλέπτετο ὁ λαὸς ἐν τῇ ἡ. ἐκείνῃ (9)
— 13 (14). εἰ μὴ ἄρχων δυνάμεως ἔσῃ . . . πάσας τὰς ἡ. (9)
— 19 (20). ἐν τῇ ἡ. ᾗ ὁ κ. μου ἐξεπορεύετο (9)
— 24 (25). ἀπὸ τῆς ἡ. ἧς ἀπῆλθεν ὁ βασιλεύς (9)
— 24 (25). ἕως τῆς ἡ. ἧς αὐτὸς παρεγένετο (9)
— 34 (35). A R πόσαι ἡμέραι ἐτῶν [B ἡμερῶν] ζωῆς μου (9, †)
20. 3. ἕως ἡμέρας θανάτου αὐτῶν (9)
— 4. βόησόν μοι τὸν ἄνδρα Ἰ. τρεῖς ἡμέρας (9)
21. 1. ἐν ταῖς ἡ. Δαυίδ (9)
— 9. ἐθανατώθησαν ἐν ἡμέραις θερισμοῦ (9)
— 10. καταπαῦσαι ἐπ' αὐτοὺς ἡμέρας (26 *a*)
— 12. ἐν ἡ. ᾗ ἐπάταξαν (9)
22. 1. ἐν ᾗ ἡ. ἐξείλατο αὐτὸν κ. (9)
— 19. προέφθασάν με ἡμέραι θλίψεώς μου (9)
23. 10. ἐποίησε κ. σωτηρίαν . . . ἐν τῇ ἡ. ἐκείνῃ (9)
— 20. ἐν τῇ ἡ. τῆς χιόνος (9)
24. 8. ἀπὸ τέλους ἐννέα μηνῶν καὶ εἴκοσι ἡμερῶν (9)
— 13. γενέσθαι τρεῖς ἡμέρας θάνατον (9)
— 15. ἡμέραι θερισμοῦ πυρῶν –
— 18. ἦλθε Γὰδ πρὸς Δ. ἐν τῇ ἡ. ἐκείνῃ (9)
III Ki. 1. 1. ὁ βασιλεὺς Δ. . . . προβεβηκὼς ἡμέραις (9)
— 30. οὕτω ποιήσω τῇ ἡ. ταύτῃ (9)
2. 1. ἤγγισαν αἱ ἡ. Δαυὶδ ἀποθανεῖν αὐτόν [A *om.*] (9)
— 8. τῇ ἡ. ᾗ ἐπορευόμην (9)
— 11. αἱ ἡ. ἃς ἐβασίλευσε Δαυίδ (9)
— 25. ἀπέθανεν Ἀδωνίας ἐν τῇ ἡ. ἐκείνῃ –
— 26. ἀνὴρ θανάτου εἶ σὺ ἐν τῇ ἡ. ταύτῃ (9)
3. 1 (2. 8). ἐν ᾗ ἡ. ἐπορευόμην εἰς παρεμβολάς (9)
— 1 (2. 37). ἔσται ἐν τῇ ἡ. τῆς ἐξόδου [A -δίας] σου (9)
— 1 (2. 37). ὥρκισεν . . . ἐν τῇ ἡ. ἐκείνῃ –
— 1 (2. 42). ἐν ᾗ ἂν ἡ. ἐξέλθῃς (9)
— 1 (*cf.* 4. 21 [5. 1]). πάσας τὰς ἡ. τῆς ζωῆς αὐ. –
— 1 (*cf.* 4. 25 [5. 5]). πάσας τὰς ἡ. Σαλωμών (9)
3. 2. A ἕως τῶν ἡ. ἐκείνων [B *al.*] (9)
— 6. ὡς ἡ ἡ. αὕτη (9)
— 11. οὐκ ᾐτήσω σαυτῷ ἡμέρας πολλάς (9)
— 13. A πάσας τὰς ἡ. σου (9)
— 14. πληθυνῶ τὰς ἡ. σου (9)
— 18. ἐγενήθη ἐν τῇ ἡ. τῇ τρίτῃ (9)
4. 22 (5. 2). ἐν ἡ. μιᾷ τριάκοντα κόροι (9)
5. 1 (15). ἀγαπῶν ἦν Χιρὰμ τὸν Δ. πάσας τὰς ἡ. (9)
8. 8. A ἕως τῆς ἡ. ταύτης (9)
— 16. ἀφ' ἧς ἡ. ἐξήγαγον (9)
— 24. ὡς ἡ ἡ. αὕτη (9)
— 29. ἠνεῳγμένους . . . ἡμέρας καὶ νυκτός (9)
— 29. τοῦ εἰσακούειν . . . ἡμέρας καὶ νυκτός –
— 40. πάσας τὰς ἡ. ὅσας [A *om.*] αὐτοὶ ζῶσιν (9)
— 59. ἐγγίζοντες . . . ἡμέρας καὶ νυκτός (26 *a*)
— 59. ῥῆμα ἡμέρας ἐν ἡμέρᾳ ἐνιαυτοῦ [A αὐτοῦ] (9, 9)
— 61. ὡς ἡ ἡ. αὕτη (9)
— 64. τῇ ἡ. ἐκείνῃ ἡγίασεν ὁ βασιλεύς (9)
— 65. ἐποίησε Σ. τὴν ἑορτὴν ἐν τῇ ἡ. ἐκείνῃ (14)
— 65. εὐφραινόμενος . . . ἑπτὰ ἡμέρας [A *add.* καὶ ἑπτὰ ἡμέρας τέσσαρας καὶ δέκα ἡμέρας] (9 *ter*)
— 66. ἐν τῇ ἡ. τῇ ὀγδόῃ ἐξαπέστειλε (9)
9. 3. ἔσονται οἱ ὀφθαλμοί μου ἐκεῖ . . . πάσας τὰς ἡ. (9)

III Ki. 9. 9. ἐν ταῖς ἡ. ἐκείναις –
— 13: 10. 12. ἕως τῆς ἡ. ταύτης (9)
10. 21. ἐν ταῖς ἡ. Σαλωμών (9)
— 22 (A 9. 21). ἕως τῆς ἡ. ταύτης (9)
11. 12. ἐν ταῖς ἡ. σου οὐ ποιήσω αὐτά (9)
— 14 (25). πάσας τὰς ἡ. Σαλωμών (9)
— 34. πάσας τὰς ἡ. τῆς ζωῆς αὐτοῦ (9)
— 36. ὅπως ᾖ θέσις τῷ δούλῳ μου Δ. πάσας τὰς ἡ. (9)
— 39. A κακουχήσω . . . πλὴν οὐ πάσας τὰς ἡ. (9)
— 42. αἱ ἡ. ἃς ἐβασίλευσεν Σ. (9)
12. 5. ἀπέλθετε ἕως ἡμερῶν τριῶν (9)
— 7. εἰ ἐν τῇ ἡ. ταύτῃ ἔσῃ δοῦλος (9)
— 7. ἔσονταί σοι δοῦλοι πάσας τὰς ἡ. (9)
— 12. παρεγένοντο . . . ἐν τῇ ἡ. τῇ τρίτῃ (9)
— 12. ἀναστράφητε πρὸς μὲ τῇ ἡ. τῇ τρίτῃ (9)
— 19. ἕως τῆς ἡ. ταύτης (9)
— 24. B ἔτι τριῶν ἡμερῶν καὶ ἀποκριθήσομαι –
— 24. B τί ἀποκριθῶ . . . ἐν τῇ ἡ. τῇ τρίτῃ –
— 32. ἐν τῇ πεντεκαιδεκάτῃ ἡ. τοῦ μηνός (9)
— 33. τῇ πεντεκαιδεκάτῃ ἡ. ἐν τῷ μηνί (9)
13. 3. δώσει [A ἔδωκεν] ἐν τῇ ἡ. ἐκείνῃ τέρας (9)
— 11. R ἃ ἐποίησεν . . . ἐν τῇ ἡ. ἐκείνῃ [A B *om.*] (9)
14. 14. A ὃς πλήξει τὸν οἶκον Ἰερ. ταύτῃ τῇ ἡ. (9)
— 19. A ἐπὶ βιβλίου ῥημάτων τῶν ἡ. τῶν βασ. Ἰ. (9)
— 20. A αἱ ἡ. ἃς ἐβασίλευσεν Ἰερ. (9)
— 29. ἐν βιβλίῳ λόγων τῶν ἡ. τοῖς βασ. Ἰ. (9)
— 30. πόλεμος ἦν . . . πάσας τὰς ἡ. (9)
15. 5. πάσας τὰς ἡ. τῆς ζωῆς αὐτοῦ (9)
— 6. A πάσας τὰς ἡ. τῆς ζωῆς αὐτῶν (9)
— 7. ἐπὶ βιβλίῳ [A -ου] λόγων τῶν ἡ. τοῖς βασ. Ἰ. (9)
— 14. πάσας τὰς ἡ. αὐτοῦ (9)
— 16. R πάσας τὰς ἡ. αὐτῶν [A -οῦ, B *om.*] (9)
— 23. ἐπὶ βιβλίῳ [A -ου] λόγων τῶν ἡ. τοῖς βασ. Ἰ. (9)
— 31. ἐν βιβλίῳ λόγων τῶν ἡ. τοῖς βασ. Ἰ. (9)
— 32. A πάσας τὰς ἡ. αὐτῶν (9)
16. 5. ἐν [A ἐπὶ] βιβλίῳ λόγων τῶν ἡ. τῶν βασ. Ἰ. (9)
— 14. ἐν βιβλίῳ λόγων τῶν ἡ. τῶν βασ. Ἰ. (9)
— 15. A R Ζαμβρὶ ἐβασίλευσεν . . . ἡμέρας [B ἔτη] ἑπτά (9)
— 16. ἐβασίλευσαν . . . ἐν τῇ ἡ. ἐκείνῃ [B *om.* ἐ. τ. ἡ. ἐ.] ἐπὶ Ἰσρ. ἐν τῇ ἡ. ἐκ. (–, 9)
— 20. ἐν βιβλίῳ [A ἐπὶ βιβλίου] λόγων τῶν ἡ. τῶν βασ. Ἰ. (9)
— 27. ἐν βιβλίῳ λόγων τῶν ἡ. τῶν βασ. Ἰ. (9)
— 28 (22. 45 [46]). B ἐν βιβλίῳ λόγων τῶν ἡ. τῶν βασ. Ἰ. (9)
— 28 (22. 46 [47]). B ἐν ταῖς ἡ. Ἀσά (9)
— 34. A R ἐν ταῖς ἡ. αὐτοῦ (9)
17. 7. ἐγένετο μεθ' ἡμέρας (9)
— 14. ἕως ἡμέρας τοῦ δοῦναι κύριον (9)
— 15. A ἀπὸ τῆς ἡ. ταύτης (9)
18. 1. ἐγένετο μεθ' ἡμέρας πολλάς (9)
19. 4. ἐπορεύθη . . . ὁδὸν ἡμέρας (9)
— 8. ἐπορεύθη . . . τεσσαράκοντα ἡμέρας (9)
20 (21). 27. ἐν τῇ ἡ. ᾗ ἐπάταξε –
— 29. ἐν ταῖς ἡ. αὐτοῦ (9)
— 29. ἐν ταῖς ἡ. τοῦ υἱοῦ αὐτοῦ (9)
21 (20). 29. παρεμβάλλουσιν . . . ἑπτὰ ἡμέρας (9)
— 29. ἐγένετο ἐν τῇ ἡ. τῇ ἑβδόμῃ [A ἐν τ. ἑ. ἡ.] (9)
— 29. ἐπάταξεν . . . μιᾷ ἡμέρᾳ [A ἐν ἡ. μ.] (9)
22. 25. ὄψῃ τῇ [A ἐν τ.] ἡ. ἐκείνῃ (9)
— 35. ἐτροπώθη ὁ πόλεμος ἐν τῇ ἡ. ἐκείνῃ (9)
— 39. ἐν βιβλίῳ λόγων τῶν ἡ. τῶν βασ. Ἰ. (9)
— 46. A R ἐν βιβλίῳ λόγων τῶν ἡ. βασ. [A τῶν β.] Ἰ. [B *al.*] (9)
— 47. A ἐν ἡμέραις Ἀσά (9)
IV Ki. 1. 18. R ἐν [A B ἐπὶ] βιβλίῳ [A -ου] λόγων τῶν ἡ. τοῖς β. Ἰ. (9)
2. 17. ἐζήτησαν τρεῖς ἡμέρας (9)
— 22. ἕως τῆς ἡ. ταύτης (9)
3. 6. ἐξῆλθεν ὁ βασιλεὺς Ἰ. ἐν τῇ ἡ. ἐκείνῃ (9)
— 9. ἐκύκλωσαν ὁδὸν ἑπτὰ ἡμερῶν (9)
4. 8. ἐγένετο ἡμέρα καὶ διέβη Ἑ. (9)
— 11. ἐγένετο ἡμέρα καὶ εἰσῆλθεν (9)
6. 29. εἶπον πρὸς αὐτὴν τῇ ἡ. τῇ δευτέρᾳ (9)
7. 9. ἡ ἡ. αὕτη ἡμέρα εὐαγγελίας ἐστί (9, 9)
— 18. A ὡς ἡ ἡ. αὕτη [B *al.*] (14)
8. 6. ἀπὸ τῆς ἡ. ἧς κατέλιπε [A ἐγκατέλειπεν] (9)
— 19. δοῦναι αὐτῷ λύχνον . . . πάσας τὰς ἡ. (9)
— 20. ἐν ταῖς ἡ. αὐτοῦ ἠθέτησεν (9)
— 22. ἕως τῆς ἡ. ταύτης (9)
— 23. ἐπὶ [A ἐν] βιβλίῳ λόγων τῶν ἡ. τοῖς βασ. Ἰ. (9)

IV Ki. 10. 27. ἕως τῆς ἡ. ταύτης (9)
— 32. ἐν ταῖς ἡ. ἐκείναις ἤρξατο κ. (9)
— 34. A R ἐπὶ βιβλίου [B -ῳ] λόγων τῶν ἡ. τοῖς βασ. Ἰ. (9)
— 36. αἱ ἡ. ἃς ἐβασίλευσεν Ἰού (9)
12. 2 (3). πάσας τὰς ἡ. ἃς ἐφώτισεν αὐτὸν Ἰωδαέ (9)
— 19 (20). ἐπὶ βιβλίῳ [A -ου] λόγων τῶν ἡ. τοῖς βασ. Ἰ. (9)
13. 3. ἔδωκεν αὐτοὺς ἐν χειρὶ Ἀ. . . . πάσας τὰς ἡ. (9)
— 8, 12. ἐπὶ βιβλίῳ [A -ου] λόγων τῶν ἡ. τοῖς βασ. Ἰ. (9)
— 22. πάσας τὰς ἡ. Ἰωάχαζ (9)
14. 7. ἕως τῆς ἡ. ταύτης (9)
— 15. ἐπὶ [A ἐν] βιβλίῳ λόγων τῶν ἡ. τοῖς βασ. Ἰ. (9)
— 18, 28. ἐπὶ βιβλίῳ λόγων τῶν ἡ. τοῖς βασ. Ἰ. (9)
15. 5. ἕως ἡμέρας θανάτου αὐτοῦ (9)
— 6. A R ἐπὶ [A ἐν] βιβλίῳ [B -ου] λόγων τῶν ἡ. τοῖς β. Ἰ. (9)
— 11. ἐπὶ βιβλίῳ [A -ου] λόγων τῶν ἡ. τοῖς βασ. Ἰ. (9)
— 13. R ἐβασίλευσε Σ. μῆνα ἡμερῶν [A ὀκτὼ ἡμέρας, B ἡμέρας] (9)
— 15. ἐπὶ βιβλίῳ [A -ου] λόγων τῶν ἡ. τοῖς βασ. Ἰ. (9)
— 19 (18). ἐν ταῖς ἡ. αὐτοῦ ἀνέβη (9)
— 21, 26. ἐπὶ βιβλίῳ [A -ου] λόγων τῶν ἡ. τοῖς βασ. Ἰ. (9)
— 29. ἐν ταῖς ἡ. Φακεέ (9)
— 31, 36. ἐπὶ βιβλίῳ [A -ου] λόγων τῶν ἡ. τοῖς βασ. Ἰ. (9)
— 37. ἐν ταῖς ἡ. ἐκείναις ἤρξατο κ. (9)
16. 6. ἕως τῆς ἡ. ταύτης (9)
— 19. ἐπὶ βιβλίῳ λόγων τῶν ἡ. τοῖς βασ. Ἰ. (9)
17. 23, 34. ἕως τῆς ἡ. ταύτης (9)
— 37. φυλάσσεσθε πάσας τὰς ἡ. (9)
— 41. ἕως τῆς ἡ. ταύτης (9)
18. 4. ἕως τῶν ἡ. ἐκείνων (9)
19. 3. ἡμέρα θλίψεως . . . ἡ [A *om.*] ἡ. αὕτη (9, 9)
— 25. A εἰς ἀπὸ ἡμερῶν ἀρχῆθεν ἔπλασα αὐτήν [B *al.*] (9)
20. 1. ἐν ταῖς ἡ. ἐκείναις ἠρρώστησεν (9)
— 5. τῇ [A ἐν τ.] ἡ. τῇ τρίτῃ ἀναβήσῃ [A -σεται] (9)
— 6. προσθήσω ἐπὶ τὰς ἡ. σου (9)
— 8. ἀναβήσομαι . . . τῇ ἡ. τῇ τρίτῃ (9)
— 17. ἰδοὺ ἡμέραι ἔρχονται (9)
— 17. ἕως τῆς ἡ. ταύτης (9)
— 19. A R ἐν ταῖς ἡ. μου (9)
— 20. ἐπὶ βιβλίῳ λόγων [A *om.*] τῶν ἡ. τοῖς βασ. Ἰ. (9)
21. 15. B ἀπὸ τῆς ἡ. . . . ἕως τῆς ἡ. ταύτης [A *al.*] (9, 9)
— 17. ἐπὶ βιβλίῳ λόγων τῶν ἡ. τοῖς βασ. Ἰ. (9)
— 25. ἐπὶ βιβλίῳ [A -ου] λόγων τῶν ἡ. τοῖς βασ. Ἰ. (9)
23. 22. ἀφ' ἡμερῶν τῶν κριτῶν (9)
— 22. πάσας τὰς ἡ. [A πασῶν ἡμερῶν] βασιλέων Ἰ. (9)
— 28. R ἐπὶ βιβλίῳ λόγων ἡμερῶν [A B τῶν ἡ.] τοῖς β. Ἰ. (9)
— 29. ἐν δὲ ταῖς ἡ. αὐτοῦ ἀνέβη (9)
24. 1. ἐν ταῖς ἡ. αὐτοῦ ἀνέβη (9)
— 5. ἐπὶ βιβλίῳ λόγων τῶν ἡ. τοῖς βασ. Ἰ. (9)
25. 29. πάσας τὰς ἡ. τῆς ζωῆς αὐτοῦ (9)
— 30. λόγον ἡμέρας ἐν τῇ ἡ. αὐτοῦ (9, 9)
— 30. πάσας τὰς ἡ. τῆς ζωῆς αὐτοῦ (9)
I Ch. 1. 19. A ἐν ταῖς ἡ. αὐτοῦ διεμερίσθη ἡ γῆ (9)
4. 41. ἐν ἡμέραις Ἐζεκίου (9)
— 41, 43. ἕως τῆς ἡ. ταύτης (9)
5. 10. ἐν ἡμέραις Σαούλ (9)
— 17. ἐν ἡμέραις Ἰωάθαμ . . . καὶ ἐν ἡμέραις Ἱεροβοάμ (9, 9)
— 26. ἕως τῆς ἡ. ταύτης (9)
7. 2. A R ἐν [B *om.*] ἡμέραις Δαυίδ (9)
— 22. ἐπένθησεν Ἐφραῒμ . . . ἡμέρας πολλάς (9)
9. 25. κατὰ ἑπτὰ ἡμέρας (9)
— 33. ἡμέρα καὶ νὺξ ἐπ' αὐτοῖς ἐν τοῖς ἔργοις (26 *c*)
10. 6. ἀπέθανε Σαοὺλ . . . ἐν τῇ ἡ. ἐκείνῃ –
— 12. ἐνήστευσαν ἑπτὰ ἡμέρας (9)
11. 22. ἐν ἡμέρᾳ χιόνος (9)
12. 22. ἡμέραν ἐξ ἡμέρας ἤρχοντο (9, 9)
— 39. ἦσαν ἐκεῖ ἡμέρας τρεῖς ἐσθίοντες (9)
13. 3. ἀφ' ἡμερῶν Σαούλ (9)
— 11. ἕως τῆς ἡ. ταύτης (9)
— 12. ἐφοβήθη Δ. τὸν θεὸν ἐν τῇ ἡ. ἐκείνῃ (9)

I Ch. 13. 14. A ἐκάθισεν ἡ κιβωτὸς . . . τρεῖς ἡμέρας [B S μῆνας] (7)
16. 6 (7). ἐναντίον τῆς κιβωτοῦ . . . ἐν τῇ ἡ. ἐκείνῃ (9)
— 23. ἀναγγείλατε ἐξ ἡμέρας εἰς ἡμέραν [S -as](9, 9)
— 37. διὰ παντὸς τὸ τῆς ἡ. εἰς ἡμέραν (9, 9)
17. 5. ἀπὸ τῆς ἡ. ἧς ἀνήγαγον . . . ἕως τῆς ἡ. ταύτης (9, 9)
— 10. ἀφ' ἡμερῶν ὧν ἔταξα (9)
— 11. ὅταν πληρωθῶσιν ἡμέραι [A S αἱ ἡ.] σου (9)
21. 12. ἐκλέξαι . . . τρεῖς ἡμέρας ῥομφαίαν κ. (9)
22. 9. ἐν ταῖς ἡ. αὐτοῦ (9)
23. 1. Δαυὶδ πρεσβύτης καὶ πλήρης ἡμερῶν (9)
26. 17. πρὸς ἀνατολὰς ἓξ τὴν ἡ. +
— 17. βορρᾶ τῆς ἡ. τέσσαρες (9)
— 17. B νότον τῆς ἡ. τέσσαρες (9)
— 18. πρὸς ἀνατολὰς τῆς ἡ. ἕξ -
27. 24. ἐν βιβλίῳ λόγων τῶν ἡ. τοῦ βασ. Δ. (9)
28. 7. ὡς ἡ ἡ. αὕτη (9)
29. 15. ὡς σκιὰ αἱ ἡ. ἡμῶν ἐπὶ γῆς (9)
— 21. τῇ ἐπαύριον τῆς πρώτης ἡ. (9)
— 22. ἔφαγον . . . ἐν ἐκείνῃ τῇ ἡ. (9)
— 28. πλήρης ἡμερῶν (9)
II Ch. 1. 11. ἡμέρας πολλὰς οὐκ ᾐτήσω (9)
5. 9. ἕως τῆς ἡ. ταύτης (9)
6. 5. ἀπὸ τῆς ἡ. ἧς ἀνήγαγον (9)
— 15. ὡς ἡ ἡ. αὕτη (9)
— 20. ἀνεῳγμένους . . . ἡμέρας καὶ νυκτός (26 a)
— 31. πάσας τὰς ἡ. ἃς αὐτοὶ ζῶσιν (9)
7. 8. A R ἐποίησε Σ. τὴν ἑορτὴν . . . ἑπτὰ ἡμέρας [B -αις] (9)
— 9. ἐποίησεν ἐν τῇ ἡ. τῇ ὀγδόῃ ἐξόδιον (9)
— 9. ἐποίησεν ἑπτὰ ἡμέρας ἑορτήν (9)
— 16. ἔσονται οἱ ὀφθαλμοί μου . . . πάσας τὰς ἡ. (9)
8. 8. ἕως τῆς ἡ. ταύτης (9)
— 13. κατὰ τὸν λόγον ἡμέρας ἐν ἡμέρᾳ (9, 9)
— 14. κατὰ τὸν λόγον ἡμέρας ἐν τῇ ἡ. (9, 9)
— 16. ἀφ' ἧς ἡ. ἐθεμελιώθη [A ἐτελειώθη] (9)
9. 20. ἐν ἡμέραις Σαλωμών (9)
10. 5. πορεύεσθε ἕως τριῶν ἡμερῶν (9)
— 7. ἔσονταί σοι παῖδες πάσας τὰς ἡ. (9)
— 12. ἦλθεν Ἱερ. . . . τῇ ἡ. τῇ τρίτῃ (9)
— 12. R ἐπιστρέψατε πρὸς μὲ ἐν [A B om.] τῇ ἡ. τῇ τρίτῃ (9)
— 19. ἕως τῆς ἡ. ταύτης (9)
12. 15. ἐπολέμει Ῥ. . . . πάσας τὰς ἡ. (9)
13. 18. ἐταπεινώθησαν οἱ υἱοὶ Ἰ. ἐν τῇ ἡ. ἐκείνῃ (14)
— 20. πάσας τὰς ἡ. Ἀβιά (9)
14. 1 (13. 23). ἐν ταῖς ἡ. Ἀσά (9)
15. 3. ἡμέραι πολλαὶ τῷ Ἰσραήλ (9)
— 11. ἔθυσε . . . ἐν ἐκείνῃ τῇ ἡ. (9)
— 17. πάσας τὰς ἡ. αὐτοῦ (9)
18. 7. πᾶσαι αἱ ἡ. αὐτοῦ εἰς κακά (9)
— 24. ὄψῃ ἐν τῇ ἡ. ἐκείνῃ (9)
— 34. ἐτροπώθη ὁ πόλεμος ἐν τῇ ἡ. ἐκείνῃ (9)
20. 25. ἐγένοντο ἡμέραι τρεῖς σκυλευόντων αὐτῶν (9)
— 26. ἐγένετο [A om.] τῇ ἡ. τῇ τετάρτῃ (9)
— 26. ἕως τῆς ἡ. ταύτης (9)
21. 7. δοῦναι αὐτῷ λύχνον . . . πάσας τὰς ἡ. (9)
— 8. ἐν ταῖς ἡ. ἐκείναις ἀπέστη (9)
— 10. ἕως τῆς ἡ. ταύτης (9)
— 15. ἐξ ἡμερῶν εἰς ἡμέρας (9, 9)
— 19. ἐγένετο ἐξ ἡμερῶν εἰς ἡμέρας (9, 9)
— 19. ὡς ἦλθε καιρὸς τῶν ἡ. ἡμέρας δύο (-, 9)
24. 2. πάσας τὰς ἡ. Ἰωδαὲ τοῦ ἱερέως (9)
— 11. οὕτως ἐποίουν ἡμέραν ἐξ ἡμέρας (9, 9)
— 14. πάσας τὰς ἡ. Ἰωδαέ (9)
— 15. ἐγήρασεν Ἰ. πλήρης ἡμερῶν (9)
— 18. ἐγένετο ὀργὴ . . . ἐν τῇ ἡ. ταύτῃ (4?)
26. 5. A R ἐν ταῖς [B ἐν πάσαις τ.] ἡ. Ζαχαρίου (9)
— 5. ἐν ταῖς ἡ. αὐτοῦ ἐζήτησε (9)
— 21. ἕως ἡμέρας [A τῆς ἡ.] τῆς τελευτῆς αὐ. (9)
28. 6. A R ἀπέκτεινε [B ἀπέστειλεν] . . . ἐν μιᾷ ἡμέρᾳ (9)
29. 17. ἤρξαντο τῇ ἡ. τῇ πρώτῃ [B^1 τρίτῃ] -
— 17. τῇ ἡ. τῇ ὀγδόῃ τοῦ μηνὸς εἰσῆλθαν (9)
— 17. ἥγνισαν . . . ἐν ἡμέραις ὀκτώ (9)
— 17. τῇ ἡ. τῇ τρισκαιδεκάτῃ [A ἑκ.] (9)
30. 21. ἐποίησαν . . . τὴν ἑορτὴν τῶν ἀζ. ἑπτὰ ἡμέρας (9)
— 21. καθυμνοῦντες τῷ κ. ἡμέραν καθ' ἡμέραν (9, 9)
— 22. συνετέλεσαν τὴν ἑορτὴν τῶν ἀζ. ἑπτὰ ἡμέρας (9)
— 23. ἅμα ποιῆσαι ἑπτὰ ἡμέρας ἄλλας (9)
— 23. ἐποίησαν ἑπτὰ ἡμέρας ἐν εὐφροσύνῃ (9)

II Ch. 30. 26. ἀπὸ ἡμερῶν [A τῶν ἡ.] Σαλ. [A τοῦ Σ.] (9)
31. 16. A R εἰς λόγον ἡμερῶν εἰς ἡμέραν εἰς [B -ρας] λειτουργίαν (9, 9)
32. 24. ἐν ταῖς ἡ. ἐκείναις ἠρρώστησεν Ἑζ. (9)
— 26. ἐν ταῖς ἡ. Ἑζεκίου (9)
34. 33. πάσας τὰς ἡ. αὐτοῦ (9)
35. 1. R τῇ τεσσαρεσκαιδεκάτῃ ἡ. [A B om.] τοῦ μηνός -
— 16. ἡτοιμάσθη . . . ἐν τῇ ἡ. ἐκείνῃ (9)
— 17. ἐποίησαν . . . τὴν ἑορτὴν τῶν ἀζ. ἑπτὰ ἡμέρας (9)
— 18. ἀπὸ ἡμερῶν Σαμουήλ (9)
36. 5. ἐν ταῖς ἡ. αὐτοῦ ἦλθε N. -
— 8. R ἐν [A B ἐπὶ] βιβλίῳ λόγων τῶν ἡ. τοῖς βασ. Ἰ. -
— 9. τρίμηνον καὶ δέκα ἡμέρας ἐβασίλευσεν (9)
— 21. A R πάσας τὰς ἡ. ἐρημώσεως (9)
I Es. 1. 1. τῇ τεσσαρεσκαιδεκάτῃ ἡ. τοῦ μηνός
— 17. συνετελέσθη . . . ἐν ἐκείνῃ τῇ ἡ.
— 19. ἠγάγοσαν . . . τὴν ἑορτ. τῶν ἀζ. ἡμέρας ἑπτά
— 32. ἕως τῆς ἡ. ταύτης
— 44. βασιλεύει . . . ἡμέρας δέκα
— 51. ᾗ ἡ. ἐλάλησε κύριος
4. 34. πάλιν ἀποτρέχει . . . ἐν μιᾷ ἡμέρᾳ
— 43. ἐν τῇ ἡ. ᾗ . . . παρέλαβες
— 52. ὁλοκαυτώματα καρποῦσθαι καθ' ἡμέραν
— 55. R ἕως τῆς [A om.] ἡ. ἧς [A B om.] ἐπιτελεσθῇ
— 63. ἐκωθωνίζοντο . . . ἡμέρας ἑπτά
5. 51. θυσίας καθ' ἡμέραν
— 69. ἀπὸ ἡμερῶν Ἀσ.
6. 30. ἀναλίσκεσθαι καθ' ἡμέραν
7. 14. ἠγάγοσαν τὴν ἑορτ. τῶν ἀζ. ἑπτὰ ἡμέρας
8. 41. παρενεβάλομεν αὐτόθι ἡμέρας τρεῖς
— 62. γενομένης αὐτόθι ἡμέρας τρίτης
— 62. A R τῇ ἡ. τῇ τετάρτῃ
— 76. ἕως τῆς ἡ. ταύτης
— 77. μέχρι τῆς σήμερον ἡ.
9. 4. ἐν δυσὶν ἢ τρισὶν ἡμέραις
— 5. ἐπισυνήχθησαν . . . ἐν τρισὶν ἡμέραις
— 11. τὸ ἔργον οὐκ ἔστιν ἡμῖν ἡμέρας μιᾶς οὐδὲ δύο
— 41. A R ἕως μέσης [A -σου] ἡμέρας [B μεσημβρινοῦ]
— 50. ἡ ἡ. αὕτη ἐστὶν ἁγία τῷ κυρίῳ
— 52. ἁγία γὰρ ἡ ἡ. τῷ κυρίῳ
— 53. ἡ ἡ. αὕτη ἁγία
II Es. 3. 4. ὁλοκαυτώσεις ἡμέραν ἐν ἡμέρᾳ (9, 9)
— 4. λόγον ἡμέρας ἐν ἡμέρᾳ (9, 9)
— 6. ἐν ἡμέρᾳ μιᾷ τοῦ μηνὸς . . . ἤρξαντο (9)
4. 2. θυσιάζομεν ἀπὸ ἡμερῶν Ἀσ. (9)
— 5. πάσας τὰς ἡ. Κύρου (9)
— 7. ἐν ἡμέραις Ἀρθασασθά (9)
— 15. ἀπὸ ἡμερῶν [A χρόνων] αἰῶνος (9)
— 19. ἀφ' ἡμερῶν αἰῶνος (9)
6. 9. ἔστω διδόμενον αὐτοῖς ἡμέραν ἐν ἡμέρᾳ (9, 9)
— 15. ἕως ἡμέρας τρίτης μηνὸς Ἀδάρ (9)
— 22. ἐποίησαν τὴν ἑορτ. τῶν ἀζ. ἑπτὰ ἡμέρας (9)
8. 15. παρενεβάλομεν ἐκεῖ ἡμέρας τρεῖς (9)
— 32. ἐκαθίσαμεν ἐκεῖ ἡμέρας τρεῖς (9)
— 33. ἐγενήθη τῇ ἡ. τῇ τετάρτῃ (9)
9. 7. ἀπὸ ἡμερῶν πατέρων ἡμῶν (9)
— 7. ἕως τῆς ἡ. ταύτης (9)
— 7. ὡς ἡ ἡ. αὕτη (9)
— 15. ὡς ἡ [S om.] ἡ. αὕτη (9)
— 15. S^1 ὡς ἡ ἡ. αὕτη -
10. 8. ὃς ἂν μὴ ἔλθῃ εἰς τρεῖς ἡμέρας (9)
— 9. συνήχθησαν . . . εἰς τὰς τρεῖς ἡ. (9)
— 13. τὸ ἔργον οὐκ εἰς ἡμέραν μίαν (9)
— 16. A S R ἐπέστρεψαν ἐν ἡμέρᾳ μιᾷ [B om.] τοῦ μηνός (9)
— 17. ἕως ἡμέρας μιᾶς [A μιᾷ] τοῦ μηνός (9)
Ne. 1. 4. ἐπένθησα ἡμέρας (9)
— 6. ἣν ἐγὼ προσεύχομαι . . . ἡμέραν καὶ νύκτα (26 b)
2. 11. ἤμην ἐκεῖ ἡμέρας τρεῖς (9)
4. 9 (3). ἐστήσαμεν προφύλακας . . . ἡμέρας καὶ νυκτός (26 a)
— 16 (10). ἀπὸ τῆς ἡ. ἐκείνης (9)
— 22 (16). ἔστω ὑμῖν . . . ἡ ἡ. ἔργον (9)
5. 14. ἀπὸ ἡμέρας [A S^1 τῆς ἡ.] ἧς ἐνετείλατό μοι (9)
— 18. εἰς ἡμέραν μίαν [S^1 om.] μόσχος εἷς (9)
— 18. ἀνὰ μέσον δέκα ἡμερῶν (9)
6. 15. εἰς πεντήκοντα καὶ δύο ἡμέρας (9)
— 17. ἐν ταῖς ἡ. ἐκείναις . . . ἐπιστολαὶ ἐπορεύοντο (9)
8. 2. ἀκούειν ἐν ἡμέρᾳ μιᾷ τοῦ μηνός (9)

Ne. 8. 3. ἕως ἡμίσους [A μέσου, B^2 S^3 μεσούσης] τῆς ἡ. (9)
— 9. ἡμέρα [A S ἡ ἡ.] ἁγία ἐστὶ κυρίῳ (9)
— 10. ἁγία ἐστὶν ἡ ἡ. τῷ κυρίῳ ἡμῶν (9)
— 11. ὅτι ἡμέρα ἁγία (9)
— 13. ἐν τῇ ἡ. τῇ δευτέρᾳ συνήχθησαν (9)
— 17. ἀπὸ ἡμερῶν Ἰησοῦ . . . ἕως τῆς ἡ. ἐκείνης (9, 9)
— 18. ἀνέγνω . . . ἡμέραν ἐν ἡμέρᾳ (9, 9)
— 18. ἀπὸ τῆς ἡ. τῆς πρώτης ἕως τῆς ἡ. τῆς ἐσχάτης (9, 9)
— 18. ἐποίησαν ἑορτὴν ἑπτὰ ἡμέρας καὶ τῇ [S^1 ἐν τῇ] ἡ. τῇ ὀγδόῃ ἐξόδιον (9, 9)
9. 1. ἐν ἡμέρᾳ εἰκοστῇ καὶ τετάρτῃ τοῦ μηνός (9)
— 10. ὡς ἡ ἡ. αὕτη (9)
— 12. ἐν στύλῳ νεφέλης ὡδήγησας αὐτοὺς ἡμέρας (26 a)
— 19. τὸν στῦλον τῆς νεφέλης οὐκ ἐξέκλινας . . . ἡμέρας (26 d)
— 32. ἀπὸ ἡμερῶν βασιλέων Ἀσ. καὶ ἕως τῆς ἡ. ταύτης (9, 9)
10. 31 (32). ἐν ἡμέρᾳ τοῦ σαββάτου (9)
— 31 (32). ἐν σαββάτῳ καὶ ἐν ἡμέρᾳ ἁγίᾳ (9)
11. 23. S^3 ἐπὶ τοῖς ᾠδοῖς ἑκάστης ἡ. αὐθημερόν (9)
12. 7. ἐν ἡμέραις Ἰησοῖ (9)
— 12. ἐν ἡμέραις Ἰωακίμ (9)
— 22. ἐν ἡμέραις Ἐλιασίβ (9)
— 23. ἐπὶ βιβλίῳ [S^3 -ου] λόγων τῶν ἡ. (9)
— 23. ἕως ἡμερῶν Ἰωανάν (9)
— 26. ἐν ἡμέραις Ἰωακίμ (9)
— 26. ἐν ἡμέραις Νεεμία (9)
— 43. ἔθυσαν ἐν τῇ ἡ. ἐκείνῃ (9)
— 44. κατέστησαν ἐν τῇ ἡ. ἐκείνῃ (9)
— 46. ἐν ἡμέραις Δαυίδ (9)
— 47. ἐν ἡμέραις Ζοροβάβελ (9)
— 47. A S^2 R ἐν ταῖς ἡ. Νεεμίου (9)
— 47. λόγον ἡμέρας ἐν ἡμέρᾳ αὐτοῦ (9, 9)
13. 1. ἐν τῇ ἡ. ἐκείνῃ ἀνεγνώσθη (9)
— 6. A R μετὰ τὸ τέλος τῶν ἡ. [B S al.] (9)
— 15. ἐν ταῖς ἡ. ἐκείναις εἶδον (9)
— 15. ἐν ἡμέρᾳ τοῦ σαββάτου (9)
— 15. ἐν ἡμέρᾳ πράσεως αὐτῶν (9)
— 17. βεβηλοῦτε τὴν ἡ. τοῦ σαββάτου (9)
— 19. ἐν ἡμέρᾳ τοῦ σαββάτου (9)
— 22. A S R ἁγιάζειν [B -ζοντες] τὴν ἡ. τοῦ σαββάτου (9)
— 23. ἐν ταῖς ἡ. ἐκείναις εἶδον (9)
To. 1. 2. ἐν [S ἐν ταῖς] ἡμέραις Ἐνεμεσσάρου
— 3. πάσας τὰς ἡ. τῆς ζωῆς μου
— 16. ἐν ταῖς ἡ. Ἐνεμεσσάρου
— 18. S ἐν ἡμέραις τῆς κρίσεως
— 21. οὐ διῆλθον ἡμέραι πεντήκοντα
3. 7. ἐν τῇ αὐτῇ ἡ. [S τῇ ἡ. ταύτῃ] συνέβη
— 10. S ἐν τῇ ἡ. ἐκείνῃ
4. 1. ἐν τῇ ἡ. ἐκείνῃ ἐμνήσθη
— 3. πάσας τὰς ἡ. τῆς ζωῆς σου
— 5. πάσας τὰς ἡ. . . . μνημόνευε
— 5. πάσας τὰς ἡ. τῆς ζωῆς σου
— 9. εἰς ἡμέραν ἀνάγκης
5. 6. S ἀπέχει ὁδὸν ἡμερῶν δύο τεταγμένων
— 14. δραχμὴν τῆς ἡ. [S al.]
— 20. S ἐν τῇ ἡ. ᾗ ἂν ἔλθῃ
8. 19. A B γάμον ἡμερῶν δέκα τεσσάρων
— 20. S δέκα τεσσάρων ἡ. οὐ μὴ κινηθῇς [A B al.]
— 20. A B πρὶν ἢ συντελεσθῆναι τὰς ἡ. τοῦ γάμου
— 20. A B αἱ δέκα τέσσαρες ἡ. τοῦ γάμου
9. 4. ὁ πατήρ μου ἀριθμεῖ τὰς ἡ. [S al.]
— 4. S ἐὰν χρονίσω ἡ. μίαν [A B χρ. μέγα]
10. 1. ἐλογίσατο ἑκάστης ἡμέρας [S ἑκ. δὲ ἡ. ἐξ ἡμέρας ἐλογίζετο T. τὰς ἡ.]
— 1. ὡς ἐπληρώθησαν αἱ ἡ. τῆς πορείας [S al.]
— 7. ἐπορεύετο καθ' ἡμέραν εἰς τὴν ὁδὸν ἔξω [S al.]
— 7. A B ἡμέρας τε ἄρτον οὐκ ἤσθιε
— 7. αἱ δέκα τέσσαρες ἡ. τοῦ γάμου
— 13. S πάσας τὰς ἡ. τῆς ζωῆς σου
— 13. S πάσας τὰς ἡ. ἐν τῇ ζωῇ ἡμῶν
11. 1. S πάσας τὰς ἡ. τῆς ζωῆς αὐτῶν
— 17. S ἐν τῇ ἡ. ταύτῃ
— 19. A B ἤχθη ὁ γάμος . . . ἡμέρας ἑπτά
12. 18. S κατὰ πάσας τὰς ἡ. [A B al.]
— 19. πάσας τὰς ἡ. ὠπτανόμην ὑμῖν [S al.]
14. 7. S ἐν ταῖς ἡ. ἐκείναις
— 10. S ἐν ᾗ ἂν ἡ. θάψῃς [A B al.]
— 10. S αὐτῇ τῇ ἡ. μὴ αὐλισθῇς [A B al.]
Ju. 1. 1. ἐν ταῖς ἡ. Ἀρφαξάδ
— 5. ἐποίησε πόλεμον ἐν ταῖς ἡ. ἐκείναις

Ju. 1. 15. ἕως τῆς ἡ. ἐκείνης [S ταύτης]
— 16. ἡ δύναμις αὐτοῦ ἐφ' ἡμέρας ἑκατὸν εἴκοσι
2. 10. εἰς ἡμέραν ἐλεγμοῦ αὐτῶν
— 21. ὁδὸν τριῶν ἡμερῶν
— 27. ἐν ἡμέραις θερισμοῦ πυρῶν
3. 10. ἦν ἐκεῖ μῆνα ἡμερῶν
4. 6. S^{2}R ἐν ταῖς ἡ. ἐκείναις [A B S^{1} om.]
— 13. νηστεύων ἡμέρας πλείους
5. 8. παρῴκησαν ἐκεῖ ἡμέρας πολλάς
— 16. κατῴκησαν ἐν αὐτῇ ἡμέρας πολλάς
6. 5. ἐν ἡμέρᾳ ἀδικίας σου
— 5. ἀπὸ τῆς ἡ. ταύτης
— 15. οἳ ἦσαν ἐν ταῖς ἡ. ἐκείναις
— 19. ἐν τῇ ἡ. ταύτῃ
7. 2. ἀνέζευξεν ἐν τῇ ἡ. ἐκείνῃ
— 6. τῇ δὲ ἡ. τῇ δευτέρᾳ ἐξήγαγεν
— 20. ἔμεινε . . . ἡμέρας τριάκοντα τέσσαρας
— 21. οὐκ εἶχον πιεῖν . . . ἡμέραν μίαν
— 28. ἐν τῇ ἡ. τῇ σήμερον
— 30. διακαρτερήσωμεν ἔτι [A ἐπὶ] πέντε ἡμέρας
8. 1. ἤκουσεν ἐν ἐκείναις ταῖς ἡ.
— 2. ἀπέθανεν ἐν ἡμέραις θερισμοῦ κριθῶν
— 6. ἐνήστευε πάσας τὰς ἡ. τῆς χηρεύσεως
— 9. μετὰ ἡμέρας πέντε
— 11. ἐλαλήσατε . . . ἐν τῇ ἡ. ταύτῃ
— 12. ἐπειράσατε . . . ἐν τῇ ἡ. τῇ σήμερον
— 15. ἐν ταῖς πέντε ἡ.
— 15. ἐν αἷς θέλει σκεπάσαι [A καὶ πάσαις] ἡ.
— 18. ἐν τῇ ἡ. τῇ σήμερον
— 18. ἐν ταῖς πρότερον ἡ.
— 29. ἀπ' ἀρχῆς ἡμερῶν σου
— 33. ἐν ταῖς [S^{2} add. πέντε] ἡ. μεθ' ἃς εἴπατε
10. 2. ἐν ταῖς ἡ. τῶν σαββάτων
— 3. ἐν ταῖς ἡ. τῆς ζωῆς τοῦ ἀνδρὸς αὐτῆς
11. 15. δοθήσονταί σοι εἰς ὄλεθρον ἐν τῇ ἡ. ἐκείνῃ
— 17. θεραπεύουσα νυκτὸς καὶ ἡμέρας
12. 7. παρέμεινεν . . . ἡμέρας τρεῖς
— 10. ἐγένετο ἐν τῇ ἡ. τῇ τετάρτῃ
— 13. γενηθῆναι ἐν τῇ ἡ. ταύτῃ
— 14. ἕως ἡμέρας θανάτου μου [A om.]
— 16. ἀφ' ἧς ἡ. εἶδεν αὐτήν
— 18. παρὰ πάσας τὰς ἡ. τῆς γενέσεώς μου
— 20. B S ἐν ἡμέρᾳ μιᾷ
13. 3. καθάπερ καθ' ἡμέραν
— 7. κραταίωσόν με . . . ἐν τῇ ἡ. ταύτῃ
— 17. ὁ ἐξουδενώσας ἐν τῇ ἡ. τῇ σήμερον
14. 8. ὅσα ἐποίησας ἐν ταῖς ἡ. ταύταις
— 8. ἀφ' ἧς ἡ. ἐξῆλθεν
— 10. ἕως τῆς ἡ. ταύτης
15. 11. ἐφ' ἡμέρας τριάκοντα
16. 17. ἐκδικήσει αὐτοὺς ἐν ἡμέρᾳ κρίσεως
— 21. μετὰ δὲ τὰς ἡ. ταύτας
— 22. πάσας τὰς ἡ. τῆς ζωῆς αὐτῆς
— 22. ἀφ' ἧς ἡ. ἀπέθανε
— 24. ἐπένθησεν . . . ἡμέρας [S ἐπὶ ἡ.] ἑπτά
— 25. ἐν ταῖς ἡ. Ἰουδὶθ
— 25. μετὰ τὸ ἀποθανεῖν αὐτὴν ἡμέρας πολλάς
Es. 1. 1. ἡμέρα σκότους καὶ γνόφου
— 1. ἐγένετο . . ἐν ταῖς ἡ. Ἀρταξέρξου (9)
— 2. ἐν αὐταῖς [A ταύταις] ταῖς ἡ. (9)
— 4. ἐν [A om., S ἐπὶ] ἡμέραις [AS -ας] ἑκατὸν ὀγδοήκοντα (9)
— 5. αἱ ἡ. τοῦ γάμου [A S^{3} πότου] (9)
— 5. ἐπὶ [A om.] ἡμέρας ἕξ (9)
— 10. ἐν δὲ τῇ ἡ. τῇ ἑβδόμῃ (9)
2. 11. καθ' ἑκάστην δὲ ἡ. (23 c)
— 12. αἱ ἡ. τῆς θεραπείας (9)
— 14. πρὸς ἡμέραν ἀποτρέχει εἰς τὸν γυναικῶνα (5)
— 18. ἐπὶ ἡμέρας ἑπτά –
3. 4. καθ' ἑκάστην ἡμέραν ἐλάλουν [A S^{3} ἔλεγον] (23 c)
— 7. ἔβαλε κλήρους ἡμέραν ἐξ ἡμέρας [A κλ. ἡμέρας] (9, 9)
— 7. ἀπολέσαι ἐν μιᾷ ἡμέρᾳ –
— 12. S^{3} τῇ τρισκαιδεκάτῃ ἡ. αὐτοῦ [ABS^{1} al.] (9)
— 13. ἐν ἡμέρᾳ μιᾷ μηνὸς δωδεκάτου (9)
— 13. ἐν ἡμέρᾳ μιᾷ [S^{1} βίᾳ] . . . κατελθόντες
— 14. ἑτοίμους εἶναι εἰς τὴν ἡ. ταύτην (9)
4. 8. μνησθεῖσα ἡμερῶν ταπεινώσεώς σου –
— 11. εἰσὶν αὗται ἡ. τριάκοντα (9)
— 16. ἐπὶ ἡμέρας τρεῖς νύκτα καὶ ἡμέραν (9, 9)
— 17. ἐν ἡμέραις [A -ᾳ] ὀπτασίας μου
— 17. ἐν ἡμέραις ἡσυχίας μου
— 17. ἀφ' ἡμέρας μεταβολῆς μου
5. 1. ἐγενήθη ἐν τῇ ἡ. τῇ τρίτῃ (9)

Es. 5. 4. ἡμέρα μου [A S^{3} μοι] ἐπίσημος σήμερόν ἐστιν [A om.] –
— 9. S^{3} ἐν τῇ ἡ. ἐκείνῃ (9)
6. 1. γράμματα μνημόσυνα [S^{3} add. λόγων] τῶν ἡ. (9)
7. 2. εἶπε . . . τῇ δευτέρᾳ ἡ. (9)
8. 1. ἐν αὐτῇ τῇ ἡ. [S ὥρᾳ] ὁ βασιλεὺς Ἀ. ἐδωρήσατο (9)
— 12. ἐν ἡμέρᾳ μιᾷ (9)
— 13. τῇ αὐτῇ ἡ. –
— 13. ἐπίσημον ἡμέραν [S^{1} -ας] . . . ἄγετε –
— 13. εἰς ταύτην τὴν ἡ. (9)
9. 2. ἐν αὐτῇ τῇ ἡ. [S^{1} ὥρᾳ] ἀπώλοντο †
— 11. διήρπασαν ἐν αὐτῇ τῇ ἡ. –
— 17. ἦγον αὐτὴν ἡμέραν [S τὴν ἡ.] ἀναπαύσεως (9)
— 19. τὴν τεσσαρεσκαιδεκάτην τοῦ Ἀδὰρ ἡ. (9)
— 19. τὴν πεντεκαιδεκ. τοῦ Ἀδὰρ ἡ. –
— 21. στῆσαι τὰς ἡ. ταύτας ἀγαθάς –
— 21. S^{3} τὴν ἡ. πέμπτην καὶ δεκάτην [ABS^{1} al.] (9)
— 22. ἐν γὰρ ταύταις ταῖς ἡ. ἀνεπαύσαντο [A al.] (9)
— 22. A B ἀπὸ ὀδύνης [A πένθους] εἰς ἀγαθὴν ἡμέραν (9)
— 22. ἄγειν ὅλον ἀγαθὰς [A ἄ. αὐτὰς] ἡμέρας γάμων (9)
— 26. B S ἐπεκλήθησαν αἱ ἡ. αὗται [A om. αἱ ἡ. αὐ.] (9)
— 27. αἱ δὲ ἡ. αὗται μνημόσυνον [A -συναι] (9)
— 28. αἱ δὲ ἡ. αὗται . . . ἀχθήσονται (9)
10. 3. AB^{2}S εἰς ἡμέραν κρίσεως
— 3. ἔσονται αὐτοῖς αἱ ἡ. αὗται
Jb. 1. 4. ἐποιοῦσαν πότον καθ' ἑκάστην ἡμέραν (23 d)
— 5. ὡς ἂν συνετελέσθησαν αἱ ἡ. τοῦ πότου (9)
— 5. οὕτως οὖν ἐποίει Ἰὼβ πάσας τὰς ἡ. (9)
— 6. A R ἐγένετο ὡς [B S ὡς ἐγ.] ἡ ἡ. αὕτη (9)
— 13. ἦν [A ἐγένετο] ὡς ἡ [S^{1} om.] ἡ. αὕτη (9)
2. 1. ἐγένετο δὲ ὡς ἡ ἡ. αὕτη (9)
— 13. παρεκάθισαν [A -θηντο] αὐτῷ ἑπτὰ ἡμέρας –
3. 1. κατηράσατο τὴν ἡ. αὐτοῦ (9)
— 3. ἀπόλοιτο ἡ ἡ. ἐν ᾗ ἐγεννήθην [A al.] (9)
— 4. AS^{3} ἡ ἡ. [B S^{1} νὺξ] ἐκείνη εἴη σκότος (9)
— 5. B καταραθείη ἡ ἡ. [AS^{2} ἡ. ἐκείνη] (9)
— 6. μὴ εἴη εἰς ἡμέρας ἐνιαυτοῦ [A -ῶν] μηδὲ ἀριθμηθείη εἰς ἡμέρας μηνῶν (9, –)
— 8. ὁ καταρώμενος τὴν ἡ. ἐκείνην (9)
5. 14. ἡμέρας [A ἐν ἡμέρᾳ] συναντήσεται αὐτοῖς σκότος (26 a [26 e])
7. 4. ἐὰν κοιμηθῶ, λέγω, Πότε ἡμέρα (16)
14. 5. ἐὰν καὶ μία ἡμέρα [A μιᾶς ἡμέρας γένηται] ὁ βίος αὐτοῦ (9)
— 14. συντελέσας ἡμέρας [S^{2} τὰς ἡ.] τοῦ βίου αὐτοῦ (9)
15. 10. βαρύτερος [A^{1} πρεσβύτερος] τοῦ πατρός σου ἡμέραις (9)
— 23. ἡμέρα δὲ σκοτεινὴ αὐτὸν στροβήσει (9)
17. 11. B αἱ [A καὶ] ἡ. μου παρῆλθον ἐν βρόμῳ [A S^{2} δρόμῳ] (9)
— 12. A B S^{2} νύκτα εἰς ἡμέραν ἔθηκα (9)
20. 28. ἡμέρα ὀργῆς ἐπέλθοι αὐτῷ (9)
21. 30. εἰς ἡμέραν ἀπωλείας κουφίζεται ὁ πονηρὸς εἰς ἡμέραν ὀργῆς αὐτοῦ ἀπαχθήσονται [A S^{2} -σεται] (9, 9)
24. 16. ἡμέρας ἐσφράγισαν ἑαυτούς (26 a)
29. 2. τίς ἄν με θείη κατὰ μῆνα ἔμπροσθεν [A μῆνα κατὰ μῆνα ἡμερῶν τῶν ἔμπροσθεν] ἡμερῶν (–, 9)
30. 16. ἔχουσι δέ με ἡμέραι ὀδυνῶν (9)
— 26. συνήντησάν μοι μᾶλλον ἡμέραι κακῶν –
— 27. προέφθασάν με ἡμέραι πτωχείας (9)
32. 4. πρεσβύτεροι αὐτοῦ εἰσιν ἡμέραις [A -ῶν] (9)
36. 11. συντελέσουσι τὰς ἡ. αὐτῶν ἐν ἀγαθοῖς (9)
38. 23. ἀπόκειται δέ σοι . . . εἰς ἡμέραν πολέμων [A S -ου] καὶ μάχης (9)
42. 14. ἐκάλεσε τὴν μὲν πρώτην Ἡμέραν (10)
— 17. ἐτελεύτησεν Ἰὼβ . . . πλήρης ἡμερῶν (9)
Ps. 1. 2. ἐν τῷ νόμῳ αὐτοῦ μελετήσει ἡμέρας καὶ νυκτός (26 a)
7. 11. μὴ ὀργὴν ἐπάγων καθ' ἑκάστην ἡμέραν (9)
12 (13). 2. ἕως τίνος θήσομαι . . . ὀδύνας ἐν καρδίᾳ μου ἡμέρας (26 a)
17 (18). tit. ἐν ἡμέρᾳ ᾗ ἐρρύσατο αὐτὸν κύριος (9)
— 18. προέφθασάν με ἐν ἡμέρᾳ κακώσεώς μου (9)
18 (19). 2. A S ἡ [B om.] ἡ. τῇ ἡ. ἐρεύγεται ῥῆμα (9, 9)
19 (20). 1. ἐπακούσαι σου κύριος ἐν ἡμέρᾳ θλίψεως (9)

Ps. 19 (20). 9. ἐπάκουσον ἡμῶν ἐν ᾗ ἂν ἡμέρᾳ ἐπικαλεσώμεθά σε (9)
20 (21). 4. ἔδωκας αὐτῷ μακρότητα ἡμερῶν (9)
21 (22). 2. κεκράξομαι ἡμέρας πρὸς σέ [S^{2} om. ἡ. πρὸς σέ] (26 a)
22 (23). 6. τὸ ἔλεός σου καταδιώξεταί με πάσας τὰς ἡ. τῆς ζωῆς μου καὶ τὸ κατοικεῖν με ἐν οἴκῳ κυρίου εἰς μακρότητα ἡμερῶν (9, 9)
24 (25). 5. σὲ ὑπέμεινα ὅλην τὴν ἡ. (9)
26 (27). 4. πάσας τὰς ἡ. τῆς ζωῆς μου (9)
— 5. ἐν ἡμέρᾳ κακῶν μου (9)
31 (32). 3. ἀπὸ τοῦ κράζειν με ὅλην τὴν ἡ. (9)
— 4. ἡμέρας καὶ νυκτὸς ἐβαρύνθη ἐπ' ἐμὲ ἡ χείρ σου (26 a)
33 (34). 12. ἀγαπῶν ἡμέρας ἰδεῖν ἀγαθάς (9)
34 (35). 28. ἡ γλῶσσά μου μελετήσει . . . ὅλην τὴν ἡ. τὸν ἔπαινόν [A^{1} ὅ ἔ.] σου (9)
36 (37). 13. προβλέπει ὅτι ἥξει ἡ ἡ. αὐτοῦ (9)
— 19. ἐν ἡμέραις λιμοῦ χορτασθήσονται (9)
— 26. ὅλην τὴν ἡ. ἐλεεῖ (9)
37 (38). 6. ὅλην τὴν ἡ. σκυθρωπάζων ἐπορευόμην (9)
— 12. δολιότητας ὅλην τὴν ἡ. ἐμελέτησαν (9)
38 (39). 4. καὶ τὸν ἀριθμὸν τῶν ἡ. μου τίς ἐστιν (9)
— 5. παλαιὰς [AB^{2}S^{2} παλαιστὰς] ἔθου τὰς ἡ. μου (9)
40 (41). 1. ἐν ἡμέρᾳ πονηρᾷ ῥύσεται αὐτὸν ὁ κ. (9)
41 (42). 3. ἐγενήθη τὰ δάκρυά μου ἐμοὶ ἄρτος ἡμέρας καὶ νυκτὸς ἐν τῷ λέγεσθαί μοι καθ' ἑκάστην ἡμέραν (26 a, 9)
— 8. ἡμέρας ἐντελεῖται κύριος τὸ ἔλεος αὐτοῦ (26 a)
— 10. ἐν τῷ λέγειν αὐτούς μοι καθ' ἑκάστην ἡμέραν (23 e)
43 (44). 1. ὃ εἰργάσω ἐν ταῖς ἡ. αὐτῶν ἐν ἡ. ἀρχαίαις (9, 9)
— 8. ἐν τῷ θεῷ ἐπαινεθησόμεθα ὅλην τὴν ἡ. (9)
— 15. ὅλην τὴν ἡ. ἡ ἐντροπή μου κατεναντίον [A -ενώπιόν] μου ἐστί (9)
— 22. ἕνεκά σου θανατούμεθα ὅλην τὴν ἡ. (9)
48 (49). 5. ἵνα τί φοβοῦμαι ἐν ἡμέρᾳ πονηρᾷ (9)
49 (50). 15. ἐπικάλεσαί με ἐν ἡμέρᾳ θλίψεως (9)
51 (52). 1. ὅλην τὴν ἡ. ἀδικίαν ἐλογίσατο (9)
54 (55). 10. ἡμέρας καὶ νυκτὸς κυκλώσει αὐτήν (26 a)
— 23. οὐ μὴ ἡμισεύσωσι τὰς ἡ. αὐτῶν (9)
55 (56). 1. ὅλην τὴν ἡ. πολεμῶν ἔθλιψέ με (9)
— 2. κατεπάτησάν με οἱ ἐχθροί μου ὅλην τὴν ἡ. (9)
— 2 (4). ἀπὸ ὕψους ἡμέρας (9)
— 3. ἐπαινέσω τοὺς λόγους μου ὅλην τὴν ἡ. [S om. ὅλην τὴν ἡ.] –
— 5. ὅλην τὴν ἡ. τοὺς λόγους μου ἐβδελύσσοντο (9)
— 9. ἐν ᾗ ἂν ἡ. ἐπικαλέσωμαί σε (9)
58 (59). 16. ἐν ἡμέρᾳ θλίψεώς μου (9)
60 (61). 6. ἡμέρας ἐφ' ἡμέρας βασιλέως προσθήσεις τὰ ἔτη αὐ. ἕως ἡμέρας γενεᾶς καὶ γενεᾶς (9, 9, –)
— 8. τοῦ ἀποδοῦναί με τὰς εὐχάς μου ἡμέραν ἐξ ἡμέρας (9, 9)
67 (68). 19. εὐλογητὸς κύριος ἡμέραν καθ' ἡμέραν (27)
70 (71). 8. ὅλην τὴν ἡ. τὴν μεγαλοπρέπειάν σου (9)
— 15. ὅλην τὴν ἡ. τὴν σωτηρίαν σου (9)
— 24. ἡ γλῶσσά μου ὅλην τὴν ἡ. μελετήσει τὴν δικαιοσύνην σου (9)
71 (72). 7. ἀνατελεῖ ἐν ταῖς ἡ. αὐτοῦ δικαιοσύνη (9)
— 15. ὅλην τὴν ἡ. εὐλογήσουσιν αὐτόν (9)
72 (73). 10. S R ἡμέραι [S^{2} αἱ ἡ.] πλήρεις εὑρεθήσονται ἐν [B om.] αὐτοῖς (12)
— 14. ἐγενόμην μεμαστιγωμένος ὅλην τὴν ἡ. (9)
73 (74). 16. σή ἐστιν ἡ ἡ. (9)
— 22. μνήσθητι τῶν ὀνειδισμῶν σου . . . ὅλην τὴν ἡ. (9)
76 (77). 2. ἐν ἡμέρᾳ θλίψεώς μου τὸν θεὸν ἐξεζήτησα (9)
— 5. διελογισάμην ἡμέρας ἀρχαίας (9)
77 (78). 9. ἐστράφησαν ἐν ἡμέρᾳ πολέμου (9)
— 14. ὡδήγησεν αὐτοὺς ἐν νεφέλῃ ἡμέρας (26 a)
— 33. ἐξέλιπον ἐν ματαιότητι αἱ ἡ. αὐτῶν (9)
— 42. οὐκ ἐμνήσθησαν . . . ἡμέρας ἧς ἐλυτρώσατο αὐτούς (9)
80 (81). 3. ἐν εὐσήμῳ ἡμέρᾳ [A -ας] ἑορτῆς ἡμῶν (9)
83 (84). 10. κρείσσων ἡμέρα μία ἐν ταῖς αὐλαῖς σου ὑπὲρ χιλιάδας (9)
85 (86). 3. πρὸς σὲ κεκράξομαι ὅλην τὴν ἡ. (9)
— 7. ἐν ἡμέρᾳ θλίψεώς μου ἐκέκραξα πρὸς σέ (9)

Ps. 87 (88). 1. ἡμέρας ἐκέκραξα [A κεκράξομαι] . . . ἐναντίον σου (9)
— 9. ἐκέκραξα πρὸς σέ, κύριε, ὅλην τὴν ἡ. (9)
— 17. ἐκύκλωσάν με ὡς ὕδωρ ὅλην τὴν ἡ. (9)
88 (89). 16. ἐν τῷ ὀνόματί σου ἀγαλλιάσονται ὅλην τὴν ἡ. (9)
— 29. καὶ τὸν θρόνον αὐ. ὡς τὰς ἡ. τοῦ οὐρ. (9)
— 45. ἐσμίκρυνας τὰς ἡ. τοῦ θρόνου [AS χρόνου] αὐτοῦ (9)
89 (90). 4. χίλια ἔτη ἐν ὀφθαλμοῖς σου ὡς ἡ [S om.] ἡ. ἡ ἐχθές (9)
— 9. πᾶσαι αἱ ἡ. ἡμῶν ἐξέλιπον (9)
— 10. ASR αἱ ἡ. τῶν ἐτῶν ἡμῶν ἐν αὐτοῖς [B ἐνιαυτοῖς] ἑβδομήκοντα ἔτη (9)
— 14. AS² ἐν πάσαις ταῖς ἡ. ἡμῶν (9)
— 15. ἀνθ' ὧν ἡμερῶν ἐταπείνωσας ἡμᾶς (9)
90 (91). 5. ἀπὸ βέλους πετομένου ἡμέρας (26 a)
— 16. μακρότητι [A -τα] ἡμερῶν ἐμπλήσω αὐτόν (9)
91 (92). tit. ψαλμὸς ᾠδῆς εἰς τὴν ἡ. τοῦ σαββάτου [S προσαββ.] (9)
92 (93). tit. εἰς τὴν ἡ. τοῦ προσαββάτου [A σαββ.] –
— 5. τῷ οἴκῳ σου πρέπει ἁγίασμα . . . εἰς μακρότητα ἡμερῶν (9)
93 (94). 13. τοῦ πραῦναι αὐτῷ ἀφ' ἡ. πονηρῶν (9)
94 (95). 8. κατὰ τὴν ἡ. τοῦ πειρασμοῦ [R πικρασμοῦ] ἐν τῇ ἐρήμῳ (9)
95 (96). 2. εὐαγγελίζεσθε ἡμέραν ἐξ ἡμέρας τὸ σωτήριον αὐτοῦ (9, 9)
101 (102). 2. ἐν ᾗ ἂν ἡμέρᾳ θλίβομαι (9)
— 2. ἐν ᾗ ἂν ἡμέρᾳ ἐπικαλέσωμαί σε (9)
— 3. ἐξέλιπον ὡσεὶ καπνὸς αἱ ἡ. μου (9)
— 8. ὅλην τὴν ἡ. ὠνείδιζόν με οἱ ἐχθροί μου (9)
— 11. αἱ ἡ. μου ὡσεὶ σκιὰ ἐκλίθησαν (9)
— 23. τὴν ὀλιγότητα τῶν ἡ. μου ἀνάγγειλόν μοι (9)
— 24. μὴ ἀναγάγῃς με ἐν ἡμίσει ἡμερῶν μου (9)
102 (103). 15. ἄνθρωπος ὡσεὶ χόρτος αἱ ἡ. αὐτοῦ (9)
108 (109). 8. γενηθήτωσαν αἱ ἡ. αὐτοῦ ὀλίγαι (9)
109 (110). 3. μετὰ σοῦ ἡ ἀρχὴ ἐν ἡμέρᾳ τῆς δυνάμεώς σου (9)
— 5. κύριος . . . συνέθλασεν ἐν ἡμέρᾳ ὀργῆς αὐτοῦ βασιλεῖς (9)
114 (116). 2. ἐν ταῖς ἡ. μου ἐπικαλέσομαι (9)
117 (118). 24. αὕτη ἡμέρα ἣν ἐποίησεν ὁ κύριος (9)
118 (119). 84. πόσαι εἰσὶν αἱ ἡ. τοῦ δούλου σου (9)
— 91. τῇ διατάξει σου διαμένει ἡ ἡ. (9)
— 97. ὅλην τὴν ἡ. μελέτη μού ἐστιν (9)
— 164. ἑπτάκις τῆς ἡ. ᾔνεσά σοι (9)
120 (121). 6. ἡμέρας ὁ ἥλιος οὐ συγκαύσει [S¹ οὐκ ἐκκαύσει] σε (26 a)
127 (128). 5. πάσας τὰς ἡ. τῆς ζωῆς σου (9)
135 (136). 8. τὸν ἥλιον εἰς ἐξουσίαν τῆς ἡ. (9)
136 (137). 7. μνήσθητι, κύριε, τῶν υἱῶν Ἐδὼμ τὴν ἡ. Ἱερουσαλήμ (9)
137 (138) 3. ἐν ᾗ ἂν ἡμέρᾳ ἐπικαλέσωμαί σε (9)
138 (139). 12. B²SR νὺξ ὡς ἡμέρα φωτισθήσεται (9)
— 16. ἡμέρας πλασθήσονται καὶ οὐθεὶς ἐν αὐτοῖς (9)
139 (140). 2. ὅλην τὴν ἡ. παρετάσσοντο πολέμους (9)
— 7. ἐπεσκίασας ἐπὶ τὴν κεφαλήν μου ἐν ἡμέρᾳ πολέμου (9)
142 (143). 5. ἐμνήσθην ἡμερῶν ἀρχαίων (9)
143 (144). 4. αἱ ἡ. αὐ. ὡσεὶ σκιὰ παράγουσι (9)
144 (145). 2. καθ' ἑκάστην ἡμέραν εὐλογήσω σε (9)
145 (146). 4. ἐν ἐκείνῃ τῇ ἡ. ἀπολοῦνται πάντες οἱ διαλογισμοὶ αὐτῶν (9)
Pr. 4. 18. ἕως κατορθώσῃ ἡ ἡ. (9)
6. 34. οὐ φείσεται ἐν ἡμέρᾳ κρίσεως (9)
7. 20. δι' ἡμερῶν πολλῶν ἐπανήξει εἰς τὸν οἶκον αὐτοῦ (9)
8. 21. ἐὰν ἀναγγείλω ὑμῖν τὰ καθ' ἡμέραν γινόμενα –
— 30. καθ' ἡμέραν δὲ εὐφραινόμην ἐν προσώπῳ αὐτοῦ (24 c)
— 34. ἀγρυπνῶν ἐπ' ἐμαῖς θύραις καθ' ἡμέραν [S¹ al.] (24 c)
10. 27. φόβος κυρίου προστίθησιν ἡμέρας (9)
11. 4. A οὐκ ὠφελήσει ὑπάρχοντα ἐν ἡμέρᾳ θυμοῦ (9)
16. 4 (2). οἱ δὲ ἀσεβεῖς ἐν ἡμέρᾳ κακῇ ὀλοῦνται –
— 5 (4). φυλάσσεται δὲ ὁ ἀσεβὴς εἰς ἡμέραν κακήν (9)
21. 26. ἀσεβὴς ἐπιθυμεῖ ὅλην τὴν ἡ. ἐπιθυμίας κακάς (9)
— 31. ἵππος ἑτοιμάζεται εἰς ἡμέραν πολέμου (9)
23. 17. ἐν φόβῳ κυρίου ἴσθι ὅλην τὴν ἡ. (9)
24. 10. ἐν ἡμέρᾳ κακῇ καὶ ἐν ἡμέρᾳ θλίψεως (–, 9)
25. 19. ποὺς παρανόμου ὀλεῖται ἐν ἡμέρᾳ κακῇ (9)
Pr. 27. 15. σταγόνες ἐκβάλλουσιν ἄνθρωπον ἐν ἡμέρᾳ χειμερινῇ (9)
31. 25. εὐφράνθη ἐν ἡμέραις ἐσχάταις (9)
Ec. 2. 3. ἀριθμὸν [S² ἐν ἀριθμῷ] ἡμερῶν ζωῆς αὐτῶν (9)
— 16. ἤδη αἱ ἡ. ἐρχόμεναι [AS² ταῖς ἡ. ταῖς ἐπερχομέναις] τὰ πάντα ἐπελήσθη (9)
— 23. πᾶσαι αἱ ἡ. αὐτοῦ ἀλγημάτων (9)
5. 16. πᾶσαι [S¹ om.] αἱ ἡ. αὐτοῦ ἐν σκότει (9)
— 17. ἀριθμὸν ἡμερῶν ζωῆς αὐτοῦ (9)
— 19. μνησθήσεται τὰς ἡ. τῆς ζωῆς αὐτοῦ (9)
6. 3. AR πλῆθος ὅτι ἔσονται αἱ [BS om.] ἡ. ἐτῶν αὐτοῦ (9)
7. 1 (6. 12). ἀριθμὸν ἡμερῶν ζωῆς ματαιότητος αὐτοῦ (9)
— 2 (1). ἡμέρα τοῦ θανάτου ὑπὲρ ἡμέραν γεννήσεως [AS γενέσεως αὐτοῦ] (9, 9)
— 11 (10). αἱ ἡ. αἱ πρότεραι [A -ρον] ἦσαν ἀγαθαὶ ὑπὲρ ταύτας (9)
— 15 (14). ἐν ἡμέρᾳ ἀγαθωσύνης [S add. αὐτοῦ] (9)
— 15 (14). ἴδε ἐν ἡμέρᾳ κακίας (9)
— 16 (15). εἶδον ἐν ἡμέραις ματαιότητός μου (9)
8. 8. οὐκ ἔστιν ἐξουσία ἐν ἡμέρᾳ [A ἐξουσιάζων ἡμέρας, S ἐξουσιάζων ἐν ἡμέρᾳ] θανάτου καὶ οὐκ ἔστιν ἀποστολὴ ἐν ἡμέρᾳ πολέμου (9, –)
— 13. οὐ μακρυνεῖ ἡμέρας ἐν σκιᾷ (9)
— 15. συμπροσέσται αὐτῷ . . . ἡμέρας [S -α] ζωῆς αὐτοῦ (9)
— 16. καὶ ἐν ἡμέρᾳ καὶ ἐν νυκτί (9)
9. 9. πάσας ἡ. ζωῆς ματαιότητός σου (9)
— 9. B πᾶσαι ἡ. ἡμέραι ἀτμοῦ σου [S πάσας ἡ. ματαιότητός σου] (9, –)
11. 1. ἐν πλήθει ἡμερῶν [AS τῶν ἡ.] εὑρήσεις αὐτόν (9)
— 8. μνησθήσεται τὰς ἡ. τοῦ σκότους (9)
— 9. ἀγαθυνάτω σε ἡ καρδία σου ἐν ἡμέραις νεότητός σου (9)
12. 1. μνήσθητι τοῦ κτίσαντός σε ἐν ἡμέραις νεότητός σου ἕως ὅτου [AS οὗ] μὴ ἔλθωσιν αἱ [AS om.] ἡ. τῆς κακίας (9, 9)
— 3. ἐν ἡμέρᾳ ᾗ ἐὰν σαλευθῶσι φύλακες τῆς οἰκίας (9)
Ca. 2. 17. ἕως οὗ διαπνεύσῃ ἡ [A om.] ἡμέρα (9)
3. 11. ἐν ἡμέρᾳ νυμφεύσεως αὐτοῦ καὶ ἐν ἡμέρᾳ εὐφροσύνης καρδίας αὐτοῦ (9, 9)
4. 6. S¹R ἕως οὗ [A om.] διαπνεύσῃ ἡμέρα [ABS² ἡ ἡ.] (9)
8. 8. ἐν ἡμέρᾳ ᾗ ἐὰν λαληθῇ ἐν αὐτῇ (9)
Wi. 3. 18. οὐδὲ ἐν ἡμέρᾳ διαγνώσεως παραμύθιον
10. 17. ἐγένετο αὐτοῖς εἰς σκέπην ἡμέρας
Si. 1. 2. ἡμέρας [S¹ -αν] αἰῶνος τίς ἐξαριθμήσει
— 13. ἐν ἡμέρᾳ τελευτῆς αὐτοῦ εὑρήσει χάριν [AS εὐλογηθήσεται]
3. 5. ἐν ἡμέρᾳ προσευχῆς αὐτοῦ εἰσακουσθήσεται
— 15. ἐν ἡμέρᾳ θλίψεώς σου ἀναμνησθήσεταί σου
5. 7. μὴ ὑπερβάλλου ἡμέραν ἐξ ἡμέρας
— 8. οὐδὲν γὰρ ὠφελήσεις [AS² -σει σε] ἐν ἡμέρᾳ ἐπαγωγῆς
6. 8. οὐ μὴ παραμείνῃ ἐν ἡμέρᾳ θλίψεώς σου
— 10. ABS² οὐ μὴ παραμείνῃ ἐν ἡμέρᾳ θλίψεώς σου
11. 4. ἐν ἡμέρᾳ δόξης μὴ ἐπαίρου
— 25. ἐν ἡμέρᾳ ἀγαθῶν [A -θῇ] ἀμνησία κακῶν καὶ ἐν ἡμέρᾳ κακῶν οὐ μνησθήσεται ἀγαθῶν
— 26. ἐν ἡμέρᾳ τελευτῆς ἀποδοῦναι ἀνθρώπῳ
14. 14. μὴ ἀφυστερήσῃς ἀπὸ ἀγαθῆς [A om. ἀπὸ ἀγ.] ἡμέρας
17. 2. ἡμέρας ἀριθμοῦ καὶ καιρὸν ἔδωκεν αὐτοῖς
18. 9. ἀριθμὸς ἡμερῶν ἀνθρώπου πολλὰ ἔτη ἑκατόν
— 10. οὕτως ὀλίγα ἔτη ἐν [S¹ om.] ἡμέρᾳ αἰῶνος
— 24. μνήσθητι θυμοῦ [S¹ θεοῦ] ἐν ἡμέραις [S -ᾳ] τελευτῆς
— 25. A μνήσθητι κατὰ καιρὸν λιμοῦ ἐν ἡμέραις πλησμονῆς πτωχείαν καὶ ἔνδειαν ἐν ἡμέραις πλούτου [BS al.]
— 27. ἐν ἡμέραις ἁμαρτιῶν προσέξει ἀπὸ πλημμελείας
22. 12. πένθος νεκροῦ ἑπτὰ ἡμέραι μωροῦ δὲ καὶ ἀσεβοῦς πᾶσαι αἱ ἡ. τῆς ζωῆς αὐ.
23. 14. τὴν ἡ. τοῦ τοκετοῦ σου καταράσῃ [B¹ μὴ κατ., A om.]
— 15. ἐν πάσαις ταῖς ἡ. αὐτοῦ οὐ μὴ παιδευθῇ
24. 25. ὡς Τίγρις ἐν ἡμέραις νέων
— 26. ὡς Ἰορδάνης ἐν ἡμέραις θερισμοῦ
— 27. ὡς Γηὼν ἐν ἡμέραις τρυγητοῦ
26. 1. ἀριθμὸς τῶν ἡ. αὐτοῦ διπλάσιος [A -ον]
Si. 30. 24. ζῆλος καὶ θυμὸς ἐλαττοῦσιν ἡμέρας
— 32 (33. 23). ἐν ἡμέρᾳ συντελείας ἡμερῶν ζωῆς σου
36 (33). 7. διὰ τί ἡμέρα ἡμέρας ὑπερέχει καὶ πᾶν φῶς ἡμέρας ἐνιαυτοῦ ἀφ' ἡλίου
— 9. ἐξ αὐτῶν ἔθηκεν εἰς ἀριθμὸν ἡμερῶν
37. 25. ζωὴ ἀνδρὸς ἐν ἀριθμῷ ἡμερῶν καὶ αἱ ἡ. τοῦ Ἰσραὴλ ἀναρίθμητοι
38. 17. ποίησον τὸ πένθος . . . ἡμέραν μίαν καὶ δύο
— 27. ὅστις νύκτωρ ὡς ἡμέρᾳ [AS -ας] διάγει
40. 1. ἀφ' ἡμέρας ἐξόδου ἐκ γαστρὸς μητρὸς αὐτῶν ἕως ἡμέρας [S¹ -α] ἐπὶ ταφῇ [A ἐπιταφῆς, S² ἐπιστροφῇ] εἰς μητέρα πάντων
— 2. ἐπίνοια προσδοκίας ἡμέρα τελευτῆς
— 6. ἀπ' ἐκείνου ἐν ὕπνοις ὡς ἐν ἡμέρᾳ σκοπιᾶς
41. 13. ἀγαθῆς ζωῆς ἀριθμὸς ἡμερῶν
44. 7. ἐν ταῖς ἡ. αὐτῶν καύχημα
45. 14. ASR θυσίαι [B -αν] αὐ. ὁλοκαρπωθήσονται καθ' ἡμέραν
— 15. ἐν [AS om.] τῷ σπέρματι αὐτοῦ ἐν ἡμέραις οὐρανοῦ
46. 4. μία ἡμέρα ἐγενήθη πρὸς δύο
— 7. ἐν ἡμέραις Μωυσέως ἐποίησεν ἔλεος
47. 1. ἀνέστη Νάθαν προφητεύειν ἐν ἡμέραις Δαυίδ
— 13. Σαλωμὼν ἐβασίλευσεν ἐν ἡμέραις εἰρήνης
48. 12. ἐν ἡμέραις αὐτοῦ οὐκ ἐσαλεύθη ὑπὸ ἄρχοντος
— 18. ἐν ἡμέραις αὐτοῦ ἀνέβη Σενναχηρίμ
— 23. ἐν ταῖς ἡ. αὐτοῦ ἀνεπόδισεν ὁ ἥλιος
49. 3. ἐν ἡμέραις ἀνόμων κατίσχυσε τὴν εὐσέβειαν
— 12. ἐν ἡμέραις αὐτῶν ᾠκοδόμησαν οἶκον [A πύργον]
50. 1. ἐν ἡμέραις [S¹ ταῖς ἡ.] αὐ. ἐστερέωσε τὸν ναόν
— 3. ἐν ἡμέραις αὐτοῦ ἠλαττώθη ἀποδοχεῖον [AS -εία] ὑδάτων
— 6. ὡς σελήνη πλήρης ἐν ἡμέραις
— 8. ὡς ἄνθος ῥόδων ἐν ἡμέραις νέων
— 8. ὡς βλαστὸς Λιβάνου ἐν ἡμέραις θέρους
— 22. τὸν ὑψοῦντα ἡμέρας ἡμῶν ἐκ μήτρας
— 23. γενέσθαι εἰρήνην ἐν ἡμέραις ἡμῶν ἐν Ἰσραὴλ κατὰ τὰς ἡ. τοῦ αἰῶνος
— 24. ἐν ταῖς ἡ. αὐτοῦ λυτρωσάσθω ἡμᾶς
51. 10. μή με ἐγκαταλιπεῖν ἐν ἡμέραις θλίψεως
Ho. 1. 1. ἐν ἡμέραις Ὀ. καὶ Ἰ. καὶ Ἀ. καὶ Ἐ. βασιλέων Ἰ. (9)
— 1. καὶ ἐν ἡμέραις Ἰ. υἱοῦ Ἰ. βασιλέως Ἰ. (9)
— 5. καὶ ἔσται ἐν τῇ ἡ. ἐκείνῃ συντρίψω (9)
— 11 (2. 2). ὅτι μεγάλη ἡ ἡμέρα τοῦ Ἰ. (9)
2. 3 (5). AR ἀποκαταστήσω αὐτὴν καθὼς ἡμέρα [B ἡ ἡ.] γενέσεως αὐτῆς (9)
— 13 (15). καὶ ἐκδικήσω ἐπ' αὐτὴν τὰς ἡ. τῶν B. (9)
— 15 (17). ταπεινωθήσεται ἐκεῖ κατὰ τὰς ἡ. νηπιότητος αὐ. (9)
— 15 (17). καὶ κατὰ τὰς ἡ. ἀναβάσεως αὐτῆς (9)
— 16 (18). καὶ ἔσται ἐν τῇ ἡ. ἐκείνῃ (9)
— 18 (20). διαθήσομαι αὐτοῖς διαθήκην ἐν τῇ ἡ. ἐκείνῃ (6)
— 21 (23). καὶ ἔσται ἐν ἐκείνῃ τῇ ἡ. (6)
3. 3. ἡμέρας πολλὰς καθήσῃ ἐπ' ἐμοί (9)
— 4. ἡμέρας πολλὰς καθήσονται οἱ υἱοὶ Ἰ. (6)
— 5. ἐπ' ἐσχάτων τῶν ἡμερῶν (9)
4. 5. καὶ ἀσθενήσει ἡμέρας (9)
5. 9. Ἐ. εἰς ἀφανισμὸν ἐγένετο ἐν ἡμέραις ἐλέγχου (9)
6. 3 (2). ὑγιάσει ἡμᾶς μετὰ δύο ἡμέρας (9)
— 3 (2). ἐν τῇ ἡ. τῇ τρίτῃ ἐξαναστησόμεθα (9)
7. 5. ἡμέραι [A αἱ ἡ.] τῶν βασιλέων ὑμῶν (9)
9. 5. ἐν ἡμέραις [A -ᾳ] πανηγύρεως καὶ ἐν ἡμέρᾳ [A -αις] ἑορτῆς τοῦ κ. (9, 9)
— 7. ἥκασιν αἱ ἡ. τῆς ἐκδικήσεως ἥκασιν αἱ ἡ. τῆς ἀνταποδόσεως (9)
— 9. ἐφθάρησαν κατὰ τὰς ἡ. τοῦ βουνοῦ (9)
10. 14. ἐν ἡμέραις πολέμου μητέρα ἐπὶ τέκνοις ἠδάφισαν (9)
12. 1 (2). ἐδίωξε καύσωνα ὅλην τὴν ἡ. (9)
— 9 (10). καθὼς ἡμέραι [A -α] ἑορτῆς (9)
Am. 1. 1. ἐν ἡμέραις Ὀζ. βασιλέως Ἰούδα καὶ ἐν ἡμέραις Ἱεροβ. (9, 9)
— 14. μετὰ κραυγῆς ἐν ἡμέρᾳ πολέμου (9)
— 14. σεισθήσεται ἐν ἡμέραις [A -ᾳ] συντελείας (9)
2. 16. ὁ γυμνὸς διώξεται ἐν ἐκείνῃ τῇ ἡ. (9)
3. 14. ἐν τῇ ἡ. ὅταν ἐκδικῶ ἀσεβείας τοῦ Ἰσ. (9)
4. 2. ἰδοὺ ἡμέραι ἔρχονται ἐφ' ὑμᾶς (9)
5. 8. ἡμέραν εἰς νύκτα συσκοτάζων (9)
— 18. οὐαὶ οἱ ἐπιθυμοῦντες τὴν ἡ. κυρίου (9)
— 18. ἵνα τί αὕτη ὑμῖν ἡ ἡ. τοῦ κυρίου (9)
— 20. οὐχὶ σκότος ἡ ἡ. τοῦ κυρίου καὶ οὐ φῶς (9)
6. 3. οἱ ἐρχόμενοι [A εὐχόμενοι] εἰς ἡμέραν κακήν (9)

Am. 8. 3. ὀλολύξει τὰ φατνώματα τοῦ ναοῦ ἐν τῇ ἡ. ἐκείνῃ (9)
— 9. καὶ ἔσται ἐν ἐκείνῃ τῇ ἡ. (9)
— 9. συσκοτάσει ἐπὶ τῆς γῆς ἐν ἡμέρᾳ τὸ φῶς (9)
— 10. καὶ τοὺς μετ' αὐτοῦ ὡς ἡμέραν ὀδύνης (9)
— 11. ἡμέραι ἔρχονται (9)
— 13. ἐν τῇ ἡ. ἐκείνῃ ἐκλείψουσιν (9)
9. 11. ἐν τῇ ἡ. ἐκείνῃ ἀναστήσω (9)
— 11. καθὼς αἱ ἡ. τοῦ αἰῶνος (9)
— 13. ἰδοὺ ἡμέραι ἔρχονται (9)
Mi. 1. 1. ἐν ἡμέραις Ἰ. καὶ Ἄχ. (9)
2. 1. ἅμα τῇ ἡμέρᾳ συνετέλουν αὐτά (1)
— 4. ἐν τῇ ἡ. ἐκείνῃ λημφθήσεται ἐφ' ὑμᾶς παραβολή (9)
3. 6. καὶ συσκοτάσει ἐπ' αὐτοὺς ἡ ἡμέρα (9)
4. 1. ἔσται ἐπ' ἐσχάτων τῶν ἡ. ἐμφανὲς τὸ ὄρος κ. (9)
— 6. ἐν τῇ ἡ. ἐκείνῃ . . . συνάξω (9)
5. 2 (1). καὶ ἔξοδοι αὐτοῦ ἀπ' ἀρχῆς ἐξ ἡμερῶν αἰῶνος (9)
— 10 (9). ἔσται ἐν τῇ ἡ. ἐκ. (9)
7. 4. βαδίζων ἐπὶ κανόνος ἐν ἡμέρᾳ σκοπιᾶς (9)
— 11. **R** ἡμέρα [**A B** ἡμέρας] ἀλοιφῆς πλίνθου (9)
— 11. ἐξάλειψίς σου ἡ ἡμέρα ἐκείνη (9)
— 11 (12). καὶ ἀποτρίψεται νόμιμά σου ἡ ἡμέρα ἐκείνη [**A** *al.*] (9)
— 12. **A** ἡμέρα ὕδατος καὶ θορύβου -
— 14. καθὼς αἱ ἡ. τοῦ αἰῶνος (9)
— 15. κατὰ τὰς ἡ. ἐξοδίας σου ἐξ Αἰ. (9)
— 20. κατὰ τὰς ἡ. τὰς ἔμπροσθεν (9)
Jl. 1. 2. εἰ γέγονε τοιαῦτα ἐν ταῖς ἡ. ὑμῶν (9)
— 2. ἢ ἐν ταῖς ἡ. τῶν πατέρων ὑμῶν ὑπὲρ αὐτῶν (9)
— 15. οἴμοι οἴμοι οἴμοι εἰς ἡμέραν (9)
— 15. **A S R** ἐγγὺς ἡ [**B** *om.*] ἡμέρα κυρίου (9)
2. 1. διότι πάρεστιν ἡμέρα [**A S** ἡ ἡ.] κυρίου (9)
— 2. ὅτι ἐγγὺς ἡμέρα [**S** ἡ ἡ., **A** ἡ ἡ. τοῦ κ. ἡμέρα] σκότους . . . ἡμέρα νεφέλης (9, -, 9)
— 11. **S R** διότι μεγάλη ἡ [**A B** *om.*] ἡμέρα τοῦ κυρίου (9)
— 29 (3. 2). ἐν ταῖς ἡ. ἐκείναις (9)
— 31 (3. 4). **A R** πρὶν ἐλθεῖν τὴν [**B S** *om.*] ἡ. κυρίου τὴν μεγάλην (9)
3 (4). 1. ἰδοὺ ἐγὼ ἐν ταῖς ἡ. ἐκείναις (9)
— 14. ἐγγὺς ἡμέρα [**A S** ἡ ἡ.] κ. ἐν τῇ κοιλάδι (9)
— 18. καὶ ἔσται ἐν τῇ ἡ. ἐκείνῃ (9)
Ob. 1. 8. ἐν ἐκείνῃ τῇ ἡ. (9)
— 11. ἀφ' ἧς ἡμέρας ἀντέστης ἐξ ἐναντίας (9)
— 11. ἐν ἡμέραις [**A** ἡμέρᾳ] αἰχμαλωτευόντων (9)
— 12. καὶ μὴ ἐπίδῃς ἡμέραν ἀδελφοῦ σου ἐν ἡμέρᾳ ἀλλοτρίων καὶ μὴ ἐπιχαρῇς ἐπὶ τοὺς υἱοὺς Ἰούδα ἐν ἡμέρᾳ ἀπωλείας αὐτῶν (9 *ter*)
— 12. **R** καὶ μὴ μεγαλορρημονῇ [**B** -ῇς, **A S** -ήσῃς] ἐν ἡμέρᾳ θλίψεως (9)
— 13. ἐν ἡμέρᾳ πόνων αὐ. . . . ἐν ἡμέρᾳ ὀλέθρου αὐτῶν . . . ἐν ἡμέρᾳ ἀπωλείας αὐ. (9 *ter*)
— 14. μηδὲ συγκλείσῃς . . . ἐν ἡμέρᾳ θλίψεως (9)
— 15. διότι ἐγγὺς ἡμέρα [**A S** ἡ ἡ.] τοῦ κ. ἐπὶ . . . τὰ ἔθνη (9)
Jn. 2. 1. ἦν Ἰ. ἐν τῇ κοιλίᾳ τοῦ κήτους τρεῖς ἡμέρας καὶ τρεῖς νύκτας (9)
3. 3. ὡσεὶ πορείας ὁδοῦ ἡμερῶν τριῶν (9)
— 4. ὡσεὶ πορείαν ἡμέρας [**A** πορείας ὁδοῦ ἡμέρας] μιᾶς (9)
— 4. ἔτι τρεῖς ἡμέραι καὶ Ν. καταστραφήσεται (9)
Na. 1. 7. χρηστὸς κύριος . . . ἐν ἡμέρᾳ θλίψεως (9)
2. 3 (4). ἐν ἡμέρᾳ ἑτοιμασίας αὐτοῦ (9)
— 5 (6). οἱ μεγιστᾶνες . . . φεύξονται ἡμέρας -
3. 17. ὡς ἀκρὶς . . . ἐν ἡμέρᾳ πάγους [**A** ἡμέραις πάγου] (9)
Hb. 1. 5. ἔργον ἐγὼ ἐργάζομαι ἐν ταῖς ἡ. ὑμῶν (9)
3. 16. ἀναπαύσομαι ἐν ἡμέρᾳ θλίψεως (9)
Ze. 1. 1. ὃς ἐγενήθη πρὸς Σ. ἐν ἡμέραις Ἰ. (9)
— 7. ἐγγὺς ἡμέρα [**A S** ἡ ἡ.] τοῦ κυρίου (9)
— 8. καὶ ἔσται ἐν ἡμέρᾳ θυσίας κυρίου (9)
— 9. ἐκδικήσω ἐμφανῶς . . . ἐν ἐκείνῃ τῇ ἡ. (9)
— 10. ἔσται ἐν τῇ ἡ. ἐκ. (9)
— 12. ἔσται ἐν τῇ ἡ. ἐκείνῃ (14)
— 14. ὅτι ἔγγυς ἡμέρα [**A S** ἡ ἡ.] κυρίου ἡ μεγάλη (9)
— 14. φωνὴ ἡμέρας κυρίου πικρὰ . . . τέτακται (9)
— 15. δυνατὴ ἡμέρα ὀργῆς ἡ ἡμέρα ἐκείνη (9, 9)
— 15. **B S** ἡμέρα θλίψεως καὶ ἀνάγκης (9)
— 15. ἡμέρα ἀωρίας καὶ ἀφανισμοῦ ἡμέρα σκότους καὶ γνόφου ἡμέρα νεφέλης καὶ ὁμίχλης (9 *ter*)
Ze. 1. 16. ἡμέρα σάλπιγγος καὶ κραυγῆς (9)
— 18. ἐξελέσθαι αὐτοὺς ἐν ἡμέρᾳ ὀργῆς κυρίου (9)
2. 2. πρὸ τοῦ ἐπελθεῖν ἐφ' ὑμᾶς ἡμέραν θυμοῦ κ. (9)
— 3. ὅπως σκεπασθῆτε ἐν ἡμέρᾳ ὀργῆς κυρίου (9)
3. 8. ὑπόμεινόν με . . . εἰς ἡμέραν ἀναστάσεώς μου (9)
— 11. οἴσουσι θυσίας μοι ἐν τῇ ἡ. ἐκ. (9)
— 18. ὡς ἐν ἡμέρᾳ ἑορτῆς -
Hg. 2. 16 (15). ἀπὸ τῆς ἡ. ταύτης καὶ ὑπεράνω [**A** ἐπάνω] (9)
— 19 (18). ἀπὸ τῆς ἡ. ταύτης καὶ ἐπέκεινα (9)
— 19 (18). ἀπὸ τῆς ἡμ. ἧς τεθεμελίωται [**A** ἐθεμελιώθη] (9)
— 20 (19). ἀπὸ τῆς ἡμ. ταύτης εὐλογήσω [**A** καὶ ἐπάνω εὐλ.] (9)
— 24 (23). ἐν τῇ ἡ. ἐκείνῃ . . . λήψομαί σε (9)
Za. 2. 11 (15). καταφεύξονται . . . ἐπὶ τὸν κ. ἐν τῇ ἡ. ἐκείνῃ (9)
3. 10 (9). ψηλαφήσω πᾶσαν τὴν ἀδικίαν . . . ἐν ἡμέρᾳ μιᾷ (9)
— 11 (10). ἐν τῇ ἡ. ἐκείνῃ . . . συγκαλέσατε ἕκαστος (9)
4. 10. διότι τίς ἐξουδένωσεν εἰς ἡμέρας μικράς (9)
6. 10. εἰσελεύσῃ σὺ ἐν τῇ ἡ. ἐκείνῃ εἰς τὸν οἶκον Ἰ. (9)
8. 4. ἕκαστος τὴν ῥάβδον ἔχων . . . ἀπὸ πλήθους ἡμερῶν (9)
— 6. εἰ ἀδυνατήσει . . . ἐν ταῖς ἡ. ἐκείναις (9)
— 9. ὑμῶν τῶν ἀκουόντων ἐν ταῖς ἡ. τ. τοὺς λόγους (9)
— 9. ἀφ' ἧς ἡ. τεθεμελίωται ὁ οἶκος κυρίου (9)
— 10. πρὸ τῶν ἡμερῶν ἐκείνων ὁ μισθὸς . . . οὐκ ἔσται (9)
— 11. νῦν οὐ κατὰ τὰς ἡ. τὰς ἔμπροσθεν ἐγὼ ποιῶ (9)
— 15. διανενόημαι ἐν ταῖς ἡ. τ. . . . τοῦ καλῶς ποιῆσ. (9)
— 23. ἐν ταῖς ἡ. ἐκείναις ἐὰν ἐπιλάβωνται δέκα ἄνδρες (9)
9. 12. ἀντὶ μιᾶς ἡμέρας παροικεσίας σου (9)
— 16. σώσει αὐτοὺς κ. ὁ θ. αὐ. ἐν τῇ ἡ. ἐκ. (9)
11. 11. καὶ διασκεδασθήσεται ἐν τῇ ἡ. ἐκείνῃ (9)
12. 3. ἔσται ἐν τῇ ἡ. ἐκείνῃ θήσομαι τὴν Ἱερ. λίθον (9)
— 4. ἐν τῇ ἡ. ἐκ. . . . πατάξω πάντα ἵππον (9)
— 6. ἐν τῇ ἡ. ἐκ. θήσομαι τοὺς χιλιάρχους Ἰ. ὡς δαλόν (9)
— 8. ἔσται ἐν τῇ ἡ. ἐκ. ὑπερασπιεῖ κύριος (9)
— 8. ἔσται ὁ ἀσθενῶν ἐν αὐτοῖς ἐν ἐκ. τῇ ἡ. ὡς Δ. (9)
— 9. ἔσται ἐν τῇ ἡ. ἐκζητήσω (9)
— 11. ἐν τῇ ἡ. ἐκ. μεγαλυνθήσεται (9)
13. 1. ἐν τῇ ἡ. ἐκ. ἔσται πᾶς τόπος (9)
— 2, 4. ἔσται ἐν τῇ ἡ. ἐκ. (9)
— 8. **A S**^{3} ἔσται ἐν τῇ ἡ. ἐκ. [**B S**^{1} *al.*] †
14. 1. ἰδοὺ ἡμέραι ἔρχονται τοῦ κυρίου (9)
— 3. καθὼς ἡμέρα [**A** -αι] παρατάξεως αὐτοῦ ἐν ἡμέρᾳ πολέμου (9, 9)
— 4. στήσονται οἱ πόδες αὐ. ἐν τῇ ἡ. ἐκ. (9)
— 5. ἐνεφράγη ἐν ταῖς ἡ. σεισμοῦ ἐν ἡμέραις Ὀζ. βασιλέως Ἰούδα [**S**^{3} *al.*] (†, 9)
— 6. ἔσται [**A** *om.*] ἐν ἐκ. τῇ ἡ. (9)
— 7. καὶ ψύχη καὶ πάγος ἔσται μίαν ἡ. [**A** μία ἡ.] καὶ ἡ ἡ. ἐκείνη γνωστὴ τῷ κ. καὶ οὐχ ἡμέρα καὶ οὐ νύξ (9, -, 9)
— 8. ἐν τῇ ἡ. ἐκ. ἐξελεύσεται ὕδωρ ζῶν (9)
— 9. ἐν τῇ ἡ. ἐκ. ἔσται κύριος εἷς (9)
— 13. ἔσται ἐν τῇ ἡ. ἐκ. ἔκστασις κυρίου μεγάλη (9)
— 20. ἐν τῇ ἡ. ἐκ. ἔσται τὸ ἐπὶ τὸν χαλινόν (9)
— 21. οὐκ ἔσται Χαν. . . . ἐν τῇ ἡ. ἐκ. (9)
Ma. 3. 2. καὶ τίς ὑπομενεῖ ἡμέραν εἰσόδου αὐτοῦ (9)
— 4. καθὼς αἱ ἡ. τοῦ αἰῶνος καὶ καθὼς τὰ ἔτη (9)
— 17. ἔσονταί μοι . . . εἰς ἡμέραν ἣν ἐγὼ ποιῶ (9)
4. 1 (3. 19). ἰδοὺ ἡμέρα [**A** ἡ. κυρίου] ἔρχεται καιομένη (9)
— 1 (3. 19). καὶ ἀνάψει αὐτοὺς ἡ ἡμ. ἡ ἐρχομ. (9)
— 3 (3. 21). ἔσονται σποδὸς . . . ἐν τῇ ἡμ. ᾗ ἐγὼ ποιῶ (9)
— 5 (3. 23). πρὶν ἐλθεῖν ἡμέραν κυρίου τὴν μεγάλην (9)
Is. 1. 13. ἡμέραν μεγάλην οὐκ ἀνέχομαι (17 ?)
2. 2. ἔσται ἐν ταῖς ἐσχάταις ἡ. ἐμφανὲς τὸ ὄρος (9)
— 11. ὑψωθήσεται κύριος μόνος ἐν τῇ ἡ. ἐκείνῃ (9)
— 12. ἡ. γὰρ κυρίου σαβ. ἐπὶ πάντα ὑβριστήν (9)
Is. 2. 17. ὑψωθήσεται κύριος μόνος ἐν τῇ ἡ. ἐκείνῃ (9)
— 20. τῇ γὰρ ἡ. ἐκείνῃ ἐκβαλεῖ ἄνθρωπος τὰ βδελύγματα (9)
3. 7. ἀποκριθεὶς ἐρεῖ ἐν τῇ ἡ. ἐκείνῃ (9)
— 18. ἀνακαλύψει [**A** ἀποκ.] τὸ σχῆμα αὐτῶν ἐν τῇ ἡ. ἐκείνῃ (9)
4. 2. τῇ δὲ ἡ. ἐκείνῃ ἐπιλάμψει [**A** λ.] ὁ θεός (9)
— 5. πάντα τὰ περικύκλῳ αὐτῆς σκιάσει νεφέλη ἡμέρας (26 *a*)
5. 30. βοήσει δι' αὐτοὺς τῇ [**AS** ἐν τῇ] ἡ. ἐκείνῃ (9)
7. 1. ἐγένετο ἐν ταῖς ἡ. Ἄχαζ (9)
— 17. ἡμέρας αἳ οὔπω ἥκασιν ἀφ' ἧς ἡμέρας ἀφεῖλεν Ἐφ. ἀπὸ Ἰ. τὸν βασ. τῶν Ἀσσ. (9, 9)
— 18. ἐν τῇ ἡ. ἐκείνῃ συριεῖ κύριος μυίαις (9)
— 20. ἐν τῇ ἡ. ἐκείνῃ ξυρήσει κύριος (9)
— 21. ἐν τῇ ἡ. ἐκείνῃ θρέψει ἄνθρωπος δάμαλιν βοῶν (9)
— 23. ἔσται ἐν τῇ ἡ. ἐκείνῃ πᾶς τόπος (9)
9. 4 (3). ὡς τῇ ἡ. τῇ ἐπὶ Μαδιάμ (9)
— 14 (13). ἀφεῖλε . . . μέγαν καὶ μικρὸν ἐν μιᾷ ἡ. (9)
10. 3. **AS**^{2}**R** ἐν [**BS**^{1} *om.*] τῇ ἡ. τῆς ἐπισκοπῆς (9)
— 17. τῇ ἡ. ἐκείνῃ ἀποσβεσθήσεται τὰ ὄρη (9)
— 20, 27. ἔσται ἐν τῇ ἡ. ἐκείνῃ (9)
11. 10. ἔσται ἐν τῇ ἡ. ἐκείνῃ ἡ ῥίζα τοῦ Ἰεσσαί (9)
— 11. ἔσται [**A** *add.* ἐν] τῇ ἡ. ἐκείνῃ (9)
— 16. ἔσται τῷ Ἰσραὴλ ὡς ἡ ἡ. ὅτε ἐξῆλθεν (9)
12. 1, 4. ἐρεῖς ἐν τῇ ἡ. ἐκείνῃ (9)
13. 6. ἐγγὺς γὰρ [**A S** *add.* ἡ] ἡ. κυρίου (9)
— 9. ἡ. [**A S** ἡ ἡ.] κυρίου ἔρχεται ἀνίατος θυμοῦ (9)
— 13. **R** ἐν [**A B S** *om.*] τῇ ἡ. ᾗ ἂν ἐπέλθῃ (9)
14. 3. **A S R** ἔσται ἐν [**B** *om.*] τῇ ἡ. ἐκείνῃ (9)
— 4. **A S** ἐν τῇ ἡ. ἐκείνῃ -
17. 4. ἔσται ἐν τῇ ἡ. ἐκείνῃ ἔκλειψις δόξης Ἰ. (9)
— 7. τῇ ἡ. ἐκείνῃ πεποιθὼς ἔσται ὁ ἄνθρ. (9)
— 9. τῇ ἡ. ἐκείνῃ ἔσονται αἱ πόλεις σου ἐγκαταλελειμμ. (9)
— 11. τῇ δὲ ἡ. ᾗ ἂν φυτεύσῃς πλανηθήσῃ . . . ἀνθήσει ᾗ ἂν ἡμέρᾳ κληρώσῃ (9, 9)
18. 4. ὡς νεφέλη δρόσου ἡμέρας ἀμητοῦ ἔσται (8)
19. 16. τῇ δὲ ἡ. ἐκ. ἔσονται οἱ Αἰγ. ὡς γυναῖκες (9)
— 18. τῇ [**S** ἐν τῇ] ἡ. ἐκείνῃ ἔσονται πέντε πόλεις ἐν Αἰγύπτῳ (9)
— 19. τῇ ἡ. ἐκείνῃ ἔσται θυσιαστήριον τῷ κ. (9)
— 21. γνώσονται οἱ Αἰγ. τὸν κ. ἐν τῇ ἡ. ἐκ. (9)
— 23. τῇ ἡ. ἐκείνῃ ἔσται ἡ ὁδὸς Αἰγύπτου (9)
— 24. τῇ ἡ. ἐκείνῃ ἔσται Ἰσραὴλ τρίτος (9)
20. 6. **S** ἐν τῇ ἡ. ἐκείνῃ -
— 6. **B** ἐν τῇ ἡ. ἐκείνῃ (9)
21. 8. ἔστην διὰ παντὸς ἡμέρας (26 *a*)
22. 5. ἡ. ταραχῆς καὶ ἀπωλείας (9)
— 8. ἐμβλέψονται τῇ ἡ. ἐκείνῃ (9)
— 12. ἐκάλεσε κύριος [**A S** *om.*] κύριος σαβαὼθ ἐν τῇ ἡ. ἐκείνῃ κλαυθμόν (9)
— 20. ἔσται ἐν τῇ ἡ. ἐκείνῃ (9)
— 24 (25). ἔσονται ἐπικρεμάμενοι [**A** *add.* ἐν] αὐτῷ [**A S** *add.* ἐν] τῇ ἡ. ἐκείνῃ (9)
23. 15. ἔσται ἐν τῇ ἡ. ἐκείνῃ (9)
25. 9. ἐροῦσι [**A** *add.* ἐν] τῇ ἡ. ἐκείνῃ (9)
26. 1. τῇ ἡ. ἐκείνῃ ᾄσονται τὸ ᾆσμα τοῦτο (9)
27. 1. **R** ἐν [**A B S** *om.*] τῇ ἡ. ἐκείνῃ ἐπάξει ὁ θεός (9)
— 2. τῇ ἡ. ἐκείνῃ ἀμπελὼν καλὸς ἐπιθύμημα (9)
— 3. ἡμέρας δὲ πεσεῖται τεῖχος (9)
— 12, 13. ἔσται ἐν τῇ ἡ. ἐκείνῃ (9)
28. 5. τῇ ἡ. ἐκείνῃ ἔσται κύριος σαβαώθ (9)
— 19. πρωῒ παρελεύσεται ἡμέρας (9)
— 24. μὴ ὅλην τὴν ἡ. ἀροτριάσει ὁ ἀροτριῶν [**A S** *al.*] (9)
29. 18. ἀκούσονται ἐν τῇ ἡ. ἐκείνῃ κωφοὶ λόγους βιβλίου (9)
30. 8. ἔσται εἰς ἡμέρας [**S**^{1} -αν] ταῦτα καιρῷ [**A S** καιρῶν τ.] (9)
— 23. βοσκηθήσεταί σου τὰ κτήνη τῇ ἡ. ἐκείνῃ τόπον πίονα (9)
— 25. ἔσται . . . ὕδωρ διαπορευόμενον ἐν τῇ ἡ. ἐκείνῃ (9)
— 26. τὸ φῶς τοῦ ἡλίου ἔσται ἑπταπλάσιον ἐν τῇ ἡ. (9)
— 33. σὺ [**AS** οὐ] γὰρ πρὸ ἡμερῶν ἀπαιτηθήσῃ (22)
31. 7. τῇ ἡ. ἐκείνῃ ἀπαρνήσονται (9)
32. 10. ἡμέρας ἐνιαυτοῦ μνείαν ποιήσασθε (9)
34. 8. ἡ. γὰρ κρίσεως κυρίου (9)
— 10. ὡς πίσσα καιομένη νυκτὸς καὶ ἡμέρας (26 *a*)

Is. 37. 3. ἡ. θλίψεως . . . ἡ σήμερον ἡ. (9, 9)
— 26. ἐξ ἡμερῶν ἀρχαίων συνέταξα (9)
38. 10. εἶπα ἐν τῷ ὕψει τῶν ἡ. μου (9)
— 13. ἐν τῇ ἡ. ἐκείνῃ παρεδόθην . . . ἀπὸ γὰρ τῆς ἡ. ἕως νυκτὸς παρεδόθην (–, 9)
— 20. πάσας τὰς ἡ. τῆς ζωῆς μου (9)
39. 6. ἰδοὺ ἡμέραι ἔρχονται . . . ὅσα συνήγαγον οἱ πατέρες σου ἕως τῆς ἡ. ταύτης (9, 9)
— 8. γενέσθω δὴ εἰρήνη καὶ δικαιοσύνη ἐν ταῖς ἡ. μου (9)
45. 9. ἀροτριάσει τὴν γῆν ὅλην τὴν ἡ. [A S^2 om. ὅ. τ. ἡ.] –
47. 9. ἥξει ἐπὶ σὲ τὰ δύο ταῦτα ἐξαίφνης ἐν ἡ. μιᾷ [B^1 om. ἐν ἡ. μ.] (9)
48. 7. οὐ προτέραις ἡμέραις ἤκουσας αὐτά (9)
49. 8. ἐν ἡμέρᾳ σωτηρίας ἐβοήθησά σοι (9)
51. 9. ὡς ἐν ἀρχῇ ἡμέρας (9)
— 13. ἐφόβου ἀεὶ πάσας τὰς ἡ. τὸ πρόσωπον [S τοῦ πρ.] τοῦ θυμοῦ (9)
52. 6. γνώσεται ὁ λαός μου τὸ ὄνομά μου ἐν τῇ ἡ. ἐκείνῃ (9)
58. 2. ἐμὲ ἡμέραν ἐξ ἡμέρας ζητοῦσι (9, 9)
— 3. ἐν γὰρ ταῖς ἡ. τῶν νηστειῶν ὑμῶν (9)
— 5. ἡμέραν ταπεινοῦν ἄνθρωπον τὴν ψυχὴν αὐτοῦ (9)
— 13. τοῦ μὴ ποιεῖν τὰ θελήματά σου ἐν τῇ ἡ. τῇ ἁγίᾳ (9)
60. 11. ἡμέρας καὶ νυκτὸς οὐ κλεισθήσονται (26 *a*)
— 19. οὐκ ἔσται σοι ἔτι [A S om.] ὁ ἥλιος εἰς φῶς ἡμέρας (26 *a*)
— 20. ἀναπληρωθήσονται αἱ ἡ. τοῦ πένθους σου (9)
61. 2. καλέσαι . . . ἡμέραν ἀνταποδόσεως (9)
62. 6. κατέστησα φύλακας ὅλην τὴν ἡ. (9)
63. 4. ASR ἡ. γὰρ [S^2 *add.* κυρίου] ἀνταποδόσεως ἐπῆλθεν [B ἦ.] αὐτοῖς (9)
— 9. ὕψωσεν αὐτοὺς πάσης τὰς ἡ. τοῦ αἰῶνος (9)
— 11. ἐμνήσθη ἡμερῶν αἰωνίων (9)
65. 2. ἐξεπέτασα τὰς χεῖράς μου ὅλην τὴν ἡ. (9)
— 5. πῦρ καίεται ἐν αὐτῷ πάσας τὰς ἡ. (9)
— 22. ASR κατὰ γὰρ τὰς ἡ. τοῦ ξύλου τῆς ζωῆς ἔσονται [B om.] αἱ ἡ. τοῦ λαοῦ μου (9, 9)
66. 8. εἰ ὤδινε γῆ ἐν ἡμέρᾳ μιᾷ (9)
Je. 1. 2. ἐν ταῖς ἡ. Ἰωσία (9)
— 3. ἐγένετο ἐν ταῖς ἡ. Ἰωακείμ (9)
— 18. τέθεικά σε ἐν τῇ σήμερον ἡ. ὡς πόλιν (9)
2. 32. ὁ δὲ λαός μου ἐπελάθετό μου ἡμέρας (9)
3. 6. εἶπε κύριος πρὸς μὲ ἐν ταῖς ἡ. Ἰωσίου (9)
— 16. αὐξηθῆτε ἐπὶ τῆς γῆς ἐν ταῖς ἡ. ἐκείναις (9)
— 17. ἐν ταῖς ἡ. ἐκείναις καὶ ἐν τῷ καιρῷ ἐκείνῳ (14)
— 18. ἐν ταῖς ἡ. ἐκ. συνελεύσονται οἶκος Ἰ. (9)
— 25. ἀπὸ νεότητος ἡμῶν ἕως τῆς ἡ. ταύτης (9)
4. 9. ἔσται ἐν ἐκείνῃ τῇ ἡ. (9)
5. 18. ἔσται [S om.] ἐν ταῖς ἡ. ἐκείναις (9)
6. 4. κέκλικεν ἡ ἡ., ὅτι ἐκλείπουσιν αἱ σκιαὶ τῆς ἡ. [A ἑσπέρας] (9, 13)
— 11. πρεσβύτερος μετὰ πλήρους ἡμερῶν (9)
7. 22. ἐν ἡμέρᾳ ᾗ ἀνήγαγον αὐτούς (9)
— 25. ἀφ᾽ ἧς ἡμέρας ἐξήλθοσαν οἱ πατέρες αὐ. ἐκ γῆς Αἰγ. καὶ ἕως τῆς ἡ. ταύτης καὶ ἐξαπέστειλα πρὸς ὑμᾶς . . . τοὺς προφήτας ἡμέρας καὶ ὄρθρου (9 *ter*)
— 32. ἡμέραι ἔρχονται (9)
9. 1 (8. 23). κλαύσομαι τὸν λαόν μου τοῦτον ἡμέρας καὶ νυκτός (26 *a*)
— 25 (24). A B S^2 ἡμέραι ἔρχονται (9)
11. 4. ἐν ἡμέρᾳ ᾗ ἀνήγαγον αὐτοὺς ἐκ γῆς Αἰγ. (9)
— 5. καθὼς ἡ ἡ. αὕτη (9)
12. 3. ἅγνισον αὐτοὺς εἰς ἡμέραν σφαγῆς αὐτῶν (9)
13. 6. ἐγένετο μεθ᾽ ἡμέρας πολλάς (9)
14. 17. καταγάγετε ἐπ᾽ ὀφθαλμοὺς ὑμῶν δάκρυα ἡμέρας καὶ νυκτός (26 *a*)
15. 9. ἐπέδυ ὁ ἥλιος αὐτῇ ἔτι μεσούσης [S ἐπιμεσ. *vel* ἐπὶ μ.] τῆς ἡ. (26 *a*)
16. 9. καταλύω . . . ἐν ταῖς ἡ. ὑμῶν φωνὴν χαρᾶς (9)
— 14. ἰδοὺ ἡμέραι ἔρχονται (9)
— 19. καταφυγή μου ἐν ἡμέραις [S^1 -ᾳ] κακῶν (9)
17. 11. ἐν ἡμίσει ἡμερῶν αὐτοῦ ἐγκαταλείψουσιν αὐτόν (9)
— 16. ἡμέραν ἀνθρώπου οὐκ ἐπεθύμησα (9)
— 17. φειδόμενός μου ἐν ἡμέρᾳ πονηρᾷ [S^1 om. ἐν ἡ. π.] (9)
— 18. ἐπάγαγε ἐπ᾽ αὐτοὺς ἡμέραν [A λιμὸν] πονηράν (9)
— 21. μὴ αἴρετε βαστάγματα ἐν τῇ ἡ. τῶν σαββάτων (9)
Je. 17. 22. A B S^2 ἐν τῇ ἡ. τῶν σαββάτων (9)
— 22. ἁγιάσατε τὴν ἡ. τῶν σαββάτων (9)
— 24. ἐν τῇ ἡ. τῶν σαββάτων (9)
— 24. A B S^2 καὶ ἁγιάζειν τὴν ἡ. τῶν σαββάτων (9)
— 27. τοῦ ἁγιάζειν τὴν ἡ. τῶν σαββάτων (9)
— 27. μὴ [A om.] εἰσπορεύεσθαι ταῖς πύλαις Ἱερ. ἐν τῇ ἡ. τῶν σαββ. (9)
18. 17. δείξω αὐτοῖς ἡμέραν ἀπωλείας αὐτῶν (9)
19. 6. ἰδοὺ ἡμέραι ἔρχονται (9)
20. 7. πᾶσαν ἡμέραν διετέλεσα μυκτηριζόμενος (9)
— 8. ASR εἰς [B om.] χλευασμὸν πᾶσαν ἡ. μου (9)
— 14. ἐπικατάρατος ἡ ἡ. ἐν [A om.] ᾗ ἐτέχθην [A ἐγενήθ.] ἐν αὐτῇ ἡ ἡ. ἐν [S om.] ᾗ ἔτεκέν με ἡ μήτηρ μου μὴ ἔστω ἐπευκτή (9, 9)
— 18. διετέλεσαν ἐν αἰσχύνῃ αἱ ἡ. μου (9)
23. 5. ἰδοὺ ἡμέραι ἔρχονται (9)
— 6. ἐν ταῖς ἡ. αὐτοῦ [A ἐκείναις] καὶ σωθήσεται Ἰούδας (9)
— 20. ἐπ᾽ ἐσχάτου [A -ων] τῶν ἡ. νοήσουσιν αὐτό (9)
— 7. ἰδοὺ ἡμέραι ἔρχονται (9)
25. 3. ἕως τῆς ἡ. ταύτης εἴκοσι καὶ τρία ἔτη (9)
— 18 (49. 39). ἔσται ἐπ᾽ ἐσχάτου [A -ων] τῶν ἡ. (9)
26 (46). 10. ἡ [S^1 om.] ἡ. ἐκείνη κυρίῳ τῷ θεῷ ἡμῶν ἡ. ἐκδικήσεως (9, 9)
— 21. ἡ. ἀπωλείας ἦλθεν ἐπ᾽ αὐτούς [A -οῖς] (9)
27 (50). 4. ἐν ταῖς ἡ. ἐκείναις . . . ἥξουσιν οἱ υἱοὶ Ἰ. (9)
— 20. ἐν ταῖς ἡ. ἐκείναις . . . ζητήσουσι τὴν ἀδικίαν Ἰσ. (9)
— 27. ἥκει ἡ ἡ. αὐτῶν (9)
— 31. ἥκει ἡ ἡ. σου (9)
28 (51). 2. ἐν ἡμέρᾳ κακώσεως αὐτῆς (9)
— 52. ἰδοὺ ἡμέραι ἔρχονται [B^1 om.] (9)
29 (47). 4. ἐν τῇ ἡ. τῇ ἐπερχομένῃ [A S ἐρ.] (9)
29 (49). 22. ἐν τῇ ἡ. ἐκείνῃ (9)
30 (49). 2. ἰδοὺ ἡμέραι ἔρχονται (9)
31 (48). 12. ἡμέραι αὐτοῦ [A om.] ἔρχονται (9)
— 16. ἐγγὺς ἡ. Μωὰβ ἐλθεῖν (3)
32 (25). 33. ἔσονται τραυματίαι ὑπὸ κυρίου ἐν ἡμέρᾳ κυρίου (9)
— 34. ἐπληρώθησαν αἱ ἡ. ὑμῶν εἰς σφαγήν (9)
33 (26). 18. Μιχαίας ὁ Μ. ἦν ἐν ταῖς ἡ. Ἐζ. (9)
35 (28). 3. ἔτι δύο ἔτη ἡμερῶν (9)
37 (30). 3. ἰδοὺ ἡμέραι ἔρχονται (9)
— 7. μεγάλη ἡ ἡ. ἐκείνη (9)
— 8. ἐν τῇ ἡ. ἐκείνῃ . . . συντρίψω τὸν ζυγόν (9)
— 24. ἐπ᾽ ἐσχάτων [A -ου, S -ῳ] τῶν ἡ. (9)
38 (31). 6. ἔστιν ἡ. κλήσεως ἀπολογουμένων (9)
— 19. ἐστέναξα ἐφ᾽ ἡμέρας [S -αις] αἰσχύνης (11 ?)
— 27. ἰδοὺ ἡμέραι ἔρχονται (9)
— 29. ἐν ταῖς ἡ. ἐκείναις οὐ μὴ εἴπωσιν (9)
— 31. ἰδοὺ ἡμέραι ἔρχονται (9)
— 32. ἐν ἡμέρᾳ ἐπιλαβομένου μου τῆς χειρὸς αὐτῶν (9)
— 33. μετὰ τὰς ἡ. ἐκείνας . . . διδοὺς δώσω νόμους μου (9)
— 35. ὁ δοὺς τὸν ἥλιον εἰς φῶς τῆς ἡ. (26 *a*)
— 36. παύσεται γενέσθαι ἔθνος κατὰ πρόσωπόν μου πάσας τὰς ἡ. (9)
— 38. ἰδοὺ ἡμέραι ἔρχονται (9)
39 (32). 14. ἵνα διαμείνῃ ἡμέρας πλείους (9)
— 20. ἐποίησας σημεῖα καὶ τέρατα . . . ἕως τῆς ἡ. ταύτης . . . ἐποίησας σεαυτῷ ὄνομα ὡς ἡ ἡ. αὕτη (9, 9)
— 31. ἀφ᾽ ἧς ἡ. ᾠκοδόμησαν αὐτὴν καὶ ἕως τῆς ἡ. ταύτης (9)
— 39. φοβηθῆναί με πάσας τὰς ἡ. (9)
41 (34). 13. ἐν τῇ ἡ. ᾗ ἐξειλάμην αὐτοὺς ἐκ γῆς Αἰγύπτου (9)
42 (35). 1. ἐν ἡμέραις Ἰωακεὶμ βασ. Ἰούδα (9)
— 7. ἐν σκηναῖς οἰκήσετε [A κατοι.] πάσας τὰς ἡ. [A *add.* τῆς ζωῆς] ὑμῶν ὅπως ἂν ζήσητε ἡμέρας πολλάς (9, 9)
— 8. πάσας τὰς ἡ. [A *add.* τῆς ζωῆς] ἡμῶν (9)
— 19. πάσας τὰς ἡ. τῆς γῆς (9)
43 (36). 2. ἀφ᾽ ἧς ἡ. λαλήσαντός μου πρὸς σὲ ἀφ᾽ ἡμερῶν Ἰ. βασιλέως Ἰ. καὶ ἕως τῆς ἡ. ταύτης (9 *ter*)
— 6. ἐν ἡμέρᾳ νηστείας (9)
— 30. ἐν τῷ καύματι τῆς ἡ. (9)
44 (37). 16. ἐκάθισεν ἐκεῖ ἡμέρας πολλάς (9)
— 21. ἐδίδοσαν αὐτῷ ἄρτον ἕνα τῆς ἡ. (9)
46 (39). 17. σώσω σε ἐν τῇ ἡ. ἐκείνῃ (9)
48 (41). 4. ἐγένετο τῇ ἡ. τῇ δευτέρᾳ πατάξαντος αὐτοῦ τὸν Γοδολίαν (9)
Je. 49 (42). 7. ἐγενήθη μεθ᾽ ἡμέρας δέκα (9)
51 (44). 6. ἐγενήθησαν . . . εἰς ἄβατον ὡς ἡ ἡ. αὕτη (9)
— 10. οὐκ ἐπαύσαντο ἕως τῆς ἡ. ταύτης (9)
— 22. ὡς ἐν τῇ ἡ. ταύτῃ (9)
52. 11. ἔδωκεν αὐτὸν εἰς οἰκίαν μυλῶνος ἕως ἡμέρας ἧς [A om. ἡ. ἧς] ἀπέθανε (9)
— 33. ἤσθιεν ἄρτον διὰ παντὸς κατὰ πρόσωπον αὐτοῦ πάσας τὰς ἡ. (9)
— 34. ἐξ ἡμέρας εἰς ἡμέραν ἕως ἡμέρας ἧς ἀπέθανε [A *al.*] (9 *ter*)
Ba. 1. 11. ἵνα ὦσιν αἱ ἡ. αὐ. ὡς αἱ ἡ. τοῦ οὐρανοῦ
— 12. δουλεύσομεν αὐτοῖς ἡμέρας πολλάς
— 13. οὐκ ἀπέστρεψεν . . . ἕως τῆς ἡ. ταύτης
— 14. ἐν ἡμέρᾳ [A -αις] ἑορτῆς καὶ ἐν ἡμέραις καιροῦ
— 15. ἡμῖν δὲ αἰσχύνη τῶν προσώπων ὡς ἡ ἡ. αὕτη
— 19. ἀπὸ τῆς ἡ. ἧς ἐξήγαγε κύριος τοὺς πατέρας ἡμῶν ἐκ γῆς Αἰγ. καὶ ἕως τῆς ἡ. ταύτης
— 20. ἐν ἡμέρᾳ ᾗ ἐξήγαγε τοὺς πατέρας ἡμῶν . . . δοῦναι ἡμῖν γῆν ῥέουσαν γάλα καὶ μέλι ὡς ἡ ἡ. αὕτη
2. 6, 11. ὡς ἡ ἡ. αὕτη
— 25. ἐστὶν ἐξερριμμένα τῷ καύματι τῆς ἡ.
— 26. ὡς ἡ ἡ. αὕτη
— 28. ἐν ἡμέρᾳ ἐντειλαμένου σου αὐτῷ γράψαι
4. 20. κεκράξομαι πρὸς τὸν αἰώνιον [A *add.* ὕψιστον] ἐν ταῖς ἡ. μου
— 35. πῦρ γὰρ ἐπελεύσεται αὐτῇ . . . εἰς ἡ. μακράς
La. 1. 7. ἐμνήσθη Ἱερ. ἡμερῶν ταπεινώσεως αὐ. (9)
— 7. ὅσα ἦν ἐξ ἡμερῶν ἀρχαίων (9)
— 12. ἐν ἡμέρᾳ ὀργῆς θυμοῦ αὐτοῦ (9)
— 13. B ἔδωκέ με . . . ὅλην τὴν ἡ. ὠδυνωμένην [A ὀδυρω., B S ὀδυνω.] (9)
— 21. ἐπήγαγες ἡμέραν (9)
2. 2 (1). ἐν ἡμέρᾳ ὀργῆς αὐτοῦ κατεπόντισε κύριος (9)
— 7. ὡς ἐν ἡμέρᾳ ἑορτῆς (9)
— 16. αὕτη ἡ [S om.] ἡ. ἣν προσεδοκῶμεν (9)
— 17. ἃ ἐνετείλατο ἐξ ἡμερῶν ἀρχαίων (9)
— 18. καταγάγετε [A -τωσαν] ὡς χειμάρρους δάκρυα ἡμέρας (26 *a*)
— 21. ἐν ἡμέρᾳ ὀργῆς σου ἐμαγείρευσας (9)
— 22. ἐκάλεσεν ἡμέραν ἑορτῆς παροικίας μου κυκλόθεν καὶ οὐκ ἐγένετο ἐν ἡμέρᾳ ὀργῆς κυρίου ἀνασωζόμενος (9, 9)
3. 3. ἐν ἐμοὶ ἐπέστρεψε χεῖρα αὐτοῦ ὅλην τὴν ἡ. (9)
— 14. ἐγενήθην . . . ψαλμὸς αὐτῶν ὅλην τὴν ἡ. (9)
— 57. B ἐν ἡμέρᾳ ᾗ ἐπεκαλεσάμην σε (9)
— 62. ἤκουσας . . . μελέτας αὐτῶν κατ᾽ ἐμοῦ ὅλην τὴν ἡ. (9)
4. 18. ἐπληρώθησαν αἱ ἡ. ἡμῶν (9)
5. 4. A ἐξ ἡμερῶν ξύλα ἡμῶν ἐν ἀλλάγματι ἦλθεν [B *al.*] †
— 20. καταλείψεις ἡμᾶς εἰς μακρότητα ἡμερῶν (9)
— 21. ἀνακαίνισον ἡμέρας ἡμῶν (9)
Ez. 1. 28. ὅταν ᾖ ἐν τῇ νεφέλῃ ἐν ἡμέραις ὑετοῦ (9)
2. 3. ἕως τῆς σήμερον ἡ. (9)
3. 15. ἐκάθισα ἐκεῖ ἑπτὰ ἡμέρας (9)
— 16. μετὰ τὰς ἑπτὰ ἡ. (9)
4. 4. κατὰ ἀριθμὸν τῶν ἡ. πεντήκοντα καὶ ἑκατόν [A *add.* ἡμέρας] (9, –)
— 5. εἰς ἀριθμὸν ἡμερῶν ἐνενήκοντα καὶ ἑκατὸν ἡμέρας (9, 9)
— 6. λήψῃ τὰς ἀδικίας τοῦ οἴκου Ἰούδα τεσσαράκοντα ἡμέρας ἡμέραν εἰς ἐνιαυτὸν τέθεικά σοι (9, 9)
— 8. ἕως οὗ συντελεσθῶσιν ἡμέραι [A αἱ ἡ.] τοῦ συγκλεισμοῦ σου (9)
— 9. κατὰ ἀριθμὸν τῶν ἡ. ἃς σὺ καθεύδεις ἐπὶ τοῦ πλευροῦ σου ἐνενήκοντα καὶ ἑκατὸν ἡμέρας (9, 9)
— 10. εἴκοσι σίκλους τὴν ἡ. (9)
5. 2. κατὰ τὴν πλήρωσιν τῶν ἡ. τοῦ συγκλεισμοῦ (9)
7. 7. ἤγγικεν ἡ ἡ. (9)
— 10. ἰδοὺ ἡ ἡ. κυρίου [A ἰ. ἡ. ἥκει] (9)
— 12. ἰδοὺ ἡ ἡ. (9)
— 19. A ἐν ἡμέρᾳ ὀργῆς κυρίου (9)
12. 3. ποίησον σεαυτῷ σκεύη αἰχμαλωσίας [A *add.* καὶ αἰχμαλωτίσθητι] ἡμέρας (26 *a*)
— 4. ἐξοίσεις τὰ σκεύη σου σκεύη αἰχμαλωσίας ἡμέρας (26 *a*)
— 7. σκεύη ἐξήνεγκα [A ἐ. ὡς σκ.] αἰχμαλωσίας ἡμέρας (26 *a*)
— 22. μακραὶ [A -ὰν] αἱ ἡ. (9)
— 23. ἠγγίκασιν αἱ ἡ. (9)
— 25. ἐν ταῖς ἡ. ὑμῶν οἶκος ὁ παραπικραίνων (9)

Ez. 12. 27. ἡ ὅρασις ἣν οὗτος ὁρᾷ εἰς ἡμέρας πολλάς (Θ)
13. 5. οὐκ ἀνέστησαν οἱ λέγοντες, Ἐν ἡμέρᾳ κυρίου (Θ)
16. 4. ἐν ᾗ ἡμέρᾳ ἐτέχθης (Θ)
— 5. R ἐν ἡμέρᾳ ᾗ [A B ἐ. ᾗ ἡ.] ἐτέχθης (Θ)
— 22. A R οὐκ ἐμνήσθης τὰς ἡ. τῆς νηπιότητός σου [B *add.* τῆς ἡ.] (Θ, –)
— 43. A οὐκ ἐμνήσθης τὴν ἡ. [B *om.* τ. ἡ.] τῆς νηπιότητός σου (Θ)
— 56. ἐν ταῖς ἡ. ὑπερηφανίας σου (Θ)
— 60. ἐν ἡμέραις νηπιότητός σου (Θ)
20. 5. ἀφ' ἧς ἡ. ᾑρέτισα τὸν οἶκον Ἰσραήλ (Θ)
— 6. ἐν ἐκείνῃ τῇ ἡ. ἀντελαβόμην τῇ χειρί μου αὐτῶν (Θ)
— 29. ἐπεκάλεσαν τὸ ὄν. αὐ. Ἀ. ἕως τῆς σήμερον ἡ. (Θ)
— 31. μιαίνεσθε ἐν πᾶσι τοῖς ἐνθυμήμ. ὑ. ἕως τῆς σήμερον ἡ. (Θ)
21. 25 (30), 29 (34). ἥκει ἡ ἡ. ἐν καιρῷ ἀδικίας πέρας (Θ)
22. 4. ἤγγισας τὰς ἡ. σου (Θ)
— 14. ἐν ταῖς ἡ. αἷς ἐγὼ ποιῶ (Θ)
— 24. οὐδὲ ὑετὸς ἐγένετο ἐπὶ σὲ ἐν ἡμέρᾳ ὀργῆς [A *al.*] (Θ)
23. 19. τοῦ ἀναμνῆσαι ἡμέραν [A -ας] νεότητός σου (Θ)
— 39. A ἐν τῇ ἡ. ἐκείνῃ (Θ)
24. 2. γράψον σεαυτῷ εἰς ἡμέραν ἀπὸ τῆς ἡ. ταύτης . . . ἀπὸ τῆς ἡ. τῆς σήμερον (Θ *ter*)
— 25. οὐχὶ ἐν τῇ ἡ. ὅταν λαμβάνω (Θ)
— 26. ἐν ἐκείνῃ τῇ ἡ. ἥξει (Θ)
— 27. ἐν τῇ ἡ. ἐκείνῃ διανοιχθήσεται (Θ)
26. 18. ἀπὸ ἡμέρας πτώσεώς σου (Θ)
27. 27. ἐν τῇ ἡ. τῆς πτώσεώς σου (Θ)
28. 14 (13). ἀφ' ἧς ἡ. ἐκτίσθης (Θ)
— 15. ἐγενήθης ἄμωμος σὺ ἐν ταῖς ἡ. σου ἀφ' ἧς ἡ. σὺ ἐκτίσθης ἕως [A *add.* ἡμέρας] εὑρέθη τὰ ἀδικήμ. [A *add.* σου] ἐν σοί (6, Θ, –)
29. 21. ἐν τῇ ἡ. ἐκείνῃ ἀνατελεῖ κέρας (Θ)
30. 2. ὢ ὢ ἡ. (Θ)
— 3. A R ἐγγὺς ἡ. [A ἡ ἡ.] τοῦ κυρίου ἡ. [A ἡ ἡ.] νεφέλης [B *om.*] (Θ, Θ)
— 9. ἐν τῇ ἡ. ἐκείνῃ ἐξελεύσονται ἄγγελοι . . . ἔσται ταραχὴ ἐν αὐτοῖς [A Αἰγύπτῳ] ἐν τῇ ἡ. Αἰγύπτου (Θ, Θ)
— 18. ἐν Τάφναις συσκοτάσει ἡ ἡ. (Θ)
31. 15. ἐν ᾗ ἡ. κατέβη εἰς ᾅδου (Θ)
32. 10. ἀφ' ἡμέρας πτώσεώς σου (Θ)
33. 12. ἐν ᾗ ἂν ἡ. πλανηθῇ . . . ἐν ᾗ ἂν ἡ. ἀποστρέψῃ (Θ, Θ)
— 12. A ἐν ἡμέρᾳ ἁμαρτίας αὐτοῦ (Θ)
34. 12. ἐν ἡμέρᾳ ὅταν ᾖ γνόφος καὶ νεφέλη [A ἡ. γνόφου κ. νεφέλης] (Θ)
— 12. ἐν ἡμέρᾳ νεφέλης καὶ γνόφου (Θ)
36. 33. ἐν ἡμέρᾳ [A ἐ. τῇ ἡ. ἐκείνῃ] ᾗ καθαριῶ ὑμᾶς (Θ)
38. 8. ἀφ' ἡμερῶν πλειόνων [A *add.* ἐτῶν] ἑτοιμασθήσεται (Θ)
— 10. ἔσται ἐν τῇ ἡ. ἐκείνῃ (Θ)
— 14. οὐκ ἐν τῇ ἡ. ἐκείνῃ . . . ἐγερθήσῃ [A ἐξεγ.] (Θ)
— 16. ἐπ' ἐσχάτων τῶν ἡ. ἔσται (Θ)
— 17. περὶ οὗ ἐλάλησα πρὸ [A ἀφ'] ἡμερῶν τῶν ἔμπροσθεν . . . ἐν ταῖς ἡ. ἐκείναις καὶ ἔτεσι (Θ, Θ)
— 18. ἔσται ἐν τῇ ἡ. ἐκείνῃ ἐν ἡμέρᾳ ᾗ ἂν ἔλθῃ Γώγ (Θ, Θ)
— 19. ἐν τῇ ἡ. ἐκείνῃ ἔσται σεισμὸς μέγας (Θ)
39. 8. αὕτη ἐστὶν ἡ ἡ. ἐν ᾗ ἐλάλησα (Θ)
— 11. ἐν τῇ ἡ. ἐκείνῃ δώσω τῷ Γώγ (Θ)
— 13. ᾗ ἡ. [A *add.* ᾗ] ἐδοξάσθην (Θ)
— 22. ἀπὸ τῆς ἡ. ταύτης καὶ ἐπέκεινα (Θ)
40. 1. ἐν τῇ ἡ. ἐκείνῃ ἐγένετο ἐπ' ἐμὲ χεὶρ κυρίου (Θ)
43. 18. ἐν ἡμέρᾳ ποιήσεως αὐτοῦ (Θ)
— 22. τῇ ἡ. τῇ δευτέρᾳ λήψονται ἐρίφους (Θ)
— 25. ἑπτὰ ἡμέρας ποιήσεις ἔριφον ὑπὲρ ἁμαρτίας καθ' ἡμέραν (Θ, Θ)
— 26. ἄμωμα ποιήσουσιν ἑπτὰ ἡμέρας (Θ)
— 27. ἔσται ἀπὸ τῆς ἡ. τῆς ὀγδόης καὶ ἐπέκεινα (Θ)
44. 26. ἑπτὰ ἡμέρας ἐξαριθμήσει αὐτῷ (Θ)
— 27. ᾗ ἂν ἡμέρᾳ εἰσπορεύωνται (Θ)
45. 21. ἑπτὰ ἡμέρας ἄζυμα ἔδεσθε (Θ)
— 22. ἐν ἐκείνῃ τῇ ἡ. (Θ)

Ez. 45. 23. τὰς ἑπτὰ ἡ. τῆς ἑορτῆς ποιήσει [A -εις] ὁλοκαυτώματα . . . ἑπτὰ κριοὺς ἀμώμους καθ' ἡμέραν τὰς ἑπτὰ ἡ. καὶ ὑπὲρ ἁμαρτίας ἔριφον αἰγῶν καθ' ἡμέραν (Θ *quater*)
— 25. A ἐν τῷ ἑβδόμῳ μηνὶ [B *om.*] πεντεκαιδεκάτῃ ἡμέρᾳ [B *om.*] τοῦ μηνός (Θ)
— 25. ποιήσεις κατὰ τὰ αὐτὰ ἑπτὰ ἡμέρας (Θ)
46. 1. πύλη . . . ἔσται κεκλεισμένη ἓξ ἡμέρας τὰς ἐνεργούς· ἐν τῇ ἡ. τῶν σαββάτων ἀνοιχθῇ καὶ ἐν τῇ ἡ. τῆς νουμηνίας ἀνοιχθήσεται (Θ *ter*)
— 4. ἐν τῇ ἡ. τῶν σαββάτων (Θ)
— 6. ἐν τῇ ἡ. τῆς νουμηνίας (Θ)
— 12. ὃν τρόπον ποιεῖ ἐν τῇ ἡ. τῶν σαββάτων (Θ)
— 13. εἰς [A *om.*] ὁλοκαύτωμα καθ' ἡμέραν τῷ κ. (Θ)
48. 35. ἀφ' ἧς ἂν ἡ. γένηται (Θ)
Da. LXX. Su. 52. πεπαλαιωμένε ἡ. κακῶν
— 62. ἐσώθη αἷμα ἀναίτιον ἐν τῇ ἡ. ἐκείνῃ
1. 5. δίδοσθαι . . . ἔκθεσιν . . . καθ' ἑκάστην ἡμέραν (23 *b*)
— 12. πείρασον δὴ τοὺς παῖδάς σου ἐφ' ἡμέρας δέκα (Θ)
— 14. ἐπείρασεν αὐτοὺς ἡμέρας δέκα (Θ)
— 15. μετὰ δὲ τὰς δέκα ἡμέρας ἐφάνη ἡ ὄψις (Θ)
— 18. μετὰ δὲ τὰς ἡ. ταύτας ἐπέταξεν ὁ βασ. (Θ)
2. 28. ἃ δεῖ γενέσθαι ἐπ' ἐσχάτων τῶν ἡ. (Θ)
— 45. τὰ ἐσόμενα ἐπ' ἐσχάτων τῶν ἡ. †
3. (71). εὐλογεῖτε νύκτες καὶ ἡμέραι
4. 15. ἐνώπιόν μου ἐξεκόπη ἐν ἡ. μιᾷ –
— 15. ἐν ὥρᾳ μιᾷ τῆς ἡ. –
— 34. πάσας τὰς ἡ. τῆς βασιλείας μου –
— 34. ἐν αὐτῇ τῇ ἡ. ἐκάθισέ με –
5. 1. ἐν ἡμέρᾳ ἐγκαινισμοῦ –
— 1. ἐν τῇ ἡ. ἐκείνῃ –
— 12. ἐν ταῖς ἡ. τοῦ πατρός σου –
— 31 (6. 1). Δ. πλήρης τῶν ἡ. –
6. 5 (6). ἕως ἡμερῶν τριάκοντα –
— 5 (6). δεῖται κ. τοῦ θ. αὐτοῦ τρὶς τῆς ἡ. –
— 7 (8). ἕως ἡμερῶν τριάκοντα (Θ)
— 10 (11). ἔπιπτεν ἐπὶ πρόσωπον αὐτοῦ τρὶς τῆς ἡ. (Θ)
— 11 (12). τρὶς τῆς ἡ. καθ' ἑκάστην ἡ. –, –
— 12 (13) ἕως ἡμερῶν τριάκοντα (Θ)
— 13 (14). δεόμενον τοῦ προσώπου . . . τρὶς τῆς ἡ. (Θ)
— 16 (17). σὺ λατρεύεις ἐνδελεχῶς τρὶς τῆς ἡ. –
— 27 (28). δουλεύων πάσας τὰς ἡ. μου –
7. 9. παλαιὸς ἡμερῶν ἐκάθητο (Θ)
— 13. καὶ ὡς παλαιὸς ἡμερῶν παρῆν (Θ)
— 22. ἕως τοῦ ἐλθεῖν τὸν παλαιὸν ἡμερῶν (Θ)
8. 14. ἕως ἑσπέρας καὶ πρωῒ ἡμέραι δισχίλιαι –
— 26. ἔτι γὰρ εἰς ἡμέρας πολλάς (Θ)
— 27. ἐγὼ Δ. ἀσθενήσας ἡμέρας πολλάς (Θ)
9. 7, 15. κατὰ τὴν ἡ. ταύτην (Θ)
10. 2. ἐν ταῖς ἡ. ἐκείναις ἐγὼ Δ. ἤμην πενθῶν (Θ)
— 3. συντελέσαι . . . τρεῖς ἑβδομάδας τῶν ἡ. (Θ)
— 4. ἐγένετο τῇ ἡ. τῇ τετάρτῃ καὶ εἰκάδι (Θ)
— 12. ἀπὸ τῆς ἡ. τῆς πρώτης ἧς ἔδωκας (Θ)
— 13. ἀνθειστήκει ἐναντίον μου εἴκοσι καὶ μίαν ἡ. (Θ)
— 14. ἐπ' ἐσχάτου τῶν ἡ. ἔτι γὰρ ὅρασις εἰς ἡμέρας (Θ, Θ)
11. 9. εἰσελεύσεται . . . βασιλεὺς Αἰ. ἡμέρας –
— 20. ἐν ἡμέραις ἐσχάταις συντριβήσεται (Θ)
— 33. ἐν προνομῇ ἡμερῶν κηλιδωθήσονται (Θ)
12. 1. ἐκείνη ἡ ἡ. θλίψεως οἵα οὐκ ἐγενήθη (14)
— 1. ἀφ' οὗ ἐγενήθησαν ἕως τῆς ἡ. ἐκείνης (14)
— 1. ἐν ἐκείνῃ τῇ ἡ. (14)
— 11. ἑτοιμασθῇ δοθῆναι . . . ἡμέρας χιλίας (Θ)
— 12. συνάξει εἰς ἡμέρας χιλίας τριακοσίας (Θ)
— 13. ἔτι γάρ εἰσιν ἡμέραι καὶ ὧραι –
— 13. εἰς συντέλειαν ἡμερῶν (Θ)
Bel 2. ἀνηλίσκετο . . . καθ' ἑκάστην ἡμέραν
— 3. ἐπορεύετο . . . καθ' ἑκάστην ἡμέραν
— 5. δαπανᾶται καθ' ἑκάστην ἡμέραν
— 31. ἐχορηγεῖτο . . . καθ' ἑκάστην ἡμέραν
— 30. ἦν ἐν τῷ λάκκῳ Δ. ἡμέρας ἕξ
— 32. καὶ ἐγένετο τῇ ἡ. τῇ ἕκτῃ
— 38. ὅθεν αὐτὸν ἔλαβε τῇ αὐτῇ ἡ.
Da. TH. Su. 7. ἀπέτρεχεν ὁ λαὸς μέσον ἡμέρας
— 8. ἐθεώρουν αὐτὴν . . . καθ' ἡμέραν εἰσπορευομένην
— 12. παρετηροῦσαν . . . καθ' ἡμέραν ὁρᾶν αὐτήν
— 15. ἐν τῷ παρατηρεῖν αὐτοὺς ἡμέραν εὔθετον
— 15. καθὼς ἐχθὲς καὶ τρίτης ἡμέρας
— 52. πεπαλαιωμένε ἡμερῶν κακῶν

Da. TH. Su. 62. ἐσώθη αἷμα ἀναίτιον ἐν τῇ ἡ. ἐκείνῃ
— 64. ἀπὸ τῆς ἡ. ἐκείνης καὶ ἐπέκεινα
1. 5. διέταξεν . . . ὁ βασ. τὸ τῆς ἡ. καθ' ἡμέραν ἀπὸ τῆς τραπέζης τοῦ βασ. (Θ, Θ)
— 12. πείρασον δὴ τοὺς παῖδάς σου ἡμέρας δέκα (Θ)
— 14. ἐπείρασεν αὐτοὺς ἡμέρας δέκα (Θ)
— 15. μετὰ τὸ τέλος τῶν δέκα ἡ. (Θ)
— 18. μετὰ τὸ τέλος τῶν ἡ. (Θ)
2. 28. ἃ δεῖ γενέσθαι ἐπ' ἐσχάτων τῶν ἡ. (Θ)
— 44. ἐν ταῖς ἡ. τῶν βασιλέων ἐκείνων (Θ)
3. (71). εὐλογεῖτε νύκτες καὶ ἡμέραι τὸν κ.
4. 31. μετὰ τὸ τέλος τῶν ἡ. (Θ)
5. 11. ἐν ταῖς ἡ. τοῦ πατρός σου (Θ)
6. 7 (8). ὃς ἂν αἰτήσῃ αἴτημα . . . ἕως ἡμερῶν τριάκ. (Θ)
— 10 (11). καιροὺς τρεῖς τῆς ἡ. ἦν κάμπτων (Θ)
— 12 (13). ὃς ἂν αἰτήσῃ . . . αἴτημα ἕως ἡμερῶν τριάκ. (Θ)
— 13 (14). καιροὺς τρεῖς τῆς ἡ. αἰτεῖ (Θ)
7. 9. παλαιὸς ἡμερῶν ἐκάθητο (Θ)
— 13. ἕως τοῦ παλαιοῦ τῶν ἡ. ἔφθασε (Θ)
— 22. ἕως οὗ ἦλθεν ὁ παλαιὸς ἡμερῶν [A τῶν ἡ.] (Θ)
8. 14. ἕως ἑσπέρας καὶ πρωῒ ἡμέραι δισχίλ. –
— 26. ὅτι εἰς ἡμέρας πολλάς (Θ)
9. 2. A τὸν ἀριθμὸν τῶν ἡ. [B ἐτῶν] †
— 7. ἡμῖν ἡ αἰσχύνη . . . ὡς ἡ ἡ. αὕτη (Θ)
— 15. ἐποίησας . . . ὄνομα ὡς ἡ ἡ. αὕτη (Θ)
10. 2. ἐν ταῖς ἡ. ἐκείναις ἐγὼ Δ. ἤμην (Θ)
— 2. ἤμην πενθῶν τρεῖς ἑβδομάδας ἡμερῶν (Θ)
— 3. ἕως πληρώσεως τριῶν ἑβδομάδων ἡμερῶν (Θ)
— 4. ἐν ἡμέρᾳ εἰκοστῇ καὶ τετάρτῃ τοῦ μηνός (Θ)
— 12. ἀπὸ τῆς πρώτης ἡ. ἧς ἔδωκας [A *al.*] (Θ)
— 13. εἴκοσι καὶ μίαν ἡμέραν (Θ)
— 14. ἐπ' ἐσχάτων τῶν ἡμερῶν (Θ)
— 14. ὅτι ἔτι ἡ ὅρασις εἰς ἡμέρας (Θ)
11. 20. ἐν ταῖς ἡ. ἐκείναις συντριβήσεται (Θ)
— 33. ἐν διαρπαγῇ ἡμερῶν (Θ)
12. 11. δοθήσεται τὸ βδέλυγμα . . . ἡμέραι χίλιαι [A *al.*] (Θ)
— 12. μακάριος ὁ ὑπομένων . . . εἰς ἡμέρας χιλίας (Θ)
— 13. ἔτι γὰρ ἡμέραι καὶ ὧραι [A *al.*] –
— 13. εἰς συντέλειαν ἡμερῶν (Θ)
Bel 3. ἐδαπανῶντο . . . ἑκάστης ἡ. σεμιδάλεως ἀρτάβαι
— 4. ἐπορεύετο καθ' ἑκάστην [A *om.*] ἡ. προσκυνεῖν
— 6. ἐσθίει καὶ πίνει καθ' ἑκάστην ἡ.
— 31. ἦν ἐκεῖ ἡμέρας ἕξ
— 32. ἐδίδοτο αὐτοῖς τὴν ἡ. δύο σώματα
— 40. ὁ δὲ βασιλεὺς ἦλθε τῇ ἡ. τῇ ἑβδόμῃ
I Ma. 1. 11. ἐν ταῖς ἡ. ἐκείναις
— 29. μετὰ δύο ἔτη ἡμερῶν
— 54. S[2] R τῇ [A S[1] *om.*] πεντεκαιδεκ. ἡ. Χασελεῦ
2. 1. ἐν ταῖς ἡ. ἐκείναις
— 32. ἐν τῇ ἡ. τῶν σαββάτων
— 34. βεβηλῶσαι τὴν ἡ. τῶν σαββάτων
— 41. A R ἐβουλεύσαντο τῇ ἡ. ἐκ. [S τὴν ἡ. ἐκ.]
— 41. τῇ ἡ. τῶν σαββάτων
— 49. ἤγγισαν αἱ ἡ. τοῦ Ματτ. ἀποθανεῖν
— 65. αὐτοῦ ἀκούετε πάσας τὰς ἡ.
3. 12. ἦν πολεμῶν ἐν αὐτῇ πάσας τὰς ἡ.
— 29. ἃ ἦσαν ἀφ' ἡ. τῶν πρώτων
— 47. ἐνήστευσαν τῇ ἡ. ἐκείνῃ
— 50. οἱ ἐπλήρωσαν τὰς ἡ.
4. 6. R ἅμα τῇ [A S *om.*] ἡ. ὤφθη Ἰούδας
— 25. σωτηρία μεγάλη . . . ἐν τῇ ἡ. ἐκείνῃ
— 54. κατὰ τὸν καιρὸν καὶ κατὰ τὴν ἡ.
— 54. S ἐν ἐκείνῃ τῇ ἡ. [A R *om.* τ. ἡ.]
— 56. ἐποίησαν τὸν ἐγκαινισμὸν . . . ἡμέρας ὀκτώ
— 59. S R ἵνα ἄγωνται αἱ [A *om.*] ἡ. ἐγκαινισμοῦ . . . ἡμέρας ὀκτώ
5. 24. ἐπορεύθησαν ὁδὸν τριῶν ἡμερῶν
— 27. ἐξᾶραι πάντας τούτους ἐν ἡ. μιᾷ
— 34. ἐν ἐκείνῃ τῇ ἡ.
— 50. ὅλην τὴν ἡ. ἐκείνην
— 55. A R ἐν ταῖς ἡ. αἷς [S ἐν αἷς] ἦν Ἰούδας
— 60, 67. ἐν τῇ ἡ. ἐκείνῃ
6. 9. ἦν ἐκεῖ ἡμέρας πλείους
— 31. ἐπολέμησαν [A *add.* ἐπὶ] ἡ. πολλάς
— 51. παρενέβαλεν . . . ἡ. πολλάς
— 52. A R ἐπολέμησαν ἡ. πολλάς [S *om.*]
— 57. ἐκλείπομεν καθ' ἡμέραν
7. 16. ἀπέκτεινεν αὐτοὺς ἐν ἡ. μιᾷ
— 45. ὁδὸν ἡμέρας μιᾶς
— 48. ἤγαγον τὴν ἡ. ἐκείνην ἡ. εὐφροσύνης

► = additional entry on page xxvi

I Ma. 7. 49. τοῦ ἄγειν κατ' ἐνιαυτὸν τὴν ἡ. ταύτην
— 50. ἡσύχασεν ἡ γῆ 'I. ἡ. ὀλίγας
8. 10. ἕως τῆς ἡ. ταύτης
— 15. καθ' ἡμέραν ἐβουλεύοντο
9. 20. ἐπένθουν ἡ. πολλάς
— 24. ἐν ταῖς ἡ. ἐκείναις
— 27. ἀφ' ἧς ἡ. οὐκ ὤφθη προφήτης
— 34, 43. τῇ ἡ. τῶν σαββάτων
— 44. ὡς ἐχθὲς καὶ τρίτην ἡ.
— 49. τῇ ἡ. ἐκείνῃ
— 64. ἐπολέμησεν αὐτὴν ἡ. πολλάς
— 71. πάσας τὰς ἡ. τῆς ζωῆς αὐτοῦ
10. 30. ἀπὸ τῆς σήμερον ἡ. καὶ εἰς τὸν αἰ.
— 34. ἡ. ἀποδεδειγμέναι
— 34. **A R** τρεῖς ἡ. πρὸ ἑορτῆς καὶ τρεῖς ἡ. [**S** *om.*] μετὰ ἑορτὴν ἔστωσαν πᾶσαι αἱ ἡ. ἀτελείας
— 47. συνεμάχουν αὐτῷ πάσας τὰς ἡ.
— 50. ἐν τῇ ἡ. ἐκείνῃ
— 55. ἀγαθὴ ἡ. ἐν ᾗ ἀνέστρεψας
11. 18. **A R** ἐν [**S** *om.*] τῇ ἡ. τῇ τρίτῃ
— 20. ἐν ταῖς ἡ. ἐκείναις
— 40. ἔμεινεν ἐκεῖ ἡ. πολλάς
— 47. ἐν τῇ ἡ. ἐκείνῃ
— 48. ἐν ἐκείνῃ τῇ ἡ.
— 65. ἐπολέμει αὐτὴν ἡ. πολλάς
— 74. ἐν τῇ ἡ. ἐκείνῃ
12. 11. **S R** ταῖς [**A** ἐν ταῖς] λοιπαῖς καθηκούσαις ἡ.
13. 26. ἐπένθησαν αὐτὸν ἡ. πολλάς
— 30. ἕως τῆς ἡ. ταύτης
— 39. ἕως τῆς σήμερον ἡ.
— 43. ἐν ταῖς ἡ. ἐκείναις
— 52. τοῦ ἄγειν τὴν ἡ. ταύτην
14. 4. πάσας τὰς ἡ. Σίμωνος
— 4. πάσας τὰς ἡ.
— 13. ἐν ταῖς ἡ. ἐκείναις
— 36. ἐν ταῖς ἡ. αὐτοῦ
15. 25. ἐν τῇ δευτέρᾳ [**S**[2] *add.* ἡμέρᾳ]
16. 2. ἀπὸ νεότητος ἕως τῆς σήμερον ἡ.
— 24. **S R** ἐπὶ βιβλίῳ [**A** -ου] ἡμερῶν ἀρχιερωσύνης αὐ.
II Ma. 1. 9. τὰς ἡ. τῆς σκηνοπηγίας
2. 12. **R** τὰς [**A**[1] *om.*, **A**[2] μετὰ] ὀκτὼ ἡ. ἤγαγεν
— 16. καλῶς οὖν ποιήσετε ἄγοντες τὰς ἡ.
3. 14. ταξάμενος δὲ ἡμέραν
5. 2. σχεδὸν ἐφ' ἡμέρας τεσσαράκοντα
— 14. ἐν ταῖς πάσαις ἡ. τρισὶ κατεφθάρησαν
— 25. ἕως τῆς ἁγίας ἡ. τοῦ σαββάτου
6. 7. τὴν κατὰ μῆνα τοῦ βασιλέως γενέθλιον ἡ.
— 11. κατὰ τὴν δόξαν τῆς σεμνοτάτης ἡ.
7. 20. μιᾶς ὑπὸ καιρὸν ἡμέρας
8. 27. τῷ διασώσαντι αὐτοὺς εἰς τὴν ἡ. ταύτην
10. 5. ἐν ᾗ δὲ ἡ. ὁ νεὼς . . . ἐβεβηλώθη
— 5. κατὰ τὴν αὐτὴν ἡ.
— 6. ἦγον ἡμέρας ὀκτώ
— 8. **R** ἄγειν τάσδε τὰς [**A** τὰς δεκάτας] ἡ.
— 33. περιεκάθισαν . . . ἡμέρας τέσσαρας [**A** -άκοντα]
— 35. ὑποφαινούσης δὲ τῆς πέμπτης ἡ.
13. 10. δι' ἡμέρας καὶ νυκτός
— 12. ἐφ' ἡμέρας τρεῖς
— 17. ὑποφαινούσης δὲ ἤδη τῆς ἡ.
14. 4. τὴν ἡ. ἐκείνην ἡσυχίαν ἔσχε
— 21. ἐτάξαντο δὲ ἡμέραν ἐν ᾗ . . . ἥξουσιν
15. 1. τῇ τῆς καταπαύσεως ἡ.
— 2. τῇ προτετιμημένῃ . . . ἡ.
— 3. ἄγειν τὴν τῶν σαββάτων ἡ.
— 36. ἐᾶσαι ἀπαρασήμαντον τήνδε τὴν ἡ.
— 36. πρὸ μιᾶς ἡ. τῆς Μαρδοχαϊκῆς ἡ.
III Ma. 4. 8. τὰς ἐπιλοίπους τῶν γάμων ἡ.
— 14. μιᾶς ὑπὸ καιρὸν ἡμέρας
— 15. ἐπὶ ἡμέρας τεσσαράκοντα
5. 2. **R** ὑπὸ τὴν ἐπερχομένην [**A** ἐρχ.] ἡ.
— 11. ἐν νυκτὶ καὶ ἡμέρᾳ
— 18. **R** τὴν παροῦσαν [**A** περιοῦσαν] ἡ.
— 20. **R** εἰς τὴν ἐπιτέλλουσαν [**A** ὑποστέλλουσαν] ἡ.
6. 30. χορηγεῖν ἐπὶ ἡμέρας ἑπτά
— 36. τὰς προειρημένας ἡ. ἄγειν . . . εὐφροσύνους
— 38. ἐπὶ ἡμέρας τεσσαράκοντα
— 38. ἡμέραις τρίσιν
7. 15. ἐκείνῃ δὲ τῇ ἡ.
— 17. προσέμεινεν . . . ἡμέρας ἑπτά
— 19. ἄγειν τὰς ἡ. . . . εὐφροσύνους
IV Ma. 3. 7. δι' ὅλης ἡ.
13. 22. τῆς καθ' ἡμέραν συνηθείας
14. 7. ἑπτὰ τῆς κοσμοποιΐας ἡμέραι
IV Ma. 18. 19. **S R** ἡ ζωὴ ὑμῶν καὶ ἡ μακρότης [**A** μακαριότης] τῶν ἡ.
— 20. **S R** ὦ πικρᾶς [**A** -ὰ] τῆς τότε ἡ.

[**Aq.** Ge. 1. 5, 16: 2. 17: 3. 9 (8): 8. 22: 47. 9: Ex. 12. 6: Le. 23. 40, 41: Dt. 24. 17 (15): I Ki. 13. 8: 18. 26: 20. 19: 22. 13: III Ki. 4. 21 (5. 1): 8. 24, 65 *bis*: 11. 39: 14. 14, 19, 20: 15. 6, 32: 22. 47: IV Ki. 19. 25: 23. 22: Jb. 1. 4: 3. 5, 8: 7. 6 *bis*, 16: 8. 9: 9. 25: 10. 5: 17. 12: 18. 20: 29. 2: 30. 1: 33. 25: Ps. 7. 12: 26 (27). 5: 31 (32). 3: 36 (37). 26: 43 (44). 2, 23: 54 (55). 24: 55 (56). 4: 71 (72). 7: 77 (78). 33: 88 (89). 46: 89 (90). 14: 109 (110). 3: Pr. 4. 18: 7. 20: 25. 20: 27. 1: 31. 12: Ec. 7. 15 (14): 9. 9: 11. 8: Ca. 4. 6: Is. 1. 1: 2. 20: 7. 17: 11. 11: 20. 6: 24. 21: 26. 1: 27. 2: 28. 24: 30. 8, 25: 38. 5, 10, 12: 54. 9: 56. 12: Je. 7. 25: 14. 17: 16. 13: 17. 11: 25. 18 (32. 4): 26 (33). 18: 28 (35). 11: 35 (42). 14: 36 (43). 2: 38 (45). 28: 42 (49). 7: 44 (51). 2, 23: 46 (26). 26: 48 (31). 41: 49. 26 (30. 15): 50 (27). 30: 52. 11: Ez. 4. 5: 23. 38, 39: 24. 2: 30. 3 *bis*: 32. 10: 33. 12: 45. 25: Ho. 10. 9: Jn. 3. 4.]

[**Sm.** Ge. 1. 5, 16: 2. 17: 3. 9 (8): 8. 22: Ex. 12. 6: 13. 21: Le. 23. 40, 41: I Ki. 9. 15: 13. 8: 18. 26: III Ki. 3. 13: 4. 21 (5. 1): 5. 1 (15): 11. 36: 17. 15: Jb. 3. 4: 7. 6 *bis*, 16: 8. 9: 9. 25: 29. 2, 4: Ps. 12 (13). 3: 17 (18). 19: 21 (22). 3: 24 (25). 5: 26 (27). 5: 31 (32). 3, 4: 34 (35). 28: 36 (37). 18: 38 (39). 6: 40 (41). 2: 41 (42). 9: 43 (44). 9, 16, 23: 48 (49). 6: 51 (52). 3: 54 (55). 11, 24: 55 (56). 3, 4, 6, 10: 60 (61). 7 *bis*, 9: 70 (71). 8, 15: 71 (72). 7: 72 (73). 14: 73 (74). 22: 76 (77). 6: 77 (78). 42: 85 (86). 3: 87 (88). 10, 18: 88 (89). 17, 30: 89 (90). 9, 14, 15: 109 (110). 3: 135 (136). 8: 137 (138). 3: 138 (139). 12, 16: 139 (140). 3: Pr. 4. 18: 15. 15: 25. 20: 27. 1, 10: 31. 12: Ec. 12. 1: Is. 1. 1: 2. 20: 7. 17: 10. 17: 20. 6: 24. 21: 27. 2: 28. 24: 30. 8, 25: 38. 5, 10, 12: 51. 9: 52. 5: 54. 9: 58. 2, 5: Je. 7. 25: 14. 17: 16. 13: 20. 7: 26 (33). 18: 36 (43). 2: 44 (51). 23: 46 (26). 26: 49. 26 (30. 15): 50 (27). 30: 52. 11: Ez. 4. 5, 9: 5. 2: 13. 5: 23. 38, 39: 24. 2: 26. 18: 30. 3 *bis*: 45. 25: Ho. 7. 5: 10. 9: Am. 4. 4: Jn. 3. 4: Za. 14. 6, 7 *bis*.]

[**Th.** Ge. 1. 5, 16: 3. 9 (8): Ex. 12. 6: 13. 21: Le. 23. 40, 41: I Ki. 14. 18: 18. 26: 22. 13: III Ki. 5. 1 (15): 17. 15: Jb. 3. 4: 7. 6 *bis*: 8. 9: 9. 25: 10. 5: 15. 10: 17. 12: 30. 1, 27: 33. 25: Ps. 12 (13). 3: 43 (44). 23: 55 (56). 4: 138 (139). 16: Pr. 4. 18: 7. 20: 25. 20: 27. 1: 31. 12: Is. 1. 1: 2. 20: 13. 22: 20. 6: 24. 21: 27. 8: 28. 24: 30. 8, 33: 38. 5, 10, 12: 54. 9: 56. 12: 58. 5: 65. 20: Je. 11. 7 *bis*: 16. 13: 25. 18 (32. 4): 27 (34). 22: 28 (35). 11: 33 (40). 14, 15, 16, 18, 20 *bis*, 25: 35 (42). 14: 38 (45). 28: 39 (46). 10: 44 (51). 2, 23: 48 (31). 41, 47: 49. 26 (30. 15): 50 (27). 30: Ez. 4. 5: 7. 19: 13. 5: 23. 38, 39: 24. 2: 27. 33: 30. 3 *bis*: 32. 10: 33. 12: 45. 25: Da. 1. 15: 2. 28: 7. 9: 8. 26, 27†: 11. 20: 12. 13 *bis*: Ho. 7. 5: 10. 9: Ob. 1. 12: Jn. 3. 4.]

[**Al.** Ex. 12. 41: Le. 8. 33 *bis*: 23. 28: 25. 29, 50: Dt. 11. 21: 16. 8: Jo. 3. 2: I Ki. 1. 11: III Ki. 22. 47: Jb. 7. 16: Ps. 43 (44). 2: 48 (49). 6: Pr. 7. 20: La. 5. 4: Da. 7. 9: Mi. 7. 12: Hb. 3. 16.]

[**Sam.** Nu. 29. 1.]
[**Heb.** Ge. 6. 6 (5): Ex. 5. 6: 12. 6.]
[**Quint.** Ps. 26 (27). 5: 109 (110). 3.]
[**Sext.** Ps. 26 (27). 5.]

ἡμέρευσις.

[**Aq.** Ps. 1. 2: 31 (32). 4.]
[**Sm., Quint., Sext.** Ps. 1. 2.]

ἡμερολεγδόν.

[**Al.** Le. 25. 29.]

ἥμερος.

Es. 3. 13. **B S** τήν τε βασιλείαν ἥμερον [**A** ἤρεμον] . . . παρεξόμενος –
II Ma. 12. 30. ἥμερον ἀπάντησιν ἐποιοῦντο
IV Ma. 2. 13. δενδροτομῶν τὰ ἥ. τῶν πολεμίων φυτά
14. 15. τῶν πετεινῶν τὰ μὲν ἥ. . . . προασπίζει

ἡμεροῦσθαι.

Wi. 16. 18. ποτὲ μὲν γὰρ ἡμεροῦτο φλόξ

ἡμέτερος.

Ge. 1. 26.
Jo. 5. 12 (13).
I Es. 8. 10.
Es. 3. 13: 8. 13 *ter*.
Ps. 34 (35). 14.
Pr. 1. 13: 4. 4.
Wi. 2. 9.
II Ma. 6. 24: 7. 36: 11. 26.
III Ma. 1. 27: 2. 14: 3. 14†, 17, 18: 6. 28 *bis*.
IV Ma. 6. 28: 13. 22.

[**Sm.** I Ki. 23. 20.]

ἡμίεφθος. (1) מִכְמָר

Is. 51. 20. ὡς σευτλίον ἡμίεφθον (1 ?)

ἡμιθανής.

IV Ma. 4. 11. καταπεσών γε τοι ἡ. ὁ 'Απολλώνιος

ἡμίθνητος.

Wi. 18. 18. ἄλλος ἀλλαχῇ ῥιφεὶς ἡμίθνητος

ἡμικόρος.

[**Aq., Sm., Th.** Ho. 3. 2.]

ἡμίν.

[**Aq., Sm.** Ge. 36. 24.]

ἡμίονος. (1) אָתוֹן (2) *a.* פֶּרֶד *b.* פִּרְדָּה (3) νέμειν τὰς ἡ. רָעָה

Ge. 12. 16. ἡ. καὶ κάμηλοι (1)
45. 23. καὶ δέκα ἡμιόνους αἱρούσας ἄρτους (1)
I Ki. 21. 7 (8). νέμων τὰς ἡ. Σαούλ (3)
22. 9. ὁ καθεστηκὼς ἐπὶ τὰς ἡ. Σαούλ †
II Ki. 13. 29. ἐπεκάθισαν ἀνὴρ [**A** ἕκαστος] ἐπὶ τὴν ἡ. αὐτοῦ (2 *a*)
18. 9. ἐπιβεβηκὼς ἐπὶ τοῦ [**B**[2] τῆς] ἡ. αὐτοῦ (2 *a*)
— 9. εἰσῆλθεν ὁ [**B**[2] ἡ] ἡ. ὑπὸ τὸ δάσος (2 *a*)
— 9. ὁ ἡ. ὑποκάτω [**A** ὁ ὑ.] αὐτοῦ παρῆλθε (2 *a*)
III Ki. 1. 33. ἐπιβιβάσατε τὸν υἱόν μου Σ. ἐπὶ τὴν ἡ. τὴν ἐμήν (2 *b*)
— 38. ἐπεκάθισαν τὸν Σ. ἐπὶ τὴν ἡ. τοῦ βασ. (2 *b*)
— 44. ἐπεκάθισαν αὐτὸν ἐπὶ τὴν ἡ. τοῦ βασ. (2 *b*)
10. 25. ἵππους καὶ ἡμιόνους (2 *a*)
18. 5. περιποιησώμεθα ἵππους καὶ ἡμιόνους (2 *a*)
IV Ki. 5. 17. **R** γόμος [**A R** -ορ] ζεῦγος [**A** -ους, **B**[1] -η] ἡμιόνων (2 *a*)
I Ch. 12. 40. ἔφερον αὐτοῖς ἐπὶ τῶν καμήλων . . . καὶ τῶν ἡ. [**A**[1] *om.* κ. τ. ἡ.] (2 *a*)
II Ch. 9. 24. ἵππους καὶ ἡμιόνους (2 *a*)
I Es. 5. 43. ἡμίονοι διακόσιοι τεσσαράκοντα πέντε
II Es. 2. 66. ἡμίονοι αὐτῶν διακόσιοι τεσσαράκοντα πέντε (2 *a*)
Ne. 2. 8. **S**[3] τὰς ἡμιόνους τοῦ βασιλέως †
7. 68. **A S** ἡμίονοι διακόσιοι τεσσαράκοντα πέντε (2 *a*)
Ju. 2. 17. ἔλαβε καμήλους . . . καὶ ἡμιόνους
15. 11. ἐπέθηκεν [**S** ἔθ.] ἐπὶ τὴν ἡ. αὐτῆς
Ps. 31 (32). 9. μὴ γίνεσθε ὡς ἵππος καὶ ἡμίονος (2
Za. 14. 15. ἡ πτῶσις τῶν ἵππων καὶ τῶν ἡ. (2 *a*)
Is. 66. 20. ἐν λαμπήναις ἡμιόνων μετὰ σκιαδίων (2 *a*)
Ez. 27. 14. **A** ἵππους καὶ ἱππεῖς καὶ ἡμιόνους ἔδωκαν ἀγοράν σου [**B** *al.*] (2 *a*)

[**Aq.** Ps. 31 (32). 9: Is. 66. 20.]
[**Sm., Quint.** Ps. 31 (32). 9.]
[**Th.** Is. 66. 20.]

ἡμισεύειν. (1) חָצָה

Ps. 54 (55). 23. οὐ μὴ ἡμισεύσωσι τὰς ἡμέρας αὐτῶν (1)

[**Aq.** Ge. 33. 1: Jb. 21. 21: 40. 25 (30): Ps. 54 (55). 24.]
[**Sm.** Ps. 54 (55). 24.]

ἡμίσευμα. (1) *a.* מֶחֱצָה *b.* מַחֲצִית

Nu. 31. 36. ἐγενήθη τὸ ἡ. ἡ μερὶς τῶν ἐκπ. (1 *a*)
— 42. ἀπὸ τοῦ [**B**[1] *om.*] ἡ. τῶν υἱῶν 'Ισραήλ (1 *b*)
— 43. ἐγένετο τὸ ἡ. ἀπὸ [**A** τὸ] τῆς συναγωγῆς (1 *a*)
— 47. ἔλαβε M. ἀπὸ τοῦ ἡ. τῶν υἱῶν 'Ισρ. (1 *b*)

ἥμισυς. (1) *a.* חֲצִי *b.* מַחֲצִית (2) פֶּלֶג

Ex. 24. 6. λαβὼν δὲ Μωυσῆς τὸ ἥ. τοῦ αἵματος (1 *a*)
— 6. τὸ δὲ ἥ. τοῦ αἵματος προσέχεε (1 *a*)
25. 9 (10). δύο πήχεων καὶ ἡμίσους τὸ μῆκος καὶ πήχεος καὶ ἡμίσους τὸ πλάτος (1 *a*, 1 *a*)

Ex. 25. 9 (10). A B^{2}R καὶ πήχεος καὶ ἡμίσους τὸ ὕψος (1 a)
— 16 (17). δύο πήχεων καὶ ἡμίσους τὸ μῆκος καὶ πήχεος καὶ ἡμίσους τὸ πλάτος (1 a, 1 a)
— 22 (23). πήχεος καὶ ἡμίσους τὸ ὕψος (1 a)
26. 12. R τὸ ἥ. τῆς δέρρεως (1 a)
— 16. πήχεως ἑνὸς καὶ ἡμίσους τὸ πλάτος τοῦ στύλου (1 a)
27. 5. ἕως τοῦ [A *om.*] ἡμίσους τοῦ θυσιαστ. (1 a)
30. 13. τὸ ἥ. τοῦ διδράχμου (1 b)
— 13. τὸ δὲ ἥ. τοῦ διδράχμου εἰσφορὰ κυρίῳ (1 b)
— 15. ἀπὸ τοῦ ἡμίσεως τοῦ διδράχμου (1 b)
— 23. τὸ ἥ. τούτου διακοσίους πεντήκοντα (1 b)
38 (37). 1. A δύο πήχεων καὶ ἡμίσους (1 a)
— 1 *bis.* A καὶ πήχεως καὶ ἡμίσους (1 a)
38. 24 (4). ἕως τοῦ ἡ. αὐτοῦ (1 a)
39. 2 (38. 26). τὸ ἥ. τοῦ σίκλου (1 b)
Le. 6. 20 (13). B τὸ ἥ. αὐτῆς τὸ πρωῒ καὶ τὸ ἥ. αὐτῆς τὸ δειλ. (1 b, 1 b)
Nu. 12. 12. κατεσθίει τὸ ἥ. τῶν σαρκῶν αὐτῆς (1 a)
15. 9. ἥμισυ τοῦ ἴν (1 a)
— 10 (A B^{2}R): 28. 14. τὸ ἥ. τοῦ ἴν (1 a)
31. 29. ἀπὸ τοῦ ἡ. αὐτῶν λήψεσθε (1 b)
— 30. ἀπὸ τοῦ ἡ. τοῦ τῶν [B^1 τούτων τῶν] υἱῶν Ἰσρ. (1 b)
32. 33: 34. 13. τῷ ἡ. φυλῆς Μανασσῆ (1 a)
34. 14. τὸ ἥ. φυλῆς Μανασσῆ (1 a)
— 15. δύο φυλαὶ καὶ ἥμισυ φυλῆς (1 a)
De. 3. 12. τὸ ἥ. τοῦ ὄρους Γαλαάδ (1 a)
— 13. ἔδωκα τῷ ἡ. φυλῆς Μανασσῆ (1 a)
29. 8 (7). ἔδωκα . . . τῷ ἡ. φυλῆς Μανασσῆ (1 a)
Jo. 1. 12. τῷ ἡ. φυλῆς Μανασσῆ εἶπεν Ἰησοῦς (1 a)
4. 12. οἱ ἡ. φυλῆς Μανασσῆ (1 a)
9. 1 (8. 33) *bis.* οἱ ἦσαν ἥμισυ [A οἱ ἡ. αὐ.] πλησίον ὄρους (1 a)
12. 2. τὸ ἥ. τῆς Γαλαάδ (1 a)
— 5. τὸ ἥ. Γαλαάδ (1 a)
— 6. ἔδωκεν . . . τῷ ἡ. φυλῆς Μανασσῆ (1 a)
13. 7. τῷ ἡ. φυλῆς Μανασσῆ (1 a)
— 8. τῷ ἡ. φυλῆς Μανασσῆ –
— 25. τὸ [A *om.*] ἥ. γῆς υἱῶν Ἀμμών (1 a)
— 29. ἔδωκε M. τῷ ἡ. φυλῆς Μαν. (1 a)
— 31. τὸ ἥ. τῆς Γαλαάδ (1 a)
— 31. τοῖς ἡ. υἱοῖς Μαχίρ [A^2 *al.*] (1 a)
14. 2. τῷ ἡ. φυλῆς (1 a)
18. 7. τὸ ἥ. φυλῆς Μανασσῆ [A^2 υἱῶν M.] (1 a)
21. 5, 6. ἀπὸ τοῦ ἡ. φυλῆς Μανασσῆ (1 a)
— 25. ἀπὸ τοῦ ἡ. φυλῆς Μανασσῆ (1 b)
— 27. ἐκ τοῦ ἡ. φυλῆς Μανασσῆ (1 a)
22. 1. τὸ ἥ. φυλῆς Μανασσῆ (1 a)
— 7. τῷ [A τοῖς] ἡ. φυλῆς Μαν. ἔδωκε M. (1 a)
— 7. τῷ [A τοῖς] ἡ. ἔδωκεν Ἰ. (1 a)
— 9. A R τὸ ἥ. φυλῆς Μανασσῆ [B φ. υἱῶν M.] (1 a)
— 10, 11. τὸ ἥ. φυλῆς Μανασσῆ (1 a)
— 13. πρὸς τοὺς υἱοὺς ἥμισυ φυλῆς M. [A *al.*] (1 a)
— 15. πρὸς τοὺς ἡ. φυλῆς Μανασσῆ (1 a)
— 21. τὸ ἥ. φυλῆς Μανασσῆ (1 a)
— 30. τὸ ἥ. [A οἱ ἡ.] φυλῆς Μανασσῆ †
— 31. τῷ ἡ. φυλῆς Μανασσῆ †
— 32. ἀπὸ τοῦ ἡ. φυλῆς Μανασσῆ –
— 33. τὴν γῆν . . . τοῦ ἡ. φυλῆς Μανασσῆ –
— 34. τὸν βωμὸν . . . τοῦ ἡ. [A τῷ ἡ.] φυλῆς Μαν. –
Jd. 16. 3. ἀνέστη ἐν ἡμίσει τῆς νυκτός [A *al.*] (1 a)
II Ki. 10. 4. ἀπέκοψε τοὺς μανδύας αὐτῶν ἐν τῷ ἡ. (1 a)
18. 3. ἐὰν ἀποθάνωμεν τὸ ἥ. ἡμῶν (1 a)
19. 40 (41). τὸ ἥ. τοῦ λαοῦ Ἰσραήλ (1 a)
III Ki. 3. 25. δότε τὸ ἥ. αὐτοῦ ταύτῃ καὶ τὸ ἥ. αὐτοῦ ταύτῃ (1 a, 1 a)
7. 31. A ποίημα οὕτως πήχεως καὶ ἡμίσους τοῦ πήχ. (1 a)
— 32. τὸ ὕψος τοῦ τροχοῦ . . . πήχεος καὶ ἡμίσους [A ἡ. τοῦ πήχ.] (1 a)
— 35. ἥμισυ τοῦ πήχεος (1 a)
10. 7. οὐκ εἰσὶ τὸ ἥ. καθὼς ἀπήγγειλάν μοι [A *al.*] (1 a)
13. 8. ἐάν δῷς μοι τὸ ἥ. τοῦ οἴκου σου (1 a)
16. 9. ὁ ἄρχων τῆς ἡ. τῆς ἵππου (1 b)
— 21. ἥμισυ [A τὸ ἥ.] τοῦ λαοῦ γίνεται ὀπίσω Θ. (1 a)
— 21. τὸ ἥ. τοῦ λαοῦ γίνεται ὀπίσω Ἀ. (1 a)
I Ch. 2. 54. ἥμισυ τῆς Μαλαθί (1 a)
I Ch. 4. 31. A ἥμισυ Ἐωσίμ [B R *al.*] †
5. 18. ἥμισυ φυλῆς Μανασσῆ (1 a)
— 23. οἱ ἡ. φυλῆς Μανασσῆ (1 a)
— 26. τὸ ἥ. φυλῆς Μανασσῆ (1 a)
6. 61 (46). ἐκ τοῦ ἡ. φυλῆς Μανασσῆ (1 b *et* 1 a)
— 70 (55). A R ἀπὸ τοῦ [B τῶν] ἡ. φυλῆς Μανασσῆ (1 b)
— 71 (56). ἀπὸ πατριῶν ἡμίσους φυλῆς M. [A *al.*] (1 a)
12. 31, 37. ἀπὸ τοῦ ἡ. φυλῆς Μανασσῆ (1 a)
19. 4. ἀφεῖλε τῶν μανδυῶν αὐτῶν τὸ ἥ. (1 a)
26. 32. R ἐπὶ . . . ἡμίσους [A B -εις] φυλῆς Μανασσῆ (1 a)
27. 20. τῷ ἡ. φυλῆς Μανασσῆ (1 a)
— 21. A R τῷ [B τῇ] ἡ. φυλῆς Μανασσῆ (1 a)
II Ch. 9. 6. ἥμισυ τοῦ πλήθους τῆς σοφίας σου (1 a)
Ne. 3. 9, 12. ἄρχων ἡμίσους περιχώρου Ἱερ. (1 a)
— 16. S^2 R ἄρχων ἡμίσους [A B S^1 *om.*] περιχώρου B. (1 a)
— 17, 18. ἄρχων ἡμίσους περιχώρου K. (1 a)
4. 16 (10). ἥμισυ τῶν ἐκτετιναγμένων [A -τεταγ.] (1 a)
— 16 (10). ἥμισυ αὐτῶν ἀντείχοντο (1 a)
— 21 (15). A S ἥμισυ [B ἡμεῖς] ποιοῦντες τὸ ἔργον †
— 21 (15). ἥμισυ αὐτῶν κρατοῦντες τὰς λόγχας (1 a)
8. 3. B^{1}S^{1}R ἕως ἡμίσους [A μέσου, B^{2}S^3 μεσούσης] τῆς ἡμέρας (1 b)
12. 32. ἥμισυ ἀρχόντων Ἰούδα (1 a)
— 38. S^3 τὸ ἥ. τοῦ λαοῦ ἐπάνω τοῦ τείχους (1 a)
— 40. S^3 καὶ τὸ ἥ. τῶν στρατηγῶν (1 a)
13. 24. οἱ υἱοὶ αὐτῶν ἥμισυ λαλοῦντες [A -λοῦσιν] (1 a)
To. 8. 21. τὸ ἥ. τῶν ὑπαρχόντων αὐτοῦ [S *al.*]
— 21. S τὸ ἄλλο ἥ. . . . ὑμέτερόν ἐστιν [A B *al.*]
10. 11. τὰ [A^1 τὸ] ἥ. τῶν ὑπαρχόντων
12. 2. τὸ ἥ. ὧν ἐνήνοχα [S *al.*]
— 4. S λαβεῖν τὸ ἥ.
— 5. λάβε τὸ ἥ. πάντων
Es. 5. 3. ἕως τοῦ ἡ. τῆς βασιλείας μου (1 a)
— 6. S^3 ἕως τοῦ ἡ. τῆς βασιλείας (1 a)
7. 2. ἕως τοῦ ἡμίσους τῆς βασιλείας μου (1 a)
Ps. 101 (102). 24. μὴ ἀναγάγῃς με ἐν ἡμίσει ἡμερῶν μου (1 a)
Si. 29. 6. μόλις κομίσεται τὸ ἥ.
Za. 14. 2. ἐξελεύσεται τὸ ἥ. τῆς πόλεως ἐν αἰχμαλωσίᾳ (1 a)
— 4. τὸ ἥ. αὐτοῦ πρὸς ἀνατολὰς καὶ [A *add.* τὸ ἥ. αὐτοῦ πρὸς] θάλασσαν (1 a, –)
— 4. κλινεῖ τὸ ἥ. τοῦ ὄρους πρὸς βορρᾶν καὶ τὸ ἥ. αὐτοῦ πρὸς νότον (1 a, 1 a)
— 8. τὸ ἥ. αὐτοῦ εἰς τὴν θάλασσαν τὴν πρώτην καὶ τὸ ἥ. αὐτοῦ εἰς τὴν θάλ. τὴν ἐσχάτην (1 a, 1 a)
Is. 44. 16. οὗ τὸ ἥ. αὐτοῦ κατέκαυσεν ἐν πυρὶ καὶ ἐπὶ τοῦ ἡ. αὐτοῦ ἔπεψεν ἐν τοῖς ἄνθραξιν ἄρτους [A S^1 *al.*] (1 a, 1 a)
— 19. τὸ ἥ. αὐτοῦ κατέκαυσεν ἐν πυρί (1 a)
Je. 17. 11. ἐν ἡμίσει ἡμερῶν αὐτοῦ ἐγκαταλείψουσιν αὐτόν (1 a)
Ez. 16. 51. κατὰ τὰς ἡ. τῶν ἁμαρτιῶν σου (1 a)
40. 42. πήχεος καὶ ἡμίσους τὸ πλάτος καὶ πήχεων δύο ἡμίσους τὸ μῆκος (1 a, 1 a)
43. 17. τὸ γεῖσος αὐτῷ κύκλοθεν κυκλούμενον αὐτῷ ἥμισυ πήχεως (1 a)
Da. LXX. 7. 25. ἕως ἡμίσους καιροῦ (2)
12. 7. εἰς . . . καιροὺς καὶ ἥμισυ καιροῦ (1 a)
Da. TH. 7. 25. ἕως . . . καιρῶν καί γε ἥμισυ καιροῦ (2)
9. 27. ἐν τῷ ἡμίσει τῆς ἑβδομάδος (1 a)
— 27. A B^2 ἐν τῷ ἡ. τῆς ἑβδομάδος (1 a)
12. 7. εἰς καιρὸν καιρῶν καὶ ἥμισυ καιροῦ (1 a)
I Ma. 3. 34. τὰς ἡ. τῶν δυνάμεων
— 37. τὰς ἡ. τῶν δυνάμεων τὰς καταλειφθείσας
10. 30. ἀντὶ τοῦ ἡ. τοῦ καρποῦ
[**Aq.** Is. 38. 10: Je. 17. 11: Da. 9. 27.]
[**Sm.** Is. 38. 10: Da. 9. 27.]
[**Th.** Ex. 37 (38). 1 *ter*, 10 (11): I Ki. 14. 14: Is. 38. 10: Da. 9. 27.]

ἡνία. (1) פְּלָדָה
Na. 2. 3 (4). αἱ ἡ. τῶν ἁρμάτων αὐτῶν ἐν ἡμέρᾳ ἑτοιμασίας (1 ?)
I Ma. 6. 28. S R καὶ τοὺς ἐπὶ τῶν ἡ. [A μηνιῶν]

ἡνίκα. * ἡνίκα ἂν *vel* ἐάν.
Ge. 6. 1: 12. 11, 14: 16. 16: 17. 24, 25: 19. 15, 17: 20. 13: 21. 5: 24. 11, 22, 30, 41*: 27. 34, 40*: 30. 42 (*ind.**†): 31. 10: 32. 2 (3), 31 (32): 35. 16, 21: 37. 23: 38. 5, 27: 39. 10: 43. 2, 21: 44. 24: 45. 1: 48. 7.
Ex. 1. 10*: 7. 7: 12. 27: 13. 5*, 15: 16. 10, 21: 31. 18: 32. 19: 33. 8*, 22*: 34. 24*, 34 (*ind.*)*: 40. 36 (*ind.*)*.
Le. 6. 4 (5. 23)*: 10. 9*: 26. 35.
Nu. 9. 17.
De. 7. 12* †: 25. 19*: 27. 3*: 31. 24.
Jo. 10. 12: 22. 7: 24. 20*, 27*.
Jd. 3. 18†, 27: 11. 4, 7, 35†: 15. 14* †, 17†: 16. 22†: 18. 10*.
I Ki. 1. 24†.
II Ki. 12. 21: 13. 36: 16. 16: 17. 27: 20. 13.
IV Ki. 4. 18: 17. 31.
Ne. 4. 1 (3. 33), 15 (9): 6. 16: 7. 1: 8. 5: 13. 19.
Ju. 14. 2*, 11: 16. 18.
Ps. 50 (51). *tit.*
Pr. 1. 26*: 3. 27*: 5. 11*: 6. 22*: 7. 9*: 8. 27, 28†: 25. 8*: 31. 23*.
Is. 20. 1: 30. 19: 38. 9: 48. 16: 50. 4: 52. 8 (*ind.*†)*: 55. 6 (*ind.*†)*.
Ez. 32. 9*: 33. 33*: 35. 11 (*ind.*)*.
Da. LXX. 3. (46).
Da. TH. Su. 7, 27: 6. 10 (11).
IV Ma. 2. 22†.
[**Aq.** Je. 26 (33). 8: 41 (48). 6.]
[**Sm.** Pr. 8. 27: Je. 41 (48). 6.]
[**Th.** Jd. 15. 14*: I Ki. 1. 24: Je. 39 (46). 1. 4: 41 (48). 6.]
[**Al.** Es. 9. 1.]

ἡνίοχος. (1) רַכָּב
III Ki. 22. 34. εἶπε τῷ ἡ. αὐτοῦ (1)
II Ch. 18. 33. εἶπε τῷ ἡ. (1)

ἧπαρ. (1) חָזֶה (2) כָּבֵד
Ge. 49. 6. ἐπὶ τῇ συστάσει αὐτῶν μὴ ἐρίσαι τὰ ἥ. μου †
Ex. 29. 13, 22. καὶ τὸν λοβὸν τοῦ ἡ. (2)
Le. 3. 4, 10. τὸν λοβὸν τὸν ἐπὶ τοῦ ἡ. (2)
— 15. τὸν λοβὸν τοῦ ἡ. σὺν τοῖς νεφροῖς (2)
4. 9: 6. 34 (7. 4). τὸν λοβὸν τὸν ἐπὶ τοῦ ἡ. (2)
7. 20 (30). τὸν λοβὸν τοῦ ἡ. (1 ?)
8. 16. A R τὸν λοβὸν τὸν ἐπὶ τοῦ ἡ. [B *al.*] (2)
— 24 (25). τὸν λοβὸν τοῦ ἡ. (2)
9. 10. τὸν λοβὸν [B^2 *add.* τὸν ἐπὶ] τοῦ ἡ. (2)
— 19. τὸν λοβὸν τὸν ἐπὶ τοῦ ἡ. (2)
I Ki. 19. 13, 16. ἧπαρ τῶν αἰγῶν †
To. 6. 4. λαβὼν τὴν καρδίαν καὶ τὸ ἥ. [S *al.*]
— 4. S καὶ ἡ καρδία καὶ τὸ ἥ. αὐτοῦ
— 5. S τὴν χολὴν καὶ τὴν καρδίαν καὶ τὸ ἥ.
— 6. τί ἐστιν ἡ καρδία καὶ τὸ ἥ. [S *al.*]
— 7. ἡ καρδία καὶ τὸ ἥ.
— 16. ἀπὸ τῆς καρδίας καὶ τοῦ ἡ. τοῦ ἰχθύος [S *al.*]
8. 2. τὴν καρδίαν τοῦ ἰχθύος καὶ τὸ ἥ. [S *al.*]
Pr. 7. 23. ὡς ἔλαφος τοξεύματι πεπληγὼς εἰς τὸ ἥ. (2 a)
[**Aq.** Le. 8. 25.]
[**Th.** Pr. 7. 23.]
[**Al.** Le. 9. 10.]

ἡπατοσκοπεῖσθαι. (1) רָאָה בַּכָּבֵד
Ez. 21. 21 (26). A B ἡπατοσκοπήσασθαι [R κατασκ.] ἐκ δεξιῶν αὐτοῦ (1)

ἦπερ, *vid. sub* ἤ.

ἠπιότης.
Es. 3. 13. μετὰ ἠπιότητος [A πιότ., S^3 πραότ.] ἀεὶ διεξάγων

ἠρείμ. (1) חָרַם hi.
I Ki. 15. 8. A ἠρεὶμ [B ἱερεὶμ] ἀπέκτεινεν (1 ?)

ἠρεμάζειν. (1) שָׁמֵם po.
II Es. 9. 3. ἐκαθήμην ἠρεμάζων [A ἠρε.] (1)
— 4. κἀγὼ καθήμενος ἠρεμάζων (1)
[**Aq.** Ez. 3. 15.]

ἠρεμαῖος.
[**Aq.** Ex. 7. 11: 8. 7 (3).]

ἠρεμεῖν.
[**Sm.** Jb. 38. 19: 39. 28: Ps. 34 (35). 15: 36 (37). 27: 82 (83). 2: 121 (122). 6: Is. 34. 14: Je. 46 (26). 26.]

ἠρεμία.
[**Sm.** Jd. 18. 7: Jb. 4. 16: 34. 29: Ps. 29 (30). 7: Is. 28. 12: 30. 15: Je. 6. 16.]
[**Al.** Ps. 121 (122). 7.]

ἤρεμος.
Es. 3. 13. A τήν τε βασιλείαν ἤρεμον [BS ἥμερον] . . . παρεξόμενος

ἥρως. (1) Ἡρώων πόλις גֹּשֶׁן
Ge. 46. 28, 29. καθ' Ἡρώων πόλιν (1)

ἥσσων, ἥττων (*incl.* ἧττον *adv.*). (1) אֲרַע
(2) דַּל
▶ Jb. 5. 4. κολαβρισθείησαν [A σκολ.] δὲ ἐπὶ θύραις ἡσσόνων –
13. 10. οὐθὲν ἧττον ἐλέγξει ὑμᾶς †
20. 10. τοὺς υἱοὺς αὐτοῦ ὀλέσαισαν [A θλάσειαν] ἥττονες (2)
Wi. 17. 13. ἔνδοθεν δὲ οὖσα ἥττων ἡ προσδοκία
Is. 23. 8. μὴ ἥ. ἐστιν ἢ οὐκ ἰσχύει †
Ep. Je. 36. οὔτε ἥττονα ἀπὸ ἰσχυροῦ μὴ ἐξέλωνται
Da. Th. 2. 39. ἀναστήσεται βασιλεία ἑτέρα ἥττων σου (1)
II Ma. 4. 40. οὐδὲν δὲ ἧττον καὶ τὴν ἄνοιαν
5. 14. οὐχ ἧττον δὲ τῶν ἐσφαγμένων ἐπράθησαν
10. 17. ἀνεῖλον δὲ οὐχ ἧττον τῶν δισμυρίων
13. 22. ἥττων ἐγένετο
15. 18. ἐν ἥττονι μέρει κείμενος
— 27. οὐδὲν ἧττον μυριάδων τριῶν

ἡσυχάζειν. (1) דּוּמָם (2) זָחַל (3) חָדַל (4) חָרַשׁ hiph. (5) חָשָׁה hiph. (6) יָשַׁב (7) רָבַץ (8) שַׁאֲנַן (9) שָׁבַת (10) שָׁכַן (11) שָׁקַט *a.* qal. *b.* hi. (12) ἡσυχάζων שֹׁקֵט וּבֹטֵחַ (13) שָׁקַע hiph. (14) שָׁתַק
Ge. 4. 7. ἡσύχασον (7 ?)
Ex. 24. 14. ἡσυχάζετε αὐτοῦ ἕως ἀναστρέψωμεν (6)
Jd. 3. 11. ἡσύχασεν ἡ γῆ ἔτη τεσσαράκοντα [A *al.*] (11 *a*)
— 30. ἡσύχασεν ἡ γῆ ὀγδοήκοντα ἔτη (11 *a*)
5. 32 (31): 8. 28. ἡσύχασεν ἡ γῆ τεσσαράκοντα ἔτη (11 *a*)
18. 7. ὡς κρίσις Σιδωνίων ἡσυχάζουσα [A *al.*] (12)
— 9. ὑμεῖς ἡσυχάζετε [A σιωπᾶτε] (5)
— 27. ἐπὶ λαὸν ἡσυχάζοντα (11 *a*)
Ru. 3. 18. οὐ γὰρ μὴ ἡσυχάσῃ [A -σει] ὁ ἀνήρ (11 *a*)
IV Ki. 11. 20. ἡ πόλις ἡσύχασε (11 *a*)
II Ch. 14. 1 (13. 23). ἡσύχασεν ἡ γῆ (11 *a*)
23. 21. ἡ πόλις ἡσύχασε (11 *a*)
Ne. 5. 8. ἡσύχασαν καὶ οὐχ εὕροσαν λόγον (4)
Es. 1. 1. ἡσύχασε [S³ -ζεν] M. ἐν τῇ αὐλῇ
Jb. 3. 13. νῦν ἂν κοιμηθεὶς ἡσύχασα (11 *a*)
— 26. οὔτε εἰρήνευσα οὔτε ἡσύχασα (11 *a*)
11. 19. ἡσυχάσεις γὰρ καὶ οὐκ ἔσται ὁ πολεμῶν σε (7)
14. 6. ἀπόστα ἀπ' αὐτοῦ ἵνα ἡσυχάσῃ [A *al.*] (3)
32. 1. ἡσύχασαν δὲ καὶ οἱ τρεῖς φίλοι αὐτοῦ (9)
— 6. ἡσύχασα φοβηθεὶς τοῦ ὑμῖν ἀναγγεῖλαι (2)
37. 8. ἡσύχασαν [A -εν] δὲ ἐπὶ κοίτης (10)
— 17. ἡσυχάζεται δὲ ἐπὶ τῆς γῆς (11 *b*)
Ps. 75 (76). 8. γῆ ἐφοβήθη καὶ ἡσύχασεν (11 *a*)
106 (107). 30. εὐφράνθησαν ὅτι ἡσύχασαν (11 *a*)
Pr. 1. 33. ἡσυχάσει ἀφόβως ἀπὸ παντὸς κακοῦ (8)
7. 11. ἐν οἴκῳ δὲ οὐχ ἡσυχάζουσιν οἱ πόδες αὐτῆς (10)
15. 15. A R οἱ δὲ ἀγαθοὶ ἡσυχάζουσι [B S -άσ.] διὰ παντός †
26. 20. ἡσυχάζει μάχη (14)
Za. 1. 11. πᾶσα ἡ γῆ κατοικεῖται καὶ ἡσυχάζει (11 *a*)
Is. 7. 4. φύλαξαι τοῦ ἡσυχάσαι (11 *b*)
Je. 26 (46). 27. ἡσυχάσει καὶ ὑπνώσει (11 *a*)
29 (47). 6. ἕως τίνος οὐχ ἡσυχάσεις (11 *a*)
— 7. πῶς ἡσυχάσει [A -εις] (11 *a*)
La. 3. 26. ἡσυχάσει εἰς τὸ σωτήριον κυρίου (1)
Ez. 32. 14. ἡσυχάσει τὰ ὕδατα αὐτῶν (13)
38. 11. ἥξω ἐπὶ ἡσυχάζοντας ἐν ἡσυχίᾳ (11 *a*)
I Ma. 1. 3. ἡσύχασεν ἡ γῆ ἐνώπιον αὐτοῦ
7. 50. ἡσύχασεν ἡ γῆ 'I. ἡμέρας ὀλίγας
9. 57. ἡσύχασεν ἡ γῆ 'I. ἔτη δύο
11. 38, 52. ἡσύχασεν ἡ γῆ ἐνώπιον αὐτοῦ
14. 4. ἡσύχασεν ἡ γῆ Ἰούδα
[**Aq.** Jb. 37. 17: Is. 7. 4: 62. 6: Je. 48 (31). 11.]
[**Sm.** Jd. 16. 2: Ps. 4. 5: 27 (28). 1: 34 (35). 22: 36 (37). 7: Is. 7. 4: 57. 20: 62. 6, 7: Je. 48 (31). 11.]
[**Th.** Is. 7. 4: 62. 6: Je. 30 (37). 10.]
[**Al.** IV Ki. 4. 13: Is. 26. 19.]

ἡσυχῇ. (1) *a.* לָאט *b.* בַּלָּאט
Jd. 4. 21. A εἰσῆλθε πρὸς αὐτὸν ἡσυχῇ [B *al.*] (1 *b*)
Si. 21. 20. ἀνὴρ δὲ πανοῦργος μόλις ἡ. μειδιάσει
Is. 8. 6. τὸ ὕδωρ τοῦ Σιλωὰμ τὸ πορευόμενον ἡ. (1 *a*)

ἡσυχία. (1) אִישׁוֹן (2) ἡσυχίαν ἄγειν חָרַשׁ hiph. (3) שְׁלִי (4) *a.* ἡσυχίαν παρέχειν שָׁקַט hiph. *b.* שֶׁקֶט (5) ἡσυχίαν ἔχειν בֶּטַח (6) תָּמָם
Jo. 5. 8. περιτμηθέντες δὲ ἡσυχίαν εἶχον [A ἔσχον] (5)
I Ch. 4. 40. ἡ γῆ πλατεῖα . . . καὶ εἰρήνη καὶ ἡσυχία (3)
22. 9. ἡσυχίαν δώσω ἐπὶ Ἰσραήλ (4 *b*)
Es. 4. 17. ἐν ἡμέραις ἡσυχίας μου
Jb. 34. 29. αὐτὸς ἡσυχίαν παρέξει (4 *a*)
Pr. 7. 9. ἡνίκα ἂν ἡσυχία νυκτερινὴ [A S ν. ᾖ] (1)
11. 12. ἀνὴρ δὲ φρόνιμος ἡσυχίαν ἄγει (2)
Si. 28. 16. οὐδὲ κατασκηνώσει μεθ' ἡσυχίας
Ez. 38. 11. ἥξω ἐπὶ ἡσυχάζοντας ἐν τῇ ἡ. (6)
I Ma. 9. 58. ἐν ἡσυχίᾳ κατοικοῦσι πεποιθότες
II Ma. 12. 2. R τὰ τῆς [A τὰς] ἡ. ἄγειν
14. 4. ἡσυχίαν ἔσχε
[**Aq.** Is. 32. 17: 62. 7.]
[**Sm.** Ps. 121 (122). 7: Is. 32. 17: 62. 7.]
[**Th.** Jb. 34. 29: Is. 32. 17: 62. 7.]

ἡσύχιος. (1) נְכֵה רוּחַ
Is. 66. 2. ἐπὶ τὸν ταπεινὸν καὶ ἡ. καὶ τρέμοντα τοὺς λόγους μου (1)

ἥσυχος.
Wi. 18. 14. ἡσύχου γὰρ σιγῆς περιεχούσης τὰ πάντα
Si. 25. 20. οὕτως γυνὴ γλωσσώδης ἀνδρὶ ἡσύχῳ

ἡσυχοῦσθαι.
[**Aq.** Am. 6. 10.]

ἥτησις (?).
I Ma. 9. 31. A ἐπεδέξατο . . . τὴν ἥ. [S R ἡγησιν]

ἤτοι, *vid. sub* ἤ.

ἧττα.
[**Sam.** Ex. 32. 18.]

ἡττᾶν. (1) בָּגַד (2) דָּכַר ni. (3) חָתַת *a.* qal. *b.* ni. (4) מָסַס ni. (5) רָשַׁע hi.
III Ki. 16. 22. A ἡττήθη ὁ λαὸς ὁ ὢν ὀπίσω Θ. [B *al.*] –
Si. 19. 24. κρείττων ἡττώμενος [B² ἡλαττωμένος] ἐν συνέσει ἔμφοβος
Is. 8. 9. γνῶτε ἔθνη καὶ ἡττᾶσθε . . . ἰσχυκότες ἡττᾶσθε ἐὰν γὰρ πάλιν ἰσχύσητε πάλιν ἡττηθήσεσθε [S¹ *al.*] (3 *a ter*)
13. 15. ὃς γὰρ ἂν ἁλῷ ἡττηθήσεται (2)
19. 1. ἡ καρδία αὐτῶν ἡττηθήσεται ἐν αὐτοῖς [A *al.*] (4)
20. 5. αἰσχυνθήσονται ἡττηθέντες ἐπὶ τοῖς Αἰθίοψιν (3 *a*)
30. 31. ἡττηθήσονται Ἀσσύριοι τῇ πληγῇ (3 *b*)
31. 4. ἡττήθησαν καὶ τὸ πλῆθος τοῦ θυμοῦ ἐπτοήθησαν (3 *b*)
— 9. ἡττηθήσονται ὁ δὲ φεύγων ἁλώσεται (3 *a*)
33. 1. ὡς σὴς ἐφ' ἱματίου [S -ίῳ] οὕτως ἡττηθήσονται (1 ?)
51. 7. τῷ φαυλισμῷ αὐτῶν μὴ ἡττᾶσθε (3 *b*)
54. 17. πάντας αὐτοὺς ἡττήσεις [S -σετε] (5)
Je. 31 (48). 1. A S καὶ ἡττήθη [R *om.*] (3 *a*)
Da. LXX. 6. 5 (6). ἵνα ἡττήσωσι τὸν Δ. –
II Ma. 10. 24. ὁ πρότερον ἡττηθεὶς ὑπὸ τῶν Ἰουδαίων
[**Aq.** Is. 8. 9 *ter*: 31. 9: Je. 48 (31). 39: 51 (28). 56.]
[**Sm.** Jb. 40. 7 (12): Ps. 80 (81). 15: Is. 8. 9 *ter*: 31. 4, 9: Je. 48 (31). 39: 50 (27). 2: 51 (28). 49: Ez. 32. 30: Ob. 1. 9: Hb. 2. 17.]
[**Th.** Is. 8. 9 *ter*: 20. 5: 31. 4, 9.]
[**Al.** I Ki. 4. 10.]

ἥττημα. (1) מַס
Is. 31. 9 (8). οἱ δὲ νεανίσκοι ἔσονται εἰς ἥ. (1)

ἥττων, *vid.* ἥσσων.

ἠφά.
[**Aq.** Dt. 25. 14 *bis.*]

ἠχαλάχ.
[**Heb.** Ps. 47 (48). 10.]

ἠχεῖν. (1) הוּם ni. (2) הָמָה (3) חָזַק (4) חֲצֹצְרָה (5) צָלַל (6) שָׁאָה ni.
Ex. 19. 16. φωνὴ τῆς σάλπιγγος ἤχει μέγα (3)
Ru. 1. 19. R ἤχησε πᾶσα ἡ πόλις ἐπ' αὐταῖς [A -ῆ, B -ῆς] (1)
I Ki. 3. 11. ἠχήσει ἀμφότερα τὰ ὦτα αὐτοῦ (5)
4. 5. ἤχησεν ἡ γῆ (1)
III Ki. 1. 41. τίς ἡ φωνὴ τῆς πόλεως ἠχούσης (2)
— 45. ἤχησεν ἡ πόλις (1)
IV Ki. 21. 12. ἠχήσει ἀμφότερα τὰ ὦτα αὐτοῦ (5)
Jb. 30. 4. οἱ περικυκλοῦντες ἅλιμα ἐπὶ ἠχοῦντι †
Ps. 45 (46). 3. ἤχησαν καὶ ἐταράχθησαν τὰ ὕδατα αὐτῶν [S¹ τὰ κύματα] (2)
82 (83). 2. οἱ ἐχθροί σου ἤχησαν (2)
Si. 45. 9. ἠχῆσαι φωνὴν ἐν βήμασιν αὐτοῦ
47. 10. ἀπὸ πρωῒ [A S -ίας] ἠχεῖν [S² φωνῇ ἠ.] τὸ ἁγίασμα
50. 16. ἐν σάλπιγξιν ἐλαταῖς ἤχησαν
Ho. 5. 8. ἠχήσατε ἐπὶ τῶν ὑψηλῶν (4)
Is. 16. 11. ἡ κοιλία μου ἐπὶ Μωὰβ ὡς κιθάρα ἠχήσει (2)
17. 12. νῶτος ἐθνῶν πολλῶν ὡς ὕδωρ ἠχήσει (6)
51. 15. ἐγὼ ὁ θεός σου ὁ . . . ἠχῶν τὰ κύματα αὐτῆς (2)
Je. 5. 22. ἠχήσουσι [S ἰσχύσ.] τὰ κύματα αὐτῆς (2)
19. 3. παντὸς ἀκούοντος αὐτὰ ἠχήσει τὰ ὦτα αὐτοῦ (5)
27 (50). 42. φωνὴ αὐ. ὡς θάλασσα ἠχήσει (2)
28 (51). 55. ἀπώλεσεν ἀπ' αὐτῆς φωνὴν μεγάλην ἠχοῦσαν (2)
III Ma. 1. 29. τὰ τείχη καὶ τὸ πᾶν ἔδαφος ἠχεῖν
[**Aq.** Ps. 67 (68). 18: Je. 31 (38). 20.]
[**Sm.** Jb. 30. 7: Ps. 45 (46). 4: 95 (96). 11: 97 (98). 7: Is. 5. 30: 16. 11.]
[**Th.** Ps. 58 (59). 7: 95 (96). 11: Is. 24. 14.]
[**Quint.** Ps. 58 (59). 7.]

ἦχος, *cf.* ἠχώ. (1) אֹחַ (2) הָמוֹן (3) שָׁאוֹן (4) *a.* תָּקַע *b.* תֵּקַע
I Ki. 4. 16. A R τίς ἡ φωνὴ τοῦ ἤχου [B -ους] τούτου –
14. 19. ὁ ἦ. . . . ἐπορεύετο πορευόμενος (2)
Jb. 4. 13. ἤχῳ νυκτερινῇ [? ἠχὼ νυκτερινὴ] ἐπιπίπτων φόβος ἐπ' ἀνθρώπους †
Ps. 9. 6. B³R ἀπώλετο τὸ μνημόσυνον αὐτῶν μετ' ἤχου [A B¹ S ἠχοῦς ?, ἤχους ?] †
41 (42). 4. ἐν φωνῇ . . . ἐξομολογήσεως ἤχου [A ἠχοῦς ?, ἤχους ?] ἑορταζόντων [A S² -τος] (2)
64 (65). 7. ἤχους κυμάτων αὐτῆς (3)
76 (77). 17. BS¹ πλῆθος ἤχους [? ἠχοῦς] ὕδατος [S² R -ων] †
150. 3. αἰνεῖτε αὐτὸν ἐν ἤχῳ σάλπιγγος (4 *b*)
Pr. 11. 15. μισεῖ δὲ ἦχον ἀσφαλείας (4 *a*)
Wi. 17. 4. ἦχοι δὲ καταράσσοντες [B¹ ἐκταράσσοντες, S ταράσσοντες] αὐτοὺς περιεκόμπουν
— 18. περὶ ἀμφιλαφεῖς κλάδους ὀρνέων [A ἢ ὀρ.] ἦχος εὐμελής
19. 18. τὰ στοιχεῖα . . . πάντοτε μένοντα ἤχῳ [S² ἐν ἤχῳ]
Si. 45. 9. ἀκουστὸν ποιῆσαι ἦχον ἐν ναῷ
46. 17. ἐν ἤχῳ μεγάλῳ ἀκουστὴν ἐποίησε τὴν φωνὴν αὐτοῦ

▶ = additional entry on page xxvi

Si. 47. 9. B³R ἐξ ἤχου [A B¹ S -οῦς ?, ἤχους ?] αὐτῶν γλυκαίνει μέλη
50. 18. S² ἐν πλείστῳ ἤχῳ [A B S¹ οἴκῳ] ἐγλυκάνθη [A S² ἐμεγαλύνθη] μέλος
Am. 5. 23. μετάστησον ἀπ' ἐμοῦ ἦχον ᾠδῶν σου (2)
Jl. 3 (4). 14. ἦχοι ἐξήχησαν ἐν τῇ κοιλάδι τῆς δίκης (2)
Is. 13. 21. ἐμπλησθήσονται [A πλ.] αἱ οἰκίαι ἤχου (1)
Je. 28 (51). 16. ἦ. ὕδατος ἐν τῷ οὐρανῷ (2)
— 42. ἀνέβη ἐπὶ Βαβυλῶνα ἡ θάλασσα ἐν ἤχῳ κυμάτων αὐτῆς (2)
— 29 (47). 3. ἀπὸ . . . ἤχου τροχῶν αὐτοῦ (2)

Da. LXX. 3. 7, 10, 15. καὶ παντὸς ἤχου μουσικῶν †
[Aq. Ps. 64 (65). 8 : Je. 6. 17.]
[Sm. Jb. 37. 2 : 39. 24 : Ps. 17 (18). 14 : 18 (19). 5 : 41 (42). 8 : 73 (74). 23 : 76 (77). 18, 19 : 150. 3 : Is. 18. 1 : Je. 9. 20 (19) : Ez. 8. 17.]
[Th. Ez. 23. 42.]
[Al. Ex. 9. 23.]

ἠχώ, *cf.* ἦχος. (1) הָמוֹן
Jb. 4. 13. ἠχὼ νυκτερινὴ [? ἤχῳ νυκτερινῇ] ἐπιπίπτων φόβος ἐπ' ἀνθρώπους †
Ps. 9. 6. A B S ἀπώλετο τὸ μνημόσυνον αὐτῶν μετ' ἠχοῦς [? ἤχους, R ἤχου] †
41 (42). 4. A ἐν φωνῇ . . . ἐξομολογήσεως ἠχοῦς [? ἤχους, B S ἤχου] ἑορτάζοντος [B S¹ -ων] (1)
76 (77). 17. B S¹ πλῆθος ἠχοῦς [? ἤχους] ὑδάτος [S²R -ων] †
Wi. 17. 19. ἀντανακλωμένη ἐκ κοιλότητος ὀρέων ἠχώ
Si. 47. 9. A B¹ S ἐξ ἠχοῦς [? ἤχους, B³ R -ου] αὐτῶν γλυκαίνειν [R -ει] μέλη

Θ

● **θαασούρ.**
[Aq., Th. Is. 41. 19 : 60. 13.]

θαβέλ.
[Th. Le. 18. 23 : 20. 12.]

θαδαάρ.
[Aq. Is. 41. 19 : 60. 13.]
[Th. Is. 60. 13.]

θαιηλαθά, θεηλάθ. (1) תָּאִים
Ez. 40. 7. B τὸ αἰλὰμ ἀνὰ μέσ. τοῦ θ. [A θεέ, R θεηλάθ] (1)

θαιμάν. (1) תֵּימָן
Ez. 20. 46 (21. 2). στήρισον τὸ πρόσωπόν σου ἐπὶ θ. (1)

θάλαμος.
III Ma. 1. 18. αἵ τε κατάκλειστοι παρθένοι ἐν θαλάμοις
[Aq. III Ki. 14. 28.]
[Al. Ez. 40. 16.]

θάλασσα. (1) אִי (2) יָם (3) יָמִין (4) מַי (5) תֵּימָן (6) תְּעָלָה (7) תַּרְשִׁישׁ
Ge. 1. 10. τὰ συστήματα τῶν ὑδ. ἐκάλεσε θαλάσσας (2)
— 22. πληρώσατε τὰ ὕδατα ἐν ταῖς θ. (2)
— 26. ἀρχέτωσαν τῶν ἰχθύων τῆς θ. (2)
— 28. ἄρχετε τῶν ἰχθύων τῆς θ. (2)
9. 2. πάντας τοὺς ἰχθύας τῆς θ. (2)
12. 8. ἐν Βαιθὴλ κατὰ θάλασσαν (2)
13. 14. πρὸς βορρᾶν . . . καὶ θάλασσαν (2)
14. 3. αὕτη ἡ θ. τῶν ἁλῶν (2)
22. 17. τὴν ἄμμον τὴν παρὰ τὸ χεῖλος τῆς θ. (2)
28. 14. A ὡς ἡ ἄμμος τῆς θ. [R γῆς] †
— 14. ἐπὶ θάλασσαν καὶ λίβα (2)
32. 12 (13). ὡς τὴν ἄμμον τῆς θ. (2)
41. 49. ὡσεὶ τὴν ἄμμον τῆς θ. (2)
Ex. 10. 19. ἄνεμον ἀπὸ θαλάσσης σφοδρόν (2)
— 19. εἰς τὴν ἐρυθρὰν θ. [A τ. θ. τὴν ἐ.] (2)
13. 18. ὁδὸν τὴν εἰς τὴν ἔρημον εἰς τὴν ἐρυθρὰν θ. (2)
14. 2. ἀνὰ μέσον Μαγδ. καὶ ἀνὰ μέσον τῆς θ. (2)
— 2. ἐνώπιον αὐτῶν στρατοπεδεύσεις ἐπὶ τῆς θ. (2)
— 9. παρεμβεβληκότας παρὰ τὴν θ. (2)
— 16. ἔκτεινον τὴν χεῖρά σου ἐπὶ τὴν θ. (2)
— 16. εἰσελθάτωσαν . . . εἰς μέσον τῆς θ. (2)
— 21. ἐξέτεινε δὲ M. τὴν χεῖρα ἐπὶ τὴν θ. (2)
— 21. ὑπήγαγε κύριος τὴν θ. (2)
— 21. καὶ ἐποίησε τὴν θ. ξηράν (2)
— 22. εἰσῆλθον οἱ υἱοὶ Ἰσ. εἰς μέσον τῆς θ. (2)
— 23. εἰς μέσον τῆς θ. (2)
— 26. ἔκτεινον τὴν χεῖρά σου ἐπὶ τὴν θ. (2)
— 27. ἐξέτεινε δὲ M. τὴν χεῖρα ἐπὶ τὴν θ. (2)
— 27. ἐξετίναξε κ. τοὺς Αἰγ. μέσον τῆς θ. (2)
— 28. τοὺς εἰσπεπορευμένους . . . εἰς τὴν θ. (2)
— 29. ἐπορεύθησαν διὰ ξηρᾶς ἐν μέσῳ τῆς θ. (2)
— 30. παρὰ τὸ χεῖλος τῆς θ. (2)
15. 1. ἵππον . . . ἔρριψεν εἰς θάλασσαν (2)
— 4. ἅρματα Φ. . . . ἔρριψεν εἰς θάλασσαν (2)
— 4. κατεπόθησαν [A -επόντισεν] ἐν ἐρυθρᾷ θ. (2)
— 8. ἐπάγη τὰ κύματα ἐν μέσῳ τῆς θ. (2)
Ex. 15. 10. ἐκάλυψεν αὐτοὺς θ. (2)
— 19. εἰσῆλθεν ἵππος Φ. . . . εἰς θάλασσαν (2)
— 19. ἐπήγαγεν ἐπ' αὐτοὺς κ. τὸ ὕδωρ τῆς θ. (2)
— 19. ἐπορεύθησαν διὰ ξηρᾶς ἐν μέσῳ τῆς θ. (2)
— 21. ἵππον . . . ἔρριψεν εἰς θάλασσαν (2)
— 22. ἐξῆρε δὲ M. τοὺς υἱοὺς Ἰσ. ἀπὸ θ. ἐρυθρᾶς (2)
20. 11. καὶ τὴν γῆν καὶ τὴν θ. [B¹ *om.* κ. τ. θ.] (2)
23. 31. ἀπὸ τῆς ἐρυθρᾶς θ. ἕως τῆς θ. τῆς Φυλ. (2, 2)
26. 22. κατὰ τὸ μέρος τὸ πρὸς θάλασσαν (2)
— 27. κλίτει τῆς σκηνῆς τῷ πρὸς θάλασσαν (2)
27. 12. τὸ δὲ εὖρος τῆς αὐλ. τὸ κατὰ θάλασσαν (2)
37. 10 (38. 12). A²B τὸ κλίτος τὸ πρὸς θάλασσαν (2)
Le. 11. 9, 10. ἐν ταῖς θ. καὶ ἐν τοῖς χειμάρροις (2)
Nu. 2. 18. τάγμα παρεμβ. Ἐ. παρὰ [A κατὰ] θάλασσαν (2)
3. 23. παρεμβαλοῦσι παρὰ [A κατὰ] θάλασσαν (2)
10. 6. αἱ παρεμβάλλ. παρὰ [A *om.*] θάλασσαν (5)
11. 22. A² B πᾶν τὸ ὄψος τῆς θ. (2)
— 31. ἐξεπέρασεν ὀρτυγομ. ἀπὸ τῆς [A *om.*] θ. (2)
13. 30 (29). ὁ Χαν. κατοικεῖ παρὰ θάλασσαν (2)
14. 25. ὁδὸν θάλασσαν ἐρυθράν (2)
21. 4. ὁδὸν ἐπὶ θάλασσαν ἐρυθράν (2)
33. 8. διέβησαν μέσον τῆς θ. (2)
— 10. παρενέβαλον ἐπὶ θάλασσαν ἐρυθράν (2)
— 11. ἀπῆραν ἀπὸ θαλάσσης ἐρυθρᾶς (2)
34. 3. ἀπὸ μέρους τῆς θ. τῆς ἁλυκῆς (2)
— 5. ἔσται ἡ διέξοδος ἡ θ. (2)
— 6. τὰ ὅρια τῆς θ. ἔσται ὑμῖν (2)
— 6. ἡ [A *om.*] θ. ἡ μεγάλη ὁριεῖ (2)
— 6. τοῦτο ἔσται ὑμῖν τὰ ὅρια [A τὸ ὅ.] τῆς θ. (2)
— 7. ἀπὸ τῆς θ. τῆς μεγ. καταμετρήσετε (2)
— 11. ἐπὶ νώτου θαλάσσης Χεν. (2)
— 12. ἔσται ἡ διέξοδος θάλασσα ἡ ἁλυκή (2)
35. 5. τὸ κλίτος τὸ πρὸς θάλασσαν (2)
De. 1. 1. R πλησίον τῆς ἐρυθρᾶς θ. [A B *om.*] –
— 40. ὁδὸν τὴν ἐπὶ τῆς ἐρυθρᾶς θ. (2)
2. 1. ὁδὸν θάλασσαν ἐρυθράν (2)
3. 17. ἕως θαλάσσης Ἄραβα θ. ἁλυκῆς (2, 2)
— 27. ἀναβλέψας [A -ψον] . . . κατὰ θάλασσαν (2)
5. 14. B¹ καὶ τὴν γῆν καὶ τὴν θ. –
11. 4. τὸ ὕδωρ τῆς θ. τῆς ἐρυθρᾶς (2)
— 24. ἕως τῆς θ. τῆς ἐπὶ δυσμῶν (2)
30. 13. A B² R οὐδὲ πέραν τῆς θ. ἐστί (2)
— 13. A B² R εἰς τὸ πέραν τῆς θ. (2)
33. 19. πλοῦτος θαλάσσης θηλάσει σε (2)
— 23. θάλασσαν καὶ λίβα κληρονομήσει (2)
34. 2 : Jo. 1. 4. ἕως τῆς θ. τῆς ἐσχάτης (2)
Jo. 2. 10. κατέξηρανε . . . τὴν ἐρυθρὰν θ. [A τ. θ. τὴν ἐρ.] (2)
3. 16. εἰς τὴν θ. Ἄ. θ. ἁλὸς [A εἰς τὴν θ. τῶν ἁλῶν] (2, 2)
4. 23. καθάπερ ἐποίησε κ. . . . τὴν ἐρυθρὰν θ. (2)
5. 1. οἱ παρὰ τὴν θ. (2)
8. 9. ἀπὸ θαλάσσης τῆς Γαί (2)
— 12. τὰ ἔνεδρα τῆς πόλεως ἀπὸ θαλάσσης (2)
9. 1. ἐν πάσῃ τῇ παραλίᾳ τῆς θ. τῆς μεγ. (2)
11. 4. ὥσπερ ἡ ἄμμος τῆς θ. [A *al.*] (2)
12. 3. ἕως τῆς θ. Χενερέθ (2)
— 3. ἕως τῆς θ. Ἄραβα θάλασσαν τῶν ἁλῶν (2, 2)
— 7. παρὰ θάλασσαν [A τὴν θ.] Βαλ. (2)
13. 8. ἕως τῆς θ. τῆς μεγάλης –
— 8. ἡ θ. ἡ μεγάλη ὁριεῖ –
Jo. 13. 27. ἕως μέρους τῆς θ. Χεν. (2)
15. 2. ἕως μέρους θ. [B¹ τῆς θ.] τῆς ἁλυκῆς (2)
— 4. ἡ διέξοδος τῶν ὁρίων ἐπὶ τὴν θ. (2)
— 5. πᾶσα ἡ θ. ἡ ἁλυκή (2)
— 5. ἀπὸ τῆς λοφιᾶς τῆς θ. (2)
— 8. κατὰ πρόσωπον φάραγγος Ἐ. πρὸς θαλάσσης [B² -η] (2)
— 10. περιελεύσ. ὅριον . . . ἐπὶ θάλασσαν (2)
— 11. ἡ διέξοδος τῶν ὁρίων ἐπὶ θάλασσαν (2)
— 11 (12). τὰ ὅρια αὐτῶν ἀπὸ θαλάσσης (2)
— 12. ἡ θ. ἡ μεγάλη ὁριεῖ (2)
— 47. ἡ θ. ἡ μεγάλη διορίζει (2)
16. 3. διελεύσεται ἐπὶ τὴν θ. (2)
— 3. ἔσται ἡ διέξοδος αὐτῶν ἐπὶ τὴν θ. (2)
— 6. ἐλεύσεται [A διελ.] τὰ ὅρια ἐπὶ τὴν θ. (2)
— 8. πορεύσεται τὰ ὅρια ἐπὶ θάλασσαν [A *al.*] (2)
— 8. ἔσται ἡ διέξοδος αὐ. ἐπὶ θάλασσαν (2)
17. 9. ἔσται αὐ. ἡ διέξοδος θάλασσα [A *om.*] (2)
— 10. ἔσται ἡ θ. ὅρια αὐτοῖς (2)
18. 12. ἀναβήσεται . . . ἐπὶ τὴν θ. [A κατὰ θ.] (2)
— 14. τὸ βλέπον παρὰ [A εἰς] θάλασσαν (2)
— 14. τοῦτό ἐστι τὸ μέρος τὸ πρὸς θάλασσαν (2)
— 18. καταβήσεται . . . ἐπὶ νῶτον θάλασσαν †
— 19. ἐπὶ λοφιὰν τῆς θ. τῶν ἁλῶν (2)
19. 11. ἡ θ. καὶ Μαγελδά (2)
— 22. ἐπὶ Σαλὶμ κατὰ θάλασσαν †
— 26. συνάψει τῷ Καρμήλῳ κατὰ θάλασσαν (2)
— 29. ἔσται ἡ διέξοδος αὐτοῦ ἡ θ. (2)
— 34. ἐπιστρέφει τὰ ὅρ. ἐπὶ θάλασσαν (2)
— 34. Ἀσὴρ συνάψει κατὰ θάλασσαν (2)
— 46. ἀπὸ θαλάσσης Ἱεράκων (4)
22. 7. παρὰ θάλασσαν (2)
23. 4. ἀπὸ τῆς θ. τῆς μεγάλης (2)
24. 6. εἰς τὴν θ. τὴν ἐρυθράν [A *om.* τ. ἐ.] (2)
— 6. κατεδίωξαν . . . εἰς τὴν θ. τὴν ἐρυθράν (2)
— 7. ἐπήγαγεν ἐπ' αὐτοὺς τὴν θ. (2)
Jd. 5. 17. ἐκάθισε παραλίαν θαλασσῶν [A *al.*] (2)
7. 12. ἡ ἄμμος ἡ ἐπὶ χείλους [A τὸ χ.] τῆς θ. (2)
9. 37. λαὸς καταβαίνων κατὰ θάλασσαν †
11. 16. ἕως θαλάσσης Σίφ [A ἐρυθρᾶς] (2)
I Ki. 13. 5. B ἡ ἄμμος ἡ παρὰ τὴν θ. (2)
II Ki. 8. 8. ἐν αὐτῷ ἐποίησε Σ. τὴν θ. τὴν χαλκῆν –
17. 11. ἡ ἄμμος ἡ ἐπὶ τῆς θ. (2)
22. 16. ὤφθησαν ἀφέσεις θαλάσσης (2)
III Ki. 3. 1 (4. 29 [5. 9]). ὡς ἡ ἄμμος ἡ παρὰ τὴν θ. (2)
— 1. ἐποίησε Σ. τὴν θ. . . . καὶ τὴν θ. τὴν χαλκῆν –
— 1 (B), 4. 20 (A). ὡς ἡ ἄμμος ἡ ἐπὶ τῆς θ. (2)
4. 29 (5. 9). ὡς ἡ ἄμμος ἡ παρὰ τὴν θ. (2)
5. 9 (23). ἐκ τοῦ Λιβάνου εἰς τὴν θ. (2)
— 9 (23). A θήσομαι αὐτὰ σχεδίας ἐν τῇ θ. [B *om.* ἐν τ. θ.] (2)
7. 23. ἐποίησε τὴν θ. [A θ. αὐτήν] (2)
— 25. ὑποκάτω τῆς θ. –
— 25. οἱ τρεῖς ἐπιβλέποντες θάλασσαν (2)
— 25. ἡ θ. ἐπ' αὐτῶν ἐπάνωθεν (2)
— 39. ἡ θ. ἀπὸ τῆς ὠμίας [A -ίδος] τοῦ οἴκου (2)
— 44. τὴν θ. μίαν (2)
— 44. τοὺς βόας δώδεκα ὑποκάτω τῆς θ. (2)
9. 26. ἐπὶ τοῦ χείλους τῆς ἐσχάτης θ. (2)
— 27. ἐλαύνειν εἰδότας θάλασσαν (2)
10. 22. ναῦς Θαρσὶς . . . ἐν τῇ θ. (2)
— 29. κατὰ θάλασσαν ἐξεπορεύοντο †

● = correction on page xxvi

III Ki. 18. 32. ἐποίησε θάλασσαν . . . κυκλόθεν τοῦ θυσ. (6)
— 35. τὴν θ. ἔπλησαν ὕδατος (6)
— 38. τὸ ὕδωρ τὸ ἐν τῇ θ. (6)
— 43. ἐπίβλεψον ὁδὸν τῆς θ. (2)
IV Ki. 14. 25. ἕως τῆς θ. τῆς Ἄραβα (2)
16. 17. τὴν θ. καθεῖλεν ἀπὸ τῶν βοῶν (2)
25. 13. τὴν θ. τὴν χαλκῆν . . . συνέτριψαν οἱ Χ. (2)
— 16. R στύλους δύο καὶ τὴν θ. μίαν [A B ἡ θ. ἡ μία] (2)
I Ch. 9. 24. κατὰ ἀνατολὰς θάλασσαν βορρᾶν (2)
16. 32. βομβήσει [A βοήσει] ἡ [A *om.*] θ. (2)
18. 8. ἐξ αὐτοῦ ἐποίησε Σ. τὴν θ. τὴν χαλκῆν (2)
II Ch. 2. 16 (15). ἄξομεν αὐτὰ σχεδίαις ἐπὶ θάλασσαν Ἰ. (2)
4. 2. ἐποίησε τὴν θ. χυτήν (2)
— 4. ἡ θ. ἐπ' αὐτῶν ἄνω (2)
— 6. ἡ θ. εἰς τὸ νίπτεσθαι τοὺς ἱερεῖς (2)
— 10. τὴν θ. ἔθηκεν ἀπὸ γωνίας τοῦ οἴκου (2)
— 15. τὴν θ. μίαν καὶ τοὺς μόσχους (2)
8. 18. παῖδας εἰδότας θάλασσαν (2)
20. 2. ἐκ πέραν τῆς θ. (2)
I Es. 4. 2. τὴν γῆν καὶ τὴν θ. κατακρατοῦντες
— 15. ὃς κυριεύει τῆς θ. καὶ τῆς γῆς
— 23. εἰς τὴν θ. πλεῖν [A πλεῖ] καὶ ποταμούς
II Es. 3. 7. πρὸς θάλασσαν Ἰόππης (2)
Ne. 9. 6. ἐποίησας . . . τὰς θ. (2)
— 9. ἤκουσας ἐπὶ θάλασσαν ἐρυθράν (2)
— 11. τὴν θ. ἔρρηξας ἐνώπιον αὐτῶν (2)
— 11. παρήλθοσαν ἐν μέσῳ τῆς θ. (2)
Ju. 1. 12. ἕως τοῦ ἐλθεῖν ἐπὶ τὰ ὅρια τῶν δύο θ.
2. 24. ἕως τοῦ ἐλθεῖν ἐπὶ [S ἐ. τὴν] θάλασσαν
5. 13. κατεξήρανεν ὁ θεὸς τὴν ἐρυθρὰν θ.
Es. 10. 1. ἐπὶ τὴν βασιλείαν . . . τῆς θ. (2)
Jb. 7. 12. πότερον θάλασσά εἰμι ἢ δράκων (2)
9. 8. περιπατῶν . . . ἐπ' ἐδάφους ἐπὶ [S^1 *om.*] θαλάσσης (2)
11. 9. ἢ εὔρους [A εὖρος] θαλάσσης (2)
12. 8. καὶ [A καὶ εἰ] ἐξηγήσ. σοι οἱ ἰχθύες τῆς θ. (2)
14. 11. χρόνῳ γὰρ σπανίζεται θάλασσα (2)
26. 12. ἰσχύϊ κατέπαυσε τὴν θ. (2)
28. 14. ἡ [A S *om.*] θ. εἶπεν (2)
36. 30. ῥιζώματα τῆς θ. ἐκάλυψεν (2)
38. 8. ἔφραξα δὲ θάλασσαν πύλαις (2)
— 16. ἦλθες δὲ ἐπὶ πηγὴν [A γῆν] θαλάσσης (2)
— 22. S^1 θησαυροὺς δὲ θαλάσσης [A B S^2 χαλάζης] †
41. 21 (22). πᾶς δὲ χρυσὸς θαλάσσης ὑπ' αὐτόν †
— 22 (23). ἥγηται δὲ τὴν θ. ὥσπερ ἐξάλειπτρον (2)
Ps. 8. 8. τοὺς ἰχθύας τῆς θ. τὰ διαπορευόμ. τρίβους θαλασσῶν (2, 2)
23 (24). 2. ἐπὶ θαλασσῶν ἐθεμελίωσεν αὐτήν (2)
32 (33). 7. συνάγων . . . ὕδατα θαλάσσης (2)
45 (46). 2. ἐν καρδίαις θαλασσῶν (2)
64 (65). 5. S^2 R ἡ ἐλπὶς . . . τῶν ἐν θαλάσσῃ μακράν [B S^1 *al.*] (2)
— 7. S R ὁ συνταράσσων τὸ κύτος [B ὕδωρ] τῆς θ. (2)
65 (66). 6. ὁ μεταστρέφων τὴν θ. εἰς ξηράν (2)
67 (68). 22. ἐπιστρέψω ἐν βυθοῖς θαλάσσης (2)
68 (69). 2. ἦλθον εἰς τὰ βάθη τῆς θ. (4)
— 34. θάλασσα καὶ πάντα τὰ ἕρποντα [S^1 *al.*] (2)
71 (72). 8. ἀπὸ θαλάσσης ἕως θαλάσσης (2, 2)
73 (74). 13. σὺ ἐκραταίωσας . . . τὴν θ. (2)
76 (77). 19. ἐν τῇ θ. ἡ ὁδός σου (2)
77 (78). 13. διέρρηξε θάλασσαν (2)
— 27. ὡσεὶ ἄμμον θαλασσῶν (2)
— 53. τοὺς ἐχθροὺς αὐ. ἐκάλυψε θάλασσα [S^2 ἡ θ.] (2)
79 (80). 11. ἐξέτεινε τὰ κλήμ. αὐ. ἕως θαλάσσης (2)
88 (89). 9. σὺ δεσπόζεις τοῦ κράτους τῆς θ. (2)
— 12. R θάλασσαν [B S^1 -ας, A S^2 τὴν θ.] σὺ ἔκτισας (3)
— 25. θήσομαι ἐν θαλάσσῃ χεῖρα αὐτοῦ (2)
92 (93). 4. θαυμαστοὶ οἱ μετεωρισμοὶ τῆς θ. (2)
94 (95). 5. αὐτοῦ ἐστιν ἡ θ. (2)
95 (96). 11 : 97 (98). 7. σαλευθήτω ἡ θ. (2)
103 (104). 24. αὕτη ἡ θ. ἡ μεγάλη καὶ εὐρύχωρος (2)
105 (106). 7. ἀναβαίνοντες ἐν τῇ ἐρυθρᾷ θ. (2)
— 9. ἐπετίμησε τῇ ἐρυθρᾷ θ. (2)
— 22. φοβερὰ ἐπὶ θαλάσσης ἐρυθρᾶς (2)
106 (107). 3. ἀπὸ ἀνατολῶν . . . καὶ θαλάσσης (2)
— 23. οἱ καταβαίνοντες εἰς τὴν θ. (2)

Ps. 113 (114). 3. ἡ θ. εἶδε καὶ ἔφυγεν (2)
— 5. τί σοι ἐστὶ, θάλασσα, ὅτι ἔφυγες (2)
134 (135). 6. ἐν ταῖς θ. καὶ ἐν πάσαις ταῖς ἀβ. (2)
135 (136). 13. τῷ καταδιελόντι τὴν ἐρυθρὰν θ. (2)
— 15. καὶ ἐκτινάξαντι Φ. . . . εἰς θ. ἐρυθράν (2)
138 (139). 9. κατασκηνώσω εἰς τὰ ἔσχατα τῆς θ. (2)
145 (146). 6. τὸν ποιήσαντα . . . τὴν θ. (2)
Pr. 8. 29. A S^2 ἐν τῷ τιθέναι αὐτὸν τῇ θ. ἀκριβασμὸν αὐ. (2)
23. 34. ὥσπερ ἐν καρδίᾳ θαλάσσης (2)
Ec. 1. 7. π. οἱ χείμαρροι πορεύονται εἰς τὴν θ. (2)
— 7. ἡ θ. οὐκ ἔσται ἐμπιμπλαμένη (2)
Wi. 5. 22. ἀγανακτήσει κατ' αὐτῶν ὕδωρ θαλάσσης
10. 18. διεβίβασεν αὐτοὺς θάλασσαν [S εἰς θ.] ἐρυθράν
14. 3. ἔδωκας καὶ ἐν θαλάσσῃ ὁδόν
19. 7. ἐξ ἐρυθρᾶς θαλάσσης ὁδὸς ἀνεμπόδιστος
— 12. ἀνέβη αὐτοῖς ἀπὸ [S ἐκ] θαλάσσης ὀρτυγομήτρα
Si. 1. 2. ἄμμον θαλασσῶν . . . τίς ἐξαριθμήσει
18. 10. ὡς σταγὼν ὕδατος ἀπὸ θαλάσσης
24. 6. ἐν κύμασι θαλάσσης . . . ἐκτησάμην [S^2 ἡγησάμην]
— 29. ἀπὸ γὰρ θαλάσσης ἐπληθύνθη διανόημα [A -ματα] αὐτῆς
— 31. ὁ ποταμός μου ἐγένετο εἰς θάλασσαν
29. 18. ἐσάλευσεν αὐτοὺς ὡς κῦμα θαλάσσης
40. 11. πάντα . . . ἀπὸ ὑδάτων εἰς θάλασσαν ἀνακάμπτει
43. 24. οἱ πλέοντες τὴν θ. διηγοῦνται τὸν κίνδυνον αὐτῆς
44. 21. κατακληρονομῆσαι αὐτοὺς ἀπὸ θαλάσσης ἕως θαλάσσης
50. 3. χαλκὸς [A λάκκος] ὡσεὶ θαλάσσης τὸ περίμετρον
Ho. 1. 10 (2. 1). ἦν ὁ ἀριθμὸς . . . ὡς ἡ ἄμμος τῆς θ. (2)
4. 3. καὶ οἱ ἰχθύες τῆς θ. ἐκλείψουσιν (2)
Am. 5. 8. ὁ προσκαλούμενος τὸ ὕδωρ τῆς θ. (2)
8. 12. R σαλευθήσονται ὕδατα ἀπὸ τῆς θ. [A B *om.* ἀπὸ τῆς θ.] ἕως θαλάσσης [B τῆς θ.] (2, 2)
9. 3. ἐὰν καταδύσωσιν . . . εἰς τὰ βάθη τῆς θ. (2)
— 6. ὁ προσκαλούμενος τὸ ὕδωρ τῆς θ. (2)
Mi. 7. 12. ἀπὸ θαλάσσης ἕως θαλάσσης (2, 2)
— 19. εἰς τὰ βάθη τῆς θ. (2)
Jl. 2. 20. εἰς τὴν θ. τὴν πρώτην (2)
— 20. A^2 B S εἰς τὴν θ. τὴν ἐσχάτην (2)
Jn. 1. 4. ἐξήγειρε πνεῦμα ἐπὶ [A S^2 εἰς] τὴν θ. (2)
— 4. καὶ ἐγένετο κλύδων μέγας ἐν τῇ θ. (2)
— 5. ἐκβολὴν ἐποιήσαντο . . . εἰς τὴν θ. (2)
— 9. ὃς ἐποίησε τὴν θ. (2)
— 11. καὶ κοπάσει ἡ θ. ἀφ' ἡμῶν (2)
— 11. ὅτι ἡ θ. ἐπορεύετο [A S^3 ἐπωρύετο] (2)
— 12. ἐμβάλετέ με [A *om.*] εἰς τὴν θ. (2)
— 12. καὶ κοπάσει ἡ θ. ἀφ' ὑμῶν (2)
— 13. ὅτι ἡ θ. ἐπορεύετο [A S^3 ἐπωρύετο] (2)
— 15. ἐξέβαλον [A S^2 ἐνέβ., S^1 ἔβ.] αὐτὸν εἰς τὴν θ. (2)
— 15. καὶ ἔστη ἡ θ. ἐκ τοῦ σάλου αὐτῆς (2)
2. 4. εἰς βάθη καρδίας θαλάσσης (2)
Na. 1. 4. ἀπειλῶν θαλάσσῃ (2)
3. 8. ἧς [S^1 ὡς] ἡ ἀρχὴ θάλασσα (2)
Hb. 1. 14. ὡς τοὺς ἰχθύας τῆς θ. (2)
3. 8. A B S^2 ἢ ἐν θαλάσσῃ τὸ ὅρμημά σου (2)
— 15. ἐπιβιβᾷς [A S^2 ἐπεβίβασας] εἰς θάλασσαν (2)
Ze. 1. 3. καὶ οἱ ἰχθύες τῆς θ. (2)
2. 5. οἱ κατοικοῦντες τὸ σχοίνισμα τῆς θ. (2)
— 7 (6). ἔσται τὸ σχοίνισμα τῆς θ. τοῖς καταλ. (2 ?)
Hg. 2. 7 (6). ἐγὼ σείσω . . . τὴν γῆν καὶ τὴν θ. (2)
— 22 (21). ἐγὼ σείω . . . τὴν γῆν καὶ τὴν θ. -
Za. 9. 4. πατάξει [A S^1 κατ.] εἰς θάλ. δύναμιν (2)
— 10. S^2 κατάρξει [S^1 -άξει] ὑδάτων ἀπὸ θαλ. [A B S^1 *om.* ἀ. θ.] ἕως θαλάσσης (2, 2)
10. 11. διελεύσονται ἐν θ. στενῇ (2)
— 11. πατάξουσιν ἐν θαλάσσῃ κύματα (2)
14. 4. πρὸς ἀνατολὰς καὶ θάλασσαν [A *al.*] (2)
— 8. εἰς τὴν θ. τὴν πρώτην (2)
— 8. εἰς τὴν θ. τὴν ἐσχάτην (2)
Is. 2. 16. καὶ ἐπὶ πᾶν πλοῖον θαλάσσης (7)
5. 30. ὡς φωνὴ θαλάσσης κυμαινούσης (2)
9. 1 (8. 23). A S^2 ἡ γῆ Ν. ὁδὸν θαλάσσης [B S^1 *om.* ὁ. θ.] (2)
10. 22. ἐὰν γένηται ὁ λαὸς Ἰ. ὡς ἡ ἄμμος τῆς θ. (2)
— 26. ὁ θυμὸς αὐτοῦ τῇ ὁδῷ τῇ κατὰ θάλασσαν (2)

Is. 11. 9. ὡς ὕδωρ πολὺ κατακαλύψαι θαλάσσας (2)
— 14. θάλασσαν ἅμα προνομεύσουσι (2)
— 15. ἐρημώσει κ. τὴν θ. Αἰγύπτου (2)
16. 8. B S^2 διέβησαν γὰρ πρὸς [A B S *om.*] τὴν θ. [A S^1 ἔρημον] (2)
17. 12. ὡς θ. κυμαίνουσα οὕτω ταραχθήσεσθε (2)
18. 2. ὁ ἀποστέλλων ἐν θαλάσσῃ ὅμηρα (2)
19. 5. ὕδωρ τὸ παρὰ θάλασσαν (2)
23. 2. διαπερῶντες τὴν θ. ἐν ὕδατι πολλῷ (2)
— 4. εἶπεν ἡ θ. ἡ δὲ ἰσχὺς τῆς θ. εἶπεν (2, 2)
— 11. οὐκέτι ἰσχύει κατὰ θάλασσαν (2)
24. 14. ταραχθήσεται τὸ ὕ. τῆς θ. (2)
— 15. ἡ δόξα κ. ἐν ταῖς νήσοις ἔσται τῆς θ. (2)
27. 1. S τὸν δράκοντα τὸν ἐν τῇ θ. [A B *om.* τ. ἐ. τ. θ.] (2)
42. 10. οἱ καταβαίνοντες εἰς τὴν θ. (2)
43. 16. ὁ διδοὺς ἐν θαλάσσῃ ὁδόν (2)
48. 18. ἡ δικαιοσύνη σου ὡς κῦμα θαλάσσης (2)
— 19. S ὡς ἡ ἄμμος τῆς θ. [A B *om.* τ. θ.] -
49. 12. ἀπὸ βορρᾶ καὶ θαλάσσης [A *al.*] (2)
50. 2. ἐξερημώσω τὴν θ. (2)
51. 10. οὐ σὺ εἶ ἡ ἐρημοῦσα θάλασσαν [A^2 -α] . . . ἡ θεῖσα τὰ βάθη τῆς θ. ὁδόν (2, 2)
— 15. ἐγὼ ὁ θεός σου ὁ ταράσσων τὴν θ. (2)
60. 5. μεταβαλεῖ εἰς σὲ πλοῦτος [S^1 πλῆθος] θαλάσσης (2)
63. 11. B^1 R ὁ ἀναβιβάσας ἐκ τῆς θ. [B^2 τῆς γῆς, A S γῆς] (2)
Je. 5. 22. τὸν τάξαντα ἄμμον ὅριον τῇ θ. (2)
6. 23. φωνὴ αὐτοῦ ὡς θ. κυμαίνουσα (2)
15. 8. ἐπληθύνθησαν . . . ὑπὲρ τὴν ἄμμον τῆς θ. (2)
22. 20. βόησον εἰς τὸ πέραν τῆς θ. †
26 (46). 18. ὡς ὁ Κάρμηλος ὁ [A S *om.*] ἐν τῇ θ. ἥξει (2)
27 (50). 42. φωνὴ αὐ. ὡς θ. ἠχήσει (2)
28 (51). 36. ἐρημώσω τὴν θ. αὐτῆς (2)
— 42. ἀνέβη ἐπὶ Βαβυλῶνα ἡ θ. (2)
29 (49). 21. κραυγὴ θαλάσσης [A σου ἐν θαλάσσῃ] (2)
31 (48). 32. κλήματά σου διῆλθε θάλασσαν (2)
32 (25). 22. βασιλεῖς τοὺς ἐν τῷ πέραν τῆς θ. (2)
38 (31). 35. ὁ δοὺς . . . κραυγὴν ἐν θαλάσσῃ [A τῇ θ.] (2)
52. 17. B S τὴν θ. τὴν χαλκῆν τὴν ἐν οἴκῳ κ. (2)
— 20. ἡ θ. μία καὶ οἱ μόσχοι δώδεκα χαλκοῖ ὑποκάτω τῆς θ. (2, †)
Ba. 3. 30. τίς διέβη πέραν τῆς θ.
Ez. 26. 3. ὡς ἀναβαίνει ἡ θ. (2)
— 5. ἔσται ἐν μέσῳ θαλάσσης [A τῆς θ.] (2)
— 12. εἰς μέσον τῆς θ. σου ἐμβαλεῖ (4)
— 16. ἐκ τῶν ἐθνῶν τῆς θ. (2)
— 17. κατελύθης ἐκ θαλάσσης (2)
— 17. A ἥτις ἐγενήθη ἰσχυρὰ ἐν θαλάσσῃ (2)
— 18. A ταραχθήσονται νῆσοι ἐν τῇ θ. (2)
27. 3. ἐπὶ τῆς εἰσόδου [A ὁδ.] τῆς θ. (2)
— 4. ἐν καρδίᾳ θαλάσσης (2)
— 9. πάντα τὰ πλοῖα τῆς θ. (2)
— 25. ἐν καρδίᾳ θαλάσσης (2)
— 26. ἐν καρδίᾳ [A μέσῳ] θαλάσσης (2)
— 27. ἐν καρδίᾳ θαλάσσης (2)
— 29. οἱ πρωρεῖς τῆς θ. (2)
— 32. A ἐν μέσῳ θαλάσσης (2)
— 33. μισθὸν ἀπὸ τῆς θ. (2)
— 34. νῦν συνετρίβης ἐν θαλάσσῃ (2)
28. 2, 8. ἐν καρδίᾳ θαλάσσης (2)
32. 2. ὡς δράκων ὁ ἐν τῇ θ. (2)
38. 20. σεισθήσονται . . . οἱ ἰχθύες τῆς θ. (2)
39. 11. τῶν ἐπελθόντων πρὸς τῇ θ. [A τὴν θ.] (2)
41. 12. ὡς πρὸς θάλασσαν πήχεων ἑβδομήκοντα (2)
42. 18. ἐπέστρεψε πρὸς θάλασσαν καὶ διεμέτρησε τὸ κατὰ πρόσωπον θαλάσσης [A τῆς θ.] -, -
45. 7. τὰ πρὸς θάλασσαν καὶ ἀπὸ τῶν πρὸς θάλασσαν [A *add.* τὰ] πρὸς ἀνατολάς (2, 2)
— 7. ἀπὸ τῶν ὁρίων τῶν πρὸς θάλασσαν (2)
47. 8. ἤρχετο ἕως ἐπὶ τὴν θ. (2)
— 10. ὡς οἱ ἰχθύες τῆς θ. τῆς μεγάλης (2)
— 15. ταῦτα τὰ ὅρια . . . ἀπὸ θαλάσσης [A τῆς θ.] τῆς μεγ. (2)
— 17. ταῦτα τὰ ὅρια ἀπὸ τῆς θ. (2)
— 18. ὁ Ἰορδάνης διορίζει ἐπὶ τὴν θ. (2)
— 19. παρεκτεῖνον ἐπὶ τὴν θ. τὴν μεγ. (2)
— 20. τοῦτο τὸ μέρος τῆς θ. τῆς μεγάλης (2)
— 20. ταῦτά ἐστι τὰ πρὸς θάλασσαν Ἡμάθ (2)
48. 1. ἕως πρὸς θάλασσαν Δάν (2)

Ez. 48. 2. ἕως τῶν [A om.] πρὸς θάλασσαν Ἀσσήρ (2)
— 3. ἕως τῶν πρὸς θάλασσαν Νεφθαλίμ (2)
— 4. ἕως τῶν πρὸς θάλασσαν Μανασσῆ (2)
— 5. τῶν [A ἕως τῶν] πρὸς θάλασσαν Ἐφραίμ (2)
— 6. ἕως τῶν πρὸς θάλασσαν Ῥουβήν (2)
— 7. ἕως τῶν πρὸς θάλασσαν Ἰούδα (2)
— 8. A ἕως τῶν πρὸς θάλασσαν (2)
— 8. καὶ ἕως τῶν πρὸς θάλασσαν (2)
— 10. πρὸς θάλασσαν [A add. πλάτος] δέκα χιλιάδες (2)
— 16. ἀπὸ τῶν πρὸς θάλασσαν (2)
— 17. πρὸς θάλασσαν διακόσιοι πεντήκ. (2)
— 18. δέκα χιλιάδες πρὸς θάλασσαν (2)
— 21. ἕως τῶν ὁρίων τῶν . . . πρὸς θάλασσαν (2)
— 21. ἕως τῶν ὁρίων τῶν πρὸς θάλασσαν [A ἀνατολάς] (2)
— 23. ἕως τῶν πρὸς θάλασσαν Βενιαμίν (2)
— 24. ἕως τῶν πρὸς θάλασσαν Συμεών (2)
— 25. ἕως τῶν πρὸς θάλασσαν Ἰσσάχαρ (2)
— 26. ἕως τῶν πρὸς θάλασσαν Ζαβουλών (2)
— 27. ἕως τῶν πρὸς θάλασσαν Γάδ (2)
— 28. ἕως τῆς [A om.] θ. τῆς μεγάλης (2)
— 34. τὰ πρὸς θάλασσαν τετρακισχίλιοι (2)
Da. LXX. 2. 38. ἀπὸ . . . τῶν ἰχθύων τῆς θ. -
3. (36). παρὰ τὸ χεῖλος τῆς θ.
— (78). εὐλογεῖτε θάλασσαι καὶ ποταμοί
4. 34. τῷ κτίσαντι . . . τὴν γῆν καὶ τὰς θ. -
7. 2. ἐνέπεσον εἰς τὴν θ. τὴν μεγάλην (2)
— 3. ἀνέβαινον ἐκ τῆς θ. (2)
10. 5 (6). τὸ στόμα αὐτοῦ ὡσεὶ θαλάσσης (7)
11. 18. δώσει τὸ πρόσωπον αὐτοῦ ἐπὶ τὴν θ. (1)
— 45. ἀνὰ μέσον τῶν θ. καὶ τοῦ ὄρους (2)
Da. TH. 2. 38. A R ἰχθύας τῆς θ. [B om. ἰ. τ. θ.] ἔδωκεν -
3. (36). παρὰ τὸ χεῖλος τῆς θ.
— (78). εὐλογεῖτε θάλασσαι καὶ ποταμοὶ τὸν κ.
7. 2. προσέβαλον εἰς τὴν θ. τὴν μεγάλην (2)
— 3. ἀνέβαινον ἐκ τῆς θ. (2)
8. 4. κερατίζοντα κατὰ θάλασσαν (2)
11. 45. ἀνὰ μέσον τῶν θ. εἰς ὄρος (2)
I Ma. 4. 9. ἐσώθησαν . . . ἐν θ. ἐρυθρᾷ
6. 29. καὶ ἀπὸ νήσων θαλασσῶν
7. 1. S[1] ἀνέβη . . . παρὰ θάλασσαν [A S[2]R om. π. θ.]
8. 23. καλῶς γένοιτο . . . ἐν τῇ θ.
— 32. πολεμήσομέν σε διὰ τῆς θ.
11. 1. ὡς ἡ ἄμμος ἡ παρὰ τὸ χεῖλος τῆς θ.
13. 29. ὑπὸ πάντων τῶν πλεόντων τὴν θ.
14. 5. εἴσοδον ταῖς νήσοις τῆς θ.
— 34. Ἰόππην ὠχύρωσε τὴν ἐπὶ τῆς θ.
15. 1. ἀπέστειλεν . . . ἐπιστ. ἀπὸ τῶν νήσων τῆς θ.
— 11. S εἰς Δ. φεύγων τὴν ἐπὶ θαλάσσης [A τὴν θ., R τῆς θ.]
— 14. A R τὰ πλοῖα ἀπὸ θαλάσσης συνῆψαν
— 14. ἀπὸ τῆς γῆς καὶ [A add. ἀπὸ] τῆς θ.
II Ma. 9. 8. τοῖς τῆς θ. κύμασιν ἐπιτάσσειν
III Ma. 2. 7. ἐπέκλυσας βάθει θαλάσσης
7. 20. διά τε γῆς καὶ θαλάσσης . . . ἀνασωζόμενοι
[**Aq.** GE. 1. 10, 26, 28 : 12. 8 : DT. 1. 1 : Jo. 5. 1 : III KI. 4. 20 : Ps. 32 (33). 7 : 64 (65). 8 : 95 (96). 11 : 105 (106). 7 : 106 (107). 23 : Is. 9. 1 (8. 23) : 11. 15 : 16. 8 : 18. 2 : 19. 5 : 21. 1 : 27. 1 : 57. 20 : 63. 11 : JE. 48 (31). 32 : 49. 23 (30. 12) : Ez. 28. 2, 8 : JN. 2. 4 : ZA. 9. 10 bis.]
[**Sm.** GE. 1. 10, 28 : DT. 1. 1 : 4. 49 : Jo. 5. 1 : 11. 8 : III KI. 4. 20 : JB. 14. 11 : Ps. 23 (24). 2 : 32 (33). 7 : 65 (66). 6 : 67 (68). 23 : 68 (69). 35 : 73 (74). 13 : 77 (78). 27 : 95 (96). 11 : 97 (98). 7 : 105 (106). 7 : Is. 9. 1 (8. 23) : 11. 15 : 16. 8 : 18. 2 : 21. 1 : 27. 1 : 50. 2 : 57. 20 : 60. 5 : 63. 11 : 64. 2 (1) : JE. 49. 23 (30. 12) : Ez. 26. 17 : 28. 2, 8 : 39. 11 : DA. 11. 45 : JN. 2. 6.]
[**Th.** GE. 1. 10, 28 : Jo. 5. 1 : JB. 12. 8 : Ps. 73 (74). 13 : 95 (96). 11 : 106 (107). 23 : PR. 8. 29 : Is. 9. 1 (8. 23) : 11. 15 : 16. 8 : 21. 1 : 24. 14 : 27. 1 : 57. 20 : 63. 11 : JE. 22. 20 : 27 (34). 19 : 33 (40). 22 : 49. 23 (30. 12) : Ez. 26. 17, 18 : 27. 32 : 28. 2, 8 : DA. 11. 45 : JN. 2. 4.]
[**Heb.** Is. 16. 8 : Ez. 47. 8.]
[**Quint.** Ps. 105 (106). 7 bis : 106 (107). 23.]
[**Sext.** Ps. 106 (107). 23.]
[**Al.** GE. 49. 13 : Ex. 14. 27 : DT. 4. 49 : Jo. 15. 46 : HB. 3. 8, 13, 15.]

θαλάσσιος.
I Ma. 4. 23. S R ἔλαβον . . . πορφύραν [A add. καὶ] θαλασσίαν

θάλλειν. (1) נָאָה (2) יָטַב hi. (3) פָּרַח
Ge. 40. 10. καὶ αὐτὴ θάλλουσα (3)
Jb. 8. 11. μὴ θάλλει πάπυρος ἄνευ ὕδατος (1)
Pr. 15. 13. καρδίας εὐφραινομένης πρόσωπον θάλλει (2)
26. 20. ἐν πολλοῖς ξύλοις θάλλει πῦρ †
Si. 14. 18. ὡς φύλλον θάλλον

θαλλός.
II Ma. 14. 4. τῶν νομιζομένων θ. τοῦ ἱεροῦ
[**Sm.** GE. 8. 11 : PR. 11. 28 : Ez. 17. 4, 22, 23 : 31. 3.]

θάλπειν. (1) חָמַם pi. (2) סָכַן (3) רָבַץ
De. 22. 6. ἐὰν . . . ἡ μήτηρ θάλπῃ ἐπὶ τῶν νοσσῶν (3)
III Ki. 1. 2. ἔσται αὐτὸν θάλπουσα (2)
— 4. ἦν θάλπουσα τὸν βασιλέα (2)
Jb. 39. 14. ἐπὶ χοῦν θάλψει (1)
[**Aq.**, **Th.** Is. 59. 5.]

θαλπιώθ (BS), **θαλφιώθ** (A). (1) תַּלְפִּיּוֹת
Ca. 4. 4. ὁ ᾠκοδομημένος εἰς [S[1] ἐν] θ. (1)

θαμβεῖν. (1) בָּעַת a. ni. b. pi. (2) חָפַז a. qal. b. ni. (3) פָּחַז (4) רָגַז (5) רָדַם ni.
Jd. 9. 4. A ἄνδρας . . . θαμβουμένους [B δειλούς] (3)
I Ki. 14. 15. ἐθάμβησεν ἡ γῆ (4)
II Ki. 22. 5. χείμαρροι ἀνομίας ἐθάμβησάν με (1 b)
IV Ki. 7. 15. ἐν τῷ θαμβεῖσθαι αὐτούς (2 a, 2 b*)
Wi. 17. 3. θαμβούμενοι δεινῶς
Da. TH. 8. 17. ἐν τῷ ἐλθεῖν αὐτὸν ἐθαμβήθην (1 a)
— 18. A ἐθαμβήθην καὶ [B om. ἐ. κ.] πίπτω (5)
I Ma. 6. 8. ἐθαμβήθη καὶ ἐσαλεύθη σφόδρα
[**Aq.** I KI. 16. 14 : 23. 26 : Ps. 47 (48). 6 : 115. 2 (116. 11).]
[**Sm.** JB. 26. 11.]
[**Th.** Ps. 52 (53). 6 : Is. 44. 8.]
[**Al.** I CH. 21. 30.]

θαμβεύειν.
[**Aq.** GE. 49. 4.]

θαμβευτής.
[**Aq.** ZE. 3. 4.]

θάμβησις.
[**Aq.** DT. 16. 3 : Ps. 30 (31). 23 : Is. 52. 12.]

θάμβος. (1) אָיֹם (2) חַתְחַת (3) פַּחַד (4) פַּלָּצוּת (5) תַּרְדֵּמָה
I Ki. 26. 12. A R θάμβος κυρίου [B -ος] ἔπεσεν (5)
Ec. 12. 5. θάμβοι ἐν τῇ ὁδῷ (2)
Ca. 3. 8. ἀπὸ θάμβους ἐν νυξί (3)
6. 3 (4). θάμβος ὡς τεταγμέναι (1)
— 9 (10). θάμβος ὡς τεταγμέναι [B[2] -η] (1)
Wi. 10. 19. S[1] ἐκ θάμβους [? ἐκθ., A B S[2] βάθους] ἀβύσσου [S om.]
Ez. 7. 18. καλύψει αὐτοὺς θ. (4)
[**Aq.** Ex. 12. 11 : JE. 30 (37). 5 : Ez. 21. 14 (19).]
[**Th.** Ex. 12. 11 : Ps. 52 (53). 6 bis.]
[**Al.** DT. 28. 28.]

θανατηφόρος. (1) מוּת
Nu. 18. 22. λαβεῖν ἁμαρτίαν θανατηφόρον (1)
Jb. 33. 23. ἐὰν ὦσι χίλιοι ἄγγελοι θ. †
IV Ma. 8. 18. θανατηφόρον ἀπείθειαν τολμῶμεν
— 26. καὶ ἡ θ. ἀρέσκει καρτερία
15. 26. δυο ψήφους . . . θανατηφόρον τε καὶ σωτήριον

θάνατος. (1) גַּלְמוּד (2) דֶּבֶר (3) מַהֲלֻמוֹת (4) מוּת a. qal. b. pil. c. hi. d. מָוֶת e. מָמוֹת (5) קֶבֶר (6) שְׁאוֹל (7) שַׁחַת (8) **βάλλειν θάνατον** מָחַץ (9) **σκιὰ θανάτου** מְצוֹלָה (10) **σκιὰ θανάτου** צַלְמָוֶת
Ge. 2. 17. θανάτῳ ἀποθανεῖσθε (4 a)
3. 4. οὐ θανάτῳ ἀποθανεῖσθε (4 a)
21. 16. οὐ μὴ ἴδω τὸν θ. τοῦ παιδίου μου (4 d)
26. 11. A[2] θανάτου [R -ῳ] ἔνοχος ἔσται (4 a)
Ex. 5. 3. μή ποτε συναντήσῃ ἡμῖν θ. (2)
9. 3. θ. μέγας σφόδρα (2)
— 15. A[1] καὶ τὸν λαὸν θανάτῳ (?) [A[2]B -τώσω] (2)
10. 17. περιελέτω ἀπ' ἐμοῦ τὸν θ. τοῦτον (4 d)
19. 12. πᾶς ὁ ἁψάμενος τοῦ ὄρους θανάτῳ τελευτήσει (4 a)
21. 12, 15. θανάτῳ θανατούσθω (4 a)
— 16. τελευτήσει [A τελευτάτω] θανάτῳ (4 a)
— 17. θανάτῳ τελευτάτω [A θανατούσθω] (4 a)
22. 19 (18). θανάτῳ ἀποκτενεῖτε αὐτούς [A om.] (4 a)
— 20 (19). B θανάτῳ ὀλεθρευθήσεται [A R al.] -
31. 14. θανάτῳ θανατωθήσεται (4 a)
— 15. A θανάτῳ [B om.] θανατωθήσεται (4 a)
Le. 20. 2, 9. θανάτῳ θανατούσθω (4 a)
— 10. θανάτῳ θανατούσθωσαν (4 a)
— 11. θανάτῳ θανατούσθωσαν ἀμφότεροι [B[1] al.] (4 a)
— 12. θανάτῳ θανατούσθωσαν ἀμφότεροι (4 a)
— 13. B[2]R θανάτῳ [A B[1] om.] θανατούσθωσαν (4 a)
— 15. θανάτῳ θανατούσθω (4 a)
— 16. θανάτῳ θανατούσθωσαν [B[1] -θω] (4 a)
— 27. θανάτῳ θανατούσθωσαν ἀμφότεροι (4 a)
24. 16, 17. θανάτῳ θανατούσθω (4 a)
— 21. θανάτῳ θανατούσθω -
26. 25. ἐξαποστελῶ θάνατον εἰς ὑμᾶς (2)
27. 29. θανάτῳ θανατωθήσεται (4 a)
Nu. 6. 9. A ἐὰν δέ τις θανάτῳ [B om.] ἀποθανῇ (4 a)
12. 12. μὴ γένηται [A -οιτο] ὡσεὶ ἴσον θανάτῳ (4 a)
14. 12. πατάξω αὐτοὺς θανάτῳ (2)
15. 35. θανάτῳ θανατούσθω ὁ ἄνθρωπος (4 a)
16. 29. εἰ κατὰ θάνατον πάντων ἀνθρώπων (4 a)
26. 10. ἐν τῷ θ. τῆς συναγωγῆς αὐτοῦ [B[1] al.] (4 a)
— 65. θανάτῳ ἀποθανοῦνται (4 a)
35. 16, 17. θανάτῳ θανατούσθω ὁ φονευτής (4 a)
— 18. θανάτῳ θανατούσθω [A ἀποθανεῖται] ὁ φον. (4 a)
— 21. θανάτῳ θανατούσθω ὁ πατάξας (4 a)
— 21. θανάτῳ θανατούσθω ὁ φονεύων -
— 31. θανάτῳ γὰρ θανατωθήσεται (4 a)
De. 19. 6. τούτῳ οὐκ ἔστι κρίσις θανάτου (4 d)
21. 22. κρίμα θανάτου (4 d)
22. 26. οὐκ ἔστιν ἁμάρτημα θανάτου (4 d)
28. 21. προσκολλήσαι κ. εἰς σὲ τὸν θ. (2)
30. 15. δέδωκα πρὸ προσώπου σου . . . τὸν θ. (4 d)
— 19. τὴν ζωὴν καὶ τὸν θ. δέδωκα (4 d)
31. 14. ἐγγίκασιν αἱ ἡμέραι τοῦ θ. σου (4 a)
— 27. ἔσχατον τοῦ θ. μου (4 d)
Jo. 2. 13. ἐξελεῖσθε τὴν ψυχήν μου ἐκ θανάτου (4 d)
— 14. ἡ ψυχὴ ἡμῶν ἀνθ' ὑμῶν εἰς θάνατον (4 a)
Jd. 5. 18. ὠνείδισε ψυχὴν αὐ. εἰς θάνατον [A al.] (4 a)
13. 7. ἕως ἡμέρας θανάτου αὐτοῦ (4 d)
— 22. θανάτῳ ἀποθανούμεθα (4 a)
15. 13. θανάτῳ οὐ θανατώσομέν σε (4 c)
16. 16. A ἕως εἰς θάνατον [B ἕ. τοῦ ἀποθανεῖν] (4 a)
— 30. οὓς ἐθανάτωσε Σ. ἐν τῷ θ. αὐτοῦ (4 d)
21. 5. θανάτῳ θανατωθήσεται [A al.] (4 a)
Ru. 1. 17. θάνατος διαστελεῖ ἀνὰ μέσον ἐμοῦ (4 d)
I Ki. 1. 11. ἕως ἡμέρας θανάτου αὐτοῦ †
5. 6. ἐγένετο σύγχυσις [A χύ.] θανάτου μεγάλη -
— 12 (11). A ἐγενήθη σύγχυσις θανάτου [B om.] (4 d)
14. 39. θανάτῳ ἀποθανεῖται (4 a)
— 44. θανάτῳ ἀποθανῇ σήμερον (4 a)
15. 32. εἰ οὕτω πικρὸς ὁ [A om.] θ. (4 d)
— 35. ἕως ἡμέρας θανάτου αὐτοῦ (4 d)
20. 3. ἀνὰ μέσον ἐμοῦ καὶ τοῦ θ. [A al.] (4 d)
— 14. ἐὰν θανάτῳ ἀποθάνω -
— 31. υἱὸς θανάτου οὗτος (4 d)
22. 16. θανάτῳ ἀποθανῇ (4 a)
II Ki. 1. 21. A προσωχθίσθη θύρᾳ θανάτων [B al.] †
— 23. ἐν τῷ θ. αὐτῶν οὐ διεχωρίσθησαν (4 d)
3. 33. εἰ κατὰ τὸν θ. νάβαλ (4 a)
12. 5. υἱὸς θανάτου ὁ ἀνήρ (4 d)
— 14. θανάτῳ ἀποθανεῖται (4 a)
14. 14. θανάτῳ ἀποθανούμεθα (4 a)
15. 21. ἐὰν εἰς θάνατον καὶ ἐὰν εἰς ζωήν (4 d)
18. 33 (19. 1). τίς δῴη τὸν θ. μου ἀντὶ σοῦ (4 a)
19. 28 (29). ἄνδρες θανάτου τῷ κυρίῳ μου (4 d)
20. 3. ἕως ἡμέρας θανάτου αὐτῶν (4 a)
21. 1. ἀδικία ἐν θανάτῳ αἱμάτων αὐτοῦ [A al.] -

II Ki. 22. 5. περιέσχον με συντριμμοὶ θανάτου (4 d)
— 6. ὠδῖνες θανάτου ἐκύκλωσάν με (6)
— 6. προέφθασάν με σκληρότητες θανάτου (4 d)
24. 13. γενέσθαι τρεῖς ἡμέρας θάνατον (2)
— 15. ἐξελέξατο ἑαυτῷ Δ. τὸν θ. –
— 15. ἔδωκε κύριος ἐν Ἰσρ. θάνατον (2)
III Ki. 2. 26. ἀνὴρ θανάτου εἶ σύ (4 d)
3. 1 (2. 37), 1 (2. 42). θανάτῳ ἀποθανῇ (4 a)
— 26, 27. θανάτῳ μὴ θανατώσητε αὐτό (4 c)
8. 37. θάνατος ἐὰν γένηται (2)
IV Ki. 1. 4, 6, 16. θανάτῳ ἀποθανῇ (4 a)
2. 21. οὐκ ἔσται ἔτι ἐκεῖθεν θάνατος (4 d)
4. 40. θάνατος ἐν τῷ λέβητι (4 d)
8. 10. ἔδειξέ μοι κ. ὅτι θανάτῳ ἀποθανῇ (4 a)
11. 15. θανάτῳ θανατωθήσεται –
15. 5. ἕως ἡμέρας θανάτου αὐτοῦ (4 d)
20. 1. ἠρρώστησεν Ἑζ. εἰς θάνατον (4 a)
I Ch. 21. 12. ῥομφαίαν κυρίου καὶ θάνατον (2)
— 14. ἔδωκε κύριος θάνατον ἐν Ἰσραήλ (2)
II Ch. 6. 28. θάνατος ἐὰν γένηται (2)
7. 13. ἐὰν ἀποστείλω θάνατον ἐν τῷ λαῷ μου (2)
20. 9. ἐὰν ἐπέλθῃ ἐφ' ἡμᾶς . . . θάνατος (2)
32. 11. τοῦ παραδοῦναι ὑμᾶς εἰς θάνατον (4 a)
— 24. ἠρρώστησεν Ἑζ. ἕως θανάτου (4 a)
— 33. τιμὴν ἔδωκαν αὐτῷ ἐν τῷ θ. αὐτοῦ (4 d)
I Es. 8. 24. κολασθήσονται ἐάν τε καὶ θανάτῳ
II Es. 7. 26. A R ἐάν τε [B *om.*] εἰς θάνατον (4 a)
To. 3. 4. ἔδωκας ἡμᾶς εἰς . . . θάνατον
4. 2. ἐγὼ ᾐτησάμην θάνατον
— 10. A B ἐλεημοσύνη ἐκ θανάτου ῥύεται
6. 12. A R ἡ ὀφειλήσει θάνατον [B S *al.*]
12. 9. ἐλεημοσ. γὰρ ἐκ θανάτου ῥύεται
14. 10. ἐσώθη ἐκ παγίδος θανάτου [S *al.*]
— 10. S εἰς τὴν παγίδα τοῦ θ. [A B *om.* τ. θ.]
Ju. 7. 27. οὐκ ὀψόμεθα τὸν θ. τῶν νηπίων ἡμῶν
11. 11. ἐπιπεσεῖται θάνατος ἐπὶ πρόσωπον [A S -που] αὐτῶν
12. 14. ἀγαλλίαμα ἕως ἡμέρας θανάτου μου [A *om.*]
14. 5. αὐτὸν ὡς εἰς θάνατον ἀποστείλαντα εἰς ἡμᾶς
Es. 4. 8. ἐλάλησε καθ' ἡμῶν εἰς θάνατον –
— 8. ῥῦσαι ἡμᾶς ἐκ θανάτου –
— 17. θάνατος [A ὁ θ.] αὐ. ἐν ὀφθαλμοῖς αὐτῶν
— 17. ἐν ἀγῶνι θανάτου κατειλημμένη
Jb. 3. 5. ἐκλάβοι δὲ αὐτὴν . . . σκιὰ θανάτου (10)
— 21. οἳ ὁμείρονται τοῦ [A *om.*] θ. (4 d)
— 22. A ἐὰν κατατύχωσιν θανάτου [B S *om.*] (5)
— 23. θάνατος ἀνδρὶ ἀνάπαυμα [A S^2 -αυσις]
5. 20. ἐν λιμῷ ῥύσεταί σε ἐκ θανάτου (4 d)
7. 15. ἀπὸ δὲ θανάτου τὰ ὀστᾶ μου [A *al.*] (4 d)
9. 23. φαῦλοι ἐν θανάτῳ ἐξαισίῳ (4 c)
12. 22. ἐξήγαγε δὲ εἰς φῶς σκιὰν θανάτου (10)
15. 34. μαρτύριον γὰρ ἀσεβοῦς θάνατος (1)
16. 17 (16). A S^2 ἐπὶ δὲ βλεφ. μου σκιὰ θανάτου [B S^1 *om.*] (10)
17. 14. θάνατον ἐπεκαλεσάμην [A S *al.*] (7)
18. 13. κατέδεται δὲ . . . θάνατος (4 d)
20. 15. A ἐξελκύσει αὐτὸν ἄγγελος θανάτου [B S *om.*] –
24. 17. σκιὰ θανάτου [A *al.*] (10)
— 17. ἐπιγνώσεται τάραχος [A S^2 -χὰς] σκιᾶς [A S^1 -ᾶ] θανάτου (10)
27. 15. B^{2}S ἐν [A κακῷ] θανάτῳ τελευτήσουσι (4 d)
28. 3. A S R λίθος σκοτία [B -ίας] καὶ σκιὰ θανάτου (10)
— 22. ἡ ἀπώλεια καὶ ὁ θ. εἶπαν (4 d)
30. 23. θάνατός με ἐκτρίψει (4 d)
33. 18. ἐφείσατο δὲ τῆς ψυχῆς αὐ. ἀπὸ θανάτου (7)
— 22. ἤγγισε [A ἐγγίσῃ] δὲ εἰς θάνατον (7)
— 24. τοῦ μὴ πεσεῖν [A S^2 π. αὐτὸν] εἰς θάνατον (7)
— 30. ἐρρύσατο τὴν ψυχήν μου ἐκ θανάτου (7)
38. 17. ἀνοίγονται δέ σοι . . . πύλαι θανάτου (4 d)
Ps. 6. 5. οὐκ ἔστιν ἐν τῷ θ. ὁ μνημονεύων σου (4 d)
7. 13. ἐν αὐτῷ ἡτοίμασε σκεύη θανάτου (4 d)
9. 13. ὁ ὑψῶν με ἐκ τῶν πυλῶν τοῦ θ. (4 d)
12 (13). 3. μή ποτε ὑπνώσω εἰς θάνατον (4 d)
17 (18). 4. περιέσχον με ὠδῖνες θανάτου (4 d)
— 5. προέφθασάν με παγίδες θανάτου (4 d)
21 (22). 15. εἰς χοῦν θανάτου κατήγαγές με (4 d)
22 (23). 4. ἐν μέσῳ σκιᾶς θανάτου (10)
32 (33). 19. ῥύσασθαι ἐκ θανάτου τὰς ψυχὰς αὐ. (4 d)
33 (34). 21. θάνατος ἁμαρτωλῶν πονηρός (4 b)
43 (44). 19. ἐπεκάλυψεν ἡμᾶς σκιὰ θανάτου (10)
48 (49). 14. θάνατος ποιμανεῖ αὐτούς (4 d)
Ps. 54 (55). 4. δειλία θανάτου ἐπέπεσεν ἐπ' ἐμέ (4 d)
— 15. ἐλθέτω θάνατος ἐπ' αὐτούς (4 d)
55 (56). 13. ἐρρύσω τὴν ψυχήν μου ἐκ θανάτου (4 d)
67 (68). 20. τοῦ κυρίου αἱ διέξοδοι τοῦ θ. (4 d)
72 (73). 4. οὐκ ἔστιν ἀνάνευσις ἐν [S^1 *om.*] τῷ θ. αὐτῶν (4 d)
77 (78). 50. οὐκ ἐφείσατο ἀπὸ θανάτου (4 d)
— 50. τὰ κτήνη αὐ. εἰς θάνατον συνέκλεισε (2)
87 (88). 6. ἔθεντό με . . . ἐν σκιᾷ θανάτου (9)
88 (89). 48. καὶ οὐκ ὄψεται θάνατον (4 d)
106 (107). 10. καθημένους ἐν . . . σκιᾷ θανάτου (10)
— 14. ἐξήγαγεν αὐτοὺς ἐκ . . . σκιᾶς θανάτου (10)
— 18. ἤγγισαν ἕως τῶν πυλῶν τοῦ θ. (4 d)
114 (116). 3. περιέσχον με ὠδῖνες θανάτου (4 d)
— 8. ἐξείλατο τὴν ψυχήν μου ἐκ θανάτου (4 d)
115. 6 (116. 15). τίμιος . . . ὁ θ. τῶν ὁσίων αὐτοῦ (4 d)
117 (118). 18. τῷ θ. οὐ παρέδωκέ με (4 d)
Pr. 2. 18. ἔθετο γὰρ παρὰ τῷ θ. τὸν οἶκον αὐτῆς (4 d)
5. 5. κατάγουσι . . . μετὰ θανάτου (4 d)
7. 27. κατάγουσαι εἰς τὰ ταμιεῖα τοῦ [S^2 *om.*] θ. (4 d)
8. 36. οἱ μισοῦντές με ἀγαπῶσι θάνατον (4 d)
10. 2. δικαιοσύνη δὲ ῥύσεται ἐκ θανάτου (4 d)
11. 4. A δικαιοσύνη ῥύσεται ἀπὸ θανάτου (4 d)
— 19. διωγμὸς δὲ ἀσεβοῦς εἰς θάνατον (4 d)
12. 28. ὁδοὶ δὲ μνησικάκων εἰς θάνατον (4 d)
14. 27. ἐκκλίνειν ἐκ παγίδος θανάτου (4 d)
16. 14. θυμὸς βασιλέως ἄγγελος θανάτου (4 d)
18. 6. τὸ δὲ στόμα αὐ. . . . θάνατον ἐπικαλεῖται (3 ?)
— 21. θάνατος καὶ ζωὴ [A θ. ζωῆς] ἐν χειρὶ γλώσσης (4 d)
21. 6. ἐπὶ παγίδας θανάτου (4 d)
23. 14. τὴν δὲ ψυχὴν αὐτοῦ ἐκ θανάτου ῥύσῃ (6)
24. 7. ἀπαιδεύτοις συναντᾷ θάνατος –
— 11. ῥῦσαι ἀγομένους εἰς θάνατον (4 d)
25. 10. ἔσται σοι ἴση θανάτῳ –
Ec. 3. 19. ὡς ὁ θ. τούτου οὕτως καὶ ὁ θ. τούτου (4 d, 4 d)
7. 2 (1). ἡμέρα τοῦ θ. ὑπὲρ ἡμ. γεννήσεως [A S^2 *al.*] (4 d)
— 27 (26). πικρότερον ὑπὲρ θάνατον (4 d)
8. 8. ἐν ἡμέρᾳ [A ἡμέρας] θανάτου (4 d)
— 8. ἐν ἡμέρᾳ πολέμου [A θανάτου] †
Ca. 8. 6. κραταιὰ ὡς θάνατος ἀγάπη (4 d)
Wi. 1. 12. μὴ ζηλοῦτε θάνατον ἐν πλάνῃ ζωῆς ὑμ.
— 13. ὁ θεὸς θάνατον οὐκ ἐποίησεν
2. 20. θ. ἀσχήμονι καταδικάσωμεν αὐτόν
— 24. θάνατος εἰσῆλθεν εἰς τὸν κόσμον
12. 20. ὀφειλομένους θανάτῳ
14. 14. A S^1 θάνατος [B S^3 *om.*] εἰσῆλθεν
16. 13. σὺ γὰρ . . . θανάτου ἐξουσίαν ἔχεις
18. 12. ἐν [S^2 *om.*] ἑνὶ ὀνόματι θανάτου
— 16. ἐπλήρωσε τὰ πάντα θανάτου
— 20. ἥψατο δὲ καὶ δικαίων πεῖρα θανάτου
19. 5. ἐκεῖνοι δὲ ξένον εὕρωσι θάνατον
Si. 4. 28. ἕως τοῦ [A S *om.*] θ. ἀγώνισαι
9. 13. οὐ μὴ ὑποπτεύσῃς φόβον [S^1 -ῳ] θανάτου
11. 14. ζωὴ καὶ θάνατος . . . παρὰ κυρίου ἐστί
14. 12. θάνατος [S^2 ὁ θ.] οὐ χρονιεῖ
— 17. θανάτῳ ἀποθανῇ
15. 17. ἔναντι ἀνθρώπων ἡ ζωὴ καὶ ὁ θ.
18. 22. μὴ μείνῃς ἕως θανάτου δικαιωθῆναι
22. 11. ὑπὲρ θάνατον ἡ ζωὴ πονηρά
23. 12. λέξις ἀντιπεριβεβλημένη θανάτῳ
26. 5. ὑπὲρ θάνατον πάντα μοχθηρά
27. 29. καταναλώσει αὐτοὺς πρὸ τοῦ [S^1 *om.*] θ. αὐ.
28. 6. μνήσθητι . . . καταφθορὰν καὶ θάνατον
— 21. θ. πονηρὸς ὁ θ. αὐτῆς
30. 17. κρείσσων θάνατος ὑπὲρ ζωὴν πικράν
31 (34). 12. πλεονάκις ἕως θανάτου ἐκινδύνευσα
36 (33). 14. ἀπέναντι τοῦ θ. ἡ ζωή
37. 2. οὐχὶ λύπη ἔνι [B^2 S^2 μένει] ἕως θανάτου
— 18. ἀγαθὸν καὶ κακὸν ζωὴ καὶ θάνατος
38. 18. ἀπὸ λύπης γὰρ ἐκβαίνει θ.
39. 29. λιμὸς καὶ θάνατος
40. 5. σάλος καὶ φόβος θανάτου
— 9. θάνατος καὶ αἷμα
41. 1. ὦ θάνατε, ὡς πικρόν σου τὸ μνημόσυνον
— 2. ὦ θάνατε, καλόν [S^2 ὡς κ.] σου τὸ κρίμα
— 3. μὴ εὐλαβοῦ κρίμα θανάτου
48. 5. ὁ ἐγείρας νεκρὸν ἐκ θανάτου
51. 6. A S R ἤγγισεν [B ἤνεσεν] ἕως θανάτου
— 9. ὑπὲρ θανάτου [A ἀπὸ ἀθανάτου] ῥύσεως
Ho. 13. 14. ἐκ θανάτου λυτρώσομαι αὐτούς (4 d)
— 14. ποῦ ἡ δίκη σου, θάνατε (4 d)
Am. 4. 10. ἐξαπέστειλα εἰς ὑμᾶς θάνατον (2)
Jn. 4. 9. σφόδρα λελύπημαι ἐγὼ ἕως θανάτου (4 d)
Hb. 2. 5. οὗτος ὡς θάνατος οὐκ ἐμπιπλάμενος (4 d)
3. 13. βαλεῖς [A S^2 ἔβαλας] εἰς κεφ. . . . θανάτου (8)
Za. 5. 3. ἕως θανάτου ἐκδικηθήσεται †
— 3. A S ἕως θανάτου [B *om.* ἕ. θ.] ἐκδικηθήσεται †
Is. 9. 2 (1). οἱ κατοικοῦντες ἐν . . . σκιᾷ θανάτου (10)
— 8 (7). θάνατον [S^1 λόγον] ἀπέστειλε κ. †
25. 8. κατέπιεν ὁ θ. ἰσχύσας (4 d)
28. 15. ἐποιήσαμεν . . . μετὰ τοῦ θ. συνθήκας (6)
— 18. μὴ καὶ ἀφέλῃ ὑμῶν τὴν διαθήκην τοῦ θ. (4 d)
38. 1. ἐμαλακίσθη Ἑζεκίας ἕως θανάτου (4 a)
39. 1. ἐμαλακίσθη ἕως θανάτου –
53. 8. ἤχθη εἰς θάνατον †
— 9. δώσω . . . τοὺς πλουσίους ἀντὶ τοῦ θ. αὐτοῦ (4 d)
— 12. παρεδόθη εἰς θάνατον ἡ ψυχὴ αὐτοῦ (4 d)
Je. 8. 3. εἵλοντο τὸν θάνατον (4 d)
9. 21 (20). ἀνέβη θ. διὰ τῶν θυρίδων ὑμῶν [A *al.*] (4 d)
13. 16. ἐκεῖ σκιὰ θανάτου (10)
14. 12. ἐν θανάτῳ ἐγὼ συντελέσω αὐτούς (2)
— 15. ἐν θ. νοσερῷ ἀποθανοῦνται †
15. 2. ὅσοι εἰς θάνατον εἰς θάνατον (4 d, 4 d)
16. 4. ἐν θανάτῳ νοσερῷ ἀποθανοῦνται (4 e)
18. 21. ἀνῃρημένοι [A *add.* ἐν] θανάτῳ (4 d)
— 23. τὴν βουλὴν αὐτῶν . . . εἰς θάνατον (4 d)
21. 6. πατάξω πάντας . . . ἐν [S^1 *om.*] θ. μεγάλῳ (2)
— 7. τὸν λαὸν τὸν καταλειφθέντα . . . ἀπὸ τοῦ θ. (2)
— 8. δέδωκα πρὸ προσώπου ὑμῶν . . . τὴν ὁδὸν τοῦ θ. (4 d)
24. 10. ἀποστελῶ εἰς αὐτοὺς . . . τὸν θ. (2)
33 (26). 8. θανάτῳ ἀποθανῇ (4 a)
— 11. κρίσις θανάτου τῷ ἀνθρώπῳ τούτῳ (4 d)
— 16. οὐκ ἔστι τῷ ἀνθρ. τ. κρίσις θανάτου (4 d)
41 (34). 17. καλῶ ἄφεσιν ὑμῖν . . . εἰς τὸν θ. (2)
45 (38). 15. οὐχὶ θανάτῳ [A *om.*] με θανατώσεις (4 c)
50 (43). 11. οὓς εἰς θάνατον εἰς θάνατον [S^1 *om.* εἰς θ.] (4 d, 4 d)
51 (44). 13. A ἐν λιμῷ καὶ ἐν θανάτῳ [B S *om.* κ. ἐν θ.] (2)
La. 1. 20. ὥσπερ θ. ἐν οἴκῳ (4 d)
Ep. Je. 18. ὡς ἐπὶ θανάτῳ ἀπηγμένῳ τοὺς οἴκους αὐτῶν ὀχυροῦσιν
— 36. ἐκ θανάτου ἄνθρωπον οὐ μὴ ῥύσωνται
Ez. 3. 18. θανάτῳ θανατωθήσῃ (4 a)
5. 12. ἐν θανάτῳ ἀναλωθήσεται (2)
— 17. θ. καὶ αἷμα διελεύσονται ἐπὶ σέ (2)
6. 11. ἐν θανάτῳ καὶ ἐν λιμῷ πεσοῦνται (2)
— 12. ὁ δὲ μακρὰν ἐν θανάτῳ τελευτήσει (2)
7. 15. ὁ λιμὸς καὶ ὁ θ. ἔσωθεν . . . τοὺς δ' ἐν τῇ πόλει λιμὸς καὶ θ. συντελέσει (2, 2)
12. 16. ἐκ λιμοῦ καὶ ἐκ θανάτου (2)
14. 19. R θάνατον ἐπαποστέλλω [B -είλω, A -άγω] (2)
— 21. θάνατον ἐξαποστείλω [A ἐπαποστελῶ] (2)
18. 13. θανάτῳ θανατωθήσεται [A ἀποθανεῖται] (4 a)
— 23. τὸν θ. τοῦ ἀνόμου (4 d)
— 32. τὸν θ. τοῦ ἀποθνήσκοντος (4 d)
28. 8. ἀποθανῇ θανάτῳ τραυματιῶν (4 e)
— 10. A θ. ἀπεριτμήτοις ἀπολῇ [B S *al.*] (4 d)
— 23. A ἐξαποστελῶ σεαυτὴν θάνατον (2)
— 23. αἷμα καὶ θ. ἐν ταῖς πλατείαις σου –
31. 14. πάντες ἐδόθησαν εἰς θάνατον (4 d)
33. 8. θανάτῳ θανατωθήσῃ (4 a)
— 11. τὸν θ. τοῦ ἀσεβοῦς [A ἁμαρτωλοῦ] (4 d)
— 14. θανάτῳ θανατωθήσῃ (4 a)
— 27. τοὺς ἐν τοῖς σπηλ. θανάτῳ ἀποκτενῶ (2)
38. 22. κρινῶ αὐτὸν θανάτῳ (2)
Da. LXX. Su. 22. θάνατός μοί ἐστι
— 53. κρίνειν κρίσεις θάνατον ἐπιφερούσας
2. 9. θανάτῳ περιπεσεῖσθε †
3. (88). ἔσωσεν ἡμᾶς ἐκ χειρὸς θανάτου
4. 34. τούτους κατακρινῶ θανάτῳ –
Da. TH. Su. 22. θάνατός μοί ἐστιν
3. (88). ἐκ χειρὸς θανάτου ἔσωσεν ἡμᾶς
II Ma. 4. 47. τούτοις θάνατον ἐπέκρινε
6. 19. τὸν μετ' εὐκλείας θ.
— 22. ἵνα . . . ἀπολυθῇ τοῦ θ.
— 30. δυνάμενος ἀπολυθῆναι τοῦ θ.
— 31. τὸν ἑαυτοῦ θ. ὑπόδειγμα . . . καταλείπων

II Ma. 7. 29. ἐπίδεξαι τὸν θ.
13. 8. ἐν σποδῷ τὸν θ. ἐκομίσατο
— 14. ἀγωνίσασθαι μέχρι θανάτου
III Ma. 1. 29. τῶν πάντων τότε θάνατον ἀλλασσομένων
6. 29. ἄρτι τὸν θ. ἐκπεφευγότες
7. 16. οἱ μέχρι θανάτου τὸν θ. ἐσχηκότες
IV Ma. 1. 9. A R τῶν ἕως θανάτου πόνων [S *al.*]
5. 37. τὰς μέχρι θανάτου ἀνάγκας
6. 21. μέχρι θανάτου μὴ προασπίσαιμεν
— 30. μέχρι τῶν τοῦ θ. βασάνων
7. 3. A τὸν τῆς θανάτου [S R ἀθαν.] νίκης λιμένα
— 8. τοῖς μέχρι θανάτου πάθεσιν
— 15. ὃν πιστὴ θανάτου σφραγὶς ἐτελείωσεν
— 16. τῶν μέχρι θανάτου βασάνων περιεφρόνησε
9. 4. χαλεπώτερον γὰρ αὐτοῦ τοῦ θ. νομίζομεν εἶναι
— 5. τὸν διὰ τῶν βασάνων ἡμῖν θ. ἀπειλῶν
— 29. ὡς ἡδὺς πᾶς τρόπος θανάτου
10. 1. τούτου τὸν ἀοίδιμον θ. καρτερήσαντος
— 15. μὰ τὸν μακάριον τῶν ἀδελφῶν μου θ.
13. 1. τῶν μέχρι θανάτου πόνων ὑπερεφρόνησαν
— 27. ὁρῶντες μέχρι θανάτου βασανιζομένους
14. 4. οὐδὲ πρὸς τὸν θ. ὤκνησεν
— 5. ἐπὶ τὸν διὰ τῶν βασάνων θ. ἔσπευδον
— 6. πρὸς τὸν ὑπὲρ αὐτῆς συνεφώνησαν θ.
— 19. ἀπαμύνονται ἕως θανάτου
15. 10. μέχρι θανάτου . . . πείθεσθαι αὐτῇ
— 12. ἐπὶ τὸν τῆς εὐσεβείας προετρέπετο θ.
— 19. προσημειουμένους αὐτὸν τὸν θ.
16. 1. τὰς μέχρι θανάτου βασάνους
— 13. ἐπὶ τὸν θ. αὐτοὺς προετρέπετο
17. 1. συλλαμβάνεσθαι πρὸς θάνατον
— 7. A R ποικίλας βασάνους μέχρι θανάτου [S *om.* μ. θ.] ὑπομείνασαν
— 10. μέχρι θανάτου τὰς βασάνους ὑπομείναντες
— 22. διὰ . . . τοῦ ἱλαστηρίου θ. . . . διέσωσε

[**Aq.** Dt. 31. 29 : I Ki. 20. 3: II Ki. 12. 5 : Jb. 28. 3 : 34. 22 : Ps. 32 (33). 19 : 43 (44). 20 : 54 (55). 16 : 72 (73). 4 : Pr. 11. 19 : 14. 32 : Is. 25. 8 : Je. 2. 6 : 8. 3 : 27 (34). 8 : 32 (39). 24 : 38 (45). 2 : 42 (49). 22 : 52. 11.]
[**Sm.** Jd. 16. 16 : I Ki. 20. 3 : 26. 16 : II Ki. ● 12. 5 : Jb. 7. 15 : 10. 21 : 24. 17 *bis* : 28. 3 : Ps. 9. 1 : 32 (33). 19 : 43 (44). 20 : 48 (49). 15 : 54 (55). 16 : 67 (68). 21 : 72 (73). 4 : Pr. 11. 19 : 13. 14 : 14. 32 : 21. 6 : 24. 11 : Ec. 10. 1 : Ca. 8. 6 : Is. 25. 8 : 38. 1 : Je. 2. 6 : 27 (34). 8 : 32 (39). 24 : 52. 11.]
[**Th.** II Ki. 1. 21 *bis*, 25 : Jb. 24. 17 *bis* : 28. 3 : 34. 22 : Pr. 11. 19 : 13. 14 : 14. 32 : 16. 26 : Is. 16. 8 : 25. 8 : 38. 1 : Je. 2. 6 : 8. 3 : 9. 22 (21) : 27 (34). 8 : 29 (36). 17, 18 : 32 (39). 24 : 38 (45). 2 : 42 (49). 17, 22.]
[**Al.** Pr. 2. 18 : Is. 38. 18.]
[**Quint.** Ps. 32 (33). 19 : 43 (44). 20.]

θανατοῦν. (1) דֶּבֶר (2) הָרַג *a.* qal. *b.* pu. (3) חָלַל po. (4) מוּת *a.* qal. *b.* pil. *c.* hi. *d.* ho. *e.* מָוֶת *f.* תְּמוּתָה *g.* מָמוֹת (5) נָכָה hi. (6) פָּגַע (7) צָמַת *a.* qal. *b.* hi. (8) צִפְעֹנִי (9) שָׂרָף

Ge. 38. 10. καὶ ἐθανάτωσε καὶ τοῦτον (4 *c*)
Ex. 9. 15. καὶ τὸν λαόν σου θανατώσω [A^1 *al.*] (1)
14. 11. ἐξήγαγες ἡμᾶς θανατῶσαι ἐν τῇ ἐρήμῳ (4 *a*)
21. 12. θανάτῳ θανατούσθω (4 *d*)
— 14. λήψῃ αὐτὸν θανατῶσαι (4 *a*)
— 15. θανάτῳ θανατούσθω (4 *d*)
— 17 (16). A θανάτῳ θανατούσθω [B τελευτάτω] (4 *d*)
31. 14. θανάτῳ θανατωθήσεται (4 *d*)
— 15. A θανάτῳ [B *om.*] θανατωθήσεται (4 *d*)
Le. 20. 2, 9. θανάτῳ θανατούσθω (4 *d*)
— 10. θανάτῳ θανατούσθωσαν (4 *d*)
— 11. θανάτῳ θανατούσθωσαν ἀμφότεροι [B^1 *om.*] (4 *d*)
— 12. θανάτῳ θανατούσθωσαν (4 *d*)
— 13. B^2R θανάτῳ [A B^1 *om.*] θανατούσθωσαν (4 *d*)
— 15. θανάτῳ θανατούσθω (4 *d*)
— 16. θανάτῳ θανατούσθωσαν [B^1 -θω] (4 *d*)
— 27. θανάτῳ θανατούσθωσαν ἀμφότεροι (4 *d*)
24. 16, 17, 21. θανάτῳ θανατούσθω (4 *d*)
27. 29. θανάτῳ θανατωθήσεται (4 *d*)
Nu. 15. 35. θανάτῳ θανατούσθω ὁ ἄνθρωπος (4 *d*)
21. 6. τοὺς ὄφεις τοὺς θανατοῦντας (9)
35. 16, 17. θανάτῳ θανατούσθω ὁ φονευτής (4 *d*)
— 18. θανάτῳ θανατούσθω [A ἀποθανεῖται] (4 *d*)
— 21. θανάτῳ θανατούσθω ὁ πατάξας (4 *d*)
— 21. θανάτῳ θανατούσθω ὁ φονεύων –
— 31. θανάτῳ γὰρ θανατωθήσεται (4 *d*)
De. 17. 7. ἐν πρώτοις θανατῶσαι αὐτόν (4 *c*)
Jd. 6. 31. θανατωθήτω ἕως πρωΐ [A *al.*] (4 *d*)
9. 54. θανάτωσόν με (4 *b*)
13. 23. θανατῶσαι ἡμᾶς (4 *c*)
15. 13. οὐ θανατώσομέν σε (4 *c*)
16. 30. οὓς ἐθανάτωσε Σ. (4 *c*)
— 30. οὓς ἐθανάτωσεν ἐν τῇ ζωῇ αὐτοῦ (4 *c*)
20. 13. θανατώσομεν αὐτούς (4 *c*)
21. 5. θανάτῳ θανατωθήσεται [A ἀποθανεῖται] (4 *d*)
I Ki. 2. 6. κύριος θανατοῖ καὶ ζωογονεῖ (4 *c*)
5. 10. θανατῶσαι ἡμᾶς (4 *c*)
— 11. οὐ μὴ θανατώσῃ ἡμᾶς (4 *c*)
11. 12. θανατώσομεν αὐτούς (4 *c*)
14. 45. εἰ σήμερον θανατωθήσεται (4 *a*)
17. 35. ἐπάταξα καὶ ἐθανάτωσα αὐτόν (4 *c*)
— 50. A ἐθανάτωσεν αὐτόν (4 *c*)
— 51. ἐθανάτωσεν αὐτόν (4 *b*)
19. 1. θανατῶσαι τὸν Δαυίδ [A αὐτόν] (4 *c*)
— 2. Σ. ζητεῖ θανατῶσαί σε (4 *c*)
— 5. θανατῶσαι τὸν Δαυὶδ δωρεάν (4 *c*)
— 11. τοῦ θανατῶσαι αὐτὸν πρωΐ (4 *c*)
— 11. αὔριον θανατωθήσῃ (4 *d*)
— 15. τοῦ θανατῶσαι αὐτόν (4 *c*)
— 17. θανατώσω [A -τῶ] σε (4 *c*)
20. 8. θανάτωσόν με σύ (4 *c*)
— 33. B τοῦ θανατῶσαι αὐτόν (5)
— 33. θανατῶσαι τὸν Δαυίδ (4 *c*)
22. 17. θανατοῦτε τοὺς ἱερεῖς τοῦ κυρίου (4 *c*)
— 18. ἐθανάτωσε τοὺς ἱερεῖς κυρίου (6)
— 18. A ἐθανάτωσεν [B *om.*] ἐν τῇ ἡμ. ἐκείνῃ (4 *c*)
— 21. ὅτι ἐθανάτωσε Σ. πάντας τοὺς ἱερεῖς (2 *a*)
24. 8. A θανατῶσαι [B θῦσαι] τὸν Σαούλ –
28. 9. θανατῶσαι αὐτήν (4 *c*)
30. 2. οὐκ ἐθανάτωσαν [A -σεν] ἄνδρα (4 *c*)
— 15. μὴ θανατώσειν με (4 *c*)
II Ki. 1. 9. θανάτωσόν [A -τώσεις] με (4 *b*)
— 10. καὶ ἐθανάτωσα αὐτόν (4 *b*)
— 16. ἐγὼ ἐθανάτωσα τὸν χριστὸν κυρίου (4 *b*)
3. 30. ἀνθ' ὧν ἐθανάτωσε τὸν Ἀσαήλ (4 *c*)
— 37. θανατῶσαι [A τοῦ θ.] τὸν Ἀβ. (4 *c*)
4. 7. A R καὶ θανατοῦσιν αὐτόν [B *om.*] (4 *c*)
8. 2. B τοῦ θανατῶσαι (4 *c*)
13. 28. θανατώσατε αὐτόν (4 *c*)
— 32. πάντα τὰ παιδάρια [A -δία] . . . ἐθανάτωσεν (4 *c*)
14. 6. ἐθανάτωσεν αὐτόν (4 *c*)
— 7. θανατώσομεν αὐτόν (4 *c*)
— 32. θανάτωσόν με (4 *c*)
18. 15. ἐθανάτωσαν [A -σεν] αὐτόν (4 *c*)
19. 21 (22). μὴ ἀντὶ τούτου οὐ θανατωθήσεται Σ. (4 *d*)
— 22 (23). σήμερον οὐ θανατωθήσεταί τις ἀνήρ (4 *d*)
20. 19. σὺ δὲ ζητεῖς θανατῶσαι πόλιν (4 *c*)
21. 1. περὶ οὗ ἐθανάτωσε τοὺς Γαβαωνίτας (4 *c*)
— 4. οὐκ ἔστιν ἡμῖν ἀνὴρ θανατῶσαι (4 *c*)
— 9. καὶ αὐτοὶ δὲ ἐθανατώθησαν (4 *d*)
— 17. ἐθανάτωσεν αὐτόν (4 *c*)
22. 41. ἐθανάτωσας αὐτούς (7 *b*)
III Ki. 1. 51. εἰ οὐ θανατώσει τὸν δοῦλον αὐτοῦ (4 *c*)
— 52. ἐὰν κακία εὑρεθῇ . . . θανατωθήσεται (4 *a*)
2. 8. εἰ θανατώσω σε ἐν ῥομφαίᾳ (4 *c*)
— 24. σήμερον θανατωθήσεται Ἀδ. (4 *d*)
— 26. οὐ θανατώσω σε (4 *c*)
— 34. ἐθανάτωσεν αὐτόν (4 *c*)
3. 1 (2. 8). εἰ θανατωθήσεται ἐν ῥομφαίᾳ (4 *c*)
— 26, 27. θανάτῳ μὴ θανατώσητε αὐτό (4 *c*)
11. 40. ἐζήτησε Σ. θανατῶσαι τὸν Ἱερ. (4 *c*)
12. 24. B ἐζήτει Σ. θανατῶσαι αὐτόν –
13. 24. ἐθανάτωσεν αὐτόν (4 *c*)
— 26. A ἐθανάτωσεν αὐτόν (4 *c*)
15. 28. ἐθανάτωσεν αὐτὸν Βαασά (4 *c*)
16. 10. καὶ ἐθανάτωσεν αὐτόν (4 *c*)
17. 18. θανατῶσαι τὸν υἱόν μου (4 *c*)
— 20. τοῦ θανατῶσαι τὸν υἱὸν αὐτῆς (4 *c*)
18. 9. τοῦ θανατῶσαί με (4 *c*)
19. 17. τὸν σωζόμενον . . . θανατώσει Ἰού (4 *c*)
— 17. τὸν σωζόμενον [A *om.* τ. σ.] . . . θανατώσει Ἑ. (4 *c*)
IV Ki. 5. 7. ὁ θεὸς ἐγὼ τοῦ θανατῶσαι (4 *c*)
7. 4. ἐὰν θανατώσωσιν ἡμᾶς (4 *c*)
11. 2. ἐκ μέσ. τῶν υἱῶν τοῦ βασ. τῶν θανατουμ. (4 *d*, 4 *g**)
— 2. οὐκ ἐθανατώθη (4 *d*)
— 15. θανάτῳ θανατωθήσεται (4 *c*)
— 20. τὴν Γ. ἐθανάτωσαν ἐν ῥομφαίᾳ (4 *c*)
14. 6. τοὺς υἱοὺς . . . οὐκ ἐθανάτωσε (4 *c*)
— 19. A R ἐθανάτωσαν [B -σεν] αὐτὸν ἐκεῖ (4 *c*)
15. 10. καὶ ἐθανάτωσαν [B^2 -σεν] αὐτόν (4 *c*)
— 14, 25. καὶ ἐθανάτωσεν αὐτόν (4 *c*)
— 30. καὶ ἐθανάτωσε [A *add.* αὐτόν] (4 *c*)
16. 9. R τὸν Ῥ. βασιλέα [A B *om.*] ἐθανάτωσε (4 *c*)
17. 26. ἰδού εἰσι θανατοῦντες αὐτούς (4 *c*)
21. 23. ἐθανάτωσαν τὸν βασιλέα [B^1 αὐτὸν β.] (4 *c*)
23. 29. ἐθανάτωσεν αὐτὸν Νεχαώ [A *om.*] (4 *c*)
25. 21. ἐθανάτωσεν αὐτούς (4 *c*)
II Ch. 22. 11. υἱῶν τοῦ βασ. τῶν θανατουμένων (4 *d*)
23. 15. ἐθανάτωσαν αὐτὴν ἐκεῖ (4 *c*)
— 17. τὸν Μ. . . . ἐθανάτωσαν (2 *a*)
— 21. A R τὴν Γοθολίαν [B -ία] ἐθανάτωσαν (4 *c*)
24. 22. ἐθανάτωσε τὸν υἱὸν αὐτοῦ (2 *a*)
— 25. ἐθανάτωσαν αὐτὸν ἐπὶ τῆς κλίνης αὐ. (2 *a*)
25. 3. ἐθανάτωσε τοὺς παῖδας αὐτοῦ (2 *a*)
— 27. A R ἐθανάτωσαν [B -σεν] αὐτὸν ἐκεῖ (4 *c*)
Jb. 5. 2. πεπλανημένον δὲ θανατοῖ ζῆλος (4 *c*)
26. 13. ἐθανάτωσε δράκοντα ἀποστάτην (3)
Ps. 36 (37). 32. ζητεῖ τοῦ θανατῶσαι αὐτόν (4 *c*)
43 (44). 22. ἕνεκά σου θανατούμεθα (2 *b*)
58 (59). *tit.* τοῦ θανατῶσαι αὐτόν (4 *c*)
78 (79). 11. περιποίησαι τοὺς υἱ. τῶν τεθανατωμ. (4 *f*)
101 (102). 20. τοῦ λῦσαι τοὺς υἱοὺς τῶν τεθανατωμ. (4 *f*)
108 (109). 16. κατεδίωξεν . . . τοῦ θανατῶσαι (4 *b*)
Ec. 10. 1. μυῖαι θανατοῦσαι σαπριοῦσι (4 *e*)
Je. 8. 17. ἐξαποστέλλω . . . ὄφεις θανατοῦντας (8)
45 (38). 15. οὐχὶ θανάτῳ [A *om.*] με θανατώσεις (4 *c*)
50 (43). 3. τοῦ θανατῶσαι ἡμᾶς (4 *c*)
La. 3. 53. ἐθανάτωσαν ἐν λάκκῳ ζωήν μου (7 *a*)
Ez. 3. 18. θανάτῳ θανατωθήσῃ (4 *a*)
18. 13. θανάτῳ θανατωθήσεται [A ἀποθανεῖται] (4 *d*)
33. 8, 14. θανάτῳ θανατωθήσῃ (4 *a*)
Da. LXX. Su. 28. ἵνα θανατώσουσιν αὐτήν
Da. Th. Su. 28. τοῦ θανατῶσαι αὐτήν
I Ma. 1. 57. A R τὸ σύγκριμα τοῦ βασ. ἐθανάτου [S -ουν] αὐτόν
— 60. τὰς γυναῖκας . . . ἐθανάτωσαν
— 61. S^2R τοὺς περιτετμηκ. αὐτοὺς ἐθανάτωσαν [A S^1 *om.*]
5. 2. ἤρξαντο τοῦ θ. ἐν τῷ λαῷ
— 13. πάντες οἱ ἀδελφοὶ ἡμῶν . . . τεθανάτωνται
6. 24. ὅσοι εὑρίσκοντο ἀφ' ἡμῶν ἐθανατοῦντο [S^1 *al.*]
● — 45. ἐθανάτου δεξιὰ καὶ εὐώνυμα
IV Ma. 8. 25. οὐδὲ αὐτὸς ὁ νόμος ἀκουσίους ἡμᾶς θανατοῖ
9. 7. τὰς ἡμῶν ψυχὰς εἰ θανατώσεις

[**Aq.** I Ki. 17. 50 : III Ki. 13. 26 : Ps. 104 (105). 29 : Pr. 19. 18 : Je. 20. 17 : 52. 27.]
[**Sm.** I Ki. 17. 50 : II Ki. 8. 2 : Jb. 36. 14 : Ps. 104 (105). 29 : Pr. 21. 25 : Je. 20. 17 : 41 (48). 8 : 52. 27.]
[**Th.** I Ki. 17. 50 : III Ki. 13. 26 : Pr. 21. 25 : Is. 51. 14 : Je. 52. 27 : Ez. 28. 19.]
[**Al.** Ge. 42. 37 : Nu. 3. 38 : Dt. 13. 9 (10) : I Ki. 14. 13.]

θανάτωσις. (1) מָוֶת

I Ki. 26. 16. υἱοὶ θανατώσεως ὑμεῖς (1)

θανίν.

[**Heb.** La. 4. 2.]

θαννουρείμ, **θανουρίμ**, *cf.* θεννουρίμ, ναθουρείμ.

(1) תַּנּוּרִים

Ne. 3. 11. A R ἕως πύργου τῶν θ. [B S ναθουρείμ] (1)

θάπτειν. (1) חָנַט (2) קָבַר *a.* qal. *b.* ni. *c.* pi. *d.* pu.

Ge. 23. 4. θάψω τὸν νεκρόν μου (2 *a*)
— 6. θάψον τὸν νεκρόν σου (2 *a*)
— 6. τοῦ θάψαι τὸν νεκρόν σου ἐκεῖ (2 *a*)
— 8. ὥστε θάψαι τὸν νεκρόν μου (2 *a*)
— 11. θάψον τὸν νεκρόν σου (2 *a*)
— 13. θάψω τὸν νεκρόν μου ἐκεῖ (2 *a*)
— 15. σὺ δὲ τὸν νεκρόν σου θάψον (2 *a*)
— 19. ἔθαψεν Ἀ. Σάρραν (2 *a*)

● = correction on page xxvi

Ge. 25. 9. καὶ ἔθαψαν αὐτὸν Ἰσαὰκ καὶ Ἰσμαήλ (2 *a*)
— 10. ἐκεῖ ἔθαψαν Ἀβραὰμ καὶ Σάρραν (2 *d*)
35. 8. B καὶ ἐτάφη [A *om.* κ. ἐ.] κατώτερον Βαιθήλ (2 *b*)
— 19. A ἐτάφη ἐν τῇ ὁδῷ [B *add.* τοῦ ἱπποδρ.] Ἐφ. (2 *b*)
— 29. ἔθαψαν αὐτὸν Ἡ. καὶ Ἰ. οἱ υἱοὶ αὐ. (2 *a*)
47. 29. τοῦ μή με θάψαι ἐν Αἰγύπτῳ (2 *a*)
— 30. καὶ θάψεις με ἐν τῷ τάφῳ αὐτῶν (2 *a*)
49. 29. θάψατέ με μετὰ τῶν πατέρων μου (2 *a*)
— 31. ἐκεῖ ἔθαψαν Ἀβραὰμ καὶ Σάρραν (2 *a*)
— 31. ἐκεῖ ἔθαψαν Ἰσάακ καὶ Ῥεβέκκαν (2 *a*)
— 31. ἐκεῖ ἔθαψαν Λείαν (2 *a*)
50. 5. ἐν τῷ μνημείῳ . . . ἐκεῖ με θάψεις (2 *a*)
— 5. θάψω τὸν πατέρα μου (2 *a*)
— 6. θάψον τὸν πατέρα σου (2 *a*)
— 7. καὶ ἀνέβη Ἰωσὴφ θάψαι τὸν πατέρα αὐ. (2 *a*)
— 12. B καὶ ἔθαψαν αὐτὸν ἐκεῖ –
— 13. καὶ ἔθαψαν αὐτόν (2 *a*)
— 14. θάψαι τὸν πατέρα αὐτοῦ (2 *a*)
— 26. καὶ ἔθαψαν αὐτόν (1)
Nu. 11. 34. ἔθαψαν τὸν λαὸν τὸν ἐπιθυμητήν (2 *a*)
20. 1. ἐτάφη ἐκεῖ (2 *b*)
33. 4. ἔθαπτον ἐξ αὐτῶν τοὺς τεθνηκότας (2 *c*)
De. 10. 6. καὶ ἐτάφη ἐκεῖ (2 *b*)
21. 23. ταφῇ θάψετε αὐτό (2 *a*)
34. 6. ἔθαψαν αὐτόν (2 *a*)
Jo. 24. 30. ἔθαψαν αὐτὸν πρὸς τοῖς ὁρίοις (2 *a*)
— 30. εἰς ὃ ἔθαψαν αὐτὸν ἐκεῖ [A *al.*] –
— 33. καὶ ἐτάφη ἐν Γαβαάρ (2 *a*)
Jd. 2. 9. ἔθαψαν αὐτὸν ἐν ὁρίῳ [A ὄρει] (2 *a*)
8. 32. ἐτάφη ἐν τῷ τάφῳ Ἰωάς (2 *b*)
10. 2. καὶ ἐτάφη ἐν Σαμίρ (2 *b*)
— 5. καὶ ἐτάφη ἐν Ῥαμνών (2 *b*)
12. 7. ἀπέθανεν Ἰεφθάε . . . καὶ ἐτάφη (2 *b*)
— 10. ἀπέθανεν . . . καὶ ἐτάφη (2 *b*)
— 12. καὶ ἐτάφη [A ἔθαψαν αὐτόν] (2 *b*)
— 14 (15). ἀπέθανεν Ἀβδὼν . . . καὶ ἐτάφη (2 *b*)
16. 31. ἀνέβησαν καὶ ἔθαψαν αὐτόν (2 *a*)
Ru. 1. 17. κἀκεῖ ταφήσομαι (2 *b*)
I Ki. 25. 1. θάπτουσιν αὐτὸν [B^{1} -οῦ] ἐν οἴκῳ αὐτοῦ (2 *a*)
28. 3. καὶ θάπτουσιν αὐτόν (2 *a*)
31. 13. λαμβάνουσι τὰ ὀστᾶ αὐ. καὶ θάπτουσιν (2 *a*)
II Ki. 2. 4. ἔθαψαν τὸν Σαούλ (2 *a*)
— 5. A R ἐθάψατε αὐτόν (2 *a*)
— 32. θάπτουσιν αὐτὸν ἐν τῷ τάφῳ (2 *a*)
3. 32. θάπτουσι τὸν Ἀβεννήρ (2 *a*)
4. 12. τὴν κεφαλὴν Ἰεβ. ἔθαψαν (2 *a*)
17. 23. ἐτάφη ἐν τῷ τάφῳ [A οἴκῳ] (2 *b*)
21. 12. A οἱ ἔθαψαν [B ἔκλεψαν] αὐτούς †
— 14. ἔθαψαν [A -εν] τὰ ὀστᾶ Σαούλ (2 *a*)
III Ki. 2. 10. ἐτάφη ἐν πόλει Δαυίδ (2 *b*)
— 29. θάψον αὐτόν –
— 31. θάψεις αὐτόν (2 *a*)
— 34. ἔθαψεν αὐτόν (2 *b*)
11. 15. θάπτειν τοὺς τραυματίας (2 *c*)
— 43. ἔθαψαν αὐτὸν ἐν πόλει Δαυίδ (2 *b*)
12. 24 (*cf.* A 11. 43). B θάπτεται μετὰ τῶν πατέρων αὐτοῦ (2 *b*)
13. 29. A τοῦ θάψαι αὐτόν (2 *a*)
— 30. τοῦ θάψαι αὐτόν –
— 31. θάψατέ με ἐν τῷ τάφῳ τούτῳ [A *om.*] (2 *a*)
— 31. οὗ ὁ ἄνθρωπος τοῦ θ. τέθαπται (2 *a*)
14. 13. A θάψουσιν αὐτόν (2 *a*)
— 18. A ἔθαψαν αὐτὸν καὶ ἐκόψαντο αὐτόν (2 *a*)
— 31. θάπτεται μετὰ τῶν πατέρων αὐτοῦ (2 *b*)
15. 8. καὶ θάπτεται (2 *a*)
— 24. θάπτεται μετὰ τῶν πατέρων αὐτοῦ (2 *b*)
16. 6. θάπτεται ἐν Θερσᾷ (2 *b*)
— 28. καὶ θάπτεται ἐν Σαμαρείᾳ (2 *b*)
— 28 (22. 50 [51]). R θάπτεται μετὰ τῶν πατέρων αὐτοῦ (2 *b*)
22. 37. ἔθαψαν τὸν βασιλέα ἐν Σαμαρείᾳ (2 *a*)
— 51. AB^{2}R ἐτάφη [B^{1} *om.*] παρὰ τοῖς πατρ. αὐ. [B *om.* π. τ. π. αὐ.] (2 *b*)
IV Ki. 8. 24. B ἐτάφη μετὰ τῶν πατ. αὐ. (2 *b*)
9. 10. οὐκ ἔστιν ὁ θάπτων (2 *a*)
— 28. ἔθαψαν αὐτὸν ἐν τῷ τάφῳ (2 *a*)
— 34. θάψατε αὐτήν (2 *a*)
— 35. ἐπορεύθησαν θάψαι αὐτήν (2 *a*)
10. 35. ἔθαψαν αὐτὸν ἐν Σαμαρείᾳ (2 *a*)
12. 21 (22). ἔθαψαν αὐτὸν μετὰ τῶν πατέρων αὐτοῦ (2 *a*)
13. 9. ἔθαψαν αὐτόν (2 *a*)
— 13. A R ἐτάφη [B *om.*] ἐν Σαμαρείᾳ (2 *b*)

IV Ki. 13. 20. ἀπέθανεν Ἑ. καὶ ἔθαψαν αὐτόν (2 *a*)
— 21. ἐγένετο αὐτῶν θαπτόντων τὸν ἄνδρα (2 *a*)
14. 16. ἐτάφη ἐν Σαμαρείᾳ (2 *b*)
— 20. ἐτάφη ἐν Ἰερ. μετὰ τῶν πατέρων αὐτοῦ (2 *b*)
15. 7. B ἔθαψαν αὐτὸν μετὰ τῶν πατέρων αὐ. (2 *a*)
— 38. B ἐτάφη μετὰ τῶν πατέρων αὐτοῦ (2 *b*)
16. 20. ἐτάφη [A *add.* μετὰ τῶν πατέρων αὐ.] (2 *b*)
21. 18. ἐτάφη ἐν τῷ κήπῳ τοῦ οἴκου αὐτοῦ (2 *b*)
— 26 : 23. 30. ἔθαψαν αὐτὸν ἐν τῷ τάφῳ αὐτοῦ (2 *a*)
I Ch. 10. 12. ἔθαψαν τὰ ὀστᾶ αὐτῶν (2 *a*)
II Ch. 9. 31. ἔθαψαν αὐτὸν ἐν πόλει Δαυίδ (2 *a*)
12. 16. ἀπέθανε Ῥ. καὶ ἐτάφη . . . καὶ ἐτάφη [A *om.* κ. ἐ.] (–, 2 *b*)
14. 1 (13. 23). ἔθαψαν αὐτὸν ἐν πόλει Δαυίδ (2 *a*)
16. 14. ἔθαψαν αὐτὸν ἐν τῷ μνήματι (2 *a*)
21. 1. ἐτάφη ἐν πόλει Δ. [A *al.*] (2 *b*)
— 20. ἐτάφη ἐν πόλει Δαυίδ (2 *a*)
22. 9. ἔθαψαν αὐτόν (2 *a*)
24. 16. ἔθαψαν αὐτὸν ἐν πόλει Δαυίδ (2 *a*)
— 25. ἔθαψαν αὐτὸν ἐν πόλει Δ. καὶ οὐκ ἔθαψαν αὐτὸν ἐν τῷ τάφῳ τῶν βασ. (2 *a*, 2 *a*)
25. 28 : 26. 23. ἔθαψαν αὐτὸν μετὰ τῶν πατέρων αὐ. (2 *a*)
27. 9. ἐτάφη ἐν πόλει Δαυίδ (2 *a*)
28. 20. B^{1} ἔθαψαν [AB^{2} ἐπάταξεν, R ἔθλιψεν] αὐτόν †
— 27. ἐτάφη ἐν πόλει Δαυίδ (2 *a*)
32. 33. ἔθαψαν αὐτὸν ἐν ἀναβάσει τάφων (2 *a*)
33. 20. ἔθαψαν αὐτὸν ἐν παραδείσῳ (2 *a*)
35. 24. ἐτάφη μετὰ τῶν πατέρων αὐτοῦ (2 *b*)
36. 8. ἐτάφη ἐν γανοζαή –
I Es. 1. 31. ἐτάφη ἐν τῷ πατρικῷ τάφῳ
To. 1. 17. ἔθαπτον αὐτόν
— 18. ἔθαψα αὐτοὺς κλέπτων [S *al.*]
— 18. S καὶ ἔθαπτον
— 19. ὅτι θάπτω [A ἔθαπτον] αὐτούς
2. 4. S καὶ θάψω αὐτόν
— 7. ὀρύξας ἔθαψα αὐτόν
— 8. ἰδοὺ πάλιν θάπτει τοὺς νεκρούς
— 9. ἐν αὐτῇ τῇ νυκτὶ ἀνέλυσα θάψας [S *al.*]
4. 3. θάψον με
— 4. θάψον αὐτήν
6. 14. ὃς θάψει αὐτούς [S *al.*]
8. 12. ἵνα θάψωμεν αὐτόν [S *al.*]
12. 12. ὅτε ἔθαπτες τοὺς νεκρούς
14. 1. S καὶ ἐτάφη ἐνδόξως
— 10. θάψον με καλῶς [S *al.*]
— 11. R ἔθαψαν [A B -εν] αὐτὸν ἐνδόξως [S *al.*]
— 12. ἔθαψεν αὐτὴν μετὰ τοῦ πατρὸς αὐτοῦ
— 13. ἔθαψε τοὺς πενθεροὺς αὐτοῦ ἐνδόξως [S *al.*]
Ju. 8. 3. ἔθαψαν αὐτὸν μετὰ τῶν πατ. αὐ.
16. 23. ἔθαψαν αὐτὴν ἐν τῷ σπηλαίῳ
Ps. 78 (79). 3. οὐκ ἦν ὁ θάπτων (2 *a*)
Wi. 18. 12. οὐδὲ γὰρ πρὸς τὸ θάψαι . . . ἦσαν ἱκανοί
Si. 44. 14. τὸ σῶμα [A S τὰ σ.] αὐ. ἐν εἰρήνῃ ἐτάφη
Ho. 9. 6. καὶ θάψει αὐτοὺς M. (2 *c*)
Je. 7. 32. θάψουσιν ἐν τῷ [A *add.* τάφῳ] Ταφέθ (2 *a*)
8. 2. οὐ ταφήσονται (2 *b*)
14. 16. οὐκ ἔσται ὁ θάπτων αὐτούς (2 *c*)
16. 4. οὐ κοπήσονται καὶ οὐ ταφήσονται (2 *b*)
20. 6. ἐκεῖ ταφήσῃ σύ (2 *b*)
22. 19. R ταφὴν ὄνου [S οὐ] ταφήσονται [A B S -σεται] (2 *b*)
Ez. 39. 14. θάψαι τοὺς καταλελειμμένους (2 *c*)
— 15. ἕως ὅτου θάψωσιν αὐτὸ οἱ θάπτοντες εἰς τὸ γαί (2 *a*, 2 *c*)
I Ma. 2. 70. A R ἔθαψαν αὐτὸν οἱ υἱοὶ αὐ. [S ἐτάφη]
7. 17. οὐκ ἦν αὐτοῖς ὁ θάπτων
9. 19. καὶ ἔθαψαν αὐτόν
13. 23. A R καὶ ἐτάφη ἐκεῖ [S *om.*]
— 25. ἔθαψεν αὐτὸν ἐν M.
IV Ma. 16. 10. θάπτοντα τῶν υἱῶν ἔξω τινά
[**Aq.** III Ki. 14. 13, 18 : Je. 19. 11 *bis.*]
[**Th.** Je. 16. 6 : 19. 11 *bis.*]

θαραφείν, *vid.* **θεραφίν.**

θαρραλέος.

IV Ma. 13. 13. φαιδροὶ καὶ μάλα θαρραλέοι

θαρραλέως.

III Ma. 1. 4. βοηθεῖν ἑαυτοῖς . . . θ.
— 23. θ. ὑπὲρ τοῦ πατρῴου νόμου τελευτᾶν
IV Ma. 3. 14. ἀνευράμενοι θ. τὴν πηγήν

θαρρεῖν, θαρσεῖν. (1) אֵמֶר (2) בָּטַח
(3) יָרֵא c. neg.

Ge. 35. 17. εἶπεν αὐτῇ ἡ μαῖα, Θάρσει (3)
Ex. 14. 13. θαρσεῖτε στῆτε [A στήκετε] (3)
20. 20. θαρσεῖτε ἕνεκεν γὰρ τοῦ πειράσαι ὑ. (3)
III Ki. 17. 13. εἶπε πρὸς αὐτὴν Ἠλ., Θάρσει (3)
To. 5. 9. S εἶπεν αὐτῷ, Θάρσει . . . θάρσει
7. 18. θάρσει, τέκνον [S θύγατερ]
— 18. θάρσει, θύγατερ
8. 21 *bis.* S θάρσει, παιδίον
11. 11. θάρσει, πάτερ
Ju. 7. 30. θαρσεῖτε, ἀδελφοί
11. 1. θάρσησον, γύναι
— 3. θάρσει ἐν τῇ νυκτὶ ταύτῃ ζήσῃ [S ζῶῃ ζ.]
Es. 5. 1. θάρσει οὐ μὴ ἀποθάνῃς
Pr. 1. 21. ἐπὶ δὲ πύλαις πόλεως θαρροῦσα λέγει (1 ?)
31. 11. A B θαρσεῖ [S θαρρεῖ] ἐπ᾽ αὐτὴν [B -ῇ] ἡ καρδία τοῦ ἀνδρὸς αὐ. (2)
Si. 19. 10. θάρσει οὐ μή σε ῥήξει
Jl. 2. 21. θάρσει γῆ (3)
— 22. θαρσεῖτε κτήνη τοῦ πεδίου (3)
Ze. 3. 16. ἐρεῖ κ. τῇ Ἰ., Θάρσει Σ. (3)
Hg. 2. 6 (5). θαρσεῖτε (3)
Za. 8. 13. θαρσεῖτε καὶ κατισχύετε (3)
— 15. οὕτως παρατέταγμαι . . . θαρσεῖτε (3)
Ba. 4. 5. θαρσεῖτε, λαός μου (3)
— 21. θαρρεῖτε [A θαρσ.], τέκνα
— 27. B θαρρήσατε [A R θαρσ.], τέκνα
— 30. θάρσει, Ἰερουσαλήμ
Da. LXX. 6. 16 (17). ἕως πρωῒ θάρρει –
IV Ma. 13. 11. θάρρει, ἀδελφέ
17. 4. θάρρει τοιγαροῦν
[**Sm.** I Ki. 30. 6.]

θαρσείς, θαρσίς. (1) *a.* חַרְסוּת *b.* חַרְסִית
(2) תַּרְשִׁישׁ

Ca. 5. 14. χεῖρες αὐτοῦ . . . πεπληρωμέναι θαρσεὶς (2)
Je. 19. 2. B S^{2} τῶν προθύρων . . . τῆς θ. [A S^{1} χαρσείθ] (1 *a**, 1 *b*)
Ez. 1. 16. τὸ εἶδος τῶν τροχῶν ὡς εἶδος θ. (2)
Da. TH. 10. 6. τὸ σῶμα αὐτοῦ ὡσεὶ θαρσεὶς (2)
[**Sm.** Da. 10. 6.]
[**Th.** Ez. 10. 9 : Da. 10. 6.]
[**Heb.** Ez. 10. 9.]

θάρσος, *cf.* **θράσος.** (1) אֹמֶן (2) רֶכֶב
(3) θ. περιτιθέναι אָמֵן pi.

II Ch. 16. 8. οὐχ οἱ Αἰθίοπες καὶ Λ. ἦσαν . . . εἰς θάρσος (2 ?)
Jb. 4. 4. θάρσος περιέθηκας (3)
17. 9. A B S^{2} καθαρὸς δὲ . . . ἀναλάβοι θάρσος (1)
I Ma. 4. 35. τῆς δὲ Ἰ. τὸ γεγενημένον θ.

θαρσύνειν.

Es. 4. 17. ἐμὲ θάρσυνον
[**Sm.** I Ki. 23. 16 : Ca. 4. 9 *bis.*]
[**Al.** Ex. 7. 13.]

θᾶττον, *vid.* **ταχύ.**

θαῦ.

[**Aq.**, **Th.** Ez. 9. 4.]

θαῦμα. (1) חִזָּיוֹן (2) שַׂעַר (3) שָׁמֵם
a. **θαῦμα ἔχει** qal. *b.* **θ. ἔχειν** ho.

Jb. 17. 8. A B S^{2} θαῦμα ἔσχεν ἀληθινούς (3 *a*)
18. 20. πρώτους δὲ ἔσχε θαῦμα (2)
20. 8. S^{1} ὥσπερ θ. [A φάντασμα, B S^{3} φάσμα] νυκτερινόν (1)
21. 5. εἰσβλέψαντες εἰς ἐμὲ θαυμάσετε [A S^{1} -σατε, S^{4} θαῦμα σχῆτε] (3 *b*)

θαυμάζειν. (1) הָדַר (2) טוּל hoph.
(3) יָמַר hithpa. (4) מָשַׁל (5) נָזָה hi.
(6) נָחַם pi. (7) *a.* נָשָׂא *b.* מַשֹּׂא
(8) שָׁנַח hi. (9) שָׁמֵם *a.* qal. *b.* hoph.
c. hithpo. *d.* שְׁמַם ithpo. (10) שָׁעָה hithpa.
(11) תְּוָה (12) תָּמַהּ *a.* qal. *b.* hithpa.
(13) **θαυμάζειν πρόσωπον** כָּנָה pi.

Ge. 19. 21. ἰδοὺ ἐθαύμασά σου τὸ πρόσωπον (7 *a*)

Le. 19. 15. οὐδὲ [A οὐ] θαυμάσεις πρόσωπον (1)
26. 32. θαυμάσονται ἐπ' αὐτῇ οἱ ἐχθροὶ ὑμῶν (9 a)
De. 10. 17. ὅστις οὐ θαυμάζει πρόσωπον (7 a)
28. 50. ὅστις οὐ θαυμάσει πρόσωπον (7 a)
IV Ki. 5. 1. τεθαυμασμένος προσώπῳ (7 a)
II Ch. 19. 7. οὐκ ἔστι μετὰ κ. . . . θαυμάσαι πρόσωπον (7 b)
To. 11. 16. ἐθαύμαζον οἱ θεωροῦντες αὐτὸν πορευόμενον [S *al.*]
Ju. 10. 7. ἐθαύμασαν ἐπὶ τῷ κάλλει αὐτῆς
— 19. A² B S ἐθαύμαζον ἐπὶ τῷ κάλλει αὐτῆς
— 19. ἐθαύμαζον τοὺς υἱοὺς 'I. ἀπ' αὐτῆς
— 23. ἐθαύμασαν πάντες ἐπὶ τῷ κάλλει
11. 20. ἐθαύμασαν ἐπὶ τῇ σοφίᾳ αὐτῆς
Es. 4. 17. πᾶν θαυμαζόμενον ἐν τῇ ὑπ' οὐρανόν
— 17. θαυμασθῆναι βασιλέα σάρκινον
Jb. 13. 10. εἰ δὲ καὶ . . . πρόσωπα θαυμάσεσθε [A *al.*] (7 a)
21. 5. εἰσβλέψαντες [A ἐμβλ.] εἰς ἐμὲ θαυμάσετε [A S¹ -σατε, S⁴ θαῦμα σχῆτε] (9 b)
22. 8. ἐθαύμασας δέ τινων πρόσωπον [AS² -πα] (7 a)
32. 22. οὐ γὰρ ἐπίσταμαι θαυμάσαι πρόσωπα [A S -ον] (13)
34. 19. θαυμασθῆναι [A τοῦ θ.] πρόσωπα [S -ον, A τὰ πρ.] αὐτῶν
41. 1. οὐδὲ ἐπὶ τοῖς λεγομ. τεθαύμακας (2)
42. 11. ἐθαύμασαν ἐπὶ πᾶσιν (6 ?)
Ps. 47 (48). 5. αὐτοὶ ἰδόντες οὕτως ἐθαύμασαν (12 a)
Pr. 18. 5. θαυμάσαι πρόσωπον ἀσεβοῦς οὐ καλόν (7 a)
Ec. 5. 7. μὴ θαυμάσῃς ἐπὶ τῷ πράγματι (12 a)
Wi. 8. 11. ἐν ὄψει δυναστῶν θαυμασθήσομαι
11. 14. ἐπὶ τέλει τῶν ἐκβάσεων ἐθαύμασαν [A -αζον]
Si. 7. 29. τοὺς ἱερεῖς αὐτοῦ θαύμαζε
11. 21. μὴ θαύμαζε ἐν ἔργοις ἁμαρτωλοῦ
26. 11. μὴ θαυμάσῃς ἐὰν εἰς σὲ πλημμελήσῃ
33 (36). 4. S¹ ἐθαυμάσθης [A B S² ἡγιάσθης] ἐν ἡμῖν
38. 3. ἔναντι μεγιστάνων θαυμασθήσεται
43. 24. ἀκοαῖς ὠτίων ἡμῶν θαυμάζομεν
Hb. 1. 5. θαυμάσατε θαυμάσια (12 b)
Is. 9. 15 (14). ἀφεῖλε . . . τοὺς τὰ πρόσωπα θαυμάζοντας (7 a)
14. 16. θαυμάσονται [A S -σουσιν] ἐπὶ σοί (8)
41. 23. καὶ θαυμασόμεθα (10)
52. 5. θαυμάζετε καὶ ὀλολύζετε (4 ?)
— 15. θαυμάσονται ἔθνη πολλὰ ἐπ' αὐτῷ (5 ?)
61. 6. ἐν [A ἐπὶ] τῷ πλούτῳ αὐ. θαυμασθήσεσθε (3)
Je. 4. 9. B S³ οἱ προφῆται θαυμάσονται [S¹ *om.*] (12 a)
Da. LXX. 3. 24 (91). τότε N. ὁ βασ. ἐθαύμασε (11)
4. 15. σφόδρα ἐθαύμασα ἐπὶ τούτοις —
— 16. μεγάλως δὲ ἐθαύμασεν ὁ Δ. (9 d)
6. 12 (13). μηδὲ θαυμάσῃς πρόσωπον —
Da. TH. 3. 24 (91). N. ἤκουσεν . . . καὶ ἐθαύμασε (11)
8. 27. καὶ ἐθαύμαζον τὴν ὅρασιν (9 c)
II Ma. 1. 22. ὥστε θαυμάσαι πάντας
III Ma. 1. 10. θαυμάσας δὲ καὶ τὴν τοῦ ἱεροῦ εὐταξίαν
5. 39. τὴν ἀσταθῆ διάνοιαν αὐ. θαυμάζοντες
IV Ma. 1. 11. A R θαυμασθέντες γὰρ ἐκεῖνοι [S *om.*]
6. 11. A R ἐθαυμάζετο ἐπὶ [S *om.*] τῇ εὐψυχίᾳ [A -τυχίᾳ]
8. 5. θαυμάζω τὸ κάλλος
9. 26. θαυμασάντων δὲ πάντων τὴν καρτεροψ. αὐ.
17. 16. τίνες οὐκ ἐθαύμασαν τοὺς . . . ἀθλητάς
— 17. S ἐθαύμασαν [A R ἐξεθ.] αὐτῶν τὴν ὑπομονήν
18. 3. οὐ μόνον ὑπὸ τῶν ἀνθρ. ἐθαυμάσθησαν
[**Aq.** DA. 3. 24 (91).]
[**Sm.** Ps. 47 (48). 6: Is. 42. 21.]
[**Th.** Is. 52. 14: Ez. 27. 35: 28. 19: DA. 3. 24 (91).]

θαυμάσιος. (1) אוֹת (2) מוֹרָא (3) פָּלָא *a.* ni. *b.* hi. *c.* פֶּלֶא (4) תָּמַהּ

Ex. 3. 20. ἐν πᾶσι τοῖς θ. μου (3 a)
Nu. 14. 11. A ἐν πᾶσι τοῖς θ. [B σημείοις] (1)
De. 34. 12. τὰ θ. τὰ μεγάλα (2)
Jo. 3. 5. A ποιήσει κ. ἐν ὑμῖν θαυμάσια [B -αστά] (3 a)
Jd. 6. 13. ποῦ ἐστι πάντα τὰ θ. αὐτοῦ (3 a)
I Ch. 16. 9. διηγήσασθε πᾶσι [S ἐν π.] τὰ θ. αὐτοῦ (3 a)
— 12. μνημονεύετε [A -σατε] τὰ θ. αὐτοῦ (3 a)
— 24. R ἐξηγεῖσθε . . . τὰ θ. αὐτοῦ (3 a)
Ne. 9. 17. A S² R οὐκ ἐμνήσθησαν [B S¹ ἀν.] τῶν θ. σου (3 a)
Ju. 10. 14. ἦν ἐναντ. αὐ. θαυμάσιον [A -σία, S -στόν]
Jb. 37. 5. βροντήσει ὁ ἰσχυρὸς . . . θαυμάσια (3 a)
Ps. 9. 1. A B S² διηγήσομαι πάντα τὰ θ. σου (3 a)
25 (26). 7. διηγήσασθαι πάντα τὰ θ. σου (3 a)
39 (40). 5. πολλὰ ἐποίησας . . . τὰ θ. σου (3 a)
70 (71). 17. S R ἀπαγγελῶ [B ἀναγγ.] τὰ θ. σου (3 a)
71 (72). 18. ὁ ποιῶν θαυμάσια μόνος (3 a)
74 (75). 1. διηγήσομαι πάντα [S¹ *om.*] τὰ θ. σου (3 a)
76 (77). 11. μνησθήσομαι ἀπὸ τῆς ἀρχῆς τῶν θ. σου (3 c)
— 14. σὺ εἶ ὁ θεὸς ὁ ποιῶν θαυμάσια (3 c)
77 (78). 4. καὶ τὰ θ. αὐτοῦ ἃ ἐποίησε (3 a)
— 11. ἐπελάθοντο . . . τῶν θ. αὐτοῦ (3 a)
— 12. ἃ ἐποίησε θαυμάσια ἐν γῇ Αἰγ. (3 c)
— 32. οὐκ ἐπίστευσαν τοῖς [S ἐν τοῖς] θ. αὐτοῦ (3 a)
85 (86). 10. μέγας εἶ σὺ καὶ ποιῶν θαυμάσια (3 a)
87 (88). 10. μὴ τοῖς νεκροῖς ποιήσεις θαυμάσια (3 c)
— 12. μὴ γνωσθήσεται ἐν τῷ σκότει τὰ θ. σου (3 c)
88 (89). 5. ἐξομολογήσονται οἱ οὐρανοὶ τὰ θ. σου (3 c)
95 (96). 3. ἐν πᾶσι τοῖς λαοῖς τὰ θ. αὐτοῦ (3 a)
104 (105). 2. διηγήσασθε πάντα τὰ θ. αὐτοῦ (3 a)
— 5. μνήσθητε τῶν θ. αὐτοῦ (3 a)
105 (106). 7. οὐ συνῆκαν τὰ θ. σου (3 a)
— 22. A S² θαυμάσια [B S¹ -αστὰ] ἐν γῇ Χάμ (3 a)
106 (107). 8, 15, 21. καὶ τὰ θ. αὐ. τοῖς υἱοῖς τῶν ἀνθρ. (3 a)
— 24. καὶ τὰ θ. αὐτοῦ ἐν τῷ βυθῷ (3 a)
— 31. καὶ τὰ θ. αὐ. τοῖς υἱοῖς τῶν ἀνθρ. (3 a)
110 (111). 4. μνείαν ἐποιήσατο τῶν θ. αὐτοῦ (3 a)
118 (119). 18. κατανοήσω τὰ θ. σου (3 a)
— 27. ἀδολεσχήσω ἐν τοῖς θ. σου (3 a)
130 (131). 1. οὐδὲ ἐν θαυμασίοις ὑπὲρ ἐμέ (3 a)
135 (136). 4. τῷ ποιήσαντι θαυμάσια μεγάλα μόνῳ (3 a)
138 (139). 14. θαυμάσια τὰ ἔργα σου (3 a)
144 (145). 5. τὰ θ. σου διηγήσονται (3 a)
Si. 17. 8. S² καυχᾶσθαι ἐν τοῖς θ. αὐτοῦ
18. 6. ἐξιχνιάσαι τὰ θ. τοῦ κ.
33 (36). 6. καὶ ἀλλοίωσον θαυμάσια
34 (31). 9. ἐποίησε γὰρ θαυμάσια ἐν λαῷ αὐτοῦ
38. 6. ἐνδοξάζεσθαι ἐν τοῖς θ. αὐτοῦ
39. 20. οὐδέν [S¹ οὐκ] ἐστι θαυμάσιον [A S -αστόν]
42. 17. ἐκδιηγήσασθαι πάντα τὰ θ. αὐτοῦ
43. 25. ἐκεῖ τὰ παράδοξα καὶ θ. ἔργα
48. 4. ὡς ἐδοξάσθης, 'Ηλία, ἐν τοῖς [A S *om.*] θ. σου
— 14. ἐν τελευτῇ θαυμάσια τὰ ἔργα αὐτοῦ
Jl. 2. 26. ἃ ἐποίησε μεθ' ὑμῶν εἰς θαυμάσια (3 b)
Hb. 1. 5. θαυμάσατε θαυμάσια (4)
Je. 21. 2. εἰ ποιήσει κύριος κατὰ πάντα τὰ θ. αὐ. (3 a)
Da. LXX. 3. (43). ἐξελοῦ ἡμᾶς κατὰ τὰ θ. σου —
4. 34. ποιῆσαι σημεῖα καὶ θ. μεγάλα —
— 34. τὰ θαυμάσια αὐτοῦ μεγάλα —
Da. TH. 3. (43). ἐξελοῦ ἡμᾶς κατὰ τὰ θ. σου (3 c)
12. 6. τὸ πέρας ὧν εἴρηκας τῶν θ.
IV Ma. 7. 13. καίτοι τὸ θαυμασιώτατον
15. 4. εἰς μικρὸν παιδὸς χαρακτῆρα θαυμάσιον
[**Aq.** JB. 9. 10: Ps. 25 (26). 7: 118 (119). 18.]
[**Th.** JB. 9. 10: 37. 5: Ps. 118 (119). 18: Is. 28. 29.]
[**Quint., Sext.** Ps. 118 (119). 18.]

θαυμασμός.

II Ma. 7. 19. ἄξια θαυμασμοῦ γέγονε
IV Ma. 6. 13. S R ἐν θαυμασμῷ [A -αστῷ] τῆς καρτερίας

θαυμαστός. (1) אַדִּיר (2) אָמַן ni. (3) יָרֵא ni. (4) מְהוּמָה (5) נְשׂוּא פָנִים (6) פָּלָא *a.* ni. *b.* hi. *c.* פֶּלֶא *d.* פִּלְאִי (v. l. פְּלִי)

Ex. 15. 11. θ. ἐν δόξαις, ποιῶν τέρατα (3)
34. 10. ὅτι θαυμαστά ἐστιν (3)
De. 28. 58. τὸ ὄνομα τὸ ἔντιμον τὸ [A καὶ τὸ] θ. τοῦτο (3)
— 59. πληγὰς μεγάλας καὶ θαυμαστάς (2)
Jo. 3. 5. ποιήσει κ. ἐν ὑμῖν θαυμαστά [A -σια] (6 a)
Jd. 13. 18. αὐτό ἐστι θαυμαστόν (6 d)
— 19. A τῷ θαυμαστὰ ποιοῦντι κυρίῳ (6 b)
I Es. 4. 29. Βαρτάκου τοῦ θ.
To. 12. 22. τὰ ἔργα τὰ μεγάλα καὶ θ. αὐτοῦ [A τοῦ θεοῦ, S *al.*]
Ju. 10. 14. S ἦν ἐναντίον αὐτῶν θαυμαστόν [A -σία, B -σιον]
Ju. 11. 8. θαυμαστὸς ἐν στρατεύμασι πολέμου
16. 13. θαυμαστὸς ἐν ἰσχύϊ
Es. 5. 2. θαυμαστὸς εἶ, κύριε
Jb. 42. 3. μεγάλα καὶ θαυμαστὰ ἃ οὐκ ἐπιστάμην (6 a)
Ps. 8. 1, 9. ὡς θαυμαστὸν τὸ ὄνομά σου (1)
41 (42). 4. διελεύσομαι ἐν τόπῳ σκηνῆς θαυμαστῆς †
64 (65). 5. ἅγιος ὁ ναός σου θαυμαστός (3)
67 (68). 35. θαυμαστὸς ὁ θεὸς ἐν τοῖς ὁσίοις [S ἁγίοις] αὐ. (3)
92 (93). 4. θαυμαστοὶ οἱ μετεωρισμοὶ τῆς θαλ. (1)
— 4. θαυμαστὸς ἐν ὑψηλοῖς ὁ κύριος (1)
97 (98). 1. θαυμαστὰ ἐποίησεν κύριος (6 a)
105 (106). 22. θαυμαστὰ [A S² -σια] ἐν γῇ Χάμ (6 a)
117 (118). 23. καὶ ἔστι θαυμαστὴ ἐν ὀφθαλμοῖς ἡμῶν (6 a)
118 (119). 129. θαυμαστὰ τὰ μαρτύριά σου (6 c)
Pr. 6. 30. οὐ θαυμαστὸν ἐὰν ἁλῷ τις κλέπτων †
Wi. 10. 17. ὡδήγησεν αὐτοὺς ἐν ὁδῷ θ.
19. 8. θεωρήσαντες θαυμαστὰ τέρατα
Si. 11. 4. θαυμαστὰ τὰ ἔργα κυρίου
16. 11. θαυμαστὸν τοῦτο εἰ ἀθῳωθήσεται
39. 20. A S οὐδέν [S¹ οὐκ] ἐστι θαυμαστόν [B -άσιον]
43. 2. σκεῦος θαυμαστὸν ἔργον ὑψίστου
— 8. S αὐξανόμενος θαυμαστός [A B R *al.*]
— 29. θαυμαστὴ ἡ δυναστεία αὐτοῦ
Am. 3. 9. ἴδετε θαυμαστὰ πολλὰ ἐν μέσῳ αὐτῆς (4)
Mi. 7. 15. ὄψεσθε θαυμαστά (6 a)
Is. 3. 3. ἀφελεῖ . . . θαυμαστὸν σύμβουλον (5)
9. 6 (5). A S² θαυμαστὸς σύμβουλος (6 c)
25. 1. ἐποίησας θαυμαστὰ πράγματα (6 c)
Da. LXX. 12. 6. συντέλεια ὧν εἴρηκάς μοι τῶν θ. (6 c)
Da. TH. 8. 24. καὶ θαυμαστὰ διαφθερεῖ (6 a)
9. 4. κύριε ὁ θεὸς ὁ μέγας καὶ θ. (3)
II Ma. 7. 20. R ἡ μήτηρ θ. [A ἀγαθὴ] καὶ μνήμης ἀγαθῆς ἀξία
15. 13. θαυμαστὴν δέ τινα . . . εἶναι τὴν περὶ αὐτὸν ὑπεροχήν
IV Ma. 2. 1. καὶ τί θαυμαστόν
6. 13. A ἐν θαυμαστῷ [S R -ασμῷ] τῆς καρτερίας
14. 11. μὴ θαυμαστὸν ἡγεῖσθε
[**Aq.** Ps. 117 (118). 23: Is. 9. 6 (5).]
[**Sm.** ZA. 3. 8.]
[**Th.** Ps. 15 (16). 3: 75 (76). 5.]

θαυμαστοῦν. (1) אַדִּיר (2) פָּלָא *a.* ni. *b.* hi. *c.* פִּלְאִי *d.* פָּלִיא (3) פָּלָה *a.* ni. *b.* hi.

II Ki. 1. 26. ἐθαυμαστώθη ἡ ἀγάπησίς σου (2 a)
II Ch. 26. 15. ἐθαυμαστώθη τοῦ βοηθῆναι (2 b)
Ps. 4. 3. ἐθαυμάστωσε κύριος τὸν ὅσιον αὐτοῦ (3 b)
15 (16). 3. ἐθαυμάστωσε πάντα τὰ θελήμ. αὐ. (1)
16 (17). 7. θαυμάστωσον τὰ ἐλέη σου (3 b)
30 (31). 21. ἐθαυμάστωσε τὸ ἔλεος αὐτοῦ (2 b)
138 (139). 6. ἐθαυμαστώθη ἡ γνῶσίς σου ἐξ ἐμοῦ (2 c*, 2 d)
— 14. ὅτι φοβερῶς ἐθαυμαστώθης [S¹ -θην] (3 a)
[**Aq.** LE. 27. 2: DT. 17. 8: 28. 59: 30. 11: JB. 10. 16: PR. 30. 18: Is. 28. 29.]
[**Th.** LE. 27. 2: JB. 10. 16: Ps. 30 (31). 22.]
[**Al.** LE. 22. 21: NU. 15. 3: Ps. 4. 4.]
[**Quint.** Ps. 30 (31). 22.]

θαυμαστῶς. (1) אַדִּיר (2) יָרֵא ni. (3) פָּלָא ni.

Ps. 44 (45). 4. ὁδηγήσει σε θ. ἡ δεξιά σου (2)
75 (76). 4. φωτίζεις σὺ θ. ἀπὸ ὀρέων αἰωνίων (1)
Si. 43. 8. αὐξανομένη [A S -ενος] θ. [S -ός]
Da. LXX. 8. 24. καὶ θ. φθερεῖ (3)
[**Th.** Is. 9. 6 (5).]

θέα. (1) שְׂכִיָּה

Is. 2. 16. ἡμέρα γὰρ κυρίου . . . ἐπὶ πᾶσαν θέαν πλοίων κάλλους (1)
27. 11. γυναῖκες ἐρχόμεναι ἀπὸ θέας δεῦτε †

θέαμα.

[**Sm.** Ex. 3. 3.]

θεᾶσθαι. (1) רָאָה

II Ch. 22. 6. A R κατέβη θεάσασθαι [B θεᾶσθαι] τὸν 'I. (1)
To. 2. 2. ἐθεασάμην ὄψα πολλά [S *al.*]

To. 13. 6. θεάσασθε ἃ ποιήσει [S ἐποίησεν] μεθ' ὑμῶν
— 14. θεασάμενοι πᾶσαν τὴν δόξαν σου [S *al.*]
Ju. 15. 8. τοῦ θεάσασθαι τὰ ἀγαθὰ
II Ma. 2. 4. ἐθεάσατο τὴν τοῦ θεοῦ κληρονομίαν
3. 36. ἅπερ ἦν ὑπ' ὄψιν τεθεαμένος
III Ma. 5. 47. θεάσασθαι τὴν ἐπίπονον . . . καταστροφήν
[**Sm.** Ec. 3. 22.]
[**Al.** Dt. 11. 2.]

θεέ. (1) *a.* תָּא *b.* תָּאִים *c.* תָּאוֹת
III Ki. 14. 28. εἰς τὸ θεὲ τῶν παρατρεχόντων (1 *a*)
Ez. 40. 6. **A** τὸ θ. ἐξ ἔνθεν καὶ ἐξ ἔνθεν +
— 7. τὸ θ. ἴσον τῷ καλάμῳ τὸ μῆκος . . . ἀνὰ μέσον τοῦ θεηλὰθ [**A** θεὲ] . . . καὶ τὸ θ. τὸ δεύτερον ἴσον τῷ καλάμῳ πλάτος (1 *a*, 1 *b*, +)
— 8. τὸ θ. τὸ τρίτον ἴσον τῷ καλάμῳ μῆκος –
— 10. τὰ [**A** τὸ] θ. τῆς πύλης θ. κατέναντι (1 *b*, –)
— 12. **A** κατὰ πρόσωπον τῷ θ. [**B** ἐπὶ πρ. τῶν θεείμ] (1 *c*)
— 12. καὶ τὸ θ. πηχῶν ἕξ (1 *a*)
— 13. ἀπὸ τοῦ τοίχου [**A** τείχους] τοῦ θ. ἐπὶ τὸν τοῖχον τοῦ θ. (1 *a*, +)
— 16. **A** θυρίδες κρυπταὶ ἐπὶ τὰ θεέ [**B** τὸ θεείμ] (1 *b*)
— 21. τὸ θ. τρεῖς ἔνθεν καὶ τρεῖς ἔνθεν (1 *a**, 1 *b*)
— 24. διεμέτρησεν αὐτὴν καὶ τὰ θ. –
— 29. τὰ θ. καὶ τὰ αἰλεῦ (1 *a**, 1 *b*)
— 33, 36. διεμέτρησε . . . τὰ θ. καὶ τὰ αἰλεῦ (1 *a**, 1 *b*)

θεεβουλαθώθ. (1) תַּחְבּוּלוֹת
Jb. 37. 12. ἐν θ. [**A S** *al.*] (1)
[**Th.** Jb. 37. 12.]

θεείμ. (1) *a.* תָּאִים *b.* תָּאוֹת
Ez. 40. 12. ἐπὶ πρόσωπον τῶν θ. [**A** κατὰ πρ. τῷ θεὲ] (1 *b*)
— 14. πήχεις εἴκοσι θ. [**A** εἴ. πέντε καὶ τὸ θεέμ] –
— 16. θυρίδες κρυπταὶ ἐπὶ τὸ θ. [**A** τὰ θεέ] (1 *a*)

θεέμ.
Ez. 40. 14. **A** καὶ τὸ θ. τῆς πύλης [**B** *al.*] –

θεηλάθ, *vid.* **θαιηλαθά.**

θεία.
[**Al.** Ex. 6. 20.]

θειμωνία, *vid.* **θημωνία.**

θεῖον. (1) גָּפְרִית
Ge. 19. 24. κ. ἔβρεξεν ἐπὶ Σ. καὶ Γ. θ. καὶ πῦρ (1)
De. 29. 23 (22). θεῖον καὶ ἅλα κατακεκαυμένον (1)
Jb. 18. 15. κατασπαρήσονται τὰ εὐπρεπῆ αὐ. θείῳ (1)
Ps. 10 (11). 7. θεῖον καὶ πνεῦμα καταιγίδος (1)
Is. 30. 33. πῦρ [S^1 *add.* καὶ θεῖον] καὶ ξύλα πολλά –
— 33. ὡς φάραγξ ὑπὸ θείου [B^3 θεοῦ] καιομένη (1)
34. 9. ἡ γῆ αὐτῆς εἰς θ. (1)
Ez. 38. 22. πῦρ καὶ θ. βρέξω ἐπ' αὐτόν (1)
III Ma. 2. 5. πυρὶ καὶ θείῳ κατέφλεξας
[**Th., Al.** Jb. 18. 15.]

θεῖος (*subst.*).
[**Al.** Le. 20. 20 *bis.*]

θεῖος (*adj.*). (1) אֵל (2) *a.* אֱלוֹהַּ *b.* אֱלֹהִים
Ex. 31. 3 : 35. 31 (**AB^{2}R**). πνεῦμα θεῖον σοφίας (2 *b*)
Jb. 27. 3. πνεῦμα δὲ θεῖον τὸ περιόν μοι [**A** *al.*] (2 *a*)
33. 4. πνεῦμα θεῖον τὸ ποιῆσάν με (1)
Pr. 2. 17. διαθήκην θείαν ἐπιλελησμένη (2 *b*)
Si. 6. 35. πᾶσαν διήγησιν θ. θέλε ἀκούειν [**A S** *al.*]
II Ma. 3. 29. διὰ τὴν θ. ἐνέργειαν ἄφωνος
4. 17. ἀσεβεῖν γὰρ εἰς τοὺς θ. νόμους
9. 11. θ. μάστιγι . . . ἐπιτεινόμενος
III Ma. 7. 11. τοὺς . . . τὰ θ. παραβεβηκότας προστάγματα
IV Ma. 1. 16. γνῶσις θείων καὶ ἀνθρωπίνων πραγμ.
— 17. τὰ θ. σεμνῶς . . . μανθάνομεν
4. 13. ἐξ ἀνθρωπίνης ἐπιβουλῆς καὶ μὴ θ. δίκης
— 21. ἡ θ. δίκη . . . τὸν 'Αντ. ἐπολέμησεν
5. 16. θ. πεπεισμένοι νόμῳ πολιτεύεσθαι
— 18. εἰ καὶ . . . μὴ ἦν ὁ νόμος ἡμ. . . . θ.
— 18. ἄλλως δὲ ἐνομίζομεν αὐτὸν εἶναι θ.

IV Ma. 6. 21. τὸν δὲ θ. ἡμῶν νόμον . . . μὴ προασπίσαιμεν
7. 7. φιλόσοφε θείου βίου
— 10. **S R** τοὺς τῆς θ. [**A** *om.*] φιλοσοφίας λόγους
8. 22. συγγνώσεται δὲ ἡμῖν καὶ ἡ θ. δίκη
9. 9. καρτερήσεις ὑπὸ τῆς θ. δίκης αἰώνιον βάσανον
— 15. ἀλλὰ θ. νόμου προασπίζοντα
— 32. τὰς τῆς θ. ὀργῆς δίκας
10. 21. τὴν γὰρ τῶν θ. ὕμνων μελῳδὸν γλῶτταν
11. 27. θ. νόμου προεστήκασιν
12. 12. **A R** ταμιεύεταί σε ἡ θ. [**S** *om.*] δίκη
13. 16. τῇ τοῦ θ. λογισμοῦ παθοκρατείᾳ
— 19. ἡ θ. καὶ πάνσοφος πρόνοια
17. 11. ἦν ἀγὼν θ.
— 16. **S R** τοὺς τῆς θ. [**A** ἀληθείας] νομοθεσίας ἀθλητάς
— 18. τῷ θ. νῦν παρεστήκασι θρόνῳ
— 22. ἡ θ. πρόνοια τὸν 'Ισρ. . . . διέσωσε
18. 3. θ. μερίδος κατηξιώθησαν
— 22. ἡ θ. δίκη μετῆλθε

θειότης.
Wi. 18. 9. τὸν τῆς θ. [**S** ὁσιότ.] νόμον . . . διέθεντο

θέλγειν.
[**Aq.** Ex. 22. 16 (15) : Jb. 5. 2 : 31. 27 : Ps. 18 (19). 8 : Pr. 1. 4 : 14. 15 : 19. 25 : Je. 20. 7 *bis* : Ho. 7. 11.]
[**Th.** Dt. 11. 16.]

θέλειν, ἐθέλειν. (1) אָבָה (2) אָוָה pi. (3) אָמַן hi. (4) אָמַר (5) בּוֹא (6) דָּמָה pi. (7) הָלַךְ (8) חָפֵץ *a.* verb. *b.* adj. *c.* חֵפֶץ (9) יָסַד pi. (10) צָבָא (11) רָאָה (12) *a.* רָצָה *b.* רָצוֹן (13) c. neg. *a.* חָדַל *b.* מֵאֵן pi. *c.* adj. *d.* מָאַס
Ge. 24. 8. ἐὰν δὲ μὴ θέλῃ ἡ γυνή (1)
37. 35. οὐκ ἤθελε παρακαλεῖσθαι (13 *b*)
39. 8. ὁ δὲ οὐκ ἤθελεν (13 *b*)
48. 19. καὶ οὐκ ἠθέλησεν ἀλλ' εἶπεν (13 *b*)
Ex. 2. 7. θέλεις καλέσω σοι γυναῖκα (7)
— 14. μὴ [**A** ἢ] ἀνελεῖν με σὺ θέλεις (4)
8. 32 (28). καὶ οὐκ ἠθέλησεν ἐξαποστεῖλαι –
10. 4. ἐὰν δὲ μὴ θέλῃς σὺ ἐξαποστεῖλαι (13 *c*)
11. 10. **A** καὶ οὐκ ἠθέλησεν [**B** εἰσήκουσεν] ἐξαποστεῖλαι –
Nu. 20. 21. οὐκ ἠθέλησεν 'Εδὼμ δοῦναι (13 *b*)
22. 14. οὐ θέλει Β. πορευθῆναι μεθ' ἡμῶν (13 *b*)
De. 1. 26. οὐκ ἠθελήσατε ἀναβῆναι (1)
2. 30. οὐκ ἠθέλησε . . . παρελθεῖν (1)
10. 10. οὐκ ἠθέλησε κύριος ἐξολεθρεῦσαι (1)
21. 14. ἐὰν μὴ θέλῃς αὐτήν (8 *a*)
23. 5 (6). οὐκ ἠθέλησε κύριος . . . εἰσακοῦσαι (1)
— 22 (23). ἐὰν δὲ μὴ θέλῃς εὔξασθαι (13 *a*)
25. 7. οὐ θέλει ὁ ἀδελφὸς . . . ἀναστῆσαι (13 *b*)
— 7. οὐκ ἠθέλησεν ὁ ἀδ. τοῦ ἀνδρός μου (1)
29. 20 (19). **A R** οὐ μὴ θελήσει [**B** -σῃ] ὁ θ. (1)
Jo. 24. 10. οὐκ ἠθέλησε κ. . . . ἀπολέσαι σε (1)
Jd. 11. 17. **A** οὐκ ἠθέλησεν [**B** εὐδόκησε] (1)
— 20. **A** οὐκ ἠθέλησεν διελθεῖν τὸν 'Ισ. [**B** *al.*] (3)
13. 23. εἰ ἤθελεν ὁ κ. [**A** *al.*] (8 *a*)
19. 10. **A** οὐκ ἠθέλησεν [**B** εὐδόκησεν] ὁ ἀνὴρ αὐλισθῆναι (1)
— 25. **A** οὐκ ἠθέλησαν οἱ ἄνδρες ἀκοῦσαι [**B** *al.*] (1)
20. 5. ἐμὲ ἠθέλησαν φονεῦσαι [**A** ἀποκτεῖναι] (6)
I Ki. 14. 15. αὐτοὶ οὐκ ἤθελον ποιεῖν [**A** πονεῖν] –
18. 22. ἰδοὺ θέλει ἐν σοὶ ὁ βασιλεύς (8 *a*)
26. 23. οὐκ ἠθέλησα ἐπενεγκεῖν χεῖρά μου (1)
II Ki. 2. 21. οὐκ ἠθέλησεν 'Ασ. (1)
12. 17. οὐκ ἠθέλησε (1)
13. 9. οὐκ ἠθέλησε φαγεῖν (13 *b*)
— 14. οὐκ ἠθέλησεν 'Α. τοῦ ἀκοῦσαι (1)
— 16. οὐκ ἠθέλησεν 'Α. ἀκοῦσαι (1)
— 25. οὐκ ἠθέλησε τοῦ [**A** *om.*] πορευθῆναι (1)
14. 29. οὐκ ἠθέλησεν ἐλθεῖν (1)
— 29. οὐκ ἠθέλησε παραγενέσθαι (1)
15. 26. οὐκ ἠθέληκα ἐν σοί (8 *a*)
23. 16. οὐκ ἠθέλησε πιεῖν αὐτό [**A** -όν] (1)
— 17. οὐκ ἠθέλησε πιεῖν αὐτό (1)
— 19. ἕως τῶν τριῶν οὐκ ἦλθε [B^1 ἤθελε] (5)
III Ki. 9. 1. ὅσα ἠθέλησε ποιῆσαι (8 *a*)
10. 9. ὃς ἠθέλησεν ἐν σοὶ δοῦναί σε (8 *a*)

III Ki. 10. 13. πάντα ὅσα ἠθέλησεν (8 *c*)
21 (20). 8. μὴ ἀκούσῃς καὶ μὴ θελήσῃς (1)
— 35. οὐκ ἠθέλησεν ὁ ἄνθρωπος (13 *b*)
22. 50. οὐκ ἠθέλησεν 'Ι. (1)
IV Ki. 8. 19. οὐκ ἠθέλησε κ. διαφθεῖραι (1)
13. 23. οὐκ ἠθέλησε κ. διαφθεῖραι αὐτούς (1)
24. 4. οὐκ ἠθέλησε κ. ἱλασθῆναι (1)
I Ch. 11. 18. **A R** οὐκ ἠθέλησε [**B S** ἤθελεν] Δ. (1)
19. 19. οὐκ ἠθέλησε Σύρος τοῦ βοηθῆσαι (1)
28. 4. ἐν ἐμοὶ ἠθέλησε τοῦ γενέσθαι με (12 *a*)
— 9. ἐν καρδίᾳ τελείᾳ καὶ ψυχῇ θελούσῃ (8 *b*)
II Ch. 7. 11. **A R** ὅσα ἠθέλησεν [**B** ἐποίησεν] ἐν τῇ ψυχῇ Σ. (5)
9. 8. **R** ὃς ἠθέλησεν ἐν [**A B** *om.*] σοί (8 *a*)
36. 5. οὐκ ἠθέλησε κ. ἐξολεθρεῦσαι αὐτούς –
I Es. 4. 42. αἴτησαι ὃ θέλεις
Ne. 1. 11. τῶν θελόντων φοβεῖσθαι τὸ ὄνομά σου (8 *b*)
To. 3. 10. **S** ἠθέλησεν ἀπάγξασθαι [**A B** *al.*]
— 17. **S** παρὰ πάντας τοὺς θέλοντας λαβεῖν αὐτήν
4. 5. μὴ θελήσῃς ἁμαρτάνειν [B^1 *om.*]
— 19. **A S R** ὃν [**B** ὃ] ἐὰν θέλῃ ταπεινοῖ
5. 9. **S** θέλει πορευθῆναι εἰς Μηδίαν
6. 14. **S** ὃς ἂν θελήσῃ ἐγγίσαι αὐτῆς
8. 1. **S** ἠθέλησαν κοιμηθῆναι
13. 6. **A B** τίς γινώσκει εἰ θελήσει ὑμᾶς
Ju. 8. 15. ἐν αἷς θέλει σκεπάσαι [**A** καὶ πάσαις] ἡμέραις
Es. 1. 1. ἤθελεν ἐπιγνῶναι αὐτό [**A** ἠθέλησεν αὐ. ἐ.]
— 8. οὕτως δὲ ἠθέλησεν ὁ βασιλεύς (9)
4. 17. ἐν τῷ θέλειν σε σῶσαι τὸν 'Ισραήλ
5. 3. τί θέλεις, 'Εσθήρ +
6. 6. ὃν [**A** ᾧ] ἐγὼ θέλω δοξάσαι (8 *a*)
— 6. τίνα θέλει ὁ βασιλεὺς δοξάσαι (8 *a*)
— 7, 11. ὃν ὁ βασιλεὺς θέλει δοξάσαι (8 *a*)
Jb. 23. 13. ὃ γὰρ αὐτὸς ἠθέλησε καὶ ἐποίησε (2)
33. 32. θέλω γὰρ δικαιωθῆναί σε (8 *a*)
Ps. 5. 4. οὐχὶ θεὸς θέλων ἀνομίαν σὺ εἶ (8 *b*)
17 (18). 19. ῥύσεταί με ὅτι ἠθέλησέ με (8 *a*)
21 (22). 8. σωσάτω αὐτὸν ὅτι θέλει αὐτόν (8 *a*)
33 (34). 12. τίς ἐστιν ἄνθρωπος ὁ θέλων ζωήν (8 *b*)
34 (35). 27. οἱ θέλοντες τὴν δικαιοσύνην μου (8 *b*)
— 27. οἱ θέλοντες τὴν εἰρήνην τοῦ δούλου (8 *b*)
36 (37). 23. τὴν ὁδὸν αὐτοῦ θελήσει [**A** θ. σφόδρα] (8 *a*)
39 (40). 6. προσφορὰν οὐκ ἠθέλησας (8 *a*)
— 14. οἱ θέλοντές μοι κακά (8 *b*)
40 (41). 11. τεθέληκάς [S^1 ἠθέλησάς] με (8 *a*)
50 (51). 16. εἰ ἠθέλησας θυσίαν ἔδωκα ἄν (8 *a*)
67 (68). 30. ἔθνη τὰ τοὺς πολέμους θέλοντα (8 *a*)
69 (70). 1. S^1 κύριε εἰς τὸ βοηθῆσαί μοι θέλησον [B^2 S^2 σπεῦσον] +
72 (73). 25. παρὰ σοῦ τί ἠθέλησα ἐπὶ τῆς γῆς (8 *a*)
77 (78). 10. ἐν τῷ νόμῳ αὐ. οὐκ ἤθελον [S^2 ἠβουλήθησαν] πορεύεσθαι (13 *b*)
108 (109). 17. οὐκ ἠθέλησεν εὐλογίαν (8 *a*)
111 (112). 1. ἐν ταῖς ἐντ. αὐ. θελήσει [S^1 θέλει] σφόδρα [A^1 *om.*] (8 *a*)
113. 11 (115. 3). πάντα ὅσα ἠθέλησεν [S^1 ἠβούλετο] (8 *a*)
118 (119). 35. ὅτι αὐτὴν [S^1 -ον] ἠθέλησα (8 *a*)
134 (135). 6. πάντα ὅσα ἠθέλησεν ὁ κύριος (8 *a*)
146 (147). 10. οὐκ ἐν τῇ δυναστείᾳ τοῦ ἵππου θελήσει (8 *a*)
Pr. 1. 30. οὐδὲ ἤθελον ἐμαῖς προσέχειν βουλαῖς (1)
21. 1. οὗ ἐὰν θέλων νεῦσαι [**A** S^2 νεύσῃ] (8 *a*)
Ec. 8. 3. B^2 **R** πᾶν ὃ ἐὰν θελήσῃ [**A** B^1 **S** -ει] (8 *a*)
Ca. 2. 7. ἕως οὗ [**S** ἂν] θελήσῃ (8 *a*)
3. 5 : 8. 4. ἕως ἂν θελήσῃ (8 *a*)
Wi. 9. 13. τίς ἐνθυμηθήσεται τί θέλει ὁ κ.
11. 25. εἰ μὴ σὺ ἠθέλησας
12. 19. πάρεστι γάρ σοι ὅταν θέλῃς τὸ δύνασθαι
13. 6. θεὸν ζητοῦντες καὶ θέλοντες εὑρεῖν
14. 5. θέλεις δὲ μὴ ἀργὰ εἶναι τὰ . . . ἔργα
Si. 6. 32. ἐὰν θέλῃς, τέκνον, παιδευθήσῃ
— 35. π. διήγησιν θείαν θέλε ἀκούειν [**A S** *al.*]
7. 13. μὴ θέλε ψεύδεσθαι πᾶν ψεῦδος
15. 15. ἐὰν θέλῃς [S^1 -ήσῃς] συντηρήσεις ἐντολάς
— 16. οὗ ἐὰν θέλῃς ἐκτενεῖς τὴν χεῖρά σου
23. 14. θελήσεις εἰ μὴ ἐγεννήθης
39. 6. ἐὰν κύριος ὁ μέγας θελήσῃ
Ho. 6. 7 (6). ἔλεος θέλω ἢ [**A** καὶ οὐ] θυσίαν (8 *a*)
11. 5. οὐκ ἠθέλησεν ἐπιστρέψαι (13 *b*)
Ma. 3. 1. ὃν ὑμεῖς θέλετε (8 *b*)
Is. 1. 19. ἐὰν θέλητε [**A** -ετε] (1)
— 20. ἐὰν δὲ μὴ θέλητε (13 *b*)

Is. 5. 24. οὐ γὰρ ἠθέλησαν τὸν νόμον κυρίου σαβ. (13 *d*)
9. 5 (4). θελήσουσιν εἰ ἐγένοντο [A S -νήθησαν] πυρίκαυστοι †
28. 4. θελήσει αὐτὸ καταπιεῖν †
— 12. οὐκ ἠθέλησαν [S -λον] ἀκούειν (1)
55. 11. ὅσα ἠθέλησα (8 *a*)
56. 4. ἐκλέξωνται ἃ ἐγὼ θέλω (8 *a*)
66. 3. τὰ βδελύγμ. αὐτῶν ἡ ψυχὴ αὐ. ἠθέλησε (8 *a*)
Je. 5. 3. οὐκ ἠθέλησαν δέξασθαι παιδείαν (13 *b*)
— 3. οὐκ ἠθέλησαν ἐπιστραφῆναι (13 *b*)
8. 5. οὐκ ἠθέλησαν τοῦ [A *om.*] ἐπιστρέψαι (13 *b*)
9. 6 (5). οὐκ ἤθελον εἰδέναι με (13 *b*)
11. 10. οὐκ ἠθέλησαν [A S -λον] εἰσακοῦσαι (13 *b*)
27 (50). 33. οὐκ ἠθέλησαν ἐξαποστεῖλαι αὐτούς (13 *b*)
38 (31). 15. οὐκ ἤθελε παύσασθαι (13 *b*)
39 (32). 33. A οὐκ ἠθέλησαν [B S ἤκουσαν] ἔτι λαβεῖν †
45 (38). 21. εἰ μὴ θέλεις [A βούλῃ] σὺ ἐξελθεῖν (13 *c*)
Ez. 3. 7. οὐ μὴ θελήσουσιν εἰσακοῦσαι (1)
18. 23. μὴ θελήσει θελήσω [A οὐ βούλομαι] τὸν θάνατον (8 *a*)
— 32. οὐ θέλω τὸν θάν. τοῦ ἀποθνήσκοντος (8 *a*)
20. 8. οὐκ ἠθέλησαν εἰσακοῦσαί μου (1)
Da. LXX. 1. 13. καθὼς ἐὰν θέλῃς οὕτω χρῆσαι τοῖς παισί σου (11)
2. 3. ἐπιγνῶναι οὖν θέλω τὸ ἐνύπνιον –
4. 14. ὅσα ἂν θέλῃ ποιεῖν ποιεῖ ἐν αὐτοῖς (10)
7. 19. ἤθελον ἐξακριβώσασθαι (10)
8. 4. ἐποίει ὡς ἤθελε (12 *b*)
Da. TH. Su. 11. ἤθελον συγγενέσθαι αὐτῇ
— 40. οὐκ ἠθέλησεν ἀναγγεῖλαι ἡμῖν
I Ma. 4. 10. A εἰ θελήσει [S R εἴπως ἐλεήσει] ἡμᾶς
— 27. οὐχ οἷα ἤθελε τοιαῦτα γεγόνει
II Ma. 2. 24. τοῖς θέλουσιν εἰσκυκλεῖσθαι
4. 16. καθ' ἅπαν ἤθελον ἐξομοιοῦσθαι
7. 16. ὃ θέλεις ποιεῖς
12. 4. ὡς ἂν εἰρηνεύειν θελόντων
13. 25. ἠθέλησαν ἀθετεῖν τὰς διαστάλσεις
14. 42. εὐγενῶς θέλων ἀποθανεῖν
15. 38. τοῦτο καὶ αὐτὸς ἤθελον
III Ma. 1. 15. καὶ θελόντων αὐτῶν καὶ μή
5. 11. R οἷς ἂν αὐτὸς θελήσῃ [A -σει]
IV Ma. 5. 3. εἰ δέ τινες μὴ θέλοιεν μιαροφαγῆσαι
10. 4. A R οὐδ' ἂν θέλητε
17. 9. R τὴν Ἑβραίων πολιτείαν καταλῦσαι θέλοντος [A -ες, S -α]
[**Aq.** Jd. 11. 17 : III Ki. 22. 50 : Ez. 18. 23.]
[**Sm.** Jd. 11. 17 : I Ki. 15. 22 : Ps. 40 (41). 12 : 50 (51). 8 : 72 (73). 25 : Pr. 13. 4 : 23. 26 : Is. 42. 21 : Ez. 18. 23.]
[**Th.** Jd. 11. 17 : 19. 25 : Ps. 118 (119). 35 : 146 (147). 10.]
[**Al.** Jb. 13. 3 : Ps. 39 (40). 14 : 48 (49). 14.]
[**Quint.** Ps. 146 (147). 10.]
[**Sext.** Ps. 118 (119). 35 : 146 (147). 10.]

θέλημα. (1) חֵפֶץ *a.* verb. *b.* adj. *c.* חֵפֶץ (2) עֲלִילָה (3) צָבָא (4) רָצוֹן (5) שִׁיר (6) שְׁרִירוּת (7) תַּרְמִית

II Ki. 23. 5. πᾶσα σωτηρία μου καὶ πᾶν θέλημα (1 *c*)
III Ki. 5. 8 (22). ἐγὼ ποιήσω πᾶν θέλημά σου (1 *c*)
— 9 (23). ποιήσεις τὸ θ. μου [B^{2} σου] (1 *c*)
— 10 (24). ἦν Χ. διδοὺς τῷ Σ. . . . πᾶν θ. αὐ. (1 *c*)
9. 11. ἐν παντὶ θελήματι αὐτοῦ (1 *c*)
II Ch. 9. 12. ἔδωκε τῇ βασιλίσσῃ Σ. πάντα τὰ θ. αὐ. (1 *c*)
I Es. 8. 16. κατὰ τὸ θ. τοῦ θεοῦ σου
9. 9. ποιήσατε τὸ θ. αὐτοῦ
Es. 1. 8. ποιῆσαι τὸ θ. αὐτοῦ (4)
Jb. 21. 21. τὸ θ. αὐτοῦ ἐν οἴκῳ αὐτοῦ (1 *c*)
Ps. 1. 2. ἐν τῷ νόμῳ κυρίου τὸ θ. αὐτοῦ (1 *c*)
15 (16). 3. ἐθαυμάστωσε πάντα τὰ θ. αὐτοῦ (1 *c*)
27 (28). 7. ἐκ θελήματός μου ἐξομολογήσομαι αὐτῷ (5)
29 (30). 5. ζωὴ ἐν τῷ θ. αὐτοῦ (4)
— 7. ἐν τῷ θ. σου παράσχου (4)
39 (40). 8. τοῦ ποιῆσαι τὸ θ. σου (4)
102 (103). 7. ἐγνώρισε . . . τοῖς υἱοῖς Ἰσρ. τὰ θ. αὐτοῦ (2)
— 21. λειτουργοὶ αὐτοῦ ποιοῦντες τὰ θ. [A S^{2} τὸ θ.] αὐ. (4)
106 (107). 30. ἐπὶ λιμένα [S^{1} ἐπιμελείᾳ] θελήματος (1 *c*)
110 (111). 2. ἐξεζητημένα εἰς πάντα τὰ θ. αὐ. (1 *b*)
Ps. 142 (143). 10. δίδαξόν με τοῦ ποιεῖν τὸ θ. σου (4)
144 (145). 19. θέλημα τῶν φοβουμένων αὐτόν (4)
Pr. 8. 29. A^{1} ἰσχυρὰ ἐποίει τὰ θ. [A^{2} B S θεμέλια] τῆς γῆς †
Ec. 5. 3. οὐκ ἔστι θέλημα ἐν ἄφροσι (1 *c*)
12. 1. οὐκ ἔστι μοι ἐν [S^{1} *om.*] αὐτοῖς θέλημα (1 *c*)
— 10. τοῦ εὑρεῖν λόγους θελήματος (1 *c*)
Si. 8. 15. αὐτὸς γὰρ κατὰ τὸ θ. αὐτοῦ ποιήσει
16. 3. S^{2} εἷς δίκαιος ποιῶν θέλημα κυρίου
35 (32). 17. κατὰ τὸ θ. αὐτοῦ εὑρήσει σύγκριμα
43. 16. ἐν θελήματι [A S θ. αὐ.] πνεύσεται νότος
Ma. 1. 10. οὐκ ἔστι μου θέλημα ἐν [A ἐπ'] ὑμῖν (1 *c*)
Is. 44. 28. πάντα τὰ θ. μου ποιήσει (1 *c*)
48. 14. ἐποίησα [A *add.* ταῦτα] τὸ θ. μου (1 *c*)
58. 3. εὑρίσκετε τὰ θ. ὑμῶν (1 *c*)
— 13. τοῦ μὴ ποιεῖν τὰ θ. σου (1 *c*)
62. 4. σοὶ γὰρ κληθήσεται [S^{2} κληθήσῃ] Θ. ἐμόν (1 *c*)
Je. 9. 24 (23). ἐν τούτοις τὸ θ. μου (1 *a*)
23. 17. καὶ πᾶσι τοῖς πορευομ. τοῖς θ. αὐ. (6 ?)
— 26. ἐν τῷ προφητεύειν αὐτοὺς τὰ θ. τῆς καρ. (7)
Da. LXX. 11. 16. ποιήσει . . . κατὰ τὸ θ. αὐτοῦ (4)
— 36. ποιήσει κατὰ τὸ θ. αὐτοῦ (4)
Da. TH. 4. 32. κατὰ τὸ θ. αὐτοῦ ποιεῖ (3)
8. 4. ἐποίησε κατὰ τὸ θ. αὐτοῦ (4)
11. 3. ποιήσει κατὰ τὸ θ. αὐτοῦ (4)
— 16. ποιήσει . . . κατὰ τὸ θ. αὐτοῦ (4)
— 36. ποιήσει κατὰ τὸ θ. αὐτοῦ (4)
I Ma. 3. 60. ὡς δ' ἂν ᾖ θέλημα ἐν οὐρανῷ
II Ma. 1. 3. καὶ ποιεῖν αὐτοῦ τὰ θ.
IV Ma. 18. 16. πᾶσι τοῖς ποιοῦσιν αὐτοῦ τὸ θ.
[**Aq.** Ps. 15 (16). 3.]
[**Sm.** Ps. 15 (16). 3 : Pr. 11. 20 : 16. 13 : 31. 13 : Is. 48. 14 : 53. 10 : Ez. 18. 23.]
[**Th.** Jb. 21. 21 : Ps. 15 (16). 3 : Is. 58. 13.]

θέλησις. (1) אֲרֶשֶׁת (2) חֵפֶץ (3) צְבִי (4) רָצוֹן

II Ch. 15. 15. ἐν πάσῃ θ. ἐζήτησαν αὐτόν (4)
To. 12. 18. τῇ θ. τοῦ θεοῦ ἡμῶν
Ps. 20 (21). 2. S^{2} τὴν θ. [A B S^{1} δέησιν] τῶν χειλέων αὐτοῦ (1)
Pr. 8. 35. ἑτοιμάζεται θέλησις παρὰ κυρίου (4)
Wi. 16. 25. ὑπηρετεῖ πρὸς τὴν τῶν δεομένων θ.
Ez. 18. 23. μὴ θελήσει θελήσω [A οὐ βούλομαι] τὸν θάνατον (2)
Da. LXX. 11. 16. στήσεται ἐν τῇ χώρᾳ [? *add.* θελήσεως] (3)
— 45. τοῦ ὄρους τῆς θ. τοῦ ἁγίου (3)
II Ma. 12. 16. τῇ τοῦ θεοῦ θ.
III Ma. 2. 26. αὐτοῖς ἕπεσθαι τῇ ἐκείνου θ.
[**Sm.** Je. 25. 30 (32. 16).]
[**Al.** Le. 22. 18 : Ps. 50 (51). 20.]

θελητής. (1) אוֹב (2) חָפֵץ

IV Ki. 21. 6. A ἐποίησε θελητήν [B^{1} ἐλλήν, B^{3} τεμένη] (1)
23. 24. τοὺς θ. . . . ἐξῆρεν Ἰ. (1)
Mi. 7. 18. ὅτι θελητὴς ἐλέους ἐστίν (2)
I Ma. 4. 42. ἱερεῖς ἀμώμους θελητὰς νόμου
[**Th.** Dt. 18. 11 : I Ki. 28. 9.]
[**Al.** Le. 19. 31 : 20. 6, 27.]

θελητός. (1) חָפֵץ

I Ki. 15. 22. εἰ θελητὸν τῷ κ. ὁλοκαυτώματα [A -μα] (1)
Ma. 3. 12. διότι ἔσεσθε ὑμεῖς γῆ θελητή (1)

θέμα. (1) אַרְגָּז (2) מַעֲרֶכֶת

Le. 24. 6. ἐπιθήσετε αὐτοὺς δύο θέματα ἓξ ἄρτους τὸ ἓν θ. (2, 2)
— 7. ἐπιθήσετε ἐπὶ τὸ θ. λίβανον (2)
I Ki. 6. 8. B^{2} R ἐν θέματι βερσεχθὰν [B^{1} βερεχ., A ἀργόζ] (1)
— 11. τὸ θ. ἐργάβ [A ἀργόζ] (1)
— 15. τὸ θ. ἐργὰβ [A ἀργόζ] μετ' αὐτῆς (1)
To. 4. 9. θ. γὰρ ἀγαθὸν θησαυρίζεις σεαυτῷ
Si. 30. 18. A S R θέματα [B θέμα] βρωμάτων παρακείμενα
[**Al.** Le. 6. 2.]

θεμέλιον, θεμέλιος. (1) אַרְמוֹן (2) אשׁ (3) יָסַד *a.* qal. *b.* pi. *c.* hoph. *d.* יְסוֹד *e.* יְסוּדָה *f.* מוֹסָד *g.* מַסַּד *h.* מוּסָד (4) יַרְכָּה (5) מָקוֹם (6) עֲרֵמָה (7) תַּחְתִּי (8) **εἰς τὰ θ. ἐμβάλλειν** יָסַד pi.

De. 32. 22. φλέξει θεμέλια ὀρέων (3 *f*)
II Ki. 22. 8. τὰ θ. τοῦ οὐρανοῦ (3 *f*)
— 16. ἀπεκαλύφθη θεμέλια τῆς οἰκουμ. (3 *f*)
III Ki. 6. 1 (B), 5. 17 (31) (A). εἰς τὸν θ. τοῦ οἴκου (3 *b*)
7. 9. ἐκ τοῦ θ. ἕως τῶν γεισῶν (3 *g*)
IV Ki. 16. 18. τὸν θ. τῆς καθέδρας ᾠκοδόμησεν †
II Ch. 31. 7. B ἤρξαντο οἱ θ. [A R *om.*] σωροὶ θεμελιοῦσθαι (6 ?)
I Es. 6. 20. ἐνεβάλετο τοὺς θ. τοῦ οἴ.
II Es. 4. 12. θεμελίους αὐτῆς ἀνύψωσαν (2)
5. 16. ἔδωκε θεμελίους τοῦ οἴκου τοῦ θεοῦ (2)
Ju. 16. 15. ἐκ θεμελίων . . . σαλευθήσεται [S *al.*]
Jb. 9. 6. ὁ σείων τὴν ὑπ' οὐρανὸν ἐκ θεμελίων (5)
18. 4. ἡ καταστραφήσ. ὄρη [A ἡ γῆ] ἐκ θεμελίων (5)
22. 16. ποταμὸς ἐπιρρέων οἱ θ. αὐτῶν (3 *d*)
Ps. 17 (18). 7. τὰ θ. τῶν ὀρέων ἐταράχθησαν (3 *f*)
— 15. ἀνεκαλύφθη [A -θησαν] τὰ θ. τῆς οἰκουμ. (3 *f*)
81 (82). 5. σαλευθήσονται [S^{3} -ήτωσαν] πάντα τὰ θ. τῆς γῆς (3 *f*)
86 (87). 1. οἱ θ. αὐτοῦ ἐν τοῖς ὄρεσι τοῖς ἁγίοις (3 *e*)
136 (137). 7. A S^{1} ἕως [A ἕως οὗ] ὁ θ. ἐν αὐτῇ [S^{2} R τῶν θ. αὐτῆς] (3 *d*)
Pr. 8. 29. ἰσχυρὰ ἐποίει τὰ θ. [A^{1} θελήμ.] τῆς γῆς (3 *f*)
Wi. 4. 19. σαλεύσει αὐτοὺς ἐκ θεμελίων
Si. 1. 15. θεμέλιον αἰῶνος ἐνόσσευσε
3. 9. κατάρα δὲ μητρὸς ἐκριζοῖ θεμέλια
10. 16. ἀπώλεσεν αὐτὰς ἕως [S^{2} ἐκ] θεμελίων γῆς
16. 19. ἅμα τὰ ὄρη καὶ τὰ θ. τῆς γῆς
50. 15. ἐξέχεεν εἰς θεμέλια θυσιαστηρίου
Ho. 8. 14. καὶ καταφάγεται τὰ θ. αὐ. (1)
Am. 1. 4. καὶ καταφάγεται θεμέλια υἱοῦ Ἄδερ (1)
— 7. καὶ καταφάγεται θεμέλια αὐ. (1)
— 10. καταφάγεται τὰ [A *om.*] θ. αὐ. (1)
— 12. καταφάγεται θεμέλια τειχέων αὐ. (1)
— 14. καὶ καταφάγεται θεμέλια αὐτῆς (1)
2. 2. καταφάγεται τὰ [A *om.*] θ. τῶν πόλεων (1)
— 5. καὶ καταφάγεται θεμέλια Ἱερουσ. (1)
Mi. 1. 6. καὶ τὰ θ. αὐτῆς ἀποκαλύψω (3 *d*)
6. 2. αἱ φάραγγες θεμέλια τῆς γῆς (3 *f*)
Na. 1. 10. B S^{2} ἕως θεμελίου αὐ. χερσωθήσεται [A -σονται] †
Is. 13. 5. ἀπ' ἄκρου θεμελίου [A^{1} *om.*] τοῦ οὐρ. –
— 13. ἡ γῆ σεισθήσεται ἐκ τῶν θ. αὐτῆς (5)
14. 15. καὶ εἰς τὰ θ. τῆς γῆς (4)
24. 18. σεισθήσεται τὰ θ. τῆς γῆς (3 *f*)
25. 2. τοῦ μὴ [A S *om.*] πεσεῖν αὐτῶν τὰ θ. (1)
28. 16. ἐμβάλλω [A S -αλῶ] εἰς τὰ θ. Σιὼν λίθον πολυτελῆ . . . εἰς τὰ θ. αὐτῆς (8, 3 *h et* 3 *c*)
40. 21. οὐκ ἔγνωτε τὰ θ. τῆς γῆς (3 *f*)
44. 23. σαλπίσατε τὰ [A *om.*] θ. τῆς γῆς (7)
54. 11. ἑτοιμάζω σοι . . . τὰ θ. σου σάπφειρον (3 *a*)
58. 12. ἔσται τὰ θ. σου αἰώνια γενεῶν γενεαῖς (3 *f*)
Je. 6. 5. διαφθείρωμεν τὰ θ. αὐτῆς (1)
28 (51). 26. οὐ μὴ λάβωσιν . . . λίθον εἰς θεμέλιον (3 *f*)
La. 4. 11. κατέφαγε τὰ θ. αὐτῆς (3 *d*)
Ez. 13. 14. ἀποκαλυφθήσεται τὰ θ. αὐτοῦ (3 *d*)
30. 4. συμπεσεῖται τὰ θ. αὐτῆς (3 *d*)
[**Aq.** Ps. 10 (11). 3 : Pr. 10. 25 : Je. 31 (38). 37 : 50 (27). 15.]
[**Sm.** Jb. 4. 19 : 22. 16 : Ps. 81 (82). 5 : Pr. 10. 25.]
[**Th.** Pr. 10. 25 : Je. 31 (38). 37.]
[**Al.** Ex. 29. 12 : Le. 4. 7, 18.]

θεμελιοῦν. (1) בָּנָה (2) בְּרִיחַ (3) יָסַד *a.* qal. *b.* ni. *c.* pi. *d.* pu. *e.* יָסַד *f.* מוּסָד (4) כּוּן pil. (5) נָסַךְ ni.

Jo. 6. 25 (26). ἐν τῷ πρωτοτόκῳ αὐτοῦ θεμελιώσει [A ἐθεμελίωσεν] αὐτήν (3 *c*)
— 25 (26). ἐν τῷ Ἀβ. . . . ἐθεμελίωσεν αὐτήν –
III Ki. 6. 1. B ἐθεμελίωσε τὸν οἶκον κυρίου (1 *vel* 3 *d*)
— 37. A ἐθεμελίωσεν τὸν οἶκον κυρίου (3 *d*)
7. 10. τὴν τεθεμελιωμ. ἐν [A *om.*] τιμίοις λίθοις (3 *d*)
16. 34. ἐν τῷ Ἀβ. . . . ἐθεμελίωσεν αὐτήν (3 *c*)
II Ch. 8. 16. ἀφ' ἧς ἡμ. ἐθεμελιώθη [A ἐτελειώθη] (3 *f*)
31. 7. A R ἤρξαντο οἱ σωροὶ [B οἱ θεμέλιοι σ.] θεμελιοῦσθαι (3 *a*)
I Es. 5. 57. ἐθεμελίωσαν τὸν ναὸν [A οἶκον] τοῦ θεοῦ
6. 11. τὰ ἔργα ταῦτα ἐθεμελιοῦτε

II Es. 3. 6. ὁ οἶκος κυρίου οὐκ ἐθεμελιώθη (3 d)
— 10. ἐθεμελίωσαν τοῦ οἰκοδομῆσαι (3 c)
7. 9. R ἐθεμελίωσε τὴν ἀνάβασιν (3 e)
Ju. 1. 3. τὸ πλάτος αὐτῆς ἐθεμελίωσεν
Jb. 38. 4. ἐν τῷ θεμελιοῦν με [A ὅτε ἐθεμελίωσα] τὴν γῆν (3 a)
Ps. 8. 3. ἃ σὺ ἐθεμελίωσας (4)
23 (24). 2. ἐπὶ θαλασσῶν ἐθεμελίωσεν αὐτήν (3 a)
47 (48). 8. A²BS ὁ θ. ἐθεμελίωσεν αὐτὴν εἰς τὸν αἰῶνα (4)
77 (78). 69. ἐν τῇ γῇ ἐθεμελίωσεν αὐτήν (3 a)
86 (87). 5. ἐθεμελίωσεν αὐτὴν ὁ ὕψιστος (4)
88 (89). 11. τὸ πλήρωμα αὐ. σὺ ἐθεμελίωσας (3 a)
101 (102). 25. κατ' ἀρχὰς τὴν γῆν . . . ἐθεμελίωσας (3 a)
103 (104). 5. AS²R ὁ θεμελιῶν [BS¹ ἐθεμελίωσεν] τὴν γῆν (3 a)
— 8. εἰς τόπον ὃν ἐθεμελίωσας αὐτοῖς [S¹ -ούς] (3 a)
118 (119). 90. ἐθεμελίωσας τὴν γῆν (4)
— 152. εἰς τὸν αἰῶνα ἐθεμελίωσας αὐτά (3 a)
Pr. 3. 19. ὁ θεὸς τῇ σοφίᾳ ἐθεμελίωσε τὴν γῆν (3 a)
8. 23. ἐθεμελίωσέ με ἐν ἀρχῇ [A om. ἐν ἀ.] (5)
18. 19. ὥσπερ τεθεμελιωμένον βασίλειον (2)
Ca. 5. 15. τεθεμελιωμένοι ἐπὶ βάσεις χρυσᾶς (3 d)
Si. 50. 2. ὑπ' αὐτοῦ ἐθεμελιώθη ὕψος διπλῆς
Am. 9. 6. τὴν ἐπαγγελίαν αὐ. . . . θεμελιῶν (3 a)
Hg. 2. 19 (18). ἧς τεθεμελίωται [A ἐθεμελιώθη] ὁ ναός (3 d)
Za. 4. 9. ἐθεμελίωσαν τὸν οἶκον τοῦτον (3 c)
8. 9. ἀφ' ἧς ἡμέρας τεθεμελίωται ὁ οἶκος κ. (3 d)
12. 1. κύριος . . . θεμελιῶν γῆν (3 a)
Is. 14. 32. κύριος ἐθεμελίωσε Σιών (3 c)
44. 28. τὸν οἶκον τὸν ἅγιόν μου θεμελιώσω (3 b)
48. 13. ἡ χείρ μου ἐθεμελίωσε τὴν γῆν (3 a)
51. 13. τὸν . . . θεμελιώσαντα τὴν γῆν (3 a)
— 16. ἐθεμελίωσα τὴν γῆν (3 a)
[Aq. Ex. 9. 18 : Ps. 8. 3 : Is. 28. 16 : Hb. 1. 12.]
[Sm. Ex. 9. 18 : Ps. 23 (24). 2 : 77 (78). 69 : Is. 28. 16 : 44. 28.]
[Th. Ps. 86 (87). 5 : Is. 23. 13 : 28. 16.]

θεμελίωσις. (1) יָסַד a. qal. b. hoph.
II Es. 3. 11. AR ἐπὶ τῇ [B om.] θ. οἴκου κ. (1 b)
— 12. οἱ εἴδοσαν . . . ἐν θεμελιώσει αὐτοῦ (1 a)
[Aq. Ps. 86 (87). 1.]

θέμις.
II Ma. 6. 20. ὧν οὐ θέμις γεύσασθαι
12. 14. λαλοῦντες ἃ μὴ θέμις

θεμιτός.
To. 2. 13. οὐ γὰρ θ. ἐστι φαγεῖν κλεψιμαῖον [S al.]

θέναρ.
[Aq. Pr. 30. 4.]

θεννίν.
[Th. Is. 43. 20.]

θεννουρίμ, *cf.* **θαννουρείμ.** (1) תַּנּוּרִים
Ne. 12. 38. S³ ὑπεράνω τοῦ πύργου τῶν θ. (1)

θεόκτιστος.
II Ma. 6. 23. τῆς ἁγίας καὶ θ. νομοθεσίας

θεομαχεῖν.
II Ma. 7. 19. θεομαχεῖν ἐπιχειρήσας

θεομάχος.
[Sm. Jb. 26. 5 : Pr. 9. 18 : 21. 16.]

θεός. (1) אָבִיר (2) אֲדֹנָי (3) אֵל (4) אֱלוֹהַּ ,אֱלָהּ a. sing. b. pl. c. אֱלָהּ (5) אֱלִיל (6) יָהּ (7) a. יְהוָה b. יֱהוִֹה (8) עִלַּי (9) עָצָב (10) צוּר (11) קֹדֶשׁ (12) שַׁדַּי (13) a. τὸ εἶδος τοῦ θ. פְּנוּאֵל b. εἶδος θεοῦ פְּנִיאֵל (14) κύριος ὁ θ., ὁ κ. θεός, κύριος θεός a. אֲדֹנָי b. אֱלָהּ c. אֱלֹהִים d. יְהוָה e. מָרֵא f. יֱהוִֹה (15) κρίσις παρὰ τοῦ θ. אֱלֹהִים (16) τὸ ὄρος τοῦ θ. הָאֱלֹהִים (17) τὸ κριτήριον τοῦ θ. הָאֱלֹהִים (18) ὁ τόπος οὗ εἱστήκει [A *add.* ἐκεῖ] ὁ θ. אֱלֹהִים (19) ὁ τόπος τοῦ θ. הָאֱלֹהִים (20) ὁ θ. τοῦ οὐρανοῦ שַׁדַּי (21) οἶκος θεοῦ אֱלֹהִים

Ge. 1. 1. ἐποίησεν ὁ θ. τὸν οὐρανόν (4 b)
— 2. πνεῦμα θεοῦ ἐπεφέρετο (4 b)
— 3. εἶπεν ὁ θ. (4 b)
— 4. εἶδεν ὁ θ. τὸ φῶς (4 b)
— 4. διεχώρισεν ὁ θ. (4 b)
— 5. ἐκάλεσεν ὁ θ. τὸ φῶς ἡμέραν (4 b)
— 6. εἶπεν ὁ θ. (4 b)
— 7. ἐποίησεν ὁ θ. τὸ στερέωμα (4 b)
— 7. διεχώρισεν ὁ θ. –
— 8. ἐκάλεσεν ὁ θ. τὸ στερέωμα (4 b)
— 8. εἶδεν ὁ θ. –
— 9. εἶπεν ὁ θ. (4 b)
— 10. ἐκάλεσεν ὁ θ. τὴν ξηρὰν γῆν (4 b)
— 10. εἶδεν ὁ θ. (4 b)
— 11. εἶπεν ὁ θ. (4 b)
— 12. εἶδεν ὁ θ. (4 b)
— 14. εἶπεν ὁ θ. (4 b)
— 16. ἐποίησεν ὁ θ. τοὺς δύο φωστῆρας (4 b)
— 17. ἔθετο αὐτοὺς ὁ θ. ἐν τῷ στερεώματι (4 b)
— 18. εἶδεν ὁ θ. (4 b)
— 20. εἶπεν ὁ θ. (4 b)
— 21. ἐποίησεν ὁ θ. τὰ κήτη τὰ μεγ. (4 b)
— 21. εἶδεν ὁ θ. (4 b)
— 22. εὐλόγησεν αὐτὰ ὁ θ. (4 b)
— 24. εἶπεν ὁ θ. (4 b)
— 25. ἐποίησεν ὁ θ. τὰ θηρία τῆς γῆς (4 b)
— 25. εἶδεν ὁ θ. (4 b)
— 26. εἶπεν ὁ θ. (4 b)
— 27. ἐποίησεν ὁ θ. τὸν ἄνθρωπον (4 b)
— 27. κατ' εἰκόνα θεοῦ ἐποίησεν αὐτόν (4 b)
— 28. εὐλόγησεν αὐτοὺς ὁ θ. (4 b)
— 29. εἶπεν ὁ θ. (4 b)
— 31. εἶδεν ὁ θ. τὰ πάντα (4 b)
2. 2. συνετέλεσεν ὁ θ. . . . τὰ ἔργα αὐτοῦ (4 b)
— 3. εὐλόγησεν ὁ θ. τὴν ἡμέραν τὴν ἑβδ. (4 b)
— 3. ὧν ἤρξατο ὁ θ. ποιῆσαι (4 b)
— 4. ἐποίησε κ. ὁ θ. τὸν οὐρ. (4 b)
— 5. οὐ γὰρ ἔβρεξεν ὁ θ. (7 a+4 b)
— 7. ἔπλασεν ὁ θ. τὸν ἄνθρ. (7 a+4 b)
— 8. R ἐφύτευσεν ὁ [A κ. ὁ] θ. παράδεισον (7 a+4 b [4 b])
— 9. ἐξανέτειλεν ὁ θ. . . . πᾶν ξύλον (7 a+4 b)
— 15. ἔλαβε κ. ὁ θ. τὸν ἄνθρ. (4 b)
— 16. ἐνετείλατο κ. ὁ θ. τῷ Ἀδάμ (4 b)
— 18. εἶπε κ. ὁ θ. (4 b)
— 19. ἔπλασεν ὁ θ. . . . πάντα τὰ θηρία (7 a+4 b)
— 21. ἐπέβαλεν ὁ θ. ἔκστασιν (7 a+4 b)
— 22. R ᾠκοδόμησεν ὁ [A κ. ὁ] θ. τὴν πλευράν (7 a+4 b [4 b])
3. 1. ὧν ἐποίησε κ. ὁ θ. (4 b)
— 1. τί ὅτι εἶπεν ὁ θ. (4 b)
— 3. εἶπεν ὁ θ. (4 b)
— 5. ᾔδει γὰρ ὁ θ. (4 b)
— 5. ἔσεσθε ὡς θεοί (4 b)
— 8. ἤκουσαν τὴν φωνὴν κ. τοῦ θ. (4 b)
— 8. ἐκρύβησαν . . . ἀπὸ προσ. κ. τοῦ θ. (4 b)
— 9. ἐκάλεσεν κ. ὁ θ. τὸν Ἀδάμ (4 b)
— 11. R εἶπεν αὐτῷ ὁ θ. [A om. ὁ θ.] –
— 13. εἶπε κ. ὁ θ. τῇ γυναικί (4 b)
— 14. εἶπε κ. ὁ θ. τῷ ὄφει (4 b)
— 21. ἐποίησε κ. ὁ θ. . . . χιτῶνας (4 b)
— 22. A εἶπεν κ. [R om.] ὁ θ. (4 b [7 a+4 b])
— 23. ἐξαπέστειλεν αὐτὸν κ. ὁ θ. (4 b)
4. 1. ἐκτησάμην ἄνθρωπον διὰ τοῦ θ. (7 a)
— 4. ἐπεῖδεν ὁ θ. ἐπὶ Ἄβελ (7 a)
— 6. εἶπε κ. ὁ θ. τῷ Καΐν (14 d)
— 9. R εἶπε κ. [A om.] ὁ θ. πρὸς Καΐν (14 d [7 a])
— 10. A εἶπεν ὁ θ. [R εἶ. κύριος] –
— 13. R εἶπε Κ. πρὸς κ. τὸν θ. [A πρ. τὸν κ.] (14 d)
— 15. εἶπεν αὐτῷ κ. ὁ θ. (14 d)
— 15. ἔθετο κ. ὁ θ. σημεῖον τῷ Καΐν (14 d)
— 16. ἐξῆλθε δὲ Κ. ἀπὸ προσ. τοῦ θ. (7 a)
— 25. ἐξανέστησε γάρ μοι ὁ θ. σπέρμα ἕτ. (4 b)
— 26. ἐπικαλεῖσθαι τὸ ὄνομα κ. τοῦ θ. (14 d)
5. 1. ᾗ ἡμέρᾳ ἐποίησεν ὁ θ. τὸν Ἀ. κατ' εἰκόνα θεοῦ ἐποίησεν αὐτόν (4 b, 4 b)
— 22. εὐηρέστησε δὲ Ἐνὼχ τῷ θ. (4 b)
— 24. εὐηρέστησεν Ἐνὼχ τῷ θ. (4 b)
— 24. μετέθηκεν αὐτὸν ὁ θ. (4 b)
— 29. ἧς κατηράσατο κ. ὁ θ. (14 d)
6. 2. R υἱοὶ [A οἱ ἄγγελοι] τοῦ θ. (4 b)
Ge. 6. 3. εἶπε κ. ὁ θ. (14 d)
— 4. οἱ υἱοὶ τοῦ θ. (4 b)
— 5. ἰδὼν δὲ κ. ὁ θ. (14 d)
— 6. ἐνεθυμήθη ὁ θ. (7 a)
— 7. εἶπεν ὁ θ. (7 a)
— 8. εὗρε χάριν ἐναντίον κ. τοῦ θ. (14 d)
— 9. τῷ θ. εὐηρέστησε Νῶε (4 b)
— 11. ἐφθάρη δὲ ἡ γῆ ἐναντίον τοῦ θ. (4 b)
— 12. εἶδε κ. ὁ θ. τὴν γῆν (14 c)
— 13. R εἶπε κ. [A om.] ὁ θ. τῷ [A πρὸς] Νῶε (14 c [4 b])
— 22. ὅσα ἐνετείλατο αὐτῷ κ. ὁ θ. (14 c)
7. 1. εἶπε κ. ὁ θ. πρὸς Νῶε (14 d)
— 5. ὅσα ἐνετείλατο αὐτῷ κ. ὁ θ. (14 d)
— 9. A καθὰ ἐνετείλατο αὐτῷ [R om.] ὁ θ. (4 b)
— 16. καθὰ ἐνετείλατο ὁ θ. τῷ Νῶε (4 b)
— 16. ἔκλεισε κ. ὁ θ. τὴν κιβωτόν (14 d)
8. 1. A ἐμνήσθη [R ἀνεμν.] ὁ θ. τοῦ Νῶε (4 b)
— 1. ἐπήγαγεν ὁ θ. πνεῦμα (4 b)
— 15. A εἶπε κ. ὁ θ. τῷ [R πρὸς] Νῶε (14 c)
— 20. A ᾠκοδόμησε Ν. θυσιαστ. τῷ θ. [R κυρίῳ] (7 a)
— 21. ὠσφράνθη κ. ὁ θ. ὀσμήν (14 d)
— 21. εἶπε κ. ὁ θ. διανοηθείς (14 d)
9. 1. εὐλόγησεν ὁ θ. τὸν Ν. (4 b)
— 6. ἐν εἰκόνι θεοῦ ἐποίησα τὸν ἄνθρ. (4 b)
— 8. εἶπεν ὁ θ. τῷ Νῶε (4 b)
— 12. εἶπε κ. ὁ θ. πρὸς Νῶε (14 c)
— 17. εἶπεν ὁ θ. τῷ Νῶε (4 b)
— 26. εὐλογητὸς κ. ὁ θ. τοῦ Σήμ (4 b)
— 27. πλατύναι ὁ θ. τῷ Ἰαφέθ (4 b)
10. 9. γίγας κυνηγὸς ἐναντίον κ. τοῦ θ. (14 d)
11. 9. A διέσπειρεν αὐτοὺς κ. ὁ θ. [R om. ὁ θ.] (14 d)
12. 17. ἤτασεν ὁ θ. τὸν Φ. (7 a)
13. 10. πρὸ τοῦ καταστρέψαι τὸν θ. Σοδ. (7 a)
— 10. ὡς ὁ παράδεισος τοῦ θ. (7 a)
— 13. ἁμαρτωλοὶ ἐναντίον τοῦ θ. σφόδρα (7 a)
— 14. ὁ δὲ θ. εἶπε τῷ Ἀ. (7 a)
14. 18. ἦν δὲ ἱερεὺς τοῦ θ. τοῦ ὑψίστου (3)
— 19. εὐλογημένος Ἄβραμ τῷ θ. τῷ ὑψ. (3)
— 20. εὐλογητὸς ὁ θ. ὁ ὕψιστος (3)
— 22. R ἐκτενῶ . . . πρὸς κ. [A om.] τὸν θ. τὸν ὑψ. (3 [7 a+3])
15. 6. ἐπίστευσεν Ἄβραμ τῷ θ. (7 a)
— 7. ἐγὼ ὁ θ. ὁ ἐξαγαγών σε (7 a)
16. 5. κρίναι ὁ θ. ἀνὰ μέσον ἐμοῦ (7 a)
— 13. σὺ ὁ θ. ὁ ἐπιδών με (3)
17. 1. ἐγώ εἰμι ὁ θ. σου (3+12)
— 3. ἐλάλησεν αὐτῷ ὁ θ. (4 b)
— 7. εἶναί σου θεός (4 b)
— 8. R ἔσομαι αὐτοῖς εἰς θεόν [A¹ αὐ. θεός] (4 b)
— 9. εἶπεν ὁ θ. πρὸς Ἀβραάμ (4 b)
— 15. εἶπεν δὲ ὁ θ. τῷ Ἀβρ. (4 b)
— 18. εἶπε δὲ Ἀβραὰμ πρὸς τὸν θ. (4 b)
— 19. εἶπε δὲ ὁ θ. πρὸς Ἀβρ. (4 b)
— 19. R εἶναι αὐτῷ θεός –
— 22. ἀνέβη ὁ θ. ἀπὸ Ἀβραάμ (4 b)
— 23. καθὰ ἐλάλησεν αὐτῷ ὁ θ. (4 b)
18. 1. ὤφθη δὲ αὐτῷ ὁ θ. (7 a)
— 14. μὴ ἀδυνατεῖ παρὰ τῷ θ. ῥῆμα (7 a)
19. 29. R ἐν τῷ ἐκτρῖψαι τὸν θ. [A al.] (4 b)
— 29. ἐμνήσθη ὁ θ. τοῦ Ἀβρ. (4 b)
20. 3. εἰσῆλθεν ὁ θ. πρὸς Ἀβιμέλεχ (4 b)
— 6. εἶπε δὲ αὐτῷ ὁ θ. καθ' ὕπνον (4 b)
— 13. ἡνίκα ἐξήγαγέ με ὁ θ. (4 b)
— 17. προσηύξατο δὲ Ἀβραὰμ πρὸς τὸν θ. (4 b)
— 17. ἰάσατο ὁ θ. τὸν Ἀβιμέλεχ (4 b)
21. 4. καθὰ ἐνετείλατο αὐτῷ ὁ θ. (4 b)
— 12. εἶπε δὲ ὁ θ. τῷ Ἀβραάμ (4 b)
— 17. εἰσήκουσε δὲ ὁ θ. τῆς φωνῆς (4 b)
— 17. ἐκάλεσεν ἄγγελος θεοῦ τὴν Ἄγαρ (4 b)
— 17. ἐπακήκοε γὰρ ὁ θ. τῆς φωνῆς (4 b)
— 19. ἀνέῳξεν ὁ θ. τοὺς ὀφθαλμοὺς αὐτῆς (4 b)
— 20. ἦν ὁ θ. μετὰ τοῦ παιδίου (4 b)
— 22. ὁ θ. μετὰ σοῦ ἐν πᾶσιν (4 b)
— 23. ὄμοσόν μοι τὸν θ. (4 b)
— 33. τὸ ὄνομα κυρίου Θ. αἰώνιος (3)
22. 1. ὁ θ. ἐπείραζεν τὸν Ἀβραάμ (4 b)
— 3. ὃν εἶπεν αὐτῷ ὁ θ. (4 b)
— 8. ὁ θ. ὄψεται ἑαυτῷ πρόβατον (4 b)
— 9. ὃν εἶπεν αὐτῷ ὁ θ. (4 b)
— 12. φοβῇ σὺ τὸν θ. (4 b)
23. 6. βασιλεὺς παρὰ θεοῦ σὺ εἶ ἐν ἡμῖν (4 b)
24. 3. R ἐξορκιῶ σε κ. τὸν θ. τοῦ οὐρ. καὶ τὸν θ. [A om. τὸν θ.] τῆς γῆς (4 b, 4 b)
— 6 (7). κ. ὁ θ. τοῦ οὐρ. καὶ ὁ θ. τῆς γῆς (4 b, –)

Ge. 24. 12. κύριε ὁ θ. τοῦ κυρίου μου (4 b)
— 27. εὐλογητὸς κ. ὁ θ. τοῦ κυρίου μου (4 b)
— 40. κ. ὁ θ. [S om. ὁ θ.] ᾧ εὐηρέστησα (14 d)
— 42. κύριε ὁ θ. τοῦ κυρίου μου Ἀβραάμ (4 b)
— 48. εὐλόγησα κ. τὸν θ. τοῦ κυρίου μου (4 b)
25. 11. εὐλόγησεν ὁ θ. τὸν Ἰσαάκ (4 b)
— 21. ἐπήκουσε δὲ αὐτοῦ ὁ θ. (7 a)
26. 24. ἐγώ εἰμι ὁ θ. Ἀβραάμ (4 b)
27. 20. R ὃ παρέδωκε κ. ὁ θ. σου [A om.] (4 b)
— 28. δῴη σοι ὁ θ. ἀπὸ τῆς δρόσου (4 b)
28. 3. ὁ δὲ θ. μου εὐλογήσαι σε (3+12)
— 4. ἣν ἔδωκεν ὁ θ. τῷ Ἀβραάμ (4 b)
— 12. οἱ ἄγγελοι τοῦ θ. ἀνέβαινον (4 b)
— 13. R ἐγώ εἰμι [A om.] ὁ θ. Ἀβραὰμ . . . καὶ ὁ θ. Ἰσαάκ (4 b, 4 b)
— 17. οὐκ ἔστι τοῦτο ἀλλ' ἢ οἶκος θεοῦ (4 b)
— 19. τὸ ὄν. τοῦ τόπου ἐκείνου Οἶκος θεοῦ (3)
— 20. ἐὰν ᾖ κ. ὁ θ. μετ' ἐμοῦ (14 c)
— 21. ἔσται κύριός μοι εἰς θεόν (4 b)
— 22. ἔσται μοι οἶκος θεοῦ (4 b)
29. 31. ἰδὼν δὲ κ. ὁ θ. (14 d)
30. 2. R μὴ ἀντὶ θεοῦ [A τοῦ θ.] ἐγώ εἰμι (4 b)
— 6. ἔκρινέ μοι ὁ θ. (4 b)
— 8. R συναντελάβετό μου [A συνεβάλετό μοι] ὁ θ. (4 b)
— 17. R ἐπήκουσεν ὁ θ. Λείας [A αὐτῆς ὁ θ.] (4 b)
— 18. δέδωκέ μοι ὁ θ. τὸν μισθόν μου (4 b)
— 20. δεδώρηταί ὁ θ. μοι δῶρον καλόν (4 b)
— 22. ἐμνήσθη δὲ ὁ θ. Ῥ. (4 b)
— 22. ἐπήκουσεν αὐτῆς ὁ θ. (4 b)
— 23. ἀφεῖλεν ὁ θ. μου τὸ ὄνειδος (4 b)
— 24. προσθέτω ὁ θ. μοι υἱὸν ἕτερον (7 a)
— 27. εὐλόγησε γάρ με ὁ θ. (7 a)
— 30. R εὐλόγησέ σε κ. ὁ θ. [A om. ὁ θ.] (14 d)
31. 5. ὁ δὲ θ. τοῦ πατρός μου ἦν μετ' ἐμοῦ (4 b)
— 7. οὐκ ἔδωκεν αὐτῷ ὁ θ. κακοποιῆσαί με (4 b)
— 9. ἀφείλατο ὁ θ. πάντα τὰ κτήνη (4 b)
— 11. εἶπέ μοι ὁ ἄγγελος τοῦ θ. (4 b)
— 13. R ἐγώ εἰμι ὁ θ. ὁ ὀφθείς σοι ἐν τόπῳ θεοῦ [A τῷ τόπῳ] (3, 3)
— 16. ἣν ἀφείλατο ὁ θ. τοῦ πατρὸς ἡμῶν (4 b)
— 16. ὅσα σοι εἴρηκεν ὁ θ. (4 b)
— 24. ἦλθε δὲ ὁ θ. πρὸς Λάβαν (4 b)
— 29. ὁ δὲ θ. τοῦ πατρός σου (4 b)
— 30. ἵνα τί ἔκλεψας τοὺς θ. μου (4 b)
— 32. παρ' ᾧ ἂν εὕρῃς τοὺς θ. σου (4 b)
— 42. ὁ θ. τοῦ πατρός μου (4 b)
— 42. τὴν ταπείνωσίν μου . . . εἶδεν ὁ θ. (4 b)
— 44. ἴδε ὁ θ. μάρτυς –
— 49. ἐπίδοι ὁ θ. ἀνὰ μέσον ἐμοῦ καὶ σοῦ (7 a)
— 50. R θ. μάρτυς μεταξὺ ἐμοῦ (4 b)
— 53. ὁ θ. Ἀβραὰμ καὶ ὁ θ. Ναχὼρ κρινεῖ (4 b, 4 b)
32. 1 (2). εἶδε παρεμβολὴν θεοῦ –
— 1 (2). συνήντησαν αὐτῷ οἱ ἄγγελοι τοῦ θ. (4 b)
— 2 (3). παρεμβολὴ θεοῦ αὕτη (4 b)
— 9 (10). ὁ θ. τοῦ πατρός μου Ἀβρ. καὶ ὁ θ. τοῦ πατρός μου Ἰσ. (4 b, 4 b)
— 28 (29). ἐνίσχυσας μετὰ θεοῦ (4 b)
— 30 (31). τὸ ὄνομα τοῦ τόπου ἐκ. Εἶδος θεοῦ (13 b)
— 30 (31). εἶδον γὰρ θεὸν πρόσωπον πρὸς πρόσ. (4 b)
— 31 (32). ἡνίκα παρῆλθε τὸ Εἶδος τοῦ θ. (13 a)
33. 5. οἷς ἠλέησεν ὁ θ. τὸν παῖδά σου (4 b)
— 10. ὡς ἄν τις ἴδοι πρόσωπον θεοῦ (4 b)
— 11. ἠλέησέ με ὁ θ. (4 b)
— 20. ἐπεκαλέσατο τὸν θ. Ἰσραήλ (3+4 b)
35. 1. εἶπε δὲ ὁ θ. πρὸς Ἰακώβ (4 b)
— 1. ποίησον ἐκεῖ θυσιαστ. τῷ θ. (3)
— 2. ἄρατε τοὺς θ. τοὺς ἀλλοτρίους (4 b)
— 3. ποιήσωμεν ἐκεῖ θυσιαστ. τῷ θ. (3)
— 4. ἔδωκαν τῷ Ἰ. τοὺς θ. τοὺς ἀλλοτρίους (4 b)
— 5. ἐγένετο φόβος θεοῦ ἐπὶ τὰς πόλεις (4 b)
— 7. R ἐφάνη [A ἐπεφ.] αὐτῷ ὁ θ. (4 b)
— 9. ὤφθη δὲ ὁ θ. τῷ Ἰακώβ (4 b)
— 9. εὐλόγησεν αὐτὸν ὁ θ. –
— 10. εἶπεν αὐτῷ ὁ θ. (4 b)
— 11. εἶπε δὲ αὐτῷ ὁ θ., Ἐγὼ ὁ θ. σου (4 b, 3+12)
— 13. ἀνέβη δὲ ὁ θ. ἀπ' αὐτοῦ (4 b)
— 14. R ᾧ ἐλάλησε μετ' αὐτοῦ ὁ θ. [A om. ὁ θ.] –
— 15. ἐν ᾧ ἐλάλησε μετ' αὐτοῦ ἐκεῖ ὁ θ. B. (4 b)
38. 7. ἀπέκτεινεν αὐτὸν ὁ θ. (7 a)
— 10. R πονηρὸν δὲ ἐφάνη [A add. τὸ ῥῆμα] ἐναντίον τοῦ θ. (7 a)
39. 9. πῶς . . . ἁμαρτήσομαι ἐναντίον τοῦ θ. (4 b)
40. 8. οὐχὶ διὰ τοῦ θ. ἡ διασάφησις αὐτῶν ἐστι (4 b)
41. 16. ἄνευ τοῦ θ. οὐκ ἀποκριθήσεται (4 b)

Ge. 41. 25, 28. ὅσα ὁ θ. ποιεῖ (4 b)
— 32. τὸ ῥῆμα τὸ παρὰ τοῦ θ. (4 b)
— 32. ταχυνεῖ ὁ θ. (4 b)
— 38. ὃς ἔχει πνεῦμα θεοῦ ἐν αὐτῷ (4 b)
— 39. ἐπειδὴ ἔδειξεν ὁ θ. σοι πάντα ταῦτα (4 b)
— 51. ἐπιλαθέσθαι με ἐποίησεν ὁ θ. (4 b)
— 52. R ηὔξησέ [A ὕψωσέν] με ὁ θ. (4 b)
42. 18. τὸν θ. γὰρ ἐγὼ φοβοῦμαι (4 b)
— 28. τί τοῦτο ἐποίησεν ὁ θ. ἡμῖν (4 b)
43. 14. ὁ δὲ θ. μου δῴη ὑμῖν χάριν (3+12)
— 23. ὁ θ. ὑμῶν καὶ ὁ θ. τῶν πατέρων ὑμῶν (4 b, 4 b)
— 28. R εὐλογημένος [A -γητὸς] ὁ ἄνθρ. ἐκ. τῷ θ. –
— 29. ὁ θ. ἐλεήσαι σε (4 b)
44. 16. ὁ θ. δὲ εὗρε τὴν ἀδικίαν (4 b)
45. 5. εἰς γὰρ ζωὴν ἀπέστειλέ με ὁ θ. (4 b)
— 7. ἀπέστειλε γάρ με ὁ θ. (4 b)
— 8. οὐχ ὑμεῖς . . . ἀλλ' [A add. ἢ] ὁ θ. (4 b)
— 9. ἐποίησέ με ὁ θ. κύριον (4 b)
46. 1. τῷ θ. τοῦ πατρὸς αὐτοῦ Ἰσαάκ (4 b)
— 2. εἶπε δὲ ὁ θ. τῷ Ἰσραήλ (4 b)
— 3. ἐγώ εἰμι ὁ θ. τῶν πατέρων σου (3+4 b)
48. 3. ὁ θ. μου ὤφθη μοι ἐν Λουζᾷ (3+12)
— 9. οὓς ἔδωκέ μοι ὁ θ. ἐνταῦθα (4 b)
— 11. ἔδειξέ μοι ὁ θ. καὶ τὸ σπέρμα σου (4 b)
— 15. ὁ θ. ᾧ εὐηρέστησαν οἱ πατέρες μου (4 b)
— 15. AR ὁ θ. [B κύριος] ὁ τρέφων με (4 b)
— 20. ποιήσαι σε ὁ θ. ὡς Ἐφραΐμ (4 b)
— 21. ἔσται ὁ θ. μεθ' ὑμῶν (4 b)
49. 24 (25). παρὰ θ. [A τοῦ θ.] τοῦ πατρός σου (3)
— 25. ἐβοήθησέ σοι ὁ θ. ὁ ἐμός (12)
50. 17. τοῦ θ. τοῦ πατρός σου (4 b)
— 19. τοῦ γὰρ θ. εἰμι ἐγώ (4 b)
— 20. ὁ δὲ θ. ἐβουλεύσατο . . . εἰς ἀγαθά (4 b)
— 24. ἐπισκέψεται ὁ θ. ὑμᾶς (4 b)
— 24. ἣν ὤμοσεν ὁ θ. –
— 25. ἐπισκέψεται ὁ θ. ὑμᾶς (4 b)
Ex. 1. 17. ἐφοβήθησαν δὲ αἱ μαῖαι τὸν θ. (4 b)
— 20. εὖ δὲ ἐποίει ὁ θ. ταῖς μαίαις (4 b)
— 21. ἐφοβοῦντο αἱ μαῖαι τὸν θ. (4 b)
2. 23. ἀνέβη ἡ βοὴ αὐτῶν πρὸς τὸν θ. (4 b)
— 24. εἰσήκουσεν ὁ θ. τὸν στεναγμὸν αὐ. (4 b)
— 24. ἐμνήσθη ὁ θ. τῆς διαθήκης αὐ. (4 b)
— 25. ἐπεῖδεν [A εἰσίδεν] ὁ θ. τοὺς υἱοὺς Ἰσρ. (4 b)
3. 6. ἐγώ εἰμι ὁ θ. τοῦ πατρός σου θ. [A ὁ θ.] Ἀβρ. καὶ θ. Ἰσ. καὶ θ. Ἰ. (4 b quater)
— 6. κατεμβλέψαι ἐνώπιον τοῦ θ. (4 b)
— 11. εἶπε Μωυσῆς πρὸς τὸν θ. (4 b)
— 12. εἶπε δὲ ὁ θ. Μωυσῇ [A om. ὁ θ. M.] –
— 12. λατρεύσετε τῷ θ. (4 b)
— 13. εἶπε Μωυσῆς πρὸς τὸν θ. (4 b)
— 13. ὁ θ. τῶν πατέρων ἡμῶν (4 b)
— 14. εἶπεν ὁ θ. πρὸς Μωυσῆν (4 b)
— 15. εἶπεν ὁ θ. πάλιν πρὸς M. (4 b)
— 15. κ. ὁ θ. τῶν πατέρων ὑμῶν θ. Ἀβρ. καὶ θ. Ἰσαὰκ καὶ θ. Ἰακώβ (4 b quater)
— 16. κ. ὁ θ. τῶν πατέρων ὑμῶν ὦπταί μοι θ. Ἀβρ. καὶ θ. Ἰσαὰκ καὶ θ. Ἰακώβ (4 b, 4 b, –, –)
— 18. ὁ θ. τῶν Ἑβρ. προσκέκληται ἡμᾶς (7 a+4 b)
— 18. ἵνα θύσωμεν τῷ θ. ἡμῶν (7 a+4 b)
4. 1. οὐκ ὦπταί σοι ὁ [A κ. ὁ] θ. (7 a [14 d])
— 5. ὁ θ. [A κ. ὁ θ.] τῶν πατέρων αὐτῶν θ. Ἀβρ. καὶ θ. Ἰσαὰκ καὶ θ. Ἰακώβ (7 a+4 b [4 b], 4 b ter)
— 10. A εἶπε δὲ M. πρὸς τὸν θ. [B πρ. κύριον] (7 a)
— 11. οὐκ ἐγὼ ὁ [A κ. ὁ] θ. (7 a [14 d])
— 16. τὰ πρὸς τὸν θ. (4 b)
— 20. τὴν ῥάβδον τὴν παρὰ τοῦ θ. (4 b)
— 27. ἐν τῷ ὄρει τοῦ θ. (4 b)
— 30. ἃ ἐλάλησεν ὁ θ. πρὸς M. (7 a)
— 31. ἐπεσκέψατο ὁ θ. τοὺς υἱοὺς Ἰσρ. (7 a)
5. 1. τάδε λέγει κ. ὁ θ. Ἰσρ. (4 b)
— 2. A τίς ἐστιν θεός [B om.] (7 a)
— 3. ὁ θ. τῶν Ἑβραίων (4 b)
— 3. AB ὅπως θύσωμεν τῷ [R κ. τῷ] θ. ἡμῶν (7 a+4 b [4 b])
— 8. θύσωμεν τῷ θ. ἡμῶν (4 b)
— 17. θύσωμεν τῷ θ. ἡμῶν (7 a)
— 21. ἴδοι ὁ θ. ὑμᾶς (7 a)
6. 2. ἐλάλησε δὲ ὁ θ. πρὸς M. (4 b)
— 3. θεὸς ὢν αὐτῶν (3+12)
— 7. ἔσομαι ὑμῶν θεός (4 b)
— 7. ἐγὼ κ. ὁ θ. ὑμῶν (4 b)
— 26. οἷς εἶπεν αὐτοῖς ὁ θ. (7 a)
7. 1. δέδωκά σε θεὸν Φαραώ (4 b)
— 16. κ. ὁ θ. τῶν Ἑβραίων (4 b)

Ex. 8. 19 (15). δάκτυλος θεοῦ ἐστι τοῦτο (4 b)
— 22 (18). AR ἐγὼ κ. ὁ θ. [B κύριος] πάσης τῆς γῆς (14 d)
— 25 (21). AR θύσατε κ. [B om.] τῷ θ. ὑμῶν (14 c [4 b])
— 26 (22). θύσομεν κ. τῷ θ. ἡμῶν (4 b)
— 27 (23). θύσομεν τῷ [A κ. τῷ] θ. ἡμῶν (7 a+4 b [4 b])
— 28 (24). θύσατε [A -σετε κ.] τῷ θ. ὑμῶν (7 a+4 b [4 b])
— 29 (25). εὔξομαι πρὸς τὸν θ. (7 a)
— 30 (26). ηὔξατο πρὸς τὸν θ. (7 a)
9. 1. τάδε λέγει κ. ὁ θ. τῶν Ἑβραίων (4 b)
— 5. ἔδωκεν ὁ θ. ὅρον (7 a)
— 13. τάδε λέγει κ. ὁ θ. τῶν Ἑβραίων (4 b)
— 28. παυσάσθω τοῦ γενηθῆναι φωνὰς θεοῦ (4 b)
— 29. A ἐκπετάσω . . . πρὸς τὸν θ. [R κύριον, B om. πρ. τ. θ.] (7 a)
— 30. B οὐδέπω πεφόβησθε τὸν θ. [AR κύριον] (7 a+4 b)
10. 3. τάδε λέγει κ. ὁ θ. τῶν Ἑβραίων (4 b)
— 7. ὅπως λατρεύσωσι τῷ [A κ. τῷ] θ. αὐτῶν (7 a+4 b [4 b])
— 8. AR λατρεύσατε κ. [B om.] τῷ θ. ὑμῶν (4 b [7 a+4 b)
— 9. AB² ἔστι γὰρ ἑορτὴ κ. τοῦ θ. ἡμῶν [B¹R om. τ. θ. ἡ.] (14 d [7 a])
— 11. λατρευσάτωσαν τῷ θ. [A al.] (7 a)
— 16. ἡμάρτηκα ἐναντίον κ. τοῦ [B¹ om.] θ. ὑμῶν (4 b)
— 17. προσεύξασθε πρὸς κ. τὸν θ. ὑμῶν (4 b)
— 18. ηὔξατο πρὸς τὸν θ. [A πρ. κύριον] (7 a)
— 24. λατρεύσατε κ. τῷ θ. ὑμῶν (14 d)
— 25. ἃ ποιήσομεν κ. τῷ θ. ἡμῶν (4 b)
— 26. λατρεῦσαι κ. τῷ θ. ἡμῶν (4 b)
— 26. τί λατρεύσωμεν κ. τῷ θ. ἡμῶν (14 d)
12. 12. ἐν πᾶσι τοῖς [A om.] θ. τῶν Αἰγ. (4 b)
— 31. λατρεύσατε κ. τῷ θ. ὑμῶν (14 d)
13. 5. ἡνίκα ἐὰν εἰσαγάγῃ σε κ. ὁ θ. σου (14 d)
— 8. ἐποίησε κ. ὁ θ. μοι (14 d)
— 9. ἐξήγαγέ σε κ. ὁ θ. [A om. ὁ θ.] (14 d)
— 11. ὡς ἂν εἰσαγάγῃ σε κ. ὁ θ. σου (14 d)
— 17. οὐχ ὡδήγησεν αὐτοὺς ὁ θ. (4 b)
— 17. εἶπε γὰρ ὁ θ. (4 b)
— 18. ἐκύκλωσεν ὁ θ. τὸν λαόν (4 b)
— 21. ὁ δὲ θ. ἡγεῖτο αὐτῶν (7 a)
14. 13. AB τὴν σωτηρίαν τὴν παρὰ τοῦ θ. [R κυρίου] (7 a)
— 19. ἐξῆρε δὲ ὁ ἄγγελος τοῦ θ. (4 b)
— 31. ἐπίστευσαν τῷ θ. (7 a)
15. 1. ᾖσε M. . . . τῷ θ. [A κυρίῳ] (7 a)
— 2. AR [B μοι] οὗτός μου θεὸς . . . θεὸς τοῦ πατρός μου (3, 4 b)
— 11. τίς ὅμοιός σοι ἐν θεοῖς (3)
— 26. τῆς φωνῆς κ. τοῦ θ. σου (4 b)
— 26. ἐγὼ γάρ εἰμι κ. ὁ θ. σου [A om. ὁ θ. σ.] (14 d)
16. 7. A ὄψεσθε τὴν δόξαν τοῦ θ. [B δ. κυρίου] (7 a)
— 7. τὸν γογγυσμὸν ὑμῶν ἐπὶ τῷ θ. (7 a)
— 8. ἀλλ' ἢ κατὰ τοῦ θ. (7 a)
— 9. προσέλθατε ἐναντίον τοῦ θ. (7 a)
— 12. ἐγὼ κ. ὁ θ. ὑμῶν (4 b)
— 33. ἀποθήσεις αὐτὸ ἐναντίον τοῦ θ. (7 a)
— 34. B ἀπέθηκεν Ἀ. ἐναντίον τοῦ θ. [AR μαρτυρίου] †
17. 9. ἡ ῥάβδος τοῦ θ. ἐν τῇ χειρί μου (4 b)
18. 4. ὁ γὰρ θ. τοῦ πατρός μου (4 b)
— 5. ἐπ' ὄρους [A εἰς τὸ ὄρος] τοῦ θ. (4 b)
— 11. μέγας κύριος παρὰ πάντας τοὺς θ. (4 b)
— 12. ὁλοκαυτώματα καὶ θυσίας τῷ θ. (4 b)
— 12. συμφαγεῖν [A φ.] ἄρτον . . . ἐναντίον τοῦ θ. (4 b)
— 15. ἐκζητῆσαι κρίσιν παρὰ τοῦ θ. (15)
— 16. τὰ προστάγματα τοῦ θ. (4 b)
— 19. B ἔσται ὁ θ. μετὰ σοῦ (4 b)
— 19. τὰ πρὸς τὸν θ. (4 b)
— 19. ἀνοίσεις τοὺς λόγους αὐτῶν πρὸς τὸν θ. (4 b)
— 20. τὰ προστάγματα τοῦ θ. –
— 23. κατισχύσει σε ὁ θ. (4 b)
19. 3. ἀνέβη εἰς τὸ ὄρος τοῦ θ. (16)
— 3. ἐκάλεσεν αὐτὸν ὁ θ. (7 a)
— 7. AR οὓς συνέταξεν αὐτοῖς [B -ῷ] ὁ θ. (7 a)
— 8. ὅσα εἶπεν ὁ θ. (7 a)
— 8. ἀνήνεγκε δὲ M. . . . πρὸς τὸν θ. (7 a)
— 17. εἰς [AB² add. τὴν] συνάντησιν τοῦ θ. (4 b)
— 18. διὰ τὸ καταβεβηκέναι ἐπ' αὐτὸ τὸν θ. (7 a)

Ex. 19. 19. ὁ δὲ θ. ἀπεκρίνατο αὐτῷ (4 b)
— 21. εἶπεν ὁ θ. πρὸς Μ. (7 a)
— 21. μή ποτε ἐγγίσωσι πρὸς τὸν θ. (7 a)
— 22. οἱ ἐγγίζοντες κ. [A om.] τῷ θ. (14 d [7 a])
— 23. εἶπε Μ. πρὸς τὸν θ. (7 a)
— 24. ἀναβῆναι πρὸς τὸν θ. (7 a)
20. 2. ἐγώ εἰμι κ. ὁ θ. σου (4 b)
— 3. οὐκ ἔσονταί σοι θ. ἕτεροι (4 b)
— 5. ἐγὼ γάρ εἰμι κ. ὁ θ. σου θ. ζηλωτής (4 b, 3)
— 7. οὐ λήψῃ τὸ ὄν. κ. τοῦ θ. σου ἐπὶ ματαίῳ οὐ γὰρ μὴ καθαρίσῃ κ. ὁ θ. σου [A om. ὁ θ. σ.] (4 b, 14 d)
— 10. σάββατα κ. [A om.] τῷ θ. σου (4 b [7 a + 4 b])
— 12. ἧς κ. ὁ θ. σου δίδωσί σοι (4 b)
— 19. μὴ λαλείτω πρὸς ἡμᾶς ὁ θ. (4 b)
— 20. παρεγενήθη ὁ θ. πρὸς ὑμᾶς (4 b)
— 21. οὗ ἦν [A add. ἐκεῖ] ὁ θ. (4 b)
— 23. οὐ ποιήσετε . . . θ. ἀργυροῦς καὶ θ. χρυσοῦς οὐ ποιήσετε (4 b, 4 b)
21. 6. πρὸς τὸ κριτήριον τοῦ θ. (17)
— 13. ὁ θ. παρέδωκεν [A add. αὐτόν] (4 b)
22. 8 (7). προσελεύσεται . . . ἐνώπιον τοῦ θ. (4 b)
— 9 (8). ἐνώπιον τοῦ θ. ἐλεύσεται ἡ κρίσις (4 b)
— 9 (8). ὁ ἁλοὺς διὰ τοῦ θ. (4 b)
— 11 (10). ὅρκος ἔσται τοῦ θ. (7 a)
— 20 (19). ὁ θυσιάζων θεοῖς [A θ. ἑτέροις] (4 b)
— 28 (27). θεοὺς οὐ κακολογήσεις (4 b)
23. 13. ὄνομα θ. ἑτέρων οὐκ ἀναμνησθήσεσθε (4 b)
— 17. ἐνώπιον κ. τοῦ θ. σου (7 a)
— 19. εἰς τὸν οἶκον κ. τοῦ θ. σου (4 b)
— 24. οὐ προσκυνήσεις τοῖς θ. αὐτῶν (4 b)
— 25. λατρεύσεις κ. τῷ θ. σου (4 b)
— 32. οὐ συγκαταθήσῃ . . . τοῖς θ. αὐτῶν διαθήκην (4 b)
— 33. ἐὰν γὰρ δουλεύσῃς τοῖς θ. αὐτῶν (4 b)
24. 2. ἐγγιεῖ Μ. μόνος πρὸς τὸν θ. (7 a)
— 3. πάντα τὰ ῥήματα τοῦ θ. (7 a)
— 5. ἔθυσαν θυσίαν σωτηρίου τῷ θ. (7 a)
— 10. τὸν τόπον οὗ εἱστήκει [A add. ἐκεῖ] ὁ θ. τοῦ Ἰσραήλ (18)
— 11. ὤφθησαν ἐν τῷ τόπῳ τοῦ θ. (19)
— 13. εἰς [A ἐπὶ] τὸ ὄρος τοῦ θ. (4 b)
— 16. κατέβη ἡ δόξα τοῦ θ. (7 a)
28. 23 (29). μνημόσυνον ἔναντι τοῦ θ. (7 a)
29. 45. ἔσομαι αὐτῶν θεός (4 b)
— 46. ἐγώ εἰμι κ. ὁ θ. αὐτῶν (4 b)
— 46. εἶναι αὐτῶν θεός (7 a + 4 b)
31. 18. γεγραμμένας τῷ δακτύλῳ τοῦ θ. (4 b)
32. 1. ποίησον ἡμῖν θεούς (4 b)
— 4, 9 (8). οὗτοι οἱ θ. σου (4 b)
— 11. ἐδεήθη Μ. ἔναντι κ. τοῦ θ. [A κατέν. τ. θ. αὐτοῦ] (4 b [7 a + 4 b])
— 16. αἱ πλάκες ἔργον θεοῦ ἦσαν καὶ ἡ γραφὴ γραφὴ θεοῦ [A add. ἐστιν] (4 b, 4 b)
— 23. ποίησον ἡμῖν θεούς (4 b)
— 27. τάδε λέγει κ. ὁ θ. Ἰσραήλ (4 b)
— 30. ἀναβήσομαι πρὸς τὸν θ. (7 a)
— 31. ἐποίησαν ἑαυτοῖς θ. χρυσοῦς (4 b)
34. 6. κ. ὁ θ. οἰκτίρμων καὶ ἐλεήμων (3)
— 13. τὰ γλυπτὰ τῶν θ. αὐτῶν κατακαύσετε -
— 14. οὐ γὰρ μὴ προσκυνήσητε θ. ἑτέροις [A θ. ἑτέρῳ] (3)
— 14. ὁ γὰρ κ. ὁ θ. ζηλωτὸν ὄν. θ. ζηλωτής ἐστι (14 d, 3)
— 15. καὶ ἐκπορνεύσωσιν ὀπίσω τῶν θ. αὐτῶν (4 b)
— 15. καὶ θύσωσι τοῖς θ. αὐτῶν (4 b)
— 16. καὶ ἐκπορνεύσωσιν αἱ θυγ. σου ὀπίσω τῶν θ. αὐ. (4 b)
— 16. B καὶ ἐκπορνεύσωσιν οἱ υἱοί σου ὀπίσω τῶν θ. αὐ. (4 b)
— 17. θ. χωνευτοὺς οὐ ποιήσεις σεαυτῷ (4 b)
— 23. ἐνώπιον κ. τοῦ θ. Ἰσραήλ (4 b)
— 24. ὀφθῆναι ἐναντίον κ. τοῦ θ. σου (4 b)
— 26. εἰς τὸν οἶκον κ. τοῦ θ. σου (4 b)
35. 30. ἀνακέκληκεν ὁ θ. . . . Βεσ. (7 a)
36. 2. ᾧ ἔδωκεν ὁ θ. ἐπιστήμην (7 a)
Le. 2. 13. προσοίσετε κ. τῷ θ. ὑμῶν ἅλας -
3. 9. A B κάρπωμα τῷ θ. [R κυρίῳ] (7 a)
4. 22. ἀπὸ πασῶν τῶν ἐντολῶν κ. τοῦ θ. αὐ. (4 b)
8. 35. οὕτω γὰρ ἐνετείλατό μοι κ. ὁ θ. -
11. 44. ἐγώ εἰμι κ. ὁ θ. ὑμῶν (4 b)
— 44. ἅγιός εἰμι ἐγὼ κ. ὁ θ. ὑμῶν -
— 45. εἶναι ὑμῶν θεός (4 b)
18. 2, 4. ἐγὼ κ. ὁ θ. ὑμῶν (4 b)
— 5. ἐγὼ κ. ὁ θ. ὑμῶν (14 d)
— 30. ἐγὼ κ. ὁ θ. ὑμῶν (4 b)

Le. 19. 2. ἅγιος ἐγὼ κ. ὁ θ. ὑμῶν (4 b)
— 3. ἐγὼ κ. ὁ θ. ὑμῶν (4 b)
— 4. θ. χωνευτοὺς οὐ ποιήσετε ὑμῖν (4 b)
— 4. ἐγὼ κ. ὁ θ. ὑμῶν (4 b)
— 10. ἐγώ εἰμι κ. ὁ θ. ὑμῶν (4 b)
— 12. A B τὸ ὄν. [R add. τὸ ἅγιον] τοῦ θ. ὑ. (4 b)
— 12. ἐγώ εἰμι [A om.] κ. ὁ θ. ὑμῶν (14 d)
— 14. φοβηθήσῃ κ. τὸν θ. σου (14 c)
— 14, 16. ἐγώ εἰμι κ. ὁ θ. ὑμῶν (14 d)
— 23. ἣν κ. ὁ θ. ὑμῶν [B^{1} om.] δίδωσιν ὑμῖν -
— 25. ἐγώ εἰμι κ. ὁ θ. ὑμῶν (4 b)
— 28. ἐγώ εἰμι [A om.] κ. ὁ θ. ὑμῶν (14 d)
— 31. ἐγώ εἰμι κ. ὁ θ. ὑμῶν (4 b)
— 32. φοβηθήσῃ τὸν θ. σου (4 b)
— 32. ἐγώ εἰμι κ. ὁ θ. ὑμῶν (14 d)
— 34, 36. ἐγώ εἰμι κ. ὁ θ. ὑμῶν (4 b)
— 37. ἐγώ εἰμι κ. ὁ θ. σου (14 d)
20. 7. ἅγιος ἐγὼ κ. ὁ θ. ὑμῶν [A al.] (4 b)
— 8. A ἐγὼ κ. ὁ θ. ὑμῶν [B om. ὁ θ. ὑ.] (14 d)
— 24. ἐγὼ κ. ὁ θ. ὑμῶν (4 b)
— 26. ἐγὼ ἅγιός εἰμι [B^{1} om.] κ. ὁ θ. ὑ. (14 d)
21. 6. ἅγιοι ἔσονται τῷ θ. αὐτῶν (4 b)
— 6. οὐ βεβηλώσουσι τὸ ὄνομα τοῦ θ. αὐτῶν (4 b)
— 6. δῶρα τοῦ θ. αὐτῶν (4 b)
— 7. ἅγιός ἐστι κ. τῷ [A om.] θ. αὐτοῦ (14 c)
— 8. A R τὰ δῶρα κ. τοῦ [B om.] θ. ὑμῶν (14 c)
— 12. τὸ ἡγιασμένον τοῦ θ. αὐτοῦ (4 b)
— 12. τὸ ἅγιον ἔλαιον τὸ χριστὸν τοῦ θ. (4 b)
— 17. τὰ δῶρα τοῦ θ. αὐτοῦ (4 b)
— 21. τοῦ προσενεγκεῖν τὰς θυσίας τῷ θ. [A τοῦ θ.] σου (7 a)
— 21, 22. τὰ δῶρα τοῦ θ. (4 b)
— 23. τὸ ἅγιον τοῦ θ. -
22. 3. ἐγὼ κ. ὁ θ. ὑμῶν (14 d)
— 9. ἐγὼ κ. ὁ θ. ὁ ἁγιάζων αὐτούς (14 d)
— 18. ὅσα ἂν προσενέγκωσι τῷ θ. (7 a)
— 25. τὰ δῶρα τοῦ θ. ὑμῶν (4 b)
— 33. ὥστε εἶναι ὑμῶν θεός (4 b)
23. 14. ἕως ἂν προσενέγκητε ὑμεῖς τὰ δῶρα τῷ θ. [A τοῦ θ.] ὑμῶν (4 b)
— 22. ἐγὼ κ. ὁ [A om.] θ. ὑμῶν (4 b)
— 28, 40. ἔναντι κ. τοῦ θ. ὑμῶν (4 b)
— 43. ἐγὼ κ. ὁ θ. ὑμῶν (4 b)
24. 15. ὃς ἐὰν καταράσηται θεόν (4 b)
— 22. ἐγώ εἰμι κ. ὁ θ. ὑμῶν (4 b)
25. 17. φοβηθήσῃ κ. τὸν θ. σου ἐγώ εἰμι κ. ὁ θ. ὑμῶν (14 c, 4 b)
— 36. φοβηθήσῃ τὸν θ. σου [A om.] (4 b)
— 38. ἐγὼ κ. ὁ θ. ὑμῶν (4 b)
— 38. ὥστε εἶναι ὑμῶν θεός (4 b)
— 43. φοβηθήσῃ κ. τὸν θ. σου (14 c)
26. 1 (25. 55). ἐγὼ κ. ὁ θ. ὑμῶν (4 b)
— 1. ἐγώ εἰμι κ. ὁ θ. ὑμῶν (4 b)
— 12. ἔσομαι ὑμῶν [B^{1} ὑμῖν] θεός (4 b)
— 13. ἐγώ εἰμι κ. ὁ θ. ὑμῶν (4 b)
— 44. ἐγὼ γάρ εἰμι κ. ὁ θ. αὐτῶν (4 b)
— 45. τοῦ εἶναι αὐτῶν θεός (4 b)
Nu. 6. 7. εὐχὴ θεοῦ αὐ. ἐπ᾽ αὐτῷ (4 b)
9. 19. φυλάξονται . . . τὴν φυλακὴν τοῦ θ. (7 a)
10. 10. ἔσται ὑμῖν ἀνάμνησις ἔναντι τοῦ θ. ὑμῶν ἐγὼ κ. ὁ θ. ὑμῶν (4 b, 4 b)
12. 13. ὁ θ., δέομαί σου, ἴασαι αὐτήν (3)
15. 30. τὸν θ. οὗτος παροξυνεῖ (7 a)
— 40. ἔσεσθε ἅγιοι τῷ θ. ὑμῶν (4 b)
— 41. ἐγὼ κ. ὁ θ. ὑμῶν (4 b)
— 41. εἶναι ὑμῶν θεός (4 b)
— 41. ἐγὼ κ. ὁ θ. ὑμῶν (4 b)
16. 5. ἔγνω ὁ θ. τοὺς ὄντας αὐτοῦ (7 a)
— 9. διέστειλεν ὁ θ. Ἰσραὴλ ὑμᾶς (4 b)
— 11. ἡ συνηθροισμένη πρὸς τὸν θ. (7 a)
— 22. θεὸς θεὸς τῶν πνευμάτων (3, 4 b)
21. 5. κατελάλει ὁ λαὸς πρὸς τὸν θ. (4 b)
22. 9. A B^{1} R ἦλθεν ὁ θ. πρὸς [B^{2} παρὰ] Βαλ. (4 b)
— 10. εἶπε Βαλαὰμ πρὸς τὸν θ. (4 b)
— 12. εἶπεν ὁ θ. πρὸς Βαλαάμ (4 b)
— 13. οὐκ ἀφίησί με ὁ θ. πορεύεσθαι (7 a)
— 18. παραβῆναι τὸ ῥῆμα κ. τοῦ θ. (4 b)
— 20. ἦλθεν ὁ θ. πρὸς Βαλ. (4 b)
— 22. ὠργίσθη θυμῷ ὁ θ. (4 b)
— 22. ἀνέστη ὁ ἄγγελος τοῦ θ. (7 a)
— 23. ἰδοῦσα ἡ ὄνος τὸν ἄγγελον τοῦ θ. (7 a)
— 24. ἔστη ὁ ἄγγελος τοῦ θ. (7 a)
— 25. ἰδοῦσα ἡ ὄνος τὸν ἄγγελον τοῦ θ. (7 a)
— 26. προσέθετο ὁ ἄγγελος τοῦ θ. (7 a)
— 27. ἰδοῦσα ἡ ὄνος τὸν ἄγγελον τοῦ θ. (7 a)
— 28. ἤνοιξεν ὁ θ. τὸ στόμα τῆς ὄνου (7 a)

Nu. 22. 31. ἀπεκάλυψε δὲ ὁ θ. τοὺς ὀφθ. (7 a)
— 31. A ὁρᾷ τὸν ἄγγελον τοῦ θ. [B ἄ. κυρίου] (7 a)
— 32. εἶπεν [A λέγει] αὐτῷ ὁ ἄγγελος τοῦ θ. (7 a)
— 35. εἶπεν ὁ ἄγγελος τοῦ θ. πρὸς Β. (7 a)
— 38. A R ὃ ἐὰν ἐμβάλῃ [B β.] ὁ θ. (4 b)
23. 3. εἴ μοι φανεῖται ὁ θ. (7 a)
— 4. ἐπερωτῆσαι τὸν θ. -
— 4. ἐφάνη ὁ θ. τῷ Βαλ. (4 b)
— 5. ἐνέβαλεν ὁ θ. ῥῆμα (7 a)
— 6. ἐγενήθη πνεῦμα θεοῦ ἐπ᾽ αὐτῷ -
— 8. ὃν μὴ καταρᾶται ὁ θ. (7 a)
— 12. ὅσα ἂν ἐμβάλῃ ὁ θ. (7 a)
— 15. ἐπερωτῆσαι τὸν θ. -
— 16. συνήντησεν ὁ θ. τῷ Βαλ. (7 a)
— 19. οὐχ ὡς ἄνθρωπος ὁ θ. (3)
— 21. κ. ὁ θ. αὐτοῦ μετ᾽ αὐτοῦ (4 b)
— 22. θεὸς [A ὁ θ.] ὁ ἐξαγαγὼν αὐτόν (3)
— 23. τί ἐπιτελέσει ὁ θ. (3)
— 26. ὃ ἐὰν λαλήσῃ ὁ θ. (7 a)
— 27. εἰ ἀρέσει τῷ θ. (4 b)
24. 2. A R ἐγένετο ἐπ᾽ [B ἐν] αὐτῷ πνεῦμα θεοῦ (4 b)
— 4. B ἀκούων λόγια θεοῦ [A add. ἰσχυροῦ, R ἰσχ.] (3)
— 4. ὅστις ὅρασιν θεοῦ εἶδεν (12)
— 8. θεὸς [A ὁ θ.] ὡδήγησεν αὐτόν (3)
— 13. ὅσα ἐὰν εἴπῃ [A add. μοι] ὁ θ. (7 a)
— 16. ἀκούων λόγια θεοῦ (3)
— 16. ὅρασιν θεοῦ ἰδών (12)
— 23. ὅταν θῇ [B^{1} ἔλθῃ] ταῦτα ὁ θ. (3)
25. 13. ἐζήλωσε τῷ θ. αὐτοῦ (4 b)
27. 16. ἐπισκεψάσθω κ. ὁ θ. τῶν πνευμάτων . . . ἄνθρωπον (4 b)
31. 41. τὸ ἀφαίρεμα τοῦ θ. (7 a)
33. 4. ἐν τοῖς θ. αὐτῶν ἐποίησε τὴν ἐκδίκησιν (4 b)
De. 1. 6. κ. ὁ θ. ἡμῶν ἐλάλησεν ἡμῖν (4 b)
— 10. κ. ὁ θ. ὑμῶν ἐπλήθυνεν ὑμᾶς (4 b)
— 11. κ. ὁ θ. τῶν πατέρων ὑμῶν (4 b)
— 17. ἡ κρίσις τοῦ θ. ἐστι (4 b)
— 19. καθότι ἐνετείλατο κ. ὁ θ. ἡμῶν ἡμῖν (4 b)
— 20. ὃ ὁ κύριος ὁ θ. ἡμῶν δίδωσιν (4 b)
— 21. παραδέδωκεν ἡμῖν κ. ὁ θ. ὑμῶν (4 b)
— 21. κ. ὁ θ. τῶν πατέρων ὑμῶν (4 b)
— 25. ἣν κ. ὁ θ. ἡμῶν δίδωσιν ἡμῖν (4 b)
— 26. ἠπειθήσατε τῷ ῥήματι κ. τοῦ θ. ἡμῶν (4 b)
— 30. κ. ὁ θ. ὑμῶν ὁ προπορευόμενος (4 b)
— 31. ὡς ἐτροφοφόρησέν σε κ. ὁ θ. σου (4 b)
— 32. οὐκ ἐνεπιστεύσατε κ. τῷ θ. ἡμῶν (4 b)
— 41. ἡμάρτομεν ἔναντι [A -τίον] κ. τοῦ θ. ἡμῶν (14 d)
— 41. ὅσα ἐνετείλατο κ. ὁ θ. ἡμῶν ἡμῖν (4 b)
— 45. ἐκλαίετε ἔναντι κ. τοῦ θ. ἡμῶν [A om. τ. θ. ἡ.] (14 d)
2. 7. ὁ γὰρ κ. ὁ θ. ἡμῶν εὐλόγησέ σε (4 b)
— 7. κ. ὁ θ. σου μετὰ σοῦ (4 b)
— 14. καθότι ὤμοσε κ. [B^{1} om.] ὁ θ. [A om. ὁ θ.] αὐτοῖς (14 d [7 a])
— 15. ἡ χεὶρ τοῦ θ. [A χ. κυρίου] ἦν ἐπ᾽ αὐτοῖς (7 a)
— 29. ἣν κ. ὁ θ. ἡμῶν δίδωσιν ἡμῖν (4 b)
— 30. ἐσκλήρυνε κ. ὁ θ. ἡμῶν τὸ πνεῦμα αὐτοῦ (4 b)
— 33. παρέδωκεν αὐτὸν κ. ὁ θ. ἡμῶν (4 b)
— 36. τὰς πάσας παρέδωκε κ. ὁ θ. ἡμῶν (4 b)
— 37. καθότι ἐνετείλατο κ. ὁ θ. ἡμῶν ἡμῖν (4 b)
3. 3. παρέδωκεν αὐτὸν κ. ὁ θ. ἡμῶν (4 b)
— 18. κ. ὁ θ. ὑμῶν ἔδωκεν (4 b)
— 20. ἕως ἂν καταπαύσῃ κ. ὁ θ. (14 d)
— 20. ἣν κ. ὁ θ. ἡμῶν δίδωσιν αὐτοῖς (4 b)
— 21. ὅσα ἐποίησε κ. ὁ θ. ἡμῶν (4 b)
— 21. οὕτως ποιήσει κ. ὁ θ. ἡμῶν (14 d)
— 22. κ. ὁ θ. ἡμῶν αὐτὸς πολεμήσει (4 b)
— 24. R κύριε θεὲ [B^{1} ὁ θ., A B^{2} κύριε], σὺ ἤρξω (7 b)
— 24. τίς γάρ ἐστι θ. (3)
4. 1. κ. ὁ θ. τῶν πατέρων ὑμῶν (4 b)
— 2. φυλάσσεσθε τὰς ἐντολὰς κ. τοῦ θ. ἡμῶν (4 b)
— 3. ὅσα ἐποίησε κ. ὁ θ. ἡμῶν (14 d)
— 3. ἐξέτριψεν αὐτὸν κ. ὁ θ. ὑμῶν (4 b)
— 4. οἱ προσκείμενοι κ. τῷ θ. ὑμῶν (4 b)
— 5. A καθὰ ἐνετείλατό μοι κ. ὁ θ. μου [B om. ὁ θ. μ.] (4 b)
— 7. ᾧ ἐστιν αὐτῷ [A ἐν αὐ.] θ. ἐγγίζων αὐτοῖς ὡς κ. ὁ θ. ἡμῶν (4 b, 4 b)
— 10. ἣν ἔστητε ἐνώπιον κ. τοῦ θ. ἡμῶν (4 b)

De. 4. 12. B^2 ἐλάλησε κ. ὁ θ. [A B^1 R om. ὁ θ.] (14 d)
— 19. ἃ ἀπένειμε κ. ὁ θ. σου (4 b)
— 20. ὑμᾶς δὲ ἔλαβεν ὁ [A κ. ὁ] θ. (7 a [14 d])
— 21. κ. ὁ θ. [A B^1 om. ὁ θ.] ἐθυμώθη μοι (14 d)
— 21. ἣν κ. ὁ θ. σου [A om.] δίδωσί σοι (4 b)
— 23. τὴν διαθήκην κ. τοῦ θ. ὑμῶν (4 b)
— 23. ὧν συνέταξέ σοι κ. ὁ θ. σου (4 b)
— 24. κ. ὁ θ. σου πῦρ καταναλίσκον ἐστι θ. ζηλωτής (4 b, 3)
— 25. B ἐναντίον [A -τι, R ἐνώπιον] κ. τοῦ θ. ὑμῶν (4 b)
— 28. λατρεύσετε ἐκεῖ θ. ἑτέροις (4 b)
— 29. ζητήσετε [A ἐκζ.] ἐκεῖ κ. τὸν θ. ἡμῶν (4 b)
— 30. ἐπιστραφήσῃ πρὸς [A ἐπὶ] κ. τὸν θ. σου (4 b)
— 31. θ. οἰκτίρμων κ. ὁ θ. σου (3, 4 b)
— 32. ἧς ἔκτισεν ὁ θ. ἄνθρωπον (4 b)
— 33. φωνὴν θ. ζῶντος (4 b)
— 34. εἰ ἐπείρασεν ὁ θ. (4 b)
— 34. ὅσα ἐποίησε κ. [B^1 om.] ὁ θ. ἡ. (4 b [7 a+4 b])
— 35. κ. ὁ θ. σου οὗτος [A αὐτὸς] θ. ἐστι (14 d, 4 b)
— 39. κ. ὁ θ. σου οὗτος θεός (14 d, 4 b)
— 40. ἧς κ. ὁ θ. σου δίδωσί σοι (4 b)
5. 2. κ. ὁ θ. ὑμῶν διέθετο (4 b)
— 6. ἐγώ εἰμι [B^1 om.] κ. ὁ θ. σου (4 b)
— 7. οὐκ ἔσονταί σοι θ. ἕτεροι (4 b)
— 9. ὅτι ἐγώ εἰμι κ. ὁ θ. σου θ. ζηλωτής (4 b, 3)
— 11. οὐ λήψῃ τὸ ὄνομα κ. τοῦ θ. σου (4 b)
— 11. B^2 R οὐ γὰρ μὴ καθαρίσῃ κ. ὁ θ. σου [A B^1 om. ὁ θ. σ.] (14 d)
— 12. ὃν τρόπον ἐνετείλατό σοι κ. ὁ θ. σου (4 b)
— 14. σάββατα κ. τῷ θ. σου (4 b)
— 15. ἐξήγαγέ σε κ. ὁ θ. σου (4 b)
— 15. συνέταξέ σοι [A σε] κ. ὁ θ. σου (4 b)
— 16. ὃν τρόπον ἐνετείλατό σοι κ. ὁ θ. σου (4 b)
— 16. ἧς κ. ὁ θ. σου δίδωσί σοι (4 b)
— 24 (21). ἔδειξεν ἡμῖν κ. ὁ θ. ἡμῶν τὴν δόξαν (4 b)
— 24 (21). λαλήσει ὁ [B^1 om.] θ. πρὸς ἄνθρωπον (4 b)
— 25 (22). τὴν φωνὴν κ. τοῦ θ. ἡμῶν (4 b)
— 26 (23). ἥτις ἤκουσε φωνὴν θ. ζῶντος (4 b)
— 27 (24). ὅσα ἐὰν εἴπῃ κ. ὁ θ. ἡμῶν (4 b)
— 27 (24). A B^2 R ὅσα ἐὰν λαλήσῃ κ. ὁ θ. ἡμῶν (4 b)
— 32 (29). ὃν τρόπον ἐνετείλατό σοι κ. ὁ θ. σου (4 b)
— 33 (30). ἣν ἐνετείλατό σοι κ. ὁ θ. σου (4 b)
6. 1. ὅσα ἐνετείλατο κ. [B^1 om.] ὁ θ. ἡμῶν (4 b [7 a+4 b])
— 2. ἵνα φοβῆσθε κ. τὸν θ. ὑμῶν (4 b)
— 3. κ. ὁ θ. τῶν πατέρων σου (4 b)
— 4. κ. ὁ θ. ἡμῶν κ. εἷς ἐστι (4 b)
— 5. ἀγαπήσεις κ. τὸν θ. σου (4 b)
— 10. ὅταν εἰσαγάγῃ σε κ. ὁ θ. σου (4 b)
— 12. μὴ ἐπιλάθῃ κ. τοῦ θ. σου (14 d)
— 13. κ. τὸν θ. σου φοβηθήσῃ [A προσκυνήσεις] (4 b)
— 14. οὐ πορεύσεσθε [A οὐ μὴ πορεύσ.] ὀπίσω θ. ἑτέρων ἀπὸ τῶν θ. τῶν [B^1 om. θ. τῶν] ἐθνῶν (4 b, 4 b)
— 15. θεὸς ζηλωτὴς κ. ὁ θ. σου ἐν σοί (3, 4 b)
— 15. A B^1 μὴ ὀργισθεὶς θυμωθῇ [B^2 R -μῷ] κ. ὁ θ. σου (4 b)
— 16. οὐκ ἐκπειράσεις κ. τὸν θ. σου (4 b)
— 17. τὰς ἐντολὰς κ. τοῦ θ. σου (4 b)
— 18. τὸ καλὸν ἐναντίον κ. τοῦ θ. σου (14 d)
— 20. ὅσα ἐνετείλατο κ. ὁ θ. ἡμῶν (4 b)
— 23. A ἐξήγαγεν ἡμᾶς κ. ὁ θ. ἡμῶν [B al.] –
— 23. A ἣν ὤμοσεν κ. ὁ θ. ἡμῶν [B om. κ. ὁ θ. ἡ.] –
— 24. φοβεῖσθαι κ. τὸν θ. ἡμῶν (4 b)
— 25. ἐναντίον [A B^2 -τι] κ. τοῦ θ. ἡμῶν (4 b)
7. 1. ἐὰν δὲ εἰσαγάγῃ σε κ. ὁ θ. σου [A al.] (4 b)
— 2. παραδώσει αὐτοὺς κ. ὁ θ. σου (4 b)
— 4. λατρεύσει θ. ἑτέροις (4 b)
— 5. τὰ γλυπτὰ θ. [B^2 om. τ. θ.] αὐτῶν κατακαύσετε –
— 6. λαὸς ἅγιος εἶ κ. τῷ θ. σου (4 b)
— 6. σὲ προείλατο κ. ὁ θ. σου (4 b)
— 9. κ. ὁ θ. σου οὗτος θ. θ. [A B^2 ὁ θ., A add. ὁ] πιστός (4 b, 4 b, 3)
— 12. διαφυλάξει κ. ὁ θ. σου σοὶ τὴν διαθήκην (4 b)
— 15. περιελεῖ κ. ὁ [B^1 om. κ. ὁ] θ. σου (14 d [7 a])
— 16. ἃ κ. ὁ θ. σου δίδωσί σοι (4 b)

De. 7. 16. A R οὐ μὴ [B om.] λατρεύσεις τοῖς θ. αὐτῶν (4 b)
— 18. ὅσα ἐποίησε κ. ὁ θ. σου (4 b)
— 19. ὡς ἐξήγαγέ σε κ. ὁ θ. σου (4 b)
— 19. οὕτω ποιήσει κ. ὁ θ. ὑμῶν (4 b)
— 20. A B^2 R τὰς σφηκίας ἀποστελεῖ κ. ὁ θ. σου (4 b)
— 21. κ. ὁ θ. σου ἐν σοὶ θ. μέγας (4 b, 3)
— 22. καταναλώσει κ. ὁ θ. σου (4 b)
— 23. παραδώσει αὐτοὺς κ. ὁ θ. σου (4 b)
— 25. τὰ γλυπτὰ τῶν θ. αὐτῶν (4 b)
— 25. βδέλυγμα κ. τῷ θ. σού ἐστι (4 b)
8. 1. ἣν ὤμοσε κ. ὁ θ. ὑμῶν [A om. ὁ θ. ὑ.] (14 d)
— 2. ἣν ἤγαγέ σε κ. ὁ θ. σου (4 b)
— 3. τῷ ἐκπορευομένῳ διὰ στόματος θεοῦ (7 a)
— 5. κ. ὁ θ. σου παιδεύσει σε (4 b)
— 6. φυλάξῃ τὰς ἐντολὰς κ. τοῦ θ. σου (4 b)
— 7. ὁ γὰρ κ. ὁ θ. σου εἰσάξει σε (4 b)
— 10. εὐλογήσεις κ. τὸν θ. σου (4 b)
— 10. B^2 ἧς ἔδωκέν σοι κ. ὁ θ. σου [A B^1 om. κ. ὁ θ. σ.] –
— 11. μὴ ἐπιλάθῃ κ. τοῦ θ. σου (4 b)
— 14. καὶ ἐπιλάθῃ κ. τοῦ θ. σου (4 b)
— 18. μνησθήσῃ κ. τοῦ θ. σου (4 b)
— 19. ἐὰν λήθῃ ἐπιλάθῃ κ. τοῦ θ. σου (4 b)
— 19. καὶ πορευθῇς ὀπίσω θ. ἑτέρων (4 b)
— 20. B^2 R ὅσα κ. ὁ θ. [A B^1 om. ὁ θ.] ἀπολλύει (14 d)
— 20. οὐκ ἠκούσατε τῆς φωνῆς κ. τοῦ θ. ὑμῶν (4 b)
9. 3. κ. ὁ θ. σου οὗτος προπορεύσεται (4 b)
— 4. ἐν τῷ ἐξαναλῶσαι κ. τὸν θ. σου (4 b)
— 6. κ. ὁ θ. σου [A om.] δίδωσί σοι τὴν γῆν (4 b)
— 7. ὅσα παρώξυνας κ. τὸν θ. σου (4 b)
— 10. γεγραμμένας ἐν τῷ δακτύλῳ τοῦ θ. (4 b)
— 16. ἡμάρτετε ἐναντίον [A -τι] κ. τοῦ θ. ὑμῶν (4 b)
— 18. ποιῆσαι τὸ πονηρὸν ἐναντίον [A -τι] κ. τοῦ θ. (14 d)
— 22. A παροξύνοντες ἦτε κ. τὸν θ. ὑμῶν [B om. τ. θ. ὑ.] (14 d)
— 23. ἠπειθήσατε τῷ ῥήματι κ. τοῦ θ. ὑμῶν (4 b)
— 26. εὐξάμην πρὸς τὸν θ. (7 a)
— 26. κύριε βασιλεῦ τῶν θ. –
10. 12. τί κ. ὁ θ. σου αἰτεῖται παρὰ σοῦ (4 b)
— 12. φοβεῖσθαι κ. τὸν θ. σου (4 b)
— 12. λατρεύειν κ. τῷ θ. σου (4 b)
— 13. φυλάσσεσθαι τὰς ἐντολὰς κ. τοῦ θ. σου (14 d)
— 14. κ. τοῦ θ. [B^1 κ. ὁ θ.] σου ὁ οὐρανός (4 b)
— 17. ὁ γὰρ κ. ὁ θ. ὑμῶν οὗτος θ. τῶν θ. . . . ὁ θ. ὁ μέγας (4 b ter, 3)
— 20. κ. τὸν θ. σου φοβηθήσῃ [A προσκυνήσεις] (4 b)
— 21. καὶ οὗτος [A αὐτὸς] θ. σου (4 b)
— 22. ἐποίησέ σε κ. ὁ θ. σου (4 b)
11. 1. ἀγαπήσεις κ. τὸν θ. σου (4 b)
— 2. τὴν παιδείαν κ. τοῦ θ. σου (4 b)
— 4. A ἀπώλεσεν αὐτοὺς κ. ὁ θ. [B om. ὁ θ.] (14 d)
— 12. ἣν κ. ὁ θ. σου ἐπισκοπεῖται αὐτήν (4 b)
— 12. οἱ ὀφθαλμοὶ κ. τοῦ θ. σου ἐπ' αὐτῆς (4 b)
— 13. ἀγαπᾶν κ. τὸν θ. σου (4 b)
— 16. καὶ λατρεύσητε θ. ἑτέροις (4 b)
— 17. A R ἧς ἔδωκεν ὁ θ. [B κύριος] ὑμῖν (7 a)
— 22. ἀγαπᾶν κ. τὸν θ. ἡμῶν (4 b)
— 25. ἐπιθήσει κ. ὁ θ. ὑμῶν (4 b)
— 27, 28. τὰς ἐντολὰς κ. τοῦ θ. ὑμῶν (4 b)
— 28. λατρεύειν θ. ἑτέροις (4 b)
— 29. ὅταν εἰσαγάγῃ σε κ. ὁ θ. σου (4 b)
— 31. ἣν κ. ὁ θ. ὑμῶν δίδωσιν ὑμῖν (4 b)
12. 1. κ. ὁ θ. τῶν πατέρων ὑμῶν (4 b)
— 2. ἐλάτρευσαν ἐκεῖ τοῖς θ. αὐτῶν (4 b)
— 3. τὰ γλυπτὰ τῶν θ. αὐτῶν κατακαύσετε (4 b)
— 4. οὐ ποιήσετε οὕτω κ. τῷ θ. ὑμῶν (4 b)
— 5. ὃν ἂν ἐκλέξηται κ. ὁ θ. σου (4 b)
— 7. φάγεσθε ἐκεῖ ἐναντίον κ. τοῦ θ. ὑμῶν (4 b)
— 7. καθότι εὐλόγησέ σε κ. ὁ θ. σου (4 b)
— 9. ἣν κ. ὁ θ. ἡμῶν δίδωσιν ὑμῖν (4 b)
— 10. ἧς κ. ὁ θ. ἡμῶν κατακληρονομεῖ (4 b)
— 11. ὃν ἂν ἐκλέξηται κ. ὁ θ. σου (4 b)
— 11. R ὅσα ἂν εὔξησθε κ. [A B om.] τῷ θ. ὑμῶν (14 d [7 a])
— 12. ἐναντίον [A -τι] κ. τοῦ θ. ὑμῶν (4 b)
— 14. ὃν ἂν ἐκλέξηται κ. ὁ θ. σου αὐτόν (14 d)
— 15. κατὰ τὴν εὐλογίαν κ. τοῦ θ. σου (4 b)
— 18. ἐναντίον [A^2 -τι] κ. τοῦ θ. σου φάγῃ (4 b)
— 18. ᾧ [A οὗ] ἂν ἐκλέξηται κ. ὁ θ. σου (4 b)
— 18. ἐναντίον [A -τι] κ. τοῦ θ. σου (4 b)
— 20. ἐὰν δὲ ἐμπλατύνῃ κ. ὁ θ. σου τὰ ὅριά σου (4 b)

De. 12. 21. ὃν ἂν ἐκλέξηται κ. ὁ θ. σου (4 b)
— 21. ὧν [A ὡς] ἂν δῷ ὁ θ. σοι [A σου] (7 a)
— 25. τὸ ἀρεστὸν ἐναντίον [A -τι] κ. τοῦ θ. σου (14 d)
— 26. ὃν ἂν ἐκλέξηται κ. ὁ θ. σου (14 d)
— 27. A R ἐπὶ τὸ θυσιαστήριον κ. τοῦ θ. σου (4 b)
— 27. A R πρὸς τὴν βάσιν τοῦ θυσιαστ. κ. τοῦ θ. σου (4 b)
— 28. τὸ ἀρεστὸν ἐναντίον [A -τι] κ. τοῦ θ. σου (4 b)
— 29. ἐὰν δὲ ἐξολεθρεύσῃ κ. ὁ θ. σου (4 b)
— 30. A οὐ μὴ ἐκζητήσῃς τοὺς θ. αὐτῶν (4 b)
— 30. πῶς ποιοῦσι τὰ ἔθνη ταῦτα τοῖς θ. αὐ. (4 b)
— 31. οὐ ποιήσεις οὕτω τῷ [A κ. τῷ] θ. σου (7 a+4 b [4 b])
— 31. ἐποίησαν ἐν [A om.] τοῖς θ. αὐτῶν (4 b)
— 31. κατακαίουσιν . . . τοῖς θ. αὐτῶν (4 b)
13. 2 (3). λατρεύσωμεν θ. ἑτέροις (4 b)
— 3 (4). πειράζει κ. ὁ θ. σου [A ὑμῶν] ὑμᾶς (4 b)
— 3 (4). εἰ ἀγαπᾶτε τὸν [A κ. τὸν] θ. ὑμῶν (7 a+4 b [4 b])
— 4 (5). ὀπίσω κ. τοῦ θ. ὑμῶν πορεύεσθε (4 b)
— 5 (6). πλανῆσαί σε ἀπὸ κ. τοῦ θ. σου (4 b)
— 5 (6). ἧς ἐνετείλατό σοι κ. ὁ θ. σου (4 b)
— 6 (7). λατρεύσωμεν θ. ἑτέροις (4 b)
— 7 (8). ἀπὸ τῶν θ. τῶν ἐθνῶν (4 b)
— 10 (11). ἀποστῆσαί σε ἀπὸ κ. τοῦ θ. σου (4 b)
— 12 (13). ὧν κ. ὁ θ. σου δίδωσί σοι (4 b)
— 13 (14). λατρεύσωμεν θ. ἑτέροις (4 b)
— 16 (17). ἐναντίον [A -τι] κ. τοῦ θ. σου (4 b)
— 18 (19). ἐὰν ἀκούσῃς [A εἰσακούσητε] τῆς φωνῆς κ. τοῦ θ. σου (4 b)
— 18 (19). τὸ καλὸν ἐναντίον [A -τι] κ. τοῦ θ. σου (4 b)
14. 1. υἱοί ἐστε κ. τοῦ θ. ὑμῶν (4 b)
— 2. λαὸς ἅγιος εἶ κ. τῷ θ. σοῦ (4 b)
— 2. σὲ ἐξελέξατο κ. ὁ θ. σου (14 d)
— 21. λαὸς ἅγιος εἶ κ. τῷ θ. σου (4 b)
— 23. A καὶ φάγῃ αὐτὸ ἔναντι κ. τοῦ θ. σου [B om. ἔ. κ. τ. θ. σ.] (4 b)
— 23. ᾧ ἂν ἐκλέξηται κ. ὁ θ. σου –
— 23. φοβεῖσθαι κ. τὸν θ. σου (4 b)
— 24. ὃν ἂν ἐκλέξηται κ. ὁ θ. σου (4 b)
— 24. εὐλογήσει σε κ. ὁ θ. σου (4 b)
— 25. ὃν ἂν ἐκλέξηται κ. ὁ θ. σου [A om.] (4 b)
— 26. φάγῃ ἐκεῖ ἐναντίον [A -τι] κ. τοῦ θ. σου (4 b)
— 29. ἵνα εὐλογήσῃ σε κ. ὁ θ. σου (4 b)
15. 2. ἄφεσις κ. τῷ θ. σου (14 d)
— 4. εὐλογήσει σε κ. ὁ θ. σου (14 d)
— 4. ἣ κ. ὁ θ. σου δίδωσί σοι (4 b)
— 5. τῆς φωνῆς κ. τοῦ θ. ὑμῶν (4 b)
— 6. κ. ὁ θ. σου εὐλόγησέ σε (4 b)
— 7. ἣ κ. ὁ θ. σου δίδωσί σοι (4 b)
— 10. εὐλογήσει σε κ. ὁ θ. σου (4 b)
— 14. καθὰ εὐλόγησέ σε κ. ὁ θ. σου (4 b)
— 15. A B^2 R ἐλυτρώσατό σε κ. ὁ θ. σου (4 b)
— 18. A R εὐλογήσει σε [B om.] κ. ὁ θ. σου (4 b)
— 19. τὰ ἀρσενικὰ ἁγιάσεις κ. τῷ θ. σου (4 b)
— 20. A ἔναντι κ. τοῦ θ. σου [B om. τ. θ. σ.] φάγῃ αὐτό (4 b)
— 20. ᾧ ἐὰν ἐκλέξηται κ. ὁ θ. σου (14 d)
— 21. οὐ θύσεις αὐτὸ κ. τῷ θ. σου (4 b)
16. 1. ποιήσεις τὸ πάσχα κ. τῷ θ. σου (4 b)
— 2. θύσεις τὸ πάσχα κ. τῷ θ. σου (4 b)
— 2. ᾧ ἐὰν ἐκλέξηται κ. ὁ θ. σου αὐτόν (14 d)
— 5. ὧν κ. ὁ θ. σου δίδωσί σοι (4 b)
— 6. ὃν ἂν ἐκλέξηται κ. ὁ θ. σου (4 b)
— 7. οὗ ἐὰν [A ᾧ ἂν] ἐκλέξηται κ. ὁ θ. σου αὐτόν (4 b)
— 8. ἑορτὴ κ. τῷ θ. σου (4 b)
— 10. ποιήσεις ἑορτὴν ἑβδομ. κ. τῷ θ. σου (4 b)
— 10. ὅσα ἂν δῷ κ. ὁ θ. σου [A al.] (4 b)
— 11. R ἐναντίον [A -τι] κ. [A B om.] τοῦ θ. σου (4 b [7 a+4 b])
— 11. ᾧ ἐὰν ἐκλέξηται κ. ὁ θ. σου (4 b)
— 14. A ἔναντι κ. τοῦ θ. σου [B al.] †
— 15. ἑορτάσεις κ. τῷ θ. σου (4 b)
— 15. ᾧ ἂν ἐκλέξηται κ. ὁ θ. σου (14 d)
— 15. ἐὰν δὲ εὐλογήσῃ σε κ. ὁ θ. σου (4 b)
— 16. ἐναντίον κ. τοῦ θ. σου (4 b)
— 16. ἐνώπιον κ. τοῦ θ. σου (14 d)
— 17. κατὰ τὴν εὐλογίαν κ. τοῦ θ. σου (4 b)
— 18. αἷς κ. ὁ θ. σου δίδωσί σοι (4 b)
— 20. ἣν κ. ὁ θ. σου δίδωσί σοι (4 b)
— 21. παρὰ τὸ θυσιαστήριον τοῦ [A κ. τοῦ] θ. σου (7 a+4 b [4 b])

De. 16. 22. ἃ ἐμίσησε κ. ὁ θ. σου (4 *b*)
17. 1. οὐ θύσεις [A προσοίσεις] κ. τῷ θ. σου (4 *b*)
— 1. βδέλυγμα κ. τῷ θ. σού ἐστιν (4 *b*)
— 2. ὧν κ. ὁ θ. σου δίδωσί σοι (4 *b*)
— 2. ἐναντίον [A -τι] κ. τοῦ θ. σου (4 *b*)
— 3. καὶ ἐλθόντες λατρεύσωσι θ. ἑτέροις (4 *b*)
— 8. ὃν ἂν ἐκλέξηται κ. ὁ θ. σου (4 *b*)
— 10. οὗ ἂν ἐκλέξηται κ. ὁ θ. σου (14 *d*)
— 12. ἐπὶ τῷ ὀνόματι κ. τοῦ θ. σου (4 *b*)
— 14. ἣν κ. ὁ θ. σου δίδωσί σοι (4 *b*)
— 15. ὃν ἂν ἐκλέξηται κ. ὁ θ. [A θ. σου] (4 *b*)
— 19. φοβεῖσθαι κ. τὸν θ. σου [A αὐτοῦ] (4 *b*)
18. 5. A αὐτὸν ἐξελέξατο κ. ὁ θ. σου [B *om.* ὁ θ. σ.] (4 *b*)
— 5. παρεστάναι ἔναντι κ. τοῦ θ. [A θ. σου] –
— 7. λειτουργήσει τῷ ὀνόματι κ. τοῦ θ. αὐ. (4 *b*)
— 7. ἐναντίον [A -τι] κ. τοῦ θ. σου [A *om.* τ. θ. σ.] (14 *d*)
— 9. ἣν κ. ὁ θ. σου [A *om.*] δίδωσί σοι (4 *b*)
— 12. ἔστι γὰρ βδέλυγμα κ. τῷ θ. σου (14 *d*)
— 12. A κ. ὁ θ. σου [B *om.* ὁ θ. σ.] ἐξολεθρεύσει (4 *b*)
— 13. τέλειος ἔσῃ ἐναντίον [A -τι] κ. τοῦ θ. σου (4 *b*)
— 14. οὐχ οὕτως ἔδωκε κ. ὁ θ. σου (4 *b*)
— 15. ἀναστήσει σοι κ. ὁ θ. σου (4 *b*)
— 16. ὅσα ᾐτήσω παρὰ κ. τοῦ θ. σου (4 *b*)
— 16. τὴν φωνὴν κ. τοῦ θ. σου (4 *b*)
— 20. ἐν [A ἐπ'] ὀνόματι θ. ἑτέρων (4 *b*)
19. 1. ἐὰν δὲ ἀφανίσῃ κ. ὁ θ. σου τὰ ἔθνη ἃ ὁ θ. [A θ. σου] δίδωσί σοι (4 *b*, 7 *a*+4 *b*)
— 2. ἧς κ. ὁ θ. σου δίδωσί σοι (4 *b*)
— 3. ἣν καταμερίζει σοι κ. ὁ θ. σου (4 *b*)
— 8. ἐὰν δὲ ἐμπλατύνῃ κ. ὁ θ. σου (4 *b*)
— 9. ἀγαπᾶν κ. τὸν θ. σου (4 *b*)
— 10. ᾗ [A ἣν] κ. ὁ θ. σου [A *om.*] δίδωσί σοι (4 *b*)
— 14. A R ἣν [B ᾗ] κ. ὁ θ. σου δίδωσί σοι (4 *b*)
20. 1. κ. ὁ θ. σου μετὰ σοῦ (4 *b*)
— 4. κ. ὁ θ. ὑμῶν ὁ προπορευόμενος (4 *b*)
— 13. παραδῷ σοι [A -δώσει] αὐτὴν κ. ὁ θ. σου (4 *b*)
— 14, 15 (16). ὧν κ. ὁ θ. σου δίδωσί σοι (4 *b*)
— 17. ὃν τρόπον ἐνετείλατό σοι κ. ὁ θ. σου (4 *b*)
— 18. ὅσα ἐποίησαν τοῖς θ. αὐτῶν (4 *b*)
— 18. ἁμαρτήσεσθε ἐναντίον κ. τοῦ θ. ὑμῶν (4 *b*)
21. 1. ᾗ [A ἣν] κ. ὁ θ. σου δίδωσί σοι (4 *b*)
— 5. αὐτοὺς ἐπέλεξε [A ἐξελέξατο] κ. ὁ θ. [A θ. σου] (4 *b*)
— 9. τὸ ἀρεστὸν ἔναντι κ. [A *om.*] τοῦ θ. σου [A *om.*] (14 *d* [7 *a*])
— 10. καὶ παραδῷ σοι [A αὐτοὺς] κ. ὁ θ. σου (4 *b*)
— 23. κεκατηραμένος ὑπὸ θεοῦ (4 *b*)
— 23. ἣν κ. ὁ θ. σου δίδωσί σοι (4 *b*)
22. 5. βδέλυγμα κ. τῷ θ. σου (4 *b*)
23. 5 (6). οὐκ ἠθέλησε κ. ὁ θ. σου (4 *b*)
— 5 (6). μετέστρεψε κ. ὁ θ. σου (4 *b*)
— 5 (6). ἠγάπησέ σε κ. ὁ θ. σου (4 *b*)
— 14 (15). κ. ὁ θ. σου ἐμπεριπατεῖ (4 *b*)
— 18 (19). εἰς τὸν οἶκον κ. τοῦ θ. σου (4 *b*)
— 18 (19). βδέλυγμα κ. τῷ θ. σου (4 *b*)
— 20 (21). ἵνα εὐλογήσῃ σε κ. ὁ θ. σου (4 *b*)
— 21 (22). ἐὰν δὲ εὔξῃ εὐχὴν κ. τῷ θ. σου (4 *b*)
— 21 (22). ἐκζητήσει κ. ὁ θ. σου (4 *b*)
— 23 (24). A R ὃν τρόπον ηὔξω κ. [B *om.*] τῷ θ. [A θ. σου] (4 *b* [7 *a*+4 *b*])
24. 4. βδέλυγμά ἐστιν ἐναντίον [A -τι] κ. τοῦ θ. σου (14 *d*)
— 4. ἣν κ. ὁ θ. σου δίδωσί σοι (4 *b*)
— 9. ὅσα ἐποίησε κ. ὁ θ. σου (4 *b*)
— 13. ἔσται σοι ἐλεημοσύνη ἐναντίον κ. τοῦ θ. σου (4 *b*)
— 18. ἐλυτρώσατό σε κ. ὁ θ. σου (4 *b*)
— 19. ἵνα εὐλογήσῃ σε κ. ὁ θ. σου (4 *b*)
25. 15. ἧς κ. ὁ θ. σου δίδωσί σοι (4 *b*)
— 16. A^{2}B^{2}R βδέλυγμα κ. τῷ θ. σου (4 *b*)
— 18. οὐκ ἐφοβήθη [B^2 -ης] τὸν θ. [A κύριον] (4 *b*)
— 19. ἡνίκα ἐὰν καταπαύσῃ σε κ. ὁ θ. σου (4 *b*)
— 19. ᾗ κ. ὁ θ. σου δίδωσί σοι (4 *b*)
26. 1. ἣν κ. ὁ θ. σου δίδωσί σοι (4 *b*)
— 2. ἧς [A ἣν] κ. ὁ θ. σου δίδωσί σοι (4 *b*)
— 2. ὃν ἂν ἐκλέξηται κ. ὁ θ. σου (4 *b*)
— 3. ἀναγγέλλω σήμερον κ. τῷ θ. μου (4 *b*)
— 4. ἀπέναντι τοῦ θυσιαστ. κ. τοῦ θ. σου (4 *b*)
— 5. ἐρεῖ [A -εῖς] ἔναντι κ. τοῦ θ. σου (4 *b*)

De. 26. 7. ἀνεβοήσαμεν πρὸς κ. τὸν θ. ἡμῶν [A τῶν πατ. ἡ.] (4 *b*)
— 10. A R ἀπέναντι κ. τοῦ θ. σου (4 *b*)
— 10. προσκυνήσεις ἔναντι κ. τοῦ θ. σου (4 *b*)
— 11. οἷς ἔδωκέ σοι κ. ὁ θ. σου (4 *b*)
— 13. A R ἐρεῖς ἔναντι [B -τίον] κ. τοῦ θ. σου (4 *b*)
— 14. τῆς φωνῆς κ. τοῦ θ. ἡμῶν (4 *b*)
— 16. κ. ὁ θ. σου ἐνετείλατό σοι (4 *b*)
— 17. τὸν θ. εἵλου σήμερον εἶναί σου θεόν (7 *a*, 4 *b*)
— 19. εἶναί σε λαὸν ἅγιον κ. τῷ θ. σου (4 *b*)
27. 2. ἣν κ. ὁ θ. σου δίδωσί σοι (4 *b*)
— 3 *bis*. κ. ὁ θ. τῶν πατέρων σου (4 *b*)
— 5, 6. θυσιαστήριον κ. τῷ θ. σου (4 *b*)
— 6. ὁλοκαυτώματα κ. τῷ θ. σου (4 *b*)
— 7. A θυσιαστήριον κ. τῷ θ. σου [B *al.*] †
— 7. A R εὐφρανθήσῃ ἔναντι [B -τίον] κ. τοῦ θ. σου (4 *b*)
— 9. γέγονας εἰς λαὸν κ. τῷ θ. σου (4 *b*)
— 10. εἰσακούσῃ τῆς φωνῆς κ. τοῦ θ. σου (4 *b*)
28. 1. A ἣν κ. ὁ θ. ὑμῶν δίδωσιν ὑμῖν –
— 1. τῆς φωνῆς κ. τοῦ θ. σου (4 *b*)
— 1. δώσει σε κ. ὁ θ. (4 *b*)
— 2. τῆς φωνῆς κ. τοῦ θ. σου (4 *b*)
— 7. παραδῷ [A π. σοι] κ. ὁ θ. σου (14 *d*)
— 8. ἧς κ. ὁ θ. σου δίδωσί σοι (4 *b*)
— 9. A ἀναστῆσαι σε κ. ὁ θ. σου [B *om.* ὁ θ. σ.] (14 *d*)
— 9. τῆς φωνῆς κ. τοῦ θ. σου (4 *b*)
— 11. πληθυνεῖ σε κ. ὁ θ. σου (14 *d*)
— 13. καταστῆσαι σε κ. ὁ θ. σου (14 *d*)
— 13. τῆς φωνῆς [A τῶν ἐντολῶν] κ. τοῦ θ. σου (4 *b*)
— 14. πορεύεσθαι ὀπίσω θ. ἑτέρων (4 *b*)
— 15. τῆς φωνῆς κ. τοῦ θ. σου (4 *b*)
— 24. δῴη κ. ὁ θ. σου [A *om.* ὁ θ. σ.] (14 *d*)
— 36. λατρεύσεις ἐκεῖ θ. ἑτέροις (4 *b*)
— 45. τῆς φωνῆς κ. τοῦ θ. σου (4 *b*)
— 47. οὐκ ἐλάτρευσας κ. τῷ θ. σου (4 *b*)
— 53. A ὅσα ἔδωκέ σοι κ. ὁ θ. σου [B *om.* κ. ὁ θ. σ.] (4 *b*)
— 58. φοβεῖσθαι . . . κ. τὸν θ. σου (4 *b*)
— 62. τῆς φωνῆς κ. τοῦ θ. σου (4 *b*)
— 64. διασπερεῖ σε κ. ὁ θ. σου (14 *d*)
— 64. δουλεύσεις ἐκεῖ θ. ἑτέροις (4 *b*)
29. 4 (3). οὐκ ἔδωκε κ. ὁ θ. ὑμῖν (14 *d*)
— 6 (5). κ. ὁ θ. ὑμῶν ἐγώ [A *al.*] (4 *b*)
— 10 (9). ἐναντίον [A -τι] κ. τοῦ θ. ὑμῶν (4 *b*)
— 12 (11). ἐν τῇ διαθήκῃ [A τὴν δ.] κ. τοῦ θ. ὑμῶν (4 *b*)
— 12 (11). ὅσα κ. ὁ θ. σου διατίθεται (4 *b*)
— 13 (12). αὐτὸς ἔσται σου θεός (4 *b*)
— 15 (14). ἐναντίον [A -τι] κ. τοῦ θ. ὑμῶν (4 *b*)
— 15 (14). A^2 ἔναντι κ. τοῦ θ. ὑμῶν –
— 18 (17). ἡ διάνοια ἐξέκλινεν ἀπὸ κ. τοῦ θ. ὑμῶν (4 *b*)
— 18 (17). λατρεύειν τοῖς θ. τῶν ἐθνῶν ἐκ. (4 *b*)
— 20 (19). οὐ μὴ θελήσει ὁ θ. (7 *a*)
— 25 (24). τὴν διαθήκην κ. τοῦ θ. τῶν πατ. αὐ. (4 *b*)
— 26 (25). ἐλάτρευσαν θ. ἑτέροις (4 *b*)
— 29 (28). τὰ κρυπτὰ κ. τῷ θ. ἡμῶν (4 *b*)
30. 1. A οὗ ἐὰν διασκορπίσῃ σε κ. ὁ θ. σου [B *om.* ὁ θ. σ.] (4 *b*)
— 2. ἐπιστραφήσῃ ἐπὶ κ. τὸν θ. σου (4 *b*)
— 3. A εἰς οὓς διεσκόρπισέ σε κ. ὁ θ. σου [B *om.* ὁ θ. σ.] (4 *b*)
— 4. συνάξει σε κ. ὁ θ. σου (4 *b*)
— 4. λήψεταί σε κ. ὁ θ. σου [A *om.* κ. ὁ θ. σ.] –
— 5. A εἰσάξει σε κ. [B *om.*] ὁ θ. σου (4 *b* [7 *a*+4 *b*])
— 6. ἀγαπᾶν κ. τὸν θ. σου (4 *b*)
— 7. δώσει κ. ὁ θ. σου [A *om.* ὁ θ. σ.] (4 *b*)
— 8. τῆς φωνῆς κ. τοῦ θ. σου (14 *d*)
— 9. εὐλογήσει [A πολυωρήσει] σε κ. ὁ θ. σου (4 *b*)
— 9. ἐπιστρέψει κ. ὁ θ. σου (14 *d*)
— 10. τῆς φωνῆς κ. τοῦ θ. σου (4 *b*)
— 10. ἐὰν ἐπιστραφῇς ἐπὶ κ. τὸν θ. σου (4 *b*)
— 16. τὰς ἐντολὰς κ. τοῦ θ. σου –
— 16. ἀγαπᾶν κ. τὸν θ. σου (4 *b*)
— 16. εὐλογήσει σε κ. ὁ θ. σου (4 *b*)
— 17. προσκυνήσῃς θ. ἑτέροις (4 *b*)
— 18. A ἧς κ. ὁ θεός σου δίδωσίν σοι –
— 20. ἀγαπᾶν κ. τὸν θ. σου (4 *b*)
31. 3. κ. ὁ θ. σου ὁ προπορευόμενος (4 *b*)

De. 31. 4. ποιήσει κ. ὁ θ. σου [A *om.* ὁ θ. σ.] (14 *d*)
— 6. κ. ὁ θ. σου ὁ προπορευόμενος (4 *b*)
— 11. ὀφθῆναι ἐνώπιον κ. τοῦ θ. ὑμῶν (4 *b*)
— 11. A^2 ἐκλέξηται κ. ὁ θ. σου [B *om.* ὁ θ. σ.] –
— 12. φοβεῖσθαι κ. τὸν θ. ὑμῶν (4 *b*)
— 13. φοβεῖσθαι κ. τὸν θ. σου (4 *b*)
— 16. ἐκπορνεύσει ὀπίσω θ. ἀλλοτρίων (4 *b*)
— 17. διότι οὐκ ἔστι κ. ὁ θ. μου ἐν ἐμοί (14 *c*)
— 18. ἀπέστρεψαν [A ἐπ.] ἐπὶ θ. ἀλλοτρίους (4 *b*)
— 20. ἐπιστραφήσονται ἐπὶ θ. ἀλλοτρίους (4 *b*)
— 26. τῆς διαθήκης κ. τοῦ θ. ὑμῶν (4 *b*)
— 27. τὰ πρὸς τὸν θ. (7 *a*)
32. 3. δότε μεγαλωσύνην τῷ θ. ἡμῶν (4 *b*)
— 4. θεὸς ἀληθινὰ τὰ ἔργα αὐτοῦ (10)
— 4. θ. πιστὸς καὶ οὐκ ἔστιν ἀδικία (3)
— 8. A^{2}B κατὰ ἀριθμὸν ἀγγέλων θεοῦ †
— 12. οὐκ ἦν μετ' αὐτῶν θ. ἀλλότριος (3)
— 15. ἐγκατέλιπε τὸν θ. [A *al.*] (4 *a*)
— 15. ἀπέστη ἀπὸ θ. σωτῆρος αὐτοῦ (10)
— 17. ἔθυσαν δαιμονίοις καὶ οὐ θεῷ θεοῖς οἷς οὐκ ᾔδεισαν (4 *a*, 4 *b*)
— 18. θεὸν τὸν γεννήσαντά σε (10)
— 18. ἐπελάθου θ. τοῦ τρέφοντός σε (3)
— 21. παρεζήλωσάν με ἐπ' οὐ θεῷ (3)
— 30. εἰ μὴ ὁ θ. ἀπέδοτο αὐτούς (10)
— 31. R οὐκ εἰσὶν [A B ἔστιν] ὡς ὁ θ. ἡμῶν οἱ θ. αὐτῶν (10, 10)
— 37. ποῦ εἰσιν οἱ θ. αὐτῶν (4 *b*)
— 39. οὐκ ἔστι θ. πλὴν ἐμοῦ (4 *b*)
— 43. R πάντες [A B *om.*] ἄγγελοι [A B υἱοὶ] θεοῦ –
— 43. A B πάντες ἄγγελοι [R υἱοὶ] θεοῦ –
33. 1. Μωυσῆς ἄνθρωπος τοῦ θ. (4 *b*)
— 12. ὁ θ. σκιάζει ἐπ' αὐτῷ –
— 26. οὐκ ἔστιν ὥσπερ ὁ θ. τοῦ ἠγαπημένου (3)
— 27. σκεπάσει σε θεοῦ ἀρχή [A *al.*] (4 *b*)
Jo. 1. 9. μετὰ σοῦ κ. ὁ θ. σου [A *om.*] (4 *b*)
— 11. κ. ὁ θ. τῶν πατέρων ὑμῶν (4 *b*)
— 13. κ. ὁ θ. ὑμῶν κατέπαυσεν ὑμᾶς (4 *b*)
— 15. ἕως ἂν καταπαύσῃ κ. ὁ θ. ἡμῶν (14 *d*)
— 15. ἣν κ. ὁ θ. ἡμῶν δίδωσιν αὐτοῖς (4 *b*)
— 17. ἔστω κ. ὁ θ. ἡμῶν μετὰ σοῦ (4 *b*)
2. 10. κατεξήρανε κ. ὁ θ. τὴν ἐρ. θάλασσαν (14 *d*)
— 11. A R κ. ὁ θ. ὑμῶν θ. [B ὃς] ἐν οὐρανῷ (4 *b*, 4 *b*)
— 12. ὀμόσατέ μοι κ. τὸν θ. (14 *d*)
3. 3. τῆς διαθήκης κ. τοῦ θ. ἡμῶν (4 *b*)
— 9. ἀκούσατε τὸ ῥῆμα κ. τοῦ θ. ἡμῶν (4 *b*)
— 10. θ. [A ἐγὼ κύριος] ζῶν ἐν ὑμῖν (3)
4. 23. ἀποξηράναντος κ. τοῦ θ. ἡμῶν (4 *b*)
— 23. καθάπερ ἐποίησε κ. ὁ θ. ἡμῶν (4 *b*)
— 23. ἣν ἀπεξήρανε κ. ὁ θ. ἡμῶν –
— 24. ἵνα ὑμεῖς σέβησθε κ. τὸν θ. ἡμῶν (4 *b*)
5. 1. ἀπεξήρανε κ. ὁ θ. τὸν Ἰ. (14 *d*)
— 6. οἱ ἀπειθήσαντες τῶν ἐντολῶν τοῦ θ. (7 *a*)
6. 10 (11). ἡ κιβωτὸς τῆς διαθήκης τοῦ θ. (7 *a*)
7. 13. τάδε λέγει κ. ὁ θ. Ἰσρ. (4 *b*)
— 19. δὸς δόξαν σήμερον τῷ κ. θ. Ἰσρ. (4 *b*)
— 20. ἥμαρτον ἐναντίον κ. θεοῦ Ἰσρ. (4 *b*)
9. 2 (8. 30). θυσιαστήριον κ. τῷ [A τῷ κ.] θ. Ἰσρ. (4 *b*)
— 9. ἐν ὀνόματι κ. τοῦ θ. σου (4 *b*)
— 18. ὤμοσαν . . . κ. τὸν [A τὸν κ.] θ. Ἰσρ. (4 *b*)
— 19. ὠμόσαμεν αὐτοῖς κ. τὸν θ. Ἰσρ. (4 *b*)
— 23. ἐμοὶ καὶ τῷ θ. μου (4 *b*)
— 24. ὅσα συνέταξε κ. ὁ θ. σου (4 *b*)
— 27. καὶ τῷ θυσιαστηρίῳ τοῦ θ. (7 *a*)
— 27. B ὑδροφόροι τοῦ θυσιαστ. τοῦ θ. –
10. 12. παρέδωκεν ὁ [A κ. ὁ] θ. τὸν Ἀμ. (7 *a* [14 *d*])
— 13. ἕως ἠμύνατο ὁ θ. τοὺς ἐχθροὺς αὐτῶν †
— 14. ὥστε ἐπακοῦσαι θεὸν ἀνθρώπου (7 *a*)
— 19. παρέδωκε γὰρ αὐτοὺς κ. ὁ θ. ἡμῶν (4 *b*)
— 40. ὃν τρόπον ἐνετείλατο κ. ὁ θ. Ἰσρ. (4 *b*)
— 42. κ. ὁ θ. Ἰσρ. [A *om.* ὁ θ. Ἰ.] συνεπολέμει τῷ Ἰσρ. (4 *b*)
13. 14. κ. ὁ θ. Ἰσραὴλ οὗτος κληρονομία αὐ. (4 *b*)
14. 6. πρὸς Μωυσῆν ἄνθρωπον τοῦ θ. (4 *b*)
— 7. Μωυσῆς ὁ παῖς τοῦ θ. [A *al.*] (7 *a*)
— 8. ἐπακολουθῆσαι κ. τῷ θ. μου (4 *b*)
— 9. ἐπακολουθῆσαι ὀπίσω κ. τοῦ θ. ἡ. [A *al.*] (4 *b*)
— 14. τῷ προστάγματι κ. θεοῦ [A τοῦ θ.] Ἰσρ. (4 *b*)
15. 13. διὰ [B^1 ἀπὸ] προστάγματος τοῦ θ. (7 *a*)
17. 4. ὁ θ. ἐνετείλατο διὰ χειρὸς Μ. (7 *a*)
— 14. ὁ θ. εὐλόγησέ με (7 *a*)
18. 3. ἣν ἔδωκε κ. ὁ θ. ἡμῶν [A τῶν πατ. ἡ.] (4 *b*)
— 6. ἔναντι [A -τίον] κ. τοῦ θ. ἡμῶν (4 *b*)

Jo. 19. 50. διὰ προστάγματος τοῦ θ. (7 a)
22. 3. τὴν ἐντολὴν κ. τοῦ θ. ὑμῶν (4 b)
— 4. κατέπαυσε κ. ὁ θ. ἡμῶν (4 b)
— 5. ἀγαπᾶν κ. τὸν θ. ἡμῶν (4 b)
— 16. ἐναντίον τοῦ [A -τι κυρίου τοῦ] θ. Ἰσρ. (4 b [14 c])
— 19. μὴ ἀπὸ θεοῦ [A κυρίου] ἀποστάται γενήθητε (7 a)
— 19. ἔξω τοῦ θυσιαστ. κ. τοῦ θ. ἡμῶν (4 b)
— 22. ὁ θ. θ. κύριός ἐστι καὶ ὁ θ. θ. [A add. κύριος] αὐτὸς οἶδε (3, 4 b, 3, 4 b+7 a [4 b])
— 23. ὥστε ἀποστῆναι ἀπὸ κ. τοῦ θ. ἡμῶν (14 d)
— 24. τί ὑμῖν κ. τῷ θ. Ἰσραήλ (4 b)
— 29. A πλὴν τοῦ θυσιαστ. κ. τοῦ θ. ἡμῶν [B om. τ. θ. ἡ.] (4 b)
— 33. εὐλόγησαν τὸν θ. υἱῶν Ἰσρ. (4 b)
— 34. A κ. ὁ θ. θ. [B om.] αὐτῶν ἐστι (14 d [7 a], 4 b)
23. 1. A μετὰ τὸ καταπαῦσαι κ. τὸν θ. [B om.] Ἰσρ. (14 d [7 a])
— 3. ὅσα ἐποίησε κ. ὁ θ. ἡμῶν (4 b)
— 3. κ. ὁ θ. ὑμῶν ὁ [A αὐτὸς ὁ] ἐκπολεμήσας (4 b)
— 5. κ. δὲ ὁ θ. ἡμῶν (4 b)
— 5. καθὰ ἐλάλησε κ. ὁ θ. ἡμῶν (4 b)
— 7. τὰ ὀνόματα τῶν θ. αὐτῶν (4 b)
— 8. κ. τῷ θ. ἡμῶν προσκολληθήσεσθε (4 b)
— 10. A R κ. ὁ θ. ἡμῶν οὗτος [B om.] ἐξεπολέμει (4 b)
— 11. τοῦ ἀγαπᾶν κ. τὸν θ. ἡμῶν (4 b)
— 13. ἣν [A ἧς] ἔδωκεν ὑμῖν κ. ὁ θ. ὑμῶν (4 b)
— 14. ὧν εἶπε κ. ὁ θ. ἡμῶν (4 b)
— 15. ἐπάξει κ. ὁ θ. [A om. ὁ θ.] ἐφ' ὑμᾶς (14 d)
— 15. A ἧς ἔδωκεν ὑμῖν κ. ὁ θ. ὑμῶν [B al.] (4 b)
— 16. τὴν διαθήκην κ. τοῦ θ. ἡμῶν (4 b)
— 16. λατρεύσητε θ. ἑτέροις (4 b)
24. 1. ἔστησεν αὐτοὺς ἀπέναντι τοῦ θ. [A al.] (4 b)
— 2. τάδε λέγει κ. ὁ θ. Ἰσρ. (4 b)
— 2. ἐλάτρευσαν θ. ἑτέροις (4 b)
— 10. οὐκ ἠθέλησε κ. ὁ θ. σου [A om. ὁ θ. σ.] –
— 14. περιέλεσθε τοὺς θ. τοὺς ἀλλοτρίους (4 b)
— 15. εἴτε τοῖς θ. τῶν πατέρων ὑμῶν (4 b)
— 15. εἴτε τοῖς θ. τῶν Ἀμορραίων (4 b)
— 16. ὥστε λατρεύειν θ. ἑτέροις (4 b)
— 17. κ. [A καὶ γὰρ] ὁ θ. ἡμῶν αὐτὸς θ. [A om. αὐ. θ.] ἐστιν (4 b [7 a+4 b], –)
— 18. οὗτος γὰρ θ. [A ὁ θ.] ἡμῶν ἐστι (4 b)
— 19. A λατρεύειν κ. τῷ θ. [B om. τ. θ.] ὅτι θ. ἅγιός ἐστι (14 d, 4 b)
— 20. καὶ λατρεύσητε θ. ἑτέροις [A ἀλλοτρίοις] (4 b)
— 23. περιέλεσθε τοὺς θ. τοὺς ἀλλοτρίους (4 b)
— 23. πρὸς κ. θεὸν Ἰσραήλ (4 b)
— 25. ἐνώπιον τῆς σκηνῆς τοῦ θ. Ἰσρ. –
— 26. εἰς βιβλίον νόμον τοῦ θ. (4 b)
— 27. ἡνίκα ἂν ψεύσησθε κ. τῷ θ. μου (14 c)
— 33. τὴν κιβωτὸν τοῦ [A τῆς διαθήκης τοῦ] θ. –
— 33. ἐσέβοντο . . . τοὺς θ. τῶν ἐθνῶν –
Jd. 1. 7. οὕτως ἀνταπέδωκέ μοι ὁ θ. (4 b)
2. 2. οὐδὲ τοῖς θ. αὐτῶν προσκυνήσετε –
— 3. οἱ θ. αὐτῶν ἔσονται ὑμῖν εἰς σκάνδαλον (4 b)
— 12. τὸν κ. τὸν [A om.] θ. τῶν πατέρων αὐτῶν (4 b)
— 12. ἐπορεύθησαν ὀπίσω θ. ἑτέρων ἀπὸ τῶν θ. τῶν ἐθνῶν [A θ. αὐτῶν] (4 b, 4 b)
— 17. ἐξεπόρνευσαν ὀπίσω θ. ἑτέρων (4 b)
— 19. πορεύεσθαι ὀπίσω θ. ἑτέρων (4 b)
3. 6. ἐλάτρευσαν τοῖς θ. αὐτῶν (4 b)
— 7. ἐπελάθοντο κ. τοῦ [A om.] θ. αὐτῶν (4 b)
— 20. λόγος θεοῦ μοι πρὸς σέ (4 b)
— 28. παρέδωκε κ. ὁ θ. τοὺς ἐχθροὺς ἡμῶν (14 d)
4. 6. οὐχὶ ἐνετείλατο κ. ὁ θ. Ἰσρ. σοι (4 b)
— 23. ἐτρόπωσεν [A ἐταπείνωσεν κ.] ὁ θ. τὸν Ἰ. (4 b [14 c])
5. 3. ψαλῶ τῷ κ. [A om. τ. κ.] τῷ θ. Ἰσρ. (4 b [7 a+4 b])
— 5. ἀπὸ προσώπου κ. θεοῦ Ἰσραήλ (4 b)
— 8. ἐξελέξαντο [A ᾑρέτισαν] θ. καινούς (4 b)
6. 8. τάδε λέγει κ. ὁ θ. Ἰσραήλ (4 b)
— 10. ἐγὼ κ. ὁ θ. ὑμῶν (4 b)
— 10. οὐ φοβηθήσεσθε τοὺς θ. τοῦ Ἀμ. (4 b)
— 20. εἶπε πρὸς αὐτὸν ὁ ἄγγελος τοῦ θ. [A ἄ. κυρίου] (4 b)
— 26. θυσιαστήριον τῷ [A om.] κ. τῷ θ. σου (4 b)
— 31. εἰ θεός ἐστι (4 b)
— 34. A πνεῦμα θεοῦ ἐνεδυνάμωσεν τὸν Γ. [B al.] (7 a)

Jd. 6. 36, 39. εἶπε Γεδεὼν πρὸς τὸν θ. (4 b)
— 40. ἐποίησεν ὁ θ. οὕτως (4 b)
7. 14. παρέδωκεν ὁ θ. [A π. κύριος] . . . τὴν Μ. (4 b)
8. 33. τοῦ εἶναι αὐτοῖς αὐτὸν εἰς θεόν (4 b)
— 34. οὐκ ἐμνήσθησαν . . . κ. τοῦ θ. (4 b)
9. 7. ἀκούσεται ὑμῶν ὁ θ. (4 b)
— 9. ἐν ᾗ δοξάσουσι τὸν θ. ἄνδρες [A al.] (4 b)
— 13. τὸν οἶνόν μου τὸν εὐφραίνοντα θεόν [A al.] (4 b)
— 23. ἐξαπέστειλεν ὁ θ. πνεῦμα πονηρόν (4 b)
— 27. εἰς οἶκον θεοῦ αὐτῶν (4 b)
— 56. ἐπέστρεψεν ὁ θ. τὴν πονηρίαν [A al.] (4 b)
— 57. ἐπέστρεψεν ὁ θ. [A ἀπ. κύριος] (4 b)
10. 6. ἐδούλευσαν . . . τοῖς θ. Ἀρ. καὶ τοῖς θ. Σιδ. καὶ τοῖς θ. Μωὰβ καὶ τοῖς θ. υἱῶν Ἀμμὼν καὶ τοῖς θ. Φυλ. [A al.] (4 b quinquiens)
— 10. ἐγκατελίπομεν τὸν [A τὸν κ.] θ. (4 b [14 c])
— 13. ἐδουλεύσατε [A ἐλατρεύσ.] θ. ἑτέροις (4 b)
— 14. βοήσατε πρὸς τοὺς θ. (4 b)
— 16. ἐξέκλιναν [A μετέστησαν] τοὺς θ. τοὺς ἀλλοτρ. (4 b)
11. 21. παρέδωκε κ. ὁ θ. Ἰσρ. τὸν Σ. (4 b)
— 23. κ. ὁ θ. Ἰσρ. [A om.] ἐξῆρε τὸν Ἀμ. (4 b)
— 24. Χαμὼς ὁ θ. σου (4 b)
— 24. οὓς ἐξῆρε κ. ὁ θ. ἡμῶν [A al.] (4 b)
13. 5. ναζὶρ θεοῦ ἔσται τὸ παιδάριον [A al.] (4 b)
— 6. ἄνθρωπος θεοῦ [A τοῦ θ.] ἦλθε πρός μέ (4 b)
— 6. ὡς εἶδος ἀγγέλου θεοῦ [A al.] (4 b)
— 7. θεοῦ ἅγιον ἔσται τὸ παιδάριον [A al.] (4 b)
— 8. τὸν ἄνθρωπον τοῦ θ. ὃν ἀπέστειλας [A al.] (4 b)
— 9. εἰσήκουσεν [A ἐπ.] ὁ θ. τῆς φωνῆς Μ. (4 b)
— 9. ἦλθεν [A παρεγένετο] ὁ ἄγγελος τοῦ θ. (4 b)
— 22. ὅτι θεὸν εἴδομεν [A al.] (4 b)
15. 19. ἔρρηξεν ὁ θ. τὸν λάκκον [A al.] (4 b)
16. 17. ἅγιος [A ναζειραῖος] θεοῦ ἐγώ εἰμι (4 b)
— 23. τῷ Δαγὼν [A Δ. τῷ] θ. αὐτῶν (4 b)
— 23. ἔδωκεν ὁ θ. ἐν χειρὶ ἡμῶν τὸν Σ. [A al.] (4 b)
— 24. ὕμνησαν τὸν θ. [A ᾔνεσαν τοὺς θ.] αὐτῶν (4 b)
— 24. παρέδωκεν ὁ θ. ἡμῶν τὸν ἐχθρὸν ἡ. (4 b)
— 28. ἐνίσχυσόν με . . . θεέ [A al.] (4 b)
17. 5. ὁ οἶκος Μιχαία αὐτῷ οἶκος θεοῦ [A al.] (4 b)
18. 5. ἐρώτησον δὴ ἐν τῷ θ. (4 b)
— 10. ἔδωκεν [A παρέδ.] αὐτὴν ὁ θ. (4 b)
— 31. ἃς [A ὅσας] ἦν ὁ οἶκος τοῦ θ. ἐν Σ. (4 b)
20. 2. ἐν ἐκκλησίᾳ τοῦ λαοῦ τοῦ θ. (4 b)
— 18. ἠρώτησαν [A ἐπηρ.] ἐν τῷ θ. (4 b)
— 27. ἐκεῖ κιβωτὸς διαθήκης κ. τοῦ θ. [A al.] (14 c)
21. 2. ἐκάθισαν ἐκεῖ . . . ἐνώπιον τοῦ θ. (4 b)
— 3. κύριε θεὲ [A ὁ θεὸς] Ἰσρ. (4 b)
Ru. 1. 15. ἀνέστρεψε . . . πρὸς τοὺς θ. αὐτῆς (4 b)
— 16. καὶ ὁ θ. σου θ. μου (4 b, 4 b)
2. 12. παρὰ κυρίου θ. Ἰσραήλ (4 b)
3. 10. εὐλογημένη σὺ τῷ κυρίῳ θ. [A om.] (14 d)
I Ki. 1. 3. θύειν κ. τῷ θ. σαβαὼθ (14 d)
— 17. ὁ θ. Ἰσρ. δῴη σοι πᾶν αἴτημά σου (4 b)
— 20. παρὰ κυρίου θ. σαβαὼθ ᾐτησάμην (14 d)
2. 1. ὑψώθη κέρας μου ἐν θεῷ μου (7 a)
— 2. οὐκ ἔστι δίκαιος ὡς ὁ θ. ἡμῶν (4 b)
— 3. A R θεὸς γνώσεων [B -ως] κύριος καὶ θ. ἑτοιμάζων ἐπιτηδεύματα αὐ. (3, †)
— 24. τοῦ μὴ δουλεύειν λαὸν θεῷ (7 a)
— 27. ἦλθεν ὁ ἄνθρωπος θεοῦ (4 b)
— 30. A B τάδε εἶπεν [R λέγει] κ. ὁ θ. Ἰσρ. (4 b)
3. 3. ὁ λύχνος τοῦ θ. πρὶν ἐπισκευασθῆναι (4 b)
— 3. οὗ ἡ κιβωτὸς τοῦ θ. (4 b)
— 7. πρὶν γνῶναι [A ἢ γν. τὸν] θεόν (7 a)
— 13. κακολογοῦντες θεὸν υἱοὶ αὐτοῦ †
— 17. τάδε ποιήσαι σοι ὁ θ. (4 b)
4. 3. τὴν κιβωτὸν τοῦ [A τῆς διαθήκης τ.] θ. ἡμῶν (7 a)
— 4. A μετὰ τῆς κιβωτοῦ τῆς διαθήκης τοῦ θ. [B om. τ. δ. τ. θ.] (4 b)
— 7. οὗτοι οἱ θ. ἥκασι πρὸς αὐτούς (4 b)
— 8. ἐκ χειρὸς τῶν θ. τῶν στερεῶν τούτων (4 b)
— 8. οὗτοι [A add. εἰσιν] οἱ θ. οἱ πατάξαντες (4 b)
— 11. A R κιβωτὸς τοῦ [B om.] θ. ἐλήφθη (4 b)
— 13. ἐξεστηκυῖα περὶ τῆς κιβωτοῦ τοῦ θ. (4 b)
— 17. ἡ κιβωτὸς τοῦ θ. ἐλήφθη (4 b)
— 18. ὡς ἐμνήσθη τῆς κιβωτοῦ τοῦ θ. (4 b)
— 19. ἐλήφθη ἡ κιβωτὸς τοῦ θ. (4 b)
— 21. ὑπὲρ τῆς κιβωτοῦ τοῦ θ. (4 b)
— 22. A ἐλήφθη ἡ κιβωτὸς τοῦ θ. (4 b)
5. 1. ἔλαβον τὴν κιβωτὸν τοῦ θ. (4 b)
— 3. ἐνώπιον κιβωτοῦ τοῦ θ. (7 a)
— 7. οὐ καθήσεται κιβωτὸς τοῦ θ. (4 b)

I Ki. 5. 7. καὶ ἐπὶ Δαγὼν θεὸν ἡμῶν (4 b)
— 8. τί ποιήσωμεν κιβωτῷ θεοῦ Ἰσρ. (4 b)
— 8. μετελθέτω κιβωτὸς τοῦ [A om.] θ. (4 b)
— 8. μετῆλθε κιβωτὸς τοῦ θ. (4 b)
— 10. ἐξαποστέλλουσι τὴν κιβωτὸν τοῦ θ. (4 b)
— 10. B ὡς εἰσῆλθε κιβωτὸς θεοῦ (4 b)
— 10. τί ἀπεστρέψατε τὴν κιβωτὸν τοῦ θ. (4 b)
— 11. ἐξαποστείλατε τὴν κιβωτὸν τοῦ θ. (4 b)
— 12. ὡς εἰσῆλθε κιβωτὸς θεοῦ (4 b ?)
6. 3. τὴν κιβωτὸν διαθήκης κυρίου θ. Ἰσρ. (14 c)
— 5. ἀφ' ὑμῶν καὶ ἀπὸ τῶν θ. ὑμῶν (4 b)
— 20. A R ἐνώπιον κ. τοῦ θ. [B om. κ. τ. θ.] τοῦ ἁγίου τούτου (4 b)
7. 3. περιέλετε θ. [A τοὺς θ. τοὺς] ἀλλοτρίους (4 b)
— 8. τοῦ μὴ βοᾶν πρὸς κ. θεόν σου (4 b)
8. 8. ἐδούλευον θ. ἑτέροις (4 b)
9. 6. A ὁ κύριος θεὸς [B ἄνθρωπος] τοῦ θ. (†, 4 b)
— 7. τί οἴσομεν [A εἰσοίσ.] τῷ ἀνθρώπῳ τοῦ θ. –
— 7. εἰσενεγκεῖν τῷ ἀνθρώπῳ τοῦ θ. (4 b)
— 8. δώσεις τῷ ἀνθρώπῳ τοῦ θ. (4 b)
— 9. ἐπερωτᾶν τὸν [A -τῆσαι] θ. (4 b)
— 10. οὗ ἦν ἐκεῖ ὁ ἄνθρωπος ὁ [A om.] τοῦ θ. (4 b)
— 27. ἄκουσον [A ἀκουστὸν] ῥῆμα θεοῦ (4 b)
10. 3. τρεῖς ἄνδρας ἀναβαίνοντας πρὸς τὸν θ. (4 b)
— 5. εἰσελεύσῃ εἰς τὸν βουνὸν τοῦ θ. (4 b)
— 7. ὅτι θεὸς μετὰ σοῦ (4 b)
— 9. μετέστρεψεν αὐτῷ ὁ θ. καρδίαν ἄλλην (4 b)
— 10. ἥλατο ἐπ' αὐτὸν πνεῦμα θεοῦ (4 b)
— 18. τάδε εἶπε κ. ὁ θ. Ἰσρ. (4 b)
— 19. ἐξουδενήκατε τὸν θ. (4 b)
12. 9. ἐπελάθοντο κ. τοῦ θ. [A τοῦ κ. θ.] αὐτῶν (4 b)
— 12. A B² R κ. ὁ θ. ἡμῶν βασιλεὺς ἡμῶν (4 b)
— 19. B πρόσευξαι . . . πρὸς κ. θεόν σου (4 b)
14. 3. B Ἀχιὰ . . . ἱερεὺς τοῦ θ. (7 a)
— 18. A ἦν ἡ κιβωτὸς τοῦ θ. (4 b)
— 36. προσέλθωμεν ἐνταῦθα πρὸς τὸν θ. (4 b)
— 37. ἐπηρώτησε Σ. τὸν θ. (4 b)
— 41. κύριε ὁ θεὸς Ἰσραήλ –
— 41. κύριε ὁ θεὸς Ἰσραήλ (4 b)
— 44. τάδε ποιήσαι μοι ὁ θ. (4 b)
— 45. ὁ λαὸς τοῦ θ. ἐποίησε (4 b)
15. 15. ὅπως τυθῇ κ. τῷ θ. σου (4 b)
— 21. ἐνώπιον κ. θεοῦ ἡμῶν (4 b)
— 25. προσκυνήσω κ. τῷ [A om.] θ. σου (14 d)
— 30. προσκυνήσω κ. τῷ θ. σου (4 b)
16. 7. ὄψεται ὁ θ. –
— 7. ὁ δὲ θ. [A θ. δὲ] ὄψεται εἰς καρδίαν (7 a)
— 8. οὐδὲ τοῦτον ἐξελέξατο ὁ θ. [A ἐξ. κύριος] (7 a)
17. 26. A ὠνείδισεν παράταξιν θεοῦ ζῶντος (4 b)
— 36. ὃς ὠνείδισε παράταξιν θεοῦ ζῶντος (4 b)
— 43. κατηράσατο . . . ἐν τοῖς θ. [A εἰδώλοις] αὐ. (4 b)
— 45. ἐν ὀνόματι κυρίου θ. σαβαὼθ [A σαβ. θ.] (4 b)
— 46. ἐστὶ θεὸς ἐν Ἰσραήλ (4 b)
18. 10. ἔπεσεν πνεῦμα θεοῦ πονηρὸν ἐπὶ Σ. (4 b)
19. 9. ἐγένετο πνεῦμα θεοῦ [A κυρίου] πονηρὸν ἐπὶ Σ. (7 a)
— 20. ἐγενήθη ἐπὶ τοὺς ἀγγέλους τοῦ Σ. πνεῦμα θεοῦ (4 b)
— 23. ἐγενήθη καὶ ἐπ' αὐτῷ πνεῦμα θεοῦ (4 b)
20. 12. κ. ὁ θ. Ἰσραὴλ οἶδεν (4 b)
— 13. τάδε ποιήσαι ὁ θ. [A π. κύριος] (7 a)
21. 2 (3). ἐν τῷ τόπῳ τῷ λεγομ. Θεοῦ πίστις –
22. 3. τί [A ὅ τι] ποιήσει μοι ὁ θ. (4 b)
— 10. ἠρώτα αὐτῷ διὰ τοῦ θ. (7 a)
— 13. ἐρωτᾶν αὐτῷ [A ἐπερ. αὐτὸν] διὰ τοῦ θ. (4 b)
— 15. ἐρωτᾶν αὐτῷ διὰ τοῦ θ. (4 b)
23. 7. πέπρακεν αὐτὸν ὁ θ. (4 b)
— 10, 11. κύριε ὁ θεὸς Ἰσραήλ (4 b)
25. 22. τάδε ποιήσαι ὁ θ. τῷ Δ. (4 b)
— 29. ἐνδεδεμένη . . . παρὰ κ. τῷ θ. (4 b)
— 32. εὐλογητὸς κ. ὁ θ. Ἰσραήλ (4 b)
— 34. ζῇ κ. ὁ θ. Ἰσραήλ (4 b)
26. 19. εἰ ὁ θ. ἐπισείει σε (7 a)
— 19. δούλευε θ. ἑτέροις (4 b)
28. 13. θεοὺς ἑώρακα ἀναβαίνοντας (4 b)
— 15. ὁ θ. ἀφέστηκεν ἀπ' ἐμοῦ (4 b)
29. 9. A καθὼς ἄγγελος θεοῦ (4 b)
30. 6. ἐκραταιώθη Δ. ἐν κυρίῳ θ. αὐτοῦ (4 b)
— 15. ὄμοσον δή μοι κατὰ τοῦ θ. (4 b)
II Ki. 2. 5. A πεποιήκατε τὸ ἔλεος τοῦ θ. [R al.] †
3. 9. τάδε ποιήσαι ὁ θ. τῷ Ἀβ. (4 b)
— 35. τάδε ποιήσαι μοι ὁ θ. (4 b)
5. 10. A κ. ὁ θ. [B om. ὁ θ.] παντοκράτωρ μετ' αὐτοῦ (4 b)

II Ki. 5. 21. καταλιμπάνουσιν ἐκεῖ τοὺς θ. αὐτῶν (9)
6. 2. τοῦ ἀναγαγεῖν ἐκεῖθεν τὴν κιβωτὸν τοῦ θ. (4 b)
— 6. ἐπὶ τὴν κιβωτὸν τοῦ θ. (4 b)
— 7. ἔπαισεν αὐτὸν ἐκεῖ ὁ θ. (4 b)
— 7. ἀπέθανεν ἐκεῖ . . . ἐνώπιον τοῦ θ. -
— 12. ἕνεκεν τῆς κιβωτοῦ τοῦ θ. (4 b)
7. 2. ἡ κιβωτὸς τοῦ θ. κάθηται (4 b)
— 22. οὐκ ἔστι θεὸς πλὴν σοῦ (4 b)
— 23. ὡς ὡδήγησεν αὐτὸν ο θ. (4 b)
— 24. σὺ, κύριε, ἐγένου αὐτοῖς εἰς θεόν (4 b)
— 25. B κύριε παντοκράτωρ θεὲ τοῦ Ἰσρ. -
— 26. A κύριε παντοκράτωρ θεέ (4 b)
— 27. κύριε παντοκράτωρ θεὸς [A ὁ θ. τοῦ] Ἰσ. (4 b)
— 28. σὺ εἶ ὁ θ. (4 b)
9. 3. ποιήσω μετ᾽ αὐτοῦ ἔλεος θεοῦ (4 b)
10. 12. καὶ περὶ τῶν πόλεων τοῦ θ. ἡμῶν (4 b)
12. 7. τάδε λέγει κ. ὁ θ. Ἰσραήλ (4 b)
— 16. ἐζήτησε Δ. τὸν θ. (4 b)
— 20. εἰσῆλθεν εἰς τὸν οἶκον τοῦ θ. (7 a)
14. 11. μνημονευσάτω δὴ ὁ βασ. τὸν κ. θ. αὐτοῦ (4 b)
— 13. ἵνα τί ἐλογίσω τοιοῦτο ἐπὶ λαὸν θεοῦ (4 b)
— 14. καὶ λήψεται ὁ θ. ψυχήν (4 b)
— 16. ἀπὸ κληρονομίας θεοῦ (4 b)
— 17. καθὼς ἄγγελος θεοῦ [A τοῦ θ.] (4 b)
— 17. κ. ὁ θ. σου ἔσται μετὰ σοῦ (4 b)
— 20. καθὼς σοφία ἀγγέλου τοῦ θ. (4 b)
15. 24. ἔστησαν τὴν κιβωτὸν τοῦ θ. (4 b)
— 25. ἀπόστρεψον τὴν κιβωτὸν τοῦ θ. (4 b)
— 29. A R ἀπέστρεψαν . . . τὴν κιβωτὸν τοῦ θ. [B om. τ. θ.] (4 b)
— 31. κύριε ὁ θεός μου (14 d)
— 32. οὗ προσεκύνησεν ἐκεῖ τῷ θ. (4 b)
16. 23. ἐν λόγῳ τοῦ θ. (4 b)
18. 28. εὐλογητὸς κ. ὁ θ. σου (4 b)
19. 13 (14). τάδε ποιήσαι μοι ὁ θ. (4 b)
— 27 (28). ὡς ἄγγελος τοῦ θ. (4 b)
21. 14. ἐπήκουσεν ὁ θ. τῇ γῇ (4 b)
22. 3. ὁ θ. μου φύλαξ μου ἔσται μου (4 b)
— 7. πρὸς τὸν θ. μου βοήσομαι (4 b)
— 22. οὐκ ἠσέβησα ἀπὸ τοῦ θ. μου (4 b)
— 30. ἐν τῷ θ. μου [A om.] ὑπερβήσομαι τεῖχος (4 b)
— 32. τίς κτίστης ἔσται πλὴν τοῦ θ. ἡμῶν (4 b)
— 47. ὑψωθήσεται ὁ θ. μου [A al.] (4 b)
23. 1. ἐπὶ χριστὸν θεοῦ [A κυρίου θ.] Ἰακ. (4 b [14 c])
— 3. λέγει ὁ θ. Ἰσραήλ (4 b)
— 4. B ἐν θεῷ φωτὶ [A R θεοῦ φωτὶ] πρωΐας -
24. 3. προσθείη κ. ὁ θ. [A θ. σου] (4 b)
— 16. ἐξέτεινεν ὁ ἄγγελος τοῦ θ. [A om. τ. θ.] -
— 23. κ. ὁ θ. σου [A om.] εὐλογήσαι σε (4 b)
— 24. οὐκ ἀνοίσω τῷ κ. μου θ. ὁλοκαύτωμα δωρεάν (4 b)
III Ki. 1. 17. A R σὺ ὤμοσας ἐν κ. [B om.] τῷ θ. σου (4 b [7 a + 4 b])
— 30. A R καθὼς ὤμοσά σοι ἐν κ. θεῷ [B τῷ θ.] Ἰσρ. (4 b)
— 36. A R πιστώσαι κ. [B om.] ὁ θ. τοῦ κυρίου μου (4 b [7 a + 4 b])
— 47. ἀγαθύναι ὁ θ. τὸ ὄνομα Σαλ. (4 b)
— 48. εὐλογητὸς κ. ὁ θ. Ἰσραήλ (4 b)
2. 3. A R φυλάξεις φυλακὴν κυρίου [B om.] θεοῦ σου (4 b [7 a + 4 b])
— 23. τάδε ποιήσαι μοι ὁ θ. (4 b)
3. 7. κύριε ὁ θεός μου (4 b)
— 28. φρόνησις θεοῦ ἐν αὐτῷ (4 b)
5. 3 (17). τῷ ὀνόματι κ. θεοῦ μου (4 b)
— 4 (18). ἀνέπαυσε κ. ὁ θ. μου ἐμοί (4 b)
— 5 (19). τῷ ὀνόματι κ. θεοῦ μου (4 b)
— 5 (19). καθὼς ἐλάλησε κ. ὁ θ. πρὸς Δ. (14 d)
— 7 (21). εὐλογητὸς ὁ θ. (7 a)
8. 15. εὐλογητὸς κ. ὁ θ. Ἰσρ. σήμερον (4 b)
— 17, 20. τῷ ὀνόματι κ. θευῦ Ἰσρ. (4 b)
— 23. κύριε ὁ θεὸς Ἰσραήλ (4 b)
— 23. οὐκ ἔστιν ὡς σὺ θεός (4 b)
— 25. κύριε ὁ θεὸς Ἰσραήλ (4 b)
— 26. κύριε ὁ θεὸς Ἰσραήλ (14 c)
— 27. εἰ ἀληθῶς κατοικήσει ὁ [A om.] θ. (4 b)
— 28. κύριε [A om.] ὁ θεὸς Ἰσραήλ (4 b [7 a + 4 b])
— 57. γένοιτο κ. ὁ θ. ἡμῶν μεθ᾽ ἡμῶν (4 b)
— 59. δεδέημαι ἐνώπιον κ. θεοῦ ἡμῶν (14 d)
— 59. ἐγγίζοντες πρὸς κ. θεὸν ἡμῶν (4 b)
— 60. κ. ὁ θ. αὐτὸς θ. [A κ. αὐ. ὁ θ.] (14 d [7 a], 4 b)
— 61. τέλειαι πρὸς κύριον θεὸν [A τὸν θ.] ἡμῶν (4 b)
— 65. ἐνώπιον κ. θεοῦ ἡμῶν (4 b)
— 65. ἐνώπιον κ. θεοῦ ἡμῶν (4 b ?)

III Ki. 9. 6. καὶ δουλεύσητε θ. ἑτέροις (4 b)
— 9. ἐγκατέλιπον κ. [A τὸν κ.] θεὸν αὐτῶν (4 b)
— 9. ἀντελάβοντο θ. ἀλλοτρίων [A ἑτέρων] (4 b)
10. 9. γένοιτο κ. ὁ θ. σου εὐλογημένος (4 b)
11. 4. τελεία μετὰ κ. θεοῦ αὐτοῦ (4 b)
— 3 (4). ἐξέκλιναν . . . ὀπίσω θ. αὐτῶν [A ἑτέρων] (4 b)
— 9. ἐξέκλινε . . . ἀπὸ κ. θεοῦ Ἰσρ. (4 b)
— 10. μὴ πορευθῆναι ὀπίσω θ. ἑτέρων (4 b)
— 10. ἃ ἐνετείλατο αὐτῷ κ. ὁ θ. (14 d)
— 31. τάδε λέγει κ. ὁ θ. Ἰσραήλ (4 b)
12. 22. πρὸς Σαμαίαν ἄνθρωπον τοῦ θ. (4 b)
— 24. B ἐπερώτησον τὸν θ. -
— 24 (B, *cf.* A 14. 3). λάβε . . . τῷ ἀνθρώπῳ τοῦ θ. -
— 24. B εἰσῆλθεν Ἀ. πρὸς τὸν ἄνθρ. τοῦ θ. -
— 24. B πρὸς Σαμαίαν ἄνθρωπον τοῦ θ. -
— 28. ἰδοὺ θεοί [A οἱ θ.] σου Ἰσρ. (4 b)
13. 1. ἄνθρωπος τοῦ θ. ἐξ Ἰούδα (4 b)
— 4. τῶν λόγων τοῦ ἀνθρώπου τοῦ θ. (4 b)
— 5. ἔδωκεν ὁ ἄνθρωπος τοῦ θ. (4 b)
— 6. εἶπεν ὁ βασ. Ἱερ. τῷ ἀνθρ. τοῦ θ. (4 b)
— 6. A R δεήθητι τοῦ προσώπου [B[1] om. τ. πρ., A τῷ πρ.] κ. [B om.] τοῦ θ. σου (4 b [7 a + 4 b])
— 6. ἐδεήθη ὁ ἄνθρ. τοῦ θ. (4 b)
— 7. ἐλάλησεν ὁ βασ. πρὸς τὸν ἄνθρ. τοῦ θ. (4 b)
— 8. εἶπεν ὁ ἄνθρ. τοῦ θ. (4 b)
— 11. ἃ ἐποίησεν ὁ ἄνθρ. τοῦ θ. (4 b)
— 12. ἀνῆλθεν [A ἀπ.] ὁ ἄνθρ. τοῦ θ. (4 b)
— 14. κατόπισθεν τοῦ ἀνθρ. τοῦ θ. (4 b)
— 14. εἰ σὺ εἶ ὁ ἄνθρ. τοῦ θ. [A om. τ. θ.] (4 b)
— 21. εἶπε πρὸς τὸν ἄνθρ. τοῦ θ. (4 b)
— 21. ἣν ἐνετείλατό σοι κ. ὁ θ. σου (4 b)
— 26. ὁ ἄνθρ. τοῦ θ. οὗτός ἐστιν (4 b)
— 28. τὸ σῶμα τοῦ ἀνθρ. τοῦ θ. -
— 29. B τὸ σῶμα τοῦ ἀνθρ. τοῦ θ. (4 b)
— 31. οὗ ὁ ἄνθρ. τοῦ θ. τέθαπται (4 b)
14. 3. A λάβε . . . τῷ ἀνθρώπῳ τοῦ θ. ἄρτους -
— 7. A τάδε λέγει κ. ὁ θ. Ἰσραήλ (4 b)
— 9. A ἐποίησας σεαυτῷ θ. ἑτέρους (4 b)
— 13. A εὑρέθη . . . περὶ τοῦ κ. θ. Ἰσραήλ (4 b)
15. 3. τελεία μετὰ κ. θεοῦ αὐτοῦ (4 b)
— 4. A ἔδωκεν αὐτῷ κ. ὁ θ. [B om. ὁ θ.] (4 b)
— 30. παρώργισε τὸν κ. θ. τοῦ [A om.] Ἰσρ. (4 b)
16. 13. τοῦ παροργίσαι κ. τὸν [A om.] θ. Ἰσρ. (4 b)
— 26, 33. A R τοῦ παροργίσαι τὸν κ. θ. Ἰσρ. [B om. τ. κ. θ. Ἰ.] (4 b)
17. 1. ζῇ κ. ὁ θ. τῶν δυνάμεων ὁ θ. Ἰσραήλ (14 d, 4 b)
— 12. ζῇ κ. ὁ θ. σου (4 b)
— 14. A τάδε λέγει κ. ὁ θ. Ἰσρ. [B om. ὁ θ. Ἰ.] (4 b)
— 18. A R ἄνθρωπε [B ὁ ἄνθρωπος] τοῦ θ. (4 b)
— 21. κύριε ὁ θεός μου (4 b)
— 24. σὺ ἄνθρωπος θεοῦ [A ἄ. θ. εἶ] (4 b)
18. 10. ζῇ κ. ὁ θ. σου (4 b)
— 18. ἐν τῷ καταλιμπάνειν ὑμᾶς τὸν κ. θ. ὑμῶν (14 d)
— 21. εἰ ἔστι κ. ὁ θ. (4 b)
— 24. βοᾶτε ἐν ὀνόματι θεῶν [A -οῦ] ὑμῶν (4 b)
— 24. ἐν ὀνόματι κ. τοῦ θ. μου (14 d)
— 24. ἔσται ὁ θ. ὃς ἐὰν ἐπακούσῃ ἐν πυρὶ οὗτος θ. (4 b, 4 b)
— 25. ἐν ὀνόματι θεοῦ ὑμῶν (4 b)
— 27. ὅτι θεός ἐστιν (4 b)
— 36. κύριε ὁ θεὸς Ἀβραάμ (4 b)
— 36. A R σὺ εἶ [B om.] κ. ὁ θ. Ἰσραήλ (14 c)
— 37. A R σὺ εἶ [B om.] κ. ὁ θ. [A add. μόνος] (14 c)
— 39. κ. ὁ θ. αὐτὸς ὁ θ. [A κ. αὐ. ἐστιν ὁ θ.] (14 d, 4 b)
19. 2. τάδε ποιήσαι μοι ὁ θ. [A -σαισάν μοι οἱ θ.] (4 b)
— 8. A ἕως ὄρους τοῦ θ. τοῦ [B om. τ. θ. τ.] Χωρήβ (4 b)
20 (21). 3. μὴ γένοιτό μοι [A om.] παρὰ θεοῦ μου (7 a)
— 10. A R εὐλόγησε θεόν (4 b)
— 13. εὐλόγηκας θεόν [A al.] (4 b)
21 (20). 10. τάδε ποιήσαι μοι ὁ θ. [A -σαισάν μοι οἱ θ.] (4 b)
— 23. θεὸς ὀρέων θεὸς [A κ. ὁ θ.] Ἰσρ. καὶ οὐ θεὸς κοιλάδων (4 b, 4 b [14 c], -)
— 28. προσῆλθεν ὁ ἄνθρ. τοῦ θ. (4 b)
— 28. θεὸς [A ὁ θ.] ὀρέων κ. ὁ θ. Ἰσρ. καὶ οὐ θεὸς κοιλάδων αὐτός (4 b, 14 d, 4 b)
22. 17. οὐ κύριος τούτοις θεός [A om.] -
— 19. εἶδον θεὸν [A τὸν κύριον θ.] Ἰσρ. (7 a [14 d])
— 54. παρώργισε τὸν κ. θ. Ἰσραήλ (4 b)

IV Ki. 1. 2. μυῖαν θεὸν Ἀκκαρών (4 b)
— 3. παρὰ τὸ μὴ εἶναι θεὸν ἐν Ἰσρ. (4 b)
— 3. μυῖαν θεὸν Ἀκκαρών (4 b)
— 6. παρὰ τὸ μὴ εἶναι θεὸν ἐν Ἰσρ. [A Ἱερ.] (4 b)
— 6. μυῖαν θεὸν Ἀκκαρών (4 b)
— 9. ἄνθρωπε τοῦ θ. (4 b)
— 10. εἰ ἄνθρωπος θεοῦ [A τοῦ θ.] ἐγώ (4 b)
— 11. ἄνθρωπε τοῦ θ. (4 b)
— 12. εἰ ἄνθρωπος θεοῦ [A τοῦ θ. εἰμι] ἐγώ (4 b)
— 13. ἄνθρωπε τοῦ θ. (4 b)
— 16. μυῖαν θεὸν Ἀκκαρών (4 b)
— 16. A παρὰ τὸ μὴ εἶναι θεὸν ἐν Ἰσραήλ (4 b)
2. 2. ὁ θ. ἀπέσταλκέ με [A al.] (7 a)
— 14. ποῦ ὁ [A κύριε ὁ] θ. Ἠλιού (7 a + 4 b [4 b])
4. 7. ἀπήγγειλε τῷ ἀνθρώπῳ [A ἀπ. κυρίῳ] τοῦ θ. (4 b)
— 9. ἄνθρωπος τοῦ θ. ἅγιος οὗτος (4 b)
— 16. A ἄνθρωπε τοῦ θ. (4 b)
— 21. ἐπὶ τὴν κλίνην τοῦ ἀνθρ. τοῦ θ. (4 b)
— 22. δραμοῦμαι ἕως τοῦ ἀνθρ. τοῦ θ. (4 b)
— 24. ἐλεύσῃ πρὸς τὸν ἄνθρ. τοῦ θ. (4 b ?)
— 25. R ἦλθεν ἕως τοῦ ἄνθρ. τοῦ θ. (4 b)
— 40. ἄνθρωπε τοῦ θ. (4 b)
— 42. ἤνεγκε πρὸς τὸν ἄνθρ. τοῦ θ. (4 b)
5. 3. ἐνώπιον τοῦ προφήτου τοῦ θ. -
— 7. ὁ θ. ἐγὼ τοῦ θανατῶσαι (4 b)
— 8. A ἄνθρωπος τοῦ θ. (4 b)
— 11. ἐν ὀνόματι θεοῦ [A κυρίου] αὐτοῦ (7 a + 4 b)
— 15. οὐκ ἔστι θεὸς ἐν πάσῃ τῇ γῇ (4 b)
— 17. οὐ ποιήσει . . . θ. ἑτέροις (4 b)
6. 6. εἶπεν ὁ ἄνθρ. τοῦ θ. (4 b)
— 31. τάδε ποιήσαι μοι ὁ θ. (4 b)
7. 17. ἐλάλησεν ὁ ἄνθρ. τοῦ θ. (4 b)
8. 4. τὸ παιδάριον Ἐλ. τοῦ ἀνθρ. τοῦ θ. (4 b)
— 7. ἥκει ὁ ἄνθρ. τοῦ θ. (4 b)
— 8. εἰς ἀπαντὴν [A -ησιν] τῷ ἀνθρ. τοῦ θ. (4 b)
— 11. ἔκλαυσεν ὁ ἄνθρ. τοῦ θ. (4 b)
9. 6. τάδε λέγει κ. ὁ θ. Ἰσραήλ (4 b)
10. 31. πορεύεσθαι ἐν νόμῳ κ. θεοῦ Ἰσρ. (4 b)
13. 19. ἐλυπήθη ἐπ᾽ αὐτῷ ὁ ἄνθρ. τοῦ θ. (4 b)
14. 25. κατὰ τὸ ῥῆμα κ. θεοῦ Ἰσρ. (4 b)
16. 2. ἐν ὀφθαλμοῖς κυρίου θεοῦ (4 b)
17. 7. ἥμαρτον οἱ υἱοὶ Ἰσρ. τῷ κ. θ. αὐτῶν (4 b)
— 7. ἐφοβήθησαν θ. ἑτέρους (4 b)
— 9. κατὰ κυρίου θ. αὐτῶν (4 b)
— 14. A οἱ οὐκ ἐπίστευσαν κυρίῳ θ. αὐτῶν (4 b)
— 16. ἐγκατέλιπον τὰς ἐντ. κ. θεοῦ αὐτῶν (4 b)
— 19. οὐκ ἐφύλαξε τὰς ἐντ. κ. [B[1] om.] τοῦ θ. [A τοῦ κ. θ.] (4 b [7 a + 4 b])
— 26. τὸ κρίμα [A τὰ κρ.] τοῦ θ. τῆς γῆς (4 b)
— 26. τὸ κρίμα τοῦ θ. τῆς γῆς (4 b)
— 27. A R τὸ κρίμα τοῦ θ. [B om. τ. θ.] τῆς γῆς (4 b)
— 29. ἦσαν ποιοῦντες ἔθνη ἔθνη θεοὺς αὐ. (4 b)
— 31. A R τῷ Ἀδρ. καὶ Ἀν. θεοῖς [B om.] Σεπφ. (4 b)
— 33. τοῖς θ. αὐτῶν ἐλάτρευον (4 b)
— 35, 37, 38. οὐ φοβηθήσεσθε θ. ἑτέρους (4 b)
— 39. τὸν κ. θ. ὑμῶν φοβηθήσεσθε (4 b)
18. 5. ἐν κυρίῳ θ. Ἰσραὴλ ἤλπισε (4 b)
— 12. οὐκ ἤκουσαν τῆς φωνῆς κυρίου θ. αὐ. (4 b)
— 22. ἐπὶ κύριον θ. πεποίθαμεν (4 b)
— 33. μὴ . . . ἐρρύσαντο οἱ θ. τῶν ἐθνῶν (4 b)
— 34. ποῦ ἐστιν ὁ θ. Αἰ. καὶ Ἀρ. (4 b)
— 34. ποῦ ἐστιν ὁ θ. Σεπφ. (4 b)
— 35. τίς ἐν πᾶσι τοῖς θ. τῶν γαιῶν (4 b)
19. 4. εἴ πως εἰσακούσεται κ. ὁ θ. σου (4 b)
— 4. ὀνειδίζειν θ. ζῶντα (4 b)
— 4. οἷς ἤκουσε κ. ὁ θ. σου (4 b)
— 10. μὴ ἐπαιρέτω [A -ερωτῇ] σε ὁ θ. σου (4 b)
— 12. μὴ ἐξείλαντο αὐτοὺς οἱ θ. τῶν ἐθνῶν (4 b)
— 15. κύριε ὁ θεὸς Ἰσραήλ (4 b)
— 15. σὺ εἶ ὁ θ. μόνος (4 b)
— 16. ὀνειδίζειν θ. ζῶντα (4 b)
— 18. ἔδωκαν τοὺς θ. αὐτῶν εἰς τὸ πῦρ ὅτι οὐ [A οἱ] θεοί εἰσιν (4 b, 4 b)
— 19. κύριε ὁ θεὸς ἡμῶν (4 b)
— 19. σὺ [A σὺ εἶ] κ. ὁ θ. μόνος (4 b)
— 20. τάδε λέγει κ. ὁ θ. τῶν δυνάμεων θεὸς Ἰσρ. (14 d, 4 b)
— 37. A B ἐν οἴκῳ Ἐσ. τοῦ [R Μεσ.] θ. αὐτοῦ (4 b)
20. 5. τάδε λέγει κ. ὁ θ. Δαυίδ (4 b)
21. 12. τάδε λέγει κ. ὁ θ. Ἰσρ. (4 b)
— 22. ἐγκατέλιπε τὸν κ. θ. τῶν πατ. αὐ. (4 b)
22. 15. τάδε λέγει κ. ὁ θ. Ἰσραήλ (4 b)
— 17. ἐθυμίων θ. ἑτέροις (4 b)

IV Ki. 22. 18. τάδε λέγει κ. ὁ θ. Ἰσραήλ (4 b)
23. 16. ὃ ἐλάλησεν ὁ ἄνθρ. τοῦ θ. (4 b)
— 16. ἐπὶ τὸν τάφον τοῦ ἀνθρ. τοῦ θ. –
— 17. ὁ ἄνθρωπος τοῦ θ. [A θ. ἐστιν] (4 b)
— 21. ποιήσατε πάσχα τῷ κ. θ. ἡμῶν (4 b)
I Ch. 4. 10. ἐπεκαλέσατο Ἰ. τὸν θ. Ἰσραήλ (4 b)
— 10. ἐπήγαγεν ὁ θ. πάντα (4 b)
5. 20. πρὸς τὸν θ. ἐβόησαν (4 b)
— 22. ὅτι παρὰ τοῦ θ. ὁ πόλεμος (4 b)
— 25. ἠθέτησαν ἐν θεῷ πατέρων αὐτῶν (4 b)
— 25. ἐπόρνευσαν ὀπίσω θεῶν τῶν λαῶν (4 b)
— 25. οὓς ἐξῆρεν ὁ θ. (4 b)
— 26. ἐπήγειρεν ὁ θ. Ἰσρ. τὸ πνεῦμα Φ. (4 b)
6. 48 (33). λειτουργίας σκηνῆς οἴκου τοῦ θ. (4 b)
— 49 (34). Μωυσῆς παῖς τοῦ θ. (4 b)
9. 11. ἡγούμενος οἴκου τοῦ θ. (4 b)
— 13. εἰς ἐργασίαν λειτουργίας οἴκου τοῦ θ. (4 b)
— 26. ἐπὶ τῶν θησαυρῶν οἴκου τοῦ θ. (4 b)
10. 10. ἐν οἴκῳ θεοῦ αὐτῶν (4 b)
— 13. ὡς ἠνόμησε τῷ θ. [A κυρίῳ] (7 a)
11. 2. A εἶπεν κ. ὁ θ. σου σοι [B S al.] (4 b)
— 19. ἵλεώς μοι ὁ θ. (4 b)
12. 17. ἴδοι ὁ θ. τῶν πατέρων ὑμῶν (4 b)
— 18. ἐβοήθησέ σου ὁ θ. σου [S om.] (4 b)
— 22. ὡς δύναμις θεοῦ (4 b)
13. 2. καὶ παρὰ κ. θεοῦ ἡμῶν εὐοδωθῇ (4 b)
— 3. μετενέγκωμεν τὴν κιβωτὸν τοῦ θ. ἡμῶν (4 b)
— 5. τοῦ εἰσενέγκαι τὴν κιβωτὸν τοῦ θ. (4 b)
— 6. τοῦ ἀναγαγεῖν ἐκεῖθεν τὴν κιβ. τοῦ θ. (4 b)
— 7. ἐπέθηκαν τὴν κιβωτὸν τοῦ θ. (4 b)
— 8. παίζοντες ἐναντίον [S -τι] τοῦ θ. (4 b)
— 10. ἀπέθανεν ἐκεῖ ἀπέναντι τοῦ θ. (4 b)
— 12. ἐφοβήθη Δ. τὸν θ. (4 b)
— 12. πῶς εἰσοίσω τὴν κιβ. τοῦ θ. (4 b)
— 14. ἐκάθισεν ἡ κιβ. τοῦ θ. ἐν οἴκῳ Ἀβ. (4 b)
— 14. εὐλόγησεν ὁ θ. Ἀβ. (7 a)
14. 10. B S ἠρώτησε [A^2 R ἐπηρ.] Δ. διὰ τοῦ θ. (4 b)
— 11. A R διέκοψεν ὁ θ. [B S om. ὁ θ.] τοὺς ἐχθρούς μου (4 b)
— 12. ἐγκατέλιπον τοὺς θ. αὐτῶν (4 b)
— 14. ἠρώτησε Δ. ἔτι ἐν θεῷ (4 b)
— 14. εἶπεν αὐτῷ ὁ θ. (4 b)
— 15. ἐξῆλθεν ὁ θ. ἔμπροσθέν σου (4 b)
— 16. καθὼς ἐνετείλατο αὐτῷ ὁ θ. (4 b)
15. 1. ἡτοίμασε . . . τῇ κιβωτῷ τοῦ θ. (4 b)
— 2. ἆραι τὴν κιβ. τοῦ θ. (4 b)
— 3. A^2 τοῦ ἀνενεγκεῖν τὴν κιβ. τοῦ θ. [B S al.] (7 a)
— 12. ἀνοίσετε τὴν κιβ. τοῦ θ. Ἰσρ. (7 a + 4 b)
— 13. διέκοψεν ὁ θ. ἡμῶν (7 a + 4 b)
— 14. τοῦ ἀνενέγκαι τὴν κιβ. θεοῦ [A τοῦ κ. θ.] Ἰσρ. [A al.] (7 a + 4 b [4 b])
— 15. ἔλαβον . . . τὴν κιβ. τοῦ θ. (4 b)
— 15. ἐν λόγῳ θεοῦ κατὰ τὴν γραφήν (7 a)
— 24. ἔμπροσθεν τῆς κιβ. τοῦ θ. (4 b)
— 24. πυλωροὶ τῆς κιβ. τοῦ θ. –
— 26. ἐν τῷ κατισχῦσαι τὸν θ. τοὺς Λ. (4 b)
16. 1. εἰσήνεγκαν τὴν κιβ. τοῦ θ. (4 b)
— 1. προσήνεγκαν . . . ἐναντίον τοῦ θ. [A κυρίου] (4 b)
— 4. αἰνεῖν κ. τὸν [A τὸν κ.] θ. Ἰσραήλ (4 b)
— 6. ἐναντίον [S -τι] τῆς κιβ. τῆς διαθήκης τοῦ θ. [S κυρίου] (4 b)
— 7. S τοῦ αἰνεῖν τὸν θ. [A B κύριον] (7 a)
— 14. A R αὐτὸς [B S om.] κ. ὁ θ. ἡμῶν (4 b)
— 25. φοβερός ἐστιν ἐπὶ πάντας τοὺς θ. (4 b)
— 26. πάντες οἱ θ. τῶν ἐθνῶν εἴδωλα καὶ ὁ θ. ἡμῶν οὐρανὸν ἐποίησεν (4 b, 7 a)
— 35. ὁ θ. τῆς σωτηρίας [S^1 ὁ σωτὴρ] ἡμῶν (4 b)
— 36. εὐλογημένος κ. ὁ θ. Ἰσραήλ (4 b)
— 40. ἐν χειρὶ Μ. τοῦ θεράποντος τοῦ θ. –
— 42. ὄργανα τῶν ᾠδῶν τοῦ θ. (4 b)
17. 2. A S ὅτι ὁ [B om.] θ. μετὰ σοῦ (4 b)
— 16. τίς εἰμι ἐγώ, κύριε [A -ος] ὁ θεός (4 b)
— 17. ἐνώπιόν σου, ὁ θεός (4 b)
— 17. ὕψωσάς με, κύριε ὁ θεός (4 b)
— 20. R οὐκ ἔστι θεὸς [A B S om.] πλὴν σοῦ (4 b)
— 21. ὡς ὡδήγησεν αὐτὸν ὁ θ. (4 b)
— 22. A S σὺ κύριε [B -ος] αὐτοῖς εἰς θεόν (4 b)
— 24. κύριε κύριε παντοκράτωρ θεὸς [A ὁ θ.] Ἰσρ. (4 b)
— 25. R κύριος ὁ θ. μου [A κύριε] (14 c)
— 26. σὺ εἶ αὐτὸς [S ὁ αὐ.] θεός [A ὁ θ.] (4 b)
19. 13. A R περὶ τῶν πόλεων τοῦ θ. ἡμῶν (4 b)
21. 7. πονηρὸν [A add. ἐφάνη] ἐναντίον τοῦ θ. (4 b)
— 8. εἶπε Δ. πρὸς τὸν θ. (4 b)

I Ch. 21. 15. ἀπέστειλεν ὁ θ. ἄγγελον (4 b)
— 17. εἶπε Δ. πρὸς τὸν θ. (4 b)
— 17. κύριε ὁ θεός (4 b)
— 30. τοῦ [A om.] ζητῆσαι τὸν θ. (4 b)
22. 1. οὗτός ἐστιν ὁ οἶκος κ. [A om.] τοῦ θ. (4 b [7 a + 4 b])
— 2. τοῦ οἰκοδομῆσαι οἶκον τῷ θ. (4 b)
— 6. τοῦ οἰκοδομῆσαι . . . τῷ κ. θ. Ἰσραήλ [A al.] (4 b)
— 7. τοῦ οἰκοδομῆσαι οἶκον τῷ ὀνόματι κυρίου θεοῦ (4 b)
— 11. οἰκοδομήσεις οἶκον τῷ κ. θ. σου (4 b)
— 12. τοῦ ποιεῖν τὸν νόμον κ. τοῦ θ. σου (4 b)
— 19. τοῦ ζητῆσαι τῷ κ. θ. ὑμῶν (4 b)
— 19. ἁγίασμα τῷ [A κ. τ.] θ. ὑμῶν (7 a + 4 b [4 b])
— 19. σκεύη τὰ ἅγια τοῦ θ. (4 b)
23. 14. Μωυσῆς ἄνθρωπος τοῦ θ. (4 b)
— 25. κατέπαυσε κ. ὁ θ. (4 b)
— 28. A R ἐπὶ τὰ ἔργα λειτουργίας οἴκου [B om.] τοῦ θ. (4 b)
24. 19. ὡς ἐνετείλατο κ. ὁ θ. Ἰσραήλ (4 b)
25. 5. ἐν λόγοις θεοῦ (4 b)
— 5. A R ἔδωκεν ὁ [B om.] θ. τῷ Αἰ. υἱούς (4 b)
— 6. ὑμνῳδοῦντες ἐν οἴκῳ θεοῦ [A κυρίου] (7 a)
— 6. R εἰς τὴν δουλείαν οἴκου τοῦ θ. (4 b)
26. 5. εὐλόγησεν αὐτὸν ὁ θ. (4 b)
— 27. τὴν οἰκοδομὴν τοῦ οἴκου τοῦ θ. (7 a)
— 28. ἐπὶ πάντων τῶν ἁγίων τοῦ θ. [A om. τ. θ.] –
— 32. A εἰς πάντα λόγον τοῦ θ. [B al.] (4 b)
28. 3. καὶ ὁ θ. εἶπεν (4 b)
— 4. ἐξελέξατο κ. ὁ θ. Ἰσρ. ἐν ἐμοί (4 b)
— 6. εἰπἐμοι ὁ θ. –
— 8. A R ἐν ὠσὶ θεοῦ ἡμῶν (4 b)
— 8. τὰς ἐντολὰς κ. τοῦ [A om.] θ. ἡμῶν (4 b)
— 9. γνῶθι τὸν θ. τῶν πατέρων σου (4 b)
— 20. ὅτι κ. ὁ θ. μου μετὰ σοῦ (4 b)
— 21. A εἰς πᾶσαν λειτουργίαν οἴκου τοῦ θ. [B οἴ. κυρίου] (4 b)
29. 1. ἀλλ' ἢ κυρίῳ θεῷ (4 b)
— 2. εἰς οἶκον θεοῦ μου (4 b)
— 3. ἐν τῷ εὐδοκῆσαί με ἐν οἴκῳ θεοῦ μου (4 b)
— 3. δέδωκα εἰς οἶκον θεοῦ μου (4 b)
— 10. εὐλογητὸς εἶ, κύριε ὁ θεὸς Ἰσρ. (4 b)
— 16. κύριε ὁ θεὸς ἡμῶν (4 b)
— 18. κύριε ὁ θεὸς Ἀβραάμ (4 b)
— 20. εὐλογήσατε κ. τὸν θ. ἡμῶν (4 b)
— 20. εὐλόγησε . . . κ. τὸν θ. τῶν πατ. αὐ. (4 b)
— 21. ἀνήνεγκεν ὁλοκαυτώματα τῷ θ. (7 a)
II Ch. 1. 1. κ. ὁ θ. αὐτοῦ μετ' αὐτοῦ (4 b)
— 3. ἡ σκηνὴ τοῦ μαρτυρίου τοῦ θ. (4 b)
— 4. κιβωτὸν τοῦ θ. ἀνήνεγκε Δ. (4 b)
— 7. ὤφθη ὁ θ. τῷ Σαλ. (4 b)
— 8. εἶπε Σαλ. πρὸς τὸν θ. (4 b)
— 9. κύριε ὁ θεός (4 b)
— 11. εἶπεν ὁ θ. πρὸς Σαλ. (4 b)
2. 4 (3). οἶκον τῷ ὀνόματι κυρίου θ. μου (4 b)
— 4 (3). ἐν ταῖς ἑορταῖς τοῦ κ. [A κ. τοῦ] θ. ἡμῶν (4 b)
— 5 (4). μέγας ὁ θ. ἡμῶν παρὰ πάντας τοὺς θ. (4 b, 4 b)
— 12 (11). εὐλογητὸς κ. ὁ θ. Ἰσραήλ (4 b)
3. 3. τοῦ οἰκοδομῆσαι τὸν οἶκον τοῦ θ. (4 b)
4. 11. ἐν οἴκῳ τοῦ θ. (4 b)
5. 14. A^2 B ἐνέπλησε δόξα κυρίου τὸν οἶκον τοῦ θ. (4 b)
6. 4. εὐλογητὸς κ. ὁ θ. Ἰσραήλ (4 b)
— 7. οἶκον τῷ ὀνόματι κυρίου θ. Ἰσραήλ (4 b)
— 10. τὸν οἶκον τῷ ὀνόμ. κυρίου θ. Ἰσρ. (4 b)
— 14. κύριε ὁ θεὸς Ἰσραήλ (4 b)
— 14. οὐκ ἔστιν ὅμοιός σοι θ. (4 b)
— 16, 17. κύριε ὁ θεὸς Ἰσραήλ (4 b)
— 18. εἰ ἀληθῶς κατοικήσει θεός [A ὁ θ.] (4 b)
— 19. κύριε ὁ θεός (4 b)
— 41. ἀνάστηθι κύριε ὁ θεός (4 b)
— 41. ἱερεῖς σου, κύριε ὁ θεός (4 b)
— 42. κύριε ὁ θεός (4 b)
7. 5. ἐνεκαίνισε τὸν οἶκον τοῦ θ. (4 b)
— 12. ὤφθη ὁ θ. τῷ Σαλ. (7 a)
— 19. καὶ λατρεύσητε θ. ἑτέροις (4 b)
— 22. A R ἐγκατέλιπον κ. τὸν [B om.] θ. τῶν πατ. (4 b)
— 22. ἀντελάβοντο θ. ἑτέρων (4 b)
8. 14. οὕτως ἐντολαὶ Δ. ἀνθρώπου τοῦ θ. (4 b)
9. 8. ἔστω κ. ὁ θ. σου εὐλογημένος (4 b)

II Ch. 9. 8. R τοῦ δοῦναί σε . . . κ. [B τῷ κ.] θεῷ σου [A al.] (4 b)
— 8. ἐν τῷ ἀγαπῆσαι κ. τὸν θ. σου τὸν Ἰσρ. (14 c)
— 23. ἧς ἔδωκεν ὁ θ. (4 b)
10. 15. ἦν μεταστροφὴ παρὰ τοῦ θ. (4 b)
11. 2. πρὸς Σαμαίαν ἄνθρωπον τοῦ θ. (4 b)
— 16. τοῦ ζητῆσαι κύριον [A τὸν κ.] θ. Ἰσ. (4 b)
— 16. θῦσαι κυρίῳ θ. [A τῷ θ.] τῶν πατ. αὐ. (4 b)
13. 5. κ. ὁ θ. Ἰσραὴλ ἔδωκε βασιλέα (4 b)
— 8. οὓς ἐποίησεν ὑμῖν Ἱερ. εἰς θεούς (4 b)
— 9. εἰς ἱερέα τῷ μὴ ὄντι θ. (4 b)
— 10. κ. τὸν θ. ἡμῶν οὐκ ἐγκατελίπομεν (4 b)
— 11. τὰς φυλακὰς κ. τοῦ θ. τῶν πατ. (4 b)
— 12. πρὸς κύριον θ. τῶν πατέρων (4 b)
— 18. ἤλπισαν ἐπὶ κύριον θ. τῶν πατ. (4 b)
14. 2 (1). A R τὸ εὐθὲς ἐνώπιον κ. τοῦ [B om.] θ. (4 b)
— 4 (3). ἐκζητῆσαι τὸν κ. [A κ. τὸν] θ. τῶν πατ. (4 b)
— 7 (6). A R ἐξεζητήσαμεν [B ἐζ.] κ. θεὸν ἡμ. (4 b)
— 11 (10). ἐβόησεν Ἀσὰ πρὸς κ. θεὸν αὐτοῦ (4 b)
— 11 (10) *bis*. κύριε ὁ θεὸς ἡμῶν (4 b)
15. 3. ἐν οὐ θεῷ ἀληθινῷ (4 b)
— 4. ἐπιστρέψει αὐτοὺς ἐπὶ κύριον θ. Ἰσρ. (4 b)
— 6. ὁ θ. ἐξέστησεν αὐτούς (4 b)
— 9. κ. ὁ θ. αὐτοῦ μετ' αὐτοῦ (4 b)
— 12. ζητῆσαι κύριον θεὸν τῶν πατ. (4 b)
— 13. ὃς ἐὰν μὴ ἐκζητήσῃ κύριον θ. Ἰσρ. (4 b)
— 18. τὰ ἅγια οἴκου κ. τοῦ θ. (14 c)
16. 7. καὶ μὴ πεποιθέναι σε ἐπὶ κύριον θ. σου (4 b)
17. 4. κ. τὸν θ. τοῦ πατρὸς αὐτοῦ ἐξεζήτησε (14 c)
18. 5. δώσει ὁ θ. εἰς τὰς χεῖρας τοῦ βασ. (4 b)
— 13. ὃ ἐὰν εἴπῃ ὁ θ. πρὸς μέ (4 b)
— 31. ἀπέστρεψεν αὐτοὺς ὁ θ. (4 b)
19. 4. ἐπέστρεψεν αὐτοὺς ἐπὶ κύριον θ. τῶν πατ. (4 b)
— 7. οὐκ ἔστι μετὰ κ. θεοῦ ἡμῶν ἀδικία (4 b)
— 10. A οὐχ ἁμαρτήσονται τῷ θ. [B κυρίῳ] (7 a)
20. 6. κύριε ὁ θεὸς τῶν πατέρων μου (4 b)
— 6. οὐχι σὺ εἶ θεός [A ὁ θ.] (4 b)
— 7. A οὐχὶ σὺ εἶ ὁ θ. [B al.] (4 b)
— 12. κύριε ὁ θεὸς ἡμῶν (14 c)
— 15. ἀλλ' ἢ τῷ θ. (4 b)
— 19. αἰνεῖν κυρίῳ θ. [A τῷ θ.] Ἰσραήλ (4 b)
— 20. ἐμπιστεύσατε ἐν [A om.] κ. θεῷ ὑμῶν (4 b)
— 30. κατέπαυσεν αὐτῷ ὁ θ. αὐτοῦ (4 b)
— 33. πρὸς κ. θεὸν τῶν πατέρων (14 c)
21. 10. ἐγκατέλιπε κ. [A τὸν κ.] θεὸν τῶν·πατ. αὐ. (4 b)
— 12. τάδε λέγει κ. θεὸς [A ὁ θ.] Δαυίδ (4 b)
22. 7. παρὰ τοῦ θ. ἐγένετο καταστροφὴ Ὀχ. (4 b)
— 12. ἦν μετ' αὐτοῦ ἐν οἴκῳ τοῦ θ. (4 b)
23. 3, 9. ἐν οἴκῳ τοῦ θ. (4 b)
24. 6. ὑπὸ Μωυσῆ ἀνθρώπου θεοῦ (7 a)
— 7. κατέσπασαν τὸν οἶκον τοῦ θ. (4 b)
— 9. Μωυσῆς παῖς τοῦ θ. (4 b)
— 16. μετὰ τοῦ θ. καὶ τοῦ οἴκου αὐτοῦ (4 b)
— 18. B ἐγκατέλιπον τὸν κ. θεόν [A R al.] (4 b)
— 20. πνεῦμα θεοῦ ἐνέδυσε τὸν Ἀζ. (4 b)
— 24. ὁ θ. παρέδωκεν εἰς τὰς χεῖρας αὐτῶν (7 a)
— 24. A R ἐγκατέλιπον κ. τὸν [B om.] θ. τῶν πατ. (4 b)
25. 7. ἄνθρωπος τοῦ θ. ἦλθε (4 b)
— 9. εἶπεν Ἀμ. τῷ ἀνθρ. τοῦ θ. (4 b)
— 9. εἶπεν ὁ ἄνθρ. τοῦ θ. (4 b)
— 14. ἤνεγκε . . . τοὺς θ. υἱῶν Σηείρ (4 b)
— 14. ἔστησεν αὐτοὺς . . . εἰς θεούς (4 b)
— 15. τί ἐζήτησας τοὺς θ. τοῦ λαοῦ (4 b)
— 20. ἐξεζήτησε τοὺς θ. τῶν Ἰδουμ. (4 b)
26. 16. ἠδίκησεν ἐν κ. θεῷ αὐτοῦ (4 b)
— 18. εἰς δόξαν παρὰ κ. θεοῦ (4 b)
27. 6. A R ἐναντίον [B -τι] κ. θεοῦ αὐτοῦ (4 b)
28. 5. παρέδωκεν αὐτὸν κ. ὁ θ. αὐ. (4 b)
— 6. ἐν τῷ αὐτοὺς καταλιπεῖν τὸν κ. θ. τῶν πατ. (4 b)
— 9. ὀργὴ κυρίου θ. τῶν πατ. ὑμῶν (4 b)
— 10. μαρτυρῆσαι κ. θεῷ [A τῷ θ.] ὑμῶν (4 b)
— 13. B ὀργὴ [A R ὀ. θυμοῦ] κυρίου θεοῦ –
— 23. ἐκζητήσω τοὺς θ. Δαμ. (4 b)
— 23. θεοὶ βασιλέως Συρίας αὐτοὶ κατισχύσουσιν (4 b)
— 25. θυμιᾶν θ. ἀλλοτρίοις (4 b)
— 25. παρώργισαν κ. τὸν [A om.] θ. τῶν πατ. (4 b)
29. 5. τὸν οἶκον κ. θεοῦ τῶν πατ. (4 b)
— 6. R ἐναντίον κ. θεοῦ ἡμῶν [A B om. θ. ἡ.] (4 b)
— 7. τῷ ἁγίῳ θ. Ἰσραήλ (4 b)
— 10. διαθήκην κ. θεοῦ Ἰσραήλ (4 b)
— 36. διὰ τὸ ἡτοιμακέναι τὸν θ. τῷ λαῷ (4 b)

II Ch. 30. 1. ποιῆσαι τὸ φασὲκ τῷ κ. θεῷ Ἰσρ. (4 b)
— 5. ποιῆσαι τὸ φασὲκ κ. θεῷ Ἰσρ. (4 b)
— 6. ἐπιστρέψατε πρὸς θεὸν Ἀβρ. (7 a+4 b)
— 7. οἳ ἀπέστησαν ἀπὸ κ. θεοῦ πατέρων (4 b)
— 8. δότε δόξαν κ. τῷ θ. (14 d)
— 8. δουλεύσατε τῷ κ. θ. ὑμῶν (4 b)
— 9. οἰκτίρμων κ. ὁ θ. ἡμῶν (4 b)
— 16. κατὰ τὴν ἐντ. Μωυσῆ ἀνθρώπου τοῦ θ. (4 b)
— 19. A R ἐκζητῆσαι [B -τησούσης] κ. τὸν θ. τῶν πατ. (4 b)
— 22. ἐξομολογούμενοι τῷ [A *om.*] κ. θ. τῶν πατ. (4 b)
31. 6. ἡγίασαν τῷ κ. θ. (4 b)
— 20. τὸ εὐθὲς ἐναντίον τοῦ [A *om.*] κ. θ. αὐ. (4 b)
— 21. ἐξεζήτησε τὸν θ. (4 b)
32. 8. μεθ' ἡμῶν δὲ κ. ὁ θ. ἡμῶν (4 b)
— 11. κ. ὁ θ. ἡμῶν σώσει ὑμᾶς (4 b)
— 13. μὴ . . . ἠδύναντο θεοὶ τῶν ἐθνῶν (4 b)
— 14. τίς ἐν πᾶσι τοῖς θ. τῶν ἐθνῶν τούτων (4 b)
— 14. ὅτι δυνήσεται ὁ θ. ὑμῶν σῶσαι ὑμᾶς (4 b)
— 15. οὐ μὴ δύνηται ὁ θ. παντὸς ἔθνους (4 a)
— 15. ὅτι ὁ [A *om.*] θ. ὑμῶν οὐ μὴ σώσει ὑμᾶς (4 b)
— 16. ἐλάλησαν . . . ἐπὶ κ. θεόν (4 b)
— 17. ὀνειδίζειν τὸν κ. θ. Ἰσραήλ (4 b)
— 17. ὡς θεοὶ τῶν ἐθνῶν τῆς γῆς (4 b)
— 17. οὐ μὴ ἐξέληται ὁ θ. Ἐζεκίου (4 b)
— 19. A R ἐλάλησεν ἐπὶ θεὸν [A τὸν θ.] Ἱερ. ὡς καὶ ἐπὶ θεοὺς λαῶν [B -οῦ Σαλωμὼν] τῆς γῆς (4 b, 4 b)
— 21. ἦλθεν εἰς οἶκον θεοῦ [A τοῦ θ.] αὐτοῦ (4 b)
— 26. B οὐκ ἐπῆλθεν ἐπ' αὐτοὺς ὀργὴ θεοῦ [A R κυρίου] (7 a)
33. 7. ἐν οἴκῳ θεοῦ [A κυρίου] οὗ εἶπεν ὁ θ. πρὸς Δ. (4 b, 4 b)
— 12. ἐζήτησε τὸ πρόσωπον θ. τοῦ κ. αὐ. (7 a)
— 12. ἀπὸ προσώπου θεοῦ [A τοῦ θ.] πατέρων (4 b)
— 13. κύριος αὐτός ἐστι θεός [A ὁ θ.] (4 b)
— 15. περιεῖλε τοὺς θ. τοὺς ἀλλοτρίους (4 b)
— 16. τοῦ δουλεύειν κ. θεῷ Ἰσρ. (4 b)
— 17. A B πλὴν κ. ὁ θ. αὐτῶν [R *al.*] (4 b)
— 18. ἡ προσευχὴ αὐτοῦ ἡ πρὸς τὸν θ. (4 b)
— 18. ἐπ' ὀνόματι θεοῦ [A κ. θ.] Ἰσραήλ (7 a+4 b [4 b])
34. 3. τοῦ ζητῆσαι κ. τὸν θ. Δαυίδ (14 c)
— 8. κραταιῶσαι τὸν οἶκον κ. τοῦ θ. (4 b)
— 9. τὸ ἀργ. τὸ εἰσενεχθὲν εἰς οἶκον θεοῦ [A κυρίου] (4 b)
— 23. οὕτως εἶπε κ. ὁ θ. Ἰσραήλ (4 b)
— 25. ἐθυμίασαν θ. ἀλλοτρίοις [A *al.*] (4 b)
— 26. οὕτω λέγει κ. ὁ θ. Ἰσραήλ (4 b)
— 32. ἐν οἴκῳ κ. θεοῦ πατέρων (4 b)
— 33. τοῦ δουλεύειν κ. θεῷ αὐτῶν (4 b)
— 33. ἀπὸ ὄπισθεν κ. θεοῦ πατέρων (4 b)
35. 1. τὸ φασὲκ τῷ κ. θ. αὐτοῦ (14 d)
— 3. λειτουργήσατε τῷ κ. θ. ὑμῶν (4 b)
— 8. οἱ ἄρχοντες οἴκου θεοῦ [A τοῦ θ.] (4 b)
— 21. καὶ ὁ θ. εἶπε (4 b)
— 21. πρόσεχε ἀπὸ τοῦ θ. (4 b)
— 22. τῶν λόγων Νεχαὼ διὰ στόματος θεοῦ (4 b)
36. 12. ἐνώπιον κ. θεοῦ αὐτοῦ (4 b)
— 13. ἃ ὥρκισεν αὐτὸν κατὰ τοῦ θ. (4 b)
— 13. τοῦ μὴ ἐπιστρέψαι πρὸς κ. θεὸν Ἰσρ. (4 b)
— 15. κ. ὁ θ. τῶν πατέρων αὐ. (4 b)
— 18. πάντα τὰ σκεύη οἴκου θεοῦ (4 b)
— 23. κ. ὁ θ. τοῦ οὐρανοῦ (4 b)
— 23. ἔσται ὁ θ. αὐτοῦ μετ' αὐτοῦ (7 a+4 b)
I Es. 1. 4. λατρεύετε τῷ κ. θ. ὑμῶν [A *al.*]
— 27. οὐχὶ πρὸς σὲ ἐξαπέσταλμαι ὑπὸ κ. τοῦ θ.
— 48. τὰ νόμιμα κ. θεοῦ Ἰσραήλ
— 50. ἀπέστειλεν ὁ [A B^3 *om.*] θ. [B^1 βασιλεὺς] τῶν πατ.
4. 40. εὐλογητὸς ὁ θ. τῆς ἀληθείας
— 62. εὐλόγησαν τὸν θ. τῶν πατ.
5. 44. εἰς τὸ ἱερὸν τοῦ θ. τὸ ἐν Ἱερ.
— 48. τὸ θυσιαστήριον τοῦ θ. Ἰσρ.
— 49. ἐν τῇ Μωυσ. βίβλῳ τοῦ ἀνθρ. τοῦ θ.
— 53. ὅσοι ηὔξαντο εὐχὴν τῷ θ.
— 53. προσφέρειν θυσίας τῷ θ.
— 53. ὁ ναὸς τοῦ θ. οὔπω ᾠκοδόμητο
— 56. παραγενόμενος εἰς τὸ ἱερὸν τοῦ θ.
— 57. ἐθεμελίωσαν τὸν ναὸν [A οἶκον] τοῦ θ.
— 58. A ἐν τῷ οἴκῳ τοῦ θ. [B κυρίου]
— 67. οἰκοδομοῦσι τὸν ναὸν τῷ κ. θ. Ἰσρ.
— 70. τοῦ οἰκοδομῆσαι τὸν οἶκον κ. θεῷ [A τῷ θ.] ὑμῶν
6. 1. ἐπὶ τῷ ὀνόματι κ. θεοῦ Ἰσρ.
I Es. 6. 31. ὅπως προσφέρωνται σπονδαὶ τῷ θ. τῷ ὑψ.
7. 4. διὰ προστάγματος τοῦ κ. θ. Ἰσρ.
— 9. ἐπὶ τῶν ἔργων κ. θεοῦ [A τοῦ θ.] Ἰσρ.
— 15. ἐπὶ τὰ ἔργα κ. θεοῦ Ἰσρ.
8. 3. τῷ ἐκδεδομένῳ ὑπὸ τοῦ θ. τοῦ Ἰσρ.
— 14. A^2 R εἰς τὸ ἱερὸν τοῦ κ. θ. [B *om.*]
— 15. A R ἐπὶ τὸ θυσιαστήριον τοῦ κ. [A *om.*] θ. [B *om.*]
— 16. κατὰ τὸ θέλημα τοῦ θ. σου
— 17. εἰς τὴν χρείαν τοῦ ἱεροῦ τοῦ θ. σου
— 18. A B [R *om.*] εἰς τὴν χρείαν τοῦ ἱεροῦ τοῦ θ. σου
— 19. ἀναγνώστης τοῦ νόμου τοῦ θ. τοῦ ὑψ.
— 21. A R κατὰ τὸν τοῦ θ. νόμον ἐπιτελεσθήτω ἐπιμελῶς [B *om.*] τῷ θ. τῷ ὑψ.
— 23. κατὰ τὴν σοφίαν τοῦ θ.
— 23. τοὺς ἐπισταμένους τὸν νόμον τοῦ θ. σου
— 24. ὅσοι ἐὰν παραβαίνωσι τὸν νόμον τοῦ θ. σου
— 25. A R εὐλογητὸς μόνος ὁ κ. ὁ θ. [B *om.* ὁ θ.]
— 27. A R κατὰ τὴν ἀντίληψιν κ. τοῦ [B *om.*] θ. μου
— 50. A ἔναντι κυρίου τοῦ θ. [B *om.* τ. θ.] ἡμῶν
— 59. R ἐν τοῖς παστοφορίοις τοῦ οἴκου τοῦ θ. [A B κυρίου]
— 65. προσήνεγκαν θυσίας τῷ θ. τοῦ Ἰσρ.
— 72. A R ἐπὶ [B *om.*] τῷ ῥήμ. κ. θεοῦ [B *om.*]
— 79. A R ἐν τῷ οἴκῳ τοῦ κ. θ. [B οἴ. τοῦ κ.] ἡμῶν
— 92. A ἡμάρτομεν εἰς τὸν κ. θ. [B *om.*]
9. 8. δόξαν τῷ κ. θ. τῶν πατέρων
— 39. A R τὸν παραδόθεντα ὑπὸ τοῦ κ. [B *om.*] θ. Ἰσρ.
— 46. A R εὐλόγησεν Ἔσ. τῷ κ. θ. [B *om.* κ. θ.] ὑψ. [A τῷ ὑ.] θ.
— 47. B προσεκύνησαν τῷ θ. [A R κυρίῳ]
— 52. A ὁ γὰρ θ. [B *om.*] κύριος δοξάσει ὑμᾶς
II Es. 1. 2. A R κ. [B *om.*] ὁ θ. τοῦ οὐρ. (4 b [7 a+4 b])
— 3. ἔσται ὁ θ. αὐτοῦ μετ' αὐτοῦ (4 b)
— 3. A R οἰκοδομησάτω τὸν οἶκον θεοῦ Ἰσρ. αὐτὸς ὁ θ. ὁ ἐν Ἱερ. (7 a+4 b, 4 b)
— 4. εἰς οἶκον τοῦ θ. (4 b)
— 5. ὧν ἐξήγειρεν ὁ θ. τὸ πνεῦμα αὐ. (4 b)
— 7. ἐν οἴκῳ θεοῦ αὐτοῦ (4 b)
2. 68. εἰς οἶκον τοῦ [A *om.*] θ. (4 b)
3. 2. ᾠκοδόμησαν τὸ θυσιαστήριον θεοῦ Ἰσρ. (4 b)
— 2. ἐν νόμῳ Μωυσῆ ἀνθρώπου τοῦ θ. (4 b)
— 8. εἰς οἶκον τοῦ θ. εἰς Ἱερ. (4 b)
— 8. A τὰ ἔργα οἴκῳ θεοῦ [B R *al.*] (7 a)
— 9. τὰ ἔργα ἐν οἴκῳ τοῦ θ. (4 b)
4. 1. οἶκον τῷ κ. θ. Ἰσραήλ (4 b)
— 2. ἐκζητοῦμεν τῷ θ. ἡμῶν (4 b)
— 3. τοῦ οἰκοδομῆσαι οἶκον τῷ θ. ἡμῶν (4 b)
— 3. οἰκοδομήσομεν τῷ κ. θ. ἡμῶν (4 b)
— 24. ἤργησε τὸ ἔργον οἴκου [A *om.*] τοῦ θ. (4 c)
5. 1. ἐν ὀνόματι θεοῦ [A κ. θ.] Ἰσρ. (4 c [14 b])
— 2. οἰκοδομῆσαι τὸν οἶκον τοῦ θ. (4 c)
— 2. μετ' αὐτῶν οἱ προφῆται τοῦ θ. (4 c)
— 5. οἱ ὀφθαλμοὶ τοῦ θ. (4 c)
— 8. εἰς οἶκον τοῦ θ. τοῦ μεγάλου (4 c)
— 11. ἡμεῖς ἐσμὲν δοῦλοι τοῦ θ. (4 c)
— 12. παρώργισαν οἱ πατ. ἡμῶν τὸν θ. τοῦ οὐρ. (4 c)
— 13. τὸν οἶκον τοῦ θ. τοῦτον οἰκοδομηθῆναι (4 c)
— 14. A R τὰ σκεύη τοῦ οἴκου [B *om.* τ. οἴ.] τοῦ θ. (4 c)
— 16. ἔδωκε θεμελίους τοῦ οἴκου τοῦ θ. (4 c)
— 17. οἰκοδομῆσαι τὸν οἶκον τοῦ θ. ἐκεῖνον (4 c)
6. 3. γνώμην περὶ οἴκου ἱεροῦ [A τοῦ] θ. (4 c)
— 5. A R τὰ σκεύη οἴκου τοῦ [B *om.*] θ. (4 c)
— 5. ἐτέθη ἐν οἴκῳ τοῦ θ. (4 c)
— 7. ἄφετε τὸ ἔργον οἴκου [A *om.*] τοῦ θ. (4 c)
— 7. οἶκον τοῦ θ. ἐκεῖνον οἰκοδομείτωσαν (4 c)
— 8. τοῦ οἰκοδομῆσαι οἶκον τοῦ θ. ἐκεῖνον (4 c)
— 9. εἰς ὁλοκαυτώσεις τῷ θ. τοῦ οὐρ. (4 c)
— 10. προσφέροντες εὐωδίας τῷ θ. τοῦ οὐρ. (4 c)
— 12. ὁ θ. οὗ κατασκηνοῖ τὸ ὄν. ἐκεῖ (4 c)
— 12. A R ἀφανίσαι τὸν οἶκον τοῦ θ. [B *al.*] (4 c)
— 14. ἀπὸ γνώμης θεοῦ Ἰσρ. (4 c)
— 16. ἐγκαίνια τοῦ οἴκου τοῦ θ. (4 c)
— 17. εἰς τὰ ἐγκαίνια τοῦ οἴκου [A *om.* τ. οἴ.] τοῦ θ. (4 c)
— 18. ἐπὶ δουλείᾳ θεοῦ (4 c)
— 21. τοῦ ἐκζητῆσαι κ. θεὸν [A τὸν θ.] Ἰσρ. (4 b)
— 22. A R ἐν ἔργοις οἴκου τοῦ [B *om.*] θ. Ἰσρ. (4 b+4 b)
7. 6. ὃν ἔδωκε κ. ὁ θ. Ἰσρ. (4 b)
— 6. A R χεὶρ κ. [B *om.*] θεοῦ αὐτοῦ ἐπ' αὐτόν (4 b [7 a+4 b])
II Es. 7. 9. χεὶρ θεοῦ αὐτοῦ ἦν ἀγαθὴ ἐπ' αὐτόν (4 b)
— 12. A R γραμματεῖ νόμου κ. [B *om.*] τοῦ [A *om.*] θ. (14 b [4 c])
— 14. A R νόμῳ [B -ου] θεοῦ αὐτῶν (4 c)
— 15. A R ἑκουσιάσθησαν τῷ θ. [B κυρίῳ] (4 c)
— 16. εἰς οἶκον θεοῦ τὸν ἐν Ἱερ. (4 c)
— 17. ἐπὶ θυσιαστηρίου τοῦ οἴκου τοῦ θ. (4 c)
— 18. ὡς ἀρεστὸν τῷ θ. ὑμῶν (4 c)
— 19. εἰς λειτουργίαν οἴκου θεοῦ (4 c)
— 19. A R παράδος ἐνώπιον τοῦ [B *om.*] θ. (4 c)
— 20. χρείας οἴκου θεοῦ (4 c)
— 21. A B γραμματεὺς τοῦ νόμου [R *om.* τ. ν.] τοῦ θ. τοῦ οὐρ. (4 c)
— 23. ὅ ἐστιν ἐν γνώμῃ θεοῦ [A τοῦ θ.] τοῦ οὐρ. (4 c)
— 23. εἰς τὸν οἶκον θεοῦ τοῦ οὐρ. [A *al.*] (4 c)
— 24. καὶ λειτουργοῖς οἴκου θεοῦ (4 c)
— 25. A R ὡς [B ᾧ] ἡ σοφία τοῦ θ. (4 c)
— 25. πᾶσι τοῖς εἰδόσι νόμον τοῦ θ. (4 c)
— 26. ὃς ἂν μὴ ᾖ ποιῶν νόμον τοῦ θ. (4 c)
— 27. εὐλογητὸς κ. ὁ θ. τῶν πατ. ἡμῶν (4 b)
— 28. ὡς χεὶρ θεοῦ [A κυρίου] ἡ ἀγαθὴ ἐπ' ἐμέ (7 a+4 b)
8. 17. εἰς οἶκον θεοῦ ἡμῶν (4 b)
— 18. ὡς χεὶρ θεοῦ ἡμῶν ἀγαθή (4 b)
— 21. τοῦ ταπεινωθῆναι ἐνώπιον θεοῦ ἡμῶν (4 b)
— 22. A R χεὶρ τοῦ [B *om.*] θ. ἡμῶν ἐπὶ πάντας (4 b)
— 23. ἐζητήσαμεν παρὰ τοῦ [A *om.*] θ. ἡμῶν (4 b)
— 25. τὰ σκεύη ἀπαρχῆς οἴκου θεοῦ ἡμῶν (4 b)
— 28. A ὑμεῖς ἅγιοι τῷ κ. θ. [B *om.*] (14 d)
— 28. ἑκούσια τῷ κ. θ. πατέρων ἡμῶν (4 b)
— 30. ἐνεγκεῖν . . . εἰς οἶκον θεοῦ ἡμῶν (4 b)
— 31. χεὶρ θεοῦ ἡμῶν ἦν ἐφ' ἡμῖν (4 b)
— 33. τὰ σκεύη ἐν οἴκῳ θεοῦ ἡμῶν (4 b)
— 35. ὁλοκαυτώσεις τῷ θ. Ἰσρ. (4 b)
— 36. ἐδόξασαν . . . τὸν οἶκον τοῦ θ. (4 b)
9. 4. πᾶς ὁ διώκων λόγον θεοῦ Ἰσρ. (4 b)
— 5. A R ἐκπετάζω . . . πρὸς κ. [B *om.*] τὸν θ. (4 b [7 a+4 b])
— 6. A R θεέ μου (4 b)
— 8. A B ἐπεσκευάσατο [R ἐπιεικεύ.] ἡμῖν ὁ [A κ. ὁ] θ. (7 a+4 b [4 b])
— 9. οὐκ ἐγκατέλιπεν ἡμᾶς κ. ὁ θ. ἡ. (14 c)
— 9. τοῦ ὑψῶσαι αὐτοὺς τὸν οἶκον τοῦ θ. ἡ. (4 b)
— 10. τί εἴπωμεν, ὁ θ. ἡμῶν (4 b)
— 13. S^3 σὺ ὁ θ. ἡμῶν κατέπαυσας (4 b)
— 13. οὐκ ἔστιν ὡς ὁ θ. ἡμῶν [S^3 ὡς σύ] -
— 15. κύριε ὁ θεὸς Ἰσρ. (4 b)
10. 1. ἐνώπιον οἴκου τοῦ θ. (4 b)
— 2. ἠσυνθετήσαμεν τῷ θ. ἡμῶν (4 b)
— 3. διαθώμεθα διαθήκην τῷ θ. ἡ. (4 b)
— 3. ἐν ἐντολαῖς θεοῦ ἡμῶν -
— 3. S^3 κατὰ τὸν νόμον τοῦ θ. ἡ. [A B S^1 *al.*] (4 b)
— 6. ἀπὸ προσώπου οἴκου τοῦ θ. (4 b)
— 9. ἐν πλατείᾳ οἴκου τοῦ θ. (4 b)
— 11. B S^1 δότε αἴνεσιν τῷ θεῷ τῶν πατ. [S^3 κ. τ. θ., A τ. κ. θ., R κ. θ.] (7 a+4 b [4 b])
— 14. τοῦ ἀποστρέψαι ὀργὴν θυμοῦ [A *om.*] θεοῦ ἡμῶν (4 b)
Ne. 1. 4. A B προσευχόμενος ἐνώπιον θεοῦ [S R τοῦ θ.] (4 b)
— 5. κύριε ὁ θεὸς τοῦ οὐρ. [S^1 *om.* τ. οὐ.] (4 b)
2. 4. προσηυξάμην πρὸς τὸν θ. τοῦ οὐρ. (4 b)
— 8. ὡς χεὶρ θεοῦ [S^3 θ. μου] ἡ ἀγαθή (4 b)
— 12. τί ὁ θ. δίδωσιν εἰς καρδίαν μου (4 b)
— 18. ἀπήγγειλα αὐτοῖς τὴν χεῖρα τοῦ θ. (4 b)
— 20. ὁ θ. τοῦ οὐρ. αὐτὸς εὐοδώσει (4 b)
4. 4 (3. 36). ἄκουσον, ὁ θεὸς ἡμῶν (4 b)
— 9 (3). προσηυξάμεθα πρὸς τὸν θ. ἡμῶν (4 b)
— 14 (8). μνήσθητε τοῦ θ. ἡμῶν (2)
— 15 (9). διεσκέδασεν ὁ θ. τὴν βουλὴν αὐτῶν (4 b)
— 20 (14). ὁ θ. ἡμῶν πολεμήσει περὶ ἡμῶν (4 b)
5. 9. ἐν φόβῳ θεοῦ ὑμῶν (4 b)
— 13. ἐκτινάξαι ὁ θ. πάντα ἄνδρα (4 b)
— 15. ἀπὸ προσώπου φόβου θεοῦ (4 b)
— 19. μνήσθητί μου, ὁ θεός (4 b)
6. 10. συναχθῶμεν εἰς οἶκον τοῦ θ. (4 b)
— 12. ὁ θ. οὐκ ἀπέστειλεν αὐτόν (4 b)
— 14. μνήσθητι, ὁ θεός (4 b)
— 16. παρὰ τοῦ θ. ἐγενήθη (4 b)
7. 2. φοβούμενος τὸν θ. παρὰ πολλούς (4 b)
— 5. ἔδωκεν ὁ θ. εἰς τὴν καρδίαν μου (4 b)
8. 6. A S R ηὐλόγησεν Ἔ. [B τὸν κ.] κ. τὸν θ. (4 b)
— 8. ἀνέγνωσαν ἐν βιβλίῳ νόμου τοῦ θ. (4 b)
— 9. S R ἡμέρα ἁγία ἐστὶ τῷ [A B *om.*] κ. τῷ θ. ἡμῶν (4 b)

Ne. 8. 16. ἐν ταῖς αὐλαῖς οἴκου τοῦ θ. (4 *b*)
— 18. ἐν βιβλίῳ νόμου τοῦ θ. (4 *b*)
9. 3. ἐν βιβλίῳ νόμου θεοῦ (7 *a*+4 *b*)
— 3. B προσκυνοῦντες τῷ [A S R *add.* κ.] θ. (7 *a*+4 *b* [4 *b*])
— 4. ἐβόησαν . . . πρὸς κ. τὸν θ. (4 *b*)
— 5. εὐλογεῖτε κ. τὸν θ. (4 *b*)
— 7. A S^{3} R σὺ εἶ κ. [B *om.*] ὁ θ. (4 *b* [7 *a*+4 *b*])
— 17. σὺ θεὸς [S^{3} *add.* ἀφίων] ἐλεήμων (4 *a*)
— 18. οὗτοι οἱ θ. οἱ ἐξαγαγόντες ἡμᾶς (4 *b*)
— 32. καὶ νῦν ὁ θ. ἡμῶν ὁ ἰσχυρός (4 *b*)
10. 28 (29). πρὸς νόμον τοῦ θ. (4 *b*)
— 29 (30). τοῦ πορεύεσθαι ἐν νόμῳ τοῦ θ. (4 *b*)
— 29 (30). ἐν χειρὶ Μωυσῆ δούλου τοῦ θ. (4 *b*)
— 29 (30). S^{3} τὰς ἐντολὰς τοῦ θ. [A B S^{1} *al.*] (7 *a*+2)
— 32 (33). B S εἰς δουλείαν οἴκου θεοῦ [A R τοῦ θ.] ἡμῶν (4 *b*)
— 33 (34). A S^{2} R εἰς ἔργα οἴκου τοῦ [S^{1} τὰ, B *om.*] θ. ἡμῶν (4 *b*)
— 34 (35). ἐνέγκαι εἰς οἶκον θεοῦ ἡμῶν (4 *b*)
— 34 (35). A S R τὸ θυσιαστήριον κυρίου [B τοῦ] θ. ἡμῶν (4 *b* [7 *a*+4 *b*])
— 36 (37). ἐνέγκαι εἰς οἶκον θεοῦ ἡμῶν (4 *b*)
— 36 (37). τοῖς λειτουργοῦσιν ἐν οἴκῳ θεοῦ ἡμῶν (4 *b*)
— 37 (38). B S γαζοφυλάκιον οἴκου τοῦ θ. (4 *b*)
— 38 (39). εἰς οἶκον θεοῦ ἡμῶν (4 *b*)
— 38 (39). εἰς οἶκον τοῦ θ. [S^{3} θησαυροῦ] †
— 39 (40). οὐκ ἐγκαταλείψομεν τὸν οἶκον τοῦ [A κ.] θ. ἡ. (4 *b* [14 *c*])
11. 11. ἀπέναντι οἴκου τοῦ θ. (4 *b*)
— 16. S^{3} ἐπὶ τοῦ ἔργου τοῦ ἐξωτάτου οἴκου τοῦ θ. (4 *b*)
— 22. ἀπέναντι ἔργου οἴκου τοῦ θ. (4 *b*)
12. 24. ἐντολῇ Δ. ἀνθρώπου τοῦ θ. (4 *b*)
— 36. Δαυὶδ ἀνθρώπου τοῦ θ. (4 *b*)
— 40. S^{3} ἐν οἴκῳ τοῦ θ. (4 *b*)
— 43. ὁ θ. ηὔφρανεν αὐτούς (4 *b*)
— 45. ἐφύλαξαν φυλακὰς θεοῦ (4 *b*)
— 46. καὶ αἴνεσιν τῷ θ. (4 *b*)
13. 1. ἐν ἐκκλησίᾳ θεοῦ [A τοῦ θ., S^{1} κυρίου, S^{3} *al.*] (4 *b*)
— 2. B S ἔστρεψεν [A R ἐπέστρ.] ὁ θ. ἡμῶν (4 *b*)
— 4. ἐν γαζοφυλακίῳ οἴκου θεοῦ ἡ. (4 *b*)
— 7. ἐν αὐλῇ οἴκου τοῦ θ. (4 *b*)
— 9. σκεύη οἴκου τοῦ θ. (4 *b*)
— 11. διὰ τί ἐγκατελείφθη ὁ οἶκος τοῦ θ. (4 *b*)
— 14. μνήσθητί μου, ὁ θεός [S^{3} *add.* μου] (4 *b*)
— 14. ἐν οἴκῳ κ. τοῦ θ. [S^{1} θ. κ., A S^{3} κ. θ.] (14 *c*)
— 18. ἤνεγκεν ἐπ' αὐτοὺς ὁ θ. ἡ. (4 *b*)
— 22. μνήσθητί μου, ὁ θεός (4 *b*)
— 25. ὥρκισα [A ἐνώρ.] αὐτοὺς ἐν τῷ θ. (4 *b*)
— 26. ἀγαπώμενος τῷ [A *om.*] θ. ἦν (4 *b*)
— 26. ἔδωκεν αὐτὸν ὁ θ. εἰς βασ. (4 *b*)
— 27. ἀσυνθετῆσαι ἐν τῷ θ. ἡμῶν (4 *b*)
— 29. μνήσθητι αὐτοῖς, ὁ θεός (4 *b*)
— 31. μνήσθητί μου, ὁ θεὸς ἡμῶν (4 *b*)
To. 1. 4. S ὁ ναὸς . . . τοῦ θ. [A B ὑψίστου]
— 12. ἐμεμνήμην τοῦ θ. [S θ. μου]
3. 11. κύριε ὁ θεός μου [S θεὲ ἐλεήμων]
— 17. S ἐνώπιον τῆς δόξης τοῦ θ. [A B μεγάλου 'Ρ.]
— 17. S ἵνα ἴδῃ . . . τὸ φῶς τοῦ θ.
4. 5. κ. τοῦ θ. ἡμῶν [S τοῦ κ.] μνημόνευε
— 7. A B οὐ μὴ ἀποστραφῇ τὸ πρόσωπον τοῦ θ.
— 14. A B ἐὰν δουλεύσῃς τῷ θ.
— 19. A B εὐλόγει κ. τὸν θ.
— 21. ἐὰν φοβηθῇς τὸν θ. [A κύριον]
— 21. S ἐνώπιον κ. τοῦ θ. σου [A B ἐν. αὐτοῦ]
5. 4. S ἄγγελος τοῦ θ. ἐστιν
— 9. S παρὰ τῷ θ. ἰάσασθαί σε
— 16. ὁ δὲ ἐν τῷ οὐρ. οἰκῶν [A κατοι.] θ. [S *al.*]
6. 17. βοήσατε πρὸς τὸν ἐλεήμονα θ. [S *al.*]
7. 12. ὁ δὲ ἐλεήμων θ. εὐοδώσει [S *al.*]
— 13. S ὁ θ. τοῦ οὐρ. εὐοδώσαι ὑμῖν [A B *al.*]
8. 5. ὁ θεὸς τῶν πατέρων ἡμῶν
— 15. εὐλόγησε 'Ρ. [S -σαν] τὸν θ.
— 15. εὐλογητὸς εἶ σὺ ὁ θεός [S εἶ, θεέ]
9. 6. S εὐλογητὸς ὁ θ.
10. 12. ὁ θ. τοῦ οὐρανοῦ [S *al.*]
11. 1. A B εὐλογῶν τὸν θ.
— 14. εὐλογητὸς εἶ [S *om.*] ὁ θεός
— 15 (S), 16. εὐλογῶν τὸν θ.
— 17. ἠλέησεν αὐτοὺς [A S -ὸν] ὁ θ.
— 17. εὐλογητὸς ὁ θ. [S θ. σου]
12. 6. εὐλογεῖτε τὸν θ.

To. 12. 6. ἀγαθὸν τὸ εὐλογεῖν τὸν θ. [S *al.*]
— 6. τοὺς λόγους τῶν ἔργων [S *om.* τ. ἔ.] τοῦ θ.
— 7, 11. τὰ δὲ ἔργα τοῦ θ.
— 14. ἀπέστειλέ [S -έσταλκέν] με ὁ θ.
— 17. τὸν δὲ θ. εὐλογεῖτε
— 18. τῇ θελήσει τοῦ θ. ὑμῶν [S *om.*]
— 20. ἐξομολογεῖσθε τῷ θ.
— 22. S ὕμνουν τὸν θ.
— 22. A τὰ ἔργα . . . τοῦ θ. [B αὐτοῦ, S *om.* τ. θ.]
— 22. S ὡς ὤφθη αὐτοῖς ἄγγελος θεοῦ [A B κυρίου]
13. 1. εὐλογητὸς ὁ θ.
— 4. θεὸς αὐτὸς πατὴρ ἡμῶν [A ὁ θ. ὁ π. ἡ., S *al.*]
— 4. S καὶ αὐτὸς θεὸς εἰς πάντας τοὺς αἰῶνας [A B *al.*]
— 7. A B τὸν θ. μου ὑψῶ
— 11. πρὸς τὸ ὄνομα κ. τοῦ θ. [S ὄ. τὸ ἅγιόν σου]
— 15. B S εὐλόγει [A R -γείτω] τὸν θ. [S κύριον]
— 18. εὐλογητὸς ὁ θ.
14. 2. φοβεῖσθαι κ. [S εὐλογεῖν] τὸν θ.
— 2. S ἐξομολογεῖσθαι τὴν μεγαλωσύνην τοῦ θ. [A B *al.*]
— 4. S πιστεύω ἐγὼ τῷ ῥήμ. τοῦ θ. [A B *al.*]
— 4. S οὓς ἀπέστειλεν ὁ θ.
— 4. S ἃ εἶπεν ὁ θ.
— 4. ὁ οἶκος τοῦ θ. ἐν αὐτῇ [S *al.*]
— 5. ἐλεήσει αὐτοὺς ὁ θ.
— 5. S ἐπιστρέψει αὐτοὺς ὁ θ. [A B *om.* ὁ θ.]
— 5. ὁ οἶκος τοῦ θ. ἐν αὐτῇ
— 6. φοβεῖσθαι κ. τὸν θ. [S *al.*]
— 7. S εὐλογήσουσι τὸν θ. τοῦ αἰῶνος [A B *al.*]
— 7. A B ἐξομολογήσεται τῷ θ.
— 7. S μνημονεύοντες τοῦ θ.
— 7. οἱ ἀγαπῶντες κ. [S *om.*] τὸν θ.
— 7. S δουλεύσατε τῷ θ.
— 7. S ἵνα ὦσιν μεμνημένοι τοῦ θ.
— 10. S ἀπέδωκεν ὁ θ. τὴν τιμίαν [A B *al.*]
— 15. S εὐλόγησεν τὸν θ.
— 15. S εὐλόγησεν κ. τὸν θ.
Ju. 3. 8. ἐξολεθρεῦσαι πάντας τοὺς θ. [S ἐξ. τ. φόρους]
— 8. ἐπικαλέσωνται αὐτὸν εἰς θεόν
4. 2. καὶ τοῦ ναοῦ κ. θεοῦ [S τοῦ θ.] αὐτῶν
— 9. ἀνεβόησαν [S ἐβ.] . . . πρὸς τὸν θ.
— 12. ἐβόησαν [S ἀνεβ.] πρὸς τὸν θ.
5. 7. ἀκολουθῆσαι τοῖς θ. τῶν πατ. αὐτῶν
— 8. προσεκύνησαν τῷ θ. τοῦ οὐρ. θεῷ [S *om.*] ᾧ ἐπέγνωσαν
— 8. ἀπὸ προσώπου τῶν θ. αὐτῶν
— 9. εἶπεν ὁ θ. αὐτῶν ἐξελθεῖν
— 12. ἀνεβόησαν πρὸς τὸν θ. αὐτῶν
— 13. κατεξήρανεν ὁ θ. τὴν ἐρ. θάλασσαν
— 17. οὐχ ἥμαρτον ἐνώπιον τοῦ θ. αὐτῶν
— 17. θεὸς [S ὁ θ.] μισῶν ἀδικίαν
— 18. ὁ ναὸς τοῦ θ. αὐτῶν
— 19. ἐπιστρέψαντες ἐπὶ τὸν θ. αὐτῶν
— 20. καὶ ἁμαρτάνουσιν εἰς τὸν θ. αὐτῶν
— 21. ὁ κύρ. αὐτῶν καὶ [S *om.* ὁ κ. αὐ. κ.] ὁ θ. αὐτῶν
6. 2. A S R ὁ [B *om.*] θ. αὐτῶν [A *om.*] ὑπερασπιεῖ αὐτῶν
— 2. τίς ὁ [S *om.*] θ. εἰ μὴ Ναβ.
— 3. οὐ ῥύσεται αὐτοὺς ὁ θ. αὐτῶν
— 18. προσεκύνησαν τῷ [S κ. τῷ] θ.
— 19. κύριε ὁ θεὸς τοῦ οὐρανοῦ
— 21. ἐπεκαλέσαντο τὸν θ. 'Ισραήλ
7. 19. ἀνεβόησαν πρὸς κ. θεὸν [S τὸν θ.] αὐτῶν
— 24. κρίναι ὁ θ. ἀνὰ μέσον ἡμῶν
— 25. πέπρακεν ἡμᾶς ὁ θ.
— 28. καὶ τὸν θ. ἡμῶν καὶ κύριον
— 29. ἐβόησαν πρὸς κ. τὸν [A *om.*] θ.
— 30. ἐπιστρέψει κ. ὁ θ. ἡμῶν
8. 8. ἐφοβεῖτο τὸν θ. σφόδρα
— 11. ἀνὰ μέσον τοῦ θ. καὶ ὑμῶν
— 12. οἳ ἐπειράσατε τὸν θ.
— 12. ἵστατε ὑπὲρ τοῦ θ.
— 14. πῶς τὸν θ. . . . ἐρευνήσετε
— 14. A S R μὴ παροργίζετε κ. τὸν [B *om.*] θ. ἡμῶν
— 16. τὰς βουλὰς κ. τοῦ θ. ἡμῶν
— 16. B S οὐδ' [A R οὐχ] ὡς ἄνθρωπος ὁ θ.
— 18. οἳ προσκυνοῦσι θ. χειροποιήτοις
— 20. ἡμεῖς δὲ ἕτερον θ. οὐκ ἐπέγνωμεν [A S ἔγν.]
— 23. εἰς ἀτιμίαν θήσει αὐτὴν κ. ὁ θ. ἡμῶν
— 25. εὐχαριστήσωμεν κ. τῷ θ. ἡμῶν
— 35. κ. ὁ θ. ἔμπροσθέν σου
9. 1. εἰς τὸν οἶκον τοῦ θ. [A κυρίου]
— 2. κύριε ὁ θεὸς τοῦ πατρός μου Συμ.
— 4. A B ὁ θ. ὁ [A *om.*] θ. ἐμός [S R ὁ ἐ.]

Ju. 9. 11. ταπεινῶν εἶ θεός [A κύριος]
— 12. ὁ [A *om.*] θ. [S θεὲ] τοῦ πατρός μου καὶ θεὸς κληρονομίας 'Ισρ.
— 14. A S σὺ εἶ ὁ θ. θεὸς [B *om.*] πάσης δυνάμεως
10. 1. βοῶσα πρὸς τὸν θ. 'Ισρ.
— 8. ὁ θ. τῶν πατ. ἡμῶν
— 8. προσεκύνησε τῷ θ.
11. 6. πρᾶγμα ποιήσει μετὰ σοῦ ὁ θ.
— 10. ἐὰν μὴ ἁμάρτωσιν εἰς τὸν θ. αὐτῶν
— 11. παροργιοῦσι τὸν θ. αὐτῶν
— 12. ὅσα διεστείλατο αὐτοῖς ὁ θ.
— 13. ἀπέναντι τοῦ προσώπου τοῦ θ. ἡμῶν
— 16. A B ἀπέστειλέ με ὁ θ.
— 17. A B θεραπεύουσα . . . τὸν θ. τοῦ οὐρ.
— 17. A B προσεύξομαι πρὸς τὸν θ.
— 22. A B εὖ ἐποίησεν ὁ θ.
— 23. A B ὁ θ. σου ἔσται μου θεός
12. 8. A B ἐδέετο τοῦ [A *om.*] κ. θ. 'Ισρ.
13. 4. A B κύριε ὁ θ. πάσης τῆς δυνάμεως
— 7. A B κραταίωσόν με ὁ [A κύριε ὁ] θεὸς 'Ισρ.
— 11. μεθ' ἡμῶν ὁ θ. ὁ θ. ἡμῶν
— 14. αἰνεῖτε τὸν θ. [A κύριον]
— 14. A B αἰνεῖτε τὸν θ. [A κύριον]
— 17. προσεκύνησαν τῷ θ.
— 17. εὐλογητὸς εἶ [S *om.*], ὁ θ. ἡμῶν
— 18. εὐλογητὴ [A -γημένη εἶ] σὺ θυγ. τῷ θ.
— 18. εὐλογημένος κ. ὁ θ. [S θ. σου]
— 19. μνημονευόντων ἰσχὺν θεοῦ
— 20. ποιῆσαι σοι [S *om.*] αὐτὰ ὁ θ.
— 20. πορευθεῖσα ἐνώπιον τοῦ θ. ἡμῶν
14. 10. ὅσα ἐποίησεν ὁ θ. τοῦ 'Ισρ.
— 10. ἐπίστευσε τῷ θ. σφόδρα
15. 10. εὐδοκήσαι ἐπ' αὐτοῖς ὁ θ. [A S *al.*]
16. 2. ἐξάρχετε τῷ θ. μου
— 3. θεὸς [A ὁ θ.] συντρίβων πολέμους κύριος
— 13. ὑμνήσω τῷ θ. μου [A τῷ κυρίῳ]
— 18. προσεκύνησαν τῷ θ.
— 19. εἰς ἀνάθημα τῷ θ. [A S κυρίῳ]
Es. 1. 1. ἐβόησαν πρὸς τὸν θ.
— 1. τί ὁ θ. βεβούλευται ποιῆσαι
2. 20. φοβεῖσθαι τὸν θ.
4. 17. A κύριε θεὲ [B S *om.*] κύριε βασιλεῦ
— 17. ὑπεράνω δόξης θεοῦ [A S^{3} θ. μου]
— 17. κύριε ὁ θ. ὁ βασ. ὁ θ. 'Αβρ. [A S^{3} *al.*]
— 17. ἐδεῖτο κ. θεοῦ 'Ισρ.
— 17. A κύριε ὁ θ. μου [B S *om.* ὁ θ. μ.]
— 17. ἐδοξάσαμεν τοὺς θ. αὐτῶν
— 17. βασιλεῦ τῶν θ.
— 17. κύριε ὁ θεὸς 'Αβρ. ὁ θ. ὁ ἰσχύων ἐπὶ πάντας
5. 1. τὸν πάντων ἐπόπτην θ.
— 1. μετέβαλεν [S^{1} -έλαβεν] ὁ θ. τὸ πνεῦμα
— 2. ὡς ἄγγελον θεοῦ
6. 13. θ. [A ὁ θ. ὁ] ζῶν μετ' αὐτοῦ –
8. 13. τοῦ τὰ πάντα κατοπτεύοντος ἀεὶ θ.
— 13. υἱοὺς τοῦ [A *om.*] ὑψ. μεγίστου ζῶντος θ.
— 13. τοῦ τὰ πάντα ἐπικρατοῦντος θ.
— 13. ὁ τὰ πάντα δυναστεύων θ.
10. 3. παρὰ τοῦ θ. ἐγένετο ταῦτα
— 3. οἱ βοήσαντες πρὸς τὸν θ.
— 3. ἐποίησεν ὁ θ. τὰ σημεῖα
— 3. B ἕνα τῷ λαῷ τοῦ θ. [S τῷ θ. τοῦ λ.]
— 3. A B^{2} S ἦλθον . . . ἐνώπιον τοῦ θ.
— 3. ἐμνήσθη ὁ θ. [A κύριος] τοῦ λαοῦ
— 3. καὶ εὐφροσύνης ἐνώπιον τοῦ θ.
Jb. 1. 5. μή ποτε . . . κακὰ ἐνενόησαν πρὸς θεόν [A S τὸν θ.] (4 *b*)
— 6. S^{1} ἦλθον οἱ ἄγγελοι τοῦ θ. παραστῆναι ἐνώπ. τοῦ θ. [A B S^{2} κυρίου] (4 *b*, 7 *a*)
— 8. A εἶπεν αὐτῷ ὁ θ. [B S κύριος] (7 *a*)
— 9. A μὴ δωρεὰν 'Ιὼβ σέβεται τὸν θ. [B S κύριον] (4 *b*)
— 22. οὐκ ἔδωκεν ἀφροσύνην τῷ θ. (4 *b*)
2. 1. ἦλθον οἱ ἄγγελοι τοῦ θ. (4 *b*)
— 10. οὐδὲν ἥμαρτεν 'Ιὼβ . . . ἐναντίον τοῦ θ. –
3. 23. συνέκλεισε γὰρ ὁ θ. [A κύριος] κατ' αὐτοῦ (4 *a*)
6. 8. A εἰ γὰρ . . . τὴν ἐλπίδα μου δῴη ὁ θεός [B S κύριος] (4 *a*)
— 10. ῥήματα ἅγια [A ἐν ῥήματι ἁγίου] θεοῦ μου –
8. 13. A πάντων τῶν ἐπιλανθανομένων τοῦ θ. [B S κυρίου] (3)
15. 8. R ἦ συμβούλῳ σοι ἐχρήσατο ὁ θ. –
27. 2. ζῇ ὁ θ. [S^{1} κύριος, A S^{4} ζῇ κύριος] (3)
— 9. ἦ τὴν δέησίν μου εἰσακούσεται ὁ θ. [A ἀκούσῃ ὁ κύριος] (3)
28. 23. ὁ θ. [A S^{2} κύριος] εὖ συνέστησεν αὐτῆς τὴν ὁδόν (4 *b*)

Jb. 29. 2. ὧν με ὁ θ. ἐφύλαξεν (4 a)
— 4. ὁ θ. [A S^2 κύριος] ἐπισκοπὴν ἐποιεῖτο (4 a)
31. 2. τί [BS^4 ἔτι, A S^1 om.] ἐμέρισεν [S^1 διεμ., A ἐπεμ.] ὁ θ. (4 a)
34. 27. ἐξέκλιναν ἐκ νόμου θεοῦ †
35. 10. ποῦ ἐστιν ὁ θ. ὁ ποιήσας με (4 a)
37. 15. ὁ θ. ἔθετο ἔργα αὐτοῦ (4 a)
39. 17. κατεσιώπησεν [S^1 κατέπηξεν] αὐτῇ ὁ θ. σοφίαν (4 a)
— 17. A ἐμέρισεν αὐτῇ ὁ θ. [B S om. ὁ θ.] -
— 31 (40. 1). ἀπεκρίθη κύριος ὁ θ. τῷ Ἰώβ (14 d)
— 32 (40. 2). ἐλέγχων δὲ θεόν (4 a)
42. 11. S^1 ὅσα ἐπήγαγεν αὐτῷ ὁ θ. [A B S^3 κύριος] (7 a)
Ps. 3. 2. AR οὐκ ἔστι σωτηρία αὐτῷ [BS om.] ἐν τῷ θ. αὐτοῦ (4 b)
— 7. σῶσόν με, ὁ θ. μου (4 b)
4. 1. εἰσήκουσέ μου ὁ θ. τῆς δικαιοσύνης μου (4 b)
5. 2. ὁ βασιλεύς μου καὶ ὁ θ. μου (4 b)
— 4. οὐχὶ θεὸς θέλων ἀνομίαν σὺ εἶ (3)
— 10. κρῖνον αὐτούς, ὁ θ. (4 b)
7. 1. κύριε ὁ θ. μου, ἐπὶ σοὶ ἤλπισα (4 b)
— 3. κύριε ὁ θ. μου, εἰ ἐποίησα τοῦτο (4 b)
— 6. ἐξεγέρθητι, κύριε [S^1 om.] ὁ θ. μου †
— 9. ἐτάζων καρδίας καὶ νεφροὺς ὁ θ. (4 b)
— 10. δικαία ἡ βοήθειά μου παρὰ τοῦ θ. (4 b)
— 11. ὁ θ. κριτὴς δίκαιος (4 b)
9. 17. πάντα τὰ ἔθνη τὰ ἐπιλανθανόμενα τοῦ θ. (4 b)
— 25 (10. 4). οὐκ ἔστιν ὁ θ. ἐνώπιον αὐτοῦ (4 b)
— 32 (10. 11). ἐπιλέλησται ὁ θ. (3)
— 33 (10. 12). ἀνάστηθι, κύριε ὁ θ. [A S^2 θ. μου] (3)
— 34 (10. 13). ἕνεκεν τίνος παρώξυνεν [S -ώργισεν] ὁ ἀσ. τὸν θ. (4 b)
12 (13). 3. εἰσάκουσόν μου [S om.], κύριε ὁ θ. μου (4 b)
13 (14). 1. οὐκ ἔστι θεός (4 b)
— 2. A^2 B S εἰ ἔστι συνίων . . . τὸν θ. (4 b)
— 3. B S οὐκ ἔστι φόβος θεοῦ ἀπέναντι τῶν ὀφθ. αὐ. -
— 5. ὁ θ. [S^2 κύριος ὁ θ.] ἐν γενεᾷ δικαίᾳ [A S^2 -ων] (4 b [14 c])
15 (16). 1. S^1 φύλαξόν με, ὁ θ. [A B S^2 με, κύριε] (3)
— 2. S^1 θεός [A B S^2 κύριός] μου εἶ σύ (2)
16 (17). 6. ἐπήκουσάς [S^1 εἰσήκ., A εἰσήκουσέν] μου, ὁ θ. (3)
17 (18). 2. ὁ θ. μου βοηθός μου (3)
— 6. πρὸς τὸν θ. μου ἐκέκραξα (4 b)
— 7. ὠργίσθη αὐτοῖς ὁ θ. †
— 21. οὐκ ἠσέβησα ἀπὸ τοῦ θ. μου (4 b)
— 28. ὁ θ. μου φωτιεῖς τὸ σκότος μου (4 b)
— 29. ἐν τῷ θ. μου ὑπερβήσομαι τεῖχος (4 b)
— 30. ὁ θ. μου ἄμωμος ἡ ὁδὸς αὐτοῦ (3)
— 31. τίς θεὸς πλὴν [S πάρεξ] τοῦ κυρίου καὶ [S^2 ἢ] τίς θεὸς πλὴν τοῦ θ. ἡμῶν (4 a, 10, 4 b)
— 32. ὁ θ. ὁ περιζωννύων με δύναμιν (3)
— 46. εὐλογητὸς ὁ θ. μου [S^2 om.] καὶ ὑψωθήτω ὁ θ. τῆς σωτηρίας μου (10, 4 b)
— 47. ὁ θ. ὁ διδοὺς ἐκδικήσεις ἐμοί (3)
18 (19). 1. οἱ οὐρανοὶ διηγοῦνται δόξαν θεοῦ (3)
19 (20). 1. ὑπερασπίσαι σου τὸ ὄνομα τοῦ θ. Ἰακώβ (4 b)
— 5. ἐν ὀνόματι θεοῦ [S κυρίου θ.] ἡμῶν (4 b [14c])
— 7. ἐν ὀνόματι κυρίου [A om.] θεοῦ ἡμῶν (4 b [7 a+4 b])
21 (22). 1. ὁ θ. ὁ θ. μου, πρόσχες μοι (3, 3)
— 2. ὁ θ. μου, κεκράξομαι (4 b)
— 10. ἐκ κοιλίας [S^2 ἀπὸ γαστρὸς] μητρός μου θεός μου εἶ σύ (3)
23 (24). 5. καὶ ἐλεημοσύνην παρὰ θεοῦ σωτῆρος αὐτοῦ (4 b)
— 6. ζητούντων τὸ πρόσωπον τοῦ θ. Ἰακώβ †
24 (25). 1 (2). ἦρα τὴν ψυχήν μου, ὁ θ. μου (4 b)
— 5. σὺ εἶ ὁ θ. ὁ σωτήρ μου (4 b)
— 22. λύτρωσαι ὁ θ. τὸν Ἰσραήλ (4 b)
26 (27). 9. ὁ θ. ὁ σωτήρ μου (4 b)
27 (28). 1. ὁ θ. μου μὴ παρασιωπήσῃς (10)
28 (29). 1. ἐνέγκατε τῷ κυρίῳ, υἱοὶ θεοῦ (3)
— 3. ὁ θ. τῆς δόξης ἐβρόντησε (3)
29 (30). 2. κύριε ὁ θ. μου, ἐκέκραξα πρὸς σέ (4 b)
— 8. πρὸς τὸν θ. μου δεηθήσομαι (7 a)
— 12. κύριε ὁ θ. μου, εἰς τὸν αἰῶνα ἐξομολογήσομαί σοι (4 b)
30 (31). 2. γενοῦ μοι εἰς θεὸν ὑπερασπιστήν (10)

Ps. 30 (31). 5. ἐλυτρώσω με, κύριε ὁ θ. τῆς ἀληθείας (3)
— 14. εἶπα, Σὺ εἶ ὁ θ. μου (4 b)
32 (33). 12. οὗ ἐστι κύριος ὁ θ. αὐτοῦ (4 b)
34 (35). 23. ὁ θ. μου καὶ ὁ κύριός μου (4 b)
— 24. κρῖνόν με [A μοι], κύριε [S om.] . . . κύριε ὁ θ. μου (4 b)
— 27. A S μεγαλυνθήτω [B -θείη] ὁ κύριος [S^1 θεός] (7 a)
35 (36). 1. οὐκ ἔστι φόβος θεοῦ ἀπέναντι τῶν ὀφθ. αὐ. (4 b)
— 6. ἡ δικαιοσύνη σου ὡς ὄρη θεοῦ (3)
— 7. ὡς ἐπλήθυνας τὸ ἔλεός σου ὁ θ. (4 b)
36 (37). 31. ὁ νόμος τοῦ θ. αὐ. ἐν καρδίᾳ αὐ. (4 b)
37 (38). 15. σὺ εἰσακούσῃ, κύριε ὁ θ. μου (4 b)
— 21. ὁ θ. μου μὴ ἀποστῇς ἀπ' ἐμοῦ (4 b)
39 (40). 3. ἐνέβαλεν . . . ὕμνον τῷ θ. ἡμῶν (4 b)
— 5. πολλὰ ἐποίησας σύ, κύριε ὁ θ. μου, τὰ θαυμάσιά σου (4 b)
— 8. τοῦ ποιῆσαι τὸ θέλημά σου, ὁ θ. μου, ἠβουλήθην (4 b)
— 17. ὁ θ. μου, μὴ χρονίσῃς (4 b)
40 (41). 13. εὐλογητὸς κύριος ὁ θ. Ἰσραήλ (4 b)
41 (42). 1. οὕτως ἐπιποθεῖ ἡ ψυχή μου πρὸς σέ, ὁ θ. (4 b)
— 2. ἐδίψησεν ἡ ψυχή μου πρὸς τὸν θ. τὸν [A S^2 τὸν ἰσχυρὸν τὸν] ζῶντα πότε ἥξω καὶ ὀφθήσομαι τῷ προσώπῳ τοῦ θ. (4 b+3 [4 b], 4 b)
— 3. ποῦ ἐστιν ὁ θ. σου (4 b)
— 4. διελεύσομαι . . . ἕως τοῦ οἴκου τοῦ θ. (4 b)
— 5. ἔλπισον ἐπὶ τὸν θ. (4 b)
— 5 (6). ἐξομολογήσομαι αὐτῷ . . . ὁ θ. μου (4 b)
— 8. προσευχὴ τῷ θ. τῆς ζωῆς μου (3)
— 9. ἐρῶ τῷ θ. (3)
— 10. ποῦ ἐστιν ὁ θ. σου (4)
— 11. ἔλπισον ἐπὶ τὸν θ. ὅτι ἐξομολογήσομαι αὐτῷ . . . ὁ θ. μου (4 b, 4 b)
42 (43). 1. κρῖνόν με [A μοι], ὁ θ. (4 b)
— 2. σὺ εἶ [A S^2 om.] ὁ θ. [S θ. μου] κραταίωμά μου (4 b)
— 4. ABS^1 εἰσελεύσομαι πρὸς τὸ θυσιαστήριον τοῦ θ. πρὸς τὸν θ. τὸν εὐφραίνοντα τὴν νεότητά μου, ἐξομολογήσομαί σοι ἐν κιθάρᾳ ὁ θ. [S^{2}R θ. ὁ θ.] μου (4 b, 3, 4 b+4 b [4 b], 4 b)
— 5. ἔλπισον ἐπὶ τὸν θ., ὅτι ἐξομολογήσομαι αὐτῷ . . . ὁ θ. μου (4 b, 4 b)
43 (44). 1. ὁ θ., ἐν τοῖς ὠσὶν ἡμῶν ἠκούσαμεν (4 b)
— 4. σὺ εἶ αὐτὸς ὁ βασιλεύς μου καὶ ὁ θ. μου (4 b)
— 8. ἐν τῷ θ. ἐπαινεθησόμεθα (4 b)
— 9. οὐκ ἐξελεύσῃ ὁ θ. [B S^1 om. ὁ θ.] ἐν ταῖς δυνάμεσιν ἡμῶν -
— 20. εἰ ἐπελαθόμεθα τοῦ ὀνόματος [A om. τοῦ ὀ.] τοῦ θ. ἡμῶν καὶ εἰ διεπετάσαμεν χεῖρας ἡμῶν πρὸς θ. ἀλλότριον (4 b, 3)
— 21. οὐχὶ ὁ θ. ἐκζητήσει ταῦτα (4 b)
44 (45). 2. εὐλόγησέ σε ὁ θ. εἰς τὸν αἰῶνα (4 b)
— 6. ὁ θρόνος σου, ὁ θ., εἰς αἰῶνα αἰῶνος (4 b)
— 7. ἔχρισέ σε ὁ θ. ὁ θ. σου ἔλαιον (4 b, 4 b)
45 (46). 1. ὁ θ. ἡμῶν καταφυγὴ καὶ δύναμις (4 b)
— 4. εὐφραίνουσι τὴν πόλιν τοῦ θ. (4 b)
— 5. ὁ θ. ἐν μέσῳ αὐτῆς οὐ σαλευθήσεται βοηθήσει αὐτῇ ὁ θ. τῷ προσώπῳ [A S^2 al.] (4 b, 4 b)
— 7. ἀντιλήπτωρ ἡμῶν ὁ θ. Ἰακώβ (4 b)
— 8. A S^2 ἴδετε τὰ ἔργα τοῦ θ. [B S^1 al.] (7 a)
— 10. ἐγώ εἰμι ὁ θ. (4 b)
— 11. S κύριος [A^1 om.] ὁ θ. [A B om. ὁ θ.] τῶν δυνάμεων μεθ' ἡμῶν ἀντιλήπτωρ ἡμῶν ὁ θ. Ἰακώβ (14 d, 4 b)
46 (47). 1. ἀλαλάξατε τῷ θ. ἐν φωνῇ ἀγαλλιάσεως (4 b)
— 5. ἀνέβη ὁ θ. ἐν ἀλαλαγμῷ (4 b)
— 6. ψάλατε τῷ θ. ἡμῶν (4 b)
— 7. βασιλεὺς πάσης τῆς γῆς ὁ θ. (4 b)
— 8. ἐβασίλευσεν ὁ θ. ἐπὶ τὰ ἔθνη ὁ θ. κάθηται ἐπὶ θρόνου ἁγίου αὐ. (4 b, 4 b)
— 9. ἄρχοντες λαῶν συνήχθησαν μετὰ τοῦ θ. Ἀβραὰμ ὅτι τοῦ θ. οἱ κραταιοὶ τῆς γῆς σφόδρα ἐπήρθησαν (4 b, 4 b)
47 (48). 1. ἐν πόλει τοῦ θ. ἡμῶν (4 b)
— 3. ὁ θ. ἐν ταῖς βάρεσιν αὐτῆς γινώσκεται (4 b)
— 8. A^2 B S ἐν πόλει τοῦ θ. ἡμῶν ὁ θ. ἐθεμελίωσεν αὐτὴν εἰς τὸν αἰῶνα (4 b, 4 b)
— 9. ὑπελάβομεν, ὁ θ., τὸ ἔλεός σου (4 b)

Ps. 47 (48). 10. κατὰ τὸ ὄνομά σου, ὁ θ., οὕτως καὶ ἡ αἴνεσίς σου (4 b)
— 14. οὗτός ἐστιν ὁ θ. ἡμῶν εἰς τὸν αἰῶνα (4 b+4 b)
48 (49). 7. οὐ δώσει τῷ θ. ἐξίλασμα αὐτοῦ (4 b)
— 15. ὁ θ. λυτρώσεται τὴν ψυχήν μου (4 b)
49 (50). 1. θεὸς θεῶν κύριος ἐλάλησε (3, 4 b)
— 2. ὁ θ. ἐμφανῶς ἥξει (4 b)
— 3. ὁ θ. ἡμῶν καὶ οὐ παρασιωπήσεται (4 b)
— 6. θεὸς [S ὁ θ.] κριτής ἐστι (4 b)
— 7. ὁ θ. ὁ [S^2 ὅτι θ.] θ. σού εἰμι ἐγώ (4 b, 4 b)
— 14. θῦσον τῷ θ. θυσίαν αἰνέσεως (4 b)
— 16. τῷ δὲ ἁμαρτωλῷ εἶπεν ὁ θ. (4 b)
— 22. σύνετε δὴ ταῦτα οἱ ἐπιλανθανόμ. τοῦ θ. (4 a)
— 23. S^{2}R δείξω αὐτῷ τὸ σωτήριον θεοῦ [B S^1 τοῦ θ.] (4 b)
50 (51). 1. ἐλέησόν με, ὁ θ. (4 b)
— 10. καρδίαν καθαρὰν κτίσον ἐν ἐμοί, ὁ θ. (4 b)
— 14. ὁ θ. ὁ θ. τῆς σωτηρίας μου (4 b, 4 b)
— 17. θυσία τῷ θ. πνεῦμα συντετριμμένον καρδίαν συντετριμμένην . . . ὁ θ. οὐκ ἐξουδενώσει (4 b, 4 b)
51 (52). 5. B S^1 ὁ θ. καθελεῖ [B^4 R -οι] σε εἰς τέλος (3)
— 7. ὃς οὐκ ἔθετο τὸν θ. βοηθὸν αὐτοῦ (4 b)
— 8. ἐγὼ δὲ ὡσεὶ ἐλαία κατάκαρπος ἐν τῷ οἴκῳ τοῦ θ. ἤλπισα ἐπὶ τὸ ἔλεος τοῦ θ. εἰς τὸν αἰῶνα (4 b, 4 b)
52 (53). 1. οὐκ ἔστι θεός (4 b)
— 2. ὁ θ. ἐκ τοῦ οὐρανοῦ διέκυψεν ἐπὶ τοὺς υἱοὺς τῶν ἀνθρώπων τοῦ ἰδεῖν εἰ ἔστι συνίων ἢ ἐκζητῶν τὸν θ. (4 b, 4 b)
— 4. τὸν θ. [S^1 κύριον] οὐκ ἐπεκαλέσαντο (4 b)
— 5. ὁ θ. διεσκόρπισεν ὀστᾶ ἀνθρωπαρέσκων (4 b)
— 5. ὁ θ. ἐξουδένωσεν αὐτούς (4 b)
— 6. S^2 ἐν τῷ ἀποστρέψαι [B^{2}S ἐπιστρ.] τὸν θ. [B S^1 κύριον] τὴν αἰχμαλωσίαν τοῦ λαοῦ αὐ. (4 b)
53 (54). 1. ὁ θ., ἐν τῷ ὀνόματί σου σῶσόν με (4 b)
— 2. ὁ θ., εἰσάκουσον τῆς προσευχῆς μου (4 b)
— 3. οὐ προέθεντο τὸν θ. ἐνώπιον αὐτῶν (4 b)
— 4. ἰδοὺ γὰρ ὁ θ. βοηθεῖ μοι (4 b)
54 (55). 1. ἐνώτισαι, ὁ θ., τὴν προσευχήν μου (4 b)
— 8. S^2 προσεδεχόμην τὸν θ. [B S^1 om. τὸν θ.] τὸν σώζοντά με -
— 14. ἐν τῷ οἴκῳ τοῦ θ. ἐπορεύθημεν (4 b)
— 16. ἐγὼ πρὸς τὸν θ. ἐκέκραξα (4 b)
— 19. εἰσακούσεται ὁ θ. (3)
— 19. οὐκ ἐφοβήθησαν τὸν θ. (4 b)
— 23. σὺ δέ, ὁ θ., κατάξεις αὐτούς (4 b)
55 (56). 1. SR ἐλέησόν με, ὁ θ. [B με, κύριε] (4 b)
— 3. ἐν τῷ θ. ἐπαινέσω τοὺς λόγους μου (4 b)
— 3. ἐν [S ἐπὶ] τῷ θ. [S^1 κυρίῳ] ἤλπισα (4 b)
— 8 (7). ὁ θ., τὴν ζωήν μου ἐξήγγειλά σοι (4 b)
— 9. ἔγνων ὅτι θεός μου εἶ σύ (4 b)
● — 10. S R ἐπὶ τῷ θ. [B κυρίῳ] αἰνέσω ῥῆμα (4 b)
— 11. ἐπὶ τῷ θ. [S^1 κυρίῳ] ἤλπισα (4 b)
— 12. ἐν ἐμοί, ὁ θ., αἱ εὐχαί (4 b)
— 13. τοῦ εὐαρεστῆσαι ἐνώπιον τοῦ [S^2 κυρίου] θ. ἐν φωτὶ ζώντων (4 b [14 c])
56 (57). 1. ἐλέησόν με, ὁ θ. (4 b)
— 2. κεκράξομαι πρὸς τὸν θ. τὸν ὕψιστον τὸν θ. τὸν εὐεργετήσαντά με (4 b, 3)
— 3. ἐξαπέστειλεν ὁ θ. τὸ ἔλεος αὐτοῦ (4 b)
— 5. ὑψώθητι ἐπὶ τοὺς οὐρανούς, ὁ θ. (4 b)
— 7. ἑτοίμη ἡ καρδία μου, ὁ θ. (4 b)
— 11. ὑψώθητι ἐπὶ τοὺς οὐρανοὺς ὁ θ. (4 b)
57 (58). 6. ὁ θ. συνέτριψε [B^2 S^2 συντρίψει] τοὺς ὀδόντας αὐτῶν (4 b)
— 11. ἄρα ἐστὶν ὁ θ. κρίνων αὐτοὺς ἐν τῇ γῇ (4 b)
58 (59). 1. ἐξελοῦ με [S^1 με, κύριε,] ἐκ τῶν ἐχθρῶν μου, ὁ θ. [S^1 θ. μου] (4 b)
— 5. B S^1 κύριε ὁ θ. τῶν δυνάμεων ὁ θ. Ἰσραήλ [S^2 R τοῦ Ἰ.] (4 b, 4 b)
— 9. B S^1 ὅτι [S^2 R ὅτι σὺ] ὁ [B om.] θ. ἀντιλήπτωρ μου εἶ [S om.] (4 b)
— 10. ὁ θ. μου τὸ ἔλεος αὐτοῦ προφθάσει με ὁ θ. μου δείξει μοι ἐν τοῖς ἐχθροῖς μου (4 b, 4 b)
— 13. ὁ θ. τοῦ Ἰακὼβ δεσπόζει τῶν περάτων τῆς γῆς (4 b)
— 17. σοὶ ψαλῶ, ὁ θ. μου [S^2 om. ὁ θ. μ.] -
— 17. ἀντιλήπτωρ [S^2 ὁ θ., ἀ.] μου εἶ, ὁ θ. μου τὸ ἔλεός μου (4 b, 4 b)
59 (60). 1. ὁ θ., ἀπώσω ἡμᾶς (4 b)
— 6. ὁ θ. ἐλάλησεν ἐν τῷ ἁγίῳ αὐτοῦ (4 b)

● = correction on page xxvi

Ps. 59 (60). 10. οὐχὶ σύ, ὁ θ., ὁ ἀπωσάμενος ἡμᾶς (4 *b*)
— 10. οὐκ ἐξελεύσῃ, ὁ θ., ἐν ταῖς δυνάμεσιν ἡμῶν (4 *b*)
— 12. ἐν τῷ θ. ποιήσομεν δύναμιν (4 *b*)
60 (61). 1. εἰσάκουσον, ὁ θ. [B^{1} *om.* ὁ θ.], τῆς δεήσεώς μου (4 *b*)
— 5. σύ, ὁ θ., εἰσήκουσας τῶν προσευχῶν μου (4 *b*)
— 7. διαμενεῖ εἰς τὸν αἰῶνα ἐνώπιον τοῦ θ. (4 *b*)
61 (62). 1. οὐχὶ τῷ θ. ὑποταγήσεται ἡ ψυχή μου (4 *b*)
— 2. αὐτὸς θεός [B^{1} ὁ θ.] μου καὶ σωτήρ μου (10)
— 5. τῷ θ. ὑποτάγηθι ἡ ψυχή μου (4 *b*)
— 6. αὐτὸς θεός μου καὶ σωτήρ μου (10)
— 7. ἐπὶ τῷ θ. τὸ σωτήριόν μου καὶ ἡ δόξα μου ὁ θ. τῆς βοηθείας μου καὶ ἡ ἐλπίς μου ἐπὶ τῷ θ. (4 *b*, 10, 4 *b*)
— 8. ὁ θ. βοηθὸς ἡμῶν (4 *b*)
— 11. ἅπαξ ἐλάλησεν ὁ θ. δύο ταῦτα ἤκουσα ὅτι τὸ κράτος τοῦ θ. (4 *b*, 4 *b*)
62 (63). 1. ὁ θ. ὁ θ. μου, πρὸς σὲ ὀρθρίζω (4 *b*, 3)
— 11. ὁ δὲ βασιλεὺς εὐφρανθήσεται ἐπὶ τῷ θ. [S^{1} κυρίῳ] (4 *b*)
63 (64). 1. εἰσάκουσον, ὁ θ., τῆς προσευχῆς μου (4 *b*)
— 7. ὑψωθήσεται ὁ θ. (4 *b*)
— 9. ἀνήγγειλαν τὰ ἔργα τοῦ θ. (4 *b*)
64 (65). 1. σοὶ πρέπει ὕμνος, ὁ θ., ἐν Σιών (4 *b*)
— 5. ἐπάκουσον ἡμῶν, ὁ θ. ὁ σωτὴρ ἡμῶν (4 *b*)
— 9. ὁ ποταμὸς τοῦ θ. ἐπληρώθη ὑδάτων (4 *b*)
65 (66). 1. ἀλαλάξατε τῷ θ. πᾶσα ἡ γῆ (4 *b*)
— 3. εἴπατε τῷ θ. (4 *b*)
— 5. ἴδετε τὰ ἔργα τοῦ θ. (4 *b*)
— 8. εὐλογεῖτε ἔθνη τὸν θ. ἡμῶν (4 *b*)
— 10. ἐδοκίμασας ἡμᾶς, ὁ θ. (4 *b*)
— 16. S^{2}R πάντες οἱ φοβούμενοι τὸν θ. [B S^{1} κύριον] (4 *b*)
— 19. εἰσήκουσέ μου ὁ θ. (4 *b*)
— 20. εὐλογητὸς ὁ θ. (4 *b*)
66 (67). 1. ὁ θ., οἰκτειρήσαι ἡμᾶς (4 *b*)
— 3, 5. ἐξομολογησάσθωσάν σοι λαοί, ὁ θ. (4 *b*)
— 6. εὐλογήσαι ἡμᾶς ὁ θ. ὁ θ. ἡμῶν (4 *b*, 4 *b*)
— 7. εὐλογήσαι ἡμᾶς ὁ θ. (4 *b*)
67 (68). 1. ἀναστήτω ὁ θ. (4 *b*)
— 2. οὕτως ἀπόλοιντο οἱ ἁμαρτωλοὶ ἀπὸ προσώπου τοῦ θ. (4 *b*)
— 3. ἀγαλλιάσθωσαν ἐνώπιον τοῦ θ. (4 *b*)
— 4. ᾄσατε τῷ θ. (4 *b*)
— 5. ὁ θ. ἐν τόπῳ ἁγίῳ αὐτοῦ (4 *b*)
— 6. ὁ θ. κατοικίζει μονοτρόπους ἐν οἴκῳ (4 *b*)
— 7. ὁ θ., ἐν τῷ ἐκπορεύεσθαί σε (4 *b*)
— 8. οἱ οὐρανοὶ ἔσταξαν ἀπὸ προσώπου τοῦ θ. (4 *b*)
— 8. ἀπὸ προσώπου τοῦ θ. Ἰσραήλ [S^{1} *al.*] (4 *b* + 4 *b*)
— 9. βροχὴν ἑκούσιον ἀφοριεῖς, ὁ θ. (4 *b*)
— 11 (12). ὁ θ. κύριος δώσει ῥῆμα (4 *b*)
— 15. ὄρος τοῦ θ. ὄρος πίον (4 *b*)
— 16. ὃ εὐδόκησεν ὁ θ. [S *om.* ὁ θ.] κατοικεῖν ἐν αὐτῷ (4 *b*)
— 17. τὸ ἅρμα τοῦ θ. μυριοπλάσιον (4 *b*)
— 19 (18). κύριος ὁ θ. εὐλογητός (4 *b*)
— 19. κατευοδώσει ἡμῖν ὁ θ. τῶν σωτηρίων ἡμῶν (3)
— 20. ὁ θ. ἡμῶν ὁ [S^{1} *om.*] θ. τοῦ σώζειν (3, 3)
— 21. ὁ θ. συνθλάσει κεφαλὰς ἐχθρῶν αὐτοῦ (4 *b*)
— 24. ἐθεωρήθησαν αἱ πορεῖαί σου, ὁ θ., αἱ πορεῖαι τοῦ θ. μου (4 *b*, 3)
— 26. ἐν ἐκκλησίαις εὐλογεῖτε τὸν θ. (4 *b*)
— 28. ἔντειλαι, ὁ [B^{1} *om.*] θ., τῇ δυνάμει σου δυνάμωσον, ὁ θ., τοῦτο (4 *b*, 4 *b*)
— 31. Αἰθιοπία προφθάσει χεῖρα αὐτῆς τῷ θ. [S^{1} κυρίῳ] (4 *b*)
— 32. ᾄσατε τῷ θ. [S^{1} κυρίῳ] (4 *b*)
— 32. S^{1} ψάλατε τῷ θ. [B S^{2} κυρίῳ] (2)
— 33. B ψάλατε τῷ θ. –
— 34. δότε δόξαν τῷ θ. (4 *b*)
— 35. θαυμαστὸς ὁ θ. ἐν τοῖς ὁσίοις [S ἁγίοις] αὐτοῦ, ὁ θ. Ἰσραήλ (4 *b*, 3)
— 35. εὐλογητὸς ὁ θ. (4 *b*)
68 (69). 1. σῶσόν με, ὁ θ. (4 *b*)
— 3. B S ἀπὸ τοῦ ἐλπίζειν [B^{1} ἐγγίζειν] ἐπὶ [R με ἐπὶ] τὸν θ. μου (4 *b*)
— 5. ὁ θ., σὺ ἔγνως τὴν ἀφροσύνην μου (4 *b*)
— 6. ὁ θ. τοῦ Ἰσραήλ (4 *b*)
— 13. ὁ θ., ἐν τῷ πλήθει τοῦ ἐλέους σου (4 *b*)
— 29. S ἡ σωτηρία τοῦ προσώπου [S^{2} *om.* τ. πρ.] σου, ὁ θ. [B *om.*] (4 *b*)
— 30. BS^{1} αἰνέσω τὸ ὄνομα τοῦ θ. [S^{3}R θ. μου] (4 *b*)

Ps. 68 (69). 31. ἀρέσει τῷ θ. ὑπὲρ μόσχον νέον (7 *a*)
— 32. ἐκζητήσατε τὸν θ. (4 *b*)
— 35. ὁ θ. σώσει τὴν Σιών (4 *b*)
69 (70). 1. ὁ θ., εἰς τὴν βοήθειάν μου πρόσχες (4 *b* ?)
— 4. μεγαλυνθήτω ὁ θ. (4 *b*)
— 5. ὁ θ., βοήθησόν μοι (4 *b*)
70 (71). 1. B ὁ θ., ἐπὶ σοὶ ἤλπισα [S R *al.*] (7 *a*)
— 3. γενοῦ μοι εἰς θεὸν ὑπερασπιστήν (10)
— 4. S R ὁ θ. μου [B *om.*], ῥῦσαί με (4 *b*)
— 11. ὁ θ. ἐγκατέλιπεν αὐτόν (4 *b*)
— 12. ὁ θ. [B^{2}S^{2} θ. μου], μὴ μακρύνῃς ἀπ' ἐμοῦ (4 *b*)
— 12. S R ὁ θ. μου, εἰς τὴν βοήθειάν μου πρόσχες (4 *b*)
— 17. ἐδίδαξάς με, ὁ θ. [S^{2} *al.*] (4 *b*)
— 18. ὁ θ. [S θ. μου], μὴ ἐγκαταλίπῃς με (4 *b*)
— 19. τὴν δικαιοσύνην σου, ὁ θ., ἕως ὑψίστων (4 *b*)
— 19. ὁ θ., τίς ὅμοιός σοι (4 *b*)
— 22. S R τὴν ἀλήθειάν σου, ὁ θ. [B *om.* ὁ θ.] (4 *b*)
— 22. B ψαλῶ σοι, ὁ θ. [S R *om.* ὁ θ.] –
71 (72). 1. ὁ θ., τὸ κρίμα σου τῷ βασιλεῖ δὸς (4 *b*)
— 18. εὐλογητὸς κύριος ὁ θ. Ἰσραήλ (4 *b* + 4 *b*)
72 (73). 1. ὡς ἀγαθὸς ὁ θ. τῷ Ἰσραήλ (4 *b*)
— 11. πῶς ἔγνω ὁ θ. (3)
— 17. ἕως εἰσέλθω εἰς τὸ ἁγιαστήριον τοῦ θ. (3)
— 26. ὁ θ. τῆς καρδίας μου, καὶ ἡ μερίς μου ὁ θ. εἰς τὸν αἰῶνα (10, 4 *b*)
— 28. S R ἐμοὶ δὲ τὸ προσκολλᾶσθαι τῷ θ. [B κυρίῳ] ἀγαθόν ἐστι (4 *b*)
73 (74). 1. ἵνα τί ἀπώσω, ὁ θ., εἰς τέλος (4 *b*)
— 8. S καταπαύσωμεν τὰς ἑορτὰς τοῦ θ. [B R ἑ. κυρίου] ἀπὸ τῆς γῆς (3)
— 10. ἕως πότε, ὁ θ. [S^{1} *om.* ὁ θ.], ὀνειδιεῖ ὁ ἐχθρός (4 *b*)
— 12. ὁ δὲ θ. [B^{1} *om.*] βασιλεὺς ἡμῶν πρὸ αἰῶνος (4 *b*)
— 22. ἀνάστα, ὁ θ. (4 *b*)
74 (75). 1. ἐξομολογησόμεθά σοι, ὁ θ. (4 *b*)
— 5. μὴ λαλεῖτε κατὰ τοῦ θ. ἀδικίαν +
— 7. ὁ θ. κριτής ἐστι (4 *b*)
— 9. ψαλῶ τῷ θ. Ἰακώβ (4 *b*)
75 (76). 1. γνωστὸς ἐν τῇ Ἰουδαίᾳ ὁ θ. (4 *b*)
— 6. ἀπὸ ἐπιτιμήσεώς σου, ὁ θ. Ἰακώβ (4 *b*)
— 9. ἐν τῷ ἀναστῆναι εἰς κρίσιν τὸν θ. (4 *b*)
— 11. ἀπόδοτε κυρίῳ τῷ θ. ἡμῶν (4 *b*)
76 (77). 1. ἡ φωνή μου πρὸς τὸν θ. (4 *b*)
— 2. ἐν ἡμέρᾳ θλίψεώς μου τὸν θ. ἐξεζήτησα (2)
— 3. ἐμνήσθην τοῦ θ. καὶ εὐφράνθην (4 *b*)
— 9. ἢ ἐπιλήσεται τοῦ οἰκτειρῆσαι ὁ θ. (3)
— 13. ὁ θ., ἐν τῷ ἁγίῳ ἡ ὁδός σου τίς θεὸς [S^{1} *om.*] μέγας ὡς ὁ θ. ἡμῶν (4 *b*, 3, 4 *b*)
— 14. σὺ εἶ ὁ θ. [B^{1} θ. ἡμῶν] ὁ ποιῶν θαυμάσια (3)
— 16. εἴδοσάν σε ὕδατα, ὁ θ. (4 *b*)
77 (78). 7. ἵνα θῶνται ἐπὶ τὸν θ. τὴν ἐλπίδα αὐτῶν καὶ μὴ ἐπιλάθωνται τῶν ἔργων τοῦ θ. (4 *b*, 3)
— 8. οὐκ ἐπιστώθη μετὰ τοῦ θ. τὸ πνεῦμα αὐ. (3)
— 10. οὐκ ἐφύλαξαν τὴν διαθήκην τοῦ θ. (4 *b*)
— 18. ἐξεπείρασαν τὸν θ. ἐν ταῖς καρδίαις αὐ. (3)
— 19. κατελάλησαν τοῦ θ., καὶ εἶπαν, Μὴ δυνήσεται ὁ θ. ἑτοιμάσαι τράπεζαν ἐν ἐρήμῳ (4 *b*, 3)
— 22. οὐκ ἐπίστευσαν ἐν τῷ θ. (4 *b*)
— 31. ὀργὴ τοῦ θ. ἀνέβη ἐπ' αὐτούς (4 *b*)
— 34. ὤρθριζον πρὸς τὸν θ. (3)
— 35. ἐμνήσθησαν ὅτι ὁ θ. βοηθὸς αὐτῶν ἐστι καὶ ὁ θ. [S^{1} *om* ὁ θ.] ὁ ὕψιστος λυτρωτὴς αὐτῶν ἐστι (4 *b*, 3)
— 41. ἐπείρασαν τὸν θ. (3)
— 56. παρεπίκραναν τὸν θ. τὸν ὕψιστον (4 *b*)
— 59. ἤκουσεν ὁ θ. [S^{1} ἤκ. κύριος] (4 *b*)
78 (79). 1. ὁ θ., ἦλθοσαν ἔθνη εἰς τὴν κληρονομίαν σου (4 *b*)
— 9. βοήθησον ἡμῖν, ὁ θ. ὁ σωτὴρ ἡμῶν (4 *b*)
— 10. ποῦ ἐστιν ὁ θ. αὐτῶν (4 *b*)
— 13. S^{2} ἀνθομολογησόμεθά σοι, ὁ θ. [BS^{1} *om.* ὁ θ.] –
79 (80). 3. ὁ θ., ἐπίστρεψον ἡμᾶς (4 *b*)
— 4. κύριε ὁ θ. τῶν δυνάμεων (4 *b*)
— 7. κύριε ὁ θ. τῶν δυνάμεων (14 *c*)
— 10. αἱ ἀναδενδράδες αὐ. τὰς κέδρους τοῦ θ. (3)
— 14. ὁ θ. τῶν δυνάμεων, ἐπίστρεψον δή (4 *b*)
— 19. κύριε ὁ θ. τῶν δυνάμεων (4 *b*)
80 (81). 1. ἀγαλλιᾶσθε τῷ θ. τῷ βοηθῷ ἡμῶν ἀλαλάξατε τῷ θ. Ἰακώβ (4 *b*, 4 *b*)
— 4. καὶ κρίμα τῷ θ. Ἰακώβ (4 *b*)

Ps. 80 (81). 9. οὐκ ἔσται ἐν σοὶ θεὸς πρόσφατος οὐδὲ προσκυνήσεις θεῷ ἀλλοτρίῳ (3, 3)
— 10. ἐγὼ γάρ εἰμι κύριος ὁ θ. σου (4 *b*)
81 (82). 1. ὁ θ. ἔστη ἐν συναγωγῇ θεῶν ἐν μέσῳ δὲ θεοὺς διακρινεῖ (4 *b*, 3, 4 *b*)
— 6. ἐγὼ εἶπα, Θεοί ἐστε (4 *b*)
— 8. ἀνάστα, ὁ θ. (4 *b*)
82 (83). 1. ὁ θ., τίς ὁμοιωθήσεταί σοι (4 *b*)
— 1. μηδὲ καταπραΰνῃς, ὁ θ. (3)
— 12. A S κληρονομήσωμεν ἑαυτοῖς τὸ ἁγιαστήριον [B θυσιαστήριον] τοῦ θ. (4 *b*)
— 13. ὁ θ. μου, θοῦ αὐτοὺς ὡς τροχόν (4 *b*)
83 (84). 2. S^{1} εἰς τὰς αὐλὰς τοῦ θ. [A B S^{2} κυρίου] (7 *a*)
— 2. ἠγαλλιάσαντο ἐπὶ θεὸν ζῶντα (3)
— 3. ὁ βασιλεύς μου καὶ ὁ θ. μου (4 *b*)
— 7. ὀφθήσεται ὁ θ. τῶν θ. ἐν Σιών (†, 4 *b*)
— 8. κύριε ὁ θ. τῶν δυνάμεων (4 *b*)
— 8. ἐνώτισαι, ὁ θ. Ἰακώβ (4 *b*)
— 9. ὑπερασπιστὰ ἡμῶν ἴδε ὁ θ. (4 *b*)
— 10. ἐξελεξάμην παραρίπτεσθαι ἐν τῷ οἴκῳ τοῦ θ. (4 *b*)
— 11. ἔλεον καὶ ἀλήθειαν ἀγαπᾷ κύριος ὁ θ. (4 *b*)
— 12. S^{2} κύριε ὁ θ. [A B S^{1} *om.* ὁ θ.] τῶν δυνάμεων (14 *d*)
84 (85). 4. ἐπίστρεψον ἡμᾶς, ὁ θ. τῶν σωτηρίων ἡμῶν (4 *b*)
— 6. ὁ θ., σὺ ἐπιστρέψας ζωώσεις ἡμᾶς –
— 8. τί λαλήσει ἐν ἐμοὶ κύριος ὁ θ. (7 *a*)
85 (86). 2. σῶσον τὸν δοῦλόν σου, ὁ θ. μου (4 *b*)
— 3. S^{1} ἦρα τὴν ψυχήν μου, ὁ θ. [A B S^{2} *om.* ὁ θ.] –
— 8. οὐκ ἔστιν ὅμοιός σοι ἐν θεοῖς, κύριε (4 *b*)
— 10. σὺ εἶ ὁ θ. μόνος (4 *b*)
— 12. ἐξομολογήσομαί σοι, κύριε ὁ θ. μου (4 *b*)
— 14. ὁ θ., παράνομοι ἐπανέστησαν ἐπ' ἐμέ (4 *b*)
— 15. σύ, κύριε ὁ θ. [S^{2} θ. μου], οἰκτίρμων (3)
86 (87). 3. δεδοξασμένα ἐλαλήθη περὶ σοῦ, ἡ πόλις τοῦ θ. (4 *b*)
87 (88). 1. κύριε ὁ θ. τῆς σωτηρίας μου (4 *b*)
88 (89). 6. καὶ τίς [A S^{2} *om.* καὶ τίς] ὁμοιωθήσεται τῷ κυρίῳ [S^{1} θεῷ] ἐν υἱοῖς θεοῦ (7 *a*, 3)
— 7. ὁ θ. ἐνδοξαζόμενος ἐν βουλῇ ἁγίων (3)
— 8. κύριε ὁ θ. τῶν δυνάμεων (4 *b*)
— 26. θ. [A ὁ θ.] μου καὶ ἀντιλήπτωρ τῆς σωτηρίας μου (3)
89 (90). *tit.* προσευχὴ τοῦ Μωυσῆ ἀνθρώπου τοῦ θ. [A S *al.*] (4 *b*)
— 17. A S^{2}R ἔστω ἡ λαμπρότης κυρίου τοῦ [B S^{1} *om.*] θ. ἡμῶν ἐφ' ἡμᾶς (4 *b*)
90 (91). 1. ἐν σκέπῃ τοῦ θ. τοῦ οὐρανοῦ αὐλισθήσεται (20)
— 2. B^{1} S^{1} ἐρεῖ τῷ θ. [A B^{2} S^{2} R κυρίῳ] ἀντιλήπτωρ μου εἶ καὶ καταφυγή μου, ὁ θ. μου (7 *a*, 4 *b*)
91 (92). 13. ἐν ταῖς αὐλαῖς τοῦ θ. ἡμῶν (4 *b*)
— 15. A S εὐθὴς κύριος ὁ θ. ἡμῶν [B μου] (10)
93 (94). 1. θεὸς [B^{1} ὁ θ.] ἐκδικήσεων κύριος, ὁ [A B^{a} S^{2} *om.*] θ. ἐκδικήσεων ἐπαρρησιάσατο (3, 3)
— 7. οὐδὲ συνήσει ὁ θ. τοῦ Ἰακώβ (4 *b*)
— 22. καὶ ὁ θ. μου εἰς βοηθὸν ἐλπίδος μου (4 *b*)
— 23. ἀφανιεῖ αὐτοὺς κύριος ὁ θ. ἡμῶν (4 *b*)
94 (95). 1. ἀλαλάξωμεν τῷ θ. τῷ σωτῆρι ἡμῶν (10)
— 3. ὅτι θεὸς μέγας κύριος καὶ βασ. μέγας ἐπὶ πάντας τοὺς θ. [A S^{2} *al.*] (3, 4 *b*)
— 7. αὐτός ἐστιν ὁ θ. ἡμῶν (4 *b*)
95 (96). 4. φοβερός ἐστιν ἐπὶ πάντας τοὺς θ. (4 *b*)
— 5. πάντες οἱ θ. τῶν ἐθνῶν δαιμόνια (4 *b*)
96 (97). 9. σφόδρα ὑπερυψώθης ὑπὲρ [S ἐπὶ] πάντας τοὺς θ. (4 *b*)
97 (98). 3. εἴδοσαν πάντα τὰ πέρατα τῆς γῆς τὸ σωτήριον τοῦ θ. ἡμῶν (4 *b*)
— 4. ἀλαλάξατε τῷ θ. [A B^{2} S κυρίῳ] πᾶσα ἡ γῆ (7 *a*)
98 (99). 5. ὑψοῦτε κύριον τὸν θ. ἡμῶν (4 *b*)
— 8. κύριε ὁ θ. ἡμῶν, σὺ ἐπήκουες αὐτῶν· ὁ θ., εὐίλατος ἐγίνου αὐτοῖς (4 *b*, 3)
— 9. ὑψοῦτε κύριον τὸν θ. ἡμῶν (4 *b*)
— 9. ἅγιος κύριος ὁ θ. ἡμῶν (4 *b*)
99 (100). 3. γνῶτε ὅτι κύριος αὐτός ἐστιν ὁ θ. [A S^{2} θ. ἡμῶν] (4 *b*)
103 (104). 1. B κύριε [A S R *om.*] κύριε ὁ θ. μου (14 *c* [4 *b*])
— 21. ζητῆσαι παρὰ τοῦ θ. βρῶσιν αὐτοῖς (3)

Ps. 103 (104). 33. A^{2}B S ψαλῶ τῷ θ. μου ἕως ὑπάρχω (4 *b*)
104 (105). 7. αὐτὸς κύριος ὁ θ. ἡμῶν (4 *b*)
105 (106). 14. ἐπείρασαν τὸν θ. ἐν ἀνύδρῳ (3)
— 21. A S ἐπελάθοντο [B *add.* τοῦ] θεοῦ [S^1 κυρίου] τοῦ σώζοντος αὐτούς (3)
— 47. σῶσον ἡμᾶς, κύριε ὁ θ. ἡμῶν (4 *b*)
— 48. εὐλογητὸς κύριος ὁ θ. Ἰσραήλ (4 *b*)
106 (107). 11. παρεπίκραναν τὰ λόγια τοῦ θ. (3)
107 (108). 1. ἑτοίμη ἡ καρδία μου, ὁ θ. (4 *b*)
— 5. ὑψώθητι ἐπὶ τοὺς οὐρανούς, ὁ θ. (4 *b*)
— 7. ὁ θ. ἐλάλησεν ἐν τῷ ἁγίῳ αὐτοῦ (4 *b*)
— 11. οὐχὶ σύ, ὁ θ., ὁ ἀπωσάμενος ἡμᾶς; καὶ οὐκ ἐξελεύσῃ, ὁ θ., ἐν ταῖς δυνάμεσιν ἡμῶν (4 *b*, 4 *b*)
— 13. ἐν τῷ θ. ποιήσομεν δύναμιν (4 *b*)
108 (109). 1. ὁ θ., τὴν αἴνεσίν μου μὴ παρασιωπήσῃς (4 *b*)
— 26. βοήθησόν μοι, κύριε ὁ θ. μου (4 *b*)
111 (112). 4. A δίκαιος κ. ὁ θ. [S *om.* κ. ὁ θ.] –
112 (113). 5. τίς ὡς κύριος ὁ θ. ἡμῶν (4 *b*)
113 (114). 7. ἀπὸ προσώπου τοῦ θ. Ἰακώβ (4 *a*)
113. 10 (115. 2). ποῦ ἐστιν ὁ θ. αὐτῶν (4 *b*)
— 11 (115. 3). ὁ δὲ θ. ἡμῶν ἐν τῷ οὐρανῷ (4 *b*)
114 (116). 1. S^1 εἰσακούσεται ὁ θ. [A S^2 R εἰσ. κύριος] (7 *a*)
— 5. ὁ [S^1 κ. ὁ] θ. ἡμῶν ἐλεεῖ (4 *b* [14 *c*])
117 (118). 27. θεὸς κύριος καὶ ἐπέφανεν ἡμῖν (3)
— 28. θεός μου εἶ σὺ καὶ ἐξομολογήσομαί σοι θεός μου εἶ σὺ καὶ ὑψώσω σε (3, 4 *b*)
118 (119). 115. ἐξερευνήσω τὰς ἐντολὰς τοῦ θ. μου (4 *b*)
121 (122). 9. ἕνεκα τοῦ οἴκου κυρίου τοῦ θ. ἡμῶν (4 *b*)
122 (123). 2. οὕτως οἱ ὀφθ. ἡμῶν πρὸς κ. τὸν θ. ἡμῶν (4 *b*)
131 (132). 2. ηὔξατο τῷ θ. Ἰακώβ (1)
— 5. ἕως οὗ εὕρω . . . σκήνωμα τῷ θ. Ἰακώβ (1)
133 (134). 1. ἐν αὐλαῖς οἴκου θεοῦ ἡμῶν –
134 (135). 2. ἐν αὐλαῖς οἴκου θεοῦ ἡμῶν (4 *b*)
— 5. ὁ κύριος ἡμῶν παρὰ πάντας τοὺς θ. (4 *b*)
135 (136). 2. ἐξομολογεῖσθε τῷ θ. τῶν θ. (4 *b*, 4 *b*)
— 26. S^{2}R ἐξομολογεῖσθε τῷ θ. [AS^1 κυρίῳ] τοῦ οὐρ. (3)
138 (139). 17. ἐμοὶ δὲ λίαν ἐτιμήθησαν οἱ φίλοι σου, ὁ θ. (3)
— 19. ἐὰν ἀποκτείνῃς ἁμαρτωλοὺς [S^1 ἐξαμ.], ὁ θ. (4 *a*)
— 23. δοκίμασόν με, ὁ θ. [A με, κύριε] (3)
139 (140). 6. θεός μου εἶ σύ (3)
141 (142). 1. A καὶ ἡ φωνή μου πρὸς τὸν θ. [B S *al.*] (7 *a*)
142 (143). 10. B S ὅτι θεός μου εἶ σύ (4 *b*)
143 (144). 1. εὐλογητὸς κύριος ὁ θ. μου (10)
— 9. ὁ θ., ᾠδὴν καινὴν ᾄσομαί σοι (4 *b*).
— 15. οὗ [S^1 σου] κύριος ὁ θ. αὐτοῦ [S^1 αὐτοῦ ἐστιν] (4 *b*)
144 (145). 1. ὑψώσω σε, ὁ θεός [S^1 σε, θεέ] μου [A^1 *om.*] (4 *b*)
145 (146). 2. ψαλῶ τῷ θ. μου ἕως ὑπάρχω (4 *b*)
— 5. ABS^1 οὗ ὁ θ. Ἰακὼβ βοηθὸς [S^{2}R β. αὐτοῦ] ἡ ἐλπὶς αὐτοῦ ἐπὶ κ. τὸν θ. αὐτοῦ (3, 4 *b*)
— 10. βασιλεύσει . . . ὁ θ. σου, Σιών (4 *b*)
146 (147). 1. τῷ θ. ἡμῶν ἡδυνθείη αἴνεσις (4 *b*)
— 7. ψάλατε τῷ θ. ἡμῶν ἐν κιθάρᾳ (4 *b*)
147. 1 (12). αἴνει τὸν θ. σου, Σιών (4 *b*)
149. 6. αἱ ὑψώσεις τοῦ [S^1 *om.*] θ. ἐν λάρυγγι αὐτῶν (3)
150. 1. αἰνεῖτε τὸν θ. ἐν τοῖς ἁγίοις αὐτοῦ (3)
Pr. 1. 7. B S ἀρχὴ σοφίας φόβος θεοῦ [A R κυρίου] (7 *a*)
— 7. εὐσέβεια δὲ εἰς θεὸν ἀρχὴ [A ἀρετὴ] αἰσθήσεως –
2. 5. ἐπίγνωσιν θεοῦ εὑρήσεις (4 *b*)
3. 5. ἴσθι πεποιθὼς ἐν ὅλῃ τῇ καρδίᾳ ἐπὶ θεῷ (7 *a*)
— 7. φοβοῦ δὲ τὸν θ. (7 *a*)
— 19. ὁ θ. τῇ σοφίᾳ ἐθεμελίωσε τὴν γῆν (7 *a*)
— 33. κατάρα θεοῦ ἐν οἴκοις ἀσεβῶν (7 *a*)
4. 27. ὁδοὺς γὰρ τὰς ἐκ δεξιῶν οἶδεν ὁ θ. –
5. 21. ἐνώπιον γάρ εἰσι τῶν τοῦ θ. ὀφθαλμῶν ὁδοὶ ἀνδρός (7 *a*)
6. 16. χαίρει πᾶσιν οἷς μισεῖ ὁ θ. [A S κύριος] (7 *a*)
15. 29. μακρὰν ἀπέχει ὁ θ. ἀπὸ ἀσεβῶν (7 *a*)
16. 1 (9). ἵνα ὑπὸ τοῦ θ. διορθωθῇ τὰ διαβήματα αὐτοῦ (7 *a*)
— 1 (15. 33). B S φόβος θεοῦ [A R κυρίου] παιδεία (7 *a*)

Pr. 16. 4. πάντα τὰ ἔργα τοῦ ταπεινοῦ φανερὰ παρὰ τῷ θ. †
— 5. ἀκάθαρτος παρὰ θεῷ [A τῷ θ.] πᾶς ὑψηλοκάρδιος (7 *a*)
— 5. δεκτὰ δὲ παρὰ θεῷ [S *al.*] –
— 20. πεποιθὼς δὲ ἐπὶ θεῷ [A κυρίῳ] μακαριστός (7 *a*)
17. 3. A οὕτως ἐκλεκταὶ καρδίαι [S^1 -δία ἐκλέγεται] παρὰ θεῷ [BS κυρίῳ] (7 *a*)
— 15. ἀκάθαρτος καὶ βδελυκτὸς παρὰ θεῷ (7 *a*)
18. 22. ἔλαβε δὲ παρὰ θεοῦ [AS^2 κυρίου] ἱλαρότητα (7 *a*)
— 22 (19. 3). τὸν δὲ θ. αἰτιᾶται τῇ καρδίᾳ (7 *a*)
19. 14. B S παρὰ δὲ θεοῦ [A R κυρίου] ἁρμόζεται γυνή (7 *a*)
— 17. δανείζει θεῷ ὁ ἐλεῶν πτωχόν (7 *a*)
21. 1. οὕτως καρδία βασιλέως ἐν χειρὶ θεοῦ (7 *a*)
— 3. ποιεῖν δίκαια καὶ ἀληθεύειν ἀρεστὰ παρὰ θεῷ (7 *a*)
— 8. πρὸς τοὺς σκολιοὺς σκολιὰς ὁδοὺς ἀποστέλλει ὁ θ. †
22. 8. ἄνδρα ἱλαρὸν καὶ δότην εὐλογεῖ ὁ θ. –
24. 21. φοβοῦ τὸν θ. (7 *a*)
— 24 (30. 1). τάδε λέγει ὁ ἀνὴρ τοῖς πιστεύουσι θεῷ †
— 26 (30. 3). θεὸς [S ὁ θ.] δεδίδαχέ με σοφίαν †
— 28 (30. 5). πάντες γὰρ λόγοι θεοῦ πεπυρωμένοι (4 *a*)
— 32 (30. 9). καὶ ὀμόσω τὸ ὄνομα τοῦ θ. (4 *b*)
— 69 (31. 1). οἱ ἐμοὶ λόγοι εἴρηνται ὑπὸ θεοῦ †
— 70 (31. 2). τί; ῥήσεις θεοῦ –
— 76 (31. 8). ἄνοιγε σὸν στόμα λόγῳ θεοῦ †
25. 2. δόξα θεοῦ κρύπτει λόγον (4 *b*)
Ec. 1. 13. περισπασμὸν πονηρὸν ἔδωκεν ὁ θ. (4 *b*)
2. 24. ἀπὸ χειρὸς τοῦ θεοῦ ἐστιν (4 *b*)
— 26. τοῦ δοῦναι τῷ ἀγαθῷ πρὸ προσώπου τοῦ θ. (4 *b*)
3. 10. τὸν περισπασμὸν [A πειρασμὸν] ὃν ἔδωκεν ὁ θ. (4 *b*)
— 11. τὸ ποίημα ὃ ἐποίησεν ὁ θ. (4 *b*)
— 13. δόμα [A τοῦτο δόμα] θεοῦ ἐστιν (4 *b*)
— 14. πάντα ὅσα ἐποίησεν ὁ θ. (4 *b*)
— 14. ὁ θ. ἐποίησεν (4 *b*)
— 15. ὁ θ. ζητήσει τὸν διωκόμενον (4 *b*)
— 17. σὺν τὸν ἀσεβῆ κρινεῖ ὁ θ. (4 *b*)
— 18. διακρινεῖ αὐτοὺς ὁ θ. (4 *b*)
4. 17. εἰς οἶκον [A τὸν οἶ.] τοῦ [S *om.*] θεοῦ (4 *b*)
5. 1. τοῦ ἐξενέγκαι λόγον πρὸ προσώπου τοῦ θ. (4 *b*)
— 1. ὁ [S *om.*] θ. ἐν τῷ οὐρανῷ (4 *b*)
— 3. καθὼς εὔξῃ εὐχὴν τῷ θ. (4 *b*)
— 5. μὴ εἴπῃς πρὸ προσώπου [S τὸ πρ.] τοῦ θ. †
— 5. ἵνα μὴ ὀργισθῇ ὁ θ. ἐπὶ φωνῇ σου (4 *b*)
— 6. σὺ [A σὺν] τὸν θ. φοβοῦ (4 *b*)
— 17. ὧν [S^1 ἣν] ἔδωκεν αὐτῷ ὁ θ. (4 *b*)
— 18. ᾧ ἔδωκεν αὐτῷ ὁ θ. πλοῦτον (4 *b*)
— 18. τοῦτο δόμα θεοῦ ἐστιν (4 *b*)
— 19. ὁ θ. περισπᾷ αὐτόν (4 *b*)
6. 2. ἀνὴρ ᾧ δώσει αὐτῷ ὁ θ. πλοῦτον (4 *b*)
— 2. οὐκ ἐξουσιάσει αὐτῷ ὁ θ. τοῦ [A *om.*] φαγεῖν (4 *b*)
7. 14 (13). ἴδε τὰ ποιήματα τοῦ θ. (4 *b*)
— 14 (13). ὃν ἂν ὁ θ. διαστρέψῃ αὐτόν –
— 15 (14). σὺν τούτῳ συμφώνως τοῦτο ἐποίησεν ὁ θ. περὶ λαλιᾶς [A S *al.*] (4 *b*)
— 19 (18). φοβουμένοις [A ὁ φοβούμενος] τὸν θ. ἐξελεύσεται τὰ πάντα (4 *b*)
— 27 (26). ἀγαθὸς πρὸ προσώπου τοῦ θ. ἐξαιρεθήσεται ἀπ' αὐτῆς (4 *b*)
— 30 (29). ἐποίησεν ὁ θ. [A κύριος] σὺν τὸν ἄνθρωπον εὐθῆ (4 *b*)
8. 2. περὶ λόγου ὅρκου θεοῦ [AS *om.*] μὴ σπουδάσῃς (4 *b*)
— 12. ἐστὶν ἀγαθὸν τοῖς φοβουμ. τὸν θ. (4 *b*)
— 13. ὃς οὐκ ἔστι φοβούμ. ἀπὸ προσώπου τοῦ θ. (4 *b*)
— 15. ὅσας [AS ἃς] ἔδωκεν αὐτῷ ὁ θ. ὑπὸ τὸν ἥλιον (4 *b*)
— 17. εἶδον σύμπαντα [A S σὺν πάντα] τὰ ποιήματα τοῦ θ. (4 *b*)
9. 1. αἱ ἐργασίαι αὐτῶν ἐν χειρὶ τοῦ θ. (4 *b*)
— 7. εὐδόκησεν ὁ θ. τὰ ποιήματά σου (4 *b*)
11. 5. οὐ γνώσῃ τὰ ποιήματα τοῦ θ. (4 *b*)
— 9. ἄξει σε ὁ θ. ἐν κρίσει (4 *b*)
12. 7. καὶ τὸ πνεῦμα ἐπιστρέψῃ πρὸς τὸν θ. (4 *b*)
— 13. τὸν θ. φοβοῦ (4 *b*)

Ec. 12. 14. σύμπαν [A S σὺν πᾶν] τὸ ποίημα ὁ θ. ἄξει ἐν κρίσει (4 *b*)
Wi. 1. 3. σκολιοὶ γὰρ λογισμοὶ χωρίζουσιν ἀπὸ θεοῦ
— 6. τῶν νεφρῶν αὐτοῦ μάρτυς ὁ θ.
— 13. ὁ θ. θάνατον οὐκ ἐποίησεν
2. 13. ἐπαγγέλλεται γνῶσιν ἔχειν θεοῦ
— 16. ἀλαζονεύεται πατέρα θεόν
— 18. εἰ γάρ ἐστιν ὁ δίκαιος υἱὸς θεοῦ
— 22. οὐκ ἔγνωσαν μυστήρια θεοῦ [B^1 αὐτοῦ]
— 23. ὁ θ. ἔκτισε τὸν ἄνθρωπον ἐπ' ἀφθαρσίᾳ
3. 1. δικαίῳ δὲ ψυχαὶ ἐν χειρὶ θεοῦ
— 5. ὁ θ. ἐπείρασεν αὐτούς
4. 1. παρὰ θεῷ γινώσκεται καὶ παρὰ ἀνθρώποις
— 10. εὐάρεστος τῷ [A B^2 *om.*] θ. γενόμενος
5. 5. πῶς κατελογίσθη ἐν υἱοῖς θεοῦ
6. 4. οὐδὲ κατὰ τὴν βουλὴν τοῦ θ. ἐπορεύθητε
— 19. ἀφθαρσία δὲ ἐγγὺς εἶναι ποιεῖ θεοῦ
7. 14. πρὸς θεὸν ἐστείλαντο φιλίαν
— 15. ἐμοὶ δὲ δῴη ὁ θ. εἰπεῖν κατὰ γνώμην
— 25. ἀτμὶς γάρ ἐστι τῆς τοῦ θ. δυνάμεως
— 26. ἔσοπτρον ἀκηλίδωτον τῆς τοῦ θ. ἐνεργείας
— 27. φίλους θεοῦ καὶ προφήτας κατασκευάζει
— 28. οὐθὲν γὰρ ἀγαπᾷ ὁ θ.
8. 3. εὐγένειαν δοξάζει συμβίωσιν θεοῦ ἔχουσα
— 4. μύστις γάρ ἐστι τῆς τοῦ θ. ἐπιστήμης
— 20. ἐὰν μὴ ὁ θ. δῷ
9. 1. θεὲ πατέρων καὶ κύριε τοῦ ἐλέους σου
— 13. τίς γὰρ ἄνθρωπος γνώσεται βουλὴν θεοῦ
10. 5. ἐτήρησεν αὐτὸν ἄμεμπτον θεῷ
— 10. ἔδειξεν αὐτῷ βασιλείαν θεοῦ
12. 7. ἵνα [S^1 κατὰ] ἀξίαν ἀποικίαν δέξηται θεοῦ παίδων
— 13. οὔτε γὰρ θεός ἐστι πλήν σου
— 24. θεοὺς ὑπολαμβάνοντες τὰ καὶ ἐν ζῴοις τῶν ἐχθρῶν ἄτιμα
— 26. ἀξίαν θεοῦ κρίσιν πειράσουσιν
— 27. ἐπὶ τούτοις οὓς [S^1 οὖν] ἐδόκουν θεούς
— 27. ὃν πάλαι ἠρνοῦντο εἰδέναι [S *om.*] θεὸν ἐπέγνωσαν ἀληθῆ
13. 1. οἷς παρῆν θεοῦ ἀγνωσία
— 2. ἢ φωστῆρας οὐρανοῦ πρυτάνεις κόσμου θεοὺς ἐνόμισαν
— 3. εἰ μὲν τῇ καλλονῇ τερπόμενοι θεοὺς [A ταῦτα θ., S^1 ταῦθ', S^2 τοῦθ'] ὑπελάμβανον
— 6. τάχα πλανῶνται θεὸν ζητοῦντες
— 10. οἵτινες ἐκάλεσαν θεοὺς ἔργα χειρῶν ἀνθρώπων
14. 8. τὸ δὲ φθαρτὸν θεὸς ὠνομάσθη
— 9. μισητὰ θεῷ καὶ ὁ ἀσεβῶν καὶ ἡ ἀσέβεια αὐτοῦ
— 11. ἐν κτίσματι θεοῦ εἰς βδέλυγμα ἐγενήθησαν
— 15. τὸν τότε [A ποτὲ] νεκρὸν νῦν ὡς θεὸν ἐτίμησε
— 22. τὸ πλανᾶσθαι περὶ τὴν τοῦ θ. γνῶσιν
— 30. κακῶς ἐφρόνησαν περὶ θεοῦ
15. 1. σὺ δὲ ὁ θ. ἡμῶν χρηστὸς καὶ ἀληθής
— 8. θεὸν μάταιον ἐκ τοῦ αὐτοῦ πλάσσει πηλοῦ
— 15. πάντα τὰ εἴδωλα τῶν ἐθνῶν ἐλογίσαντο θεούς
— 16. οὐδεὶς γὰρ . . . ἰσχύει πλάσαι θεόν
— 19. ἐκπέφευγε δὲ καὶ τὸν τοῦ θ. ἔπαινον
16. 18. θεοῦ κρίσει ἐλαύνονται [A -ωνται]
18. 13. ὡμολόγησαν θεοῦ υἱὸν λαὸν εἶναι
Si. 1. 14. ἀρχὴ σοφίας φοβεῖσθαι τὸν θ. [A S κύριον]
2. 1. εἰ προσέρχῃ δουλεύειν κυρίῳ θεῷ [A S *om.*]
4. 28. κύριος ὁ θ. πολεμήσει ὑπὲρ σοῦ
7. 9. ἐν τῷ προσενέγκαι με θεῷ [S κυρίῳ] ὑψίστῳ προσδέξεται
16. 18. ὁ οὐρανὸς τοῦ οὐρανοῦ τοῦ θ. [A S *om.* τοῦ θ.]
18. 24. S^1 μνήσθητι θεοῦ [A B S^2 θυμοῦ] ἐν ἡμέραις [S -ρᾳ] τελευτῆς
21. 6. A ὁ φοβούμενος τὸν θ. [B S φ. κύριον] ἐπιστρέψει ἐν καρδίᾳ
23. 1. A κύριε, πατὴρ καὶ θεὸς [B S πάτερ καὶ δέσποτα] ζωῆς μου
— 4. κύριε, πάτερ καὶ θεὲ ζωῆς μου
24. 23. ταῦτα πάντα βίβλος διαθήκης θεοῦ ὑψίστου
32 (35). 8. S δόξασον τὸν κύριον θ. [A B *om.*]
33 (36). 1. ἐλέησον ἡμᾶς, δέσποτα [A *om.*] ὁ θ. πάντων
— 5. οὐκ ἔστι θεὸς πλὴν σοῦ, κύριε
36. 22 (19). κύριος εἶ ὁ θ. τῶν αἰώνων
40. 26. S^1 ὑπὲρ ἀμφότερα φόβος θεοῦ [A B S^2 κυρίου]
— 26. S^1 οὐκ ἔστιν ἐν [B *om.*] φόβῳ θεοῦ [A B S^2 κυρίου] ἐλάττωσις
41. 8. ἐγκατελίπετε νόμον θεοῦ [S *om.*] ὑψίστου

Si. 41. 19. ἀπὸ ἀληθείας θεοῦ καὶ διαθήκης
45. 1. ἠγαπημένον ὑπὸ [S ἀπὸ] θεοῦ καὶ ἀνθρώπων
47. 13. ᾧ ὁ [S^{1} ὡς] θ. κατέπαυσε κυκλόθεν
— 18. ἐν ὀνόματι κυρίου τοῦ θ. τοῦ ἐπικεκλημένου θεοῦ Ἰσραήλ
50. 17. προσκυνῆσαι τῷ κυρίῳ [S^{2} θ.] αὐτῶν [A πρ. κ.] παντοκράτορι θεῷ
— 22. καὶ νῦν εὐλογήσατε τῷ θ.
51. 1. αἰνέσω σε [A *om.*] θεὸν τὸν σωτῆρά μου
Ho. 1. 7. σώσω αὐτοὺς ἐν κυρίῳ θ. αὐτῶν (4 *b*)
— 10 (2. 1). κληθήσονται καὶ αὐτοὶ υἱοὶ θ. ζῶντος (3)
2. 23 (25). καὶ αὐτὸς ἐρεῖ, Κ. ὁ θ. μου εἶ σύ (14 *c*)
3. 1. καθὼς ἀγαπᾷ ὁ θ. τοὺς υἱοὺς Ἰ. (7 *a*)
— 1. ἐπιβλέπουσιν ἐπὶ θ. ἀλλοτρίους (4 *b*)
— 5. καὶ ἐπιζητήσουσι κ. τὸν θ. αὐτῶν (4 *b*)
4. 1. οὐδὲ ἐπίγνωσις θεοῦ ἐπὶ τῆς γῆς (4 *b*)
— 6. καὶ ἐπελάθου νόμον θεοῦ σου (4 *b*)
— 12. καὶ ἐξεπόρνευσαν ἀπὸ τοῦ θ. αὐτῶν (4 *b*)
5. 4. τοῦ ἐπιστρέψαι πρὸς τὸν θ. αὐτῶν (4 *b*)
6. 1. ἐπιστρέψωμεν πρὸς κ. τὸν θ. ἡμῶν (14 *d*)
— 7 (6). καὶ ἐπίγνωσιν θεοῦ ἢ ὁλοκαυτώματα (4 *b*)
7. 10. οὐκ ἐπέστρεψαν πρὸς κ. τὸν θ. αὐ. (4 *b*)
8. 2. ἐμὲ κεκράξονται, Ὁ θεὸς, ἐγνώκαμέν σε (4 *b*)
— 6. αὐτὸ τέκτων ἐποίησε καὶ οὐ θεός ἐστι (4 *b*)
9. 1. διότι ἐπόρνευσας ἀπὸ τοῦ θ. σου (4 *b*)
— 8. σκοπὸς Ἐ. μετὰ θεοῦ (4 *b*)
— 8. μανίαν ἐν οἴκῳ θεοῦ [A κυρίου] κατέπηξαν (4 *b*)
— 17. ἀπώσεται αὐτοὺς ὁ θεός (4 *b*)
11. 7. ὁ θεὸς ἐπὶ τὰ τίμια αὐτοῦ θυμωθήσεται †
— 9. διότι θεὸς ἐγώ εἰμι (3)
— 12 (12. 1). νῦν ἔγνω αὐτοὺς ὁ θ. (3)
— 12 (12. 1). καὶ λαὸς ἅγιος κεκλήσεται θεοῦ –
12. 3 (4). ἐνίσχυσε πρὸς θεόν [A τὸν θ.] (4 *b*)
— 5 (6). ὁ δὲ κ. ὁ θ. ὁ παντοκράτωρ ἔσται μνημόσυνον αὐτοῦ (4 *b*)
— 6 (7). καὶ σὺ ἐν θεῷ σου ἐπιστρέψεις (4 *b*)
— 6 (7). ἔγγιζε πρὸς τὸν θ. σου διὰ παντός (4 *b*)
— 9 (10). ἐγὼ δὲ κ. ὁ θ. σου ἀνήγαγόν σε (4 *b*)
13. 4. ἐγὼ δὲ κ. ὁ θ. σου ὁ στερεῶν τὸν οὐρ. (4 *b*)
— 4. καὶ θεὸν πλὴν ἐμοῦ οὐ γνώσῃ (4 *b*)
14. 1. ἀντέστη πρὸς τὸν θ. αὐτῆς (4 *b*)
— 2. ἐπιστράφηθι Ἰ., πρὸς κ. τὸν θ. σου (4 *b*)
— 3. ἐπιστράφητε πρὸς κ. τὸν θ. ὑμῶν (14 *d*)
— 4. οὐκέτι μὴ εἴπωμεν, Θεοὶ ἡμῶν (4 *b*)
Am. 2. 7. ὅπως βεβηλῶσι τὸ ὄνομα τοῦ θ. αὐ. (11)
— 8. ἔπινον ἐν τῷ οἴκῳ τοῦ θ. αὐτῶν (4 *b*)
3. 7. οὐ μὴ ποιήσῃ κύριος ὁ θ. πρᾶγμα (7 *b*)
— 8. κ. ὁ θ. ἐλάλησε (7 *b*)
— 11. τάδε λέγει κ. ὁ [A^{3} *om.*] θ. (7 *b*)
— 13. λέγει κ. ὁ θ. ὁ παντοκράτωρ (7 *b* + 4 *b* ?)
4. 3. A λέγει κ. ὁ θ. [B *om.* ὁ θ.] (14 *d*)
— 5. A B λέγει κ. ὁ θ. [R *om.* ὁ θ.] (7 *b*)
— 11. καθὼς κατέστρεψεν ὁ θ. Σόδ. (4 *b*)
— 12. ἑτοιμάζου τοῦ ἐπικαλεῖσθαι τὸν θ. σου (4 *b*)
— 13. κ. ὁ θ. ὁ παντοκράτωρ ὄνομα αὐτῷ (4 *b*)
5. 7. ὁ ποιῶν [A κ. ὁ θ. ὁ ποι.] εἰς ὕψος κρίμα –
— 8. κύριος [A κ. ὁ θ. ὁ παντοκράτωρ] ὄνομα αὐτῷ (14 *d*)
— 14. ἔσται . . . μεθ' ὑμῶν κ. ὁ θ. ὁ παντοκράτωρ (4 *b*)
— 15. ὅπως ἐλεήσῃ κ. ὁ θ. ὁ παντοκρ. τοὺς περιλοίπους (4 *b*)
— 16. τάδε λεγ. κ. ὁ θ. ὁ παντοκρ. (4 *b*)
— 26. τὸ ἄστρον τοῦ θ. ὑμῶν Ῥαιφάν (4 *b*)
— 27. λέγει κ., ὁ θ. ὁ παντοκρ. ὄνομα αὐτῷ (4 *b*)
7. 1. ἔδειξέ μοι κ. ὁ θ. [A *om.* ὁ θ.] (7 *b*)
— 4. οὕτως ἔδειξέ μοι κύριος [A κ. ὁ θ.] (7 *b*)
8. 9. λέγει κ. κ. [A κ. ὁ θ.] (7 *b*)
— 14. ζῇ ὁ θ. [A κ. ὁ θ.] σου, Δάν (4 *b* [14 *c*])
— 14. καὶ ζῇ ὁ θ. σου, Βηρσαβεέ †
9. 5. κ. κ. ὁ θ. ὁ παντοκράτωρ (14 *f*)
— 6. κύριος παντοκράτωρ [A κ. ὁ θ. ὁ π.] ὄνομα αὐτῷ (14 *d*)
— 8. οἱ ὀφθαλμοὶ κ. τοῦ θ. ἐπὶ τὴν βασιλείαν (7 *b*)
— 12. λέγει κύριος [A κ. ὁ θ.] ὁ ποιῶν ταῦτα (14 *d*)
— 15. λέγει κ. ὁ θ. παντοκράτωρ [A ὁ π.] (4 *b*)
Mi. 2. 1. οὐκ ἦραν πρὸς τὸν θ. χεῖρας αὐ. (3)
4. 2. ἀναβῶμεν . . . εἰς τὸν οἶκον τοῦ θ. Ἰ. (4 *b*)
— 5. πορευσόμεθα ἐν ὀνόματι κυρίου [A *om.* κ.] θεοῦ (4 *b* [7 *a* + 4 *b*])
— 10. ἐκεῖθεν λυτρώσεταί σε κ. ὁ θ. σου (14 *d*)
5. 4 (3). ἐν τῇ δόξῃ ὀνόματος κυρίου θ. [A τοῦ ὀν. κ. τοῦ θ.] (4 *b*)
6. 6. ἀντιλήψομαι θεοῦ μου ὑψίστου (4 *b*)
— 8. τοῦ πορεύεσθαι μετὰ κυρίου θεοῦ [A τοῦ θ.] (14 *c*)
Mi. 7. 7. ὑπομενῶ ἐπὶ τῷ θ. τῷ σωτῆρί μου (4 *b*)
— 7. εἰσακούσεταί μου ὁ θεός μου (4 *b*)
— 10. ποῦ κύριος ὁ θεός σου (4 *b*)
— 17. ἐπὶ τῷ κ. θ. ἡμῶν ἐκστήσονται (4 *b*)
— 18. τίς θεὸς ὥσπερ σύ (3)
Jl. 1. 13. ὑπνώσατε ἐν σάκκοις λειτουργοῦντες θεῷ (4 *b*)
— 13. ἀπέσχηκεν ἐξ οἴκου θεοῦ ὑμῶν θυσία (4 *b*)
— 14. εἰς οἶκον θεοῦ [S^{2} κυρίου, A S^{3} κ. θ.] ὑμῶν (7 *a* + 4 *b* [4 *b*])
— 16. ἐξ οἴκου θεοῦ ὑμῶν εὐφροσύνη (4 *b*)
2. 12. νῦν λέγει κ. ὁ θ. ὑμῶν (14 *d*)
— 13. ἐπιστράφητε πρὸς κ. τὸν θ. ὑμῶν (4 *b*)
— 14. ὑπολείψεται . . . σπονδὴν κ. τῷ θ. ἡμῶν (4 *b*)
— 17. ποῦ ἐστιν ὁ θεὸς [A κ. ὁ θ.] αὐτῶν (4 *b* [14 *c*])
— 23. εὐφραίνεσθε ἐπὶ τῷ κυρίῳ θεῷ ὑμῶν (4 *b*)
— 26. αἰνέσετε τὸ ὄνομα κ. τοῦ [A *om.*] θ. ὑμῶν (4 *b*)
— 27. ἐγὼ κ. ὁ θ. ὑμῶν (4 *b*)
3 (4). 17. ἐγὼ κ. ὁ θ. ὑμῶν ὁ κατασκηνῶν ἐν Σ. (4 *b*)
Ob. 1. 1. τάδε λέγει κ. ὁ θ. τῇ Ἰδουμαίᾳ (7 *b*)
Jn. 1. 5. ἀνεβόησαν [A ἐβόων] ἕκ. πρὸς τὸν θ. αὐ. (4 *b*)
— 6. ἀνάστα καὶ ἐπικαλοῦ τὸν θ. σου (4 *b*)
— 6. ὅπως [A εἴπως] διασώσῃ ὁ θ. ἡμᾶς (4 *b*)
— 9. τὸν κ. θ. τοῦ οὐρανοῦ ἐγὼ σέβομαι (4 *b*)
2. 2. προσηύξατο Ἰ. πρὸς κ. τὸν [S^{2} *om.*] θ. αὐτοῦ (4 *b*)
— 3. A B S^{2} ἐβόησα πρὸς κ. τὸν θ. μου (14 *d*)
— 7. κύριε ὁ θ. μου (4 *b*)
3. 3. ἡ δὲ Ν. ἦν πόλις μεγάλη τῷ θ. (4 *b*)
— 5. A S^{2} R ἐπίστευσαν [B S^{1} ἐνεπ.] οἱ ἄνδρες Ν. τῷ θ. (4 *b*)
— 8. ἀνεβόησαν πρὸς τὸν θ. ἐκτενῶς (4 *b*)
— 9. τίς οἶδεν εἰ μετανοήσει ὁ θεός (4 *b*)
— 10. καὶ εἶδεν ὁ θεὸς τὰ ἔργα αὐτῶν (4 *b*)
— 10. μετενόησεν ὁ θ. (4 *b*)
4. 6. προσέταξε κ. ὁ θ. κολοκύνθῃ (4 *b*)
— 7. προσέταξεν ὁ [A κ. ὁ] θ. σκώληκι [S^{1} *al.*] (4 *b* [14 *c*])
— 8. προσέταξεν ὁ [A κ. ὁ] θ. πνεύματι καύσωνος (4 *b* [14 *c*])
— 9. καὶ εἶπεν ὁ [A S^{3} κ. ὁ] θ. πρὸς Ἰωνᾶν (4 *b* [14 *c*])
Na. 1. 2. θεὸς ζηλωτὴς καὶ ἐκδικῶν κύριος (3)
— 14. ἐξ οἴκου θεοῦ σου ἐξολεθρεύσω τὰ γλυπτά (4 *b*)
3. 5. λέγει κ. ὁ θ. ὁ παντοκράτωρ (14 *d*)
Hb. 1. 11. αὕτη ἡ ἰσχὺς τῷ θεῷ μου (4 *a*)
— 12. κύριε ὁ θεὸς [A θ. μου] ὁ ἅγιός μου (4 *b*)
3. 3. ὁ θεὸς ἐκ Θαιμὰν ἥξει (4 *a*)
— 18. χαρήσομαι ἐπὶ τῷ θ. τῷ σωτῆρί μου (4 *b*)
— 19. κ. ὁ θ. [S^{2} θ. μου] δύναμίς μου (2)
Ze. 1. 7. εὐλαβεῖσθε ἀπὸ προσώπου κ. τοῦ θ. (7 *b*)
— 9. πληροῦντας τὸν οἶκον κυρίου θεοῦ [A τοῦ θ., S^{3} *om.*] αὐ. (14 *a*)
2. 7. ὅτι ἐπέσκεπται αὐτοὺς κ. ὁ θ. αὐτῶν (4 *b*)
— 9. λέγει κ. τῶν δυνάμεων ὁ θ. Ἰσ. (4 *b*)
— 11. ἐξολεθρεύσει πάντας τοὺς θ. τῶν ἐθνῶν (4 *b*)
3. 2. καὶ πρὸς τὸν θ. αὐτῆς οὐκ ἤγγισεν (4 *b*)
— 17. κ. ὁ θ. σου ἐν σοὶ, ὁ δυνατὸς σώσει σε (4 *b*)
Hg. 1. 12. ἤκουσε Ζ. . . . τῆς φωνῆς κ. τοῦ θ. (4 *b*)
— 12. καθότι ἐξαπέστειλεν αὐτὸν κ. ὁ θ. (4 *b*)
— 14. ἐν τῷ οἴκῳ κυρίου παντοκράτορος θεοῦ (4 *b*)
Za. 6. 15. ἐὰν . . . εἰσακούσητε τῆς φωνῆς κ. τοῦ θ. ὑμῶν (4 *b*)
8. 8. ἔσομαι αὐτοῖς εἰς θεὸν ἐν ἀληθείᾳ (4 *b*)
— 23. S R ὁ [A B *om.*] θεὸς μεθ' ὑμῶν [A μετὰ σοῦ] ἐστι (4 *b*)
9. 7. ὑπολειφθήσονται καὶ οὗτοι τῷ θ. ἡμῶν (4 *b*)
— 16. σώσει αὐτοὺς κ. ὁ θ. αὐτῶν [A *om.* ὁ θ. αὐ.] (4 *b*)
10. 3. ἐπισκέψεται κ. ὁ θεὸς . . . τὸ ποίμνιον αὐτοῦ (14 *d*)
— 6. ἐγὼ κ. ὁ θ. αὐτῶν (4 *b*)
— 12. κατισχύσω αὐτοὺς ἐν κυρίῳ θεῷ αὐ. (14 *d*)
12. 5. τοὺς κατοικοῦντας Ἱερ. ἐν κυρίῳ παντοκρ. θ. αὐ. (4 *b*)
— 8. ὁ δὲ οἶκος Δαυὶδ ὡς οἶκος θεοῦ (21)
13. 9. καὶ αὐτὸς ἐρεῖ, Κ. ὁ θ. μου (4 *b*)
14. 5. ἥξει κ. ὁ θ. μου (4 *b*)
Ma. 1. 9. ἐξιλάσκεσθε τὸ πρόσωπον τοῦ θ. ὑμῶν (3)
2. 10. οὐχὶ θεὸς εἷς ἔκτισεν ὑμᾶς (3)
— 11. καὶ ἐπετήδευσεν εἰς [S^{3} *om.*] θεοὺς ἀλλοτρίους (3)
Ma. 2. 15. τί ἄλλο ἢ σπέρμα ζητεῖ ὁ θεός (4 *b*)
— 16. A λέγει κ. ὁ θ. ὁ παντοκράτωρ θ. [B S *om.* ὁ π. θ.] Ἰσ. (14 *d*, 4 *b* [4 *b*])
— 17. οἱ παροξύνοντες τὸν θ. ἐν τοῖς λόγοις ὑμῶν (7 *a*)
— 17. ποῦ ἐστιν ὁ θεὸς τῆς δικαιοσύνης (4 *b*)
3. 6. ἐγὼ κ. ὁ θ. ὑμῶν καὶ οὐκ ἠλλοίωμαι (14 *d*)
— 8. μήτι [A S^{3} εἰ] πτερνιεῖ ἄνθρωπος θεόν (4 *b*)
— 14. μάταιος ὁ δουλεύων θεῷ (4 *b*)
— 15. ἀντέστησαν θεῷ (4 *b*)
— 18. ἀνὰ μέσον τοῦ δουλεύοντος θεῷ [A τῷ θ.] (4 *b*)
Is. 1. 10. προσέχετε νόμον [S^{1} λόγον] θεοῦ (4 *b*)
2. 2. ὁ οἶκος τοῦ θ. ἐπ' ἄκρου τῶν ὀρέων (7 *a*)
— 3. ἀναβῶμεν . . . εἰς τὸν οἶκον τοῦ θ. Ἰ. (4 *b*)
3. 17. ταπεινώσει ὁ θ. ἀρχούσας θυγατέρας Σιών (2)
4. 2. ἐπιλάμψει [A λ.] ὁ θ. ἐν βουλῇ (7 *a*)
5. 12. S^{1} τὰ δὲ ἔργα τοῦ θ. [S^{2} κυρίου, A B ἔ. κυρίου] οὐκ ἐμβλέπουσι (7 *a*)
— 16. ὁ θ. ὁ ἅγιος δοξασθήσεται (3)
— 19. S^{2} ἃ ποιῇ ὁ θ. [A B S^{1} ἃ ποιήσει] –
6. 12. μακρυνεῖ ὁ θ. τοὺς ἀνθρώπους (7 *a*)
7. 11. αἴτησαι σεαυτῷ σημεῖον παρὰ κυρίου θ. [S τοῦ θ.] σου (4 *b*)
— 17. ἐπάξει ὁ θ. ἐπὶ σὲ . . . ἡμέρας (7 *a*)
8. 8, 10. μεθ' ἡμῶν ὁ θ. (3)
— 11. A οὕτως λέγει κ. ὁ θ. [B S *om.* ὁ θ.] †
— 17. μενῶ τὸν θ. τὸν ἀποστρέψαντα τὸ πρόσωπον αὐτοῦ (7 *a*)
— 18. ἐγὼ καὶ τὰ παιδία ἅ μοι ἔδωκεν ὁ θ. (7 *a*)
— 19. οὐκ ἔθνος πρὸς θεὸν αὐτοῦ (4 *b*)
9. 6 (5). S^{2} σύμβουλος θ. [A *om.*] ἰσχυρός (3)
— 11 (10). ῥάξει ὁ θ. τοὺς ἐπανισταμένους (7 *a*)
— 17 (16). A S οὐκ εὐφρανθήσεται ὁ θ. [B κύριος] (2)
10. 20. ἔσονται πεποιθότες ἐπὶ τὸν θ. (7 *a*)
— 21. ἔσται τὸ καταλειφθὲν τοῦ Ἰ. ἐπὶ θεὸν ἰσχύοντα (3)
— 23. A S λόγον συντετμημένον ποιήσει ὁ θ. [B π. κύριος] (2 + 7 *b*)
— 24. S^{1} τάδε λέγει κύριος ὁ θ. [A B *om.* ὁ θ., S^{4} κ. κύριος] σαβ. (7 *b*)
— 26. ἐγερεῖ [A S ἐπεγ.] ὁ θ. ἐπ' αὐτούς (7 *a*)
11. 2. ἀναπαύσεται [S ἐπαν.] ἐπ' αὐτὸν πνεῦμα τοῦ θ. (7 *a*)
— 3. ἐμπλήσει αὐτὸν πνεῦμα φόβου θεοῦ (7 *a*)
12. 2. ὁ θ. μου [A^{1} *om.*] σωτήρ μου (3)
13. 6. συντριβὴ παρὰ τοῦ θ. ἥξει (12)
— 19. κατέστρεψεν ὁ θ. Σόδομα καὶ Γόμορρα (4 *b*)
14. 2. A S πληθυνθήσονται ἐπὶ τῆς γῆς τοῦ θ. [B *om.* τ. θ.] εἰς δούλους (7 *a*)
— 3. A S^{1} ἀναπαύσει σε ὁ θεός [B S^{2} σε κύριος] (7 *a*)
— 5. A S συνέτριψεν ὁ θ. [B σ. κύριος] (7 *a*)
— 27. ἃ γὰρ ὁ θ. ὁ ἅγιος βεβούλευται (7 *a*)
17. 6. τάδε λέγει κύριος ὁ θ. Ἰσραήλ (4 *b*)
— 10. κατέλιπες [A ἐγκατέλειπες] τὸν θ. τὸν σωτῆρά σου (4 *b*)
19. 3. ἐπερωτήσουσι τοὺς θ. αὐτῶν (5)
21. 10. ὁ θ. τοῦ Ἰσραὴλ ἀνήγγειλεν ἡμῖν (4 *b*)
— 17. κύριος [A S *om.*] ὁ θ. Ἰσραὴλ ἐλάλησε (4 *b* [7 *a* + 4 *b*])
23. 17. ἐπισκοπὴν ποιήσει ὁ θ. Τύρου (7 *a*)
24. 16 (15). κύριε ὁ θ. Ἰσραήλ (4 *b* ?)
— 21. ἐπάξει ὁ θ. ἐπὶ τὸν κόσμον τοῦ οὐρ. (7 *a*)
25. 1. κύριε ὁ θ. [A S θ. μου] δοξάσω σε (4 *b*)
— 8. ἀφεῖλε κύριος [A *om.*] ὁ θ. πᾶν δάκρυον (7 *b* [2 + 7 *b*])
— 9. ἰδοὺ ὁ [S κ. ὁ] θ. ἡμῶν (4 *b* [14 *c*])
— 10. ἀνάπαυσιν δώσει ὁ θ. ἐπὶ τὸ ὄρος τοῦτο (7 *a*)
26. 5. ὁ θ. ὁ μέγας ὁ αἰώνιος (6 + 7 *a* ?)
— 9. ὀρθρίζει τὸ πνεῦμά μου πρὸς σὲ, ὁ θ. –
— 12. κύριε ὁ θ. ἡμῶν, εἰρήνην δὸς ἡμῖν (14 *d*)
— 13. A B^{2} S κύριε ὁ θ. ἡμῶν (4 *b*)
27. 1. ἐπάξει ὁ θ. [S^{1} ἐ. κύριος] τὴν μάχαιραν τὴν ἁγίαν (7 *a*)
— 4. A S^{3} ἐποίησε κύριος ὁ θ. [B S^{1} *om.* ὁ θ.] πάντα –
— 12. συμφράξει [S συνταρ.] ὁ θ. [A κύριος] ἀπὸ τῆς διώρυγος (7 *a*)
28. 13. R ἔσται αὐτοῖς τὸ λόγιον τοῦ θ. [A S κ. τ. θ., B κυρίου] (7 *a* [14 *d*])
— 26. παιδευθήσῃ κρίματι θεοῦ σου [S^{1} *al.*] (4 *b*)
29. 23. τὸν θ. τοῦ Ἰσραὴλ φοβηθήσονται (4 *b*)
30. 9. οὐκ ἠβούλοντο ἀκούειν τὸν νόμον τοῦ θ. (7 *a*)
— 18. πάλιν μενεῖ ὁ θ. τοῦ οἰκτειρῆσαι ὑμᾶς . . . κριτὴς κύριος ὁ θ. ὑμῶν (7 *a*, 7 *a* ?)

Is. 30. 29. εἰσελθεῖν μετὰ αὐλοῦ . . . πρὸς τὸν θ. τοῦ Ἰσραήλ (10)
— 30. A S ἀκουστὴν ποιήσει ὁ θ. [B π. κύριος] τὴν δόξαν (7 a)
— 33. ὡς φάραγξ ὑπὸ θείου [B^3 θεοῦ] καιομένη †
31. 1. A S τὸν θ. οὐκ ἐξεζήτησαν [B al.] (7 a)
— 3. Αἰγύπτιον ἄνθρωπον καὶ οὐ θεόν (3)
33. 5. ἅγιος ὁ θ. ὁ κατοικῶν ἐν ὑψηλῷ [A S -λοῖς] (7 a)
— 6. S^1 καὶ εὐσέβεια πρὸς τὸν θ. [A B S^2 κύριον] (7 a)
— 22. ὁ γὰρ θ. μου μέγας ἐστίν –
35. 2. ὄψεται . . . τὸ ὕψος τοῦ θ. (4 b)
— 4. ὁ θ. ἡμῶν κρίσιν ἀνταποδίδωσι (4 b)
36. 7. ἐπὶ κύριον τὸν θ. ἡμῶν πεποίθαμεν (4 b)
— 15. ῥύσεται ὑμᾶς ὁ θ. (7 a)
— 18. ὁ θ. [A S^3 add. ὑμῶν] ῥύσεται ὑμᾶς (7 a)
— 18. μὴ ἐρρύσαντο οἱ θ. τῶν ἐθνῶν ἕκαστος τὴν ἑαυτοῦ χώραν (4 b)
— 19. ποῦ ἐστιν ὁ θ. Ἐμὰθ καὶ Ἀρφάθ (4 b)
— 19. ποῦ ὁ θ. τῆς πόλεως Ἐπφαρουαιμ (4 b)
— 20. τίς τῶν θ. πάντων τῶν ἐθνῶν τούτων (4 b)
— 20. ῥύσεται ὁ θ. τὴν Ἱερουσαλήμ (7 a)
37. 4. εἰσακούσαι κύριος ὁ θ. σου [A om.] τοὺς λόγους Ῥαβσάκου . . . ὀνειδίζειν θεὸν ζῶντα καὶ ὀνειδίζειν λόγους οὓς ἤκουσε κύριος ὁ θ. σου (4 b ter)
— 4. S^1 δεηθήσῃ πρὸς κύριον τὸν θ. σου [A B S^3 al.] –
— 10. μή σε ἀπατάτω ὁ θ. σου (4 b)
— 12. μὴ ἐρρύσαντο αὐτοὺς οἱ θ. τῶν ἐθνῶν (4 b)
— 16. κύριος [A S -ιε] σαβαὼθ ὁ [S^1 om.] θ. Ἰσραὴλ . . . σὺ εἶ ὁ [A S om.] θ. μόνος (4 b, 4 b)
— 17. οὓς ἀπέστειλεν ὀνειδίζειν θεὸν ζῶντα (4 b)
— 19. οὐ γὰρ θεοὶ ἦσαν (4 b)
— 20. κύριε [A -ος] ὁ θ. ἡμῶν, σῶσον ἡμᾶς . . . σὺ εἶ ὁ [A S^1 om.] θ. μόνος (4 b, 7 a)
— 21. τάδε λέγει κύριος ὁ θ. Ἰσραήλ (4 b)
— 22. ὃν ἐλάλησε περὶ αὐτοῦ ὁ θ. (7 a)
38. 5. τάδε λέγει κύριος ὁ θ. Δαυίδ (4 b)
— 7. ποιήσει ὁ θ. τὸ ῥῆμα τοῦτο (7 a)
— 11. οὐκέτι οὐ μὴ ἴδω τὸ σωτήριον τοῦ θ. (6)
— 19. θεὲ [A S κύριε] τῆς σωτηρίας μου (7 a)
— 20. κατέναντι τοῦ οἴκου τοῦ θ. (7 a)
— 22. ἀναβήσομαι εἰς τὸν οἶκον τοῦ [A S^3 κ. τ.] θ. (7 a [14 d])
39. 6. εἶπε δὲ ὁ θ. [S^1 κύριος] (7 a)
40. 1. λέγει ὁ θ. [A λ. κύριος] (4 b)
— 3. εὐθείας ποιεῖτε τὰς τρίβους τοῦ θ. ἡμῶν (4 b)
— 5. ὄψεται πᾶσα σὰρξ τὸ σωτήριον τοῦ θ. †
— 8. τὸ δὲ ῥῆμα τοῦ θ. ἡμῶν μένει εἰς τὸν αἰῶνα (4 b)
— 9. ἰδοὺ ὁ θ. ὑμῶν (4 b)
— 27. ἀπεκρύβη ἡ ὁδός μου ἀπὸ τοῦ θ. καὶ ὁ θ. μου τὴν κρίσιν ἀφεῖλε (7 a, 4 b)
— 28. θ. αἰώνιος ὁ [A om.] θ. ὁ κατασκευάσας τὰ ἄκρα τῆς γῆς (4 b, 7 a)
— 31. οἱ δὲ ὑπομένοντες τὸν θ. ἀλλάξουσιν ἰσχύν (7 a)
41. 4. ἐγὼ θ. πρῶτος (7 a)
— 10. ἐγὼ γάρ εἰμι ὁ θ. σου [S al.] (4 b)
— 13. ἐγὼ ὁ θ. σου [A S^1 om.] (7 a + 4 b)
— 14. λέγει ὁ θ. ὁ λυτρούμενός σε (7 a)
— 17. ἐγὼ κύριος ὁ θ., ἐγὼ ἐπακούσομαι ὁ θ. Ἰσραήλ (14 d, 4 b)
— 21. λέγει κύριος ὁ θ. (14 d)
— 23. γνωσόμεθα ὅτι θεοί ἐστε (4 b)
42. 5. οὕτω λέγει κύριος ὁ θ. (7 a)
— 6. ἐγὼ κύριος ὁ θ. ἐκάλεσά σε (14 d)
— 8. ἐγὼ κύριος ὁ θ. (14 d)
— 10. S^1 ὑμνήσατε τῷ θ. [A B S^2 κυρίῳ] (7 a)
— 12. δώσουσι τῷ θ. δόξαν (7 a)
— 13. κύριος ὁ θ. τῶν δυνάμεων ἐξελεύσεται (14 d)
— 17. ὑμεῖς ἐστε θεοὶ ἡμῶν (4 b)
— 19. ἐτυφλώθησαν οἱ δοῦλοι τοῦ θ. (7 a)
— 21. κύριος ὁ θ. ἐβουλεύσατο (14 d)
— 24. οὐχὶ ὁ θ. ᾧ ἡμάρτοσαν αὐτῷ (7 a)
43. 1. οὕτως λέγει κύριος ὁ θ. ὁ ποιήσας σε (14 d)
— 3. ἐγὼ κύριος ὁ θ. σου ὁ ἅγιος Ἰσραήλ (4 b)
— 10. λέγει κύριος ὁ θ. . . . ἔμπροσθέν μου οὐκ ἐγένετο ἄλλος θ. (14 d, 3)
— 11. ἐγὼ ὁ θ. καὶ οὐκ ἔστι πάρεξ ἐμοῦ σώζων (7 a)
— 12. ἐγὼ [A add. μάρτυς, λέγει] κύριος ὁ θ. ἔτι ἀπ᾽ ἀρχῆς (3 ?)

Is. 43. 14. οὕτως λέγει κύριος ὁ θ. ὁ λυτρούμενος ὑμᾶς (14 d)
— 15. ἐγὼ κύριος ὁ θ. ὁ ἅγιος ὑμῶν (14 d)
44. 2. οὕτω λέγει κύριος ὁ θ. ὁ ποιήσας σε (14 d)
— 5 *bis*. τοῦ θ. εἰμι (7 a)
— 6. οὕτως λέγει ὁ θ. [B^1 om. ὁ θ.] ὁ βασιλεὺς Ἰσραὴλ καὶ ῥυσάμενος αὐτὸν θ. σαβαώθ . . . πλὴν ἐμοῦ οὐκ ἔστι θ. (7 a, 7 a, 4 b)
— 8. εἰ ἔστι θ. πλὴν ἐμοῦ (4 a)
— 10. αἰσχυνθήσονται [A S^1 add. πάντες] οἱ πλάσσοντες θεόν (3)
— 15. τὸ δὲ λοιπὸν εἰργάσαντο [A S add. εἰς] θεούς (3)
— 17. τὸ δὲ λοιπὸν ἐποίησεν εἰς [A om.] θεὸν γλυπτὸν . . . θ. μου εἶ σύ (3, 3)
— 23. ἠλέησεν ὁ θ. τὸν Ἰσραήλ (7 a)
— 23. ἐλυτρώσατο [A ἠλέησεν] ὁ θ. τὸν Ἰακώβ (7 a)
45. 1. οὕτως λέγει κύριος ὁ θ. τῷ χριστῷ μου Κύρῳ (14 d)
— 3. ἐγὼ κύριος ὁ θ. ὁ καλῶν τὸ ὄνομά σου θ. Ἰσραήλ (14 d, 4 b)
— 5. ἐγὼ κύριος ὁ θ. καὶ οὐκ ἔστιν ἔτι πλὴν ἐμοῦ θ. [B^1 om.] (14 d, 4 b)
— 6. R οὐκ ἔστι θ. [A B S om.] πλὴν ἐμοῦ ἐγὼ κύριος ὁ θ. (–, 14 d)
— 7. ἐγὼ κύριος ὁ θ. ὁ ποιῶν πάντα ταῦτα (14 d)
— 8. S^1 ἐγώ εἰμι κ. ὁ θ. [A B S^2 om. ὁ θ.] ὁ κτίσας σε (14 d)
— 11. οὕτω λέγει κύριος ὁ θ. ὁ ἅγιος Ἰσ. (14 d)
— 14. ἐν σοὶ ὁ θ. ἐστι καὶ [A add. ἐροῦσιν] οὐκ ἔστι θ. [A ὁ θ.] πλὴν σου (3, 4 b)
— 15. A S R σὺ γὰρ εἶ θ. καὶ οὐκ ᾔδειμεν, ὁ θ. τοῦ Ἰσραὴλ σωτήρ [B om.] (3, 4 b)
— 18. οὗτος ὁ θ. [S^2 om. ὁ θ.] ὁ καταδείξας τὴν γῆν (4 b)
— 20. προσευχόμενοι [A S add. ὡς] πρὸς θεούς (3)
— 21. A^2 B S ἐγὼ ὁ θ. καὶ οὐκ ἔστιν ἄλλος (7 a)
— 22. A^2 B S ἐγώ εἰμι ὁ θ. καὶ οὐκ ἔστιν ἄλλος (3)
— 24. ὀμεῖται πᾶσα γλῶσσα τὸν θ. [S^1 κύριον, A ἐξομολογήσεται π. γλ. τῷ θ.] (7 a)
— 26 (25). ἐν τῷ θ. [S^1 om. ἐν τ. θ.] ἐνδοξασθήσεται πᾶν τὸ σπέρμα τῶν υἱῶν Ἰσ. (7 a)
46. 9. ἐγώ εἰμι ὁ θ. καὶ οὐκ ἔστιν ἔτι πλὴν ἐμοῦ (3)
48. 1. οἱ ὀμνύοντες τῷ ὀνόματι κυρίου θεοῦ Ἰσραήλ (4 b)
— 2. ἐπὶ τῷ θ. Ἰσραὴλ ἀντιστηριζόμενοι (4 b)
— 17. A^1 B S ἐγώ εἰμι ὁ θ. σου (7 a + 4 b)
49. 4. ὁ πόνος μου ἐναντίον [S -τι] τοῦ θ. μου (4 b)
— 5. ὁ θ. μου ἔσται μοι [A S μου] ἰσχύς (4 b)
— 7. A S^1 R λέγει κύριος ὁ ῥυσάμενός [S ῥυόμ.] σε ὁ [B S^3 om.] θ. Ἰσραήλ –
— 13. ἠλέησεν ὁ θ. τὸν λαὸν αὐτοῦ (7 a)
— 14. ὅτι [A S ὁ] θ. κύριος [A^2 θεὸς] ἐπελάθετό μου (2)
50. 10. ἀντιστηρίσασθε ἐπὶ τῷ θ. (4 b)
51. 13. A S R ἐπελάθου [B ἀπ.] θεὸν τὸν ποιήσαντά σε (7 a)
— 15. ἐγὼ ὁ θ. σου (7 a + 4 b)
— 20. ἐκλελυμένοι διὰ κυρίου τοῦ θ. (14 c)
— 22. οὕτω λέγει κύριος ὁ θ. (2 + 7 a)
52. 7. βασιλεύσει σου ὁ θ. (4 b)
— 10. τὴν σωτηρίαν τὴν παρὰ τοῦ θ. ἡμῶν [A om.] (4 b)
— 12. ὁ ἐπισυνάγων ὑμᾶς [A S add. κύριος ὁ] θ. Ἰσραήλ (4 b [14 c])
54. 5. αὐτὸς θ. Ἰσραὴλ πάσῃ τῇ γῇ κληθήσεται (4 b)
— 6. εἶπεν ὁ θ. σου (4 b)
— 13. πάντας τοὺς υἱούς σου διδακτοὺς θεοῦ (7 a)
55. 5. ἕνεκεν κυρίου [A S^3 om.] τοῦ θ. σου τοῦ ἁγίου Ἰσρ. (4 b [7 a + 4 b])
— 6. A S^3 ζητήσατε τὸν θ. [B S^1 κύριον] (7 a)
57. 21. εἶπεν [A S add. κύριος] ὁ θ. (4 b [14 c])
58. 2. A δικαιοσύνην θεοῦ [B S om.] πεποιηκὼς –
— 2. κρίσιν θεοῦ αὐτοῦ μὴ ἐγκαταλελοιπὼς . . . ἐγγίζειν θεῷ ἐπιθυμοῦσι (4 b, 4 b)
— 8. ἡ δόξα τοῦ θ. περιστελεῖ σε (7 a)
— 9. ὁ θ. εἰσακούσεταί σου (7 a)
— 10. ἔσται ὁ θ. σου μετὰ σοῦ [A om. μ. σ.] διὰ παντός (7 a)
— 13. καλέσεις τὰ σάββατα τρυφερὰ ἅγια τῷ θ. [A S^2 add. σου] (7 a)
59. 2. B S καὶ ἀνὰ μέσον τοῦ θ. (4 b)

Is. 59. 8. S^1 οὐκ ἔστι κρίσις θεοῦ [A B S^2 om.] ἐν ταῖς ὁδοῖς –
— 13. ἀπέστημεν [A S add. ἀπὸ] ὄπισθεν τοῦ θ. ἡμῶν (4 b)
60. 16. ἐξαιρούμενός σε θ. [A ὁ θ.] Ἰσραήλ (1)
— 19. ὁ θ. δόξα σου (4 b)
— 20. S^1 ἔσται γάρ σοι κ. ὁ θ. [A B S^2 om. ὁ θ.] φῶς αἰών. (14 d)
61. 6. ἱερεῖς κυρίου κληθήσεσθε λειτουργοὶ θεοῦ (4 b)
— 9. οὗτοί εἰσι σπέρμα ηὐλογημένον ὑπὸ θεοῦ (7 a)
62. 3. διάδημα βασιλείας ἐν χειρὶ θεοῦ σου (4 b)
64. 4 (3). οὐδὲ οἱ ὀφθαλμοὶ ἡμῶν εἶδον θεὸν πλὴν σοῦ [A^1 om. θ. πλ. σ.] (4 b)
65. 16. εὐλογήσουσι γὰρ τὸν θ. τὸν ἀληθινὸν . . . ὀμοῦνται τὸν θ. τὸν ἀληθινόν (4 b, 4 b)
— 23. σπέρμα εὐλογημένον ὑπὸ θεοῦ [A τοῦ θ.] ἐστι (7 a)
66. 9. εἶπεν ὁ θ. σου [A S om.] (4 b)
— 23. S^1 εἶπε κ. ὁ θ. [A^2 B S^2 om. ὁ θ.] (14 d)
Je. 1. 1. τὸ ῥῆμα τοῦ θ. ὃ ἐγένετο ἐπὶ Ἱερεμίαν –
— 2. ὃς ἐγενήθη λόγος τοῦ [A om.] θ. πρὸς αὐτόν (7 a)
— 16. ἔθυσαν θεοῖς ἀλλοτρίοις (4 b)
2. 11. εἰ ἀλλάξονται ἔθνη θεοὺς αὐτῶν καὶ οὗτοι οὐκ εἰσὶ θεοί (4 b, 4 b)
— 17, 19. λέγει κύριος ὁ θ. σου (4 b)
— 19. λέγει κύριος ὁ θ. σου (7 b)
— 22. A λέγει κύριος ὁ θ. σου [B S om. ὁ θ. σ.] (7 b)
— 28. ποῦ εἰσιν οἱ θ. σου . . . κατ᾽ ἀριθμὸν τῶν πόλεών σου ἦσαν θεοί σου (4 b, 4 b)
3. 13. εἰς κύριον τὸν θ. σου ἠσέβησας (4 b)
— 19. κληρονομίαν θεοῦ παντοκράτορος ἐθνῶν †
— 21. ἐπελάθοντο θεοῦ ἁγίου αὐτῶν (7 a)
— 22. σὺ [A om.] κύριος ὁ θ. ἡμῶν εἶ (4 b)
— 23. διὰ κυρίου θεοῦ ἡμῶν ἡ σωτηρία τοῦ [A τῷ] Ἰσραήλ (4 b)
— 25. ἔναντι τοῦ θ. ἡμῶν [A om.] ἡμάρτομεν . . . οὐχ ὑπηκούσαμεν [A οὐκ ἠκ.] τῆς φωνῆς κ. τοῦ θ. ἡμῶν (7 a + 4 b, 4 b)
4. 2. αἰνέσουσι τῷ θ. ἐν Ἱερουσαλήμ –
— 4. περιτμήθητε [A -ήσεσθε] τῷ θ. ὑμῶν (7 a)
5. 4. οὐκ ἔγνωσαν ὁδὸν κυρίου καὶ κρίσιν θεοῦ (4 b)
— 5. ἐπέγνωσαν ὁδὸν κυρίου καὶ κρίσιν θεοῦ (4 b)
— 7. A S R ὤμνυον ἐν τοῖς οὐκ οὖσι [B οἰκοῦσιν] θεοῖς (4 b)
— 18. λέγει κύριος ὁ θ. σου [S om.] (14 d)
— 19. τίνος ἕνεκεν ἐποίησε κύριος ὁ θ. ἡμῶν ἡμῖν πάντα ταῦτα (4 b)
— 19. ἐδουλεύσατε θεοῖς ἀλλοτρίοις [A ἑτέροις] (4 b)
— 24. φοβηθῶμεν δὴ κύριον τὸν [S τὸν κ.] θ. ἡμῶν (4 b)
7. 3. τάδε λέγει κύριος ὁ θ. Ἰσραήλ (4 b)
— 6. ὀπίσω θεῶν ἀλλοτρίων μὴ πορεύησθε (4 b)
— 9. ἐπορεύεσθε ὀπίσω θεῶν ἀλλοτρίων (4 b)
— 18. ἔσπεισαν [A σπεῖσαι] σπονδὰς θεοῖς ἀλλοτρίοις (4 b)
— 23. ἔσομαι ὑμῖν [A -ῶν] εἰς θεόν (4 b)
8. 14. ὁ θ. ἀπέρριψεν ἡμᾶς (7 a + 4 b)
9. 15 (14). τάδε λέγει κύριος ὁ θ. Ἰσραήλ (4 b)
— 20 (19). ἀκούσατε δὴ γυναῖκες λόγον θεοῦ [A κυρίου] (7 a)
10. 11. θεοὶ οἳ τὸν οὐρ. . . . οὐκ ἐποίησαν (4 c)
11. 3. τάδε λέγει κύριος ὁ θ. Ἰσραήλ (4 b)
— 4. ἔσομαι ὑμῖν εἰς θεόν (4 b)
— 10. πορεύονται [A S βαδίζουσιν] ὀπίσω θεῶν ἀλλοτρίων (4 b)
— 12. κεκράξονται πρὸς τοὺς θεούς (4 b)
— 13. κατ᾽ ἀριθμὸν τῶν πόλεών σου ἦσαν θεοί σου (4 b)
— 21. A τάδε λέγει κ. ὁ θ. [B S om. ὁ θ.] (14 d)
12. 4. οὐκ ὄψεται ὁ θ. ὁδοὺς ἡμῶν –
13. 10. πορευθέντας ὀπίσω θεῶν ἀλλοτρίων τοῦ δουλεύειν αὐτοῖς (4 b)
— 16. δότε τῷ κυρίῳ θ. ὑμῶν δόξαν (4 b)
14. 10. ὁ θ. οὐκ εὐώδωσεν [A S ηὐδόκησεν] ἐν αὐτοῖς (7 a)
15. 2. A τάδε λέγει κ. ὁ θ. [B S om. ὁ θ.] (14 d)
16. 1. λέγει κύριος ὁ θ. Ἰσραήλ –
— 9. τάδε λέγει κύριος ὁ θ. Ἰσραήλ (4 b)
— 10. ἣν ἡμάρτομεν ἔναντι [A -ίον] κ. τοῦ θ. ἡμῶν (4 b)
— 11. ᾤχοντο ὀπίσω θεῶν ἀλλοτρίων (4 b)
— 13. δουλεύσετε ἐκεῖ [A om.] θεοῖς ἑτέροις (4 b)

Je. 16. 20. εἰ ποιήσει ἑαυτῷ ἄνθρωπος θεοὺς καὶ οὗτοι οὐκ εἰσὶ θεοί (4 b, 4 b)
19. 3. τάδε λέγει κύριος ὁ θ. Ἰσραήλ (4 b)
— 4. ἐθυμίασαν ἐν αὐτῷ θεοῖς ἀλλοτρίοις (4 b)
— 13. ἔσπεισαν σπονδὰς θεοῖς ἀλλοτρίοις (4 b)
22. 9. ἐγκατέλιπον τὴν διαθήκην κυρίου θεοῦ [A τοῦ θ.] αὐτῶν καὶ προσεκύνησαν θεοῖς ἀλλοτρίοις (4 b, 4 b)
23. 23. θ. ἐγγίζων ἐγώ εἰμι, λέγει κύριος, καὶ οὐχὶ θ. πόρρωθεν (4 b, 4 b)
— 30. A S R λέγει κύριος ὁ θ. (14 d)
— 37. διὰ τί ἐλάλησε κύριος ὁ θ. ἡμῶν (14 d)
— 38. τάδε λέγει κύριος ὁ θ. ἡμῶν [A S om.] (14 d)
24. 5. τάδε λέγει κύριος ὁ θ. Ἰσραήλ (4 b)
— 7. ἐγὼ ἔσομαι αὐτοῖς εἰς θεόν (4 b)
25. 6. μὴ πορεύεσθε ὀπίσω θεῶν ἀλλοτρίων (4 b)
26 (46). 10. ἡ ἡμέρα ἐκείνη κυρίῳ τῷ [S om.] θ. ἡμῶν (7 b)
— 18. λέγει κύριος ὁ θ. (7 a)
— 23. A λέγει κύριος [S om.] ὁ θ. [B om. ὁ θ.] (14 d [7 a])
27 (50). 4. τὸν κύριον [S κ. τ.] θ. αὐτῶν ζητοῦντες (4 b)
— 5. καταφεύξονται πρὸς κύριον τὸν [A S om.] θ. (14 d)
— 15. ἐκδίκησις παρὰ θεοῦ [S τοῦ θ.] ἐστιν (7 a)
— 25. ἔργον τῷ [S¹ om.] κυρίῳ θ. [A om.] ἐν γῇ Χαλδαίων (7 b)
— 28. τοῦ ἀναγγεῖλαι εἰς Σιὼν τὴν ἐκδίκησιν παρὰ κυρίου θ. ἡμῶν (4 b)
— 29. πρὸς κύριον ἀντέστη θεὸν ἅγιον τοῦ Ἰσραήλ †
— 40. κατέστρεψεν ὁ θ. Σόδομα (4 b)
28 (51). 5. οὐκ ἐχήρευσεν Ἰσρ. καὶ Ἰ. ἀπὸ θεοῦ [A κ. θ.] αὐτῶν (4 b [14 c])
— 7. S ποτήριον χρυσοῦν . . . ἐν χειρὶ θεοῦ [A B κυρίου] (7 a)
— 10. ἀναγγείλωμεν . . . τὰ ἔργα κυρίου τοῦ [A S om.] θ. ἡμῶν (4 b)
— 56. ὁ [S¹ om.] θ. ἀνταποδίδωσιν αὐτοῖς (3)
31 (48). 35. ἀπολῶ τὸν Μωὰβ . . . θυμιῶντα θεοῖς αὐτοῦ (4 b)
32 (25). 15. οὕτως εἶπε κύριος ὁ θ. Ἰσραήλ (4 b)
33 (26). 13. S⁵ ἀκούσατε τῆς φωνῆς κ. τοῦ θ. [A B S¹ om. τ. θ.] (4 b)
— 16. ἐπὶ τῷ ὀνόματι κυρίου τοῦ θ. ἡμῶν (4 b)
34 (27). 4. οὕτως εἶπε κύριος ὁ θ. Ἰσραήλ (4 b)
— 21. S λέγει κ. ὁ θ. [A B om. ὁ θ.] (14 d)
36 (29). 4 : 37 (30). 2. οὕτως εἶπε κύριος ὁ θ. Ἰσραήλ (4 b)
37 (30). 9. ἐργῶνται τῷ κυρίῳ θ. αὐτῶν (4 b)
38 (31). 1. ἔσομαι εἰς θεὸν τῷ γένει Ἰσραήλ (4 b)
— 6. ἀνάβητε εἰς Σιὼν πρὸς κύριον τὸν [S om.] θ. ὑμῶν [A Σ. ἐν ὄρεσιν κυρίου θεοῦ ἡμ.] (4 b)
— 18. σὺ κύριος ὁ θ. μου [S² σου] (4 b)
— 33. ἔσομαι αὐτοῖς εἰς θεόν (4 b)
39 (32). 18. ὁ θ. ὁ μέγας ὁ [A S καὶ] ἰσχυρός (3)
— 19. ὁ θ. ὁ μέγας ὁ [S κύριος] παντοκράτωρ -
— 27. ἐγὼ κύριος ὁ θ. πάσης σαρκός (4 b)
— 28. οὕτως εἶπε κύριος ὁ θ. Ἰσραήλ [S om. ὁ θ. Ἰ.] (14 d?)
— 29. ἔσπενδον σπονδὰς θεοῖς ἑτέροις (4 b)
— 36. οὕτως εἶπε κύριος ὁ θ. Ἰσραήλ (4 b)
— 38. ἐγὼ ἔσομαι αὐτοῖς εἰς θεόν (4 b)
40 (33). 4. A S οὕτως εἶπε κύριος ὁ θ. Ἰσραήλ [B om. ὁ θ. Ἰ.] (4 b)
41 (34). 13. A οὕτως εἶπε κύριος ὁ θ. Ἰσραήλ [B S om. ὁ θ. Ἰ.] (4 b)
42 (35). 4. Ἀνανίου υἱοῦ Γοδολίου [S om. υἱ. Γ.] ἀνθρώπου τοῦ θ. (4 b)
— 15. οὐ πορεύεσθε ὀπίσω θεῶν ἑτέρων [A S ἀλλοτρίων] (4 b)
43 (36). 13. S¹ ἀναγινώσκοντος Βαροὺχ εἰς τὰ ὦτα κυρίου τοῦ θ. [A B S² ὦ. τοῦ λαοῦ] †
▶ 46 (39). 16. οὕτως εἶπε κύριος ὁ θ. Ἰσραήλ (4 b)
47 (40). 2. κύριος ὁ θ. σου [A om.] ἐλάλησε τὰ κακὰ ταῦτα (4 b)
49 (42). 2. πρόσευξαι πρὸς κύριον τὸν θ. σου [S om.] (4 b)
— 3. ἀναγγειλάτω ἡμῖν κύριος ὁ θ. σου [A om.] τὴν ὁδόν (4 b)
— 4. προσεύξομαι πρὸς κύριον τὸν [S om.] θ. ἡμῶν [A¹ al.] (4 b)
— 4. R ὃν ἀποκριθήσεται κ. ὁ θ. [A B S om. ὁ θ.] (14 d)
Je. 49 (42). 6. τὴν φωνὴν κυρίου τοῦ θ. ἡμῶν . . . ἀκουσόμεθα . . . ὅτι ἀκουσόμεθα τῆς φωνῆς κυρίου τοῦ θ. ἡμῶν (4 b, 4 b)
50 (43). 1. A τοὺς λόγους κυρίου θ. αὐτῶν [B S om. θ. αὐ.] οὓς ἀπέστειλεν αὐτὸν κ. ὁ θ. [B S om. ὁ θ.] (4 b, 4 b)
— 12. καύσει πῦρ ἐν οἰκίαις τῶν [A S om.] θ. αὐτῶν (4 b)
51 (44). 2. οὕτως εἶπε κύριος ὁ θ. Ἰσραήλ (4 b)
— 3. πορευθέντες θυμιᾶν θεοῖς ἑτέροις (4 b)
— 5. πρὸς τὸ μὴ θυμιᾶν θεοῖς ἑτέροις (4 b)
— 8. θυμιᾶν θεοῖς ἑτέροις (4 b)
— 15. A θυμιῶσιν αἱ γυναῖκες αὐτῶν θεοῖς ἑτέροις [B S om. θ. ἑ.] (4 b)
— 25. οὕτως εἶπε κύριος ὁ θ. Ἰσραήλ (4 b)
Ba. 1. 10. A B ἀνοίσατε ἐπὶ τὸ θυσιαστήριον κυρίου τοῦ [B om.] θ. ἡμῶν
— 13. προσεύξασθε περὶ ἡμῶν πρὸς κύριον τὸν [A om.] θ. ἡμῶν ὅτι ἡμάρτομεν τῷ [A om.] κυρίῳ θεῷ ἡμῶν
— 15. τῷ κυρίῳ θ. ἡμῶν ἡ δικαιοσύνη
— 18. οὐκ ἠκούσαμεν τῆς φωνῆς κυρίου θ. ἡμῶν
— 19. ἤμεθα ἀπειθοῦντες πρὸς κύριον θ. ἡμῶν
— 21. οὐκ ἠκούσαμεν τῆς φωνῆς κυρίου τοῦ [A om.] θ. ἡμῶν
— 22. ἐργάζεσθαι θεοῖς ἑτέροις ποιῆσαι τὰ κακὰ κατ' ὀφθαλμοὺς κυρίου θ. ἡμῶν
2. 5. ἡμάρτομεν κυρίῳ [A τῷ κ.] θ. ἡμῶν
— 6. τῷ κυρίῳ θ. ἡμῶν ἡ δικαιοσύνη
— 11. κύριε ὁ θ. Ἰσραήλ
— 12. κύριε ὁ θ. ἡμῶν
— 14. σὺ κύριος ὁ θ. ἡμῶν
— 19, 27. κύριε ὁ θ. ἡμῶν
— 31. γνώσονται ὅτι ἐγὼ κύριος ὁ θ. αὐτῶν
— 35. τοῦ εἶναί με αὐτοῖς εἰς θεόν
3. 1. κύριε παντοκράτωρ ὁ θ. Ἰσραήλ
— 2. A θ. ἐλεήμων εἶ
— 4. κύριε παντοκράτωρ ὁ θ. Ἰσραήλ
— 4. οὐκ ἤκουσαν τῆς φωνῆς σου [A om.] θεοῦ αὐτῶν
— 6. σύ κύριος ὁ θ. ἡμῶν
— 8. ἀπέστησαν ἀπὸ κυρίου θ. ἡμῶν
— 13. τῇ ὁδῷ τοῦ θ. εἰ ἐπορεύθης κατῴκεις ἄν
— 24. ὡς μέγας ὁ οἶκος τοῦ θ.
— 27. οὐ τούτους ἐξελέξατο ὁ θ.
— 35. οὗτος ὁ θ. ἡμῶν
4. 1. αὕτη ἡ βίβλος τῶν προσταγμάτων τοῦ θ.
— 4. τὰ ἀρεστὰ τοῦ θ. [A τῷ θ.] ἡμῖν γνωστά ἐστι
— 6. διὰ δὲ τὸ παροργίσαι ὑμᾶς τὸν θ.
— 7. θύσαντες δαιμονίοις καὶ οὐ θεῷ
— 8. ἐπελάθεσθε τὸν τροφεύσαντα ὑμᾶς θεὸν αἰώνιον
— 9. εἶδε γὰρ τὴν ἐπελθοῦσαν ὑμῖν ὀργὴν παρὰ τοῦ θ.
— 9. ἐπήγαγέ μοι ὁ θ. πένθος μέγα
— 13. ἐξέκλιναν ἐκ νόμου θεοῦ . . . οὐδὲ ἐπορεύθησαν ὁδοῖς ἐντολῶν θεοῦ
— 15. A ἐπήγαγε γὰρ ἐπ' αὐτοὺς ὁ θ. [B om. ὁ θ.] ἔθνος μακρόθεν
— 21. βοήσατε πρὸς τὸν θ.
— 23. ἀποδώσει δέ μοι ὁ θ. ὑμᾶς μετὰ χαρμοσύνης
— 24. ὄψονται ἐν τάχει παρὰ τοῦ θ. ὑμῶν σωτηρίαν
— 25. μακροθυμήσατε τὴν παρὰ τοῦ θ. ἐπελθοῦσαν ὑμῖν ὀργήν
— 27. βοήσατε πρὸς τὸν θ.
— 28. εἰς τὸ πλανηθῆναι ἀπὸ τοῦ θ.
— 36. ἴδε τὴν εὐφροσύνην τὴν παρὰ τοῦ θ. σοι ἐρχομένην [A ἐπερχ.]
— 37. ἔρχονται . . . χαίροντες τῇ τοῦ θ. δόξῃ
5. 1. ἔνδυσαι τὴν εὐπρέπειαν τῆς παρὰ τοῦ θ. [A add. σοι] δόξης
— 2. περιβαλοῦ τὴν διπλοΐδα τῆς παρὰ τοῦ θ. δικαιοσύνης
— 3. ὁ γὰρ θ. δείξει . . . τὴν σὴν λαμπρότητα
— 4. κληθήσεται γάρ σου τὸ ὄνομα παρὰ τοῦ θ. εἰς τὸν αἰῶνα
— 5. χαίροντας τῇ τοῦ θ. μνείᾳ
— 6. εἰσάγει δὲ αὐτοὺς ὁ θ. πρὸς σὲ αἰρομένους μετὰ δόξης
— 7. συνέταξε γὰρ ὁ θ. ταπεινοῦσθαι πᾶν ὄρος
— 7. ἵνα βαδίσῃ Ἰσραὴλ ἀσφαλῶς τῇ τοῦ θ. δόξῃ
— 8. ἐσκίασαν . . . τῷ Ἰσραὴλ προστάγματι τοῦ θ.
— 9. ἡγήσεται γὰρ ὁ θ. Ἰσραὴλ μετ' εὐφροσύνης . . . δικαιοσύνῃ τῇ παρ' αὐτοῦ [A τῇ παρὰ τοῦ θ. δ.]
Ep. Je. 1. ἐπετάγη αὐτῷ [A ὑπ. αὐτοῖς] ὑπὸ τοῦ θ.
— 2. ἃς ἡμαρτήκατε ἐναντίον [A -τι] τοῦ θ.
— 4. ὄψεσθε ἐν Βαβυλῶνι θεοὺς ἀργυροῦς
Ep. Je. 9. κατασκευάζουσι στεφάνους ἐπὶ τὰς κεφαλὰς τῶν θ. αὐτῶν
— 10. ὑφαιρούμενοι οἱ ἱερεῖς ἀπὸ τῶν θ. αὐτῶν
— 11. κοσμοῦσι . . . θεοὺς ἀργυροῦς καὶ θεοὺς χρυσοῦς [A θ. χρ. κ. ἀ.]
— 16. γνώριμοί εἰσιν οὐκ ὄντες θεοί
— 17. τοιοῦτοι ὑπάρχουσιν οἱ θ. αὐτῶν
— 23. γνώσεσθε ὅτι οὐκ εἰσὶ θεοί
— 29. οὐκ εἰσὶ θεοί
— 30. πόθεν γὰρ κληθείησαν θεοί; ὅτι γυναῖκες παρατιθέασι θεοῖς ἀργυροῖς
— 32. ὠρύονται δὲ βοῶντες ἐναντίον τῶν θ. αὐτῶν
— 40. πῶς οὖν νομιστέον . . . αὐτοὺς ὑπάρχειν θεούς
— 44. πῶς νομιστέον . . . ὡς θεοὺς αὐτοὺς ὑπάρχειν
— 46. A πῶς οὖν μέλλει τὰ ὑπ' αὐτῶν κατασκευασθέντα εἶναι θεοί [B al.]
— 49. πῶς οὖν οὐκ ἔστιν αἰσθέσθαι ὅτι οὐκ εἰσὶ θεοί
— 51. φανερὸν ἔσται ὅτι οὐκ εἰσὶ θεοὶ . . . οὐδὲν θεοῦ [A οὖν] ἔργον ἐν αὐτοῖς ἐστι
— 52. τίνι οὖν γνωστέον ἐστὶν [A -τὸν οὐκ ἔσται] ὅτι οὐκ εἰσὶ θεοί
— 55. ὅταν ἐμπέσῃ εἰς οἰκίαν θεῶν ξυλίνων
— 56. πῶς οὖν . . . νομιστέον ὅτι εἰσὶ θεοί
— 57. B ἀπὸ λῃστῶν οὐ μὴ διασωθῶσι [A -ώσουσιν, B διαθῶσιν] θεοὶ ξύλινοι
— 59 *ter*. ἢ οἱ ψευδεῖς θ.
— 62. ὅταν ἐπιταγῇ ὑπὸ τοῦ θ. ἐπιπορεύεσθαι
— 64. οὔτε κλητέον [A ἐκλεκτέον] ὑπάρχειν αὐτοὺς θεούς
— 65. οὐκ εἰσὶ θεοί
— 69. καθ' οὐδένα οὖν τρόπον ἐστὶν ἡμῖν φανερὸν ὅτι εἰσὶ θεοί
— 70. οἱ θ. αὐτῶν εἰσι ξύλινοι
— 71. νεκρῷ ἐρριμμένῳ ἐν σκότει ἀφομοίωνται οἱ θ. αὐτῶν ξύλινοι
— 72. γνωσθήσονται ὅτι οὐκ εἰσὶ θεοί
Ez. 1. 1. ἴδον ὁράσεις θεοῦ (4 b)
4. 13. τάδε λέγει κύριος ὁ θ. τοῦ Ἰσ. †
— 14. μηδαμῶς κύριε [A add. κύριε] θεὲ Ἰσ. (7 b)
8. 3. ἤγαγέ με εἰς Ἱερουσαλὴμ ἐν ὁράσει θεοῦ (4 b)
— 4. ἐκεῖ ἦν δόξα κυρίου θεοῦ Ἰσραήλ (14 c)
9. 3. δόξα θεοῦ τοῦ Ἰσραὴλ ἀνέβη (4 b)
10. 5. ὡς φωνὴ θεοῦ σαδδαῒ λαλοῦντος (3)
— 19. δόξα [A add. κυρίου] θεοῦ Ἰσραὴλ ἦν ἐπ' αὐτῶν ὑπεράνω (4 b [14 c])
— 20. ὃ ἴδον ὑποκάτω θεοῦ Ἰσραήλ (4 b)
— 22. ἃ ἴδον ὑποκάτω τῆς δόξης θεοῦ Ἰσραήλ -
11. 20. ἔσομαι αὐτοῖς εἰς θεόν (4 b)
— 22. ἡ δόξα θεοῦ Ἰσραὴλ ἐπ' αὐτά [A ἦν ἐπ' αὐτοῖς] (4 b)
— 24. ἐν ὁράσει ἐν πνεύματι θεοῦ (4 b)
14. 6. A τάδε λέγει κύριος κύριος ὁ θ. [B om. ὁ θ.] (14 f)
— 11. ἐγὼ ἔσομαι αὐτοῖς εἰς θεόν (4 b)
20. 5. A τάδε λέγει κύριος ὁ θ. [B om. ὁ θ.] (7 b)
— 5, 7, 19, 20. ἐγὼ κύριος ὁ θ. ὑμῶν (4 b)
— 28. ἔθυσαν ἐκεῖ τοῖς θ. αὐτῶν †
— 30. A τάδε λέγει κύριος κύριος ὁ θ. [B om. κ. ὁ θ.] (14 f)
— 36. A λέγει κύριος ὁ θ. [B om. ὁ θ.] (7 b)
— 38. A ἐγὼ κύριος ὁ θ. [B κ. κύριος] (14 d)
— 47 (21. 3). A τάδε λέγει κύριος ὁ θ. Ἰσραήλ [B κ. κύριος] (7 b)
21. 3 (8). A τάδε λέγει κύριος ὁ θ. [B om. ὁ θ.] (14 d)
— 7 (12). A λέγει κύριος ὁ θ. [B¹ κ. κύριος, B² om. ὁ θ.] (7 b)
— 24 (29), 26 (31). A τάδε λέγει κύριος κύριος ὁ θ. [B om. κ. ὁ θ.] (14 f)
— 28 (33). A τάδε λέγει κύριος ὁ θ. [B om. ὁ θ.] (7 b)
22. 3. A τάδε λέγει κύριος κύριος ὁ θ. [B om. ὁ θ.] (14 f)
— 19. A τάδε λέγει κύριος κ. ὁ θ. [B λ. κ., R λ. κ. κ.] (14 f)
23. 22. A τάδε λέγει κύριος κύριος ὁ θ. ἐπὶ σε [B om. κ. ὁ θ. ἐ. σ.] (14 f)
— 28. A τάδε λέγει κύριος κύριος ὁ θ. [B om. ὁ θ.] (14 f)
— 32. A τάδε λέγει Ἀδωναῒ κύριος κύριος ὁ θ. [B λ. κ.] (14 f)
— 34. A λέγει κύριος κύριος ὁ θ. [B λ. κ.] (14 f)
24. 21. A τάδε λέγει κύριος κύριος ὁ θ. [B om. κ. ὁ θ.] (14 f)
25. 6. A λέγει κύριος ὁ θ. [B om. ὁ θ.] (7 b)

▶ = additional entry on page xxvi

Ez. 26. 21. A λέγει κύριος κύριος ὁ θ. [B om. ὁ θ.] (14 f)
27. 36. A λέγει κ. ὁ θ. –
28. 2. A τάδε λέγει κύριος ὁ θ. [B om. ὁ θ.] (7 b)
— 2. θ. εἰμι ἐγὼ κατοικίαν θεοῦ κατῴκηκα ἐν καρδίᾳ θαλάσσης σὺ δὲ εἶ ἄνθρωπος καὶ οὐ θ. καὶ ἔδωκας τὴν καρδίαν σου ὡς καρδίαν θεοῦ (3, 4 b, 3, 4 b)
— 6. A τάδε λέγει κύριος κύριος ὁ θ. [B om. κ. ὁ θ.] (14 f)
— 6. δέδωκας τὴν καρδίαν σου ὡς καρδίαν θεοῦ (4 b)
— 9. θ. εἰμι ἐγὼ ἐνώπιον τῶν ἀναιρουμ. σε (4 b)
— 9. σὺ δὲ εἶ ἄνθρωπος καὶ οὐ θ. (3)
— 13. στέφανος κάλλους ἐν τῇ τρυφῇ τοῦ παραδείσου τοῦ θ. ἐγενήθης (4 b)
— 14. ἔθηκά σε ἐν ὄρει ἁγίῳ θεοῦ (4 b)
— 16. ἐτραυματίσθης ἀπὸ ὄρους τοῦ θ. (4 b)
— 24. A ἐγώ εἰμι κ. ὁ θ. αὐ. [B om. ὁ θ. αὐ.] (7 b)
— 25. A τάδε λέγει κύριος κύριος ὁ θ. [B om. ὁ θ.] (14 f)
— 26. ἐγώ εἰμι κύριος ὁ θ. αὐτῶν καὶ ὁ θ. τῶν πατέρων αὐτῶν (4 b, –)
29. 3, 8. A τάδε λέγει κύριος ὁ θ. [B om. ὁ θ.] (7 b)
— 16. A ἐγώ εἰμι κύριος ὁ θ. [B om. ὁ θ.] (7 b)
31. 8. κυπάρισσοι τοιαῦται [A add. οὐκ ἐγενήθησαν] ἐν τῷ παραδείσῳ τοῦ θ. (4 b)
— 8. πᾶν ξύλον ἐν τῷ παραδείσῳ τοῦ θ. (4 b)
— 9. τὰ ξύλα τοῦ παραδείσου τῆς τρυφῆς τοῦ θ. (4 b)
32. 8. A λέγει κ. κύριος ὁ θ. [B om. ὁ θ.] (14 f)
— 31. A λέγει κύριος ὁ θ. [B κ. κύριος] (7 b)
— 32. A λέγει κύριος κ. ὁ θ. [B om. ὁ θ.] (14 f)
34. 11. A τάδε λέγει κύριος κ. [B¹ om.] ὁ θ. [B κ. κύριος] (14 f)
— 20. A τάδε λέγει κύριος κ. ὁ θ. [B κ. κ.] (14 f)
— 24. ἐγὼ κύριος ἔσομαι αὐτοῖς εἰς θεόν (4 b)
— 30. ἐγώ εἰμι κύριος ὁ θ. αὐτῶν (4 b)
— 31. ἐγὼ κύριος ὁ θ. ὑμῶν (14 c)
35. 15. ἐγώ εἰμι κύριος ὁ θ. αὐτῶν (14 d)
36. 3. A τάδε λέγει κύριος κ. ὁ θ. [B κ. κύριος] (14 f)
— 15. A λέγει κύριος ὁ θ. [B κ. κύριος] (7 b)
— 28. ἐγὼ ἔσομαι ὑμῖν εἰς θεόν (4 b)
— 32. A λέγει κύριος ὁ θ. [B¹ λ. κ. κύριος, B² λ. Ἀδωναΐ] (7 b)
— 33. A τάδε λέγει κύριος ὁ θ. [B λ. Ἀδωναῒ κύριος] (7 b)
— 37. A τάδε λέγει κύριος κύριος ὁ θ. [B λ. Ἀδωναῒ κύριος] (14 f)
37. 21. A τάδε λέγει Ἀδωναῒ κύριος ὁ θ. [B λ. κύριος κύριος] (14 f)
— 23. ἐγὼ κύριος ἔσομαι αὐτοῖς εἰς θεόν (4 b)
— 27. ἔσομαι αὐτοῖς θ. [A εἰς θεόν] (4 b)
38. 10. A τάδε λέγει κύριος κ. ὁ θ. [B κ. κύριος] (14 f)
— 14. A τάδε λέγει κύριος κύριος ὁ θ. [B λ. κύριος] (14 f)
— 17. A τάδε λέγει Ἀδωναῒ κύριος ὁ θ. [B λ. κ. κύριος] (14 f)
— 18. A λέγει κύριος κ. ὁ θ. [B κ. κύριος] (14 f)
39. 8. A λέγει κύριος κύριος ὁ θ. [B om. ὁ θ.] (14 f)
— 22. ἐγώ εἰμι κύριος ὁ θ. αὐτῶν (4 b)
— 25. A τάδε λέγει κύριος κύριος ὁ θ. [B om. ὁ θ.] (14 f)
— 28. ἐγώ εἰμι κύριος ὁ θ. αὐτῶν (4 b)
40. 2. ἤγαγέ με ἐν ὁράσει θεοῦ (4 b)
43. 2. δόξα θεοῦ Ἰσραὴλ ἤρχετο κατὰ τὴν ὁδόν (4 b)
— 18. τάδε λέγει κύριος ὁ θ. Ἰσραὴλ (7 b)
— 19. λέγει κύριος ὁ θ. [A add. τοῦ Λευΐ] (7 b)
44. 2. κύριος ὁ θ. τοῦ Ἰσραὴλ εἰσελεύσεται δι' αὐτῆς (4 b)
— 6, 9. τάδε λέγει κύριος ὁ θ. (7 b)
— 12, 15, 27. λέγει κύριος ὁ θ. (7 b)
45. 9. τάδε λέγει κύριος θ. [A ὁ θ.] . . . λέγει κύριος θ. [A ὁ θ.] (7 b, 7 b)
— 15. λέγει κύριος θ. [A ὁ θ.] (7 b)
— 18 : 46. 1. τάδε λέγει κύριος θ. [A ὁ θ.] (7 b)
46. 16. τάδε λέγει κύριος [A Ἀδωναῒ κ.] θ. (7 b)
47. 13. τάδε λέγει κύριος θ. [A ὁ θ.] (7 b)
— 23 : 48. 29. λέγει κύριος θ. [A ὁ θ.] (7 b)
Da. LXX. Su. 35. ἐπεποίθει ἐπὶ κυρίῳ τῷ θ. αὐτῆς
— 35. λέγουσα, Κύριε ὁ θ. ὁ αἰώνιος
1. 2. εἰς οἶκον τοῦ θ. αὐτοῦ (4 b)
2. 28. ἔστι θ. ἐν οὐρανῷ (4 c)
— 44. στήσει ὁ θ. τοῦ οὐρανοῦ βασιλείαν (4 c)
— 45. ὁ θ. ὁ μέγας ἐσήμανε (4 c)
— 47. ἐστὶν ὁ θ. ὑμῶν θεὸς τῶν θ. (4 c ter)
3. 14. διὰ τί Σ. M. A. τοῖς θ. μου οὐ λατρεύετε (4 c)

Da. LXX. Su. 3. 15. ποῖος θ. ἐξελεῖται ὑμᾶς ἐκ τῶν χειρῶν μου (4 c)
— 17. ἔστι γὰρ θεὸς ἐν οὐρανοῖς εἷς κύριος ἡμῶν (4 c)
— (26). κύριε ὁ θεὸς τῶν πατέρων ἡμῶν
— (45). σὺ εἶ μόνος κ. ὁ θ.
— (51). ἐξύψουν τὸν θ.
— (52). κύριε ὁ θεὸς τῶν πατέρων ἡμῶν
— (90). πάντες οἱ σεβόμενοι τὸν κ. τὸν θ. τῶν θ.
— 25 (92). ὁμοίωμα ἀγγέλου θεοῦ (4 c)
— 26 (93). οἱ παῖδες τοῦ θ. τῶν θ. (4 c, –)
— 28 (95). εὐλογητὸς κ. θεὸς τοῦ Σεδράχ (14 b)
— 28 (95). ἵνα μὴ . . . προσκυνήσωσι θεῷ ἑτέρῳ ἀλλ' ἢ τῷ θεῷ αὐτῶν (4 c, 4 c)
— 29 (96). ὃς ἂν βλασφημήσῃ εἰς τὸν κ. τὸν θ. . . . οὐκ ἔστι θεὸς ἕτερος ὃς δυνήσεται (14 b, 4 c)
— 32 (99). ἐποίησε μετ' ἐμοῦ ὁ θ. ὁ ὕψιστος (4 c)
4. 19. τὸν οἶκον τοῦ θεοῦ τοῦ ζῶντος –
— 20. ἡ κρίσις τοῦ θ. τοῦ μεγάλου –
— 29. ἐξουσίαν ἔχει ὁ θ. τοῦ οὐρανοῦ (8)
— 31. κατὰ πρόσωπον κυρίου τοῦ θ. τοῦ οὐρ. –
— 31. τοῦ θ. τῶν θ. τοῦ μεγάλου –
— 32. ἐναντίον τοῦ θ. τοῦ οὐρανοῦ –
— 32. τοῦ θ. τῶν θ. τοῦ μεγάλου –
— 32. δούλευσον τῷ θ. τοῦ οὐρανοῦ –
— 34. αὐτός ἐστι θεὸς τῶν θ. –
— 34. οἱ γὰρ θ. τῶν ἐθνῶν οὐκ ἔχουσιν . . . ἰσχύν –
— 34. ἐποίησεν ἐν ἐμοὶ ὁ θ. τοῦ οὐρανοῦ –
— 34. ἐλάλησαν εἰς τὸν θ. τοῦ οὐρανοῦ –
— 34. κ. τῷ θ. τοῦ οὐρανοῦ αἰνεῖτε –
— 34. ἐποίησε μετ' ἐμοῦ ὁ θ. ὁ μέγας –
— 34. ἀποδεῖξαι . . . ὅτι ἔστι θεός –
5. 1. ἐπῄνεσε πάντας τοὺς θ. τῶν ἐθνῶν –
— 1. τῷ θ. τῷ ὑψίστῳ οὐκ ἔδωκεν αἴνεσιν –
— 2. τὰ σκεύη . . . τοῦ οἴκου τοῦ θ. –
— 4. τὸν θ. τοῦ αἰῶνος οὐκ εὐλόγησαν –
— 23. τὰ σκεύη τοῦ οἴκου τοῦ θ. τοῦ ζῶντος †
— 23. τῷ θ. τῷ ζῶντι οὐκ εὐλογήσατε (4 c)
6. 5 (6). οὐ μὴ εὔξηται εὐχὴν ἀπὸ παντὸς θεοῦ –
— 5 (6). προσεύχεται καὶ δεῖται κ. τοῦ θ. αὐ. –
— 7 (8). ὃς ἂν εὔξηται εὐχὴν . . . παρὰ παντὸς θεοῦ (4 c)
— 12 (13). μὴ εὔξηται εὐχὴν . . . παρὰ παντὸς θεοῦ (4 c)
— 13 (14). δεόμενον τοῦ προσώπου τοῦ θ. –
— 16 (17). ὁ θ. σου ᾧ σὺ λατρεύεις (4 c)
— 18 (19). ὁ θ. τοῦ Δ. πρόνοιαν ποιούμενος –
— 20 (21). ὁ θ. σου ᾧ λατρεύεις (4 c)
— 22 (23). σέσωκέ με ὁ θ. ἀπὸ τῶν λεόντων (4 c)
— 26 (27). λατρεύοντες τῷ θ. τοῦ Δ. (4 c)
— 26 (27). αὐτὸς γάρ ἐστι θ. μένων καὶ ζῶν (4 c)
— 27 (28). ἐλυτρώσατο ὁ θ. τοῦ Δ. τὸν Δ. –
9. 3. ἔδωκα τὸ πρόσωπόν μου ἐπὶ κ. τὸν θ. (4 b)
— 4. προσηυξάμην πρὸς κ. τὸν θ. (4 b)
— 4. κύριε, σὺ εἶ ὁ θ. ὁ μέγας (3)
— 10. οὐκ ἠκούσαμεν τῆς φωνῆς κ. τοῦ θ. ἡμῶν (4 b)
— 11. ἐν τῷ νόμῳ M. παιδὸς τοῦ θ. (4 b)
— 13. οὐκ ἐξεζητήσαμεν τὸ πρόσωπον κυρίου θ. ἡμῶν (4 b)
— 14. ἠγρύπνησε κ. ὁ θ. ἐπὶ τὰ κακά (14 d)
— 14. δίκαιος κ. ὁ θ. ἡμῶν ἐπὶ πάντα (4 b)
— 15. δέσποτα κύριε ὁ θ. ἡμῶν (14 c)
— 20. δεόμενος . . . ἐναντίον κυρίου θ. μου (4 b)
— 20. ὑπὲρ τοῦ ὄρους τοῦ ἁγίου τοῦ θ. ἡμῶν (4 b)
10. 12. ταπεινωθῆναι ἐναντίον κ. τοῦ θ. σου (14 c)
11. 8. τοὺς θ. αὐτῶν καταστρέψει (4 b)
— 36. ἐπὶ πάντα θ. καὶ ἐπὶ τὸν θ. τῶν θ. (3 ter)
— 37. ἐπὶ τοὺς θ. τῶν πατέρων αὐτοῦ (4 b)
— 38. θεὸν ὃν οὐκ ἔγνωσαν οἱ πατέρες (4 a)
— 39. ἥξει μετὰ θεοῦ ἀλλοτρίου (4 a)
12. 7. ὤμοσε τὸν ζῶντα εἰς τὸν αἰῶνα θεόν –
Bel 4. οὐδένα σέβομαι ἐγὼ εἰ μὴ κύριον τὸν θ.
— 5. οὗτος οὖν οὐκ ἔστι θεός
— 6. ὀμνύω δέ σοι κύριον τὸν θ. τῶν θ.
— 33. τάδε λέγει σοι κ. ὁ θ.
— 34. εἶπεν Ἀμ., Κύριε ὁ θεός
— 36. ὃ ἀπέστειλέ σοι κ. ὁ θ.
— 37. ἐμνήσθη γάρ μου κ. ὁ θ.
— 38. ὁ δὲ κ. ὁ θ. ἐμνήσθη τοῦ Δ.
— 40. μέγας ἐστὶ κ. ὁ θ.
Da. TH. Su. 42. ὁ θ. ὁ αἰώνιος ὁ τῶν κρυπτῶν γνώστης
— 44. A ἐπήκουσεν ὁ θ. [B εἰσήκ. κύριος] τῆς φωνῆς

Da. TH. Su. 45. ἐξήγειρεν ὁ θ. τὸ πνεῦμα
— 50. σοὶ δέδωκεν ὁ θ. τὸ πρεσβεῖον
— 53. B λέγοντος τοῦ θ. [A B κυρίου]
— 55. B ἤδη γὰρ ἄγγελος φάσιν θεοῦ λαβὼν παρὰ τοῦ θ. σχίσει σε μέσον [A B al.]
— 59. ὁ ἄγγελος τοῦ θ. τὴν ῥομφαίαν ἔχων
— 60. εὐλόγησαν [A ἐβόησαν] τῷ θ. τῷ σώζοντι
— 63. A ᾔνεσαν τὸν θ. [B om. τ. θ.]
1. 2. ἀπὸ μέρους τῶν σκευῶν οἴκου τοῦ θ. (4 b)
— 2. εἰς γῆν Σ. οἴκου [A -ον] τοῦ θ. αὐτοῦ (4 b)
— 2. εἰς τὸν οἶκον θησαυροῦ [A om.] τοῦ θ. αὐτοῦ (4 b)
— 9. ἔδωκεν ὁ θ. τὸν Δ. εἰς ἔλεον (4 b)
— 17. ἔδωκεν αὐτοῖς ὁ θ. σύνεσιν (4 b)
2. 11. B οὐκ ἔστιν ὃς ἀναγγελεῖ . . . ἀλλ' οἱ [A B ἢ] θ. (4 c)
— 18. οἰκτιρμοὺς ἐζήτουν παρὰ τοῦ θ. (4 c)
— 19. εὐλόγησε τὸν θ. τοῦ οὐρανοῦ Δ. (4 c)
— 20. εἴη τὸ ὄνομα τοῦ θ. εὐλογημένον (4 c)
— 23. σοί, ὁ θ. τῶν πατέρων μου (4 c)
— 28. ἀλλ' ἢ ἔστι θ. [A ὁ θ.] ἐν οὐρανῷ (4 c)
— 37. ᾧ ὁ θ. τοῦ οὐρανοῦ βασιλείαν . . . ἔδωκεν (4 c)
— 44. ἀναστήσει ὁ θ. τοῦ οὐρανοῦ βασιλείαν (4 c)
— 45. ὁ θ. ὁ μέγας ἐγνώρισε τῷ βασιλεῖ (4 c)
— 47. ἐπ' ἀληθείας ὁ θ. ὑμῶν αὐτός ἐστι θεὸς θεῶν (4 c ter)
3. 12. τοῖς θ. σου οὐ λατρεύουσι (4 c)
— 14. τοῖς θ. μου οὐ λατρεύετε (4 c)
— 15. τίς ἐστι θεὸς [A ὁ θ.] ὃς ἐξελεῖται ὑμᾶς (4 c)
— 17. ἔστι γὰρ θεὸς [A ὁ θ.] ἡμῶν ἐν οὐρανοῖς [B¹ al.] (4 c)
— 18. τοῖς θ. σου οὐ λατρεύομεν (4 c)
— 23. ὑμνοῦντες τὸν θ. καὶ εὐλογοῦντες τὸν κ. –
— (26). κύριε ὁ θεὸς τῶν πατέρων ἡμῶν
— (45). σὺ εἶ κύριος θ. [A ὁ θ.] μόνος
— (51). ηὐλόγουν τὸν θ.
— (52). κύριε ὁ θεὸς τῶν πατέρων ἡμῶν
— (90). πάντες οἱ σεβόμενοι τὸν κ. τὸν θ. τῶν θ.
— 25 (92). ἡ ὅρασις τοῦ τετάρτου ὁμοία υἱῷ θεοῦ (4 c)
— 26 (93). οἱ δοῦλοι τοῦ θ. τοῦ ὑψίστου [A om. τ. ὑ.] (4 c)
— 28 (95). εὐλογητὸς ὁ θ. τοῦ Σ. M. A. (4 c)
— 28 (95). μὴ λατρεύσωσι . . . παντὶ θεῷ ἀλλ' ἢ τῷ θ. αὐ. (4 c, 4 c)
— 29 (96). ἐὰν εἴπῃ βλασφημίαν κατὰ τοῦ θ. Σ. M. A. (4 c)
— 29 (96). οὐκ ἔστι θεὸς ἕτερος ὅστις δυνήσεται (4 c)
— 32 (99). ἐποίησε μετ' ἐμοῦ ὁ θ. ὁ ὕψιστος (4 c)
4. 5. κατὰ τὸ ὄνομα τοῦ θ. μου (4 c)
— 5. ὃς πνεῦμα θεοῦ ἅγιον ἐν ἑαυτῷ ἔχει (4 c)
— 6. ἔγνων ὅτι πνεῦμα θεοῦ ἅγιον ἐν σοί [A al.] (4 c)
— 15. ὅτι πνεῦμα θεοῦ ἅγιον ἐν σοί (4 c)
— 24. ἴσως ἔσται μακρόθυμος . . . ὁ θεός –
5. 3. ἃ ἐξήνεγκεν ἐκ τοῦ ναοῦ τοῦ θ. [A om. τ. θ.] (4 c)
— 4. ᾔνεσαν τοὺς θ. τοὺς χρυσοῦς (4 c)
— 4. A B² τὸν θ. τοῦ αἰῶνος οὐκ ηὐλόγησαν –
— 11. ἀνὴρ . . . ἐν ᾧ πνεῦμα θεοῦ (4 c)
— 14. ἤκουσα . . . ὅτι πνεῦμα θεοῦ ἐν σοί (4 c)
— 18. ὁ θ. ὁ ὕψιστος τὴν βασιλείαν . . . ἔδωκε (4 c)
— 21. κυριεύει ὁ θεὸς [A om.] ὕψιστος (4 c)
— 22. ἐταπείνωσας τὴν καρδ. σου κατενώπιον τοῦ θ. –
— 23. ἐπὶ τὸν κ. θ. τοῦ οὐρανοῦ ὑψώθης (14 e)
— 23. τοὺς θ. τοὺς χρυσοῦς . . . ᾔνεσας (4 c)
— 23. τὸν θεὸν . . . οὐκ ἐδόξασας (4 c)
— 26. ἐμέτρησεν ὁ θ. τὴν βασιλείαν σου (4 c)
6. 5 (6). εἰ μὴ ἐν νομίμοις θεοῦ αὐτοῦ (4 c)
— 7 (8). ὃς ἂν αἰτήσῃ αἴτημα παρὰ παντὸς θεοῦ (4 c)
— 10 (11). ἐξομολογούμενος ἐναντίον τοῦ θ. αὐτοῦ (4 c)
— 11 (12). εὗρον τὸν Δ. . . . δεόμενον τοῦ θ. αὐτοῦ (4 c)
— 12 (13). ὃς ἂν αἰτήσῃ παρὰ παντὸς θεοῦ (4 c)
— 13 (14). αἰτεῖ παρὰ τοῦ θ. αὐ. τὰ αἰτήμ. –
— 16 (17). ὁ θ. σου ᾧ σὺ λατρεύεις ἐνδελεχῶς (4 c)
— 18 (19). ἔκλεισεν ὁ θ. τὰ στόματα τῶν λεόντων –
— 20 (21). ὁ δοῦλος τοῦ θ. τοῦ ζῶντος (4 c)
— 20 (21). ὁ θ. σου ᾧ σὺ λατρεύεις ἐνδελεχῶς (4 c)

Da. TH. Su. 6. 22 (23). ὁ θ. μου ἀπέστειλε τὸν ἄγγελον αὐτοῦ (4 c)
— 23 (24). ἐπίστευσεν ἐν [A *om.*] τῷ θεῷ αὐ. (4 c)
— 26 (27). φοβουμένους ἀπὸ προσώπου τοῦ θ. Δανιήλ (4 c)
— 26 (27). αὐτός [A *om.*] ἐστι θεὸς ζῶν (4 c)
9. 3. ἔδωκα τὸ πρόσωπόν μου πρὸς κ. τὸν θ. (4 b)
— 4. προσευξάμην πρὸς κ. τὸν θ. μου [A *al.*] (4 b)
— 4. κύριε ὁ θ. ὁ μέγας καὶ θαυμαστός (3)
— 9. τῷ κ. θ. ἡμῶν οἱ οἰκτιρμοί (4 b)
— 10. οὐκ εἰσηκούσαμεν τῆς φωνῆς κ. τοῦ θ. (4 b)
— 11. ἐν νόμῳ M. δούλου τοῦ θ. [A *al.*] (4 b)
— 13. οὐκ ἐδεήθημεν τοῦ προσώπου κ. τοῦ θ. (4 b)
— 14. A ἐγρηγόρησε κ. ὁ θ. ἡμῶν [B *om.* ὁ θ. ἡ.] (14 d)
— 14. δίκαιος κ. [A *om.*] ὁ θ. ἡμῶν (4 b [7 a + 4 b])
— 15. καὶ νῦν, κ. ὁ θ. ἡμῶν ὃς ἐξήγαγες (4 b)
— 17. νῦν εἰσάκουσον, κ. ὁ θ. ἡμῶν (14 c)
— 18. κλῖνον, ὁ θ. μου, τὸ οὖς σου (4 b)
— 19. μὴ χρονίσῃς ἕνεκέν σου, ὁ [A κύριε ὁ] θ. μου (4 b [14 c])
— 20. A ἐναντίον τοῦ [B τοῦ κ.] θ. μου περὶ τοῦ ὄρους τοῦ ἁγίου τοῦ θ. μου [B *om.* τ. θ. μ.] (7 a + 4 b [4 b], 4 b)
10. 12. A R ἐναντίον κ. [B *om.*] τοῦ θ. σου (14 c [4 b])
11. 8. τοὺς θ. αὐτῶν μετὰ τῶν χωνευτῶν αὐτῶν [A B² *al.*] (4 b)
— 32. λαὸς γινώσκοντες θεὸν αὐτοῦ [A *al.*] (4 b)
— 36. μεγαλυνθήσεται ἐπὶ πάντα θεόν (3)
— 36. A καὶ ἐπὶ τὸν θ. τῶν θ. (3, 3)
— 37. A R ἐπὶ π. θεοὺς [B -ὸς θεοῦ] τῶν πατέρων (4 b)
— 37. ἐπὶ πᾶν θεὸν οὐ συνήσει (4 a)
— 38. θεὸν μαωζεὶμ ἐπὶ τόπου . . . δοξάσει (4 a)
— 38. θεὸν ὃν οὐκ ἔγνωσαν οἱ πατέρες αὐ. (4 a)
— 39. μετὰ θεοῦ ἀλλοτρίου (4 a)
Bel 4. Δ. δὲ προσεκύνει τῷ θ. αὐτοῦ
— 5. τὸν ζῶντα θ. τὸν κτίσαντα τὸν οὐρ.
— 6. οὐ δοκεῖ σοι Βὴλ εἶναι ζῶν θεός
— 24. οὐκ ἔστιν οὗτος θεὸς ζῶν
— 25. κ. τῷ θ. μου προσκυνήσω
— 25. οὗτός ἐστι θεὸς ζῶν
— 37. τὸ ἄριστον ὃ ἀπέστειλέ σοι ὁ θ.
— 38. ἐμνήσθης γάρ μου, ὁ θ.
— 39. ὁ δὲ ἄγγελος τοῦ θ. ἀπεκατέστησε τὸν Ἀ.
— 41. μέγας εἶ, κ. ὁ θ. τοῦ Δ.
I Ma. 3. 18. S R οὐκ ἔστι διαφορὰ ἐναντίον τοῦ θ. [A *om.* τ. θ.] τοῦ οὐρ.
5. 68. τὰ γλυπτὰ τῶν θ. αὐ. κατέκαυσε
II Ma. 1. 2. ἀγαθοποιήσαι ὑμῖν ὁ θ.
— 11. ὑπὸ τοῦ θ. σεσωσμένοι
— 17. κατὰ πάντα εὐλογητὸς ἡμῶν ὁ θ.
— 20. ὅτε ἔδοξε τῷ θ.
— 24. R κύριε [A *om.*] κύριε ὁ θεὸς ὁ πάντων κτίστης
— 27. R σὺ εἶ [A *om.*] ὁ θ. ἡμῶν
2. 4. ἐθεάσατο τὴν τοῦ θεοῦ κληρονομίαν
— 7. ἕως ἂν συνάγῃ ὁ θ. ἐπισυναγωγὴν
— 17. ὁ δὲ θ. ὁ σώσας τὸν πάντα λαὸν αὐτοῦ
— 18. ἐλπίζομεν γὰρ ἐπὶ τῷ θ.
3. 22. R ἐπεκαλοῦντο τὸν παντοκράτορα θ. [A *al.*]
— 24. καταπλαγέντας τὴν τοῦ θ. δύναμιν
— 28. R τὴν τοῦ θ. δυναστείαν ἐπεγνωκότες [A *al.*]
— 34. τὸ μεγαλεῖον τοῦ θ. κράτος
— 35. A θυσίαν ἀνενεγκὼν τῷ θ. [R *al.*]
— 36. ἔργα τοῦ μεγίστου θ.
— 38. εἶναί τινα θεοῦ δύναμιν
6. 1. τοῖς τοῦ θ. νόμοις μὴ πολιτεύεσθαι
7. 6. ὁ κύριος ὁ θ. ἐφορᾷ
— 14. τὰς ὑπὸ τοῦ θ. προσδοκᾶν ἐλπίδας
— 16. τὸ γένος ἡ. ὑπὸ τοῦ θ. καταλελεῖφθαι
— 18. ἁμαρτόντες εἰς τὸν ἑαυτῶν θ.
— 28. οὐκ ἐξ ὄντων ἐποίησεν αὐτὰ ὁ θ.
— 31. οὐ μὴ διαφύγῃς τὰς χεῖρας τοῦ θ.
— 35. τὴν τοῦ παντοκράτορος ἐπόπτου θ. κρίσιν
— 36. ὑπὸ διαθήκην θεοῦ πεπτώκασι
— 36. τῇ τοῦ θ. κρίσει
— 37. ἐπικαλούμενος τὸν θ.
— 37. μόνος αὐτὸς θ. ἐστιν
8. 13. ἀπιστοῦντες τὴν τοῦ θ. δίκην
— 18. ἐπὶ τῷ παντοκράτορι θ. . . . πεποίθαμεν
— 23. δοὺς σύνθημα θεοῦ βοηθείας
— 36. R ὑπέρμαχον ἔχειν τὸν θ. [A *om.* τ. θ.]
9. 5. ὁ δὲ παντεπόπτης κ. ὁ θ. τοῦ Ἰσρ.
— 8. φανερὰν τοῦ θ. πᾶσι τὴν δύναμιν ἐνδεικνύμενος

II Ma. 9. 12. δίκαιον ὑποτάσσεσθαι τῷ θ.
— 17. καταγγέλλοντα τὸ τοῦ θ. κράτος
— 18. ἡ τοῦ θ. κρίσις
— 20. R εὔχομαι μὲν τῷ θ. τὴν μεγίστην χάριν
10. 16. ἀξιώσαντες τὸν θ. σύμμαχον αὐτοῖς γενέσθαι
— 25. πρὸς ἱκεσίαν τοῦ θ. ἐτράπησαν
11. 4. οὐδαμῶς ἐπιλογιζόμενος τὸ τοῦ θ. κράτος
— 9. εὐλόγησαν τὸν ἐλεήμονα θ.
— 13. τοῦ πάντα δυναμένου θ. συμμαχοῦντος αὐτοῖς
— 23. τοῦ πατρὸς ἡμῶν εἰς θεοὺς μεταστάντος
12. 6. ἐπικαλεσάμενος τὸν δίκαιον κριτὴν θ.
— 11. διὰ τὴν παρὰ τοῦ θ. βοήθειαν
— 16. τῇ τοῦ θ. θελήσει
13. 13. A τῇ τοῦ θ. [R κυρίου] βοηθείᾳ
— 15. A δοὺς δὲ . . . σύνθημα θεοῦ νίκην [R *al.*]
14. 33. τόνδε τοῦ θ. σηκὸν εἰς πεδίον ποιήσω
15. 14. Ἰερεμίας ὁ τοῦ θ. προφήτης
— 16. δῶρον παρὰ τοῦ θ.
— 27. πρὸς τὸν θ. εὐχόμενοι
— 27. τῇ τοῦ θ. μεγάλως εὐφρανθέντες ἐπιφανείᾳ
III Ma. 1. 9. A θύσας τῷ πιστῷ [R μεγίστῳ] θ.
— 16. δεομένων τοῦ μεγίστου θ.
2. 21. ὁ πάντων ἐπόπτης θ.
3. 4. σεβόμενοι δὲ τὸν θ.
— 11. οὐ καθορῶν τὸ τοῦ μεγίστου θ. κράτος
— 14. τῇ τῶν θ. ἀπροπτώτῳ συμμαχίᾳ
4. 16. R εἰς δὲ τὸν μέγιστον θ. [A *om.* τ. μ. θ.] . . . λαλῶν
5. 7. ἐλεήμονα θ. αὐτῶν καὶ πατέρα
— 13. τὸν ἅγιον ᾔνουν θ. αὐτῶν
— 25. ἐδέοντο τοῦ μεγίστου θ.
— 28. ἐνέργεια τοῦ πάντα δεσποτεύοντος θ.
— 30. προνοίᾳ θεοῦ διεσκεδάσθαι
— 35. τὸν ἐπιφανῆ θ. . . . ᾔνουν
6. 1. ἐπικαλεῖσθαι τὸν ἅγιον θ.
— 2. ὕψιστε παντοκράτωρ θεέ
— 11. οὐδὲ ὁ θ. αὐτῶν ἐρρύσατο αὐτούς
— 18. ὁ μεγαλόδοξος παντοκράτωρ καὶ ἀλ. θ.
— 28. τοὺς υἱοὺς τοῦ παντοκράτορος ἐπουρ. θ.
— 29. τὸν ἅγιον σωτῆρα θ. αὐτῶν ηὐλόγουν
— 32. τὸν σωτῆρα καὶ τερατοποιὸν αἰνοῦντες θ.
— 36. σωτηρίας δὲ τῆς διὰ θεὸν γενομ. αὐτοῖς
7. 2. κατευθύνοντος ἡμῖν τοῦ μεγ. θ. τὰ πράγμ.
— 6. τὸν ἐπουρ. θ. ἐγνωκότες ἀσφ. ὑπερησπικότα
— 9. τὸν πάσης δεσπόζοντα δυνάμεως θ.
— 10. τοὺς . . . τὸν ἅγ. θ. αὐθαιρέτως παραβεβηκότας καὶ τοῦ θ. τὸν νόμον
— 12. τοὺς παραβεβηκότας τοῦ θ. τὸν νόμον
— 16. οἱ μέχρι θανάτου τὸν θ. ἐσχηκότες
— 16. εὐχαριστοῦντες τῷ θ. τῶν πατ. αὐτῶν
— 22. τὰ μεγαλεῖα τοῦ μεγάλου θ.
IV Ma. 1. 12. δόξαν διδοὺς τῷ πανσόφῳ θ.
2. 21. ὁπηνίκα γὰρ ὁ θ. τὸν ἄνθρ. κατεσκεύασε
3. 16. ἔσπεισε τὸ πόμα τῷ θ.
4. 9. τῶν δὲ ἱερέων . . . ἱκετευσάντων τὸν θ.
5. 24. ὥστε μόνον τὸν ὄντα θ. σέβειν
— 25. θεοῦ καθεστάναι τὸν νόμον
6. 26. ἀνέτεινε τὰ ὄμματα πρὸς τὸν θ.
— 27. σὺ οἶσθα, θεέ
7. 19. θεῷ οὐκ ἀποθνήσκουσιν
— 19. S R ζῶσι τῷ [A *om.*] θ.
— 21. καὶ πεπιστευκὼς θεῷ
9. 8. S R ἐσόμεθα παρὰ τῷ θεῷ
10. 10. διὰ παιδείαν καὶ ἀρετὴν θεοῦ
— 18. σιωπώντων ἀκούει ὁ θ.
— 20. ὑπὲρ τοῦ νόμου τοῦ θ. . . . ἀκρωτηριαζόμεθα
— 21. σὲ δὲ ταχέως μετελεύσεται ὁ θ.
11. 7. A R ἐλπίδα εἶχες παρὰ θεῷ σωτηρίου
— 8. A R ἀλλότριος ὢν θεοῦ
— 8. A R τοὺς εὐσεβοῦντας εἰς τὸν θ.
12. 11. παρὰ τοῦ θ. λαβὼν τὰ ἀγαθά
— 14. ἐπλήρωσαν τὴν εἰς τὸν θ. εὐσέβειαν
— 18. ἐπικαλοῦμαι δὲ τὸν πατρῷον θ.
13. 3. A R παρὰ θεῷ [S θεοῦ] περιεγένοντο
— 13. ἑαυτοὺς . . . τῷ θ. ἀφιερώσωμεν
— 15. τοῖς παραβᾶσι τὴν ἐντολὴν τοῦ θ.
— 22. καὶ τῆς ἡμετ. ἐν νόμῳ θεοῦ ἀσκήσεως
15. 3. εἰς αἰώνιον ζωὴν κατὰ θεόν
— 8. διὰ τὸν πρὸς τὸν θ. φόβον
— 24. A R διὰ τὴν πρὸς θεὸν [S τὸν θ.] πίστιν
16. 14. δι' εὐσέβειαν θεοῦ στρατιῶτι
— 18. διὰ τὸν θ. τοῦ κόσμου μετελάβετε
— 19. πάντα πόνον ὑπομένειν διὰ τὸν θ.
— 21. ὑπέμειναν διὰ τὸν θ.

IV Ma. 16. 22. τὴν αὐτὴν πίστιν πρὸς τὸν θ. ἔχοντες
— 24. παραβῆναι τὴν ἐντολὴν τοῦ θ.
— 25. οἱ διὰ τὸν θ. ἀποθανόντες ζῶσι τῷ θ.
17. 4. A R τὴν ἐλπίδα . . . ἔχουσα πρὸς θεόν [S τὸν θ.]
— 5. ἔντιμος καθέστηκας θεῷ
— 10. εἰς θεὸν ἀφορῶντες
— 20. A R ἁγιασθέντες διὰ θεόν [S *om.* δ. θ.]
18. 23. A R ἀπειληφότες παρὰ τοῦ [S *om.*] θ.

[Aq. GE. 1. 1, 2, 4, 5, 6, 8, 10, 26, 27 *bis*, 28 *bis*, 29, 31 : 2. 7, 8 : 3. 2 (1) *bis* : 5. 22, 24 : 6. 3 (2), 10 (9) : 16. 11 : 30. 8, 24 : 32. 28 (29) : 33. 5 : 41. 16 : 50. 19 : Ex. 4. 24 : 6. 3 : 7. 1 : 18. 21 : 21. 6 : 22. 20 (19) : 24. 10 : LE. 21. 12 : 23. 40 : DT. 21. 23 : I KI. 14. 18 : 16. 23 : III KI. 14. 3, 7, 9, 13 : 15. 4 : IV KI. 1. 2, 12, 16 : 2. 14 : 4. 16 : 17. 14 : JB. 1. 5, 8, 9, 16 : 11. 7 : 29. 2 : 38. 7 : Ps. 3. 3 : 9. 25 (10. 4) : 17 (18). 47 : 24 (25). 2 : 26 (27). 9 : 29 (30). 13 : 30 (31). 15 : 32 (33). 12 : 41 (42). 5, 6 : 42 (43). 4 *bis* : 43 (44). 5, 9 : 44 (45). 7, 9 *bis* : 45 (46). 5 : 46 (47). 10 : 49 (50). 1, 2, 14 : 50 (51). 3 : 52 (53). 6 *bis* : 54 (55). 17 : 55 (56). 5, 8, 11 : 59 (60). 8 : 60 (61). 6 : 61 (62). 8 *bis*, 12 *bis* : 63 (64). 8 : 64 (65). 10 : 65 (66). 19 : 67 (68). 17, 25 *bis*, 32 : 68 (69). 4 : 70 (71). 17, 19 : 71 (72). 18 *bis* : 73 (74). 1 : 75 (76). 7 : 76 (77). 14 : 78 (79). 1 : 81 (82). 1 : 83 (84). 8, 10, 12 : 89 (90). 2 : 90 (91). 2 : 94 (95). 3 : 95 (96). 4 : 108 (109). 1 : 137 (138). 1 : 138 (139). 19 : 146 (147). 7 : 147. 1 (12) : PR. 2. 17 : 30. 9 : IS. 1. 10 : 7. 11, 13 : 8. 10, 17, 21 : 21. 17 : 37. 19 : 45. 15 *bis* : 51. 22 : 52. 4, 7 : 53. 4 : 60. 9 : 65. 16 : JE. 3. 21 : 10. 10 *bis* : 13. 12 : 14. 22 : 15. 16 : 16. 10 : 19. 15 : 21. 4 : 23. 2 : 29 (36). 8, 21 : 31 (38). 6 : 32 (39). 14 : 43 (50). 1, 12, 13 : 46 (26). 25 : 50 (27). 18 : EZ. 1. 24 : 2. 4 : DA. 3. 25 (92) : 5. 11 : 11. 37 *bis*, 38 : HO. 9. 8 : HB. 3. 3 : MA. 3. 8.]

[Sm. GE. 1. 2, 5, 6, 8, 10, 20, 26, 27 *bis*, 28 *bis*, 29, 31 : 2. 7 : 6. 10 (9) : 30. 24 : 32. 28 (29) : 41. 16 : 50. 19 : Ex. 7. 1 : 18. 21 : 21. 6 : 22. 20 (19) : 24. 10 : LE. 21. 12 : 23. 40 : DT. 4. 19 : I KI. 14. 18 : 16. 23 : II KI. 14. 13, 14 : III KI. 15. 4 : 17. 20 : IV KI. 1. 2, 12 : 2. 14 : 5. 8 : II CH. 15. 3 : 26. 5 : JB. 1. 22 : 3. 23 : 9. 13 : 13. 7 : 15. 4 : 20. 29 : 21. 22 : 24. 12, 25 : 29. 2, 4 : 32. 8 : 33. 4, 6, 14 : 34. 10, 31 : 37. 10, 15, 22 : 38. 4 : 39. 32 (40. 2) : 40. 4 (9) : 41. 1 : 42. 9 : Ps. 3. 3 : 9. 25 (10. 4) : 15 (16). 1 : 17 (18). 47, 48 : 21 (22). 2 *bis*, 3 : 24 (25). 5 : 26 (27). 9 : 29 (30). 13 : 30 (31). 6, 15 : 35 (36). 2 : 39 (40). 6 : 41 (42). 5, 6 *bis* : 42 (43). 4 *bis*, 5 *bis* : 43 (44). 5, 9 : 44 (45). 7 : 45 (46). 5 : 46 (47). 2, 10 *bis* : 47 (48). 4, 10 : 49 (50). 1, 23 : 50 (51). 3 : 51 (52). 10 : 52 (53). 6 *bis* : 54 (55). 15, 20, 24 : 55 (56). 5, 8, 10, 11 *bis*, 12, 13, 14 : 59 (60). 3, 12 : 60 (61). 6, 8 : 61 (62). 12 : 63 (64). 2, 8 : 64 (65). 10 : 65 (66). 5 : 67 (68). 8, 9 *ter*, 16, 17, 18, 21 *bis*, 25 *bis*, 29 *bis*, 32, 36 : 68 (69). 6, 7 *bis*, 14 : 70 (71). 19 : 71 (72). 18 *bis* : 72 (73). 1, 11, 17 : 73 (74). 1, 8, 22 : 74 (75). 8 : 75 (76). 7 : 76 (77). 2 *bis*, 14 : 77 (78). 8, 31 : 78 (79). 1 : 80 (81). 10 *bis* : 81 (82). 1 *ter*, 8 : 83 (84). 10, 12 : 84 (85). 9 : 88 (89). 7, 8 : 89 (90). 2, 17 : 90 (91). 2 : 94 (95). 3 : 95 (96). 4 : 103 (104). 1 : 107 (108). 12 *bis* : 108 (109). 1 : 137 (138). 1 : 138 (139). 19 : 146 (147). 7 : 147. 1 (12) : PR. 2. 17 : 30. 9 : EC. 2. 26 : 3. 15 : 7. 15 (14), 19 (18), 27 (26) : 8. 2, 17 : IS. 1. 10 : 7. 11, 13 : 8. 10 : 21. 17 : 25. 8 : 28. 26 : 29. 23 : 37. 19 : 40. 1, 3, 8 : 45. 14 *bis*, 15 *bis* : 46. 6 : 51. 22 : 52. 4, 7 : 53. 4 : 55. 7 : 60. 9 : 61. 10 *bis* : 65. 16 : 66. 9 : JE. 7. 6 : 13. 12 : 14. 22 : 15. 16 : 16. 10 : 21. 4 : 23. 2 : 30 (37). 22 : 31 (38). 6 : 32 (39). 14 : 43 (50). 1, 13 : EZ. 1. 24 : 2. 4 : 10. 5 : DA. 5. 11 : HO. 9. 8 : AM. 3. 14 : HB. 3. 3 : MA. 3. 8.]

[Th. GE. 1. 2, 5, 6, 8, 10, 20, 26, 27 *bis*, 28 *bis*, 29 : 2. 7 : 6. 3 (2) : 32. 28 (29) : Ex. 7. 1 : 18. 21 : 22. 20 (19) : LE. 21. 12 : 23. 40 : DT. 21. 23 : JD. 18. 24 : I KI. 14. 18 *bis* : 16. 23 : II KI. 14. 13 : 24. 1 : III KI. 15. 4 : IV KI. 1. 12 : 5. 8 : JB. 1. 16 : 21. 19, 20 : 33. 26 : 34. 9 : 35. 10 : 37. 22 : 38. 7 : 39. 32 (40. 2) : Ps. 7. 10 : 17 (18). 47 : 21 (22). 2 *bis* : 30. (31). 15 : 41 (42). 6 : 44 (45). 7 : 46 (47). 10 *bis* : 49 (50). 1 : 54 (55). 17 : 63 (64). 8 : 67 (68). 25 *bis* : 68 (69). 7 : 71 (72). 18 *bis* : 78

● = correction on page xxvi

(79). 1 : 83 (84). 12 : 84 (85). 9 : 89 (90). 2 : 94 (95). 3 : 95 (96). 4 : 108 (109). 1 : 147. 1 (12): Pr. 2. 17 : 30. 9 : Is. 1. 10 : 7. 11, 13 : 8. 10, 21 : 21. 17 : 37. 19 : 45. 15 : 51. 20, 22 : 52. 4 : 53. 4 : 55. 7 : 60. 9 : 61. 10 *bis* : Je. 5. 22 : 10. 10 *bis* : 13. 12 : 15. 16 : 19. 15 : 21. 4 : 23. 2, 23 *bis*, 36 *bis* : 27 (34). 21 : 29 (36). 8, 21, 25 : 30 (37). 22 : 32 (39). 14, 15, 25 : 42 (49). 9 : 43 (50). 1 : 46 (26). 25 : 50 (27). 18 : Ez. 1. 24 : 10. 5 : Da. 1. 2 : 3. (90) *bis*, 25 (92), 28 (95) : 4. 6, 24† : 5. 11 : 9. 14†, 20† : 11. 36† *bis*, 37 *bis*, 38 : Am. 5. 26.]
[**Heb**. Ge. 4. 1, 26 : III Ki. 19. 14 : IV Ki. 7. 18 : Jb. 1. 22.]
[**Sam**. Ge. 50. 19.]
[**Al**. Ex. 19. 3 : Le. 2. 13 : 7. 35 : 21. 6 : Nu. 14. 9 : 22. 18 : 23. 4, 5 : 25. 2 : Dt. 4. 7 : 16. 1 : 21. 23 : II Ch. 36. 23 : Jb. 1. 6, 16 : 2. 1, 9 : Ps. 47 (48). 4 : 70 (71). 19 : 137 (138). 1 : 146 (147). 1 : Pr. 1. 7 : Ec. 3. 18 : Je. 10. 10 *bis* : Hb. 3. 19.]
[**Quint**. IV Ki. 4. 16 : 5. 8 : Ps. 41 (42). 6 : 42 (43). 4 *bis* : 55 (56). 5 : 71 (72). 18 *bis* : 76 (77). 2 : 83 (84). 12 : 95 (96). 4 : 137 (138). 1 : Ho. 8. 6 : Hb. 3. 3.]
[**Sext**. Ps. 7. 10 : 30 (31). 15 : 41 (42). 6 : 70 (71). 19 : 71 (72). 18 *bis* : 76 (77). 2 : 78 (79). 1 : 95 (96). 4.]

θεοσέβεια (-βία). (1) יִרְאַת אֲדֹנָי (2) יִרְאַת אֱלֹהִים

Ge. 20. 11. *ἄρα οὐκ ἔστι θ. ἐν τῷ τόπῳ τούτῳ* (2)
Jb. 28. 28. *ἡ θ. ἐστι σοφία* (1)
Si. 1. 24. *βδέλυγμα δὲ ἁμαρτωλῷ* [**A** *-οῦ*] *θεοσέβεια*
Ba. 5. 4. *κληθήσεται . . . δόξα θεοσεβείας*
IV Ma. 7. 6. *οὐδὲ τὴν θ. . . . χωρήσασαν γαστέρα*
— 22. **S** *οὐκ ἂν περικρατήσειε . . . διὰ τὴν θ.* [**A R** *εὐσ.*]
15. 28. **S** *τῆς θ.* [**A R** *-βοῦς*] *Ἀβρ. καρτερίας ἡ θυγ. ἐμνήσθη*
17. 15. *θεοσέβεια δὲ ἐνίκα*
[**Al**. Pr. 1. 29.]

θεοσεβής. (1) יְרֵא אֱלֹהִים

Ex. 18. 21. *σεαυτῷ σκέψαι . . . ἄνδρας δυνατοὺς θ.* (1)
Ju. 11. 17. *ἡ δούλη σου θεοσεβής ἐστι*
Jb. 1. 1. *ἦν ὁ ἄνθρωπος ἐκεῖνος . . . θεοσεβής* (1)
— 8. *ἄνθρωπος . . . ἀληθινὸς θεοσεβής* (1)
2. 3. *οὐκ ἔστι κατ' αὐτὸν τῶν ἐπὶ τῆς γῆς . . . θ.* (1)
IV Ma. 15. 28. **A R** *τῆς θ.* [**S** *-βίας*] *Ἀβρ. καρτερίας ἡ θυγ. ἐμνήσθη*
16. 11. *ἡ ἱερὰ καὶ θ. μήτηρ*

θεράπαινα. (1) אָמָה (2) נַעֲרָה (3) שִׁפְחָה

Ex. 11. 5. *ἕως πρωτοτόκου τῆς θ.* (3)
21. 26. *ἢ τὸν ὀφθαλμὸν τῆς θ. αὐτοῦ* (1)
— 27. *ἢ τὸν ὀδόντα τῆς θ. αὐτοῦ* (1)
Jb. 19. 15. *γείτονες οἰκίας θεράπαιναί τε* [**A** *al.*] (1)
31. 13. *εἰ δὲ καὶ ἐφαύλισα κρίμα . . . θεραπαίνης* (1)
— 31. *εἰ δὲ καὶ πολλάκις εἶπον αἱ θ. μου* †
Pr. 31. 15. *ἔδωκε . . . ἔργα ταῖς θ.* (2)
Is. 24. 2. *ἡ θ. ὡς ἡ κυρία* (3)

θεραπεία (-πία). (1) מְרוּקִים (2) עֶבֶד (3) עֲצָרָה (4) תְּרָפִים

Ge. 45. 16. *ἐχάρη δὲ Φαραὼ καὶ ἡ θ. αὐτοῦ* (2)
I Ki. 15. 23. **B** *θεραπείαν* [**A R** *θεραφὶν*] *ἐπάγουσιν* (4)
Es. 2. 12. *ἀναπληροῦνται αἱ ἡμέραι τῆς θ.* (1)
5. 1. *ἐξεδύσατο τὰ ἱμάτια τῆς θ.*
— 2. *πᾶσα ἡ θ. αὐτοῦ παρεκάλει αὐτήν*
Jl. 1. 14 : 2. 15. *κηρύξατε θεραπείαν* (3)
[**Sm**. Ez. 30. 21.]

θεραπείν, *vid*. **θεραφίν**.

θεραπεύειν. (1) בִּקֵּשׁ pi. (2) חָלָה pi. (3) יָשַׁב (4) עָבַד (5) עָשָׂה (6) שְׁמַשׁ pa.

II Ki. 19. 24 (25). *οὐκ ἐθεράπευσε τοὺς πόδας αὐτοῦ* (5)
IV Ki. 9. 16. *Ἰωρὰμ . . . ἐθεραπεύετο . . . ἀπὸ τῶν τοξευμ.* –
I Es. 1. 4. *θεραπεύετε τὸ ἔθνος αὐτοῦ Ἰσραήλ*
2. 18. *τὰ τείχη θεραπεύουσι*
To. 1. 7. *ἐδίδουν τοῖς υἱοῖς Λ. τοῖς θεραπεύουσιν* [**S** *al.*]
2. 10. **S** *ἐπορευόμην πρὸς τοὺς ἰατροὺς θεραπευθῆναι* [**A B** *al.*]
12. 3. *τὴν γυναῖκά μου ἐθεράπευσε*
— 3. *σὲ ὁμοίως* [**S** *om.*] *ἐθεράπευσε*
Ju. 11. 17. *θεραπεύουσα νυκτὸς καὶ ἡμέρας τὸν θεόν*
Es. 1. 1. *θεραπεύων ἐν τῇ αὐλῇ τοῦ βασιλέως*
— 1. *θεραπεύειν ἐν τῇ αὐλῇ*
2. 19. *ὁ δὲ Μ. ἐθεράπευεν* [**A** *-σεν*] *ἐν τῇ αὐλῇ* (3)
6. 10. *τῷ θεραπεύοντι ἐν τῇ αὐλῇ* [**A** *om. ἐν τ. αὐ.*] (3)
Pr. 14. 19. *θεραπεύσουσι θύρας δικαίων* –
19. 6. *θεραπεύουσι πρόσωπα βασιλέων* (2)
29. 26. *θεραπεύουσι πρόσωπα ἡγουμένων* (1)
Wi. 10. 9. *τοὺς θεραπεύσαντας* [**A S**[1] *-εύοντας*] *αὐτήν*
16. 12. *οὔτε μάλαγμα ἐθεράπευσεν αὐτούς*
Si. 18. 19. *πρὸ ἀρρωστίας θεραπεύου*
32 (35). 16. *θεραπεύων ἐν εὐδοκίᾳ δεχθήσεται*
38. 7. *ἐν αὐτοῖς ἐθεράπευσε*
Is. 54. 17. *τοῖς θεραπεύουσι κύριον* [**A** *-ίῳ*] (4)
Ep. Je. 27. *οἱ θεραπεύοντες αὐτά*
— 39. *οἱ δὲ θεραπεύοντες αὐτά*
Da. LXX. 7. 10. *χίλιαι χιλιάδες ἐθεράπευον αὐτόν* (6)
[**Sm**. Jb. 19. 11.]

θεράπων. (1) בֶּן אָדוֹן (2) נַעֲרָה (3) עֶבֶד (4) שָׁרַת pi.

Ge. 24. 44. *ἣν ἡτοίμασε κ. τῷ ἑαυτοῦ θ. Ἰσαάκ* (1)
50. 17. *τὴν ἀδικίαν τῶν θ. τοῦ θ. τοῦ πατρός σου* (3)
Ex. 4. 10. *ἀφ' οὗ ἤρξω λαλεῖν τῷ θ. σου* (3)
5. 21. *καὶ ἐναντίον τῶν θ. αὐτοῦ* (3)
7. 9, 10. *καὶ ἐναντίον τῶν θ. αὐτοῦ* –
— 10, 20. *καὶ ἐναντίον τῶν θ. αὐτοῦ* (3)
8. 3 (7. 28). *τοὺς οἴκους τῶν θ. σου* (3)
— 4 (7. 29). *ἐπὶ σὲ καὶ ἐπὶ τοὺς θ. σου* (3)
— 9 (5). *περὶ σοῦ καὶ περὶ τῶν θ. σου* (3)
— 11 (7). *ἀπὸ τῶν θ. σου καὶ ἀπὸ τοῦ λαοῦ σου* (3)
— 21 (17). *ἐπὶ σὲ καὶ ἐπὶ τοὺς θ. σου* (3)
— 24 (20). *καὶ εἰς τοὺς οἴκους τῶν θ. αὐτοῦ* (3)
— 29 (25). *ἀπὸ σοῦ . . . καὶ ἀπὸ τῶν θ. σου* (3)
— 31 (27). *ἀπὸ Φ. καὶ* [**A** *add. ἀπὸ*] *τῶν θ. αὐτοῦ* (3)
9. 8. *καὶ ἐναντίον τῶν θ. αὐτοῦ* –
— 14. *εἰς τὴν καρδίαν σου καὶ τῶν θ. σου* (3)
— 20. *ὁ φοβούμενος τὸ ῥῆμα κ. τῶν θ. Φαραώ* (3)
— 30. *καὶ σὺ καὶ οἱ θ. σου* (3)
— 34 : 10. 1. *αὐτοῦ τὴν καρδίαν καὶ τῶν θ. αὐτοῦ* (3)
10. 6. *σου αἱ οἰκίαι καὶ αἱ οἰκίαι τῶν θ. σου* (3)
— 7. *καὶ λέγουσιν οἱ θ. Φ.* (3)
11. 3. *καὶ ἐναντίον τῶν θ. αὐτοῦ* (3)
12. 30. *καὶ* [**A** *add. πάντες*] *οἱ θ. αὐτοῦ* (3)
14. 5. **A R** *ἡ καρδία Φ. καὶ* [**B** *add. ἡ καρδία*] *τῶν θ.* (3)
— 8. *τὴν καρδίαν Φ. . . . καὶ* [**A**[2] *add. τὴν κ.*] *τῶν θ. αὐ.* –
— 31. *ἐπίστευσαν . . . Μωυσῇ τῷ θ. αὐτοῦ* (3)
33. 11. *ὁ δὲ θ. Ἰησοῦς υἱὸς Ναυῆ* (4)
Nu. 11. 11. *ἵνα τί ἐκάκωσας τὸν θ. σου* (3)
12. 7. *οὐχ οὕτως ὁ* [**A** *ὡς ὁ*] *θ. μου Μ.* (3)
— 8. *καταλαλῆσαι κατὰ τοῦ θ. μου Μ.* (3)
32. 31. *ὅσα ὁ κ. λέγει τοῖς θ.* [**A** *add. αὐτοῦ*] (3)
De. 3. 24. *δεῖξαι τῷ σῷ θ.* (3)
9. 27. *μνήσθητι . . . τῶν θ. σου* (3)
29. 2 (1). *ὅσα ἐποίησε κ. . . . τοῖς* [**A** *πᾶσι τ.*] *θ. αὐτοῦ* (3)
34. 11. *ποιῆσαι αὐτὰ . . . τοῖς θ. αὐτοῦ* (3)
Jo. 1. 2. *Μωυσῆς ὁ θ. μου τετελεύτηκε* (3)
9. 2 (8. 31), 2 (8. 33). *Μωυσῆς ὁ θ. κυρίου* (3)
IV Ki. 25. 30. **A** *ἑστιατορία θεράποντος ἐδόθη* [**B** *al.*] †
I Ch. 16. 40. *Μωυσῇ τοῦ θ. τοῦ θεοῦ* –
To. 1. 7. **S** *τοῖς θ. ἐν Ἱερ.* [**A B** *al.*]
Ju. 2. 2. *συνεκάλεσε πάντας τοὺς θ. αὐτοῦ*
6. 6. *ὁ λαὸς τῶν θ. μου*
7. 16. *ἐνώπιον πάντων τῶν θ. αὐτοῦ*
9. 10. *πάταξον . . . ἄρχοντα ἐπὶ θεράποντι αὐ.*
10. 20. *πάντες οἱ θ. αὐτοῦ*
— 23. *κατὰ πρόσωπον αὐτοῦ . . . καὶ τῶν θ. αὐ.*
11. 20. *ἐναντίον πάντων τῶν θ. αὐτοῦ*
12. 5. *ἠγάγοσαν αὐτὴν οἱ θ. Ὀ.*
Jb. 1. 8. **A** *κατὰ τοῦ θ.* [**B S** *παιδὸς*] *μου Ἰώβ* (3)
2. 3. *προσέσχες οὖν τῷ θ. μου Ἰώβ* (3)
3. 19. *θεράπων δεδοικὼς* [**A S**[3] *οὐ δεδ.*] *τὸν κ. αὐ.* (3)
7. 2. *ὥσπερ θεράπων δεδοικὼς τὸν κ. αὐ.* (3)
19. 15. **A** *γείτονες οἰκεῖοι θεράποντες* [**B S** *al.*] –
— 16. *θεράποντά* [**A** *-ας δέ*] *μου ἐκάλεσα* (3)
31. 13. *εἰ δὲ καὶ ἐφαύλισα κρίμα θεράποντος* (3)
42. 7. *ὥσπερ ὁ θ. μου Ἰώβ* (3)
— 8. *πορεύθητε πρὸς τὸν θ.* [**A** *παῖδά*] *μου Ἰώβ* (3)
— 8. *Ἰὼβ δὲ ὁ θ. μου εὔξεται περὶ ὑμῶν* (3)
— 8. *κατὰ τοῦ θ. μου Ἰώβ* (3)
Pr. 18. 14. *θυμὸν ἀνδρὸς πραΰνει θ. φρόνιμος* †
27. 27. *εἰς τὴν ζωὴν σῶν θ.* (2)
Wi. 10. 16. *εἰς ψυχὴν θεράποντος κυρίου*
18. 21. *δεικνὺς ὅτι σός ἐστι θ.*
IV Ma. 12. 11. *τοὺς θ. αὐτοῦ κατακτεῖναι*
[**Aq., Sm**. Je. 21. 7.]
[**Al**. Nu. 32. 31.]

θεραφίν (-είν), **θαραφείν**, **θεραπείν**, **θεραφείμ**, *cf*. **θεραπεία**. (1) תְּרָפִים

Jd. 17. 5. *ἐποίησεν ἐφὼδ καὶ θ.* (1)
18. 14. *ἐφὼδ καὶ θ. καὶ γλυπτόν* (1)
— 17. **A** *τὸ γλυπτὸν καὶ τὸ ἐφοὺδ καὶ τὸ θ.* (1)
— 18. *τὸ γλυπτὸν καὶ τὸ ἐφοὺδ καὶ τὸ θ.* (1)
— 20. *τὸ ἐφὼδ καὶ τὸ θ. καὶ τὸ γλυπτόν* (1)
I Ki. 15. 23. **A R** *ὀδύνη καὶ πόνος θ.* [**B** *θεραπείαν*] *ἐπάγουσιν* (1)
IV Ki. 23. 24. *τοὺς γνωριστὰς καὶ τὰ θ.* (1)
II Ch. 35. 19. *τοὺς γνώστας καὶ τὰ θ.* –
[**Aq**. Ez. 21. 21 (26).]
[**Sm**. Ge. 31. 19.]
[**Th**. I Ki. 19. 13, 16 : Ez. 21. 21 (26).]

θέρειος.

[**Aq**. Ps. 31 (32). 4.]

θερίζειν. (1) *a*. חָרַשׁ *b*. מַחֲרֵשָׁה (2) עָלָה (3) קָטַף ni. (4) קָצַר *a*. qal. *b*. hi. *c*. קָצִיר

Le. 23. 10. *ὅταν . . . θερίζητε τὸν θερισμὸν αὐτῆς* (4 *a*)
— 22. *ὅταν θερίζητε τὸν θερισμὸν τῆς γῆς* (4 *a*)
— 22. *ἐν τῷ θ. σε* (4 *a*)
Ru. 2. 3. *κατόπισθε* [**A** *ὄπ.*] *τῶν θεριζόντων* (4 *a*)
— 4. *εἶπε τοῖς θερίζουσι* (4 *a*)
— 5. *τῷ ἐφεστῶτι ἐπὶ τοὺς θερίζοντας* (4 *a*)
— 6. *τὸ ἐφεστὸς ἐπὶ τοὺς θερίζοντας* (4 *a*)
— 7. *ὄπισθεν τῶν θεριζόντων* (4 *a*)
— 9. *εἰς τὸν ἀγρὸν οὗ ἐὰν θερίζωσι* (4 *a*)
— 14. *ἐκ πλαγίων τῶν θεριζόντων* (4 *a*)
I Ki. 6. 13. *ἐθέριζον θερισμὸν πυρῶν* (4 *a*)
8. 12. *θερίζειν θερισμὸν αὐτοῦ* (1 *a* ?)
13. 21. **B** *ἦν ὁ τρυγητὸς ἕτοιμος τοῦ θερίζειν* (1 *b* ?)
IV Ki. 4. 18. *ἡνίκα ἐξῆλθε . . . πρὸς τοὺς θερίζοντας* (4 *a*)
I Es. 4. 6. *θερίσαντες ἀναφέρουσι τῷ βασιλεῖ*
Ju. 4. 5. *προσφάτως ἦν τὰ πεδία αὐ. τεθερισμ.*
Jb. 4. 8. *ὀδύνας θεριοῦσιν ἑαυτοῖς* [**A** *ἐν αὐτ.*] (4 *a*)
5. 5. **A** *ἃ γὰρ ἐκεῖνοι ἐθέρισαν* [**B S** *συνήγαγον*] (4 *c*)
— 26. *ὥσπερ σῖτος ὥριμος . . . θεριζόμενος* (2 ?)
8. 12. **A B S**[2] *οὐ μὴ θερισθῇ* (3)
24. 6. *ἀγρὸν πρὸ ὥρας οὐκ αὐτῶν ὄντα ἐθέρισαν* (4 *a*, 4 *b**)
Ps. 125 (126). 5. *ἐν ἀγαλλιάσει θεριοῦσι* (4 *a*)
128 (129). 7. *οὗ οὐκ ἐπλήρωσε τὴν χ. αὐ. ὁ θερίζων* (4 *a*)
Pr. 22. 8. *ὁ σπείρων φαῦλα θερίσει κακά* (4 *a*)
Ec. 11. 4. *βλέπων ἐν ταῖς νεφέλαις οὐ θερίσει* (4 *a*)
Si. 7. 3. *οὐ μὴ θερίσῃς αὐτάς* [**A S** *-ά*]
Je. 9. 22 (21). *ὡς χόρτος ὀπίσω θερίζοντος* [**S** *-ων*] (4 *a*)
12. 13. *ἀκάνθας θερίζετε* [**A** *-ίσατε*, **S** *-σεται*] (4 *a*)
[**Aq**. Dt. 24. 21 (19) : Je. 12. 13 : Ho. 10. 12.]
[**Sm., Th**. Pr. 22. 8 : Ho. 10. 12.]
[**Al**. Jb. 5. 5.]

θερινός. (1) מְקֵרָה (2) *a*. קַיִט *b*. קַיִץ

Jd. 3. 20. *ἐκάθητο ἐν τῷ ὑπερῴῳ τῷ θ.* (1)
— 24. *ἐν τῷ ταμείῳ τῷ θ.* [**A** *al.*] (1)
Am. 3. 15. *τὸν οἰ. τὸν περίπτερον ἐπὶ τὸν οἶκον τὸν θ.* (2 *b*)
Da. Th. 2. 35. *κονιορτὸς ἀπὸ ἅλωνος θερινῆς* (2 *a*)
[**Sm**. Ps. 31 (32). 4 : Am. 3. 15.]
[**Th**. Da. 2. 35 : Am. 3. 15.]

θερισμός. (1) חָרִישׁ (2) פֵּאָה (3) קַיִץ (4) קָצִיר
Ge. 8. 22. σπέρμα καὶ θ. (4)
30. 14. ἐν ἡμέρᾳ [A -αις] θερισμοῦ πυρῶν (4)
Ex. 23. 16. ἑορτὴν θερισμοῦ [A τοῦ θ.] (4)
34. 22. ἀρχὴν θερισμοῦ πυροῦ [A -ῶν] (4)
Le. 19. 9. ἐκθεριζόντων ὑμῶν τὸν θ. τῆς γῆς ὑμῶν (4)
— 9. B^{2} R οὐ συντελέσετε τὸν θ. ὑμῶν (2)
— 9. τὰ ἀποπίπτ. τοῦ θ. σου οὐ συλλέξεις (4)
23. 10. ὅταν . . . θερίζητε τὸν θ. αὐτῆς (4)
— 10. δράγμα [A -ματα] ἀπαρχὴν τοῦ θ. ὑμῶν (4)
— 22. ὅταν θερίζητε τὸν θ. τῆς γῆς ὑμῶν οὐ συντελέσετε τὸ λοιπὸν τοῦ θ. (4, 2)
— 22. τὰ ἀποπίπτ. τοῦ θ. σου οὐ συλλέξεις (4)
Jo. 3. 15. ὡσεὶ ἡμέραι θερισμοῦ πυρῶν (4)
Jd. 15. 1. ἐν ἡμέραις θερισμοῦ πυρῶν (4)
Ru. 1. 22. ἐν ἀρχῇ θερισμοῦ κριθῶν (4)
2. 23. A τὸν θ. τῶν κριθῶν καὶ τὸν θ. [B *om.* τ. θ.] τῶν πυρῶν (4, 4)
I Ki. 6. 13. ἐθέριζον θερισμὸν πυρῶν (4)
8. 12. θερίζειν θερισμὸν αὐτοῦ (1)
12. 17. οὐχὶ θερισμὸς πυρῶν σήμερον (4)
II Ki. 21. 9. ἐν ἡμέραις θερισμοῦ (4)
— 9. ἐν [A *om.*] ἀρχῇ θερισμοῦ κριθῶν (4)
— 10. ἐν ἀρχῇ θερισμοῦ κριθῶν (4)
24. 15. καὶ ἡμέραι θερισμοῦ πυρῶν -
Ju. 2. 27. ἐν ἡμέραις θερισμοῦ πυρῶν
8. 2. ἀπέθανεν ἐν ἡμέραις θερισμοῦ κριθῶν
Jb. 14. 9. ποιήσει δὲ θερισμόν (4)
18. 16. ἐπάνωθεν ἐπιπεσεῖται θερισμὸς αὐ. (4)
29. 19. δρόσος αὐλισθήσ. ἐν [A ἐπὶ] τῷ θ. μου (4)
Si. 24. 26. ὡς Ἰορδάνης ἐν ἡμ. θερισμοῦ
51. 20. A ἐν καιρῷ θερισμοῦ [BS καθαρισμῷ]
Is. 16. 9. ἐπὶ τῷ θ. . . . καταπατήσω (3)
18. 4. ὡς νεφέλη δρόσου . . . πρὸ τοῦ θ. (4)
Je. 5. 17. B S^{2} κατέδονται τὸν θ. ὑμῶν [A αὐτῶν] (4)
— 24. κατὰ καιρὸν πληρώσεως . . . θερισμοῦ (4)
27 (50). 16. ἐν καιρῷ θερισμοῦ (4)
[**Aq.** Ge. 45. 6: De. 24. 21 (19): Ps. 79 (80). 12: Pr. 6. 8: Am. 4. 7.]
[**Sm.** Is. 9. 3 (2): 27. 11: Ho. 6. 11: Am. 4. 7.]
[**Th.** Jb. 18. 16: Am. 4. 7.]
[**Al.** Ho. 6. 11: Jl. 1. 11.]

θεριστής.
Da. LXX. Bel 32. ἐπορεύετο . . . πρὸς τοὺς θεριστάς
Da. TH. Bel 33. ἐπορεύετο . . . ἀπενέγκαι τοῖς θ.

θέριστρον. (1) מַחֲרֶשֶׁת (2) צָעִיף (3) רְדִיד
Ge. 24. 65. ἡ δὲ λαβοῦσα τὸ θ. (2)
38. 14. A περιεβάλετο τῷ θ. [R *al.*] (2)
— 19. A περιεβάλετο [R περιείλετο] τὸ θ. (2)
I Ki. 13. 20. B χαλκεύειν ἕκαστος τὸ θ. αὐτοῦ (1 ?)
Ca. 5. 7. ἦραν τὸ θ. μου [S *om.*] ἀπ' ἐμοῦ (3)
Is. 3. 23. θ. κατάκλιτα [S *al.*] (3)
[**Th.** Is. 3. 23.]

θερμαίνειν. (1) חָמַם *a.* qal. *b.* hithpa. *c.* חֹם (2) חָרַר
III Ki. 1. 1. οὐκ ἐθερμαίνετο (1 *a*)
— 2. θερμανθήσ. ὁ κύριός μου [A B^{2} ἡμῶν] (1 *a*)
Jb. 31. 20. ἐθερμάνθησαν οἱ ὦμοι αὐτῶν (1 *b*)
Ps. 38 (39). 3. ἐθερμάνθη ἡ καρδία μου ἐντός μου (1 *a*)
Ec. 4. 11. ὁ εἷς πῶς θερμανθῇ (1 *a*)
Wi. 16. 27. ὑπὸ βραχείας ἀκτ. ἡλ. θερμαινόμενον
Si. 38. 17. καὶ θέρμανον κοπετόν
Ho. 7. 7. πάντες ἐθερμάνθησαν ὡς κλίβανος (1 *a*)
Hg. 1. 6. καὶ οὐκ ἐθερμάνθητε ἐν αὐτοῖς (1 *c*)
Is. 44. 15. λαβὼν ἀπ' αὐτοῦ ἐθερμάνθη (1 *a*)
— 16. θερμανθεὶς εἶπεν, Ἡδύ μοι, ὅτι ἐθερμάνθην (1 *a*, 1 *a*)
Ez. 24. 11. ὅπως . . . θερμανθῇ ὁ χαλκὸς αὐ. [A *al.*] (2)
[**Th.** Ca. 5. 4.]

θερμασία. (1) חָמַם
Je. 28 (51). 39. ἐν τῇ θ. αὐτῶν δώσω πότημα αὐτοῖς (1)
Da. LXX. 3. (46). κατὰ τὴν θ. αὐτῆς

θερμαστρίς. (1) יָע
III Ki. 7. 40. ἐποίησε X. τοὺς λέβητας καὶ τὰς [B^{1} τὰ] θ. (1)
— 45. τοὺς λέβητας καὶ τὰς θ. (1)

θέρμη. (1) *a.* חָמַם *b.* חַמָּה (2) θέρμη γίνεται חָמַם
Jb. 6. 17. θέρμης γενομένης (2)
Ps. 18 (19). 6. ὃς ἀποκρυβήσεται τὴν θ. αὐτοῦ (1 *b*)
Ec. 4. 11. καὶ θέρμη αὐτοῖς (1 *a*)
Si. 38. 28. ἐν θέρμῃ καμίνου διαμαχήσεται

θερμός. (1) *a.* חָם *b.* חֹם
Jo. 9. 12. θερμοὺς ἐφωδιάσθημεν αὐτούς (1 *a*)
I Ki. 21. 6 (7). παρατεθῆναι ἄρτον θ. (1 *b*)
To. 2. 10. ἀφώδευσαν τὰ στρουθία θερμόν [S *al.*]
Jb. 37. 17. σοῦ δὲ ἡ στολὴ θερμή (1 *a*)
Si. 23. 16. ψυχὴ θερμὴ ὡς πῦρ καιόμενον
Je. 38 (31). 2. εὗρον θερμὸν ἐν ἐρήμῳ †
[**Aq., Sm.** Jb. 37. 17.]

θερμότης.
Wi. 2. 4. ὑπὸ θερμότητος αὐτοῦ βαρυνθεῖσα

θερμῶς.
[**Al.** Jd. 5. 25.]

θέρος. (1) קַיִץ (2) קָצִיר
Ge. 8. 22. θ. καὶ ἔαρ (1)
Ps. 73 (74). 17. θ. καὶ ἔαρ σὺ ἐποίησας [S^{2} ἔπλασας] (1)
Pr. 6. 8. ἑτοιμάζεται θέρους τὴν τροφήν (1)
24. 60 (30. 25). ἑτοιμάζονται θέρους τὴν τροφήν (1)
26. 1. ὥσπερ ὑετὸς ἐν θέρει (2)
Si. 50. 8. ὡς βλαστὸς Λιβ. ἐν ἡμέραις θέρους
Za. 14. 8. καὶ ἐν θέρει καὶ ἐν ἔαρι [A ἀέρει] (1)
Je. 8. 20. διῆλθε θ. (2)
[**Sm.** Is. 28. 4.]

θεσάρ.
[**Heb.** Is. 26. 3.]

θέσις. (1) נִיר
III Ki. 11. 36. ὅπως ᾖ θέσις τῷ δούλῳ μου (1)
I Es. 1. 3. ἐν τῇ θ. τῆς ἁγίας κιβωτοῦ
Wi. 7. 19. καὶ ἀστέρων [S^{1} ἄστρων] θέσεις [A S -σις]
— 29. ὑπὲρ πᾶσαν ἄστρων [A ἀστέρων] θέσιν
[**Aq.** Pr. 7. 10.]
[**Sm.** Jb. 36. 16.]

θεσμός. (1) תּוֹרָה
Pr. 1. 8: 6. 20. μὴ ἀπώσῃ θεσμοὺς μητρός σου (1)
Wi. 14. 23. ἐμμανεῖς ἐξάλλων θεσμῶν κόσμους
Si. 28. 19. A τοῖς θ. [B S ἐν τοῖς δεσμοῖς] αὐ. οὐκ ἐδέθη
III Ma. 6. 36. κοινὸν ὁρισάμενοι περὶ τούτων θ.
IV Ma. 8. 7. ἀρνησάμενοι τὸν πάτριον ὑμ. τῆς πολιτείας θ.
[**Sm.** Ps. 10 (11). 3.]

θεσού.
[**Heb.** Ma. 2. 13.]

θεσσαβέρ.
[**Heb.** Ps. 47 (48). 8.]

θετού (?).
Ne. 3. 15. τὸ τεῖχος κολυμβήθρας τῶν κωδίων [S^{1} -ρα τῶν θ. Σιλωάμ] †

θεωρεῖν. (1) זָמַם (2) *a.* חָזָה *b.* חֲזָה *c.* חֲזֵה הֲוָה (3) מָאוֹר (4) רָאָה
Jo. 8. 20. ἐθεώρουν [A ἑώρων] καπνόν (4)
Jd. 13. 19, 20. A M. καὶ ἡ γυνὴ αὐ. ἐθεώρουν [B βλέποντες] (4)
16. 27. οἱ θεωροῦντες ἐν παιγνίαις Σ. [A *al.*] (4)
I Es. 4. 19. χάσκοντες τὸ στόμα θεωροῦσιν αὐτήν
— 24. τὸν λέοντα θεωρεῖ
— 29. ἐθεώρουν αὐτόν
— 31. χάσκων τὸ στόμα ἐθεώρει αὐτήν [B^{1} -ῷ]
To. 1. 17. εἴ τινα . . . ἐθεώρουν τεθνηκότα
5. 9. S οἱ νεκροὶ οἱ μηκέτι θεωροῦντες τὸ φῶς
9. 3. S θεωρεῖς τί ὤμοσεν Ῥ. [A B *al.*]
11. 16. οἱ θεωροῦντες αὐτὸν πορευόμενον [S *al.*]
12. 19. S καὶ θεωρεῖτέ με [A B *al.*]
— 19. ὅρασιν ὑμεῖς ἐθεωρεῖτε [S *al.*]
Ju. 10. 10. οὐκέτι ἐθεώρουν [A -ροῦσαν, S -ρων] αὐτήν
Ps. 21 (22). 7. πάντες οἱ θεωροῦντές με (4)
26 (27). 4. τοῦ θεωρεῖν με τὴν τερπνότ. κ. (2 *a*)
30 (31). 11. οἱ θεωροῦντές με ἔξω (4)
Ps. 49 (50). 18. εἰ ἐθεώρεις κλέπτην (4)
63 (64). 8. πάντες οἱ θεωροῦντες αὐτούς (4)
65 (66). 18. ἀδικίαν εἰ ἐθεώρουν (4)
67 (68). 24. ἐθεωρήθησαν αἱ πορεῖαί σου (4)
72 (73). 3. εἰρήνην ἁμαρτωλῶν θεωρῶν (4)
Pr. 16. 2 (15. 30). θεωρῶν ὀφθαλμὸς καλὰ εὐφραίνει καρδίαν (3)
31. 16. θεωρήσασα γεώργιον ἐπρίατο (1)
Ec. 7. 12 (11). περισσεία τοῖς θεωροῦσι τὸν ἥλιον (4)
Wi. 6. 12. εὐχερῶς θεωρεῖται
13. 5. ὁ γενεσιουργὸς αὐτῶν θεωρεῖται
16. 7. οὐ διὰ τὸ θεωρούμενον ἐσῴζετο
17. 6. τῆς μὴ [A *om.*] θεωρουμ. ἐκείνης ὄψεως
19. 7. ξηρᾶς ἀνάδυσις γῆς ἐθεωρήθη [A S^{1} -εῖτο]
— 8. θεωρήσαντες θαυμαστὰ τέρατα
Si. 42. 22. ὡς σπινθῆρός ἐστι θεωρῆσαι [S σπ. ἐπιθ.]
Da. LXX. Su. 37. ἐθεωροῦμεν αὐτοὺς ὁμιλοῦντας ἀλλήλοις
3. 24 (91). ἑστὼς ἐθεώρει αὐτοὺς ζῶντας -
— 27 (94). ἐθεώρουν τοὺς ἀνθρώπους ἐκείνους (2 *b*)
4. 10. ἐθεώρουν ἐν τῷ ὕπνῳ μου (2 *c*)
7. 2. ἐθεώρουν καθ' ὕπνους νυκτός (2 *c*)
— 4. ἐθεώρουν ἕως ὅτου ἐτίλη τὰ πτερά (2 *c*)
— 6. ἐθεώρουν θηρίον ἄλλο ὡσεὶ πάρδαλιν (2 *c*)
— 7. ἐθεώρουν ἐν ὁράμ. τῆς νυκτὸς θηρίον (2 *c*)
— 9. ἐθεώρουν ἕως ὅτε θρόνοι ἐτέθησαν (2 *c*)
— 11. ἐθεώρουν τότε τὴν φωνὴν τῶν λόγων (2 *c*)
— 11. θεωρῶν ἤμην (2 *c*)
— 13. ἐθεώρουν ἐν ὁράματι τῆς νυκτός (2 *c*)
8. 15. ἐγένετο ἐν τῷ θεωρεῖν με (4)
Da. TH. Su. 8. ἐθεώρουν αὐτὴν οἱ δύο πρεσβύτεροι
— 20. οὐδεὶς θεωρεῖ ἡμᾶς
2. 29. A σύ, βασιλεῦ, ἐθεώρεις [B *al.*] -
— 31. σύ, βασιλεῦ, ἐθεώρεις (2 *c*)
— 34. ἐθεώρεις ἕως ἀπεσχίσθη λίθος [A *al.*] (2 *c*)
3. 27 (94). ἐθεώρουν τοὺς ἄνδρας (2 *b*)
4. 7. ἐπὶ τῆς κοίτης μου ἐθεώρουν (2 *c*)
— 10. ἐθεώρουν ἐν ὁράματι τῆς νυκτός (2 *c*)
5. 5. ὁ βασ. ἐθεώρει τοὺς ἀστραγάλους (2 *b*)
7. 2. ἐγὼ Δ. ἐθεώρουν (2 *c*)
— 4. ἐθεώρουν ἕως οὗ ἐξετίλη τὰ πτερά (2 *c*)
— 6, 7. ὀπίσω τούτου ἐθεώρουν (2 *c*)
— 9. ἐθεώρουν ἕως ὅτου θρόνοι ἐτέθησαν (2 *c*)
— 11. ἐθεώρουν τότε ἀπὸ φωνῆς (2 *c*)
— 13. ἐθεώρουν ἐν ὁράματι τῆς νυκτός (2 *c*)
— 21. ἐθεώρουν καὶ τὸ κέρας (2 *c*)
I Ma. 4. 20. ὁ γὰρ καπνὸς ὁ θεωρούμενος
13. 29. εἰς τὸ θεωρεῖσθαι ὑπὸ πάντων
II Ma. 3. 17. πρόδηλον ἐγίνετο τοῖς θεωροῦσι
7. 17. θεώρει τὸ μεγαλεῖον αὐτοῦ κράτος
9. 23. θεωρῶν δὲ ὅτι καὶ ὁ πατὴρ . . . ἀνέδειξε
III Ma. 1. 27. ταῦτα οὖν καὶ οἱ περὶ αὐτὸν θεωροῦντες
3. 8. ταραχὴν . . . περὶ τοὺς ἄνδρας θεωροῦντες
6. 17. θεωρήσαντες οἱ Ἰουδαῖοι
IV Ma. 14. 13. θεωρεῖτε δὲ πῶς πολύπλοκός ἐστιν
15. 19. τοὺς ὀφθαλμοὺς ἑνὸς ἑκ. θεωροῦσα
17. 7. A R οὐκ ἂν ἔφριττον οἱ θεωροῦντες μητέρα [S *al.*]
— 14. ὁ τῶν ἀνθρώπων βίος ἐθεώρει
[**Aq.** Ps. 67 (68). 25.]
[**Sm.** Ps. 54 (55). 10: 67 (68). 25.]
[**Th.** Ps. 67 (68). 25: Da. 4. 7: 7. 11†.]

θεωρητός. (1) חָזוּת
Da. LXX. 8. 5. ἦν τοῦ τράγου κέρας ἓν θ. (1)
Da. TH. 8. 5. A καὶ τῷ τράγῳ κέρας θ. [B *om.*] (1)
[**Th.** Da. 8. 5†.]

θεωρία.
Da. LXX. 5. 7. εἰσεπορεύοντο ἐπὶ θεωρίαν -
II Ma. 5. 26. τοὺς ἐλθόντας πάντας ἐπὶ τὴν θ.
15. 12. ἦν δὲ ἡ τούτου θ. τοιάδε
III Ma. 5. 24. συνήθροιστο πρὸς τὴν οἰκτροτάτην θ.
[**Sm.** Ec. 5. 10: Is. 53. 2.]

θεωρός.
II Ma. 4. 19. ἀπέστειλεν Ἰ. ὁ μιαρὸς θεωρούς

θήβη, *vid.* **θίβις.**

θήκη. (1) בַּיִת (2) מַצֶּבֶת
Ex. 25. 26 (27). εἰς θήκας τοῖς ἀναφορεῦσιν (1)
Is. 3. 26. πενθήσουσιν αἱ θ. τοῦ κόσμου ὑμῶν †
6. 13. ὅταν ἐκπέσῃ ἐκ τῆς θ. αὐτῆς [A S *al.*] (2)
[**Sm.** Ex. 30. 4.]
[**Th.** Ex. 30. 4: 37. 14.]

θηλάζειν. (1) יָנַק a. qal. b. hi. (2) θηλάζοντα μαστούς טַפְּחִים

Ge. 21. 7. ὅτι θηλάζει παιδίον Σάρρα (1 b)
32. 15 (16). καμήλους θηλαζούσας (1 b)
Ex. 2. 7. καὶ θηλάσει [A θηλαθῇ] σοι τὸ παιδίον (1 b)
— 9. καὶ θήλασόν μοι αὐτό (1 b)
— 9. καὶ ἐθήλαζεν αὐτό (1 b)
Nu. 11. 12. ὡσεὶ ἄραι τιθηνὸς τὸν θηλάζοντα (1 a)
De. 32. 13. ἐθήλασαν μέλι ἐκ πέτρας (1 b)
— 25. θηλάζων μετὰ ... πρεσβύτου [A -τέρου] (1 a)
33. 19. πλοῦτος θαλάσσης θηλάσει σε (1 a)
I Ki. 1. 23. ἐθήλασε τὸν υἱὸν αὐτῆς (1 b)
15. 3 : 22. 19. ἀπὸ νηπίου ἕως θηλάζοντος (1 a)
III Ki. 3. 21. θηλάσαι τὸν υἱόν μου (1 b)
— 25. τὸ παιδίον τὸ ζῶν τὸ θηλάζον –
Ju. 16. 5. τὰ θηλάζοντά μου θήσειν εἰς ἔδαφος
Jb. 3. 12. ἵνα τί δὲ μαστοὺς ἐθήλασα (1 a)
20. 16. θυμὸν [A -ὸς] δὲ δρακ. θηλάσειεν [A -σει] (1 a)
Ps. 8. 2. ἐκ στόματος νηπίων καὶ θηλαζόντων (1 a)
Ca. 8. 1. θηλάζοντα μαστοὺς μητρός μου (1 a)
Jl. 2. 16. νήπια θηλάζοντα μαστούς (1 a)
Is. 60. 16. θηλάσεις γάλα ἐθνῶν (1 a)
66. 11. ἵνα θηλάσητε καὶ ἐμπλησθῆτε (1 a)
Je. 51 (44). 7. νήπιον καὶ θηλάζοντα (1 a)
La. 2. 11. ἐν τῷ ἐκλείπειν ... θηλάζοντα (1 a)
— 20. νήπια θηλάζοντα μαστούς (2)
4. 3. ἐθήλασαν σκύμνοι αὐ. θυγατέρας (1 b)
— 4. ἐκολλήθη ἡ γλῶσσα θηλάζοντος (1 a)
II Ma. 7. 27. καὶ θηλάσασάν σε ἔτη τρία
[Aq., Sm. Is. 60. 16 : 66. 12.]
[Th. Is. 53. 2 : 60. 16 : 66. 12.]
[Al. Dt. 32. 13.]

θήλασμα.
[Sext. Ps. 31 (32). 4.]

θηλυκός. (1) נְקֵבָה
Nu. 5. 3. ἀπὸ ἀρσενικοῦ ἕως θηλυκοῦ (1)
De. 4. 16. ὁμοίωμα ἀρσενικοῦ ἢ [A καὶ] θηλυκοῦ (1)

θηλυμανής. (1) זוּן hoph. (2) יָזַן pu.
Je. 5. 8. ἵπποι θηλυμανεῖς ἐγενήθησαν (1*, 2)

θῆλυς. (1) אֲרִיָה (2) אִשָּׁה (3) בַּת (4) נְקֵבָה (5) θήλεια ὄνος אָתוֹן

Ge. 1. 27 : 5. 2. ἄρσεν καὶ θῆλυ ἐποίησεν αὐτούς (4)
6. 19. ἄρσεν καὶ θῆλυ ἔσονται (4)
— 20. τρέφεσθαι μετὰ σοῦ ἄρσεν καὶ θῆλυ –
7. 2. εἰσάγαγε πρὸς σὲ ... ἄρσεν καὶ θῆλυ (2)
— 2. δύο δύο ἄρσεν καὶ θῆλυ (2)
— 3. ἑπτὰ ἑπτὰ ἄρσεν καὶ θῆλυ (4)
— 3. δύο δύο ἄρσεν καὶ θῆλυ –
— 9. δύο δύο ... ἄρσεν καὶ θῆλυ (4)
— 15. δύο δύο ἄρσεν καὶ θῆλυ –
— 16. τὰ εἰσπορευόμενα ἄρσεν καὶ θ. (4)
Ex. 1. 16. ἐὰν δὲ θῆλυ περιποιεῖσθε αὐτό (3)
— 22. καὶ πᾶν θῆλυ ζωογονεῖτε αὐτό (3)
Le. 3. 1. ἐάν τε ἄρσεν ἐάν τε θῆλυ (4)
— 6. ἄρσεν ἢ θῆλυ (4)
4. 28. χίμαιραν ἐξ αἰγῶν θήλειαν ἄμωμον (4)
— 32. θῆλυ ἄμωμον προσοίσει αὐτό (4)
5. 6. θῆλυ ἀπὸ τῶν προβάτων (4)
12. 5. ἐὰν δὲ θῆλυ τέκῃ (4)
— 7. τῆς τικτούσης ἄρσεν ἢ θῆλυ (4)
15. 33. τῷ ἄρσενι ἢ τῇ θ. (4)
27. 4. τῆς δὲ θ. ἔσται ἡ συντίμησις (4)
— 5. τῆς δὲ θ. δέκα δίδραχμα (4)
— 6. τῆς δὲ θ. τρία δίδραχμα (4)
— 7. ἐὰν δὲ θήλεια δέκα δίδραχμα (4)
Nu. 31. 15. ἵνα τί ἐζωγρήσατε πᾶν θῆλυ (4)
Jd. 5. 10. ἐπὶ ὄνου θηλείας [A al.] (5)
III Ki. 10. 26. A²B ἦσαν τῷ Σ. . . . θήλειαι ἵπποι †
II Ch. 9. 25. τέσσ. χιλ. θήλειαι ἵπποι [A al.] (1 ?)
Ju. 9. 10. ἐν χειρὶ θηλείας
13. 15. ἐπάταξεν αὐτὸν ὁ κ. ἐν χειρὶ θηλείας
16. 6. ἠθέτησεν αὐτοὺς ἐν χειρὶ θηλείας
Jb. 1. 3. ὄνοι θήλειαι νομάδες πεντακόσ. (5)
— 14. αἱ θ. ὄνοι ἐβόσκοντο (5)
42. 12. ὄνοι θήλειαι νομάδες χίλιαι (5)
Pr. 24. 66 (30. 31). ἀλέκτωρ ἐμπεριπατῶν θηλείαις †
Am. 6. 13 (12). εἰ παρασιωπήσονται ἐν θηλείαις †
II Ma. 7. 21. τὸν θ. λογισμὸν ἄρσενι θυμῷ διεγείρασα
[Aq. Je. 31 (38). 22.]
[Sm., Th. Ge. 1. 27.]

θημωνία, θειμωνία, θιμωνία. (1) חֹמֶר (2) עֲרֵמָה (3) θ. ἅλωνος גָּדִישׁ
Ex. 8. 14 (10). συνήγαγον αὐτοὺς θημωνίας θημωνίας (1, 1)
Jb. 5. 26. ὥσπερ θιμωνία ἅλωνος (3)
Ca. 7. 2 (3). κοιλία σου θημωνία σίτου (2)
Si. 20. 28. ἀνυψώσει θημωνίαν αὐτοῦ
39. 17. ἔστη ὡς θημωνία ὕδωρ
Ze. 2. 9. ἐκλελειμμένη ὡς θιμωνία ἅλωνος †
I Ma. 11. 4. ἐποίησαν γὰρ θημωνίας αὐτῶν
[Aq., Th. Jb. 21. 32.]
[Al. Ex. 22. 6 (5).]

θημωνιάζειν.
[Al. Ex. 15. 8.]

θήρ. (1) חַיָּה
I Ki. 20. 20. A θῆρα [B om.] ἀκοντίζων †
Jb. 5. 23. θῆρες γὰρ ἄγριοι εἰρηνεύσουσί σοι (1)
Wi. 11. 18. θῆρας ἀγνώστους [S¹ θρασυγνώστους]
II Ma. 4. 25. θ. βαρβάρου ὀργὰς ἔχων
11. 9. θῆρας δὲ τοὺς ἀγριωτάτους . . . τιτρώσκειν
III Ma. 5. 31. τῆνδε θηρσὶν ἀγρίοις ἐσκεύασαν ἂν . . . θοῖναν
6. 7. τὸν . . . ῥιφέντα θηρσὶ βορὰν Δανιήλ
IV Ma. 9. 28. οἱ παρδάλειοι θ. ἀπέσυραν

θήρα. (1) a. טֶרֶף b. טָרָף c. טְרֵפָה (2) a. צַיִד b. צֵידָה (3) רֶשֶׁת
Ge. 25. 28. ὅτι ἡ θ. αὐτοῦ βρῶσις αὐτῷ (2 a)
27. 3. καὶ θήρευσόν μοι θήραν (2 a [v. l. 2 b])
— 5. θηρεῦσαι θήραν τῷ πατρὶ αὐ. (2 a)
— 7. ἔνεγκόν μοι θήραν (2 a)
— 19. A φάγε [R add. ἀπὸ] τῆς θ. μου (2 a)
— 25. καὶ φάγομαι ἀπὸ τῆς θ. σου (2 a)
— 30. A Ἡσαῦ ὁ ἀδ. αὐ. ἦλθεν ἀπὸ τῆς θ. αὐ. [R om.] (2 a)
— 31. A φαγέτω [R add. ἀπὸ] τῆς θ. τοῦ υἱοῦ αὐ. (2 a)
— 33. τίς οὖν ὁ θηρεύσας μοι θήραν (2 a)
Ex. 22. 13 (12). ἄξει αὐτὸν ἐπὶ τὴν θ. (1 c)
Nu. 23. 24. ἕως φάγῃ θήραν (1 b)
I Ki. 24. 3. ἐπὶ πρόσωπον Ἐδδ. [B² add. τῆς θ. τῶν ἐλάφων] †
Ps. 16 (17). 12. ὡσεὶ λέων ἕτοιμος εἰς θήραν (1 a)
34 (35). 8. ἡ θ. ἣν ἔκρυψαν [S² -εν] (3)
123 (124). 6. εἰς θήραν τοῖς ὀδοῦσιν αὐτῶν (1 b)
131 (132). 15. S²R τὴν θ. [A S¹ χήραν] αὐ. εὐλογῶν εὐλογήσω (2 a)
Pr. 11. 8. δίκαιος ἐκ θήρας ἐκδύνει [A δύνει] †
12. 27. οὐκ ἐπιτεύξεται δόλιος θήρας (2 a)
Si. 27. 10. A S R λέων θήραν [B θύραν] ἐνεδρεύει
36. 24 (21). φάρυγξ γεύεται [S γεύσ.] βρώματα θήρας
Ho. 5. 2. οἱ ἀγρεύοντες τὴν θ. †
9. 13. εἰς θήραν παρέστησαν τὰ τέκνα αὐ. †
Am. 3. 4. λέων . . . θήραν οὐκ ἔχων (1 b)
Na. 2. 12 (13). καὶ ἔπλησε θήρας [S¹ -αν] νοσσιὰν αὐτοῦ (1 b)
— 13 (14). ἐξολεθρεύσω ἐκ τῆς γῆς τὴν θ. σου (1 b)
3. 1. οὐ ψηλαφηθήσεται θήρα (1 b)
Is. 31. 4. ἡ ὁ σκύμνος ἐπὶ τῇ θ. (1 b)
I Ma. 3. 4. ὡς σκύμνος ἐρευγόμενος εἰς θήραν
[Aq. Jb. 4. 11 : Ps. 110 (111). 5.]
[Sm. Jb. 38. 39 : Ps. 75 (76). 5 : 110 (111). 5.]
[Th. Jb. 4. 11 : 38. 39 : Ps. 110 (111). 5.]

θηρᾶν.
[Aq., Sm., Th. I Ki. 24. 12.]

θηρατής.
[Aq., Sm. Ps. 21 (22). 17.]

θηρεύειν. (1) אָחַז a. qal. b. ni. (2) אָרַב (3) נָדַד (4) טָרַף ni. (5) יָקֹשׁ (6) צוּד (7) תָּפַשׂ ni.
Ge. 27. 3. καὶ θήρευσόν μοι θήραν (6)
— 5. θηρεῦσαι θήραν τῷ πατρὶ αὐτοῦ (6)
Ge. 27. 33. τίς οὖν ὁ θηρεύσας μοι θήραν (6)
Le. 17. 13. ὃς ἂν θηρεύσῃ θήρευμα (6)
Jb. 18. 7. θηρεύσαισαν [A -σειαν] . . . τὰ ὑπάρχοντα αὐ. †
38. 39. θηρεύσεις δὲ λέουσι βοράν (6)
Ps. 58 (59). 3. ἐθήρευσαν τὴν ψυχήν μου (2)
93 (94). 21. θηρεύσουσιν ἐπὶ ψυχὴν δικαίου (3)
123 (124). 7. ἐκ τῆς παγίδος τῶν θηρευόντων (5)
139 (140). 11. ἄνδρα ἄδικον κακὰ θηρεύσει (6)
Ec. 9. 12. ὡς οἱ ἰχθύες οἱ θηρευόμενοι (1 b)
— 12. ὡς ὄρνεα τὰ θηρευόμενα (1 a)
Si. 27. 19. καὶ οὐ θηρεύσεις αὐτόν
Je. 5. 6. πάντες . . . θηρευθήσονται [A -εύσονται] (4)
16. 16. θηρεύσουσιν αὐτούς (6)
28 (51). 41. ἐθηρεύθη τὸ καύχημα πάσης τῆς γῆς (7)
La. 3. 52. θηρεύοντες ἐθήρευσάν με (6, 6)
4. 18. ἐθηρεύσαμεν μικροὺς ἡμῶν (6)
[Aq. Ez. 13. 18, 20.]
[Sm. Jb. 24. 5 : Ps. 21 (22). 14 : Ez. 13. 18, 20 bis.]
[Th. Ez. 13. 18, 20, 21.]
[Al. Dt. 33. 20.]

θήρευμα. (1) a. צַיִד b. מָצוֹד
Le. 17. 13. ὃς ἂν θηρεύσῃ θ (1 a)
Ec. 7. 27 (26). ἥτις ἐστὶ θήρευμα [A S -ματα] (1 b)
Je. 37 (30). 17. θ. ὑμῶν ἐστιν †
[Sm. Ez. 13. 21.]

θηρευτής. (1) יָקוֹשׁ (2) צַיָּד
Ps. 90 (91). 3. ἐκ παγίδος θηρευτῶν (1)
Si. 11. 30. πέρδιξ θηρευτὴς ἐν καρτάλλῳ
Je. 16. 16. ἀποστέλλω τοὺς πολλοὺς [A σοφοὺς] θ. (2)

θηριάλωσις.
[Sm. Ge. 49. 9.]

θηριάλωτος. (1) טְרֵפָה (2) θηριάλωτος γίνεσθαι טָרֹף נִטְרַף
Ge. 31. 39. θηριάλωτον οὐκ ἐνήνοχά [A ἀνεν.] σοι (1)
Ex. 22. 13 (12). ἐὰν δὲ θηριάλωτον γένηται (2)
— 31 (30). κρέας θ. οὐκ ἔδεσθε (1)
Le. 5. 2. ἢ θηριαλώτου ἀκαθάρτου †
7. 14 (24). στέαρ . . . θηριαλώτων [A -ον] (1)
17. 15. ἥτις φάγεται θνησιμαῖον ἢ θηριάλωτον (1)
22. 8. θηριάλωτον οὐ φάγεται (1)
● Ez. 4. 14. θηριάλωτον οὐ βέβρωκα (1)
44. 31. θηριάλωτον . . . οὐ φάγονται οἱ ἱερεῖς (1)

θηριόβρωτος. (1) טָרֹף טֹרַף
Ge. 44. 28. A καὶ εἶπατε [R add. ὅτι] Θ. γέγονε (1)

θηρίον. (1) בְּהֵמָה (2) a. חַי b. חַיָּה c. חֵיוָא (3) צִיִּי
Ge. 1. 24. καὶ θηρία τῆς γῆς κατὰ γένος (2 b)
— 25. ἐποίησεν ὁ θ. τὰ θ. τῆς γῆς κατὰ γένος (2 b)
— 30. καὶ πᾶσι τοῖς θ. τῆς γῆς (2 b)
2. 19. ἔπλασεν . . . πάντα τὰ θ. τοῦ ἀγροῦ (2 b)
— 20. καὶ πᾶσι τοῖς θ. τοῦ ἀγροῦ (2 b)
3. 1. πάντων τῶν θ. τῶν ἐπὶ τῆς γῆς (2 b)
— 14. ἀπὸ πάντων τῶν θ. (2 b)
6. 19. καὶ ἀπὸ πάντων τῶν θ. (2 a)
7. 14. καὶ πάντα τὰ θ. κατὰ γένος (2 b)
— 21. ἀπέθανε πᾶσα σὰρξ . . . τῶν θ. (2 b)
8. 1. καὶ πάντων τῶν θ. (2 b)
— 17. πάντα τὰ θ. ὅσα ἐστὶ μετὰ σοῦ (2 b)
— 19. καὶ πάντα τὰ θ. (2 b)
9. 2. ἐπὶ πᾶσι τοῖς θ. τῆς γῆς (2 b)
— 5. ἐκ χειρὸς πάντων τῶν θ. (2 b)
— 10. καὶ πᾶσι τοῖς θ. τῆς γῆς (2 b)
37. 20, 33. θ. πονηρὸν κατέφαγεν αὐτόν (2 b)
— 33. θ. ἥρπασε τὸν Ἰ. †
Ex. 23. 11. ἔδεται τὰ ἄγρια θ. [A τὰ θ. τὰ ἄ.] (2 b)
— 29. καὶ πολλὰ γένηται ἐπὶ σὲ τὰ θ. τῆς γῆς (2 b)
Le. 11. 27. ἐν πᾶσι τοῖς θ. (2 b)
17. 13. ὃς ἂν θηρεύσῃ θήρευμα θ. (2 b)
25. 7. τοῖς θ. τοῖς ἐν τῇ γῇ σου (2 b)
26. 6. ἀπολῶ θ. πονηρὰ ἐκ τῆς γῆς ὑμῶν (2 b)
— 22. τὰ θ. τὰ ἄγρια τῆς γῆς (2 b)
De. 7. 22. πληθυνθῇ ἐπὶ σὲ τὰ θ. τὰ ἄγρια (2 b)
28. 26. κατάβρωμα . . . τοῖς θ. τῆς γῆς (1)
32. 24. A R ὀδόντας θηρίων ἐπαποστελῶ [B ἀπο.] (1)

● = correction on page xxvi

Jo. 23. 5. ἀποστελεῖ [A -στείλῃ] αὐτοῖς τὰ θ. τὰ ἄγρια –
I Ki. 17. 44. A τοῖς θ. [B κτήνεσι] τῆς γῆς (1)
— 46. δώσω τὰ κῶλά σου . . . τοῖς θ. τῆς γῆς (2 b)
II Ki. 21. 10. καὶ τὰ θ. τοῦ ἀγροῦ νυκτός (2 b)
23. 11. συνήχθησαν οἱ ἀλλόφυλοι εἰς θηρία (2 b)
IV Ki. 14. 9. διῆλθον [A -θεν] τὰ θ. τοῦ ἀγροῦ (2 b)
II Ch. 25. 18. ἰδοὺ ἐλεύσεται τὰ θ. τοῦ ἀγροῦ (2 b?)
— 18. ἦλθαν τὰ θ. (2 b)
Ju. 11. 7. τὰ θ. τοῦ ἀγροῦ . . . ζήσονται
Es. 8. 13. θηρίοις . . . ἔχθιστος [A S αἴσχιστος]
Jb. 5. 22. ἀπὸ δὲ θ. ἀγρίων οὐ μὴ φοβηθῇς (2 b)
— 23. A τὰ θ. τοῦ ἀγροῦ εἰρηνεύσει σοι (2 b)
37. 8. εἰσῆλθε δὲ θηρία (2 b)
39. 15. θηρία ἀγροῦ καταπατήσει (2 b)
40. 10 (15). ἰδοὺ θηρία παρὰ σοί (1)
41. 16 (17). φόβος θηρίοις τετράποσιν †
Ps. 49 (50). 10. πάντα τὰ θ. τοῦ δρυμοῦ [A S² ἀγροῦ] (2 b)
67 (68) 30. ἐπιτίμησον τοῖς θ. τοῦ καλάμου (2 b)
73 (74). 19. μὴ παραδῷς τοῖς θ. ψυχήν (2 b)
78 (79). 2. τὰς σάρκας τῶν ὁσίων σου τοῖς θ. (2 b)
103 (104). 11. ποτιοῦσι πάντα τὰ θ. τοῦ ἀγροῦ (2 b)
— 20. διελεύσονται πάντα τὰ θ. (2 b)
148. 10. τὰ θ. καὶ πάντα τὰ κτήνη (2 b)
Wi. 7. 20. καὶ θυμοὺς [S¹ νόμους καὶ] θηρίων
12. 9. ἢ θηρίοις δεινοῖς . . . ὑφ' ἓν ἐκτρῖψαι
16. 5. δεινὸς ἐπῆλθε θηρίων θυμός
17. 19. ἀπηνεστάτων [A -ατος] θηρίων φωνή
Si. 10. 11. κληρονομήσει ἑρπετὰ καὶ θηρία
12. 13. πάντας τοὺς προσάγοντας θηρίοις
17. 4. κατακυριεύειν θηρίων
39. 30. θηρίων ὀδόντες καὶ σκορπίοι
Ho. 2. 12 (14). καταφάγεται αὐτὰ τὰ θ. τοῦ ἀγροῦ (2 b)
— 18 (20). διαθήκην . . . μετὰ τῶν θ. τοῦ ἀγροῦ (2 b)
4. 3. πενθήσει ἡ γῆ . . . σὺν τοῖς θ. τοῦ ἀγροῦ (2 b)
13. 8. θηρία ἀγροῦ διασπάσει αὐτούς (2 b)
Hb. 2. 17. ταλαιπωρία θηρίων πτοήσει σε (1)
Ze. 2. 14. νεμήσονται . . . πάντα τὰ θ. τῆς γῆς (2 b)
— 14. θηρία φωνήσει ἐν τοῖς διορύγμασιν †
3. 1 (2. 15). νομὴ θηρίων (2 b)
Is. 5. 29. βοήσει [A -σεται] ὡς θ. †
13. 21. ἀναπαύσονται ἐκεῖ θηρία (3)
18. 6. καταλείψει ἅμα . . . τοῖς θ. τῆς γῆς . . . πάντα τὰ θ. τῆς γῆς ἐπ' αὐτὸν ἥξει (1, 1)
35. 9. τῶν πονηρῶν θ. [A S τ. θ. τῶν π.] οὐ μὴ ἀναβῇ (2 b)
43. 20. εὐλογήσουσί [A S -ήσει] με τὰ θ. (2 b)
46. 1. ἐγένετο τὰ γλυπτὰ αὐτῶν εἰς θηρία (2 b)
56. 9. πάντα τὰ θ. τὰ ἄγρια, δεῦτε φάγετε, πάντα τὰ θ. τοῦ δρυμοῦ (2 b, 2 b)
Je. 7. 33. εἰς βρῶσιν [A κατάβρωμα] . . . τοῖς θ. (1)
10. 2. ἀπὸ τῶν σημείων [S¹ θηρίων] τοῦ οὐρ. †
12. 9. συναγάγετε πάντα τὰ θ. τοῦ ἀγροῦ (2 b)
15. 3. ἐκδικήσω ἐπ' αὐτοὺς . . . τὰ θ. τῆς γῆς (1)
16. 4. τοῖς θ. τῆς γῆς ἔσονται [A S om.] (1)
19. 7. εἰς βρῶσιν . . . τοῖς θ. τῆς γῆς (1)
34 (27). 6. ἔδωκα . . . τὰ θ. τοῦ ἀγροῦ (2 b)
41 (34). 20. βρῶσις [A -ώματα] . . . τοῖς θ. τῆς γῆς (1)
Ba. 3. 16. οἱ κυριεύοντες τῶν θ. τῶν ἐπὶ τῆς γῆς
Ep. Je. 68. τὰ θ. αὐτῶν ἐστι κρείττω
Ez. 5. 17. ἐξαποστελῶ ἐπὶ σὲ . . . θηρία πονηρά (2 b)
14. 15. ἐὰν καὶ θ. πονηρὰ ἐπάγω ἐπὶ τὴν γῆν (2 b)
— 15. ὁ διοδεύων ἀπὸ προσώπου τῶν θ. (2 b)
— 21. θ. πονηρὰ . . . ἐξαποστείλω [A ἐπαποστελῶ] (2 b)
17. 23. A ἀναπαύσεται . . . πᾶν θ. [B S ὄρνεον] †
29. 5. τοῖς θ. τῆς γῆς [A τοῦ ἀγροῦ] . . . δέδωκά σε (2 b)
31. 6. ἐγεννῶσαν πάντα τὰ θ. τοῦ πεδίου (2 b)
— 13. ἐγίνοντο πάντα τὰ θ. τοῦ ἀγροῦ (2 b)
32. 4. ἐμπλήσω [A add. ἐκ σοῦ] πάντα τὰ θ. (2 b)
33. 27. τοῖς θ. τοῦ ἀγροῦ δοθήσονται (2 b)
34. 5. εἰς κατάβρωμα πᾶσι τοῖς θ. τοῦ ἀγροῦ (2 b)
— 8. εἰς κατάβρωμα πᾶσι τοῖς θ. (2 b)
— 25. ἀφανιῶ θ. πονηρὰ ἀπὸ τῆς γῆς (2 b)
— 28. τὰ θ. τῆς γῆς οὐκέτι μὴ φάγωσιν [A al.] (2 b)
38. 20. σεισθήσονται . . . τὰ θ. τοῦ πεδίου (2 b)
39. 4. πᾶσι τοῖς θ. τοῦ πεδίου δέδωκά σε (2 b)
— 17. πρὸς πάντα τὰ θ. τοῦ πεδίου [A ἀγροῦ] (2 b)
Da. LXX. 2. 38. ἀπὸ ἀνθρώπων καὶ θ. ἀγρίων (2 c)
3. (81). εὐλογεῖτε πάντα τὰ θ. καὶ τὰ κτήνη . . . καὶ θηρία τῆς γῆς τὸν κύριον
4. 9. ἐσκίαζον πάντα τὰ θ. τῆς γῆς (2 c)
— 12. μετὰ τῶν θ. τῆς γῆς ἐν τοῖς ὄρεσι (2 c)
Da. LXX. 4. 31. περιεπάτουν μετὰ τῶν θ. τῆς γῆς –
7. 3. τέσσαρα θ. ἀνέβαινον ἐκ τῆς θαλ. (2 c)
— 5. ἄλλο θ. ὁμοίωσιν ἔχον ἄρκου (2 c)
— 6. ἐθεώρουν θ. ἄλλο ὡσεὶ πάρδαλιν –
— 6. τέσσαρες κεφαλαὶ τῷ θ. (2 c)
— 7. ἐθεώρουν . . . θ. τέταρτον φοβερόν (2 c)
— 7. παρὰ πάντα τὰ πρὸ αὐτοῦ θ. (2 c)
— 11. ἀπετυμπανίσθη τὸ θ. (2 c)
— 17. ταῦτα τὰ θ. . . . εἰσὶ τέσσαρες βασιλεῖαι (2 c)
— 19. ἐξακριβώσασθαι περὶ τοῦ θ. (2 c)
— 23. ἐρρέθη μοι περὶ τοῦ θ. τοῦ τετάρτου (2 c)
8. 4. πάντα τὰ θ. οὐκ ἔστησαν ὀπίσω αὐτοῦ (2 b)
Da. TH. 2. 38. θηρία τε ἀγροῦ καὶ πετεινὰ οὐρ. (2 c)
3. (81). εὐλογεῖτε πάντα τὰ θ. . . . τὸν κύριον
4. 9. κατεσκήνουν τὰ θ. τὰ ἄγρια (2 c)
— 11. σαλευθήτωσαν τὰ θ. ὑποκάτωθεν αὐτοῦ (2 c)
— 12. μετὰ τῶν θηρίων ἡ μερὶς αὐτοῦ (2 c)
— 13. καρδία θηρίου δοθήσεται αὐτῷ (2 c)
— 18. ὑποκάτω αὐ. κατῴκουν τὰ θ. τὰ ἄγρια (2 c)
— 20. μετὰ θ. ἀγρίων ἡ μερὶς αὐτοῦ (2 c)
— 22. μετὰ θ. ἀγρίων ἔσται ἡ κατοικία σου (2 c)
— 29. μετὰ θ. ἀγρίων ἡ κατοικία σου (2 c)
5. 21. ἡ καρδία αὐτοῦ μετὰ τῶν θ. ἐδόθη (2 c)
7. 3. τέσσαρα θ. μεγάλα ἀνέβαινον (2 c)
— 5. ἰδοὺ θ. δεύτερον ὅμοιον ἄρκῳ (2 c)
— 6. ἰδοὺ θ. ἕτερον ὡσεὶ πάρδαλις –
— 6. τέσσαρες κεφαλαὶ τῷ θ. (2 c)
— 7. ἰδοὺ θ. τέταρτον φοβερόν (2 c)
— 7. A παρὰ πάντα τὰ θ. τὰ ἔμπροσθεν αὐτοῦ –
— 7. διάφορον . . . παρὰ πάντα τὰ θ. τὰ ἔμπροσθεν αὐτοῦ (2 c)
— 11. ἕως ἀνῃρέθη τὸ θ. [A τὸ θ. ἐκεῖνο ἀν.] (2 c)
— 12. τῶν λοιπῶν θ. ἡ ἀρχὴ μετεστάθη (2 c)
— 17. ταῦτα τὰ θ. τὰ τέσσαρα (2 c)
— 19. ἐζήτουν . . . περὶ τοῦ θ. τοῦ τετάρτου (2 c)
— 19. ἦν διαφέρον παρὰ πᾶν θηρίον †
— 23. τὸ θ. τὸ τέταρτον βασιλεία τετάρτη (2 c)
8. 4. πάντα τὰ θ. οὐ στήσονται ἐνώπιον αὐτοῦ (2 b)
I Ma. 6. 35. διεῖλον τὰ θ. εἰς τὰς φάλαγγας
— 35. ἵππος διατεταγμένη ἑκάστῳ θ.
— 36. οὗ ἂν ἦν τὸ θ.
— 37. πύργοι . . . ἐφ' ἑκάστου θ. ἐζωσμένοι
— 43. εἶδεν . . . ἓν τῶν θ.
— 43. ἦν ὑπεράγον πάντα τὰ θ.
11. 56. ἔλαβε Τρύφων τὰ θ.
II Ma. 5. 27. θηρίων τρόπον ἐν τοῖς ὄρεσι διέζη
9. 15. σὺν τοῖς νηπίοις ἐκρίψειν θηρίοις
10. 6. θηρίων τρόπον ἦσαν νεμόμενοι
15. 20. τῶν θ. . . . ἀποκατασταθέντων
— 21. τήν τε τῶν θ. ἀγριότητα
III Ma. 4. 9. κατήχθησαν δὲ θηρίων τρόπον ἀγόμενοι
5. 23. τὰ θ. καθωπλικὼς ὁ Ἕρμων
— 29. τὰ θ. καὶ τὰς δυνάμεις ἡτοιμάσθαι
— 42. ἐν γόνασι καὶ ποσὶ θηρίων
— 45. τὰ θ. . . . εἰς κατάστεμα μανιῶδες ἀγηοχώς
— 47. σὺν τοῖς θ. ἐξώρμησε
6. 16. σὺν τοῖς θ. . . . κατὰ τὸν ἱππόδρ. παρῆγε
— 21. ἀπέστρεψαν τὰ θ.
[Aq. Je. 28 (35). 14.]
[Sm. Ge. 9. 2: Is. 35. 9: Je. 28 (35). 14.]
[Th. Ge. 1. 30: Is. 35. 9: Je. 28 (35). 14: Da. 3. (81).]
[Al. Jb. 5. 23.]

θηριοῦσθαι.

II Ma. 5. 11. τεθηριωμένος τῇ ψυχῇ

θηριώδης.

II Ma. 10. 35. θ. θυμῷ τὸν ἐμπίπτοντα ἔκοπτον
IV Ma. 12. 13. ἄνθρωπος ὤν, θηριωδέστατε

θηριωδῶς.

II Ma. 12. 15. ἐνέσεισαν θ. τῷ τείχει

θησαυρίζειν. (1) אָצַר (2) צָבַר (3) צָפַן

IV Ki. 20. 17. ὅσα ἐθησαύρισαν οἱ πατέρες σου (1)
To. 4. 9. A B θέμα γὰρ ἀγαθὸν θησαυρίζεις σεαυτῷ
12. 8. θησαυρίσαι χρυσίον
Ps. 38 (39). 6. θησαυρίζει καὶ οὐ γινώσκει (2)
Pr. 1. 18. θησαυρίζουσιν ἑαυτοῖς κακά (3)
2. 7. θησαυρίζει . . . σωτηρίαν (3)
13. 22. θησαυρίζεται δὲ δικαίοις πλοῦτος (3)
16. 27. ἐπὶ δὲ τῶν ἑαυτοῦ χειλέων θησαυρίζει [S¹ -εται, A ὀρύσσει] πῦρ †
Am. 3. 10. οἱ θησαυρίζοντες ἀδικίαν (1)
Mi. 6. 10. οἶκος ἀνόμου θησαυρίζων θησαυρούς –
Za. 9. 3. καὶ ἐθησαύρισεν ἀργύριον (2)
Ba. 3. 17. ποῦ εἰσιν οἱ . . . τὸ ἀργ. θησαυρίζοντες
IV Ma. 4. 3. πολλὰς . . . μυριάδας . . . τεθησαυρίσθαι
[Al. Pr. 21. 21.]

θησαύρισμα. (1) אוֹצָר

Pr. 21. 6. ὁ ἐνεργῶν θησαυρίσματα (1)

θησαυρός. (1) a. אוֹצָר b. בֵּית הָאוֹצָר (2) בַּר (3) גְּנָזִים (4) הֵיכָל (5) חֹסֶן (6) לִשְׁכָּה (7) מַטְמֹן (8) תְּבוּאָה

Ge. 43. 23. ὁ θ. . . . ἔδωκεν ὑμῖν θησαυρούς (7)
De. 28. 12. ἀνοίξαι σοι κ. τὸν θ. αὐτοῦ τὸν ἀγαθόν (1 a)
32. 34. ἐσφράγισται ἐν τοῖς θ. μου (1 a)
Jo. 6. 18 (19). εἰς θησαυρὸν κ. εἰσενεχθήσεται (1 a)
— 23 (24). εἰς θησαυρὸν κ. εἰσενεχθῆναι (1 a)
Jd. 18. 7. B ἐκπιέζων θησαυροῦ [R -ούς] †
III Ki. 7. 51. εἰς τοὺς θ. οἴκου κυρίου (1 a)
14. 26. ἔλαβε πάντας [A om.] τοὺς θ. οἴκου κυρίου καὶ τοὺς θ. οἴκου τοῦ βασ. (1 a, 1 a)
15. 18. A ἐν θησαυροῖς οἴκου κ. καὶ ἐν τοῖς θ. οἴκου τοῦ βασ. [B al.] (1 a, 1 a)
IV Ki. 12. 18 (19). τὸ εὑρεθὲν ἐν θησαυροῖς οἴκου κ. (1 a)
14. 14. ἐν θησαυροῖς οἴκου τοῦ βασ. (1 a)
16. 8. τὸ εὑρεθὲν ἐν θησαυροῖς οἴκου κ. (1 a)
18. 15. ἐν θησαυροῖς οἴκου τοῦ βασ. (1 a)
20. 13. ὅσα ηὑρέθη ἐν τοῖς θ. αὐτοῦ (1 a)
— 15. τὰ [A om.] ἐν τοῖς θ. μου (1 a)
24. 13. πάντας τοὺς θ. οἴκου κ. καὶ τοὺς θ. οἴκου τοῦ βασ. (1 a, 1 a)
I Ch. 9. 26. ἐπὶ τῶν θ. οἴκου τοῦ θεοῦ (1 a)
26. 20. ἐπὶ τῶν θ. οἴκου κυρίου καὶ ἐπὶ τῶν θ. τῶν καθηγιασμένων (1 a, 1 a)
— 22. ἐπὶ τῶν θ. οἴκου κυρίου (1 a)
— 24. Σ. . . . ἐπὶ [A ἡγούμενος ἐ.] τῶν θ. (1 a)
— 26. ἐπὶ πάντων τῶν θ. τῶν ἁγίων (1 a)
27. 25. ἐπὶ τῶν θ. τοῦ βασιλέως (1 a)
— 25. ἐπὶ τῶν θ. τῶν ἐν ἀγρῷ (1 a)
— 27. ἐπὶ τῶν θ. τῶν ἐν τοῖς χωρίοις (1 a)
— 28. ἐπὶ δὲ τῶν θ. τοῦ ἐλαίου (1 a)
II Ch. 5. 1. A R ἔδωκεν εἰς θησαυρὸν οἴκου [B om.] κ. (1 a)
8. 15. εἰς πάντα λόγον καὶ εἰς τοὺς θ. (1 a)
12. 9. τοὺς θ. τοὺς ἐν οἴκῳ κ. καὶ τοὺς θ. τοὺς ἐν οἴκῳ τοῦ βασ. (1 a, 1 a)
16. 2. ἔλαβεν Ἀ. . . . ἐκ θησαυρῶν οἴκου κυρίου (1 a)
25. 24. τοὺς θ. οἴκου τοῦ βασιλέως (1 a)
32. 27. θησαυροὺς ἐποίησεν αὐτῷ ἀργυρίου (1 a)
36. 18. R τοὺς θ. οἴκου κ. [A B om. οἴ. κ.] καὶ πάντας τοὺς θ. βασιλέως (1 a, 1 a)
II Es. 2. 69. ἔδωκαν εἰς θησαυρὸν . . . χρυσίον (1 a)
5. 14. τῷ θησαυροφύλακι τῷ ἐπὶ τοῦ θ. –
Ne. 7. 70. ἔδωκαν . . . εἰς θησαυρόν (1 a)
— 71. A S³ ἔδωκαν [S¹ -κα, B S³ ἔθηκαν] εἰς θησαυρούς [B S¹ -όν] (1 a)
10. 38 (39). εἰς οἶκον τοῦ θεοῦ [S³ θησαυροῦ] (1 a)
— 39 (40). A S R εἰς τοὺς θ. εἰσοίσουσιν [B οἴ.] (6)
12. 44. κατέστησαν . . . ἄνδρας . . . τοῖς θ. (1 a)
13. 12. ἤνεγκαν δεκάτην . . . εἰς τοὺς θ. (1 a)
Jb. 3. 21. ἀνορύσσοντες ὥσπερ θησαυροὺς [A αὐτὸν ὥσπερ θησαυρόν] (7)
38. 22. ἦλθες δὲ ἐπὶ θησαυροὺς χιόνος θησαυροὺς δὲ χαλάζης [S¹ θαλάσσης] ἑώρακας (1 a, 1 a)
Ps. 32 (33). 7. τιθεὶς ἐν θησαυροῖς ἀβύσσους [S² -οις] (1 a)
134 (135). 7. ὁ ἐξάγων ἀνέμους ἐκ θησαυρῶν αὐτοῦ (1 a)
Pr. 2. 4. ἐὰν . . . ὡς θησαυροὺς ἐξερευνήσῃς αὐτήν (7)
3. 14. ἢ χρυσίου καὶ ἀργυρίου θησαυρούς (8?)
8. 21. τοὺς θ. αὐτῶν ἐμπλήσω ἀγαθῶν (1 a)
10. 2. οὐκ ὠφελήσουσι θησαυροὶ ἀνόμους (1 a)
15. 16. θησαυροὶ μεγάλοι μετὰ ἀφοβίας (1 a)
21. 20. θησαυρὸς ἐπιθυμητὸς ἀναπαύσεται (1 a)
Wi. 7. 14. ἀνεκλιπὴς γὰρ θ. ἐστιν ἀνθρώποις
Si. 1. 24. ἐν θησαυροῖς σοφίας παραβολή [S -λαί]
6. 14. ὁ δὲ εὑρὼν αὐτὸν εὗρε θησαυρόν
20. 30. καὶ θησαυρὸς ἀφανής
29. 11. θὲς τὸν θ. σου κατ' ἐντολὰς ὑψίστου
40. 18. ὁ εὑρίσκων θησαυρόν
41. 12. χίλιοι μεγάλοι θ. χρυσίου
— 14. καὶ θησαυρὸς ἀφανής
43. 14. διὰ τοῦτο ἠνεῴχθησαν θησαυροί
Am. 8. 5. καὶ ἀνοίξομεν θησαυρόν [A -ούς] (2)

Mi. 6. 10. οἶκος ἀνόμου θησαυρίζων θησαυρούς (1 a)
Jl. 1. 17. ἠφανίσθησαν θησαυροί (1 a)
3 (4). 5. A εἰσηνέγκατε εἰς τοὺς θ. [B S ναοὺς] ὑμ. (4)
Ma. 3. 10. εἰσηνέγκατε . . . εἰς τοὺς θ. [S² τὸν θ.] (1 b)
Is. 2. 7. οὐκ ἦν ἀριθμὸς τῶν θ. αὐτῶν (1 a)
33. 6. ἐν θησαυροῖς ἡ σωτηρία ἡμῶν . . . οὗτοι εἰσὶ θησαυροὶ δικαιοσύνης (5, 1 a)
39. 2. πάντας τοὺς οἴκους τῶν [S¹ add. θησαυρῶν] σκευῶν –
— 2. ὅσα ἦν ἐν τοῖς θ. αὐτοῦ (1 a)
— 4. ἀλλὰ καὶ τὰ ἐν τοῖς θ. μου (1 a)
45. 3. δώσω σοι θησαυροὺς σκοτεινούς (1 a)
Je. 10. 13. ἐξήγαγε φῶς ἐκ τῶν θ. αὐ. (1 a)
15. 13. τοὺς θ. σου εἰς προνομὴν δώσω [S δῶς] (1 a)
20. 5. δώσω . . . πάντας τοὺς θ. τοῦ βασ. Ἰούδα (1 a)
27 (50). 25. ἤνοιξε κύριος τὸν θ. αὐτοῦ (1 a)
— 37. παροξυνεῖ . . . μάχαιραν ἐπὶ τοὺς θ. (1 a)
28 (51). 13. ἐπὶ πλήθει θησαυρῶν αὐτῆς (1 a)
— 16. ἐξήγαγε φῶς ἐκ τῶν [S om.] θ. αὐτοῦ (1 a)
30 (49). 4. ἡ πεποιθυῖα ἐπὶ [A add. τοῖς] θησαυροῖς [S -οὺς] αὐτῆς (1 a)
48 (41). 8. εἰσὶν ἡμῖν θησαυροὶ ἐν ἀγρῷ (7)
Ba. 3. 15. τίς εἰσῆλθεν εἰς τοὺς θ. αὐτῆς
Ez. 27. 24. φέροντες . . . θ. ἐκλεκτούς (3 ?)
28. 4. ἐποίησας . . . ἀργύριον ἐν τοῖς θ. σου (1 a)
— 13. χρυσίου ἐνέπλησας τοὺς θ. σου †
Da. TH. 1. 2. εἰς τὸν οἶκον θησαυροῦ [A om.] τοῦ θεοῦ αὐ. (1 a)
I Ma. 1. 23. ἔλαβε τοὺς θ. τοὺς ἀποκρύφους
3. 29. ἐξέλιπε τὸ ἀργ. ἀπὸ [S ἐκ] τῶν θ.
IV Ma. 4. 4. κατεμήνυε τὸν τῶν χρημάτων θ.
— 7. οἱ τὰς παρακαταθήκας πιστεύσαντες τῷ ἱ. θ.

[**Aq.** III Ki. 15. 18: Is. 33. 6: Je. 15. 13: 41 (48). 8: 51 (28). 13.]
[**Sm.** Pr. 3. 10: Is. 33. 6: Je. 15. 13: 41 (48). 8: 51 (28). 13.]
[**Th.** Pr. 21. 6: Is. 33. 6.]

θησαυροφύλαξ. (1) פֶּחָה

II Es. 5. 14. τῷ Σαβ. τῷ θ. (1)

θίασος. (1) בֵּית מַרְזֵחַ

Wi. 12. 6. A S² ἐκ μέσου μύστας θιάσου σου [B S¹ al.]
Je. 16. 5. μὴ εἰσέλθῃς εἰς θίασον αὐτῶν (1 ?)

θίβις, θήβη. (1) תֵּבָה

Ex. 2. 3. ἔλαβεν αὐτῷ ἡ μήτηρ αὐ. θίβιν [B² θήβην] (1)
— 5. ἰδοῦσα τὴν θ. [B² θήβην] ἐν τῷ ἕλει (1)
— 6. ὁρᾷ παιδίον κλαῖον ἐν τῇ θ. [B² θήβῃ] –

θιγγάνειν. (1) נָגַע

Ex. 19. 12. τοῦ . . . θιγεῖν τι αὐτοῦ (1)
[**Sm.** Ca. 5. 4.]

θιμωνία, *vid.* **θημωνία.**

θίς. (1) גִּבְעָה

Ge. 49. 26. ἐπ' εὐλογίαις θινῶν ἀενάων (1)
De. 12. 2. ἐπὶ τῶν ὀρέων . . . καὶ ἐπὶ τῶν θ. (1)
Jb. 15. 7. ἢ πρὸ θινῶν ἐπάγης (1)
Ba. 5. 7. ταπεινοῦσθαι . . . θῖνας ἀεννάους
[**Aq.** Is. 9. 1 (8. 23): Je. 9. 11 (10): Ez. 47. 8: Jl. 3 (4). 4.]
[**Al.** Jo. 11. 13.]

θλαδίας. (1) מָעוּךְ (2) פְּצוּעַ־דַּכָּה

Le. 22. 24. θλαδίαν καὶ ἐκτεθλιμμένον καὶ ἐκτομίαν (1)
De. 23. 1 (2). θλαδίας οὐδὲ [A καὶ] ἀποκεκομμένος (2)

θλᾶν. (1) דָּקַק aph. (2) מָחַץ (3) רָצַץ *a.* qal. *b.* ni. *c.* pi. *d.* po.

Jd. 10. 8. ἔθλασαν τοὺς υἱοὺς Ἰσραήλ (3 d)
I Ki. 12. 4. B οὐκ ἔθλασας ἡμᾶς (3 a)
II Ki. 22. 39. θλάσω αὐτούς (2)
IV Ki. 18. 21. ἐπὶ τὴν ῥάβδον . . . τὴν τεθλασμ. ταύτην (3 a)
Jb. 20. 10. A τοὺς υἱοὺς αὐ. θλάσειαν [B S ὀλέσαισαν] †
— 19. πολλῶν . . . οἴκους ἔθλασε [A ἔθρασεν] (3 c)
Si. 30. 12. θλάσον τὰς πλευρὰς αὐτοῦ
Is. 36. 6. ἐπὶ τὴν ῥάβδον . . . τὴν τεθλασμ. ταύτην (3 a)
42. 3. κάλαμον τεθλασμ. [A συντ.] οὐ συντρίψει (3 a)

Ez. 29. 7. ὅτε ἐπελάβετό σου . . . ἐθλάσθης (3 b)
Da. LXX. 6. 24 (25). καὶ ἔθλασαν τὰ ὀστᾶ αὐτῶν (1)
[**Aq.** Ps. 9. 39 (10. 18).]
[**Sm.** Jd. 5. 26: Ps. 9. 10, 31 (10. 10): Ec. 12. 6.]
[**Th.** Jd. 5. 26.]

θλάσμα. (1) רְסִיסִים

Am. 6. 12 (11). πατάξει τὸν οἶκον τὸν μέγ. θλάσμασι (1)

θλίβειν. (1) אָיַב (2) חָלַץ pi. (3) יָנָה hi. (4) לָחַץ (5) לָצַץ (6) מָשַׁךְ pu. (7) עָשַׁק (8) צוּק hi. (9) רָעַץ (10) צָרַר *a.* qal. *b.* hi. *c.* צַר *d.* צָרָה *e.* מֵצַר (11) שָׁבַר

Ex. 3. 9. ὃν οἱ Αἰγ. θλίβουσιν αὐτούς (4)
22. 21 (20). οὐδὲ μὴ θλίψητε αὐτόν [A al.] (4)
23. 9. προσήλ. οὐ [A add. κακώσετε οὐδὲ μὴ] θλίψετε (4)
Le. 19. 33. οὐ θλίψετε αὐτόν (3)
25. 14. μὴ θλιβέτω ἄνθρωπος τὸν πλησίον (3)
— 17. μὴ θλιβέτω [A θλιψ.] ἄνθρωπος τὸν πλησ. (3)
26. 26. ἐν τῷ [A εἰς τὸ] θλῖψαι ὑμᾶς σιτοδείᾳ (11)
De. 23. 16 (17). οὐ θλίψεις αὐτόν (3)
28. 52. θλίψει σε ἐν ταῖς [A πάσαις τ.] πόλεσί σου (10 b)
— 53. ἐν τῇ θλίψει σου ᾗ θλίψει σε (8)
— 55. ᾗ ἂν θλίψωσί [A -ψει] σε (8)
— 57. ᾗ [A add. ἂν] θλίψει σε (8)
Jo. 19. 48. τὸν Ἀμορραῖον τὸν θλίβοντα αὐτούς –
— 48. ἔθλιψαν [A ἔθλιβον] ἀπ' αὐτῶν τὸ ὅριον –
Jd. 4. 3. ἔθλιψε τὸν Ἰσραὴλ κατὰ κράτος (4)
6. 9. ἐκ χειρὸς πάντων τῶν θλιβόντων ὑμᾶς (4)
8. 34. ἐκ χ. π. τῶν θλιβόντων αὐτούς [A al.] (1)
10. 8. ἔθλιψαν [A ἐσάθρωσαν] . . . τοὺς υἱοὺς Ἰσρ. (9)
— 9. A R ἐθλίβησαν οἱ υἱοὶ Ἰσρ. [B -βη Ἰσρ.] (10 b)
— 12. οἳ ἔθλιψαν ὑμᾶς [A al.] (4)
11. 7. A ἡνίκα ἐθλίβητε [B χρήζετε] (10 c)
I Ki. 10. 18. ἐκ π. τῶν βασ. τῶν θλιβουσῶν [A ἐκθλ.] ὑμᾶς (4)
28. 15. θλίβομαι σφόδρα (10 c)
30. 6. ἐθλίβη Δαυὶδ σφόδρα (10 b)
II Ki. 13. 2. ἐθλίβετο Ἀμνὼν ὥστε ἀρρωστεῖν (10 b)
22. 7. ἐν τῷ θλίβεσθαί με (10 c)
III Ki. 8. 37. ἐὰν θλίψῃ [A ἐκθλίψει] αὐτόν (10 b)
IV Ki. 13. 4. ἔθλιψεν αὐτοὺς βασιλεὺς Συρίας (4)
II Ch. 6. 28. ἐὰν θλίψῃ αὐτὸν ὁ ἐχθρός (10 b)
28. 20. R καὶ ἔθλιψεν [B¹ ἔθαψαν, A B² ἐπάταξεν] αὐτόν (10 b)
— 21 (22). τῷ θλιβῆναι αὐτόν (10 b)
33. 12. ὡς ἐθλίβη ἐζήτησε (10 b)
II Es. 4. 1. οἱ θλίβοντες Ἰούδα καὶ Βενιαμίν (10 c)
Ne. 4. 11 (5). εἶπαν οἱ θλίβοντες ἡμᾶς (10 c)
9. 27. ἔδωκας αὐτοὺς ἐν χειρὶ θλιβόντων αὐτοὺς καὶ ἔθλιψαν αὐτούς (10 c, 10 b)
— 27. A S R ἐκ χειρὸς θλιβόντων [B -τος] αὐτούς (10 c)
Es. 8. 11. S³ τοὺς θλίβοντας αὐτούς (10 a)
Jb. 20. 22. ὅταν δὲ δοκῇ . . . θλιβήσεται (10 b)
36. 15. ἀνθ' ὧν ἔθλιψαν ἀσθενῆ καὶ ἀδύνατον (2 ?)
Ps. 3. 1. τί ἐπληθύνθησαν οἱ θλίβοντές με (10 c)
12 (13). 4. οἱ θλίβοντές με ἀγαλλιάσονται (10 c)
17 (18). 6. ἐν τῷ θλίβεσθαί με (10 c)
22 (23). 5. ἐξ ἐναντίας τῶν θλιβόντων με (10 a)
26 (27). 2. οἱ θλίβοντές με . . . αὐτοὶ ἠσθένησαν (10 c)
— 12. εἰς ψυχὰς θλιβόντων με (10 c)
30 (31). 9. ἐλέησόν με, κύριε, ὅτι θλίβομαι (10 c)
41 (42). 10. ὠνείδισάν με οἱ θλίβοντές με [A S² al.] (10 a)
43 (44). 7. A B³ S ἔσωσας γὰρ ἡμᾶς ἐκ τῶν θλιβόντων ἡμ. (10 c)
55 (56). 1. ὅλην τὴν ἡμέραν πολεμῶν ἔθλιψέ με (4)
59 (60). 12. ἐξουδενώσει τοὺς θλίβοντας ἡμᾶς (10 c)
68 (69). 17. ὅτι θλίβομαι (10 c)
— 19. ἐναντίον σου πάντες οἱ θλίβοντές με (10 a)
77 (78). 42. ἐλυτρώσατο . . . ἐκ χειρὸς θλίβοντος [S -ων] (10 c)
80 (81). 14. ἐπὶ τοὺς θλίβ. αὐτοὺς [S -οῦ] ἐπέβαλον ἂν τὴν χεῖρά μου (10 c)
88 (89). 42. A S² τὴν δεξιὰν τῶν θλιβόντων αὐτόν [B S¹ al.] (10 c)
101 (102). 2. A S R ἐν ᾗ ἂν ἡμέρᾳ θλίβομαι [B -ωμαι] (10 c)

Ps. 105 (106). 11. ἐκάλυψεν ὕδωρ τοὺς θλίβοντας αὐτούς (10 c)
— 42. ἔθλιψαν αὐτοὺς οἱ ἐχθροὶ αὐτῶν (4)
— 44: 106 (107). 6, 13, 19, 28. ἐν τῷ θλίβεσθαι αὐτούς (10 c)
107 (108). 13. A² ἐξουδενώσει τοὺς θλίβ. ἡμᾶς [A¹ S R al.] (10 c)
118 (119). 157. S² R πολλοὶ οἱ . . . θλίβοντές [A S¹ ἐκθλ.] με (10 c)
119 (120). 1. ἐν τῷ θλίβεσθαί με (10 d)
142 (143). 12. πάντας τοὺς θλίβοντας τὴν ψυχήν μου (10 a)
Wi. 5. 1. κατὰ πρόσωπον τῶν θλιψάντων αὐτόν
10. 15. ἐρρύσατο ἐξ ἔθνους θλιβόντων
15. 7. κεραμεὺς ἁπαλὴν γῆν θλίβων
Si. 4. 4. ἱκέτην θλιβόμενον μὴ ἀπαναίνου
16. 28. τὸν πλησίον αὐ. οὐκ ἔθλιψε [A S ἐξέθλ.]
30. 21. μὴ θλίψῃς σεαυτὸν ἐν βουλῇ σου
34 (31). 31. μὴ αὐτὸν θλίψῃς ἐν ἀπαιτήσει
46. 5. ἐν τῷ θλῖψαι αὐτὸν ἐχθροὺς κυκλόθεν
— 16. ἐν τῷ θλῖψαι ἐχθροὺς αὐ. κυκλόθεν
Mi. 5. 9 (8). ὑψωθήσεται . . . ἐπὶ τοὺς θλίβοντάς σε (10 c)
Is. 11. 13. Ἰούδας οὐ θλίψει Ἐφραΐμ (10 a)
18. 7. δῶρα . . . ἐκ λαοῦ τεθλιμμένου (6)
19. 20. κεκράξονται . . . διὰ τοὺς θλίβοντας αὐτούς (4)
28. 14. ἄνδρες τεθλιμμένοι (5 ?)
29. 7. καὶ οἱ [A S om.] θλίβοντες αὐτήν (8)
49. 26. φάγονται οἱ θλίψαντές [A θλίβοντές] σε τὰς σάρκας αὐτῶν (3)
51. 13. τὸ πρόσωπον τοῦ θυμοῦ τοῦ [S¹ αὐτοῦ, S² μου τοῦ] θλίβοντός σε . . . ποῦ ὁ θυμὸς τοῦ θλίβοντός σε (8, 8)
Je. 37 (30). 20. ἐπισκέψομαι τοὺς θλίβοντας αὐτούς (4)
La. 1. 3. κατέλαβον αὐτὴν ἀνὰ μέσον τῶν θλιβόντων [A add. αὐτήν] (10 e)
— 5. ἐγένοντο οἱ θλίβοντες αὐτὴν εἰς κεφ. (10 c)
— 5. κατὰ πρόσωπον [S ἐνώπιον] θλίβοντος (10 c)
— 7. ἐν τῷ πεσεῖν . . . εἰς χεῖρας θλίβοντος (10 c)
— 10. χεῖρα αὐτοῦ ἐξεπέτασε θλίβων (10 c)
— 17. κύκλῳ αὐτοῦ οἱ θλίβοντες αὐτόν (10 c)
— 20. ἴδε, κύριε, ὅτι θλίβομαι (10 c)
2. 17. ὕψωσε κέρας [A κεφαλὰς] θλίβοντός σε (10 c)
Ez. 18. 18. ἐὰν [A ἐν] θλίψει θλίψῃ (7)
I Ma. 9. 7. ὁ πόλεμος ἔθλιβεν αὐτόν
— 68. ἔθλιβον αὐτὸν σφόδρα
10. 46. ἔθλιψεν αὐτοὺς σφόδρα
11. 53. S R ἔθλιβεν [A ἔθλιψεν] αὐτὸν σφόδρα
15. 14. R ἔθλιβε [A συνέθλ.] τὴν πόλιν
II Ma. 11. 5. τοῦτο ἔθλιβεν
III Ma. 2. 12. θλιβέντων τῶν πατέρων ἡμῶν
[**Aq.** Ps. 30 (31). 12: 31 (32). 7: 77 (78). 61, 66: 88 (89). 43: Is. 59. 18: Ez. 18. 7.]
[**Sm.** Ge. 3. 16 (15): Ex. 3. 9: Ps. 6. 8: 7. 5, 7: 41 (42). 10: 55 (56). 3: 77 (78). 42: 88 (89). 43: Pr. 4. 12: Is. 59. 18, 19: La. 1. 3, 17.]
[**Th.** Ps. 77 (78). 61, 66.]
[**Heb.** Ex. 1. 12: Dt. 32. 43.]
[**Al.** Ps. 43 (44). 6.]
[**Quint.** Ps. 30 (31). 10, 12: 31 (32). 7.]

θλιβώδης.

[**Aq.** Ge. 32. 7 (8).]

θλιμμός. (1) לַחַץ

Ex. 3. 9. τὸν θλ. ὃν οἱ Αἰγ. θλίβουσιν αὐτούς (1)
De. 26. 7. εἶδε . . . τὸν θλ. ἡμῶν (1)
[**Aq.** Ps. 118 (119). 143.]

θλῖψις. (1) אֵיד (2) דְּאָגָה (3) לַחַץ (4) מְגוּרָה (5) מוּעָקָה (6) *a.* מָצוֹק *b.* מְצוּקָה (7) עֳנִי (8) עֶצֶר (9) עָקָה (10) עֹשֶׁק (11) *a.* צַר *b.* צָרָה *c.* מֵצַר *d.* צָרַר hi. (12) רָעָה (13) שׁוֹאָה

Ge. 35. 3. ἐν ἡμέρᾳ θλίψεως (11 b)
42. 21. ὑπερείδομεν τὴν θλ. τῆς ψυχῆς αὐτοῦ (11 b)
— 21. ἐπῆλθεν ἐφ' ἡμᾶς ἡ θλ. αὕτη (11 b)
Ex. 4. 31. καὶ ὅτι εἶδεν αὐτῶν τὴν θλ. (7)
De. 4. 29 (30). ἐν τῇ θλ. σου (11 a)
28. 53. ἐν τῇ θλ. σου ᾗ θλίψει σε (6 a)
— 55. ἐν τῇ θλ. σου ᾗ ἂν θλίψωσί [A -ψει] σε (6 a)

De. 28. 57. ἐν τῇ θλ. σου ᾗ θλίψει σε [A *al.*] (6 *a*)
31. 17, 21 (A). κακὰ πολλὰ καὶ θλίψεις (11 *b*)
Jd. 10. 14. ἐν καιρῷ θλίψεως ὑμῶν (11 *b*)
I Ki. 1. 6. κατὰ τὴν θλ. αὐτῆς καὶ κατὰ τὴν ἀθυμίαν τῆς θλ. αὐτῆς (11 *b*, –)
10. 19. ἐκ πάντων τῶν κακῶν ὑμ. καὶ θλίψεων ὑμ. (11 *b*)
24. 20. εἰ εὕροι τις τὸν ἐχθρὸν αὐ. ἐν θλίψει –
26. 24. ἐξελεῖταί [A -λοιτό] με ἐκ πάσης θλ. (11 *b*)
II Ki. 4. 9. ὃς ἐλυτρώσατο . . . ἐκ πάσης θλίψεως (11 *b*)
22. 19. προέφθασάν με ἡμέραι θλίψεώς μου (1)
III Ki. 1. 29. ὃς ἐλυτρώσατο . . . ἐκ πάσης θλίψεως (11 *b*)
22. 27. ἐσθίειν αὐτὸν ἄρτον [A ἐσθιέτω *ἄ.*] θλίψεως καὶ ὕδωρ θλίψεως (3, 3)
IV Ki. 13. 4. εἶδε τὴν θλ. Ἰσρ. (3)
19. 3. ἡμέρα θλίψεως καὶ ἐλεγμοῦ (11 *b*)
II Ch. 15. 6. ἐξέστησεν αὐτοὺς ἐν πάσῃ θλ. (11 *b*)
18. 26. ἐσθιέτω ἄρτον θλίψεως καὶ ὕδωρ θλίψεως (3, 3)
20. 9. βοησόμεθα πρὸς σὲ ἀπὸ τῆς θλ. (11 *b*)
32. 11. A τοῦ παραδοῦναι ὑμ. . . . εἰς θλῖψιν [B δίψαν] †
Ne. 9. 27. ἐν καιρῷ θλίψεως αὐτῶν (11 *b*)
— 37. ἐν θλίψει μεγάλῃ ἐσμέν (11 *b*)
Ju. 4. 13. εἰσεῖδε [B^2 S^2 ἴδεν] τὴν θλ. αὐτῶν
Es. 1. 1. θλῖψις καὶ στενοχωρία [A *om.*]
4. 17. γνώσθητι ἐν καιρῷ θλίψεως ἡμῶν
8. 13. ἐν καιρῷ θλίψεως
Jb. 15. 24. ἀνάγκη δὲ καὶ θλῖψις αὐτὸν καθέξει (6 *b*)
Ps. 4. 1. ἐν θλίψει ἐπλάτυνάς μοι (11 *a*)
9. 9. βοηθὸς . . . ἐν θλίψει [S -εσι] (11 *b*)
— 22 (10. 1). ὑπερορᾷς . . . ἐν θλίψει [S -εσι] (11 *b*)
19 (20). 1. ἐν ἡμέρᾳ θλίψεως (11 *b*)
21 (22). 11. ὅτι θλῖψις ἐγγύς (11 *b*)
24 (25). 17. αἱ θλ. τῆς καρδίας μου ἐπληθύνθησαν (11 *b*)
— 22. λυτρῶσαι ὁ θ. τὸν Ἰσρ. ἐκ πασῶν τῶν θλ. αὐ. (11 *b*)
31 (32). 7. καταφυγὴ ἀπὸ θλ. τῆς περιεχούσης με (11 *a*)
33 (34). 4. A S^2 ἐκ πασῶν τῶν θλ. [B S^1 *al.*] μου ἐρρύσατό με (4)
— 6. ἐκ πασῶν τῶν θλ. αὐτοῦ ἔσωσεν αὐτόν (11 *b*)
— 17. ἐκ πασῶν τῶν θλ. αὐ. ἐρρύσατο αὐτούς (11 *b*)
— 19. πολλαὶ αἱ θλ. τῶν δικαίων (12)
36 (37). 39. ἐν καιρῷ θλίψεως (11 *b*)
43 (44). 24. ἐπιλανθάνῃ . . . τῆς θλ. ἡμῶν (3)
45 (46). 1. ἐν θλίψεσι ταῖς εὑρούσαις ἡμᾶς (11 *b*)
49 (50). 15. ἐν ἡμέρᾳ θλίψεως [A S^2 θλ. σου] (11 *b*)
53 (54). 7. ἐκ πάσης θλ. ἐρρύσω με (11 *b*)
54 (55). 3. ἐταράχθην . . . ἀπὸ θλίψεως ἁμαρτωλοῦ (9)
58 (59). 16. καταφυγή μου ἐν ἡμέρᾳ θλίψεώς μου (11 *a*)
59 (60). 11. δὸς ἡμῖν βοήθειαν ἐκ θλίψεως (11 *a*)
65 (66). 11. B S^1 ἔθου θλίψεις ἐνώπιον ἡμῶν [S^2 R *al.*] (5)
— 14. ἃς . . . ἐλάλησε τὸ στόμα μου ἐν τῇ θλ. μου (11 *a*)
70 (71). 20. ἔδειξάς μοι θλ. πολλάς (11 *b*)
76 (77). 2. ἐν ἡμ. θλίψεώς μου τὸν θ. ἐξεζήτησα (11 *b*)
77 (78). 49. θυμὸν καὶ ὀργὴν καὶ θλῖψιν (11 *b*)
80 (81). 7. ἐν θλίψει ἐπεκαλέσω με (11 *b*)
85 (86). 7. ἐν ἡμ. θλίψεώς μου ἐκέκραξα (11 *b*)
90 (91). 15. μετ᾽ αὐτοῦ εἰμι ἐν θλίψει (11 *b*)
106 (107). 39. ἐκακώθησαν ἀπὸ θλίψεως κακῶν (8)
107 (108). 12. δὸς ἡμῖν βοήθειαν ἐκ θλίψεως (11 *a*)
114 (116). 3. θλῖψιν καὶ ὀδύνην εὗρον (11 *b*)
117 (118). 5. ἐκ θλίψεως [S ἐν θλίψει] ἐπεκαλεσάμην (11 *c*)
118 (119). 143. θλίψεις καὶ ἀνάγκαι εὕροσάν με (11 *a*)
137 (138). 7. ἐὰν πορευθῶ ἐν μέσῳ θλίψεως (11 *b*)
141 (142). 2. τὴν θλ. μου . . . ἀπαγγελῶ (11 *b*)
142 (143). 11. ἐξάξεις ἐκ θλίψεως τὴν ψυχήν μου (11 *b*)
Pr. 1. 27. ὅταν ἔρχηται ὑμῖν θλῖψις (11 *b*)
21. 23. διατηρεῖ ἐκ θλίψεως τὴν ψυχὴν αὐ. (11 *b*)
24. 10. ἐν ἡμέρᾳ κακῇ καὶ ἐν ἡμέρᾳ θλίψεως (11 *a*)
Si. 2. 11. σώζει ἐν καιρῷ θλίψεως
3. 15. ἐν ἡμ. θλίψεώς σου ἀναμνησθήσεται
6. 8. οὐ μὴ παραμείνῃ ἐν ἡμέρᾳ θλίψεώς σου
— 10. A B S^2 οὐ μὴ παραμείνῃ ἐν ἡμ. θλίψεώς σου
Si. 22. 23. ἐν καιρῷ θλίψεως διάμενε αὐτῷ
32 (35). 20. ἐν καιρῷ θλίψεως αὐτοῦ
37. 4. ἐν καιρῷ θλίψεως ἔσται ἀπέναντι
40. 24. βοήθεια εἰς καιρὸν θλίψεως
51. 3. ἐλυτρώσω με . . . ἐκ πλειόνων θλ.
— 10. μή με ἐγκαταλιπεῖν ἐν ἡμέραις θλίψεως
Ho. 6. 1 (5. 15). ἐν θλίψει αὐ. ὀρθριοῦσι πρὸς μέ (11 *a*)
7. 12. παιδεύσω αὐτοὺς ἐν τῇ ἀκοῇ τῆς θλ. αὐ. †
Mi. 2. 12. ὡς πρόβατα ἐν θλίψει †
Ob. 1. 12, 14. ἐν ἡμέρᾳ θλίψεως (11 *b*)
Jn. 2. 3. A B S^2 ἐβόησα ἐν θλίψει μου πρὸς κ. (11 *b*)
Na. 1. 7. χρηστὸς κύριος . . . ἐν ἡμέρᾳ θλίψεως (11 *b*)
— 9. A B S^2 οὐκ ἐκδικήσει δὶς . . . ἐν θλίψει (11 *b*)
2. 1 (2). ἐξαιρούμενος ἐκ θλίψεως †
Hb. 3. 16. ἀναπαύσομαι ἐν ἡμέρᾳ θλίψεως (11 *b*)
Ze. 1. 15. B S ἡμέρα θλίψεως καὶ ἀνάγκης (11 *b*)
Za. 8. 10. οὐκ ἔσται εἰρήνη ἀπὸ τῆς θλ. (11 *a*)
Is. 8. 22. θλ. καὶ στενοχωρία καὶ σκότος (11 *b*)
10. 3. ἡ γὰρ θλ. ὑμῖν [S^1 -ῶν] πόρρωθεν ἥξει (13)
— 26. ἐν τόπῳ θλίψεως †
26. 16. ἐν θλίψει ἐμνήσθην σου ἐν θλίψει μικρᾷ ἡ παιδεία σου ἡμῖν (11 *a*, †)
28. 10. θλῖψιν ἐπὶ θλῖψιν προσδέχου †, †
— 13. ἔσται αὐτοῖς τὸ λόγιον τοῦ θεοῦ θλ. ἐπὶ θλῖψιν †, †
30. 6. ἐν τῇ θλ. καὶ [A S *add.* ἐν] τῇ στενοχωρίᾳ (11 *b*)
— 20. δώσει κύριος ὑμῖν ἄρτον θλίψεως (11 *a*)
33. 2. ἡ δὲ σωτηρία ἡμῶν ἐν καιρῷ θλίψεως (11 *b*)
37. 3. ἡμέρα θλίψεως καὶ ὀνειδισμοῦ (11 *b*)
57. 13. ἐξελέσθωσάν σε ἐν τῇ θλ. σου †
63. 9. εἰς σωτηρίαν ἐκ πάσης θλ. αὐτῶν [A *om.*] (11 *b*)
65. 16. ἐπιλήσονται γὰρ τὴν θλ. [A S *add.* αὐ.] τὴν πρ. (11 *b*)
Je. 6. 24. θλ. κατέσχεν ἡμᾶς (11 *b*)
10. 18. σκελίζω τοὺς κατοικοῦντας . . . ἐν θλίψει (11 *d*)
11. 16. μεγάλη ἡ [S^1 *om.*] θλ. ἐπὶ σέ †
15. 11. ἐν καιρῷ θλίψεως αὐτῶν (11 *b*)
27 (50). 43. θλ. κατεκράτησεν αὐτοῦ [AS^1-ούς] (11 *b*)
Ez. 12. 18. τὸ ὕδωρ μετὰ . . . θλίψεως [A ἐκθλ.] πίεσαι (2)
18. 18. ἐὰν [A ἐν] θλίψει θλίψῃ (10)
Da. LXX. 12. 1. ἐκείνη ἡ ἡμέρα θλίψεως (11 *b*)
Da. TH. 12. 1. ἔσται καιρὸς θλίψεως (11 *b*)
— 1. θλῖψις οἵα οὐ γέγονεν –
I Ma. 5. 16. τοῖς ἀδ. αὐτῶν τοῖς οὖσιν ἐν θλίψει
6. 11. ἕως τίνος θλ. ἦλθον
9. 27. ἐγένετο θλ. μεγάλη ἐν τῷ Ἰσρ.
12. 13. ἡμᾶς δὲ ἐκύκλωσαν πολλαὶ θλ.
13. 5. ἐν παντὶ καιρῷ θλίψεως
II Ma. 1. 7. γεγραφήκαμεν ὑμῖν ἐν τῇ θλ.
IV Ma. 14. 9. ἀκούοντες τὴν θλ. τῶν νεανιῶν ἐκ.
18. 15. πολλαὶ αἱ θλ. τῶν δικαίων
[**Aq.** Ex. 23. 9: Jb. 5. 19: Ps. 9. 22 (10. 1): 30 (31). 8: 70 (71). 20: Is. 30. 6: Je. 14. 8: 15. 11: 30 (37). 7: Ez. 35. 5.]
[**Sm.** Ex. 3. 9: I Ki. 2. 32: Ps. 9. 22 (10. 1): 30 (31). 8: 31 (32). 7: 43 (44). 25: 59 (60). 13: 70 (71). 20: 118 (119). 143: 137 (138). 7: Pr. 11. 8: 24. 10: Is. 30. 6: Je. 30 (37). 7: Ez. 35. 5.]
[**Th.** Ps. 118 (119). 143: Is. 30. 6: Ez. 35. 5.]
[**Al.** Ps. 45 (46). 2: Hb. 3. 16.]
[**Quint.** Ps. 30 (31). 8.]

θνησιμαῖος. (1) נְבֵלָה

Le. 5. 2. ἢ θνησιμαίου ἢ θηριαλώτου ἀκαθάρτου ἢ τῶν θν. (1, 1)
— 2. ἢ τῶν θν. κτηνῶν τῶν ἀκαθάρτων (1)
7. 14 (24). στέαρ θνησιμαίων [A -ον] (1)
11. 8. τῶν θν. αὐτῶν [A *om.*] οὐχ ἅψεσθε (1)
— 11. τὰ θν. αὐτῶν βδελύξεσθε (1)
— 24. πᾶς ὁ ἁπτόμενος τῶν θν. αὐτῶν (1)
— 25. πᾶς ὁ αἴρων τῶν θν. αὐτῶν (1)
— 26. πᾶς ὁ ἁπτόμενος τῶν θν. αὐτῶν –
— 27. πᾶς ὁ ἁπτόμενος τῶν θν. αὐτῶν (1)
— 28. ὁ αἴρων τῶν θν. αὐτῶν (1)
— 35. B^2 R ὃ ἐὰν ἐπιπέσῃ [A B^1 πέσῃ] ἀπὸ τῶν θν. αὐτῶν (1)
— 36. ὁ δὲ ἁπτόμενος τῶν θν. αὐτῶν (1)
— 37. ἐὰν δὲ ἐπιπέσῃ τῶν θν. αὐτῶν (1)
— 38. ἐπιπέσῃ τῶν θν. αὐτῶν (1)
— 39. ὁ ἁπτόμενος τῶν θν. αὐτῶν (1)
— 40. ὁ ἐσθίων ἀπὸ τῶν θν. τούτων (1)
— 40. A^2 B ὁ αἴρων ἀπὸ θνησιμαίων αὐτῶν (1)
17. 15. ἥτις φάγεται θνησιμαῖον (1)
Le. 22. 8. θνησιμαῖον . . . οὐ φάγεται (1)
De. 14. 8. τῶν θν. αὐτῶν οὐχ ἅψεσθε (1)
— 21. πᾶν θνησιμαῖον οὐ φάγεσθε (1)
III Ki. 13. 25. εἶδον τὸ θν. ἐρριμμ. ἐν τῇ ὁδῷ (1)
— 25. ὁ λέων εἱστήκει ἐχόμενα τοῦ θν. (1)
IV Ki. 9. 37. ἔσται τὸ θν. Ἰεζ. ὡς κοπρία (1)
Ps. 78 (79). 2. ἔθεντο τὰ θν. τῶν δούλων σου βρώματα (1)
Is. 5. 25. ἐγενήθη τὰ θν. αὐτῶν ὡς κοπρία (1)
Je. 16. 18. ἐβεβήλωσαν τὴν γῆν μου ἐν τοῖς θν. (1)
41 (34). 20. ἔσται τὰ θν. αὐτῶν βρῶσις [A -ώματα] (1)
43 (36). 30. τὸ θν. αὐτοῦ ἔσται ἐρριμμένον (1)
● Ez. 4. 14. θνησιμαῖον . . . οὐ βέβρωκα (1)
44. 31. πᾶν θν. καὶ θηριάλωτον (1)
[**Al.** Le. 5. 2 *bis*: 11. 8, 28.]

θνήσκειν. (1) הָרַג (2) חָלָל (3) *a.* מות *b.* מָוֶת

Ge. 50. 15. τέθνηκεν ὁ πατὴρ αὐτῶν (3 *a*)
Ex. 4. 19. τεθνήκασι γὰρ πάντες (3 *a*)
12. 30. οὐκ ἦν ἐν αὐτῇ τεθνηκώς (3 *a*)
14. 30. εἶδεν Ἰσρ. τοὺς Αἰγ. τεθνηκότας (3 *a*)
21. 34. A τὸ δὲ τεθνηκὸς αὐτῷ ἔσται [B *al.*] (3 *a*)
— 35. τὸν ταῦρον τὸν τεθνηκ. διελοῦνται (3 *a*)
Le. 11. 31. πᾶς ὁ ἁπτόμενος αὐτῶν τεθνηκότων (3 *a*)
— 32. A ἀπὸ τῶν τεθνηκότων [B ἀπ᾽ αὐτῶν τ., R ἀπ᾽ αὐτῶν ἐπ᾽ αὐτὸ τ.] (3 *a*)
Nu. 16. 48 (17. 13). ἀνὰ μέσον τῶν τεθνηκότων (3 *a*)
— 49 (17. 14). οἱ τεθνηκότες ἐν τῇ θραύσει (3 *a*)
— 49 (17. 14). χωρὶς τῶν τεθνηκότων ἕνεκεν Κορέ (3 *a*)
19. 11. ὁ ἁπτόμενος τοῦ τεθνηκότος (3 *a*)
— 13. πᾶς ὁ ἁπτόμενος τοῦ τεθνηκότος (3 *a*)
— 18. ἐπὶ τὸν ἡμμένον . . . τοῦ τεθνηκότος (3 *a*)
25. 9. οἱ τεθνηκότες ἐν τῇ πληγῇ (3 *a*)
33. 4. ἔθαπτον ἐξ αὐτῶν τοὺς τεθνηκότας –
De. 25. 5. ἡ γυνὴ τοῦ τεθνηκότος [A *al.*] (3 *a*)
26. 14. οὐκ ἔδωκα ἀπ᾽ αὐτῶν τῷ τεθνηκότι (3 *a*)
Jd. 3. 25. πεπτωκὼς ἐπὶ τὴν γῆν τεθνηκώς (3 *a*)
16. 30. ἦσαν [A ἐγένοντο] οἱ τεθνηκότες (3 *a*)
19. 28. A ἀλλὰ τεθνήκει [B ὅτι ἦν νεκρά] –
Ru. 1. 8. καθὼς ἐποιήσατε μετὰ τῶν τεθνηκ. (3 *a*)
2. 20. καὶ μετὰ τῶν τεθνηκότων (3 *a*)
4. 5. παρὰ Ῥ. τῆς Μωαβ. γυναικὸς τοῦ τεθνηκ. (3 *a*)
— 5. τὸ ὄνομα τοῦ τεθνηκότος (3 *a*)
— 10. τοῦ ἀναστῆσαι τὸ ὄνομα τοῦ τεθνηκ. (3 *a*)
— 10. τὸ ὄνομα τοῦ τεθνηκότος (3 *a*)
I Ki. 4. 17. ἀμφότεροι οἱ υἱοί σου τεθνήκασι (3 *a*)
— 19. ὅτι τέθνηκεν ὁ πενθερὸς αὐτῆς (3 *a*)
— 21. A διὰ τὸ τεθνηκέναι τὸν πενθερὸν αὐ. –
17. 51. ὅτι τέθνηκεν ὁ δυνατὸς αὐτῶν (3 *a*)
24. 15. ὀπίσω κυνὸς τεθνηκότος (3 *a*)
31. 5, 7. ὅτι τέθνηκε Σαούλ (3 *a*)
II Ki. 1. 5. πῶς οἶδας ὅτι τέθνηκε Σαούλ (3 *a*)
— 19. στήλωσον Ἰσρ. ὑπὲρ τῶν τεθνηκότων [A *al.*] (2)
2. 7. τέθνηκεν ὁ κύριος ὑμῶν Σ. (3 *a*)
4. 1. τέθνηκεν Ἀβεννήρ (3 *a*)
— 10. ὅτι τέθνηκε Σαούλ (3 *a*)
9. 8. τὸν κύνα τὸν τεθνηκότα (3 *a*)
12. 18 *bis*, 19. ὅτι τέθνηκε τὸ παιδάριον (3 *a*)
— 19. εἰ τέθνηκε τὸ παιδάριον (3 *a*)
— 19. καὶ εἶπαν, Τέθνηκε (3 *a*)
— 23. καὶ νῦν τέθνηκεν [A *add.* τὸ παιδάρ.] (3 *a*)
14. 2. ὡς γυνὴ πενθοῦσα ἐπὶ τεθνηκότι (3 *a*)
16. 9. ὁ κύων ὁ τεθνηκὼς οὗτος (3 *a*)
III Ki. 3. 20. τὸν υἱὸν αὐτῆς τὸν τεθνηκότα (3 *a*)
— 21. ἐκεῖνος ἦν τεθνηκώς (3 *a*)
— 22. ὁ δὲ υἱός σου ὁ τεθνηκώς [A *al.*] (3 *a*)
— 23. ὁ υἱὸς ταύτης ὁ τεθνηκώς (3 *a*)
— 23. ὁ υἱός σου ὁ τεθνηκώς (3 *a*)
11. 21. ὅτι τέθνηκεν Ἰωάβ (3 *a*)
12. 24. ἤκουσεν . . . ὅτι τέθνηκε Σ. –
— 24. τὸ παιδάριον τέθνηκεν –
— 24. ἔσονται οἱ τεθνηκότες τοῦ Ἱερ. –
— 24. τὸν τεθνηκότα ἐν τῷ ἀγρῷ –
14. 11. A οἱ τεθνηκότες τοῦ Ἱερ. (3 *a*)
— 11. A τὸν τεθνηκότα ἐν τῷ ἀγρῷ (3 *a*)
16. 4. τὸν τεθνηκότα τοῦ Βαασά (3 *a*)
— 4. τὸν τεθνηκότα αὐτοῦ ἐν τῷ πεδίῳ (3 *a*)
20 (21). 14. λελιθοβόληται Ν. καὶ τέθνηκε (3 *a*)
— 15. οὐκ ἔστι Ν. ζῶν ὅτι τέθνηκε (3 *a*)
— 16. ὡς ἤκουσεν Ἀ. ὅτι τέθνηκε Ν. (3 *a*)
— 24. τὸν τεθνηκότα τοῦ Ἀ. (3 *a*)
— 24. τὸν τεθνηκότα αὐτοῦ ἐν τῷ πεδίῳ (3 *a*)

● = correction on page xxvi

III Ki. 22. 37. ὅτι τέθνηκεν ὁ βασιλεύς (3 *a*)
IV Ki. 4. 32. ἰδοὺ τὸ παιδάριον τεθνηκός [B^1 -ώς] (3 *a*)
8. 5. ὡς ἐζωπύρησεν υἱὸν τεθνηκότα (3 *a*)
— 13. ὁ κύων ὁ τεθνηκώς [A *al.*] –
II Ch. 22. 10. ὅτι τέθνηκεν αὐτῆς ὁ υἱός (3 *a*)
To. 1. 17. εἴ τινα . . . ἐθεώρουν τεθνηκότα
8. 12. S καὶ εἰ τέθνηκεν [A B εἰ δὲ μή]
Jb. 39. 30. οὗ δ' ἂν ὦσι τεθνεῶτες (2)
Pr. 13. 14. ὁ δὲ ἄνους ὑπὸ παγίδος θανεῖται (3 *b*)
Ec. 4. 2. ἐπῄνεσα ἐγὼ σύμπ. [A S σὺν] τοὺς τεθνηκ. (3 *a*)
Wi. 3. 2. ἔδοξαν . . . τεθνάναι
4. 16. A B^3 κατακρινεῖ δὲ δίκαιος θανὼν [B^1 S καμ.]
18. 18. δι' ἣν ἔθνησκεν [A S^1 -ον] αἰτίαν
Is. 14. 19. ὡς νεκρὸς . . . μετὰ πολλῶν τεθνηκότων (1)
Je. 16. 7. εἰς παράκλησιν ἐπὶ τεθνηκότι (3 *a*)
22. 10. μὴ κλαίετε τὸν τεθνηκότα (3 *a*)
Ba. 2. 17. οὐχ οἱ τεθνηκότες [A -νεῶτ.] ἐν τῷ ᾅδῃ
3. 4. ἄκουσον δὴ τῆς προσευχῆς τῶν τεθνηκ.
I Ma. 4. 35. ἢ τεθνηκέναι γενναίως
6. 17. τέθνηκεν ὁ βασιλεύς
II Ma. 12. 40. ἑκάστου τῶν τεθνηκ. ὑπὸ τοὺς χιτῶνας
— 45. περὶ τῶν τεθνηκ. τὸν ἐξιλασμὸν ἐποιήσατο
13. 7. τὸν παράνομον συνέβη θανεῖν
IV Ma. 4. 22. περὶ τοῦ τεθνάναι αὐτόν
— 23. δόγμα ἔθετο ὅπως . . . θάνοιεν
8. 21. ἀπειθοῦντες τεθνηξόμεθα
10. 12. τούτου θανόντος ἀδελφοπρεπῶς
11. 22. τεθνήξομαι κἀγώ
12. 4. A R στρεβλωθέντες τεθνήκασι [S -νεᾶσιν]
— 4. τεθνήξῃ πρὸ ὥρας
— 19. σὲ δὲ . . . θανόντα τιμωρήσεται
13. 17. S οὕτω γὰρ θανόντας [A R παθόντας] ἡμᾶς
[**Aq.** III Ki. 14. 11 *bis*: Ps. 16 (17). 14: 43 (44). 23: 87 (88). 6: Is. 26. 19: 41. 14: Je. 38 (45). 10.]
[**Sm.** Ps. 43 (44). 23: Ec. 9. 4.]
[**Th.** Le. 11. 31: II Ki. 14. 14: Ps. 43 (44). 23.]
[**Al.** Nu. 6. 6.]
[**Quint.** Le. 11. 31.]

θνητός. (1) אָדָם (2) חַי (3) מוּת

Jb. 30. 23. οἰκία γὰρ παντὶ θνητῷ γῆ (2)
Pr. 3. 13. μακάριος . . . θνητὸς ὃς εἶδε φρόνησιν (1)
20. 24. θνητὸς δὲ πῶς ἂν νοήσαι τὰς ὁδοὺς αὐ. (1)
Wi. 7. 1. AB^{2}R εἰμὶ μὲν κἀγὼ θν. ἄνθρωπος [B^1 S *om.*]
9. 14. λογισμοὶ γὰρ θνητῶν δειλοί
15. 17. θνητὸς δὲ ὢν νεκρὸν ἐργάζεται
Is. 51. 12. ἐφοβήθης ἀπὸ ἀνθρώπου θνητοῦ (3)
II Ma. 9. 12. καὶ μὴ θνητὸν ὄντα ἰσόθεα ὑπερηφάνως φρονεῖν
III Ma. 3. 29. πάσῃ θν. φύσει . . . ἄχρηστος φανήσεται
[**Sm.** Ge. 2. 17.]

θοῖνα.

Wi. 12. 6. θοίναν καὶ αἵματος
III Ma. 5. 31. τήνδε . . . ἐσκεύασαν ἂν δαψιλῆ θ.

θολερός. (1) חֵמָה

Hb. 2. 15. ὢ ὁ ποτίζων τὸν πλησίον . . . ἀνατροπῇ θ.

θολοῦν.

[**Aq.** Je. 25. 38 (32. 24).]
[**Sm.** Ps. 30 (31). 10: 45 (46). 4.]

θορυβεῖν. (1) בָּעַת ni. (2) מָהַהּ hithp. (3) רָעַל hoph.

Jd. 3. 26. ἕως ἐθορυβοῦντο (2 ?)
Wi. 18. 19. οἱ γὰρ ὄνειροι θορυβήσαντες αὐτούς
Si. 40. 6. τεθορυβημένος ἐν ὁράσει καρδίας αὐ.
Na. 2. 3 (4). οἱ ἱππεῖς θορυβηθήσονται (3)
Da. LXX. 8. 17. ἐν τῷ ἔρχεσθαι αὐτὸν ἐθορυβήθην (1)
[**Aq.** Ps. 2. 1.]
[**Sm.** II Ki. 4. 1, 4: Jb. 4. 5: 15. 24: 21. 6: 23. 16: 26. 5: Ps. 41 (42). 6: 42 (43). 5: 57 (58). 8: 58 (59). 15: Ec. 7. 8 (7): Da. 4. 16.]
[**Th.** Is. 52. 12†: Je. 46 (26). 9.]
[**Al.** Ge. 45. 24: Ex. 15. 15.]

θόρυβος. (1) אֱבוֹי (2) הָמוֹן (3) מְהוּמָה (4) פַּחַד (5) רָעַד hi. (6) תְּרוּעָה

II Es. 10. 9. ἀπὸ θορύβου [A τοῦ θ.] αὐτῶν (5)
Ju. 6. 1. ὡς κατέπαυσεν ὁ θ. τῶν ἀνδρῶν
Es. 1. 1. φωναὶ καὶ θόρυβος [A φ. θορύβου]
Pr. 1. 27. ὡς ἂν ἀφίκηται ὑμῖν ἄφνω θόρυβος (4)
Pr. 23. 29. τίνι οὐαί; τίνι θόρυβος (1)
Wi. 14. 26. θόρυβος ἀγαθῶν
Mi. 7. 12. A ἡμέρα ὕδατος καὶ θορύβου –
Je. 30 (49). 2. ἀκουτιῶ ἐπὶ Ῥαββὰθ θόρυβον πολέμων (6)
Ez. 7. 7. B ἤγγικεν ἡ ἡμέρα οὐ μετὰ θορύβων (3 ?)
— 11. καὶ οὐ μετὰ θορύβου [A -ων] (2)
● 32. 23. B ἡ ταφὴ αὐτῶν ἐν βάθει θορύβου [AR βόθρου] †
Da. LXX. 10. 6. φωνὴ λαλιᾶς αὐ. ὡσεὶ φωνὴ θορύβου (2)
III Ma. 5. 48. βαρυηχῆ θ. ἀκούσαντες
[**Aq.** Ps. 64 (65). 8.]
[**Sm.** Ec. 2. 2: 10. 13.]
[**Th.** Is. 52. 12: Je. 49. 2 (30. 2).]
[**Al.** I Ki. 14. 19, 20: Mi. 7. 12.]

θορυβώδης.

[**Sm.** Ec. 7. 26 (25).]

θραέλ.

Ez. 41. 8. τὸ [A τοῦ] θρ. τοῦ οἴκου ὕψος κύκλῳ †

θράζειν (?). (1) רָצַץ pi.

Jb. 20. 19. A πολλῶν . . . οἴκους ἔθρασεν [B S ἔθλασε] (1)

θράσος, *cf.* **θάρσος.**

Ju. 16. 10. τὸ θρ. αὐτῆς ἐρράχθησαν [A S^2 ἐταράχ.]
Es. 3. 13. A^{2}BS μὴ τῷ θρ. τῆς ἐξουσίας ἐπαιρόμενος
Wi. 12. 17. ἐν τοῖς εἰδόσι [S^1 σε εἰδόσιν, A οὐκ εἰδόσιν] τὸ θράσος [S^2 σου τὸ κράτος]
Si. 11. 2. S μὴ βδελύξῃ ἄνδρα ἐν θράσει αὐ. [AB *al.*]
40. 6. τεθορυβημένος ἐν ὁράσει [B^2 θράσει] καρδίας αὐτοῦ
Ez. 19. 7. ἐγένετο τῷ [A ἐν τῷ] θρ. αὐτοῦ †
I Ma. 4. 32. τῆξον θράσος ἰσχύος αὐτῶν
6. 45. ἐπέδραμεν αὐτῷ θράσει
II Ma. 5. 18. ἀνετράπη τοῦ θρ.
III Ma. 2. 2. θράσει καὶ σθένει πεφρυαγμένου
— 4. ῥώμῃ καὶ θράσει πεποιθότες
— 21. τὸν . . . θράσει μεγάλως ἐπηρμένον
— 26. ἐπὶ τοσοῦτον θράσους προῆλθεν
6. 4. ἐπαρθέντα ἀνόμῳ θρ.
— 5. βαρέα λαλοῦντα κόμπῳ καὶ θράσει
— 20. λήθη τὸ θρ. αὐ. τὸ βαρύθυμον ἔλαβε

θρασύγνωστος.

Wi. 11. 18. S^1 νεοκτίστους θυμοὺς πλήρεις θρασυγνώστους [ABS^2 *al.*]

θρασυκάρδιος. (1) סוּג לֵב (2) רְחַב־לֵב

Pr. 14. 14. τῶν ἑαυ. ὁδῶν πλησθήσεται θρασυκάρδιος (1)
21. 4. μεγαλόφρων ἐφ' ὕβρει θρασυκάρδιος (2)
[**Sm.** Ez. 3. 7.]

θρασύνειν.

III Ma. 1. 22. A οἱ περὶ [R *om.*] τῶν πολιτῶν θρασυνθέντες
— 26. θρασυνθεὶς δὲ καὶ πάντα παραπέμψας
[**Sm.** Ex. 4. 21: Jb. 11. 12.]
[**Al.** I Ki. 6. 6: Ps. 9. 20.]

θρασύς. (1) חֵמָה (2) זֵד (3) עַז (4) רָשָׁע

Nu. 13. 29 (28). θρασὺ τὸ ἔθνος τὸ κατοικοῦν ἐπ' αὐτῆς [A *al.*] (3)
Pr. 9. 13. γυνὴ ἄφρων καὶ θρ. ἐνδεὴς ψωμοῦ γίν. (1)
13. 17. βασιλεὺς θρ. ἐμπεσεῖται εἰς κακά (4)
18. 6. τὸ δὲ στόμα αὐτοῦ τὸ θρ. †
21. 24. θρασὺς καὶ αὐθάδης καὶ ἀλαζών (2)
28. 26. ὃς πέποιθε θρασείᾳ καρδίᾳ –
Wi. 11. 17. ἐπιπέμψαι αὐτοῖς . . . θρ. λέοντας
Si. 4. 29. S^2 μὴ γίνου θρασύς [A S^1 ταχύς, B τραχύς]
22. 5. ἄνδρα καταισχύνει ἡ θρ. [A θρησκία]
III Ma. 2. 6. τὸν θρ. Φ. . . . ἐγνώρισας τὴν σὴν δύναμιν
— 14. ὁ θρ. καὶ βέβηλος οὗτος ἐπιτηδεύει
[**Sm.** Pr. 15. 1.]
[**Th.** Pr. 18. 23.]

θραύειν. (1) חָפַז (2) מוּג (3) מָחַץ (4) מָסַס ni. (5) נָגַף *a.* qal. *b.* ni. *c.* נֶגֶף (6) נָשַׁת (7) עָצַב ni. (8) עָרַץ (9) פָּרַץ (10) רָעַץ (11) רָצַץ

Ex. 15. 6. ἡ δεξιά σου χεὶρ . . . ἔθραυσεν ἐχθρούς (10)
Nu. 16. 46 (17. 11). ἦρκται θραύειν τὸν λαόν (5 *c*)
Nu. 24. 17. θραύσει τοὺς ἀρχηγοὺς Μωάβ (3)
De. 20. 3. μὴ φοβεῖσθε μηδὲ θραύεσθε (1)
28. 33. καὶ ἔσῃ . . . τεθραυσμένος (11)
I Ki. 20. 34. A R ἐθραύσθη ἐπὶ τὸν Δαυίδ (7)
II Ki. 12. 15. ἔθραυσε κύριος τὸ παιδίον (5 *a*)
II Ch. 6. 24. ἐὰν θραυσθῇ ὁ λαός σου (5 *b*)
20. 37. ἔθραυσε κύριος τὸ ἔργον σου (9)
Ju. 9. 10. S^1 θραῦσον αὐτῶν τὴν ὀργήν σου
— 10. θραῦσον αὐτῶν τὸ ἀνάστεμα
13. 14. ἔθραυσε τοὺς ἐχθροὺς ἡμῶν
Is. 2. 10. ὅταν ἀναστῇ θραῦσαι τὴν γῆν –
— 19, 21. ὅταν ἀναστῇ θραῦσαι τὴν γῆν (8)
42. 4. καὶ οὐ θραυσθήσεται [S^1 σβεσθ.] (11)
58. 6. ἀπόστελλε τεθραυσμένους [S τεθραμμ.] ἐν ἀφέσει (11)
Je. 28 (51). 30. ἐθραύσθη ἡ δυναστεία αὐτῶν (6)
Ez. 21. 7 (12). θραυσθήσεται πᾶσα καρδία (4)
— 15 (20). ὅπως μὴ θραυσθῇ ἡ [A ὅ. θραυσθήσεται πᾶσα] καρδία (2)
II Ma. 9. 11. A ἤρξατο . . . λέγειν τεθραυσμένος [R *al.*]
15. 16. θραύσεις τοὺς ὑπεναντίους
III Ma. 6. 5. σὺ τὸν . . . Σενν. . . . ἔθραυσας
[**Aq.** Dt. 28. 25: I Ki. 26. 10: II Ki. 18. 7: Is. 58. 6.]
[**Th.** Is. 19. 22: 24. 19.]
[**Al.** I Ki. 4. 2: Hb. 3. 6.]

θραῦμα.

Ju. 13. 5. εἰς θραῦμα [A -σμα] ἐχθρῶν
Si. 27. 21. R θραῦμά [A B S τραῦμά] ἐστι καταδῆσαι

θραυμός. (1) מָסַס ni.

Na. 2. 10 (11). καὶ καρδίας θραῦσμος [S^1 θραυμός] (1)

θραῦσις. (1) *a.* נֶגֶף *b.* מַגֵּפָה (2) פֶּרֶץ

Nu. 16. 47 (17. 12). ἤδη ἐνῆρκτο ἡ θρ. (1 *a*)
— 48 (17. 13). ἐκόπασεν ἡ θρ. (1 *b*)
— 49 (17. 14). οἱ τεθνηκότες ἐν τῇ θρ. (1 *b*)
— 50 (17. 15). ἐκόπασεν ἡ θρ. (1 *b*)
II Ki. 17. 9. ἐγενήθη θραῦσις ἐν τῷ λαῷ (1 *b*)
18. 7. ἐγένετο ἡ θρ. μεγάλη (1 *b*)
24. 15. ἤρξατο ἡ θρ. ἐν τῷ λαῷ –
— 21. συσχεθῇ ἡ θρ. (1 *b*)
— 25. συνεσχέθη ἡ θρ. (1 *b*)
Ps. 105 (106). 23. εἰ μὴ M. ὁ ἐκλεκτὸς αὐτοῦ ἔστη ἐν τῇ [S^1 *om.*] θρ. (2)
— 30. ἐκόπασεν ἡ θρ. (1 *b*)
Wi. 18. 20. θραῦσις ἐν ἐρήμῳ ἐγένετο
[**Aq.** Ex. 9. 14.]
[**Th.** Is. 19. 22: 24. 19.]
[**Al.** Nu. 8. 19 *bis.*]

θραῦσμα. (1) נֶתֶק

Le. 13. 30. θρ. ἐστι (1)
— 31. R τὴν ἀφὴν τοῦ θρ. [A B τραύματος] (1)
— 31. B τὴν ἀφὴν τοῦ θρ. [A τραύματος] (1)
— 32. οὐ διεχύθη τὸ θρ. (1)
— 32. ἡ ὄψις τοῦ θρ. οὐκ ἔστι κοίλη (1)
— 33. τὸ δὲ θρ. οὐ ξυρηθήσεται (1)
— 33. ἀφοριεῖ ὁ ἱερεὺς τὸ θρ. (1)
— 34. ὄψεται ὁ ἱερεὺς τὸ θρ. (1)
— 34. οὐ διεχύθη τὸ θρ. (1)
— 34. ἡ ὄψις τοῦ θρ. οὐκ ἔστι κοίλη †
— 35. ἐὰν δὲ διαχύσει διαχέηται τὸ θρ. (1)
— 36. διακέχυται τὸ θρ. ἐν τῷ δέρματι (1)
— 37. ἐὰν δὲ ἐνώπιον μείνῃ ἐπὶ χώρας τὸ θρ. (1)
— 37. ὑγίακε τὸ θρ. (1)
14. 54. κατὰ πᾶσαν ἀφὴν . . . θραύσματος (1)
Ju. 7. 9. ἵνα μὴ γένηται θραῦσμα
13. 5. A εἰς θραῦσμα [B S θραῦμα] ἐχθρῶν
[**Aq.** Ex. 12. 13.]

θραυσμός. (1) מָסַס ni.

Na. 2. 10 (11). καὶ καρδίας θραυσμός [S^1 θραυμός] (1)

θρεπτός. (1) אָמַן

Es. 2. 7. ἦν τούτῳ παῖς θρεπτή (1)
[**Sm.** I Ki. 28. 24.]

θρηνεῖν. (1) אָבַל hithp. (2) אָלָה (3) בָּכָה pi. (4) *a.* יָלַל hi. *b.* יְלָלָה (5) נָהָה (6) נוּד (7) קִין pil. (8) תָּנָה pi.

Jd. 11. 40. θρηνεῖν τὴν θυγατέρα Ἰεφθάε (8)
II Ki. 1. 17. ἐθρήνησε Δ. τὸν θρῆνον τ. (7)

● = correction on page xxvi

II Ki. 3. 33. ἐθρήνησεν ὁ βασιλεὺς ἐπὶ Ἀβ. (7)
II Ch. 35. 25. ἐθρήνησεν Ἱερεμίας ἐπὶ Ἰωσίαν (7)
I Es. 1. 32. ἐθρήνησεν Ἱερ. . . . ὑπὲρ Ἰωσίου
— 32. ἐθρηνοῦσαν [A -νουν] αὐτόν
To. 10. 4. ἤρξατο θρηνεῖν αὐτόν [S *al.*]
— 7. οὐ διελίμπανε θνηνοῦσα T. τὸν υἱὸν αὐ. [S *al.*]
Wi. 18. 10. οἰκτρὰ διεφέρετο [A -ένετο] θρηνουμένων [A S φωνὴ θρ.] παίδων
Mi. 1. 8. ἕνεκεν τούτου κόψεται καὶ θρηνήσει (4 *a*)
2. 4. καὶ θρηνηθήσεται θρῆνος ἐν μέλει (5)
Jl. 1. 5. θρηνήσατε πάντες οἱ πίνοντες οἶνον (4 *a*)
— 8. θρήνησον [S^{3} -σει] πρὸς μὲ ὑπὲρ νύμφην (2)
— 11. θρηνεῖτε κτήματα ὑπὲρ πυροῦ (4 *a*)
— 13. θρηνεῖτε οἱ λειτουργοῦντες (4 *a*)
Ze. 1. 11. θρηνήσατε οἱ κατοικοῦντες (4 *a*)
Za. 11. 3. φωνὴ θρηνούντων ποιμένων (4 *b*)
Je. 9. 17 (16). καλέσατε τὰς θρηνούσας (7)
22. 10. μηδὲ θρηνεῖτε αὐτόν (6)
28 (51). 8. A B S^{2} θρηνεῖτε αὐτήν (4 *a*)
La. 1. 1. ἐθρήνησε τὸν θρῆνον τοῦτον ἐπὶ Ἱερ. –
Ez. 7. 12. ὁ πωλῶν μὴ θρηνείτω (1)
8. 14. ἐκεῖ γυναῖκες καθήμεναι θρηνοῦσαι τὸν Θ. (3)
32. 16. θρηνήσεις [A -σουσιν] αὐτὸν καὶ αἱ θυγατ. τῶν ἐθνῶν θρηνήσουσιν αὐτὸν καὶ ἐπὶ π. τὴν ἰσχὺν αὐ. θρηνήσουσιν αὐτήν (7 *ter*)
— 18. θρήνησον ἐπὶ τὴν ἰσχὺν [A γῆν] Αἰγ. (5)

θρήνημα. (1) קִין pil.

Ez. 27. 32. λήψονται . . . θρῆνον θρ. Σόρ [A καὶ θρ. σοι] (1)
[**Th.** Ez. 27. 32.]
[**Al.** I Ch. 16. 26.]

θρῆνος. (1) מָשָׁל (2) נְהִי (3) קִינָה

II Ki. 1. 17. ἐθρήνησε Δ. τὸν θρ. τ. (3)
II Ch. 35. 25. εἶπαν . . . θρῆνον (3)
— 25. ἰδοὺ γέγραπται ἐπὶ τῶν θρ. (3)
To. 2. 6. πᾶσαι αἱ εὐφροσύναι [S ὁδοὶ] ὑμ. εἰς θρῆνον [S -os]
Si. 38. 16. ἔναρξαι θρήνου
Am. 5. 1. ὃν ἐγὼ λαμβάνω . . . θρῆνον (3)
— 16. εἰς εἰδότας [A ἰδόντας] θρῆνον (2)
8. 10. μεταστρέψω . . . τὰς ᾠδὰς ὑμ. εἰς θρῆνον (3)
Mi. 2. 4. καὶ θρηνηθήσεται θρῆνος (2)
Is. 14. 4. λήψῃ τὸν θρ. τοῦτον ἐπὶ τὸν βασ. Βαβ. (1)
Je. 7. 29. ἀνάλαβε ἐπὶ χειλέων θρῆνον (3)
9. 10 (9). ἐπὶ τὰς τρίβους τῆς ἐρήμου θρῆνον (3)
— 18 (17). λαβέτωσαν ἐφ' ὑμᾶς θρῆνον (2)
— 20 (19). γυνὴ τὴν πλησίον αὐτῆς θρῆνον (3)
38 (31). 15. φωνὴ ἐν Ῥ. [A S^{1} τῇ ὑψηλῇ] ἠκούσθη θρήνου (2)
La. *tit.* θρῆνοι Ἱερεμίου [A B^{1} *om.*] †
1. 1. ἐθρήνησε τὸν θρ. τοῦτον ἐπὶ Ἱερ. –
subscr. θρῆνοι Ἱερεμίου
Ep. Je. *subscr.* A Ἱερεμίας προφήτης Βαροὺχ Θρῆνοι καὶ Ἐπιστολή [B *al.*]
Ez. 2. 10. ἐγέγραπτο [A *add.* εἰς αὐτὴν] θρ. (3)
19. 1. λάβε θρῆνον ἐπὶ τὸν ἄρχοντα τοῦ Ἰσρ. (3)
— 14. A B εἰς παραβολὴν θρήνου [R θρόνου] ἐστί (3)
— 14. ἔσται εἰς θρῆνον (3)
26. 17. λήψονται ἐπὶ σὲ θρῆνον (3)
27. 2. λάβε ἐπὶ Σὸρ θρῆνον (3)
— 32. λήψονται οἱ υἱοὶ αὐ. ἐπὶ σὲ θρῆνον (3)
28. 12. λάβε θρῆνον ἐπὶ τὸν ἄρχοντα Τύρου (3)
32. 2. λάβε θρῆνον ἐπὶ Φαραώ (3)
— 16. θρῆνός ἐστι (3)
I Ma. 1. 27. πᾶς νυμφίος ἀνέλαβε θρῆνον
9. 41. μετεστράφη . . . φωνὴ μουσικῶν αὐ. εἰς θρῆνον
III Ma. 4. 6. θρῆνον ἀνθ' ὑμεναίων ὁμοθ. ἐξῆρχον
— 8. τὰς ἐπιλοίπους . . . ἡμ. ἐν θρήνοις διῆγον
6. 32. καταλήξαντες δὲ θρήνων πανόδυρτον μέλος
IV Ma. 16. 11. τούτῳ τῷ θρ. οὐδένα ὠλοφύρετο
[**Aq.** Je. 7. 29.]
[**Sm.** Ez. 2. 10.]
[**Th.** Ez. 2. 10: 27. 32.]

θρησκεία (-κία).

Wi. 14. 18. εἰς ἐπίτασιν δὲ θρησκείας
— 27. ἡ γὰρ τῶν ἀνωνύμων εἰδώλων θρ.
Si. 22. 5. A ἄνδρα καταισχύνει ἡ θρ. [B S θρασεῖα]
IV Ma. 5. 6. τῇ Ἰουδαίων χρώμενος θρ.
— 13. τίς ἐστι τῆσδε τῆς θρ. ἐποπτικὴ δύν.
[**Sm.** Je. 3. 19: Ez. 20. 6, 15: Da. 2. 46.]

θρησκεύειν.

Wi. 11. 15. ἐθρήσκευον ἄλογα ἑρπετά
14. 16. ἐθρησκεύετο τὰ γλυπτά

θρῖναξ.

[**Sm.** Is. 30. 24.]

θρίξ. (1) פְּתִיל (2) *a.* שֵׂעָר *b.* שַׂעֲרָה *c.* שְׂעַר

Ex. 25. 4: 35. 6. καὶ τρ. αἰγείας –
35. 26. ἔνησαν τὰς τρ. τὰς αἰγείας –
36. 10 (39. 3). ἐτμήθη τὰ πέταλα τοῦ χρυσίου τρίχες (1)
Le. 13. 3. ἡ θρ. ἐν τῇ ἁφῇ μεταβάλῃ λευκή (2 *a*)
— 4. ἡ θρ. αὐτοῦ οὐ μετέβαλε τρίχα λευκήν (2 *a*)
— 10. αὕτη μετέβαλε τρίχα λευκήν (2 *a*)
— 20. A R ἡ [B *om.*] θρ. αὐτῆς μετέβαλεν εἰς λευκήν (2 *a*)
— 21. καὶ ἰδοὺ οὐκ ἔστιν ἐν αὐτῷ θρ. λευκή (2 *a*)
— 25. μετέβαλε θρ. λευκὴ εἰς τὸ αὐγάζον (2 *a*)
— 26. οὐκ ἔστιν ἐν τῷ αὐγάζοντι θρ. λευκή (2 *a*)
— 30. ἐν αὐτῇ δὲ θρ. ξανθίζουσα λεπτή (2 *a*)
— 31, 32. θρ. ξανθίζουσα οὐκ ἔστιν ἐν αὐτῇ (2 *a*)
— 36. περὶ τῆς τρ. τῆς ξανθῆς (2 *a*)
— 37. θρ. μέλαινα ἀνατείλῃ ἐν αὐτῷ (2 *a*)
14. 8. ξυρηθήσεται αὐτοῦ πᾶσαν τὴν τρ. (2 *a*)
— 9. ξυρηθήσεται πᾶσαν τὴν τρ. αὐ. (2 *a*)
— 9. πᾶσαν τὴν τρ. αὐ. ξυρηθήσεται (2 *a*)
Nu. 6. 5. τρέφων κόμην τρίχα κεφαλῆς (2 *a*)
— 18. ἐπιθήσει τὰς τρ. ἐπὶ τὸ πῦρ (2 *a*)
Jd. 16. 22. ἤρξατο θρὶξ τῆς κεφ. αὐ. βλαστάνειν [A *al.*] (2 *a*)
20. 16. σφενδονῆται . . . πρὸς τρίχα [A τὴν τρ.] (2 *b*)
I Ki. 14. 45. εἰ πεσεῖται τριχὸς [A ἀπὸ τῆς τρ.] τῆς κεφ. αὐ. (2 *b*)
II Ki. 14. 11. εἰ πεσεῖται ἀπὸ [A *om.*] τῆς τρ. τοῦ υἱοῦ (2 *b*)
— 26. ἔστησε τὴν τρ. τῆς κεφαλῆς αὐτοῦ (2 *a*)
III Ki. 1. 52. εἰ πεσεῖται τῶν τρ. αὐ. ἐπὶ τὴν γῆν (2 *b*)
II Es. 9. 3. ἔτιλλον ἀπὸ τῶν τρ. τῆς κεφαλῆς μου (2 *a*)
Ju. 10. 3. διέταξε [S -έξανε] τὰς τρ. τῆς κεφαλῆς αὐτῆς
16. 8. ἐδήσατο [S^{2} ἀνεδ.] τὰς τρ. αὐτῆς ἐν μίτρᾳ
Es. 4. 17. B S ἔπλησε [A^{2} -ήρωσεν] στρεπτῶν τριχῶν αὐ.
Jb. 4. 15. ἔφριξαν δέ μου τρίχες (2 *b*)
Ps. 39 (40). 12. ὑπὲρ τὰς τρ. τῆς κεφαλῆς μου (2 *b*)
67 (68). 21. κορυφὴν τριχὸς διαπορευομένων (2 *a*)
68 (69). 4. ὑπὲρ τὰς τρ. τῆς κεφαλῆς μου (2 *b*)
Pr. 23. 7. ὃν τρόπον γὰρ εἴ τις καταπίοι τρίχα †
Si. 27. 14. λαλιὰ . . . ὀρθώσει [A ἀνορθ.] τρίχας
Is. 7. 20. καὶ τὰς τρ. τῶν ποδῶν (2 *a*)
Ez. 16. 7. ἡ θρ. σου ἀνέτειλε (2 *a*)
Da. LXX. 3. 27 (94). αἱ τρίχες αὐτῶν οὐ κατεκάησαν (2 *c*)
4. 31. αἱ τρ. μου ἐγένοντο ὡς πτέρυγες ἀετοῦ –
Bel 26. στέαρ καὶ τρίχας ἥψησεν
Da. Th. 3. 27 (94). ἡ θρ. τῆς κεφαλῆς αὐτῶν οὐκ ἐφλογίσθη (2 *c*)
4. 30. ἕως αἱ τρ. αὐ. . . . ἐμεγαλύνθησαν (2 *c*)
7. 9. ἡ θρ. τῆς κεφαλῆς αὐτοῦ ὡσεὶ ἔριον (2 *c*)
Bel 27. ἔλαβεν . . . στῆρ καὶ τρίχας
II Ma. 7. 7. τὸ τῆς κεφ. δέρμα σὺν ταῖς θρ. περισύροντες
III Ma. 6. 6. ἐρρύσω μέχρι τριχὸς ἀπημάντους
[**Sm.** Ex. 35. 23.]
[**Al.** I Ki. 19. 16.]
[**Heb.** Jb. 4. 15.]

θροεῖν. (1) הָמָה

Ca. 5. 4. ἡ κοιλία μου ἐθροήθη ἐπ' αὐτόν (1)

θρονίζειν. (1) יָשַׁב עַל כִּסֵּא

Es. 1. 2. ὅτε ἐθρονίσθη [S^{3} ἐνεθρ.] ὁ βασ. Ἀρταξέρξης (1)

θρόνος. (1) הֵיכָל (2) חוג (3) *a.* כִּסֵּא *b.* כִּסֵּה (4) כָּרְסֵא (5) מַלְכוּ (6) מָקוֹם (7) שֵׁם (8) ὁ τόπος τοῦ θρ. מַלְכוּ

Ge. 41. 40. τὸν θρ. ὑπερέξω σου ἐγώ (3 *a*)
Ex. 11. 5. ὃς κάθηται ἐπὶ τοῦ θρ. (3 *a*)
12. 29. ἀπὸ πρωτοτόκου Φ. τοῦ καθημ. ἐπὶ τοῦ θρ. (3 *a*)
Jd. 3. 20. ἐξανέστη ἀπὸ τοῦ θρ. Ἐγλώμ (3 *a*)
I Ki. 2. 8. θρόνον δόξης κατακληρονομῶν (3 *a*)
II Ki. 3. 10. τοῦ ἀναστῆσαι τὸν θρ. Δαυίδ (3 *a*)
7. 13. ἀνορθώσω τὸν θρ. αὐτοῦ (3 *a*)
— 16. ὁ θρ. αὐτοῦ ἔσται ἀνωρθωμένος (3 *a*)
14. 9. ὁ βασιλεὺς καὶ ὁ θρ. αὐτοῦ ἀθῷος (3 *a*)
III Ki. 1. 13. αὐτὸς καθιεῖται ἐπὶ τοῦ θρ. μου (3 *a*)
— 17. καθήσεται ἐπὶ τοῦ θρ. μου (3 *a*)
— 20. τίς καθήσεται ἐπὶ τοῦ θρ. τοῦ κυρίου (3 *a*)
— 24. αὐτὸς καθήσεται ἐπὶ τοῦ θρ. μου (3 *a*)
— 27. τίς καθήσεται ἐπὶ τὸν θρ. τοῦ κυρίου (3 *a*)
— 30. αὐτὸς καθήσεται ἐπὶ τοῦ θρ. μου (3 *a*)
— 35. καθήσεται ἐπὶ τοῦ θρ. μου (3 *a*)
— 37. μεγαλύναι τὸν θρ. αὐτοῦ ὑπὲρ τὸν θρ. τοῦ κυρίου μου (3 *a*, 3 *a*)
— 46. ἐκάθισε Σ. ἐπὶ θρόνον βασιλείας (3 *a*)
— 47. μεγαλύναι τὸν θρ. αὐτοῦ ὑπὲρ τὸν θρ. σου (3 *a*, 3 *a*)
— 48. καθήμενον ἐπὶ τοῦ θρ. μου [A *om.*] (3 *a*)
2. 4. ἀνὴρ ἐπάνωθεν θρόνου [A τοῦ θρ.] Ἰσρ. (3 *a*)
— 12. Σ. ἐκάθισεν ἐπὶ θρόνου [A τοῦ θρ.] Δ. (3 *a*)
— 19. ἐκάθισεν ἐπὶ τοῦ θρ. [A θρ. αὐτοῦ] (3 *a*)
— 19. ἐτέθη θρόνος τῇ μητρὶ τοῦ βασ. (3 *a*)
— 24. ὃς . . . ἔθετό με ἐπὶ τὸν θρ. Δαυίδ (3 *a*)
— 33. τῷ θρ. αὐτοῦ γένοιτο εἰρήνη (3 *a*)
3. 1 (2. 45). ὁ θρ. Δαυὶδ ἔσται [A *om.*] ἕτοιμος (3 *a*)
— 6. δοῦναι τὸν υἱὸν αὐ. ἐπὶ [A καθήμενον ἐ.] τοῦ θρ. (3 *a*)
5. 5 (19). ὃν δώσω ἀντὶ σοῦ ἐπὶ τὸν θρ. σου (3 *a*)
7. 7. τὸ αἰλὰμ τῶν θρ. οὗ κρινεῖ ἐκεῖ (3 *a*)
8. 20. ἐκάθισα ἐπὶ τοῦ θρ. Ἰσραήλ (3 *a*)
— 25. καθήμενος ἐπὶ θρόνου Ἰσρ. (3 *a*)
9. 5. ἀναστήσω τὸν θρ. τῆς βασ. [A *om.* τ. β.] σου (3 *a*)
10. 9. δοῦναί σε ἐπὶ θρόνου Ἰσρ. (3 *a*)
— 18. ἐποίησεν ὁ βασ. θρ. ἐλεφάντινον μέγαν (3 *a*)
— 19. ἓξ ἀναβαθμοὶ τῷ θρ. (3 *b*)
— 19. προτομαὶ μόσχων τῷ θρ. (3 *b*)
— 19. A χεῖρες ἐπὶ τοῦ θρ. ἔνθεν καὶ ἔνθεν ἐπὶ τοῦ θρ. [B *al.*] (–, 6)
16. 11. ἐν τῷ καθίσαι αὐτὸν ἐπὶ τοῦ θρ. αὐτοῦ (3 *a*)
22. 10. ἀνὴρ ἐπὶ τοῦ θρ. αὐτοῦ [A B^{2} -ῶν] (3 *a*)
— 19. καθήμενον ἐπὶ θρόνου [A τοῦ θρ.] αὐ. (3 *a*)
IV Ki. 10. 3. ἐπὶ τὸν θρ. τοῦ πατρὸς αὐτοῦ (3 *a*)
— 30. καθήσονταί σοι ἐπὶ θρόνου Ἰσρ. (3 *a*)
11. 19. A R ἐπὶ θρόνου [B τοῦ θρ.] τῶν βασ. (3 *a*)
13. 13. A R Ἱερ. ἐκάθισεν ἐπὶ τοῦ θρ. αὐ. [B *al.*] (3 *a*)
15. 12. καθήσονταί σοι ἐπὶ θρόνου Ἰσρ. (3 *a*)
21. 4. A ἐν Ἱερ. θήσω τὸν θρ. [B τὸ ὄνομά] μου (7)
25. 28. ἔδωκε τὸν θρ. αὐτοῦ ἐπάνωθεν τῶν θρ. τῶν βασ. (3 *a*, 3 *a*)
I Ch. 17. 12. ἀνορθώσω τὸν θρ. αὐτοῦ (3 *a*)
— 14. S R ὁ [A B *om.*] θρ. αὐτοῦ ἔσται ἀνωρθωμένος (3 *a*)
22. 10. ἀνορθώσω θρόνον βασιλείας αὐτοῦ (3 *a*)
28. 5. καθίσαι αὐτὸν ἐπὶ θρόνου βασιλείας (3 *a*)
29. 23. ἐκάθισε Σ. ἐπὶ θρόνου Δαυίδ (3 *a*)
II Ch. 6. 10. ἐκάθισα ἐπὶ τὸν θρ. Ἰσραήλ (3 *a*)
— 16. καθήμενος ἐπὶ θρόνου Ἰσραήλ (3 *a*)
7. 18. ἀναστήσω τὸν θρ. τῆς βασιλείας σου (3 *a*)
9. 8. τοῦ δοῦναί σε ἐπὶ θρόνον [A -ου] αὐτοῦ (3 *a*)
— 17. R θρόνον ἐλεφαντίνων [A B -νον] ὀδόντων (3 *a*)
— 18. ἓξ ἀναβαθμοὶ τῷ θρ. (3 *a*)
— 18. ἀγκῶνες . . . ἐπὶ τοῦ θρ. τῆς καθέδρας (6)
18. 9. καθήμενοι ἕκαστος ἐπὶ θρόνου αὐ. (3 *a*)
— 18. τὸν κ. καθήμενον ἐπὶ θρόνου αὐ. (3 *a*)
23. 20. R ἐκάθισαν τὸν βασ. ἐπὶ τοῦ θρ. [A B τὸν θρ.] τῆς βασ. (3 *a*)
Ne. 3. 7. R ἕως θρόνου τοῦ ἄρχοντος (3 *a*)
Ju. 1. 12. ὤμοσε κατὰ τοῦ θρ. . . . αὐτοῦ
9. 3. δυνάστας ἐπὶ θρόνους αὐτῶν
Es. 5. 1. ἐκάθητο ἐπὶ τοῦ θρ. τῆς βασιλείας αὐ. (3 *a*)
— 1. ἀνεπήδησεν ἀπὸ τοῦ θρ. αὐτοῦ [A *om.*]
8. 13. τὸ δεύτερον τοῦ βασιλικοῦ θρ. πρόσωπον
Jb. 12. 18. καθιζάνων βασιλεῖς ἐπὶ θρόνους [S -ων] †
26. 9. A B S^{2} ὁ κρατῶν πρόσωπον θρόνου (3 *b*)
36. 7. καὶ μετὰ βασιλέων εἰς θρόνον (3 *a*)
Ps. 9. 4. ἐκάθισας ἐπὶ θρόνου (3 *a*)
— 8. ἡτοίμασεν ἐν κρίσει τὸν θρ. αὐτοῦ (3 *a*)
10 (11). 5. κύριος ἐν οὐρανῷ ὁ θρ. αὐτοῦ (3 *a*)
44 (45). 6. ὁ θρ. σου, ὁ θ., εἰς αἰῶνα (3 *a*)

Ps. 46 (47). 8. ὁ θρ. κάθηται ἐπὶ θρ. ἁγίου αὐτοῦ (3 a)
88 (89). 4. οἰκοδομήσω . . . τὸν θρ. σου (3 a)
— 14. κρίμα ἑτοιμασία τοῦ θρ. σου (3 a)
— 29. καὶ τὸν θρ. αὐ. ὡς τὰς ἡμέρας τοῦ οὐρ. (3 a)
— 36. ὁ θρ. αὐτοῦ ὡς ὁ ἥλιος (3 a)
— 44. τὸν θρ. αὐ. εἰς τὴν γῆν κατέρραξας (3 a)
— 45. ἐσμίκρυνας τὰς ἡμ. τοῦ θρ. [A S χρόνου] αὐ. †
92 (93). 2. ἕτοιμος ὁ θρ. σου ἀπὸ τότε (3 a)
93 (94). 20. μὴ συμπροσέσται σοι θρόνος ἀνομίας (3 a)
96 (97). 2. κρίμα κατόρθωσις τοῦ θρ. αὐτοῦ (3 a)
102 (103). 19. ἡτοίμασε τὸν θρ. αὐτοῦ (3 a)
121 (122). 5. ἐκάθισαν θρόνοι εἰς κρίσιν θρόνοι ἐπὶ οἶκον Δ. (3 a, 3 a)
131 (132). 11. S[2] R θήσομαι ἐπὶ τοῦ θρ. [A S[1] τὸν θρ.] σου (3 a)
— 12. A[2] S[2] καθιοῦνται ἐπὶ τοῦ θρ. [S[1] τὸν θρ.] σου (3 a)
Pr. 8. 27. ὅτε ἀφώριζε τὸν ἑαυτοῦ θρ. ἐπ' ἀνέμων (2)
11. 16. θρόνος δὲ ἀτιμίας γυνὴ μισοῦσα δίκαια –
12. 23. ἀνὴρ συνετὸς θρόνος αἰσθήσεως †
16. 12. μετὰ γὰρ δικαιοσ. ἑτοιμάζεται θρόνος (3 a)
20. 8. ὅταν βασ. δίκαιος καθίσῃ ἐπὶ θρόνου (3 a)
— 28. περικυκλώσουσιν ἐν δικαιοσ. τὸν θρ. αὐ. (3 a)
25. 5. κατορθώσει ἐν δικαιοσ. ὁ θρ. αὐτοῦ (3 a)
29. 14. ὁ θρ. αὐ. εἰς μαρτύριον κατασταθήσ. (3 a)
Wi. 5. 23. περιτρέψει θρόνους δυναστῶν
6. 21. εἰ οὖν ἥδεσθε ἐπὶ θρόνοις
7. 8. προέκρινα αὐτὴν . . . θρόνων
9. 4. τὴν τῶν σῶν θρ. πάρεδρον σοφίαν
— 10. ἀπὸ θρόνου δόξης σου πέμψον αὐτήν
— 12. ἔσομαι ἄξιος θρόνων [S[1] -ου] πατρός μου
18. 15. ἐκ θρόνων βασιλείων . . . ἥλατο
Si. 1. 8. καθήμενος ἐπὶ τοῦ θρ. αὐτοῦ
10. 14. θρόνους ἀρχόντων καθεῖλεν ὁ κ.
24. 4. ὁ θρ. μου ἐν στύλῳ νεφέλης
40. 3. ἀπὸ καθημένου ἐπὶ θρόνου
47. 11. ἔδωκεν αὐτῷ . . . θρόνον δόξης ἐν τῷ Ἰσρ.
Jn. 3. 6. καὶ ἐξανέστη ἀπὸ τοῦ θρ. αὐτοῦ (3 a)
Hg. 2. 23 (22). καταστρέψω θρόνους βασιλέων (3 a)
Za. 6. 13. κατάρξει ἐπὶ τοῦ θρ. αὐτοῦ (3 a)
Is. 6. 1. τὸν κ. καθήμενον ἐπὶ θρ. ὑψηλοῦ (3 a)
9. 7 (6). ἐπὶ τὸν θρ. Δαυὶδ καὶ τὴν βασ. αὐτοῦ (3 a)
14. 9. οἱ ἐγείραντες ἐκ τῶν θρ. αὐτῶν (3 a)
— 13. θήσω τὸν θρ. μου (3 a)
16. 5. διορθωθήσεται μετ' ἐλέους θρόνος (3 a)
22. 23. ἔσται εἰς θρόνον δόξης (3 a)
66. 1. ὁ οὐρανός μου [A S μοι] θρ. (3 a)
Je. 1. 15. θήσουσιν ἕκαστος τὸν θρ. αὐτοῦ (3 a)
3. 17. καλέσουσι τὴν Ἰερ. Θρόνος κυρίου (3 a)
13. 13. τοὺς καθημένους . . . ἐπὶ τοῦ [A S om.] θρ. [A -ους] (3 a)
14. 21. μὴ ἀπολέσῃς θρόνον δόξης σου (3 a)
17. 12. θρ. δόξης ὑψωμένος (3 a)
— 25. ἄρχοντες καθήμενοι ἐπὶ θρόνου Δ. (3 a)
22. 2. ὁ καθήμενος ἐπὶ θρόνου Δαυίδ (3 a)
— 4. καθήμενοι ἐπὶ θρόνου Δαυίδ (3 a)
— 30. καθήμενος ἐπὶ θρόνου Δαυίδ (3 a)
25. 17 (49. 38). θήσω τὸν θρ. μου ἐν Αἰλάμ (3 a)
43 (36). 30. καθήμενος ἐπὶ θρόνου [A -ον] Δαυίδ (3 a)
50 (43). 10. θήσει αὐτοῦ τὸν θρ. (3 a)
52. 32. A ἔδωκε τὸν θρ. αὐτοῦ ἐπάνω τῶν θρ. [B S om. τ. θρ.] τῶν βασ. (3 a, 3 a)
Ba. 5. 6. εἰσάγει δὲ αὐτοὺς . . . ὡς θρόνον βασ. [A al.]
La. 5. 19. ὁ θρ. σου εἰς γενεὰν καὶ γενεάν (3 a)
Ez. 1. 26. ὁμοίωμα θρόνου ἐπ' αὐτοῦ [A -ῷ] καὶ ἐπὶ τοῦ ὁμοιώματος τοῦ θρ. (3 a, 3 a)
10. 1. ὁμοίωμα θρόνου ἐπ' αὐτῶν [A -ῷ] (3 a)
19. 14. R εἰς παραβολὴν θρόνου [A B θρῆν.] ἐστί †
26. 16. καταβήσονται ἀπὸ τῶν θρ. αὐτῶν (3 a)
43. 7. ἑώρακας . . . τὸν τόπον τοῦ θρ. μου (3 a)
Da. LXX. 3. (54). εὐλογητὸς εἶ ἐπὶ θρόνου δόξης
4. 1. ἤμην . . . εὐθηνῶν ἐπὶ τοῦ θρ. μου (1)
— 23. ὁ τόπος τοῦ θρ. σού σοι συντηρηθήσ. (8)
— 24. ἐπὶ τοῦ θρ. τῆς βασιλείας σου –
— 34. ἐκάθισέ με ἐπὶ τοῦ θρ. μου (5 ?)
7. 9. ἐθεώρουν ἕως ὅτε θρόνοι ἐτέθησαν (4)
— 9. ὁ θρ. ὡσεὶ φλὸξ πυρός (4)
Da. TH. 3. (54). εὐλογημένος εἶ ἐπὶ θρόνου τῆς βασιλ. σου
4. 1. A εὐθαλῶν ἐπὶ τοῦ θρ. μου [B om. ἐ. τ. θρ. μ.] (1)
5. 20. κατηνέχθη ἀπὸ τοῦ θρ. τῆς βασ. (4)
7. 9. ἐθεώρουν ἕως ὅτου θρόνοι ἐτέθησαν (4)
— 9. ὁ θρ. αὐτοῦ φλὸξ πυρός (4)

I Ma. 2. 57. ἐκληρονόμησε θρόνον βασιλείας
7. 4. ἐκάθισε Δ. ἐπὶ θρόνου βασιλείας αὐ.
10. 52. ἐκάθισα [S[1] ἐνεκ.] ἐπὶ θρόνου [S[1] -ων] πατ. μου
— 53. ἐκαθίσαμεν [S[2] -σα] ἐπὶ θρόνου βασιλείας αὐ.
— 55. ἐκάθισας ἐπὶ θρόνου βασιλείας αὐ.
11. 52. ἐκάθισε Δ. . . . ἐπὶ θρόνου τῆς βασ. αὐ.
IV Ma. 17. 18. τῷ θείῳ νῦν παρεστήκασι θρ.
[Aq. III Ki. 7. 7 (44): Ps. 9. 8: 44 (45). 7: 88 (89). 15: 92 (93). 4: 93 (94). 20: Is. 16. 5: 47. 1.]
[Sm. III Ki. 7. 7 (44): Ps. 9. 8: 44 (45). 7: 88 (89). 5, 15, 30: 92 (93). 2: 93 (94). 20: Is. 6. 1: Je. 43 (50). 10.]
[Th. Ps. 44 (45). 7: Is. 16. 5: 47. 1: Je. 29 (36). 16: 33 (40). 17, 21: Da. 3. (54).]
[Al. Ex. 17. 16.]

θροῦς.

Wi. 1. 10. θροῦς γογγυσμῶν οὐκ ἀποκρύπτεται
I Ma. 9. 39. ἴδον καὶ ἰδοὺ θροῦς

θρυλεῖν, θρυλλεῖν (?).

Jb. 31. 30. θρυληθείην δὲ ἄρα [A om.] †
III Ma. 3. 6. τὴν μὲν οὖν . . . θρυλουμένην εὐπραξίαν
— 7. τὴν δὲ . . . διάστασιν ἐθρύλουν
[Aq. Pr. 2. 15.]

θρύλημα (θρύλλ.). (1) מִלָּה (2) מָשָׁל

Jb. 17. 6. A B S[2] ἔθου δέ με θρύλημα ἐν ἔθνεσι (2 ?)
30. 9. ἐμὲ θρύλημα ἔχουσιν (1)

θρύπτεσθαι.

[Sm. Ps. 57 (58). 8.]

θυάζειν (?). (1) זָבַח

III Ki. 1. 9. A ἐθύασεν [B ἐθυσίασεν] Ἀδ. πρόβατα (1)

θυγάτηρ. (1) אִשָּׁה (2) בַּת (3) θ. τοῦ ἀδ. דּוֹדָה

Ge. 5. 4, 7, 10, 13, 16, 19, 22, 26, 30. καὶ ἐγέννησεν υἱοὺς καὶ θυγατέρας (2)
6. 1. καὶ θυγατέρες ἐγενήθησαν αὐτοῖς (2)
— 2. ἰδόντες δὲ . . . τὰς θ. τῶν ἀνθρώπων (2)
— 4. πρὸς τὰς θ. τῶν ἀνθρώπων (2)
11. 11. καὶ ἐγέννησεν υἱοὺς καὶ θυγατέρας (2)
— 13. καὶ ἐγέννησεν υἱοὺς καὶ θυγατέρας –
— 13, 15, 17, 19, 21, 23, 25. καὶ ἐγέννησεν υἱοὺς καὶ θυγατέρας (2)
— 29. Μελχὰ θυγάτηρ Ἀρράν (2)
19. 8. εἰσὶ δέ μοι δύο θυγατέρες (2)
— 12. γαμβροὶ ἢ υἱοὶ ἢ θυγατέρες (2)
— 14. τοὺς εἰληφότας τὰς θ. αὐτοῦ (2)
— 15. τὰς δύο θ. σου ἃς ἔχεις (2)
— 16. καὶ τῶν χειρῶν τῶν δύο θ. αὐτοῦ (2)
— 30. αὐτὸς καὶ αἱ δύο θ. αὐτοῦ (2)
— 30. αὐτὸς καὶ αἱ δύο θ. αὐτοῦ μετ' αὐτοῦ (2)
— 36. συνέλαβον αἱ δύο θ. Λώτ (2)
24. 3. ἵνα μὴ λάβῃς γυναῖκα . . . ἀπὸ τῶν θ. τῶν Χαν. (2)
— 13. αἱ δὲ θ. τῶν οἰκούντων τὴν πόλιν (2)
— 23. θ. τίνος εἶ (2)
— 24. θ. Βαθουὴλ εἰμι ἐγώ (2)
— 37. οὐ λήψῃ γυναῖκα . . . ἀπὸ τῶν θ. τῶν Χαν. (2)
— 43. αἱ θ. τῶν ἀνθρώπων τῆς πόλεως †
— 47. τίνος θ. εἶ (2)
— 47. θ. Βαθουὴλ εἰμι ἐγώ (2)
— 48. λαβεῖν τὴν θ. τοῦ ἀδελφοῦ (2)
25. 20. τὴν Ῥεβέκκαν θυγατέρα Βαθουήλ (2)
26. 34. ἔλαβε γυναῖκα Ἰ. θ. B. . . . καὶ τὴν M. θ. Aἰ. (2, 2)
27. 46. διὰ τὰς θ. τῶν υἱῶν Χέτ (2)
— 46. εἰ λήψεται Ἰ. γυν. ἀπὸ τῶν θ. τῆς γῆς τ. (2)
28. 1. A οὐ λήψῃ γυναῖκα ἐκ τῶν θ. X. [R τῶν X.] (2)
— 2. λάβε . . . γυναῖκα ἐκ τῶν θ. Λάβαν (2)
— 6. A οὐ λήψῃ γυναῖκα ἀπὸ [R ἐκ] τῶν θ. X. (2)
— 8. ὅτι πονηραί εἰσιν αἱ θ. X. (2)
— 9. ἔλαβε τὴν Μαελὲθ θ. Ἰσμαήλ (2)
29. 6. Ῥαχὴλ ἡ θ. αὐτοῦ ἤρχετο (2)
— 9. Ῥαχὴλ ἡ θ. Λ. ἤρχετο –
— 10. A ὡς εἶδεν Ἰ. τὴν Ῥαχὴλ [R add. τὴν] θ. Λάβαν (2)
— 16. τῷ δὲ Λάβαν ἦσαν δύο θυγατέρες (2)
— 18. A περὶ [R add. τῆς] Ῥ. τῆς θ. σου τῆς νεωτ. (2)
— 23. λαβὼν Λείαν τὴν θ. αὐτοῦ (2)

Ge. 29. 24. ἔδωκε δὲ . . . Λείᾳ τῇ θ. αὐτοῦ (2)
— 28. ἔδωκεν . . . Ῥαχὴλ τὴν θ. αὐτοῦ αὐτῷ γυναῖκα (2)
— 29. A ἔδωκε δὲ Λάβαν Ῥαχὴλ [R om.] τῇ θ. αὐ. (2)
30. 21. μετὰ τοῦτο ἔτεκε θυγατέρα (2)
31. 26. ἀπήγαγες τὰς θ. μου (2)
— 28. καταφιλῆσαι . . . τὰς θ. μου (2)
— 31. A μή ποτε ἀφέλῃς [R -ῃ] τὰς θ. σου (2)
— 41. ἐδούλευσά σοι . . . ἀντὶ τῶν δύο θ. σου (2)
— 43. A αἱ θ. σου [R om.] θ. μου (2, 2)
— 43. A ἐμά ἐστι καὶ ταῖς θυγατράσιν [R τῶν θ.] μου (2)
— 50. εἰ ταπεινώσεις τὰς θ. μου (2)
— 50. A εἰ λήψῃ γυν. ἐπὶ ταῖς θ. [R al.] (2)
— 55 (32. 1). τοὺς υἱοὺς αὐ. καὶ τὰς θ. αὐ. (2)
34. 1. Δείνα ἡ θ. Λείας ἣν ἔτεκεν (2)
— 1. καταμαθεῖν τὰς θ. τῶν ἐγχωρίων (2)
— 3. Δείνας τῆς θ. Ἰακώβ (2)
— 5. Δείναν τὴν θ. αὐτοῦ (2)
— 7. κοιμηθεὶς μετὰ τῆς θ. Ἰακώβ (2)
— 8. προείλατο τῇ ψυχῇ τὴν θ. ὑμῶν (2)
— 9. τὰς θ. ὑμῶν δότε ἡμῖν καὶ τὰς θ. ἡμῶν λάβετε (2, 2)
— 16. δώσομεν τὰς θ. ἡμῶν ὑμῖν καὶ ἀπὸ τῶν θ. ὑμῶν λημψόμεθα (2, 2)
— 17. A λαβόντες τὰς θ. [R τὴν θ.] ἡμ. (2)
— 19. ἐνέκειτο γὰρ τῇ θ. Ἰακώβ (2)
— 21. τὰς θ. αὐ. λημψόμεθα ἡμῖν . . . καὶ τὰς θ. ἡμ. δώσομεν αὐτοῖς (2, 2)
36. 2. Ἡ. δὲ ἔλαβε γυναῖκας . . . ἀπὸ τῶν θ. τῶν Χαν. (2)
— 2. τὴν Ἀδὰ θ. Ἐλώμ (2)
— 2. τὴν Ὀλιβεμὰ θ. Ἀνά (2)
— 3. τὴν Βασεμὰθ θ. Ἰσμαήλ (2)
— 6. A ἔλαβε δὲ Ἡσαῦ . . . τὰς θ. [R add. αὐτοῦ] (2)
— 14. υἱοὶ Ἐλιβεμὰς θυγατρὸς Ἀνά (2)
— 18. ἡγεμόνες Ἐλιβεμὰς θυγατρὸς Ἀ. (2)
— 25. καὶ Ὀλιβεμὰ θυγάτηρ Ἀνά (2)
— 39. Μετεβεὴλ θ. Ματραΐθ (2)
37. 35. πάντες οἱ υἱοὶ αὐτοῦ καὶ αἱ θ. (2)
38. 2. εἶδεν ἐκεῖ Ἰ. θυγατέρα ἀνθρώπου Χαν. (2)
41. 45. ἔδωκεν αὐτῷ τὴν Ἀσ. θυγατέρα Πετ. (2)
— 50. Ἀσεννὲθ ἡ θ. Πετ. (2)
46. 7. R θυγατέρες καὶ θυγατέρες τῶν θ. [A υἱῶν] (2, 2, †)
— 15. καὶ Δείναν τὴν θ. αὐτοῦ (2)
— 15. A πᾶσαι αἱ ψυχαὶ υἱοὶ καὶ αἱ [R om.] θ. (2)
— 18. ἣν ἔδωκε Λάβαν Λείᾳ τῇ θ. αὐτοῦ (2)
— 20. Ἀσεννὲθ θ. Πετ. (2)
— 25. ἣν ἔδωκε Λάβαν Ῥαχὴλ τῇ θ. αὐτοῦ (2)
Ex. 2. 1. ὃς ἔλαβε τῶν θ. Λευί (2)
— 5. κατέβη δὲ ἡ θ. Φαραὼ λούσασθαι (2)
— 6. καὶ ἐφείσατο αὐτοῦ ἡ θ. Φαραώ –
— 7. καὶ εἶπεν ἡ ἀδελφὴ αὐτοῦ τῇ θ. Φ. (2)
— 7 (8). ἡ δὲ εἶπεν [A add. αὐτῇ] ἡ θ. Φαραώ (2)
— 9. εἶπε δὲ πρὸς αὐτὴν ἡ θ. Φαραώ (2)
— 10. εἰσήγαγεν αὐτὸ πρὸς τὴν θ. Φαραώ (2)
— 16. τῷ δὲ ἱερεῖ Μαδιὰμ ἦσαν ἑπτὰ θ. (2)
— 20. ὁ δὲ εἶπε ταῖς θ. αὐτοῦ (2)
— 21. ἐξέδοτο Σεπφώραν τὴν θ. αὐτοῦ (2)
3. 22. ἐπιθήσετε . . . ἐπὶ τὰς θ. ὑμ. (2)
6. 20. τὴν Ἰωχ. θ. τοῦ ἀδελφοῦ τοῦ πατρὸς αὐ. (3)
— 23. ἔλαβε . . . τὴν Ἐλισαβὲθ θ. Ἀμιναδάβ (2)
— 25. ἔλαβε τῶν θ. Φουτιὴλ αὐτῷ γυναῖκα (2)
10. 9. σὺν τοῖς υἱοῖς καὶ θ. (2)
20. 10. σὺ καὶ ὁ υἱός σου καὶ ἡ θ. σου (2)
21. 4. καὶ τέκῃ αὐτῷ υἱοὺς ἢ θυγατέρας [A al.] (2)
— 7. ἐὰν δέ τις ἀποδῶται τὴν ἑαυτοῦ θ. (2)
— 9. κατὰ τὸ δικαίωμα τῶν θ. (2)
— 31. ἐὰν δὲ υἱὸν ἢ θυγατέρα κερατίσῃ (2)
32. 2. ἐν τοῖς ὠσὶ τῶν γυναικῶν ὑμῶν καὶ θ. (2)
34. 16. καὶ λάβῃς τῶν θ. αὐτῶν τοῖς υἱοῖς σου καὶ τῶν θ. σου δῷς [A δώσεις] (2, –)
— 16. ἐκπορνεύσωσιν [A -ουσιν] αἱ θ. σου (2)
Le. 10. 15. ἔσται σοι . . . καὶ ταῖς θ. σου –
12. 6. ἐφ' υἱῷ ἢ ἐπὶ θυγατρί (2)
18. 10. θυγατρὸς υἱοῦ σου ἢ θυγατρὸς θυγατρός σου [A om. θ. σου] (2 ter)
— 11. θυγατρὸς γυναικὸς πατρός σου (2)
— 17. γυναικὸς καὶ θυγατρὸς αὐτῆς (2)
— 17. τὴν θ. τοῦ υἱοῦ αὐτῆς καὶ τὴν θ. τῆς θ. αὐ. (2 ter)
19. 29. οὐ βεβηλώσεις τὴν θ. σου (2)
21. 2. ἐπὶ . . . υἱοῖς καὶ θυγατράσιν (2)

Le. 21. 9. θ. ἀνθρώπου ἱερέως (2)
22. 12. θ. ἀνθρώπου ἱερέως ἐὰν γένηται (2)
— 13. θ. ἱερέως [A ἀνθρώπου ἱ.] ἐὰν γένηται (2)
24. 11. θ. Δαβρεὶ ἐκ τῆς φυλῆς Δάν (2)
26. 29. τὰς σάρκας τῶν θ. ὑμῶν φάγεσθε (2)
Nu. 18. 11. σοὶ δέδωκα αὐτὰ . . . καὶ ταῖς θ. σου (2)
— 19. δέδωκά σοι . . . καὶ ταῖς θ. σου (2)
21. 29. ἀπεδόθησαν . . . αἱ θ. αὐτῶν αἰχμάλωτοι (2)
25. 1. ἐκπορνεῦσαι εἰς τὰς θ. Μωάβ (2)
— 15. Χασβὶ θυγάτηρ Σούρ (2)
— 18. διὰ Χασβὶ θυγατέρα ἄρχοντος Μ. (2)
26. 46. τὸ ὄνομα θυγατρὸς [A τῆς θ.] Ἀσήρ (2)
— 33. οὐκ ἐγένοντο αὐτῷ υἱοὶ ἀλλ' ἢ θυγατέρες (2)
— 33. ταῦτα τὰ ὀνόματα τῶν θ. Σ. (2)
— 59. Ἰωχαβὲδ θυγάτηρ Λευί (2)
27. 1. προσελθοῦσαι αἱ θ. Σ. (2)
— 7. ὀρθῶς θυγατέρες Σ. λελαλήκασι (2)
— 8. περιθήσετε τὴν κληρον. αὐ. τῇ θ. αὐ. (2)
— 9. ἐὰν δὲ μὴ ᾖ θυγάτηρ αὐτῷ (2)
30. 17. ἀνὰ μέσον πατρὸς καὶ θυγατρός (2)
36. 2. δοῦναι τὴν κληρονομίαν . . . ταῖς θ. αὐ. (2)
— 6. ὃ συνέταξε κ. ταῖς θ. Σ. (2)
— 8. πᾶσα θυγάτηρ ἀγχιστεύουσα (2)
— 10. B^3 R οὕτως ἐποίησαν θυγατράσι [A B^1 -τέρες] Σ. (2)
— 11. Θερσὰ καὶ Ἐγλὰ . . . θυγατέρες Σ. (2)
De. 5. 14. οὐ ποιήσεις . . . σὺ . . . καὶ ἡ θ. σου (2)
7. 3. τὴν θ. σου οὐ δώσεις τῷ υἱῷ αὐτοῦ (2)
— 3. τὴν θ. αὐτοῦ οὐ λήψῃ τῷ υἱῷ σου (2)
12. 12. οἱ υἱοὶ ὑμῶν καὶ αἱ θ. ὑμῶν (2)
— 18. σὺ καὶ ὁ υἱός σου καὶ ἡ θ. σου (2)
— 31. τὰς θ. αὐτῶν κατακαίουσιν (2)
13. 6 (7). ἐὰν δὲ παρακαλέσῃ σε . . . ἡ θ. σου (2)
16. 11, 14. ὁ υἱός σου καὶ ἡ θ. σου (2)
18. 10. περικαθαίρων . . . τὴν θ. αὐτοῦ ἐν πυρί (2)
22. 16. τὴν θ. μου ταύτην δέδωκα (2)
— 17. οὐχ εὕρηκα τῇ θ. σου παρθένια (2)
— 17. ταῦτα τὰ παρθένια τῆς θ. μου (2)
23. 17 (18). οὐκ ἔσται πόρνη ἀπὸ [A *add.* τῶν] θ. Ἰσρ. (2?)
— 18. οὐκ ἔσται τελεσφόρος ἀπὸ θυγατέρων Ἰσρ. (2?)
28. 32. οἱ υἱοί σου καὶ αἱ θ. σου δεδομέναι (2)
— 41. υἱοὺς καὶ θυγατέρας γεννήσεις (2)
— 53. κρέα υἱῶν σου καὶ θυγατέρων σου (2)
— 56. βασκανεῖ . . . τὴν θ. αὐ. (2)
32. 19. παρωξύνθη δι' ὀργὴν . . . θυγατέρων (2)
Jo. 7. 24. ἀνήγαγεν αὐτὸν . . . καὶ τὰς θ. αὐτοῦ (2)
15. 16. τὴν [A *om.*] Ἀσχὰν θ. μου (2)
— 17. τὴν Ἀσχὰν θ. αὐτοῦ (2)
16. 10. ἔδωκεν αὐτὴν Φ. . . . τῇ θ. αὐτοῦ –
17. 3. οὐκ ἦσαν αὐτῷ υἱοὶ ἀλλ' ἢ θυγατέρες (2)
— 3. ταῦτα τὰ ὀνόματα τῶν θ. Σ. (2)
— 6. θυγατέρες υἱῶν Μανασσῆ (2)
Jd. 1. 12. τὴν Ἀσχὰ θ. μου (2)
— 13. τὴν Ἀσχὰ θ. αὐτοῦ (2)
— 27. AR οὐδὲ [B καὶ] τὰς θ. αὐτῆς (2)
— 27 *quater*. οὐδὲ [A καὶ] τὰς θ. αὐτῆς (2)
— 27. οὐδὲ τὰς θ. αὐτῆς (2?)
3. 6. ἔλαβον τὰς θ. αὐτῶν (2)
— 6. τὰς θ. αὐτῶν ἔδωκαν τοῖς υἱοῖς αὐ. (2)
11. 26. A ἐν Ἐσ. καὶ ἐν ταῖς θ. αὐτῆς καὶ ἐν Ἰ. καὶ ἐν ταῖς θ. αὐτῆς [B *al.*] (2, 2)
— 34. ἰδοὺ ἡ θ. αὐτοῦ ἐξεπορεύετο (2)
— 34. οὐκ ἦν αὐτῷ . . . θυγάτηρ [A *al.*] (2)
— 35. ἆ ἆ [A οἴμμοι] θυγάτηρ [A -έρ] μου (2)
— 40. ἐπορεύοντο [A συν.] θυγατέρες [A αἱ θ.] Ἰ. (2)
— 40. θρηνεῖν τὴν θ. Ἰεφθάε (2)
12. 9. τριάκοντα υἱοὶ καὶ τριάκοντα θυγ. (2)
— 9. R τριάκ. θυγατέρας [B -ες, A γυναῖκες] (2)
14. 1. ἀπὸ [A ἐκ] τῶν θ. τῶν ἀλλοφύλων (2)
— 2. ἀπὸ τῶν θ. Φυλιστιἰμ [A τῶν ἀλλοφ.] (2)
— 3. μὴ οὐκ εἰσὶ θ. τῶν ἀδελφῶν σου [A *al.*] (2)
19. 24. ἴδε ἡ θ. μου ἡ παρθένος (2)
21. 1. οὐ δώσει θυγατέρα αὐτοῦ [A *al.*] (2)
— 7. τοῦ μὴ δοῦναι αὐτοῖς ἀπὸ τῶν θ. ἡμῶν (2)
— 14. ἀπὸ τῶν θ. Ἰαβὶς Γαλ. [A *al.*] (1)
— 18. γυναῖκας ἀπὸ τῶν θ. ἡμῶν (2)
— 21. αἱ θ. τῶν οἰκούντων [A κατοικ.] Σ. (2)
— 21. ἁρπάσατε . . . γυναῖκα ἀπὸ τῶν θ. Σ. (2)
Ru. 1. 11, 12. ἐπιστράφητε δή, θυγατέρες μου (2)
— 13. μὴ δή, θυγατέρες μου (2)
2. 2. R πορεύου, θύγατερ [AB -τηρ] (2)
— 8. οὐκ ἤκουσας, θύγατερ (2)
— 22. R ἀγαθόν, θύγατερ [A B -τηρ] (2)
3. 1. R θύγατερ [A B -τηρ], οὐ μὴ ζητήσω (2)
Ru. 3. 10. εὐλογημένη σὺ . . . θύγατερ (2)
— 11. καὶ νῦν, θύγατερ, μὴ φοβοῦ (2)
— 16. θύγατερ [A τίς εἶ, θυγάτηρ] (2)
— 18. κάθου, θύγατερ (2)
I Ki. 1. 4. A ἔδωκε . . . ταῖς θ. αὐ. μερίδας [B *al.*] (2)
— 16. μὴ δῷς τὴν δούλην σου εἰς θ. λοιμήν (2)
2. 21. ἔτεκεν ἔτι . . . δύο θυγατέρας (2)
8. 13. τὰς θ. ὑμῶν [A αὐτῶν] λήψεται (2)
14. 49. ὀνόματα τῶν δύο θ. αὐτοῦ (2)
— 50. Ἀχινοὸμ θυγάτηρ Ἀχ. (2)
17. 25. A τὴν θ. αὐτοῦ δώσει αὐτῷ (2)
18. 17. A ἡ θ. μου ἡ μείζων Μ. (2)
— 19. A τὴν Μερὸβ θυγατέρα Σαούλ (2)
— 20. Μελχὸλ ἡ θ. Σαούλ (2)
— 27. τὴν Μελχὸλ θυγατέρα αὐτοῦ (2)
25. 44. Μελχὸλ τὴν θ. αὐτοῦ (2)
30. 3. οἱ υἱοὶ αὐτῶν καὶ αἱ θ. αὐτῶν (2)
— 6. ἐπὶ τοὺς υἱοὺς αὐ. καὶ ἐπὶ τὰς θ. αὐ. (2)
— 19. ἕως υἱῶν καὶ θυγατέρων (2)
II Ki. 1. 20. θυγατέρες ἀλλοφύλων (2)
— 20. θυγατέρες τῶν ἀπεριτμήτων (2)
— 24. θυγατέρες Ἰσρ. ἐπὶ Σ. κλαύσατε (2)
3. 3. Μααχὰ θυγατρὸς Θ. (2)
— 7. A^2 B Ῥεσφὰ θυγάτηρ Ἰώλ (2)
— 13. τὴν Μελχὸλ θ. Σαούλ (2)
5. 13. ἐγένοντο τῷ Δ. ἔτι . . . θυγατέρες (2)
6. 16, 20. Μελχὸλ ἡ θ. Σαούλ (2)
— 23. τῇ Μελχὸλ θ. Σαούλ (2)
11. 3. Βηρσαβεὲ θυγάτηρ [A ἡ θ.] Ἐ. (2)
12. 3. ἦν αὐτῷ ὡς θυγάτηρ (2)
13. 18. αἱ θ. τοῦ βασιλέως (2)
14. 27. τρεῖς υἱοὶ καὶ θ. μία (2)
17. 25. Ἀβιγαίαν θυγατέρα Νάας (2)
19. 5 (6). τῶν υἱῶν σου καὶ τῶν θ. σου (2)
21. 8. Ῥεσφὰ θυγατρὸς Ἀϊᾶ (2)
— 8. Μιχὸλ θυγατρὸς Σαούλ (2)
— 10, 11. Ῥεσφὰ θυγάτηρ Ἀϊᾶ (2)
III Ki. 3. 1. ἔλαβε τὴν θ. Φαραώ (2)
— 1 (9. 24). θυγάτηρ Φαραὼ ἀνέβαινεν (2)
— 1. A ἔλαβεν τὴν θ. Φαραώ (2)
4. 11. Τ. θυγάτηρ Σ. (2)
— 15. τὴν Βασ. θυγατέρα Σ. (2)
— 34 (3. 1). B ἔλαβε Σ. τὴν θ. Φαραώ (2)
— 34 (B), 9. 16 (A). ἔδωκεν αὐτὰς . . . θυγατρὶ αὐ. (2)
7. 8. οἶκον τῇ θ. Φαραώ (2)
9. 9. ἀνήγαγε Σ. τὴν θ. Φαραώ –
— 24. A πλὴν θυγάτηρ Φαραὼ ἀνέβη (2?)
11. 1. ἔλαβε . . . τὴν θ. Φαραώ (2)
12. 24. B Νααναν θυγάτηρ Ἄνα –
— 24. αὕτη ἦν μεγάλη ἐν μέσῳ τῶν θ. τοῦ βασ. –
15. 2. Μααχὰ θυγάτηρ Ἀβεσσαλώμ (2)
— 10. Ἀνὰ θυγάτηρ Ἀβεσσαλώμ (2)
16. 28 (22. 42). B Ἰ. θυγάτηρ Σ. (2)
— 31. Ἰεζάβελ θυγατέρα Ἰεθεβαάλ (2)
21 (20). 7. ἀπέσταλκε πρὸς μὲ . . . περὶ τῶν θ. μου –
22. 42. Ἀζουβὰ θυγάτηρ Σ. (2)
IV Ki. 8. 18. θυγάτηρ Ἀ. ἦν αὐτῷ εἰς γυναῖκα (2)
— 26. Γοθολία θυγάτηρ Ἀμβρί (2)
9. 34. θυγάτηρ βασιλέως ἐστί (2)
11. 2. Ἰωσαβεὲ θυγάτηρ τοῦ βασ. Ἰ. (2)
14. 9. δὸς τὴν θ. σου τῷ υἱῷ μου (2)
15. 33. Ἱερουσὰ θυγάτηρ Σαδώκ (2)
17. 17. διῆγον . . . τὰς θ. αὐτῶν ἐν πυρί (2)
18. 2. Ἄβου θυγάτηρ Ζαχ. (2)
19. 21. ἐμυκτήρισέ σε παρθένος θ. Σιών (2)
— 21. κεφαλὴν αὐτῆς [A *om.*] ἐκίνησε θ. Ἱερ. (2)
21. 19. Μ. θυγάτηρ Ἀροῦς (2)
22. 1. Ἰ. θυγάτηρ Ἐδεϊά (2)
23. 10. τοῦ διαγαγεῖν . . . ἄνδρα τὴν θ. αὐτοῦ (2)
— 31. Ἀμιτὰλ θυγάτηρ Ἱερεμίου (2)
— 36. Ἰελδὰφ θυγάτηρ Φαδαΐλ (2)
24. 8. Νέσθα θυγάτηρ Ἐλλανασθάμ (2)
— 18. Ἀμιτὰλ θυγάτηρ Ἱερεμίου (2)
I Ch. 1. 41. A Ἐλιβαμὰ θυγάτηρ Ἀνά –
— 50. A Μεταβεὴλ θυγάτηρ Ματράδ (2)
2. 3. τρεῖς ἐγεννήθησαν αὐτῷ ἐκ τῆς θ. Σ. (2)
— 21. εἰσῆλθεν Ἐ. πρὸς τὴν θ. Μαχίρ (2)
— 34. οὐκ ἦσαν τῷ Σ. υἱοὶ ἀλλ' ἢ θυγατέρες (2)
— 35. ἔδωκε Σ. τὴν θ. αὐτοῦ τῷ Ἰ. (2)
— 49. θυγάτηρ Χαλὲβ Ἀσχά (2)
3. 2. Μωχὰ θυγατρὸς Θολμαΐ (2)
— 5. τῇ Βηρσαβεὲ θυγατρὶ Ἀμιήλ (2)
4. 18. Βετθία θυγατρὸς Φαραώ (2)
I Ch. 4. 27. R τῷ Σ. . . . θυγατέρες ἕξ [AB τρεῖς] (2)
7. 15. R ἐγενήθησαν δὲ [A καὶ ἐγενν.] τῷ Σ. θ. (2)
— 24. A R καὶ ἡ θ. αὐτοῦ Σαραά (2)
14. 3. ἐτέχθησαν . . . υἱοὶ καὶ θ. (2)
15. 29. A R Μελχὸλ ἡ [B S *om.*] θ. Σαούλ (2)
23. 22. οὐκ ἦσαν αὐτῷ υἱοὶ ἀλλ' ἢ θυγατέρες (2)
25. 5. ἔδωκεν ὁ θ. τῷ Αἰ. . . . θυγατέρας τρεῖς (2)
II Ch. 2. 14 (13). ἡ μήτηρ αὐτοῦ ἀπὸ θυγατέρων Δάν (2)
8. 11. τὴν θ. Φαραὼ Σ. ἀνήγαγε (2)
11. 18. τὴν Μοολὰθ θυγατέρα Ἱεριμούθ (2, †*)
— 18. Ἀβιγαίαν θυγατέρα Ἐλιάβ (2)
— 20, 21. τὴν Μααχὰ θυγατέρα Ἀβεσσαλώμ (2)
— 21. ἐγέννησεν . . . θυγατέρας ἑξήκοντα (2)
13. 2. Μααχὰ θυγάτηρ Οὐριήλ (2)
— 19. A τὴν Ἐφρὼν καὶ τὰς θ. [B κώμας] αὐτῆς (2)
— 21. ἐγέννησεν . . . θυγατέρας δέκα ἕξ (2)
20. 31. Ἀζουβὰ θυγάτηρ Σαλί (2)
21. 6. θυγάτηρ Ἀχαὰβ ἦν αὐτοῦ γυνή (2)
— 17. ἀπέστρεψαν . . . τὰς θ. αὐτοῦ (1)
22. 2. Γοθολία θυγάτηρ Ἀμβρί (2)
— 11. AR Ἰωσαβεὲθ θυγάτηρ τοῦ βασ. [B *om.* θ. τ. β.] (2)
— 11. Ἰωσαβεὲθ θυγάτηρ τοῦ βασ. (2)
24. 3. ἐγέννησαν . . . θυγατέρας (2)
25. 18. δὸς τὴν θ. σου τῷ υἱῷ μου (2)
27. 1. Ἱερουσὰ θυγάτηρ Σαδώκ (2)
28. 8. ᾐχμαλώτισαν [A -τευσαν] . . . θυγατέρας (2)
29. 1. Ἀβιὰ θυγάτηρ Ζαχαρίου (2)
— 9. πεπλήγασιν . . . αἱ θ. ὑμῶν (2)
31. 18. ἐν πάσῃ ἐπιγονῇ . . . θυγατέρων αὐτῶν (2)
36. 2. Ἀμιτὰλ θυγάτηρ Ἱερεμίου –
— 5. Ζεχωρὰ θυγάτηρ Νηρίου –
I Es. 4. 29. Ἀπάμην τὴν θ. Βαρτάκου
5. 1. ἐξελέγησαν ἀναβῆναι . . . οἱ υἱοὶ καὶ αἱ θ. αὐ.
— 38. γυναῖκα τῶν θ. Φαηζελδαίου
● 8. 70. B συνῴκισάν τινας τῶν θ. [A R *al.*] αὐ.
— 84. τὰς θ. ὑμῶν μὴ συνοικίσητε [A *al.*]
— 84. τὰς θ. αὐτῶν μὴ λάβητε [A *al.*]
9. 25. B ἐκ τῶν θ. [AR θυρωρῶν]
II Es. 2. 61. R ἀπὸ τῶν [AB *om.*] θ. Βερζελλαΐ (2)
9. 2. ἐλάβοσαν ἀπὸ θυγατέρων αὐτῶν (2)
— 12. τὰς θ. ὑμῶν μὴ δῶτε (2)
— 12. ASR ἀπὸ τῶν [B *om.*] θ. αὐτῶν μὴ λάβητε (2)
Ne. 3. 12. αὐτὸς καὶ αἱ θ. αὐτοῦ (2)
4. 14 (8). παρατάξασθε περὶ . . . θυγατέρων ὑμῶν (2)
5. 2. ἐν υἱοῖς ἡμ. καὶ ἐν θυγατράσιν ἡμ. (2)
— 5. A B S^2 καὶ τὰς θ. ἡμῶν (2)
— 5. εἰσὶν ἀπὸ θυγατέρων ἡμῶν (2)
6. 18. ἔλαβε τὴν θ. Μεσουλάμ (2)
7. 63. ἔλαβον ἀπὸ θυγατέρων Βερζελλί (2)
10. 28 (29). υἱοὶ αὐτῶν θυγατέρες αὐτῶν (2)
— 30 (31). τοῦ μὴ δοῦναι θυγατέρας ἡμῶν (2)
— 30 (31). τὰς θ. αὐτῶν οὐ ληψόμεθα (2)
11. 26. S^3 καὶ ἐν ταῖς θ. αὐτῆς (2)
— 26. S^3 καὶ τὰς θ. αὐτῆς (2)
— 27. S^3 καὶ ταῖς θ. αὐτῆς (2)
— 28. S^3 καὶ ἐν ταῖς θ. αὐτῆς (2)
— 30. S^3 καὶ ἐν ταῖς θ. (2)
— 31. S^3 καὶ τῶν θ. αὐτῆς (2)
13. 25. ἐὰν δῶτε τὰς θ. ὑμῶν (2)
— 25. ἐὰν λάβητε ἀπὸ τῶν θ. αὐτῶν (2)
To. 3. 7. συνέβη τῇ [A *om.*] θ. Ῥαγουὴλ Σάρρᾳ
— 9. μὴ ἴδοιμέν σου υἱὸν ἢ θυγατέρα
— 10. S μία σοι ὑπῆρχεν θ. ἀγαπητή [A B *al.*]
4. 13. A B ἀπὸ . . . θυγατέρων τοῦ λαοῦ σου
6. 10. ἔστιν αὐτῷ θυγάτηρ [A *add.* μονογενής]
— 11. S οὐδὲ θυγάτηρ ὑπάρχει αὐτῷ
— 12. S λαβεῖν τὴν θ. αὐ. παρὰ πάντα ἄνθρ. [A B *al.*]
7. 8. Σάρρα ἡ θ. αὐ.
— 10. S λαβεῖν Σάρραν τὴν θ. μου [A B *al.*]
— 13. ἐκάλεσε Σάρραν τὴν θ. αὐτοῦ
— 17. ἀπεδέξατο τὰ δάκρυα τῆς θ. αὐτῆς [S *al.*]
— 18. S θάρσει, θύγατερ [A B τέκνον]
— 18. θάρσει, θύγατερ
8. 20. S εὐφρανεῖς τὴν ψυχὴν τῆς θ. μου
10. 7. S ποιῆσαι τῇ θ. αὐ. [A B *al.*]
— 13. εἶπε τῇ θ. αὐτοῦ
— 13. S βάδιζε εἰς εἰρήνην, θύγατερ
— 13. παιδία ἐκ Σάρρας τῆς θ. μου [S *al.*]
— 13. παρατίθεμαί σοι τὴν θ. μου
11. 15. S ὡς ἔλαβεν Σάρραν τὴν θ. αὐτοῦ
— 17. ἔλθοις ὑγιαίνουσα, θύγατερ
— 17. S εὐλογημένη σύ, θύγατερ
— 17. S εἴσελθε, θύγατερ, ἐν τῇ ἡμέρᾳ ταύτῃ

Ju. 8. 1. Ἰουδὶθ θυγάτηρ Μεραρί
9. 4. ἔδωκας . . . θυγατέρας εἰς αἰχμαλωσίαν
10. 12. θυγάτηρ εἰμὶ τῶν Ἑβραίων
12. 13. ὡς θυγάτηρ μία τῶν υἱῶν Ἀσσούρ
13. 18. εὐλογητὴ [A -γημένη] σὺ [A εἶ σ.] θυγάτηρ
16. 7. Ἰουδὶθ θυγάτηρ Μεραρί
Es. 2. 7. θυγάτηρ Ἀμιναδάβ (2)
— 15. B S^2 Ἐσθὴρ τῆς [A om.] θ. Ἀμιναδάβ (2)
9. 29. θυγάτηρ Ἀμιναδάβ (2)
Jb. 1. 2. ἐγένοντο δὲ αὐτῷ . . . θ. τρεῖς (2)
— 13. αἱ θ. αὐ. ἔπινον οἶνον (2)
— 18. τῶν υἱῶν σου καὶ τῶν θ. σου ἐσθιόντων (2)
2. 9. θυγατέρες ἐμῆς κοιλίας ὠδῖνες -
42. 13. γεννῶνται δὲ αὐτῷ . . . θ. τρεῖς (2)
— 15. οὐχ εὑρέθησαν κατὰ τὰς θ. Ἰώβ (2)
— 15. A ἔδωκεν δὲ Ἰ. ταῖς θ. αὐ. κληρονομίαν [B al.] †
Ps. 9. 14. ἐν ταῖς πύλαις τῆς θ. Σιών (2)
44 (45). 9. ἐξ ὧν ηὔφρανάν σε θ. βασιλέων [A -ως] (2)
— 10. ἄκουσον, θύγατερ, καὶ ἴδε (2)
— 12. προσκυνήσουσιν [S^2 -σεις] αὐτῷ θυγατέρες [S -ηρ] (2)
— 13. π. ἡ δόξα αὐτῆς [A B^3 S^2 τῆς] θ. τοῦ βασ. (2)
47 (48). 11. ἀγαλλιάσθωσαν αἱ θ. τῆς Ἰουδαίας (2)
72 (73). 28. ἐν ταῖς πύλαις τῆς θ. Σιών -
96 (97). 8. ἠγαλλιάσαντο αἱ θ. τῆς Ἰουδαίας (2)
105 (106). 37. ἔθυσαν . . . τὰς θ. αὐ. τοῖς δαιμονίοις (2)
— 38. ἐξέχεαν . . . αἷμα . . . θυγατέρων (2)
136 (137). 8. θυγάτηρ Βαβυλῶνος ἡ ταλαίπωρος (2)
143 (144). 12. αἱ θ. αὐτῶν κεκαλλωπισμέναι (2)
Pr. 24. 50 (30. 15). τῇ βδέλλῃ τρεῖς θ. ἦσαν (2)
31. 29. πολλαὶ θ. ἐκτήσαντο πλοῦτον (2)
Ec. 12. 4. ταπεινωθήσονται π. αἱ θ. τοῦ ᾄσματος (2)
Ca. 1. 5. μέλαινά εἰμι . . . θυγατέρες Ἰσρ. (2)
2. 1. οὕτως ἡ πλησίον μου ἀνὰ μέσον τῶν θ. (2)
— 7 : 3. 5. ὥρκισα ὑμᾶς, θυγατέρες Ἱερ. (2)
3. 10. ἀγάπην ἀπὸ θυγατέρων Ἱερ. (2)
— 11. A S^2 θυγατέρες Σιὼν [B S^1 om. θ. Σ.] ἐξέλθατε (2)
5. 8. ὥρκισα ὑμᾶς, θυγατέρες Ἱερ. (2)
— 9. S αἱ θ. Ἱερ. . . . πυνθάνονται -
— 16. οὗτος πλησίον μου, θυγατέρες Ἱερ. (2)
— 17. S πυνθάνονται τῆς νύμφης αἱ θ. Ἱερ. -
6. 8 (9). εἴδοσαν αὐτὴν θυγατέρες (2)
— 9 (10). S θυγατέρες . . . εἶδον τὴν νύμφην -
7. 1. S ταῖς θ. ὁ νυμφίος τάδε -
— 1 (2). ἐν ὑποδήμασι, θύγατερ ναδάβ [A Ἀμιν.] (2)
— 4 (5). ἐν πύλαις θυγατρὸς πολλῶν (2)
8. 4. ὥρκισα ὑμᾶς, θυγατέρες Ἱερουσαλήμ (2)
— 5. S αἱ θ. . . . εἶπαν -
Wi. 9. 7. δικαστὴν υἱῶν σου καὶ θυγατέρων
Si. 7. 24. θυγατέρες σοί εἰσι
— 25. ἔκδου θυγατέρα
22. 3. θυγάτηρ δὲ ἐπ' ἐλαττώσει γίνεται
— 4. θ. φρονίμη κληρονομήσει ἄνδρα αὐτῆς
26. 10. A R ἐπὶ θ. ἀδιατρέπτῳ [S -στρ., B -ως] στερέωσον
36. 26 (23). ἔστι δὲ θ. θυγατρὸς κρείσσων
42. 9. θυγάτηρ πατρὶ ἀπόκρυφος ἀγρυπνία
— 11. ἐπὶ θ. ἀδιατρέπτῳ [S -στρέπτῳ]
Ho. 1. 3. καὶ ἔλαβε τὴν Γ. θυγατέρα Δ. (2)
— 6. καὶ ἔτεκε θυγατέρα (2)
4. 13. ἐκπορνεύσουσιν αἱ θ. ὑμῶν (2)
— 14. οὐ μὴ ἐπισκέψωμαι ἐπὶ τὰς θ. ὑμῶν (2)
Am. 7. 17. αἱ θ. σου ἐν ῥομφαίᾳ πεσοῦνται (2)
Mi. 1. 8. πένθος ὡς θυγατέρων σειρήνων (2)
— 13. ἀρχηγὸς . . . ἐστὶ τῇ θ. Σ. (2)
— 15. ἡ δόξα τῆς θ. Ἰσραήλ -
4. 8. σὺ πύργος . . . αὐχμώδης θυγάτηρ [A -ερ] Σ. (2)
— 8. ἡ πρώτη βασ. ἐκ B. τῇ θ. Ἱερουσ. (2)
— 10. ὤδινε . . . θυγάτηρ [A -ερ] Σιών (2)
— 13. ἀλόα αὐτοὺς θυγάτηρ [A -ερ] Σ. (2)
5. 1 (4. 14). νῦν ἐμφραχθήσεται θυγάτηρ (2)
7. 6. θυγάτηρ ἐπαναστήσεται ἐπὶ τὴν μητ. (2)
Jl. 2. 28 (3. 1). προφητεύσουσιν . . . αἱ θ. ὑμῶν (2)
3 (4). 8. ἀποδώσομαι . . . τὰς θ. ὑμῶν (2)
Ze. 3. 14. χαῖρε, θύγατερ [S^1 -ηρ] Σ., κήρυσσε, θύγατερ [S^1 -ηρ] Ἱερ. (2, -)
— 14. κατατέρπου . . . θύγατερ [S^1 -ηρ] Ἱερ. (2)
Za. 2. 7 (11). οἱ κατοικοῦντες θυγατέρα Βαβ. (2)
Za. 2. 10 (14). εὐφραίνου, θύγατερ [S^1 -ηρ] Σιών (2)
9. 9. χαῖρε σφόδρα, θύγατερ [S^1 -ηρ] Σιών (2)
— 9. κήρυσσε, θύγατερ [S^1 -ηρ] Ἱερουσαλήμ (2)
Is. 1. 8. ἐγκαταλειφθήσεται ἡ θ. Σιών (2)
3. 16. ὑψώθησαν αἱ θ. Σιών (2)
— 17. ταπεινώσει ὁ θ. ἀρχούσας θ. Σιών (2)
4. 4. ἐκπλυνεῖ κ. τὸν ῥύπον . . . τῶν θ. Σιών (2)
10. 30. φεύξεται ἡ θ. Γαλλείμ (2)
— 32. παρακαλεῖτε τὸ ὄρος τὴν θ. Σιών (2, †*)
16. 1. τὸ ὄρος θυγατρὸς [A om.] Σιών (2)
— 2. ἀφῃρημένος ἔσῃ [A S om.] θυγάτηρ [S^3 -ερ] Μωάβ (2)
22. 4. ἐπὶ τὸ σύντριμμα τῆς θ. τοῦ γένους μου (2)
23. 12. ἀδικεῖν τὴν θ. Σιδῶνος [A B^2 S Σιών] (2)
32. 9. θυγατέρες ἐν ἐλπίδι (2)
37. 22. ἐμυκτήρισέ σε παρθένος θ. Σιὼν ἐπὶ σοὶ κεφαλὴν ἐκίνησε θ. Ἱερ. (2, 2)
43. 6. ἄγε . . . τὰς θ. μου ἀπ' ἄκρων τῆς γῆς (2)
— 20. εὐλογήσουσί [A S -ήσει] με . . . θυγατέρες στρουθῶν (2)
45. 11. A S ἐρωτήσατέ με περὶ τῶν θ. [B om. π. τ. θ.] -
47. 1. κάθισον ἐπὶ τὴν γῆν παρθένος θ. Βαβ. κάθισον εἰς τὴν γῆν θ. Χαλδ. [A S al.] (2, 2)
— 5. εἴσελθε . . . θυγάτηρ Χαλδ. (2)
49. 22. τὰς δὲ θ. σου ἐπ' ὤμων ἀροῦσι (2)
52. 2. ἡ αἰχμάλωτος θ. Σιών (2)
56. 5. τόπον . . . κρείττω [A S^1 κρείσσων] . . . θυγατέρων (2)
60. 4. αἱ θ. σου ἐπ' ὤμων ἀρθήσονται (2)
62. 11. εἴπατε τῇ θ. Σιών (2)
Je. 3. 24. ἡ δὲ αἰσχύνη κατηνάλωσε . . . τὰς θ. αὐτῶν (2)
4. 11. ὁδὸς τῆς θ. τοῦ λαοῦ μου (2)
— 31. φωνὴ [S^2 -ῆς] θυγατρὸς Σιὼν ἐκλυθήσεται (2)
5. 17. κατέδονται . . . τὰς θ. ὑμῶν (2)
6. 2. ἀφαιρεθήσεται . . . θύγατερ [A S -ηρ] Σιών (2)
— 23. πρὸς σέ, θύγατερ [S -ηρ] Σιών (2)
— 26. A S^1 R θύγατερ [B S^2 -ηρ] λαοῦ μου (2)
7. 31. τοῦ κατακαίειν . . . τὰς θ. αὐτῶν (2)
8. 19. φωνὴ κραυγῆς θυγατρὸς λαοῦ μου (2)
— 21. ἐπὶ συντρίμματι θυγατρὸς λαοῦ μου (2)
— 22. ἴασις θυγατρὸς λαοῦ μου (2)
9. 1 (8. 23). τοὺς τετραυματισμ. θυγατρὸς λαοῦ μου (2)
— 7 (6). πονηρίας [S τῆς] θυγατρὸς λαοῦ μου (2)
— 20 (19). διδάξατε τὰς θ. ὑμῶν οἶκτον [A S^1 -τρόν] (2)
11. 22. αἱ θ. αὐτῶν τελευτήσουσιν ἐν λιμῷ (2)
14. 16. οἱ υἱοὶ αὐ. καὶ αἱ θ. αὐ. [S om. κ. αἱ θ. α.] (2)
— 17. συνετρίβη θ. [A ἡ θ.] λαοῦ μου (2)
16. 2. οὐ γεννηθήσεται σοι υἱὸς οὐδὲ θ. (2)
— 3. τάδε λέγει κύριος . . . περὶ τῶν θ. (2)
19. 9. ἔδονται . . . τὰς σάρκας τῶν θ. αὐτῶν (2)
26 (46). 11. λάβε ῥητίνην τῇ παρθένῳ θ. Αἰγ. (2)
— 19. κατοικοῦσα θύγατερ [S -ηρ] Αἰγύπτου (2)
— 24. κατῃσχύνθη ἡ [S om.] θ. Αἰγύπτου (2)
27 (50). 39. κατοικήσουσιν ἐν αὐτῇ θ. σειρήνων (2)
— 42. πρὸς σέ, θύγατερ [A S -ηρ] Βαβυλῶνος (2)
30 (49). 3. κεκράξατε, θυγατέρες Ῥαββάθ (2)
— 4. θύγατερ [A S -ηρ] ἰταμίας (2)
31 (48). 18. A θυγάτηρ Δ., ἐκτρίβητε [BS al.] (2)
36 (29). 6. τεκνοποιήσατε [S -ασθε] . . . θυγατέρας [S^1 al.] (2)
— 6. τὰς θ. ὑμῶν δότε ἀνδράσι [S^1 al.] (2)
38 (31). 21. A παρθένος θ. Ἱερ. [B S al.] -
— 22. ἕως πότε ἀποστρέψεις, θ. ἠτιμωμένη (2)
39 (32). 35. τοῦ ἀναφέρειν . . . τὰς θ. αὐτῶν (2)
42 (35). 8. οἱ υἱοὶ ἡμῶν καὶ αἱ θ. ἡμῶν (2)
48 (41). 10. ἀπέστρεψεν . . . τὰς θ. τοῦ βασ. (2)
50 (43). 6. ἔλαβεν Ἰωάναν . . . τὰς θ. τοῦ βασ. (2)
52. 1. ὄνομα τῇ μητρὶ αὐτοῦ Ἀμ. θ. Ἱερεμίου (2)
Ba. 2. 3. τοῦ φαγεῖν . . . ἄνθρωπον σάρκας θυγατρὸς αὐτοῦ
4. 10. εἶδον γὰρ τὴν αἰχμαλωσίαν [A add. τοῦ λαοῦ] τῶν υἱῶν μου καὶ τῶν θ.
— 14. μνήσθητε τὴν αἰχμαλωσίαν τῶν υἱῶν μου καὶ θυγατέρων [A τῶν θ.]
— 16. ἀπὸ τῶν θ. τὴν μόνην [A μονογενῆ] ἠρήμωσαν
La. 1. 6. ἐξήρθη [A S^1 -ῆλθεν] ἐκ θυγατρὸς Σιών (2)
— 15. ληνὸν ἐπάτησε κ. παρθένῳ θυγατρὶ Ἰ. (2)
La. 2. 1. ἐγνόφωσεν . . . τὴν θ. Σιών (2)
— 2. τὰ ὀχυρώματα τῆς θ. Ἰούδα (2)
— 4. ἐν [A om.] σκηνῇ θυγατρὸς Σιών (2)
— 5. ἐπλήθυνε τῇ θ. Ἰ. ταπεινουμένην [A S -ον] (2)
— 8. διαφθεῖραι τεῖχος θυγατρὸς Σ. (2)
— 10. ἐσιώπησαν πρεσβύτεροι θυγατρὸς Σ. (2)
— 11. ἐπὶ τὸ σύντριμμα τῆς θ. λαοῦ μου (2)
— 13. τί ὁμοιώσω σοι, θύγατερ [S -ηρ] Ἱερ. . . . παρθένος θύγατερ [S -τρὸς] Σιών (2, 2)
— 15. ἐκίνησαν τὴν κεφ. αὐ. ἐπὶ τὴν θ. Ἱερ. (2)
— 18. S^1 τείχη θυγατρὸς [A B S^2 om.] Σιών (2)
— 18. μὴ σιωπήσαιτο θυγάτηρ [A -ερ] (2)
3. 48. ἐπὶ τὸ σύντριμμα τῆς θ. τοῦ λαοῦ μου (2)
— 51. παρὰ πάσας θ. πόλεως (2)
4. 3. ἐθήλασαν σκύμνοι αὐ. θυγατέρας [A -ες] λαοῦ (2)
— 6. ἐμεγαλύνθη ἀνομία θυγατρὸς λαοῦ (2)
— 10. ἐν τῷ συντρίμματι τῆς θ. τοῦ λαοῦ μου (2)
— 21. εὐφραίνου, θύγατερ Ἰδουμαίας (2)
— 22. ἐξέλιπεν ἡ ἀνομία σου, θύγατερ Σιών (2)
— 22. A R ἐπεσκέψατο . . . θύγατερ [B -ηρ] Ἐδώμ (2)
Ez. 5. 14. καὶ τὰς θ. σου κύκλῳ σου †
13. 17. στήρισον . . . ἐπὶ τὰς θ. τοῦ λαοῦ σου (2)
14. 16. εἰ . . . θυγατέρες [A θ. αὐτῶν] σωθήσονται (2)
— 18. οὐ μὴ ῥύσωνται . . . θυγατέρας (2)
— 20. ἐὰν . . . θυγατέρες ὑπολειφθῶσιν (2)
— 22. ἐξάγουσιν ἐξ αὐτῆς [A ἐξάξ.] . . . θυγατέρας (2)
16. 20. ἔλαβες . . . τὰς θ. σου (2)
— 27. παραδώσω [A add. σε] . . . θυγατέρας ἀλλοφ. (2)
— 28. ἐπὶ τὰς θ. Ἀσσούρ [A Σούρ] †
— 30. τί διαθῶ τὴν θ. σου †
— 30 (31). ἐξεπόρνευσας τρισσῶς ἐν [A ἐπὶ] ταῖς θ. σου (2)
— 44. B καθὼς ἡ μήτηρ καὶ ἡ θ. θ. [A R om.] τῆς μητρός (2, 2)
— 46. αὐτὴ καὶ αἱ θ. αὐτῆς (2)
— 46. Σόδ. καὶ αἱ θ. αὐ. (2)
— 48. αὕτη καὶ αἱ θ. αὐ. (2)
— 48. σὺ καὶ αἱ θ. σου (2)
— 49. αὕτη καὶ αἱ θ. αὐ. τοῦτο ὑπῆρχεν αὐτῇ καὶ ταῖς θ. αὐ. (-, 2)
— 53. τὴν ἀποστροφὴν Σοδ. καὶ τῶν θ. αὐ. . . . τὴν ἀποστροφὴν Σαμ. καὶ τῶν θ. αὐ. (2, 2)
— 55. Σόδομα καὶ αἱ θ. αὐτῆς (2)
— 55. A Σαμάρεια καὶ αἱ θ. αὐ. (2)
— 55. σὺ καὶ αἱ θ. σου (2)
— 57. νῦν ὄνειδος εἶ θυγατέρων Συρίας καὶ πάντων τῶν κύκλῳ αὐτῆς θ. ἀλλοφ. (2, 2)
22. 11. θυγατέρα τοῦ πατρὸς αὐ. ἐταπείνουν (2)
23. 2. δύο γυναῖκες ἦσαν θ. μητρὸς μιᾶς (2)
— 4. ἔτεκον υἱοὺς καὶ θυγατέρας (2)
— 10. υἱοὺς καὶ θυγατέρας αὐτῆς ἔλαβον (2)
— 10. ἐποίησαν ἐκδικήσεις . . . εἰς τὰς θ. -
— 25. θυγατέρας [A τὰς θ.] σου λήψονται (2)
— 47. θυγατέρας αὐτῶν ἀποκτενοῦσι (2)
24. 21. αἱ θ. ὑμῶν . . . ἐν ῥομφαίᾳ πεσοῦνται (2)
— 25. λαμβάνω . . . θυγατέρας αὐτῶν (2)
26. 6. αἱ θ. αὐτῆς . . . ἀναιρεθήσ. [A πεσοῦνται] (2)
— 8. οὗτος τὰς θ. σου . . . ἀνελεῖ (2)
30. 18. αἱ θ. αὐ. αἰχμάλωτοι ἀχθήσονται (2)
32. 16. αἱ θ. τῶν ἐθνῶν θρηνήσουσιν αὐτόν (2)
— 18. καταβιβάσουσιν αὐτῆς τὰς θ. (2)
44. 25. ἐπὶ υἱῷ καὶ ἐπὶ θυγατρί (2)
Da. LXX. Su. 2. γυναῖκα ᾗ ὄνομα Σ. θυγάτηρ X.
— 3. ἐδίδαξαν τὴν θ. αὐτῶν
— 7. γυναῖκα . . . ὄνομα Σ. θυγατέρα X.
— 29. ἀποστείλατε ἐπὶ Σ. θυγατέρα X.
— 48. ἀπεκτείνατε θυγατέρα Ἰσραήλ
— 57. οὕτως ἐποιεῖτε θυγατράσιν Ἰσ.
— 57. οὐ θυγάτηρ Ἰ. ὑπέμεινε τὴν νόσον
11. 17. θυγατέρα ἀνθρώπου δώσει αὐτῷ (2)
Da. TH. Su. 2. γυναῖκα ᾗ ὄνομα Σ. θυγάτηρ X.
— 3. ἐδίδαξαν τὴν θ. αὐτῶν
— 29. ἀποστείλατε ἐπὶ Σ. θυγατέρα X.
— 48. κατεκρίνατε θυγατέρα Ἰσραήλ
— 57. οὕτως ἐποιεῖτε θυγατράσιν Ἰσραήλ
— 57. οὐ θυγάτηρ Ἰ. ὑπέμεινε τὴν ἀνομίαν
— 63. ᾔνεσαν περὶ τῆς θ. αὐτῶν
11. 6. θυγάτηρ [A ἡ θ.] βασιλέως τοῦ νότου (2)

Da. TH. 11. 17. θυγατέρα τῶν γυναικῶν δώσει (2)
I Ma. 5. 8. τὴν Ἰαζὴρ καὶ τὰς θ. αὐτῆς
— 65. τὴν Χεβρὼν καὶ τὰς θ. αὐτῆς
9. 37. ἄγουσι . . . θυγατέρα ἑνὸς τῶν μεγιστ.
10. 54. δός μοι τὴν θ. σου εἰς γυναῖκα
— 57. αὐτὸς καὶ Κλεοπάτρα ἡ θ. αὐτοῦ
— 58. ἐξέδοτο αὐτῷ Κλ. τὴν θ. αὐτοῦ
11. 9. δώσω σοι τὴν θ. μου
— 10. δοὺς αὐτῷ τὴν θ. μου
— 12. ἀφελόμενος αὐτοῦ τὴν θ.
IV Ma. 15. 28. τῆς . . . καρτερίας ἡ θ. ἐμνήσθη
[**Aq.** GE. 6. 3 (2): EX. 21. 7: NU. 21. 25: JD. 11. 26: III KI. 9. 24: PS. 44 (45). 13: CA. 2. 7: 7. 6 (7): IS. 16. 2: 56. 5: JE. 16. 2: 49 (30). 2: 51 (28). 33: EZ. 16. 61.]
[**Sm.** GE. 6. 3 (2): NU. 21. 25: JD. 11. 26: IV KI. 23. 10: PS. 44 (45). 13: 47 (48). 12: PR. 30. 15: CA. 2. 7: 7. 4 (5): IS. 56. 5: JE. 6. 14: 16. 2: 49 (30). 2: 51 (28). 33: EZ. 16. 61: MI. 4. 8.]
[**Th.** NU. 21. 25: JD. 11. 26: 14. 3: JB. 30. 29: PS. 44 (45). 13: 47 (48). 12: IS. 56. 5: JE. 8. 11: 48 (31). 46: EZ. 16. 61.]
[**Al.** LE. 10. 14: JO. 15. 45, 47: PS. 44 (45). 13.]
[**Quint.** PS. 44 (45). 13: CA. 2. 7.]
[**Sext.** PS. 44 (45). 13.]

θύειν. (1) זָבַח *a.* qal. *b.* pi. (2) טָבַח (3) קָטַר *a.* pi. *b.* hi. (4) *a.* שָׁחַט *b.* שְׁחִיטָה

Ge. 31. 54. A ἔθυσεν Ἰακὼβ [R *om.*] θυσίαν (1 *a*)
46. 1. A ἔθυσεν ἐκεῖ [R *om.*] θυσίαν τῷ θ. (1 *a*)
Ex. 3. 18. ἵνα θύσωμεν τῷ θεῷ ἡμῶν (1 *a*)
5. 3. ὅπως θύσωμεν τῷ θ. ἡμῶν (1 *a*)
— 8, 17. θύσωμεν τῷ θ. ἡμ. (1 *a*)
8. 8 (4). καὶ θύσωσι τῷ κυρίῳ (1 *a*)
— 25 (21). θύσατε κ. τῷ θεῷ (1 *a*)
— 26 (22). τὰ γὰρ βδελύγματα τῶν Αἰγ. θύσομεν [A -σωμεν] (1 *a*)
— 26 (22). ἐὰν γὰρ θύσωμεν τὰ βδελύγμ. τῶν Αἰγ. (1 *a*)
— 27 (23). θύσομεν [A θύσωμεν κυρίῳ] τῷ θ. ἡμῶν (1 *a*)
— 28 (24). θύσατε [A -ετε κυρίῳ] τῷ θ. ὑμῶν (1 *a*)
— 29 (25). τοῦ μὴ ἐξαποστεῖλαι τὸν λαὸν θῦσαι (1 *a*)
12. 21. A R καὶ θύσατε [B -ετε] τὸ πάσχα (4 *a*)
13. 15. R ἐγὼ θύω πᾶν διανοῖγον [A B *al.*] (1 *a*)
20. 24. θύσετε ἐπ' αὐτοῦ [A -ὸ] τὰ ὁλοκαυτώμ. (1 *a*)
23. 18. οὐ θύσεις [A[1] θυμιάσεις] ἐπὶ ζύμῃ αἷμα (1 *a*)
24. 5. ἔθυσαν [A -εν] θυσίαν σωτηρίου τῷ θ. (1 *a*)
30. 7. θυμιάσει [B[1] θύσει] ἐπ' αὐτοῦ (3 *b*)
32. 8. A R καὶ τεθύκασιν αὐτῷ (1 *a*)
34. 15. καὶ θύσωσι τοῖς θεοῖς αὐτῶν (1 *a*)
Le. 17. 5. θύσουσι [A θήσ.] θυσίαν σωτηρίου (1 *a*)
— 7. οὐ θύσουσιν ἔτι [A B[1] ἐπὶ] τὰς θυσ. [A θύρας] (1 *a*)
19. 5. ἐὰν θύσητε θυσίαν σωτηρίου τῷ κ. (1 *a*)
— 5. δεκάτην ὑμῶν θύσετε (1 *a*)
— 6. ᾗ ἂν ἡμέρᾳ θύσητε (1 *a*)
22. 29. ἐὰν δὲ θύσῃς θυσίαν (1 *a*)
— 29. εἰσδεκτὸν ὑμῖν θύσετε αὐτό (1 *a*)
Nu. 22. 40. ἔθυσε Βαλὰκ πρόβατα (1 *a*)
De. 12. 15. ἐν πάσῃ ἐπιθυμίᾳ σου θύσεις (1 *a*)
— 21. θύσεις ἀπὸ τῶν βοῶν σου (1 *a*)
15. 21. οὐ θύσεις αὐτὸ κυρίῳ (1 *a*)
16. 2. θύσεις τὸ πάσχα κυρίῳ (1 *a*)
— 4. ὧν ἐὰν [A ἂν] θύσῃς [A -ητε] (1 *a*)
— 5. οὐ δυνήσῃ θῦσαι τὸ πάσχα (1 *a*)
— 6. θύσεις [A θύσαι] τὸ πάσχα ἑσπέρας (1 *a*)
17. 1. οὐ θύσεις [A προσοίσεις] κυρίῳ (1 *a*)
18. 3. παρὰ τῶν θυόντων τὰ θύμ. [A τὰς θυσ.] (1 *a*)
27. 7. θύσεις ἐκεῖ θυσίαν σωτηρίου [A *al.*] (1 *a*)
32. 17. ἔθυσαν δαιμονίοις καὶ οὐ θεῷ (1 *a*)
33. 19. A R θύσετε ἐκεῖ [B *om.*] θυσίαν δικαιοσ. (1 *a*)
Jd. 2. 5. A ἔθυσαν [B ἐθυσίασαν] ἐκεῖ τῷ κ. (1 *a*)
6. 18. R θύσω [A B θήσω] ἐνώπιόν σου †
12. 6. ἔθυσαν αὐτόν [A σφάζουσιν αὐτούς] (4 *a*)
16. 23. B[1] θῦσαι [A τοῦ θ., B[2] R θυσιάσαι] θυσίασμα (1 *a*)
I Ki. 1. 3. καὶ θύειν [A *om.* κ. θ.] κυρίῳ (1 *a*)
— 4. ἔθυσεν Ἑλκανά (1 *a*)
— 21. θῦσαι ἐν [A *om.*] Σ. τὴν θυσίαν τῶν ἡμ. (1 *a*)
2. 13. παρὰ τοῦ λαοῦ παντὸς τοῦ θύοντος (1 *a*)
I Ki. 2. 14. τοῖς ἐρχομένοις θῦσαι κυρίῳ -
— 15. ἔλεγε τῷ ἀνδρὶ τῷ θύοντι (1 *a*)
— 16. ἔλεγεν ὁ ἀνὴρ ὁ θύων [A *al.*] -
— 19. θῦσαι τὴν θυσίαν τῶν ἡμερῶν (1 *a*)
6. 15. A ἔθυσαν θυσίαν [B *al.*] (1 *a*)
10. 8. A καὶ θῦσαι [B *om.*] θυσίας (1 *a*)
11. 15. ἔθυσεν ἐκεῖ θυσίας (1 *a*)
15. 15. ὅπως τυθῇ κυρίῳ τῷ θ. σου (1 *a*)
— 21. A R θῦσαι [B *om.*] ἐνώπιον κυρίου (1 *a*)
16. 2, 5. θῦσαι τῷ κυρίῳ ἥκω (1 *a*)
24. 8. θῦσαι [A θανατῶσαι] τὸν Σαούλ †
25. 11. τὰ θύματά μου ἃ τέθυκα (2)
28. 24. ἔθυσεν αὐτήν [A -ό] (1 *a*)
III Ki. 3. 3. ἐν τοῖς ὑψηλοῖς ἔθυε (1 *b*)
— 4. θῦσαι ἐκεῖ (1 *a*)
8. 5. θύοντες πρόβατα βόας [A καὶ β.] (1 *b*)
— 62. ἔθυσαν θυσίαν ἐνώπιον κυρίου (1 *a*)
— 63. ἔθυσεν ὁ βασ. Σ. τὰς θυσίας τῶν εἰρην. ἃς [B[1] ἣν, B[2] ὧν] ἔθυσε (1 *a*, 1 *a*)
11. 8. ἔθυον τοῖς εἰδώλοις αὐτῶν (1 *b*)
12. 32. τοῦ θύειν ταῖς δαμάλεσιν (1 *b*)
13. 2. θύσει [A ἐπιθ.] ἐπὶ σὲ τοὺς ἱερεῖς (1 *a*)
16. 28 (22. 43 [44]). B ἔθυον ἐν τοῖς ὑψ. (1 *b*)
19. 21. ἔλαβε τὰ ζεύγη [A τὸ ζ.] . . . καὶ ἔθυσε (1 *a*)
IV Ki. 17. 36. αὐτῷ θύσετε [A θυμιάσετε] (1 *a*)
I Ch. 15. 26. ἔθυσαν ἀν' [A S *om.*] ἑπτὰ μόσχους (1 *a*)
29. 21. ἔθυσε Δ. τῷ κυρίῳ θυσίας (1 *a*)
II Ch. 5. 6. θύοντες μόσχους καὶ πρόβατα (1 *b*)
7. 4. θύοντες θύματα ἔναντι κυρίου (1 *a*)
11. 16. θῦσαι κυρίῳ θεῷ (1 *a*)
15. 11. ἔθυσε [A -σαν] τῷ κυρίῳ (1 *a*)
18. 2. ἔθυσεν αὐτῷ Ἀ. πρόβατα (1 *a*)
25. 14. αὐτὸς αὐτοῖς [B[1] -ῷ] ἔθυε (3 *a*)
26. 18. B οὐ σοί, Ὀ., θῦσαι κ. [A R *al.*] (3 *b*)
— 18. ἀλλ' ἢ τοῖς ἱερεῦσιν . . . θῦσαι [A θυμιᾶσαι] (3 *b*)
28. 3. A B τοῖς [B ἐν τ.] εἰδώλοις αὐ. ἔθυεν [R *om.*] (3 *b*)
— 23. αὐτοῖς τοίνυν θύσω (1 *b*)
29. 22. ἔθυσαν τοὺς μόσχους (4 *a*)
— 22. ἔθυσαν τοὺς κριούς (4 *a*)
— 22. A R ἔθυσαν τοὺς ἀμνούς (4 *a*)
— 24. ἔθυσαν αὐτοὺς οἱ ἱερεῖς (4 *a*)
30. 15. ἔθυσαν τὸ φασέκ (4 *a*)
— 17. τοῦ θύειν τὸ φασέκ (4 *b*)
— 22. θύοντες θυσίας σωτηρίου (1 *b*)
33. 22. πᾶσι τοῖς εἰδώλοις . . . ἔθυεν Ἀ. (1 *b*)
34. 25. A ἔθυσαν θεοῖς ἑτέροις [B *al.*] (3 *a*, 3 *b* *)
35. 1. R ἔθυσε [A B -σαν] τὸ φασέκ (4 *a*)
— 6. θύσατε τὸ φασέκ (4 *a*)
— 11. ἔθυσαν τὸ φασέκ (4 *a*)
I Es. 1. 1. ἔθυσε [A B[1] -σαν] τὸ πάσχα
— 6. ἐν τάξει θύσατε τὸ πάσχα
7. 12. ἔθυσαν τὸ πάσχα
Ne. 12. 43. ἔθυσαν . . . θυσιάσματα μεγάλα (1 *a*)
To. 1. 5. πᾶσαι αἱ φυλαὶ . . . ἔθυον τῇ Βάαλ [S *al.*]
7. 8. ἔθυσαν κριὸν προβάτων [S *al.*]
Ps. 4. 5. θύσατε θυσίαν δικαιοσύνης (1 *a*)
26 (27). 6. ἔθυσα . . . θυσίαν ἀλαλαγμοῦ (1 *a*)
49 (50). 14. θῦσον τῷ θεῷ θυσίαν αἰνέσεως (1 *a*)
53 (54). 6. ἑκουσίως θύσω σοι (1 *a*)
105 (106). 37. ἔθυσαν τοὺς υἱοὺς αὐτῶν (1 *a*)
— 38. ὧν [S[1] *om.*] ἔθυσαν [S[2] -υον] τοῖς γλυπτοῖς X. (1 *b*)
106 (107). 22. θυσάτωσαν αὐτῷ [S *om.*] θυσίαν αἰνέσεως (1 *a*)
115. 8 (116. 17). σοὶ θύσω θυσίαν αἰνέσεως (1 *a*)
Pr. 16. 5. δεκτὰ δὲ παρὰ θεῷ μᾶλλον ἢ θύειν θυσίας -
Si. 31 (34). 20. θύων υἱὸν ἔναντι τοῦ πατρὸς αὐ.
Ho. 4. 13. καὶ ἐπὶ τοὺς βουνοὺς ἔθυον (3 *a*)
— 14. καὶ μετὰ τῶν τετελεσμένων ἔθυον (1 *b*)
8. 13. ἐὰν θύσωσι θυσίαν (1 *a*)
11. 2. αὐτοὶ τοῖς Βααλεὶμ ἔθυον (1 *b*)
13. 2. αὐτοὶ λέγουσι, Θύσατε ἀνθρώπους (1 *a*)
Jn. 1. 16. A R ἔθυσαν θυσίαν [B S -ας] τῷ κυρίῳ (1 *a*)
2. 10. μετὰ . . . ἐξομολογήσεως θύσω σοι (1 *a*)
Hb. 1. 16. θύσει τῇ σαγήνῃ [A τῷ ἀμφιβλήστρῳ] (1 *b*)
Ma. 1. 14. θύει [S θύσει] διεφθαρμένον τῷ κυρίῳ (1 *a*)
Is. 22. 13. θύοντες πρόβατα (4 *a*)
66. 3. ὁ θύων μοι μόσχον (4 *a*)
Je. 1. 16. ἔθυσαν θεοῖς ἀλλοτρίοις (3 *a*)
2. 28. ἔθυον τῇ Βάαλ -
Je. 11. 19. ἀγόμενον [S[1] -ος] τοῦ θύεσθαι (2)
Ba. 4. 7. θύσαντες δαιμονίοις καὶ οὐ θεῷ
Ez. 16. 20. ἔθυσας [A *add.* αὐτὰ] αὐτοῖς (1 *a*)
20. 28. ἔθυσαν ἐκεῖ τοῖς θεοῖς αὐτῶν (1 *a*)
39. 17. ἣν τέθυκα ὑμῖν θυσίαν μεγάλην (1 *a*)
— 19. ἀπὸ τῆς θυσίας μου ἧς ἔθυσα ὑμῖν (1 *a*)
I Ma. 1. 43. ἔθυσαν τοῖς εἰδώλοις
— 47. καὶ θύειν ὕεια
2. 25. τὸν ἄνδρα . . . τὸν ἀναγκάζοντα θ.
4. 56. ἔθυσαν θυσίαν σωτηρίου
— 57. S[1] ἔθυσαν [A S[2] R ἐθύρωσαν] αὐτά
7. 19. A R ἔθυσεν αὐτούς [S -ός]
III Ma. 1. 9. R θύσας τῷ μεγίστῳ [A πιστῷ] θεῷ
2. 28. μηδένα τῶν μὴ θυόντων . . . εἰσιέναι
[**Aq.** III KI. 3. 3: PS. 49 (50). 14: 106 (107). 22: JE. 52. 10.]
[**Sm.** JE. 52. 10.]
[**Th.** III KI. 3. 3: JE. 33 (40). 18: 52. 10: HO. 4. 14.]

θύελλα. (1) עֲרָפֶל

Ex. 10. 22. ἐγένετο σκότος γνόφος θύελλα -
De. 4. 11: 5. 22 (19). σκότος γνόφος θύελλα (1)
[**Sm.**, **Th.** Ez. 1. 4.]

θυΐα. (1) מְדֹכָה

Nu. 11. 8. ἔτριβον ἐν τῇ θ. (1)

θύϊνος.

[**Sm.** III KI. 10. 11.]

θυΐσκη. (1) כַּף (2) מַחְתָּה

Ex. 25. 28 (29). καὶ τὰς θ. καὶ τὰ σπονδεῖα (1)
38. 12 (37. 16): Nu. 4. 7. καὶ τὰς θ. καὶ τοὺς κυάθους (1)
Nu. 7. 14. θυΐσκην μίαν δέκα χρυσῶν (1)
— 20. θυΐσκην μίαν δέκα χρυσῶν [A[1] *om.* δ. χρ.] (1)
— 26, 32, 38, 44, 50, 56, 62, 68, 74, 80. θυΐσκην μίαν δέκα χρυσῶν (1)
— 84, 86. θυΐσκαι χρυσαῖ δώδεκα (1)
— 86. A ἡ θ. ἐν τῷ σίκλῳ τῶν ἁγίων (1)
— 86. πᾶν τὸ χρυσίον τῶν θ. (1)
III Ki. 7. 50. τὰ τρυβλία καὶ αἱ θ. χρυσαῖ (2)
IV Ki. 25. 14. τὰς φιάλας καὶ τὰς θ. (1)
I Ch. 28. 17. R καὶ θυΐσκων [A B *om.* κ. θ.] κεφουρέ †
II Ch. 4. 21 (22). τὰς φιάλας καὶ τὰς θ. (1)
24. 14. θυΐσκας χρυσᾶς καὶ ἀργυρᾶς (1)
I Es. 2. 13. θυΐσκαι ἀργυραῖ εἴκοσι ἐννέα
Je. 52. 19. τὰς θ. καὶ τοὺς κυάθους . . . ἔλαβεν (1)
I Ma. 1. 22. τὰς φιάλας καὶ τὰς θ. τὰς χρυσᾶς

θυλάκιον.

To. 9. 5. ὃς δὲ προήνεγκε τὰ θ. ἐν ταῖς σφραγσι [S *al.*]
[**Al.** GE. 43. 21.]

θύλακος. (1) חָרִיט

IV Ki. 5. 23. ἔλαβε . . . ἐν δυσὶ θυλάκοις (1)
[**Aq.** GE. 42. 27.]

θῦλαξ.

[**Sm.** HO. 3. 2.]

θῦμα. (1) *a.* זָבַח *b.* זֶבַח (2) *a.* טֶבַח *b.* טִבְחָה

Ge. 43. 16. καὶ σφάξον θύματα (2 *a*)
Ex. 29. 28. ἀφαίρεμα . . . ἀπὸ τῶν θ. τῶν σωτηρίων (1 *b*)
34. 15. B καὶ φάγῃς τῶν θ. [A θυσιῶν] αὐ. [R *al.*] (1 *b*)
— 25. θύματα [A θυμίαμα] ἑορτῆς τοῦ πάσχα (1 *b*)
De. 18. 3. παρὰ τῶν θυόντων τὰ θ. [A τὰς θυσίας] (1 *b*)
I Ki. 25. 11. λήψομαι . . . τὰ θ. μου (2 *b*)
II Ki. 6. 13. θῦμα μόσχος καὶ ἄρνα (1 *a*)
IV Ki. 10. 24. τοῦ ποιῆσαι τὰ θ. [A θυμιάματα] (1 *b*)
II Ch. 7. 4. θύοντες θύματα ἔναντι κυρίου (1 *b*)
Pr. 9. 2. ἔσφαξε τὰ ἑαυτῆς θ. (2 *a*)
17. 1. καὶ ἀδίκων θυμάτων μετὰ μάχης (1 *b*)
27. 9. S θύμασιν [A B θυμιάμασι] τέρπεται καρδία †
Ez. 40. 41. ἐπ' αὐτὰ σφάξουσι τὰ θ. -
— 42. τῶν ὀκτὼ τραπεζῶν τῶν θ. [A θυμιαμάτων] -
— 42. σφάζουσιν ἐκεῖ . . . τὰ θ. (1 *b*)
46. 24. ἑψήσουσιν ἐκεῖ . . . τὰ θ. τοῦ λαοῦ (1 *b*)
[**Sm.** EZ. 21. 10 (15).]

θυμήρης.
Wi. 3. 14. κλῆρος ἐν ναῷ κ. θυμηρέστερος

θυμιάζειν, θυμιᾶν. (1) זָבַח a. qal. b. pi.
(2) קָטַר a. pi. b. pu. c. hi. d. קְטֹרֶת

Ex. 23. 18. A^1 οὐ θυμιάσεις [A^2 θήσεις, B θύσ.] ἐπὶ ζύμῃ αἷμα (1 a)
30. 7. θυμιάσει ἐπ' αὐτοῦ 'Α. θυμίαμα (2 c)
— 8 (7). θυμιάσει ἐπ' αὐτοῦ (2 c)
— 8. A R θυμιάσει [B -εις] ἐπ' αὐτοῦ (2 c)
40. 5. εἰς τὸ θ. ἐναντίον [A ἐνώπιον] τῆς κιβ. (2 d)
— 27. ἐθυμίασεν [B^1 ἐθυσίασεν] ἐπ' αὐτοῦ θυμίαμα (2 c)
I Ki. 2. 15. πρὶν θυμιαθῆναι τὸ στέαρ (2 c)
— 16. θυμιαθήτω πρῶτον . . . τὸ στέαρ (2 c)
— 28. θυμιᾶν θυμίαμα (2 c)
III Ki. 1. 25. A ἐθυμίασεν [B ἐθυσ.] μόσχους (1 a)
3. 1 (9. 25). ἐθυμία ἐνώπιον κυρίου (2 c)
— 2. θυμιῶντες ἐπὶ [A ἐν] τοῖς ὑψ. (1 b)
— 3. ἔθυε καὶ ἐθυμία (2 c)
9. 25. A ἐθυμία αὐτὸς εἰς πρόσωπον κ. (2 c)
11. 8. ἐθυμίων . . . τοῖς εἰδώλοις αὐτῶν (2 c)
16. 28 (22. 43 [44]). B ἔθυον ἐν τοῖς ὕψη οἷς καὶ ἐθυμίων (2 a)
22. 44. ἐθυμίων ἐν τοῖς ὑψηλοῖς (2 a)
IV Ki. 12. 3 (4): 14. 4: 15. 4. ἐθυμίων ἐν τοῖς ὑψηλοῖς (2 a)
15. 35: 16. 4. ἐθυμία ἐν τοῖς ὑψηλοῖς (2 a)
16. 13. ἐθυμίασε τὴν ὁλοκαύτωσιν αὐτοῦ (2 c)
17. 11. ἐθυμίασαν ἐκεῖ ἐν πᾶσιν ὑψηλοῖς (2 a)
— 35. A οὐ θυμιάσετε [B θυσιάσ.] αὐτοῖς (1 a)
— 36. A καὶ αὐτῷ θυμιάσετε [B θύσετε] (1 a)
18. 4. ἦσαν οἱ υἱοὶ 'Ισρ. θυμιῶντες αὐτῷ (2 a)
22. 17. ἐθυμίων θεοῖς ἑτέροις (2 a)
23. 5. ἐθυμίων ἐν τοῖς ὑψηλοῖς (2 a)
— 5. τοὺς θυμιῶντας τῷ [A τῇ] Βάαλ (2 a)
— 8. οὗ ἐθυμίασαν ἐκεῖ οἱ ἱερεῖς (2 a)
I Ch. 6. 49 (34). θυμιῶντες ἐπὶ τὸ θυσιαστήριον (2 c)
23. 13. τοῦ θυμιᾶν ἐναντίον τοῦ κυρίου (2 c)
II Ch. 2. 4 (3). τοῦ θυμιᾶν ἀπέναντι αὐ. θυμίαμα (2 c)
— 6 (5). τοῦ θυμιᾶν κατέναντι αὐτοῦ (2 c)
13. 11. θυμιῶσι τῷ κ. ὁλοκαύτωμα [A -ματα] (2 c)
26. 16. A B^2 R θυμιᾶσαι [B^1 -αμάσαι] ἐπὶ τὸ θυσ. (2 c)
— 18. A R οὐ σοί, 'Ο., θυμιᾶσαι τῷ [B θῦσαι] κ. (2 c)
— 18. A ἀλλ' ἢ τοῖς ἱερ. . . . θυμιᾶσαι [B θῦσαι] (2 c)
— 19. τοῦ θυμιᾶσαι ἐν τῷ ναῷ (2 c)
28. 4. ἐθυμία ἐπὶ τῶν ὑψηλῶν (1 b + 2 a)
— 25. ὑψηλὰ θυμιᾶν θεοῖς ἀλλοτρίοις (2 a)
29. 7. θυμίαμα οὐκ ἐθυμίασαν (2 c)
— 11. εἶναι αὐτῷ . . . θυμιῶντας (2 c)
30. 14. ἐν οἷς ἐθυμίων [B^1 -ῶσαν] τοῖς ψευδέσι (2 a)
32. 12. ἐπ' αὐτῷ [A -οῦ] θυμιάσετε (2 c)
34. 25. ἐθυμίασαν θεοῖς ἀλλοτρίοις [A al.] (2 a, 2 c*)
Ca. 3. 6. τίς αὕτη . . . τεθυμιαμένη σμύρναν (2 b)
Ho. 11. 2. καὶ τοῖς γλυπτοῖς ἐθυμίων (2 a)
Hb. 1. 16. θυμιάσει τῷ ἀμφιβλήστρῳ [A al.] (2 a)
Is. 65. 3. A θυμιάζουσιν [B S θυσι.] ἐν τοῖς κήποις (1 a)
— 3. καὶ θυμιῶσιν [S -οῦσιν] ἐπὶ ταῖς πλίνθοις (2 a)
— 7. οἱ ἐθυμίασαν ἐπὶ τῶν ὀρέων (2 a)
Je. 7. 9. A R θυμιᾶτε [B S ἐθ.] τῇ Βάαλ (2 a)
11. 12. οἷς αὐτοὶ θυμιῶσιν [S ἐθυμιῶσαν] αὐτοῖς (2 a)
— 13. ἐτάξατε [A S -αν] βωμοὺς θυμιᾶν τῇ Β. (2 a)
— 17. ἐν τῷ θ. αὐτοὺς τῇ Βάαλ (2 a)
18. 15. εἰς κενὸν ἐθυμίασαν [S^1 -εν] (2 a)
19. 4. ἐθυμίασαν ἐν αὐτῷ θεοῖς ἀλλοτρίοις (2 a)
— 13. ἐν αἷς ἐθυμίασαν [A -ιῶσ.] ἐπὶ τῶν δωμ. (2 a)
31 (48). 35. ἀπολῶ τὸν Μωὰβ . . . θυμιῶντα θεοῖς αὐ. (2 c)
39 (32). 29. ἐν αἷς ἐθυμιῶσαν [A add. ἐν αὐταῖς] (2 a)
51 (44). 3. πορευθέντες θυμιᾶν θεοῖς ἑτέροις (2 a)
— 5. πρὸς τὸ μὴ θυμιᾶν θεοῖς ἑτέροις (2 a)
— 8. θυμιᾶν θεοῖς ἑτέροις (2 a)
— 15. θυμιῶσιν αἱ γυναῖκες αὐτῶν (2 a)
— 17. θυμιᾶν τῇ βασιλίσσῃ τοῦ οὐρανοῦ (2 a)
— 18. ὡς διελίπομεν θυμιῶντες τῇ βασ. (2 a)
— 19. S R ἡμεῖς ἐθυμιῶμεν [A B θ.] τῇ βασ. τοῦ οὐρ. (2 a)
— 21. R οὓ ἐθυμιάσατε [A -ατο, B^1 -αμεν, B^2 S -αν] ἐν ταῖς πόλεσιν 'Ι. (2 a)
— 23. ἀπὸ προσώπου ὧν ἐθυμιᾶτε [S -άσατε] (2 a)
Je. 51 (44). 25. θυμιᾶν τῇ βασ. τοῦ οὐρ. [S^1 τῇ Βάαλ] (2 a)
Ep. Je. 43. ἐγκάθηνται θυμιῶσαι [A -ῶντες] τὰ πίτυρα
I Ma. 1. 55. ἐν ταῖς πλατείαις ἐθυμίων
2. 23. A θυμιᾶσαι [S R θυσιάσαι] ἐπὶ τοῦ βωμοῦ
4. 50. ἐθυμίασαν ἐπὶ τὸ θυσιαστήριον
[**Aq.** Le. 8. 21: III Ki. 9. 25: 11. 8: Je. 11. 13.]
[**Sm.** Le. 8. 21: III Ki. 11. 8: IV Ki. 23. 5: Pr. 29. 8: Je. 44 (51). 18.]
[**Th.** Le. 8. 21: Je. 11. 13.]
[**Al.** Ex. 29. 13: Ez. 46. 22.]
[**Quint.** IV Ki. 23. 5.]

θυμίαμα. (1) אִשֶּׁה (2) בֶּשֶׂם (3) זֶבַח (4) מִקְטַר קְטֹרֶת (5) נְכֹאת (6) סַם (7) קָטַר a. pi. b. hoph. c. קְטוֹרָה d. קְטֹרֶת (8) קָנֶה

Ge. 37. 25. ἔγεμον θυμιαμάτων (5)
43. 11. A θ. [R add. τε] καὶ στακτήν (5)
Ex. 23. 18. A^2 B αἷμα θυμιάματός [A^1 θυσιάσμ.] μου (3)
29. 18. B^1 R θ. [A B^2 θυσίασμα] κυρίῳ [A τῷ κ.] ἐστι (1)
30. 1. ποιήσεις θυσιαστήριον θυμιάματος (4)
— 7. θυμιάσει ἐπ' αὐτοῦ 'Ααρὼν θ. (7 d)
— 8. θ. ἐνδελεχισμοῦ διὰ παντός (7 d)
— 9. B^1 οὐκ ἀνοίσει [A -σεται, B^2 R -σεις] . . . θ. ἕτερον (7 d)
— 27. τὸ θυσιαστήριον τοῦ θ. (7 d)
— 35. θ. μυρεψικὸν ἔργον μυρεψοῦ (7 d)
— 36 (37). ἅγιον τῶν ἁγίων ἔσται ὑμῖν θ. (7 d)
31. 11. καὶ τὸ θ. τῆς συνθέσεως τοῦ ἁγίου (7 d)
34. 25. αἷμα θυμιαμάτων [A θυσιασμ.] μου (3)
— 25. A θ. [B θύματα] ἑορτῆς τοῦ πάσχα (3)
35. 14 (15). καὶ τὸ θ. [A^2 τὰ θ.] (7 d?)
— 19 (15). καὶ τὸ θ. τῆς συνθέσεως (7 d?)
— 28: 38. 25 (37. 29). καὶ τὴν σύνθεσιν τοῦ θ. (6)
39. 16 (38). τὸ θ. τῆς συνθέσεως (7 d)
40. 27. A R θ. [B τὸ θ.] τῆς συνθέσεως (7 d)
Le. 4. 7. τοῦ θυσιαστηρίου τοῦ θ. τῆς συνθ. (7 d)
— 18. τοῦ θυσιαστηρίου τῶν θ. τῆς συνθ. –
10. 1. B^1 R ἐπέβαλον . . . θ. [A B^2 -ματα] (7 d)
16. 12. θυμιάματος συνθέσεως λεπτῆς (7 d)
— 13. ἐπιθήσει τὸ θ. ἐπὶ τὸ πῦρ (7 d)
— 13. καλύψει ἡ ἀτμὶς τοῦ θ. τὸ ἱλαστ. (7 d)
Nu. 4. 16. τὸ θ. τῆς συνθέσεως (7 d)
7. 14, 20, 26, 32, 38, 44, 50, 56, 62, 68, 74, 80. θυΐσκην μίαν . . . πλήρη θυμιάματος (7 d)
— 86. θυΐσκαι . . . πλήρεις θυμιάματος (7 d)
16. 7. ἐπίθετε ἐπ' αὐτὰ θυμίαμα (7 d)
— 17. A^2 B^2 R ἐπιθήσετε ἐπ' αὐτὰ θυμίαμα [B^1 -ματα] (7 d)
— 18. A^2 B ἐπέβαλον ἐπ' αὐτὰ θυμίαμα (7 d)
— 35. τοὺς προσφέροντας τὸ θ. (7 d)
— 40 (17. 5). ἐπιθεῖναι θυμίαμα ἔναντι κυρίου (7 d)
— 46 (17. 11). ἐπίβαλε ἐπ' αὐτὸ θυμίαμα (7 d)
— 47 (17. 12). ἐπέβαλε τὸ θ. (7 d)
De. 33. 10. ἐπιθήσουσι θυμίαμα (7 c)
I Ki. 2. 28. θυμιᾶν θυμίαμα (7 d)
— 29. ἵνα τί ἐπέβλεψας [A -ψατε] ἐπὶ τὸ θ. μου (3)
3. 14. εἰ ἐξιλασθήσ. ἀδικία . . . ἐν θυμιάματι (3)
IV Ki. 10. 24. A τοῦ ποιῆσαι τὰ θ. [B θύματα] (3)
I Ch. 6. 49 (34). ἐπὶ τὸ θυσιαστήριον τῶν θ. (7 d)
28. 18. τοῦ θυσιαστηρίου τῶν θ. (7 d)
II Ch. 2. 4 (3). τοῦ θυμιᾶν ἀπέναντι αὐτοῦ θυμίαμα (7 d + 6)
13. 11. θυμιῶσι . . . θυμίαμα συνθέσεως (7 d)
26. 16. ἐπὶ τὸ θυσιαστήριον τῶν θ. (7 d)
— 19. ἐπάνω τοῦ θυσιαστηρίου τῶν θ. (7 d)
29. 7. θυμίαμα οὐκ ἐθυμίασαν (7 d)
To. 6. 16. λήψῃ τέφραν θυμιαμάτων [S al.]
8. 2. ἔλαβε τὴν τέφραν τῶν θ. [S al.]
Ju. 9. 1. ἦν ἄρτι προσφερόμενον . . . τὸ θ. [A τοῦ θ.]
Ps. 65 (66). 15. ὁλοκαυτώματα . . . μετὰ θυμιάματος (7 d)
140 (141). 2. ὡς θυμίαμα ἐνώπιόν σου (7 d)
Pr. 27. 9. θυμιάμασι [S θύμασιν] τέρπεται καρδία (7 d)
Wi. 18. 21. θυμιάματος ἐξιλασμὸν κομίσας
Si. 45. 16. θυμίαμα καὶ εὐωδίαν εἰς μνημόσυνον
49. 1. εἰς σύνθεσιν θυμιάματος
Ma. 1. 11. θυμίαμα προσάγεται [A προσαγάγετε] (7 b)
Is. 1. 13. θ. βδέλυγμά μοί ἐστι (7 d)
39. 2. ἔδειξεν αὐτοῖς τὸν οἶκον . . . τῶν θ. (2)
43. 24. A S οὐδὲ ἐκτήσω σοι . . . θ. [B θυσίασμα] (8)
Je. 17. 26. φέροντες . . . θυσίαν καὶ θυμιάματα (3?)
51 (44). 21. οὐχὶ τοῦ θ. . . . ἐμνήσθη κύριος (7 a)
Ez. 8. 11. ἡ ἀτμὶς τοῦ θ. ἀνέβαινε (7 d)
16. 18. τὸ θ. μου ἔθηκας πρὸ προσώπου αὐτῶν (7 d)
23. 41. τὸ θ. καὶ τὸ ἔλαιόν μου (7 d)
40. 41. A τῶν ὀκτὼ τραπεζῶν τῶν θ. [B θυμάτων] –
Da. LXX. 3. (38). οὐδὲ προσφορὰ οὐδὲ θυμίαμα
Da. TH. 3. (38). A^2 B οὐδὲ προσφορὰ οὐδὲ θυμίαμα
I Ma. 4. 49. τὸ θυσιαστ. τῶν ὁλοκαυτωμ. καὶ θ.
II Ma. 2. 5. τὸ θυσιαστ. τοῦ θ. εἰσήνεγκεν ἐκεῖ
10. 3. θυμίαμα . . . ἐποιήσαντο
[**Aq.** Ex. 30. 7: 31. 8: Ca. 3. 6.]
[**Sm.** Ex. 30. 7: 31. 8: 35. 8: Ca. 4. 14.]
[**Th.** Ex. 30. 7: 31. 8: 35. 8, 15: Ca. 2. 17: Je. 33 (40). 18.]
[**Al.** Ex. 40. 5: Ps. 140 (141). 2.]

θυμιᾶν, *vid.* **θυμιάζειν.**

θυμιατήριον. (1) מִקְטֶרֶת
II Ch. 26. 19. ἐν τῇ χειρὶ αὐτοῦ τὸ θ. (1)
Ez. 8. 11. ἕκαστος θ. αὐτοῦ εἶχεν ἐν τῇ χειρί (1)
IV Ma. 7. 11. 'Ααρὼν τῷ θ. καθωπλισμένος
[**Aq.** Je. 52. 19.]
[**Sm.** Ex. 30. 1: Je. 52. 19.]
[**Th.** Ex. 30. 1.]
[**Al.** Le. 10. 1.]

θυμός. (1) אַף (2) בְּנַס (3) זַעַם (4) זַעַף (5) a. חֵמָא b. חֱמָא c. חֵמָה (6) חָרוֹן (7) חֲרוֹן אַף (8) חֳרִי (9) חֳרִי־אַף (10) כֹּחַ (11) a. כַּעַס b. כַּעַשׂ (12) מַטֶּה (13) מִלְחָמָה (14) נַהַם (15) נַחַת (16) נְשָׁמָה (17) עֶבְרָה (18) פֶּה (19) קוֹל (20) קִנְאָה (21) קֶצֶף (22) רֹאשׁ (23) רָגַז a. qal. b. hithp. c. רֹגֶז d. θ. ὀργῆς רֹגֶז e. רְגַז (24) רוּחַ (25) תַּרְעֵלָה (26) θυμός ἐστιν קָצַף (27) θ. πλάγιος a. קְרִי b. חֲמַת־קְרִי (28) ὁ θ. τῆς ὀργῆς תְּנוּאָה (29) θυμὸς ὀργῆς a. חֵמָה b. עֶבְרָה (30) ἡ ὀργὴ τοῦ θ., ὀργὴ θυμοῦ אַף

Ge. 27. 44. ἕως τοῦ ἀποστρέψαι τὸν θ. . . . τοῦ ἀ. (5 c)
49. 6. ἐν τῷ θ. αὐ. ἀπέκτειναν ἀνθρώπους (1)
— 7. ἐπικατάρατος ὁ θ. αὐτῶν (1)
Ex. 11. 8. ἐξῆλθε δὲ Μωυσῆς ἀπὸ Φ. μετὰ θυμοῦ (9)
15. 8. διὰ πνεύματος τοῦ θ. σου (1)
22. 24 (23). καὶ ὀργισθήσομαι θυμῷ (1)
32. 12. παῦσαι τῆς ὀργῆς τοῦ θ. σου (1)
— 19. ὀργισθεὶς θυμῷ Μωυσῆς (1)
Le. 10. 6. ἐπὶ πᾶσαν τὴν συναγωγὴν ἔσται θ. (26)
26. 24. πορεύσομαι κἀγὼ μεθ' ὑμῶν θ. πλαγίῳ (27 a)
— 28. πορεύσομαι μεθ' ὑμῶν ἐν θ. πλαγίῳ (27 b)
— 41. ἐπορεύθην μετ' αὐτῶν ἐν θ. πλαγίῳ (27 a)
Nu. 12. 9. ὀργὴ θυμοῦ κυρίου ἐπ' αὐτοῖς (1)
14. 34. γνώσεσθε τὸν θ. τῆς ὀργῆς μου (28)
18. 5. οὐκ ἔσται θυμὸς ἐν τοῖς υἱοῖς 'Ισρ. (21)
22. 22. ὠργίσθη θυμῷ ὁ θεός (1)
25. 3. ὠργίσθη θυμῷ κύριος (1)
— 4. ἀποστραφήσεται ὀργὴ θυμοῦ [B^1 om.] κ. (1)
— 11. κατέπαυσε τὸν θ. μου (5 c)
32. 10, 13. ὠργίσθη θυμῷ κύριος (1)
— 14. προσθεῖναι ἔτι ἐπὶ τὸν θ. τῆς ὀργῆς κ. (6)
De. 6. 15. B^2 R μὴ ὀργισθεὶς θυμῷ [A B^1 θυμωθῇ] κ. (1)
7. 4. ὀργισθήσεται θυμῷ κύριος (1)
9. 19. ἔκφοβός εἰμι διὰ . . . τὸν θ. (5 c)
13. 17 (18). ἀποστραφῇ κ. ἀπὸ θυμοῦ τῆς ὀργῆς αὐ. (6)
29. 23 (22). ἃς κατέστρεψε κ. ἐν θυμῷ (1)
— 24 (23). τίς ὁ θ. τῆς ὀργῆς ὁ μέγας οὗτος (8)
— 27 (26). ὠργίσθη θυμῷ κύριος (1)
— 28 (27). ἐν θυμῷ καὶ ὀργῇ (1)
31. 17. ὀργισθήσομαι θυμῷ (1)
32. 22. πῦρ ἐκκέκαυται ἐκ τοῦ θ. μου (1)
— 24. μετὰ θυμοῦ συρόντων ἐπὶ γῆν [A τῆς γ.] (5 c)

De. 32. 33. θυμὸς δρακόντων . . . θυμὸς ἀσπίδων (5 c, 22)
Jo. 7. 26. ἐπαύσατο κ. τοῦ θ. τῆς ὀργῆς (6)
Jd. 2. 14, 20 : 3. 8. ὠργίσθη θυμῷ κύριος (1)
6. 39. μὴ δὴ ὀργισθήτω ὁ θ. σου (1)
9. 30. ὠργίσθη θυμῷ [A ἐθυμώθη ὀργῇ] (1)
10. 7. ὠργίσθη θυμῷ [A ἐθυμώθη] κ. (1)
14. 19. ὠργίσθη θυμῷ [A ἐθυμώθη ὀργῇ] Σ. (1)
I Ki. 17. 28. A ὠργίσθη θυμῷ Ἐλιάβ (1)
20. 34. ἐν ὀργῇ θυμοῦ [A -ῷ] (1)
28. 18. οὐκ ἐποίησας θυμὸν ὀργῆς αὐτοῦ (6)
II Ki. 11. 20. ἐὰν ἀναβῇ ὁ θ. τοῦ βασιλέως (5 c)
22. 16. ἀπὸ πνοῆς πνεύματος θυμοῦ αὐτοῦ (1)
IV Ki. 5. 12. ἀπῆλθεν ἐν θυμῷ (5 c)
13. 3. ὠργίσθη θυμῷ κύριος (1)
19. 27. τὸν θ. σου ἐπ' ἐμέ [A om. ἐ. ἐ.] (23 b)
22. 17. ἐκκαυθήσεται ὁ θ. μου (5 c)
23. 26. ἀπὸ θυμοῦ τῆς ὀργῆς αὐτοῦ (6)
24. 3. ἐπὶ τὸν θ. κυρίου ἦν (18)
— 20. ἐπὶ τὸν θ. κυρίου ἦν ἐπὶ Ἱερ. (1)
II Ch. 12. 7. οὐ μὴ στάξῃ ὁ θ. μου ἐν [A ἐπὶ] Ἱερ. (5 c)
25. 10. ἐν ὀργῇ θυμοῦ (1)
28. 11. AR ὀργὴ θυμοῦ [B om.] κυρίου ἐφ' ὑμῖν (1)
— 13. AR ὀργὴ θυμοῦ [B om.] κ. θεοῦ ἐπὶ τὸν Ἰσρ. (1)
29. 8. A ὠργίσθη θυμῷ [B ὀργῇ] κύριος (21)
— 10. AR τὴν ὀργὴν τοῦ [B om.] θ. αὐτοῦ (1)
30. 8. ἀποστρέψει ἀφ' ὑμῶν θυμὸν ὀργῆς (6)
34. 21. μέγας ὁ θ. κυρίου ἐκκέκαυται ἐν ἡμῖν (5 c)
— 25. ἐξεκαύθη ὁ θ. μου ἐν τῷ τόπῳ τούτῳ (5 c)
35. 19. οὐκ ἀπεστράφη κ. ἀπὸ ὀργῆς θυμοῦ αὐτοῦ . . . οὗ ὠργίσθη θυμῷ κύριος –, –
36. 5. πλὴν θυμὸς κυρίου ἦν ἐπὶ Ἰούδαν –
— 16. ἕως ἀνέβη ὁ [A om.] θ. κυρίου (5 c)
II Es. 8. 22. θυμὸς αὐ. ἐπὶ πάντας (1)
10. 14. τοῦ ἀποστρέψαι ὀργὴν θυμοῦ [A om.] θ. (1)
To. 1. 18. πολλοὺς γὰρ ἀπέκτεινεν ἐν τῷ θ. αὐ.
Ju. 2. 7. ἐξελεύσομαι ἐν θυμῷ μου ἐπ' αὐτούς
5. 2. ὠργίσθη θυμῷ σφόδρα
9. 8. κάταξον τὸ κράτος αὐτῶν ἐν τῷ θ. σου
Es. 2. 1. ἐκόπασεν ὁ βασιλεὺς τοῦ θ. (5 c)
5. 1. ἐν ἀκμῇ θυμοῦ
7. 10. ὁ βασιλεὺς ἐκόπασε τοῦ θ. (5 c)
Jb. 3. 17. ἐξέκαυσαν [A ἔπαυσαν] θυμὸν ὀργῆς (23 d)
6. 4. ὁ θ. αὐτῶν ἐκπίνει μου τὸ αἷμα (5 c)
10. 1. A ἐπαφήσω τὸν θυμόν μου [BS al.] †
13. 13. ἵνα . . . ἀναπαύσωμαι θυμοῦ [A -ῷ μου] †
15. 13. θυμὸν ἔρρηξας ἔναντι κυρίου (24)
19. 29. θυμὸς γὰρ ἐπ' ἀνόμους [A -οις] ἐπελεύσ. (5 c)
20. 16. θυμὸν [A -ὸς] δὲ δρακόντων θηλάσειεν [A -ει] (22)
— 23. ἐπαποστεῖλαι ἐπ' αὐτὸν θυμὸν ὀργῆς (6)
24. 21 (22). θυμῷ δὲ κατέστρεψεν ἀδυνάτους [A al.] (10 ?)
31. 11. θυμὸς γὰρ ὀργῆς ἀκατάσχετος [A al.] †
36. 13. ὑποκριταὶ καρδίᾳ τάξουσι θυμόν (1)
— 18. θυμὸς δὲ ἐπ' ἀσεβεῖς ἔσται [A ἥξει] (5 c)
37. 2. ἐν [S^1 om.] ὀργῇ θυμοῦ κυρίου (19)
Ps. 2. 5. ἐν τῷ θ. αὐτοῦ ταράξει αὐτούς (6)
— 12. ὅταν ἐκκαυθῇ ἐν τάχει ὁ θ. αὐτοῦ (1)
6. 1. μὴ τῷ θ. σου ἐλέγξῃς με (1)
— 7. ἐταράχθη ἀπὸ θυμοῦ ὁ ὀφθαλμός μου (11 b)
9. 35 (10. 14). καὶ θυμὸν κατανοεῖς [B^1 -νοήσεις] (11 b)
29 (30). 5. ὀργὴ ἐν τῷ θ. αὐτοῦ (1)
30 (31). 9. ἐταράχθη ἐν θυμῷ ὁ ὀφθαλμός μου (11 b)
36 (37). 8. ἐγκατάλιπε θυμόν (5 c)
37 (38). 1. μὴ τῷ θ. σου ἐλέγξῃς με (21)
57 (58). 4. θυμὸς αὐτοῖς κατὰ τὴν ὁμοίωσιν τοῦ ὄφεως (5 c)
68 (69). 24. ὁ θ. τῆς ὀργῆς [S^1 om. τῆς ὀ.] σου (6 [7])
73 (74). 1. ὠργίσθη ὁ θ. σου ἐπὶ πρόβατα (1)
77 (78). 38. τοῦ ἀποστρέψαι τὸν θ. αὐτοῦ (1)
— 49. ἐξαπέστειλεν εἰς αὐτοὺς ὀργὴν θυμοῦ αὐτοῦ θυμὸν καὶ ὀργήν (1, 17)
84 (85). 3. ἀπέστρεψας ἀπὸ ὀργῆς θυμοῦ σου (1)
— 4. ἀπόστρεψον τὸν θ. σου ἀφ' ἡμῶν (11 b)
87 (88). 7. ἐπ' ἐμὲ ἐπεστηρίχθη ὁ θ. σου (5 c)
89 (90). 7. ἐν τῷ θ. σου ἐταράχθημεν (5 c)
— 11. BS^1 ἀπὸ τοῦ φόβου τοῦ θ. [A S^2 τὸν θ.] σου (17)
101 (102). 10. ἀπὸ προσώπου . . . τοῦ θ. σου (21)
Ps. 105 (106). 23. B τοῦ [S^1 τοῦ μὴ] ἀποστρέψαι ἀπὸ θυμοῦ ὀργῆς [S^1 ἀποστρ. τὴν ὀργήν, A S^2 ἀποστρ. τὸν θ.] αὐτοῦ (29 a [5 c])
— 40. ὠργίσθη θυμῷ κύριος (1)
123 (124). 3. ἐν τῷ ὀργισθῆναι τὸν θ. αὐτῶν (1)
Pr. 6. 34. AB μεστὸς γὰρ ζήλου θυμὸς ἀνδρός (5 c)
11. 4. A οὐκ ὠφελήσει . . . ἐν ἡμέρᾳ θυμοῦ (17)
15. 1. ἀπόκρισις δὲ . . . ἀποστρέφει θυμόν (5 c)
16. 14. θυμὸς βασιλέως ἄγγελος θανάτου (5 c)
18. 14. θυμὸν ἀνδρὸς πραΰνει θεράπων (24)
20. 2. οὐ διαφέρει ἀπειλὴ . . . θυμοῦ λέοντος (14)
21. 14. θυμὸν ἐγείρει ἰσχυρόν (5 c)
24. 18. ἀποστρέψει τὸν θ. αὐτοῦ ἀπ' αὐτοῦ (1)
— 23 (29. 27). ἐὰν γὰρ ὀξυνθῇ ὁ θ. αὐτοῦ –
27. 4. ἀνελεήμων θυμὸς καὶ ὀξεῖα ὀργή (5 c)
29. 11. ὅλον τὸν θ. αὐτοῦ ἐκφέρει ἄφρων (24)
Ec. 2. 23. καὶ θυμοῦ περισπασμὸς αὐτοῦ (11 b)
5. 16. πᾶσαι [S^1 om.] αἱ ἡμέραι αὐ. ἐν . . . θ. πολλῷ (11 a)
7. 4 (3). ἀγαθὸν [S -ὸς] θυμὸς ὑπὲρ γέλωτα (11 b)
— 10 (9). θυμὸς ἐν κόλπῳ ἀφρόνων ἀναπαύσ. (11 b)
11. 10. ἀπόστησον θυμὸν ἀπὸ καρδίας σου (11 b)
Wi. 5. 22. ἐκ πετροβόλου θυμοῦ . . . χάλαζαι
7. 20. καὶ θυμοὺς [S^1 νόμους καὶ] θηρίων
10. 3. ἀδελφοκτόνοις συναπώλετο θυμοῖς
11. 18. νεοκτίστους [A -ου] θυμοῦ [S -οὺς] πλήρεις θῆρας [S^1 al.]
16. 5. δεινὸς ἐπῆλθε θηρίων θυμός
18. 21. ἀντέστη τῷ [S^1 om.] θ.
19. 1. ἀνελεήμων θ. ἐπέστη
Si. 1. 21. οὐ δυνήσ. θ. ἄδικος δικαιωθῆναι ἡ γὰρ ῥοπὴ [S^1 ὀργὴ] τοῦ θ. αὐ. πτῶσις αὐτῷ
5. 6. καταπαύσει [S^1 -σεται] ὁ θ. αὐτοῦ
10. 18. οὐδὲ ὀργὴ θυμοῦ γεννήμασι γυναικῶν
18. 24. μνήσθητι θυμοῦ [S^1 θεοῦ]
25. 15. οὐκ ἔστι θυμὸς ὑπὲρ θυμὸν ἐχθροῦ
26. 28. ἐπὶ τῷ τρίτῳ θυμός μοι ἐπῆλθεν
28. 10. κατὰ τὴν ἰσχὺν τοῦ ἀνθρ. ὁ θ. αὐ. ἔσται
— 19. ὃς οὐ διῆλθεν ἐν τῷ θ. αὐτῆς
30. 24. ζῆλος καὶ θυμὸς ἐλαττοῦσιν ἡμέρας
33 (36). 7. ἔγειρον θυμὸν καὶ ἔκχεον ὀργήν
34 (31). 30. πληθύνει μέθη θυμὸν ἄφρονος
39. 28. ἐν θυμῷ αὐτῶν ἐστερέωσαν
— 28. τὸν θ. τοῦ ποιήσαντος αὐτοὺς
40. 5. θυμὸς καὶ ζῆλος καὶ ταραχὴ
45. 18. ἡ συναγωγὴ Κορὲ ἐν θυμῷ καὶ ὀργῇ
— 19. συνετελέσθησαν ἐν θυμῷ ὀργῆς
48. 10. κοπάσαι ὀργὴν πρὸ θυμοῦ
Ho. 8. 5. παρωξύνθη ὁ θυμός μου ἐπ' αὐτούς (1)
11. 9. οὐ μὴ ποιήσω κατὰ τὴν ὀργὴν τοῦ θ. μου (1)
13. 11. καὶ ἔσχον ἐν τῷ θ. μου (17)
Am. 6. 13 (12). ἐξεστρέψατε εἰς θυμὸν κρίμα (22)
Mi. 5. 15 (14). ποιήσω . . . ἐν θυμῷ [A π. ἐν θυμῷ . . .] ἐκδίκησιν (5 c [1])
Jn. 3. 9. ἀποστρέψει ἐξ ὀργῆς θυμοῦ αὐτοῦ (1)
Na. 1. 2. ἐκδικῶν κ. μετὰ θυμοῦ (5 c)
— 6. τίς ἀντιστήσεται ἐν ὀργῇ θυμοῦ αὐ. (1)
— 6. ὁ θυμὸς αὐτοῦ τήκει ἀρχάς (5 c)
Hb. 3. 8. ἢ ἐν ποταμοῖς ὁ θυμός σου (1)
— 12. καὶ ἐν θυμῷ κατάξεις ἔθνη (1)
Ze. 2. 2. πρὸ τοῦ ἐπελθεῖν . . . ἡμέραν θυμοῦ κ. (1)
3. 8. πᾶσαν ὀργὴν θυμοῦ μου (1)
Za. 6. 8. ἀνέπαυσαν τὸν θ. μου (24)
8. 2. θ. μεγάλῳ ἐζήλωκα [A S -σα] αὐτήν (5 c)
10. 3. παρωξύνθη ὁ θ. μου (1)
— 4. ἀπ' [A ἐξ] αὐτοῦ τόξον ἐν θυμῷ (13)
Is. 1. 24. οὐ παύσεται γάρ μου ὁ θυμὸς ἐν τοῖς ὑπεναντίοις –
5. 25. S ὠργίσθη θυμῷ [A B ἐθυμώθη ὀργῇ] κ. (1)
— 25. οὐκ ἀπεστράφη ὁ θ. αὐτοῦ (1)
7. 4. ὅταν γὰρ ὀργὴ τοῦ θ. μου γένηται (1)
9. 12 (11), 17 (16). ἐπὶ τούτοις πᾶσιν οὐκ ἀπεστράφη ὁ θ. (1)
— 19 (18). διὰ θυμὸν ὀργῆς κυρίου (29 b)
— 21 (20). ἐπὶ τούτοις πᾶσιν οὐκ ἀπεστράφη ὁ θ. (1)
10. 4. A S ἐπὶ πᾶσι τούτοις οὐκ ἀπεστράφη ὁ θ. [B ἡ ὀργή] (1)
— 5. ἡ ῥάβδος τοῦ θ. μου (1)
— 25. ὁ δὲ θ. μου ἐπὶ τὴν βουλὴν αὐτῶν (1)
— 26. ὁ θ. αὐτοῦ τῇ ὁδῷ τῇ κατὰ θάλασσαν (12)
12. 1. ἀπέστρεψας τὸν θ. σου (1)
13. 3. πληρῶσαι τὸν θ. μου (1)
— 9. ἡμέρα κ. ἔρχεται ἀνίατος θυμοῦ (17)
Is. 13. 13. διὰ θυμὸν ὀργῆς κυρίου σαβ. τῇ ἡμ. ᾗ ἂν ἐπέλθῃ ὁ θ. αὐ. (29 b, 7)
14. 3. ἀπὸ [A S^2 ἐκ] τῆς ὀδύνης καὶ τοῦ θ. σου (23 c)
— 6. πατάξας ἔθνος θυμῷ . . . παίων ἔθνος πληγὴν θυμοῦ (17, 1)
27. 8. ἀνελεῖν αὐτοὺς πνεύματι [S^1 -μα] θυμοῦ †
28. 2. σκληρὸν [S^1 add. παρὰ κυρίου] ὁ θ. κ. –
— 21. μετὰ θυμοῦ ποιήσει τὰ ἔργα αὐτοῦ (23 a)
— 21. ὁ δὲ θ. αὐτοῦ ἀλλοτρίως χρήσεται †
30. 27. τὸ ὄνομα κυρίου ἔρχ. . . . καιόμενος θ. [A S ὁ θ.] . . . ἡ ὀργὴ τοῦ θ. ὡς πῦρ ἔδεται (1, †)
— 30. καὶ τὸν θ. τοῦ βραχίονος αὐτοῦ δεῖξαι μετὰ θυμοῦ (15, 4)
— 33. ὁ θ. κυρίου ὡς φάραγξ ὑπὸ θείου καιομένη (16)
31. 4. τὸ πλῆθος τοῦ θ. ἐπτοήθησαν †
34. 2. θ. κυρίου ἐπὶ πάντα τὰ ἔθνη (21)
37. 29. ὁ δὲ θ. σου ὃν ἐθυμώθης [S ἐνεθυμήθης] (23 b ?)
42. 25. ἐπήγαγεν ἐπ' αὐτοὺς ὀργὴν θυμοῦ αὐ. (1)
48. 9. δείξω σοι τὸν θ. μου (1)
51. 13. ἐφόβου . . . τὸ πρόσωπον [S τοῦ πρ.] τοῦ θ. (5 c)
— 13. ποῦ ὁ θ. τοῦ θλίβοντός σε (5 c)
— 17. ἡ πιοῦσα . . . τὸ ποτήριον τοῦ θ. αὐ. . . . τὸ κόνδυ τοῦ θ. ἐξέπιες (5 c, 25)
— 20. οἱ πλήρεις θυμοῦ κυρίου (5 c)
— 22. εἴληφα . . . τὸ κόνδυ τοῦ θ. μου [A S om.] (5 c)
54. 8. ἐν θ. μικρῷ ἀπέστρεψα τὸ πρόσ. μου (21)
59. 19. ἥξει μετὰ θυμοῦ (24)
63. 3. κατεπάτησα αὐτοὺς ἐν θυμῷ μου [A S om.] (1 et 5 c)
— 5. ὁ θ. μου ἐπέστη [S ἔστη] (5 c)
65. 5. οὗτος καπνὸς τοῦ θ. μου (1)
66. 15. ἀποδοῦναι ἐν θυμῷ ἐκδίκησιν αὐ. [A S om.] (5 c)
Je. 2. 35. ἀποστραφήτω ὁ θ. αὐτοῦ ἀπ' ἐμοῦ (1)
4. 4. AR μὴ ἐξέλθῃ ὡς πῦρ ὁ θ. μου [BS αὐτοῦ] (5 c)
— 8. οὐκ ἀπεστράφη ὁ θ. κυρίου ἀφ' ὑμῶν (7)
— 26. ἀπὸ προσώπου ὀργῆς θυμοῦ αὐτοῦ (1)
6. 11. τὸν θ. μου ἔπλησα [S -αν] (5 c)
7. 20. ὀργὴ καὶ θ. μου χεῖται [A ἐκχ.] (5 c)
10. 24. πλὴν ἐν κρίσει καὶ μὴ ἐν θυμῷ (1)
— 25. ἔκχεον τὸν θ. [A τὴν ὀργήν] σου (5 c)
15. 14. πῦρ ἐκκέκαυται ἐκ τοῦ θ. μου (1)
18. 20. τοῦ ἀποστρέψαι τὸν θ. [S^1 τὴν θύραν] σου ἀπ' αὐτῶν (5 c)
— 23. ἐν καιρῷ θυμοῦ [S -ῷ] σου ποίησον (1)
20. 16. ὡς κατέστρεψε κύριος ἐν θυμῷ –
21. 5. ἐν βραχίονι [S add. ὑψηλῷ] κραταιῷ μετὰ θυμοῦ (1 et 5 c)
— 14. A ἀνάψω πῦρ ἐν τῷ θ. [B S δρυμῷ] αὐ. †
23. 20. οὐκέτι ἀποστρέψει ὁ θ. κυρίου (1)
25. 16 (49. 37). κατὰ τὴν ὀργὴν τοῦ θ. μου (1)
32 (25). 37. ἀπὸ προσώπου ὀργῆς θυμοῦ μου (1)
37 (30). 24. οὐ μὴ ἀποστραφῇ ὀργὴ θυμοῦ [S^1 om.] κ. (1)
39 (32). 31. ἐπὶ τὸν θ. μου ἦν ἡ πόλις αὕτη (5 c)
— 37. ἐν ὀργῇ μου καὶ τῷ θ. μου (5 c)
40 (33). 5. καὶ ἐν θυμῷ [S τῷ θ.] μου (5 c)
43 (36) 7. μέγας ὁ θ. καὶ ἡ ὀργὴ κυρίου (1)
49 (42). 18. καθὼς ἔσταξεν ὁ θ. μου (1 et 5 c)
— 18. οὕτως στάξει ὁ θ. μου (5 c)
51 (44). 6. ἔσταξεν ἡ ὀργή μου καὶ ὁ θ. [A ὁ θ. μ. κ. ἡ ὀ.] μου καὶ [S add. ὁ θ. μου] ἐξεκαύθη (1 [5 c], –)
Ba. 1. 13. οὐκ ἀπέστρεψεν ὁ θ. κυρίου
2. 13. ἀποστραφήτω ὁ θ. σου ἀφ' ἡμῶν
— 20. ἐνῆκας τὸν θ. σου
La. 1. 12. ἐν ἡμέρᾳ ὀργῆς θυμοῦ [S θ. ὀ.] αὐτοῦ (1 [6])
2. 2 (1). A ἐν ἡμέρᾳ ὀργῆς θυμοῦ [BS om.] αὐτοῦ (30)
— 2. πάντα τὰ ὡραῖα Ἰ. καθεῖλεν ἐν θυμῷ αὐ. (17)
— 3. συνέκλασεν ἐν ὀργῇ θυμοῦ αὐτοῦ (1)
— 4. ἐξέχεεν ὡς πῦρ τὸν θ. αὐτοῦ (5 c)
3. 1. ἐν ῥάβδῳ θυμοῦ αὐτοῦ ἐπ' ἐμέ (17)
— 43. ἐπεσκέπασας ἐν θυμῷ (1)
— 47. φόβος καὶ θ. ἐγενήθη ἡμῖν †
4. 11. συνετέλεσε κύριος θυμὸν αὐτοῦ ἐξέχεε θυμὸν ὀργῆς [A ἐ. ὀργὴν θυμοῦ] αὐτοῦ (5 c, 6 [1])
Ez. 5. 13. συντελεσθήσεται ὁ θ. μου (1)

Ez. 5. 15. A ἐν ὀργῇ καὶ ἐν θυμῷ καὶ ἐν [B S om. ὀ. κ. ἐν θ. κ. ἐν] ἐκδικήσει θυμοῦ μου (5 c, 5 c)
— 16. A τὰς βολίδας μου τοῦ θ. [B λιμοῦ] †
7. 8. συντελέσω τὸν θ. μου ἐν σοί (1)
8. 18. ποιήσω αὐτοῖς μετὰ θυμοῦ (5 c)
9. 8. ἐν τῷ ἐκχέαι σε τὸν θ. σου (5 c)
13. 13. ῥήξω πνοὴν ἐξαίρουσαν μετὰ θυμοῦ... τοὺς λίθους . . . ἐν θυμῷ ἐπάξω (5 c, 5 c)
— 15. συντελέσω τὸν θ. μου (5 c)
14. 19. ἐκχεῶ τὸν θ. μου (5 c)
16. 38. ἐν αἵματι [A εἰς αἷμα] θυμοῦ (5 c)
— 42. ἐπαφήσω τὸν θ. μου ἐπὶ σέ (5 c)
19. 12. κατεκλάσθη ἐν θυμῷ (5 c)
20. 8, 13, 21. τοῦ ἐκχέαι τὸν θ. μου ἐπ' αὐτούς (5 c)
— 33. ἐν θ. κεχυμένῳ βασιλεύσω ἐφ' ὑμᾶς (5 c)
— 34. ἐν βραχίονι ὑψηλῷ καὶ ἐν θ. κεχυμένῳ (5 c)
21. 17 (22). ἐναφήσω θυμόν [A τὸν θ.] μου (5 c)
22. 20. A καὶ ἐν τῷ θ. μου (5 c)
— 22. ἐξέχεα τὸν θ. μου ἐφ' ὑμᾶς (5 c)
— 31. ἐξέχεα ἐπ' αὐτὴν θυμόν [A τὸν θ.] μου (3)
23. 25. ποιήσουσι μετὰ σοῦ ἐν ὀργῇ θυμοῦ (1)
24. 8. τοῦ ἀναβῆναι [A[1] καταβ.] θυμόν (5 c)
— 13. ἕως οὗ ἐμπλήσω τὸν θ. μου (5 c)
25. 14. A κατὰ τὴν ὀργὴν τοῦ θ. [B S om. τ. θ.] μου καὶ κατὰ τὸν θ. μου (30, 5 c)
30. 15. ἐκχεῶ τὸν θ. μου (5 c)
36. 5. ἐν πυρὶ θυμοῦ μου ἐλάλησα (20)
— 6. ἐν τῷ θ. μου ἐλάλησα (5 c)
— 18. ἐξέχεα τὸν θ. μου ἐπ' αὐτούς (5 c)
38. 18. ἀναβήσεται ὁ θ. μου (5 c et 1)
39. 29. ἐξέχεα τὸν θ. μου (24)
43. 8. ἐξέτριψα αὐτοὺς ἐν θυμῷ μου (1)
Da. LXX. 3. 19. τότε N. ἐπλήσθη θυμοῦ (5 b)
8. 6. ἔδραμε πρὸς αὐτὸν ἐν θυμῷ ὀργῆς (5 c)
9. 16. ἀποστραφήτω ὁ θυμός σου (1)
11. 44. ἐξελεύσεται ἐν θυμῷ ἰσχυρῷ (5 a)
Da. TH. 2. 12. ὁ βασιλεὺς ἐν θυμῷ καὶ ὀργῇ εἶπεν (2)
3. 13. τότε N. ἐν θυμῷ καὶ ὀργῇ εἶπεν (23 e)
— 19. τότε N. ἐπλήσθη θυμοῦ (5 b)
9. 16. ἀποστραφήτω δὴ ὁ θ. σου (1)
11. 44. ἥξει ἐν θυμῷ πολλῷ (5 a)
I Ma. 2. 24. καὶ ἀνήνεγκε θυμόν
— 44. ἐπάταξαν . . ἄνδρας ἀνόμους ἐν θυμῷ αὐ.
— 49. νῦν ἐστηρίχθη . . . ὀργὴ θυμοῦ
3. 27. ὠργίσθη θυμῷ
7. 35. ὤμοσε μετὰ θυμοῦ
— 35. S R ἐξῆλθε μετὰ θ. μεγάλου [A om.]
9. 69. ὠργίσθη [S[2] add. ἐν] θυμῷ
15. 36. ἀπέστρεψε δὲ μετὰ θυμοῦ
II Ma. 4. 25. θυμοὺς δὲ ὠμοῦ τυράννου . . . ἔχων
— 37. πυρωθεὶς τοῖς θ.
7. 21. τὸν θῆλυν λογισμὸν ἄρσενι θ. διεγείρασα
9. 4. ἐπαρθεὶς δὲ τῷ θ.
— 7. πῦρ πνέων τοῖς θ.
10. 28. καθηγεμόνα τῶν ἀγώνων ταττόμενοι τὸν θ.
— 35. πυρωθέντες τοῖς θ.
— 35. θηριώδει θ. τὸν ἐμπίπτοντα ἔκοπτον
13. 4. ἐξήγειρε τὸν θ. τοῦ 'Αντ.
14. 45. πεπυρωμένος τοῖς θ.
15. 10. τοῖς θ. διεγείρας αὐτούς
III Ma. 2. 17. ἵνα μὴ καυχήσωνται . . . ἐν θυμῷ αὐ.
IV Ma. 1. 4. θυμοῦ τε καὶ πόνου καὶ φόβου
— 24. θυμὸς δὲ κοινὸν πάθος ἐστίν
2. 16. πάντα . . . ἀπωθεῖται ὥσπερ καὶ τὸν θ.
— 17. οὐ θυμῷ τι κατ' αὐτῶν ἐποίησεν
— 17. λογισμῷ τὸν θ. διῄτησεν
— 19. ἐπικατάρατος ὁ θ. αὐτῶν
— 20. εἰ μὴ γὰρ ἐδύνατο τῶν θ. [S τοῦ θ.] ὁ λογ. κρατεῖν
3. 3. θυμόν τις οὐ δύναται ἐκκόψαι
— 3. τῷ θ. δυνατὸν [S add. τὸν λογ.] βοηθῆσαι
18. 20. ζέουσι θυμοῖς ἀγαγών

[**Aq.** Ps. 6. 2: 9. 25 (10. 4): 26 (27). 9: 29 (30). 6: 77 (78). 50: Pr. 30. 33: Ec. 2. 23: Is. 13. 3: Je. 6. 11: 25. 38 (32. 24): 32 (39). 31: Na. 1. 2.]
[**Sm.** Jb. 32. 5: 42. 7: Ps. 9. 25 (10. 4): 58 (59). 14: 75 (76). 11: 77 (78). 38: 87 (88). 8: 88 (89). 47: 89 (90). 11: Pr. 12. 16: 27. 4: Is. 30. 27: 51. 17: 59. 18: 63. 6: Je. 6. 11: 25. 15 (32. 1), 38 (32. 24): Ez. 3. 14: Na. 1. 2: Hb. 2. 15.]
[**Th.** Jb. 18. 4: 36. 13: 37. 2: Ps. 6. 2: 7. 7: Pr. 14. 35: 30. 33: Is. 13. 9: 59. 18: 63. 6: Je. 10. 10: 25. 15 (32. 1), 38 (32. 24): Ez. 5. 15: 20. 28: Am. 1. 11.]
[**Heb.** Ge. 49. 6.]
[**Quint.** Ps. 29 (30). 6.]
[**Al.** Ex. 11. 8: I Ki. 28. 18: Is. 10. 4: Ha. 3. 12.]

θυμοῦν. (1) אָנֵף hithp. (2) דְּאָגָה (3) זָעַם (4) *a.* זָעַף *b.* זַעַף (5) חֵמָה (6) חָרָה (7) חָרָה אַף (8) כָּעַס *a.* qal. *b.* hi. (9) מָאַס (10) מָרַר hithpalp. (11) נָחַם ni. (12) קָצַף (13) קְצַר רוּחַ (14) רָגַז *a.* hi. *b.* hithp. *c.* רְגַז

Ge. 6. 7. A ὅτι ἐθυμώθην [R ἐνεθυμήθην] (11)
30. 2. A ἐθυμώθη [R θυμωθεὶς] δὲ 'I. τῇ 'Ραχήλ (7)
39. 19. καὶ ἐθυμώθη ὀργῇ (6)
44. 18. καὶ μὴ θυμωθῇς τῷ παιδί σου (7)
Ex. 4. 14. θυμωθεὶς ὀργῇ κύριος ἐπὶ M. (6)
32. 10. θυμωθεὶς ὀργῇ εἰς αὐτούς (6)
— 11. ἵνα τί, κύριε, θυμοῖ ὀργῇ (6)
Le. 10. 16. ἐθυμώθη Μωυσῆς ἐπὶ 'Ελεάζαρ (12)
Nu. 11. 1. ἤκουσε κύριος καὶ ἐθυμώθη ὀργῇ (6)
— 10. ἐθυμώθη ὀργῇ κύριος σφόδρα (6)
— 33. κύριος ἐθυμώθη εἰς τὸν λαόν (7)
22. 27. ἐθυμώθη Βαλαάμ (7)
24. 10. ἐθυμώθη Βαλὰκ ἐπὶ Βαλαάμ (7)
De. 1. 37. ἐμοὶ ἐθυμώθη κύριος δι' ὑμᾶς (1)
4. 21. κύριος ὁ θεὸς ἐθυμώθη μοι (1)
6. 15. A B[1] μὴ ὀργισθεὶς θυμωθῇ [B[2] R θυμῷ] κ. (6)
9. 8. ἐθυμώθη κύριος ἐφ' ὑμῖν (1)
— 20. καὶ ἐπὶ 'Ααρὼν ἐθυμώθη (1)
11. 17. θυμωθεὶς ὀργῇ [A -γισθῇ] κ. ἐφ' ὑμῖν (6)
Jo. 7. 1. ἐθυμώθη κύριος ὀργῇ (6)
Jd. 9. 30. A ἐθυμώθη ὀργῇ [B al.] (6)
10. 7. A ἐθυμώθη [B ὠργίσθη θυμῷ] κύριος (7)
14. 19. A ἐθυμώθη ὀργῇ [B ὠργίσθη θυμῷ] Σ. (6)
I Ki. 11. 6. ἐθυμώθη ἐπ' αὐτούς (6)
19. 22. ἐθυμώθη ὀργῇ Σαούλ –
20. 30. ἐθυμώθη ὀργῇ Σαούλ (6)
II Ki. 3. 8. A[2] B ἐθυμώθη σφόδρα 'Αβεννήρ (6)
6. 7. R ἐθυμώθη ὀργῇ [A B om.] κύριος τῷ 'Οζᾷ (6 [7])
11. 22. ἐθυμώθη Δαυὶδ πρὸς 'Ιωάβ –
12. 5. ἐθυμώθη ὀργῇ Δ. σφόδρα τῷ ἀνδρί (6)
13. 21. ἐθυμώθη σφόδρα (6)
19. 42 (43). ἵνα τί οὕτως [A τοῦτο] ἐθυμώθης (6)
22. 8. ἐθυμώθη κύριος αὐτοῖς (6)
IV Ki. 1. 18 (3. 3). ἐθυμώθη ὀργῇ κ. εἰς τὸν οἶκον 'A. –
5. 11. ἐθυμώθη N. καὶ ἀπῆλθε (12)
17. 18. ἐθυμώθη κύριος σφόδρα ἐν τῷ 'Ισρ. (1)
— 20. R ἐθυμώθη κύριος παντὶ σπέρμ. 'Ισρ. [A B al.] (9)
23. 26. οὐ ἐθυμώθη ὀργῇ [A ἐν τῇ ὀ.] αὐτοῦ (6)
I Ch. 13. 10. A R ἐθυμώθη κύριος ὀργῇ [B om.] ἐπὶ 'O. (6 [7])
II Ch. 16. 10. ἐθυμώθη 'Ασὰ τῷ προφήτῃ (8 a)
25. 10. ἐθυμώθησαν σφόδρα ἐπὶ 'Ιούδαν (7)
26. 19. ἐθυμώθη 'Οζίας (4 a)
— 19. ἐν τῷ θυμωθῆναι αὐτὸν πρὸς τοὺς ἱ. (4 b)
I Es. 1. 52. ἕως οὗ θυμώντα [A τοῦ θυμωθέντα] αὐτόν
Ju. 1. 12. ἐθυμώθη N. ἐπὶ πᾶσαν τὴν γῆν
Es. 3. 5: 5. 9. ἐθυμώθη σφόδρα (5)
Jb. 21. 4. διὰ τί οὐ θυμωθήσομαι (13)
32. 5. ἐθυμώθη ὀργῇ αὐτοῦ (6)
Ec. 7. 10 (9). μὴ σπεύσῃς . . . τοῦ θυμοῦσθαι (8 a)
Si. 20. 2. ὡς καλὸν ἐλέγξαι ἢ θυμοῦσθαι
Ho. 7. 5. ἤρξαντο οἱ ἄρχοντες θυμοῦσθαι ἐξ οἴνου (5)
11. 7. ὁ θ. ἐπὶ τὰ τίμια αὐτοῦ θυμωθήσεται †
12. 14 (15). ἐθύμωσεν 'E. καὶ παρώργισε (8 b)
Is. 5. 25. ἐθυμώθη ὀργῇ [S ὠργίσθη θυμῷ] κ. σαβ. (6)
13. 13. ὁ γὰρ οὐρανὸς θυμωθήσεται (14 a)
37. 29. ὁν ἐθυμώθης [S ἐνεθυμήθης] (14 b)
54. 9. μὴ θυμωθήσεσθαι ἐπὶ σοὶ ἔτι (12)
Je. 30. 12 (49. 23). ἐξέστησαν ἐθυμώθησαν [S[1] ἠθ., A ἐκοιμήθ.] (2 ?)
Ez. 21. 9 (14). ὀξύνου καὶ θυμώθητι †
Da. LXX. 3. 13. τότε N. θυμωθεὶς ὀργῇ (14 c)
8. 7. ἐθυμώθη ἐπ' αὐτόν (10)
Da. LXX. Bel 7. καὶ θυμωθεὶς ὁ βασιλεύς
Da. TH. 11. 30. θυμωθήσεται ἐπὶ διαθήκην ἁγίαν (3)
Bel 8. καὶ θυμωθεὶς ὁ βασιλεύς
IV Ma. 2. 17. θυμούμενός γέ τοι M. κατὰ Δαθάν

[**Aq.** Ps. 59 (60). 3: Je. 37 (44). 15.]
[**Th.** Jd. 9. 30: 10. 7: I Ki. 29. 4: II Ki. 24. 1: Jb. 32. 5: 42. 7: Is. 13. 13: Da. 11. 30.]
[**Al.** Ex. 16. 20.]

θυμώδης. (1) אַף (2) חֵמָה

Pr. 11. 25. ἀνὴρ δὲ θυμώδης οὐκ εὐσχήμων †
15. 18. ἀνὴρ θυμώδης παρασκευάζει μάχας (2)
22. 24. μὴ ἴσθι ἑταῖρος ἀνδρὶ θυμώδει (1)
24. 72 (31. 4). οἱ δυνάσται θυμώδεις εἰσίν †
29. 22. ἀνὴρ θυμώδης ἐγείρει [A S ὀρύσσει] νεῖκος (1)
Si. 8. 16. μετὰ θυμώδους μὴ ποιήσῃς μάχην
28. 8. ἄνθρωπος γὰρ θ. ἐκκαύσει μάχην
Je. 37 (30). 23. ὀργὴ κυρίου ἐξῆλθε θ. (2)
[**Sm.** Pr. 21. 19.]
[**Th.** Pr. 12. 19.]

θύπη (?). (1) עֵדֶן

Jl. 2. 3. ὡς παράδεισος τρυφῆς [S[1] θύπης] (1)

θύρα. (1) *a.* דַּל *b.* דֶּלֶת (2) מְחֱזָה (3) סַף (4) *a.* פֶּתַח *b.* פִּתּוּחַ (5) שַׁעַר (6) תְּרַע

Ge. 6. 16. τὴν δὲ θ. τῆς κιβωτοῦ ποιήσεις ἐκ πλαγίων (4 a)
18. 1. καθημ. αὐτοῦ ἐπὶ τῆς θ. τῆς σκηνῆς (4 a)
— 2. ἀπὸ τῆς θ. τῆς σκηνῆς αὐτοῦ (4 a)
— 10. ἤκουσε πρὸς τῇ θ. τῆς σκηνῆς (4 a)
19. 6. καὶ τὴν θ. προσέῳξεν (1 b)
— 9. καὶ ἤγγισαν συντρῖψαι τὴν θ. (1 b)
— 10. τὴν θ. τοῦ οἴκου ἀπέκλεισαν (1 b)
— 11. τοὺς δὲ ἄνδρας τοὺς ὄντας ἐπὶ τῆς θ. (4 a)
— 11. παρελύθησαν ζητοῦντες τὴν θ. (4 a)
Ex. 12. 22. ἀπὸ τοῦ αἵματος τοῦ παρὰ τὴν θ. (3)
— 22. ἀπὸ τοῦ αἵματος ὅ ἐστι παρὰ τὴν θ. (3)
— 22. οὐκ ἐξελεύσεσθε ἕκαστος τὴν θ. (4 a)
— 23. καὶ παρελεύσεται κύριος τὴν θ. (4 a)
21. 6. προσάξει αὐτὸν ἐπὶ [A πρὸς] τὴν θ. (1 b)
26. 36. B[2] R τῇ θ. τῆς σκηνῆς (4 a)
29. 4. προσάξεις ἐπὶ τὰς θ. τῆς σκηνῆς (4 a)
— 10. προσάξεις τὸν μόσχον ἐπὶ τὰς θ. τῆς σκηνῆς –
— 10. παρὰ τὰς θ. τῆς σκηνῆς τοῦ μαρτυρίου –
— 11. B παρὰ τὰς θ. τῆς σκηνῆς τοῦ μαρτυρίου (4 a)
— 32. παρὰ τὰς θ. [A τὴν θ.] τῆς σκηνῆς (4 a)
— 42. ἐπὶ [A add. τὰς] θύρας τῆς σκηνῆς (4 a)
33. 8. ἕκαστος παρὰ τὰς θ. τῆς σκηνῆς (4 a)
— 9. ἵστατο ἐπὶ τὴν θ. [A τῶν θ.] τῆς σκηνῆς (4 a)
— 10. ἑστῶτα ἐπὶ τῆς θ. [A τῶν θ.] τῆς σκηνῆς (4 a)
— 10. προσεκύνησαν ἕκαστος ἀπὸ τῆς θ. (4 a)
37. 5 (36. 37). τὸ καταπέτασμα τῆς θ. [A[1] om. τ. θ.] τῆς σκηνῆς (4 a)
38. 20. τὰς κεφαλίδας . . . τῆς θ. –
— 26 (8). παρὰ τὰς θ. τῆς σκηνῆς τοῦ μαρτυρίου (4 a)
39. 8 (38. 30). ἐποίησαν . . . τὰς βάσεις τῆς θ. (4 a)
— 20 (40). τὸ καταπέτασμα τῆς θ. τῆς σκηνῆς (5)
40. 5. ἐπὶ τὴν θ. τῆς σκηνῆς τοῦ μαρτυρίου (4 a)
— 6. παρὰ τὰς θ. [A τὴν θ.] τῆς σκηνῆς (4 a)
— 12. ἐπὶ τὰς θ. τῆς σκηνῆς τοῦ μαρτυρίου (4 a)
— 29. παρὰ τὰς θ. τῆς σκηνῆς (4 a)
Le. 1. 3. προσάξει πρὸς τὴν θ. τῆς σκηνῆς (4 a)
— 5. τὸ ἐπὶ τῶν θ. τῆς σκηνῆς (4 a)
3. 2. σφάξει αὐτὸ . . . παρὰ τὰς θ. τῆς σκηνῆς (4 a)
— 8. σφάξει αὐτὸ παρὰ τὰς θ. τῆς σκηνῆς –
— 9. B ἀπὸ τῆς θ. [A R θυσίας] τοῦ σωτηρίου †
— 13. σφάξουσιν . . . παρὰ τὰς θ. τῆς σκηνῆς –
4. 4. παρὰ τὴν θ. τῆς σκηνῆς τοῦ μαρτυρίου (4 a)
— 7. ὅ ἐστι παρὰ τὰς θ. τῆς σκηνῆς (4 a)
— 14. παρὰ τὰς θ. τῆς σκηνῆς τοῦ μαρτυρίου –
— 18. πρὸς τῇ θ. [A τὴν θ.] τῆς σκηνῆς (4 a)
8. 3, 4. ἐπὶ τὴν θ. τῆς σκηνῆς τοῦ μαρτυρίου (4 a)
— 33. ἀπὸ τῆς θ. τῆς σκηνῆς τοῦ μαρτυρίου (4 a)
— 35. ἐπὶ τὴν θ. τῆς σκηνῆς τοῦ μαρτυρίου (4 a)
10. 7. ἀπὸ τῆς θ. τῆς σκηνῆς τοῦ μαρτυρίου (4 a)
12. 6: 14. 11, 23. ἐπὶ τὴν θ. τῆς σκηνῆς τοῦ μαρτυρίου (4 a)
14. 38. ἐξελθὼν . . . ἐπὶ τὴν θ. τῆς οἰκίας (4 a)
15. 14. ἐπὶ τὰς θ. τῆς σκηνῆς τοῦ μαρτυρίου (4 a)
— 29. ἐπὶ τὴν θ. τῆς σκηνῆς τοῦ μαρτυρίου (4 a)
16. 7. παρὰ τὴν θ. τῆς σκηνῆς τοῦ μαρτυρίου (4 a)
17. 4. ἐπὶ τὴν θ. τῆς σκηνῆς τοῦ μαρτυρίου (4 a)

Le. 17. 4. ἐπὶ τὴν θ. τῆς σκηνῆς τοῦ μαρτυρίου (4 *a* ?)
— 5. ἐπὶ τὰς θ. τῆς σκηνῆς τοῦ μαρτυρίου (4 *a*)
— 6. παρὰ τὰς θ. τῆς σκηνῆς τοῦ μαρτυρίου (4 *a*)
— 7. **A** οὐ θύσουσιν ἐπὶ τὰς θ. [**B R** *al.*] †
— 9. ἐπὶ τὴν θ. τῆς σκηνῆς τοῦ μαρτυρίου (4 *a*)
19. 21. παρὰ τὴν θ. τῆς σκηνῆς τοῦ μαρτυρίου (4 *a*)
Nu. 3. 25. τὸ κατακάλυμμα τῆς θ. [**A**^{1} *om.* τ. θ.] τῆς σκηνῆς (4 *a*)
4. 25. τὸ κάλυμμα [**A** κατακ.] τῆς θ. τῆς σκηνῆς (4 *a*)
— 31. τὸ κατακάλυμμα [**A B**^{2} κάλ.] τῆς θ. τῆς σκ. –
6. 10. οἴσει . . . ἐπὶ τὰς θ. τῆς σκηνῆς (4 *a*)
— 13. προσοίσει αὐτὸς παρὰ τὰς θ. τῆς σκ. (4 *a*)
— 18. ξυρήσεται . . . παρὰ τὰς θ. τῆς σκηνῆς (4 *a*)
10. 3. συναχθήσεται . . . ἐπὶ τὴν θ. (4 *a*)
11. 10. ἕκαστον [**A** -ος] ἐπὶ τῆς θ. [**A** κατὰ τὴν θ.] αὐ. (4 *a*)
12. 5. ἔστη ἐπὶ τῆς θ. τῆς σκηνῆς (4 *a*)
16. 18. **A**^{2} **B** ἔστησαν παρὰ τὰς θ. τῆς σκηνῆς (4 *a*)
— 19. **B** παρὰ τὴν θ. [**A**^{2} τὰς θ.] τῆς σκηνῆς (4 *a*)
— 27. εἱστήκεισαν παρὰ τὰς θ. (4 *a*)
— 50 (17. 15). ἐπέστρεψεν Ἀ. . . . ἐπὶ τὴν θ. τῆς σκηνῆς (4 *a*)
20. 6. ἦλθε . . . ἐπὶ τὴν θ. τῆς σκηνῆς (4 *a*)
25. 6. ἔκλαιον παρὰ τὴν θ. τῆς σκηνῆς (4 *a*)
27. 2. στᾶσαι . . . ἐπὶ τῆς θ. τῆς σκηνῆς (4 *a*)
De. 15. 17. τρυπήσεις τὸ ὠτίον [**A** οὖς] αὐ. πρὸς τὴν θ. (1 *b*)
22. 21. ἐξάξουσι . . . ἐπὶ τὰς θ. (4 *a*)
31. 14. στῆτε παρὰ τὰς θ. τῆς σκηνῆς –
— 14. **A B**^{2} **R** ἔστησαν παρὰ τὰς θ. τῆς σκηνῆς –
— 15. ἔστη παρὰ [**A** ἐπὶ] τὰς θ. τῆς σκηνῆς –
— 15. ἔστη ὁ στῦλος . . . παρὰ τὰς θ. τῆς σκηνῆς (4 *a*)
Jo. 2. 19. ὃς ἂν ἐξέλθῃ τὴν θ. [**A** *al.*] (1 *b*)
19. 51. παρὰ τὰς θ. τῆς σκηνῆς τοῦ μαρτυρίου (4 *a*)
20. 4. **A** στήσεται ἐπὶ τὴν θ. τῆς πόλεως (4 *a*)
Jd. 3. 23. ἀπέκλεισε τὰς θ. τοῦ ὑπερῴου (1 *b*)
— 24. αἱ θ. τοῦ ὑπερῴου ἐσφηνωμέναι [**A** *al.*] (1 *b*)
— 25. ὁ ἀνοίγων τὰς θ. τοῦ ὑπερῴου (1 *b*)
4. 20. στῆθι δὴ ἐπὶ τὴν θ. [**A** ἐν τῇ θ.] τῆς σκ. (4 *a*)
9. 35. ἔστη πρὸς τῇ θ. τῆς πύλης [**A** τῇ π.] (4 *a*)
— 40. ἕως τῆς θ. τῆς πύλης [**A** ἕ. θυρῶν τῆς πόλ.] (4 *a*)
— 44. ἔστησαν παρὰ τὴν θ. τῆς πύλης [**A** *al.*] (4 *a*)
— 52. ἤγγισεν Ἀβ. ἕως τῆς θ. τοῦ πύργου (4 *a*)
11. 31. ὃς ἂν ἐξέλθῃ ἀπὸ τῆς θ. [**A** ἐκ τῶν θ.] (1 *b*)
16. 3. ἐπελάβετο τῶν θ. τῆς πύλης (1 *b*)
18. 16. ἑστῶτες παρὰ θύρας τῆς πύλης [**A** *al.*] (4 *a*)
— 17. **A** ὁ ἱερεὺς ἐστηλωμένος παρὰ τῇ θ. (4 *a*)
19. 22. κρούοντες ἐπὶ τὴν θ. [**A** *al.*] (1 *b*)
— 26. ἔπεσε παρὰ τὴν θ. (4 *a*)
— 27. ἤνοιξε τὰς θ. τοῦ οἴκου (1 *b*)
— 27. παρὰ τὰς θ. τοῦ οἴκου [**A** *al.*] (4 *a*)
I Ki. 2. 22. **A** τὰς παρεστώσας παρὰ τὴν θ. τῆς σκ. (4 *a*)
3. 15. ἤνοιξε τὰς θ. οἴκου κυρίου (1 *b*)
21. 13 (14). ἐτυμπάνιζεν ἐπὶ ταῖς θ. τῆς πόλεως (1 *b*)
— 13 (14). ἔπιπτεν ἐπὶ τὰς θ. τῆς πύλης –
23. 7. εἰσελθὼν εἰς πόλιν θυρῶν (1 *b*)
II Ki. 1. 21. **A** προσωχθίσθη θύρᾳ θανάτων [**B** *al.*] †
10. 8. παρὰ τῇ θ. τῆς πύλης [**B**^{2} πόλεως] (4 *a*)
11. 9. παρὰ τῇ θ. τοῦ βασ. [**A** θ. οἴκου τ. β.] (4 *a*)
— 23. ἕως τῆς θ. τῆς πύλης (4 *a*)
13. 17. ἀπόκλεισον τὴν θ. ὀπίσω αὐτῆς (1 *b*)
— 18. ἀπέκλεισε τὴν θ. ὀπίσω αὐτῆς (1 *b*)
III Ki. 6. 31. ἐποίησε θύρας ξύλων [**A** ἐκ ξ.] ἀρκ. (1 *b*)
— 32. **A** δύο θύρας ξύλων πευκίνων (1 *b*)
— 34. ἐν ἀμφοτέραις ταῖς θ. (1 *b*)
— 34. δύο πτυχαὶ ἡ θ. ἡ μία (1 *b*)
— 34. δύο πτυχαὶ ἡ θ. ἡ δευτέρα (1 *b*)
7. 50. τὰ θυρώματα τῶν θ. τοῦ οἴκου (1 *b*)
— 50. τὰς θ. τοῦ ναοῦ [**A** τοῦ οἴκου τ. ν.] χρυσᾶς (1 *b*)
— 5. ἀπὸ τοῦ θυρώματος ἐπὶ θύραν τρισσῶς (2 ?)
16. 34. τῷ Σ. . . . ἐπέστησε θύρας αὐ. (1 *b*)
IV Ki. 4. 4. ἀποκλείσεις τὴν θ. κατὰ σοῦ (1 *b*)
— 5. ἀπέκλεισε τὴν θ. κατ' αὐτῆς (1 *b*)
— 15. ἔστη παρὰ τὴν θ. (4 *a*)
— 33. ἀπέκλεισε τὴν θ. (1 *b*)
5. 9. ἔστη ἐπὶ θύρας οἴκου [**A** τῆς θ. τοῦ οἰ.] Ἐ. (4 *a*)
6. 32. ἀποκλείσατε τὴν θ. (1 *b*)
— 32. παραθλίψατε αὐτὸν ἐν τῇ θ. (1 *b*)
7. 3. ἦσαν . . . παρὰ τὴν θ. τῆς πόλεως (4 *a*)
9. 3. ἀνοίξεις τὴν θ. (1 *b*)
— 10. ἤνοιξε τὴν θ. καὶ ἔφυγε (1 *b*)
IV Ki. 10. 8. **B**^{3}**R** παρὰ τὴν θ. τῆς πύλης [**A B**^{2} πόλεως, **B**^{1} πύλης πόλεως] (4 *a* + 5 [4 *a*])
12. 13 (14). οὐ ποιηθήσεται . . . θ. ἀργυραῖ (3)
18. 16. συνέκοψεν Ἐζ. τὰς θ. ναοῦ (1 *b*)
23. 8. τὸν οἶκον . . . τὸν [**A** τῶν] παρὰ τὴν θ. (4 *a*)
I Ch. 9. 21. πυλωρὸς τῆς θ. τῆς σκηνῆς (4 *a*)
— 27. ἀνοίγειν τὰς θ. τοῦ ἱεροῦ –
II Ch. 4. 9. ἐποίησε . . . θύρας [**A** τὰς θ.] τῇ αὐλῇ (1 *b*)
— 22. ἡ θ. τοῦ οἴκου ἡ ἐσωτέρα (4 *a*)
— 22. εἰς τὰς θ. τοῦ οἴκου τοῦ ναοῦ χρυσᾶς (1 *b*)
18. 9. ἐν τῷ εὐρυχώρῳ θύρας πύλης Σαμ. (4 *a*)
28. 24. ἔκλεισε τὰς θ. οἴκου κυρίου (1 *b*)
29. 3. ἀνέῳξε τὰς θ. οἴκου κυρίου (1 *b*)
— 7. ἀπέκλεισαν τὰς θ. τοῦ ναοῦ (1 *b*)
I Es. 4. 49. μὴ [**A**^{1} καὶ] ἐπελεύσεσθαι ἐπὶ τὰς θ. αὐ.
Ne. 3. 1. ἔστησαν θύρας αὐτῆς (1 *b*)
— 3. ἐστέγασαν [**A** ἔστησαν] θύρας [**S** τὰς θ.] αὐ. (1 *b*)
— 4. ἐπὶ χεῖρα [**A S**^{2} -ας, **S**^{1} θύρας] αὐτῶν †
— 6. ἔστησαν θύρας αὐτῆς (1 *b*)
— 13. ἔστησαν θύρας [**S** τὰς θ.] αὐ. (1 *b*)
— 14. ἔστησαν θύρας αὐ. (1 *b*)
— 15. **R** ἔστησε τὰς θ. αὐτῆς (1 *b*)
— 20. ἀπὸ τῆς γωνίας ἕως θύρας Β. (4 *a*)
— 21. ἀπὸ θύρας [**S**^{1} *om.*] Β. (4 *a*)
6. 1. θύρας οὐκ ἐπέστησα ἐν ταῖς πύλαις (1 *b*)
— 10. κλείσωμεν τὰς θ. αὐτοῦ (1 *b*)
7. 1. ἔστησα τὰς θ. (1 *b*)
— 3. **A S R** κλειέσθωσαν [**B** κλείσ.] αἱ θ. (1 *b*)
To. 7. 1. **S** καθήμενον παρὰ τὴν θ. τῆς αὐλῆς
8. 4. **S** ἀπέκλεισαν τὴν θ. [**A B** *al.*]
— 13. εἰσῆλθεν ἡ παιδίσκη ἀνοίξασα τὴν θ. [**S** *al.*]
11. 10. Τ. ἐξήρχετο πρὸς τὴν θ. [**S** *al.*]
13. 16. **S** καὶ αἱ θ. Ἱερ. σαπφ. [**A B** *al.*]
— 18. **S** καὶ αἱ θ. Ἰερ. . . . ἐροῦσι [**A B** *al.*]
Es. 5. 1. εἰσελθοῦσα πάσας [**S**^{1} *om.*] τὰς θ.
Jb. 5. 4. ἐπὶ θύραις ἡσσόνων (5)
31. 9. εἰ καὶ ἐγκάθετος . . . ἐπὶ θύραις αὐτῆς (4 *a*)
— 32. ἡ δὲ θ. μου . . . ἀνέῳκτο (1 *b*)
— 34. ἐξελθεῖν θύραν [**A S**^{2} τὴν θ.] μου (4 *a*)
Ps. 73 (74). 6. ἀξίναις ἐξέκοψαν [**S**^{1} διέκ.] τὰς θ. αὐτῆς (4 *b*)
77 (78). 23. θύρας οὐρανοῦ ἀνέῳξε (1 *b*)
140 (141). 3. καὶ θύραν περιοχῆς περὶ τὰ χείλη μου (1 *a*)
Pr. 5. 8. μὴ ἐγγίσῃς πρὸς θύραις [**A** προθύραις] οἴκων αὐτῆς (4 *a*)
8. 34. ἀγρυπνῶν ἐπ' ἐμαῖς θ. [**S**^{1} -αν] (1 *b*)
9. 14. ἐπὶ θύραις τοῦ ἑαυτῆς οἴκου (4 *a*)
14. 19. θεραπεύσουσι θύρας δικαίων (5)
26. 14. ὥσπερ θύρα στρέφεται (1 *b*)
Ec. 12. 4. κλείσουσι θύρας [**A** -αν, **S**^{1} -αι] (1 *b*)
Ca. 5. 2. **S** τὸν νυμφίον κρούοντα ἐπὶ τὴν θ. –
— 2. κρούει ἐπὶ τὴν θ. –
7. 13 (14). ἐπὶ θύραις ἡμῶν πάντα ἀκρόδρυα (4 *a*)
8. 9. εἰ θύρα ἐστὶ διαγράψωμεν (1 *b*)
Wi. 19. 17. ἐπὶ ταῖς τοῦ δικαίου θ.
— 17. τῶν αὐ. θ. τὴν δίοδον ἐζήτει
Si. 6. 36. βαθμοὺς θυρῶν [**B**^{2} τρίβων] αὐτοῦ
21. 23. ἄφρων ἀπὸ θύρας παρακύπτει
— 24. ἀκροᾶσθαι παρὰ θύραν
27. 10. **B** λέων θύραν [**A S R** θήραν] ἐνεδρεύει
28. 25. τῷ στόματί σου ποίησον θύραν
Za. 11. 1. διάνοιξον ὁ Λίβανος τὰς θ. σου (1 *b*)
Ma. 1. 10. ἐν ὑμῖν συγκλεισθήσονται θύραι (1 *b*)
Is. 26. 20. ἀπόκλεισον τὴν θ. σου (1 *b*)
45. 1. ἀνοίξω ἔμπροσθεν αὐτοῦ θύρας (1 *b*)
— 2. θύρας χαλκᾶς συντρίψω (1 *b*)
57. 8. ὀπίσω τῶν σταθμῶν τῆς θ. σου (1 *b*)
Je. 18. 20. τοῦ ἀποστρέψαι τὸν θυμόν [**S**^{1} τὴν θ.] σου †
30. 9 (49. 31). οἷς οὐκ εἰσὶ θύραι (1 *b*)
Ep. Je. 59. θ. ἐν οἰκίᾳ διασώζουσα τὰ ἐν αὐτῇ ὄντα
Ez. 8. 8. ὤρυξα καὶ ἰδοὺ θ. [**A** *add.* μία] (4 *a*)
38. 11. θύραι οὐκ εἰσὶν αὐτοῖς (1 *b*)
40. 11. διεμέτρησε τὸ πλάτος τῆς θ. (4 *a*)
— 48. ἐπωμίδες τῆς θ. τοῦ αἰλάμ –
41. 4. τὸ μῆκος τῶν θ. [**A** τὸ εὖρος τῶν θυρωμ.] †
— 11. αἱ θ. [**A** θυρίδες] τῶν ἐξεδρῶν ἐπὶ τὸ ἀπόλοιπον τῆς θ. τῆς μιᾶς τῆς πρὸς βορρᾶν καὶ ἡ θ. ἡ μία πρὸς νότον (4 *a ter*)
— 24. δύο θυρώματα τῇ θ. τῇ δευτέρᾳ [**A** τ. δ. θ.] (1 *b*)
42. 9. αἱ θ. τῶν ἐξεδρῶν τούτων †
Ez. 46. 12. κλείσει τὰς θ. μετὰ τὸ ἐξελθεῖν αὐτόν (5)
Da. LXX. 3. 26 (93). προσελθὼν . . . πρὸς τὴν θ. τῆς καμίνου (6)
Bel 17. ἀνοίξαντες τὰς θ.
Da. TH. Su. 17. τὰς θ. τοῦ παραδείσου κλείσατε
— 18. ἀπέκλεισαν τὰς θ. τοῦ παραδείσου
— 18. ἐξῆλθαν κατὰ τὰς πλαγίας θύρας
— 20. αἱ θ. τοῦ παραδείσου κέκλεινται
— 25. ἤνοιξε τὰς θ. τοῦ παραδείσου
— 26. διὰ τῆς πλαγίας θύρας
— 36. ἀπέκλεισε τὰς θ. τοῦ παραδείσου
— 39. ἀνοίξαντα τὰς θ.
3. 26 (93). προσῆλθε Ν. πρὸς τὴν θ. τῆς καμίνου (6)
Bel 11. ἀπόκλεισον τὴν θ. καὶ σφράγισον
— 14. ἔκλεισαν τὴν θ. καὶ ἐσφραγίσαντο
— 18. ἐγένετο ἅμα τῷ ἀνοῖξαι τὰς θ.
— 21. ἔδειξαν αὐτῷ τὰς κρυπτὰς θ.
I Ma. 1. 55. **S R** καὶ ἐπὶ τῶν θ. [**A** -ρίδων] τῶν οἰκ.
4. 38. **S** καὶ τὰς θ. [**A R** πύλας] κατακεκαυμ.
9. 50. **S** ἐν τείχεσιν ὑψ. καὶ θύραις [**A R** πύλαις]
12. 38. **A R** ὠχύρωσε [**S** *add.* αὐτὴν καὶ ἐπέστησεν] θύρας
II Ma. 1. 16. ἀνοίξαντες τὴν τοῦ φατνώμ. κρυπτὴν θ.
2. 5. τὴν θ. ἐνέφραξε
14. 41. τὴν αὐλαίαν θύραν βιαζομένων
— 41. καὶ τὰς θ. ὑφάπτειν
[**Aq.** Jo. 2. 19: Jb. 41. 6: Is. 57. 8: Ez. 26. 2: 40. 40: 41. 3.]
[**Sm.** Ge. 4. 7: 6. 17 (16): Nu. 4. 25, 26: Jo. 2. 19: Jb. 41. 6: Pr. 17. 19: Is. 13. 2: Ez. 26. 2: 40. 10, 40: 41. 3: Ho. 2. 15 (17).]
[**Th.** Ge. 4. 7: 6. 17 (16): Ex. 40. 28: Jo. 2. 19: Jd. 4. 20: 18. 16: Jb. 41. 6: Pr. 8. 3, 34: 17. 19: Ez. 26. 2: 41. 20.]
[**Al.** Le. 8. 31: I Ki. 4. 18: Ca. 5. 5: Ez. 47. 1.]
[**Heb.** Ex. 26. 36.]
[**Sam.** Ex. 38. 8 (26).]

θυρεός (-αιός). (1) מָגֵן (2) עֲגָלָה (3) צִנָּה
Jd. 5. 8. θυρεὸς ἐὰν ὀφθῇ καὶ λόγχη [**A** *al.*] (1)
I Ki. 17. 41. **A** ἀνὴρ ὁ αἴρων τὸν θ. (3)
II Ki. 1. 21. προσωχθίσθη θυρεὸς δυνατῶν [**A** *al.*] (1)
— 22. θυρεὸς Σ. οὐκ ἐχρίσθη ἐν ἐλαίῳ (1)
IV Ki. 19. 32. οὐ προφθάσει . . . θυρεός (1)
I Ch. 12. 8. αἴροντες θυρεοὺς καὶ δόρατα (3)
— 34. ἐν θυρεοῖς καὶ δόρασι (3)
II Ch. 9. 15. ἐποίησεν . . . διακοσίους θ. χρυσοῦς (3)
— 15. **AB** ἑξακόσιοι χρυσοῦ καθαροὶ τῷ ἑνὶ θ. (3 ?)
— 15. ἐπῆσαν ἐπὶ τὸν ἕνα θ. (3)
11. 12. θυρεοὺς καὶ δόρατα (3)
12. 9. ἔλαβε τοὺς θ. τοὺς χρυσοῦς (1)
— 10. ἐποίησεν Ῥ. θ. χαλκοῦς (1)
14. 8 (7). ὁπλοφόρων αἰρόντων θυρεούς (3)
23. 9. ἔδωκεν . . . τοὺς θ. (1)
25. 5. κρατοῦντας δόρυ καὶ θυρεόν (3)
26. 14. ἡτοίμαζεν αὐτοῖς . . . θυρεούς (1)
Ne. 4. 16 (10). λόγχαι καὶ θυρεοί (1)
Ps. 34 (35). 2. ἐπιλαβοῦ ὅπλου καὶ θυρεοῦ (3)
45 (46). 9. θυρεοὺς κατακαύσει ἐν πυρί (2 ?)
Ca. 4. 4. χίλιοι θυρεοὶ κρέμανται ἐπ' αὐτόν (1)
Is. 21. 5. ἑτοιμάσατε θυρεούς (1)
37. 33. οὐδὲ μὴ ἐπιβάλῃ [**A** β.] ἐπ' αὐτὴν θυρεόν (1)
Ez. 23. 24. θυρεοὶ καὶ πέλται (3 + 1)
[**Aq.** Jb. 15. 26: 41. 7: Ps. 27 (28). 7: 46 (47). 10: 75 (76). 4: 83 (84). 10, 12: Is. 37. 33: Je. 6. 23: 50 (27). 42: Ez. 27. 10.]
[**Sm.** I Ki. 17. 7: Jb. 41. 7, 21: Is. 37. 33: Je. 6. 23: 50 (27). 42.]
[**Th.** Is. 37. 33.]

θυρεοῦν (?).
[**Aq.** Is. 31. 5: 38. 6.]

θυρεοφόρος (-ωφ.). (1) נֹשֵׂא צִנָּה
I Ch. 12. 24. θυρεοφόροι καὶ δορατοφόροι [**A** *om.* κ. δ.] (1)

θυρίς. (1) אֲרֻבָּה (2) חַלּוֹן (3) כַּו (4) פֶּתַח
Ge. 8. 6. ἠνέῳξε Νῶε τὴν θ. τῆς κιβωτοῦ (2)
26. 8. παρακύψας δὲ Ἀβιμέλεχ . . . διὰ τῆς θ. (2)
Jo. 2. 15. κατεχάλασεν αὐτοὺς διὰ τῆς θ. (2)
— 18. τὸ σπαρτίον . . . ἐκδήσεις εἰς [**A** *om.*] τὴν θ. (2)
Jd. 5. 28. διὰ τῆς θ. παρέκυψε [**A** διέκυπτεν] (2)
I Ki. 19. 12. κατάγει ἡ Μ. τὸν Δαυὶδ διὰ τῆς θ. (2)
II Ki. 6. 16. διέκυπτε διὰ τῆς θ. (2)
III Ki. 6. 4. θυρίδας παρακυπτομένας κρυπτάς (2)

IV Ki. 9. 30. διέκυψε διὰ τῆς θ. (2)
— 32. ἐπῆρε τὸ πρόσωπον αὐτοῦ εἰς τὴν θ. (2)
13. 17. ἄνοιξον τὴν θ. κατ' ἀνατολάς (2)
I Ch. 15. 29. παρέκυψε διὰ τῆς θ. (2)
To. 3. 11. ἐδεήθη πρὸς τῇ θ. [S al.]
Pr. 7. 6. ἀπὸ γὰρ θυρίδος . . . παρακύπτουσα (2)
Ca. 2. 9. παρακύπτων διὰ τῶν θ. (2)
Si. 14. 23. ὁ παρακύπτων διὰ τῶν θ. αὐτῆς
Jl. 2. 9. διὰ θυρίδων εἰσελεύσονται (2)
Is. 24. 18. θυρίδες ἐκ τοῦ οὐρανοῦ ἀνεῴχθησαν (1)
Je. 9. 21 (20). ἀνέβη . . . διὰ τῶν θ. ὑμῶν (2)
22. 14. ὑπερῷα ῥιπιστὰ διεσταλμ. θυρίσι (2)
Ez. 40. 16. θυρίδες κρυπταὶ ἐπὶ τὸ θεεὶμ . . . ὡσαύτως τοῖς αἰλὰμ θυρίδας [A -ες] κύκλῳ ἔσωθεν (2, 2)
— 22. αἱ θ. αὐτῆς καὶ τὰ αἰλαμμών (2)
— 25. αἱ θ. αὐτῆς καὶ τὰ αἰλαμμὼν κυκλόθεν καθὼς αἱ θ. τοῦ αἰλάμ (2, 2)
— 30 (29). θυρίδες αὐτῇ (2)
— 33. καὶ θυρίδες αὐτῇ [A αἱ θ. αὐτῆς] (2)
— 36. θυρίδες αὐτῇ [A αἱ θ. αὐτῆς] κύκλῳ (2)
41. 11. A αἱ θ. [B θύραι] τῶν ἐξεδρῶν (4)
— 16. αἱ [B¹ om.] θ. δικτυωταὶ . . . καὶ ἐκ τοῦ ἐδάφους ἕως τῶν θ. καὶ αἱ θ. ἀναπτυσσόμεναι τρισσῶς (2 ter)
— 26. θυρίδες κρυπταί (2)
Da. LXX. 6. 10 (11). θυρίδας ἤνοιξεν (3)
Da. TH. 6. 10 (11). αἱ θ. ἀνεῳγμέναι αὐτῷ (3)
I Ma. 1. 55. A καὶ ἐπὶ τῶν θ. [SR -ρῶν] τῶν οἰκ.
II Ma. 3. 19. τινὲς δὲ διὰ τῶν θ. διέκυπτον
[Aq. Ge. 7. 11 : 8. 6.]
[Sm. Ge. 7. 11 : 8. 6 : III Ki. 6. 4 : Is. 60. 8 : Je. 9. 21 (20).]
[Th. Ge. 8. 6 : III Ki. 6. 4 : Is. 60. 8.]

θυροῦν.

I Ma. 4. 57. καὶ ἐθύρωσαν [S¹ ἔθυσαν] αὐτά

θύρσος.

Ju. 15. 12. ἔλαβε θύρσους ἐν ταῖς χερσὶν αὐτῆς
II Ma. 10. 7. θύρσους καὶ κλάδους ὡραίους . . . ἔχοντες

θύρωμα. (1) דֶּלֶת (2) מְחֻזָה (3) פַּת (4) פֶּתַח (5) שַׁעַר

III Ki. 6. 31. τῷ θ. τοῦ δαβίρ (4)
7. 50. τὰ θ. τῶν θυρῶν τοῦ οἴκου (3)
— 5. πάντα τὰ θ. (4)
— 5. ἀπὸ τοῦ θ. ἐπὶ θύραν τρισσῶς (2)
I Ch. 22. 3. εἰς τοὺς ἥλους τῶν θ. (1)
II Ch. 3. 7. ἐχρύσωσε . . . τὰ θ. χρυσίῳ (1)
4. 9. θ. αὐ. κατακεχαλκωμένα χαλκῷ (1)
Si. 14. 23. ἐπὶ τῶν θ. αὐτῆς ἀκροάσεται
Ep. Je. 18. θυρώμασί τε καὶ κλείθροις
Ez. 40. 38. τὰ παστοφόρια αὐ. καὶ τὰ θ. αὐ. (4)
— 48. τὸ εὖρος τοῦ θ. πηχῶν δέκα τεσσάρων (5)
41. 3. διεμέτρησε τὸ αἰλ τοῦ θ. πηχῶν δύο καὶ τὸ θ. πηχῶν ἓξ καὶ τὰς ἐπωμίδας τοῦ θ. (4 ter)
— 4. A διεμέτρησε τὸ εὖρος τῶν θ. [B al.] †
— 23. δύο θ. τῷ ναῷ καὶ δύο θ. τῷ ἁγίῳ (1, 1 ?)
— 24. τοῖς δυσὶ θ. τοῖς στροφωτοῖς (1)
— 24. δύο θ. τῷ ἑνὶ καὶ δύο θ. τῇ θύρᾳ τῇ δευτέρᾳ (1, 1)
— 25. ἐπὶ τὰ θ. τοῦ ναοῦ χερουβίμ (1)
42. 4. τὰ θ. αὐτῶν πρὸς βορρᾶν (4)
— 11. καὶ κατὰ τὰ θ. αὐτῶν (4)
— 12. κατὰ τὰ θ. ἀπ' ἀρχῆς τοῦ περιπάτου (4)
II Ma. 14. 43. τῶν ὄχλων ἔσω τῶν θ. εἰσβαλλόντων

θυρωρός. (1) פְּקֻדָּה (2) שׁוֹעֵר

II Ki. 4. 6. ἡ θ. τοῦ οἴκου ἐκάθαιρε πυρούς †
IV Ki. 7. 11. ἐβόησαν οἱ θ. (2)
I Es. 1. 16. οἱ θ. ἐφ' ἑκάστου πυλῶνος
5. 28. A S οἱ θ. υἱοὶ Σαλούμ [B al.]
— 46. οἵ τε ἱεροψάλται καὶ οἱ θ.
7. 9. οἱ θ. ἐφ' ἑκάστου πυλῶνος
8. 5. ἐκ τῶν υἱῶν Ἰσρ. . . . καὶ θυρωρῶν
— 22. ἱεροψάλταις καὶ θυρωροῖς
9. 25. A R ἐκ τῶν θ. [B θυγατέρων]
Ez. 44. 11. ἔσονται . . . θυρωροὶ ἐπὶ τῶν πυλῶν (1)

θυσία. (1) אִשֶּׁה (2) *a.* זֶבַח *b.* זָבַח (3) חֵלֶב (4) מִנְחָה (5) נִיחֹחַ (6) עֹלָה (7) תָּמִיד (8) θ. σωτηρίου, ἡ θ. τοῦ σ. שְׁלָם

Ge. 4. 3. ἤνεγκε Κάϊν . . . θυσίαν τῷ κ. (4)
— 5. καὶ ἐπὶ ταῖς θ. αὐτοῦ οὐ προσέσχε (4)
Ge. 31. 54. A ἔθυσεν Ἰακὼβ [R om.] θυσίαν (2 b)
46. 1. A ἔθυσεν ἐκεῖ [R om.] θυσίαν (2 b)
Ex. 10. 25. δώσεις ἡμῖν . . . θυσίας (6)
12. 27. θυσία τὸ πάσχα τοῦτο τῷ κυρίῳ (2 b)
18. 12. ἔλαβεν Ἰοθὸρ . . . θυσίας τῷ θεῷ (2 b)
24. 5. ἔθυσαν θυσίαν σωτηρίου τῷ θ. (2 b)
29. 34. ἀπὸ τῶν κρεῶν τῆς θ. τῆς τελειώσεως –
— 41. κατὰ τὴν θ. τὴν πρωϊνήν (4)
— 42. θυσίαν ἐνδελεχισμοῦ εἰς γενεάς (6)
30. 9. θυμίαμα ἕτερον κάρπωμα θυσίαν (4)
32. 6. καὶ προσήνεγκε θυσίαν σωτηρίου (8)
34. 15. A καὶ φάγῃς τῶν θ. αὐ. [B R al.] (2 b)
Le. 1. 9. κάρπωμά ἐστι θ. ὀσμὴ εὐωδίας τῷ κ. (1)
— 13. A R κάρπωμά ἐστι θ. [B -ας] ὀσμὴ εὐωδίας (1)
— 17. κάρπωμά ἐστι θ. ὀσμὴ εὐωδίας τῷ κ. (1)
2. 1. ἐὰν δὲ . . . προσφέρῃ δῶρον θυσίαν τῷ κ. (4)
— 1. θ. ἐστί –
— 2. θ. ὀσμὴ εὐωδίας τῷ κυρίῳ (1)
— 3. τὸ λοιπὸν ἀπὸ τῆς θ. Ἀ. . . . ἀπὸ τῶν θ. κ. (4, 1)
— 4. ἐὰν δὲ προσφέρῃ [A -ῃς] δῶρον θυσίαν (4)
— 5. ἐὰν δὲ θ. ἀπὸ τηγάνου τὸ δῶρόν σου (4)
— 6. θ. ἐστὶ κυρίῳ (4)
— 7. ἐὰν δὲ θ. ἀπὸ ἐσχάρας τὸ δῶρόν σου (4)
— 8. προσοίσει τὴν θ. (4)
— 9. ἀφελεῖ ὁ ἱερεὺς ἀπὸ τῆς θ. (4)
— 10. τὸ δὲ καταλειφθὲν ἀπὸ τῆς θ. (4)
— 11. πᾶσαν θ. ἣν ἂν προσφέρητε (4)
— 13. πᾶν δῶρον θυσίας ὑμῶν (4)
— 14. ἐὰν δὲ προσφέρῃς [A -ῃ] θυσίαν (4)
— 14. προσοίσεις [A -ει] τὴν θ. τῶν πρωτογενν. (4)
— 15. θ. ἐστί (4)
3. 1. A B¹ ἐὰν δὲ θυσίαν [B² R -ία] σωτηρίου (2 b)
— 3. προσάξουσιν ἀπὸ τῆς θ. τοῦ σωτηρίου (2 b)
— 6. ἐὰν δὲ . . . τὸ δῶρον αὐ. θυσίαν (2 b)
— 9. A R προσοίσει ἀπὸ τῆς θ. [B θύρας] τοῦ σωτηρίου (2 b)
4. 10. τοῦ μόσχου τοῦ τῆς θ. τοῦ σωτηρίου (2 b)
— 26. ὥσπερ τὸ στέαρ θυσίας [B¹ -ία] (2 b)
— 31. στέαρ ἀπὸ θυσίας σωτηρίου (2 b)
— 35. στέαρ προβ. ἐκ τῆς θ. τοῦ σωτηρίου (2 b)
5. 13. ὡς ἡ θ. τῆς σεμιδάλεως (4)
6. 14 (7). οὗτος ὁ νόμος τῆς θ. (4)
— 15 (8). ἀπὸ τῆς σεμιδάλεως τῆς θ. (4)
— 15 (8). τὰ ὄντα ἐπὶ τῆς θ. (4)
— 20 (13). B τὸ δέκ. τοῦ οἰφὶ σεμιδ. εἰς θυσίαν (4)
— 21 (14). B θυσίαν ἐκ κλασμάτων θυσίαν εἰς [B¹ om.] ὀσμὴν εὐωδ. (4, †)
— 23 (16). B πᾶσα θ. ἱερέως ὁλόκαυτος ἔσται (4)
— 39 (7. 9). πᾶσα θ. ἥτις ποιηθήσεται (4)
— 40 (7. 10). πᾶσα θ. ἀναπεποιημένη ἐν ἐλαίῳ (4)
7. 1 (11). οὗτος ὁ νόμος θυσίας σωτηρίου (2 b)
— 2 (12). προσοίσει ἐπὶ τῆς θ. τῆς αἰνέσεως (2 b)
— 3 (13). B τὰ δῶρα αὐ. ἐπὶ θυσίᾳ [A² -αν] αἰνέσεως (2 b)
— 5 (15). τὰ κρέα θυσίας αἰνέσεως σωτηρίου (2 b)
— 6 (16). ᾗ ἂν ἡμέρᾳ προσαγάγῃ τὴν θ. αὐτοῦ (2 b)
— 7 (17). τὸ καταλειφθὲν ἀπὸ τῶν κρεῶν τῆς θ. (2 b)
— 10 (20), 11 (21). ἀπὸ τῶν κρεῶν τῆς θ. τοῦ σωτηρίου (2 b)
— 19 (29). ὁ προσφέρων θυσίαν σωτηρίου (2 b)
— 19 (29). οἴσει τὸ δῶρον . . . ἀπὸ τῆς θ. τοῦ σωτηρίου (2 b)
— 22 (32). ἀφαίρεμα . . . ἀπὸ τῶν θ. τοῦ σωτηρίου ὑμ. (2 b)
— 24 (34). ἀπὸ τῶν θ. τοῦ σωτηρίου ὑμῶν (2 b)
— 27 (37). οὗτος ὁ νόμος . . . θυσίας . . . καὶ τῆς θ. τοῦ σωτηρίου (4, 2 b)
► 9. 4. εἰς θυσίαν σωτηρίου ἔναντι κυρίου (2 a)
— 17. προσήνεγκε τὴν θ. (4)
— 18. τῆς θ. τοῦ σωτηρίου τῆς τοῦ λαοῦ (2 b)
10. 12. λάβετε τὴν θ. τὴν καταλειφθεῖσαν (4)
— 14. ἀπὸ τῶν θυσιῶν τοῦ σωτηρίου (2 b)
14. 10. τρία δέκατα σεμιδάλεως εἰς θυσίαν (4)
— 20. ἀνοίσει [A οἴσει] ὁ ἱερεὺς . . . τὴν θ. (4)
— 21. δέκατον σεμιδάλεως . . . εἰς θυσίαν (4)
— 31. τὴν μίαν εἰς ὁλοκαύτωμα σὺν τῇ θ. (4)
17. 5. τὰς θ. αὐτῶν ὅσας ἂν αὐτοὶ σφάξουσιν (2 b)
— 5. θύσουσι [A θήσ.] θυσίαν σωτηρίου (2 b)
— 7. οὐ θύσουσιν ἔτι [A B¹ ἐπὶ] τὰς θ. [A θύρας] αὐ. (2 b)
— 8. ὃς ἂν ποιήσῃ ὁλοκαύτωμα ἢ θυσίαν (2 b)
19. 5. ἐὰν θύσητε θυσίαν σωτηρίου τῷ κ. (2 b)
Le. 21. 6. τὰς γὰρ θ. κυρίου . . . αὐτοὶ προσφέρουσι (1)
— 21. τοῦ προσενεγκεῖν τὰς θ. (1)
22. 21. ὃς ἂν προσενέγκῃ θυσίαν σωτηρίου (2 b)
— 29. ἐὰν δὲ θύσῃς θυσίαν εὐχὴν χαρμοσ. (2 b)
23. 13. τὴν θ. αὐ. δύο δέκατα σεμιδάλεως (4)
— 13. θ. τῷ κυρίῳ (1)
— 16. προσοίσετε θυσίαν νέαν τῷ κ. (4)
— 18. αἱ θ. αὐτῶν καὶ αἱ σπονδαὶ αὐτῶν θυσίαν ὀσμὴν εὐωδίας τῷ κ. (4, 1)
— 19. εἰς θυσίαν σωτηρίου (2 b)
— 37. ὁλοκαυτώματα καὶ θυσίας αὐτῶν (4 + 2 b)
26. 31. οὐ μὴ ὀσφρανθῶ τῆς ὀσμῆς τῶν θ. ὑμῶν (5)
Nu. 4. 16. ἡ θ. ἡ καθ' ἡμέραν (4)
5. 15. ἔστι γὰρ θυσία ζηλοτυπίας θυσία μνημοσύνου (4, 4)
— 18. δώσει . . . τὴν θ. τοῦ μνημοσύνου τὴν θ. τῆς ζηλοτυπίας [B¹ om. τοῦ μ. τ. θ.] (4, 4)
— 25. λήψεται ὁ ἱ. . . . τὴν θ. τῆς ζηλοτυπίας (4)
— 25. ἐπιθήσει τὴν θ. ἔναντι κυρίου (4)
— 26. δράξεται ὁ ἱερεὺς ἀπὸ τῆς θ. (4)
6. 15. A R θυσίαν [B -α] αὐ. καὶ σπονδὴν [B -ὴ] αὐ. (4)
— 17. τὸν κριὸν ποιήσει θυσίαν σωτηρίου (2 b)
— 17. ποιήσει ὁ ἱερεὺς τὴν θ. αὐτοῦ (4)
— 18. ὑπὸ [A ἐπὶ] τὴν θ. τοῦ σωτηρίου (2 b)
7. 13. σεμιδάλεως ἀναπεποιημ. . . . εἰς θυσίαν (4)
— 17. εἰς θυσίαν σωτηρίου (2 b)
— 19. σεμιδάλεως ἀναπεποιημ. . . . εἰς θυσίαν (4)
— 23. εἰς θυσίαν σωτηρίου (2 b)
— 25. σεμιδάλεως ἀναπεποιημ. . . . εἰς θυσίαν (4)
— 29. εἰς θυσίαν σωτηρίου (2 b)
— 31. σεμιδάλεως ἀναπεποιημ. . . . εἰς θυσίαν (4)
— 35. εἰς θυσίαν σωτηρίου (2 b)
— 37. σεμιδάλεως ἀναπεποιημ. . . . εἰς θυσίαν (4)
— 41. εἰς θυσίαν σωτηρίου (2 b)
— 43. σεμιδάλεως ἀναπεποιημ. . . . εἰς θυσίαν (4)
— 47. εἰς θυσίαν σωτηρίου (2 b)
— 49. σεμιδάλεως . . . εἰς θυσίαν (4)
— 53. εἰς θυσίαν σωτηρίου (2 b)
— 55. σεμιδάλεως . . . εἰς θυσίαν (4)
— 59. εἰς θυσίαν σωτηρίου (2 b)
— 61. σεμιδάλεως . . . εἰς θυσίαν (4)
— 65. εἰς θυσίαν σωτηρίου (2 b)
— 67. σεμιδάλεως . . . εἰς θυσίαν (4)
— 71. εἰς θυσίαν σωτηρίου (2 b)
— 73. σεμιδάλεως . . . εἰς θυσίαν (4)
— 77. εἰς θυσίαν σωτηρίου (2 b)
— 79. σεμιδάλεως . . . εἰς θυσίαν (4)
— 83. εἰς θυσίαν σωτηρίου (2 b)
— 87. αἱ θ. αὐτῶν καὶ αἱ σπονδαὶ αὐτῶν (4)
— 88. εἰς θυσίαν σωτηρίου (2 b)
8. 8. λήψονται μόσχον . . . καὶ τούτου θυσίαν (4)
10. 10. ἐπὶ ταῖς θ. τῶν σωτηρίων ὑμῶν (2 b)
15. 3. ποιήσεις [A -σητε] . . . θυσίαν (2 b)
— 4. προσοίσει . . . θυσίαν σεμιδάλεως (4)
— 5. ποιήσετε . . . ἐπὶ τῆς θ. (2 b)
— 6. ὅταν ποιῆτε αὐτὸν . . . εἰς θυσίαν ποιήσεις [A om. θ. π.] θυσίαν σεμιδάλεως (–, 4)
— 8. ἐὰν δὲ ποιῆτε . . . εἰς θυσίαν (2 b)
— 9. προσοίσει . . . θυσίαν σεμιδάλεως (4)
— 24. ποιήσει . . . θυσίαν τούτου (4)
16. 15. μὴ πρόσχῃς εἰς τὴν θ. αὐτῶν (4)
23. 3. παράστηθι ἐπὶ τῆς θ. σου (6)
— 4. παρέστη B. ἐπὶ τῆς θ. αὐτοῦ –
— 15. παράστηθι ἐπὶ τῆς θ. σου (6)
25. 2. A R ἐκάλεσαν αὐτοὺς εἰς θ. [B ἐπὶ ταῖς θ.] (2 b)
— 2. ἔφαγεν ὁ λαὸς τῶν θ. αὐτῶν –
28. 5. σεμίδαλιν εἰς θυσίαν ἀναπεποιημ. (4)
— 8. κατὰ τὴν θ. αὐτοῦ (4)
— 9. σεμιδάλεως ἀναπεποιημ. . . . εἰς θυσίαν (4)
— 13. θυσίαν ὀσμὴν εὐωδίας κάρπωμα κ. (6)
— 20. θυσία [A ἡ θ.] αὐτῶν σεμίδαλις (4)
— 26. ὅταν προσφέρητε θυσίαν νέαν (4)
— 28. ἡ θ. αὐτῶν σεμίδαλις (4)
— 30. A ἡ θ. αὐτῶν –
— 30. τὴν θ. αὐτῶν ποιήσετέ μοι (4)
29. 3. ἡ θ. αὐτῶν σεμίδαλις (4)
— 6 bis. αἱ θ. αὐτῶν καὶ αἱ σπονδαὶ αὐτῶν (4)
— 9. ἡ θ. αὐτῶν σεμίδαλις (4)
— 11. ἡ θ. αὐτῆς καὶ ἡ σπονδὴ αὐτῆς (4)
— 14. αἱ θ. αὐτῶν σεμίδαλις (4)

► = additional entry on page xxvi

Nu. 29. 16. αἱ θ. αὐτῶν καὶ αἱ σπονδαὶ αὐτῶν (4)
— 18. ἡ θ. αὐτῶν καὶ ἡ σπονδὴ αὐτῶν (4)
— 19. αἱ θ. αὐτῶν καὶ αἱ σπονδαὶ αὐτῶν (4)
— 21. ἡ θ. αὐ. καὶ ἡ σπονδὴ αὐ. [A *om.* κή. σπ. αὐ.] (4)
● — 22, 24, 27, 28, 30, 31, 33, 34, 37, 38. αἱ θ. αὐτῶν καὶ αἱ σπονδαὶ αὐτῶν (4)
— 39. τὰς θ. ὑμῶν καὶ τὰς σπονδὰς ὑμῶν (4)
De. 12. 27. A R τὸ δὲ αἷμα τῶν θ. σου προσχεεῖς (2 *b*)
18. 3. A παρὰ τῶν θυόντων τὰς θ. [B τὰ θύμ.] (2 *b*)
27. 7. θύσεις ἐκεῖ θυσίαν σωτηρίου [A *al.*] (8)
32. 38. τὸ στέαρ τῶν θ. αὐτῶν (2 *b*)
33. 19. A R θύσετε ἐκεῖ [B *om.*] θυσίαν (2 *b*)
Jo. 9. 2 (8. 31). ἀνεβίβασεν ἐκεῖ . . . θυσίαν σωτηρίου (2 *a*)
22. 23. ἀναβιβάσαι ἐπ' αὐτὸν θυσίαν ὁλοκαυτωμάτων (4)
— 23. ποιῆσαι ἐπ' αὐτοῦ θυσίαν σωτηρίου (2 *b*)
— 26. ἕνεκεν θυσιῶν (2 *b*)
— 27. ἐν ταῖς θ. ἡμῶν καὶ ἐν ταῖς θ. [A *om.* ἡμῶν κ. ἐν τ. θ.] τῶν σωτηρίων ἡμῶν (2 *b*, 8)
— 28. ἕνεκεν θυσιῶν (2 *b*)
— 29. τοῖς καρπώμασι καὶ ταῖς θ. Σ. καὶ τῇ θ. τοῦ σωτηρίου [A τῶν σ.] (4, 8)
Jd. 6. 18. ἐξοίσω [A οἴσω] τὴν θ. [A *add.* μου] (4)
13. 19. ἔλαβε Μανωὲ . . . τὴν θ. (4)
— 23. ὁλοκαύτωμα καὶ θυσίαν (4)
16. 23. A τοῦ θῦσαι θ. μεγάλην [B *al.*] (2 *b*)
I Ki. 1. 21. θῦσαι ἐν [A *om.*] Σ. τὴν θ. τῶν ἡμερῶν (2 *b*)
— 25. ἔσφαξεν ὁ πατὴρ αὐτοῦ τὴν θ. -
2. 17. ἠθέτουν τὴν θ. κυρίου (4)
— 19. θῦσαι τὴν θ. τῶν ἡμερῶν (2 *b*)
— 29. ἵνα τί ἐπέβλεψας . . . εἰς τὴν θ. (4)
— 29. ἐνευλογεῖσθαι ἀπ' ἀρχῆς πάσης θ. (4)
3. 14. εἰ ἐξιλασθήσ. ἀδικία . . . ἐν θυσίαις (4)
6. 15. ἀνήνεγκαν . . . θυσίας [A ἔθυσαν θυσίαν] (2 *b*)
9. 12. θυσία σήμερον τῷ λαῷ ἐν Βαμᾷ (2 *b*)
— 13. οὗτος εὐλογεῖ τὴν θ. (2 *b*)
10. 8. ἀνενεγκεῖν . . . θυσίας [A θῦσαι θ.] (2 *b*)
11. 15. ἔθυσεν ἐκεῖ θυσίας καὶ εἰρηνικάς (2 *b*)
15. 22. ὁλοκαυτώματα [A -μα] καὶ θυσίας [A -σία] (2 *b*)
— 22. ἰδοὺ ἀκοὴ ὑπὲρ θυσίαν ἀγαθήν (2 *b*)
16. 3. καλέσεις τὸν Ἰεσσαὶ εἰς τὴν [A *om.*] θ. (2 *b*)
— 5. ἐκάλεσεν αὐτοὺς εἰς τὴν θ. (2 *b*)
20. 6. θυσία τῶν ἡμερῶν ἐκεῖ (2 *b*)
— 29. θυσία τῆς φυλῆς ἡμῖν ἐν τῇ πόλει (2 *b*)
26. 19. ὀσφρανθείη θυσία σου (4)
II Ki. 14. 17. εἴη δὴ . . . εἰς θυσίας [A -αν] †
15. 12. A ἐν τῷ θυσιάζειν αὐτὸν τὰς θ. [B *om.* τ. θ.] (2 *b*)
III Ki. 8. 62. ἔθυσαν θυσίαν ἐνώπιον κυρίου (2 *b*)
— 63. ἔθυσεν ὁ βασ. Σ. τὰς θ. τῶν εἰρηνικῶν (2 *b*)
— 64. ἐποίησεν ἐκεῖ . . . τὰς θ. (4)
— 64. τὰς θ. τῶν εἰρηνικῶν ὑπενεγκεῖν [A *om.*] (4 *et* 3 ?)
12. 27. ἀναφέρειν θυσίαν [A -ας] (2 *b*)
18. 29. ὡς ὁ καιρὸς τοῦ ἀναβῆναι τὴν θ. (4)
IV Ki. 3. 20. ἀναβαινούσης τῆς θ. (4)
5. 17. A οὐ ποιήσει ἔτι . . . θυσίαν [B -σίασμα] (2 *b*)
10. 19. θυσία μεγάλη μοι τῷ Βάαλ (2 *b*)
— 21. B θυσίαν μεγάλην ποιῶ -
16. 13. ἐθυμίασε . . . τὴν θ. αὐτοῦ (4)
— 15. πρόσφερε . . . τὴν θ. τὴν ἑσπερινήν (4)
— 15. τὴν ὁλοκαύτωσιν τοῦ βασ. καὶ τὴν θ. αὐ. (4)
— 15. καὶ τὴν θ. αὐτῶν (4)
— 15. πᾶν αἷμα θυσίας (2 *b*)
I Ch. 9. 31. ἐπὶ τὰ ἔργα τῆς θ. τοῦ τηγάνου -
21. 23. δέδωκα . . . τὸν σῖτον εἰς θυσίαν (4)
23. 29. εἰς τὴν σεμίδαλιν τῆς θ. (4)
29. 21. ἔθυσε Δ. τῷ κυρίῳ θυσίας (2 *b*)
— 21. ἀνήνεγκεν . . . θυσίας εἰς πλῆθος (2 *b*)
II Ch. 7. 1. κατέφαγε . . . τὰς θ. (2 *b*)
— 5. ἐθυσίασεν Σ. τὴν θ. (2 *b*)
— 12. εἰς οἶκον θυσίας [A τοῦ θυσιάσαι] (2 *b*)
29. 31. φέρετε θυσίας καὶ αἰνέσεως (2 *b*)
— 31. B ἀνήνεγκεν ἡ ἐκκλησία θυσίας (2 *b*)
30. 22. θύοντες θυσίας σωτηρίου (2 *b*)
31. 2. εἰς τὴν θ. τοῦ σωτηρίου (8)
33. 16. ἐθυσίασεν ἐπ' αὐτὸ θυσίαν σωτηρίου (2 *b*)
I Es. 1. 6. τὰς θ. ἑτοιμάσατε τοῖς ἀδελφοῖς
I Es. 1. 12. τὰς θ. ἥψησαν [A ὤπτησαν]
— 17. συνετελέσθη τὰ τῆς θ. τοῦ κ. [A τῷ κ.]
— 18. προσαχθῆναι [A -ενεχθῆναι] τὰς θ.
5. 50. ἀνέφερον θυσίας
— 51. θυσίας καθ' ἡμέραν
— 52. θυσίας σαββάτων
— 53. ἤρξαντο προσφέρειν θυσίας τῷ θεῷ
6. 29. εἰς θυσίαν [A -ας] τῷ κυρίῳ
8. 15. A R προσενεγκεῖν θυσίας τῷ κ. [B *om.* τ. κ.]
— 65. προσήνεγκαν θυσίας τῷ θεῷ
— 66. ἅπαντα θυσίαν τῷ κυρίῳ
— 72. ἕως τῆς δειλινῆς θ.
II Es. 7. 17. θυσίας αὐτῶν καὶ σπονδὰς αὐτῶν (4)
9. 4. ἕως τῆς θ. τῆς ἑσπερινῆς (4)
— 5. ἐν θυσίᾳ τῇ ἑσπερινῇ (4)
Ne. 10. 33 (34). εἰς . . . θυσίαν τοῦ ἐνδελεχισμοῦ (4)
Ju. 16. 16. μικρὸν πᾶσα θυσία εἰς ὀσμὴν εὐωδίας
Jb. 1. 5. A S^{2} R προσέφερε περὶ αὐτῶν θυσίας [B S^{1} -αν] (6)
20. 6. ἡ δὲ θ. αὐτοῦ νεφῶν ἅψηται †
Ps. 4. 5. θύσατε θυσίαν δικαιοσύνης (2 *b*)
19 (20). 3. μνησθείη πάσης θυσίας σου (4)
26 (27). 6. ἔθυσα ἐν τῇ σκηνῇ αὐτοῦ θυσίαν (2 *b*)
39 (40). 6. θυσίαν καὶ προσφορὰν οὐκ ἠθέλησας (2 *b*)
49 (50). 5. τοὺς διατιθεμ. τὴν διαθήκην αὐ. ἐπὶ θυσίαις (2 *b*)
— 8. οὐκ ἐπὶ ταῖς θ. σου ἐλέγξω σε (2 *b*)
— 14. θῦσον τῷ θεῷ θυσίαν αἰνέσεως -
— 23. θυσία αἰνέσεως δοξάσει με (2 *a*)
50 (51). 16. εἰ ἠθέλησας θυσίαν ἔδωκα ἄν (2 *b*)
— 17. θυσία τῷ θ. πνεῦμα συντετριμμένον (2 *b*)
— 19. τότε εὐδοκήσεις θυσίαν δικαιοσύνης (2 *b*)
95 (96). 8. ἄρατε θυσίας (4)
105 (106). 28. ἔφαγον θυσίας νεκρῶν (2 *b*)
106 (107). 22. θυσάτωσαν αὐτῷ θυσίαν αἰνέσεως (2 *b*)
115. 8 (116. 17). σοὶ θύσω θυσίαν αἰνέσεως (2 *b*)
140 (141). 2. ἔπαρσις τῶν χειρῶν μου θ. ἑσπερινή (4)
Pr. 7. 14. θυσία εἰρηνική μοί ἐστι (2 *b*)
15. 8. θυσίαι ἀσεβῶν βδέλυγμα κ. [S *al.*] (2 *b*)
16. 5. δεκτὰ δὲ . . . μᾶλλον ἢ θύειν θυσίας -
21. 3. ἀρεστὰ . . . μᾶλλον ἢ θυσιῶν αἷμα (2 *b*)
— 27. θυσίαι ἀσεβῶν βδέλυγμα κυρίῳ (2 *b*)
Ec. 4. 17. ὑπὲρ δόμα τῶν ἀφρ. θυσία σου [S *al.*] (2 *b*)
Wi. 3. 6. ὡς ὁλοκάρπωμα θυσίας
Si. 7. 31. δὸς τὴν μερίδα αὐτῷ . . . θυσίαν ἁγιασμοῦ
31 (34). 19. οὐδὲ ἐν πλήθει θυσιῶν ἐξιλάσκεται
— 20. ὁ προσάγων θυσίαν
32 (35). 1. A^{2} θυσία [A^{1} B S -ιάζων] σωτ. ὁ προσέχων ἐντ.
— 2. S^{1} ὁ ποιῶν ἐλεημοσ. θυσία [A B S^{2} -ιάζων] αἰνέσεως
— 7. θυσία ἀνδρὸς δικαίου δεκτή
— 12. μὴ ἔπεχε θυσίᾳ ἀδίκῳ
45. 14. A S R θυσίαι [B -ίαν] αὐ. ὁλοκαρπωθήσονται
— 21. θυσίας κυρίου φάγονται
Ho. 3. 4. οὐδὲ οὔσης θ. οὐδὲ ὄντος θυσιαστ. (2 *b*)
6. 7 (6). ἔλεος θέλω ἢ θυσίαν (2 *b*)
8. 13. ἐὰν θύσωσι θυσίαν (2 *b*)
9. 4. καὶ οὐχ ἥδυναν αὐτῷ αἱ θ. [A *al.*] (2 *b*)
Am. 4. 4. ἠνέγκατε εἰς τὸ πρωὶ θυσίας ὑμῶν (2 *b*)
5. 21. οὐ μὴ ὀσφρανθῶ θυσίας -
— 22. ἐὰν ἐνέγκητε . . . θυσίας (4)
— 25. μὴ . . . θυσίας προσηνέγκατέ μοι (4)
Jl. 1. 9. ἐξῆρται θ. . . . ἐξ οἴκου κυρίου (4)
— 13. ἀπέσχηκεν ἐξ οἴκου θ. ὑμῶν θυσία (4)
2. 14. ὑπολείψεται . . . θυσίαν (4)
Jn. 1. 16. B S ἔθυσαν θυσίας [A R -αν] τῷ κυρίῳ (2 *b*)
Ze. 1. 7. ἡτοίμακε κύριος τὴν θ. αὐτοῦ (2 *b*)
— 8. ἔσται ἐν ἡμέρᾳ θυσίας κυρίου (2 *b*)
3. 10. οἴσουσι θυσίας μοι (4)
Za. 9. 1. καὶ Δ. θυσία αὐτοῦ †
Ma. 1. 8. ἐὰν προσαγάγητε τυφλὸν εἰς θυσίαν (2 *a*)
— 10. θυσίαν οὐ προσδέξομαι (4)
— 11. προσάγεται [A -αγάγετε] . . . θ. καθαρά (4)
— 13. ἐὰν φέρητε τὴν [A *om.*] θ. [S^{2} *al.*] (4)
2. 12. ἐκ προσαγόντων θυσίαν τῷ κ. (4)
— 13. ἔτι ἄξιον ἐπιβλέψαι εἰς θυσίαν (4)
3. 3. ἔσονται . . . προσάγοντες θυσίαν [S -ας] (4)
— 4. καὶ ἀρέσει τῷ κ. θυσία [S ἡ θ.] Ἰ. (4)
Is. 1. 11. τί μοι πλῆθος τῶν θ. ὑμῶν (2 *b*)
Is. 19. 21. ποιήσουσι θυσίας (2 *b* + 4)
34. 6. θ. τῷ κυρίῳ ἐν Βοσόρ (2 *b*)
43. 23. οὐδὲ ἐν ταῖς θ. σου ἐδόξασάς με (2 *b*)
— 23. R οὐκ ἐδούλωσά σε ἐν θυσίαις [A S^{2} *al.*] (4)
— 24. οὐδὲ τὸ στέαρ τῶν θ. σου ἐπεθύμησα (2 *b*)
56. 7. αἱ θ. αὐτῶν ἔσονται δεκταί (2 *b*)
57. 6. καὶ τούτοις [A κἀκείνοις] ἀνήνεγκας θυσίας (4)
— 7. ἐκεῖ ἀνεβίβασας θυσίας (2 *b*)
65. 4. οἱ ἔσθοντες . . . ζωμὸν θυσιῶν †
66. 20. ὡς ἀνενέγκαισαν οἱ υἱοὶ Ἰσρ. τὰς θ. αὐ. (4)
Je. 6. 20. αἱ θ. ὑμῶν οὐχ ἥδυνάν μοι (2 *b*)
7. 21. τὰ ὁλ. ὑμ. συναγάγετε μετὰ τῶν θ. ὑμῶν (2 *b*)
— 22. περὶ ὁλοκαυτωμάτων καὶ θυσίας [A -ιῶν] (2 *b*)
14. 12. ἐὰν προσενέγκωσιν . . . θυσίας (4)
17. 26. φέροντες ὁλοκαυτώματα καὶ θυσίαν (2 *b*)
26 (46). 10. θ. τῷ κ. ἀπὸ γῆς βορρᾶ (2 *b*)
Ep. Je. 28. τὰς δὲ θ. αὐτῶν ἀποδόμενοι
— 29. τῶν θ. αὐτῶν . . . ἅπτονται
Ez. 39. 17. ἐπὶ τὴν θ. μου ἣν τέθυκα ὑμῖν θυσίαν μεγάλην (2 *b*, 2 *b*)
— 19. πίεσθε αἷμα εἰς μέθην ἀπὸ τῆς θ. μου (2 *b*)
42. 13. τὴν θ. καὶ τὰ περὶ ἁμαρτίας (4)
44. 11. σφάξουσι . . . τὰς θ. (2 *b*)
— 15. τοῦ προσφέρειν μοι θυσίαν -
— 29. τὰς θ. . . . οὗτοι φάγονται (4)
45. 15. εἰς θυσίας καὶ εἰς ὁλοκαυτώματα (4)
— 17. αἱ θ. καὶ αἱ σπονδαί (4)
— 17. τὰ ὑπὲρ ἁμαρτίας καὶ τὴν θ. (4)
— 23 (24). ποιήσει [A -εις] ὁλοκαυτώματα . . . καὶ θυσίαν (4)
46. 5. προσοίσει . . . τοῖς ἀμνοῖς θυσίαν (4)
Da. LXX. 2. 46. ἐπέταξε θυσίας καὶ σπονδὰς ποιῆσαι (4)
3. (38). οὐδὲ θυσία οὐδὲ προσφορά
— (40). γενέσθω ἡμῶν ἡ θ. ἐνώπιόν σου
4. 34. θυσίας προσοίσω εἰς ὀσμὴν εὐωδ. -
— 34. θυσίαν καὶ προσφορὰν προσφέρετε -
8. 11. ἐξήρθη ὁ τόπος αὐτῶν καὶ θυσία †
— 12. ἐγενήθησαν ἐπὶ τῇ θ. αἱ ἁμαρτίαι (7)
— 13. καὶ ἡ θ. ἡ ἀρθεῖσα (7)
9. 21. ἐν ὥρᾳ θυσίας ἑσπερινῆς (4)
— 27. ἀρθήσεται ἡ θ. καὶ ἡ σπονδή (2 *b*)
11. 31. ἀποστήσουσι τὴν θ. (7)
12. 11. ἀφ' οὗ ἂν ἀποσταθῇ ἡ θ. (7)
Da. TH. 3. (38). οὐδὲ ὁλοκαύτωσις οὐδὲ θυσία
— (40). γενέσθω θυσία ἡμῶν ἐνώπιόν σου
8. 11. A R δι' αὐτὸν θυσία ἐταράχθη [B ἐρράχθη] (7)
— 12. ἐδόθη ἐπὶ τὴν θ. ἁμαρτία (7)
— 13. ἡ θ. ἡ ἀρθεῖσα (7)
9. 21. ὡσεὶ ὥραν θυσίας ἑσπερινῆς (4)
— 27. A B^{2} καταπαύσει . . . θυσίαν [B^{2} -ας] (4)
— 27. ἀρθήσεταί μου θυσία καὶ σπονδή (2 *b*)
12. 11. A ἀφ' οὗ ἀναστῇ ἡ θ. (7)
I Ma. 1. 45. S R ὁλοκαυτώματα καὶ θυσίαν [A -ας]
4. 53. καὶ ἀνήνεγκαν θυσίαν
— 56. ἔθυσαν θυσίαν σωτηρίου
12. 11. A R ἐφ' ὧν προσφέρομεν θυσιῶν [S -αν]
II Ma. 1. 8. προσηνέγκαμεν θυσίαν
— 18. A ὅτε Νεεμ. . . . ἀνήνεγκε θυσίας [R -αν]
— 21. ὡς δὲ ἀνηνέχθη τὰ τῶν θ.
— 23. δαπανωμένης τῆς θ.
— 26. πρόσδεξαι τὴν θ.
— 31. καθὼς δὲ ἀνηλώθη τὰ τῆς θ.
— 33. A ἥγνισαν τὰς [R τὰ τῆς] θ.
2. 9. ἀνήνεγκε θυσίαν ἐγκαινισμοῦ
— 10. τὰ τῆς θ. ἐδαπάνησεν
3. 3. τὰ πρὸς τὰς λειτουργίας τῶν θ. ἐπιβάλλοντα δαπανήμ.
— 6. πρὸς τὸν τῶν θ. λόγον
— 32. προσήγαγε θυσίαν
— 35. θυσίαν ἀνενεγκὼν τῷ θεῷ
4. 14. καὶ τῶν θ. ἀμελοῦντες
— 19. εἰς τὴν τοῦ Ἡρακλέους θ.
— 19. A μὴ χρῆσθαι εἰς [R πρὸς] θυσίαν
— 20. R εἰς τὴν τοῦ Ἡρακλέους θ.
6. 21. τῶν ἀπὸ τῆς θυσίας κρεῶν
9. 16. τὰς δὲ ἐπιβαλλούσας πρὸς τὰς θ. συντάξεις
10. 3. A ἀνήνεγκαν θυσίας [R -αν]
12. 43. προσαγαγεῖν περὶ ἁμαρτίας θυσίαν
13. 23. καὶ θυσίαν προσήγαγεν
14. 31. τῶν ἱερέων τὰς καθηκούσας θ. προσαγόντων
III Ma. 5. 43. A τῶν συντελούντων ἐκεῖ θυσίαν [R -ας]

● = correction on page xxvi

[**Aq.** Le. 3. 6, 9: Ps. 106 (107). 22: Is. 19. 21: 57. 7: Je. 14. 12: 17. 26: 41 (48). 5: Da. 9. 27: Ho. 8. 13.]
[**Sm.** Le. 3. 6, 9: I Ki. 15. 22: Ps. 50 (51). 21: Is. 19. 21: 53. 7: 57. 7: Je. 41 (48). 5: Da. 9. 27: Ho. 5. 2: 8. 13.]
[**Th.** Le. 3. 6, 9: Is. 57. 7: Je. 33 (40). 18: Ez. 46. 5: Da. 9. 27: Ho. 8. 13.]
[**Al.** Ge. 46. 1: Nu. 28. 28: Dt. 18. 3: I Ki. 2. 29: Da. 9. 27.]
[**Quint.** Ho. 5. 2.]

θυσιάζειν. (1) אִשֶּׁה (2) *a.* דִּבַּח *b.* זָבַח qal. *c.* pi. *d.* זִבַּח (3) קָטַר hi.

Ex. 22. 20 (19). *ὁ θυσιάζων θεοῖς* [A *add.* *ἑτέροις*] (2 *b*)
40. 27. B^1 *ἐθυσίασεν* [A B^2 R *ἐθυμί.*] . . . *θυμίαμα* (3)
Le. 7. 6 (16). *ἧ ἑκούσιον θυσιάζῃ τὸ δῶρον αὐ.* (2 *d*)
24. 9. *ἀπὸ τῶν θυσιαζομένων τῷ κ.* (1)
Jd. 2. 5. *ἐθυσίασαν* [A *ἔθυσαν*] *ἐκεῖ τῷ κ.* (2 *b*)
16. 23. B^2 R *θυσιάσαι* [A B^1 *θῦσαι*] *θυσίασμα μέγα* (2 *b*)
II Ki. 15. 12. *ἐν τῷ θυσιάζειν αὐτόν* [A *add.* *τὰς θυσίας*] (2 *b*)
III Ki. 1. 9. *ἐθυσίασεν* [A *ἐθύασεν*] *'Αδ. πρόβατα* (2 *b*)
— 19. *ἐθυσίασε μόσχους καὶ ἄρνας* (2 *b*)
— 25. *ἐθυσίασε* [A *ἐθυμίασεν*] *μόσχους* (2 *b*)
22. 44. *ἔτι ὁ λαὸς ἐθυσίαζε* (2 *c*)
IV Ki. 12. 3 (4). A R *ἐκεῖ ἔτι ὁ λαὸς ἐθυσίαζε* [B *-ασαν*] (2 *c*)
14. 4. *ὁ λαὸς ἐθυσίαζε* [B^1 *-σεν*] . . . *ἐν τοῖς ὑψηλοῖς* (2 *c*)
15. 4, 35. *ὁ λαὸς ἐθυσίαζε . . . ἐν τοῖς ὑψηλοῖς* (2 *c*)
16. 4. *ἐθυσίαζε καὶ ἐθυμία ἐν τοῖς ὑψηλοῖς* (2 *c*)
17. 35. *οὐ θυσιάσετε* [A *θυμιάσ.*] *αὐτοῖς* (2 *b*)
23. 20. *ἐθυσίασε πάντας τοὺς ἱερεῖς* (2 *b*)
I Ch. 21. 28. *ἐθυσίασεν ἐκεῖ* (2 *b*)
II Ch. 7. 5. *ἐθυσίασεν Σ. τὴν θυσ.* (2 *b*)
— 12. A *εἰς οἶκον τοῦ θυσιάσαι* [B *θυσίας*] (2 *d*)
33. 16. *ἐθυσίασεν ἐπ' αὐτὸ θυσίαν* (2 *b*)
— 17. R *ἔτι ὁ λαὸς ἐπὶ τῶν ὑψ. ἐθυσίαζε* [A B *om.*] (2 *b*)
34. 4. *τῶν μνημ. τῶν θυσιαζόντων αὐτοῖς* (2 *b*)
II Es. 4. 2. *αὐτῷ ἡμεῖς θυσιάζομεν* (2 *b*)
6. 3. *οὗ θυσιάζουσι τὰ θυσιάσματα* (2 *a*)
Ne. 4. 2 (3. 34). R *ἆρα θυσιάζουσιν* (2 *b*)
— 3 (3. 35). *μὴ θυσιάσουσιν* †
To. 1. 4. *εἰς τὸ θυσιάζειν πάσας τὰς φυλάς* [S *al.*]
— 5. S *ἐθυσίαζον ἐκεῖνοι τῷ μόσχῳ* [A B *al.*]
Ec. 9. 2. *τῷ θυσιάζοντι καὶ τῷ μὴ θυσιάζοντι* (2 *b*, 2 *b*)
Wi. 18. 9. *ἐθυσίαζον ὅσιοι* [A *om.*] *παῖδες ἀγαθῶν*
Si. 31 (34). 18. *θυσιάζων ἐξ ἀδίκου*
32 (35). 1. *θυσιάζων* [A^2 *-ία*] *σωτηρίου ὁ προσέχων*
— 2. *ὁ ποιῶν ἐλεημοσ. θυσιάζων* [S^1 *-ία*] *αἰν.*
Ho. 4. 13. *ἐπὶ τὰς κορυφὰς τῶν ὀρέων ἐθυσίαζον* (2 *c*)
12. 11 (12). *ψευδεῖς ἦσαν . . . ἄρχοντες θυσιάζοντες* (2 *c*)
Za. 14. 21. *ἥξουσι πάντες οἱ θυσιάζοντες* (2 *b*)
Is. 65. 3. *θυσιάζουσιν* [A *θυμι.*] *ἐν τοῖς κήποις* (2 *b*)
I Ma. 1. 51. *θυσιάζειν κατὰ πόλιν καὶ πόλιν*
— 59. *θυσιάζοντες ἐπὶ τὸν βωμόν*
2. 15. *ἵνα θυσιάσωσι*
— 23. S R *θυσιάσαι* [A *θυμιᾶσαι*] *ἐπὶ τοῦ βωμοῦ*
11. 34. *πᾶσι τοῖς θυσιάζουσιν εἰς 'Ιεροσ.*
[**Aq.** Ex. 22. 20 (19): II Ki. 6. 13: III Ki. 11. 8: Ps. 26 (27). 6: 49 (50). 23: 53 (54). 8: Is. 57. 7: Ho. 8. 13.]
[**Sm.** Ex. 22. 20 (19): II Ki. 6. 13: III Ki. 11. 8: Ps. 26 (27). 6: 49 (50). 23: Is. 57. 7: 65. 7: 66. 3.]
[**Th.** Ex. 22. 20 (19): Is. 57. 7: 66. 3: Ho. 8. 13.]
[**Al.** Le. 17. 5.]

θυσίασμα. (1) אִשֶּׁה (2) *a.* דִּבַּח *b.* זֶבַח (3) מִנְחָה

Ex. 23. 18. A^1 *αἷμα θυσιάσματός* [A^2 B *θυμιάμ.*] *μου* (2 *b*)
29. 18. A B^2 *θ.* [B^1 R *θυμίαμα*] *τῷ κ. ἐστί* (1)
34. 25. A *αἷμα θυσιασμάτων* [B *-αμ.*] *μου* (2 *b*)
Le. 2. 13. *οὐ διαπαύσετε ἅλα . . . ἀπὸ θυσιασμάτων* (3)
Nu. 18. 9. *ἀπὸ πάντων τῶν θ. αὐτῶν* [B^1 *om.*] (3)
De. 12. 6. A R *καὶ τὰ θ. ὑμῶν* (2 *b*)
— 11. *οἴσετε . . . τὰ θ. ὑμῶν* (2 *b*)
Jd. 16. 23. *θυσιάσαι* [AB^1 *θῦσαι*] *θυσίασμα μέγα* [A *θυσίαν μεγ.*] (2 *b*)
IV Ki. 5. 17. *οὐ ποιήσει ἔτι . . . θυσίασμα* [A *θυσίαν*] (2 *b*)
II Es. 6. 3. *οὗ θυσιάζουσι τὰ θ.* (2 *a*)
Ne. 12. 43. *ἔθυσαν . . . θυσιάσματα μεγάλα* (2 *b*)
Is. 43. 24. *οὐδὲ ἐκτήσω μοι ἀργυρίου θ.* [A S *θυμίαμα*] †
[**Aq.** IV Ki. 5. 17: Ez. 20. 28.]
[**Quint.** IV Ki. 5. 17.]
[**Al.** Da. 9. 27.]

θυσιαστήριον. (1) בָּמָה (2) מַדְבַּח (3) מִזְבֵּחַ (4) מַצֵּבָה (5) נָאָה

Ge. 8. 20. *ᾠκοδόμησε Νῶε θ. τῷ θ.* (3)
— 20. *ἀνήνεγκε . . . ἐπὶ τὸ θ.* (3)
12. 7. *ᾠκοδόμησεν ἐκεῖ Ἄβραμ θ.* (3)
— 8. *ᾠκοδόμησεν ἐκεῖ θ. τῷ κ.* (3)
13. 4. *εἰς τὸν τόπον τοῦ θ.* (3)
— 18. *ᾠκοδόμησεν ἐκεῖ θ. κυρίῳ* (3)
22. 9. A *ᾠκοδόμησεν ἐκεῖ 'Α. θ.* [R *τὸ θ.*] (3)
— 9. *ἐπέθηκεν αὐτὸν ἐπὶ τὸ θ.* (3)
26. 25. *ᾠκοδόμησεν ἐκεῖ θ.* (3)
33. 20. *καὶ ἔστησεν ἐκεῖ θ.* (3)
35. 1. *ποίησον ἐκεῖ θ. τῷ θ.* (3)
— 3. *ποιήσωμεν ἐκεῖ θ. τῷ θ.* (3)
— 7. *καὶ ᾠκοδόμησεν ἐκεῖ θ.* (3)
Ex. 17. 15. *καὶ ᾠκοδόμησε Μωυσῆς θ.* (3)
20. 24. *θ. ἐκ γῆς ποιήσετέ μοι* (3)
— 25. *ἐὰν δὲ θ. ἐκ λίθων ποιῇς μοι* (3)
— 26. *οὐκ ἀναβήσῃ ἐν ἀναβαθμίσιν ἐπὶ τὸ θ.* (3)
21. 14. *ἀπὸ τοῦ θ. μου λήψῃ αὐτόν* (3)
24. 4. *ᾠκοδόμησε θ. ὑπὸ τὸ ὄρος* (3)
— 6. *τὸ δὲ ἥμ. τοῦ αἵμ. προσέχεε πρὸς τὸ θ.* (3)
27. 1. *καὶ ποιήσεις θ. ἐκ ξύλων ἀσήπτων* (3)
— 1. *τετράγωνον ἔσται τὸ θ.* (3)
— 3. *καὶ ποιήσεις στεφάνην τῷ θ.* †
— 5. *ὑπὸ τὴν ἐσχάραν τοῦ θ.* (3)
— 5. *ἔσται δὲ ἡ ἐσχάρα ἕως τοῦ ἡμ. τοῦ θ.* (3)
— 6. A B^1 *ποιήσεις τῷ θ. φορεῖς* [B^2 R *ἀναφ.*] (3)
— 7. *κατὰ* [A *add.* *τὰ δύο*] *πλευρὰ τοῦ θ.* (3)
28. 39 (43). *ὅταν προσπορεύωνται λειτουργεῖν πρὸς τὸ θ. τοῦ ἁγίου* (3)
29. 12. *θήσεις* [A *ἐπιθ.*] *ἐπὶ τῶν κεράτων τοῦ θ.* (3)
— 12. *ἐκχεεῖς παρὰ τὴν βάσιν τοῦ θ.* (3)
— 13. *καὶ ἐπιθήσεις ἐπὶ τὸ θ.* (3)
— 16. *προσχεεῖς πρὸς τὸ θ. κύκλῳ* (3)
— 18. *ἀνοίσεις ὅλον τὸν κριὸν ἐπὶ τὸ θ.* (3)
— 21. *λήψῃ ἀπὸ τοῦ αἵμ. τοῦ ἀπὸ* [A *om.* *τ. ἀ.*] *τοῦ θ.* (3)
— 21. *τὸ δὲ αἷμα . . . προσχεεῖς πρὸς τὸ θ.* -
— 25. *ἀνοίσεις* [A *add.* *αὐτὰ*] *ἐπὶ τὸ θ.* (3)
— 36. *καθαριεῖς τὸ θ.* (3)
— 37. *ἑπτὰ ἡμέρας καθαριεῖς τὸ θ.* (3)
— 37. *ἔσται τὸ θ. ἅγιον τοῦ ἁγίου* (3)
— 37. *πᾶς ὁ ἁπτόμ. τοῦ θ. ἁγιασθήσεται* (3)
— 38. *ἃ* [A *ὅσα*] *ποιήσεις ἐπὶ τοῦ θ.* (3)
— 38. *ἀμνοὺς . . . ἐπὶ τὸ θ. ἐνδελεχῶς* -
— 44. *ἁγιάσω . . . τὸ θ.* (3)
30. 1. *ποιήσεις θ. θυμιάματος* (3)
— 18. *καὶ ἀνὰ μέσον τοῦ θ.* (3)
— 20. *ὅταν προσπορεύωνται πρὸς τὸ θ.* (3)
— 27. *χρίσεις ἐξ αὐτοῦ . . . τὸ θ. τοῦ θυμιάμ.* (3)
— 28. *καὶ τὸ θ. τῶν ὁλοκαυτωμ.* (3)
31. 8. *καὶ τὰ θ. καὶ τὴν τράπεζαν* (3 ?)
32. 5. *ᾠκοδόμησε θ. κατέναντι αὐτοῦ* (3)
35. 17 (15). *καὶ τὸ θ. καὶ πάντα τὰ σκεύη αὐτοῦ* (3 ?)
38. 22 (1). *ἐποίησε τὸ θ. τὸ χαλκοῦν* (3)
— 23 (3). *ἐποίησε πάντα τὰ σκεύη τοῦ θ.* (3)
— 24 (4). *ἐποίησε τῷ θ. παράθεμα* [A *περίθ.*] (3)
— 24 (7). *τοῦ παραθέματος τοῦ θ.* (3 ?)
— 24 (7). *ὥστε αἴρειν ἐν αὐτοῖς τὸ θ.* -
— 27 (40. 32). *ὅταν προσπορεύωνται πρὸς τὸ θ.* (3)
39. 10 (38. 30). *τὸ παράθεμα τὸ χαλκοῦν* [A *add.* *κύκλῳ*] *τοῦ θ. καὶ πάντα τὰ σκεύη τοῦ θ.* (3, 3)
— 15 (38). *τὸ θ. καὶ πάντα τὰ σκεύη αὐτοῦ* (3)
40. 5. *θήσεις τὸ θ. τὸ χρυσοῦν* (3)
— 6. *τὸ θ. τῶν καρπωμάτων θήσεις* (3)
— 10. *χρίσεις τὸ θ. τῶν καρπωμάτων* (3)
— 10. *ἁγιάσεις τὸ θ. καὶ ἔσται τὸ θ.* [B^1 *om.* *τὸ θ.*] *ἅγιον τῶν ἁγ.* (3, 3)
— 26. *ἔθηκε τὸ θ. τὸ χρυσοῦν* (3)
Ex. 40. 29. *τὸ θ. τῶν καρπωμάτων ἔθηκε* (3)
— 33. B *κύκλῳ τῆς σκηνῆς καὶ τοῦ θ.* (3)
Le. 1. 5. *προσχεοῦσι τὸ αἷμα ἐπὶ τὸ θ.* (3)
— 7. *ἐπιθήσουσι . . . πῦρ ἐπὶ τὸ θ.* (3)
— 8. *τὰ ξύλα . . . τὰ ὄντα ἐπὶ τοῦ θ.* (3)
— 9. *ἐπιθήσουσιν οἱ ἱ. τὰ πάντα ἐπὶ τὸ θ.* [A *al.*] (3)
— 11. *ἐκ πλαγίων τοῦ θ.* (3)
— 11. *προσχεοῦσιν . . . ἐπὶ τὸ θ. κύκλῳ* (3)
— 12. *τὰ ξύλα . . . τὰ ἐπὶ τοῦ θ.* (3)
— 13. *ἐπιθήσει ἐπὶ τὸ θ.* (3)
— 15. *προσοίσει αὐτὸ* [A *om.*] *ὁ ἱ. πρὸς* [A *ἐπὶ*] *τὸ θ.* (3)
— 15. *ἐπιθήσει ὁ ἱερεὺς ἐπὶ τὸ θ.* (3)
— 15. *πρὸς τὴν βάσιν τοῦ θ.* (3)
— 16. *ἐκβαλεῖ αὐτὸ παρὰ τὸ θ.* (3)
— 17. *ἐπιθήσει αὐτὸ ὁ ἱερεὺς ἐπὶ τὸ θ.* (3)
2. 2. *ἐπιθήσει ὁ ἱ. τὸ μνημόσ. αὐ. ἐπὶ τὸ θ.* (3)
— 9 (8). *προσεγγίσας πρὸς τὸ θ.* (3)
— 9. *καὶ ἐπιθήσει ὁ ἱερεὺς ἐπὶ τὸ θ.* (3)
— 12. *ἐπὶ δὲ τὸ θ. οὐκ ἀναβιβασθήσεται* (3)
3. 2. *ἐπὶ τὸ θ. τῶν ὁλοκαυτωμάτων* (3)
— 5. *ἐπὶ τὸ θ. ἐπὶ τὰ ὁλοκαυτώματα* (3)
— 5. *τὰ ξύλα τὰ ἐπὶ τοῦ πυρὸς ἐπὶ τοῦ θ.* -
— 8. *προσχεοῦσιν . . . τὸ αἷμα ἐπὶ τὸ θ.* (3)
— 11. *ἀνοίσει ὁ ἱερεὺς ἐπὶ τὸ θ.* (3)
— 13. *προσχεοῦσιν . . . τὸ αἷμα ἐπὶ τὸ θ.* (3)
— 16. *ἀνοίσει ὁ ἱερεὺς ἐπὶ τὸ θ.* (3)
4. 7. *ἐπὶ τὰ κέρατα τοῦ θ. τοῦ θυμιάμ.* (3)
— 7. *παρὰ τὴν βάσιν τοῦ θ. τῶν ὁλοκαυτ.* (3)
— 10. *ἐπὶ τὸ θ. τῆς καρπώσεως* (3)
— 18. *ἐπὶ τὰ κέρατα τοῦ θ. τῶν θυμιαμ.* (3)
— 18. *πρὸς τὴν βάσιν τοῦ θ. τῶν καρπώσ.* (3)
— 19. *τὸ πᾶν στέαρ . . . ἀνοίσει ἐπὶ τὸ θ.* (3)
— 25. *ἐπὶ τὰ κέρατα τοῦ θ. τῶν ὁλοκαυτωμ.* (3)
— 25. *παρὰ τὴν βάσιν τοῦ θ. τῶν ὁλοκαυτωμ.* (3)
— 26. *τὸ πᾶν στέαρ αὐτοῦ ἀνοίσει ἐπὶ τὸ θ.* (3)
— 30. *ἐπὶ τὰ κέρατα τοῦ θ. τῶν ὁλοκαυτωμ.* (3)
— 30. *παρὰ τὴν βάσιν τοῦ θ.* (3)
— 31. *ἀνοίσει ὁ ἱερεὺς ἐπὶ τὸ θ.* (3)
— 34. *τὰ κέρατα τοῦ θ.* (3)
— 34. *τὴν βάσιν τοῦ θ. τῆς ὁλοκαυτώσεως* (3)
— 35. *ἐπιθήσει αὐτὸ ὁ ἱερεὺς ἐπὶ τὸ θ.* (3)
5. 9. *ἐπὶ τὸν τοῖχον τοῦ θ.* (3)
— 9. *ἐπὶ τὴν βάσιν τοῦ θ.* (3)
— 12. *ἐπιθήσει ἐπὶ τὸ θ. τῶν ὁλοκαυτωμ.* (3)
6. 9 (2). *ἐπὶ τῆς καύσεως αὐτῆς ἐπὶ τοῦ θ.* (3)
— 9 (2). *τὸ πῦρ τοῦ θ. καυθήσεται ἐπ' αὐτοῦ* (3)
— 10 (3). *τὴν ὁλοκαύτωσιν ἀπὸ τοῦ θ.* (3)
— 10 (3). *παραθήσει αὐτὸ ἐχόμενον τοῦ θ.* (3)
— 12 (5). *πῦρ ἐπὶ τὸ θ. καυθήσεται* (3)
— 13 (6). *πῦρ διὰ παντὸς καυθήσεται ἐπὶ τὸ θ.* (3)
— 14 (7). *ἀπέναντι τοῦ θ.* (3)
— 15 (8). *ἀνοίσει ἐπὶ τὸ θ.* (3)
— 32 (7. 2). *ἐπὶ τὴν βάσιν τοῦ θ. κύκλῳ* (3)
— 35 (7. 5). *ἀνοίσει αὐτὰ ὁ ἱερεὺς ἐπὶ τὸ θ.* (3)
7. 21 (31). *ἀνοίσει ὁ ἱερεὺς τὸ στέαρ ἐπὶ τοῦ θ.* (3)
8. 11. *ἔρραιεν ἀπ' αὐτοῦ ἐπὶ τὸ θ.* (3)
— 11. *ἔχρισε τὸ θ.* (3)
— 15. *ἐπὶ τὰ κέρατα τοῦ θ. κύκλῳ* (3)
— 15. *ἐκαθάρισε τὸ θ.* (3)
— 15. *ἐπὶ τὴν βάσιν τοῦ θ.* (3)
— 16. *ἀνήνεγκε Μωυσῆς ἐπὶ τὸ θ.* (3)
— 18 (19). *προσέχεε Μ. τὸ αἷμα ἐπὶ τὸ θ.* (3)
— 20 (21). *ἀνήνεγκε Μ. ὅλον τὸν κριὸν ἐπὶ τὸ θ.* (3)
— 23 (24). *προσέχεε Μ. τὸ αἷμα ἐπὶ τὸ θ. κύκλῳ* (3)
— 27 (28). *ἀνήνεγκεν αὐτὰ Μ. ἐπὶ τὸ θ.* (3)
— 29 (30). *ἀπὸ τοῦ αἵματος τοῦ ἐπὶ τοῦ θ.* (3)
9. 7. *πρόσελθε πρὸς τὸ θ.* (3)
— 8. *προσῆλθεν 'Ααρὼν πρὸς τὸ θ.* (3)
— 9. *ἐπέθηκεν ἐπὶ τὰ κέρατα τοῦ θ.* (3)
— 9. *ἐξέχεεν ἐπὶ τὴν βάσιν τοῦ θ.* (3)
— 10. *ἀνήνεγκεν ἐπὶ τὸ θ.* (3)
— 12. *προσέχεεν ἐπὶ τὸ θ. κύκλῳ* (3)
— 13. *ἐπέθηκεν ἐπὶ τὸ θ.* (3)
— 14. *ἐπέθηκεν ἐπὶ τὸ ὁλοκαύτ. ἐπὶ τὸ θ.* (3)
— 17. *ἐπέθηκεν ἐπὶ τὸ θ.* (3)
— 18. *προσέχεε πρὸς τὸ θ. κύκλῳ* (3)
— 20. *ἀνήνεγκαν τὰ στέατα ἐπὶ τὸ θ.* (3)
— 24. *κατέφαγε τὰ ἐπὶ τοῦ θ.* (3)
10. 9. *προσπορευομένων ὑμῶν πρὸς τὸ θ.* -
— 12. *φάγεσθε ἄζυμα παρὰ τὸ θ.* [A *τοῦ θ.*] (3)
14. 20. *ἀνοίσει* [A *οἴσει*] . . . *τὴν θυσίαν ἐπὶ τὸ θ.* (3)
16. 12. *ἀπὸ τοῦ θ. τοῦ ἀπέναντι κυρίου* (3)
— 18. *ἐπὶ τὸ θ. τὸ ὂν ἀπέναντι κ.* (3)
— 18. *ἐπὶ τὰ κέρατα τοῦ θ. κύκλῳ* (3)

Le. 16. 20. συντελέσει ἐξιλασκόμενος . . . τὸ θ. (3)
— 25. τὸ στέαρ . . . ἀνοίσει ἐπὶ τὸ θ. (3)
— 33. καὶ τὸ θ. ἐξιλάσεται (3)
17. 6. προσχεεῖ ὁ ἱ. τὸ αἷμα ἐπὶ τὸ θ. (3)
— 11. ἐπὶ τοῦ θ. ἐξιλάσκεσθαι (3)
21. 23. πρὸς τὸ θ. οὐκ ἐγγιεῖ (3)
22. 22. A B οὐ δώσετε ἀπ' αὐτῶν ἐπὶ τὸ θ. τῷ κ. (3)
Nu. 3. 31. ἡ λυχνία καὶ τὰ θ. (3)
4. 11. ἐπὶ τὸ θ. τὸ χρυσοῦν ἐπικαλύψουσιν (3)
— 13. τὸν καλυπτῆρα ἐπιθήσει [A -σεις] ἐπὶ τὸ θ. (3)
— 14. πάντα τὰ σκεύη τοῦ θ. (3)
5. 25. προσοίσει αὐτὴν πρὸς [A ἐπὶ] τὸ θ. (3)
— 26. S R ἀνοίσεται [A B -σει] αὐτὸ ἐπὶ τὸ θ. (3)
7. 1. ἡγίασεν . . . τὸ θ. (3)
— 10. εἰς τὸν ἐγκαινισμὸν τοῦ θ. (3)
— 10. ἀπέναντι τοῦ θ. (3)
— 11. εἰς τὸν ἐγκαινισμὸν τοῦ θ. (3)
— 84. ὁ ἐγκαινισμὸς τοῦ θ. (3)
— 88. αὕτη ἡ ἐγκαίνωσις [A -ισις] τοῦ θ. (3)
16. 38 (17. 3). ποίησον αὐτὰ . . . περίθεμα τῷ θ. (3)
— 39 (17. 4). προσέθηκαν αὐτὰ περίθεμα τῷ θ. (3)
— 46 (17. 11). ἐπίθες ἐπ' αὐτὸ πῦρ ἀπὸ τοῦ θ. (3)
18. 3. πρὸς τὸ θ. οὐ προσελεύσονται (3)
— 5. τὰς φυλακὰς τοῦ θ. (3)
— 7. κατὰ πάντα τρόπον τοῦ θ. (3)
— 17. τὸ αἷμα αὐτῶν προσχεεῖς πρὸς τὸ θ. (3)
De. 12. 27. A R τὰ κρέα ἀνοίσεις ἐπὶ τὸ θ. κυρίου (3)
— 27. A R προσχεεῖς πρὸς τὴν βάσιν τοῦ θ. (3)
16. 21. πᾶν ξύλον παρὰ τὸ θ. (3)
26. 4. θήσει αὐτὸν ἀπέναντι τοῦ θ. κ. (3)
27. 5. οἰκοδομήσεις ἐκεῖ θυσιαστήριον (3)
— 5. θυσιαστήριον ἐκ λίθων (3)
— 6. οἰκοδομήσεις θυσιαστήριον [A τὸ θ.] (3)
— 7. A θύσεις θυσιαστήριον κυρίῳ [B al.] †
33. 10. ἐπιθήσουσι . . . ἐπὶ τὸ θ. [A τοῦ θ.] σου (3)
Jo. 9. 2 (8. 30). ᾠκοδόμησεν Ἰ. θυσιαστήριον (3)
— 2 (8. 31). θυσιαστήριον λίθων ὁλοκλήρων (3)
— 27. ὑδροφόρους . . . τῷ θ. τοῦ θεοῦ (3)
— 27. B ὑδροφόροι τοῦ θ. τοῦ θεοῦ –
22. 19. ἔξω τοῦ θ. κυρίου (3)
— 28. ἴδετε ὁμοίωμα τοῦ θ. κυρίου (3)
— 29. ὥστε οἰκοδομῆσαι ἡμᾶς θυσιαστήριον (3)
— 29. πλὴν τοῦ θ. κυρίου (3)
Jd. 2. 2. τὰ θ. αὐτῶν καθελεῖτε [A κατακαύσετε] (3)
6. 24. ᾠκοδόμησεν . . . θυσιαστήριον τῷ κ. (3)
— 25. καθελεῖς τὸ θ. τοῦ Βάαλ (3)
— 26. οἰκοδομήσεις θυσιαστ. τῷ κ. (3)
— 28. καθῄρητο [A κατεσκαμμένον] τὸ θ. τοῦ Β. (3)
— 28. ἀνήνεγκεν ἐπὶ τὸ θ. τὸ ᾠκοδομημ. [A al.] (3)
— 30. καθεῖλε [A κατέσκαψεν] τὸ θ. τοῦ Βάαλ (3)
— 31. ὅτι καθεῖλε [A κατέσκαψεν] τὸ θ. αὐ. (3)
— 32. ὅτι καθῃρέθη τὸ θ. αὐτοῦ [A al.] (3)
13. 20. ἐν τῷ ἀναβῆναι . . . ἐπάνω [A -νωθεν] τοῦ θ. (3)
— 20. A B ἐν τῇ φλογὶ τοῦ θ. [R om. τ. θ.] (3)
21. 4. ᾠκοδόμησαν [A -σεν] ἐκεῖ θυσιαστήριον (3)
I Ki. 2. 28. A R ἀναβαίνειν ἐπὶ τὸ [B om.] θ. μου (3)
— 33. οὐκ ἐξολεθρεύσω ἀπὸ τοῦ θ. μου (3)
7. 17. ᾠκοδόμησεν ἐκεῖ θυσιαστήριον τῷ κ. (3)
14. 35. ᾠκοδόμησεν ἐκεῖ Σ. θυσιαστήριον (3)
— 35. τοῦτο ἤρξατο Σ. οἰκοδομῆσαι θυσιαστ. (3)
II Ki. 24. 18. στῆσον τῷ κυρίῳ θυσιαστήριον (3)
— 21. τοῦ οἰκοδομῆσαι θυσιαστήριον τῷ κ. (3)
— 25. ᾠκοδόμησεν ἐκεῖ [A om.] Δ. θ. (3)
— 25. προσέθηκε Σ. ἐπὶ τὸ θ. ἐπ' ἐσχάτῳ –
III Ki. 1. 50. ἐπελάβετο τῶν κεράτων τοῦ θ. (3)
— 51. κατέχει τῶν κεράτων τοῦ θ. (3)
— 53. ἀπάνωθεν τοῦ θ. (3)
2. 28. κατέσχε τῶν κεράτων τοῦ θ. (3)
— 29. ἰδοὺ κατέχει τῶν κεράτων τοῦ θ. (3)
— 29. πέφευγας εἰς τὸ θ. –
3. 1 (9. 25). Σ. ἀνέφερε . . . ἐπὶ τὸ θ. (3)
— 4. ἀνήνεγκε Σ. ἐπὶ τὸ θ. (3)
— 15. ἔστη κατὰ πρόσωπον τοῦ θ. –
6. 20. ἐποίησε θυσιαστήριον [A add. κέδρου] (3)
7. 48. τὸ θ. τὸ χρυσοῦν (3)
8. 22. κατὰ πρόσωπον τοῦ θ. κυρίου (3)
— 31. κατὰ πρόσωπον τοῦ θ. σου (3)
— 54. ἀνέστη ἀπὸ προσώπου τοῦ θ. κ. (3)
— 64. τὸ θ. τὸ χαλκοῦν τὸ ἐνώπιον κ. (3)
9. 25. A ἀνεβίβασεν Σ. . . . εἰρηνικὰς ἐπὶ τοῦ θ. (3)
12. 32, 33. ἀνέβη ἐπὶ τὸ θ. (3)

III Ki. 12. 33. ἀνέβη [A ἐπ.] ἐπὶ τὸ θ. τοῦ ἐπιθῦσαι (3)
13. 1. Ἱερ. εἱστήκει ἐπὶ τὸ θ. [A θ. αὐτοῦ] (3)
— 2. ἐπεκάλεσε πρὸς τὸ θ. (3)
— 2. A R εἶπε [B om.], Θυσιαστήριον θυσιαστήριον (3, 3)
— 3. ἰδοὺ τὸ θ. ῥήγνυται (3)
— 4. τοῦ ἐπικαλεσαμένου ἐπὶ τὸ θ. (3)
— 4. ἐξέτεινεν ὁ βασ. τὴν χεῖρα αὐ. ἀπὸ τοῦ θ. (3)
— 5. τὸ θ. ἐρράγη (3)
— 5. ἐξεχύθη ἡ πιότης ἀπὸ τοῦ θ. (3)
— 32. R γινόμενον ἔσται . . . ἐπὶ τὸ θ. [A B τοῦ θ.] (3)
16. 32. ἔστησε θυσιαστήριον τῷ Βάαλ (3)
18. 26. διέτρεχον ἐπὶ τοῦ θ. (3)
— 30 (A), 32 (B). ἰάσατο τὸ θ. (3)
— 32. ἐποίησε θάλασσαν . . . κυκλόθεν τοῦ θ. (3)
— 33. ἐστοίβασε τὰς σχίδακας ἐπὶ τὸ θ. –
— 33. ἐστοίβασεν ἐπὶ τὸ θ. –
— 35. διεπορεύετο τὸ ὕδωρ κύκλῳ τοῦ θ. (3)
19. 10. τὰ θ. σου κατέσκαψαν (3)
— 14. τὰ θ. σου καθεῖλαν (3)
IV Ki. 11. 11. ἕως τῆς ὠμίας . . . τῆς εὐωνύμου τοῦ θ. [A al.] (3)
— 18. τὰ θ. αὐτοῦ . . . συνέτριψαν ἀγαθῶς (3)
— 18. κατὰ πρόσωπον τῶν θ. (3)
16. 10. εἶδε τὸ θ. ἐν [A τὸ ἐν] Δαμασκῷ (3)
— 10. τὸ ὁμοίωμα τοῦ θ. (3)
— 11. ᾠκοδόμησεν Οὐρίας . . . τὸ θ. (3)
— 12. εἶδεν ὁ βασιλεὺς τὸ θ. (3)
— 12. A προσῆλθεν ὁ βασ. ἐπὶ τὸ θ. (3)
— 13. προσέχεε τὸ αἷμα . . . ἐπὶ τὸ θ. τὸ χαλκοῦν (3)
— 14. ἀπὸ τοῦ ἀνὰ μέσον τοῦ θ. (3)
— 14. ἔδειξεν αὐτὸ ἐπὶ μηρὸν τοῦ θ. (3)
— 15. ἐπὶ τὸ θ. τὸ μέγα πρόσφερε (3)
— 15. τὸ θ. τὸ χαλκοῦν ἔσται μοι (3)
18. 22. τὰ ὑψηλὰ αὐτοῦ καὶ τὰ θ. αὐτοῦ (3)
— 22. ἐνώπιον τοῦ θ. τούτου (3)
21. 3. ἀνέστησε θυσιαστήριον τῇ B. [A al.] (3)
— 4, 5. ᾠκοδόμησε θυσιαστήριον [A τὸ θ.] (3)
23. 9. οὐκ ἀνέβησαν . . . πρὸς τὸ θ. κυρίου (3)
— 12. τὰ θ. τὰ ἐπὶ τοῦ δώματος τοῦ ὑπερῴου Ἀ. (3)
— 12. τὰ θ. ἃ ἐποίησε M. (3)
— 15. τὸ θ. τὸ ἐν Βαιθὴλ τὸ ὑψηλόν (3)
— 15. τὸ θ. ἐκεῖνο τὸ [A καὶ τ.] ὑψηλόν (3)
— 16. κατέκαυσεν ἐπὶ τὸ θ. (3)
— 16. ἐν τῷ ἑστάναι Ἱερ. . . . ἐπὶ τὸ θ. –
— 17. οὓς ἐπεκαλέσατο ἐπὶ τὸ θ. B. (3)
— 20. τοὺς ὄντας ἐκεῖ ἐπὶ τῶν θ. (3)
I Ch. 6. 49 (34). ἐπὶ τὸ θ. τῶν ὁλοκαυτωμ. καὶ ἐπὶ τὸ θ. τῶν θυμιαμ. (3, 3)
16. 40. ἐπὶ τοῦ θ. τῶν ὁλοκαυτωμ. (3)
21. 18. τοῦ στῆσαι θυσιαστήριον (3)
— 22. οἰκοδομήσω ἐπ' αὐτῷ θυσιαστήριον (3)
— 26. ᾠκοδόμησεν Δ. ἐκεῖ θ. (3)
— 26. ἐπὶ τὸ θ. τῆς ὁλοκαυτώσεως (3)
— 29. θυσιαστήριον τῶν ὁλοκαυτωμ. (3)
22. 1. τοῦτο τὸ θ. εἰς ὁλοκαύτωσιν (3)
28. 18. R τῶν [A B τὸν] τοῦ θ. τῶν θυμιαμ. . . . σταθμόν (3)
II Ch. 1. 5. τὸ θ. τὸ χαλκοῦν . . . ἐκεῖ ἦν (3)
— 6. ἤνεγκεν ἐκεῖ Σ. ἐπὶ τὸ θ. τὸ χαλκοῦν [A al.] (3)
4. 1. ἐποίησε τὸ θ. χαλκοῦν (3)
— 11. τὴν ἐσχάραν τοῦ θ. –
— 19. ἐποίησε Σ. . . . τὸ θ. τὸ χρυσοῦν (3)
5. 12. κατέναντι [A κατὰ ἀνατολὰς] τοῦ θ. (3)
6. 12. ἔστη κατέναντι τοῦ θ. κυρίου (3)
— 22. ἀράσηται κατέναντι τοῦ θ. (3)
7. 7. τὸ θ. τὸ χαλκοῦν ὃ ἐποίησε Σ. (3)
— 9. ἐγκαινισμὸν τοῦ θ. ἐποίησεν (3)
8. 12. ἀνήνεγκε Σ. . . . ἐπὶ τὸ θ. (3)
14. 3 (2). ἀπέστησε τὰ θ. τῶν ἀλλοτρίων (3)
— 5 (4). ἀπέστησεν . . . τὰ θ. καὶ τὰ εἴδωλα (1)
15. 8. R ἐνεκαίνισε [A B ἀνεκ.] τὸ θ. κυρίου (3)
23. 10. ἕως τῆς ὠμίας τῆς ἀριστερᾶς τοῦ θ. (3)
— 17. κατέσπασαν . . . τὰ θ. (3)
— 17. ἐθανάτωσαν ἐναντίον τῶν θ. αὐ. (3)
26. 16. ἐπὶ τὸ θ. τῶν θυμιαμάτων (3)
— 19. ἐπάνω τοῦ θ. τῶν θυμιαμάτων (3)
28. 24. ἐποίησεν ἑαυτῷ θυσιαστήρια (3)
29. 18. ἡγνίσαμεν . . . τὸ θ. τῆς ὁλοκαυτώσ. (3)
— 19. ἐναντίον τοῦ θ. κυρίου (3)
— 21. ἀναβαίνειν ἐπὶ τὸ θ. κυρίου (3)
— 22. προσέχεον ἐπὶ τὸ θ. (3)
— 22. προσέχεαν τὸ αἷμα ἐπὶ τὸ θ. (3)
— 22. R περιέχεον τὸ αἷμα τῷ [A τοῦ] θ. (3)

II Ch. 29. 24. ἐξιλάσαντο τὸ αἷμα αὐτῶν πρὸς τὸ θ. (3)
— 27. ἀνενέγκαι τὴν ὁλοκαύτωσιν ἐπὶ τὸ θ. (3)
30. 14. καθεῖλαν τὰ θ. τὰ ἐν Ἱερ. (3)
32. 12. ὃς περιεῖλε τὰ θ. αὐτοῦ (3)
— 12. κατέναντι τοῦ θ. τούτου (3)
33. 4, 5. ᾠκοδόμησε θυσιαστήρια (3)
— 15. περιεῖλε . . . πάντα τὰ θ. (3)
— 16. κατώρθωσε τὸ θ. κυρίου (3)
34. 4. κατέσπασε [A -έστρεψαν] . . . τὰ θ. (3)
— 5. ὀστᾶ ἱερέων κατέκαυσεν ἐπὶ τὰ θ. (3)
— 7. κατέσπασε . . . τὰ θ. (3)
35. 16. ἐνεγκεῖν . . . ἐπὶ τὸ θ. κ. (3)
I Es. 1. 18. ἐπὶ τὸ τοῦ κ. θ.
4. 52. ἐπὶ τὸ θ. ὁλοκαυτώματα καρποῦσθαι
5. 48. ἡτοίμασαν τὸ θ. τοῦ θεοῦ
— 50. A R κατώρθωσαν τὸ θ. [B al.]
8. 15. ἐπὶ τὸ θ. τοῦ κ. θεοῦ αὐτῶν
II Es. 3. 2. ᾠκοδόμησαν τὸ θ. θεοῦ Ἰσρ. (3)
— 3. ἡτοίμασαν τὸ θ. (3)
7. 17. ἐπὶ θυσιαστηρίου τοῦ οἴκου τοῦ θεοῦ (2)
Ne. 10. 34 (35). S R ἐκκαῦσαι ἐπὶ [A B περὶ] τὸ θ. (3)
To. 1. 6. πρὸς τὸ θ. πάντων τῶν γενημάτων [B[1] S[2] al.]
Ju. 4. 3. τὰ σκεύη καὶ τὸ θ. . . . ἡγιασμένα ἦν
— 11. τὸ θ. σάκκῳ περιέβαλον
8. 24. τὸ θ. ἐπεστήρικται ἐφ' ἡμῖν
9. 8. καταβαλεῖν . . . κέρας θυσιαστηρίου σου
Es. 4. 17. δόξαν . . . καὶ θυσιαστήριόν σου [A σοι]
Ps. 25 (26). 6. κυκλώσω τὸ θ. σου (3)
42 (43). 4. εἰσελεύσομαι πρὸς τὸ θ. τοῦ θεοῦ (3)
50 (51). 19. ἀνοίσουσιν ἐπὶ τὸ θ. σου μόσχους (3)
82 (83). 12. κληρονομήσωμεν . . . τὸ θ. [A S ἁγιαστ.] τοῦ θ. (5)
83 (84). 3. τὰ θ. σου, κύριε τῶν δυνάμεων (3)
117 (118). 27. ἕως τῶν κεράτων τοῦ θ. (3)
Wi. 9. 8. οἰκοδομῆσαι . . . θυσιαστήριον
Si. 32 (35). 6. προσφορὰ . . . λιπαίνει θυσιαστήριον
47. 9. ἔστησε . . . κατέναντι τοῦ [A S om.] θ.
50. 11. ἐν ἀναβάσει θυσιαστηρίου ἁγίου
— 15. ἐξέχεεν εἰς θεμέλια θυσιαστηρίου
Ho. 3. 4. οὐδὲ οὔσης θυσίας οὐδὲ ὄντος θ. (4)
4. 19. καὶ καταισχυνθήσονται ἐκ τῶν θ. αὐτῶν †
8. 11. ὅτι ἐπλήθυνεν Ἐ. θυσιαστήρια (3)
— 11. ἐγένοντο αὐτῷ θ. ἠγαπημένα (3)
— 12 (13). θ. τὰ ἠγαπημένα †
10. 1. A R ἐπλήθυνε τὰ [B om.] θ. (3)
— 2. αὐτὸς κατασκάψει τὰ θ. αὐτῶν (3)
— 8. τρίβολοι ἀναβήσονται ἐπὶ τὰ θ. (3)
12. 11 (12). καὶ τὰ θ. αὐτῶν ὡς χελῶναι (3)
Am. 2. 8. παραπετάσμ. ἐποίουν ἐχόμενα τοῦ θ. (3)
3. 14. καὶ ἐκδικήσω ἐπὶ τὰ θ. Βαιθήλ (3)
— 14. κατασκαφήσεται τὰ κέρατα τοῦ θ. (3)
9. 1. εἶδον τὸν κ. ἐφεστῶτα ἐπὶ τοῦ θ. (3)
— 1. A πάταξον ἐπὶ τὸ θ. [B ἱλαστ.] †
Jl. 1. 9. οἱ ἱ. οἱ λειτουργοῦντες θυσιαστηρίῳ –
— 13. οἱ λειτουργοῦντες θυσιαστηρίῳ (3)
2. 17. ἀνὰ μέσον τῆς κρηπῖδος τοῦ θ. (3)
Za. 9. 15. πλήσουσι τὰς φιάλας ὡς θ. [A ὡς φ. θ.] (3)
14. 20. ὡς φιάλαι πρὸ προσώπου τοῦ θ. (3)
Ma. 1. 7. προσάγοντες πρὸς τὸ θ. μου ἄρτους (3)
— 10. οὐκ ἀνάψεται τὸ θ. μου δωρεάν (3)
2. 13. ἐκαλύπτετε δάκρυσι τὸ θ. κ. (3)
Is. 6. 6. ὃν τῇ λαβίδι ἔλαβεν ἀπὸ τοῦ θ. (3)
19. 19. ἔσται θ. [A τὸ θ.] τῷ κ. ἐν χώρᾳ Αἰγ. (3)
56. 7. ἔσονται δεκταὶ ἐπὶ τὸ θ. [A S τοῦ θ.] μου (3)
60. 7. ἀνενεχθήσ. [S[1] add. δῶρα] δεκτὰ ἐπὶ τὸ θ. (3)
Ba. 1. 10. ἀνοίσατε ἐπὶ τὸ θ. κυρίου τοῦ θ. ἡμῶν
La. 2. 7. ἀπώσατο κύριος θ. αὐτοῦ (3)
Ez. 6. 4. συντριβήσονται τὰ θ. ὑμῶν (3)
— 5. διασκορπιῶ τὰ ὀστᾶ ὑμῶν κύκλῳ τῶν θ. ὑ. (3)
— 6. ὅπως ἐξολεθρευθῇ τὰ θ. ὑμῶν (3)
— 13. κύκλῳ τῶν θ. ὑμῶν (3)
8. 5. A ἀπὸ βορρᾶ ἐπὶ τὴν πύλην τοῦ θ. [B om. τ. θ.] (3)
— 16. καὶ ἀνὰ μέσον τοῦ θ. (3)
9. 2. ἔστησαν ἐχόμενοι [A -να] τοῦ θ. (3)
40. 46. τοῖς φυλάσσουσι τὴν φυλακὴν τοῦ θ. (3)
— 47. τὸ θ. ἀπέναντι τοῦ οἴκου (3)
41. 22. ὡς ὄψις θυσιαστηρίου ξυλίνου (3)
43. 13. ταῦτα τὰ μέτρα τοῦ θ. . . . τοῦτο τὸ ὕψος τοῦ θ. (3, 3)
— 18. ταῦτα τὰ προστάγματα τοῦ θ. (3)
— 20. ἐπὶ τὰ τέσσαρα κέρατα τοῦ θ. †
— 22, 26. ἐξιλάσονται τὸ θ. (3)
— 27. ποιήσουσιν οἱ ἱ. ἐπὶ τὸ θ. τὰ ὁλοκαυτ. (3)
45. 19. δώσει . . . ἐπὶ τὸ θ. (3)

Ez. 47. 1. τὸ ὕδωρ κατέβαινεν . . . ἀπὸ νότου ἐπὶ τὸ θ. (3)
●Da. TH. 9. 27. A B^2 καταπαύσει θυσιαστήριον †
I Ma. 1. 21. ἔλαβε τὸ θ. τὸ χρυσοῦν
— 54. ᾠκοδόμησαν βδέλυγμα . . . ἐπὶ τὸ θ.
— 59. τὸν βωμὸν ὃς ἦν ἐπὶ τοῦ θ.
4. 38. ἴδον . . . τὸ θ. βεβηλωμένον
— 44. ἐβουλεύσαντο περὶ τοῦ θ.
— 45. καθεῖλον τὸ θ.
— 47. A S^1 ᾠκοδόμησεν [S^2 R -σαν τὸ] θ. καινόν
— 49. εἰσήνεγκαν . . . τὸ θ.
— 50. ἐθυμίασαν ἐπὶ τὸ θ.
— 53. ἀνήνεγκαν θυσίαν . . . ἐπὶ τὸ θ.
— 56. ἐποίησαν τὸν ἐγκαινισμὸν τοῦ θ.
— 59. αἱ ἡμέραι ἐγκαινισμοῦ τοῦ θ.
5. 1. ᾠκοδομήθη τὸ θ. [S^1 *al.*]
6. 7. ἐπὶ τὸ θ. τὸ ἐν Ἱερουσ.
7. 36. ἔστησαν κατὰ πρόσωπον τοῦ θ.
II Ma. 1. 18. ὁ οἰκοδομήσας τό τε ἱερὸν καὶ τὸ θ.
— 19. λαβόντες ἀπὸ τοῦ πυρὸς τοῦ θ.
— 32. τοῦ δὲ ἀπὸ τοῦ θ. ἀντιλάμψαντος φωτός
2. 5. τὸ θ. τοῦ θυμιάμ. εἰσήνεγκεν ἐκεῖ
3. 15. πρὸ τοῦ θ. . . . ῥίψαντες ἑαυτούς
4. 14. περὶ τὰς τοῦ θ. λειτουργίας
6. 5. τὸ δὲ θ. τοῖς . . . ἀθεμίτοις ἐπεπλήρωτο
10. 3. ἕτερον θ. ἐποίησαν
— 26. ἐπὶ τὴν ἀπέναντι τοῦ θ. κρηπῖδα
II Ma. 14. 3. οὐδὲ πρὸς τὸ ἅγιον θ. ἔτι πρόσοδος
— 33. τὸ θ. κατασκάψω
15. 31. τοὺς ἱερεῖς πρὸ τοῦ θ. στήσας

[**Aq.** Ex. 31. 8, 9: 38. 30 (39. 8): 39. 38 (17): 40. 10: Le. 1. 12: 8. 11: Dt. 7. 5: 12. 3: III Ki. 9. 25: IV Ki. 16. 12: Is. 36. 7 *bis*: Je. 11. 13: 17. 1: Ez. 6. 4: Ma. 2. 13.]
[**Sm.** Ex. 31. 8, 9: 38. 30 (39. 8): 39. 38 (17): 40. 10: Le. 1. 12: IV Ki. 16. 12: II Ch. 33. 3: Ps. 42 (43). 4: 117 (118). 27: Is. 36. 7 *bis*: Je. 17. 1: Ez. 8. 16: Ma. 2. 13.]
[**Th.** Ex. 29. 20: 31. 8, 9: 35. 15: 38. 30 (39. 8): 39. 38 (17): 40. 10, 30: Le. 1. 12: Dt. 12. 3: Is. 36. 7 *bis*: Je. 11. 13: 17. 1: Ez. 6. 4: Ma. 2. 13.]
[**Quint.** IV Ki. 16. 12.]
[**Al.** Ex. 37. 6 (5): Nu. 4. 13: Jo. 22. 10: Da. 9. 27.]

θύτης.

[**Sm.** Da. 2. 27.]

θωδαθά, θωλαθά, θωλαθάς. (1) תּוֹדוֹת

Ne. 12. 27. καὶ εὐφροσύνην ἐν θ. (1)

θωρακίζειν.

I Ma. 4. 7. εἶδον παρεμβολὴν . . . τεθωρακισμένην
6. 35. παρέστησαν . . . χιλίους ἄνδρας τεθωρακισμ.
— 43. ἓν τῶν θηρίων τεθωρακισμένον

θωρακισμός.

II Ma. 5. 3. καὶ παντοίους θ.

θώραξ. (1) מִכְלוֹל (2) סִרְיוֹן (3) רֶסֶן (4) *a.* שִׁרְיָה *b.* שִׁרְיוֹן *c.* שִׁרְיָן

I Ki. 17. 5. θ. ἁλυσιδωτὸν αὐτὸς ἐνδεδυκώς (4 *b*)
— 5. ὁ σταθμὸς τοῦ θ. αὐτοῦ (4 *b*)
— 38. A ἔζωσε τὸν Δαυὶδ θώρακα [B *al.*] (4 *b*)
III Ki. 22. 34: II Ch. 18. 33. καὶ ἀνὰ μέσον τοῦ θ. (4 *c*)
II Ch. 26. 14. ἡτοίμαζεν αὐτοῖς . . . θώρακας (4 *b*)
Ne. 4. 16 (10). τὰ τόξα καὶ οἱ θ. (4 *b*)
Jb. 41. 4 (5). εἰς δὲ πτύξιν θώρακος αὐτοῦ (3 ?)
— 17 (18). οὐδὲν μὴ ποιήσωσι . . . θώρακα [A -αξ] (4 *a*)
Wi. 5. 18. ἐνδύσεται θώρακα δικαιοσύνην [S -ης]
Si. 43. 20. ὡς θώρακα ἐνδύσεται [S ἐκδ.] τὸ ὕδωρ
Is. 59. 17. ἐνεδύσατο δικαιοσύνην ὡς θώρακα (4 *c*)
Je. 26 (46). 4. ἐνδύσασθε τοὺς θ. ὑμῶν (2)
Ez. 38. 4. ἱππεῖς ἐνδεδυμ. θώρακας πάντας (1)
I Ma. 3. 3. ἐνεδύσατο θώρακα ὡς γίγας
6. 2. θώρακες καὶ ὅπλα
— 43. τεθωρακισμένον θώραξι βασιλικοῖς

[**Sm.** Jb. 41. 18.]
[**Al.** Jo. 8 18.]

I

ἰαδαέ.

[**Heb.** Ps. 91 (92). 7.]

ἰακέβ.

[**Th.** Jd. 7. 25.]

ἴαμα. (1) אֲרֻכָה (2) טַל (3) *a.* מַרְפֵּא *b.* רְפוּאָה

II Ch. 36. 16. ἕως οὐκ ἦν ἴαμα (3 *a*)
Jb. 23. 5. γνοίην δὲ ἰάματα [A S^2 ῥήμ.] ἅ μοι ἐρεῖ †
Ec. 10. 4. ἴαμα καταπαύσει ἁμαρτίας μεγάλας (3 *a*)
Wi. 11. 4. ἴαμα δίψης ἐκ λίθου σκληροῦ
16. 9. οὐχ εὑρέθη ἴαμα τῇ ψυχῇ αὐτῶν
Is. 26. 19. ἡ γὰρ δρόσος ἡ παρὰ σοῦ ἴ. αὐτοῖς ἐστιν (2 ?)
58. 8. τὰ ἴ. [S^2 ἱμάτια] σου ταχὺ ἀνατελεῖ (1)
Je. 26 (46). 11. ἐπλήθυνας ἰάματά σου (3 *b*)
37 (30). 17. ἀνάξω τὸ ἴ. [A ἱμάτιόν] σου (1)
40 (33). 6. ἀνάγω αὐτῇ [A ἐπάγω ἐπ᾽ αὐτοὺς] . . . ἴαμα (3 *a*)

[**Aq.** Je. 30 (37). 13.]
[**Sm.**, **Th.** Pr. 16. 24.]

ἰαμειβείν.

IV Ki. 12. 9 (10). B ἔδωκεν αὐτὴν παρὰ ἰ. [A R *al.*] †

ἰαμείν, ἰαμίν, *cf.* ἰμείμ. (1) יֵמִים (2) יָעִים

Ge. 36. 24. ὃς εὗρε τὸν ἰαμείν (1)
IV Ki. 25. 14. τοὺς λέβητας καὶ τὰ ἰ. [A ἱμάτια] (2)

[**Th.** Ge. 36. 24.]

ἰάνθινος.

[**Aq.**, **Sm.** Ex. 25. 5: Ez. 16. 10.]
[**Th.** Ex. 25. 5.]

ἰᾶσθαι. (1) חָבַשׁ (2) חָיָה pi. (3) רָפָא *a.* qal. *b.* ni. *c.* pi. *d.* מַרְפֵּא

Ge. 20. 17. καὶ ἰάσατο ὁ θεὸς τὸν Ἀβιμέλεχ (3 *a*)
Ex. 15. 26. κ. ὁ θ. σου ὁ ἰώμενός σε (3 *a*)
Le. 14. 3. ἴαται ἡ ἀφὴ τῆς λέπρας (3 *b*)
— 48. ὅτι ἰάθη ἡ ἀφή (3 *b*)
Nu. 12. 13. ἴασαι αὐτήν (3 *a*)
De. 28. 27. ὥστε μὴ δύνασθαί σε ἰαθῆναι (3 *b*)
— 35. ὥστε μὴ δύνασθαι ἰαθῆναί σε (3 *b*)
30. 3. A R ἰάσεται [B -σηται] κ. τὰς ἁμαρτίας σου †
32. 39. πατάξω κἀγὼ ἰάσομαι (3 *a*)
I Ki. 6. 3. τότε ἰαθήσεσθε (3 *b*)
III Ki. 18. 30 (A), 32 (B). ἰάσατο τὸ θυσιαστήριον (3 *c*)
IV Ki. 2. 21. ἴαμαι τὰ ὕδατα ταῦτα (3 *c*)
— 22. ἰάθησαν τὰ ὕδατα (3 *b*)
20. 5. ἰδοὺ ἐγὼ ἰάσομαί σε (3 *a*)
— 8. τί τὸ σημεῖον ὅτι ἰάσεται κύριός με (3 *a*)
II Ch. 6. 30. A B σὺ εἰσακούσῃ . . . καὶ ἰάσῃ [R ἱλάσῃ] †
7. 14. ἰάσομαι τὴν γῆν αὐτῶν (3 *a*)
30. 20. ἰάσατο τὸν λαόν (3 *a*)
Ne. 4. 2 (3. 34). R καὶ σήμερον ἰάσονται τοὺς λίθους (2)
To. 3. 17. ἰάσασθαι τοὺς δύο
5. 9. S ἐγγὺς παρὰ τῷ θεῷ ἰάσασθαί σε
6. 8. ἐγχρῖσαι ἄνθρωπον . . . καὶ ἰαθήσεται [S *al.*]
12. 14. ἀπέστειλέ με ὁ θεὸς ἰάσασθαί σε [S *al.*]
Jb. 5. 18. αἱ χεῖρες αὐτοῦ ἰάσαντο [A -σονται] (3 *a*)
12. 21. ταπεινοὺς δὲ ἰάσατο †
Ps. 6. 2. ἴασαί με (3 *a*)
29 (30). 2. ἐκέκραξα πρὸς σὲ καὶ ἰάσω με (3 *a*)
40 (41). 4. ἴασαι τὴν ψυχήν μου (3 *a*)
59 (60). 2. ἴασαι τὰ συντρίμματα αὐτῆς (3 *a*)
102 (103). 3. τὸν ἰώμ. πάσας τὰς νόσους σου (3 *a*)
106 (107). 20. καὶ ἰάσατο αὐτούς (3 *a*)
146 (147). 3. ὁ ἰώμενος τοὺς συντετριμμένους (3 *a*)
Pr. 12. 18. γλῶσσαι δὲ σοφῶν ἰῶνται (3 *d*)
18. 9. ὁ μὴ ἰώμενος αὐτὸν ἐν τοῖς ἔργοις αὐ. †
26. 18. ὥσπερ οἱ ἰώμ. [S^2 πειρώμ.] προβάλλουσι †
Ec. 3. 3. καιρὸς τοῦ ἰάσασθαι (3 *a*)
Wi. 16. 10. τὸ ἔλεος γάρ σου . . . ἰάσατο [S ἰᾶτο] αὐτούς
— 12. ὁ σὸς . . . λόγος ὁ πάντα [A -ας] ἰώμ. [S^2 δυνάμ.]
Si. 38. 9. εὖξαι κυρίῳ καὶ αὐτὸς ἰάσεταί σε
Ho. 5. 13. οὐκ ἠδυνάσθη ἰάσασθαι ὑμᾶς (3 *a*)
6. 1. αὐτὸς ἥρπακε καὶ ἰάσεται ἡμᾶς (3 *a*)
Ho. 7. 1. ἐν τῷ ἰάσασθαί με τὸν Ἰ. (3 *a*)
11. 3. οὐκ ἔγνωσαν ὅτι ἴαμαι αὐτούς (3 *a*)
14. 5. ἰάσομαι τὰς κατοικίας αὐτῶν (3 *a*)
Za. 11. 16. τὸ συντετριμμένον οὐ μὴ ἰάσηται (3 *c*)
Is. 6. 10. ἰάσομαι αὐτούς (3 *a*)
7. 4. πάλιν ἰάσομαι †
19. 22. ἰάσεται αὐτοὺς ἰάσει (3 *a*)
— 22. A B S ἰάσεται αὐτούς [R *add.* ἰάσει] (3 *a*)
30. 26. ὅταν ἰάσηται κ. τὸ σύντριμμα (1)
— 26. τὴν ὀδύνην τῆς πληγῆς σου ἰάσεται (3 *a*)
53. 5. τῷ μώλωπι αὐτοῦ ἡμεῖς ἰάθημεν (3 *b*)
57. 18. ἰασάμην αὐτόν (3 *a*)
— 19. ἰάσομαι αὐτούς (3 *a*)
61. 1. ἰάσασθαι τοὺς συντετριμμένους (1)
Je. 3. 22. ἰάσομαι τὰ συντρίμμ. ὑ. [A *al.*] (3 *a*)
6. 14. ἰῶντο τὸ σύντριμμα (3 *c*)
15. 18. πόθεν ἰαθήσομαι [A ἰάσ.] (3 *b*)
17. 14. ἴασαί με, κύριε, καὶ ἰαθήσομαι (3 *a*, 3 *b*)
19. 11. ὃ οὐ δυνήσεται ἰαθῆναι (3 *b*)
28 (51). 8. εἴ πως ἰαθήσεται (3 *b*)
— 9. ἰατρεύσαμεν τὴν Βαβυλῶνα καὶ οὐκ ἰάθη (3 *c*)
La. 2. 13. τίς ἰάσεταί σε (3 *a*)
IV Ma. 3. 10. ἰάσασθαι τὴν δίψαν

[**Aq.** Ps. 45 (46). 11: Is. 55. 7: Je. 15. 18: Ho. 5. 13.]
[**Sm.** Ps. 40 (41). 5: Is. 6. 10: Ho. 5. 13.]
[**Th.** Je. 8. 11: Ez. 34. 4: Ho. 5. 13.]
[**Al.** Pr. 13. 17: 14. 3.]

ἰασίρ.

[**Aq.**, **Sm.** Je. 5. 26.]

ἴασις. (1) אֲרֻכָה (2) כֵּהָה (3) מְתֹם (4) *a.* מַרְפֵּא, מַרְפֵּה *b.* רִפְאוּת *c.* רְפוּאָה

Ju. 5. 12. πληγαῖς ἐν αἷς οὐκ ἦν ἴασις
Jb. 18. 14. ἐκραγείη δὲ ἐκ διαίτης αὐτοῦ ἴασις †
Ps. 37 (38). 3, 7. οὐκ ἔστιν ἴασις ἐν [S^1 *om.*] τῇ σαρκί μου (3)
Pr. 3. 8. ἴασις ἔσται τῷ σώματί σου (4 *b*)
— 22. ἔσται δὲ ἴασις ταῖς σαρξί σου –
4. 22. καὶ πάσῃ σαρκὶ ἴασις (4 *a*)
15. 4. ἴασις γλώσσης δένδρον ζωῆς (4 *a*)
16. 24. γλύκασμα δὲ αὐτοῦ ἴασις ψυχῆς (4 *a*)
29. 1. φλεγομένου αὐτοῦ οὐκ ἔστιν ἴασις (4 *a*)

● = correction on page xxvi

Wi. 2. 1. οὐκ ἔστιν ἴασις ἐν τελευτῇ ἀνθρώπου
Si. 1. 18. ἀναθάλλων . . . ὑγίειαν ἰάσεως [S² αἰῶνος]
3. 28. ἐπαγωγῇ ὑπερηφάνου οὐκ ἔστιν ἴασις
21. 3. τῇ πληγῇ αὐτῆς οὐκ ἔστιν ἴασις
28. 3. παρὰ κυρίου ζητεῖ ἴασιν
31 (34). 17. ἴασιν διδοὺς ζωὴν καὶ εὐλογίαν
38. 2. παρὰ γὰρ ὑψίστου ἐστὶν ἴασις
— 14. ἵνα εὐοδώσῃ αὐτοῖς . . . ἴασιν
43. 22. ἴασις πάντων [S² πάγων] . . . ὁμίχλη
Na. 3. 19. οὐκ ἔστιν ἴ. τῇ συντριβῇ σου (2)
Za. 10. 2. οὐκ ἦν ἴασις †
Ma. 4. 2 (3. 20). ἴασις ἐν ταῖς πτέρυξιν αὐτοῦ (4 *a*)
Is. 19. 22. ἰάσεται αὐτοὺς ἰάσει –
— 22. R ἰάσεται αὐτοὺς ἰάσει [A B S *om.*] –
Je. 8. 15. εἰς καιρὸν ἰάσεως καὶ ἰδοὺ σπουδή (4 *a*)
— 22. διὰ τί οὐκ ἀνέβη ἴ. θυγατρὸς λαοῦ μου (1)
14. 19. οὐκ ἔστιν ἡμῖν ἴ. . . . εἰς καιρὸν ἰάσεως καὶ ἰδοὺ ταραχή (4 *a*, 4 *a*)
Ez. 30. 21. τοῦ δοθῆναι ἴασιν (4 *c*)
[**Aq.** PR. 13. 17.]
[**Sm.** PR. 13. 17 : IS. 58. 8 : JE. 30 (37). 13.]
[**Th.** PR. 13. 17 : IS. 19. 22.]

ἴασπις. (1) יָהֲלֹם (2) יָשְׁפֵה (3) כַּדְכֹּד
Ex. 28. 18 : 36. 18 (39. 11). ἄνθραξ καὶ σάπφειρος καὶ ἴ. (1)
Is. 54. 12. θήσω τὰς ἐπάλξεις σου ἴασπιν (3)
Ez. 28. 13. καὶ σάπφειρον καὶ ἴασπιν (2)
[**Aq.** EZ. 27. 16.]

ἰατής. (1) רָפָא
Jb. 13. 4. ὑμεῖς δέ ἐστε . . . ἰαταὶ κακῶν πάντες (1)

ἰατρεία (-ρία). (1) מַרְפֵּא
II Ch. 21. 18. ᾗ [A ἐν ᾗ] οὐκ ἔστιν ἰ. (1)
Je. 31 (48). 2. οὐκ ἔστιν ἔτι ἰ. [AS *add.* ἐν] Μωάβ †
[**Aq., Sm.** JE. 46 (26). 11.]

ἰατρεῖον. (1) רָפָא pi.
Ex. 21. 19. ἀποτίσει καὶ τὰ ἰ. (1 ?)

ἰατρεύειν. (1) רָפָא *a.* qal. *b.* pi. *c.* hithp. *d.* רִפְאוּת
IV Ki. 8. 29. τοῦ [A πρὸ τ.] ἰατρευθῆναι (1 *c*)
9. 15. ἰατρευθῆναι . . . ἀπὸ τῶν πληγῶν (1 *c*)
II Ch. 22. 6. τοῦ ἰατρευθῆναι . . . ἀπὸ τῶν πληγῶν (1 *c*)
— 9. κατέλαβον αὐτὸν ἰατρευόμενον †
Je. 28 (51). 9. ἰατρεύσαμεν τὴν Βαβυλῶνα (1 *b*)
37 (30). 13. εἰς ἀλγηρὸν ἰατρεύθης (1 *d*)
— 17. ἀπὸ πληγῆς ὀδυνηρᾶς ἰατρεύσω σε (1 *a*)
40 (33). 6. ἰατρεύσω αὐτὴν [A -ούς] (1 *a*)
— 6. A ἰατρεύσω αὐτούς –

ἰατρός. (1) *a.* מַרְפֵּא *b.* רָפָא
II Ch. 16. 12. R οὐκ ἐζήτησε τὸν κ. ἀλλὰ τοὺς ἰ. [A B *al.*] (1 *b*)
To. 2. 10. ἐπορεύθην πρὸς ἰατρούς [S *al.*]
Es. 2. 5. A ὁ τοῦ ἰ. [?, B S Ἰαείρου] τοῦ Σεμ. †
Jb. 13. 4. ὑμεῖς δέ ἐστε ἰατροὶ ἄδικοι †
Ps. 87 (88). 10. ἢ ἰατροὶ ἀναστήσουσι †
Pr. 14. 30. πραΰθυμος ἀνὴρ καρδίας ἰατρός (1 *a*)
Si. 10. 10. μακρὸν ἀρρώστημα σκώπτει ἰατρός [S² -όν]
38. 1. τίμα ἰατρὸν πρὸς τὰς χρείας [A S χρ. αὐ.]
— 3. ἐπιστήμη ἰατροῦ [S¹ καιροῦ] ἀνυψώσει κεφ. αὐ.
— 12. ἰατρῷ δὸς τόπον
— 15. ἐμπέσοι εἰς χεῖρας ἰατροῦ [A αὐτοῦ]
Is. 26. 14. οὐδὲ ἰατροὶ οὐ μὴ ἀναστήσωσι †
Je. 8. 22. ἢ ἰ. οὐκ ἔστιν ἐκεῖ (1 *b*)
[**Aq.** GE. 50. 2 *bis.*]
[**Sm.** JB. 13. 4.]

ἰβαγείν.
[**Aq.** JE. 52. 16.]

ἴβης, ἶβις (εἶβις). (1) יַנְשׁוּף, יַנְשׁוֹף (2) תִּנְשֶׁמֶת
Le. 11. 17. ταῦτα ἃ βδελύξεσθε . . . ἶβιν [B¹ εἶβ.] (1)
De. 14. 16. R κύκνον καὶ ἶβιν [B¹ εἶβ., A ἴβην] (2)
Is. 34. 11. ἴβεις . . . κατοικήσουσιν [A -σονται] (1)

ἰγλαάδ.
[**Al.** IV KI. 4. 34.]

ἰγλαάμ (ἰεγλ.), ἰγαάμ. (1) הֶגְלָם
I Ch. 8. 7. οὗτος ἰ.

ἰγνύα. (1) סְעַפָּה
III Ki. 18. 21. χωλανεῖτε ἐπ' ἀμφοτέραις ταῖς ἰ. (1)

ἰδαθεί.
[**Heb.** PS. 48 (49). 5.]

ἰδέα (εἰδ.). (1) דְּמוּת (2) מַרְאֶה
Ge. 5. 3. ἐγέννησε κατὰ τὴν ἰ. αὐτοῦ (1)
Ep. Je. 63. οὔτε ταῖς ἰ. οὔτε ταῖς δυνάμεσιν
Da. TH. 1. 13. αἱ ἰ. ἡμῶν καὶ αἱ ἰ. τῶν παιδαρίων (2, 2)
— 15. ὡράθησαν αἱ ἰ. αὐτῶν (2)
II Ma. 3. 16. ὁρῶντα τὴν τοῦ ἀρχιερέως ἰ.
IV Ma. 1. 14. καὶ πόσαι παθῶν ἰ.
— 18. τῆς δὲ σοφίας ἰδέαι καθεστᾶσι
[**Sm.** JB. 41. 1.]

ἰδεῖν, *cf.* **ἰδού.** (1) אוֹר (2) בּוּר (3) הִנֵּה (4) *a.* חָזָה *b.* חֲזָה, חֲזָא (5) חֲלַם (6) יָדַע (7) לָקַח (8) מָצָא *a.* qal. *b.* pi. *c.* pu. (9) נָבַט hi. (10) נָשָׂא אֶת־עֵינַיִם (11) פּוּק hi. (12) צָפָה (13) רָאָה *a.* qal. *b.* ni. *c.* hi. *d.* מַרְאֶה (14) ἀγαθὸς τῷ ἰδεῖν תֹּאַר

Ge. 1. 4. καὶ εἶδεν ὁ θεὸς τὸ φῶς (13 *a*)
— 8. καὶ εἶδεν ὁ θεὸς ὅτι καλόν –
— 10, 12, 18. καὶ εἶδεν ὁ θεὸς ὅτι καλόν (13 *a*)
— 21, 25. καὶ εἶδεν ὁ θεὸς ὅτι καλά (13 *a*)
— 31. καὶ εἶδεν ὁ θεὸς τὰ πάντα (13 *a*)
2. 19. ἰδεῖν τί καλέσει αὐτά (13 *a*)
3. 6. καὶ εἶδεν ἡ γυνή (13 *a*)
— 6. ἀρεστὸν τοῖς ὀφθαλμοῖς ἰδεῖν –
6. 2. ἰδόντες δὲ . . . τὰς θυγατ. τῶν ἀνθρώπων (13 *a*)
— 5. ἰδὼν δὲ κύριος ὁ θεός (13 *a*)
— 12. καὶ εἶδε κ. ὁ θεὸς τὴν γῆν (13 *a*)
7. 1. ὅτι σὲ εἶδον δίκαιον ἐναντίον μου (13 *a*)
8. 7. A τοῦ ἰδεῖν εἰ κεκόπακεν τὸ ὕδωρ –
— 8. ἰδεῖν εἰ κεκόπακε τὸ ὕδωρ (13 *a*)
— 13. καὶ εἶδεν ὅτι ἐξέλιπε (13 *a*)
9. 22. καὶ εἶδε Χὰμ . . . τὴν γύμνωσιν τοῦ πατ. (13 *a*)
— 23. τὴν γύμνωσιν τοῦ πατρὸς αὐ. οὐκ εἶδον (13 *a*)
11. 5. κατέβη κύριος ἰδεῖν τὴν πόλιν (13 *a*)
12. 12. ὡς ἂν ἴδωσί σε οἱ Αἰγ. (13 *a*)
— 14. ἰδόντες οἱ Αἰγ. τὴν γυναῖκα αὐτοῦ (13 *a*)
— 15. ἴδον αὐτὴν οἱ ἄρχοντες Φ. (13 *a*)
13. 10. A ἐπάρας Λὼτ τοὺς ὀφθ. . . . ἴδεν [R ἐπεῖδε] (13 *a*)
— 14. ἀνάβλεψον τοῖς ὀφθ. καὶ ἴδε (13 *a*)
16. 4. καὶ εἶδεν ὅτι ἐν γαστρὶ ἔχει (13 *a*)
— 5. ἰδοῦσα δὲ ὅτι ἐν γαστρὶ ἔχει (13 *a*)
— 13. ἐνώπιον εἶδον ὀφθέντα μοι (13 *a*)
— 14. φρέαρ οὗ ἐνώπιον εἶδον (13 *a*)
18. 2. ἀναβλέψας δὲ τοῖς ὀφθ. εἶδε (13 *a*)
— 2. ἰδὼν προσέδραμεν εἰς συνάντησιν (13 *a*)
19. 1. ἰδὼν δὲ Λώτ (13 *a*)
— 28. ἐπέβλεψεν . . . καὶ εἶδε (13 *a*)
21. 9. ἰδοῦσα δὲ Σάρρα τὸν υἱὸν Ἄγαρ (13 *a*)
— 16. οὐ μὴ ἴδω τὸν θάνατον τοῦ παιδίου μου (13 *a*)
— 19. καὶ εἶδε φρέαρ ὕδατος ζῶντος (13 *a*)
22. 4. εἶδε τὸν τόπον (13 *a*)
— 13. ἀναβλέψας Ἀ. τοῖς ὀφθ. αὐτοῦ εἶδε (13 *a*)
— 14. κύριος εἶδεν (13 *a*)
24. 30. ἡνίκα εἶδε τὰ ἐνώτια (13 *a*)
— 63. εἶδε καμήλους (13 *a et* 3)
— 64. εἶδε τὸν Ἰσαάκ (13 *a*)
26. 8. εἶδε τὸν Ἰ. παίζοντα (13 *a et* 3)
— 28. ἰδόντες ἑωράκαμεν (13 *a*)
27. 6. ἴδε ἐγὼ ἤκουσα τοῦ πατρός σου (3)
28. 6. ἴδε δὲ Ἡσαῦ (13 *a*)
— 8. A καὶ ἴδεν [R ἰδὼν δὲ καὶ] Ἡσαῦ (13 *a*)
29. 10. ὡς εἶδεν Ἰ. τὴν Ῥαχήλ (13 *a*)
— 31. ἰδὼν δὲ κύριος ὁ θεός (13 *a*)
— 32. εἶδέ μου κύριος τὴν ταπείνωσιν (13 *a*)
30. 1. ἰδοῦσα δὲ Ῥαχήλ (13 *a*)
— 9. εἶδε δὲ Λεία (13 *a*)
31. 2. εἶδεν Ἰ. τὸ πρόσωπον Λάβαν (13 *a*)
— 10. A εἶδον ἐν [R *om.*] τοῖς ὀφθ. (13 *a*)
— 12. ἴδε τοὺς τράγους (13 *a*)
Ge. 31. 42. τὴν ταπείνωσίν μου . . . εἶδεν ὁ θεός (13 *a*)
— 44. ἴδε ὁ θεὸς μάρτυς –
32. 1 (2). εἶδε παρεμβολὴν θεοῦ –
— 2 (3). ἡνίκα εἶδεν αὐτούς (13 *a*)
— 25 (26). εἶδε δὲ ὅτι οὐ δύναται πρὸς αὐτόν (13 *a*)
— 30 (31). εἶδον γὰρ θεὸν πρόσωπον πρὸς πρόσ. (13 *a*)
33. 1. εἶδε καὶ ἰδού (13 *a*)
— 5. εἶδε τὰς γυναῖκας (13 *a*)
— 10. εἶδον τὸ πρόσωπόν σου ὡς ἄν τις ἴδοι πρόσωπον θεοῦ (13 *a*, 13 *a*)
34. 2. καὶ εἶδεν αὐτὴν Συχέμ (13 *a*)
37. 4. ἰδόντες δὲ οἱ ἀδελφοὶ αὐτοῦ (13 *a*)
— 9. εἶδε δὲ ἐνύπνιον ἕτερον (5)
— 14. πορευθεὶς ἴδε (13 *a*)
— 25. ἀναβλέψαντες τοῖς ὀφθ. εἶδον (13 *a*)
38. 2. καὶ εἶδεν ἐκεῖ Ἰ. θυγατέρα (13 *a*)
— 14. ἴδε γὰρ ὅτι μέγας γέγονε Σ. (13 *a*)
— 15. καὶ ἰδὼν αὐτὴν Ἰούδας (13 *a*)
39. 13. καὶ ἐγένετο ὡς εἶδεν (13 *a*)
— 14. ἴδετε εἰσήγαγεν ἡμῖν παῖδα Ἑβρ. (13 *a*)
40. 5. καὶ εἶδον ἀμφότεροι ἐνύπνιον (5)
— 6. καὶ εἶδεν αὐτούς (13 *a*)
— 8. ἐνύπνιον εἴδομεν (5)
— 16. καὶ εἶδεν ὁ ἀρχισιτοποιός (13 *a*)
— 16. κἀγὼ εἶδον ἐνύπνιον †
41. 1. ἐγένετο δὲ . . . Φαραὼ εἶδεν ἐνύπνιον (5)
— 11. καὶ εἴδομεν ἐνύπνιον (5)
— 11. ἕκαστος . . . εἴδομεν (5)
— 19. οἵας οὐκ εἶδον τοιαύτας (13 *a*)
— 22. καὶ εἶδον πάλιν ἐν τῷ ὕπνῳ μου (13 *a*)
42. 1. ἰδὼν δὲ Ἰακώβ (13 *a*)
— 7. ἰδὼν δὲ Ἰ. τοὺς ἀδελφοὺς αὐτοῦ (13 *a*)
— 9. ὧν εἶδεν αὐτός (5)
— 12. τὰ ἴχνη τῆς γῆς ἤλθατε ἰδεῖν (13 *a*)
— 27. εἶδε τὸν δεσμὸν τοῦ ἀργυρίου αὐ. (13 *a*)
— 35. καὶ εἶδον τοὺς δεσμοὺς τοῦ ἀργυρ. (13 *a*)
43. 16. εἶδε δὲ Ἰωσὴφ αὐτούς (13 *a*)
— 18. A ἰδόντες δὲ οἱ ἄνθρωποι [R ἄνδρες] †
— 29. εἶδε Βενιαμίν (13 *a*)
44. 23. ἰδεῖν τὸ πρόσωπόν μου (13 *a*)
— 26. ἰδεῖν τὸ πρόσωπον τοῦ ἀνθρώπου (13 *a*)
— 28. A καὶ οὐκ ἴδον αὐτὸν ἔτι [R ἄχρι νῦν] (13 *a*)
— 31. ἐν τῷ ἰδεῖν αὐτὸν μὴ ὂν τὸ παιδίον (13 *a*)
— 34. ἵνα μὴ ἴδω τὰ κακά (13 *a*)
45. 13. ἀπαγγείλατε οὖν . . . ὅσα ἴδετε (13 *a*)
— 27. ἰδὼν δὲ τὰς ἁμάξας (13 *a*)
48. 8. ἰδὼν δὲ Ἰσραὴλ τοὺς υἱοὺς Ἰωσήφ (13 *a*)
— 17. ἰδὼν δὲ Ἰωσήφ (13 *a*)
49. 15. καὶ ἰδὼν τὴν ἀνάπαυσιν ὅτι καλή (13 *a*)
50. 11. καὶ εἶδον οἱ κάτοικοι . . . τὸ πένθος (13 *a*)
— 15. ἰδόντες δὲ οἱ ἀδελφοὶ Ἰωσήφ (13 *a*)
— 23. καὶ εἶδεν Ἰωσὴφ Ἐφραὶμ παιδία (13 *a*)
Ex. 2. 2. ἰδόντες δὲ αὐτὸ ἀστεῖον (13 *a*)
— 5. καὶ ἰδοῦσα τὴν θῖβιν ἐν τῷ ἕλει (13 *a*)
3. 4. ὡς δὲ εἶδε κύριος ὅτι προσάγει ἰδεῖν (13 *a*, 13 *a*)
— 7. ἰδὼν εἶδον τὴν κάκωσιν τοῦ λαοῦ (13 *a*, 13 *a*)
4. 14. ἰδών σε χαρήσεται ἐν ἑαυτῷ (13 *a*)
— 31. εἶδεν αὐτῶν τὴν θλῖψιν (13 *a*)
5. 21. ἴδοι ὁ θεὸς ὑμᾶς (13 *a*)
8. 10 (6). B ἵνα ἴδῃς [A R εἰδῇς] ὅτι οὐκ ἔστιν ἄλλος (6 *a*)
— 15 (11). ἰδὼν δὲ Φαραώ (13 *a*)
9. 7. A² B ἰδὼν δὲ Φαραώ (3 ?)
— 34. ἰδὼν δὲ Φαραώ (13 *a*)
10. 10. ἴδετε ὅτι πονηρία (13 *a*)
— 23. οὐκ εἶδεν οὐδεὶς τὸν ἀδελφὸν αὐ. (13 *a*)
— 28. ἰδεῖν μου τὸ πρόσωπον (13 *a*)
11. 7. B ὅπως ἴδῃς [A R εἰδ.] ὅσα παραδοξάσει (6 *a*)
13. 17. τῷ λαῷ ἰδόντι πόλεμον (13 *a*)
14. 13. οὐ προσθήσεσθε ἔτι ἰδεῖν αὐτούς (13 *a*)
— 30. καὶ εἶδεν Ἰσρ. τοὺς Αἰγ. τεθνηκότας (13 *a*)
— 31. εἶδε δὲ Ἰσ. τὴν χεῖρα τὴν μεγ. (13 *a*)
16. 15. ἰδόντες δὲ αὐτὸ [A *om.*] οἱ υἱοὶ Ἰσ. (13 *a*)
— 29. ἴδετε ὁ γὰρ κύριος ἔδωκεν ὑμῖν (13 *a*)
— 32. ἵνα ἴδωσι [A εἰδ.] τὸν ἄρτον (13 *a*)
18. 14. καὶ ἰδὼν Ἰοθὸρ πάντα (13 *a*)
23. 5. ἐὰν δὲ ἴδῃς τὸ ὑποζύγιον (13 *a*)
24. 10. καὶ εἶδον τὸν τόπον (13 *a*)
32. 1. καὶ ἰδὼν ὁ λαός (13 *a*)
— 5. καὶ ἰδὼν Ἀαρὼν ᾠκοδόμησε θυσιαστ. (13 *a*)
— 25. καὶ ἰδὼν Μωυσῆς τὸν λαόν (13 *a*)
33. 13. ἴδω σε ὅπως ἂν ὦ εὑρηκὼς χάριν (6 *a*)

Ex. 33. 20. οὐ δυνήσῃ ἰδεῖν τὸ πρόσωπόν μου (13 *a*)
— 20. οὐ γὰρ μὴ ἴδῃ ἄνθρωπος τὸ πρόσωπόν μου (13 *a*)
34. 30. καὶ εἶδεν Ἀαρών (13 *a*)
— 35. καὶ εἶδον οἱ υἱοὶ Ἰσρ. τὸ πρόσωπον Μ. (13 *a*)
39. 23 (43). καὶ εἶδε Μωυσῆς πάντα τὰ ἔργα (13 *a*)
Le. 9. 24. εἶδε πᾶς ὁ λαὸς καὶ ἐξέστη (13 *a*)
13. 7. μετὰ τὸ ἰδεῖν αὐτὸν τὸν ἱερέα (13 *b*)
— 21, 26. ἐὰν δὲ ἴδῃ ὁ ἱερεύς (13 *a*)
— 31. ἐὰν ἴδῃ ὁ ἱερεύς (13 *a*)
— 53. ἐὰν δὲ ἴδῃ ὁ ἱερεύς (13 *a*)
— 56. ἐὰν ἴδῃ ὁ ἱερεύς (13 *a*)
14. 36. **A B** πρὸ τοῦ . . . τὸν ἱερέα ἰδεῖν τὴν οἰκίαν [**R** ἀφήν] (13 *a*)
— 48. ἐὰν δὲ . . . εἰσέλθῃ ὁ ἱερεὺς καὶ ἴδῃ (13 *a*)
20. 17. ἴδῃ τὴν ἀσχημοσ. αὐ. καὶ αὐτὴ ἴδῃ τὴν ἀσχημοσ. αὐ. (13 *a*, 13 *a*)
23. 43. ὅπως ἴδωσιν αἱ γενεαὶ ὑμῶν (6 *a*)
Nu. 4. 20. ἰδεῖν ἐξάπινα τὰ ἅγια [**A** τὸ ἅ.] (13 *a*)
11. 15. ἵνα μὴ ἴδω [**A** εἰδῶ] τὴν κάκωσίν μου (13 *a*)
12. 8. τὴν δόξαν κυρίου [**A** μου] εἶδε (9)
17. 9 (24). εἶδον καὶ ἔλαβον (13 *a*)
20. 29. εἶδε πᾶσα ἡ συναγωγή (13 *a*)
21. 8. πᾶς ὁ δεδηγμένος ἰδὼν αὐτόν (13 *a*)
22. 2. ἰδὼν Βαλὰκ . . . πάντα (13 *a*)
— 23, 25, 27. ἰδοῦσα ἡ ὄνος τὸν ἄγγελον τοῦ θεοῦ (13 *a*)
— 32 (33). ἰδοῦσά με ἡ ὄνος ἐξέκλινεν (13 *a*)
23. 13. πάντας δὲ οὐ μὴ ἴδῃς (13 *a*)
24. 1. ἰδὼν Βαλαὰμ ὅτι καλόν ἐστιν (13 *a*)
— 4. ὅστις ὅρασιν θεοῦ εἶδεν ἐν ὕπνῳ (4 *a*)
— 16. ὅρασιν θεοῦ ἰδών (4 *a*)
— 20. ἰδὼν τὸν Ἀμαλήκ (13 *a*)
— 21. ἰδὼν τὸν Κεναῖον (13 *a*)
— 23. ἰδὼν τὸν Ὢγ –
25. 7. ἰδὼν Φινεὲς . . . ἐξανέστη (13 *a*)
27. 12. ἴδε τὴν γῆν Χαναάν (13 *a*)
32. 1. εἶδον τὴν χώραν Ἰαζήρ (13 *a*)
De. 1. 8. ἴδετε παραδέδωκεν . . . τὴν γῆν (13 *a*)
— 19. τὴν ἔρημον . . . τὴν φοβ. ἐκ. ἣν εἴδετε (13 *a*)
— 21. ἴδετε παραδέδωκεν ἡμῖν (13 *a*)
— 31. ἐν τῇ ἐρήμῳ ταύτῃ ἣν εἴδετε (13 *a*)
3. 27. ἴδε τοῖς ὀφθαλμοῖς σου (13 *a*)
4. 5. ἴδετε δέδειχα ὑμῖν δικαιώματα (13 *a*)
— 12. ὁμοίωμα οὐκ εἴδετε (13 *a*)
— 15. οὐκ εἴδετε ὁμοίωμα (13 *a*)
— 19. ἰδὼν τὸν ἥλιον . . . προσκυνήσῃς (13 *a*)
5. 24 (21). εἴδομεν ὅτι λαλήσει ὁ θεός (13 *a*)
7. 19. πειρασμοὺς . . . οὓς ἴδοσαν [**A** -ον, B^{2} ἑωράκασιν] οἱ ὀφθ. σου (13 *a*)
9. 16. ἰδὼν ὅτι ἡμάρτετε (13 *a*)
10. 21. ἃ ἴδοσαν [**A** -ον] οἱ ὀφθ. σου (13 *a*)
11. 2. ὅσοι οὐκ οἴδασιν οὐδὲ ἴδοσαν [**A** εἶδον] (13 *a*)
12. 13. ἐν παντὶ τόπῳ οὗ ἐὰν ἴδῃς (13 *a*)
20. 1. ἐὰν . . . ἴδῃς ἵππον (13 *a*)
21. 11. ἐὰν . . . ἴδῃς ἐν τῇ προνομῇ γυν. καλήν (13 *a*)
22. 1. ἰδὼν τὸν μόσχον τοῦ ἀδ. (13 *a*)
26. 7. εἶδε τὴν ταπείνωσιν ἡμῶν (13 *a*)
28. 68. οὐ προσθήσῃ [**A** -σεσθε] ἔτι ἰδεῖν αὐτήν (13 *a*)
29. 3 (2). **A** οὓς εἶδον [**B** ἑωράκασιν] οἱ ὀφθ. σου (13 *a*)
— 17 (16). ἴδετε τὰ βδελύγματα αὐτῶν (13 *a*)
32. 19. εἶδε κύριος καὶ ἐζήλωσε (13 *a*)
— 36. εἶδε γὰρ παραλελυμένους αὐτούς (13 *a*)
— 39. ἴδετε ἴδετε ὅτι ἐγώ εἰμι (13 *a*, †)
— 49. ἴδε [A^{1} ἴδετε] τὴν γῆν Χαναάν (13 *a*)
33. 21. εἶδεν ἀπαρχὴν αὐτοῦ (13 *a*)
34. 6. **R** οὐκ εἶδεν [**AB** οἶδεν] οὐδεὶς τὴν ταφὴν [**A** τελευτὴν] αὐτοῦ (6 *a*)
Jo. 2. 1. ἀνάβητε καὶ ἴδετε τὴν γῆν (13 *a*)
3. 3. ὅταν ἴδητε τὴν κιβωτὸν τῆς διαθήκης (13 *a*)
5. 6. μὴ ἰδεῖν αὐτοὺς τὴν γῆν (13 *c*)
— 12 (13). εἶδεν ἄνθρωπον ἑστηκ. ἐναντίον αὐ. (13 *a*+3)
7. 21. εἶδον ἐν τῇ προνομῇ ψιλήν (13 *a*)
8. 14. ὡς εἶδε βασιλεὺς Γαί (13 *a*)
— 15. εἶδε καὶ ἀνεχώρησεν Ἰησοῦς –
— 21. **B** Ἰησοῦς καὶ πᾶς Ἰσρ. εἶδον (13 *a*)
18. 9. εἴδοσαν [**A** ἴδον] αὐτήν –
22. 10. βωμὸν μέγαν τοῦ [B^{1} ἐπὶ τ.] ἰδεῖν (13 *d*)
— 28. ἴδετε ὁμοίωμα τοῦ θυσιαστ. κυρίου (13 *a*)
23. 4. **A R** ἴδετε ὅτι ἐπέρριφα [**B** ὅπερ εἶπα] ὑ. τὰ ἔθνη (13 *a*)
24. 7. εἴδοσαν οἱ ὀφθαλμοὶ ὑμῶν (13 *a*)
— 31. ὅσοι εἴδοσαν πάντα τὰ ἔργα κυρίου (6 *a*)
Jd. 1. 24. εἶδον οἱ φυλάσσοντες (13 *a*)
Jd. 3. 24. οἱ παῖδες αὐ. ἐπῆλθον [**A** εἰσ.] καὶ εἶδον (13 *a*)
6. 22. εἶδε Γ. ὅτι ἄγγελος κυρίου (13 *a*)
— 22. εἶδον τὸν ἄγγελον κυρίου (13 *a*)
— 28. εἶδαν τὸν μόσχον [**A** *al.*] –
9. 36. εἶδε Γαὰλ . . . τὸν λαόν (13 *a*)
— 43. εἶδε καὶ ἰδοὺ λαὸς ἐξῆλθεν (13 *a*)
— 48. ὃ [**A** τί] εἴδετέ με ποιοῦντα (13 *a*)
— 55. εἶδεν ἀνὴρ Ἰσραήλ (13 *a*)
11. 35. ὡς [**A** ἡνίκα] εἶδεν αὐτὴν αὐτός [**A** *om.*] (13 *a*)
12. 3. εἶδον ὅτι οὐκ εἶ σωτήρ [**A** ἦν ὁ σώζων] (13 *a*)
13. 22. ὅτι θεὸν εἴδομεν [**A** ἑωράκαμεν] (13 *a*)
14. 1. **A R** εἶδε γυναῖκα ἐν [**B** εἰς] Θαμναθά (13 *a*)
— 8. ἐξέκλινεν ἰδεῖν τὸ πτῶμα τοῦ λέοντος (13 *a*)
— 11. ὅτε εἶδον αὐτόν [**A** *al.*] (13 *a*)
16. 1. εἶδεν ἐκεῖ γυναῖκα πόρνην (13 *a*)
— 5. ἴδε ἐν τίνι ἡ ἰσχὺς αὐτοῦ (13 *a*)
— 18. εἶδε Δ. ὅτι ἀπήγγειλεν [**A** ἀν.] (13 *a*)
— 24. εἶδαν [**A** -εν] αὐτὸν ὁ λαός (13 *a*)
18. 7. **AR** εἶδον [**B** -αν] τὸν λαὸν . . . καθήμενον (13 *a*)
— 9. **A** εἴδομεν τὸν λαὸν τὸν κατοικοῦντα –
— 9. **B** εἴδομεν τὴν γῆν [**A** *al.*] (13 *a*)
— 26. εἶδε Μ. ὅτι δυνατώτεροι [**A** ἰσχυρότ.] (13 *a*)
19. 3. εἶδεν αὐτὸν ὁ πατὴρ τῆς νεάνιδος (13 *a*)
— 17. εἶδε τὸν ὁδοιπόρον ἄνδρα (13 *a*)
— 24. ἴδε [**A** ἰδοὺ] ἡ θυγάτηρ μου ἡ παρθένος (3)
20. 36. εἶδον οἱ υἱοὶ Βενιαμίν [**A** *al.*] (13 *a*)
— 39. εἶδον οἱ υἱοὶ Ἰ. [**A** *al.*] †
— 41. εἶδον ὅτι συνήντησεν ἐπ' αὐτούς [**A** *al.*] (13 *a*)
Ru. 1. 18. ἰδοῦσα δὲ Ν. ὅτι κραταιοῦται αὐτή (13 *a*)
2. 18. εἶδεν ἡ πενθερὰ αὐτῆς (13 *a*)
I Ki. 5. 3. εἶδον [**A** ἴδαν] καὶ ἰδού –
— 7. εἶδον οἱ ἄνδρες Ἀ. (13 *a*)
6. 13. εἶδον [**A** ἴδαν] κιβωτὸν κυρίου (13 *a*)
— 19. ὅτι εἶδαν [**A** -ον] κιβωτὸν κυρίου (13 *a*)
9. 17. Σαμουὴλ εἶδε τὸν Σαούλ (13 *a*)
10. 11. **A** ἅπαντες οἱ ἰδόντες [**B** π. οἱ εἰδότες] αὐ. (6 *a*)
— 11. εἶδον καὶ ἰδοὺ αὐτός (13 *a*)
— 14. εἴδαμεν [**A** -ομεν] ὅτι οὐκ εἰσί (13 *a*)
12. 12. ἴδετε ὅτι Νάας . . . ἦλθεν (13 *a*)
— 16. ἴδετε τὸ ῥῆμα τὸ μέγα τοῦτο (13 *a*)
— 17. καὶ γνῶτε καὶ ἴδετε (13 *a*)
— 24. **B** ἴδετε ἃ ἐμεγάλυνε μεθ' ὑμῶν (13 *a*)
13. 6. **B** ἀνὴρ Ἰσρ. εἶδεν (13 *a*)
— 11. **B** εἶδον ὡς διεσπάρη ὁ λαός (13 *a*)
14. 16. εἶδον οἱ σκοποὶ τοῦ Σαούλ (13 *a*)
— 17. ἴδετε τίς πεπόρευται ἐξ ὑμῶν (13 *a*)
— 29. ἴδε διότι εἶδον οἱ ὀφθαλμοί μου [**A** *om.*] (13 *a*, 1)
— 38. γνῶτε καὶ ἴδετε (13 *a*)
— 52. ἰδὼν Σαοὺλ πάντα ἄνδρα δυνατόν (13 *a*)
15. 35. οὐ προσέθετο ἔτι Σαμ. ἰδεῖν τὸν Σ. (13 *a*)
16. 6. εἶδε τὸν Ἐλιάβ (13 *a*)
— 16. **A** ἄνδρα ἰδόντα [**B** εἰδότα] ψάλλειν (6 *a*)
— 17. ἴδετε δή μοι [**A** *om.*] ἄνδρα . . . ψάλλοντα (13 *a*)
— 18. **A** καὶ ἀνὴρ ἀγαθὸς τῷ ἰδεῖν [**B** *al.*] (14)
17. 24. **A** ἐν τῷ ἰδεῖν αὐτοὺς τὸν ἄνδρα (13 *a*)
— 28. **A** ἕνεκεν τοῦ ἰδεῖν τὸν πόλεμον (13 *a*)
— 42. εἶδε Γολιὰθ τὸν Δαυίδ (13 *a*)
— 51. εἶδον [**A** ἴδαν] οἱ ἀλλόφυλοι (13 *a*)
— 55. **A** ὡς εἶδεν Σαοὺλ τὸν Δαυίδ (13 *a*)
18. 15. εἶδε Σ. ὡς αὐτὸς συνιεῖ σφόδρα (13 *a*)
— 28. εἶδε Σ. ὅτι [**A** καὶ ἔγνω ὅ.] κ. μετὰ Δ. (13 *a*)
19. 5. πᾶς Ἰσραὴλ εἶδον καὶ ἐχάρησαν (13 *a*)
— 15. **A** ἀποστέλλει τοῦ ἰδεῖν [**B** *om.* τ. ἰ.] ἐπὶ τὸν Δ. (13 *a*)
— 20. εἶδαν τὴν ἐκκλησίαν τῶν προφ. (13 *a*)
20. 22. **A** ἴδε ἡ σχίζα ἐκεῖ ἀπὸ σοῦ [**B** *al.*] (3)
21. 8 (9). ἴδε εἰ ἔστιν ἐνταῦθα †
— 14 (15). ἰδοὺ ἴδετε ἄνδρα ἐπίληπτον (13 *a*)
23. 15. εἶδε [**A** ἴδον] Δ. ὅτι ἐξέρχεται [**A** ἔρ.] Σ. (13 *a*)
— 22. **A** ἴδετε τὸν τόπον [**B** *al.*] (13 *a*)
— 23. καὶ ἴδετε καὶ γνῶτε [**A** κ. γν. κ. ἴ.] (13 *a* [6 *a*])
24. 12. γνῶθι καὶ ἴδε σήμερον (13 *a*)
— 16. ἴδοι κύριος καὶ κρίναι (13 *a*)
25. 17. γνῶθι καὶ ἴδε (13 *a*)
— 23. εἶδεν Ἀβιγαία τὸν Δαυίδ (13 *a*)
— 25. ἐγὼ ἡ δούλη σου οὐκ εἶδον τὰ παιδάρια (13 *a*)
26. 3. εἶδε [**A** εἶπεν] Δαυὶδ ὅτι ἐκεῖ Σαούλ (13 *a*)
— 16. νῦν ἴδε δὴ τὸ δόρυ τοῦ βασιλέως (13 *a*)
28. 5. εἶδε Σ. τὴν παρεμβολὴν τῶν ἀλλοφ. (13 *a*)
— 12. εἶδεν ἡ γυνὴ τὸν Σαμουήλ (13 *a*)
— 21. εἶδεν ὅτι ἔσπευσε σφόδρα (13 *a*)
31. 5. εἶδεν ὁ αἴρων τὰ σκεύη αὐτοῦ (13 *a*)
— 7. εἶδον οἱ ἄνδρες Ἰσρ. (13 *a*)
II Ki. 1. 7. **AR** εἶδέ με [**B** *om.*] καὶ ἐκάλεσέ με (13 *a*)
II Ki. 3. 13. ἰδεῖν τὸ πρόσωπόν μου (13 *a*)
6. 16. εἶδε τὸν βασιλέα Δ. ὀρχούμενον (13 *a*)
10. 6. **R** εἶδον [**B** -αν, **A** ἴδαν] οἱ υἱοί (13 *a*)
— 9. εἶδεν Ἰωὰβ ὅτι ἐγενήθη πρὸς αὐτόν (13 *a*)
— 14. οἱ υἱοὶ Ἀ. εἶδαν [**A** -ον] (13 *a*)
— 15. εἶδε Σ. ὅτι ἔπταισεν ἔμπροσθεν Ἰσρ. (13 *a*)
— 19. εἶδαν πάντες οἱ βασιλεῖς (13 *a*)
11. 2. εἶδε γυναῖκα λουομένην (13 *a*)
13. 5. εἰσελεύσ. ὁ πατήρ σου τοῦ ἰδεῖν σε (13 *a*)
— 5. ὅπως ἴδω καὶ φάγω (13 *a*)
— 6. εἰσῆλθεν ὁ βασιλεὺς ἰδεῖν αὐτόν (13 *a*)
— 28. ἴδετε ὡς ἂν ἀγαθυνθῇ ἡ καρδία Ἀ. (13 *a*)
— 34. ἦρε . . . τοὺς ὀφθαλμοὺς αὐτοῦ καὶ εἶδε (13 *a*)
14. 24, 28. τὸ πρόσωπον τοῦ βασιλέως οὐκ εἶδε (13 *a*)
— 30. ἴδετε ἡ [**A** εἰ] μερὶς ἐν ἀγρῷ τοῦ Ἰ. (13 *a*)
— 32. τὸ πρόσωπον τοῦ βασιλέως οὐκ εἶδον –
15. 27. ἴδετε σὺ ἐπιστρέφεις (13 *a*)
— 28. ἴδετε ἐγώ εἰμι στρατεύομαι (13 *a*)
16. 12. εἴ πως ἴδοι κ. ἐν τῇ ταπεινώσει μου (13 *a*)
17. 18. εἶδεν αὐτοὺς παιδάριον (13 *a*)
— 23. εἶδεν ὅτι οὐκ ἐγενήθη ἡ βουλὴ αὐ. (13 *a*)
18. 10. εἶδεν ἀνὴρ εἷς (13 *a*)
— 21. ἀνάγγειλον τῷ βασ. [**A** *om.* τ. β.] ὅσα εἶδες (13 *a*)
— 24. καὶ εἶδε καὶ ἰδού (13 *a*)
— 26. εἶδεν ὁ σκοπὸς ἄνδρα ἕτ. τρέχοντα (13 *a*)
— 29. εἶδον τὸ πλῆθος τὸ μέγα (13 *a*)
20. 12. εἶδεν ἀνὴρ ὅτι εἱστήκει (13 *a*)
— 12. καθότι εἶδε πάντα τὸν ἐρχόμενον (13 *a*)
24. 13. ἴδε τί ἀποκριθῶ (13 *a*)
— 17. ἐν τῷ ἰδεῖν αὐτὸν τὸν ἄγγελον (13 *a*)
— 20. εἶδε τὸν βασιλέα (13 *a*)
III Ki. 3. 28. εἶδον ὅτι φρόνησις θεοῦ ἐν αὐτῷ (13 *a*)
9. 12. τοῦ ἰδεῖν τὰς πόλεις (13 *a*)
10. 4. εἶδε . . . πᾶσαν φρόνησιν Σ. (13 *a*)
11. 28. εἶδε Σαλ. τὸ παιδάριον (13 *a*)
12. 16. εἶδον πᾶς Ἰσραήλ (13 *a*)
— 24. **B** οἱ ὀφθ. αὐ. ἠμβλυώπουν τοῦ ἰδεῖν –
13. 25. εἶδον τὸ θνησιμαῖον ἐρριμμένον (13 *a*)
14. 4. **A** ὁ ἄνθρ. πρεσβύτερος τοῦ ἰδεῖν (13 *a*)
16. 18. ὡς εἶδε Ζ. (13 *a*)
18. 17. **B** ὡς εἶδεν Ἀχαὰβ τὸν Ἠλιού (13 *a*)
— 39. **A** εἶδαν πᾶς ὁ λαός [**B** *al.*] (13 *a*)
21 (20). 7. ἴδετε ὅτι κακίαν οὗτος ζητεῖ (13 *a*)
— 22. ἴδε τί ποιήσεις (13 *a*)
22. 19. εἶδον θεὸν Ἰσρ. καθήμενον (13 *a*)
— 32. ὡς εἶδον . . . τὸν Ἰωσ. (13 *a*)
— 33. ὡς εἶδον οἱ ἄρχοντες (13 *a*)
IV Ki. 2. 10. ἐὰν ἴδῃς με ἀναλαμβανόμενον (13 *a*)
— 12. οὐκ εἶδεν αὐτὸν ἔτι (13 *a*)
— 15. εἶδον [**A** ἴδαν] αὐτὸν οἱ υἱοὶ τῶν προφ. (13 *a*)
— 24. εἶδεν αὐτά (13 *a*)
3. 14. καὶ εἶδόν σε (13 *a*)
— 15. **A** νῦν ἴδε [**B** λάβε] μοι ψάλλοντα (7)
— 22. εἶδε Μ. ἐξ ἐναντίας τὰ ὕδατα (13 *a*)
— 26. εἶδεν ὁ βασ. Μωάβ (13 *a*)
4. 25. ὡς εἶδεν Ἑ. ἐρχομένην αὐτήν (13 *a*)
5. 7. ἴδετε ὅτι προφασίζεται (13 *a*)
— 21. εἶδεν αὐτὸν Ν. τρέχοντα (13 *a*)
6. 13. ἴδετε ποῦ οὗτος [**A** αὐτός] (13 *a*)
— 17. καὶ ἰδέτω (13 *a*)
— 17. διήνοιξε κ. τοὺς ὀφθ. αὐ. καὶ εἶδε (13 *a*)
— 20. καὶ ἰδέτωσαν (13 *a*)
— 20. διήνοιξε κ. τοὺς ὀφθ. αὐ. καὶ εἶδον (13 *a*)
— 21. ὡς εἶδεν αὐτούς (13 *a*)
— 30. εἶδεν ὁ λαὸς τὸν σάκκον (13 *a*)
— 32. **R** εἰ [**A** μὴ] εἴδετε [**A** B^{2} οἴδατε, B^{1} ᾔδειτε] (13 *a*)
— 32. ἴδετε [**A** εἴδ.] ὡς ἂν ἔλθῃ ὁ ἄγγελος (13 *a*)
7. 14. δεῦτε καὶ ἴδετε (13 *a*)
8. 29. κατέβη τοῦ ἰδεῖν τὸν Ἰωράμ (13 *a*)
9. 16. κατέβη ἰδεῖν τὸν Ἰωράμ (13 *a*)
— 17. εἶδε τὸν κονιορτὸν Ἰού (13 *a*)
— 22. ὡς εἶδεν Ἰωρὰμ τὸν Ἰού (13 *a*)
— 26. τὰ αἵματα τῶν υἱῶν αὐτοῦ εἶδον (13 *a*)
— 27. Ὀχοζίας βασιλεὺς Ἰούδα εἶδε (13 *a*)
— 32. **B** καὶ εἶδεν αὐτήν –
10. 10. ἴδετε ἀφφώ (6 *a*)
— 16. ἴδε ἐν τῷ ζηλῶσαί με τῷ κυρίῳ (13 *a*)
— 23. ἐρευνήσατε καὶ ἴδετε (13 *a*)
11. 1. εἶδεν ὅτι ἀπέθανεν (13 *a*)
— 14. εἶδε καὶ ἰδοὺ ὁ βασ. εἱστήκει (13 *a*)
12. 10 (11). **R** ὡς εἶδον [**B** -εν, **A** ἴδεν αὐτόν] (13 *a*)
13. 4. εἶδε τὴν θλῖψιν Ἰσραήλ (13 *a*)
— 21. ἰδοὺ εἶδον τὸν μονόζωνον (13 *a*)
14. 26. εἶδε κ. τὴν ταπείνωσιν Ἰσρ. πικράν (13 *a*)

IV Ki. 16. 10. εἶδε τὸ θυσιαστ. ἐν [A τὸ ἐν] Δαμ. (13 a)
— 12. εἶδεν ὁ βασ. τὸ θυσιαστήριον (13 a)
19. 16. ἄνοιξον . . . τοὺς ὀφθ. σου καὶ ἴδε (13 a)
20. 5. εἶδον τὰ δάκρυά σου (13 a)
— 15. τί εἶδον ἐν τῷ οἴκῳ σου (13 a)
— 15. πάντα ὅσα ἐν τῷ οἴκῳ μου εἶδον (13 a)
23. 16. εἶδε τοὺς τάφους (13 a)
— 29. ἐν τῷ ἰδεῖν αὐτόν (13 a)
I Ch. 10. 5. εἶδεν ὁ αἴρων τὰ σκεύη αὐτοῦ (13 a)
— 7. εἶδε πᾶς ἀνὴρ [S om.] Ἰσραήλ (13 a)
12. 17. ἴδοι ὁ θεὸς τῶν πατέρων ὑμῶν (13 a)
15. 29. εἶδε τὸν βασιλέα Δ. ὀρχούμενον (13 a)
19. 6. εἶδον οἱ υἱοὶ Ἀ. ὅτι ᾐσχύνθη (13 a)
— 10. εἶδεν Ἰ. ὅτι γεγόνασιν ἀντιπρόσωποι (13 a)
— 15. οἱ υἱοὶ Ἀ. εἶδον ὅτι ἔφυγον (13 a)
— 16. εἶδεν Σύρος ὅτι ἐτροπώσατο (13 a)
— 19. εἶδον παῖδες Ἀδρ. (13 a)
21. 12. νῦν ἴδε τί ἀποκριθῶ (13 a)
— 15. εἶδε κύριος καὶ μετεμελήθη (13 a)
— 16. εἶδε τὸν ἄγγελον κ. ἑστῶτα (13 a)
— 20. εἶδε τὸν βασιλέα (13 a)
— 23. ἴδε [A ἰδοὺ] δέδωκα τοὺς μόσχους (13 a)
— 28. ἐν τῷ ἰδεῖν τὸν Δ. (13 a)
28. 10. A R ἴδε νῦν ὅτι κ. [B ἴ. τοίνυν κ.] ᾑρέτικέ σε (13 a)
— 20. A εἶδον [B om., R ἰδοὺ] τὸ παράδειγμα –
29. 17. τὸν λαόν σου τὸν εὑρεθ. ὧδε εἶδον (13 a)
II Ch. 9. 3. εἶδε βασίλισσα Σ. τὴν σοφίαν (13 a)
— 6. ἕως . . . εἶδον οἱ ὀφθαλμοί μου (13 a)
12. 7. ἐν τῷ ἰδεῖν κύριον (13 a)
15. 9. ἐν τῷ ἰδεῖν αὐτούς (13 a)
18. 16. εἶδον τὸν Ἰσρ. διεσπαρμένους (13 a)
— 18. εἶδον τὸν κύριον καθήμενον (13 a)
— 31. ὡς εἶδον οἱ ἄρχοντες . . . τὸν Ἰ. (13 a)
— 32. ὡς εἶδον οἱ ἄρχοντες . . . ὅτι οὐκ ἦν (13 a)
19. 6. ἴδετε τί ὑμεῖς ποιεῖτε (13 a)
20. 17. ἴδετε τὴν σωτηρίαν κυρίου μεθ' ὑμῶν (13 a)
— 24. εἶδε τὸ πλῆθος †
22. 10. εἶδεν ὅτι τέθνηκεν (13 a)
23. 13. καὶ εἶδε καὶ ἰδού (13 a)
24. 11. ὡς εἶδον ὅτι ἐπλεόνασε τὸ ἀργ. (13 a)
— 22. ἴδοι κύριος καὶ κρινάτω (13 a)
31. 8. εἶδον [A εἰδόντες] τοὺς σωρούς (13 a)
32. 2. εἶδεν Ἐζ. ὅτι ἥκει Σ. (13 a)
I Es. 4. 18. ἴδωσι γυναῖκα μίαν [A al.]
II Es. 3. 12. οἳ εἴδοσαν τὸν οἶκον τὸν πρῶτον (13 a)
4. 14. οὐκ ἔξεστιν ἡμῖν ἰδεῖν (4 b)
Ne. 4. 14 (8). εἶδον καὶ ἀνέστην (13 a)
9. 9. εἶδες τὴν ταπείνωσιν [S^3 κακίαν] (13 a)
13. 15. εἶδον ἐν Ἰούδα πατοῦντας ληνούς (13 a)
— 23. εἶδον τοὺς Ἰουδαίους (13 a)
To. 2. 2. S^1 ἴδε [S^2 ἰδοὺ] προσμενῶ σε [A B al.]
— 14. S ἴδε ταῦτα μετὰ σοῦ γνωστά ἐστιν [A B al.]
3. 9. μὴ ἴδοιμέν σου υἱὸν ἢ θυγατέρα
— 17. S ἵνα ἴδῃ . . . τὸ φῶς τοῦ θεοῦ
8. 12. ἰδέτωσαν [S -τω] εἰ ζῇ
9. 6. S εἶδον Τωβ. τὸν ἀνεψιόν μου
10. 12. S ἴδοιμι ὑμῶν παιδία
— 13. δῴη μοι ἰδεῖν σου παιδία [S al.]
11. 9. εἶδόν σε, παιδίον
— 13. A B ἰδὼν τὸν υἱὸν αὐτοῦ
— 14. S εἶδόν σε, τέκνον, τὸ φῶς
— 16. S ἰδόντες αὐτὸν οἱ ἐν Νιν. [A B al.]
12. 21. οὐκέτι εἶδον αὐτόν [S al.]
13. 16. S ἰδεῖν τὴν δόξαν σου
14. 10. ἴδετε τί ἐποίησεν Ἀμάν [S al.]
— 11. ἴδετε τί ἐλεημοσύνη ποιεῖ
— 15. S καὶ εἶδεν
— 15. S εἶδεν τὴν αἰχμαλωσίαν αὐτῆς
Ju. 4. 13. B^2 S^2 ἴδεν [A B^1 S^1 R εἰσεῖδε] τὴν θλῖψιν αὐτῶν
6. 12. ὡς εἶδαν αὐτοὺς οἱ ἄνδρες τῆς πόλεως
7. 4. ὡς εἶδον αὐτῶν [A om.] τὸ πλῆθος
10. 4. ὅσοι ἂν ἴδωσιν αὐτήν
— 7. ὡς δὲ εἶδον αὐτήν
12. 16. ἀφ' ἧς ἡμέρας εἶδεν αὐτήν
14. 5. ἵνα ἰδὼν ἐπιγνῷ
— 6. εἶδε τὴν κεφαλὴν Ὀλοφέρνου
— 10. ἰδὼν δὲ Ἀ. πάντα ὅσα ἐποίησεν ὁ θεός
— 12. ὡς εἶδον αὐτοίς
15. 8. τοῦ ἰδεῖν τὴν Ἰουδίθ
— 12. τοῦ ἰδεῖν αὐτήν
Es. 1. 1. ἐνύπνιον εἶδε Μαρδοχαῖος
2. 2. καλὰ τῷ εἴδει [S^1 ἰδεῖν] (13 d)
4. 14. R καὶ τίς εἶδεν [A B S οἶδεν] (6 a)

Es. 5. 2. εἶδόν [S^1 εἶπόν] σε, κύριε, ὡς ἄγγελον θεοῦ –
— 9. ἐν δὲ τῷ ἰδεῖν Ἀμὰν Μαρδοχαῖον (13 a)
— 13. ὅταν ἴδω Μαρδοχαῖον . . . ἐν τῇ αὐλῇ (13 a)
8. 6. ἰδεῖν [A ἐπ.] τὴν κάκωσιν τοῦ λαοῦ μου (13 a)
— 16. ἰδόντες δὲ οἱ ἐν Σούσοις ἐχάρησαν –
10. 3. τοῦ ἐνυπνίου οὗ εἶδον
Jb. 2. 12. ἰδόντες δὲ αὐτὸν πόρρωθεν (10)
3. 9. καὶ μὴ ἴδοι ἑωσφόρον ἀνατέλλοντα (13 a)
— 16. ὥσπερ νήπιοι οἳ οὐκ εἶδον φῶς (13 a)
4. 8. εἶδον τοὺς ἀροτριῶντας τὰ ἄτοπα (13 a)
— 16. εἶδον καὶ οὐκ ἦν μορφή (13 d)
6. 19. ἴδετε ὁδοὺς Θαιμανῶν (9)
— 21. ἰδόντες τὸ ἐμὸν τραῦμα (13 a)
7. 7. ἰδεῖν ἀγαθόν (13 a)
9. 11. ἐὰν ὑπερβῇ με οὐ μὴ ἴδω (13 a)
— 25. καὶ οὐκ εἴδοσαν [A ἴδον] (13 a)
10. 18. ὀφθαλμὸς δέ με οὐκ εἶδε (13 a)
11. 11. ἰδὼν δὲ ἄτοπα οὐ παρόψεται (13 a)
19. 14. A οἱ ἰδόντες [B^1 S^2 εἰδόντες, B^3 S^1 R εἰδότες] μου τὸ ὄνομα (6 c)
— 19. οἱ ἰδόντες [A ἰδότες] με †
20. 7. S οἱ δὲ ἰδόντες [A ἰδότες, B εἰδότες] αὐτὸν ἐροῦσι (13 a)
— 17. μὴ ἴδοι ἄμελξιν νομάδων (13 a)
21. 20. ἴδοισαν [A ἴδοιεν δὲ] οἱ ὀφθ. αὐ. τὴν ἑαυ. σφαγήν (13 a)
22. 19. ἰδόντες δίκαιοι ἐγέλασαν (13 a)
23. 4. S^1 ἴδοιμι [A B S^2 εἴποιμι] δὲ . . . κρίμα †
28. 10. πᾶν δὲ ἔντιμον [A τίμιον] εἶδε (13 a)
— 26. οὕτως ἰδὼν ἠρίθμησε †
— 27. τότε εἶδεν [A ἰδὼν] αὐτήν (13 a)
29. 8. ἰδόντες με νεανίσκοι (13 a)
— 11. ὀφθαλμὸς δὲ ἰδών με (13 a)
30. 1. S νῦν ἴδε [A B νυνὶ δὲ] κατεγέλασάν μου –
— 9. S νῦν ἴδε [A B νυνὶ δὲ] κιθάρα ἐγώ εἰμι αὐτῶν –
— 25. ἰδὼν ἄνδρα ἐν ἀνάγκαις [A -κῃ] –
32. 5. εἶδεν Ἐλ. ὅτι οὐκ ἔστιν ἀπόκρισις (13 a)
34. 16. R ἴδε [A B S εἶδε] μὴ νουθετῇ †
— 17. S R ἴδε [B εἶδε] σὺ τὸν μισοῦντα ἄνομα [A al.] †
35. 4. ἀνάβλεψον εἰς τὸν οὐρ. καὶ ἴδε (13 a)
— 4. A καὶ ἴδε [B S om. κ. ἴ.] ὡς ὑψηλά –
— 13. ἄτοπα γὰρ οὐ βούλεται ἰδεῖν ὁ κ. †
36. 25. πᾶς ἄνθρωπος εἶδεν ἐν ἑαυτῷ (4 a)
38. 12. εἶδε [A ἔπιδεν] τὴν ἑαυ. τάξιν (6 b)
— 17. πυλωροὶ δὲ ᾅδου ἰδόντες σε (13 a)
42. 16. εἶδεν Ἰὼβ τοὺς υἱοὺς αὐτοῦ (13 a)
Ps. 9. 13. ἴδε τὴν ταπείνωσίν μου (13 a)
10 (11). 8. εὐθύτητα [A S^2 -as] εἶδε τὸ πρόσωπον αὐ. (4 a)
13 (14). 2. A^2 B S τοῦ ἰδεῖν εἰ ἔστι συνίων (13 a)
15 (16). 10. ἰδεῖν διαφθοράν (13 a)
16 (17). 2. A B S^2 οἱ ὀφθ. μου ἰδέτωσαν εὐθύτητας (4 a)
24 (25). 18. ἴδε τὴν ταπείνωσίν μου (13 a)
— 19. ἴδε τοὺς ἐχθρούς μου (13 a)
26 (27). 13. τοῦ ἰδεῖν τὰ ἀγαθὰ κυρίου (13 a)
32 (33). 13. εἶδε πάντας τοὺς υἱοὺς τῶν ἀνθρ. (13 a)
33 (34). 8. ἴδετε ὅτι χρηστὸς ὁ κύριος (13 a)
— 12. ἀγαπῶν ἡμέρας ἰδεῖν ἀγαθάς (13 a)
34 (35). 21. A S R εἶδον [B -αν] οἱ ὀφθαλμοὶ ἡμῶν (13 a)
— 22. εἶδες, κύριε, μὴ παρασιωπήσῃς (13 a)
36 (37). 25. οὐκ εἶδον δίκαιον ἐγκαταλελειμμ. (13 a)
— 35. εἶδον τὸν ἀσεβῆ ὑπερυψούμ. (13 a)
— 37. καὶ ἴδε εὐθύτητα (13 a)
40 (41). 6. εἰσεπορεύετο τοῦ ἰδεῖν (13 a)
44 (45). 10. ἄκουσον, θύγατερ, καὶ ἴδε (13 a)
45 (46). 8. ἴδετε [A -ατε] τὰ ἔργα τοῦ κ. (4 a)
47 (48). 5. αὐτοὶ ἰδόντες [A ἰδότες] οὕτως ἐθαύμασαν (13 a)
— 8. οὕτως εἴδομεν [A ἴδαμεν] (13 a)
48 (49). 10. ὅταν ἴδῃ σοφοὺς ἀποθνήσκοντας (13 a)
52 (53). 2. τοῦ ἰδεῖν εἰ ἔστι συνίων (13 a)
54 (55). 9. εἶδον ἀνομίαν (13 a)
57 (58). 8. οὐκ εἶδον τὸν ἥλιον (4 a)
— 10. ὅταν ἴδῃ ἐκδίκησιν (4 a)
58 (59). 4. ἐξεγέρθητι . . . καὶ ἴδε (13 a)
62 (63). 2. τοῦ ἰδεῖν τὴν δύναμίν σου (13 a)
65 (66). 5. ἴδετε τὰ ἔργα τοῦ θεοῦ (13 a)
68 (69). 32. ἰδέτωσαν πτωχοί (13 a)
73 (74). 9. τὰ σημεῖα ἡμῶν οὐκ εἴδομεν (13 a)
76 (77). 16. εἴδοσάν σε ὕδατα, ὁ θ., εἴδοσάν σε ὕδ. (13 a, 13 a)
79 (80). 14. ἐπίβλεψον . . . καὶ ἴδε (13 a)

Ps. 83 (84). 9. ὑπερασπιστὰ ἡμῶν ἴδε ὁ θεός (13 a)
85 (86). 17. ἰδέτωσαν οἱ μισοῦντές με [B^2 σε] (13 a)
89 (90). 15. ἐτῶν ὧν εἴδομεν κακά (13 a)
— 16. ἴδε ἐπὶ τοὺς δούλους σου (13 b)
94 (95). 9. καὶ εἶδον τὰ ἔργα μου (13 a)
96 (97). 4. εἶδε καὶ ἐσαλεύθη ἡ γῆ (13 a)
— 6. εἴδοσαν [A^1 S^2 ἴδον] . . . τὴν δόξαν αὐ. (13 a)
97 (98). 3. εἴδοσαν . . . τὸ σωτήριον τοῦ θ. ἡμῶν (13 a)
105 (106). 5. τοῦ ἰδεῖν ἐν τῇ χρηστότητι (13 a)
— 44. εἶδε κύριος ἐν τῷ θλίβεσθαι αὐτούς (13 a)
106 (107). 24. εἶδον [S^1-οσαν] τὰ ἔργα κυρίου (13 a)
108 (109). 25. εἴδοσάν με (13 a)
113 (114). 3. ἡ θάλασσα εἶδε (13 a)
118 (119). 37. τοῦ μὴ ἰδεῖν ματαιότητα (13 a)
— 96. πάσης συντελείας εἶδον πέρας (13 a)
— 153. ἴδε τὴν ταπείνωσίν μου (13 a)
— 158. εἶδον ἀσυνετοῦντας [S^1 ἀσυνθ.] (13 a)
— 159. ἴδε ὅτι τὰς ἐντολάς σου ἠγάπησα (13 a)
127 (128). 5. ἴδοις τὰ ἀγαθὰ Ἱερουσαλήμ (13 a)
— 6. ἴδοις [S -ῃς] υἱοὺς τῶν υἱῶν σου (13 a)
138 (139). 16. A B^1 S^1 τὸ ἀκατέργαστόν σου εἴδοσαν [B^2 S^2 R al.] (13 a)
— 24. A B S^1 ἴδε ἢ εἶδες [S^2 R al.] (13 a, †)
Pr. 3. 13. θνητὸς ὃς εἶδε φρόνησιν (11)
6. 6. ζήλωσον ἰδὼν τὰς ὁδοὺς αὐτοῦ (13 a)
7. 7. ὃν ἂν ἴδῃ . . . νεανίαν ἐνδεῆ φρενῶν (13 a)
22. 3. πανοῦργος ἰδὼν πονηρὸν τιμωρούμ. (13 a)
23. 33. ὅταν ἴδωσιν ἀλλοτρίαν (13 a)
25. 7. ἃ εἶδον οἱ ὀφθαλμοί σου (13 a)
26. 12. εἶδον ἄνδρα δόξαντα . . . σοφὸν εἶναι (13 a)
29. 20. ἐὰν ἴδῃς ἄνδρα ταχὺν ἐν λόγοις (4 a)
Ec. 1. 10. ἴδε τοῦτο καινόν ἐστιν (13 a)
— 14. εἶδον σύμπαντα τὰ ποιήμ. [S^1 om. τὰ π.] (13 a)
— 17 (16). καρδία μου εἶδε πολλά (13 a)
2. 1. ἴδε ἐν ἀγαθῷ (13 a)
— 3. ἕως οὗ ἴδω ποῖον τὸ ἀγαθόν (13 a)
— 12. ἐπέβλεψα ἐγὼ τοῦ ἰδεῖν σοφίαν (13 a)
— 13. εἶδον ἐγὼ ὅτι ἐστὶ περισσεία (13 a)
— 19. τίς εἶδεν [A S οἶδεν] εἰ σοφὸς ἔσται (6 a)
— 24. τοῦτο εἶδον ἐγώ (13 a)
3. 10. εἶδον σὺν π. [A S om.] τὸν περισπασμόν [A πειρασμ.] (13 a)
— 13. καὶ ἴδῃ ἀγαθόν (13 a)
— 16. ἔτι εἶδον . . . τόπον τῆς κρίσεως (13 a)
— 21. R τίς εἶδε [A B S οἶδεν] πνεῦμα υἱῶν τοῦ ἀνθρ. (6 a)
— 22. εἶδον ὅτι οὐκ ἔστιν ἀγαθόν (13 a)
— 22. τοῦ ἰδεῖν ἐν ᾧ ἐὰν γένηται (13 a)
4. 1. εἶδον συμπάσας [S π.] τὰς συκοφαντίας (13 a)
— 3. A B S^2 οὐκ εἶδε σὺν πᾶν [A S^2 om.] τὸ ποίημα (13 a)
— 4. εἶδον ἐγὼ σύμπαντα [S σὺν π.] τὸν μόχθον (13 a)
— 7. εἶδον ματαιότητα ὑπὸ τὸν ἥλιον (13 a)
— 15. εἶδον σύμπαντας τοὺς ζῶντας (13 a)
5. 7. ἐὰν συκοφαντίαν . . . ἴδῃς [A εἴδῃς] (13 a)
— 12. ἀρρωστία ἣν εἶδον ὑπὸ τὸν ἥλιον (13 a)
— 17. εἶδον ἐγὼ ἀγαθόν (13 a)
— 17. τοῦ ἰδεῖν ἀγαθωσύνην (13 a)
6. 1. πονηρία ἣν εἶδον ὑπὸ τὸν ἥλιον (13 a)
— 5. ἥλιον οὐκ εἶδε (13 a)
— 6. ἀγαθωσύνην οὐκ εἶδε (13 a)
7. 14 (13). ἴδε τὰ ποιήματα τοῦ θεοῦ (13 a)
— 15 (14). ἴδε ἐν ἡμέρᾳ κακίας ἴδε [S^2 om.] καί γε σὺν τούτῳ [A S τοῦτο] (–, 13 a)
— 16 (15). σύμπαντα [B τὰ π., S^1 σὺν τὰ π., A S^2 σὺν π.] εἶδον [S^2 ἃ εἶ.] (13 a)
— 28 (27), 30 (29). ἴδε τοῦτο εὗρον (13 a)
8. 9. σύμπαν [A σὺν π.] τοῦτο εἶδον (13 a)
— 10. εἶδον ἀσεβεῖς εἰς τάφους εἰσαχθέντας (13 a)
— 16. τοῦ ἰδεῖν τὸν περισπασμόν [A πειρασμ.] (13 a)
— 17. εἶδον σύμπαντα [A S σὺν π.] τὰ ποιήμ. τοῦ θ. (13 a)
— 17 (9. 1). A S R καρδία μου σὺν πᾶν εἶδε τοῦτο [B al.] (2)
9. 9. ἴδε ζωὴν μετὰ γυναικός (13 a)
— 11. εἶδον ὑπὸ τὸν ἥλιον (13 a)
— 13. τοῦτο εἶδον σοφίαν ὑπὸ τὸν ἥλιον (13 a)
10. 5. πονηρία ἣν εἶδον ὑπὸ τὸν ἥλιον (13 a)
— 7. εἶδον δούλους ἐφ' ἵππους (13 a)
Ca. 3. 3. μὴ ὃν ἠγάπησεν ἡ ψυχή μου ἴδετε (13 a)
— 11. ἴδετε ἐν τῷ βασ. Σαλ. (13 a)
6. 8 (9). εἴδοσαν αὐτὴν θυγατέρες (13 a)

Ca. 6. 9 (10). **S** εἶδον τὴν νύμφην -
— 10 (11). ἰδεῖν ἐν γενήμασι [**A S** -ατι] τοῦ χειμάρρου ἰδεῖν εἰ ἤνθησεν ἡ ἄμπελος (13 *a*, 13 *a*)
7. 12 (13). ἴδωμεν [**S** εἰδ.] εἰ ἤνθησεν ἡ ἄμπελος (13 *a*)
Wi. 2. 17. ἴδωμεν [S^{1} εἰδ.] εἰ οἱ λόγοι αὐ. ἀληθεῖς
4. 14. οἱ δὲ λαοὶ [A^{1} ἄλλοι] ἰδόντες
5. 2. ἰδόντες ταραχθήσονται φόβῳ δεινῷ
12. 27. ἰδόντες ὃν πάλαι ἠρνοῦντο
16. 18. **S R** ἴδωσιν [**A B** εἰδῶσιν] ὅτι . . . ἐλαύνονται [**A** -ωνται]
19. 11. εἶδον καὶ νέαν γένεσιν ὀρνέων
Si. 1. 9, 18. εἶδε καὶ ἐξηρίθμησεν αὐτήν
2. 10. ἐμβλέψατε . . . καὶ ἴδετε
6. 36. ἐὰν ἴδῃς συνετόν
15. 7. οὐ μὴ ἴδωσιν αὐτήν
17. 13. μεγαλεῖον δόξης εἶδον οἱ ὀφθ. αὐ.
18. 12. εἶδε καὶ ἐπέγνω
24. 34. ἴδετε ὅτι οὐκ ἐμοὶ μόνῳ ἐκοπίασα
28. 24. ἴδε περίφραξον τὸ κτῆμά [**S** στόμα] σου
30. 5. ἐν τῇ ζωῇ αὐτοῦ εἶδε
33 (36). 3. ἰδέτωσαν τὴν δυναστείαν σου [S^{1} *al.*]
37. 9. ἰδεῖν τὸ συμβησόμενόν σοι
— 27. ἴδε τί πονηρὸν αὐτῇ
43. 11. ἴδε τόξον
45. 19. εἶδε κύριος
46. 10. ὅπως ἴδωσι πάντες οἱ υἱοὶ Ἰσρ.
48. 11. μακάριοι οἱ ἰδόντες [**S** εἰδότες] σε
— 24. πνεύματι μεγάλῳ εἶδε τὰ ἔσχατα
49. 8. Ἰεζ. ὃς εἶδεν ὅρασιν δόξης
51. 27. ἴδετε ἐν ὀφθαλμοῖς ὑμῶν
Ho. 5. 13. εἶδεν Ἐφρ. τὴν νόσον αὐτοῦ (13 *a*)
6. 11 (10). εἶδον φρικώδη ἐκεῖ πορνείαν τοῦ Ἐφρ. (13 *a*)
9. 10. εἶδον πατέρας αὐτῶν (13 *a*)
— 13. **A R** ὃν τρόπον εἶδον [**B** *om.*] (13 *a*)
Am. 1. 1. λόγοι Ἀ. . . . οὓς εἶδεν ὑπὲρ Ἰ. (4 *a*)
3. 9. ἴδετε θαυμαστὰ πολλὰ ἐν μέσῳ αὐτῆς (13 *a*)
5. 16. **A** εἰς ἰδόντας [**B** εἰδότας] θρῆνον (6 *a*)
6. 2. διάβητε πάντας καὶ ἴδετε (13 *a*)
9. 1. εἶδον τὸν κύριον (13 *a*)
Mi. 1. 1. ὑπὲρ ὧν εἶδε περὶ Σ. (4 *a*)
Jn. 3. 10. καὶ εἶδεν ὁ θεὸς τὰ ἔργα αὐτῶν (13 *a*)
Hb. 1. 1. τὸ λῆμμα ὃ εἶδεν Ἀμβ. (4 *a*)
— 5. ἴδετε οἱ καταφρονηταί (13 *a*)
2. 1. ἀποσκοπεύσω τοῦ ἰδεῖν τί λαλήσει (13 *a*)
3. 7. ἀντὶ κόπων εἶδον σκηνώματα (13 *a*)
Hg. 2. 4 (3). ὃς εἶδε [**A** οἶδεν] τὸν οἶκον τ. (13 *a*)
Za. 1. 18 (2. 1) : 2. 1 (5). ἦρα τοὺς ὀφθ. μου καὶ ἴδον (13 *a*)
2. 2 (6). τοῦ ἰδεῖν πηλίκον τὸ πλάτος (13 *a*)
5. 1. ἦρα τοὺς ὀφθ. μου καὶ ἴδον (13 *a*)
— 5. ἴδε τὸ ἐκπορευόμενον τοῦτο (13 *a*)
— 9 : 6. 1. ἦρα τοὺς ὀφθ. μου καὶ ἴδον (13 *a*)
Is. 1. 1. ἣν εἶδεν Ἡσ. . . . ἣν εἶδε κατὰ τῆς Ἰ. (-, 4 *a*)
5. 19. **S R** ἵνα ἴδωμεν [**A B** εἰδ.] (13 *a*)
6. 1. εἶδον τὸν κύριον καθήμενον (13 *a*)
— 5. τὸν βασιλέα κύριον σαβαὼθ εἶδον (13 *a*)
— 9. βλέψετε καὶ οὐ μὴ ἴδητε [**S** εἰδ.] (6 *a*)
— 10. μή ποτε ἴδωσι τοῖς ὀφθαλμοῖς (13 *a*)
9. 2 (1). ἴδετε [S^{2} εἶδεν] φῶς μέγα (13 *a*)
10. 24. τοῦ ἰ. ὁδὸν Αἰγύπτου -
13. 1. ἣν εἶδεν Ἡσ. . . . κατὰ Βαβ. (4 *a*)
14. 16. οἱ ἰδόντες σε θαυμάσονται (13 *a*)
21. 6. ὃ ἂν ἴδῃς ἀνάγγειλον (13 *a*)
— 7. εἶδον ἀναβάτας ἱππεῖς δύο (13 *a*)
22. 9. εἴδοσαν ὅτι πλείους εἰσί (13 *a*)
— 11. τὸν κτίσαντα αὐτὴν οὐκ εἴδετε (13 *a*)
26. 10. ἵνα μὴ ἴδῃ [B^{1} **S** εἰδῇ] τὴν δόξαν κυρίου (13 *a*)
— 14. οἱ δὲ νεκροὶ ζωὴν οὐ μὴ ἴδωσιν [S^{1} εἰδ.] †
28. 4. ὡς πρόδρομος σύκου ὁ ἰδὼν αὐτό (13 *a*)
29. 23. ὅταν ἴδωσι τὰ τέκνα αὐτῶν [S^{1} *al.*] (13 *a*)
30. 19. τὴν φων. τῆς κραυγῆς σου ἡνίκα εἶδεν †
33. 15. ἵνα μὴ ἴδῃ ἀδικίαν (13 *a*)
34. 15. εἶδον τὰ πρόσωπα ἀλλήλων †
37. 17. ἴδε τοὺς λόγους Σενναχηρείμ †
38. 5. εἶδον τὰ δάκρυά σου (13 *a*)
— 11. οὐκέτι οὐ μὴ ἴδω τὸ σωτήριον τοῦ θ. (13 *a*)
— 11. **B** οὐκέτι μὴ ἴδω τὸ σωτήριον τοῦ Ἰσρ. -
— 11. οὐκέτι μὴ ἴδω ἄνθρωπον (9)
39. 4. τί εἴδοσαν [**A** ἴδον] ἐν τῷ οἴκῳ σου (13 *a*)
— 4. πάντα τὰ ἐν τῷ οἴκῳ μου εἴδοσαν (13 *a*)
— 4. ὃ οὐκ εἴδοσαν (13 *c*)
40. 26. ἴδετε τίς κατέδειξε πάντα ταῦτα (13 *a*)
Is. 41. 5. εἴδοσαν ἔθνη καὶ ἐφοβήθησαν (13 *a*)
— 20. ἵνα ἴδωσι καὶ γνῶσι (13 *a*)
42. 18. οἱ τυφλοὶ ἀναβλέψατε ἰ. (13 *a*)
— 20. εἴδετε [**A** B^{2} ἴδ., S^{1} -δε] πλεονάκις (13 *a*)
— 22. εἶδον καὶ ἐγένετο ὁ λαὸς πεπρονομευμ. -
44. 16. εἶδον πῦρ (13 *a*)
— 20. ἴδετε οὐκ ἐρεῖτε -
46. 5. ἴδετε [S^{1} *add.* ἴδετε] τεχνάσασθε †, †
49. 18. ἴδε πάντας (13 *a*)
53. 2. εἴδομεν αὐτόν (13 *a*)
56. 10. ἴδετε ὅτι ἐκτετύφλωνται πάντες (12)
57. 1. ἴδετε ὡς ὁ δίκαιος ἀπώλετο -
— 11. ἐγώ σε ἰδὼν παρορῶ †
58. 3. τί ὅτι ἐνηστεύσαμεν καὶ οὐκ εἶδες (13 *a*)
— 7. ἐὰν ἴδῃς γυμνὸν περίβαλε (13 *a*)
59. 15. εἶδε κύριος (13 *a*)
— 16. εἶδε καὶ οὐκ ἦν ἀνήρ (13 *a*)
60. 4. ἴδε συνηγμένα τὰ τέκνα σου (13 *a*)
63. 15. ἴδε ἐκ τοῦ οἴκου τοῦ ἁγίου σου (13 *a*)
64. 4 (3). οὐδὲ οἱ ὀφθ. ἡμ. εἶδον θεὸν πλὴν σοῦ (13 *a*)
Je. 2. 10. καὶ ἴδετε (13 *a*)
— 10. ἴδετε εἰ γέγονε τοιαῦτα (13 *a*)
— 19. ἴδε ὅτι πικρόν σοι (13 *a*)
— 23. ἴδε τὰς ὁδούς σου (13 *a*)
3. 2. ἆρον . . . καὶ ἴδε (18 *a*)
— 6. εἶδες ἃ ἐποίησέ μοι (13 *a*)
— 7. εἶδε τὴν ἀσυνθεσίαν [**S** ἀθεσ.] αὐτῆς (13 *a*)
— 8. εἶδον διότι περὶ πάντων ὧν κατελήφθη (13 *a*)
4. 24. εἶδον τὰ ὄρη (13 *a*)
— 26. εἶδον καὶ ἰδού (13 *a*)
5. 1. ἴδετε καὶ γνῶτε (13 *a*)
6. 16. ἴδετε καὶ ἐρωτήσατε (13 *a*)
— 16. ἴδετε ποία ἐστὶν ἡ ὁδὸς ἡ ἀγαθή -
7. 12. ἴδετε ἃ ἐποίησα αὐτῷ (13 *a*)
10. 25. **A** ἐπὶ ἔθνη τὰ μὴ ἰδόντα [**B S** εἰδότα] σε (6 *a*)
11. 18. εἶδον τὰ ἐπιτηδεύματα αὐτῶν (13 *c*)
— 20. ἴδοιμι τὴν παρὰ σοῦ ἐκδίκησιν (13 *a*)
13. 20. ἴδε τοὺς ἐρχομένους ἀπὸ βορρᾶ (13 *a*)
16. 13. ἣν οὐκ ᾔδειτε [S^{1} ἴδητε] ὑμεῖς (6 *a*)
20. 12. ἴδοιμι τὴν παρὰ σοῦ ἐκδίκησιν (13 *a*)
22. 10. **S** καὶ οὐ μὴ ἴδῃ [**A B** οὐδὲ ὄψεται] τὴν γῆν (13 *a*)
23. 11. εἶδον πονηρίας αὐτῶν (8)
— 13. ἐν τοῖς προφήταις Σαμ. εἶδον ἀνομήμ. (13 *a*)
— 18. εἶδε τὸν λόγον αὐτοῦ (13 *a*)
36 (29). 32. τοῦ [S^{1} τῷ] ἰδεῖν τὰ ἀγαθά (13 *a*)
37 (30). 6. ἴδετε εἰ ἔτεκεν ἄρσεν (13 *a*)
38 (31). 26. ἐξηγέρθην καὶ εἶδον (13 *a*)
48 (41). 13. εἶδε πᾶς ὁ λαὸς . . . τὸν Ἰ. [**A** *al.*] (13 *a*)
49 (42). 14. οὐ μὴ ἴδωμεν πόλεμον (13 *a*)
— 18. οὐ μὴ ἴδητε [**S** εἰδ.] οὐκέτι τὸν τόπον τοῦτον (13 *a*)
51 (44). 17. κακὰ οὐκ εἴδομεν (13 *a*)
Ba. 2. 17. ἄνοιξον ὀφθαλμούς σου καὶ ἴδε
3. 20. νεώτεροι εἶδον φῶς
4. 9. εἶδε γὰρ τὴν ἐπελθοῦσαν ὑμῖν ὀργήν
— 10. εἶδον γὰρ τὴν αἰχμαλωσίαν
— 36. ἴδε τὴν εὐφροσύνην
5. 5. ἴδε σου συνηγμένα τὰ τέκνα
La. 1. 7. ἰδόντες οἱ ἐχθροὶ αὐτῆς ἐγέλασαν (13 *a*)
— 8. εἶδον [**A** ἰδόντες] γὰρ τὴν ἀσχημοσύνην αὐτῆς (13 *a*)
— 9. ἴδε, κύριε, τὴν ταπείνωσίν μου (13 *a*)
— 10. εἶδε [**A** ἴδον] γὰρ ἔθνη εἰσελθόντα εἰς τὸ ἁγίασμα (13 *a*)
— 11. ἴδε, κύριε, [**A** *om.*] καὶ ἐπίβλεψον (13 *a*)
— 12. ἴδετε εἰ ἔστιν ἄλγος κατὰ τὸ ἄλγ. μου (13 *a*)
— 18. ἴδετε τὸ ἄλγος μου (13 *a*)
— 20. ἴδε, κύριε, ὅτι θλίβομαι (13 *a*)
2. 9. προφῆται αὐτῆς οὐκ εἶδον ὅρασιν (8)
— 14. προφῆταί σου εἴδοσάν σοι [**A** ἴδον] μάταια (4 *a*)
— 14. εἴδοσάν σοι λήμματα μάταια (4 *a*)
— 16. εὕρομεν αὐτὴν εἴδομεν (13 *a*)
— 20. ἴδε, κύριε (13 *a*)
3. 50. ἴδῃ κύριος ἐξ οὐρανοῦ (13 *a*)
— 59. ἴδες, κύριε, τὰς ταραχάς μου (13 *a*)
— 60. εἶδες πᾶσαν τὴν ἐκδίκησιν αὐτῶν (13 *a*)
5. 1. ἴδε τὸν ὀνειδισμὸν ἡμῶν (13 *a*)
Ep. Je. 5. ἰδόντας [**A** -ες] ὄχλον ἔμπρ. καὶ ὄπισθεν αὐ.
— 19. ὧν οὐδένα [**A** οὐ] δύνανται ἰδεῖν
— 41. ὅταν ἴδωσιν ἐνεὸν οὐ δυνάμενον λαλῆσαι
Ez. 1. 1. ἴδον ὁράσεις θεοῦ (13 *a*)
Ez. 1. 4. ἴδον καὶ ἰδοὺ πνεῦμα ἐξαῖρον (13 *a*)
— 15. ἴδον καὶ ἰδοὺ τροχὸς εἷς (13 *a*)
— 18. ἴδον αὐτά †
— 27. ἴδον ὡς ὄψιν ἠλέκτρου (13 *a*)
— 27. ἴδον ὡς ὅρασιν πυρός (13 *a*)
2. 1 (1. 28). ἴδον καὶ πίπτω ἐπὶ πρόσωπόν μου (13 *a*)
— 9. ἴδον καὶ ἰδοὺ χεὶρ ἐκτεταμ. πρὸς μέ (13 *a*)
3. 13. ἴδον φωνὴν πτερύγων τῶν ζῴων -
— 23. ἣν ἴδον ἐπὶ τοῦ ποταμοῦ τοῦ Χοβάρ (13 *a*)
8. 2. ἴδον καὶ ἰδού (13 *a*)
— 4. ἣν ἴδον ἐν τῷ πεδίῳ (13 *a*)
— 7. **A** ἴδον καὶ ἰδοὺ ὀπὴ μία ἐν τῷ τοίχῳ (13 *a*)
— 9. ἴδε τὰς ἀνομίας [**A** *add.* τὰς πονηράς] (13 *a*)
— 10. ἴδον καὶ ἰδού (13 *a*)
— 10. **A** καὶ εἶδον [**B** *om.*] πάντα τὰ εἴδωλα -
10. 1. ἴδον καὶ ἰδοὺ ἐπάνω τοῦ στερεώμ. (13 *a*)
— 8. ἴδον [**A** ἰδοὺ] τὰ χερουβίμ (13 *b*)
— 9. ἴδον καὶ ἰδοὺ τροχοὶ τέσσαρες (13 *a*)
— 15. ὃ ἴδον ἐπὶ τοῦ ποταμοῦ τοῦ Χοβάρ (13 *a*)
— 20. ὃ ἴδον ὑποκάτω θεοῦ Ἰσραήλ (13 *a*)
— 22. ἃ ἴδον ὑποκάτω τῆς δόξης θεοῦ Ἰσρ. (13 *a*)
11. 1. καὶ ἴδον ἐν μέσῳ αὐτῶν τὸν Ἰεχονίαν (13 *a*)
— 24. ἀνέβην ἀπὸ τῆς ὁράσεως ἧς ἴδον (13 *a*)
12. 3. **A R** ὅπως ἴδωσι [**B** εἰδῶσι] (13 *a*)
— 6. οὐ μὴ ἴδῃς τὴν γῆν (13 *a*)
13. 23. ψευδῆ οὐ μὴ ἴδητε (4 *a*)
16. 6. ἴδον σε πεφυρμένην ἐν τῷ αἵματι (13 *a*)
— 8. καὶ ἴδον σε (13 *a*)
— 50. ἐξῆρα αὐτὰς καθὼς ἴδον [**A** *om.*] (13 *a*)
18. 14. ἴδῃ πάσας τὰς ἁμαρτίας τοῦ πατρὸς αὐ. (13 *a*)
— 28. **A** ἴδεν [**B** *om.*] καὶ ἀπέστρεψεν (13 *a*)
19. 5. εἶδεν ὅτι ἀπῶσται [**A** ἀποσπᾶται] (13 *a*)
— 11. εἶδε τὸ μέγεθος αὐτῆς (13 *b*)
20. 28. ἴδον [**A** εἶδαν] πάντα βουνὸν ὑψ. (13 *a*)
23. 11. εἶδεν ἡ ἀδελφὴ αὐτῆς Ὀολ. (13 *a*)
— 13. ἴδον ὅτι μεμίανται ὁδὸς μία (13 *a*)
— 14. εἶδεν ἄνδρας ἐζωγραφημένους (13 *a*)
31. 10. εἶδον ἐν τῷ ὑψωθῆναι αὐτόν †
33. 3. ἴδῃ τὴν ῥομφαίαν ἐρχομένην (13 *a*)
— 6. ἐὰν ἴδῃ τὴν ῥομφαίαν ἐρχομένην (13 *a*)
37. 8. ἴδον καὶ ἰδού (13 *a*)
39. 15. ἰδὼν ὀστοῦν ἀνθρώπου (13 *a*)
40. 4. ἐν τοῖς ὀφθαλμοῖς σου ἴδε (13 *a*)
43. 3. ἣν ἴδον κατὰ τὴν ὅρασιν (13 *a*)
— 3. ἣν ἴδον ὅτε εἰσεπορευόμην (13 *a*)
— 3. οὗ ἴδον κατὰ τὴν ὅρασιν ἣν [**A** οὗ] ἴδον (-, 13 *a*)
44. 4. ἴδον καὶ ἰδού (13 *a*)
— 5. ἴδε τοῖς ὀφθαλμοῖς σου (13 *a*)
Da. LXX. Su. 7. οὗτοι ἰδόντες γυναῖκα ἀστείαν τῷ εἴδει
— 37. εἴδομεν ταύτην ἀναπαυομένην
1. 10. ἵνα μὴ ἴδῃ τὰ πρόσωπα ὑμ. διατετραμμ. (13 *a*)
2. 26. δηλῶσαί μοι τὸ ὅραμα ὃ εἶδον (4 *b*)
— 41. καθάπερ εἶδες τὸν σίδηρον (4 *b*)
— 43. ὡς εἶδες τὸν σίδηρον ἀναμεμιγμένον (4 *b*)
4. 2. ἐνύπνιον εἶδον (4 *b*)
— 20. ἡ ὅρασις ἣν εἶδες (4 *b*)
— 32. ἐνύπνιον εἶδον -
5. 5. εἶδε χεῖρα γράφουσαν (4 *b*)
— 7. ἰδεῖν τὴν γραφήν -
6. 23 (24). καὶ εἶδον τὸν Δανιήλ -
7. 1. Δανιὴλ ὅραμα εἶδε (4 *b*)
— 1. τὸ ὅραμα ὃ εἶδεν -
8. 1. ὅρασις ἣν εἶδον ἐγὼ Δαν. μετὰ τὸ ἰδεῖν με τὴν πρώτην (13 *b*, 13 *b*)
— 1 (2). καὶ εἶδον ἐν τῷ ὁράματι (13 *a*)
— 2. καὶ εἶδον ἐν ὁράματι (13 *a*)
— 3. ἀναβλέψας εἶδον κριὸν ἕνα (13 *a*)
— 4. εἶδον τὸν κριὸν κερατίζοντα (13 *a*)
— 6. ὃν εἶδον ἑστῶτα πρὸς τῇ πύλῃ (13 *a*)
— 7. εἶδον αὐτὸν προσάγοντα (13 *a*)
— 20. τὸν κριὸν ὃν εἶδες (13 *a*)
9. 18. ἴδε τὴν ἐρήμωσιν ἡμῶν (13 *a*)
— 21. ὁ ἀνὴρ ὃν εἶδον ἐν τῷ ὕπνῳ μου (13 *a*)
10. 5. ἦρα τοὺς ὀφθαλμούς μου καὶ εἶδον (13 *a*)
— 7. εἶδον ἐγὼ Δαν. τὴν ὅρασιν τὴν μεγ. τ. (13 *a*)
— 7. οὐκ εἴδοσαν τὴν ὅρασιν ταύτην (13 *a*)
— 8. εἶδον τὴν ὅρασιν τὴν μεγάλην ταύτην (13 *a*)
12. 5. καὶ εἶδον ἐγὼ Δαν. (13 *a*)
Bel 17. εἴδοσαν δεδαπανημένα πάντα
— 18. ἴδε τὸν δόλον τῶν ἱερέων
— 29. καὶ ἰδὼν ὁ βασιλεύς
Da. TH. Su. 18. οὐκ εἴδοσαν [**A** -δαν] τοὺς πρεσβυτέρους

Da. TH. Su. 26. ἰδεῖν τὸ [A τί τὸ] συμβεβηκὸς αὐτῇ
— 33. καὶ πάντες οἱ ἰδόντες αὐτήν
— 38. ἡμεῖς δὲ . . . ἰδόντες τὴν ἀνομίαν
— 39. ἰδόντες συγγινομένους αὐτούς
— 54. ταύτην εἴπερ εἶδες
— 54. ὑπὸ τί δένδρον εἶδες [A κατέλαβες] αὐτούς
1. 10. μή ποτε ἴδῃ τὰ πρόσωπα ὑ. σκυθρωπά (13 a)
— 13. καθὼς ἐὰν ἴδῃς ποίησον (13 a)
2. 8. ἴδετε [A οἴδατε] ὅτι ἀπέστη ἀπ' ἐμοῦ (4 b)
— 26. τὸ ἐνύπνιον ὃ ἴδον [A om. ὃ ἴ.] (4 b)
— 41. ὅτι εἶδες τοὺς πόδας (4 b)
— 41. ὃν τρόπον εἶδες τὸν σίδηρον (4 b)
— 43. ὅτι εἶδες τὸν σίδηρον (4 b)
— 45. ὃν τρόπον εἶδες (4 b)
4. 2. ἐνύπνιον ἴδον (4 b)
— 6. τοῦ ἐνυπνίου οὗ ἴδον [A om. οὗ ἴ.] (4 b)
— 15. ὃ ἴδον ἐγὼ Ναβ. ὁ βασ. (4 b)
— 17. τὸ δένδρον ὃ εἶδες (4 b)
— 20. ὅτι εἶδεν ὁ βασ. εἶρ (4 b)
7. 1. Δαν. ἐνύπνιον εἶδε (4 b)
8. 2. A καὶ ἴδον ἐν ὁράματι (13 a)
— 3. ἦρα τοὺς ὀφθαλμούς μου καὶ ἴδον (13 a)
— 4. ἴδον τὸν κριὸν κερατίζοντα (13 a)
— 6. οὗ ἴδον ἑστῶς ἐνώπ. τοῦ Οὐ. [A al.] (13 a)
— 7. ἴδον αὐτὸν [A om.] φθάνοντα (13 a)
— 15. ἐν τῷ ἰδεῖν με . . . τὴν ὅρασιν (13 a)
— 20. ὁ κριὸς ὃν εἶδες (13 a)
9. 18. ἴδε τὸν ἀφανισμὸν ἡμῶν (13 a)
— 21. ὃν ἴδον ἐν τῇ ὁράσει (13 a)
10. 5. ἦρα τοὺς ὀφθαλμούς μου καὶ ἴδον (13 a)
— 7. ἴδον ἐγὼ Δαν. μόνος τὴν ὀπτασίαν καὶ οἱ ἄνδρες οἱ μετ' ἐμοῦ οὐκ ἴδον τὴν ὀπτ. (13 a, 13 a)
— 8. ἴδον τὴν ὀπτασίαν τὴν μεγάλην ταύτην (13 a)
12. 5. καὶ ἴδον ἐγὼ Δαν. (13 a)
Bel 19. ἴδε δὴ τὸ ἔδαφος
— 27. ἴδετε [A ἰδοὺ δὴ] τὰ σεβάσματα ὑμῶν
— 30. εἶδεν ὁ βασιλεύς
I Ma. 2. 6. εἶδε τὰς βλασφημίας
— 7. ἰδεῖν τὸ σύντριμμα [A τὰ σ.] τοῦ λαοῦ μου
— 24. καὶ εἶδε Ματταθίας
3. 17. S² R ὡς δὲ ἴδον [A -αν, S¹ εἶδεν] τὴν παρεμβολήν
— 29. καὶ εἶδεν ὅτι ἐξέλιπε τὸ ἀργύριον
— 42. καὶ εἶδεν Ἰούδας
4. 7. εἶδον παρεμβολὴν ἐθνῶν ἰσχυράν
— 12. καὶ ἴδον [A -αν] αὐτούς
— 20. καὶ εἶδεν ὅτι τετρόπωνται
— 30. καὶ εἶδε τὴν παρεμβολὴν ἰσχυράν
— 33. A πάντες οἱ ἰδόντες [S R εἰδότες] τὸ ὄνομά σου
— 35. ἰδὼν δὲ Λ. τὴν γενομένην τροπήν
— 38. καὶ ἴδον τὸ ἁγίασμα
5. 31. καὶ εἶδεν Ἰούδας
6. 43. καὶ εἶδεν Ἐλεάζαρ
— 47. A R καὶ ἴδον [S ἰδόντες] τὴν ἰσχὺν τῆς βασιλείας
— 62. καὶ εἶδε τὸ ὀχύρωμα τοῦ τόπου
7. 7. ἰδέτω τὴν ἐξολέθρευσιν πᾶσαν
— 11. ἴδον γὰρ ὅτι ἦλθον
— 23. εἶδεν Ἰούδας πᾶσαν τὴν κακίαν
— 25. ὡς δὲ εἶδεν Ἄλκιμος
— 28. ἵνα ὑμῶν ἴδω τὰ πρόσωπα
— 30. οὐκ ἐβουλήθη ἔτι ἰδεῖν τὸ πρόσωπον αὐτοῦ
— 44. ὡς δὲ εἶδεν ἡ παρεμβολὴ αὐτοῦ
8. 18. A R ἴδον [S εἶδεν] τὴν βασιλείαν τῶν Ἑλλ.
9. 6. καὶ ἴδον τὸ πλῆθος τῶν δυνάμεων
— 7, 14. καὶ εἶδεν Ἰούδας
— 16. οἱ εἰς τὸ ἀριστερὸν κέρας ἴδον
— 39. ἦραν τοὺς ὀφθαλμοὺς αὐτῶν καὶ ἴδον
— 57. καὶ εἶδε Βακχίδης
● 10. 56. ὅπως ἴδωμεν ἀλλήλους
— 64. ὡς ἴδον οἱ ἐντυγχάνοντες τὴν δόξαν αὐτοῦ
11. 31. A S ὅπως ἴδητε [R εἰδῆτε]
— 38. καὶ εἶδε Δημήτριος ὁ βασ.
— 39. εἶδεν ὅτι πᾶσαι αἱ δυνάμεις καταγογγύζουσι
— 49. καὶ ἴδον οἱ ἀπὸ τῆς πόλεως
— 73. καὶ ἴδον οἱ φεύγοντες
12. 1. καὶ εἶδεν Ἰωνάθαν
— 42. καὶ εἶδε Τρύφων
— 51. καὶ ἴδον οἱ διώκοντες
13. 2. καὶ εἶδε τὸν λαόν
— 3. S³ R ἃς εἴδομεν
— 53. καὶ εἶδε Σίμων τὸν Ἰωάννην
14. 35. A S² R καὶ εἶδεν ὁ λαός
15. 12. R εἶδε [A S ᾔδει] γάρ

I Ma. 15. 32. εἶδε τὴν δόξαν Σίμωνος
— 36. καὶ πάντα ὅσα εἶδε
16. 6. καὶ εἶδε τὸν λαὸν δειλούμενον
— 6. καὶ ἴδον αὐτὸν οἱ ἄνδρες
II Ma. 7. 16. ὁ δὲ πρὸς αὐτὸν ἰδὼν εἶπεν
— 28. τὰ ἐν αὐτοῖς πάντα ἰδόντα
III Ma. 2. 23. ὀξεῖαν ἰδόντες τὴν καταλαβοῦσαν αὐτὸν εὔθυναν
5. 14. ἀθρόους τοὺς κλητοὺς ἰδών
— 48. κονιορτὸν ἰδόντες . . . οἱ Ἰουδαῖοι
IV Ma. 5. 5. αὐτὸν ἰδὼν ὁ Ἀντίοχος
6. 24. οὕτως μεγαλοφρονοῦντα αὐτὸν ἰδόντες
8. 4. οὓς ἰδὼν ὁ τύραννος
16. 25. A ἔτι δὲ καὶ ταῦτα ἰδόντες [S R εἰδότες]
[**Aq.** GE. 1. 31: 6. 3 (2): 20. 10: EX. 7. 1: 24. 10: 32. 25: III KI. 14. 4: IV KI. 3. 14: 7. 14: JB. 28. 10: PS. 9. 14, 35 (10. 14): 26 (27). 13: 30 (31). 8: 40 (41). 7: 65 (66). 18: 83 (84). 10: 118 (119). 96: 138 (139). 16: PR. 22. 3: EC. 7. 30 (29): JE. 12. 3: 20. 12: 30 (37). 6: EZ. 16. 50: 41. 8.]
[**Sm.** GE. 1. 31: 3. 23 (22): 6. 3 (2): 20. 10: 33. 1: EX. 7. 1: 24. 10: 32. 25: JO. 5. 13: I KI. 20. 22: III KI. 18. 39: IV KI. 3. 14: 10. 10: JB. 28. 10: PS. 26 (27). 13: 30 (31). 8: 47 (48). 6: 57 (58). 9, 11: 65 (66). 5: 83 (84). 10: 89 (90). 15: 118 (119). 96: PR. 25. 7: EC. 7. 30 (29): IS. 6. 1, 10: 21. 6, 7: 29. 23: 33. 20: 42. 20: JE. 12. 3: 30 (37). 6: 31 (38). 26: 51 (28). 61: EZ. 11. 24: 16. 50: 41. 8.]
[**Th.** GE. 6. 3 (2): EX. 32. 25: JD. 19. 17: III KI. 18. 39: IV KI. 3. 14: 7. 14: JB. 3. 16: 28. 10: 36. 25: 42. 16: PS. 57 (58). 9: PR. 22. 3: IS. 21. 6: 29. 23: 33. 20: JE. 12. 3: 33 (40). 24: 39 (46). 4: EZ. 8. 7: 16. 50: 41. 8: DA. 8. 2 *ter*†.]
[**Al.** I KI. 25. 35: PS. 127 (128). 6: CA. 6. 10 (11): IS. 57. 8: 64. 4 (3): EZ. 41. 8.]
[**Quint.** IV KI. 7. 14: PS. 30 (31). 8.]
[**Sext.** PS. 36 (37). 35.]

ἰδιθώθ.

[**Heb.** PS. 44 (45). 1.]

ἰδιόγραφος.

Ps. 151. *tit.* οὗτος ὁ ψαλμὸς ἰ. εἰς Δαυίδ
subscr. A ψαλμοὶ ρν'. καὶ ἰδιόγραφος [B S *al.*]

ἰδιοποιεῖσθαι. (1) נָּנַב pi.

II Ki. 15. 6. ἰδιοποιεῖτο Ἀ. τὴν καρδ. ἀνδρῶν Ἰσρ. (1)

ἴδιος. (1) בֵּיתוֹ τὰ ἴ. (2) חָנִיךְ (3) לָהֶם (4) מְכוּרָה (5) pers. suff. (6) c. neg. נָכְרִי

Ge. 14. 14. ἠρίθμησε τοὺς ἰ. οἰκογενεῖς αὐτοῦ (2)
15. 13. πάροικον ἔσται . . . ἐν γῇ οὐκ ἰ. (3)
47. 18. οὐχ ὑπολείπεται . . . ἀλλ' ἢ τὸ ἴ. σῶμα (5)
De. 15. 2. ἀφήσεις πᾶν χρέος ἴδιον (5)
I Es. 4. 20. ἐγκαταλείπει . . . τὴν ἰ. χώραν
— 20. πρὸς τὴν ἰ. γυναῖκα κολλᾶται
— 25. πλεῖον ἀγαπᾷ ἄνθρωπος τὴν ἰ. γυναῖκα
— 26. ἀπενοήθησαν ταῖς ἰ. διανοίαις
5. 8. ἕκαστος εἰς τὴν ἰ. πόλιν
— 47. ὄντων . . . ἑκάστου ἐν τοῖς ἰ.
6. 32. ληφθῆναι ξύλον ἐκ τῶν ἰ. αὐτοῦ
Ju. 5. 18. A B² S R εἰς γῆν οὐκ ἰδίαν [B¹ οὐχ ἡδίαν]
Es. 5. 10. εἰσελθὼν [A -ῆλθεν] εἰς τὰ ἴ. (1)
6. 12. Ἀμὰν δὲ ὑπέστρεψεν εἰς τὰ ἴ. (1)
8. 13. τοῖς . . . [S¹ *add.* ἰδίων] χωρῶν ἄρχουσι
Jb. 2. 11. ἕκαστος ἐκ τῆς ἰ. χώρας [A πόλεως] (5)
7. 10. οὐδ' οὐ μὴ ἐπιστρέψῃ εἰς [A S ἔτι εἰς] τὸν ἰ. οἶκον (5)
— 13. πρὸς ἐμαυτὸν ἰδίᾳ λόγον [A διάλ.] (5)
24. 12. οἱ [A S² *om.*] ἐκ πόλεως καὶ οἴκων ἰδίων †
Pr. 5. 18. ἡ πηγή σου τοῦ ὕδατος ἔστω σοι ἰδία †
— 19. ἡ δὲ ἰ. [S¹ ἡδία] ἡγείσθω σου †
— 20. ἀγκάλαις τῆς μὴ ἰ. [A ταῖς μὴ ἰ.] (6)
6. 2. παγὶς γὰρ ἰσχ. ἀνδρὶ τὰ ἴ. χείλη καὶ ἁλίσκεται χείλεσιν ἰδίου στόμ. (5, 5)
9. 12. τοὺς δὲ ἄξονας τοῦ ἰ. γεωργίου †
11. 24. εἰσὶν οἱ τὰ ἴ. σπείροντες –
13. 8. λύτρον ἀνδρὸς ψυχῆς ὁ ἴ. πλοῦτος (5)
16. 23. τὰ ἀπὸ τοῦ ἰ. στόματος (5)
20. 25. παγὶς ἀνδρὶ ταχύ τι τῶν ἰ. ἁγιάσαι †

Pr. 22. 7. ἰδίοις δεσπόταις δανειοῦσιν †
27. 8. ὅταν . . . καταπετασθῇ ἐκ τῆς ἰ. νοσσιᾶς (5)
— 8. ὅταν ἀποξενωθῇ ἐκ τῶν ἰ. τόπων (5)
— 15. γυνὴ λοίδορος ἐκ [S ἀπὸ] τοῦ ἰ. οἴκου †
Wi. 2. 23. εἰκόνα τῆς ἰ. ἰδιότητος
10. 2. ἐξείλατο αὐτὸν ἐκ παραπτώματος ἰ.
11. 13. διὰ τῶν ἰ. κολάσεων εὐεργετουμένους αὐτούς
12. 23. διὰ τῶν ἰ. ἐβασάνισας βδελυγμάτων
16. 23. τῆς ἰ. ἐπιλελῆσθαι [A S -λέλησται] δυνάμ.
17. 11. A S πονηρία [S² *add.* ἰδίῳ] μάρτυρι καταδικαζομένη [B *al.*]
18. 14. νυκτὸς ἐν ἰδίῳ τάχει μεσαζούσης
— 21. τὸ τῆς ἰ. λειτουργίας ὅπλον
19. 6. ἐν ἰ. γένει . . . διετυποῦτο ὑπηρετοῦσα ταῖς ἰ. [A S σαῖς] ἐπιταγαῖς
— 13. ἔπασχον ταῖς ἰ. αὐτῶν πονηρίαις
— 20. πῦρ ἴσχυσεν . . . τῆς ἰ. δυνάμ. [A δ. ἐπιλελησμένον]
Si. 11. 34. ἀπαλλοτριώσει σε τῶν ἰ. σου
22. 11. A ἴδιον [B S ἥδιον] κλαῦσον ἐπὶ νεκρῷ
37. 19. τῇ ἰ. ψυχῇ ἐστιν ἄχρηστος
— 22. ἔστι σοφὸς τῇ ἰ. ψυχῇ
Ez. 21. 30 (35). ἐν τῇ γῇ τῇ ἰ. σου κρινῶ σε (4)
Da. LXX. Su. 60. ἐκ τοῦ ἰ. στόματος ὁμολόγους
1. 10. κινδυνεύσω τῷ ἰ. τραχήλῳ (5)
I Ma. 11. 38. S R ἕκαστον εἰς τὸν [A *om.* εἰς τὸν] ἰ. τόπον
15. 6. ποιῆσαι κόμμα ἴ.
II Ma. 3. 3. χορηγεῖν ἐκ τῶν ἰ. προσόδων
4. 5. κατ' ἰδίαν παντὶ τῷ πλήθει σκοπῶν
— 26. ὁ τὸν ἰ. ἀδελφὸν ὑπονοθεύσας
— 34. λαβὼν ἰδίᾳ τὸν Ἀνδρ.
5. 6. R σφαγὰς τῶν πολιτῶν [A τῆς πόλ.] τῶν ἰ.
6. 21. R κατ' ἰδίαν παρεκάλουν [A ἕνεκ.]
9. 16. ἐκ τῶν ἰ. προσόδων χορηγήσειν
— 20. τὰ ἴ. κατὰ γνώμην ἐστὶν ὑμῖν
— 26. τῶν εὐεργεσιῶν κοινῇ καὶ κατ' ἰδίαν
10. 14. A πρὸς τοὺς ἰ. [R Ἰουδ.] ἐπολεμοτρόφει
11. 23. R πρὸς τὴν τῶν ἰ. [A Ἰουδαίων] ἐπιμέλειαν
— 26. πρὸς τὴν τῶν ἰ. ἀντίληψιν
— 29. R γίνεσθαι πρὸς τοῖς ἰ. [A Ἰουδαίοις]
12. 22. ὥστε πολλάκις ὑπὸ τῶν ἰ. βλάπτεσθαι
14. 5. καιρὸν δὲ λαβὼν τῆς ἰ. ἀνοίας συνεργόν
— 8. τῶν ἰ. πολιτῶν στοχαζόμενος
— 14. συμφορὰς ἰ. εὐημερίας . . . ἔσεσθαι
— 21. κατ' ἰδίαν ἥξουσιν εἰς τὸ αὐτό
— 42. τῆς ἰ. εὐγενείας ἀναξίως ὑβρισθῆναι
15. 12. A πάντα τὰ τῆς ἀρετῆς ἴ. [R οἰκεῖα]
III Ma. 5. 21. εἰς τὸν ἴ. οἶκον ἕκαστος ἀνέλυσε
— 34. ἕκαστον ἐπὶ τὴν ἰ. ἀσχολίαν
6. 27. εἰς τὰ ἴ. μετ' εἰρήνης ἐξαποστείλατε
— 37. τὴν ἀπόλυσιν αὐτῶν εἰς τὰ ἴ. αἰτούμενοι
7. 8. πάντας εἰς τὰ ἴ. ἐπιστρέφειν
— 18. R ἑκάστῳ ἕως εἰς [A ἐπὶ] τὴν ἰ. οἰκίαν
— 20. R ἕκαστος εἰς τὴν ἰ. [A *al.*]
IV Ma. 5. 10. καταφρονήσεις ἐπὶ τῇ ἰ. τιμωρίᾳ
7. 8. ἰ. αἵματι καὶ γενναίῳ ἱδρῶτι
14. 17. ἀνακαλούμενα τῇ ἰ. φωνῇ
[**Aq.** PS. 4. 9.]
[**Sm.** NU. 2. 17: I KI. 18. 7: EC. 3. 11: AM. 1. 11.]
[**Al.** NU. 16. 18.]

ἰδιότης.

Wi. 2. 23. εἰκόνα τῆς ἰδίας ἰ. ἐποίησεν αὐτόν
III Ma. 7. 17. διὰ τὴν τοῦ τόπου ἰ. ῥοδοφόρον

ἰδίως.

III Ki. 5. 6. B ἰ. [A ἀνὴρ εἰδὼς] ξύλα κόπτειν †
Wi. 17. 11. δειλὸν γὰρ ἰ. πονηρία μαρτυρεῖ [A S -υρι]

ἰδιώτης.

Pr. 6. 8. ἰδιῶται πρὸς ὑγίειαν προσφέρονται [A φέρ.] –

ἰδιωτικός.

IV Ma. 4. 3. πολλὰς ἰ. χρημάτων μυριάδας
— 6. ὅπως τὰ ἰ. τοῦ γαζοφυλακ. λάβοι χρήμ.

ἰδού. (1) καὶ ἰ. אֲבָל (2) אֵלוּ (3) אָנָּא (4) אֲרוּ (5) *a.* הֵא *b.* הָא (6) הֲלֹא. הֲלֹה הֲלוֹא (7) *a.* הֵן *b.* הִנֵּה *c.* הִנֵּה־נָא (8) זֶה (9) חָזָה (10) כֹּה (11) עַתָּה (12) רָאָה (13) רַק

Ge. 1. 29. ἰ. δέδωκα ὑμῖν πάντα χόρτον (7 *b*)
— 31. καὶ ἰ. καλὰ λίαν (7 *b*)
3. 22. ἰ. Ἀ. γέγονεν ὡς εἷς ἐξ ἡμῶν (7 *a*)
6. 13. ἰ. ἐγὼ καταφθείρω αὐτούς (7 *b*)
— 17. ἰ. ἐπάγω τὸν κατακλυσμόν (7 *b*)
9. 9. ἰ. ἐγὼ ἀνίστημι τὴν διαθ. μου (7 *b*)
11. 6. ἰ. γένος ἕν (7 *a*)
12. 19. ἰ. ἡ γυνή σου ἐναντίον σου (7 *b*)
13. 9. **R** οὐκ [**A** καὶ] ἰ. πᾶσα ἡ γῆ ἐναντίον σου – [6]
15. 12. ἰ. φόβος . . . ἐπιπίπτει αὐτῷ (7 *b*)
— 17. καὶ ἰ. κλίβανος καπνιζόμενος (7 *b*)
16. 2. ἰ. συνέκλεισέ με κύριος (7 *c*)
— 6. ἰ. ἡ παιδίσκη σου ἐν ταῖς χερσί σου (7 *b*)
— 11. ἰ. σὺ ἐν γαστρὶ ἔχεις (7 *b*)
— 14. ἰ. ἀνὰ μέσον Κάδης (7 *b*)
17. 4. ἰ. ἡ διαθήκη μου μετὰ σοῦ (7 *b*)
— 19. ἰ. Σάρρα ἡ γυνή σου τέξεταί σοι υἱόν (1)
— 20. ἰ. ἐπήκουσά σου –
— 20. **R** ἰ. [**A** *om.*] εὐλόγηκα [**A** -σα] αὐτόν (7 *b*)
18. 2. ἰ. τρεῖς ἄνδρες εἱστήκεισαν (7 *b*)
— 9. ἰ. ἐν τῇ σκηνῇ (7 *b*)
19. 2. ἰ., κύριοι, ἐκκλίνατε (7 *c*)
— 20. ἰ. ἡ πόλις αὕτη ἐγγύς (7 *c*)
— 21. ἰ. ἐθαύμασά σου τὸ πρόσωπον (7 *b*)
— 28. ἰ. ἀνέβαινεν φλόξ (7 *b*)
— 34. ἰ. ἐκοιμήθην ἐχθές (7 *a*)
20. 3. ἰ. σὺ ἀποθνήσκεις (7 *b*)
— 15. ἰ. ἡ γῆ μου ἐναντίον σου (7 *b*)
— 16. ἰ. δέδωκα χίλια δίδραχμα (7 *b*)
22. 1. ἰ. ἐγώ (7 *b*)
— 7. ἰ. τὸ πῦρ καὶ τὰ ξύλα (7 *b*)
— 11. ἰ. ἐγώ (7 *b*)
— 13. καὶ ἰ. κριὸς εἷς (7 *b*)
— 20. ἰ. τέτοκε Μ. καὶ αὐτὴ υἱούς (7 *b*)
24. 13. ἰ. ἐγὼ ἕστηκα ἐπὶ τῆς πηγῆς (7 *b*)
— 15. καὶ ἰ. Ῥεβ. ἐξεπορεύετο (7 *b*)
— 43. **A**^{2}**S** ἰ. ἐγὼ ἕστηκα [**R** ἐφέστ.] (7 *b*)
— 51. ἰ. Ῥεβέκκα ἐνώπιόν σου (7 *b*)
25. 32. ἰ. ἐγὼ πορεύομαι τελευτᾶν (7 *b*)
27. 1. ἰ. ἐγώ (7 *b*)
— 2. ἰ. γεγήρακα (7 *c*)
— 18. ἰ. ἐγώ (7 *b*)
— 27. ἰ. ὀσμὴ τοῦ υἱοῦ μου (12)
— 36. **R** ἰ. [**A** ἤδη] δεύτερον τοῦτο –
— 39. ἰ. ἀπὸ τῆς πιότητος τῆς γῆς ἔσται (7 *b*)
— 42. ἰ. Ἠσ. ὁ ἀδελφός σου ἀπειλεῖ σοι (7 *b*)
28. 12. καὶ ἰ. κλίμαξ ἐστηριγμένη (7 *b*)
— 15. **A** καὶ ἰ. ἐγὼ [**R** *add.* εἰμι] μετὰ σοῦ (7 *b*)
29. 2. καὶ ἰ. φρέαρ ἐν τῷ πεδίῳ (7 *b*)
— 6. ἰ. Ῥαχὴλ . . . ἤρχετο (7 *b*)
— 9. **R** ἰ. [**A** *om.*] Ῥαχὴλ . . . ἤρχετο –
— 25. καὶ ἰ. ἦν Λεία (7 *b*)
30. 3. ἰ. ἡ παιδίσκη μου Βαλλά (7 *b*)
31. 2. καὶ ἰ. οὐκ ἦν πρὸς αὐτόν (7 *b*)
— 10. καὶ ἰ. οἱ τράγοι . . . ἀναβαίνοντες (7 *b*)
— 44. ἰ. οὐθεὶς μεθ' ἡμῶν ἐστιν –
— 48. ἰ. ὁ βουνὸς οὗτος –
— 51. **R** ἰ. ὁ βουνὸς οὗτος (7 *b*)
32. 6 (7). **R** καὶ ἰ. αὐτὸς [**A** *om.* ἰ. αὐ.] ἔρχεται –
— 18 (19). καὶ ἰ. αὐτὸς ὀπίσω ἡμῶν (7 *b*)
— 20 (21). ἰ. ὁ παῖς σου Ἰ. παραγίνεται (7 *b*)
33. 1. καὶ ἰ. Ἠσαῦ ὁ ἀδ. αὐ. ἐρχόμενος (7 *b*)
34. 10. καὶ ἰ. ἡ γῆ πλατεῖα –
— 21. ἡ δὲ γῆ ἰ. πλατεῖα (7 *b*)
37. 9. **A** ἰ. ἐνυπνιάσθην [**R** -ασάμην] ἐνύπνιον (7 *b*)
— 13. ἰ. ἐγώ (7 *b*)
— 19. ἰ. ὁ ἐνυπνιαστὴς ἐκεῖνος ἔρχεται (7 *b*)
— 25. ἰ. ὁδοιπόροι Ἰσμαηλῖται (7 *b*)
38. 13. ἰ. ὁ πενθερός σου ἀναβαίνει (7 *b*)
— 24. ἰ. ἐν γαστρὶ ἔχει ἐκ πορνείας (7 *b*)
41. 2. καὶ ἰ. . . . ἀνέβαινον ἑπτὰ βόες (7 *b*)
— 5. καὶ ἰ. ἑπτὰ στάχυες ἀνέβαινον (7 *b*)
— 6. **R** καὶ ἰ. [**A** ἄλλοι δὲ] ἑπτὰ στάχυες (7 *b*)
— 19. ἰ. ἑπτὰ βόες ἕτ. ἀνέβαινον (7 *b*)
— 29. ἰ. ἑπτὰ ἔτη ἔρχεται εὐθηνία (7 *b*)
— 41. ἰ. καθίστημί σε σήμερον (12)
42. 2. ἰ. ἀκήκοα ὅτι ἐστὶ σῖτος (7 *b*)
— 13. ἰ. ὁ νεώτερος μετὰ τοῦ πατρὸς ἡμ. (7 *b*)
— 22. ἰ. τὸ αἷμα αὐτοῦ ἐκζητεῖται (7 *b*)
— 28. ἰ. τοῦτο ἐν τῷ μαρσίππῳ μου (7 *b*)
44. 16. ἰ. ἐσμεν οἰκέται τῷ κυρίῳ ἡμῶν (7 *b*)
45. 12. ἰ. οἱ ὀφθαλμοὶ ὑμῶν βλέπουσι (7 *b*)
47. 1. καὶ ἰ. εἰσιν ἐν γῇ Γεσέμ (7 *b*)
— 6. ἰ. ἡ γῆ Αἰγ. ἐναντίον σού ἐστιν –
— 23. ἰ. κέκτημαι ὑμᾶς (7 *a*)
48. 2. ἰ. ὁ υἱός σου Ἰ. ἔρχεται (7 *b*)
Ge. 48. 4. ἰ. ἐγὼ αὐξανῶ σε (7 *b*)
— 11. ἰ. τοῦ προσώπου σου οὐκ ἐστερήθην καὶ
ἰ. ἔδειξέ μοι ὁ θ. καὶ τὸ σπέρμα (12, 7 *b*)
— 21. ἰ. ἐγὼ ἀποθνήσκω (7 *b*)
Ex. 1. 9. ἰ. τὸ γένος [**A** ἔθνος] τῶν υἱῶν Ἰσρ. (7 *b*)
3. 9. ἰ. κραυγὴ τῶν υἱῶν Ἰσρ. ἥκει (7 *b*)
— 13. ἰ. ἐγὼ ἐξελεύσομαι [**A** ἐλ.] (7 *b*)
4. 14. οὐκ ἰ. Ἀ. ὁ ἀδελφός σου –
— 14. ἰ. αὐτὸς ἐξελεύσεται (7 *b*)
5. 5. ἰ. νῦν πολυπληθεῖ ὁ λαός (7 *a*)
— 16. καὶ ἰ. οἱ παῖδές σου μεμαστίγωνται (7 *b*)
6. 12. ἰ. οἱ υἱοὶ Ἰσρ. οὐκ εἰσήκουσάν μου (7 *a*)
— 30. ἰ. ἐγὼ ἰσχνόφωνός εἰμι (7 *a*)
7. 1. ἰ. δέδωκά σε θεὸν Φαραώ (12)
— 15. ἰ. αὐτὸς ἐκπορεύεται ἐπὶ τὸ ὕδωρ (7 *b*)
— 16. καὶ ἰ. οὐκ εἰσήκουσας ἕως τούτου (7 *b*)
— 17. ἰ. ἐγὼ τύπτω τῇ ῥάβδῳ (7 *b*)
8. 2 (7. 27). ἰ. ἐγὼ τύπτω πάντα τὰ ὅριά σου (7 *b*)
— 20 (16). ἰ. αὐτὸς ἐξελεύσεται [**A** ἐκπορεύ-
εται] (7 *b*)
— 21 (17). **B** ἰ. ἐγὼ ἐπαποστέλλω [**AR** ἐξαπ.] (7 *b*)
9. 3. ἰ. χεὶρ κυρίου ἐπέσται [**A** ἔσται] (7 *b*)
— 18. ἰ. ἐγὼ ὕω ταύτην τὴν ὥραν (7 *b*)
10. 4. ἰ. ἐγὼ ἐπάγω ταύτην τὴν ὥραν αὔριον (7 *b*)
14. 17. ἰ. ἐγὼ σκληρυνῶ τὴν καρδ. Φ. (7 *b*)
16. 4. ἰ. ἐγὼ ὕω ὑμῖν ἄρτους (7 *b*)
— 14. ἰ. ἐπὶ πρόσωπον τῆς ἐρήμου λεπτόν (7 *b*)
17. 9. ἰ. ἐγὼ ἕστηκα ἐπὶ τῆς κορυφῆς –
18. 6. ἰ. ὁ γαμβρός σου Ἰ. παραγίνεται †
19. 9. ἰ. ἐγὼ παραγίνομαι (7 *b*)
23. 20. ἰ. ἀποστέλλω τὸν ἄγγελόν μου (7 *b*)
24. 8. ἰ. τὸ αἷμα τῆς διαθήκης (7 *b*)
— 14. ἰ. Ἀαρὼν καὶ Ὢρ μεθ' ὑμῶν (7 *b*)
31. 2. ἰ. ἀνακέκλημαι . . . τὸν Βεσ. (12)
32. 34. ἰ. ὁ ἄγγελός μου προπορεύσεται (7 *b*)
33. 12. ἰ. σύ μοι λέγεις (12)
— 21. ἰ. τόπος παρ' ἐμοί (7 *b*)
34. 10. ἰ. ἐγὼ τίθημί σοι [**A** *om.*] διαθήκην (7 *b*)
— 11. ἰ. ἐγὼ ἐκβάλλω (7 *b*)
— 29. **A** ἰ. [**B** *om.*] αἱ δύο πλάκες ἐπὶ τῶν χειρῶν –
35. 30. ἰ. ἀνακέκληκεν ὁ θ. . . . τὸν Βεσ. (12)
Le. 13. 5. καὶ ἰ. ἡ ἁφὴ μένει (7 *b*)
— 6. καὶ ἰ. ἀμαυρὰ ἡ ἁφή (7 *b*)
— 8. καὶ ἰ. μετέπεσεν ἡ σημασία (7 *b*)
— 10. καὶ ἰ. οὐλὴ λευκὴ ἐν τῷ δέρματι (7 *b*)
— 13. καὶ ἰ. ἐκάλυψεν ἡ λέπρα (7 *b*)
— 17. καὶ ἰ. μετέβαλεν ἡ ἁφή (7 *b*)
— 20. καὶ ἰ. ἡ ὄψις ταπεινοτέρα (7 *b*)
— 21. καὶ ἰ. οὐκ ἔστιν ἐν αὐτῷ θρὶξ λευκή (7 *b*)
— 25. καὶ ἰ. μετέβαλε θρὶξ λευκή (7 *b*)
— 26. καὶ ἰ. οὐκ ἔστιν . . . θρὶξ λευκή (7 *b*)
— 30. καὶ ἰ. ἡ ὄψις αὐτῆς ἐγκοιλοτέρα (7 *b*)
— 31. καὶ ἰ. οὐχ ἡ ὄψις ἐγκοιλοτέρα (7 *b*)
— 32, 34. καὶ ἰ. οὐ διεχύθη τὸ θραῦσμα (7 *b*)
— 36. καὶ ἰ. διακέχυται τὸ θραῦσμα (7 *b*)
— 39. καὶ ἰ. ἐν δέρματι . . . αὐγάσματα (7 *b*)
— 43. καὶ ἰ. ἡ ὄψις τῆς ἁφῆς λευκή (7 *b*)
14. 3. καὶ ἰ. ἴαται ἡ ἁφή (7 *b*)
— 37. **R** καὶ ἰ. ἡ ἁφή (7 *b*)
— 39. **A B** καὶ ἰ. οὐ [**R** *om.*] διεχύθη ἡ ἁφή (7 *b*)
— 48. **A B** καὶ ἰ. οὐ [**R** *om.*] διαχύσει οὐ δια-
χεῖται (7 *b*)
Nu. 3. 12. καὶ ἐγὼ ἰ. εἴληφα (7 *b*)
12. 10. καὶ ἰ. Μαριὰμ λεπρῶσα (7 *b*)
— 10. καὶ ἰ. λεπρῶσα (7 *b*)
14. 40. ἰ. οἵδε ἡμεῖς ἀναβησόμεθα (7 *b*)
17. 8 (23). καὶ ἰ. ἐβλάστησεν ἡ ῥάβδος (7 *b*)
— 12 (27). ἰ. ἐξανηλώμεθα (7 *a*)
18. 8. καὶ ἐγὼ ἰ. δέδωκα ὑμῖν (7 *b*)
— 21. ἰ. δέδωκα πᾶν ἐπιδέκατον (7 *b*)
22. 5. ἰ. λαὸς ἐξελήλυθεν (7 *b*)
— 5. ἰ. κατεκάλυψε τὴν ὄψιν τῆς γῆς (7 *b*)
— 11. ἰ. λαὸς ἐξελήλυθεν (7 *b*)
— 11. **B** ἰ. [**AR** *om.*] κεκάλυφεν [**A** ἐκάλυψεν] –
— 32. ἰ. ἐγὼ ἐξῆλθον (7 *b*)
— 38. ἰ. ἥκω πρὸς σὲ νῦν (7 *b*)
23. 9. ἰ. λαὸς μόνος κατοικήσει (7 *a*)
— 11. καὶ ἰ. εὐλόγηκας εὐλογίαν (7 *b*)
— 20. ἰ. εὐλογεῖν παρείλημμαι (7 *b*)
— 24. ἰ. λαὸς ὡς σκύμνος ἀναστήσεται (7 *a*)
24. 10. καὶ ἰ. εὐλογῶν εὐλόγησας (7 *b*)
— 14. ἰ. ἀποτρέχω εἰς τὸν τόπον μου (7 *b*)
25. 6. καὶ ἰ. ἄνθρωπος τῶν υἱῶν Ἰσρ. (7 *b*)
— 12. ἰ. ἐγὼ δίδωμι αὐτῷ (7 *b*)
32. 14. ἰ. ἀνέστητε ἀντὶ τῶν πατέρων ὑμῶν (7 *b*)
De. 1. 10. καὶ ἰ. ἐστε σήμερον (7 *b*)
De. 2. 7. ἰ. τεσσαράκοντα ἔτη κύριος . . . μετὰ
σοῦ (8)
— 24. ἰ. παραδέδωκα εἰς τὰς χεῖράς σου (12)
— 31. ἰ. ἤργμαι παραδοῦναι (12)
3. 11. ἰ. ἡ κλίνη αὐτοῦ κλίνη σιδηρᾶ ἰ. αὕτη ἐν
τῇ ἄκρᾳ (7 *b*, 6)
4. 6. ἰ. λαὸς σοφὸς καὶ ἐπιστήμων (13)
5. 24 (21). ἰ. ἔδειξεν ἡμῖν κ. ὁ θεὸς ἡμῶν (7 *a*)
8. 4. οὐκ ἐτυλώθησαν ἰ. τεσσαράκοντα ἔτη (8)
9. 13. καὶ ἰ. λαὸς σκληροτράχηλός ἐστι (7 *b*)
10. 14. ἰ. κυρίου τοῦ θεοῦ σου ὁ οὐρανός (7 *a*)
11. 26. ἰ. ἐγὼ δίδωμι . . . τὴν εὐλογίαν (12)
— 30. οὐκ ἰ. ταῦτα πέραν τοῦ Ἰορδ. –
13. 14 (15). **AR** καὶ ἰ. ἀληθὴς [**B** -ῶς] σαφῶς
ὁ λόγος (7 *b*)
17. 4. καὶ ἰ. ἀληθῶς γέγονε τὸ ῥῆμα (7 *b*)
19. 18. καὶ ἰ. μάρτυς ἄδικος ἐμαρτύρησεν (7 *b*)
20. 16. **A** ἰ. δὲ ἀπὸ τῶν πόλεων τούτων (13)
26. 10. καὶ νῦν ἰ. ἐνήνοχα (7 *b*)
30. 15. ἰ. δέδωκα πρὸ προσώπου σου (12)
31. 14. ἰ. ἐγγίκασιν αἱ ἡμέραι (7 *a*)
— 16. ἰ. σὺ κοιμᾷ (7 *b*)
32. 34. οὐκ ἰ. ταῦτα συνῆκται παρ' ἐμοί –
Jo. 1. 9. ἰ. ἐντέταλμαί σοι (6)
2. 2. **A** ἰ. [**B** *om.*] ἄνδρες εἰσπεπόρευνται ὧδε (7 *b*)
— 18. ἰ. ἡμεῖς εἰσπορευόμεθα (7 *b*)
3. 11. ἰ. ἡ κιβωτὸς . . . διαβαίνει (7 *b*)
6. 2. ἰ. ἐγὼ παραδίδωμι (12)
7. 21. ἰ. αὐτὰ ἐγκέκρυπται (7 *b*)
8. 1. ἰ. δέδωκα εἰς τὰς χεῖράς σου (12)
— 8. ἰ. ἐντέταλμαι ὑμῖν (12)
9. 25. ἰ. ἡμεῖς ὑποχείριοι ὑμῖν (7 *b*)
14. 10. ἰ. ἐγὼ σήμερον ὀγδοήκ. καὶ πέντε ἐτῶν (7 *b*)
22. 11. ἰ. ᾠκοδόμησαν οἱ υἱοὶ Ῥ. (7 *b*)
— 20. οὐκ ἰ. Ἄ. . . . ἐπλημμέλησεν –
23. 2. **B**^{2} ἰ. [**AB**^{1}**R** *om.*] ἐγὼ γεγήρακα –
24. 27. ἰ. ὁ λίθος οὗτος ἔσται (7 *b*)
Jd. 1. 2. ἰ. δέδωκα τὴν γῆν ἐν χειρὶ αὐ. (7 *b*)
— 24. ἰ. ἀνὴρ ἐξεπορεύετο [**A** ἄνδρα ἐκπορευόμ.] –
3. 24. ἰ. αἱ θύραι . . . ἐσφηνωμ. [**A** *al.*] (7 *b*)
— 25. ἰ. οὐκ ἔστιν [**A** ἦν] ὁ ἀνοίγων (7 *b*)
— 25. ἰ. ὁ κύριος αὐτῶν πεπτωκώς (7 *b*)
4. 14. **A** οὐχ ἰ. κ. ἐλεύσεται [**B** *al.*] –
— 22. ἰ. Βαρὰκ διώκων τὸν Σ. (7 *b*)
— 22. ἰ. Σισάρα ἐρριμμένος νεκρός [**A** *al.*] (7 *b*)
6. 14. ἰ. ἐξαπέστειλά σε (6)
— 15. ἰ. ἡ χιλιάς μου ἠσθένησεν [**A** *al.*] (7 *b*)
— 28. καὶ ἰ. καθῄρητο τὸ θυσιαστ. [**A** *al.*] (7 *b*)
— 37. ἰ. ἐγὼ τίθημι [**A** ἀπερείδομαι] (7 *b*)
7. 13. καὶ ἰ. ἀνὴρ ἐξηγούμενος (7 *b*)
— 13. ἰ. ἐνυπνιασάμην ἐνύπνιον [**A** *al.*] (7 *b*)
— 13. ἰ. μαγὶς ἄρτου κριθίνου (7 *b*)
— 17. καὶ ἰ. ἐγὼ εἰσπορεύομαι (7 *b*)
8. 5. **B** καὶ ἰ. ἐγώ εἰμι διώκων [**A** *al.*] –
— 15. ἰ. Ζεβεὲ καὶ Σαλμανά (7 *b*)
9. 31. ἰ. Γ. υἱὸς Ἰ. (7 *b*)
— 31. καὶ ἰ. αὐτοὶ περικάθηνται [**B** *al.*] (7 *b*)
— 33. καὶ ἰ. αὐτὸς καὶ ὁ λαός (7 *b*)
— 36. ἰ. λαὸς καταβαίνει (7 *b*)
— 37. ἰ. λαὸς καταβαίνων (7 *b*)
— 38. **A** οὐκ ἰ. οὗτός ἐστιν ὁ λαός [**B** *al.*] –
— 43. καὶ ἰ. λαὸς ἐξῆλθεν (7 *b*)
11. 34. καὶ ἰ. ἡ θυγάτηρ αὐτοῦ (7 *b*)
13. 3. ἰ. [**A** *add.* δὴ] σὺ στεῖρα (7 *c* [7 *b*])
— 5, 7. ἰ. σὺ ἐν γαστρὶ ἔχεις (7 *b*)
— 10. ἰ. ὦπται πρὸς μέ [**A** μοι] (7 *b*)
14. 5. καὶ ἰ. σκύμνος λέοντος (7 *b*)
— 8. καὶ ἰ. συναγωγὴ [**A** συστροφὴ] μελισσῶν (7 *b*)
— 16. **A** ἰ. [**B** εἰ] τῷ πατρί μου καὶ τῇ μητρί
μου (7 *b*)
15. 2. **A** οὐχ ἰ. [**B** μὴ οὐχὶ] ἡ ἀδελφὴ αὐτῆς –
16. 10. ἰ. ἐπλάνησάς [**A** παρελογίσω] με (7 *b*)
— 13. ἰ. ἐπλάνησάς με [**A** *al.*] †
17. 2. ἰ. τὸ ἀργύριον παρ' ἐμοί (7 *b*)
18. 9. καὶ ἰ. ἀγαθὴ σφόδρα (7 *b*)
— 12. ἰ. ὀπίσω [**A** κατόπισθεν] Κ. (7 *b*)
— 22. καὶ ἰ. Μ. –
19. 9. ἰ. δὴ ἠσθένησεν ἡ ἡμέρα [**A** *al.*] (7 *b*)
— 16. καὶ ἰ. ἀνὴρ πρεσβύτης ἤρχετο [**A** *al.*] (7 *b*)
— 22. καὶ ἰ. ἄνδρες τῆς πόλεως (7 *b*)
— 24. **A** ἰ. [**B** ἴδε] ἡ θυγάτηρ μου (7 *b*)
— 27. καὶ ἰ. ἡ γυνὴ αὐτοῦ (7 *b*)
20. 7. ἰ. πάντες ὑμεῖς [**A** οἱ] υἱοὶ Ἰσρ. (7 *b*)
— 40. καὶ ἰ. ἀνέβη συντέλεια (7 *b*)
21. 8. καὶ ἰ. οὐκ ἦλθεν ἀνήρ [**A** ἔστιν ἐκεῖ ἀ.] (7 *b*)
— 9. **A** ἰ. οὐκ ἔστιν ἐκεῖ ἀνήρ [**B** *al.*] (7 *b*)

Jd. 21. 19. ἰ. δὴ [A *om.* ἰ. δὴ] ἑορτή (7 *b*)
— 21. καὶ ἰ. ἐὰν [A ὡς ἂν] ἐξέλθωσιν (7 *b*)
Ru. 1. 15. ἰ. ἀνέστρεψε σύννυμφός σου (7 *b*)
2. 4. καὶ ἰ. Βοὸς ἦλθεν (7 *b*)
— 9. ἰ. ἐνετειλάμην τοῖς παιδαρίοις (6)
— 13. καὶ ἰ. ἐγὼ ἔσομαι –
3. 2. ἰ. αὐτὸς λικμᾷ τὸν ἅλωνα (7 *b*)
— 8. καὶ ἰ. γυνὴ κοιμᾶται (7 *b*)
4. 1. καὶ ἰ. ὁ ἀγχιστευτὴς παρεπορεύετο (7 *b*)
I Ki. 1. 8. ἰ. ἐγώ, κύριε [A *om.*] –
2. 31. ἰ. ἔρχονται ἡμέραι (7 *b*)
3. 4. καὶ εἶπεν, Ἰ. ἐγώ (7 *b*)
— 5. καὶ εἶπεν [A *om.* κ. εἶ.], Ἰ. ἐγώ (7 *b*)
— 6, 8. καὶ εἶπεν, Ἰ. ἐγώ (7 *b*)
— 11. ἰ. ἐγὼ ποιῶ τὰ ῥήματά μου (7 *b*)
— 16. καὶ εἶπεν, Ἰ. ἐγώ (7 *b*)
4. 13. καὶ ἰ. Ἡλί (7 *b*)
5. 3, 4. καὶ ἰ. Δαγὼν πεπτωκώς (7 *b*)
8. 5. ἰ. σὺ γεγήρακας (7 *b*)
9. 6. ἰ. δὴ ἄνθρωπος [A ὁ κ. θεὸς] . . . ἐν τῇ πόλει (7 *b*)
— 7. καὶ ἰ. πορευσόμεθα (7 *b*)
— 8. ἰ. εὕρηται ἐν τῇ χειρί μου (7 *b*)
— 12. ἰ. κατὰ πρόσωπον ὑμῶν (7 *b*)
— 14. καὶ ἰ. Σαμ. ἐξῆλθεν (7 *b*)
— 17. ἰ. ὁ ἄνθρωπος ὃν εἶπά σοι (7 *b*)
— 24. ἰ. ὑπόλειμμα (7 *b*)
10. 2. καὶ ἰ. ὁ πατήρ σου ἀποτετίνακται (7 *b*)
— 8. καὶ ἰ. [A *add.* ἐγὼ] καταβαίνω (7 *b*)
— 10. καὶ ἰ. χορὸς προφητῶν (7 *b*)
— 11. καὶ ἰ. αὐτὸς ἐν μέσῳ τῶν προφητῶν (7 *b*)
— 22. ἰ. αὐτὸς κέκρυπται (7 *b*)
11. 5. ἰ. Σαοὺλ ἤρχετο (7 *b*)
12. 1. ἰ. ἤκουσα φωνῆς ὑμῶν (7 *b*)
— 2. ἰ. ὁ βασιλεὺς διαπορεύεται (7 *b*)
— 2. καὶ οἱ υἱοί μου ἰ. ἐν ὑμῖν (7 *b*)
— 2. κἀγὼ ἰ. διελήλυθα –
— 3. ἰ. ἐγὼ ἀποκρίθητε (7 *b*)
— 13. καὶ νῦν ἰ. ὁ βασιλεύς (7 *b*)
— 13. καὶ ἰ. δέδωκε κύριος (7 *b*)
14. 7. B ἰ. ἐγὼ μετὰ σοῦ (7 *b*)
— 8. B ἰ. ἡμεῖς διαβαίνομεν (7 *b*)
— 11. ἰ. οἱ Ἑβραῖοι ἐκπορεύονται (7 *b*)
— 16. καὶ ἰ. ἡ παρεμβολὴ τεταραγμένη (7 *b*)
— 17. καὶ ἰ. οὐχ εὑρίσκετο Ἰων. (7 *b*)
— 20. καὶ ἰ. ἐγένετο ῥομφαία (7 *b*)
— 26. καὶ ἰ. ἐπορεύετο λαλῶν (7 *b*)
— 26. καὶ ἰ. [A *om.*] οὐκ ἦν ἐπιστρέφων –
— 43. ἰ. ἐγὼ ἀποθνήσκω (7 *b*)
15. 12. A καὶ ἰ. [B *om.*] ἀνέστακεν αὐτῷ χεῖρα (7 *b*)
— 12. καὶ ἰ. αὐτὸς ἀνέφερεν –
— 22. ἰ. ἀκοὴ ὑπὲρ θυσίαν ἀγαθήν (7 *b*)
16. 11. ἰ. ποιμαίνει ἐν τῷ ποιμνίῳ (7 *b*)
— 15. ἰ. δὴ πνεῦμα κ. πονηρὸν πνίγει σε (7 *b*)
— 18. ἰ. ἑώρακα υἱὸν τῷ Ἰ. (7 *b*)
17. 10. ἰ. ἐγὼ ὠνείδισα τὴν παράταξιν –
— 23. A ἰ. ἀνὴρ Ἀμεσσαῖος ἀνέβαινεν (7 *b*)
18. 17. A ἰ. ἡ θυγάτηρ μου (7 *b*)
— 22. ἰ. θέλει ἐν σοὶ ὁ βασιλεύς (7 *b*)
19. 9. A καὶ ἰ. [B *om.*] Δαυὶδ ἔψαλλε –
— 16. ἰ. τὰ κενοτάφια ἐπὶ τῆς κλίνης (7 *b*)
— 19. ἰ. [A ἰ. δὴ] Δαυὶδ ἐν N. (7 *b*)
— 22. ἰ. ἐν N. ἐν Ῥαμᾷ (7 *b*)
20. 2. ἰ. οὐ μὴ ποιήσῃ ὁ πατήρ μου ῥῆμα (7 *b*)
— 5. ἰ. δὴ νεομηνία αὔριον (7 *b*)
— 12. καὶ ἰ. ἀγαθὸν ᾖ [A ἐὰν ἦν ἀ.] (7 *b*)
— 21. καὶ ἰ. ἀποστέλλω τὸ παιδάριον (7 *b*)
— 23. ἰ. κύριος μάρτυς (7 *b*)
21. 9 (10). ἰ. ἡ ῥομφαία Γ. –
— 10. ἰ. οὐκ ἔστιν ὥσπερ αὐτή –
— 14 (15). ἰ. ἴδετε ἄνδρα ἐπίληπτον (7 *b*)
22. 12. ἰ. ἐγὼ λάλει, κύριε (7 *b*)
23. 1. ἰ. οἱ ἀλλόφυλοι πολεμοῦσιν (7 *b*)
— 3. ἰ. ἡμεῖς ἐνταῦθα . . . φοβούμεθα (7 *b*)
— 19. οὐκ ἰ. Δαυὶδ κέκρυπται –
24. 5. ἰ. ἡ ἡμέρα αὕτη (7 *b*)
— 10. ἰ. Δαυὶδ ζητεῖ τὴν ψυχήν σου (7 *b*)
— 11. ἰ. ἐν τῇ ἡμέρᾳ ταύτῃ ἑωράκασιν (7 *b*)
— 12. ἰ. τὸ πτερύγιον τῆς διπλοΐδος σου (12)
— 21. ἰ. ἐγὼ γινώσκω (7 *b*)
25. 7. καὶ νῦν ἰ. ἀκήκοα –
— 14. ἰ. Δαυὶδ ἀπέστειλεν ἀγγέλους (7 *b*)
— 19. ἰ. ἐγὼ ὀπίσω ὑμῶν παραγίνομαι (7 *b*)
— 20. ἰ. Δαυὶδ καὶ οἱ ἄνδρες αὐτοῦ (7 *b*)
— 36. καὶ ἰ. αὐτῷ [A *om.*] πότος (7 *b*)
— 41. ἰ. ἡ δούλη σου εἰς παιδίσκην (7 *b*)

I Ki. 26. 1. ἰ. Δαυὶδ σκεπάζεται (6)
— 7. καὶ ἰ. Σαοὺλ καθεύδων (7 *b*)
— 22. ἰ. τὸ δόρυ τοῦ βασιλέως (7 *b*)
— 24. ἰ. καθὼς ἐμεγαλύνθη ἡ ψυχή σου (7 *b*)
27. 8. ἰ. ἡ γῆ κατῳκεῖτο †
28. 7. ἰ. γυνὴ ἐγγαστρίμυθος (7 *b*)
— 9. ἰ. δὴ σὺ οἶδας (7 *b*)
— 21. ἰ. δὴ ἤκουσεν [A *om.*] ἡ δούλη σου (7 *b*)
30. 3. καὶ ἰ. ἐμπεπύρισται (7 *b*)
— 16. καὶ ἰ. οὗτοι διακεχυμένοι (7 *b*)
— 26. ἰ. ἀπὸ τῶν σκύλων τῶν ἐχθρῶν [A *al.*] (7 *b*)
II Ki. 1. 2. καὶ ἰ. ἀνὴρ ἦλθεν [A *om.*] (7 *b*)
— 6. καὶ ἰ. Σαοὺλ ἐπεστήρικτο (7 *b*)
— 6. καὶ ἰ. τὰ ἅρματα (7 *b*)
— 7. καὶ εἶπα, Ἰ. ἐγώ (7 *b*)
— 18. ἰ. γέγραπται ἐπὶ βιβλίου (7 *b*)
3. 12. ἰ. ἡ χείρ μου μετὰ σοῦ (7 *b*)
— 22. καὶ ἰ. οἱ παῖδες Δ. (7 *b*)
— 24. ἰ. ἦλθεν Ἀβ. πρὸς σέ (7 *b*)
4. 6. ἰ. ἡ θυρωρὸς . . . ἐκάθαιρε πυρούς †
— 8. ἰ. ἡ κεφαλὴ Ἰ. (7 *b*)
5. 1. ἰ. ὀστᾶ σου καὶ σάρκες σου ἡμεῖς (7 *b*)
7. 2. ἰ. δὴ ἐγὼ κατοικῶ (12)
9. 4. ἰ. ἐν οἴκῳ Μαχίρ (7 *b*)
— 6. ἰ. [A *om.*] ὁ δοῦλός σου (7 *b*)
12. 11. ἰ. ἐγὼ ἐξεγείρω ἐπὶ σὲ κακά (7 *b*)
— 18. ἰ. . . . ἐλαλήσαμεν πρὸς αὐτόν (7 *b*)
13. 24. ἰ. δὴ κείρουσι τῷ δούλῳ σου (7 *b*)
— 34. ἰ. λαὸς πολὺς πορευόμενος (7 *b*)
— 35. ἰ. οἱ υἱοὶ τοῦ βασ. πάρεισι (7 *b*)
— 36. ἰ. οἱ υἱοὶ τοῦ βασ. ἦλθαν (7 *b*)
14. 7. ἰ. ἐπανέστη ὅλη ἡ πατριά (7 *b*)
— 21. ἰ. δὴ ἐποίησά σοι (7 *b*)
— 32. ἰ. ἀπέστειλα πρὸς σέ (7 *b*)
— 32. ἰ. τὸ πρόσωπον τοῦ βασ. οὐκ εἶδον (12)
15. 3. ἰ. οἱ λόγοι σου ἀγαθοί (12)
— 15. ἰ. οἱ παῖδές σου (7 *b*)
— 24. καὶ ἰ. καί γε Σαδδώκ (7 *b*)
— 26. ἰ. ἐγώ εἰμι (7 *b*)
— 32. ἰ. εἰς ἀπαντὴν αὐτῷ [A *al.*] (7 *b*)
— 35. ἰ. ἐκεῖ μετὰ σοῦ Σαδώκ (6)
— 36. ἰ. ἐκεῖ μετ᾽ αὐτῶν δύο υἱοὶ αὐτῶν (7 *b*)
16. 1. ἰ. Σ. . . . εἰς ἀπαντὴν [A -τησιν] αὐτοῦ (7 *b*)
— 3. ἰ. κάθηται ἐν Ἱερουσαλήμ (7 *b*)
— 4. ἰ. σοὶ πάντα ὅσα ἐστὶ M. (7 *b*)
— 5. ἰ. ἐκεῖθεν ἀνὴρ ἐξεπορεύετο (7 *b*)
— 8. ἰ. σὺ ἐν τῇ κακίᾳ σου (7 *b*)
— 11. ἰ. ὁ υἱός μου . . . ζητεῖ τὴν ψυχήν μου (7 *b*)
17. 9. ἰ. γὰρ αὐτὸς νῦν κέκρυπται (7 *b*)
18. 10. ἰ. ἑώρακα τὸν Ἀβεσ. κρεμάμενον (7 *b*)
— 11. ἰ. ἑώρακας (7 *b*)
— 24. καὶ ἰ. ἀνὴρ τρέχων (7 *b*)
— 26. ἰ. ἀνὴρ ἕτερος τρέχων μόνος (7 *b*)
— 31. ἰ. ὁ Χουσὶ παρεγένετο (7 *b*)
19. 1 (2). ἰ. ὁ βασιλεὺς κλαίει (7 *b*)
— 8 (9). ἰ. ὁ βασιλεὺς κάθηται ἐν τῇ πύλῃ (7 *b*)
— 20 (21). ἰ. ἐγὼ ἦλθον σήμερον (7 *b*)
— 37 (38). ἰ. ὁ δοῦλός σου X. διαβήσεται (7 *b*)
— 41 (42). ἰ. πᾶς ἀνὴρ Ἰσραὴλ παρεγένοντο (7 *b*)
20. 21. ἰ. ἡ κεφαλὴ αὐτοῦ ῥιφήσεται (7 *b*)
24. 17. ἰ. ἐγώ εἰμι ἠδίκησα (7 *b*)
— 22. ἰ. οἱ βόες εἰς ὁλοκαύτωμα [A -ματα] (12)
III Ki. 1. 14. ἰ. ἔτι λαλούσης σου (7 *b*)
— 18. νῦν ἰ. Ἀδωνίας ἐβασίλευσε (7 *b*)
— 22. ἰ. ἔτι αὐτῆς λαλούσης (7 *b*)
— 23. B ἰ. Νάθαν ὁ προφήτης (7 *b* ?)
— 23. ἰ. Νάθαν ὁ προφήτης (7 *b*)
— 25. ἰ. εἰσὶν ἐσθίοντες καὶ πίνοντες (7 *b*)
— 42. ἰ. Ἰωνάθαν . . . εἰσῆλθε [A ἦλθεν] (7 *b*)
— 51. ἰ. Ἀδωνίας ἐφοβήθη (7 *b*)
2. 8. ἰ. μετὰ σοῦ Σεμεΐ (7 *b*)
— 29. ἰ. κατέχει τῶν κεράτων (7 *b*)
3. 1 (2. 8). ἰ. μετὰ σοῦ Σεμεΐ (7 *b*)
— 1 (2. 39). ἰ. οἱ δοῦλοί σου ἐν Γέθ (7 *b*)
— 12. ἰ. πεποίηκα κατὰ τὸ ῥῆμά σου (7 *b*)
— 12. ἰ. δέδωκά σοι καρδίαν φρονίμην (7 *b*)
— 15. ἐξυπνίσθη Σ. καὶ ἰ. ἐνύπνιον (7 *b*)
— 21. ἰ. κατενόησα αὐτὸν πρωΐ –
— 21. ἰ. οὐκ ἦν ὁ υἱός μου (7 *b*)
5. 5 (19). ἰ. ἐγὼ λέγω, Οἰκοδομήσω (7 *b*)
— 6 (20). ἰ. οἱ δοῦλοί μου –
8. 53. οὐκ ἰδοὺ αὕτη [A οὐχὶ αὕ.] γέγραπται –
10. 7. ἰ. οὐκ εἰσὶ [A ἔστιν] τὸ ἥμισυ (7 *b*)
11. 22. ἰ. σὺ ζητεῖς ἀπελθεῖν (7 *b*)
— 31. ἰ. ἐγὼ ῥήσσω τὴν βασιλείαν (7 *b*)
— 41. οὐκ ἰ. ταῦτα γέγραπται [A -γραμμένα] –

III Ki. 12. 24. B ἰ. σὺ ἀπελεύσῃ ἀπ᾽ ἐμοῦ –
— 24. B ἰ. ἐγὼ ἐξολεθρεύσω –
— 26. ἰ. νῦν ἐπιστρέψει ἡ βασιλεία –
— 28. ἰ. θεοί σου, Ἰσραήλ (7 *b*)
13. 1. ἰ. ἄνθρωπος τοῦ θεοῦ . . . παρεγένετο (7 *b*)
— 2. ἰ. υἱὸς τίκτεται τῷ οἴκῳ Δαυίδ (7 *b*)
— 3. ἰ. τὸ θυσιαστήριον ῥήγνυται (7 *b*)
— 4. ἰ. ἐξηράνθη ἡ χεὶρ αὐτοῦ –
— 25. ἰ. ἄνδρες παραπορευόμενοι (7 *b*)
14. 2. A ἰ. ἐκεῖ Ἀχιὰ ὁ προφήτης (7 *b*)
— 5. A ἰ. γυνὴ τοῦ Ἱερ. εἰσέρχεται (7 *b*)
— 19. A ἰ. αὐτὰ γεγραμμένα (7 *b*)
— 29 : 15. 7. οὐκ ἰ. ταῦτα γεγραμμένα –
15. 19. ἰ. ἐξαπέσταλκά σοι δῶρα [A -ον] (7 *b*)
— 23. οὐκ ἰ. ταῦτα γεγραμμένα –
— 31. οὐκ ἰ. ταῦτα [A οὐχὶ τ.] γεγραμμένα –
16. 3. ἰ. ἐγὼ ἐξεγείρω (7 *b*)
— 5. οὐκ ἰ. ταῦτα [A οὐχὶ τ.] γεγραμμένα –
— 14. οὐκ ἰ. ταῦτα γεγραμμένα –
— 20, 27. οὐκ ἰ. ταῦτα [A οὐχὶ τ.] γεγραμμένα –
— 28 (22. 45 [46]). B οὐκ ἰ. ταῦτα γεγραμμένα –
17. 9. ἰ. ἐντέταλμαι ἐκεῖ γυναικὶ χήρᾳ (7 *b*)
— 10. ἰ. ἐκεῖ γυνὴ χήρα συνέλεγε ξύλα (7 *b*)
— 12. R ἰ. ἐγὼ συλλέξω [A B ἰ. συλλέγω] (7 *b*)
— 24. ἰ. ἔγνωκα ὅτι σὺ ἄνθρωπος θεοῦ [A *al.*] (11)
18. 8. λέγε [A εἶπον] τῷ κυρίῳ σου, Ἰ. Ἠλιού (7 *b*)
— 11. A R ἰ. Ἠλιού (7 *b*)
— 14. λέγε τῷ κυρίῳ σου, Ἰ. Ἠλιού (7 *b*)
— 44. ἰ. νεφέλη μικρά (7 *b*)
19. 5. ἰ. τις ἥψατο αὐτοῦ (7 *b*)
— 6. ἰ. πρὸς κεφαλῆς αὐτοῦ ἐγκρυφίας (7 *b*)
— 9. ἰ. ῥῆμα κυρίου πρὸς αὐτόν (7 *b*)
— 11. ἰ. παρελεύσεται κύριος (7 *b*)
— 11. R καὶ ἰ. [AB *om.*] πνεῦμα μέγα –
— 13. καὶ ἰ. πρὸς αὐτὸν φωνή (7 *b*)
20 (21). 21. ἰ. ἐγὼ ἐπάγω ἐπὶ σὲ κακά (7 *b*)
21 (20). 13. ἰ. προφήτης εἷς προσῆλθε (7 *b*)
— 13. ἰ. ἐγὼ δίδωμι αὐτόν (7 *b*)
— 31. A ἰ. δὴ οἴδαμεν [B *al.*] (7 *b*)
— 36. ἰ. σὺ ἀποτρέχεις ἀπ᾽ ἐμοῦ (7 *b*)
— 39. A R ἰ. ἀνὴρ εἰσήγαγε [B ἐξ.] πρὸς μὲ ἄνδρα (7 *b*)
— 40. ἰ. καὶ τὰ ἔνεδρα παρ᾽ ἐμοὶ ἐφόνευσας †
22. 13. ἰ. δὴ λαλοῦσι πάντες οἱ προφῆται (7 *b*)
— 23. νῦν ἰ. ἔδωκε κύριος πνεῦμα (7 *b*)
— 25. ἰ. σὺ ὄψῃ τῇ [A ἐν τῇ] ἡμέρᾳ ἐκ. (7 *b*)
— 39. R οὐκ [AB καὶ] ἰδοὺ ταῦτα γέγραπται – [6]
— 46. B οὐκ ἰ. ταῦτα ἐγγεγραμμένα [A R *al.*] –
IV Ki. 1. 9. ἰ. Ἠ. ἐκάθητο ἐπὶ τῆς κορυφῆς (7 *b*)
— 14. ἰ. κατέβη πῦρ ἐκ τοῦ οὐρανοῦ (7 *b*)
— 18. οὐκ ἰ. ταῦτα γεγραμμένα –
2. 2. B ἰ. δὴ ἐνταῦθα κάθου [A R *al.*] –
— 11. ἰ. ἅρμα πυρὸς καὶ ἵππος πυρός (7 *b*)
— 16. ἰ. δὴ μετὰ τῶν παίδων σου (7 *b*)
— 19. ἰ. ἡ κατοίκησις τῆς πόλεως ἀγαθή (7 *c*)
— 24. καὶ ἰ. ἐξῆλθον δύο ἄρκοι –
3. 20. ἰ. ὕδατα ἤρχοντο (7 *b*)
4. 9. ἰ. δὴ ἔγνων (7 *b*)
— 13. ἰ. ἐξέστησας ἡμῖν [A -ᾶς] (7 *b*)
— 25. ἰ. δὴ [A *om.*] ἡ Σωμανῖτις ἐκείνη (7 *b*)
— 32. ἰ. τὸ παιδάριον τεθνηκός (7 *b*)
— 40. ἰ. ἀνεβόησαν †
5. 6. ἰ. ἀπέστειλα πρὸς σέ (7 *b*)
— 11. B[1] ἰ. εἶπον [B[2] ἰ. δὴ ἔλεγον] (7 *b*)
— 15. ἰ. ἔγνωκα [A ἰ. δὴ ἔ.] (7 *c* [7 *b*])
— 20. ἰ. ἐφείσατο ὁ κύριός μου (7 *b*)
— 22. ἰ. νῦν ἦλθον πρὸς μὲ δύο παιδάρια [A *al.*] (7 *b*)
6. 1. ἰ. δὴ ὁ τόπος ἐν ᾧ ἡμεῖς οἰκοῦμεν (7 *b*)
— 5. ἰ. ὁ εἷς καταβάλλων [A -βαλών] –
— 13. ἰ. ἐν Δωθαΐμ (7 *b*)
— 15. ἰ. δύναμις κυκλοῦσα τὴν πόλιν (7 *b*)
— 17. ἰ. τὸ ὄρος πλῆρες ἵππων (7 *b*)
— 20. ἰ. ἦσαν ἐν μέσῳ Σαμαρείας (7 *b*)
— 25. ἰ. περιεκάθηντο ἐπ᾽ [A περὶ] αὐτήν (7 *b*)
— 33. ἰ. ἄγγελος κατέβη πρὸς αὐτόν (7 *b*)
— 33. ἰ. αὕτη ἡ κακία παρὰ κυρίου (7 *b*)
7. 2. ἰ. ποιήσει κ. καταράκτας (7 *b*)
— 2. ἰ. ὄψῃ (7 *b*)
— 3. A ἰ. [B *om.*] τέσσαρες ἄνδρες ἦσαν λεπροί –
— 5, 10. ἰ. οὐκ ἔστιν ἀνὴρ ἐκεῖ (7 *b*)
— 13. ἰ. εἰσὶ πρὸς πᾶν τὸ πλῆθος Ἰσρ. (7 *b*)
— 15. ἰ. πᾶσα ἡ ὁδὸς πλήρης ἱματίων (7 *b*)
— 19. ἰ. κύριος ποιεῖ καταράκτας (7 *b*)
— 19. ἰ. ὄψῃ τοῖς ὀφθ. σου (7 *b*)
8. 5. ἰ. ἡ γυνὴ . . . βοῶσα πρὸς τὸν βασ. (7 *b*)

IV Ki. 8. 23. οὐκ ἰ. ταῦτα γέγραπται –
9. 5. ἰ. οἱ ἄρχοντες τῆς δυνάμ. ἐκάθηντο (7 *b*)
10. 4. ἰ. οἱ δύο βασ. οὐκ ἔστησαν (7 *b*)
— 9. ἰ. ἐγώ εἰμι συνεστράφην (7 *b*)
— 34. **A** οὐχ ἰ. ταῦτα [**B** οὐχὶ τ.] γεγραμμένα –
11. 14. εἶδε καὶ ἰ. ὁ βασιλεὺς εἱστήκει (7 *b*)
12. 19 (20). οὐκ ἰ. ταῦτα γεγραμμένα –
13. 8. **A** οὐχ ἰ. ταῦτα [**B** οὐχὶ τ.] γεγραμμένα –
— 21. ἰ. εἶδον τὸν μονόζωνον (7 *b*)
14. 15. **A** οὐχ ἰ. ταῦτα [**B** οὐχὶ τ.] γεγραμμένα –
15. 6. **B** οὐκ ἰ. ταῦτα [**A R** οὐχὶ τ.] γεγραμμένα –
— 11. ἰ. εἰσι [**A** ἰ. ἐστιν] γεγραμμένα (7 *b*)
— 15. ἰ. εἰσι γεγραμμένα [**B**^{3} εἰσγ.] (7 *b*)
— 21. οὐκ ἰ. ταῦτα [**A** οὐχὶ τ.] γεγραμμένα –
— 26. ἰ. εἰσι γεγραμμένα (7 *b*)
— 31. **R** ἰ. ταῦτα [**A B** ἐστιν] γεγραμμένα (7 *b*)
17. 26. ἰ. εἰσι θανατοῦντες αὐτούς (7 *b*)
18. 21. νῦν ἰ. πέποιθας σαυτῷ (7 *b*)
19. 7. ἰ. ἐγὼ δίδωμι ἐν αὐτῷ πνεῦμα (7 *b*)
— 9. ἰ. ἐξῆλθε [**A** -θον] πολεμεῖν μετὰ σοῦ (7 *b*)
— 11. ἰ. σὺ ἤκουσας (7 *b*)
— 35. ἰ. πάντες σώματα νεκρά (7 *b*)
20. 5. ἰ. ἐγὼ ἰάσομαί σε (7 *b*)
— 17. ἰ. ἡμέραι ἔρχονται (7 *b*)
21. 12. ἰ. ἐγὼ φέρω κακά (7 *b*)
— 25. οὐκ ἰ. ταῦτα γεγραμμένα –
22. 16. ἰ. ἐγὼ ἐπάγω κακά (7 *b*)
— 20. ἰ. [**A** ἐγὼ] προστίθημί σε πρὸς τοὺς πατ. σου (7 *b*)
24. 5. οὐκ ἰ. ταῦτα γεγραμμένα –
I Ch. 11. 1. ἰ. ὀστᾶ σου καὶ σάρκες σου ἡμεῖς (7 *b*)
17. 1. ἰ. ἐγὼ κατοικῶ (7 *b*)
21. 23. **A** ἰ. [**B** ἴδε] δέδωκα τοὺς μόσχους (12)
22. 9. ἰ. υἱὸς τίκτεταί σοι (7 *b*)
— 14. ἰ. ἐγὼ . . . ἡτοίμασα (7 *b*)
28. 20. **R** ἰ. [**A** εἶδον, **B** *om.*] τὸ παράδειγμα –
— 21. ἰ. αἱ ἐφημερίαι τῶν ἱερέων (7 *b*)
29. 3. ἰ. δέδωκα εἰς οἶκον θεοῦ μου –
II Ch. 2. 4 (3). ἰ. ἐγὼ ὁ υἱὸς αὐτοῦ οἰκοδομῶ (7 *b*)
— 8 (7). ἰ. οἱ παῖδές σου . . . πορεύσονται (7 *b*)
— 10 (9). ἰ. τοῖς ἐργαζομ. . . . δέδωκα σῖτον (7 *b*)
8. 9. ὅτι ἰ. [**A** αὐτοὶ] ἄνδρες πολεμισταί †
9. 6. ἰ. οὐκ ἀπηγγέλη μοι ἥμισυ (7 *b*)
— 29. ἰ. γεγραμμένοι ἐπὶ τῶν λόγων (6)
12. 15. λόγοι Ῥ. . . . οὐκ ἰ. γεγραμμένοι –
13. 12. ἰ. μεθ' ἡμῶν ἐν ἀρχῇ κύριος (7 *b*)
— 14. ἰ. αὐτοῖς ὁ πόλεμος ἐκ τῶν ἔμπρ. (7 *b*)
16. 3. ἰ. ἀπέσταλκά σοι χρυσίον (7 *b*)
— 11. ἰ. οἱ λόγοι Ἀσὰ . . . γεγραμμένοι (7 *b*)
18. 12. ἰ. ἐλάλησαν οἱ προφῆται (7 *b*)
— 22. ἰ. ἔδωκε κύριος πνεῦμα ψευδές (7 *b*)
— 24. ἰ. ὄψῃ ἐν τῇ ἡμέρᾳ ἐκείνῃ (7 *b*)
19. 11. ἰ. Ἀμ. ὁ ἱερεὺς ἡγούμενος ἐφ' ὑμᾶς (7 *b*)
20. 2. ἰ. εἰσιν ἐν Ἀ. (7 *b*)
— 10. νῦν ἰ. υἱοὶ Ἀμμών (7 *b*)
— 11. νῦν ἰ. αὐτοὶ ἐπιχειροῦσιν (7 *b*)
— 16. ἰ. ἀναβαίνουσιν κατὰ τὴν ἀνάβασιν Ἀ. (7 *b*)
— 17. **B** ἰ. [**A R** Ἰούδα] καὶ Ἱερ. †
— 24. ἰ. πάντες νεκροί (7 *b*)
— 34. οἱ λοιποὶ λόγοι Ἰ. . . . ἰ. γεγραμμένοι (7 *b*)
21. 14. ἰ. κύριος πατάξει σε (7 *b*)
23. 3. ἰ. ὁ υἱὸς τοῦ βασ. βασιλευσάτω (7 *b*)
— 13. ἰ. ὁ βασ. ἐπὶ τῆς στάσεως αὐτοῦ (7 *b*)
24. 27. καὶ τὰ λοιπὰ ἰ. [**A** Ἰούδα] γεγραμμένα (7 *b*)
25. 18. ἰ. ἐλεύσεται τὰ θηρία τοῦ ἀγροῦ –
— 19. **R** ἰ. ἐπάταξα [**A B** -ας] τὴν Ἰδουμαίαν (7 *b*)
— 26. οἱ λοιποὶ λόγοι Ἀ. . . . οὐκ ἰ. γεγραμμένοι (7 *b*)
26. 20. ἰ. αὐτὸς λεπρός (7 *b*)
— 22. **A**^{2} οἱ λοιποὶ λόγοι . . . ἰ. εἰσιν [**A**^{1} **B** *om.* ἰ. εἰ.] γεγραμμ. –
27. 7. οἱ λοιποὶ λόγοι Ἰ. . . . ἰ. γεγραμμένοι (7 *b*)
28. 9. ἰ. ὀργὴ κυρίου . . . ἐπὶ τὸν Ἰούδαν (7 *b*)
— 10. οὐκ ἰ. εἰμι μεθ' ὑμῶν [**B**^{1} *al.*] (13 ?)
— 26. αἱ πράξεις αὐ. . . . ἰ. γεγραμμέναι (7 *b*)
29. 9. ἰ. πεπλήγασιν οἱ πατέρες ὑμῶν (7 *b*)
— 19. ἰ. ἐστιν ἐναντίον τοῦ θυσιαστ. κυρίου (7 *b*)
32. 32. **A R** τὰ λοιπὰ [**B** κατάλ.] τῶν λόγων Ἐ. . . . ἰ. γέγραπται (7 *b*)
33. 19. ἰ. ἐπὶ λόγων προσευχῆς αὐτοῦ –
— 19. ἰ. γέγραπται ἐπὶ τῶν λόγων (7 *b*)
34. 24. ἰ. ἐγὼ ἐπάγω (7 *b*)
— 28. ἰ. προστίθημί σε πρὸς τοὺς πατ. σου (7 *b*)
35. 25. ἰ. γέγραπται ἐπὶ τῶν θρήνων (7 *b*)
II Ch. 35. 27. οἱ λόγοι [**A** οἱ λοιποὶ λ.] αὐτοῦ . . . ἰ. γεγραμμ. (7 *b*)
36. 8. οὐκ ἰ. ταῦτα γεγραμμένα (7 *b*)
I Es. 8. 19. κἀγὼ ἰ. . . . προσέταξα
— 90. ἰ. νῦν ἐσμὲν ἐνώπιόν σου
II Es. 9. 15. **A S**^{2} **R** ἰ. ἡμεῖς [**B S**^{1} *om.* ἰ. ἡ.] ἐναντίον σου (7 *b*)
Ne. 5. 5. ἰ. ἡμεῖς καταδυναστεύομεν (7 *b*)
6. 12. ἰ. ὁ θεὸς οὐκ ἀπέστειλεν αὐτόν (7 *b*)
9. 36. ἰ. ἐσμεν σήμερον δοῦλοι (7 *b*)
— 36. **R** ἰ. ἐσμεν δοῦλοι ἐπ' αὐτῆς (7 *b*)
To. 2. 2. ἰ. μένω σε [**S** *al.*]
— 3. **S** ἰ. ἐγώ, παιδίον
— 3. **S** ἰ. εἰς ἐκ τοῦ ἔθνους ἡμῶν [**A B** *al.*]
— 8. ἰ. πάλιν θάπτει τοὺς νεκρούς
— 14. ἰ. γνωστὰ πάντα μετὰ σοῦ [**S** *al.*]
3. 8. **S** ἰ. ἤδη ἀπεκδέδοσαι [**A B** *al.*]
4. 2. **S** ἰ. [**A B** *om.*] ἐγὼ ᾐτησάμην
5. 3. **S** καὶ νῦν ἰ. ἔτη εἴκοσι
— 8. **S** ἰ. ἐγὼ προσκαρτερῶ
— 8. ἰ. εὕρηκα ὃς συμπορεύσεταί μοι [**S** *al.*]
6. 10. **S** ἰ. ἐγώ
7. 13. ἰ. κατὰ τὸν νόμον Μ. κομίζου αὐτήν [**S** *al.*]
10. 13. ἰ. παρατίθεμαί σοι τὴν θυγατ. μου [**S** *al.*]
11. 6. ἰ. ὁ υἱός μου [**A S** σου] ἔρχεται
— 15. ἰ. βλέπω Τ. τὸν υἱόν μου
— 15. **S** ἰ. παραγίνεται
12. 20. **S** ἰ. ἐγὼ [**A B** διότι] ἀναβαίνω
14. 3. **A B** ἰ. γεγήρακα
— 11. **S** ἰ. ἡ ψυχή μου ἐκλείπει [**A B** *al.*]
Ju. 2. 5. ἰ. σὺ ἐξελεύσῃ
3. 2. ἰ. [**S**^{1} οἴδε] ἡμεῖς . . . παρακείμεθα
— 3. ἰ. αἱ ἐπαύλεις ἡμῶν
— 4. ἰ. καὶ [**S** *om.*] αἱ πόλεις ἡμῶν
5. 21. **A** ἰ. [**B S** εἰ] δὲ οὐκ ἔστιν ἀνομία
— 23. ἰ. γὰρ λαὸς ἐν ᾧ οὐκ ἔστι δύναμις
9. 6. ἰ. πάρεσμεν
— 7. ἰ. γὰρ Ἀσσύριοι ἐπληθύνθησαν
12. 12. ἰ. γὰρ αἰσχρὸν τῷ προσώπῳ ἡμῶν
13. 15. ἰ. ἡ κεφαλὴ Ὀλοφέρνου
— 15. ἰ. τὸ κωνωπεῖον [**A** κ. αὐτοῦ]
14. 18. ἰ. Ὀλοφέρνης χαμαί
Es. 1. 1. καὶ ἰ. φωναί
— 1. καὶ ἰ. δύο δράκοντες μεγάλοι
— 1. καὶ ἰ. ἡμέρα σκότους
6. 4. ἰ. Ἀμὰν ἐν τῇ αὐλῇ –
— 5. ἰ. Ἀμὰν ἕστηκεν ἐν τῇ αὐλῇ (7 *b*)
7. 9. ἰ. καὶ ξύλον [**A S**^{3} τὸ ξ. ὃ] ἡτοίμασεν Ἀ. (7 *b*)
10. 2. ἰ. γέγραπται ἐν βιβλίῳ (6)
Jb. 1. 6. ἰ. [**A** *om.*] ἦλθον οἱ ἄγγελοι τοῦ θεοῦ –
— 12. ἰ. πάντα . . . δίδωμι [**A** δέδωκα] (7 *b*)
— 14. ἰ. ἄγγελος ἦλθε πρὸς Ἰώβ –
2. 6. ἰ. παραδίδωμί σοι (7 *b*)
— 9. ἰ. ἀναμένω [**S**^{1} *om.*] χρόνον ἔτι μικρόν –
— 9. ἰ. γὰρ ἠφάνισταί σου τὸ μνημόσ. –
3. 3. ἰ. ἄρσεν †
5. 27. ἰ. ταῦτα οὕτως ἐξιχνιάσαμεν (7 *b*)
13. 1. ἰ. ταῦτα ἑώρακέ μου ὁ ὀφθ. (7 *a*)
— 18. ἰ. ἐγὼ ἐγγύς εἰμι τοῦ κρίματός μου (7 *c*)
16. 20 (19). **A B S**^{2} ἰ. ἐν οὐρανοῖς ὁ μάρτυς μου (7 *b*)
19. 7. ἰ. γελῶ [**A S**^{2} λαλῶ] ὀνείδει [**A B**^{2} -δη] (7 *a*)
26. 14. ἰ. ταῦτα μέρη ὁδοῦ [**S**^{1} λόγου] αὐτοῦ (7 *a*)
27. 12. ἰ. [**A S** ἰ. δὴ] πάντες οἴδατε [**A** *al.*] (7 *a*)
28. 28. ἰ. ἡ θεοσέβειά ἐστι σοφία (7 *a*)
30. 26. ἰ. συνήντησάν μοι μᾶλλον ἡμ. κακῶν –
32. 11. **A** ἰ. ἤκουσα τοὺς λόγους ὑμῶν (7 *a*)
— 12. καὶ ἰ. οὐκ ἦν τῷ Ἰὼβ ἐλέγχων (7 *b*)
33. 2. ἰ. γὰρ ἤνοιξα τὸ στόμα μου (7 *b*)
— 29. ἰ. ταῦτα πάντα ἐργᾶται ὁ ἰσχυρός (7 *a*)
— 31. **A** ἰ. ταῦτα πάντα ἐργᾶται ὁ ἰσχυρός –
36. 22. ἰ. ὁ ἰσχυρὸς κραταιώσει [**A** κρ. σε, **S** -αιῶς] (7 *a*)
— 26. ἰ. ὁ ἰσχυρὸς πολύς (7 *a*)
— 30. ἰσότητα σκηνῆς αὐτοῦ ἰ. ἐκτενεῖ (7 *a*)
40. 10 (15). ἰ. θηρία παρὰ σοί (7 *b*)
— 11 (16). ἰ. δὴ ἡ ἰσχὺς αὐ. ἐπ' ὀσφύϊ [**A** ἐπὶ ὀσφύος αὐ.] (7 *b*)
Ps. 7. 14. **A S R** ἰ. ὠδίνησεν ἀδικίαν [**B** ἀνομίαν] (7 *b*)
10 (11). 3. ἰ. οἱ ἁμαρτωλοὶ ἐνέτειναν τόξον (7 *b*)
26 (27). 6. νῦν ἰ. ὕψωσε τὴν κεφαλήν μου –
32 (33). 18. ἰ. οἱ ὀφθ. κυρίου ἐπὶ τοὺς φοβουμ. αὐτόν (7 *b*)
36 (37). 36. παρῆλθον καὶ ἰ. οὐκ ἦν (7 *b*)
38 (39). 5. ἰ. παλαιὰς [**A B**^{2} **S**^{2} παλαιστὰς] ἔθου τὰς ἡμ. μου (7 *b*)
39 (40). 7. τότε εἶπον, Ἰ. ἥκω (7 *b*)
Ps. 39 (40). 9. ἰ. τὰ χείλη μου οὐ μὴ κωλύσω (7 *b*)
47 (48). 4. ἰ. οἱ βασιλεῖς συνήχθησαν (7 *b*)
50 (51). 5. ἰ. γὰρ ἐν ἀνομίαις συνελήφθην (7 *a*)
— 6. ἰ. γὰρ ἀλήθειαν ἠγάπησας (7 *a*)
51 (52). 7. ἰ. ἄνθρωπος ὃς οὐκ ἔθετο τὸν θ. (7 *b*)
53 (54). *tit.* οὐκ ἰ. Δαυὶδ κέκρυπται παρ' ἡμῖν –
— 4. ἰ. γὰρ ὁ θεὸς βοηθεῖ μοι (7 *b*)
54 (55). 7. ἰ. ἐμάκρυνα φυγαδεύων (7 *b*)
55 (56). 9. ἰ. ἔγνων ὅτι θεός μου εἶ σύ (8)
58 (59). 3. ἰ. ἐθήρευσαν τὴν ψυχήν μου (7 *b*)
— 7. ἰ. [**S**^{2} ἰ. αὐτοὶ] ἀποφθέγξονται (7 *b*)
67 (68). 33. ἰ. [**S**^{1} *om.*] δώσει . . . φωνὴν δυνάμεως (7 *a*)
72 (73). 12. ἰ. οὗτοι [**B**^{1} *om.*] ἁμαρτωλοί (7 *b*)
— 15. ἰ. τῇ γενεᾷ τῶν υἱῶν σου ἠσυνθέτηκα (7 *b*)
— 27. ἰ. οἱ μακρύνοντες ἑαυτούς (7 *b*)
82 (83). 2. ἰ. οἱ ἐχθροί σου ἤχησαν (7 *b*)
86 (87). 4. ἰ. ἀλλόφυλοι καὶ Τύρος (7 *b*)
91 (92). 9. **A**^{2} **S** ὅτι ἰ. οἱ ἐχθροί σου, κύριε (7 *b*)
— 9. ὅτι ἰ. οἱ ἐχθροί σου ἀπολοῦνται (7 *b*)
118 (119). 40. ἰ. ἐπεθύμησα τὰς ἐντολάς σου (7 *b*)
120 (121). 4. ἰ. οὐ νυστάξει . . . ὁ φυλάσσων τὸν Ἰσραήλ (7 *b*)
122 (123). 2. ἰ. ὡς ὀφθαλμοὶ δούλων (7 *b*)
126 (127). 3. ἰ. ἡ κληρονομία κυρίου υἱοί (7 *b*)
127 (128). 4. ἰ. οὕτως εὐλογηθήσεται ἄνθρωπος (7 *b*)
131 (132). 6. ἰ. ἠκούσαμεν αὐτὴν ἐν Ἐφραθά (7 *b*)
132 (133). 1. ἰ. δὴ τί καλὸν ἢ τί τερπνόν (7 *b*)
133 (134). 1. ἰ. δὴ εὐλογεῖτε τὸν κύριον (7 *b*)
138 (139). 4. ἰ., κύριε, σὺ ἔγνως (7 *a*)
Pr. 1. 23. ἰ. προήσομαι ὑμῖν ἐμῆς πνοῆς ῥῆσιν (7 *b*)
Ec. 1. 14. ἰ. τὰ πάντα ματαιότης (7 *b*)
— 16. ἰ. ἐγὼ ἐμεγαλύνθην (7 *b*)
2. 1. καὶ ἰ. καί γε τοῦτο ματαιότης (7 *b*)
— 11. ἰ. τὰ πάντα ματαιότης (7 *b*)
4. 1. ἰ. δάκρυον τῶν συκοφαντουμένων (7 *b*)
5. 17. ἰ. [**A** ἰ. ὃ] εἶδον ἐγὼ [**S**^{1} ἰ. ἐ. ὃ εἶ.] ἀγαθόν (7 *b*)
Ca. 1. 15. ἰ. εἶ καλή, ἡ πλησίον μου, ἰ. εἶ καλή (7 *b*, 7 *b*)
— 16. ἰ. εἶ καλός, ἀδελφιδός μου (7 *b*)
2. 8. ἰ. οὗτος ἥκει (7 *b*)
— 9. ἰ. οὗτος ὀπίσω [**A** ἕστηκεν ὀπ.] τοῦ τοίχου (7 *b*)
— 11. ἰ. [**S**^{1} *om.*] ὁ χειμὼν παρῆλθεν (7 *b*)
3. 7. ἰ. ἡ κλίνη τοῦ Σαλωμών (7 *b*)
4. 1. ἰ. εἶ καλή, ἡ πλησίον μου, ἰ. εἶ καλή (7 *b*, 7 *b*)
Si. 16. 18. ἰ. ὁ οὐρ. καὶ ὁ οὐρ. τοῦ οὐρ. τοῦ θ. [**A S** *om.* τοῦ θ.]
18. 17. οὐκ ἰ. λόγος ὑπὲρ δόμα ἀγαθόν
24. 31. ἰ. ἐγένετό μοι [**A** μου] ἡ διῶρυξ εἰς ποτ.
Ho. 2. 6 (8). ἰ. ἐγὼ φράσσω τὴν ὁδὸν αὐ. (7 *b*)
— 14 (16). ἰ. ἐγὼ πλανῶ αὐτήν (7 *b*)
9. 6. ἰ. πορεύονται (7 *b*)
Am. 2. 13. ἰ. ἐγὼ κυλίω ὑποκάτω ὑμῶν (7 *b*)
4. 2. ἰ. ἡμέραι ἔρχονται ἐφ' ὑμᾶς (7 *b*)
— 13. ἰ. ἐγὼ [**B**^{1} *om.* ἰ. ἐ.] στερεῶν βροντήν (7 *b*)
6. 12 (11). ἰ. κύριος ἐντέλλεται (7 *b*)
— 15 (14). ἰ. ἐγὼ ἐπεγείρω ἐφ' ὑμᾶς . . . ἔθνος (7 *b*)
7. 1. ἰ. ἐπιγονὴ ἀκρίδων ἐρχομ. ἑωθινή (7 *b*)
— 1. ἰ. βροῦχος εἷς Γὼγ ὁ βασιλεύς (7 *b*)
— 4. ἰ. ἐκάλεσε τὴν δίκην (7 *b*)
— 7. ἰ. ἑστηκὼς ἐπὶ τείχους ἀδαμαντίνου (7 *b*)
— 8. ἰ. ἐγὼ ἐντάσσω ἀδάμαντα (7 *b*)
8. 1. ἰ. ἄγγος ἰξευτοῦ (7 *b*)
— 11. ἰ. ἡμέραι ἔρχονται (7 *b*)
9. 8. ἰ. οἱ ὀφθαλμοὶ κ. τοῦ θ. (7 *b*)
— 9. **A** ἰ. [**B** *om.*] ἐγὼ ἐντέλλομαι (7 *b*)
— 13. ἰ. ἡμέραι ἔρχονται (7 *b*)
Mi. 1. 3. ἰ. κύριος ἐκπορεύεται (7 *b*)
2. 3. ἰ. ἐγὼ λογίζομαι . . . κακά (7 *b*)
Jl. 2. 19. ἰ. ἐγὼ ἐξαποστέλλω (7 *b*)
3 (4). 1. ἰ. ἐγὼ ἐν ταῖς ἡμ. ἐκείναις (7 *b*)
— 7. ἰ. ἐγὼ ἐξεγείρω αὐτούς (7 *b*)
Ob. 1. 2. ἰ. ὀλιγοστὸν δέδωκά σε (7 *b*)
Na. 1. 15 (2. 1). ἰ. ἐπὶ τὰ ὄρη οἱ πόδες (7 *b*)
2. 13 (14) : 3. 5. ἰ. ἐγὼ ἐπὶ σέ (7 *b*)
3. 13. ἰ. ὁ λαός σου ὡς γυναῖκες ἐν σοί (7 *b*)
Hb. 1. 6. ἰ. ἐγὼ ἐξεγείρω τοὺς Χ. (7 *b*)
Ze. 3. 19. ἰ. ἐγὼ ποιῶ ἐν σοὶ ἕνεκέν σου (7 *b*)
Za. 1. 8. ἰ. ἀνὴρ ἐπιβεβηκώς (7 *b*)
— 11. ἰ. πᾶσα ἡ γῆ κατοικεῖται (7 *b*)
— 18 (2. 1). ἴδον καὶ ἰδοὺ τέσσαρα κέρατα (7 *b*)
2. 1 (5). ἰ. ἀνὴρ καὶ ἐν τῇ χειρὶ αὐ. σχοινίον (7 *b*)
— 3 (7). ἰ. ὁ ἄγγελος ὁ λαλῶν ἐν ἐμοί (7 *b*)
— 9 (13). ἰ. ἐγὼ ἐπιφέρω τὴν χεῖρά μου (7 *b*)
— 10 (14). ἰ. ἐγὼ ἔρχομαι (7 *b*)
3. 3 (2). οὐκ ἰ. τοῦτο ὡς δαλός –

Za. 3. 5 (4). ἰ. ἀφῄρηκα τὰς ἀνομίας σου (12)
— 9 (8). ἰ. ἐγὼ ἄγω τὸν δοῦλόν μου Ἀν. (7 *b*)
— 10 (9). ἰ. ἐγὼ ὀρύσσω βόθρον (7 *b*)
4. 2. ἰ. λυχνία χρυσῆ ὅλη (7 *b*)
5. 1. ἴδον καὶ ἰδοὺ δρέπανον (7 *b*)
— 7. ἰ. τάλαντον μολίβου ἐξαιρόμενον καὶ ἰ. γυνὴ μία ἐκάθητο (7 *b*, 8)
— 9. ἴδον καὶ ἰ. δύο γυναῖκες (7 *b*)
6. 1. ἴδον καὶ ἰ. τέσσαρα ἅρματα (7 *b*)
— 8. ἰ. οἱ ἐκπορευόμενοι (12)
— 12. ἰ. ἀνήρ, Ἀνατολὴ ὄνομα αὐτῷ (7 *b*)
7. 5. ἰ. ἑβδομήκοντα ἔτη (8)
8. 7. ἰ. ἐγὼ σώζω [A ἀνασ.] τὸν λαόν μου (7 *b*)
9. 9. ἰ. ὁ βασιλεύς σου ἔρχεταί σοι (7 *b*)
11. 6. ἰ. ἐγὼ παραδίδωμι τοὺς ἀνθρ. (7 *b*)
— 16. ἰ. ἐγὼ ἐξεγείρω ποιμένα (7 *b*)
12. 2. ἰ. ἐγὼ τίθημι τὴν Ἰ. (7 *b*)
14. 1. ἰ. ἡμέραι ἔρχονται (7 *b*)
Ma. 2. 3. ἰ. ἐγὼ ἀφορίζω ὑμῖν τὸν ὦμον (7 *b*)
3. 1. ἰ. ἐξαποστέλλω τὸν ἄγγελόν μου (7 *b*)
— 1. ἰ. ἔρχεται (7 *b*)
4. 1 (3. 19). ἰ. [A^1 *om.*] ἡμέρα [A ἡμ. κυρ.] ἔρχεται (7 *b*)
— 5 (3. 23). ἰ. ἐγὼ ἀποστέλλω ὑμῖν Ἠ. (7 *b*)
Is. 3. 1. ἰ. δὴ ὁ δεσπότης κ. σαβαώθ (7 *b*)
5. 26. ἰ. ταχὺ κούφως ἔρχονται (7 *b*)
— 30. ἰ. σκότος σκληρὸν ἐν τῇ ἀπορίᾳ αὐτῶν (7 *b*)
6. 7. ἰ. ἥψατο τοῦτο τῶν χειλέων σου (7 *b*)
— 8. ἰ. ἐγώ εἰμι (7 *b*)
7. 14. ἰ. ἡ παρθένος ἐν γαστρί (7 *b*)
8. 7. ἰ. κύριος ἀνάγει (7 *b*)
— 18. ἰ. ἐγὼ καὶ τὰ παιδία (7 *b*)
— 22. ἰ. ἀπορία στενή (7 *b*)
10. 33. ἰ. ὁ δεσπότης κ. σαβαώθ (7 *b*)
12. 2. ἰ. ὁ θ. μου σωτήρ μου (7 *b*)
13. 9. ἰ. γὰρ ἡμέρα κυρίου ἔρχεται (7 *b*)
— 17. ἰ. ἐπεγείρω ὑμῖν τοὺς Μ. (7 *b*)
17. 1. ἰ. Δαμασκὸς ἀρθήσεται (7 *b*)
19. 1. ἰ. κύριος κάθηται (7 *b*)
20. 6. ἰ. ἡμεῖς ἦμεν πεποιθότες (7 *b*)
21. 9. ἰ. αὐτὸς ἔρχεται ἀναβάτης (7 *b*)
22. 17. ἰ. δὴ κ. σαβαὼθ ἐκβάλλει (7 *b*)
24. 1. ἰ. κύριος καταφθείρει (7 *b*)
25. 9. ἰ. ὁ θεὸς ἡμῶν (7 *b*)
26. 1. ἰ. πόλις ἰσχυρά [A S ὀχ.] –
— 21. ἰ. γὰρ κύριος . . . ἐπάγει τὴν ὀργήν (7 *b*)
28. 2. ἰ. ἰσχυρὸν . . . ὁ θυμὸς κυρίου (7 *b*)
— 16. ἰ. ἐγὼ ἐμβάλλω . . . λίθον (7 *b*)
29. 14. ἰ. προσθήσω τοῦ μεταθεῖναι (7 *b*)
30. 27. ἰ. τὸ ὄνομα κυρίου ἔρχεται (7 *b*)
32. 1. ἰ. γὰρ βασ. δίκαιος βασιλεύσει (7 *a*)
33. 7. ἰ. δὴ ἐν τῷ φόβῳ ὑμῶν (7 *a*)
— 20. ἰ. Σιὼν ἡ πόλις (9)
34. 5. ἰ. ἐπὶ τὴν Ἰδουμ. καταβήσεται (7 *b*)
35. 4. ἰ. ὁ θ. ἡμ. κρίσιν ἀνταποδίδωσι (7 *b*)
36. 6. ἰ. πεποιθὼς εἶ (7 *b*)
37. 7. ἰ. ἐγὼ ἐμβάλλω . . . πνεῦμα (7 *b*)
38. 5. ἰ. προστίθημι . . . ἔτη δέκα πέντε (7 *b*)
— 8. ἰ. ἐγὼ στρέψω τὴν σκιάν (7 *b*)
— 17. S^2 ἰ. γὰρ εἰς εἰρήνην πικρίας μου (7 *b*)
— 17. εἵλου [S^1 ἰδοὺ] γάρ μου τὴν ψυχήν †
39. 6. ἰ. ἡμέραι ἔρχονται (7 *b*)
40. 9. ἰ. ὁ θεὸς ὑμῶν (7 *b*)
— 10. ἰ. [S^1 *om.*] κύριος [A S *om.*] κ. . . . ἔρχεται (7 *b*)
— 10. ἰ. ὁ μισθὸς αὐτοῦ μετ᾽ αὐτοῦ (7 *b*)
41. 11. ἰ. αἰσχυνθήσονται (7 *a*)
— 15. ἰ. ἐποίησά σε (7 *b*)
— 28. ἀπὸ γὰρ τῶν ἐθνῶν ἰ. οὐδείς †
42. 9. τὰ ἀπ᾽ ἀρχῆς ἰ. ἥκασι (7 *b*)
43. 19. B ἰ. ἐγὼ ποιῶ κενά [A B S καινά] (7 *b*)
44. 22. ἰ. γὰρ ἀπήλειψα . . . τὰς ἀνομίας σου –
47. 14. ἰ. πάντες . . . κατακαυθήσονται (7 *b*)
48. 10. ἰ. πέπρακά σε (7 *b*)
49. 6. ἰ. δέδωκά [A S τέθεικά] σε –
— 12. ἰ. οὗτοι πόρρωθεν ἥξουσιν [A S ἔρχονται] (7 *b*)
— 16. ἰ. ἐπὶ τῶν χειρῶν μου ἐζωγράφηκα (7 *a*)
— 18. ἰ. συνήχθησαν –
— 22. ἰ. αἴρω εἰς τὰ ἔθνη τὴν χεῖρά μου (7 *b*)
50. 1. ἰ. ταῖς ἁμαρτίαις ὑμῶν ἐπράθητε (7 *a*)
— 2. ἰ. τῷ ἐλεγμῷ [A S^3 τῇ ἀπειλῇ] μου ἐξερημώσω (7 *a*)
— 9. ἰ. κύριος κ. βοηθήσει μοι (7 *a*)
— 9. ἰ. πάντες ὑμεῖς . . . παλαιωθήσεσθε (7 *a*)
— 11. ἰ. πάντες ὑμεῖς πῦρ καίετε (7 *a*)
51. 22. ἰ. εἴληφα . . . ποτήριον τῆς πτώσεως (7 *b*)
Is. 52. 13. ἰ. συνήσει ὁ παῖς μου (7 *b*)
54. 11. ἰ. ἐγὼ ἑτοιμάζω σοι ἄνθρακα (7 *b*)
— 15. ἰ. προσήλυτοι προσελεύσονταί σοι (7 *a*)
— 16. ἰ. ἐγὼ ἔκτισά [A S κτίζω] σε (7 *b*, 7 *a* *)
55. 4. ἰ. μαρτύριον . . . ἔδωκα αὐτόν (7 *a*)
58. 9. ἰ. πάρειμι (7 *b*)
60. 2. ἰ. σκότος καλύψει γῆν (7 *b*)
— 4. A ἰ. [B S *om.*] ἥκασι πάντες οἱ υἱοί σου –
62. 11. ἰ. γὰρ κύριος ἐποίησεν ἀκουστόν (7 *b*)
— 11. ἰ. ὁ σωτήρ σοι παραγέγονεν [A S -γίνεται] (7 *b*)
64. 5 (4). ἰ. σὺ ὠργίσθης (7 *a*)
65. 1. εἶπα, Ἰ. εἰμι (7 *b*)
— 6. ἰ. γέγραπται ἐνώπιόν μου (7 *b*)
— 13. ἰ. οἱ δουλεύοντές μοι φάγονται . . . ἰ. οἱ δουλ. μοι πίονται . . . ἰ. οἱ δουλ. μοι εὐφρανθήσ. (7 *b ter*)
— 14. ἰ. οἱ δουλεύοντές μοι ἀγαλλιάσονται (7 *b*)
— 18. ἰ. ἐγὼ ποιῶ Ἰερουσαλὴμ ἀγαλλίαμα (7 *b*)
66. 9. οὐκ ἰ. ἐγὼ γεννῶσαν . . . ἐποίησα –
— 12. ἰ. ἐγὼ ἐκκλίνω εἰς αὐτούς (7 *b*)
— 15. ἰ. γὰρ κύριος ὡς πῦρ ἥξει (7 *b*)
Je. 1. 6. ἰ. οὐκ ἐπίσταμαι λαλεῖν (7 *b*)
— 9. ἰ. δέδωκα τοὺς λόγους μου (7 *b*)
— 10. ἰ. [A *om.*] καθέστακά σε σήμερον (12)
— 15. ἰ. ἐγὼ συγκαλῶ πάσας τὰς βασιλείας (7 *b*)
— 18. ἰ. τέθεικά σε . . . ὡς πόλιν (7 *b*)
2. 35. ἰ. ἐγὼ κρίνομαι πρὸς σέ (7 *b*)
3. 5. ἰ. ἐλάλησας καὶ ἐποίησας [S *om.* κ. ἐ.] (7 *b*)
— 14. A ἰ. [B S *om.*] ἐγὼ κατακυριεύσω –
— 22. ἰ. δοῦλοι ἡμεῖς ἐσόμεθά σοι (7 *b*)
4. 10. ἰ. [A S^1 *om.*] ἥψατο ἡ μάχαιρα –
— 13. ἰ. ὡς νεφέλη ἀναβήσεται (7 *b*)
— 16. ἰ. ἥκασιν (7 *b*)
— 16. συστροφαὶ [S^2 ἰ. σ.] ἔρχονται –
— 23. ἰ. οὐθέν (7 *b*)
— 25. ἰ. οὐκ ἦν ἄνθρωπος (7 *b*)
— 26. εἶδον καὶ ἰ. ὁ Κάρμηλος ἔρημος (7 *b*)
5. 5. ἰ. ὁμοθυμαδὸν συνέτριψαν ζυγόν †
— 14. ἰ. ἐγὼ δέδωκα τοὺς λόγους μου (7 *b*)
— 15. ἰ. ἐγὼ ἐπάγω ἐφ᾽ ὑμᾶς (7 *b*)
6. 10. ἰ. ἀπερίτμητα τὰ ὦτα αὐτῶν [A ὑμῶν] . . . ἰ. τὸ ῥῆμα κυρίου (7 *b*, 7 *b*)
— 19. ἰ. ἐγὼ ἐπάγω [A S *al.*] (7 *b*)
— 21. ἰ. ἐγὼ δίδωμι . . . ἀσθένειαν (7 *b*)
— 22. ἰ. λαὸς ἔρχεται ἀπὸ βορρᾶ (7 *b*)
7. 11. ἰ. ἐγὼ ἑώρακα (7 *b*)
— 20. ἰ. ὀργὴ καὶ θυμός μου χεῖται [A ἐκχ.] (7 *b*)
— 32. ἰ. ἡμέραι ἔρχονται (7 *b*)
8. 15. εἰς καιρὸν ἰάσεως καὶ ἰ. σπουδή (7 *b*)
— 17. ἰ. ἐγὼ ἐξαποστέλλω εἰς [A S ἐφ᾽] ὑμ. ὄφεις (7 *b*)
— 19. ἰ. φωνὴ κραυγῆς θυγατρὸς λαοῦ μου (7 *b*)
9. 7 (6). ἰ. ἐγὼ πυρώσω αὐτούς (7 *b*)
— 15 (14). ἰ. ἐγὼ ψωμιῶ αὐτοὺς ἀνάγκας (7 *b*)
— 25 (24). A B S^2 ἰ. ἡμέραι ἔρχονται (7 *b*)
10. 18. ἰ. ἐγὼ σκελίζω τοὺς κατοικοῦντας (7 *b*)
— 22. φωνὴ ἀκοῆς ἰ. ἔρχεται (7 *b*)
11. 10. ἰ. αὐτοὶ πορεύονται [A S βαδίζουσιν] –
— 11. ἰ. ἐγὼ ἐπάγω ἐπὶ τὸν λαὸν τοῦτον κακά (7 *b*)
— 22. ἰ. ἐγὼ ἐπισκέψομαι ἐπ᾽ αὐτούς (7 *b*)
12. 14. ἰ. ἐγὼ ἀποσπῶ αὐτούς (7 *b*)
13. 7. ἰ. διεφθαρμένον ἦν (7 *b*)
— 13. ἰ. ἐγὼ πληρῶ τοὺς κατοικοῦντας (7 *b*)
14. 13. ἰ. οἱ προφῆται αὐτῶν προφητεύουσι (7 *b*)
— 18. ἰ. τραυματίαι μαχαίρας [A ῥομφαίας] . . . καὶ ἰ. πόνος λιμοῦ (7 *b*, 7 *b*)
— 19. ἰ. ταραχή (7 *b*)
16. 9. ἰ. ἐγὼ καταλύω . . . φωνὴν χαρᾶς (7 *b*)
— 12. ἰ. ὑμεῖς πορεύεσθε (7 *b*)
— 14. ἰ. ἡμέραι ἔρχονται (7 *b*)
— 16. ἰ. ἐγὼ ἀποστέλλω τοὺς ἁλιεῖς (7 *b*)
— 21. ἰ. ἐγὼ δηλώσω αὐτοῖς . . . τὴν χεῖρά μου (7 *b*)
17. 15. ἰ. αὐτοὶ λέγουσι πρὸς μέ (7 *b*)
18. 3. ἰ. αὐτὸς ἐποίει ἔργον (7 *b*)
— 6. ἰ. ὡς ὁ πηλὸς τοῦ κεραμέως (7 *b*)
— 11. ἰ. ἐγὼ πλάσσω ἐφ᾽ ὑμᾶς κακά (7 *b*)
19. 3. ἰ. ἐγὼ ἐπάγω ἐπὶ τὸν τόπον τοῦτον κακά (7 *b*)
— 6. ἰ. ἡμέραι ἔρχονται (7 *b*)
— 15. ἰ. ἐγὼ ἐπάγω . . . ἅπαντα τὰ κακά (7 *b*)
20. 4. ἰ. ἐγὼ δίδωμί σε εἰς μετοικίαν (7 *b*)
21. 4. ἰ. ἐγὼ μεταστρέφω τὰ ὅπλα (7 *b*)
— 8. ἰ. ἐγὼ δέδωκα . . . τὴν ὁδόν (7 *b*)
— 13. ἰ. ἐγὼ πρὸς σέ (7 *b*)
22. 17. ἰ. οὐκ εἰσὶν οἱ ὀφθαλμοί σου –
23. 2. ἰ. ἐγὼ ἐκδικῶ ἐφ᾽ ὑμᾶς (7 *b*)
Je. 23. 5. ἰ. ἡμέραι ἔρχονται (7 *b*)
— 15. ἰ. ἐγὼ ψωμιῶ αὐτοὺς ὀδύνην (7 *b*)
— 19. ἰ. σεισμὸς παρὰ κυρίου (7 *b*)
— 29. οὐκ ἰ. [A S *om.*] οἱ λόγοι μου (10)
— 30. A S R ἰ. ἐγὼ διὰ τοῦτο πρὸς τοὺς προφήτας (7 *b*)
— 31 (A S R), 32. ἰ. ἐγὼ πρὸς τοὺς προφήτας (7 *b*)
— 39. ἰ. ἐγὼ λαμβάνω καὶ ῥάσσω ὑμᾶς (7 *b*)
— 7. ἰ. ἡμέραι ἔρχονται (7 *b*)
25. 9. ἰ. ἐγὼ ἀποστέλλω (7 *b*)
26 (46). 25. ἰ. ἐγὼ ἐκδικῶ τὸν Ἀμμών (7 *b*)
— 27. ἐγὼ ἰ. [A S^1 *om.*] σώζων [A -ζω] σε μακρόθεν (7 *b*)
27 (50). 9. ἰ. ἐγὼ ἐγείρω . . . συναγωγὰς ἐθνῶν (7 *b*)
— 18. ἰ. ἐγὼ ἐκδικῶ ἐπὶ τὸν βασ. Βαβ. (7 *b*)
— 31. ἰ. ἐγὼ ἐπὶ [A πρὸς] σέ (7 *b*)
— 41. ἰ. λαὸς ἔρχεται ἀπὸ [A *add.* γῆς] βορρᾶ (7 *b*)
— 44. ἰ. ὥσπερ λέων ἀναβήσεται (7 *b*)
28 (51). 1. ἰ. ἐγὼ ἐξεγείρω ἐπὶ Βαβ. . . . ἄνεμον (7 *b*)
— 25. ἰ. ἐγὼ πρὸς σέ (7 *b*)
— 36. ἰ. ἐγὼ κρινῶ τὴν ἀντίδικόν σου (7 *b*)
— 52. ἰ. ἡμέραι ἔρχονται (7 *b*)
29 (47). 2. ἰ. ὕδατα ἀναβαίνει ἀπὸ βορρᾶ (7 *b*)
29 (49). 15. A ἰ. [B S *om.*] μικρὸν ἔδωκά σε (7 *b*)
— 19. ἰ. ὥσπερ λέων ἀναβήσεται (7 *b*)
— 22. ἰ. ὥσπερ ἀετὸς ὄψεται (7 *b*)
30 (49). 2. ἰ. ἡμέραι ἔρχονται (7 *b*)
— 5. ἰ. ἐγὼ φέρω φόβον ἐπὶ σέ (7 *b*)
31 (48). 12. ἰ. ἡμέραι αὐτοῦ ἔρχονται (7 *b*)
32 (25). 32. ἰ. κακὰ ἔρχεται ἀπὸ ἔθνους (7 *b*)
33 (26). 14. ἰ. ἐγὼ ἐν χερσὶν ὑμῶν (7 *b*)
34 (27). 16. ἰ. σκεύη οἴκου κυρίου ἐπιστρέψει (7 *b*)
35 (28). 16. ἰ. ἐγὼ ἐξαποστέλλω σε (7 *b*)
36 (29). 21. ἰ. ἐγὼ δίδωμι αὐτοὺς εἰς χεῖρας βασ. (7 *b*)
— 32. ἰ. ἐγὼ ἐπισκέψομαι ἐπὶ Σαμαίαν (7 *b*)
37 (30). 3. ἰ. ἡμέραι ἔρχονται (7 *b*)
— 18. ἰ. ἐγὼ ἀποστρέψω τὴν ἀποικίαν Ἰ. (7 *b*)
38 (31). 8. ἰ. ἐγὼ ἄγω αὐτοὺς ἀπὸ βορρᾶ (7 *b*)
— 27, 31, 38. ἰ. ἡμέραι ἔρχονται (7 *b*)
39 (32). 3. ἰ. ἐγὼ δίδωμι τὴν πόλιν ταύτην (7 *b*)
— 7. ἰ. Ἀναμεὴλ . . . ἔρχεται πρὸς σέ (7 *b*)
— 24. ἰ. ὄχλος ἥκει εἰς τὴν πόλιν (7 *b*)
— 37. ἰ. ἐγὼ συνάγω αὐτούς (7 *b*)
40 (33). 6. ἰ. ἐγὼ ἀνάγω αὐτῇ [A ἐπάγω ἐπ᾽ αὐτούς] (7 *b*)
41 (34). 17. ἰ. ἐγὼ καλῶ ἄφεσιν ὑμῖν (7 *b*)
— 22. ἰ. ἐγὼ συντάσσω (7 *b*)
42 (35). 17. B S ἰ. ἐγὼ φέρω ἐπὶ Ἰ. . . . πάντα τὰ κακά (7 *b*)
43 (36). 12. ἰ. ἐκεῖ πάντες οἱ ἄρχοντες ἐκάθηντο (7 *b*)
44 (37). 7. ἰ. δύναμις Φαραὼ ἡ ἐξελθοῦσα ὑμῖν (7 *b*)
45 (38). 5. ἰ. αὐτὸς ἐν χερσὶν ὑμῶν (7 *b*)
— 22. ἰ. πᾶσαι αἱ γυναῖκες . . . ἐξήγοντο (7 *b*)
46 (39). 16. ἰ. ἐγὼ φέρω τοὺς λόγους μου (7 *b*)
47 (40). 4. ἰ. ἔλυσά σε ἀπὸ τῶν χειροπέδων (7 *b*)
— 10. ἰ. ἐγὼ κάθημαι ἐναντίον ὑμῶν (7 *b*)
49 (42). 4. ἰ. ἐγὼ προσεύξομαι πρὸς κύριον (7 *b*)
50 (43). 10. ἰ. ἐγὼ ἀποστέλλω καὶ ἄξω Ναβ. (7 *b*)
51 (44). 2. ἰ. [S *om.*] εἰσιν ἔρημοι (7 *b*)
— 11. ἰ. ἐγὼ ἐφίστημι τὸ πρόσωπόν μου (7 *b*)
— 26. ἰ. ὤμοσα τῷ ὀνόματί μου τῷ μεγάλῳ (7 *b*)
— 27. A ἰ. [B S *om.*] ἐγὼ ἐγρήγορα ἐπ᾽ αὐτούς (7 *b*)
— 30. ἰ. ἐγὼ δίδωμι τὸν Οὐαφρῆ (7 *b*)
51. 34 (45. 4). ἰ. [S *om.*] οὓς ἐγὼ ᾠκοδόμησα (7 *b*)
— 35 (45. 5). ἰ. ἐγὼ ἐπάγω κακά (7 *b*)
Ba. 1. 10. ἰ. ἀπεστείλαμεν πρὸς ὑμᾶς ἀργύριον
2. 25. ἰ. ἔστιν ἐξερριμμένα τῷ καύματι
3. 8. ἰ. ἡμεῖς σήμερον ἐν τῇ ἀποικίᾳ ἡμῶν
4. 37. ἰ. ἔρχονται οἱ υἱοί σου
Ez. 1. 4. ἰ. πνεῦμα ἐξαῖρον (7 *b*)
— 15. ἰ. τροχὸς εἷς (7 *b*)
— 25. ἰ. φωνὴ ὑπεράνωθεν [A -νω] τοῦ στερεώμ. –
2. 9. ἰ. χεὶρ ἐκτεταμένη πρὸς μέ (7 *b*)
3. 8. ἰ. δέδωκα τὸ πρόσωπόν σου δυνατόν (7 *b*)
— 23. ἰ. ἐκεῖ [A^1 *om.*] δόξα κυρίου (7 *b*)
— 25. ἰ. δέδονται ἐπὶ σὲ δεσμοί (7 *b*)
4. 8. ἐγὼ ἰ. [B^2 *om.*] δέδωκα ἐπὶ σὲ δεσμούς (7 *b*)
— 15. ἰ. δέδωκά σοι βόλβιτα βοῶν (12)
— 16. ἰ. ἐγὼ συντρίβω στήριγμα ἄρτου (7 *b*)
5. 8. ἰ. ἐγὼ ἐπὶ σέ (7 *b*)
6. 3. ἰ. ἐγὼ ἐπάγω (7 *b*)
7. 10. ἰ. τὸ πέρας ἥκει (7 *b*)
— 10. ἰ. ἡ [A *om.*] ἡμέρα κυρίου [A *om.*] (7 *b*)
— 12. ἰ. ἡ ἡμέρα †
8. 2. ἴδον καὶ ἰ. (7 *b*)

Ez. 8. 4. ἰ. ἐκεῖ ἦν δόξα κυρίου (7 b)
— 5. ἰ. ἀπὸ βορρᾶ (7 b)
— 7. A ἴδον καὶ ἰ. (7 b)
— 8. ἰ. θύρα [A θ. μία] (7 b)
— 10. ἴδον καὶ ἰ. (7 b)
— 14. ἰ. ἐκεῖ γυναῖκες καθήμεναι (7 b)
— 16. A ἰ. [B om.] ἐπὶ τῶν προθύρων (7 b)
— 17. καὶ ἰ. αὐτοί (7 b)
9. 2. ἰ. ἓξ ἄνδρες ἤρχοντο (7 b)
— 11. ἰ. ὁ ἀνὴρ ὁ ἐνδεδυκὼς τὸν ποδήρη (7 b)
10. 1. ἴδον καὶ ἰ. (7 b)
— 8. A ἰ. [B ἴδον] τὰ Χερουβίμ †
— 9. ἴδον καὶ ἰ. (7 b)
11. 1. ἰ. [B^1 om.] ἐπὶ τῶν προθύρων τῆς πύλης (7 b)
12. 27. ἰ. ὁ οἶκος Ἰσραήλ (7 b)
13. 8. ἰ. ἐγὼ ἐφ' ὑμᾶς (7 b)
— 12. ἰ. πέπτωκεν ὁ τοῖχος (7 b)
— 20. ἰ. ἐγὼ ἐπὶ τὰ προσκεφάλαια ὑμῶν (7 b)
14. 22. ἰ. ὑπολελειμμένοι ἐν αὐτῇ (7 b)
— 22. ἰ. [A αὐτοὶ] ἐκπορεύονται πρὸς ὑμᾶς (7 b)
16. 8. καὶ ἰ. καιρός σου (7 b)
— 37. ἰ. ἐγὼ ἐπισυνάγω [A ἐπὶ σὲ σ.] (7 b)
— 43. ἐγὼ ἰ. τὰς ὁδούς σου . . . δέδωκα (5 a)
17. 7. ἰ. ἡ ἄμπελος αὕτη περιπεπλεγμένη (7 b)
— 10. ἰ. πιαίνεται (7 b)
— 18. ἰ. δέδωκα τὴν χεῖρα αὐτοῦ (7 b)
20. 47 (21. 3). ἰ. ἐγὼ ἀνάπτω ἐν σοὶ πῦρ (7 b)
21. 3 (8). ἰ. ἐγὼ πρὸς σέ (7 b)
— 7 (12). ἰ. ἔρχεται (7 b)
22. 6. ἰ. οἱ ἀφηγούμενοι οἴκου Ἰσραήλ (7 b)
— 18. ἰ. γεγόνασί μοι ὁ οἶκος Ἰσρ. –
— 19. A ἰ. [B om.] ἐγὼ εἰσδέχομαι ὑμᾶς (7 b)
23. 22. ἰ. ἐξεγείρω τοὺς ἐραστάς σου (7 b)
— 28. ἰ. ἐγὼ παραδίδωμί σε (7 b)
24. 16. ἰ. ἐγὼ λαμβάνω ἐκ σοῦ τὰ ἐνθυμήματα (7 b)
— 21. ἰ. ἐγὼ βεβηλῶ τὰ ἅγιά μου (7 b)
25. 4. ἰ. ἐγὼ παραδίδωμι ὑμᾶς (7 b)
— 7. A ἰ. ἐγὼ [B om. ἰ. ἐ.] ἐκτενῶ (7 b)
— 8. ἰ. οὐχ [A om.] ὃν τρόπον πάντα τὰ ἔθνη (7 b)
— 9. ἰ. ἐγὼ παραλύω τὸν ὦμον Μωάβ (7 b)
— 16. ἰ. ἐγὼ ἐκτενῶ τὴν χεῖρά μου (7 b)
26. 3. ἰ. ἐγὼ ἐπὶ σέ, Σόρ (7 b)
— 7. ἰ. ἐγὼ ἐπάγω [B^1 om.] ἐπὶ σέ (7 b)
28. 7. ἰ. ἐγὼ ἐπάγω ἐπὶ σέ (7 b)
— 22. ἰ. ἐγὼ ἐπὶ σέ, Σιδών (7 b)
29. 3. ἰ. ἐγὼ ἐπὶ [A add. σὲ] Φαραώ (7 b)
— 8. ἰ. ἐγὼ ἐπάγω ἐπὶ σὲ ῥομφαίαν (7 b)
— 10. ἰ. ἐγὼ ἐπὶ σέ (7 b)
— 19. ἰ. ἐγὼ δίδωμι τῷ Ναβ. . . . γῆν Αἰγ. (7 b)
30. 9. ἰ. ἥκει (7 b)
— 21. ἰ. οὐ κατεδέθη τοῦ δοθῆναι ἴασιν (7 b)
— 22. ἰ. ἐγὼ ἐπὶ Φαραώ (7 b)
31. 3. ἰ. Ἀσσοὺρ κυπάρισσος (7 b)
33. 33. ἰ. ἥκει (7 b)
34. 3. ἰ. τὸ γάλα κατέσθετε –
— 10. ἰ. ἐγὼ ἐπὶ τοὺς ποιμένας (7 b)
— 11. ἰ. ἐγὼ ἐκζητήσω τὰ πρόβατά μου (7 b)
— 17. ἰ. ἐγὼ διακρινῶ ἀνὰ μέσον προβάτου (7 b)
— 20. ἰ. ἐγὼ διακρινῶ ἀνὰ μέσ. προβάτου ἰσχ. (7 b)
35. 3. ἰ. ἐγὼ ἐπὶ σέ (7 b)
36. 6. ἰ. ἐγὼ ἐν τῷ ζήλῳ μου . . . ἐλάλησα (7 b)
— 7. A ἰ. ἐγὼ αἴρω τὴν χεῖρά μου [B al.] –
— 9. ἰ. ἐγὼ ἐφ' ὑμᾶς [A om. ἐφ' ὑ.] (7 b)
37. 2. ἰ. πολλὰ σφόδρα (7 b)
— 2. A καὶ ἰ. [B S om. κ. ἰ.] ξηρὰ σφόδρα (7 b)
— 5. ἰ. ἐγὼ φέρω εἰς ὑμᾶς πνεῦμα ζωῆς (7 b)
— 7. ἰ. σεισμός (7 b)
— 8. ἴδον καὶ ἰ. ἐπ' αὐτὰ νεῦρα (7 b)
— 12. ἰ. ἐγὼ ἀνοίγω τὰ μνήματα ὑμῶν (7 b)
— 19. ἰ. ἐγὼ λήψομαι τὴν φυλὴν Ἰ. (7 b)
— 21. ἰ. ἐγὼ λαμβάνω πάντα οἶκον Ἰσρ. (7 b)
— 25. A ἰ. [B om.] Δαυὶδ ὁ δοῦλός μου –
38. 3. ἰ. ἐγὼ ἐπὶ σέ (7 b)
39. 1. ἰ. ἐγὼ ἐπὶ σὲ Γώγ (7 b)
— 8. ἰ. ἥκει (7 b)
40. 3. ἰ. ἀνήρ (7 b)
— 5. ἰ. περίβολος ἔξωθεν τοῦ οἴκου κύκλῳ (7 b)
— 17. ἰ. παστοφόρια [A γαζοφυλάκια] (7 b)
— 20. ἰ. πύλη βλέπουσα πρὸς βορρᾶν –
— 24. ἰ. πύλη βλέπουσα πρὸς νότον (7 b)
— 44. ἰ. δύο ἐξέδραι –
42. 1. ἰ. ἐξέδραι πέντε [A δέκα πέντε] –
43. 2. ἰ. δόξα θεοῦ Ἰσραὴλ ἤρχετο (7 b)
— 5. ἰ. πλήρης δόξης κυρίου ὁ οἶκος (7 b)
— 6. ἰ. φωνὴ ἐκ τοῦ οἴκου –
44. 4. ἴδον καὶ ἰ. πλήρης δόξης ὁ οἶκος τοῦ κ. (7 b)

Ez. 46. 19. ἰ. ἐκεῖ τόπος κεχωρισμένος (7 b)
— 21. ἰ. αὐλὴ κατὰ τὰ κλίτη τῆς αὐλῆς (7 b)
47. 1. ἰ. ὕδωρ ἐξεπορεύετο (7 b)
— 2. ἰ. τὸ ὕδωρ κατεφέρετο (7 b)
— 7. ἰ. ἐπὶ τοῦ χείλους τοῦ ποταμοῦ (7 b)
Da. LXX. Su. 13. καὶ ἰ. αὕτη κατὰ τὸ εἰωθὸς περιεπάτει
— 13. καὶ ἰ. ὁ ἕτερος παρεγένετο
— 42. καὶ ἰ. ἄγγελος κυρίου
2. 31. καὶ ἰ. εἰκὼν μία (2)
3. 25 (92). ἰ. ἐγὼ ὁρῶ ἄνδρας τέσσαρας (5 b)
4. 7. καὶ ἰ. δένδρον ὑψηλόν (2)
— 10. καὶ ἰ. ἄγγελος ἀπεστάλη (2)
— 23. ἰ. ἐπὶ σὲ ἑτοιμάζονται –
— 28. ἰ. ἐγὼ καθίστημι αὐτόν –
— 29. ἰ. ἀντὶ τῆς δόξης σου δήσουσί σε –
— 32. καὶ ἰ. ἄγγελος εἷς ἐκάλεσέ με –
6. 13 (14). ἰ. εὕρομεν Δαν. . . . εὐχόμενον –
7. 2. καὶ ἰ. τέσσαρες ἄνεμοι (4)
— 5. ἰ. μετ' αὐτὴν ἄλλο θηρίον (4)
— 8. καὶ ἰ. ἄλλο ἓν κέρας (2)
— 8. καὶ ἰ. ὀφθαλμοί (2)
— 13. καὶ ἰ. ἐπὶ τῶν νεφελῶν (4)
— 19. καὶ ἰ. οἱ ὀδόντες αὐτοῦ σιδηροῖ –
8. 5. καὶ ἰ. τράγος αἰγῶν ἤρχετο (7 b)
— 15. καὶ ἰ. ἔστη κατεναντίον μου (7 b)
— 19. ἰ. ἐγὼ ἀπαγγέλλω σοι (7 b)
9. 4. ἰ., κύριε, σὺ εἶ ὁ θεός (3)
— 21. ἰ. ὁ ἀνὴρ ὃν εἶδον –
10. 5. καὶ ἰ. ἄνθρωπος εἷς (7 b)
— 8. καὶ ἰ. πνεῦμα ἐπεστράφη ἐπ' ἐμέ –
— 10. καὶ ἰ. χεῖρα προσήγαγέ μοι (7 b)
— 13. καὶ ἰ. Μιχαὴλ εἷς τῶν ἀρχόντων (7 b)
— 16. καὶ ἰ. ὡς ὁμοίωσις χειρὸς ἀνθρώπου (7 b)
— 20. καὶ ἰ. στρατηγὸς Ἑλλήνων εἰσεπορεύετο (7 b)
11. 2. ἰ. τρεῖς βασιλεῖς ἀνθεστήκασιν (7 b)
12. 5. ἰ. δύο ἕτεροι εἱστήκεισαν (7 b)
Bel 23. ἰ. ζῇ καὶ ἐσθίει
Da. TH. Su. 20. ἰ. αἱ θύραι τοῦ παραδείσου κέκλεινται
— 43. καὶ ἰ. ἀποθνήσκω
2. 31. καὶ ἰ. εἰκὼν μία (2)
3. 25 (92). A ἰ. [B ὁ δὲ] ἐγὼ ὁρῶ ἄνδρας τέσσαρας (5 b)
4. 7. καὶ ἰ. δένδρον (2)
— 10. καὶ ἰ. εἴρ (2)
7. 2. καὶ ἰ. οἱ τέσσαρες ἄνεμοι (4)
— 5. καὶ ἰ. θηρίον δεύτερον (4)
— 6. καὶ ἰ. θηρίον ἕτερον (4)
— 7. καὶ ἰ. θηρίον τέταρτον (4)
— 8. καὶ ἰ. κέρας ἕτερον (2)
— 8. καὶ ἰ. ὀφθαλμοὶ ὡσεὶ ὀφθαλμοὶ ἀνθρώπου (2)
— 13. καὶ ἰ. μετὰ τῶν νεφελῶν . . . ὡς υἱὸς ἀνθρώπου (4)
8. 3. καὶ ἰ. κριὸς εἷς (7 b)
— 5. καὶ ἰ. τράγος αἰγῶν (7 b)
— 15. καὶ ἰ. ἔστη ἐνώπιον ἐμοῦ (7 b)
— 19. ἰ. ἐγὼ γνωρίζω σοι τὰ ἐσόμενα (7 b)
9. 21. καὶ ἰ. ἀνὴρ Γαβριήλ –
10. 5. καὶ ἰ. ἀνὴρ εἷς (7 b)
— 10. καὶ ἰ. χεὶρ ἁπτομένη μου (7 b)
— 13. καὶ ἰ. Μιχαὴλ εἷς τῶν ἀρχόντων (7 b)
— 16. καὶ ἰ. ὡς ὁμοίωσις υἱοῦ ἀνθρώπου (7 b)
11. 2. ἰ. ἔτι τρεῖς βασιλεῖς ἀναστήσονται (7 b)
12. 5. ἰ. δύο ἕτεροι εἱστήκεισαν (7 b)
Bel 11. ἰ. ἡμεῖς ἀποτρέχομεν ἔξω
— 24. A B R ἰ. ζῇ καὶ ἐσθίει
— 27. A ἰ. δὴ [B ἴδετε] τὰ σεβάσματα ὑμῶν
— 41. ἰ. Δανιὴλ καθήμενος
I Ma. 2. 12. καὶ ἰ. τὰ ἅγια ἡμῶν . . . ἠρημώθη
— 65. καὶ ἰ. Συμ. ὁ ἀδελφὸς ὑμῶν
3. 52. καὶ ἰ. τὰ ἔθνη συνῆκται
4. 36. ἰ. συνετρίβησαν οἱ ἐχθροὶ ἡμῶν
5. 14. ἰ. ἄγγελοι ἕτεροι παρεγένοντο
— 30. καὶ ἰ. λαὸς πολύς
6. 13. καὶ ἰ. ἀπόλλυμαι
— 26. καὶ ἰ. παρεμβεβλήκασι
9. 39. καὶ ἰ. θροῦς
— 45. ἰ. γὰρ ὁ πόλεμος ἐξ ἐναντίας ἡμῶν
— 58. ἰ. Ἰωνάθαν καὶ οἱ παρ' αὐτοῦ
11. 68. καὶ ἰ. παρεμβολὴ ἀλλοφύλων
16. 5. καὶ ἰ. δύναμις πολλή
— 24. ἰ. ταῦτα γέγραπται ἐπὶ βιβλίῳ
III Ma. 2. 13. ἰ. δὲ νῦν, ἅγιε βασιλεῦ
IV Ma. 10. 19. ἰ. προκεχάλασται [A κεχ.] ἡ γλῶσσα

[**Aq.** Ge. 1. 29, 31 : 4. 14 : 19. 21 : 27. 6 : 37. 7 : 40. 16 : 47. 5 : Ex. 3. 4 : 4. 6 : 5. 16 : 31. 6 : Le. 10. 16 : Jo. 2. 2 : Jd. 14. 16 : I Ki. 9. 24 : III Ki. 14. 2, 5, 10, 19 : IV Ki. 7. 6 : Jb. 1. 14 : 13. 15 : 19. 7 : 23. 8 : 25. 5 : 36. 30 : 38. 35 : 39. 34 (40. 4) : 41. 1 : Ps. 51 (52). 9 : 82 (83). 3 : Is. 7. 14 : 8. 18 : 19. 1 : 29. 8 : 33. 7 : 37. 11 : 38. 17 : 40. 15 : 49. 6, 16 : 54. 11 : 55. 5 : 58. 4 : 59. 1 : 62. 11 : 65. 1, 17 : Je. 8. 9 : 26 (33). 14 : 32 (39). 24 *bis*, 27 : 45. 4 (51. 34) : Ez. 4. 14 : 17. 12 : 18. 4 : 23. 39 : Am. 7. 1 : Hb. 2. 4 : Ma. 2. 3.]
[**Sm.** Ge. 47. 5 : Ex. 32. 9 : Jo. 2. 2 : Jd. 14. 16 : I Ki. 9. 24 : Jb. 9. 12 : 15. 15 : 23. 8 : 25. 5 : 36. 30 : 39. 34 (40. 4) : Ps. 38 (39). 6 : 47 (48). 5 : 50 (51). 7 : 82 (83). 3 : 86 (87). 4 : Ca. 2. 8 : Is. 7. 14 : 8. 18 : 29. 8 : 32. 1 : 33. 7 : 37. 11 : 38. 17 : 40. 15 : 42. 9 : 49. 6 : 50. 2 : 54. 11 : 55. 5 : 58. 4 : 59. 1, 9 : 65. 1, 17 : Je. 32 (39). 24, 27 : Ez. 4. 14 : 17. 12 : 18. 4 : 23. 39.]
[**Th.** Ge. 1. 29 : 27. 6 : 47. 5 : Ex. 3. 4 : 4. 6 : 5. 16 : 31. 6 : 32. 9 : Le. 10. 16 : Jo. 2. 2 : Jd. 14. 16 : IV Ki. 7. 6 : Jb. 25. 5 : 32. 11 : 36. 26, 30 : 41. 1 : Pr. 8. 1 : 14. 22 : Is. 8. 18 : 29. 8 : 33. 7 : 37. 11 : 38. 8, 17 : 40. 15 : 41. 29 : 42. 1 : 44. 11 : 49. 6 : 54. 11 : 55. 5 : 58. 4 : 59. 1 : 65. 1, 17 : Je. 29 (36). 17 : 30 (37). 10 : 32 (39). 24 : 33 (40). 14, 24 : 48 (31). 40 : Ez. 4. 14 : 7. 5, 7 : 8. 7 : 17. 12 : 22. 13 : 23. 39 : Da. 2. 31 : Am. 7. 7.]
[**Al.** Ge. 31. 51 *bis* : 46. 2 : 47. 18 : Ps. 132 (133). 1 : Je. 33 (40). 6.]
[**Heb.** Ge. 47. 5 : Ex. 16. 10 : Ez. 47. 3.]
[**Quint.** IV Ki. 5. 22 : 7. 6.]

ἱδροῦν.

IV Ma. 3. 8. **SR** ἱδρῶν [**A** ὑδ.] καὶ σφόδρα κεκμηκώς
6. 11. ἱδρῶν γέ τοι τὸ πρόσωπον

ἱδρύειν. (1) גָּדַל pu.

Ps. 143 (144). 12. **S^2 R** ὡς νεόφυτα ἱδρυμένα [**ABS^1** ἡδρυμμένα] (1)
IV Ma. 17. 3. **A R** ἐπὶ τοῦ στύλου [**S** τοὺς στ.] . . . γενναίως ἱδρυμένη
[**Sm.** Jo. 11. 13 : Ps. 77 (78). 60.]

ἱδρώς. (1) זֵעָה

Ge. 3. 19. ἐν ἱδρῶτι τοῦ προσώπου σου (1)
II Ma. 2. 26. ἱδρῶτος δὲ καὶ ἀγρυπνίας τὸ πρᾶγμα
IV Ma. 7. 8. ἰδίῳ αἵματι καὶ γενναίῳ ἱ.

ἰεβάλ.

[**Heb.** Ps. 7. 15.]

ἰεγλαάμ, *vid.* **ἰγλαάμ.**

ἱεερείμ. (1) הַחֲרַמְתֶּם

I Ki. 15. 3. **A** πατάξεις . . . ἱ. [**B** ἱερίμ] (1)

ἰεζέρ.

IV Ki. 11. 12. **B** ἔδωκεν ἐπ' αὐτὸν ἰ. [**A** τὸ ἔζερ, **R** νεζέρ] †

ἰείμ.

[**Aq.** Is. 34. 14 : Je. 50 (27). 39.]
[**Sm., Th.** Is. 34. 14.]

ἰείν.

[**Aq., Sm., Th.** Is. 13. 22.]

ἰελεδεθέχ, ἰελεδεχέθ.

[**Heb.** Ps. 109 (110). 3.]

ἰέναι. (1) הָלַךְ

Ex. 32. 26. ἴτω πρὸς μέ –
Pr. 6. 6. **A^1 B^2 R** ἴθι [**A^2 B^1 S** ἴσθι] πρὸς τὸν μύρμηκα (1)
Ez. 7. 12. **A** οὐκ ἐξ αὐτῶν εἶσιν [? εἰσιν] –

ἱέραξ. (1) נֵץ

Le. 11. 16. ταῦτα ἃ βδελύξεσθε . . . ἱέρακα [**A** *om.*] (1)
De. 14. 15. **A** λάρον καὶ ἱέρακα (1)
— 17. **B** καταράκτην καὶ ἱέρακα [**A** *om.* κ. ἱ.] (1 ?)
Jo. 19. 46. καὶ ἀπὸ θαλάσσης ἱεράκων [? Ἱερ.] †
Jb. 39. 26. ἐκ δὲ τῆς σῆς ἐπιστήμης ἕστηκεν ἱέραξ (1)
[**Aq.** Jb. 39. 13.]

ἱερατεία (-τία). (1) אֵפוֹד (2) *a.* כָּהַן pi. *b.* כְּהֻנָּה

Ex. 29. 9. ἔσται αὐτοῖς ἱ. μοι εἰς τὸν αἰῶνα (2 b)

Ex. 35. 19. τοὺς χιτῶνας τοῖς υἱοῖς Ἀαρὼν τῆς ἱ. (2 *a*)
39. 19 (41). τὰς στολὰς . . . εἰς τὴν ἱ. (2 *a*)
40. 15. ὥστε εἶναι αὐτοῖς χρίσμα ἱερατείας (2 *b*)
Nu. 3. 10. φυλάξουσι τὴν ἱ. αὐτῶν (2 *b*)
18. 1. λήψεσθε τὰς ἁμαρτίας τῆς ἱ. ὑμῶν (2 *b*)
— 7. διατηρήσετε τὴν ἱ. ὑμῶν (2 *b*)
— 7. λειτουργήσετε . . . δόμα τῆς ἱ. ὑμῶν (2 *b*)
25. 13. διαθήκη ἱερατείας αἰωνία (2 *b*)
Jo. 18. 7. ἱερατεία [A ἡ ἱ.] γὰρ κ. μερὶς αὐτοῦ [A -ῶν] (2 *b*)
I Ki. 2. 36. παράρριψόν με ἐπὶ μίαν τῶν ἱ. σου (2 *b*)
II Es. 2. 62. ἠγχιστεύθησαν ἀπὸ τῆς ἱ. (2 *b*)
Ne. 7. 64. ἠγχιστεύθησαν ἀπὸ τῆς ἱ. (2 *b*)
13. 29. ἐπὶ ἀγχιστείᾳ τῆς ἱ. καὶ διαθήκης τῆς ἱ. (2 *b*, 2 *b*)
Si. 45. 7. ἔδωκεν αὐτῷ ἱερατείαν λαοῦ
Ho. 3. 4. οὐδὲ ὄντος θυσιαστ. οὐδὲ ἱερατείας (1)
[**Sam.** Nu. 18. 7.]

ἱερατεύειν. (1) כָּהַן *a.* qal. *b.* pi. *c.* כְּהֻנָּה

Ex. 28. 1. προσαγάγου . . . ἱ. μοι (1 *b*)
— 3. ἐν ᾗ ἱερατεύσει σοι (1 *b*)
— 4. εἰς τὸ ἱερατεύειν μοι (1 *b*)
— 37 (41). ἵνα ἱερατεύωσί [A -σωσί] μοι (1 *b*)
29. 1. ὥστε ἱερατεύειν μοι αὐτούς (1 *b*)
— 44. τοὺς υἱοὺς αὐτοῦ ἁγιάσω ἱ. μοι (1 *b*)
30. 30. ἁγιάσεις αὐτοὺς ἱερατεύειν μοι (1 *b*)
31. 10. τὰς στολὰς Ἀ. . . . [A *add.* εἰς τὸ] ἱ. μοι (1 *b*)
40. 13. ἱερατεύσει [B^1 -εύειν] μοι (1 *b*)
— 15. καὶ ἱερατεύσουσί μοι (1 *b*)
Le. 7. 25 (35). προσηγάγετο αὐτοὺς τοῦ ἱ. τῷ κ. (1 *b*)
16. 32. ὃν ἂν τελειώσουσι τὰς χεῖρας αὐ. ἱ. (1 *b*)
Nu. 3. 3. ἐτελείωσαν τὰς χεῖρας αὐτῶν [A τοῦ] ἱ. (1 *b*)
— 4. ἱεράτευσεν Ἐλεάζαρ καὶ Ἰθάμαρ (1 *b*)
16. 10. ζητεῖτε καὶ [A *om.*] ἱερατεύειν (1 *c*)
De. 10. 6. ἱεράτευσεν Ἐ. υἱὸς αὐτοῦ ἀντ' αὐτοῦ (1 *b*)
Jo. 24. 33. Φινεὲς ἱεράτευσεν ἀντὶ Ἐλεάζαρ –
I Ki. 2. 28. ἐμοὶ ἱερατεύειν (1 *a*)
I Ch. 6. 10 (5. 36). οὗτος ἱεράτευσεν ἐν τῷ οἴκῳ (1 *b*)
24. 2. ἱεράτευσεν Ἐλεάζαρ καὶ Ἰθάμαρ (1 *b*)
II Ch. 31. 19. τοῖς υἱοῖς Ἀαρὼν τοῖς ἱερατεύουσι (1 *a*)
I Es. 5. 39. ἐχωρίσθησαν τοῦ ἱερατεύειν
8. 46. ἀποστεῖλαι . . . τοὺς ἱερατεύσοντας [A B^1 -σαν.]
Si. 45. 15. λειτουργεῖν αὐτῷ ἅμα καὶ ἱ.
Ho. 4. 6. A R ἀπώσομαί σε τοῦ μὴ [B *om.*] ἱ. μοι (1 *b*)
Ez. 44. 13. οὐκ ἐγγιοῦσι πρὸς μὲ τοῦ ἱ. μοι (1 *b*)
I Ma. 7. 5. βουλόμενος ἱερατεύειν
[**Aq.** Ex. 28. 1: Is. 61. 10.]
[**Sm.**, **Th.** Ex. 28. 1.]
[**Al.** Le. 16. 32.]

ἱεράτευμα. (1) כֹּהֵן

Ex. 19. 6. ὑμεῖς δὲ ἔσεσθέ μοι βασίλειον ἱ. (1)
23. 22. ὑμεῖς δὲ ἔσεσθέ μοι βασίλειον ἱ. –
II Ma. 2. 17. καὶ τὸ ἱ. καὶ τὸν ἁγιασμόν

ἱερατικός.

I Es. 4. 54. ἔγραψε . . . τὴν ἱ. στολήν
5. 45. στολὰς ἱ. ἑκατόν
II Ma. 3. 15. ἐν ταῖς ἱ. στολαῖς ῥίψαντες ἑαυτούς
[**Sm.** Jd. 17. 5.]

ἱερεία (-ρία). (1) עֲצָרָה

IV Ki. 10. 20. ἁγιάσατε ἱερείαν τῷ Βάαλ (1)

ἱερείμ (-ιμ). (1) הֶחֱרִים (2) הַחֲרַמְתֶּם

I Ki. 15. 3. πατάξεις . . . ἱερίμ [A ἱεερείμ] (2)
— 8. καὶ ἱ. [A ἐξωλέθρευσεν ἠρείμ] (1)

ἱερεύς. (1) *a.* כֹּהֵן *b.* כָּהֵן

Ge. 14. 18. ἦν δὲ ἱ. τοῦ θεοῦ τοῦ ὑψίστου (1 *a*)
41. 45, 50: 46. 20. Πετ. ἱερέως Ἡλίου πόλ. (1 *a*)
47. 22. χωρὶς τῆς γῆς τῶν ἱ. μόνον (1 *a*)
— 22. ἔδωκε δόμα [A -ατα] τοῖς ἱ. Φαραώ (1 *a*)
— 26. χωρὶς τῆς γῆς τῶν ἱ. μόνον [A -ων] (1 *a*)
Ex. 2. 16. τῷ δὲ ἱ. Μ. ἦσαν ἑπτὰ θυγατέρες (1 *a*)
3. 1. Ἰοθὸρ τοῦ γαμβροῦ αὐτοῦ τοῦ ἱ. Μαδ. (1 *a*)
18. 1. Ἰοθὸρ ὁ ἱ. Μαδ. ὁ γαμβρὸς Μ. (1 *a*)
19. 22. καὶ οἱ ἱ. οἱ ἐγγίζοντες (1 *a*)
— 24. οἱ δὲ ἱ. καὶ ὁ λαὸς (1 *a*)
29. 30. ἐνδύσεται αὐτὰ ὁ ἱ. ὁ ἀντ' αὐτοῦ (1 *a*)
35. 18 (19). τὰς στολὰς τὰς ἁγίας Ἀ. τοῦ ἱ. (1 *a*)
36. 8 (39. 1). αἵ εἰσιν Ἀ. τῷ ἱ. –

Ex. 37. 19 (38. 21). διὰ Ἰ. τοῦ υἱοῦ Ἀαρὼν τοῦ ἱ. (1 *a*)
Le. 1. 5, 7. οἱ υἱοὶ Ἀαρὼν οἱ ἱ. (1 *a*)
— 8. οἱ υἱοὶ Ἀ. οἱ ἱ. [A^1 *om.* οἱ ἱ.] (1 *a*)
— 9. ἐπιθήσουσιν οἱ ἱ. [A -θήσει ὁ ἱ.] τὰ πάντα (1 *a*)
— 11. οἱ υἱοὶ Ἀαρὼν οἱ ἱ. (1 *a*)
— 12. ἐπιστοιβάσουσιν οἱ ἱ. αὐτά (1 *a*)
— 13. προσοίσει ὁ ἱ. τὰ πάντα (1 *a*)
— 15. προσοίσει αὐτὸ [A *om.*] ὁ ἱ. (1 *a*)
— 15. ἐπιθήσει ὁ ἱ. ἐπὶ τὸ θυσιαστ. –
— 17. ἐπιθήσει αὐτὸ ὁ ἱ. (1 *a*)
2. 2. οἴσει πρὸς τοὺς υἱοὺς Ἀαρὼν τοὺς ἱ. (1 *a*)
— 2. ἐπιθήσει ὁ ἱ. τὸ μνημόσυνον αὐ. (1 *a*)
— 8. καὶ προσοίσει πρὸς τὸν ἱ. (1 *a*)
— 9. ἀφελεῖ ὁ ἱ. . . . τὸ μνημόσ. αὐ. καὶ ἐπιθήσει ὁ ἱ. (1 *a*, –)
— 16. ἀνοίσει ὁ ἱ. τὸ μνημόσυνον αὐτῆς (1 *a*)
3. 2. οἱ υἱοὶ Ἀαρὼν οἱ ἱ. (1 *a*)
— 5, 8. οἱ υἱοὶ Ἀαρὼν οἱ ἱ. –
— 11. ἀνοίσει ὁ ἱ. ἐπὶ τὸ θυσιαστήριον (1 *a*)
— 13. οἱ υἱοὶ Ἀαρὼν οἱ ἱ. –
— 16. ἀνοίσει ὁ ἱ. ἐπὶ τὸ θυσιαστήριον (1 *a*)
4. 5. ὁ ἱ. ὁ χριστὸς ὁ τετελειωμ. τὰς χεῖρας (1 *a*)
— 6. βάψει ὁ ἱ. τὸν δάκτυλον (1 *a*)
— 7. ἐπιθήσει ὁ ἱ. ἀπὸ τοῦ αἵματος (1 *a*)
— 10. ἀνοίσει ὁ ἱ. ἐπὶ τὸ θυσιαστήριον (1 *a*)
— 16. εἰσοίσει ὁ ἱ. ὁ χριστός (1 *a*)
— 17. βάψει ὁ ἱ. τὸν δάκτυλον (1 *a*)
— 18. ἐπιθήσει ὁ ἱ. ἐπὶ τὰ κέρατα –
— 20. ἐξιλάσεται περὶ αὐτῶν ὁ ἱ. (1 *a*)
— 25. ἐπιθήσει ὁ ἱ. ἀπὸ τοῦ αἵματος (1 *a*)
— 26. ἐξιλάσεται περὶ αὐτοῦ ὁ ἱ. (1 *a*)
— 30. λήψεται ὁ ἱ. ἀπὸ τοῦ αἵματος αὐτῆς (1 *a*)
— 31. ἀνοίσει ὁ ἱ. ἐπὶ τὸ θυσιαστήριον (1 *a*)
— 31. ἐξιλάσεται περὶ αὐτοῦ ὁ ἱ. (1 *a*)
— 34. λαβὼν ὁ ἱ. ἀπὸ τοῦ αἵματος (1 *a*)
— 35. ἐπιθήσει αὐτὸ ὁ ἱ. (1 *a*)
— 35: 5. 6. ἐξιλάσεται περὶ αὐτοῦ ὁ ἱ. (1 *a*)
5. 8. οἴσει αὐτὰ πρὸς τὸν ἱ. καὶ προσάξει ὁ ἱ. τὸ περὶ τῆς ἁμαρτίας πρότερον καὶ ἀποκνίσει ὁ ἱ. τὴν κεφαλὴν αὐ. (1 *a*, –, –)
— 10. ἐξιλάσεται ὁ ἱ. περὶ τῆς ἁμαρτ. (1 *a*)
— 12. οἴσει αὐτὸ πρὸς τὸν ἱ. (1 *a*)
— 12. δραξάμενος ὁ ἱ. ἀπ' αὐτῆς (1 *a*)
— 13. ἐξιλάσεται περὶ αὐτοῦ ὁ ἱ. (1 *a*)
— 13. τὸ δὲ καταλειφθὲν ἔσται τῷ ἱ. (1 *a*)
— 16. δώσει αὐτὸ τῷ ἱ. (1 *a*)
— 16. ὁ ἱ. ἐξιλάσεται περὶ αὐτοῦ (1 *a*)
— 18. οἴσει κριὸν ἄμωμον . . . πρὸς τὸν ἱ. (1 *a*)
— 18: 6. 6 (5. 26). ἐξιλάσεται περὶ αὐτοῦ ὁ ἱ. (1 *a*)
6. 10 (3). ἐνδύσεται ὁ ἱ. χιτῶνα λινοῦν (1 *a*)
— 12 (5). καύσει ὁ ἱ. ἐπ' αὐτὸ ξύλα (1 *a*)
— 18 (11). πᾶν ἀρσενικὸν τῶν ἱ. ἔδονται αὐτήν †
— 22 (15). R ὁ ἱ. ὁ χριστὸς ὁ [B *om.*] ἀντ' αὐτοῦ (1 *a*)
— 23 (16). B πᾶσα θυσία ἱερέως ὁλόκαυτος ἔσται (1 *a*)
— 26 (19). ὁ ἱ. ὁ ἀναφέρων αὐτήν (1 *a*)
— 29 (22). πᾶς ἄρσην ἐν τοῖς ἱ. (1 *a*)
— 35 (7. 5). ἀνοίσει αὐτὰ ὁ ἱ. (1 *a*)
— 36 (7. 6). πᾶς ἄρσην ἐκ τῶν ἱ. (1 *a*)
— 37 (7. 7). ὁ ἱ. ὅστις ἐξιλάσεται ἐν αὐτῷ (1 *a*)
— 38 (7. 8). ὁ ἱ. ὁ προσάγων ὁλοκαύτωμα ἀνθρώπου (1 *a*)
— 39 (7. 9). τοῦ ἱ. τοῦ προσφέροντος αὐτήν (1 *a*)
7. 4 (14). τῷ ἱ. τῷ προσχέοντι τὸ αἷμα (1 *a*)
— 21 (31). ἀνοίσει ὁ ἱ. τὸ στέαρ (1 *a*)
— 22 (32). δώσετε ἀφαίρεμα τῷ ἱ. (1 *a*)
— 24 (34). ἔδωκα αὐτὰ Ἀαρὼν τῷ ἱ. (1 *a*)
10. 16. A τοὺς ἱ. [B *om.* τ. ἱ.] τοὺς υἱοὺς Ἀαρὼν –
12. 6. ἐπὶ τὴν θύραν τῆς σκηνῆς . . . πρὸς τὸν ἱ. (1 *a*)
— 7. ἐξιλάσεται περὶ αὐτῆς ὁ ἱ. –
— 8. ἐξιλάσεται περὶ αὐτῆς ὁ ἱ. (1 *a*)
13. 2. ἀχθήσεται πρὸς Ἀαρὼν τὸν ἱ. ἢ ἕνα τῶν υἱῶν αὐτοῦ τῶν ἱ. (1 *a*, 1 *a*)
— 3. ὄψεται ὁ ἱ. τὴν ἁφήν (1 *a*)
— 3. ὄψεται ὁ ἱ. (1 *a*)
— 4. ἀφοριεῖ ὁ ἱ. τὴν ἁφήν (1 *a*)
— 5. ὄψεται ὁ ἱ. τὴν ἁφήν (1 *a*)
— 5. ἀφοριεῖ αὐτὸν ὁ ἱ. (1 *a*)
— 6. ὄψεται ὁ ἱ. αὐτόν (1 *a*)
— 6. καθαριεῖ αὐτὸν ὁ ἱ. (1 *a*)
— 7. μετὰ τὸ ἰδεῖν αὐτὸν τὸν ἱ. (1 *a*)
— 7. ὀφθήσεται τὸ δεύτερον τῷ ἱ. (1 *a*)
— 8. ὄψεται αὐτὸν ὁ ἱ. (1 *a*)

Le. 13. 8. μιανεῖ αὐτὸν ὁ ἱ. (1 *a*)
— 9. ἥξει πρὸς τὸν ἱ. (1 *a*)
— 10. καὶ ὄψεται ὁ ἱ. (1 *a*)
— 11. μιανεῖ αὐτὸν ὁ ἱ. (1 *a*)
— 12. καθ' ὅλην τὴν ὅρασιν τοῦ ἱ. (1 *a*)
— 13. καὶ ὄψεται ὁ ἱ. (1 *a*)
— 13. καθαριεῖ αὐτὸν ὁ ἱ. τὴν ἁφήν –
— 15. ὄψεται ὁ ἱ. τὸν χρῶτα (1 *a*)
— 16. ἐλεύσεται πρὸς τὸν ἱ. (1 *a*)
— 17. A^2 B καὶ ὄψεται ὁ ἱ. (1 *a*)
— 17. καθαριεῖ ὁ ἱ. τὴν ἁφήν (1 *a*)
— 19. ὀφθήσεται τῷ ἱ. (1 *a*)
— 20. καὶ ὄψεται ὁ ἱ. (1 *a*)
— 20. μιανεῖ αὐτὸν ὁ ἱ. (1 *a*)
— 21. ἐὰν δὲ ἴδῃ ὁ ἱ. (1 *a*)
— 21. ἀφοριεῖ αὐτὸν ὁ ἱ. (1 *a*)
— 22. μιανεῖ αὐτὸν ὁ ἱ. (1 *a*)
— 23. καθαριεῖ αὐτὸν ὁ ἱ. (1 *a*)
— 25. ὄψεται αὐτὸν ὁ ἱ. (1 *a*)
— 25. A^2 B μιανεῖ αὐτὸν ὁ ἱ. (1 *a*)
— 26. ἐὰν δὲ ἴδῃ ὁ ἱ. (1 *a*)
— 26. ἀφοριεῖ αὐτὸν ὁ ἱ. (1 *a*)
— 27. ὄψεται αὐτὸν ὁ ἱ. (1 *a*)
— 27. μιανεῖ αὐτὸν ὁ ἱ. (1 *a*)
— 28. καθαριεῖ αὐτὸν ὁ ἱ. (1 *a*)
— 30. ὄψεται ὁ ἱ. τὴν ἁφήν (1 *a*)
— 30. μιανεῖ αὐτὸν ὁ ἱ. (1 *a*)
— 31. ἐὰν ἴδῃ ὁ ἱ. τὴν ἁφήν (1 *a*)
— 31. ἀφοριεῖ ὁ ἱ. τὴν ἁφήν (1 *a*)
— 32. ὄψεται ὁ ἱ. τὴν ἁφήν (1 *a*)
— 33. ἀφοριεῖ ὁ ἱ. τὸ θραῦσμα (1 *a*)
— 34. ὄψεται ὁ ἱ. τὸ θραῦσμα (1 *a*)
— 34. καθαριεῖ αὐτὸν ὁ ἱ. (1 *a*)
— 36. ὄψεται ὁ ἱ. (1 *a*)
— 36. οὐκ ἐπισκέψεται ὁ ἱ. (1 *a*)
— 37. καθαριεῖ αὐτὸν ὁ ἱ. (1 *a*)
— 39. ὄψεται ὁ ἱ. (1 *a*)
— 43. ὄψεται αὐτὸν ὁ ἱ. (1 *a*)
— 44. B^{2}R μιάνσει [AB^1 *om.*] μιανεῖ αὐτὸν ὁ ἱ. (1 *a*)
— 49. δείξει τῷ ἱ. (1 *a*)
— 50. ὄψεται ὁ ἱ. τὴν ἁφὴν καὶ ἀφοριεῖ ὁ ἱ. τὴν ἁφήν (1 *a*, –)
— 51. ὄψεται ὁ ἱ. τὴν ἁφήν –
— 53. ἐὰν δὲ ἴδῃ ὁ ἱ. (1 *a*)
— 54. συντάξει ὁ ἱ. (1 *a*)
— 54. ἀφοριεῖ ὁ ἱ. τὴν ἁφήν –
— 55. ὄψεται ὁ ἱ. (1 *a*)
— 56. ἐὰν ἴδῃ ὁ ἱ. (1 *a*)
14. 2. προσαχθήσεται πρὸς τὸν ἱ. (1 *a*)
— 3. ἐξελεύσεται ὁ ἱ. . . . καὶ ὄψεται ὁ ἱ. (1 *a*, 1 *a*)
— 4, 5. προστάξει ὁ ἱ. (1 *a*)
— 11. στήσει ὁ ἱ. ὁ [A *om.*] καθαρίζων τὸν ἄνθρ. (1 *a*)
— 12. λήψεται ὁ ἱ. τὸν ἀμνὸν τὸν ἕνα (1 *a*)
— 13. ὥσπερ τὸ τῆς πλημμελείας ἐστὶ τῷ ἱ. (1 *a*)
— 14. λήψεται ὁ ἱ. ἀπὸ τοῦ αἵματος (1 *a*)
— 14. ἐπιθήσει ὁ ἱ. ἐπὶ τὸν λοβόν (1 *a*)
— 15. λαβὼν ὁ ἱ. ἀπὸ τῆς κοτύλης τοῦ ἐλαίου ἐπιχεεῖ ἐπὶ τὴν χεῖρα τοῦ ἱ. (1 *a*, 1 *a*)
— 16. A ῥανεῖ ὁ ἱ. [B *om.* ὁ ἱ.] τῷ δακτύλῳ †
— 17. ἐπιθήσει ὁ ἱ. ἐπὶ τὸν λοβόν (1 *a*)
— 18. τὸ . . . ἔλαιον τὸ ἐπὶ τῆς χειρὸς τοῦ ἱ. ἐπιθήσει ὁ ἱ. ἐπὶ τὴν κεφ. τοῦ καθαρισθέντος (1 *a*, –)
— 18. ἐξιλάσεται περὶ αὐτοῦ ὁ ἱ. (1 *a*)
— 19. ποιήσει ὁ ἱ. τὸ περὶ τῆς ἁμαρτίας (1 *a*)
— 19. ἐξιλάσεται ὁ ἱ. –
— 19. σφάξει ὁ ἱ. τὸ ὁλοκαύτωμα –
— 20. ἀνοίσει [A^2 οἴσει] ὁ ἱ. τὸ ὁλοκαύτωμα (1 *a*)
— 20. ἐξιλάσεται περὶ αὐτοῦ ὁ ἱ. (1 *a*)
— 23. προσοίσει αὐτὰ . . . πρὸς τὸν ἱ. (1 *a*)
— 24. λαβὼν ὁ ἱ. τὸν ἀμνόν (1 *a*)
— 25. λήψεται ὁ ἱ. ἀπὸ τοῦ αἵματος (1 *a*)
— 26. ἀπὸ τοῦ ἐλαίου ἐπιχεεῖ ὁ ἱ. ἐπὶ τὴν χεῖρα τοῦ ἱ. (1 *a*, 1 *a*)
— 27. ῥανεῖ ὁ ἱ. τῷ δακτύλῳ (1 *a*)
— 28. ἐπιθήσει ὁ ἱ. ἀπὸ τοῦ ἐλαίου (1 *a*)
— 29. τὸ ὂν ἐπὶ τῆς χειρὸς τοῦ ἱ. (1 *a*)
— 29. ἐξιλάσεται περὶ αὐτοῦ ὁ ἱ. –
— 31. ἐξιλάσεται ὁ ἱ. περὶ τοῦ καθαριζομ. (1 *a*)
— 35. ἀναγγελεῖ [A -είλῃ] τῷ ἱ. (1 *a*)
— 36. προστάξει ὁ ἱ. ἀποσκευάσαι (1 *a*)
— 36. πρὸ τοῦ εἰσελθόντα τὸν ἱ. ἰδεῖν (1 *a*)
— 36. εἰσελεύσεται ὁ ἱ. (1 *a*)
— 38. ἐξελθὼν ὁ ἱ. ἐκ τῆς οἰκίας (1 *a*)
— 38. ἀφοριεῖ ὁ ἱ. τὴν οἰκίαν –

Le. 14. 39. ἐπανήξει ὁ ἱ. τῇ ἡμέρᾳ τῇ ἑβδόμῃ (1 *a*)
— 40. προστάξει ὁ ἱ. (1 *a*)
— 44. εἰσελεύσεται ὁ ἱ. (1 *a*)
— 48. ἐὰν δὲ παραγενόμενος εἰσέλθῃ ὁ ἱ. (1 *a*)
— 48. καθαριεῖ ὁ ἱ. τὴν οἰκίαν (1 *a*)
15. 14. δώσει αὐτὰ τῷ ἱ. (1 *a*)
— 15. ποιήσει αὐτὰ ὁ ἱ. μίαν περὶ ἁμαρτίας (1 *a*)
— 15. ἐξιλάσεται περὶ αὐτοῦ ὁ ἱ. (1 *a*)
— 29. οἴσει αὐτὰ πρὸς τὸν ἱ. (1 *a*)
— 30. ποιήσει ὁ ἱ. τὴν μίαν περὶ ἁμαρτίας (1 *a*)
— 30. ἐξιλάσεται περὶ αὐτῆς ὁ ἱ. (1 *a*)
16. 20. περὶ τῶν ἱ. καθαριεῖ –
— 24. ἐξιλάσεται περὶ αὐτοῦ . . . ὡς περὶ τῶν ἱ. –
— 32. ἐξιλάσεται ὁ ἱ. (1 *a*)
— 33. καὶ περὶ τῶν ἱ. . . . ἐξιλάσεται (1 *a*)
17. 5. οἴσουσι τῷ κυρίῳ . . . πρὸς τὸν ἱ. (1 *a*)
— 6. προσχεεῖ ὁ ἱ. τὸ αἷμα (1 *a*)
19. 22. ἐξιλάσεται περὶ αὐτοῦ ὁ ἱ. (1 *a*)
21. 1. εἰπὸν τοῖς ἱ. (1 *a*)
— 9. θυγάτηρ ἀνθρώπου ἱερέως (1 *a*)
— 10. ὁ ἱ. ὁ μέγας ἀπὸ τῶν ἀδελφῶν αὐτοῦ (1 *a*)
— 21. ἐκ τοῦ σπέρματος Ἀαρὼν τοῦ ἱ. (1 *a*)
22. 4. ἄνθρωπος ἐκ τοῦ σπέρματος Ἀ. τοῦ ἱ. –
— 10. πάροικος ἱερέως ἢ μισθωτός (1 *a*)
— 11. ἐὰν δὲ ἱ. κτήσηται ψυχήν (1 *a*)
— 12. θυγάτηρ ἀνθρώπου ἱερέως (1 *a*)
— 13. θυγάτηρ ἱερέως [A ἀνθρώπου ἱ.] (1 *a*)
— 14. δώσει τῷ ἱ. τὸ ἅγιον (1 *a*)
23. 10. οἴσετε . . . πρὸς τὸν ἱ. (1 *a*)
— 11. A B[1] ἀνοίσει αὐτὰ [B[2] R -ὸ] ὁ ἱ. (1 *a*)
— 20. ἐπιθήσει αὐτὰ ὁ ἱ. (1 *a*)
— 20. τῷ ἱ. τῷ προσφέροντι αὐτά (1 *a*)
27. 8. στήσεται ἐναντίον τοῦ ἱ. καὶ τιμήσεται αὐτὸν ὁ [B[3] *om.*] ἱ. (1 *a*, 1 *a*)
— 8. τιμήσεται αὐτὸν ὁ ἱ. (1 *a*)
— 11. στήσει τὸ κτῆνος ἔναντι [A -ίον] τοῦ ἱ. (1 *a*)
— 12. τιμήσεται [A -ήσει] αὐτὸ ὁ ἱ. (1 *a*)
— 12. A καθότι ἂν τιμήσεται [B -μηθήσ., R -σηται] ὁ ἱ. (1 *a*)
— 14. τιμήσεται αὐτὸν ὁ ἱ. (1 *a*)
— 14. A B ὡς ἂν τιμήσεται [R -ηται] αὐτὴν ὁ ἱ. (1 *a*)
— 18. προσλογιεῖται αὐτῷ ὁ ἱ. τὸ ἀργύριον (1 *a*)
— 21. τῷ ἱ. ἔσται κατάσχεσις (1 *a*)
— 23. λογιεῖται πρὸς αὐτὸν ὁ ἱ. τὸ τέλος (1 *a*)
Nu. 3. 3. οἱ ἱ. οἱ [A καὶ οἱ] ἠλειμμένοι (1 *a*)
— 6. ἐναντίον Ἀαρὼν τοῦ ἱ. (1 *a*)
— 9. τοῖς υἱοῖς αὐτοῦ τοῖς ἱ. –
— 32. Ἐλεάζαρ ὁ υἱὸς Ἀαρὼν τοῦ ἱ. (1 *a*)
4. 16. Ἐλ. υἱὸς Ἀαρὼν τοῦ ἱ. (1 *a*)
— 28, 33. τοῦ υἱοῦ Ἀαρὼν τοῦ ἱ. (1 *a*)
5. 8. τὸ πλημμέλημα . . . τῷ ἱ. ἔσται (1 *a*)
— 9. τῷ ἱ. αὐτῷ ἔσται (1 *a*)
— 10. ἀνὴρ ὃς ἂν δῷ τῷ ἱ. (1 *a*)
— 15. ἄξει . . . τὴν γυναῖκα αὐτοῦ πρὸς τὸν ἱ. (1 *a*)
— 16. προσάξει αὐτὴν ὁ ἱ. (1 *a*)
— 17. λήψεται ὁ ἱ. ὕδωρ καθαρὸν ζῶν (1 *a*)
— 17. λαβὼν ὁ ἱ. ἐμβαλεῖ εἰς τὸ ὕδωρ (1 *a*)
— 18. στήσει ὁ ἱ. τὴν γυναῖκα ἔναντι κ. (1 *a*)
— 18. ἐν δὲ τῇ χειρὶ τοῦ ἱ. ἔσται τὸ ὕδωρ (1 *a*)
— 19. ὁρκιεῖ αὐτὴν ὁ ἱ. (1 *a*)
— 21. ὁρκιεῖ ὁ ἱ. τὴν γυναῖκα (1 *a*)
— 21. ἐρεῖ ὁ ἱ. τῇ γυναικί (1 *a*)
— 23. γράψει ὁ ἱ. τὰς ἀρὰς ταύτας (1 *a*)
— 25. λήψεται ὁ ἱ. . . . τὴν θυσίαν τῆς ζηλοτυπίας (1 *a*)
— 26. δράξεται ὁ ἱ. ἀπὸ τῆς θυσίας (1 *a*)
— 30. ποιήσει αὐτῇ ὁ ἱ. πάντα τὸν νόμον τ. (1 *a*)
6. 10. οἴσει δύο τρυγόνας . . . πρὸς τὸν ἱ. (1 *a*)
— 11. ποιήσει ὁ ἱ. μίαν περὶ ἁμαρτίας (1 *a*)
— 11. ἐξιλάσεται περὶ αὐτοῦ ὁ ἱ. –
— 16. προσοίσει ὁ ἱ. ἔναντι κυρίου (1 *a*)
— 17. ποιήσει ὁ ἱ. τὴν θυσίαν αὐτοῦ (1 *a*)
— 19. λήψεται ὁ ἱ. τὸν βραχίονα (1 *a*)
— 20. προσοίσει αὐτὰ ὁ ἱ. (1 *a*)
— 20. ἅγιον ἔσται τῷ ἱ. (1 *a*)
7. 8. υἱοῦ Ἀαρὼν τοῦ ἱ. (1 *a*)
10. 8. οἱ υἱοὶ Ἀαρὼν οἱ ἱ. σαλπιοῦσι (1 *a*)
15. 25. ἐξιλάσεται ὁ ἱ. περὶ πάσης συναγωγῆς (1 *a*)
— 28. ἐξιλάσεται ὁ ἱ. περὶ τῆς ψυχῆς (1 *a*)
16. 37 (17. 2). πρὸς Ἐλ. τὸν υἱὸν Ἀαρὼν τὸν ἱ. (1 *a*)
— 39 (17. 4). υἱὸς Ἀαρὼν τοῦ ἱ. (1 *a*)
18. 28. δώσετε . . . Ἀαρὼν τῷ ἱ. (1 *a*)
19. 3. δώσεις αὐτὴν πρὸς Ἐλεάζαρ τὸν ἱ. (1 *a*)
— 6. λήψεται ὁ ἱ. ξύλον κέδρινον (1 *a*)
— 7. πλυνεῖ τὰ ἱμάτια αὐτοῦ ὁ ἱ. (1 *a*)

Nu. 19. 7. ἀκάθαρτος ἔσται ὁ ἱ. (1 *a*)
25. 7. A R υἱοῦ [B -ὸς] Ἀαρὼν τοῦ ἱ. (1 *a*)
— 11. A B[2] R υἱοῦ [B[1] -ὸς] Ἀ. τοῦ ἱ. (1 *a*)
26. 1. Ἐλεάζαρ τὸν ἱ. (1 *a*)
— 3. Ἐλεάζαρ ὁ ἱ. [A *om.* ὁ ἱ.] (1 *a*)
— 63. ἡ ἐπίσκεψις Μωυσῆ καὶ Ἐλ. τοῦ ἱ. (1 *a*)
27. 2. ἔναντι Ἐλεάζαρ τοῦ ἱ. (1 *a*)
— 19. στήσεις αὐτὸν ἔναντι Ἐλ. τοῦ ἱ. (1 *a*)
— 21. ἔναντι Ἐλ. τοῦ ἱ. στήσεται (1 *a*)
— 22. ἔστησεν αὐτὸν ἐναντίον [A -τι] Ἐ. τοῦ ἱ. (1 *a*)
31. 6. υἱοῦ Ἀαρὼν τοῦ ἱ. (1 *a*)
— 12. πρὸς Ἐλεάζαρ τὸν ἱ. (1 *a*)
— 13. ἐξῆλθε Μ. καὶ Ἐλεάζαρ ὁ ἱ. (1 *a*)
— 21. εἶπεν Ἐλεάζαρ ὁ ἱ. (1 *a*)
— 26. Ἐλεάζαρ ὁ ἱ. (1 *a*)
— 29. δώσεις Ἐλ. τῷ ἱ. τὰς ἀπαρχὰς κυρίου (1 *a*)
— 31. ἐποίησε Μ. καὶ Ἐλεάζαρ ὁ ἱ. (1 *a*)
— 41. ἔδωκε Μ. . . . τὸ ἀφαίρεμα τοῦ θεοῦ Ἐ. τῷ ἱ. (1 *a*)
— 51, 54. ἔλαβε Μ. καὶ Ἐλεάζαρ ὁ ἱ. (1 *a*)
32. 2. εἶπαν πρὸς Μ. καὶ πρὸς Ἐλ. τὸν ἱ. (1 *a*)
— 28. συνέστησεν αὐτοῖς Μ. Ἐλεάζαρ τὸν ἱ. (1 *a*)
33. 38. ἀνέβη Ἀαρὼν ὁ ἱ. (1 *a*)
34. 17. Ἐλεάζαρ ὁ ἱ. (1 *a*)
35. 25, 28. ἕως ἂν ἀποθάνῃ ὁ ἱ. ὁ μέγας (1 *a*)
— 28. μετὰ τὸ ἀποθανεῖν τὸν ἱ. τὸν μέγαν (1 *a*)
— 32. ἕως ἂν ἀποθάνῃ ὁ ἱ. ὁ μέγας (1 *a*)
36. 1. ἔναντι Ἐλεάζαρ τοῦ ἱ. –
De. 17. 9. A R ἐλεύσῃ πρὸς τοὺς ἱ. τοὺς Λευίτας [B *om.* τ. ἱ. τ. Λ.] (1 *a*)
— 12. ὥστε [A τοῦ] μὴ ὑπακοῦσαι τοῦ ἱ. (1 *a*)
— 18. παρὰ τῶν ἱ. τῶν Λευιτῶν (1 *a*)
18. 1. οὐκ ἔσται τοῖς ἱ. τοῖς Λευ. . . . μερίς (1 *a*)
— 3. αὕτη ἡ κρίσις τῶν ἱ. (1 *a*)
— 3. δώσει τῷ ἱ. τὸν βραχίονα (1 *a*)
19. 17. ἔναντι κυρίου καὶ ἔναντι τῶν ἱ. (1 *a*)
20. 2. προσεγγίσας ὁ ἱ. λαλήσει τῷ λαῷ (1 *a*)
21. 5. προσελεύσονται οἱ ἱ. οἱ Λευῖται (1 *a*)
24. 8. ὃν ἂν ἀναγγείλωσιν ὑμῖν οἱ ἱ. οἱ Λευ. (1 *a*)
26. 3. ἐλεύσῃ πρὸς τὸν ἱ. (1 *a*)
— 4. λήψεται ὁ ἱ. τὸν κάρταλλον (1 *a*)
27. 9. ἐλάλησε Μ. καὶ οἱ ἱ. οἱ [A καὶ οἱ] Λευῖται (1 *a*)
31. 9. ἔδωκε τοῖς ἱ. (1 *a*)
Jo. 3. 3. ὅταν ἴδητε . . . τοὺς ἱ. ἡμῶν (1 *a*)
— 6. εἶπεν Ἰησοῦς τοῖς ἱ. (1 *a*)
— 6. ἦραν οἱ ἱ. τὴν κιβωτόν –
— 8. ἔντειλαι τοῖς ἱ. (1 *a*)
— 13. οἱ πόδες τῶν ἱ. τῶν αἰρόντων τὴν κιβ. (1 *a*)
— 14. οἱ δὲ ἱ. ἤροσαν τὴν κιβωτόν (1 *a*)
— 15. ὡς δὲ εἰσεπορεύοντο οἱ ἱ. –
— 15. οἱ πόδες τῶν ἱ. τῶν αἰρόντων τὴν κιβ. (1 *a*)
— 17. ἔστησαν οἱ ἱ. οἱ αἴροντες τὴν κιβ. (1 *a*)
4. 9. τῶν ἱ. τῶν αἰρόντων τὴν κιβωτόν (1 *a*)
— 10. οἱ ἱ. οἱ αἴροντες τὴν κιβωτόν (1 *a*)
— 16. ἔντειλαι τοῖς ἱ. (1 *a*)
— 17. ἐνετείλατο Ἰησοῦς τοῖς ἱ. (1 *a*)
— 18. ὡς ἐξέβησαν οἱ ἱ. (1 *a*)
6. 6. εἰσῆλθε Ἰ. . . . πρὸς τοὺς ἱ. (1 *a*)
— 7 (8). ἑπτὰ ἱ. ἔχοντες ἑπτὰ σάλπιγγας ἱεράς (1 *a*)
— 8 (9). οἱ ἱ. οἱ οὐραγοῦντες (1 *a*)
— 11 (12). ἦραν οἱ ἱ. τὴν κιβωτόν (1 *a*)
— 12 (13). οἱ ἑπτὰ ἱ. οἱ φέροντες τὰς σάλπ. [A *al.*] (1 *a*)
— 13 (14). οἱ ἱ. ἐσάλπισαν ταῖς σάλπιγξι –
— 15 (16). τῇ περιόδῳ τῇ ἑβδόμῃ ἐσάλπισαν οἱ ἱ. (1 *a*)
— 19 (20). ἐσάλπισαν ταῖς σάλπιγξιν οἱ ἱ. –
9. 2 (8. 33). οἱ ἱ. καὶ [A *om.*] οἱ Λευῖται ἦραν τὴν κιβ. (1 *a*)
14. 1. Ἐλεάζαρ ὁ ἱ. (1 *a*)
17. 4. ἔστησαν ἐναντίον Ἐλεάζαρ τοῦ ἱ. (1 *a*)
19. 51. Ἐλεάζαρ ὁ ἱ. (1 *a*)
20. 6. A ἕως ἀποθάνῃ ὁ ἱ. ὁ μέγας (1 *a*)
21. 1. πρὸς Ἐλεάζαρ τὸν ἱ. (1 *a*)
— 4. τοῖς υἱοῖς Ἀαρὼν τοῖς ἱ. τοῖς Λευ. (1 *a*)
— 13. A τοῖς υἱοῖς Ἀαρὼν τοῦ ἱ. [B *om.* τ. ἱ.] (1 *a*)
— 19. πᾶσαι αἱ πόλεις υἱῶν Ἀαρὼν τῶν ἱ. (1 *a*)
— 20. ἐγενήθη πόλις τῶν ἱ. αὐτῶν [A *al.*] †
22. 30. ἀκούσας Φινεὲς ὁ ἱ. (1 *a*)
— 31. εἶπε Φινεὲς ὁ ἱ. (1 *a*)
— 32. ἀπέστρεψε Φινεὲς ὁ ἱ. (1 *a*)
24. 33. A Ἐλ. ὁ υἱὸς Ἀαρὼν ὁ ἱ. [B *al.*] –
Jd. 17. 5. ἐγένετο αὐτῷ [A -νήθη] εἰς ἱερέα (1 *a*)
— 10. γίνου μοι . . . εἰς ἱερέα (1 *a*)
— 12. ἐγένετο αὐτῷ εἰς ἱερέα [A *al.*] (1 *a*)
— 13. ἐγένετό μοι ὁ Λευ. εἰς ἱερέα (1 *a*)

Jd. 18. 4. ἐγενόμην [A -νήθην] αὐτῷ εἰς ἱερέα (1 *a*)
— 6. εἶπεν αὐτοῖς ὁ ἱ. (1 *a*)
— 17. A καὶ ὁ ἱ. ἐστηλωμένος (1 *a*?)
— 17. B ὁ ἱ. ἑστώς (1 *a*)
— 18. εἶπε πρὸς αὐτοὺς ὁ ἱ. (1 *a*)
— 19. γενοῦ [A ἔσῃ] ἡμῖν . . . εἰς ἱερέα (1 *a*)
— 19. εἶναί σε ἱερέα οἴκου . . . ἢ γενέσθαι σε ἱερέα φυλῆς (1 *a*, 1 *a*)
— 20. ἠγαθύνθη ἡ καρδία τοῦ ἱ. (1 *a*)
— 24. τὸ γλυπτόν μου . . . ἐλάβετε καὶ τὸν ἱ. (1 *a*)
— 27. ἔλαβον . . . τὸν ἱ. (1 *a*)
— 30. ἦσαν ἱερεῖς τῇ φυλῇ Δάν (1 *a*)
I Ki. 1. 3. Ἡ. καὶ οἱ δύο υἱοὶ αὐ. . . . ἱερεῖς τοῦ κ. (1 *a*)
— 9. Ἡ. ὁ ἱ. ἐπὶ [A ἐκάθητο ἐ.] τοῦ δίφρου (1 *a*)
— 12. Ἡ. ὁ ἱ. ἐφύλαξε τὸ στόμα αὐτῆς –
2. 11. ἐνώπιον Ἡ. τοῦ ἱ. (1 *a*)
— 12. οἱ υἱοὶ Ἡ. τοῦ ἱ. –
— 13. τὸ δικαίωμα τοῦ ἱ. παρὰ τοῦ λαοῦ (1 *a*)
— 13. ἤρχετο τὸ παιδάριον τοῦ ἱ. (1 *a*)
— 14. ἐλάμβανεν ἑαυτῷ ὁ ἱ. (1 *a*)
— 15. ἤρχετο τὸ παιδάριον τοῦ ἱ. (1 *a*)
— 15. δὸς κρέας ὀπτῆσαι τῷ ἱ. (1 *a*)
— 35. ἀναστήσω ἐμαυτῷ ἱερέα πιστόν (1 *a*)
3. 1. ἐνώπιον Ἡ. τοῦ ἱ. –
5. 5. οὐκ ἐπιβαίνουσιν οἱ ἱ. Δαγών (1 *a*)
6. 2. καλοῦσιν ἀλλόφυλοι τοὺς ἱ. . . . αὐτῶν (1 *a*)
14. 3. B Ἀχιὰ . . . ἱερεὺς τοῦ θεοῦ ἐν Σ. (1 *a*)
— 19. ὡς ἐλάλει Σ. πρὸς τὸν ἱ. (1 *a*)
— 19. εἶπε Σ. πρὸς τὸν ἱ. (1 *a*)
— 36. εἶπεν ὁ ἱ. (1 *a*)
21. 1 (2). πρὸς Ἀβιμέλεχ τὸν ἱ. (1 *a*)
— 2 (3). εἶπε Δ. τῷ ἱ. [A τῷ Ἀβ. τῷ ἱ.] (1 *a*)
— 4 (5). ἀπεκρίθη ὁ ἱ. τῷ Δ. (1 *a*)
— 5 (6). ἀπεκρίθη Δ. τῷ ἱ. (1 *a*)
— 6 (7). ἔδωκεν αὐτῷ Ἀβ. ὁ ἱ. (1 *a*)
— 9 (10). εἶπεν ὁ ἱ. (1 *a*)
22. 9. πρὸς Ἀβιμέλεχ . . . τὸν ἱ. –
— 11. A τὸν Ἀ. υἱὸν Ἀ. τὸν ἱ. [B *om.* τ. ἱ.] (1 *a*)
— 11. πάντας τοὺς υἱοὺς τοῦ πατ. αὐ. τοὺς ἱ. (1 *a*)
— 17. θανατοῦτε τοὺς ἱ. τοῦ κυρίου (1 *a*)
— 17. R ἀπαντῆσαι [A B ἁμαρτῆ.] εἰς τοὺς ἱ. κ. (1 *a*)
— 18. ἀπάντα εἰς τοὺς ἱ. (1 *a*)
— 18. ἐθανάτωσε τοὺς ἱ. κυρίου (1 *a*)
— 19. τὴν Ν. τὴν πόλιν τῶν ἱ. (1 *a*)
— 21. ἐθανάτωσε Σ. πάντας τοὺς ἱ. τοῦ κ. (1 *a*)
23. 9 : 30. 7. εἶπε Δ. πρὸς Ἀβιάθαρ τὸν ἱ. (1 *a*)
II Ki. 8. 16 (17). Σαδ. . . . καὶ Ἀχιμέλεχ . . . ἱερεῖς (1 *a*)
15. 27. εἶπεν ὁ βασ. τῷ Σ. τῷ ἱ. (1 *a*)
— 35. Σαδὼκ καὶ Ἀβιάθαρ οἱ ἱ. (1 *a*)
— 35. τῷ Σαδὼκ καὶ τῷ Ἀβ. τοῖς ἱ. (1 *a*)
17. 15. πρὸς Σαδὼκ καὶ Ἀβιάθαρ τοὺς ἱ. (1 *a*)
19. 11 (12). πρὸς Σαδὼκ καὶ πρὸς Ἀβιάθαρ τοὺς ἱ. (1 *a*)
20. 25. Σαδὼκ καὶ Ἀβιάθαρ ἱερεῖς (1 *a*)
— 26. R Ἰρὰς . . . ἦν ἱ. τῷ [A B τοῦ] Δ. (1 *a*)
III Ki. 1. 7. μετὰ Ἀβιάθαρ τοῦ ἱ. (1 *a*)
— 8. Σαδὼκ ὁ ἱ. (1 *a*)
— 19. ἐκάλεσε . . . Ἀβιάθαρ τὸν ἱ. (1 *a*)
— 25. Ἀβιάθαρ τὸν ἱ. [A ἀρχ.] (1 *a*)
— 26, 32. Σαδὼκ τὸν ἱ. (1 *a*)
— 34. χρισάτω αὐτὸν ἐκεῖ Σ. ὁ ἱ. (1 *a*)
— 38. κατέβη Σαδὼκ ὁ ἱ. (1 *a*)
— 39. ἔλαβε Σαδὼκ ὁ ἱ. (1 *a*)
— 42. Ἰωνάθαν υἱὸς Ἀβιάθαρ τοῦ ἱ. (1 *a*)
— 44. τὸν Σαδὼκ τὸν ἱ. (1 *a*)
— 45. ἔχρισαν αὐτὸν Σαδὼκ ὁ ἱ. (1 *a*)
2. 22. Ἀβιάθαρ ὁ ἱ. (1 *a*)
— 26. τῷ Ἀβιάθαρ τῷ ἱ. εἶπεν ὁ βασ. (1 *a*)
— 27. τοῦ μὴ εἶναι ἱερέα τοῦ κυρίου (1 *a*)
— 35. Σαδὼκ τὸν ἱ. ἔδωκεν αὐτὸν [A *om.*] ὁ βασ. εἰς ἱερέα πρῶτον (1 *a*, –)
3. 1 (*cf.* A 4. 25 [5. 5]). B υἱὸς Σαδὼκ τοῦ ἱ. –
4. 2. A Ἀζ. υἱὸς Σαδὼκ ὁ ἱ. [B *om.* ὁ ἱ.] (1 *a*)
— 4. Σαδὼκ καὶ Ἀβιάθαρ ἱερεῖς (1 *a*)
— 5. A Ζ. υἱὸς Ν. ἱερεὺς [B *om.*] (1 *a*)
8. 3. ἦραν οἱ ἱ. τὴν κιβωτόν (1 *a*)
— 4. A ἀνεβίβασαν αὐτὰ οἱ ἱ. (1 *a*)
— 6. εἰσφέρουσιν οἱ ἱ. τὴν κιβωτόν (1 *a*)
— 10. ὡς ἐξῆλθον οἱ ἱ. ἐκ τοῦ ἁγίου (1 *a*)
— 11. οὐκ ἠδύναντο οἱ ἱ. στήκειν (1 *a*)
12. 31. ἐποίησεν ἱερεῖς μέρος τι (1 *a*)
— 32. παρέστησεν ἐν Β. τοὺς ἱ. τῶν ὑψηλῶν (1 *a*)
13. 2. θύσει [A ἐπιθ.] ἐπὶ σὲ τοὺς ἱ. τῶν ὑψηλῶν (1 *a*)
— 33. ἐποίησεν . . . ἱερεῖς ὑψηλῶν (1 *a*)
— 33. ἐγένετο ἱερεὺς εἰς τὰ ὑψηλά (1 *a*)

IV Ki. 10. 11. ἐπάταξεν . . . τοὺς ἱ. αὐ. (1 a)
— 19. πάντας τοὺς δούλους αὐ. καὶ τοὺς ἱ. αὐ. (1 a)
— 21. B πάντες οἱ ἱ. αὐ. καὶ π. οἱ προφῆται αὐ. –
— 21. B καὶ πάντες οἱ ἱ. αὐ. –
11. 9. πρὸς 'Ιωδαὲ τὸν ἱ. (1 a)
— 10. ἔδωκεν ὁ ἱ. τοῖς ἑκατοντάρχοις (1 a)
— 15. ἐνετείλατο 'Ιωδαὲ ὁ ἱ. (1 a)
— 15. ὅτι εἶπεν ὁ ἱ. (1 a)
— 18. τὸν Μ. τὸν ἱ. τοῦ Βάαλ ἀπέκτειναν (1 a)
— 18. ἔθηκεν ὁ ἱ. ἐπισκόπους (1 a)
12. 2 (3). ἐφώτισεν αὐτὸν 'Ιωδαὲ ὁ ἱ. (1 a)
— 4 (5). εἶπεν 'Ιωὰς πρὸς τοὺς ἱ. (1 a)
— 5 (6). λαβέτωσαν ἑαυτοῖς οἱ ἱ. (1 a)
— 6 (7). οὐκ ἐκραταίωσαν οἱ ἱ. τὸ βεδέκ (1 a)
— 7 (8). ἐκάλεσεν 'Ιωὰς . . . 'Ιωδαὲ τὸν ἱ. καὶ τοὺς ἱ. (1 a, 1 a)
— 8 (9). συνεφώνησαν οἱ ἱ. τοῦ μὴ λαβεῖν (1 a)
— 9 (10). ἔλαβεν 'Ιωδαὲ ὁ ἱ. κιβωτόν (1 a)
— 9 (10). οἱ ἱ. οἱ φυλάσσοντες τὸν σταθμόν (1 a)
— 10 (11). ἀνέβη . . . ὁ ἱ. ὁ μέγας (1 a)
— 16 (17). ἀργύρ. περὶ ἁμαρτίας . . . τοῖς ἱ. ἐγένετο (1 a)
16. 10. ἀπέστειλεν . . . πρὸς Οὐρίαν τὸν ἱ. (1 a)
— 11. ᾠκοδόμησεν Οὐρίας ὁ ἱ. (1 a)
— 11. A οὕτως ἐποίησεν Οὐρίας ὁ ἱ. (1 a)
— 15. ἐνετείλατο . . . τῷ Οὐρίᾳ τῷ ἱ. (1 a)
— 16. ἐποίησεν Οὐρίας ὁ ἱ. (1 a)
17. 28. ἤγαγον ἕνα τῶν ἱ. (1 a)
— 32. ἐποίησαν ἑαυτοῖς ἱερεῖς τῶν ὑψ. (1 a)
19. 2. τοὺς πρεσβυτέρους τῶν ἱ. (1 a)
22. 4. ἀνάβηθι πρὸς Χελκ. τὸν ἱ. τὸν μέγαν (1 a)
— 8. εἶπε Χελκίας ὁ ἱ. ὁ μέγας (1 a)
— 10. βιβλίον ἔδωκέ μοι Χελκίας ὁ ἱ. (1 a)
— 12. ἐνετείλατο ὁ βασ. τῷ Χελκίᾳ τῷ ἱ. (1 a)
— 14. ἐπορεύθη Χελκίας ὁ ἱ. (1 a)
23. 2. ἀνέβη ὁ βασ. . . . καὶ οἱ ἱ. (1 a)
— 4. τῷ Χ. τῷ ἱ. τῷ μεγ. καὶ τοῖς ἱ. τῆς δευτερώσεως (1 a, 1 a)
— 8. ἀνήγαγε πάντας τοὺς ἱ. (1 a)
— 8. οὗ ἐθυμίασαν ἐκεῖ οἱ ἱ. (1 a)
— 9. οὐκ ἀνέβησαν οἱ ἱ. τῶν ὑψηλῶν (1 a)
— 20. ἐθυσίασε πάντας τοὺς ἱ. τῶν ὑψηλῶν (1 a)
— 24. εὗρε Χελκίας ὁ ἱ. (1 a)
25. 18. τὸν Σαραίαν ἱερέα τὸν πρῶτον (1 a)
I Ch. 9. 2. A R οἱ ἱ. οἱ Λευῖται [B *al.*] (1 a)
— 10. καὶ ἀπὸ τῶν ἱ. (1 a)
— 30. ἀπὸ τῶν υἱῶν τῶν ἱ. ἦσαν μυρεψοί (1 a)
— 31. τὰ ἔργα τῆς θυσίας τοῦ τηγάνου τοῦ μεγ. ἱ. –
13. 2. μετ' αὐτῶν οἱ ἱ. (1 a)
15. 11. ἐκάλεσε Δ. τὸν Σαδὼκ καὶ 'Αβ. τοὺς ἱ. (1 a)
— 14. ἡγνίσθησαν οἱ ἱ. (1 a)
— 24. οἱ ἱ. σαλπίζοντες ταῖς σάλπιγξιν (1 a)
16. 6. Βαναίας καὶ 'Οζιὴλ οἱ ἱ. (1 a)
— 39. τὸν Σαδὼκ τὸν ἱ. καὶ τοὺς ἀδ. αὐ. τοὺς ἱ. (1 a, 1 a)
18. 16. Σαδὼκ . . . καὶ 'Αχιμ. υἱὸς 'Αβ. ἱερεῖς (1 a)
— 17. B S Βαναίας υἱὸς 'I. ἐπὶ τῶν ἱ. [A R *al.*] †
23. 2. συνήγαγε . . . τοὺς ἱ. καὶ τοὺς Λευίτας (1 a)
24. 6. Σαδὼκ ὁ ἱ. [A τοῦ ἱ.] (1 a)
— 6. ἄρχοντες τῶν πατριῶν τῶν ἱ. (1 a)
— 31. R οἱ ἄρχοντες τῶν πατριῶν τῶν ἱ. [A B *al.*] (1 a)
27. 5. ὁ ἱ. ὁ ἄρχων (1 a)
28. 13. τῶν ἐφημεριῶν τῶν ἱ. (1 a)
— 21. ἰδοὺ αἱ ἐφημερίαι τῶν ἱ. (1 a)
II Ch. 4. 6. εἰς τὸ νίπτεσθαι τοὺς ἱ. ἐν αὐτῇ (1 a)
— 9. ἐποίησε τὴν αὐλὴν τῶν ἱ. (1 a)
5. 5. ἀνήνεγκαν αὐτὴν οἱ ἱ. καὶ οἱ Λευῖται (1 a)
— 7. εἰσήνεγκαν οἱ ἱ. τὴν κιβ. διαθήκης (1 a)
— 11. ἐν τῷ ἐξελθεῖν τοὺς ἱ. ἐκ τῶν ἁγίων (1 a)
— 11. πάντες οἱ ἱ. οἱ εὑρεθ. ἡγιάσθησαν (1 a)
— 12. μετ' αὐτῶν ἱερεῖς ἑκατὸν εἴκοσι (1 a)
— 14. οὐκ ἠδύναντο οἱ ἱ. τοῦ στῆναι (1 a)
6. 41. ἱερεῖς [A οἱ ἱ.] σου . . . ἐνδύσαιντο σωτηρίαν (1 a)
7. 2. οὐκ ἠδύναντο οἱ ἱ. εἰσελθεῖν (1 a)
— 6. οἱ ἱ. ἐπὶ τὰς φυλακὰς αὐ. ἑστηκότες (1 a)
— 6. οἱ ἱ. σαλπίζοντες ταῖς σάλπιγξιν (1 a)
8. 14. ἔστησε . . . τὰς διαιρέσεις τῶν ἱ. (1 a)
— 14. λειτουργεῖν κατέναντι τῶν ἱ. (1 a)
— 15. οὐ παρῆλθον τὰς ἐντολὰς . . . περὶ τῶν ἱ. (1 a)
11. 13. οἱ ἱ. καὶ οἱ Λευ. . . . συνήχθησαν (1 a)
— 15. κατέστησεν ἑαυτῷ ἱερεῖς τῶν ὑψ. (1 a)
13. 9. ἢ οὐκ ἐξεβάλετε τοὺς ἱ. κυρίου (1 a)
— 9. ἐποιήσατε ἑαυτοῖς ἱερεῖς (1 a)
— 9. ἐγίνετο εἰς ἱερέα (1 a)
— 10. οἱ ἱ. αὐτοῦ λειτουργοῦσι τῷ κ. (1 a)
— 12. ἰδοὺ μεθ' ἡμῶν . . . κύριος καὶ οἱ ἱ. αὐ. (1 a)
— 14. οἱ ἱ. ἐσάλπισαν ταῖς σάλπιγξι (1 a)
15. 3. A R οὐχ ἱερέως ὑποδεικνύντος (1 a)
17. 8. 'Ελισαμὰ καὶ 'Ιωρὰμ οἱ ἱ. (1 a)
19. 8. κατέστησεν 'Ιωσ. τῶν ἱ. (1 a)
— 11. ἰδοὺ 'Αμαρίας ὁ ἱ. ἡγούμενος ἐφ' ὑμᾶς (1 a)
22. 11. A B^{2} R γυνὴ 'Ιω. τοῦ ἱ. [B^{1} *al.*] (1 a)
23. 4. εἰσπορευέσθωσαν τὸ σάββ. τῶν ἱ. (1 a)
— 6. μὴ εἰσελθέτω . . . ἐὰν μὴ οἱ ἱ. [A ὁ ἱ.] (1 a)
— 8. 'Ιωδαὲ ὁ ἱ. (1 a)
— 8. R 'Ιωδαὲ ὁ ἱ. [A B *om.* ὁ ἱ.] (1 a)
— 11. R 'Ιωδαὲ ὁ ἱ. [A B *om.* ὁ ἱ.] –
— 14. ἐξῆλθεν 'Ιωδαὲ ὁ ἱ. (1 a)
— 14. ἐνετείλατο 'Ιωδαὲ ὁ ἱ. –
— 14. εἶπεν ὁ ἱ., Μὴ ἀποθανέτω (1 a)
— 17. τὸν Ματθὰν ἱερέα [A τὸν ἱ.] τῆς Βάαλ (1 a)
— 18. ἐνεχείρισεν [A B^{1} -ρησεν] 'I. ὁ ἱ. τὰ ἔργα . . . διὰ χειρὸς ἱερέων (–, 1 a)
— 18. A^{2} B ἀνέστησε τὰς ἐφημερίας τῶν ἱ. –
24. 2. πάσας τὰς ἡμέρας 'Ιωδαὲ τοῦ ἱ. (1 a)
— 5. συνήγαγε τοὺς ἱ. καὶ τοὺς Λευίτας (1 a)
— 11. ὁ προστάτης τοῦ ἱ. τοῦ μεγάλου (1 a)
— 12. 'Ιωδαὲ ὁ ἱ. –
— 20. τὸν 'Αζαρίαν τὸν τοῦ 'Ιωδαὲ τὸν ἱ. (1 a)
— 25. ἐν αἵμασιν υἱοῦ 'Ιωδαὲ τοῦ ἱ. (1 a)
26. 17. 'Αζαρίας ὁ ἱ. (1 a)
— 17. μετ' αὐτοῦ ἱερεῖς τοῦ κυρίου (1 a)
— 18. ἀλλ' ἢ τοῖς ἱ. . . . θῦσαι [A θυμιᾶσαι] (1 a)
— 19. ἐν τῷ θυμωθῆναι αὐτὸν πρὸς τοὺς ἱ. (1 a)
— 19. ἐναντίον τῶν ἱ. (1 a)
— 20. ὁ ἱ. ὁ πρῶτος καὶ οἱ ἱ. (1 a, 1 a)
29. 4. εἰσήγαγε τοὺς ἱ. (1 a)
— 16. εἰσῆλθον οἱ ἱ. (1 a)
— 21. εἶπε τοῖς υἱοῖς 'Ααρὼν τοῖς ἱ. (1 a)
— 22. ἐδέξαντο οἱ ἱ. τὸ αἷμα (1 a)
— 24. ἔθυσαν αὐτοὺς οἱ ἱ. (1 a)
— 26. ἔστησαν . . . οἱ ἱ. ταῖς σάλπιγξι (1 a)
— 34. ἀλλ' ἢ οἱ ἱ. ὀλίγοι ἦσαν (1 a)
— 34. ἕως οὗ ἡγνίσθησαν οἱ ἱ. (1 a)
— 34. προθύμως ἥγνισαν [A -νίσθησαν] παρὰ τοὺς ἱ. (1 a)
30. 3. οἱ ἱ. οὐχ ἡγνίσθησαν ἱκανοί (1 a)
— 15. οἱ ἱ. καὶ οἱ Λευῖται ἐνετράπησαν (1 a)
— 16. οἱ ἱ. ἐδέχοντο τὰ αἵματα (1 a)
— 21. καθυμνοῦντες . . . οἱ ἱ. καὶ οἱ Λευῖται (1 a)
— 24. τὰ ἅγια τῶν ἱ. εἰς πλῆθος (1 a)
— 25. οἱ ἱ. καὶ οἱ Λευῖται (1 a)
— 27. ἀνέστησαν οἱ ἱ. οἱ [A καὶ οἱ] Λευῖται (1 a)
31. 2. ἔταξεν 'Εζεκίας τὰς ἐφημερίας τῶν ἱ. (1 a)
— 2. τὰς ἐφημερίας ἑκάστου . . . τοῖς ἱ. (1 a)
— 4. δοῦναι τὴν μερίδα τῶν ἱ. (1 a)
— 9. ἐπυνθάνετο 'Εζεκίας τῶν ἱ. (1 a)
— 10. 'Αζαρίας ὁ ἱ. (1 a)
— 15. διὰ χειρὸς τῶν ἱ. ἐν πίστει (1 a)
— 17. οὗτος ὁ καταλοχισμὸς τῶν ἱ. (1 a)
— 19. παντὶ ἀρσενικῷ ἐν τοῖς ἱ. (1 a)
34. 5. ὀστᾶ ἱερέων κατέκαυσεν (1 a)
— 9. ἦλθον πρὸς Χελκ. τὸν ἱ. τὸν μέγαν (1 a)
— 14. εὗρε Χελκίας ὁ ἱ. (1 a)
— 18. ἔδωκέν μοι Χελκίας ὁ ἱ. (1 a)
— 30. οἱ ἱ. καὶ οἱ Λευῖται (1 a)
35. 2. ἔστησε τοὺς ἱ. ἐπὶ τὰς φυλακὰς αὐ. [A ἑ.] (1 a)
— 8. ἀπήρξαντο τῷ λαῷ καὶ τοῖς ἱ. (1 a)
— 8. ἔδωκε . . . τοῖς ἱ. (1 a)
— 10. ἔστησαν οἱ ἱ. ἐπὶ τὴν στάσιν αὐ. (1 a)
— 11. προσέχεαν οἱ ἱ. τὸ αἷμα (1 a)
— 14. μετὰ τὸ ἑτοιμάσαι αὐτοῖς καὶ τοῖς ἱ. (1 a)
— 14. οἱ ἱ. ἐν τῷ ἀναφέρειν τὰ στέατα (1 a)
— 18. ὃ ἐποίησεν 'Ιωσίας καὶ οἱ ἱ. (1 a)
— 19. οὗ εὗρε Χελκίας ὁ ἱ. –
36. 14. πάντες οἱ ἔνδοξοι 'Ιούδα καὶ οἱ ἱ. (1 a)
I Es. *tit.* A ὁ ἱ. [B *al.*]
1. 2. στήσας τοὺς ἱ.
— 7. ἐδόθη . . . τοῖς ἱ. καὶ Λευίταις
— 8. ἔδωκε . . . τοῖς ἱ. εἰς πάσχα πρόβατα
— 10. εὐπρεπῶς ἔστησαν οἱ ἱ. καὶ οἱ Λευ.
— 13. ἡτοίμασαν ἑαυτοῖς τε καὶ τοῖς ἱ.
— 14. οἱ γὰρ ἱ. ἀνέφερον τὰ στέατα
— 14. οἱ Λευ. ἡτοίμασαν ἑαυτοῖς καὶ τοῖς ἱ.
— 21. οἷον ἤγαγεν 'Ιωσίας καὶ οἱ ἱ.
— 49. καὶ οἱ ἡγούμενοι δὲ τοῦ λαοῦ καὶ τῶν ἱ.
2. 8. οἱ ἀρχίφυλοι . . . καὶ οἱ ἱ.
I Es. 4. 53. πᾶσι τοῖς ἱ. τοῖς προσβαίνουσιν
5. 5. οἱ ἱ. υἱοὶ Φινεές
— 24. οἱ ἱ. οἱ υἱοὶ 'Ιεδδού
— 38. ἐκ τῶν ἱ. οἱ ἐμποιούμενοι ἱερωσύνης
— 40. B ἕως ἀναστῇ ἱ. [A R *al.*]
— 46. κατῳκίσθησαν οἱ ἱ.
— 48. οἱ ἀδελφοὶ αὐτοῦ οἱ ἱ.
— 56. οἱ ἱ. οἱ Λευῖται
— 59. ἔστησαν οἱ ἱ. ἐστολισμένοι
— 63. ἤλθοσαν ἐκ τῶν ἱ. [A -ρῶν] τῶν Λευιτῶν
6. 30. καθὼς ἂν οἱ ἱ. οἱ ἐν 'I. ὑπαγορεύσωσιν
7. 2. A τοῖς πρεσβυτέροις τῶν ἱ. [B 'Ιουδαίων]
— 6. ἐποίησαν οἱ υἱοὶ 'Ισρ. καὶ οἱ ἱ.
— 9. ἔστησαν οἱ ἱ. καὶ οἱ Λευῖται
— 10. ἡγνίσθησαν οἱ ἱ. καὶ οἱ Λευῖται
— 12. ἔθυσαν . . . τοῖς ἀδελφοῖς αὐτῶν τοῖς ἱ.
8. 2. A R τοῦ 'Ααρὼν τοῦ ἱ. τοῦ πρώτου [B τ. πρ. ἱ.]
— 5. συνανέβησαν ἐκ τῶν υἱῶν 'Ισρ. καὶ τῶν ἱ.
— 8. πρὸς Ἔσδραν τὸν ἱ.
— 9. Ἔσδρᾳ τῷ ἱ.
— 10. καὶ τῶν ἱ. καὶ τῶν Λευιτῶν
— 19. Ἔσδρας ὁ ἱ.
— 22. πᾶσι τοῖς ἱ. καὶ τοῖς Λευίταις
— 42. ἐκ τῶν ἱ. [A ἐκ τ. υἱῶν τῶν ἱ.] . . . οὐχ εὑρὼν ἐκεῖ
— 54. ἐχώρισα τῶν φυλάρχων τῶν ἱ.
— 59. τοῖς φυλάρχοις τῶν ἱ.
— 60. οἱ παραλαβόντες οἱ ἱ.
— 62. παρεδόθη . . . Μαρμωθὶ Οὐρίᾳ ἱερεῖ
— 69. οἱ ἄρχοντες καὶ οἱ ἱ.
— 77. σὺν τοῖς ἱ. ἡμῶν
— 96. ὥρκισε τοὺς φυλάρχους τῶν ἱ.
9. 16. Ἔσδρας ὁ ἱ.
— 18. τῶν ἱ. οἱ ἐπισυναχθέντες
— 37. κατῴκησαν οἱ ἱ. καὶ οἱ Λευῖται
— 39. Ἔσδρᾳ τῷ ἱ. [A ἀρχ.]
— 40. παντὶ τῷ πλήθει . . . καὶ πᾶσι τοῖς ἱ.
— 42. ἔστη Ἔσδρας ὁ ἱ.
II Es. *tit.* A ἱερεύς [B *al.*] †
1. 5. ἄρχοντες τῶν πατρ. . . . καὶ οἱ ἱ. [A *om.* κ. οἱ ἱ.] (1 a)
2. 36. οἱ ἱ. υἱοὶ 'Ιεδουά (1 a)
— 61. ἀπὸ τῶν υἱῶν τῶν ἱ. (1 a)
— 63. ἕως ἀναστῇ ἱερεύς (1 a)
— 69. κόθωνοι [A χιτῶνας] τῶν ἱ. ἑκατόν (1 a)
— 70. ἐκάθισαν οἱ ἱ. καὶ οἱ Λευῖται (1 a)
3. 2. A R οἱ ἀδελφοὶ αὐτοῦ ἱερεῖς [B *om.*] (1 a)
— 8. οἱ κατάλοιποι τῶν ἀδ. αὐ. οἱ ἱ. (1 a)
— 10. ἔστησαν οἱ ἱ. ἐστολισμ. ἐν σάλπιγξι (1 a)
— 12. πολλοὶ ἀπὸ τῶν ἱ. (1 a)
6. 9. κατὰ τὸ ῥῆμα ἱερέων [A τῶν ἱ.] (1 b)
— 16. ἐποίησαν οἱ υἱοὶ 'Ισρ. οἱ ἱ. . . . ἐγκαίνια (1 b)
— 18. ἔστησαν τοὺς ἱ. (1 b)
— 20. ἐκαθαρίσθησαν οἱ ἱ. (1 a)
— 20. τοῖς ἀδελφοῖς αὐτῶν τοῖς ἱ. (1 a)
7. 5. R υἱοῦ 'Ααρὼν τοῦ ἱ. τοῦ πρώτου [A B πατρῴου] (1 a)
— 7. ἀνέβησαν . . . ἀπὸ τῶν ἱ. (1 a)
— 11. τῷ Ἔσδρᾳ τῷ ἱ. (1 a)
— 13. ἀπὸ λαοῦ 'Ισρ. καὶ ἱερέων (1 b)
— 16. A R μετὰ . . . ἱερέων τῶν ἑκουσιαζομ. [B ἀκουσ.] (1 b)
— 21. Ἔσδρας ὁ ἱ. (1 b)
— 24. ὑμῖν ἐγνώρισται ἐν πᾶσι τοῖς ἱ. (1 b)
8. 15. συνῆκα ἐν τῷ λαῷ καὶ ἐν τοῖς ἱ. (1 a)
— 24. διέστειλα ἀπὸ ἀρχόντων τῶν ἱ. (1 a)
— 29. ἕως στῆτε ἐνώπ. ἀρχόντων τῶν ἱ. (1 a)
— 30. ἐδέξαντο οἱ ἱ. καὶ οἱ Λευῖται (1 a)
— 33. υἱοῦ Οὐρία τοῦ ἱ. (1 a)
9. 1. οὐκ ἐχωρίσθη ὁ λαὸς 'Ισρ. καὶ οἱ ἱ. (1 a)
10. 5. A S^{3} R τοὺς ἄρχοντας τοὺς ἱ. καὶ [B S^{1} *om.* ἱ. κ.] Λευ. (1 a)
— 10. ἀνέστη Ἔσδρας ὁ ἱ. (1 a)
— 16. διεστάλησαν Ἔσ. ὁ ἱ. καὶ ἄνδρες ἀρχ. (1 a)
— 18. ἀπὸ υἱῶν τῶν ἱ. (1 a)
Ne. 2. 16. τοῖς 'Ιουδαίοις καὶ τοῖς ἱ. (1 a)
3. 1. 'Ελ. ὁ ἱ. ὁ μέγας καὶ οἱ ἀδελφοὶ αὐ. οἱ ἱ. (1 a, 1 a)
— 20. Βηθελιασοὺβ τοῦ ἱ. τοῦ μεγάλου (1 a)
— 22. μετ' αὐτὸν ἐκράτησαν οἱ ἱ. (1 a)
— 28. ἀνώτερον πύλης . . . ἐκράτησαν οἱ ἱ. (1 a)
5. 12. ἐκάλεσα τοὺς ἱ. (1 a)
6. 14. B S^{1} καταλοίποις τῶν ἱ. [A S^{3} R προφητῶν] †
7. 39. οἱ ἱ. υἱοὶ 'Ιωδαέ (1 a)
— 63. ἀπὸ τῶν ἱ. υἱοὶ 'Εβιά (1 a)

Ne. 7. 65. ἕως ἀναστῇ ὁ ἱ. φωτίσων (1 *a*)
— 70, 72. χωθωνὼθ τῶν ἱ. [S -ρῶν] (1 *a*)
— 73. ἐκάθισαν οἱ ἱ. καὶ οἱ Λ. (1 *a*)
8. 2. ἤνεγκεν Ἔσδρας ὁ ἱ. (1 *a*)
● — 4. S^{1} ἔστη Ἔσδρας ὁ ἱ. [A B S^{3} γραμματεύς] †
— 9. εἶπε Νεεμίας καὶ Ἔσδρας ὁ ἱ. (1 *a*)
— 13. συνήχθησαν . . . οἱ ἱ. καὶ οἱ Λευῖται (1 *a*)
9. 32. μόχθος ὃς εὗρεν . . . τοὺς ἱ. ἡμῶν (1 *a*)
— 34. ἡμεῖς ἐξημάρτομεν . . . καὶ οἱ ἱ. ἡμῶν (1 *a*)
— 38 (10. 1). ἐπισφραγίζουσιν . . . ἱερεῖς ἡμῶν (1 *a*)
10. 8 (9). οὗτοι ἱερεῖς (1 *a*)
— 28 (29). οἱ ἱ. οἱ [A καὶ οἱ] Λευῖται οἱ πυλωροί (1 *a*)
— 34 (35). κλήρους ἐβάλομεν . . . οἱ ἱ. (1 *a*)
— 36 (37). ἐνέγκαι . . . τοῖς ἱ. τοῖς λειτουργοῦσιν (1 *a*)
— 37 (38). τὴν ἀπαρχὴν . . . οἴσομεν τοῖς ἱ. (1 *a*)
— 38 (39). A S^{2} R ἔσται ὁ ἱ. υἱὸς [B S^{1} *om.*] Ἀαρών (1 *a*)
— 39 (40). ἐκεῖ . . . οἱ ἱ. καὶ [A *om.*] οἱ λειτουργοί (1 *a*)
11. 3. A S^{1} R ἐκάθισαν [B S^{3} -σεν] ἀνὴρ . . . οἱ ἱ. (1 *a*)
— 10. δεύτερος ἀπὸ τῶν ἱ. (1 *a*)
— 20. S^{3} τὸ δὲ λοιπὸν τοῦ Ἰσραὴλ οἱ ἱ. (1 *a*)
12. 1. οὗτοι οἱ ἱ. καὶ οἱ Λευῖται (1 *a*)
— 7. οὗτοι ἄρχοντες τῶν ἱ. (1 *a*)
— 12. ἐν ἡμέραις Ἰ. ἀδελφοὶ αὐ. [S^{1} *add.* καὶ] οἱ ἱ. (1 *a*)
— 22. καὶ οἱ [A *om.*] ἱ. ἐν βασιλείᾳ Δαρείου (1 *a*)
— 26. Ἔσδρας ὁ ἱ. (1 *a*)
— 30. ἐκαθαρίσθησαν οἱ ἱ. (1 *a*)
— 35. ἀπὸ υἱῶν τῶν ἱ. (1 *a*)
— 41. S^{3} καὶ οἱ ἱ. Ἐλ. Μαασ. Βεν. (1 *a*)
— 44. μερίδας τοῖς ἱ. (1 *a*)
— 44. εὐφροσύνη ἐν Ἰ. [A S ἦν ἐν Ἰ. καὶ] ἐπὶ τοὺς ἱ. (1 *a*)
13. 4. Ἐλιασὶβ ὁ ἱ. (1 *a*)
— 5. A R ἀπαρχὰς [B S -αὶ] τῶν ἱ. (1 *a*)
— 13. ἐπὶ χεῖρα Σελεμία τοῦ ἱ. (1 *a*)
— 28. ἀπὸ υἱῶν Ἰ. τοῦ Ἐ. τοῦ ἱ. τοῦ μεγάλου (1 *a*)
— 30. ἔστησα ἐφημερίας τοῖς ἱ. (1 *a*)
To. 1. 6. ἐδίδουν αὐτὰς [A S -ὰ] τοῖς ἱ. τοῖς υἱοῖς Ἀ.
Ju. 4. 6. ἔγραψεν [S^{1} ἤκουσεν] Ἰ. ὁ ἱ. ὁ μέγας
— 8. καθὰ συνέταξεν αὐτοῖς Ἰ. ὁ ἱ. ὁ μέγ.
— 14. Ἰωακὶμ ὁ ἱ. ὁ μέγας [S^{1} *om.* ὁ μ.]
— 14. B ἱερεῖς καὶ [A *om.*] οἱ λειτουργοῦντες κ.
11. 13. τοῖς ἱ. τοῖς παρεστηκόσιν ἐν Ἱερ.
15. 8. Ἰωακὶμ ὁ ἱ. ὁ μέγας
Es. 10. 3. ὃς ἔφη εἶναι ἱερεύς
Jb. 12. 19. ἐξαποστέλλων ἱ. αἰχμαλώτους (1 *a*)
Ps. 77 (78). 64. οἱ ἱ. αὐ. ἐν ῥομφαίᾳ ἔπεσαν (1 *a*)
98 (99). 6. Μωυσῆς καὶ Ἀαρὼν ἐν τοῖς ἱ. αὐ. (1 *a*)
109 (110). 4. σὺ ἱερεὺς εἰς τὸν αἰῶνα (1 *a*)
131 (132). 9. οἱ ἱ. σου ἐνδύσονται δικαιοσύνην (1 *a*)
— 16. τοὺς ἱ. αὐτῆς ἐνδύσω σωτηρίαν (1 *a*)
Si. 7. 29. τοὺς ἱ. αὐτοῦ θαύμαζε
— 31. δόξασον ἱερέα
50. 1. Σίμ. Ὀν. υἱὸς ἱερεὺς [A ὁ ἱ.] ὁ μέγας
— 12. ἐν δὲ τῷ δέχεσθαι μέλη ἐκ χειρῶν ἱερέων [S^{1} ὀρέων]
— 27. Ἰησοῦς υἱὸς Σ. Ἱεροσολυμίτης [S^{1} ἱερεὺς ὁ Σολ.]
Ho. 4. 4. ὡς ἀντιλεγόμενος ἱερεύς (1 *a*)
— 9. καθὼς ὁ λαὸς οὕτως καὶ ὁ ἱ. (1 *a*)
5. 1. ἀκούσατε ταῦτα οἱ ἱ. (1 *a*)
6. 10 (9). ἔκρυψαν ἱερεῖς ὁδόν (1 *a*)
Am. 1. 15. οἱ ἱ. αὐτῶν καὶ οἱ ἄρχοντες αὐτῶν †
3. 13. ἱερεῖς ἀκούσατε –
7. 10. ἐξαπέστειλεν Ἀμ. ὁ ἱ. Βαιθήλ (1 *a*)
Mi. 3. 11. οἱ ἱ. αὐτῆς μετὰ μισθοῦ ἀπεκρίνοντο (1 *a*)
Jl. 1. 9. A R πενθεῖτε οἱ [B S *om.*] ἱ. (1 *a*)
— 13. κόπτεσθε οἱ ἱ. (1 *a*)
2. 17. κλαύσονται οἱ ἱ. οἱ λειτουργοῦντες (1 *a*)
Ze. 1. 4. ἐξαρῶ . . . τὰ ὀνόματα τῶν ἱ. (1 *a*)
3. 4. οἱ ἱ. αὐτῆς βεβηλοῦσι τὰ ἅγια (1 *a*)
Hg. 1. 1. πρὸς Ἰ. τὸν τοῦ Ἰ. τὸν ἱ. τὸν μέγαν (1 *a*)
— 12. ἤκουσε . . . Ἰ. ὁ τοῦ Ἰ. ὁ ἱ. ὁ μέγας (1 *a*)
— 14. ἐξήγειρε . . . τὸ πνεῦμα Ἰ. τοῦ Ἰ. τοῦ ἱ. τοῦ μεγ. (1 *a*)
2. 3 (2). πρὸς Ἰ. τὸν τοῦ Ἰ. τὸν ἱ. τὸν μέγαν (1 *a*)
— 5 (4). κατίσχυε, Ἰ. ὁ τοῦ Ἰ. ὁ ἱ. ὁ μέγας (1 *a*)
— 12 (11). ἐπερώτησον τοὺς ἱ. νόμον (1 *a*)
— 13 (12), 14 (13). ἀπεκρίθησαν οἱ ἱ. (1 *a*)
Za. 3. 1. ἔδειξέ μοι . . . τὸν Ἰ. τὸν ἱ. τὸν μέγαν (1 *a*)
— 9 (8). ἄκουε δή, Ἰ. ὁ ἱ. ὁ μέγας (1 *a*)

Za. 6. 11. ἐπὶ τὴν κεφ. Ἰ. τοῦ Ἰ. τοῦ ἱ. τοῦ μεγ. (1 *a*)
— 13. ἔσται ὁ ἱ. ἐκ δεξιῶν αὐτοῦ (1 *a*)
7. 3. λέγων πρὸς τοὺς ἱ. τοὺς ἐν τῷ οἴκῳ κ. (1 *a*)
— 5. εἰπὸν . . . πρὸς τοὺς ἱ. (1 *a*)
Ma. 1. 6. ὑμεῖς οἱ ἱ. οἱ φαυλίζοντες τὸ ὄν. μου (1 *a*)
2. 1. ἡ ἐντολὴ αὕτη πρὸς ὑμᾶς, οἱ ἱ. (1 *a*)
— 7. χείλη ἱερέως φυλάξεται γνῶσιν (1 *a*)
Is. 24. 2. ἔσται ὁ λαὸς ὡς ὁ ἱ. (1 *a*)
28. 7. ἱ. καὶ προφήτης ἐξέστησαν (1 *a*)
37. 2. καὶ [A πρὸς] τοὺς πρεσβυτ. τῶν ἱ. (1 *a*)
40. 2. ἱερεῖς λαλήσατε εἰς τὴν καρδίαν Ἱερ. –
61. 6. ἱερεῖς κυρίου κληθήσεσθε (1 *a*)
66. 21. λήψομαι [A *add.* ἐμαυτῷ, S ἐμοὶ] ἱερεῖς (1 *a*)
Je. 1. 1. ἐγένετο ἐπὶ Ἱερ. τὸν τοῦ Χελκ. ἐκ τῶν ἱ. (1 *a*)
2. 8. οἱ ἱ. οὐκ εἶπαν (1 *a*)
— 26. αἰσχυνθήσονται . . . οἱ ἱ. αὐτῶν (1 *a*)
4. 9. οἱ ἱ. ἐκστήσονται (1 *a*)
5. 31. οἱ ἱ. ἐπεκρότησαν ταῖς χερσὶν αὐ. (1 *a*)
6. 13. A R ἀπὸ ἱερέως καὶ [B S *om.*] ἕως ψευδοπροφ. (1 *a*)
8. 1. ἐξοίσουσι . . . τὰ ὀστᾶ τῶν ἱ. (1 *a*)
13. 13. πληρῶ . . . τοὺς ἱ. (1 *a*)
14. 18. ἱ. καὶ προφήτης ἐπορεύθησαν (1 *a*)
18. 18. οὐκ ἀπολεῖται νόμος ἀπὸ ἱερέως [S^{1} -ων] (1 *a*)
19. 1. ἄξεις . . . ἀπὸ [A *add.* τῶν πρεσβυτ.] τῶν ἱ. (1 *a*)
20. 1. ἤκουσε Πασχὼρ υἱὸς Ἐμμὴρ ὁ ἱ. (1 *a*)
21. 1. ἀπέστειλε πρὸς αὐτὸν . . . Σοφ. . . . τὸν ἱ. (1 *a*)
23. 11. ἱ. καὶ προφήτης ἐμολύνθησαν (1 *a*)
— 33. ὁ λαὸς οὗτος ἢ ἱ. ἢ προφήτης (1 *a*)
— 34. ὁ προφήτης καὶ οἱ ἱ. [A S ὁ ἱ.] (1 *a*)
30 (49). 3. οἱ ἱ. αὐ. καὶ οἱ ἄρχοντες ἅμα (1 *a*)
31 (48). 7. ἐξελεύσεται Χ. ἐν ἀποικίᾳ καὶ οἱ ἱ. αὐ. (1 *a*)
33 (26). 7. ἤκουσαν οἱ ἱ. (1 *a*)
— 8. συνελάβοσαν αὐτὸν οἱ ἱ. (1 *a*)
— 11. εἶπαν οἱ ἱ. καὶ οἱ ψευδοπροφῆται (1 *a*)
— 16. εἶπαν οἱ ἄρχοντες . . . πρὸς τοὺς ἱ. (1 *a*)
34 (27). 16. τοῖς ἱ. ἐλάλησα (1 *a*)
35 (28). 1. κατ' ὀφθαλμοὺς τῶν ἱ. (1 *a*)
— 5. εἶπεν Ἱερ. . . . κατ' ὀφθαλμοὺς τῶν ἱ. (1 *a*)
36 (29). 1. οὓς ἀπέστειλεν Ἱερ. . . . πρὸς τοὺς ἱ. (1 *a*)
— 25. πρὸς Σοφ. υἱὸν Μ. τὸν ἱ. εἰπέ [A S *al.*] (1 *a*)
— 26. A S R ἔδωκέ σε ἱερέα [B εἰς ἱ.] ἀντὶ Ἰωδ. τοῦ ἱ. (1 *a*, 1 *a*)
38 (31). 14. μεθύσω τὴν ψυχὴν τῶν ἱ. (1 *a*)
39 (32). 32. αὐτοὶ καὶ . . . οἱ ἱ. αὐτῶν (1 *a*)
41 (34). 19. δώσω . . . τοὺς δυνάστας καὶ τοὺς ἱ. (1 *a*)
44 (37). 3. ἀπέστειλεν ὁ βασ. . . . τὸν Σοφ. . . . τὸν ἱ.
52. 24. τὸν ἱ. τὸν πρῶτον [S^{1} δεύτερον] καὶ τὸν ἱ. τὸν δευτεροῦντα (1 *a*, 1 *a*)
Ba. 1. 7. ἀπέστειλαν . . . πρὸς Ἰ. . . . τὸν ἱ. καὶ πρὸς τοὺς ἱ.
— 16. ἡμῖν δὲ αἰσχύνη . . . καὶ τοῖς ἱ. ἡμῶν
La. 1. 4. οἱ ἱ. αὐτῆς ἀναστενάζουσιν (1 *a*)
— 19. οἱ ἱ. μου καὶ οἱ πρεσβύτεροί μου (1 *a*)
2. 6. παρώξυνεν . . . βασιλέα καὶ ἱερέα (1 *a*)
— 20. ἀποκτενεῖς . . . ἱερέα καὶ προφήτην (1 *a*)
4. 13. ἀδικιῶν ἱερέων αὐτῆς (1 *a*)
— 16. πρόσωπον ἱερέων οὐκ ἔλαβον (1 *a*)
Ep. Je. 10. ὑφαιρούμενοι οἱ ἱ. . . . χρυσίον
— 18. τοὺς οἴκους αὐ. ὀχυροῦσιν οἱ ἱ.
— 28. τὰς δὲ θυσίας αὐ. ἀποδόμενοι οἱ ἱ. αὐ.
— 31. οἱ ἱ. διφρεύουσιν [A διαφθείρ.]
— 33. ἀπὸ τοῦ ἱματισμοῦ αὐ. ἀφελόμ. οἱ ἱ.
— 48. οἱ ἱ. ποῦ συναποκρυβῶσι μετ' αὐτῶν
— 55. οἱ μὲν ἱ. αὐτῶν φεύξονται
Ez. 1. 3. ἐγένετο λόγος κ. πρὸς Ἰεζ. . . . τὸν ἱ. (1 *a*)
7. 26. νόμος ἀπολεῖται ἐξ ἱερέως (1 *a*)
22. 26. οἱ ἱ. αὐτῆς ἠθέτησαν νόμον μου (1 *a*)
40. 45. ἡ ἐξέδρα αὕτη . . . τοῖς ἱ. (1 *a*)
— 46. ἡ ἐξέδρα ἡ βλέπ. πρὸς βορρᾶν τοῖς ἱ. (1 *a*)
42. 13. φάγονται ἐκεῖ οἱ ἱ. οἱ υἱοὶ Σαδδούκ (1 *a*)
— 14. οὐκ εἰσελεύσονται ἐκεῖ πάρεξ τῶν ἱ. (1 *a*)
43. 19. δώσεις τοῖς ἱ. τοῖς Λευίταις (1 *a*)
— 24. ἐπιρρίψουσιν οἱ ἱ. ἐπ' αὐτὰ ἅλα (1 *a*)
— 27. ποιήσουσιν οἱ ἱ. . . . τὰ ὁλοκαυτώμ. ὑμῶν (1 *a*)
44. 15. οἱ ἱ. οἱ Λευῖται οἱ υἱοὶ τοῦ Σαδδούκ (1 *a*)
— 21. οἶνον οὐ μὴ πίωσι πᾶς ἱ. (1 *a*)
— 22. χήρα ἐὰν γένηται ἐξ ἱερέως (1 *a*)

Ez. 44. 30. ἐκ πάντων τῶν ἀπαρχῶν ὑμ. τοῖς ἱ. ἔσται καὶ τὰ πρωτογεννήμ. ὑμ. δώσετε τῷ ἱ. (1 *a*, 1 *a*)
— 31. πᾶν θνησιμαῖον . . . οὐ φάγονται οἱ ἱ. (1 *a*)
45. 4. ἀπὸ [A ἅγιον ἀ.] τῆς γῆς ἔσται τοῖς ἱ. (1 *a*)
— 19. λήψεται ὁ ἱ. ἀπὸ τοῦ αἵματος (1 *a*)
46. 2. ποιήσουσιν οἱ ἱ. τὰ ὁλοκαυτώμ. αὐ. (1 *a*)
— 19. εἰς τὴν ἐξέδραν τῶν ἁγίων τῶν ἱ. (1 *a*)
— 20. ἑψήσουσιν ἐκεῖ οἱ ἱ. τὰ ὑπὲρ ἀγνοίας (1 *a*)
48. 10. τούτων ἔσται ἡ ἀπαρχὴ τῶν ἁγ. τοῖς ἱ. (1 *a*)
— 11. τοῖς ἱ. τοῖς ἡγιασμ. υἱοῖς Σ. (1 *a*)
— 13. τοῖς δὲ Λ. τὰ ἐχόμ. τῶν ὁρίων τῶν ἱ. (1 *a*)
Da. LXX. 3. (84). εὐλογεῖτε ἱερεῖς . . . τὸν κύριον
Bel 1. ἄνθρωπός τις ἦν ἱ.
— 9. ἦσαν δὲ τῷ Βὴλ ἱερεῖς ἑβδομήκοντα
— 13. τοῖς δακτυλίοις τινῶν ἐνδόξων ἱ.
— 14. οἱ δὲ ἱ. τοῦ Βὴλ . . . εἰσελθόντες
— 15. ἐπίδετε τὰς σφραγῖδας ὑμῶν . . . ἄνδρες ἱ.
— 18. ἴδε τὸν δόλον τῶν ἱ.
— 20. ἐν ᾧ ἦσαν οἱ ἱ. καταγινόμενοι
— 20. δι' ὧν εἰσπορευόμενοι οἱ ἱ.
Da. TH. 3. (84). εὐλογεῖτε ἱερεῖς [A ἱ. κυρίου] τὸν κύριον
Bel 8. ἐκάλεσε τοὺς ἱ. αὐτοῦ
— 10. ἦσαν ἱερεῖς [A οἱ ἱ.] τοῦ Βὴλ ἑβδομήκοντα
— 11. εἶπαν οἱ ἱ. τοῦ Βήλ
— 15. οἱ δὲ ἱ. ἦλθον τὴν νύκτα
— 21. συνέλαβε τοὺς ἱ.
— 28. τοὺς ἱ. κατέσφαξε [A^{1} -έτρεψεν]
I Ma. 2. 1. ἀνέστη Μ. . . . ἱερεὺς τῶν υἱῶν Ἰω.
3. 51. καὶ οἱ ἱ. σου ἐν πένθει
4. 42. ἐπέλεξεν ἱ. ἀμώμους
5. 67. S R ἔπεσον ἱερεῖς ἐν [A *om.*] πολέμῳ
7. 14. ἄνθρωπος ἱ. ἐκ τοῦ σπέρματος Ἀ.
— 33. ἐξῆλθον ἀπὸ τῶν ἱ.
— 36. εἰσῆλθον οἱ ἱ.
10. 42. διὰ τὸ ἀνήκειν αὐτὰ τοῖς ἱ.
11. 23. A R ἐπέλεξε . . . τῶν ἱ. [S *al.*]
12. 6. οἱ ἱ. καὶ ὁ λοιπὸς δῆμος
— 20. Ὀνιάρης . . . Ὀνίᾳ ἱ. μεγάλῳ χαίρειν
14. 20. Σπαρτιατῶν ἄρχοντες . . . Σίμωνι ἱ. μεγάλῳ . . . καὶ τοῖς ἱ.
— 28. S R ἐπὶ συναγωγῆς μεγάλης ἱερέων [A τῶν ἱ.]
— 29. S υἱὸς υἱῶν ἱερεὺς τῶν [A R υἱὸς τῶν] υἱ. Ἰ.
— 41. οἱ Ἰουδ. καὶ οἱ ἱ. εὐδόκησαν
— 44. οὐκ ἐξέσται οὐδενὶ . . . τῶν ἱ.
— 47. ἐθνάρχης τῶν Ἰουδ. καὶ ἱερέων
15. 1. ἀπέστειλεν Ἀντ. . . . ἐπιστολὰς . . . Σίμωνι ἱ.
— 2. βασιλεὺς Ἀντ. Σίμωνι ἱ. μεγάλῳ
II Ma. 1. 10. ὄντι δὲ ἀπὸ τοῦ τῶν χριστῶν ἱ. γένους
— 13. τῶν περὶ τὴν Ναναίαν ἱ.
— 15. προθέντων αὐτὰ τῶν ἱ. τῆς Ναναίας
— 19. R οἱ τότε [A τε] εὐσεβεῖς ἱ.
— 20. τοὺς ἐκγόνους τῶν ἱ. τῶν ἀποκρυψάντων
— 21. ἐκέλευσε τοὺς ἱ. Νεεμίας
— 23. προσευχὴν δὲ ἐποιήσαντο οἱ ἱ. . . . οἵ τε ἱ. καὶ πάντες
— 30. οἱ δὲ ἱ. ἐπέψαλλον τοὺς ὕμνους
— 33. οἱ μεταχθέντες ἱ.
3. 15. οἱ δὲ ἱ. πρὸ τοῦ θυσιαστηρίου
4. 14. ὥστε μηκέτι . . . προθύμους εἶναι τοὺς ἱ.
8. 33. A τοὺς ἐμπρήσαντας τοὺς ἱ. [R -οὺς] πυλῶνας
14. 31. τῶν ἱ. τὰς καθηκ. θυσίας προσαγόντων
— 34. οἱ δὲ ἱ. προτείναντες τὰς χεῖρας
15. 31. τοὺς ἱ. πρὸς τοῦ θυσιαστηρίου στήσας
III Ma. 1. 11. μηδὲ πᾶσι τοῖς ἱ.
— 16. R τῶν δὲ ἱ. . . . προπεσόντων [A προσπεσ.]
3. 21. μετόχους τῶν ἀεὶ ἱ. καταστῆσαι
6. 1. R ἀνὴρ ἐπίσημος τῶν ἀπὸ τῆς χώρας ἱ. [A Ἰουδαίων]
7. 13. οἱ τούτων ἱ. . . . ἐπιφωνήσαντες τὸ ἀλληλούϊα
IV Ma. 4. 9. A R τῶν δὲ ἱ. [S γεραιῶν] . . . ἱκετευσάντων τὸν θ.
5. 4. Ἐλεάζαρος τὸ γένος ἱερεύς
— 29. A οὔτε τοὺς ἱ. [S R μὰ τοὺς ἱεροὺς] τῶν προγ.
7. 6. ὦ ἄξιε τῆς ἱερωσύνης ἱ.
17. 9. ἐνταῦθα γέρων ἱ. καὶ γυνὴ γεραιά

[**Aq.** Ge. 47. 22 : Jo. 4. 3, 11 : II Ki. 6. 2 : 8. 18 : III Ki. 4. 2, 5 : IV Ki. 16. 11 : 23. 4 : Is. 8. 2 : Je. 29 (36). 25 : 34 (41). 19.]

[**Sm.** Ge. 47. 22 : Jo. 4. 3, 11 : II Ki. 8. 18 : 20. 26 : III Ki. 4. 2, 5 : IV Ki. 16. 11 : 17.

● = correction on page xxvi

27 : 23. 4 : II CH. 15. 3 : IS. 8. 2 : JE. 29 (36). 25.]
[Th. JO. 4. 3, 11 : 21. 20 : III KI. 4. 2 : IV KI. 17. 27 : IS. 8. 2 : JE. 1. 18 : 8. 10 : 33 (40). 18, 21 : DA. 3. (84).]
[Heb. EX. 31. 10 : II KI. 8. 18 : IV KI. 17. 27.]
[Al. LE. 7. 7 : 14. 36 : II KI. 20. 26.]
[Sam. LE. 27. 14.]
[Quint. IV KI. 16. 11 : 17. 27 : 23. 4.]

ἱερόδουλος.

I Es. 1. 2. εἶπε τοῖς Λευ. ἱεροδούλοις τοῦ Ἰσρ.
5. 29. οἱ ἱ. υἱοὶ Ἡσαῦ
— 35. πάντες οἱ ἱ. . . . τριακόσιοι
8. 5. ἐκ τῶν υἱῶν Ἰσρ. . . . καὶ ἱεροδούλων
— 22. καὶ ἱεροδούλοις . . . τοῦ ἱεροῦ
— 49. A R ἐκ τῶν ἱ. ὧν ἔδωκε Δαυὶδ . . . ἱεροδούλους διακοσίους καὶ εἴκοσι [B al.]

ἱεροπρεπής.

IV Ma. 9. 25. ὁ ἱ. νεανίας ἀπέρρηξε τὴν ψυχήν
11. 20. S R ὦ ἱ. ἀγῶνος [A αἰῶνος]

ἱερός (*incl.* τὸ ἱερόν). (1) בַּיִת (2) יוֹבֵל (3) כָּנָף (4) מִקְדָּשׁ (5) עֲזָרָה

Jo. 6. 7 (8). ἔχοντες ἑπτὰ σάλπιγγας ἱ. (2)
I Ch. 9. 27. ἀνοίγειν τὰς θύρας τοῦ ἱ. –
29. 4. ἐξαλιφῆναι . . . τοὺς τοίχους τοῦ ἱ. (1)
II Ch. 6. 13. ἐν μέσῳ τῆς αὐλῆς τοῦ ἱ. –
I Es. 1. 2. στήσας τοὺς ἱερεῖς . . . ἐν τῷ ἱ. τοῦ κ.
— 5. A στάντες ἐν τῷ ἱ. [B ἁγίῳ]
— 8. οἱ ἐπιστάται τοῦ ἱ.
— 41. ἀπὸ τῶν ἱ. σκευῶν τοῦ κ. λαβὼν N.
— 45. ἅμα τοῖς ἱ. σκεύεσι τοῦ κυρίου
— 49. ἐμίαναν τὸ ἱ. τοῦ κυρίου
— 53. περικύκλῳ τοῦ ἁγίου αὐτῶν ἱ.
— 54. πάντα τὰ ἱ. σκεύη τοῦ κυρίου
2. 7. εἰς τὸ ἱ. τοῦ κυρίου τὸ ἐν Ἱερ.
— 10. A R ἐξήνεγκε τὰ ἱ. [B ἅγια] σκεύη τοῦ κ.
— 30. ἤργει ἡ οἰκοδομὴ τοῦ ἱ.
4. 51. εἰς τὴν οἰκοδομὴν τοῦ ἱ.
— 63. οἰκοδομῆσαι Ἱερ. καὶ τὸ ἱ.
5. 44. εἰς τὸ ἱ. τοῦ θεοῦ τὸ ἐν Ἱερ.
— 45. δοῦναι εἰς τὸ ἱ. γαζοφυλάκιον
— 56. παραγενόμενος εἰς τὸ ἱ. τοῦ θεοῦ
— 63. A ἦλθοσαν ἐκ τῶν ἱ. [B -ρέων] τῶν Λευιτῶν
6. 18. τὰ ἱ. σκεύη τὰ χρυσᾶ
— 26. τὰ ἱ. σκεύη τοῦ οἴκου κυρίου
7. 2. ἐπεστάτουν τῶν ἱ. ἔργων
— 3. εὔοδα ἐγίνετο τὰ ἱ. ἔργα
— 7. εἰς τὸν ἐγκαινισμὸν τοῦ ἱ. τοῦ κ.
8. 14. εἰς τὸ ἱ. τοῦ κυρίου θεοῦ αὐτῶν
— 17. A R τὰ ἱ. σκεύη τοῦ κυρίου [B σκ. σου]
— 17. εἰς τὴν χρείαν τοῦ ἱ. τοῦ θ. σου
— 17. A B εἰς τὴν χρείαν τοῦ ἱ. τοῦ θ. σου
— 18. A δώσεις ἐκ τοῦ ἱ. [B βασιλικ.] γαζοφυλακ.
— 22. καὶ πραγματικοῖς τοῦ ἱ. τούτου
— 55. τὰ ἱ. σκεύη τοῦ οἴκου τοῦ κ.
— 60. R εἰσήνεγκαν [A B ἠν.] εἰς τὸ ἱ. τοῦ κ.
— 67. ἐδόξασαν τὸ ἔθνος καὶ τὸ ἱ. τοῦ κ.
— 71. A R διέρρηξα [B ἔρρ.] . . . τὴν ἱ. ἐσθῆτα
— 73. διερρηγμ. ἔχων τὰ ἱμ. καὶ τὴν ἱ. ἐσθῆτα
— 81. δοξάσαι τὸ ἱ. τοῦ κ. ἡμῶν
— 91. ἔμπροσθεν τοῦ ἱ.
9. 1. ἀπὸ τῆς αὐλῆς τοῦ ἱ.
— 6. ἐν τῇ εὐρυχώρῳ τοῦ ἱ.
— 38. B τοῦ πρὸς ἀνατολὰς [A R *add.* τοῦ] ἱεροῦ πυλῶνος
— 41. A R ἐν τῷ πρὸ τοῦ ἱ. πυλῶνος εὐρυχώρῳ [B -ου]
II Es. 6. 3. περὶ οἴκου ἱεροῦ [A τοῦ] θεοῦ –
Ne. 7. 72. S χωθωνὼθ τῶν ἱ. [A B -ρέων] †
Ju. 4. 1. B S ἐσκύλευσε πάντα [S *om.*] τὰ ἱ. [A ὅρια] αὐ.
Si. 50. 2. ἀνάλημμα ὑψηλὸν περιβόλου ἱ.
Ez. 27. 6. τὰ ἱ. σου ἐποίησαν ἐξ ἐλέφαντος †
28. 18. ἐβεβήλωσα [A -ας] τὰ ἱ. σου (4)
45. 19. ἐπὶ τὰς τέσσαρας γωνίας τοῦ ἱ. (5)
Da. LXX. 1. 2. μέρος τι τῶν ἱ. σκευῶν τοῦ κ. (1?)
9. 27. ἐπὶ τὸ ἱ. βδέλυγμα τῶν ἐρημώσ. ἔσται (3)
Bel 7. ἐκάλεσε τοὺς προεστηκότας τοῦ ἱ.
Da. TH. 9. 27. ἐπὶ τὸ [A τὸν] ἱ. βδέλυγμα τῶν ἐρημώσ. (3)
Bel 22. κατέστρεψεν . . . τὸ ἱ. αὐτοῦ
I Ma. 6. 2. τὸ ἱ. τὸ ἐν αὐτῇ πλούσιον σφόδρα
10. 43. ὅσοι ἐὰν φύγωσιν εἰς τὸ ἱ.
— 84. ἔλαβε . . . τὸ ἱ. Δαγών
I Ma. 10. 84. A καὶ τὸ ἱ. αὐτῆς ἐνεπύρισεν [S R al.]
11. 4. ἔδειξαν αὐτῷ τὸ ἱ. Δαγών
13. 52. προσωχύρωσε τὸ ὄρος τοῦ ἱ.
15. 9. δοξάσωμέν σε . . . καὶ τὸ ἱ.
16. 8. R ἐσάλπισαν ταῖς ἱ. [A S *om.*] σάλπιγξι
— 20. καταλαβέσθαι . . . τὸ ὄρος τοῦ ἱ.
II Ma. 1. 13. κατεκόπησαν ἐν τῷ τῆς Ναναίας ἱ.
— 15. συγκλείσαντες τὸ ἱ.
— 18. ἄγειν . . . τὸν καθαρισμὸν τοῦ ἱ.
— 18. οἰκοδομήσας τό τε ἱ.
— 34. περιφράξας δὲ ὁ βασ. ἱερὸν ἐποίησε
2. 9. θυσίαν . . . τῆς τελειώσεως τοῦ ἱ.
— 19. R τὸν τοῦ ἱ. τοῦ μεγ. [A μεγίστου] καθαρ.
— 22. τὸ περιβόητον καθ' ὅλην τὴν οἰκουμ. ἱ.
3. 2. καὶ τὸ ἱ. . . . δοξάζειν
— 4. Σίμων . . . προστάτης τοῦ ἱ. καθεσταμένος
— 12. τοῦ τετιμημ. κατὰ τὸν σύμπ. κόσμον ἱ.
— 13. A ὁ δὲ ἱ. [R Ἡλιόδωρος] . . . ἔλεγεν
— 30. τὸ μικρῷ πρότερον δέους . . . γέμον ἱ.
4. 32. χρυσώματά τινα τῶν τοῦ ἱ.
— 48. πόλεως καὶ δήμων καὶ τῶν ἱ. σκευῶν
5. 15. τὸ πάσης τῆς γῆς ἁγιώτατον ἱ.
— 16. τὰ ἱ. σκεύη λαμβάνων
— 21. ἀπενεγκάμενος ἐκ τοῦ ἱ. τάλαντα
6. 4. τὸ μὲν γὰρ ἱ. ἀσωτίας . . . ἐπεπλήρωτο
— 4. ἐν τοῖς ἱ. περιβόλοις
8. 23. R παραγνοὺς [A -αναγνοὺς] τὴν ἱ. βίβλον
— 33. R τοὺς ἐμπρήσαντας τοὺς ἱ. [A -εῖς] πυλῶνας
9. 16. τὰ ἱ. σκεύη πολυπλάσια πάντα ἀποδώσειν
10. 1. τὸ μὲν ἱ. ἐκομίσαντο
11. 3. τὸ δὲ ἱ. ἀργυρολόγητον
— 25. τό τε ἱ. ἀποκατασταθῆναι αὐτοῖς
13. 10. τοῖς . . . ἱ. ἁγίου στερεῖσθαι μέλλουσι
— 14. R ἀγωνίσασθαι . . . περὶ [A *add.* νόμων] ἱεροῦ πόλεως
14. 4. R τῶν νομιζομένων θαλλῶν τοῦ ἱ. [A al.]
— 13. ἀρχιερέα τοῦ μεγίστου ἱ.
— 31. παραγενόμενος ἐπὶ τὸ μέγιστον . . . ἱ.
— 33. ἱερὸν ἐνταῦθα . . . ἀναστήσω
15. 17. καὶ τὸ ἱ. κινδυνεύειν
III Ma. 1. 10. θαυμάσας δὲ καὶ τὴν τοῦ ἱ. εὐταξίαν
— 16. κραυγῆς τε . . . τὸ ἱ. ἐμπλησάντων
— 20. εἰς τὸ πανυπέρτατον ἱ. ἠθροίζοντο
2. 28. A μηδένα . . . ἐπὶ [R εἰς] τὰ ἱ. αὐτῶν εἰσιέναι
3. 16. τοῖς κατὰ πόλεσιν ἱ. ἀπονείμαντες
— 16. τιμῆσαι τὸ ἱ. τῶν ἀλιτηρίων
IV Ma. 2. 22. περὶ πάντων τὸν ἱ. ἡγεμόνα νοῦν
4. 3. A R τῷ ἱ. [S τοῖς ἱ.] μὴ ἐπικοινωνούσας
— 7. οἱ . . . πιστεύσαντες τῷ ἱ. θησαυρῷ
— 8. ὁ Ἀπολλώνιος ἀπῄει εἰς τὸ ἱ.
— 9. ἐν τῷ ἱ. ἱκετευσάντων τὸν θ.
— 9. S R τοῦ ἱ. [A *om.*] καταφρονουμένου τόπου
— 11. ἐπὶ τὸν πάμφυλον τοῦ ἱ. περίβολον
— 12. τὴν τοῦ ἱ. τόπου μακαριότητα
— 20. τὴν τοῦ ἱ. κηδεμονίαν
5. 29. S R μὰ τοὺς ἱ. [A οὔτε τοὺς ἱερεῖς] τῶν προγ.
6. 30. ταῦτα εἰπὼν ὁ ἱ. ἀνήρ
7. 4. τὴν ἱ. ψυχὴν . . . στρέβλαις πυρπολούμενος
— 6. οὐκ ἐμίανας τοὺς ἱ. ὀδόντας
9. 23. ἱ. καὶ εὐγενῆ στρατείαν στρατεύσασθε
13. 8. ἱ. γὰρ εὐσεβείας στήσαντες χορόν
14. 3. S ὦ ἱερᾶς . . . περὶ τῆς ἱ. [A R εὐσεβείας] τῶν ἑπτὰ ἀδελφῶν συμφωνίας
— 6. οἱ ἱ. μείρακες ἐκεῖνοι
15. 13. ὦ φύσις ἱ. καὶ φίλτρα γονέων
16. 11. οὐδένα ὠλοφύρετο ἡ ἱ. . . . μήτηρ
[Th. DA. 9. 27.]
[Sext. PS. 28 (29). 5.]

ἱεροστάτης.

I Es. 7. 2. συνεργοῦντες τοῖς πρεσβυτ. . . . καὶ ἱ.

ἱεροσυλεῖν.

II Ma. 9. 2. καὶ ἐπεχείρησεν ἱεροσυλεῖν

ἱεροσύλημα.

II Ma. 4. 39. γενομένων δὲ πολλῶν ἱ.

ἱεροσυλία.

II Ma. 13. 6. τὸν ἱεροσυλίας ἔνοχον ὄντα

ἱερόσυλος.

II Ma. 4. 42. αὐτὸν δὲ τὸν ἱ. . . . ἐχειρώσαντο

ἱερουδίθ.

[Al. JD. 19. 1 (18. 31).]

ἱερουργεῖν.

IV Ma. 7. 8. R τοὺς ἱερουργοῦντας τὸν νόμον [A S al.]

ἱερουργία.

IV Ma. 3. 20. S R χρήμ. εἰς τὴν ἱ. αὐτοῖς ἀφορίσαι [A ἀποφ.]

ἱεροψάλτης.

I Es. 1. 15. οἱ ἱ. υἱοὶ Ἀσάφ
5. 27. R οἱ [A B υἱοὶ] ἱ. υἱοὶ Ἀσάφ
— 46. οἵ τε ἱ. καὶ οἱ θυρωροί
8. 5. ἐκ τῶν υἱῶν Ἰσρ. . . . καὶ ἱ.
— 22. καὶ ἱεροψάλταις [A τοῖς ἱ.] καὶ θυρωροῖς
9. 24. ἐκ τῶν ἱ.

ἱερόψυχος.

IV Ma. 17. 4. ὦ μήτηρ ἱ.

ἱερχθή.

[Heb. PS. 47 (48). 3.]

ἱέρωμα.

II Ma. 12. 40. εὗρον δὲ . . . ὑπὸ τοὺς χιτῶνας ἱερώματα

ἱερωσύνη. (1) כָּהֵן

I Ch. 29. 22. ἔχρισαν . . . Σαδὼκ εἰς ἱερωσύνην (1)
I Es. 5. 38. οἱ ἐμποιούμενοι ἱερωσύνης
Si. 45. 24. ἵνα αὐτῷ ᾖ . . . ἱερωσύνης μεγαλεῖον
I Ma. 2. 54. A R διαθήκην [S κλῆρον διαθήκης] ἱ. αἰωνίας [A ἁγίας]
3. 49. ἤνεγκαν τὰ ἱμάτια τῆς ἱ.
7. 9. ἔστησεν αὐτῷ τὴν ἱ.
— 21. S ἠγωνίσατο Ἄ. περὶ τῆς ἱ. [A R ἀρχι.]
IV Ma. 5. 35. οὐδὲ ἐξαρνήσομαί σε, ἱ. τιμία
7. 6. ὦ ἄξιε τῆς ἱ. ἱερεῦ

ἱεσρό.

[Heb. IS. 26. 3.]

ἰησήβ.

[Heb. PS. 9. 8.]

ἱκανός. (1) אִישׁ דְּבָרִים (2) דַּי (3) הוֹן (4) ἱ. εἶναι כּוּל hi. (5) כַּמֶּה (6) מִדַּי (7) c. neg. מְעַט (8) c. neg. קָלַל ni. (9) שַׁדַּי

Ge. 30. 15. οὐχ ἱκανόν σοι ὅτι ἔλαβες τὸν ἄνδρα (7)
33. 15. ἱκανὸν ὅτι εὗρον χάριν –
Ex. 4. 10. οὐχ ἱκανός εἰμι πρὸ τῆς ἐχθές (1)
12. 4. ὥστε μὴ εἶναι ἱκανοὺς εἰς πρόβατον –
36. 7. τὰ ἔργα ἦν αὐτοῖς ἱκανά (2)
Le. 5. 7. ἐὰν δὲ μὴ ἰσχύῃ ἡ χεὶρ αὐ. τὸ ἱ. (2)
12. 8. ἐὰν δὲ μὴ εὑρίσκῃ ἡ χεὶρ αὐτῆς τὸ ἱ. (2)
25. 26. εὑρεθῇ αὐτῷ τὸ ἱ. λύτρα αὐτοῦ (2)
— 28. A B[1] ἐὰν δὲ μὴ εὑρέθῃ [B[2] R εὐπορηθῇ] ἡ χ. αὐ. τὸ ἱ. (2)
Ru. 1. 20. ἐπικράνθη ἐν ἐμοὶ ὁ ἱ. σφόδρα (9)
— 21. B ὁ ἱ. ἐκάκωσέ με (9)
I Ki. 18. 30. A ἀφ' ἱκανοῦ ἐξοδίας αὐτῶν (2)
III Ki. 16. 31. οὐκ ἦν αὐτῷ ἱκανόν (8)
IV Ki. 4. 8. ἀφ' ἱκανοῦ τοῦ εἰσπορεύεσθαι αὐτόν (2)
II Ch. 30. 3. οἱ ἱερεῖς οὐχ ἡγνίσθησαν ἱκανοί (6)
To. 5. 19. τοῦτο ἱκανὸν ἡμῖν ὑπάρχει [S *om.*]
Jb. 21. 15. τί ἱκανὸς ὅτι δουλεύσομεν αὐτῷ (9)
31. 2. κληρονομία ἱκανοῦ ἐξ ὑψίστων [A -ου, S[1] ἐν ὑψίστῳ] (9)
39. 32 (40. 2). μὴ κρίσιν μετὰ ἱκανοῦ ἐκκλίνει (9)
Pr. 24. 50 (30. 15). ἡ τετάρτη οὐκ ἠρκέσθη εἰπεῖν, Ἱκανόν (3)
25. 16. μέλι εὑρὼν φάγε τὸ ἱ. (2)
Wi. 18. 12. οὐδὲ γὰρ πρὸς τὸ θάψαι οἱ ζῶντες ἦσαν ἱ.
— 25. ἦν γὰρ μόνη ἡ πεῖρα τῆς ὀργῆς [S ὁ. σου] ἱ.
Si. *prol.* 9. ἱ. ἕξιν [S[1] ἱκανόν ἐστι] περιποιησαμένος [S -ον]
34 (31). 19. ὡς ἱκανὸν ἀνθρώπῳ πεπαιδευμ. τὸ ὀλίγον
Jl. 2. 11. τίς ἔσται [A S[1] ἐστὶν] ἱκανὸς αὐτῇ (4)
Ob. 1. 5. οὐκ ἂν ἔκλεψαν τὰ ἱ. ἑαυτοῖς (2)
Na. 2. 12 (13). λέων ἥρπασε τὰ ἱ. τοῖς σκύμνοις αὐ. (2)
Hb. 2. 13. ἐξέλιπον λαοὶ ἱ. ἐν πυρί (2?)
Za. 7. 3. καθότι ἐποίησεν ἤδη ἱ. ἔτη [S[1] ἔπη] (5)
Is. 40. 16. ὁ δὲ Λίβ. οὐχ ἱ. εἰς καῦσιν καὶ π. τὰ τετράπ. οὐχ ἱ. εἰς ὁλοκάρπωσιν (2, 2)
Je. 31 (48). 30. οὐχὶ τὸ ἱ. αὐτῷ [A S -οῦ] οὐχ οὕτως ἐποίησε †

Ez. 1. 24. A ὡς φωνὴν ἱκανοῦ (9)
34. 18. οὐχ ἱκανὸν ὑμῖν (7)
I Ma. 2. 33. R ἕως τοῦ νῦν ἱκανόν [A S *om.*]
13. 11. καὶ μετ᾽ αὐτοῦ δύναμιν ἱ.
— 49. ἀπώλοντο ἐξ αὐτῶν ἱκανοί
15. 26. ἀπέστειλεν αὐτῷ . . . σκεύη ἱ.
— 32. καὶ παράστασιν ἱ.
16. 3. ἱκανοί ἐστε ἐν τοῖς ἔτεσι
II Ma. 1. 20. διελθόντων δὲ ἐτῶν ἱ.
4. 45. ἐπηγγείλατο χρήματα ἱ. τῷ Πτ.
5. 26. R ἱκανὰ κατέστρωσε [A -έστησεν] πλήθη
7. 5. R τῆς δὲ ἀτμ. ἐφ᾽ ἱκανὸν διαδιδούσ. [A διδ.]
8. 25. συνδιώξαντες δὲ αὐτοὺς ἐφ᾽ ἱκανόν
10. 19. τοὺς σὺν αὐτῷ ἱ. πρὸς τὴν . . . πολιορκίαν
III Ma. 1. 23. ἱ. ἐποίησαν ἐν τῷ τόπῳ τραχύτητα
IV Ma. 2. 18. S ἱ. [A R δυνατὸς] γὰρ ὁ σώφρων νοῦς
[**Aq.** Ge. 17. 1 : Ex. 6. 3 : Dt. 1. 1 : Ps. 90 (91). 1 : Je. 51 (28). 58 : Ez. 1. 24 : 10. 5.]
[**Sm.** Jb. 22. 3 : 27. 13 : 34. 10 : 37. 23 : 39. 32 (40. 2) : Ps. 67 (68). 15 : 90 (91). 1 : Pr. 30. 8 : Je. 51 (28). 58 : Ez. 1. 24 : 10. 5.]
[**Th.** Jb. 21. 15 : 27. 13 : 39. 32 (40. 2) : Je. 51 (28). 58 : Ez. 1. 24 : 10. 5.]
[**Al.** Ge. 43. 14 : 48. 3 : 49. 25 : Ex. 6. 3 : Is. 66. 24.]

ἱκανοῦσθαι. (1) דַּי (2) קָטֹן (3) רַב

Ge. 32. 10 (11). A ἱκάνουσαί [R -ούσθω] μοι ἀπὸ π. δικαιοσύνης (2)
Nu. 16. 7. ἱκανούσθω ὑμῖν υἱοὶ Λευί (3)
De. 1. 6. ἱκανούσθω ὑμῖν κατοικεῖν (3)
2. 3. ἱκανούσθω ὑμῖν κυκλοῦν τὸ ὄρος τ. (3)
3. 26. ἱκανούσθω σοι (3)
III Ki. 12. 28. ἱκανούσθω [A -θαι] ὑμῖν ἀναβαίνειν (3)
19. 4. ἱκανούσθω νῦν (3)
21 (20). 11. ἱκανούσθω μὴ καυχάσθω †
I Ch. 21. 15. ἱκανούσθω σοι (3)
Es. 4. 17. οὐχ ἱκανώθησαν ἐν [A τῷ] πικρασμῷ
Ca. 7. 9 (10). ἱκανούμενος χείλεσί [A ἐν χ.] μου †
Ma. 3. 10. ἕως τοῦ ἱκανωθῆναι (1)
Ez. 44. 6. ἱκανούσθω ὑμῖν ἀπὸ π. τῶν ἀνομ. ὑμ. (3)
45. 9. ἱκανούσθω ὑμῖν (3)

ἱκανῶς. (1) אָז

Jb. 9. 31. ἱ. ἐν ῥύπῳ με ἔβαψας (1 ?)
III Ma. 1. 4. ἱ. ἡ Ἀρσινόη ἐπιπορευσαμένη

ἱκεσία.

II Ma. 10. 25. A πρὸς ἱκεσίαν [R ἱκετείαν] τοῦ θεοῦ
12. 42. A εἰς ἱκεσίαν [R ἱκετείαν] ἐτράπησαν
[**Sm.** Ps. 27 (28). 2 : 118 (119). 170.]
[**Th.** Ps. 27 (28). 6 : Pr. 18. 23.]
[**Sext.** Ps. 30 (31). 23.]

ἱκετεία (-τία).

Si. 32 (33). 14. οὐ μὴ ὑπερίδῃ [A παρίδῃ] ἱκετείαν ὀρφ.
51. 9. ἀνύψωσα . . . ἱκετείαν μου
II Ma. 3. 18. ἐξεπήδων ἐπὶ πάνδημον ἱ.
8. 29. κοινὴν ἱ. ποιησάμενοι
10. 25. R πρὸς ἱκετείαν [A ἱκεσίαν] τοῦ θεοῦ
12. 42. R εἰς ἱκετείαν [A ἱκεσίαν] ἐτράπησαν
III Ma. 5. 25. πολύδακρυν ἱ. . . . τείνοντες τὰς χεῖρας

ἱκετεύειν. (1) חיל hithp.

Jb. 19. 17. ἱκέτευον τὴν γυναῖκά μου †
Ps. 36 (37). 7. καὶ ἱκέτευσον αὐτόν (1)
Wi. 13. 18. τὸν [A S τὸ] ἀπειρότατον ἱκετεύει [S *om.*]
19. 3. οὓς ἱκετεύοντες ἐξέβαλον
Ze. 3. 10. S^2 τοὺς ἱκετεύοντάς με –
II Ma. 11. 6. ἱκέτευον . . . τὸν κύριον
III Ma. 5. 51. τὸν τῆς ἀπ. δυν. δυνάστην ἱκετεύοντες
6. 14. ἱκετεύει σε τὸ πᾶν πλῆθος τῶν νηπίων
IV Ma. 4. 9. S R τῶν δὲ ἱερέων [A γεραιῶν] . . . ἱκετευσάντων τὸν θ.
16. 13. αὐτοὺς προετρέπετο ἱκετεύουσα
[**Sm.** Ps. 29 (30). 9 : 36 (37). 7 : Ze. 3. 10.]

ἱκετήριος.

Jb. 40. 22 (27). λαλήσει δέ σοι δεήσει [A -εις καί, S -σει ἢ] ἱκετηρίᾳ [A -ίας] μαλακῶς [S^1 -κῇ] †
II Ma. 9. 18. ἐπιστολὴν ἔχουσαν ἱκετηρίας τάξιν
[**Heb.** Jb. 40. 22 (27).]

ἱκέτης. (1) קְדֹרַנִּית

Ps. 73 (74). 23. μὴ ἐπιλάθῃ τῆς φωνῆς τῶν ἱ. σου †
Si. 4. 4. ἱκέτην θλιβόμενον μὴ ἀπαναίνου
Si. 36. 22 (19). εἰσάκουσον . . . δεήσεως τῶν ἱ. [A S οἰκ.] σου
Ma. 3. 14. ἐπορεύθημεν ἱκέται πρὸ προσώπου κ. (1)

ἱκετικός.

[**Aq.** Pr. 27. 6.]

ἰκμάς. (1) יוּבַל (2) שֶׁמֶן

Jb. 26. 14. ἐπὶ ἰκμάδα λόγου ἀκουσόμεθα ἐν αὐτῷ (2)
Je. 17. 8. ἐπὶ ἰκμάδα βαλεῖ ῥίζαν [A S -ας] αὐτοῦ (1)

ἴκτερος, *cf.* **ἴκτηρ.** (1) יֵרָקוֹן (2) קַדַּחַת

Le. 26. 16. τήν τε ψώραν καὶ τὸν ἴκτερα [A -ρον] (2)
III Ki. 8. 37. A ἴκτερος [B *om.*] βροῦχος ἐρυσίβη (1)
II Ch. 6. 28. ἀνεμοφθορία καὶ ἴκτερος (1)
Am. 4. 9. ἐπάταξα ὑμᾶς . . . ἐν ἰκτέρῳ (1)
Je. 37 (30). 6. ἐστράφησαν πρόσωπα εἰς ἴκτερον (1)
[**Aq.** Dt. 28. 22 : Am. 4. 9.]
[**Sm.** Am. 4. 9.]

ἴκτηρ (?). (1) קַדַּחַת

Le. 26. 16. τήν τε ψώραν καὶ τὸν ἴ. [A -ρον] (1)

ἰκτίν, ἰκτῖνος. (1) אַיָּה

Le. 11. 14. R ταῦτα ἃ βδελύξεσθε . . . τὸν ἰ. [A B -να] (1)
De. 14. 13. R ταῦτα οὐ φάγεσθε . . . τὸν ἰ. [A B -να] (1)
[**Aq., Th.** Is. 34. 15.]
[**Sm.** Ps. 103 (104). 17 : Is. 34. 15 : Je. 8. 7.]

ἱλάζειν, *vid.* **ἱλάσκεσθαι.**

ἱλαρεύεσθαι.

[**Sm.** Ps. 30 (31). 8 : Ca. 1. 4 : Is. 49. 13 : 55. 12.]

ἱλαρός. (1) רָצוֹן

Es. 5. 1. τὸ πρόσωπον αὐτῆς ἱλαρόν
Jb. 33. 26. εἰσελεύσεται δὲ προσώπῳ ἱ. [A S^2 *al.*] –
Pr. 19. 12. οὕτως τὸ ἱ. αὐτοῦ (1)
22. 8. ἄνδρα ἱ. καὶ δότην εὐλογεῖ ὁ θεός –
Si. 13. 26. ἴχνος καρδίας ἐν ἀγ. πρόσωπον ἱλαρόν
26. 4. ἐν παντὶ καιρῷ πρόσωπον ἱλαρόν
III Ma. 6. 35. ἐν ἐξομολογήσεσιν ἱ. καὶ ψαλμοῖς

ἱλαρότης. (1) רָצוֹן

Pr. 18. 22. ἔλαβε δὲ παρὰ θεοῦ ἱλαρότητα (1)

ἱλαροῦν.

Si. 7. 24. μὴ ἱλαρώσῃς [S -ύνῃς] . . . τὸ πρόσωπόν σου
32 (35). 9. ἱλάρωσον τὸ πρόσωπόν σου
43. 22. δρόσος ἀπαντῶσα ἀπὸ καύσ. ἱλαρώσει

ἱλαρύνειν. (1) צָהַל hi.

Ps. 103 (104). 15. τοῦ ἱλαρῦναι πρόσωπον ἐν ἐλαίῳ (1)
Si. 7. 24. S μὴ ἱλαρύνῃς [A B -ώσῃς] . . . τὸ πρόσωπόν σου
36. 27 (24). κάλλος γυναικὸς ἱλαρύνει πρόσωπον
[**Sm.** Ps. 27 (28). 7 : 50 (51). 10 : Is. 52. 9 : 54. 1.]

ἱλαρῶς.

Jb. 22. 26. ἀναβλέψας εἰς τὸν οὐρανὸν ἱ. –

ἱλάσκεσθαι, ἱλάζειν. (1) כִּפֶּר pi. (2) נָחַם ni. (3) סָלַח

Ex. 32. 14. ἱλάσθη κ. περιποιῆσαι τὸν λ. [A *al.*] (2)
IV Ki. 5. 18. ἱλάσεται κύριος τῷ δούλῳ σου (3)
— 18. ἱλάσεται [A -σθήσεται] δὴ κ. τῷ δούλῳ σου (3)
24. 4. οὐκ ἠθέλησε κύριος ἱλασθῆναι (3)
II Ch. 6. 30. R σὺ εἰσακούσῃ . . . καὶ ἱλάσῃ [A B ἰάσῃ] (3)
Es. 4. 17. ἱλάσθητι τῷ κλήρῳ σου
Ps. 24 (25). 11. καὶ ἱλάσῃ τῇ ἁμαρτίᾳ μου (3)
64 (65). 3. τὰς ἀσεβείας [S^2 ταῖς ἀ.] ἡμῶν σὺ ἱλάσῃ (1)
77 (78). 38. ἱλάσεται ταῖς ἁμαρτίαις αὐτῶν (1)
78 (79). 9. ἱλάσθητι ταῖς ἁμαρτίαις ἡμῶν (1)
La. 3. 42. ἠσεβήσαμεν καὶ οὐχ ἱλάσθης (3)
Da. Th. 9. 19. κύριε, ἱλάσθητι (3)
[**Aq.** Ps. 24 (25). 11 : 102 (103). 3 : Is. 55. 7 (?).]
[**Sm.** Is. 1. 14.]
[**Th.** Le. 6. 26 (19) : Da. 9. 19.]
[**Al.** Le. 7. 7 : 9. 15 : 26. 41 : Nu. 14. 19.]
[**Sam.** Le. 26. 43.]

ἱλασμός. (1) אַשְׁמָה (2) חַטָּאת (3) כִּפֻּרִים (4) סְלִיחָה

Le. 25. 9. τῇ ἡμέρᾳ τοῦ ἱ. διαγγελεῖτε σάλπιγγι (3)
Nu. 5. 8. πλὴν τοῦ κριοῦ τοῦ ἱ. [A ἐξιλ.] (3)
I Ch. 28. 20. τὸν οἶκον τοῦ ἱ. –
Ps. 129 (130). 4. παρὰ σοὶ ὁ ἱ. ἐστιν (4)
Si. 18. 20. A εὑρήσεις ἱλασμόν [B S ἐξιλ.]
32 (35). 3. ἐξιλασμὸς [S^1 ἱλ.] ἀποστῆναι ἀπὸ ἀδικίας
Am. 8. 14. οἱ ὀμνύοντες κατὰ τοῦ ἱ. Σ. (1)
Ez. 44. 27. προσοίσουσιν ἱλασμόν (2)
Da. Th. 9. 9. τῷ κυρίῳ θεῷ ἡμῶν . . . οἱ ἱ. (4)
II Ma. 3. 33. ποιουμένου δὲ τοῦ ἀρχιερέως τὸν ἱ.
[**Al.** Le. 4. 8, 24, 33 : 5. 9 *bis* : 6. 17 (10), 25 (18) : 7. 37 : 9. 7 : 12. 6 : Ne. 9. 17.]

ἱλαστήριον. (1) כַּפֹּרֶת (2) עֲזָרָה

Ex. 25. 16 (17). καὶ ποιήσεις ἱ. ἐπίθεμα χρυσίου καθ. (1)
— 17 (18). ἐξ ἀμφοτέρων τῶν κλιτῶν τοῦ ἱ. (1)
— 18 (19). ἐκ τοῦ κλιτοῦς τοῦ δευτέρου τοῦ ἱ. (1)
— 19 (20). συσκιάζοντες . . . ἐπὶ τοῦ ἱ. (1)
— 19 (20). εἰς τὸ ἱ. ἔσονται τὰ πρόσωπα τῶν Χερ. (1)
— 20 (21). ἐπιθήσεις τὸ ἱ. ἐπὶ τὴν κιβ. (1)
— 21 (22). λαλήσω σοι ἄνωθεν τοῦ ἱ. (1)
31. 7. καὶ τὸ ἱ. τὸ ἐπ᾽ αὐτῆς (1)
35. 12. καὶ τὸ ἱ. αὐτῆς (1)
38. 5 (37. 6). καὶ ἐποίησε τὸ ἱ. (1)
— 7 (37. 8). ἐπὶ τὸ ἄκρον τοῦ ἱ. τὸ ἓν –
— 7 (37. 8). ἐπὶ τὸ ἄκρον τοῦ ἱ. τὸ δεύτερον (1)
— 8 (37. 9). σκιάζοντα . . . ἐπὶ τὸ ἱ. (1)
Le. 16. 2. εἰς πρόσωπον τοῦ ἱ. (1)
— 2. ὀφθήσομαι ἐπὶ τοῦ ἱ. (1)
— 13. τὸ ἱ. τὸ ἐπὶ τῶν μαρτυρίων (1)
— 14. ῥανεῖ τῷ δακτύλῳ ἐπὶ τὸ ἱ. (1)
— 14. κατὰ πρόσωπον τοῦ ἱ. ῥανεῖ ἑπτάκις (1)
— 15. ῥανεῖ τὸ αἷμα αὐτοῦ ἐπὶ τὸ ἱ. κατὰ πρόσωπον τοῦ ἱ. (1, 1)
Nu. 7. 89. ἄνωθεν τοῦ ἱ. ὅ ἐστιν ἐπὶ τῆς κιβωτοῦ (1)
Am. 9. 1. πάταξον ἐπὶ τὸ ἱ. [A θυσιαστ.] †
Ez. 43. 14. πρὸς τὸ ἱ. τὸ μέγα τοῦτο . . . ἀπὸ τοῦ ἱ. τοῦ μικροῦ ἐπὶ τὸ ἱ. τὸ μέγα (2 *ter*)
— 17. τὸ ἱ. πηχῶν δέκα τεσσάρων τὸ μῆκος (2)
— 20. ἐπὶ τὰς τέσσαρας γωνίας τοῦ ἱ. (2)
[**Sm.** Ge. 6. 16 (15) *bis*.]

ἱλαστήριος.

IV Ma. 17. 22. καὶ τοῦ ἱ. θανάτου αὐτῶν

ἱλαστής.

I Es. 8. 53. A^2 ἱλαστοῦ [A^1 -ατοῦ] ἐτύχομεν [B ἐ. εὐιλάτου]
[**Aq., Th.** Ps. 85 (86). 5.]

ἱλατεύειν.

Ju. 16. 15. S σὺ ἱλατεύσεις [A εὐιλ., B εὐιλατεύεις] αὐτοῖς
Da. LXX. 9. 18. διὰ τὸ σὸν ἔλεος, κύριε, σὺ ἱλάτευσον –
[**Th.** Ps. 102 (103). 3.]
[**Sam.** Le. 8. 15.]
[**Al.** Le. 26. 43.]

ἱλατής.

I Es. 8. 53. A ἱλατοῦ [A^2 -αστοῦ] ἐτύχομεν [B *al.*]

ἵλεως. (1) חָלִיל (2) ἵ. γίγνεσθαι נָחַם ni. (3) ἵ. γίγνεσθαι נָשָׂא (4) ἵ. γίγνεσθαι סָלַח (5) רִחַם pi. (6) שָׁלוֹם (7) ἵ. γίγνεσθαι כִּפֶּר pi. (8) ἵ. εἶναι סָלַח

Ge. 43. 23. ἵ. ὑμῖν μὴ φοβεῖσθε (6)
Ex. 32. 12. ἵ. γενοῦ ἐπὶ τῇ κακίᾳ τοῦ λαοῦ σου (2)
Nu. 14. 19. καθάπερ ἵλεως ἐγένου αὐτοῖς (3)
— 20. ἵλεως αὐτοῖς εἰμι (8)
De. 21. 8. ἵλεως γενοῦ τῷ λαῷ σου (7)
I Ki. 14. 45. A ἵλεως [B *om.*] ζῇ κύριος (1)
II Ki. 20. 20. ἵλεώς μοι [A *om.*] ἵλεώς μοι (1, 1)
23. 17. ἵλεώς μοι, κύριε, τοῦ ποιῆσαι τοῦτο (1)
III Ki. 8. 30. ποιήσεις καὶ ἵλεως ἔσῃ (8)
— 34, 36. ἵλεως ἔσῃ ταῖς ἁμαρτίαις (8)
— 39. ἵλεως ἔσῃ καὶ ποιήσεις (8)
— 50. ἵλεως ἔσῃ ταῖς ἀδικίαις αὐτῶν (8)
I Ch. 11. 19. ἵλεώς μοι ὁ θεὸς τοῦ ποιῆσαι (1)
II Ch. 6. 21. ἀκούσῃ καὶ ἵλεως ἔσῃ (8)
— 25. σὺ εἰσακούσῃ . . . καὶ ἵλεως ἔσῃ (8)

II Ch. 6. 27. σὺ εἰσακούσῃ . . . καὶ ἵλεως ἔσῃ (8)
— 39. ἵλεως ἔσῃ τῷ λαῷ (8)
7. 14. ἵλεως ἔσομαι ταῖς ἁμαρτίαις αὐτῶν (8)
Am. 7. 2. καὶ εἶπα, Κύριε κύριε, ἵλεως γενοῦ (4)
Is. 54. 10. ἵ. σοι κύριε [AS κύριος ἵ. σ.] (5)
Je. 5. 1. ἵ. ἔσομαι αὐτοῖς (8)
— 7. ποίᾳ τούτων ἵ. γένωμαί [S ἔσομαί] σοι (4 [8])
27 (50). 20. ἵ. ἔσομαι τοῖς ὑπολελειμμένοις (8)
38 (31). 34 : 43 (36). 3. ἵ. ἔσομαι ταῖς ἀδικίαις αὐτῶν (8)
I Ma. 2. 21. ἵλεως ἡμῖν καταλιπεῖν νόμον
II Ma. 2. 7. R καὶ ἵλεως [A ἔλεος] γένηται
— 22. τοῦ κυρίου . . . ἵλεω γενομένου αὐτοῖς
7. 37. ἵλεων ταχὺ τῷ ἔθνει γενέσθαι
10. 26. ἵλεων αὐτοῖς γενόμενον
IV Ma. 6. 28. ἵλεως γενοῦ τῷ ἔθνει σου
8. 14. ἵλεως ὑμῖν ἔσται
9. 24. ἵλεως ἡ δικαία . . . πρόνοια . . . γενηθεῖσα
12. 18. AR ὅπως ἵλεως γένηται τῷ γένει μου [S *al.*]
[Sm., Th. I Ki. 20. 2 : 22. 15.]
[Al. I Ki. 12. 23 : 14. 45 : 20. 9.]

ἴλη.

II Ma. 5. 3. R ἴλας [A εἴλ.] ἵππων διατεταγμένας

ἰλύς. (1) יָוֵן

Ps. 39 (40). 2. B^{4} R ἀπὸ πηλοῦ ἰλύος [A B^{1} S ὑλέως] (1)
68 (69). 2. B^{3} R ἐνεπάγην εἰς ἰλὺν [B^{1} S ὕλην] βυθοῦ (1)

ἱμάντωσις.

Si. 22. 16. ἱ. ξυλίνη ἐνδεδεμ. [A^{1} *om.*] εἰς οἰκοδομήν

ἱμάς. (1) שְׂרוֹךְ (2) עֲבֹת (3) ἱ. ζυγοῦ עֲבֹת

Jb. 39. 10. δήσεις δὲ ἐν ἱμᾶσι ζυγὸν αὐτοῦ (2)
Si. 30. 35 (33. 26). ζυγὸς καὶ ἱμὰς κάμψουσι τράχηλον
Is. 5. 18. ὡς ζυγοῦ ἱμάντι δαμάλεως τὰς ἀνομ. (3)
— 27. οὐδὲ μὴ ῥαγῶσιν [S^{1} παράγ.] οἱ ἱ. τῶν ὑποδημάτων αὐ. (1)
IV Ma. 9. 11. διέδησαν τὰς χεῖρας αὐτοῦ . . . ἱμᾶσιν
[Sm. Ge. 14. 23.]

ἱμάτιον. (1) בֶּגֶד (2) חֲלִיצָה (3) יְרִיעָה (4) כְּתֹנֶת (5) *a.* לְבוּשׁ *b.* מַלְבּוּשׁ (6) מַד (7) מְעִיל (8) עֲבוֹט (9) צֶמֶר (10) שַׂלְמָה (11) שִׂמְלָה

Ge. 9. 23. λαβόντες Σὴμ καὶ Ἰάφεθ τὸ ἱ. (11)
27. 27. ὠσφράνθη τὴν ὀσμὴν τῶν ἱ. αὐτοῦ (1)
28. 20. δῷ μοι . . . ἱ. περιβαλέσθαι (1)
37. 29. διέρρηξε τὰ ἱ. αὐτοῦ (1)
— 34. διέρρηξε δὲ Ἰακὼβ τὰ ἱ. αὐτοῦ (11)
38. 14. περιελομένη τὰ ἱ. τῆς χηρεύσεως (1)
— 19. ἐνεδύσατο τὰ ἱ. τῆς χηρεύσεως αὐ. (1)
39. 12. ἐπεσπάσατο αὐτὸν τῶν ἱ. (1)
— 12, 13, 15. R καταλιπὼν τὰ ἱ. αὐτοῦ [A *al.*] (1)
— 16. καταλιμπάνει τὰ ἱ. παρ' ἑαυτῇ (1)
— 18. A κατέλειπε [R καταλιπὼν] τὰ ἱ. αὐτοῦ (1)
44. 13. διέρρηξαν τὰ ἱ. αὐτῶν (11)
Ex. 12. 34. τὰ φυράματα αὐ. ἐνδεδεμένα ἐν τοῖς ἱ. (11)
19. 10. πλυνάτωσαν [A πλυνοῦσι] τὰ ἱ. (11)
— 14. ἔπλυναν τὰ ἱ. (11)
22. 9 (8). περί τε μόσχου . . . καὶ ἱματίου (10)
— 26 (25). ἐὰν δὲ ἐνεχύρασμα ἐνεχυράσῃς τὸ ἱ. (10)
— 27 (26). μόνον τοῦτο τὸ ἱ. τῆς ἀσχημοσ. αὐτοῦ (11)
Le. 6. 27 (20). ᾧ ἐὰν ἐπιρραντισθῇ . . . ἐπὶ τὸ ἱ. (1)
10. 6. τὰ ἱ. ὑμῶν οὐ διαρρήξετε (1)
11. 25, 28. πλυνεῖ τὰ ἱ. (1)
— 32. ἢ ἱματίου [A *om.* ἢ ἱ.] ἢ δέρματος [A -ματίνου] (1)
— 40, 40 (A^{2} B). πλυνεῖ τὰ ἱ. (1)
12. 4. A ἐν ἱ. [B αἵματι] ἀκαθάρτῳ αὐτῆς †
13. 6, 34. πλυνάμενος τὰ ἱ. (1)
— 45. τὰ ἱ. αὐ. ἔστω [A ἔσται] παραλελυμένα (1)
— 47. ἱματίῳ ἐὰν γένηται ἁφὴ ἐν αὐ. λέπρας ἐν ἱ. ἐρέῳ ἢ ἐν ἱ. στυππυίνῳ (1 *ter*)
— 49. ἐν τῷ δέρματι ἢ ἐν τῷ ἱ. (1)
— 51. ἐὰν δὲ διαχέηται ἡ ἁφὴ ἐν τῷ ἱ. (1)
— 52. κατακαύσει τὸ ἱ. (1)
— 53. μὴ διαχέηται ἡ ἁφὴ ἐν τῷ ἱ. (1)
— 55. ἐστήρικται ἐν τῷ ἱ. –
— 56. ἀπορρήξει αὐτὸ ἀπὸ τοῦ ἱ. (1)
— 57. ἐὰν δὲ ὀφθῇ [A -θήσεται] ἔτι ἐν τῷ ἱ. (1)
— 58. τὸ ἱ. ἢ ὁ στήμων ἢ ἡ κρόκη (1)
Le. 13. 59. λέπρας ἱματίου ἐρέου [A *om.*] (1)
14. 8. πλυνεῖ ὁ καθαρισθεὶς τὰ ἱ. αὐτοῦ (1)
— 9, 47 *bis.* πλυνεῖ τὰ ἱ. (1)
— 55. τῆς λέπρας ἱματίου (1)
15. 5, 6, 7, 8, 10, 11, 13. πλυνεῖ τὰ ἱ. (1)
— 17. πᾶν ἱ. καὶ πᾶν δέρμα . . . καὶ πλυθήσεται (1)
— 21, 22, 27. πλυνεῖ τὰ ἱ. (1)
16. 4. B ἱ. ἅγιά ἐστι [A *al.*] (1)
— 26, 28 : 17. 15. πλυνεῖ τὰ ἱ. (1)
17. 16. ἐὰν δὲ μὴ πλύνῃ τὰ ἱ. –
19. 19. ἱ. ἐκ δύο ὑφασμένον κίβδηλον (1)
21. 10. τετελειωμένον ἐνδύσασθαι τὰ ἱ. (1)
— 10. τὰ ἱ. οὐ διαρρήξει (1)
Nu. 4. 6. ἐπιβαλοῦσιν . . . ἱ. ὅλον ὑακίνθινον (1)
— 7. ἐπιβαλοῦσιν . . . ἱ. ὁλοπόρφυρον (1)
— 8. ἐπιβαλοῦσιν . . . ἱ. κόκκινον (1)
— 9. λήψονται ἱ. ὑακίνθινον (1)
— 11. ἐπικαλύψουσιν ἱ. ὑακίνθινον (1)
— 12. ἐμβαλοῦσιν εἰς ἱ. ὑακίνθινον (1)
— 13. ἐπικαλύψουσιν . . . ἱ. ὁλοπόρφυρον (1)
— 14. λήψονται ἱ. πορφυροῦν –
8. 7. πλυνοῦσι τὰ ἱ. αὐτῶν (1)
— 21. ἐπλύναντο [A -ναν] τὰ ἱ. (1)
14. 6. διέρρηξαν τὰ ἱ. αὐτῶν (1)
15. 38. ποιησάτωσαν . . . ἐπὶ τὰ πτερύγια τῶν ἱ. αὐ. (1)
19. 7, 8, 10, 19, 21. πλυνεῖ τὰ ἱ. (1)
20. 28. ἐξέδυσε τὸν Ἀαρὼν τὰ ἱ. αὐτοῦ (1)
31. 24. πλυνεῖσθε τὰ ἱ. (1)
De. 8. 4. τὰ ἱ. σου οὐκ ἐπαλαιώθη [A οὐ κατετρίβη] (11)
10. 18. δοῦναι αὐτῷ ἄρτον καὶ ἱμάτιον (11)
21. 13. περιελεῖς τὰ ἱ. τῆς αἰχμαλωσίας ἀπ' αὐ. (11)
22. 3. AR οὕτω ποιήσεις τὸ ἱ. αὐτοῦ (11)
— 17. ἀναπτύξουσι τὸ ἱ. (11)
24. 13. A ἀποδώσεις τὸ ἱ. [B ἐνέχυρον] αὐ. (8)
— 13. κοιμηθήσεται ἐν τῷ ἱ. αὐτοῦ (10)
— 17. A B^{2} οὐκ ἐνεχυρᾶς ἱμάτιον χήρας (1)
29. 5 (4). οὐκ ἐπαλαιώθη [A -θησαν] τὰ ἱ. ὑμῶν (10)
Jo. 7. 6. διέρρηξεν Ἰησοῦς τὰ ἱ. αὐτοῦ (11)
9. 5. τὰ ἱ. αὐτῶν πεπαλαιωμένα (10)
— 13. τὰ ἱ. ἡμῶν . . . πεπαλαίωται [A -ωνται] (10)
Jd. 8. 25. ἀνέπτυξε τὸ ἱ. αὐτοῦ (11)
— 26. πάρεξ . . . τῶν ἱ. καὶ πορφυρίδων [A *al.*] (1)
11. 35. διέρρηξε τὰ ἱ. αὐ. (1)
14. 12. τριάκοντα στολὰς ἱματίων (1)
— 13. τριάκ. ἀλλασσομ. [A *om.*] στολὰς ἱματίων (1)
— 19. ἔλαβε τὰ ἱ. [A τὰς στολὰς] αὐτῶν (2)
17. 10. δώσω σοι . . . στολὴν [A ζεῦγος] ἱματίων (1)
I Ki. 4. 12. τὰ ἱ. αὐτοῦ διερρηγότα (6)
19. 13. ἐκάλυψεν αὐτὰ ἱματίῳ (1)
— 24. ἐξεδύσατο [A ἐ. καὶ αὐτὸς] τὰ ἱ. αὐτοῦ (1)
21. 9 (10). αὕτη ἐνειλημ. [A εἰλημμ.] ἦν ἐν ἱματίῳ (11)
24. 12. A ἀφῄρηκα τὸ πτερύγιον τοῦ ἱ. [B *om.* τ. ἱ.] (7)
28. 8. περιεβάλετο ἱ. ἕτερα (1)
II Ki. 1. 2. τὰ ἱ. αὐτοῦ διερρωγότα [A -ρη.] (1)
— 11. ἐκράτησε Δ. τῶν ἱ. [A τὰ ἱ.] αὐτοῦ (1)
— 11. B διέρρηξαν τὰ ἱ. αὐτῶν –
3. 31. διαρρήξατε τὰ ἱ. ὑμῶν (1)
12. 20. ἤλλαξε τὰ ἱ. αὐτοῦ (11)
13. 31. διέρρηξε τὰ ἱ. αὐτοῦ (1)
— 31. διέρρηξαν τὰ ἱ. αὐτῶν (1)
14. 2. ἔνδυσαι ἱ. πενθικά (1)
— 30. διερρηχότες τὰ ἱ. αὐτῶν –
15. 32. A διερρηχὼς τὰ ἱ. [B τὸν χιτῶνα] αὐ. (4)
19. 24 (25). τὰ ἱ. αὐτοῦ οὐκ ἀπέπλυνεν [A ἔπλ.] (1)
20. 12. ἐπέρριψεν [A -αν] ἐπ' αὐτὸν ἱμάτιον (1)
III Ki. 1. 1. περιέβαλλον αὐτὸν ἱματίοις (1)
11. 29. περιβεβλημένος ἱ. καινῷ (10)
— 30. ἐπελάβετο Ἀ. τοῦ ἱ. αὐτοῦ (10)
12. 24. B λάβε σεαυτῷ ἱ. καινόν –
20 (21). 16. διέρρηξε τὰ ἱ. αὐτοῦ –
IV Ki. 2. 12. ἐπελάβετο τῶν ἱ. αὐτοῦ (1)
4. 39. πλῆρες τὸ ἱ. αὐτοῦ (1)
5. 7. διέρρηξε τὰ ἱ. αὐτοῦ (1)
— 8. διέρρηξεν ὁ βασ. Ἰερ. τὰ ἱ. ἑαυτοῦ (1)
— 8. ἵνα τί διέρρηξας τὰ ἱ. σου (1)
— 26. νῦν ἔλαβες τὰ [A καὶ τὰ] ἱ. (1)
6. 30. διέρρηξε τὰ ἱ. αὐτοῦ (1)
7. 15. πᾶσα ἡ ὁδὸς πλήρης ἱματίων (1)
9. 13. ἔλαβεν [A -βον] ἕκαστος τὸ ἱ. αὐτοῦ (1)
11. 14. διέρρηξε Γ. τὰ ἱ. ἑαυτῆς (1)
18. 37. διερρηχότες τὰ ἱ. (1)
IV Ki. 19. 1. διέρρηξε τὰ ἱ. ἑαυτοῦ (1)
22. 11. διέρρηξε [A ἔρρ.] τὰ ἱ. ἑαυτοῦ (1)
— 19. διέρρηξας τὰ ἱ. σου (1)
25. 14. A τοὺς λέβητας καὶ τὰ ἱ. [B ἰαμίν] †
— 29. ἠλλοίωσε [A -σαν] τὰ ἱ. τῆς φυλακῆς αὐ. (1)
II Ch. 34. 19. διέρρηξε τὰ ἱ. αὐτοῦ (1)
— 27. διέρρηξας τὰ ἱ. σου (1)
I Es. 8. 71. AR διέρρηξα [B ἔρρ.] τὰ ἱ.
— 73. διερρηγμένα ἔχων τὰ ἱ.
II Es. 9. 3. διέρρηξα τὰ ἱ. μου (1)
— 5. ἐν τῷ διαρρῆξαί με τὰ ἱ. μου (1)
Ne. 4. 23 (17). ἐκδιδυσκόμενος ἀνὴρ τὰ ἱ. αὐ. (1)
9. 21. ἱμάτια αὐτῶν οὐκ ἐπαλαιώθησαν (10)
To. 1. 16. ἐδίδουν . . . ἱμάτια [A τὰ ἱ. μου] τοῖς γυμνοῖς
4. 16. δίδου [A διαδ.] . . . ἐκ τῶν ἱ. σου τοῖς γυμνοῖς
Ju. 8. 5. ἦν ἐπ' αὐτῆς [S -ῇ] τὰ ἱ. τῆς χηρεύσεως αὐ.
10. 3. ἐξεδύσατο τὰ ἱ. τῆς χηρεύσ. [S *om.* τ. χ.] αὐ.
— 3. ἐνεδύσατο τὰ ἱ. τῆς εὐφροσύνης αὐτῆς
14. 16. διέρρηξε τὰ ἱ. αὐτοῦ
Es. 4. 1. διέρρηξε τὰ ἱ. ἑαυτοῦ (1)
— 17. ἀφελομένη τὰ ἱ. τῆς δόξης αὐτῆς
— 17. ἐνεδύσατο ἱμάτια στενοχωρίας
5. 1. ἐξεδύσατο τὰ ἱ. τῆς θεραπείας
Jb. 1. 20. διέρρηξε τὰ ἱ. ἑαυτοῦ (7)
13. 28. ὥσπερ ἱ. σητόβρωτον (1)
24. 7. γυμνοὺς . . . ἐκοίμισαν ἄνευ ἱματίων (5 *a*)
Ps. 21 (22). 18. διεμερίσαντο [S^{1} -σαν] τὰ ἱ. μου ἑαυτοῖς (1)
44 (45). 8. στακτὴ καὶ κασία ἀπὸ τῶν ἱ. σου (1)
101 (102). 26. πάντες ὡς ἱμάτιον παλαιωθήσονται (1)
103 (104). 2. ἀναβαλλόμενος φῶς ὡς ἱμάτιον (10)
— 6. ἄβυσσος ὡς ἱμάτιον τὸ περιβόλαιον αὐ. (5 *a*)
108 (109). 18. ἐνεδύσατο κατάραν ὡς ἱμάτιον (6)
— 19. γενηθήτω αὐτῷ ὡς ἱμάτιον (1)
Pr. 6. 27. τὰ δὲ ἱ. οὐ [S^{1} *om.*] κατακαύσει (1)
24. 27 (30. 4). τίς συνέστρεψεν ὕδωρ ἐν ἱματίῳ (11)
25. 20. A S ὥσπερ σὴς [B σὴς ἐν] ἱματίῳ (1)
27. 13. ἀφελοῦ τὸ ἱ. αὐτοῦ (1)
Ec. 9. 8. ἔστωσαν ἱμάτιά [S τὰ ἱ.] σου λευκά (1)
Ca. 4. 10. ὀσμὴ ἱματίων [S μύρων] σου †
— 11. ὀσμὴ ἱματίων σου ὡς ὀσμὴ Λιβάνου (10)
Si. 11. 4. ἐν περιβολῇ ἱματίων μὴ καυχήσῃ
14. 17. πᾶσα σὰρξ ὡς ἱμάτιον παλαιοῦται
29. 21. ἀρχὴ ζωῆς [A^{2} *add.* ἀνθρώπου] ὕδωρ . . . καὶ ἱμάτιον
39. 26. καὶ ἔλαιον καὶ ἱμάτιον
42. 13. ἀπὸ γὰρ ἱματίων ἐκπορεύεται σής
Ho. 2. 5 (7). τῶν διδόντων μοι . . . τὰ ἱ. μου (9)
— 9 (11). ἀφελοῦμαι τὰ ἱ. μου (9)
Am. 2. 8. τὰ ἱ. αὐτῶν δεσμεύοντες σχοινίοις (1)
Jl. 2. 13. διαρρήξατε τὰς καρδ. ὑμ. καὶ μὴ τὰ ἱ. ὑμ. (1)
Hg. 2. 13 (12). ἐὰν λάβῃ . . . ἐν τῷ ἄκρῳ τοῦ ἱ. αὐτοῦ καὶ ἅψηται τὸ ἄκρον τοῦ ἱ. αὐτοῦ ἄρτου (1, –)
Za. 3. 4 (3). ἐνδεδυμένος ἱ. ῥυπαρά (1)
— 5 (4). ἀφέλετε τὰ ἱ. τὰ ῥυπαρὰ ἀπ' αὐτοῦ (1)
— 6 (5). περιέβαλον αὐτὸν ἱμάτια (1)
Is. 3. 6. ἱ. ἔχεις (11)
— 7. οὐ γάρ ἐστιν ἐν τῷ οἴκῳ μου ἄρτος οὐδὲ ἱ. (11)
4. 1. τὰ ἱ. ἡμῶν περιβαλούμεθα (11)
9. 5 (4). ἱ. μετὰ καταλλαγῆς ἀποτίσουσι (11)
14. 20. ἱ. ἐν αἵματι πεφυρμένον †
33. 1. ὡς σὴς ἐφ' ἱματίον [S -ίῳ] †
37. 1. ἔσχισε τὰ ἱ. (1)
50. 9. πάντες ὑμεῖς ὡς ἱ. παλαιωθήσεσθε (1)
51. 6. ἡ δὲ γῆ ὡς ἱ. παλαιωθήσεται (1)
— 8. ὡς γὰρ ἱμάτιον βρωθήσεται (1)
58. 8. τὰ ἰάματά [S^{2} ἱμάτιά] σου ταχὺ ἀνατελεῖ †
59. 6. ὁ ἱστὸς αὐτῶν οὐκ ἔσται εἰς ἱ. (1)
— 17. περιεβάλετο ἱ. ἐκδικήσεως (1)
61. 10. ἐνέδυσε γάρ με ἱ. σωτηρίου (1)
63. 1. ἐρύθημα ἱματίων ἐκ Βοσόρ (1)
— 2. διὰ τί σου ἐρυθρὰ τὰ ἱ. (5 *a*)
— 3. κατήγαγον τὸ αἷμα [S^{1} τὰ ἱ.] αὐ. εἰς γῆν (1 + 5 *b* ?)
Je. 30. 7 (49. 29). ἱμάτια αὐτῶν . . . λήψονται ἑαυτοῖς (3)
37 (30). 17. A ἀνάξω τὸ ἱ. [B S ἴαμά] σου †
43 (36). 24. οὐ διέρρηξαν τὰ ἱ. αὐτῶν (1)
48 (41). 5. διερρηγμένοι [A -ηχότες] τὰ ἱ. [S^{1} *om.* τὰ ἱ.] (1)
50 (43). 12. ὥσπερ φθειρίζει ποιμὴν τὸ ἱ. αὐτοῦ (1)
Ez. 16. 16. ἔλαβες ἐκ τῶν ἱ. σου (1)
— 39. ἐκδύσουσί σε τὰ ἱ. [A τὸν ἱματισμόν] (1)
18. 7. A γυμνὸν περιβαλεῖ ἱ. [B *om.*] (1)
42. 14. ἐνδύσονται ἱμάτια ἕτερα (1)

I Ma. 2. 14. διέρρηξε Ματταθίας . . . τὰ ἱ. αὐτῶν

3. 47. διέρρηξαν τὰ ἱ. αὐτῶν

— 49. ἤνεγκαν τὰ ἱ. τῆς ἱερωσύνης

4. 39. A R διερρηξαν [S ἔρρ.] τὰ ἱ. αὐτῶν

5. 14. διερρηχότες τὰ ἱ.

10. 62. S R ἐξέδυσαν [A -εν] Ἰων. τὰ ἱ. αὐτοῦ

11. 71. διέρρηξεν Ἰων. τὰ ἱ. αὐτοῦ

13. 45. διερρηχότες τὰ ἱ. αὐτῶν

[**Aq**. Ge. 27. 15 : Le. 21. 10 : IV Ki. 9. 13 : Jb. 37. 17 : Ps. 44 (45). 9 : Pr. 25. 20 : Is. 36. 22 : 52. 1 : 59. 17 : 64. 6 (5).]

[**Sm**. Le. 21. 10 : IV Ki. 9. 13 : Jb. 37. 17 : Ps. 101 (102). 27 : Pr. 25. 20 : Is. 36. 22 : 52. 1 : 59. 17 : 63. 3 : 64. 6 (5) : Ez. 5. 3 : 42. 14.]

[**Th**. Ex. 31. 10 : Le. 21. 10 : I Ki. 15. 27 : 24. 5 : Pr. 20. 16 : 25. 20 : Is. 36. 22 : 52. 1 : 63. 3 : 64. 6 (5).]

[**Al**. Ex. 35. 19 : Nu. 31. 20.]

ἱματιοφύλαξ. (1) שֹׁמֵר הַבְּגָדִים

IV Ki. 22. 14. μητέρα [A γυναῖκα] Σ. υἱοῦ Θ. υἱοῦ Ἀ. τοῦ ἱ. (1)

ἱματισμός. (1) בֶּגֶד (2) כְּסוּת (3) כֶּתֶם (4) *a.* לְבוּשׁ *b.* מַלְבּוּשׁ (5) עֶכֶס (6) שַׂלְמָה (7) שִׂמְלָה

Ge. 24. 53. ἐξενέγκας ὁ παῖς . . . ἱματισμόν (1)

Ex. 3. 22. σκεύη ἀργυρᾶ . . . καὶ ἱματισμόν (7)

11. 2. σκεύη ἀργυρᾶ . . . καὶ ἱματισμόν –

12. 35. σκεύη ἀργυρᾶ . . . καὶ ἱματισμόν (7)

21. 10. τὰ δέοντα καὶ τὸν ἱ. (2)

Jo. 22. 8. ἱ. πολὺν [A π. σφόδρα] διείλαντο (6)

Ru. 3. 3. περιθήσεις [A -σῃ] τὸν ἱ. σου (7)

I Ki. 27. 9. ἐλάμβανεν . . . ἱματισμόν (1)

III Ki. 10. 5. τὴν στάσιν λειτουργῶν αὐ. καὶ τὸν ἱ. αὐ. (4 *b*)

— 25. σκεύη χρυσᾶ καὶ ἱματισμόν (6)

22. 30. σὺ ἔνδυσαι τὸν ἱ. μου (1)

IV Ki. 7. 8. ἦραν ἐκεῖθεν . . . ἱματισμόν (1)

II Ch. 9. 4. καθέδραν παίδων αὐ. . . . καὶ ἱματισμὸν αὐ. (4 *b*)

— 24. ἔφερον . . . σκευῆ χρυσᾶ καὶ ἱματισμόν (6)

18. 29. σὺ ἔνδυσαι τὸν ἱ. μου (1)

To. 10. 11. S ἱματισμὸν καὶ ἀργύριον [A B *al.*]

Ju. 12. 15. διαναστᾶσα [A ἀνα.] ἐκοσμήθη τῷ ἱ.

Ps. 21 (22). 18. ἐπὶ τὸν ἱ. μου ἔβαλον κλῆρον (4 *a*)

44 (45). 9. παρέστη ἡ βασ. . . . ἐν ἱ. διαχρύσῳ (3)

Pr. 27. 26. ἵνα ἔχῃς πρόβατα εἰς ἱματισμόν (4 *a*)

Za. 14. 14. συνάξει . . . ἱματισμόν (1)

Is. 3. 18. ἀφελεῖ κύριος τὴν δόξαν τοῦ ἱ. αὐτῶν (5 ?)

Ep. Je. 12. περιβεβλημένων αὐτῶν ἱ. πορφυροῦν

— 20. κατεσθύντων αὐτούς τε καὶ τὸν ἱ. αὐ.

— 33. ἀπὸ τοῦ ἱ. αὐτῶν ἀφελόμενοι

— 58. τὸν ἱ. τὸν περικείμενον αὐτοῖς

Ez. 16. 18. ἔλαβες τὸν ἱ. τὸν ποικίλον σου (1)

— 39. A ἐκδύσουσί σε τὸν ἱ. [B τὰ ἱμάτιά] σου (1)

23. 26. ἐκδύσουσί σε τὸν ἱ. σου (1)

26. 16. τὸν ἱ. τὸν ποικίλον αὐ. ἐκδύσονται (1)

Da. LXX. 3. 21. συνεποδίσθησαν . . . σὺν τῷ ἱ. αὐ. (4 *a*)

I Ma. 11. 24. λαβὼν ἀργύριον . . . καὶ ἱματισμόν

[**Aq**. Dt. 22. 5 : Ez. 27. 20.]

[**Sm**. Ps. 44 (45). 9 : Is. 63. 1.]

ἰμείμ, *cf.* ἰαμείν.

[**Aq**. Ge. 36. 24.]

ἱμείρεσθαι. (1) חָכָה pi.

Jb. 3. 21. B^3 R οἳ ἱμείρονται [A B S ὁμ.] τοῦ θαν. (1)

[**Sm**. Ps. 41 (42). 2 : 62 (63). 2.]

ἱμεροῦσθαι (?).

Wi. 16. 18. A S^2 R ἡμεροῦτο [B^1 S^1 ἱμ.] φλόξ

ἶν, *vid.* εἶν.

ἵνα. * ἵνα μή

Ge. 3. 3* : 6. 19 : 11. 7* : 14. 23* : 16. 2 (*ind.*†) : 18. 21 : 19. 5, 15* : 21. 30 : 22. 14 : 24. 3*, 14, 49, 54, 56 : 27. 4, 7, 25†, 41 : 30. 3†, 25, 26, 38 : 32. 5 (6) : 33. 8 : 42. 2* : 43. 8* : 44. 34* : 45. 11* : 46. 34 : 47. 19* *bis* : 48. 9 : 49. 1 : 50. 20†.

Ex. 1. 11 (*ind.*†) : 3. 18 : 4. 5, 23 : 5. 1 : 6. 11 : 7. 16 : 8. 1 (7. 26), 10 (6), 20 (16), 22 (18) : 9. 1, 13, 14, 16, 29 : 10. 1, 3 : 11. 9 : 16. 32 : 17. 2 : 19. 9 : 20. 12 *bis*, 20* : 23. 12 *bis*, 20, 29*, 33* : 26. 13 : 27. 20 : 28. 28 (32)*, 31 (35)*, 37 (41), 39 (43)* : 30. 21*† : 31. 13 : 32. 30 : 33. 3*, 13†, 13 : 36. 29 (39. 21)*† : 38. 16 (37. 19), 27 (40. 30).

Le. 8. 35* : 10. 6*, 7*, 17 : 18. 28* : 20. 3 : 22. 9*.

Nu. 4. 15* : 11. 13, 15* : 18. 32* : 21. 27 : 36. 8.

De. 2. 30 : 4. 1, 21* *bis*, 40 : 5. 14, 16 *bis*, 29 (26) : 6. 2 *bis*, 3†, 3, 18, 23†, 24 *bis* : 7. 22* : 8. 1, 3, 16, 16†, 18 : 9. 5 : 10. 13 : 11. 8, 9, 21 : 12. 25, 28 : 13. 17 (18) : 14. 23, 29 (*ind.*†) : 16. 3†, 20 : 17. 17*†, 19, 20* *bis* : 19. 6* : 20. 8*, 18* : 21. 8* : 22. 7 (*ind.*†), 9* : 23. 20 (21) : 24. 19 : 25. 15 : 29. 6 (5), 9 (8), 13 (12), 19 (18)* : 30. 6, 19 : 31. 12 *bis*, 19, 28 : 32. 27* *bis*.

Jo. 1. 7, 8 : 3. 4, 7 : 4. 6, 6 (*sine verbo*), 24 : 11. 20 *bis* : 20. 9* : 22. 24*, 25*, 27 : 23. 6*.

Jd. 5. 15† : 13. 17† : 19. 22.

Ru. 3. 1.

II Ki. 2. 22* : 10. 3† : 12. 28* : 15. 14*.

III Ki. 2. 3 (*ind.*†), 4 (*ind.*†), 22 (*ind.*)† : 6. 1 (5. 17) (*ind.*†)† : 13. 31 : 15. 4.

IV Ki. 10. 19 : 23. 24.

I Ch. 21. 3 (*ind.*)†, 3*, 18 : 28. 8.

II Ch. 18. 15 (*ind.*†)* : 25. 16*† : 34. 25 : 35. 19.

I Es. 4. 46, 47, 50 : 6. 28, 32 (*sine verbo*) : 8. 19, 85.

II Es. 4. 15 : 6. 10 : 7. 25.

Ne. 6. 7 : 7. 65*.

To. 3. 15†, 15, 17† : 4. 2† : 5. 7†, 8† *bis* : 6. 12 (*ind.*)†, 14†, 17† : 8. 4†, 12† : 10. 13† : 13. 10† : 14. 7†, 9 (*ind.*†)†.

Ju. 7. 9*, 28*† : 11. 11* : 12. 2* : 14. 5, 13 : 15. 4.

Es. 4. 7, 17*, 17.

Jb. 2. 8, 9 (*ind.*†) : 7. 16 : 9. 3*, 32 : 13. 13, 19† : 14. 6 : 18. 2 : 21. 2 (*opt.*†)* : 23. 12*† : 32. 13*, 20 : 33. 30, 31† : 34. 37* : 36. 2 : 37. 6†, 7, 20 : 40. 3 (8) : 42. 4.

Ps. 9. 39 (10. 18)* : 15 (16). 8* : 16 (17). 5 : 38 (39). 4, 13 : 68 (69). 13* : 77 (78). 7*, 8*.

Pr. 1. 4 : 2. 12 : 3. 6, 10, 22, 23, 26* : 4. 8, 9, 10 : 5. 2, 9*, 10*† : 6. 5, 22, 30 (*ind.*†) : 7. 5 : 8. 1, 21 : 9. 6 (*ind.*†), 6†, 8*, 18 : 15. 24 : 16. 1 (9) : 19. 20 : 20. 22, 13* : 22. 17, 19 : 23. 35 : 24. 13, 27 (30. 4)†, 29 (30. 6)*, 32 (30. 9)*, 73 (31. 5)*, 75 (31. 7) : 25. 8*, 10* : 26. 4*, 5* : 27. 11, 26* *bis*.

Ec. 3. 14 : 5. 5*, 14 : 7. 15 (14)*, 18 (17)*.

Ca. 5. 1†.

Wi. 2. 19 : 6. 9*, 21 : 9. 2, 10 : 10. 8, 12 : 11. 16 : 12. 2, 7†, 8, 13, 22 : 13. 9, 16* : 14. 4†, 17 : 16. 3, 11*†, 18*, 18†, 19, 22, 23, 26 : 18. 6, 19* : 19. 4, 6.

Si. 1. 30* : 2. 3†, 7*† : 3. 1, 8 : 6. 2* : 7. 32 : 8. 4*, 11*, 15* : 9. 6*, 13* : 12. 5* : 13. 10*†, 10* : 17. 9 (*ind.*†) : 19. 13*†, 14 (*ind.*†)* : 22. 13*, 23 *bis*, 27* : 23. 2* : 26. 10* : 30. 1, 10*, 13*, 28 (33. 19)*, 36 (33. 27)* : 35 (32). 2 : 37. 15 : 38. 14 : 44. 18* : 45. 24, 26* : 46. 6 : 47. 13.

Ma. 1. 9†.

Is. 5. 8, 19 *bis* : 8. 20 : 14. 21* : 23. 16 : 26. 10* : 28. 13 : 33. 15* *bis* : 36. 12 : 37. 20 : 38. 17* : 40. 20* : 41. 20, 26 : 42. 21 : 43. 10, 26 : 44. 15 (*ind.*†) : 45. 3, 6, 21 : 48. 9* : 49. 20 : 51. 23 : 63. 18 : 66. 5, 11 *bis*.

Je. 4. 14 : 7. 18 : 10. 24 (*ind.*†)* : 29 (49). 11 (*ind.*†) : 39 (32). 14 : 43 (36). 3 : 45 (38). 10* : 49 (42). 6 : 50 (43). 3 : 51 (44). 8 *bis*.

Ba. 1. 11 : 2. 15 : 5. 7.

La. 1. 19 (*ind.*†).

Ez. 14. 11* : 20. 26† : 36. 27 : 37. 23* : 38. 16 : 39. 12.

Da. LXX. Su. 28 (*ind.*), 32, 51, 59 : 1. 8*, 10* : 2. 16, 49 : 3. 10, (30), 28 (95)*, 29 (96) (*ind.*) : 4. 24* : 6. 5 (6), 12 (13)* *ter* : Bel 30.

Da. TH. 2. 30 : 3. 15 (*ind.*†), (30) : 4. 14 : 5. 15 : Bel 32.

I Ma. 1. 63* : 2. 15 : 4. 59 : 7. 28 : 11. 41 : 12. 36 : 15. 19*.

II Ma. 1. 9, 18 : 2. 2* *bis*, 8 : 6. 15*, 22, 24 : 7. 29 : 11. 36.

III Ma. 2. 17*, 30*.

IV Ma. 6. 19 : 10. 16 : 16. 12* : 17. 1 (*opt.*)*.

[**Aq** Nu. 31. 3 : Dt. 5. 33 (30) : Jo. 1. 8 : III Ki. 15. 4 : Ps. 9. 36 (10. 15)* : Je. 7. 23 : 32 (39). 39 : 42 (49). 6 : Ez. 17. 6.]

[**Sm**. Ge. 33. 12 : Nu. 23. 19 : Dt. 5. 33 (30) : Jo. 1. 8 : I Ki. 2. 36 : 12. 7 : 24. 7 : 29. 7* : II Ki. 3. 21 : 7. 23 : 14. 13* : 21. 6 : III Ki. 15. 4 : IV Ki. 10. 15 : Jb. 16. 3 : 21. 15 : 22. 3 : 36. 10, 21 : 38. 38 : 40. 3 (8) : Ps. 9. 35 (10. 14), 36 (10. 15)* : 29 (30). 13 : 31 (32). 5, 9* : 38 (39). 14 : 40 (41). 11 : 42 (43). 4 : 45 (46). 11 : 54 (55). 13 *bis* : 57 (58). 6*, 9* : 58 (59). 5, 14*, 16* : 77 (78). 44* : 85 (86). 11 : 89 (90). 14 : 90 (91). 12* : 139 (140). 9* : Pr. 8. 29* : 20. 13* : Ec. 2. 3, 12, 26 : 7. 17 (16)* : Ca. 5. 8 : 8. 1 : Is. 32. 10* : 42. 21 : 53. 2 *bis* : 65. 8* : Je. 6. 16 : 30 (37). 11* : 32 (39). 39 : 37 (44). 20* : 38 (45). 26 : 42 (49). 6 : 44 (51). 29 : Ez. 2. 1 : 17. 14*, 15 : 20. 28 : 29. 15* : 32. 13* : 33. 11 : Jn. 2. 11.]

[**Th**. Ex. 28. 28 : Nu. 31. 3 : Dt. 5. 33 (30) : Jo. 1. 8 : III Ki. 15. 4 : Ps. 9. 36 (10. 15)* : 29 (30). 13* : Is. 44. 9 : Ez. 13. 22* : Da. 2. 30.]

[**Al**. Nu. 23. 19 : Dt. 6. 24 : 11. 21 : 30. 12 : Ps. 44 (45). 12 : Pr. 3. 26* : Ma. 1. 9.]

[**Heb**. Jb. 13. 19*.]

[**Quint**. Ho. 7. 16.]

[**Sam**. Ex. 14. 15.]

ἵνα τί.

Ge. 4. 6 *bis* : 12. 19 : 24. 31 : 25. 22, 32 : 26. 27 : 27. 46 : 29. 25 : 31. 26, 30 : 32. 29 (30) : 33. 15 : 42. 1 : 44. 5, 7 : 47. 15.

Ex. 2. 20 : 5. 4, 15, 22 : 17. 3 : 32. 11.

Nu. 11. 11, 20 : 14. 3, 41 : 20. 4, 5 : 21. 5 : 31. 15 : 32. 7.

Jo. 7. 7†, 10.

Jd. 5. 16†, 17† : 6. 13† : 12. 3† : 13. 18† : 15. 10†, 11† : 21. 3†.

Ru. 1. 11, 21.

I Ki. 1. 8†, 8 : 2. 23, 29 : 6. 6 : 9. 21 : 15. 19 : 17. 28† : 19. 5, 17 : 20. 8, 32 : 21. 14 (15) : 22. 13 : 24. 10 : 26. 18 : 27. 5 : 28. 9, 12, 15, 16.

II Ki. 3. 24 : 7. 7† : 11. 21, 22 *bis* : 12. 23 : 13. 26 (*subj.*) : 14. 13, 31, 32 : 15. 19 : 16. 9, 17 : 18. 22 : 19. 10 (11), 11 (12), 12 (13), 29 (30), 35 (36), 36 (37), 42 (43), 43 (44) : 20. 19 : 24. 3.

III Ki. 2. 22† : 12. 24† : 14. 6†.

IV Ki. 5. 8 : 14. 10 : 18. 26†.

I Ch. 21. 3†.

II Ch. 25. 19.

Ne. 2. 6†.

To. 3. 15.

Jb. 2. 10† : 3. 12 *bis*, 20 : 10. 18 : 18. 3† : 30. 2.

Ps. 2. 1 : 4. 2 : 9. 22 (10. 1) : 21 (22). 1 : 41 (42). 5 *bis*, 9, 11 *bis* : 42 (43). 2 *bis*, 5 *bis* : 43 (44). 23, 24 : 48 (49). 5 : 49 (50). 16 : 67 (68). 16 : 73 (74). 1, 11 : 79 (80). 12 : 87 (88). 14.

Pr. 17. 16.

Ec. 2. 15.

Si. 14. 3.

Ho. 10. 13.

Am. 5. 18.

Mi. 4. 9.

Hb. 1. 3, 13†.

Is. 36. 11 : 55. 2 : 58. 4.

Je. 2. 29 : 6. 20 : 14. 8, 19 : 15. 18 : 20. 18 : 51 (44). 7.

La. 5. 20.

Ez. 18. 31 : 33. 11.

Da. TH. 10. 20.

I Ma. 2. 7, 13 : 12. 44.

[**Aq**. III Ki. 14. 6 : Ps. 2. 1 : 21 (22). 2 : Pr. 17. 16 : Is. 55. 2 : Je. 15. 18 : 27 (34). 17.]

[**Sm**. Ps. 41 (42). 10 : 43 (44). 24, 25 : 73 (74). 1 : 87 (88). 15 : Pr. 17. 16 : Je. 27 (34). 17.]

[**Th**. II Ki. 14. 13 : Ps. 67 (68). 17 : 73 (74). 1 : 87 (88). 15 : Is. 58. 3 : Je. 27 (34). 17.]

[**Al**. Jd. 5. 16 : I Ki. 28. 16 : Jb. 18. 3.]

ἴνδαλμα. (1) צִיִּי

Wi. 17. 3. ἰνδάλμασιν ἐκταρασσόμενοι

Je. 27 (50). 39. κατοικήσουσιν ἰνδάλμ. ἐν ταῖς νήσ. (1)

ἰξευτής. (1) מוֹקֵשׁ

Am. 3. 5. εἰ πεσεῖται ὄρνεον . . . ἄνευ ἰξευτοῦ (1)

8. 1. ἰδοὺ ἄγγος ἰξευτοῦ †

— 2. καὶ εἶπα, Ἄγγος ἰξευτοῦ †

[**Aq**. Je. 5. 26.]

[**Sm**. Pr. 6. 5 : Je. 5. 26.]

ἶξος.

[**Aq**. Dt. 14. 13.]

● = correction on page xxvi

ἰοβόλος.

Wi. 16. 10. οὐδὲ ἰ. δρακόντων ἐνίκησαν ὀδόντες

ἰός. (1) בֵּן (2) חֶלְאָה (3) חֵמָה (4) διαχεῖται ὁ ἰός פָּרַשׁ hi.

Ps. 13 (14). 3. ἰὸς ἀσπίδων τὰ χείλη αὐτῶν –
139 (140). 3. ἰὸς ἀσπίδων ὑπὸ τὰ χείλη αὐτῶν (3)
Pr. 23. 32. ὥσπερ . . . διαχεῖται αὐτῷ ὁ ἰ. (4)
La. 3. 13. εἰσήγαγεν . . . ἰοὺς φαρέτρας αὐ. (1)
Ep. Je. 12. οὐ διασώζονται ἀπὸ ἰοῦ
— 24. ἐὰν μή τις ἐκμάξῃ τὸν ἰ.
Ez. 24. 6. ἐστὶν ἰ. ἐν αὐ. καὶ ὁ ἰ. οὐκ ἐξῆλθεν ἐξ αὐ. (2, 2)
— 11. ἐκλίπῃ ὁ ἰ. αὐτῆς [A om.] (2)
— 12. οὐ μὴ ἐξέλθῃ ἐξ αὐτῆς πολὺς ὁ ἰ. αὐτῆς (2)
— 12. καταισχυνθήσεται ὁ ἰ. αὐτῆς (2)
[Aq. Ez. 24. 12 *bis*.]
[Heb. Jb. 20. 14.]

Ἰουδαΐζειν. (1) יָהַד hithp.

Es. 8. 17. καὶ Ἰουδάϊζον [S[1] ἐνι.] (1)

Ἰουδαϊσμός.

II Ma. 2. 21. τοῖς ὑπὲρ τοῦ Ἰ. φιλοτίμως ἀνδραγαθήσασιν
8. 1. τοὺς μεμενηκότας ἐν τῷ Ἰ.
14. 38. κρίσιν εἰσενηνεγμένος Ἰουδαϊσμοῦ
— 38. ψυχὴν ὑπὲρ τοῦ Ἰ. παραβεβλημένος
IV Ma. 4. 26. ἐξόμνυσθαι τὸν Ἰ.

Ἰουδαϊστί. (1) יְהוּדִית

IV Ki. 18. 26. οὐ λαλήσεις μεθ᾽ ἡμῶν [A πρὸς ἡμᾶς] Ἰ. (1)
— 28. R ἐβόησε φωνῇ [A B om.] μεγάλῃ Ἰ. (1)
II Ch. 32. 18. ἐβόησε φωνῇ μεγάλῃ Ἰ. (1)
Ne. 13. 24. οὐκ εἰσὶν ἐπιγινώσκοντες λαλεῖν Ἰ. (1)
Is. 36. 11. μὴ λάλει πρὸς ἡμᾶς Ἰ. (1)
— 13. ἀνεβόησε [A S ἐβ.] φωνῇ μεγάλῃ Ἰ. (1)

ἰοῦσθαι.

Si. 12. 10. ὡς γὰρ ὁ χαλκὸς ἰοῦται
29. 10. μὴ ἰωθήτω ὑπὸ τὸν λίθον

ἱππάζεσθαι. (1) רָכַב

Je. 27 (50). 42. ἐφ᾽ ἵπποις [S[1] -ον] ἱππάσονται (1)
Ez. 23. 6. πάντες ἱππεῖς [A -ποις] ἱππαζόμ. ἐφ᾽ ἵππων (1)
— 12. ἱππεῖς ἱππαζομένους [A -νοι] ἐφ᾽ ἵππων (1)

ἱππάρχης (B), **ἵππαρχος** (A). (1) בַּעַל הַפָּרָשִׁים

II Ki. 1. 6. τὰ ἅρματα καὶ οἱ ἰ. συνῆψαν αὐτῷ (1)

ἱππασία. (1) מֶרְכָּבָה

Hb. 3. 8. ἡ [S[1] om.] ἰ. [S[1] -as] σου σωτηρία (1)
Je. 8. 16. ἀπὸ φωνῆς χρεμετισμοῦ ἱππασίας –
[Al. Hb. 3. 8.]

ἱππεύειν. (1) רָכַב (2) רֶכֶשׁ

IV Ki. 9. 16. ἵππευσε [A ἔσπευσεν] καὶ ἐπορεύθη Ἰ. (1)
Mi. 1. 13. ψόφος ἁρμάτων καὶ ἱππευόντων (2)
Ez. 23. 23. ἱππεύοντας ἐφ᾽ ἵππων (1)

ἱππεύς. (1) סוּס (2) פָּרָשׁ (3) רוּץ (4) *a.* רֶכֶב *b.* רֶכֶב הַסּוּס *c.* רֶכֶב הָרֶכֶשׁ

Ge. 49. 17. πεσεῖται ὁ ἰ. εἰς τὰ ὀπίσω (4 *a*)
50. 9. συνανέβησαν μετ᾽ αὐτοῦ . . . ἱππεῖς (2)
Ex. 14. 9. τὰ ἅρματα Φ. καὶ οἱ ἰ. (2)
I Ki. 8. 11. R θήσεται αὐτοὺς . . . ἐν [A B om.] ἱππεῦσιν αὐ. (2)
13. 5. B ἐξ χιλιάδες ἱππέων (2)
II Ki. 8. 4. ἑπτὰ χιλιάδας ἱππέων (2)
10. 18. τεσσαράκοντα χιλιάδας ἱππέων (2)
III Ki. 1. 5. ἐποίησεν ἑαυτῷ ἅρματα καὶ ἱππεῖς (2)
3. 1 (B), 4. 26 (A) [5. 6]. A δώδεκα χιλιάδες ἱππέων [B ἵππων] (2)
10. 22 (B), 9. 19 (A). πάσας τὰς πόλεις τῶν ἰ. (2)
— 22 (B), 9. 22 (A). ἄρχοντες τῶν ἁρμ. αὐ. καὶ ἱππεῖς αὐ. (2)
— 26. δώδεκα χιλιάδες ἱππέων (2)
— 28. ἡ ἔξοδος Σαλ. τῶν ἰ. [A al.] (1)
21 (20). 20. σώζεται υἱὸς Ἀ. . . . ἐφ᾽ ἵππου ἱππέως [A al.] (2)
IV Ki. 2. 12. ἅρμα Ἰσραὴλ καὶ ἱππεὺς αὐτοῦ (2)
13. 7. πεντήκοντα ἰ. καὶ δέκα ἅρματα (2)
— 14. ἅρμα Ἰσραὴλ καὶ ἱππεὺς αὐτοῦ (2)
18. 24. ἤλπισας σαυτῷ . . . εἰς ἅρματα καὶ ἱππεῖς (2)
I Ch. 19. 6. ἅρματα καὶ ἱππεῖς (2)
— 7. B S ἐμισθώσαντο ἑαυτοῖς ἅρματα καὶ ἱππεῖς δύο [A R al.] –
II Ch. 1. 14. συνήγαγε Σ. ἅρματα καὶ ἱππεῖς (2)
— 14. δώδεκα χιλιάδες ἱππέων (2)
— 16. B ἡ ἔξοδος τῶν ἰ. τῷ Σαλ. [A R al.] (1)
8. 6. τὰς [A πάσας τ.] πόλεις τῶν ἰ. (2)
— 9. ἄρχοντες ἁρμάτων καὶ ἱππέων (2)
9. 25. δώδεκα χιλιάδες ἱππέων (2)
16. 8. οὐχ οἱ Αἰθ. καὶ Λ. ἦσαν . . . εἰς ἱππεῖς (2)
23. 15. διῆλθε διὰ τῆς πύλης τῶν ἰ. (1)
I Es. 5. 2. Δ. συναπέστειλε μετ᾽ αὐτῶν ἰ. χιλίους
8. 51. πεζούς τε καὶ ἱππεῖς
II Es. 8. 22. αἰτήσασθαι . . . δύναμιν καὶ ἱππεῖς (2)
Ne. 2. 9. ἀπέστειλε . . . ἱππεῖς (2)
Ju. 2. 15. ἱππεῖς τοξότας μυρίους δισχιλ.
— 19. ἐν ἅρμασι καὶ ἱππεῦσι
— 22. ἔλαβε . . . τοὺς πεζοὺς καὶ τοὺς ἰ.
7. 2. A B ἱππέων [S ἵππων] χιλιάδες δέκα δύο
— 20. τὰ ἅρματα καὶ οἱ ἰ. αὐτῶν
Es. 8. 14. οἱ μὲν οὖν ἰ. [S[3] *add.* καὶ ἐπιβάται τῶν πορίων] (3 + 4 *c* [3])
Jb. 1. 17. οἱ ἰ. ἐποίησαν ἡμῖν κεφ. [A S[2] ἀρχὰς] τρεῖς †
Ho. 1. 7. οὐδὲ ἐν ἵπποις οὐδὲ ἐν ἱππεῦσι (2)
Am. 2. 15. ὁ ἰ. [A[1] om. ὁ ἰ.] οὐ μὴ σώσῃ τὴν ψυχὴν αὐ. (4 *b*)
Jl. 2. 4. ὡς ἱππεῖς [A οἱ ἰ.] οὕτως καταδιώξονται (2)
Na. 2. 3 (4). οἱ ἰ. θορυβηθήσονται ἐν ταῖς ὁδοῖς †
3. 3. καὶ ἱππέως ἀναβαίνοντος (2)
Hb. 1. 8. ἐξιππάσονται οἱ ἰ. αὐτοῦ (2)
Is. 21. 7. εἶδον ἀναβάτας ἱππεῖς δύο (2)
22. 7. οἱ δὲ ἰ. ἐμφράξουσι τὰς πύλας σου (2)
Je. 4. 29. ἀπὸ φωνῆς ἱππέως καὶ ἐντεταμ. τόξου (2)
26 (46). 4. ἐπίβητε οἱ ἰ. (2)
Ez. 23. 6. πάντες ἰ. [A[1] -ποις, A[2] -οι] ἱππαζόμ. ἐφ᾽ ἵππων (2)
— 12. ἱππεῖς ἱππαζομένους [A -νοι] ἐφ᾽ ἵππων (2)
26. 7. μεθ᾽ ἵππων . . . καὶ ἱππέων [A om. κ. ἰ.] (2)
— 10. ἀπὸ τῆς φωνῆς τῶν ἰ. αὐτοῦ (2)
27. 14. ἵπποι [A -ους] καὶ ἱππεῖς (2)
38. 4. καὶ ἱππεῖς ἐνδεδυμένους θώρακας π. (2)
Da. TH. 11. 40. ἐν ἅρμασι καὶ ἐν ἱππεῦσι (2)
I Ma. 1. 17. ἐν ἅρμασι . . . καὶ ἐν ἱππεῦσι
6. 30. S καὶ εἴκοσι χιλ. ἱππέων [A R ἵππων]
15. 41. A R ἔταξεν [S ἀπέτ.] ἐκεῖ ἱππεῖς
16. 4. ἐπέλεξεν ἐκ τῆς χώρας . . . ἱππεῖς
— 5. πεζικὴ [A -κοὶ] καὶ ἱππεῖς
— 7. διεῖλε τὸν λαὸν καὶ τοὺς ἰ.
II Ma. 5. 2. φαίνεσθαι διὰ τοῦ ἀέρος τρέχοντας ἰ.
10. 31. ἱππεῖς δὲ ἑξακόσιοι
11. 4. καὶ ταῖς χιλιάσι τῶν ἰ.
— 11. ἰ. δὲ ἑξακοσίους
12. 10. ἰ. δὲ πεντακόσιοι
— 20. R ἱππεῖς δὲ χιλίους [A τρισχιλ.]
— 33. μετὰ πεζῶν τρισχιλ. ἰ. δὲ τετρακοσίων
— 35. τῶν ἰ. τινὸς Θρακῶν ἐπενεχθέντος αὐτῷ
13. 2. R ἔχοντα . . . ἰ. [A -έων] πεντακισχιλίους τριακοσίους
[Aq. Is. 22. 6.]
[Sm. Is. 31. 1.]
[Th. Is. 22. 6: 31. 1.]

ἱππικός.

I Ma. 15. 38. δυνάμεις πεζικὰς καὶ ἰ. ἔδωκεν αὐτῷ
III Ma. 1. 1. ταῖς πάσαις δυνάμεσι πεζικαῖς καὶ ἰ.

ἱππόδρομος. (1) אֶפְרָתָה, אֶפְרָת

Ge. 35. 19. R ἐν τῇ ὁδῷ τοῦ ἰ. [A om. τοῦ ἰ.] Ἐφρ. (1?)
48. 7. κατὰ τὸν ἰ. Χαβρ. τῆς γῆς –
— 7. κατώρυξα αὐτὴν ἐν τῇ ὁδῷ τοῦ ἰ. (1)
III Ma. 4. 11. ἐν τῷ πρὸ τῆς πόλεως ἰ. παρεμβαλεῖν
5. 46. τῆς πόλ. . . . κατὰ τοῦ ἰ. καταμεμεστωμένης
6. 16. κατὰ τὸν ἰ. παρῆγε

ἵππος. (1) *a.* סוּס *b.* סוּסָה (2) פָּרָשׁ (3) רֶכֶב

Ge. 14. 11. A ἔλαβεν [R -ον] τὴν ἵ. πᾶσαν τὴν Σοδ. †
— 16. R ἀπέστρεψε πᾶσαν τὴν ἵ. Σοδόμων †
— 21. τὴν δὲ ἵ. λάβε σεαυτῷ †
47. 17. ἄρτους ἀντὶ τῶν ἵ. (1 *a*)
49. 17. δάκνων πτέρναν ἵππου (1 *a*)
Ex. 9. 3. ἔν τε τοῖς ἵ. καὶ ἐν τοῖς ὑποζυγίοις (1 *a*)
14. 7. καὶ πᾶσαν τὴν ἵ. τῶν Αἰγυπτίων (3)
— 9. πᾶσα ἡ ἵ. καὶ τὰ ἅρματα Φ. (1 *a*)
Ex. 14. 17. ἐν τοῖς ἅρμασι καὶ ἐν τοῖς ἵ. αὐτοῦ (2)
— 18. ἐν τοῖς ἅρμασι καὶ ἵ. αὐτοῦ (2)
— 23. πᾶς ἵ. [A πᾶσα ἡ ἵ.] Φ. καὶ τὰ ἅρματα (1 *a*)
15. 1. ἵππον καὶ ἀναβάτην ἔρριψεν εἰς θάλ. (1 *a*)
— 19. εἰσῆλθεν ἵ. Φαραὼ σὺν ἅρμασι (1 *a*)
— 21. ἵππον καὶ ἀναβάτην ἔρριψεν εἰς θάλ. (1 *a*)
De. 11. 4. ὅσα ἐποίησε . . . τὴν ἵ. αὐτῶν (1 *a*)
17. 16. οὐ πληθυνεῖ ἑαυτῷ ἵππον (1 *a*)
— 16. ὅπως μὴ πληθύνῃ αὐτῷ ἵππον (1 *a*)
20. 1. ἐὰν . . . ἴδῃς ἵππον (1 *a*)
Jo. 11. 4. ἵπποι καὶ ἅρματα πολλὰ σφόδρα (1 *a*)
— 6. τοὺς ἵ. αὐτῶν νευροκοπήσεις (1 *a*)
— 9. τοὺς ἵ. αὐτῶν ἐνευροκόπησε (1 *a*)
17. 16. ἵππος ἐπίλεκτος καὶ σίδηρος τῷ Χαν. (3)
— 18. ἵ. ἐπίλεκτος αὐτῷ ἐστι [A om.] (3)
24. 6. ἐν ἅρμασιν καὶ ἐν ἵπποις (2)
Jd. 5. 22. ἐνεποδίσθησαν πτέρναι ἵππου [A al.] (1 *a*)
II Ki. 15. 1. ἐποίησεν ἑαυτῷ Ἀ. . . . ἵππους (1 *a*)
III Ki. 3. 1 (*cf.* A 4. 26) (5. 6). B τεσσαράκ. χιλιάδες τοκάδες ἵπποι (1 *a*)
— 1 (*cf.* A 4. 26) (5. 6). δώδεκα χιλιάδες ἵππων [A -έων] (2)
4. 26 (5. 6). A τεσσαράκ. χιλιάδες τοκάδες ἵππων (1 *a*)
— 28 (5. 8). τὸ [A τὸν] ἄχυρον τοῖς ἵ. (1 *a*)
10. 25. ἵππους καὶ ἡμιόνους (1 *a*)
— 26. A συνέλεξεν Σ. ἅρματα καὶ ἵππους (2)
— 26. θήλειαι ἵπποι εἰς [A[2] καὶ εἰς] ἅρματα –
— 28. A ἡ ἔξοδος τῶν ἵ. Σαλ. ἐξ Αἰγ. [B al.] (1 *a*)
— 29. B ἵππος ἀντὶ πεντήκοντα ἀργυρίου (1 *a*)
12. 24. B ἅρματα τριακόσια ἵππων –
16. 9. Z. ὁ ἄρχων τῆς ἡμίσους τῆς ἵ. (3)
18. 5. περιποιησώμεθα ἵππους (1 *a*)
21 (20). 1. πᾶς ἵππος καὶ ἅρμα (1 *a*)
— 20. σώζεται υἱὸς Ἀ. . . . ἐφ᾽ ἵππου ἱππέως (1 *a*)
— 21. ἔλαβε πάντας [A om.] τοὺς ἵ. (1 *a*)
— 25. A R ἀλλάξομέν σοι . . . ἵππον κατὰ τὴν [B τὸν] ἵ. (1 *a*, 1 *a*)
22. 5 (4). καθὼς οἱ ἵ. μου οἱ ἵ. σου (1 *a*, 1 *a*)
IV Ki. 2. 11. R ἅρμα πυρὸς καὶ ἵπποι [A B -πος] πυρός (1 *a*)
3. 7. ὡς οἱ ἵ. μου οἱ ἵ. σου (1 *a*, 1 *a*)
5. 9. ἦλθε Ναιμὰν ἐν ἵππῳ (1 *a*)
6. 14. ἀπέστειλεν ἐκεῖ ἵππον καὶ ἅρμα (1 *a*)
— 15. δύναμις κυκλοῦσα τὴν πόλιν καὶ ἵππος [A -οι] (1 *a*)
— 17. ἰδοὺ τὸ ὄρος πλῆρες ἵππων (1 *a*)
7. 6. B φωνὴν ἅρματος καὶ φ. ἵππου [A om. φ. ἵ.] (1 *a*)
— 7. ἐγκατέλιπον . . . τοὺς ἵ. αὐτῶν (1 *a*)
— 10. εἰ μὴ ἵππος δεδεμένος (1 *a*)
— 13. λαβέτωσαν δὴ πέντε [A πάντες ἀπὸ] τῶν ἵ. (1 *a*)
— 14. ἔλαβον δύο ἐπιβάτας ἵππων (1 *a*)
9. 18. ἐπορεύθη ἐπιβάτης ἵππου (1 *a*)
— 19. ἀπέστειλεν ἐπιβάτην ἵππου δεύτερον (1 *a*)
— 33. ἐρραντίσθη τοῦ αἵματος . . . πρὸς τοὺς ἵ. (1 *a*)
10. 2. A R μεθ᾽ ὑμῶν τὸ ἅρμα καὶ οἱ [B om.] ἵ. (1 *a*)
11. 16. εἰσῆλθον ὁδὸν εἰσόδου τῶν ἵ. (1 *a*)
14. 20. ἦραν αὐτὸν ἐφ᾽ ἵππων (1 *a*)
18. 23. δώσω σοι δισχιλ. ἵππους (1 *a*)
23. 11. κατέκαυσε [A -αν] τοὺς ἵ. (1 *a*)
I Ch. 18. 4. καὶ ἑπτὰ χιλιάδας ἵππων (2)
II Ch. 1. 16. A R ἡ ἔξοδος τῶν ἵ. [B ἱππέων] Σ. [A τῶν Σ., B τῷ Σ.] (1 *a*)
— 17. ἵππον [A -ων] ἐκ. καὶ πεντήκ. (1 *a*)
9. 24. ἔφερον . . . ἵππους καὶ ἡμιόνους (1 *a*)
— 25. τέσσ. χιλ. [A μυρι.] θήλειαι ἵπποι [A -ων] (1 *a*)
— 28. A R ἡ ἔξοδος τῶν ἵ. ἐξ Αἰγ. τῷ [B τῶν] Σ. (1 *a*)
12. 3. ἐν . . . ἑξήκοντα χιλιάσιν ἵππων (2)
21. 9. πᾶσα ἡ ἵ. μετ᾽ αὐτοῦ (3)
25. 28. ἀνέλαβον αὐτὸν ἐπὶ τῶν ἵ. (1 *a*)
I Es. 2. 7. μεθ᾽ ἵππων καὶ κτηνῶν
— 9. ἐν πᾶσιν . . . ἵπποις κτήνεσι [A καὶ κτ.]
— 30. μεθ᾽ ἵππου καὶ ὄχλου παρατάξεως
5. 43. ἵπποι ἑπτακισχίλιοι τριάκοντα ἕξ
II Es. 2. 66. A R ἵπποι αὐ. ἑπτακόσ. τριάκοντα ἕξ [B om.] (1 *a*)
4. 23. κατήργησαν αὐτοὺς ἐν ἵπποις †
Ne. 3. 28. ἀνώτερον πύλης τῶν ἵ. (1 *a*)
7. 68. A S ἵπποι ἑπτακόσιοι τριάκοντα ἕξ (1 *a*)
Ju. 1. 13. ἀνέστρεψε . . . πᾶσαν τὴν ἵ. αὐτοῦ
2. 5. καὶ πλῆθος [S[1] om. κ. πλ.] ἵππων σὺν ἀναβ.
6. 3. οὐχ ὑποστήσονται τὸ κράτος τῶν ἵ. ἡμῶν
7. 2. S ἵππων [A B ἱππέων] χιλιάδες δέκα δύο
— 6. ἐξήγαγεν Ὀ. πᾶσαν τὴν ἵ. αὐτοῦ

Ju. 9. 7. ὑψώθησαν ἐφ' ἵππῳ
16. 4. ἡ ἵ. αὐτῶν ἐκάλυψε βουνούς
Es. 6. 8. ἵππον ἐφ' ὃν ὁ βασ. ἐπιβαίνει (1 a)
— 9. S³ δοθήτω τὸ ἔνδυμα καὶ ὁ ἵ. (1 a)
— 9. ἀναβιβασάτω αὐτὸν ἐπὶ τὸν ἵ. (1 a)
— 10. S³ λάβε σὺν τὸ ἔνδυμα καὶ τὸν ἵ. (1 a)
— 11. ἔλαβε δὲ Ἀμὰν . . . τὸν ἵ. (1 a)
— 11. B S ἀνεβίβασεν αὐτὸν ἐπὶ τὸν ἵ. –
Jb. 39. 18. καταγελάσεται ἵππου [S¹ αὐτοῦ] (1 a)
— 19. σὺ περιέθηκας ἵππῳ δύναμιν (1 a)
Ps. 19 (20). 7. οὗτοι ἐν ἅρμασι καὶ οὗτοι ἐν ἵπποις (1 a)
·31 (32). 9. μὴ γίνεσθε ὡς ἵππος (1 a)
32 (33). 17. ψευδὴς ἵππος εἰς σωτηρίαν (1 a)
75 (76). 6. οἱ ἐπιβεβηκότες τοὺς ἵ. [S² τοῖς ἵ.] (1 a)
146 (147). 10. οὐκ ἐν τῇ δυναστείᾳ τοῦ ἵ. θελήσει (1 a)
Pr. 21. 31. ἵππος ἑτοιμάζεται εἰς ἡμέραν πολ. (1 a)
26. 3. ὥσπερ μάστιξ ἵππῳ (1 a)
Ec. 10. 7. εἶδον δούλους ἐφ' ἵππους (1 a)
Ca. 1. 9. τῇ ἵ. μου ἐν [A ἐπ'] ἅρμασι Φ. ὡμοίωσά σε (1 b)
Wi. 19. 9. ὡς γὰρ ἵπποι ἐνεμήθησαν
Si. 30. 8. ἵ. ἀδάμαστος ἀποβαίνει [A S ἐκβ.] σκληρός
36 (33). 6. ἵππος εἰς ὀχείαν [A S¹ -εῖον]
48. 9. ἐν ἅρματι ἵππων πυρίνων
Ho. 1. 7. οὐδὲ ἐν ἵπποις οὐδὲ ἐν ἱππεῦσι (1 a)
14. 4. ἐφ' ἵππον [A -ων] οὐκ ἀναβησόμεθα (1 a)
Am. 4. 10. μετὰ αἰχμαλωσίας ἵππων σου (1 a)
6. 7. ἐξαρθήσεται χρεμετισμὸς ἵππων †
— 13 (12). εἰ διώξονται ἐν πέτραις ἵπποι (1 a)
Mi. 5. 10 (9). ἐξολεθρεύσω τοὺς ἵ. (1 a)
Jl. 2. 4. ὡς ὅρασις ἵππων ἡ ὅρασις [A ὄψις] αὐ. (1 a)
Na. 3. 2. φωνὴ . . . ἵππου [S¹ -ων] διώκοντος (1 a)
Hb. 1. 8. ἐξαλοῦνται ὑπὲρ παρδάλεις οἱ ἵ. αὐ. (1 a)
3. 8. ἐπιβήσῃ ἐπὶ τοὺς ἵ. σου (1 a)
— 15. ἐπιβιβᾷς [A S² ἐπεβίβασας] εἰς θάλ. τοὺς ἵ. (1 a)
Hg. 2. 23 (22). καταβήσονται [A ἀναβήσ.] ἵπποι (1 a)
Za. 1. 8. ἀνὴρ ἐπιβεβηκὼς ἐπὶ [S¹ om.] ἵ. πυρρόν (1 a)
— 8. ὀπίσω αὐτοῦ ἵ. πυρροὶ καὶ ψαροί (1 a)
6. 2. ἐν τῷ ἅρμ. τῷ πρώτῳ ἵ. πυρροὶ καὶ ἐν τῷ ἅρμ. τῷ δευτ. ἵ. μέλανες (1 a, 1 a)
— 3. ἐν τῷ ἅρμ. τῷ τρίτῳ ἵ. λευκοὶ καὶ ἐν τῷ ἅρμ. τῷ τετ. ἵ. ποικίλοι ψαροί (1 a, 1 a)
— 6. ἐν ᾧ ἦσαν οἱ ἵπποι οἱ μέλανες (1 a)
9. 10. ἐξολεθρεύσει [S¹ -ευθήσεται] . . . ἵππον ἐξ Ἰ. (1 a)
10. 3. τάξει αὐτοὺς ὡς ἵ. εὐπρεπῆ αὐ. (1 a)
— 5. καταισχυνθήσονται ἀναβάται ἵππων (1 a)
12. 4. πατάξω πάντα ἵ. ἐν ἐκστάσει (1 a)
— 4. πάντας τοὺς ἵ. τῶν λαῶν πατάξω [S¹ al.] (1 a)
14. 15. αὕτη ἔσται ἡ πτῶσις τῶν ἵ. (1 a)
— 20. ἔσται τὸ ἐπὶ τὸν χαλινὸν τοῦ ἵ. [S¹ τῷ ἵ.] (1 a)
Is. 2. 7. ἐνεπλήσθη ἡ γῆ ἵππων (1 a)
5. 28. οἱ πόδες τῶν ἵ. αὐ. . . . ἐλογίσθησαν (1 a)
22. 6. ἀναβάται ἄνθρωποι ἐφ' ἵπποις [A S³ -οις] (2)
30. 16. ἐφ' ἵππων [A -οις] φευξόμεθα (1 a)
31. 1. οἱ ἐφ' ἵπποις πεποιθότες . . . ἐφ' ἵπποις πλῆθος σφόδρα (1 a, 2)
— 3. Αἰγ. ἄνθρωπον καὶ οὐ θεὸν ἵππων σάρκας (1 a)
36. 8. δώσω ὑμῖν δισχιλίαν ἵππον (1 a)
— 9. οἱ πεποιθότες ἐπ' Αἰγ. εἰς ἵππον (3)
43. 17. ὁ ἐξαγαγὼν [A ἐξάγων] ἅρματα καὶ ἵππον (1 a)
63. 13. ἤγαγεν αὐτοὺς . . . ὡς ἵππον δι' ἐρήμου (1 a)
66. 20. δῶρον κυρίῳ μεθ' ἵππων καὶ ἁρμάτων (1 a)
Je. 4. 13. κουφότεροι ἀετῶν οἱ ἵ. αὐ. (1 a)
5. 8. ἵπποι θηλυμανεῖς ἐγενήθησαν (1 a)
6. 23. ἐφ' ἵπποις καὶ ἅρμασι (1 a)
8. 6. ὡς ἵ. κάθιδρος ἐν χρεμετισμῷ αὐτοῦ (1 a)
— 16. φωνὴν ὀξύτητος ἵππων αὐ. (1 a)
— 16. ἀπὸ φων. χρεμετισμοῦ ἱππασ. ἵππων αὐ. †
12. 5. πῶς παρασκευάσῃ ἐφ' ἵπποις (1 a)
17. 25. ἐπιβεβηκότες ἐφ' ἅρμασι καὶ ἵπποις αὐ. (1 a)
22. 4. ἐπιβεβηκότες ἐφ' ἁρμάτων καὶ ἵππων (1 a)
26 (46). 4. ἐπισάξατε τοὺς ἵ. (1 a)
— 9. ἐπίβητε ἐπὶ τοὺς ἵ. (1 a)
27 (50). 36 (37). παροξυνεῖ . . . μάχαιραν ἐπὶ τοὺς ἵ. αὐτῶν (1 a)
— 42. ἐφ' ἵπποις [S¹ -ον] ἱππάσονται (1 a)
28 (51). 21. διασκορπιῶ ἐν σοὶ ἵππον (1 a)
— 27. A B ἀναβιβάσατε ἐπ' αὐτὴν ἵππον [S² -ων] (1 a)
38 (31). 40. ἕως γωνίας πύλης ἵππων ἀνατολῆς (1 a)
Ez. 17. 15. τοῦ δοῦναι αὐτῷ ἵππους (1 a)
Ez. 23. 6. πάντες ἱππεῖς [A¹ -ποις, A² -οι] ἱππαζόμ. ἐφ' ἵππων (2, 1 a)
— 12. ἱππεῖς ἱππαζομένους [A -νοι] ἐφ' ἵππων (1 a)
— 20. αἰδοῖα ἵππων τὰ αἰδοῖα αὐτῶν (1 a)
— 23. ἱππεύοντας ἐφ' ἵππων (1 a)
— 24. A ἅρματα καὶ τροχοὶ ἵπποι [B om.] –
26. 7. μεθ' ἵππων καὶ ἁρμάτων (1 a)
— 10. ἀπὸ τοῦ πλήθους τῶν ἵ. αὐτοῦ (1 a)
— 11. ἐν ταῖς ὁπλαῖς τῶν ἵ. αὐτοῦ (1 a)
27. 14. ἵπποι [A -ους] καὶ ἱππεῖς (1 a)
38. 4. συνάξω . . . ἵππους καὶ ἱππεῖς (1 a)
— 15. ἀναβάται ἵππων πάντες (1 a)
39. 20. ἵππον καὶ ἀναβάτην καὶ γίγαντα (1 a)
Da. LXX. 11. 40. ἐν ἅρμασι καὶ ἐν ἵ. πολλοῖς (2)
I Ma. 3. 39. καὶ ἑπτακισχιλίαν ἵ.
4. 1. καὶ χιλίαν ἵ. ἐκλεκτήν
— 7. καὶ ἵππον κυκλοῦσαν αὐτήν
— 28. καὶ πεντακισχιλίαν ἵ.
— 31. αἰσχυνθήτωσαν ἐπὶ . . . τῇ ἵ. αὐτῶν
6. 30. R καὶ εἴκοσι χιλιάδες ἵππων [A τῶν ἵ., S -έων]
— 35. καὶ πεντακοσία ἵππος διατεταγμένη
— 38. τὴν ἐπίλοιπον ἵ. . . . ἔστησεν
8. 6. ἔχοντα . . . ἵππον καὶ ἅρματα
9. 4. S R ἐν . . . δισχιλίᾳ ἵ. [A -ιάσιν ἵππων]
— 11. ἐμερίσθη ἡ ἵ.
10. 73. οὐ δυνήσῃ ὑποστῆναι τὴν ἵ.
— 77. παρενέβαλε τρισχιλίαν ἵ.
— 77. διὰ τὸ ἔχειν αὐτὸν πλῆθος ἵππου
— 79. ἀπέλιπεν Ἀπ. χιλίαν ἵ.
— 81. ἐκοπίασαν οἱ ἵ. αὐτῶν
— 82. ἡ γὰρ ἵ. ἐξελύθη
— 83. ἡ ἵ. ἐσκορπίσθη ἐν τῷ πεδίῳ
12. 49. ἀπέστειλε Τρ. δυνάμεις καὶ ἵππον
13. 22. ἡτοίμασε Τρ. πᾶσαν τὴν ἵ. αὐτοῦ
14. 5. S¹ ἔλαβε τὴν ἵ. [A S² R Ἰόππην] εἰς λιμένα
● 15. 13. καὶ σὺν αὐτῷ . . . ὀκτακισχιλία ἵ.
16. 7. ἡ δὲ ἵ. τῶν ὑπεναντίων πολλὴ σφόδρα
II Ma. 3. 25. ὤφθη γάρ τις ἵ. αὐτοῖς
5. 3. R ἴλας [A εἰλ.] ἵππων διατεταγμένας
10. 24. τοὺς τῆς Ἀσίας γενομένους ἵ. συναθροίσας
— 29. ἐφ' ἵ. χρυσοχαλίνων πέντε ἄνδρες
11. 2. συναθροίσας . . . τὴν ἵ. πᾶσαν
15. 20. τῆς δὲ ἵ. κατὰ κέρας τεταγμένης
[Aq. IV Ki. 7. 7: Ps. 32 (33). 17: 75 (76). 7: Is. 31. 3: 38. 14: Je. 6. 23: 8. 6, 16: 12. 5.]
[Sm. IV Ki. 7. 7: Ps. 32 (33). 17: 75 (76). 7: Is. 21. 7: 31. 3: 66. 20: Je. 8. 6: 12. 5.]
[Th. IV Ki. 7. 7: Is. 31. 3.]
[Al. Hb. 3. 15.]
[Heb. Ez. 23. 20.]
[Quint. IV Ki. 7. 7.]

ἱπποστάσιον.
[Sm. Da. 11. 45.]

ἵπτασθαι.
[Aq. Ge. 1. 20.]
[Sm. Jb. 9. 26.]

ἶρις. (1) קִדָּה
Ex. 30. 24. ἴρεως πεντακοσίους σίκλους τοῦ ἁγ.
[Heb. Ez. 1. 4.]

ἶς.
[Heb. Ps. 91 (92). 7.]

ἰσανά. (1) יְשָׁנָה
Ne. 3. 6. τὴν πύλην ἰ. [A S τοῦ Αἰσ.] (1)
12. 39. S³ ἐπὶ τὴν πύλην τῆς ἰ. (1)

● **ἰσαστήρ.**
IV Ma. 17. 5. τοὺς ἰ. ἑπτὰ παῖδας

ἰσηγορεῖσθαι.
Si. 13. 11. B S¹ μὴ ἔπεχε εἰσηγορεῖσθαι [A S² ἰσηγ.]

ἰσοδυναμεῖν.
Si. prol. 15. οὐ γὰρ ἰσοδυναμεῖ αὐτά

ἰσοδύναμος.
IV Ma. 3. 15. ἰσοδύναμον τὸ ποτὸν αἵματι
5. 20. τὸ γὰρ . . . παρανομεῖν ἰσοδύναμόν ἐστι

ἰσόθεος.
II Ma. 9. 12. R ἰσόθεα φρονεῖν ὑπερηφάνως [A al.]

ἰσόμοιρος.
II Ma. 8. 30. ἰ. ἑαυτοὺς . . . πρεσβυτέροις ποιήσαντες

ἰσονομεῖν.
IV Ma. 5. 24. ὥστε διὰ πάντων τῶν ἠθῶν ἰσονομεῖν

ἰσοπαλής.
IV Ma. 13. 9. A R οἱ τῆς ἰ. καμίνου κατεφρόνησαν [S al.]

ἰσόπεδος.
II Ma. 8. 3. πόλιν . . . μέλλουσαν ἰ. γενέσθαι
9. 14. ἣν . . . παρεγίνετο ἰσόπεδον ποιῆσαι
III Ma. 5. 43. R ἰσόπεδον πυρὶ . . . θήσεσθαι [A στήσ.]

ἰσοπολίτης.
III Ma. 2. 30. τούτους ἰ. Ἀλεξανδρεῦσιν εἶναι

ἰσοπολιτίδης (?).
IV Ma. 13. 9. S οἱ τῆς ἰ. καιομένης κατεφρόνησαν [A R al.]

► **ἴσος.** (1) אֶחָד (2) בַּד (3) כְּ'
(4) כְּאָחִיו (5) מְלוֹ (6) מָשָׁל (7) מַתְכֹּנֶת
(8) a. ἐξ ἴσου תּוֹאָם b. תַּמִּים (9) לְ'
Ex. 26. 24. A R ἔσται [A ἔσονται] ἐξ ἴσου κάτωθεν κατὰ τὸ αὐτὸ ἔσονται ἴσοι . . . ἴσαι [B om.] ἔστωσαν (8 a, 8 b, –)
30. 34. ἴσον ἴσῳ ἔσται (2, 2)
Le. 6. 40 (7. 10). ἑκάστῳ τὸ ἴσον (4)
Nu. 12. 12. μὴ γένηται [A -οιτο] ὡσεὶ ἴσον θανάτῳ –
De. 13. 6 (7). A R φίλος [A ὁ φ. ὁ] ἴσος τῇ ψυχῇ [B τῆς ψ.] σου (3)
III Ki. 7. 33. A ἴσα [B om.] πάντα χωνευτά –
Ju. 11. 11. B ἦν ἐναντίον αὐ. ὡς ἀνὴρ ἴ. [A S εἰς]
Jb. 5. 14. τὸ δὲ μεσημβρινὸν . . . ἴσα νυκτί (3)
10. 10. ἐτύρωσας [A ἔπηξας] δέ με ἴσα τυρῷ (3)
11. 12. βροτὸς δὲ . . . ἴσα [A om.] ὄνῳ ἐρημίτῃ –
13. 12. ὑμῶν τὸ γαυρίαμα ἴσα [S -ον] σποδῷ (6)
— 28. παλαιοῦται [A -οῦνται] ἴσα ἀσκῷ (3)
15. 16. πίνων ἀδικίας ἴσα ποτῷ (3)
24. 20. συντριβείη δὲ πᾶς ἄδ. ἴσα ξύλῳ ἀνιάτῳ (3)
27. 16. ἴσα δὲ πηλῷ ἑτοιμάσῃ χρυσίον (3)
28. 2. χαλκὸς δὲ ἴσα λίθῳ λατομεῖται –
29. 14. ἠμφιασάμην δὲ κρίμα ἴσα διπλοΐδι (3)
30. 19. ἥγησαι [A -ηται] δέ με ἴσα πηλῷ (9)
40. 4 (9). A κατ' αὐτὸν βροντᾷ ἴσα [B S al.] –
— 10 (15). χόρτον ἴσα βουσὶν ἐσθίουσιν (3)
41. 3 (4). ἐλεήσει τὸν ἴ. αὐτοῦ †
Pr. 25. 10. ἔσται σοι ἴση θανάτῳ –
Wi. 7. 1. εἰμὶ μὲν κἀγὼ . . . ἴσος ἅπασι
— 3. τὴν ὁμοίαν πᾶσιν ἴσα [S ἅπ.] κλαίων
— 6. ἔξοδός τε ἴση
14. 9. ἐν ἴσῳ γὰρ μισητὰ θεῷ
Is. 51. 23. ἔθηκας ἴσα τῇ γῇ τὰ μέσα σου [A S al.] (3)
Ez. 40. 5. πλάτος ἴ. τῷ καλ. καὶ τὸ ὕψος αὐ. ἴ. τῷ καλ. (1, 1)
— 6. τὸ αἰλὰμ τῆς πύλης ἴσον τῷ καλάμῳ (1)
— 7. τὸ θεὲ ἴ. τῷ καλ. τὸ μῆκος καὶ ἴ. τῷ καλ. τὸ πλάτος . . . τὸ θ. τὸ δευτ. ἴ. τῷ καλ. πλάτος (1, 1, –)
— 7. B S ἴσον τῷ καλ. μῆκος (1)
— 8. τὸ θεὲ τὸ τρίτον ἴσον τῷ καλάμῳ μῆκος καὶ ἴσον τῷ καλάμῳ πλάτος (–, 1)
— 9. A τὸ αἰλὰμ . . . ἴ. τῷ καλάμῳ [B S om. ἴ. τ. κ.] (–, –)
41. 8. διάστημα τῶν πλευρῶν ἴσον τῷ καλάμῳ (5)
45. 11. πρὸς τὸ γομὸρ ἔσται τὸ [A om.] ἴ. (7)
II Ma. 9. 15. πάντας αὐτοὺς ἴ. Ἀθηναίοις ποιήσειν
IV Ma. 13. 20. τὸν ἴ. ἀδελφοὶ κατοικήσαντες χρόνον
— 21. διὰ τῶν ἴ. ἀποτεχθέντες χρόνων
[Sm. Jb. 36. 29.]
[Th. Jb. 41. 4.]
[Al. Le. 25. 28.]

ἰσότης.
Jb. 36. 30. ἰσότητα σκηνῆς αὐ. ἰδοὺ ἐκτενεῖ †
Za. 4. 7. ἰσότητα χάριτος χάριτα αὐτῆς †
[Th. Jb. 36. 29.]
[Al. Le. 3. 9.]

ἰσουββούνει.
[Heb. Ps. 48 (49). 6.]

● = correction on page xxvi ► = additional entry on page xxvi

ἰσοῦν. (1) עָרַךְ

Jb. 28. 17. οὐκ ἰσωθήσεται αὐτῇ χρυσίον (1)
— 19. οὐκ ἰσωθήσεται αὐτῇ τοπάζιον Αἰθ. (1)
Ps. 88 (89). 6. τίς ἐν νεφέλαις ἰσωθήσεται τῷ κ. (1)
[Sm., Th. Is. 40. 25.]

ἰσόψυχος. (1) כְּעֶרְכִּי

Ps. 54 (55). 13. σὺ δέ, ἄνθρωπε ἰσόψυχε (1)

ἱστάναι, ἱστᾶν, *cf.* **ἱστάνειν.** (1) אָבַר hi. (2) בָּדַל hi. (3) בָּנָה (4) גָּבַל (5) דָּמַם (6) הָיָה (7) חָפֵץ (8) יָסַד pi. (9) יָצָא (10) יָצַב hithp. (11) יָצַג hi. (12) יָצַק *a.* qal. *b.* hi. (13) יָצַר (14) יָשַׁב (15) כּוּן *a.* ni. *b.* hi. (16) כָּרַת (17) מִדָּה (18) נָטָה (19) נָטַע (20) נָצַב *a.* ni. *b.* hi. (21) נָתַן (22) סָמַךְ (23) *a.* ἑστὼς ἐνώπιον עֶבֶד *b.* עָבַד (24) עָבַר (25) עָלָה (26) עָמַד *a.* qal. *b.* hi. *c.* ho. *d.* מַעֲמָד *e.* הָיָה עֹמֵד (27) פָּרַח hi. (28) קוּם *a.* qal. *b.* pi. *c.* hi. *d.* ho. *e.* מִלֵּא־קוֹמָה *f.* קָמָה *g.* pe. *h.* pa. *i.* aph. *k.* hoph. (29) קָרַב (30) רוּם hi. (31) שׂוּם, שִׂים (32) שָׁכֵן (33) שָׁקַל *a.* qal. *b.* ni. (34) *a.* תָּלָא *b.* תָּלָה (35) תְּקַל peil. (36) תָּקַע (37) ὁ τόπος οὗ ἔστη הֲדֹם

Ge. 6. 18: 9. 11. στήσω τὴν διαθήκην μου (28 *c*)
12. 8. ἔστησεν ἐκεῖ τὴν σκηνὴν αὐτοῦ (8)
17. 7, 19. στήσω τὴν διαθήκην μου (28 *c*)
— 21. τὴν δὲ διαθήκην μου στήσω (28 *c*)
18. 2. τρεῖς ἄνδρες εἱστήκεισαν ἐπάνω αὐ. (20 *a*)
— 22. Ἀ. δὲ ἦν ἑστηκὼς ἐναντίον κ. (26 *a*)
19. 17. μηδὲ στῇς ἐν πάσῃ τῇ περιχώρῳ (26 *a*)
— 27. τὸν τόπον οὗ εἱστήκει ἐναντίον κ. (26 *a*)
21. 28. ἔστησεν Ἀβραὰμ ἑπτὰ ἀμνάδας (20 *b*)
— 29. ἃς ἔστησας μόνας (20 *b*)
23. 17. ἔστη ὁ ἀγρὸς Ἐφρὼν . . . τῷ Ἀβραάμ (28 *a*)
24. 13. ἐγὼ ἕστηκα ἐπὶ τῆς πηγῆς (20 *a*)
— 30. ἑστηκότος αὐτοῦ ἐπὶ τῶν καμήλων (26 *a*)
— 31. ἵνα τί ἕστηκας ἔξω (26 *a*)
— 43. A S ἕστηκα [R ἐφέστ.] ἐπὶ τῆς πηγῆς (20 *a*)
26. 3. καὶ στήσω τὸν ὅρκον μου (28 *c*)
28. 18. καὶ ἔστησεν αὐτὸν στήλην (31)
— 22. ὁ λίθος οὗτος ὃν ἔστησα στήλην (31)
29. 35: 30. 9. ἔστη τοῦ τίκτειν (26 *a*)
30. 21. A ἔστη τοῦ τίκτειν –
— 40. ἔστησεν . . . κριὸν διάλ. (31)
31. 25. ἔστησε τοὺς ἀδ. αὐτοῦ ἐν τῷ ὄρει (36)
— 45. ἔστησεν αὐτὸν στήλην (30)
— 48. ἡ στήλη αὕτη ἣν ἔστησα –
33. 19. οὗ ἔστησεν ἐκεῖ τὴν σκηνὴν αὐ. (18)
— 20. καὶ ἔστησεν ἐκεῖ θυσιαστήριον (20 *b*)
35. 14, 20. καὶ ἔστησεν Ἰακὼβ στήλην (20 *b*)
41. 1. ᾤετο ἑστάναι ἐπὶ τοῦ ποταμοῦ (26 *a*)
— 17. A ᾤμην ἑστάναι ἐπὶ [R παρὰ] τὸ χεῖλος (26 *a*)
— 46. ὅτε ἔστη ἐναντίον Φαραώ (26 *a*)
43. 9. στήσω αὐτὸν ἐναντίον σου (11)
— 15. καὶ ἔστησαν ἐναντίον Ἰωσήφ (26 *a*)
44. 32. A στήσω αὐτὸν ἐναντίον [R ἐνώπιόν] σου –
47. 2. καὶ ἔστησεν αὐτοὺς ἐναντίον Φ. (11)
— 7. καὶ ἔστησεν αὐτὸν ἐναντίον Φ. (26 *b*)
Ex. 3. 5. ὁ γὰρ τόπος ἐν ᾧ σὺ ἕστηκας (26 *a*)
4. 25, 26 (A R). ἔστη τὸ αἷμα τῆς περιτομῆς †
6. 4. ἔστησα τὴν διαθήκην μου πρὸς αὐτούς (28 *c*)
7. 15. A στήσῃ [B ἔσῃ] συναντῶν αὐτῷ (20 *a*)
8. 20 (16). στῆθι ἐναντίον Φαραώ (10)
9. 11. A² B στῆναι ἐναντίον M. (26 *a*)
— 13. στῆθι ἐναντίον Φαραώ (10)
14. 13. στῆτε [A στήκετε] καὶ ὁρᾶτε (10)
— 19. ἔστη ἐκ τῶν ὀπίσω αὐτῶν (26 *a*)
— 20. καὶ ἔστη –
17. 6. ὅδε ἐγὼ ἕστηκα ἐκεῖ (26 *a*)
— 9. ἐγὼ ἕστηκα ἐπὶ τῆς κορ. τοῦ βουνοῦ (20 *a*)
Ex. 20. 18. ἔστησαν μακρόθεν (26 *a*)
— 21. εἱστήκει δὲ ὁ λαὸς μακρόθεν (26 *a*)
24. 10. οὗ εἱστήκει [A *add.* ἐκεῖ] ὁ θεός –
32. 26. ἔστη δὲ Μωυσῆς ἐπὶ τῆς πύλης (26 *a*)
33. 8. εἱστήκει πᾶς ὁ λαός (28 *a*)
— 9. ἵστατο ἐπὶ τὴν θύραν [A τῶν θυρῶν] (26 *a*)
— 10. ἑστῶτα ἐπὶ τῆς θύρας [A τῶν θ.] (26 *a*)
— 10. στάντες πᾶς ὁ λαὸς προσεκύνησαν (28 *a*)
— 21. στήσῃ ἐπὶ τῆς πέτρας (20 *a*)
34. 2. στήσῃ μοι ἐκεῖ ἐπ' ἄκρου τοῦ ὄρους (20 *a*)
40. 2. στήσεις τὴν σκηνὴν τοῦ μαρτυρίου (28 *c*)
— 17. νουμηνίᾳ ἐστάθη ἡ σκηνή (28 *d*)
— 18. ἔστησε Μωυσῆς τὴν σκηνήν (28 *c*)
— 18. ἔστησε τοὺς στύλους (28 *c*)
— 33. B ἔστησε τὴν αὐλήν (28 *c*)
Le. 9. 5. ἔστησαν ἔναντι κυρίου (26 *a*)
14. 11. στήσει ὁ ἱερεὺς . . . τὸν ἄνθρωπον (26 *b*)
16. 7. στήσει αὐτοὺς ἔναντι κυρίου (26 *b*)
— 10. στήσει αὐτὸν ζῶντα ἔναντι κυρίου (26 *c*)
18. 23. γυνὴ οὐ στήσεται πρὸς πᾶν τετράπουν (26 *a*)
26. 9. στήσω τὴν διαθήκην μου μεθ' ὑμῶν (28 *c*)
27. 8. στήσεται ἐναντίον τοῦ ἱερέως (26 *b*)
— 11. στήσει τὸ κτῆνος ἔναντι [A -ίον] τοῦ ἱερ. (26 *b*)
— 12. οὕτω στήσεται (6)
— 14. οὕτω σταθήσεται (28 *a*)
— 17. κατὰ τὴν τιμὴν αὐτοῦ στήσεται (28 *a*)
Nu. 3. 6. στήσεις αὐτοὺς ἐναντίον Ἀαρών (26 *b*)
5. 16. στήσει αὐτὴν ἔναντι κυρίου (26 *b*)
— 18. στήσει ὁ ἱερ. τὴν γυναῖκα ἔναντι κ. (26 *b*)
— 30. στήσει [S *om.*] τὴν γυναῖκα αὐ. ἔναντι κ. (26 *b*)
8. 13. στήσεις τοὺς Λευίτας ἔναντι κ. (26 *b*)
9. 8. στῆτε αὐτοῦ (26 *a*)
— 15. τῇ ἡμέρᾳ ᾗ ἐστάθη ἡ σκηνή (28 *c*)
— 17. οὗ ἂν ἔστη ἡ νεφέλη (32)
10. 12. ἔστη ἡ νεφέλη ἐν τῇ ἐρήμῳ τοῦ Φ. (32)
— 21. στήσουσι τὴν σκηνήν (28 *c*)
11. 16. στήσονται ἐκεῖ μετὰ σοῦ (10)
— 24. ἔστησεν αὐτοὺς κύκλῳ τῆς σκηνῆς (26 *b*)
12. 5. ἔστη ἐπὶ τῆς θύρας τῆς σκηνῆς (26 *a*)
16. 18. A² B ἔστησαν παρὰ τὰς θύρας τῆς σκηνῆς (26 *a*)
— 27. εἱστήκεισαν παρὰ τὰς θύρας (20 *a*)
— 48 (17. 13). ἔστη ἀνὰ μέσ. τῶν τεθνηκ. καὶ τῶν ζώντων (26 *a*)
21. 9. ἔστησεν αὐτὸν ἐπὶ σημείου (31)
22. 24. ἔστη ὁ ἄγγελος . . . ἐν ταῖς αὔλαξι (26 *a*)
27. 2. στᾶσαι ἔναντι Μωυσῆ (26 *a*)
— 19. στήσεις αὐτὸν ἔναντι Ἐλ. τοῦ ἱερ. (26 *b*)
— 21. ἔναντι Ἐλ. τοῦ ἱερέως στήσεται (26 *a*)
— 22. ἔστησεν αὐτὸν ἐναντίον [A -τι] Ἐ. τοῦ ἱερ. (26 *b*)
30. 4 (5). στήσονται πᾶσαι αἱ εὐχαὶ αὐτῆς (28 *a*)
— 6. οὐ στήσονται (28 *a*)
— 8. οὕτω στήσονται πᾶσαι αἱ εὐχαὶ αὐ. (28 *a*)
— 8. οἱ ὁρισμοὶ αὐτῆς . . . στήσονται (28 *a*)
— 12. στήσονται πᾶσαι αἱ εὐχαὶ αὐτῆς (28 *a*)
— 12. στήσονται κατ' αὐτῆς (28 *a*)
— 14. ὁ ἀνὴρ αὐτῆς στήσει αὐτῇ (28 *c*)
— 15. στήσει αὐτῇ πάσας τὰς εὐχὰς αὐτῆς (28 *c*)
— 15. τοὺς ὁρισμοὺς . . . στήσει αὐτῇ (28 *c*)
35. 12. ἕως ἂν στῇ ἔναντι τῆς συναγωγῆς (26 *a*)
De. 4. 10. ἣν ἔστητε ἐνώπιον [B¹ ἐναντίον] κ. (26 *a*)
— 11. ἔστητε ὑπὸ τὸ ὄρος (26 *a*)
5. 5. εἱστήκειν ἀνὰ μέσον κ. καὶ ὑμῶν (26 *a*)
— 31 (28). σὺ δὲ αὐτοῦ στῆθι μετ' ἐμοῦ (26 *a*)
8. 18. ἵνα στήσῃ τὴν διαθήκην αὐτοῦ (28 *c*)
9. 5. ἵνα στήσῃ τὴν διαθήκην (28 *c*)
10. 10. εἱστήκειν [A ἔστην] ἐν τῷ ὄρει (26 *a*)
16. 22. οὐ στήσεις σεαυτῷ στήλην (28 *c*)
19. 14. ἃ ἔστησαν οἱ πατέρες [A πρότεροί] σου (4)
— 15. στήσεται [A σταθήσ.] πᾶν ῥῆμα (28 *a*)
— 17. στήσονται οἱ δύο ἄνθρωποι [B¹ *al.*] (26 *a*)
24. 11. ἔξω στήσῃ (26 *a*)
25. 8. καὶ στὰς εἴπῃ (26 *a*)
27. 2. στήσεις σεαυτῷ λίθους μεγάλους (28 *c*)
— 4. στήσετε τοὺς λίθους τούτους (28 *c*)
— 12. οὗτοι στήσονται εὐλογεῖν τὸν λαόν (26 *a*)
— 13. οὗτοι στήσονται ἐπὶ τῆς κατάρας (26 *a*)
29. 1 (28. 69). οὓς [A ἧς] ἐνετείλατο κύριος . . . στῆσαι (16)
— 10 (9). ὑμεῖς ἑστήκατε . . . ἐναντίον [A -τι] κυρίου (20 *a*)
— 13 (12). ἵνα στήσῃ σε αὐτῷ εἰς λαὸν [A ἑαυτῷ λ.] (28 *c*)
De. 31. 14. στῆτε παρὰ τὰς θύρας τῆς σκηνῆς (10)
— 14. A B² ἔστησαν παρὰ τὰς θύρας τῆς σκηνῆς (10)
— 15. ἔστη παρὰ [A ἐπὶ] τὰς θύρας τῆς σκηνῆς –
— 15. ἔστη ὁ στῦλος τῆς νεφέλης (26 *a*)
32. 8. A² B ἔστησεν ὅρια ἐθνῶν (20 *b*)
Jo. 2. 11. οὐκ ἔστη ἔτι πνεῦμα (28 *a*)
3. 4. ὅσον δισχιλίους πήχεις στήσεσθε (17 ?)
— 8. ἐν τῷ Ἰορδάνῃ στήσεσθε (26 *a*)
— 13. τὸ δὲ ὕδωρ τὸ καταβαῖνον στήσεται (26 *a*)
— 16. ἔστη τὰ ὕδατα τὰ καταβαίνοντα (26 *a*)
— 16. ἔστη πῆγμα ἕν (28 *a*)
— 16. ὁ λαὸς εἱστήκει ἀπέναντι Ἱερ. (24)
— 17. ἔστησαν οἱ ἱερ. οἱ αἴροντες τὴν κιβ. (26 *a*)
4. 9. ἔστησε [A ἔστηκεν] δὲ Ἰ. καὶ ἄλλους δώδ. λίθ. (28 *c*)
— 10. εἱστήκεισαν δὲ οἱ ἱερεῖς (26 *a*)
— 20. τοὺς δώδεκα λίθους . . . ἔστησεν Ἰ. (28 *c*)
5. 12 (13). εἶδεν ἄνθρωπον ἑστηκ. ἐναντίον αὐ. (26 *a*)
— 15. ἐφ' ᾧ νῦν [A σὺ] ἕστηκας (26 *a*)
6. 25 (26). A ὃς ἂν στήσει . . . τὴν πόλιν [B *al.*] (28 *a*)
10. 12. στήτω ὁ ἥλιος κατὰ Γαβαών (5)
— 13. ἔστη ὁ ἥλιος καὶ ἡ σελήνη ἐν στάσει (5)
— 13. ἔστη ὁ ἥλιος κατὰ μέσον τοῦ οὐρ. (26 *a*)
— 19. μὴ ἑστήκατε καταδιώκοντες (26 *a*)
17. 4. ἔστησαν ἐναντίον Ἐλ. τοῦ ἱερέως (29)
18. 5. Ἰούδας στήσεται αὐτοῖς ὅριον (26 *a*)
— 5. οἱ υἱοὶ Ἰωσὴφ στήσονται αὐτοῖς [A *om.*] (26 *a*)
20. 4. A στήσεται ἐπὶ τὴν θύραν τῆς πόλεως (26 *a*)
24. 1. ἔστησεν αὐτοὺς ἀπέναντι τοῦ θ. [A *al.*] (10)
— 26. ἔστησεν αὐτὸν Ἰησοῦς (28 *c*)
Jd. 4. 20. στῆθι δὴ ἐπὶ τὴν θύραν [A *al.*] (26 *a*)
6. 31. A τοὺς ἄνδρας τοὺς ἑσταμ. ἐπ' αὐτόν [B *al.*] (26 *a*)
7. 5. στήσεις αὐτὸν κατὰ μόνας (11)
— 21. ἔστησεν [B² -αν] ἀνὴρ ἐφ' ἑαυτῷ [A *al.*] (26 *a*)
8. 27. ἔστησεν αὐτὸ ἐν πόλει αὐτοῦ (11)
9. 7. ἔστη ἐπὶ κορυφὴν ὄρους [A τῆς κ. τοῦ ὄ.] Γ. (26 *a*)
— 35. ἔστη πρὸς τῇ θύρᾳ (26 *a*)
— 44. ἔστησαν παρὰ τὴν θύραν [A *al.*] (26 *a*)
15. 5. A καὶ ἕως ἑστῶτος [B *al.*] (28 *f*)
16. 25. ἔστησαν αὐτὸν ἀνὰ μέσ. τῶν κιόνων [A *al.*] (26 *b*)
— 26. B ἐφ' οἷς ὁ οἶκος στήκει ἐπ' αὐτούς [A R *al.*] (15 *a*)
— 29. ἐφ' οὓς ὁ οἶκος εἱστήκει [A *al.*] (15 *a*)
18. 16. οἱ ἑξακ. ἄνδρες . . . ἑστῶτες παρὰ θύρας [A *al.*] (20 *a*)
— 17. ὁ ἱερεὺς ἑστὼς [A *al.*] (20 *a*)
— 30. ἔστησαν [A ἀνέστ.] ἑαυτοῖς . . . τὸ γλυπτόν (28 *c*)
20. 2. ἐστάθησαν κατὰ πρόσωπον κ. [A *al.*] (10)
— 39. ἔστησαν ἐν τῇ παρατάξει [A *al.*] †
Ru. 2. 7. ἦλθε καὶ ἔστη ἀπὸ πρωΐθεν (26 *a*)
4. 7. τοῦ στῆσαι πάντα [A τὸν] λόγον (28 *b*)
I Ki. 1. 23. στῆσαι κ. τὸ ἐξελθὸν ἐκ τοῦ στόμ. σου (28 *c*)
6. 14. ἔστησαν ἐκεῖ . . . λίθον μέγαν (26 *a*)
7. 12. καὶ ἔστησεν αὐτόν (31)
9. 27. σὺ στῆθι ὡς σήμερον (26 *a*)
10. 19. A B¹ βασιλέα στήσεις [B² R καταστ.] ἐφ' ἡμῶν (31)
13. 14. B ἡ βασιλεία σου οὐ στήσεται (28 *a*)
14. 9. B στησόμεθα ἐφ' ἑαυτοῖς (26 *a*)
15. 11. A τοὺς λόγ. μου οὐκ ἔστησεν [B ἐτήρησε] (28 *c*)
— 13. ἔστησα ὅσα ἐλάλησε κ. (28 *c*)
17. 3. ἀλλόφ. ἵστανται ἐπὶ τοῦ ὄρους (26 *a*)
— 3. Ἰσρ. ἵσταται ἐπὶ τοῦ ὄρους (26 *a*)
— 8. A R ἔστη [B ἀνέστη] καὶ ἀνεβόησεν (26 *a*)
19. 3. στήσομαι ἐχόμενος τοῦ πατρός μου (26 *a*)
— 20. Σαμ. εἱστήκει καθεστηκὼς ἐπ' αὐτῶν (26 *a*)
20. 38. ταχύνας σπεῦσον καὶ μὴ στῇς (26 *a*)
24. 21. στήσεται ἐν χερσίν σου (28 *a*)
26. 13. ἔστη ἐπὶ τὴν κορυφὴν τοῦ ὄρους (26 *a*)
28. 20. ἔπεσεν ἑστηκὼς ἐπὶ τὴν γῆν (28 *e*)
30. 9. καὶ οἱ περισσοὶ ἔστησαν (26 *a*)
II Ki. 1. 9. στῆθι δὴ ἐπάνω μου (26 *a*)
2. 25. ἔστησαν ἐπὶ κεφαλὴν βουνοῦ ἑνός (26 *a*)
14. 26. ἔστησε τὴν τρίχα τῆς κεφαλῆς αὐ. (33 *a*)
15. 2. ἔστη ἀνὰ χεῖρα τῆς ὁδοῦ τῆς πύλης (26 *a*)
— 17. ἔστησαν ἐν οἴκῳ τῷ μακράν (26 *a*)
— 18. B ἔστησαν ἐπὶ τῆς ἐλαίας ἐν τῇ ἐρήμῳ –

II Ki. 15. 24. ἔστησαν τὴν κιβωτὸν τοῦ θεοῦ (12 *b*)
17. 17. Ἰ. καὶ Ἀ. εἱστήκεισαν ἐν τῇ πηγῇ Ῥ. (26 *a*)
18. 4. ἔστη ὁ βασ. ἀνὰ χεῖρα τῆς πύλης (26 *a*)
— 12. ἐγώ εἰμι ἵστημι . . . χιλίους σίκλους (33 *a*)
— 13. σὺ στήσῃ ἐξ ἐναντίας (10)
— 18. ἔστησεν ἑαυτῷ τὴν στήλην [A *al.*] (20 *b*)
— 31 (30). ἐπεστράφη καὶ ἔστη (26 *a*)
20. 4. σὺ δὲ αὐτοῦ στῆθι (26 *a*)
— 11. ἀνὴρ ἔστη ἐπ' αὐτόν (26 *a*)
— 12. ὅτι εἱστήκει πᾶς ὁ λαός (26 *a*)
— 12. πάντα τὸν ἐρχόμ. ἐπ' αὐτὸν ἑστηκότα (26 *a*)
— 15. ἔστη ἐν τῷ προτειχίσματι (26 *a*)
21. 5. τοῦ μὴ ἑστάναι αὐτὸν ἐν παντὶ ὁρίῳ Ἰ. (10)
— 12. ἔστησαν αὐτοὺς ἐκεῖ οἱ ἀλλόφυλοι (34 *a*, 34 *b**)
22. 34. ἐπὶ τὰ ὕψη ἱστῶν με (26 *b*)
24. 18. στῆσον τῷ κ. θυσιαστήριον (28 *c*)
III Ki. 1. 28. ἔστη ἐνώπιον αὐτοῦ (26 *a*)
2. 4. ἵνα στήσῃ [A -ει] κύριος τὸν λόγον αὐτοῦ (28 *c*)
3. 15. ἔστη κατὰ πρόσωπον τοῦ θυσιαστ. (26 *a*)
— 16. ἔστησαν ἐνώπιον αὐτοῦ (26 *a*)
6. 12. A στήσω τὸν λόγον μου σὺν σοί (28 *c*)
7. 21. ἔστησε τοὺς στύλους τοῦ αἰλάμ (28 *c*)
— 21. ἔστησε τὸν στῦλον τὸν ἕνα (28 *c*)
— 21. ἔστησε τὸν στῦλον τὸν δεύτερον (28 *c*)
— 24 (25). A δύο στίχοι . . . ἐν τῇ χύσει αὐ. ἑστῶτες [B *al.*] (26 *a*)
— 36. τὰ συγκλείσματα αὐτῆς . . . ἑστῶτα –
8. 11. A οὐκ ἠδύναντο οἱ ἱ. στῆναι [B στήκειν] (26 *a*)
— 14. πᾶσα ἐκκλησία Ἰσρ. εἱστήκει (26 *a*)
— 22. A ἔστη [B ἀνέστη] Σ. κατὰ πρόσ. τοῦ θυσιαστ. (26 *a*)
— 55. ἔστη καὶ εὐλόγησε (26 *a*)
10. 9. στῆσαι εἰς τὸν αἰῶνα –
— 19. δύο λέοντες ἑστηκότες [A -τῶτες] (26 *a*)
— 20. B δώδεκα λέοντες ἑστῶτες (26 *a*)
12. 15. ὅπως στήσῃ τὸ ῥῆμα αὐτοῦ (28 *c*)
— 24. B εἴσελθε καὶ μὴ στῇς –
13. 1. Ἰερ. εἱστήκει ἐπὶ τὸ θυσιαστήριον (26 *a*)
— 24. ὁ ὄνος εἱστήκει παρ' αὐτό [A *add.* τὸ σῶμα] (26 *a*)
— 24. ὁ λέων εἱστήκει παρὰ τὸ σῶμα (26 *a*)
— 25. ὁ λέων εἱστήκει ἐχόμενα τοῦ θνησιμ. (26 *a*)
— 28. εἱστήκεισαν παρὰ τὸ σῶμα (26 *a*)
15. 4. ἵνα στήσῃ τὰ τέκνα αὐτοῦ . . . καὶ στήσῃ τὴν Ἰερ. (28 *c*, 26 *b*)
16. 32. ἔστησε θυσιαστήριον τῷ Βάαλ (28 *c*)
19. 11. στήσῃ ἐνώπιον κυρίου ἐν τῷ ὄρει (26 *a*)
— 13. ἔστη ὑπὸ σπήλαιον (26 *a*)
21 (20). 38. ἔστη τῷ βασιλεῖ Ἰσρ. ἐπὶ τῆς ὁδοῦ (26 *a*)
— 39. τάλαντον ἀργυρίου στήσεις (33 *a*)
22. 19. πᾶσα ἡ στρατιὰ τοῦ οὐρ. εἱστήκει (26 *a*)
— 21. καὶ ἔστη ἐνώπιον κυρίου (26 *a*)
— 35. ὁ βασ. ἦν ἑστηκὼς ἐπὶ τοῦ ἅρματος (26 *c*)
— 36. ἔστη ὁ στρατοκῆρυξ (24)
IV Ki. 2. 7. ἔστησαν ἐξ ἐναντίας μακρόθεν (26 *a*)
— 7. ἀμφότεροι ἔστησαν ἐπὶ τοῦ Ἰορδ. (26 *a*)
— 13. ἔστη ἐπὶ τοῦ χείλους τοῦ Ἰορδ. (26 *a*)
3. 21. ἔστησαν ἐπὶ τοῦ ὁρίου (26 *a*)
4. 6. ἔστη τὸ ἔλαιον (26 *a*)
— 12. ἔστη ἐνώπιον αὐτοῦ (26 *a*)
— 15. ἔστη παρὰ τὴν θύραν (26 *a*)
5. 9. ἔστη ἐπὶ θύρας [A τῆς θ. τοῦ] οἴκου Ἐ. (26 *a*)
— 11. AR καὶ στήσεται (26 *a*)
— 15. R ἔστη ἐνώπιον αὐτοῦ [A B *al.*] (26 *a*)
6. 31. εἰ στήσεται ἡ κεφαλὴ Ἐ. ἐπ' αὐτῷ (26 *a*)
7. 12. B ἔστη [AR ἀνέστη] ὁ βασιλεὺς νυκτός (28 *a*)
8. 9. ἔστη ἐνώπιον αὐτοῦ (26 *a*)
10. 4. οἱ δύο βασ. οὐκ ἔστησαν κατὰ πρόσ. αὐ. καὶ πῶς στησόμεθα ἡμεῖς (26 *a*, 26 *a*)
— 9. ἐξῆλθε καὶ ἔστη (26 *a*)
11. 11. ἔστησαν [A ἀνέστ.] οἱ παρατρέχοντες (26 *a*)
— 14. ὁ βασ. εἱστήκει ἐπὶ τοῦ στύλου (26 *a*)
13. 6. τὸ ἄλσος ἐστάθη ἐν Σαμαρείᾳ [A *al.*] (26 *a*)
— 18. ἐπάταξεν ὁ βασ. τρὶς καὶ ἔστη (26 *a*)
15. 20. οὐκ ἔστη ἐκεῖ ἐν τῇ γῇ (26 *a*)
18. 17. ἔστησαν ἐν τῷ ὑδραγωγῷ (26 *a*)
— 28. ἔστη Ῥαψάκης καὶ ἐβόησε (26 *a*)
19. 26. πάτημα [A -ματα] ἀπέναντι ἑστηκότος (28 *f*)
23. 3. ἔστη ὁ βασιλεὺς πρὸς τὸν στῦλον (26 *a*)
— 3. ἔστη πᾶς ὁ λαὸς ἐν τῇ διαθήκῃ (26 *a*)
— 16. ἐν τῷ ἑστάναι Ἰερ. . . . ἐπὶ τὸ θυσιαστ. –
— 24. ἵνα στήσῃ τοὺς λόγους τοῦ νόμου (28 *c*)
25. 8. N. ὁ ἀρχιμάγειρος ἑστὼς ἐνώπιον βασ. (23 *a*)

I Ch. 6. 32 (17). ἔστησαν κατὰ τὴν κρίσιν αὐτῶν (26 *a*)
— 33 (18). οὗτοι οἱ ἑστηκότες (26 *a*)
— 39 (24). Ἀσὰφ ὁ ἑστηκὼς ἐν δεξιᾷ αὐτοῦ (26 *a*)
9. 22. τούτους ἔστησε Δαυὶδ καὶ Σαμ. (8)
11. 14. ἔστη ἐν μέσῳ τῆς μερίδος (10)
15. 16. στήσατε τοὺς ἀδελφοὺς αὐτῶν (26 *b*)
— 17. ἔστησαν οἱ Λευῖται τὸν Αἰ. (26 *b*)
16. 17. ἔστησεν αὐτὸν τῷ Ἰ. εἰς πρόσταγμα (26 *b*)
21. 1. ἔστη διάβολος ἐν τῷ Ἰσραήλ (26 *a*)
— 15. ὁ ἄγγελος κ. ἑστὼς ἐν τῷ ἅλῳ (26 *a*)
— 16. ἑστῶτα ἀνὰ μέσον τῆς γῆς (26 *a*)
— 18. τοῦ στῆσαι θυσιαστήριον (28 *c*)
23. 28. ἔστησεν αὐτοὺς ἐπὶ χεῖρα Ἀ. (26 *d*)
— 30. τοῦ στῆναι πρωῒ τοῦ αἰνεῖν (26 *a*)
25. 1. ἔστησε Δ. ὁ βασ. . . . τοὺς υἱοὺς Ἀ. (2)
28. 2. ἔστη Δ. ἐν μέσῳ τῆς ἐκκλησίας (28 *a*)
II Ch. 3. 13. αὐτὰ ἑστηκότα ἐπὶ τοὺς πόδας αὐ. (26 *a*)
— 17. ἔστησε τοὺς στύλους (28 *c*)
5. 12. ἑστηκότες κατέναντι τοῦ θυσιαστ. [A *al.*] (26 *a*)
— 14. τοῦ στῆναι λειτουργεῖν (26 *a*)
6. 12. ἔστη κατέναντι τοῦ θυσιαστηρίου (26 *a*)
— 13. ἔστη ἐπ' αὐτῆς (26 *a*)
7. 6. οἱ ἱ. ἐπὶ τὰς φυλακὰς αὐ. ἑστηκότες (26 *a*)
— 6. πᾶς Ἰσραὴλ ἑστηκώς (26 *a*)
8. 14. ἔστησε . . . τὰς διαιρέσεις τῶν ἱερέων (26 *b*)
9. 8. τοῦ στῆσαι αὐτὸν εἰς αἰῶνα (26 *b*)
— 18. δύο λέοντες ἑστηκ. παρὰ τοὺς ἀγκῶνας (26 *a*)
— 19. δώδεκα λέοντες ἑστηκότες ἐκεῖ (26 *a*)
10. 6. τοὺς ἑστηκ. ἐναντίον Σ. (26 *e*)
— 8. παιδαρίων . . . τῶν ἑστηκ. ἐναντίον αὐ. (26 *a*)
18. 18. B πᾶσα δύναμις τοῦ οὐρ. εἱστήκει [AR παρειστ.] (26 *a*)
— 20. καὶ ἔστη ἐνώπιον κυρίου (26 *a*)
— 34. ἦν ἑστηκὼς ἐπὶ τοῦ ἅρματος (26 *b*)
20. 9. στησόμεθα ἐναντίον τοῦ οἴκου τ. (26 *a*)
— 13. πᾶς Ἰούδα ἑστηκὼς ἔναντι [A -τίον] κ. (26 *a*)
— 20. ἔστη Ἰωσ. καὶ ἐβόησε (26 *a*)
— 21. ἔστησε ψαλτῳδοὺς καὶ αἰνοῦντας (26 *b*)
23. 10. ἔστησε πάντα τὸν λαόν (26 *b*)
— 19. ἔστησαν οἱ πυλωροὶ ἐπὶ τὰς πύλας (26 *b*)
25. 14. ἔστησεν αὐτοὺς αὐτῷ εἰς θεούς (26 *b*)
— 14. B ἔστησεν ἐναντίον αὐτῶν [AR *al.*] –
26. 18. ἔστησαν ἐπὶ Ὀζίαν (26 *a*)
29. 3. ὡς ἔστη ἐπὶ τῆς βασιλείας αὐτοῦ †
— 11. στῆναι ἐναντίον αὐτοῦ λειτουργεῖν (26 *a*)
— 25. ἔστησε τοὺς Λευίτας ἐν οἴκῳ κυρίου (26 *b*)
— 26. ἔστησαν οἱ Λευῖται ἐν ὀργάνοις Δ. (26 *a*)
30. 5. ἔστησαν λόγον διελθεῖν κήρυγμα (26 *b*)
— 16. ἔστησαν ἐπὶ τὴν στάσιν αὐτῶν (26 *a*)
33. 3. ἔστησε στήλας τοῖς [A ταῖς] Βααλίμ (28 *c*)
— 19. ἔστησεν ἐκεῖ ἄλση καὶ γλυπτά (26 *b*)
34. 31. ἔστη [A ἀνέστη] ὁ βασ. ἐπὶ τὸν στῦλον (26 *a*)
— 32. ἔστησε πάντας τοὺς εὑρεθέντας (26 *b*)
35. 2. ἔστησε τοὺς ἱ. ἐπὶ τὰς φυλακὰς αὐ. (26 *b*)
— 5. στῆτε ἐν τῷ οἴκῳ (26 *a*)
— 10. ἔστησαν οἱ ἱ. ἐπὶ τὴν στάσιν αὐ. (26 *a*)
— 19. ἵνα στήσῃ τοὺς λόγους τοῦ νόμου –
I Es. 1. 2. στήσας τοὺς ἱερεῖς . . . ἐστολισμένους
— 5. στάντες ἐν τῷ ἁγίῳ [A ἱερῷ]
— 10. εὐπρεπῶς ἔστησαν οἱ ἱερεῖς
5. 40. A ἕως οὗ ἂν στῇ ἀρχιερεύς [B R *al.*]
— 58. ἔστησαν τοὺς Λευίτας
— 58. ἔστη Ἰησοῦς
— 59. ἔστησαν οἱ ἱερεῖς ἐστολισμένοι
6. 2. τότε στὰς Ζοροβάβελ
7. 9. ἔστησαν οἱ ἱερεῖς καὶ οἱ Λευῖται
8. 55. ἔστησα αὐτοῖς τὸ ἀργύριον
— 56. στήσας . . . ἀργυρίου τάλαντα
— 62. σταθὲν τὸ ἀργύριον
— 90. οὐ γὰρ ἔστι στῆναι ἔτι ἔμπροσθέν σου
9. 11. A R οὐκ ἰσχύομεν [B -σομεν] στῆναι αἴθριοι
— 12. στήτωσαν δὲ οἱ προηγούμενοι
— 42. ἔστη Ἔσδρας ὁ ἱερεύς
— 43. A R ἔστησαν [B -σεν] παρ' [B *om.*] αὐτῷ
— 46. πάντες ὀρθοὶ ἔστησαν
II Es. 2. 68. τοῦ στῆσαι αὐτὸν ἐπὶ τὴν ἑτοιμασ. αὐ. (26 *b*)
3. 8. ἔστησαν τοὺς Λευίτας (26 *b*)
— 9. ἔστη Ἰησοῦς . . . ἐπὶ τοὺς ποιοῦντας (26 *a*)
— 10. ἔστησαν οἱ ἱερεῖς ἐστολισμένοι (26 *b*)
6. 18. ἔστησαν τοὺς ἱερεῖς (28 *i*)
8. 25. ἔστησα αὐτοῖς τὸ ἀργύριον (33 *a*)
— 26. ἔστησα . . . ἀργυρίου τάλαντα (33 *a*)
— 29. ἕως στῆτε ἐνώπιον ἀρχόντων (33 *a*)

II Es. 8. 33. ἐστήσαμεν τὸ ἀργύριον (33 *b*)
9. 15. οὐκ ἔστι στῆναι ἐνώπιόν σου (26 *a*)
10. 13. οὐκ ἔστι δύναμις στῆναι ἔξω (26 *a*)
— 14. στήτωσαν δὴ ἄρχοντες ἡμῶν (26 *a*)
Ne. 3. 1. ἔστησαν θύρας αὐτῆς (26 *b*)
— 3. A ἔστησαν [BS ἐστέγασαν] θύρας αὐ. (26 *b*)
— 6, 13, 14. ἔστησαν θύρας αὐτῆς (26 *b*)
— 15. R ἔστησε τὰς θύρας αὐτῆς (26 *b*)
4. 9 (3). ἐστήσαμεν προφύλακας ἐπ' αὐτούς (26 *b*)
— 13 (7). ἔστησα [S -αν] εἰς τὰ κατώτατα τοῦ τόπου (26 *b*)
— 13 (7). ἔστησα [S -αν] τὸν λαὸν κατὰ δήμους (26 *b*)
5. 13. ὃς οὐ στήσει τὸν λόγον τοῦτον (28 *c*)
6. 7. προφήτας ἔστησας σεαυτῷ (26 *b*)
7. 1. ἔστησα τὰς θύρας (26 *b*)
— 3. στῆσον [S^2 -σω] προφύλακας οἰκούντων (26 *b*)
8. 4. ἔστη [S^1 -ησεν] Ἔσδρας ὁ γραμματεύς [S^1 ἱερεύς] (26 *a*)
— 4. S^{3}R ἔστησαν [ABS^1-εν] ἐχόμενα αὐτοῦ (26 *a*)
— 5. ἔστη πᾶς ὁ λαός (26 *a*)
9. 2. ἔστησαν [S^1 *om.*] καὶ ἐξηγόρευσαν (26 *a*)
— 3. ἔστησαν ἐπὶ τῇ στάσει αὐτῶν (28 *a*)
— 4. ἔστη ἐπὶ ἀναβάσει τῶν Λευιτῶν (28 *a*)
— 8. ἔστησας τοὺς λόγους σου (28 *c*)
10. 32 (33). A S R στήσομεν [B ποιήσ.] ἐφ' ἡμᾶς ἐντολάς (26 *b*)
12. 31. R ἔστησαν [S^3 -σα] δύο περὶ αἰνέσ. μεγάλους (26 *b*)
— 39. S^3 ἔστησαν ἐν πύλῃ τῆς φυλακῆς (26 *a*)
— 40. S^3 ἔστησαν αἱ δύο τῆς αἰνέσεως (26 *a*)
— 44. ἐπὶ τοὺς Λευίτας τοὺς ἑστῶτας (26 *a*)
13. 11. A S R ἔστησα [B -σαν] αὐτούς (26 *b*)
— 19. ἔστησα ἐπὶ τὰς πύλας (26 *b*)
— 30. ἔστησα ἐφημερίας τοῖς ἱερεῦσι (26 *b*)
To. 5. 4. S τὸν ἄγγελον ἑστηκότα ἀπέναντι αὐ.
7. 8. A στήτω τὸ πρᾶγμα [B S *al.*]
— 11. ἕως ἂν στήσητε καὶ σταθῆτε πρὸς μέ [S *al.*]
Ju. 1. 3. A B τοὺς πύργ. αὐ. ἔστησεν [S κατέστ.]
6. 16. ἔστησαν τὸν Ἀ. ἐν μέσῳ
8. 11. ἐστήσατε τὸν ὅρκον [A ὅ. τοῦτον]
— 12. S^{2}R ἵστασθε [ABS^1 -τατε] ὑπὲρ τοῦ θεοῦ
— 33. ὑμεῖς στήσεσθε ἐπὶ τῆς πύλης
10. 16. ἐὰν δὲ στῇς ἐναντίον αὐτοῦ
— 18. ὡς εἱστήκει ἔξω τῆς σκηνῆς Ὀ.
13. 3. στῆναι ἔξω τοῦ κοιτῶνος αὐτῆς
— 4. στᾶσα Ἰουδὶθ παρὰ τὴν κλίνην αὐτοῦ
Es. 4. 2. καὶ ἔστη –
5. 1. A S^3 ἔστη [B S^1 κατ.] ἐνώπιον τοῦ βασ. (26 *a*)
6. 5. ἰδοὺ Ἀμὰν ἕστηκεν ἐν τῇ αὐλῇ (26 *a*)
8. 13. εἰς τὸν ἅπαντα χρόνον . . . κατασταθήσεται [S^1 αὐτὰ σταθ.]
9. 21. στῆσαι τὰς ἡμέρας ταύτας ἀγαθάς (28 *b*)
— 26 (27). ὅσα αὐτοῖς ἐγένετο καὶ ἔστησε (28 *b*)
— 31. ἔστησαν ἑαυτοῖς καθ' ἑαυτῶν (28 *b*)
— 31. στήσαντες κατὰ τῆς ὑγιείας ἑαυτῶν (28 *b*)
— 32. Ἐσθὴρ λόγῳ ἔστησεν εἰς τὸν αἰῶνα (28 *b*)
Jb. 6. 2. εἰ [A τί] γάρ τις ἱστῶν στήσαι μου τὴν ὀργήν (33 *a*, 33 *b*)
8. 15 : 14. 2. οὐ μὴ στῇ (26 *a*)
20. 19. καὶ οὐκ ἔστησεν (3)
— 20. A οὐκ ἔστη αὐτῷ [BS ἔστιν αὐτοῦ] σωτηρία †
28. 15. οὐ σταθήσεται ἀργύριον ἀντάλλαγμα αὐτῆς (33 *b*)
29. 8. πρεσβῦται δὲ π. ἔστησαν [A ἐπανέστ.] (28 *a et* 26 *a*)
30. 20. ἔστησαν δέ (26 *a*)
— 28. ἕστηκα δὲ ἐν ἐκκλησίᾳ κεκραγώς (28 *a*)
31. 6. ἔσταμαι [A ἱστᾷ με] γὰρ ἐν ζυγῷ δικ. (33 *a*)
32. 16. ὅτι ἕστησαν οὐκ ἀπεκρίθησαν (26 *a*)
33. 5. στῆθι [A στ. σὺ] κατ' ἐμέ (10)
37. 14. στῆθι νουθετούμενος δύναμιν κ. [A S *al.*] (26 *a*)
— 20. ἵνα ἄνθρωπον ἑστηκὼς [A ἑστὼς] κατασιωπήσω †
39. 26. ἐκ δὲ τῆς σῆς ἐπιστήμης ἕστηκεν ἱέραξ (1)
40. 12 (17). ἔστησεν οὐρὰν ὡς κυπάρισσον (7)
41. 15 (16). ἕστηκε δὲ ὥσπερ ἄκμων ἀνήλατος (12 *a*)
Ps. 1. 1. ἐν ὁδῷ ἁμαρτωλῶν οὐκ ἔστη (26 *a*)
17 (18). 33. καὶ ἐπὶ τὰ ὑψηλὰ ἱστῶν με (26 *b*)
— 38. οὐ μὴ δύνωνται στῆναι (28 *a*)
20 (21). 11. ἣν [AS^2 ἃς] οὐ μὴ δύνωνται στῆσαι [A S^2 -ναι] –
23 (24). 3. τίς στήσεται ἐν τόπῳ ἁγίῳ αὐτοῦ (28 *a*)
25 (26). 12. ὁ γὰρ πούς μου ἔστη ἐν εὐθύτ. (26 *a*)
30 (31). 8. ἔστησας ἐν εὐρυχώρῳ τοὺς πόδας μου (26 *b*)

Ps. 35 (36). 12. καὶ οὐ μὴ δύνωνται στῆναι (28 a)
37 (38). 11. ἤγγισαν καὶ ἔστησαν (26 a)
— 11. μακρόθεν [A S² ἀπὸ μ.] ἔστησαν (26 a)
39 (40). 2. ἔστησεν ἐπὶ πέτραν τοὺς πόδας μου (28 c)
77 (78). 13. ἔστησεν [S² παρέστ.] ὕδατα (20 b)
81 (82). 1. ὁ θεὸς ἔστη ἐν συναγωγῇ θεῶν (20 a)
103 (104). 6. ἐπὶ τῶν ὀρέων στήσονται ὕδατα (26 a)
104 (105). 10. ἔστησεν αὐτὴν τῷ Ἰ. εἰς πρόσταγμα (26 b)
105 (106). 23. εἰ μὴ Μωυσῆς . . . ἔστη (26 a)
— 30. ἔστη Φινεὲς καὶ ἐξιλάσατο (26 a)
106 (107). 25. ἔστη πνεῦμα καταιγίδος (26 b)
— 29. ἔστη εἰς αὔραν [S¹ al.] (26 b)
108 (109). 6. διάβολος στήτω ἐκ δεξιῶν αὐτοῦ (26 a)
118 (119). 38. στῆσον τῷ δούλῳ σου τὸ [S¹ εἰς τὸ] λόγιόν σου (28 c)
— 106. ἔστησα τοῦ φυλάξασθαι τὰ κρίματα (28 b)
121 (122). 2. ἑστῶτες ἦσαν οἱ πόδες ἡμῶν (26 a)
131 (132). 7. τὸν τόπον οὗ ἔστησαν οἱ πόδες αὐτοῦ (37)
133 (134). 1 : 134 (135). 2. οἱ ἑστῶτες ἐν οἴκῳ κυρίου (26 a)
148. 6. ἔστησεν αὐτὰ εἰς τὸν αἰῶνα (26 b)
Pr. 8. 2. ἀνὰ μέσον δὲ τῶν τρίβων ἕστηκε (20 a)
14. 11. σκηναὶ δὲ κατορθούντων στήσονται (27)
15. 25. S¹ ἔστησεν [A B S² ἐστήρισε] δὲ ὅριον χήρας (20 b)
Ec. 1. 4. ἡ γῆ εἰς τὸν αἰῶνα ἕστηκε (26 a)
2. 9. σοφία μου ἐστάθη μοι (26 a)
4. 12. οἱ δύο στήσονται κατέναντι αὐτοῦ (26 a)
— 15. ὃς στήσεται [A S ἀναστ.] ἀντ᾿ αὐτοῦ (26 a)
8. 3. μὴ στῇς ἐν λόγῳ πονηρῷ (26 a)
Ca. 2. 9. A οὗτος ἕστηκεν [B S om.] ὀπίσω τοῦ τοίχου ἡμῶν [S² add. ἕστηκεν] (26 a, –)
Wi. 5. 1. στήσεται ἐν παρρησίᾳ πολλῇ ὁ δίκ.
10. 7. ἑστηκυῖα στήλη ἁλός
18. 16. στὰς ἐπλήρωσε τὰ πάντα θανάτου
— 23. μεταξὺ στὰς ἀνέκοψε τὴν ὀργήν
Si. 6. 34. ἐν πλήθει πρεσβυτέρων στῆθι
11. 20. στῆθι ἐν διαθήκῃ σου
12. 12. μὴ στήσῃς αὐτὸν παρὰ σεαυτὸν [A S -φ] μὴ ἀναστρέψας [A S ἀναστρ.] σε στῇ
14. 25. στήσει τὴν [A -σῃ] σκηνὴν αὐτοῦ
— 26. A S¹ στήσει [B S² θήσει] τὰ τέκνα αὐτοῦ
17. 12. διαθήκην αἰῶνος [A -ώνιον] ἔστησε
21. 23. ἀνὴρ δὲ πεπαιδευμ. ἔξω στήσεται
— 25. λόγοι δὲ φρονίμων . . . σταθήσονται
27. 26. ὁ ἱστῶν παγίδα ἐν αὐτῇ ἁλώσεται
37. 9. στήσεται ἐξ ἐναντίας
— 13. βουλὴν καρδίας [S¹ -αν] στῆσον
39. 17. ἔστη ὡς θημωνία ὕδωρ
40. 12. πίστις εἰς τὸν αἰῶνα στήσεται
43. 10. A S R ἐν λόγοις ἁγίου [B -ίοις] στήσονται
44. 12. ἔστη σπέρμα αὐτῶν
— 20. ἔστησε [S ἐζήτησεν] διαθήκην
— 21. ἐν ὅρκῳ ἔστησεν αὐτῷ
— 22. ἐν τῷ Ἰσαὰκ ἔστησεν
45. 7. A R ἔστησεν αὐτῷ [B S -ὸν] διαθήκην αἰῶνος
— 23. στῆσαι [A στῆναι] αὐτὸν ἐν τροπῇ λαοῦ
— 24. ἐστάθη αὐτῷ διαθήκη εἰρήνης
46. 3. τίς πρότερον [A S -ος] αὐτοῦ οὕτως ἔστη
47. 9. ἔστησε ψαλτῳδοὺς [S -μῳδούς]
— 13. ἵνα στήσῃ οἶκον ἐπ᾿ ὀνόματι αὐτοῦ
49. 13. τοῦ . . . στήσαντος πύλας καὶ μοχλούς
50. 12. αὐτὸς ἑστὼς [A ἑστηκὼς] παρ᾿ ἐσχάρᾳ βωμοῦ
Ho. 10. 9. ἐκεῖ ἔστησαν (26 a)
Am. 6. 5. ὡς ἑστηκότα [A ἑστῶτα] ἐλογίσαντο †
7. 7. ἰδοὺ ἑστηκὼς [A ἀνὴρ ἑ.] ἐπὶ τείχους (20 a)
Mi. 2. 11. πνεῦμα ἔστησε ψεῦδος †
5. 4 (3). καὶ στήσεται καὶ ὄψεται (26 a)
Ob. 1. 14. A μηδὲ στῇς [B S ἐπιστῇς] ἐπὶ τὰς διεκβολὰς αὐ. (26 a)
Jn. 1. 15. καὶ ἔστη ἡ θάλασσα (26 a)
Na. 2. 8 (9). αὐτοὶ φεύγοντες οὐκ ἔστησαν (26 a)
3. 9. R οὐκ ἔστη [B S ἐστίν, A ἔσται] πέρας –
Hb. 2. 1. ἐπὶ τῆς φυλακῆς μου στήσομαι (26 a)
3. 6. κατὰ πόδας αὐτοῦ ἔστη [A al.] (26 a)
— 11. ἡ σελήνη ἔστη ἐν τῇ τάξει αὐτῆς (26 a)
Za. 1. 8. οὗτος εἱστήκει (26 a)
2. 3 (7). ὁ ἄγγελος ὁ λαλῶν ἐν ἐμοὶ εἱστήκει (9)
3. 1. τὸν Ἰ. . . . ἑστῶτα πρὸ προσώπου ἀγγ. (26 a)
— 1. ὁ διάβολος εἱστήκει ἐκ δεξιῶν αὐ. (26 a)
— 4 (3). εἱστήκει πρὸ προσώπου τοῦ ἀγγ. (26 a)
— 5 (4). εἶπε πρὸς τοὺς ἑστηκότας [S¹ ἑστῶτας] (26 a)
— 6 (5). καὶ ὁ ἄγγελος κυρίου εἱστήκει (26 a)

Za. 3. 8 (7). ἐν μέσῳ τῶν ἑστηκότων τούτων (26 a)
11. 12. δότε [A δ. στήσαντες] τὸν μισθόν μου –
— 12. ἔστησαν τὸν μισθόν μου (33 a)
14. 4. στήσονται οἱ πόδες αὐ. (26 a)
— 12. ἑστηκότων [S¹ -ες, A add. αὐτῶν] ἐπὶ τοὺς πόδας αὐτῶν (26 a)
Is. 3. 13. στήσει εἰς κρίσιν τὸν λαὸν αὐτοῦ (26 a)
6. 2. Σεραφὶμ εἱστήκεισαν κύκλῳ αὐ. (26 a)
17. 5. ἐάν τις συναγάγῃ ἀμητὸν ἑστηκότα (28 a)
21. 6. σεαυτῷ στῆσον σκοπόν (26 b)
— 8. ἔστην διὰ παντὸς ἡμέρας καὶ ἐπὶ τῆς παρεμβ. ἐγὼ ἔστην ὅλην τὴν νύκτα (26 a, 20 a)
22. 22. S³ καὶ στήσω αὐτόν –
— 22. A R δώσω [S² στήσω] αὐτῷ τὴν κλεῖδα οἴκου Δ. (21)
— 23. στήσω [B¹ στηλῶ] αὐτὸν ἄρχοντα (36)
29. 9. ἐκλύθητε καὶ ἔκστητε [S¹ ἔστητε] †
36. 2. ἔστη ἐν τῷ ὑδραγωγῷ τῆς κολυμβήθρας (26 a)
— 13. ἔστη Ῥαβσάκης (26 a)
40. 12. τίς ἔστησε τὰ ὄρη σταθμῷ (33 a)
— 20. πῶς στήσει αὐτοῦ [S -ὁ] εἰκόνα (15 b)
— 22. ὁ στήσας ὡς καμάραν τὸν οὐρανόν (18)
44. 7. στήτω καὶ [A om.] καλεσάτω [S¹ λαλησ.] –
— 11. R στησάτωσαν [A -ήσονται, B S -ήτωσαν] ἅμα (26 a)
— 12. ἐν τερέτρῳ ἔστησεν [A S³ ἔτρη.] αὐτό (13)
— 13. ἔστησεν αὐτὸ ἐν μέτρῳ (18)
— 13. στῆσαι αὐτὸ ἐν οἴκῳ (14)
— 26. ἱστῶν ῥήματα παιδὸς [A -ων] αὐ. (28 c)
46. 6. στήσουσιν ἐν σταθμῷ (33 a)
— 10. πᾶσά μου ἡ βουλὴ στήσεται (28 a)
47. 12. στῆθι νῦν ἐν ταῖς ἐπαοιδαῖς σου (26 a)
— 13. στήτωσαν καὶ σωσάτωσάν σε (26 a)
48. 13. στήσονται ἅμα καὶ συναχθήσονται (26 a)
49. 1. διὰ χρόνου πολλοῦ στήσεται –
— 6. τοῦ στῆσαι τὰς φυλὰς Ἰακώβ (28 c)
51. 14. οὐ στήσεται οὐδὲ χρονιεῖ †
— 16. ἐν ᾗ ἔστησα τὸν οὐρανόν (19)
63. 5. S ὁ θυμός μου ἔστη [A B ἐπέστη] (22)
66. 22. στήσεται τὸ σπέρμα ὑμῶν (26 a)
Je. 4. 6. σπεύσατε μὴ στῆτε (26 a)
5. 26. παγίδας ἔστησαν (20 b)
6. 16. στῆτε ἐπὶ ταῖς ὁδοῖς (26 a)
7. 10. ἔστητε ἐνώπιον ἐμοῦ ἐν τῷ οἴκῳ (26 a)
11. 5. ὅπως στήσω τὸν ὅρκον μου (28 c)
14. 6. ὄνοι ἄγριοι [S ὄναγροι] ἔστησαν (26 a)
15. 1. ἐὰν στῇ Μωσῆς (26 a)
— 19. πρὸ προσώπου μου στήσῃ (26 a)
17. 19. στῆθι ἐν ταῖς πύλαις υἱῶν λαοῦ σου (26 a)
18. 20. ἑστηκότος μου κατὰ πρόσωπόν σου (26 a)
— 21. A οἱ ἄνδρες αὐ. ἑστῶτες ἀνῃρημ. [B S al.] (6)
19. 14. ἔστη ἐν τῇ αὐλῇ οἴκου κυρίου (26 a)
23. 18. τίς [A om.] ἔστη ἐν ὑποστήματι κ. (26 a)
— 20. A B² ἕως ἂν στήσῃ [S³ ἀναστ.] αὐτό (28 c)
— 22. εἰ ἔστησαν ἐν τῇ ὑποστάσει μου (26 a)
26 (46). 21. οὐκ ἔστησαν ὅτι ἡμέρα ἀπωλ. ἦλθεν (26 a)
27 (50). 44. ὃς στήσεται κατὰ πρόσωπόν μου (26 a)
28 (51). 50. πορεύεσθε καὶ μὴ ἵστασθε (26 a)
29 (49). 19. ὃς στήσεται κατὰ πρόσωπόν μου (26 a)
31 (48). 11. ἔστη γεῦμα αὐτοῦ ἐν αὐτῷ (26 a)
— 19. ἐφ᾿ ὁδοῦ στῆθι (26 a)
33 (26). 2. στῆθι ἐν αὐλῇ οἴκου κυρίου (26 a)
35 (28). 5. τῶν ἱερέων τῶν ἑστηκότων ἐν οἴκῳ (26 a)
— 6. στῆσαι τὸν λόγον σου (28 c)
38 (31). 21. στῆσον σεαυτήν, Σιών (20 b)
39 (32). 9. ἔστησα αὐτῷ ἑπτὰ σίκλους (33 a)
— 10. ἔστησα τὸ ἀργύριον ἐν ζυγῷ (33 a)
— 12. A S κατ᾿ ὀφθαλμοὺς τῶν ἑστηκ. [B al.] †
41 (34). 18. B S² τοὺς μὴ στήσαντας τὴν διαθήκην μου (28 c)
42 (35). 5. A ἔστησα [B S ἔδωκα] . . . κεράμιον οἴνου (21)
— 14. ἔστησαν ῥῆμα υἱοὶ Ἰωναδάβ (28 d)
— 16. ἔστησαν υἱοὶ Ἰων. . . . τὴν ἐντολήν (28 c)
43 (36). 21. τῶν ἑστηκ. περὶ [A πρὸς] τὸν βασ. (26 a)
47 (40). 10. στῆναι κατὰ πρόσωπον τῶν Χαλδ. (26 a)
52. 12. ὁ ἀρχιμάγ. ἑστηκὼς [A S ὁ ἑ.] κατὰ πρόσ. τοῦ βασ. (26 a)
Ba. 2. 1. ἔστησε κύριος τὸν λόγον αὐτοῦ
— 24. ἔστησας τοὺς λόγους σου
— 35. στήσω αὐτοῖς διαθήκην αἰώνιον

Ba. 5. 5. στῆθι ἐπὶ τοῦ ὑψηλοῦ
La. 1. 14. οὐ δυνήσομαι στῆναι (28 a)
Ep. Je. 27. ἐάν τις αὐτὸ ὀρθὸν στήσῃ
Ez. 1. 21. ἐν τῷ ἑστάναι αὐτὰ εἱστήκεισαν (26 a, 26 a)
— 24, 25 (A). ἐν τῷ ἑστάναι αὐτά (26 a)
2. 1. στῆθι ἐπὶ τοὺς πόδας σου (26 a)
— 2. ἔστησέ με ἐπὶ τοὺς πόδας μου (26 b)
3. 23. ἐκεῖ [A¹ om.] δόξα κυρίου εἱστήκει (26 a)
— 24. ἔστησέ [B² ἀνέστ.] με ἐπὶ πόδας μου (26 b)
8. 11. Ἰεχ. . . . ἐν μέσῳ αὐτῶν εἱστήκει (26 a)
9. 2. ἔστησαν ἐχόμενοι [A -να] τοῦ θυσιαστ. (26 a)
10. 3. τὰ Χερ. εἱστήκει ἐκ δεξιῶν τοῦ οἴκου (26 a)
— 6. ἔστη ἐχόμενος τῶν τροχῶν (26 a)
— 9. τροχοὶ τέσσ. εἱστήκεισαν ἐχόμ. τῶν Χερ. –
— 17. ἐν τῷ ἑστάναι αὐτὰ εἱστήκεισαν (26 a, 26 a)
— 19. ἔστησαν ἐπὶ τὰ πρόθυρα (26 a)
11. 23. ἔστη ἐπὶ τοῦ ὄρους (26 a)
13. 5. οὐκ ἔστησαν ἐν στερεώματι (25 ?)
21. 21 (26). στήσεται βασιλεὺς Βαβυλῶνος (26 a)
22. 30. ἄνδρα . . . ἑστῶτα πρὸ προσώπου μου (26 a)
24. 11. στῇ ἐπὶ τοὺς ἄνθρακας (26 b)
27. 29. ἐπὶ τὴν γῆν [A τῆς γ.] στήσονται (26 a)
31. 14. οὐκ ἔστησαν ἐν τῷ ὕψει αὐτῶν (26 a)
33. 26. A ἔστητε ἐπὶ τῇ ῥομφαίᾳ ὑμῶν (26 a)
37. 10. ἔστησαν ἐπὶ τῶν ποδῶν αὐτῶν (26 a)
40. 3. αὐτὸς εἱστήκει ἐπὶ τῆς πύλης (26 a)
42. 16. ἔστη κατὰ νώτου τῆς πύλης †
43. 6. ἔστην καὶ ἰδοὺ φωνὴ . . . ὁ ἀνὴρ εἱστήκει ἐχόμενός μου (†, 26 a)
44. 11. στήσονται ἐναντίον τοῦ λαοῦ (26 a)
— 15. στήσονται πρὸ προσώπου μου (26 a)
46. 2. στήσεται ἐπὶ τὰ πρόθυρα τῆς πύλης (26 a)
47. 10. στήσονται ἐκεῖ ἁλιεῖς (26 a)
— 11. A ἔστη [?, B ἐν τῇ] διεκβολῇ αὐτοῦ †
Da. LXX. Su. 37. στάντες ἐθεωροῦμεν αὐτούς
— 38. οὐκ ᾔδεισαν ὅτι εἱστήκειμεν
— 48. καὶ στὰς ἐν μέσῳ αὐτῶν
— 59. τὴν ῥομφαίαν ἕστηκεν ἔχων
1. 5. ἐκ τούτων στῆσαι ἔμπροσθεν τοῦ βασ. (26 a)
2. 2. παραγενόμενοι ἔστησαν παρὰ τῷ βασ. (26 a)
— 31. ἡ πρόσοψις αὐ. . . . ἑστήκει ἐναντίον σου (28 g)
— 44. στήσει ὁ θ. τοῦ οὐρ. βασιλείαν ἄλλην (28 i)
— 44. καὶ αὐτὴ στήσεται εἰς τὸν αἰῶνα (28 g)
3. 1. ἔστησεν αὐτὴν ἐν πεδίῳ (28 i)
— 2. ἣν ἔστησεν Ναβ. ὁ βασ. (28 i)
— 3. ἣς ἔστησε Ναβ. ὁ βασ. (28 i)
— 3. ἔστησαν οἱ προγεγραμμ. κατέναντι τῆς εἰκόνος ἣς ἔστησε Ναβ. (28 g, 28 i)
— 5. ἣν ἔστησε Ναβ. βασιλεύς (28 i)
— 7. ἣν ἔστησε Ναβ. ὁ βασ. (28 i)
— 12. τῇ εἰκόνι σου τῇ χρυσῇ ᾗ ἔστησας (28 i)
— 14. τῇ εἰκόνι τῇ χρυσῇ ἣν ἔστησα (28 i)
— 15. τῇ εἰκόνι τῇ χρυσῇ ᾗ ἔστησα (23 b)
— 18. τῇ εἰκόνι σου τῇ χρυσῇ ἣν ἔστησας (28 i)
— (25). στὰς δὲ Ἀζαρίας προσηύξατο οὕτως
— 24 (91). ἑστὼς ἐθεώρει αὐτοὺς ζῶντας (28 g ?)
5. 1. Θεκέλ, ἔσταται (35 ?)
— 17. Δανιὴλ ἔστη κατέναντι τῆς γραφῆς –
— 17. ἔστη ἡ γράψασα χείρ –
6. 5 (6). στήσωμεν ὁρισμὸν καθ᾿ ἑαυτῶν –
— 7 (8). ὁρισμὸν καὶ στάσιν ἐστήσαμεν (28 h)
— 9 (10). οὕτως ὁ βασ. Δαρεῖος ἔστησε †
— 10 (11). ὃν ἔστησε κατ᾿ αὐτοῦ –
— 12 (13). ἔστηκέ μοι τοῦτο †
— 14 (15). ὃν ἔστησε κατ᾿ αὐτοῦ †
— 19 (20). ἔστη ἐπὶ τοῦ στόματος τοῦ λάκκου †
7. 4. ἐπὶ ποδῶν ἀνθρωπίνων ἐστάθη (28 k)
— 5. ἐπὶ τοῦ ἑνὸς πλευροῦ ἐστάθη (28 i)
— 16. προσῆλθον πρὸς ἕνα τῶν ἑστώτων (28 g)
— 24. δέκα βασιλεῖς στήσονται (28 g)
— 24. ὁ ἄλλος βασ. μετὰ τούτους στήσεται (28 i)
8. 3. κριὸν ἕνα μέγαν ἑστῶτα ἀπέν. τῆς πύλης (26 a)
— 4. πάντα τὰ θηρία οὐκ ἔστησαν ὀπίσω αὐ. (26 a)
— 6. ὃν εἶδον ἑστῶτα πρὸς τῇ πύλῃ (26 a)
— 7. στῆναι κατέναντι τοῦ τράγου (26 a)
— 13. ἕως τίνος τὸ ὅραμα στήσεται –
— 15. ἔστη κατεναντίον μου (26 a)
— 17. ἔστη ἐχόμενός μου τῆς στάσεως –
— 25. ἐπὶ ἀπωλείας ἀνδρῶν στήσεται (26 a)
9. 12. ἔστησεν ἡμῖν τὰ προστάγματα αὐτοῦ (28 c)
10. 11. στῆθι ἐπὶ τοῦ τόπου σου (26 a)
— 11. ἔστην τρέμων (26 a)

Da. LXX. 10. 16. εἶπα τῷ ἑστηκότι ἀπέναντί μου (26 a)
11. 3. στήσεται βασιλεὺς δυνατός (26 a)
— 6. ὁ βραχίων αὐτοῦ οὐ στήσει ἰσχύν (26 a)
— 11. στήσει ὄχλον πολύν (26 b)
— 15. στήσονται μετὰ τῶν δυναστῶν αὐτοῦ (26 a)
— 16. καὶ στήσεται ἐν τῇ χώρᾳ (26 a)
— 25. καὶ οὐ στήσεται (26 a)
— 31. βραχίονες παρ' αὐτοῦ στήσονται (26 a)
— 45. στήσει αὐτοῦ τὴν σκηνὴν τότε (19)
12. 1. ὁ ἑστηκὼς ἐπὶ τοὺς υἱοὺς τοῦ λαοῦ σου (26 a)
— 5. ἰδοὺ δύο ἕτεροι εἱστήκεισαν (26 a)
Da. TH. Su. 48. ὁ δὲ στὰς ἐν μέσῳ αὐτῶν εἶπεν
1. 4. ἑστάναι ἐν τῷ οἴκῳ [A om. ἐν τῷ οἴ.] (26 a)
— 5. στῆναι ἐνώπιον τοῦ βασ. (26 a)
— 19: 2. 2. ἔστησαν ἐνώπιον τοῦ βασ. (26 a)
2. 31. εἰκὼν μία . . . ἑστῶσα πρὸ προσώπου σου (28 g)
3. 1. ἔστησεν αὐτὴν ἐν πεδίῳ Δ. (28 i)
— 2. A B ἧς ἔστησεν Ν. (28 i)
— 3. τῆς εἰκόνος ἧς ἔστησε Ναβ. (28 i)
— 4. A εἱστήκεισαν ἐνώπιον τῆς εἰκόνος ἧς ἔστησεν Ναβ. [B om. ἧς ἔ. Ν.] (28 g, 28 i)
— 5. ᾗ ἔστησε Ναβ. ὁ βασ. (28 i)
— 7. ἣν [A ᾗ] ἔστησε Ναβ. ὁ βασ. (28 i)
— 12. τῇ εἰκόνι τῇ χρυσῇ ᾗ ἔστησας (28 i)
— 14. τῇ εἰκόνι τῇ χρυσῇ ᾗ ἔστησα (28 i)
— 18. τῇ εἰκόνι [A add. τῇ χρυσῇ] ᾗ ἔστησας (28 i)
5. 27. Θεκέλ, ἐστάθη ἐν ζυγῷ (35)
6. 7 (8). A R τοῦ [B om.] στῆσαι στάσει βασιλικῇ [A στάσιν β.] (28 h)
— 8 (9). στῆσον τὸν ὁρισμόν (28 i)
— 15 (16). ἣν ἂν [A om.] ὁ βασ. στήσῃ (28 i)
7. 4. ἐπὶ ποδῶν ἀνθρώπου ἐστάθη (28 k)
— 5. εἰς μέρος ἓν ἐστάθη (28 i)
— 16. προσῆλθον ἑνὶ τῶν ἑστηκότων (28 g)
8. 3. κριὸς εἷς ἑστηκὼς πρὸ τοῦ Οὐβάλ (26 a)
— 4. πάντα τὰ θηρία οὐ στήσονται (26 a)
— 6. οὗ ἴδον ἑστὼς ἐνώπ. [A -ῶτος ἀνὰ μέσ.] τοῦ Οὐ. (26 a)
— 7. τοῦ στῆναι ἐνώπιον αὐτοῦ (26 a)
— 13. ἕως πότε ἡ ὅρασις στήσεται –
— 15. ἔστη ἐνώπιον ἐμοῦ ὡς ὅρασις ἀνδρός (26 a)
— 17. ἔστη ἐχόμενος [A ἀνὰ μέσ.] τῆς στάσ. μου –
— 18. ἔστησέ με ἐπὶ πόδας [A π. μου] (26 b)
— 22. οὗ ἔστησαν τέσσαρα κέρατα (26 a)
— 25. ἐπὶ ἀπωλείας πολλῶν στήσεται (26 a)
9. 12. ἔστησε τοὺς λόγους αὐτοῦ (28 c)
10. 11. στῆθι ἐπὶ τῇ στάσει σου (26 a)
— 13. ὁ ἄρχων βασιλείας Περσῶν εἱστήκει (26 a)
— 16. εἶπα πρὸς τὸν ἑστῶτα ἐναντίον μου (26 a)
— 17. οὐ στήσεται ἐν ἐμοὶ ἰσχύς (26 a)
11. 1. ἔστην εἰς κράτος καὶ ἰσχύν (26 a)
— 4. ὡς ἂν στῇ ἡ βασιλεία αὐτοῦ (26 a)
— 6. οὐ στήσεται τὸ σπέρμα αὐτοῦ (26 a)
— 7. ἀναστήσεται [B¹ στήσ.] ἐκ τοῦ ἄνθους (26 a)
— 8. στήσεται ὑπὲρ βασιλέα τοῦ βορρᾶ (26 a)
— 11. στήσει ὄχλον πολύν (26 b)
— 14. τοῦ στῆσαι ὅρασιν (26 b)
— 15. οἱ βραχ. τοῦ βασ. τοῦ νότου στήσονται [A οὐ στ.] (26 a)
— 15. οὐκ ἔσται ἰσχὺς τοῦ στῆναι (26 a)
— 16. οὐκ ἔστιν ἑστὼς κατὰ πρόσωπον αὐτοῦ (26 a)
— 16. στήσεται ἐν τῇ [A -σονται ἐν] γῇ τοῦ σ. (26 a)
— 21. οὐδὲ ἐν πολέμῳ στήσεται (26 a)
— 25. καὶ οὐ στήσονται (26 a)
12. 1. ὁ ἑστηκὼς ἐπὶ τοὺς υἱοὺς τοῦ λαοῦ σου (26 a)
— 5. δύο ἕτεροι εἱστήκεισαν (26 a)
I Ma. 2. 27. πᾶς . . . ἱστῶν διαθήκην
4. 18. στῆτε νῦν ἐναντίον τῶν ἐχθρῶν ἡμῶν
— 59. καὶ ἔστησεν Ἰούδας
5. 42. ἔστησε τοὺς γραμματεῖς τοῦ λαοῦ
6. 38. τὴν ἐπίλοιπον ἵππον . . . ἔστησεν
— 51. A R ἔστησεν ἐκεῖ βελοστάσεις [S -σίας]
— 59. A R στήσωμεν αὐτοῖς τοῦ πορεύεσθαι [S al.]
7. 9. S R ἔστησεν [A -αν] αὐτῷ τὴν ἱερωσύνην
— 36. ἔστησαν κατὰ πρόσωπον τοῦ θυσιαστ.
— 49. ἔστησαν τοῦ ἄγειν . . . τὴν ἡμέραν ταύτην
8. 1. ἱστῶσιν αὐτοῖς φιλίαν
— 7. ἔστησαν [S² add. αὐτὸν] αὐτοῖς διδόναι αὐτόν
— 17. στῆσαι αὐτοῖς [S¹ om.] φιλίαν καὶ συμμαχίαν
— 20. στῆσαι μεθ' ὑμῶν συμμαχίαν
— 29. ἔστησαν Ῥωμαῖοι τῷ δήμῳ τῶν Ἰουδ.
9. 11. ἔστησαν εἰς συνάντησιν αὐτοῖς

I Ma. 10. 54. S στήσομεν [A συστ.] πρὸς ἑαυτοὺς φιλίαν
— 81. ὁ δὲ λαὸς εἱστήκει
11. 27. ἔστησεν αὐτῷ τὴν ἀρχιερωσύνην
— 34. ἑστάκαμεν οὖν αὐτοῖς τά τε ὅρια τῆς Ἰ.
— 57. ἵστημί σοι τὴν ἀρχιερωσύνην
12. 1. στῆσαι . . . τὴν πρὸς αὐτοὺς φιλίαν
13. 28. A S ἔστησεν [R ἐστ. ἐπ' αὐτὰ] ἑπτὰ πυραμίδας
— 38. ὅσα ἐστήσαμεν πρὸς ὑμᾶς ἔστηκε
— 52. ἔστησε . . . τοῦ ἄγειν τὴν ἡμέραν ταύτην
14. 18. τὴν συμμαχίαν ἣν ἔστησαν πρὸς Ἰούδαν
— 24. εἰς τὸ στῆσαι πρὸς αὐτοὺς τὴν συμμαχίαν
— 27. καὶ ἔστησαν αὐτῷ ἐλευθερίαν
— 29. ὅπως σταθῇ τὰ ἅγια αὐτῶν
— 38. ἔστησεν αὐτῷ τὴν ἀρχιερωσύνην
— 48. S R στῆσαι [A θῆσαι] αὐτὰς ἐν περιβόλῳ τῶν ἁγ.
15. 5. ἵστημί σοι πάντα τὰ ἀφαιρέμ. [S¹ ἀφέμ.]
II Ma. 3. 33. καὶ στάντες εἶπον
7. 38. R στῆναι [A στῆσαι] τὴν τοῦ παντοκράτορος ὀργήν
9. 8. τὰ τῶν ὀρέων οἰόμενος ὕψη στήσειν
14. 45. στὰς ἐπί τινος πέτρας
15. 31. τοὺς ἱερεῖς πρὸ τοῦ θυσιαστ. στήσας
III Ma. 1. 23. R ἐπὶ τὴν αὐ. . . . ἔστησαν [A παρῆσαν] στάσιν
3. 24. A ταραχῆς ἑστάσης (?) [R ἐνστάσης] ἡμῖν
5. 43. A ἰσόπεδον πυρὶ . . . στήσεσθαι [R θήσ.]
6. 36. τὰς προειρημ. ἡμ. ἄγειν ἔστησαν
7. 19. ἔστησαν καὶ ταύτας ἄγειν τὰς ἡμέρας
IV Ma. 13. 8. ἱερὸν γὰρ εὐσεβείας στήσαντες χορόν
16. 15. εἱστήκεις τὸν Ἐλ. ὁρῶσα βασανιζόμενον
[Aq. Ex. 26. 15: Jo. 11. 13: I Ki. 6. 20: Jb. 4. 16: Ps. 17 (18). 34: 29 (30). 8: 32 (33). 9, 11: 81 (82). 1: 101 (102). 27: 147. 6 (17): Pr. 15. 22: 25. 6: 30. 4: Is. 8. 10: Je. 44 (51). 29: 46 (26). 14: 51 (28). 64: Za. 11. 12.]
[Sm. Jd. 9. 6: I Ki. 6. 20: 30. 7: II Ki. 8. 3: III Ki. 15. 4: Jb. 4. 16: 8. 15: 21. 3: Ps. 29 (30). 8: 32 (33). 9: 35 (36). 13: 37 (38). 12: 38 (39). 6: 73 (74). 17, 22: 77 (78). 5: 81 (82). 8: 106 (107). 29: 148. 6: Pr. 15. 22: 25. 6: Ec. 1. 4: Is. 6. 2, 13: 8. 10: 40. 8: 55. 2: Ez. 1. 21: 7. 11: Hb. 1. 12.]
[Th. Ex. 26. 15: Jd. 2. 14: 15. 5: I Ki. 6. 20: II Ki. 21. 2: III Ki. 15. 4: Jb. 22. 28: 30. 20: 32. 16: Ps. 106 (107). 29: Pr. 15. 22: 25. 6: Is. 8. 10: 23. 13: Je. 44 (51). 29: 48 (31). 45: Ez. 1. 25: 13. 5, 6: 22. 30: 33. 26: Da. 3. 2†, 3: 6. 8: 8. 4, 22, 25: 11. 6, 11.]
[Al. Ge. 31. 51: Le. 17. 10: 19. 18: Jo. 11. 13: Ps. 43 (44). 27: 121 (122). 2: Pr. 15. 8: Da. 8. 25: Hb. 3. 6, 11.]
[Quint. Ps. 32 (33). 11.]
[Sext. Ps. 29 (30). 8.]
[Heb. Ex. 9. 10.]

ἱστάνειν. (1) עָמַד

Ez. 17. 14. καὶ [A τοῦ] ἱ. αὐτήν (1)

ἱστίον. (1) נֵס (2) קֶלַע

Ex. 27. 9. ἱστία τῆς αὐλῆς (2)
— 11. ἱστία ἑκατὸν πήχεων μῆκος (2)
— 12. ἱστία πεντήκοντα πήχεων (2)
— 13. ἱστία πεντήκοντα πήχεων –
— 14. πέντε καὶ δέκα πήχεων τὸ ὕψος τῶν ἱ. (2)
— 15. δέκα πέντε πήχεων τῶν ἱ. τὸ ὕψος (2)
35. 12 (17). καὶ τὰ ἱ. τῆς αὐλῆς (2)
37. 7 (38. 9). ἱστία τῆς αὐλῆς (2)
— 11 (38. 14). A² R ἱστία πέντε καὶ δέκα πηχῶν (2)
— 16 (38. 18). ἐξισούμενον τοῖς ἱ. τῆς αὐλῆς (2)
39. 20 (40) (A²): Nu. 3. 26: 4. 26 (A B² R). τὰ ἱ. τῆς αὐλῆς (2)
Is. 33. 23. οὐ χαλάσει τὰ ἱ. (1)
[Sm. Ex. 35. 17: Nu. 4. 26: Is. 30. 17: 33. 23.]

ἱστορεῖν.

I Es. 1. 33. ἐν τῇ βίβλῳ τῶν ἱστορουμένων
— 33. ἱστόρηται ἐν τῷ βιβλίῳ [A τῇ βίβλῳ]
— 42. τὰ δὲ ἱστορηθέντα περὶ αὐτοῦ

ἱστορία.

Es. 8. 13. σκοπεῖν δὲ . . . ἐκ τῶν παλαιοτέρων . . . ἱ.
II Ma. 2. 24. εἰσκυκλεῖσθαι τοῖς τῆς ἱ. διηγήμασι
— 30. R τῷ τῆς ἱ. ἀρχηγέτῃ [A -γενέτῃ] καθήκει

II Ma. 2. 32. εὔηθες γὰρ τὸ μὲν πρὸ τῆς ἱ. πλεονάζειν τὴν δὲ ἱ. ἐπιτέμνειν
IV Ma. 3. 19. τὴν ἀπόδειξιν τῆς ἱ. τοῦ σώφρ. λογισμοῦ
17. 7. S R τὴν τῆς εὐσεβείας σου ἱ. [A τῆς ἱ. σου εὐσέβειαν]

ἱστός. (1) קוּר (2) תֹּרֶן

To. 2. 12. S ἐξέτεμε τὸν ἱ.
Is. 30. 17. ἕως ἂν καταλειφθῆτε ὡς [S¹ om.] ἱ. ἐπ' ὄρους (2)
33. 23. ὁ ἱ. σου ἔκλινεν (2)
38. 12. ὡς ἱ. τὸ πνεῦμά μου παρ' ἐμοὶ ἐγένετο †
59. 5. ἱστὸν ἀράχνης ὑφαίνουσι (1)
— 6. ὁ ἱ. αὐτῶν οὐκ ἔσται εἰς ἱμάτιον (1)
Ez. 27. 5. τοῦ ποιῆσαί σοι ἱ. ἐλατίνους (2)
[Aq. Nu. 4. 26.]
[Sm. I Ki. 17. 7: Is. 30. 17: 33. 23.]
[Quint. Ho. 8. 6.]

ἰσχίον. (1) שֵׁת

II Ki. 10. 4. ἀπέκοψε . . . ἕως τῶν ἰ. αὐτῶν (1)

ἰσχνόφωνος. (1) כְּבַד־פֶּה (2) עֲרַל שְׂפָתַיִם

Ex. 4. 10. ἰ. καὶ βραδύγλωσσος ἐγώ εἰμι (1)
6. 30. ἐγὼ ἰ. εἰμι καὶ πῶς εἰσακούσεταί μου (2)

ἰσχύειν. (1) אָבִיר (2) אָזַר hithp. (3) a. לְאֵל b. יֶשׁ־לְאֵל (4) אָמֵץ (5) a. גָּבַר hithp. b. גִּבּוֹר c. גִּבּוֹר הַחַיִל d. גְּבוּרָה (6) חָזַק a. qal. b. pi. c. hithp. d. חָזָק (7) חַיִל (8) a. יָכֹל b. יְכֵל (9) כָּבַר hi. (10) כֹּחַ (11) c. neg. כָּרַע (12) נָגַע hi. (13) a. נָצַח pi. b. נֶצַח (14) נָשַׂג hi. (15) a. עָזַז b. עֹז (16) a. עָצַם b. עָצוּם (17) עָצַר כֹּחַ (18) עָרִיץ (19) פָּרַץ (20) קָצֵר (21) רוּם (22) תְּקֵף, תְּקִף (23) c. neg. קָצֵר (24) a. מַשְׁעֵן b. מַשְׁעֵנָה

Ge. 31. 29. ἰσχύει ἡ χείρ μου κακοποιῆσαί σε (3 b)
Ex. 1. 9. καὶ ἰσχύει ὑπὲρ ἡμᾶς (16 b)
— 12. καὶ ἴσχυον σφόδρα σφόδρα (19)
— 20. καὶ ἴσχυε σφόδρα (16 a)
Le. 5. 7. A R ἐὰν δὲ μὴ ἰσχύῃ [B -ύσῃ] ἡ χεὶρ . . . τὸ ἱκανόν (12)
27. 8. ἰσχύει ἡ χεὶρ τοῦ [A αὐτοῦ] εὐξαμ. (14)
Nu. 22. 6. ἰσχύει οὗτος ἢ ἡμεῖς [A al.] (16 b)
De. 2. 10. ἔθνος μέγα . . . καὶ ἰσχύοντες [A -χυρόν] (21)
16. 10. καθότι ἡ χείρ σου ἰσχύει †
28. 32. οὐκ ἰσχύσει ἡ χείρ σου (3 a)
31. 6, 7, 23. ἀνδρίζου καὶ ἴσχυε (4)
Jo. 1. 6. ἴσχυε καὶ ἀνδρίζου (6 a)
— 7. ἴσχυε οὖν καὶ ἀνδρίζου (6 a)
— 9. ἴσχυε καὶ ἀνδρίζου (6 a)
— 14. πᾶς ὁ ἰσχύων (5 c)
— 18. ἀλλὰ ἴσχυε καὶ ἀνδρίζου (6 a)
10. 25. ἀνδρίζεσθε καὶ ἰσχύετε (4)
14. 11. ἔτι εἰμὶ σήμερον ἰσχύων (6 d)
— 11. ἰσχύω νῦν ἐξελθεῖν (10)
Jd. 6. 2. B ἴσχυσε [A κατίσχ.] χεὶρ Μαδ. ἐπὶ Ἰσρ. (15 a)
7. 10 (11). ἰσχύσουσιν αἱ χεῖρές σου (6 a)
III Ki. 2. 2. ἰσχύσεις καὶ ἔσῃ εἰς ἄνδρα (6 a)
8. 42. A τὴν χεῖρά σου τὴν ἰσχύουσαν (6 d)
I Ch. 15. 21. B S ἐν κινύραις . . . τοῦ ἰσχῦσαι [A R ἐνισχ.] (13 a)
16. 11. καὶ ἰσχύσατε (15 b)
21. 4. R τὸ δὲ ῥῆμα τοῦ βασ. ἴσχυσεν [A al.] (6 a)
22. 13. ἀνδρίζου καὶ ἴσχυε (4)
28. 7. ἐὰν ἰσχύσῃ τοῦ φυλάξασθαι (6 a)
— 10. ἴσχυε καὶ ποίει (6 a)
— 20. ἴσχυε καὶ ἀνδρίζου καὶ ποίει (6 a)
29. 14. ἰσχύσαμεν προθυμηθῆναί σοι (17)
II Ch. 2. 6 (5). τίς ἰσχύσει οἰκοδομῆσαι αὐτῷ οἶκον (17)
15. 7. ὑμεῖς ἰσχύσατε (6 a)
17. 13. ἄνδρες πολεμισταὶ . . . ἰσχύοντες ἐν Ἱερ. (7 ?)
19. 11. ἰσχύσατε καὶ [A om.] ποιήσατε (6 a)
25. 8. ἐστὶ παρὰ κ. καὶ ἰσχῦσαι [A al.] †
32. 7. ἰσχύσατε καὶ ἀνδρίζεσθε (6 a)

● = correction on page xxvi

I Es. 4. 14. ὁ οἶνος ἰσχύει
— 38. καὶ ἡ ἀλήθεια . . . ἰσχύει [A -σει]
8. 85. ἵνα ἰσχύσαντες φάγητε τὰ ἀγ. τῆς γῆς
9. 11. A R οὐκ ἰσχύομεν [B -σομεν] στῆναι αἴθριοι
II Es. 1. 6. A ἴσχυσαν [B ἐνίσχ.] ἐν χερσὶν ἑαυτῶν (6 *b*)
Ju. 9. 11. οὐδὲ ἡ δυναστ. σου ἐν ἰσχύουσιν [S^1 *al.*]
14. 2. ἐξελεύσεσθε [A -σεται] πᾶς ἀνὴρ ἰσχύων
Es. 4. 17. ὁ θεὸς ὁ ἰσχύων ἐπὶ πάντας
Jb. 9. 19. ὅτι μὲν γὰρ ἰσχύει κράτει [? -εῖ, A S ἰσχύϊ κρατεῖ] (10)
36. 9. ὅτι ἰσχύσουσιν [A ὅταν ἰσχύσωσιν] (5 *a*)
— 32 (31). A S R δώσει τροφὴν τῷ ἰσχύοντι [B ἀκούοντι] (9)
Ps. 12 (13). 4. ἴσχυσα πρὸς αὐτόν (8 *a*)
Pr. 7. 2. τίμα τὸν κ. καὶ ἰσχύσεις –
18. 19. ἰσχύει δὲ ὥσπερ τεθεμελιωμ. βασίλειον †
Wi. 11. 21. τὸ γὰρ μεγάλως ἰσχύειν πάρεστί σοι
13. 1. οὐκ ἴσχυσαν εἰδέναι τὸν ὄντα
— 9. εἰ γὰρ τοσοῦτον ἴσχυσαν εἰδέναι
15. 16. οὐδεὶς γὰρ . . . ἰσχύει πλάσαι θεόν
16. 20. ἄρτον . . . πᾶσαν ἡδονὴν ἰσχύοντα
19. 20. πῦρ ἴσχυσεν [A S -υεν] ἐν ὕδατι
Si. 7. 6. A S μὴ οὐκ ἰσχύσεις [B ἐξισχ.] ἐξᾶραι ἀδικίας
11. 12. R ὑστερῶν ἰσχύει [A B S^1 -ύϊ, S^2 ἐν ἰσχύϊ]
29. 6. ἐὰν ἰσχύσῃ
30. 14. κρείσσων πτωχὸς . . . ἰσχύων τῇ ἕξει
41. 1. ἀνδρὶ . . . ἔτι ἰσχύοντι ἐπιδέξασθαι
43. 15. ἐν μεγαλείῳ αὐ. ἴσχυσε νεφέλας [A -αις]
— 28. δοξάζοντες ποῦ ἰσχύσωμεν [A -σομεν, S -ύομεν]
50. 29. πρὸς πάντα ἰσχύσει [S -ύει]
Jl. 3 (4). 10. ὁ ἀδύνατος [S^1 δυν.] λεγέτω, Ὅτι ἰσχύω ἐγώ (5 *b*)
Is. 1. 24. οὐαὶ οἱ ἰσχύοντες Ἰσραήλ [A Ἱερ.] (1 ?)
3. 1. ἀφελεῖ . . . ἰσχύοντα καὶ ἰσχύουσαν (24 *a*, 24 *b*)
— 2. γίγαντα καὶ ἰσχύοντα [S^1 *om.* κ. ἰ.] (5 *b* ?)
— 25. οἱ ἰσχύοντες ὑμ. μαχαίρᾳ πεσοῦνται (5 *d*)
5. 22. οὐαὶ οἱ ἰσχύοντες ὑμῶν (5 *b*)
8. 9. ἰσχυκότες ἡττᾶσθε ἐὰν γὰρ πάλιν ἰσχύσητε [S^1 *om.* π. ἰ.] πάλιν ἡττηθήσεσθε (2, 2)
10. 21. ἔσται . . . ἐπὶ θεὸν ἰσχύοντα (5 *b*)
22. 3. οἱ ἰσχύοντες ἐν σοὶ πόρρω πεφεύγασι –
23. 8. μὴ ἥσσων ἐστὶν ἢ οὐκ ἰσχύει [S -ύουσιν] †
— 11. ἡ δὲ χείρ σου οὐκέτι ἰσχύει κατὰ θάλ. †
25. 8. κατέπιεν ὁ θάνατος ἰσχύσας (13 *b* ?)
28. 22. μηδὲ ἰσχυσάτωσαν ὑμῶν οἱ δεσμοί (6 *a*)
35. 3. ἰσχύσατε χεῖρες ἀνειμέναι (6 *b*)
— 4. ἰσχύσατε μὴ φοβεῖσθε (6 *a*)
41. 7. ἴσχυσεν ἀνὴρ τέκτων (6 *b*)
46. 2. φορτίον . . . πεινῶντι οὐκ ἰσχύοντι ἅμα (11 ?)
49. 25. λαμβάνων δὲ παρὰ ἰσχύοντος σωθήσεται (18)
50. 2. μὴ οὐκ ἰσχύει ἡ χείρ μου τοῦ ῥύσασθαι (23)
— 2. ἢ οὐκ ἰσχύω τοῦ ἐξελέσθαι [S^3 *om.* ἢ . . . ἐξ.] (10)
59. 1. μὴ οὐκ ἰσχύει ἡ χεὶρ κ. τοῦ σῶσαι (20)
Je. 5. 6. ἴσχυσαν ἐν ταῖς ἀποστροφαῖς αὐτῶν (16 *a*)
— 22. S ἰσχύσουσι [A B ἠχήσ.] τὰ κύματα αὐ. †
20. 11. καθὼς μαχητὴς ἰσχύων [A -υρός] (18)
31 (48). 14. ἄνθρωπος ἰσχύων εἰς τὰ πολεμικά (7)
Ep. Je. 58. οἱ ἰσχύοντες περιελοῦνται τὸ χρυσίον
Da. LXX. 1. 4. καὶ σοφοὺς καὶ ἰσχύοντας (10)
10. 19. ἀνδρίζου καὶ ἴσχυε (6 *a*)
— 19. ἴσχυσα καὶ εἶπα (6 *c*)
Da. TH. Su. 39. διὰ τὸ ἰσχύειν αὐτὸν ὑπὲρ ἡμᾶς
4. 8. καὶ ἴσχυσε (22)
— 17. τὸ μεγαλυνθὲν καὶ τὸ ἰσχυκός (22)
— 19. ἐμεγαλύνθης καὶ ἴσχυσας (22)
7. 21. καὶ ἴσχυσε [A -υεν] πρὸς αὐτούς (8 *b*)
8. 8. ἐν τῷ ἰσχῦσαι αὐτόν (16 *a*)
10. 19. ἀνδρίζου καὶ ἴσχυε (6 *a*)
— 19. ἐν τῷ λαλῆσαι αὐτὸν μετ' ἐμοῦ ἴσχυσα (6 *c*)
I Ma. 2. 64. S R ἰσχύσατε [A -ύετε] καὶ ἀνδρίζεσθε
10. 49. καὶ ἴσχυσεν ἐπ' αὐτούς
III Ma. 4. 17. μηκέτι ἰ. τὴν τῶν Ἰ. ἀπογρ. ποιεῖσθαι
IV Ma. 4. 1. οὐκ ἴσχυσε κακῶσαι
— 24. ἴσχυε καταλῦσαι
10. 7. A R κατὰ μηδένα τρόπον ἰσχύοντες [S -σαντες]
15. 11. S R αἱ παμποίκιλοι βάσανοι [A *om.*] ἴσχυσαν
18. 5. οὐδὲν οὐδαμῶς ἴσχυσεν ἀναγκάσαι

[**Aq.** Dt. 11. 8 : Jb. 21. 23 : Pr. 23. 11 : Je. 30 (37). 15 : Ez. 22. 14.]
[**Sm.** Dt. 11. 8 : Jb. 21. 23 : Pr. 23. 11 : Is. 41. 6 : Ez. 22. 14 : Mi. 2. 1.]
[**Th.** Jb. 21. 23 : 36. 9, 31 : Pr. 23. 11 : Is. 47. 12 : Je. 30 (37). 15 : Ez. 22. 14.]
[**Sam.** Ex. 38. 8 (26).]
[**Al.** Le. 5. 11 : Je. 30 (37). 14.]

ἰσχυροποιεῖν.

[Aq. Ez. 27. 27.]

ἰσχυρός. (1) אַבִּיר (2) אַדִּיר (3) *a.* אוּל *b.* אַיִל (4) אֵיתָן (5) אֵל (6) אַמִּיץ (7) בָּצַר (8) בְּרִי (9) בָּרִיא (10) *a.* גִּבּוֹר *b.* גִּבָּר (11) גְּדוּד (12) גָּדוֹל (13) *a.* חָזָק *b.* חָזֵק *c.* חָזְקָה *d.* חֶזְקָה (14) *a.* חָסוֹן *b.* חֵסֶן (15) כָּבֵד (16) מִשְׂגָּב (17) *a.* עַז *b.* עֹז *c.* עִזּוּז *d.* מָעוֹז (18) עֲצַב (19) עָצוּם (20) עָרִיץ (21) רוּם (22) תַּקִּיף (23) **ἰσχυρὸν ποιεῖν** אָמֵץ pi. (24) **ἰσχυρὸν ποιεῖν** חָקַק (25) **ἡ πόλις ἡ ἰ.** מִבְצָר (26) **ὀχύρωμα ἰ.** מָעוֹז

Ge. 14. 5. καὶ ἔθνη ἰ. ἅμα αὐτοῖς †
41. 31. ἰσχυρὸς γὰρ ἔσται σφόδρα (15)
50. 10. κοπετὸν μέγαν καὶ ἰ. σφόδρα (15)
Ex. 19. 19. ἐγίνοντο δὲ αἱ φωναὶ . . . ἰσχυρότεραι σφόδρα (13 *b*)
Nu. 13. 19 (18). A R εἰ [A ἢ] ἰσχυρός [B -ρότερός] ἐστιν (13 *a*)
— 32 (31). ἰσχυρότερόν ἐστιν ἡμῶν (13 *a*)
20. 20. ἐν ὄχλῳ βαρεῖ καὶ ἐν χειρὶ ἰ. (13 *a*)
22. 6. A ἰσχυρότερός μού ἐστιν [B *al.*] (19)
24. 4. R ἀκούων λόγια ἰσχυροῦ [B θεοῦ, A θ. ἰ.] (5)
— 21. ἰσχυρὰ ἡ κατοικία σου (4)
De. 2. 10. A ἔθνος μέγα . . . καὶ ἰ. [B ἰσχύοντες] (21)
4. 38. ἐξολεθρεῦσαι ἔθνη . . . ἰσχυρότερά σου (19)
7. 1. ἔθνη μεγάλα [A *add.* καὶ πολλά, B^2 *add.* καὶ π. καὶ ἰσχυρά] –
— 1. ἑπτὰ ἔθνη . . . ἰσχυρότερα ὑμῶν (19)
9. 1. ἔθνη . . . ἰσχυρότ. μᾶλλον ἢ ὑμεῖς (19)
— 14. ποιήσω σε εἰς ἔθνος μέγα καὶ ἰ. (19)
10. 17. ὁ θεὸς ὁ μέγας καὶ [A ὁ] ἰ. (10 *a*)
11. 23. ἔθνη . . . ἰ. [A -ρότερα] μᾶλλον ἢ ὑμεῖς (19)
Jo. 4. 24. ἡ δύναμις τοῦ κ. ἰσχυρά ἐστι (13 *a*)
6. 19 (20). ἀλαλαγμῷ μεγάλῳ καὶ ἰ. –
10. 2. πάντες οἱ ἄνδρες αὐτῆς ἰσχυροί (10 *a*)
23. 9. ἔθνη μεγάλα καὶ ἰ. (19)
Jd. 5. 13. τότε κατέβη κατάλειμμα τοῖς ἰ. [A *al.*] (2)
— 13. A ταπείνωσόν μοι τοὺς ἰσχυροτέρ. μου (10 *a*)
— 22. σπουδῇ ἔσπευσαν ἰσχυροὶ αὐτοῦ [A *al.*] (1)
— 25. A ἐν λακάνῃ ἰσχυρῶν [B *al.*] (2)
6. 12. ἰσχυρὸς τῶν δυνάμεων [A *al.*] (10 *a*)
9. 51. πύργος ἰ. ἦν [A ἦν ὑψηλός] (17 *b*)
14. 14. ἀπὸ ἰσχυροῦ γλυκύ [A *al.*] (17 *a*)
— 18. τί ἰσχυρότερον λέοντος (17 *a*)
18. 26. A ἰσχυρότεροί εἰσιν αὐτοῦ [B *al.*] (13 *a*)
II Ki. 15. 12. ἐγένετο σύντριμμα [A σύστρ.] ἰ. (6)
22. 18. A ἐρρύσατό με ἐξ ἐχθρῶν μου ἰσχυρός [B -χύος] (17 *a*)
— 31. ὁ ἰ. ἄμωμος ἡ ὁδὸς αὐτοῦ (5)
— 32. τίς ἰσχυρὸς πλὴν κυρίου (5)
— 33. ὁ ἰ. ὁ κραταιῶν με δυνάμει [A -μιν] (5)
— 48. ἰ. [A ὑψηλὸς] κύριος ὁ διδοὺς ἐκδικήσεις ἐμοί (5)
23. 5. οὐ γὰρ . . . ὁ οἶκός μου μετὰ ἰσχυροῦ (5)
III Ki. 11. 28. ὁ ἄνθρωπος Ἱερ. ἰσχυρὸς δυνάμει (10 *a*)
IV Ki. 24. 15. τοὺς ἰ. τῆς γῆς ἀπήγαγεν (3 *a**, 3 *b*)
I Ch. 5. 24. ἄνδρες ἰσχυροὶ δυνάμει (10 *a*)
7. 2. ἰσχυροὶ δυνάμει (10 *a*)
— 4. ἰσχυροὶ παρατάξασθαι εἰς πόλεμον (11)
— 5, 7, 9, 11, 40. ἰσχυροὶ δυνάμει (10 *a*)
8. 40. ἰσχυροὶ ἄνδρες δυνάμει (10 *a*)
9. 13. ἰσχυροὶ δυνάμει (10 *a*)
12. 8. ἰ. δυνατοὶ ἄνδρες παρατάξεως πολ. (10 *a*)
I Es. 2. 27. βασιλεῖς ἰσχυροὶ καὶ σκληροί
4. 32. πῶς οὐχὶ ἰ. αἱ γυναῖκες
— 34. οὐκ ἰ. αἱ γυναῖκες

I Es. 4. 35. ἡ ἀλήθεια . . . ἰσχυροτέρα παρὰ πάντα
6. 14. διὰ βασ. τοῦ Ἰσρ. μεγάλου καὶ ἰσχυροῦ
II Es. 4. 20. βασιλεῖς ἰσχυροί (22)
Ne. 1. 5. κύριε ὁ θ. τοῦ οὐρανοῦ ὁ ἰ. (5)
9. 31. ἰσχυρὸς εἶ καὶ ἐλεήμων (5)
— 32. ὁ θεὸς ἡμῶν ὁ ἰ. (5)
Ju. 5. 23. οὐδὲ κράτος εἰς παράταξιν ἰσχυράν
14. 16. ἐβόησε . . . μετὰ . . . βοῆς ἰ.
Jb. 22. 13. τί ἔγνω ὁ ἰ. (5)
33. 29. ταῦτα πάντα ἐργᾶται ὁ ἰ. (5)
— 31. A ταῦτα πάντα ἐργᾶται ὁ ἰ. (5 ?)
34. 31. ὅτι πρὸς τὸν ἰ. ὁ λέγων [S^1 *om.* ὁ λ.] (5)
36. 22. ὁ ἰ. κραταιώσει [A κρ. σε, S -αιῶς] (5)
— 26. ἰδοὺ ὁ ἰ. πολύς (5)
37. 5. βροντήσει ὁ ἰ. . . . θαυμάσια (5)
— 10. ἀπὸ πνοῆς ἰσχυροῦ δώσει πάγος (5)
— 18. ἰσχυραὶ ὡς ὅρασις ἐπιχύσεως [A *al.*] (13 *a*)
Ps. 7. 11. ὁ θεὸς κριτὴς δίκαιος καὶ ἰ. (5)
41 (42). 2. A B^3 S^2 ἐδίψησεν . . . πρὸς τὸν θ. τὸν ἰ. [B^1 S^1 *om.* τὸν ἰ.] (5)
Pr. 6. 2. παγὶς γὰρ ἰ. ἀνδρὶ τὰ ἴδια χείλη –
8. 28. ἰσχυρὰ ἐποίει τὰ ἄνω νέφη (23)
— 29. ἰσχυρὰ ἐποίει τὰ θεμέλια [A θελήματα] (24)
14. 29. A B^2 S^2 R ὁ δὲ ὀλιγόψυχος ἰσχυρῶς [B^1 S^1 -ὸς] ἄφρων †
16. 32. κρείσσων ἀνὴρ μακρόθυμος ἰσχυροῦ (10 *a*)
21. 14. θυμὸν ἐγείρει ἰσχυρόν (17 *a*)
24. 5. κρείσσων σοφὸς ἰσχυροῦ (17 *b*)
— 61 (30. 26). οἱ χοιρογρύλλιοι ἔθνος οὐκ ἰ. (19)
— 65 (30. 30). σκύμνος λέοντος ἰσχυρότερος κτηνῶν (10 *a*)
27. 27. παρ' ἐμοῦ ἔχεις ῥήσεις ἰ. †
Ec. 6. 10. S R μετὰ τοῦ ἰσχυροτέρου [A B -ροῦ] ὑπὲρ αὐτόν (22)
Wi. 6. 8. ἰσχυρὰ ἐφίσταται ἔρευνα
10. 5. ἐπὶ τέκνου σπλάγχνοις ἰσχυρὸν ἐφύλαξεν
— 12. ἀγῶνα ἰσχυρὸν ἐβράβευσεν αὐτῷ
Si. 3. 21. ἰσχυρότερά σου μὴ ἐξέταζε
6. 21. ἰσχυρὸς [S^1 -ὺς, S^2 -ύος] ἔσται ἐπ' αὐτῷ
8. 12. μὴ δανείσῃς ἀνθρώπῳ ἰσχυροτέρῳ σου
13. 2. ἰσχυροτέρῳ σου . . . μὴ κοινώνει
15. 18. ἰσχυρὸς ἐν δυναστείᾳ
16. 5. ἰσχυρότερα τούτων ἀκήκοε
Am. 2. 9. ἰσχυρὸς ἦν ὡς δρῦς (14 *a*)
5. 12. καὶ ἰ. αἱ ἁμαρτίαι ὑμῶν (19)
Mi. 4. 3. ἐξελέγξει [A ἐλ.] ἔθνη ἰ. (19)
— 7. A θήσομαι . . . εἰς ἔθνος ἰ. [B δυνατόν] (19)
Jl. 1. 6. ἔθνος ἀνέβη . . . ἰ. καὶ ἀναρίθμητον (19)
2. 2. χυθήσεται . . . λαὸς πολὺς καὶ ἰ. (19)
— 5. ὡς λαὸς πολὺς καὶ ἰ. παρατασσόμενος (19)
— 11. ἰ. ἔργα λόγων αὐτοῦ (19)
Ze. 1. 16. A ἐπὶ τὰς πόλ. τὰς ἰ. [B S ὀχυράς] (7)
Is. 8. 7. ἀνάγει ἐφ' ὑμᾶς τὸ ὕδωρ τοῦ ποτ. τὸ ἰ. (19)
— 11. τῇ ἰ. χειρὶ ἀπειθοῦσι (13 *d*)
9. 6 (5). A S^2 ἰ. ἐξουσιαστὴς ἄρχων εἰρήνης [B S^1 *om.*] (5)
21. 17. τὸ κατάλοιπον [S λ.] τῶν τοξευμ. τῶν ἰ. υἱῶν K. (10 *a*)
26. 1. ἰδοὺ πόλις ἰσχυρά [A S ὀχ.] (17 *b*)
27. 1. ἐπάξει ὁ θ. τὴν μάχαιραν . . . τὴν ἰ. (13 *a*)
— 3. A S ἐγὼ πόλις ἰσχυρά [B ὀχ.] †
28. 2. ἰσχυρὸν . . . ὁ θυμὸς κυρίου (13 *a*)
33. 16. ἐν ὑψηλῷ σπηλαίῳ πέτρας ἰ. [A ὀχ.] (16)
43. 16. ὁ διδοὺς . . . ἐν ὕδατι ἰσχυρῷ τρίβον (17 *a*)
— 17. ὁ ἐξαγαγὼν [A ἐξάγων] . . . ὄχλον ἰσχυρόν (17 *c*)
53. 12. τῶν ἰ. μεριεῖ σκῦλα (19)
Je. 1. 18. S τέθεικά σε . . . ὡς τεῖχος χαλκοῦν ἰ. [A B ὀχ.] –
5. 16. πάντες ἰσχυροί (10 *a*)
9. 23 (22). μὴ καυχάσθω ὁ ἰ. ἐν τῇ ἰσχύϊ αὐ. (10 *a*)
20. 11. A καθὼς μαχητὴς ἰ. [B S ἰσχύων] (20)
26 (46). 5. οἱ ἰ. αὐτῶν κοπήσονται (10 *a*)
— 6. μὴ ἀνασωζέσθω [A -έτω] ὁ ἰ. ἐπὶ βορρᾶν (10 *a*)
27 (50). 34. ὁ λυτρούμενος αὐτοὺς ἰ. (13 *a*)
29 (49). 22. ἡ καρδία τῶν ἰ. τῆς Ἰδουμαίας (10 *a*)
31 (48). 14. ἰσχυροί ἐσμεν (10 *a*)
37 (30). 21. ἔσονται ἰσχυρότεροι αὐτοῦ [A -ῶν] (2)
39 (32). 18. ὁ θεὸς ὁ μέγας ὁ [A S καὶ] ἰ. (10 *a*)
40 (33). 3. ἀπαγγελῶ [A ἀν.] σοι μεγάλα καὶ ἰσχυρά (7)
La. 1. 15. ἐξῆρε πάντας τοὺς ἰ. μου ὁ κ. (1)
Ep. Je. 36. οὔτε ἥττονα ἀπὸ ἰσχυροῦ μὴ ἐξέλωνται
Ez. 26. 17. A ἥτις ἐγενήθη ἰ. ἐν θαλάσσῃ (13 *a*)

Ez. 30. 22. συντρίψω τοὺς βραχίονας αὐ. τοὺς ἰ. (13 *a*)
34. 4. τὸ ἰ. κατειργάσασθε μόχθῳ (13 *c*)
— 16. τὸ ἰ. φυλάξω (13 *a*)
— 20. ἀνὰ μέσον προβάτου ἰ. (8)
Da. LXX. 2. 40. καὶ βασιλεία τετάρτη ἰ. (22)
— 42. μέρος δέ τι τῆς βασιλείας ἔσται ἰ. (22)
3. 20. ἄνδρας ἰσχυροτάτ. τῶν ἐν τῇ δυνάμει (10 *b*)
— 33 (100). ὡς μεγάλα καὶ ἰ. (22)
— 33 (100). ὡς μεγάλη καὶ ἰ. ἡ βασιλεία αὐτοῦ –
8. 9. ἀνεφύη κέρας ἰ. ἕν +
9. 4. ὁ θεὸς ὁ μέγας καὶ ὁ ἰ. –
10. 1. τὸ πλῆθος τὸ ἰ. διανοηθήσ. τὸ πρόσταγμα (12 ?)
— 7. φόβος ἰ. ἐπέπεσεν ἐπ᾽ αὐτούς (12)
11. 23. καὶ ἐπὶ ἔθνος ἰ. ἐν ὀλιγοστῷ ἔθνει +
— 24. ἐπὶ τὴν πόλιν τὴν ἰ. διανοηθήσεται (25)
— 25. ἐν ὄχλῳ ἰ. σφόδρα λίαν (19)
— 37. ὑποταγήσεται αὐτῷ ἔθνη ἰ. +
— 39. εἰς ὀχύρωμα ἰ. ἥξει (17 *d*)
— 44. ἐξελεύσεται ἐν θυμῷ ἰ. (12)
Da. TH. 1. 15. αἱ ἰδέαι αὐτῶν ἀγ. καὶ ἰ. [**A B**^{1} -οἰ] ταῖς σαρξίν (9)
2. 37. βασιλείαν ἰ. καὶ κραταιάν (14 *b*)
— 40. ἔσται ἰσχυρὰ ὡς σίδηρος (22)
— 42. μέρος τι τῆς βασιλείας ἔσται ἰ. (22)
3. 20. ἄνδρας ἰ. ἰσχύϊ εἶπε (10 *b*)
— 33 (100). ὡς μεγάλα καὶ ἰσχυρά (22)
6. 20 (21). ἐβόησε φωνῇ ἰ. [**A** μεγάλῃ] (18)
7. 7. θηρίον τέταρτον . . . ἰ. (22)
8. 9. ἐξῆλθε κέρας ἓν ἰ. +
— 24. καὶ διαφθερεῖ ἰσχυρούς (19)
11. 25. ἐν δυνάμει μεγάλῃ καὶ ἰ. σφόδρα (19)
I Ma. 1. 4. συνῆξεν δύναμιν ἰ. σφόδρα
— 33. **R** τείχει μεγάλῳ ἰ. [**A S** ὀχυρῷ]
● 2. 42. **S R** συνήχθησαν . . . ἰσχυροὶ [**A** -αὶ] δυνάμει
— 66. **S R** Ἰούδας Μακκ. ἰ. [**A** αὐτὸς ἰ. ἐν] δυνάμει
3. 15. ἀνέβη . . . παρεμβολὴ ἀσεβῶν ἰσχυρά
— 17. **R** πρὸς πλῆθος τοσοῦτον ἰ. [**A S** *om.*]
— 27. **A S**^{2} **R** παρεμβολὴν ἰ. σφόδρα
4. 7. εἶδον παρεμβολὴν ἐθνῶν ἰσχυράν
— 30. εἶδε τὴν παρεμβολὴν ἰ.
— 60. **A S**^{2} τείχη ὑψηλὰ καὶ πύργους ἰ. [**S**^{1} ὑψηλούς, **R** ὀχ.]
5. 6. **S** εὗρε . . . χεῖρα ἰ. [**A R** *om.* χ. ἰ.]
— 46. **A** ἡ πόλ. μεγ. ἡ τῆς εἰσόδου ἰ. [**S R** *al.*]
6. 6. ἐπορεύθη Λυσίας δυνάμει ἰ.
— 41. ἦν γὰρ ἡ παρεμβ. μεγάλη σφόδρα καὶ ἰ.
— 57. **S** καὶ ὁ τόπος . . . ἐστιν ἰ. [**A R** ὀχ.]
11. 15. ἀπήντησεν αὐτῷ ἐν χειρὶ ἰ.
II Ma. 1. 24. ὁ φοβερὸς καὶ ὁ ἰ. καὶ δίκαιος
14. 1. εἰσπλεύσαντα μετὰ πλήθους ἰ.
●IV Ma. 9. 17. οὐχ οὕτως ἰ. ὑμ. ἐστιν ὁ τροχός [**A** τρόπ.]
[**Aq.** Ge. 17. 1 : 32. 30 (31) : Dt. 3. 24 : 6. 15 : 7. 9, 21 : 32. 18 : I Ki. 6. 18 : Jb. 40. 14 (19) : 41. 17 : Ps. 2. 7 : 9. 33 (10. 12) : 15 (16). 1 : 21 (22). 2 *bis* : 28 (29). 3 : 35 (36). 7 : 49 (50). 1 : 72 (73). 11 : 73 (74). 8 : 80 (81). 10 : 81 (82). 1 : 83 (84). 8 : 84 (85). 9 : 88 (89). 8 : Is. 8. 10 : 9. 6 (5) : 45. 14, 15 : 46. 6 : 61. 3 : Je. 6. 27 : 15. 21 : 46 (26). 9, 12 *bis* : 51 (28). 56 : Ez. 3. 7 : 30. 11 : 31. 11 : 32. 12 : Mi. 2. 1.]
[**Sm.** Ge. 18. 18 : Dt. 3. 24 : 6. 15 : I Ki. 31. 12 : Jb. 15. 20 : 32. 13 : 37. 18 : 40. 14 (19) : 41. 17 : Ps. 9. 31 (10. 10), 33 (10. 12) : 30 (31). 3, 6 : 49 (50). 1 : 70 (71). 7 : 75 (76). 6 : Pr. 7. 26 : Ec. 12. 3 : Is. 9. 6 (5) : 26. 1 : 32. 2 : 41. 21 : 61. 3 : Je. 15. 21 : 25. 35 (32. 21) : 46 (26). 9 : 50 (27). 38 : Ez. 31. 11.]
[**Th.** Dt. 6. 15 : 7. 9, 21 : Jd. 5. 25 : 14. 14 : 18. 26 : Jb. 15. 20 : 34. 23, 31 : 36. 26 : 37. 10, 18 : 40. 14 (19) : Ps. 2. 7 : 15 (16). 1 : 49 (50). 1 : 72 (73). 11 : 73 (74). 8 : Pr. 7. 26 : Is. 8. 10 : 9. 6 (5) : 19. 4 : 25. 5 : 34. 7 : 44. 10 : 45. 14, 15 : 46. 6 : 61. 3 : Je. 6. 27 : Ez. 17. 8 : 26. 17 : 28. 2 : 30. 22 : 31. 11 : Da. 1. 15.]
[**Al.** Ge. 43. 14 : 46. 3 : 48. 3 : 49. 24 : Ex. 6. 3 : 15. 11 : Nu. 22. 6 : Dt. 26. 5 : 32. 21.]
[**Quint.** Ps. 28 (29). 1, 3.]

ἰσχυροῦν. (1) חִזַּק pi.

Is. 41. 7. **A S R** ἰσχύρωσαν [**B** -εν] αὐτὰ ἐν ἥλοις (1)

ἰσχυρῶς. (1) בְּחָזְקָה (2) בְּעוֹז (3) רוּם hi. (4) προσέχειν ἰ. חָזַק

De. 12. 23. πρόσεχε ἰ. (4)
Jd. 8. 1. διελέξαντο πρὸς αὐτὸν ἰ. [**A** *al.*] (1)
Pr. 14. 29. ὁ δὲ ὀλιγόψυχος ἰ. [**B**^{1} **S**^{1} -ὸς] ἄφρων (3)
31. 17. ἀναζωσαμένη ἰ. τὴν ὀσφὺν αὐτῆς (2)
[**Aq., Sm.** Is. 40. 9.]

ἰσχύς. (1) אָבִיר (2) אַדִּיר (3) בָּמָה (4) גָּאוֹן (5) *a.* גָּבַר hithp. *b.* גְּבוּרָה *c.* גְּבֶרֶת (6) גֹּדֶל (7) גָּרוֹן (8) דֹּבֶא (9) הוֹד (10) הוֹן (11) הָמוֹן (12) *a.* חָזָק *b.* חֵזֶק *c.* חֹזֶק (13) חַיִל (14) *a.* חָסוֹן *b.* חֹסֶן *c.* חֵסֶן (15) יְבוּל (16) כֹּחַ (17) מְאֹד (18) מַעֲרָצָה (19) מִשְׁעָן (20) מָתְנַיִם (21) *a.* עַז *b.* עֹז, עוֹז *c.* מָעוֹז (22) עָצְמָה (23) *a.* עָתוּד *b.* עָתִיד (24) צֶמַח (25) תִּגְרָה (26) תּוּשִׁיָּה (27) *a.* תֹּקֶף *b.* תְּקֹף *c.* תַּקִּיף *d.* תְּקֵף (28) ἰσχὺν διδόσθαι חָזַק (29) ἰσχύς ἐστι אָמֵץ pi. (30) δυνατὸς ἰσχύϊ *a.* גָּבַר *b.* חַיִל

Ge. 4. 12. οὐ προσθήσει τὴν ἰ. αὐτῆς (16)
31. 6. **A** ἐν πάσῃ [**R** *add.* τῇ] ἰ. μου δεδούλευκα (16)
49. 3. σὺ ἰ. μου καὶ ἀρχὴ τέκνων μου (16)
Ex. 9. 16. ἵνα ἐνδείξωμαι . . . τὴν ἰ. [**A** δύναμίν] μου (16)
15. 6. ἡ δεξιά σου . . . δεδόξασται ἐν ἰσχύϊ (16)
— 13. παρεκάλεσας τῇ ἰ. σου (21 *b*)
32. 11. ἐξήγαγες ἐκ γῆς Αἰγ. ἐν ἰ. μεγάλῃ (16)
— 18. οὐκ ἔστι φωνὴ ἐξαρχόντων κατ᾽ ἰσχύν (5 *b*)
Le. 26. 20. ἔσται εἰς κενὸν ἡ ἰ. ὑμῶν (16)
Nu. 14. 13. ἀνήγαγες [**B**^{1} ἤγ.] τῇ [**A** ἐν] ἰ. σου τὸν λαόν (16)
— 17. νῦν ὑψωθήτω ἡ ἰ. [**A** χείρ] σου (16)
24. 18. Ἰσρ. ἐποίησεν ἐν ἰσχύϊ (13)
De. 3. 24. δεῖξαι . . . τὴν ἰ. σου (6)
— 24. καὶ κατὰ τὴν ἰ. σου (5 *b*)
4. 37. ἐξήγαγέ σε αὐτὸς ἐν τῇ ἰ. αὐ. τῇ μεγ. (16)
8. 17. ἡ ἰ. μου καὶ τὸ κράτος τῆς χειρός μου (16)
— 18. αὐτός σοι δίδωσιν ἰσχύν [**B**^{1} τὴν ἰ.] (16)
9. 26. **A** ἐν τῇ ἰ. σου τῇ μεγ. (6)
— 26. οὓς ἐξήγαγες . . . ἐν τῇ ἰ. σου τῇ μεγάλῃ –
— 29. οὓς ἐξήγαγες . . . ἐν τῇ ἰ. σου τῇ μεγάλῃ (16)
26. 8. ἐξήγαγεν . . . ἐν ἰσχύϊ αὐ. τῇ [**A** *om.* αὐ. τ.] μεγ. –
32. 13. ἀνεβίβασεν αὐτοὺς ἐπὶ τὴν ἰ. τῆς γῆς (3)
33. 11. εὐλόγησον, κύριε, τὴν ἰ. αὐτοῦ (13)
— 25. ὡς αἱ ἡμέραι σου ἡ ἰ. σου (8)
— 27. ὑπὸ ἰσχὺν βραχιόνων ἀενάων –
Jo. 6. 2. δυνατοὺς ὄντας [**A** *om.*] ἐν ἰσχύϊ (13)
8. 3. χιλιάδας ἀνδρῶν δυνατοὺς ἐν ἰσχύϊ (13)
10. 7. πᾶς δυνατὸς ἐν ἰσχύϊ (13)
17. 17. εἰ . . . ἰσχὺν μεγάλην ἔχεις (16)
Jd. 5. 13. **A** πότε ἐμεγάλυνεν ἡ ἰ. αὐ. [**B** *al.*] (2 ?)
6. 12. **A** δυνατὸς τῇ ἰ. [**B** *al.*] (13)
— 14. **A R** πορεύου ἐν τῇ [**B** *om.*] ἰ. σου ταύτῃ [**A** *om.*] (16)
11. 1. **A** δυνατὸς ἐν ἰσχύϊ [**B** *al.*] (13)
16. 5. ἐν τίνι ἡ ἰ. αὐτοῦ ἡ [**A** ἐστιν ἡ] μεγάλη (16)
— 6. ἐν τίνι ἡ ἰ. σου ἡ μεγάλη (16)
— 9. οὐκ ἐγνώσθη ἡ ἰ. αὐτοῦ (16)
— 14. **A** οὐκ ἐγνώσθη ἡ ἰ. αὐτοῦ –
— 15. ἐν τίνι ἡ ἰ. σου ἡ μεγάλη (16)
— 17. ἀποστήσεται ἀπ᾽ ἐμοῦ ἡ ἰ. μου (16)
— 19. ἀπέστη ἡ ἰ. αὐτοῦ ἀπ᾽ αὐτοῦ (16)
— 30. ἐβάσταξεν [**A** ἔκλινεν] ἐν ἰσχύϊ (16)
Ru. 2. 1. ὁ δὲ ἀνὴρ δυνατὸς ἰσχύϊ [**A** ἐν ἰ.] (13)
I Ki. 2. 9. οὐκ ἐν ἰσχύϊ δυνατὸς ἀνήρ (16)
— 10. δίδωσιν ἰσχὺν τοῖς βασ. ἡμῶν (21 *b*)
28. 20. ἐν αὐτῷ οὐκ ἦν ἰσχὺς ἔτι (16)
— 22. ἔσται ἐν σοὶ ἰσχύς (16)
30. 4. ἕως ὅτου οὐκ ἦν ἐν αὐτοῖς ἰσχὺς ἔτι (16)
II Ki. 6. 5. ἐν ὀργάνοις ἡρμοσμ. ἐν ἰσχύϊ [**A** καὶ ἐν ἰ.] +
22. 18. ἐξ ἐχθρῶν μου ἰσχύος [**A** -χυρός] (21 *a*)
24. 2. πρὸς Ἰωὰβ ἄρχοντα τῆς ἰ. (13)
— 4. οἱ ἄρχοντες τῆς ἰ. (13)
III Ki. 19. 8. ἐπορεύθη ἐν τῇ ἰσχύϊ τῆς βρώσ. (16)
IV Ki. 5. 1. ὁ ἀνὴρ ἦν δυνατὸς ἰσχύϊ λελεπρωμ. (13)
15. 20. ἐπὶ πᾶν δυνατὸν ἰσχύϊ [**A** ἐν ἰ.] (13)
IV Ki. 17. 36. ἐν ἰ. μεγάλῃ καὶ ἐν βραχίονι ὑψηλῷ (16)
19. 3. ἰσχὺς οὐκ ἔστι τῇ τικτούσῃ (16)
23. 25. ἐπέστρεψε πρὸς κ. . . . ἐν ὅλῃ ἰσχύϊ αὐ. (17)
24. 14. τοὺς δυνατοὺς ἰσχύϊ (13)
I Ch. 5. 2. Ἰούδας δυνατὸς ἰσχύϊ (30 *a*)
12. 21. δυνατοὶ ἰσχύος πάντες (13)
— 25. δυνατοὶ ἰσχύος εἰς παράταξιν (13)
— 28. δυνατὸς ἰσχύϊ (13)
— 30. δυνατοὶ ἰσχύϊ (13)
16. 27. ἰσχὺς καὶ καύχημα ἐν τόπῳ αὐτοῦ (21 *b*)
— 28. δότε τῷ κυρίῳ δόξαν καὶ ἰσχύν (21 *b*)
26. 7. **A** υἱοὶ δυνατοὶ ἰσχύϊ [**B** *om.*] (30 *b*)
29. 11. ἡ νίκη καὶ ἡ ἰ. (9)
— 12. ἐν χειρί σου ἰσχὺς καὶ δυναστεία (16)
II Ch. 3. 17. τὸ ὄνομα τοῦ ἐξ ἀριστερῶν Ἰσχύς +
6. 41. ἡ κιβωτὸς τῆς ἰ. σου (21 *b*)
13. 20. οὐκ ἔσχεν ἰσχὺν Ἱεροβοάμ (16)
20. 6. ἐν τῇ χειρί σου ἰσχὺς δυναστείας (16)
— 12. οὐκ ἔστιν ἡμῖν ἰ. τοῦ ἀντιστῆναι (16)
25. 6. ἑκατὸν χιλιάδας δυνατοὺς ἰσχύϊ (13)
26. 13. οἱ ποιοῦντες πόλ. ἐν δυνάμει ἰσχύος (13)
28. 6. ἀνδρῶν δυνατῶν ἰσχύϊ (30 *b*)
35. 19. ἐπέστρεψε πρὸς κ. . . . ἐν ὅλῃ τῇ [**A** *om.*] ἰ. αὐ. –
I Es. 3. 17. ὁ εἴπας περὶ τῆς ἰ. τοῦ οἴνου
4. 1. ὁ εἴπας [**A** -πὼν] περὶ τῆς ἰ. τοῦ βασ.
— 40. αὕτη [? αὐτῇ] ἡ ἰ. καὶ τὸ βασίλειον
8. 52. ἰ. τοῦ κυρίου ἡμῶν
— 95. ἡμεῖς μετὰ σοῦ ἰσχὺν ποιεῖν
Ne. 4. 10 (4). συνετρίβη ἡ ἰ. τῶν ἐχθρῶν (16)
8. 10. ἐστὶν ἰσχὺς ἡμῶν (21 *c*)
To. 11. 16. **S** διαβαίνοντα αὐτὸν πάσῃ τῇ ἰ. αὐ.
13. 6. **A B** δεικνύω τὴν ἰ.
14. 7. **S** ἐν ἀληθείᾳ καὶ ὅλῃ τῇ ἰ. αὐ.
Ju. 2. 5. ἄνδρας πεποιθότας ἐν ἰσχύϊ αὐτῶν
5. 3. ἐν τίνι τὸ κράτος αὐτῶν καὶ ἡ ἰ. αὐτῶν
— 15. πάντας τοὺς Ἐ. ἐξωλέθρευσαν ἐν τῇ ἰ. αὐ.
9. 8. σὺ ῥάξον [**S** σύνρ.] αὐτῶν τὴν ἰ.
11. 7. διὰ τῆς ἰ. σου ζήσονται
13. 8. ἐπάταξεν . . . ἐν τῇ ἰ. αὐτῆς
— 11. ποιῆσαι ἔτι ἰσχὺν ἐν Ἰσραήλ
— 19. μνημονευόντων ἰσχὺν θεοῦ
16. 13. θαυμαστὸς ἐν ἰσχύϊ
Es. 4. 17. πᾶς Ἰσρ. ἐκέκραξεν ἐξ ἰσχύος αὐτῶν
10. 2. καὶ τὴν ἰ. αὐτοῦ καὶ ἀνδραγαθίαν (27 *a*)
Jb. 4. 2. ἰσχὺν δὲ ῥημάτων σου τίς ὑποίσει †
5. 5. ἐκσιφωνισθείη αὐτῶν ἡ ἰσχύς (13)
6. 11. τίς γάρ μου ἡ [**S**^{1} *om.*] ἰ. (16)
— 12. μὴ ἰσχὺς λίθων ἡ ἰ. μου (16, 16)
— 22. ἢ τῆς παρ᾽ ὑμῶν ἰ. ἐπιδέομαι (16)
— 25. οὐ γὰρ . . . ἰσχὺν αἰτοῦμαι †
9. 19. **A S** ἰσχύϊ κρατεῖ [**B** ἰσχύει κράτει ?] (16)
12. 16. παρ᾽ αὐτῷ κράτος καὶ ἰσχύς (26)
16. 6 (5). εἴη δὲ ἰ. ἐν τῷ στόματί μου (29)
19. 29. **A** οὐδαμοῦ αὐτῶν ἡ ἰ. ἐστιν [**BS** *al.*] †
23. 6. ἐν [**A** εἰ] πολλῇ ἰ. ἐπελεύσεταί μοι (16)
26. 2. οὐχ ᾧ πολλὴ ἰσχύς [**A** ἡ ἰ.] (16)
— 12. ἰσχύϊ κατέπαυσε τὴν θάλ. (16)
30. 2. ἰσχὺς χειρῶν αὐτῶν ἵνα τί μοι (16)
— 18. ἐν [**A** *om.*] πολλῇ ἰ. ἐπελάβετο (16)
31. 39. εἰ δὲ καὶ τὴν ἰ. αὐ. ἔφαγον (16)
36. 5. κύριος . . . δυνατὸς ἰσχύϊ καρδίας (16)
— 19. π. τοὺς κραταιοῦντας [**S**^{1} -τοῦντας] ἰσχύν (16)
— 22. κραταιώσει [**A** κρ. σε, **S** -αιῶς] ἐν ἰσχύϊ αὐ. (16)
37. 23. ἄλλον ὅμοιον [**A** ὅ. αὐτῷ καὶ] τῇ ἰ. αὐτοῦ (16)
39. 11. **A S R** πολλὴ ἡ [**B** *om.*] ἰ. αὐτοῦ (16)
— 21. ἐκπορεύεται δὲ εἰς πεδίον ἐν ἰσχύϊ (16)
40. 11 (16). **A S R** ἡ [**B** *om.*] ἰ. αὐ. ἐπ᾽ ὀσφύϊ [**A** ἐπὶ ὀσφύος αὐτοῦ] (16)
Ps. 17 (18). 1. **AS** ἀγαπήσω σε, κύριε ἡ [**B** *om.*] ἰ. μου (12 *b*)
21 (22). 15. ἐξηράνθη ὡσεὶ ὄστρακον ἡ ἰ. μου (16)
28 (29). 4. φωνὴ κυρίου ἐν ἰσχύϊ (16)
— 11. κύριος ἰσχὺν τῷ λαῷ αὐτοῦ δώσει (21 *b*)
30 (31). 10. ἠσθένησεν ἐν πτωχείᾳ ἡ ἰ. μου (16)
32 (33). 16. οὐ σωθήσεται ἐν πλήθει ἰσχύος αὐ. (16)
37 (38). 10. ἐγκατέλιπέ με ἡ ἰ. μου (16)
38 (39). 10. ἀπὸ τῆς ἰ. τῆς χειρός σου (25)
60 (61). 3. πύργους ἰσχύος ἀπὸ προσώπου ἐχθροῦ (21 *b*)
64 (65). 6. ἑτοιμάζων ὄρη ἐν τῇ ἰ. σου [**S** αὐτοῦ] (16)
70 (71). 9. ἐν τῷ ἐκλείπειν τὴν ἰ. [**S** ψυχήν] μου (16)
77 (78). 61. παρέδωκεν εἰς αἰχμαλωσίαν τὴν ἰ. αὐ. (21 *b*)
101 (102). 23. ἐν ὁδῷ ἰσχύος αὐτοῦ (16)

● = correction on page xxvi

Ps. 102 (103). 20. δυνατοὶ ἰσχύϊ ποιοῦντες τὸν λόγ. αὐ. (16)
110 (111). 6. ἰσχὺν ἔργων αὐτοῦ ἀνήγγειλε (16)
117 (118). 14. ἰσχύς μου καὶ ὕμνησίς μου ὁ κ. (21 *b*)
146 (147). 5. μεγάλη ἡ ἰ. αὐτοῦ (16)
Pr. 5. 10. ἵνα μὴ [A *om.*] πλησθῶσιν ἀλλότριοι σῆς ἰ. (16)
8. 14. ἐμὴ φρόνησις ἐμὴ δὲ ἰσχύς (5 *b*)
14. 4. οὗ δὲ πολλὰ γενήμ. φανερὰ βοὸς ἰσχύς (16)
— 26. ἐν φόβῳ κυρίου ἐλπὶς ἰσχύος (21 *b*)
15. 5. ἐν πλεοναζούσῃ δικαιοσύνῃ ἰ. πολλή (14 *b*)
— 6. A B S^2 οἴκοις δικαίων ἰσχὺς πολλή (14 *b*)
18. 10. ἐκ μεγαλωσύνης ἰσχύος ὄνομα κυρίου (21 *b*)
24. 60 (30. 25). οἱ μύρμηκες οἷς μὴ ἔστιν ἰσχύς (21 *a*)
27. 24. οὐ τὸν αἰῶνα ἀνδρὶ . . ἰσχύς (14 *b* ?)
31. 25. ἰσχὺν καὶ εὐπρέπειαν ἐνεδύσατο (21 *b*)
Ec. 4. 1. ἀπὸ χειρὸς συκοφαντούντων αὐτοὺς ἰσχύς [B^2 -ύν] (16)
Ca. 2. 7. ἐν ἰσχύσεσι [AS ταῖς ἰ.] τοῦ ἀγροῦ †
3. 5. ἐν ταῖς ἰ. τοῦ ἀγροῦ †
5. 8 : 8. 4. ὥρκισα ὑμᾶς . . . ἐν ταῖς ἰ. τοῦ ἀγροῦ –
Wi. 2. 11. ἔστω δὲ ἡμῶν ἡ ἰ. νόμος τῆς δικαιοσ.
10. 2. ἔδωκέ τε αὐτῷ ἰσχύν
12. 16. ἡ γὰρ ἰ. σου δικαιοσύνης ἀρχή
— 17. ἰσχὺν [S^1 -ὺς] γὰρ ἐνδείκνυσαι [S^1 -ύς]
— 18. σὺ δὲ δεσπόζων ἰσχύος
16. 16. ἐν ἰσχύϊ βραχίονός σου
18. 22. ἐνίκησε δὲ . . . οὐκ ἰσχύϊ τοῦ σώματος
Si. 3. 12. μὴ λυπήσῃς αὐτὸν ἐν τῇ ζωῇ [S^1 πάσῃ ἰ.] σου
— 13. μὴ ἀτιμάσῃς αὐτὸν ἐν πάσῃ ἰ. σου
5. 2. ABS^2 μὴ ἐξακολούθει . . . τῇ ἰ. σου
6. 21. S^2 ἰσχὺς [S^2 -ύος, A B -χυρὸς] ἔσται ἐπ' αὐτῷ
— 29. ἔσονταί σοι . . . εἰς σκέπην ἰσχύος
9. 2. ἐπιβῆναι αὐτὴν ἐπὶ τὴν ἰ. σου
— 14. κατὰ τὴν ἰ. σου στόχασαι
11. 12. A B S^1 ὑστερῶν ἰσχύϊ [S^2 ἐν ἰ., R -ύει]
14. 13. κατὰ τὴν ἰ. σου ἔκτεινον
16. 7. οἳ ἀπέστησαν τῇ ἰ. αὐτῶν
17. 3. καθ' ἑαυτοὺς ἐνέδυσεν αὐτοὺς ἰσχύν
19. 28. ἐὰν ὑπὸ ἐλαττώμ. ἰσχύος κωλυθῇ [S -ῇς]
28. 10. κατὰ τὴν ἰ. τοῦ ἀνθρώπου
31 (34). 16. καὶ στήριγμα ἰσχύος
34 (31). 30. ἐλαττῶν ἰσχὺν καὶ προσποιῶν τραύμ.
38. 5. εἰς τὸ γνωσθῆναι τὴν ἰ. αὐτοῦ
— 18. λύπη καρδίας κάμψει ἰσχύν
— 30. πρὸ ποδῶν κάμψει ἰσχὺν αὐτοῦ
39. 28. ἐν καιρῷ συντελείας ἰσχὺν ἐκχέουσι
40. 26. χρήματα καὶ ἰσχύς
41. 2. ἀνθρώπῳ . . . ἐλασσουμένῳ ἰσχύϊ [A S ἐν ἰ.]
43. 30. πληθύνατε ἐν ἰσχύϊ
44. 6. ἄνδρες πλούσ. κεχορηγημ. ἰσχύϊ [A S ἐν ἰ.]
45. 8. ἐστερέωσεν . . . σκεύεσιν [S ἐν σκ.] ἰσχύος
— 12. καύχημα τιμῆς ἔργον ἰσχύος
46. 9. ἔδωκεν ὁ κύριος τῷ Χαλὲβ ἰσχύν
Ho. 6. 10 (9). καὶ ἡ ἰ. σου ἀνδρὸς πειρατοῦ †
7. 9. κατέφαγον ἀλλότριοι τὴν ἰ. αὐτοῦ (16)
8. 7. δράγμα οὐκ ἔχον ἰσχύν (24)
Am. 2. 14. A^2 B οὐ μὴ κρατήσῃ τῆς ἰ. αὐ. (16)
3. 11. κατάξει ἐκ σοῦ ἰσχύν σου (21 *b*)
5. 9. ὁ διαιρῶν συντριμμὸν ἐπὶ ἰσχύν (21 *a*)
6. 14 (13). οὐκ ἐν τῇ ἰ. ἡμ. ἔσχομεν κέρατα (12 *c*)
Mi. 3. 8. ἐὰν μὴ ἐγὼ ἐμπλήσω ἰσχύν (16)
4. 13. ἀναθήσεις . . . τὴν ἰ. αὐτῶν τῷ κ. (13)
5. 4 (3). ποιμανεῖ τὸ ποίμνιον αὐ. ἐν ἰσχύϊ κ. (21 *b*)
7. 16. καταισχυνθήσονται καὶ [A *om.*] ἐκ π. τῆς ἰ. αὐ. (5 *b*)
Jl. 2. 22. ἔδωκαν τὴν ἰ. αὐτῶν (13)
Na. 1. 3. καὶ μεγάλη ἡ ἰ. αὐτοῦ (16)
2. 1 (2). ἄνδρισαι τῇ ἰσχύϊ [S^1 τῆς ἰ.] σφόδρα (16)
3. 9. Αἰθιοπία ἰσχὺς [A S^2 ἡ ἰ.] αὐ. (22)
Hb. 1. 11. αὕτη ἡ ἰσχὺς τῷ θεῷ μου (16)
3. 4. ἔθετο ἀγάπησιν κραταιὰν ἰσχύος αὐ. (21 *b*)
— 16. ἐταράχθη ἡ ἕξις [S^3 ἰσχύς] μου –
Za. 4. 6. οὐκ ἐν δυνάμει μεγ. οὐδὲ ἐν ἰσχύϊ (16)
14. 14. συνάξει τὴν ἰ. πάντων τῶν λαῶν (13)
Is. 1. 31. ἔσται ἡ ἰ. αὐ. ὡς καλάμη στιππύου (14 *a*)
2. 10, 19, 21. ἀπὸ τῆς δόξης τῆς ἰ. αὐτοῦ (4)
3. 1. ἀφελεῖ . . . ἰσχὺν ἄρτου καὶ ἰσχὺν ὕδατος (19, 19)
10. 13. ἐν [A S *om.*] τῇ ἰ. ποιήσω . . . τὴν ἰ. αὐτῶν προνομεύσω (16, 23 *a*, 23 *b**)
— 33. συνταράσσει τοὺς ἐνδόξ. μετὰ ἰσχύος (18)
11. 2. πνεῦμα βουλῆς καὶ ἰσχύος (5 *b*)
23. 4. ἡ δὲ ἰ. τῆς θαλάσσης εἶπεν (21 *c*)
Is. 23. 11. ἀπολέσαι αὐτῆς τὴν ἰ. (21 *c*)
28. 6. B^2R ἰσχὺν κωλυόντων [AB^1S -ύων] ἀνελεῖν (5 *b*)
29. 2. ἔσται αὐ. ἡ ἰ. καὶ ὁ πλοῦτος ἐμοί †
30. 15. ματαία ἡ [S^1 *om.*] ἰ. ὑμῶν ἐγενήθη (5 *b*)
33. 11. ματαία ἔσται ἡ ἰ. τοῦ πνεύματος ὑμῶν †
— 13. γνώσονται οἱ ἐγγίζοντες τὴν ἰ. μου (5 *b*)
37. 3. ἰσχὺν δὲ οὐκ ἔχει τοῦ τεκεῖν (16)
40. 9. ὕψωσον τῇ ἰ. τὴν φωνήν σου (16)
— 10. κύριος μετὰ ἰσχύος ἔρχεται (12 *a*)
— 26. ἐν κράτει ἰσχύος αὐτοῦ [A S *om.*] (16)
— 29. διδοὺς τοῖς πεινῶσιν ἰσχύν (16)
— 31. οἱ δὲ ὑπομέν. τὸν θ. ἀλλάξουσιν ἰσχύν (16)
41. 1. οἱ γὰρ ἄρχοντες ἀλλάξ. [S ἀλαλάξ.] ἰσχύν (16)
42. 13. βοήσεται ἐπὶ τοὺς ἐχθρ. αὐ. μετὰ ἰσχύος (5 *a*)
44. 12. ἐν τῷ βραχίονι τῆς ἰ. αὐτοῦ (16)
45. 1. ἰσχὺν βασιλέων διαρρήξω (20)
47. 5. οὐκέτι μὴ κληθήσῃ ἰ. βασιλείας (5 *c*)
— 9. ἐν τῇ ἰ. τῶν ἐπαοιδῶν σου σφόδρα (22)
49. 4. εἰς οὐδὲν ἔδωκα τὴν ἰ. μου (16)
— 5. ὁ θεός μου ἔσται μοι [A S μου] ἰ. (21 *b*)
— 26. ὁ . . . ἀντιλαμβανόμενος ἰσχύος Ἰακώβ (1)
51. 9. ἔνδυσαι τὴν ἰ. τοῦ βραχίονός σου (21 *b*)
52. 1. ἔνδυσαι τὴν ἰ. σου (21 *b*)
58. 1. ἀναβόησον ἐν ἰσχύϊ (7)
61. 6. ἰσχὺν ἐθνῶν κατέδεσθε (13)
62. 8. ὤμοσε κ. . . . κατὰ τῆς ἰ. [S δόξης] τοῦ βραχ. αὐ. (21 *b*)
63. 1. ὡραῖος ἐν στολῇ βίᾳ μετὰ ἰσχύος (16)
— 15. ποῦ ἐστιν ὁ ζῆλός σου καὶ ἡ ἰ. σου (5 *b*)
Je. 9. 23 (22). μὴ καυχάσθω ὁ ἰσχυρὸς ἐν τῇ ἰ. αὐτοῦ (5 *b*)
10. 12. κύριος ὁ ποιήσας τὴν γῆν ἐν τῇ ἰ. αὐτοῦ (16)
15. 10. ἡ ἰ. μου ἐξέλιπεν †
— 12 (13). περιβόλαιον χαλκοῦν ἡ ἰ. μου (13)
16. 19. κύριε, σὺ [A *om.*] ἰ. μου (21 *b*)
20. 5. δώσω τὴν πᾶσαν [A π. τ.] ἰ. τῆς πόλεως ταύτης (14 *b*)
23. 10. ἡ ἰ. αὐτῶν [A *add.* οὐχ] οὕτως (5 *b*)
28 (51). 15. ποιῶν γῆν ἐν τῇ ἰ. αὐτοῦ (16)
— 53. ἐὰν ὀχυρώσῃ τὰ τείχη ἰσχύϊ αὐ. [AS *al.*] (21 *b*)
29 (49). 16. συνέλαβεν ἰσχὺν βουνοῦ ὑψηλοῦ –
34 (27). 5. ἐποίησα τὴν γῆν ἐν τῇ [S *om.*] ἰ. μου τῇ μεγάλῃ (16)
39 (32). 17. ἐποίησας τὸν οὐρ. . . . [A *add.* ἐν] τῇ ἰ. σου τῇ μεγ. (16)
Ba. 1. 12. δώσει κύριος ἰσχὺν ἡμῖν
3. 14. ποῦ ἐστιν ἰ.
La. 1. 6. ἐπορεύοντο ἐν οὐκ ἰσχύϊ (16)
— 14. ἠσθένησεν ἡ ἰ. μου (16)
Ez. 7. 24. ἀποστρέψω τὸ φρύαγμα τῆς ἰ. αὐτῶν (21 *a*)
19. 11. A ἐγένοντο αὐτῇ ῥάβδος ἰσχύος [B *al.*] (21 *b*)
— 12. ἐξηράνθη ἡ ῥάβδος ἰσχύος αὐτῆς (21 *b*)
— 14. οὐκ ἦν ἐν αὐτῇ ῥάβδος ἰσχύος (21 *b*)
24. 21. βεβηλῶ τὰ ἅγ. μου φρύαγμα ἰσχύος ὑμ. (21 *b*)
— 25. ὅταν λαμβάνω τὴν ἰ. παρ' αὐτῶν (21 *c*)
26. 11. τὴν ὑπόστασιν τῆς ἰ. σου (21 *b*)
27. 12. ἀπὸ πλήθους πάσης ἰ. σου (10)
30. 6. καταβήσεται ἡ ὕβρις τῆς ἰ. αὐτῆς (21 *b*)
— 15. ἐκχεῶ τὸν θυμόν μου ἐπὶ Σ. τὴν ἰ. Αἰγ. (21 *c*)
— 18. ἀπολεῖται ἐκεῖ ἡ ὕβρις ἰσχύος [A τῆς ἰ.] αὐ. (21 *b*)
— 21. τοῦ δοθῆναι ἰσχύν (28)
31. 18. καὶ [A *add.* πᾶν] τὸ πλῆθος τῆς ἰ. αὐ. (11 ?)
32. 12. καταβαλῶ τὴν ἰ. σου . . . συντριβήσ. π. ἡ ἰ. αὐ. (11, 11)
— 16. ἐπὶ π. τὴν ἰ. αὐ. θρηνήσουσιν αὐτήν (11)
— 18. θρήνησον ἐπὶ τὴν ἰ. [A γῆν] Αἰγ. (11)
— 19 (20). κοιμηθήσεται πᾶσα ἡ ἰ. αὐτοῦ (11)
— 26. Μοσὸχ καὶ Θοβὲλ καὶ πᾶσα ἡ ἰ. αὐτῶν (11)
— 29. οἱ δόντες τὴν ἰ. αὐ. (5 *b*)
— 30. σὺν τῷ φόβῳ αὐ. καὶ τῇ ἰ. αὐ. (5 *b*)
— 31. παρακληθήσεται ἐπὶ π. τὴν ἰ. [A π. τῇ ἰ.] αὐ. (11)
33. 28. ἀπολεῖται ἡ ὕβρις τῆς ἰ. αὐτῆς (21 *b*)
34. 27. ἡ γῆ δώσει τὴν ἰ. [A τὸν καρπὸν] αὐτῆς (15)
Da. LXX. 2. 37. τὴν βασιλείαν καὶ τὴν ἰ. (14 *c* ? 27 *b* ?)
3. (44). ἡ ἰ. αὐτῶν συντριβείη
4. 10. ἄγγελος ἀπεστάλη ἐν ἰσχύϊ –
— 18. ἡ ἰ. τῆς γῆς καὶ τῶν ἐθνῶν –
— 19. ὑψώθη σου ἡ καρδία . . . ἰσχύϊ (27 *d* ?)
— 20. ἄγγελος ἐν ἰσχύϊ ἀπεστάλη –
— 27. ἐν ἰσχύϊ κράτους μου (27 *b*)
Da. LXX. 4. 29. κρατήσει . . . τῆς ἰ. σου –
— 34. οὐκ ἔχουσιν ἐν ἑαυτοῖς ἰσχύν –
7. 7. ὁ φόβος αὐτοῦ ὑπερφέρων ἰσχύϊ (27 *c*)
8. 7. οὐκέτι ἦν ἰσχὺς ἐν τῷ κριῷ (16)
— 22. οὐ κατὰ τὴν ἰ. αὐτῶν (16)
— 24. στερεωθήσεται ἡ ἰ. αὐ. καὶ οὐκ ἐν τῇ ἰ. αὐ. (16, 16)
10. 8. οὐ κατελείφθη ἐν ἐμοὶ ἰσχύς (16)
— 16. οὐκ ἦν ἐπ' ἐμοὶ ἰσχύς (16)
— 17. οὐκ ἔστιν ἐν ἐμοὶ ἰσχύς (16)
11. 6. ὁ βραχίων αὐτοῦ οὐ στήσει ισχύν (16 ?)
— 7. ἥξει . . . ἐν ἰσχύϊ αὐ. βασιλεὺς βορρᾶ (21 *c*)
— 15. οὐκ ἔσται αὐτῷ ἰσχύς (16)
— 25. ἐγερθήσεται ἡ ἰ. αὐτοῦ (16)
— 34. συνάξουσιν ἰ. βραχεῖαν †
Da. TH. 1. 4. οἷς ἐστιν ἰσχὺς ἐν αὐτοῖς (16)
2. 20. A ἡ σύνεσις καὶ ἡ ἰ. [B *om.* καὶ ἡ ἰ.] αὐ. ἐστι (5 *b*)
3. 4. ὁ κῆρυξ ἐβόα ἐν ἰσχύϊ (13)
— 20. ἄνδρας ἰσχυροὺς ἰσχύϊ εἶπε (13)
— (44). ἡ ἰ. αὐτῶν συντριβείη
4. 11. καὶ ἐφώνησεν ἐν ἰσχύϊ (13)
— 27. ἐν τῷ κράτει τῆς ἰ. μου (14 *c*)
5. 7. ἐβόησεν ὁ βασ. ἐν ἰσχύϊ (13)
8. 6. ἐν ὁρμῇ τῆς ἰ. αὐτοῦ (16)
— 7. οὐκ ἦν ἰσχὺς τῷ κριῷ (16)
— 22. καὶ οὐκ ἐν τῇ ἰ. αὐτῶν [A -οῦ] (16)
— 24. καὶ κραταιὰ ἡ ἰ. αὐτοῦ (16)
— 24. A καὶ οὐκ ἐν τῇ ἰ. αὐτοῦ (16)
10. 8. οὐχ ὑπελείφθη ἐν ἐμοὶ ἰσχύς (16)
— 8. οὐκ ἐκράτησα ἰσχύος (16)
— 16. καὶ οὐκ ἔσχον ἰσχύν (16)
— 17. οὐ στήσεται ἐν ἐμοὶ ἰσχύς (16)
11. 1. ἔστην εἰς κράτος καὶ ἰσχύν (21 *c*)
— 6. οὐ κρατήσει ἰσχύος βραχίονος (16)
— 10. ἕως τῆς ἰ. αὐτοῦ (21 *c*)
— 15. οὐκ ἔσται ἰσχὺς τοῦ στῆναι (16)
— 17. εἰσελθεῖν ἐν ἰσχύϊ πάσης τῆς βασ. αὐ. (27 *a*)
— 19. εἰς τὴν ἰ. [A ἀρχὴν] τῆς γῆς αὐτοῦ (21 *c*)
— 25. ἐξεγερθήσεται ἡ ἰ. αὐτοῦ (16)
I Ma. 1. 58. ἐν ἰσχύϊ αὐτῶν ἐποίουν
2. 46. ὅσα εὗρον . . . ἐν ἰσχύϊ
3. 19. S R ἐκ τοῦ οὐρανοῦ ἡ [A *om.*] ἰ.
— 35. ἐξᾶραι τὴν ἰ. Ἰσραήλ
4. 32. τῆξον θράσος ἰσχύος αὐτῶν
6. 47. καὶ ἴδον τὴν ἰ. τῆς βασιλείας
8. 1. S R εἰσὶ δυνατοὶ ἰσχύϊ [A ἐν ἰ.]
— 2. εἰσὶ δυνατοὶ ἰσχύϊ
10. 19. S R ἀνὴρ δυνατὸς [A ἀγαθὸς] ἰσχύϊ
11. 44. ἄνδρας τρισχιλίους δυνατοὺς ἰσχύϊ

[**Aq.** Ge. 49. 3 : Jb. 3. 17 : 23. 6 : Ps. 27 (28). 8 : 32 (33). 16 : 61 (62). 12 : Pr. 20. 29 : Je. 15. 13 : 46 (26). 22 : 48 (31). 17.]
[**Sm.** Dt. 21. 17 : Jd. 6. 12 : Jb. 3. 17 : 9. 19 : 37. 6 : Ps. 27 (28). 7 : 30 (31). 11 : 32 (33). 16, 17 : 59 (60). 9 : 67 (68). 29 : 73 (74). 13 : 76 (77). 15 : 85 (86). 16 : 89 (90). 11 : 98 (99). 4 : 101 (102). 24 : 109 (110). 3 : Pr. 14. 4 : 18. 11 : 20. 29 : 24. 5 : 31. 3 : Is. 40. 26 : 45. 24 : 63. 1 : Je. 15. 13 : 46 (26). 22 : 48 (31). 17 : 49 (30). 3 : Ez. 32. 30 : Mi. 3. 8.]
[**Th.** Ge. 49. 3 : Jd. 6. 12 : Jb. 3. 17 : 9. 19 : 30. 2 : 36. 5 : Ps. 48 (49). 11 : Pr. 12. 4 : 14. 4 : 20. 29 : Is. 28. 29 : 40. 26 : 60. 5 : Je. 46 (26). 22 : Ez. 31. 18 : Da. 2. 20† : 8. 24† : 10. 16 : 11. 6, 10 : Mi. 2. 1.]
[**Al.** Le. 26. 19 : Dt. 6. 5 : 33. 11 : Jd. 5. 29 : Ps. 42 (43). 2 : 131 (132). 8 : Pr. 24. 5 : Hb. 3. 19.]
[**Quint.** Ps. 27 (28). 8 : 28 (29). 1 : 32 (33). 16.]
[**Sext.** Ps. 8. 3 : 27 (28). 8 : 28 (29). 1.]

ἴσως. (1) אוּלַי (2) אַךְ (3) הֵן

Ge. 32. 20 (21). ἴ. γὰρ προσδέξεται τὸ πρόσωπόν μου (1)
I Ki. 25. 21. ἴσως εἰς ἄδικον πεφύλακα (2)
Je. 5. 4. ἴ. πτωχοί εἰσι (2)
33 (26). 3. ἴ. ἀκούσονται (1)
43 (36). 3. ἴ. ἀκούσεται ὁ οἶκος Ἰ. πάντα τὰ κακά (1)
— 7. ἴ. πεσεῖται ἔλεος αὐ. κατὰ πρόσωπον κ. (1)
Da. TH. 4. 24. ἴ. ἔσται μακρόθυμος . . . ὁ θεός (3)
IV Ma. 1. 5. A S^1 ἴ. εἴποι ἄν τις [S^2R εἴποιεν ἄν τινες]
7. 17. ἴ. δ' ἂν εἴποιέν τινες
16. 5. A R ἴ. ἂν ταῦτα οὕτως [S *om.*] εἶπεν
[**Sm.** Ps. 72 (73). 13 : 138 (139). 11 : Jn. 2. 5.]

ἰταμία. (1) זָדוֹן (2) שׁוֹבֵב

Je. 29 (49). 16. ἰ. καρδίας σου κατέλυσε τρυμαλιάς (1)
30 (49). 4. θύγατερ [A S -τηρ] ἰταμίας ἡ πεποιθυῖα (2)

ἰταμός. (1) אַכְזָרִי

Je. 6. 23. ἰ. ἐστι καὶ οὐκ ἐλεήσει (1)
27 (50). 42. ἰ. ἐστι καὶ οὐ μὴ ἐλεήσῃ (1)
[Sm. Ez. 2. 6.]
[Th. Is. 56. 11.]

ἰτέα. (1) עֲרָבָה

Le. 23. 40. λήψεσθε . . . ἰτέας καὶ ἄγνου κλάδους (1)
Ps. 136 (137). 2. ἐπὶ ταῖς ἰ. ἐν μέσῳ αὐτῆς (1)
Is. 44. 4. ὡς ἰ. ἐπὶ παραρρέον ὕδωρ (1)
[Aq. Le. 23. 40: Jb. 40. 17 (22).]
[Sm., Th. Le. 23. 40.]

ἰχθυακή.

[Aq., Sm., Th. Ze. 1. 10.]

ἰχθυηρός (-θυρός). (1) דָּג

Ne. 3. 3. τὴν πύλην τὴν ἰ. ᾠκοδόμησαν (1)
12. 39. R ἐπὶ τὴν [ABS^1 *om.*] πύλην [AS *add.* τὴν] ἰχθυράν [A B S -θυηρ.] (1)

ἰχθυϊκός. (1) דָּג

II Ch. 33. 14. AB^{2}R τὴν εἴσοδον τὴν διὰ τῆς πύλης τῆς ἰ. (1)

ἰχθυοφόρος.

[Sm. Jb. 40. 26 (31).]

ἰχθύς. (1) *a.* דָּג *b.* דָּגָה *c.* דָּאג

Ge. 1. 26. ἀρχέτωσαν τῶν ἰ. τῆς θαλάσσης (1 *b*)
— 28. ἄρχετε τῶν ἰ. τῆς θαλάσσης (1 *b*)
9. 2. πάντας τοὺς ἰ. τῆς θαλάσσης (1 *a*)
Ex. 7. 18. οἱ ἰ. οἱ ἐν τῷ ποταμῷ τελευτήσουσι (1 *b*)
— 21. οἱ ἰ. οἱ ἐν τῷ ποταμῷ ἐτελεύτησαν (1 *b*)
Nu. 11. 5. ἐμνήσθημεν τοὺς ἰ. (1 *b*)
De. 4. 18. ὁμοίωμα παντὸς ἰχθύος (1 *b*)
III Ki. 4. 33 (5. 13). ἐλάλησε . . . περὶ τῶν ἰ. (1 *a*)
Ne. 13. 16. ἐκάθισαν ἐν αὐτῇ φέροντες ἰχθύν (1 *c*)
To. 6. 2. ἀνεπήδησεν ἰχθὺς ἀπὸ τοῦ ποταμοῦ [S *al.*]
— 3. ἐπιλαβοῦ τοῦ ἰ. [S *al.*]
— 3. ἐκράτησε τὸν ἰ. τὸ παιδάριον [S *al.*]
— 4. ἀνάτεμε τὸν ἰ. [S *al.*]
— 5. S ἀνασχίσας τὸ παιδάριον τὸν ἰ. [A B *al.*]
— 5. τὸν δὲ ἰ. ὀπτήσαντες ἔφαγον [S *al.*]
To. 6. 6. τὸ ἧπαρ καὶ ἡ χολὴ τοῦ ἰ. [S *al.*]
— 7. S τὸ ἧπαρ τοῦ ἰ. [A B *om.* τ. ἰ.]
— 16. ἐπιθήσεις ἀπὸ . . . τοῦ ἥπατος τοῦ ἰ. [S *al.*]
8. 2. ἐπέθηκε τὴν καρδίαν τοῦ ἰ. [S *al.*]
— 3. S ἡ ὀσμὴ τοῦ ἰ. ἐκώλυσεν [A B *al.*]
11. 4. λάβε δὲ παρὰ χεῖρα τὴν χολὴν τοῦ ἰ. [S *al.*]
— 7. S ἔμπλασον τὴν χολὴν τοῦ ἰ. [A B *al.*]
— 11. S ἡ χολὴ τοῦ ἰ. ἐν τῇ χειρὶ αὐ. [A B *al.*]
Jb. 12. 8. ἐξηγήσονταί σοι οἱ ἰ. τῆς θαλ. (1 *a*)
Ps. 8. 8. καὶ τοὺς ἰ. τῆς θαλάσσης (1 *a*)
104 (105). 29. ἀπέκτεινε τοὺς ἰ. αὐτῶν (1 *b*)
Ec. 9. 12. ὡς οἱ ἰ. οἱ θηρευόμενοι (1 *a*)
Ho. 4. 3. οἱ ἰ. τῆς θαλάσσης ἐκλείψουσιν (1 *a*)
Hb. 1. 14. ποιήσεις τοὺς ἀνθρ. ὡς τοὺς ἰ. τῆς θαλ. (1 *a*)
Ze. 1. 3. ἐκλιπέτω τὰ πετεινὰ . . . καὶ οἱ ἰ. τῆς θαλ. (1 *a*)
Is. 50. 2. ξηρανθήσονται οἱ ἰ. αὐτῶν (1 *b*)
Ez. 29. 4. προσκολλήσω τοὺς ἰ. τοῦ ποταμοῦ σου (1 *b*)
— 4 (A), 5. καὶ πάντας τοὺς ἰ. τοῦ ποταμοῦ σου (1 *b*)
38. 20. σεισθήσονται . . . οἱ ἰ. τῆς θαλάσσης (1 *a*)
47. 9. ἔσται ἐκεῖ ἰ. πολὺς σφόδρα (1 *b*)
— 10. οἱ ἰ. αὐτῆς ὡς οἱ ἰ. τῆς θαλάσσης τῆς μεγ. [A *al.*] (1 *b*, 1 *b*)
Da. LXX. 2. 38. ἀπὸ ἀνθρώπων . . . καὶ τῶν ἰ. τῆς θαλάσσης –
Da. TH. 2. 38. A R καὶ ἰχθύας τῆς θαλ. –
[Aq. Ge. 1. 26, 28.]
[Sm. Ge. 1. 28.]
[Th. Ge. 1. 28: Jb. 12. 8.]

ἰχνεύειν. (1) חָקַר

Pr. 23. 30. οὐ τῶν ἰχνευόντων ποῦ πότοι γίνονται (1)
Si. 51. 15. ἐκ νεότητός μου ἴχνευον αὐτήν

ἰχνευτής.

Si. 14. 22. ἔξελθε ὀπίσω αὐτῆς ὡς ἰχνευτής

ἴχνος. (1) דֶּרֶךְ (2) חֵקֶר (3) כַּף (4) עָקֵב (5) עֶרְוָה (6) פַּעַם (7) פַּרְסָה (8) צַעַד (9) קַרְסֹל

Ge. 42. 9. κατανοῆσαι τὰ ἴ. τῆς χώρας ἥκατε (5)
— 12. A τὰ ἴ. τῆς γῆς ἤλθατε ἰδεῖν (5)
De. 11. 24. οὗ ἐὰν πατήσῃ τὸ ἴ. τοῦ ποδὸς ὑμῶν (3)
28. 35. ἀπὸ ἴχνους τῶν ποδῶν σου (3)
— 65. στάσις τῷ ἴ. τοῦ ποδός σου (3)
Jo. 1. 3. ἐπιβῆτε τῷ ἴ. τῶν ποδῶν ὑμῶν (3)
Jd. 5. 28. A διὰ τί ἐχρόνισαν ἴχνη [B *al.*] (6)
I Ki. 5. 4. ἀμφότερα τὰ ἴ. χειρῶν αὐτοῦ (3)
II Ki. 14. 25. ἀπὸ ἴχνους ποδὸς αὐτοῦ (3)
III Ki. 5. 3 (17). ὑπὸ τὰ ἴ. τῶν ποδῶν αὐτοῦ (3)
18. 44. νεφέλη μικρὰ ὡς ἴχνος ἀνδρός (3)
IV Ki. 9. 35. τὰ ἴ. τῶν χειρῶν (3)
19. 24. ἐξηρήμωσα τῷ ἴ. τοῦ ποδός μου (3)
Ju. 6. 4. τὸ ἴ. τῶν ποδῶν [S τοῦ π.] αὐτῶν
Jb. 9. 26. ἢ καὶ ἔστι ναυσὶν ἴχνος ὁδοῦ †
11. 7. ἢ [A μὴ] ἴχνος κυρίου εὑρήσεις (2)
38. 16. ἐν δὲ ἴχνεσιν ἀβύσσου περιεπάτησας (2)
Ps. 17 (18). 36. οὐκ ἠσθένησαν τὰ ἴ. μου (9)
76 (77). 19. τὰ ἴ. σου οὐ γνωσθήσονται (4)
Pr. 5. 5. τὰ δὲ ἴ. αὐτῆς οὐκ ἐρείδεται (8)
24. 54 (30. 19). ἴχνη ἀετοῦ πετομένου (1)
Wi. 2. 4. παρελεύσ. ὁ βίος ἡμ. ὡς ἴχνη νεφέλης
5. 10. οὐκ ἔστιν ἴχνος εὑρεῖν
Si. 13. 26. ἴχνος καρδίας ἐν ἀγαθοῖς
21. 6. ἐν ἴχνει ἁμαρτωλοῦ
37. 17. ἴχνος ἀλλοιώσεως καρδίας [B^1 S^1 -ία]
42. 19. ἀποκαλύπτων ἴχνη ἀποκρύφων
50. 29. φῶς κυρίου τὸ ἴ. αὐτοῦ
Ez. 32. 13. ἴ. κτηνῶν οὐ μὴ καταπατήσῃ αὐτό (7)
43. 7. ἑώρακας . . . τὸν τόπον τοῦ ἴ. τῶν ποδῶν μου (3)
Da. LXX. 10. 10. ἐπὶ τὰ ἴ. τῶν ποδῶν μου (3)
Bel 18. ταῦτα τὰ ἴ. τίνος ἐστιν
Da. TH. Bel 19. γνῶθι τίνος τὰ ἴ. ταῦτα
— 20. ὁρῶ τὰ ἴ. ἀνδρῶν
[Aq. Ps. 88 (89). 52: Is. 60. 14: Ez. 1. 7 *bis.*]
[Sm. Ps. 48 (49). 6: 55 (56). 7: 88 (89). 52: Ca. 1. 8: Is. 1. 6: 37. 25: 60. 14: Ez. 1. 7.]
[Th. Ps. 88 (89). 52: Is. 1. 6: 60. 14: Da. 10. 10.]
[Al. IV Ki. 4. 34 *bis*: La. 4. 18.]
[Heb. Jb. 13. 27.]
[Quint. Ps. 88 (89). 52.]

ἰχώρ.

Jb. 2. 8. ἵνα τὸν ἰ. ξύῃ [A ἀποξέῃ] –
7. 5. ἀπὸ ἰχῶρος ξύων [A ξέων] +
IV Ma. 9. 20. τοῖς τῶν ἰ. ἐσβέννυτο σταλαγμοῖς
[Aq. Is. 14. 19.]
[Sm. Ez. 32. 6.]

ἰωβήλ.

[Th. Le. 25. 10.]
[Al. Le. 25. 11, 13, 15, 28 *bis*, 30, 50: 27. 17.]

K

κάβος. (1) קַב

IV Ki. 6. 25. τέταρτον τοῦ κ. [A τέσσαρες κ.] κόπρου περιστερῶν (1)

καγχάζειν.

[**Sm.** II Ki. 6. 16.]

καγχλάζειν.

[**Aq.** Jb. 41. 23.]

κἀγώ, *passim.*

κάδης. (1) קֹדֶשׁ

De. 33. 2. σὺν μυριάσι κ. (1)

καδησείμ (-σίμ) (B), **καδησίν** (A). (1) קְדֵשִׁים

IV Ki. 23. 7. καθεῖλε τὸν οἶκον τῶν κ.

[**Th.** Jd. 5. 21.]

κάδιον. (1) כְּלִי

I Ki. 17. 40. ἔθετο αὐτοὺς ἐν τῷ κ. τῷ ποιμενικῷ (1)
— 49. ἐξέτεινε Δ. τὴν χεῖρα αὐτοῦ εἰς τὸ κ. (1)

κάδος. (1) בַּת (2) דְּלִי

II Ch. 2. 10 (9). A καὶ ἐλαίου κάδων εἴκοσι χιλιάδας [B² R *al.*] (1)
Is. 40. 15. πάντα τὰ ἔθνη ὡς σταγὼν ἀπὸ κάδου (2)

καθά. * **καθὰ ἄν**

Ge. 7. 9, 16 : 17. 23 : 19. 8 (*subj.*†, *opt.*†)*† : 21. 1 *bis*, 2, 4 : 24. 51 : 27. 8, 14, 19 : 34. 22 : 40. 22 : 41. 21, 54 : 43. 14†, 17 : 47. 11.
Ex. 9. 12† : 12. 28, 31, 35, 50 : 32. 28 : 34. 4† : 36. 8 (39. 1), 12 (39. 5), 14 (39. 7), 29 (39. 21), 34 (39. 26) : 37. 19 (38. 21), 22 (38. 22) : 39. 11 (32) : 40. 19.
Le. 7. 26 (36) : 8. 13†, 28 (29) : 9. 15† : 16. 34† : 24. 23†.
Nu. 2. 33, 34† : 3. 16† : 4. 37 : 5. 4 : 8. 3†, 20, 22† : 9. 5 : 15. 23, 36 : 16. 40 (17. 5) : 17. 11 (26)† : 18. 18† : 20. 9, 27 : 27. 11, 13, 22 : 31. 7, 31, 41† : 32. 25.
De. 3. 24 : 4. 5 : 6. 19, 25† : 7. 12† : 8. 20 : 10. 5, 9† : 15. 14 : 17. 14 : 26. 14†, 15 : 31. 3, 4†.
Jo. 4. 18 : 7. 25 : 9. 2 (8. 31), 2 (8. 33)† : 13. 14 : 14. 12 : 18. 4 : 23. 5, 14 : 24. 30.
Jd. 1. 20† : 6. 27†.
I Ki. 8. 5, 7*, 20† : 17. 20†.
II Ki. 13. 29.
III Ki. 14. 15† : 20 (21). 11† *bis.*
IV Ki. 1. 7† : 7. 17†, 18† : 15. 9 : 17. 41.
I Es. 4. 52.
Ju. 4. 8 : 7. 16† : 8. 25, 30 : 11. 4, 23 : 12. 9† : 13. 11.
Es. 1. 21 : 2. 1†.
Jb. 24. 20† : 34. 11.
Wi. 5. 10†.
Jn. 3. 3†.
Is. 58. 11†.
Je. 39 (32). 42 : 40 (33). 11† : 51 (44). 17, 30.
Ba. 1. 6† : 2. 2, 28.
Ez. 9. 11†.
I Ma. 10. 37† : 15. 41.
II Ma. 11. 31.

[**Aq.** Ge. 27. 40 : Ex. 2. 14 : 5. 7 : III Ki. 14. 15 : Ps. 32 (33). 22 : Am. 2. 13.]
[**Th.** III Ki. 21. 11.]
[**Al.** Nu. 1. 19 : 2. 34 : 3. 16 : 9. 5 : 36. 10 : Es. 2. 1.]

καθαγιάζειν. (1) נָזַר (2) *a.* קָדַשׁ hi. *b.* קֹדֶשׁ

Le. 8. 9. τὸ πέταλον τὸ χρυσοῦν τὸ καθηγιασμένον ἅγιον (1)
27. 26. οὐ καθαγιάσει αὐτὸ [A *om.*] οὐθείς (2 *a*)
I Ch. 26. 20. ἐπὶ τῶν θησαυρῶν τῶν καθηγιασμ. (2 *b*)
II Ma. 1. 26. διαφύλαξον τὴν μερίδα σου καὶ καθαγίασον
2. 8. ἵνα ὁ τόπος καθαγιασθῇ μεγάλως
15. 18. ὁ περὶ τοῦ καθηγιασμένου ναοῦ φόβος

καθαιρεῖν. (1) דָּכָא pi. (2) הָרַס *a.* qal. *b.* ni. *c.* pi. (3) יָרַד *a.* qal. *b.* hi. *c.* ho. (4) כָּרַת hi. (5) נָסַח ithpe. (6) נָצָה (7) נָתַץ *a.* qal. *b.* pi. *c.* pu. *d.* hoph. (8) נָתַשׁ (9) סוּר hi. (10) פָּרַץ *a.* qal. *b.* pu. (11) רוּד hi.

Ge. 24. 18, 46. καθεῖλε τὴν ὑδρίαν (3 *b*)
27. 40. ἡνίκα ἐὰν καθέλῃς (11)
44. 11. καθεῖλαν ἕκαστος τὸν μάρσιππον αὐτοῦ (3 *b*)
Ex. 23. 24. καθαιρέσει καθελεῖς . . . τὰς στήλας αὐτῶν (2 *c*)
34. 13. τοὺς βωμοὺς αὐτῶν καθελεῖτε (7 *a*)
Le. 11. 35. κλίβανοι . . . καθαιρεθήσονται (7 *d*)
14. 45. καθελοῦσι τὴν οἰκίαν (7 *a*)
Nu. 1. 51. καθελοῦσιν αὐτὴν οἱ Λευῖται (3 *b*)
4. 5. καθελοῦσι τὸ καταπέτασμα τὸ συσκιάζον (3 *b*)
10. 17. καθελοῦσι τὴν σκηνήν (3 *c*)
De. 7. 5. τοὺς βωμοὺς αὐτῶν καθελεῖτε (7 *a*)
28. 52. ἕως ἂν καθαιρεθῶσι τὰ τείχη (3 *a*)
Jo. 8. 29. καθείλοσαν [A -λον] τὸ σῶμα αὐτοῦ (3 *b*)
10. 27. καθεῖλον [A -εν] αὐτοὺς ἀπὸ τῶν ξύλων (3 *b*)
Jd. 2. 2. τὰ θυσιαστήρια αὐτῶν καθελεῖτε [A κατακαύσετε] (7 *a*)
6. 25. καθελεῖς τὸ θυσιαστήριον τοῦ B. (2 *a*)
— 28. καθῄρητο [A κατεσκαμμένον] τὸ θυσιαστήριον (7 *c*)
— 30, 31. καθεῖλε [A κατέσκαψεν] τὸ θυσιαστήριον (7 *a*)
— 32. καθῃρέθη [A κατέσκαψεν] τὸ θυσιαστήριον (7 *a*)
9. 45. καὶ τὴν πόλιν καθεῖλε (7 *a*)
III Ki. 19. 14. τὰ θυσιαστήριά σου καθεῖλαν (2 *a*)
IV Ki. 3. 25. τὰς πόλεις καθεῖλον (2 *a*)
— 25. καταλιπεῖν τοὺς λίθους . . . καθῃρημένους [A καθημένους] †
10. 27. A καθεῖλον τὸν οἶκον τοῦ Βαάλ (7 *a*)
14. 13. καθεῖλεν ἐν τῷ [A διέκοψεν ἐν] τείχει Ἰερ. (10 *a*)
16. 17. καὶ τὴν θάλασσαν καθεῖλεν (3 *b*)
23. 7. καθεῖλε τὸν οἶκον τῶν καδησίμ (7 *a*)
— 8. καθεῖλε τὸν οἶκον τῶν πυλῶν (7 *a*)
— 12. καὶ καθεῖλεν ὁ βασ. (7 *a*)
II Ch. 30. 14. καθεῖλαν τὰ θυσιαστήρια (9)
I Es. 6. 16. τόν τε οἶκον καθελόντες ἐνεπύρισαν
II Es. 6. 11. καθαιρεθήσεται ξύλον ἐκ τῆς οἰκίας (5)
Ne. 1. 3. καὶ τείχη Ἰερ. καθῃρημένα (10 *b*)
2. 13. ὃ αὐτοὶ καθαιροῦσι (10 *a*)
4. 3 (3. 35). καὶ καθελεῖ τὸ τεῖχος λίθων αὐτῶν (10 *a*)
To. 13. 12. S πάντες οἱ καθαιροῦντές σε [A B *al.*]
Ju. 13. 6. καθεῖλε τὸν ἀκινάκην αὐτοῦ
Jb. 19. 2. ἕως τίνος . . . καθαιρεῖτέ με λόγοις [A *al.*] (1)
Ps. 9. 6. καὶ πόλεις καθεῖλες [S² -ας] (8)
10 (11). 4. ἃ κατηρτίσω [A S² σὺ κατ. αὐτοὶ] καθεῖλον (2 *b*)
27 (28). 5. καθελεῖς αὐτούς (2 *a*)
51 (52). 5. B¹ S ὁ θεὸς καθελεῖ [B⁴ R -οι] σε εἰς τέλος (7 *a*)
59 (60). 1. ἀπώσω ἡμᾶς καὶ καθεῖλες ἡμᾶς (10 *a*)
79 (80). 12. ἵνα τί καθεῖλες τὸν φραγμὸν αὐτῆς (10 *a*)
88 (89). 40. καθεῖλες [S -ας] πάντας τοὺς φραγμοὺς αὐτοῦ (10 *a*)
Pr. 21. 22. καθεῖλε τὸ ὀχύρωμα (3 *b*)
Ec. 3. 3. καιρὸς τοῦ καθελεῖν (10 *a*)
10. 8. καθαιροῦντα φραγμὸν δήξεται αὐτὸν ὄφις (10 *a*)
Si. 10. 14. θρόνους ἀρχόντων καθεῖλεν ὁ κ.
28. 14. γλῶσσα τρίτη . . . πόλεις ὀχυρὰς καθεῖλε
31 (34). 23. εἷς οἰκοδομῶν καὶ εἷς καθαιρῶν
Za. 9. 6. καὶ καθελῶ ὕβριν ἀλλοφύλων (4)
Is. 5. 5. καθελῶ τὸν τοῖχον [A¹ οἶκον] αὐτοῦ (10 *a*)
14. 17. B S τὰς πόλεις αὐτοῦ καθεῖλε (2 *a*)
22. 10. καθείλοσαν τοὺς οἴκους Ἰερουσαλήμ (7 *a*)
49. 17. ταχὺ οἰκοδομηθήσῃ ὑφ᾽ ὧν καθῃρέθης (2 *c*)
Je. 4. 7. πόλεις καθαιρεθήσονται (6)
13. 18. καθῃρέθη ἀπὸ κεφαλῆς ὑμῶν στέφανος δόξης ὑμῶν [A *om.*] (3 *a*)
24. 6. οὐ μὴ καθελῶ αὐτούς (2 *a*)
29 (49). 16. ἐκεῖθεν καθελῶ σε (3 *b*)
38 (31). 28. ὥσπερ ἐγρηγόρουν ἐπ᾽ αὐτοὺς κ. καὶ κακοῦν (8 + 7 *a* + 2 *a*)
— 40. οὐ μὴ καθαιρεθῇ ἕως τοῦ αἰῶνος (2 *b*)
40 (33). 4. περὶ οἴκων [A S³ -κίας] βασιλέως Ἰούδα τῶν καθῃρημένων [A καθημ.] εἰς χάρακας (7 *a*)
49 (42). 10. οἰκοδομήσω ὑμᾶς καὶ οὐ μὴ καθελῶ (2 *a*)
51. 34 (45. 4). οὓς ἐγὼ ᾠκοδόμησα ἐγὼ καθαιρῶ (2 *a*)
52. 14. πᾶν τεῖχος [A *add.* ἐν] Ἰερουσαλὴμ κύκλῳ καθεῖλεν (7 *a*)
La. 2. 2. πάντα τὰ ὡραῖα Ἰακὼβ καθεῖλεν (2 *a*)
— 17. καθεῖλε καὶ οὐκ ἐφείσατο (2 *a*)
Ez. 16. 39. καθελοῦσι τὴν βάσιν σου (7 *b*)
26. 4. A καθελοῦσιν [B καταβαλοῦσι] τοὺς πύργους σου (2 *a*)
— 12. τοὺς οἴκους σου τοὺς ἐπιθυμητοὺς καθελεῖ (7 *a*)
— 16. ἀφελοῦνται [A¹ καθελοῦσιν, A² ἐλοῦσιν] τὰς μίτρας (9)
— 16. A² ἐπὶ γῆν καθελοῦνται [?, A¹ B καθεδ.] †
36. 36. ᾠκοδόμησα τὰς καθῃρημένας (2 *b*)
I Ma. 1. 31. καθεῖλε τοὺς οἴκους αὐτῆς
2. 25. τὸν βωμὸν καθεῖλε [S¹ -ον]
— 45. καθεῖλον τοὺς βωμούς
4. 38. καὶ τὰ παστοφόρια καθῃρημένα
— 45. καθελεῖν αὐτό
— 45. καθεῖλον τὸ θυσιαστήριον
5. 65. καθεῖλε τὸ ὀχύρωμα αὐτῆς
— 68. καθεῖλε τοὺς βωμοὺς αὐτῶν
6. 7. S R καθεῖλον [A -αν] τὸ βδέλυγμα
— 62. S R καθελεῖν [A καὶ καθεῖλεν] τὸ τεῖχος κυκλόθεν
8. 10. καθεῖλον [S¹ -εν] τὰ ὀχυρώματα αὐτῶν
9. 54. καθαιρεῖν τὸ τεῖχος τῆς αὐλῆς
— 54. καθεῖλε τὰ ἔργα τῶν προφητῶν καὶ ἐνήρξατο τοῦ καθαιρεῖν
— 62. ᾠκοδόμησε τὰ καθῃρημένα αὐτῆς
11. 4. καὶ τὰ περιπόλια αὐτῆς καθῃρημένα
II Ma. 10. 2. ἔτι δὲ τεμένη καθεῖλαν
12. 35. καὶ τὸν ὦμον καθελόντος

[**Aq.** Ps. 10 (11). 3 : Pr. 11. 11 : Ez. 12. 20.]
[**Sm.** Ps. 51 (52). 7 : 58 (59). 12 : Pr. 11. 11 : Je. 18. 7.]
[**Th.** Pr. 11. 11 : Je. 39 (46). 8 : Ez. 30. 6.]
[**Heb.** Ge. 49. 6.]

καθαίρειν. (1) דּוּשׁ ho.

II Ki. 4. 6. ἡ θυρωρὸς τοῦ οἴκου ἐκάθαιρε πυρούς †
Is. 28. 27. οὐ γὰρ μετὰ σκληρότητος καθαίρεται τὸ μελάνθιον (1)
Je. 28 (51). 39. S μεθύσω αὐτοὺς ὅπως καθάρωσι [A B καρωθῶσι] †

[**Sm.** Ps. 72 (73). 13 : Pr. 25. 4 : Ez. 20. 37 : 22. 24 : Ho. 8. 5.]

καθαίρεσις. (1) הָרַס pi.

Ex. 23. 24. καθαιρέσει καθελεῖς . . . τὰς στήλας αὐτῶν (1)
I Ma. 3. 43. ἀναστήσωμεν [S¹ -ησον] τὴν κ. τοῦ λαοῦ ἡμῶν

καθάπαν, *vid. sub* κατά *et* ἅπας.

καθάπερ. * καθάπερ ἐάν.

Ge. 12. 4 : 43. 14† : 50. 6.
Ex. 5. 7, 13, 14 : 7. 6, 10, 13, 20, 22 : 8. 13 (9), 15 (11), 19 (15), 27 (23), 31 (27) : 9. 35 : 16. 24† : 17. 10 : 23. 15 : 34. 4, 18 : 38. 27 (40. 32) : 40. 27†.
Le. 8. 13†, 20 (21), 34 : 9. 7 : 15. 25 : 16. 34† : 24. 23† : 27. 8.
Nu. 14. 19 : 16. 47 (17. 12) : 23. 30 : 27. 23 : 31. 41†.
De. 6. 3 : 9. 3, 18 : 12. 20 : 26. 18.
Jo. 4. 8, 12, 23 : 8. 5 : 9. 21 : 10. 39† : 23. 8, 10.
Jd. 9. 33*†.
II Ki. 16. 19.
I Es. 8. 11.
To. 3. 8†.
Ju. 8. 18 : 13. 3.
Ps. 32 (33). 22 : 47 (48). 8 : 55 (56). 6.
Si. 33 (36). 5.
Is. 58. 11†.
Je. 13. 11 : 23. 27.
Ba. 2. 20.
Da. LXX. 2. 8 *bis*, 10, 11, 41, 45.
II Ma. 2. 27, 29 : 5. 18 : 6. 14 : 7. 6, 37 : 15. 39.
IV Ma. 1. 28 : 6. 10 : 8. 4 : 13. 6 : 14. 6, 7, 19 : 15. 25, 31 : 17. 3.
[**Sm.** GE. 15. 1 : EX. 5. 7 : JB. 7. 9 : JE. 44 (51). 6.]
[**Th.** EX. 5. 7 : IS. 10. 10.]

καθάπτεσθαι.

[**Sm.** CA. 1. 6.]

καθαρίζειν (καθερ.). (1) אָסַף ni. (2) בָּעַר pi. (3) זָקַק pu. (4) חָטָא pi. (5) טָהֵר *a.* qal. *b.* pi. *c.* hithpa. *d.* טָהוֹר *e.* טָהֳרָה (6) כָּפַר pi. (7) לָבַן hi. (8) נָצַל hi. (9) נָקָה *a.* ni. *b.* pi. *c.* נִקָּיוֹן (10) סָלַח (11) צָדַק ni. (12) צָרַף (13) קָדַשׁ pi.

Ge. 35. 2. R καθαρίσθητε [A -ρίσασθε] (5 *c*)
Ex. 20. 7. οὐ γὰρ μὴ καθαρίσῃ κύριος . . . τὸν λαμβάνοντα (9 *b*)
29. 36. καθαριεῖς τὸ θυσιαστήριον (4)
— 37. καθαριεῖς [B¹ -εῖ] τὸ θυσιαστήριον (6)
30. 10. ἀπὸ τοῦ αἵματος τοῦ καθαρισμοῦ καθαριεῖ αὐτό [A *al.*] (6)
34. 7. οὐ καθαριεῖ τὸν ἔνοχον (9 *b*)
Le. 8. 15. ἐκαθάρισε τὸ θυσιαστήριον (4)
9. 15. A² καὶ ἐκαθάρισεν [R *add.* αὐτόν] (4)
12. 7. καθαριεῖ αὐτὴν ἀπὸ τῆς πηγῆς (5 *a*)
— 8. καὶ καθαρισθήσεται (5 *a*)
13. 6. καθαριεῖ αὐτὸν ὁ ἱερεύς (5 *b*)
— 7. B²R τοῦ [A B¹ τὸ] καθαρίσαι αὐτόν (5 *e*)
— 13. καθαριεῖ αὐτὸν ὁ ἱερεὺς τὴν ἁφήν (5 *b*)
— 17. καθαριεῖ ὁ ἱερεὺς τὴν ἁφήν (5 *b*)
— 23, 28, 34. καθαριεῖ αὐτὸν ὁ ἱ. (5 *b*)
— 35. μετὰ τὸ καθαρισθῆναι αὐτόν (5 *e*)
— 37. καθαριεῖ αὐτὸν ὁ ἱερεύς (5 *b*)
— 59. εἰς τὸ καθαρίσαι αὐτό (5 *b*)
14. 2. ᾗ ἂν ἡμέρᾳ καθαρισθῇ (5 *e*)
— 4. λήψονται τῷ κεκαθαρισμένῳ δύο ὀρνίθια (5 *c*)
— 7. περιρανεῖ ἐπὶ τὸν καθαρισθέντα (5 *c*)
— 8. πλυνεῖ ὁ καθαρισθεὶς τὰ ἱμάτια αὐτοῦ (5 *c*)
— 11. στήσει ὁ ἱερεὺς ὁ [A *om.*] καθαρίζων τὸν ἄνθρωπον τὸν καθαριζόμενον (5 *b*, 5 *c*)
— 14, 17. ἐπὶ τὸν λοβὸν τοῦ ὠτὸς τοῦ καθαριζομένου (5 *c*)
— 18. ἐπὶ τὴν κεφαλὴν τοῦ καθαρισθέντος (5 *c*)
— 19. A R ἐξιλάσεται ὁ ἱερεὺς περὶ τοῦ ἀκαθάρτου τοῦ καθαριζομ. [B *al.*] (5 *c*)
— 20. καὶ καθαρισθήσεται (5 *a*)
— 23. εἰς τὸ καθαρίσαι αὐτόν (5 *e*)
— 25, 28. ἐπὶ τὸν λοβὸν τοῦ ὠτὸς τοῦ καθαριζομένου (5 *c*)
— 29. ἐπὶ τὴν κεφαλὴν τοῦ καθαρισθέντος [A -ιζομένου] (5 *c*)
— 31. ἐξιλάσεται ὁ ἱ. περὶ τοῦ καθαριζομ. (5 *c*)
— 48. καθαριεῖ ὁ ἱερεὺς τὴν οἰκίαν (5 *b*)
— 57. ᾗ ἡμέρᾳ καθαρισθήσεται (5 *d*)
15. 13. ἐὰν δὲ καθαρισθῇ ὁ γονορρυής (5 *a*)
— 28. ἐὰν δὲ καθαρισθῇ ἀπὸ τῆς ῥύσεως (5 *a*)
Le. 15. 28. μετὰ ταῦτα καθαρισθήσεται (5 *a*)
16. 19. καὶ καθαριεῖ αὐτό (5 *b*)
— 20. περὶ τῶν ἱερέων καθαριεῖ –
— 30. καθαρίσαι ὑμᾶς ἀπὸ πασῶν τῶν ἁμαρτιῶν ὑμῶν (5 *b*)
— 30. καὶ καθαρισθήσεσθε (5 *a*)
22. 4. ἕως ἂν καθαρισθῇ (5 *a*)
Nu. 6. 9. ᾗ ἂν ἡμέρᾳ καθαρισθῇ (5 *e*)
8. 15. καὶ καθαριεῖς αὐτούς (5 *b*)
12. 15. ἕως ἐκαθαρίσθη Μαριάμ [A *al.*] (1)
14. 18. καθαρισμῷ οὐ καθαριεῖ τὸν ἔνοχον (9 *b*)
30. 6, 9. κύριος καθαριεῖ αὐτήν (10)
— 13. A R κύριος καθαριεῖ [B -ίσει] αὐτήν (10)
31. 23. καὶ καθαρισθήσεται (5 *a*)
— 24. καὶ καθαρισθήσεσθε (5 *a*)
De. 5. 11. οὐ γὰρ μὴ καθαρίσῃ κύριος . . . τὸν λαμβάνοντα (9 *b*)
19. 13. καθαριεῖς τὸ αἷμα τὸ ἀναίτιον (2)
Jo. 22. 17. οὐκ ἐκαθαρίσθημεν ἀπ' αὐτοῦ [A *al.*] (5 *c*)
I Ki. 20. 26. ὅτι οὐ κεκαθάρισται (5 *d*)
IV Ki. 5. 10. καὶ καθαρισθήσῃ [A -θητι] (5 *a*)
— 12. καὶ καθαρισθήσομαι (5 *a*)
— 13. λοῦσαι καὶ καθαρίσθητι (5 *a*)
— 14. καὶ ἐκαθαρίσθη (5 *a*)
II Ch. 29. 15. A R καθαρίσαι τὸν οἶκον κυρίου (5 *b*)
34. 3. ἤρξατο τοῦ καθαρίσαι τὸν Ἰ. (5 *b*)
— 5. ἐκαθάρισε τὸν Ἰούδαν (5 *b*)
— 8. τοῦ καθαρίσαι τὴν γῆν (5 *b*)
II Es. 6. 20 : Ne. 12. 30. ἐκαθαρίσθησαν οἱ ἱερεῖς (5 *c*)
Ne. 12. 30. ἐκαθάρισαν τὸν λαόν (5 *b*)
13. 9. ASR ἐκαθάρισαν [B -α] τὰ γαζοφυλάκια (5 *b*)
— 22. οἳ ἦσαν καθαριζόμενοι (5 *c*)
— 30. καὶ ἐκαθάρισα αὐτούς (5 *b*)
Ju. 16. 18. ἡνίκα ἐκαθαρίσθη ὁ λαός
Jb. 1. 5. ἐκαθάριζεν αὐτούς (13)
Ps. 11 (12). 6. ἀργύριον πεπυρωμένον . . . κεκαθαρισμένον ἑπταπλασίως (3)
18 (19). 12. ἐκ τῶν κρυφίων μου καθάρισόν με (9 *b*)
— 13. καθαρισθήσομαι ἀπὸ ἁμαρτίας μεγάλης (9 *a*)
38 (39). 8. S¹ ἀπὸ πασῶν τῶν ἀνομιῶν μου καθάρισόν [A B S² ῥῦσαι] με (8)
50 (51). 2. ἀπὸ τῆς ἁμαρτίας μου καθάρισόν με (5 *b*)
— 7. καὶ καθαρισθήσομαι (5 *a*)
Pr. 25. 4. καθαρισθήσεται καθαρὸν ἅπαν †
Si. 23. 10. ἀπὸ ἁμαρτίας οὐ μὴ καθαρισθῇ
31 (34). 4. ἀπὸ ἀκαθάρτου τί καθαρισθήσεται
38. 10. ἀπὸ πάσης ἁμαρτίας καθάρισον καρδίαν
— 30. ἡ ἀγρυπνία αὐτοῦ καθαρίσαι κάμινον
Ho. 8. 5. ἕως τίνος οὐ μὴ δύνωνται καθαρισθῆναι (9 *c*)
Ma. 3. 3. καθιεῖται χωνεύων καὶ καθαρίζων [S¹ *al.*] (5 *b*)
— 3. καθαρίσει [S¹ -ιεῖ] τοὺς υἱοὺς Λευί (5 *b*)
Is. 53. 10. βούλεται καθαρίσαι αὐτὸν [A *add.* ἀπὸ] τῆς πληγῆς †
57. 14. καθαρίσατε ἀπὸ προσώπου αὐτοῦ ὁδούς †
66. 17. οἱ ἁγνιζόμενοι καὶ καθαριζόμενοι εἰς τοὺς κήπους (5 *c*)
Je. 13. 27. οὐκ ἐκαθαρίσθης ὀπίσω μου ἕως τίνος ἔτι (5 *a*)
32 (25). 29. καθάρσει οὐ μὴ καθαρισθῆτε (9 *a*)
40 (33). 8. καθαριῶ αὐτοὺς ἀπὸ πασῶν τῶν ἀδικιῶν αὐτῶν (5 *b*)
Ez. 24. 13. A οὐκ ἐκαθαρίσθης ἀπὸ ἀκαθαρσίας σου (5 *a*)
— 13. τί ἐὰν μὴ καθαρισθῇς ἔτι [A *al.*] (5 *a*)
36. 25. καθαρισθήσεσθε ἀπὸ πασῶν τῶν ἀκαθαρσιῶν ὑμῶν . . . καὶ καθαριῶ ὑμᾶς (5 *a*, 5 *b*)
— 33. καθαριῶ ὑμᾶς ἐκ πασῶν ἀνομιῶν ὑ. (5 *b*)
37. 23. καθαριῶ αὐτούς (5 *b*)
39. 12. ἵνα καθαρισθῇ ἡ γῆ ἐν ἑπταμήνῳ (5 *b*)
— 14. καθαρίσαι αὐτὴν μετὰ τὴν ἑπτάμηνον (5 *b*)
— 16. καθαρισθήσεται ἡ γῆ (5 *b*)
43. 26. καθαριοῦσιν [A -ίσουσιν] αὐτό (5 *b*)
44. 26. μετὰ τὸ καθαρισθῆναι αὐτόν (5 *e*)
Da. LXX. 8. 14. καθαρισθήσεται τὸ ἅγιον (11)
11. 35. εἰς τὸ καθαρίσαι ἑαυτούς (12)
— 35. καὶ εἰς τὸ καθαρισθῆναι (7)
Da. TH. 8. 14. καθαρισθήσεται τὸ ἅγιον (11)
I Ma. 4. 36. A R καθαρίσαι [S¹ -σατε, S² καὶ καθαρίσωμεν] τὰ ἅγια
— 41. ἕως καθαρίσῃ τὰ ἅγια
— 43. ἐκαθάρισαν τὰ ἅγια
13. 47. καὶ ἐκαθάρισε τὰς οἰκίας
— 50. ἐκαθάρισε τὴν ἄκραν
II Ma. 2. 18. τὸν τόπον ἐκαθάρισε
II Ma. 10. 3. τὸν νεὼν καθαρίσαντες
— 7. R καθαρισθῆναι [A -ίσαι] τὸν ἑαυτοῦ τόπον
14. 36. τόνδε τὸν προσφάτως κεκαθαρισμένον οἶκον
IV Ma. 1. 11. ὥστε καθαρισθῆναι δι' αὐτῶν τὴν πατρίδα
17. 21. καὶ τὴν πατρίδα καθαρισθῆναι
[**Aq.** IV KI. 5. 10 : JB. 37. 21 : PS. 72 (73). 13 : JE. 25. 29 (32. 15) : 44 (51). 10 : 49. 12 (29. 13) *bis* : EZ. 24. 13.]
[**Sm.** IV KI. 5. 10 : JB. 10. 14 : PR. 20. 9 : JE. 13. 27 : 25. 29 (32. 15) : 44 (51). 10 : EZ. 16. 30.]
[**Th.** I KI. 26. 9 : IV KI. 5. 10 : JE. 25. 29 (32. 15) : EZ. 24. 13.]
[**Al.** EX. 34. 7 : LE. 12. 7 : NU. 19. 12.]
[**Quint.** IV KI. 5. 10.]

καθαριότης. (1) בֹּר (2) טֹהַר

Ex. 24. 10. ὥσπερ εἶδος στερεώματος τοῦ οὐρανοῦ τῇ κ. [A -ρότ.] (2)
II Ki. 22. 21, 25 : Ps. 17 (18). 20, 24. κατὰ τὴν κ. τῶν χειρῶν μου (1)
Wi. 7. 24. S¹ χωρεῖ διὰ πάντων διὰ τὴν κ. [A B S² καθαρότ.]
Si. 43. 1. γαυρίαμα ὕψους στερέωμα καθαριότητος [S καὶ καθαριότης]

καθαριοῦν. (1) זָכַךְ

La. 4. 7. ἐκαθαριώθησαν Ναζιραῖοι αὐτῆς ὑπὲρ χιόνα (1)

καθάρισις. (1) טֹהַר

Le. 12. 4, 6. αἱ ἡμέραι καθάρσεως [B² -αρίσ.] αὐ. (1)
[**Aq.** LE. 12. 4, 5.]

καθαρισμός. (1) אָשָׁם (2) *a.* טְהָר *b.* טָהֳרָה (3) כִּפֻּרִים (4) נָקָה pi. (5) ποιεῖν καθαρισμόν עָבַר hi.

Ex. 29. 36. τὸ μοσχάριον . . . ποιήσεις τῇ ἡμέρᾳ τοῦ κ. (3)
30. 10. ἀπὸ τοῦ αἵματος τοῦ κ. καθαριεῖ αὐτό [A *al.*] (3 ?)
Le. 14. 32. τοῦ μὴ εὑρίσκοντος τῇ χειρὶ εἰς τὸν κ. αὐτοῦ (2 *b*)
15. 13. ἐξαριθμήσεται αὐτῷ . . . εἰς τὸν κ. (2 *b*)
Nu. 14. 18. καθαρισμῷ οὐ καθαριεῖ τὸν ἔνοχον (4)
I Ch. 23. 28. ἐπὶ τὸν κ. τῶν πάντων ἁγίων (2 *b*)
Ne. 12. 45. φυλακὰς τοῦ κ. (2 *b*)
Jb. 1. 5. S¹ προσέφερε . . . θυσίαν κατὰ τὸν κ. αὐ. [A B S² *al.*] †
7. 21. διὰ τί οὐκ ἐποιήσω . . . καθαρισμὸν τῆς ἁμαρτίας [A ἀνομίας] μου (5)
Ps. 88 (89). 44. κατέλυσας ἀπὸ καθαρισμοῦ αὐτόν (2 *a*)
Pr. 14. 9. οἰκίαι παρανόμων [A ἀφρόνων] ὀφειλήσουσι καθαρισμόν (1 ?)
Si. 51. 20. ἐν καθαρισμῷ [A καιρῷ θερισμοῦ] εὗρον αὐτήν
Da. LXX. 12. 6. καὶ ὁ κ. τούτων –
II Ma. 1. 18. ἄγειν . . . τὸν κ. τοῦ ἱεροῦ
— 36. Νέφθαρ ὃ διερμηνεύεται καθαρισμός
2. 16. μέλλοντες οὖν ἄγειν τὸν κ.
— 19. R τὸν τοῦ ἱεροῦ τοῦ μεγάλου [A μεγίστου] κ.
10. 5. τὸν κ. γενέσθαι τοῦ ναοῦ
IV Ma. 7. 6. R κ. νόμιμον [A S *om.*] χωρήσασαν γαστέρα
[**Aq.** JE. 49. 12 (29. 13).]
[**Sm., Th.** LE. 12. 4, 5 : AM. 4. 6.]
[**Al.** EX. 34. 7.]

κάθαρμα.

[**Aq.** DT. 29. 17 (16) : EZ. 6. 4.]

καθαρός. (1) *a.* בַּר *b.* בֹּר *c.* בָּרַר (2) *a.* זַךְ *b.* זָכַךְ (3) זָרָה (4) *a.* טָב *b.* טוֹב (5) טָהוֹר (6) יָשָׁר (7) מִכְלָה (8) מָרַק (9) נָקִא (10) נָקִי (11) סָגַר (12) קָדוֹשׁ (13) שָׁחַט (14) תֹּם (15) κ. εἶναι טָהֵר *a.* qal. *b.* pi. *c.* hithp. (16) κ. εἶναι *a.* נָקָה ni. *b.* צָדַק *c.* קָדַשׁ (17) καθαρὸν τιθέναι כּוּן hi. (18) καθαρὸς γίνεσθαι *a.* זָכָה hithp. *b.* כָּפַר pi.

Ge. 7. 2. ἀπὸ δὲ τῶν κτηνῶν τῶν κ. (5)
— 2. ἀπὸ δὲ τῶν κτηνῶν τῶν μὴ κ. (5)

Ge. 7. 3. ἀπὸ τῶν πετεινῶν . . . τῶν κ. –
— 3. ἀπὸ πάντων τῶν πετεινῶν τῶν μὴ κ. –
— 8. R ἀπὸ τῶν πετεινῶν τῶν κ. [A om. τ. κ.] –
— 8. R ἀπὸ τῶν πετεινῶν τῶν μὴ κ. [A om. τ. μ. κ.] –
— 8. ἀπὸ τῶν κτηνῶν τῶν κ. (5)
— 8. ἀπὸ τῶν κτηνῶν τῶν μὴ κ. (5)
8. 20. ἀπὸ πάντων τῶν κτηνῶν τῶν κ. (5)
— 20. ἀπὸ πάντων τῶν πετεινῶν τῶν κ. (5)
20. 5. ἐν καθαρᾷ καρδίᾳ . . . ἐποίησα τοῦτο (14)
— 6. ἐν καθαρᾷ καρδίᾳ ἐποίησας τοῦτο (14)
24. 8. R καθαρὸς ἔσῃ ἀπὸ τοῦ ὅρκου μου [A S τούτου] (16 a)
44. 10. ὑμεῖς δὲ ἔσεσθε καθαροί (10)
Ex. 25. 10 (11). καταχρυσώσεις αὐτὴν χρυσίῳ κ. (5)
— 16 (17). ἐπίθεμα χρυσίου καθαροῦ (5)
— 22 (23). τράπεζαν χρυσῆν [A om.] χρυσίου κ. †
— 27 (28). καταχρυσώσεις αὐτοὺς χρυσίῳ κ. –
— 28 (29). χρυσίου κ. ποιήσεις αὐτά (5)
— 30 (31). ποιήσεις λυχνίαν ἐκ χρυσίου κ. (5)
— 35 (36). ὅλη τορευτὴ ἐξ ἑνὸς χρυσίου κ. (5)
— 37 (38). ἐκ χρυσίου καθαροῦ ποιήσεις (5)
— 38 (39). τάλαντον χρυσίου καθαροῦ (5)
27. 20. ἔλαιον . . . καθαρὸν κεκομμένον (2 a)
28. 8. R τὸ ὕφασμα . . . ἐκ χρυσίου κ. [A B om.] –
— 13. ποιήσεις ἀσπιδίσκας ἐκ χρυσίου καθαροῦ –
— 14. ποιήσεις . . . ἐκ χρυσίου καθαροῦ (5)
— 22. ἔργον ἁλυσιδωτὸν ἐκ [A om.] χρυσίου καθαροῦ (5)
— 32 (36). πέταλον χρυσοῦν καθαρόν (5)
30. 3. καταχρυσώσεις αὐτὰ χρυσίῳ κ. (5)
— 4. δύο δακτυλίους χρυσοῦς καθαρούς –
— 35. καθαρὸν ἔργον ἅγιον (5)
31. 8. τὴν λυχνίαν τὴν κ. (5)
36. 22 (39. 15). ἐκ χρυσίου καθαροῦ (5)
— 38 (39. 30). χρυσίου καθαροῦ (5)
38 (37). 2. κατεχρύσωσεν αὐτὴν χρυσίῳ καθαρῷ (5)
— 5 (37. 6). A R ἐκ χρυσίου καθαροῦ [B om.] (5)
— 9 (37. 11). ἐκ χρυσίου καθαροῦ (5)
— 11 (37. 15). A κατεχρύσωσεν αὐτοὺς χρυσίῳ καθαρῷ [B om.] –
— 25 (37. 29). καθαρὸν ἔργον μυρεψοῦ (5)
39. 17 (37). τὴν λυχνίαν τὴν κ. (5)
Le. 4. 12. ἐξοίσουσιν ὅλον τὸν μόσχον . . . εἰς τόπον κ. (5)
6. 11 (4). ἐξοίσει τὴν κατακάρπωσιν . . . εἰς τόπον κ. (5)
7. 9 (19). πᾶς κ. φάγεται κρέα (5)
10. 10. ἀνὰ μέσον τῶν ἀκαθάρτων καὶ τῶν κ. (5)
11. 32. καὶ καθαρὸν ἔσται (15 a)
— 36. πλὴν πηγῶν ὑδάτων . . . ἔσται καθαρόν (5)
— 37. καθαρὸν ἔσται (5)
— 47. καὶ ἀνὰ μέσον τῶν κ. (5)
13. 6. καθαρὸς ἔσται (15 a)
— 13. καθαρόν ἐστι (5)
— 17. καθαρός ἐστι [A ἔσται] (5)
— 34. καθαρὸς ἔσται (15 a)
— 37. A R καθαρός [B -όν] ἐστι (5)
— 39. A B καθαρός ἐστιν –
— 39, 40, 41. καθαρός ἐστιν (5)
— 58. καθαρὸν ἔσται (15 a)
14. 4. δύο ὀρνίθια ζῶντα κ. (5)
— 7. καθαρὸς ἔσται (15 b)
— 8, 9. καθαρὸς ἔσται (15 a)
— 49. δύο ὀρνίθια ζῶντα κ. –
— 53. καθαρὰ ἔσται (15 a)
15. 8. ἐὰν δὲ προσσιελίσῃ [A -εγγίσῃ] . . . ἐπὶ τὸν κ. (5)
— 12. καθαρὸν ἔσται –
— 13: 17. 15. καθαρὸς ἔσται (15 a)
20. 25. ἀνὰ μέσον τῶν κτηνῶν τῶν κ. (5)
— 25. ἀνὰ μέσον τῶν πετεινῶν τῶν κ. (5)
22. 7. καθαρὸς ἔσται (15 a)
24. 2. ἔλαιον ἐλάϊνον κ. κεκομμένον εἰς φῶς (2 a)
— 4. ἐπὶ τῆς λυχνίας τῆς κ. (5)
— 6. ἐπὶ τὴν τράπεζαν τὴν κ. (5)
— 7. ἐπιθήσετε . . . λίβανον κ. (2 a)
Nu. 5. 17. λήψεται ὁ ἱερεὺς ὕδωρ κ. ζῶν (12)
— 28. καὶ καθαρὰ ᾖ (5)
8. 7. καὶ καθαροὶ ἔσονται (15 c)
9. 13. ὃς ἐὰν καθαρὸς ᾖ (5)
18. 11, 13. πᾶς κ. ἐν τῷ οἴκῳ σου ἔδεται αὐτά (5)
19. 3. ἐξάξουσιν αὐτὴν . . . εἰς τόπον κ. –
— 9. συνάξει ἄνθρωπος κ. τὴν σποδόν (5)
— 9. καὶ ἀποθήσει . . . εἰς τόπον κ. (5)
— 12. καὶ καθαρὸς ἔσται [A ἐστίν] (15 a)
Nu. 19. 12. οὐ καθαρὸς ἔσται (15 a)
— 18. βάψεται εἰς τὸ ὕδωρ ἀνὴρ κ. (5)
— 19. περιρανεῖ ὁ κ. ἐπὶ τὸν ἀκάθαρτον (5)
De. 12. 15. ὁ κ. ἐπὶ τὸ αὐτὸ φάγεται αὐτό (5)
— 22. ὁ κ. ὡσαύτως ἔδεται (5)
14. 11. πᾶν ὄρνεον κ. φάγεσθε (5)
— 20. πᾶν πετεινὸν κ. φάγεσθε (5)
15. 22. ὁ κ. ὡσαύτως ἔδεται [A φάγεται] (5)
23. 10 (11). ὃς οὐκ ἔσται κ. ἐκ ῥύσεως αὐτοῦ (5)
I Ki. 20. 26. σύμπτωμα φαίνεται μὴ καθαρὸς εἶναι (5)
II Ch. 3. 4. κατεχρύσωσεν αὐτὸν . . . χρυσίῳ κ. (5)
— 5. καὶ κατεχρύσωσε χρυσίῳ κ. (4 b)
— 8. ἐχρύσωσεν [A κατεχρ.] αὐτὸν χρυσίῳ κ. (4 b)
4. 16. ἃ ἐποίησε . . . χαλκοῦ κ. (8)
— 20. καὶ τὰς λυχνίας . . . χρυσίου κ. (11)
— 21. καὶ τὰ πυρεία χρυσίου κ. (7)
9. 15. A B ἑξακόσιοι χρυσοῖ κ. τῷ ἑνὶ θυρεῷ (13 ?)
— 15. ἑξακόσιοι χρυσοῖ κ. [A om.] ἐπῆσαν ἐπὶ τὸν ἕνα θυρεόν (13)
13. 11. προθέσεις ἄρτων ἐπὶ τῆς τραπέζης τῆς κ. (5)
II Es. 2. 69. χρυσίον κ. μναῖ ἐξ μυριάδες [A al.] –
6. 20. ἕως εἷς πάντες καθαροί (5)
Ne. 2. 20. καὶ ἡμεῖς δοῦλοι αὐτοῦ κ. †
To. 3. 14. καθαρά εἰμι ἀπὸ πάσης ἁμαρτίας ἀνδρὸς [S al.]
8. 15. A B² ἐν πάσῃ εὐλογίᾳ κ. καὶ ἁγίᾳ [B¹ S al.]
13. 16. A R οἱ προμαχῶνες ἐν [B S om.] χρυσίῳ κ.
Ju. 10. 5. πήραν ἐπλήρωσεν . . . ἄρτων κ.
12. 9. εἰσπορευομένη κ. [A καθὰ] παρέμενε
Jb. 4. 7. τίς [A οὐδεὶς] καθαρὸς ὢν ἀπώλετο (10)
— 17. μὴ καθαρὸς ἔσται βροτός (16 b)
8. 6. εἰ καθαρὸς εἶ καὶ ἀληθινός (2 a)
9. 30. ἐὰν . . . ἀποκαθάρωμαι χερσὶ καθαραῖς (1 b)
11. 4. καθαρός εἰμι τοῖς ἔργοις (2 a)
— 13. εἰ γὰρ σὺ καθαρὰν ἔθου τὴν καρδίαν σου (17)
— 15. ἀναλάμψει σου τὸ πρόσωπον ὥσπερ ὕδωρ καθαρόν †
14. 4. τίς γὰρ καθαρὸς ἔσται ἀπὸ ῥύπου (5)
15. 15. οὐρανὸς δὲ οὐ καθαρὸς ἐναντίον αὐτοῦ (2 b)
16. 18 (17). εὐχὴ δέ μου καθαρά (2 a)
17. 9. B S² καθαρὸς δὲ χεῖρας [A καὶ ὁ κ. χερσὶν] ἀναλάβοι θάρσος (5)
21. 16. A ἔργα δὲ ἀσεβῶν οὐ καθαρά [B S οὐκ ἐφορᾷ] †
22. 25. καθαρὸν δὲ ἀποδώσει σε †
— 30. διασώθητι [A S² -θήσῃ] ἐν καθαραῖς χερσί σου (1 b)
25. 5. A οὐδ' ἄνθρωπος οὐ καθαρός –
— 5. ἄστρα δὲ οὐ καθαρὰ [A οὐκ ἄμεμπτα] ἐναντίον αὐτοῦ (2 b)
28. 19. χρυσίῳ καθαρῷ οὐ συμβασταχθήσεται (5)
33. 3. B καθαρά μου ἡ καρδία ῥήμασι συνέσιν δὲ χειλέων μου καθαρὰ νοήσει [A S R al.] (6, 1 c)
— 9. καθαρός εἰμι οὐχ ἁμαρτών [A al.] (2 a)
— 26. A S² εἰσελεύσεται δὲ προσώπῳ καθαρῷ [B S¹ ἱλαρῷ] –
Ps. 23 (24). 4. ἀθῷος χερσὶ καὶ καθαρὸς τῇ καρδίᾳ (1 a)
50 (51). 10. καρδίαν καθαρὰν κτίσον ἐν ἐμοί (5)
Pr. 8. 11. B³ ἀντερεῖσθαι δὲ αἰσθήσει χρυσίου κ. [A al.] –
12. 27. κτῆμα δὲ τίμιον ἀνὴρ καθαρός †
14. 4. οὗ μὴ εἰσὶ βόες φάτναι καθαραί (1 a)
20. 9. τίς παρρησιάσεται καθαρὸς εἶναι ἀπὸ ἁμαρτιῶν (15 a)
25. 4. καθαρισθήσεται καθαρὸν ἅπαν †
Ec. 9. 2. συνάντημα ἓν . . . τῷ κ. καὶ τῷ ἀκαθάρτῳ (5)
Wi. 7. 23. διὰ πάντων χωροῦν πνευμάτων . . . καθαρῶν λεπτοτάτων
14. 24. οὔτε γάμους καθαροὺς ἔτι φυλάσσουσιν
15. 7. τά τε τῶν κ. ἔργων δοῦλα σκεύη
Hb. 1. 13. καθαρὸς ὁ ὀφθαλμὸς τοῦ μὴ ὁρᾶν πονηρά (5)
Za. 3. 6 (5). ἐπίθετε κίδαριν καθαρὰν ἐπὶ τὴν κεφαλὴν (5)
— 6 (5). ἐπέθηκαν κίδαριν καθαρὰν ἐπὶ τὴν κεφαλὴν (5)
Ma. 1. 11. θυμίαμα προσάγεται . . . καὶ θυσία κ. (5)
Is. 1. 16. καθαροὶ γένεσθε (18 a)
— 25. πυρώσω [A S add. σε] εἰς καθαρόν (1 b)
14. 20. ὃν τρόπον ἱμάτιον ἐν αἵματι πεφυρμένον οὐκ ἔσται καθαρόν οὕτως οὐδὲ σὺ ἔσῃ κ. †, †
35. 8. ἔσται ἐκεῖ ὁδὸς καθαρά –
47. 11. οὐ μὴ δυνήσῃ καθαρὰ γενέσθαι (18 b)
Is. 65. 5. μὴ ἐγγίσῃς μοι [A μου] ὅτι κ. εἰμι (16 c)
Je. 4. 11. ὁδὸς τῆς θυγατρὸς τοῦ λαοῦ μου οὐκ εἰς καθαρόν (3)
Ez. 22. 26. ἀνὰ μέσον ἀκαθάρτου καὶ τοῦ κ. (5)
36. 25. ῥανῶ ἐφ' ὑμᾶς ὕδωρ κ. (5)
44. 23. ἀνὰ μέσον ἀκαθάρτου καὶ καθαροῦ [A al.] (5)
Da. LXX. 7. 9. ὡσεὶ ἔριον λευκὸν κ. (9)
Da. TH. Su. 46. A καθαρὸς [B ἀθῷος] ἐγὼ ἀπὸ τοῦ αἵματος ταύτης
2. 32. A B² ἧς ἡ κεφαλὴ χρυσίου κ. [B¹ R χρηστοῦ] (4 a)
7. 9. ἡ θρὶξ τῆς κεφαλῆς αὐτοῦ ὡσεὶ ἔριον κ. (9)
II Ma. 7. 40. R καθαρὸς [A -ῶς] τὸν βίον [A om. τ. β.] μετήλλαξε
[Aq. Jb. 14. 4: Pr. 22. 11.]
[Sm. Ex. 6. 12, 30: II Ki. 3. 28: Ps. 72 (73). 1: Is. 1. 25: 66. 20: Hb. 1. 13: Ze. 3. 9.]
● [Th. Ex. 37. 11: Pr. 15. 26: 22. 11: Is. 1. 25: Da. 2. 32†.]
[Al. Le. 10. 14: Ps. 18 (19). 8: Pr. 8. 10.]

καθαρότης. (1) טֹהַר
Ex. 24. 10. A ὥσπερ εἶδος στερεώματος τοῦ οὐρανοῦ τῇ κ. [B -ριότ.] (1)
Wi. 7. 24. χωρεῖ διὰ πάντων διὰ τὴν κ. [S¹ καθαριότ.]
[Sm. Jb. 22. 30: Ps. 88 (89). 45.]

καθάρσιος.
IV Ma. 6. 29. καθάρσιον αὐτῶν ποίησον τὸ ἐμὸν αἷμα

κάθαρσις. (1) טֹהַר (2) נָקָה ni.
Le. 12. 4, 6. αἱ ἡμέραι καθάρσεως [B² -ρίσ.] αὐτῆς (1)
Je. 32 (25). 29. καθάρσει οὐ μὴ καθαρισθῆτε (2)
Ez. 15. 4. τὴν κατ' ἐνιαυτὸν κάθαρσιν †
[Aq. Le. 12. 4.]

κάθαρτος (?).
Le. 14. 41. εἰς τόπον ἀκάθαρτον [A¹ κάθ.] †

καθαρῶς.
II Ma. 7. 40. A κ. μετήλλαξε [R -ρὸς τὸν βίον μετήλλ.]
[Sm. Ps. 2. 11.]

καθέδρα. (1) a. מוֹשָׁב b. יָשַׁב c. שֶׁבֶת
I Ki. 20. 18. ἐπισκεπήσεται καθέδρα σου (1 a)
— 25. ἐκάθισεν ἐπὶ τὴν κ. αὐ. . . . ἐπὶ τῆς κ. (1 a, 1 a)
III Ki. 8. 12. A ἕδρασμα τῆς κ. σου αἰῶνος (1 b)
10. 5. καὶ τὴν κ. παίδων αὐτοῦ (1 a)
— 19. ἐπὶ τοῦ τόπου [A θρόνου] τῆς κ. (1 c)
IV Ki. 16. 18. τὸν θεμέλιον τῆς κ. ᾠκοδόμησεν †
17. 25. ἐν ἀρχῇ τῆς κ. αὐτῶν (1 b)
19. 27. τὴν κ. σου . . . ἔγνων (1 b)
II Ch. 9. 4. καὶ καθέδραν παίδων αὐτοῦ (1 a)
— 18. ἐπὶ τοῦ θρόνου τῆς κ. (1 c)
Ps. 1. 1. B S ἐπὶ καθέδραν [A R -ᾳ] λοιμῶν οὐκ ἐκάθισεν (1 a)
106 (107). 32. A S¹ ἐν καθέδραις [S² R -ᾳ] πρεσβυτέρων αἰνεσάτωσαν αὐτόν (1 a)
138 (139). 2. σὺ ἔγνως τὴν κ. μου (1 b)
Si. 7. 4. μηδὲ παρὰ βασιλέως καθέδραν δόξης
12. 12. μή ποτε ζητήσῃ τὴν κ. σου
La. 3. 63. ἤκουσας . . . καθέδραν αὐτῶν (1 b)
[Aq. Ex. 12. 40: 15. 17: III Ki. 8. 13: Ps. 1. 1: 32 (33). 14: Is. 37. 28: Ez. 6. 6: 8. 3: 28. 2.]
[Sm. Ex. 15. 17: Ps. 1. 1: Is. 37. 28.]
[Th. Is. 37. 28: Ez. 8. 3.]
[Quint., Sext. Ps. 1. 1.]

καθέζεσθαι. (1) יָשַׁב (2) שָׁכַן
Le. 12. 4. B² καθεσθήσεται [B¹ καθισ., A R καθήσ.] ἐν αἵματι [A ἱματίῳ] (1)
— 5. B καθεσθήσεται [A καθήσ.] ἐν αἵματι ἀκαθάρτῳ (1)
Jb. 39. 28. γὺψ δὲ ἐπὶ νοσσιᾶς αὐτοῦ καθεσθεὶς (2)
Je. 37 (30). 18. κατὰ τὸ κρίμα αὐτοῦ καθεδεῖται (1)
Ez. 26. 16. ἐπὶ γῆν καθεδοῦνται [A² καθελ.] (1)
[Aq. Ps. 9. 8: 28 (29). 10: 139 (140). 14.]

καθεῖς, *vid. sub* **κατά** *et* **εἷς**.

κάθεμα. (1) רָבִיד (2) רַעַל
Is. 3. 19. ἀφελεῖ . . . τὸ κ. (2 ?)
Ez. 16. 11. περιέθηκα . . . κ. περὶ τὸν τράχηλόν σου (1)
[Th. Is. 3. 19: Ez. 16. 11.]

● = correction on page xxvi

καθεύδειν. (1) יָשַׁב (2) יָשֵׁן (3) שָׁכַב

Ge. 28. 13. ἡ γῆ ἐφ' ἧς σὺ καθεύδεις ἐπ' αὐτῆς (3)
39. 10. καθεύδειν μετ' αὐτῆς (3)
De. 11. 19. καὶ καθεύδοντός σου [A *al.*] (3)
Ru. 3. 7. A καὶ ἐκάθευδεν (3)
I Ki. 3. 2. AB^{2}R Ἡλὶ ἐκάθευδεν [B^1 -θητο] ἐν τῷ τόπῳ αὐτοῦ (3)
— 3. Σαμ. ἐκάθευδεν ἐν τῷ ναῷ [A οἴκῳ κυρίου] (3)
— 5. ἀνάστρεφε κάθευδε (3)
— 5. ἀνέστρεψε καὶ ἐκάθευδε (3)
— 6. ἀνάστρεφε [B^2 *add.* καὶ] κάθευδε (3)
— 9. ἀνάστρεφε κάθευδε (3)
19. 9. καὶ αὐτὸς ἐν οἴκῳ καθεύδων (1)
26. 5. οὗ ἐκάθευδεν ἐκεῖ Σαούλ (3)
— 5. Σαοὺλ ἐκάθευδεν ἐν λαμπήνῃ (3)
— 7. καὶ ἰδοὺ Σαοὺλ καθεύδων ὕπνῳ [A *om.*] (3 [3+2])
— 7. ὁ λαὸς αὐτοῦ ἐκάθευδε κύκλῳ αὐτοῦ (3)
II Ki. 4. 5. ἐκάθευδεν ἐν τῇ κοίτῃ τῆς μεσημβρίας (3)
— 6. καὶ ἐκάθευδε †
— 7. καὶ Ἰεβ. ἐκάθευδεν (3)
12. 3. ἐν τῷ κόλπῳ αὐτοῦ ἐκάθευδε (3)
III Ki. 18. 27. ἢ μή ποτε καθεύδει αὐτός (2)
I Es. 3. 6. καὶ ἐπὶ χρυσῷ καθεύδειν
4. 10. ἐσθίει καὶ πίνει καὶ καθεύδει
To. 8. 13. εὗρε τοὺς δύο καθεύδοντας [S *al.*]
Ju. 14. 14. καθεύδειν αὐτὸν μετὰ Ἰ.
Ps. 87 (88). 5. ὡσεὶ τραυματίαι ἐρριμμένοι [A S^2 *om.*] καθεύδοντες ἐν τάφῳ (3)
Pr. 3. 24. ἐὰν δὲ καθεύδῃς ἡδέως ὑπνώσεις (3)
6. 22. ὡς δ' ἂν καθεύδῃς φυλασσέτω σε (3)
Ca. 5. 2. ἐγὼ καθεύδω (2)
Si. 22. 7. ἐξεγείρων καθεύδοντα ἐκ βαθέως ὕπνου
Am. 6. 4. οἱ καθεύδοντες ἐπὶ κλινῶν ἐλεφαντίνων (3)
Jn. 1. 5. κατέβη . . . καὶ ἐκάθευδε καὶ ἔρεγχε (3)
Is. 51. 20. οἱ καθεύδοντες ἐπ' ἄκρου πάσης ἐξόδου (3)
Ez. 4. 9. ἃς σὺ καθεύδεις ἐπὶ τοῦ πλευροῦ σου (3)
Da. LXX. 4. 7. ἐπὶ τῆς κοίτης μου ἐκάθευδον †
12. 2. πολλοὶ τῶν καθευδόντων ἐν τῷ πλάτει τῆς γῆς (2)
Da. TH. 12. 2. πολλοὶ τῶν καθευδόντων ἐν γῆς χώματι (2)
[**Sm.** Ec. 5. 11.]
[**Al.** Le. 15. 20 : Dt. 6. 7.]

καθηγεμών.

II Ma. 10. 28. οἱ δὲ καθηγεμόνα . . . ταττόμενοι τὸν θυμόν

καθήκειν. (1) *a.* εἰς τοὺς καθήκοντας לְפִי אֹכֶל *b.* τὸ καθῆκον כְּפִי אֹכֶל (2) τὸ καθῆκον, τὰ καθήκοντα דְּבַר (3) דֶּרֶךְ (4) יוֹם (5) מִשְׁפָּט (6) עֲבֹדָה

Ge. 19. 31. ὡς καθήκει πάσῃ τῇ γῇ (3)
Ex. 5. 13. συντελεῖτε τὰ ἔργα τὰ καθήκοντα (2)
— 19. οὐκ ἀπολείψετε τῆς πλινθείας τὸ καθῆκον τῇ ἡμέρᾳ (2)
16. 16. συναγάγετε . . . ἕκαστος εἰς τοὺς καθήκοντας (1 *a*)
— 18. B ἕκαστος εἰς τοὺς καθήκοντας . . . συνέλεξαν [A^2 -εν] (1 *a*)
— 21. A^{2}R συνέλεξαν . . . ἕκαστος τὸ καθῆκον αὐτῷ (1 *b*)
36. 1. κατὰ τὰ ἅγια καθήκοντα [A τὰ κ.] (6)
Le. 5. 10 : 9. 16. ὡς καθήκει (5)
De. 21. 17. καὶ τούτῳ καθήκει τὰ πρωτοτοκεῖα (5)
I Ki. 2. 16. ὡς καθήκει (4)
I Es. 1. 12. ὡς καθήκει
To. 1. 8. οἷς καθήκει [S *al.*]
6. 12. τὴν κληρονομίαν σοι καθήκει λαβεῖν ἢ πάντα ἄνθρωπον [S *al.*]
7. 10. καθήκει τὸ παιδίον μου λαβεῖν [S *al.*]
Ju. 11. 13. οὐδὲ [A οὐδ' ἐν] ταῖς χερσὶ καθῆκεν ἅψασθαι οὐδένα
Si. 10. 23. S R οὐ καθήκει [A B -ῆκεν] δοξάσαι ἄνδρα ἁμαρτωλόν
Ho. 2. 5 (7). καὶ πάντα ὅσα μοι καθήκει †
Ez. 21. 27 (32). ἕως οὗ ἔλθῃ ᾧ καθήκει (5)
I Ma. 10. 36. ὡς καθήκει πάσαις ταῖς δυνάμεσι τοῦ βασ.
I Ma. 10. 39. S εἰς τὴν καθήκουσαν [A προκαθ., R προσήκ.] δαπάνην
12. 11. ταῖς [A ἐν ταῖς] λοιπαῖς καθηκούσαις ἡμέραις
II Ma. 2. 30. τῷ τῆς ἱστορίας ἀρχηγέτῃ καθήκει
4. 19. R διὰ τὸ μὴ καθήκειν
6. 4. R τὰ μὴ καθήκοντα ἔνδον φερόντων [A εἰσφερ.]
— 21. οἷς καθῆκον αὐτῷ χρήσασθαι
11. 36. ὡς καθήκει ὑμῖν
14. 31. τῶν ἱερέων τὰς καθηκούσας θυσίας προσαγόντων
III Ma. 1. 11. μὴ καθήκειν γίνεσθαι τοῦτο
4. 16. τὰ μὴ καθήκοντα λαλῶν

καθηλοῦν. (1) סָמַר

Ps. 118 (119). 120. καθήλωσον ἐκ τοῦ φόβου σου τὰς σάρκας μου (1 ?)
[**Aq.** Pr. 22. 23 *bis.*]

καθήλωμα. (1) *a.* רַתּוֹק *b.* רַתִּיק

III Ki. 6. 21. A παρήγαγεν ἐν καθηλώμασιν χρυσίου (1 *a*, 1 *b**)

καθήλωσις.

[**Sm.**, **Th.** Ez. 7. 23.]

καθημερινός.

Ju. 12. 15. εἰς τὴν κ. δίαιταν αὐτῆς

καθῆσθαι. (1) הָיָה (2) הָלַךְ (3) *a.* יָשַׁב *b.* יְתִב (4) סָכַךְ hi. (5) רָכַב (6) שָׁכַב

Ge. 18. 1. καθημένου αὐτοῦ ἐπὶ τῆς θύρας (3 *a*)
19. 1. ἐκάθητο παρὰ τὴν πύλην Σοδόμων (3 *a*)
— 30. ἐκάθητο ἐν τῷ ὄρει (3 *a*)
21. 16. R ἐκάθητο ἀπέναντι αὐτοῦ μακρόθεν [A -ότερον] (3 *a*)
— 16. A ἐκάθητο [R -θισεν] ἀπέναντι αὐτοῦ (3 *a*)
23. 10. Ἐ. δὲ ἐκάθητο ἐν μέσῳ τῶν υἱῶν X. (3 *a*)
38. 11. κάθου χήρα ἐν τῷ οἴκῳ τοῦ πατρός σου (3 *a*)
— 11. ἐκάθητο ἐν τῷ οἴκῳ τοῦ πατρὸς αὐτῆς (3 *a*)
Ex. 11. 5. ὃς κάθηται ἐπὶ τοῦ θρόνου (3 *a*)
12. 29. τοῦ καθημένου ἐπὶ τοῦ θρόνου (3 *a*)
16. 29. A B καθήσεσθε [R -ίσεσ.] ἕκ. εἰς τοὺς οἴκους ὑμῶν (3 *a*)
17. 12. ἐκάθητο ἐπ' αὐτοῦ [A -όν] (3 *a*)
18. 14. διὰ τί σὺ κάθησαι μόνος (3 *a*)
24. 18. A ἐκάθητο [B ἦν] ἐκεῖ ἐν τῷ ὄρει (1)
Le. 8. 35. ἐπὶ τὴν θύραν τῆς σκηνῆς . . . καθήσεσθε (3 *a*)
12. 4. A R καθήσεται [B^1 καθίσ., B^2 καθεσθήσ.] ἐν αἵματι [A ἱματίῳ] (3 *a*)
— 5. A καθήσεται [B καθεσθήσ.] ἐν αἵματι (3 *a*)
13. 46. κεχωρισμένος καθήσεται (3 *a*)
15. 6. ὁ καθήμενος ἐπὶ τοῦ σκεύους (3 *a*)
— 23. A οὗ ἐὰν αὐτὴ κάθηται [B ἐὰν καθίσῃ] ἐπ' αὐτῷ (3 *a*)
Nu. 32. 6. καὶ ὑμεῖς καθήσεσθε αὐτοῦ (3 *a*)
De. 6. 7. λαλήσεις ἐν αὐτοῖς καθήμενος ἐν οἴκῳ (3 *a*)
11. 19. καθημένου σου ἐν οἴκῳ [A *al.*] (3 *a*)
Jo. 5. 8. αὐτόθι [A αὐτοὶ] καθήμενοι ἐν τῇ παρεμβολῇ (3 *a*)
Jd. 3. 20. ἐκάθητο ἐν τῷ ὑπερῴῳ (3 *a*)
— 24. A μή ποτε πρὸς δίφρους κάθηται [B *al.*] (4)
4. 5. ἐκάθητο ὑπὸ φοίνικα (3 *a*)
5. 10. καθήμενοι ἐπὶ κριτηρίου [A λαμπηνῶν] (3 *a*)
— 16. A κάθησαι ἀνὰ μέσον τῶν Μοσφ. [B *al.*] (3 *a*)
6. 10. B ἐν οἷς ὑμεῖς καθήσεσθε [R -ησθε, A ἐνοικεῖτε] (3 *a*)
— 18. A ἐγώ εἰμι καθήσομαι [R -ίσ., B καθίομαι] (3 *a*)
13. 9. καὶ αὐτὴ ἐκάθητο ἐν ἀγρῷ [A *al.*] (3 *a*)
16. 9. τὸ ἔνεδρον αὐτῇ ἐκάθητο (3 *a*)
— 12. A τὸ ἔνεδρον ἐκάθητο ἐν τῷ ταμιείῳ [B *al.*] (3 *a*)
17. 10. κάθου μετ' ἐμοῦ (3 *a*)
18. 7. εἶδον τὸν λαὸν . . . καθήμενον ἐπ' [A ἐν] ἐλπίδι (3 *a*)
— 8. τί ὑμεῖς κάθησθε –
Ru. 3. 18. κάθου, θύγατερ (3 *a*)
4. 4. κτῆσαι ἐναντίον τῶν καθημένων (3 *a*)
I Ki. 1. 9. A Ἡλὶ ὁ ἱερεὺς ἐκάθητο [?, B *om.*] ἐπὶ τοῦ δίφρου (3 *a*)
I Ki. 1. 22. καὶ καθήσεται ἕως αἰῶνος ἐκεῖ (3 *a*)
— 23. κάθου ἕως ἂν [A οὗ] ἀπογαλακτίσῃς αὐτό (3 *a*)
3. 2. B^1 Ἡλὶ ἐκάθητο [A B^2 R -θευδεν] ἐν τῷ τόπῳ αὐτοῦ (6)
4. 4. κυρίου [A *add.* τῶν δυνάμεων] καθημένου Χερουβίμ (3 *a*)
— 13. A ἐκάθητο [B *om.*] ἐπὶ τοῦ δίφρου (3 *a*)
5. 7. οὐ καθήσεται κιβωτὸς . . . μεθ' ἡμῶν (3 *a*)
12. 2. καὶ καθήσομαι †
14. 2. B Σαοὺλ ἐκάθητο ἐπ' ἄκρου τοῦ βουνοῦ (3 *a*)
20. 5. ἐγὼ καθίσας οὐ καθήσομαι (3 *a*)
— 19. καθήσῃ παρὰ τὸ ἐργὰβ ἐκ. [A *al.*] (3 *a*)
22. 5. μὴ κάθου ἐν τῇ περιοχῇ (3 *a*)
— 6. Σαοὺλ ἐκάθητο ἐν τῷ βουνῷ (3 *a*)
— 23. κάθου μετ' ἐμοῦ (3 *a*)
23. 14. καὶ ἐκάθητο ἐν τῇ ἐρήμῳ (3 *a*)
— 18. ἐκάθητο Δαυὶδ ἐν Καινῇ (3 *a*)
24. 4. ἐσώτερον τοῦ σπηλαίου ἐκάθηντο (3 *a*)
27. 5. καθήσομαι [A κάθισόν με] ἐκεῖ (3 *a*)
— 5. ἵνα τί κάθηται ὁ δοῦλός σου (3 *a*)
— 11. ἃς ἐκάθητο Δαυίδ (3 *a*)
30. 24. A R ἔσται ἡ μερὶς τοῦ [B ἔ. μ.] καθημένου ἐπὶ τὰ σκεύη (3 *a*)
II Ki. 6. 2. A R κυρίου τῶν δυνάμεων καθημένου [B -ῳ] ἐπὶ τῶν Χερ. (3 *a*)
7. 2. κάθηται ἐν μέσῳ τῆς σκηνῆς (3 *a*)
16. 3. κάθηται ἐν Ἰερ. (3 *a*)
— 18. μετὰ αὐτοῦ καθήσομαι (3 *a*)
18. 24. Δαυὶδ ἐκάθητο ἀνὰ μέσον τῶν δύο πυλῶν (3 *a*)
19. 8 (9). ὁ βασ. κάθηται ἐν τῇ πύλῃ (3 *a*)
23. 10. ὁ λαὸς ἐκάθητο ὀπίσω αὐτοῦ †
III Ki. 1. 17. καθήσεται ἐπὶ τοῦ θρόνου μου (3 *a*)
— 20. τίς καθήσεται ἐπὶ τοῦ θρόνου (3 *a*)
— 24. καθήσεται ἐπὶ τοῦ θρόνου μου (3 *a*)
— 27. τίς καθήσεται ἐπὶ τὸν θρόνον (3 *a*)
— 30, 35. καθήσεται ἐπὶ τοῦ θρόνου μου (3 *a*)
— 48. καθήμενον ἐπὶ τοῦ θρόνου μου [A *om.*] (3 *a*)
3. 1 (2. 36). καὶ κάθου ἐκεῖ (3 *a*)
— 6. A δοῦναι τὸν υἱὸν αὐτοῦ καθήμενον [B *om.*] ἐπὶ τοῦ θρόνου αὐτοῦ (3 *a*)
7. 8. A R ἐν ᾧ [B οἴκῳ] καθήσεται ἐκεῖ (3 *a*)
8. 25. καθήμενος ἐπὶ θρόνου Ἰσρ. (3 *a*)
9. 16. A τὸν Χαν. τὸν καθήμενον ἐν τῇ πόλει (3 *a*)
11. 16. A ἐκάθητο [B ἐνεκ.] ἐκεῖ Ἰ. (3 *a*)
— 43 (12. 2). B καὶ ἐκάθητο ἐν Αἰγύπτῳ [A *al.*] (3 *a*)
12. 17. A υἱῶν Ἰσρ. τῶν καθημένων ἐν πόλεσιν Ἰ. (3 *a*)
13. 14. εὗρεν αὐτὸν καθήμενον ὑπὸ [A ἐπὶ] δρῦν (3 *a*)
— 20. αὐτῶν καθημένων ἐπὶ τῆς τραπέζης [B^1 *om.* ἐ. τ. τρ.] (3 *a*)
17. 9. A καὶ καθήσῃ ἐκεῖ (3 *a*)
— 19. ἐν ᾧ αὐτὸς ἐκάθητο ἐκεῖ (3 *a*)
20 (21). 11. A οἱ καθήμενοι [R κατοικοῦντες] ἐν πόλει αὐτοῦ (3 *a*)
22. 10. ἐκάθηντο [A -ητο] ἀνὴρ ἐπὶ τοῦ θρόνου αὐτοῦ (3 *a*)
— 19. καθήμενον ἐπὶ θρόνου αὐτοῦ (3 *a*)
IV Ki. 1. 9. Ἠ. ἐκάθητο ἐπὶ τῆς κορυφῆς τοῦ ὄρους (3 *a*)
2. 2, 4. κάθου δὴ ἐνταῦθα (3 *a*)
— 6. κάθου δὴ ὧδε (3 *a*)
— 18. αὐτὸς ἐκάθητο ἐν Ἰερ. (3 *a*)
3. 25. A καταλιπεῖν τοὺς λίθους . . . καθημένους [B -ηρημένους] †
4. 38. οἱ υἱοὶ τῶν προφητῶν ἐκάθηντο ἐνώπιον αὐτοῦ (3 *a*)
6. 32. Ἐλ. ἐκάθητο ἐν τῷ οἴκῳ αὐτοῦ καὶ οἱ πρεσβύτεροι ἐκάθηντο μετ' αὐτοῦ (3 *a*, 3 *a*)
7. 3. τί ἡμεῖς καθήμεθα ὧδε (3 *a*)
9. 5. οἱ ἄρχοντες τῆς δυνάμεως ἐκάθηντο (3 *a*)
— 13. A ἐπὶ γὰρ ἕνα τῶν ἀναβαθμῶν ἐκάθητο [B *al.*] –
10. 30. υἱοὶ τέταρτοι καθήσονταί σοι (3 *a*)
14. 10. καθήμενος ἐν τῷ οἴκῳ σου (3 *a*)
15. 12. υἱοὶ τέταρτοι καθήσονταί σοι (3 *a*)
18. 27. τοὺς ἄνδρας τοὺς καθημένους ἐπὶ τοῦ τείχους (3 *a*)
19. 15. ὁ καθήμενος ἐπὶ τῶν Χερ. (3 *a*)
I Ch. 13. 6. τοῦ θεοῦ κυρίου καθημένου ἐπὶ Χερ. (3 *a*)
20. 1. A B Δ. ἐκάθητο [R -θισεν] ἐν Ἰερ. (3 *a*)
II Ch. 6. 16. καθήμενος ἐπὶ θρόνου Ἰσρ. (3 *a*)

II Ch. 18. 9. καθήμενοι ἕκαστος ἐπὶ θρόνου αὐτοῦ (3 a)
— 9. καθήμενοι ἐν τῷ εὐρυχώρῳ θύρας (3 a)
— 18. καθήμενον ἐπὶ θρόνου αὐτοῦ (3 a)
25. 19. A B κάθησο [R κάθισον] ἐν οἴκῳ σου (3 a)
26. 21. ἐν οἴκῳ ἀπφουσὼθ ἐκάθητο λεπρός (3 a)
32. 10. καθήσεσθε [A κάθησθε] ἐν τῇ περιοχῇ ἐν Ἰερ. (3 a)
I Es. 4. 29. τὴν παλλακὴν τοῦ βασ. καθημένην ἐν δεξιᾷ
— 42. ἐχόμενός μου καθήσῃ
8. 72. καὶ ἐκαθήμην περίλυπος
II Es. 9. 3. καὶ ἐκαθήμην ἠρεμάζων [A ἐρ.] (3 a)
— 4. κἀγὼ καθήμενος ἠρεμάζων (3 a)
Ne. 2. 6. ἡ παλλακὴ ἡ καθημ. ἐχόμενα αὐτοῦ (3 a)
— 6. S³ ἵνα τί κάθησαι παρ' ἐμοί –
11. 6. οἱ καθήμενοι ἐν Ἰερ. (3 a)
To. 7. 1. S εὗρον αὐτὸν καθήμενον παρὰ τὴν θύραν
11. 5. Ἄννα ἐκάθητο
Ju. 4. 8. οἳ ἐκάθηντο ἐν Ἰερ.
5. 3. τίς ὁ λαὸς οὗτος ὁ καθήμενος [S οὐ. ἐγκαθ.] ἐν τῇ ὀρεινῇ
8. 21. οὕτως καθήσεται πᾶσα ἡ Ἰ.
11. 23. ἐν οἴκῳ βασιλέως Ναβ. καθήσῃ •
Es. 5. 1. ἐκάθητο ἐπὶ τοῦ θρόνου τῆς βασ. αὐ. (3 a)
— 13. S³ τὸν Ἰ. καθήμενον [A B S¹ om.] ἐν τῇ αὐλῇ (3 a)
Jb. 2. 8. ἐκάθητο ἐπὶ τῆς κοπρίας ἔξω τῆς πόλεως (3 a)
— 9. ἐν σαπρίᾳ σκωλήκων κάθησαι [A -ίσαι, S¹ om.] –
38. 40. κάθηνται δὲ ἐν ὕλαις ἐνεδρεύοντες (3 a)
Ps. 46 (47). 8. ὁ θ. κάθηται ἐπὶ θρόνου ἁγίου αὐ. (3 a)
49 (50). 20. καθήμενος κατὰ τοῦ ἀδελφοῦ σου κατελάλεις (3 a)
68 (69). 12. οἱ καθήμενοι ἐν πύλῃ (3 a)
79 (80). 1. ὁ καθήμ. ἐπὶ τῶν Χερ. ἐμφάνηθι (3 a)
98 (99). 1. ὁ καθήμενος ἐπὶ τῶν Χερουβίμ (3 a)
106 (107). 10. καθημένους ἐν σκότει (3 a)
109 (110). 1. κάθου ἐκ δεξιῶν μου (3 a)
126 (127). 2. A S ἐγείρεσθαι [R -θε] μετὰ τὸ καθῆσθαι (3 a)
Pr. 3. 24. ἐὰν γὰρ κάθῃ ἄφοβος ἔσῃ (6)
6. 10. ὀλίγον δὲ κάθησαι –
Ec. 10. 6. πλούσιοι [S πλ. μεγάλοι] ἐν ταπεινῷ καθήσονται (3 a)
Ca. 5. 12. ὡς περιστεραὶ . . . καθήμεναι ἐπὶ πληρώματα [A S πλ. ὑδάτων] (3 a)
8. 13. ὁ καθήμενος ἐν κήποις (3 a)
Si. 1. 8. εἷς ἐστὶ σοφὸς . . . καθήμενος ἐπὶ τοῦ θρόνου αὐτοῦ
9. 9. μετὰ ὑπάνδρου γυναικὸς μὴ κάθου τὸ σύνολον
11. 1. A ἐν μέσῳ μεγιστάνων καθήσει [B S -ίσ.] αὐτόν
26. 12. κατέναντι παντὸς πασσάλου καθήσεται
37. 14. ἑπτὰ σκοποὶ ἐπὶ μετεώρου καθήμενοι ἐπὶ σκοπῆς
38. 28. χαλκεὺς καθήμενος ἐγγὺς ἄκμονος
— 29. κεραμεὺς καθήμενος ἐν ἔργῳ αὐτοῦ
40. 3. ἀπὸ καθημένου ἐπὶ θρόνου ἐν δόξῃ [A S ἐνδόξου]
50. 26. οἱ καθήμενοι ἐν ὄρει Σαμαρείας
Ho. 3. 3. ἡμέρας πολλὰς καθήσῃ ἐπ' ἐμοί (3 a)
— 4. διότι ἡμέρας πολλὰς καθήσονται οἱ υἱοὶ Ἰ. (3 a)
Jn. 4. 5. καὶ ἐκάθητο ὑποκάτω αὐτῆς (3 a)
Za. 3. 9 (8). οἱ πλησίον σου οἱ καθήμενοι πρὸ προσώπου (3 a)
5. 7. γυνὴ μία ἐκάθητο ἐν μέσῳ τοῦ μέτρου [A ταλάντου] (3 a)
8. 4. ἔτι καθήσονται πρεσβύτεροι (1 a)
9. 12. καθήσεσθε [S¹ -σεται, A καὶ θήσονται] ἐν ὀχυρώμασι †
Is. 6. 1. εἶδον τὸν κύριον καθήμ. ἐπὶ θρόνου ὑψ. (3 a)
9. 2 (1). A ὁ λαὸς ὁ καθήμενος [B S πορευόμ.] ἐν σκότει (2)
— 9 (8). οἱ καθήμενοι [A ἐγκ.] ἐν Σαμαρείᾳ ἐφ' ὕβρει (3 a)
19. 1. κύριος κάθηται ἐπὶ νεφέλης κούφης (5)
36. 11. A εἰς τὰ ὦτα τῶν ἀνδρῶν τῶν καθημ. ἐπὶ τῷ τείχει [B S al.] –
— 12. οὐχὶ πρὸς τοὺς ἀνθρώπους [A ἄνδρας] τοὺς καθημένους ἐπὶ τῷ τείχει (3 a)
37. 16. ὁ καθήμενος ἐπὶ τῶν Χερουβίμ (3 a)
42. 7. ἐξαγαγεῖν . . . καθημένους ἐν σκότει (3 a)
47. 8. ἄκουε ταῦτα [A S add. ἡ] τρυφερὰ ἡ καθημένη (3 a)
Je. 8. 14. ἐπὶ τί ἡμεῖς καθήμεθα (3 a)
Je. 13. 13. A τοὺς βασιλεῖς αὐ. τοὺς καθημ. υἱοὺς τοῦ Δ. ἐπὶ θρόνους αὐ. . . . καὶ πάντας τοὺς καθημένους ἐν Ἰερ. [B S al.] (3 a, 3 a)
15. 17. κατὰ μόνας ἐκαθήμην (3 a)
17. 25. ἄρχοντες καθήμενοι ἐπὶ θρόνου Δαυίδ (3 a)
21. 9. ὁ καθήμ. ἐν τῇ πόλει ταύτῃ ἀποθανεῖται (3 a)
22. 2. ὁ καθήμενος ἐπὶ θρόνου Δαυίδ (3 a)
— 4. βασιλεῖς [S³ -έως, A add. καὶ ἄρχοντες] καθήμενοι ἐπὶ θρόνου Δαυίδ (3 a)
— 30. οὐ μὴ αὐξηθῇ . . . καθήμενος ἐπὶ θρόνου Δαυίδ (3 a)
28 (51). 30. καθήσονται ἐκεῖ ἐν περιοχῇ (3 a)
30. 8 (49. 30). καθήμενοι ἐν τῇ αὐλῇ (3 a)
— 9 (49. 31). ἀνάβηθι ἐπ' ἔθνος εὐσταθοῦν καθήμενον εἰς ἀναψυχήν (3 a)
31 (48). 18. κάθισον ἐν ὑγρασίᾳ καθημένη (3 a)
— 19. ἔπιδε καθημένη ἐν Ἀροήρ (3 a)
— 43. βόθυνος ἐπὶ σοὶ καθήμενος [A add. ἐπὶ] Μωάβ (3 a)
32 (25). 29. ἐπὶ τοὺς καθημένους ἐπὶ τῆς γῆς (3 a)
— 30. ἐπὶ καθημένους τὴν γῆν ἥκει ὄλεθρος [A al.] (3 a)
39 (32). 12. A κατ' ὀφθαλμοὺς τῶν Ἰουδαίων πάντων τῶν καθημένων [B S Ἰ. τῶν] ἐν τῇ αὐλῇ τῆς φυλακῆς (3 a)
40 (33). 4. A τῶν καθημένων [B S -θηρημ.] εἰς χάρακας †
43 (36). 12. ἐκεῖ πάντες οἱ ἄρχοντες ἐκάθηντο (3 a)
— 22. ὁ βασιλεὺς ἐκάθητο ἐν οἴκῳ χειμερινῷ (3 a)
— 30. οὐκ ἔσται αὐτῷ καθήμενος ἐπὶ θρόνου [A -ον] Δαυίδ (3 a)
47 (40). 10. κάθημαι ἐναντίον ὑμῶν εἰς [S ἐν] Μασσηφά (3 a)
51 (44). 1. ὁ λόγος ὁ γενόμ. πρὸς Ἰερ. . . . τοῖς καθημ. [S κατοικοῦσιν] ἐν Μ. (3 a)
— 13. ἐπισκέψομαι ἐπὶ τοὺς καθημένους ἐν γῇ [A om.] Αἰγ. (3 a)
— 15. ἀπεκρίθησαν . . . πᾶς ὁ λαὸς οἱ καθήμενοι ἐν γῇ [A om.] Αἰγύπτῳ (3 a)
— 26. πᾶς Ἰούδα οἱ καθήμενοι ἐν γῇ Αἰγύπτῳ (3 a)
Ba. 3. 3. σὺ καθήμενος τὸν αἰῶνα
La. 3. 28. καθήσεται κατὰ μόνας (3 a)
Ez. 8. 1. ἐκαθήμην ἐν τῷ οἴκῳ καὶ οἱ πρεσβύτεροι Ἰ. ἐκάθηντο ἐνώπιόν μου (3 a, 3 a)
— 14. ἐκεῖ γυναῖκες καθήμ. θρηνοῦσαι τὸν Θ. (3 a)
23. 41. ἐκάθου ἐπὶ κλίνης ἐστρωμένης (3 a)
33. 31. κάθηνται ἐναντίον σου (3 a)
44. 3. καθήσεται ἐν αὐτῇ (3 a)
Da. LXX. 3. (55). καθήμενος ἐπὶ Χερουβίμ
7. 9. παλαιὸς ἡμερῶν ἐκάθητο (3 b)
9. 7. ἀνθρώποις Ἰούδα καὶ καθημένοις ἐν Ἰερ. (3 a)
Bel 39. ὁρᾷ αὐτὸν καθήμενον
Da. TH. 3. (55). καθήμενος ἐπὶ Χερουβίμ
7. 9. παλαιὸς ἡμερῶν ἐκάθητο (3 b)
Bel 40. καὶ ἰδοὺ Δανιὴλ καθήμενος
I Ma. 1. 27. A R καθημένη ἐν παστῷ ἐγένετο ἐν πένθει [S ἐπένθει]
14. 9. ἐν ταῖς πλατείαις [S¹ ἐκκλησίαις] ἐκάθηντο
[**Aq.** Dt. 11. 19 : Jo. 2. 15 : III Ki. 3. 6 : 12. 17 : 17. 6 : IV Ki. 15. 5 : Jb. 2. 8 : Ps. 26 (27). 4 : 32 (33). 8, 14 : 68 (69). 13 : 79 (80). 2 : 90 (91). 1 : 126 (127). 2 : Ca. 8. 13 : Is. 28. 18 : 28. 6 : 40. 22 : 58. 12 : 65. 4 : Je. 13. 13 :
● 29 (36). 32 : Za. 13. 1.]
[**Sm.** Dt. 11. 19 : Jo. 2. 15 : Jd. 3. 20 : III Ki. 3. 6 : Ps. 68 (69). 13 : Ec. 10. 6 : Is. 6. 1 :
● 28. 6 : 40. 22 : 65. 4.]
[**Th.** Dt. 11. 19 : Jo. 2. 15 : Jd. 16. 12 : I Ki. 1. 9 : 4. 13 : III Ki. 3. 6 : 21. 11 : Jb. 2. 8 : Ca. 8. 13 : Is. 28. 6 : 37. 16 : 40. 22 : Je. 29
● (36). 16, 32 : 33 (40). 17.]
[**Al.** Nu. 21. 1 : Dt. 6. 7 : Ps. 9. 12.]
[**Quint.** Ps. 90 (91). 1 : Ca. 8. 13.]

κάθησις (-θισ.). (1) יָשַׁב
Je. 29 (49). 8. A βαθύνατε ἑαυτοῖς εἰς κάθησιν [B S -θισ.] (1)
30. 8 (49. 30). A λίαν ἐβαθύνατε εἰς κάθησιν [B S -θισ.] (1)

καθησυχάζειν.
[**Aq.** Ps. 82 (83). 2.]

καθίγειν (?). (1) נָגַע hi.
Ex. 12. 22. καθίξετε [A add. ἀπὸ] τῆς φλιᾶς (1)

κάθιδρος. (1) שֶׁטֶף
Je. 8. 6. ὡς ἵππος κ. ἐν χρεμετισμῷ αὐτοῦ (1)

καθιδρύειν.
Ep. Je. 17. καθιδρυμένων αὐτῶν ἐν τοῖς οἴκοις [A κήποις]
II Ma. 4. 12. ἀσμένως γὰρ . . . γυμνάσιον καθίδρυσε
III Ma. 7. 20. καθιδρύσαντες ἀνέλυσαν ἀσινεῖς

καθιέναι. (1) נוּחַ hi. (2) נָתַן (3) שׁוּב hi. (4) שָׁלַךְ hi.
Ex. 17. 11. ὅταν δὲ καθῆκε τὰς χεῖρας (1)
I Ch. 21. 27. A καθῆκεν [B κατέθηκε] τὴν ῥομφαίαν εἰς τὸν κολεόν (3)
Za. 11. 13. κάθες [S¹ κατάθες] αὐτοὺς εἰς τὸ χωνευτήριον (4)
Je. 39 (32). 14. S¹ καθήσεις [S³ καταθ., A B θήσεις] εἰς ἀγγεῖον (2)
[**Al.** Za. 11. 13.]

καθιζάνειν. (1) נָחָה hi.
Jb. 12. 18. καθιζάνων [A -ζων] βασιλεῖς ἐπὶ θρόνους [S -ων] †
Pr. 18. 16. παρὰ δυνάσταις καθιζάνει αὐτόν (1)

καθίζειν. (1) בּוֹא (2) גּוּר (3) הָיָה (4) יָשַׁב a. qal. b. hi. c. יָתַב (5) נוּחַ (6) נָפַל hi. (7) פָּגַר pi. (8) צוּר (9) רָכַב
Ge. 8. 3 (4). ἐκάθισεν ἡ κιβωτὸς . . . ἐπὶ τὰ ὄρη (5)
21. 16. R ἐκάθισεν [A -θητο] ἀπέναντι αὐτοῦ (4 a)
22. 5. καθίσατε αὐτοῦ μετὰ τῆς ὄνου (4 a)
27. 19. ἀναστὰς κάθισον καὶ φάγε (4 a)
37. 25. ἐκάθισαν δὲ φαγεῖν ἄρτον (4 a)
38. 14. ἐκάθισε πρὸς ταῖς πύλαις Αἰνάν (4 a)
43. 33. ἐκάθισαν δὲ ἐναντίον αὐτοῦ (4 a)
48. 2. ἐκάθισεν ἐπὶ τὴν κλίνην (4 a)
Ex. 2. 15. ἐκάθισεν ἐπὶ τοῦ φρέατος (4 a)
16. 3. ὅταν ἐκαθίσαμεν ἐπὶ τῶν λεβήτων (4 a)
— 29. R καθίσεσθε [A B -ήσ.] ἕκαστος εἰς τοὺς οἴκους ὑμῶν (4 a)
32. 6. ἐκάθισεν ὁ λαὸς φαγεῖν (4 a)
Le. 12. 4. B¹ καθίσεται [B² καθεσθήσ., A R καθήσ.] ἐν αἵματι [A ἱματίῳ] (4 a)
15. 4. ἐφ' ὃ ἂν καθίσῃ ἐπ' αὐτό (4 a)
— 6. ἐφ' ὃ ἂν καθίσῃ ὁ γονορρυής (4 a)
— 9. A ἐφ' ὃ ἂν καθίσῃ [B ἐπιβῇ] ἐπ' αὐτό (9)
— 22. οὗ ἐὰν καθίσῃ ἐπ' αὐτό (4 a)
— 23. οὗ ἐὰν καθίσῃ [A αὐτὴ κάθηται] ἐπ' αὐτῷ (4 a)
— 26. ἐφ' ὃ ἂν καθίσῃ ἐπ' αὐτό (4 a)
Nu. 11. 4. καὶ καθίσαντες ἔκλαιον †
De. 1. 45. καὶ καθίσαντες ἐκλαίετε †
17. 18. ὅταν καθίσῃ ἐπὶ [A add. τοῦ δίφρου] τῆς ἀρχῆς αὐτοῦ (4 a)
21. 13. A R καθιεῖται [B -ίεται] ἐν τῇ οἰκίᾳ σου (4 a)
25. 2. A R καθιεῖς αὐτὸν ἔναντι τῶν κριτῶν [B om. ἔ. τ. κρ.] (6)
Jo. 5. 2. καὶ καθίσας περίτεμε τοὺς υἱοὺς Ἰσρ. †
Jd. 5. 16. ἐκάθισαν ἀνὰ μέσον τῆς διγομίας [A al.] (4 a)
— 17. Ἀσὴρ ἐκάθισε παραλίαν θαλασσῶν [A al.] (4 a)
6. 11. ἐκάθισεν ὑπὸ τὴν τερέμινθον [A al.] (4 a)
— 18. R ἐγώ εἰμι καθίσομαι [A -ήσομαι, B -ίομαι] (4 a)
8. 29. ἐκάθισεν ἐν οἴκῳ αὐτοῦ [A al.] (4 a)
9. 41. A καὶ ἐκάθισεν [B εἰσῆλθεν] Ἀβ. (4 a)
11. 17. καὶ ἐκάθισεν Ἰσρ. ἐν Κάδης (4 a)
15. 8. καὶ ἐκάθισεν ἐν τρυμαλιᾷ [A al.] (4 a)
19. 4. καὶ ἐκάθισε μετ' αὐτοῦ (4 a)
— 6. A R καὶ ἐκάθισαν [B -εν] (4 a)
— 7. καὶ ἐκάθισε [A al.] †
— 15. καὶ ἐκάθισαν ἐν τῇ πλατείᾳ τῆς πόλεως (4 a)
20. 26. καὶ ἐκάθισαν ἐκεῖ (4 a)
— 47. ἐκάθισαν ἐν πέτρᾳ Ῥ. (4 a)
21. 2. καὶ ἐκάθισαν ἐκεῖ (4 a)
— 23. καὶ ἐκάθισαν [A κατῴκησαν] ἐν αὐταῖς (4 a)
Ru. 2. 14. ἐκάθισε Ῥοὺθ ἐκ πλαγίων τῶν θεριζόντων (4 a)
3. 1 (2. 23). ἐκάθισε μετὰ τῆς πενθερᾶς αὐτῆς (4 a)

● = correction on page xxvi

Ru. 4. 1. καὶ ἐκάθισεν ἐκεῖ (4 a)
— 1. κάθισον ὧδε κρύφιε [A -φῆ] (4 a)
— 1. καὶ ἐκάθισε (4 a)
— 2. καθίσατε ὧδε (4 a)
— 2. καὶ ἐκάθισαν [A -εν] (4 a)
I Ki. 1. 23. καὶ ἐκάθισεν ἡ γυνή (4 a)
2. 8. καθίσαι [A *add.* αὐτὸν] μετὰ δυναστῶν λαῶν (4 b)
5. 11. καθισάτω εἰς τὸν τόπον αὐτῆς †
13. 16. B ἐκάθισαν ἐν Γαβαά (4 a)
19. 2. κρύβηθι καὶ κάθισον κρυφῇ (4 a)
— 18. καὶ ἐκάθισαν ἐν N. (4 a)
20. 5. ἐγὼ καθίσας οὐ καθήσομαι (4 a)
— 19. A καθίσεις παρὰ τὸ ἔργον ἐκ. [B *al.*] (4 a)
— 25. ἐκάθισεν ἐπὶ τὴν καθέδραν αὐτοῦ (4 a)
— 25. καὶ ἐκάθισεν Ἀβ. (4 a)
22. 5. ἐκάθισεν ἐν πόλει (1)
23. 14. ἐκάθισεν ἐν M. ἐν τῇ ἐρήμῳ (4 a)
24. 1. καὶ ἐκάθισεν [A *om.* κ. ἐκ.] ἐν τοῖς στενοῖς Ἐν. (4 a)
25. 13. ἐκάθισαν μετὰ τῶν σκευῶν (4 a)
26. 3. Δαυὶδ ἐκάθισεν ἐν τῇ ἐρήμῳ (4 a)
27. 3. ἐκάθισε Δ. μετὰ Ἀγχοῦς (4 a)
— 5. A κάθισόν με [B καθήσομαι] ἐκεῖ (4 a)
— 7. ὧν ἐκάθισε Δαυὶδ ἐν ὁδῷ (4 a)
28. 23. καὶ ἐκάθισεν ἐπὶ τὸν δίφρον (4 a)
30. 10. οἵτινες ἐκάθισαν πέραν τοῦ χειμάρρου (7 ?)
— 21. ἐκάθισεν αὐτοὺς ἐν τῷ χειμάρρῳ (4 b)
II Ki. 1. 1. ἐκάθισε Δ. ἐν Σεκ. (4 a)
2. 13. A R ἐκάθισαν οὗτοι ἐπὶ τὴν κρήνην (4 a)
5. 9. ἐκάθισε Δ. ἐν τῇ περιοχῇ (4 a)
6. 11. ἐκάθισεν ἡ κιβωτός [A *al.*] (4 a)
7. 1. ὅτε ἐκάθισεν ὁ β. ἐν τῷ οἴκῳ (4 a)
— 18. ἐκάθισεν ἐνώπιον κυρίου (4 a)
10. 5. καθίσατε ἐν Ἱερ. (4 a)
11. 1. A ἐκάθισαν [B διεκ.] ἐπὶ Ῥ. (8)
— 1. Δαυὶδ ἐκάθισεν ἐν Ἱερ. (4 a)
— 12. κάθισον ἐνταῦθα καί γε σήμερον (4 a)
— 12. ἐκάθισεν Οὐ. ἐν Ἱερ. (4 a)
13. 20. ἐκάθισε Θ. χηρεύουσα (4 a)
14. 28. ἐκάθισεν Ἀβ. ἐν Ἱερ. (4 a)
15. 25. A καθισάτω εἰς τὸν τόπον αὐτοῦ –
— 29. καὶ ἐκάθισεν ἐκεῖ (4 a)
19. 8 (9). ἐκάθισεν ἐν τῇ πύλῃ (4 a)
— 37 (38). καθισάτω δὴ ὁ δοῦλός σου †
22. 11. A ἐκάθισεν [B ἐπεκ.] ἐπὶ Χερ. (9)
III Ki. 1. 13. καθιεῖται [B^1 -θίεται] ἐπὶ τοῦ θρόνου μου (4 a)
— 46. ἐκάθισε Σαλ. ἐπὶ θρόνον βασιλείας (4 a)
2. 12. Σαλ. ἐκάθισεν ἐπὶ θρόνου Δ. (4 a)
— 19. ἐκάθισεν ἐπὶ τοῦ θρόνου (4 a)
— 19. ἐκάθισεν ἐκ δεξιῶν αὐτοῦ (4 a)
3. 1 (2. 38). ἐκάθισε Σεμ. ἐν Ἱερ. (4 a)
8. 20. ἐκάθισα ἐπὶ τοῦ θρόνου Ἰσρ. (4 a)
11. 24. A ἐκάθισαν ἐν αὐτῇ (4 a)
16. 11. ἐν τῷ καθίσαι αὐτὸν ἐπὶ τοῦ θρόνου αὐτοῦ (4 a)
17. 5. ἐκάθισεν ἐν τῷ χειμάρρῳ X. (4 a)
19. 4. καὶ ἐκάθισεν ὑποκάτω ῥ. (4 a)
20 (21). 9. καθίσατε τὸν Ναβ. ἐν ἀρχῇ τοῦ λαοῦ (4 b)
— 10. A καθίσατε [B ἐγκαθ.] δύο ἄνδρας (4 b)
— 12. A ἐκάθισαν τὸν Ναβ. ἐν κεφαλῇ [R ἀρχῇ] τοῦ λαοῦ (4 b)
— 13. ἐκάθισαν ἐξ ἐναντίας αὐτοῦ (4 a)
22. 1. καὶ ἐκάθισε τρία ἔτη (4 a)
IV Ki. 7. 4. ἐὰν καθίσωμεν ὧδε (4 a)
11. 19. ἐκάθισαν [A -εν] αὐτὸν ἐπὶ θρόνου τῶν βασ. (4 a)
13. 5. ἐκάθισαν οἱ υἱοὶ Ἰσρ. ἐν τοῖς σκηνώμ. (4 a)
— 13. A R Ἱερ. ἐκάθισεν ἐπὶ τοῦ θρόνου [B μετὰ τῶν πατέρων] αὐτοῦ (4 a)
17. 28. καὶ ἐκάθισεν ἐν B. (4 a)
25. 24. καθίσατε ἐν τῇ γῇ (4 a)
I Ch. 11. 7. καὶ ἐκάθισε Δ. ἐν τῇ περιοχῇ (4 a)
13. 14. ἐκάθισεν ἡ κιβωτὸς τοῦ θ. ἐν οἴκῳ Ἀβ. (4 a)
17. 16. ἐκάθισεν ἀπέναντι [S -τίον] κυρίου (4 a)
19. 5. καθίσατε ἐν Ἱερ. (4 a)
20. 1. S R Δ. ἐκάθισεν [A B -θητο] ἐν Ἱερ. (4 a)
28. 5. καθίσαι αὐτὸν ἐπὶ θρόνου βασιλείας κ. (4 a)
29. 23. ἐκάθισε Σαλ. ἐπὶ θρόνου Δ. (4 a)
II Ch. 6. 10. ἐκάθισα ἐπὶ τὸν θρόνον Ἰσρ. (4 a)
23. 20. ἐκάθισαν τὸν βασ. ἐπὶ τὸν θρόνον (4 b)
25. 19. R κάθισον [A B κάθησο] ἐν οἴκῳ σου (4 a)
I Es. 3. 7. δεύτερος καθιεῖται Δαρείου
— 15. καὶ ἐκάθισεν ἐν τῷ χρηματιστηρίῳ

I Es. 8. 71. ἐκάθισα σύννους καὶ περίλυπος
II Es. 2. 70. καὶ ἐκάθισαν οἱ ἱερεῖς (4 a)
8. 32. καὶ ἐκαθίσαμεν ἐκεῖ ἡμέρας τρεῖς (4 a)
10. 2. ἐκαθίσαμεν [S^2 ἐλάβομεν] γυναῖκας ἀλλοτρίας (4 b)
— 9. ἐκάθισε πᾶς ὁ λαὸς ἐν πλατείᾳ οἴκου (4 a)
— 10. ἐκαθίσατε [S^2 ἐλάβετε] γυναῖκας ἀλλοτρίας (4 b)
— 14. ὃς ἐκάθισε [S^2 οἱ λαβόντες] γυναῖκας ἀλλοτρίας (4 b)
— 17. οἱ ἐκάθισαν γυναῖκας ἀλλοτρίας (4 b)
— 18. A B οἱ ἐκάθισαν [S^2 ἔλαβον] γυναῖκας ἀλλοτρίας (4 b)
Ne. 1. 4. ἐκάθισα καὶ ἔκλαυσα (4 a)
6. 7. ἵνα καθίσῃς ἐν Ἱερ. εἰς βασιλέα †
7. 73. καὶ ἐκάθισαν οἱ ἱερεῖς (4 a)
8. 17. καὶ ἐκάθισαν ἐν σκηναῖς (4 a)
11. 1. καὶ ἐκάθισαν οἱ ἄρχοντες τοῦ λαοῦ (4 a)
— 1. καθίσαι ἐν Ἱερ. πόλει τῇ ἁγίᾳ (4 a)
— 2. τοὺς ἑκουσιαζομένους καθίσαι ἐν Ἱερ. (4 a)
— 3. οἱ ἐκάθισαν ἐν Ἱερ. (4 a)
— 3. A S^1 ἐκάθισαν [B S^2 -εν] ἀνὴρ ἐν κατασχέσει αὐτοῦ (4 a)
— 4. ἐκάθισαν ἀπὸ υἱῶν Ἰούδα (4 a)
— 25. ἀπὸ υἱῶν Ἰούδα ἐκάθισαν (4 a)
13. 16. καὶ ἐκάθισαν ἐν αὐτῇ (4 a)
— 23. οἱ ἐκάθισαν γυναῖκας Ἀζωτίας (4 b)
— 27. καθίσαι γυναῖκας ἀλλοτρίας (4 b)
To. 2. 10. S ἐκάθισεν τὸ ἀφόδευμα αὐτῶν [A B *al.*]
Jb. 2. 9. A καθίσαι [B -ησαι, S^1 *om.*] διανυκτερεύων –
6. 29. καθίσατε δή †
12. 18. A καθίζων [B S -ζάνων] βασιλεῖς ἐπὶ θρόνους [S -ων] †
29. 25. ἐκάθισα ἄρχων (4 a)
36. 7. καθιεῖ αὐτοὺς εἰς [A καὶ εἰς] νῖκος (4 b)
Ps. 1. 1. B S ἐπὶ καθέδραν [A R -ᾳ] λοιμῶν οὐκ ἐκάθισεν (4 a)
9. 4. ἐκάθισας ἐπὶ θρόνου ὁ κρίνων δικαιοσύνην (4 a)
25 (26). 4. οὐκ ἐκάθισα μετὰ συνεδρίου ματαιότητος [A -ας] (4 a)
— 5. μετὰ ἀσεβῶν οὐ μὴ καθίσω (4 a)
28 (29). 10. καθιεῖται [B^1 S^1 -ίεται] κύριος βασιλεὺς εἰς τὸν αἰῶνα (4 a)
112 (113). 8. τοῦ καθίσαι αὐτὸν μετὰ ἀρχόντων (4 b)
118 (119). 23. ἐκάθισαν ἄρχοντες (4 a)
121 (122). 5. ἐκεῖ ἐκάθισαν θρόνοι εἰς κρίσιν (4 a)
131 (132). 12. καθιοῦνται ἐπὶ τοῦ θρόνου [A^1 S^1 τὸν θρ.] σου (4 a)
136 (137). 1. ἐπὶ τῶν ποταμῶν Βαβυλῶνος ἐκεῖ ἐκαθίσαμεν (4 a)
142 (143). 3. ἐκάθισέ [S -άν] με ἐν σκοτεινοῖς (4 b)
Pr. 9. 14. ἐκάθισεν ἐπὶ θύραις τοῦ ἑαυτῆς οἴκου (4 a)
20. 8. ὅταν βασιλεὺς δίκαιος καθίσῃ ἐπὶ θρόνου (4 a)
22. 10. ὅταν γὰρ καθίσῃ ἐν συνεδρίῳ †
23. 1. ἐὰν καθίσῃς δειπνεῖν ἐπὶ τραπέζης δυνάστου (4 a)
31. 23. ἡνίκα ἂν καθίσῃ ἐν συνεδρίῳ (4 a)
Ca. 2. 3. ἐν τῇ σκιᾷ αὐτοῦ . . . καὶ ἐκάθισα (4 a)
Si. 10. 14. ἐκάθισε πραεῖς ἀντ' αὐτῶν
11. 1. ἐν μέσῳ μεγιστάνων καθίσει [S^1 -σῃ, A -ήσει] αὐτόν
— 5. πολλοὶ τύραννοι ἐκάθισαν ἐπὶ ἐδάφους
12. 12. μὴ καθίσῃς αὐτὸν ἐκ δεξιῶν σου
34 (31). 12. ἐπὶ τραπέζης μεγάλης ἐκάθισας
— 18. εἰ ἀνὰ μέσον πλειόνων ἐκάθισας
35 (32). 1. φρόντισον αὐτῶν καὶ οὕτω κάθισον
38. 33. ἐπὶ δίφρον δικαστοῦ [A δυνάστου] οὐ καθιοῦνται [A -ίονται]
Ho. 14. 8. καθιοῦνται ὑπὸ τὴν σκέπην αὐ. (4 a)
Mi. 7. 8. ἐὰν καθίσω ἐν τῷ σκότει (4 a)
Jl. 3 (4). 12. καθιῶ τοῦ διακρῖναι πάντα τὰ ἔθνη (4 a)
Jn. 3. 6. καὶ ἐκάθισεν ἐπὶ σποδοῦ (4 a)
— 4. 5. καὶ ἐκάθισεν ἀπέναντι τῆς πόλεως (4 a)
Za. 6. 13. καὶ καθιεῖται [B^1 S^1 -θίεται] (4 a)
Ma. 3. 3. καθιεῖται χωνεύων καὶ καθαρίζων (4 a)
Is. 14. 13. καθιῶ ἐν ὄρει ὑψηλῷ (4 a)
16. 5. καθεῖται [B^1 S^1 -θίεται] ἐπ' αὐτοῦ (4 a)
30. 8. καθίσας γράψον ἐπὶ πυξίου ταῦτα (1)
47. 1. κάθισον ἐπὶ τὴν γῆν (4 a)
— 1. κάθισον εἰς τὴν γῆν [A S *al.*] (4 a)
— 5. κάθισον κατανενυγμένη (4 a)
— 8. οὐ καθιῶ χήρα [A^1 *om.*] (4 a)
— 14. κάθισαι ἐπ' αὐτούς (4 a)

Is. 52. 2. κάθισον Ἱερουσαλήμ (4 a)
Je. 3. 2. ἐπὶ ταῖς ὁδοῖς [A *add.* αἷς] ἐκάθισας αὐτοῖς ὡσεὶ κορώνη (4 a)
13. 18. B S καὶ καθίσατε (4 a)
15. 17. οὐκ ἐκάθισα ἐν συνεδρίῳ αὐτῶν παιζόντων (4 a)
16. 8. A οὐκ εἰσελεύσῃ σὺ τοῦ καθίσαι [B S εἰσ. συγκ.] μετ' αὐτῶν (4 a)
29 (49). 18. R οὐ μὴ καθίσει [B S -σῃ, A κατοικήσει] ἐκεῖ ἄνθρωπος καὶ οὐ μὴ κατοικήσει [A καθίσει, B S ἐνοι.] ἐκεῖ υἱὸς ἀνθρώπου (4 a, 2)
30. 11 (49. 33). οὐ μὴ καθίσῃ ἐκεῖ ἄνθρωπος (4 a)
31 (48). 18. κάθισον ἐν ὑγρασίᾳ καθημένη (4 a)
33 (26). 10. ἐκάθισαν ἐν προθύροις πύλης (4 a)
39 (32). 5. ἐκεῖ καθιεῖται [S -ιεῖται, A ἀποθανεῖται] (3)
— 37. καθιῶ [A κατοικιῶ] αὐτοὺς πεποιθότας (4 b)
44 (37). 16. ἐκάθισεν ἐκεῖ ἡμέρας πολλάς (4 a)
— 21. ἐκάθισεν Ἰ. ἐν τῇ αὐλῇ τῆς φυλακῆς (4 a)
45 (38). 13, 28. ἐκάθισεν Ἱερ. ἐν τῇ αὐλῇ (4 a)
46 (39). 3. ἐκάθισαν ἐν πύλῃ τῇ μέσῃ (4 a)
— 14. ἐκάθισεν [A -αν] ἐν μέσῳ τοῦ λαοῦ (4 a)
47 (40). 6. ἐκάθισεν ἐν μέσῳ τοῦ λαοῦ (4 a)
48 (41). 17. ἐκάθισαν [S -εν] ἐν Γ. τὴν πρὸς B. (4 a)
49 (42). 10. ἐὰν καθίσαντες καθίσητε ἐν τῇ γῇ ταύτῃ (4 a, 4 a)
— 13. οὐ μὴ καθίσωμεν ἐν τῇ γῇ ταύτῃ (4 a)
Ba. 2. 21. καθίσατε ἐπὶ τὴν γῆν [A τῆς γῆς]
La. 1. 1. ἐκάθισεν Ἱερεμίας κλαίων –
— 1. πῶς ἐκάθισε μόνη ἡ πόλις (4 a)
— 3. ἐκάθισεν ἐν ἔθνεσιν (4 a)
2. 10. ἐκάθισαν εἰς τὴν γῆν (4 a)
3. 6. ἐν σκοτεινοῖς ἐκάθισέ με (4 b)
Ez. 3. 15. ἐκάθισα ἐκεῖ ἑπτὰ ἡμέρας (4 a)
14. 1 : 20. 1. ἐκάθισαν πρὸ προσώπου μου (4 a)
36. 35. αἱ πόλεις . . . κατεσκαμμέναι ὀχυραὶ ἐκάθισαν (4 a)
Da. LXX. 4. 34. ἐκάθισέ με ἐπὶ τοῦ θρόνου μου
7. 10. καὶ κριτήριον ἐκάθισε (4 c)
— 26. ἡ κρίσις καθίσεται (4 c)
Da. TH. Su. 50. κάθισον ἐν μέσῳ ἡμῶν
7. 10. κριτήριον ἐκάθισε (4 c)
— 26. καὶ τὸ κριτήριον ἐκάθισε [A καθίσει] (4 c)
11. 10. παρελεύσεται καὶ καθίεται [A -ιεῖται] †
I Ma. 2. 1. καὶ ἐκάθισεν ἐν M.
— 7. A R καὶ καθίσαι [S ἐκάθισαν] ἐκεῖ
— 29. κατέβησαν πολλοὶ . . . καθίσαι ἐκεῖ
7. 4. ἐκάθισε Δ. ἐπὶ θρόνου βασιλείας αὐτοῦ
10. 52. ἐκάθισα [S ἐνεκαθ.] ἐπὶ θρόνου πατέρων μου
— 53. ἐκαθίσαμεν [S^2 -σα] ἐπὶ θρόνου βασιλείας αὐτοῦ
— 55. ἐκάθισας ἐπὶ θρόνου βασιλείας αὐ.
— 63. A R ἐκάθισεν αὐτὸν ὁ βασ. [S -σαν αὐ. οἱ βασ.] μετ' αὐτοῦ
11. 52. ἐκάθισε Δ. ὁ βασ. ἐπὶ θρόνου
14. 12. ἐκάθισεν ἕκαστος ὑπὸ τὴν ἄμπελον αὐτοῦ

[**Aq.** Ge. 13. 12 : 47. 6 : Ex. 24. 14 : Ps. 4. 9 : 28 (29). 10 : 67 (68). 7, 17 : Pr. 20. 3 : Is. 37. 37 : 47. 1 : Je. 35 (42). 11.]
[**Sm.** Ge. 47. 6 : Ps. 28 (29). 10 *bis* : Is. 66. 9 : Je. 35 (42). 11 : 49. 30 (30. 8).]
[**Th.** Ge. 47. 6 : Ps. 28 (29). 10 : Is. 47. 1 : Je. 35 (42). 11.]
[**Heb.** Ge. 47. 6 : Jb. 2. 13.]
[**Quint.** Ps. 28 (29). 10.]

καθικνεῖσθαι.

[**Sm.** Ps. 37 (38). 3.]

καθίπτασθαι.

Si. 43. 17. ὡς πετεινὰ καθιπτάμενα πάσσει χιόνα

κάθισις, *vid.* **κάθησις.**

κάθισμα.

[**Al.** Le. 15. 9.]

καθιστάναι. (1) אָסַף (2) בּוֹא *a.* qal. *b.* hi. (3) חָזַק (4) יָצַב hithp. (5) כּוּן ni. (6) מָנָה *a.* pi. *b.* pu. *c.* מְנָה pa. (7) מָשַׁח (8) מָשַׁל hi. (9) מִשְׁקָע (10) נוּחַ hi. (11) נָסַךְ (12) נָצַב ni. (13) נָתַן (14) עָמַד *a.* qal. *b.* hi. (15) פָּקַד *a.* qal. *b.* ni. *c.* hi. *d.* ho.

e. פְּקֻדָּה f. פָּקִיד (16) צִוָּה pi. (17) צָלַל (18) קוּם a. qal. b. hi. c. aph. (19) שׂוּם, שִׂים (20) שׁוּב a. qal. b. hi. (21) שִׁית (22) שְׁלֵט aph. (23) **κ. εἰς βασιλέα** מָלַךְ hi. (24) **κ. βασιλέα** מָלַךְ hi.

Ge. 39. 4. κατέστησεν αὐτὸν ἐπὶ τοῦ οἴκου αὐτοῦ (15 c)
— 5. R μετὰ τὸ καταστῆναι [A -σταθῆναι] αὐτὸν ἐπὶ τοῦ οἴκου αὐτοῦ (15 c)
41. 33. κατάστησον αὐτὸν ἐπὶ γῆς Αἰγ. (21)
— 34. καταστησάτω τοπάρχας ἐπὶ τῆς γῆς (15 c)
— 41. R καθίστημί σε . . . ἐπὶ πάσῃ γῇ [A -σης γῆς] Αἰγ. (13)
— 43. κατέστησεν αὐτὸν ἐφ᾽ ὅλης γῆς Αἰγ. (13)
47. 4 (6). κατάστησον αὐτοὺς ἄρχοντας (19)
Ex. 2. 14. τίς σε κατέστησεν ἄρχοντα (19)
5. 14. οἱ κατασταθέντες ἐπ᾽ αὐτούς (19)
18. 21. καταστήσεις [A κ. αὐτοὺς] ἐπ᾽ αὐτῶν χιλιάρχους (19)
Nu. 3. 10. τοὺς υἱοὺς αὐτοῦ καταστήσεις ἐπὶ τῆς σκηνῆς (15 a)
— 32. καθεσταμένος φυλάσσειν τὰς φυλακάς (15 c)
4. 19. καὶ καταστήσουσιν αὐτούς (19)
21. 15. τοὺς χειμάρρους κατέστησε κατοικίσαι Ἢρ †
31. 48. πάντες οἱ καθεσταμένοι εἰς τὰς χιλιαρχίας (15 a)
De. 1. 13. καταστήσω . . . ἡγουμένους ὑμῶν (19)
— 15. κατέστησα αὐτοὺς ἡγεῖσθαι (13)
16. 18. A κριτὰς . . . καταστήσεις [B ποιήσ.] σεαυτῷ (13)
17. 14. καταστήσω ἐπ᾽ ἐμαυτὸν ἄρχοντα [A -ας] (19)
— 15. καθιστῶν καταστήσεις [A καθιστ.] ἐπὶ σεαυτὸν ἄρχοντα (19, 19)
— 15. καταστήσεις ἐπὶ σεαυτὸν ἄρχοντα (19)
— 15. οὐ δυνήσῃ καταστῆσαι ἐπὶ σεαυτὸν ἄνθρωπον ἀλλότριον (13)
19. 16. ἐὰν δὲ καταστῇ μάρτυς ἄδικος (18 a)
20. 9. καταστήσουσιν ἄρχοντας τῆς στρατιᾶς (15 a)
25. 6. κατασταθήσεται ἐκ τοῦ ὀνόματος τοῦ τετελευτηκότος (18 a)
28. 13. καταστῆσαί σε κύριος . . . εἰς κεφαλήν (13)
— 36. οὓς ἂν καταστήσῃς [B¹ -σει, A² -σεις] ἐπὶ σεαυτόν (18 b)
32. 25. θηλάζων μετὰ καθεστηκότος πρεσβύτου [A -τέρου] †
Jo. 6. 22 (23). κατέστησαν αὐτὴν ἔξω τῆς παρεμβολῆς Ἰσρ. (10)
8. 2. κατάστησον δὲ σεαυτῷ ἔνεδρα τῇ πόλει (19)
9. 27. κατέστησεν αὐτοὺς Ἰ. . . . ξυλοκόπους (13)
10. 18. καταστήσατε [A -σετε ἐπ᾽ αὐτοῦ] ἄνδρας (15 c)
20. 3. ἕως ἂν καταστῇ . . . εἰς κρίσιν –
— 9. ἕως ἂν καταστῇ . . . εἰς κρίσιν (14 a)
Jd. 11. 11. A κατέστησαν ὁ λαὸς αὐτόν [B ἔθηκαν αὐ. ὁ λ.] (19)
I Ki. 1. 9. κατέστη ἐνώπιον κυρίου –
— 26. ἡ γυνὴ ἡ καταστᾶσα ἐνώπιόν σου (12)
3. 10. καὶ κατέστη (4)
5. 3. κατέστησαν [A add. αὐτὸν] εἰς τὸν τόπον αὐτοῦ (20 b)
8. 1. κατέστησε τοὺς υἱοὺς αὐτοῦ δικαστάς (19)
— 5. κατάστησον ἐφ᾽ ἡμᾶς βασιλέα (19)
10. 19. B² R βασιλέα καταστήσεις [A B¹ στ.] ἐφ᾽ ἡμῶν (19)
— 19. κατάστητε ἐνώπιον κυρίου (4)
— 23. καὶ κατέστησεν ἐν μέσῳ τοῦ λαοῦ (4)
12. 7, 16. καὶ νῦν κατάστητε (4)
18. 5. A κατέστησεν αὐτὸν Σαοὺλ ἐπὶ τοὺς ἄνδρας (19)
— 13. κατέστησεν αὐτὸν ἑαυτῷ χιλίαρχον (19)
19. 20. καὶ Σαμ. εἱστήκει καθεστηκὼς ἐπ᾽ αὐτῶν (12)
22. 9. ὁ καθεστηκὼς ἐπὶ τὰς ἡμιόνους Σ. (12)
29. 4. οὗ κατέστησας αὐτὸν ἐκεῖ (15 c)
— 10. οὗ κατέστησα ὑμᾶς ἐκεῖ [A om.] –
30. 12. κατέστη τὸ πνεῦμα αὐτοῦ (20 a)
II Ki. 3. 39. καὶ καθεσταμένος ὑπὸ βασιλέως (7)
6. 21. A R τοῦ [B om.] καταστῆσαί με εἰς ἡγούμενον (16)
15. 4. τίς με καταστήσει κριτήν (19)
17. 25. τὸν Ἀμ. κατέστησεν Ἀβ. (19)
18. 1. κατέστησεν ἐπ᾽ αὐτῶν χιλιάρχους (19)
III Ki. 3. 1 (5. 16 [30]). οἱ καθεσταμένοι ἐπὶ τὰ ἔργα τοῦ Σαλ. (12)
4. 5. Ὀρνία υἱὸς Νάθαν ἐπὶ τῶν καθεσταμένων (12)
III Ki. 4. 7. τῷ Σαλ. δώδεκα καθεσταμένοι ἐπὶ πάντα Ἰσρ. (12)
— 27 (5. 7). ἐχορήγουν οἱ καθεσταμένοι οὕτως τῷ βασ. (12)
5. 16 (30). χωρὶς ἀρχόντων τῶν [A om.] καθεσταμένων ἐπὶ τῶν ἔργων τῷ Σαλ. (12)
11. 28. κατέστησεν αὐτὸν ἐπὶ τὰς ἄρσεις (15 c)
IV Ki. 7. 17. ὁ βασ. κατέστησε τὸν τριστάτην (15 c)
10. 3. καταστήσετε [A -σατε] αὐτὸν ἐπὶ τὸν θρόνον τοῦ πατρός (19)
22. 5. τῶν καθεσταμένων ἐν οἴκῳ κυρίου (15 d)
— 9. τὰ ἔργα [A add. τῶν] καθεσταμένων ἐν οἴκῳ κυρίου (15 d)
25. 22. κατέστησεν ἐπ᾽ αὐτῶν τὸν Γοδ. (15 c)
— 23. κατέστησε βασ. Βαβ. τὸν Γοδ. (15 c)
I Ch. 6. 31 (16). οὓς κατέστησε Δ. ἐπὶ χεῖρας ᾀδόντων (14 b)
9. 29. ἐξ αὐτῶν καθεσταμένοι ἐπὶ τὰ σκεύη (6 b)
11. 25. κατέστησεν αὐτὸν Δ. ἐπὶ τὴν πατριὰν αὐτοῦ (19)
12. 18. κατέστησεν αὐτοὺς ἄρχοντας τῶν δυνάμεων (13)
22. 2. καὶ κατέστησε λατόμους (14 b)
26. 32. κατέστησεν αὐτοὺς Δ. . . . ἐπὶ τοῦ Ῥ. (15 c)
II Ch. 11. 15. κατέστησεν αὐτῷ ἱερεῖς (15 c)
— 22. κατέστησεν εἰς ἄρχοντα Ἀβ. (15 c)
12. 10. κατέστησεν ἐπ᾽ αὐτὸν Σ. ἄρχοντας (15 c)
17. 2. καὶ κατέστησεν ἡγουμένους (13)
19. 5. καὶ κατέστησε κριτάς (14 b)
— 8. κατέστησεν Ἰωσ. τῶν ἱερέων (14 b)
21. 5. κατέστη Ἰ. ἐπὶ τὴν βασιλείαν αὐτοῦ –
24. 11. καὶ κατέστησαν εἰς τὸν τόπον αὐτοῦ (20 b)
25. 3. ὡς κατέστη ἡ βασιλεία ἐν χειρὶ αὐτοῦ (3)
— 23. A καὶ κατέστησεν [B -έσπασεν] ἀπὸ τοῦ τείχους Ἰερ. †
28. 15. κατέστησαν αὐτοὺς εἰς Ἰερ. (2 b)
29. 4. κατέστησεν αὐτοὺς εἰς τὸ κλίτος (1)
31. 13. καὶ οἱ υἱοὶ αὐτοῦ καθεσταμένοι (15 f)
33. 14. κατέστησεν ἄρχοντας τῆς δυνάμεως (19)
34. 10. οἱ καθεσταμένοι [A καθιστ.] ἐν οἴκῳ κυρίου (15 d)
36. 1. R καὶ κατέστησαν αὐτόν [AB al.] (23)
— 4. A R κατέστησε Φαρ. Νεχ. τὸν Ἐλιακὶμ . . . βασιλέα [B al.] (24)
I Es. 2. 8. καταστήσαντες [A -στάντες] οἱ ἀρχίφυλοι
5. 48. καὶ καταστὰς Ἰησοῦς
II Es. 7. 25. κατάστησον γραμματεῖς (6 c)
Ne. 12. 44. κατέστησαν [S¹ -εν] . . . ἄνδρας ἐπὶ τῶν γαζοφυλακίων (15 b)
13. 19. ἡνίκα κατέστησαν πύλαι (17 ?)
To. 1. 15. A αἱ ὁδοὶ αὐ. κατέστησαν [B S al.]
— 22. κατέστησεν αὐτὸν ὁ Σ.
Ju. 1. 3. S τοὺς πύργους αὐτῆς κατέστησεν [A B -οῦ ἔστ.]
5. 3. S τίς καθέστηκεν [A B ἀνέστ.] ἐπ᾽ αὐτῶν βασ.
6. 14. κατέστησαν αὐτὸν ἐπὶ [A εἰς] τοὺς ἄρχοντας
Es. 2. 3. καταστήσει ὁ βασ. κωμάρχας (15 c)
3. 13. A B¹ S τοὺς τῶν ὑποτεταγμένων ἀκυμάτους [B² R -άντους] . . . καταστῆσαι βίους
5. 1. κατέστη [A S² ἔστη] ἐνώπιον [S² κατεν.] τοῦ βασ. (14 a ?)
— 1. μέχρις οὗ κατέστη
8. 2. κατέστησεν Ἐσθὴρ Μαρδοχαῖον (19)
— 13. πολλάκις δὲ καὶ πολλοὺς . . . καταστήσασα [A -ήσας]
— 13. ἔχθιστος [A S¹ αἴσχιστος] κατασταθήσεται [S¹ αὐτὰ σταθ.]
Jb. 16. 13 (12). κατέστησέ με ὥσπερ σκοπόν (18 b)
Ps. 2. 6. A R ἐγὼ δὲ κατεστάθην βασιλεὺς [B S om.] ὑπ᾽ αὐτοῦ (11)
8. 6. κατέστησας αὐτὸν ἐπὶ τὰ ἔργα τῶν χειρῶν σου (8)
9. 20. κατάστησον, κύριε, νομοθέτην ἐπ᾽ αὐτούς (21)
17 (18). 43. καταστήσεις με εἰς κεφαλὴν ἐθνῶν (19)
44 (45). 16. καταστήσεις αὐτοὺς ἄρχοντας (21)
96 (97). *tit.* τῷ Δαυὶδ ὅτε ἡ γῆ αὐ. καθίσταται –
104 (105). 21. κατέστησεν αὐτὸν κύριον τοῦ οἴκου αὐτοῦ (19)
108 (109). 6. κατάστησον ἐπ᾽ αὐτὸν ἁμαρτωλόν (15 c)
Pr. 29. 14. ὁ θρόνος αὐτοῦ εἰς μαρτύριον κατασταθήσεται (5)
Wi. 10. 7. ἧς ἔτι μαρτύριον τῆς πονηρίας καπνιζομένη καθέστηκε χέρσος
Si. 17. 17. ἑκάστῳ ἔθνει κατέστησεν ἡγούμενον
30. 38 (33. 28). εἰς ἔργα κατάστησον καθὼς πρέπει αὐτῷ
Si. 35 (32). 1. ἡγούμενόν σε κατέστησαν
46. 13. A S R Σαμουὴλ [B om.] προφήτης κυρίου κατέστησε βασιλείαν [B -λέα]
48. 10. καταστῆσαι φυλὰς Ἰακώβ
Is. 3. 13. καταστήσεται εἰς κρίσιν κύριος (12)
49. 8. τοῦ καταστῆσαι τὴν γῆν (18 b)
62. 6. κατέστησα φύλακας ὅλην τὴν ἡμέραν (15 c)
Je. 1. 10. καθέστακά σε σήμερον ἐπὶ ἔθνη (15 c)
6. 17. καθέστακα ἐφ᾽ ὑμᾶς σκοπούς (18 b)
20. 1. οὗτος ἦν καθεσταμένος ἡγούμενος οἴκου κυρίου (15 f)
23. 3. καταστήσω αὐτοὺς εἰς τὴν νομὴν αὐτῶν (20 b)
26 (46). 4. κατάστητε ἐν ταῖς περικεφαλαίαις ὑμῶν (4)
36 (29). 15. κατέστησεν ἡμῖν κ. προφήτας [A -ην] (18 b)
37 (30). 24. ἕως καταστήσῃ [S¹ om. ἕ. κ.] ἐγχείρημα καρδίας αὐτοῦ (18 b)
47 (40). 5. ὃν κατέστησε βασιλεὺς Βαβ. ἐν γῇ Ἰ. (15 c)
— 7. κατέστησε βασιλεὺς Βαβυλῶνος τὸν Γοδ. (15 c)
— 11. κατέστησεν ἐπ᾽ αὐτοὺς τὸν Γοδολίαν (15 c)
48 (41). 2. ὃν κατέστησε βασιλεὺς Βαβυλῶνος ἐπὶ τῆς γῆς (15 c)
— 18. ὃν κατέστησε βασιλεὺς Βαβ. ἐν τῇ γῇ (15 c)
51 (44). 28. οἱ καταστάντες [A -βαίνοντες, S παροικοῦντες] ἐν γῇ Αἰγ. (2 a)
Ep. Je. 34. οὔτε καταστῆσαι βασιλέα δύνανται
Ez. 34. 18. τὸ καθεστηκὸς ὕδωρ ἐπίνετε (9)
Da. LXX. Su. 60. κατέστησεν ἀμφοτέρους ψευδομάρτυρας
1. 20. κατέστησεν αὐτοὺς ἄρχοντας –
2. 21. μεθιστῶν βασιλεῖς καὶ καθιστῶν (18 c)
— 24. τὸν Ἀ. τὸν κατασταθέντα ὑπὸ τοῦ βασ. (6 c)
— 48. κατέστησεν ἐπὶ τῶν πραγμάτων τῆς Βαβυλωνίας (22)
— 49. ἵνα κατασταθῶσιν ἐπὶ τῶν πραγμάτων τῆς Βαβ. (6 c)
3. 12. οὓς κατέστησας ἐπὶ τῆς χώρας τῆς Βαβ. (6 c)
— 30 (97). κατέστησεν αὐτοὺς ἄρχοντας †
4. 28. καθίστημι αὐτὸν ἐπὶ τῆς βασιλείας σου –
— 34. καθιστῶν ἑτέρους ἀντ᾽ αὐτῶν –
6. 1 (2). κατέστησε σατράπας ἑκατὸν εἴκοσι ἑπτά (18 c)
— 3 (4). καταστῆσαι τὸν Δ. ἐπὶ πάσης τῆς βασιλείας αὐτοῦ (18 c)
— 3 (4). οὓς κατέστησε μετ᾽ αὐτοῦ –
— 3 (4). καταστῆσαι τὸν Δ. ἐπὶ πάσης τῆς βασιλείας αὐτοῦ (18 c)
— 28 (29). Δαν. κατεστάθη ἐπὶ τῆς βασ. Δ. †
Bel 13. καταστῆσαι ὅλον τὸν ναὸν σποδῷ
— 38. ὁ δὲ ἄγγελος κυρίου κατέστησε τὸν Ἀμβ.
Da. TH. 1. 11. ὃν κατέστησεν ὁ ἀρχιευνοῦχος ἐπὶ Δαν. (6 a)
2. 21. καθιστᾷ βασιλεῖς καὶ μεθιστᾷ (18 c)
— 24. ὃν κατέστησεν ὁ βασ. (6 c)
— 38. A R κατέστησέ σε [B om.] κύριον πάντων (22)
— 48. κατέστησεν αὐτὸν ἐπὶ πάσης χώρας (22)
— 49. κατέστησεν ἐπὶ τὰ ἔργα τῆς χώρας (6 c)
3. 12. οὓς κατέστησας ἐπὶ τὰ ἔργα τῆς χώρας (6 c)
5. 11. ὁ βασ. Ναβ. . . . κατέστησεν αὐτόν (18 c)
6. 1 (2). κατέστησεν ἐπὶ τῆς βασιλείας σατράπας (18 c)
— 3 (4). ὁ βασ. κατέστησεν αὐτόν (18 c)
I Ma. 3. 55. κατέστησεν Ἰούδας ἡγουμένους
6. 14. κατέστησεν αὐτὸν ἐπὶ πάσης τῆς βασ. αὐ.
— 17. κατέστησε βασιλεύειν Ἀντίοχον
— 55. ὃν κατέστησεν ὁ βασ.
7. 20. κατέστησε τὴν χώραν τῷ Ἀλκίμῳ [S¹ τὸν Ἄ.]
9. 25. κατέστησεν αὐτοὺς κυρίους τῆς χώρας
10. 20. καθεστάκαμέν σε σήμερον ἀρχιερέα
— 32. S R ὅπως ἂν καταστήσῃ [A -στῇ] ἐν αὐτῇ ἄνδρας
— 37. A R κατασταθήσεται ἐξ αὐτῶν ἐν τοῖς ὀχυρώμασι
— 37. A R ἐκ τούτων κατασταθήσεται [S al.]
— 69. κατέστησε Δημ. Ἀπολλώνιον
11. 57. καθίστημί σε ἐπὶ τῶν τεσσάρων νομῶν
— 59. Σίμωνα . . . κατέστησε στρατηγόν
14. 42. S R καθιστάναι αὐτοὺς [A δι᾽ αὐτοῦ] ἐπὶ τῶν ἔργων αὐτῶν
15. 9. A ὡς δ᾽ ἂν καταστήσωμεν τὴν βασ. [S R al.]
— 38. κατέστησεν ὁ βασ. τὸν Κενδ. ἐπιστράτηγον
16. 11. Πτολ. . . . ἦν καθεσταμένος στρατηγός
II Ma. 3. 4. προστάτης τοῦ ἱεροῦ καθεσταμένος
— 28. R ἔφερον ἀβοήθητον ἑαυτῷ [A αὐτὸν τοῖς ὅπλοις] καθεστῶτα

II Ma. 4. 1. τῶν κακῶν δημιουργὸς καθεστηκώς
— 50. μέγας τῶν πολιτῶν ἐπίβουλος καθεστώς
5. 22. τὸν δὲ τρόπον βαρβαρώτερον ἔχοντα τοῦ καταστήσαντος
— 26. A ἱκανὰ κατέστησεν [R -έστρωσε] πλήθη
12. 20. κατέστησεν αὐτοὺς ἐπὶ τῶν σπειρῶν
— 27. νεανίαι δὲ πρὸ τῶν τειχῶν καθεστῶτες
— 30. A τῶν ἐκεῖ καθεστώτων [R κατοικούντων] Ἰουδαίων
13. 3. οἰόμενος δὲ ἐπὶ τῆς ἀρχῆς κατασταθήσεσθαι
14. 5. R ἐν τίνι διαθέσει . . . καθεστήκασιν [A -κεν] οἱ Ἰ.
— 13. καταστῆσαι δὲ Ἄλκ. ἀρχιερέα
15. 9. προθυμοτέρους αὐτοὺς κατέστησε
III Ma. 1. 7. εὐθαρσεῖς τοὺς ὑποτεταγμένους κατέστησε
2. 5. παράδειγμα τοῖς ἐπιγινομένοις καταστήσας
— 33. εὐέλπιδές τε καθειστήκεισαν
3. 5. ἅπασιν ἀνθρώποις εὐδόκιμοι καθειστήκεισαν
— 19. τὴν δὲ αὐτῶν εἰς ἡμᾶς δυσμένειαν ἔκδηλον καθιστάντες
— 21. μετόχους τῶν ἀεὶ ἱερέων καταστῆσαι
— 26. τὰ πράγματα ἐν εὐσταθείᾳ . . . κατασταθήσεσθαι
4. 11. R ἀπλέτῳ [A ἀπλάτῳ] καθεστῶτι περιμέτρῳ καὶ . . . ἄγαν εὐκαιροτάτῳ καθεστῶτι
— 18. R ὡς ἀδυνάτου [A δυν.] καθεστῶτος πᾶσι τοῖς . . . στρατηγοῖς
5. 43. R ἔρημον τὸν ἅπαντα χρόνον καταστήσειν [A *al.*]
— 51. αὐτοὺς ἤδη πρὸς πύλαις ᾅδου καθεστῶτας
IV Ma. 1. 11. αἴτιοι κατέστησαν τοῦ καταλυθῆναι τὴν . . . τυραννίδα
— 18. A R τῆς δὲ σοφίας ἰδέαι καθεστᾶσι [S -ήκασι]
4. 16. Ἰάσ. τὸν ἀδελφὸν αὐτοῦ κατέστησεν ἀρχιερέα
5. 25. S R θεοῦ καθεστάναι [A -ιστ.] τὸν νόμον
13. 23. καθεστηκυίας τῆς φιλαδελφίας συμπαθοῦς [A -θούσης]
15. 4. R τὰς μητέρας τῶν πατέρων [A *om.* τ. π., S παθῶν] καθεστάναι συμπαθεστέρας
17. 5. οὐχ οὕτω σελήνη . . . σεμνὴ καθέστηκεν
— 5. ἔντιμος καθέστηκας θεῷ
[**Aq.** Je. 52. 25 : Ez. 7. 12 : 32. 30 : Mi. 5. 5 (4).]
[**Sm.** Ex. 7. 1 : 18. 25 : IV Ki. 23. 5 : Ps. 81 (82). 1 : Ca. 1. 6 : Je. 37 (44). 1 : 52. 25.]
[**Th.** Ps. 9. 21 : Da. 2. 38 : 6. 3.]
[**Al.** Hb. 3. 19.]
[**Quint.** IV Ki. 23. 5.]

καθό.

Le. 9. 5†, 15†.
I Es. 1. 50†.
Si. 16. 20†.
Ba. 1. 6†.
II Ma. 4. 16†.

καθοδηγεῖν. (1) הָלַךְ hi. (2) נָחָה hi. (3) שִׁשֵּׁא pi.

Jb. 12. 23. καὶ καθοδηγῶν αὐτά (2)
Je. 2. 6. ὁ καθοδηγήσας ἡμᾶς ἐν τῇ ἐρήμῳ (1)
Ez. 39. 2. καθοδηγήσω σε (3)
[**Aq.** Jb. 12. 23 : 38. 32 : Ps. 30 (31). 4 : 60 (61). 3 : 77 (78). 53, 72 : Is. 57. 18.]
[**Th.** Jb. 12. 23 : Ps. 79 (80). 2.]

καθοδήγησις.

[**Th.** Is. 38. 15.]

κάθοδος. (1) פַּעַם

III Ki. 9. 25. A ἀνεβίβασεν Σαλ. τρεῖς κ. (1)
I Es. 2. 24. A R κάθοδος [B ἔξοδος] οὐκέτι σοι ἔσται
Ec. 6. 6. ἔζησε χιλίων ἐτῶν καθόδους (1)
7. 23 (22). A S R καθόδους πολλὰς [S¹ -ά] κακώσει καρδίαν [B -ία] σου (1)
[**Aq.** Ex. 34. 24 : Dt. 9. 19 : 16. 16 : I Ki. 3. 10 *bis* : III Ki. 9. 25 : 22. 16 : Is. 41. 7.]

καθόλου. (1) τὸ κ. μή לְבִלְתִּי

Ex. 22. 11 (10). μὴ αὐτὸν πεπονηρεῦσθαι καθόλου [A ἐφ᾽ ὅλης] τῆς παρακαταθήκης –
Am. 3. 3. εἰ πορεύσονται δύο ἐπὶ τὸ αὐτὸ καθόλου –
— 4. εἰ δώσει σκύμνος φωνὴν αὐτοῦ . . . καθόλου –
Ez. 13. 3. καὶ τὸ κ. μὴ βλέπουσιν (1)
— 22. τὸ κ. μὴ ἀποστρέψαι [A *add.* τὸν] ἀπὸ τῆς ὁδοῦ αὐτοῦ τῆς πονηρᾶς (1)

Ez. 17. 14. τὸ κ. μὴ ἐπαίρεσθαι (1)
Da. LXX. 3. (50). οὐχ ἥψατο αὐτῶν κ. τὸ πῦρ
Da. TH. 3. (50). οὐχ ἥψατο αὐτῶν τὸ κ. τὸ πῦρ
[**Aq.**, **Sm.** Ez. 13. 22.]

καθομολογεῖν. (1) יָעַד

Ex. 21. 8. ἣ αὐτῷ καθωμολογήσατο [A ἣν οὐ κ. αὐ.] (1)
— 9. ἐὰν δὲ τῷ υἱῷ καθομολογήσηται [A -σεται] αὐτήν (1)
[**Aq.**, **Sm.**, **Th.** Ex. 21. 8.]

καθοπλίζειν. (1) תָּפַשׂ

Je. 26 (46). 9. Λίβυες καθωπλισμένοι ὅπλοις (1)
II Ma. 4. 40. καθοπλίσας ὁ Λυσ. πρὸς τρισχιλίους
15. 11. R ἕκαστον [A -ος] δὲ αὐτῶν καθοπλίσας
III Ma. 5. 23. τὰ θηρία καθωπλικὼς ὁ Ἕρμων
— 38. τοὺς ἐλέφαντας ἔτι καὶ νῦν καθόπλισον
IV Ma. 3. 12. A R τὰς πανοπλίας [S παντευχίας] καθωπλίσαντο
4. 10. μετὰ καθωπλισμένης τῆς στρατιᾶς
7. 11. τῷ θυμιατηρίῳ καθωπλισμένος
11. 22. καλοκἀγαθίᾳ καθωπλισμένος τεθνήξομαι
13. 16. A R καθοπλισώμεθα . . . τῇ . . . παθοκρατείᾳ [S τὴν . . . π.]

καθορᾶν. (1) רָאָה

Nu. 24. 2. καθορᾷ τὸν Ἰσραὴλ ἐστρατοπεδευκότα (1)
Jb. 10. 4. ἢ ὥσπερ βροτὸς ὁρᾷ καθορᾷς †
39. 26. ἱέραξ . . . καθορῶν τὰ πρὸς νότον –
III Ma. 3. 11. οὐ καθορῶν τὸ τοῦ μεγίστου θεοῦ κράτος

καθόρμιον. (1) חֶלְיָה

Ho. 2. 13 (15). καὶ περιετίθετο τὰ ἐνώτια αὐτῆς καὶ τὰ κ. αὐτῆς (1)

καθόσον, *vid. sub* κατά *et* ὅσος.

καθότι. * καθότι ἄν, καθότι ἐάν.

Ge. 26. 29 : 34. 12*.
Ex. 1. 12, 17 : 10. 10 : 12. 25 : 21. 22* : 34. 4†.
Le. 14. 30 : 24. 20* : 25. 16* *bis* : 27. 12 (*ind.*)*.
Nu. 12. 11 : 33. 56.
De. 1. 11, 19 : 2. 14, 37 : 6. 25† : 10. 9† : 12. 7 : 15. 8†, 10† : 16. 10† *bis* : 18. 2, 6, 18* : 19. 21*† : 26. 14† : 30. 9 : 31. 4, 5† : 34. 9.
Jo. 1. 7, 18* : 3. 7 : 4. 8 : 9. 2 (8. 31), 2 (8. 33)† : 11. 9†, 23 : 21. 42.
Jd. 9. 28†.
I Ki. 15. 33.
II Ki. 20. 12.
III Ki. 12. 12.
IV Ki. 17. 26.
I Ch. 10. 14†.
I Es. 1. 50†.
To. 1. 12† : 13. 4.
Ju. 2. 13, 15 : 8. 29 : 10. 9.
Ec. 2. 16 : 7. 3 (2).
Mi. 7. 20.
Jl. 2. 32 (3. 5).
Hg. 1. 12.
Za. 7. 3 : 10. 8.
Ma. 4. 4 (3. 22).
Is. 54. 9.
Je. 42 (35). 18† : 49 (42). 2†.
Ep. Je. 1.
Ez. 37. 10† : 43. 22†.
Da. LXX. 4. 19 : 6. 3 (4), 22 (23) : 9. 12.
Da. TH. 2. 8, 10 : 3. 29 (96).
[**Th.** Je. 39 (46). 12* : Da. 2. 10.]
[**Al.** Le. 24. 23 : I Ki. 28. 18.]

καθυβρίζειν. (1) זָרָה pi. (2) לִיץ hi.

Pr. 19. 28. ὁ ἐγγυώμενος παῖδα ἄφρονα καθυβρίζει δικαίωμα (2)
Je. 28 (51). 2. καθυβρίσουσιν [A -ιοῦσιν] αὐτήν (1 ?)
III Ma. 2. 14. καθυβρίσαι τὸν . . . ἅγιον τόπον
[**Al.** Le. 20. 9 : 24. 14, 15, 23.]

κάθυγρος.

[**Aq.**, **Sm.**, **Th.** Jb. 40. 16 (21).]

καθυμνεῖν. (1) הָלַל pi.

II Ch. 30. 21. καθυμνοῦντες τῷ κυρίῳ (1)

καθύπερθε.

III Ma. 4. 10. τῷ κ. πυκνῷ σανιδώματι

καθυπνοῦν. (1) תְּנוּמָה

Pr. 24. 48 (33). ὀλίγον δὲ καθυπνῶ (1)

καθυστερεῖν. (1) אָחַר pi. (2) c. neg. חָזַק pi.

Ex. 22. 29 (28). ἀπαρχὰς ἅλωνος . . . οὐ καθυστερήσεις (1)
I Ch. 26. 27. τοῦ μὴ καθυστερῆσαι τὴν οἰκοδομήν (2)
Si. 16. 13. οὐ μὴ καθυστερήσει [S -σῃ] ὑπομονὴν [A S -ὴ] εὐσεβοῦς
37. 20. οὗτος πάσης τροφῆς [S¹ σοφίας] καθυστερήσει

καθυφαίνειν. (1) מִלֵּא pi.

Ex. 28. 17. καθυφανεῖς ἐν αὐτῷ ὕφασμα (1)
Ju. 10. 21. ὃ ἦν ἐκ . . . λίθων πολυτελῶν καθυφασμένων [S -ον]

καθώς. * καθὼς ἄν, καθὼς ἐάν.

Ge. 8. 21 : 18. 5 : 41. 13 : 44. 2 : 50. 12†.
Ex. 16. 24† : 34. 1.
Le. 9. 5†.
Nu. 8. 22† : 21. 34 : 26. 54.
De. 2. 29 : 4. 38 : 11. 21 : 13. 17 (18)† : 16. 10† : 26. 19 : 31. 4†.
Jd. 1. 7, 20† : 2. 15 *bis* : 5. 27†, 31† : 6. 5†, 36†, 37† : 7. 17*† : 8. 2, 3†, 33† : 9. 16† : 13. 23 : 16. 20†, 22† : 20. 30†, 31†, 32†, 39†.
Ru. 1. 8.
I Ki. 4. 9† : 20. 3, 13, 35 : 23. 11 : 24. 14, 20 : 25. 26 : 26. 20, 24 : 28. 17 : 29. 9†.
II Ki. 3. 9 : 5. 25 : 6. 20 : 7. 10, 15, 25, 25† : 9. 11 : 14. 17, 20 : 17. 10 : 19. 3 (4).
III Ki. 1. 30, 37 : 2. 24, 31 : 3. 6 : 5. 5 (19), 6 (20), 7 (21), 12 (26) : 8. 20, 25, 39*, 43, 53, 57 : 9. 2, 4, 5 : 10. 7 : 11. 4, 38 *bis* : 12. 24† *bis* : 13. 6, 18 : 14. 10† : 15. 13 : 16. 7† : 19. 2 : 20 (21). 11† : 21 (20). 4, 34 : 22. 5 *ter*.
IV Ki. 2. 19 : 7. 17†, 18† : 8. 18, 19, 27 : 10. 15 : 13. 5 : 14. 6 : 17. 11, 23 : 21. 3, 13, 20 : 23. 21, 27.
I Ch. 14. 16 : 17. 9, 24† : 24. 31 *bis* : 26. 12.
II Ch. 6. 10 : 14. 7 (6) : 21. 19 : 23. 3, 18† : 24. 9 : 25. 4 : 30. 7 *bis* : 31. 13 : 35. 19.
I Es. 3. 9 : 6. 30*.
Ne. 5. 6, 12 : 6. 1.
To. 1. 6, 8† : 2. 6† : 4. 19† : 6. 14† : 8. 16 : 14. 5.
Ju. 2. 1 : 3. 2† : 6. 2 : 7. 11, 16† : 8. 27.
Es. 2. 20 : 6. 10† : 9. 23, 24†.
Jb. 6. 17 : 10. 4 : 42. 9.
Ps. 38 (39). 12 : 77 (78). 57 : 102 (103). 13.
Ec. 5. 3*†, 14 : 7. 1 (6. 12)† : 8. 4†, 7 : 9. 2.
Si. 7. 28, 31 : 14. 11* : 27. 18 : 30. 37 (33. 28) : 36 (33). 16 : 43. 31.
Ho. 2. 3 (5) : 3. 1 : 4. 9 : 7. 12*, 12 : 9. 1 : 10. 5 : 11. 2 : 12. 9 (10).
Am. 2. 9 : 4. 11 : 9. 11.
Mi. 7. 14.
Jl. 2. 23.
Ob. 1. 16.
Jn. 3. 3†.
Na. 2. 2 (3), 7 (8).
Hb. 2. 5.
Hg. 2. 4 (3).
Za. 1. 4, 6 : 12. 7 : 14. 3, 5† *bis*.
Ma. 3. 4 *bis*.
Je. 2. 36 : 7. 14, 15 : 11. 5† : 12. 16 : 13. 5, 21† : 17. 22 : 18. 4, 6 : 19. 11, 13 : 20. 11 : 27 (50). 15, 18, 40 : 31 (48). 8 : 33 (26). 11 : 40 (33). 7† : 49 (42). 2†, 18.
La. 5. 21.
Ez. 1. 16 (*opt.*)* : 2. 8 : 3. 23 *bis* : 9. 11† : 16. 7, 44, 50, 55, 55†, 55, 59 : 22. 20 : 24. 18† : 37. 7, 10† : 40. 22, 25 : 42. 6 : 43. 22† : 45. 25 *quater* : 46. 7*, 11* : 47. 3, 14 : 48. 8.
Da. LXX. Su. 42, 61 : 1. 13* : 3. (30) : 4. 34 : 6. 10 (11), 12 (13) : 11. 3*.
Da. TH. Su. 15, 18 : 1. 13* : 2. 43 : 3. (30) : 6. 10 (11) : 9. 13.
I Ma. 2. 26, 41† : 4. 6† : 6. 7†, 8 : 10. 37†, 56, 58, 64, 81 : 11. 26 : 12. 46.
II Ma. 1. 29, 31 : 2. 10, 18 : 6. 2 : 10. 26 : 11. 3 : 15. 21 (*opt.*)*†.
III Ma. 3. 20 : 4. 11 : 6. 15, 35 : 7. 2.

[**Aq.** II Ki. 7. 15 : III Ki. 14. 10 : Je. 44 (51). 23 : Ez. 16. 50.]
[**Sm.** II Ki. 7. 15 : III Ki. 18. 28 : Jb. 29. 25 : Is. 30. 19* : Je. 44 (51). 23 : Ez. 16. 50 : Ho. 10. 14 : Am. 1. 3.]
[**Th.** Jd. 5. 31 : II Ki. 7. 15 : 12. 8 : III Ki. 18. 28 : Jb. 10. 4 : 42. 8 : Is. 59. 18 : Je. 44 (51). 23 : 46 (26). 26 : Ez. 16. 50 : 35. 15.]
[**Al.** Ex. 13. 11 : Dt. 1. 10 : Is. 25. 11 (*opt.*).]

καί, *passim.*

καίγε, *vid. sub* **γε**.

καιδδά.

[**Th.** Ez. 27. 19.]

καίειν. (**1**) אָכַל (**2**) בָּעַר *a.* qal. *b.* pi. *c.* hi. (**3**) *a.* דָּלַק *b.* דְּלַק (**4**) יָצַת *a.* qal. *b.* hi. (**5**) יָקַד *a.* qal. *b.* ho. *c.* יְקוֹד *d.* יְקַד (**6**) לֶהָבָה (**7**) נָפַח (**8**) נָשַׂק hi. (**9**) עָלָה hi. (**10**) עָרַךְ (**11**) קָדַח (**12**) שָׂרַף *a.* qal. *b.* ni. (**13**) אֵזָא

Ex. 3. 2. *ὁ βάτος καίεται πυρί* (**2** *a*)
27. 20. *ἔλαιον . . . εἰς φῶς καῦσαι* [**A** *om.*] –
— 20. *ἵνα καίηται λύχνος διὰ παντός* (**9**)
— 21. *καύσει αὐτὸ* [**A** *-ὸν*] *Ἀαρών* (**10**)
35. 3. *οὐ καύσετε πῦρ ἐν πάσῃ κατοικίᾳ ὑμῶν* (**2** *b*)
Le. 4. 12. *ἐπὶ τῆς ἐκχύσεως τῆς σποδιᾶς καυθήσεται* (**12** *b*)
6. 9 (2). *τὸ πῦρ τοῦ θυσιαστηρίου καυθήσεται ἐπ' αὐτοῦ* (**5** *b*)
— 12 (5). *πῦρ ἐπὶ τὸ θυσιαστ. καυθήσεται* (**5** *b*)
— 12 (5). *καύσει ὁ ἱερεὺς ἐπ' αὐτὸ ξύλα* (**2** *b*)
— 13 (6). *πῦρ διὰ παντὸς καυθήσεται* (**5** *b*)
13. 56. **A** *μετὰ τὸ καυθῆναι αὐτόν* [**B** *πλυθῆναι αὐτό*] †
24. 2. *καῦσαι λύχνον διὰ παντός* (**9**)
— 3. *καύσουσιν αὐτὸ* [**B**^{1} *-ὸν*] *Ἀαρὼν καὶ οἱ υἱοὶ αὐτοῦ* (**10**)
— 4. *καύσετε τοὺς λύχνους* (**10**)
De. 4. 11 : 5. 23 (20). *τὸ ὄρος ἐκαίετο πυρί* (**2** *a*)
7. 25. *τὰ γλυπτὰ . . . καύσετε* [**A** *κατακ.*] (**12** *a*)
9. 15. *τὸ ὄρος ἐκαίετο πυρί* (**2** *a*)
32. 22. *καυθήσεται ἕως ᾅδου κάτω* (**5** *a*)
Jd. 15. 5. *ἐκάησαν ἀπὸ ἅλωνος* [**A** *al.*] (**2** *c*)
II Ki. 23. 7. *καὶ ἐν πυρὶ καύσει* (**12** *a*)
— 7. **A** *καυθήσεται* [**R** *-σονται*, **B** *θήσονται*] *αἰσχύνην αὐτῶν* (**12** *b*)
III Ki. 13. 2. **B** *ὀστᾶ ἀνθρώπων καύσει ἐπὶ σέ* (**12** *a*)
Ne. 4. 2 (3. 34). **R** *μετὰ τὸ χῶμα γενέσθαι γῆς καυθέντας* (**12** *a*)
To. 14. 4. **S** *καὶ καυθήσεται* [**A B** *al.*]
Jb. 15. 34. *πῦρ δὲ καύσει* [**A** *κατακ.*] *οἴκους δωροδεκτῶν* (**1**)
31. 12. *πῦρ γάρ ἐστι καιόμενον ἐπὶ* [**A** *ἐκ*] *πάντων τῶν μερῶν* (**1**)
41. 10 (11). *ἐκπορεύονται λαμπάδες καιόμεναι* –
— 11 (12). *καπνὸς καμίνου καιομένης πυρὶ* [**A** *φλογὶ*] *ἀνθράκων* (**7** ?)
Ps. 7. 13. *τὰ βέλη αὐ. τοῖς καιομ. ἐξειργάσατο* (**3** *a*)
49 (50). 3. *πῦρ ἐναντίον αὐτοῦ καυθήσεται* (**1**)
Si. 23. 16. *ψυχὴ θερμὴ ὡς πῦρ καιόμενον*
28. 22. *ἐν τῇ φλογὶ αὐ. οὐ* [**A S** *οὐ μὴ*] *καήσονται*
40. 30. *ἐν κοιλίᾳ αὐτοῦ πῦρ καήσεται*
48. 1. *ὁ λόγος αὐτοῦ ὡς λαμπὰς ἐκαίετο*
Ho. 7. 4. *ὡς κλίβανος καιόμενος εἰς πέψιν κατακαύματος* (**2** *a*)
— 7. *ὡς κλίβανος* [**A** *add.* *πυρὸς καιομένου*] –
Ma. 4. 1 (3. 19). *ἔρχεται καιομένη ὡς κλίβανος* (**2** *a*)
Is. 4. 5. *ὡς καπνοῦ καὶ φωτὸς πυρὸς καιομένου νυκτός* (**6**)
5. 24. *καυθήσεται καλάμη ὑπὸ ἄνθρακος πυρός* (**1**)
9. 18 (17). *καυθήσεται ὡς πῦρ ἡ ἀνομία . . . καυθήσεται ἐν τοῖς δάσεσι τοῦ δρυμοῦ* (**2** *a*, **4** *a*)
10. 16. *εἰς τὴν σὴν δόξαν πῦρ καιόμενον καυθήσεται* (**5** *a*, **5** *c*)
— 17. *ἁγιάσει αὐτὸν ἐν πυρὶ καιομένῳ* (**2** *a*)
— 18. *ἔσται ὁ φεύγων ὡς ὁ φεύγων ἀπὸ φλογὸς καιομένης* †
30. 27. *τὸ ὄνομα κυρίου ἔρχεται . . . καιόμενος θυμός* (**2** *a*)
Is. 30. 33. *ὡς φάραγξ ὑπὸ θείου καιομένη* (**2** *a*)
33. 14. *πῦρ καίεται* [**S**^{1} *al.*] (**1**)
34. 9. *ἔσται ἡ γῆ αὐτῆς ὡς πίσσα καιομένη* (**2** *a*)
44. 15. *καύσαντες ἔπεψαν ἄρτους ἐπ' αὐτῶν* (**8**)
— 16. **A S**^{1} *καύσαντες ἔπεψαν ἄρτους ἐπ' αὐτῶν* [**B S**^{2} *al.*] –
50. 11. *ἰδοὺ πάντες ὑμεῖς πῦρ καίετε* (**11**)
62. 1. *τὸ δὲ σωτήριόν μου ὡς λαμπὰς καυθήσεται* (**2** *a*)
65. 5. **A S**^{2} **R** *πῦρ καίεται* [**B S**^{1} *-τε*] *ἐν αὐτῷ πάσας τὰς ἡμέρας* (**5** *a*)
Je. 7. 18. *οἱ πατέρες αὐτῶν καίουσι πῦρ* (**2** *b*)
— 20. *καυθήσεται* [**S** *ἐκκ.*] *καὶ οὐ σβεσθήσεται* (**2** *a*)
15. 14. *ἐφ' ὑμᾶς καυθήσεται* (**5** *b*)
20. 9. *ἐγένετο ὡς πῦρ καιόμενον φλέγον ἐν τοῖς ὀστοῖς μου* (**2** *a*)
21. 12. *καυθήσεται καὶ οὐκ ἔσται ὁ σβέσων* (**2** *a*)
30 (49). 27. *καύσω πῦρ ἐν τείχει Δαμασκοῦ* (**4** *b*)
39 (32). 29. *καύσουσι τὴν πόλιν ταύτην ἐν πυρὶ καὶ κατακαύσουσι* [**A** *καύσωσιν*] *τὰς οἰκίας* [**S**^{1} *τὴν οἰ.*] (**4** *b*, **12** *a*)
41 (34). 2. *καύσει αὐτὴν ἐν πυρί* (**12** *a*)
43 (36). 27. **A S** *μετὰ τὸ καῦσαι* [**B** *κατακ.*] *τὸν βασιλέα τὸ χαρτίον* (**12** *a*)
44 (37). 8. **A R** *καύσουσιν αὐτὴν ἐν* [**B S** *om.*] *πυρί* (**12** *a*)
— 10. *καύσουσι τὴν πόλιν ταύτην ἐν πυρί* (**12** *a*)
45 (38). 18. *καύσουσιν αὐτὴν ἐν πυρί* (**12** *a*)
50 (43). 12. *καύσει πῦρ ἐν οἰκίαις* (**4** *b*)
Ep. Je. 19. *λύχνους καίουσι*
— 21. **A** *ἀπὸ τοῦ καπνοῦ τοῦ ἐκ τῆς γῆς καιομένου* [**B** *τῆς οἰκίας*]
Ez. 1. 13. *ἐν μέσῳ τῶν ζῴων ὅρασις ὡς* [**A** *om.*] *ἀνθράκων πυρὸς καιομένων* (**2** *a*)
39. 9. *καύσουσιν ἐν τοῖς ὅπλοις* (**2** *b* + **8**)
— 9. *καύσουσιν ἐν αὐτοῖς πῦρ ἑπτὰ ἔτη* (**2** *b*)
Da. LXX. 3. 6, 11, 15. *τὴν κάμινον τοῦ πυρὸς τὴν καιομένην* (**5** *d*)
— 17. *τῆς καμίνου τοῦ πυρὸς τῆς καιομένης* (**5** *d*)
— 19. *ἐπέταξε καῆναι τὴν κάμινον ἑπταπλασίως παρ' ὃ ἔδει αὐτὴν καῆναι* (**13**, **13**)
— 20, 21. *τὴν κάμινον τοῦ πυρὸς τὴν καιομένην* (**5** *d*)
— (46). *οὐ διέλιπον . . . καίοντες τὴν κάμινον*
— (88). *ἐκ μέσου καιομένης φλογός*
— 26 (93). *τὴν θύραν τῆς καμίνου καιομένης τῷ πυρί* (**5** *d*)
7. 9. *τροχοὶ αὐτοῦ πῦρ καιόμενον* (**3** *b*)
Da. Th. 3. 6, 11, 15. *τὴν κάμινον τοῦ πυρὸς τὴν καιομένην* (**5** *d*)
— 17. *τῆς καμίνου τοῦ πυρὸς τῆς καιομένης* (**5** *d*)
— 20. *τὴν κάμινον τοῦ πυρὸς τὴν καιομένην* (**5** *d*)
— 21. *τῆς καμίνου τοῦ πυρὸς τῆς καιομένης* (**5** *d*)
— 23. *τῆς καμίνου* [**A** *κ. τοῦ πυρὸς*] *τῆς καιομένης* (**5** *d*)
— (46). *οὐ διέλειπον . . . καίοντες τὴν κάμινον*
— (88). *ἐκ μέσου καμίνου καιομένης φλογός* [**A** *al.*]
— 26 (93). *τῆς καμίνου τοῦ πυρὸς τῆς καιομένης* (**5** *d*)
I Ma. 12. 29. *ἔβλεπον γὰρ τὰ φῶτα καιόμενα*
IV Ma. 6. 26. **S** *μέχρι τῶν ὀστέων ἤδη κεκαυμένος* [**A R** *κατακ.*]
13. 9. **S** *οἱ τῆς ἰσοπολιτίδου καιομένης* [**A R** *ἰσοπαλίδος καμίνου*] *κατεφρόνησαν*

[**Aq.** Pr. 26. 23 : Is. 43. 2.]
[**Sm.** Ps. 7. 14.]
[**Th.** Pr. 16. 27 : 26. 23 : Da. 3. 21, 23, (46).]
[**Al.** Le. 10. 16 : Dt. 8. 15 : I Ki. 2. 15 : II Ch. 16. 14.]
[**Heb.** Ez. 20. 47 (21. 3).]

καινίζειν. (**1**) חָדַשׁ pi.

Wi. 7. 27. *μενουσα ἐν αὐτῇ τὰ πάντα καινίζει*
Si. 38. 28. *φωνὴ σφύρης καινιεῖ* [**A** *κενιεῖ*] *τὸ οὖς αὐτοῦ*
Ze. 3. 17. *καὶ καινιεῖ σε ἐν τῇ ἀγαπήσει αὐτοῦ* †
Is. 61. 4. *καινιοῦσι πόλεις ἐρήμους* [**S**^{1} *αἰωνίους*] (**1**)
I Ma. 10. 10. *καὶ καινίζειν τὴν πόλιν*
II Ma. 4. 11. *παρανόμους ἐθισμοὺς ἐκαίνιζεν*

καινοποιεῖν.

[**Sm.** Is. 61. 4.]

καινός (κενός). (**1**) אַחֵר (**2**) חָדָשׁ

De. 20. 5. *ὁ οἰκοδομήσας οἰκίαν κ.* (**2**)
22. 8. *ἐὰν οἰκοδομήσῃς οἰκίαν κ.* (**2**)
De. 32. 17. **AR** *καινοὶ καὶ* [**B** *om.*] *πρόσφατοι ἥκασιν* (**2**)
— 47. **A** *οὐχὶ λόγος κ.* [**B** *κενὸς*] *οὗτος ὑμῖν* †
Jo. 9. 13. *οὓς ἐπλήσαμεν καινούς* (**2**)
Jd. 5. 8. *ἐξελέξαντο* [**A** *ᾑρέτισαν*] *θεοὺς κ.* (**2**)
15. 13. *ἐν δυσὶ* [**A** *δύο*] *καλωδίοις κ.* (**2**)
16. 11. *ἐν* [**A** *add.* *ἑπτὰ*] *καλωδίοις κ.* [**A** *om.*] (**2**)
— 12. *ἔλαβε Δαλιδὰ καλώδια* [**A** *αὐτῷ Δ.*] *κ.* (**2**)
I Ki. 6. 7. *ποιήσατε ἅμαξαν κ.* (**2**)
23. 15. *ἐν τῇ κ. Ζίφ* [**B**^{1} *add.* *τῇ κ.*, **A** *al.*] †, †
— 16. *ἐπορεύθη πρὸς Δ. εἰς Καινήν* †
— 18. *ἐκάθητο Δ. ἐν Καινῇ* †
— 19. *οὐκ ἰδοὺ Δαυὶδ κέκρυπται . . . ἐν τῇ Κ.* †
II Ki. 6. 3. *ἐπεβίβασεν . . . ἐφ' ἅμαξαν κ.* [**A** *κενήν*] (**2**)
— 3. **A** *ἦγον τὴν ἅμαξαν τὴν κ.* [**B** *om. τ. κ.*] (**2**)
III Ki. 11. 29. *περιβεβλημένος ἱματίῳ κ.* (**2**)
— 30. *ἐπελάβετο Ἀ. τοῦ ἱματίου αὐτοῦ τοῦ κ.* (**2**)
12. 24. **B** *λάβε σεαυτῷ ἱμάτιον κ.* –
IV Ki. 2. 20. *λάβετέ μοι ὑδρίσκην κ.* (**2**)
I Ch. 13. 7. *ἐπέθηκαν τὴν κιβωτὸν . . . ἐπὶ ἅμαξαν κ.* (**2**)
II Ch. 20. 5. *κατὰ πρόσωπον τῆς αὐλῆς τῆς κ.* (**2**)
I Es. 6. 9. *οἶκον . . . κ. διὰ λίθων ξυστῶν*
— 25. *καὶ δόμου ξυλίνου ἐγχωρίου κ. ἑνός*
Ju. 16. 2. **A R** *ἐναρμόσασθε αὐτῷ ψαλμὸν κ.* [**B S** *καὶ αἶνον*]
— 13. *ὑμνήσω τῷ θεῷ μου* [**A** *τ. κυρίῳ*] *ὕμνον κ.*
Jb. 6. 6. **A S** *εἰ δὲ καὶ ἔστι γεῦμα ἐν ῥήμασι κ.* [**B** *κενοῖς*] †
7. 3. **A S** *ὑπέμεινα μῆνας κ.* [**B** *κενούς*] †
— 6. **S** *ἀπόλωλε δὲ ἐν κ.* [**A B** *κενῇ*] *ἐλπίδι* †
— 16. **A S** *καινὸς* [**B** *κενὸς*] *γάρ μου ὁ βίος* †
20. 18. **S** *εἰς καινὰ* [**A B** *κενὰ*] *καὶ μάταια ἐκοπίασε* †
33. 21. **S** *ἀποδείξῃ τὰ ὀστᾶ αὐ. κ.* [**A B** *κενά*] †
Ps. 32 (33). 3. *ᾄσατε αὐτῷ ᾆσμα καινόν* (**2**)
39 (40). 3. *ἐνέβαλεν εἰς τὸ στόμα μου ᾆσμα κ.* (**2**)
95 (96). 1 : 97 (98). 1. *ᾄσατε τῷ κυρίῳ ᾆσμα κ.* (**2**)
143 (144). 9. *ᾠδὴν καινὴν ᾄσομαί σοι* (**2**)
149. 1. *ᾄσατε τῷ κυρίῳ ᾆσμα καινόν* (**2**)
Ec. 1. 10. *ἴδε τοῦτο καινόν ἐστιν* (**2**)
Is. 8. 1. *λάβε σεαυτῷ τόμον* [**A** *add.* *χάρτου*] *καινοῦ* –
41. 15. *ἐποίησά σε ὡς τροχοὺς ἁμάξης ἀλοῶντας καινούς* (**2**)
42. 9. *καινὰ ἃ* [**A** *om.*] *ἐγὼ ἀναγγέλλω* (**2**)
— 10. *ὑμνήσατε τῷ κυρίῳ ὕμνον καινόν* (**2**)
43. 19. *ἐγὼ ποιῶ καινά* (**2**)
48. 6. *ἀκουστά σοι ἐποίησα τὰ κ. ἀπὸ τοῦ νῦν* (**2**)
62. 2. *καλέσει σε τὸ ὄνομα* [**A S** *add.* *σου*] *τὸ κ.* (**2**)
65. 15. *τοῖς δὲ δουλεύουσί μοι* [**A** *αὐτῷ*] *κληθήσεται ὄνομα καινόν* [**S**^{1} *αἰώνιον*] (**1**)
— 17. *ἔσται γὰρ ὁ οὐρανὸς κ.* [**S**^{1} *καπνὸς*] *καὶ ἡ γῆ καινή* (**2**, **2**)
66. 22. *ὃν τρόπον γὰρ ὁ οὐρανὸς κ. καὶ ἡ γῆ καινή* (**2**, **2**)
Je. 33 (26). 10. *ἐκάθισαν ἐν προθύροις πύλης* [**A** *add.* *κυρίου*] *τῆς κ.* (**2**)
38 (31). 22. *ἔκτισε κύριος σωτηρίαν εἰς καταφύτευσιν καινήν* (**2**)
— 31. *διαθήσομαι . . . διαθήκην καινήν* (**2**)
43 (36). 10. *ἐν προθύροις πύλης τοῦ* [**A** *om. π. τ.*] *οἴκου κυρίου τῆς κ.* (**2**)
La. 3. 23. **R** *καινὰ εἰς τὰς πρωΐας* (**2**)
Ez. 11. 19. *πνεῦμα καινὸν δώσω ἐν αὐτοῖς* (**2**)
18. 31. *ποιήσατε ἑαυτοῖς καρδίαν καινὴν καὶ πνεῦμα καινόν* (**2**, **2**)
36. 26. *δώσω ὑμῖν καρδίαν καινὴν καὶ πνεῦμα καινὸν δώσω* (**2**, **2**)
I Ma. 4. 47. *ᾠκοδόμησαν τὸ θυσιαστήριον κ.*
— 49. *ἐποίησαν σκεύη ἅγια κ.*
— 53. *ἐπὶ τὸ θυσιαστήριον τῶν ὁλοκαυτωμάτων τὸ κ.*
II Ma. 2. 29. *τῆς κ. οἰκίας ἀρχιτέκτονι*

[**Aq.** Ex. 1. 8 : Dt. 24. 7 (5) : II Ki. 21. 16 : Ec. 1. 9 : Is. 42. 9 : 48. 6 : 65. 17 : Je. 31 (38). 22.]
[**Sm.** Ex. 1. 8 : Ec. 1. 9 : Is. 42. 9 : 62. 2 : 65. 17.]
[**Th.** Ex. 1. 8 : Jb. 29. 20 : Is. 42. 9 : 48. 6 : 65. 17 : Je. 31 (38). 22.]

καινότης.

III Ki. 8. 53. *τοῦ κατοικεῖν ἐπὶ καινότητος* [**A** *κεν.*] –
Ez. 47. 12. *τῆς κ. αὐτοῦ πρωτοβολήσει* †

καινουργός.

IV Ma. 11. 23. *καινουργὲ τῶν βασάνων*

καίπερ.
Pr. 6. 8.
Wi. 11. 9.
Jn. 1. 13†.
II Ma. 4. 34.
III Ma. 4. 18 : 5. 32.
IV Ma. 3. 10, 15† : 4. 13 : 12. 2 : 13. 27 : 15. 11, 24 : 16. 5.
[**Aq.** Le. 26. 39 : IV Ki. 2. 14 : 10. 10 : Ps. 43 (44). 10 : 67 (68). 19 : Pr. 21. 27.]
[**Sm.** Ec. 4. 14.]

καίπερτοι.
[**Aq.** Is. 22. 1.]

καιρίμος.
[**Al.** Le. 16. 21.]

καιρινός (?).
[**Sm.** Je. 50 (27). 8.]

καίριος. (1) בְּעִתּוֹ
Pr. 15. 23. *οὐδὲ μὴ εἴπῃ καίριόν τι* (1)
[**Aq., Sm., Th.** Ps. 65 (66). 15.]

καιρίως.
[**Aq.** Dt. 32. 35.]

καιρός. (1) אַחֲרוֹן (2) זְמַן (3) יוֹם (4) מוֹעֵד (5) עַד (6) עִדָּן (7) עֶצֶם (8) עֵת (9) פַּעַם (10) צֵל (11) קֵץ (12) רֶגֶל (13) שָׁנָה (14) תּוֹר (15) תּוּשִׁיָּה (16) תְּקוּפָה (17) ἐν τῷ νῦν κ. *a.* עַתָּה הַפַּעַם *b.* הַפַּעַם *c.* בַּפַּעַם הַזֹּאת (18) καιροὶ ὡρῶν מוֹעֵד (19) ὧραι καιρῶν מוֹעֵד

Ge. 1. 14. *ἔστωσαν εἰς σημεῖα καὶ εἰς καιρούς* (4)
6. 13. *καιρὸς παντὸς ἀνθρώπου ἥκει ἐναντίον μου* (11)
17. 21. *τέξεταί σοι Σ. εἰς τὸν κ. τοῦτον* (4)
— 23. *περιέτεμε . . . ἐν τῷ κ. τῆς ἡμέρας ἐκ.* (7)
— 26. *ἐν δὲ τῷ κ. τῆς ἡμέρας ἐκ.* (4)
18. 10. *ἥξω πρὸς σὲ κατὰ τὸν κ. τοῦτον* (8)
— 14. *εἰς τὸν κ. τοῦτον ἀναστρέψω* (4)
21. 2. *ἔτεκε . . . εἰς τὸν κ.* (4)
— 22. *ἐγένετο δὲ ἐν τῷ κ. ἐκείνῳ* (8)
26. 1. **R** *ἐν τῷ κ.* [**A** *χρόνῳ*] *τοῦ Ἀβραάμ* (3)
29. 34. *ἐν τῷ νῦν κ. πρὸς ἐμοῦ ἔσται ὁ ἀνήρ μου* (17 *a*)
30. 20. *δεδώρηται . . . ἐν τῷ νῦν κ.* (17 *b*)
— 41. *ἐν τῷ κ. ᾧ ἐνεκίσσων* –
38. 1. *ἐγένετο δὲ ἐν τῷ κ. ἐκείνῳ* (8)
Ex. 8. 32 (28). *ἐβάρυνε Φ. . . . καὶ ἐπὶ τοῦ κ. τούτου* (9)
9. 4. *παραδοξάσω ἐγὼ ἐν τῷ κ. ἐκείνῳ* –
— 14. *ἐν τῷ γὰρ νῦν κ. ἐγὼ ἐξαποστέλλω* (17 *c*)
13. 10. **A R** *φυλάξασθε . . . κατὰ καιροὺς ὡρῶν* [**B** *al.*] (18)
23. 14. *τρεῖς καιροὺς τοῦ ἐνιαυτοῦ* (12)
— 15. *κατὰ τὸν κ. τοῦ μηνὸς τῶν νέων* (4)
— 17. *τρεῖς καιροὺς τοῦ ἐνιαυτοῦ ὀφθήσεται* (9)
34. 18. *εἰς τὸν κ. ἐν μηνὶ τῶν νέων* (4)
— 23. *τρεῖς καιροὺς τοῦ ἐνιαυτοῦ ὀφθήσεται* (9)
— 24. *τρεῖς καιροὺς τοῦ ἐνιαυτοῦ* (9)
Le. 15. 25. *οὐκ ἐν καιρῷ τῆς ἀφέδρου αὐτῆς* (8)
23. 4. **A B¹** *καλέσατε* [**B² R** *-σετε*] *αὐτὰς ἐν τοῖς κ. αὐτῶν* (4)
26. 4. *δώσω τὸν ὑετὸν ὑμῖν ἐν καιρῷ αὐτοῦ* (8)
Nu. 9. 3. *ποιήσεις αὐτὸ κατὰ καιροὺς* [**A** *al.*] (4)
— 7. *προσενέγκαι τὸ δῶρον κυρίῳ κατὰ καιρὸν αὐτοῦ* (4)
— 13. *τὸ δῶρον . . . οὐ προσήνεγκε κατὰ τὸν κ. αὐτοῦ* (4)
14. 9. *ἀφέστηκε γὰρ ὁ κ. ἀπ' αὐτῶν* (10 ?)
16. 14. **B** *ἔδωκας ἡμῖν καιρὸν* [**A R** *κλῆρον*] *ἀγροῦ* †
22. 4. *βασιλεὺς Μωὰβ ἦν κατὰ τὸν κ. ἐκεῖνον* (8)
23. 23. *κατὰ καιρὸν ῥηθήσεται Ἰακώβ* (8)
De. 1. 9, 16, 18 : 2. 34 : 3. 4, 8, 12, 18, 21, 23 : 4. 14 : 5. 5. *ἐν τῷ κ. ἐκείνῳ* (8)
9. 19. *ἐν τῷ κ. τούτῳ* [**A** *ἐκείνῳ*] (9)
— 20. *ἐν τῷ κ. ἐκείνῳ* (8)
10. 1, 8. *ἐν ἐκείνῳ τῷ κ.* (8)
— 10. *ἐν τῷ κ. τούτῳ* (9)

De. 16. 6. *ἐν τῷ κ. ᾧ ἐξῆλθες ἐξ* [**A** *ἐκ γῆς*] *Αἰγ.* (4)
— 16. *τρεῖς καιροὺς τοῦ ἐνιαυτοῦ* (9)
28. 12. *δοῦναι τὸν ὑετὸν τῇ γῇ σου ἐπὶ καιροῦ* (8)
31. 10. *ἐν καιρῷ ἐνιαυτοῦ ἀφέσεως* (4)
32. 35. **A** *ἐν καιρῷ* [**B** *om. ἐν κ.*] *ὅταν σφαλῇ ὁ πούς αὐτῶν* (8)
Jo. 5. 2. *ὑπὸ δὲ τοῦτον τὸν κ.* (8)
11. 10, 21. *ἐν τῷ κ. ἐκείνῳ* (8)
Jd. 3. 29. **A** *ἐν τῷ κ. ἐκ.* [**B** *τῇ ἡμέρᾳ ἐκ.*] (8)
4. 4. *ἐν τῷ κ. ἐκείνῳ* (8)
10. 8. *ἐν τῷ κ.* [**A** *ἐνιαυτῷ*] *ἐκείνῳ* (13)
— 14. *ἐν καιρῷ θλίψεως ὑμῶν* (8)
11. 26. *ἐν τῷ κ. ἐκείνῳ* (8)
12. 6. *ἐν* [**A** *om.*] *τῷ κ. ἐκείνῳ* (8)
13. 23. *καθὼς καιρός* [**A** *ὁ κ.*] (8)
14. 4 : 21. 14. *ἐν τῷ κ. ἐκείνῳ* (8)
21. 22. **A** *κατὰ τὸν κ.* [**B** *ὡς κλῆρος*] *πλημμελήσατε* (8)
— 24. *ἐν τῷ κ. ἐκείνῳ* (8)
I Ki. 1. 20. *καὶ ἐγενήθη τῷ* [**A** *ἐν τῷ*] *κ. τῶν ἡμερῶν* (16)
4. 20. *ἐν τῷ κ. αὐτῆς ἀποθνήσκει* (8)
9. 16. *ὡς ὁ κ.* (8)
18. 19. **A** *ἐν τῷ κ. τοῦ δοθῆναι τὴν Μ.* (8)
20. 12. *ὡς ἂν ὁ κ. τρισσῶς* (8)
II Ki. 11. 1. *εἰς τὸν κ. τῆς ἐξοδίας τῶν βασ.* (8)
20. 5. *ἐχρόνισεν ἀπὸ τοῦ κ.* (4)
23. 5. *διαθήκην . . . ἐν παντὶ κ. πεφυλαγμένην* –
III Ki. 11. 4. *ἐν καιρῷ γήρους Σαλ.* (8)
— 29. *ἐν τῷ κ. ἐκείνῳ* (8)
14. 1. **A** *ἐν τῷ κ. ἐκείνῳ* (8)
15. 23. *ἐν τῷ κ. τοῦ γήρως αὐτοῦ* (8)
16. 22. *ἐν τῷ κ. ἐκείνῳ* –
18. 29. *ὡς ὁ κ. τοῦ ἀναβῆναι τὴν θυσίαν* –
IV Ki. 4. 16, 17. *εἰς τὸν κ. τοῦτον ὡς ἡ ὥρα* (4)
8. 22 : 16. 6 : 18. 16 : 20. 12 : 24. 10. *ἐν τῷ κ. ἐκείνῳ* (8)
I Ch. 9. 25. *κατὰ ἑπτὰ ἡμέρας ἀπὸ καιροῦ εἰς καιρόν* (8, 8)
11. 11. *ἐπὶ τριακοσίους τραυματίας ἐν κ. ἑνί* (9)
— 20. *ἐπὶ τριακοσίους* [**A** *ἐξακοσ.*] *τραυματίας ἐν κ. ἑνί* –
12. 32. *γινώσκοντες σύνεσιν εἰς τοὺς κ.* (8)
21. 28, 29. *ἐν τῷ κ. ἐκείνῳ* (8)
29. 30. **A R** *καὶ οἱ κ.* [**B** *om. κ. οἱ κ.*] *οἱ ἐγένοντο ἐπ' αὐτῷ* (8)
II Ch. 7. 2. *ἐν τῷ κ. ἐκείνῳ* –
— 8. *ἐν τῷ κ. ἐκείνῳ* (8)
8. 13. *τρεῖς καιροὺς τοῦ ἐνιαυτοῦ* (9)
15. 5. *ἐν ἐκείνῳ τῷ κ.* (8)
16. 7, 10 : 21. 10. *ἐν τῷ κ. ἐκείνῳ* (8)
21. 19. *ἦλθε καιρὸς* [**A** *ὁ κ.*] *τῶν ἡμερῶν* (8+11)
25. 27. *ἐν τῷ κ. ᾧ ἀπέστη Ἀμ. ἀπὸ κυρίου* (8)
28. 16 : 30. 3. *ἐν τῷ κ. ἐκείνῳ* (8)
35. 17. *ἐν* [**B¹** *om.*] *τῷ κ. ἐκείνῳ* (8)
I Es. 1. 19. *οἱ εὑρεθέντες ἐν τῷ κ. τούτῳ* (8)
5. 50. *ἀνέφερον θυσίας κατὰ τὸν κ.* (8)
8. 79. *ἐν τῷ κ. τῆς δουλείας ἡμῶν* (8)
II Es. 5. 3. *ἐν αὐτῷ τῷ κ.* (2)
8. 35 (34). *ἐν τῷ κ. ἐκείνῳ* (8)
10. 13. **A S R** *καὶ ὁ κ.* [**B** *τόπος*] *χειμερινός* (8)
— 14. *ἐλθέτωσαν εἰς καιρούς* (8)
Ne. 4. 22 (16). *ἐν τῷ κ. ἐκείνῳ* (8)
6. 1. *ἕως τοῦ κ.* [**S¹** *λαοῦ*] *ἐκείνου* (8)
9. 27. *ἐν καιρῷ θλίψεως αὐτῶν* (8)
10. 34 (35). **A S R** *εἰς καιροὺς ἀπὸ* [**B** *om.*] *χρόνων* (8)
12. 17. **S²** *τῷ Βεν. ἐν καιροῖς* (4)
13. 21. *ἀπὸ τοῦ κ. ἐκείνου* (8)
— 31. *ἐν καιροῖς ἀπὸ χρόνων* (8)
To. 3. 11, 16. **S** *ἐν αὐτῷ τῷ κ.*
— 17. *ἐν αὐτῷ* [**S** *ἐκείνῳ*] *τῷ κ.*
4. 19. **A B** *ἐν παντὶ κ. εὐλόγει κύριον τὸν θεόν*
14. 4. **S** *πάντα συμβήσεται τοῖς κ. αὐτῶν* [**A B** *al.*]
— 4. *ἐν δὲ τῇ Μηδίᾳ ἔσται εἰρήνη μᾶλλον ἕως καιροῦ* [**S** *al.*]
— 5. *ἕως πληρωθῶσι καιροὶ τοῦ αἰῶνος* [**A S** *al.*]
— 7. **S** *καὶ εὐλογῶσιν τὸ ὄνομα αὐτοῦ ἐν παντὶ κ.*
Ju. 12. 16. *ἐτήρει καιρὸν τοῦ ἀπατῆσαι αὐτήν*
13. 5. *νῦν καιρὸς ἀντιλαβέσθαι τῆς κληρονομίας σου*
16. 21. *ἐγένετο κατὰ τὸν κ. αὐτῆς ἔνδοξος*
Es. 2. 12. *οὗτος δὲ ἦν* [**A** *καὶ ὅταν ᾖ*] *καιρὸς* (14)
— 12. **A** *ὅταν ἀναπληρωθῇ καιρὸς κοράσια* [**B S** *al.*] –
4. 14. *ἐν τούτῳ τῷ κ.* (8)
— 14. *εἰς τὸν κ. τοῦτον ἐβασίλευσας* (8)

Es. 4. 17. *γνώσθητι ἐν καιρῷ θλίψεως ἡμῶν*
8. 9. **S²** *ἐν τῷ κ. ἐκείνῳ* (8)
— 13. *τοὺς ἐν καιρῷ θλίψεως ἐπιθεμένους*
10. 3. **R** *εἰς ὥραν καὶ καιρὸν* [**A B² S** *κλῆρον*]
Jb. 5. 26. *ὥσπερ σῖτος ὥριμος κατὰ καιρὸν θεριζόμενος* –
19. 4. *τὰ δὲ ῥήματά μου πλανᾶται καὶ οὐκ ἐπὶ καιροῦ* –
28. 3. **A** *καιρῶν πέρας αὐτοὺς ἐξακριβάζεται* [**B S** *al.*] †
38. 32. *ἢ διανοίξεις μαζουρὼθ ἐν καιρῷ αὐτοῦ* (8)
39. 1. *εἰ ἔγνως καιρὸν τοκετοῦ τραγελάφων* (8)
— 18. *κατὰ καιρὸν* [**A** *-ῶν*] *ἐν ὕψει ὑψώσει* [**S** *al.*] (8)
Ps. 1. 3. *ὁ τὸν καρπὸν αὐ. δώσει ἐν καιρῷ αὐ.* (8)
9. 26 (10. 5). *βεβηλοῦνται αἱ ὁδοὶ αὐτοῦ ἐν παντὶ καιρῷ* (8)
20 (21). 9. *εἰς καιρὸν τοῦ προσώπου σου* (8)
31 (32). 6. *προσεύξεται πρὸς σὲ πᾶς ὅσιος ἐν καιρῷ εὐθέτῳ* (8)
33 (34). 1. *εὐλογήσω τὸν κύριον ἐν παντὶ κ.* (8)
36 (37). 19. *οὐ καταισχυνθήσονται ἐν καιρῷ πονηρῷ* (8)
— 39. *ὑπερασπιστὴς αὐτῶν ἐστιν* [**S¹** *om.*] *ἐν καιρῷ θλίψεως* (8)
68 (69). 13. *ἐγὼ δὲ τῇ προσευχῇ μου πρὸς σέ, κύριε, καιρὸς εὐδοκίας* (8)
70 (71). 9. *μὴ ἀπορρίψῃς με εἰς καιρὸν γήρους* (8)
74 (75). 2. *ὅταν λάβω καιρόν* (4)
80 (81). 15. *ἔσται ὁ κ. αὐτῶν εἰς τὸν αἰῶνα* (8)
101 (102). 13. *ὅτι καιρὸς τοῦ οἰκτειρῆσαι αὐτήν ὅτι ἥκει καιρός* (8, 4)
103 (104). 19. *ἐποίησε σελήνην εἰς καιρούς* (4)
— 27. **A** *δοῦναι τὴν τροφὴν αὐτῶν εἰς καιρόν* [**B S** *al.*] (8)
105 (106). 3. *ποιοῦντες δικαιοσύνην ἐν παντὶ κ.* (8)
118 (119). 20. *τοῦ ἐπιθυμῆσαι τὰ κρίματά σου ἐν παντὶ κ.* [**S¹** *al.*] (8)
— 126. *καιρὸς τοῦ ποιῆσαι τῷ κυρίῳ* (8)
Pr. 5. 3. *ἢ πρὸς καιρὸν λιπαίνει σὸν φάρυγγα* †
— 14. *ἐγενόμην ἐν παντὶ κακῷ* [**S¹** *καιρῷ*] †
— 19. *συνέστω σοι ἐν παντὶ καιρῷ* (8)
6. 14. *τεκταίνεται κακὰ ἐν παντὶ καιρῷ* (8)
8. 30. *εὐφραινόμην ἐν προσώπῳ αὐ. ἐν παντὶ κ.* (8)
17. 17. *εἰς πάντα καιρὸν φίλος ὑπαρχέτω σοι* (8)
18. 1. *ἐν παντὶ δὲ καιρῷ ἐπονείδιστος ἔσται* (15 ?)
Ec. 3. 1. *καιρὸς τῷ παντὶ πράγματι ὑπὸ τὸν οὐρανόν* [**S²** *ἥλιον*] (8)
— 2. *καιρὸς τοῦ τεκεῖν καὶ καιρὸς τοῦ ἀποθανεῖν καιρὸς τοῦ φυτεῦσαι καὶ καιρὸς τοῦ ἐκτῖλαι* (8 *quater*)
— 3. *καιρὸς τοῦ ἀποκτεῖναι καὶ καιρὸς τοῦ ἰάσασθαι καιρὸς τοῦ καθελεῖν καὶ καιρὸς τοῦ οἰκοδομεῖν* [**A S** *-ῆσαι*] (8 *quater*)
— 4. *καιρὸς τοῦ κλαῦσαι καὶ καιρὸς τοῦ γελάσαι καιρὸς τοῦ κόψασθαι καὶ καιρὸς τοῦ ὀρχήσασθαι* (8 *quater*)
— 5. *καιρὸς τοῦ βαλεῖν λίθους καὶ καιρὸς τοῦ συναγαγεῖν λίθους καιρὸς τοῦ περιλαβεῖν καὶ καιρὸς τοῦ μακρυνθῆναι ἀπὸ περιλήψεως* [**A** *-λήμματος*] (8 *quater*)
— 6. *καιρὸς τοῦ ζητῆσαι καὶ καιρὸς τοῦ ἀπολέσαι καιρὸς τοῦ φυλάξαι καὶ καιρὸς τοῦ ἐκβαλεῖν* (8 *quater*)
— 7. *καιρὸς τοῦ ῥῆξαι καὶ καιρὸς τοῦ ῥάψαι καιρὸς τοῦ σιγᾶν καὶ καιρὸς τοῦ λαλεῖν* (8 *quater*)
— 8. *καιρὸς τοῦ φιλῆσαι καὶ καιρὸς τοῦ μισῆσαι καιρὸς πολέμου καὶ καιρὸς εἰρήνης* (8 *quater*)
— 11. *ἃ* [**S¹** *om.*] *ἐποίησε καλὰ ἐν καιρῷ* [**S¹** *ἐνώπιον*] *αὐτοῦ* (8)
— 17. *καιρὸς τῷ παντὶ πράγματι* (8)
7. 18 (17). *ἵνα μὴ ἀποθάνῃς ἐν οὐ καιρῷ σου* (8)
8. 5. *καιρὸν κρίσεως γινώσκει καρδία σοφοῦ* (8)
— 6. *παντὶ πράγματί ἐστι καιρὸς καὶ κρίσις* (8)
9. 8. *ἐν παντὶ κ. ἔστωσαν ἱμάτιά σου λευκά* (8)
— 11. *καιρὸς καὶ ἀπάντημα συναντήσεται σύμπασιν* [**A S** *τοῖς πᾶσιν*] *αὐτοῖς* (8)
— 12. *οὐκ ἔγνω ὁ ἄνθρωπος τὸν κ. αὐτοῦ* (8)
— 12. *παγιδεύονται οἱ υἱοὶ τοῦ ἀνθρώπου εἰς κ. πονηρόν* (8)
10. 17. *οἱ ἄρχοντές σου πρὸς καιρὸν φάγονται* (8)
Ca. 2. 12. *καιρὸς τῆς τομῆς ἔφθακε* [**S** *-ασεν*] (8)
Wi. 2. 5. **A¹ B² S** *σκιᾶς γὰρ πάροδος ὁ καιρὸς* [**A² B¹ R** *βίος*] *ἡμῶν*

Wi. 3. 7. ἐν καιρῷ ἐπισκοπῆς αὐτῶν ἀναλάμψουσι
4. 4. κἂν [S[1] καὶ] γὰρ ἐν κλάδοις πρὸς καιρὸν ἀναθάλῃ
7. 18. τροπῶν ἀλλαγὰς καὶ μεταβολὰς καιρῶν
8. 8. ἐκβάσεις καιρῶν καὶ χρόνων
19. 22. οὐχ ὑπερεῖδες ἐν παντὶ καιρῷ . . . παριστάμενος
Si. 1. 22. ἕως καιροῦ ἀνθέξεται μακρόθυμος
— 23. ἕως καιροῦ κρύψει τοὺς λόγους αὐτοῦ
2. 2. μὴ σπεύσῃς ἐν καιρῷ ἐπαγωγῆς
— 11. σώζει ἐν καιρῷ θλίψεως
3. 31. ἐν καιρῷ πτώσεως εὑρήσει στήριγμα
4. 20. συντήρησον καιρὸν καὶ φύλαξαι ἀπὸ πονηροῦ
— 23. μὴ κωλύσῃς λόγον ἐν καιρῷ σωτηρίας
5. 7. ἐν [S[1] add. τῷ] καιρῷ ἐκδικήσεως ἐξολῇ
6. 8. ἔστι γὰρ φίλος ἐν καιρῷ αὐτοῦ
8. 9. ἐν καιρῷ χρείας δοῦναι ἀπόκρισιν
10. 4. τὸν χρήσιμον ἐγερεῖ εἰς καιρὸν ἐπ' αὐτῆς
— 26. μὴ δοξάζου ἐν καιρῷ στενοχωρίας σου
11. 19. οὐκ οἶδε τίς καιρὸς παρελεύσεται
12. 16. ἐὰν εὕρῃ καιρόν
17. 2. ἡμέρας ἀριθμοῦ καὶ καιρὸν ἔδωκεν αὐτοῖς
18. 21. ἐν καιρῷ ἁμαρτημάτων δεῖξον ἐπιστροφήν
— 24. μνήσθητι . . . καιρὸν ἐκδικήσεως
— 25. μνήσθητι καιρὸν [A κατὰ κ.] λιμοῦ ἐν καιρῷ [A ἡμέραις] πλησμονῆς
— 26. ἀπὸ πρωΐθεν ἕως ἑσπέρας μεταβάλλει καιρός
19. 9. ἐν καιρῷ μισήσει [A μασ.] σε
— 28. ἐὰν εὕρῃ καιρὸν κακοποιήσει [A κ. σε]
20. 6. ἔστι σιωπῶν εἰδὼς καιρόν
— 7. ἄνθρωπος σοφὸς σιγήσει ἕως καιροῦ ὁ δὲ λαπιστὴς καὶ ἄφρων ὑπερβήσεται καιρόν [S al.]
— 20. οὐ γὰρ μὴ εἴπῃ αὐτὴν ἐν καιρῷ αὐτῆς
22. 6. μάστιγες καὶ παιδεία ἐν παντὶ καιρῷ σοφίας [S[1] -ία]
— 16. καρδία . . . ἐν καιρῷ οὐ δειλιάσει
— 23. ἐν καιρῷ θλίψεως διάμενε αὐτῷ
26. 4. ἐν παντὶ καιρῷ πρόσωπον ἱλαρόν
27. 12. εἰς μέσον ἀσυνέτων συντήρησον καιρόν
29. 2. ἐν καιρῷ χρείας αὐτοῦ
— 2. ἀπόδος τῷ πλησίον εἰς τὸν [A S om.] κ.
— 3. ἐν παντὶ καιρῷ εὑρήσεις τὴν χρείαν σου
— 5. ἐν καιρῷ ἀποδόσεως παρελκύσει χρόνον
— 5. καὶ τὸν κ. αἰτιάσεται
30. 24. πρὸ καιροῦ γῆρας [S[2] -ους] ἄγει μέριμνα [S -αν]
— 32 (33. 23). ἐν καιρῷ τελευτῆς διάδος κληρονομίαν
32 (35). 20. ὡραῖον ἔλεος ἐν καιρῷ θλίψεως αὐτοῦ ὡς νεφέλαι ὑετοῦ ἐν καιρῷ ἀβροχίας
33 (36). 8. σπεῦσον καιρόν
34 (31). 28. οἶνος πινόμενος ἐν καιρῷ αὐτάρκης
36 (33). 8. ἠλλοίωσε καιροὺς καὶ ἑορτάς
37. 4. ἐν καιρῷ θλίψεως ἔσται ἀπέναντι
38. 3. ἐπιστήμη ἰατροῦ [S[1] καιροῦ] ἀνυψώσει κεφαλήν
— 13. S R ἔστι καιρὸς ὅτε καὶ ἐν χερσὶν αὐτῶν εὐωδία [A B -οδία]
39. 16. πᾶν πρόσταγμα ἐν καιρῷ [S[1] κυρίῳ] αὐτοῦ ἔσται
— 17. πάντα γὰρ ἐν καιρῷ αὐτοῦ ζητηθήσεται
— 28. ἐν καιρῷ συντελείας ἰσχὺν ἐκχέουσι
— 31. ἐν τοῖς [A S om.] κ. αὐτῶν οὐ παραβήσονται λόγον
— 34. πάντα γὰρ ἐν καιρῷ εὐδοκιμηθήσεται [A -μήσεται, S δοκιμασθήσεται]
40. 5. ἐν καιρῷ ἀναπαύσεως ἐπὶ κοίτης
— 7. ἐν καιρῷ σωτηρίας αὐτοῦ ἐξηγέρθη
— 23. φίλος καὶ ἑταῖρος εἰς καιρὸν ἀπαντῶντες
— 24. ἀδελφοὶ καὶ βοήθεια εἰς καιρὸν θλίψεως
43. 6. ἡ σελήνη ἐν πᾶσιν εἰς καιρὸν αὐτῆς
44. 17. ἐν καιρῷ ὀργῆς ἐγένετο ἀντάλλαγμα
46. 19. πρὸ καιροῦ κοιμήσεως αἰῶνος
47. 10. ἐκόσμησε καιροὺς μέχρι συντελείας
48. 10. ὁ καταγραφεὶς ἐν ἐλεγμοῖς [A κ. ἐλεγμὸς] εἰς [S[1] om.] καιρούς
51. 10. A S R ἐν καιρῷ ὑπερηφάνων [B -νιῶν] ἀβοηθησίας
— 12. ἐξεῖλου με ἐκ καιροῦ πονηροῦ
— 20. A ἐν καιρῷ θερισμοῦ [B S ἐν καθαρισμῷ] εὗρον αὐτήν
— 30. ἐργάζεσθε τὸ ἔργον ὑμῶν πρὸ καιροῦ καὶ δώσει τὸν μισθὸν ὑμῶν ἐν καιρῷ αὐτοῦ
Ho. 2. 9 (11). κομιοῦμαι . . . τὸν οἶνόν μου ἐν καιρῷ αὐτοῦ (4)
Am. 5. 13. ἐν τῷ κ. ἐκείνῳ σιωπήσεται [A[1] B[1] al.] (8)
— 13. ὅτι καιρὸς πονηρῶν [A πονηρός] ἐστιν (8)

Mi. 2. 3. ὅτι καιρὸς πονηρός ἐστιν (8)
3. 4. ἀποστρέψει τὸ πρόσωπον αὐτοῦ . . . ἐν τῷ κ. ἐκείνῳ (8)
5. 3 (2). δώσει αὐτοὺς ἕως καιροῦ τικτούσης (8)
Jl. 3 (4). 1. ἐν τῷ κ. ἐκείνῳ (8)
Hb. 2. 3. διότι ἔτι ὅρασις εἰς καιρόν (4)
3. 2. ἐν τῷ παρεῖναι τὸν κ. ἀναδειχθήσῃ –
Ze. 3. 16. ἐν τῷ κ. ἐκείνῳ ἐρεῖ κύριος τῇ Ἰερουσ. (3)
— 19. ἐγὼ ποιῶ ἐν σοὶ ἕνεκέν σου ἐν τῷ κ. ἐκείνῳ (8)
— 20. καὶ καταισχυνθήσονται ἐν τῷ κ. ἐκείνῳ (8)
— 20. καὶ ἐν τῷ κ. ὅταν εἰσδέξομαι ὑμᾶς (8)
Hg. 1. 2. οὐχ ἥκει ὁ κ. τοῦ οἰκοδομῆσαι (8)
— 4. εἰ καιρὸς μὲν ὑμῖν ἐστι τοῦ οἰκεῖν ἐν οἴκοις (8)
Is. 8. 22 (23). οὐκ ἀπορηθήσεται . . . ἕως καιροῦ (8)
18. 7. ἐν τῷ κ. ἐκείνῳ (8)
30. 8. ἔσται εἰς ἡμέρας ταῦτα καιρῷ [A S καιρῶν τ.] (1 ?)
33. 2. ἡ δὲ σωτηρία ἡμῶν ἐν καιρῷ θλίψεως (8)
38. 1. ἐγένετο δὲ ἐν τῷ κ. ἐκείνῳ (3)
39. 1. ἐν τῷ κ. ἐκείνῳ (8)
49. 8. καιρῷ δεκτῷ ἐπήκουσά σου (8)
50. 4. A τοῦ γνῶναι ἐν καιρῷ [B S om. ἐν κ.] ἡνίκα δεῖ εἰπεῖν λόγον †
54. 9. ἐν τῷ χρόνῳ [S[2] καιρῷ] ἐκ. †
60. 22. ἐγὼ κύριος κατὰ καιρὸν συνάξω αὐτούς (8)
64. 9 (8). μὴ ἐν καιρῷ μνησθῇς ἁμαρτιῶν ἡμῶν (5)
Je. 2. 27. ἐν τῷ κ. τῶν κακῶν αὐτῶν (8)
— 28. ἐν καιρῷ τῆς κακώσεως σου (8)
3. 17. ἐν τῷ κ. ἐκείνῳ (8)
4. 11. ἐν τῷ κ. ἐκείνῳ [A τούτῳ] (8)
5. 24. κατὰ καιρὸν πληρώσεως προστάγματος θερισμοῦ (8)
6. 15. ἐν καιρῷ ἐπισκοπῆς [A add. αὐτῶν] (8)
— 19. S ἐπάγω ἐπὶ τὸν λαὸν τοῦτον κατὰ τὸν κ. ἀποστροφῆς αὐ. [A B al.] †
8. 1. ἐν τῷ κ. ἐκείνῳ (8)
— 7. ἡ ἀσίδα ἐν τῷ οὐρανῷ ἔγνω τὸν κ. αὐτῆς (4)
— 7. στρουθία ἐφύλαξαν καιροὺς εἰσόδων ἑαυτῶν (8)
— 15. συνήχθημεν . . . εἰς καιρὸν ἰάσεως (8)
10. 15. ἐν καιρῷ ἐπισκοπῆς αὐτῶν ἀπολοῦνται (8)
11. 12. ἐν τῷ [A om.] κ. τῶν κακῶν αὐτῶν (8)
— 14. οὐκ εἰσακούσομαι ἐν τῷ κ. . . . ἐν καιρῷ κακώσεως αὐτῶν (8, 5 ?)
14. 8. σώζεις ἐν καιρῷ κακῶν (8)
— 19. εἰς καιρὸν ἰάσεως καὶ ἰδοὺ ταραχή (8)
15. 11. παρέστην σοι ἐν καιρῷ τῶν κακῶν αὐτῶν καὶ ἐν καιρῷ θλίψεως αὐτῶν (8, 8)
16. 21. δηλώσω . . . ἐν τῷ κ. τούτῳ τὴν χεῖρά μου (9)
18. 23. ἐν καιρῷ θυμοῦ [S -ῷ] σου (8)
26 (46). 21. ἡμέρα ἀπωλείας ἦλθεν ἐπ' αὐτοὺς [A -οῖς] καὶ κ. ἐκδικήσεως αὐτῶν (8)
27 (50). 4. ἐν τῷ κ. ἐκείνῳ (8)
— 16. κατέχοντα δρέπανον ἐν καιρῷ θερισμοῦ (8)
— 20. ἐν τῷ κ. ἐκείνῳ (8)
— 26. ἐληλύθασιν οἱ κ. αὐτῆς (11 ?)
— 27. ἥκει ἡ ἡμέρα αὐ. καὶ κ. ἐκδικήσεως αὐ. (8)
— 31. ἥκει ἡ ἡμέρα σου καὶ ὁ κ. ἐκδικήσεώς σου (8)
28 (51). 6. κ. [S ὁ κ.] ἐκδικήσεως αὐ. ἐστι παρὰ κ. (8)
— 18. ἐν καιρῷ ἐπισκέψεως αὐτῶν ἀπολοῦνται (8)
Ba. 1. 2. ἐν τῷ κ. ᾧ ἔλαβον οἱ Χαλδαῖοι τὴν Ἰερ.
— 14. ἐξαγορεῦσαι ἐν οἴκῳ κυρίου . . . ἐν ἡμέραις καιροῦ
3. 5. μνήσθητι χειρός σου . . . ἐν τῷ κ. τούτῳ
La. 1. 15. ἐκάλεσεν ἐπ' ἐμὲ καιρὸν τοῦ συντρῖψαι ἐκλεκτούς μου (4)
— 21. ἐκάλεσας καιρόν –
4. 18. ἤγγικεν ὁ κ. ἡμῶν . . . πάρεστιν ὁ κ. ἡμῶν (11, 11)
Ez. 4. 10. ἀπὸ καιροῦ ἕως καιροῦ φάγεσαι αὐτά (8, 8)
— 11. τὸ ἕκτον τοῦ εἶν ἀπὸ καιροῦ ἕως καιροῦ πίεσαι (8, 8)
7. 7, 12. ἥκει ὁ κ. (8)
12. 27. εἰς καιροὺς μακροὺς οὗτος προφητεύει (8)
16. 8. ἰδοὺ κ. σου καὶ [A ὡς] κ. καταλυόντων (8, 8)
21. 25 (30), 29 (34). ἥκει ἡ ἡμέρα ἐν καιρῷ ἀδικίας πέρας (8)
22. 3. τοῦ ἐλθεῖν [B[1] εἰσελ.] καιρὸν αὐτῆς (8)
— 4. ἤγαγες καιρὸν ἐτῶν σου †
— 30. A R ἑστῶτα πρὸ προσώπου μου . . . ἐν καιρῷ τῆς ὀργῆς [B γῆς] (5 ?)
30. 3. A κ. [B om.] πέρας ἐθνῶν ἔσται (8)
35. 5. ἐν χειρὶ [A καιρῷ] ἐχθρῶν μαχαίρᾳ [A ἐν χειρὶ μαχαίρας] ἐν καιρῷ ἀδικίας (8, 8)
Da. LXX. 2. 8. καιρὸν ὑμεῖς ἐξαγοράζετε (6)
— 9. ἕως ἂν ὁ κ. ἀλλοιωθῇ (6)
— 21. αὐτὸς ἀλλοιοῖ καιρούς

Da. LXX. 3. 7. ἐν τῷ κ. ἐκείνῳ (2)
— 8. ἐν ἐκείνῳ τῷ κ. (2)
— (38). οὐκ ἔστιν ἐν τῷ κ. τούτῳ ἄρχων
4. 23. εἰς καιρὸν καὶ ὥραν –
— 33. ἐν ἐκείνῳ τῷ κ. (2)
— 34. καὶ ἀλλοιοῖ καιροὺς καὶ χρόνους –
— 34. εἰρήνη ὑμῖν πληθυνθείη ἐν παντὶ κ. –
7. 12. ἕως χρόνου καὶ καιροῦ (6)
— 22. καὶ ὁ κ. ἐδόθη (2)
— 25. ἀλλοιῶσαι καιροὺς καὶ νόμον (2)
— 25. ἕως καιροῦ καὶ καιρῶν καὶ ἕως ἡμίσους καιροῦ (6 *ter*)
8. 17. εἰς ὥραν καιροῦ τοῦτο τὸ ὅραμα (11)
— 19. εἰς ὥρας καιροῦ συντελείας μενεῖ (19)
9. 26. καὶ ἕως [*cod. om.*] καιροῦ (11 ?)
— 27. καὶ κατὰ συντέλειαν καιρῶν καὶ μετὰ ἑπτὰ καὶ ἑβδομήκοντα καιρούς –, –
— 27. ἕως καιροῦ συντελείας πολέμου –
11. 13. κατὰ συντέλειαν καιροῦ ἐνιαυτοῦ (8)
— 14. ἐν τοῖς κ. ἐκείνοις (8)
— 27. ἔτι γὰρ συντέλεια εἰς καιρόν (4)
— 29. εἰς καιρὸν ἐπιστρέψει (4)
— 35. ἕως καιροῦ συντελείας ἔτι γὰρ καιρὸς εἰς ὥρας (8, –)
12. 4. ἕως καιροῦ συντελείας (8)
— 7. ἕως καιροῦ συντελείας –
— 7. εἰς καιρὸν καὶ καιροὺς καὶ ἥμισυ καιροῦ (4, 4, –)
— 8. οὐ διενοήθην παρ' αὐτὸν τὸν κ. –
Da. TH. Su. 14. κοινῇ συνετάξαντο καιρόν
2. 8. καιρὸν ὑμεῖς ἐξαγοράζετε (6)
— 9. ἕως οὗ ὁ κ. παρέλθῃ (6)
— 21. αὐτὸς ἀλλοιοῖ καιροὺς καὶ χρόνους (6)
3. (38). οὐκ ἔστιν ἐν τῷ κ. τούτῳ ἄρχων
4. 13. ἑπτὰ καιροὶ ἀλλαγήσονται ἐπ' αὐτόν (6)
— 20. ἕως οὗ ἑπτὰ καιροὶ ἀλλοιωθῶσιν ἐπ' αὐτόν (6)
— 22, 29. ἑπτὰ καιροὶ ἀλλαγήσονται ἐπὶ σέ (6)
— 33. αὐτῷ τῷ κ. αἱ φρένες μου ἐπεστράφησαν (2)
6. 10 (11), 13 (14). καιροὺς τρεῖς τῆς ἡμέρας (2)
7. 12. ἕως καιροῦ καὶ καιροῦ (2, 6)
— 22. ὁ κ. ἔφθασε (2)
— 25. τοῦ ἀλλοιῶσαι καιροὺς καὶ νόμον (2)
— 25. A ἕως καιροῦ καὶ καιροῦ [B om. καὶ κ.] καὶ καιρῶν καὶ ἥμισυ καιροῦ (6, –, 6, 6)
8. 17. ἔτι γὰρ εἰς καιροῦ πέρας ἡ ὅρασις (8)
— 19. ἔτι γὰρ ὡς καιροῦ πέρας ἡ ὅρασις (4)
9. 25. ἐκκενωθήσονται οἱ κ. (8)
— 27. ἕως τῆς συντελείας καιροῦ –
11. 6. R ἐν τοῖς κ. ἀναστήσεται [A B al.] (8)
— 13. εἰς τὸ τέλος τῶν κ. ἐνιαυτῶν (8)
— 14. ἐν τοῖς κ. ἐκείνοις (8)
— 24. καὶ ἕως καιροῦ (8)
— 27. ὅτι ἔτι πέρας εἰς καιρόν (4)
— 29. εἰς τὸν κ. ἐπιστρέψει (4)
— 35. τοῦ ἀποκαλυφθῆναι ἕως καιροῦ πέρας ὅτι ἔτι εἰς καιρόν (8, 4)
— 40. ἐν καιροῦ [A τῷ κ.] πέρατι (8)
12. 1. ἐν τῷ κ. ἐκείνῳ (8)
— 1. ἔσται καιρὸς θλίψεως (8)
— 1. ἕως τοῦ κ. ἐκείνου (8)
— 1. ἐν τῷ κ. ἐκείνῳ (8)
— 4. ἕως καιροῦ συντελείας (8)
— 7. εἰς καιρὸν καιρῶν [A καὶ καιροὺς] καὶ ἥμισυ [A εἰς ἥ.] καιροῦ (4, 4, –)
— 9. ἕως καιροῦ πέρας (8)
— 11. ἀπὸ καιροῦ παραλλάξεως τοῦ ἐνδελεχισμοῦ (8)
1 Ma. 2. 25. ἐν τῷ κ. ἐκείνῳ
— 49. ἐλεγμὸς καὶ καιρὸς καταστροφῆς
— 53. Ἰωσὴφ ἐν καιρῷ στενοχωρίας αὐτοῦ
4. 54. κατὰ τὸν κ. καὶ κατὰ τὴν ἡμέραν
— 59. ἐν τοῖς κ. αὐτῶν
— 60. ἐν τῷ κ. ἐκείνῳ
6. 36. οὗτοι πρὸ καιροῦ . . . ἦσαν
8. 25. ὡς ἂν ὁ κ. ὑπογραφῇ αὐτοῖς
— 27. ὡς ἂν αὐτοῖς ὁ κ. ὑπογραφῇ
9. 7. οὐκ εἶχε καιρὸν συναγαγεῖν αὐτούς
— 10. ἤγγικεν ὁ κ. ἡμῶν
— 31, 55, 56. ἐν τῷ κ. ἐκείνῳ
11. 14. κατὰ τοὺς κ. ἐκείνους
12. 1. ὁ κ. αὐτῷ [S[1] -ῶν] συνεργεῖ
— 10. πολλοὶ γὰρ κ. διῆλθον
— 11. ἐν παντὶ κ. ἀδιαλείπτως
13. 5. ἐν παντὶ κ. θλίψεως
15. 33. ἀκρίτως ἔν τινι κ. κατεκρατήθη

I Ma. 15. 34. ἡμεῖς δὲ καιρὸν ἔχοντες
II Ma. 1. 5. μὴ ὑμᾶς ἐγκαταλείποι ἐν κ. πονηρῷ
3. 5. κατ᾽ ἐκεῖνον τὸν κ.
4. 17. ταῦτα ὁ ἀκόλουθος κ. δηλώσει
— 32. εἰληφέναι καιρὸν εὐφυῆ
5. 1. περὶ δὲ τὸν κ. τοῦτον
7. 20. μιᾶς ὑπὸ καιρὸν ἡμέρας
9. 1. περὶ δὲ τὸν κ. ἐκεῖνον
— 23. καθ᾽ οὓς κ. . . . ἐστρατοπέδευσεν
— 25. τοῖς κ. ἐπέχοντας
12. 30. ἐν τοῖς τῆς ἀτυχίας κ.
14. 5. καιρὸν δὲ λαβὼν τῆς ἰδίας ἀνοίας συνεργόν
15. 37. ἀπ᾽ ἐκείνων τῶν κ. κρατηθείσης τῆς πόλεως
III Ma. 4. 14. μιᾶς ὑπὸ καιρὸν ἡμέρας
5. 15. ὑπέδειξε τὸν τῆς συμποσίας κ. ἤδη παρατρέχοντα
IV Ma. 1. 10. τοὺς κατὰ τοῦτον τὸν κ. . . . ἀποθανόντας
3. 19. ὁ κ. ἡμᾶς καλεῖ
14. 19. περὶ τὸν τῆς κηρογονίας κ.
18. 9. τὸν τῆς ἀτεκνίας οὐκ ὠδυνήθη κ.

[**Aq**. DT. 11. 14 : I KI. 9. 24 : III KI. 14. 1 : JB. 24. 1 : PS. 4. 8 : 9. 22 (10. 1) : 30 (31). 16 : 31 (32). 6 : 61 (62). 9 : EC. 7. 18 (17), 23 (22) : 8. 9 : JE. 5. 24 : 14. 8 : 15. 11 *bis* : 46 (26). 17 : 51 (28). 33 : EZ. 16. 8 : 35. 5 *bis*.]
[**Sm**. DT. 11. 14 : I KI. 4. 20 : JB. 22. 16 : 38. 32 : PS. 4. 8 : 9. 22 (10. 1) : 30 (31). 16 : 31 (32). 6 : 61 (62). 9 : 68 (69). 14 : 70 (71). 9 : 80 (81). 16 : 118 (119). 126 : PR. 25. 11 : EC. 3. 11 : 7. 23 (22) : 8. 6 : CA. 2. 12 : IS. 33. 6 : JE. 5. 24 : 15. 11 : 46 (26). 17 : 51 (28). 33 : EZ. 4. 10 : 12. 23 : 16. 8 : 23. 43 : 35. 5 *bis*.]
[**Th**. DT. 11. 14 : I KI. 13. 8 : JB. 24. 1 : 38. 32 : 39. 1, 18 : PS. 4. 8 : 30 (31). 16 : 73 (74). 8 : JE. 8. 12 : 33 (40). 15, 20 : EZ. 16. 8 : 30. 3 : 35. 5 *bis* : DA. 9. 27 : 11. 13, 29 : 12. 7 *bis*.]
[**Al**. EX. 9. 27 : 13. 10 : LE. 16. 2 : NU. 16. 2 : 28. 2 : I KI. 20. 35 : PS. 118 (119). 126 : DA. 11. 13.]
[**Heb**. EZ. 16. 8.]
[**Quint**. PS. 30 (31). 16.]

καίτοι.

IV Ma. 2. 6.

● **καιφάζ, κεφάζ.** (1) פָּז

Ca. 5. 11. **R** κεφαλὴ αὐτοῦ χρυσίον κεφάζ [**A B** καιφάζ] (1)

καιχάρ, κεχάρ. (1) כִּכָּר

II Ki. 18. 23. ὁδὸν τὴν τοῦ κ. (1)

κἀκεῖ, *vid.* **ἐκεῖ.**

κἀκεῖθεν, *vid.* **ἐκεῖθεν.**

κἀκεῖνος, *vid.* **ἐκεῖνος.**

κακηγορεῖν.

IV Ma. 9. 14. **S R** κατὰ πᾶν μέλος κλώμενος ἐκακηγόρει [**A** κατηγόρει]

κακία. (1) אִוֶּלֶת (2) אָוֶן (3) *a.* דֶּרֶךְ *b.* דֶּרֶךְ רָעָה (4) חַטָּאת (5) כָּזָב (6) מְשׁוּבָה (7) עָוֹן (8) עָנָה pi. (9) עֳנִי (10) עֶרְוָה (11) *a.* רָעַע hi. *b.* רַע *c.* רֹעַ *d.* רָעָה

Ge. 6. 5. ἐπληθύνθησαν αἱ κ. τῶν ἀνθρώπων (11 *d*)
31. 52. μηδὲ σὺ διαβῇς . . . ἐπὶ κακίᾳ (11 *d*)
Ex. 22. 23 (22). ἐὰν δὲ κακίᾳ κακώσητε αὐτούς (8)
23. 2. οὐκ ἔσῃ μετὰ πλειόνων ἐπὶ [**B**^{1} ἐν] κακίᾳ (11 *d*)
32. 12. ἵλεως γενοῦ ἐπὶ τῇ κ. τοῦ λαοῦ σου (11 *d*)
— 14. **A** ἱλάσθη κύριος περὶ τῆς κ. [**B** *om.* π. τ. κ.] (11 *d*)
De. 31. 18. διὰ πάσας τὰς κ. ἃς ἐποίησαν (11 *d*)
Jd. 9. 56. **A** ἀπέστρεψεν . . . τὴν κ. Ἀβ. [**B** *al.*] (11 *d*)
— 57. **A** πᾶσαν κ. ἀνδρῶν Σικ. [**B** *al.*] (11 *d*)
16. 18. **A** ἀνήγγειλέν μοι πᾶσαν τὴν κ. αὐ. [**B** *al.*] †
20. 3. **A** ποῦ ἐγένετο ἡ κ. [**B** πονηρία] αὕτη (11 *d*)
— 12. **A** τίς ἡ κ. [**B** πονηρία] αὕτη (11 *d*)
— 13. **A** ἐξαροῦμεν κακίαν ἐξ Ἰσραήλ [**B** *al.*] (11 *d*)
— 34. φθάνει ἐπ᾽ αὐτοὺς ἡ κ. [**A** *al.*] (11 *d*)
— 41. **A** ἧπται αὐτοῦ ἡ κ. [**B** *al.*] (11 *d*)
I Ki. 6. 9. πεποίηκεν ἡμῖν τὴν κ. τὴν μεγ. τ. (11 *d*)
I Ki. 12. 17. ἡ κ. ὑμῶν μεγάλη (11 *d*)
— 19. **B** ὅτι προστεθείκαμεν . . . κακίαν (11 *d*)
— 20. **B** ὑμεῖς πεποιήκατε τὴν πᾶσαν κ. ταύτην (11 *d*)
— 25. **B** ἐὰν κακίᾳ κακοποιήσητε (11 *a*)
17. 28. **A** ἐγὼ οἶδα . . . τὴν κ. τῆς καρδίας σου (11 *c*)
20. 7. συντετέλεσται ἡ κ. παρ᾽ αὐτοῦ (11 *d*)
— 9. συντετέλεσται ἡ κ. παρὰ τοῦ πατρός μου (11 *d*)
— 33. συντετέλεσται ἡ κ. αὕτη παρὰ τοῦ πατρὸς αὐτοῦ †
23. 9. οὐ παρασιωπᾷ Σ. περὶ αὐτοῦ τὴν κ. (11 *d*)
24. 12. οὐκ ἔστι κακία ἐν τῇ χειρί μου (11 *d*)
25. 17. συντετέλεσται ἡ κ. εἰς τὸν κύριον ἡμῶν (11 *d*)
— 28. κακία οὐχ εὑρεθήσεται ἐν σοὶ πώποτε (11 *d*)
— 39. τὴν κ. Νάβαλ ἀπέστρεψε κύριος (11 *d*)
29. 6. οὐχ εὕρηκα κατὰ σοῦ [**A** ἐν σοὶ] κακίαν (11 *d*)
— 7. οὐ μὴ ποιήσεις κακίαν (11 *b*)
II Ki. 3. 25. οὐκ οἶδας τὴν κ. Ἀβ. –
— 39. ἀποδῴ [**A** ἀνταποδοῖ] κύριος . . . κατὰ τὴν κ. αὐτοῦ (11 *d*)
13. 15. **B** μείζων ἡ κ. ἡ ἐσχάτη –
— 16. περὶ τῆς κ. τῆς μεγάλης ταύτης (11 *d*)
15. 14. καὶ ἐξώσῃ ἐφ᾽ ἡμᾶς τὴν κ. (11 *d*)
16. 8. καὶ ἰδοὺ σὺ ἐν τῇ κ. σου (11 *d*)
24. 16. παρεκλήθη κύριος ἐπὶ [**A** ἐν] τῇ κ. (11 *d*)
III Ki. 1. 52. ἐὰν κακία εὑρεθῇ ἐν αὐτῷ (11 *d*)
3. 1 (2. 44). οἶδας [**A** ἔγνως] πᾶσαν τὴν κ. σου (11 *d*)
— 1 (2. 44). ἀνταπέδωκε κύριος τὴν κ. σου (11 *d*)
9. 9. ἐπήγαγε . . . τὴν [**A** σύμπασαν τ.] κ. ταύτην (11 *d*)
11. 25. **A** αὕτη ἡ κ. Ἀδέρ [**B** ἣν ἐποίησεν Ἀ.] (11 *d*)
13. 33. οὐκ ἐπέστρεψεν Ἰερ. ἀπὸ τῆς κ. αὐτοῦ (3 *b*)
14. 10. **A** ἐγὼ ἄγω κακίαν πρὸς σέ (11 *d*)
16. 7. ἐλάλησε . . . πᾶσαν [**A** *om.*] τὴν κ. (11 *d*)
20 (21). 29. οὐκ ἐπάξω τὴν κ. ἐν ταῖς ἡμ. αὐ. (11 *d*)
— 29. ἐπάξω τὴν κ. (11 *d*)
21 (20). 7. κακίαν οὗτος ζητεῖ (11 *d*)
IV Ki. 6. 33. αὕτη ἡ κ. παρὰ κυρίου (11 *d*)
14. 10. ἵνα τί ἐρίζεις ἐν τῇ κ. σου [**A** *al.*] (11 *d*)
I Ch. 21. 8. περίελε δὴ τὴν κ. παιδός σου (7)
— 15. μετεμελήθη ἐπὶ τῇ κ. (11 *d*)
II Ch. 7. 22. ἐπήγαγεν . . . πᾶσαν τὴν κ. τ. (11 *d*)
25. 19. ἵνα τί συμβάλλεις ἐν κακίᾳ (11 *d*)
I Es. 2. 29. καὶ μὴ προβῇ ἐπὶ πλεῖον τὰ τῆς κ.
Ne. 9. 9. **S**^{2} εἶδες τὴν κ. [**A B S**^{1} ταπείνωσιν] τῶν πατέρων (9)
Ju. 2. 2. συνετέλεσε πᾶσαν τὴν κ. τῆς γῆς
Es. 8. 3. ἀφελεῖν τὴν Ἀμὰν κ. (11 *d*)
Jb. 4. 6. ἡ ἐλπίς σου καὶ ἡ κ. τῆς ὁδοῦ σου †
17. 5. **A B S**^{2} τῇ μερίδι ἀναγγελεῖ κακίας †
20. 12. ἐὰν γλυκανθῇ ἐν στόματι αὐτοῦ κακία [**A** *al.*] (11 *d*)
22. 5. πότερον οὐχ ἡ κ. σου ἐστὶ πολλή (11 *d*)
27. 5. **S** οὐ γὰρ ἀπαλλάξω μου τὴν κ. [**A B** ἀκακ.] †
Ps. 35 (36). 4. τῇ δὲ κ. [**A S**^{2} κακίᾳ δὲ] οὐ προσώχθισε (11 *b*)
49 (50). 19. τὸ στόμα σου ἐπλεόνασε κακίαν (11 *d*)
51 (52). 1. τί ἐγκαυχᾷ ἐν κακίᾳ ὁ δυνατὸς ἀνομίαν (11 *d*)
— 3. ἠγάπησας κακίαν ὑπὲρ ἀγαθωσύνην (11 *b*)
106 (107). 34. ἀπὸ κακίας τῶν κατοικούντων ἐν αὐτῇ (11 *d*)
Pr. 1. 16. **A S**^{2} οἱ γὰρ πόδες αὐτῶν εἰς κακίαν τρέχουσιν (11 *b*)
13. 16. ὁ δὲ ἄφρων ἐξεπέτασεν ἑαυτοῦ κακίαν (1)
14. 18. μεριοῦνται ἄφρονες κακίαν (1)
— 32. ἐν κακίᾳ αὐτοῦ ἀπωσθήσεται ἀσεβής (11 *d*)
16. 30. οὗτος κάμινός ἐστι κακίας [**A** κακῶν] (11 *d*)
19. 7. ὁ πολλὰ κακοποιῶν τελεσιουργεῖ κακίαν –
— 9. ὃς δ᾽ ἂν ἐκκαύσῃ κακίαν (5)
26. 11. οὕτως ἄφρων τῇ ἑαυτοῦ κ. ἀναστρέψας ἐπὶ τὴν ἑαυτοῦ ἁμαρτίαν (1 ?)
Ec. 5. 12. πλοῦτον φυλασσόμενον τῷ παρ᾽ αὐτοῦ εἰς κακίαν αὐτῷ [**A S** -οῦ] (11 *d*)
7. 4 (3). **A S R** ἐν κακίᾳ προσώπου ἀγαθυνθήσεται καρδία [**B** *om.*] (11 *c*)
— 15 (14). ἴδε ἐν ἡμέρᾳ κακίας (11 *b*)
— 16 (15). ἔστιν ἀσεβὴς μένων ἐν κακίᾳ αὐτοῦ (11 *d*)
12. 1. ἕως ὅτου μὴ ἔλθωσιν αἱ ἡμέραι τῆς κ. (11 *d*)
Wi. 2. 22. ἀπετύφλωσε [**S** ἐτ.] γὰρ αὐτοὺς ἡ κ. αὐτῶν
4. 11. ἡρπάγη μὴ κακία [**S** ἡ κ.] ἀλλάξῃ σύνεσιν
5. 13. ἐν δὲ τῇ κ. ἡμῶν κατεδαπανήθημεν
7. 30. σοφίας [**A** -ίαν, **S**^{1} -ία] δὲ οὐκ ἀντισχύει [**A S** οὐ κατισχ.] κακία
12. 2. ἀπαλλαγέντες τῆς κ.
— 10. ἔμφυτος ἡ κ. αὐτῶν
Wi. 12. 20. δι᾽ ὧν ἀπαλλαγῶσι τῆς κ.
16. 14. ἄνθρωπος δὲ ἀποκτέννει μὲν τῇ κ. αὐτοῦ
Si. 14. 6. τοῦτο ἀνταπόδομα τῆς κ. αὐτοῦ
— 7. ἐπ᾽ ἐσχάτων ἐκφαίνει τὴν κ. αὐτοῦ
19. 6. ὁ μισῶν λαλιὰν ἐλαττονοῦται [**S** -αττοῦται] κακίᾳ [**A** καρδίᾳ]
25. 19. μικρὰ πᾶσα κακία πρὸς κακίαν γυναικός
30. 37 (33. 27). πολλὴν γὰρ κακίαν ἐδίδαξεν ἡ ἀργία
Ho. 7. 1. ἀποκαλυφθήσεται . . . ἡ κ. Σ. (11 *d*)
— 2. πάσας τὰς κ. αὐτῶν ἐμνήσθην (11 *d*)
— 3. ἐν ταῖς κ. αὐτῶν εὔφραναν βασιλεῖς (11 *d*)
9. 15. πᾶσαι αἱ κ. αὐτῶν ἐν [**A** εἰς] Γ. (11 *d*)
— 15. διὰ τὰς κ. τῶν ἐπιτηδευμ. (11 *c*)
10. 15. ἀπὸ προσώπου ἀδικίας [**A** *om.*] κακιῶν ὑ. (11 *d*)
Am. 3. 6. εἰ ἔσται κακία ἐν πόλει (11 *d*)
Jl. 2. 13. πολυέλεος καὶ μετανοῶν ἐπὶ ταῖς κ. (11 *d*)
Jn. 1. 2. ἀνέβη ἡ κραυγὴ τῆς κ. αὐτῆς πρὸς μέ (11 *d*)
— 7. τίνος ἕνεκεν ἡ κ. αὕτη ἐστὶν ἐν ἡμῖν (11 *d*)
— 8. **A** τίνος ἕνεκεν ἡ κ. αὕτη ἐστὶν ἐν ἡμῖν (11 *d*)
3. 10. μετενοήσεν ὁ θ. ἐπὶ τῇ κακίᾳ [**A** τὰ κακά] (11 *d*)
4. 2. καὶ πολυέλεος καὶ μετανοῶν ἐπὶ ταῖς κ. (11 *d*)
Na. 3. 19. ἐπὶ τίνα οὐκ ἐπῆλθεν ἡ κακία σου διὰ παντός (11 *d*)
Za. 7. 10. κακίαν ἕκαστος τοῦ ἀδ. αὐ. μὴ μνησικακείτω (11 *d*)
8. 17. ἕκαστος τὴν κ. τοῦ πλησίον αὐ. μὴ λογίζεσθε (11 *d*)
Is. 29. 20. ἐξωλεθρεύθησαν οἱ ἀνομοῦντες ἐπὶ κακίᾳ (2)
Je. 1. 16. λαλήσω πρὸς αὐτοὺς μετὰ κρίσεως περὶ πάσης τῆς κ. αὐτῶν (11 *d*)
2. 19. ἡ κ. σου ἐλέγξει σε (6)
3. 2. **B S** καὶ ἐν ταῖς κ. σου (11 *d*)
4. 14. ἀπόπλυνε ἀπὸ κακίας τὴν καρδίαν σου (11 *d*)
— 18. αὕτη ἡ κ. σου ὅτι πικρά (11 *d*)
6. 7. οὕτω ψύχει κακία αὐτῆς (11 *d*)
7. 12. ἀπὸ προσώπου κακίας λαοῦ μου Ἰσραήλ (11 *d*)
8. 6. οὐκ ἔστιν ἄνθρ. μετανοῶν ἀπὸ τῆς κ. αὐ. (11 *d*)
11. 15. ἀφελοῦσιν ἀπὸ σοῦ τὰς κ. σου (11 *d*)
— 17. ἐλάλησεν ἐπὶ σὲ κακὰ ἀντὶ τῆς κ. οἴκου Ἰσραήλ (11 *d*)
12. 4. ξηρανθήσεται ἀπὸ κακίας τῶν κατοικούντων ἐν αὐτῇ [**A** κ. αὐτῶν] (11 *d*)
13. 22. **A** διὰ τὸ πλῆθος τῆς κ. [**B S** ἀδικίας] σου (7)
15. 7. ἀπώλεσαν τὸν λαόν μου διὰ τὰς κ. αὐ. [**S** *al.*] (3 *a*)
— 13. **A** διὰ πάσας τὰς κ. [**B S** ἁμαρτίας] σου (4)
16. 18. διὰ πάσας τὰς κ. αὐτῶν [**A S** *al.*] (7)
28 (51). 24. ἀνταποδώσω τῇ Βαβ. . . . πάσας τὰς κ. [**A** ἀδικίας] αὐ. (11 *d*)
La. 1. 22. εἰσέλθοι πᾶσα ἡ κ. αὐτῶν κατὰ πρόσωπόν σου (11 *d*)
Ez. 6. 9. **A** κόψονται τὰ πρόσωπα αὐτῶν περὶ τῶν κ. [**B** *om.* π. τ. κ.] (11 *d*)
16. 23. ἐγένετο μετὰ πάσας τὰς κ. σου (11 *d*)
— 37. ἀποκαλύψω τὰς κ. σου πρὸς αὐτούς (10)
— 57. πρὸ τοῦ ἀποκαλυφθῆναι τὰς κ. σου (11 *d*)
20. 43. κόψεσθε [**A**^{2} ὄψεσθαι] τὰ πρόσωπα ὑμῶν ἐν πάσαις ταῖς κ. ὑμῶν (11 *d*)
22. 12. συντελέσω συντέλειαν κακίας σου †
Da. TH. 9. 14. **A** ἐγρηγόρησε κ. ὁ θεὸς ἡμῶν ἐπὶ τὴν κ. [**B** *om.* ὁ θ. ἡ. ἐ. τ. κ.] (11 *d*)
I Ma. 5. 4. ἐμνήσθη τῆς κ. υἱῶν Βαιάν
7. 23. εἶδεν Ἰούδας πᾶσαν τὴν κ.
— 42. κρῖνον αὐτὸν κατὰ τὴν κ. αὐτοῦ
9. 61. τῶν ἀνδρῶν τῆς χώρας τῶν ἀρχηγῶν τῆς κ.
10. 46. **A R** ἐπεμνήσθησαν [**S** ἐμν.] τῆς κ. τῆς μεγ.
II Ma. 4. 4. συναύξοντα τὴν κ. τοῦ Σίμωνος
— 47. τὸν μὲν τῆς ὅλης κ. αἴτιον
— 50. ἐπιφυόμενος τῇ κ.
6. 3. δυσχερὴς ἡ ἐπίστασις τῆς κ.
7. 31. σὺ δὲ πάσης κ. εὑρετὴς γενόμενος
9. 4. **R** τὴν [**A** *om.*] τῶν πεφυγαδευκότων αὐτὸν κ.
III Ma. 2. 5. **R** διαδήλους [**A** ἀδ.] ταῖς κ. γενομένους
— 25. τὰ τῆς κ. ἐπαύξων
IV Ma. 2. 11. **S** διὰ κακίαν αὐτοὺς [**A** -ῶν, **R** -ὰ] κολάζων

[**Aq**. GE. 39. 9 : 50. 17 : I KI. 24. 10 : III KI. 14. 10 : PS. 27 (28). 3 : 37 (38). 13 : 39 (40). 15 : 70 (71). 24 : 90 (91). 10 : 140 (141). 5 : PR. 6. 18 : 11. 19 : 22. 3 : IS. 57. 1 : JE. 17. 16 : 26 (33). 3 : 41 (48). 11 : 51 (28). 24 : HO. 7. 2 : NA. 1. 11 : ZA. 8. 17.]

● = correction on page xxvi

[Sm. I Ki. 24. 10: Jb. 17. 5: 42. 11: Ps. 140 (141). 5: Pr. 6. 18: 11. 19: 26. 26: Is. 57. 1: Je. 9. 3 (2) *bis*: 17. 16: 51 (28). 24: Za. 8. 17.]
[Th. I Ki. 24. 10: Jb. 17. 5: Pr. 6. 18: 11. 19: 22. 3: Is. 57. 1: Ez. 7. 5 *bis*: Da. 9. 14†: Za. 8. 17.]
[Al. Ps. 43 (44). 25.]

κακίζεσθαι.

IV Ma. 12. 2. καίπερ δεινῶς ὑπὸ τῶν ἀδελφῶν αὐτοῦ κακισθείς
[Aq. Ex. 21. 8.]

κακοβουλία.

[Quint. Ps. 138 (139). 20.]

κακογνωμοσύνη.

[Th. Ps. 25 (26). 10.]

κακογνωμονεῖν.

[Quint. Ps. 30 (31). 14.]

κακογνώμων.

[Sm. I Ki. 25. 3.]

κακοήθεια.

Es. 8. 13. τῷ τῆς κ. ψευδεῖ παραλογισμῷ [A S *al.*]
III Ma. 3. 22. τῇ συμφύτῳ κ. τὸ καλὸν ἀπωσάμενοι
7. 3. A κατὰ κακοήθειαν πυκνότερον ἡμῖν παρακείμενοι [R *al.*]
IV Ma. 1. 4. τῶν . . . παθῶν κυριεύειν ἀναφαίνεται οἷον κακοηθείας
3. 4. κακοήθειάν τις ὑμῶν οὐ δύναται ἐκκόψαι
— 4. τὸ μὴ καμφθῆναι τῇ κ.

κακοήθης.

IV Ma. 1. 25. A R ἐν δὲ τῇ ἡδονῇ ἐστι [S ἔνεστιν] καὶ ἡ κ. διάθεσις
2. 16. A R πάντα γὰρ ταῦτα τὰ [S *om.*] κ. πάθη

κακοηθίζεσθαι.

[Aq. Pr. 26. 18.]

κακολογεῖν. (1) קָלַל *a.* pi. *b.* hi.

Ex. 21. 16 (17). ὁ κακολογῶν πατέρα αὐτοῦ (1 *a*)
22. 28 (27). θεοὺς οὐ κακολογήσεις (1 *a*)
I Ki. 3. 13. κακολογοῦντες θεὸν υἱοὶ αὐτοῦ (1 *a*)
Pr. 20. 20. κακολογοῦντος πατέρα ἢ μητέρα σβεσθήσεται λαμπτήρ (1 *a*)
Ez. 22. 7. πατέρα καὶ μητέρα ἐκακολόγουν ἐν σοί (1 *b*)
II Ma. 4. 1. ὁ δὲ προειρημένος Σ. . . . ἐκακολόγει τὸν Ὀ.

κακόμοχθος.

Wi. 15. 8. κακόμοχθος θεὸν μάταιον ἐκ τοῦ αὐτοῦ πλάσσει πηλοῦ

κακοπάθεια. (1) תְּלָאָה

Ma. 1. 13. ταῦτα ἐκ κακοπαθείας ἐστί (1)
II Ma. 2. 26. τοῖς τὴν κ. ἐπιδεδεγμένοις τῆς ἐπιτομῆς
— 27. ἡδέως τὴν κ. ὑποίσομεν
IV Ma. 9. 8. διὰ τῆσδε τῆς κ. καὶ ὑπομονῆς
[Sm. Ge. 3. 18 (17): Ps. 11 (12). 6: 15 (16). 4.]

κακοπαθεῖν. (1) עָמַל

Jn. 4. 10. ὑπὲρ ἧς οὐκ ἐκακοπάθησας ἐπ' αὐτὴν [A S *al.*] (1)
[Sm. Ps. 126 (127). 2.]

κακοποιεῖν. (1) נְזַק aph. (2) עָוָה hi.
(3) *a.* רָעַע hi. *b.* עָשָׂה רַע *c.* רָעָה
d. רוּעַ ni.

Ge. 31. 7. κακοποιῆσαί με (3 *a*)
— 29. κακοποιῆσαί σε (3 *b*)
43. 6. R τί ἐκακοποιήσατέ με [A μοι] (3 *a*)
Le. 5. 4. ἡ διαστέλλουσα τοῖς χείλεσι κακοποιῆσαι (3 *a*)
Nu. 35. 23. οὐδὲ ζητῶν κακοποιῆσαι αὐτόν (3 *c*)
Jd. 19. 23. μὴ κακοποιήσητε [A πονηρεύσησθε] (3 *a*)
I Ki. 12. 25. B ἐὰν κακίᾳ κακοποιήσητε δή (3 *a*)
25. 34. ὃς ἀπεκώλυσέ με . . . τοῦ κακοποιῆσαί σε (3 *a*)
26. 21. οὐ κακοποιήσω σε [A σε ἔτι] (3 *a*)
II Ki. 20. 6. νῦν κακοποιήσει ἡμᾶς Σ. (3 *a*)
24. 17. A καὶ ἐγὼ ὁ ποιμὴν ἐκακοποίησα [B *al.*] (2)
III Ki. 16. 33. ἐκακοποίησεν [A *om.*] ὑπὲρ πάντας τοὺς βασ. –
I Ch. 21. 17. κακοποιῶν ἐκακοποίησα (3 *a*, 3 *a*)
I Es. 6. 33. ἢ κακοποιῆσαι τὸν οἶκον κυρίου
II Es. 4. 13. καὶ τοῦτο βασιλεῖς κακοποιεῖ (1)
— 15. καὶ κακοποιοῦσα βασιλεῖς (1)
Es. 1. 1. ἐζήτησε κακοποιῆσαι τὸν Μαρδ.
8. 13. τοὺς ὑποτεταγμένους . . . κακοποιεῖν
Pr. 4. 16. οὐ γὰρ μὴ ὑπνώσωσιν ἐὰν μὴ κακοποιήσωσιν (3 *a*)
6. 18. πόδες ἐπισπεύδοντες κακοποιεῖν (3 *c*)
11. 15. πονηρὸς κακοποιεῖ ὅταν συμμίξῃ δικαίῳ (3 *d*)
19. 7. ὁ πολλὰ κακοποιῶν τελεσιουργεῖ κακίαν –
Si. 19. 28. ἐὰν εὕρῃ καιρὸν κακοποιήσει [A^2 κ. σε]
Is. 11. 9. οὐ μὴ κακοποιήσουσιν [A -σωσιν] (3 *a*)
Je. 4. 22. σοφοί εἰσι τοῦ κακοποιῆσαι (3 *a*)
10. 5. οὐ μὴ [A *om.*] κακοποιήσωσι [A S -σουσιν] (3 *a*)
I Ma. 5. 48. οὐδεὶς κακοποιήσει ὑμᾶς
[Aq. Je. 7. 26.]
[Sm. Ps. 88 (89). 24: Je. 7. 26.]

κακοποίησις. (1) נְזַק aph.

II Es. 4. 22. εἰς κακοποίησιν βασιλεῦσι (1)
III Ma. 3. 2. ἀνθρώποις συμφρονοῦσιν εἰς κακοποίησιν

κακοποιός. (1) γυνὴ κ. בּוֹשׁ hi. (2) רָעַע hi.

Pr. 12. 4. οὕτως ἄνδρα ἀπόλλυσι γυνὴ κακοποιός (1)
24. 19. μὴ χαῖρε ἐπὶ κακοποιοῖς [S^1 κακότητι] (2)

κακοπραγία (-εια).

Wi. 5. 23. ἡ κ. περιτρέψει θρόνους δυναστῶν

κακός. (1) אִוֶּלֶת (2) אָוֶן (3) אֱלִיל
(4) זִמָּה (5) לִיץ (6) מָדוֹן (7) מַעֲשֶׂה
(8) מַצָּה (9) מְרֹרָה (10) עָמָל (11) *a.* צַר
b. צָרָה (12) רִיב (13) *a.* רָעַע hi.
b. רַע *c.* רָעָה (14) רֶשַׁע (15) שׁוֹד
(16) עַוְלָה (17) ὁδὸς κ. רַע (18) κ.
ὁδοιπόρος הָלַךְ pi. (19) κ. ἀποβαίνειν לִיץ

Ge. 19. 19. R μή ποτε [A *om.*] καταλάβῃ με τὰ κ. (13 *c*)
24. 50. R ἀντειπεῖν κακὸν ἢ καλόν [A κακὸν καλῷ] (13 *b*)
26. 29. A^{1}R μὴ ποιῆσαι [A -ήσειν] μεθ' ἡμῶν κακόν [A^2 -κά] (13 *c*)
44. 34. ἵνα μὴ ἴδω τὰ κ. (13 *b*)
48. 16. ὁ ἄγγελος ὁ ῥυόμενός με ἐκ πάντων τῶν κ. (13 *b*)
50. 15. μή ποτε . . . ἀνταποδῷ ἡμῖν πάντα τὰ κ. (13 *c*)
Ex. 5. 19. ἑώρων δὲ οἱ γραμματεῖς . . . ἑαυτοὺς ἐν κακοῖς (13 *b*)
Le. 25. 36. A οὐ λήψῃ παρ' αὐτοῦ τὸ κ. [B τόκον] †
Nu. 14. 23. ὅσοι οὐκ οἴδασιν ἀγαθὸν οὐδὲ [A ἢ] κακόν –
32. 11. οἱ ἐπιστάμενοι τὸ ἀγαθὸν καὶ τὸ κ. –
— 23. ὅταν ὑμᾶς καταλάβῃ τὰ κ. –
De. 1. 39. ὅστις οὐκ οἶδε σήμερον ἀγαθὸν ἢ κακόν (13 *b*)
29. 21 (20). διαστελεῖ αὐτὸν κύριος εἰς κακά (13 *c*)
30. 15. δέδωκα . . . τὸ ἀγαθὸν καὶ τὸ κ. (13 *b*)
31. 17. εὑρήσουσιν αὐτὸν κ. πολλά (13 *c*)
— 17. εὕροσάν με τὰ κ. ταῦτα (13 *c*)
— 21. A ὅταν εὕρωσιν αὐτὸν κ. πολλά (13 *c*)
— 29. τὰ κ. ἔσχατον τῶν ἡμερῶν (13 *c*)
32. 23. συνάξω εἰς αὐτοὺς κακά (13 *c*)
Jo. 23. 15. πάντα τὰ ῥήματα τὰ καλά [A^1 κακά] †
Jd. 2. 15. ἦν ἐπ' αὐτοὺς [A ἦν αὐτοῖς] εἰς κακά (13 *c*)
6. 13. εἰς τί εὗρεν ἡμᾶς τὰ κ. ταῦτα [A *al.*] –
15. 3. A ἐγὼ ποιῶ μεθ' ὑμῶν κακά [B *al.*] (13 *c*)
I Ki. 10. 19. σωτὴρ ἐκ πάντων τῶν κ. ὑμῶν (13 *c*)
20. 13. ἀνοίσω τὰ κ. ἐπὶ σέ (13 *c*)
24. 18. ἐγὼ δὲ ἀνταπέδωκά σοι κακά (13 *c*)
25. 26. οἱ ζητοῦντες τῷ κυρίῳ μου κακά (13 *c*)
— 39. τὸν δοῦλον αὐτοῦ περιεποιήσατο ἐκ χειρὸς κακῶν (13 *c*)
II Ki. 12. 11. ἐξεγείρω ἐπὶ σὲ κακά (13 *c*)
— 18. καὶ ποιήσει κακά (13 *c*)
17. 14. ὅπως ἂν ἐπαγάγῃ κύριος . . . τὰ κ. πάντα (13 *c*)
18. 32. ὅσοι ἐπανέστησαν ἐπ' αὐτὸν εἰς κακά (13 *c*)
II Ki. 19. 7 (8). κακόν σοι τοῦτο ὑπὲρ πᾶν τὸ κ. τὸ ἐπελθόν σοι (13 *c*, 13 *c*)
— 35 (36). ἀνὰ μέσον ἀγαθοῦ καὶ κακοῦ (13 *b*)
III Ki. 3. 9. ἀνὰ μέσον ἀγαθοῦ καὶ κακοῦ (13 *b*)
20 (21). 21. ἐπάγω ἐπὶ σὲ κακά (13 *c*)
22. 8. οὐ λαλεῖ περὶ ἐμοῦ καλὰ ἀλλ' ἢ κακά (13 *b*)
— 18. οὐ προφητεύει οὗτός μοι καλὰ διότι ἀλλ' ἢ κακά (13 *b*)
— 23. κύριος ἐλάλησεν ἐπὶ σὲ κακά (13 *c*)
IV Ki. 8. 12. ὅσα ποιήσεις τοῖς υἱοῖς Ἰσρ. κακά [A *om.*] (13 *c*)
21. 12. φέρω κακὰ ἐπὶ Ἰερ. (13 *c*)
22. 16. ἐπάγω κακὰ ἐπὶ τὸν τόπον τοῦτον (13 *c*)
— 20. ἐν πᾶσι τοῖς κ. οἷς ἐγὼ εἰμι ἐπάγω (13 *c*)
I Ch. 7. 23. ἐν κακοῖς ἐγένετο ἐν οἴκῳ μου (13 *c*)
II Ch. 18. 7. πᾶσαι αἱ ἡμέραι αὐτοῦ εἰς κακά (13 *c*)
— 17. οὐ προφητεύει περὶ ἐμοῦ ἀγαθὰ ἀλλ' ἢ κακά (13 *b*)
— 22. κύριος ἐλάλησεν ἐπὶ σὲ κακά (13 *c*)
20. 9. ἐὰν ἐπέλθῃ ἐφ' ἡμᾶς κακά (13 *c*)
34. 24. ἐπάγω κακὰ ἐπὶ τὸν τόπον τοῦτον (13 *c*)
— 28. οὐκ ὄψονται . . . ἐν πᾶσι τοῖς κ. (13 *c*)
Ne. 13. 18. ἤνεγκεν . . . ἐφ' ἡμᾶς πάντα τὰ κ. ταῦτα (13 *c*)
To. 3. 10. S ἀπήγξατο ἀπὸ τῶν κ.
7. 7. S ὢ ταλαιπώρων κακῶν
8. 14. S καὶ οὐδὲν κ. ἐστιν
12. 7. B S κακὸν οὐχ εὑρήσει ὑμᾶς
Es. 1. 1. φοβούμενοι τὰ ἑαυτῶν κ.
3. 13. τὰ [S^1 *om.*] χείριστα συντελοῦν κ.
7. 7. ἑώρα γὰρ ἑαυτὸν ἐν κακοῖς ὄντα (13 *c*)
9. 25. ὅσα δὲ ἐπεχείρησεν ἐπάξαι . . . κ. (13 *c*)
10. 3. ἐρρύσατο κύριος ἡμᾶς ἐκ πάντων τῶν κ. τ.
Jb. 1. 5. μή ποτε οἱ υἱοί μου . . . κακὰ ἐνενόησαν πρὸς θεόν †
2. 3. ἄνθρωπος . . . ἀπεχόμενος ἀπὸ παντὸς κακοῦ (13 *b*)
— 10. τὰ κ. οὐχ ὑποίσομεν (13 *b*)
— 11. ἀκούσαντες δὲ . . . τὰ κ. πάντα τὰ ἐπελθόντα αὐτῷ (13 *c*)
4. 12. οὐθὲν ἄν σοι τούτων κακὸν ἀπήντησε [A *al.*] †
5. 5. αὐτοὶ δὲ ἐκ κακῶν οὐκ ἐξαίρετοι ἔσονται [A οὐκ ἐξαιρεθήσονται] †
— 19. ἐν δὲ τῷ ἑβδόμῳ οὐ μὴ ἅψηταί σου κακόν (13 *b*)
— 21. οὐ μὴ φοβηθῇς ἀπὸ κακῶν ἐρχομένων [S ἐπερχ.] (15)
6. 23. A ὥστε σῶσαί με ἐκ χειρὸς κακῶν [B S ἐξ ἐχθρῶν] (11 *a*)
13. 4. ὑμεῖς δέ ἐστε . . . ἰαταὶ κακῶν πάντες (3)
— 26. κατέγραψας κατ' ἐμοῦ κακά (9)
16. 2. παρακλήτορες κακῶν πάντες (10)
22. 23. πόρρω ἐποίησας . . . ἄδικον [A S^4 τὸ ἄ., S^1 κακόν] (16)
27. 15. A οἱ δὲ περιόντες αὐτῶν κακῷ θανάτῳ τελευτήσωσιν [B S *al.*] –
28. 28. τὸ δὲ ἀπέχεσθαι ἀπὸ κακῶν ἐστιν ἐπιστήμη (13 *b*)
30. 26. συνήντησάν μοι μᾶλλον ἡμέραι κακῶν (13 *b* ?)
Ps. 7. 4. εἰ ἀνταπέδωκα τοῖς ἀνταποδιδοῦσί μοι κακά (13 *b*)
9. 27 (10. 6). οὐ μὴ σαλευθῶ ἀπὸ γενεᾶς εἰς γενεὰν ἄνευ κακοῦ (13 *b*)
11 (12). 2. A S^2 ἐν καρδίᾳ ἐλάλησαν κακά [B S^1 *om.*] –
14 (15). 3. οὐδὲ ἐποίησε τῷ πλησίον αὐτοῦ κακόν [S^1 *om.*] (13 *c*)
20 (21). 11. ἔκλιναν εἰς σὲ κακά (13 *c*)
22 (23). 4. οὐ φοβηθήσομαι κακά (13 *c*)
26 (27). 5. ἔκρυψέ με . . . ἐν ἡμέρᾳ κακῶν μου (13 *c*)
27 (28). 3. κακὰ δὲ ἐν ταῖς καρδίαις αὐτῶν (13 *c*)
33 (34). 13. παῦσον τὴν γλῶσσάν σου ἀπὸ κακοῦ (13 *b*)
— 14. ἔκκλινον ἀπὸ κακοῦ (13 *b*)
— 16. πρόσωπον δὲ κυρίου ἐπὶ ποιοῦντας κακά (13 *b*)
34 (35). 4. οἱ λογιζόμενοί μοι κακά (13 *c*)
— 26. οἱ ἐπιχαίροντες τοῖς κ. μου (13 *c*)
36 (37). 27. ἔκκλινον ἀπὸ κακοῦ (13 *b*)
37 (38). 12. οἱ ζητοῦντες τὰ κ. μοι (13 *c*)
— 20. οἱ ἀνταποδιδόντες κακὰ [A S^2 μοι κακὰ] ἀντὶ ἀγαθῶν (13 *c*)
39 (40). 12. περιέσχον με κακά (13 *c*)
— 14. οἱ θέλοντές μοι κακά (13 *c*)
40 (41). 5. οἱ ἐχθροί μου εἶπαν κακά μοι (13 *b*)
— 7. ἐλογίζοντο κακά μοι (13 *c*)
53 (54). 5. ἀποστρέψει τὰ κ. τοῖς ἐχθροῖς μου (13 *b*)

Ps. 55 (56). 5. κατ' ἐμοῦ πάντες οἱ διαλογισμοὶ αὐτῶν εἰς κακόν [S² κακά] (13 b)
69 (70). 2. οἱ βουλόμενοί μοι κακά (13 c)
70 (71). 13. οἱ ζητοῦντες τὰ κ. μοι (13 c)
— 20. B ἔδειξάς μοι θλίψεις πολλὰς καὶ κακά [S R -άς] (13 c)
— 24. οἱ ζητοῦντες τὰ κ. μοι (13 c)
72 (73). 18. ἔθου αὐτοῖς [S² add. κακά] –
87 (88). 3. ἐπλήσθη κακῶν ἡ ψυχή μου (13 c)
89 (90). 15. ἐτῶν ὧν εἴδομεν κακά (13 c)
90 (91). 10. οὐ προσελεύσεται πρὸς σὲ κακά (13 c)
106 (107). 26. ἡ ψυχὴ αὐτῶν ἐν κακοῖς ἐτήκετο (13 c)
— 39. ἐκακώθησαν ἀπὸ θλίψεως κακῶν (13 c)
108 (109). 5. ἔθεντο κατ' ἐμοῦ κακὰ ἀντὶ ἀγαθῶν (13 c)
120 (121). 7. φυλάξει σε ἀπὸ παντὸς κ. (13 b)
139 (140). 11. ἄνδρα ἄδικον κακὰ θηρεύσει εἰς καταφθοράν [A S διαφθ.] (13 b)
Pr. 1. 18. θησαυρίζουσιν ἑαυτοῖς κακά ἡ δὲ καταστροφὴ ἀνδρῶν παρανόμων κακή (†,†)
— 28. ζητήσουσί με κακοί –
— 33. ἡσυχάσει ἀφόβως ἀπὸ παντὸς κακοῦ (13 c)
2. 12. ἵνα ῥύσηταί σε ἀπὸ ὁδοῦ κακῆς (13 b)
— 14. οἱ εὐφραινόμενοι ἐπὶ κακοῖς καὶ χαίροντες ἐπὶ διαστροφῇ κακῇ (13 b, 13 b)
— 16. μή σε καταλάβῃ κακὴ βουλή †
3. 7. ἔκκλινε ἀπὸ παντὸς κακοῦ (13 b)
— 29. μὴ τεκτήνῃ ἐπὶ σὸν φίλον κακά (13 c)
— 30. μήτι σε [A S² εἰς σὲ] ἐργάσηται κακόν (13 c)
— 31. μὴ κτήσῃ κακῶν ἀνδρῶν ὀνείδη †
4. 27. ἀπόστρεψον δὲ σὸν πόδα ἀπὸ ὁδοῦ κακῆς (17)
5. 14. παρ' ὀλίγον ἐγενόμην ἐν παντὶ κ. [S¹ καιρῷ] (13 b)
6. 3. ἥκεις γὰρ εἰς χεῖρας κακῶν διὰ σὸν φίλον –
— 11. ἐμπαραγίνεταί σοι ὥσπερ κακὸς ὁδοιπόρος ἡ πενία (18)
— 11. ἡ δὲ ἔνδεια ὥσπερ κακὸς δρομεὺς ἀπαυτομολήσει [A al.] †
— 14. τεκταίνεται [B² κατασκευάζει] κακὰ ἐν παντὶ καιρῷ (13 b)
— 18. καρδία τεκταινομένη λογισμοὺς κακούς (2)
8. 13. μεμίσηκα δὲ ἐγὼ διεστραμμένας ὁδοὺς κακῶν (13 b)
9. 7. ὁ παιδεύων κακοὺς λήψεται ἑαυτῷ ἀτιμίαν (5)
— 8. μὴ ἔλεγχε κακούς (5)
— 12. ἐὰν δὲ κακὸς ἀποβῇς [S¹ om.] μόνος ἂν ἀντλήσεις κακά (19 [5], –)
10. 23. ἐν γέλωτι ἄφρων πράσσει κακά (4)
— 29. συντριβὴ δὲ τοῖς ἐργαζομένοις κακά (2)
11. 27. ἐκζητοῦντα δὲ κακὰ καταλήψεται αὐτόν (13 c)
12. 12. ἐπιθυμίαι ἀσεβῶν κακαί (13 b)
— 20. δόλος ἐν καρδίᾳ τεκταινομένου κακά (13 b)
— 21. οἱ δὲ ἀσεβεῖς πλησθήσονται κακῶν (13 b)
— 26. A B S¹ ἁμαρτάνοντας δὲ καταδιώξεται κακά –
13. 10. κακὸς μεθ' ὕβρεως πράσσει κακά (†, S)
— 12. A δένδρον γὰρ ζωῆς ἐπιθυμία κακή [B S al.] †
— 17. βασιλεὺς θρασὺς ἐμπεσεῖται εἰς κακά (13 b)
— 21. ἁμαρτάνοντας καταδιώξεται κακά (13 c)
14. 6. ζητήσεις σοφίαν παρὰ κακοῖς (5)
— 16. σοφὸς φοβηθεὶς ἐξέκλινεν ἀπὸ κακοῦ (13 b)
— 19. ὀλισθήσουσι κακοὶ ἔναντι ἀγαθῶν (13 b)
— 22. πλανώμενοι τεκταίνουσι κακά (13 b)
— 22. οὐκ ἐπίστανται ἔλεον καὶ πίστιν τέκτονες κακῶν –
— 24. ἡ δὲ διατριβὴ ἀφρόνων κακή (1)
— 25. ῥύσεται ἐκ κακῶν ψυχὴν μάρτυς πιστός –
15. 2. στόμα δὲ ἀφρόνων ἀναγγέλλει κακά (1)
— 3. σκοπεύουσι κακούς τε καὶ ἀγαθούς (13 b)
— 14. στόμα δὲ ἀπαιδεύτων [S¹ ἀσεβῶν] γνώσεται κακά (1)
— 15. πάντα τὸν χρόνον οἱ ὀφθαλμοὶ τῶν κ. προσδέχονται κακά (13 b, –)
— 23. οὐ μὴ ὑπακούσῃ ὁ κ. [S² ἄκακος] αὐτῇ †
— 27 (16. 6). τῷ δὲ φόβῳ κυρίου ἐκκλίνει πᾶς ἀπὸ κακοῦ (13 b)
— 28. στόμα δὲ ἀσεβῶν ἀποκρίνεται κακά (13 c)
16. 2 (4). οἱ δὲ ἀσεβεῖς ἐν ἡμέρᾳ κακῇ ὀλοῦνται (13 c ?)
— 5 (4). φυλάσσεται δὲ ὁ ἀσεβὴς εἰς ἡμέραν κακήν (13 c ?)
— 12. βδέλυγμα βασιλεῖ ὁ ποιῶν κακά (14)
— 17. τρίβοι ζωῆς ἐκκλίνουσιν [S -κινοῦσιν] ἀπὸ κακῶν (13 b)
— 22. παιδεία δὲ ἀφρόνων κακή (1)
— 27. ἀνὴρ ἄφρων ὀρύσσει ἑαυτῷ κακά (13 c)

Pr. 16. 28. ἀνὴρ σκολιὸς διαπέμπεται κακὰ καὶ λαμπτῆρα δόλου [S χόλου] πυρσεύσει κακοῖς (6, †)
— 30. ὁρίζει [A ὀργίζει] δὲ τοῖς χείλεσιν αὐτοῦ πάντα τὰ κ. (13 c)
— 30. A οὗτος κάμινός ἐστι κακῶν [B S κακίας] –
17. 4. κακὸς ὑπακούει γλώσσης παρανόμων (13 a)
— 11. ἀντιλογίας ἐγείρει πᾶς κακός (13 b)
— 12. οἱ δὲ ἄφρονες διαλογιοῦνται κακά (1)
— 13. ὃς ἀποδίδωσι κακὰ ἀντὶ ἀγαθῶν οὐ κινηθήσεται κακὰ ἐκ τοῦ οἴκου [A εἰς τοὺς οἴκους] αὐτοῦ (13 c, 13 c)
— 16 (20). ὁ δὲ σκολιάζων τοῦ μαθεῖν ἐμπεσεῖται εἰς κακά (13 c)
— 20. ἀνὴρ εὐμετάβολος γλώσσῃ ἐμπεσεῖται εἰς κακά (13 c)
18. 3. ὅταν ἔλθῃ ἀσεβὴς εἰς βάθος κακῶν –
— 6. χείλη ἄφρονος ἄγουσιν αὐτὸν εἰς κακά (12)
19. 6. πᾶς δὲ ὁ [A B³ S² om.] κ. γίνεται ὄνειδος [A ἄδικος] ἀνδρί †
— 27. μελετήσει ῥήσεις κακάς †
20. 30. ὑπώπια καὶ συντρίμματα συναντᾷ κακοῖς (13 b)
21. 12. φαυλίζει ἀσεβεῖς ἐν κακοῖς (13 b)
— 26. ἀσεβὴς ἐπιθυμεῖ ὅλην τὴν ἡμέραν ἐπιθυμίας κακάς –
22. 8. ὁ σπείρων φαῦλα θερίσει κακά (2)
— 14. εἰσὶν ὁδοὶ κακαὶ ἐνώπιον ἀνδρός –
— 14. ἀποστρέφειν δὲ δεῖ ἀπὸ ὁδοῦ σκολιᾶς καὶ κακῆς –
— 16. A S² πολλὰ ποιεῖ τὰ ἑαυτοῦ κ. [B S¹ om.] –
24. 1. μὴ ζηλώσῃς κακοὺς ἄνδρας (13 c)
— 10. ἐν ἡμέρᾳ κακῇ καὶ ἐν ἡμ. θλίψεως (11 b)
— 16. οἱ δὲ ἀσεβεῖς ἀσθενήσουσιν ἐν κακοῖς (13 c)
— 34 (30. 11). ἔκγονον κακὸν πατέρα καταρᾶται –
— 35 (30. 12). ἔκγονον κακὸν δίκαιον ἑαυτὸν κρίνει –
— 36 (30. 13). ἔκγονον κακὸν ὑψηλοὺς ὀφθαλμοὺς ἔχει –
— 37 (30. 14). ἔκγονον κακὸν μαχαίρας τοὺς ὀδόντας ἔχει –
25. 19. ὁδὸς [A ὀδοὺς] κακοῦ καὶ ποὺς παρανόμου ὀλεῖται ἐν ἡμέρᾳ κακῇ (†, 11 b)
27. 12. πανοῦργος κακῶν ἐπερχομένων ἀπεκρύβη (13 c)
— 21. καρδία ἀνόμου ἐκζητεῖ κακά –
28. 5. ἄνδρες κακοὶ οὐ συνήσουσι [B² S νοήσουσιν] κρίμα (13 b)
— 10. ὃς πλανᾷ εὐθεῖς ἐν ὁδῷ κακῇ (13 b)
— 14. ὁ δὲ σκληρὸς τὴν καρδίαν ἐμπεσεῖται κακοῖς (13 c)
— 20. ὁ δὲ κ. οὐκ ἀτιμώρητος ἔσται †
31. 12. A ἐνεργεῖ γὰρ τῷ ἀνδρὶ ἀγαθὸν καὶ οὐ κακὸν πάντα τὸν βίον [B S al.] (13 b)
Ec. 4. 17. οὐκ εἰσὶν εἰδότες τοῦ ποιῆσαι κακόν [S τὸ καλόν] (13 b)
9. 2. συνάντημα ἓν . . . τῷ ἀγαθῷ καὶ τῷ κ. –
— 12. A S R οἱ ἰχθύες οἱ θηρευόμενοι ἐν ἀμφιβλήστρῳ κ. [B καλῷ] (13 b)
Wi. 14. 22. τὰ τοσαῦτα κ. εἰρήνην προσαγορεύουσιν
— 27. ἡ γὰρ τῶν ἀνωνύμων εἰδώλων θρησκεία παντὸς ἀρχὴ κακοῦ
15. 6. κακῶν ἐρασταὶ . . . καὶ οἱ δρῶντες καὶ οἱ ποθοῦντες
— 12. κἂν ἐκ κακοῦ πορίζειν
16. 8. σὺ εἶ ὁ ῥυόμενος ἐκ παντὸς κακοῦ
Si. 7. 1. μὴ ποίει κακὰ καὶ οὐ μή σε [S om.] καταλάβῃ κακόν
11. 14. ἀγαθὰ καὶ κακὰ . . . παρὰ κυρίου ἐστί
— 25. ἐν ἡμέρᾳ ἀγαθῶν [A -θῇ] ἀμνησία κακῶν καὶ ἐν ἡμέρᾳ κακῶν οὐ μνησθήσεται ἀγαθῶν
— 31. τὰ γὰρ ἀγαθὰ εἰς κακὰ μεταστρέφων ἐνεδρεύει
12. 3. οὐκ ἔστιν ἀγαθὰ τῷ ἐνδελεχίζοντι εἰς κακά
— 5. διπλάσια γὰρ κακὰ εὑρήσεις ἐν πᾶσιν ἀγαθοῖς
— 8. οὐ κρυβήσεται ἐν κακοῖς ὁ ἐχθρός
— 9. ἐν τοῖς κ. αὐτοῦ καὶ ὁ φίλος διαχωρισθήσεται
— 17. κακὰ ἂν ὑπαντήσῃ σοι
13. 25. ἐάν [A S ἐάν τε] εἰς ἀγαθὰ ἐάν τε εἰς κακά
17. 7. ἀγαθὰ καὶ κακὰ ὑπέδειξεν αὐτοῖς
18. 8. τί τὸ ἀγαθὸν αὐτοῦ καὶ τί τὸ κ. αὐτοῦ
20. 9. ἔστιν εὐοδία [A εὐωδ.] ἐν κακοῖς ἀνδρί
— 18. πτῶσις κακῶν κατὰ σπουδὴν ἥξει
21. 4. καταπληγμὸς [B² κακῶν πλῆθος] καὶ ὕβρις
22. 26. εἰ κακά μοι συμβῇ δι' αὐτόν
27. 22. διανεύων [A καὶ ἐννεύων] ὀφθαλμῷ τεκταίνει [S² -εται, B² κατασκευάζει] κακά

Si. 34 (31). 10. τίς ἐδύνατο . . . ποιῆσαι κακὰ καὶ οὐκ ἐποίησε
— 13. κακὸν ὀφθαλμὸς πονηρός
36 (33). 1. τῷ φοβουμένῳ κύριον οὐκ ἀπαντήσει κακόν
— 14. ἀπέναντι τοῦ κ. τὸ ἀγαθόν
37. 18. τέσσαρα μέρη ἀνατέλλει ἀγαθὸν καὶ κακὸν ζωὴ καὶ θάνατος
39. 4. ἀγαθὰ γὰρ καὶ κακὰ ἐν [A om.] ἀνθρώποις ἐπείρασε
— 25. οὕτως τοῖς ἁμαρτωλοῖς κακά
— 27. τοῖς ἁμαρτωλοῖς τραπήσεται εἰς κακά
Am. 6. 3. οἱ ἐρχόμενοι [A εὐχ.] εἰς ἡμέραν κακήν (13 b)
9. 4. στηριῶ τοὺς ὀφθαλμούς μου . . . εἰς κακά (13 c)
— 10. οὐδὲ μὴ γένηται ἐφ' ἡμᾶς τὰ κακά (13 c)
Mi. 1. 12. κατέβη κακὰ παρὰ κυρίου (13 b)
2. 1. ἐργαζόμενοι κακὰ ἐν ταῖς κοίταις αὐτῶν (13 b)
— 3. λογίζομαι ἐπὶ τὴν φυλὴν τ. κακά (13 c)
3. 11. οὐ μὴ ἐπέλθῃ ἐφ' ἡμᾶς κακά [A τὰ κακά] (13 c)
4. 9. καὶ νῦν ἵνα τί ἔγνως κακά †
7. 3. ἐπὶ τὸ κ. τὰς χεῖρας αὐτῶν ἑτοιμάζουσιν (13 b)
Jl. 3 (4). 13. ὅτι πεπλήθυνται τὰ κακὰ αὐτῶν (13 c)
Jn. 3. 10. μετενόησεν ὁ θ. ἐπὶ τῇ κακίᾳ [A τὰ κακά] (13 c)
4. 6. τοῦ σκιάζειν αὐτῷ ἀπὸ τῶν κ. αὐ. (13 c)
Hb. 2. 9. ὁ πλεονεκτῶν πλεονεξίαν κακὴν τῷ οἴκῳ αὐτοῦ (13 b)
— 9. τοῦ ἐκσπασθῆναι ἐκ χειρὸς κακῶν (13 b)
Ze. 3. 15. οὐκ ὄψῃ κακὰ οὐκέτι (13 b)
Za. 1. 15. αὐτοὶ δὲ συνεπέθεντο εἰς κακά (13 c)
Ma. 1. 8. ἐὰν προσαγάγητε τυφλὸν . . . οὐ κακόν; καὶ ἐὰν προσαγ. χωλὸν . . . οὐ κακόν (13 b, 13 b)
Is. 7. 16. πρὶν ἢ γνῶναι τὸ παιδίον ἀγαθὸν ἢ κακόν (13 b)
13. 11. ἐντελοῦμαι τῇ οἰκουμένῃ ὅλῃ κακά (13 c)
26. 15. πρόσθες αὐτοῖς κακά, κύριε, πρόσθες κακὰ [S al.] –, –
28. 9. τίνι ἀνηγγείλαμεν κακά †
31. 2. ἤγεν ἐπ' αὐτοὺς κακά (13 b)
45. 7. ὁ ποιῶν εἰρήνην καὶ κτίζων κακά (13 b)
46. 7. ἀπὸ κακῶν οὐ μὴ σώσῃ αὐτόν (11 b)
57. 12. ἀπαγγελῶ . . . τὰ κ. σου (7)
Je. 1. 14. ἀπὸ προσώπου βορρᾶ ἐκκαυθήσεται τὰ κ. (13 c)
2. 3. κακὰ ἥξει ἐπ' αὐτούς (13 c)
— 27. ἐν τῷ καιρῷ τῶν κ. αὐτῶν (13 c)
4. 6. κακὰ ἐγὼ ἐπάγω ἀπὸ βορρᾶ (13 c)
5. 12. οὐχ ἥξει ἐφ' ἡμᾶς κακά (13 c)
6. 1. κακὰ ἐκκέκυφεν ἀπὸ βορρᾶ (13 c)
— 19. ἐπάγω ἐπὶ τὸν λαὸν τοῦτον κακὰ [S al.] (13 c)
7. 6. ὀπίσω θεῶν ἀλλοτρίων μὴ πορεύησθε εἰς κακὸν ὑμῖν (13 b)
— 24. τοῖς ἐνθυμήμασι [A ἐπιθ.] τῆς καρδίας αὐτῶν τῆς κ. (13 b)
9. 3 (2). ἐκ κακῶν εἰς κακὰ ἐξήλθοσαν (13 c, 13 c)
— 14 (13). τῶν ἀρεστῶν [A ἐρασ.] τῆς καρδίας αὐτῶν τῆς κ. –
11. 11. ἐπάγω ἐπὶ τὸν λαὸν τοῦτον κακά (13 c)
— 12. ἐν τῷ καιρῷ τῶν κ. αὐτῶν (13 c)
— 17. ἐλάλησεν ἐπὶ σὲ κακά (13 c)
— 23. ἐπάξω κακὰ ἐπὶ τοὺς κατοικοῦντας ἐν Ἀναθώθ (13 c)
13. 23. δυνήσεσθε εὖ ποιῆσαι μεμαθηκότες τὰ κ. (13 a)
14. 8. σώζεις ἐν καιρῷ κακῶν (11 b)
— 16. ἐκχεῶ ἐπ' αὐτοὺς τὰ κ. αὐτῶν (13 b)
15. 11. παρέστην σοι ἐν καιρῷ τῶν κ. αὐτῶν (13 c)
16. 10. ἐλάλησε κύριος ἐφ' ἡμᾶς πάντα τὰ κ. ταῦτα (13 c)
— 19. καταφυγή μου ἐν ἡμέραις κακῶν (11 b)
18. 8. ἐπιστραφῇ τὸ ἔθνος ἐκεῖνο ἀπὸ πάντων τῶν κ. αὐ. καὶ μετανοήσω περὶ [A S add. πάντων] τῶν κ. (13 c, 13 c)
— 11. πλάσσω ἐφ' ὑμᾶς κακά (13 c)
— 20. εἰ ἀνταποδίδοται ἀντὶ ἀγαθῶν κακά (13 c)
19. 3. ἐπάγω ἐπὶ τὸν τόπον τοῦτον κακά (13 c)
— 15. ἐπάγω ἐπὶ τὴν πόλιν ταύτην [A add. κακὰ] . . . καὶ ἐπὶ τὰς κώμας αὐτῆς ἅπαντα τὰ κ. (–, 13 c)
21. 10. ἐστήρικα τὸ πρόσωπόν μου ἐπὶ τὴν πόλιν ταύτην εἰς κακά (13 c)
23. 12. ἐπάξω ἐπ' αὐτοὺς κακά (13 c)
— 17. οὐχ ἥξει ἐπὶ σὲ κακά (13 c)

Je. 25. 16 (49. 37). S ἐπάξω ἐπ' αὐτοὺς κακά [A B *om.*] (13 *c*)
28 (51). 60. ἔγραψεν Ἰερεμίας πάντα τὰ κ. (13 *c*)
— 64. A S R οὐ μὴ ἀναστῇ ἀπὸ προσώπου τῶν κ. [B Χαλδαίων] (13 *c*)
31 (48). 2. ἐλογίσατο ἐπ' αὐτὴν κακά [S *al.*] (13 *c*)
32 (25). 32. κακὰ ἔρχεται ἀπὸ ἔθνους ἐπὶ [A S εἰς] ἔθνος (13 *c*)
33 (26). 3. παύσομαι ἀπὸ τῶν κ. (13 *c*)
— 13. παύσεται κύριος ἀπὸ τῶν κ. (13 *c*)
— 19. ἐπαύσατο κύριος ἀπὸ τῶν κ. . . . ἐποιήσαμεν κακὰ μεγάλα ἐπὶ ψυχὰς [A -αῖς] ἡμῶν (13 *c*, 13 *c*)
36 (29). 11. λογιοῦμαι ἐφ' ὑμᾶς λογισμὸν εἰρήνης καὶ οὐ κακά (13 *c*)
39 (32). 23. συμβῆναι αὐτοῖς πάντα τὰ κ. τ. (13 *c*)
— 42. ἐπήγαγον ἐπὶ τὸν λαὸν τοῦτον πάντα τὰ κ. τὰ μεγάλα ταῦτα (13 *c*)
42 (35). 17. B S φέρω ἐπὶ Ἰούδαν . . . πάντα τὰ κακά (13 *c*)
43 (36). 3. ἴσως ἀκούσεται ὁ οἶκος Ἰούδα πάντα τὰ [A σὰ] κ. (13 *c*)
— 31. ἐπάξω ἐπ' αὐτὸν . . . πάντα τὰ κ. (13 *c*)
46 (39). 16. φέρω τοὺς λόγους μου . . . εἰς κακά (13 *c*)
47 (40). 2. ὁ θεός σου ἐλάλησε τὰ κ. ταῦτα ἐπὶ τὸν τόπον τοῦτον (13 *c*)
48 (41). 11. ἤκουσεν Ἰωάναν . . . πάντα τὰ κ. ἃ ἐποίησεν Ἰσμαήλ (13 *c*)
49 (42). 6. ἐὰν ἀγαθὸν καὶ ἐὰν κακόν (13 *b*)
— 10. ἀναπέπαυμαι ἐπὶ τοῖς κ. [AS ἀπὸ τῶν κ.] (13 *c*)
— 17. οὐκ ἔσται αὐτῶν οὐθεὶς σωζόμενος ἀπὸ τῶν κ. (13 *c*)
51 (44). 2. ἑωράκατε πάντα τὰ κ. (13 *c*)
— 5. ἀποστρέψαι ἀπὸ τῶν κ. αὐτῶν (13 *c*)
— 7. ἵνα τί ὑμεῖς ποιεῖτε κακὰ μεγάλα ἐπὶ ψυχαῖς [S^{1} -ὰς] ὑμῶν (13 *c*)
— 9. μὴ ἐπιλέλησθε ὑμεῖς τῶν κ. [A ἔργων] τῶν πατ. ὑμῶν καὶ τῶν κ. τῶν βασ. Ἰ. καὶ τῶν κ. τῶν ἀρχόντων ὑμῶν καὶ τῶν κ. τῶν γυναικῶν ὑμῶν (13 *c quater*)
— 17. κακὰ οὐκ εἴδομεν (13 *c*)
— 23. ἐπελάβετο ὑμῶν τὰ κ. ταῦτα (13 *c*)
— 35 (45. 5). ἐπάγω κακὰ ἐπὶ πᾶσαν σάρκα (13 *c*)
Ba. 1. 20. ἐκολλήθη εἰς ἡμᾶς τὰ κ.
— 22. ποιῆσαι τὰ κ. κατ' ὀφθαλμοὺς κυρίου θεοῦ ἡμῶν
2. 2. A R τοῦ ἀγαγεῖν ἐφ' ἡμᾶς κακὰ μεγάλα
— 7. πάντα τὰ κ. ταῦτα ἃ ἦλθεν ἐφ' ἡμᾶς
— 9. ἐγρηγόρησε κύριος ἐπὶ τοῖς κ.
3. 4. ἐκολλήθη [A προσεκ.] ἡμῖν τὰ κ.
4. 18. ὁ γὰρ ἐπαγαγὼν τὰ κ. [A *add.* ὑμῖν]
— 29. ὁ γὰρ ἐπαγαγὼν ὑμῖν τὰ κ.
La. 1. 21. πάντες οἱ ἐχθροί μου ἤκουσαν τὰ κ. μου (13 *c*)
3. 38. ἐκ στόματος ὑψίστου οὐκ ἐξελεύσεται τὰ κ. καὶ τὸ ἀγαθόν (13 *c*)
Ep. Je. 34. ἐὰν κακὸν πάθωσιν ὑπό τινος
— 48. ὅταν γὰρ ἐπέλθῃ [A *om.*] ἐπ' αὐτὰ [A -οὺς] πόλεμος καὶ κακά
— 49. οὔτε σώζουσιν ἑαυτοὺς ἐκ πολέμου [A -μων] οὔτε ἐκ κακῶν
Ez. 6. 10. A τοῦ ποιῆσαι αὐτοῖς ἅπαντα τὰ κ. ταῦτα (13 *c*)
14. 22. A B^{2} R μεταμεληθήσεσθε ἐπὶ τὰ κ. . . . πάντα τὰ κ. (13 *c*, –)
20. 44. κατὰ τὰς ὁδοὺς ὑμῶν τὰς κ. (13 *b*)
Da. LXX. Su. 10. οὐ προσεποιεῖτο τὸ κ.
— 52. πεπαλαιωμένε ἡμερῶν κακῶν
3. (44). οἱ ἐνδεικνύμενοι τοῖς δούλοις σου κακά
7. 24. αὐτὸς διοίσει κακοῖς –
9. 12. ἐπαγαγεῖν ἐφ' ἡμᾶς κ. μεγάλα (13 *c*)
— 13. πάντα τὰ κ. ἐπῆλθεν ἡμῖν (13 *c*)
— 14. ἠγρύπνησε κύριος ὁ θεὸς ἐπὶ τὰ κ. (13 *c*)
Da. TH. Su. 52. πεπαλαιωμένε ἡμερῶν κακῶν
3. (44). οἱ ἐνδεικνύμενοι τοῖς δούλοις σου κακά
7. 24. ὃς ὑπεροίσει κακοῖς πάντας τοὺς ἔμπροσθεν –
9. 12. ἐπαγαγεῖν ἐφ' ἡμᾶς κ. μεγάλα (13 *c*)
— 13. πάντα τὰ κ. ταῦτα ἦλθεν ἐφ' ἡμᾶς (13 *c*)
I Ma. 1. 9. ἐπλήθυναν κακὰ ἐν τῇ γῇ
— 11. εὗρεν ἡμᾶς κ. πολλά
— 52. ἐποίησαν κακὰ ἐν τῇ γῇ
2. 30. A S ἐσκληρύνθη [R ἐπληθύνθη] ἐπ' αὐτοὺς τὰ κ.
— 43. πάντες οἱ φυγαδεύοντες ἀπὸ τῶν κ.
3. 42. ἐπληθύνθη τὰ κ.
— 59. ἢ ἐπιδεῖν ἐπὶ τὰ κ. τοῦ ἔθνους ἡμῶν

● I Ma. 6. 12. μνήσκομαι τῶν κ.
— 13. εὗρόν με τὰ κ. ταῦτα
— 18. καὶ ζητοῦντες κακά
7. 15. οὐκ ἐκζητήσομεν ὑμῖν κακόν
8. 31. περὶ τῶν κ. ὧν ὁ βασ. Δ. συντελεῖται
9. 71. μὴ ἐκζητῆσαι αὐτῷ κακόν
10. 5. μνησθήσεται γὰρ πάντων τῶν κ.
15. 12. AS ἐπισυνῆκται [R συν.] ἐπ' αὐτὸν κακά
— 19. ὅπως μὴ ἐκζητήσωσιν αὐτοῖς κακά [S^{1} *om.* αὐ. κ.]
16. 17. S R ἀπέδωκε [A ἀνταπ.] κακὰ ἀντὶ ἀγαθῶν
II Ma. 1. 25. ὁ διασῴζων τὸν Ἰσρ. ἐκ παντὸς κ.
2. 18. ἐξείλατο γὰρ ἡμᾶς ἐκ μεγάλων κ.
4. 1. τῶν κ. δημιουργὸς καθεστηκώς
5. 8. πέρας οὖν κ. ἀναστροφῆς [A καταστρ.] ἔτυχεν
10. 4. R μηκέτι περιπεσεῖν [A παραπ.] τοιούτοις κ.
— 10. R συντέμνοντες τὰ τῶν πολέμων [A τὰ συνέχοντα τῶν πόλεων] κ.
13. 4. τοῦτον αἴτιον τῶν κ. εἶναι πάντων
— 6. ἤ καί τινων ἄλλων κ. ὑπεροχὴν πεποιημένον
III Ma. 2. 12. A ἐρρύσω αὐτοὺς ἐκ μεγάλων κ. [R κινδύνων]
IV Ma. 6. 14. τί τοῖς κ. τούτοις σεαυτὸν . . . ἀπόλλεις
11. 5. A R ἢ κακόν σοι δοκεῖ
12. 15. R σὺ δὲ κ. [A S *om.*] κακῶς οἰμώξεις
17. 2. ἀκυρώσασα τὰς κ. ἐπινοίας αὐτοῦ
[**Aq.** IV Ki. 17. 11: Ps. 35 (36). 5: 70 (71). 20: Pr. 11. 21: 13. 19: Is. 7. 15: 59. 7, 15: Je. 15. 11: 24. 9: 44 (51). 9, 23, 29 *bis.*]
[**Sm.** I Ki. 20. 9: Jb. 17. 5: 30. 26: Ps. 20 (21). 12: 29 (30). 8: 35 (36). 5: 40 (41). 6, 8: 53 (54). 7: 55 (56). 6: 89 (90). 15: 90 (91). 10: 96 (97). 10: 106 (107). 39: Pr. 21. 12: Ec. 2. 17: 4. 3, 17: 5. 12, 13: 8. 9: 10. 5: 12. 14: Is. 7. 15: 33. 15: 35. 9: 56. 11: 59. 7, 15: Je. 15. 11: 18. 8: 24. 9: 41 (48). 11: 44 (51). 9, 23: Hb. 1. 13.]
[**Th.** Ps. 35 (36). 5: Is. 59. 7, 15: Je. 39 (46). 12: 44 (51). 11, 29 *bis*: 50 (27). 21: Ez. 6. 10.]
[**Al.** Ps. 48 (49). 6: 111 (112). 7: Pr. 14. 13: 16. 30.]

κακοτεχνεῖν.

III Ma. 7. 9. ἐάν τι κακοτεχνήσωμεν πονηρόν

κακότεχνος.

Wi. 1. 4. εἰς κ. ψυχὴν οὐκ εἰσελεύσεται σοφία
15. 4. οὔτε γὰρ ἐπλάνησεν ἡμᾶς ἀνθρώπων κακότεχνος ἐπίνοια
IV Ma. 6. 25. διὰ κ. ὀργάνων καταφλέγοντες αὐτόν

κακότης. (1) רָעַע hi.

Pr. 24. 19. S^{1} μὴ χαῖρε ἐπὶ κακότητι [A B S^{2} κακοποιοῖς] (1)

κακοῦν. (1) דָּכָא pu. (2) יָנָה hi. (3) כָּשַׁל ni. (4) לָחַץ (5) עָנָה *a.* qal. *b.* ni. *c.* pi. *d.* hithpa. (6) פּוּג ni. (7) רָעַע *a.* qal. *b.* hi. *c.* רַע *d.* רָעָה (8) רָשַׁע hi. (9) שִׁחַת (10) יָגַע pi.

Ge. 15. 13. R κακώσουσιν αὐτούς [A -ό] (5 *c*)
16. 6. R ἐκάκωσεν αὐτὴν Σάρα (5 *c*)
19. 9. R νῦν οὖν σε κακώσωμεν [A -ομεν] (7 *b*)
Ex. 1. 11. ἵνα κακώσωσιν [A -σουσιν] αὐτοὺς ἐν τοῖς ἔργοις (5 *c*)
5. 22. τί ἐκάκωσας τὸν λαὸν τοῦτον (7 *b*)
— 23. ἐκάκωσε τὸν λαὸν τοῦτον (7 *b*)
22. 21 (20). προσήλυτον οὐ κακώσετε (2)
— 22 (21). πᾶσαν χήραν . . . οὐ κακώσετε (5 *c*)
— 23 (22). ἐὰν δὲ κακίᾳ κακώσητε αὐτούς (5 *c*)
23. 9. A προσήλυτον οὐ κακώσετε [B *om.*] (4)
Nu. 11. 11. ἵνα τί ἐκάκωσας τὸν θεράποντά σου (7 *b*)
16. 15. οὐδὲ ἐκάκωσα οὐδένα αὐτῶν (7 *b*)
20. 15. ἐκάκωσαν ἡμᾶς οἱ Αἰγύπτιοι (7 *b*)
24. 24. καὶ κακώσουσιν Ἀσσοὺρ καὶ κακώσουσιν Ἑβραίους (5 *c*, 5 *c*)
29. 7. κακώσετε τὰς ψυχὰς ὑμῶν (5 *c*)
30. 14. πᾶς ὅρκος δεσμοῦ κακῶσαι ψυχήν [A αὐτήν] (5 *c*)
De. 8. 2. ὅπως [B^{1} ὡς] ἂν [A *om.*] κακώσῃ σε (5 *c*)
— 3. καὶ ἐκάκωσέ σε (5 *c*)
— 16. ἵνα κακώσῃ σε (5 *c*)
26. 6. ἐκάκωσαν ἡμᾶς οἱ Αἰγύπτιοι (7 *b*)
Jo. 24. 4. ἐκάκωσαν αὐτοὺς οἱ Αἰγύπτιοι –
— 20. καὶ ἐπελθὼν κακώσει ὑμᾶς (7 *b*)
Ru. 1. 21. B ὁ ἱκανὸς ἐκάκωσέ με (7 *b*)

III Ki. 17. 20. κεκάκωκας τοῦ θανατῶσαι τὸν υἱὸν αὐτῆς (7 *b*)
Ju. 11. 1. οὐκ ἐκάκωσα ἄνθρωπον
Jb. 20. 26. κακώσαι δὲ αὐτοῦ ἐπήλυτος τὸν οἶκον (7 *b*)
22. 9. ὀρφανοὺς δὲ ἐκάκωσας (1)
24. 24. πολλοὺς γὰρ ἐκάκωσε τὸ ὕψωμα αὐτοῦ †
30. 11. ἀνοίξας γὰρ φαρέτραν αὐ. ἐκάκωσέ με (5 *c*)
31. 30. θρυληθείην δὲ ἄρα ὑπὸ λαοῦ μου κακούμενος †
Ps. 26 (27). 2. ἐν τῷ ἐγγίζειν ἐπ' ἐμὲ κακοῦντας (7 *b*)
37 (38). 8. ἐκακώθην καὶ ἐταπεινώθην ἕως σφόδρα (6)
43 (44). 2. ἐκάκωσας λαοὺς καὶ ἐξέβαλες αὐτούς (7 *b*)
88 (89). 22. υἱὸς ἀνομίας οὐ προσθήσει τοῦ κακῶσαι [A^{1} S οὐ κακώσει] αὐτόν (5 *c*)
93 (94). 5. τὴν κληρονομίαν σου ἐκάκωσαν (5 *c*)
105 (106). 32. ἐκακώθη Μωυσῆς δι' αὐτούς (7 *a*)
106 (107). 39. ἐκακώθησαν ἀπὸ θλίψεως κακῶν (9)
Ec. 7. 23 (22). A S^{2} R καθόδους πολλὰς κακώσει καρδίαν σου [B S^{1} *al.*] †
8. 9. τοῦ κακῶσαι αὐτόν (7 *c*)
10. 15. μόχθος τῶν ἀφρόνων κακώσει αὐτούς [A S *al.*] (10)
Wi. 19. 16. τοὺς ἤδη τῶν αὐτῶν μετεσχηκότας δικαίων δεινοῖς ἐκάκωσαν πόνοις [S *al.*]
Si. 3. 26. καρδία σκληρὰ κακωθήσεται ἐπ' ἐσχάτων
7. 20. μὴ κακώσῃς οἰκέτην ἐργαζόμενον ἐν ἀληθείᾳ
11. 24. τί ἀπὸ τοῦ νῦν κακωθήσομαι
30. 40 (33. 31). ἐὰν κακώσῃς αὐτόν
33 (36). 9. A^{2} R οἱ κακοῦντες [A^{1} κατοικ., B S ἀδικ.] τὸν λαόν σου εὕροισαν ἀπώλειαν
38. 21. τοῦτον οὐκ ὠφελήσεις καὶ σεαυτὸν κακώσεις
49. 7. ἐκάκωσαν γὰρ αὐτὸν καὶ αὐτὸς ἐν μήτρᾳ ἡγιάσθη προφήτης ἐκριζοῦν καὶ κακοῦν
Ho. 9. 7. καὶ κακωθήσεται Ἰ. †
Ze. 1. 12. οὐδὲ μὴ κακώσῃ [S -σει] (7 *b*)
Za. 8. 14. ὃν τρόπον διενοήθην τοῦ κακῶσαι ὑμᾶς (7 *b*)
10. 2. καὶ ἐκακώθησαν διότι οὐκ ἦν ἴασις (5 *a*)
Is. 41. 23. εὖ ποιήσατε καὶ κακώσατε (7 *b*)
50. 9. τίς κακώσει με (8)
53. 7. διὰ τὸ κεκακῶσθαι οὐκ ἀνοίγει τὸ στόμα (5 *b*)
Je. 25. 6. τοῦ κακῶσαι ὑμᾶς (7 *b*)
32 (25). 29. ἐγὼ ἄρχομαι [A ἔρ.] κακῶσαι (7 *b*)
38 (31). 28. καθαιρεῖν καὶ κ. (7 *b*)
51 (44). 27. τοῦ κακῶσαι αὐτοὺς καὶ οὐκ ἀγαθῶσαι [A -θῦναι] (7 *d*)
Ba. 4. 31. δείλαιοι οἱ σὲ κακώσαντες
Ez. 33. 12. ἀνομία ἀσεβοῦς οὐ μὴ κακώσῃ αὐτόν (3)
Da. TH. 10. 12. τοῦ συνεῖναι καὶ κακωθῆναι (5 *d*)
II Ma. 5. 22. τοῦ κακοῦν τὸ γένος
IV Ma. 4. 1. οὐκ ἴσχυσε κακῶσαι
[**Aq.** Ge. 48. 17: Ps. 14 (15). 4: 43 (44). 3: Pr. 13. 20: Is. 65. 25: Ez. 19. 7.]
[**Sm.** III Ki. 17. 20: Ps. 77 (78). 49: 87 (88). 8: 88 (89). 23: 89 (90). 15: 101 (102). 24: 115. 1 (116. 10): 118 (119). 71, 75: 128 (129). 3: Ec. 10. 9: Is. 58. 5: Je. 15. 12: Ho. 2. 15 (17).]
[**Th.** I Ki. 1. 15: Ps. 14. (15). 4: 93 (94). 6: Pr. 13. 20: Ez. 18. 7.]
[**Al.** Ex. 22. 21 (20): Le. 16. 29, 31: 19. 33: 23. 27: 25. 14: Nu. 35. 23: I Ki. 1. 8: II Ki. 7. 10.]

κακουργεῖν.

[**Sm.** II Ki. 10. 6: Pr. 13. 20: Ec. 8. 11.]

κακουργία. (1) שׁוֹאָה

Ps. 34 (35). 17. ἀποκατάστησον τὴν ψυχήν μου ἀπὸ τῆς κ. αὐτῶν (1)
II Ma. 3. 32. κ. τινὰ περὶ τὸν Ἡλ. . . . συντετελέσθαι
14. 22. μή ποτε . . . αἰφνιδίως κακουργία γένηται

κακοῦργος. (1) פֹּעַל אָוֶן

Es. 8. 13. εὑρίσκομεν οὐ κ. ὄντας
Pr. 21. 15. ὅσιος δὲ ἀκάθαρτος παρὰ κακούργοις (1)
Si. 11. 33. πρόσεχε ἀπὸ κακούργου
30. 35 (33. 26). οἰκέτῃ κακούργῳ στρέβλαι
[**Sm.** Jb. 8. 20: Ps. 26 (27). 2: 36 (37). 1: 63 (64). 3: 93 (94). 16: Ec. 8. 12.]

κακουχεῖν. (1) עָנָה *a.* pi. *b.* hithp.

III Ki. 2. 26. ἐκακουχήθης ἐν πᾶσιν οἷς ἐκακουχήθη ὁ πατήρ μου (1 *b*, 1 *b*)
11. 39. A κακουχήσω τὸ σπέρμα Ἰσρ. (1 *a*)
[**Aq.** Ge. 16. 6: Ex. 22. 22 (21): Dt. 21. 14: 22. 29: II Ki. 7. 10: III Ki. 11. 39: Jb. 37. 23: Ps. 118 (119). 75: Is. 58. 3, 5, 10.]
[**Th.** Ps. 88 (89). 23.]

● = correction on page xxvi

κακουχία.

[Aq. Dt. 16. 3 : Ps. 9. 14 : 30 (31). 8 : 131 (132). 1.]
[Sm. Ps. 43 (44). 25.]

κακοφρονίζειν.

[Aq. II Ki. 15. 31.]

κακοφροσύνη. (1) גֹּבַהּ רוּחַ

Pr. 16. 18. πρὸ δὲ πτώματος κακοφροσύνη (1)

κακόφρων. (1) *a.* גְּרָל־חֵמָה *b.* גְּדָל־חֵמָה (2) סָרַת טַעַם

Pr. 11. 22. οὕτως γυναικὶ κακόφρονι κάλλος (2)
19. 19. BS κακόφρων ἀνὴρ ζημιωθήσεται [AR πολλὰ ζ.] (1 *a**, 1 *b*)
[Sm., Th. Pr. 11. 22.]

κακωνυμία.

[Sm. Ex. 32. 25.]

κακῶς. (1) κ. εἰπεῖν קִלֵּל pi. (2) κ. ἐρεῖν *a.* אָרַר *b.* קִלֵּל pi. (3) κακῶς ἔχειν חָלָה

Ex. 22. 28 (27). AR ἄρχοντα [B -ας] τοῦ λαοῦ σου οὐ κ. ἐρεῖς (2 *a*)
Le. 19. 14. οὐ κ. ἐρεῖς κωφόν (2 *b*)
20. 9. ὃς ἂν [A om.] κ. εἴπῃ τὸν πατέρα αὐτοῦ (1)
— 9. μητέρα αὐτοῦ κ. εἶπεν (1)
Wi. 14. 29. κ. ὀμόσαντες ἀδικηθῆναι οὐ προσδέχονται
— 30. κ. ἐφρόνησαν περὶ θεοῦ
18. 19. δι' ὃ κ. πάσχουσιν
Is. 8. 21. κ. ἐρεῖτε τὸν ἄρχοντα (2 *b*)
Je. 7. 9. τοῦ κ. εἶναι ὑμῖν –
Ez. 34. 4. τὸ κ. ἔχον οὐκ ἐσωματοποιήσατε (3)
I Ma. 7. 42. κ. ἐλάλησεν ἐπὶ τὰ ἅγιά σου
III Ma. 1. 14. κ. αὐτὸ τοῦτο τερατεύεσθαι
— 16. τὴν ὁρμὴν τοῦ κ. ἐπιβαλλομένου μεταθεῖναι
IV Ma. 6. 17. μὴ οὕτως κ. φρονήσαιμεν
12. 15. σὺ δὲ κ. οἰμώξεις

κάκωσις. (1) אֵיד (2) *a.* עָנָה pu. *b.* עֳנִי (3) רָעָה (4) תַּן

Ex. 3. 7. εἶδον τὴν κ. τοῦ λαοῦ μου (2 *b*)
— 17. ἀναβιβάσω ὑμᾶς ἐκ τῆς κ. τῶν Αἰγ. (2 *b*)
Nu. 11. 15. ἵνα μὴ ἴδω τὴν κ. μου (3)
De. 16. 3. φάγῃ . . . ἄζυμα ἄρτον κακώσεως (2 *b*)
Es. 1. 1. κάκωσις καὶ τάραχος
8. 6. ἰδεῖν [A ἐπιδ.] τὴν κ. τοῦ λαοῦ μου (3)
Ps. 17 (18). 18. προέφθασάν με ἐν ἡμέρᾳ κακώσεώς μου (1)
43 (44). 19. ἐταπείνωσας ἡμᾶς ἐν τόπῳ κακώσεως (4 ?)
Wi. 3. 2. ἐλογίσθη κάκωσις ἡ ἔξοδος αὐτῶν
Si. 11. 27. κάκωσις ὥρας ἐπιλησμονὴν ποιεῖ τρυφῆς
13. 12. οὐ μὴ φείσηται περὶ κακώσεως καὶ δεσμῶν
29. 12. αὕτη ἐξελεῖταί σε ἐκ πάσης κακώσεως
Is. 53. 4. ἐλογισάμεθα αὐτὸν εἶναι . . . ἐν κακώσει (2 *a*)
Je. 2. 28. ἐν καιρῷ τῆς κ. σου (3)
11. 14. ἐν καιρῷ κακώσεως αὐτῶν (3)
28 (51). 2. ἐν ἡμέρᾳ κακώσεως αὐτῆς (3)
Ba. 5. 1. ἔκδυσαι . . . τὴν στολὴν τοῦ πένθους καὶ τῆς [A om. κ. τ.] κ. σου
II Ma. 3. 39. τοὺς παραγινομένους ἐπὶ κακώσει
[Aq. Ec. 7. 3 (2).]
[Sm. I Ki. 28. 10 : Jb. 31. 29 : Ps. 7. 10 : 9. 27 (10. 6) : 26 (27). 5 : 30 (31). 8, 11 : 39 (40). 15 : 40 (41). 2 : 43 (44). 25 : 48 (49). 6 : 70 (71). 20, 24 : 87 (88). 10 : 106 (107). 41 : 131 (132). 1 : Pr. 27. 10 : Ec. 2. 21 : 4. 6 : 6. 9 : 8. 6 : 12. 1 : Ez. 7. 5.]
[Th. I Ki. 28. 10 : Ec. 7. 3 (2).]
[Al. Ex. 6. 6 : I Ki. 1. 11.]

καλαβώτης. (1) לְטָאָה (2) שְׂמָמִית

Le. 11. 30. AB ταῦτα ὑμῖν ἀκάθαρτα . . . καλαβώτης [R χαλ.] (1)
Pr. 24. 63 (30. 28). καλαβώτης χερσὶν ἐρειδόμενος καὶ εὐάλωτος ὤν (2)

κάλαθος. (1) *a.* דּוּד *b.* דּוּדַי

Je. 24. 1. ἔδειξέ μοι κύριος δύο καλάθους σύκων (1 *b*)
— 2. ὁ κ. ὁ εἷς σύκων χρηστῶν σφόδρα . . . καὶ ὁ κ. ὁ ἕτερος σύκων πονηρῶν σφόδρα (1 *a*, 1 *a*)
[Aq. Am. 8. 1.]

καλαμᾶσθαι. (1) נָקַף (2) *a.* עָלַל po. *b.* עֹלֵלוֹת (3) פָּאַר pi.

De. 24. 20. καλαμήσασθαι τὰ ὀπίσω σου (3)
Jd. 20. 45. ἐκαλαμήσαντο . . . πεντακισχιλίους ἄνδρας [A al.] (2 *a*)
Si. 30. 25 (33. 16). ὡς καλαμώμενος ὀπίσω τρυγητῶν
Is. 3. 12. οἱ πράκτορες ὑμῶν καλαμῶνται ὑμᾶς (2 *a*)
24. 13. ὃν τρόπον ἐάν τις καλαμήσηται [S -μᾶται] ἐλαίαν οὕτως καλαμήσονται αὐτούς (1, 2 *b*)
Je. 6. 9. καλαμᾶσθε καλαμᾶσθε ὡς ἄμπελον τὰ κατάλοιπα (2 *a*, 2 *a*)
[Aq. Ex. 5. 7 : Je. 6. 9.]
[Sm., Th. Ex. 5. 7.]

καλάμη. (1) עֹלֵלוֹת (2) עָמִיר (3) קַשׁ (4) שִׁבֹּלֶת (5) שַׁיִת (6) κ. στιππύου נְעֹרֶת

Ex. 5. 12. συναγαγεῖν καλάμην εἰς ἄχυρα (3)
15. 7. κατέφαγεν αὐτοὺς ὡς καλάμην (3)
Jb. 24. 24. ὥσπερ στάχυς ἀπὸ καλάμης αὐτόματος ἀποπεσών (4)
41. 20 (21). ὡς καλάμη ἐλογίσθησαν [S -ίσατο] σφυρά [S al.] (3)
Ps. 82 (83). 13. ὡς καλάμην κατὰ πρόσωπον ἀνέμου [S¹ πυρός] (3)
Wi. 3. 7. ὡς σπινθῆρες ἐν καλάμῃ διαδραμοῦνται
Am. 2. 13. κυλίεται ἡ ἅμαξα ἡ γέμουσα καλάμης (2)
Mi. 7. 1. ὡς συνάγων καλάμην ἐν ἀμητῷ †
Jl. 2. 5. ὡς φωνὴ φλογὸς πυρὸς κατεσθιούσης καλάμην (3)
Ob. 1. 18. ὁ δὲ οἶκος Ἠσαῦ εἰς [S om.] καλάμην (3)
Na. 1. 10. καὶ ὡς καλάμη ξηρασίας μεστή (3)
Za. 12. 6. ὡς λαμπάδα πυρὸς ἐν καλάμῃ [S¹ al.] (2)
Ma. 4. 1 (3. 19). ἔσονται . . . πάντες οἱ ποιοῦντες ἄνομα καλάμη (3)
Is. 1. 31. ἔσται ἡ ἰσχὺς αὐτῶν ὡς κ. στιππύου (6)
5. 24. καυθήσεται κ. ὑπὸ ἄνθρακος πυρός (3)
17. 6. καταλειφθῇ ἐν αὐτῇ κ. (1)
27. 4. τίς με θήσει φυλάσσειν καλάμην ἐν ἀγρῷ (5 ?)
[Aq. Jb. 41. 21 : Is. 40. 24 : Je. 6. 9 : 13. 24.]
[Sm. Je. 13. 24.]
[Th. Jb. 41. 21 : Is. 33. 11 : 40. 24.]

καλάμημα.

[Th. Ob. 1. 5.]

καλάμινος. (1) קָנֶה

IV Ki. 18. 21. πέποιθας σαυτῷ ἐπὶ τὴν ῥάβδον τὴν κ. (1)
Is. 36. 6. πεποιθὼς εἶ ἐπὶ τὴν ῥάβδον τὴν κ. τὴν τεθλασμένην ταύτην (1)
Ez. 29. 6. ἐγενήθης ῥάβδος κ. τῷ οἴκῳ Ἰσ. (1)

καλαμίσκος. (1) קָנֶה

Ex. 25. 30 (31). οἱ κ. . . . ἐξ αὐτῆς ἔσται (1)
— 31 (32). ἓξ δὲ καλαμίσκοι ἐκπορευόμενοι ἐκ πλαγίων (1)
— 31 (32). τρεῖς καλαμίσκοι τῆς λυχνίας (1)
— 31 (32). καὶ τρεῖς κ. (1)
— 32 (33). ἐν τῷ ἑνὶ κ. σφαιρωτὴρ καὶ κρίνον (1)
— 32 (33). τοῖς ἓξ κ. τοῖς ἐκπορευομένοις ἐκ τῆς λυχνίας (1)
— 33 (34). ἐν τῷ ἑνὶ κ. σφαιρωτῆρες [A -τήρ] –
— 33 (34). A τοῖς ἓξ κ. τοῖς ἐκπορευομένοις ἐκ τῆς λυχνίας –
— 34 (35). ὁ σφαιρωτὴρ ὑπὸ τοὺς δύο κ. (1)
— 34 (35). σφαιρωτὴρ ὑπὸ τοὺς τέσσαρας κ. (1)
— 34 (35). τοῖς ἓξ κ. τοῖς ἐκπορευομένοις ἐκ τῆς λυχνίας (1)
— 35 (36). οἱ κ. ἐξ αὐτῆς ἔστωσαν (1)
38. 14 (37. 17). τὸν καυλὸν καὶ τοὺς κ. (1)
— 15 (37. 18). ἐκ τῶν κ. αὐτῆς οἱ βλαστοὶ ἐξέχοντες (1)

κάλαμος. (1) הָגִין (2) עֵט (3) קָנֶה

Ex. 30. 23. A²B καλάμου εὐώδους διακοσίους πεντήκοντα (3)
Jb. 40. 16 (21). κοιμᾶται παρὰ πάπυρον καὶ κάλαμον (3)
Ps. 44 (45). 1. ἡ γλῶσσά μου κάλαμος γραμματέως ὀξυγράφου (2)
67 (68). 30. ἐπιτίμησον τοῖς θηρίοις τοῦ κ. (3)
Ca. 4. 14. νάρδος καὶ κρόκος κάλαμος [S¹ -ον] καὶ κιννάμωμον (3)
Is. 19. 6. ἐν παντὶ ἕλει καλάμου καὶ παπύρου (3)
35. 7. ἐπαύλεις καλάμου [S ποιμνίων] καὶ ἕλη (3)
42. 3. κάλαμον τεθλασμένον [A συντ.] οὐ συντρίψει (3)
Ez. 40. 3. κ. μέτρον [A add. ἐν τῇ χειρὶ αὐτοῦ] (3)
— 5. ἐν τῇ χειρὶ τοῦ ἀνδρὸς κ. . . . πλάτος ἴσον τῷ κ. καὶ τὸ ὕψος αὐτοῦ ἴσον τῷ κ. (3 *ter*)
— 6. διεμέτρησε . . . ἴσον τῷ κ. (3)
— 7. τὸ θεὲ ἴσον τῷ κ. τὸ μῆκος καὶ ἴσον τῷ κ. τὸ πλάτος . . . τὸ θεὲ τὸ δεύτερον ἴσον τῷ κ. πλάτος καὶ ἴσον τῷ κ. μῆκος [A om. κ. ἴ. τ. κ. μ.] (3, 3, –, 3)
— 8. τὸ θεὲ τὸ τρίτον ἴσον τῷ κ. μῆκος καὶ ἴσον τῷ κ. πλάτος (–, 3)
— 9. A τὸ αἰλαμ . . . ἴσον τῷ κ. [B om. ἴ. τ. κ.] –
41. 8. διάστημα τῶν πλευρῶν ἴσον τῷ κ. πήχεων ἓξ [A om.] (3)
42. 12. ὡς ἐπὶ φῶς διαστήματος καλάμου (1 ?)
— 16. διεμέτρησε πεντακοσίους ἐν τῷ κ. τοῦ μέτρου (3)
— 17. πήχεις πεντακοσίους ἐν τῷ κ. τοῦ μέτρου (3)
— 18, 19. πεντακοσίους ἐν τῷ κ. τοῦ μέτρου (3)
— 20. τὰ τέσσαρα μέρη τοῦ αὐτοῦ κ. [A al.] –
III Ma. 2. 21. κραδάνας αὐτὸν ὡς κάλαμον ὑπὸ ἀνέμου
4. 20. τοὺς γραφικοὺς κ. . . . ἐκλελοιπέναι
[Aq. Ge. 41. 5, 22 : III Ki. 14. 15 : Is. 35. 7 : Je. 6. 20 : Ez. 27. 19.]
[Sm. Ge. 41. 5, 22 : Is. 35. 7 : Ez. 27. 19.]
[Th. Is. 35. 7 : Ez. 27. 19.]
[Heb. Ez. 9. 2.]

καλεῖν. (1) *a.* אָמַר ni. *b.* אֱמַר (2) בּוֹא *a.* qal. *b.* hi. (3) דָּבַר pi. (4) הָיָה (5) זָכַר hi. (6) זָעַק *a.* hi. *b.* זְעַק (7) לָקַח (8) עֲלַל aph. (9) קָרָא *a.* qal. *b.* ni. *c.* pu. *d.* קְרָא pe. *e.* ithpe. *f.* מִקְרָא (10) רוּם hi. (11) שֵׁם

Ge. 1. 5. ἐκάλεσεν ὁ θεὸς τὸ φῶς ἡμέραν (9 *a*)
— 5. τὸ σκότος ἐκάλεσε νύκτα (9 *a*)
— 8. ἐκάλεσεν ὁ θεὸς τὸ στερέωμα οὐρανόν (9 *a*)
— 10. ἐκάλεσεν ὁ θεὸς τὴν ξηρὰν γῆν (9 *a*)
— 10. τὰ συστήμ. τῶν ὑδ. ἐκάλεσε θαλάσσας (9 *a*)
2. 19. ἰδεῖν τί καλέσει αὐτά (9 *a*)
— 19. πᾶν ὃ ἐὰν ἐκάλεσεν αὐτὸ Ἀ. (9 *a*)
— 20. ἐκάλεσεν Ἀ. ὀνόματα (9 *a*)
— 23. αὕτη κληθήσεται Γυνή (9 *b*)
3. 9. ἐκάλεσεν κύριος . . . τὸν Ἀδάμ (9 *a*)
— 20. ἐκάλεσεν Ἀ. τὸ ὄνομα τῆς γυναικὸς αὐτοῦ [A om.] Ζωή (9 *a*)
11. 9. R ἐκλήθη τὸ ὄνομα αὐ. Σύγχυσις (9 *a*)
12. 18. καλέσας δὲ Φαραὼ τὸν Ἄβραμ (9 *a*)
16. 11. καλέσεις τὸ ὄνομα αὐτοῦ Ἰσμαήλ (9 *a*)
— 13. ἐκάλεσε τὸ ὄνομα κυρίου (9 *a*)
— 14. ἐκάλεσε τὸ φρέαρ (9 *a*)
— 15. ἐκάλεσεν Ἄ. τὸ ὄνομα τοῦ υἱοῦ αὐτοῦ (9 *a*)
17. 5. οὐ κληθήσεται ἔτι τὸ ὄνομά σου Ἄ. (9 *b*)
— 15. οὐ κληθήσεται τὸ ὄνομα αὐτῆς Σ. (9 *a*)
— 19. καλέσεις τὸ ὄνομα αὐτοῦ Ἰσαάκ (9 *a*)
19. 22. R ἐκάλεσε [A ἐπωνόμασεν] τὸ ὄνομα (9 *a*)
— 37. ἐκάλεσε τὸ ὄνομα αὐτοῦ Μωάβ (9 *a*)
— 39 (38). ἐκάλεσε τὸ ὄνομα αὐτοῦ Ἀμμάν (9 *a*)
20. 8. ἐκάλεσε πάντας τοὺς παῖδας αὐτοῦ (9 *a*)
— 9. ἐκάλεσεν Ἀβιμέλεχ τὸν Ἀβραάμ (9 *a*)
21. 3. ἐκάλεσεν Ἀ. τὸ ὄνομα τοῦ υἱοῦ αὐτοῦ (9 *a*)
— 12. ἐν Ἰσαὰκ κληθήσεταί σοι σπέρμα (9 *b*)
— 17. ἐκάλεσεν ἄγγελος θεοῦ τὴν Ἄγαρ (9 *a*)
22. 11. ἐκάλεσεν αὐτὸν ἄγγελος κυρίου (9 *a*)
— 14. ἐκάλεσεν Ἀ. τὸ ὄνομα τοῦ τόπου ἐκ. (9 *a*)
— 15. ἐκάλεσεν ἄγγελος κυρ. τὸν Ἀ. δεύτερον (9 *a*)
24. 57. καλέσωμεν τὴν παῖδα (9 *a*)
— 58. ἐκάλεσαν τὴν Ῥεβέκκαν (9 *a*)
25. 26. ἐκάλεσε τὸ ὄνομα αὐτοῦ Ἰακώβ (9 *a*)
— 30. ἐκλήθη τὸ ὄνομα αὐτοῦ Ἐδώμ (9 *a*)
26. 9. ἐκάλεσε δὲ Ἀβιμέλεχ τὸν Ἰ. (9 *a*)
— 20. R ἐκάλεσαν [A -εν] τὸ ὄνομα τοῦ φρέατος (9 *a*)
— 33. R ἐκάλεσεν αὐτὸ [A ἐ. τὸ ὄνομα αὐτοῦ] Ὅρκος (9 *a*)
— 33. ἐκάλεσεν ὄνομα τῇ πόλει –
27. 1. ἐκάλεσεν Ἠσαῦ τὸν υἱὸν αὐτοῦ (9 *a*)
— 36. δικαίως ἐκλήθη τὸ ὄνομα αὐτοῦ Ἰακώβ (9 *a*)
— 42. πέμψασα ἐκάλεσεν Ἰακώβ (9 *a*)

Ge. 28. 19. ἐκάλεσε τὸ ὄνομα τοῦ τόπου ἐκ. (9 a)
29. 32. ἐκάλεσε δὲ τὸ ὄνομα αὐτοῦ Ῥουβὴν (9 a)
— 33. ἐκάλεσε τὸ ὄνομα αὐτοῦ Συμεών (9 a)
— 34. R ἐκάλεσε [A ἐκλήθη] τὸ ὄνομα αὐτοῦ Λευεί (9 a)
— 35. ἐκάλεσε τὸ ὄνομα αὐτοῦ Ἰούδαν (9 a)
30. 6. ἐκάλεσε τὸ ὄνομα αὐτοῦ Δάν (9 a)
— 8. ἐκάλεσε τὸ ὄνομα αὐτοῦ Νεφθαλεί (9 a)
— 13. ἐκάλεσε τὸ ὄνομα αὐτοῦ Ἀσήρ (9 a)
— 18. ἐκάλεσε τὸ ὄνομα αὐτοῦ Ἰσσάχαρ (9 a)
— 20. ἐκάλεσε τὸ ὄνομα αὐτοῦ Ζαβουλών (9 a)
— 21. ἐκάλεσε τὸ ὄνομα αὐτῆς Δεῖνα (9 a)
— 24. ἐκάλεσε τὸ ὄνομα αὐτοῦ Ἰωσήφ (9 a)
31. 4. ἐκάλεσε Λείαν καὶ Ῥαχήλ (9 a)
— 47. ἐκάλεσεν αὐτὸν Λάβαν (9 a)
— 47. Ἰακὼβ δὲ ἐκάλεσεν αὐτόν (9 a)
— 48. ἐκλήθη τὸ ὄνομα (9 a)
— 54. ἐκάλεσε τοὺς ἀδελφοὺς αὐτοῦ (9 a)
32. 2 (3). ἐκάλεσε τὸ ὄνομα τοῦ τόπου ἐκ. (9 a)
— 28 (29). οὐ κληθήσεται ἔτι τὸ ὄνομά σου Ἰακώβ (1 a)
— 30 (31). ἐκάλεσεν Ἰ. τὸ ὄνομα τοῦ τόπου ἐκ. (9 a)
33. 17. ἐκάλεσε τὸ ὄνομα τοῦ τόπου ἐκ. (9 a)
35. 7. ἐκάλεσε τὸ ὄνομα τοῦ τόπου (9 a)
— 8. ἐκάλεσεν Ἰακὼβ τὸ ὄνομα αὐτῆς (9 a)
— 10. τὸ ὄνομά σου οὐ κληθήσεται ἔτι Ἰακώβ (9 b)
— 10. R ἐκάλεσε τὸ ὄνομα αὐτοῦ Ἰσραήλ (9 a)
— 15. ἐκάλεσεν Ἰακὼβ τὸ ὄνομα τοῦ τόπου (9 a)
— 18. ἐκάλεσε τὸ ὄνομα αὐτοῦ (9 a)
— 18. R ἐκάλεσε τὸ ὄνομα αὐτοῦ [A ἐ. αὐτόν] (9 a)
38. 3. ἐκάλεσε τὸ ὄνομα αὐτοῦ Ἤρ (9 a)
— 4. ἐκάλεσε τὸ ὄνομα αὐτοῦ Αὐνάν (9 a)
— 5. ἐκάλεσε τὸ ὄνομα αὐτοῦ Σηλώμ (9 a)
— 29. ἐκάλεσε τὸ ὄνομα αὐτοῦ Φαρές (9 a)
— 30. ἐκάλεσε τὸ ὄνομα αὐτοῦ Ζαρά (9 a)
39. 14. ἐκάλεσε τοὺς ὄντας ἐν τῇ οἰκίᾳ (9 a)
41. 8. ἐκάλεσε πάντας τοὺς ἐξηγητὰς Αἰγύπτου (9 a)
— 14. ἐκάλεσε τὸν Ἰωσήφ (9 a)
— 45. ἐκάλεσε Φαραὼ τὸ ὄνομα Ἰωσήφ (9 a)
— 51. ἐκάλεσε δὲ Ἰ. τὸ ὄν. τοῦ πρωτοτόκου (9 a)
— 52. τὸ δὲ ὄνομα τοῦ δευτέρου ἐκάλεσεν (9 a)
46. 33. ἐὰν οὖν καλέσῃ ὑμᾶς Φαραώ (9 a)
47. 29. ἐκάλεσε τὸν υἱὸν αὐτοῦ Ἰωσήφ (9 a)
48. 6. κληθήσονται ἐπὶ [A ἐν] τοῖς ἐκείνων κλήροις (9 b)
49. 1. ἐκάλεσε δὲ Ἰ. τοὺς υἱοὺς αὐτοῦ (9 a)
50. 11. ἐκάλεσε τὸ ὄνομα αὐτοῦ [A al.] (9 a)
Ex. 1. 18. ἐκάλεσε δὲ ὁ βασ. Αἰγ. τὰς μαίας (9 a)
2. 7. θέλεις καλέσω σοι γυναῖκα τροφεύουσαν (9 a)
— 8. ἐκάλεσε τὴν μητέρα τοῦ παιδίου (9 a)
— 20. καλέσατε οὖν αὐτόν (9 a)
3. 4. ἐκάλεσεν αὐτὸν κύριος ἐκ τοῦ βάτου (9 a)
8. 8 (4). ἐκάλεσε Φαραὼ Μωυσῆν (9 a)
— 25 (21). ἐκάλεσε δὲ Φαραὼ Μωυσῆν (9 a)
9. 27. ἀποστείλας δὲ Φ. ἐκάλεσε Μωυσῆν (9 a)
10. 16. κατέσπευδε δὲ Φ. καλέσαι Μωυσῆν (9 a)
— 24. ἐκάλεσε Φαραὼ Μωυσῆν (9 a)
12. 16. ἡ ἡμέρα ἡ πρώτη κληθήσεται [A κεκλήσ.] ἁγία (9 f)
— 21. ἐκάλεσε δὲ Μ. πᾶσαν γερουσίαν (9 a)
— 31. ἐκάλεσε Φαραὼ Μωυσῆν (9 a)
19. 3. ἐκάλεσεν αὐτὸν ὁ θεός (9 a)
— 7. ἐκάλεσε [B¹ ἐλάλησε πρὸς] τοὺς πρεσβυτέρους (9 a)
— 20. ἐκάλεσε κύριος Μωυσῆν (9 a)
24. 16. ἐκάλεσε κύριος τὸν Μωυσῆν (9 a)
33. 7. ἐκλήθη Σκηνὴ μαρτυρίου (9 a)
— 19. A καλέσω τῷ ὀνόματι κυρίου [B R al.] (9 a)
34. 5. ἐκάλεσε τῷ ὀνόματι κυρίου (9 a)
— 6. καὶ ἐκάλεσε, Κύριος ὁ θεός (9 a)
— 15. καὶ καλέσωσί σε καὶ φάγῃς (9 a)
— 31. ἐκάλεσεν αὐτοὺς Μ. (9 a)
36. 2. ἐκάλεσε Μ. Βεσελεήλ (9 a)
Le. 9. 1. ἐκάλεσε Μ. Ἀαρών (9 a)
10. 4. ἐκάλεσε Μ. τὸν Μισ. (9 a)
13. 45. καὶ ἀκάθαρτος κεκλήσεται (9 a)
23. 2. ἃς καλέσετε αὐτὰς κλητὰς ἁγίας (9 a)
— 4. A B καλέσατε [R -σετε] αὐτὰς ἐν τοῖς καιροῖς αὐτῶν (9 a)
— 21. καλέσετε ταύτην τὴν ἡμ. κλητήν [A -ή] (9 a)
— 37. ἃς καλέσετε κλητὰς ἁγίας (9 a)
Nu. 11. 3, 34. ἐκλήθη τὸ ὄνομα τοῦ τόπου ἐκ. (9 a)
12. 5. ἐκλήθησαν Ἀαρὼν καὶ Μαριάμ (9 a)
16. 12. ἀπέστειλε Μωυσῆς καλέσαι Δάθαν (9 a)
22. 5. ἀπέστειλε πρέσβεις . . . καλέσαι αὐτόν (9 a)
— 20. εἰ καλέσαι σε πάρεισιν (9 a)

Nu. 22. 37. οὐχὶ ἀπέστειλα πρὸς σὲ καλέσαι σε (9 a)
23. 11. εἰς κατάρασιν ἐχθρῶν μου κέκληκά σε (7)
24. 10. καταρᾶσθαι . . . κέκληκά σε (9 a)
25. 2. A R ἐκάλεσαν αὐτοὺς εἰς τὰς θυσίας [B ἐπὶ ταῖς θ.] (9 a)
De. 5. 1. ἐκάλεσε Μωυσῆς πάντα Ἰσραήλ (9 a)
25. 8. καλέσουσιν αὐτὸν ἡ γερουσία (9 a)
— 10. κληθήσεται τὸ ὄνομα αὐτοῦ ἐν Ἰσρ. (9 b)
29. 2 (1). ἐκάλεσε Μ. πάντας τοὺς υἱοὺς Ἰσρ. (9 a)
31. 7. ἐκάλεσε Μωυσῆς Ἰησοῦν (9 a)
— 14. κάλεσον Ἰησοῦν (9 a)
32. 3. τὸ ὄνομα κυρίου ἐκάλεσα (9 a)
Jo. 5. 3. ἐπὶ τοῦ καλουμένου τόπου –
— 8 (9). ἐκάλεσε τὸ ὄνομα τοῦ τόπου ἐκείνου (9 a)
19. 47. καὶ ἐκάλεσαν τὸ ὄνομα αὐτῆς (9 a)
24. 9. ἐκάλεσε τὸν Βαλαάμ (9 a)
Jd. 1. 17. ἐκάλεσε [A -αν] τὸ ὄνομα τῆς πόλεως (9 a)
— 26. ἐκάλεσε τὸ ὄνομα αὐτῆς Λ. (9 a)
2. 5. A ἐκλήθη [B ἐπωνόμασαν] τὸ ὄνομα τοῦ τόπου ἐκείνου (9 a)
4. 6. ἐκάλεσε τὸν Βαράκ (9 a)
— 13. ἐκάλεσε Σισάρα πάντα τὰ ἅρματα αὐ. (6 a)
6. 24. A καὶ ἐκάλεσεν αὐτό [B ἐπεκάλ. αὐτῷ] (9 a)
— 32. καὶ ἐκάλεσεν αὐτό (9 a)
8. 1. τοῦ μὴ καλέσαι ἡμᾶς (9 a)
10. 4. ἐκάλουν [A -λεσεν] αὐτὰς ἐπαύλεις Ἰαΐρ (9 a)
12. 1. ἡμᾶς οὐ κέκληκας πορευθῆναι μετὰ σοῦ (9 a)
13. 24. ἐκάλεσε τὸ ὄνομα αὐτοῦ (9 a)
14. 15. ἢ ἐκβιάσαι ἡμᾶς κεκλήκατε [A al.] (9 a)
15. 17. ἐκάλεσε τὸν τόπον ἐκεῖνον (9 a)
— 19. ἐκλήθη τὸ ὄνομα αὐτῆς [A al.] (9 a)
16. 18. ἐκάλεσε τοὺς ἄρχοντας τῶν ἀλλοφύλων [A al.] (9 a)
— 19. ἐκάλεσεν ἄνδρα [A τὸν κουρέα] (9 a)
— 25. καλέσατε τὸν Σαμψών (9 a)
— 25. καὶ ἐκάλεσαν τὸν Σαμψών (9 a)
18. 12. ἐκλήθη ἐν [A om.] ἐκείνῳ τῷ τόπῳ (9 a)
— 29. ἐκάλεσαν τὸ ὄνομα τῆς πόλεως Δάν (9 a)
21. 13. ἐκάλεσαν αὐτοὺς εἰς εἰρήνην (9 a)
Ru. 1. 20. μὴ δὴ καλεῖτέ με Ν. καλέσατέ με Πικράν [A -ίαν] (9 a, 9 a)
— 21. ἵνα τί καλεῖτέ με Ν. (9 a)
4. 14. καὶ καλέσαι τὸ ὄνομά σου ἐν Ἰσρ. (9 b)
— 17. ἐκάλεσαν αὐτοῦ αἱ γείτονες ὄνομα (9 a)
— 17. ἐκάλεσαν τὸ ὄνομα αὐτοῦ Ὠβήδ (9 a)
I Ki. 1. 20. ἐκάλεσε τὸ ὄνομα αὐτοῦ Σαμουήλ (9 a)
3. 4. καὶ ἐκάλεσε κύριος (9 a)
— 5. ὅτι κέκληκάς με (9 a)
— 5. οὐ κέκληκά σε (9 a)
— 6. καὶ ἐκάλεσε [A add. ἔτι] (9 a)
— 6. ὅτι κέκληκάς με (9 a)
— 6. οὐ κέκληκά σε (9 a)
— 8. προσέθετο κύριος καλέσαι [A add. ἐπὶ] Σαμ. (9 a)
— 8. ὅτι κέκληκάς με (9 a)
— 8. κύριος κέκληκε τὸ παιδάριον (9 a)
— 9. ἐὰν καλέσῃ σε (9 a)
— 10. καὶ ἐκάλεσεν αὐτόν (9 a)
4. 21. καὶ ἐκάλεσε τὸ παιδάριον (9 a)
6. 2. καλοῦσιν ἀλλόφυλοι τοὺς ἱερεῖς (9 a)
7. 12. καὶ ἐκάλεσε τὸ ὄνομα αὐτοῦ (9 a)
9. 9. τὸν προφήτην ἐκάλει ὁ λαὸς ἔμπροσθεν (9 b)
— 22. ἐν πρώτοις τῶν κεκλημένων (9 a)
— 26. ἐκάλεσε Σαμ. τὸν Σαούλ (9 a)
16. 3. καὶ καλέσεις τὸν Ἰεσσαί (9 a)
— 5. ἐκάλεσεν αὐτοὺς εἰς τὴν θυσίαν (9 a)
— 8. καὶ ἐκάλεσεν Ἰ. τὸν Ἀμιν. (9 a)
19. 7. ἐκάλεσεν Ἰωνάθαν τὸν Δαυίδ (9 a)
22. 11. καλέσαι τὸν Ἀβ. (9 a)
26. 14. τίς εἶ σὺ ὁ καλῶν (9 a)
28. 15. κέκληκά σε γνωρίσαι μοι (9 a)
29. 6. ἐκάλεσεν Ἀγχοῦς τὸν Δαυίδ (9 a)
II Ki. 1. 7. καὶ ἐκάλεσέ με (9 a)
— 15. ἐκάλεσε Δ. ἓν τῶν παιδαρίων αὐτοῦ (9 a)
2. 16. ἐκλήθη τὸ ὄνομα τοῦ τόπου ἐκείνου (9 a)
— 26. ἐκάλεσεν Ἀβ. Ἰωάβ (9 a)
5. 9. ἐκλήθη αὕτη ἡ πόλις Δαυίδ (9 a)
— 20. ἐκλήθη τὸ ὄνομα τοῦ τόπου ἐκείνου (9 a)
6. 8. ἐκλήθη ὁ τόπος ἐκεῖνος (9 a)
9. 2. καλοῦσιν αὐτὸν πρὸς Δαυίδ (9 a)
— 9. ἐκάλεσεν ὁ βασ. Σιβά (9 a)
11. 13. ἐκάλεσεν αὐτὸν Δ. (9 a)
12. 24. ἐκάλεσε τὸ ὄνομα αὐτοῦ Σαλωμών (9 a)
— 25. ἐκάλεσε τὸ ὄνομα αὐτοῦ Ἰ. (9 a)
— 28. καὶ κληθῇ τὸ ὄνομά μου [A αὐτοῦ] ἐπ' αὐτήν (9 b)

II Ki. 13. 17. ἐκάλεσε τὸ παιδάριον αὐτοῦ (9 a)
— 23. ἐκάλεσεν Ἀβ. πάντας τοὺς υἱοὺς τοῦ βασ. (9 a)
14. 33. καὶ ἐκάλεσε τὸν Ἀβ. (9 a)
17. 5. καλέσατε δὴ καί γε τὸν Χ. (9 a)
18. 18. A ἐκάλεσεν τὴν στήλην ἐπὶ τῷ ὀνόματι αὐτοῦ (9 a)
— 18. ἐκάλεσε τὴν στήλην Χεὶρ Ἀβ. (9 b)
21. 2. ἐκάλεσεν ὁ βασ. Δ. τοὺς Γαβ. (9 a)
III Ki. 1. 9. ἐκάλεσε πάντας τοὺς ἀδ. αὐ. (9 a)
— 10. τὸν Σαλ. ἀδελφὸν αὐτοῦ οὐκ ἐκάλεσε (9 a)
— 19. ἐκάλεσε πάντας τοὺς υἱοὺς τοῦ βασ. (9 a)
— 19. τὸν Σαλ. τὸν δοῦλόν σου οὐκ ἐκάλεσε (9 a)
— 25. ἐκάλεσε πάντας τοὺς υἱοὺς τοῦ βασ. (9 a)
— 26. Σαλ. τὸν δοῦλόν σου οὐκ ἐκάλεσεν (9 a)
— 28. καλέσατέ μοι τὴν Βηρσαβεέ (9 a)
— 32. καλέσατέ μοι Σαδώκ (9 a)
2. 28. R Ἰωὰβ ἦν κεκληκὼς [A B -ικὼς] ὀπίσω Ἀδ. †
3. 1 (2. 36). ἐκάλεσεν ὁ βασ. τὸν Σεμ. (9 a)
— 1 (2. 42). ἐκάλεσε τὸν Σεμ. (9 a)
9. 13. ἐκάλεσεν αὐτὰς Ὅριον (9 a)
12. 3. A καὶ ἐκάλεσαν αὐτόν (9 a)
— 20. B ἐκάλεσεν [R -αν, A εἰσήγαγεν] αὐτὸν εἰς τὴν συναγωγήν (9 a)
18. 3. ἐκάλεσεν Ἀχ. τὸν Ἀβδ. (9 a)
20 (21). 12. A R ἐκάλεσαν νηστείαν (9 a)
21 (20). 7. ἐκάλεσεν ὁ βασ. Ἰσρ. πάντας τοὺς πρεσβυτέρους (9 a)
22. 9. ἐκάλεσεν ὁ βασ. Ἰσρ. εὐνοῦχον ἕνα (9 a)
— 13. ὁ πορευθεὶς καλέσαι τὸν Μ. (9 a)
IV Ki. 1. 3. ἄγγελος κυρίου ἐκάλεσεν Ἠ. (3)
— 9. ὁ βασιλεὺς ἐκάλεσέ σε (3)
3. 10, 13. κέκληκε κύριος τοὺς τρεῖς βασιλεῖς (9 a)
4. 12. κάλεσόν μοι τὴν Σ. ταύτην (9 a)
— 12. καὶ ἐκάλεσεν αὐτήν (9 a)
— 15. A κάλεσον αὐτήν (9 a)
— 15. καὶ ἐκάλεσεν αὐτήν (9 a)
— 22. ἐκάλεσε τὸν ἄνδρα αὐτῆς (9 a)
— 36. κάλεσον τὴν Σ. ταύτην (9 a)
— 36. καὶ ἐκάλεσε [A add. αὐτήν] (9 a)
6. 11. ἐκάλεσε τοὺς παῖδας αὐτοῦ (9 a)
8. 1. κέκληκε [A -ικεν] κ. λιμὸν ἐπὶ τὴν γῆν (9 a)
— 12. A ὁ κύριός μου καλεῖ [B κλαίει] †
9. 1. ἐκάλεσεν ἕνα τῶν υἱῶν τῶν προφητῶν (9 a)
10. 19. τοὺς ἱερεῖς αὐτοῦ καλέσατε πρός μέ (9 a)
12. 7 (8). ἐκάλεσεν Ἰ. ὁ βασ. Ἰ. τὸν ἱερέα (9 a)
14. 7. ἐκάλεσε τὸ ὄνομα αὐτῆς Ἰ. (9 a)
18. 4. καὶ ἐκάλεσεν αὐτὸν [A -οὺς] Ν. (9 a)
I Ch. 4. 9. ἡ μήτηρ ἐκάλεσε τὸ ὄνομα αὐτοῦ Ἰ. (9 a)
6. 65 (50). ἃς ἐκάλεσεν αὐτὰς ἐπ' ὀνόματος [B¹ om. ἐπ' ὀ.] (9 a)
7. 16, 23. καὶ ἐκάλεσε τὸ ὄνομα αὐτοῦ (9 a)
11. 7. ἐκάλεσεν αὐτὴν πόλιν Δαυίδ (9 a)
13. 11. ἐκάλεσε τὸν τόπον ἐκεῖνον (9 a)
14. 11. ἐκάλεσε τὸ ὄνομα τοῦ τόπου ἐκείνου (9 a)
15. 11. ἐκάλεσε Δ. τὸν Σαδώκ (9 a)
22. 6. ἐκάλεσε Σαλ. τὸν υἱὸν αὐτοῦ (9 a)
23. 14. ἐκλήθησαν εἰς φυλὴν τοῦ Λευί (9 b)
II Ch. 3. 17. καὶ ἐκάλεσε τὸ ὄνομα (9 a)
10. 3. A R καὶ ἐκάλεσαν [B -εν] αὐτόν (9 a)
18. 8. ἐκάλεσεν . . . εὐνοῦχον ἕνα (9 a)
— 12. ὁ πορευθεὶς τοῦ καλέσαι τὸν Μ. (9 a)
20. 26. ἐκάλεσαν τὸ ὄνομα τοῦ τόπου ἐκείνου (9 a)
24. 6. ἐκάλεσεν ὁ βασ. Ἰ. τὸν Ἰωδαέ (9 a)
I Es. 3. 7. συγγενὴς Δαρείου κληθήσεται
— 14. ἐκάλεσε πάντας τοὺς μεγιστᾶνας τῆς Π.
— 16. καλέσατε τοὺς νεανίσκους . . . καὶ ἐκλήθησαν
4. 36. πᾶσα ἡ γῆ τὴν ἀλήθειαν καλεῖ
— 42. συγγενής μου κληθήσῃ
5. 38. καὶ ἐκλήθη ἐπὶ τῷ ὀνόματι αὐτοῦ
9. 23. B οὗτος καλεῖται Σκεπαθαῖος [?, A R al.]
II Es. 2. 61. A R καὶ ἐκλήθη ἐπὶ τῷ [B ἐν] ὀνόματι αὐτῶν (9 b)
4. 18. ἐκλήθη ἔμπροσθεν ἐμοῦ (9 d)
8. 21. ἐκάλεσα ἐκεῖ νηστείαν (9 a)
Ne. 5. 12. καὶ ἐκάλεσα τοὺς ἱερεῖς (9 a)
7. 63. ἐκλήθη ἐπ' [A τῷ?] ὀνόματι αὐτῶν (9 b)
To. 1. 9. S καὶ ἐκάλεσα τὸ ὄνομα αὐτοῦ
2. 13. S καὶ ἐκάλεσα αὐτὴν καὶ εἶπα [A B al.]
4. 2. τί οὐ καλῶ Τωβίαν τὸν υἱόν μου
— 3. καλέσας αὐτὸν εἶπε [S al.]
5. 8. S κάλεσόν μοι τὸν ἄνθρωπον [A B al.]
— 9. S ὁ πατὴρ καλεῖ σε
— 9. A B ἐκάλεσεν αὐτόν
— 16. S ἐκάλεσεν τὸν υἱὸν αὐτοῦ

To. 7. 13. ἐκάλεσε Σ. τὴν θυγ. αὐτοῦ
— 14. ἐκάλεσεν Ἔδναν τὴν γυναῖκα αὐτοῦ [S *al.*]
— 16. ἐκάλεσε Ῥαγουὴλ Ἔδναν τὴν γυναῖκα αὐτοῦ
8. 9. S ἐκάλεσεν τοὺς οἰκέτας
— 11. S καὶ ἐκάλεσεν τὴν γυναῖκα αὐτοῦ
— 20. S καὶ ἐκάλεσεν Τωβείαν
9. 1. ἐκάλεσε Τωβίας τὸν Ῥαφαὴλ
— 5. S καλεῖ αὐτὸν εἰς τὸν γάμον
12. 1. ἐκάλεσε Τωβὶτ Τωβίαν
— 5. ἐκάλεσε τὸν ἄγγελον [S *al.*]
— 6. καλέσας [S ἐκάλεσεν] τοὺς δύο κρυπτῶς
14. 3. ἐκάλεσε τὸν υἱὸν αὐτοῦ
Ju. 2. 4. ἐκάλεσε Ναβ. βασ. Ἀσσ. τὸν Ὀλ.
— 14. ἐκάλεσε πάντας τοὺς δυνάστας
5. 2. ἐκάλεσε πάντας τοὺς ἄρχοντας Μ.
8. 10. ἐκάλεσεν Χαβρὶν καὶ Χαρμὶν
10. 2. ἐκάλεσε τὴν ἅβραν αὐτῆς
12. 10. οὐκ ἐκάλεσεν . . . οὐδένα τῶν πρὸς ταῖς χρείαις
14. 5. καλέσατέ μοι Ἀχ.
— 6. καὶ ἐκάλεσαν [S -εν] τὸν Ἀχ.
Es. 2. 14. ἐὰν μὴ κληθῇ ὀνόματι [A -αστί] (9 *b*)
3. 12. ἐκλήθησαν οἱ γραμματεῖς τοῦ βασ. (9 *b*)
4. 11. οὐ κέκλημαι εἰσελθεῖν πρὸς τὸν βασ. [A S *al.*] (9 *b*)
5. 10. ἐκάλεσε τους φίλους (2 *b*)
— 12. οὐ κέκληκεν ἡ βασίλισσα . . . οὐδένα [A *al.*] (2 *b*)
— 12. εἰς τὴν αὔριον κέκλημαι [A -ηκεν] (9 *a*)
6. 5. καλέσατε αὐτόν (2 *a*)
8. 9. ἐκλήθησαν δὲ οἱ γραμματεῖς (9 *b*)
9. 26. τῇ διαλέκτῳ αὐτῶν καλοῦνται Φρουραί –
Jb. 9. 16. ἐάν τε καλέσω (9 *a*)
13. 22. καλέσεις [S^1 -σῃ] ἐγὼ δέ σοι ὑπακούσομαι (9 *a*)
14. 15. εἶτα καλέσεις [A *add.* με] (9 *a*)
19. 16. θεράποντά μου ἐκάλεσα (9 *a*)
38. 34. καλέσεις δὲ νέφος φωνῇ (10)
42. 11. παρεκάλεσαν [S^1 ἐκ.] αὐτόν †
— 14. ἐκάλεσε τὴν μὲν πρώτην Ἡμέραν (9 *a*)
— 18. Ἰωβὰβ ὁ καλούμενος Ἰώβ –
Ps. 49 (50). 1. ἐκάλεσε τὴν γῆν (9 *a*)
103 (104). 5. B S^2 οὐ κλιθήσεται [S^1 κληθ., A κινηθ.] εἰς τὸν αἰ. †
104 (105). 16. ἐκάλεσε λιμὸν ἐπὶ τὴν γῆν (9 *a*)
146 (147). 4. καὶ πᾶσιν αὐτοῖς ὀνόματα καλῶν (9 *a*)
Pr. 1. 24. ἐπειδὴ ἐκάλουν (9 *a*)
16. 21. τοὺς σοφοὺς . . . φαύλους καλοῦσιν (9 *b*)
21. 24. αὐθάδης καὶ ἀλαζὼν λοιμὸς καλεῖται (11)
27. 16. ὀνόματι δὲ ἐπιδέξιος καλεῖται (9 *a*)
Ec. 6. 10. κέκληται [A -ηκεν] ὄνομα αὐ. (9 *b*)
Ca. 3. 1, 2 (A). ἐκάλεσα αὐτόν –
5. 6. ἐκάλεσα αὐτόν (9 *a*)
Wi. 11. 25. ἢ τὸ μὴ κληθὲν ὑπὸ σοῦ διετηρήθη
13. 10. οἵτινες ἐκάλεσαν θεοὺς ἔργα χειρῶν ἀνθρώπων
Si. 5. 14. μὴ κληθῇς ψίθυρος
36. 17 (14). λαὸν . . . κεκλημένον ἐπ' ὀνόματί σου
Ho. 1. 4. κάλεσον τὸ ὄνομα αὐτοῦ Ἰ. (9 *a*)
— 6. κάλεσον τὸ ὄνομα αὐτῆς Οὐκ ἠλεημένη (9 *a*)
— 9. κάλεσον τὸ ὄνομα αὐτοῦ Οὐ λαός μου (9 *a*)
— 10 (2. 1). κληθήσονται καὶ αὐτοὶ υἱοὶ θεοῦ ζῶντος [A *al.*] (1 *a*)
2. 16 (18). καλέσει με Ὁ ἀνήρ μου καὶ οὐ καλέσει με ἔτι B. (9 *a*, 9 *a*)
11. 12 (12. 1). καὶ λαὸς ἅγιος κεκλήσεται [A κληθήσ.] θεοῦ †
Am. 5. 16. κληθήσεται γεωργὸς εἰς πένθος (9 *a*)
7. 4. ἰδοὺ ἐκάλεσε τὴν δίκην ἐν πυρὶ κύριος (9 *a*)
Za. 8. 3. κληθήσεται Ἱερ. πόλις ἀληθινή (9 *b*)
11. 7. τὴν μὲν μίαν ἐκάλεσα Κάλλος καὶ τὴν ἑτέραν ἐκάλεσα Σχοίνισμα (9 *a*, 9 *a*)
Is. 1. 26. κληθήσῃ πόλις δικαιοσύνης (9 *b*)
4. 1. τὸ ὄνομα τὸ σὸν κεκλήσθω ἐφ' ἡμᾶς (9 *b*)
— 3. ἅγιοι κληθήσονται πάντες οἱ γραφέντες εἰς ζωήν (1 *a*)
7. 14. καλέσεις [S -σει] τὸ ὄνομα αὐτοῦ Ἐ. (9 *a*)
8. 3. κάλεσον τὸ ὄνομα αὐ. Ταχέως σκύλευσον (9 *a*)
— 4. πρὶν ἢ γνῶναι τὸ παιδίον κ. πατέρα (9 *a*)
9. 6 (5). καλεῖται [A -έσει] τὸ ὄνομα αὐτοῦ (9 *b*)
13. 19. ἣ καλεῖται ἔνδοξος –
19. 18. πόλις ἀσεδὲκ κληθήσεται ἡ μία πόλις [S^1 *al.*] (1 *a*)
21. 8. κάλεσον Οὐρίαν εἰς τὴν σκοπιάν (9 *a*)
— 11. πρὸς ἐμὲ κάλει [? -εῖ, A -εῖτε] παρὰ τοῦ Σηείρ (9 *a*)
Is. 22. 12. ἐκάλεσε κύριος κύριος σαβαὼθ . . . κλαυθμόν (9 *a*)
— 20. καλέσω τὸν παῖδά μου Ἐλιακείμ (9 *a*)
35. 8. ὁδὸς ἁγία κληθήσεται (9 *b*)
40. 26. πάντας [A -τα] ἐπ' ὀνόματι καλέσει (9 *a*)
41. 2. ἐκάλεσεν αὐτὴν κατὰ πόδας αὐτοῦ (9 *a*)
— 4. ἐκάλεσεν αὐτὴν ὁ καλῶν αὐτὴν ἀπὸ γενεῶν ἀρχῆς (–, 9 *a*)
— 9. ἐκ τῶν σκοπιῶν αὐτῆς ἐκάλεσά σε (9 *a*)
— 25. κληθήσονται [A κλήσ.] τῷ ὀνόματί μου (9 *a*)
42. 6. ἐκάλεσά σε ἐν δικαιοσύνῃ (9 *a*)
43. 1. ἐκάλεσά σε τὸ ὄνομά σου (9 *a*)
— 22. οὐ νῦν ἐκάλεσά σε, Ἰακώβ (9 *a*)
44. 7. στήτω καὶ καλεσάτω [S *al.*] (9 *a*)
45. 3. ἐγὼ κύριος ὁ θεὸς ὁ καλῶν τὸ ὄν. σου (9 *a*)
— 4. S^1 R ἐγὼ καλέσω σε τῷ ὀνόματί σου [A B S^3 μου] (9 *a*)
46. 11. καλῶν ἀπ' ἀνατολῶν πετεινόν (9 *a*)
47. 1. οὐκέτι προστεθήσῃ κληθῆναι ἁπαλή (9 *a*)
— 5. οὐκέτι μὴ κληθήσῃ [S -θῇς] ἰσχὺς βασιλείας (9 *a*)
48. 1. οἱ κεκλημένοι ἐπὶ [A S^2 *om.*] τῷ ὀνόματι Ἰσραήλ (9 *b*)
— 8. ἄνομος ἔτι ἐκ κοιλίας κληθήσῃ (9 *c*)
— 12. Ἰσραὴλ ὃν ἐγὼ καλῶ (9 *c*)
— 13. καλέσω αὐτούς (9 *a*)
— 15. ἐγὼ ἐλάλησα ἐγὼ ἐκάλεσα (9 *a*)
49. 1. ἐκ κοιλίας μητρός μου ἐκάλεσε τὸ ὄνομά μου (5)
— 6. μέγα σοί ἐστι τοῦ [S^1 τὸ] κληθῆναί σε παῖδά μου (4)
50. 2. ἐκάλεσα καὶ οὐκ ἦν ὁ ὑπακούων [A S^1 *al.*] (9 *a*)
51. 2. ἐκάλεσα αὐτόν (9 *a*)
54. 5. θεὸς Ἰσραὴλ πάσῃ τῇ γῇ κληθήσεται (9 *b*)
— 6. κέκληκέ σε ὁ κύριος (9 *a*)
56. 7. ὁ γὰρ οἶκός μου οἶκος προσευχῆς κληθήσεται πᾶσι τοῖς ἔθνεσι (9 *b*)
58. 5. οὐδ' οὕτω καλέσετε νηστείαν δεκτήν (9 *a*)
— 12. κληθήσῃ οἰκοδόμος φραγμῶν (9 *c*)
— 13. καλέσεις τὰ σάββατα τρυφερά (9 *a*)
60. 14. κληθήσῃ Πόλις κυρίου Σιών (9 *a*)
— 18. κληθήσεται [S -σονται] Σωτήριον τὰ τείχη σου (9 *a*)
61. 2. καλέσαι ἐνιαυτὸν κυρίου δεκτόν (9 *a*)
— 3. κληθήσονται γενεαὶ δικαιοσύνης (9 *c*)
— 6. ἱερεῖς κυρίου κληθήσεσθε (1 *a*)
62. 2. καλέσει σε τὸ ὄνομα τὸ καινόν (9 *c*)
— 4. οὐκέτι κληθήσῃ [S^1 κληρονομηθ.] Καταλελειμμένη καὶ ἡ γῆ σου οὐ κληθήσεται ἔτι Ἔρημος σοὶ γὰρ κληθήσεται [S^2 -σῃ] Θέλημα ἐμόν (1 *a*, 1 *a*, 9 *b*)
— 12. καλέσει αὐτὸν Λαὸν ἅγιον . . . σὺ δὲ κληθήσῃ [S^1 συνεκλήθη] Ἐπιζητουμένη πόλις (9 *a*, 9 *b*)
63. 19. οὐδὲ ἐκλήθη [A ἐνεκλ.] τὸ ὄνομά σου ἐφ' ἡμᾶς (9 *b*)
65. 1. τῷ ἔθνει οἳ οὐκ ἐκάλεσάν μου τὸ ὄνομα (9 *c*)
— 12. ἐκάλεσα ὑμᾶς καὶ οὐχ ὑπηκούσατε (9 *a*)
— 15. τοῖς δὲ δουλεύουσί μοι [A αὐτῷ] κληθήσεται ὄνομα καινόν (9 *a*)
66. 4. ἐκάλεσα αὐτούς (9 *a*)
Je. 3. 4. οὐχ ὡς οἶκόν με ἐκάλεσας (9 *a*)
— 17. καλέσουσι τὴν Ἱερουσαλὴμ Θρόνος κυρίου (9 *a*)
— 19. πάτερα καλέσετέ με [A S^1 *al.*] (9 *a*)
6. 30. ἀργύριον ἀποδεδοκιμασμένον καλέσατε αὐτούς (9 *a*)
7. 13. ἐκάλεσα ὑμᾶς καὶ οὐκ ἀπεκρίθητε (9 *a*)
9. 17 (16). καλέσατε τὰς θρηνούσας (9 *a*)
11. 16. ἐλαίαν ὡραίαν εὔσκιον τῷ εἴδει ἐκάλεσε [S *add.* σε] κύριος τὸ ὄνομά σου (9 *a*)
19. 6. οὐ κληθήσεται τῷ τόπῳ τούτῳ ἔτι Διάπτωσις [A B^1 *al.*] (9 *b*)
20. 3. οὐχὶ Πασχὼρ ἐκάλεσε κύριος τὸ ὄνομά σου (9 *a*)
23. 6. ὃ καλέσει αὐτὸν κύριος (9 *a*)
26 (46). 17. καλέσατε τὸ ὄνομα Φαραὼ Νεχαώ (9 *a*)
— 19. κληθήσεται Οὐαί †
30. 7 (49. 29). καλέσατε ἐπ' [A *om.*] αὐτοὺς ἀπώλειαν κυκλόθεν (9 *a*)
32 (25). 29. μάχαιραν ἐγὼ καλῶ [A -λέσω] ἐπὶ τοὺς καθημένους ἐπὶ τῆς γῆς (9 *a*)
37 (30). 17. ἐσπαρμένη ἐκλήθης (9 *a*)
41 (34). 8. τοῦ καλέσαι ἄφεσιν (9 *a*)
— 15. τοῦ καλέσαι ἄφεσιν ἕκαστον τοῦ [A -ος τῷ] πλησίον αὐτοῦ (9 *a*)
Je. 41. 17. οὐκ ἠκούσατέ μου τοῦ [A S *om.*] καλέσαι ἄφεσιν . . . ἰδοὺ ἐγὼ καλῶ ἄφεσιν ὑμῖν (9 *a*, 9 *a*)
42 (35). 2. A κάλεσον αὐτούς (3)
43 (36). 4. ἐκάλεσεν Ἱερεμίας τὸν Βαρούχ (9 *a*)
44 (37). 17. ἐκάλεσεν αὐτόν (7)
45 (38). 14. ἐκάλεσεν αὐτὸν πρὸς ἑαυτόν (7)
49 (42). 8. ἐκάλεσε τὸν Ἰωάναν (9 *a*)
Ba. 3. 33. ἐκάλεσεν αὐτό
— 34. ἐκάλεσεν αὐτούς
5. 4. κληθήσεται γάρ σου τὸ ὄνομα
La. 1. 15. ἐκάλεσεν ἐπ' ἐμὲ καιρόν (9 *a*)
— 19. ἐκάλεσα τοὺς ἐραστάς μου (9 *a*)
— 21. ἐκάλεσας καιρόν (9 *a*)
2. 22. ἐκάλεσεν ἡμέραν ἑορτῆς παροικίας μου κυκλόθεν (9 *a*)
4. 15. καλέσατε αὐτούς (9 *a*)
Ep. Je. 30. πόθεν γὰρ κληθείησαν [A -θήσονται] θεοί
Ez. 8. 18. A καλέσουσιν ἐν τοῖς ὠσίν μου (9 *a*)
9. 3. ἐκάλεσε τὸν ἄνδρα τὸν ἐνδεδυκότα τὸν ποδήρη (9 *a*)
36. 29. καλέσω τὸν σῖτον (9 *a*)
38. 21. καλέσω ἐπ' αὐτό [A *al.*] (9 *a*)
39. 11. κληθήσεται τότε [A τὸ γαὶ] Τὸ πολυάνδριον τοῦ Γώγ (9 *a*)
Da. LXX. Su. 29. οἱ δὲ εὐθέως ἐκάλεσαν αὐτήν
— 52. ἐκάλεσε τὸν ἕνα αὐτῶν
3. 26 (93). ἐκάλεσεν αὐτοὺς ἐξ ὀνόματος (1 *b*)
4. 15. ἐκάλεσα τὸν Δαν. τὸν ἄρχοντα τῶν σοφιστῶν –
— 27. οἶκος βασιλείας μου . . . κληθήσεται –
— 32. ἄγγελος εἰς ἐκάλεσέ με ἐκ τοῦ οὐρανοῦ –
5. 1. ἐκάλεσεν ἄνδρας δισχιλίους –
— 7. καλέσαι τοὺς ἐπαοιδούς (8)
— 10. ὁ βασιλεὺς ἐκάλεσε τὴν βασίλισσαν †
6. 20 (21). ἐκάλεσε τὸν Δαν. φωνῇ μεγάλῃ (6 *b*)
8. 16. καὶ ἐκάλεσε καὶ εἶπεν (9 *a*)
Bel 7. ἐκάλεσε τοὺς προεστηκότας τοῦ ἱεροῦ
— 29. ἐκάλεσε τοὺς συμβιωτὰς αὐτοῦ
Da. TH. Su. 52. ἐκάλεσε τὸν ἕνα αὐτῶν
2. 2. εἶπεν ὁ βασ. καλέσαι τοὺς ἐπαοιδούς (9 *a*)
5. 12. νῦν οὖν κληθήτω (9 *e*)
8. 16. καὶ ἐκάλεσε καὶ εἶπε (9 *a*)
Bel 8. ἐκάλεσε τοὺς ἱερεῖς αὐτοῦ
I Ma. 1. 6. ἐκάλεσε τοὺς παῖδας αὐτοῦ
2. 3. A R Σίμων ὁ [S *om.*] καλούμενος Θασσί
— 4. A S Ἰούδας ὁ καλούμενος [R ἐπικαλ.] Μακκαβαῖος
— 5. A S Ἐλεάζαρ ὁ [S *om.*] καλούμενος [R ἐπικαλ.] Αὐαρὰν Ἰωνάθαν ὁ καλούμενος [R ἐπικαλ.] Ἀπφοῦς
3. 1. Ἰούδας ὁ καλούμενος Μακκαβαῖος
6. 10. ἐκάλεσε πάντας τοὺς φίλους αὐτοῦ
— 14. καὶ ἐκάλεσε Φίλιππον
— 17. ἐκάλεσε τὸ ὄνομα αὐτοῦ Εὐπάτωρ
10. 20. A R καὶ φίλον βασιλέως καλεῖσθαι [S^1 κεῖσθαι, S *add.* σε]
11. 7. ἕως τοῦ ποταμοῦ τοῦ καλουμένου Ἐλευθέρου
— 47. ἐκάλεσεν ὁ βασ. τοὺς Ἰουδαίους
12. 31. τοὺς Ἄραβας τοὺς καλουμένους Ζαβαδαίους
— 37. A R ἐπεσκεύασεν τὸ [S τὸν] καλούμενον Χαφεναθά
16. 2. ἐκάλεσε Σίμων τοὺς δύο υἱοὺς αὐτοῦ
— 15. A R τὸ ὀχυρωμάτιον τὸ [S εἰς τὸ] καλούμ. Δώκ
II Ma. 1. 36. καλεῖται δὲ παρὰ τοῖς πολλοῖς Νεφθ.
7. 11. A ἐξ οὐρανοῦ ταῦτα κέκτημαι [R κέκτημαι]
10. 12. Πτολ. γὰρ ὁ καλούμενος Μάκρων
III Ma. 5. 26. R ἐκάλει [A ἐπικαλεῖ] πρὸς τὴν ἔξοδον
IV Ma. 3. 19. ὁ καιρὸς ἡμᾶς καλεῖ
8. 5. καὶ πλησίον καλέσας ἔφη
— 17. S βασιλέως ἡμᾶς καλοῦντος [A R παρακ.]
11. 20. ἐφ' ὃν . . . ἀδελφοὶ τοσοῦτοι κληθέντες
16. 9. οὐδὲ μάμμη κληθεῖσα μακαρισθήσομαι
— 16. ὁ ἀγὼν ἐφ' ὃν κληθέντες

[**Aq.** GE. 1. 5 *bis*, 8, 10 *bis*: 4. 26: DT. 3. 13: I KI. 9. 13, 24: II KI. 12. 25: III KI. 12. 3: IV KI. 4. 15: PS. 3. 5: 27 (28). 1: 30 (31). 18: 48 (49). 12: 49 (50). 1: 54 (55). 17: PR. 7. 4: 12. 23: 27. 16: IS. 7. 14: 9. 6 (5): 13. 3: 21. 11: 32. 5: 34. 12, 14: 40. 3: 43. 22: 46. 11: 58. 12: 65. 15: JE. 7. 27: 31 (38). 6: 33 (40). 3: 36 (43). 9: 43 (50). 10: 44 (51). 26: HO. 11. 1: ZA. 11. 7 *bis*.]

[**Sm.** GE. 1. 5 *bis*, 8, 10 *bis*: 2. 23: I KI. 9. 9: II KI. 5. 9: 12. 25: PS. 49 (50). 1: 79 (80). 19: 129 (130). 1: 146 (147). 4: PR. 27. 16: IS. 7. 14: 9. 6 (5): 21. 11: 34. 14, 15: 43.

22: 44. 5: 46. 11: 55. 6: 58. 12: 65. 15: Je. 31 (38). 6: 44 (51). 26: Ho. 11. 1: Za. 11. 7 *bis*.]
[**Th.** Ge. 1. 5 *bis*, 8, 10 *bis*: Dt. 3. 9: Jd. 2. 5: 10. 4: I Ki. 9. 24: II Ki. 12. 25: III Ki. 21. 12: Ps. 49 (50). 1: Pr. 7. 4: 12. 23: 27. 16: Is. 7. 14: 13. 3: 21. 11: 34. 12, 14: 41. 4: 43. 22: 46. 11: 58. 12, 13: Je. 33 (40). 16: 35 (42). 17: 44 (51). 26: Ez. 8. 18: Da. 8. 16: Ho. 11. 1.]
[**Al.** Ge. 31. 47 *bis*: Le. 25. 10: Nu. 16. 2: Dt. 3. 13: I Ki. 28. 15: Ps. 146 (147). 4.]
[**Quint.** IV Ki. 4. 15.]

καλιά.
[**Sm.** Ge. 6. 15 (14).]

καλλιεργεῖν.
[**Quint.** Ps. 140 (141). 7.]

καλλίκαρπος.
[**Al.** Ge. 49. 11.]

καλλιοῦσθαι. (1) טוּב (2) יָפָה
Ca. 4. 10. τί ἐκαλλιώθησαν μαστοί σου (2)
— 10. A B² S R τί ἐκαλλιώθησαν μαστοί σου (1)
[**Aq.** Ps. 44 (45). 3.]

καλλίπαις.
IV Ma. 16. 10. ὦ ἡ πολύπαις καὶ κ. ἐγὼ γυνή

καλλονή. (1) גָּאוֹן (2) תִּפְאֶרֶת
Ps. 46 (47). 4. τὴν κ. Ἰακὼβ ἣν ἠγάπησε (1)
77 (78). 61. καὶ τὴν κ. αὐ. εἰς χεῖρας ἐχθροῦ (2)
Wi. 13. 3. εἰ μὲν τῇ κ. τερπόμενοι
— 5. A R ἐκ γὰρ μεγέθους καλλονῆς [B S¹ κ. καὶ, S² καὶ κ.] κτισμάτων
Si. 6. 15. οὐκ ἔστι σταθμὸς τῆς κ. αὐτοῦ
34 (31). 23. μαρτυρία τῆς κ. αὐτοῦ πιστή
I Ma. 2. 12. ἡ κ. ἡμῶν καὶ ἡ δόξα ἡμῶν ἠρημώθη
[**Aq.** Ge. 49. 21.]
[**Sm.** Ps. 78 (79). 7.]

κάλλος. (1) הָדָר (2) *a.* חֶמֶד *b.* חֶמְדָּה (3) *a.* יָפֶה *b.* יְפִי, יֳפִי *c.* **ὡραῖος κάλλει** יָפָה pealal (4) יִפְעָה (5) מִבְחָר (6) נֹעַם (7) שֶׁפֶר (8) תִּפְאֶרֶת

Ge. 49. 21. ἐπιδιδοὺς ἐν τῷ γεννήμ. κάλλος (7)
De. 33. 17. πρωτότοκος ταύρου τὸ κ. αὐτοῦ (1)
I Ki. 16. 12: 17. 42. πυρράκης μετὰ κάλλους ὀφθαλμῶν (3 *a*)
I Es. 4. 18. γυναῖκα μίαν καλὴν τῷ εἴδει καὶ τῷ κ.
Ju. 10. 7. ἐθαύμασαν ἐπὶ τῷ κ. αὐτῆς
— 14. θαυμάσιον [A -ία] τῷ κ. σφόδρα [S *al.*]
— 19. A² B S ἐθαύμαζον ἐπὶ τῷ κ. αὐτῆς
— 23. ἐθαύμασαν πάντες ἐπὶ τῷ κ. τοῦ προσώπου
16. 7. ἀλλὰ Ἰ. . . . ἐν κάλλει προσώπου αὐτῆς
— 9. τὸ κ. αὐτῆς ᾐχμαλώτισε ψυχὴν αὐτοῦ
Es. 1. 11. δεῖξαι . . . τοῖς ἔθνεσι τὸ κ. αὐτῆς (3 *b*)
5. 1. ἀκμῇ κάλλους αὐτῆς
Ps. 29 (30). 7. παράσχου τῷ κ. μου δύναμιν †
44 (45). 2. ὡραῖος κάλλει παρὰ τοὺς υἱοὺς τῶν ἀνθρώπων (3 *c*)
— 3. τῇ ὡραιότητί σου καὶ τῷ κ. σου (1)
— 11. ἐπεθύμησεν [A S² ἐπιθυμήσει] ὁ βασιλεὺς τοῦ κ. σου (3 *b*)
Pr. 6. 25. μή σε νικήσῃ κάλλους ἐπιθυμία (3 *b*)
11. 22. οὕτως γυναικὶ κακόφρονι κάλλος (3 *a*)
31. 30. μάταιον κάλλος γυναικός (3 *b*)
Wi. 5. 16. λήψονται . . . τὸ διάδημα τοῦ κ. ἐκ χειρὸς κυρίου
8. 2. ἐραστὴς ἐγενόμην τοῦ κ. αὐτῆς
13. 3. ὁ γὰρ τοῦ κ. [S² κόσμου] γενεσιάρχης
Si. 9. 8. μὴ καταμάνθανε κάλλος ἀλλότριον
— 8. ἐν κάλλει γυναικὸς πολλοὶ ἐπλανήθησαν
11. 2. μὴ αἰνέσῃς ἄνδρα ἐν κάλλει αὐτοῦ
25. 21. A S μὴ προσπέσῃς ἐπὶ κάλλος [S² -ους] γυναικὸς καὶ γυναῖκα ἐν κάλλει [B *om.* ἐν κ.] μὴ ἐπιποθήσῃς
26. 16. κάλλος ἀγαθῆς γυναικὸς ἐν κόσμῳ οἰκίας αὐ.
— 17. κάλλος προσώπου ἐπὶ ἡλικίᾳ στασίμῃ
36. 27 (24). κάλλος γυναικὸς ἱλαρύνει πρόσωπον
40. 22. χάριν καὶ κάλλος ἐπιθυμήσει ὁ ὀφθ. σου
42. 12. παντὶ ἀνθρώπῳ μὴ ἔμβλεπε ἐν κάλλει
43. 9. κάλλος οὐρανοῦ δόξα ἄστρων
Si. 43. 18. κάλλος λευκότητος αὐτῆς ἐκθαυμάσει ὀφθαλμός
Za. 11. 7. τὴν μὲν μίαν ἐκάλεσα Κάλλος (6)
Ma. 2. 15. A οὐ κάλλος [? οὐκ ἄλλος, B S¹ οὐ καλόν, S³ οὐ καλὸς] ἐποίησε †
Is. 2. 16. ἐπὶ πᾶσαν θέαν πλοίων κάλλους (2 *b*)
37. 24. ἔκοψα . . . τὸ κ. τῆς κυπαρίσσου (5)
53. 2. οὐκ εἶχεν εἶδος οὐδὲ κ. (2 *a*)
62. 3. ἔσῃ στέφανος κάλλους ἐν χειρὶ κυρίου (8)
Ep. Je. 24. τὸ γὰρ χρυσίον ὃ περίκειται εἰς κ.
Ez. 16. 14. ἐξῆλθέ σου ὄνομα ἐν τοῖς ἔθνεσιν ἐν [A ἐπὶ] τῷ κ. σου (3 *b*)
— 15. κατεπεποίθεις ἐν [A ἐπὶ] τῷ κ. σου (3 *b*)
— 25. ἐλυμήνω τὸ κ. σου (3 *b*)
27. 3. περιέθηκα ἐμαυτῇ κ. μου (3 *b*)
— 4. τῷ Βεελεὶμ υἱοί σου περιέθηκάν σοι κ. (3 *b*)
— 11. οὗτοι ἐτελείωσάν σου τὸ κ. (3 *b*)
28. 7. ἐπὶ τὸ κ. τῆς ἐπιστήμης σου καὶ στρώσουσι τὸ κ. σου εἰς ἀπώλειαν (3 *b*, 4)
— 12. στέφανος κάλλους . . . ἐγενήθης (3 *b*)
— 17. ὑψώθη ἡ καρδία σου ἐπὶ τῷ κ. σου διεφθάρη ἡ ἐπιστήμη σου μετὰ τοῦ κ. σου (3 *b*, 4)
31. 8. οὐχ ὡμοιώθη αὐτῷ ἐν τῷ κ. αὐτοῦ (3 *b*)
Da. LXX. Su. 32. ἵνα ἐμπλησθῶσι κάλλους ἐπιθυμίας αὐτῆς
— 56. τὸ κ. σε ἠπάτησεν
Da. Th. Su. 32. ὅπως ἐμπλησθῶσι τοῦ κ. αὐτῆς
— 56. τὸ κ. ἐξηπάτησέ σε
I Ma. 1. 26. τὸ κ. τῶν γυναικῶν ἠλλοιώθη
II Ma. 9. 16. A κάλλει τοῖς [R καλλίστοις] ἀναθήμασι κοσμήσειν
IV Ma. 2. 1. πρὸς τὴν τοῦ κ. μετουσίαν ἀκυροῦνται
8. 5. καθ' ἑνὸς ἑκάστου ὑμῶν θαυμάζω τὸ κ.
[**Aq.** Ps. 44 (45). 3: 49 (50). 2: Pr. 6. 25: Is. 3. 24: 33. 17: Ez. 28. 13: Ho. 10. 11.]
[**Sm.** Ps. 26 (27). 4: 44 (45). 3: 89 (90). 17: Pr. 6. 25: Is. 33. 17: Ez. 7. 11: 27. 4: Ho. 10. 11.]
[**Th.** Pr. 6. 25: Is. 33. 17: Ez. 27. 3: 28. 13.]
[**Quint.** Ps. 44 (45). 3: Ca. 4. 1.]

κάλλυνθρον. (1) כַּף
Le. 23. 40. λήψεσθε . . . κάλλυνθρα φοινίκων (1)

καλλωπίζειν. (1) זָוִיָּה (2) *a.* יָפָה pi. *b.* יְפֵה־פִיָּה (3) עָלַף hithpa.
Ge. 38. 14. ἐκαλλωπίσατο (3)
Ju. 10. 4. καὶ ἐκαλλωπίσατο σφόδρα
Ps. 143 (144). 12. αἱ θυγατέρες αὐτῶν κεκαλλωπισμέναι (1)
Je. 10. 4. ἀργυρίῳ καὶ χρυσίῳ κεκαλλωπισμένα [S¹ κεκολαμμένα, A S *add.* ἐστὶν] ἐν σφύραις (2 *a*)
26 (46). 20. δάμαλις κεκαλλωπισμένη Αἴγυπτος (2 *b*)
[**Aq.** Ps. 44 (45). 3: Ca. 4. 10.]
[**Th.** Pr. 7. 17.]

καλλωπισμός.
[**Al.** Is. 3. 24.]
[**Heb.** Ez. 16. 7.]

καλοκἀγαθία.
IV Ma. 1. 8. S τοῦτο ἀποδείξαιμι ἀπὸ τῆς κ. [A R ἀνδραγαθίας]
— 10. τοὺς . . . ὑπὲρ τῆς κ. ἀποθανόντας
3. 18. S R τῇ κ. [A τῆς κ.] τοῦ λογισμοῦ
11. 22. καλοκἀγαθίᾳ καθωπλισμένος τεθνήξομαι
13. 25. ἡ γὰρ ὁμοζηλία τῆς κ.
15. 9. διὰ τὴν κ. τῶν υἱῶν

καλός. (1) חֲמֻדוֹת (2) *a.* טוֹב, טוֹבָה subst. *et* adj. *b.* טוֹב verb. *c.* טוֹב מַרְאֶה *d.* יָטַב hi. *e.* טוּב (3) *a.* יָפֶה *b.* יְפִי *c.* יְפַת מַרְאֶה (4) יָשָׁר (5) כָּבוֹד (6) נָאוֶה (7) *a.* נָעִים *b.* נֹעַם (8) **καλὸς εἶναι δοκεῖν** נָעֵם (9) **βουλὴ κ.** מְזִמָּה (10) **ὄνομα κ.** שֵׁם (11) **καλὸς εἶναι** יָטַב hi. (12) **καλὸν ποιεῖν, κάλλιον ποιεῖν** יָטַב hi. (13) **καλὸν ἐπιτηδεύειν** יָטַב hi. (14) **καλὸς γίνεσθαι** יָפָה (15) **καλὸς τῷ εἴδει** יָפָה

Ge. 1. 4. εἶδεν ὁ θεὸς τὸ φῶς ὅτι καλόν (2 *a*)
Ge. 1. 8. εἶδεν ὁ θεὸς ὅτι καλόν –
— 10, 12, 18. εἶδεν ὁ θεὸς ὅτι καλόν (2 *a*)
— 21, 25. εἶδεν ὁ θεὸς ὅτι καλά (2 *a*)
— 31. ἰδοὺ καλὰ λίαν (2 *a*)
2. 9. ξύλον . . . καλὸν εἰς βρῶσιν (2 *a*)
— 9. τοῦ εἰδέναι γνωστὸν καλοῦ καὶ πονηροῦ (2 *a*)
— 12. τὸ δὲ χρυσίον τῆς γῆς ἐκείνης καλόν (2 *a*)
— 17. τοῦ γινώσκειν καλὸν καὶ πονηρόν (2 *a*)
— 18. οὐ καλὸν εἶναι τὸν ἄνθρωπον μόνον (2 *a*)
3. 5. γινώσκοντες καλὸν καὶ πονηρόν (2 *a*)
— 6. καλὸν τὸ ξύλον εἰς βρῶσιν (2 *a*)
— 22. τοῦ γινώσκειν καλὸν καὶ πονηρόν (2 *a*)
6. 2. ἰδόντες . . . τὰς θυγατέρας . . . ὅτι καλαί εἰσιν (2 *a*)
12. 14. ἰδόντες . . . τὴν γυναῖκα αὐ. ὅτι καλὴ ἦν (3 *a*)
15. 15. τραφεὶς ἐν γήρᾳ καλῷ (2 *a*)
18. 7. ἁπαλὸν μοσχάριον καὶ καλόν (2 *a*)
24. 16. ἦν καλὴ τῇ ὄψει σφόδρα (2 *a*)
— 50. R ἀντειπεῖν κακὸν ἢ καλόν [A κακὸν καλῷ] (2 *a*)
25. 8. ἀπέθανεν Ἀ. ἐν γήρᾳ καλῷ (2 *a*)
27. 9. δύο ἐρίφους ἁπαλοὺς καὶ καλούς (2 *a*)
— 15. τὴν στολὴν Ἡσαῦ . . . τὴν κ. (1)
29. 17. Ῥαχὴλ δὲ ἦν καλὴ τῷ εἴδει (3 *a*)
30. 20. δεδώρηται ὁ θεός μοι δῶρον καλόν (2 *a*)
39. 6. ἦν Ἰωσὴφ καλὸς τῷ εἴδει (3 *a*)
41. 2. ἑπτὰ βόες καλαὶ τῷ εἴδει (3 *a*)
— 4. τὰς ἑπτὰ βόας τὰς κ. τῷ εἴδει (3 *a*)
— 5. ἑπτὰ στάχυες . . . ἐκλεκτοὶ καὶ καλοί (2 *a*)
— 18. ἑπτὰ βόες καλαὶ τῷ εἴδει (3 *a*)
— 20. τὰς ἑπτὰ βόας τὰς πρώτας τὰς κ. –
— 22. ἑπτὰ στάχυες . . . πλήρεις καὶ καλοί (2 *a*)
— 24. τοὺς ἑπτὰ στάχυας τοὺς κ. (2 *a*)
— 26. αἱ ἑπτὰ βόες αἱ κ. (2 *a*)
— 26. οἱ ἑπτὰ στάχυες οἱ κ. (2 *a*)
— 35. τῶν ἑπτὰ ἐτῶν . . . τῶν κ. τούτων (2 *a*)
44. 4. τί ὅτι ἀνταπεδώκατε [A ἀ. μοι] πονηρὰ ἀντὶ καλῶν (2 *a*)
49. 14. Ἰσσάχαρ τὸ κ. ἐπεθύμησεν †
— 15. ἰδὼν τὴν ἀνάπαυσιν ὅτι καλή (2 *a*)
Le. 27. 10. οὐκ ἀλλάξει αὐτὸ καλὸν πονηρῷ οὐδὲ πονηρὸν καλῷ (2 *a*, 2 *a*)
— 12. ἀνὰ μέσον καλοῦ καὶ ἀνὰ μέσον πονηροῦ (2 *a*)
— 14. ἀνὰ μέσον καλῆς καὶ ἀνὰ μέσον πονηρᾶς (2 *a*)
— 33. R οὐκ ἀλλάξεις καλὸν πονηρῷ οὐδὲ πονηρὸν καλῷ [A B *om.* οὐδὲ π. κ.] (2 *a*, –)
Nu. 10. 29. κύριος ἐλάλησε καλὰ περὶ Ἰσραήλ (2 *a*)
11. 18. καλὸν ἡμῖν ἐστιν ἐν Αἰγύπτῳ (2 *a*)
13. 20 (19). ἡ [A εἰ] καλή ἐστιν ἢ πονηρά (2 *a*)
24. 1. A R καλόν ἐστιν ἐναντίον [B -τι] κυρίου (2 *a*)
— 5. ὡς καλοὶ οἱ οἶκοί σου, Ἰακώβ (2 *b*)
— 13. ποιῆσαι αὐτὸ κ. ἢ πονηρόν (2 *a*)
De. 1. 14. κ. τὸ ῥῆμα ὃ ἐλάλησας ποιῆσαι (2 *a*)
6. 10. δοῦναί σοι πόλεις μεγάλας καὶ κ. (2 *a*)
— 18. ποιήσεις τὸ ἀρεστὸν καὶ τὸ κ. [A κ. καὶ τὸ ἀ.] (2 *a* [4])
8. 12. οἰκίας κ. οἰκοδομήσας (2 *a*)
12. 25. ἐὰν ποιήσῃς τὸ κ. καὶ τὸ ἀρεστόν (4 ?)
— 28. ἐὰν ποιήσῃς τὸ κ. καὶ τὸ ἀρεστόν (2 *a*)
13. 18 (19). ποιεῖν τὸ ἀρεστὸν καὶ τὸ κ. (4 ?)
21. 9. ἐὰν ποιήσῃς τὸ κ. καὶ τὸ ἀρεστόν (4)
— 11. γυναῖκα κ. τῷ εἴδει (3 *a*)
Jo. 7. 21. A εἶδον ἐν τῇ προνομῇ ψιλὴν ποικίλην κ. [B *om.*] (2 *a*)
21. 43. οὐ διέπεσεν ἀπὸ πάντων τῶν ῥημάτων τῶν κ. (2 *a*)
23. 15. πάντα τὰ ῥήματα τὰ κ. [A¹ κακά] (2 *a*)
I Ki. 25. 3. A καὶ καλὴ [B ἀγαθὴ] τῷ εἴδει σφόδρα (3 *a*)
II Ki. 11. 2. ἡ γυνὴ κ. τῷ εἴδει σφόδρα (2 *a*)
13. 1. ἀδελφὴ κ. τῷ εἴδει σφόδρα (15)
14. 25. A οὐκ ἦν ἀνὴρ κ. [B *om.*] ἐν παντὶ Ἰσρ. (3 *a*)
— 27. αὕτη ἦν [A ἡ] γυνὴ κ. σφόδρα (3 *c*)
19. 27 (28). ὁ κύριός μου ὁ βασ. ἐποίησεν τὸ κ. –
III Ki. 1. 3. ἐζήτησαν νεάνιδα κ. (3 *a*)
— 4. καὶ ἡ νεᾶνις κ. ἕως σφόδρα (3 *a*)
12. 24 (B *cf.* A 14. 13). εὑρέθη ἐν αὐτῷ ῥῆμα κ. (2 *a* ?)
14. 13. A εὑρέθη ἐν αὐτῷ ῥῆμα κ. (2 *a*)
18. 24. κ. τὸ ῥῆμα ὃ ἐλάλησας (2 *a*)
21 (20). 3. A τὰ τέκνα σου τὰ κ. [B *om.* τ. κ.] ἐμά ἐστι (2 *a*)
22. 8. οὐ λαλεῖ περὶ ἐμοῦ καλά (2 *a*)
— 13. λαλοῦσι πάντες οἱ προφῆται . . . καλά (2 *a*)
— 13. καὶ λάλησον καλά (2 *a*)
— 18. οὐ προφητεύει οὗτός μοι καλά (2 *a*)

I Ch. 29. 28. ἐτελεύτησεν ἐν γήρει κ. (2 a)
II Ch. 14. 2 (1). ἐποίησε τὸ κ. (2 a)
31. 20. καὶ ἐποίησε τὸ κ. (2 a)
I Es. 4. 18. γυναῖκα μίαν κ. τῷ εἴδει
To. 2. 1. ἐγενήθη ἄριστον καλόν μοι
5. 13. σὺ τυγχάνεις ἀδελφός μου ἐκ τῆς κ. καὶ ἀγαθῆς γενεᾶς
— 13. ἐκ ῥίζης κ. [A μεγάλης, S ἀγαθῆς] εἶ
6. 12. τὸ κοράσιον κ. καὶ φρόνιμόν ἐστι
— 12. S καὶ ὁ πατὴρ αὐτῆς κ.
7. 7. ὁ τοῦ κ. καὶ ἀγαθοῦ ἀνθρώπου υἱός [S *al.*]
— 12. ὁ δὲ ἐλεήμων θεὸς εὐοδώσει ὑμῖν τὰ κάλλιστα [S *al.*]
8. 6. οὐ καλὸν εἶναι τὸν ἄνθρωπον μόνον
9. 6. S καλὲ καὶ ἀγαθὲ ἀνδρὸς κ. καὶ ἀγαθοῦ
10. 13. ἀκούσαιμί σου ἀκοὴν κ. [S ἀγαθήν]
12. 7. μυστήριον βασιλέως καλὸν κρύψαι
— 8. καλὸν ποιῆσαι ἐλεημοσύνην
— 11. μυστήριον βασιλέως κρύψαι καλόν
Ju. 8. 7. καὶ ἦν καλὴ τῷ εἴδει
10. 19. οὐ [S^1 *om.*] καλόν ἐστιν [S *om.*] ὑπολείπεσθαι
11. 21. AB οὐκ ἔστι τοιαύτη γυνὴ . . . ἐν κ. προσώπῳ
12. 13. μὴ ὀκνησάτω δὴ ἡ παιδίσκη ἡ κ. αὕτη
Es. 1. 11. ὅτι καλὴ ἦν (2 c)
2. 2. κοράσια . . . καλὰ τῷ εἴδει [S^1 ἰδεῖν] (2 a)
— 3. κοράσια . . . κ. τῷ εἴδει (2 a)
— 7. ἦν τὸ κοράσιον καλὸν [S -ή] τῷ εἴδει (3 a)
8. 13. τοῦ κατευθύνοντος . . . ἐν τῇ καλλίστῃ διαθέσει
Jb. 10. 3. ἦ καλόν σοι ἐὰν ἀδικήσω [A *al.*] (2 b)
13. 9. S R καλὸν γὰρ ἐὰν [B *om.*] ἐξιχνιάσῃ ὑμᾶς [A *al.*] (2 b)
33. 31. A ἐπιστάμενοι ἐνωτίζεσθε τὸ κ. –
34. 2. A S^2 ἐπιστάμενοι ἐνωτίζεσθε τὸ κ. [B S^1 *om.* τὸ κ.] –
— 4. γνῶμεν ἀνὰ μέσον ἑαυτῶν ὅτι [A τί] καλόν (2 a)
Ps. 34 (35). 12. ἀνταπεδίδοσάν μοι πονηρὰ ἀντὶ καλῶν [A ἀγαθῶν] (2 a)
132 (133). 1. ἰδοὺ δὴ τί καλὸν ἢ τί τερπνόν (2 a)
134 (135). 3. ψάλατε τῷ ὀνόματι αὐτοῦ ὅτι καλόν [A^2 ἡδύ] (7 a)
151. 5. οἱ ἀδελφοί μου καλοὶ καὶ μεγάλοι –
Pr. 2. 10. ἡ δὲ αἴσθησις τῇ σῇ ψυχῇ καλὴ εἶναι [A^1 εἴη] δόξῃ (8)
— 11. βουλὴ καλὴ φυλάξει σε (9)
3. 4. προνοοῦ καλὰ ἐνώπιον κυρίου (2 a)
— 17. αἱ ὁδοὶ αὐτῆς ὁδοὶ καλαί (7 b)
15. 2. γλῶσσα σοφῶν καλὰ ἐπίσταται (2 d)
— 23. οὐδὲ μὴ εἴπῃ καίριόν τι καὶ καλὸν τῷ κοινῷ (2 a)
16. 2 (15. 30). θεωρῶν ὀφθαλμὸς καλὰ εὐφραίνει καρδίαν –
— 24. κηρία μέλιτος λόγοι καλοί (7 b)
17. 26. ζημιοῦν ἄνδρα δίκαιον οὐ καλόν (2 a)
18. 5. θαυμάσαι πρόσωπον ἀσεβοῦς οὐ καλόν (2 a)
20. 23. ζυγὸς δόλιος οὐ καλὸν ἐνώπιον αὐτοῦ (2 a)
22. 1. αἱρετώτερον ὄνομα καλὸν ἢ πλοῦτος πολύς (10)
— 18. ἵνα γνῷς ὅτι καλοί εἰσι (7 a)
23. 8. λυμανεῖται τοὺς λόγους σου τοὺς κ. (7 a)
24. 4. ἐμπίμπλανται ταμιεῖα ἐκ παντὸς πλούτου τιμίου καὶ καλοῦ (7 a)
— 14. ἔσται καλὴ ἡ τελευτή σου –
— 38 (23). A B αἰδεῖσθαι πρόσωπον ἐν κρίσει οὐ καλόν (2 a)
25. 27. ἐσθίειν μέλι πολὺ οὐ καλόν (2 a)
31. 11. ἡ τοιαύτη καλῶν σκύλων οὐκ ἀπορήσει –
— 18. καλόν ἐστι τὸ ἐργάζεσθαι (2 a)
Ec. 3. 11. τὰ [A S^2 *om.*] σύμπαντα ἃ [S^1 *om.*] ἐποίησε καλά (3 a)
4. 17. S οὐκ εἰσὶν εἰδότες τοῦ ποιῆσαι τὸ κ. [A B π. κακόν] †
5. 17. ἔστι καλὸν τοῦ φαγεῖν (3 a)
9. 12. B οἱ ἰχθύες οἱ θηρευόμενοι ἐν ἀμφιβλήστρῳ κ. [A S R κακῷ] †
Ca. 1. 5. μέλαινά εἰμι καὶ καλή (6)
— 8. ἐὰν μὴ γνῷς σεαυτήν, ἡ κ. ἐν γυναιξίν (3 a)
— 15. ἰδοὺ εἶ καλή, ἡ πλησίον μου, ἰδοὺ εἶ καλή (3 a, 3 a)
— 16. ἰδοὺ εἶ καλός, ἀδελφιδός μου (3 a)
2. 10, 13. ἀνάστα, ἐλθέ, ἡ πλησίον μου, καλή μου (3 a)
4. 1. ἰδοὺ εἶ καλή, ἡ πλησίον μου, ἰδοὺ εἶ καλή (3 a, 3 a)
— 7. ὅλη καλὴ εἶ, πλησίον μου (3 a)
5. 9, 17 (6. 1). ἡ καλὴ ἐν γυναιξί (3 a)
6. 3 (4). καλὴ εἶ [S *om.*], ἡ πλησίον μου (3 a)

Ca. 6. 9 (10). τίς αὕτη . . . καλὴ ὡς σελήνη (3 a)
Wi. 4. 12. βασκανία γὰρ φαυλότητος ἀμαυροῖ τὰ κ.
10. 8. ἐβλάβησαν τοῦ μὴ γνῶναι τὰ κ.
13. 7. καλὰ τὰ βλεπόμενα
14. 19. ἐξεβιάσατο τῇ τέχνῃ τὴν ὁμοιότητα ἐπὶ τὸ κάλλιον
15. 19. ὡς ἐν ζῴων ὄψει καλὰ τυγχάνει
Si. 12. 16. B^2 ἐρεῖ σοι καλὰ λέγων
13. 6. λαλήσει σοι [S *om.*] καλὰ καὶ ἐρεῖ [A -εῖς]
14. 3. ἀνδρὶ μικρολόγῳ οὐ καλὸς ὁ πλοῦτος
20. 2. ὡς καλὸν ἐλέγξαι ἢ θυμοῦσθαι
36. 23 (20). ἔστι δὲ βρῶμα βρώματος κάλλιον
37. 9. καλὴ ἡ ὁδός σου
39. 16. τὰ ἔργα κυρίου πάντα ὅτι καλὰ σφόδρα
41. 2. καλόν [S^2 ὡς κ.] σου τὸ κρίμα ἐστίν
— 12. S^2 φρόντισον περὶ ὀνόματος καλοῦ [A B S^1 *om.*]
— 16. οὐ γάρ ἐστι πᾶσαν αἰσχύνην διαφυλάξαι [S^2 ἀποκαλύψαι] καλόν
42. 6. ἐπὶ γυναικὶ πονηρᾷ καλὸν σφραγίς
46. 10. καλὸν τὸ [S *om.*] πορεύεσθαι ὀπίσω κυρίου
Ho. 4. 13. ὅτι καλὸν σκέπη (2 a)
10. 11. ἐπελεύσομαι ἐπὶ τὸ κάλλιστον τοῦ τραχήλου (2 e)
Am. 5. 14. ἐκζητήσατε τὸ κ. (2 a)
— 15. ἠγαπήκαμεν τὰ κ. [A τὸ κ.] (2 a)
8. 13. ἐκλείψουσιν αἱ παρθένοι αἱ καλαί (3 a)
Mi. 2. 7. οὐχ οἱ λόγοι αὐτοῦ εἰσι καλοὶ μετ' αὐτοῦ (11)
3. 2. μισοῦντες τὰ κ. καὶ ζητοῦντες τὰ πονηρά (2 a)
6. 8. εἰ ἀνηγγέλη σοι, ἄνθρωπε, τὸ καλόν (2 a)
Jl. 3 (4). 5. τὰ ἐπίλεκτά μου καὶ τὰ καλὰ εἰσηνέγκατε (2 a)
Jn. 4. 3. ὅτι καλὸν τὸ ἀποθανεῖν με [S^2 *add.* μᾶλλον] ἢ ζῆν με (2 a)
— 8. καὶ εἶπε, Καλόν μοι ἀποθανεῖν με ἢ ζῆν (2 a)
Na. 3. 4. πόρνη καλὴ καὶ ἐπίχαρις (2 a)
Za. 1. 13. τῷ λαλοῦντι ἐν ἐμοὶ ῥήματα καλά (2 a)
9. 17. καὶ εἴ τι καλὸν αὐτοῦ [A παρ' αὐτοῦ] (3 b)
11. 10. καὶ λήψομαι τὴν ῥάβδον μου τὴν κ. (7 b)
— 12. εἰ καλὸν ἐνώπιον ὑμῶν ἐστι (2 a)
Ma. 2. 15. καὶ οὐ καλὸν ἐποίησε [A S^3 *al.*] †
— 17. πᾶς ποιῶν πονηρὸν καλὸν ἐνώπιον κυρίου (3 a)
Is. 1. 17. μάθετε καλὸν ποιεῖν (12)
3. 25 (24). ὁ υἱός σου ὁ κάλλιστος ὃν ἀγαπᾷς (3 b ?)
5. 9. εἰς ἔρημον ἔσονται μεγάλαι καὶ καλαί (2 a)
— 20. οὐαὶ οἱ λέγοντες τὸ πονηρὸν καλὸν καὶ τὸ κ. πονηρόν (2 a, 2 a)
22. 18. θήσει τὸ ἅρμα σου τὸ καλὸν εἰς ἀτιμίαν (5)
27. 2. ἀμπελὼν καλὸς ἐπιθύμημα ἐξάρχειν κατ' αὐτῆς †
41. 7. σύμβλημα καλόν ἐστιν (2 a)
65. 2. τοῖς πορευομ. ὁδῷ οὐ καλῇ [A S *al.*] (2 a)
Je. 2. 33. τί ἔτι καλὸν ἐπιτηδεύσεις ἐν ταῖς ὁδοῖς σου (13)
4. 22. A S τὸ δὲ κ. [B -λῶς] ποιοῦντες οὐκ ἔγνωσαν [B S ποιῆσαι οὐκ ἐπέγ.] (12)
12. 6. λαλήσουσι πρὸς [A ἐπὶ] σὲ καλά (2 a)
18. 11. B S καλλίονα ποιήσετε [A R -ατε] τὰ ἐπιτηδεύματα ὑμῶν (12)
22. 15. A ποιεῖν κρίμα καὶ δικαιοσύνην καλήν [B S *om.*] (2 a)
— 17. οὐδὲ ἡ καρδία σου καλή –
47 (40). 4. εἰ καλὸν ἐναντίον σου ἐλθεῖν (2 a)
La. 4. 9. καλοὶ ἦσαν οἱ τραυματίαι ῥομφαίας (2 a)
Ez. 16. 13. ἐγένου καλὴ σφόδρα [A *add.* σφόδρα] (14)
17. 8. εἰς πεδίον καλὸν ἐφ' ὕδατι πολλῷ (2 a)
20. 25. ἔδωκα αὐτοῖς προστάγματα οὐ καλά (2 a)
24. 4. πᾶν διχοτόμημα καλόν (2 a)
31. 3. κυπάρισσος . . . κ. ταῖς παραφυάσι (3 a)
— 7. ἐγένετο κ. ἐν τῷ ὕψει αὐτοῦ (14)
34. 18. τὴν καλὴν νομὴν ἐνέμεσθε (2 a)
Da. LXX. Su. 2. καλὴ σφόδρα καὶ φοβουμένη τὸν κύριον
— 23. κάλλιον δέ με μὴ πράξασαν ἐμπεσεῖν
1. 15. ἐφάνη ἡ ὄψις αὐτῶν κ. (2 a)
Da. TH. Su. 2. καλὴ σφόδρα καὶ φοβουμένη τὸν κύριον
— 31. ἡ δὲ Σουσάννα ἦν . . . κ. τῷ εἴδει
1. 4. νεανίσκους . . . κ. [A καλοὶ] τῇ ὄψει (2 a)
I Ma. 4. 24. S R ὅτι καλὸν ὅτι [A *om.*] εἰς τὸν αἰῶνα τὸ ἔλεος αὐτοῦ
8. 8. ἀπὸ τῶν καλλίστων χωρῶν αὐτῶν
II Ma. 3. 25. καλλίστη σαγὴ διακεκοσμημένος
— 26. R κάλλιστοι δὲ τῇ δόξῃ [A τὴν γλῶσσαν]
4. 15. R τὰς δὲ Ἑλληνικὰς δόξας καλλίστας [A -οις] ἡγούμενοι

II Ma. 6. 18. τὴν πρόσοψιν τοῦ προσώπου κάλλιστος
— 23. R τῆς ἐκ παιδὸς καλλίστης ἀναστροφῆς [A ἀναστρ.]
9. 16. R καλλίστοις ἀναθήμασι κοσμήσειν [A *al.*]
12. 45. R κάλλιστον ἀποκείμενον χαριστήριον [A εὐχαρ.]
15. 12. Ὀνίαν . . . ἄνδρα κ. καὶ ἀγαθόν
— 17. τοῖς Ἰούδα λόγοις πάνυ κ.
III Ma. 3. 17. R τοῖς ἐκπρεπέσι καὶ καλλίστοις ἀναθήμασι [A ἀνθ.]
— 22. τῇ συμφύτῳ κακοηθείᾳ τὸ κ. ἀπωσάμενοι
5. 11. τὸ δὲ ἀπ' αἰῶνος χρόνου κτίσμα κ.
IV Ma. 4. 1. καλὸν καὶ ἀγαθὸν ἄνδρα
5. 7. καλλίστην τὴν τοῦδε τοῦ ζῴου σαρκοφαγίαν
8. 3. ἑπτὰ ἀδελφοὶ καλοί τε καὶ αἰδήμονες
● 11. 12. καλὰς . . . χάριτας ἡμῖν χαρίζῃ
[Aq. III Ki. 14. 13 : Ps. 47 (48). 3 : Ez. 31. 9, 16.]
[Sm. Ge. 1. 31 : 3. 23 (22) : Ex. 2. 2 : Ps. 15 (16. 6) : 44 (45). 3 : 132 (133). 2 : Pr. 11. 22 : Ec. 3. 11 : Ca. 6. 5 (6) : Is. 27. 10 : 41. 7 : Ez. 31. 16.]
[Th. Jb. 34. 4 : Pr. 11. 22 : Ez. 31. 9, 16.]
[Al. Le. 27. 33 : Ps. 132 (133). 1 : 146 (147). 1.]
[Sam. Le. 27. 14.]

κάλος. (1) מֵיתָר
Nu. 3. 37 : 4. 32. καὶ τοὺς κ. [A κλάδους] αὐτῶν (1)
[Aq. Ps. 20 (21). 13 : Is. 54. 2.]
[Sm. Is. 54. 2 : Je. 10. 20.]

καλπάζειν.
[Aq. Je. 8. 6.]

κάλπη (SR), **κάλπις** (A).
IV Ma. 3. 12. S R καὶ κάλπην [A -ιν] λαβόντες

καλύκωσις.
[Aq. Ca. 2. 1 : Is. 35. 1.]

κάλυμμα. (1) *a.* כָּסוּי *b.* מִכְסֶה (2) מַסְוֶה
(3) מָסָךְ (4) מִשְׁכָּן
Ex. 26. 14. B^1 ποιήσεις κάλυμμα [A B^2 R κατακ.] τῇ σκηνῇ (1 b)
27. 16. τῇ πύλῃ τῆς αὐλῆς κάλυμμα (3)
34. 33. ἐπέθηκεν ἐπὶ τὸ πρόσωπον αὐτοῦ κάλυμμα (2)
— 34. περιῃρεῖτο τὸ κ. (2)
— 35. περιέθηκε Μ. κάλυμμα [A τὸ κ.] (2)
39. 20 (34). B τὰ κ. δέρματα ὑακίνθινα [A R *al.*] (1 b)
40. 5. ἐπιθήσεις κάλυμμα καταπετάσματος [A *al.*] (3)
Nu. 3. 25. ἡ σκηνὴ καὶ τὸ κ. (1 b)
4. 8. καλύψουσιν αὐτὴν κ. δερματίνῳ (1 b)
— 10. ἐμβαλοῦσιν αὐτὴν . . . εἰς κ. δερμάτινον (1 b)
— 11. καλύψουσιν αὐτὸ κ. δερματίνῳ [A *al.*] (1 b)
— 12. καλύψουσιν αὐτὰ κ. δερματίνῳ [A δέρματι] (1 b)
— 14. ἐπιβαλοῦσιν ἐπ' αὐτὸ κ. δερμάτινον (1 a)
— 14. ἐμβαλοῦσιν αὐτὸ εἰς κ. δερμάτινον (1 a ?)
— 25. B καὶ τὸ κ. [A B^2 κατάκ.] αὐτῆς καὶ τὸ κ. [A R κατακαλ.] τὸ ὑακίνθινον (1 b, 1 b)
— 25. καὶ τὸ κ. [A κατακ.] τῆς θύρας (3)
— 31. A B^2 καὶ τὸ κ. [B^1 R κατακάλ.] τῆς θύρας –
I Ch. 17. 5. B ἤμην . . . ἐν καλύμματι [A S καταλύματι] (4)
I Ma. 4. 6. καλύμματα καὶ μαχαίρας οὐκ εἶχον
6. 2. A R καὶ ἐκεῖ [S ἔχει] κ. χρυσᾶ
[Aq. Ge. 8. 13 : Ca. 5. 7.]
[Sm. Ge. 8. 13 : Ca. 4. 3 : 6. 6 (7).]
[Al. Ca. 5. 7.]

κάλυξ.
Wi. 2. 8. στεψώμεθα ῥόδων κάλυξι

καλύπτειν. (1) כָּסָה *a.* ni. *b.* pi. *c.* pu.
(2) סָתַם (3) צָפָה *a.* pi. *b.* pu.
Ge. 7. 19. R ἐκάλυψε [A ἐπεκ.] πάντα τὰ ὄρη (1 c)
Ex. 8. 6 (2). ἐκάλυψε τὴν γῆν Αἰγύπτου (1 b)
10. 5. καλύψει τὴν ὄψιν τῆς γῆς (1 b)
— 15. ἐκάλυψε τὴν ὄψιν τῆς γῆς (1 b)
14. 28. ἐκάλυψε τὰ ἅρματα (1 b)

● = correction on page xxvi

Ex. 15. 5. πόντῳ ἐκάλυψεν αὐτούς (1 *b*)
— 10. ἐκάλυψεν αὐτοὺς θάλασσα (1 *b*)
16. 13. ἐκάλυψε τὴν παρεμβολήν (1 *b*)
21. 33. καὶ μὴ καλύψῃ αὐτόν (1 *b*)
24. 15. ἐκάλυψεν ἡ νεφέλη τὸ ὄρος (1 *b*)
— 16. ἐκάλυψεν αὐτὸ ἡ νεφέλη (1 *b*)
26. 13. ἵνα καλύπτῃ (1 *b*)
27. 2. καλύψεις αὐτὰ χαλκῷ (3 *a*)
28. 38 (42). καλύψαι ἀσχημοσύνην χρωτὸς αὐ. (1 *b*)
40. 34. ἐκάλυψεν ἡ νεφέλη τὴν σκηνήν (1 *b*)
Le. 3. 14. A τὸ στέαρ τὸ καλύπτον [B κατακαλ.] τὴν κοιλίαν (1 *b*)
13. 12. καὶ καλύψῃ [A -ει] ἡ λέπρα πᾶν τὸ δέρμα (1 *b*)
— 13. ἐκάλυψεν ἡ λέπρα πᾶν τὸ δέρμα (1 *b*)
16. 13. καλύψει ἡ ἀτμὶς . . . τὸ ἱλαστήριον (1 *b*)
17. 13. καὶ καλύψει αὐτὸ τῇ γῇ (1 *b*)
Nu. 4. 8. καλύψουσιν αὐτὴν καλύμματι (1 *b*)
— 9. καλύψουσι τὴν λυχνίαν τὴν φωτίζουσαν (1 *b*)
— 11. καλύψουσιν [A ἐπικ.] αὐτὸ καλύμματι (1 *b*)
— 12. καλύψουσιν αὐτὰ καλύμματι (1 *b*)
— 15. καλύπτοντες τὰ ἅγια (1 *b*)
9. 15. ἐκάλυψεν ἡ νεφέλη τὴν σκηνήν (1 *b*)
— 16. ἡ νεφέλη ἐκάλυπτεν αὐτὴν ἡμέρας (1 *b*)
16. 33. ἐκάλυψεν αὐτοὺς ἡ γῆ (1 *b*)
— 42 (17. 7). τήνδε ἐκάλυψεν αὐτὴν ἡ νεφ. (1 *b*)
22. 11. κεκάλυφεν [A ἐκάλυψεν] τὴν ὄψιν τῆς γῆς (1 *b*)
De. 23. 13 (14). καλύψεις τὴν ἀσχημοσύνην σου (1 *b*)
Jo. 24. 7. καὶ ἐκάλυψεν αὐτούς [A ἐπ' αὐ.] (1 *b*)
I Ki. 19. 13. καὶ ἐκάλυψεν αὐτὰ ἱματίῳ (1 *b*)
III Ki. 7. 41. τοῦ καλύπτειν ἀμφότερα τὰ στρεπτά (1 *b*)
Ne. 4. 5 (3. 37). μὴ καλύψῃς ἐπὶ ἀνομίαν [S -ίᾳ] (1 *b*)
Ju. 2. 7. καλύψω πᾶν τὸ πρόσωπον τῆς γῆς
— 19. καλύψαι πᾶν τὸ πρόσωπον τῆς γῆς
5. 10. ἐκάλυψε γὰρ τὸ πρόσωπον τῆς γῆς Χ. λιμός
7. 18. ἐκάλυψαν [A -εν, S ἐπεκ.] πᾶν τὸ πρόσωπον τῆς γῆς
16. 4. ἡ ἵππος αὐτῶν ἐκάλυψε βουνούς
Jb. 15. 27. ἐκάλυψε τὸ πρόσωπον αὐτοῦ ἐν στέατι αὐτοῦ (1 *b*)
21. 26. σαπρία δὲ αὐτοὺς ἐκάλυψεν (1 *b*)
22. 11. κοιμηθέντα δὲ ὕδωρ σε ἐκάλυψε (1 *b*)
23. 17. πρὸ προσώπου δέ μου ἐκάλυψε γνόφος [A *al.*] (1 *b*)
36. 30. ῥιζώματα τῆς θαλάσσης ἐκάλυψεν (1 *b*)
— 32. ἐπὶ χειρῶν ἐκάλυψε φῶς (1 *b*)
Ps. 31 (32). 5. τὴν ἀνομίαν [A S[2] ἁμαρτίαν] μου οὐκ ἐκάλυψα (1 *b*)
43 (44). 15. ἡ αἰσχύνη τοῦ προσώπου μου ἐκάλυψέ με (1 *b*)
54 (55). 5. B[2] S R ἐκάλυψέ με σκότος (1 *b*)
68 (69). 7. ἐκάλυψεν ἐντροπὴ τὸ πρόσωπόν μου (1 *b*)
77 (78). 53. τοὺς ἐχθροὺς αὐτῶν ἐκάλυψε θάλασσα (1 *b*)
79 (80). 10. ἐκάλυψεν ὄρη ἡ σκιὰ αὐτῆς (1 *c*)
84 (85). 2. ἐκάλυψας πάσας τὰς ἁμαρτίας αὐ. (1 *b*)
103 (104). 9. καλύψαι τὴν γῆν (1 *b*)
105 (106). 11. ἐκάλυψεν ὕδωρ τοὺς θλίβοντας αὐτούς (1 *b*)
— 17. ἐκάλυψεν ἐπὶ τὴν συναγωγὴν Ἀβειρών (1 *b*)
139 (140). 9. A[2] B S κόπος τῶν χειλέων αὐτῶν καλύψει αὐτούς (1 *b*)
Pr. 10. 6. στόμα δὲ ἀσεβῶν καλύψει πένθος ἄωρον (1 *b*)
— 11. στόμα δὲ ἀσεβοῦς καλύψει ἀπώλεια (1 *b*)
— 12. πάντας δὲ τοὺς μὴ φιλονεικοῦντας καλύπτει [A -ψει] φιλία (1 *b*)
— 18. καλύπτουσιν ἔχθραν χείλη δίκαια (1 *b*)
26. 23. χείλη λεῖα [S δόλια] καρδίαν καλύπτει λυπηράν (3 *b*?)
Ec. 6. 4. ἐν σκότει ὄνομα αὐτοῦ καλυφθήσεται (1 *c*)
Si. 13. 7. S καὶ καλύψει [A B καταλείψει] σε
16. 30. ψυχὴν [S -ῇ] παντὸς ζῴου ἐκάλυψε τὸ πρόσωπον αὐτῆς
23. 18. οἱ τοῖχοί με καλύπτουσι
29. 21. οἶκος καλύπτων ἀσχημοσύνην [S[2] ἀ. ἀνδρός]
37. 3. καλύψαι τὴν ξηρὰν ἐν δολιότητι
40. 27. ὑπὲρ πᾶσαν δόξαν ἐκάλυψαν [A S -εν] αὐτόν
Ho. 2. 9 (11). τοῦ μὴ καλύπτειν τὴν ἀσχημοσ. (1 *b*)
10. 8. καλύψατε ἡμᾶς (1 *b*)
Ob. 1. 10. καλύψει σε αἰσχύνη (1 *b*)
Hb. 2. 17. ἀσέβεια [S[1] -αν] τοῦ Λιβ. καλύψει σε (1 *b*)
3. 3. ἐκάλυψεν οὐρανοὺς ἡ ἀρετὴ αὐτοῦ (1 *b*)
Ma. 2. 13. ἐκαλύπτετε δάκρυσι τὸ θυσιαστήριον (1 *b*)
— 16. καλύψει ἀσέβεια ἐπὶ τὰ ἐνθυμήματά σου (1 *b*)
Is. 20. 4. B ἅμα κεκαλυμμένους [A S R ἀνακεκ.] τὴν αἰσχύνην †
60. 2. σκότος καλύψει [A -ύπτει] γῆν (1 *b*)
— 6. καλύψουσί σε κάμηλοι Μαδιάμ (1 *b*)
Ez. 7. 18. καλύψει αὐτοὺς θάμβος (1 *b*)
16. 8. ἐκάλυψα τὴν ἀσχημοσύνην σου (1 *b*)
24. 7. τοῦ καλύψαι ἐπ' αὐτὸ γῆν [A[1] *al.*] (1 *b*)
— 8. τοῦ μὴ καλύψαι αὐτό (1 *a*)
● 26. 10. A καλύψει [R κατακ.] σε ὁ κονιορτὸς αὐτῶν (1 *b*)
30. 18. ταύτην νεφέλη καλύψει (1 *b*)
32. 7. ἥλιον ἐν νεφέλῃ καλύψω (1 *b*)
38. 16. ὡς νεφέλη καλύψαι γῆν (1 *b*)
40. 43. τοῦ καλύπτεσθαι ἀπὸ τοῦ ὑετοῦ †
44. 20. καλύπτοντες καλύψουσι [A B[1] -ψωσιν] τὰς κεφαλὰς αὐτῶν †, †
Da. LXX. 12. 4. κάλυψον τὰ προστάγματα (2)
[**Aq.** Jb. 22. 11 : Is. 29. 10 : Ez. 27. 6 : 31. 15 : Ma. 2. 13.]
[**Sm.** Ps. 43 (44). 16 : 68 (69). 8 : Pr. 12. 23 : 26. 26 : Is. 30. 20 : 47. 2 : Ez. 31. 15 : Ma. 2. 13.]
[**Th.** Jb. 15. 27 : 22. 11 : Pr. 12. 16 : Ez. 31. 15 : Ma. 2. 13.]
[**Al.** III Ki. 20. 38 : Ps. 138 (139). 11 : Hb. 3. 3.]

καλυπτήρ. (1) יָעֶ (2) מִזְרָק (3) τὸν κ. ἐπιτιθέναι דִּשֵּׁן

Ex. 27. 3. τὸν κ. αὐτοῦ . . . ποιήσεις χαλκᾶ (1 ?)
Nu. 4. 13. τὸν κ. ἐπιθήσει [A -εις] ἐπὶ τὸ θυσιαστήριον (3)
— 14. τὰς φιάλας καὶ τὸν κ. (2)
[**Aq., Sm.** Ex. 26. 7.]

καλώδιον. (1) עֲבֹת

Jd. 15. 13. ἐν δυσὶ [A δύο] κ. καινοῖς (1)
— 14. ἐγενήθη τὰ κ. . . . ὡσεὶ στιππύον (1)
16. 11. ἐὰν . . . δήσωσί με ἐν κ. καινοῖς [A *al.*] (1)
— 12. ἔλαβε Δ. κ. καινά [A *al.*] (1)

καλῶς. (1) *a.* יָטַב hi. *b.* טוֹב *c.* טוֹב hi. (2) κ. ποιεῖν *a.* טוֹב hi. *b.* יָטַב hi. (3) κ. εἶναι *a.* יָטַב *b.* טוֹב

Ge. 26. 29. ἐχρησάμεθά σοι κ. (1 *b*)
32. 12 (13). A κ. [R *om.*] εὖ σε ποιήσω (1 *a*)
Le. 5. 4. κακοποιῆσαι ἢ κ. ποιῆσαι (2 *b*)
II Ki. 3. 13. ἐγὼ κ. διαθήσομαι (1 *b*)
III Ki. 2. 18. καὶ εἶπε Βηρσ., Κ. (1 *b*)
8. 18. κ. ἐποίησας (2 *a*)
IV Ki. 25. 24. καὶ κ. ἔσται ὑμῖν (3 *a*)
II Ch. 6. 8. κ. ἐποίησας ὅτι [B[1] *om.* ἐ. ὅ.] ἐγένετο (2 *a*)
I Es. 2. 20. κ. ἔχειν ὑπολαμβάνομεν
To. 4. 3. S θάψον με κ. [A B *om.*]
7. 1. S καὶ κ. ἤλθατε
14. 9. A B[3] R ἵνα σοι κ. ᾖ [B[1] ἦν]
— 10. θάψον με κ. [S *al.*]
Es. 2. 9. καὶ ἐχρήσατο αὐτῇ κ. (1 *b*)
6. 10. κ. [S[3] καθὼς] ἐλάλησας †
8. 13. κ. οὖν ποιήσετε [A -ατε, S -ητε]
Jb. 13. 9. κ. γε λαλοῦντες [B S *al.*] (1 *b* ?)
Ps. 32 (33). 3. κ. ψάλατε [S[2] ψ. αὐτῷ] ἐν ἀλαλαγμῷ (1 *a*)
127 (128). 2. μακάριος εἶ καὶ κ. σοι ἔσται (3 *b*)
Pr. 23. 24. κ. ἐκτρέφει πατὴρ δίκαιος †
24. 64 (30. 29). τέταρτον ὃ κ. διαβαίνει (1 *c*)
Wi. 8. 20. A οὐ καλῶς [B S οὐκ ἄλλως] ἔσομαι ἐγκρατής
Ho. 2. 7 (9). ὅτι καλῶς μοι ἦν τότε ἢ νῦν (3 *b*)
Mi. 1. 10. κατοικοῦσα καλῶς τὰς πόλεις αὐτῆς †
Ze. 3. 20. ὅταν καλῶς ὑμῖν ποιήσω †
Za. 8. 15. τοῦ καλῶς ποιῆσαι τὴν Ἱερουσ. (2 *b*)
Is. 23. 16. κ. κιθάρισον (1 *a*)
Je. 1. 12. A B S[2] κ. ἑώρακας (1 *a*)
● 4. 22. τὸ καλῶς ποιῆσαι οὐκ ἐπέγνωσαν [A *al.*] (2 *b*)
I Ma. 8. 23. κ. γενοίτο Ῥωμαίοις
12. 18. S R καὶ νῦν κ. ποιήσετε [A ἐποιήσατε]
— 22. κ. ποιήσετε γράφοντες ἡμῖν
II Ma. 2. 16. κ. οὖν ποιήσετε
II Ma. 3. 1. A τῶν νόμων ὅτι [R ἔτι] κάλλιστα συντηρουμένων
12. 43. πάνυ κ. καὶ ἀστείως πράττων
14. 37. ἀνὴρ . . . σφόδρα κ. ἀκούων
15. 38. R εἰ μὲν κ. καὶ εὐθίκτως τῇ συντάξει [A *al.*]
III Ma. 3. 24. τεκμηρίοις κ. πεπεισμένοι
IV Ma. 3. 20. καὶ ἔπραττον κ.
[**Aq.** Je. 7. 23 : Jn. 4. 4.]
[**Sm.** I Ki. 16. 17 : Ps. 48 (49). 19 : 127 (128). 2 : Je. 44 (51). 17.]
[**Th.** Ez. 33. 32 : Jn. 4. 4.]

κάμαξ.

II Ma. 5. 3. R καὶ καμάκων [A -των] πλήθη

καμάρα. (1) דֹּק

Is. 40. 22. ὁ στήσας ὡς καμάραν τὸν οὐρανόν (1)

κάματος.

II Ma. 5. 3. A καὶ καμάτων [R καμάκων] πλήθη

καμηλοπάρδαλις. (1) זֶמֶר

De. 14. 5. ὄρυγα καὶ καμηλοπάρδαλιν (1)

κάμηλος. (1) בֵּכֶר (2) גָּמָל

Ge. 12. 16. ἐγένοντο αὐτῷ . . . κάμηλοι (2)
24. 10. ἔλαβεν ὁ παῖς δέκα καμήλους ἀπὸ τῶν κ. τοῦ κυρίου αὐτοῦ (2, 2)
— 11. S R ἐκοίμισε [A -μησεν] τὰς κ. (2)
— 14. τὰς κ. σου ποτιῶ (2)
— 19. καὶ ταῖς κ. σου ὑδρεύσομαι (2)
— 20. ὑδρεύσατο πάσαις ταῖς κ. (2)
— 22. ἡνίκα ἐπαύσαντο πᾶσαι αἱ κ. πίνουσαι (2)
— 30. ἑστηκότος αὐτοῦ ἐπὶ τῶν κ. (2)
— 31. ἐγὼ δὲ ἡτοίμασα . . . τόπον ταῖς κ. (2)
— 32. R ἀπέσαξε [A ἐπ.] τὰς κ. (2)
— 32. ἔδωκεν ἄχυρα . . . ταῖς κ. (2)
— 35. ἔδωκεν αὐτῷ . . . καμήλους καὶ ὄνους (2)
— 44. ταῖς κ. σου ὑδρεύσομαι (2)
— 46. τὰς κ. σου ποτιῶ (2)
— 46. R τὰς κ. [A κ. μου] ἐπότισε (2)
— 61. ἐπέβησαν ἐπὶ τὰς κ. (2)
— 63. εἶδε καμήλους ἐρχομένας (2)
— 64. κατεπήδησεν ἀπὸ τῆς κ. (2)
30. 43. ἐγένετο αὐτῷ . . . κάμηλοι καὶ ὄνοι (2)
31. 17. ἔλαβε τὰς γυναῖκας . . . ἐπὶ τὰς κ. (2)
— 34. εἰς τὰ σάγματα τῆς κ. (2)
32. 7 (8). R διεῖλε . . . τὰς κ. [A *om.* τ. κ.] (2)
— 15 (16). ἐξαπέστειλεν . . . καμήλους θηλαζούσας (2)
37. 25. R αἱ [A οἱ] κ. αὐ. ἔγεμον θυμιαμάτων (2)
Ex. 9. 3. χεὶρ κυρίου ἐπέσται [A ἔσ.] ἐν . . . ταῖς [A τοῖς] κ. (2)
Le. 11. 4. τὸν κ. ὅτι ἀνάγει μηρυκισμόν (2)
De. 14. 7. ταῦτα οὐ φάγεσθε . . . τὸν κ. (2)
Jd. 6. 5. B τοῖς [A R ταῖς] κ. αὐτῶν οὐκ ἦν ἀριθμός (2)
7. 12. ταῖς κ. αὐτῶν [A *om.*] οὐκ ἦν ἀριθμός (2)
8. 21. τοὺς μηνίσκους τοὺς ἐν τοῖς τραχήλοις τῶν κ. αὐτῶν (2)
— 26. ἐν τοῖς τραχήλοις τῶν κ. αὐτῶν (2)
I Ki. 15. 3. καὶ ἀπὸ καμήλου ἕως ὄνου (2)
27. 9. καὶ ὄνους καὶ καμήλους καὶ ἱματισμόν (2)
30. 17. ἃ ἦν ἐπιβεβηκότα ἐπὶ τὰς κ. (2)
III Ki. 10. 2. καὶ κ. αἴρουσαι ἡδύσματα (2)
IV Ki. 8. 9. ἄρσιν τεσσαράκοντα καμήλων (2)
I Ch. 5. 21. τὴν ἀποσκευὴν αὐτῶν κ. πεντακισχιλίας (2)
12. 40. ἔφερον αὐτοῖς ἐπὶ τῶν κ. . . . βρώματα (2)
27. 30. ἐπὶ δὲ τῶν κ. Ἀβ. (2)
II Ch. 9. 1. καὶ κάμηλοι αἴρουσαι ἀρώματα (2)
14. 15 (14). ἔλαβον πρόβατα πολλὰ καὶ καμήλους (2)
I Es. 5. 43. κάμηλοι τετρακόσιοι τριάκοντα πέντε
II Es. 2. 67. κάμηλοι αὐτῶν τετρακόσιοι τριάκοντα πέντε (2)
Ne. 7. 69. A S κάμηλοι τετρακόσιοι τριάκοντα πέντε (2)
To. 9. 2. λάβε . . . δύο καμήλους
— 5. S οἱ τέσσαρες οἰκέται καὶ αἱ δύο κ.
10. 11. S ὄνους καὶ καμήλους
Ju. 2. 17. καὶ ἔλαβε καμήλους
Jb. 1. 3. ἦν τὰ κτήνη αὐτοῦ . . . κάμηλοι τρισχίλιαι [A -οι] (2)
— 17. ἐκύκλωσαν τὰς κ. (2)
42. 12. ἦν δὲ τὰ κτήνη αὐτοῦ . . . κάμηλοι ἑξακισχίλιαι (2)

● = correction on page xxvi

Si. 26. 29. οὐ δικαιωθήσεται κάπηλος [B^{1} κάμ.] ἀπὸ ἁμαρτίας
Za. 14. 15. αὕτη ἔσται ἡ πτῶσις . . . τῶν κ. (2)
Is. 21. 7. εἶδον . . . ἀναβάτην καμήλου (2)
30. 6. ἔφερον ἐπὶ ὄνων καὶ καμήλων τὸν πλοῦτον αὐτῶν (2)
60. 6. ἥξουσί σοι ἀγέλαι καμήλων καὶ καλύψουσί σε κάμηλοι Μαδιάμ (2, 1)
Je. 30. 7 (49. 29). καμήλους αὐτῶν λήψονται ἑαυτοῖς (2)
— 10 (49. 32). ἔσονται κάμηλοι [A οἱ κ.] αὐτῶν εἰς προνομήν (2)
Ez. 25. 5. δώσω τὴν πόλιν τοῦ 'A. εἰς νομὰς καμήλων (2)
27. 21. καμήλους καὶ ἀμνοὺς [A *om.* κ. ἀ.] καὶ κριούς (1 ?)
[Th. Is. 30. 6.]

καμιναῖος (B -μει.), **καμινιαῖος** (A^{2}). (1) כִּבְשָׁן
Ex. 9. 8. πλήρεις τὰς χεῖρας αἰθάλης καμιναίας (1)
— 10. ἔλαβε [A -βον] τὴν αἰθάλην τῆς κ. (1)

κάμινος. (1) אַתּוּן (2) דּוּד (3) כִּבְשָׁן (4) כּוּר (5) קֻבָּה
Ge. 19. 28. ὡσεὶ ἀτμὶς καμίνου (3)
Ex. 19. 18. ὡς καπνὸς καμίνου (3)
Nu. 25. 8. εἰσῆλθεν . . . εἰς τὴν κ. (5)
De. 4. 20. ἐξήγαγεν ὑμᾶς . . . ἐκ τῆς κ. τῆς σιδηρᾶς (4)
Jb. 41. 11 (12). ἐκπορεύεται καπνὸς καμίνου καιομένης (2 ?)
Pr. 16. 30. οὗτος κάμινός ἐστι κακίας [A κακῶν] –
17. 3. ὥσπερ δοκιμάζεται ἐν καμίνῳ ἄργυρος (4 ?)
Si. 2. 5. ἄνθρωποι δεκτοὶ ἐν καμίνῳ ταπεινώσεως
22. 24. πρὸ πυρὸς ἀτμὶς καμίνου καὶ καπνός
27. 5. σκεύη κεραμέως δοκιμάζει κάμινος
34 (31). 26. κάμινος δοκιμάζει στόμωμα ἐν βαφῇ
38. 28. ἐν θέρμῃ καμίνου διαμαχήσεται
— 30. ἡ ἀγρυπνία αὐτοῦ καθαρίσαι κάμινον
43. 4. A S^{2} R κάμινον φυσῶν [B S^{1} φυλάσσων] ἐν ἔργοις καύματος
Is. 48. 10. ἐξειλάμην δέ σε ἐκ καμίνου πτωχείας (4)
Je. 11. 4. ἀνήγαγον αὐτοὺς . . . ἐκ καμίνου [S^{2} τῆς κ.] τῆς σιδηρᾶς (4)
Ez. 22. 20. εἰσδέχεται . . . μόλιβος εἰς μέσον καμίνου [A *add.* πυρός] (4)
— 22. χωνεύεται ἀργύριον ἐν μέσῳ καμίνου (4)
Da. LXX. 3. 6. ἐμβαλοῦσιν αὐτὸν εἰς τὴν κ. τοῦ πυρός (1)
— 11. ἐμβληθήσεται εἰς τὴν κ. τοῦ πυρός (1)
— 15. ἐμβληθήσεσθε εἰς τὴν κ. τοῦ πυρός (1)
— 17. ἐξελέσθαι ἡμᾶς ἐκ τῆς κ. τοῦ πυρός (1)
— 19. ἐπέταξε καῆναι τὴν κ. ἑπταπλασίως (1)
— 20, 21. εἰς τὴν κ. τοῦ πυρὸς τὴν καιομ. (1)
— 22. ἡ κ. ἐξεκαύθη ὑπὲρ τὸ πρότερον ἑπταπλασίως (1)
— 23. καὶ προσαγαγόντες τῇ κ. (1 ?)
— 23. ἐξελθοῦσα ἡ φλὸξ ἐκ τῆς κ. –
— (24). ἐμβληθῆναι εἰς τὴν κ. –
— (25). ἐν μέσῳ τῷ πυρὶ ὑποκαιομένης τῆς κ. –
— (46). οὐ διέλιπον . . . καίοντες τὴν κ.
— (46). ἐνεβάλοσαν τοὺς τρεῖς . . . εἰς τὴν κ. καὶ ἡ κ. ἦν διάπυρος
— (47). διεχεῖτο ἡ φλὸξ ἐπάνω τῆς κ.
— (48). οὓς εὗρε περὶ τὴν κ. τῶν Χαλδαίων
— (49). ἄγγελος δὲ κυρίου συγκατέβη . . . εἰς τὴν κ. καὶ ἐξετίναξε τὴν φλόγα τοῦ πυρὸς ἐκ τῆς κ.
— (50). καὶ ἐποίησε τὸ μέσον τῆς κ. ὡσεὶ πνεῦμα δρόσου
— (51). ἐξύμνουν τὸν θεὸν ἐν τῇ κ.
— 26 (93). τὴν θύραν τῆς κ. καιομένης
Da. TH. 3. 6, 11. ἐμβληθήσεται εἰς τὴν κ. τοῦ πυρός (1)
— 15. ἐμβληθήσεσθε εἰς τὴν κ. τοῦ πυρός (1)
— 17. ἐξελέσθαι ἡμᾶς ἐκ τῆς κ. τοῦ πυρός (1)
— 19. εἶπεν ἐκκαῦσαι τὴν κ. ἑπταπλασίως (1)
— 20. ἐμβαλεῖν εἰς τὴν κ. τοῦ πυρός (1)
— 21. εἰς τὸ μέσον τῆς κ. τοῦ πυρός (1)
— 22. ἡ κ. ἐξεκαύθη ἐκ περισσοῦ (1)
— 23. εἰς μέσον τῆς κ. [A κ. τοῦ πυρός] (1)
— (46). οὐ διέλειπον . . . καίοντες τὴν κ.
— (47). διεχεῖτο ἡ φλὸξ ἐπάνω τῆς κ.
— (48). οὓς εὗρε περὶ τὴν κ. τῶν Χαλδαίων
— (49). ὁ δὲ ἄγγελος κυρίου συγκατέβη . . . εἰς τὴν κ.
— (49). ἐξετίναξε τὴν φλόγα τοῦ πυρὸς ἐκ τῆς κ.
Da. TH. 3. (50). καὶ ἐποίησε τὸ μέσον τῆς κ. ὡς πνεῦμα δρόσου
— (51). ηὐλόγουν τὸν θεὸν ἐν τῇ κ.
— (88). ἐκ μέσου καμίνου καιομένης φλογός [A *al.*]
— 26 (93). πρὸς τὴν θύραν τῆς κ. τοῦ πυρός (1)
III Ma. 6. 6. διάπυρον δροσίσας κάμινον
IV Ma. 13. 9. A R οἱ τῆς ἰσοπαλίδος καμίνου κατεφρόνησαν [S *al.*]
16. 3. S R ἡ [A *om.*] Μισαὴλ ἐκφλεγομένη κάμινος
— 21. εἰς κάμινον πυρὸς ἀπεσφενδονήθησαν
[Aq., Sm. Ez. 22. 18.]
[Th. Ez. 22. 18: Da. 3. 11, 23, (46).]

καμμύειν. (1) עָצַם *a.* qal. *b.* pi. (2) שָׁעַע hi.
Is. 6. 10. τοὺς ὀφθαλμοὺς ἐκάμμυσαν (2)
29. 10. καμμύσει τοὺς ὀφθαλμοὺς αὐτῶν (1 *b*)
33. 15. καμμύων τοὺς ὀφθαλμούς (1 *a*)
La. 3. 44. A R καμμύσαι [B καμβ.] με καὶ ἀπωσθῆναι †

κάμνειν. (1) קוּט ni.
Jb. 10. 1. B S^{2} κάμνων [A -ω δὲ] τῇ ψυχῇ μου (1)
17. 2. A B S^{2} λίσσομαι κάμνων †
Wi. 4. 16. κατακρινεῖ δὲ δίκαιος καμὼν [A B^{2} θανὼν] τοὺς ζῶντας ἀσεβεῖς
15. 9. ἔστιν αὐτῷ φροντὶς οὐχ ὅτι μέλλει κάμνειν
IV Ma. 3. 8. ἱδρῶν καὶ σφόδρα κεκμηκώς
7. 13. κεκμηκότων δὲ καὶ τῶν νεύρων

καμπή. (1) פִּנָּה
Ne. 3. 24. καὶ ἕως τῆς κ. Φαλάχ (1)
— 31. A S R ἕως ἀναβάσεως [B ἀνὰ μέσον] τῆς κ. (1)
[Aq. I Ki. 26. 5, 7: Pr. 2. 15, 18: 4. 11, 26: 5. 6, 21.]

κάμπη. (1) גָּזָם
Am. 4. 9. ἐλαιῶνας ὑμῶν κατέφαγεν ἡ κ. (1)
Jl. 1. 4. τὰ κατάλοιπα τῆς κ. κατέφαγεν ἡ ἀκρίς (1)
2. 25. ὧν κατέφαγεν . . . ἡ ἐρυσίβη καὶ ἡ κ. (1)

κάμπτειν. (1) בָּרַךְ (2) כָּפַף (3) כָּרַע *a.* qal. *b.* hi. (4) שָׁחַח (5) κάμπτειν τὸ γόνυ קָדַד
Jd. 5. 27. A ἐν ᾧ ἔκαμψεν [B *al.*] (3 *a*)
7. 5. A ὃς ἂν κάμψῃ [B ἐὰν κλίνῃ ἐπὶ] τὰ γόνατα (3 *a*)
— 6. A ἔκαμψαν [B ἔκλιναν] ἐπὶ τὰ γόνατα (3 *a*)
II Ki. 22. 40. κάμψεις [A -ει] τοὺς ἐπανισταμένους μοι (3 *b*)
IV Ki. 1. 13. καὶ ἔκαμψεν ἐπὶ τὰ γόνατα αὐτοῦ (3 *a*)
9. 24. ἔκαμψεν ἐπὶ τὰ γόνατα αὐτοῦ (3 *a*)
I Ch. 29. 20. κάμψαντες τὰ γόνατα (5)
II Ch. 29. 29. ἔκαμψεν ὁ βασιλεύς (3 *a*)
I Es. 8. 73. κάμψας τὰ γόνατα
Jb. 9. 13. ὑπ' αὐτοῦ ἐκάμφθησαν [A -η] κήτη τὰ ὑπ' οὐρανόν (4)
Si. 7. 23. κάμψον ἐκ νεότητος τὸν τράχηλον αὐτῶν
30. 12. R κάμψον τὸν τράχηλον αὐτοῦ ἐν νεότητι
— 35 (33. 26). ζυγὸς καὶ ἱμὰς κάμψουσι τράχηλον
38. 18. λύπη καρδίας κάμψει [S^{1} κάμπτει] ἰσχύν
— 30. πρὸ ποδῶν κάμψει ἰσχὺν αὐτοῦ
Is. 45. 24 (23). ἐμοὶ κάμψει πᾶν γόνυ (3 *a*)
58. 5. οὐδ' ἂν κάμψῃς ὡς κρίκον τὸν τράχηλόν σου (2)
Da. TH. 6. 10 (11). ἦν κάμπτων ἐπὶ τὰ γόνατα αὐτοῦ (1)
III Ma. 2. 1. κάμψας τὰ γόνατα
IV Ma. 3. 4. τὸ μὴ καμφθῆναι τῇ κακοηθείᾳ
[Aq. Ge. 49. 9: Jd. 5. 27: 7. 5: 11. 35 *bis*: I Ki. 4. 19: Ps. 16 (17). 13: 17 (18). 40: 21 (22). 30: 71 (72). 9.]
[Sm. Ge. 27. 40: Jb. 9. 13: Ps. 9. 31 (10. 10): 29 (30). 8.]
[Th. Jd. 5. 27: 7. 5: Is. 10. 4: 44. 15.]

καμπτός.
[Aq. Pr. 2. 9.]

καμπύλος. (1) לוּז ni.
Pr. 2. 15. καμπύλαι αἱ τροχιαὶ αὐτῶν (1)

καμψάκης, *vid.* καψάκης.

κάμψις.
[Aq. IV Ki. 10. 12.]

κἄν, *vid.* ἄν.

κανανί.
[Heb. Pr. 8. 22.]

κανθαρίς.
[Sm. Ho. 13. 3.]

κάνθαρος. (1) כָּפִיס
Hb. 2. 11. καὶ κάνθαρος ἐκ ξύλου φθέγξεται αὐτά (1)

κανθός.
To. 11. 13. ἐλεπίσθη ἀπὸ τῶν κ. τῶν ὀφθαλμῶν αὐτοῦ τὰ λευκώματα [S *al.*]

κανοῦν. (1) סַל
Ge. 40. 16. τρία κανᾶ χονδριτῶν (1)
— 17. R ἐν δὲ κανῷ [A τῷ κ.] τῷ ἐπάνω (1)
— 17. ἀπὸ τοῦ κ. τοῦ ἐπάνω τῆς κεφαλῆς μου (1)
— 18. τὰ τρία κ. τρεῖς ἡμέραι εἰσίν (1)
Ex. 29. 3. ἐπιθήσεις αὐτὰ [A *om.* ἐ. αὐ.] ἐπὶ κανοῦν ἕν (1)
— 3. προσοίσεις [B^{1} -σει] αὐτὰ ἐπὶ τῷ κ. (1)
— 23. λάγανον ἓν [B^{2} ἕνα] ἀπὸ τοῦ κ. τῶν ἀζύμων (1)
— 32. ἔδονται . . . τοὺς ἄρτους τοὺς ἐν τῷ κ. (1)
Le. 8. 2. καὶ τὸ κ. τῶν ἀζύμων (1)
— 25 (26). ἀπὸ τοῦ κανοῦ τῆς τελειώσεως (1)
— 31. τοὺς ἄρτους τοὺς [B^{1} *om.*] ἐν τῷ κ. (1)
Nu. 6. 15. καὶ κανοῦν ἀζύμων σεμιδάλεως (1)
— 17. ποιήσει θυσίαν . . . ἐπὶ τῷ κ. τῶν ἀζύμων (1)
— 19. ἄρτον ἕνα ἄζυμον ἀπὸ τοῦ κ. (1)
Jd. 6. 19. A ἐπέθηκεν ἐπὶ τὸ κ. [B *al.*] (1)
[Sm. Ge. 40. 16.]

κανών.
Ju. 13. 6. προσελθοῦσα τῷ κ. τῆς κλίνης
Mi. 7. 4. βαδίζων ἐπὶ κανόνος †
IV Ma. 7. 21. πρὸς ὅλον τὸν τῆς φιλοσοφίας κ.
[Aq. Jb. 38. 5: Ps. 18 (19). 5.]

κάπηλος.
Si. 26. 29. οὐ δικαιωθήσεται κάπηλος [B^{1} κάμ.] ἀπὸ ἁμαρτίας
Is. 1. 22. οἱ κ. σου μίσγουσι τὸν οἶνον ὕδατι –

καπνίζειν. (1) כָּהָה (2) *a.* עָשַׁן *b.* עָשֵׁן verb. *c.* עָשֵׁן adj.
Ge. 15. 17. ἰδοὺ κλίβανος καπνιζόμενος (2 *a*)
Ex. 19. 18. τὸ δὲ ὄρος τὸ Σ. ἐκαπνίζετο ὅλον (2 *b*)
20. 18. ὁ λαὸς ἑώρα . . . τὸ ὄρος τὸ καπνίζον (2 *c*)
To. 6. 7. B ταῦτα δὲ καπνίσαι ἐνώπιον ἀνθρώπου [A S R *al.*]
— 16. καπνίσεις καὶ ὀσφρανθήσεται τὸ δαιμόνιον [S *al.*]
8. 2. A B καὶ ἐκάπνισεν
Ps. 103 (104). 32. καὶ καπνίζονται (2 *b*)
143 (144). 5. καὶ καπνισθήσονται (2 *b*)
Wi. 10. 7. ἐπὶ μαρτύριον τῆς πονηρίας καπνιζομένη καθέστηκε χέρσος
Is. 7. 4. ἀπὸ τῶν δύο ξύλων τῶν δαλῶν τῶν καπνιζομ. τούτων (2 *c*)
42. 3. λίνον καπνιζόμενον οὐ σβέσει (1)
[Al. Ps. 143 (144). 5.]

καπνοδόχη. (1) אֲרֻבָּה
Ho. 13. 3. A ὡς ἀτμὶς ἐκ καπνοδόχης [B ἀπὸ δακρύων]
[Th. Ho. 13. 3.]

καπνός. (1) עָשָׁן
Ex. 19. 18. καὶ ἀνέβαινεν ὁ κ. (1)
— 18. ὡς καπνὸς καμίνου (1)
Jo. 8. 20. ἐθεώρουν καπνὸν ἀναβαίνοντα [A *al.*] (1)
— 21. B ἀνέβη ὁ κ. τῆς πόλεως (1)
Jd. 20. 38. σύσσημον [A πύργον τοῦ] καπνοῦ ἀπὸ τῆς πόλεως (1)
— 40. ὡς [A *om.*] στῦλος καπνοῦ (1)
II Ki. 22. 9. ἀνέβη καπνὸς ἐν τῇ ὀργῇ αὐτοῦ (1)
Jb. 41. 11 (12). ἐκ μυκτήρων αὐτοῦ ἐκπορεύεται καπνὸς καμίνου (1)
Ps. 17 (18). 8. ἀνέβη καπνὸς ἐν ὀργῇ αὐτοῦ (1)
36 (37). 20. ἐκλείποντες ὡσεὶ καπνὸς ἐξέλιπον (1)
67 (68). 2. ὡς ἐκλείπει καπνὸς ἐκλιπέτωσαν (1)
101 (102). 3. ἐξέλιπον ὡσεὶ καπνὸς αἱ ἡμέραι μου (1)
Pr. 10. 26. ὥσπερ ὄμφαξ ὀδοῦσι βλαβερὸν καὶ καπνὸς ὄμμασιν (1)

Ca. 3. 6. ὡς στελέχη καπνοῦ (1)
Wi. 2. 2. καπνὸς ἡ πνοὴ ἐν ῥισὶν ἡμῶν
5. 14. ὡς καπνὸς ὑπὸ ἀνέμου διεχύθη
11. 18. βρόμους [AS -μον] λικμωμένους καπνοῦ
Si. 22. 24. πρὸ πυρὸς ἀτμὶς καμίνου καὶ καπνός
Jl. 2. 30 (3. 3). ἐπὶ τῆς γῆς αἷμα . . . καὶ ἀτμίδα καπνοῦ (1)
Na. 2. 13 (14). καὶ ἐκκαύσω ἐν καπνῷ πλῆθός σου (1)
Is. 4. 5. καὶ ὡς καπνοῦ . . . καιομένου νυκτός (1)
6. 4. ὁ οἶκος ἐνεπλήσθη [A S ἐπλ.] καπνοῦ (1)
14. 31. ἀπὸ βορρᾶ κ. ἔρχεται (1)
34. 10. ἀναβήσεται ὁ κ. αὐτῆς ἄνω (1)
51. 6. ὁ οὐρανὸς ὡς κ. ἐστερεώθη (1)
65. 5. οὗτος κ. τοῦ θυμοῦ μου (1)
— 17. ἔσται γὰρ ὁ οὐρ. καινός [S[1] καπνός] †
Ep. Je. 21. ἀπὸ τοῦ κ. τοῦ ἐκ τῆς οἰκίας [A *al.*]
I Ma. 4. 20. ὁ γὰρ κ. ὁ θεωρούμενος
[**Aq.** Ca. 3. 6: Is. 4. 5: Ho. 13. 3.]
[**Sm.**, **Th.** Is. 4. 5.]
[**Quint.** Ps. 118 (119). 83.]

κάππαρις. (1) אֲבִיּוֹנָה
Ec. 12. 5. καὶ διασκεδασθῇ ἡ κ. (1)
[**Aq.** Ec. 12. 5.]

κάπτειν. (1) אָכַל
Da. LXX. 1. 12. ὥστε κάπτειν καὶ ὑδροποιεῖν (1)

καπυρός.
[**Sm.** Jo. 9. 5 (11).]

καραδοκεῖν.
[**Aq.** Ps. 129 (130). 5.]

καραδοκία.
[**Aq.** Ps. 38 (39). 8: Pr. 10. 28.]

καραθί.
[**Heb.** Ho. 11. 1.]

καραισείμ (A), **καρασείμ** (B), **καρησίμ** (R).
II Ch. 35. 19. καὶ τὰ κ. ἃ ἦν ἐν γῇ 'I. –

καρδία. (1) בֶּטֶן (2) דֶּרֶךְ (3) חַטָּאת (4) *a.* לֵב *b.* לֵבָב *c.* לְבַב *d.* τὰ ἀπὸ καρδίας לֵב (5) מְעִי (6) נֶפֶשׁ (7) עֹרֶף (8) קֶרֶב (9) ἐκδέχεσθαι τῇ κ. בִּין hi.

Ge. 6. 5. διανοεῖται ἐν τῇ κ. αὐτοῦ (4 *a*)
20. 5. ἐν καθαρᾷ καρδίᾳ . . . ἐποίησα τοῦτο (4 *b*)
— 6. ἐν καθαρᾷ καρδίᾳ ἐποίησας τοῦτο (4 *b*)
42. 28. ἐξέστη ἡ κ. αὐτῶν (4 *a*)
50. 21. ἐλάλησεν αὐτῶν εἰς τὴν κ. (4 *a*)
Ex. 4. 21. σκληρυνῶ τὴν κ. αὐτοῦ (4 *a*)
7. 3. σκληρυνῶ τὴν κ. Φαραώ (4 *a*)
— 13. κατίσχυσεν ἡ κ. Φαραώ (4 *a*)
— 14. βεβάρηται ἡ κ. Φαραώ (4 *a*)
— 22. AR ἐσκληρύνθη [B -ρυνεν] ἡ κ. Φαραώ (4 *a*)
8. 15 (11). ἐβαρύνθη ἡ κ. αὐτοῦ (4 *a*)
— 19 (15). ἐσκληρύνθη ἡ κ. Φαραώ (4 *a*)
— 32 (28). ἐβάρυνε Φαραὼ τὴν κ. αὐτοῦ (4 *a*)
9. 7. A[2] B ἐβαρύνθη ἡ κ. Φαραώ (4 *a*)
— 12. A[2] B ἐσκλήρυνε δὲ κύριος τὴν κ. Φαραώ (4 *a*)
— 14. ἐξαποστέλλω . . . εἰς τὴν κ. σου (4 *a*)
— 34. ἐβάρυνεν αὐτοῦ τὴν κ. (4 *a*)
— 35. ἐσκληρύνθη ἡ κ. Φαραώ (4 *a*)
10. 1. ἐσκλήρυνα [A ἐβάρυνα] αὐτοῦ τὴν κ. (4 *a*)
— 20. ἐσκλήρυνε κύριος τὴν κ. Φαραώ (4 *a*)
— 27: 11. 10. ἐσκλήρυνε δὲ κύριος τὴν κ. Φ. (4 *a*)
14. 4. σκληρυνῶ τὴν κ. Φαραώ (4 *a*)
— 5. AR μετεστράφη ἡ κ. Φ. καὶ [B *add.* ἡ κ.] τῶν θεραπόντων (4 *b*, –)
— 8. ἐσκλήρυνε κύριος τὴν κ. Φαραὼ . . . καὶ [A[2] *add.* τὴν κ.] τῶν θεραπόντων (4 *a*, –)
— 17. σκληρυνῶ τὴν κ. Φαραώ (4 *a*)
25. 2. παρὰ πάντων οἷς ἂν δόξῃ τῇ κ. (4 *a*)
31. 6. παντὶ συνετῷ καρδίᾳ δέδωκα σύνεσιν (4 *a*)
35. 5. πᾶς ὁ καταδεχόμενος τῇ καρδίᾳ (4 *a*)
— 10. πᾶς σοφὸς τῇ κ. [A διανοίᾳ] (4 *a*)
— 21. ὧν ἔφερεν ἡ κ. αὐτῶν (4 *a*)
36. 2. ᾧ ἔδωκεν ὁ θεὸς ἐπιστήμην ἐν τῇ κ. (4 *a*)
Le. 26. 36. ἐπάξω δουλείαν [A δειλίαν] εἰς τὴν κ. αὐτῶν (4 *b*)
— 41. ἐντραπήσεται ἡ κ. αὐτῶν ἡ ἀπερίτμητος (4 *b*)
Nu. 22. 38. A ὃ ἐὰν ἐμβάλῃ εἰς τὴν κ. μου [B R *al.*] †
32. 7. A ἵνα τί διαστρέφετε τὰς κ. [B διανοίας] (4 *a*)
Nu. 32. 9. ἀπέστησαν τὴν κ. τῶν υἱῶν 'Ισρ. (4 *a*)
De. 1. 28. ἀπέστησαν τὴν κ. ὑμῶν (4 *b*)
2. 30. κατίσχυσε τὴν κ. αὐτοῦ (4 *b*)
4. 9. μὴ ἀποστήτωσαν ἀπὸ τῆς κ. σου (4 *b*)
— 29. ὅταν ἐκζητήσητε αὐτὸν ἐξ ὅλης τῆς κ. σου (4 *b*)
5. 29 (26). εἶναι οὕτω τὴν κ. αὐτῶν ἐν αὐτοῖς (4 *b*)
6. 5. A ἐξ ὅλης τῆς κ. [B διανοίας] σου (4 *b*)
— 6. ἔσται τὰ ῥήματα ταῦτα . . . ἐν τῇ κ. σου (4 *b*)
— 12. A πλατυνθῇ ἡ κ. σου –
8. 2. καὶ διαγνωσθῇ τὰ ἐν τῇ κ. σου (4 *b*)
— 5. γνώσῃ τῇ κ. σου (4 *b*)
— 14. ὑψωθῇς τῇ κ. [A κ. σου] (4 *b*)
— 17: 9. 4. μὴ εἴπῃς ἐν τῇ κ. σου (4 *b*)
9. 5. διὰ τὴν ὁσιότητα τῆς κ. σου (4 *b*)
10. 12. λατρεύειν κυρίῳ . . . ἐξ ὅλης τῆς κ. σου (4 *b*)
11. 13. λατρεύειν αὐτῷ ἐξ ὅλης τῆς κ. σου (4 *b*)
— 16. μὴ πλατυνθῇ ἡ κ. σου (4 *b*)
— 18. ἐμβαλεῖτε τὰ ῥήματα ταῦτα εἰς τὴν κ. ὑμῶν (4 *b*)
12. 20. A ἐν πάσῃ ἐπιθυμίᾳ τῆς κ. [B ψυχῆς] σου (6)
13. 3 (4). εἰ ἀγαπᾶτε . . . ἐξ ὅλης τῆς κ. ὑμῶν (4 *b*)
15. 7. οὐκ ἀποστέρξεις [A -στρέψεις] τὴν κ. σου (4 *b*)
— 9. μὴ γένηται ῥῆμα κρυπτὸν ἐν τῇ κ. σου (4 *b*)
— 10. οὐ λυπηθήσῃ τῇ κ. σου (4 *b*)
17. 17. A R ἵνα μὴ μεταστῇ [B[2] οὐδὲ μεταστήσεται] αὐτοῦ ἡ κ. (4 *b*)
— 20. A R ἵνα μὴ ὑψωθῇ ἡ κ. αὐτοῦ [B σου] (4 *b*)
18. 21. ἐὰν δὲ εἴπῃς ἐν τῇ κ. σου (4 *b*)
19. 6. παρατεθέρμανται τῇ κ. [A *add.* αὐτοῦ] (4 *b*)
20. 3. μὴ ἐκλυέσθω ἡ κ. ὑμῶν (4 *b*)
— 8. καὶ δειλὸς τῇ κ. (4 *b*)
— 8. ἵνα μὴ δειλιάνῃ τὴν κ. (4 *b*)
26. 16. ποιήσετε αὐτὰ ἐξ ὅλης τῆς κ. ὑμῶν (4 *b*)
28. 47. A ἐν εὐφροσύνῃ καὶ [A[2] *add.* ἐν] ἀγαθῇ κ. [B διανοίᾳ] (4 *b*)
— 65. δώσει σοι . . . κ. ἑτέραν [A *om.*] (4 *a*)
— 67. ἀπὸ τοῦ φόβου τῆς κ. σου (4 *b*)
29. 4 (3). οὐκ ἔδωκε κύριος . . . καρδίαν εἰδέναι (4 *a*)
— 19 (18). ἐπιφημίσηται ἐν τῇ κ. αὐτοῦ (4 *b*)
— 19 (18). ἐν τῇ ἀποπλανήσει τῆς κ. μου (4 *a*)
30. 1. καὶ δέξῃ εἰς τὴν κ. σου (4 *b*)
— 2. ἐξ ὅλης τῆς κ. σου καὶ ἐξ ὅλης τῆς ψυχῆς σου (4 *b*)
— 6. περικαθαριεῖ κύριος τὴν κ. σου καὶ τὴν κ. τοῦ σπέρματός σου (4 *b*, 4 *b*)
— 6, 10. ἐξ ὅλης τῆς κ. σου καὶ ἐξ ὅλης τῆς ψυχῆς σου (4 *b*)
— 14. ἐν τῷ στόματί σου καὶ ἐν τῇ κ. σου (4 *b*)
— 17. ἐὰν μεταστῇ ἡ κ. σου (4 *b*)
32. 46. προσέχετε τῇ κ. [A *add.* ὑμῶν] (4 *b*)
Jo. 2. 11. ἐξέστημεν τῇ κ. ἡμῶν (4 *b*)
7. 5. ἐπτοήθη ἡ κ. τοῦ λαοῦ (4 *b*)
11. 20. κατισχῦσαι αὐτῶν τὴν κ. (4 *a*)
14. 8. μετέστησαν τὴν κ. [A διάνοιαν] τοῦ λαοῦ (4 *a*)
22. 5. A ἐξ ὅλης τῆς κ. [B διανοίας] ὑμῶν (4 *b*)
23. 14. γνώσεσθε τῇ κ. ὑμῶν (4 *b*)
24. 23. εὐθύνατε τὴν κ. ὑμῶν (4 *b*)
Jd. 1. 15. ἔδωκεν αὐτῇ X. κατὰ τὴν κ. αὐτῆς –
5. 9. ἡ κ. μου εἰς τὰ διατεταγμένα τῷ 'Ισρ. (4 *a*)
— 15. μεγάλοι ἐξικνούμενοι καρδίαν [A ἀκριβασμοὶ καρδίας] (4 *a*)
— 16. μεγάλοι ἐξετασμοὶ [A ἐξιχνιασμοὶ] καρδίας (4 *a*)
9. 3. ἔκλινεν ἡ [A *om.*] κ. αὐτῶν ὀπίσω 'Αβ. (4 *a*)
16. 15. ἡ κ. σου οὐκ [A *om.*] ἔστι μετ' ἐμοῦ (4 *a*)
— 17. ἀνήγγειλεν αὐτῇ πᾶσαν τὴν κ. αὐτοῦ [A ἀπ. αὐ. πάντα τὰ ἀπὸ καρδίας] (4 *a* [4 *d*])
— 18. ἀπήγγειλεν αὐτῇ πᾶσαν τὴν κ. [A ἀν. πάντα τὰ ἀπὸ καρδίας] αὐτοῦ (4 *a* [4 *d*])
— 18. ἀπήγγειλέ [A ἀν.] μοι πᾶσαν τὴν κ. [A κακίαν] αὐτοῦ (4 *a*)
— 25. ὅτε ἠγαθύνθη ἡ κ. αὐτῶν (4 *a*)
18. 20. ἠγαθύνθη ἡ κ. τοῦ ἱερέως (4 *a*)
19. 3. τοῦ λαλῆσαι ἐπὶ [A *add.* τὴν] καρδίαν αὐτῆς (4 *a*)
— 5. στήρισον τὴν κ. σου (4 *a*)
— 6. ἀγαθυνθήσεται [A -ήτω] ἡ κ. σου (4 *a*)
— 8. στήρισον δὴ τὴν κ. σου (4 *b*)
— 9. ἀγαθυνθήσεται [A -ήτω] ἡ κ. σου (4 *b*)
— 22. αὐτοὶ δὲ ἀγαθύνοντες καρδίαν [A -ων δὲ ἀγαθυνθέντων τῇ κ.] αὐτῶν (4 *a*)
Ru. 2. 13. ἐλάλησας ἐπὶ καρδίαν τῆς δούλης σου (4 *a*)
3. 7. ἠγαθύνθη ἡ κ. αὐτοῦ (4 *a*)
I Ki. 1. 8. ἵνα τί τύπτει σε ἡ κ. σου [A *al.*] (4 *b*)
I Ki. 1. 13. ἐλάλει ἐν τῇ κ. αὐτῆς (4 *a*)
2. 1. ἐστερεώθη ἡ κ. μου ἐν κυρίῳ (4 *a*)
— 35. ὃς πάντα τὰ ἐν τῇ κ. μου . . . ποιήσει (4 *b*)
4. 13. ἦν καρδία [A ἡ κ.] αὐτοῦ ἐξεστηκυῖα (4 *a*)
— 20. οὐκ ἐνόησεν ἡ κ. αὐτῆς (4 *a*)
6. 6. ἵνα τί βαρύνετε τὰς κ. ὑμῶν ὡς ἐβάρυνεν [A -ύνθη] Αἴγ. . . . τὴν κ. αὐ. (4 *b*, 4 *a*)
7. 3. εἰ ἐν ὅλῃ κ. ὑμῶν ὑμεῖς ἐπιστρέφετε (4 *b*)
— 3. ἑτοιμάσατε τὰς κ. ὑμῶν πρὸς κύριον (4 *b*)
9. 19. πάντα τὰ ἐν τῇ κ. σου ἀπαγγελῶ σοι (4 *b*)
— 20. μὴ θῇς τὴν κ. σου αὐταῖς (4 *a*)
10. 9. μετέστρεψεν αὐτῷ ὁ θεὸς κ. ἄλλην (4 *a*)
— 26. ὧν ἥψατο κύριος καρδίας αὐτῶν (4 *a*)
12. 20. B δουλεύσατε τῷ κυρίῳ ἐν ὅλῃ κ. ὑμῶν (4 *b*)
— 24. B δουλεύσατε αὐτῷ . . . ἐν ὅλῃ κ. ὑμῶν (4 *b*)
13. 14. B ἄνθρωπον κατὰ τὴν κ. αὐτοῦ (4 *b*)
14. 7. B ὃν ἐὰν ἡ κ. σου ἐκκλίνῃ (4 *b*)
— 7. B ὡς ἡ κ. σου καρδία μου (4 *b*, –)
16. 7. ὁ δὲ θεὸς ὄψεται εἰς καρδίαν (4 *b*)
17. 28. A ἐγὼ οἶδα . . . τὴν κακίαν τῆς κ. σου (4 *b*)
— 32. μὴ δὴ συμπεσέτω καρδία [A ἡ κ.] τοῦ κυρίου μου (4 *a*)
21. 12 (13). ἔθετο Δ. τὰ ῥήματα ἐν τῇ κ. αὐτοῦ (4 *b*)
24. 6. ἐπάταξε καρδία Δαυὶδ αὐτόν (4 *a*)
25. 25. μὴ δὴ θέσθω ὁ κύριός μου καρδίαν αὐτοῦ (4 *a*)
— 31. A βδελυγμὸς καὶ σκάνδαλον καρδίας [B *om.*] (4 *a*)
— 36. ἡ κ. Νάβαλ ἀγαθὴ ἐπ' αὐτόν (4 *a*)
— 37. ἐναπέθανεν ἡ κ. αὐτοῦ ἐν αὐτῷ (4 *a*)
27. 1. εἶπε Δαυὶδ ἐν τῇ κ. αὐτοῦ (4 *a*)
28. 5. ἐξέστη ἡ κ. αὐτοῦ σφόδρα (4 *a*)
29. 10. λόγον λοιμὸν μὴ θῇς ἐν καρδίᾳ σου [A *om.* ἐν κ. σ.] –
II Ki. 6. 16. ἐξουδένωσεν αὐτὸν ἐν τῇ κ. αὐτῆς (4 *a*)
7. 3. ὅσα ἂν [A *om.*] ἐν τῇ κ. σου (4 *b*)
— 21. κατὰ τὴν κ. σου ἐποίησας (4 *a*)
— 27. εὗρεν ὁ δοῦλός σου τὴν κ. ἑαυτοῦ (4 *a*)
13. 20. μὴ θῇς τὴν κ. σου (4 *a*)
— 28. ὡς ἂν ἀγαθυνθῇ ἡ κ. 'Αμ. (4 *a*)
— 33. μὴ θέσθω . . . ἐπὶ τὴν κ. αὐ. ῥῆμα (4 *a*)
14. 1. ἡ κ. τοῦ βασ. ἐπὶ 'Αβ. (4 *a*)
15. 6. ἰδιοποιεῖτο 'Αβ. τὴν κ. ἀνδρῶν 'Ισρ. (4 *a*)
— 13. ἐγενήθη ἡ κ. ἀνδρῶν 'Ισρ. ὀπίσω 'Αβ. (4 *a*)
17. 10. οὗ ἡ κ. καθὼς ἡ κ. τοῦ λέοντος (4 *a*, 4 *a*)
18. 3 *bis.* οὐ θήσουσιν ἐφ' ἡμᾶς καρδίαν (4 *a*)
— 14. ἐνέπηξεν αὐτὰ ἐν τῇ κ. [A εἰς τὴν κ.] 'Αβ. ἔτι αὐτοῦ ζῶντος ἐν τῇ κ. τῆς δρυός (4 *a*, 4 *a*)
19. 7 (8). λάλησον εἰς τὴν κ. τῶν δούλων σου (4 *a*)
— 14 (15). ἔκλινε τὴν κ. παντὸς ἀνδρός (4 *b*)
— 19 (20). τοῦ θέσθαι τὸν βασ. εἰς τὴν κ. αὐτοῦ (4 *a*)
24. 10. ἐπάταξε καρδία Δαυὶδ αὐτόν (4 *a*)
III Ki. 2. 4. ἐὰν φυλάξωσιν . . . ἐν ὅλῃ κ. αὐτῶν (4 *b*)
3. 1 (4. 29 [5. 9]). ἔδωκε κύριος . . . πλάτος καρδίας (4 *a*)
— 1 (2. 44). ἣν ἔγνω ἡ κ. σου (4 *b*)
— 6. καὶ ἐν εὐθύτητι καρδίας (4 *b*)
— 9. δώσεις τῷ δούλῳ σου καρδίαν ἀκούειν (4 *a*)
— 12. δέδωκά σοι κ. φρονίμην καὶ σοφήν (4 *a*)
4. 29 (5. 9). καὶ χύμα καρδίας (4 *a*)
8. 17. ἐγένετο ἐπὶ τῆς κ. τοῦ πατρός μου (4 *b*)
— 18. ἦλθεν ἐπὶ τὴν κ. σου (4 *b*)
— 18. ἐγενήθη ἐπὶ τὴν κ. σου (4 *b*)
— 23. φυλάσσων διαθήκην . . . ἐν ὅλῃ τῇ [A *om.*] κ. (4 *a*)
— 38. ὡς ἂν γνῶσιν ἕκαστος ἀφὴν καρδίας αὐ. (4 *b*)
— 39. καθὼς ἂν γνῷς τὴν κ. αὐτοῦ (4 *b*)
— 39. οἶδας τὴν κ. πάντων υἱῶν ἀνθρώπων (4 *b*)
— 47. ἐπιστρέψουσι καρδίας αὐτῶν (4 *a*)
— 48. καὶ ἐπιστρέψωσι πρὸς σὲ ἐν ὅλῃ κ. αὐτῶν (4 *b*)
— 58. ἐπικλῖναι καρδίας ἡμῶν ἐπ' [A πρὸς] αὐτόν (4 *b*)
— 61. ἔστωσαν αἱ κ. ἡμῶν τέλειαι (4 *b*)
— 66. ἀγαθῇ ἡ [A *om.*] κ. ἐπὶ τοῖς [A πᾶσιν τ.] ἀγαθοῖς (4 *a*)
9. 3. καὶ ἡ κ. μου πάσας τὰς ἡμέρας (4 *a*)
— 4. ἐὰν πορευθῇς . . . ἐν ὁσιότητι καρδίας (4 *b*)
10. 2. ὅσα ἦν ἐν τῇ κ. αὐτῆς (4 *b*)
— 24. ἧς ἔδωκε κύριος τῇ κ. αὐτοῦ (4 *a*)
11. 2. μὴ ἐκκλίνωσι τὰς κ. ὑμῶν [A αὐτῶν] (4 *b*)
— 3. A ἔκλιναν γυναῖκες αὐτοῦ τὴν κ. αὐτοῦ (4 *a*)
— 4. οὐκ ἦν ἡ κ. αὐτοῦ τελεία . . . καθὼς ἡ κ. Δ. (4 *b*, 4 *b*)
— 3. ἐξέκλιναν αἱ γυναῖκες . . . τὴν κ. αὐτοῦ (4 *b*)
— 9. ἐξέκλινε καρδίαν αὐτοῦ ἀπὸ κυρίου (4 *b*)

III Ki. 11. 10. B οὐδ' ἦν ἡ κ. αὐτοῦ τελεία . . . κατὰ τὴν κ. Δ. –, –
12. 26. εἶπεν 'Ιερ. ἐν τῇ κ. αὐτοῦ (4 a)
— 27. ἐπιστραφήσεται καρδία τοῦ λαοῦ (4 a)
— 33. ἣ ἐπλάσατο ἀπὸ καρδίας αὐτοῦ (4 a, †*)
14. 8. ὃς ἐπορεύθη ὀπίσω μου ἐν πάσῃ κ. αὐτοῦ (4 b)
15. 3. οὐκ ἦν ἡ κ. αὐτοῦ τελεία . . . ὡς ἡ κ. τοῦ πατρὸς αὐτοῦ (4 b, 4 b)
— 14. ἡ [A om.] κ. 'Ασὰ ἦν τελεία (4 b)
18. 37. ἔστρεψας [A ἐπέστρ.] τὴν κ. τοῦ λαοῦ τούτου (4 a)
IV Ki. 5. 26. οὐχὶ ἡ κ. μου ἐπορεύθη (4 a)
9. 24. ἐξῆλθε τὸ βέλος αὐτοῦ διὰ τῆς κ. αὐτοῦ (4 a)
10. 15. εἰ ἔστι καρδία σου μετὰ καρδίας μου εὐθεῖα καθὼς ἡ κ. μου μετὰ τῆς κ. σου [A al.] (4 b, –, 4 b, 4 b)
— 30. κατὰ πάντα ὅσα ἐν τῇ κ. μου (4 b)
— 31. πορεύεσθαι ἐν νόμῳ . . . ἐν ὅλῃ κ. αὐτοῦ (4 b)
12. 4 (5). AR ὃ ἐὰν ἀναβῇ [B λάβῃ] ἐπὶ καρδίαν ἀνδρός (4 a)
14. 10. ἐπῆρέ σε καρδία [A ἡ κ.] σου (4 a)
20. 3. ἐν ἀληθείᾳ καὶ καρδίᾳ [A ἐν κ.] πλήρει (4 b)
22. 19. ἡπαλύνθη ἡ κ. σου (4 b)
23. 3. ἐν πάσῃ κ. καὶ ἐν πάσῃ ψυχῇ (4 a)
— 25. ἐν ὅλῃ κ. αὐτοῦ καὶ ἐν ὅλῃ ψυχῇ αὐτοῦ (4 b)
I Ch. 12. 17. εἴη μοι [A εἰ ἐμοὶ] καρδία [S ἡ κ.] καθ' ἑαυτήν (4 b)
16. 10. εὐφρανθήσεται καρδία ζητοῦσα τὴν εὐδοκίαν αὐτοῦ (4 a)
17. 19. κατὰ τὴν κ. σου ἐποίησας τὴν πᾶσαν μεγαλωσύνην (4 a)
22. 19. νῦν δότε καρδίας ὑμῶν (4 b)
28. 2. ἐμοὶ ἐγένετο ἐπὶ καρδίαν (4 b)
— 9. AR δούλευε αὐτῷ [B om.] ἐν κ. τελείᾳ (4 a)
— 9. πάσας κ. ἐτάζει [A ἐξετ.] κύριος (4 b)
29. 9. ἐν κ. πλήρει προεθυμήθησαν τῷ κυρίῳ (4 a)
— 17. σὺ εἶ ὁ ἐτάζων καρδίας (4 b)
— 17. ἐν ἁπλότητι καρδίας προεθυμήθην ταῦτα πάντα (4 b)
— 18. ἐν διανοίᾳ καρδίας λαοῦ σου (4 b)
— 18. κατεύθυνον τὰς κ. αὐτῶν πρὸς σέ (4 b)
— 19. τῷ υἱῷ μου δὸς κ. ἀγαθήν (4 b)
II Ch. 1. 11. ἐγένετο τοῦτο ἐν τῇ κ. σου (4 b)
6. 7. ἐγένετο ἐπὶ καρδίαν Δανίδ (4 b)
— 8. διότι ἐγένετο ἐπὶ καρδίαν σου (4 b)
— 8. ἐγένετο ἐπὶ τὴν [B[1] om.] κ. σου (4 b)
— 14. τοῖς πορευομένοις ἐναντίον σου ἐν ὅλῃ κ. (4 a)
— 30. ὡς ἂν γνῷς τὴν κ. αὐτοῦ (4 b)
— 30. γινώσκεις τὴν κ. υἱῶν ἀνθρώπων (4 b)
— 37. καὶ ἐπιστρέψωσι καρδίαν αὐτῶν (4 b)
— 38. καὶ ἐπιστρέψωσι πρὸς σὲ ἐν ὅλῃ κ. (4 a)
7. 10. εὐφραινομένους καὶ ἀγαθῇ κ. (4 a)
— 16. ἔσονται οἱ ὀφθαλμοί μου καὶ ἡ κ. μου ἐκεῖ (4 a)
9. 23. ἧς ἔδωκεν ὁ θεὸς ἐν καρδίᾳ αὐτοῦ (4 a)
11. 16. οἳ ἔδωκαν καρδίαν αὐτῶν (4 a)
12. 14. οὐ κατεύθυνε τὴν κ. αὐτοῦ (4 a)
13. 7. 'Ροβοὰμ ἦν . . . δειλὸς τῇ κ. (4 b)
15. 12. ζητῆσαι κύριον . . . ἐξ ὅλης τῆς κ. (4 b)
— 17. ἡ κ. 'Ασὰ ἐγένετο πλήρης (4 b)
16. 9. κατισχῦσαι ἐν πάσῃ κ. πλήρει (4 b)
17. 6. ὑψώθη καρδία αὐτοῦ ἐν ὁδῷ κυρίου (4 a)
19. 3. κατηύθυνας τὴν κ. σου (4 b)
— 9. ἐν ἀληθείᾳ καὶ ἐν πλήρει κ. [A πλήρεις καρδίας] (4 b)
20. 33. ὁ λαὸς οὐ κατεύθυνε τὴν κ. (4 b)
22. 9. ἐν ὅλῃ τῇ [A om.] κ. (4 b)
24. 4. ἐγένετο ἐπὶ καρδίαν 'Ι. (4 a)
25. 2. ἀλλ' οὐκ ἐν κ. πλήρει (4 b)
— 19. ἐπαίρει σε ἡ κ. ἡ βαρεῖα (4 a)
26. 16. ὑψώθη ἡ κ. αὐτοῦ (4 a)
29. 10. νῦν ἐστιν ἐπὶ καρδίας (4 b)
— 31. καὶ πᾶς πρόθυμος τῇ κ. ὁλοκαυτώσεις (4 a)
30. 8. μὴ σκληρύνητε τὰς κ. [A τοὺς τραχήλους] ὑμῶν (7)
— 12. δοῦναι αὐτοῖς κ. μίαν (4 a)
— 19. ἐξιλάσθω ὑπὲρ πάσης κ. (4 b)
— 22. ἐλάλησεν 'Εζ. ἐπὶ πᾶσαν κ. τῶν Λ. (4 a)
32. 6. ἐλάλησεν ἐπὶ καρδίαν [A τὴν κ.] αὐτῶν (4 b)
— 25. ὑψώθη ἡ κ. αὐτοῦ (4 a)
— 26. ἀπὸ τοῦ ὕψους τῆς κ. αὐτοῦ (4 a)
— 31. εἰδέναι τὰ ἐν τῇ κ. αὐτοῦ (4 b)
34. 27. καὶ ἐνετράπη ἡ κ. σου (4 b)
— 31. ἐν ὅλῃ κ. καὶ ἐν ὅλῃ ψυχῇ (4 b)
35. 19. ἐν ὅλῃ κ. αὐτοῦ καὶ ἐν ὅλῃ ψυχῇ αὐτοῦ –
36. 13. τὴν κ. αὐτοῦ κατίσχυσε (4 b)

I Es. 1. 23. ἐν καρδίᾳ πλήρει εὐσεβείας
— 48. σκληρύνας . . . τὴν κ. αὐτοῦ
3. 21. πάσας κ. [A τὰς κ.] ποιεῖ πλουσίας
8. 25. ὁ δοὺς ταῦτα εἰς τὴν κ.
II Es. 6. 22. AR ἐπέστρεψε καρδίαν [B -α] βασιλέως 'Ασσούρ (4 a)
7. 10. "Ε. ἔδωκεν ἐν καρδίᾳ [A ἔδ. καρδίαν] αὐτοῦ (4 b)
— 27. ὃς ἔδωκεν οὕτως ἐν καρδίᾳ τοῦ βασ. (4 a)
Ne. 2. 2. οὐκ ἔστι τοῦτο εἰ μὴ πονηρία καρδίας (4 a)
— 12. τί ὁ θεὸς δίδωσιν εἰς καρδίαν [S τὴν κ.] μου (4 a)
5. 7. ἐβουλεύσατο καρδία μου ἐπ' ἐμέ (4 a)
6. 8. ἀπὸ καρδίας σου σὺ ψεύδῃ αὐτούς (4 a)
7. 5. ἔδωκεν ὁ θεὸς εἰς τὴν κ. μου (4 a)
9. 8. εὗρες τὴν κ. αὐτοῦ πιστήν (4 b)
To. 2. 2. S ἐν ὅλῃ κ. αὐτοῦ
4. 2. S εἶπεν ἐν τῇ κ. αὐτοῦ [AB al.]
— 13. AB μὴ ὑπερηφανεύου τῇ κ. σου
— 19. μὴ ἐξαλειφθήτωσαν ἐκ τῆς κ. σου
6. 4. λαβὼν τὴν κ. καὶ τὸ ἧπαρ καὶ τὴν χολήν [S al.]
— 4. S ἡ χολὴ καὶ ἡ κ. καὶ τὸ ἧπαρ αὐτοῦ
— 5. S τὴν χολὴν καὶ τὴν κ. καὶ τὸ ἧπαρ
— 6. τί ἐστιν ἡ κ. . . . τοῦ ἰχθύος [S al.]
— 7. ἡ κ. καὶ τὸ ἧπαρ
— 16. ἐπιθήσεις ἀπὸ τῆς κ. [S al.]
— 17. S ἡ κ. [AB ψυχὴ] αὐτοῦ ἐκολλήθη
8. 2. ἐπέθηκε τὴν κ. τοῦ ἰχθύος καὶ τὸ ἧπαρ [S al.]
13. 6. ASR ἐὰν ἐπιστρέψητε πρὸς αὐτὸν ἐν ὅλῃ τῇ [B om.] κ. ὑμῶν
Ju. 6. 9. εἴπερ ἐλπίζεις τῇ κ. σου
8. 14. βάθος καρδίας ἀνθρώπου οὐχ εὑρήσετε
— 27. εἰς ἐτασμὸν τῆς [S[1] om.] κ. αὐτῶν
— 28. AS πάντα . . . ἐν [B om.] ἀγαθῇ κ. ἐλάλησας
— 29. ἀγαθόν ἐστι τὸ πλάσμα τῆς κ. σου
10. 16 : 11. 1. μὴ φοβηθῇς τῇ κ. σου
11. 10. κατάθου αὐτὸν ἐν τῇ κ. σου
12. 16. AB ἐξέστη ἡ κ. 'Ολ.
13. 4. AB εἶπεν ἐν τῇ κ. αὐτῆς
— 19. οὐκ ἀποστήσεται ἡ ἐλπίς σου ἀπὸ καρδίας ἀνθρώπων
Es. 1. 1. εἶχεν αὐτὸ ἐν τῇ κ.
4. 17. μετάθες τὴν κ. αὐ.
5. 1. ἡ δὲ κ. αὐτῆς ἀπεστενωμένη ἀπὸ τοῦ φόβου
— 2. ἐταράχθη ἡ κ. μου
— 9. S[3] ὑπερχαρὴς εὐφραινόμενος τῇ κ. [ABS[1] om. τ. κ.] (4 a)
● Jb. 1. 5. A ἐν τῇ κ. [BS διανοίᾳ] αὐτῶν ἐνενόησαν (4 b)
8. 10. ἐκ καρδίας ἐξάξουσι [A σε διδάξουσιν] ῥήματα (4 a)
11. 13. εἰ γὰρ σὺ καθαρὰν ἔθου τὴν κ. σου (4 a)
12. 3. κἀμοὶ μὲν καρδία καθ' ὑμᾶς ἐστι (4 b)
— 24. διαλλάσσων καρδίας ἀρχόντων γῆς (4 a)
15. 12. τί [A τί ὅτι] ἐτόλμησεν ἡ κ. σου (4 a)
17. 4. BS[2] καρδίαν αὐτῶν ἔκρυψας [A -αν] ἀπὸ φρονήσεως (4 a)
— 11. ABS[2] ἐρράγη δὲ τὰ ἄρθρα τῆς κ. μου (4 b)
22. 22. ἀνάλαβε τὰ ῥήματα αὐτοῦ ἐν καρδίᾳ σου (4 b)
23. 16. κύριος δὲ ἐμαλάκυνε τὴν κ. μου (4 a)
31. 7. εἰ δὲ καὶ τῷ ὀφθαλμῷ ἐπηκολούθησεν ἡ κ. μου (4 a)
— 9. εἰ ἐξηκολούθησεν ἡ κ. μου γυναικὶ ἀνδρὸς ἑτέρου (4 a)
— 27. εἰ ἠπατήθη λάθρα ἡ κ. μου (4 a)
— 29. εἶπεν ἡ κ. [A εἰ εἶπον τῇ κ.] μου, Εὖγε †
33. 3. καθαρά μου ἡ κ. ῥήμασι [A ἐν ῥήμασιν] (4 a)
— 23. ἐὰν νοήσῃ τῇ κ. ἐπιστραφῆναι πρὸς κύριον [S ἐπὶ κ., A ἐπὶ τὸν κ.] –
34. 10. συνετοὶ καρδίας [A -ίᾳ] ἀκούσατέ μου (4 b)
— 34. συνετοὶ καρδίας [AS[2] -ίᾳ] ἐροῦσι ταῦτα (4 b)
36. 5. ὁ κύριος . . . δυνατὸς ἰσχύϊ καρδίας (4 a)
— 13. ὑποκριταὶ καρδίᾳ τάξουσι θυμόν (4 a)
— 28. οὐδὲ διαλλάσσεταί σου ἡ κ. ἀπὸ σώματος –
37. 1. ἐταράχθη ἡ κ. μου (4 a)
— 24. φοβηθήσονται δὲ αὐτὸν καὶ οἱ σοφοὶ καρδίᾳ [A τῇ κ.] (4 a)
38. 2. συνέχων δὲ ῥήματα ἐν καρδίᾳ –
41. 15 (16). ἡ κ. αὐτοῦ πέπηγεν ὡς λίθος (4 a)
Ps. 4. 4. ἃ λέγετε ἐν ταῖς κ. ὑμῶν [B[1] ἐν καρδίᾳ] (4 b)
— 7. ἔδωκας εὐφροσύνην εἰς τὴν κ. μου (4 a)
5. 9. ἡ κ. αὐτῶν ματαία (8)
7. 9. ἐτάζων καρδίας καὶ νεφροὺς ὁ θεός (4 a)
— 10. τοῦ θεοῦ τοῦ σῴζοντος τοὺς εὐθεῖς τῇ κ. (4 a)
9. 1. ἐξομολογήσομαί σοι, κύριε, ἐν ὅλῃ κ. μου (4 a)

Ps. 9. 27 (10. 6). εἶπε γὰρ ἐν καρδίᾳ αὐτοῦ (4 a)
— 32 (10. 11). εἶπε γὰρ ἐν τῇ [AS om.] κ. αὐτοῦ (4 a)
— 34 (10. 13). εἶπε γὰρ ἐν καρδίᾳ αὐτοῦ (4 a)
— 38 (10. 17). τὴν ἑτοιμασίαν τῆς κ. αὐτῶν προσέσχε τὸ οὖς σου [A αὐτοῦ] (4 a)
10 (11). 3. τοῦ κατατοξεῦσαι . . . τοὺς εὐθεῖς τῇ κ. (4 a)
11 (12). 2. χείλη δόλια ἐν καρδίᾳ καὶ ἐν καρδίᾳ ἐλάλησαν [AS[2] ἐλ. κακά] (4 a, 4 a)
12 (13). 2. ἕως τίνος θήσομαι . . . ὀδύνας ἐν καρδίᾳ μου (4 b)
— 5. AS ἀγαλλιάσεται ἡ κ. μου ἐπὶ [B ἐν] τῷ σωτηρίῳ σου (4 a)
13 (14). 1. εἶπεν ἄφρων ἐν καρδίᾳ αὐτοῦ (4 a)
14 (15). 2. λαλῶν ἀλήθειαν ἐν καρδίᾳ αὐτοῦ (4 b)
15 (16). 9. ηὐφράνθη ἡ κ. μου (4 a)
16 (17). 3. ἐδοκίμασας τὴν κ. μου (4 a)
18 (19). 8. τὰ δικαιώματα κυρίου εὐθέα εὐφραίνοντα καρδίαν (4 a)
— 14. ἡ μελέτη τῆς κ. σου ἐνώπιόν σου (4 a)
19 (20). 4. δῴη σοι κατὰ τὴν κ. σου (4 b)
20 (21). 2. S[2] τὴν ἐπιθυμίαν τῆς κ. [ABS[1] ψυχῆς] αὐτοῦ ἔδωκας αὐτῷ (4 a)
21 (22). 14. ἐγενήθη ἡ κ. μου ὡσεὶ κηρὸς τηκόμ. (4 a)
— 26. ζήσονται αἱ κ. αὐτῶν εἰς αἰῶνα αἰῶνος (4 b)
23 (24). 4. ἀθῷος χερσὶ καὶ καθαρὸς τῇ κ. (4 b)
24 (25). 17. αἱ θλίψεις τῆς κ. μου ἐπληθύνθησαν (4 b)
25 (26). 2. πύρωσον . . . τὴν κ. μου (4 a)
26 (27). 3. οὐ φοβηθήσεται ἡ κ. μου (4 a)
— 8. σοὶ εἶπεν ἡ κ. μου (4 a)
— 14. κραταιούσθω ἡ κ. σου [A μου] (4 a)
27 (28). 3. κακὰ δὲ ἐν ταῖς κ. αὐτῶν (4 b)
— 7. ἐπ' αὐτῷ ἤλπισεν ἡ κ. μου (4 a)
30 (31). 12. ἐπελήσθην ὡσεὶ νεκρὸς ἀπὸ καρδίας (4 a)
— 24. κραταιούσθω ἡ κ. ὑμῶν (4 b)
31 (32). 5. σὺ ἀφῆκας τὴν ἀσέβειαν τῆς κ. μου (3 ?)
— 11. καυχᾶσθε πάντες οἱ εὐθεῖς τῇ κ. (4 a)
32 (33). 11. λογισμοὶ τῆς κ. αὐτοῦ ἀπὸ γενεῶν εἰς γενεάς (4 a)
— 15. ὁ πλάσας κατὰ μόνας τὰς κ. αὐτῶν (4 a)
— 21. ἐν αὐτῷ εὐφρανθήσεται ἡ κ. ἡμῶν (4 a)
33 (34). 18. ἐγγὺς κ. τοῖς συντετριμμ. τὴν κ. (4 a)
34 (35). 25. μὴ εἴποισαν ἐν καρδίαις αὐτῶν (4 a)
35 (36). 10. καὶ τὴν δικαιοσύνην σου τοῖς εὐθέσι τῇ κ. (4 a)
36 (37). 4. δώσει σοι τὰ αἰτήματα τῆς κ. σου (4 a)
— 14. τοῦ σφάξαι τοὺς εὐθεῖς τῇ κ. (2 ?)
— 15. εἰσέλθοι εἰς τὴν κ. [S[1] εἰς ψυχήν, S[2] εἰς τὰς κ.] αὐ. (4 a)
— 31. ὁ νόμος τοῦ θεοῦ αὐτοῦ ἐν καρδίᾳ αὐτοῦ (4 a)
37 (38). 8. ὠρυόμην ἀπὸ στεναγμοῦ τῆς κ. μου (4 a)
— 10. ἡ κ. μου ἐταράχθη (4 a)
38 (39). 3. ἐθερμάνθη ἡ κ. μου ἐντός μου (4 a)
39 (40). 8. καὶ τὸν νόμον σου ἐν μέσῳ τῆς κ. [AS κοιλίας] μου (5)
— 10. οὐκ ἔκρυψα ἐν τῇ κ. μου τὴν ἀλήθειάν σου (4 a)
— 12. ἡ κ. μου ἐγκατέλιπέ με (4 a)
40 (41). 6. ἡ κ. αὐτοῦ συνήγαγεν ἀνομίαν ἑαυτῷ (4 a)
43 (44). 18. οὐκ ἀπέστη εἰς τὰ ὀπίσω ἡ κ. ἡμῶν (4 a)
— 21. αὐτὸς γὰρ γινώσκει τὰ κρύφια τῆς κ. (4 a)
44 (45). 1. ἐξηρεύξατο ἡ κ. μου λόγον ἀγαθόν (4 a)
— 5. ἐν καρδίᾳ τῶν ἐχθρῶν τοῦ βασιλέως (4 a)
45 (46). 2. μετατίθεσθαι ὄρη ἐν καρδίαις θαλασσῶν (4 a)
47 (48). 13. θέσθε τὰς κ. ὑμῶν εἰς τὴν δύναμιν αὐτῆς (4 a)
48 (49). 3. ἡ μελέτη τῆς κ. μου σύνεσιν [B[2] -σεις] (4 a)
50 (51). 10. καρδίαν καθαρὰν κτίσον ἐν ἐμοί (4 a)
— 17. καρδίαν συντετριμμένην . . . οὐκ ἐξουδενώσει (4 a)
52 (53). 1. εἶπεν ἄφρων ἐν καρδίᾳ αὐτοῦ (4 a)
54 (55). 4. ἡ κ. μου ἐταράχθη ἐν ἐμοί (4 a)
— 21. ἤγγισεν ἡ κ. αὐτοῦ [S[2] -ῶν] (4 a)
56 (57). 7. ἑτοίμη ἡ κ. μου, ὁ θεός, ἑτοίμη ἡ κ. μου (4 a, 4 a)
57 (58). 2. ἐν καρδίᾳ ἀνομίας ἐργάζεσθε ἐν τῇ γῇ (4 a)
60 (61). 2. ἐν τῷ ἀκηδιάσαι τὴν κ. μου (4 a)
61 (62). 4. τῇ κ. αὐτῶν κατηρῶντο (8)
— 8. ἐκχέετε ἐνώπιον αὐτοῦ τὰς κ. ὑμῶν [B[1] al.] (4 b)
— 10. μὴ προστίθεσθε καρδίαν [S[2] -ᾳ] (4 a)
63 (64). 6. καὶ καρδία βαθεῖα (4 a)
— 10. ἐπαινεθήσονται πάντες οἱ εὐθεῖς τῇ κ. (4 a)

● = correction on page xxvi

Ps. 65 (66). 18. ἀδικίαν εἰ ἐθεώρουν ἐν καρδίᾳ (4 *a*)
68 (69). 20. ὀνειδισμὸν προσεδόκησεν ἡ ψυχή [S^{1} καρδία] μου (4 *a*)
72 (73). 1. ὡς ἀγαθὸς ὁ θεὸς τῷ Ἰσραὴλ τοῖς εὐθέσι τῇ κ. (4 *b*)
— 7. διῆλθον εἰς διάθεσιν καρδίας (4 *b*)
— 13. ἄρα ματαίως ἐδικαίωσα τὴν κ. μου (4 *b*)
— 21. ηὐφράνθη [S^{2} ἐξεκαύθη] ἡ κ. μου (4 *b*)
— 26. ἐξέλιπεν ἡ κ. μου καὶ ἡ σάρξ μου, ὁ θεὸς τῆς κ. μου (4 *b*, 4 *b*)
73 (74). 8. εἶπαν ἐν τῇ κ. αὐτῶν (4 *a*)
75 (76). 5. ἐταράχθησαν πάντες οἱ ἀσύνετοι τῇ κ. (4 *a*)
— 9. πάντες τοὺς πραεῖς τῇ κ. [B^{2} S· τῆς γῆς] †
76 (77). 6. νυκτὸς μετὰ τῆς κ. μου ἠδολέσχουν (4 *a*)
77 (78). 8. γενεὰ ἥτις οὐ κατεύθυνεν ἐν τῇ κ. [S^{2} τὴν κ.] (4 *a*)
— 18. ἐξεπείρασαν τὸν θεὸν ἐν ταῖς κ. αὐτῶν (4 *b*)
— 37. ἡ δὲ κ. αὐτῶν οὐκ εὐθεῖα (4 *a*)
— 72. ἐν τῇ ἀκακίᾳ τῆς κ. αὐτοῦ (4 *b*)
80 (81). 12. κατὰ τὰ ἐπιτηδεύματα τῶν κ. αὐτῶν (4 *a*)
83 (84). 2. ἡ κ. μου καὶ ἡ σάρξ μου ἠγαλλιάσαντο (4 *a*)
— 5. ἀναβάσεις ἐν τῇ κ. αὐτοῦ διέθετο (4 *b*)
84 (85). 8. τοὺς ἐπιστρέφοντας πρὸς [S^{2} ἐπ'] αὐτὸν καρδίαν †
85 (86). 11. εὐφρανθήτω ἡ κ. μου (4 *b*)
— 12. ἐξομολογήσομαί σοι . . . ἐν ὅλῃ [S^{2} *add.* τῇ] καρδίᾳ μου (4 *b*)
89 (90). 12. καὶ τοὺς πεπαιδευμένους [A S^{2} πεπεδημένους ?] τῇ κ. ἐν σοφίᾳ (4 *b*)
93 (94). 15. ἐχόμενοι αὐτῆς πάντες οἱ εὐθεῖς τῇ κ. (4 *a*)
— 19. S^{1} κατὰ τὸ πλῆθος τῶν ὀδυνῶν μου ἐν τῇ κ. μου αἱ παρακλήσεις σου ἠγάπησαν [A B^{3} S^{2} ηὔφραναν] τὴν κ. [A B S^{2} ψυχήν] μου (8, 6)
94 (95). 8. μὴ σκληρύνητε τὰς κ. ὑμῶν (4 *b*)
— 10. ἀεὶ πλανῶνται τῇ κ. (4 *b*)
96 (97). 11. καὶ τοῖς εὐθέσι τῇ κ. εὐφροσύνη (4 *a*)
100 (101). 2. διεπορευόμην ἐν ἀκακίᾳ καρδίας μου (4 *b*)
— 3 (4). οὐκ ἐκολλήθη μοι καρδία σκαμβή (4 *b*)
— 5. ὑπερηφάνῳ ὀφθαλμῷ καὶ ἀπλήστῳ καρδίᾳ (4 *b*)
101 (102). 4. ἐξηράνθη ἡ κ. μου (4 *a*)
103 (104). 15. οἶνος εὐφραίνει καρδίαν ἀνθρώπου (4 *b*)
— 15. ἄρτος καρδίαν ἀνθρώπου στηρίζει (4 *b*)
104 (105). 3. εὐφρανθήτω καρδία ζητούντων τὸν κύριον (4 *a*)
— 25. μετέστρεψε τὴν κ. αὐ. (4 *a*)
106 (107). 12. ἐταπεινώθη ἐν κόποις ἡ κ. αὐτῶν (4 *a*)
107 (108). 1. ἑτοίμη ἡ κ. μου, ὁ θεός, ἑτοίμη ἡ κ. μου (4 *a*, –)
108 (109). 16. κατανενυγμένον τῇ κ. (4 *b*)
— 22. ἡ κ. μου τετάρακται ἐντός μου (4 *a*)
110 (111). 1. ἐξομολογήσομαί σοι, κύριε, ἐν ὅλῃ καρδίᾳ μου (4 *b*)
111 (112). 7. ἑτοίμη ἡ κ. αὐτοῦ ἐλπίζειν ἐπὶ κύριον (4 *a*)
— 8. ἐστήρικται ἡ κ. αὐτοῦ (4 *a*)
118 (119). 2. ἐν ὅλῃ καρδίᾳ ἐκζητήσουσιν αὐτόν (4 *a*)
— 7. ἐξομολογήσομαί σοι ἐν εὐθύτητι καρδίας (4 *b*)
— 10. S^{2} R ἐν ὅλῃ κ. μου [A S^{1} *om.*] ἐξεζήτησά σε (4 *a*)
— 11. ἐν τῇ κ. μου ἔκρυψα τὰ λόγιά σου (4 *a*)
— 32. ὅταν ἐπλάτυνας τὴν κ. μου (4 *a*)
— 34. φυλάξω αὐτὸν ἐν ὅλῃ καρδίᾳ μου (4 *a*)
— 36. κλῖνον τὴν κ. μου εἰς τὰ μαρτύριά σου (4 *a*)
— 58. ἐδεήθην τοῦ προσώπου σου ἐν ὅλῃ κ. μου (4 *a*)
— 69. ἐν ὅλῃ κ. μου ἐξερευνήσω τὰς ἐντ. σου (4 *a*)
— 70. ἐτυρώθη ὡς γάλα ἡ κ. αὐτῶν (4 *a*)
— 80. γενηθήτω ἡ κ. μου ἄμωμος (4 *a*)
— 111. ἀγαλλίαμα τῆς κ. μού εἰσιν (4 *a*)
— 112. ἔκλινα τὴν κ. μου (4 *a*)
— 145. ἐκέκραξα ἐν ὅλῃ καρδίᾳ μου [S^{1} *om.*] (4 *a*)
— 161. ἀπὸ τῶν λόγων σου ἐδειλίασεν ἡ κ. μου (4 *a*)
124 (125). 4. ἀγάθυνον . . . τοῖς εὐθέσι τῇ κ. (4 *a*)
130 (131). 1. κύριε, οὐχ ὑψώθη ἡ καρδία μου (4 *a*)
— 2. A ὕψωσα τὴν κ. [S R ψυχήν] μου (6)
137 (138). 1. ἐξομολογήσομαί σοι, κύριε, ἐν ὅλῃ καρδίᾳ μου (4 *a*)
138 (139). 23. γνῶθι τὴν κ. μου (4 *b*)
139 (140). 2. οἵτινες ἐλογίσαντο ἀδικίας ἐν καρδίᾳ (4 *a*)
140 (141). 4. μὴ ἐκκλίνῃς τὴν κ. μου (4 *a*)
142 (143). 4. ἐν ἐμοὶ ἐταράχθη ἡ κ. μου (4 *a*)

Ps. 146 (147). 3. τοὺς συντετριμμένους τὴν κ. [S^{2} τῇ κ.] (4 *a*)
Pr. 2. 2. παραβαλεῖς καρδίαν σου εἰς σύνεσιν (4 *a*)
3. 1. τὰ δὲ ῥήματά μου τηρείτω σὴ κ. (4 *a*)
— 4 (3). A γράψον δὲ αὐτὰς ἐπὶ τὸ πλάτος τῆς κ. σου (4 *a*)
— 5. ἴσθι πεποιθὼς ἐν ὅλῃ τῇ [A S^{2} *om.*] κ. ἐπὶ θεῷ (4 *a*)
4. 4. ἐρειδέτω ὁ ἡμέτερος λόγος εἰς σὴν κ. [S διάνοιαν] (4 *a*)
● — 21. φύλασσε αὐτοὺς ἐν [A S^{2} ἐν σῇ] καρδίᾳ (4 *b*)
— 23. πάσῃ φυλακῇ τήρει σὴν κ. (4 *a*)
5. 12. ἐλέγχους ἐξέκλινεν ἡ κ. μου (4 *a*)
6. 14. διεστραμμένη καρδίᾳ τεκταίνεται [B^{2} κατασκευάζει] κακά (4 *a*)
— 18. καρδία τεκταινομένη λογισμοὺς κακούς (4 *a*)
7. 3. ἐπίγραψον δὲ ἐπὶ τὸ πλάτος τῆς κ. σου (4 *a*)
— 10. ἣ ποιεῖ νέων ἐξίπτασθαι καρδίας (4 *a*)
— 25. μὴ ἐκκλινάτω εἰς τὰς ὁδοὺς αὐ. ἡ κ. σου (4 *a*)
8. 5. οἱ δὲ ἀπαίδευτοι ἔνθεσθε καρδίαν (4 *a*)
10. 8. σοφὸς καρδίᾳ δέξεται ἐντολάς (4 *a*)
— 20. καρδία δὲ ἀσεβοῦς ἐκλείψει (4 *a*)
— 22. οὐ μὴ προστεθῇ αὐτῇ λύπη ἐν καρδίᾳ †
— 24. A καρδία δὲ ἀσεβοῦς ἐκλείψει –
12. 20. δόλος ἐν καρδίᾳ τεκταινομένου κακά (4 *a*)
— 23. καρδία δὲ ἀφρόνων συναντήσεται ἀραῖς (4 *a*)
— 25. φοβερὸς λόγος καρδίαν ταράσσει (4 *a*)
13. 12. κρείσσων ἐναρχόμενος βοηθῶν [A S^{2} -θεῖν] καρδίᾳ (4 *a*)
14. 10. καρδία ἀνδρὸς αἰσθητικὴ λυπηρὰ ψυχὴ αὐτοῦ (4 *a*)
— 30. πραΰθυμος ἀνὴρ καρδίας ἰατρὸς σὴς δὲ ὀστέων καρδία αἰσθητική (4 *a*, †)
— 33. ἐν καρδίᾳ ἀγαθῇ ἀνδρὸς [S^{2} ἀναπαύσεται] σοφία ἐν δὲ καρδίᾳ ἀφρόνων οὐ διαγινώσκεται (4 *a*, 8)
15. 7. καρδίαι δὲ ἀφρόνων οὐκ ἀσφαλεῖς (4 *a*)
— 11. πῶς οὐχὶ καὶ αἱ κ. τῶν ἀνθρώπων (4 *a*)
— 13. καρδίας εὐφραινομένης πρόσωπον θάλλει (4 *a*)
— 14. καρδία ὀρθὴ ζητεῖ αἴσθησιν (4 *a*)
— 22. ἐν δὲ καρδίαις βουλευομένων μένει βουλή †
— 28. καρδίαι [S^{1} -ᾳ] δικαίων μελετῶσι πίστεις (4 *a*)
16. 1 (9). καρδία ἀνδρὸς λογιζέσθω δίκαια (4 *a*)
— 2 (15. 30.) θεωρῶν ὀφθαλμὸς καλὰ εὐφραίνει καρδίαν (4 *a*)
— 23. καρδία σοφοῦ νοήσει τὰ ἀπὸ τοῦ ἰδίου στόματος (4 *a*)
17. 3. οὕτως ἐκλεκταὶ καρδίαι [S^{1} καρδία ἐκλέγεται] παρὰ κυρίῳ (4 *a*)
— 10. συντρίβει ἀπειλὴ καρδίαν φρονίμου †
— 21. καρδία δὲ ἄφρονος ὀδύνη †
— 22. καρδία εὐφραινομένη εὐεκτεῖν ποιεῖ (4 *a*)
18. 4. ὕδωρ βαθὺ λόγος ἐν καρδίᾳ ἀνδρός †
— 12. πρὸ συντριβῆς ὑψοῦται καρδία ἀνδρός (4 *a*)
— 15. καρδία φρονίμου κτᾶται αἴσθησιν (4 *a*)
— 22 (19. 3). τὸν δὲ θεὸν αἰτιᾶται τῇ κ. αὐ. (4 *a*)
19. 21. πολλοὶ λογισμοὶ ἐν καρδίᾳ ἀνδρός (4 *a*)
20. 5. ὕδωρ βαθὺ βουλὴ ἐν καρδίᾳ ἀνδρός (4 *a*)
— 9. τίς καυχήσεται ἁγνὴν ἔχειν τὴν κ. (4 *a*)
21. 1. οὕτως καρδία βασιλέως ἐν χειρὶ θεοῦ (4 *a*)
— 2. κατευθύνει δὲ καρδίας κύριος (4 *a*)
— 12. συνίει δίκαιος καρδίας ἀσεβῶν †
22. 11. ἀγαπᾷ κύριος ὁσίας καρδίας (4 *a*)
— 15. ἄνοια ἐξῆπται καρδίας [A B^{2} S^{1} -ᾳ, S^{2} ἐν κ.] νέου (4 *a*)
— 17. τὴν δὲ σὴν κ. ἐπίστησον (4 *a*)
— 18. ἐὰν ἐμβάλῃς αὐτοὺς εἰς τὴν κ. σου (1)
— 20. A R ἐπὶ τὸ πλάτος τῆς κ. [B S ψυχῆς] σου –
23. 12. δὸς εἰς παιδείαν τὴν κ. σου (4 *a*)
— 15. ἐὰν σοφὴ γένηταί σου ἡ κ. εὐφρανεῖς καὶ τὴν ἐμὴν κ. (4 *a*, 4 *a*)
— 17. μὴ ζηλούτω ἡ κ. σου ἁμαρτωλούς (4 *a*)
● — 19. κατεύθυνε ἐννοίας σῆς κ. (4 *a*)
— 26. δός μοι, υἱέ, σὴν κ. (4 *a*)
— 34. κατακείσῃ ὥσπερ ἐν καρδίᾳ θαλάσσης (4 *a*)
24. 2. ψευδῆ γὰρ μελετᾷ ἡ κ. αὐτῶν (4 *a*)
— 6. βοήθεια δὲ μετὰ καρδίας βουλευτικῆς †
— 12. κύριος καρδίας πάντων γινώσκει (4 *a*)
25. 3. καρδία δὲ βασιλέως ἀνεξέλεγκτος (4 *a*)
— 20. οὕτως προσπεσὸν πάθος . . . καρδίαν λυπεῖ –
— 20. οὕτως λύπη ἀνδρὸς βλάπτει καρδίαν (4 *a*)

Pr. 26. 23. χείλη λεῖα [S δόλια] καρδίαν καλύπτει λυπηράν (4 *a*)
— 24. ἐν δὲ τῇ κ. τεκταίνεται δόλους [A^{1} S *al.*] (8)
— 25. A ἑπτὰ γάρ εἰσι πονηρίαι ἐν τῇ κ. [B S ψυχῇ] αὐτοῦ (4 *a*)
27. 9. μύροις καὶ οἴνοις . . . τέρπεται καρδία (4 *a*)
— 11. ἵνα σου εὐφραίνηται ἡ κ. (4 *a*)
— 19. A S^{2} οὕτως οὐδὲ αἱ κ. [B S^{1} διάνοιαι, S^{1} *add.* ὅμοιαι] τῶν ἀνθρώπων (4 *a*)
— 21. A S καρδία ἀνόμου ἐκζητεῖ κακὰ καρδία δὲ εὐθὴς ἐκζητεῖ [B ζητεῖ] γνῶσιν –, –
— 23. ἐπιστήσεις καρδίαν σου σαῖς ἀγέλαις (4 *a*)
28. 14. ὁ δὲ σκληρὸς τὴν κ. ἐμπεσεῖται κακοῖς (4 *a*)
— 26. ὃς πέποιθε θρασείᾳ κ. ὁ τοιοῦτος ἄφρων (4 *a*)
31. 11. A S θαρσεῖ ἐπ' αὐτὴν [B -ῇ] ἡ κ. τοῦ ἀνδρὸς αὐτῆς (4 *a*)
Ec. 1. 13. ἔδωκα τὴν κ. μου τοῦ ἐκζητῆσαι (4 *a*)
— 16. ἐλάλησα ἐγὼ ἐν τῇ κ. μου (4 *a*)
— 16 (17). ἔδωκα καρδίαν μου τοῦ γνῶναι [S ἐπιγν.] (4 *a*)
— 17 (16). καὶ καρδία [S^{1} -αν] μου εἶδε πολλά (4 *a*)
2. 1. εἶπον ἐγὼ ἐν καρδίᾳ μου (4 *a*)
— 3. ἡ κ. μου ἑλκύσει . . . τὴν σάρκα μου (4 *a*)
— 3. καρδία μου ὡδήγησεν [S^{2} ὡδ. με] ἐν σοφίᾳ (4 *a*)
— 10. οὐκ ἀπεκώλυσα τὴν κ. μου (4 *a*)
— 10. καρδία μου εὐφράνθη (4 *a*)
— 15. εἶπα ἐγὼ ἐν καρδίᾳ μου (4 *a*)
— 15. ἐλάλησα ἐν καρδίᾳ μου (4 *a*)
— 20. τοῦ ἀποτάξασθαι τὴν κ. [A S τῇ κ.] μου (4 *a*)
— 22. ἐν προαιρέσει καρδίας αὐτοῦ (4 *a*)
— 23. ἐν νυκτὶ οὐ κοιμᾶται ἡ κ. αὐτοῦ (4 *a*)
3. 11. σύμπαντα [A S σὺν] τὸν αἰῶνα ἔδωκεν ἐν καρδίᾳ αὐτῶν [A -οῦ] (4 *a*)
— 17. εἶπα ἐγὼ ἐν καρδίᾳ μου (4 *a*)
— 18. εἶπα ἐγὼ [S^{1} ἐπάγω] ἐν καρδίᾳ μου (4 *a*)
5. 1. καρδία σου μὴ ταχυνάτω (4 *a*)
— 19. ὁ θεὸς περισπᾷ αὐτὸν ἐν εὐφροσύνῃ καρδίας αὐτοῦ (4 *a*)
7. 3 (2). δώσει ἀγαθὸν εἰς καρδίαν [A ἐν καρδίᾳ] αὐτοῦ (4 *a*)
— 4 (3). ASR ἀγαθυνθήσεται καρδία [B *om.*] (4 *a*)
— 5 (4). καρδία σοφῶν ἐν οἴκῳ πένθους (4 *a*)
— 5 (4). καρδία ἀφρόνων ἐν οἴκῳ εὐφροσύνης (4 *a*)
— 8 (7). ἀπόλλυσι τὴν κ. εὐγενείας [AS^{2} εὐτονίας] αὐτοῦ (4 *a*)
— 22 (21). μὴ θῇς [S δῷς] καρδίαν σου (4 *a*)
— 23 (22). A S R καθόδους πολλὰς κακώσει καρδίαν [B -ία] σου (4 *a*)
— 26 (25). ἐκύκλωσα ἐγὼ καὶ ἡ κ. μου (4 *a*)
— 27 (26). σαγῆναι καρδία αὐτῆς (4 *a*)
8. 5. καιρὸν κρίσεως γινώσκει καρδία σοφοῦ (4 *a*)
— 9. ἔδωκα τὴν κ. μου εἰς πᾶν τὸ ποίημα (4 *a*)
— 11. ἐπληροφορήθη καρδία υἱῶν τοῦ ἀνθρ. (4 *a*)
— 16. ἔδωκα τὴν κ. μου (4 *a*)
— 17 (9. 1). B σύμπαν τοῦτο ἔδωκα εἰς καρδίαν μου καὶ καρδίᾳ μου σύμπαν ἴδον τοῦτο [A S R *al.*] (4 *a*, †)
9. 3. καί γε καρδία υἱῶν τοῦ ἀνθρώπου ἐπληρώθη πονηροῦ καὶ περιφέρεια ἐν καρδίᾳ αὐτῶν (4 *a*, 4 *b*)
— 7. πίε ἐν καρδίᾳ ἀγαθῇ οἶνόν σου (4 *a*)
10. 2. καρδία σοφοῦ εἰς δεξιὸν αὐ. καὶ καρδία ἄφρονος εἰς ἀριστερὸν αὐ. (4 *a*, 4 *a*)
— 3. καρδία αὐτοῦ ὑστερήσει (4 *a*)
11. 9. ἀγαθυνάτω σε ἡ κ. σου (4 *a*)
— 9. A S R περιπάτει ἐν ὁδοῖς καρδίας σου [B *om.* κ. σου] ἄμωμος (4 *a*)
— 10. ἀπόστησον θυμὸν ἀπὸ καρδίας σου (4 *a*)
Ca. 3. 11. ἐν ἡμέρᾳ εὐφροσύνης καρδίας αὐ. (4 *a*)
5. 2. ἐγὼ καθεύδω καὶ ἡ κ. μου ἀγρυπνεῖ (4 *a*)
8. 6. θές με ὡς σφραγῖδα ἐπὶ τὴν κ. σου (4 *a*)
Wi. 1. 1. ἐν ἁπλότητι καρδίας ζητήσατε αὐτόν
— 6. τῆς κ. αὐτοῦ ἐπίσκοπος ἀληθής
2. 2. ὁ λόγος σπινθὴρ ἐν κινήσει καρδίας ἡμῶν
8. 17. φροντίσας ἐν καρδίᾳ μου
— 20. εἶπον ἐξ ὅλης τῆς κ. μου
15. 10. σποδὸς ἡ κ. αὐτοῦ
Si. 1. 12. φόβος κυρίου τέρψει καρδίαν
— 27. μὴ προσέλθῃς αὐτῷ ἐν καρδίᾳ δισσῇ
— 30. ἡ κ. σου πλήρης δόλου
2. 2. εὔθυνον τὴν κ. σου
— 12. οὐαὶ καρδίαις δειλαῖς καὶ χερσὶ παρειμέναις
— 13. οὐαὶ καρδίᾳ παρειμένῃ
— 17. ἑτοιμάσουσι καρδίας αὐτῶν

● = correction on page xxvi

Si. 3. 26. καρδία σκληρὰ κακωθήσεται ἐπ' ἐσχάτων
— 26. B κ. σκληρὰ βαρυνθήσεται ἐπ' ἐσχάτων
— 27. καρδία σκληρὰ βαρυνθήσεται πόνοις
— 29. καρδία συνετοῦ διανοηθήσεται παραβολήν [S^1 ἐν παραβολῇ]
4. 3. καρδίαν παροργισμένην μὴ προσταράξῃς
5. 2. B S^2 τοῦ πορεύεσθαι ἐν ἐπιθυμίαις καρδίας σου
6. 37. αὐτὸς στηριεῖ τὴν κ. σου
7. 27. ἐν ὅλῃ καρδίᾳ [A δυνάμει, A S add. σου] δόξασον τὸν πατέρα σου
8. 2. καρδίας βασιλέων ἐξέκλινε
— 19. παντὶ ἀνθρώπῳ μὴ ἔκφαινε σὴν κ. [A S κ. σου]
9. 1. S μηδὲ διδάξῃς ἐπὶ σεαυτὸν καρδίαν [A B παιδείαν] πονηράν
10. 12. ἀπὸ τοῦ ποιήσαντος αὐτὸν ἀπέστη ἡ κ. αὐ.
11. 30. οὕτως καρδία ὑπερηφάνου
12. 16. ἐν τῇ [S^1 om.] κ. αὐτοῦ βουλεύσεται
13. 25. καρδία ἀνθρώπου ἀλλοιοῖ τὸ πρόσωπον αὐ.
— 26. ἴχνος καρδίας ἐν ἀγαθοῖς πρόσωπον ἱλαρόν
14. 21. ὁ διανοούμενος τὰς ὁδοὺς αὐ. ἐν καρδίᾳ αὐ.
16. 20. ἐπ' αὐτοῖς οὐ διανοηθήσεται καρδία
— 23. ἐλαττούμενος καρδίᾳ διανοεῖται ταῦτα
— 24. ἐπὶ τῶν λόγων μου πρόσεχε τῇ κ. σου
17. 6. καρδίαν ἔδωκε διανοεῖσθαι αὐτοῖς
— 8. ἔθηκε τὸν ὀφθ. αὐ. ἐπὶ τὰς κ. αὐ.
19. 4. ὁ ταχὺ ἐμπιστεύων κοῦφος καρδίᾳ
— 5. ὁ εὐφραινόμενος καρδίᾳ [S^1 πονηρὰ] καταγνωσθήσεται
— 6. A ὁ μισῶν λαλιὰν ἐλαττονοῦται καρδίᾳ [B S κακίᾳ]
21. 6. ἐπιστρέψει ἐν καρδίᾳ
— 17. τοὺς λόγους αὐ. διανοηθήσεται ἐν καρδίᾳ
— 26. ἐν στόματι μωρῶν ἡ [B^1 ἐν] κ. αὐ. καρδία δὲ σοφῶν [A φρονίμων] στόμα αὐτῶν
22. 16. κ. ἐστηριγμένη ἐπὶ διανοήματος βουλῆς
— 17. κ. ἡδρασμένη ἐπὶ διανοίας [A S^2 -ᾳ] συνέσεως
— 18. καρδία δειλὴ ἐπὶ διανοήματος μωροῦ
— 19. ὁ νύσσων καρδίαν ἐκφαίνει αἴσθησιν
23. 2. τίς ἐπιστήσει . . . ἐπὶ τῆς κ. μου παιδείαν σοφίας
25. 7. ἐννέα ὑπονοήματα ἐμακάρισα ἐν καρδίᾳ [A τῇ κ., A S add. μου]
— 13. πᾶσαν πληγὴν καὶ μὴ πληγὴν καρδίας
— 23. καρδία ταπεινὴ . . . καὶ πληγὴ καρδίας γυνὴ πονηρά
26. 4. πλουσίου δὲ καὶ πτωχοῦ καρδία ἀγαθή
— 5. ἀπὸ τριῶν εὐλαβήθη ἡ [A om.] κ. μου
— 6. ἄλγος καρδίας καὶ πένθος γυνὴ ἀντίζηλος ἐπὶ γυναικί
— 28. ἐπὶ δυσὶ λελύπηται ἡ κ. μου
27. 6. οὕτως λόγος ἐνθυμήματος καρδίας [A -ᾳ] ἀνθρώπου
30. 16. οὐκ ἔστιν εὐφροσύνη ὑπὲρ χαρὰν [A S^1 χάριν] καρδίας
— 22. εὐφροσύνη καρδίας ζωὴ ἀνθρώπου
— 23. παρακάλει τὴν κ. σου
31 (34). 5. ὡς ὠδινούσης φαντάζεται καρδία
— 6. μὴ δῷς εἰς αὐτὰ τὴν κ. σου
33. 13 (30. 27). λαμπρὰ καρδία καὶ ἀγαθή
34 (31). 26. οὕτως οἶνος καρδίας ἐν μάχῃ ὑπερηφάνων
— 28. ἀγαλλίαμα καρδίας καὶ εὐφροσύνη ψυχῆς
36. 24 (21). οὕτως καρδία συνετὴ λόγους ψευδεῖς
— 25 (22). καρδία στρεβλὴ δώσει λύπην
37. 13. βουλὴν καρδίας [S^1 -αν] στῆσον
— 17. ἴχνος ἀλλοιώσεως καρδίας [B^1 S^1 -α]
38. 10. ἀπὸ πάσης ἁμαρτίας καθάρισον καρδίαν
— 18. λύπη καρδίας κάμψει ἰσχύν
— 19. βίος πτωχοῦ κατὰ καρδίας
— 20. μὴ δῷς εἰς λύπην τὴν κ. σου
— 26. καρδίαν αὐτοῦ δώσει ἐκδοῦναι αὔλακας
— 27. καρδίαν αὐ. δώσει εἰς ὁμοιῶσαι ζωγραφίαν
— 28. καρδίαν αὐτοῦ δώσει εἰς συντέλειαν ἔργων
— 30. καρδίαν ἐπιδώσει [S αὐτοῦ δώσει] συντελέσαι τὸ χρίσμα [B^1 χάρισμα]
39. 5. τὴν κ. αὐτοῦ ἐπιδώσει ὀρθρίσαι πρὸς κύριον
— 35. ἐν πάσῃ καρδίᾳ καὶ στόματι ὑμνήσατε
40. 2. τοὺς διαλογισμοὺς αὐτῶν καὶ φόβον καρδίας
— 6. τεθορυβημένος ἐν ὁράσει [B^2 θράσει] καρδίας αὐτοῦ
— 20. οἶνος καὶ μουσικὰ εὐφραίνουσι καρδίαν
— 26. χρήματα καὶ ἰσχὺς ἀνυψώσουσι καρδίαν
42. 18. ἄβυσσον καὶ καρδίαν ἐξίχνευσε
43. 18. ἐπὶ τοῦ ὑετοῦ αὐτῆς ἐκστήσεται καρδία

Si. 45. 26. δῴη ὑμῖν σοφίαν ἐν καρδίᾳ ὑμῶν
46. 11. ὅσων οὐκ ἐξεπόρνευσεν ἡ κ.
47. 8. ῥήματι δόξης ἐν πάσῃ καρδίᾳ αὐτοῦ ὕμνησε
48. 10. ἐπιστρέψαι καρδίαν πατρὸς πρὸς υἱόν
— 19. ἐσαλεύθησαν καρδίαι καὶ χεῖρες αὐτῶν
49. 3. κατεύθυνε πρὸς κύριον τὴν κ. [A ὁδὸν] αὐ.
50. 23. δῴη ἡμῖν εὐφροσύνην καρδίας [S^1 -αν]
— 27. ἀνώμβρησε σοφίαν ἀπὸ καρδίας αὐτοῦ
— 28. ὁ θεὶς αὐτὰ ἐπὶ καρδίαν αὐτοῦ
51. 15. εὐφράνθη ἡ κ. μου ἐν αὐτῇ
— 20. καρδίαν ἐκτησάμην μετ' αὐτῶν [A -ῆς]
Ho. 2. 14 (16). καὶ λαλήσω ἐπὶ τὴν κ. αὐτῆς (4 a)
4. 11. μέθυσμα ἐδέξατο καρδία λαοῦ μου (4 a)
7. 2. ὅπως συνᾴδωσιν ὡς ᾄδοντες τῇ κ. αὐ. [A al.] (4 b)
— 6. διότι ἀνεκαύθησαν ὡς κλίβανος αἱ κ. αὐ. (4 a)
— 7. ὡς κλίβανος [A add. πυρὸς καιομένου αἱ κ. αὐ.] -
— 11. ὡς περιστερὰ ἄνους οὐκ ἔχουσα καρδίαν (4 a)
— 14. καὶ οὐκ ἐβόησαν πρὸς μὲ αἱ κ. αὐτῶν (4 a)
10. 2. ἐμέρισαν καρδίας αὐτῶν (4 a)
11. 8. μετεστράφη ἡ καρδία μου ἐν τῷ αὐτῷ (4 a)
13. 6. καὶ ὑψώθησαν αἱ κ. αὐτῶν (4 a)
— 8. καὶ διαρρήξω συγκλεισμὸν καρδίας αὐ. (4 a)
Am. 2. 16. ὁ κραταιὸς οὐ μὴ [A om. ὁ κρ. οὐ μή, B^2 om. οὐ μὴ] εὑρήσει τὴν κ. αὐτοῦ (4 a)
Jl. 2. 12. ἐπιστράφητε πρὸς μὲ ἐξ ὅλης τῆς κ. ὑμῶν (4 b)
— 13. καὶ διαρρήξατε τὰς κ. ὑμῶν (4 b)
Ob. 1. 3. ὑπερηφανία τῆς κ. σου ἐπῆρέ σε (4 a)
— 3. λέγων ἐν καρδίᾳ [A τῇ κ.] αὐτοῦ (4 a)
Jn. 2. 4. ἀπέρριψάς με εἰς βάθη καρδίας θαλάσσης (4 b)
Na. 2. 7 (8). περιστεραὶ φθεγγόμεναι ἐν καρδίαις [A ταῖς κ.] αὐτῶν (4 b)
— 10 (11). ἐκβρασμὸς καὶ καρδίας θραυσμός (4 a)
Hb. 1. 15. χαρήσεται ἡ κ. αὐ. [S^2 om. ἡ κ. αὐ.] -
2. 16. καρδία σαλεύθητι καὶ σείσθητι [S^2 al.] -
3. 16. ἐπτοήθη ἡ κοιλία [S^2 καρδία] μου ἀπὸ φωνῆς (1)
Ze. 1. 12. οἱ δὲ λέγοντες ἐν ταῖς κ. αὐτῶν [A om. ἐν τ. κ. αὐ.] (4 b)
3. 1 (2. 15). ἡ λέγουσα ἐν καρδίᾳ αὐτῆς (4 b)
— 14. κατατέρπου ἐξ ὅλης τῆς καρδίας σου (4 a)
Hg. 1. 5. τάξατε δὴ τὰς κ. ὑμῶν εἰς τὰς ὁδοὺς ὑμῶν (4 b)
— 7. θέσθε τὰς κ. ὑμῶν εἰς τὰς ὁδοὺς ὑμῶν (4 b)
2. 16 (15). θέσθε δὴ εἰς [A S^3 ἐπὶ] τὰς κ. ὑμῶν (4 b)
— 19 (18). ὑποτάξατε [A S^2 τάξατε] δὴ τὰς κ. ὑμῶν (4 b)
— 19 (18). θέσθε ἐν ταῖς κ. ὑμῶν (4 b)
Za. 7. 10. κακίαν . . . μὴ μνησικακείτω ἐν ταῖς κ. ὑμῶν (4 b)
— 12. καὶ τὴν κ. [S^1 τὰς κ.] αὐτῶν ἔταξαν ἀπειθῆ (4 a)
8. 17. κακίαν . . . μὴ λογίζεσθε ἐν ταῖς κ. ὑμῶν (4 b)
10. 7. καὶ χαρήσεται ἡ κ. αὐτῶν ὡς ἐν οἴνῳ (4 a)
— 7. καὶ χαρεῖται ἡ κ. αὐτῶν [A αὐτῷ ἡ κ.] ἐπὶ τῷ κυρίῳ (4 a)
12. 5. ἐροῦσιν οἱ χιλίαρχοι Ἰ. ἐν ταῖς κ. αὐ. (4 a)
Ma. 1. 1. θέσθε δὴ ἐπὶ τὰς κ. ὑμῶν -
2. 2. ἐὰν μὴ θῆσθε εἰς τὴν κ. ὑμῶν [S^2 al.] (4 a)
— 2. οὐ τίθεσθε εἰς [S^3 ἐπὶ] τὴν κ. ὑμῶν (4 a)
4. 6 (3. 24). ἀποκαταστήσει καρδίαν πατρὸς πρὸς υἱὸν καὶ καρδίαν ἀνθρώπου πρὸς τὸν πλησίον αὐ. (4 a, 4 a)
Is. 1. 5. πᾶσα κ. εἰς λύπην (4 b)
6. 10. ἐπαχύνθη γὰρ ἡ κ. τοῦ λαοῦ τούτου . . . καὶ τῇ κ. συνῶσι (4 a, 4 b)
9. 9 (8). ἐφ' [S ἐν] ὕβρει καὶ ὑψηλῇ καρδίᾳ (4 b)
14. 13. S εἶπας ἐν [B om.] τῇ κ. [A B διανοίᾳ] σου (4 b)
15. 5. ἡ κ. τῆς Μωαβίτιδος βοᾷ ἐν αὐτῇ (4 b)
19. 1. ἡ κ. αὐτῶν ἡττηθήσεται ἐν αὐτοῖς [A al.] (4 b)
21. 4. ἡ κ. μου πλανᾶται (4 b)
29. 13. ἡ δὲ κ. αὐτῶν πόρρω ἀπέχει ἀπ' ἐμοῦ (4 b)
32. 4. A ἡ κ. τῶν ἀσθενῶν προσέξει τοῦ ἀκούειν [B S al.] (4 b)
— 6. ἡ κ. αὐ. μάταια νοήσει (4 b)
38. 3. ἐπορεύθην . . . ἐν καρδίᾳ ἀληθινῇ (4 a)
40. 2. λαλήσατε εἰς τὴν κ. Ἰερουσαλήμ (4 a)
44. 18. τοῦ νοῆσαι τῇ κ. αὐτῶν (4 a)
● — 19. A S οὐκ ἐλογίσατο τῇ κ. [B ψυχῇ] (4 a)
— 20. σποδὸς ἡ κ. αὐ. (4 a)

Is. 44. 25. τίς ἕτερος διασκεδάσει . . . μαντείας ἀπὸ καρδίας [A al.] †
46. 8. ἐπιστρέψατε τῇ κ. (4 a)
— 12. ἀκούσατέ μου οἱ ἀπολωλεκότες τὴν κ. (4 a)
47. 7. οὐκ ἐνόησας ταῦτα ἐν τῇ κ. σου (4 a)
— 8. ἡ λέγουσα ἐν καρδίᾳ [A S^2 τῇ κ.] αὐτῆς (4 b)
— 10. εἶπας τῇ κ. σου (4 a)
49. 21. ἐρεῖς ἐν τῇ κ. σου (4 b)
51. 7. λαὸς οὗ ὁ νόμος μου ἐν τῇ καρδίᾳ ὑμῶν (4 a)
57. 1. οὐδεὶς ἐκδέχεται [S . . . ἐκδ.] τῇ κ. (4 a [9])
— 11. οὐδὲ ἔλαβές με . . . εἰς τὴν κ. σου (4 a)
— 15. διδοὺς ζωὴν τοῖς συντετριμμένοις τὴν κ. (4 a)
— 17. ἐπορεύθη στυγνὸς ἐν ταῖς ὁδοῖς [S^2 τῇ κ.] αὐ. (2+4 a)
59. 13. ἐμελετήσαμεν ἀπὸ καρδίας ἡμῶν λόγους ἀδίκους (4 a)
— 21. S^1 ἃ ἔδωκα εἰς τὴν κ. [A B S^2 τὸ στόμα] σου †
60. 5. ἐκστήσῃ τῇ κ. (4 b)
61. 1. ἰάσασθαι τοὺς συντετριμμένους τὴν κ. [A S τῇ κ.] (4 a)
63. 17. ἐσκλήρυνας τὰς κ. ἡμῶν (4 a)
65. 14. κεκράξεσθε διὰ τὸν πόνον τῆς κ. ὑμῶν (4 a)
— 16. οὐκ ἀναβήσεται αὐτῶν ἐπὶ τὴν κ. †
— 17. οὐ μὴ ἐπέλθῃ αὐτῶν ἐπὶ τὴν κ. (4 a)
66. 14. χαρήσεται ἡ κ. ὑμῶν (4 a)
Je. 3. 10. οὐκ ἐπεστράφη [A ἀπ.] . . . ἐξ ὅλης τῆς κ. αὐτῆς (4 a)
— 15. δώσω ὑμῖν ποιμένας κατὰ τὴν κ. μου (4 a)
— 16. οὐκ ἀναβήσεται ἐπὶ τὴν κ. (4 a)
— 17. τῶν ἐνθυμημ. [A ἐπιθ.] τῆς κ. αὐ. τῆς πον. (4 a)
4. 9. ἀπολεῖται ἡ κ. τοῦ βασιλέως καὶ ἡ κ. τῶν ἀρχόντων (4 a, 4 a)
— 14. ἀπόπλυνε ἀπὸ κακίας τὴν κ. σου (4 a)
— 18. ἥψατο ἕως τῆς κ. σου (4 a)
— 19. τὰ αἰσθητήρια τῆς κ. μου (4 a)
— 19. A B S^2 σπαράσσεται ἡ κ. μου (4 a)
5. 23. τῷ λαῷ τούτῳ ἐγενήθη κ. ἀνήκοος καὶ ἀπειθής (4 a)
— 24. οὐκ εἶπον ἐν τῇ κ. αὐτῶν (4 b)
7. 24. τοῖς ἐνθυμήμασι [A ἐπιθ.] τῆς κ. [S^1 τῶν κ.] αὐτῶν τῆς κακῆς (4 a)
— 31. οὐ διενοήθην ἐν τῇ κ. μου (4 a)
8. 18. μετ' ὀδύνης καρδίας ὑμῶν ἀπορουμένης (4 a)
9. 8 (7). A βολὶς τιτρώσκουσα ἡ κ. [B S γλῶσσα] αὐτῶν †
— 14 (13). τῶν ἀρεστῶν [A ἐρασ.] τῆς κ. αὐτῶν τῆς κακῆς (4 a)
— 26 (25). πᾶς οἶκος Ἰσραὴλ ἀπερίτμητοι [A S -οι] καρδίας αὐτῶν (4 a)
11. 20. δοκιμάζων νεφροὺς καὶ καρδίας (4 a)
12. 3. δεδοκίμακας τὴν κ. μου ἐναντίον σου (4 a)
— 11. οὐκ ἔστιν ἀνὴρ τιθέμενος ἐν καρδίᾳ (4 a)
13. 22. ἐὰν εἴπῃς ἐν τῇ κ. σου (4 b)
14. 14. προαιρέσεις καρδίας αὐτῶν (4 a)
15. 16. εἰς εὐφροσύνην καὶ χαρὰν καρδίας μου (4 b)
16. 12. τῶν ἀρεστῶν [A ἐρασ.] τῆς κ. ὑμῶν τῆς πονηρᾶς (4 a)
17. 5. καὶ ἀπὸ κυρίου ἀποστῇ ἡ κ. αὐτοῦ (4 a)
— 9. βαθεῖα ἡ κ. παρὰ πάντα (4 a)
— 10. ἐγὼ κύριος ἐτάζων καρδίας (4 a)
18. 12. τὰ ἀρεστὰ τῆς κ. αὐτοῦ τῆς πονηρᾶς (4 a)
19. 5. οὐδὲ διενοήθην ἐν τῇ κ. μου (4 a)
20. 12. συνίων νεφροὺς καὶ καρδίας (4 a)
22. 17. οὐδὲ ἡ κ. σου καλή (4 a)
23. 9. συνετρίβη ἡ κ. μου ἐν ἐμοί (4 a)
— 16. ἀπὸ καρδίας αὐτῶν λαλοῦσι (4 a)
— 17. παντὶ τῷ πορευομ. πλάνῃ καρδίας αὐ. (4 a)
— 20. ἀπὸ ἐγχειρήματος καρδίας αὐτοῦ (4 a)
— 26. A R ἕως πότε ἔσται ἐν καρδίᾳ τῶν προφητῶν . . . ἐν τῷ προφητεύειν αὐτοὺς τὰ θελήματα τῆς [B S om.] κ. αὐ. (4 a, 4 a)
24. 7. δώσω αὐτοῖς καρδίαν τοῦ εἰδέναι αὐτοὺς ἐμὲ . . . ἐπιστραφήσονται ἐπ' ἐμὲ ἐξ ὅλης τῆς κ. αὐτῶν (4 a, 4 a)
28 (51). 50. Ἱερ. ἀναβήτω ἐπὶ τὴν κ. ὑμῶν (4 b)
29 (49). 16. ἰταμία καρδίας σου κατέλυσε τρυμαλιὰς πετρῶν (4 a)
— 22. ἔσται ἡ κ. τῶν ἰσχυρῶν τῆς Ἰδουμαίας . . . ὡς κ. γυναικὸς ὠδινούσης (4 a, 4 a)
31 (48). 29. ὑψώθη ἡ κ. αὐτοῦ (4 a)
— 36. κ. τοῦ Μωὰβ ὥσπερ αὐλοὶ βομβήσουσι κ. μου ἐπ' ἀνθρώπους . . . βομβήσει (4 a, 4 a)
36 (29). 13. ἐν ὅλῃ καρδίᾳ ὑμῶν [A om.] (4 b)

● = correction on page xxvi

Je. 37 (30). 21. ὃς ἔδωκε τὴν κ. αὐτοῦ ἀποστρέψαι [A ἐπισ.] πρὸς μέ (4 *a*)
— 24. ἐγχείρημα καρδίας αὐτοῦ (4 *a*)
38 (31). 21. δὸς καρδίαν σου εἰς τοὺς ὤμους (4 *a*)
— 33. δώσω νόμους μου εἰς τὴν διάνοιαν [S[1] καρδίαν] αὐ. καὶ ἐπὶ καρδίας [A τὰς κ., S -αν] αὐ. γράψω [A ἐπιγρ.] αὐτούς (8, 4 *a*)
39 (32). 35. οὐκ ἀνέβη ἐπὶ καρδίαν [A τὴν κ.] μου (4 *a*)
— 39. δώσω αὐτοῖς . . . καρδίαν ἑτέραν (4 *a*)
— 40. τὸν φόβον μου δώσω εἰς τὴν κ. αὐτῶν (4 *b*)
— 41. φυτεύσω αὐτοὺς . . . ἐν πάσῃ κ. [S[1] *al.*] (4 *a*)
51 (44). 21. ἀνέβη ἐπὶ τὴν [S[2] *om.*] κ. αὐτοῦ (4 *a*)
Ba. 1. 22. ᾠχόμεθα ἕκαστος ἐν διανοίᾳ καρδίας αὐτοῦ [A ἡμῶν] τῆς πονηρᾶς
2. 8. τοῦ ἀποστρέψαι ἕκαστον ἀπὸ τῶν νοημάτων τῆς κ. αὐ. τῆς πονηρᾶς
— 30. ἐπιστρέψουσιν ἐπὶ καρδίαν αὐτῶν
— 31. δώσω αὐτοῖς καρδίαν καὶ ὦτα ἀκούοντα
3. 7. ἔδωκας τὸν φόβον σου ἐπὶ καρδίαν ἡμῶν . . . ἀπεστρέψαμεν ἀπὸ καρδίας [A B[2] ἐπὶ καρδίαν] ἡμῶν πᾶσαν ἀδικίαν
La. 1. 20. ἡ κ. μου ἐστράφη ἐν ἐμοί (4 *a*)
— 22. ἡ κ. μου λυπεῖται (4 *a*)
2. 11. ἐταράχθη ἡ κ. μου (5)
— 18. ἐβόησε κ. αὐτῶν πρὸς κύριον (4 *a*)
— 19. ἔκχεον ὡς ὕδωρ καρδίαν σου (4 *a*)
3. 21. ταύτην τάξω εἰς τὴν κ. μου (4 *a*)
— 33. οὐκ ἀπεκρίθη ἀπὸ καρδίας αὐτοῦ (4 *a*)
— 41. ἀναλάβωμεν καρδίας ἡμῶν ἐπὶ χειρῶν πρὸς ὑψηλόν (4 *b*)
— 65. ἀποδώσεις αὐτοῖς ὑπερασπισμὸν καρδίας μόχθον (4 *a*)
5. 15. κατέλυσε χαρὰ καρδίας ἡμῶν (4 *a*)
— 17. ἐγενήθη ὀδύνη [A *om.*] ὀδυνηρὰ ἡ κ. ἡμῶν (4 *a*)
Ep. Je. 20. τὰς δὲ κ. αὐτῶν φασιν ἐκλείχεσθαι τῶν ἀπὸ τῆς γῆς ἑρπετῶν
Ez. 3. 10. πάντας τοὺς λόγους . . . λάβε εἰς τὴν κ. σου (4 *b*)
6. 9. ὀμώμοκα τῇ κ. αὐτῶν (4 *a*)
11. 19. δώσω αὐτοῖς κ. ἑτέραν (4 *a*)
— 19. ἐκσπάσω τὴν κ. τὴν λιθίνην ἐκ τῆς σαρκὸς αὐτῶν (4 *a*)
— 20. δώσω αὐτοῖς καρδίαν σαρκίνην (4 *a*)
— 21. εἰς τὴν κ. [A κατὰ τὰς κ.] τῶν βδελυγμάτων αὐτῶν (4 *a*)
— 21. ὡς ἡ κ. αὐτῶν ἐπορεύετο (4 *a*)
13. 2. A τοῖς προφήταις τοῖς προφητεύουσιν ἀπὸ καρδίας αὐτῶν (4 *a*)
— 3. οὐαὶ τοῖς προφητεύουσιν ἀπὸ καρδίας αὐτῶν †
— 17. τὰς προφητευούσας ἀπὸ καρδίας αὐτῶν (4 *a*)
— 22. διεστρέφετε [A διασ.] καρδίαν δικαίου (4 *a*)
14. 3. ἔθεντο τὰ διανοήματα αὐ. ἐπὶ τὰς κ. αὐ. (4 *a*)
— 4. ὃς ἂν θῇ τὰ διανοήματα αὐ. ἐπὶ τὴν κ. αὐ. (4 *a*)
— 5. κατὰ τὰς κ. αὐ. τὰς ἀπηλλοτριωμένας ἀπ' ἐμοῦ (4 *a*)
— 7. καὶ θῆται τὰ ἐνθυμήματα αὐτοῦ ἐπὶ τὴν κ. αὐτοῦ (4 *a*)
17. 22. A λήψομαι . . . καρδίας αὐ. [B *al.*] –
— 22. καρδίας αὐτῶν ἀποκνιῶ †
18. 31. ποιήσατε ἑαυτοῖς καρδίαν καινήν (4 *a*)
20. 16. τῶν ἐνθυμημ. καρδίας [A τῶν κ.] αὐ. (4 *a*)
21. 7 (12). θραυσθήσεται πᾶσα κ. (4 *a*)
— 15 (20). ὅπως μὴ θραυσθῇ ἡ κ. [A ὅ. θραυσθήσεται πᾶσα κ.] (4 *a*)
22. 14. εἰ ὑποστήσεται ἡ κ. σου (4 *a*)
27. 4. ἐν καρδίᾳ θαλάσσης . . . περιέθηκάν σοι κάλλος (4 *a*)
— 25. ἐβαρύνθης σφόδρα ἐν καρδίᾳ θαλάσσης (4 *a*)
— 26. συνέτριψέ σε ἐν καρδίᾳ [A μέσῳ] θαλάσσης
— 27. πεσοῦνται ἐν καρδίᾳ θαλάσσης (4 *a*)
28. 2. ὑψώθη σου ἡ κ. . . . κατοικίαν θεοῦ κατῴκηκα ἐν καρδίᾳ θαλάσσης . . . ἔδωκας τὴν κ. σου ὡς καρδίαν θεοῦ (4 *a quater*)
— 5. ὑψώθη ἡ κ. σου ἐν τῇ δυνάμει σου (4 *b*)
— 6. δέδωκας τὴν κ. σου ὡς καρδίαν θεοῦ (4 *b*, 4 *a*)
— 8. ἀποθανῇ θανάτῳ τραυματιῶν ἐν καρδίᾳ θαλάσσης (4 *a*)
— 17. ὑψώθη ἡ κ. σου ἐπὶ τῷ κάλλει σου (4 *a*)
29. 16. A ἐν τῷ αὐτοὺς ἀκολουθῆσαι ὀπίσω τῶν κ. [B *om.* τ. κ.] αὐτῶν –
32. 9. παροργιῶ καρδίαν λαῶν πολλῶν (4 *a*)
33. 31. ὀπίσω τῶν μιασμάτων ἡ κ. αὐτῶν (4 *a*)
36. 26. δώσω ὑμῖν καρδίαν καινὴν . . . ἀφελῶ τὴν κ. τὴν λιθίνην . . . δώσω ὑμῖν καρδίαν σαρκίνην (4 *a ter*)
38. 10. ἀναβήσεται ῥήματα ἐπὶ τὴν κ. σου (4 *b*)
40. 4. τάξον εἰς τὴν κ. σου πάντα (4 *a*)
44. 5. τάξον εἰς τὴν κ. σου . . . τάξεις τὴν κ. σου (4 *a*, 4 *a*)
— 7. τοῦ εἰσαγαγεῖν ὑμᾶς . . . ἀπεριτμήτους καρδίᾳ (4 *a*)
— 9. πᾶς υἱὸς ἀλλογενὴς ἀπερίτμητος καρδίᾳ (4 *a*)
Da. LXX. Su. 35. ἡ δὲ κ. αὐτῆς ἐπεποίθει ἐπὶ κυρίῳ
1. 8. ἐνεθυμήθη Δανιὴλ ἐν τῇ κ. (4 *a*)
2. 30. ἃ ὑπέλαβες τῇ κ. σου ἐν γνώσει (4 *c*)
3. (41). ἐξακολουθοῦμεν ἐν ὅλῃ κ. ἡμῶν
— (87). ὅσιοι καὶ ταπεινοὶ καρδίᾳ
4. 19. ὑψώθη σου ἡ κ. ὑπερηφανίᾳ –
— 25. τοὺς λόγους ἐν τῇ κ. συνετήρησε –
— 31. ἠλλοιώθη . . . ἡ κ. μου –
5. 2. ἀνυψώθη ἡ κ. αὐτοῦ –
7. 4. ἀνθρωπίνη κ. ἐδόθη αὐτῇ (4 *c*)
— 28. τὸ ῥῆμα ἐν καρδίᾳ μου ἐστήριξα (4 *a*)
8. 25. ἡ κ. αὐτοῦ ὑψωθήσεται (4 *b*)
11. 12. ὑψωθήσεται ἡ κ. (4 *b*)
— 25. ἐγερθήσεται . . . ἡ κ. αὐ. (4 *b*)
— 28. ἡ κ. αὐτοῦ ἐπὶ τὴν διαθήκην τοῦ ἁγίου (4 *b*)
Da. TH. Su. 35. ἦν ἡ κ. αὐτῆς πεποιθυῖα ἐπὶ κυρίῳ
— 56. ἐπιθυμία διέστρεψε τὴν κ. σου
1. 8. ἔθετο Δαν. ἐπὶ τὴν κ. αὐτοῦ (4 *a*)
2. 30. ἵνα τοὺς διαλογισμοὺς τῆς κ. σου γνῷς (4 *c*)
3. (41). ἐξακολουθοῦμεν ἐν ὅλῃ κ.
— (87). ὅσιοι καὶ ταπεινοὶ τῇ [A *om.*] κ.
4. 13. ἡ κ. αὐτοῦ ἀπὸ τῶν ἀνθρώπων ἀλλοιωθήσεται καὶ καρδία θηρίου δοθήσεται αὐτῷ (4 *c*, 4 *c*)
5. 20. ὅτε ὑψώθη ἡ κ. αὐτοῦ (4 *c*)
— 21. ἡ κ. αὐτοῦ μετὰ τῶν θηρίων ἐδόθη (4 *c*)
— 22. οὐκ ἐταπείνωσας τὴν κ. σου (4 *c*)
7. 4. καρδία ἀνθρώπου ἐδόθη αὐτῇ (4 *c*)
— 28. τὸ ῥῆμα ἐν τῇ κ. μου διετήρησα (4 *a*)
8. 25. ἐν καρδίᾳ αὐτοῦ μεγαλυνθήσεται (4 *b*)
10. 12. ἧς ἔδωκας τὴν κ. σου τοῦ συνεῖναι (4 *a*)
11. 12. ὑψωθήσεται [A ὑπερυψ.] ἡ κ. αὐτοῦ (4 *b*)
— 25. ἐξεγερθήσεται . . . ἡ κ. αὐτοῦ (4 *b*)
— 27. αἱ κ. αὐτῶν εἰς πονηρίαν (4 *b*)
— 28. καὶ ἡ κ. αὐτοῦ ἐπὶ διαθήκην ἁγίαν (4 *b*)
I Ma. 1. 3. ἐπήρθη ἡ κ. αὐτοῦ
6. 10. συμπέπτωκα τῇ κ.
— 11. εἶπα τῇ κ.
8. 25. ὡς ἂν ὁ καιρὸς ὑπογραφῇ αὐτοῖς κ. πλήρει
9. 7. συνετρίβη τῇ κ.
— 14. πάντες οἱ εὔψυχοι τῇ κ.
12. 28. S R ἔπτηξαν τῇ κ. [A τὴν κ.] αὐτῶν
16. 13. ὑψώθη ἡ κ. αὐτοῦ
II Ma. 1. 3. δῴη ὑμῖν καρδίαν πᾶσιν
— 3. ποιεῖν αὐτοῦ τὰ θελήματα κ. μεγάλῃ
— 4. διανοίξαι τὴν κ. ὑμῶν
2. 3. μὴ ἀποστῆναι τὸν νόμον ἀπὸ τῆς κ. αὐτῶν
3. 17. τὸ κατὰ καρδίαν ἐνεστὸς ἄλγος
5. 21. διὰ τὸν μετεωρισμὸν τῆς κ.
15. 27. R ταῖς δὲ κ. [A *om.*] πρὸς τὸν θεὸν εὐχόμενοι
III Ma. 4. 2. στεναγμοῖς πεπυρωμένης παντόθεν αὐτῶν τῆς κ.
5. 47. βουλόμενος ἀτρώτῳ κ. . . . θεάσασθαι
IV Ma. 7. 18. ὅσοι τῆς εὐσεβείας προνοοῦσιν ἐξ ὅλης κ.
13. 13. ἑαυτοὺς . . . τῷ θεῷ ἀφιερώσωμεν ἐξ ὅλης τῆς κ.

[**Aq.** Ge. 6. 7 (6) : 8. 21 : 34. 3 : Ex. 9. 14 : 28. 29, 30 : 35. 22 : 36. 2 : Dt. 8. 14 : 10. 16 : 28. 65 : Jd. 5. 16 : III Ki. 11. 3 : 14. 8 : 15. 14 : Jb. 1. 5 : 31. 27 : Ps. 4. 5 : 9. 38 (10. 17) : 26 (27). 14 : 27 (28). 3, 7 : 31 (32). 11 : 32 (33). 15 : 37 (38). 9 : 54 (55). 5 : 63 (64). 7 : 65 (66). 18 : 68 (69). 21 : 72 (73). 7, 13 : 77 (78). 72 : 80 (81). 13 : 85 (86). 11 : 93 (94). 15 : 118 (119). 70 : Pr. 2. 10 : 6. 25, 32 : 10. 21 : 14. 33 : 17. 3 : 22. 15 : 24. 12, 17 : 26. 25 : Ec. 2. 3 : 7. 3 (2), 23 (22) : Is. 35. 4 : 41. 22 : 65. 14, 17 : Je. 8. 18 : 13. 10 : 17. 1, 9 : 20. 9 : 48 (31). 41 *bis* : 49. 16 (29. 17) : 51 (28). 1 : Ez. 13. 2 : 14. 3 : 20. 16 : 31. 10 : Ho. 7. 2 : Am. 2. 16 : Jn. 2. 4.]
[**Sm.** Ex. 9. 14 : Jd. 5. 16 : III Ki. 15. 14 : Jb. 15. 12 : 17. 4 : 31. 27 : 37. 1 : Ps. 4. 5 : 9. 27 (10. 6), 38 (10. 17) : 11 (12). 3 : 26 (27). 7, 14 : 27 (28). 7 : 32 (33). 15 : 35 (36). 2, 11 : 38 (39). 4 : 40 (41). 7 : 43 (44). 19 : 44 (45). 2, 6 : 47 (48). 14 : 50 (51). 19 : 54 (55). 5, 22 : 56 (57). 8 : 60 (61). 3 : 61 (62). 11 : 63 (64). 7 : 65 (66). 18 : 68 (69). 21 : 72 (73). 1, 7, 21 : 75 (76). 6 : 76 (77). 7 : 77 (78). 8, 72 : 80 (81). 13 : 85 (86). 11 : 103 (104). 15 *bis* : 111 (112). 7 : 118 (119). 70 : 140 (141). 4 : Pr. 2. 10 : 4. 4 : 6. 25 : 8. 5 : 14. 13 : 15. 21 : 17. 3 : 19. 3 : 20. 9 : 22. 15 : 24. 17 : 25. 20 : 26. 25 : Ec. 1. 13 : 2. 3 *bis* : 7. 22 (21), 23 (22) : 8. 11 : Is. 6. 10 : 32. 4 : 40. 2 : 41. 22 : 63. 4 : 65. 14, 17 : Je. 8. 18 : 16. 12 : 17. 1, 9 : 20. 9 : 32 (39). 41 : 49. 16 (29. 17) : Ez. 16. 30 : 31. 14.]
[**Th.** Ge. 8. 21 : Ex. 36. 2, 8 : Dt. 8. 14 : III Ki. 15. 14 : Jb. 15. 12 : 17. 4 : 29. 13 : 31. 27 : 36. 5, 13 : 37. 1 : Ps. 7. 10 : 10 (11). 2 : 27 (28). 7 : 63 (64). 7 : 93 (94). 15 : Pr. 2. 10 : 3. 3 : 6. 25 : 10. 13 : 12. 25 : 14. 33 : 17. 3 : 22. 15 : 24. 17 : 26. 25 : Ec. 7. 3 (2) : Is. 41. 22 : 65. 14, 17 : 66. 2 : Je. 10. 8 : 11. 8 : 13. 10 : 17. 1 : 20. 9 : 48 (31). 41 *bis* : Ez. 13. 2 : 20. 16 : 31. 10 : Da. 2. 30 : 3. (41) : Jn. 2. 4.]
[**Heb.** Ge. 8. 21 : Jb. 15. 27.]
[**Al.** Ex. 8. 15 (11) : Le. 19. 17 : Dt. 6. 5 : 28. 47, 65 : Ps. 9. 34 (10. 13) : 43 (44). 19 : 44 (45). 6 : 48 (49). 4 : 100 (101). 4 : Pr. 6. 21 : 19. 8.]
[**Quint.** Ps. 27 (28). 7.]

καρδιοῦν. (1) לִבֵּב pi.

Ca. 4. 9. ἐκαρδίωσας ἡμᾶς . . . ἐκαρδίωσας ἡμᾶς ἑνὶ [A ἐν ?, ἓν ?] ἀπὸ ὀφθαλμῶν σου (1, 1)

καρησίμ, *vid.* **καραισείμ.**

κάρος.

[**Sm.** Ge. 2. 21 : 15. 12 : I Ki. 26. 12.]

καροῦσθαι. (1) עָלַז

Je. 28 (51). 39. μεθύσω αὐτοὺς ὅπως καρωθῶσι [S καθάρωσι] (1 ?)
[**Aq.** Hb. 2. 16.]
[**Sm.** Jd. 4. 21 : Ps. 75 (76). 7.]

καροῦχα.

[**Sm.** Is. 66. 20.]

καρπάσινος (-σιος). (1) כַּרְפַּס

Es. 1. 6. βυσσίνοις καὶ καρπασίνοις [S[2] -ίοις] (1)
[**Aq.** Es. 1. 6.]

καρπεύειν.

[**Aq.** Ec. 12. 5.]

καρπίζεσθαι. (1) אָכַל מִתְּבוּאָה (2) פְּרִי

Jo. 5. 11. A R ἐκαρπίσαντο δὲ τὴν χώραν [B κουράν] (1)
Pr. 8. 19. βέλτιον ἐμὲ καρπίζεσθαι ὑπὲρ χρυσίον (2)

κάρπιμος. (1) פְּרִי

Ge. 1. 11. ξύλον κ. ποιοῦν καρπόν (1)
— 12. ξύλον κ. ποιοῦν καρπόν –
[**Aq.** Ec. 2. 5.]
[**Th.** Ps. 75 (76). 5.]

καρπόβρωτος. (1) מַאֲכָל

De. 20. 20. ὅτι οὐ καρπόβρωτόν ἐστι (1)

καρπός (*fructus*). (1) אֵב (2) בִּכּוּרִים (3) זִמְרָה (4) יְבוּל (5) יְגִיעַ (6) יִצְהָר (7) *a.* פְּרִי *b.* פָּרָה (8) תַּאֲוָה (9) תְּבוּאָה (10) תְּנוּבָה

Ge. 1. 11, 12. ξύλον κάρπιμον ποιοῦν καρπόν (7 *a*)
— 29. ὃ ἔχει ἐν ἑαυτῷ καρπὸν σπέρματος (7 *a*)
3. 2. R ἀπὸ καρποῦ τοῦ ξύλου [A ἀ. παντὸς ξ.] (7 *a*)
— 3. R ἀπὸ δὲ τοῦ [A *om.*] κ. τοῦ ξύλου (7 *a*)
— 6. R λαβοῦσα ἀπὸ [A *om.*] τοῦ κ. αὐ. (7 *a*)
4. 3. ἤνεγκε Κ. ἀπὸ τῶν κ. τῆς γῆς (7 *a*)
30. 2. ὃς ἐστέρησέ σε καρπὸν κοιλίας (7 *a*)
43. 11. λάβετε ἀπὸ τῶν κ. τῆς γῆς (3)
Ex. 10. 12. κατέδεται . . . πάντα τὸν κ. τῶν ξύλων –
— 15. κατέφαγε . . . πάντα τὸν κ. τῶν ξύλων (7 *a*)
Le. 19. 23. ὁ κ. αὐτοῦ [A *om.* ὁ κ. αὐ.] τρία ἔτη ἔσται ὑμῖν ἀπερικάθαρτος (7 *a*)

Le. 19. 24. ἔσται πᾶς ὁ κ. αὐτοῦ ἅγιος (7 a)
— 25. φάγεσθε τὸν κ. (7 a)
23. 40. λήψεσθε . . . καρπὸν ξύλου ὡραῖον (7 a)
25. 3. συνάξεις τὸν κ. αὐτῆς (9)
26. 4. τὰ ξύλα τῶν πεδίων ἀποδώσει τὸν κ. αὐτῶν (7 a)
— 20. τὸ ξύλον . . . οὐ δώσει τὸν κ. αὐτοῦ (7 a)
27. 30. πᾶσα δεκάτη τῆς γῆς ἀπὸ . . . τοῦ κ. τοῦ ξυλίνου (7 a)
Nu. 13. 21 (20). λήψεσθε ἀπὸ τῶν κ. τῆς γῆς (7 a)
— 28 (26). ἔδειξαν τὸν κ. τῆς γῆς (7 a)
— 28 (27). οὗτος ὁ κ. αὐτῆς (7 a)
De. 1. 25. ἐλάβοσαν . . . ἀπὸ τοῦ κ. τῆς γῆς (7 a)
7. 13. εὐλογήσει . . . τὸν κ. τῆς γῆς σου (7 a)
11. 17. ἡ γῆ οὐ δώσει τὸν κ. αὐτῆς (4)
26. 2. ἀπὸ τῆς ἀπαρχῆς τῶν κ. τῆς γῆς σου (7 a)
Jd. 6. 4. B κατέφθειραν [A R διέφθ.] τοὺς κ. αὐτῶν (4)
IV Ki. 19. 29. φάγεσθε τὸν κ. αὐτῶν (7 a)
— 30. ποιήσει καρπὸν ἄνω (7 a)
Ne. 9. 36. φαγεῖν τὸν κ. αὐτῆς (7 a)
— 37. R καὶ οἱ κ. αὐτῆς πολλοί (9)
10. 35 (36). καὶ πρωτογενήματα καρποῦ [S² παντὸς κ.] (7 a)
— 37 (38). καὶ τὸν κ. παντὸς ξύλου (7 a)
Jb. 22. 21. ὁ κ. σου ἔσται ἐν ἀγαθοῖς †
Ps. 1. 3. ὃ τὸν κ. αὐτοῦ δώσει ἐν καιρῷ αὐτοῦ (7 a)
4. 7. ἀπὸ καρποῦ σίτου καὶ οἴνου †
20 (21). 10. τὸν κ. αὐτῶν ἀπὸ γῆς ἀπολεῖς (7 a)
57 (58). 11. εἰ ἄρα ἐστὶ καρπὸς τῷ δικαίῳ (7 a)
66 (67). 6. γῆ ἔδωκε τὸν κ. αὐτῆς (4)
71 (72). 16. ὑπεραρθήσεται ὑπὲρ τὸν Λίβανον ὁ κ. αὐτοῦ (7 a)
77 (78). 46. ἔδωκε τῇ ἐρυσίβῃ τὸν κ. αὐτῶν (4)
84 (85). 12. ἡ γῆ ἡμῶν δώσει τὸν κ. αὐτῆς (4)
103 (104). 13. ἀπὸ καρποῦ τῶν ἔργων σου χορτασθήσεται ἡ γῆ (7 a)
104 (105). 35. κατέφαγε [A S² *add.* πάντα] τὸν κ. [S¹ χόρτον] τῆς γῆς αὐτῶν (7 a)
106 (107). 37. ἐποίησαν καρπὸν γεννήματος (7 a)
126 (127). 3. ὁ μισθὸς τοῦ κ. τῆς γαστρός (7 a)
127 (128). 2. A S¹ τοὺς κ. τῶν πόνων [S² R τοὺς πόνους τῶν κ.] σου φάγεσαι (5)
131 (132). 11. A S¹ ἐκ καρποῦ τῆς κοιλίας σου θήσομαι (7 a)
Pr. 1. 31. ἔδονται τῆς ἑαυτῶν ὁδοῦ τοὺς κ. (7 a)
3. 9. ἀπάρχου αὐτῷ ἀπὸ σῶν κ. δικαιοσύνης (9)
10. 16. καρποὶ δὲ ἀσεβῶν ἁμαρτίας [S¹ -ίαι] (9)
11. 30. ἐκ καρποῦ δικαιοσύνης φύεται δένδρον ζωῆς (7 a)
12. 14. ἀπὸ καρπῶν στόματος ψυχὴ ἀνδρὸς πλησθήσεται ἀγαθῶν (7 a)
13. 2. ἀπὸ καρπῶν [A -οῦ] δικαιοσύνης φάγεται ἀγαθός (7 a)
15. 4. πλησθήσεται πνεύματος [S¹ πιότητος, S² τῶν κ. αὐ.] †
— 6. A B S² καρποὶ δὲ ἀσεβῶν ἀπολοῦνται (9)
18. 20. ἀπὸ καρπῶν [A -οῦ] στόματος ἀνὴρ πίμπλησι κοιλίαν αὐ. ἀπὸ δὲ καρπῶν χειλέων αὐ. ἐμπλησθήσεται (7 a, 9)
— 21. οἱ δὲ κρατοῦντες αὐτῆς ἔδονται τοὺς κ. αὐτῆς (7 a)
19. 22. καρπὸς ἀνδρὶ ἐλεημοσύνη (8 ?)
27. 18. φάγεται τοὺς κ. αὐτῆς (7 a)
31. 16. ἀπὸ δὲ καρπῶν χειρῶν αὐτῆς κατεφύτευσε κτῆμα (7 a)
— 31. δότε αὐτῇ ἀπὸ καρπῶν χειλέων αὐτῆς (7 a)
Ec. 2. 5. ἐφύτευσα ἐν αὐτοῖς ξύλον πᾶν καρποῦ (7 a)
Ca. 2. 3. καρπὸς αὐτοῦ γλυκὺς ἐν λάρυγγί μου (7 a)
4. 13. μετὰ καρποῦ ἀκροδρύων (7 a)
5. 1 (4. 16). φαγέτω καρπὸν ἀκροδρύων αὐτοῦ (7 a)
8. 11. B S ἀνὴρ οἴσει ἐν καρπῷ αὐτοῦ χιλίους ἀργυρίου (7 a)
— 12. τοῖς τηροῦσι τὸν κ. αὐτοῦ (7 a)
Wi. 3. 13. ἕξει καρπὸν ἐν ἐπισκοπῇ ψυχῶν
— 15. ἀγαθῶν γὰρ πόνων καρπὸς [B¹ ὁ κ.] εὐκλεής
4. 5. ὁ κ. αὐτῶν ἄχρηστος
16. 22. τοὺς τῶν ἐχθρῶν [A ἐθνῶν] κ. κατέφθειρε
— 26. οὐχ αἱ γενέσεις τῶν κ. [A ἀνθρώπων] τρέφουσιν ἄνθρωπον
Si. 1. 16. μεθύσκει αὐτοὺς ἀπὸ τῶν κ. αὐτῆς
6. 3. τοὺς κ. σου ἀπολέσεις
— 19. ἀνάμενε τοὺς ἀγαθοὺς κ. αὐτῆς
11. 3. ἀρχὴ γλυκασμάτων ὁ κ. αὐτῆς
23. 25. οἱ κλάδοι αὐτῆς οὐ δώσουσι [A S οὐκ οἴσουσιν] καρπόν

Si. 24. 17. τὰ ἄνθη μου καρπὸς δόξης καὶ πλούτου
27. 6. γεώργιον ξύλου ἐκφαίνει ὁ κ. αὐτοῦ
37. 22. οἱ κ. τῆς συνέσεως αὐτοῦ ἐπὶ στόματος [S -τι] πιστοί
— 23. οἱ κ. τῆς συνέσεως αὐτοῦ πιστοί
50. 10. ὡς ἐλαία ἀναθάλλουσα καρπούς
Ho. 9. 16. καρπὸν οὐκέτι μὴ ἐνέγκῃ (7 a)
10. 1. ὁ κ. εὐθηνῶν αὐτῆς (7 a)
— 1. κατὰ τὸ πλῆθος τῶν κ. αὐ. (7 a)
— 12. τρυγήσατε εἰς καρπὸν ζωῆς †
— 13. ἐφάγετε καρπὸν ψευδῆ (7 a)
14. 3. ἀνταποδώσομεν καρπὸν χειλέων ἡμῶν †
— 9. ἐξ ἐμοῦ ὁ κ. σου εὕρηται (7 a)
Am. 2. 9. καὶ ἐξήρανα τὸν κ. αὐτοῦ ἐπάνωθεν (7 a)
6. 13 (12). ἐξεστρέψατε . . . καρπὸν δικαιοσύνης εἰς πικρίαν (7 a)
9. 14. A R καὶ φάγονται τὸν κ. [B τοὺς κ.] αὐ. (7 a)
Mi. 6. 7. εἰ δῶ . . . καρπὸν κοιλίας μου (7 a)
7. 13. ἀπὸ [A ἐκ] καρπῶν ἐπιτηδευμάτων αὐ. (7 a)
Jl. 2. 22. ξύλον ἤνεγκε τὸν καρπὸν αὐτοῦ (7 a)
Na. 3. 12. συκαῖ σκοποὺς [B² καρποὺς] ἔχουσαι (2)
Hg. 2. 20 (19). τὰ ξύλα [S¹ φύλλα] . . . τὰ οὐ φέροντα καρπόν –
Za. 8. 12. ἡ [S¹ μὴ] ἄμπελος δώσει τὸν κ. αὐ. (7 a)
Ma. 3. 11. οὐ μὴ διαφθείρω ὑμῶν τὸν κ. τῆς γῆς (7 a)
Is. 27. 6. ἐμπλησθήσεται ἡ οἰκουμένη τοῦ κ. αὐτοῦ (10)
37. 30. φάγεσθε τὸν κ. αὐτῶν (7 a)
65. 21. φάγονται τὰ γεννήμ. [B¹ τὸν καρπὸν] αὐ. (7 a)
Je. 2. 7. τοῦ φαγεῖν ὑμᾶς τοὺς κ. αὐτοῦ (7 a)
6. 19. ἐπάγω . . . τὸν κ. ἀποστροφῆς αὐ. [S *al.*] (7 a)
12. 2. καὶ ἐποίησαν [S *om.* κ. ἐ.] καρπόν (7 a)
17. 8. οὐ διαλείψει ποιῶν καρπόν (7 a)
— 10. τοῦ δοῦναι ἑκάστῳ . . . κατὰ τοὺς κ. τῶν ἐπιτηδευμάτων αὐ. (7 a)
27 (50). 27. ἀναξηράνατε αὐτῆς πάντας τοὺς κ. †
36 (29). 5. φάγετε [A -εσθε] τοὺς κ. αὐ. (7 a)
— 28. φάγεσθε τὸν κ. αὐτῶν (7 a)
38 (31). 12. ἐπὶ γῆν σίτου καὶ οἴνου καὶ καρπῶν (6 ?)
La. 2. 20. εἰ φάγονται γυναῖκες καρπὸν κοιλίας αὐτῶν (7 a)
Ez. 17. 8. τοῦ ποιεῖν βλαστοὺς καὶ φέρειν καρπόν [A ποιῆσαι κ. καὶ ἐνέγκαι βλαστόν] (7 a)
— 9. ὁ κ. σαπήσεται (7 a)
— 23. ἐξοίσει βλαστὸν καὶ ποιήσει καρπόν (7 a)
19. 10. ὁ κ. αὐ. . . . ἐγένετο ἐξ ὕδατος πολλοῦ (7 b)
25. 4. φάγονται τοὺς κ. σου (7 a)
34. 27. τὰ ξύλα τὰ ἐν τῷ πεδίῳ δώσει [A ξ. τοῦ π. ἀποδ.] τὸν κ. αὐτῶν [A -οῖς] καὶ ἡ γῆ δώσει τὴν ἰσχὺν [A τὸν κ.] αὐτῆς (7 a, 4)
36. 8. τὸν κ. ὑμῶν καταφάγεται [A κ. φάγ.] ὁ λαός μου (7 a)
— 30. πληθυνῶ τὸν κ. τοῦ ξύλου (7 a)
47. 12. οὐδὲ μὴ ἐκλείπῃ ὁ κ. αὐτοῦ . . . ἔσται ὁ κ. αὐτῶν εἰς βρῶσιν (7 a, 7 a)
Da. LXX. 4. 9. ὁ κ. αὐτοῦ πολὺς καὶ ἀγαθός (1)
Da. TH. 4. 9. καὶ ὁ κ. αὐτοῦ πολύς (1)
— 11. A ἐκτίλατε τοὺς κ. [B κλάδους] αὐτοῦ †
— 11. διασκορπίσατε τὸν κ. [A τοὺς κ.] αὐτοῦ (1)
— 18. καὶ ὁ κ. αὐτοῦ πολύς (1)
I Ma. 10. 30. ἀντὶ τοῦ ἡμίσους τοῦ κ. τοῦ ξυλίνου
14. 8. A S² R καὶ τὰ ξύλα τῶν [S ἅμα τῶν] πεδίων τὸν [S¹ καὶ τὸν] κ. αὐτῶν

[Aq. Dt. 7. 13: 28. 4 *bis*, 33: Ps. 1. 3: 57 (58). 12: 104 (105). 35: Pr. 8. 19: 11. 30: Is. 27. 9: Je. 6. 19: Ez. 17. 6: 19. 12.]
[Sm. Ge. 1. 29: Jb. 37. 11: Ps. 1. 3: 71 (72). 16: Pr. 8. 19: 11. 30: Ca. 8. 11: Is. 27. 9: Ez. 19. 12.]
[Th. Ge. 1. 29: Jo. 5. 12: Ps. 57 (58). 12: 104 (105). 35: Pr. 11. 30: Is. 27. 9: 57. 19: Je. 32 (39). 19: Ez. 19. 12.]
[Al. Le. 23. 40: 25. 19: Ps. 126 (127). 3: Ca. 6. 10 (11): Hb. 3. 17.]
[Heb. Jb. 14. 9.]

καρπός (*manus*). (1) יָד (2) כַּף

I Ki. 5. 4. ἀμφότεροι οἱ κ. τῶν χειρῶν αὐτοῦ (2)
Ps. 127 (128). 2. S² R τοὺς πόνους τῶν κ. [A S¹ τοὺς κ. τῶν πόνων] (2)
Pr. 31. 20. καρπὸν δὲ ἐξέτεινε πτωχῷ (1)

καρποῦν. (1) אִשֶּׁה (2) בָּעַר pi.

Le. 2. 11. καρπῶσαι κυρίῳ (1)
De. 26. 14. A B² R οὐκ ἐκάρπωσα ἀπ' αὐτῶν (2 ?)
I Es. 4. 52. ὁλοκαυτώματα καρποῦσθαι καθ' ἡμέραν
Da. LXX., TH. 3. (38). οὐδὲ τόπος τοῦ καρπῶσαι

καρποφορεῖν. (1) פָּרָה

Wi. 10. 7. ἀτελέσιν ὥραις καρποφοροῦντα φυτά
Hb. 3. 17. διότι συκῆ οὐ καρποφορήσει (1)

[Sm. Ps. 61 (62). 11: 91 (92). 15.]
[Th. Ps. 91 (92). 15.]

καρποφόρος. (1) זֶרַע (2) פְּרִי

Ps. 106 (107). 34. γῆν καρποφόρον εἰς ἅλμην (2)
148. 9. ξύλα καρποφόρα καὶ πᾶσαι κέδροι (2)
Je. 2. 21. ἐφύτευσά σε ἄμπελον καρποφόρον (1)

κάρπωμα. (1) *a.* אִשׁ *b.* אִשֶּׁה (2) עֹלָה, עוֹלָה

Ex. 29. 25. κάρπωμά ἐστι κυρίῳ (1 b)
— 38. κάρπωμα ἐνδελεχισμοῦ –
— 41. ὀσμὴν εὐωδίας κάρπωμα κυρίου (1 b)
30. 9. θυμίαμα ἕτερον κάρπωμα θυσίαν (2)
40. 6. τὸ θυσιαστήριον τῶν κ. (2)
— 10. χρίσεις τὸ θυσιαστήριον τῶν κ. (2)
— 29. τὸ θυσιαστήριον τῶν κ. ἔθηκε (2)
Le. 1. 4. ἐπὶ τὴν κεφαλὴν τοῦ κ. (2)
— 9. κάρπωμά ἐστι θυσία ὀσμὴ εὐωδίας (2)
— 13. A R κάρπωμά ἐστι θυσία [B -ας] (2)
— 14. ἐὰν δὲ ἀπὸ τῶν πετεινῶν κάρπωμα (2)
— 17. κάρπωμά ἐστι θυσία ὀσμὴ εὐωδίας (2)
2. 9. κάρπωμα ὀσμὴ εὐωδίας κυρίῳ (1 b)
— 10. ἅγια τῶν ἁγίων ἀπὸ τῶν κ. κυρίου (1 b)
— 16. κάρπωμά ἐστι κυρίῳ (1 b)
3. 3. προσάξου[illegible]ν . . . κάρπωμα κυρίῳ (1 b)
— 5. κάρπωμα ὀσμὴ εὐωδίας κυρίῳ (1 b)
— 9. προσοίσει . . . κάρπωμα τῷ θ. τὸ στέαρ (1 b)
— 11. ὀσμὴ εὐωδίας κάρπωμα κυρίῳ (1 b)
— 14. ἀνοίσει ἐπ' αὐτοῦ κάρπωμα κυρίῳ (1 b)
— 16. κάρπωμα ὀσμὴ εὐωδίας τῷ κυρίῳ (1 b)
6. 15 (8). ἀνοίσει ἐπὶ τὸ θυσιαστήριον κάρπωμα –
— 17 (10), 18 (11). ἀπὸ τῶν κ. κυρίου (1 b)
— 35 (7. 5). κάρπωμα τῷ κυρίῳ (1 b)
7. 15 (25). A R κάρπωμα κυρίῳ [B -ίου] (1 b)
— 20 (30). προσοίσουσι τὰ καρπώματα κυρίῳ (1 b)
— 25 (35). ἀπὸ τῶν κ. κυρίου (1 b)
8. 20 (21), 27 (28). κάρπωμά ἐστι τῷ κυρίῳ (1 b)
10. 12, 13. ἀπὸ τῶν κ. κυρίου (1 b)
— 15. ἐπὶ τῶν κ. τῶν στεάτων (1 b)
22. 27. δεχθήσεται . . . κάρπωμα κυρίῳ (1 b)
23. 37. ὥστε προσενέγκαι καρπώματα τῷ κυρίῳ (1 b)
Nu. 15. 3. A καὶ ποιήσητε κάρπωμα [B *al.*] (1 b)
— 5. κάρπωμα ὀσμὴν εὐωδίας τῷ κυρίῳ –
— 10. κάρπωμα ὀσμὴν εὐωδίας κυρίῳ (1 b)
— 13. προσενέγκαι καρπώματα εἰς ὀσμὴν (1 b)
— 14. ποιήσει κάρπωμα ὀσμὴν εὐωδίας κυρίῳ (1 b)
— 2[illegible]. ἤνεγκαν [illegible] δῶρο[illegible] αὐ. κάρπωμα κυρίῳ (1 b)
18. 9. ἀπὸ τῶν ἡγιασμένων ἁγίων τῶν κ. (1 a ?)
— 17. κάρπωμα εἰς ὀσμὴν εὐωδίας κυρίῳ (1 b)
28. 2. [illegible]αρπώματά μου εἰς ὀσμὴν εὐωδίας (1 b)
— 3. ταῦτα τὰ κ. ὅσα προσάξετε κυρίῳ (1 b)
— 13. θυσίαν ὀσμὴν εὐωδίας κάρπωμα κυρίῳ (1 b)
— 19. ὁλοκαυτώματα [A -μα] κάρπωμα [B¹ -ματα] κυρίῳ (2)
— 24. δῶρον κάρπωμα εἰς ὀσμὴν εὐωδίας (1 b)
29. 8. προσοίσετε . . . καρπώματα [A -μα] κυρίῳ [A *om.*] (2)
— 11. εἰς ὀσμὴν εὐωδίας κάρπωμα -
— 13. κάρπωμα [B¹ -ματα, B² *om.*] εἰς ὀσμὴν εὐωδίας (1 b)
— 36. εἰς ὀσμὴν εὐωδίας καρπώματα κυρίῳ (1
De. 18. 1. καρπώματα κυρίου [A -μα κυρίῳ] ὁ κλῆρος αὐτῶν (1 b)
Jo. 22. 26. οὐχ ἕνεκεν καρπωμάτων (2)
— 27. ἐν τοῖς κ. ἡμῶν καὶ ἐν [illegible] (2)
ἡμῶν [A *om.*]
— 28. οὐχ ἕνεκεν καρπωμάτων (2)
— 29. θυσιαστήριον τοῖς κ. (2)
Jb. 42. 8. B S ποιήσει καρπώσεις [R -σιν, A -ωμα] περὶ ὑμῶν (2)
Si. 45. 16. S προσαγαγεῖν κάρπωμα [A B -ωσιν] κυρίῳ

[Sm. Le. 2. 3: 24. 9.]
[Al. Le. 5. 13: 6. 20 (13).]

κάρπωσις. (1) אִשֶּׁה (2) עֹלָה

Le. 4. 10. *ἐπὶ τὸ θυσιαστήριον τῆς κ.* (2)
— 18. *πρὸς τὴν βάσιν τοῦ θυσιαστηρίου τῶν κ.* (2)
22. 22. A[2] B *εἰς κάρπωσιν οὐ δώσετε ἀπ' αὐτῶν* (1)
Jb. 42. 8. B S *ποιήσει καρπώσεις* [R *-σιν*, A *-ωμα*] *περὶ ὑμῶν* (2)
Si. 30. 19. *τί συμφέρει κάρπωσις εἰδώλῳ*
45. 16. *προσαγαγεῖν κάρπωσιν* [S *-ωμα*] *κυρίῳ*
[**Al.** Le. 6. 15 (8): 7. 9, 10, 37: 9. 4: 23. 18.]

καρπωτός. (1) פַּס

II Ki. 13. 18. *ἐπ' αὐτῆς ἦν χιτὼν κ.* (1)
— 19. *τὸν χιτῶνα τὸν κ. τὸν ἐπ' αὐτῆς διέρρηξε* (1)
[**Aq.** II Ki. 13. 18.]
[**Sm.** Ge. 37. 3.]

κάρρον.

I Es. 5. 55. A *καὶ κάρρα* [B *χάρα*, R *χάρρα*] *τοῖς Σιδ.*

κάρταλλος. (1) דּוּד (2) טֶנֶא (3) סַלְסִלּוֹת

De. 26. 2. *καὶ ἐμβαλεῖς εἰς κάρταλλον* (2)
— 4. *λήψεται ὁ ἱερεὺς τὸν κ.* (2)
IV Ki. 10. 7. *ἔθηκαν τὰς κεφαλὰς αὐτῶν ἐν καρτάλλοις* (1)
Si. 11. 30. *πέρδιξ θηρευτὴς ἐν καρτάλλῳ*
Je. 6. 9. *ἐπιστρέψατε ὡς ὁ τρυγῶν ἐπὶ τὸν κ. αὐτοῦ* (3)

καρτερεῖν. (1) חָזַק hi. (2) פָּעָה

Jb. 2. 9. *μέχρι τίνος καρτερήσεις* (1)
Si. 2. 2. *εὔθυνον τὴν καρδίαν σου καὶ καρτέρησον*
12. 15. *ἐὰν ἐκκλίνῃς οὐ μὴ καρτερήσῃ*
Is. 42. 14. *ὡς ἡ τίκτουσα ἐκαρτέρησα* (2)
II Ma. 7. 17. *σὺ δὲ καρτέρει*
IV Ma. 9. 9. S R *διὰ τὴν ἡμῶν μιαιφονίαν αὐτάρκη καρτερήσεις* [A *al.*]
— 28. *ὁ δὲ ταύτην βαρέως τὴν ἀλγηδόνα καρτερῶν*
10. 1. *τούτου τὸν ἀοίδιμον θάνατον καρτερήσαντος*
— 11. *ἀκαταλύτους καρτερήσεις βασάνους*
13. 11. *εὐγενῶς καρτέρησον*
14. 9. A R *πάσχοντες ἐκαρτέρουν* [S *ἐνεκ.*]
[**Aq.** Za. 12. 5.]
[**Sm.** Mi. 7. 18.]

καρτερία.

IV Ma. 6. 13. S R *τὰ δὲ ἐν θαυμασμῷ* [A *-αστῷ*] *τῆς κ.*
8. 26. *ἡ θανατηφόρος ἀρέσκει κ.*
11. 12. A R *παρέχων τὴν εἰς τὸν νόμον ἡμῶν κ.* [S *τῆς . . . κ.*]
15. 28. A R *τῆς θεοσεβοῦς* [S *-βίας*] *Ἀβραὰμ κ.*
— 30. *ὦ ἀρρένων πρὸς καρτερίαν γενναιοτέρα*
16. 14. *διὰ καρτερίαν καὶ τύραννον ἐνίκησας*

καρτερός.

II Ma. 10. 29. R *γενομένης* [A *γιν.*] *δὲ κ. μάχης*
12. 11. *γενομένης δὲ κ. μάχης*
— 35. *Δωσίθεος δέ τις . . . ἔφιππος ἀνὴρ καὶ κ.*
III Ma. 1. 4. *γενομένης δὲ κ. μάχης*
IV Ma. 3. 12. *δύο νεανίσκοι στρατιῶται κ.*
15. 31. A *κοσμοφοροῦσα καρτεροὺς* [S R *-ῶς*] *ὑπήνεγκε* [S *-έμεινε*] *τοὺς κλύδωνας*
— 32. *καὶ κ. ἀνέμοις . . . συνεχομένη*
[**Aq.** Am. 2. 16: Za. 6. 3.]

καρτεροῦν.

[**Aq.** Ps. 30 (31). 25: Pr. 31. 17: Is. 35. 3: 44. 14.]
[**Th.** Pr. 31. 17: Is. 44. 14.]

καρτεροψυχία.

IV Ma. 9. 26. *θαυμασάντων δὲ πάντων τὴν κ. αὐτοῦ*

καρτερῶς.

IV Ma. 15. 31. S R *κοσμοφοροῦσα κ.* [A *-ροὺς*] *ὑπήνεγκε* [S *-έμεινε*] *τοὺς κλύδωνας*

καρύα. (1) אֱגוֹז

Ca. 6. 10 (11). *εἰς κῆπον καρύας* [S *-οιας*] *κατέβην* (1)

καρύϊνος. (1) לוּז (2) שָׁקֵד

Ge. 30. 37. *ῥάβδον . . . χλωρὰν καὶ καρυΐνην* (1)
Je. 1. 11. *εἶπα, Βακτηρίαν καρυΐνην* (2)

καρυΐσκος. (1) **ἐκτυποῦσθαι καρυΐσκους**

שָׁקַד pu.

Ex. 25. 32 (33). *τρεῖς κρατῆρες ἐκτετυπωμένοι καρυΐσκους* (1)
— 33 (34). *τέσσαρες κρατῆρες ἐκτετυπωμένοι καρυΐσκους* (1)
— 34 (35). *τέσσαρες κρατῆρες ἐκτετυπωμένοι καρυΐσκους* –

κάρυον. (1) שָׁקֵד

Ge. 43. 11. *καταγάγετε . . . τερέβινθον καὶ κάρυα* (1)
Nu. 17. 8 (23). A R *καὶ ἐβλάστησε κάρυα* [B *-οια*] (1)

καρυωτός. (1) שָׁקַד pu.

Ex. 38. 16 (37. 19). *τὰ λαμπάδια αὐτῶν . . . καρυωτὰ ἐξ αὐτῶν* (1 ?)

κάρφος. (1) טָרָף

Ge. 8. 11. *εἶχε φύλλον ἐλαίας κάρφος* (1)

καρχαροῦσθαι.

[**Aq.** II Ki. 6. 16.]

καρχηδόνιον.

[**Sm.** Is. 54. 12.]

κάρωσις.

[**Aq.** Ps. 59 (60). 5: Is. 51. 17.]
[**Sm.** Is. 29. 10.]

κασία, κασσία. (1) פַּנַּג (2) קְצִיעָה

Jb. 42. 14. *τὴν δὲ δευτέραν Κασίαν* [A *Κασσ.*] (2)
Ps. 44 (45). 8. *καὶ κασία* [S[2] *-αν*] *ἀπὸ τῶν ἱματίων σου* (2)
Ez. 27. 17. A R *οὗτοι ἔμποροί σου ἐν σίτου πράσει . . . καὶ κασίας* [B *-ᾳ*] (1 ?)
[**Al.** Ex. 30. 24.]

κασσιτέρινος. (1) בְּדִיל

Za. 4. 10. *ὄψονται τὸν λίθον τὸν κ.* (1)

κασσίτερος. (1) בְּדִיל

Nu. 31. 22. *πλὴν τοῦ χρυσίου . . . καὶ κασσιτέρου* (1)
Si. 47. 18. *συνήγαγες ὡς κασσίτερον τὸ χρυσίον*
Ez. 22. 18. *ἀναμεμιγμένοι πάντες . . . κασσιτέρῳ* (1)
— 20. *εἰσδέχεται . . . σίδηρος καὶ κ.* (1)
27. 12. *κασσίτερον καὶ μόλιβον ἔδωκαν* (1)
[**Aq.**, **Sm.**, **Th.** Is. 1. 25.]

κάστυ.

[**Aq.**, **Th.** Ez. 9. 2.]

κατά.

I. *c. gen.*

* *in iurisiurandi formulis* ** **ὁ κατά**

Ge. 22. 16*: 31. 53*: 50. 20.
Ex. 15. 24†: 16. 7, 8 *ter*: 20. 16: 32. 13*: 37. 12 (38. 14) (*τὸ κ. νώτου*).
Le. 5. 5.
Nu. 5. 13†: 12. 1, 8: 14. 36, 37: 16. 11: 21. 5, 7 *bis*: 30. 4, 5, 6, 7, 8, 9, 10, 11, 12 *bis*, 13.
De. 5. 20 (17): 9. 27*: 15. 9: 19. 15, 16, 18, 19†: 24. 15†.
Jo. 9. 20: 15. 11 (*κ. νώτου*): 18. 12 (*κ. νώτου*), 18 (*κ. νώτου*): 24. 22.
Jd. 3. 22, 23†: 4. 14†: 11. 35†.
I Ki. 12. 3 *bis*: 13. 5 (*κ. νώτου*)†: 14. 39: 22. 13, 15: 27. 11: 29. 6†: 30. 15*.
II Ki. 1. 16.
III Ki. 2. 23*, 23: 3. 1 (2. 9)*, 1 (2. 42)*, 1 (2. 43): 22. 13†.
IV Ki. 4. 4 *bis*, 5 *bis*, 21, 33: 17. 9: 22. 13.
II Ch. 36. 13*.
I Es. 2. 16.
II Es. 4. 8.
Ne. 6. 12.
Ju. 1. 12*, 12*†: 9. 13: 13. 11.
Es. 3. 10 *bis*: 4. 8: 6. 12†: 9. 31 *bis*.
Jb. 1. 8: 3. 23: 4. 18 *bis*: 7. 12†: 9. 7, 7†: 12. 14: 13. 26: 15. 15: 16. 5: 19. 18: 22. 13: 24. 22†: 31. 35: 32. 3: 33. 10: 34. 29 *bis*: 39. 18†: 40. 4 (9)† *bis*: 42. 8.
Ps. 2. 2 *bis*: 30 (31). 18: 31 (32). 5: 34 (35). 15: 40 (41). 7, 7†, 8: 49 (50). 20 *bis*: 55 (56). 5: 68 (69). 12: 74 (75). 5: 82 (83). 3, 5: 101 (102). 8: 108 (109). 2, 5, 20: 118 (119). 23: 139 (140). 8.
Pr. 25. 18†.
Wi. 3. 14: 4. 6: 5. 22: 12. 12 *bis*: 16. 24.
Si. 4. 22: 6. 12: 8. 15: 31 (34). 3†.
Ho. 7. 13: 8. 1.
Am. 3. 1: 4. 2*: 6. 8*: 7. 10: 8. 7*, 14*.
Mi. 3. 7: 6. 5.
Na. 1. 11.
Hb. 2. 6.
Ze. 1. 5*†, 5*.
Ma. 3. 13.
Is. 1. 1 *bis*: 3. 9: 13. 1: 15. 1**: 17. 1**: 27. 2†: 45. 23*†: 62. 8* *bis*.
Je. 9. 5 (4)†: 11. 19†: 18. 20: 22. 5*, 6: 25. 13: 28 (51). 14*: 29 (49). 13*: 33 (26). 11: 47 (40). 16†.
La. 3. 5, 7, 61, 62.
Ez. 16. 44: 19. 4: 22. 3: 40. 18 (*κ. νώτου*), 40 (*κ. νώτου*) *bis*, 41 (*κ. νώτου*), 44 (*κ. νώτου*) *bis*: 42. 16 (*κ. νώτου*): 46. 19 (*κ. νώτου*).
Da. LXX. Su. 61: 6. 5 (6) *bis*, 10 (11), 14 (15), 16 (17)†.
Da. TH. Su. 28, 43: 3. 29 (96): 6. 4 (5) *bis*, 5 (6): Bel 12.
I Ma. 8. 32: 10. 4, 61, 63: 11. 25, 39†: 16. 13, 13†.
II Ma. 6. 8, 10: 10. 21.
III Ma. 2. 22, 27: 3. 2, 11, 24 (*κ. νώτου*): 5. 7**, 27†, 46: 6. 7: 7. 9.
IV Ma. 1. 11**: 2. 17 *bis*, 18: 5. 6**, 28: 8. 5: 9. 10 *bis*: 10. 8, 14: 12. 20: 17. 1.
[**Aq.** I Ki. 28. 16: Jb. 15. 27: Ps. 30 (31). 19: 82 (83). 4: Ca. 3. 5 *bis*: Is. 3. 8: Ho. 7. 12 (?).]
[**Sm.** Ge. 9. 2: 37. 2: I Ki. 5. 6: 25. 17: II Ki. 1. 16: 3. 27: 14. 13: III Ki. 20. 38: Jb. 3. 23: 12. 18: 15. 27: 21. 27**: 31. 21: Ps. 7. 10: 20 (21). 12: 31 (32). 4: 34 (35). 12, 15, 16: 36 (37). 12: 40 (41). 8: 41 (42). 6: 54 (55). 4: 55 (56). 6: 63 (64). 9: 82 (83). 4 *bis*: 93 (94). 20: 137 (138). 7: Pr. 19. 3: Ec. 7. 15 (14): 8. 6: Ca. 2. 8 *bis*: 3. 5 *bis*: Is. 3. 8: 25. 7: 26. 21: 27. 1 *bis*: 29. 3 *ter*: 32. 12 (?), 14: 59. 13: 62. 8*: Je. 9. 26 (25): 13. 21: 18. 8: 44 (51). 20 *bis*: 46 (26). 25: 48 (31). 37: 50 (27). 45: 51 (28). 35: La. 5. 5: Ez. 33. 4, 5, 10: Da. 9. 24: Am. 4. 2*.]
[**Th.** I Ki. 28. 16: Jb. 34. 29: Ca. 3. 5 *bis*: Is. 62. 8*: Je. 29 (36). 32: Da. 6. 4.]
[**Al.** Ge. 27. 42: 42. 36: Nu. 14. 9, 36: 16. 13: I Ki. 1. 6: 5. 12: 28. 16: Ps. 123 (124). 4.]
[**Heb.** Ge. 38. 29.]
[**Sam.** Nu. 13. 33 (32).]
[**Quint.** Ps. 88 (89). 36*: Ho. 5. 8 (*κ. νώτου*).]

II. *c. acc.*

* **κατὰ πρόσωπον, κατὰ τὸ πρόσωπον** †† **ὁ κατά. καθ' ἡμέραν, κατ' ἀνατολάς, κατ' ἐνιαυτόν, κατ' ὀφθαλμούς, κατὰ βορρᾶν, κατὰ δυσμάς, κατὰ θάλασσαν, κατὰ κεφαλήν, κατὰ λίβα, κατὰ νότον, κατὰ σῶμα,** *vid. sub* **ἡμέρα, ἀνατολή, ἐνιαυτός, κ.τ.λ.**

Ge. 1. 11 *ter*, 12 *ter*, 20, 21, 21†, 24 *bis*, 25 *ter*, 26 *bis*, 27: 2. 8, 18: 5. 1, 3 *bis*: 6. 20 *ter*: 7. 14 *quater*: 8. 19: 10. 5, 20, 31, 32 *bis*: 12. 8 *ter*: 15. 8: 16. 12*: 18. 10, 21: 20. 6: 21. 14†, 14, 23: 23. 17*: 24. 1, 28, 62: 25. 13, 16, 18* *bis*: 26. 18: 29. 12: 30. 34, 40, 41: 31. 11, 24, 35††: 32. 16 (17) (*κ. μόνας*), 19 (20), 21 (22)*: 33. 14 *bis*, 18*: 34. 3: 36. 40: 39. 6††, 17: 40. 13: 41. 11: 43. 7, 32 *bis*, 33 *bis*: 44. 2, 6, 7, 7†: 45. 21, 23 (*κ. τὰ αὐτά*): 46. 28, 29: 47. 12, 30: 48. 7: 49. 19 (*κ. πόδας*), 28: 50. *subscr.*†
Ex. 1. 14: 5. 8, 13: 6. 16, 19, 25: 11. 6: 12. 3 *bis*, 4, 21: 13. 10†: 14. 16, 22: 16. 5††, 16 *bis*: 17. 1: 21. 9, 31: 22. 5 (4), 9 (8), 17 (16) (*καθ' ὅσον*): 23. 15, 24, 30 (*κ. μικρόν* †, *κ. μικρὸν μικρόν*†): 25. 8 (9), 21 (22), 39 (40): 26. 5, 9*, 10, 22, 24 (*κ. τὸ αὐτό*), 30: 27. 7, 8, 12†††: 28. 8, 10, 14, 15, 20, 21†, 21 *bis*, 25 (29)*, 33 (37)*: 29. 17, 35, 41 *bis*: 30. 13, 32, 37: 31. 5, 11: 32. 18: 35. 32: 36. 1 *bis*, 4, 5†, 11 (39. 4), 12 (39. 5)†, 15

(39. 8), 21 (39. 14)†, 26 (39. 18)*, 28 (39. 20)*†, 28 (39. 20)†: 37. 10 (38. 12)†††, 13 (38. 15): 38. 8 (37. 9)*†: 39. 1 (38. 24) *bis*, 2 (38. 25).

Le. 1. 6, 12, 16: 4. 6: 5. 4: 8. 8, 9*, 19 (20): 9. 13: 10. 7, 18*: 12. 2, 5: 13. 12, 23, 28, 41*, 51: 14. 54: 15. 26 *bis*: 16. 14, 14*, 15*: 18. 3 *bis*: 22. 5, 13, 14, 18 *bis*, 21: 23. 37††: 25. 15†, 15, 24, 52, 54†: 26. 21, 28: 27. 16, 17, 27 *bis*.

Nu. 1. 2 *quater*, 4 *bis*, 16, 18 *quater*, 20 *quinquiens*, 22 *quinquiens*, 26 *quinquiens*, 28 *quinquiens*, 30 *quinquiens*, 32 *quinquiens*, 34 *ter*, 34†, 34, 36 *quinquiens*, 24 *quinquiens*, 38 *quinquiens*, 40 *quinquiens*, 42 *quinquiens*, 44 *bis*, 52, 54: 2. 2 *ter*, 3†, 3, 17, 18†, 31, 32, 34 *ter*: 3. 8, 10††, 15 *bis*, 15†, 18, 19, 20 *bis*, 22, 23†, 27, 29, 34, 38*, 39, 43, 47 *bis*, 50: 4. 2 *bis*, 4† *bis*, 16††, 19, 22, 22†, 27 *ter*, 29 *bis*, 31, 34 *bis*, 36, 38 *bis*, 40 *bis*, 42 *bis*, 44†, 44, 46 *bis*, 49 (ἄνδρα κατ' ἄνδρα): 5. 9†: 6. 21 *bis*: 7. 5, 7, 8, 11 *bis*, 13, 19, 25, 31, 37, 43, 49, 55, 61, 67, 73, 79: 8. 2*, 3*, 4: 9. 2, 3 *ter*, 7, 12, 13, 14 *bis*: 11. 10, 10†: 12. 8 (στόμα κ. στόμα): 13. 3 (2) *bis*, 23 (22): 14. 14 (ὀφθαλμοῖς κατ' ὀφθαλμούς†, ὀφθαλμοὺς κατ' ὀφθαλμούς†), 19, 20, 34: 15. 3 (καθ' ἑκούσιον), 12 *bis*, 24, 26†: 16. 29 *bis*, 43 (17. 8)*: 17. 2 (17) *bis*, 3 (18), 6 (21) *bis*: 18. 4, 7, 16, 18†: 21. 1, 11*, 11, 19*: 22. 1, 4: 23. 23: 24. 1, 2: 26. 2, 3, 20, 22, 23, 26, 15, 44, 28, 37, 38, 41, 42 *bis*, 43, 48, 55, 57, 63: 28. 8 *bis*, 24: 29. 6, 11, 18 *bis*, 21 *bis*, 24 *bis*, 27 *bis*, 30 *bis*, 33 *bis*, 37 *bis*: 30. 1, 7, 13 *bis*: 31. 12, 16: 32. 20, 38: 33. 48, 49†††, 50, 54 *bis*: 34. 14, 15, 15†: 35. 1, 8, 24: 36. 13.

De. 1. 3, 17 *bis*, 23, 30, 30†, 31, 33, 41: 3. 24, 27: 4. 8, 32, 34, 47, 49: 5. 4*, 33 (30): 7. 10* *bis*, 22 (κ. μικρὸν μικρόν), 24*: 9. 2*: 10. 4, 15: 11. 14, 25*: 12. 15, 21: 13. 11 (12): 14. 22 (ἐνιαυτὸν κατ' ἐνιαυτόν): 15. 8 (καθ' ὅσον)†: 16. 17 *bis*, 18: 17. 10, 10†, 11 *bis*: 18. 8, 9, 16: 19. 15 *ter*, 20: 22. 3: 24. 8, 15†: 25. 2†, 9*†: 26. 13, 16†: 29. 17 (16)†, 21 (20), 27 (26): 30. 2: 31. 19*†, 21*: 32. 8†, 49*: 33. 14, 16: 34. 8, 10 (πρόσωπον κ. πρόσωπον).

Jo. 1. 11 (κ. μέσον), 17: 2. 21: 3. 15: 4. 5, 18, 19: 5. 7: 6. 5*, 26 (27): 7. 2†††, 12*, 12*†, 14 *quater*, 16, 17, 18: 8. 8, 10*, 27: 9. 2 (8. 34): 10. 12 *bis*, 13 (κ. μέσον), 42†††: 11. 2††, 8, 23: 12. 2, 3, 3††, 7: 13. 3††*, 8 *bis*, 14, 15, 16*, 23, 24, 25*, 26, 28, 28† *ter*, 29, 31†, 31, 32†††: 14. 2, 7: 15. 1, 3††, 7, 8*, 12: 16. 1††, 5, 8: 17. 2 *bis*, 7*, 9: 18. 9, 11, 12†, 16*, 20, 21, 28: 19. 8 *bis*, 10, 11*, 16, 22, 23, 24†, 26, 27, 31, 34, 48, 49, 51: 20. 6*†††: 21. 7, 33, 36†††, 38, 40†: 22. 2: 23. 2†.

Jd. 1. 15, 23†: 2. 14*: 4. 3, 10: 7. 5 (κ. μόνας), 5†, 21†: 8. 8†, 35: 9. 16†, 37: 10. 15: 11. 10, 18†: 16. 17†: 17. 3 (κ. μόνας)†: 18. 6†, 7†, 9†, 23*†, 29†: 19. 11†, 29†, 30†: 20. 2*†, 10, 35*†, 43†: 21. 19, 22†, 23†.

Ru. 3. 6.

I Ki. 1. 6 *bis*, 7 (ἐνιαυτὸν κατ' ἐνιαυτόν): 2. 14, 23: 4. 3: 6. 5, 9†, 18†††: 7. 16 (κατ' ἐνιαυτὸν ἐνιαυτόν): 8. 8, 20†: 9. 12*, 21: 10. 19 *bis*: 11. 7, 11 (κ. τὸ αὐτό): 13. 14†: 14. 13*, 25*: 16. 8*: 17. 23†, 27†, 30† *bis*: 18. 1†, 3†, 10†, 23†, 24: 21. 8 (9)†: 23. 24 (καθ' ἑσπέραν): 25. 9†, 12, 25: 26. 1†††*, 11, 12, 23†: 27. 5††, 10 *ter*: 30. 24, 24 (κ. τὸ αὐτό): 31. 6 (κ. τὸ αὐτό).

II Ki. 2. 16 (κ. τὸ αὐτό): 3. 33, 39: 4. 7††: 7. 9, 10, 17 *bis*, 21: 8. 6††: 9. 11: 10. 9††*: 12. 8†, 11: 13. 5, 8, 27, 35: 14. 3, 16 (κ. τὸ αὐτό)†, 21, 33*: 15. 6, 15, 26: 16. 22: 17. 6 *bis*: 19. 8 (9)*: 22. 21 *bis*, 25 *bis*: 24. 7, 19 *bis*.

III Ki. 1. 23* *bis*: 2. 3, 6: 3. 12†, 15*, 15††*, 18 (κ. τὸ αὐτό): 4. 28 (5. 8): 5. 6 (20), 11 (25) *bis*: 6. 3*, 3*†, 3*, 18*, 20*† *bis*, 36*†: 7. 19, 36*, 37, 39, 49*, 8 *bis*, 11, 12††*†: 8. 22*, 31*, 32, 39, 43, 50, 56, 64*††: 9. 3, 4: 10. 10, 25 (τὸ κατ' ἐνιαυτὸν ἐνιαυτῷ [A -ον]), 29: 11. 10†: 12. 14, 24, 24†, 32: 13. 5, 26†: 14. 5† *bis*, 18†: 15. 29†: 16. 7†, 12, 34: 17. 3, 5†, 13, 15†, 16: 18. 4 (κ. πεντήκοντα), 28†, 31†, 36†: 19. 3: 20 (21). 26: 21 (20). 23 (κατ' εὐθύ), 25 *ter*, 25 (κατ' εὐθύ): 22. 13, 38, 54.

IV Ki. 1. 17: 2. 22: 4. 44: 5. 14: 6. 18: 7. 16: 8. 2: 9. 26: 10. 4*, 17, 30, 33: 11. 14, 18*: 13. 17: 14. 3, 25: 15. 3, 34: 16. 3†, 11, 14, 16: 17. 15, 33, 34 *quinquiens*: 18. 3: 21. 2, 8: 22. 13: 23. 16, 25, 32, 35, 37: 24. 2, 3, 9, 13, 19: 25. 7, 17.

I Ch. 5. 7, 10, 13: 6. 19 (4), 32 (17), 48 (33), 49 (34), 60 (45), 62 (47), 63 (48), 70 (55), 78 (63): 7. 2†, 2, 4 *bis*, 9, 28: 8. 28: 9. 9 *bis*, 18, 24 *bis*, 25, 32 (σάββατον κ. σάββατον)†, 34: 10. 13: 11. 3, 10: 12. 17, 23, 30†: 15. 15: 16. 4*, 27*, 29*, 40: 17. 8, 9, 15 *bis*, 19, 20, 25*: 18. 6††: 19. 9, 10*: 21. 19: 22. 14: 23. 3, 24 *quater*, 31 *bis*: 24. 3 *ter*, 4, 5, 19 *bis*, 30: 25. 1, 8 *bis*: 26. 13 *ter*, 14†, 17†, 31 *bis*: 27. 1 *bis*: 28. 8*, 19, 21: 29. 2, 14.

II Ch. 2. 16 (15): 3. 4*, 17*: 4. 4, 7, 20, 20*: 5. 11, 12†: 6. 23, 28, 30, 33, 34, 36*: 7. 17: 8. 6, 13 *bis*, 14 *bis*, 14†, 14 *bis*: 9. 9, 24 (τὸ κατ' ἐνιαυτὸν ἐνιαυτόν†, τὸ κατ' ἐνιαυτόν†): 10. 14: 11. 12†, 12: 13. 7*, 8*: 14. 10 (9): 17. 14: 20. 5*, 16: 23. 8: 24. 5 (ἐνιαυτὸν κατ' ἐνιαυτόν): 25. 4, 5, 22*: 26. 4: 27. 2, 5 *bis*: 28. 2, 3†: 29. 2, 15, 25: 30. 5, 6, 12, 16 *bis*, 19, 21: 31. 2, 14, 15 *bis*, 15†, 17: 32. 2*†, 15, 23: 33. 8, 14, 14†: 34. 4*††, 21, 22: 35. 4 *ter*, 5, 6, 10, 12 *bis*, 13, 15, 16, 19: 36. 2, 4, 5 *bis*.

I Es. 1. 2, 4, 5 *ter*, 6, 7, 10, 11 *bis*, 15, 18, 24 (τὰ κατ' αὐτόν), 33 (τὸ καθ' ἓν πραχθέν): 2. 6, 7††, 20††, 30: 4. 51, 52 *bis*: 5. 1, 44 *bis*, 50, 51, 55†, 60, 63: 6. 30 *bis*, 34: 7. 9: 8. 6, 12††, 12†, 16, 17†, 21, 23, 27, 28, 47†, 53†, 61, 74*, 78 (κ. πόσον τι), 96: 9. 4, 14, 15, 16, 17††.

II Es. 3. 2, 4, 7: 6. 9, 11 (τὸ κατ' ἐμέ), 18: 10. 3†, 5.

Ne. 4. 13: 6. 4, 5†: 8. 15, 18†: 10. 32 (33), 34 (35) (ἐνιαυτὸν κατ' ἐνιαυτόν), 35 (36) (ἐνιαυτὸν κατ' ἐνιαυτόν): 12. 37†: 13. 22, 24*.

To. 1. 7, 8† *bis*: 3. 6: 4. 8† *bis*: 5. 11†††: 6. 12: 7. 12†, 13, 13†, 14†: 8. 16: 10. 7, 9 (τὰ κατὰ σέ)†: 12. 18†: 14. 10*†.

Ju. 1. 7*: 2. 23*†††, 25*: 3. 3, 5, 9*: 4. 6*, 11* *bis*, 13*: 5. 1†: 6. 4*: 7. 6*, 28 *ter*, 31: 10. 13, 16, 23*: 11. 5*, 17†, 19†: 12. 7†, 13*†: 13. 3† *bis*, 10: 14. 11: 15. 2*, 5†: 16. 20*, 21.

Es. 1. 8, 12†, 13, 15, 19, 22 *bis*: 2. 11 *bis*: 3. 4, 12 *bis*, 13††, 14: 4. 5*†, 17†: 8. 9 *bis*, 13†, 13, 16: 9. 2*, 27: 10. 3.

Jb. 1. 4, 5, 8†: 2. 3: 4. 8: 5. 26 *bis*: 8. 8: 9. 32: 11. 6 (τὸ κατὰ σέ): 12. 3: 16. 4, 9*: 21. 8: 29. 2 (μῆνα κ. μῆνα†): 33. 5 *bis*: 36. 22: 39. 18†: 40. 4 (9)† *bis*: 42. 15.

Ps. 4. 8 (κ. μόνας): 5. 10: 6. 6: 7. 8 *bis*, 11, 17: 9. 25 (10. 4): 11 (12). 8: 17 (18). 20 *bis*, 24 *bis*, 42*: 19 (20). 4: 24 (25). 7: 27 (28). 4 *ter*: 32 (33). 15 (κ. μόνας): 34 (35). 5*, 24: 41 (42). 3, 10: 47 (48). 10: 49 (50). 21*: 50 (51). 1 *bis*: 57 (58). 4: 61 (62). 12: 67 (68). 19 (ἡμέραν καθ' ἡμέραν), 33: 68 (69). 16: 78 (79). 11†: 80 (81). 12: 82 (83). 13*: 85 (86). 8: 91 (92). 2: 93 (94). 19, 23† *bis*: 94 (95). 8: 101 (102). 25 (κατ' ἀρχάς): 102 (103). 10 *bis*, 11, 12 (καθ' ὅσον): 105 (106). 45: 108 (109). 26: 109 (110). 4: 118 (119). 25, 41, 58, 59†, 65, 76†, 88, 107, 116, 124, 124†, 132, 133, 149 *bis*, 152 (κατ' ἀρχάς), 156, 169, 170: 138 (139). 9 (κατ' ὀρθόν†): 140 (141). 10 (κ. μόνας): 144 (145). 2: 147. 6 (17)*: 150. 2.

Pr. 8. 21, 30, 34†: 19. 17: 24. 12: 25. 13: 26. 4†, 5†: 29. 11 (κ. μέρος).

Wi. 3. 10†: 5. 1*: 6. 4: 7. 15, 27: 12. 2 (κατ' ὀλίγον), 7†, 8 (κ. βραχύ), 10 (κ. βραχύ): 17. 8 (κατ' ἀρχάς) (?)†, 17††: 19. 22.

Si. *prol.* 2††, 14††, 20†: 1. 10: 4. 18 (κατ' εὐθεῖαν), 25†: 6. 17, 22: 7. 26: 8. 14, 15: 9. 14: 10. 2 *bis*, 28: 11. 26: 13. 16: 14. 13, 25: 16. 12 *bis*, 14: 17. 3 *bis*, 25*: 18. 25†: 19. 1 (κ. μικρόν): 20. 18: 21. 5: 25. 26: 27. 3: 28. 10 *quater*: 29. 9, 11, 20.: 31 (34). 3†: 32 (35). 10 *bis*, 18, 19†: 34 (31). 6*: 35 (32). 17: 36 (33). 13 *bis*: 36. 22 (19), 28 (25), 29 (26): 37. 12: 38. 16, 17, 19: 42. 16: 43. 8, 10, 22, 30 (καθ' ὅσον): 45. 3*, 5*, 11, 14: 46. 1: 50. 22, 23: 51. 3.

Ho. 2. 9 (11), 15 (17) *bis*: 4. 7: 8. 9: 9. 9: 10. 1 *bis*: 11. 9: 12. 2 (3) *bis*: 13. 1, 2, 6, 7.

Mi. 1. 10 (?), 10: 7. 14, 15, 20.

Jn. 3. 2.

Na. 3. 6.

Hb. 3. 6†.

Ze. 1. 5†.

Za. 1. 6 *bis*: 8. 11: 10. 1: 12. 6, 12 (κ. φυλὰς φυλάς†), 12† *bis*, 12 *quater*, 13 *quater*, 14 *bis*: 14. 10, 15, 16.

Is. 3. 11, 21††: 10. 26, 26†† *bis*: 11. 3 *bis*: 19. 13: 22. 21†: 23. 11: 27. 2†, 12 (κ. ἕνα†, κ. ἕνα ἕνα†): 29. 7†: 30. 28*: 40. 26: 41. 2 (κ. πόδας): 47. 15: 56. 11 (κ. τὸ αὐτό†, κ. τὸ ἑαυτοῦ†): 60. 22: 63. 7 *bis*: 65. 22.

Je. 1. 7: 2. 28 *bis*: 3. 15: 5. 24: 6. 19†: 9. 26 (25)*†††: 10. 2: 11. 13 *bis*: 13. 2, 26*†: 15. 17 (κ. μόνας): 17. 10 *bis*: 18. 17*, 20*: 19. 10: 21. 2: 23. 2: 24. 1*: 25. 16 (49. 37): 27. (50). 8*, 21, 29 *bis*, 44*: 28 (51). 24: 29 (49). 19*: 32 (25). 23*: 33 (26). 4*, 20: 34 (27). 12: 35 (28). 1, 5 *bis*, 11: 36 (29). 21: 37 (30). 18, 20*: 38 (31). 32, 36*: 39 (32). 12 *ter*, 13, 19, 30: 40. (33). 11 (κ. τὸ πρότερον)†: 41 (34). 15*†, 18*: 42 (35). 5*, 10, 19*: 43 (36). 7*, 8, 9*, 22*: 44 (37). 20*: 45 (38). 4, 26, 27: 47 (40). 10*: 49 (42). 2*, 4†, 5, 20: 50 (43). 9: 51 (44). 10*: 52. 7 *bis*, 10, 12*, 22, 33*.

Ba. 1. 18*, 21, 22: 2. 2, 10*, 14*, 19*, 27 *bis*: 3. 8.

La. 1. 5*†, 6*†, 12†, 22*: 3. 28 (κ. μόνας), 32, 64.

Ep. Je. 69.

Ez. 1. 12*: 4. 4, 9, 12: 5. 2, 7, 9: 6. 5*†: 7. 27: 8. 4, 16†: 10. 22*: 11. 1, 21†: 12. 4, 7: 14. 5, 10 *bis*: 15. 4: 16. 47, 51, 63: 18. 14, 24, 30: 20. 14, 22, 35 (πρόσωπον κ. πρόσωπον), 41, 44 *bis*: 21. 6 (11): 22. 16†: 23. 48: 24. 6, 14 *quater*, 24: 25. 14, 14†: 33. 20†: 35. 11, 11†: 36. 17, 19 *bis*, 23, 31*†, 34: 39. 24 *bis*: 40. 6, 12*†, 18, 19, 21 *bis*, 22, 23, 24 *bis*, 29, 30, 32 *bis*, 33, 35, 40: 41. 4*, 7, 12*, 14*, 15*, 21*, 22*†, 25, 25*: 42. 1, 2*†, 10, 10* *ter*, 11*, 11 *septiens*, 12 *bis*, 13*, 15, 15†, 16, 17††*, 18††*, 19*†: 43. 1, 2, 3 *bis*, 4 *bis*, 17, 25: 44. 1 *bis*, 3 *bis*, 4, 5, 5†, 5: 45. 7* *bis*, 8, 23 *bis*, 25 (κ. τὰ αὐτά): 46. 2, 3, 8 *bis*, 9 *quinquiens*, 9 (κατ' εὐθύ), 12, 13, 21 *bis*: 47. 1 *bis*, 2 *bis*, 10, 17†: 48. 1 *bis*, 21*†.

Da. LXX. Su. 3, 13, 51: 1. 5: 2. 25: 3. 2, 2††, (28), (42) *bis*, (43), (46): 4. 31*, 34††: 6. 11 (12), 14 (15), 16 (17)†: 7. 2, 10*, 14: 8. 22: 9. 7, 13, 15, 16, 27: 11. 4 *bis*, 7, 10, 13, 16, 18, 36, 40: 12. 1: Bel 2, 3, 5, 31.

Da. TH. Su. 3, 8, 12, 18, 62: 1. 5: 3. (28), (42) *bis*, (43): 4. 5, 32: 8. 4 *bis*: 9. 10*, 12: 10. 15: 11. 3, 4, 16, 16*, 36: Bel 4, 6, 9, 15.

● I Ma. 1. 14, 22††*, 40, 42, 50, 51†, 51, 60: 2. 23, 24, 33, 61: 3. 39, 53*, 56, 57: 4. 10*, 47, 47 (κ. τὸ πρότερον), 53, 54 *bis*, 57††*, 59 (ἐνιαυτὸν κατ' ἐνιαυτόν), 61*: 5. 14, 37*, 44*, 52*, 53, 55*: 6. 33, 57, 63: 7. 16, 31, 36*, 42, 49: 8. 4, 15, 16, 27 (κ. τὰ αὐτά), 29: 9. 16*†, 71: 10. 17, 25, 40, 42, 51, 72*: 11. 14, 34, 53†: 12. 2, 3 (κ. τὸ πρότερον), 4, 23, 36 (κ. μόνας): 13. 13*, 35, 46 *bis*, 52: 14. 38, 46: 15. 4, 21, 35†, 39*: 16. 6*.

II Ma. 1. 1††, 17: 2. 13, 19††, 22, 30††: 3. 4††, 5††, 8††, 12, 14, 16††, 17††, 19, 24, 40††: 4. 5 (κατ' ἰδίαν), 16 (καθ' ἅπαν), 21††, 36†† *bis*, 38, 39: 5. 2: 6. 7††, 11, 20, 21 (κατ' ἰδίαν), 30 *bis*: 7. 6††*, 7: 8. 8 (κ. μικρόν), 35††: 9. 1†††, 3, 3††, 8, 11, 18††, 20, 21†††, 22††, 23, 24††, 26 (κατ' ἰδίαν): 10. 2††, 5, 8, 10††: 11. 3 (κατ' ἔτος), 20††, 25, 31: 12. 2††, 4†, 15, 38, 39, 43: 13. 13, 15††: 14. 1††, 3, 9, 21 (κατ' ἰδίαν), 37, 44 (κ. μέσον): 15. 1††, 2, 8, 20, 30 (καθ' ἅπαν), 33, 37††, 39 (κ. μόνας).

III Ma. 1. 1††, 11, 17††, 20††, 20†††: 2. 19, 27††, 30††: 3. 1††, 8††, 11 (κ. τὸ παρόν)††, 12†† ● *bis*, 14, 24, 29: 4. 1, 4††, 13, 18, 18†† *bis*: 5. 1, 5, 20, 24††, 25, 27, 28, 29, 36, 42††: 6. 1††, 6††, 10, 12††, 16, 26, 41††: 7. 1††, 3†, 6, 7, 9, 12, 14, 17, 20.

● IV Ma. 1. 10††, 26†, 27, 34†: 2. 23: 3. 13, 18: 4. 17, 22, 24: 5. 17, 18, 25: 6. 5: 7. 3: 8. 1: 9. 14, 26††: 10. 7: 11. 5, 11: 13. 22††: 14. 15, 16, 17: 15. 2, 3, 7††, 12, 14: 17. 5.

[**Aq.** GE. 1. 26: 19. 31: 35. 16: 41. 12: EX. 21. 30: 28. 15: DT. 11. 14: JO. 1. 7: 4. 10: I KI. 18. 3: 20. 35: 22. 13: II KI. 12. 8: III KI. 8. 24: 11. 7*: 13. 26: 14. 5 *bis*, 18: 18. 28, 36: JB. 29. 2 *bis*: 35. 11††: PS. 4. 9 (κατ' ἰδίαν): 7. 9 *bis*, 12: 9. 25 (10. 4): 11 (12). 9: 27 (28). 4 *bis*: 44 (45). 18: 50

● = correction on page xxvi

(51). 3: 61 (62). 13 *bis*: 77 (78). 72: 118 (119). 41, 156: Ca. 6. 3 (4): Is. 9. 1 (8. 23)††: 36. 7*: 41. 2*: Je. 7. 25 (*καθ' ἡμέρας*): 21. 14: 25. 14 *bis*, 18 (32. 4): 26 (33). 14 *bis*: 34 (41). 5: 46 (26). 26: Ez. 10. 19: 23. 48: 31. 11: 33. 20: Ho. 7. 12 (?).]

[**Sm.** Ge. 1. 20*, 26: 6. 17 (16): 47. 12: Ex. 15. 11: Nu. 1. 45, 47: 2. 17: 3. 7*: Dt. 11. 14: 18. 8: 32. 8: Jo. 1. 7: 4. 10: Jd. 3. 20 (*κ. μόνας*): I Ki. 9. 9: 13. 18 *bis*; 20. 35: 23. 20: 28. 20: IV Ki. 6. 8: Jb. 16. 8*: 29. 2 *bis*: 34. 11: 36. 9: 38. 32: Ps. 3. 8: 7. 9 *bis*: 9. 24 (10. 3): 12 (13). 3: 20 (21). 13*: 24 (25). 7: 27 (28). 4: 30 (31). 14, 17: 32 (33). 15 (*κ. μόνας*): 41 (42). 9 *bis*: 43 (44). 9: 44 (45). 6, 18: 50 (51). 3: 51 (52). 3: 55 (56). 3: 58 (59). 17: 60 (61). 9: 62 (63). 7: 70 (71). 8, 15: 72 (73). 14 *bis*: 73 (74). 5: 77 (78). 72: 85 (86). 3: 86 (87). 5 (*καθ' ἕκαστον*): 87 (88). 10, 14: 89 (90). 11: 109 (110). 3: 118 (119). 116: 139 (140). 3: 147. 6 (17)*: Pr. 12. 8: 17. 24*: 19. 17: Ec. 8. 14 *bis*: Ca. 1. 8: Is. 9. 1 (8. 23)††: 16. 6 *bis*: 28. 19 (?): 36. 7*, 17: 41. 2*: 51. 9: 58. 2: Je. 7. 25 (*καθ' ἡμέρας*): 9. 26 (25): 15. 8: 30 (37). 18: 31 (38). 40: 39 (46). 5††: 46 (26). 26: 52. 7: La. 1. 19: Ez. 1. 6: 7. 3: 23. 48: 25. 15: 31. 11: 33. 20: 40. 10, 16: Ho. 13. 6: Mi. 5. 1 (4. 14).]

[**Th.** Ge. 1. 20*: Ex. 21. 30: 28. 27††*, 27: Nu. 3. 7*: Dt. 11. 14: 23. 14 (15)*: 32. 8: Jo. 1. 7: 4. 10: Jd. 9. 16: 16. 17: 18. 29: I Ki. 20. 35: 22. 13: III Ki. 13. 26: 18. 36: Jb. 35. 11††: 39. 18: Ps. 7. 9: 44 (45). 18: 118 (119). 41, 116: Pr. 17. 1: 19. 17: 22. 6: Is. 9. 1 (8. 23)††: 36. 7*: 41. 2*: 54. 9: Je. 13. 14 (*κ. τὸ αὐτό*): 21. 14: 25. 14 *bis*, 18 (32. 4): 32 (39). 19: 39 (46). 6: Ez. 6. 5*, 9*: 7. 3: 8. 16 *bis*: 10. 19: 23. 48: 31. 11: 33. 20: 35. 11: 47. 17, 18*: 48. 21*: Ho. 8. 9.]

[**Al.** Ge. 43. 33: Le. 3. 8*: 4. 17*: 5. 10: 8. 20: 13. 46 (*κ. μόνας*): 25. 28, 50: 27. 18: Nu. 2. 34 *bis*: 3. 16, 23, 29: 9. 5: 34. 14: 35. 5: Dt. 3. 24: 12. 8: 32. 8: 33. 28 (*κ. μόνας*): Jo. 1. 5*; Jd. 18. 7: Ps. 9. 20*: 44 (45). 6: Pr. 27. 4*: Je. 25. 14 *bis*: Ez. 41. 8: Hb. 3. 5, 11 *bis*, 16.]

[**Sam.** Ex. 26. 5: Dt. 32. 8.]

[**Heb.** Ge. 6. 6 (5).]

[**Quint.** Ps. 8. 5 (*ὁ κατ' ἄνδρα*): 30 (31). 17: Ho. 8. 9.]

III. *anomal.*, *cf.* **καθεῖς.**

III Ma. 3. 16. *τοῖς κατὰ πόλεσιν ἱεροῖς*

καταβαίνειν. (1) בּוֹא (2) דָּבַק hi. (3) דָּרַךְ (4) הָלַךְ (5) חָבָא hithp. (6) חָרַץ (7) יָצַע hi. (8) יָרַד *a.* qal. *b.* hoph. (9) יֵשׁ (10) לוּעַ (11) נָגַע hi. (12) נָדַד (13) נָזַל (14) *a.* נַחַת *b.* נְחַת (15) פָּנָה (16) רָאָה ni. (17) רָדַף (18) שׁוּב (19) שָׁכַן (20) שָׁקַע *a.* qal. *b.* ni. (21) **ὑετὸς καταβαίνει** נֻשַּׁם pu.

Ge. 11. 5. *κατέβη κύριος ἰδεῖν τὴν πόλιν* (8 *a*)
— 7. *δεῦτε καὶ καταβάντες συγχέωμεν* (8 *a*)
12. 10. *κατέβη Ἅβραμ εἰς Αἴγυπτον* (8 *a*)
15. 11. *κατέβη δὲ ὄρνεα ἐπὶ τὰ σώματα* (8 *a*)
18. 21. *καταβὰς οὖν ὄψομαι* (8 *a*)
24. 16. *καταβᾶσα δὲ ἐπὶ τὴν πηγήν* (8 *a*)
— 45. *κατέβη ἐπὶ τὴν πηγήν* (8 *a*)
26. 2. *μὴ καταβῇς εἰς Αἴγυπτον* (8 *a*)
28. 12. **R** *κατέβαινον ἐπ' αὐτῇ* [**A** *-ῆς*] (8 *a*)
37. 35. *καταβήσομαι . . . εἰς ᾅδου* (8 *a*)
38. 1. *κατέβη Ἰούδας ἀπὸ τῶν ἀδελφῶν αὐτοῦ* (8 *a*)
42. 2. *κατάβητε ἐκεῖ* (8 *a*)
— 3. *κατέβησαν δὲ οἱ ἀδελφοὶ Ἰ.* (8 *a*)
— 38. *οὐ καταβήσεται ὁ υἱός μου* (8 *a*)
43. 3. **A** *ἐὰν μὴ ὁ ἀδ. . . . καταβῇ* [**R** *al.*] †
— 4. *καταβησόμεθα καὶ ἀγοράσομέν σοι* (8 *a*)
— 13. *ἀναστάντες κατάβητε* (18)
— 15. *ἀναστάντες κατέβησαν εἰς Αἴγ.* (8 *a*)
— 20. *κατέβημεν . . . πρίασθαι βρώματα* (8 *a*)
44. 23. *ἐὰν μὴ καταβῇ ὁ ἀδελφὸς ὑμῶν* (8 *a*)
— 26. *οὐ δυνησόμεθα καταβῆναι* (8 *a*)
— 26. *εἰ μὲν ὁ ἀδελφὸς ἡμῶν . . . καταβαίνει μεθ' ἡμῶν καταβησόμεθα* (9, 8 *a*)
Ge. 45. 9. *κατάβηθι οὖν πρὸς μέ* (8 *a*)
46. 3. *καταβῆναι εἰς Αἴγυπτον* (8 *a*)
— 4. *καταβήσομαι μετὰ σοῦ εἰς Αἴγυπτον* (8 *a*)
Ex. 2. 5. *κατέβη δὲ ἡ θυγάτηρ Φ. λούσασθαι* (8 *a*)
3. 8. *κατέβην ἐξελέσθαι αὐτούς* (8 *a*)
11. 8. *καταβήσονται πάντες οἱ παῖδές σου* (8 *a*)
19. 10. *καταβὰς διαμάρτυραι τῷ λαῷ* (4)
— 11. *καταβήσεται κύριος ἐπὶ τὸ ὄρος* (8 *a*)
— 14. *κατέβη δὲ Μ. ἐκ* [**A** *ἀπὸ*] *τοῦ ὄρους* (8 *a*)
— 18. *διὰ τὸ καταβεβηκέναι ἐπ' αὐτὸ τὸν θ.* (8 *a*)
— 20. *κατέβη δὲ κύριος ἐπὶ τὸ ὄρος* (8 *a*)
— 21. *καταβὰς διαμάρτυραι τῷ λαῷ* (8 *a*)
— 24. *βάδιζε κατάβηθι* (8 *a*)
— 25. *κατέβη δὲ Μ. πρὸς τὸν λαόν* (8 *a*)
24. 16. *κατέβη ἡ δόξα τοῦ θεοῦ ἐπὶ τὸ ὄρος* (19)
32. 1. *καταβῆναι ἐκ τοῦ ὄρους* (8 *a*)
— 7. *κατάβηθι ἐντεῦθεν* (8 *a*)
— 15. *κατέβη ἀπὸ τοῦ ὄρους* (8 *a*)
— 34. *βάδιζε κατάβηθι* [**A** *om.*] –
33. 9. *κατέβαινεν ὁ στῦλος τῆς νεφέλης* (8 *a*)
34. 5. *κατέβη κύριος ἐν νεφέλῃ* (8 *a*)
— 29. *ὡς δὲ κατέβαινε Μ.* (8 *a*)
— 29. *καταβαίνοντος δὲ αὐτοῦ* (8 *a*)
Le. 9. 22. *κατέβη ποιήσας τὸ περὶ τῆς ἁμαρτίας* (8 *a*)
Nu. 11. 9. *καὶ ὅταν κατέβη ἡ δρόσος* (8 *a*)
— 9. *κατέβαινε τὸ μάννα ἐπ' αὐτῆς* (8 *a*)
— 17. *καὶ καταβήσομαι* (8 *a*)
— 25. *κατέβη κύριος ἐν νεφέλῃ* (8 *a*)
12. 5. *κατέβη κύριος ἐν στύλῳ νεφέλης* (8 *a*)
14. 45. *καὶ κατέβη ὁ Ἀμαλήκ* (8 *a*)
16. 30. *καταβήσονται ζῶντες εἰς ᾅδου* (8 *a*)
— 33. *καὶ κατέβησαν αὐτοί* (8 *a*)
20. 15. *κατέβησαν οἱ πατέρες ἡμῶν εἰς Αἴγυπτον* (8 *a*)
— 28. *καὶ κατέβη Μωυσῆς* (8 *a*)
34. 11 *bis*, 12. *καταβήσεται τὰ ὅρια* (8 *a*)
De. 9. 12. *κατάβηθι τὸ τάχος ἐντεῦθεν* (8 *a*)
— 15. *κατέβην ἐκ τοῦ ὄρους* (8 *a*)
— 21. *τὸν καταβαίνοντα ἐκ* [**A** *ἀπὸ*] *τοῦ ὄρους* (8 *a*)
10. 5. *κατέβην ἐκ τοῦ ὄρους* (8 *a*)
— 22. *κατέβησαν οἱ πατέρες σου εἰς Αἴγυπτον* (8 *a*)
26. 5. *καὶ κατέβη εἰς Αἴγυπτον* (8 *a*)
28. 24. *καὶ χοῦς ἐκ τοῦ οὐρανοῦ καταβήσεται* (8 *a*)
— 43. *σὺ δὲ καταβήσῃ κάτω κάτω* (8 *a*)
31. 15. *καὶ κατέβη κύριος* (16)
32. 2. *καταβήτω ὡς δρόσος τὰ ῥήματά μου* (13)
Jo. 2. 23. *καὶ κατέβησαν ἐκ τοῦ ὄρους* (8 *a*)
3. 13. *τὸ δὲ ὕδωρ τὸ καταβαῖνον στήσεται* (8 *a*)
— 16. *ἔστη τὰ ὕδατα τὰ καταβαίνοντα ἄνωθεν* (8 *a*)
— 16. *τὸ δὲ καταβαῖνον κατέβη εἰς τὴν θάλασσαν* (8 *a*, –)
15. 7. *καὶ καταβαίνει ἐπὶ* [**A** *ἀπὸ*] *Γ.* (15)
— 10. *καὶ καταβήσεται ἐπὶ πόλιν ἡλίου* (8 *a*)
17. 9: 18. 13, 16. *καταβήσεται τὰ ὅρια* (8 *a*)
18. 16. *καταβήσεται Γ.* [**A** *ἐπὶ Γ.*] (8 *a*)
— 16. *καταβήσεται ἐπὶ πηγὴν Ῥ.* (8 *a*)
— 18 (17). *καταβήσεται ἐπὶ λίθον Β.* (8 *a*)
— 18. *καὶ καταβήσεται* (8 *a*)
19. 48. *καταβῆναι* [**A** *-βαίνειν*] *εἰς τὴν κοιλάδα* –
24. 4. *κατέβησαν εἰς Αἴγυπτον* (8 *a*)
Jd. 1. 9. *κατέβησαν οἱ υἱοὶ Ἰ.* (8 *a*)
— 34. *καταβῆναι εἰς τὴν κοιλάδα* (8 *a*)
3. 27. *καὶ κατέβησαν σὺν αὐτῷ* (8 *a*)
— 28. *κατάβητε* [**A** *-βαίνετε*] *ὀπίσω μου* (17)
— 28. *κατέβησαν ὀπίσω αὐτοῦ* (8 *a*)
4. 14. *καὶ κατέβη Βαράκ* (8 *a*)
— 15. *καὶ κατέβη Σισάρα* (8 *a*)
5. 11. *κατέβη εἰς τὰς πόλεις λαός* (8 *a*)
— 13. **R** *κατέβη κατάλειμμα* [**B** *-λημμα*] *τοῖς ἰσχυροῖς* [**A** *al.*] (8 *a*)
— 13. *λαὸς κυρίου κατέβη αὐτῷ* [**A** *al.*] (8 *a*)
— 14. *ἐν ἐμοὶ* [**A** *ἐξ ἐμοῦ*] *Μ. κατέβησαν* (8 *a*)
7. 9. *κατάβηθι ἐν τῇ παρεμβολῇ* [**A** *al.*] (8 *a*)
— 9 (10). *εἰ φοβῇ σὺ καταβῆναι κατάβηθι σύ* (8 *a*, 8 *a*)
— 10 (11). *καταβήσῃ ἐν τῇ παρεμβολῇ* (8 *a*)
— 11. *καὶ κατέβη αὐτός* (8 *a*)
— 24. *κατάβητε εἰς συνάντησιν Μ.* (8 *a*)
9. 36. *ἰδοὺ λαὸς καταβαίνει* [**A** *-νων*] (8 *a*)
— 37. *ἰδοὺ λαὸς καταβαίνων* (8 *a*)
11. 37. *καὶ καταβήσομαι ἐπὶ τὰ ὄρη* (8 *a*)
14. 1. *κατέβη Σαμψὼν εἰς Θ.* (8 *a*)
— 5. *καὶ κατέβη Σαμψών* (8 *a*)
— 7. *καὶ κατέβησαν* (8 *a*)
— 10. *καὶ κατέβη ὁ πατὴρ αὐτοῦ* (8 *a*)
— 19. *καὶ κατέβη εἰς Ἀσκάλωνα* (8 *a*)
15. 8. *καὶ κατέβη* (8 *a*)
Jd. 15. 8. **A** *καὶ κατέβη παρὰ τῷ χειμάρρῳ* [**B** *al.*] †
— 11. *καὶ κατέβησαν τρισχίλιοι* [**A** *al.*] (8 *a*)
— 12. *δῆσαί* [**A** *τοῦ δ.*] *σε κατέβημεν* (8 *a*)
16. 31. *κατέβησαν οἱ ἀδελφοὶ αὐτοῦ* (8 *a*)
20. 45. *κατέβησαν ὀπίσω αὐτῶν* [**A** *al.*] (2)
Ru. 3. 6. *κατέβη εἰς τὸν ἅλω* (8 *a*)
I Ki. 6. 21. *κατάβητε καὶ ἀναγάγετε αὐτήν* (8 *a*)
9. 25. *καὶ κατέβη ἐκ τῆς Βαμά* (8 *a*)
— 27. *αὐτῶν καταβαινόντων εἰς μέρος τῆς πόλεως* (8 *a*)
10. 5. *προφητῶν καταβαινόντων ἐκ τῆς Βαμά* (8 *a*)
— 8. *καταβήσῃ ἔμπροσθεν τῆς Γ.* (8 *a*)
— 8. *καταβαίνω πρὸς σέ* (8 *a*)
13. 12. **B** *νῦν καταβήσονται οἱ ἀλλόφυλοι* (8 *a*)
— 20. **B** *καὶ κατέβαινον πᾶς Ἰσρ.* (8 *a*)
14. 36. *καταβῶμεν ὀπίσω τῶν ἀλλοφύλων* (8 *a*)
— 37. *εἰ καταβῶ ὀπίσω τῶν ἀλλοφύλων* (8 *a*)
15. 12. *καὶ κατέβη εἰς Γ.* (8 *a*)
17. 8. *καταβήτω πρὸς μέ* (8 *a*)
— 28. **A** *ἵνα τί τοῦτο κατέβης* (8 *a*)
— 28. **A** *ἕνεκεν τοῦ ἰδεῖν τὸν πόλεμον κατέβης* (8 *a*)
22. 1. *καταβαίνουσι πρὸς αὐτὸν ἐκεῖ* (8 *a*)
23. 4. *κατάβηθι εἰς Κ.* (8 *a*)
— 6. *αὐτὸς μετὰ Δ. εἰς Κ. κατέβη* (8 *a*)
— 8. *καταβαίνειν εἰς πόλεμον* (8 *a*)
— 11. *εἰ καταβήσεται Σαούλ* (8 *a*)
— 20. *εἰς κατάβασιν καταβαινέτω* (8 *a*)
— 25. *καὶ κατέβη εἰς τὴν πέτραν* (8 *a*)
24. 8. *καὶ κατέβη τὴν* [**A** *εἰς τ.*] *ὁδόν* (4)
25. 1. *κατέβη εἰς τὴν ἔρημον Μ.* (8 *a*)
— 20. *αὐτῆς . . . καταβαινούσης ἐν σκέπῃ τοῦ ὄρους* (8 *a*)
— 20. *κατέβαινον* [**A** *-αν*] *εἰς συνάντησιν αὐτῆς* (8 *a*)
26. 2. **A** *καὶ κατέβη* [**B** *ἀνέστη*] *Σαούλ* †
— 2. *καὶ κατέβη* [**A** *ἐπορεύθη*] *εἰς τὴν ἔρημον Ζίφ* (8 *a*)
— 10. *ἢ εἰς πόλεμον καταβῇ* (8 *a*)
30. 24. *κατὰ τὴν μερίδα τοῦ καταβαίνοντος* (8 *a*, 8 *b**)
II Ki. 1. 21. **R** *μὴ καταβάτω* [**B** *-βοί*, **A**^{2} *-βήτω*] *δρόσος* –
5. 17. *κατέβη εἰς τὴν περιοχήν* (8 *a*)
— 24. **A B**^{2} **R** *καταβήσῃ* [**B**^{1} *-σει*] *πρὸς αὐτούς* (6)
11. 8. *κατάβηθι εἰς τὸν οἶκόν σου* (8 *a*)
— 9. *οὐ κατέβη εἰς τὸν οἶκον αὐτοῦ* (8 *a*)
— 10. *οὐ κατέβη Οὐρίας εἰς τὸν οἶκον αὐτοῦ* (8 *a*)
— 10. *τί ὅτι οὐ κατέβης* [**A**^{1} *καταβῇ*, **A**^{2} *καταβῇς*] *εἰς τὸν οἶκόν σου* (8 *a*)
— 13. *εἰς τὸν οἶκον αὐτοῦ οὐ κατέβη* (8 *a*)
17. 18. *καὶ κατέβησαν ἐκεῖ* (8 *a*)
19. 16 (17). *καὶ κατέβη μετὰ ἀνδρὸς Ἰούδα* (8 *a*)
— 20 (21). **A R** *τοῦ καταβῆναί με* [**B** *om.*] (8 *a*)
— 24 (25). *κατέβη εἰς ἀπαντὴν τοῦ βασ.* (8 *a*)
— 31 (32). *Βερζ. ὁ Γαλ. κατέβη ἐκ Ῥ.* (8 *a*)
21. 15. *καὶ κατέβη Δαυίδ* (8 *a*)
22. 10. *καὶ κατέβη* (8 *a*)
23. 13. *κατέβησαν τρεῖς ἀπὸ τῶν τριάκοντα* (8 *a*)
— 13. *κατέβησαν εἰς Κ.* (1)
— 20. **B** *καὶ αὐτὸς κατέβη* (8 *a*)
— 21. **B** *καὶ κατέβη πρὸς αὐτόν* (8 *a*)
III Ki. 1. 25. *ὅτι κατέβη σήμερον* (8 *a*)
— 38. *καὶ κατέβη Σαδώκ* (8 *a*)
2. 8. *κατέβη εἰς ἀπαντήν μου* (8 *a*)
3. 1 (2. 8). *κατέβαινεν εἰς ἀπαντήν μοι* (8 *a*)
6. 32. **A** *κατέβαινεν ἐπὶ τὰ χερ.* †
18. 44. *ζεῦξον τὸ ἅρμα σου καὶ κατάβηθι* (8 *a*)
20 (21). 16. *κατέβη Ἀχ. εἰς τὸν ἀμπελῶνα Ναβ.* (8 *a*)
— 18. *κατάβηθι εἰς ἀπαντὴν Ἀχ.* (8 *a*)
— 18. *καταβέβηκεν ἐκεῖ κληρονομῆσαι αὐτόν* (8 *a*)
22. 2. *κατέβη Ἰωσ. . . . πρὸς βασιλέα Ἰσρ.* (8 *a*)
IV Ki. 1. 4, 6. *οὐ καταβήσῃ ἀπ' αὐτῆς* (8 *a*)
— 9. *ὁ βασιλεὺς ἐκάλεσέ σε, κατάβηθι* (8 *a*)
— 10. *καταβήσεται πῦρ ἐκ τοῦ οὐρανοῦ* (8 *a*)
— 10. *κατέβη πῦρ ἐκ τοῦ οὐρανοῦ* (8 *a*)
— 11. *ταχέως κατάβηθι* (8 *a*)
— 12. *καταβήσεται πῦρ ἐκ τοῦ οὐρανοῦ* (8 *a*)
— 12. *καὶ κατέβη πῦρ* (8 *a*)
— 14. *κατέβη πῦρ ἐκ τοῦ οὐρανοῦ* (8 *a*)
— 15. *κατάβηθι μετ' αὐτοῦ* (8 *a*)
— 15. *κατέβη μετ' αὐτοῦ πρὸς τὸν βασ.* (8 *a*)
— 16. *οὐ καταβήσῃ ἀπ' αὐτῆς* (8 *a*)
3. 12. *καὶ κατέβη* [**A** *-ησαν*] *πρὸς αὐτόν* (8 *a*)
5. 14. *καὶ κατέβη Ναιμάν* (8 *a*)
6. 18. *κατέβησαν πρὸς αὐτόν* (8 *a*)
— 33. *ἄγγελος κατέβη πρὸς αὐτόν* (8 *a*)
7. 17. *ἐν τῷ καταβῆναι τὸν ἄγγελον πρὸς αὐτόν* (8 *a*)
8. 29. *κατέβη τοῦ ἰδεῖν τὸν Ἰ.* (8 *a*)

IV Ki. 9. 16. A R καὶ κατέβη εἰς Ἰεζρ. [B ἐν Ἰσρ.] (4 ?)
— 16. κατέβη ἰδεῖν τὸν Ἰ. (8 a)
— 32. κατάβηθι μετ' ἐμοῦ †
10. 13. κατέβημεν εἰς εἰρήνην τῶν υἱῶν τοῦ βασ. (8 a)
13. 14. κατέβη πρὸς αὐτὸν Ἰωάς (8 a)
20. 11. A κατέβη ἐν ἀναβαθμοῖς Ἄχαζ (8 a)
I Ch. 7. 21. κατέβησαν τοῦ [A om.] λαβεῖν τὰ κτήνη αὐτῶν (8 a)
11. 15. καὶ κατέβησαν τρεῖς (8 a)
— 22. καὶ οὗτος κατέβη (8 a)
— 23. καὶ κατέβη ἐπ' αὐτὸν Βαν. (8 a)
II Ch. 7. 1. τὸ πῦρ κατέβη ἐκ τοῦ οὐρανοῦ (8 a)
— 3. ἑώρων καταβαῖνον τὸ πῦρ (8 a)
18. 2. κατέβη διὰ τέλους ἐτῶν πρὸς Ἀχ. (8 a)
20. 16. κατάβητε ἐπ' αὐτούς (8 a)
22. 6. Ὀχ. υἱὸς Ἰωρὰμ βασ. Ἰούδα κατέβη (8 a)
I Es. 1. 29. καὶ κατέβησαν οἱ ἄρχοντες
Ne. 3. 15. ἕως τῶν κλιμάκων τῶν καταβαινουσῶν (8 a)
6. 3. οὐ δυνήσομαι καταβῆναι (8 a)
— 3. καταβήσομαι πρὸς ὑμᾶς (8 a)
9. 13. ἐπὶ ὄρος Σινὰ κατέβης (8 a)
To. 3. 17. κατέβη ἐκ τοῦ ὑπερῴου
6. 2. τὸ δὲ παιδάριον κατέβη περικλύσασθαι [S al.]
14. 10. αὐτὸς κατέβη εἰς τὸ σκότος [S al.]
Ju. 2. 27. κατέβη εἰς πεδίον Δαμασκοῦ
3. 6. κατέβη ἐπὶ τὴν παραλίαν [A ἐπαρχίαν]
5. 10. καὶ κατέβησαν εἰς Αἴγ.
6. 14. καταβάντες δὲ οἱ υἱοὶ Ἰσρ.
10. 2. κατέβη εἰς τὸν οἶκον
— 10. ἕως οὗ κατέβη τὸ ὄρος
— 15. σπεύσασα καταβῆναι
13. 12. ἐσπούδασαν τοῦ [S om.] καταβῆναι
14. 2. ὡς καταβαίνοντες ἐπὶ τὸ πεδίον
— 2. καὶ οὐ καταβήσεσθε
— 13. ἐτόλμησαν οἱ δοῦλοι καταβαίνειν [S -βῆναι]
Jb. 7. 9. ἐὰν γὰρ ἄνθρωπος καταβῇ εἰς ᾅδην (8 a)
17. 16. ἢ μετ' ἐμοῦ εἰς ᾅδην καταβήσονται [A -σεται] (8 a)
— 16. ἢ ὁμοθυμαδὸν ἐπὶ χώματος καταβησόμεθα (14 a ?)
36. 16. κατέβη τράπεζά σου πλήρης πιότητος (14 a ?)
38. 30. ἢ καταβαίνει ὥσπερ ὕδωρ ῥέον (5 ?)
Ps. 7. 16. ἐπὶ κορυφὴν αὐ. ἡ ἀδικία αὐ. καταβήσεται (8 a)
17 (18). 9. ἔκλινεν οὐρανὸν [S^{2} -οὺς] καὶ κατέβη (8 a)
21 (22). 29. πάντες οἱ καταβαίνοντες εἰς τὴν γῆν (8 a)
27 (28). 1. ὁμοιωθήσομαι τοῖς καταβαίνουσιν εἰς λάκκον (8 a)
29 (30). 3. τῶν καταβαινόντων εἰς λάκκον (8 a)
— 9. ἐν τῷ καταβῆναί [S^{2} -βαίνειν] με εἰς διαφθοράν (8 a)
54 (55). 15. καταβήτωσαν εἰς ᾅδου ζῶντες (8 a)
71 (72). 6. καταβήσεται ὡς ὑετὸς ἐπὶ πόκον (8 a)
87 (88). 4. μετὰ τῶν καταβαινόντων εἰς λάκκον (8 a)
103 (104). 8. καταβαίνουσι πεδία εἰς τόπον (8 a)
106 (107). 23. οἱ καταβαίνοντες εἰς τὴν θάλ. (8 a)
— 26. καταβαίνουσιν ἕως τῶν ἀβύσσων (8 a)
113. 25 (115. 17). οὐδὲ πάντες οἱ καταβαίνοντες εἰς ᾅδου (8 a)
118 (119). 136. διεξόδους ὑδάτων κατέβησαν [A διέβ.] (8 a)
132 (133). 2. ὡς μύρον . . . τὸ καταβαῖνον ἐπὶ πώγωνα . . . τὸ καταβαῖνον ἐπὶ τὴν ὤαν τοῦ ἐνδύματος αὐ. (8 a, 8 a)
— 3. ὡς δρόσος Ἀερμὼν ἡ καταβαίνουσα ἐπὶ τὰ ὄρη Σιών (8 a)
138 (139). 8. ἐὰν καταβῶ εἰς τὸν ᾅδην (7)
142 (143). 7. ὁμοιωθήσομαι τοῖς καταβαίνουσιν εἰς λάκκον (8 a)
143 (144). 5. κλῖνον οὐρανούς σου καὶ κατάβηθι (8 a)
Pr. 24. 27 (30. 4). τίς ἀνέβη εἰς τὸν οὐρανὸν καὶ κατέβη (8 a)
Ec. 3. 21. εἰ καταβαίνει αὐτὸ κάτω εἰς γῆν (8 a)
Ca. 5. 1 (4. 16). S ἵνα καταβῇ ὁ νυμφίος -
— 1 (4. 16). καταβήτω ἀδελφιδός μου εἰς κῆπον αὐτοῦ [A μου] (1)
6. 1 (2). κατέβη εἰς κῆπον αὐτοῦ [A μου] (8 a)
— 10 (11). εἰς κῆπον καρύας κατέβην (8 a)
Si. 32 (35). 15. οὐχὶ δάκρυα χήρας ἐπὶ σιαγόνα [S -ας, A -ι] καταβαίνει
50. 20. καταβὰς ἐπῆρε χεῖρας αὐ. [A al.]
Am. 6. 2. κατάβητε ἐκεῖθεν εἰς Γέθ (8 a)
8. 8. καὶ καταβήσεται ὡς ποταμὸς Αἴγ. (20 b)
9. 5. καὶ καταβήσεται ὡς ποταμὸς Αἴγ. (20 a)
Mi. 1. 3. B καὶ καταβήσεται (8 a)
— 12. κατέβη κακὰ παρὰ κυρίου ἐπὶ πύλας (8 a)

Ob. 1. 16. καὶ καταβήσονται (10 ?)
Jn. 1. 3. καὶ κατέβη εἰς Ἰόππην (8 a)
— 5. κατέβη εἰς τὴν κοίλην τοῦ πλοίου (8 a)
2. 7. κατέβην εἰς γῆν (8 a)
Na. 3. 7. πᾶς ὁ ὁρῶν σε καταβήσεται ἀπὸ σοῦ (12)
Hg. 2. 23 (22). καὶ καταβήσονται ἵπποι [A al.] (8 a)
Is. 5. 14. καταβήσονται οἱ ἔνδοξοι (8 a)
14. 11. κατέβη εἰς ᾅδου ἡ δόξα σου (8 b)
— 15. νῦν δὲ εἰς ᾅδην [A S -δου] καταβήσῃ (8 b)
— 19. μετὰ . . . καταβαινόντων εἰς ᾅδου (8 a)
25. 12. A S R καταβήσεται [B -σονται] ἕως τοῦ ἐδάφους (11)
30. 2. οἱ πορευόμενοι καταβῆναι εἰς Αἴγυπτον (8 a)
31. 1. οὐαὶ οἱ καταβαίνοντες εἰς Αἴγυπτον (8 a)
— 4. οὕτως καταβήσεται κύριος σαβαώθ (8 a)
32. 19. ἡ δὲ χάλαζα ἐὰν καταβῇ (8 a)
34. 5. ἐπὶ τὴν Ἰδουμαίαν καταβήσεται (8 a)
38. 8. οὓς κατέβη τοὺς δέκα ἀναβαθμούς [S al.] (8 a)
— 8. οὓς κατέβη ἡ σκιά (8 a)
42. 10. οἱ καταβαίνοντες εἰς τὴν θάλασσαν (8 a)
47. 1. κατάβηθι κάθισον ἐπὶ τὴν γῆν (8 a)
52. 4. εἰς Αἴγυπτον κατέβη ὁ λαός μου (8 a)
55. 10. ὡς γὰρ ἂν καταβῇ ὁ ὑετός (8 a)
63. 14. κατέβη πνεῦμα παρὰ κυρίου (8 a)
Je. 18. 2. κατάβηθι εἰς οἶκον τοῦ κεραμέως (8 a)
— 3. κατέβην εἰς τὸν οἶκον τοῦ κεραμέως (8 a)
22. 1. κατάβηθι εἰς τὸν [S^{1} ἐπ'] οἶκον τοῦ βασ. Ἰ. (8 a)
27 (50). 27. καταβήτωσαν εἰς σφαγήν (8 a)
28 (51). 14. φθέγξονται ἐπὶ σὲ οἱ καταβαίνοντες [A -βένν.] †
31 (48). 15. κατέβησαν εἰς σφαγήν (8 a)
— 18. A B S^{2} κατάβηθι ἀπὸ δόξης (8 a)
43 (36). 12. κατέβη εἰς οἰκίαν [A S -κον] τοῦ βασ. (8 a)
— 14. κατέβη πρὸς αὐτούς (1)
51 (44). 28. A οἱ καταβαίνοντες [S παροικοῦντες, R καταστάντες] ἐν γῇ Αἰγ. (1)
Ba. 3. 19. εἰς ᾅδου κατέβησαν
Ez. 22. 24. A οὐδὲ ὑετὸς καταβήσεταί σοι [B al.] (21)
24. 8. τοῦ ἀναβῆναι [A^{1} καταβ.] θυμόν †
26. 16. καταβήσονται . . . πάντες οἱ ἄρχοντες (8 a)
— 20. πρὸς τοὺς καταβαίνοντας εἰς βόθρον (8 a)
— 20. μετὰ καταβαινόντων εἰς βόθρον (8 a)
27. 29. καταβήσονται . . . πάντες οἱ κωπηλάται (8 a)
30. 6. καταβήσεται ἡ ὕβρις τῆς ἰσχύος αὐτῆς (8 a)
31. 12. κατέβησαν . . . πάντες οἱ λαοί (8 a)
— 14. πρὸς καταβαίνοντας [? προσκ.] εἰς βόθρον (8 a)
— 15. ἐν ᾗ ἡμέρᾳ κατέβη εἰς ᾅδου (8 a)
— 16. μετὰ τῶν καταβαινόντων εἰς λάκκον (8 a)
— 17. κατέβησαν μετ' αὐτοῦ εἰς ᾅδου (8 a)
— 18. κατάβηθι καὶ καταβιβάσθητι †
32. 18. πρὸς τοὺς καταβαίνοντας εἰς βόθρον (8 a)
— 19. A ἐξ ὑδάτων εὐπρεποῦς κατάβηθι (8 a)
— 20. κατάβηθι καὶ κοιμήθητι (8 a ?)
— 24. οἱ καταβαίνοντες ἀπερίτμητοι εἰς γῆς βάθος [A γῆν βάθους] (8 a)
— 24. μετὰ τῶν καταβαινόντων εἰς βόθρον (8 a)
— 27. κατέβησαν εἰς ᾅδου ἐν ὅπλοις πολεμικοῖς (8 a)
— 29. μετὰ καταβαινόντων εἰς βόθρον (8 a)
— 30. στρατηγοὶ Ἀσσοὺρ οἱ καταβαίνοντες τραυματίαι (8 a)
— 30. μετὰ τῶν καταβαινόντων εἰς βόθρον (8 a)
47. 1. κατέβαινεν ἀπὸ τοῦ κλίτους τοῦ δεξιοῦ (8 a)
— 8. κατέβαινεν ἐπὶ τὴν Ἀραβίαν (8 a)
— 15. ἀπὸ θαλάσσης τῆς μεγάλης τῆς καταβαινούσης (8 ?)
Da. TH. 4. 10. καὶ ἅγιος ἀπ' οὐρανοῦ κατέβη (14 b)
— 20. ἅγιον καταβαίνοντα ἀπὸ [A ἐκ] τοῦ οὐρανοῦ (14 b)
I Ma. 2. 29. τότε κατέβησαν πολλοί
— 31. κατέβησαν ἄνδρες
10. 71. κατάβηθι πρὸς ἡμᾶς εἰς τὸ πεδίον
16. 14. καὶ κατέβη εἰς Ἱεριχώ
II Ma. 2. 10. κατέβη πῦρ ἐκ τοῦ οὐρανοῦ
— 10. καταβὰν τὸ πῦρ ἀνήλωσε τὰ ὁλοκαυτώματα
III Ma. 6. 18. δύο φοβεροειδεῖς ἄγγελοι κατέβησαν

[Aq. I Ki. 20. 19: 23. 11: IV Ki. 12. 20 (21): Ps. 21 (22). 30: 27 (28). 1: 29 (30). 4: 71 (72). 6: 132 (133). 2 bis: 142 (143). 7: Pr. 26. 22: Is. 38. 18: 64. 1 (63. 19): Ez. 32. 21, 24, 25: Hg. 2. 23 (22).]

[Sm. I Ki. 20. 19: 23. 11, 20 bis: IV Ki. 12. 20 (21): Ps. 21 (22). 30: 27 (28). 1: 71 (72). 6: Pr. 26. 22: Is. 38. 8, 18: 64. 1 (63. 19), 3 (2): Ez. 32. 25: Hg. 2. 23 (22).]
[Th. I Ki. 20. 19: 23. 11: Jb. 36. 16: Pr. 26. 22: Is. 64. 1 (63. 19), 3 (2): Ez. 32. 19, 25: Jn. 1. 6: Hg. 2. 23 (22).]
[Al. Ge. 43. 5, 20 bis: Ps. 143 (144). 5.]

καταβάλλειν. (1) הָרַס (2) לָקַח (3) נָטַשׁ (4) נָפַל a. qal. b. hi. (5) נָתַץ (6) פָּרַץ (7) שָׁמַט (8) שָׁחַת pi. (9) שָׁפֵל hi.

II Ki. 20. 15. ἐνοοῦσαν καταβαλεῖν τὸ τεῖχος (4 b)
IV Ki. 3. 19. πᾶν ξύλον ἀγαθὸν καταβαλεῖτε (4 b)
— 25. πᾶν ξύλον ἀγαθὸν κατέβαλον (4 b)
6. 5. ὁ εἷς καταβάλλων [A -βαλὼν] τὴν δοκόν (4 b)
19. 7. καταβαλῶ [A -βάλλω] αὐτὸν ἐν ῥομφαίᾳ (4 b)
II Ch. 32. 21. κατέβαλον [A^{1} -έλαβον] αὐτὸν ἐν ῥομφαίᾳ (4 b)
Ju. 9. 8. καταβαλεῖν σιδήρῳ κέρας θυσιαστηρίου σου
Jb. 12. 14. ἐὰν καταβάλῃ [A -στρέψῃ] τίς οἰκοδομήσει (1)
16. 10 (9). ὀργῇ χρησάμενος κατέβαλέ με (7)
— 15 (14). κατέβαλόν με πτῶμα [S^{1} om.] ἐπὶ πτώματι (6)
Ps. 36 (37). 14. τοῦ καταβαλεῖν πτωχόν (4 b)
72 (73). 18. B^{2} S R κατέβαλες αὐτούς (4 b)
105 (106). 26. τοῦ καταβαλεῖν αὐτοὺς ἐν τῇ ἐρήμῳ (4 b)
— 27. τοῦ καταβαλεῖν τὸ σπέρμα αὐτῶν (4 b)
139 (140). 10. καὶ καταβαλεῖς αὐτούς (4 b)
Pr. 7. 26. πολλοὺς γὰρ τρώσασα καταβέβληκε (4 b)
18. 8. ὀκνηροὺς καταβάλλει φόβος †
25. 28. ὥσπερ πόλις τὰ τείχη καταβεβλημένη (6)
Si. 1. 30. ἐν μέσῳ συναγωγῆς καταβαλεῖ σε
7. 7. μὴ καταβάλῃς σεαυτὸν ἐν ὄχλῳ
8. 16. ὅπου οὐκ ἔστι βοήθεια καταβαλεῖ [S^{1} -βάλλει] σε
14. 18. τὰ μὲν καταβάλλει ἄλλα δὲ φύει
47. 4. καταβαλεῖν [S -έβαλεν] γαυρίαμα τοῦ Γολιάθ
Hg. 2. 23 (22). A καταβαλῶ τὰ ὅρια αὐτῶν -
Is. 16. 9. τὰ δένδρα σου κατέβαλεν [S^{1} -έλαβεν] Ἐσ. †
26. 5. πόλεις ὀχυρὰς καταβαλεῖς (9)
Je. 19. 7. καταβαλῶ αὐτοὺς ἐν μαχαίρᾳ (4 b)
Ba. 2. 19. καταβάλλομεν τὸν ἔλεον
Ez. 6. 4. καταβαλῶ τραυματίας ὑμῶν (4 b)
23. 25. τοὺς καταλοίπους σου ἐν ῥομφαίᾳ καταβαλοῦσιν (4 a)
26. 4. καταβαλοῦσι τὰ τείχη Σὸρ καὶ καταβαλοῦσι [A καθελοῦσιν] τοὺς πύργους σου (8, 1)
— 9. τοὺς πύργους σου καταβαλεῖ (5)
— 12. καταβαλεῖ τὰ τείχη σου (1)
29. 5. καταβαλῶ σε ἐν τάχει (3)
30. 22. καταβαλῶ τὴν μάχαιραν αὐτοῦ (4 b)
31. 12. κατέβαλον αὐτὸν ἐπὶ τῶν ὀρέων (3)
32. 12. καταβαλῶ τὴν ἰσχύν σου (4 b)
33. 4. A ἐλθοῦσα ἡ ῥομφαία καταβάλῃ αὐτόν [B al.] (2)
39. 3. καταβαλῶ σε ἐπὶ τὰ ὄρη τὰ Ἰσ. (4 b)
Da. TH. 11. 12. καὶ καταβαλεῖ μυριάδας (4 b)
I Ma. 4. 33. κατάβαλε αὐτοὺς ῥομφαίᾳ ἀγαπώντων σε
II Ma. 2. 13. ὡς καταβαλλόμενος βιβλιοθήκην
4. 42. τινὰς δὲ κατέβαλον
5. 6. δοκῶν δὲ . . . τρόπαια καταβάλλεσθαι
8. 18. R τὸν ὅλον κόσμον . . . καταβαλεῖν [A -λαβεῖν]
IV Ma. 12. 1. καταβληθεὶς εἰς λέβητα

[Sm. Jb. 41. 1: Ps. 72 (73). 18: 139 (140). 11.]
[Th. Ps. 139 (140). 11.]
[Al. Pr. 21. 25: Ez. 32. 4.]
[Quint., Sext. Ps. 139 (140). 11.]

καταβαρύνειν. (1) כָּבֵד

II Ki. 13. 25. οὐ μὴ καταβαρυνθῶμεν ἐπὶ σέ (1)
14. 26. κατεβαρύνετο ἐπ' αὐτόν (1)
Si. 8. 15. B ἵνα μὴ καταβαρύνηται [A S R βαρ., S^{1} -νῃ τὰ] κατὰ σοῦ
Jl. 2. 8. καταβαρυνόμενοι ἐν τοῖς ὅπλοις αὐ. †

[Th. Is. 24. 20.]

καταβάσιος.

Wi. 10. 6. ἐρρύσατο φυγόντα πῦρ καταβάσιον πενταπόλεως

κατάβασις. (1) דֶּרֶךְ (2) *a.* יָרַד *b.* מוֹרָד

Jo. 8. 24. καὶ ἐν τῷ ὄρει ἐπὶ [A *om.*] τῆς κ. †
10. 11. ἐπὶ τῆς κ. Ὡρωνίν (2 *b*)
Jd. 1. 16. ἥ ἐστιν [A *om.* ἥ ἐ.] ἐπὶ καταβάσεως Ἀ. †
I Ki. 23. 20. εἰς κατάβασιν καταβαινέτω (2 *a*)
II Ki. 13. 34. λαὸς πολὺς πορευόμενος . . . ἐν τῇ κ. –
III Ki. 7. 29. ἔργον καταβάσεως (2 *b*)
Si. 43. 17. ὡς ἀκρὶς καταλύουσα ἡ κ. αὐτῆς
46. 6. ἐν καταβάσει ἀπώλεσεν ἀνθεστηκότας
Mi. 1. 4. ὡς ὕδωρ καταφερόμ. ἐν καταβάσει (2 *b*)
Ez. 48. 1. κατὰ τὸ μέρος [A μέτρον] τῆς κ. (1)
I Ma. 3. 24. ἐν τῇ κ. Βαιθωρῶν
[Aq., Sm., Is. 32. 19.]
[Al. Le. 19. 14.]

καταβέννειν.

Je. 28 (51). 14. A φθέγξονται ἐπὶ σὲ οἱ καταβέννοντες [B S -βαίν.] †

καταβιάζεσθαι. (1) חָזַק (2) פָּצַר

Ge. 19. 3. R κατεβιάσατο [A παρεβιάζετο] αὐτούς (2)
Ex. 12. 33. κατεβιάζοντο οἱ Αἰγ. τὸν λαόν (1)

καταβιβάζειν. (1) יָרַד *a.* qal. *b.* hi. *c.* hoph.

De. 21. 4. καταβιβάσουσιν . . . δάμαλιν (1 *b*)
Jo. 2. 18. δι' ἧς κατεβίβασας ἡμᾶς (1 *b*)
Jd. 7. 5. A κατεβίβασεν [B -ήνεγκε] τὸν λαόν (1 *b*)
Je. 28 (51) 40. καταβίβασον [S[1] -σω] αὐτοὺς ὡς ἄρνας (1 *b*)
Ba. 3. 29. κατεβίβασεν αὐτὴν ἐκ τῶν νεφελῶν
La. 1. 9. κατεβίβασεν ὑπέρογκα (1 *a*)
Ez. 26. 20. καταβιβάσω [A -βιβῶ] σε πρὸς τοὺς καταβαίνοντας (1 *b*)
28. 8. καταβιβάσουσί σε (1 *b*)
31. 16. κατεβίβαζον αὐτὸν εἰς ᾅδου (1 *b*)
— 18. καταβιβάσθητι μετὰ τῶν ξύλων τῆς τρυφῆς (1 *c*)
32. 18. καταβιβάσουσιν αὐτῆς τὰς θυγατέρας τὰ ἔθνη νεκράς (1 *b*)
[Aq. Ge. 27. 40: Ps. 55 (56). 8: Pr. 30. 4.]

καταβιβρώσκειν. (1) *a.* אָכַל pu. *b.* אָכְלָה

Ne. 2. 3. αἱ πύλαι αὐτῆς κατεβρώθησαν [A καὶ ἐβρ.] ἐν πυρί (1 *a*)
— 13. καὶ πύλαι αὐτῆς κατεβρώθησαν πυρί [A S ἐν π.] (1 *a*)
Si. 33 (36). 9. καταβρωθήτω ὁ [S[1] ὁ μή, S[2] ὁ ἀσεβὴς ὁ] σωζόμενος
Ez. 39. 4. δέδωκά σε καταβρωθῆναι (1 *b*)
Da. LXX. Bel 30. ἵνα καταβρωθῇ
— 41. καὶ κατεβρώθησαν
Da. Th. Bel 42. καὶ κατεβρώθησαν παραχρῆμα

καταβιοῦν. (1) אָכַל לֶחֶם

Am. 7. 12. καὶ ἐκεῖ καταβίου (1)

καταβλάπτειν.

III Ma. 7. 8. μηθενὸς αὐτοὺς τὸ σύνολον καταβλάπτοντος

καταβλέπειν. (1) שָׁקַף hi.

Ge. 18. 16. κατέβλεψαν ἐπὶ πρόσωπον Σοδ. (1)

καταβοᾶν. (1) צָעַק (2) קָרָא

Ex. 5. 15. κατεβόησαν πρὸς Φαραώ (1)
22. 23 (22). κεκράξαντες καταβοήσωσι πρός με (1)
— 27 (26). ἐὰν οὖν καταβοήσῃ πρός με (1)
De. 15. 9. καταβοήσεται [A β.] κατὰ σοῦ πρὸς κ. (2)
24. 15. καταβοήσεται κατὰ [A οὐ κ. περὶ] σοῦ (2)
II Ma. 8. 3. τῶν καταβοώντων πρὸς αὐτὸν αἱμάτων
[Sm. I Ki. 26. 14.]

καταβόησις.

Si. 32 (35). 15. ἡ κ. [S -πτωσις] ἐπὶ τῷ καταγαγόντι αὐτά

καταβολή.

II Ma. 2. 29. τῆς ὅλης κ. φροντιστέον

καταβόσκειν. (1) בָּעַר *a.* pi. *b.* hi.

Ex. 22. 5 (4). ἐὰν δὲ καταβοσκήσῃ τις ἀγρόν (1 *b*)
— 5 (4). ἀφῇ τὸ κτῆνος αὐτοῦ καταβοσκῆσαι (1 *a*)
— 5 (4). ἐὰν δὲ πάντα τὸν ἀγρὸν καταβοσκήσῃ –
[Sm., Al. Ps. 79 (80). 14.]

καταβόσκησις.

[Sm. Is. 6. 13.]

καταβροχή.

[Th. Pr. 3. 8.]

κατάβρωμα. (1) *a.* אָכַל *b.* אָכְלָה *c.* מַאֲכָל (2) לֶחֶם

Nu. 14. 9. κατάβρωμα ἡμῖν ἐστιν (2)
De. 28. 26. ἔσονται οἱ νεκροὶ ὑμῶν κατάβρωμα (1 *c*)
31. 17. καὶ ἔσται κατάβρωμα (1 *a*)
Ju. 5. 24. B ἔσονται εἰς κατάβρωμα [A S -ωσιν]
10. 12. δίδοσθαι ὑμῖν εἰς κατάβρωμα
Je. 7. 33. A εἰς κατάβρωμα πᾶσιν [B S εἰς βρῶσιν] τοῖς πετεινοῖς (1 *c*)
Ez. 21. 32 (37). ἐν πυρὶ ἔσῃ κ. (1 *b*)
29. 5. δέδωκά σε εἰς κ. [A βρῶσιν] (1 *b*)
33. 27. δοθήσονται εἰς κ. (1 *a*)
34. 5. ἐγενήθη εἰς κ. πᾶσι τοῖς θηρίοις (1 *b*)
— 8. εἰς κ. πᾶσι τοῖς θηρίοις (1 *b*)
— 10. οὐκ ἔσονται αὐτοῖς ἔτι εἰς κ. (1 *b*)
35. 12. ἡμῖν δέδοται εἰς κ. [A κατάσχεσιν] (1 *a*)
[Aq. Ez. 29. 5.]
[Sm. Is. 9. 5 (4).]

κατάβρωσις. (1) אָכַל

Ge. 31. 15. κατέφαγε καταβρώσει τὸ ἀργύριον ἡμῶν (1)
Ju. 5. 24. A S ἔσονται εἰς κατάβρωσιν [B -ωμα]

κατάγαιος. (1) תַּחְתִּי

Ge. 6. 16. κατάγαια διώροφα . . . ποιήσεις αὐτήν (1)

καταγγέλλειν.

Pr. 17. 5. A ὁ καταγγέλλων [B S καταγελῶν] πτωχοῦ †
II Ma. 8. 36. R κατήγγελλεν ὑπέρμαχον ἔχειν τὸν θεὸν [A *om.* τ. θ.] τοὺς Ἰουδ.
9. 17. R καταγγέλλοντα [A -ας] τὸ τοῦ θεοῦ κράτος
[Sm. Ps. 39 (40). 6.]
[Sext. Ps. 2. 7.]

κατάγειν, *cf.* **καταγνύναι.** (1) בּוֹא hi. (2) דָּמַם (3) יָרַד *a.* qal. *b.* hi. *c.* hoph. (4) יָשַׁר pu. (5) נָגַע hi. (6) נָזָה (7) נָכָה hi. (8) רָדָה (9) שׂוּם (10) שָׁחַח hi. (11) שָׁפַת

Ge. 37. 25. ἐπορεύοντο δὲ καταγαγεῖν εἰς Αἰγ. (3 *b*)
— 28. κατήγαγον τὸν Ἰωσὴφ εἰς Αἴγ. (1)
39. 1. Ἰωσὴφ δὲ κατήχθη εἰς Αἴγ. (3 *c*)
— 1. οἱ κατήγαγον αὐτὸν ἐκεῖ (3 *b*)
42. 20. A τὸν ἀδ. ὑμῶν . . . καταγάγετε [R ἀγ.] (1)
— 38. κατάξετέ μου τὸ γῆρας (3 *b*)
43. 11. καταγάγετε τῷ ἀνθρώπῳ δῶρα (3 *b*)
44. 21. καταγάγετε αὐτὸν πρός μέ (3 *b*)
— 29. κατάξετέ μου τὸ γῆρας (3 *b*)
— 31. κατάξουσιν . . . τὸ γῆρας τοῦ παιδός σου (3 *b*)
45. 13. καταγάγετε τὸν πατέρα μου ὧδε (3 *b*)
Jd. 7. 4. A κατάγαγε [B κατένεγκον] αὐτούς (3 *b*)
16. 21. A κατήγαγον [B -ήνεγκαν] αὐτὸν εἰς Γ. (3 *b*)
I Ki. 2. 6. κατάγει εἰς ᾅδου καὶ ἀνάγει (3 *b*)
19. 12. κατάγει ἡ Μ. τὸν Δαυίδ (3 *b*)
30. 15. εἰ κατάξεις με ἐπὶ τὸ γεδδοὺρ τοῦτο (3 *b*)
— 15. κατάξω σε ἐπὶ τὸ γεδδοὺρ τοῦτο (3 *b*)
— 16. κατήγαγεν [A -ῆγεν] αὐτὸν ἐκεῖ (3 *b*)
III Ki. 1. 33. καταγάγετε αὐτὸν εἰς τὴν Γ. (3 *b*)
2. 6. A R οὐ κατάξεις τὴν πολιὰν αὐ. [B *al.*] (3 *b*)
— 9. A R κατάξεις τὴν πολιὰν [B πόλιν] αὐ. (3 *b*)
3. 1 (2. 9). A R κατάξεις τὴν πολιὰν [B πόλιν] αὐ. (3 *b*)
5. 9 (23). οἱ δοῦλοί μου κατάξουσιν αὐτά (3 *b*)
6. 35. χρυσίῳ καταγομένῳ ἐπὶ τὴν ἐκτύπωσιν (4)
17. 23. κατήγαγεν αὐτὸν ἀπὸ τοῦ ὑπερῴου (3 *b*)
18. 40. καὶ κατάγει αὐτοὺς Ἠ. (3 *b*)
IV Ki. 11. 19. κατήγαγον τὸν Βασ. ἐξ οἴκου κ. (3 *b*)
To. 3. 10. τὸ γῆρας αὐτοῦ κατάξω
6. 14. κατάξω τὴν ζωὴν τοῦ πατρός μου
13. 2. κατάγει εἰς ᾅδην καὶ ἀνάγει [S *al.*]
Ps. 21 (22). 15. εἰς χοῦν θανάτου κατήγαγές με (11)
30 (31). 17. καταχθείησαν εἰς ᾅδου (2)
54 (55). 23. κατάξεις αὐτοὺς εἰς φρέαρ διαφθορᾶς (3 *b*)
55 (56). 7. ἐν ὀργῇ λαοὺς κατάξεις (3 *b*)
58 (59). 11. κατάγαγε αὐτούς (3 *b*)
77 (78). 16. κατήγαγεν ὡς ποταμοὺς ὕδατα (3 *b*)
Pr. 5. 5. κατάγουσι τοὺς χρωμένους αὐτῇ (3 *a*)
7. 27. κατάγουσαι εἰς τὰ [S[1] τὰ εἰς] ταμιεῖα τοῦ θανάτου (3 *a*)
Wi. 16. 13. κατάγεις εἰς πύλας ᾅδου
Si. 22. 19. ὁ νύσσων ὀφθαλμὸν κατάξει δάκρυα
32 (35). 15. ἡ καταβόησις [S -πτωσις] ἐπὶ τῷ καταγαγόντι αὐτά
38. 16. τέκνον, ἐπὶ νεκρῷ κατάγαγε [S κάταγε] δάκρυα
48. 3. κατήγαγεν οὕτως [S[2] *om.*] τρὶς πῦρ
— 6. ὁ καταγαγὼν βασιλεῖς εἰς ἀπώλειαν
Ho. 7. 12. καθὼς τὰ πετεινὰ τοῦ οὐρανοῦ κατάξω αὐτούς (3 *b*)
Am. 3. 11. κατάξει ἐκ σοῦ ἰσχύν σου (3 *b*)
9. 2. ἐκεῖθεν κατάξω αὐτούς (3 *b*)
Jl. 2. 17. τοῦ κατάρξαι αὐτῶν [S[1] -άξαι αὐτοὺς] ἔθνη †
3 (4). 2. καὶ κατάξω αὐτὰ εἰς τὴν κοιλάδα Ἰ. (3 *b*)
Ob. 1. 3. τίς με κατάξει ἐπὶ τὴν γῆν (3 *b*)
— 4. ἐκεῖθεν κατάξω σε, λέγει κύριος (3 *b*)
Za. 9. 4. A S[1] κατάξει [B S[2] πατάξει] εἰς θάλασσαν δύναμιν (7)
— 10. S[1] κατάξει [A B S[2] κατάρξει] ὑδάτων †
12. 4. S[1] τοὺς ἵππους . . . κατάξω [A B S[2] πατάξω] (7)
Is. 9. 3 (2). ὃ κατήγαγες ἐν εὐφροσύνῃ σου †
26. 5. κατήγαγες τοὺς ἐνοικοῦντας ἐν ὑψηλοῖς (10)
— 5. πόλεις ὀχυρὰς . . . κατάξεις [A *al.*] (5)
63. 3. κατήγαγον τὸ αἷμα [S τὰ ἱμάτια] αὐτῶν εἰς γῆν (6 ?)
— 6. κατήγαγον τὸ αἷμα αὐτῶν εἰς γῆν (3 *b*)
Je. 9. 18 (17). καταγαγέτωσαν οἱ ὀφθαλμοὶ ὑμῶν δάκρυα (3 *a*)
13. 17. κατάξουσιν οἱ ὀφθαλμοὶ ὑμῶν δάκρυα (3 *a*)
14. 17. καταγάγετε ἐπ' ὀφθαλμοὺς ὑμῶν δάκρυα (3 *a*)
19. 8. κατάξω [A τάξω] τὴν πόλιν ταύτην εἰς ἀφανισμόν (9)
37 (30). 6. καθέξουσιν [S[1] κατάξ.] ὀσφύν –
La. 1. 13. ἐν τοῖς ὀστέοις μου κατήγαγεν αὐτό (8 ?)
— 16. ὁ ὀφθαλμός μου κατήγαγεν ὕδωρ (3 *a*)
2. 10. κατήγαγον εἰς γῆν ἀρχηγούς (3 *b*)
— 18. καταγάγετε [A -τωσαν] ὡς χειμάρρους δάκρυα (3 *b*)
3. 48. ἀφέσεις ὑδάτων κατάξει ὁ ὀφθαλμός μου (3 *a*)
Ez. 26. 11. τὴν ὑπόστασιν τῆς ἰσχύος σου . . . κατάξει (3 *a*)
44. 14. κατάξουσιν αὐτοὺς φυλάσσειν [A *al.*] †
III Ma. 4. 9. κατήχθησαν δὲ θηρίων τρόπον
7. 5. δεσμίους καταγαγόντες αὐτούς
— 19. καταχθέντες δὲ μετ' εἰρήνης
[Aq. Je. 14. 17: 51 (28). 40.]
[Sm. Ps. 55 (56). 8: 87 (88). 5: Je. 14. 17: 51 (28). 40.]
[Th. Ps. 48 (49). 15.]

καταγελᾶν. (1) הָיָה לָבוּז (2) חָפֵר (3) לָעַג *a.* qal. *b.* hi. (4) עָלַץ (5) שָׂחַק *a.* qal. *b.* hi.

Ge. 38. 23. μή ποτε καταγελασθῶμεν (1)
II Ch. 30. 10. ἐγένοντο ὡς καταγελῶντες αὐτῶν (5 *b*)
To. 2. 8. S οἱ πλησίον μου κατεγέλων [A B *al.*]
Ju. 12. 12. καταγελάσεται ἡμῶν
Es. 4. 17. μὴ καταγελασάτωσαν [A γελ.] ἐν τῇ πτώσει ἡμῶν
Jb. 5. 22. ἀδίκων καὶ ἀνόμων καταγελάσῃ (5 *a*)
9. 23. ἀλλὰ δίκαιοι καταγελῶνται (3 *a*)
21. 3. εἶτ' οὐ καταγελάσετέ μου [A S *al.*] (3 *b*)
30. 1. νυνὶ δὲ κατεγέλασάν μου (5 *a*)
39. 7. καταγελῶν πολυοχλίας πόλεως (5 *a*)
— 18. καταγελάσεται ἵππου [S[1] αὐτοῦ] (5 *a*)
— 22. συναντῶν βασιλεῖ [A S[4] βέλει] καταγελᾷ (5 *a*)
41. 20 (21). καταγελᾷ δὲ σεισμοῦ πυρφόρου (5 *a*)
Ps. 24 (25). 2. μηδὲ καταγελασάτωσάν μου οἱ ἐχθροί μου (4)
Pr. 17. 5. ὁ καταγελῶν [A -αγγέλλων] πτωχοῦ (3 *a*)
24. 52 (30. 17). ὀφθαλμὸν καταγελῶντα πατρός (3 *a*)
29. 9. ἀνὴρ δὲ φαῦλος ὀργιζόμ. καταγελᾶται (5 *a*)
Si. 7. 11. μὴ καταγέλα ἄνθρωπον [S -ου] ὄντα [S *om.*] ἐν πικρίᾳ ψυχῆς αὐτοῦ
20. 17. ποσάκις καὶ ὅσοι καταγελάσονται αὐτοῦ
Mi. 3. 7. καταγελασθήσονται οἱ μάντεις (2 ?)
I Ma. 7. 34. καὶ κατεγέλασεν αὐτῶν
IV Ma. 6. 20. A R καταγελώμενοι πρὸς ἁπάντων [S ὑπὸ π.] ἐπὶ δειλίᾳ
[Sm. Ps. 2. 4: 36 (37). 13: 58 (59). 9: La. 1. 7.]

καταγέλαστος.
Wi. 17. 8. οὗτοι καταγέλαστον εὐλάβειαν ἐνόσουν

κατάγελως. (1) קֶלֶס
To. 8. 10. S καὶ γενώμεθα κατάγελως
Ps. 43 (44). 13. καταγέλωτα [A S² χλευασμὸν] τοῖς κύκλῳ ἡμῶν (1)
Mi. 1. 10. μὴ ἀνοικοδομεῖτε . . . καταγέλωτα [? κατὰ γ.] †
I Ma. 10. 70. ἐγὼ δὲ ἐγενήθην εἰς καταγέλωτα
[Sm. Je. 20. 7.]
[Sext. Ps. 43 (44). 14.]

καταγηράσκειν. (1) שֵׂיבָה
Is. 46. 4. ἕως ἂν καταγηράσητε ἐγώ εἰμι (1)

καταγίνεσθαι. (1) *a.* יָשַׁב *b.* מוֹשָׁב (2) שָׁכַן
Ex. 10. 23. ἐν πᾶσιν οἷς κατεγίνοντο (1 *b*)
Nu. 5. 3. ἐν οἷς ἐγὼ καταγίνομαι ἐν αὐτοῖς (2)
De. 9. 9. κατεγινόμην ἐν τῷ ὄρει (1 *a*)
Da. LXX. Bel 20. ἐν ᾧ ἦσαν οἱ ἱερεῖς καταγινόμενοι

καταγινώσκειν. (1) חָקַר (2) רָשַׁע hi.
De. 25. 1. καὶ καταγνῶσι τοῦ ἀσεβοῦς (2)
Pr. 28. 11. πένης δὲ νοήμων καταγνώσεται αὐτοῦ (1)
Si. 14. 2. οὗ οὐ κατέγνω ἡ ψυχὴ αὐτοῦ
19. 5. ὁ εὐφραινόμενος καρδίᾳ [S¹ πονηρὰ] καταγνωσθήσεται
[Sm. Jb. 42. 6: Ez. 16. 61.]

κάταγμα.
[Sm. Ps. 146 (147). 3: Ez. 21. 6 (11).]

καταγνύναι, *cf.* **κατάγειν.** (1) גָּדַע ni. (2) דוּשׁ (3) מָחַץ (4) נָחַת pi. (5) נָכָה hi. (6) רָדַף
De. 33. 11. κάταξον ὀσφὺν ἐχθρῶν (3)
II Ki. 22. 35. καὶ κατάξας τόξον χαλκοῦν (4)
Ju. 9. 8. κάταξον τὸ κράτος αὐτῶν
Hb. 3. 12. καὶ ἐν θυμῷ κατάξεις ἔθνη (2)
Za. 1. 21 (2. 4). καὶ τὸν Ἰσραὴλ κατέαξαν †
9. 4. πατάξει [A S¹ κατάξει] εἰς θάλασσαν (5)
— 10. κατάρξει [S¹ κατάξει] ὑδάτων †
12. 4. τοὺς ἵππους . . . πατάξω [S¹ κατάξω] (5)
Je. 31 (48). 25. κατεάχθη κέρας Μωάβ (1)
La. 3. 66. A αὐτοὺς κατάξεις [B καταδιώξ.] ἐν ὀργῇ (6)
[Aq. Dt. 9. 17.]
[Sm. Ps. 47 (48). 8: 50 (51). 19: 68 (69). 21.]
[Al. Le. 24. 20: Ps. 146 (147). 3.]

κατάγνωσις.
Si. 5. 14. κατάγνωσις πονηρὰ ἐπὶ διγλώσσου

καταγογγύζειν.
I Ma. 11. 39. καταγογγύζουσι κατὰ τοῦ Δημητρ.

καταγράφειν. (1) כָּתַב (2) עָלָה hoph.
Ex. 17. 14. κατάγραψον τοῦτο . . . εἰς βιβλίον [A ἐν βιβλίῳ] (1)
32. 15. πλάκες λίθιναι καταγεγραμμ. [A γεγρ.] (1)
Nu. 11. 26. οὗτοι ἦσαν τῶν καταγεγραμμένων (1)
I Ch. 9. 1. καὶ οὗτοι καταγεγραμμένοι ἐν βιβλίῳ (1)
II Ch. 20. 34. ὃς κατέγραψε βιβλίον [B¹ -ου] βασιλέως Ἰσρ. (2)
I Es. 2. 16. A R κατέγραψεν αὐτῷ [B -ῶν] κατὰ τῶν κατοικούντων
Jb. 13. 26. κατέγραψας κατ' ἐμοῦ κακά (1)
Si. 48. 10. ὁ καταγραφεὶς ἐν ἐλεγμοῖς [A κ. ἐλεγμὸς] εἰς [S¹ *om.*] καιρούς
Ho. 8. 12. καταγράψω αὐτῷ πλῆθος (1)
I Ma. 9. 22. τῆς μεγαλωσύνης αὐτοῦ οὐ κατεγράφη
14. 27. S R καὶ κατέγραψαν [A -εν] ἐν δέλτοις χαλκαῖς
[Sm. Ez. 8. 10.]

κατάγχειν.
[Th. Jd. 11. 35 *bis*.]

καταδαμάζειν. (1) חָרַשׁ
Jd. 14. 18. A εἰ μὴ κατεδαμάσατέ μου τὴν δάμαλιν [B *al.*]

καταδαπανᾶσθαι.
Wi. 5. 13. ἐν δὲ τῇ κακίᾳ ἡμῶν κατεδαπανήθημεν

καταδεής.
[Sm. Jb. 13. 2.]

καταδεικνύναι. (1) בָּרָא (2) יָצַר (3) תָּפַשׂ
Ge. 4. 21. οὗτος ἦν ὁ καταδείξας ψαλτήριον (3)
Is. 40. 26. τίς κατέδειξε πάντα ταῦτα (1)
41. 20. ὁ ἅγιος τοῦ Ἰσραὴλ κατέδειξεν (1)
43. 15. ὁ καταδείξας Ἰσραὴλ βασιλέα ὑμῶν (1)
45. 18. οὗτος ὁ θεὸς ὁ καταδείξας τὴν γῆν (2)

καταδεῖν. (1) חָבַשׁ (2) חָפַשׂ hithp. (3) עָמַם (4) צָמִיד
Nu. 19. 15. B²R ὅσα οὐχὶ [A B¹ οὐκ ἔχει] δεσμὸν καταδέδεται (4 ?)
III Ki. 21 (20). 38. κατεδήσατο τελαμῶνι τοὺς ὀφθαλμοὺς αὐτοῦ (3 ?)
Si. 27. 21. τραῦμά ἐστι καταδῆσαι
28. 24. τὸ ἀργύριόν σου καὶ τὸ χρυσίον κατάδησον
Is. 46. 1. αἴρετε [A ἔδεται] αὐτὰ καταδεδεμένα (2)
Ez. 34. 4. τὸ συντετριμμένον οὐ κατεδήσατε (1)
— 16. τὸ συντετριμμένον καταδήσω (1)
[Aq. Ge. 30. 41.]
[Sm. Jb. 16. 8.]
[Th. Is. 61. 1: Ez. 30. 21.]

καταδεῖσθαι. (1) חָלָה (2) חָנַן hithp.
Ge. 42. 21. ὅτε κατεδέετο ἡμῶν (2)
Is. 57. 10. οὐ [S¹ ὃ] κατεδεήθης μου σύ (1)
Ez. 30. 21. οὐ κατεδέθη [A *add.* μου] †

καταδεσμεύειν.
Si. 7. 8. μὴ καταδεσμεύσῃς δὶς ἁμαρτίαν
30. 7. καταδεσμεύσει τραύματα αὐ.

κατάδεσμος. (1) חָבַשׁ pu.
Is. 1. 6. οὐκ ἔστι μάλαγμα . . . οὔτε καταδέσμους (1)

καταδέχεσθαι. (1) בִּין (2) נָדִיב
Ex. 35. 5. πᾶς ὁ καταδεχόμενος τῇ καρδίᾳ (2)
De. 32. 29. ταῦτα καταδεξάσθωσαν (1)

καταδιαιρεῖν. (1) נָזַר (2) חָלַק pi. (3) פָּלַג pi. (4) פָּסַג pi.
Ps. 47 (48). 13. A B S² καταδιέλεσθε τὰς βάρεις αὐτῆς (4)
54 (55). 9. καταδίελε τὰς γλώσσας αὐτῶν (3)
135 (136). 13. τῷ καταδιελόντι τὴν ἐρυθρὰν θάλασσαν (1)
Jl. 3 (4). 2. καὶ τὴν γῆν μου κατεδιείλαντο (2)
[Sm. Ps. 28 (29). 7.]
[Al. Is. 14. 2.]

καταδικάζειν. (1) חוּב pi. (2) עָוַת pi. (3) *a.* רָשַׁע hi. *b.* רָשָׁע
Jb. 34. 29. καὶ τίς καταδικάσεται (3 *a*)
Ps. 36 (37). 33. A S οὐδὲ μὴ καταδικάσηται [B -σαι] αὐτόν (3 *a*)
93 (94). 21. αἷμα ἀθῷον καταδικάσονται (3 *a*)
108 (109). 7. ἐξέλθοι καταδεδικασμένος (3 *b*)
Wi. 2. 20. θανάτῳ ἀσχήμονι καταδικάσωμεν αὐτόν
11. 10. ἐκείνους δὲ . . . καταδικάζων ἐξήτασας
12. 15. αὐτὸν τὸν μὴ ὀφείλοντα κολασθῆναι καταδικάσαι
17. 11. δειλὸν γὰρ ἰδίως πονηρία μαρτυρεῖ [A S -υρι] καταδικαζομένη
La. 3. 36. καταδικάσαι ἄνθρωπον ἐν τῷ κρίνεσθαι αὐτόν (2)
Da. TH. 1. 10. καὶ καταδικάσητε τὴν κεφαλήν μου τῷ βασ. (1)
[Aq. Jb. 9. 20: 10. 2: Is. 54. 17.]
[Sm. Jb. 9. 20: Ps. 36 (37). 33.]
[Th. Jb. 9. 20: 34. 29.]

καταδίκη.
Wi. 12. 27. τὸ τέρμα τῆς κ. ἐπ' αὐτοὺς ἐπῆλθε
[Sm. Ps. 89 (90). 3.]

καταδιώκειν. (1) דָּבַק hi. (2) דָּלַק (3) דָּפַק (4) הָלַךְ (5) יָצָא (6) רָדַף *a.* qal. *b.* pi. (7) רוּץ (8) שָׁפַט
Ge. 14. 14. κατεδίωξεν ὀπίσω αὐτῶν (6 *a*)
— 15. R κατεδίωξεν αὐτούς (6 *a*)
31. 36. κατεδίωξας ὀπίσω μου (2)
33. 13. R ἐὰν οὖν καταδιώξω αὐτά [A -ούς] (3)
35. 5. οὐ κατεδίωξαν ὀπίσω τῶν υἱῶν Ἰσρ. (6 *a*)
Ex. 14. 4. καταδιώξεται ὀπίσω αὐτῶν (6 *a*)
— 8. κατεδίωξεν [A² -αν] ὀπίσω τῶν υἱῶν Ἰσρ. (6 *a*)
— 9. κατεδίωξαν οἱ Αἰγύπτιοι ὀπίσω αὐτῶν (6 *a*)
— 23. καὶ κατεδίωξαν οἱ Αἰγ. (6 *a*)
De. 1. 44. B καὶ κατεδίωξαν [A R -εν] ὑμᾶς (6 *a*)
11. 4. καταδιωκόντων αὐτῶν ἐκ τῶν ὀπίσω ὑμῶν (6 *a*)
28. 22, 45. καὶ καταδιώξονταί σε (6 *a*)
Jo. 2. 5. καταδιώξατε ὀπίσω αὐτῶν (6 *a*)
— 7. καὶ οἱ ἄνδρες κατεδίωξαν ὀπίσω αὐτῶν (6 *a*)
— 8 (7). A ὡς ἐξῆλθον οἱ καταδιώκοντες [B δι.] (6 *a*)
— 16. μὴ συναντήσωσιν ὑμῖν οἱ καταδιώκοντες (6 *a*)
— 16. ἀποστρέψωσιν [A ἀναστρ.] οἱ καταδιώκοντες (6 *a*)
— 22. ἐξεζήτησαν οἱ καταδιώκοντες (6 *a*)
7. 5. κατεδίωξαν αὐτοὺς ἀπὸ τῆς πύλης (6 *a*)
8. 16. καὶ κατεδίωξαν ὀπίσω τῶν υἱῶν Ἰσρ. (6 *a*)
— 17. ὃς οὐ κατεδίωξεν ὀπίσω Ἰσρ. (5)
— 17. B κατεδίωξεν ὀπίσω Ἰσρ. (6 *a*)
— 24. οὗ κατεδίωξαν αὐτούς (6 *a*)
10. 10. καὶ κατεδίωξαν αὐτούς (6 *a*)
— 19. μὴ ἑστήκατε καταδιώκοντες (6 *a*)
11. 8. κόπτοντες αὐτοὺς κατεδίωκον (6 *a*)
24. 6. κατεδίωξαν οἱ Αἰγύπτιοι (6 *a*)
Jd. 7. 23. A κατεδίωξαν [B ἐδ.] ὀπίσω Μ. (6 *a*)
— 25. καὶ κατεδίωξαν Μ. (6 *a*)
9. 40. A καὶ κατεδίωξεν [B ἐδ.] αὐτὸν Ἀβ. (6 *a*)
I Ki. 7. 11. B κατεδίωξαν τοὺς ἀλλοφύλους (6 *a*)
17. 52. κατεδίωξαν ὀπίσω αὐτῶν (6 *a*)
23. 25. καὶ κατεδίωξεν ὀπίσω Δαυίδ (6 *a*)
— 28. μὴ καταδιώκειν ὀπίσω Δαυίδ (6 *a*)
24. 15. ὀπίσω τίνος καταδιώκεις (6 *a*)
25. 29. ἄνθρωπος καταδιώκων σε (6 *a*)
26. 18. ἵνα τί τοῦτο καταδιώκει ὁ κύριος (6 *a*)
— 20. καθὼς καταδιώκει ὁ νυκτικόραξ (6 *a*)
30. 8. εἰ καταδιώξω ὀπίσω τοῦ γεδδοὺρ τ. (6 *a*)
— 8. καὶ εἶπεν αὐτῷ καταδίωκε (6 *a*)
— 10. R κατεδίωξεν ἐν τετρακοσίοις ἀνδράσιν [A B *al.*] (6 *a*)
— 22. οὐ κατεδίωξαν μεθ' ἡμῶν (4)
II Ki. 2. 19. κατεδίωξεν Ἀσ. ὀπίσω Ἀβ. (6 *a*)
— 24. κατεδίωξεν Ἰ. καὶ Ἀβ. ὀπίσω Ἀβ. (6 *a*)
— 28. οὐ κατεδίωξαν ὀπίσω τοῦ Ἰσρ. (6 *a*)
17. 1. καταδιώξω ὀπίσω Δαυίδ (6 *a*)
20. 6. καταδίωξον ὀπίσω αὐτοῦ (6 *a*)
III Ki. 21 (20). 20. κατεδίωξεν αὐτοὺς Ἰσρ. (6 *a*)
I Ch. 10. 2. κατεδίωξαν ἀλλόφυλοι ὀπίσω Σ. (1)
II Ch. 13. 19. κατεδίωξεν Ἀβ. ὀπίσω Ἱερ. (6 *a*)
14. 13 (12). καὶ κατεδίωξεν Ἀσά (6 *a*)
Ne. 9. 11. R τοὺς καταδιώξοντας [B S -αντας, A -κοντας] αὐτοὺς ἔρριψας (6 *a*)
Ju. 16. 3. ἐκ χειρὸς καταδιωκόντων με
Ps. 7. 5. καταδιώξαι ἄρα ὁ ἐχθρὸς τὴν ψυχήν μου (6 *a*)
17 (18). 37. καταδιώξω τοὺς ἐχθρούς μου (6 *a*)
22 (23). 6. τὸ ἔλεός σου καταδιώξεταί [S² -ξει] με (6 *a*)
30 (31). 15. ῥῦσαί με . . . ἐκ τῶν καταδιωκόντων με (6 *a*)
34 (35). 3. ἐξ ἐναντίας τῶν καταδιωκόντων με (6 *a*)
— 6. ἄγγελος κυρίου καταδιώκων αὐτούς (6 *a*)
37 (38). 20. κατεδίωκον δικαιοσύνην [S² ἀγαθωσ.] (6 *a*)
68 (69). 26. ὃν σὺ ἐπάταξας αὐτοὶ κατεδίωξαν (6 *a*)
70 (71). 11. καταδιώξατε καὶ καταλάβετε αὐτόν (6 *a*)
82 (83). 15. οὕτως καταδιώξεις αὐτούς (6 *a*)
108 (109). 16. κατεδίωξεν ἄνθρωπον [S¹ *om.*] πένητα (6 *a*)
— 31. ἐκ τῶν καταδιωκόντων [S¹ διωκ.] τὴν ψυχήν μου (8)
118 (119). 84. ἐκ τῶν καταδιωκόντων με κρίσιν (6 *a*)
— 86. ἀδίκως κατεδίωξάν με (6 *a*)
— 150. οἱ καταδιώκοντές με ἀνομίᾳ (6 *a*)
— 161. ἄρχοντες κατεδίωξάν με δωρεάν (6 *a*)
141 (142). 6. ῥῦσαί με ἐκ τῶν καταδιωκόντων με (6 *a*)
142 (143). *tit.* ὅτε αὐτὸν ὁ υἱὸς καταδιώκει [A -εδίωξεν] –
— 3. A B² S R κατεδίωξεν ὁ ἐχθρὸς τὴν ψυχήν μου (6 *a*)

Pr. 12. 26. ἁμαρτάνοντας δὲ καταδιώξεται κακά [S^{2} om. ἁ. . . . κ.] –
13. 21. ἁμαρτάνοντας καταδιώξεται κακά (6 b)
Si. 27. 17. οὐ [A S^{2} om.] μὴ καταδιώξῃς ὀπίσω αὐτοῦ
Ho. 2. 7 (9). καταδιώξεται τοὺς ἐραστὰς αὐ. (6 b)
8. 3. ἐχθρὸν κατεδίωξαν (6 a)
Mi. 2. 11. κατεδιώχθητε οὐδενὸς διώκοντος +
Jl. 2. 4. καὶ ὡς [A οἱ] ἱππεῖς οὕτως καταδιώξονται (7)
Je. 15. 15. ἀπὸ [S ἐκ] τῶν καταδιωκόντων με (6 a)
52. 8. κατεδίωξεν ἡ δύναμις τῶν Χαλδ. (6 a)
Ba. 4. 25. κατεδίωξέ σε ὁ ἐχθρός
La. 1. 3. πάντες οἱ καταδιώκοντες [S δι.] αὐτήν (6 a)
3. 11. κατεδίωξεν ἀφεστηκότα +
— 66. αὐτοὺς καταδιώξεις [A κατάξ.] ἐν ὀργῇ (6 a)
I Ma. 7. 45. καὶ κατεδίωκον αὐτούς
10. 78. κατεδίωξεν ὀπίσω αὐτοῦ
12. 30. S R κατεδίωξεν Ἰωνάθαν [A -ξαν] ὀπίσω αὐτῶν
16. 9. Ἰωάννης δὲ κατεδίωξεν αὐτούς
[**Aq.**, **Sm.** Ps. 34 (35). 3: Pr. 11. 19.]
[**Th.** Jd. 7. 23: Ps. 34 (35). 3: Pr. 11. 19: 19. 7: Je. 39 (46). 5.]
[**Quint.** Ps. 34 (35). 3.]

καταδολεσχεῖν. (1) שׂוּחַ a. qal. b. hi.
La. 3. 20. καταδολεσχήσει ἐπ' ἐμὲ ἡ ψυχή μου (1 a, 1 b*)

καταδουλοῦν. (1) עָבַד a. qal. b. hi. (2) רָמָא
Ge. 47. 21. R τὸν λαὸν κατεδουλώσατο αὐτῷ [A -ῶν] +
Ex. 1. 14. ἔργα ὧν κατεδουλοῦντο αὐτούς (1 a)
6. 5. ὃν οἱ Αἰγ. καταδουλοῦνται [A -λῶσιν] αὐτούς (1 b)
II Es. 7. 24. οὐκ ἐξουσιάσεις καταδουλοῦσθαι αὐτούς (2)
Je. 15. 14. καταδουλώσω [A -σουσίν] σε κύκλῳ +
Ez. 29. 18. κατεδουλώσατο τὴν δύναμιν αὐτοῦ (1 b)
34. 27. ἐκ χειρὸς τῶν καταδουλωσαμ. αὐτούς (1 a)
I Ma. 8. 10. καὶ κατεδουλώσαντο αὐτούς
— 18. A R καταδουλουμένους τὸν Ἰσρ. δουλείαν [S -ᾳ]
III Ma. 2. 6. Φαραὼ καταδουλωσάμενον τὸν λαόν σου
[**Sm.** Is. 43. 23: Je. 17. 4: 25. 14.]
[**Th.** Is. 43. 23.]
[**Al.** Le. 19. 20.]

καταδρομή.
II Ma. 5. 3. καὶ καταδρομὰς ἑκατέρων

καταδύειν (-δύνειν). (1) יָרַד (2) כָּבַשׁ (3) סָתַר ni. (4) שָׁקַע
Ex. 15. 5. κατέδυσαν εἰς βυθὸν ὡσεὶ λίθος (1)
Am. 9. 3. ἐὰν καταδύσωσιν ἐξ ὀφθαλμῶν μου (3)
Mi. 7. 19. καταδύσει τὰς ἀδικίας ἡμῶν (2)
Je. 28 (51). 64. οὕτως καταδύσεται Βαβυλών (4)
[**Aq.** Je. 38 (45). 22.]
[**Sm.** Ps. 118 (119). 136.]
[**Al.** Hb. 3. 13.]
[**Sext.** Ps. 88 (89). 45.]

καταδυναστεία. (1) גְּרֻשָׁה (2) סִבְלָה (3) a. עֲשׁוּקִים b. עֹשֶׁק
Ex. 6. 7. ὁ ἐξαγαγὼν ὑμᾶς ἐκ τῆς κ. τῶν Αἰγ. (2)
Am. 3. 9. ἴδετε . . . καταδυναστείαν [A τὴν κ.] τὴν ἐν αὐτῇ (3 a)
Je. 6. 6. ὅλη κ. ἐν αὐτῇ (3 b)
Ez. 22. 12. συντέλειαν κακίας σου τὴν ἐν καταδυναστείᾳ (3 b)
45. 9. ἐξάρατε καταδυναστείαν (1)

καταδυναστεύειν. (1) בָּקַע (2) חָזַק hi. (3) יָנָה hi. (4) כָּבַשׁ a. qal. b. ni. c. pi. (5) כָּתַר hi. (6) נָשָׂא (7) עָבַד hi. (8) עָמַר hithpa. (9) עָרִיץ (10) עָשַׁק (11) רָצַץ (12) שָׁבַת hi.
Ex. 1. 13. κατεδυνάστευον οἱ Αἰγ. τοὺς υἱοὺς Ἰσρ. (7)
21. 17 (16). καταδυναστεύσας αὐτὸν ἀποδῶται –
De. 24. 7. καὶ καταδυναστεύσας αὐτὸν ἀποδῶται (8)
I Ki. 12. 3. τίνα κατεδυνάστευσα ὑμῶν [A om.] (10)
— 4. οὐ κατεδυνάστευσας ἡμᾶς (11)
II Ki. 8. 11. ἐκ πασῶν τῶν πόλεων ὧν κατεδυνάστευσεν (4 c)
II Ch. 21. 17. καὶ κατεδυνάστευον (1)
Ne. 5. 5. καταδυναστεύομεν τοὺς υἱοὺς [A τοῖς υἱ.] ἡμῶν (4 a)
— 5. εἰσὶν ἀπὸ θυγατέρων ἡμῶν καταδυναστευόμεναι (4 b)
Wi. 2. 10. καταδυναστεύσωμεν πένητα δίκαιον
15. 14. B^{2}S^{1}R οἱ ἐχθροὶ τοῦ λαοῦ σου καταδυναστεύσαντες [A B^{1} S^{2} οἱ κατ.] αὐτόν [S^{2} -ῶν]
17. 2. ὑπειληφότες γὰρ καταδυναστεύειν ἔθνος ἅγιον
Si. 48. 12. οὐ κατεδυνάστευσεν [S οὐκ ἐδυνάστευσεν] αὐτὸν οὐδείς
Ho. 5. 11. κατεδυνάστευσεν Ἐ. τὸν ἀντίδικον αὐτοῦ (10)
12. 7 (8). καταδυναστεύειν ἠγάπησε (10)
Am. 4. 1. αἱ καταδυναστεύουσαι πτωχούς (10)
8. 4. καταδυναστεύοντες πτωχοὺς ἀπὸ τῆς γῆς (12)
Mi. 2. 2. καὶ οἴκους κατεδυνάστευον (6)
Hb. 1. 4. ἀσεβὴς καταδυναστεύει τὸν δίκαιον (5)
Za. 7. 10. πένητα μὴ καταδυναστεύετε (10)
Ma. 3. 5. καὶ τοὺς καταδυναστεύοντας χήραν –
Is. 29. 5. B τὸ πλῆθος τῶν καταδυναστευόντων σε (9)
Je. 7. 6. ὀρφανὸν καὶ χήραν μὴ καταδυναστεύσητε (10)
22. 3. ὀρφανὸν καὶ χήραν μὴ καταδυναστεύετε [S -σητε] (3)
27 (50). 33. καταδεδυνάστευνται οἱ υἱοὶ Ἰσ. (10)
— 33. A B S^{2} κατεδυνάστευσαν αὐτούς (2)
Ez. 18. 7. ἄνθρωπον οὐ μὴ καταδυναστεύσῃ (3)
— 12. πτωχὸν καὶ πένητα κατεδυνάστευσε (3)
— 16. ἄνθρωπον οὐ κατεδυνάστευσε (3)
22. 7. ὀρφανὸν καὶ χήραν κατεδυνάστευον (3)
— 29. πτωχὸν καὶ πένητα καταδυναστεύοντες (3)
45. 8. οὐ καταδυναστεύσουσιν οὐκέτι . . . τὸν λαόν μου (3)
46. 18. τοῦ [A B^{1} om.] καταδυναστεῦσαι αὐτούς (3)
II Ma. 1. 28. βασάνισον τοὺς καταδυναστεύοντας
[**Aq.** Is. 29. 20: Je. 50 (27). 17.]
[**Sm.** Jd. 10. 8: Jb. 13. 25: 36. 9: Ps. 64 (65). 4: Is. 29. 5, 20.]
[**Th.** Is. 29. 5, 20.]

κατάδυσις. (1) מִפְלֶצֶת
III Ki. 15. 13. ἐξέκοψεν Ἀσὰ τὰς κ. αὐτῆς (1)
[**Aq.** Ps. 16 (17). 14: 38 (39). 6: 48 (49). 2.]
[**Sm.** Ps. 48 (49). 2: 68 (69). 3.]

κατάδυτος.
[**Al.** Ps. 48 (49). 2.]
[**Quint.** Ps. 87 (88). 7.]

καταθαρσεῖν. (1) סָמַךְ ni.
II Ch. 32. 8. κατεθάρσησεν ὁ λαὸς ἐπὶ τοῖς λόγοις Ἐζ. (1)

καταθλᾶν. (1) רָמַס (2) רָצַח
Ps. 41 (42). 10. ABS^{1} ἐν τῷ καταθλάσαι [S^{2}R -ᾶσθαι] τὰ ὀστᾶ μου (2)
Is. 63. 3. κατέθλασα αὐτοὺς ὡς γῆν (1)
[**Sm.** Jb. 19. 2: 40. 7 (12).]

καταθύμιος. (1) הַוָּה (2) חָמַד
Mi. 7. 3. καταθύμιον ψυχῆς αὐτοῦ ἐστιν (1)
Is. 44. 9. ποιοῦντες τὰ κ. αὐτῶν (2)
[**Sm.** Ge. 34. 3: Jb. 30. 15.]

καταιγίζειν.
[**Sm.** Is. 54. 11: Ez. 1. 4 *bis*.]
[**Th.**, **Sept.** Ps. 49 (50). 3.]

καταιγίς. (1) בָּרָד (2) הֶבֶל (3) זַלְעָפָה, זִלְעָפָה (4) סוּפָה (5) a. סַעַר b. סְעָרָה (6) רַעַם (7) שַׂעַר ni. (8) שִׁבֹּלֶת (9) a. שׁוֹט b. שַׁיִט
Ps. 10 (11). 7. πνεῦμα καταιγίδος ἡ μερὶς τοῦ ποτηρίου αὐτῶν (3)
49 (50). 3. κύκλῳ αὐτοῦ καταιγὶς σφόδρα (7)
54 (55). 8. ἀπὸ ὀλιγοψυχίας καὶ καταιγίδος (5 a)
68 (69). 2. καταιγὶς κατεπόντισέ με (8)
— 15. μή με καταποντισάτω καταιγὶς ὕδατος (8)
80 (81). 7. ἐπήκουσά σου ἐν ἀποκρύφῳ καταιγίδος (6)
82 (83). 15. καταδιώξεις αὐτοὺς ἐν τῇ κ. σου (5 a)
106 (107). 25. ἔστη πνεῦμα καταιγίδος (5 b)
Ps. 106 (107). 29. A S^{2} R ἐπέταξε [S^{2} ἐπετίμησεν] τῇ κ. καὶ ἔστη εἰς αὔραν [S^{1} ἔστησεν καταιγίδα αὐτῆς] (5 b)
148. 8. χιὼν κρύσταλλος πνεῦμα καταιγίδος (5 b)
Pr. 1. 27. ἡ δὲ καταστροφὴ ὁμοίως καταιγίδι παρῇ (4)
10. 25. A B S^{2} παραπορευομένης καταιγίδος ἀφανίζεται ἀσεβής (4)
Si. 16. 21. καταιγὶς ἣν οὐκ ὄψεται ἄνθρωπος
36 (33). 2. ὡς ἐν καταιγίδι πλοῖον
43. 17. καταιγὶς βορέου καὶ συστροφὴ πνεύματος
Is. 5. 28. οἱ τροχοὶ τῶν ἁρμάτων αὐτῶν ὡς κ. (4)
17. 13. ὡς κονιορτὸν τροχοῦ κ. φέρουσα (4)
21. 1. ὡς κ. δι' ἐρήμου διέλθοι ἐξ ἐρήμου (4)
28. 15. κ. φερομένη ἐὰν παρέλθῃ (9 a, 9 b*)
— 17. οὐ μὴ παρέλθῃ ὑμᾶς κ. (1 ?)
— 18. κ. φερομένη ἐὰν ἐπέλθῃ (9 a)
29. 6. κ. φερομένη καὶ φλὸξ πυρὸς κατεσθίουσα (4)
40. 24. κ. ὡς φρύγανα λήψεται [A S^{3} ἀναλ.] αὐτούς (5 b)
41. 16. κ. διασπερεῖ αὐτούς (5 b)
57. 13. ἀποίσει καταιγίς [S *al.*] (2)
66. 15: Je. 4. 13. ὡς κ. τὰ ἅρματα αὐτοῦ (4)
La. 5. 10. συνεσπάσθησαν ἀπὸ προσώπου καταιγίδων λιμοῦ (3)
[**Aq.** Ez. 1. 4.]
[**Sm.** Jb. 9. 17. 21. 18: 37. 9: Ps. 41 (42). 8: 87 (88). 8: 106 (107). 29: Ez. 13. 11, 13.]
[**Th.** Jb. 37. 9: Ps. 106 (107). 29: Is. 28. 2: Ez. 1. 4: 13. 13.]
[**Al.** Is. 28. 2.]

καταιδεῖσθαι.
IV Ma. 8. 12. καταιδεσθέντες τὴν τοῦ βασ. ἐπιθυμίαν

καταικίζειν.
IV Ma. 6. 3. μάστιξι κατῄκιζον
7. 2. καταικιζόμενος ταῖς τοῦ τυράννου ἀπειλαῖς
9. 15. A R οὐκ ἀνδροφονήσαντά με τοῦτον καταικίζεις [S βασανίζεις] τὸν τρόπον
11. 1. οὗτος ταῖς βασάνοις καταικισθεὶς ἐναπέθανεν
12. 13. A R καὶ τοῦτον καταικίσας [S κατακαύσας]
13. 27. A R τοὺς καταικιζομένους [S κατοικτιζ.] ὁρῶντες . . . βασανιζομένους

καταισχυμμός.
[**Sm.** Ps. 43 (44). 16: Mi. 2. 6.]

καταισχύνειν. (1) בּוֹשׁ a. qal. b. hi. c. בֹּשֶׁת (2) חָפֵר (3) טָחַן (4) כָּלַם a. ni. b. hi.
Jd. 18. 7. ἡ καταισχύνων λόγον ἐν τῇ γῇ [A *al.*] (4 b)
Ru. 2. 15. μὴ καταισχύνητε αὐτήν (4 b)
II Ki. 10. 6. κατῃσχύνθησαν ὁ λαὸς Δ. [A ἐν Δ.] +
16. 21. κατῄσχυνας [A ᾔσχ.] τὸν πατέρα σου +
19. 5 (6). κατῄσχυνας . . . τὸ πρόσωπον πάντων (1 b)
IV Ki. 19. 26. καὶ κατῃσχύνθησαν (1 a)
To. 10. 2. μή ποτε κατῄσχυνται [S *al.*]
Ps. 6. 10. A S^{2} καταισχυνθείησαν [B S^{1} αἰσχ.] σφόδρα διὰ τάχους (1 a)
13 (14). 6. βουλὴν πτωχοῦ κατῃσχύνατε (1 b)
21 (22). 5. καὶ οὐ κατῃσχύνθησαν (1 a)
24 (25). 2. ἐπὶ σοὶ πέποιθα μὴ καταισχυνθείην (1 a)
— 3. οὐ μὴ καταισχυνθῶσιν (1 a)
— 20. μὴ καταισχυνθείην ὅτι ἤλπισα ἐπὶ σέ (1 a)
30 (31). 1. μὴ καταισχυνθείην εἰς τὸν αἰῶνα (1 a)
— 17. κύριε, μὴ καταισχυνθείην (1 a)
33 (34). 5. τὰ πρόσωπα ὑμῶν οὐ μὴ καταισχυνθῇ (2)
34 (35). 4. AS καταισχυνθήτωσαν [B -θείησαν] οἱ λογιζόμενοί μοι κακά (2)
36 (37). 19. οὐ καταισχυνθήσονται ἐν καιρῷ πονηρῷ (1 a)
39 (40). 14. καταισχυνθείησαν . . . οἱ ζητοῦντες τὴν ψυχήν μου (1 a)
— 14. AS^{2} καταισχυνθείησαν [BS^{1} ἐντραπείησαν] οἱ θέλοντές μοι κακά (4 a)
43 (44). 7. AB^{3}S τοὺς μισοῦντας ἡμᾶς κατῄσχυνας (1 b)
— 9. ἀπώσω καὶ κατῄσχυνας ἡμᾶς (4 b)
52 (53). 5. κατῃσχύνθησαν ὅτι ὁ θεὸς ἐξουδένωσεν αὐτούς (1 b)
69 (70). 2. καταισχυνθείησαν οἱ βουλόμενοί μοι κακά (4 a)
70 (71). 1. μὴ καταισχυνθείην εἰς τὸν αἰῶνα (1 a)
73 (74). 21. μὴ ἀποστραφήτω . . . κατῃσχυμμένος (4 a)
118 (119). 31. μή με καταισχύνῃς (1 b)

Ps. 118 (119). 116. μὴ καταισχύνῃς με ἀπὸ τῆς προσδοκίας μου (1 *b*)
126 (127). 5. R οὐ καταισχυνθήσονται [S -σεται, A -θῶσιν] ὅταν λαλῶσι (1 *a*)
Pr. 19. 26. ὁ ἀτιμάζων πατέρα . . . καταισχυνθήσεται (1 *b*)
20. 4. S ὀνειδιζόμενος ὀκνηρὸς οὐ καταισχύνεται [A B οὐκ αἰσχ.] †
Si. 2. 10. τίς ἐνεπίστευσε κυρίῳ καὶ κατῃσχύνθη
15. 4. καὶ οὐ μὴ καταισχυνθῇ
22. 4. ἡ καταισχύνουσα εἰς λύπην γεννήσαντος [S¹ ἐγγ.]
— 5. πατέρα καὶ ἄνδρα καταισχύνει ἡ θρασεῖα [A θρησκεία]
— 25. φίλον σκεπάσαι οὐκ αἰσχυνθήσομαι [S¹ οὐ καταισχ.]
24. 22. S¹ ὁ ὑπακούων μου οὐ καταισχυνθήσεται [A B S² οὐκ αἰσχ.]
42. 11. S μή ποτε . . . καταισχύνῃ [A B -εί] σε ἐν πλήθει πολλῶν
— 14. γυνὴ καταισχύνουσα εἰς ὀνειδισμόν
Ho. 2. 5 (7). κατῄσχυνεν ἡ τεκοῦσα αὐτά (1 *b*)
4. 19. καὶ καταισχυνθήσονται ἐκ τῶν θυσιαστηρίων (1 *a*)
Mi. 3. 7. καταισχυνθήσονται οἱ ὁρῶντες τὰ ἐνύπνια (1 *a*)
7. 16. ὄψονται ἔθνη καὶ καταισχυνθήσονται (1 *a*)
Jl. 1. 11. ἐξηράνθησαν [S² κατῃσχύνθησαν] γεωργοί (1 *b*)
2. 26. οὐ μὴ καταισχυνθῇ ὁ λαός μου (1 *a*)
— 27. οὐ μὴ καταισχυνθῶσιν [A S² -θῇ] ἔτι ὁ λαός μου (1 *a*)
Ze. 3. 11. οὐ μὴ καταισχυνθῇς ἐκ πάντων τῶν ἐπιτηδευμ. (1 *a*)
— 20 (19). καταισχυνθήσονται ἐν τῷ καιρῷ ἐκείνῳ (1 *c*)
Za. 10. 5. καὶ καταισχυνθήσονται ἀναβάται ἵππων (1 *b*)
13. 4. καταισχυνθήσονται οἱ προφῆται (1 *a*)
Is. 1. 29. A καταισχυνθήσονται ἐπὶ τοῖς εἰδώλοις αὐτῶν [B S *al.*] (1 *a*)
3. 15. τὸ πρόσωπον τῶν πτωχῶν καταισχύνετε (3)
28. 16. ὁ πιστεύων [A S *add.* ἐπ' αὐτῷ] οὐ μὴ καταισχυνθῇ †
50. 7. οὐ μὴ αἰσχυνθῶ [S¹ καταισχυνθῶ] (1 *a*)
54. 4. μὴ φοβοῦ ὅτι κατῃσχύνθης (1 *a*)
Je. 2. 36. ἀπὸ Αἰγύπτου καταισχυνθήσῃ καθὼς κατῃσχύνθης ἀπὸ Ἀσσούρ (1 *a*, 1 *a*)
6. 15. κατῃσχύνθησαν ὅτι ἐξελίποσαν καὶ οὐδ' ὡς καταισχυνόμενοι κατῃσχύνθησαν [A S ᾐσχ.] (1 *b*, 1 *a*, 1 *a*)
7. 19. ὅπως καταισχυνθῇ τὰ πρόσωπα αὐτῶν (1 *c*)
9. 19. κατῃσχύνθημεν σφόδρα (1 *a*)
10. 14. κατῃσχύνθη πᾶς χρυσοχόος (1 *b*)
15. 9. κατῃσχύνθη [S¹ -ην] καὶ ὠνειδίσθη (1 *a*)
17. 13. πάντες οἱ καταλιπόντες σε καταισχυνθήτωσαν [S¹ *al.*] (1 *a*)
— 18. καταισχυνθήτωσαν οἱ διώκοντές με καὶ μὴ καταισχυνθείην [A πτοηθ.] ἐγώ (1 *a*, 1 *a*)
26 (46). 24. κατῃσχύνθη ἡ θυγάτηρ Αἰγύπτου (1 *b*)
27 (50). 2. κατῃσχύνθη Βῆλος (1 *b*)
— 38. καὶ καταισχυνθήσονται †
28 (51). 17. κατῃσχύνθη πᾶς χρυσοχόος (1 *b*)
30. 12 (49. 23). κατῃσχύνθη Ἡμάθ (1 *a*)
31 (48). 13. καταισχυνθήσεται Μωὰβ ἀπὸ Χαμὼς ὥσπερ κατῃσχύνθη οἶκος Ἰσραὴλ ἀπὸ Βαιθὴλ [A *al.*] (1 *a*, 1 *a*)
— 20. κατῃσχύνθη Μωάβ (1 *b*)
Ep. Je. 39. οἱ δὲ θεραπεύοντες αὐτὰ καταισχυνθήσονται
Ez. 24. 13. καταισχυνθήσεται ὁ ἰὸς αὐτῆς †
Da. LXX. 3. (42). μὴ καταισχύνῃς ἡμᾶς
— (44). καταισχυνθείησαν ἀπὸ πάσης δυναστείας
Da. TH. Su. 27. κατῃσχύνθησαν οἱ δοῦλοι σφόδρα
3. (42). μὴ καταισχύνῃς ἡμᾶς
—(44). καταισχυνθείησαν ἀπὸ πάσης τῆς δυναστείας
IV Ma. 5. 35. οὐδὲ καταισχυνῶ σε
13. 18. μὴ καταισχύνῃς ἡμᾶς, ἀδελφέ
[**Aq.** Jᴅ. 18. 7: Ps. 13 (14). 6: 24 (25). 3: 70 (71). 24: Jᴇ. 8. 9.]
[**Sm.** II Kɪ. 8. 1: Jʙ. 19. 3: Ps. 24 (25). 3 *bis*: 30 (31). 18: 52 (53). 6: 68 (69). 7: 70 (71). 13, 24: Pʀ. 17. 2: Ez. 16. 54: Jʟ. 1. 11.]
[**Th.** I Kɪ. 20. 34: 25. 7: Jʙ. 19. 3: Pʀ. 14. 35: 17. 2: Is. 1. 29: 20. 5: 25. 5: 42. 17: Jᴇ. 8. 12.]
[**Quint.** Ps. 24 (25). 3.]

κατακαίειν. (1) אָכַל *a.* qal. *b.* pu. *c.* מַאֲכֹלֶת (2) בָּעָה (3) בָּעַר *a.* qal. *b.* pi. *c.* hi. (4) חָרַךְ ithpa. (5) יָצַת *a.* qal. *b.* hi. (6) כָּוָה ni. (7) לָהַט pi. (8) צָרַב ni. (9) שָׂרַף *a.* qal. *b.* ni. *c.* שְׂרֵפָה *d.* מִשְׂרְפוֹת (10) שָׁבַת hi.

Ge. 38. 24. ἐξαγάγετε αὐτὴν καὶ κατακαυθήτω (9 *b*)
Ex. 3. 2. ὁ δὲ βάτος οὐ κατεκαίετο (1 *b*)
— 3. οὐ κατακαίεται ὁ βάτος (3 *a*)
12. 10. τὰ δὲ καταλειπόμενα . . . κατακαύσετε (9 *a*)
29. 14. τὰ δὲ κρέα . . . κατακαύσεις πυρί (9 *a*)
— 34. κατακαύσεις τὰ λοιπὰ πυρί (9 *a*)
32. 20. κατέκαυσεν αὐτὸν ἐν [A *om.* αὐ. ἐν] πυρί (9 *a*)
34. 13. τὰ γλυπτὰ . . . κατακαύσετε ἐν [A *om.*] πυρί –
Le. 4. 12. κατακαύσουσιν αὐτὸν ἐπὶ ξύλων (9 *a*)
— 21. κατακαύσουσι τὸν μόσχον ὃν τρόπον κατέκαυσαν τὸν μόσχον τὸν πρότερον (9 *a*, 9 *a*)
6. 30 (23): 7. 7 (17), 9 (19). ἐν πυρὶ κατακαυθήσεται (9 *b*)
8. 17. κατέκαυσεν αὐτὰ πυρί (9 *a*)
— 32. ἐν πυρὶ κατακαυθήσεται (9 *a*)
9. 11. κατέκαυσεν αὐτὰ πυρί (9 *a*)
13. 52. κατακαύσει τὸ ἱμάτιον (9 *a*)
— 52. ἐν πυρὶ κατακαυθήσεται (9 *b*)
— 55, 57. ἐν πυρὶ κατακαυθήσεται (9 *a*)
16. 27. κατακαύσουσιν αὐτὰ ἐν πυρί (9 *a*)
— 28. ὁ δὲ κατακαίων αὐτά (9 *a*)
19. 6. ἐν πυρὶ κατακαυθήσεται (9 *b*)
20. 14. ἐν πυρὶ κατακαύσουσιν αὐτὸν καὶ αὐτάς (9 *a*)
21. 9. ἐπὶ πυρὸς κατακαυθήσεται (9 *b*)
Nu. 16. 37 (17. 2). ἀνέλεσθε . . . ἐκ μέσου τῶν κατακεκαυμένων (9 *c*)
— 39 (17. 4). ὅσα προσήνεγκαν οἱ κατακεκαυμ. (9 *a*)
19. 5. κατακαύσουσιν αὐτὴν ἐναντίον αὐτοῦ (9 *a*)
— 5. τὸ δέρμα . . . κατακαυθήσεται (9 *a*)
— 8. ὁ κατακαίων αὐτὴν πλυνεῖ τὰ ἱμάτια αὐτοῦ (9 *a*)
— 17. ἀπὸ τῆς σποδιᾶς τῆς κατακεκαυμένης (9 *c*)
De. 7. 5. τὰ γλυπτὰ . . . κατακαύσετε πυρί (9 *a*)
— 25. A τὰ γλυπτὰ . . . κατακαύσετε [B καύσετε] (9 *a*)
9. 21. κατέκαυσα αὐτὸν ἐν πυρί (9 *a*)
12. 3. A R τὰ γλυπτὰ . . . κατακαύσετε [B -σατε] πυρί (9 *a*)
— 31. τὰς θυγατ. αὐ. κατακαίουσιν ἐν πυρί (9 *a*)
29. 23 (22). θεῖον καὶ ἅλα κατακεκαυμένον (9 *c*)
Jo. 7. 15. κατακαυθήσεται ἐν πυρί (9 *b*)
11. 6. τὰ ἅρματα αὐτῶν κατακαύσεις (9 *a*)
— 9. A τὰ ἅρματα αὐτῶν κατέκαυσεν [B ἐνέπρησεν] ἐν πυρί (9 *a*)
Jd. 2. 2. A τὰ θυσιαστήρια αὐτῶν κατακαύσετε [B καθελεῖτε] †
14. 15. μή ποτε κατακαύσωμέν [A ἐμπυρίσωμέν] σε (9 *a*)
I Ki. 31. 12. κατακαίουσιν αὐτοὺς ἐκεῖ (9 *a*)
IV Ki. 17. 31. ἡνίκα κατέκαιον τοὺς υἱοὺς αὐτῶν (9 *a*)
23. 4. καὶ κατέκαυσεν αὐτά (9 *a*)
— 5. κατέκαυσε τοὺς χωμαρίμ (10)
— 6. B καὶ κατέκαυσεν αὐτόν (9 *a*)
— 11. κατέκαυσε [A -αν] τοὺς ἵππους (10)
— 11. τὸ ἅρμα τοῦ ἡλίου κατέκαυσε πυρί (9 *a*)
— 15. καὶ κατέκαυσε τὸ ἄλσος (9 *a*)
— 16. καὶ κατέκαυσεν ἐπὶ τὸ θυσιαστήριον (9 *a*)
— 20. καὶ κατέκαυσε τὰ ὀστᾶ τῶν ἀνθρώπων (9 *a*)
I Ch. 14. 12. εἶπε Δ. κατακαῦσαι [A κ. αὐτοὺς] ἐν πυρί (9 *b*)
II Ch. 15. 16. καὶ κατέκαυσεν ἐν χειμάρρῳ Κέδρων (9 *a*)
34. 5. καὶ ὀστᾶ ἱερέων κατέκαυσεν (9 *a*)
To. 14. 4. ὁ οἶκος τοῦ θεοῦ ἐν αὐτῇ κατακαήσεται [S *al.*]
Ju. 6. 4. κατακαύσομεν γὰρ αὐτούς
Jb. 1. 16. πῦρ . . . κατέκαυσε [A κατέφαγεν] τὰ πρόβατα καὶ τοὺς ποιμένας κατέφαγεν [A -έκαυσεν, S -έφλεξεν] (3 *a*, 1 *a*)
15. 34. A πῦρ δὲ κατακαύσει [B S καύσει] οἴκους (1 *a*)
Ps. 45 (46). 9. θυρεοὺς κατακαύσει ἐν πυρί (9 *a*)
82 (83). 14. ὡσεὶ φλὸξ κατακαύσαι ὄρη (7)
Pr. 6. 27. τὰ δὲ ἱμάτια οὐ κατακαύσει (9 *b*)
— 28. τοὺς δὲ πόδας οὐ κατακαύσει (6)
Am. 2. 1. κατέκαυσαν τὰ ὀστᾶ βασιλέως τῆς Ἰ. (9 *a*)
Is. 1. 31. κατακαυθήσονται οἱ ἄνομοι (3 *a*)
9. 19 (18). ἔσται ὁ λαὸς ὡς ὑπὸ πυρὸς κατακεκαυμένος (1 *c*)
27. 4. κατακέκαυμαι (5 *b*)
33. 12. ἔσονται ἔθνη κατακεκαυμένα ὡς ἄκανθα ἐν ἀγρῷ ἐρριμμένη καὶ κατακεκαυμένη [S¹ *om.*, S² -κεκαλυμμ.] (9 *d*, 5 *a*)
43. 2. οὐ μὴ κατακαυθῇς φλὸξ οὐ κατακαύσει σε (6, 3 *a*)
44. 16, 19. τὸ ἥμισυ αὐτοῦ κατέκαυσεν [S -αν] (9 *a*)
47. 14. ἐπὶ πυρὶ κατακαυθήσονται [A -καήσ.] (9 *a*)
64. 2 (1). κατακαύσει πῦρ τοὺς ὑπεναντίους (2)
Je. 7. 31. τοῦ κ. τοὺς υἱοὺς αὐτῶν (9 *a*)
19. 5. τοῦ κ. τοὺς υἱοὺς αὐτῶν ἐν πυρί (9 *a*)
21. 10. κατακαύσει αὐτὴν ἐν πυρί (9 *a*)
30 (49). 2. ἐν πυρὶ κατακαυθήσονται (5 *a*)
39 (32). 29. κατακαύσουσι [A καύσωσιν] τὰς οἰκίας (9 *a*)
41 (34). 22. κατακαύσουσιν αὐτὴν ἐν πυρί (9 *a*)
43 (36). 25. πρὸς τὸ [A S² *add.* μὴ] κατακαῦσαι τὸ χαρτίον [A βιβλίον] (9 *a*)
— 27. μετὰ τὸ κατακαῦσαι [A S καῦσαι] τὸν βασ. τὸ χαρτίον (9 *a*)
— 28. οὓς κατέκαυσεν ὁ βασ. Ἰωακείμ (9 *a*)
— 29. κατέκαυσας τὸ χαρτίον [A βιβλίον] τοῦτο (9 *a*)
— 32. οὓς κατέκαυσεν Ἰωακείμ (9 *a*)
45 (38). 17. ἡ πόλις αὕτη οὐ μὴ κατακαυθῇ (9 *b*)
— 23. ἡ πόλις αὕτη κατακαυθήσεται (9 *a*)
50 (43). 13. τὰς οἰκίας αὐ. κατακαύσει ἐν πυρί (9 *a*)
Ep. Je. 55. αὐτοὶ δὲ ὥσπερ δοκοὶ μέσοι κατακαυθήσονται
Ez. 5. 2. κατακαύσεις αὐτὸ ἐν μέσῳ αὐτῆς (3 *c* ?)
— 4. κατακαύσεις αὐτοὺς ἐν πυρί (9 *a*)
20. 47 (21. 3.). κατακαυθήσεται ἐν αὐτῇ πᾶν πρόσωπον (8)
39. 10. τὰ ὅπλα κατακαύσουσι πυρί (3 *b*)
43. 21. κατακαυθήσεται ἐν τῷ ἀποκεχωρισμένῳ τοῦ οἴκου (9 *a*)
Da. LXX. 3. 27 (94). αἱ τρίχες αὐτῶν οὐ κατεκάησαν (4)
Da. TH. 11. 18. A B κατακαύσει [R -παύσει] ἄρχοντας ὀνειδισμοῦ αὐτῶν (10)
I Ma. 4. 38. A R καὶ τὰς πύλας [S θύρας] κατακεκαυμένας
5. 68. τὰ γλυπτὰ τῶν θεῶν κατέκαυσε
II Ma. 10. 36. ζῶντας τοὺς βλασφήμους κατέκαιον
IV Ma. 6. 26. A R μέχρι τῶν ὀστέων ἤδη κατακεκαυμένος [S κεκ.]
12. 13. S καὶ τοῦτον κατακαύσας [A R καταικίσας]
18. 14. φλὸξ οὐ κατακαύσει σε
[**Aq.** Jᴇ. 51 (28). 25.]
[**Sm.** Ps. 73 (74). 8: Is. 43. 2: Jᴇ. 51 (28). 25.]
[**Al.** Ps. 45 (46). 10: Jᴇ. 32 (39). 29.]
[**Quint.** Ps. 73 (74). 8.]

κατακάλυμμα. (1) *a.* כְּסוּי *b.* מִכְסֶה *c.* מְכַסֶּה (2) מָסָךְ (3) פָּרֹכֶת (4) צַמָּה

Ex. 26. 14. A B² R ποιήσεις κατακάλυμμα [B¹ κάλ.] (1 *b*)
35. 11. B² R ἐργαζέσθω . . . τὰ κ. [A γλύμματα, B¹ *om.* τὰ κ.] (1 *b*)
37. 16 (38. 18). A τὸ κ. [B -πέτασμα] τῆς πύλης (2)
38. 19. εἰς τὸ ἐκτείνειν τὸ κ. [B¹ -κάλλυμα]
39. 21 (34). A τὰ κ. δέρματα ὑακίνθινα [B R *al.*] (1 *b*)
40. 19. ἐπέθηκε τὸ κ. τῆς σκηνῆς (1 *b*)
— 21. ἐπέθηκε τὸ κ. τοῦ καταπετάσματος (3)
Nu. 3. 25. τὸ καλύμμα καὶ τὸ κ. (2)
— 31. καὶ τὸ κ. καὶ πάντα τὰ ἔργα αὐτῶν (2)
4. 6. ἐπιθήσουσιν ἐπ' αὐτὸ κατακάλυμμα (1 *a*)
— 25. A B² καὶ τὸ κ. [B¹ R κάλ.] αὐτῆς (1 *b*)
— 25. A R τὸ κ. [B κάλ.] τὸ ὑακίνθινον (1 *b*)
— 25. A καὶ τὸ κ. [B κάλ.] τῆς θύρας (2)
— 31. τὰς βάσεις αὐτῆς καὶ τὸ κ. –
— 31. B¹ R καὶ τὸ κ. [A B² κάλ.] τῆς θύρας –
Is. 14. 11. τὸ κ. σου σκώληξ (1 *c*)
47. 2. ἀποκάλυψαι τὸ κ. σου (4)

κατακαλύπτειν. (1) חָפָה (2) חָפַשׂ hithp. (3) כָּסָה *a.* ni. *b.* pi. (4) נָתַן עַל (5) סָתַם

Ge. 38. 15. κατεκαλύψατο γὰρ τὸ πρόσωπον αὐτῆς (3 *b*)

Ex. 26. 34. κατακαλύψεις . . . τὴν κιβωτὸν τοῦ μαρτ. (4)
29. 22: Le. 3. 3, 9 (R). τὸ στέαρ τὸ κατακαλύπτον τὴν κοιλίαν (3 b)
Le. 3. 14. τὸ στέαρ τὸ κατακαλύπτον [A καλ.] τὴν κοιλίαν (3 b)
4. 8. τὸ στέαρ τὸ κατακαλύπτον τὰ ἐνδόσθια (3 b)
6. 33 (7. 3). πᾶν τὸ στέαρ τὸ κατακαλύπτον τὰ ἐνδόσθια (3 b)
9. 19. τὸ στέαρ τὸ κατακαλύπτον ἐπὶ τῆς κοιλίας (3 b)
Nu. 4. 5. κατακαλύψουσιν . . . τὴν κιβωτόν [A σκηνήν] (3 b)
22. 5. κατεκάλυψε τὴν ὄψιν τῆς γῆς (3 b)
II Ch. 18. 29. κατακάλυψόν με (2)
Es. 6. 12. S² κατακεκαλυμμένος κεφαλήν [A B S¹ al.] (1)
Si. 24. 3. ὡς ὁμίχλη [A -ην] κατεκάλυψα γῆν
Hb. 2. 14. ὡς ὕδωρ κατακαλύψει αὐτούς (3 b)
Is. 6. 2. ταῖς μὲν δυσὶ κατεκάλυπτον τὸ πρόσωπον ταῖς δὲ δυσὶ κατεκάλυπτον τοὺς πόδας (3 b, 3 b)
11. 9. ὡς ὕδωρ πολὺ κατακαλύψαι θαλάσσας (3 b)
26. 21. οὐ κατακαλύψει τοὺς ἀνῃρημένους (3 b)
33. 12. ὡς ἄκανθα . . . κατακεκαυμένη [S¹ om., S² κατακεκαλυμμ.] †
Je. 26 (46). 8. κατακαλύψω τὴν γῆν (3 b)
28 (51). 42. καὶ κατεκαλύφθη (3 a)
— 51. κατεκάλυψεν ἀτιμία τὸ πρόσωπον ἡμῶν (3 b)
Ez. 26. 10. κατακαλύψει [A καλ.] σε ὁ κονιορτὸς αὐτῶν (3 b)
— 19. A R κατακαλύψει [B -ῃ] σε ὕδωρ πολύ (3 b)
32. 7. κατακαλύψω ἐν τῷ σβεσθῆναί σε οὐρανόν (3 b)
38. 9. ἥξεις ὡς νεφέλη κατακαλύψαι γῆν (3 b)
Da. LXX. 12. 9. κατακεκαλυμμένα . . . τὰ προστάγματα (5)
Da. TH. Su. 32. ἦν γὰρ κατακεκαλυμμένη

κατακάμπτειν. (1) כָּפַף (2) שָׁחַח
Ps. 37 (38). 6. κατεκάμφθην ἕως τέλους (2)
56 (57). 6. κατέκαμψαν τὴν ψυχήν μου (1)
IV Ma. 11. 10. τὴν ὀσφὺν αὐτοῦ . . . κατέκαμψαν
[Sm. Ps. 41 (42). 6: 43 (44). 26.]

κατάκαρπος. (1) הוֹד (2) רַעֲנָן
Ps. 51 (52). 8. ἐγὼ δὲ ὡσεὶ ἐλαία κ. (2)
Ho. 14. 7. καὶ ἔσται ὡς ἐλαία κατάκαρπος (1)

κατακάρπως. (1) פְּרָזוֹת
Za. 2. 4 (8). κ. κατοικηθήσεται Ἱερουσ. (1 ?)

κατακάρπωσις. (1) דֶּשֶׁן
Le. 6. 10 (3). ἀφελεῖ τὴν κ. (1)
— 11 (4). ἐξοίσει τὴν κ. ἔξω τῆς παρεμβολῆς (1)

κατάκαυμα. (1) a. כְּוִיָּה b. מִכְוָה (2) מִשְׂרָפָה (3) שְׂרֵפָה
Ex. 21. 25. κατάκαυμα ἀντὶ κατακαύματος (1 a, 1 a)
Le. 13. 24. κατάκαυμα πυρός (1 b)
— 24. τὸ ὑγιασθὲν τοῦ κ. (1 b)
— 25. A² B ἐν τῷ κ. ἐξήνθησε (1 b)
— 28. οὐλὴ τοῦ κ. ἐστι (1 b)
— 28. ὁ γὰρ χαρακτὴρ τοῦ κ. ἐστι (1 b)
Nu. 19. 6. ἐμβαλοῦσιν εἰς μέσον τοῦ κ. τῆς δαμάλεως (3)
Ho. 7. 4. ὡς κλίβανος καιόμενος εἰς πέψιν κατακαύματος †
Je. 31 (48). 34. εἰς κ. ἔσται (2 ?)

κατακαυχᾶσθαι. (1) הָלַךְ hithp. (2) הָלַל hithpo. (3) עָלַז
Za. 10. 12. ἐν τῷ ὀνόματι αὐ. κατακαυχήσονται (1)
Je. 27 (50). 11. κατεκαυχᾶσθε [S κατακ.] διαρπάζοντες τὴν κληρονομίαν μου (3)
— 38. ἐν ταῖς νήσοις οὗ [A om., S σου] κατεκαυχῶντο (2)

κατάκεισθαι. (1) שָׁכַב (2) הָיָה שָׁכֵב
Ju. 13. 15. ἐν ᾧ κατέκειτο ἐν ταῖς μέθαις αὐτοῦ
Pr. 6. 9. ἕως τίνος ὀκνηρὲ κατάκεισαι (1)
23. 34. κατακείσῃ ὥσπερ ἐν καρδίᾳ θαλάσσης (2)
Wi. 17. 7. μαγικῆς δὲ ἐμπαίγματα κατέκειτο [A -ειντο] τέχνης

κατακενοῦν. (1) יָצַק (2) רִיק hi.
Ge. 42. 35. ἐν τῷ κ. αὐτοὺς τοὺς σάκκους αὐτῶν (2)
II Ki. 13. 9. καὶ κατεκένωσεν ἐνώπιον αὐτοῦ (1)

κατακεντεῖν. (1) בָּרָא pi. (2) דָּקַר pu.
Ju. 16. 12. υἱοὶ κορασίων κατεκέντησαν αὐτούς
Je. 28 (51). 4. πεσοῦνται . . . κατακεκεντημένοι ἔξωθεν αὐτῆς (2)
Ez. 23. 47. κατακέντει [A -τησον] αὐτὰς ἐν τοῖς ξίφεσιν αὐτῶν (1)

κατακλᾶν. (1) נָתַשׁ hoph.
Ez. 19. 12. κατεκλάσθη ἐν θυμῷ (1)
[Sm. Jb. 5. 4.]

κατακλείειν. (1) כָּלָא
Wi. 17. 2. μακρᾶς πεδῆται νυκτὸς κατακλεισθέντες ὀρόφοις
— 16. ἐφρουρεῖτο εἰς τὴν ἀσίδηρον εἱρκτὴν κατακλεισθείς
Je. 39 (32). 3. A B S² ἐν ᾗ κατέκλεισεν αὐτόν (1)
II Ma. 13. 21. κατελήφθη καὶ κατεκλείσθη
III Ma. 3. 25. ἐνδέσμοις σιδηροῖς πάντοθεν κατακεκλεισμένους

κατάκλειστος, *cf.* **κατακλιστός.**
Wi. 18. 4. οἱ κατακλείστους φυλάξαντες τοὺς υἱούς σου
II Ma. 3. 19. αἱ δὲ κ. τῶν παρθένων
III Ma. 1. 18. αἵ τε κ. παρθένοι . . . ἐξώρμησαν

κατακληροδοτεῖν. (1) נָחַל hi.
De. 1. 38. A κατακληροδοτήσει [B -ρονομήσει] αὐτήν (1)
21. 16. A ᾗ ἂν ἡμέρᾳ κατακληροδοτῇ [B -ρονομῇ] . . . τὰ ὑπάρχοντα αὐτοῦ (1)
I Ma. 3. 36. S R κατακληροδοτῆσαι [A -ρονομῆσαι] τὴν γῆν αὐτῶν
[Aq. Ez. 22. 16.]

κατακληρονομεῖν. (1) אָחַז ni. (2) חָלַק אֶת־נַחֲלָה (3) יָרַשׁ a. qal. b. hi. c. מוֹרָשׁ (4) נוּחַ hi. (5) נָחַל a. qal. b. pi. c. hi. d. hithp. e. נַחֲלָה (6) נָתַן
Nu. 13. 31 (30). καὶ κατακληρονομήσομεν [A -σωμεν] αὐτήν (3 a)
33. 54. A B² R κατακληρονομήσετε τὴν γῆν (5 d)
34. 13. ἣν κατακληρονομήσετε αὐτὴν μετὰ κλήρου (5 d)
— 18. κατακληρονομῆσαι ὑμῖν τὴν γῆν (5 a)
35. 8. A R ἣν κατακληρονομήσουσι [B κληρ.] (5 a)
De. 1. 38. κατακληρονομήσει [A -ροδοτήσει] αὐτήν (5 c)
2. 21. καὶ κατεκληρονόμησαν (3 a)
— 22. A B² R καὶ κατεκληρονόμησαν (3 a)
3. 20. A B¹ καὶ κατακληρονομήσουσιν [B³ R -σωσιν] καὶ οὗτοι τὴν γῆν (3 a)
— 28. κατακληρονομήσει αὐτοῖς πᾶσαν τὴν γῆν (5 c)
12. 2. A οὓς ὑμεῖς κατακληρονομεῖτε [B κληρ.] αὐτούς (3 a)
— 10. ἧς κύριος . . . κατακληρονομεῖ [A -μήσει] ὑμῖν (5 c)
— 29. καὶ κατακληρονομήσῃς [A -εις] αὐτήν [A -ούς] (3 a)
15. 4. κατακληρονομεῖν σε [A -μῆσαι] αὐτήν (3 a)
18. 14. οὓς σὺ κατακληρονομεῖς αὐτούς (3 a)
19. 1. καὶ κατακληρονομήσητε [A -σεις] αὐτούς (3 a)
— 14. ᾗ [A ἣν] κατεκληρονομήθης (5 a)
21. 16. ᾗ ἂν ἡμέρᾳ κατακληρονομῇ [A -ροδοτῇ] . . . τὰ ὑπάρχοντα (5 c)
25. 19. A ἐν κλήρῳ κατακληρονομῆσαι [B al.] (3 a)
26. 1. A ἐν κλήρῳ κατακληρονομῆσαι [B al.] –
— 1. B καὶ κατακληρονομήσῃς αὐτήν (3 a)
31. 3. καὶ κατακληρονομήσεις αὐτούς (3 a)
— 7. καὶ σὺ κατακληρονομήσεις αὐτοῖς [A αὐτὴν αὐ.] (5 c)
Jo. 12. 1. κατεκληρονόμησαν τὴν γῆν αὐτῶν (3 a)
13. 32. A² B οὓς κατεκληρονόμησε Μωυσῆς (5 b)
14. 1. οὗτοι οἱ κατακληρονομήσαντες υἱῶν Ἰσρ. (5 a)
— 1. A R οἷς κατεκληρονόμησαν [B -εν] αὐτοῖς (5 b)
18. 2. A οἳ οὐ κατεκληρονόμησαν [B οὐκ ἐκληρ.] (2)
19. 51. ἃς κατεκληρονόμησεν [A -αν] (5 b)
21. 3. ἐν τῷ κατακληρονομεῖν [A add. αὐτούς] (5 e)
— 41. καὶ κατακληρονόμησαν αὐτήν (3 a)
22. 19. καὶ κατακληρονομήσετε [A -σατε] ἐν ἡμῖν (1)
Jo. 23. 5. κατακληρονομήσατε τὴν γῆν αὐτῶν (3 a)
24. 8. κατεκληρονομήσατε τὴν γῆν αὐτῶν (3 a)
Jd. 2. 6. κατακληρονομῆσαι [A τοῦ κ.] τὴν γῆν (3 a)
11. 24 *bis*. A ὅσα κατεκληρονόμησέν σοι [B al.] (3 b)
18. 9. A τοῦ . . . κατακληρονομῆσαι τὴν γῆν (3 a)
I Ki. 2. 8. θρόνον δόξης κατακληρονομῶν αὐτοῖς (5 c)
II Ki. 7. 1. κύριος κατεκληρονόμησεν αὐτόν (4)
I Ch. 28. 8. R καὶ κατακληρονομήσητε [A -σετε, B om.] τοῖς υἱοῖς ὑμῶν (5 c)
I Es. 8. 85. R καὶ κατακληρονομήσητε τοῖς τέκνοις [A B υἱοῖς] ὑμῶν
Ps. 36 (37). 34. τοῦ κατακληρονομῆσαι τὴν γῆν (3 a)
81 (82). 8. σὺ κατακληρονομήσεις [S ἐξολεθρεύσεις] ἐν [A³ αὐτοὺς ἐν] πᾶσι τοῖς ἔθνεσιν (5 a)
104 (105). 44. A S² πόνους λαῶν κατεκληρονόμησαν [B S³ ἐκληρ.] (3 a)
● Si. 4. 16. κατακληρονομήσεις [A S -ει] αὐτήν
15. 6. ὄνομα αἰώνιον [A S -ῶνος] κατακληρονομήσει [S² add. αὐτόν]
24. 8. ἐν Ἰσραὴλ κατακληρονομήθητι [? -μήσεις, A κληρ.]
● 36. 16 (14). κατεκληρονόμησα [S κατακληρονομήσεις] αὐτοὺς καθὼς ἀπ' ἀρχῆς
44. 21. κατακληρονομῆσαι αὐτοὺς ἀπὸ θαλάσσης ἕως θαλ.
46. 1. A S ὅπως κατακληρονομήσῃ [B κλ.] τὸν Ἰσραήλ
Am. 2. 10. τοῦ κατακληρονομῆσαι τὴν γῆν τῶν Ἀμ. (3 a)
Ob. 1. 17. καὶ κατακληρονομήσουσιν ὁ οἶκος Ἰακὼβ τοὺς κατακληρονομήσαντας αὐτούς (3 a, 3 c)
— 19. κατακληρονομήσουσιν οἱ ἐν ναγὲβ τὸ ὄρος (3 a)
— 19. καὶ κατακληρονομήσουσι τὸ ὄρος Ἐφρ. (3 a)
Hb. 1. 6. τοῦ κατακληρονομῆσαι σκηνώματα οὐκ αὐτοῦ (3 a)
Za. 2. 12 (16). κατακληρονομήσει κύριος τὸν Ἰ. (5 a)
8. 12. κατακληρονομήσω τοῖς καταλοίποις τοῦ λαοῦ (5 c)
Is. 14. 2. κατακληρονομήσουσι καὶ πληθυνθήσονται (5 d)
Je. 3. 18. ἣν κατεκληρονόμησα [A -αν, S¹ -εν] τοὺς πατέρας [A οἱ π.] αὐτῶν (5 c)
Ez. 22. 16. κατακληρονομήσω ἐν σοί [A κ. σε] (5 b)
45. 8. τὴν γῆν κατακληρονομήσουσιν οἶκος Ἰσραήλ (6)
— 9. A τὸν λαόν μου καὶ τὴν γῆν κατακληρονομήσουσιν –
46. 18. κατακληρονομήσει τοῖς υἱοῖς αὐτοῦ (5 c)
47. 13. ταῦτα τὰ ὅρια κατακληρονομήσετε τῆς γῆς (5 d)
— 14. κατακληρονομήσετε αὐτήν (5 a)
I Ma. 3. 36. A κατακληρονομῆσαι [S R -ροδοτῆσαι] τὴν γῆν αὐτῶν
[Sm. Pr. 2. 21.]
[Th. Jd. 11. 24 *bis*.]

κατακληροῦσθαι. (1) לָכַד a. qal. b. ni.
I Ki. 10. 20. κατακληροῦται σκῆπτρον Βεν. (1 b)
— 21. κατακληροῦται φυλὴ Ματτ. (1 b)
— 21. κατακληροῦται Σαοὺλ υἱὸς Κίς (1 b)
14. 42. ὃν ἂν κατακληρώσηται κύριος –
— 42. καὶ κατακληροῦται Ἰωνάθαν (1 b)
— 47. κατακληροῦται ἔργον [A om. κ. ἔ.] ἐπὶ Ἰσρ. (1 a ?)

κατακλίνειν. (1) כָּרַע (2) נָפַל (3) סָבַב
Ex. 21. 18. κατακλιθῇ δὲ ἐπὶ τὴν κοίτην (2)
Nu. 24. 9. κατακλιθεὶς ἀνεπαύσατο (1)
Jd. 5. 27. κατακλιθεὶς ἔπεσε καθὼς κατεκλίθη [A al.] (1, 1)
I Ki. 16. 11. οὐ μὴ κατακλιθῶμεν (3)
Ju. 12. 15. εἰς τὸ ἐσθίειν κατακλινομένην ἐπ' αὐτῶν
III Ma. 1. 3. ἄσημόν τινα κατέκλινεν ἐν τῇ σκηνῇ
[Aq. Ge. 49. 9: Is. 11. 7: 54. 11.]
[Sm., Th. Is. 11. 7.]

κατάκλισις.
[Sm. Ho. 7. 14.]

κατακλιστός (?), **κατάκλιστρον, κατάκλιτον.**
(1) רָדִיד
Is. 3. 23. ἀφελεῖ . . . θέριστρα κατάκλιτα [S¹ τὰ κατάκλιστρα, S² τὰ κατακλιστά] (1 ?)
[Th. Is. 3. 23 (κατάκλιτον).]

● = correction on page xxvi

κατακλύζειν. (1) שָׁטַף *a*. qal. *b*. ni. *c*. שֶׁטֶף

Jb. 14. 19. κατέκλυσεν ὕδατα ὕπτια τοῦ χώμ. (1 *a*)
Ps. 77 (78). 20. χείμαρροι κατεκλύσθησαν (1 *a*)
Wi. 10. 4. κατακλυζομένην γῆν πάλιν διέσωσε [A S ἔσωσεν] σοφία
— 19. τοὺς δὲ ἐχθροὺς αὐτῶν κατέκλυσε [A -σαν, S¹ κατέπαυσεν]
Je. 29 (47). 2. ἔσται εἰς χειμάρρουν κατακλύζοντα καὶ κατακλύσει γῆν (1 *a*, 1 *a*)
Ez. 13. 11. ἔσται ὑετὸς κατακλύζων (1 *a*)
— 13. ὑετὸς κατακλύζων ἐν ὀργῇ μου ἔσται (1 *a*)
38. 22. κρινῶ αὐτὸν . . . ὑετῷ κατακλύζοντι (1 *a*)
Da. TH. 11. 10. ἐλεύσεται [A εἰσελ.] . . . κατακλύζων (1 *a*)
— 22. βραχίονες τοῦ κατακλύζοντος κατακλυσθήσονται [A καὶ κατ.] (1 *c*, 1 *b*)
— 26. καὶ δυνάμεις κατακλύσει (1 *a*)
[**Th.** Jb. 14. 19 : Is. 28. 17 : Da. 11. 10, 26.]

κατάκλυσις.

[**Al.** Da. 11. 40.]

κατακλυσμός. (1) מַבּוּל (2) שֶׁטֶף, שֵׁטֶף

Ge. 6. 17. ἐπάγω τὸν κ. (1)
7. 6. ὁ κ. τοῦ ὕδατος ἐγένετο [A *al.*] (1)
— 7. διὰ τὸ ὕδωρ τοῦ κ. (1)
— 10. τὸ ὕδωρ τοῦ κ. ἐγένετο ἐπὶ τῆς γῆς (1)
— 17. ἐγένετο ὁ κ. ἐπὶ τῆς γῆς (1)
9. 11. οὐκ ἀποθανεῖται . . . ἀπὸ τοῦ ὕδατος τοῦ κ. (1)
— 11. οὐκέτι ἔσται κατακλυσμὸς ὕδατος (1)
— 15. οὐκ ἔσται . . . εἰς κατακλυσμόν (1)
— 28. ἔζησε δὲ Νῶε μετὰ τὸν κ. (1)
10. 1. ἐγεννήθησαν . . . μετὰ τὸν κ. (1)
— 32. διεσπάρησαν . . . μετὰ τὸν κ. (1)
11. 10. δευτέρου ἔτους μετὰ τὸν κ. (1)
Ps. 28 (29). 10. κύριος τὸν κ. κατοικιεῖ (1)
31 (32). 6. ἐν κατακλυσμῷ ὑδάτων πολλῶν (2)
Si. 21. 13. γνῶσις σοφοῦ ὡς κατακλυσμὸς πληθυνθήσεται
39. 22. ὡς κατακλυσμὸς ξηρὰν ἐμέθυσεν
40. 10. δι' αὐτοὺς ἐγένετο ὁ κ.
44. 17. διὰ τοῦτο [A S² ὅτε] ἐγένετο κατακλυσμός
— 18. ἵνα μὴ ἐξαλειφθῇ κατακλυσμῷ [A *om.*] πᾶσα σάρξ
Na. 1. 8. ἐν κατακλυσμῷ . . . συντέλειαν ποιήσεται (2)
Da. TH. 9. 26. ἐκκοπήσονται ἐν κατακλυσμῷ (2)
IV Ma. 15. 31. A R ἐν τῷ κοσμοπληθεῖ [S ἔθνοπλ.] κ.
— 32. ἐν τῷ τῶν παθῶν περιαντλουμένη κ.
[**Aq.** Jb. 38. 25 : Ps. 28 (29). 10.]
[**Sm., Quint., Sext.** Ps. 28 (29). 10.]
[**Th.** Jb. 38. 25 : Ps. 28 (29). 10 : Is. 28. 15 : Da. 9. 26.]

κατακνίζειν.

[**Sm.** Pr. 27. 4.]

κατακολουθεῖν. (1) הָלַךְ (2) רָעָה

I Es. 7. 1. κατακολουθήσαντες τοῖς ὑπὸ τοῦ βασ. Δ. προσταγεῖσιν
Ju. 11. 6. ἐὰν κατακολουθήσῃς τοῖς λόγοις τῆς παιδίσκης
Je. 17. 16. οὐκ ἐκοπίασα κατακολουθῶν ὀπίσω σου (2)
Da. LXX. 9. 10. κατακολουθῆσαι τῷ νόμῳ σου (1)
I Ma. 6. 23. κατακολουθεῖν τοῖς προστάγμασιν αὐ.

κατακονδυλίζειν. (1) בָּשַׁם po.

Am. 5. 11. κατεκονδύλιζον πτωχοὺς [A εἰς κεφαλὰς πτωχῶν] (1)

κατακοντίζειν.

Ju. 1. 15. καὶ κατηκόντισεν αὐτόν
Jb. 30. 13. βέλεσιν [S¹ βέλος γὰρ] αὐτοῦ κατηκόντισέ με †

κατακοπή. (1) עָמָל

Jd. 5. 26. A εἰς ἀποτομὰς κατακοπῶν [B *al.*] (1 ?)

κατάκοπος. (1) יָגִיעַ (2) **κατάκοπον ποιεῖν** לָאָה hi.

Jb. 3. 17. ἀνεπαύσαντο κατάκοποι τῷ σώματι (1)
16. 8 (7). κατάκοπόν με πεποίηκε μωρὸν σεσηπότα (2)
II Ma. 12. 36. τῶν δὲ περὶ τὸν Ἕ. . . . κ. ὄντων

κατακόπτειν. (1) גָּדַע pi. (2) דְּקַק aph. (3) כָּרַת (4) כָּתַת *a*. pi. *b*. hi. *c*. hoph. (5) **ἡ κατακεκομμένη** הַמַּכְתֵּשׁ (6) נָכָה hi. (7) נָפַץ pu. (8) קָצַץ pi. (9) תִּיז hi.

Ge. 14. 5. κατέκοψαν τοὺς γίγαντας (6)
— 7. κατέκοψαν πάντας τοὺς ἄρχοντας Ἀ. (6)
Nu. 14. 45. καὶ κατέκοψαν αὐτούς (4 *b*)
Jo. 10. 10. καὶ κατέκοπτον αὐτούς (6)
11. 8. κατέκοψαν [A -εν] αὐτούς (6)
Jd. 20. 43. κατέκοπτον [A ἔκοψαν] τὸν Βεν. †
II Ch. 15. 16. κατέκοψε τὸ εἴδωλον (3)
28. 24. καὶ κατέκοψεν αὐτά (8)
34. 7. τὰ εἴδωλα κατέκοψε λεπτά (4 *a*)
— 7. A πάντα τὰ ὑψηλὰ κατέκοψεν [B ἔκ.] (1)
Ju. 2. 25. κατέκοψε πάντας τοὺς ἀντιστάντας αὐτῷ
Am. 1. 5. κατακόψω φυλὴν ἐξ ἀνδρῶν Χαρράν †
Mi. 1. 7. πάντα τὰ γλυπτὰ αὐτῆς κατακόψουσι (4 *c*)
4. 3. κατακόψουσι τὰς ῥομφαίας αὐ. εἰς ἄροτρα (4 *a*)
Ze. 1. 11. οἱ κατοικοῦντες τὴν κατακεκομμένην (5 ?)
Za. 11. 6. καὶ κατακόψουσι τὴν γῆν (4 *a*)
Is. 18. 5. A S τὰς κληματίδας . . . κατακόψει [B ἀποκ.] (9)
27. 9. ὅταν θῶσι [A θῶ] πάντας τοὺς λίθους τῶν βωμῶν κατακεκομμένους (7)
Je. 20. 4. κατακόψουσιν ἐν μαχαίραις [A *al.*] (6)
21. 7. κατακόψουσιν αὐτοὺς ἐν στόματι μαχαίρας (6)
Ez. 5. 2. τὸ τέταρτον κατακόψεις ἐν ῥομφαίᾳ (6)
Da. TH. 7. 23. συμπατήσει αὐτὴν καὶ κατακόψει (2)
II Ma. 1. 13. κατεκόπησαν ἐν τῷ τῆς Ναναίας ἱερῷ
10. 30. R κατεκόπτοντο [A διεκ.] ταραχῆς πεπληρωμένοι
[**Aq., Sm.** Ps. 128 (129). 4.]

κατάκορος.

[**Aq.** Ge. 49. 12 : Pr. 23. 29.]

κατακοσμεῖν. (1) חָשַׁק pi. (2) עָדָה

Ex. 39. 6 (38. 28). κατεκόσμησεν αὐτούς (1)
Is. 61. 10. ὡς νύμφην κατεκόσμησέ με κόσμῳ (2)
I Ma. 4. 57. κατεκόσμησαν τὰ κατὰ πρόσωπον τοῦ ναοῦ

κατακόσμησις.

[**Aq., Sm.** Ps. 31 (32). 9.]

κατακράζειν. (1) קָלַס hithpa.

IV Ki. 2. 23. B² κατέκραξα [B³ -αζον, B¹ R -έπαιζον, A καταπαίζειν αὐτοῦ] (1)

κατακρατεῖν. (1) אָנַשׁ (2) חָזַק *a*. pi. *b*. hi. *c*. חֶזְקָה (3) לָכַד (4) רוּעַ hi. (5) תָּפַשׂ

I Ki. 14. 42. κατεκράτησε Σαοὺλ τοῦ λαοῦ –
III Ki. 12. 24. B καὶ κατεκράτησε Ῥοβοάμ –
II Ch. 12. 1. καὶ ὡς κατεκρατήθη (2 *c*)
— 4. κατεκράτησαν τῶν πόλεων τῶν ὀχυρῶν (3)
I Es. 4. 2. τὴν θάλασσαν κατακρατοῦντες
Si. 21. 11. κατακρατεῖ [S -τήσει] τοῦ ἐννοήματος [S² νοημ.] αὐ. [S¹ *om.* τοῦ ἐ. αὐ.]
Mi. 1. 9. ὅτι κατεκράτησεν ἡ πληγὴ αὐτῆς (1)
4. 9. κατεκράτησάν σου [A σε] ὠδῖνες (2 *b*)
Na. 3. 14. κατακράτησον τῶν ὀχυρωμάτων σου (2 *a*)
— 14. κατακράτησον ὑπὲρ πλίνθον (2 *b*)
Je. 8. 5. κατεκρατήθησαν ἐν [A *om.*] τῇ προαιρέσει αὐτῶν (2 *b*)
27 (50). 15. κατακρατήσατε [A *add.* ἐπ'] αὐτήν (4)
— 43. θλῖψις κατεκράτησεν αὐτοῦ [A S¹ -ούς] (2 *b*)
47 (40). 10. ἐν ταῖς πόλεσιν αἷς κατεκρατήσατε (5)
I Ma. 6. 54. κατεκράτησεν αὐτῶν ὁ λιμός
7. 22. κατεκράτησαν γῆν Ἰούδα
8. 2. κατεκράτησαν αὐτῶν
— 3. τοῦ κατακρατῆσαι τῶν μετάλλων τοῦ ἀργ.
— 4. κατεκράτησαν τοῦ τόπου παντός
— 5. καὶ κατεκράτησαν αὐτῶν
— 10. κατεκράτησαν [S¹ -εν] τῆς γῆς αὐτῶν
— 12. A R κατεκράτησαν τῶν βασιλειῶν [S -λέων]
11. 1. κατακρατῆσαι τῆς βασιλείας Ἀλ. [S¹ *al.*]
— 49. κατεκράτησαν οἱ Ἰουδαῖοι τῆς πόλεως
— 56. καὶ κατεκράτησεν Ἀντιοχείας
I Ma. 15. 3. κατεκράτησαν τῆς βασιλείας τῶν πατέρων ἡμῶν
— 28. ὑμεῖς κατακρατεῖτε τῆς Ἰόππης
— 33. ἀκρίτως ἔν τινι καιρῷ κατεκρατήθη
16. 13. ἠβουλήθη κατακρατῆσαι τῆς χώρας
III Ma. 1. 6. κατακρατήσας δὲ τῆς ἐπιβουλῆς
[**Sm.** II Ki. 5. 8.]
[**Al.** Ps. 43 (44). 6.]

κατακρημνίζειν. (1) שָׁלַךְ hi.

II Ch. 25. 12. καὶ κατεκρήμνιζον [A -ισεν] αὐτούς (1)
II Ma. 12. 15. τὴν ἄτερ κριῶν . . . κατακρημνίσαντα τὴν Ἱερ.
14. 43. R κατεκρήμνισεν ἑαυτὸν ἀνδρείως [A ἀνδρωδῶς]
IV Ma. 4. 25. ὥστε καὶ γυναῖκας . . . κατακρημνισθῆναι

κατάκριμα.

Si. 43. 10. ἐν λόγοις ἁγίου στήσονται κατάκριμα [? κατὰ κρ.]

κατακρίνειν. (1) נָזַר ni.

Es. 2. 1. ὡς κατέκρινεν [S¹ -αν] αὐτήν [A ὅσα αὐτῇ κατεκρίθη] (1)
Wi. 4. 16. κατακρινεῖ δὲ . . . τοὺς ζῶντας ἀσεβεῖς
Da. LXX. Su. 53. τὸν μὲν ἀθῷον κατέκρινας
4. 34. τούτους κατακρινῶ θανάτῳ
Da. TH. Su. 41. κατέκριναν αὐτὴν ἀποθανεῖν
— 48. κατεκρίνατε θυγατέρα Ἰσραήλ
— 53. τοὺς μὲν ἀθῴους κατακρίνων
[**Sm.** Jb. 10. 2 : 34. 29.]
[**Th.** Da. 13. 53.]
[**Al.** Es. 2. 1.]

κατακρούειν. (1) תָּקַע

Jd. 16. 14. A κατέκρουσεν . . . εἰς τὸν τοῖχον [B *al.*] (1)

κατακρύπτειν. (1) חָבָא *a*. ni. *b*. hi. *c*. hithp. (2) חָלַף (3) חָתַר (4) טָמַן *a*. qal. *b*. hi. (5) סָתַר *a*. ni. *b*. hi. (6) צָפַן *a*. qal. *b*. hi.

Ge. 35. 4. κατέκρυψεν αὐτὰ Ἰ. ὑπὸ τὴν τερέβινθον (4 *a*)
Jo. 10. 16. κατεκρύβησαν εἰς τὸ σπήλαιον (1 *a*)
III Ki. 18. 4. R καὶ κατέκρυψεν [A B ἔκρ.] αὐτούς (1 *b*)
IV Ki. 7. 8. καὶ κατέκρυψαν (4 *b*)
II Ch. 18. 24. εἰσελεύσῃ . . . τοῦ κατακρυβῆναι (1 *a*)
22. 12. καὶ ἦν . . . ἐν οἴκῳ τοῦ θεοῦ κατακεκρυμμένος (1 *c*)
Ps. 30 (31). 20. κατακρύψεις αὐτούς (5 *b*)
55 (56). 6. παροικήσουσι καὶ κατακρύψουσιν αὐτοί (6 *a*, 6 *b**)
Am. 9. 2. ἐὰν κατακρυβῶσιν [A κατορυγῶσιν] εἰς ᾅδου (3)
Is. 2. 18. τὰ χειροποίητα πάντα κατακρύψουσιν (2)
Je. 13. 4. κατάκρυψον [S¹ -κυψον] αὐτὸ ἐκεῖ (4 *a*)
— 6. ὃ ἐνετειλάμην σοι τοῦ κατακρύψαι ἐκεῖ (4 *a*)
43 (36). 19. κατακρύβηθι [A κρ.] σὺ καὶ Ἱερ. (5 *a*)
— 26. A B S² καὶ κατεκρύβησαν (5 *b*)
50 (43). 9. κατάκρυψον αὐτοὺς ἐν [S ἐπὶ] προθύροις (4 *a*)
— 10. ὧν κατέκρυψας [S¹ -α] (4 *a*)
Ez. 4. 12. A ἐν βολβίτοις . . . κατακρύψεις [B ἐγκρ.] αὐτά †
II Ma. 1. 19. λαθραίως κατέκρυψαν ἐν κοιλώματι
[**Aq.** Je. 43 (50). 10.]
[**Sm.** Ps. 30 (31). 5 : 34 (35). 7 : Je. 43 (50). 10.]
[**Th.** Jb. 21. 19.]

κατακτᾶσθαι. (1) כָּבַשׁ

II Ch. 28. 10. υἱοὺς Ἰούδα . . . λέγετε κατακτήσεσθαι (1)
II Ma. 6. 25. R κηλῖδα τοῦ γήρως κατακτήσομαι [A -ωμαι]

κατακτείνειν.

IV Ma. 11. 3. ὅπως κἀμὲ κατακτείνας
● 12. 11. τοὺς θεράποντας αὐτοῦ κατακτεῖναι

κατακυλίειν. (1) גָּלַל pilp. (2) כָּרַע

Jd. 5. 27. ἀνὰ μέσον τῶν ποδῶν αὐτῆς κατεκυλίσθη [A *al.*] (2)

● = correction on page xxvi

I Ki. 14. 8. B κατακυλισθησόμεθα πρὸς αὐτούς †
Je. 28 (51). 25. κατακυλιῶ [A -ίσω] σε ἐπὶ [A S ἀπὸ] τῶν πετρῶν (1)

κατακύπτειν. (1) שָׁקַף hi.

IV Ki. 9. 32. κατέκυψαν πρὸς αὐτὸν δύο [A ▶ τρεῖς] εὐνοῦχοι (1)
[**Aq.** Ps. 41 (42). 6, 12 : 43 (44). 26.]

κατακυριεύειν. (1) בָּעַל (2) יָרַשׁ (3) כָּבַשׁ *a.* qal. *b.* ni. (4) מָשַׁל *a.* qal. *b.* hi. (5) פּוּחַ hi. (6) רָדָה (7) שָׁלַט hi.

Ge. 1. 28. κατακυριεύσατε αὐτῆς (3 *a*)
9. 1. κατακυριεύσατε αὐτῆς –
— 7. R κατακυριεύσατε αὐτῆς [A *al.*] †
Nu. 21. 24. κατεκυρίευσαν τῆς γῆς αὐτοῦ (2)
32. 22. καὶ κατακυριευθῇ ἡ γῆ ἔναντι κυρίου (3 *b*)
— 29. καὶ κατακυριεύσητε τῆς γῆς (3 *b*)
Jo. 24. 33. A καὶ κατεκυρίευσεν [B ἐκυρ.] αὐτῶν –
Ps. 9. 26 (10. 5). πάντων τῶν ἐχθρῶν αὐτοῦ κατακυριεύσει (5 ?)
— 31 (10. 10). ἐν τῷ αὐτὸν κατακυριεῦσαι τῶν πενήτων †
18 (19). 13. A B ἐὰν μή μου κατακυριεύσουσιν [S R -σωσι] (4 *a*)
48 (49). 14. κατακυριεύσουσιν [A -σωσιν] αὐτῶν οἱ εὐθεῖς (6)
71 (72). 8. κατακυριεύσει ἀπὸ θαλάσσης (6)
109 (110). 2. κατακυρίευε ἐν μέσῳ τῶν ἐχθρῶν σου (6)
118 (119). 133. A^{2}SR μὴ κατακυριευσάτω μου πᾶσα ἀνομία (7)
Si. 17. 4. καὶ κατακυριεύειν θηρίων καὶ πετεινῶν
Je. 3. 14. ἐγὼ κατακυριεύσω ὑμῶν (1)
Da. LXX. 11. 39. κατακυριεύσει αὐτοῦ ἐπὶ πολύ (4 *b*)
I Ma. 15. 30. τῶν τόπων ὧν κατεκυριεύσατε
[**Th., Quint., Sext.** Ps. 109 (110). 2.]

καταλαζονεύεσθαι.

[**Sm.** Ps. 136 (137). 3.]

καταλαλεῖν. (1) גָּדַף pi. (2) דָּבַר *a.* ni. *b.* pi. (3) כָּלַם hi. (4) לָשַׁן po. (5) עָמָה עַל שָׂפָם

Nu. 12. 8. καταλαλῆσαι κατὰ τοῦ θεράποντός μου M. (2 *b*)
21. 5. κατελάλει ὁ λαὸς πρὸς τὸν θεόν (2 *b*)
— 7. κατελαλήσαμεν κατὰ τοῦ κυρίου (2 *b*)
Jb. 19. 3. καταλαλεῖτέ μου [A με] (3)
Ps. 43 (44). 16. A S^{2} ἀπὸ φωνῆς . . . καταλαλοῦντος [B S^{1} παραλ.] (1)
49 (50). 20. κατὰ τοῦ ἀδ. σου κατελάλεις (2 *b*)
77 (78). 19. κατελάλησαν τοῦ θεοῦ (2 *b*)
100 (101). 5. τὸν καταλαλοῦντα λάθρα τοῦ πλησίον αὐτοῦ (4)
118 (119). 23. κατ' ἐμοῦ κατελάλουν (2 *a*)
Pr. 20. 13. μὴ ἀγάπα καταλαλεῖν . †
Ho. 7. 13. αὐτοὶ δὲ κατελάλησαν κατ' ἐμοῦ ψευδῆ (2 *b*)
Mi. 3. 7. καὶ καταλαλήσουσι κατ' αὐτῶν πάντες αὐτοί (5 ?)
Ma. 3. 13. ἐν τίνι κατελαλήσαμεν κατὰ σοῦ (2 *a*)
— 16. ταῦτα κατελάλησαν [A ἐλάλ.] οἱ φοβούμ. τὸν κ. (2 *a*)
[**Sm.** Ps. 40 (41). 7 : 72 (73). 8.]
[**Th.** Pr. 30. 10.]

καταλαλιά.

Wi. 1. 11. ἀπὸ καταλαλιᾶς φείσασθε γλώσσης

καταλαμβάνειν. (1) אָחַז (2) בּוֹא (3) בָּעָה ni. (4) דָּבַק *a.* qal. *b.* hi. (5) הָזַק hi. (6) לָכַד (7) לָקַח (8) מָצָא *a.* qal. *b.* ni. (9) נָגַשׁ ni. (10) נָשָׂא (11) נָשַׂג hi. (12) סָגַר (13) עָצַר (14) קָדַם pi. (15) שָׁכַח aph. (16) שָׁלֵם pi. (17) תָּפַשׂ (18) **κ. τὴν οὐραγίαν** זָנַב pi.

Ge. 19. 19. R μή ποτε [A *om.*] καταλάβῃ με τὰ κακά (4 *a*)
31. 23. κατέλαβεν αὐτὸν ἐν τῷ ὄρει Γαλαάδ (4 *b*)
— 25. κατέλαβε Λάβαν τὸν Ἰακώβ (11)
44. 4. καταλήψῃ αὐτούς (11)
Ex. 15. 9. διώξας καταλήψομαι (11)
22. 4 (3). A B ἐὰν δὲ καταλημφθῇ [R -λειφθῇ] (8 *b*)
Le. 26. 5. καταλήψεται ὑμῖν ὁ ἀμητὸς τὸν τρυγητὸν καὶ ὁ τρυγητὸς καταλήψεται τὸν σπόρον (11, 11)
Nu. 21. 32. καὶ κατελάβοντο [A -βετο] αὐτήν (6)
32. 23. ὅταν ὑμᾶς καταλάβῃ τὰ κακά (8 *a*)
De. 19. 6. καὶ καταλάβῃ αὐτόν (11)
28. 15, 45. καὶ καταλήψονταί σε (11)
Jo. 2. 5. εἰ καταλήψεσθε αὐτούς (11)
8. 19. καὶ κατελάβοντο αὐτήν (6)
10. 19. καταλάβετε τὴν οὐραγίαν αὐτῶν (18)
11. 10. καὶ κατελάβετο Ἀσώρ (6)
19. 47. καὶ κατελάβοντο αὐτήν (6)
Jd. 1. 5. κατέλαβον [A εὗρον] τὸν Ἀδ. (8 *a*)
— 6. B^{1} κατελάβοσαν [B^{2} R ἐλ., A ἔλαβον] αὐτόν (1)
— 8. καὶ κατελάβοντο αὐτήν (6)
7. 24. καταλάβετε ἑαυτοῖς τὸ ὕδωρ (6)
9. 45. καὶ κατελάβετο τὴν πόλιν (6)
— 50. καὶ κατέλαβεν αὐτήν [A *al.*] (6)
18. 22. κατελάβοντο τοὺς υἱοὺς Δάν [A *al.*] (4 *b*)
I Ki. 30. 8. εἰ [A καὶ] καταλήψομαι αὐτούς (11)
— 8. καταλαμβάνων καταλήψῃ (11, 11)
II Ki. 5. 7. A B κατελάβετο [R προκ.] Δ. τὴν περιοχήν (6)
12. 26. κατέλαβε τὴν πόλιν τῆς βασιλείας (6)
— 27. κατελαβόμην τὴν πόλιν τῶν ὑδάτων (6)
— 29. καὶ κατελάβετο αὐτήν (6)
15. 5. A κατελαμβάνετο [B ἐπελ.] αὐτοῦ (5)
— 14. ἵνα μὴ . . . καταλάβῃ ἡμᾶς (11)
21. 11. κατέλαβεν αὐτοὺς Δάν –
III Ki. 9. 16 (*cf.* B 4. 34). A κατελάβετο τὴν Γαζέρ (6)
18. 44. μὴ καταλάβῃ σε ὁ ὑετός (13)
IV Ki. 10. 11. R τοὺς ἐν τῷ οἴκῳ Ἀχ. καταληφθέντας [A B -λειφθ.] †
18. 10. καὶ κατελάβετο αὐτήν (6)
25. 5. καὶ κατέλαβον αὐτόν (11)
II Ch. 9. 20. πάντα τὰ σκεύη . . . χρυσίῳ κατειλημμένα [A -ημένα] (12)
22. 9. κατέλαβον αὐτὸν ἰατρευόμενον (6)
25. 23. τὸν Ἀμ. . . . κατέλαβεν Ἰωάς (17)
32. 21. A^{3}B κατέβαλον [A^{1} -έλαβον] αὐτὸν ἐν ῥομφαίᾳ †
33. 11. κατέλαβον τὸν [A -βοντο] Μαν. (6)
I Es. 6. 8. κατελάβομεν τῆς αἰχμαλωσίας τοὺς πρεσβυτέρους
Ne. 9. 25. κατελάβοσαν πόλεις ὑψηλάς (6)
Ju. 2. 25. κατελάβετο τὰ ὅρια τῆς K. [S *al.*]
8. 14. S λόγους τῆς διανοίας αὐτοῦ οὐ καταλήψεσθε [A B διαλ., R λήψ.]
11. 11. καὶ κατελάβετο [A καταλάβοι] αὐτοὺς ἁμάρτημα
Es. 4. 17. ἐν ἀγῶνι θανάτου κατειλημμένη [A -ηλιμμ.]
Jb. 5. 13. ὁ καταλαμβάνων σοφούς (6)
34. 24. ὁ καταλαμβάνων ἀνεξιχνίαστα †
Ps. 7. 5. τὴν ψυχήν μου . . . καταλάβοι (11)
17 (18). 37. καὶ καταλήψομαι αὐτούς (11)
39 (40). 12. κατέλαβόν με αἱ ἀνομίαι μου (11)
68 (69). 24. ὁ θυμὸς τῆς ὀργῆς σου καταλάβοι αὐτούς [S^{1} *al.*] (11)
70 (71). 11. καὶ καταλάβετε αὐτόν (17)
Pr. 1. 13. τὴν κτῆσιν [A κτίσιν] αὐτοῦ . . . καταλαβώμεθα (8 *a*)
2. 16. μή σε καταλάβῃ κακὴ βουλή †
— 19. οὐδὲ μὴ καταλάβωσι τρίβους εὐθείας οὐ γὰρ καταλαμβάνονται [A -ωνται] ὑπὸ ἐνιαυτῶν ζωῆς (11, –)
11. 27. ἐκζητοῦντα δὲ κακὰ καταλήψεται αὐτόν (2)
13. 21. τοὺς δὲ δικαίους καταλήψεται ἀγαθά (16)
16. 32. κρείσσων καταλαμβανομένου [A τοῦ κ.] πόλιν (6)
Si. 7. 1. οὐ μή σε [S *om.*] καταλάβῃ κακόν
11. 10. ἐὰν διώκῃς οὐ μὴ καταλάβῃς
15. 1. ὁ ἐγκρατὴς τοῦ νόμου καταλήψεται αὐτήν [A -όν]
— 7. οὐ μὴ καταλήψονται αὐτὴν ἄνθρωποι ἀσύνετοι
23. 6. μὴ καταλαβέτωσάν με
27. 8. ἐὰν διώκῃς τὸ δίκαιον καταλήψῃ
48. 15. S κατελήφθη [A B -ελείφθη] ὁ λαὸς ὀλιγοστός
Ho. 2. 7 (9). καὶ οὐ μὴ καταλάβῃ αὐτούς (11)
10. 9. οὐ μὴ καταλάβῃ αὐτοὺς ἐν τῷ βουνῷ πόλεμος (11)
Am. 9. 13. καταλήψεται ὁ ἀμητὸς [A ἀλοητὸς] τὸν τρυγητόν (9)
Mi. 6. 6. ἐν τίνι καταλάβω τὸν κύριον (14)
— 6. εἰ καταλήψομαι αὐτὸν ἐν ὁλοκαυτώμασιν (14)
Ob. 1. 6. κατελήφθη [S κατελείφθη] αὐτοῦ τὰ κεκρυμμένα (3)
Za. 1. 6. οἳ κατελάβοσαν τοὺς πατέρας ὑμῶν (11)
14. 16. ὅσοι ἐὰν καταλειφθῶσιν [A ἂν καταλημφθῶσιν] †
Is. 10. 14. τὴν οἰκουμένην ὅλην καταλήψομαι τῇ χειρί (8 *a*)
16. 9. S τὰ δένδρα σου κατέλαβεν [A B -έβαλεν] Ἐσ. †
20. 1. A S κατελάβετο [B ἔλαβεν] αὐτήν (6)
35. 10. εὐφροσύνη καταλήψεται αὐτούς (11)
37. 8. κατέλαβε τὸν βασιλέα Ἀσσ. [A S *al.*] (8 *a*)
51. 11. εὐφροσύνη καταλήψεται αὐτούς (11)
59. 9. οὐ μὴ καταλάβῃ αὐτοὺς δικαιοσύνη (11)
Je. 3. 8. περὶ πάντων ὧν κατελήφθη †
10. 19. καὶ [A οὐ] κατέλαβέ σε [A με] (10)
28 (51). 34. κατέλαβέ με σκότος λεπτόν –
49 (42). 16. καταλήψεται ὑμᾶς ὀπίσω ὑμῶν (4 *a*)
52. 8. κατέλαβον [A -εν] αὐτὸν ἐν τῷ πέραν Ἱερ. (11)
La. 1. 3. κατέλαβον αὐτὴν ἀνὰ μέσον τῶν θλιβόντων (11)
Ez. 33. 4. καὶ καταλάβῃ αὐτόν [A *al.*] (7)
Da. LXX. Su. 58. ἐν ποίῳ τοῦ κήπου τόπῳ κατέλαβες αὐτούς
1. 20. κατέλαβεν αὐτοὺς σοφωτέρους (8 *a*)
4. 34. ὅσοι ἂν καταληφθῶσι λαλοῦντές τι –
6. 11 (12). κατελάβοσαν αὐτὸν εὐχόμενον (15)
Da. TH. Su. 54. A ὑπὸ τί δένδρον κατέλαβες [B εἶδες] αὐτούς
— 58. ὑπὸ τί δένδρον κατέλαβες αὐτούς
I Ma. 1. 19. κατελάβοντο τὰς πόλεις τὰς ὀχυράς
2. 32. A R καταλαβόντες [S -ελάβοντο] αὐτούς
5. 27. καταλαβέσθαι καὶ ἐξᾶραι πάντας
— 28. κατελάβετο τὴν πόλιν
— 30. καταλαβέσθαι τὸ ὀχύρωμα
— 35. A S καὶ κατελάβετο [R προκατ.] αὐτήν
6. 3. S R ἐζήτει καταλαβέσθαι [A -βεῖν] τὴν πόλιν
— 26. τοῦ καταλαβέσθαι αὐτήν
— 50. κατελάβετο ὁ βασ. τὴν B.
— 63. κατελάβετο τὴν πόλιν βίᾳ
10. 1. καὶ κατελάβετο Πτολεμαΐδα
— 23. A S τοῦ φιλίαν καταλαβέσθαι [R -θέσθαι] τοῖς Ἰ.
11. 46. A R κατελάβοντο . . . τὰς διόδους [S οἰκίας]
— 66. κατελάβετο τὴν πόλιν
12. 30. S R καὶ οὐ κατέλαβεν [A οὐκ ἐκατ.] αὐτούς
13. 43. ἐπάταξε πύργον ἕνα καὶ κατελάβετο
15. 30. A R τὰς πόλεις ἃς κατελάβεσθε [S παρελάβετε]
16. 20. ἑτέρους ἀπέστειλε καταλαβέσθαι τὴν Ἱερ.
II Ma. 5. 5. τέλος ἤδη καταλαμβανομένης τῆς πόλεως
— 20. A ὁ καταληφθεὶς [R -λειφθεὶς] . . . ἐπανωρθώθη
8. 18. A τὸν ὅλον κόσμον . . . καταλαβεῖν [R -βαλεῖν]
10. 22. τοὺς δύο πύργους κατελάβετο
12. 16. καταλαβόμενοί τε τὴν πόλιν
— 18. Τιμόθεον μὲν . . . οὐ κατέλαβον
13. 21. κατελήφθη καὶ κατεκλείσθη
14. 41. μελλόντων τὸν πύργον καταλαβέσθαι
15. 19. τοῖς ἐν τῇ πόλει κατειλημμένοις
III Ma. 2. 10. καὶ καταλάβῃ ἡμᾶς στενοχωρία
— 23. ὀξεῖαν ἰδόντες τὴν καταλαβοῦσαν αὐτὸν εὔθυναν
[**Aq.** Dt. 2. 34 : I Ki. 10. 20 : Is. 56. 12 : Mi. 2. 6 : 6. 14.]
[**Sm.** II Ki. 1. 6 : Jb. 31. 29 : 41. 18 : Ps. 20 (21). 9 : 118 (119). 143 : Is. 59. 9.]
[**Th.** Je. 39 (46). 1, 5.]
[**Al.** Le. 5. 11.]

καταλάμπεσθαι.

Wi. 17. 20. ὅλος γὰρ ὁ κόσμος λαμπρῷ κατελάμπετο φωτί

▶ = additional entry on page xxvi

καταλγηγεῖν (?).

II Ma. 7. 30. A ἔτι δὲ ταύτης καταλγηγούσης [R καταλεγούσης]

καταλεαίνειν. (1) דְּקַק aph.

Da. LXX. 7. 23. καὶ καταλεανεῖ αὐτήν (1)

καταλέγειν. (1) עָנָה

De. 19. 16. καταλέγων αὐτοῦ ἀσέβειαν (1)
II Ma. 7. 30. R ἔτι δὲ ταύτης καταλεγούσης [A καταλγηγούσης]
[Aq. Ex. 15. 21 : Nu. 21. 17 : Jd. 5. 11 : Ps. 146 (147). 7 : Je. 25. 30 (32. 16) : 51 (28). 14.]
[Sm. Nu. 21. 17 : I Ki. 21. 11 (12) : Ps. 144 (145). 6 : 146 (147). 7.]

κατάλεγμα.

[Sm. Je. 25. 30 (32. 16) : Ez. 2. 10.]
[Al. Is. 16. 9.]

κατάλειμμα (-λιμμα). (1) יֶתֶר (2) נִיר (3) עֹלֵלוֹת (4) שָׂרִיד (5) *a.* שְׁאָר *b.* שְׁאֵרִית (6) שָׁחִים

Ge. 45. 7. ὑπολείπεσθαι ὑμῖν κατάλειμμα (5 *b*)
Jd. 5. 13. R κατέβη κατάλειμμα [B -λημμα] τοῖς ἰσχυροῖς [A *al.*] (4)
I Ki. 13. 15. B τὸ κ. τοῦ λαοῦ ἀνέβη –
II Ki. 14. 7. ὥστε μὴ θέσθαι . . . κατάλειμμα καὶ ὄνομα [A *al.*] (5 *b*)
III Ki. 12. 24. B καὶ πρὸς τὸ κ. τοῦ λαοῦ –
15. 4. ἔδωκεν αὐτῷ . . . κατάλειμμα (2)
IV Ki. 10. 11. ὥστε μὴ καταλιπεῖν αὐτοῦ κατάλειμμα (4)
19. 31. ἐξ Ἱερ. ἐξελεύσεται κατάλειμμα (5 *b*)
To. 13. 16. S τὸ κ. τοῦ σπέρματός μου
Jb. 22. 20. τὸ κ. αὐτῶν καταφάγεται πῦρ (1)
Si. 44. 17. A B S^2 ἐγενήθη κατάλειμμα τῇ γῇ
47. 22. τῷ Ἰακὼβ ἔδωκε κατάλειμμα
Is. 10. 22. τὸ κ. αὐτῶν σωθήσεται (5 *a*)
14. 22. ἀπολῶ αὐτῶν ὄνομα καὶ κ. καὶ σπέρμα (5 *a*)
— 30. τὸ κ. σου ἀνελεῖ (5 *b*)
37. 30. τῷ δὲ ἐνιαυτῷ τῷ δευτέρῳ τὸ κ. (6 ?)
Je. 27 (50). 26. μὴ γενέσθω αὐτῆς κ. (5 *b*)
29 (49). 9. οἳ οὐ [S^1 *om.*] καταλείψουσί σοι κ. (3 ?)
32 (25). 38. R ἐγκατέλιπεν ὥσπερ λέων κατάλειμμα [A B S -λυμα] αὐ. †
47 (40). 11. ἔδωκε βασιλεὺς Βαβυλῶνος κ. [A τὰ κ.] τῷ Ἰούδᾳ (5 *b*)
I Ma. 3. 35. ἐξᾶραι . . . τὸ κ. Ἱερουσαλήμ
[Aq. Je. 8. 3 : 47 (29). 5.]
[Sm. Je. 8. 3.]
[Th. III Ki. 15. 4 : Jb. 22. 20.]

καταλειμμάνειν. (1) עָזַב

III Ki. 18. 18. A ἐν τῷ κ. [B -λιμπάνειν] ὑμᾶς τὸν κ. (1)

καταλεῖν. (1) דְּקַק aph. (2) טָחַן

Ex. 32. 20. κατήλεσεν αὐτὸν λεπτόν [A *al.*] (2)
De. 9. 21. συνέκοψα αὐτὸν καταλέσας σφόδρα [A *al.*] (2)
Da. LXX. 2. 34. καὶ κατήλεσεν αὐτά (1)

καταλείπειν. (1) אַחַר (2) הָיָה (3) זָנַח hi. (4) יָצַג hi. (5) יָתַר *a.* ni. *b.* hi. *c.* יֶתֶר (6) לָפַת ni. (7) מְדוּשָׁה (8) מָצָא ni. (9) נוּחַ hi. (10) נָקָה ni. (11) עָזַב *a.* qal. *b.* ni. (12) פְּלֵטָה, פְּלֵיטָה (13) פָּקַד pu. (14) שׂוּם (15) שָׂרִיד (16) שָׁאָה ni. (17) שָׁאַר *a.* ni. *b.* hi. *c.* שְׁאָר *d.* שְׁאֵרִית (18) שָׁכַח *a.* qal. *b.* ni. *c.* שְׁכַח ithp.

Ge. 2. 24. καταλείψει ἄνθρωπος τὸν πατέρα αὐ. (11 *a*)
7. 23. κατελείφθη μόνος Νῶε (17 *a*)
14. 10. οἱ δὲ καταλειφθέντες . . . ἔφυγον (17 *a*)
33. 15. καταλείψω μετὰ σοῦ ἀπὸ τοῦ λαοῦ (4)
39. 12. R καταλιπὼν [A -λείπων] τὰ ἱμάτια αὐτοῦ (11 *a*)
— 13. R καταλιπὼν [A -έλειπεν] τὰ ἱμάτια αὐτοῦ (11 *a*)
— 15. R καταλιπὼν [A -λείπων] τὰ ἱμάτια αὐτοῦ (11 *a*)
Ge. 39. 18. R καταλιπὼν [A -έλειπεν] τὰ ἱμάτια αὐτοῦ (11 *a*)
42. 38. αὐτὸς μόνος καταλέλειπται (17 *a*)
44. 22. καταλιπεῖν τὸν πατέρα (11 *a*)
— 22. ἐὰν δὲ καταλίπῃ τὸν πατέρα (11 *a*)
Ex. 2. 20. καταλελοίπατε τὸν ἄνθρωπον (11 *a*)
8. 31 (27). οὐ κατελείφθη οὐδεμία (17 *a*)
10. 5. τὸ περισσὸν τῆς γῆς [A *om.* τ. γ.] τὸ καταλειφθέν (12)
— 5. ὃ κατέλιπεν ὑμῖν ἡ χάλαζα (17 *a*)
— 15. A οὐ κατελείφθη [B οὐχ ὑπ.] χλωρὸν οὐδέν (5 *a*)
12. 10. A R τὰ δὲ καταλειπόμενα [B -λιπ.] ἀπ' αὐτοῦ (5 *a*)
— 46. A οὐ καταλείψετε ἀπὸ τῶν κρεῶν –
14. 28. οὐ κατελείφθη ἐξ αὐτῶν οὐδὲ εἷς (17 *a*)
16. 19. A R μηδεὶς καταλειπέτω [B -λιπ.] ἀπ' αὐτοῦ (5 *b*)
— 20. κατέλιπόν [A^2 -λειπ.] τινες ἀπ' αὐτοῦ (5 *b*)
— 23. R καταλείπετε [A -πέτω, B -λίπετε] αὐτό (9)
— 24. κατελίποσαν [A -έλειπον] ἀπ' αὐτοῦ (9)
22. 4 (3). R ἐὰν δὲ καταλειφθῇ [A B -λημφ.] †
29. 34. ἐὰν δὲ καταλειφθῇ ἀπὸ τῶν κρεῶν (5 *a*)
39. 13 (1). τὴν καταλειφθεῖσαν ὑάκινθον †
Le. 2. 10. τὸ δὲ καταλειφθὲν ἀπὸ τῆς θυσίας (5 *a*)
5. 13. τὸ δὲ καταλειφθὲν ἔσται τῷ ἱερεῖ –
6. 16 (9). τὸ δὲ καταλειφθὲν ἀπ' αὐτῆς (5 *a*)
7. 5 (15). οὐ καταλείψουσιν ἀπ' αὐτοῦ (9)
— 7 (17). τὸ καταλειφθὲν ἀπὸ τῶν κρεῶν (5 *a*)
8. 32. τὸ καταλειφθὲν τῶν κρεῶν (5 *a*)
10. 6. τοὺς υἱοὺς αὐτοῦ τοὺς καταλελειμμένους –
— 12. τοὺς υἱοὺς Ἀαρὼν τοὺς καταλειφθέντας (5 *a*)
— 12. λάβετε τὴν θυσίαν τὴν καταλειφθεῖσαν (5 *a*)
— 16. τοὺς υἱοὺς Ἀ. τοὺς καταλελειμμένους (5 *a*)
14. 17. τὸ δὲ καταλειφθὲν ἔλαιον (5 *c*)
— 18. τὸ δὲ καταλειφθὲν ἔλαιον (5 *a*)
— 29. τὸ δὲ καταλειφθὲν ἀπὸ τοῦ ἐλαίου (5 *a*)
19. 6. ἐὰν καταλειφθῇ ἕως ἡμέρας τρίτης (5 *a*)
— 10. τῷ προσηλύτῳ καταλείψεις αὐτά (11 *a*)
25. 52. ἐὰν δὲ ὀλίγον καταλειφθῇ ἀπὸ τῶν ἐτῶν (17 *a*)
26. 36. τοῖς καταλειφθεῖσιν ἐξ ὑμῶν (17 *a*)
— 39. οἱ καταλειφθέντες ἀφ' ὑμῶν (17 *a*)
Nu. 9. 12. οὐ καταλείψουσιν ἀπ' αὐτοῦ εἰς τὸ πρωΐ (17 *b*)
11. 26. κατελείφθησαν δύο ἄνδρες (17 *a*)
21. 35. ἕως τοῦ μὴ καταλιπεῖν αὐτοῦ ζωγρείαν (17 *b*)
26. 65. οὐ κατελείφθη ἐξ αὐτῶν οὐδὲ εἷς (5 *a*)
32. 15. καταλιπεῖν αὐτὸν ἐν τῇ ἐρήμῳ (9)
33. 55. οὓς [A ὅσους] ἐὰν καταλίπητε ἐξ αὐτῶν (5 *b*)
De. 2. 34. οὐ κατελίπομεν [A -λείπ.] ζωγρίαν (17 *b*)
3. 3. ἕως τοῦ μὴ καταλιπεῖν αὐτοῦ σπέρμα (17 *b*)
— 11. πλὴν Ὤγ . . . κατελείφθη ἀπὸ τῶν Ῥ. (17 *a*)
4. 27. καταλειφθήσεσθε ὀλίγοι [A -γῳ] ἀριθμῷ (17 *a*)
7. 20. A B^2 R ἕως ἂν ἐκτριβῶσιν οἱ καταλελειμμένοι (17 *a*)
28. 51. ὥστε μὴ καταλιπεῖν σοι σῖτον (17 *b*)
— 54. A R καὶ τὰ καταλελειμμένα [A κ. τ.] τέκνα ἃ ἂν καταλειφθῇ αὐτῷ [B *om.*] (5 *c*, 5 *b*)
— 55. διὰ τὸ μὴ καταλειφθῆναι [A -λελείφθαι] αὐτῷ οὐδέν (17 *b*)
— 62. καταλειφθήσεσθε ἐν ἀριθμῷ βραχεῖ (17 *a*)
29. 25 (24). R κατέλιπον [B -οσαν, A -λειπον] τὴν διαθήκην κυρίου (11 *a*)
31. 16. καὶ καταλείψουσί [A ἐγκατ.] με (11 *a*)
— 17. καὶ καταλείψω αὐτούς (11 *a*)
Jo. 8. 17. οὐ κατελείφθη οὐθεὶς ἐν τῇ Γαί (17 *a*)
— 17. B κατέλιπον τὴν πόλιν ἠνεῳγμένην (11 *a*)
— 22. ἕως τοῦ μὴ καταλειφθῆναι αὐτῶν σεσωσμένον (17 *b*)
10. 28. οὐ κατελείφθη οὐδεὶς ἐν αὐτῇ (17 *b*)
— 30. οὐ κατελείφθη ἐν αὐτῇ (17 *b*)
— 33. ἕως τοῦ μὴ καταλειφθῆναι αὐτῶν [A -ῷ] (17 *b*)
— 39. οὐ κατέλιπον αὐτῇ οὐδένα [A *al.*] (17 *b*)
— 40. οὐ κατέλιπον αὐτῶν [A *al.*] (17 *b*)
11. 8. ἕως τοῦ μὴ καταλειφθῆναι αὐτῶν (17 *b*)
— 11. οὐ κατελείφθη ἐν αὐτῇ ἐμπνέον (5 *a*)
— 14. οὐ κατέλιπον ἐξ αὐτῶν οὐδὲ ἓν ἐμπνέον [A *al.*] (17 *b*)
— 22. οὐ κατελείφθη τῶν [A -ησαν τῷ] Ἐνακίμ (5 *a*)
— 22. ἀλλὰ πλὴν ἐν Γ. . . . κατελείφθη [A -ησαν] (17 *a*)
13. 2. αὕτη ἡ γῆ καταλελειμμένη [A ἡ κ.] (17 *a*)
— 12. οὗτος κατελείφθη ἀπὸ τῶν γιγάντων (17 *a*)
Jo. 17. 6. τοῖς υἱοῖς Μανασσῆ τοῖς καταλελειμμ. (5 *a*)
18. 2. κατελείφθησαν οἱ υἱοὶ Ἰσρ. (5 *a*)
21. 5. τοῖς υἱοῖς Καὰθ τοῖς καταλελειμμένοις (5 *a*)
— 20. τοῖς δήμοις . . . τοῖς καταλελειμμένοις (5 *a*)
— 38. τῶν καταλελειμμένων ἀπὸ τῆς φυλῆς Λ. (5 *a*)
23. 4. τὰ ἔθνη τὰ καταλελειμμένα ὑμῖν ταῦτα (17 *a*)
— 7. τὰ ἔθνη τὰ καταλελειμμένα ταῦτα (17 *a*)
24. 16. μὴ γένοιτο ἡμῖν καταλιπεῖν [A -λείπειν] κύριον (11 *a*)
Jd. 2. 21. ὧν κατέλιπεν [A -λειπ.] Ἰ. (11 *a*)
4. 16. οὐ κατελείφθη ἕως ἑνός (17 *a*)
6. 4. B οὐ κατέλιπον [R -λείποντο, A οὐχ ὑπελείποντο] ὑπόστασιν (17 *b*)
8. 10. πάντες οἱ καταλελειμμένοι [A π. καταλειφθέντες] (5 *a*)
9. 5. καὶ κατελείφθη [A ἀπελ.] Ἰωάθαμ (5 *a*)
Ru. 1. 3. καὶ κατελείφθη αὕτη (17 *a*)
— 5. καὶ κατελείφθη ἡ γυνή (17 *a*)
— 16. μὴ ἀπαντῆσαι μοι τοῦ καταλιπεῖν σε (11 *a*)
2. 11. πῶς κατέλιπες [A -λειπ.] τὸν πατέρα σου (11 *a*)
— 14. καὶ κατέλιπε [A -λειπε] (5 *b*)
— 18. ἔδωκεν αὐτῇ ἃ κατέλιπεν [A -λειπεν] (5 *b*)
I Ki. 2. 10. κατέλιπεν [A -λειπον] αὐτὸν ἐκεῖ –
30. 13. κατέλιπέ [A -λειπέ] με ὁ κύριός μου (11 *a*)
31. 7. καταλείπουσι τὰς πόλεις αὐτῶν (11 *a*)
II Ki. 13. 30. οὐ κατελείφθη ἐξ αὐτῶν οὐδὲ εἷς (5 *a*)
14. 7. τὸν ἄνθρακά μου τὸν καταλειφθέντα (17 *a*)
16. 21. A B^1 ἃς κατέλειπεν [B^3 R -λιπε] φυλάσσειν τὸν οἶκον αὐτοῦ (9)
17. 13. ὅπως μὴ καταλειφθῇ ἐκεῖ μηδὲ λίθος (8)
III Ki. 11. 33. B κατέλιπέν [R ἐγκατ., A κατέλειπέν] με (11 *a*)
19. 18. καταλείψεις ἐν Ἰσρ. ἑπτὰ χιλιάδας ἀνδρῶν (17 *b*)
— 20. κατέλιπεν [A -λειπ.] Ἑλ. τὰς βόας (11 *a*)
IV Ki. 2. 2. A B εἰ καταλείψω [R ἐγκατ.] σε (11 *a*)
3. 25. ἕως τοῦ καταλιπεῖν [A -λείπ.] τοὺς λίθους (17 *b*)
4. 43. φάγονται καὶ καταλείψουσι (5 *b*)
— 44. ἔφαγον καὶ κατέλιπον [A -λειπ.] (5 *b*)
7. 13. οἳ κατελείφθησαν ὧδε (17 *a*)
8. 6. ἧς κατέλιπε [A ἐγκατέλειπεν] τὴν γῆν (11 *a*)
10. 11. A B τοὺς ἐν τῷ οἴκῳ Ἀχ. καταλειφθέντας [R -λημφθ.] (17 *a*)
— 11. ὥστε μὴ καταλιπεῖν [A -λείπ.] αὐτοῦ κατάλειμμα (17 *b*)
— 14. οὐ κατέλιπεν ἄνδρα ἐξ αὐτῶν (17 *b*)
— 17. πάντας τοὺς καταλειφθέντας τοῦ Ἀχ. (17 *a*)
— 21. οὐ κατελείφθη ἀνήρ (17 *a*)
25. 11. τὸ καταλειφθὲν ἐν τῇ πόλει (17 *a*)
— 22. ὁ λαὸς ὁ καταλειφθείς (17 *a*)
— 22. οὓς κατέλιπε [A -λειπεν] Ναβ. (17 *b*)
I Ch. 4. 43. ἐπάταξαν τοὺς καταλοίπους τοὺς καταλειφθέντας (12)
10. 7. κατέλειπον τὰς πόλεις αὐτῶν (11 *a*)
16. 37. κατέλιπον [A -έλειπεν] ἐκεῖ . . . τὸν Ἀσάφ (11 *a*)
28. 9. ἐὰν καταλείψῃς [A -εις] αὐτὸν καταλείψει σε εἰς τέλος (11 *a*, 3)
II Ch. 1. 14. κατέλιπεν [A -λειπεν] αὐτὰ ἐν πόλεσι τῶν ἁρμάτων (9)
8. 7. πᾶς ὁ λαὸς ὁ καταλειφθείς (5 *a*)
— 8. ἐκ τῶν υἱῶν αὐτῶν τῶν καταλειφθέντων (5 *a*)
10. 8. κατέλιπε [A -λειπεν] τὴν βουλὴν τῶν πρεσβυτέρων (11 *a*)
15. 2. B ἐὰν καταλίπητε [A R ἐγκαταλείπ.] αὐτόν (11 *a*)
21. 17. οὐ κατελείφθη αὐτῷ υἱός (17 *a*)
28. 6. ἐν τῷ αὐτοὺς καταλιπεῖν τὸν κύριον θεόν (11 *a*)
30. 6. τοὺς καταλειφθέντας ἀπὸ χειρὸς βασιλέως Ἀσσούρ (17 *a*)
31. 10. καὶ κατελίπομεν [A -λείπ.] (5 *b*)
— 10. καὶ κατελίπομεν ἐπὶ τὸ πλῆθος τοῦτο [A *al.*] (5 *a*)
34. 21. περὶ παντὸς τοῦ καταλειφθέντος [A περιλ.] (17 *a*)
I Es. 8. 78. καταλειφθῆναι ἡμῖν ῥίζαν
— 88. ἕως τοῦ μὴ καταλιπεῖν [A -λείπ.] ῥίζαν
— 89. κατελείφθημεν γὰρ ῥίζα ἐν τῇ σήμερον
II Es. 1. 4. πᾶς ὁ καταλειπόμενος ἀπὸ πάντων τῶν τόπων (17 *a*)
9. 8. τοῦ καταλιπεῖν [A -λείπ.] ἡμῖν εἰς σωτηρίαν (17 *b*)
— 15. κατελείφθημεν [A *om.*, S^2 οὐκ ἐγκατ.] διασωζόμενοι (17 *a*)
Ne. 1. 2. οἳ κατελείφθησαν [B^1 -λίπησαν] ἀπὸ τῆς αἰχμαλωσίας (17 *a*)

Ne. 1. 3. οἱ καταλειπόμενοι οἱ καταλειφθέντες [A *om.* οἱ κ.] ἀπὸ τῆς αἰχμαλωσίας (17 *a* 17 *a*)
3. 8. καὶ κατέλιπον [A -λειπ.] 'Ιερ. (11 *a*)
6. 1. οὐ κατελείφθη ἐν [A *om.*] αὐτοῖς πνοή (5 *a*)
To. 1. 8. ὀρφανὸς κατελείφθην ὑπὸ τοῦ πατρός μου [S *al.*]
— 20. οὐ κατελείφθη μοι οὐδέν
12. 13. οὐκ ὤκνησας . . . καταλιπεῖν [A -λείπ.] τὸ ἄριστόν σου
Ju. 13. 4. οὐδεὶς κατελείφθη ἐν τῷ κοιτῶνι
Jb. 6. 18. οὕτω κἀγὼ κατελείφθην ὑπὸ πάντων (6 ?)
Ps. 48 (49). 10. καταλείψουσιν ἀλλοτρίοις τὸν πλοῦτον αὐτῶν (11 *a*)
Pr. 12. 11. ἐν τοῖς ἑαυτοῦ ὀχυρώμασι καταλείψει ἀτιμίαν [S¹ *al.*] –
14. 26. τοῖς δὲ τέκνοις αὐτοῦ καταλείπει [S² -λείψει] ἔρεισμα (2)
20. 7. μακαρίους τοὺς παῖδας αὐτοῦ καταλείψει (1)
Wi. 2. 9. πανταχῇ καταλίπωμεν [A -λείπωμεν] σύμβολα τῆς εὐφροσύνης
Si. 11. 19. καταλείψει αὐτὰ ἑτέροις καὶ ἀποθανεῖται
13. 4. ἐὰν ὑστερήσῃς καταλείψει σε
— 7. ὄψεταί σε καὶ καταλείψει [S καλύψει] σε
14. 15. οὐχὶ ἑτέρῳ [A S -οις] καταλείψεις τοὺς πόνους σου
17. 25. ἀπόλειπε [S² -λιπε, S¹ κατάλιπε] ἁμαρτίας
23. 8. ἐν τοῖς χείλεσιν αὐτοῦ καταλειφθήσεται ἁμαρτωλός
— 22. οὕτως καὶ γυνὴ καταλιποῦσα [A -λείπ.] τὸν ἄνδρα
— 26. καταλείψει [A -ψις] εἰς κατάραν τὸ μνημόσυνον αὐτῆς
— 27. ἐπιγνώσονται οἱ καταλειφθέντες
24. 33. καταλείψω αὐτὴν εἰς γενεὰς [A S -ὰν] αἰώνων
28. 23. οἱ καταλείποντες [S -λιπ.] κύριον
29. 14. ὁ ἀπολωλεκὼς αἰσχύνην καταλείψει [A S ἐγκατ.] αὐτόν
30. 4. ὅμοιον γὰρ αὐτῷ κατέλιπε μετ' αὐτόν [A *al.*]
— 6. ἐναντίον ἐχθρῶν κατέλιπεν [A -λειπεν] ἔκδικον
39. 11. ἐὰν ἐμμείνῃ ὄνομα καταλείψει ἢ χίλιοι
44. 8. εἰσὶν αὐτῶν οἳ κατέλιπον [A -λειπον, S¹ ἐγκ.] ὄνομα
47. 22. ὁ δὲ κύριος οὐ μὴ καταλίπῃ [A ἐγκαταλείπῃ] τὸ ἔλεος αὐτοῦ
— 23. κατέλιπε [A -λειπεν] μετ' αὐτὸν ἐκ τοῦ σπέρματος αὐτοῦ λαοῦ ἀφροσύνην
48. 15. κατελείφθη [S -λήμφθη] ὁ λαὸς ὀλιγοστός
49. 4. κατέλιπον [A -λειπον] γὰρ τὸν νόμον τοῦ ὑψίστου
Ob. 1. 6. κατελήφθη [S κατελείφθη] αὐτοῦ τὰ κεκρυμμένα †
Za. 11. 17. καταλελοιπότες [A οἱ κ.] τὰ πρόβατα (11 *a*)
14. 16. ὅσοι ἐὰν καταλειφθῶσιν [A καταλημφθῶσιν] (5 *a*)
Is. 3. 26. καταλειφθήσῃ μόνη (10)
4. 2. τοῦ . . . δοξάσαι τὸ καταλειφθὲν τοῦ 'Ισρ. (13)
— 3. ἔσται . . . τὸ καταλειφθὲν ἐν 'Ιερουσαλὴμ (5 *a*)
6. 11. ἡ γῆ καταλειφθήσεται ἔρημος (16)
— 12. A B S οἱ καταλειφθέντες [R ἐγκ.] πληθυνθήσονται (11 *a*)
7. 3. ἔξελθε . . . σὺ καὶ ὁ καταλειφθεὶς 'I. (17 *c*)
— 16. καταλειφθήσεται ἡ γῆ (11 *b*)
— 22. πᾶς ὁ καταλειφθεὶς ἐπὶ τῆς γῆς (5 *a*)
10. 3. ποῦ καταλείψετε τὴν δόξαν ὑμῶν (11 *a*)
— 14. ὡς καταλελειμμένα ᾠὰ ἀρῶ (11 *a*)
— 19. οἱ καταλειφθέντες ἀπ' αὐτῶν ἔσονται ἀριθμός (17 *c*)
— 20. οὐκέτι προστεθήσεται τὸ καταλειφθὲν 'Ισρ. (17 *c*)
— 21. ἔσται τὸ καταλειφθὲν τοῦ 'Ιακὼβ (17 *c*)
11. 11. τοῦ ζηλῶσαι τὸ καταλειφθὲν ὑπόλοιπον τοῦ λαοῦ ὃ ἂν καταλειφθῇ ὑπὸ [A S³ ἀπό, S¹ *om.*] τῶν 'Ασσ. (17 *c*, 17 *a*)
— 16. ἔσται δίοδος [A ὁδ.] τῷ καταλειφθέντι μου λαῷ (17 *c*)
13. 12. ἔσονται οἱ καταλελειμμένοι ἔντιμοι †
— 14. ἔσονται οἱ καταλελειμμένοι ὡς δορκάδιον φεῦγον –
16. 14. καταλειφθήσεται ὀλιγοστός (17 *c*)
17. 2. ἔσται εἰς πτῶσιν καταλελειμμένη (11 *a*)
— 6. καταλειφθῇ ἐν αὐτῇ καλάμη (17 *a*)
— 6. ἢ πέντε ἐπὶ τῶν κλάδων αὐ. καταλειφθῇ †
— 9. κατέλιπον [A S ἐγκατέλειπον] οἱ 'Αμ. (11 *a*)

Is. 17. 10. κατέλιπες [A ἐγκατέλειπες] τὸν θεόν (18 *a*)
18. 6. καταλείψει ἅμα τοῖς πετεινοῖς τοῦ οὐρανοῦ (11 *b*)
21. 10. ἀκούσατε οἱ καταλελειμμένοι (7)
23. 15. καταλειφθήσεται Τύρος ἔτη ἑβδομήκοντα (18 *b*)
24. 6. καταλειφθήσονται ἄνθρωποι ὀλίγοι (17 *a*)
— 12. καταλειφθήσονται πόλεις ἔρημοι (17 *a*)
— 14. οἱ δὲ καταλειφθέντες ἐπὶ τῆς γῆς –
27. 10. ὡς ποίμνιον καταλελειμμένον (11 *b*)
28. 5. τῷ καταλειφθέντι τοῦ λαοῦ [A B³ κ. μου λαῷ] (17 *c*)
— 6. καταλειφθήσονται [S -σεται] ἐπὶ πνεύματι κρίσεως –
30. 17. ἕως ἂν καταλειφθῆτε ὡς ἱστός (5 *a*)
— 18. A S ποῦ καταλείψετε τὴν δόξαν ὑμῶν –
37. 4. περὶ τῶν καταλελειμμένων τούτων (17 *d*)
— 31. ἔσονται οἱ καταλελειμμένοι ἐν τῇ 'I. (12)
— 32. ἐξ 'Ιερουσαλὴμ ἔσονται [A ἐξελεύσ.] οἱ καταλελειμμένοι (17 *d*)
38. 10. καταλείψω τὰ ἔτη τὰ ἐπίλοιπα (13)
— 12. κατέλιπον τὸ ἐπίλοιπον τῆς ζωῆς μου [A *al.*] †
39. 6. A R οὐδὲν οὐ μὴ καταλείπωσιν [B S -λίπ.] (5 *a*)
49. 21. ἐγὼ δὲ κατελείφθην μόνη (17 *a*)
54. 6. ὡς γυναῖκα καταλελειμμένην (11 *a*)
— 7. R χρόνον μικρὸν κατέλιπόν [A -λειπ., B ἐγκ.] σε (11 *a*)
62. 4. οὐκέτι κληθήσῃ Καταλελειμμένη [S¹ *al.*] (11 *a*)
— 12. S πόλις . . . . οὐ καταλελειμμένη [A B οὐκ ἐγκ.] (11 *b*)
65. 15. καταλείψετε γὰρ τὸ ὄνομα [S² *add.* τοῦ κυρίου] ὑμῶν (9)
66. 19. καταλείψω ἐπ' αὐτῶν σημεῖον [A S³ -εῖα] (14)
Je. 2. 17, 19. τὸ καταλιπεῖν σε ἐμέ (11 *a*)
8. 3. πᾶσι τοῖς καταλοίποις τοῖς καταλειφθεῖσιν (17 *a*)
9. 2 (1). καταλείψω τὸν λαόν μου (11 *a*)
17. 13. πάντες οἱ καταλιπόντες [A -λείπ.] σε (11 *a*)
21. 7. τὸν λαὸν τὸν καταλειφθέντα ἐν τῇ πόλει ταύτῃ (17 *a*)
29 (49). 9. οἳ οὐ καταλείψουσί σοι κατάλειμμα (17 *b*)
31 (48). 28. κατέλιπον [A S² -λειπ.] τὰς πόλεις (11 *a*)
32 (25). 38. A κατέλειπέν με [B S ἐγκατέλιπεν] (11 *a*)
34 (27). 11. καταλείψω αὐτὸν ἐπὶ τῆς γῆς αὐτοῦ (9)
41 (34). 7. A ἐπὶ τὰς πόλεις 'Ιούδα τὰς καταλελειμμένας [B S *om.* τ. κ.] (5 *a*)
— 7. κατελείφθησαν ἐν πόλεσιν 'Ιούδα (17 *a*)
44 (37). 10. καταλειφθῶσί τινες ἐκκεκεντημένοι (17 *a*)
45 (38). 4. τῶν καταλειπομένων [S -λιπ.] ἐν [A -λελειμμ. ἐπὶ] τῇ πόλει (17 *a*)
— 22. αἱ γυναῖκες αἱ καταλειφθεῖσαι ἐν οἰκίᾳ βασ. (17 *a*)
47 (40). 6. ἐν μέσῳ τοῦ λαοῦ τοῦ καταλειφθέντος (17 *a*)
48 (41). 10. πάντα τὸν λαὸν τὸν καταλειφθέντα (17 *a*)
49 (42). 2. κατελείφθημεν ὀλίγοι ἀπὸ πολλῶν (17 *a*)
50 (43). 6. ἃς κατέλιπε [A B¹ -λειπεν] Ναβ. μετὰ Γ. (9)
51 (44). 7. πρὸς τὸ μὴ καταλειφθῆναι ὑμῶν μηδένα (5 *b*)
52. 16. τοὺς καταλοίπους [S λ.] τοῦ λαοῦ κατέλιπεν [A B¹ -λειπεν] (17 *b*)
Ba. 2. 13. κατελείφθημεν ὀλίγοι ἐν τοῖς ἔθνεσιν
4. 1. οἱ δὲ καταλείποντες αὐτὴν ἀποθανοῦνται
— 12. μηδεὶς ἐπιχαιρέτω μοι τῇ χήρᾳ καὶ καταλειφθείσῃ [A -ήσῃ] ὑπὸ πολλῶν
— 19. ἐγὼ γὰρ κατελείφθην ἔρημος
La. 2. 22. οὐκ ἐγένοντο . . . καταλελειμμένος (15)
5. 20. καταλείψεις ἡμᾶς εἰς μακρότητα ἡμερῶν (11 *a*)
Ep. Je. 42. οὐ δύνανται αὐτοὶ νοήσαντες καταλιπεῖν αὐτά
— 47. κατέλιπον [A -λειπ.] γὰρ ψευδῆ
Ez. 36. 4. ταῖς πόλεσι ταῖς ἐγκαταλελειμμέναις [A καταλ.] (11 *b*)
— 4. εἰς καταπάτημα τοῖς καταλειφθεῖσιν ἔθνεσι (17 *d*)
— 36. ὅσα ἂν καταλειφθῶσι κύκλῳ ὑμῶν (17 *a*)
39. 14. θάψαι τοὺς καταλελειμμένους (5 *a*)
Da. LXX. 2. 35. ὥστε μηδὲν καταλειφθῆναι ἐξ αὐτῶν (18 *c*)
10. 8. ἐγὼ κατελείφθην μόνος (17 *a*)
— 8. οὐ κατελείφθη [*cod.* ἐγκ.] ἐν ἐμοὶ ἰσχύς (17 *a*)
— 13. αὐτὸν ἐκεῖ κατέλιπον (5 *a*)
— 17. πνεῦμα οὐ κατελείφθη ἐν ἐμοί (17 *a*)
Da. TH. 10. 13. αὐτὸν κατέλειπον ἐκεῖ (5 *a*)

Da. TH. 11. 30. τοὺς καταλιπόντας [A -λείπ.] διαθήκην ἁγίαν (11 *a*)
I Ma. 2. 18. οἱ καταλειφθέντες ἐν 'Ιερ.
— 21. S R ἵλεως ἡμῖν καταλιπεῖν [A -λείπ.] νόμον
3. 32. S² R καὶ κατέλιπε [A -λειπ., S¹ ἀπέλυσεν] Λυσίαν
— 37. τὰς ἡμίσεις τῶν δυνάμεων τὰς καταλειφθείσας
5. 18. S R κατέλιπεν [A -λειπεν] 'Ιώσηφον τὸν τοῦ Ζαχ.
6. 2. S R ἃ κατέλιπεν [A -λειπεν] ἐκεῖ 'Αλέξανδρος
7. 46. οὐ κατελείφθη [S¹ οὐκ ἀπελ.] ἐξ αὐτῶν οὐδὲ εἷς
9. 6. οὐ κατελείφθησαν ἐξ αὐτῶν
— 8. εἶπε τοῖς καταλειφθεῖσιν
— 10. S R μὴ καταλίπωμεν [A -λείπ.] αἰτίαν τῇ δόξῃ ἡμῶν
10. 13. S R κατέλιπεν [A -λειπεν] ἕκαστος τὸν τόπον αὐτοῦ
— 14. S R τινες τῶν καταλιπόντων [A -λειπ.] τὸν νόμον
11. 64. S R Σίμωνα κατέλιπεν [A -λειπεν] ἐν τῇ χώρᾳ
— 70. οὐδὲ εἷς κατελείφθη ἀπ' αὐτῶν
12. 47. S R κατέλιπε [A -λειπεν] δὲ μεθ' ἑαυτοῦ ἄνδρας τρισχιλίους
13. 4. καὶ κατελείφθην ἐγὼ μόνος
15. 10. R τοὺς καταλειφθέντας [A S *om.* τ. κ.] σὺν Τρύφ.
16. 8. οἱ δὲ καταλειφθέντες ἔφυγον
II Ma. 4. 31. R καταλιπὼν [A -λείπ.] τὸν διαδεχόμενον 'Ανδρ.
5. 20. R ὁ καταλειφθεὶς [A -ληφθεὶς] . . . ἐπανωρθώθη
— 22. R κατέλιπε [A -λειπεν] δὲ καὶ ἐπιστάτας
6. 28. τοῖς δὲ νέοις ὑπόδειγμα γενναῖον καταλελοιπώς
— 31. A μνημόσυνον ἀρετῆς καταλείπων [R -λιπών]
7. 16. τὸ γένος ἡμῶν ὑπὸ τοῦ θεοῦ καταλελεῖφθαι
9. 24. ᾧ καταλέλειπται τὰ πράγματα
12. 18. καταλελοιπότα δὲ φρουράν
— 19. ἀπώλεσαν τοὺς ὑπὸ Τιμ. καταλειφθέντας
13. 24. R κατέλιπε [A -λειπεν] στρατηγὸν ἀπὸ Πτολ.

[**Aq.** Ps. 9. 35 (10. 14): 26 (27). 9: Pr. 9. 6: Is. 17. 2: Je. 52. 15: Ob. 18.]
[**Sm.** Ex. 39. 1 (13): Pr. 9. 6: Is. 1. 4: 17. 2: Je. 49. 11 (29. 13).]
[**Th.** Ex. 39. 1 (13): Le. 26. 39: Ps. 9. 35 (10. 14): Pr. 9. 6: Is. 11. 11: 17. 2: Je. 27 (34). 21: 39 (46). 9, 10: 52. 16: Da. 10. 13: 11. 30: Ob. 18.]
[**Al.** Jo. 10. 37: Pr. 15. 10.]

καταλείφειν.

Es. 4. 17. A S ἐν ἀγῶνι θανάτου κατηλιμμένη [B -ειλημμ.]

κατάλειψις. (1) פְּלֵיטָה

Ge. 45. 7. ἐκθρέψαι ὑμῶν κατάλειψιν μεγάλην (1)
Si. 23. 26. A κατάλειψις [B S -ψει] εἰς κατάραν τὸ μνημόσυνον αὐτῆς

καταλήγειν.

II Ma. 9. 5. ἄρτι δὲ αὐτοῦ καταλήξαντος τὸν λόγον
III Ma. 6. 32. καταλήξαντες δὲ θρήνων πανόδυρτον μέλος

κατάλημμα.

Jd. 5. 13. B κατέβη κατάλημμα [R -λειμμα] τοῖς ἰσχυροῖς [A *al.*] †

κατάληψις. (1) תָּפַשׂ

De. 20. 19. ἐκπολεμῆσαι αὐτὴν εἰς κατάληψιν αὐτῆς (1)

καταλιθοβολεῖν. (1) סָקַל (2) רָגַם

Ex. 17. 4. καταλιθοβολήσουσί με (1)
Nu. 14. 10. καταλιθοβολῆσαι αὐτοὺς ἐν λίθοις [B¹ *om.* ἐν λ.] (2)

κατάλιθος. (1) אֶבֶן

Ex. 28. 17: 36. 17 (39. 10). ὕφασμα κατάλιθον τετράστιχον (1)

καταλιμπάνειν. (1) נוּחַ hi. (2) עָזַב

Ge. 39. 16. καταλιμπάνει τὰ ἱμάτια παρ' ἑαυτῇ (1)
II Ki. 5. 21. καταλιμπάνουσιν ἐκεῖ τοὺς θεοὺς αὐτῶν (2)
III Ki. 18. 18. ἐν τῷ καταλιμπάνειν [A -λειμμ.] ὑμᾶς τὸν κύριον (2)
[**Aq.** Pr. 10. 17.]
[**Sm.** Pr. 10. 17: Ec. 11. 6.]

καταλλαγή.
Is. 9. 5 (4). ἱμάτιον μετὰ καταλλαγῆς ἀποτίσουσι †
II Ma. 5. 20. ἐν τῇ τοῦ μεγάλου δεσπότου κ.

καταλλάσσειν. (1) חָתַת
Je. 31 (48). 39. πῶς κατήλλαξε (1)
II Ma. 1. 5. καὶ καταλλαγείη ὑμῖν
7. 33. καταλλαγήσεται τοῖς ἑαυτοῦ δούλοις
8. 29. καταλλαγῆναι τοῖς αὐτοῦ δούλοις

καταλογίζεσθαι. (1) מָשַׁל ni.
Wi. 5. 5. πῶς κατελογίσθη ἐν υἱοῖς θεοῦ
Is. 14. 10. ἐν ἡμῖν δὲ κατελογίσθης (1)
Da. LXX. 5. 17. ἠρίθμηται κατελογίσθη ἐξῆρται –

κατάλοιπος. (1) *a.* אַחֲרוֹן *b.* אַחֲרִית (2) דַּלָּה (3) *a.* יָתַר ni. *b.* יֶתֶר *c.* מֵיתָר (4) שָׂרִיד (5) *a.* שָׁאַר ni. *b.* שְׁאָר *c.* שְׁאֵרִית *d.* שֵׁרִית

Le. 5. 9. τὸ δὲ κ. τοῦ αἵματος καταστραγγιεῖ (5 *a*)
Nu. 3. 26. καὶ τὰ κ. πάντων τῶν ἔργων αὐτοῦ (3 *c*)
De. 3. 13. τὸ κ. τοῦ Γ. . . . ἔδωκα (3 *b*)
Jd. 7. 6. πᾶν τὸ κ. τοῦ λαοῦ [A *al.*] (3 *b*)
I Ki. 13. 2. B τὸ κ. τοῦ λαοῦ ἐξαπέστειλεν (3 *b*)
II Ki. 10. 10. τὸ κ. τοῦ λαοῦ ἔδωκεν (3 *b*)
12. 28. συνάγαγε τὸ κ. τοῦ λαοῦ (3 *b*)
III Ki. 12. 23. καὶ τῷ κ. τοῦ λαοῦ (3 *b*)
21 (20). 30. ἔφυγον οἱ κ. εἰς Ἀφεκά (3 *a*)
— 30. ἑπτὰ χιλιάδας ἀνδρῶν τῶν κ. (3 *a*)
I Ch. 4. 43. ἐπάταξαν τοὺς κ. τοὺς καταλειφθέντας (5 *c*)
6. 61 (46). τοῖς υἱοῖς Κ. τοῖς κ. ἐκ τῶν πατριῶν (3 *a*)
— 70 (55). τοῖς υἱοῖς Κ. τοῖς κ. (3 *a*)
— 77 (62). τοῖς υἱοῖς Μ. τοῖς κ. (3 *a*)
7. 24. καὶ ἐν ἐκείνοις τοῖς κ. –
12. 38. καὶ ὁ κ. [S[1] οἱ κ.] Ἰσρ. ψυχὴ μία (5 *d*)
19. 11. τὸ κ. τοῦ λαοῦ ἔδωκεν ἐν χειρὶ Ἀβ. (3 *b*)
24. 20. τοῖς υἱοῖς Λ. τοῖς κ. (3 *a*)
II Ch. 9. 29. οἱ κ. λόγοι Σαλ. οἱ πρῶτοι καὶ οἱ ἔσχατοι (5 *b*)
24. 14. ἤνεγκαν . . . τὸ κ. τοῦ ἀργυρίου (5 *b*)
32. 32. B τὰ κ. [A R λοιπὰ] τῶν λόγων Ἐζ. (3 *b*)
34. 9. ἀπὸ παντὸς κ. ἐν Ἰσρ. (5 *c*)
36. 20. ἀπῴκισε τοὺς κ. εἰς Βαβυλῶνα (5 *c*)
II Es. 3. 8. καὶ οἱ κ. τῶν ἀδελφῶν (5 *b*)
4. 3. καὶ οἱ κ. τῶν ἀρχόντων τῶν πατριῶν (5 *b*)
— 9. καὶ οἱ κ. σύνδουλοι ἡμῶν (5 *b*)
— 10. καὶ οἱ κ. ἐθνῶν (5 *b*)
— 10. καὶ τὸ κ. πέραν τοῦ ποταμοῦ (5 *b*)
— 17. καὶ τοὺς κ. συνδούλους αὐτῶν (5 *b*)
— 17. καὶ τοὺς κ. πέραν τοῦ ποταμοῦ (5 *b*)
6. 16. καὶ οἱ κ. υἱῶν κατοικεσίας (5 *b*)
7. 18. ἐν καταλοίπῳ τοῦ ἀργυρίου (5 *b*)
— 20. καὶ κατάλοιπον [A τὸ κ.] χρείας οἴκου (5 *b*)
Ne. 2. 16. τοῖς κ. [S *om.* τ. κ.] τοῖς ποιοῦσι τὰ ἔργα (3 *b*)
4. 14 (8), 19 (13). καὶ πρὸς τοὺς κ. τοῦ λαοῦ (3 *b*)
6. 1. ASR καὶ τοῖς κ. τῶν ἐχθρῶν [B κ. ἐχθρῶν] ἡμῶν (3 *b*)
— 14. A S καὶ τοῖς [B *om.*] κ. τῶν προφητῶν [B S[1] ἱερέων] (3 *b*)
7. 72. S R ἔδωκαν οἱ κ. τοῦ λαοῦ (5 *c*)
10. 28 : 11. 1. καὶ οἱ κ. τοῦ λαοῦ (5 *b*)
Ps. 16 (17). 14. ἀφῆκαν τὰ κ. τοῖς νηπίοις αὐτῶν (3 *b*)
Am. 1. 8. καὶ ἀπολοῦνται οἱ κ. τῶν ἀλλοφύλων (5 *c*)
6. 10. καὶ ὑπολειφθήσονται οἱ κ. –
9. 1. τοὺς κ. αὐτῶν ἐν ῥομφαίᾳ ἀποκτενῶ (1 *b*)
— 12. ὅπως ἐκζητήσωσιν οἱ κ. τῶν ἀνθρώπων (5 *c*)
Mi. 2. 12. ἐκδεχόμενος ἐκδέξομαι τοὺς κ. (5 *c*)
3. 1, 9. ἀκούσατε δὴ ταῦτα . . . οἱ κ. οἴκου Ἰσ. †
7. 18. τοῖς κ. τῆς κληρονομίας αὐτοῦ (5 *c*)
Jl. 1. 4. τὰ κ. τῆς κάμπης κατέφαγεν ἡ ἀκρὶς καὶ τὰ κ. τῆς ἀκρ. κατέφ. ὁ βροῦχος καὶ τὰ κ. τοῦ βρ. κατέφ. ἡ ἐρυσίβη (3 *b ter*)
Ze. 2. 7. ἔσται τὸ σχοίνισμα . . . τοῖς κ. οἴκου Ἰ. (5 *c*)
— 9. οἱ κ. λαοῦ μου διαρπῶνται αὐτούς (5 *c*)
— 9. οἱ κ. ἔθνους μου κληρονομήσουσιν αὐτούς (3 *b*)
3. 12 (13). εὐλαβηθήσονται . . . οἱ κ. τοῦ Ἰ. (5 *c*)
Hg. 1. 12. ἤκουσε Ζ. . . . καὶ πάντες οἱ κ. τοῦ λαοῦ (5 *c*)
— 14. τὸ πνεῦμα τῶν κ. παντὸς τοῦ λαοῦ (5 *c*)
2. 3 (2). πρὸς πάντας τοὺς κ. τοῦ λαοῦ (5 *c*)
Za. 8. 6. ἐνώπιον τῶν κ. τοῦ λαοῦ τούτου (5 *c*)
Za. 8. 11. ἐγὼ ποιῶ τοῖς κ. τοῦ λαοῦ τούτου (5 *c*)
— 12. κατακληρονομήσω τοῖς κ. τοῦ λαοῦ μου (5 *c*)
11. 9. A R τὰ κ. [B S λοιπὰ] κατεσθιέτωσαν . . . τὰς σάρκας (5 *a*)
14. 2. οἱ δὲ κ. τοῦ λαοῦ μου οὐ μὴ ἐξολεθρευθῶσιν (3 *b*)
Is. 9. 1 (8. 23). οἱ λοιποὶ [S[2] κατάλ.] οἱ τὴν παραλίαν [S[2] *add.* κατοικοῦντες] (1 *a*)
15. 9. ἀρῶ . . . τὸ κατάλοιπον Ἀδαμα (5 *c*)
21. 17. τὸ κ. [S λοιπὸν] τῶν τοξευμάτων . . . ἔσται ὀλίγον (5 *b*)
46. 3. καὶ πᾶν τὸ κ. τοῦ Ἰσραήλ (5 *c*)
Je. 6. 9. καλαμᾶσθε ὡς ἄμπελον τὰ κ. τοῦ Ἰσρ. (5 *c*)
8. 3. καὶ πᾶσι τοῖς κ. τοῖς καταλειφθεῖσιν (5 *c*)
15. 9. τοὺς κ. αὐτῶν εἰς μάχαιραν δώσω (5 *c*)
23. 3. εἰσδέξομαι τοὺς κ. [A τὸ κ.] τοῦ λαοῦ μου (5 *c*)
24. 8. παραδώσω . . . τὸ κ. Ἱερουσαλήμ (5 *c*)
29 (47). 4. ἀφανιῶ . . . πάντας τοὺς κ. τῆς βοηθείας αὐτῶν ὅτι ἐξολεθρεύσει κύριος τοὺς [A τὰς] κ. τῶν νήσων (4, 5 *c*)
— 5. ἀπερρίφη Ἀσκ. καὶ οἱ κ. [A τὰ κ.] Ἐ. (5 *c*)
— 7. ἐνετείλατο αὐτῇ . . . ἐπὶ τὰς κ. ἐπεγερθῆναι †
32 (25). 37. παύσεται τὰ κ. τῆς εἰρήνης †
38 (31). 7. ἔσωσε κύριος τὸν λαὸν αὐτοῦ τὸ [S[1] *om.*] κ. τοῦ Ἰσρ. (5 *c*)
46 (39). 3. οἱ κ. ἡγεμόνες βασιλέως Βαβυλῶνος (5 *c*)
47 (40). 15. ἀπολοῦνται οἱ κ. Ἰούδα (5 *c*)
48 (41). 16. ἔλαβεν Ἰωάναν . . . πάντας τοὺς κ. τοῦ λαοῦ (5 *c*)
49 (42). 2. πρόσευξαι . . . περὶ τῶν κ. τούτων (5 *c*)
— 19. ἃ ἐλάλησε κύριος ἐφ' ὑμᾶς τοὺς κ. Ἰούδα (5 *c*)
50 (43). 5. ἔλαβεν Ἰ. . . . τοὺς κ. [A S λοι.] Ἰ. (5 *c*)
51 (44). 12. τοῦ ἀπολέσαι [S πολεμῆσαι] πάντας τοὺς κ. τοὺς ἐν Αἰγύπτῳ (5 *c*)
— 28. γνώσονται οἱ κ. Ἰούδα (5 *c*)
52. 16. τοὺς κ. [S λ.] τοῦ λαοῦ κατέλιπεν (2)
Ez. 5. 10. διασκορπιῶ πάντας τοὺς κ. σου (5 *c*)
9. 8. ἐξαλείφεις σὺ τοὺς κ. τοῦ Ἰσραήλ (5 *c*)
11. 13. εἰς συντέλειαν σὺ ποιεῖς τοὺς κ. τοῦ Ἰσρ. (5 *c*)
17. 21. τοὺς κ. εἰς πάντα ἄνεμον διασπερῶ (5 *a*)
23. 25. τοὺς κ. σου ἐν ῥομφαίᾳ καταβαλοῦσιν . . . τοὺς κ. σου πῦρ καταφάγεται [A *al.*] (1 *b*, 1 *b*)
25. 16. ἀπολῶ τοὺς κ. (5 *c*)
34. 18. τὰ κ. τῆς νομῆς ὑμῶν κατεπατεῖτε (3 *b*)
36. 3. εἰς κατάσχεσιν τοῖς καταλοίποις ἔθνεσι (5 *c*)
[**Aq.** Je. 42 (49). 15.]
[**Th.** Je. 42 (49). 15 : 44 (51). 12.]
[**Al.** Jo. 10. 20.]

καταλοχία. (1) יָחַשׂ hithp.
II Ch. 31. 18. A ἐν καταλοχίαις [B ἐγκαταλοχίσαι] ἐν πάσῃ ἐπιγονῇ (1)

καταλοχισμός. (1) יָחַשׂ hithp.
I Ch. 4. 33. καὶ ὁ κ. αὐτῶν (1)
5. 7. ἐν τοῖς κ. αὐτῶν κατὰ γενέσεις αὐτῶν (1)
— 17. πάντων ὁ κ. ἐν ἡμέραις Ἰ. (1)
9. 22. οὗτοι ἐν ταῖς αὐλαῖς αὐτῶν ὁ κ. αὐτῶν (1)
II Ch. 31. 17. οὗτος ὁ κ. τῶν ἱερέων (1)
I Es. 5. 39. ζητηθείσης τῆς γενικῆς γραφῆς ἐν τῷ κ.

καταλύειν. (1) נָדַד hithpo. (2) דּוּר (3) חָנָה (4) טָבַע hoph. (5) יָשַׁב *a.* qal. *b.* ni. (6) *a.* לִין, לוּן *b.* מָלוֹן (7) נָתַץ (8) סָתַר (9) עָבַר (10) פָּטַר (11) רָבַץ (12) שָׁבַת *a.* qal. *b.* hi. (13) שָׁכַב (14) שָׁכַן

Ge. 19. 2. ἐκκλίνατε . . . καὶ καταλύσατε (6 *a*)
— 2. ἐν τῇ πλατείᾳ καταλύσομεν (6 *a*)
24. 23. R τόπος ἡμῖν τοῦ [A *om.*] καταλῦσαι (6 *a*)
— 25. καὶ τόπος τοῦ [S[1] *om.*] καταλῦσαι (6 *a*)
26. 17. κατέλυσεν ἐν τῇ φάραγγι Γεράρων (3)
42. 27. οὗ κατέλυσαν (6 *b*)
43. 21. ἡνίκα ἤλθομεν εἰς τὸ καταλῦσαι (6 *b*)
Nu. 22. 8. καταλύσατε αὐτοῦ τὴν νύκτα (6 *a*)
25. 1. κατέλυσεν Ἰσραὴλ ἐν Σαττείν (5 *a*)
Jo. 2. 1. καὶ κατέλυσαν ἐκεῖ (13)
3. 1. καὶ κατέλυσαν ἐκεῖ (6 *a*)
Jd. 19. 9. A κατάλυσον [B αὐλίσθητι] ὧδε (6 *a*)
— 15. A τοῦ εἰσελθεῖν καταλῦσαι [B αὐλισθῆναι] ἐν Γ. (6 *a*)
Jd. 19. 15. A συνάγων αὐτοὺς εἰς τὸν οἶκον καταλῦσαι [B *al.*] (6 *a*)
— 20. A ἐν τῇ πλατείᾳ μὴ καταλύσῃς [B *al.*] (6 *a*)
20. 4. A καὶ ἡ γυνή μου καταλῦσαι [B *al.*] (6 *a*)
Ru. 4. 14. ὃς οὐ κατέλυσέ [A καταλῦσαι] σοι σήμερον τὸν ἀγχιστέα (12 *b*)
II Ki. 17. 8. οὐ μὴ καταλύσῃ τὸν λαόν (6 *a*)
III Ki. 19. 9. καὶ κατέλυσεν ἐκεῖ (6 *a*)
IV Ki. 25. 10. A τὸ τεῖχος . . . κύκλῳ κατέλυσαν [R *al.*] (7)
II Ch. 23. 8. οὐ κατέλυσεν Ἰωδαὲ τὰς ἐφημερίας (10)
II Es. 5. 12. A R τὸν οἶκον τοῦτον κατέλυσε [B *al.*] (8)
Ju. 14. 17. οὗ ἦν Ἰ. καταλύουσα
Ps. 8. 2. τοῦ καταλῦσαι ἐχθρὸν καὶ ἐκδικητήν (12 *b*)
88 (89). 44. κατέλυσας ἀπὸ καθαρισμοῦ αὐτόν (12 *b*)
Si. 14. 24. ὁ καταλύων σύνεγγυς τοῦ οἴκου αὐτῆς
— 25. καταλύσει ἐν καταλύματι ἀγαθῶν
— 27. ἐν τῇ δόξῃ αὐτῆς καταλύσει
27. 9. πετεινὰ πρὸς τὰ ὅμοια αὐτοῖς [A -ῶν] καταλύσει
36. 31 (28). οὕτως ἀνθρώπῳ . . . καταλύοντι οὗ ἐὰν ὀψίσῃ
43. 17. ὡς ἀκρὶς καταλύουσα ἡ κατάβασις αὐτῆς
— 20. ἐπὶ πᾶσαν συναγωγὴν ὕδατος καταλύσει
47. 12. δι' αὐτὸν κατέλυσεν [S -έπαυσεν] ἐν πλατυσμῷ
Ze. 2. 7. καταλύσουσιν ἀπὸ προσώπου υἱῶν Ἰ. (11)
Za. 5. 4. καταλύσει [S -ῃ] ἐν μέσῳ τοῦ οἴκου αὐ. (6 *a*)
Is. 38. 12. ὥσπερ ὁ σκηνὴν καταλύων †
Je. 5. 7. ἐν οἴκοις πορνῶν κατέλυον [A -οντο] (1)
7. 34. καταλύσω [S[2] -ων] . . . φωνὴν εὐφραινομένων (12 *b*)
16. 9. καταλύω . . . φωνὴν χαρᾶς (12 *b*)
28 (51). 43. οὐδὲ μὴ καταλύσει [S -σῃ] ἐν αὐτῇ υἱὸς ἀνθρώπου (9)
29 (49). 16. κατέλυσε τρυμαλιὰς πετρῶν (14)
30. 9 (49. 31). μόνοι καταλύουσι (14)
32 (25). 24. ἐπότισα . . . τοὺς καταλύοντας ἐν τῇ ἐρήμῳ (14)
44 (37). 13. A παρ' ᾧ κατέλυσε [BS -λυε] Σαρουία †
45 (38). 22. καταλύσουσιν ἐν ὀλισθήμασι πόδα σου (4)
La. 5. 15. κατέλυσε χαρὰ καρδίας ἡμῶν (12 *a*)
Ez. 16. 8. ἰδοὺ καιρός σου καὶ [A ὡς] καιρὸς καταλυόντων (2)
21. 30 (35). μὴ καταλύσῃς ἐν τῷ τόπῳ τούτῳ †
23. 17. εἰς κοίτην καταλυόντων (2)
26. 13. καταλύσει τὸ πλῆθος τῶν μουσικῶν σου (12 *b*)
— 17. πῶς κατελύθης ἐκ θαλάσσης (5 *b*)
II Ma. 2. 22. τοὺς μέλλοντας καταλύεσθαι νόμους
4. 11. τὰς μὲν νομίμας καταλύων πολιτείας
9. 4. A καταλῦσαι [R κατανύειν] τὴν πορείαν
IV Ma. 1. 6. οὐχ ὥστε αὐτὰ καταλῦσαι
— 11. τοῦ καταλυθῆναι τὴν κατὰ τοῦ ἔθνους τυραννίδα
4. 16. καταλύσας τὸν Ὀνίαν τῆς ἀρχιερωσύνης
— 20. S R καταλῦσαι [A *om.*] τὴν τοῦ ἱεροῦ κηδεμονίαν
— 24. S R καταλῦσαι . . . τὴν τοῦ ἔθνους εὐνομίαν [A εὔνοιαν]
— 24. τιμωρίας ἑώρα καταλυομένας
5. 33. ὥστε με . . . τὸν πάτριον καταλῦσαι νόμον
7. 9. τὴν ἁγιαστίαν . . . οὐ κατέλυσας
8. 15. τὴν τυραννίδα αὐτοῦ κατέλυσαν
11. 24. A R ἐξ μειράκια κατελύσαμέν [S καταλελύκ.] σου τὴν τυραννίδα
14. 8. τὸν τῶν βασάνων φόβον καταλύοντες
17. 2. καταλύσασα τὴν τοῦ τυράννου βίαν
— 9. τὴν Ἑβραίων πολιτείαν καταλῦσαι θέλοντος
[**Aq.** IV Ki. 23. 7.]
[**Sm.** Ps. 10 (11). 3.]
[**Th.** Jd. 19. 15, 20.]
[**Al.** Ez. 30. 4.]

κατάλυμα. (1) אֹהֶל (2) *a.* לִין *b.* מָלוֹן (3) לִשְׁכָּה (4) מִשְׁכָּן (5) נָוֶה (6) סֹךְ
Ex. 4. 24. ἐν τῷ κ. συνήντησεν αὐτῷ ἄγγελος (2 *b*)
15. 13. εἰς κατάλυμα ἅγιόν σου (5)
I Ki. 1. 18. εἰσῆλθεν εἰς τὸ κ. αὐτῆς [A *om.*] –
9. 22. εἰσήγαγεν αὐτοὺς εἰς τὸ κ. (3)
II Ki. 7. 6. ἤμην ἐμπεριπατῶν ἐν καταλύματι (1)
I Ch. 17. 5. A S ἤμην . . . ἐν καταλύματι [B καλύμματι] (4)
28. 12. καὶ τῶν ἀποθηκῶν τῶν ἁγίων καὶ τῶν κ. –

Si. 14. 25. καταλύσει ἐν καταλύματι ἀγαθῶν
Je. 14. 8. ὡς αὐτόχθων ἐκκλίνων εἰς κ. (2 *a*)
32 (25). 38. ἐγκατέλιπεν [A κατέλειπέν με] ὥσπερ λέων κ. αὐτοῦ (6)
40 (33). 12. ἐν πάσαις ταῖς πόλεσιν αὐτοῦ καταλύματα ποιμένων (5)
Ez. 23. 21. ἃ ἐποίεις ἐν Αἰγύπτῳ ἐν τῷ κ. σου †
I Ma. 3. 45. κατάλυμα τοῖς [A ἐν τοῖς] ἔθνεσι
[**Aq.** Je. 9. 2 (1).]
[**Th.** Is. 10. 29.]

κατάλυσις. (1) נָוֶה (2) שְׁרָא

Je. 29 (49). 20. ἐὰν μὴ ἀβατωθῇ ἐπ' αὐτοὺς [A -ῃ] κ. αὐτῶν (1)
Da. LXX. 2. 22. καὶ παρ' αὐτῷ κατάλυσις (2)
II Ma. 8. 17. τὴν τῆς προγονικῆς πολιτείας κ.
IV Ma. 11. 25. οὐ κατάλυσίς ἐστί σου

καταλύτης.

Wi. 5. 14. ὡς μνεία καταλύτου μονοημέρου παρώδευσε [S *al.*]

καταμανθάνειν. (1) יָבַב pi. (2) רָאָה (3) שָׁאָה hithpa. (4) שׁוּר

Ge. 24. 21. ὁ δὲ ἄνθρωπος κατεμάνθανεν αὐτήν (3)
34. 1. καταμαθεῖν τὰς θυγατέρας τῶν ἐγχωρίων (2)
Le. 14. 36. καταμαθεῖν τὴν οἰκίαν (2)
Jd. 5. 28. A κατεμάνθανεν ἡ μήτηρ Σισάρα [B *al.*] (1)
I Es. 8. 41. καὶ κατέμαθον αὐτούς
Jb. 35. 4 (5). κατάμαθε δὲ νέφη (4)
Si. 9. 5. παρθένον μὴ καταμάνθανε
— 8. μὴ καταμάνθανε κάλλος ἀλλότριον
38. 28. χαλκεὺς . . . καταμανθάνων ἀργῷ σιδηρῷ [A S *al.*]
[**Sm.** Ec. 4. 7: 7. 14 (13) (?): 8. 17: Ca. 6. 10 (11).]

καταμαρτυρεῖν. (1) אֲכַל קַרְצֵי (2) עוּד hi. (3) עָנָה

III Ki. 20 (21). 10. A R καὶ καταμαρτυρησάτωσαν αὐτοῦ (2)
— 13. καὶ κατεμαρτύρησαν αὐτοῦ [A *om.*] (2)
Jb. 15. 6. τὰ δὲ χείλη σου καταμαρτυρήσουσί [A -σει] σου (3)
Pr. 25. 18. ὁ καταμαρτυρῶν τοῦ [A κατὰ τοῦ] φίλου αὐτοῦ μαρτυρίαν ψευδῆ (3)
Da. LXX. 6. 24 (25). οἱ καταμαρτυρήσαντες τοῦ Δανιήλ (1)
Da. TH. Su. 21. εἰ δὲ μὴ καταμαρτυρήσομέν σου
— 42. ψευδῆ μου κατεμαρτύρησαν
— 49. ψευδῆ γὰρ οὗτοι κατεμαρτύρησαν αὐτῆς
[**Th.** III Ki. 21. 13.]

καταμεγαλύνεσθαι.

[**Aq.**, **Th.** Ps. 40 (41). 10.]
[**Sm.** Ps. 37 (38). 17: 40 (41). 10.]

καταμένειν. (1) דּוּן (2) יָאַל hi. (3) יָשַׁב

Ge. 6. 3. οὐ μὴ καταμείνῃ τὸ πνεῦμά μου (1)
Nu. 20. 1. κατέμεινεν ὁ λαὸς ἐν Κάδης (3)
22. 8. κατέμεινεν οἱ ἄρχοντες Μωάβ (3)
Jo. 2. 22. καὶ κατέμειναν ἐκεῖ (3)
7. 7. εἰ κατεμείναμεν καὶ κατῳκίσθημεν (2)
IV Ki. 12. 20 (21). A τὸν καταμένοντα Γαλαάδ [B R *al.*] †
Ju. 16. 20. καὶ Ἰ. μετ' αὐτῶν κατέμεινε
— 21. καὶ κατέμεινεν ἐπὶ τῆς ὑπάρξεως αὐτῆς
[**Sm.** Ps. 138 (139). 9.]

καταμερίζειν. (1) נָחַל *a.* pi. *b.* hi. *c.* hithp.

Le. 25. 46. καταμεριεῖτε αὐτοὺς τοῖς τέκνοις ὑμῶν (1 *c*)
Nu. 32. 18. ἕως ἂν καταμερισθῶσιν οἱ υἱοὶ Ἰσρ. (1 *c*)
34. 29. καταμερίσαι τοῖς υἱοῖς Ἰσρ. [A *al.*] (1 *a*)
De. 19. 3. ἣν καταμερίζει σοι κύριος ὁ θεός σου (1 *b*)
Jo. 13. 14. ὃν κατεμέρισε M. τοῖς υἱοῖς Ἰσρ. –
III Ma. 6. 31. A κλισίας κατεμερίσαντο πλήρεις χαρμονῆς [R *al.*]
[**Sm.** Ps. 67 (68). 15.]

καταμερισμός.

Jo. 13. 14. καὶ οὗτος ὁ κ. –

καταμεστοῦσθαι.

III Ma. 5. 46. τῆς πόλεως ἤδη . . . καταμεμεστωμένης

καταμετρεῖν. (1) אָוָה hithp. (2) חָלַק pu. (3) מוּר hi. (4) נָחַל pi. (5) נָפַל hi. (6) תָּאָה pi.

Nu. 34. 7. καταμετρήσετε ὑμῖν αὐτοῖς (6)
— 8. καταμετρήσετε [A -ηθήσεται] αὐτοῖς (6)
— 10. καταμετρήσετε ὑμῖν αὐτοῖς τὰ ὅρια (1)
— 29. A καταμετρῆσαι τοὺς υἱοὺς Ἰσρ. [B *al.*] (4)
Am. 7. 17. ἡ γῆ σου ἐν σχοινίῳ καταμετρηθήσεται (2)
Mi. 2. 4. μερὶς λαοῦ μου κατεμετρήθη ἐν σχοινίῳ (3)
Ez. 45. 1. ἐν τῷ καταμετρεῖσθαι ὑμᾶς τὴν γῆν (5)
48. 14. οὐδὲ καταμετρηθήσεται (3)
[**Aq.** Ps. 59 (60). 8.]
[**Sm.** Ez. 28. 14.]
[**Al.** Nu. 35. 5.]

καταμέτρησις.

[**Aq.** Jb. 28. 25.]

καταμηνιαῖος, **καταμήνιος.**

Es. 4. 17. ὡς ῥάκος καταμηνίων [S^1 -νιαίων]

καταμηνύειν.

IV Ma. 4. 4. A R κατεμήνυε [S -υσε] τὸν τῶν χρημάτων θησαυρόν

καταμιγνύναι. (1) **καταμεμιγμένος ἐν ἄνθεσι** מִגְבָּלוֹת

Ex. 28. 14. καταμεμιγμένα ἐν ἄνθεσιν (1)

καταμιμνήσκεσθαι.

IV Ma. 13. 12. ὁ δὲ καταμνησθεὶς [A *om.*] ἔλεγε

καταμόνας, *vid. sub* **κατά** *et* **μόνος.**

καταμωκᾶσθαι. (1) לָעַג hi. (2) עָלַל hithp.

II Ch. 30. 10. ἐγένοντο ὡς . . . καταμωκώμενοι (1)
Si. 13. 7. ἐπ' ἐσχάτῳ [S^2 -ων] καταμωκήσεταί σου
Je. 45 (38). 19. καταμωκήσονταί μου (2)
[**Aq.** Ge. 27. 12.]
[**Sm.** Ps. 72 (73). 8.]

καταναγκάζειν.

I Ma. 2. 15. A R οἱ καταναγκάζοντες τὴν ἀποστασίαν [S -σιν]

καταναλίσκειν. (1) אָכַל *a.* qal. *b.* ni. (2) כָּשַׁל (3) נָשַׁל (4) סוּף

Le. 6. 10 (3). ἣν ἂν καταναλώσῃ [A -σει] τὸ πῦρ (1 *a*)
De. 4. 24. κύριος . . . πῦρ καταναλίσκον [B^2 -ων] ἐστί (1 *a*)
7. 22. καταναλώσει κύριος ὁ θεός σου τὰ ἔθνη (3)
9. 3. R πῦρ καταναλίσκον [A B -ων] ἐστίν (1 *a*)
I Ch. 21. 26. κατανάλωσεν τὴν ὁλοκαύτωσιν –
Es. 8. 13. δόρατι καὶ πυρὶ καταναλωθήσεται
Wi. 16. 16. πυρὶ καταναλισκόμενοι
Si. 27. 29. ὀδύνη καταναλώσει αὐτούς
45. 19. καταναλῶσαι ἐν πυρὶ φλογὸς αὐτοῦ [A S -ούς]
Ze. 1. 18: 3. 8. καταναλωθήσεται πᾶσα ἡ γῆ (1 *b*)
Za. 9. 4. καὶ αὕτη ἐν πυρὶ καταναλωθήσεται (1 *b*)
— 15. καὶ καταναλώσουσιν [A -σωσιν] αὐτούς (1 *a*)
Is. 59. 14. κατηναλώθη [A -αναλωθῇ] ἐν ταῖς ὁδοῖς αὐτῶν ἡ ἀλήθεια (2)
66. 16. A καταναλωθήσεται [B S κριθ.] πᾶσα ἡ γῆ †
— 17. A ἐπὶ τὸ αὐτὸ καταναλωθήσονται [B S ἀναλ.] (4)
Je. 3. 24. ἡ αἰσχύνη κατηνάλωσε τοὺς μόχθους (1 *a*)
27 (50). 7. A B S^2 κατανάλισκον αὐτούς [S^1 R *al.*] (1 *a*)
Ep. Je. 10. χρυσίον καὶ ἀργύριον εἰς ἑαυτοὺς καταναλοῦσι [A -λώσουσιν]
Da. LXX. 11. 26. καταναλώσουσιν αὐτὸν μέριμναι αὐτοῦ (1 *a*)
[**Sm.** Ps. 68 (69). 10.]
[**Al.** Le. 26. 38.]

κατανέμεσθαι. (1) רָעָה

Ps. 79 (80). 13. A S^2 μονιὸς [B S^1 ὄνος] ἄγριος κατενεμήσατο αὐτήν (1)
[**Sm.** Ps. 79 (80). 14.]

κατανιστάναι. (1) נָשָׂא hithp.

Nu. 16. 3. διὰ τί κατανίστασθε ἐπὶ τὴν συναγωγὴν κυρίου (1)

κατανοεῖν. (1) בִּין *a.* hi. *b.* hithpal. (2) חָזָה הָוָה (3) נָבַט hi. (4) צָפָה (5) רָאָה (6) שׂוּם עַל־לֵב (7) שָׂכַל hi. (8) שָׁמֵם hithpo.

Ge. 3. 6. ὡραῖόν ἐστι τοῦ κατανοῆσαι (7)
42. 9. κατανοῆσαι τὰ ἴχνη τῆς χώρας (5)
Ex. 2. 11. κατανοήσας δὲ τὸν πόνον αὐτῶν (5)
19. 21. μή ποτε ἐγγίσωσι . . . κατανοῆσαι (5)
33. 8. κατενοοῦσαν [A -νόουν] ἀπιόντος M. (3)
— 10. A κατενόουν ἀπιόντος M. –
Nu. 32. 8. κατανοῆσαι τὴν γῆν (5)
— 9. καὶ κατενόησαν τὴν γῆν (5)
III Ki. 3. 21. κατενόησα αὐτὸν πρωΐ (1 *b*)
Ju. 8. 14. πῶς . . . τὸν λογισμὸν αὐτοῦ κατανοήσετε [A^2 -σατε]
10. 14. κατενόησαν τὸ πρόσωπον αὐτῆς
Jb. 23. 15. κατανοήσω καὶ πτοηθήσομαι ἐξ αὐτοῦ (1 *b*)
30. 20. ἔστησαν δὲ καὶ κατενόησάν με [A μοι] (1 *b*)
Ps. 9. 35 (10. 14). σὺ πόνον [A κόπον] . . . κατανοεῖς [B^1 -ήσεις] (3)
21 (22). 17. αὐτοὶ δὲ κατενόησαν (3)
36 (37). 32. A S R κατανοεῖ [B -ήσει] ὁ ἁμαρτωλὸς τὸν δίκαιον (4)
90 (91). 8. τοῖς ὀφθαλμοῖς σου κατανοήσεις (3)
93 (94). 9. οὐχὶ κατανοεῖ (3)
118 (119). 15. κατανοήσω [S^1 ἐκζητήσω] τὰς ὁδούς σου (3)
— 18. κατανοήσω τὰ θαυμάσιά σου (3)
141 (142). 4. κατενόουν εἰς τὰ δεξιά (3)
Si. 23. 19. κατανοοῦντες εἰς [A *om.*] ἀπόκρυφα μέρη
30. 26 (33. 17). κατανοήσατε ὅτι οὐκ ἐμοὶ μόνῳ ἐκοπίασα
Hb. 3. 2. κατενόησα τὰ ἔργα σου –
Is. 5. 12. τὰ ἔργα τῶν χειρῶν αὐτοῦ οὐ κατανοοῦσι [S^1 -νοήσ.] (5)
57. 1. S^1 οὐδεὶς κατανοεῖ [A B S^2 *al.*] (6)
— 1. οὐδεὶς κατανοεῖ [S *al.*] (1 *a*)
59. 16. κατενόησε καὶ οὐκ ἦν ὁ ἀντιλημψόμενος (8)
Da. LXX. 7. 21. κατενόουν τὸ κέρας ἐκεῖνο (2)
II Ma. 9. 25. κατανοῶν τοὺς παρακειμένους δυνάστας
[**Aq.** Jb. 23. 15: 37. 14: 38. 18: Ps. 118 (119). 100.]
[**Th.** Jb. 23. 15: 30. 20.]
[**Al.** Hb. 3. 6, 7.]
[**Quint.** Ps. 118 (119). 100.]

κατανόησις.

Si. 41. 21. ἀπὸ κατανοήσεως γυναικὸς ὑπάνδρου

κατανοιγνύναι.

Ps. 4. 4. A ἐπὶ ταῖς κοίταις ὑμῶν κατανοίγητε [B S -νύγητε] †

καταντᾶν. (1) חוּל

II Ki. 3. 29. καταντησάτωσαν ἐπὶ κεφαλὴν Ἰ. (1)
II Ma. 4. 21. κατήντησεν εἰς Ἱεροσόλυμα
— 24. εἰς ἑαυτὸν κατήντησε τὴν ἀρχιερωσύνην
— 44. καταντήσαντος δὲ τοῦ βασ. εἰς Τύρον
6. 14. μέχρι τοῦ καταντήσαντος αὐτοὺς . . . κολάσαι
[**Aq.** Ps. 31 (32). 6: 87 (88). 4: Ez. 7. 12.]
[**Sm.** Jb. 29. 13: Ec. 1. 6: Is. 53. 6.]

κατάντημα. (1) תְּקוּפָה

Ps. 18 (19). 6. τὸ κ. αὐτοῦ ἕως ἄκρου τοῦ οὐρ. (1)

καταντλεῖν.

IV Ma. 7. 2. καταντλούμενος ταῖς τῶν βασάνων τρικυμίαις

κατανύειν.

II Ma. 9. 4. R κατανύειν [A καταλύειν] τὴν πορείαν

κατάνυξις. (1) תַּרְדֵּמָה (2) תַּרְעֵלָה

Ps. 59 (60). 3. ἐπότισας ἡμᾶς οἶνον κατανύξεως (2)
Is. 29. 10. πεπότικεν ὑμᾶς κύριος πνεύματι [S -μα] κατανύξεως (1)

κατανύσσεσθαι. (1) אָלַם ni. (2) *a.* דָּמַם *b.* דּוּמָם (3) כָּאָה ni. (4) כָּנַע ni. (5) עָצַב hithp. (6) רָדַם ni.

Ge. 27. 38. R κατανυχθέντος δὲ Ἰσαάκ –
34. 7. A κατενύχθησαν [R -ύγησαν] οἱ ἄνδρες (5)
Le. 10. 3. καὶ κατενύχθη Ἀ. (2 *a*)

III Ki. 20 (21). 27. ὡς [A οὗ] κατενύγη Ἀχ. –
— 29. ὡς κατενύγη Ἀχ. ἀπὸ προσώπου μου (4)
Ps. 4. 4. ἐπὶ ταῖς κοίταις ὑμῶν κατανύγητε [A -νοίγητε] (2 *a*)
29 (30). 12. καὶ οὐ μὴ κατανυγῶ (2 *a*)
34 (35). 15. διεσχίσθησαν καὶ οὐ κατενύγησαν (2 *a*)
108 (109). 16. κατεδίωξεν ἄνθρωπον . . . κατανενυγμένον τῇ καρδίᾳ (3)
Si. 12. 12. μή ποτε . . . ἐπὶ τῶν ῥημάτων μου κατανυγήσῃ
14. 1. οὐ κατενύγη ἐν λύπῃ ἁμαρτίας [A S -ιῶν]
20. 21. ἐν τῇ ἀναπαύσει αὐτοῦ οὐ κατανυγήσεται
47. 20. κατενύγην ἐπὶ τῇ ἀφροσύνῃ σου
Is. 6. 5. ὦ τάλας ἐγώ, ὅτι κατανένυγμαι †
47. 5. κάθισον κατανενυγμένη (2 *b*)
Da. LXX. Su. 10. ἀμφότεροι ἦσαν κατανενυγμένοι περὶ αὐτῆς
Da. TH. Su. 10. ἦσαν ἀμφότεροι κατανενυγμένοι περὶ αὐτῆς
10. 9. ἤμην κατανενυγμένος (6)
— 15. A B² R καὶ κατενύγην (1)
[**Th.** Pr. 17. 22 : Is. 28. 1 : Da. 10. 9.]

καταινωτίζεσθαι.

Ju. 5. 4. διὰ τί κατενωτίσαντο

καταξαίνειν. (1) דּוּשׁ

Jd. 8. 7. A καταξανῶ [B ἀλοήσω] τὰς σάρκας ὑμῶν (1)
— 16. A καὶ κατέξανεν αὐτούς –
— 16. A κατέξανεν [B ἠλόησεν] . . . τοὺς ἄνδρας †
[**Th.** Jd. 8. 7.]

καταξηραίνειν. (1) יָבֵשׁ hi.

Jo. 2. 10. κατεξήρανε κ. . . . τὴν ἐρυθρὰν θάλ. (1)
Ju. 5. 13. κατεξήρανεν ὁ θ. τὴν ἐρυθρὰν θάλ.
Ho. 13. 15. καταξηρανεῖ τὴν γῆν αὐτοῦ †

κατάξηρος. (1) יָבֵשׁ

Nu. 11. 6. ἡ ψυχὴ ἡμῶν κ. (1)
[**Th.** Is. 29. 8.]

κατάξιος.

Es. 8. 13. τὴν κ. τοῦ . . . θεοῦ . . . ἀποδόντος αὐτῷ κρίσιν

καταξιοῦν.

II Ma. 13. 12. καὶ καταξιωσάντων τὸν ἐλεήμονα κύριον
III Ma. 3. 21. πολιτείας αὐτοὺς Ἀλεξανδρέων καταξιῶσαι
4. 11. μηδὲ τὸ σύνολον καταξιῶσαι περιβόλων
IV Ma. 18. 3. θείας μερίδος κατηξιώθησαν

καταξύειν.

Ep. Je. 8. γλῶσσα γὰρ αὐτῶν ἐστι [A *om.*] κατεξυσμένη ὑπὸ τέκτονος

καταπαιδεύειν.

[**Sm.** La. 1. 13.]

καταπαίζειν. (1) קָלַס hithp. (2) תָּלַל hi.

IV Ki. 2. 23. R κατέπαιζον [B² -έκραξαν, B³ -έκραζον, A καταπαίζειν] αὐτοῦ (1)
Je. 2. 16. καὶ κατέπαιζόν [A -αιξάν] σου †
9. 5 (4). ἕκαστος κατὰ [S *om.*] τοῦ φίλου αὐτοῦ καταπαίζεται [A -φεύξ.] (2)
[**Sm.** Ge. 27. 12.]

καταπαλαίειν.

IV Ma. 3. 18. τὰς τῶν σωμάτων ἀλγηδόνας . . . καταπαλαῖσαι

καταπανουργεύεσθαι. (1) עָרַם hi.

Ps. 82 (83). 3. κατεπανουργεύσαντο γνώμην (1)

καταπάσσειν. (1) זָרַק (2) פָּלַשׁ hithp.

Es. 4. 1. καὶ κατεπάσατο σποδόν –
Jb. 1. 20. A κατεπάσατο γῆν ἐπὶ τῆς κεφ. αὐ. –
2. 12. καταπασάμενοι γῆν (1)
Mi. 1. 10. γῆν καταπάσασθε (2)
Je. 6. 26. κατάπασαι ἐν σποδῷ [A S σποδόν] (2)
II Ma. 10. 25. γῇ τὰς κεφαλὰς καταπάσαντες
14. 15. καταπασάμενοι γῆν ἐλιτάνευσαν
[**Sm.** III Ki. 20. 38.]

καταπατάκτης (?).

[**Aq.** Je. 29 (36). 26.]

καταπατεῖν. (1) בּוּס *a.* qal. *b.* pil. *c.* מְבוּסָה (2) דּוּשׁ *a.* qal. *b.* ni. (3) דָּלַח (4) דָּקַק hoph. (5) דָּרַךְ *a.* qal. *b.* hi. (6) הָלַם (7) *a.* עָמַס *b.* מַעֲמָסָה (8) עָסַס (9) צָרַר (10) רָמַס *a.* qal. *b.* ni. *c.* מִרְמָס (11) *a.* רָפַשׂ, רָפַס *b.* רִפַּס (12) רָצַץ (13) שָׁאַף (14) שׁוּף (15) שָׁסָה (16) שָׁסַס

Jo. 19. 47. A καὶ κατεπάτησαν [B κατῴκησαν] αὐτήν †
Jd. 5. 21. καταπατήσει αὐτὸν ψυχή μου δυνατή (5 *a*)
9. 27. A καὶ κατεπάτουν [B ἐπάτησαν] (5 *a*)
I Ki. 14. 48. ἐκ χειρὸς τῶν καταπατούντων αὐτόν (15)
17. 53. κατεπάτουν τὰς παρεμβολὰς αὐτῶν (16)
23. 1. καταπατοῦσι [A *om.*] τοὺς ἅλω (15)
II Ch. 25. 18. καὶ κατεπάτησαν τὸν ἀχούχ (10 *a*)
Jb. 28. 8. S οὐ κατεπάτησαν [A B οὐκ ἐπάτ.] αὐτὸν [A S -ὴν] υἱοὶ ἀλαζόνων (5 *b*)
39. 15. θηρία ἀγροῦ καταπατήσει (2 *a*)
Ps. 7. 5. καταπατήσαι εἰς γῆν τὴν ζωήν μου (10 *a*)
55 (56). 1. κατεπάτησέ με ἄνθρωπος (13)
— 2. κατεπάτησάν με οἱ ἐχθροί μου (13)
56 (57). 3. ἔδωκεν εἰς ὄνειδος τοὺς καταπατοῦντάς με (13)
90 (91). 13. καταπατήσεις λέοντα καὶ δράκοντα (10 *a*)
138 (139). 11. ἄρα σκότος καταπατήσει με (14)
Ho. 5. 11. κατεπάτησε τὸ κρίμα (12)
Am. 4. 1. δαμάλεις . . . αἱ . . . καταπατοῦσαι πένητας (12)
5. 12. A R καταπατοῦντες [B -οῦσαι] δίκαιον (9)
Za. 12. 3. λίθον καταπατούμενον πᾶσι τοῖς ἔθνεσι (7 *b*)
— 3. πᾶς ὁ καταπατῶν αὐτὴν ἐμπαίζων ἐμπαίξεται (7 *a*)
Ma. 4. 3 (3. 21). καταπατήσετε [A -σατε] ἀνόμους (8)
Is. 10. 6. κ. τὰς πόλεις (10 *c*)
16. 4. ἀπώλετο ὁ καταπατῶν ἀπὸ [A S ἐπὶ] τῆς γῆς (10 *a*)
— 8. A² R καταπατήσατε [B S -σετε, A¹ -σονται] τὰς ἀμπέλους αὐτῆς ἕως Ἰαζήρ (6)
— 9. ἐπὶ τῷ τρυγητῷ σου καταπατήσω †
18. 2. ἔθνος ἀνέλπιστον καὶ καταπεπατημένον (1 *c*)
— 7. ἔθνος ἐλπίζον [S ἀνέλπιστον] καὶ καταπεπατημένον (1 *c*)
25. 10. καταπατηθήσεται ἡ Μωαβῖτις (2 *b*)
28. 3. τοῖς ποσὶ καταπατηθήσεται ὁ στέφανος (10 *b*)
— 28. οὐδὲ φωνὴ τῆς πικρίας μου καταπατήσει ὑμᾶς (4)
41. 25. ὡς κεραμεὺς καταπατῶν τὸν πηλὸν οὕτω καταπατηθήσεσθε [S¹ -σεται] (10 *a*, –)
63. 3. πλήρης [S -ρους] καταπεπατημένης (5 *a*)
— 3. κατεπάτησα αὐτοὺς ἐν θυμῷ μου [A S *om.*] (5 *a*)
— 6. κατεπάτησα αὐτοὺς τῇ ὀργῇ μου (1 *a*)
— 18. A οἱ ὑπεναντίοι ἡμῶν κατεπάτησαν τὸ ἁγίασμά μου (1 *b*)
Ez. 26. 11. καταπατήσουσί σου πάσας τὰς πλατείας (10 *a*)
32. 2. κατεπάτεις τοὺς ποταμούς σου (11 *a*)
— 13. ἴχνος κτηνῶν οὐ μὴ καταπατήσῃ αὐτό (3)
34. 18. τὰ κατάλοιπα τῆς νομῆς ὑμῶν κατεπατεῖτε (11 *a*)
Da. LXX. 7. 7. κύκλῳ τοῖς ποσὶ καταπατοῦν (11 *b*)
— 19. καὶ καταπατοῦντος [*cod.* -ες] τοῖς ποσί (11 *b*)
8. 10. ἀπὸ αὐτῶν κατεπατήθη (10 *a*)
I Ma. 3. 45. καὶ τὸ ἁγίασμα καταπατούμενον
— 51. A R τὰ ἅγιά σου καταπεπάτηται [S -ηνται]
4. 60. A R μή ποτε . . . καταπατήσωσιν [S -σουσιν] αὐτά
II Ma. 8. 2. R τὸν ὑπὸ πάντων καταπατούμενον [A -πονούμ.] λαόν
III Ma. 2. 18. ἡμεῖς κατεπατήσαμεν τὸν οἶκον τοῦ ἁγιασμοῦ ὡς καταπατοῦνται οἱ οἶκοι τῶν προσοχθισμάτων
6. 21. καὶ κατεπάτουν αὐτάς
[**Aq.**, **Sm.** Je. 12. 10.]
[**Al.** Is. 16. 9 : 63. 18.]

καταπάτημα. (1) בָּלַע pi. (2) לָעַג (3) מְבוּסָה (4) מִרְמָס (5) εἶναι εἰς κ. בּוּס

Mi. 7. 10. ἔσται εἰς καταπάτημα (4)
Is. 5. 5. ἔσται εἰς κ. [A διαρπαγήν] (4)
Is. 7. 25. εἰς βόσκημα προβάτου καὶ κ. βοός (4)
14. 25. ἔσονται εἰς κ. (5)
22. 5. A S R ἡμέρα ταραχῆς [S¹ -χους] καὶ ἀπωλείας καὶ καταπατήματος [B -μα] (3)
— 18. A S R θήσει . . . τὸν οἶκον τοῦ ἄρχοντός σου εἰς κ. [B *om.* εἰς κ.] –
28. 18. ἔσεσθε αὐτῇ εἰς κ. (4)
La. 2. 8. A R οὐκ ἀπέστρεψε [B S ἐπ.] χεῖρα αὐτοῦ ἀπὸ καταπατήματος (1)
Ez. 36. 4. εἰς κ. τοῖς καταλειφθεῖσιν ἔθνεσι περικύκλῳ (2)
Da. LXX. 8. 13. τὰ ἅγια ἐρημωθήσεται εἰς καταπάτημα (4)
[**Aq.**, **Sm.**, **Th.** Is. 57. 20.]

καταπάτησις. (1) דּוּשׁ

IV Ki. 13. 7. ὡς χοῦν εἰς καταπάτησιν (1)

καταπαύειν. (1) אָסַף (2) חָיָה (3) יָשַׁב (4) כָּלָה pi. (5) לִין? (6) נָהַל pi. (7) נוּחַ *a.* qal. *b.* hi. (8) רָגַע (9) רָפָה pi. (10) שָׂרַף (11) שָׁבַת *a.* qal. *b.* hi. (12) שׁוּב *a.* qal. *b.* hi. *c.* תְּשׁוּבָה (13) שְׁכָבָה (14) שָׁכֵן (15) שָׁקַט (16) נָפַשׁ ni.

Ge. 2. 2. κατέπαυσε . . . ἀπὸ πάντων τῶν ἔργων αὐτοῦ (11 *a*)
— 3. κατέπαυσεν ἀπὸ πάντων τῶν ἔργων αὐτοῦ (11 *a*)
8. 22. ἡμέραν καὶ νύκτα οὐ καταπαύσουσι (11 *a*)
49. 33. κατέπαυσεν Ἰ. ἐπιτάσσων τοῖς υἱοῖς αὐτοῦ (4)
Ex. 5. 5. μὴ οὖν καταπαύσωμεν αὐτοὺς ἀπὸ τῶν ἔργων (11 *b*)
10. 14. κατέπαυσεν ἐπὶ πάντα τὰ ὅρια Αἰγ. (7 *a*)
16. 13. καταπαυομένης τῆς δρόσου (13)
20. 11. κατέπαυσε τῇ ἡμέρᾳ τῇ ἑβδόμῃ (7 *a*)
31. 17. κατέπαυσε καὶ ἐπαύσατο [A ἐπ. κ. κ.] (11 *a* [16])
— 18. ἡνίκα κατέπαυσε λαλῶν (4)
33. 14. καταπαύσω σε (7 *b*)
34. 21. τῇ δὲ ἑβδόμῃ [A ἡμέρᾳ τῇ ἑ.] καταπαύσεις (11 *a*)
— 21. A τῷ ἀμητῷ καταπαύσεις [B -σις] (11 *a*)
— 33. ἐπειδὴ κατέπαυσε λαλῶν (4)
35. 2. A τῇ δὲ ἡμέρᾳ τῇ ἑβδόμῃ καταπαύσεις [B -σις] –
Nu. 25. 11. κατέπαυσε τὸν θυμόν μου (12 *b*)
De. 3. 20. ἕως ἂν καταπαύσῃ . . . τοὺς ἀδ. ὑμῶν (7 *b*)
5. 33 (30). ὅπως καταπαύσῃ σε (2?)
12. 10. καὶ καταπαύσει ὑμᾶς (7 *b*)
25. 19. ἡνίκα ἐὰν καταπαύσῃ σε κύριος (7 *b*)
32. 26. A καταπαύσω δὴ [B π. δὲ] . . . τὸ μνημόσυνον αὐτῶν (11 *b*)
33. 12. ἀνὰ μέσον τῶν ὤμων αὐτοῦ κατέπαυσε (14)
Jo. 1. 13. κύριος ὁ θεὸς ὑμῶν κατέπαυσεν ὑμᾶς (7 *b*)
— 15. ἕως ἂν καταπαύσῃ κύριος (7 *b*)
3. 13. ὡς ἂν καταπαύσωσιν οἱ πόδες τῶν ἱερέων (7 *a*)
10. 20. ὡς κατέπαυσεν Ἰησοῦς . . . κόπτοντες (4)
11. 23. ἡ γῆ κατέπαυσε πολεμουμένη (15)
21. 42. κατέπαυσεν αὐτοὺς [A -οῖς] κύριος (7 *a*)
22. 4. κατέπαυσε κύριος . . . τοὺς ἀδ. ἡμῶν (7 *b*)
23. 1. μετὰ τὸ καταπαῦσαι κύριον τὸν [A τὸν θεὸν] Ἰσρ. (7 *b*)
Jd. 8. 3. A καὶ κατέπαυσαν –
18. 2. A καὶ κατέπαυσαν ἐκεῖ [B *al.*] (5)
20. 43. A καταπαῦσαι αὐτὸν κατάπαυσιν [B *al.*] †
— 43. A καὶ κατέπαυσεν αὐτόν [B *al.*] †
Ru. 2. 7. οὐ κατέπαυσεν ἐν τῷ ἀγρῷ μικρόν (3)
II Ki. 21. 10. οὐκ ἔδωκε τὰ πετεινὰ . . . καταπαῦσαι (7 *a*)
III Ki. 12. 24. κατέπαυσαν τοῦ πορευθῆναι (12 *a*)
I Ch. 23. 25. κατέπαυσε κ. ὁ θεὸς Ἰσρ. τῷ λαῷ αὐ. (7 *b*)
II Ch. 14. 6 (5). κατέπαυσεν αὐτῷ κύριος (7 *b*)
— 7 (6). κατέπαυσεν ἡμᾶς κυκλόθεν (7 *a*)
15. 15. κατέπαυσε κύριος αὐτοῖς κυκλόθεν (7 *a*)
16. 5. κατέπαυσε τὸ ἔργον αὐτοῦ (11 *b*)
20. 30. κατέπαυσεν αὐτῷ ὁ θεὸς αὐτοῦ (7 *a*)
32. 22. καὶ κατέπαυσεν αὐτοὺς κυκλόθεν (6)
II Es. 9. 13. S² κατέπαυσας τὸ σκῆπτρον ἡμῶν †
Ne. 4. 11 (5). καὶ καταπαύσωμεν τὸ ἔργον (11 *b*)
6. 3. μή ποτε καταπαύσῃ τὸ ἔργον (11 *a*)

Ju. 6. 1. ὡς κατέπαυσεν ὁ θόρυβος
Jb. 21. 34. τὸ δὲ ἐμὲ καταπαύσασθαι ἀφ' ὑμῶν οὐδέν [A S *al.*] (12 c)
26. 12. ἰσχύϊ κατέπαυσε τὴν θάλασσαν (8)
Ps. 54 (55). 6. πετασθήσομαι καὶ καταπαύσω (14)
73 (74). 8. καταπαύσωμεν τὰς ἑορτὰς κυρίου (10)
84 (85). 3. κατέπαυσας πᾶσαν τὴν ὀργήν σου (1)
Ec. 10. 4. ἴαμα καταπαύσει ἁμαρτίας μεγάλας (7 b)
Wi. 10. 19. S[1] τοὺς δὲ ἐχθροὺς αὐτῶν κατέπαυσεν [A κατέκλυσαν, B S[2] κατέκλυσε]
Si. 5. 6. ἐπὶ ἁμαρτωλοὺς καταπαύσει [S[1] -σεται] ὁ θυμὸς αὐτοῦ
10. 17. κατέπαυσεν . . . τὸ μνημόσυνον αὐ.
24. 8. ὁ κτίσας με κατέπαυσε τὴν σκηνήν μου
— 11. ἐν πόλει ἠγαπημένῃ ὁμοίως με [S *om.*] κατέπαυσε
38. 23. ἐν ἀναπαύσει νεκροῦ κατάπαυσον τὸ μνημόσυνον αὐτοῦ
43. 5. S[2] ἐν λόγοις αὐτοῦ κατέπαυσεν [A B S[1] -έσπευσε] πορείαν
— 13. S προστάγματι αὐτοῦ κατέπαυσεν [A B -έσπευσε] χιόνα
44. 23. κατέπαυσεν ἐπὶ κεφαλὴν Ἰακώβ
45. 3. ἐν λόγοις αὐτοῦ σημεῖα κατέπαυσεν
47. 12. S δι' αὐτὸν κατέπαυσεν [A B -έλυσεν] ἐν πλατυσμῷ
— 13. ᾧ ὁ [S[1] ὡς] θεὸς κατέπαυσε κυκλόθεν
Ho. 1. 4. καὶ καταπαύσω βασιλείαν οἴκου Ἰ. (11 b)
11. 6. καὶ κατέπαυσεν ἐν ταῖς χερσὶν αὐτοῦ (4)
La. 3. 11. κατέπαυσέ με [A *om.*] †
5. 14. πρεσβῦται ἀπὸ πύλης κατέπαυσαν ἐκλεκτοὶ ἐκ ψαλμῶν αὐτῶν κατέπαυσαν (11 a, –)
Ez. 1. 24. κατέπαυον αἱ πτέρυγες αὐτῶν (9)
30. 13. A καταπαύσω [B *om.*] μεγιστᾶνας ἀπὸ Μέμφεως (11 b)
Da. TH. 9. 27. A B[2] καταπαύσει θυσιαστήριον (11 b)
11. 18. R καταπαύσει [A B -καύσει] ἄρχοντας ὀνειδισμοῦ αὐτῶν (11 b)
I Ma. 9. 73. κατέπαυσε ῥομφαία ἐξ Ἰσρ.
II Ma. 15. 37. R καταπαύσω τὸν λόγον [A *al.*]

[**Aq.** JE. 31 (38). 36 : 48 (31). 33 : EZ. 5. 13 : 7. 24 : 23. 27.]
[**Sm.** EZ. 5. 13 : 23. 27.]
[**Th.** EZ. 5. 13 : 6. 6 : 23. 27.]
[**Al.** LE. 26. 6 : DA. 9. 27 : HB. 3. 19.]

κατάπαυμα.

Si. 36. 18 (15). οἰκτείρησον . . . πόλιν [A S τόπον] καταπαύματός σου

κατάπαυσις. (1) אֲחֻזָּה (2) *a.* נוּחַ *b.* נוֹחַ *c.* מָנוֹחַ *d.* מְנוּחָה (3) שַׁבָּת

Ex. 34. 21. A R τῇ δὲ ἑβδόμῃ [A ἡμέρᾳ τῇ ἑ.] καταπαύσεις [B -σις] (3)
— 21. τῷ ἀμητῷ κατάπαυσις [A -σεις] (3)
35. 2. τῇ δὲ ἡμέρᾳ τῇ ἑβδόμῃ κατάπαυσις [A -σεις] –
Le. 25. 28. A B[1] ἀπελεύσεται εἰς τὴν κ. [B[2] R κατάσχεσιν] αὐτοῦ (1)
Nu. 10. 36. ἐν τῇ κ. εἶπεν (2 a)
De. 12. 9. οὐ γὰρ ἥκατε . . . εἰς τὴν κ. (2 d)
Jd. 20. 43. A καταπαῦσαι αὐτὸν κατάπαυσιν [B *al.*] (2 d)
III Ki. 8. 56. ὃς ἔδωκε κατάπαυσιν τῷ λαῷ αὐτοῦ Ἰσρ. (2 d)
I Ch. 6. 31 (16). ἐν τῇ κ. τῆς κιβωτοῦ (2 c)
II Ch. 6. 41. ἀνάστηθι . . . εἰς τὴν κ. σου (2 b)
Ju. 9. 8. τὸ σκήνωμα τῆς κ. τοῦ ὀνόμ. τῆς δόξης σου
Ps. 94 (95). 11. εἰ [A[1] *om.*, A[2] S ἢ] εἰσελεύσονται εἰς τὴν κ. μου (2 d)
131 (132). 14. αὕτη ἡ κ. μου εἰς αἰῶνα αἰῶνος (2 d)
Is. 66. 1. ποῖος τόπος τῆς κ. μου (2 d)
II Ma. 15. 1. τῇ τῆς κ. ἡμέρᾳ

[**Sm.** IS. 57. 6.]
[**Th.** ZA. 4. 7 *bis*.]
[**Al.** LE. 14. 10.]

καταπείθειν. (1) בָּטַח

II Ki. 17. 16. μή ποτε καταπείσῃ [A -πίῃ] τὸν βασ. †
Ez. 16. 15. κατεπεποίθεις ἐν [A ἐπὶ] τῷ κάλλει σου (1)

καταπειράζειν.

II Ma. 13. 18. κατεπείρασε διὰ μεθόδων τοὺς τόπους

καταπείρεσθαι.

III Ma. 5. 26. A οὔπω δὲ ἡλίου βολαὶ κατεπείροντο [R κατεσπ.]

καταπελματοῦσθαι. (1) טָלָא pu.

Jo. 9. 5. τὰ σανδάλια . . . καταπεπελματωμένα (1)

καταπέλτης.

IV Ma. 8. 13. καὶ καταπέλτας καὶ λέβητας
9. 26. καταπέλτῃ προσέδησαν αὐτόν
11. 9. εἷλκον ἐπὶ τὸν κ.
— 26. καὶ ἄπονοι οἱ κ.
18. 20. ἀγαγὼν ἐπὶ τὸν κ.

καταπενθεῖν. (1) אָבַל hithpa.

Ex. 33. 4. κατεπένθησεν [A -αν] ἐν πενθικοῖς (1)

καταπεταννύναι. (1) נָדַד

Pr. 27. 8. ὥσπερ ὅταν ὄρνεον καταπετασθῇ (1)

καταπέτασμα. (1) מָסָךְ (2) פָּרֹכֶת

Ex. 26. 31. ποιήσεις καταπέτασμα ἐξ ὑακίνθου (2)
— 33. θήσεις τὸ κ. ἐπὶ τῶν στύλων [A B[2] τοὺς στ.] (2)
— 33. εἰσοίσεις ἐκεῖ ἐσώτερον τοῦ κ. (2)
— 33. διοριεῖ [B[1] -εῖς] τὸ κ. (2)
— 34. κατακαλύψεις τῷ κ. (2)
— 35. B[2] R ἐπιθήσεις [A B[1] θή.] . . . ἔξωθεν τοῦ κ. (2)
— 37. ποιήσεις τῷ κ. πέντε στύλους (1)
27. 21. ἔξωθεν τοῦ κ. τοῦ ἐπὶ τῆς διαθήκης (2)
30. 6. θήσεις αὐτὸ ἀπέναντι τοῦ κ. (2)
35. 12. ἐργαζέσθω . . . τὸ κ. (2+1)
37. 3 (36. 35). A R ἐποίησαν [B -σεν] τὸ κ. ἐξ ὑακίνθου (2)
— 5 (36. 37). ἐποίησαν τὸ κ. τῆς θύρας τῆς σκηνῆς (1)
— 16 (38. 18). τὸ κ. [A -κάλυμμα] τῆς πύλης (1)
38. 18 (36. 36). τοὺς στύλους τοῦ κ. †
39. 4 (38. 27). εἰς τὰς κεφαλίδας τοῦ κ. (2)
— 20 (40). τὸ κ. τῆς θύρας τῆς σκηνῆς (1)
40. 3. σκεπάσεις τὴν κιβωτὸν τῷ κ. (2)
— 5. ἐπιθήσεις κάλυμμα καταπετάσματος [A *al.*] (1?)
— 21. ἐπέθηκε τὸ κατακάλυμμα τοῦ κ. (1)
— 22. ἔξωθεν τοῦ κ. τῆς σκηνῆς (2)
— 26. ἀπέναντι τοῦ κ. (2)
Le. 4. 6. κατὰ τὸ κ. τὸ ἅγιον (2)
— 17. κατενώπιον [A ἐν.] τοῦ κ. τοῦ ἁγίου (2)
16. 2. μὴ εἰσπορευέσθω . . . ἐσώτερον τοῦ κ. (2)
— 12. εἰσοίσει ἐσώτερον τοῦ κ. (2)
— 15. εἰσοίσει [A οἴσουσιν] . . . ἐσώτερον τοῦ κ. (2)
21. 23. πρὸς τὸ κ. οὐ προσελεύσεται (2)
24. 3. ἔξωθεν τοῦ κ. (2)
Nu. 3. 10. καὶ ἔσω [A τὰ ἔ.] τοῦ κ. –
— 26. καὶ τὸ κ. τῆς πύλης (1)
4. 5. καθελοῦσι τὸ κ. τὸ συσκιάζον (2)
— 32. τοὺς στύλους τοῦ κ. τῆς πύλης –
18. 7. καὶ τὸ ἔνδοθεν τοῦ κ. (2)
III Ki. 6. 36. B ᾠκοδόμησε καταπέτασμα τῆς αὐλῆς –
II Ch. 3. 14. καὶ ἐποίησε τὸ κ. (2)
Si. 50. 5. ἐν ἐξόδῳ οἴκου καταπετάσματος
I Ma. 1. 22. καὶ τὸ κ. καὶ τοὺς στεφάνους
4. 51. ἐξεπέτασαν τὰ κ.

[**Sm.** NU. 4. 25, 26.]
[**Th.** EX. 39. 34 (21).]
[**Al.** LE. 4. 6.]

καταπέτεσθαι.

[**Aq.** EZ. 17. 23.]

καταπηγνύναι. (1) עָמַק hi. (2) תָּקַע

I Ki. 31. 10. τὸ σῶμα αὐτοῦ κατέπηξαν (2)
Jb. 39. 17. S[1] κατέπηξεν [A B S[2] -εσιώπησεν] αὐτῇ ὁ θεὸς σοφίαν †
Ho. 5. 2. ὃ οἱ ἀγρεύοντες τὴν θήραν κατέπηξαν (1)
9. 8 (9). μανίαν ἐν οἴκῳ θεοῦ κατέπηξαν (1)

καταπηδᾶν. (1) יָרַד (2) נָפַל

Ge. 24. 64. κατεπήδησεν ἀπὸ τῆς καμήλου (2)
I Ki. 25. 23. κατεπήδησεν ἀπὸ τῆς ὄνου (1)

[**Sm.** IV KI. 5. 21.]

καταπήξ.

[**Sm.** JB. 38. 6.]

κατάπικρος. (1) מַר

II Ki. 17. 8. καὶ κατάπικροι τῇ ψυχῇ αὐτῶν (1)

[**Sm.** JB. 6. 3.]

καταπίνειν. (1) בָּלַע *a.* qal. *b.* ni. *c.* pi. *d.* pu. *e.* hithp. *f.* בְּלַע (2) טָבַע pu. (3) נָעַר ni. (4) שָׁעַר (5) שָׁמַם ni.

Ge. 41. 7, 24. κατέπιον οἱ ἑπτὰ στάχυες . . . τοὺς ἑ. στάχυας (1 a)
Ex. 7. 12. κατέπιεν ἡ ῥάβδος ἡ Ἀ. τὰς ἐκείνων ῥάβδους (1 a)
15. 4. κατεπόθησαν [A -επόντισεν] ἐν ἐρυθρᾷ θαλ. (2)
— 12. κατέπιεν αὐτοὺς γῆ (1 a)
Nu. 16. 30. ἡ γῆ . . . καταπίεται αὐτούς (1 a)
— 32. καὶ κατέπιεν αὐτούς (1 a)
— 34. μή ποτε καταπίῃ ἡμᾶς ἡ γῆ (1 a)
21. 28. καὶ κατέπιε στήλας Ἀρνῶν †
26. 10 : De. 11. 6. ἡ γῆ . . . κατέπιεν αὐτούς (1 a)
II Ki. 17. 16. A μή ποτε καταπίῃ [B -πείσῃ] τὸν βασ. (1 d)
To. 6. 2. ἰχθὺς . . . ἐβουλήθη καταπιεῖν τὸ παιδάριον [S *al.*]
Jb. 7. 19. ἕως ἂν καταπίω τὸν πτύελόν μου (1 a)
8. 18. ἐὰν καταπίῃ ὁ τόπος ψεύσεται αὐτόν (1 c)
Ps. 34 (35). 25. καταπίομεν αὐτόν (1 c)
57 (58). 9. ὡσεὶ ἐν ὀργῇ καταπίεται ὑμᾶς [S αὐτούς] (4)
68 (69). 15. μηδὲ καταπιέτω με βυθός (1 a)
105 (106). 17. ἠνοίχθη ἡ γῆ καὶ κατέπιε Δαθάν (1 a)
106 (107). 27. πᾶσα ἡ σοφία αὐτῶν κατεπόθη (1 e)
123 (124). 3. ἄρα ζῶντας ἂν κατέπιον ἡμᾶς (1 a)
140 (141). 6. κατεπόθησαν ἐχόμενα πέτρας (5)
Pr. 1. 12. καταπίωμεν δὲ αὐτὸν ὥσπερ ᾅδης ζῶντα (1 a)
19. 28. στόμα δὲ ἀσεβῶν καταπίεται κρίσεις (1 c)
21. 20. ἄφρονες δὲ ἄνδρες καταπίονται αὐτόν (1 c)
23. 7. ὃν τρόπον γὰρ εἴ τις καταπίοι τρίχα †
Si. 23. 16. οὐ μὴ σβεσθῇ ἕως ἂν καταποθῇ [S[2] -πίῃ τι]
Ho. 8. 8. κατεπόθη Ἰ. (1 b)
Jn. 2. 1. καταπιεῖν [S[1] -έπιεν] τὸν Ἰωνᾶν (1 a)
Hb. 1. 13. ἐν τῷ καταπίνειν [S[3] πιεῖν] ἀσεβῆ τὸν δίκαιον (1 c)
Is. 9. 16 (15). ὅπως καταπίνωσιν [A S[2] -πίωσιν] αὐτούς (1 d)
16. 8. καταπίνοντες τὰ ἔθνη †
25. 8. κατέπιεν ὁ θάνατος ἰσχύσας (1 c)
28. 4. θελήσει αὐτὸ καταπιεῖν (1 a)
— 7. κατεπόθησαν [A S *om.*] διὰ τὸν οἶνον (1 b)
49. 19. μακρυνθήσονται ἀπὸ σοῦ οἱ καταπίνοντές σε (1 c)
Je. 28 (51). 34. βασιλεὺς Βαβυλῶνος κατέπιέ με (1 a)
— 44. ἃ κατέπιεν ἐκ τοῦ στόματος αὐτῆς (1 f)
La. 2. 16. κατεπίομεν [B[2] S -πι., S -ωμεν] αὐτήν (1 c)
3. 49. ὁ ὀφθαλμός μου κατεπόθη (3)

[**Aq.** JB. 6. 3 : PR. 20. 25 : HB. 1. 13.]
[**Sm.** JB. 39. 24 : PS. 51 (52). 6 : 54 (55). 10 : IS. 25. 7, 8 : HB. 1. 13.]
[**Th.** PS. 57 (58). 10 : IS. 25. 7, 8 : HB. 1. 13.]
[**Al.** JB. 37. 20.]

καταπίπτειν. (1) נָפַל (2) עָצַב ni.

Ne. 8. 11. καὶ μὴ καταπίπτετε (2)
Jb. 15. 23. A καταπίπτει δὲ εἰς ἐξάλειψιν –
Ps. 144 (145). 14. ὑποστηρίζει κύριος πάντας τοὺς καταπίπτοντας (1)
Wi. 7. 3. ἐπὶ τὴν ὁμοιοπαθῆ κατέπεσον [S -σα] γῆν
13. 16. ἵνα μὲν οὖν μὴ καταπέσῃ προενόησεν αὐτοῦ
17. 16. ὃς δήποτ' οὖν ἦν ἐκεῖ καταπίπτων
Is. 49. 19. τὰ κατεφθαρμένα [A S[3] διεφθ.] καὶ τὰ πεπτωκότα [S[1] κατεπτ.] †
III Ma. 2. 20. ἐν στόματι τῶν καταπεπτωκότων
IV Ma. 4. 11. καταπεσών γε τοι ἡμιθανὴς ὁ Ἀπ.

καταπιστεύειν. (1) אָמַן hi.

Mi. 7. 5. μὴ καταπιστεύετε ἐν φίλοις (1)

καταπλάσσειν. (1) טָרַח hi. (2) מָרַח

Jb. 37. 11. ἐκλεκτὸν καταπλάσσει [A S[2] -ήσσει] νεφέλη (1)
Is. 38. 21. τρῖψον καὶ κατάπλασαι (2)

[**Th.** JB. 37. 11†.]

καταπληγμός.

Si. 21. 4. καταπληγμὸς [B[2] κακῶν πλῆθος] καὶ ὕβρις ἐρημώσουσι πλοῦτον

καταπληκτικός.

[**Sext.** CA. 6. 9 (10).]

κατάπληξις. (1) אֵימָה
II Es. 3. 3. A R ὅτι ἐν καταπλήξει ἐπ' αὐτούς (1)
[**Aq.**, **Sm.** Ex. 23. 27.]

καταπλήσσειν. (1) בָּעַת pi. (2) טָרַח hi.
Jo. 5. 1. καὶ κατεπλάγησαν –
Jb. 7. 14. ἐν ὁράμασί με καταπλήσσεις (1)
13. 21. ὁ φόβος σου μή με καταπλησσέτω (1)
37. 11. A S^{2} ἐκλεκτὸν καταπλήσσει [B S^{1} -άσσει] νεφέλη (2)
II Ma. 3. 24. καταπλαγέντας τὴν τοῦ θεοῦ δύναμιν
8. 16. R μὴ καταπλαγῆναι τοὺς πολεμίους [A τοῖς δεσμίοις]
15. 24. καταπλαγείησαν οἱ μετὰ βλασφημίας παραγενόμενοι
III Ma. 1. 9. καὶ τῇ σπουδαιότητι . . . καταπλαγείς
2. 23. ὑπερβάλλοντι καταπεπληγμένοι φόβῳ
5. 27. R τοῦ δὲ . . . καταπλαγέντος ἐπὶ τῇ παρανόμῳ [A ἀν.] ἐξόδῳ
IV Ma. 16. 17. A R ὑμᾶς δὲ τοὺς νεωτέρους καταπλαγῆναι τὰς βασάνους [S *al.*]
[**Aq.** Je. 48 (31). 37.]
[**Sm.** Jb. 40. 18 (23): Ez. 2. 6.]
[**Th.** Jb. 37. 11†.]

κατάπλους.
III Ma. 4. 10. ὅπως . . . ἀγωγὴν . . . ἐν παντὶ τῷ κ. λαμβάνωσι

καταπολεμεῖν. (1) לָחַם ni.
Jo. 10. 25. οὓς ὑμεῖς καταπολεμεῖτε αὐτούς (1)

κατάπομα.
[**Aq.**, **Sm.** Je. 51 (28). 44.]

καταπονεῖν.
II Ma. 8. 2. A τὸν ὑπὸ πάντων καταπονούμενον [R -πατούμ.] λαόν
III Ma. 2. 2. πρόσχες ἡμῖν καταπονουμένοις
— 13. διὰ τὰς. . . . ἡμῶν ἁμαρτίας καταπονούμεθα
[**Al.** Jb. 39. 16.]

καταπόνησις.
[**Sm.** Ex. 3. 7: Ps. 31 (32). 10.]

κατάπονος.
III Ma. 4. 14. R τὴν . . . τῶν ἔργων κ. [A κατάτροπον] λατρείαν

καταποντίζειν. (1) בָּלַע pi. (2) טָבַע pu. (3) שָׁטַף
Ex. 15. 4. A κατεπόντισεν [B -πόθησαν] ἐν ἐρυθρᾷ θαλ. (2)
II Ki. 20. 19. ἵνα τί καταποντίζεις κληρονομίαν κυρίου (1)
— 20. ἵλεώς μοι εἰ καταποντιῶ (1)
Ps. 54 (55). 9. καταπόντισον, κύριε, . . . τὰς γλώσσας αὐτῶν (1)
68 (69). 2. καταιγὶς κατεπόντισέ με (3)
— 15. μή με καταποντισάτω καταιγὶς ὕδατος (3)
123 (124). 4. ἄρα τὸ ὕδωρ ἂν κατεπόντισεν ἡμᾶς (3)
Ec. 10. 12. χείλη ἄφρονος καταποντιοῦσιν [A S -ίσουσιν] αὐτόν (1)
La. 2. 2. ἐν ἡμέρᾳ ὀργῆς αὐτοῦ κατεπόντισε κύριος (1)
— 5. κατεπόντισεν Ἰσραὴλ κατεπόντισε τὰς βάρεις αὐτῆς (1, 1)
[**Aq.** Jb. 2. 3: 10. 8: Pr. 19. 28: Is. 25. 7, 8.]
[**Sm.** Is. 25. 7.]
[**Th.** Jb. 10. 8: Pr. 19. 28.]
[**Al.** Ps. 105 (106). 11.]

καταποντισμός. (1) בֶּלַע
Ps. 51 (52). 4. ἠγάπησας πάντα τὰ ῥήματα καταποντισμοῦ (1)

καταπορεύεσθαι.
II Ma. 11. 30. τοῖς οὖν καταπορευομένοις μέχρι τριακάδος Ξανθ.
III Ma. 4. 11. πᾶσι τοῖς καταπορευομένοις εἰς τὴν πόλιν

κατάποσις.
[**Aq.** Pr. 23. 2.]

καταπραΰνειν. (1) שָׁבַח pi. (2) שָׁקַט *a.* qal. *b.* hi.
Ps. 82 (83). 1. μηδὲ καταπραΰνῃς ὁ θεός (2 *a*)
88 (89). 9. τὸν δὲ σάλον . . . σὺ καταπραΰνεις (1)
Pr. 15. 18. μακρόθυμος δὲ καὶ τὴν μέλλουσαν καταπραΰνει (2 *b*)
II Ma. 13. 26. συνέπεισε καὶ κατεπράϋνεν
[**Sm.** Pr. 29. 11.]
[**Th.**, **Quint.** Ps. 64 (65). 8.]

καταπρίειν.
Da. LXX. Su. 59. ἵνα καταπρίσῃ σε

καταπροδιδόναι.
IV Ma. 2. 10. μὴ καταπροδιδοὺς τὴν ἀρετὴν δι' αὐτούς

καταπρονομεύειν. (1) שָׁבָה (2) שָׁסַס
Nu. 21. 1. κατεπρονόμευσεν [A -αν] ἐξ αὐτῶν αἰχμαλωσίαν (1)
Jd. 2. 14. κατεπρονόμευσαν [A ἐπρον.] αὐτούς (2)

καταπτήσσειν. (1) מוּג ni. (2) פָּחַד pi.
Jo. 2. 24. A B^{1} κατέπτηκεν [B^{3} R -χε] πᾶς . . . ἀφ' ἡμῶν (1)
Pr. 24. 65 (30. 30). οὐδὲ καταπτήσσει κτῆνος –
28. 14. ὃς καταπτήσσει πάντα (2)
29. 9. ἀνὴρ δὲ φαῦλος ὀργιζόμενος καταγελᾶται καὶ οὐ καταπτήσσει †
Si. 35 (32). 18. ὑπερήφανος οὐ καταπτήξει φόβον
[**Aq.** Hb. 2. 17.]

καταπτύρεσθαι.
[**Aq.** Ge. 41. 8.]

κατάπτωμα. (1) פֶּרֶץ
Ps. 143 (144). 14. οὐκ ἔστι κατάπτωμα φραγμοῦ (1)

κατάπτωσις.
Si. 32 (35). 15. S ἡ κ. [A B -βόησις] ἐπὶ τῷ καταγαγόντι αὐτά
III Ma. 2. 14. ἐν δὲ τῇ ἡμετέρᾳ κ.

κατάρα. (1) אָלָה (2) בֶּהָלָה (3) מְאֵרָה (4) קָבַב (5) קְלָלָה (6) שְׁמָמָה
Ge. 27. 12. ἐπάξω ἐπ' ἐμαυτὸν κατάραν (5)
— 13. ἐπ' ἐμὲ ἡ κ. σου (5)
Nu. 23. 25. οὔτε κατάραις καταράσῃ μοι (4)
De. 11. 26. τὴν εὐλογίαν καὶ τὴν κ. (5)
— 28. B καὶ αἱ κ. [A τὰς κ., R τὴν κ.] (5)
— 29. καὶ τὴν κ. ἐπ' ὄρος Γαιβάλ (5)
23. 5 (6). μετέστρεψε κύριος ὁ θεός σου τὰς κ. (5)
27. 13. οὗτοι στήσονται ἐπὶ τῆς κ. (5)
28. 15, 45. ἐλεύσονται ἐπὶ σὲ πᾶσαι αἱ κ. αὗται (5)
29. 27 (26). κατὰ πάσας τὰς κ. [A *al.*] (5)
30. 1. ἡ εὐλογία καὶ ἡ [B^{1} εὐ. ἢ] κ. (5)
— 19. τὴν εὐλογίαν καὶ τὴν κ. (5)
Jo. 9. 2 (8. 34). τὰς εὐλογίας καὶ τὰς κ. (5)
Jd. 9. 57. ἐπῆλθεν ἐπ' αὐτοὺς ἡ κ. Ἰωάθαμ (5)
II Ki. 16. 12. ἀγαθὰ ἀντὶ τῆς κ. αὐτοῦ [A ταύτης] (5)
III Ki. 2. 8: 3. 1 (2. 35). κατηράσατό με κ. ὀδυνηράν (5)
IV Ki. 22. 19. τοῦ εἶναι . . . εἰς κατάραν (5)
Ne. 13. 2. B S ἔστρεψεν [A R ἐπέστρ.] . . . τὴν κ. εἰς εὐλογίαν (5)
Jb. 31. 30. ἀκοῦσαι ἄρα τὸ οὖς μου τὴν κ. μου (1)
Ps. 108 (109). 17. ἠγάπησε κατάραν καὶ ἥξει αὐτῷ (5)
— 18. ἐνεδύσατο κατάραν ὡς ἱμάτιον (5)
Pr. 3. 33. κατάρα θεοῦ ἐν οἴκοις ἀσεβῶν (3)
Si. 3. 9. κατάρα δὲ μητρὸς ἐκριζοῖ θεμέλια
23. 26. καταλείψει [A -ψις] εἰς κατάραν τὸ μνημόσυνον αὐτῆς
29. 6. κατάρας καὶ λοιδορίας ἀποδώσει αὐτῷ
41. 9. ἐὰν γεννηθῆτε εἰς κατάραν γεννηθήσεσθε καὶ ἐὰν ἀποθάνητε εἰς κατάραν μερισθήσεσθε
— 10. οὕτως ἀσεβεῖς ἀπὸ κατάρας εἰς ἀπώλειαν
Za. 8. 13. ὃν τρόπον ἦτε ἐν κατάρᾳ (5)
Ma. 2. 2. καὶ ἐξαποστελῶ ἐφ' ὑμᾶς τὴν κατάραν (3)
Is. 64. 10 (9). Σ. ὡς ἔρημος ἐγενήθη Ἱερουσαλὴμ εἰς κατάραν (6)
65. 23. οὐδὲ τεκνοποιήσουσιν [A τέκνα π.] εἰς κατάραν (2 ?)
Je. 24. 9. A R ἔσονται [B S *om.*] . . . εἰς κατάραν (5)
29 (49). 13. A S εἰς κατάραν [B -ρασιν] ἔσῃ ἐν μέσῳ αὐτῆς (5)
33 (26). 6. τὴν πόλιν δώσω εἰς κατάραν (5)
36 (29). 22. λήψονται ἀπ' [A ἐπ'] αὐτῶν κατάραν (5)
51 (44). 8. ἵνα γένησθε εἰς κατάραν (5)
— 12. ἔσονται . . . εἰς κατάραν (5)
Da. LXX., Th. 9. 11. ἐπῆλθεν ἐφ' ἡμᾶς ἡ κ. (1)
[**Aq.** Dt. 21. 23: Pr. 26. 2: Is. 8. 21: Je. 25. 18 (32. 4).]
[**Sm.** Ps. 88 (89). 40: Pr. 26. 2.]
[**Th.** Dt. 21. 23: Pr. 26. 2: Is. 8. 21: Je. 25. 18 (32. 4).]
[**Al.** Ps. 9. 28 (10. 7).]

καταράκτης, *vid.* **καταρράκτης.**

καταρᾶσθαι. (1) אָרַר *a.* qal. *b.* pi. *c.* hoph. (2) בָּעַת pi. (3) זָעַם (4) נָקַב (5) קָבַב (6) *a.* קָלַל pi. *b.* pu. *c.* קְלָלָה
Ge. 5. 29. γῆς ἧς κατηράσατο κύριος (1 *b*)
8. 21. R οὐ προσθήσω ἔτι καταράσασθαι [A τοῦ κ.] τὴν γῆν (6 *a*)
12. 3. τοὺς καταρωμένους σε καταράσομαι (6 *a*, 1 *a*)
27. 29. ὁ καταρώμενός σε ἐπικατάρατος (1 *a*)
Le. 24. 11. ἐπονομάσας . . . τὸ ὄνομα κατηράσατο (6 *a*)
— 14. ἐξάγαγε τὸν καταρασάμενον (6 *a*)
— 15. ὃς ἐὰν καταράσηται θεόν (6 *a*)
— 23. ἐξήγαγον τὸν καταρασάμενον (6 *a*)
Nu. 22. 6. A κατάρασαί [B ἄρ.] μοι τὸν λαὸν τοῦτον (1 *a*)
— 6. οὓς ἂν καταράσῃ σὺ κεκατήρανται (1 *a*, 1 *c*)
— 12. οὐδὲ καταράσῃ τὸν λαόν (1 *a*)
23. 8. B ὃν μὴ καταρᾶται [A R ἀρ.] κύριος (5)
— 8. ἢ τί καταράσωμαι [A -σομαι] ὃν μὴ καταρᾶται ὁ θεός (3, 3)
— 13. κατάρασαί μοι αὐτὸν ἐκεῖθεν (5)
— 25. οὔτε κατάραις καταράσῃ μοι αὐτόν (4)
— 27. κατάρασαί μοι αὐτὸν ἐκεῖθεν (5)
24. 9. A R οἱ καταρώμενοί σε κεκατήρανται [B κατ.] (1 *a*, 1 *a*)
— 10. καταρᾶσθαι [A -ράσασθαι] τὸν ἐχθρόν μου (5)
De. 21. 23. A R κεκατηραμένος [B -αρ.] ὑπὸ θεοῦ πᾶς κρεμάμενος (6 *c*)
23. 4 (5). A R ἐμισθώσαντο . . . καταρᾶσθαί [A -ράσασθαί] σε [B *om.*] (6 *a*)
Jd. 5. 23. καταρᾶσθαι [A -αράσαιαι] M., εἶπεν ἄγγελος κυρίου, καταρᾶσθε [A καταράσει καταράσασθε] (1 *a*, 1 *a*)
9. 27. κατηράσαντο [A -ρῶντο] τὸν Ἀβ. (6 *a*)
I Ki. 17. 43. κατηράσατο ὁ ἀλλόφυλος τὸν Δαυίδ (6 *a*)
II Ki. 16. 5. ἐκπορευόμενος καὶ καταρώμενος (6 *a*)
— 7. ἐν τῷ καταρᾶσθαι αὐτόν (6 *a*)
— 9. ἵνα τί καταρᾶται ὁ κύων . . . τὸν κύριόν μου (6 *a*)
— 10. καὶ οὕτως καταράσθω ὅτι κύριος εἶπεν αὐτῷ καταρᾶσθαι τὸν Δ. (6 *a*, 6 *a*)
— 11. ἄφετε αὐτὸν καταρᾶσθαι [A -θω, B^{2} -σαι] (6 *a*)
— 13. πορευόμενος καὶ καταρώμενος (6 *a*)
19. 21 (22). κατηράσατο τὸν χριστὸν κυρίου (6 *a*)
III Ki. 2. 8. κατηράσατό με κατάραν ὀδυνηράν (6 *a*)
3. 1 (2. 8). κατηράσατό με κατάραν ὀδυνηράν (6 *a*)
IV Ki. 2. 24. κατηράσατο αὐτοῖς ἐν ὀνόματι κ. (6 *a*)
9. 34. ἐπισκέψασθε δὴ τὴν κατηραμένην ταύτην (1 *a*)
Ne. 10. 29 (30). καὶ [S *om.*] κατηράσαντο αὐτούς †
13. 2. ἐμισθώσαντο . . . τὸν B. καταράσασθαι (6 *a*)
— 25. A S R καὶ κατηρασάμην [B ἐκατηρ.] αὐτούς (6 *a*)
Jb. 3. 1. κατηράσατο τὴν ἡμέραν αὐτοῦ (6 *a*)
— 5. B καταραθείη ἡ ἡμέρα [A S^{2} ἡ. ἐκείνη] (2 ?)
— 8. καταράσαιτο αὐτὴν [A -ρασε τοιαύτην] ὁ καταρώμενος τὴν ἡμέραν ἐκείνην (4, 1 *a*)
24. 18. καταραθείη ἡ μερὶς αὐτῶν ἐπὶ γῆς (6 *b*)
Ps. 36 (37). 22. οἱ δὲ καταρώμενοι αὐτὸν ἐξολεθρευθήσονται (6 *b*)
61 (62). 4. τῇ καρδίᾳ αὐτῶν κατηρῶντο (6 *a*)
108 (109). 28. καταράσονται αὐτοί (6 *a*)
Pr. 24. 33 (30. 10). μή ποτε καταράσηταί σε (6 *a*)
— 34 (30. 11). ἔκγονον κακὸν πατέρα καταρᾶται [A^{1} -ρήσηται] (6 *a*)
27. 14. καταρωμένου οὐδὲν διαφέρειν δόξει (6 *c*)
Ec. 7. 22 (21). ὅπως μὴ ἀκούσῃς τοῦ δούλου σου καταρωμένου σε (6 *a*)
— 23 (22). ὡς καί γε σὺ κατηράσω ἑτέρους (6 *a*)
10. 20. βασιλέα μὴ καταράσῃ (6 *a*)
— 20. μὴ καταράσῃ πλούσιον (6 *a*)
Wi. 12. 11. σπέρμα γὰρ ἦν κατηραμένον [S κεκατ.] ἀπ' ἀρχῆς
Si. 3. 16. κεκατηραμένος ὑπὸ [A παρὰ] κυρίου ὁ παροργίζων μητέρα αὐτοῦ
4. 5. μὴ δῷς τόπον ἀνθρώπῳ καταράσασθαί σε
— 6. καταρωμένου γάρ σε ἐν πικρίᾳ ψυχῆς αὐτοῦ

Si. 21. 27. ἐν τῷ καταρᾶσθαι [A -ράσασθαι] ἀσεβῆ τὸν Σατανᾶν αὐτὸς καταρᾶται τὴν ἑαυτοῦ ψυχήν
23. 14. τὴν ἡμέραν τοῦ τοκετοῦ σου καταράσῃ [A om., B¹ μὴ κ.]
28. 13. ψίθυρον καὶ δίγλωσσον καταρᾶσθαι [A -άσασθε, S¹ -άσασθαι]
31 (34). 24. εἷς εὐχόμενος καὶ εἷς καταρώμενος
36 (33). 12. ἀπ' αὐτῶν κατηράσατο
Ma. 2. 2. καὶ καταράσομαι αὐτήν (1 a)
Je. 15. 10. ἡ ἰσχύς μου ἐξέλιπεν ἐν τοῖς καταρωμένοις με (6 a)
Ep. Je. 66. οὐ μὴ καταράσωνται [A -σονται]
[Aq. Jd. 9. 27 : Jb. 5. 3 : Pr. 11. 26 : Je. 15. 10.]
[Sm. Is. 8. 21 : Je. 15. 10.]
[Th. Jd. 5. 23 : II Ki. 16. 10 : Je. 15. 10.]
[Al. Le. 19. 14 : 20. 9 : 24. 11 : Jo. 6. 26 : I Ki. 3. 13 : Jb. 2. 9.]

κατάρασις. (1) אָרַר (2) קָבַב (3) קְלָלָה
Nu. 23. 11. εἰς κατάρασιν ἐχθρῶν μου (2)
Jd. 5. 23. A καταράσει καταρᾶσθε τοὺς ἐνοίκους [B al.] (1)
Je. 29 (49). 13. εἰς κατάρασιν [A S -ραν] ἔσῃ ἐν μέσῳ αὐτῆς (3)
[Th. Jd. 5. 23.]

καταράσσειν. (1) אָרַב (2) הָלַם (3) טוּל hoph. (4) כָּפַף (5) מָגַר pi. (6) שָׁלַךְ hi.
Ps. 36 (37). 24. ὅταν πέσῃ οὐ καταραχθήσεται (3)
73 (74). 6. ἐν πελέκει . . . κατέρραξαν αὐτήν (2)
88 (89). 44. τὸν θρόνον αὐτοῦ εἰς τὴν γῆν κατέρραξας (5)
101 (102). 10. ἐπάρας κατέρραξάς με (6)
144 (145). 14. ἀνορθοῖ πάντας τοὺς κατερραγμένους (4)
145 (146). 8. κύριος ἀνορθοῖ κατερραγμένους (4)
Wi. 17. 4. A B² R ἦχοι δὲ καταράσσοντες [B¹ ἐκταράσσοντες, S ταράσσοντες] αὐτοὺς περιεκόμπουν
Si. 46. 6. κατέρραξεν ἐπ' ἔθνος πόλεμον
Ho. 7. 6. ἐν τῷ καταράσσειν αὐτοὺς ὅλην τὴν νύκτα (1)
[Th. Jb. 18. 7.]

κατάρατος.
II Ma. 12. 35. τὸν κ. λαβεῖν ζωγρίαν
IV Ma. 4. 5. AR μετὰ τοῦ κ. Σίμωνος . . . προσελθὼν [S προελ.]

καταργεῖν. (1) בְּטֵל pa.
II Es. 4. 21. καταργῆσαι τοὺς ἄνδρας ἐκείνους (1)
— 23. καὶ κατήργησαν αὐτούς (1)
5. 5. καὶ οὐ κατήργησαν αὐτούς (1)
6. 8. δαπάνη ἔστω διδομένη . . . τὸ μὴ καταργηθῆναι (1)
[Sm. Ec. 12. 3.]
[Al. Le. 26. 15, 44.]

κατάργησις.
[Sm. La. 1. 7.]

καταργυροῦν. (1) חָשַׁק pu.
Ex. 27. 17. πάντες οἱ στῦλοι . . . κύκλῳ κατηργυρωμένοι (1)

καταρεμβεύειν. (1) נוּעַ hi.
Nu. 32. 13. A καὶ κατερέμβευσεν [B -ρόμβ.] αὐτούς (1)

καταριθμεῖν. (1) יָחַשׂ hithp. (2) מָלֵא (3) מִסְפָּר
Ge. 50. 3. καταριθμοῦνται αἱ ἡμέραι τῆς ταφῆς (2)
Nu. 14. 29. καὶ οἱ κατηριθμημένοι ὑμῶν (3)
II Ch. 31. 19. καὶ παντὶ καταριθμουμένῳ ἐν τοῖς Λευίταις (1)
[Th. Ho. 4. 14.]

καταρομβεύειν. (1) נוּעַ hi.
Nu. 32. 13. καὶ κατερόμβευσεν [A -ρέμβ.] αὐτούς (1)

καταρράκτης (-αράκ.). (1) אֲרֻבָּה (2) מַהְפֶּכֶת (3) צִינֹק (4) צִנּוֹר (5) קָאַת (6) שָׁלָךְ
Ge. 7. 11. οἱ κ. τοῦ οὐρανοῦ ἠνεῴχθησαν (1)
8. 2. R ἐπεκαλύφθησαν [A ἀπ.] . . . οἱ κ. τοῦ οὐρανοῦ (1)
Le. 11. 17. ταῦτα ἃ βδελύξεσθε . . . καταράκτην (6)
De. 14. 17. ταῦτα οὐ φάγεσθε . . . καταράκτην (5)
IV Ki. 7. 2. ποιήσει κύριος καταράκτας ἐν οὐρανῷ (1)
— 19. κύριος ποιεῖ καταράκτας ἐν τῷ οὐρανῷ (1)
Ps. 41 (42). 7. εἰς φωνὴν τῶν κ. σου (4)
Ma. 3. 10. ἐὰν μὴ ἀνοίξω ὑμῖν τοὺς κ. τοῦ οὐρ. (1)
Je. 20. 2. ἐνέβαλεν αὐτὸν εἰς τὸν κ. (2)
— 3. ἐξήγαγε Πασχὼρ τὸν Ἱερεμίαν ἐκ τοῦ κ. (2)
36 (29). 26. δώσεις αὐτὸν . . . εἰς τὸν κ. (3)
[Aq. Is. 60. 8 : Ho. 13. 3.]
[Th. Je. 20. 2.]

καταρρεῖν. (1) אָדַב hi. (2) יָרַד hi. (3) נָבֵל
I Ki. 2. 33. καὶ καταρρεῖν τὴν ψυχὴν αὐτοῦ (1)
21. 13 (14). τὰ σίελα αὐτοῦ κατέρρει (2)
Je. 8. 13. τὰ φύλλα κατερρύηκεν (3)
II Ma. 12. 16. A² καταρρεῖν [A¹ -εῖ] τὸ αἷμα [R κατάρρυτον αἵματι] πεπληρωμένην φαίνεσθαι
IV Ma. 6. 6. κατερρεῖτο τῷ αἵματι
[Aq. Is. 64. 1 (63. 19).]
[Sm. Ps. 42 (43). 5 : 132 (133). 2 bis : Is. 64. 1 (63. 19) : Je. 13. 17.]

καταρρηγνύναι. (1) בָּקַע a. ni. b. pu.
Jo. 9. 4. ἀσκοὺς οἴνου . . . κατερρωγότας ἀποδεδεμένους (1 b)
Jb. 32. 19. A ὥσπερ φυσητὴρ [S -ῆς] χαλκέως δεδεμένος καὶ κατερρηγὼς [B S² χ. ἐρρηγώς, S¹ χ.] (1 a)
Pr. 27. 9. καταρρήγνυται δὲ ὑπὸ συμπτωμάτων ψυχή †

καταρρίπτειν. (1) שָׁלַךְ hi.
Wi. 17. 19. κτύπος ἀπηνῆς καταρριπτομένων πετρῶν
La. 2. 1. κατέρριψεν . . . δόξασμα Ἰσρ. (1)
[Sm. Ps. 73 (74). 6 : Is. 24. 4.]
[Th. Is. 24. 4.]

κατάρροια.
[Aq. Ps. 77 (78). 44 : 125 (126). 4.]

καταρροφᾶν.
[Sm. Jb. 39. 30.]

κατάρρυτος.
II Ma. 12. 16. R λίμνην . . . κατάρρυτον αἵματι πεπληρωμένην φαίνεσθαι [A al.]

καταρτίζειν. (1) חוּל pil. (2) יָסַד pi. (3) כּוּן a. ni. b. pil. c. hi. (4) כְּלַל schaph. a. act. b. pass. (5) כְּנַן (6) פָּעַל (7) שָׁוָה pi. (8) שִׁית (9) תָּמַךְ
Ex. 15. 17. R κατοικητήριόν σου ὃ κατηρτίσω [A -ειργάσω] (6)
II Es. 4. 12. καὶ τὰ τείχη αὐτῆς κατηρτισμένοι εἰσί (4 a)
— 13. καὶ τὰ τείχη αὐτῆς καταρτισθῶσι [A -ίσωσιν] (4 b)
— 16. καὶ τὰ τείχη αὐτῆς καταρτισθῇ (4 b)
5. 3. καὶ τὴν χορηγίαν ταύτην καταρτίσασθαι (4 a)
— 9. AR τὴν χορηγίαν ταύτην καταρτίσασθαι [B καὶ κατ.] (4 a)
— 11. καὶ κατηρτίσατο αὐτὸν αὐτοῖς (4 a)
6. 14. καὶ κατηρτίσαντο ἀπὸ γνώμης θεοῦ (4 a)
Ps. 8. 2. ἐκ στόματος νηπίων . . . κατηρτίσω αἶνον (2)
10 (11). 4. ἃ κατηρτίσω καθεῖλον (8)
16 (17). 5. κατάρτισαι τὰ διαβήματά μου ἐν ταῖς τρίβοις σου (9)
17 (18). 33. ὁ [S om.] καταρτιζόμενος [A -ζων] τοὺς πόδας μου (7)
28 (29). 9. φωνὴ κυρίου καταρτιζομένου [B³ S² -νη] ἐλάφους (1)
39 (40). 6. σῶμα δὲ κατηρτίσω μοι †
67 (68). 9. σὺ δὲ κατηρτίσω αὐτήν (3 b)
— 28. τοῦτο ὃ κατηρτίσω [S² -ειργάσω] ἡμῖν (6)
73 (74). 16. σὺ κατηρτίσω ἥλιον καὶ σελήνην [S² al.] (3 c)
79 (80). 15. καὶ κατάρτισαι αὐτήν (5)
88 (89). 37. καὶ ὡς ἡ σελήνη κατηρτισμένη εἰς τὸν αἰῶνα (3 a)
[Th. Ps. 39 (40). 7.]
[Quint., Sext. Ps. 39 (40). 7 : 73 (74). 16.]

καταρτισμός.
[Sm. Is. 38. 12.]

κατάρχειν. (1) a. מְשַׁל b. מֶמְשָׁלָה (2) רָדָה (3) שָׂרַר hithpa.
Nu. 16. 13. ὅτι κατάρχεις ἡμῶν (3)
III Ki. 9. 19 (A), 10. 22 (B). τοῦ μὴ κατάρξαι αὐτοῦ (1 b)
12. 24. B κατάρξω ὑμᾶς ἐν σκορπίοις –
Ne. 9. 28. καὶ κατῆρξαν ἐν αὐτοῖς (2)
Jl. 2. 17. τοῦ κατάρξαι αὐτῶν ἔθνη [S¹ al.] (1 a)
Na. 1. 12. κύριος κατάρχων ὑδάτων πολλῶν †
Za. 6. 13. καὶ κατάρξει [S¹ -άξει] ἐπὶ τοῦ θρόνου αὐτοῦ (1 a)
9. 10. κατάρξει [S¹ κατάξει] ὑδάτων (1 a)
II Ma. 1. 23. καὶ πάντες καταρχομένου Ἰωνάθου
4. 40. κατήρξατο χειρῶν ἀδίκων
12. 37. καταρξάμενος . . . τὴν μεθ' ὕμνων κραυγήν

καταρχή (?).
Wi. 17. 8. δείματα καὶ ταραχὰς [S¹ καταρχάς ?]

κατασβεννύναι. (1) שָׁקַט hi.
Pr. 15. 18. μακρόθυμος ἀνὴρ κατασβέσει κρίσεις (1)
28. 2. ἀνὴρ δὲ πανοῦργος κατασβέσει αὐτάς †
IV Ma. 16. 4. κατέσβεσε τοσαῦτα καὶ τηλικαῦτα πάθη ἡ μήτηρ

κατασείειν.
Da. TH. Bel 14. A R κατέσεισαν [B -σησαν] ὅλον τὸν ναόν
I Ma. 6. 38. κατασείοντες καὶ καταφρασσόμενοι
[Th. Da. 14. 13†.]

κατασήθειν (?).
Da. TH. Bel 14. B κατέσησαν [A R -έσεισαν] ὅλον τὸν ναόν
[Th. Da. 14. 13†.]

κατασιγᾶν. (1) דָּמָה
Ez. 27. 33. A τίς ὥσπερ Τύρος κατασιγηθεῖσα (1 ?)
[Sm. Is. 38. 10.]
[Th. Ez. 27. 32 bis.]

κατασιωπᾶν. (1) הָסָה hi. (2) חָשָׁה hi. (3) נָשָׁה hi.
Nu. 13. 31 (30). κατεσιώπησε Χάλεβ τὸν λαὸν (1)
Ne. 8. 11. A R κατεσιώπων πάντα [B S om.] τὸν λαόν (2)
Jb. 37. 20. ἵνα ἄνθρωπον ἑστηκὼς κατασιωπήσω †
39. 17. κατεσιώπησεν [S¹ -έπηξεν] αὐτῇ ὁ θεὸς σοφίαν (3)
[Aq. Ho. 10. 15.]
[Sm. Ps. 87 (88). 17.]
[Th. Jb. 39. 17.]

κατασκάπτειν. (1) אָבַד pi. (2) נָדַע ni. (3) הָרַס a. qal. b. ni. c. הֲרִיסָה (4) יָצַת ni. (5) נָתַץ a. qal. b. pi. c. pu. (6) עָרַף (7) עָרַר a. pil. b. hithpal. (8) פָּרַץ (9) שָׁחַת pi.
De. 12. 3. κατασκάψατε [B¹ -σκέψ.] τοὺς βωμοὺς αὐτῶν (5 b)
Jd. 6. 28. A κατεσκαμμένον [B καθῄρητο] τὸ θυσιαστήριον (5 c)
— 30, 31. A κατέσκαψεν [B καθεῖλε] τὸ θυσιαστήριον (5 a)
— 32. A κατέσκαψεν [B καθῃρέθη] τὸ θυσιαστήριον (5 a)
8. 9. κατασκάψω τὸν πύργον τοῦτον (5 a)
— 17. A τὸν πύργον Φ. κατέσκαψεν [B -έστρεψε] (5 a)
III Ki. 18. 32 (A 31). τὸ θυσιαστήριον [A θ. κυρίου] τὸ κατεσκαμμένον (3 a)
19. 10. τὰ θυσιαστήριά σου κατέσκαψαν (3 a)
IV Ki. 21. 3. A ἃ κατέσκαψεν [B -έσπασεν] Ἐζ. (1)
I Ch. 20. 1. καὶ κατέσκαψεν αὐτήν (3 a)
II Ch. 32. 5. πᾶν τὸ τεῖχος τὸ κατεσκαμμένον [A -εσπασμένον] (8)
36. 19. κατέσκαψε τὸ τεῖχος Ἱερ. (5 b)
To. 14. 4. A ὅτι κατασκαφήσεται [B S al.]
Ju. 2. 24. A S κατέσκαψεν [B διέσκ.] πάσας τὰς πόλεις

Ju. 3. 8. κατέσκαψε πάντα τὰ ὅρια αὐτῶν
Pr. 11. 11. στόμασι δὲ ἀσεβῶν κατεσκάφη (3 *b*)
14. 1. ἡ δὲ ἄφρων κατέσκαψε [A -έστρεψεν] (3 *a*)
24. 46 (31). οἱ δὲ φραγμοὶ . . . κατασκάπτονται (3 *b*)
29. 4. ἀνὴρ δὲ παράνομος κατασκάπτει (3 *a*)
Ho. 10. 2. αὐτὸς κατασκάψει τὰ θυσιαστήρια (6)
Am. 3. 14. καὶ κατασκαφήσεται τὰ κέρατα (2)
9. 11. τὰ κατεσκαμμένα [A κατεστραμμένα] αὐτῆς ἀναστήσω (3 *c*)
Jl. 1. 17. κατεσκάφησαν ληνοί (3 *b*)
Je. 1. 10. ἐκριζοῦν καὶ κ. (3 *a*)
2. 15. αἱ πόλεις αὐτοῦ κατεσκάφησαν (4)
5. 10. κατασκάψατε [S -ετε] συντέλειαν δὲ μὴ ποιήσητε (9)
27 (50). 15. κατεσκάφη τὸ τεῖχος αὐτῆς (3 *b*)
28 (51). 58. κατασκαπτόμενον κατασκαφήσεται (7 *a*, 7 *b*)
Ez. 13. 14. κατασκάψω τὸν τοῖχον (3 *a*)
16. 39. κατασκάψουσι τὸ πορνεῖόν σου (3 *a*)
36. 35. αἱ πόλεις . . . κατεσκαμμέναι ὀχυραὶ ἐκάθισαν (3 *b*)
II Ma. 14. 33. τὸ θυσιαστήριον κατασκάψω

κατασκεδαννύναι. (1) זָרַק

Ex. 24. 8. κατεσκέδασε τοῦ λαοῦ (1)

κατασκέπασμα.

[**Al.** Ex. 26. 36.]

κατασκεπαστός.

[**Aq.** Nu. 7. 3.]

κατασκέπτεσθαι (-ειν). (1) רָגַל pi. (2) תּוּר
a. qal. *b.* hi. *c.* יָתוּר *d.* עָבַר לָתוּר

Nu. 10. 33. κατασκέψασθαι αὐτοῖς ἀνάπαυσιν (2 *a*)
13. 3 (2). κατασκεψάσθωσαν τὴν γῆν τῶν Χαν. (2 *a*)
— 17 (16). κατασκέψασθαι τὴν γῆν (2 *a*)
— 18 (17). κατασκέψασθαι τὴν γῆν Χαναάν (2 *a*)
— 22 (21). κατεσκέψαντο [A[1] -ατο] τὴν γῆν (2 *a*)
— 24 (23). καὶ κατεσκέψαντο αὐτήν –
— 26 (25). κατασκεψάμενοι τὴν γῆν (2 *a*)
— 33 (32). ἣν κατεσκέψαντο αὐτήν (2 *a*)
— 33 (32). ἣν παρήλθομεν αὐτὴν κατασκέψασθαι (2 *a*)
14. 6. τῶν κατασκεψαμένων τὴν γῆν (2 *a*)
— 7. ἣν κατεσκεψάμεθα αὐτήν (2 *d*)
— 34. ὅσας κατεσκέψασθε [B[2] ἐπεσκ.] τὴν γῆν (2 *a*)
— 36, 38. κατασκέψασθαι τὴν γῆν (2 *a*)
21. 32. κατασκέψασθαι τὴν Ἰαζήρ (1)
De. 12. 3. κατασκάψατε [B[1] -σκέψ.] τοὺς βωμούς †
Jo. 7. 2. κατασκέψασθε τὴν Γαί [A γῆν] (1)
— 2. καὶ κατεσκέψαντο τὴν Γ. [A γῆν Γ.] (1)
Jd. 1. 23. καὶ κατεσκέψαντο B. [A *al.*] (2 *b*)
18. 2. τοῦ κατασκέψασθαι τὴν γῆν (1)
— 14, 17. κατασκέψασθαι τὴν γῆν (1)
II Ki. 10. 3. καὶ τοῦ κατασκέψασθαι αὐτήν (1 ?)
Jb. 39. 8. κατασκέψεται ὄρη νομὴν αὐτοῦ (2 *c*)
Ec. 1. 13. τοῦ κατασκέψασθαι ἐν τῇ σοφίᾳ (2 *a*)
2. 3. κατεσκεψάμην εἰ ἡ καρδία μου ἑλκύσει (2 *a*)
7. 26 (25). ἐκύκλωσα ἐγὼ . . . τοῦ κατασκέψασθαι (2 *a*)

[**Th.** Jb. 39. 8.]
[**Al.** Jd. 1. 23 : I Ch. 17. 17.]

κατασκευάζειν. (1) בָּרָא (2) חָרַשׁ (3) יָצַר
(4) כּוּן hithpa. (5) עָשָׂה (6) צָרַף

Nu. 21. 27. καὶ κατασκευασθῇ πόλις Σηών (4)
II Ch. 32. 5. καὶ κατεσκεύασεν ὅπλα πολλά (5)
I Es. 9. 42. ἐπὶ τοῦ ξυλίνου βήματος τοῦ κατασκευασθέντος
Pr. 6. 14. τεκταίνεται [B[2] κατασκευάζει] κακά (2)
23. 5. κατεσκεύασται γὰρ αὐτῷ πτέρυγες [S[1] -ας] (5)
Wi. 7. 27. φίλους θεοῦ καὶ προφήτας κατασκευάζει
9. 1. τῇ σοφίᾳ σου κατεσκεύασας [A S κατασκ.] ἄνθρωπον
11. 24. οὐδὲ γὰρ ἂν μισῶν τι κατεσκεύασας
13. 4. πόσῳ ὁ κατασκευάσας αὐτὰ δυνατώτερός ἐστιν
— 11. κατεσκεύασε χρήσιμον σκεῦος εἰς ὑπηρεσίαν ζωῆς
14. 2. τεχνῖτις δὲ σοφία κατεσκεύασεν
Is. 40. 19. ὁμοίωμα κατεσκεύασεν αὐτόν (6 ?)
— 28. ὁ θ. ὁ κατασκευάσας τὰ ἄκρα τῆς γῆς (1)
43. 7. ἐν γὰρ τῇ δόξῃ μου κατεσκεύασα αὐτόν (1)
45. 7. ἐγὼ ὁ κατασκευάσας φῶς (3)
Is. 45. 9. ποῖον βέλτιον κατεσκεύασα ὡς πηλὸν κεραμέως (3 ?)
Je. 26 (46). 9. A κατασκευάσατε [B S παρασκ.] τὰ ἅρματα †
Ba. 3. 32. ὁ κατασκευάσας τὴν γῆν
Ep. Je. 9. κατασκευάζουσι στεφάνους ἐπὶ τὰς κεφαλὰς τῶν θεῶν αὐτῶν
— 45. ὑπὸ τεκτόνων καὶ χρυσοχόων κατεσκευασμένα εἰσίν
— 46. αὐτοί τε οἱ κατασκευάζοντες αὐτὰ οὐ μὴ γένωνται πολυχρόνιοι πῶς τε δὴ μέλλει τὰ ὑπ' αὐτῶν κατασκευασθέντα [A *add.* εἶναι θεοί]
I Ma. 3. 29. ἧς κατεσκεύασεν ἐν τῇ γῇ
10. 6. καὶ κατασκευάζειν ὅπλα
— 21. καὶ κατεσκεύασεν ὅπλα πολλά
15. 3. κατεσκεύασα [S[1] -αν] πλοῖα πολεμικά
— 7. πάντα τὰ ὅπλα ὅσα κατεσκεύασας
III Ma. 5. 45. R φοβεραῖς κατεσκευασμένα σκευαῖς [A *al.*]
IV Ma. 2. 21. ὁ θεὸς τὸν ἄνθρωπον κατεσκεύασε
4. 20. ὥστε μὴ μόνον . . . γυμνάσιον κατασκευάσαι
13. 26. ποθεινοτέραν αὐτοῖς κατεσκεύαζε τὴν φιλαδελφίαν

[**Aq.** Ec. 12. 9.]
[**Sm.** Jb. 13. 4 : Ps. 89 (40). 7 : Ec. 12. 10 : Je. 18. 22 : Ez. 28. 13.]

κατασκεύασμα.

Ju. 15. 11. A S καὶ πάντα τὰ κ. [B σκευάσ.] αὐτοῦ
Si. 35 (32). 6. ἐν κατασκευάσματι χρυσῷ σφραγὶς σμαράγδου
II Ma. 12. 43. R ποιησάμενός τε . . . κατασκευάσματα [A *om.*]

[**Sm.** Ex. 28. 27.]

κατασκευαστός.

[**Al.** Nu. 7. 3.]

κατασκευή. (1) בָּנָה (2) כְּלִי (3) מְלָאכָה
(4) מַעֲשֶׂה (5) עֲבֹדָה (6) שֵׁם

Ex. 27. 19. πᾶσα ἡ κ. [A ἀπο.] . . . χαλκοῖ (2)
35. 24. A B πάντα τὰ ἔργα τῆς κ. [R παρασκ.] (5)
36. 7. ἱκανὰ εἰς τὴν κ. ποιῆσαι (3)
Nu. 8. 4. αὕτη ἡ κ. τῆς λυχνίας (4)
32. 16. A καὶ πόλεις ταῖς κ. [B ἀποσκ.] ἡμῶν †
I Ch. 29. 19. τοῦ ἐπὶ τέλος ἀγαγεῖν τὴν κ. τοῦ οἴκου σου (1 ?)
II Ch. 26. 15. ἠκούσθη ἡ κ. αὐτῶν ἕως πόρρω (7 ?)
II Ma. 4. 20. εἰς τὰς τῶν τριηρέων κ.
15. 39. τὸ τῆς κ. τοῦ λόγου τέρπει τὰς ἀκοάς
III Ma. 5. 45. A φοβερῶς κεκοσμημένα κατασκευαῖς [R *al.*]

[**Sm.** Ps. 118 (119). 96 : Ez. 1. 16 : 23. 6, 12.]

κατασκήνεσις (?).

Wi. 9. 8. A ἐν πόλει κατασκηνέσεώς [B S -νώσεώς] σου θυσιαστήριον

κατασκηνοῦν. (1) מָלַל aph. (2) יָשַׁב *a.* qal.
b. pi. (3) סָכַךְ hi. (4) רָבַץ hi.
(5) שָׁכֵן ,שָׁכַן *a.* qal. *b.* pi. *c.* po. *d.* hi.
e. שְׁכַן pe. *f.* pa. *g.* מִשְׁכָּב

Nu. 14. 30. κατασκηνῶσαι ὑμᾶς ἐπ' αὐτῆς (5 *b*)
35. 34. A B[2] R ἐφ' ἧς ἐγὼ κατασκηνῶ [B[1] -νώσω] (5 *a*)
— 34. κατασκηνῶν [A ὁ κ.] ἐν μέσῳ τῶν υἱῶν Ἰσρ. (5 *a*)
De. 33. 12. κατασκηνώσει πεποιθώς (5 *a*)
— 28. κατασκηνώσει Ἰσρ. πεποιθὼς μόνος (5 *a*)
Jo. 22. 19. οὗ κατασκηνοῖ ἐκεῖ ἡ σκηνή [A κιβωτός] (5 *a*)
Jd. 5. 17. A ἐν τῷ πέραν τοῦ Ἰορδ. κατεσκήνωσεν [B *al.*] (5 *a*)
— 17. A ἐπὶ τὰς διακοπὰς αὐτοῦ κατεσκήνωσεν [B *al.*] (5 *a*)
18. 28. κατεσκήνωσαν [A κατῴκησαν] ἐν αὐτῇ (2 *a*)
II Ki. 7. 10. καὶ κατασκηνώσει [A ἐγκ.] καθ' ἑαυτόν (5 *a*)
III Ki. 6. 13. A κατασκηνώσω ἐν μέσῳ υἱῶν Ἰσρ. (5 *a*)
I Ch. 17. 9. κατασκηνώσει καθ' ἑαυτόν (5 *a*)
23. 25. καὶ κατεσκήνωσεν ἐν Ἱερ. (5 *a*)
II Ch. 6. 1. B τοῦ κατασκηνῶσαι [A[2] κατοικῆσαι] ἐν γνόφῳ (5 *a*)
II Ch. 6. 2. τοῦ κατασκηνῶσαι [A κατοικῆσαι] εἰς τοὺς αἰῶνας (2 *a*)
I Es. 2. 5. ὁ κύριος ὁ κατασκηνώσας ἐν Ἱερ.
II Es. 6. 12. οὗ κατασκηνοῖ τὸ ὄνομα ἐκεῖ (5 *f*)
7. 15. τῷ ἐν Ἱερ. κατασκηνοῦντι (5 *g*)
Ne. 1. 9. κατασκηνῶσαι τὸ ὄνομά μου ἐκεῖ (5 *b*)
Jb. 18. 15. κατασκηνώσει ἐν τῇ σκηνῇ αὐτοῦ (5 *a*)
29. 25. κατεσκήνουν ὡσεὶ βασιλεὺς ἐν μονοζώνοις (5 *a*)
Ps. 5. 11. κατασκηνώσεις ἐν αὐτοῖς (3)
7. 5. τὴν δόξαν μου εἰς χοῦν κατασκηνώσαι (5 *d*)
14 (15). 1. τίς κατασκηνώσει ἐν τῷ ὄρει (5 *a*)
15 (16). 9. ἡ σάρξ μου κατασκηνώσει ἐπ' ἐλπίδι (5 *a*)
22 (23). 2. εἰς τόπον χλόης ἐκεῖ με κατεσκήνωσεν (4)
36 (37). 3. κατασκήνου τὴν γῆν (5 *a*)
— 27. κατασκήνου εἰς αἰῶνα αἰῶνος [S[1] *om.*] (5 *a*)
— 29. κατασκηνώσουσιν . . . ἐπ' αὐτῆς (5 *a*)
64 (65). 4. κατασκηνώσει [S[1] κατοικήσει] ἐν ταῖς αὐλαῖς σου (5 *a*)
67 (68). 16. ὁ κύριος κατασκηνώσει εἰς τέλος (5 *a*)
— 18. καὶ γὰρ ἀπειθοῦντες τοῦ κατασκηνῶσαι (5 *a*)
68 (69). 36. κατασκηνώσουσιν ἐν αὐτῇ (5 *a*)
73 (74). 2. ὃ κατεσκήνωσας ἐν αὐτῷ (5 *a*)
77 (78). 55. B[3] S R κατεσκήνωσεν . . . τὰς φυλὰς [B[1] ταῖς φ.] τοῦ Ἰσρ. (5 *d*)
— 60. οὗ κατεσκήνωσεν ἐν ἀνθρώποις (5 *b*)
84 (85). 9. τοῦ κατασκηνῶσαι δόξαν ἐν τῇ γῇ ἡμῶν (5 *a*)
101 (102). 28. οἱ υἱοὶ τῶν δούλων σου κατασκηνώσουσι (5 *a*)
103 (104). 12. τὰ πετεινὰ τοῦ οὐρανοῦ κατασκηνώσει (5 *a*)
119 (120). 5. κατεσκήνωσα μετὰ τῶν σκηνωμάτων K. (5 *a*)
138 (139). 9. κατασκηνώσω εἰς τὰ ἔσχατα τῆς θαλάσσης (5 *a*)
Pr. 1. 33. A S κατασκηνώσει ἐν [B ἐπ'] ἐλπίδι (5 *a*)
2. 21. εὐθεῖς κατασκηνώσουσι γῆν (5 *a*)
8. 12. ἐγὼ ἡ σοφία κατεσκήνωσα βουλήν (5 *a*)
Si. 4. 15. ὁ προσελθὼν [A S προσέχων] αὐτῇ κατασκηνώσει πεποιθώς
24. 4. ἐγὼ ἐν ὑψηλοῖς κατεσκήνωσα
— 8. ἐν [A *om.*] Ἰακὼβ κατασκήνωσον
28. 16. οὐδὲ κατασκηνώσει μεθ' ἡσυχίας
Mi. 4. 10. καὶ κατασκηνώσεις ἐν πεδίῳ (5 *a*)
7. 14. κατασκηνοῦντας καθ' ἑαυτοὺς δρυμόν (5 *a*)
Jl. 3 (4). 17. ὁ κατασκηνῶν ἐν Σιών (5 *a*)
— 21. κύριος κατασκηνώσει ἐν Σιών (5 *a*)
Ob. 1. 3. κατασκηνοῦντα ἐν ταῖς ὀπαῖς τῶν πετρῶν [S[1] *al.*] (5 *a*)
Za. 2. 10 (14). κατασκηνώσω ἐν μέσῳ σου (5 *a*)
— 11 (15). κατασκηνώσουσιν ἐν μέσῳ σου (5 *a*)
8. 3, 8. κατασκηνώσω ἐν μέσῳ Ἱερ. (5 *a*)
Je. 7. 12. οὗ κατεσκήνωσα τὸ ὄνομά μου ἐκεῖ (5 *b*)
17. 6. κατασκηνώσει ἐν ἁλίμοις (5 *a*)
23. 6. Ἰσρ. [S Ἱερ.] κατασκηνώσει πεποιθώς (5 *a*)
28 (51). 13. κατασκηνοῦντας ἐφ' ὕδασι πολλοῖς (5 *a*, 5 *c* *)
Ez. 25. 4. κατασκηνώσουσιν ἐν [A σὺν] τῇ ἀπαρτίᾳ αὐτῶν ἐν σοί (2 *b*)
43. 7. κατασκηνώσει τὸ ὄνομά μου (5 *a*)
— 9. κατασκηνώσω ἐν μέσῳ αὐτῶν (5 *a*)
Da. Th. 4. 9. ὑποκάτω αὐτοῦ κατεσκήνουν τὰ θηρία τὰ ἄγρια (1)
— 18. κατεσκήνουν [A -ῴκουν] τὰ ὄρνεα (5 *e*)

[**Aq.** Jb. 22. 2 : Ps. 67 (68). 19 : Is. 32. 16 : 34. 17 : Je. 49. 16 (29. 17).]
[**Sm.** Jb. 4. 19 : Ps. 48 (49). 12 : 64 (65). 5 : 67 (68). 17, 19 : Is. 32. 16 : 33. 16 : 34. 17 : Je. 7. 12 : 25. 24 (32. 10) : 49. 16 (29. 17) : Ez. 17. 23.]
[**Th.** Jb. 18. 15 : 22. 2 : Ps. 67 (68). 7 : 77 (78). 60 : Is. 32. 16 : 34. 17 : Je. 33 (40). 16 : 46 (26). 26 : Ez. 28. 14.]
[**Al.** Le. 16. 16 : Dt. 33. 28 : Jb. 18. 15.]
[**Heb.** Jb. 18. 15.]

κατασκήνωσις. (1) בָּנָה (2) מִשְׁכָּן

I Ch. 28. 2. τὰ εἰς τὴν κ. ἐπιτήδεια (1)
To. 1. 4. ἡγιάσθη ὁ ναὸς τῆς κ. τοῦ ὑψίστου [S θεοῦ]
Wi. 9. 8. ἐν πόλει κατασκηνώσεώς [A -νέσεώς] σου θυσιαστήριον

Ez. 37. 27. ἔσται ἡ κ. μου ἐν αὐτοῖς (2)
II Ma. 14. 35. B ναὸν τῆς σῆς κ. [A σκην.]
[Sm. Ps. 45 (46). 5 : 48 (49). 12.]
[Al. Dt. 12. 5.]

κατάσκιος. (1) בַּמְּצֻלָּה (2) עָבֹת (3) פָּארָן (4) רַעֲנָן

Hb. 3. 3. ἥξει . . . ὁ ἅγιος ἐξ ὄρους Φ. κατασκίου δασέος (3 ?)
Za. 1. 8. ἀνὰ μέσον τῶν ὀρέων [A δύο ὀ.] τῶν κ. (1)
Je. 2. 20. ὑποκάτω παντὸς ξύλου κατασκίου (4)
Ez. 20. 28. καὶ πᾶν ξύλον κ. (2)

κατασκοπεῖν. (1) רָאָה (2) רָגַל pi.

II Ki. 10. 3. καὶ κατασκοπήσωσιν αὐτήν (2)
I Ch. 19. 3. τοῦ κατασκοπῆσαι τὴν γῆν (2)
Ez. 21. 22 (27). B κατασκοπήσασθαι [A B ἤπατοσκ.] ἐκ δεξιῶν αὐτοῦ (1)
I Ma. 5. 38. A κατασκοπῆσαι [S R -εῦσαι] τὴν παρεμβολήν
[Aq. Dt. 1. 33.]
[Al. Jd. 1. 23.]

κατασκοπεύειν. (1) חָפַר (2) יָצַב hithpa. (3) מַלְאָךְ (4) רָגַל pi.

Ge. 42. 30. ὡς κατασκοπεύοντας τὴν γῆν (4)
Ex. 2. 4. κατεσκόπευεν ἡ ἀδελφὴ αὐ. μακρόθεν (2)
De. 1. 24. καὶ κατεσκόπευσαν αὐτήν (4)
Jo. 2. 1. ἀπέστειλεν Ἰ. . . . δύο νεανίσκους κατασκοπεῦσαι (4)
— 2. εἰσπεπόρευνται . . . κατασκοπεῦσαι τὴν γῆν (1)
— 3. κατασκοπεῦσαι γὰρ τὴν γῆν ἥκασι (1)
6. 21 (22). τοῖς δυσὶ νεανίσκοις τοῖς κατασκοπεύσασιν (4)
— 22 (23). οἱ δύο νεανίσκοι οἱ κατασκοπεύσαντες τὴν πόλιν (4)
— 24 (25). ἔκρυψε τοὺς κατασκοπεύσαντας οὓς ἀπέστειλεν Ἰ. κατασκοπεῦσαι τὴν Ἱερ. (3, 4)
14. 7. κατασκοπεῦσαι τὴν γῆν (4)
I Ma. 5. 38. S R κατασκοπεῦσαι [A -ῆσαι] τὴν παρεμβολήν

κατάσκοπος. (1) רָגַל pi.

Ge. 42. 9. κατάσκοποί ἐστε (1)
— 11. οὐκ εἰσὶν οἱ παῖδές σου κατάσκοποι (1)
— 14. λέγων ὅτι κατάσκοποί ἐστε (1)
— 16. ἦ μὴν κατάσκοποί ἐστε (1)
— 31. οὐκ ἐσμὲν κατάσκοποι (1)
— 34. ὅτι οὐ κατάσκοποί ἐστε (1)
I Ki. 26. 4. ἀπέστειλε Δαυὶδ κατασκόπους (1)
II Ki. 15. 10. ἀπέστειλεν Ἀβ. κατασκόπους (1)
Si. 11. 30. ὡς ὁ κ. ἐπιβλέπει πτῶσιν
I Ma. 12. 26. καὶ ἀπέστειλε κατασκόπους
[Aq., Sm. Nu. 14. 6 : 21. 1.]

κατασμικρύνειν. (1) קָטֹן

II Ki. 7. 19. κατεσμικρύνθην [A -η] μικρὸν ἐνώπιόν σου (1)

κατασοφίζεσθαι. (1) חָכַם hithp.

Ex. 1. 10. κατασοφισώμεθα αὐτούς (1)
Ju. 5. 11. καὶ κατεσοφίσαντο [A S -ατο] αὐτούς
10. 19. δυνήσονται κατασοφίσασθαι πᾶσαν τὴν γῆν

κατασπᾶν. (1) אָבַד pi. (2) בָּהַל pi. (3) הָרַס (4) יָרַד (5) כָּרַת hi. (6) נָגַר hi. (7) נָסַח (8) נָתַץ a. qal. b. pi. (9) סוּר hi. (10) פָּרַץ (11) רָצַץ

II Ki. 11. 25. καὶ κατάσπασον αὐτήν (3)
IV Ki. 10. 27. κατέσπασαν τὰς στήλας τοῦ B. (8 a)
11. 18. A R καὶ κατέσπασαν [B^2 -εν] αὐτόν (8 a)
21. 3. ἃ κατέσπασεν [A -έσκαψεν] Ἐζ. (1)
23. 12. καὶ κατέσπασεν ἐκεῖθεν (11)
— 15. τὸ θυσιαστήριον ἐκεῖνο . . . κατέσπασε (8 a)
25. 10. R τὸ τεῖχος Ἱερ. . . . κατέσπασεν [A al.] (8 a)
II Ch. 23. 17. καὶ κατέσπασαν αὐτόν (8 a)
24. 7. κατέσπασαν τὸν οἶκον τοῦ θεοῦ (10)
25. 23. κατέσπασεν [A -έστησεν] ἀπὸ τοῦ τείχους Ἱερ. (10)
26. 6. κατέσπασε τὰ τείχη Γέθ (10)
30. 14. πάντα ἐν οἷς ἐθυμίων . . . κατέσπασαν (9)
II Ch. 31. 1. κατέσπασαν τὰ ὑψηλά (8 b)
32. 5. A πᾶν τὸ τεῖχος τὸ κατεσπασμένον [B -εσκαμμένον] (10)
— 18. τοῦ βοηθῆσαι αὐτοῖς καὶ κατασπάσαι (2)
33. 3. ἃ κατέσπασεν Ἐζεκίας (8 b)
34. 4. κατέσπασε [A -έστρεψαν] . . . τὰ θυσιαστήρια (8 b)
— 7. κατέσπασε τὰ ἄλση (8 b)
To. 13. 12. S καὶ κατασπῶντες τὰ τείχη σου
Pr. 15. 25. οἴκους ὑβριστῶν κατασπᾷ κύριος (7)
Mi. 1. 6. κατασπάσω εἰς χάος τοὺς λίθους αὐτῆς (6)
Ze. 3. 6. κατέσπασα ὑπερηφάνους (5)
Za. 11. 2. κατεσπάσθη ὁ δρυμὸς ὁ σύμφυτος (4)
Da. Th. Bel 28. τὸν Βὴλ κατέσπασε [A -έστρεψεν]
[Aq. Pr. 21. 7 : Je. 1. 10.]
[Sm. Je. 33 (40). 4.]
[Th. Je. 1. 10.]

κατασπαταλᾶν. (1) סָרַח (2) פָּנַק pi.

Pr. 29. 21. ὃς κατασπαταλᾷ ἐκ παιδός (2)
Am. 6. 4. κατασπαταλῶντες ἐπὶ ταῖς στρωμναῖς αὐ. (1)

κατασπείρειν. (1) זָרָה pu. (2) זָרַע

Le. 19. 19. τὸν ἀμπελῶνά σου οὐ κατασπερεῖς διάφορον (2)
De. 22. 9. A B^2 R οὐ κατασπερεῖς τὸν [B^1 -εῖ σὸν] ἀμπελῶνά σου διάφορον [B δίφ.] (2)
Jb. 18. 15. κατασπαρήσονται [A -σεται] τὰ εὐπρεπῆ αὐτοῦ θείῳ (1)
III Ma. 5. 26. R οὔπω δὲ ἡλίου βολαὶ κατεσπείροντο [B κατεπ.]
[Th. Jb. 18. 15.]

κατασπεύδειν. (1) אוּץ (2) בָּהַל a. pi. b. hi. c. בָּהֵל pa. (3) c. neg. בָּעַת ni. (4) יָפַע hi. (5) יָצָא (6) מָהַר pi. (7) נָחַץ (8) שָׁלַח

Ex. 5. 10. κατέσπευδον δὲ αὐτοὺς οἱ ἐργοδιῶκται (5)
— 13. οἱ δὲ ἐργοδιῶκται κατέσπευδον αὐτούς (1)
9. 19. κατάσπευσον συναγαγεῖν τὰ κτήνη σου (8)
10. 16. κατέσπευδε δὲ Φ. καλέσαι Μωυσῆν (6)
De. 33. 2. κατέσπευσεν ἐξ ὄρους Φαράν (4)
I Ki. 21. 8 (9). A ἦν τὸ ῥῆμα τοῦ βασιλέως κατασπεῦδον [B κατὰ σπουδήν] (7)
I Ch. 21. 30. οὐ [A om.] κατέσπευσεν ἀπὸ προσώπου τῆς ῥομφαίας (3)
II Ch. 26. 20. καὶ κατέσπευσαν αὐτὸν ἐκεῖθεν (2 b)
35. 21. ὁ θεὸς εἶπε κατασπεῦσαί με (2 a)
Es. 5. 5. κατασπεύσατε [A -σάτω] Ἀμάν (6)
Si. 18. 14. τοὺς κατασπεύδοντας ἐπὶ τὰ κρίμ. αὐ.
28. 11. ἔρις κατασπευδομένη ἐκκαίει πῦρ καὶ μάχη κατασπεύδουσα ἐκχέει [S -αι] αἷμα
35 (32). 10. πρὸ βροντῆς κατασπεύδει ἀστραπή
43. 5. ἐν λόγοις αὐτοῦ κατέσπευσε [S^2 -έπαυσεν] πορείαν
— 13. προστάγματι αὐτοῦ κατέσπευσε [S -έπαυσεν] χιόνα
50. 17. A B^2 S πᾶς ὁ λαὸς κοινῇ κατέσπευσαν [B^1 R -σε]
Da. LXX. 4. 16. ὑπόνοια κατέσπευδεν αὐτόν (2 c)
5. 6. ὑπόνοιαι αὐτὸν κατέσπευδον (2 c)
Da. Th. 4. 16. A ἡ σύγκρισις μὴ κατασπευσάτω σε (2 c)
I Ma. 6. 57. A κατέσπευδον [S -εν, R -σε] τοῦ ἀπελθεῖν
13. 21. κατασπεύδοντας αὐτὸν τοῦ ἐλθεῖν πρὸς αὐτούς
[Aq. Ps. 77 (78). 33 : Je. 49. 19 (29. 20).]
[Sm. Pr. 19. 13.]
[Th. Da. 4. 16†.]

κατάσπευσις.

[Th. Pr. 1. 27.]

κατασπουδάζειν (1) בָּהַל ni.

Jb. 23. 15. ἀπὸ προσώπου αὐτοῦ κατασπουδασθῶ [S^1 -άσω] (1)
[Aq. II Ki. 4. 1 : Jb. 23. 15 : Ps. 2. 5 : 6. 11 : 29 (30). 8.]
[Th. Jb. 23. 15.]

κατασπουδασμός.

[Aq. Ze. 1. 18.]

καταστάζειν.

[Sm. Ps. 118 (119). 28.]

καταστασιάζειν.

Ex. 38. 22 (1). τοῖς καταστασιάσασι μετὰ τῆς κ. συναγωγῆς
[Sm. Ps. 101 (102). 9.]

κατάστασις.

Wi. 12. 12. τίς εἰς κατάστασίν σοι ἐλεύσεται ἔκδικος

καταστέλλειν.

II Ma. 4. 31. καταστεῖλαι τὰ πράγματα
III Ma. 6. 1. τοὺς περὶ αὐτὸν καταστείλας πρεσβυτέρους
[Aq. Ps. 64 (65). 8.]

κατάστεμα, *vid.* κατάστημα.

καταστενάζειν. (1) אָנַח ni. (2) חָנַן ni.

Ex. 2. 23. κατεστέναξαν οἱ υἱοὶ Ἰσρ. ἀπὸ τῶν ἔργων (1)
Je. 22. 23. καταστενάξεις ἐν τῷ ἐλθεῖν σοι ὠδῖνας [A ὠδίνας] (2)
La. 1. 11. πᾶς ὁ λαὸς αὐτῆς καταστενάζοντες (1)
Ez. 9. 4. ἐπὶ τὰ μέτωπα τῶν ἀνδρῶν τῶν καταστεναζόντων (1)
21. 6 (11). καταστέναξον ἐν συντριβῇ ὀσφύος σου (1)
III Ma. 6. 34. κατεστέναξαν αἰσχύνην ἐφ' ἑαυτοῖς περιβαλλόμενοι

καταστέφειν.

Je. 20. 16. ἃς κατέστρεψε [S^1 -έστεψε] κύριος †
III Ma. 7. 16. παντοίοις εὐωδεστάτοις ἄνθεσι κατεστεμμένοι

κατάστημα (-εμα).

III Ma. 5. 45. εἰς κ. μανιῶδες ἀγηοχώς

καταστηρίζειν.

Jb. 20. 7. ὅταν γὰρ δοκῇ ἤδη κατεστηρίχθαι [A ἐστ.] †

καταστολή. (1) מַעֲטֶה

Is. 61. 3. δοθῆναι . . . καταστολὴν δόξης ἀντὶ πνεύματος ἀκηδίας (1)

καταστραγγίζειν. (1) מָצָה ni.

Le. 5. 9. τὸ δὲ κατάλοιπον τοῦ αἵματος καταστραγγιεῖ (1)

καταστρατοπεδεύειν. (1) חָנָה

Jo. 4. 19. κατεστρατοπέδευσαν οἱ υἱοὶ Ἰσρ. (1)
Ju. 3. 10. κατεστρατοπέδευσαν ἀνὰ μέσον Γ.
7. 18. κατεστρατοπέδευσαν ἐν ὄχλῳ πολλῷ
II Ma. 4. 22. εἰς τὴν Φοινίκην κατεστρατοπέδευσε

καταστρέφειν. (1) הָפַךְ a. qal. b. ni. c. מַהְפֵּכָה d. תַּהְפֻּכָה (2) a. הָרַס b. הֲרִיסָה (3) חָלַף (4) מָגַר pa. (5) מָשַׁךְ (6) נָעַר pi. (7) נָתַץ a. qal. b. pi. (8) סָלַף pi. (9) עָתַק (10) רָשַׁשׁ pu. (11) שָׁחַת pi.

Ge. 13. 10. πρὸ τοῦ καταστρέψαι τὸν θ. Σ. (11)
19. 21. τοῦ μὴ καταστρέψαι τὴν πόλιν (1 a)
— 25. κατέστρεψε τὰς πόλεις ταύτας (1 a)
— 29. ἐν τῷ καταστρέψαι κύριον τὰς πόλεις (1 a)
De. 29. 23 (22). ὥσπερ κατεστράφη Σόδομα (1 c)
— 23 (22). ἃς κατέστρεψε κύριος (1 a)
Jd. 7. 13. A καὶ κατέστρεψεν [R ἀνέστρ.] αὐτὴν ἄνω (1 a)
8. 17. τὸν πύργον Φ. κατέστρεψε [A -έσκαψεν] (7 a)
IV Ki. 21. 13. καὶ καταστρέφεται ἐπὶ πρόσωπον αὐτοῦ (1 a)
II Ch. 34. 4. A κατέστρεψαν [B -έσπασε] . . . τὰ θυσιαστήρια (7 b)
II Es. 6. 12. A R καταστρέψαι [B -ει] πάντα βασ. (4)
To. 14. 4. ὅτι καταστραφήσεται [A -σκαφ., S al.]
Jb. 9. 5. ὁ καταστρέφων αὐτὰ ὀργῇ [A ἐν ὀ.] (1 a)
11. 10. ἐὰν δὲ καταστρέψῃ τὰ πάντα (3 ?)
12. 14. A ἐὰν καταστρέψῃ [B S -βάλῃ] (2 a)
— 15. ἀπώλεσεν αὐτὴν καταστρέψας (1 a)
— 19. δυνάστας δὲ γῆς κατέστρεψε (8)

Jb. 18. 4. ἡ καταστραφήσεται ὄρη [A ἡ γῆ] ἐκ θεμελίων (9)
24. 22. θυμῷ δὲ κατέστρεψεν [A -αν] ἀδυνάτους (5)
28. 9. κατέστρεψε δὲ ἐκ ῥιζῶν ὄρη (1 a)
Ps. 88 (89). 39. κατέστρεψας τὴν διαθήκην τοῦ δούλου σου (6)
Pr. 10. 32. S[2] στόμα δὲ ἀσεβῶν καταστρέφεται [A B S[1] ἀποστρ.] (1 d)
14. 1. A ἡ δὲ ἄφρων κατέστρεψεν [BS -έσκαψε] ταῖς χερσὶν αὐτῆς (2 a)
Si. 10. 13. κατέστρεψεν εἰς τέλος αὐτούς
— 16. χώρας ἐθνῶν κατέστρεψεν ὁ κύριος
27. 3. ἐν τάχει καταστραφήσεται αὐτοῦ ὁ οἶκος
28. 14. γλῶσσα τρίτη . . . οἰκίας μεγιστάνων κατέστρεψε
Am. 4. 11. κατέστρεψα ὑμᾶς καθὼς κατέστρεψεν ὁ θεὸς Σόδομα (1 a, 1 c)
9. 11. τὰ κατεσκαμμένα [A κατεστραμμένα] αὐ. ἀναστήσω (2 b)
Jn. 3. 4. καὶ Νιν. καταστραφήσεται (1 b)
Hg. 2. 23 (22). καὶ καταστρέψω θρόνους βασιλέων (1 a)
— 23 (22). καὶ καταστρέψω ἅρματα (1 a)
— 23 (22). A καὶ καταστρέψω πᾶσαν τὴν δύναμιν αὐτῶν –
Ma. 1. 4. ἡ Ἰδουμαία κατέστραπται (10)
— 4. καὶ ἐγὼ καταστρέψω (2 a)
Is. 1. 7. ἠρήμωται κατεστραμμένη ὑπὸ λαῶν ἀλλοτρίων (1 c)
13. 19. ὃν τρόπον κατέστρεψεν ὁ θεὸς Σόδομα (1 c)
Je. 20. 16. ἃς κατέστρεψε [S[1] -στεψε] κύριος ἐν θυμῷ (1 a)
27 (50). 40. καθὼς κατέστρεψεν ὁ θεὸς Σόδομα (1 c)
29 (49). 18. ὥσπερ κατεστράφη Σόδομα (1 c)
La. 4. 6. ὑπὲρ ἀνομίας Σοδ. τῆς κατεστραμμένης (1 a)
Da. LXX. 11. 8. τοὺς θεοὺς αὐτῶν καταστρέψει –
Bel 21. τὸν δὲ Βὴλ κατέστρεψεν
— 27. τὸν Βὴλ κατέστρεψε
Da. TH. 11. 8. A B[2] τοὺς θεοὺς αὐτῶν καταστρέψει [B[1] R om.] –
Bel 22. καὶ κατέστρεψεν αὐτόν
— 28. A τὸν Βὴλ κατέστρεψεν [B -έσπασε]
II Ma. 9. 28. κατέστρεψε τὸν βίον
III Ma. 3. 23. R ἡμᾶς καταστρέψαι τὰ κατορθώματα [A πράγματα]
[**Aq.** Ps. 139 (140). 10.]

καταστροφή. (1) אֵיד (2) הֲפֵכָה (3) סוּף (4) סוּפָה (5) שָׁדַד (6) תְּבוּסָה

Ge. 19. 29. ἐξαπέστειλε τὸν Λὼτ ἐκ μέσου τῆς κ. (2)
II Ch. 22. 7. παρὰ τοῦ θεοῦ ἐγένετο καταστροφή (6)
Jb. 8. 19. καταστροφὴ ἀσεβοῦς τοιαύτη †
15. 21. ἥξει αὐτοῦ ἡ κ. (5)
21. 17. ἐπελεύσεται δὲ αὐτοῖς ἡ κ. (1)
27. 7. ὥσπερ ἡ κ. τῶν ἀσεβῶν –
Pr. 1. 18. ἡ δὲ κ. ἀνδρῶν παρανόμων κακή
— 27. ἡ δὲ κ. ὁμοίως καταιγίδι παρῇ (1)
Si. 9. 11. οὐ γὰρ οἶδας τί [A S[1] τίς] ἔσται ἡ κ. αὐτοῦ
18. 12. ἐπέγνω τὴν κ. αὐ. ὅτι πονηρά
Ho. 8. 7. καὶ ἡ κ. αὐτῶν ἐκδέξεται αὐτά (4?)
Da. LXX. 7. 28. ἕως καταστροφῆς τοῦ λόγου (3)
I Ma. 2. 49. ἐλεγμὸς καὶ καιρὸς καταστροφῆς
II Ma. 5. 8. A πέρας οὖν κακῆς κ. [R ἀναστρ.]
● III Ma. 3. 4. ἐποίουν ἐπί τινων καὶ καταστροφάς
4. 4. λογιζομένους τὴν ἄδηλον τοῦ βίου κ.
5. 47. τὴν ἐπίπονον καὶ ταλαίπωρον . . . κ.

κατάστρωμα.

[**Sm.** III Ki. 6. 5, 10.]

καταστρωννύειν (-ύναι). (1) שָׁחַט (2) שָׁטַח

Nu. 14. 16. κατέστρωσεν αὐτοὺς ἐν τῇ ἐρήμῳ (1)
Ju. 7. 14. καταστρωθήσονται ἐν ταῖς πλατείαις
— 25. τοῦ καταστρωθῆναι ἐναντίον αὐτῶν
12. 1. συνέταξε καταστρῶσαι αὐτῇ [A -ήν]
14. 4. καταστρώσατε [S -σετε] αὐτοὺς ἐν ταῖς ὁδοῖς αὐτῶν
Jb. 12. 23. καταστρωννύων ἔθνη (2)
II Ma. 5. 26. R ἱκανὰ κατέστρωσε [A -έστησεν] πλήθη
11. 11. κατέστρωσαν αὐτῶν χιλίους
12. 28. κατέστρωσαν δὲ τῶν ἔνδον εἰς μυριάδας δύο
15. 27. κατέστρωσαν οὐδὲν ἧττον μυριάδων τριῶν
[**Aq.** Jb. 12. 23 : Is. 63. 1.]
[**Sm.** Ps. 67 (68). 5.]
[**Th.** Jb. 12. 23 : Is. 63. 1 : Da. 14. 13†.]

κατασύρειν. (1) חָשַׂף (2) שָׁטַף

Je. 29 (49). 10. κατέσυρα [A -ηραύνησα] τὸν Ἠσαῦ (1)
Da. LXX. 11. 10. εἰσελεύσεται κατ' αὐτὴν κατασύρων (2)
— 26. καὶ κατασυρεῖ (2)
[**Sm.** II Ki. 14. 14.]

κατασφάζειν. (1) בָּתַק pi. (2) הָרַג

Za. 11. 5. ἃ οἱ κτησάμενοι κατέσφαζον (2)
Ez. 16. 40. κατασφάξουσί σε ἐν τοῖς ξίφεσιν αὐτῶν (1)
Da. TH. Bel 28. τοὺς ἱερεῖς κατέσφαξε [A[1] -έτρεψεν]
II Ma. 5. 12. τοὺς εἰς τὰς οἰκίας ἀναβαίνοντας κατασφάζειν
— 24. τοὺς ἐν ἡλικίᾳ πάντας κατασφάξαι
6. 9. τοὺς δὲ μὴ προαιρουμένους . . . κατασφάζειν
8. 24. κατέσφαξαν . . . ὑπὲρ τοὺς ἐννακισχιλίους
10. 17. κατέσφαζόν τε τοὺς ἐμπίπτοντας
— 31. κατεσφάγησαν δὲ δισμύριοι
— 37. καὶ τὸν Τιμόθεον . . . κατέσφαξαν
12. 26. κατέσφαξε μυριάδας σωμάτων δύο

κατασφαλίζεσθαι.

II Ma. 1. 19. ἐν ᾧ κατησφαλίσαντο
III Ma. 4. 9. τοὺς πόδας ἀρρήκτοις κατησφαλισμένοι πέδαις

κατασφραγίζειν. (1) חָתַם

Jb. 9. 7. κατὰ δὲ ἄστρων κατασφραγίζει (1)
37. 7. ἐν χειρὶ παντὸς ἀνθρώπου κατασφραγίζει (1)
Wi. 2. 5. κατεσφραγίσθη καὶ οὐδεὶς ἀναστρέφει
[**Th.** Jb. 37. 7.]

κατάσχεσις. (1) אֲחֻזָּה (2) מוֹרָשׁ (3) מוֹרָשָׁה (4) מוֹשָׁב (5) נַחֲלָה

Ge. 17. 8. δώσω σοι . . . εἰς κατάσχεσιν αἰώνιον (1)
47. 11. ἔδωκεν αὐτοῖς κατάσχεσιν ἐν γῇ Αἰγ. (1)
48. 4. δώσω σοι . . . εἰς κατάσχεσιν αἰώνιον (1)
Le. 25. 24. κατὰ πᾶσαν γῆν κατασχέσεως ὑμῶν (1)
— 25. καὶ ἀποδώσεται ἀπὸ τῆς κ. αὐτοῦ (1)
— 27. καὶ ἀπελεύσεται εἰς τὴν κ. αὐτοῦ (1)
— 28. B[2] R ἀπελεύσεται εἰς τὴν κ. [A B[1] κατάπαυσιν] αὐτοῦ (1)
— 32. οἰκίαι τῶν πόλεων κατασχέσεως αὐτῶν (1)
— 33. οἰκιῶν πόλεως κατασχέσεως αὐτῶν (1)
— 33. οἰκίαι τῶν πόλεων τῶν Λευ. κατάσχεσις [A -εις] αὐτῶν (1)
— 34. κ. αἰώνια τοῦτο αὐτῶν ἐστιν (1)
— 41. εἰς τὴν κ. τὴν πατρικὴν ἀποδραμεῖται [A -θανεῖται] (1)
— 45. ἔστωσαν ὑμῖν εἰς κατάσχεσιν (1)
27. 16. ἀπὸ τοῦ ἀγροῦ τῆς κ. αὐτοῦ (1)
— 21. τῷ ἱερεῖ ἔσται κατάσχεσις [B[1] -σεως] (1)
— 22. ἀπὸ τοῦ ἀγροῦ τῆς κ. αὐτοῦ (1)
— 24. οὗ ἦν ἡ κ. τῆς γῆς (1)
— 28. καὶ ἀπὸ ἀγροῦ κατασχέσεως αὐτοῦ (1)
Nu. 13. 3 (2). ἣν ἐγὼ δίδωμι τοῖς υἱοῖς Ἰσρ. εἰς κατάσχεσιν –
15. 2. A εἰς τὴν γῆν τῆς κ. [B κατοικήσεως] ὑμῶν (4)
20. 24. A ἔδωκα τοῖς υἱοῖς Ἰσρ. ἐν κατασχέσει [B al.] –
27. 3 (4). δότε ἡμῖν κατάσχεσιν (1)
— 6 (7). δόμα δώσεις αὐταῖς κατάσχεσιν κληρονομίας (1)
— 12. ἣν ἐγὼ δίδωμι . . . ἐν κατασχέσει –
32. 5. δοθήτω ἡ γῆ αὕτη . . . ἐν κατασχέσει (1)
— 22. ἔσται ἡ γῆ αὕτη ὑμῖν ἐν κατασχέσει (1)
— 29. δώσετε αὐτοῖς τὴν γῆν Γ. ἐν κατασχέσει (1)
— 32. δώσετε τὴν κ. ἡμῖν (1+5)
33. 54. πληθυνεῖτε τὴν κ. αὐτῶν (5)
— 54. ἐλαττώσετε τὴν κ. αὐτῶν (5)
35. 2. ἀπὸ τῶν κλήρων κατασχέσεως αὐτῶν (1)
— 8. ἀπὸ τῆς κ. υἱῶν Ἰσρ. (1)
— 28. εἰς τὴν γῆν τῆς κ. αὐτῶν (1)
36. 3. ἀφαιρεθήσεται . . . ἐκ τῆς κ. τῶν πατέρων ἡμῶν (5)
De. 32. 49. A δίδωμι τοῖς υἱοῖς Ἰσρ. εἰς κατάσχεσιν [B om. εἰς κ.] (1)
Jo. 21. 12. ἔδωκεν Ἰησοῦς . . . ἐν κατασχέσει (1)
— 39. ἐν μέσῳ κατασχέσεως υἱῶν Ἰσρ. (1)
22. 4. εἰς τὴν γῆν τῆς κ. ὑμῶν (1)
— 9. εἰς γῆν κατασχέσεως αὐτῶν (1)
— 19. μικρὰ ἡ γῆ ὑμῶν τῆς κ. ὑμῶν (1)
— 19. τὴν γῆν τῆς κ. κυρίου (1)
I Ch. 4. 33. αὕτη κ. [A ἡ κ.] αὐτῶν (4)
7. 28. καὶ κατάσχεσις [A -εις] αὐτῶν . . . Βαιθήλ (1)
9. 2. οἱ κατοικοῦντες πρότερον ἐν ταῖς κ. αὐτῶν (1)
13. 2. ἐν πόλεσι κατασχέσεως αὐτῶν (2)
II Ch. 11. 14. τὰ σκηνώματα τῆς κ. αὐτῶν (1)
Ne. 11. 3. ἐκάθισαν ἀνὴρ ἐν κατασχέσει αὐτοῦ (1)
Ju. 9. 13. καὶ οἴκου κατασχέσεως υἱῶν σου
Ps. 2. 8. δώσω σοι . . . τὴν κ. σου τὰ πέρατα τῆς γῆς (1)
Si. 4. 16. ἐν κατασχέσει ἔσονται αἱ γενεαὶ αὐ.
Za. 11. 14. διασκεδάσαι τὴν κ. [A διαθήκην μου] †
Ez. 33. 24. ἡμῖν δέδοται ἡ γῆ εἰς κατάσχεσιν (3)
35. 12. A δέδοται εἰς κατάσχεσιν [B κατάβρωμα] †
36. 2. ἔρημα αἰώνια εἰς κατάσχεσιν ἡμῖν ἐγενήθη (3)
— 3. τοῦ εἶναι ὑμᾶς [A ἡμ.] εἰς κατάσχεσιν (3)
— 5. ἔδωκαν τὴν γῆν μου ἑαυτοῖς εἰς κατάσχεσιν (3)
— 12. ἔσεσθε αὐτοῖς εἰς κατάσχεσιν (5)
44. 28. κ. αὐτοῖς οὐ δοθήσεται ἐν τοῖς υἱοῖς Ἰσρ. ὅτι ἐγὼ κ. αὐτῶν [A -οῖς] (1, 1)
45. 5. εἰς κατάσχεσιν πόλεις τοῦ κατοικεῖν (1)
— 6. τὴν κ. τῆς πόλεως δώσεις (1)
— 7. εἰς κατάσχεσιν τῆς πόλεως . . . καὶ κατὰ πρόσωπον τῆς κ. τῆς πόλεως (1, 1)
— 8. ἔσται αὐτῷ εἰς κατάσχεσιν (1)
46. 16. τοῦτο τοῖς υἱοῖς αὐτοῦ ἔσται κ. ἐν κληρονομίᾳ (1)
— 18. ἐκ τῆς κ. αὐτοῦ [A *add.* ἀπὸ τῆς κληρονομίας αὐτοῦ] κατακληρονομήσει (1)
— 18. ἕκαστος ἐκ [A ἀπὸ] τῆς κ. αὐτοῦ (1)
48. 20. ἀπὸ τῆς κ. τῆς πόλεως (1)
— 21. εἰς τὴν κ. τῆς πόλεως (1)
— 22. παρὰ [A ἀπὸ τῆς κ.] τῶν Λευιτῶν ἀπὸ τῆς κ. τῆς πόλεως (1, 1)
[**Aq.**, **Sm.**, **Th.** Le. 14. 34.]
[**Al.** Le. 25. 10.]

κατασχίζειν.

I Ma. 1. 56. ἐνεπύρισαν πυρὶ [S ἐν π.] κατασχίσαντες

κατατάσσειν. (1) נָדַד (2) נָתַן (3) שִׂים

Jb. 7. 12. κατέταξας ἐπ' ἐμὲ [A κατ' ἐμοῦ] φυλακήν (3)
15. 23. κατατέτακται δὲ εἰς σῖτα γυψίν (1?)
35. 10. ὁ κατατάσσων φυλακὰς νυκτερινάς (2)

κατατείνειν. (1) רָדָה

Le. 25. 43. οὐ κατατενεῖς αὐτὸν ἐν τῷ μόχθῳ (1)
— 46. οὐ κατατενεῖ αὐτὸν [A om.] ἐν τοῖς μόχθοις (1)
— 53. οὐ κατατενεῖς [A -τενίσῃς] αὐτὸν ἐν τῷ μόχθῳ (1)
I Es. 8. 71. B κατέτεινον [A R -έτιλα] τοῦ τριχώματος τῆς κεφαλῆς
IV Ma. 9. 13. περὶ ὃν κατατεινόμενος ὁ εὐγενὴς νεανίας
11. 18. ἐφ' οὗ κατατεινόμενος

κατατέμνειν. (1) גָּדַד hithpo. (2) גָּרַע (3) גּוּר hithpal. (4) שָׂרַט

Le. 21. 5. οὐ κατατεμοῦσιν ἐντομίδας (4)
III Ki. 18. 28. κατετέμνοντο . . . ἐν μαχαίραις (1)
Ho. 7. 14. ἐπὶ σίτῳ καὶ οἴνῳ κατετέμνοντο (3?)
Is. 15. 2. πάντες βραχίονες κατατετμημένοι (2)
[**Aq.** Dt. 14. 1 : Je. 41 (48). 5 : 48 (31). 37.]
[**Sm.** Dt. 14. 1 : Je. 16. 6 : 41 (48). 5.]
[**Th.** Dt. 14. 1.]

κατατενίζειν.

Le. 25. 53. A οὐ κατατενίσῃς [B -τενεῖς] αὐτὸν ἐν τῷ μόχθῳ †

κατατέρπεσθαι. (1) עָלַז

Ze. 3. 14. κατατέρπου [S[1] τέρ.] ἐξ ὅλης τῆς καρδίας σου (1)

κατατήκειν. (1) דָּקַק hi. (2) מָסַס ni.

Jo. 5. 1. A κατετάκησαν [B ἐτάκ.] αὐτῶν αἱ διάνοιαι (2)
Mi. 4. 13. καὶ κατατήξεις [A λεπτυνεῖς] λαοὺς πολλούς (1)
[**Sm.** Ps. 41 (42). 7, 12.]

κατατιθέναι. (1) יָצַק (2) נָתַן (3) שׁוּב hi. (4) שָׁלַךְ hi.

I Ch. 21. 27. κατέθηκε [A καθῆκεν] τὴν ῥομφαίαν εἰς τὸν κολεόν (3)

● = correction on page xxvi

Ju. 11. 10. κατάθου αὐτὸν ἐν τῇ καρδίᾳ σου
Es. 3. 13. πρὸς τὸ μὴ κατατίθεσθαι τὴν . . . συναρχίαν
Ps. 40 (41). 8. λόγον παράνομον κατέθεντο κατ' ἐμοῦ (1)
Za. 11. 13. κάθες [S¹ κατάθες] αὐτοὺς εἰς τὸ χωνευτήριον (4)
Je. 39 (32). 14. S³ καταθήσεις [S¹ καθ., A B θ.] αὐτὸ [A S om.] εἰς ἀγγεῖον ὀστράκινον (2)
I Ma. 10. 23. R τοῦ φιλίαν καταθέσθαι [A S -λαβέσθαι] τοῖς 'I.
II Ma. 4. 19. R εἰς ἑτέραν δὲ καταθέσθαι δαπάνην
III Ma. 5. 17. εἰς εὐφροσύνην καταθέσθαι μέρος

κατατίλλειν.
I Es. 8. 71. A R κατέτιλα [B -έτεινον] τοῦ τριχώματος
[Aq., Sm., Th. Ez. 23. 34.]

κατατιτρώσκειν.
IV Ma. 6. 6. καὶ τὰ πλευρὰ κατετιτρώσκετο
[Sm. Ez. 22. 16.]

κατατολμᾶν.
II Ma. 3. 24. ὥστε πάντας τοὺς κατατολμήσαντας συνελθεῖν
5. 15. κατετόλμησεν εἰς τὸ . . . ἱερὸν εἰσελθεῖν

κατατομή.
[Sm. Je. 48 (31). 37.]

κατατοξεύειν. (1) יָרָה *a.* qal. *b.* ni. *c.* hi. (2) מָחַץ
Ex. 19. 13. βολίδι κατατοξευθήσεται (1 *b*)
Nu. 24. 8. ταῖς βολίσιν αὐτοῦ κατατοξεύσει ἐχθρόν (2)
IV Ki. 9. 16. ὧν κατετόξευσαν αὐτὸν οἱ 'Αρ. –
Ps. 10 (11). 3. τοῦ κατατοξεῦσαι . . . τοὺς εὐθεῖς τῇ καρδίᾳ (1 *a*)
63 (64). 4. τοῦ κατατοξεῦσαι ἐν ἀποκρύφοις ἄμωμον ἐξάπινα κατατοξεύσουσιν αὐτόν (1 *a*, 1 *c*)
[Th. Ps. 10 (11). 2 : 63 (64). 8.]
[Al. Hb. 3. 13.]

κατατρέπειν.
Da. TH. Bel 28. A¹ τοὺς ἱερεῖς κατέτρεψεν [A² B -έσφαξε]

κατατρέχειν. (1) מָלָא hithp. (2) רָדַף (3) רוּץ
Le. 26. 37. οὐθένος κατατρέχοντος (2)
Jd. 1. 6. κατέδραμον ὀπίσω αὐτοῦ (2)
III Ki. 19. 20. κατέδραμεν [A ἐπέδρ.] ὀπίσω 'H. (3)
Jb. 16. 11 (10). ὁμοθυμαδὸν δὲ κατέδραμον ἐπ' ἐμοί [A ἐμέ] (1)
Da. LXX. 4. 21. οἱ ἄγγελοι αὐτοῦ ἐπὶ σὲ κατατρέχουσιν †
II Ma. 8. 26. κατατρέχοντες αὐτούς
[Al. Is. 53. 12.]

κατατρίβειν. (1) בְּלָא pa. (2) בָּלָה (3) כָּלָה
De. 8. 4. A τὰ ἱμάτιά σου οὐ κατετρίβη [B οὐκ ἐπαλαιώθη] (2)
— 4. B τὰ ὑποδήματά σου οὐ κατετρίβη –
29. 5 (4). τὰ ὑποδήματα ὑμῶν οὐ κατετρίβη (2)
Pr. 5. 11. ἡνίκα ἂν κατατριβῶσι σάρκες σώματός σου (3)
Da. LXX. 7. 25. τοὺς ἁγίους τοῦ ὑψίστου κατατρίψει (1)
[Aq. Ge. 18. 12 : Ps. 31 (32). 3 : 48 (49). 15 : Is. 51. 6 : Ez. 23. 43.]
[Sm. La. 1. 14.]
[Quint. Ps. 31 (32). 3.]

κατατρόπος.
III Ma. 4. 14. A τὴν . . . τῶν ἔργων κ. [R -πονον] λατρείαν

κατατρυφᾶν. (1) עָנַג hithpa.
Ps. 36 (37). 4. κατατρύφησον τοῦ κυρίου (1)
— 11. κατατρυφήσουσιν ἐπὶ πλήθει εἰρήνης (1)

κατατρώγειν.
Pr. 24. 23 (29. 27). ὀστᾶ ἀνθρώπων κατατρώγει –
[Aq., Sm., Th. Ez. 23. 34.]

κατατυγχάνειν. (1) מָצָא
Jb. 3. 22. ἐὰν κατατύχωσι [A *add.* θανάτου] (1)

κατατυραννεῖν.
[Sm. Nu. 16. 13.]

καταυγάζειν.
Wi. 17. 5. οὔτε [S² οὔτε πυρογενεῖς] ἄστρων . . . φλόγες καταυγάζειν ὑπέμενον τὴν στυγνὴν ἐκείνην νύκτα
I Ma. 6. 39. καὶ κατηύγαζεν ὡς λαμπάδες

καταφαγεῖν, *vid.* **κατεσθίειν.**

καταφαίνεσθαι. (1) בְּעֵינָיו
Ge. 48. 17. βαρὺ αὐτῷ κατεφάνη (1)

καταφανής.
[Aq. Ge. 22. 2 : Dt. 11. 30.]
[Sm., Th. Dt. 11. 30.]

καταφέρειν. (1) בּוֹא hi. (2) יָצָא hi. (3) יָרַד hi. (4) נָעַר *a.* ni. *b.* hoph. (5) נָחַת hoph. (6) סָפָה pi. (7) קֶטֶב (8) שַׂעַר (9) שָׁאוֹן
Ge. 37. 2. κατήνεγκαν δὲ 'Ιωσὴφ ψόγον πονηρόν (1)
De. 1. 25. καὶ κατήνεγκαν πρὸς ἡμᾶς (3)
22. 14. καὶ κατενέγκῃ αὐτῆς ὄνομα πονηρόν (2)
Jd. 7. 4. κατένεγκον [A κατάγαγε] αὐτούς (3)
— 5. κατήνεγκε [A κατεβίβασεν] τὸν λαόν (3)
16. 21. κατήνεγκαν [A -ήγαγον] αὐτὸν εἰς Γ. (3)
II Ki. 14. 14. R ὥσπερ τὸ ὕδωρ τὸ καταφερόμενον [A B -φθειρ.] (4 *a*)
III Ki. 1. 53. κατήνεγκεν αὐτὸν ἀπάνωθεν τοῦ θυσιαστηρίου (3)
To. 14. 10. S οὐχὶ ζῶν κατηνέχθη εἰς τὴν γῆν [A B *al.*]
Mi. 1. 4. ὡς ὕδωρ καταφερόμενον ἐν καταβάσει (4 *b*)
Is. 17. 13. A ὡς ὕδατος πολλοῦ βίᾳ καταφερομένου [B S φ.] (9 ?)
28. 2. ὡς χάλαζα καταφερομένη οὐκ ἔχουσα σκέπην βίᾳ καταφερομένη [S¹ *om.* οὐκ . . . κ.] (8, 7 ?)
Ez. 47. 2. τὸ ὕδωρ κατεφέρετο ἀπὸ τοῦ κλίτους τοῦ δεξιοῦ (6)
Da. TH. 5. 20. κατηνέχθη ἀπὸ τοῦ θρόνου (5)
IV Ma. 16. 20. τὴν πατρῴαν χεῖρα . . . καταφερομένην ἐπ' αὐτόν
[Aq. Ps. 75 (76). 7 : Pr. 30. 4 : Da. 10. 9.]
[Sm. Ps. 29 (30). 4, 10 : 54 (55). 3, 24 : Pr. 30. 4 : Ec. 10. 18.]
[Th., Heb. Ge. 37. 2.]
[Al. Jb. 1. 16.]

καταφερής. (1) מוֹרָד
Jo. 7. 5. συνέτριψαν αὐτοὺς ἀπὸ [A ἐπὶ] τοῦ κ. (1)
[Al. Jo. 7. 5.]

καταφεύγειν. (1) אָסַף ni. (2) חָבָא ni. (3) חָסָה pi. (4) לָוָה ni. (5) נוּס (6) נָפַל (7) רוּץ
Ge. 19. 20. τοῦ καταφυγεῖν με ἐκεῖ (5)
Ex. 21. 14. ἐὰν δέ τις ἐπιθῆται . . . καὶ καταφύγῃ –
Le. 26. 25. καταφεύξεσθε εἰς τὰς πόλεις ὑμῶν (1)
Nu. 35. 25. οὗ κατέφυγε (5)
— 26. εἰς ἣν κατέφυγεν ἐκεῖ (5)
De. 4. 42 : 19. 5. καταφεύξεται εἰς μίαν τῶν πόλεων τούτων (5)
Jo. 10. 27. εἰς ὃ κατεφύγοσαν [A -ον] ἐκεῖ (2)
20. 9. αὗται αἱ πόλεις . . . καταφυγεῖν ἐκεῖ (5)
Es. 4. 17. 'Εσθὴρ . . . κατέφυγεν ἐπὶ τὸν κύριον
Ps. 142 (143). 9. πρὸς σὲ κατέφυγον [S² -γα] (3)
Wi. 14. 6. ἡ ἐλπὶς τοῦ κόσμου ἐπὶ σχεδίας καταφυγοῦσα
Za. 2. 11 (15). καταφεύξονται ἔθνη πολλὰ ἐπὶ τὸν κ. (4)
Is. 10. 3. πρὸς τίνα καταφεύξεσθε τοῦ βοηθηθῆναι (5)
17. 3. οὐκέτι ἔσται ὀχυρὰ τοῦ καταφυγεῖν 'Εφραὶμ †
54. 15. ἐπὶ σὲ καταφεύξονται (6)
55. 5. ἐπὶ σὲ καταφεύξονται (7)
Je. 9. 5 (4). A¹ κατὰ τοῦ φίλου αὐ. καταφεύξεται [A² B S *al.*] †
27 (50). 5. καταφεύξονται πρὸς κ. τὸν θεόν (4)
I Ma. 5. 11. τὸ ὀχύρωμα εἰς ὃ κατεφύγομεν [S¹ -ον]

καταφθάνειν. (1) דָּבַק hi.
Jd. 20. 42. A καὶ ὁ πόλεμος κατέφθασεν αὐτόν [B *al.*] (1)

καταφθείρειν. (1) בָּקַק (2) חָבַל *a.* pi. *b.* pu. (3) מָקַק ni. (4) נָבֵל (5) שָׁחַת *a.* ni. *b.* pi. *c.* hi. (6) שָׁמֵם
Ge. 6. 12. καὶ ἦν κατεφθαρμένη (5 *a*)
— 12. κατέφθειρε πᾶσα σὰρξ τὴν ὁδὸν αὐτοῦ (5 *c*)
— 13. καταφθείρω αὐτοὺς καὶ τὴν γῆν (5 *c*)
— 17. καταφθεῖραι πᾶσαν σάρκα (5 *b*)
9. 11. R καταφθεῖραι [A τοῦ κ.] πᾶσαν τὴν γῆν (5 *b*)
Ex. 18. 18. φθορᾷ καταφθαρήσῃ (4)
Le. 26. 39. καταφθαρήσονται διὰ τὰς ἁμαρτίας (3)
Jd. 6. 4. B κατέφθειραν [A R διέφθ.] τοὺς καρποὺς αὐτῶν (5 *c*)
II Ki. 14. 14. A B ὥσπερ τὸ ὕδωρ τὸ καταφθειρόμενον [R -φερ.] †
II Ch. 12. 7. οὐ καταφθερῶ αὐτούς (5 *c*)
24. 23. κατέφθειραν [A -εν] πάντας τοὺς ἄρχοντας (5 *c*)
25. 16. ἐβούλετο ἐπὶ σοὶ τοῦ καταφθεῖραί σε (5 *c*)
26. 16. ὑψώθη ἡ καρδία αὐτοῦ τοῦ καταφθεῖραι (5 *c*)
27. 2. ἔτι ὁ λαὸς κατεφθείρετο (5 *c*)
35. 21. μὴ καταφθείρῃ σε (5 *c*)
Wi. 16. 19. A S ἵνα ἀδίκου γῆς γεννήματα καταφθείρῃ [B διαφθ.]
— 22. τοὺς τῶν ἐχθρῶν [A ἐθνῶν] καρποὺς κατέφθειρε πῦρ
Is. 10. 27. καταφθαρήσεται ὁ ζυγὸς ἀπὸ τῶν ὤμων ὑμῶν (2 *b*)
13. 5. καταφθεῖραι [A S² τοῦ κ.] πᾶσαν τὴν οἰκουμένην (2 *a*)
24. 1. κύριος καταφθείρει τὴν οἰκουμένην (1)
32. 7. καταφθεῖραι ταπεινοὺς ἐν λόγοις ἀδίκοις (2 *a*)
36. 10. S¹ καὶ καταφθεῖρον [B S² *al.*] (5 *c*)
49. 19. τὰ κατεφθαρμένα [A S³ διεφθ.] καὶ τὰ πεπτωκότα (6)
Da. LXX. 4. 11. καὶ καταφθείρατε αὐτό †
— 24. καὶ μὴ καταφθείρῃ σε –
I Ma. 3. 39. καὶ καταφθεῖραι αὐτήν [S¹ *om.*]
8. 11. κατέφθειραν καὶ ἐδούλωσαν αὐτούς
15. 4. μετέλθω τοὺς κατεφθαρκότας τὴν χώραν ἡμῶν
— 31. καὶ τῆς καταφθορᾶς ἧς κατεφθάρκατε
II Ma. 5. 14. ὀκτὼ δὲ μυριάδες . . . κατεφθάρησαν
8. 3. ἐλεῆσαι δὲ καὶ τὴν καταφθειρομένην πόλιν
[Sm. Ps. 106 (107). 39.]

καταφθονεῖν.
Da. TH. Bel 13. A αὐτοὶ δὲ κατεφθόνουν [B -εφρόνουν]

καταφθορά. (1) מַדְחֵפוֹת (2) *a.* שָׁחַת hi. *b.* שַׁחַת
II Ch. 12. 12. καὶ οὐκ εἰς καταφθορὰν εἰς τέλος (2 *a*)
Es. 4. 17. ἐπιβλέπουσιν ἡμῖν εἰς καταφθοράν
Ps. 48 (49). 9. οὐκ ὄψεται καταφθοράν (2 *b*)
139 (140). 11. ἄνδρα ἄδικον κακὰ θηρεύσει εἰς καταφθοράν [A S διαφθ.] (1)
Si. 28. 6. μνήσθητι . . . καταφθορὰν καὶ θάνατον
Ze. 3. 6. ἐν διαφθορᾷ [S¹ καταφ.] κατέσπασα ὑπερηφάνους –
Da. LXX. 4. 15. ἡ κ. αὐτοῦ ἐν ὥρᾳ μιᾷ τῆς ἡμέρας –
I Ma. 15. 31. καὶ τῆς κ. ἧς κατεφθάρκατε

καταφιλεῖν. (1) נָשַׁק *a.* qal. *b.* pi. (2) שָׁחָה hithpal.
Ge. 31. 28. καταφιλῆσαι τὰ παιδία μου (1 *b*)
— 55 (32. 1). κατεφίλησε τοὺς υἱούς (1 *b*)
33. 4. R καὶ κατεφίλησεν αὐτόν (1 *a*)
45. 15. καταφιλήσας πάντας τοὺς ἀδ. αὐτοῦ (1 *b*)
Ex. 4. 27. κατεφίλησαν ἀλλήλους (1 *a*)
Ru. 1. 9. καὶ κατεφίλησεν αὐτάς (1 *a*)
— 14. κατεφίλησεν 'Ο. τὴν πενθερὰν αὐτῆς (1 *a*)
I Ki. 20. 41. κατεφίλησεν ἕκ. τὸν πλησίον αὐ. (1 *a*)
II Ki. 14. 33. κατεφίλησεν ὁ βασ. τὸν 'Aβ. (1 *a*)
15. 5. καὶ κατεφίλησεν αὐτόν (1 *a*)
19. 39 (40). κατεφίλησεν ὁ βασ. τὸν Βερζ. (1 *a*)
20. 9. τοῦ καταφιλῆσαι αὐτόν (1 *a*)
III Ki. 2. 19. καὶ κατεφίλησεν αὐτήν (2)
19. 20. καταφιλήσω τὸν πατέρα μου (1 *a*)
I Es. 4. 47. κατεφίλησεν αὐτόν
To. 7. 6. ἀνεπήδησε 'Ραγουὴλ καὶ κατεφίλησεν αὐτόν
10. 13. S καὶ κατεφίλησεν ἀμφοτέρους
Ps. 84 (85). 10. δικαιοσύνη καὶ εἰρήνη κατεφίλησαν (1 *a*)

Si. 29. 5. καταφιλήσει χεῖρα [A S -as] αὐτοῦ
III Ma. 5. 49. κατεφίλουν ἀλλήλους
[Aq. Ps. 2. 11 : Ho. 13. 2.]
[Th. Pr. 24. 26.]

καταφλέγειν. (1) אָכַל (2) לֶהָבָה (3) לָהַט pi.

Jb. 1. 16. S^1 καὶ τοὺς ποιμένας κατέφλεξεν [A -έκαυσεν, B S^2 -έφαγεν] (1)
Ps. 17 (18). 8. S^2 πῦρ . . . καταφλεγήσεται [A B S^1 κατεφλόγισεν] (1)
104 (105). 32. πῦρ καταφλέγον ἐν τῇ γῇ αὐτῶν (2)
105 (106). 18. φλὸξ κατέφλεξεν ἁμαρτωλούς (3)
Wi. 16. 18. ἵνα μὴ καταφλέξῃ τὰ ἐπ' ἀσεβεῖς ἀπεσταλμένα ζῷα [S^1 *om.*]
II Ma. 12. 6. τὰ σκάφη κατέφλεξε
III Ma. 2. 5. Σοδομίτας ... πυρὶ καὶ θείῳ κατέφλεξας
IV Ma. 3. 11. καὶ λύουσα κατέφλεγεν
6. 25. καταφλέγοντες αὐτὸν ὑπερίπτοσαν

καταφλογίζειν. (1) אָכַל

Ps. 17 (18). 8. πῦρ ... κατεφλόγισεν [S^2 καταφλεγήσεται] (1)

καταφλυαρεῖν.

[Sm. Je. 20. 7.]

κατάφοβος.

Pr. 29. 16. οἱ δὲ δίκαιοι ἐκείνων πιπτόντων κατάφοβοι γίνονται †

καταφορά.

[Aq. Ge. 2. 21 : I Ki. 26. 12 : Pr. 19. 15 : Is. 29. 10.]

κατάφρακτος.

[Sm. Jb. 39. 21.]

καταφράσσεσθαι.

I Ma. 6. 38. καταφρασσόμενοι ἐν ταῖς φάλαγξιν

καταφρονεῖν. (1) בָּגַד (2) בּוּז *a.* verb. *b.* subst. (3) בָּזָה (4) חָבַל ni. (5) תָּעַע pil.

Ge. 27. 12. ἔσομαι ἐναντίον αὐτοῦ ὡς καταφρονῶν (5)
To. 4. 18. A B μὴ καταφρονήσῃς ἐπὶ πάσης συμβουλίας χρησίμης
Ju. 10. 19. τίς καταφρονήσει τοῦ λαοῦ τούτου
Pr. 13. 13. ὃς καταφρονεῖ πράγματος καταφρονηθήσεται ὑπ' αὐτοῦ (2 *a*, 4 ?)
— 15. ὁδοὶ δὲ καταφρονούντων ἐν ἀπωλείᾳ (1)
18. 3. ὅταν ἔλθῃ ἀσεβὴς εἰς βάθος κακῶν καταφρονεῖ (2 *b*)
19. 16. ὁ δὲ καταφρονῶν τῶν ἑαυτοῦ ὁδῶν ἀπολεῖται (3)
23. 22. μὴ καταφρόνει ὅτι γεγήρακέ σου ἡ μήτηρ (2 *a*)
25. 9. μὴ καταφρόνει μή σε ὀνειδίσῃ μὲν ὁ φίλος †
Wi. 14. 30. ἐν δόλῳ καταφρονήσαντες ὁσιότητος
Ho. 6. 8 (7). ἐκεῖ κατεφρόνησέ μου (1)
Hb. 1. 13. ἵνα τί ἐπιβλέπεις ἐπὶ καταφρονοῦντας (1)
Ze. 1. 12. τοὺς καταφρονοῦντας ἐπὶ τὰ φυλάγματα †
Je. 2. 36. κατεφρόνησας σφόδρα τοῦ δευτερῶσαι τὰς ὁδούς σου †
Da. TH. Bel 13. αὐτοὶ δὲ κατεφρόνουν [A -εφθόνουν]
II Ma. 4. 14. R τοῦ μὲν ναοῦ καταφρονοῦντες [A *al.*]
7. 24. ὁ δὲ Ἀντ. οἰόμενος καταφρονεῖσθαι
IV Ma. 4. 9. S R τοῦ ἱεροῦ [A *om.*] καταφρονουμένου τόπου
— 26. τὰ δόγματα αὐτοῦ κατεφρονεῖτο ὑπὸ τοῦ λαοῦ
5. 10. κἀμοῦ καταφρονήσεις ἐπὶ τῇ ἰδίᾳ τιμωρίᾳ
6. 21. ὑπὸ μὲν τοῦ τυράννου καταφρονηθῶμεν
13. 9. A R οἱ τῆς ἰσοπαλίδος καμίνου [S ἰσοπολιτίδου καιομένης] κατεφρόνησαν
[Sm. Jo. 7. 1 : Ec. 9. 16 : Ez. 20. 27.]

καταφρόνησις.

II Ma. 3. 18. A διὰ τὸ μὴ [R *om.*] μέλλειν εἰς καταφρόνησιν ἔρχεσθαι
[Sm. Pr. 12. 8 : Ez. 17. 20 : 20. 27.]

καταφρονητής. (1) *a.* בָּגַד *b.* בֹּגְדוֹת

Hb. 1. 5. ἴδετε οἱ καταφρονηταί †
2. 5. ὁ δὲ κατοιόμενος καὶ [B^1 *om.*] καταφρονητής (1 *a*)
Ze. 3. 4. οἱ προφῆται αὐτῆς ... ἄνδρες κ. (1 *b*)

καταφυγή. (1) מַחְסֶה, מַחֲסֵה (2) מָעוֹז (3) מָעוֹן (4) מְצוּדָה (5) מִקְלָט (6) מִשְׂגָּב (7) *a.* נוּס *b.* מָנוֹס (8) נֵס (9) סֵתֶר

Ex. 17. 15. κύριος καταφυγή μου (8)
Nu. 35. 27. ἔξω τῶν ὁρίων τῆς πόλεως καταφυγῆς αὐτοῦ (5)
— 28. ἐν γὰρ τῇ πόλει τῆς κ. [A κ. αὐτοῦ] (5)
De. 19. 3. ἔσται καταφυγὴ ἐκεῖ παντὶ φονευτῇ (7 *a*)
II Ki. 22. 3. καὶ καταφυγή μου σωτηρίας [A^1 -ία] μου (7 *b*)
Ps. 9. 9. ἐγένετο κύριος καταφυγὴ τῷ πένητι (6)
17 (18). 2. κύριος στερέωμά μου καὶ καταφυγή μου (4)
30 (31). 2. γενοῦ μοι . . . εἰς οἶκον καταφυγῆς (4)
— 3. καταφυγή μου εἶ σύ (4)
31 (32). 7. σύ μου εἶ καταφυγὴ ἀπὸ θλίψεως τῆς περιεχούσης με (9)
45 (46). 1. ὁ θεὸς ἡμῶν καταφυγὴ καὶ δύναμις (1)
58 (59). 16. καὶ καταφυγὴ ἐν ἡμέρᾳ θλίψεώς μου (7 *b*)
70 (71). 3. καταφυγή μου εἶ σύ (4)
89 (90). 1. κύριε, καταφυγὴ ἐγενήθης ἡμῖν (3)
90 (91). 2. ἀντιλήπτωρ μου εἶ καὶ καταφυγή μου (4)
— 9. τὸν ὕψιστον ἔθου καταφυγήν σου (3)
93 (94). 22. ἐγένετό μοι κύριος εἰς καταφυγήν (6)
103 (104). 18. πέτρα καταφυγὴ τοῖς χοιρογρυλλίοις [A S^2 λαγῳοῖς] (1)
143 (144). 2. ἔλεός μου καὶ καταφυγή μου (4)
Is. 25. 12. τὸ ὕψος τῆς κ. τοῦ τοίχου σου ταπεινώσει (6)
Je. 16. 19. βοήθειά μου καὶ κ. μου (7 *b*)
Da. TH. 11. 39. τοῖς ὀχυρώμασι τῶν κ. (2)
II Ma. 10. 28. τὴν ἐπὶ τὸν κύριον κ.
[Sm. I Ki. 23. 14 : Ps. 70 (71). 3 : Is. 28. 15.]
[Th. I Ki. 22. 4 : Da. 11. 39.]
[Al. Is. 28. 15.]
[Quint. Ps. 90 (91). 9.]

καταφυτεύειν. (1) נָטַע (2) עָשָׂה (3) שָׁרַשׁ hi. (4) שָׁתַל

Ex. 15. 17. καταφύτευσον αὐτούς (1)
Le. 19. 23. καταφυτεύσετε [A -ητε] πᾶν ξύλον βρώσιμον (1)
De. 6. 11. οὓς οὐ κατεφύτευσας (1)
Jo. 24. 13. A οὓς οὐ κατεφυτεύσατε [B οὐκ ἐφυτ.] (1)
II Ki. 7. 10 : I Ch. 17. 9. καταφυτεύσω αὐτόν (1)
Ps. 43 (44). 2. καὶ κατεφύτευσας αὐτούς (1)
79 (80). 8. κατεφύτευσας αὐτήν (1)
— 9. κατεφύτευσας τὰς ῥίζας αὐτῆς (3)
Pr. 31. 16. κατεφύτευσε κτῆμα (1)
Si. 49. 7. οἰκοδομεῖν καὶ καταφυτεύειν [S^1 φυτ.]
Am. 9. 14. R φυτεύσουσιν [A B καταφ.] ἀμπελῶνας (1)
— 14. R καὶ ποιήσουσι [A καταφυτεύσουσιν, B φυτεύσουσιν] κήπους (2)
— 15. καταφυτεύσω αὐτοὺς ἐπὶ τῆς γῆς αὐτῶν (1)
Ze. 1. 13. καὶ καταφυτεύσουσιν [A -σωσιν] ἀμπελῶνας (1)
Is. 65. 21. καταφυτεύσουσιν [S -σωσιν] ἀμπελῶνας (1)
Je. 1. 10. B S ἀνοικοδομεῖν καὶ κ. (1)
11. 17. κύριος ὁ καταφυτεύσας σε (1)
18. 9. τοῦ ἀνοικοδομεῖσθαι καὶ τοῦ καταφυτεύεσθαι (1)
24. 6. καταφυτεύσω αὐτοὺς καὶ οὐ μὴ ἐκτίλω (1)
36 (29). 5. S καταφυτεύσατε [AB φυτ.] παραδείσους (1)
38 (31). 28. τοῦ οἰκοδομεῖν καὶ κ. (1)
Ez. 17. 22. καταφυτεύσω ἐγὼ ἐπ' ὄρος ὑψηλόν (4)
— 23. καταφυτεύσω καὶ ἐξοίσει βλαστόν (4)
36. 36. κατεφύτευσα τὰς ἠφανισμένας (1)
II Ma. 1. 29. καταφύτευσον τὸν λαόν σου
[Aq. Je. 45. 4 (51. 34) : Mi. 6. 14.]
[Sm. Je. 45. 4 (51. 34).]

καταφύτευσις.

Je. 38 (31). 22. ἔκτισε κύριος σωτηρίαν εἰς καταφύτευσιν καινήν –

καταχαίρειν. (1) לָעַג

Pr. 1. 26. καταχαροῦμαι δὲ ἡνίκα ἂν ἔρχηται ὑμῖν ὄλεθρος (1)

καταχαλᾶν. (1) יָרַד hi.

Jo. 2. 15. κατεχάλασεν αὐτοὺς διὰ τῆς θυρίδος (1)

καταχαλκοῦν. (1) צָפָה pi.

II Ch. 4. 9. καὶ θυρώματα αὐτῶν κατακεχαλκωμένα χαλκῷ (1)

καταχεῖν. (1) יָצַק (2) נָטָה (3) עָטָה hi.

Ge. 39. 21. κατέχεεν αὐτοῦ ἔλεος (2)
Jb. 41. 14 (15). καταχέει ἐπ' αὐτόν (1)
Ps. 88 (89). 45. κατέχεας αὐτοῦ [S^2 -ῷ] αἰσχύνην (3)
II Ma. 1. 31. A ἐκέλευσε λίθους μείζονας καταχεῖν [R κατασχεῖν]
IV Ma. 6. 25. δυσώδεις χυλοὺς εἰς τοὺς μυκτῆρας αὐτοῦ κατέχεον
[Th. Jb. 41. 15.]

καταχρᾶσθαι.

Ep. Je. 28. τὰς δὲ θυσίας αὐτῶν ἀποδόμενοι οἱ ἱερεῖς αὐτῶν καταχρῶνται
III Ma. 4. 5. πρὸς ὀξεῖαν καταχρωμένων πορείαν
5. 22. εἰς ὕπνον κατεχρήσαντο τὸν χρόνον τῆς νυκτός

κατάχρεος, κατάχρεως.

Wi. 1. 4. οὐδὲ κατοικήσει ἐν σώματι καταχρέῳ [? κατάχρεῳ] ἁμαρτίας

καταχρίειν. (1) חָמַר

Ex. 2. 3. κατέχρισεν αὐτὴν ἀσφαλτοπίσσῃ (1)
Wi. 13. 14. καταχρίσας μίλτῳ
— 14. πᾶσαν κηλῖδα τὴν ἐν αὐτῷ καταχρίσας

καταχρύσεα. (1) דִּי זָהָב

De. 1. 1. ἀνὰ μέσον . . . Αὐλὼν καὶ καταχρύσεα (1)

καταχρυσοῦν. (1) חָפָה pi. (2) צָפָה pi.

Ex. 25. 10 (11). καταχρυσώσεις αὐτὴν χρυσίῳ καθαρῷ (2)
— 12 (13). καταχρυσώσεις αὐτὰ χρυσίῳ (2)
— 27 (28). καταχρυσώσεις αὐτοὺς χρυσίῳ καθαρῷ (2)
26. 29. τοὺς στύλους καταχρυσώσεις χρυσίῳ (2)
— 29. καταχρυσώσεις τοὺς μοχλοὺς χρυσίῳ (2)
30. 3. καταχρυσώσεις αὐτὰ χρυσίῳ καθαρῷ (2)
— 5. καταχρυσώσεις αὐτὰς [A -ὰ] χρυσίῳ (2)
37. 4 (36. 36). στύλους ... κατακεχρυσωμένους ἐν [A *om.*] χρυσίῳ (2)
— 6 (36. 38). τὰς κεφαλίδας αὐτῶν ... κατεχρύσωσαν χρυσίῳ (2)
38. 2 (37. 2). κατεχρύσωσεν αὐτὴν χρυσίῳ καθαρῷ (2)
— 11 (37. 15). κατεχρύσωσεν αὐτοὺς χρυσίῳ (2)
— 18. κατεχρύσωσε τοὺς στύλους ... χρυσίῳ (2 ?)
39. 6 (38. 28). κατεχρύσωσε τὰς κεφαλίδας αὐτῶν (2)
II Ch. 3. 4. καὶ κατεχρύσωσεν αὐτὸν ἔσωθεν (2)
— 5. καὶ κατεχρύσωσε χρυσίῳ καθαρῷ (1)
— 8. A κατεχρύσωσεν [B ἐχρ.] αὐτὸ χρυσίῳ καθαρῷ (1)
9. 17. κατεχρύσωσεν αὐτὸν χρυσίῳ δοκίμῳ (2)
[Th. Ex. 37. 4, 11, 15.]

κατάχυσις. (1) מוּצָק

Jb. 36. 16. ἄβυσσος κατάχυσις [A -σεις] ὑποκάτω αὐτῆς (1 ?)
[Aq. Dt. 3. 17.]

καταχωννύναι. (1) כָּבַשׁ

Za. 9. 15. καταχώσουσιν αὐτοὺς [S^2 *om.* κ. αὐ.] ἐν λίθοις σφενδόνης (1)
[Sm. Jb. 40. 8 (13).]

καταχωρίζειν. (1) כָּתַב ni. (2) עָלָה

I Ch. 27. 24. οὐ κατεχωρίσθη ὁ ἀριθμὸς ἐν βιβλίῳ λόγων (2)
Es. 2. 23. καταχωρίσαι εἰς μνημόσυνον (1)
III Ma. 2. 29. R οὓς καὶ καταχωρίσαι [A προκατ.] εἰς τὴν . . . αὐθεντίαν

καταψεύδεσθαι.

Wi. 1. 11. στόμα δὲ καταψευδόμενον ἀναιρεῖ ψυχήν
[Sm. Jb. 16. 8.]

καταψευσμός.

Si. 26. 5. καὶ καταψευσμὸν ὑπὲρ θάνατον

καταψύξις.

[Th. Ge. 3. 9 (8).]

καταψύχειν. (1) שָׁעַן ni.

Ge. 18. 4. καταψύξατε ὑπὸ τὸ δένδρον (1)

κατέαγμα.

[Al. Le. 24. 20.]

κατεγχειρεῖσθαι.

III Ma. 1. 21. ἐπὶ τοῖς ἀνοσίως ὑπ᾽ ἐκείνου κατεγχειρουμένοις

κατειλεῖν. (1) סָגַר

II Ch. 9. 20. A πάντα τὰ σκεύη . . . χρυσίῳ κατειλημένα [B -ημμένα] (1)

κατειπεῖν. (1) הוֹצִיא דִבָּה

Nu. 14. 37. οἱ [B^{1} *om.*] κατείπαντες πονηρὰ κατὰ τῆς γῆς (1)

κατελαύνειν. (1) מָחַן (2) פָּרַץ

De. 9. 21. A καὶ κατήλασα σφόδρα [B *al.*] (1)

Is. 5. 5. R κατελῶ [A B S καθελῶ] τὸν τοῖχον αὐτοῦ (2)

[**Aq.** Ps. 140 (141). 5 : Is. 28. 1 : 41. 7.]

κατελεεῖν.

IV Ma. 8. 10. κατελεήσατε οὖν ἑαυτούς

κατεμβλέπειν. (1) נָבַט hi.

Ex. 3. 6. κατεμβλέψαι ἐνώπιον τοῦ θεοῦ (1)

κατέναντι, κατεναντίον. * ὁ κατέναντι

Ge. 2. 14 : 4. 16 : 50. 13.

Ex. 19. 2 : 32. 5, 11†.

●Nu. 17. 4 (19).

Jd. 19. 10†.

II Ki. 10. 17† : 22. 23.

III Ki. 20 (21). 13†.

IV Ki. 1. 13 : 15. 10†.

I Ch. 5. 11 : 8. 32 : 19. 7, 14 : 24. 6 : 26. 15, 16†, 18.

II Ch. 2. 6 (5) : 4. 10 (*adv.*) : 5. 12† : 6. 12, 22, 24, 28 : 8. 14 : 32. 12 : 34. 27.

Ne. 3. 10, 23 : 12. 24, 37.

To. 11. 1†.

Ju. 12. 15†, 19.

Ps. 5. 5 : 25 (26). 3 : 43 (44). 15†.

Ec. 4. 12 : 6. 8.

Si. 22. 18 *bis* : 26. 12, 12† : 28. 26 : 29. 13 : 31 (34). 3 : 36 (33). 15 : 38. 28 : 42. 24 : 47. 9 : 50. 19.

Am. 3. 12 : 4. 3.

Mi. 2. 8.

Jl. 1. 16.

Za. 14. 4*†.

Is. 38. 20.

Ba. 4. 2.

La. 3. 35.

Ez. 1. 9† : 3. 8 *bis* : 11. 1 (*adv.*)* : 40. 10 (*adv.*), 27, 42 : 41. 13, 14 : 42. 1, 4, 19† : 44. 4 : 47. 20 (ἕως κ.).

Da. LXX. 3. 3, 7 : 5. 1, 5, 17 : 6. 10 (11) : 8. 7, 15.

Da. TH. Su. 24 : 5. 1, 5 : 6. 10 (11), 22 (23).

I Ma. 2. 41 : 3. 46 : 13. 28.

II Ma. 15. 33.

[**Aq.** GE. 2. 18 : 33. 12 (εἰς κ.) : Ps. 25 (26). 3 (εἰς κ.) : 30 (31). 20, 23 (ἀπὸ κ.) : PR. 4. 25 : 21. 30 : CA. 6. 4 (5) (ἀπὸ κ.).]

[**Sm.** PR. 5. 21 : 21. 30.]

[**Th.** III KI. 21. 13 : PR. 4. 25 : 5. 21 : 21. 30 : Ez. 20. 43 : DA. 4. 15 (κ. ὅτι)† : 5. 1, 5, 10† : 6. 3 (κ. ὅτι)†, 8†.]

[**Al.** EX. 25. 26 (27) : II KI. 5. 23 (κ. ἐν).]

κατενισχύειν. (1) חָזַק hithp.

I Ch. 29. 30 (II Ch. 1. 1). B κατενίσχυσεν Σαλ. . . . ἐπὶ τῆς βασιλείας (1)

κατεντευκτής. (1) מִפְגָּע

Jb. 7. 20. διὰ τί ἔθου με κατεντευκτήν σου (1)

κατενώπιον.

Le. 4. 17†.

Jo. 1. 5 : 3. 7 : 21. 42 : 23. 9.

Es. 5. 1†.

Ps. 43 (44). 15†.

Da. TH. 5. 22†.

κατεπαίρεσθαι.

[**Sm.** Ps. 60 (61). 3.]

κατεπείγειν. (1) נָשָׁה

Ex. 22. 25 (24). οὐκ ἔσῃ αὐτὸν κατεπείγων (1)

κατεπίθεσις.

[**Aq.** Ps. 31 (32). 2 : 119 (120). 3.]

κατεπίθυμος.

Ju. 12. 16. ἦν κατεπίθυμος σφόδρα

κατεπικύπτειν.

Es. 5. 1. κατεπέκυψεν ἐπὶ τὴν κεφαλήν [A *al.*]

κατεργάζεσθαι. (1) חֲרֹשֶׁת (2) כְּרֻתוֹת (3) מִשְׂרָה (4) עָבַד *a.* qal. *b.* ni. (5) עָשָׂה (6) פָּעַל (7) צוּק hi. (8) רָדָה

Ex. 15. 17. A κατοικητήριόν σου ὃ κατηργάσω [B -ηρτίσω] (6)

35. 33. κατεργάζεσθαι τὰ ξύλα (1)

39. 1 (38. 24). ὃ κατειργάσθη εἰς τὰ ἔργα (5)

Nu. 6. 3. ὅσα κατεργάζεται ἐκ σταφυλῆς (3)

De. 28. 39. ἀμπελῶνα φυτεύσεις καὶ κατεργᾷ (4 *a*)

Jd. 16. 16. A ὅτε κατειργάσατο αὐτόν [B *al.*] (7)

III Ki. 6. 36. στίχος κατειργασμένης κέδρου (2)

I Es. 4. 4. κατεργάζονται τὰ ὄρη

Ps. 67 (68). 28. S^{2} ὃ κατειργάσω [B S^{1} -ηρτίσω] ἡμῖν (6)

Ez. 34. 4. τὸ ἰσχυρὸν κατειργάσασθε μόχθῳ (8)

36. 9. καὶ κατεργασθήσεσθε (4 *b*)

[**Aq.** JB. 11. 8 : Ps. 10 (11). 3 : 27 (28). 3 : 30 (31). 20.]

[**Al.** LE. 25. 39, 53 : JO. 18. 1.]

κατεργασία. (1) מְלָאכָה

I Ch. 28. 19. κατὰ τὴν . . . σύνεσιν τῆς κ. τοῦ παραδείγματος (1)

[**Aq.** Ps. 27 (28). 5 : Is. 40. 10.]

κατέργασμα.

[**Aq.** Ps. 45 (46). 9 : PR. 8. 22.]

κάτεργον. (1) עֲבֹדָה

Ex. 30. 16. A R εἰς τὸ [B *om.*] κ. τῆς σκηνῆς (1)

35. 21. ἤνεγκαν ἀφαίρεμα . . . εἰς πάντα τὰ κ. αὐτῆς (1)

[**Aq.** JB. 24. 5 : Ps. 27 (28). 4.]

κατερείπειν.

[**Th.** JB. 37. 1.]

κατερευνᾶν. (1) חָשַׂף

Je. 29 (49). 10. A κατηρεύνησα [*cod.* -αύν., B -έσυρα] τὸν Ἡσαῦ (1)

κατέρχεσθαι.

To. 1. 22. S κατῆλθον εἰς τὴν Νινευὴ [A B *al.*]

2. 1. ὅτε δὲ κατῆλθον εἰς τὸν οἶκόν μου [S *al.*]

Es. 3. 13. εἰς [A *om.*] τὸν ᾅδην κατελθόντες

Wi. 11. 22. ὡς ῥανὶς δρόσου ὀρθρινὴ κατελθοῦσα ἐπὶ γῆν [S^{2} γῆς]

II Ma. 11. 29. R κατελθόντας ὑμᾶς γίνεσθαι πρὸς τοῖς ἰδίοις [A *al.*]

[**Sm.** JB. 21. 13.]

κατέσθειν, κατεσθίειν (*incl.* **καταφαγεῖν, κατέδεσθαι**). (1) אָכַל *a.* qal. *b.* ni. *c.* po. *d.* pu. *e.* אֲכַל (2) בָּלַע (3) בָּעַר (4) חָסַל (5) כָּלָה pi. (6) נָשָׂא (7) שָׁכַל pi.

Ge. 31. 15. κατέφαγε καταβρώσει τὸ ἀργύριον ἡμῶν (1 *a*)

— 38. κριοὺς τῶν προβάτων σου οὐ κατέφαγον (1 *a*)

37. 20, 33. θηρίον πονηρὸν κατέφαγεν αὐτόν (1 *a*)

40. 17. τὰ πετεινὰ . . . κατήσθιεν αὐτά (1 *a*)

41. 4, 20. κατέφαγον αἱ ἑπτὰ βόες . . . τὰ ἑ. βόας (1 *a*)

43. 2. καταφαγεῖν τὸν σῖτον (1 *a*)

Ex. 10. 5. B κατέδεται πᾶν τὸ περισσὸν τῆς γῆς [A *om.* τ. γ.] (1 *a*)

— 5. κατέδεται πᾶν ξύλον (1 *a*)

— 12. κατέδεται πᾶσαν βοτάνην (1 *a*)

— 15. κατέφαγε πᾶσαν βοτάνην (1 *a*)

15. 7. κατέφαγεν αὐτοὺς ὡς καλάμην (1 *a*)

Le. 9. 24. κατέφαγε τὰ ἐπὶ τοῦ θυσιαστηρίου (1 *a*)

10. 2. καὶ κατέφαγεν αὐτούς (1 *a*)

26. 22. καὶ κατέδεται ὑμᾶς (7)

— 38. κατέδεται ὑμᾶς ἡ γῆ τῶν ἐχθρῶν ὑμῶν (1 *a*)

Nu. 11. 1. κατέφαγε μέρος τι τῆς παρεμβολῆς (1 *a*)

12. 12. κατεσθίει τὸ ἥμισυ τῶν σαρκῶν αὐτῆς (1 *b*)

13. 33 (32). γῆ κατέσθουσα τοὺς κατοικοῦντας ἐπ᾽ αὐτῆς (1 *a*)

16. 35. κατέφαγε τοὺς πεντήκοντα καὶ διακοσίους ἄνδρας (1 *a*)

21. 28. καὶ κατέφαγεν ἕως Μωάβ (1 *a*)

26. 10. ὅτε κατέφαγε τὸ πῦρ τοὺς πεντήκοντα (1 *a*)

De. 28. 38. κατέδεται αὐτὰ ἡ ἀκρίς (4)

— 39. καταφάγεται αὐτὰ ὁ σκώληξ (1 *a*)

— 51. κατέδεται τὰ ἔκγονα τῶν κτηνῶν σου (1 *a*)

— 55. ὧν ἂν κατέσθῃ (1 *a*)

— 57. καταφάγεται γὰρ αὐτά (1 *a*)

32. 22. καταφάγεται γῆν (1 *a*)

— 42. A ἡ μάχαιρά μου καταφάγεται [R φάγ.] κρέα (1 *a*)

Jd. 6. 21. κατέφαγε τὰ κρέα (1 *a*)

9. 15. A R καταφάγοι [B -η] τὰς κέδρους τοῦ Λιβάνου (1 *a*)

— 20. A R καταφάγοι [B φ.] τοὺς ἄνδρας Σικ. (1 *a*)

— 20. καταφάγοι τὸν Ἀβ. (1 *a*)

II Ki. 2. 26. μὴ εἰς νῖκος καταφάγεται ἡ ῥομφ. (1 *a*)

11. 25. A καταφάγεται [B φάγ.] ἡ μάχαιρα (1 *a*)

18. 8. ἐπλεόνασεν ὁ δρυμὸς τοῦ καταφαγεῖν (1 *a*)

— 8. ὑπὲρ οὓς κατέφαγεν ἐν τῷ λαῷ [A *om.* ἐν τ. λ.] ἡ μάχαιρα (1 *a*)

22. 9. πῦρ ἐκ στόματος αὐτοῦ κατέδεται (1 *a*)

III Ki. 12. 24 (B *cf.* A 14. 11). καταφάγονται οἱ κύνες –

— 24 (B *cf.* A 14. 11). καταφάγεται τὰ πετεινὰ τοῦ οὐρανοῦ –

14. 11. A καταφάγονται οἱ κύνες (1 *a*)

— 11. A καταφάγονται τὰ πετεινὰ τοῦ οὐρ. (1 *a*)

16. 4. καταφάγονται αὐτὸν [A *om.*] οἱ κύνες (1 *a*)

— 4. καταφάγονται αὐτὸν τὰ πετεινὰ τοῦ οὐρ. (1 *a*)

18. 38. κατέφαγε τὰ ὁλοκαυτώματα (1 *a*)

20 (21). 23. οἱ κύνες καταφάγονται αὐτήν (1 *a*)

— 24. A τὸν τεθνηκότα . . . καταφάγονται [B φάγ.] οἱ κύνες (1 *a*)

— 24. A τὸν τεθνηκότα . . . καταφάγονται [B φάγ.] τὰ πετεινά (1 *a*)

IV Ki. 1. 10. καὶ καταφάγεταί σε (1 *a*)

— 10. καὶ κατέφαγεν αὐτόν (1 *a*)

— 12. καὶ καταφάγεταί σε (1 *a*)

— 12. καὶ κατέφαγεν αὐτόν (1 *a*)

— 14. κατέφαγε τοὺς δύο πεντηκοντάρχους (1 *a*)

9. 10. τὴν Ἰεζ. καταφάγονται οἱ κύνες (1 *a*)

— 36. καταφάγονται οἱ κύνες τὰς σάρκας Ἰ. (1 *a*)

II Ch. 7. 1. κατέφαγε τὰ ὁλοκαυτώματα (1 *a*)

— 13. ἐὰν ἐντείλωμαι τῇ ἀκρίδι καταφαγεῖν τὸ ξύλον (1 *a*)

Es. 1. 1. κατέφαγον τοὺς ἐνδόξους

Jb. 1. 16. A κατέφαγεν [B S -έκαυσε] τὰ πρόβατα (3)

— 16. τοὺς ποιμένας κατέφαγεν [A -έκαυσεν, S^{1} -έφλεξεν] (1 *a*)

18. 13. κατέδεται δὲ αὐτοῦ τὰ ὡραῖα [A ὦμια] θάνατος (1 *a*)

20. 26. κατέδεται αὐτὸν πῦρ ἄκαυστον [A ἄσβεστον] (1 *c*)

22. 20. τὸ κατάλειμμα αὐτῶν καταφάγεται πῦρ (1 *a*)

Ps. 13 (14). 4. οἱ κατέσθοντες [A -ίοντες, S ἐσθίοντες] τὸν λαόν μου (1 *a*)

20 (21). 9. καταφάγεται αὐτοὺς πῦρ (1 *a*)

52 (53). 4. R οἱ κατεσθίοντες [B S^{1} ἔσθοντες, S^{2} κατέσθοντες] τὸν λαόν μου (1 *a*)

68 (69). 9. B^{1} S^{1} ὁ ζῆλος τοῦ οἴκου σου καταφάγεταί [B^{3} S^{2} R -έφαγέ] με (1 *a*)

77 (78). 45. κατέφαγεν αὐτούς (1 *a*)

— 63. τοὺς νεανίσκους αὐτῶν κατέφαγε πῦρ (1 *a*)

78 (79). 7. κατέφαγον τὸν Ἰακώβ (1 *a*)

104 (105). 35. κατέφαγε πάντα τὸν χόρτον (1 *a*)

— 35. κατέφαγε τὸν καρπὸν τῆς γῆς αὐτῶν (1 *a*)

Pr. 24. 37 (30. 14). κατεσθίειν [A *om.*] τοὺς ταπεινοὺς ἀπὸ τῆς γῆς (1 *a*)

— 52 (30. 17). καταφάγοισαν αὐτὸν νεοσσοὶ ἀετῶν (1 *a*)

Ec. 6. 2. S^{1} ἀνὴρ ξένος καταφάγεται [A B S^{2} φάγ.] αὐτόν [A -ά] (1 *a*)

Si. 6. 3. τὰ φύλλα σου καταφάγεσαι

43. 21. καταφάγεται ὄρη καὶ ἔρημον ἐκκαύσει

Ho. 2. 12 (14). καὶ καταφάγεται αὐτὰ τὰ θηρία (1 *a*)

5. 7. νῦν καταφάγεται αὐτοὺς ἡ ἐρυσίβη (1 *a*)

7. 7. καὶ κατέφαγον [A -εν πῦρ] τοὺς κριτὰς αὐτῶν (1 *a*

● = correction on page xxvi

Ho. 7. 9. κατέφαγον ἀλλότριοι τὴν ἰσχὺν αὐτοῦ (1 *a*)
8. 7. ἀλλότριοι καταφάγονται αὐτό (2)
— 14. καὶ καταφάγεται τὰ θεμέλια αὐ. (1 *a*)
13. 8. καταφάγονται [A φάγ.] αὐτοὺς ἐκεῖ σκύμνοι δρυμοῦ (1 *a*)
Am. 1. 4. καταφάγεται θεμέλια υἱοῦ Ἀδ. (1 *a*)
— 7, 10. καταφάγεται θεμέλια αὐτῆς (1 *a*)
— 12. καταφάγεται θεμέλια τειχέων αὐτῆς (1 *a*)
— 14. καταφάγεται θεμέλια αὐτῆς (1 *a*)
2. 2. καταφάγεται τὰ θεμέλια τῶν πόλεων (1 *a*)
— 5. καταφάγεται θεμέλια Ἱερουσ. (1 *a*)
4. 9. ἐλαιῶνας ὑμῶν κατέφαγεν ἡ κάμπη (1 *a*)
5. 6. καὶ καταφάγῃ [A καταφάγεται] αὐτόν (1 *a*)
7. 2. ἐὰν συντελέσῃ τοῦ καταφαγεῖν τὸν χόρτον (1 *a*)
— 4. κατέφαγε τὴν ἄβυσσον τὴν πολλήν (1 *a*)
— 4. καὶ κατέφαγε τὴν μερίδα κυρίου (1 *a*)
Mi. 3. 3. κατέφαγον τὰς σάρκας τοῦ λαοῦ (1 *a*)
Jl. 1. 4. τὰ κατάλοιπα τῆς κάμπης κατέφαγεν ἡ ἀκρίς (1 *a*)
— 4. τὰ κατάλοιπα τῆς ἀκρίδος κατέφαγεν ὁ βροῦχος (1 *a*)
— 4. τὰ κατάλοιπα τοῦ βρούχου κατέφαγεν ἡ ἐρυσίβη (1 *a*)
— 20. πῦρ κατέφαγε τὰ ὡραῖα τῆς ἐρήμου (1 *a*)
2. 5. φλογὸς πυρὸς κατεσθιούσης καλάμην (1 *a*)
— 25. ὧν κατέφαγεν ἡ ἀκρίς (1 *a*)
Ob. 1. 18. καὶ καταφάγονται αὐτούς (1 *a*)
Na. 2. 13 (14). τοὺς λέοντάς σου καταφάγεται (1 *a*)
3. 13. καταφάγεται πῦρ τοὺς μοχλούς σου (1 *a*)
— 15. ἐκεῖ καταφάγεταί σε πῦρ (1 *a*)
— 15. καταφάγεταί σε ὡς ἀκρίς (1 *a*)
Za. 11. 1. καταφαγέτω πῦρ τὰς κέδρους σου (1 *a*)
— 9. AR τὰ κατάλοιπα [BS λ.] κατεσθιέτωσαν (1 *a*)
— 16. τὰ κρέα τῶν ἐκλεκτῶν καταφάγεται (1 *a*)
12. 6. καταφάγονται . . . τοὺς λαούς (1 *a*)
Is. 1. 7. ἀλλότριοι κατεσθίουσιν αὐτήν (1 *a*)
— 20. μάχαιρα ὑμᾶς κατέδεται (1 *d*)
9. 12 (11). τοὺς κατεσθίοντας τὸν Ἰσρ. (1 *a*)
10. 18. καταφάγεται ἀπὸ ψυχῆς ἕως σαρκῶν (5)
29. 6. φλὸξ πυρὸς κατεσθίουσα (1 *a*)
30. 30. μετὰ . . . φλογὸς κατεσθιούσης (1 *a*)
31. 8. οὐδὲ μάχαιρα ἀνθρώπου καταφάγεται αὐτόν (1 *a*)
33. 11. πῦρ κατέδεται ὑμᾶς (1 *a*)
50. 9. σὴς [A ὡς σ.] καταφάγεται ὑμᾶς (1 *a*)
61. 6. ἰσχὺν ἐθνῶν κατέδεσθε (1 *a*)
Je. 2. 30. μάχαιρα κατέφαγε τοὺς προφήτας ὑμῶν (1 *a*)
5. 14. καταφάγεται αὐτούς (1 *a*)
— 17. A B S[2] κατέδονται τὸν θερισμόν (1 *a*)
— 17. κατέδονται τοὺς υἱοὺς ὑμῶν (1 *a*)
— 17. κατέδονται τὰ πρόβατα ὑμῶν (1 *a*)
— 17. κατέδονται τοὺς ἀμπελῶνας ὑμῶν (1 *a*)
8. 16. καταφάγεται τὴν γῆν (1 *a*)
10. 25. κατέφαγον [S[1] -γεσαν] τὸν Ἰακώβ (1 *a*)
12. 9. A ἐλθάτωσαν τοῦ κ. [BS φ.] αὐτήν (1 *a*)
— 12. μάχαιρα τοῦ κ. καταφάγεται [A -έφαγεν] τῆς γῆς (1 *a*)
17. 27. καταφάγεται ἄμφοδα Ἱερουσαλήμ (1 *a*)
21. 14. A κατέδεται [BS ἔ] πάντα τὰ κύκλῳ αὐτῆς (1 *a*)
26. (46). 10. καταφάγεται ἡ μάχαιρα κυρίου (1 *a*)
— 14. κατέφαγε μάχαιρα τὴν σμίλακά σου (1 *a*)
27 (50). 32. καταφάγεται πάντα τὰ κύκλῳ αὐτῆς (1 *a*)
28 (51). 34. κατέφαγέ με (1 *a*)
30 (49). 27. καταφάγεται ἄμφοδα υἱοῦ Ἄδερ (1 *a*)
La. 2. 3. κατέφαγε πάντα τὰ κύκλῳ (1 *a*)
4. 11. κατέφαγε τὰ θεμέλια αὐτῆς (1 *a*)
Ep. Je. 20. τῶν . . . ἑρπετῶν κατεσθόντων αὐτούς
Ez. 3. 1. κατάφαγε τὴν κεφαλίδα ταύτην (1 *a*)
15. 7. πῦρ αὐτοὺς καταφάγεται (1 *a*)
19. 14. κατέφαγεν αὐτήν (1 *a*)
20. 47 (21. 3). καταφάγεται ἐν σοὶ πᾶν ξύλον χλωρόν (1 *a*)
22. 25. ψυχὰς κατεσθίοντες [A *add.* ἐδυνάστευσαν] ἐν δυναστείᾳ (1 *a*)
23. 25. τοὺς καταλοίπους σου πῦρ καταφάγεται [A *al.*] (1 *b*)
28. 18. τοῦτο καταφάγεταί σε (1 *a*)
34. 3. τὸ γάλα κατέσθετε [A -θίετε] (1 *a*)
36. 8. τὸν καρπὸν ὑμῶν καταφάγεται [A καρπὸν φάγ.] ὁ λαός μου (6)
— 13. κατέσθουσα ἀνθρώπους εἶ (1 *a*)
Da. LXX. 7. 5. κατάφαγε σάρκας πολλάς (1 *e*)
— 19. κατεσθίοντος [*cod.* -ες] πάντας κυκλόθεν (1 *e*)
— 23. καταφάγεται πᾶσαν τὴν γῆν (1 *e*)
Bel 8. αὐτὸς ὁ Βὴλ ἐστιν ὁ κατεσθίων αὐτά
— 8. οὐκ ἔστιν ὁ Βὴλ ὁ κατεσθίων ταῦτα

Da. LXX. Bel 14. κατεφάγοσαν πάντα τὰ παρακείμενα
Da. TH. 7. 23. καταφάγεται πᾶσαν τὴν γῆν (1 *e*)
Bel 8. τίς ὁ κατέσθων [A -ίων] τὴν δαπάνην ταύτην
— 9. Βὴλ κατεσθίει αὐτά
— 15. καὶ κατέφαγον πάντα
— 32. ἵνα καταφάγωσι τὸν Δαν.
I Ma. 6. 53. κατέφαγον τὸ ὑπόλειμμα τῆς παραθέσεως
[**Aq.** Dt. 4. 24: III Ki. 14. 11 *bis*: Pr. 30. 14: Ez. 7. 15.]
[**Sm.** Ps. 26 (27). 2: Pr. 30. 14: Is. 10. 17: 50. 9: Hb. 3. 14.]
[**Th.** Jb. 22. 20: Ps. 104 (105). 35: Pr. 30. 14: Je. 48 (31). 45: Da. 7. 23.]
[**Al.** Hb. 3. 14.]

κατευθικτεῖν.

II Ma. 14. 43. τῇ δὲ πληγῇ μὴ κατευθικτήσας

κατευθύνειν. (1) אָשַׁר pi. (2) יָשַׁר *a.* qal. *b.* pi. *c.* hi. *d.* יָשָׁר *e.* מִישׁוֹר *f.* מֵישָׁרִים (3) כּוּל pilp. (4) כּוּן *a.* ni. *b.* pil. *c.* pu. *d.* hi. *e.* hithp. (5) נָצַל hi. (6) פָּרַץ (7) צָלַח *a.* qal. *b.* hi. *c.* צְלַח aph. (8) תָּכַן *a.* qal. *b.* ni.

Jd. 12. 6. καὶ οὐ κατεύθυνε [A καὶ κατηύθυναν] τοῦ λαλῆσαι (4 *d*)
14. 6. A κατηύθυνεν [B ἥλατο] ἐπ' αὐτὸν πνεῦμα κυρίου (7 *a*)
— 19. A κατεύθυνεν [B ἥλατο] ἐπ' αὐτὸν πνεῦμα κυρίου (7 *a*)
15. 14. A κατηύθυνεν [B ἥλατο] ἐπ' αὐτὸν πνεῦμα κυρίου (7 *a*)
I Ki. 6. 12. κατεύθυναν αἱ βόες ἐν τῇ ὁδῷ (2 *a*)
II Ki. 19. 17 (18). κατεύθυναν τὸν Ἰορδάνην (7 *a*)
III Ki. 11. 43. R κατευθύνει [B -ειν] καὶ ἔρχεται –
I Ch. 29. 18. κατεύθυνον τὰς καρδίας αὐτῶν πρὸς σέ (4 *d*)
II Ch. 12. 14. οὐ κατεύθυνε τὴν καρδίαν αὐτοῦ (4 *d*)
17. 5. κατεύθυνε κύριος τὴν βασιλείαν (4 *d*)
19. 3. κατηύθυνας τὴν καρδίαν σου (4 *d*)
20. 33. ὁ λαὸς οὐ κατεύθυνε τὴν καρδίαν (4 *d*)
30. 19. ὑπὲρ πάσης καρδίας κατευθυνούσης (4 *d*)
32. 30. καὶ κατηύθυνεν αὐτὰ κάτω (2 *b*)
Ju. 8. 23. οὐ κατευθυνθήσεται ἡ δουλεία ἡμῶν
12. 8. κατευθῦναι τὴν ὁδὸν αὐτῆς
13. 18. κατεύθυνέ σε εἰς τραῦμα κεφαλῆς
Es. 3. 13. τὴν ὑφ' ἡμῶν κατευθυνομένην ἀμέμπτως συναρχίαν
8. 13. τοῦ κατευθύνοντος . . . τὴν βασιλείαν [S[1] ἁγίαν]
Ps. 5. 8. κατεύθυνον ἐνώπιόν σου τὴν ὁδόν μου (2 *c*)
7. 9. καὶ κατευθυνεῖς δίκαιον (4 *b*)
36 (37). 23. τὰ διαβήματα ἀνθρώπου [S[1] ἀνδρὶ] κατευθύνεται (4 *c*)
39 (40). 2. κατεύθυνε τὰ διαβήματά μου (4 *b*)
58 (59). 4. ἄνευ ἀνομίας ἔδραμον καὶ κατεύθυνα (4 *e*)
77 (78). 8. ἥτις οὐ κατεύθυνεν ἐν τῇ καρδίᾳ [S[2] τὴν κ.] αὐτῆς (4 *d*)
89 (90). 17. τὰ ἔργα τῶν χειρῶν ἡμῶν κατεύθυνον ἐφ' ἡμᾶς (4 *b*)
— 17. A S τὸ ἔργον τῶν χειρῶν ἡμῶν κατεύθυνον (4 *b*)
100 (101). 7. λαλῶν ἄδικα οὐ κατεύθυνεν (4 *a*)
101 (102). 28. τὸ σπέρμα αὐτῶν . . . κατευθυνθήσεται (4 *a*)
118 (119). 5. ὄφελον κατευθυνθείησαν αἱ ὁδοί μου (4 *a*)
— 133. τὰ διαβήματά μου κατεύθυνον (4 *d*)
139 (140). 11. AB[2]SR ἀνὴρ γλωσσώδης οὐ [S[1] *add.* μή, S[2] *om.*] κατευθυνθήσεται (4 *a*)
140 (141). 2. κατευθυνθήτω ἡ προσευχή μου (4 *a*)
Pr. 1. 3. καὶ κρίμα κατευθύνειν (2 *f*)
4. 26. τὰς ὁδούς σου κατεύθυνε (4 *a*)
9. 15. τοὺς . . . κατευθύνοντας ἐν ταῖς ὁδοῖς αὐτῶν (2 *b*)
13. 13. κατευθυνθήσεται ἡ ὁδὸς αὐτοῦ –
15. 8. εὐχαὶ δὲ κατευθυνόντων δεκταὶ παρ' αὐτῷ (2 *d*)
— 21. ἀνὴρ δὲ φρόνιμος κατευθύνων πορεύεται (2 *b*)
21. 2. κατευθύνει δὲ καρδίας κύριος (8 *a*)
23. 19. κατεύθυνε ἐννοίας σῆς καρδίας (1)
27. 21. βδέλυγμα δὲ ἀνόμῳ κατευθύνουσα ὁδός (2 *d*)
Si. 29. 18. ἐγγύη πολλοὺς ἀπώλεσε κατευθύνοντας
39. 7. αὐτὸς κατευθυνεῖ βουλὴν αὐτοῦ καὶ ἐπιστήμην
49. 2. αὐτὸς κατευθύνθη ἐν ἐπιστροφῇ λαοῦ [S[1] αὐτοῦ]

Si. 49. 3. κατεύθυνε πρὸς κύριον τὴν καρδίαν [A ὁδὸν] αὐτοῦ
51. 20. τὴν ψυχήν μου κατεύθυνα εἰς αὐτήν
Ho. 4. 10. ἐπόρνευσαν καὶ οὐ μὴ κατευθύνωσι [A -οῦσιν] (6)
Za. 11. 16. καὶ τὸ ὁλόκληρον οὐ μὴ κατευθύνῃ (3)
Ma. 2. 6. κατευθύνων ἐπορεύθη μετ' ἐμοῦ (2 *e*)
Je. 15. 11. γένοιτο δέσποτα κατευθυνόντων αὐτῶν †
21. 12. κρίνατε πρωῒ κρίμα καὶ κατευθύνατε (5 ?)
Ez. 17. 9. εἰ κατευθυνεῖ [A -υνθήσεται] (7 *a*)
— 10. μὴ κατευθυνεῖ (7 *a*)
— 15. εἰ κατευθυνεῖ (7 *a*)
18. 25. οὐ κατευθύνει [A κατορθοῖ] ἡ ὁδὸς κυρίου . . . μὴ ἡ ὁδός μου οὐ κατευθύνει; οὐχὶ ἡ ὁδὸς ὑμῶν οὐ κατευθύνει (8 *b ter*)
Da. TH. 3. 30 (97). ὁ βασ. κατεύθυνε τὸν Σ. (7 *c*)
6. 28 (29). κατηύθυνεν ἐν τῇ βασιλείᾳ Δαρ. (7 *c*)
8. 24. καὶ κατευθυνεῖ καὶ ποιήσει (7 *b*)
— 25. ὁ ζυγὸς τοῦ κλοιοῦ αὐτοῦ κατευθυνεῖ (7 *b*)
11. 27. καὶ οὐ κατευθυνεῖ (7 *a*)
— 36. λαλήσει ὑπέρογκα καὶ κατευθυνεῖ (7 *b*)
III Ma. 7. 2. κατευθύνοντος ἡμῖν τοῦ μεγάλου θεοῦ
[**Aq.** Ge. 39. 2: Ps. 5. 9: Pr. 9. 6: Is. 55. 11: Je. 5. 28.]
[**Sm.** Pr. 9. 6: Je. 5. 28: Ez. 18. 25.]
[**Th.** Jd. 14. 19: 15. 14: Ps. 7. 10: Je. 5. 28: 32 (39). 5: Da. 3. 30 (97).]

κατευλογεῖν.

To. 11. 1. A B κατευλόγει Ῥαγουὴλ καὶ Ἔδναν
— 17. κατευλόγησεν [S εὐλ.] αὐτήν

κατευοδοῦν. (1) עָמַס (2) צָלַח *a.* qal. *b.* hi.

Jd. 18. 5. A εἰ κατευοδοῖ ἡ ὁδὸς ἡμῶν [B *om.*] (2 *b*)
Ps. 1. 3. πάντα ὅσα ἂν ποιῇ [A -ήσῃ] κατευοδωθήσεται (2 *b*)
36 (37). 7. μὴ παραζήλου ἐν τῷ κατευοδουμένῳ (2 *b*)
44 (45). 4. ἔντεινον καὶ κατευοδοῦ (2 *a*)
67 (68). 19. κατευοδώσει ἡμῖν ὁ θεός (1)
Pr. 17. 23. λαμβάνοντος δῶρα ἐν κόλποις [A S -φ] ἀδίκως οὐ κατευοδοῦνται ὁδοί †
Da. TH. 8. 11. καὶ κατευωδώθη αὐτῷ †
— 12. A καὶ κατευοδώθη [B εὐωδ.] (2 *b*)
I Ma. 2. 47. κατευοδώθη τὸ ἔργον
[**Sm.** Ge. 39. 2.]

κατευφημεῖν.

III Ma. 7. 13. τότε κατευφημήσαντες αὐτόν

κατεύχεσθαι.

II Ma. 15. 12. κατεύχεσθαι τῷ παντὶ τῶν Ἰουδ. συστήματι
IV Ma. 12. 20. καὶ ταῦτα κατευξάμενος

κατέχειν. (1) אָחַז *a.* qal. *b.* ni. (2) אָחַר pi. (3) אָסַף (4) אָסַר *a.* qal. *b.* ni. (5) חָזַק *a.* pi. *b.* hi. (6) חָלַק (7) חֲסַן aph. (8) יָרַשׁ (9) יָשַׁב עַל (10) לָכַד (11) נָחַל (12) נָפַל hi. (13) עָגַן ni. (14) עָצַר (15) שָׁגָה hi. (16) תָּפַשׂ (17) תָּקַף

Ge. 22. 13. κατεχόμενος ἐν φυτῷ . . . τῶν κεράτων (1 *b*)
24. 56. μὴ κατέχετέ με (2)
39. 20. τόπον ἐν ᾧ οἱ δεσμῶται . . . κατέχονται (4 *a*)
42. 19. ἀδελφὸς ὑμῶν εἷς κατασχεθήτω (4 *b*)
Ex. 32. 13. καθέξουσιν αὐτὴν εἰς τὸν αἰῶνα (11)
Jo. 1. 11. εἰσελθόντες κατασχεῖν τὴν γῆν (8)
Jd. 13. 15. κατάσχωμεν ὧδέ σε [A *al.*] (14)
— 16. ἐὰν κατάσχῃς [A βιάσῃ] με (14)
19. 4. κατέσχεν [A εἰσήγαγεν] αὐτὸν ὁ γαμβρὸς αὐτοῦ (5 *b*)
Ru. 1. 13. ἦ αὐτοῖς κατασχεθήσεσθε (13)
II Ki. 1. 9. κατέσχε με σκότος δεινόν (1 *a*)
2. 21. κάτασχε σεαυτῷ ἓν τῶν παιδαρίων (1 *a*)
4. 10. καὶ κατέσχον αὐτόν (1 *a*)
6. 6. ἐξέτεινεν . . . κατασχεῖν αὐτήν (1 *a*)
— 6. B τοῦ κατασχεῖν αὐτήν –
III Ki. 1. 51. κατέχει τῶν κεράτων τοῦ θυσιαστηρίου (1 *a*)
2. 28. κατέσχε τῶν κεράτων τοῦ θυσιαστηρίου (5 *b*)
— 29. κατέχει τῶν κεράτων τοῦ θυσιαστηρίου †
IV Ki. 3. 10. A τοὺς τρεῖς βασιλεῖς κατεχομένους [B παρερχομ.] †
12. 12 (13). τοῦ κατασχεῖν τὸ βεδὲκ οἴκου κ. (5 *a*)

I Ch. 13. 9. τοῦ κατασχεῖν τὴν κιβωτόν (1 *a*)
II Ch. 15. 8. τῶν πόλεων ὧν κατέσχεν Ἰερ. (10)
Ne. 3. 4. ἐπὶ χεῖρα [A -ας] αὐτῶν κατέσχεν (5 *b*)
— 4. A S R ἐπὶ χεῖρα αὐτῶν κατέσχε (5 *b*)
— 4. B S ἐπὶ χεῖρα αὐτῶν κατέσχε (5 *b*)
— 5. ἐπὶ χεῖρα αὐτῶν κατέσχοσαν [AS -ον] (5 *b*)
To. 10. 2. S μή ποτε κατεσχέθη ἐκεῖ [A B *al.*]
Ju. 5. 19. κατέσχον τὴν Ἰερ.
Jb. 15. 24. ἀνάγκη δὲ καὶ θλῖψις αὐτὸν καθέξει (17)
23. 9. καὶ οὐ κατέσχον (1 *a*)
27. 17. τὰ δὲ χρήματα αὐτοῦ ἀληθινοὶ καθέξουσιν (6)
34. 14. τὸ πνεῦμα παρ' αὐτῷ κατασχεῖν [S¹ -έσχεν] (3)
Ps. 68 (69). 36. καθέξουσιν αὐτήν (11)
72 (73). 12. εἰς τὸν αἰῶνα κατέσχον πλούτου (15)
118 (119). 53. ἀθυμία κατέσχε με ἀπὸ ἁμαρτωλῶν (1 *a*)
138 (139). 10. καθέξει με ἡ δεξιά σου (1 *a*)
Pr. 18. 22. ὁ δὲ κατέχων μοιχαλίδα ἄφρων –
19. 15. δειλία κατέχει ἀνδρόγυνον (12?)
Ca. 3. 8. πάντες κατέχοντες ῥομφαίαν (1 *a*)
Wi. 17. 4. ὁ κατέχων αὐτοὺς μυχός [A μῦθος]
Si. 46. 9. τὸ σπέρμα αὐτοῦ κατέσχε κληρονομίαν [A *al.*]
Is. 40. 22. ὁ κατέχων τὸν γῦρον τῆς γῆς (9)
Je. 6. 24. θλῖψις κατέσχεν ἡμᾶς (5 *b*)
13. 21. οὐκ ὠδῖνες καθέξουσί σε (1 *a*)
27 (50). 16. κατέχοντα δρέπανον ἐν καιρῷ θερισμοῦ (16)
37 (30). 6. ἐν ᾧ καθέξουσιν [S¹ κατάξ.] ὀσφύν –
Ez. 33. 24. κατέσχε τὴν γῆν (8)
Da. LXX. 7. 18. καὶ καθέξουσι τὴν βασιλείαν (7)
— 22. τὸ βασίλειον κατέσχον οἱ ἅγιοι (7)
Da. TH. 7. 18. καὶ καθέξουσιν αὐτήν (7)
— 22. τὴν βασιλείαν κατέσχον οἱ ἅγιοι (7)
I Ma. 6. 27. οὐ δυνήσῃ τοῦ κατασχεῖν αὐτῶν
II Ma. 1. 31. R ἐκέλευσε λίθους μείζονας κατασχεῖν [A καταχεῖν]
15. 5. οὐ κατέσχεν ἐπιτελέσαι τὸ σχέτλιον αὐτοῦ βούλημα
III Ma. 5. 12. κατεσχέθη τῇ ἐνεργείᾳ τοῦ δεσπότου
[Aq. Ge. 47. 27: Ps. 76 (77). 5: Je. 49. 24 (30. 13): 50 (27). 43.]
[Sm. Ex. 9. 2, 17: Ps. 47 (48). 7: 55 (56). 1: 138 (139). 10: Pr. 4. 4: Je. 31 (38). 32: 50 (27). 43.]
[Th. Je. 49. 24 (30. 13).]

κατηγορεῖν. (1) עָלָה

Da. LXX. 6. 5 (6). περὶ ἧς κατηγορήσουσιν αὐτοῦ (1?)
I Ma. 7. 6. κατηγόρησαν [S¹ -σαι] τοῦ λαοῦ πρὸς τὸν βασ.
— 25. κατηγόρησεν αὐτῶν πονηρά
II Ma. 4. 47. A Μεν. ἀπέλυσε τῶν κατηγορημένων [R -μάτων]
10. 13. κατηγορούμενος ὑπὸ τῶν φίλων
— 21. κατηγόρησεν ὡς ἀργυρίου πεπράκασι τοὺς ἀδελφούς
IV Ma. 9. 14. A κατὰ πᾶν μέλος κλώμενος κατηγόρει [S R ἐκακηγόρει]

κατηγόρημα.

II Ma. 4. 47. R Μεν. ἀπέλυσε τῶν κ. [A -γορημένων]

κατήγορος. (1) רִיב

Pr. 18. 17. δίκαιος ἑαυτοῦ κατήγορος ἐν πρωτολογίᾳ (1)
II Ma. 4. 5. οὐ γινόμενος τῶν πολιτῶν κατήγορος

κατηφής.

Wi. 17. 4. φάσματα ἀμειδήτοις κατηφῆ προσώποις

κατιδεῖν. (1) רָאָה (2) שָׁקַף hi.

Ex. 10. 5. οὐ δυνήσῃ κατιδεῖν τὴν γῆν (1)
De. 26. 15. κάτιδε ἐκ τοῦ οἴκου τοῦ ἁγίου σου (2)
Ju. 6. 19. κάτιδε [S ἐπίβλεψον] ἐπὶ τὰς ὑπερηφανίας αὐτῶν
Ba. 2. 16. κάτιδε ἐκ τοῦ οἴκου τοῦ ἁγίου σου
[Th. Is. 63. 15.]

κατιοῦν.

Si. 12. 11. οὐκ εἰς τέλος κατίωσε [A -ωται]

κατίσχειν.

[Th. Pr. 12. 25.]

κατισχύειν. (1) אֶבֶן (2) און hi. (3) אָזַר pi. (4) אָמֵץ *a.* qal. *b.* pi. (5) גָּבַר *a.* qal. *b.* pi. *c.* hi. (6) גָּדַל *a.* qal. *b.* hi. (7) חָזַק *a.* qal. *b.* pi. *c.* hi. *d.* hithp. *e.* חֶזְקָה *f.* חָזָק (8) יָצָא (9) כָּבֵד (10) *a.* עָזַז *b.* עֱזוּז *c.* מָעוֹז (11) עָזַר *a.* qal. *b.* ni. *c.* hi. (12) עָצַם (13) *a.* עָצַר *b.* עָצַר כֹּחַ (14) צָוָה pi. (15) שׂוּר (16) תָּעַב ni.

Ge. 49. 24. ἐκεῖθεν ὁ κατισχύσας Ἰσ. [A κ. σε Ἰ.] (1)
Ex. 1. 7. κατίσχυον [A -χυσαν] σφόδρα σφόδρα (12)
7. 13. κατίσχυσεν ἡ καρδία Φαραώ (7 *a*)
17. 11. κατίσχυεν Ἰσραήλ (5 *a*)
— 11. κατίσχυεν Ἀμαλήκ (5 *a*)
18. 23. κατισχύσει σε ὁ θεός (14?)
De. 1. 38. αὐτὸν κατίσχυσον (7 *b*)
2. 30. κατίσχυσε τὴν καρδίαν αὐτοῦ (4 *b*)
3. 28. καὶ κατίσχυσον [A ἐνίσχ.] αὐτόν (7 *b*)
Jo. 11. 20. κατισχῦσαι αὐτῶν τὴν καρδίαν (7 *b*)
17. 13. ἐπεὶ κατίσχυσαν οἱ υἱοὶ Ἰσρ. (7 *a*)
23. 6. κατισχύσατε οὖν σφόδρα φυλάσσειν (7 *a*)
Jd. 6. 2. A κατίσχυσεν [B ἴσχ.] χεὶρ Μαδιάμ (10 *a*)
7. 8. καὶ τοὺς τριακοσίους ἄνδρας κατίσχυσε [A *al.*] (7 *c*)
9. 24. A τοὺς κατισχύσαντας χεῖρας αὐτοῦ [B *al.*] (7 *b*)
I Ki. 19. 8. καὶ κατίσχυσε Δαυίδ (8)
IV Ki. 14. 5. ὅτε κατίσχυσεν ἡ βασιλεία (7 *a*)
22. 5. τοῦ κατισχῦσαι τὸ βεδὲκ τοῦ οἴκου (7 *b*)
24. 2. ἐξαπέστειλεν αὐτοὺς . . . τοῦ κατισχῦσαι †
I Ch. 5. 20. καὶ κατίσχυσαν ἐπ' αὐτῶν (11 *b*)
11. 10. οἱ κατισχύοντες μετ' αὐτοῦ (7 *d*)
15. 26. ἐν τῷ κατισχῦσαι τὸν θεὸν τοὺς Λευίτας (11 *a*)
21. 6. κατίσχυσε [A προσώχθισεν ὁ] λόγος τοῦ βασ. τὸν Ἰ. (16?)
22. 12. καὶ κατισχῦσαί σε ἐπὶ Ἰσρ. (14)
29. 12. καὶ κατισχῦσαι τὰ πάντα (7 *b*)
II Ch. 8. 3. καὶ κατίσχυσεν αὐτήν (7 *a*)
11. 12. καὶ κατίσχυσεν αὐτάς (7 *b*)
— 17. κατίσχυσαν τὴν βασιλείαν Ἰούδα (7 *b*)
— 17. κατίσχυσε Ῥ. τὸν [A ὁ] τοῦ Σαλ. (4 *b*)
12. 13. κατίσχυσεν Ῥοβ. ἐν Ἰερ. (7 *d*)
13. 18. κατίσχυσαν οἱ υἱοὶ Ἰούδα (4 *a*)
— 21. καὶ κατίσχυσεν Ἀβιά (7 *d*)
14. 11 (10). κατίσχυσον ἡμᾶς, κύριε (11 *a*)
— 11 (10). μὴ κατισχυσάτω πρὸς σὲ ἄνθρωπος (13 *a*)
15. 8. καὶ κατίσχυσε καὶ ἐξέβαλε (7 *d*)
16. 9. κατισχῦσαι ἐν πάσῃ καρδίᾳ πλήρει (7 *d*)
17. 1. κατίσχυσεν Ἰ. ἐπὶ τὸν Ἰσρ. (7 *d*)
22. 9. κατισχῦσαι δύναμιν περὶ τῆς βασιλείας (13 *a*)
24. 5. κατισχῦσαι τὸν οἶκον κυρίου (7 *b*)
25. 8. ἐὰν ὑπολάβῃς κατισχῦσαι ἐν τούτοις (7 *a*)
— 8. A κατισχῦσαι ἐν τούτοις [B καὶ ἰσχῦσαι] (11 *a*)
— 11. καὶ Ἀμασίας κατίσχυσε (7 *d*)
26. 7. κατίσχυσεν αὐτὸν κύριος (11 *a*)
— 8. κατίσχυσεν ἕως ἄνω (7 *c*)
— 9. καὶ κατίσχυσε (7 *b*)
— 15. ἕως οὗ κατίσχυσε (7 *a*)
— 16. καὶ ὡς κατίσχυσεν (7 *e*)
27. 5. καὶ κατίσχυσεν ἐπ' αὐτόν (7 *a*)
— 6. κατίσχυσεν Ἰωάθαμ (7 *d*)
28. 23. αὐτοὶ κατισχύσουσιν αὐτούς [A *om.*] (11 *c*)
31. 4. ὅπως κατισχύσουσιν (7 *a*)
32. 4. μὴ ἔλθῃ . . . καὶ κατισχύσῃ –
— 5. καὶ κατίσχυσεν Ἐζεκίας (7 *d*)
— 5. κατίσχυσε τὸ ἀνάλημμα πόλεως Δαυίδ (7 *b*)
34. 10. κατισχῦσαι τὸν οἶκον (7 *b*)
35. 2. καὶ κατίσχυσεν αὐτούς (7 *b*)
36. 13. τὴν καρδίαν αὐτοῦ κατίσχυσε (4 *b*)
I Es. 5. 50. κατίσχυσαν αὐτοὺς πάντα τὰ ἔθνη
7. 15. κατισχῦσαι τὰς χεῖρας αὐτῶν
Ju. 11. 10. οὐ [A ὅς, S οὐδὲ] κατισχύει ῥομφαία ἐπ' αὐτούς
Jb. 18. 9. κατισχύσει [A καὶ κατισχύσουσιν] ἐπ' αὐτὸν διψῶντας [A -ες] (7 *c*)
Ps. 88 (89). 21. ὁ βραχίων μου κατισχύσει αὐτόν (4 *b*)
Wi. 7. 30. A S σοφίας [A -αν, S¹ -α] δὲ οὐ κατισχύει [B οὐκ ἀντισχύει] κακία
10. 11. ἐν πλεονεξίᾳ κατισχυόντων αὐτὸν παρέστη
17. 5. πυρὸς μὲν οὐδεμία βία κατίσχυε φωτίζειν
Si. 49. 3. ἐν ἡμέραις ἀνόμων κατίσχυσε τὴν εὐσέβειαν
Ho. 7. 15. κἀγὼ κατίσχυσα τοὺς βραχίονας αὐ. (7 *b*)
14. 9. καὶ κατισχύσω αὐτόν (15)
Hg. 2. 5 (4). νῦν κατίσχυε, Z., λέγει κύριος (7 *a*)
— 5 (4). καὶ κατίσχυε, Ἰ. ὁ τοῦ Ἰ. (7 *a*)
— 5 (4). καὶ κατισχυέτω πᾶς ὁ λαὸς τῆς γῆς (7 *a*)
Za. 8. 9. κατισχυέτωσαν αἱ χεῖρες ὑμῶν (7 *a*)
— 13. θαρσεῖτε καὶ κατισχύετε (7 *a*)
10. 6. καὶ κατισχύσω τὸν οἶκον Ἰούδα (5 *b*)
— 12. καὶ κατισχύσω αὐτοὺς ἐν κυρίῳ (5 *b*)
Is. 22. 4. μὴ κατισχύσητε παρακαλεῖν με (2)
24. 20. κατίσχυσε γὰρ ἐπ' αὐτῆς ἡ ἀνομία (9)
42. 25. κατίσχυσεν [AS¹ *add.* ἐπ'] αὐτοὺς πόλεμος (10 *b*)
50. 11. κατισχύετε [S -ύσατε] φλόγα (3?)
54. 2. τοὺς πασσάλους σου κατίσχυσον (7 *b*)
63. 12. κατίσχυσεν ὕδωρ ἀπὸ προσώπου αὐτοῦ †
Je. 8. 21. ἀπορίᾳ κατίσχυσάν με [S¹ -σαμεν, S² -σάν μου] ὠδῖνες (7 *c*)
15. 18. ἵνα τί οἱ λυποῦντές με κατισχύουσί μου †
Ez. 3. 8. τὸ νῖκός σου κατισχύσω κατέναντι τοῦ νίκους αὐτῶν (7 *f*)
13. 22. τοῦ κατισχῦσαι χεῖρας ἀνόμου (7 *b*)
30. 24. κατισχύσω τοὺς βραχίονας βασ. Βαβ. (7 *b*)
Da. LXX. 8. 8. ὁ τράγος τῶν αἰγῶν κατίσχυσε σφόδρα καὶ ὅτε κατίσχυσε (6 *b*, 12)
— 9. καὶ κατίσχυσε (6 *a*)
9. 27. ἐν τῷ κατισχῦσαι τὴν διαθήκην (5 *c*?)
10. 8. καὶ οὐ κατίσχυσα (13 *b*)
— 18. καὶ κατίσχυσέ με (7 *b*)
11. 2. ἐν τῷ κατισχῦσαι αὐτὸν ἐν τῷ πλούτῳ αὐτοῦ (7 *e*)
— 5. εἷς ἐκ τῶν δυναστῶν κατισχύσει αὐτόν (7 *a*)
— 6. καὶ οὐ μὴ κατισχύσῃ (13 *b*)
— 7. καὶ κατισχύσει (7 *c*)
— 19. εἰς τὸ κατισχῦσαι τὴν χώραν αὐτοῦ (10 *c*)
— 21. κατισχύσει βασιλεὺς ἐν κληροδοσίᾳ αὐτοῦ (7 *c*)
— 32. ὁ δῆμος ὁ γινώσκων ταῦτα κατισχύσουσι (7 *c*)
12. 3. οἱ κατισχύοντες τοὺς λόγους μου †
Da. TH. 11. 6. ἡ νεᾶνις καὶ ὁ κατισχύων αὐτήν (7 *c*)
— 7. καὶ κατισχύσει (7 *c*)
— 12. καὶ οὐ κατισχύσει (10 *a*)
— 21. κατισχύσει βασιλείας ἐν ὀλισθήμασι (7 *c*)
— 32. αὐτοῦ κατισχύσουσι καὶ ποιήσουσι (7 *c*)
[Aq. Is. 29. 23.]
[Sm. Ps. 90 (91). 10.]
[Th. Jb. 15. 25.]

κατισχυρεύεσθαι.

[Aq. Ps. 85 (86). 14: 88 (89). 8.]
[Sm. Jb. 15. 25.]

κατοδυνᾶν. (1) אָנַק ni. (2) מָרַר pi.

Ex. 1. 14. κατωδύνων αὐτῶν τὴν ζωήν (2)
To. 8. 20. S τὴν ψυχὴν τῆς θυγατρός μου τὴν κατοδυνωμένην
Ez. 9. 4. τῶν ἀνδρῶν . . . τῶν κατωδυνωμένων (1)

κατοίεσθαι.

Hb. 2. 5. ὁ δὲ κατοιόμενος καὶ καταφρονητής †

κατοικεῖν. (1) אָב (2) אֱנוֹשׁ (3) אֶרֶץ (4) אָשִׁישׁ (5) *a.* בָּעַל *b.* בַּעַל (6) גּוּר *a.* qal. *b.* hithpal. (7) דּוּר (8) הָיָה (9) *a.* יָרַשׁ *b.* מוֹרָשׁ (10) יֵשׁ (11) יָשַׁב *a.* qal. *b.* ni. *c.* hi. *d.* hoph. *e.* תּוֹשָׁב (12) מְלֹא (13) נָפַל (14) *a.* שָׁכַן *b.* שָׁכֵן *c.* שְׁכַן

Ge. 9. 27. κατοικησάτω ἐν τοῖς οἴκοις τοῦ Σήμ (14 *a*)
11. 2. κατῴκησαν ἐκεῖ (11 *a*)
— 31. κατῴκησεν ἐκεῖ (11 *a*)
12. 6. οἱ δὲ X. τότε κατῴκουν τὴν γῆν –
13. 6. οὐκ ἐχώρει αὐτοὺς ἡ γῆ κ. ἅμα (11 *a*)
— 6. R οὐκ ἐχώρει . . . κατοικεῖν ἅμα [A *al.*] (11 *a*)
— 7. οἱ δὲ X. . . . τότε κατῴκουν τὴν γῆν (11 *a*)
— 12. Ἅβραμ δὲ κατῴκησεν ἐν γῇ Χαναάν (11 *a*)
— 12. Λὼτ δὲ κατῴκησεν ἐν πόλει τῶν περιχώρων (11 *a*)
— 18. κατῴκησε παρὰ τὴν δρῦν τὴν Μαμβρῆ (11 *a*)
14. 7. τοὺς Ἀμ. τοὺς κατοικοῦντας ἐν Ἀ. (11 *a*)
— 12. ἦν γὰρ κατοικῶν ἐν Σοδόμοις (11 *a*)
— 13. R κατῴκει παρὰ [A ἐν] τῇ δρυὶ τῇ M. (14 *a*)
16. 12. κατὰ πρόσωπον πάντων τῶν ἀδελφῶν αὐτοῦ κατοικήσει (14 *a*)

Ge. 19. 25. A ἐν αἷς κατῴκει ἐν αὐταῖς Λ. -
— 25. πάντας τοὺς κατοικοῦντας ἐν ταῖς πόλεσι (11 a)
— 29. ἐν αἷς κατῴκει ἐν αὐταῖς Λ. (11 a)
— 30. ἐφοβήθη γὰρ κατοικῆσαι ἐν Σ. (11 a)
— 30. R κατῴκησεν [A ᾤ.] ἐν τῷ σπηλαίῳ (11 a)
20. 15. οὗ ἂν σοι ἀρέσκῃ κατοίκει (11 a)
21. 20, 21. κατῴκησεν ἐν τῇ ἐρήμῳ (11 a)
22. 19. R κατῴκησεν Ἀ. ἐπὶ τὸ φρέαρ [A τῷ φρ.] (11 a)
24. 62. κατῴκει ἐν τῇ γῇ τῇ πρὸς λίβα (11 a)
25. 11. κατῴκησεν Ἰ. παρὰ τὸ φρέαρ (11 a)
— 18. κατῴκησε δὲ ἀπὸ Εὐϊλὰτ ἕως Σ. (14 a)
— 18. κατὰ πρόσωπον πάντων τῶν ἀδελφῶν αὐτοῦ κατῴκησε (13)
26. 2. κατοίκησον δὲ ἐν τῇ γῇ (14 a)
— 6. κατῴκησε δὲ Ἰ. ἐν Γεράροις (11 a)
— 17. κατῴκησεν ἐκεῖ (11 a)
34. 10. ἐν ἡμῖν κατοικεῖτε (11 a)
— 10. κατοικεῖτε καὶ ἐμπορεύεσθε ἐπ᾽ αὐτῆς (11 a)
— 15. R κατοικήσομεν [A -σωμεν] ἐν ὑμῖν -
— 22. τοῦ κατοικεῖν μεθ᾽ ἡμῶν (11 a)
— 30. τοῖς κατοικοῦσι τὴν γῆν (11 a)
35. 21 (22). ἡνίκα κατῴκησεν Ἰ. ἐν τῇ γῇ ἐκείνῃ (14 a)
36. 8. R κατῴκησε [A ᾤ.] δὲ Ἡ. ἐν τῷ ὄρει Σ. (11 a)
— 20. τοῦ κατοικοῦντος τὴν γῆν (11 a)
37. 1. κατῴκει δὲ Ἰακὼβ ἐν τῇ γῇ (11 a)
45. 10. κατοικήσεις ἐν γῇ Γεσέμ (11 a)
46. 34. ἵνα κατοικήσητε ἐν γῇ Γεσέμ (11 a)
47. 4. R κατοικήσομεν [A -σω.] ἐν γῇ Γεσέμ (11 a)
— 4 (6). κατοικείτωσαν ἐν γῇ Γεσέμ -
— 6. A κατοίκησον [B -κισον] τὸν πατέρα σου (11 c)
— 11. A κατῴκησεν [B -ισεν] Ἰ. τὸν πατέρα (11 c)
— 27. κατῴκησε δὲ Ἰσρ. ἐν γῇ [A om.] Αἰγ. (11 a)
49. 13. Ζαβουλὼν παράλιος κατοικήσει (14 a)
50. 22. κατῴκησεν Ἰ. ἐν Αἰγ. [A εἰς Αἴγ.] (11 a)
Ex. 2. 15. A κατῴκησεν [B ᾤ.] ἐν γῇ Μαδιάμ (11 a)
12. 13. A ἐν αἷς ὑμεῖς κατοικεῖτε [B ἐστε] ἐκεῖ -
— 40. κατοίκησις . . . ἣν κατῴκησαν [A al.] (11 a)
15. 14. ὠδῖνες ἔλαβον κατοικοῦντας Φυλ. (11 a)
— 15. πάντες οἱ κατοικοῦντες Χαναάν (11 a)
Le. 18. 3. ἐν ᾗ κατῳκήσατε ἐπ᾽ αὐτῇ [A B^2 -ῆς] (11 a)
20. 22. κατοικεῖν ἐπ᾽ αὐτῆς (11 a)
23. 42. ἐν σκηναῖς κατοικήσετε ἑπτὰ ἡμέρας (11 a)
— 42. πᾶς ὁ αὐτόχθων . . . κατοικήσει ἐν σκηναῖς (11 a)
— 43. A κατῴκησα [B -κισα] τοὺς υἱοὺς Ἰσρ. (11 c)
25. 10. διαβοήσετε . . . πᾶσι τοῖς κατοικοῦσιν αὐτήν (11 a)
— 18. B^1 κατοικήσετε [A -σητε, B^2 R add. ἐπὶ τῆς γῆς] πεποιθότες (11 a)
— 19. κατοικήσετε πεποιθότες ἐπ᾽ αὐτῆς (11 a)
26. 5. κατοικήσετε μετὰ ἀσφαλείας (11 a)
— 35. ἡνίκα κατῳκεῖτε αὐτήν (11 a)
Nu. 13. 20 (19). εἰς ἃς οὗτοι κατοικοῦσιν ἐν αὐταῖς (11 a)
— 29 (28). τὸ ἔθνος τὸ κατοικοῦν ἐπ᾽ αὐτῆς [A κ. τὴν γῆν] (11 a)
— 30 (29). Ἀ. κατοικεῖ ἐν τῇ γῇ τῇ πρὸς νότον (11 a)
— 30 (29). ὁ Ἀμορραῖος κατοικεῖ ἐν τῇ ὀρεινῇ (11 a)
— 30 (29). ὁ Χαν. κατοικεῖ παρὰ θάλασσαν (11 a)
— 33 (32). γῆ κατέσθουσα τοὺς κατοικοῦντας ἐπ᾽ αὐτῆς (11 a)
14. 14. πάντες οἱ κατοικοῦντες ἐπὶ τῆς γῆς τ. (11 a)
— 25. κατοικοῦσιν ἐν τῇ κοιλάδι (11 a)
21. 1. ὁ κατοικῶν κατὰ τὴν ἔρημον (11 a)
— 25. κατῴκησεν Ἰσ. ἐν πάσαις ταῖς πόλεσι (11 a)
— 31. κατῴκησε δὲ Ἰσ. ἐν πάσαις ταῖς πόλεσι (11 a)
— 32. τὸν Ἀμορραῖον τὸν κατοικοῦντα [A ὄντα] ἐκεῖ -
— 34. ὃς κατῴκει ἐν Ἐσεβών (11 a)
23. 9. ἰδοὺ λαὸς μόνος κατοικήσει (14 a)
32. 17. κατοικήσει ἡ ἀποσκευὴ ἡμῶν (11 a)
— 17. διὰ τοὺς κατοικοῦντας τὴν γῆν (11 a)
— 39. τὸν Ἀμορραῖον τὸν κατοικοῦντα ἐν αὐτῇ -
— 40. καὶ κατῴκησεν ἐκεῖ (11 a)
33. 40. οὗτος κατῴκει ἐν γῇ Χαναάν (11 a)
— 52. πάντας τοὺς κατοικοῦντας ἐν τῇ γῇ (11 a)
— 53. τοὺς κατοικοῦντας τὴν γῆν -

Nu. 33. 53. κατοικήσετε ἐν αὐτῇ (11 a)
— 55. τοὺς κατοικοῦντας ἐπὶ τῆς γῆς (11 a)
— 55. ἐφ᾽ ἣν ὑμεῖς κατοικήσετε (11 a)
35. 2. δώσουσι . . . πόλεις κατοικεῖν (11 a)
— 3. ἔσονται αὐτοῖς αἱ πόλεις κατοικεῖν (11 a)
— 25. A R καὶ κατοικήσει [B -σῃ] ἐκεῖ (11 a)
— 28. ἐν γὰρ τῇ πόλει . . . κατοικείτω (11 a)
— 32. τοῦ πάλιν κατοικεῖν ἐπὶ τῆς γῆς (11 a)
— 33. εἰς ἣν [A ἐφ᾽ ἧς] ὑμεῖς κατοικεῖτε -
— 34. ἐφ᾽ ἧς κατοικεῖτε ἐπ᾽ αὐτῆς (11 a)
De. 1. 4. Σηὼν . . . τὸν κατοικήσαντα ἐν Ἐσ. (11 a)
— 4. Ὤγ . . . τὸν κατοικήσαντα ἐν Ἀσταρώθ (11 a)
— 6. κατοικεῖν ἐν τῷ ὄρει τούτῳ (11 a)
— 44. ὁ κατοικῶν ἐν τῷ ὄρει ἐκείνῳ (11 a)
2. 4. οἳ κατοικοῦσιν ἐν Σηείρ (11 a)
— 8. τοὺς κατοικοῦντας ἐν Σηείρ (11 a)
— 20. κατῴκουν οἱ Ῥαφαῒν τὸ πρότερον (11 a)
— 22. τοῖς κατοικοῦσιν ἐν Σηείρ (11 a)
— 23. οἱ κατοικοῦντες ἐν Ἀσηδώθ (11 a)
— 29. οἱ κατοικοῦντες ἐν Σηείρ (11 a)
— 29. οἱ κατοικοῦντες ἐν Ἀροήρ (11 a)
3. 2. ὃς κατῴκει ἐν Ἐσεβών (11 a)
— 19. κατοικείτωσαν ἐν ταῖς πόλεσιν ὑμῶν (11 a)
4. 46. ὃς κατῴκει ἐν Ἐσεβών (11 a)
8. 12. καὶ κατοικήσας ἐν αὐταῖς (11 a)
9. 28. μὴ εἴπωσιν οἱ κατοικοῦντες τὴν γῆν -
11. 30. τὸ κατοικοῦν ἐπὶ δυσμῶν ἐχόμενον τοῦ Γ. (11 a)
— 31. κατοικήσετε ἐν αὐτῇ (11 a)
12. 10. καὶ κατοικήσετε ἐπὶ τῆς γῆς (11 a)
— 10. καὶ κατοικήσετε μετὰ ἀσφαλείας (11 a)
— 29. καὶ κατοικήσῃς [A -εις] ἐν τῇ γῇ αὐτῶν (11 a)
13. 12 (13). κατοικεῖν σε [A om.] ἐκεῖ (11 a)
— 13 (14). πάντας τοὺς κατοικοῦντας τὴν γῆν [A πόλιν] αὐτῶν (11 a)
— 15 (16). πάντας τοὺς κατοικοῦντας ἐν τῇ γῇ [A πόλει] ἐκείνῃ (11 a)
17. 14. καὶ κατοικήσῃς [A -εις] ἐπ᾽ αὐτήν [A -ῆς] (11 a)
19. 1. καὶ κατοικήσητε [A -σῃς] ἐν ταῖς πόλεσιν αὐτῶν (11 a)
23. 16 (17). μετὰ σοῦ κατοικήσει ἐν ὑμῖν κατοικήσει (11 a, †)
25. 5. ἐὰν δὲ κατοικῶσιν ἀδελφοὶ ἐπὶ τὸ αὐτό (11 a)
26. 1. καὶ κατοικήσῃς ἐπ᾽ αὐτήν [A -ῆς] (11 a)
29. 16 (15). κατῳκήσαμεν ἐν γῇ Αἰγύπτῳ (11 a)
30. 20. τὸ [A om.] κατοικεῖν σε ἐπὶ τῆς γῆς (11 a)
33. 19. ἐμπόρια παράλιον κατοικούντων -
Jo. 1. 14. κατοικείτωσαν ἐν τῇ γῇ (11 a)
2. 24. πᾶς ὁ κατοικῶν τὴν γῆν ἐκείνην (11 a)
6. 24 (25). A B καὶ κατῴκησεν [R -ισεν] ἐν τῷ Ἰσρ. (11 a)
7. 9. πάντες οἱ κατοικοῦντες τὴν γῆν (11 a)
8. 5. ὡς ἂν ἐξέλθωσιν οἱ κατοικοῦντες Γ. -
— 20. A περιβλέψαντες οἱ κατοικοῦντες [B κάτοικοι] Γαί (2)
— 25. πάντας τοὺς κατοικοῦντας Γαί (2)
9. 3. οἱ κατοικοῦντες Γαβαὼν ἤκουσαν (11 a)
— 7. ὅρα μὴ ἐν ἐμοὶ κατοικεῖς [A -ῴκ.] (11 a)
— 10. ὃς κατῴκει ἐν Ἀσταρώθ -
— 11. πάντες οἱ κατοικοῦντες τὴν γῆν ἡμῶν (11 a)
— 16. ὅτι ἐν αὐτοῖς κατοικοῦσι (11 a)
— 22. ἐγχώριοί ἐστε τῶν κατοικούντων ἐν ἡμῖν (11 a)
— 24. καὶ πάντας τοὺς κατοικοῦντας ἐπ᾽ αὐτῆς (11 a)
— 27. B οἱ κατοικοῦντες Γαβαών -
10. 1. ηὐτομόλησαν οἱ κατοικοῦντες Γ. (11 a)
— 6. ἀπέστειλαν οἱ κατοικοῦντες Γ. (2)
— 6. οἱ βασιλεῖς . . . οἱ κατοικοῦντες τὴν ὀρεινήν (11 a)
12. 2. ὃς κατῴκει ἐν Ἐσεβών (11 a)
—4. ὁ κατοικῶν ἐν Ἀσταρώθ (11 a)
13. 6. πᾶς ὁ κατοικῶν τὴν ὀρεινήν (11 a)
— 13. καὶ κατῴκει βασιλεὺς Γ. (11 a)
— 21. καὶ τοὺς κατοικοῦντας Σιών [A τὴν γῆν] (11 a)
14. 4. ἀλλ᾽ ἢ πόλεις κατοικεῖν (11 a)
15. 15. ἀνέβη . . . ἐπὶ τοὺς κατοικοῦντας Δ. (11 a)
— 63. ὁ Ἰεβουσαῖος [B^2 add. ὃς] κατῴκει ἐν Ἰ. (11 a)
— 63. κατῴκησαν [A -κεισαν] οἱ Ἰεβουσαῖοι ἐν Ἰ. (11 a)
16. 10. τὸν Χαναναῖον τὸν κατοικοῦντα ἐν Γ. (11 a)
— 10. κατῴκει ὁ Χαναναῖος ἐν τῷ Ἐφραΐμ (11 a)
— 10. τοὺς κατοικοῦντας ἐν Γ. -
17. 11. καὶ τοὺς κατοικοῦντας Δώρ (11 a)

Jo. 17. 11. καὶ τοὺς κατοικοῦντας Μαγεδδώ (11 a)
— 11. A καὶ τοὺς κατοικοῦντας Τανάχ (11 a)
— 12. ἤρχετο ὁ Χαναναῖος κατοικεῖν (11 a)
— 16. τῷ Χαναναίῳ τῷ κατοικοῦντι ἐν αὐτῷ [A om. ἐν αὐ.] (11 a)
19. 47. καὶ κατῴκησαν [A κατεπάτησαν] αὐτήν (9 a + 11 a)
— 47. τοῦ κατοικεῖν ἐν Ἐλώμ -
— 50. καὶ κατῴκει ἐν αὐτῇ (11 a)
20. 4. A κατοικήσει μετ᾽ αὐτῶν (11 a)
— 6. A κατοικήσει ἐν τῇ πόλει ἐκείνῃ (11 a)
21. 2. δοῦναι ἡμῖν πόλεις κατοικεῖν (11 a)
— 41. καὶ κατῴκησαν ἐν αὐτῇ (11 a)
22. 33. καὶ κατῴκησαν ἐπ᾽ αὐτῆς (11 a)
24. 2. B πέραν τοῦ ποταμοῦ κατῴκησαν [A R παρῴκ.] (11 a)
— 8. Ἀμορραίων τῶν κατοικούντων πέραν τοῦ Ἰορδ. (11 a)
— 11. ἐπολέμησαν πρὸς ἡμᾶς οἱ κατοικοῦντες Ἱερ. (5 b)
— 15. ἐν οἷς ὑμεῖς κατοικεῖτε ἐπὶ τῆς γῆς αὐ. (11 a)
— 18. πάντα τὰ ἔθνη τὰ κατοικοῦντα τὴν γῆν (11 a)
— 32. τῶν Ἀμ. τῶν κατοικούντων ἐν Σικ. (1 ?)
Jd. 1. 9. τὸν Χαν. τὸν κατοικοῦντα τὴν ὀρεινήν (11 a)
— 10. τὸν Χαν. τὸν κατοικοῦντα ἐν Χ. [A om. ἐν Χ.] (11 a)
— 11. πρὸς τοὺς κατοικοῦντας Δ. (11 a)
— 16. κατῴκησαν [A -εν] μετὰ τοῦ λαοῦ (11 a)
— 17. τὸν Χαν. τὸν κατοικοῦντα Σ. (11 a)
— 19. τοὺς κατοικοῦντας τὴν κοιλάδα (11 a)
— 21. τὸν Ἰεβ. τὸν κατοικοῦντα ἐν Ἱερ. (11 a)
— 21. κατῴκησεν ὁ Ἰεβ. . . . ἐν Ἱερ. [A om. ἐν Ἱερ.] (11 a)
— 27. οὐδὲ τοὺς κατοικοῦντας Δώρ (11 a)
— 27. οὐδὲ τὸν κατοικοῦντα B. [A al.] (11 a)
— 27. οὐδὲ [A καὶ] τοὺς κατοικοῦντας M. (11 a)
— 27. οὐδὲ τοὺς κατοικοῦντας Ἰεβλ. (11 a ?)
— 27. ἤρξατο ὁ Χαν. κ. ἐν τῇ γῇ ταύτῃ (11 a)
— 29. τὸν Χαν. τὸν κατοικοῦντα ἐν Γ. (11 a)
— 29. κατῴκησεν [A -κει] ὁ Χαν. ἐν μέσῳ αὐτοῦ (11 a)
— 30. τοὺς κατοικοῦντας Κέδρων οὐδὲ τοὺς κατοικοῦντας Δω. καὶ κατῴκησεν ὁ Χαν. ἐν μέσῳ αὐτῶν (11 a ter)
— 31. τοὺς κατοικοῦντας Ἀκχώ (11 a)
— 31. καὶ τοὺς κατοικοῦντας Δὼρ καὶ τοὺς κατοικοῦντας Σιδῶνα καὶ τοὺς κατοικοῦντας Δαλάφ (-, 11 a, -)
— 32. κατῴκησεν ὁ Ἀ. ἐν μέσῳ τοῦ Χαν. τοῦ κατοικοῦντος τὴν γῆν (11 a, 11 a)
— 33. τοὺς κατοικοῦντας B. καὶ [A οὐδὲ] τοὺς κατοικοῦντας B. (11 a, 11 a)
— 33. κατῴκησε N. ἐν μέσῳ τοῦ Χαν. τοῦ κατοικοῦντος τὴν γῆν οἱ δὲ κατοικοῦντες B. (11 a ter)
— 35. ἤρξατο ὁ Ἀμ. κατοικεῖν ἐν τῷ ὄρει (11 a)
3. 3. τὸν Εὐαῖον τὸν κατοικοῦντα τὸν Λίβ. (11 a)
— 5. οἱ υἱοὶ Ἰσρ. κατῴκησαν ἐν μέσῳ τοῦ Χαν. (11 a)
4. 2. κατῴκει ἐν Ἀ. τῶν ἐθνῶν (11 a)
5. 15. A ἵνα σοι κατοικῇς ἐν μέσῳ χειλέων [B al.] -
— 23. ἐπικατάρατος πᾶς ὁ κατοικῶν αὐτήν [A al.] (11 a)
8. 11. A ὁδὸν κατοικούντων [B τῶν σκηνούντων] ἐν σκηναῖς (14 a)
— 29. A κατῴκησεν ἐν τῷ οἴκῳ αὐτοῦ [B al.] (11 a)
9. 21. B καὶ κατῴκησεν [B ᾤκ.] ἐκεῖ (11 a)
10. 1. A κατῴκει ἐν Σαμαρείᾳ [B al.] (11 a)
— 18. πᾶσι τοῖς κατοικοῦσι Γ. (11 a)
11. 3. A κατῴκησεν [B ᾤκ.] ἐν γῇ Τώβ (11 a)
— 8. A R πᾶσι τοῖς κατοικοῦσι [B οἰκ.] Γ. (11 a)
— 21. τοῦ κατοικοῦντος τὴν γῆν ἐκείνην [A ἐν τῇ γῇ] (11 a)
18. 1. ἐζήτει ἑαυτῇ κληρονομίαν κατοικῆσαι [A al.] (11 a)
— 7. A τὸν λαὸν τὸν κατοικοῦντα ἐν αὐτῇ [B om.] -
— 9. A τὸν λαὸν τὸν κατοικοῦντα ἐν αὐτῇ -
— 28. A κατῴκησαν [B κατεσκήνωσαν] ἐν αὐτῇ (11 a)
20. 15. A χωρὶς τῶν κατοικούντων τὴν Γ. [B al.] (11 a)
21. 10. A τοὺς κατοικοῦντας [B οἰκ.] Ἰ. (11 a)
— 12. A ἀπὸ τῶν κατοικούντων [B ἀπὸ οἰκ.] Ἰ. (11 a)
— 21. A τῶν κατοικούντων [B οἰκ.] Σ. -
— 23. A κατῴκησαν [B ἐκάθισαν] ἐν αὐταῖς (11 a)
Ru. 1. 4. καὶ κατῴκησαν ἐκεῖ (11 a)

I Ki. 6. 21. ἀποστέλλουσιν ἀγγέλους πρὸς τοὺς κατοικοῦντας Κ. (11 *a*)
12. 8. A καὶ κατῴκησεν [B -κισεν] αὐτούς (11 *c*)
— 11. καὶ κατῳκεῖτε πεποιθότες (11 *a*)
22. 4. καὶ κατῴκουν μετ' αὐτοῦ (11 *a*)
23. 5. ἔσωσε Δ. τοὺς κατοικοῦντας Κ. (11 *a*)
27. 8. ἰδοὺ ἡ γῆ κατῳκεῖτο (11 *a*)
31. 7. κατοικοῦσιν ἐν αὐταῖς (11 *a*)
— 11. ἀκούουσιν [A *add.* περὶ αὐτοῦ] οἱ κατοικοῦντες Ἰ. (11 *a*)
II Ki. 2. 3. κατῴκουν ἐν ταῖς πόλεσι Χεβρών (11 *a*)
5. 6. τὸν Ἰεβ. τὸν κατοικοῦντα τὴν γῆν (11 *a*)
7. 2. κατοικῶ ἐν οἴκῳ κεδρίνῳ (11 *a*)
— 5. τοῦ κατοικῆσαί με (11 *a*)
— 6. οὐ κατῴκηκα ἐν οἴκῳ (11 *a*)
9. 13. Μεμφιβοσθὲ κατῴκει [A -οικεῖ] ἐν Ἰερ. (11 *a*)
11. 11. κατοικοῦσιν ἐν σκηναῖς (11 *a*)
III Ki. 3. 1 (A 4. 25 [5. 5]). κατῴκει Ἰ. καὶ Ἰσρ. πεποιθότες (11 *a*)
4. 34 (A 9. 16). τὸν Χανανίτην τὸν κατοικοῦντα ἐν Μ. [A *al.*] (11 *a*)
8. 27. εἰ ἀληθῶς κατοικήσει ὁ θεός (11 *a*)
— 53. A R τοῦ κατοικεῖν ἐν γνόφῳ [B ἐκ γνόφου] -
— 53. τοῦ κατοικεῖν ἐπὶ καινότητος -
12. 25. καὶ κατῴκει ἐν αὐτῇ (11 *a*)
13. 11. A R προφήτης εἷς . . . κατῴκει ἐν [B εἰς] B. (11 *a*)
— 25. οὗ ὁ προφήτης . . . κατῴκει ἐν αὐτῇ (11 *a*)
15. 18. βασ. Συρίας τοῦ κατοικοῦντος ἐν Δαμ. (11 *a*)
17. 20. μεθ' ἧς ἐγὼ κατοικῶ μετ' αὐτῆς (6 *b*)
20 (21). 8. τοὺς κατοικοῦντας μετὰ Ναβ. (11 *a*)
— 11. R οἱ κατοικοῦντες [A καθήμενοι] ἐν τῇ πόλει αὐτοῦ (11 *a*)
IV Ki. 16. 6. καὶ κατῴκησαν ἐκεῖ (11 *a*)
17. 6. AR κατῴκησεν [B -ισεν] αὐτοὺς ἐν Ἀ. (11 *c*)
— 24. B κατῴκησαν [A -κισαν, R -κίσθησαν] ἐν ταῖς πόλεσιν αὐτῆς (11 *a*)
— 27. καὶ κατοικείτωσαν ἐκεῖ (11 *a*)
— 29. ἐν αἷς [A *add.* αὐτοὶ] κατῴκουν ἐν αὐταῖς (11 *a*)
— 32. ἐν ᾗ κατῴκουν ἐν αὐτῇ -
22. 14. αὕτη κατῴκει ἐν Ἰερ. (11 *a*)
23. 2. A R πάντες [B *om.*] οἱ κατοικοῦντες ἐν Ἰερ. (11 *a*)
I Ch. 2. 55. A R κατοικοῦντες ἐν [B *om.*] Γ. (11 *a*)
4. 22. οἱ κατῴκησαν ἐν Μωάβ (5 *a*)
— 23. οὗτοι κεραμεῖς οἱ κατοικοῦντες ἐν Ἀ. (11 *a*)
— 23. καὶ κατῴκησαν ἐκεῖ (11 *a*)
— 28. καὶ κατῴκησαν ἐν B. (11 *d*)
— 40. ἐκ τῶν υἱῶν Χὰμ τῶν κατοικούντων ἐκεῖ ἔμπροσθεν (11 *a*)
— 43. A καὶ κατῴκησαν ἐκεῖ (11 *a*)
5. 8. οὗτος κατῴκησεν ἐν Ἀρ. (11 *a*)
— 9. καὶ πρὸς ἀνατολὰς κατῴκησεν (11 *a*)
— 10. κατοικοῦντες ἐν σκηναῖς (11 *a*)
— 11. υἱοὶ Γὰδ . . . κατῴκησαν ἐν τῇ B. (11 *a*)
— 16. AR κατῴκουν [B κατοίκων ?] ἐν Γ. (11 *a*)
— 22. καὶ κατῴκησαν ἀντ' αὐτῶν (11 *a*)
— 23. κατῴκησαν ἀπὸ B. (11 *a*)
7. 29. ἐν ταύτῃ κατῴκησαν οἱ υἱοὶ Ἰωσήφ (11 *a*)
8. 6. τοῖς κατοικοῦσι Γ. (11 *a*)
— 13. τοῖς κατοικοῦσιν Αἰ. (11 *a*)
— 13. οὗτοι ἐξεδίωξαν τοὺς κατοικοῦντας Γέθ (11 *a*)
— 28. οὗτοι κατῴκησαν ἐν Ἰερ. (11 *a*)
— 29. ἐν Γ. κατῴκησε πατὴρ Γ. (11 *a*)
— 32. οὗτοι . . . κατῴκησαν ἐν Ἰερ. (11 *a*)
9. 2. οἱ κατοικοῦντες πρότερον . . . ἐν ταῖς πόλεσιν Ἰσρ. (11 *a*)
— 3. ἐν Ἰερ. κατῴκησαν ἀπὸ τῶν υἱῶν Ἰ. (11 *a*)
— 16. ὁ κατοικῶν ἐν ταῖς κώμαις N. (11 *a*)
— 34. ἄρχοντες οὗτοι κατῴκησαν ἐν Ἰερ. (11 *a*)
— 35. ἐν Γ. κατῴκησε [S -σαν] πατὴρ Γ. (11 *a*)
— 38. οὗτοι . . . κατῴκησαν ἐν Ἰερ. (11 *a*)
10. 7. κατῴκησαν [S -ισαν] ἐν αὐταῖς (11 *a*)
— 11. ἤκουσαν πάντες οἱ κατοικοῦντες Γ. †
11. 4. AR ἐκεῖ οἱ Ἰεβ. οἱ κατοικοῦντες τὴν γῆν [B S *al.*] (11 *a*)
— 4 (5). A εἶπαν δὲ οἱ κατοικοῦντες Ἰ. [B *al.*] (11 *a*)
12. 15. πάντας τοὺς κατοικοῦντας αὐλῶνας -
— 30. S κατοικοῦντες [A B κατ' οἴκους] πατριῶν αὐτῶν †
17. 1. ὡς κατῴκησε Δ. ἐν οἴκῳ αὐτοῦ (11 *a*)
— 1. κατοικῶ ἐν οἴκῳ κεδρίνῳ (11 *a*)
— 4. τοῦ κατοικῆσαί με ἐν αὐτῷ (11 *a*)

I Ch. 17. 5. οὐ κατῴκησα ἐν οἴκῳ (11 *a*)
22. 18. ἔδωκεν . . . τοὺς κατοικοῦντας τὴν γῆν (11 *a*)
29. 15. B καὶ κατοικοῦντες [A R παροικ.] ὡς πάντες οἱ πατέρες (11 *e*)
II Ch. 2. 3 (2). οἶκον κατοικῆσαι ἐν αὐτῷ (11 *a*)
6. 1. A^2 τοῦ κατοικῆσαι [B κατασκηνῶσαι] ἐν γνόφῳ (14 *a*)
— 2. A τοῦ κατοικῆσαι [B κατασκηνῶσαι] εἰς τοὺς αἰῶνας (11 *a*)
— 18. εἰ ἀληθῶς κατοικήσει θεός (11 *a*)
8. 11. οὐ κατοικήσει ἡ γυνή μου ἐν πόλει Δ. (11 *a*)
10. 2. καὶ κατῴκησεν Ἰερ. ἐν Αἰγ. †
— 17. οἱ κατοικοῦντες ἐν πόλεσιν Ἰούδα (11 *a*)
11. 5. κατῴκησε Ῥ. εἰς [A ἐπὶ] Ἰερ. (11 *a*)
15. 5. ἐπὶ πάντας τοὺς κατοικοῦντας τὰς χώρας (11 *a*)
16. 2. τὸν κατοικοῦντα ἐν Δαμασκῷ (11 *a*)
19. 4. καὶ κατῴκησεν Ἰωσαφάτ (11 *a*)
— 8. κρίνειν τοὺς κατοικοῦντας ἐν Ἰερ. †
— 10. A R τῶν [A *om.*] κατοικούντων ἐν ταῖς πόλεσιν αὐτῶν [B *om.* ἐν τ. π. αὐ.] (11 *a*)
20. 7. τοὺς κατοικοῦντας τὴν γῆν ταύτην (11 *a*)
— 8. κατῴκησαν ἐν αὐτῇ (11 *a*)
— 15. καὶ οἱ κατοικοῦντες Ἰερ. (11 *a*)
— 18. καὶ οἱ κατοικοῦντες Ἰερ. [A ἐν Ἰερ.] (11 *a*)
— 20. καὶ οἱ κατοικοῦντες ἐν Ἰερ. (11 *a*)
— 23. A^{2}B ἐπὶ τοὺς κατοικοῦντας ὄρος Σηείρ (11 *a*)
— 23. ὡς συνετέλεσαν τοὺς κατοικοῦντας Σηείρ (11 *a*)
21. 11. ἐξεπόρνευσε τοὺς κατοικοῦντας ἐν [A *om.*] Ἰερ. (11 *a*)
— 13. καὶ τοὺς κατοικοῦντας ἐν [A *om.*] Ἰερ. (11 *a*)
22. 1. ἐβασίλευσαν οἱ κατοικοῦντες ἐν Ἰερ. τὸν Ὀ. (11 *a*)
26. 7. τοὺς Ἀ. τοὺς κατοικοῦντας ἐπὶ τῆς πέτρας (11 *a*)
28. 18. καὶ κατῴκησαν ἐκεῖ (11 *a*)
30. 25. B καὶ οἱ κατοικοῦντες ἀπὸ [A ἐν, R *om.*] Ἰ. (11 *a*)
31. 4. εἶπαν . . . τοῖς κατοικοῦσιν ἐν Ἰερ. (11 *a*)
— 6. οἱ κατοικοῦντες ἐν ταῖς πόλεσιν Ἰούδα (11 *a*)
32. 12. εἶπε . . . τοῖς κατοικοῦσιν ἐν [A *om.*] Ἰερ. †
— 22. καὶ τοὺς κατοικοῦντας ἐν [A *om.*] Ἰερ. (11 *a*)
— 26. καὶ οἱ κατοικοῦντες Ἰερ. (11 *a*)
— 33. καὶ οἱ κατοικοῦντες ἐν Ἰερ. (11 *a*)
33. 9. καὶ τοὺς κατοικοῦντας ἐν Ἰερ. (11 *a*)
34. 22. αὕτη κατῴκει ἐν Ἰερ. (11 *a*)
— 27, 28. καὶ ἐπὶ τοὺς κατοικοῦντας αὐτόν (11 *a*)
— 30. καὶ κατοικοῦντες Ἰερ. (11 *a*)
— 32. οἱ κατοικοῦντες Ἰερ. [A εἰς Ἰερ.] (11 *a*)
35. 18. καὶ οἱ κατοικοῦντες ἐν Ἰερ. (11 *a*)
I Es. 2. 16. κατὰ τῶν κατοικούντων ἐν τῇ Ἰουδαίᾳ
8. 92. B καὶ κατῴκησαν γυναῖκες [A R συνῳκίσαμεν γυναῖκας]
9. 37. καὶ κατῴκησαν οἱ ἱερεῖς
Ne. 3. 13. καὶ οἱ κατοικοῦντες Ζανώ (11 *a*)
8. 14. ὅπως κατοικήσωσιν οἱ υἱοὶ Ἰσρ. ἐν σκηναῖς (11 *a*)
9. 24. τοὺς κατοικοῦντας τὴν γῆν τῶν Χαν. (11 *a*)
11. 21. S^2 οἱ δὲ Ναθ. κατῴκησαν ἐν Ὀ. (11 *a*)
To. 5. 16. A ὁ δὲ ἐν τῷ οὐρ. κατοικῶν [B S *al.*]
14. 4. S οἱ κατοικοῦντες [A B *om.* οἱ κ.] ἐν τῇ γῇ
Ju. 1. 6. ABS^2 πάντες οἱ κατοικοῦντες τὴν ὀρεινήν
— 6. πάντες οἱ κατοικοῦντες τὸν Εὐφρ.
— 7. πάντας τοὺς κατοικοῦντας τὴν Π.
— 7. πάντας τοὺς κατοικοῦντας [S *om.* τ. κ.] πρὸς δυσμαῖς [S^1 *om.* πρ. δ.] τοὺς κατοικοῦντας Κιλικίαν
— 7. πάντας τοὺς κατοικοῦντας κατὰ πρόσωπον τῆς παραλίας
— 10. A B S^2 πάντας τοὺς κατοικοῦντας τὴν Αἴγ.
— 11. πάντες οἱ κατοικοῦντες πᾶσαν τὴν γῆν
— 12. πάντας τοὺς κατοικοῦντας ἐν γῇ Μ.
2. 28. τοὺς κατοικοῦντας τὴν παραλίαν
— 28. καὶ τοὺς κατοικοῦντας Σούρ
— 28. καὶ πάντας τοὺς κατοικοῦντας Ἰ. [S^1 *al.*]
— 28. οἱ κατοικοῦντες [S τοὺς κατοικοῦντας] ἐν Ἀζ.
3. 4. καὶ οἱ κατοικοῦντες ἐν αὐταῖς
4. 1. οἱ κατοικοῦντες ἐν τῇ Ἰ.
— 6. ἔγραψεν [S^1 ἤκουσεν] . . . τοῖς κατοικοῦσι B.
— 11. ABS^2 οἱ κατοικοῦντες ἐν Ἰερ.
5. 3. τίνες ἃς κατοικοῦσι πόλεις
— 4. παρὰ πάντας τοὺς κατοικοῦντας ἐν δυσμαῖς
— 5. ὃς κατοικεῖ τὴν ὀρεινὴν ταύτην
— 9. καὶ κατῴκησαν ἐκεῖ
— 14. πάντας τοὺς κατοικοῦντας ἐν τῇ ἐρήμῳ

Ju. 5. 16. καὶ κατῴκησαν ἐν αὐτῇ
— 22. πάντες [S *om.*] οἱ κατοικοῦντες τὴν παραλίαν
7. 10. A ἐν οἷς αὐτοὶ κατοικοῦσιν [B S ἐνοικ.] ἐν αὐτοῖς
— 13. πάντες οἱ κατοικοῦντες [S ἐνοικ.] B.
— 20. πάντας τοὺς κατοικοῦντας [S τῶν κατοικούντων] B.
8. 11. A S ἄρχοντες τῶν κατοικούντων B. [B ἐν B.]
11. 2. ὁ λαός σου ὁ κατοικῶν τὴν ὀρεινήν
— 14. οἱ ἐκεῖ κατοικοῦντες ἐποίησαν ταῦτα
14. 4. πάντες οἱ κατοικοῦντες πᾶν ὅριον Ἰσρ.
15. 6. οἱ δὲ λοιποὶ οἱ κατοικοῦντες B.
— 8. οἱ κατοικοῦντες ἐν Ἰερ.
Es. 9. 19. AB^{2}S οἱ δὲ κατοικοῦντες ἐν ταῖς μητροπόλεσιν (11 *a*?)
Jb. 4. 19. τοὺς δὲ [A ἔα δὲ τοὺς] κατοικοῦντας οἰκίας πηλίνας (14 *a*)
42. 18. ἐν μὲν γῇ κατοικῶν τῇ Αὐσίτιδι -
— 18. A ἐν μὲν γῇ κατοικῶν τῇ Αὐσίτιδι -
Ps. 2. 4. ὁ κατοικῶν ἐν οὐρανοῖς (11 *a*)
9. 11. ψάλατε τῷ κυρίῳ τῷ κατοικοῦντι ἐν Σ. (11 *a*)
21 (22). 3. A B S^1 σὺ δὲ ἐν ἁγίοις [S^{2}R -φ] κατοικεῖς (11 *a*)
22 (23). 6. καὶ τὸ κατοικεῖν με ἐν οἴκῳ κυρίου (11 *a*)
23 (24). 1. πάντες οἱ κατοικοῦντες ἐν αὐτῇ (11 *a*)
26 (27). 4. τοῦ [A S^1 τὸ] κατοικεῖν με ἐν οἴκῳ κυρίου (11 *a*)
32 (33). 8. πάντες οἱ κατοικοῦντες τὴν οἰκουμένην (11 *a*)
— 14. ἐπὶ πάντας τοὺς κατοικοῦντας τὴν γῆν (11 *a*)
48 (49). 1. πάντες οἱ κατοικοῦντες τὴν οἰκουμένην (11 *a*)
64 (65). 4. S^1 κατοικήσει [B S^2 κατασκηνώσει] ἐν ταῖς αὐλαῖς σου (14 *a*)
— 8. φοβηθήσονται οἱ κατοικοῦντες τὰ πέρατα [S^1 τὴν γῆν] (11 *a*)
67 (68). 6. τοὺς κατοικοῦντας ἐν τάφοις (14 *a*)
— 10. τὰ ζῷά σου κατοικοῦσιν ἐν αὐτῇ (11 *a*)
— 16. ὃ εὐδόκησεν ὁ θεὸς κατοικεῖν ἐν αὐτῷ (11 *a*)
68 (69). 25. μὴ ἔστω ὁ κατοικῶν (11 *a*)
— 35. καὶ κατοικήσουσιν ἐκεῖ (11 *a*)
74 (75). 3. πάντες οἱ κατοικοῦντες αὐτήν [S *add.* ἐν αὐτῇ] (11 *a*)
82 (83). 7. ἀλλόφυλοι μετὰ τῶν κατοικούντων Τύρου (11 *a*)
83 (84). 4. μακάριοι πάντες οἱ κατοικοῦντες ἐν τῷ οἴκῳ σου (11 *a*)
90 (91). 1. ὁ κατοικῶν ἐν βοηθείᾳ τοῦ ὑψίστου (11 *a*)
97 (98). 7. AS οἱ κατοικοῦντες ἐν αὐτῇ [B κατ. αὐτήν] (11 *a*)
100 (101). 7. οὐ κατῴκει ἐν μέσῳ τῆς οἰκίας μου (11 *a*)
106 (107). 34. ἀπὸ κακίας τῶν κατοικούντων ἐν αὐτῇ (11 *a*)
— 36. A^1 κατῴκησεν [A^2 S R -ισεν] ἐκεῖ πεινῶντας (11 *c*)
112 (113). 5. ὁ ἐν ὑψηλοῖς κατοικῶν (11 *a*)
122 (123). 1. τὸν κατοικοῦντα ἐν τῷ οὐρανῷ (11 *a*)
124 (125). 1. ὁ κατοικῶν Ἰερουσαλήμ (11 *a*)
131 (132). 14. ὧδε κατοικήσω (11 *a*)
132 (133). 1. τὸ κατοικεῖν ἀδελφοὺς ἐπὶ τὸ αὐτό (11 *a*)
134 (135). 21. ὁ κατοικῶν Ἰερουσαλήμ (14 *a*)
139 (140). 13. A S^{2}R κατοικήσουσιν εὐθεῖς σὺν [B S^1 ἐν] τῷ προσώπῳ σου (11 *a*)
Pr. 24. 63 (30. 28). κατοικεῖ ἐν ὀχυρώμασι βασιλέων -
Wi. 1. 4. οὐδὲ κατοικήσει ἐν σώματι καταχρέῳ ἁμαρτίας
Si. 10. 2. κατὰ τὸν ἡγούμενον τῆς πόλεως πάντες οἱ κατοικοῦντες αὐτήν
33 (36). 9. A^{2}R οἱ κακοῦντες [A^1 κατοικ., B S ἀδικοῦντες] τὸν λαόν σου
50. 26. ὁ λαὸς μωρὸς ὁ κατοικῶν ἐν Σικ.
Ho. 4. 1. κρίσις τῷ κ. πρὸς τοὺς κατοικοῦντας τὴν γῆν (11 *a*)
— 3. σὺν πᾶσι τοῖς κατοικοῦσιν αὐτήν (11 *a*)
9. 3. οὐ κατῴκησαν ἐν τῇ γῇ τοῦ κ. κατῴκησεν Ἐ. Αἴγ. (11 *a*, †)
10. 5. A R παροικήσουσιν οἱ [B *om.*] κατοικοῦντες Σ. (14 *c*)
11. 5. κατῴκησεν Ἐ. ἐν Αἰγ. †
Am. 1. 5. ἐξολεθρεύσω κατοικοῦντας ἐκ πεδίου Ὢν (11 *a*)
— 8. ἐξολεθρεύσω κατοικοῦντας ἐξ Ἀζ. (11 *a*)
3. 12. οἱ υἱοὶ Ἰ. οἱ κατοικοῦντες ἐν Σ. (11 *a*)

Am. 5. 11. οὐ μὴ κατοικήσητε ἐν αὐτοῖς (11 *a*)
6. 8. σὺν πᾶσι τοῖς κατοικοῦσιν αὐτήν (12)
8. 8. πᾶς ὁ κατοικῶν ἐν αὐτῇ (11 *a*)
9. 5. πάντες οἱ κατοικοῦντες αὐτήν (11 *a*)
— 14. οἰκοδομήσουσι πόλεις . . . καὶ κατοικήσουσι (11 *a*)
Mi. 1. 10 (11). κατοικοῦσα καλῶς τὰς πόλεις αὐ. (11 *a*)
— 11. οὐκ ἐξῆλθε κατοικοῦσα Σενναάρ (11 *a*)
— 12. τίς ἤρξατο . . . κατοικούσῃ ὀδύνας (11 *a*)
— 13. κατοικοῦσα Λ. ἀρχηγὸς ἁμαρτίας (11 *a*)
— 15. κατοικοῦσα Λ. (11 *a*)
6. 12. οἱ κατοικοῦντες αὐτὴν ἐλάλουν ψεύδη (11 *a*)
— 16. παραδῶ . . . τοὺς κατοικοῦντας αὐτήν (11 *a*)
7. 13. ἡ γῆ . . . σὺν τοῖς κατοικοῦσιν αὐτήν (11 *a*)
Jl. 1. 2. πάντες οἱ κατοικοῦντες τὴν γῆν (11 *a*)
— 14. συναγάγετε . . . πάντας κατοικοῦντας γῆν (11 *a*)
2. 1. πάντες οἱ κατοικοῦντες τὴν γῆν (11 *a*)
3 (4). 20. ἡ δὲ Ἰουδ. εἰς τὸν αἰῶνα κατοικηθήσεται (11 *a*)
Jn. 4. 11. ἐν ᾗ κατοικοῦσι πλείους (10)
Na. 1. 5. καὶ πάντες οἱ κατοικοῦντες ἐν αὐτῇ (11 *a*)
3. 8. ἡ κατοικοῦσα ἐν ποταμοῖς (11 *a*)
Hb. 2. 8, 17. πάντων τῶν κατοικούντων αὐτήν (11 *a*)
Ze. 1. 4. ἐπὶ πάντας τοὺς κατοικοῦντας Ἱερουσ. (11 *a*)
— 11. οἱ κατοικοῦντες τὴν κατακεκομμένην (11 *a*)
— 13. καὶ οὐ μὴ κατοικήσουσιν ἐν αὐταῖς (11 *a*)
— 18. ἐπὶ πάντας τοὺς κατοικοῦντας τὴν γῆν (11 *a*)
2. 5. οἱ κατοικοῦντες τὸ σχοίνισμα τῆς θαλ. (11 *a*)
3. 1 (2. 15). αὕτη ἡ πόλις . . . ἡ κατοικοῦσα ἐπ᾽ ἐλπίδι (11 *a*)
— 6. παρὰ [A διὰ] τὸ μηδένα . . . κατοικεῖν (11 *a*)
Za. 1. 11. ἰδοὺ πᾶσα ἡ γῆ κατοικεῖται (11 *a*)
2. 4 (8). κατακάρπως κατοικηθήσεται [S^1 -κήσ.] Ἱ. ἀπὸ πλήθους (11 *a*)
— 7 (11). ἀνασώζεσθε οἱ κατοικοῦντες θυγατέρα Βαβ. (11 *a*)
7. 7. ὅτε ἦν Ἱ. κατοικουμένη (11 *a*)
— 7. καὶ ἡ ὀρεινὴ καὶ ἡ πεδινὴ κατῳκεῖτο (11 *a*)
8. 20. λαοὶ . . . κατοικοῦντες [S^2 οἱ κ.] πόλεις πολλάς (11 *a*)
— 21. συνελεύσονται κατοικοῦντες πέντε πόλεις [S^2 *om.* σ. . . . π.] (11 *a*)
9. 5. καὶ Ἀσκάλων οὐ μὴ κατοικηθῇ (11 *a*)
— 6. καὶ κατοικήσουσιν ἀλλογενεῖς ἐν Ἀζώτῳ (11 *a*)
11. 6. ἐπὶ τοὺς κατοικοῦντας τὴν γῆν (11 *a*)
12. 5. εὑρήσομεν . . . τοὺς κατοικοῦντας Ἱ. (11 *a*)
— 6. καὶ κατοικήσει Ἱ. ἔτι καθ᾽ ἑαυτήν (11 *a*)
— 7. ἔπαρσις [A ἐπάρξεις] τῶν κατοικούντων Ἱ. (11 *a*)
— 8. ὑπερασπιεῖ κ. ὑπὲρ τῶν κατοικούντων Ἱ. (11 *a*)
— 10. ἐκχεῶ . . . ἐπὶ τοὺς κατοικοῦντας Ἱ. (11 *a*)
13. 1. καὶ τοῖς κατοικοῦσιν Ἱερουσαλήμ (11 *a*)
14. 11. κατοικήσουσιν [A -κοῦσιν] ἐν αὐτῇ (11 *a*)
— 11. καὶ κατοικήσει Ἱερ. πεποιθότως (11 *a*).
Is. 6. 11. παρὰ τὸ μὴ κατοικεῖσθαι (11 *a*)
8. 18. ὃς κατοικεῖ ἐν τῷ ὄρει Σιών (14 *a*)
9. 1 (8. 23). A S^2 οἱ τὴν παράλιον κατοικοῦντες [B S^1 *om.*] –
— 2 (1). οἱ κατοικοῦντες ἐν χώρᾳ [A S^2 *add.* καὶ] σκιᾷ θανάτου (11 *a*)
10. 14 (13). σείσω πόλεις κατοικουμένας (11 *a* ?)
— 24. ὁ λαός μου οἱ κατοικοῦντες ἐν Σιών (11 *a*)
— 31. καὶ οἱ κατοικοῦντες Γιββείρ (11 *a*)
12. 6. εὐφραίνεσθε, οἱ κατοικοῦντες [A S *add.* ἐν] Σιών (11 *a*)
13. 20. οὐ κατοικηθήσεται εἰς τὸν αἰῶνα χρόνον (11 *a*)
— 22. ὀνοκένταυροι ἐκεῖ κατοικήσουσι –
14. 23. ὥστε κ. ἐχίνους (9 *b*)
16. 7. τοῖς κατοικοῦσι δὲ Σὲθ μελετήσεις (4 ?)
18. 2. ὡς χώρα κατοικουμένη κατοικηθήσεται (11 *a*, 14 *a* ?)
20. 6. ἐροῦσιν οἱ κατοικοῦντες ἐν τῇ νήσῳ ταύτῃ (11 *a*)
23. 6. ὀλολύξατε οἱ κατοικοῦντες [A S ἐνοικ.] ἐν τῇ νήσῳ ταύτῃ (11 *a*)
— 18. ἀλλὰ τοῖς κατοικοῦσιν ἔναντι κυρίου (11 *a*)
24. 5. ἠνόμησε διὰ τοὺς κατοικοῦντας αὐτήν (11 *a*)
— 6. ἡμάρτοσαν οἱ κατοικοῦντες αὐτήν (11 *a*)
— 17. S^1 ἐφ᾽ ὑμᾶς τοὺς κατοικοῦντας ἐν τῇ γῇ [A B S^2 *al.*] (11 *a*)
26. 21. S ἐπὶ τοὺς κατοικοῦντας [A B ἐνοικ.] ἐπὶ τῆς γῆς (11 *a*)
27. 10. τὸ κατοικούμενον ποίμνιον ἀνειμένον ἔσται †

Is. 32. 16. δικαιοσύνη ἐν τῷ Κ. κατοικήσει (11 *a*)
— 18. A S R κατοικήσει [B οἰκ.] ὁ λαὸς αὐτοῦ ἐν πόλει εἰρήνης (11 *a*)
33. 5. ἅγιος ὁ θεὸς ὁ κατοικῶν ἐν ὑψηλῷ [A S -οῖς] (14 *a*)
34. 11. κατοικήσουσιν [A S -σονται] ἐν αὐτῇ (14 *a* [9 *a*])
40. 22. καὶ διατείνας ὡς σκηνὴν κ. (11 *a*)
42. 10. αἱ νῆσοι καὶ οἱ κατοικοῦντες αὐτάς (11 *a*)
— 11. ἐπαύλεις καὶ οἱ κατοικοῦντες Κηδάρ (11 *a*)
— 11. εὐφρανθήσονται οἱ κατοικοῦντες πέτραν (11 *a*)
44. 26. ὁ λέγων Ἱερουσαλὴμ, Κατοικηθήσῃ (11 *d*)
45. 18. κατοικεῖσθαι ἔπλασεν αὐτήν [A S *om.* ἔ. αὐ.] (11 *a*)
49. 19. νῦν στενοχωρήσει ἀπὸ τῶν κατοικούντων [A ἐνοικ., S^1 *add.* σε] (11 *a*)
— 20. ποίησόν μοι τόπον ἵνα κατοικήσω (11 *a*)
51. 6. οἱ δὲ κατοικοῦντες [A *add.* τὴν γῆν] . . . ἀποθανοῦνται (11 *a*)
54. 3. πόλεις ἠρημωμένας κατοικιεῖς [A -κήσεις] (11 *c*)
57. 15. ἐν ὑψηλοῖς κατοικῶν τὸν αἰῶνα (14 *a*)
62. 5. οὕτω κατοικήσουσιν οἱ υἱοί σου (5 *a*)
65. 9. κατοικήσουσιν ἐκεῖ (14 *a*)
66. 10. πάντες οἱ ἀγαπῶντες αὐτήν [S^2 κατοικοῦντες ἐν αὐτῇ] †
Je. 1. 1. ὃς κατῴκει ἐν Ἀναθὼθ ἐν γῇ Βενιαμείν –
— 14. ἐπὶ πάντας τοὺς κατοικοῦντας τὴν γῆν (11 *a*)
2. 6. οὐ κατῴκησεν ἄνθρωπος [S υἱὸς ἀνθρώπου] ἐκεῖ (11 *a*)
— 15. παρὰ τὸ μὴ κατοικεῖσθαι (11 *a*)
4. 3. B S τάδε λέγει κύριος . . . τοῖς κατοικοῦσιν Ἱερ. –
— 4. καὶ οἱ κατοικοῦντες [A *add.* ἐν] Ἱερ. (11 *a*)
— 7. τοῦ θεῖναι [S^1 *add.* κατοικεῖσθαι] τὴν γῆν –
— 7. παρὰ τὸ μὴ κατοικεῖσθαι αὐτάς (11 *a*)
— 29. οὐ κατῴκει [A κατοικήσει] ἐν αὐταῖς ἄνθρωπος (11 *a*)
6. 8. A S ἥτις οὐ κατοικηθήσεται [B -κισθῇ] (11 *b*)
— 12. ἐπὶ τοὺς κατοικοῦντας [S^1 *om.* τ. κ.] τὴν γῆν ταύτην (11 *a*)
8. 1. τὰ ὀστᾶ τῶν κατοικούντων ἐν [A S *om.*] Ἱερ. (11 *a*)
— 16. καὶ τοὺς κατοικοῦντας ἐν αὐτῇ (11 *a*)
9. 11 (10). παρὰ τὸ μὴ κατοικεῖσθαι (11 *a*)
— 26 (25). τοὺς κατοικοῦντας ἐν τῇ ἐρήμῳ (11 *a*)
10. 17. κατοικοῦσα [A ἡ κ.] ἐν ἐκλεκτοῖς (11 *a*)
— 18. τοὺς κατοικοῦντας τὴν γῆν ταύτην (11 *a*)
11. 2. τοὺς κατοικοῦντας ἐν [A *om.*] Ἱερ. (11 *a*)
— 9. εὑρέθη σύνδεσμος . . . ἐν τοῖς κατοικοῦσιν ἐν [A S *om.*] Ἱερουσαλήμ (11 *a*)
— 12. πορεύσονται . . . οἱ κατοικοῦντες Ἱερ. (11 *a*)
— 23. ἐπὶ τοὺς κατοικοῦντας ἐν Ἀν. (2)
12. 4. ἀπὸ κακίας τῶν κατοικούντων ἐν αὐτῇ [A κ. αὐτῶν] (11 *a*)
13. 13. πληρῶ τοὺς κατοικοῦντας τὴν γῆν ταύτην (11 *a*)
— 13. πάντας τοὺς κατοικοῦντας [A καθημένους] ἐν [S *om.*] Ἱερ. (11 *a*)
17. 6. ἐν γῇ ἁλμυρᾷ ἥτις οὐ κατοικεῖται [S^1 -κηθήσεται] (11 *a*)
— 25. εἰσελεύσονται . . . οἱ κατοικοῦντες ἐν [A *om.*] Ἱερ. καὶ κατοικισθήσεται [A -κηθ.] ἡ πόλις αὕτη (11 *a*, 11 *a*)
18. 11. εἰπὸν . . . πρὸς τοὺς κατοικοῦντας [S *add.* ἐν] Ἱερ. (11 *a*)
19. 3. B^2 S R ἀκούσατε . . . οἱ κατοικοῦντες ἐν [A B^1 *om.*] Ἱερ. (11 *a*)
— 12. τοῖς κατοικοῦσιν ἐν αὐτῷ (11 *a*)
20. 6. πάντες οἱ κατοικοῦντες ἐν τῷ οἴκῳ σου (11 *a*)
21. 6. πατάξω πάντας τοὺς κατοικοῦντας (11 *a*)
— 13. τὸν κατοικοῦντα τὴν κοιλάδα σόρ (11 *a*)
22. 6. πόλεις μὴ κατοικηθησομένας (11 *b*)
— 23. κατοικοῦσα ἐν τῷ Λιβάνῳ (11 *a*)
23. 14. καὶ οἱ κατοικοῦντες αὐτήν (11 *a*)
24. 8. τοὺς κατοικοῦντας ἐν Αἰγύπτῳ (11 *a*)
25. 2. πρὸς τοὺς κατοικοῦντας Ἱερ. (11 *a*)
— 5. κατοικήσετε ἐπὶ τῆς γῆς (11 *a*)
— 9. ἄξω αὐτοὺς . . . ἐπὶ τοὺς κατοικοῦντας αὐτήν (11 *a*)
26 (46). 8. ἀπολῶ τοὺς [A S *om.*] κατοικοῦντας ἐν αὐτῇ (11 *a*)
— 19. κατοικοῦσα θύγατερ [S -ηρ] Αἰγύπτου . . . διὰ τὸ μὴ ὑπάρχειν κατοικοῦντας ἐν αὐτῇ (11 *a*, 11 *a*)
27 (50). 3. οὐκ ἔσται ὁ κατοικῶν ἐν αὐτῇ (11 *a*)

Je. 27 (50). 13. ἔρημος ἀπὸ ὀργῆς κυρίου οὐ κατοικηθήσεται (11 *a*)
— 21. B S^2 ἐπὶ τοὺς κατοικοῦντας ἐπ᾽ [A *om.*] αὐτήν (11 *a*)
— 34. παροξυνεῖ τοῖς κατοικοῦσι [S παροικ.] Βαβ. μάχαιραν (11 *a*)
— 35. ἐπὶ τοὺς κατοικοῦντας Βαβυλῶνα (11 *a*)
— 39. κατοικήσουσιν ἰνδάλματα ἐν ταῖς νήσοις καὶ κατοικήσουσιν ἐν αὐτῇ θυγατέρες σειρήνων οὐ μὴ κατοικηθῇ οὐκέτι (11 *a ter*)
— 40. A S R οὐ μὴ κατοικήσει [B -σῃ] ἐκεῖ ἄνθρωπος (11 *a*)
— 40. A οὐ μὴ κατοικήσει [B S παροικ.] ἐκεῖ υἱὸς ἀνθρώπου (6 *a*)
— 45. ἐπὶ τοὺς κατοικοῦντας Χαλδαίους (3)
28 (51). 1. ἐξεγείρω . . . ἐπὶ τοὺς κατοικοῦντας Χαλδ. (11 *a*)
— 12. ἐπὶ τοὺς κατοικοῦντας Βαβυλῶνα (11 *a*)
— 24. ἀνταποδώσω . . . πᾶσι τοῖς κατοικοῦσι Χαλδ. (11 *a*)
— 29. καὶ μὴ κατοικεῖσθαι αὐτήν (11 *a*)
— 35. ἐρεῖ [S^1 *add.* καὶ] κατοικοῦσα Σιών (11 *a*)
— 35. ἐπὶ τοὺς κατοικοῦντας Χαλδαίους (11 *a*)
— 37. οὐ κατοικηθήσεται (11 *a*)
— 43. οὐ κατοικήσει ἐν αὐτῇ οὐδὲ εἷς (11 *a*)
— 62. τοῦ μὴ εἶναι ἐν αὐτῷ κατοικοῦντας (11 *a*)
29 (47). 2. πόλιν καὶ τοὺς κατοικοῦντας [A ἐνοικ.] ἐν αὐτῇ (11 *a*)
— 2. ἅπαντες οἱ κατοικοῦντες τὴν γῆν (11 *a*)
29 (49). 8. οἱ κατοικοῦντες [S^1 -ται] ἐν Δαιδάμ (11 *a*)
— 18. οὐ μὴ καθίσῃ [A κατοικήσει] ἐκεῖ ἄνθρωπος (11 *a*)
— 18. R οὐ μὴ κατοικήσει [A καθίσει, B S ἐνοικ.] ἐκεῖ υἱὸς ἀνθρώπου (6 *a*)
— 20. ἐπὶ τοὺς κατοικοῦντας Θαιμάν (11 *a*)
30. 11 (49. 33). οὐ μὴ κατοικήσει ἐκεῖ υἱὸς ἀνθρώπου (6 *a*)
31 (48). 28. ᾤκησαν ἐν πέτραις οἱ κατοικοῦντες [A π. οἰκ.] Μωάβ (11 *a*)
33 (26). 9. ἐρημωθήσεται ἀπὸ κατοικούντων [A ἐνοικ.] (11 *a*)
— 15. ἐπὶ τοὺς κατοικοῦντας ἐν αὐτῇ (11 *a*)
36 (29). 5. καὶ κατοικήσατε (11 *a*)
— 28. οἰκοδομήσατε οἰκίας καὶ κατοικήσατε (11 *a*)
39 (32). 32. καὶ οἱ κατοικοῦντες ἐν [S *om.*] Ἱερ. (11 *a*)
41 (34). 22. ἐρήμους [A εἰς ἄβατον] ἀπὸ κατοικούντων (11 *a*)
42 (35). 7. A ἐν σκηναῖς κατοικήσετε [BS οἰκ.] (11 *a*)
— 9. οἰκίας τοῦ κ. ἐκεῖ (11 *a*)
— 13. εἰπὸν . . . τοῖς κατοικοῦσιν [A *add.* ἐν] Ἱερ. (11 *a*)
— 17. BS φέρω . . . ἐπὶ τοὺς κατοικοῦντας Ἱ. (11 *a*)
43 (36). 31. ἐπὶ τοὺς κατοικοῦντας Ἱερ. (11 *a*)
45 (38). 2. ὁ κατοικῶν ἐν τῇ πόλει ταύτῃ (11 *a*)
47 (40). 9. κατοικήσατε ἐν τῇ γῇ (11 *a*)
49 (42). 15. εἰσέλθητε ἐκεῖ κ. (6 *a*)
— 18. ἐπὶ τοὺς κατοικοῦντας Ἱερουσαλήμ (11 *a*)
— 22. εἰσελθεῖν κ. [S^1 -εῖς] ἐκεῖ (6 *a*)
50 (43). 2. A μὴ εἰσέλθητε εἰς Αἴγυπτον κ. [B S οἰκεῖν] ἐκεῖ (6 *a*)
— 4. κατοικῆσαι ἐν γῇ Ἰούδα (11 *a*)
— 5. τοὺς ἀποστρέψαντας κ. [S εἰς μετοικεσίαν] ἐν τῇ γῇ (6 *a*)
51 (44). 1. τοῖς Ἰ. τοῖς κατοικοῦσιν ἐν γῇ [S *al.*] (11 *a*)
— 1. S καὶ τοῖς κατοικοῦσιν [AB καθημένοις] ἐν M. (11 *a*)
— 8. κ. [A S ἐνοικ.] ἐκεῖ (6 *a*)
— 27. οἱ κατοικοῦντες ἐν γῇ Αἰγ. –
— 28. κατοικῆσαι [A S παροικ.] ἐκεῖ (6 *a*)
Ba. 1. 4. ἐν ὠσὶ . . . πάντων τῶν κατοικούντων ἐν Βαβυλῶνι
— 15. καὶ τοῖς κατοικοῦσιν Ἱερουσαλήμ
3. 13. κατῴκεις ἂν ἐν εἰρήνῃ
— 20. κατῴκησαν ἐπὶ τῆς γῆς
4. 35. κατοικηθήσεται ὑπὸ δαιμονίων
La. 4. 12. πάντες οἱ κατοικοῦντες τὴν οἰκουμένην (11 *a*)
— 21. θύγατερ Ἰδουμ. ἡ κατοικοῦσα ἐπὶ γῆς (11 *a*)
5. 19. σὺ δὲ, κύριε, εἰς τὸν αἰῶνα κατοικήσεις (11 *a*)
Ez. 2. 6. ἐν μέσῳ σκορπίων σὺ κατοικεῖς (11 *a*)
3. 15. τοὺς κατοικοῦντας ἐπὶ τοῦ ποταμοῦ τοῦ X. (11 *a*)
7. 3 (7). ἐπὶ σὲ τὸν κατοικοῦντα τὴν γῆν (11 *a*)
11. 15. οἷς εἶπαν αὐτοῖς οἱ κατοικοῦντες Ἱερ. (11 *a*)
12. 2. ἐν μέσῳ τῶν ἀδικιῶν αὐτῶν σὺ κατοικεῖς (11 *a*)

Ez. 12. 19. τάδε λέγει κύριος τοῖς κατοικοῦσιν Ἱερ. . . . ἐν ἀσεβείᾳ γὰρ πάντες οἱ κατοικοῦντες ἐν αὐτῇ (11 *a*, 11 *a*)
— 20. αἱ πόλεις αὐτῶν αἱ κατοικούμεναι (11 *b*)
15. 6. οὕτως δέδωκα τοὺς κατοικοῦντας [A *add.* ἐν] Ἱερ. (11 *a*)
16. 46. ἡ κατοικοῦσα ἐξ εὐωνύμων σου (11 *a*)
— 46. ἡ κατοικοῦσα ἐκ δεξιῶν σου (11 *a*)
25. 16. τοὺς κατοικοῦντας τὴν παραλίαν [A παραθαλασσίαν] –
26. 17. A αὐτὴ καὶ οἱ κατοικοῦντες αὐτήν (11 *a*)
— 17. πᾶσι τοῖς κατοικοῦσιν αὐτήν (11 *a*)
— 19. AB ὡς τὰς πόλεις τὰς μὴ κατοικηθησομένας [R -κισθ.] (11 *b*)
— 20. ὅπως μὴ κατοικηθῇς (11 *a*)
27. 3. τῇ κατοικούσῃ ἐπὶ τῆς εἰσόδου [A ὁδ.] τῆς θαλάσσης (11 *a*)
— 8. οἱ ἄρχοντές σου οἱ κατοικοῦντες Σιδῶνα (11 *a*)
— 35. πάντες οἱ κατοικοῦντες τὰς νήσους (11 *a*)
28. 2. κατοικίαν θεοῦ κατῴκηκα [A -σα] (11 *a*)
— 25. κατοικήσουσι ἐπὶ τῆς γῆς αὐτῶν (11 *a*)
— 26. κατοικήσουσιν ἐπ᾿ αὐτῆς ἐν ἐλπίδι . . . καὶ κατοικήσουσιν ἐν ἐλπίδι (11 *a*, 11 *a*)
29. 6. πάντες οἱ κατοικοῦντες Αἴγυπτον (11 *a*)
— 11. οὐ κατοικηθήσεται τεσσαράκοντα ἔτη (11 *a*)
31. 6. κατῴκησε πᾶν πλῆθος ἐθνῶν (11 *a*)
— 17. οἱ κατοικοῦντες ὑπὸ τὴν σκέπην αὐ. (11 *a*)
32. 15. πάντας τοὺς κατοικοῦντας ἐν αὐτῇ (11 *a*)
33. 24. οἱ κατοικοῦντες τὰς ἠρημωμένας (11 *a*)
34. 25. κατοικήσουσιν ἐν τῇ ἐρήμῳ (11 *a*)
— 27. κατοικήσουσιν ἐπὶ τῆς γῆς αὐτῶν (8)
— 28. κατοικήσουσιν ἐν ἐλπίδι (11 *a*)
35. 9. αἱ πόλεις σου οὐ μὴ κατοικηθῶσιν ἔτι (11 *a*, †*)
36. 10. κατοικηθήσονται αἱ πόλεις (11 *b*)
— 17. κατῴκησεν [A -αν] ἐπὶ τῆς γῆς αὐτῶν (11 *a*)
— 28. κατοικήσετε ἐπὶ τῆς γῆς (11 *a*)
37. 25. κατοικήσουσιν ἐπὶ τῆς γῆς αὐτῶν . . . οὗ κατῴκησαν ἐκεῖ οἱ πατέρες αὐτῶν καὶ κατοικήσουσιν ἐπ᾿ αὐτῆς (11 *a ter*)
38. 8. κατοικήσουσιν ἐπ᾿ εἰρήνης ἅπαντες (11 *a*)
— 11. οἰκοῦντας [A κατοικ.] ἐπ᾿ εἰρήνης πάντας κατοικοῦντας γῆν [A πόλεις] (11 *a*, 11 *a*)
— 12. κατοικοῦντας ἐπὶ τὸν ὀμφαλὸν τῆς γῆς (11 *a*)
39. 6. κατοικηθήσονται [A -κισθ.] αἱ νῆσοι ἐπ᾿ εἰρήνης (11 *a*)
— 9. ἐξελεύσονται οἱ κατοικοῦντες τὰς πόλεις Ἰσρ. (11 *a*)
45. 5. εἰς κατάσχεσιν πόλεις τοῦ κ. †
Da. LXX. 3. 1. διοικῶν . . . πάντας τοὺς κατοικοῦντας ἐπὶ τῆς γῆς –
Da. TH. 2. 38. ὅπου κατοικοῦσιν οἱ υἱοὶ τῶν ἀνθρώπων (7)
4. 9. ἐν τοῖς κλάδοις αὐτοῦ κατῴκουν τὰ ὄρνεα (7)
— 18. ὑποκάτω αὐτοῦ κατῴκουν τὰ θηρία (7)
— 18. A κατῴκουν [B -εσκήνουν] τὰ ὄρνεα (14 *c*)
— 32. πάντες οἱ κατοικοῦντες τὴν γῆν (7)
9. 7. A καὶ τοῖς κατοικοῦσιν [B ἐνοικ. ἐν] Ἱερ. (11 *a*)
I Ma. 1. 28. ἐσείσθη ἡ γῆ ἐπὶ τοὺς κατοικοῦντας αὐτήν
3. 34. SR περὶ τῶν [A πάντων τῶν] κατοικούντων τὴν Ἰουδ.
— 36. AR κατοικῆσαι [S -ίσαι] υἱοὺς [S¹ ἀπ᾿ αὐτῶν] ἀλλογενεῖς [A ἀλλοτρίους]
6. 12. ἐξᾶραι τοὺς κατοικοῦντας Ἰούδα
9. 58. ἐν ἡσυχίᾳ κατοικοῦσι πεποιθότες
13. 48. S κατῴκησεν [AR -ισεν] ἐν αὐτῇ ἄνδρας
14. 37. A κατῴκησεν [SR -ισεν] ἐν αὐτῇ ἄνδρας Ἰουδ.
II Ma. 3. 1. τῆς ἁγίας πόλεως κατοικουμένης
12. 8. A τοῖς κατοικοῦσιν [R παροικ.] Ἰουδαίοις
— 13. πόλιν . . . παμμιγέσιν ἔθνεσι κατοικουμένην
— 27. ἐν ᾗ κατῴκει Λυσίας
— 30. R τῶν ἐκεῖ κατοικούντων [A καθεστώτων] Ἰουδαίων
III Ma. 3. 15. R τὰ [A *om.*] κατοικοῦντα κοίλην Συρίαν καὶ Φ. ἔθνη
IV Ma. 13. 20. τὸν ἴσον ἀδελφοὶ κατοικήσαντες χρόνον

[**Aq.** Ge. 47. 6 : Jo. 17. 7 : Ps. 48 (49). 2 : Is. 8. 18 : 23. 2 : 38. 11 : Je. 23. 8 : 25. 29 (32. 15) : 44 (51). 1 : 48 (31). 19 : 49. 8 (29. 9), 30 (30. 8).]
[**Sm.** Ge. 47. 6 : Jo. 17. 7 : Ps. 32 (33). 8 : 48 (49). 2 : 67 (68). 7, 17 : 68 (69). 26 : 74 (75). 4 : 90 (91). 1 : 97 (98). 7 : Pr. 8. 12 : Ca. 8. 13 : Is. 5. 8 : 8. 18 : 23. 2, 18 : 24. 5 : 26. 21 : 30. 7 : 38. 11 : Je. 25. 29 (32. 15) : 44 (51). 1, 2, 22 : 48 (31). 19 : Ez. 12. 19.]
[**Th.** Ge. 47. 6 : Jd. 5. 17 : Ps. 64 (65). 5 : Is. 8. 18 : 34. 11 : 38. 11 : Je. 25. 29 (32. 15) : 29 (36). 16 : 48 (31). 19 : Ez. 26. 17.]
[**Heb.** Ge. 47. 6.]
[**Al.** Jo. 11. 19 : Jd. 5. 16 : Hb. 3. 7 : Za. 14. 10.]

κατοικεσία. (1) מוֹשָׁב
Ps. 106 (107). 36. συνεστήσαντο πόλεις κατοικεσίας (1)
La. 1. 7. ἐγέλασαν ἐπὶ κατοικεσίᾳ [A¹ μετοικ., A² μετοικεσίας] αὐτῆς †
Ez. 6. 14. ἐκ πάσης τῆς κ. αὐτῶν [A κατοικίας] (1)

κατοίκησις. (1) *a.* מוֹשָׁב *b.* יָשַׁב
Ge. 10. 30. ἐγένετο ἡ κ. αὐτῶν ἀπὸ Μ. (1 *a*)
27. 39. ἀπὸ τῆς πιότητος τῆς γῆς ἔσται ἡ κ. σου (1 *a*)
Ex. 12. 40. ἡ δὲ κ. [A παροικ.] τῶν υἱῶν Ἰσρ. (1 *a*)
Nu. 15. 2. εἰς τὴν γῆν τῆς κ. [A κατασχέσεως] ὑμῶν (1 *a*)
II Ki. 9. 12. πᾶσα ἡ κ. αὐτοῦ οἴκου Σ. (1 *a*)
III Ki. 8. 30. ἐν τῷ τόπῳ τῆς κ. σου (1 *b*)
IV Ki. 2. 19. ἡ κ. τῆς πόλεως ἀγαθή (1 *a*)
II Ch. 6. 21. ἐν τῷ τόπῳ τῆς κ. σου (1 *b*)
I Es. 1. 21. ὁ εὑρεθεὶς [A οἱ εὑρεθέντες] ἐν τῇ κ. αὐτῶν

[**Sm.** I Ki. 2. 31 : Ps. 22 (23). 6 : Is. 33. 20 : Je. 10. 25 : 50 (27). 19.]
[**Th.** Is. 33. 20.]
[**Al.** Za. 2. 13 (17).]

κατοικητήριον. (1) זְבֻל (2) *a.* יָשַׁב *b.* מוֹשָׁב (3) מְדָר (4) *a.* מָעוֹן *b.* מְעוֹנָה
Ex. 12. 20. ἐν παντὶ δὲ κ. ὑμῶν ἔδεσθε ἄζυμα (2 *b*)
15. 17. εἰς ἕτοιμον κατοικητήριόν σου (2 *a*)
III Ki. 8. 13. A ᾠκοδόμησα οἶκον κατοικητηρίου σου (1)
— 39, 43, 49 : II Ch. 6. 30, 33, 39. ἐξ ἑτοίμου κ. σου (2 *a*)
II Ch. 30. 27. ἦλθεν ἡ προσευχὴ αὐτῶν εἰς τὸ κ. τὸ ἅγιον αὐτοῦ (4 *a*)
Ps. 32 (33). 14. ἐξ ἑτοίμου κ. αὐτοῦ ἐπέβλεψεν (2 *a*)
75 (76). 2. καὶ τὸ κ. αὐτοῦ ἐν Σιών (4 *b*)
106 (107). 4. ὁδὸν πόλεως κατοικητηρίου οὐχ εὗρον (2 *b*)
— 7. τοῦ πορευθῆναι εἰς πόλιν κατοικητηρίου (2 *b*)
Na. 2. 11 (12). ποῦ ἐστι τὸ κ. τῶν λεόντων (4 *a*)
— 12 (13). ἔπλησε . . . τὸ κ. αὐτοῦ ἁρπαγῆς (4 *b*)
Je. 9. 11 (10). δώσω τὴν Ἱερ. . . . εἰς κ. [A -ια] δρακόντων (4 *a*)
21. 13. τίς εἰσελεύσεται πρὸς τὸ κ. ἡμῶν (4 *b*)
Da. LXX. 2. 11. οὗ οὐκ ἔστι κ. μετὰ πάσης σαρκός (3)
III Ma. 2. 15. A τὸ μὲν γὰρ κ. [R οἰκ.] σου οὐρανὸς τοῦ οὐρ.

[**Aq.** I Ki. 2. 32 : III Ki. 8. 13 : Ps. 48 (49). 15 : Ca. 4. 8 : Is. 63. 15 : Je. 49. 19 (29. 20) : 50 (27). 44, 45.]
[**Sm.** Is. 63. 15 : Je. 50 (27). 44.]
[**Th.** Is. 63. 15.]
[**Quint.** Ps. 25 (26). 8 : 30 (31). 3.]

κατοικία (-εία). (1) *a.* יָשַׁב *b.* מוֹשָׁב (2) *a.* מְדוֹר *b.* מְדָר *c.* דּוּר
Ex. 35. 3. οὐ καύσετε πῦρ ἐν πάσῃ κ. ὑμῶν (1 *b*)
Le. 3. 17. νόμιμον . . . ἐν πάσῃ κ. ὑμῶν (1 *b*)
7. 16 (26). οὐκ ἔδεσθε ἐν πάσῃ τῇ [B¹ τῇ γῇ] κατοικίᾳ ὑμῶν (1 *b*)
23. 3. σάββατά ἐστι . . . ἐν πάσῃ κ. ὑμῶν (1 *b*)
— 14. νόμιμον αἰώνιον . . . ἐν πάσῃ κ. ὑμῶν (1 *b*)
— 17. ἀπὸ τῆς κ. ὑμῶν προσοίσετε ἄρτους (1 *b*)
— 21. νόμιμον αἰώνιον . . . ἐν πάσῃ τῇ κ. ὑμῶν (1 *b*)
— 31. νόμιμον αἰώνιον . . . ἐν πάσαις κ. ὑμῶν (1 *b*)
Nu. 24. 21. ἰσχυρὰ ἡ κ. σου (1 *b*)
31. 10. AR πάσας τὰς πόλεις αὐτῶν τὰς ἐν ταῖς κ. [B οἰκ.] αὐτῶν (1 *b*)
35. 29. ἐν πάσαις ταῖς κ. ὑμῶν (1 *b*)
I Ch. 6. 54 (39). αὗται αἱ κ. αὐτῶν (1 *b*)
7. 28. καὶ κατοικία αὐτῶν Βαιθήλ (1 *b*)
I Es. 9. 12. πάντες οἱ ἐκ τῶν κ. [A κατοίκων] ἡμῶν
— 37. καὶ οἱ υἱοὶ Ἰσρ. ἐν ταῖς κ. αὐτῶν
Ps. 86 (87). 7. ὡς εὐφραινομένων πάντων ἡ κ. ἐν σοί †
131 (132). 13. ᾑρετίσατο αὐτὴν εἰς κατοικίαν ἑαυτῷ (1 *b*)
Si. 44. 6. AS εἰρηνεύοντες ἐν κατοικίαις [B παροικίαις] αὐτῶν
Ho. 11. 7. καὶ ὁ λαὸς αὐτοῦ ἐπικρεμάμενος ἐκ τῆς κ. αὐτοῦ †
14. 5. ἰάσομαι τὰς κατοικίας αὐτῶν †
Ob. 1. 3. ὑψῶν κατοικίαν αὐτοῦ (1 *a*)
Ze. 2. 5. καὶ ἀπολῶ ὑμᾶς ἐκ κατοικίας (1 *a*)
Je. 3. 6. εἶδες ἃ ἐποίησέ μου ἡ κ. τοῦ Ἰσραήλ †
— 8. ἐν οἷς ἐμοιχᾶτο ἡ κ. τοῦ Ἰσραήλ †
— 12. ἐπιστράφηθι πρὸς μὲ ἡ κ. τοῦ Ἰσραήλ †
Ez. 6. 6. ἐν πάσῃ τῇ κ. ὑμῶν (1 *b*)
— 14. A ἐκ πάσης τῆς κ. [B κατοικεσίας] (1 *b*)
28. 2. κατοικίαν θεοῦ κατῴκηκα [A -σα] (1 *b*)
34. 13. ἐν πάσῃ κ. τῆς γῆς (1 *b*)
48. 15. προτείχισμα ἔσται τῇ πόλει εἰς τὴν κ. (1 *b*)
Da. TH. 2. 11. ὧν οὐκ ἔστιν ἡ κ. μετὰ πάσης σαρκός (2 *b*)
4. 22. μετὰ θηρίων ἀγρίων ἔσται ἡ κ. σου (2 *a*)
— 29. μετὰ θηρίων ἀγρίων [A *add.* ἔσται] ἡ κ. σου (2 *a*)
— 32. καὶ ἐν τῇ κ. τῆς γῆς (2 *c*)
5. 21. μετὰ ὀνάγρων ἡ κ. αὐτοῦ (2 *a*)
I Ma. 1. 38. ἐγένετο κατοικία ἀλλοτρίων
II Ma. 3. 39. ὁ τὴν κ. ἐπουράνιον ἔχων

[**Aq.** Ho. 9. 13.]
[**Sm.** Ps. 32 (33). 14 : Ho. 9. 13 : Mi. 1. 15.]
[**Al.** Ex. 10. 23 : Nu. 21. 15.]

κατοικίζειν. (1) גָּלָה hoph. (2) יָשַׁב *a.* qal. *b.* ni. *c.* hi. *d.* יְתִב aph. (3) שׁוּב hi. (4) שָׁכַב hi. (5) שָׁכַן *a.* pi. *b.* hi.
Ge. 3. 24. κατῴκισεν αὐτὸν ἀπέναντι τοῦ παραδείσου (5 *b*)
47. 6. ἐν τῇ βελτίστῃ γῇ κατοίκισον [A -ησον] τὸν πατέρα σου (2 *c*)
— 11. κατῴκισεν [A -ησεν] Ἰ. τὸν πατέρα (2 *c*)
Ex. 2. 21. κατῳκίσθη δὲ Μ. παρὰ τῷ ἀνθρώπῳ (2 *a*)
Le. 23. 43. κατῴκισα [A -ησα] τοὺς υἱοὺς Ἰσρ. (2 *c*)
Nu. 21. 15. τοὺς χειμάρρους κατέστησε κατοικίσαι Ἤρ (2 *a*)
De. 2. 12, 21, 22, 23. καὶ κατῳκίσθησαν ἀντ᾿ αὐτῶν (2 *a*)
Jo. 6. 24 (25). R καὶ κατῴκισεν [A B -ησεν] ἐν τῷ Ἰσρ. (2 *a*)
7. 7. εἰ κατεμείναμεν καὶ κατῳκίσθημεν (2 *a*)
15. 63. A κατῴκισαν [B -ησαν] οἱ Ἰεβ. ἐν Ἱερ. (2 *a*)
24. 13. καὶ κατῳκίσθητε ἐν αὐταῖς (2 *a*)
I Ki. 12. 8. καὶ κατῴκισεν [A -ησεν] αὐτούς (2 *c*)
IV Ki. 17. 6. B κατῴκισεν [A R -ησεν] αὐτούς (2 *c*)
— 24. κατῳκίσθησαν ἐν πόλεσι Σαμ. (2 *c*)
— 24. A κατῴκισαν [B -κησαν, R -κίσθησαν] ἐν ταῖς πόλεσιν αὐτῆς (2 *a*)
— 32. κατῴκισαν τὰ βδελύγματα αὐτῶν –
I Ch. 9. 1. B μετὰ τῶν κατοικισθέντων [A R ἀποικ.] εἰς Βαβ. (1)
10. 7. S κατῴκισαν [A B -ησαν] ἐν αὐτοῖς (2 *a*)
II Ch. 8. 2. κατῴκισεν ἐκεῖ τοὺς υἱοὺς Ἰσρ. (2 *c*)
I Es. 5. 46. καὶ κατῳκίσθησαν οἱ ἱερεῖς
II Es. 4. 10. κατῴκισεν αὐτοὺς ἐν πόλεσι τῆς Σομ. (2 *d*)
To. 13. 11. S κατοικιεῖ πάντων τῶν ἐσχάτων τῆς γῆς
Ju. 5. 19. κατῳκίσθησαν ἐν τῇ ὀρεινῇ
Ps. 4. 8. σύ, κύριε, κατὰ μόνας ἐπ᾿ ἐλπίδι κατῴκισάς με (2 *c*)
28 (29). 10. κύριος τὸν κατακλυσμὸν κατοικιεῖ (2 *a*)
67 (68). 6. ὁ θεὸς κατοικίζει μονοτρόπους ἐν οἴκῳ (2 *c*)
92 (93) *tit.* ὅτε κατῴκισται ἡ γῆ –
106 (107). 36. κατῴκισεν [A¹ -ησεν] ἐκεῖ πεινῶντας (2 *c*)
112 (113). 9. ὁ κατοικίζων στεῖραν ἐν οἴκῳ (2 *c*)
Ho. 2. 18 (20). καὶ κατοικιῶ σε ἐπ᾿ ἐλπίδι (4)
12. 9 (10). ἔτι κατοικιῶ σε ἐν σκηναῖς (2 *c*)
Za. 10. 6. καὶ κατοικιῶ αὐτούς (2 *c*)
Is. 54. 3. πόλεις ἠρημωμένας κατοικεῖς [A -ήσεις] (2 *c*)
Je. 6. 8. ἥτις οὐ κατοικισθῇ [A S -κηθήσεται] (2 *b*)
7. 3. καὶ κατοικιῶ [A οὐ κ.] ὑμᾶς (5 *a*)
— 7. κατοικιῶ ὑμᾶς ἐν τῷ τόπῳ τούτῳ (5 *a*)
12. 15. καὶ κατοικιῶ αὐτούς (3)
17. 25. κατοικισθήσεται [A -κηθ.] ἡ πόλις αὕτη (2 *a*)
39 (32). 37. A κατοικιῶ [B S καθιῶ] αὐτοὺς πεποιθότας (2 *c*)

Je. 47 (40). 7. **A S R** οὓς οὐ [**S** *om.*] κατῴκισεν [**B** οὐκ ἀπῴκ.] εἰς Βαβυλῶνα (1)
Ez. 26. 19. **R** ὡς τὰς πόλεις τὰς μὴ κατοικισθησομένας [**A B** -κηθ.] (2 *b*)
— 20. κατοικιῶ σε εἰς βάθη τῆς γῆς (2 *c*)
29. 14. κατοικίσω [**A** -ιῶ] αὐτοὺς ἐν γῇ Φ. (3)
36. 11. κατοικιῶ ὑμᾶς ὡς τὸ ἐν ἀρχῇ ὑμῶν (2 *c*)
— 33. κατοικιῶ τὰς πόλεις (2 *c*)
38. 12. εἰς τὴν ἠρημωμένην ἣ κατῳκίσθη (2 *b*)
— 14. ἐν τῷ κατοικισθῆναι τὸν λαόν μου Ἰσρ. (2 *a*)
39. 6. **A** κατοικισθήσονται [**B** -κηθ.] αἱ νῆσοι (2 *a*)
— 26. ἐν τῷ κατοικισθῆναι αὐτοὺς ἐπὶ τὴν γῆν αὐτῶν (2 *a*)
I Ma. 3. 36. **S** κατοικίσαι [**A R** -ῆσαι] υἱοὺς [**S**^{1} ἀπ' αὐτῶν] ἀλλογενεῖς [**A** ἀλλοτρίους]
13. 48. **A** κατῴκισεν [**S** -ησεν] ἐν αὐτῇ ἄνδρας
14. 34. καὶ κατῴκισεν ἐκεῖ Ἰουδαίους
— 37. **S R** κατῴκισεν [**A** -ησεν] ἐν αὐτῇ ἄνδρας Ἰουδ.
[**Sm.** Ez. 26. 17 : Ho. 2. 18 (20).]
[**Th.** Ps. 67 (68). 7 : Ho. 2. 18 (20).]
[**Quint.** Ps. 67 (68). 7.]

κατοικιστής.

[**Sm.** Je. 50 (27). 7.]

κατοικοδομεῖν. (1) מוֹשָׁב

Ge. 36. 43. ἐν ταῖς κατῳκοδομημέναις ἐν τῇ γῇ (1)

κάτοικος. (1) אֱנוֹשׁ (2) יָשַׁב

Ge. 50. 11. εἶδον οἱ κ. τῆς γῆς Χανάαν (2)
Jo. 8. 20. περιβλέψαντες οἱ κ. [**A** κατοικοῦντες] Γαί (1)
I Ch. 5. 16. **B** ἄρχων οἴκου πατριῶν κατοίκων [**A R** -ῴκουν] ἐν Γ. (2)
I Es. 9. 12. **A** καὶ πάντες οἱ ἐκ τῶν κ. [**B** -κιῶν] ἡμῶν
Pr. 31. 23. μετὰ τῶν γερόντων κ. τῆς γῆς [**A B**^{2} **S**^{2} *al.*] –
I Ma. 1. 38. ἔφυγον οἱ κ. Ἱερουσαλήμ

κατοικτείρειν.

IV Ma. 8. 20. **A R** κατοικτειρήσωμεν [**S** -ρωμεν] τὸ τῆς μητρὸς γῆρας
12. 2. **A R** ὃν κατοικτειρήσας [**S** -ρας] ὁ τύραννος

κατοικτίζειν.

IV Ma. 13. 27. **S** τοὺς κατοικτιζομένους [**A R** καταικιζ.] ὁρῶντες . . . βασανιζομένους

κατόπιν.

[**Sm.** Jo. 10. 19 : II Ki. 5. 23.]

κατόπισθε, κατόπισθεν. (1) *a.* אַחַר *b.* אַחֲרֵי *c.* מֵאַחֲרֵי *d.* מֵאַחֲרֵי לְ *e.* אֶל־אַחֲרֵי *f.* עַל־אַחֲרֵי (2) תַּחַת

Ge. 37. 17. ἐπορεύθη Ἰ. κ. τῶν ἀδ. αὐ. (1 *a*)
Jd. 18. 12. **A** ἰδοὺ κ. [**B** ὀπίσω] Κ. (1 *b*)
19. 3. **A** καὶ ἐπορεύθη κ. [**B** ὀπίσω] αὐτῆς (1 *b*)
Ru. 2. 2. κ. οὗ ἐὰν εὕρω χάριν (1 *a*)
— 3. συνέλεξεν . . . κ. [**A** ὀπ.] τῶν θεριζόντων (1 *b*)
— 9. πορεύσῃ κ. αὐτῶν (1 *b*)
II Ki. 2. 19. τοῦ πορεύεσθαι . . . κ. Ἀβ. (1 *c*)
— 27. ἀνέβη ὁ λαὸς ἕκαστος κ. τοῦ ἀδ. αὐ. (1 *c*)
15. 34. ὁ βασ. κ. μου διελήλυθεν [**A** *al.*] –
16. 18. κ. οὗ ἐξελέξατο κύριος –
20. 14. ἦλθον κ. αὐτοῦ (1 *b*)
III Ki. 13. 14. ἐπορεύθη κ. τοῦ ἀνθρώπου τοῦ θ. [**A** *al.*] (1 *b*)
IV Ki. 6. 32. οὐχὶ φωνὴ τῶν ποδῶν . . . κ. αὐτοῦ (1 *b*)
II Ch. 25. 27. ἀπέστειλαν κ. αὐτοῦ (1 *b*)
Ne. 4. 13 (7). ἔστησα . . . κ. τοῦ τείχους (1 *d*)
Pr. 24. 42 (27). πορεύου κ. μου (1 *a*)
Za. 6. 6. οἱ λευκοὶ ἐξεπορεύοντο κ. αὐτῶν [**S**^{1} *om.*] (1 *e*)
7. 14. ἡ γῆ ἀφανισθήσεται κ. αὐτῶν (1 *b*)
Ez. 3. 12. **A B**^{2} **R** ἤκουσα κ. μου φωνήν [**B**^{1} *al.*] (1 *b*)
41. 15. τοῦ ἀπολοίπου τῶν κ. τοῦ οἴκου ἐκ. (1 *f*)
44. 10. ἐν τῷ πλανᾶσθαι τὸν Ἰσ. . . . κ. τῶν ἐνθυμημ. αὐ. (1 *b*)
Da. LXX. 8. 8. ἀνέβη ἕτερα τέσσαρα κέρατα κ. αὐτοῦ (2)
I Ma. 10. 79. ἀπέλιπεν Ἀπ. . . . κρυπτῶς κ. αὐτῶν
— 80. ἔστιν ἔνεδρον κ. αὐτοῦ
16. 6. διεπέρασαν κ. αὐτοῦ [**S**^{1} -ῶν]
[**Th.** Jd. 19. 3 : Je. 39 (46). 5.]
[**Al.** I Ki. 11. 5.]

κατοπίσω.

Jd. 18. 22. **A** ἔκραζον κ. Δάν [**B** *al.*] †

κατοπτεύειν.

Es. 8. 13. τοῦ τὰ πάντα κατοπτεύοντος ἀεὶ θεοῦ

κατόπτης.

II Ma. 15. 21. **R** τὸν τερατοποιὸν κύριον τὸν κ. [**A** *om.* τ. κ.]

κάτοπτρον. (1) מַרְאָה

Ex. 38. 26 (8). ἐκ τῶν κ. τῶν νηστευσασῶν (1)

κατορθοῦν. (1) אֲשֶׁר (2) בָּנָה (3) זָכָה pi. (4) *a.* יָשַׁר pi. *b.* יָשָׁר *c.* מִישׁוֹר *d.* מֵישָׁרִים (5) כּוּן *a.* ni. *b.* hi. (6) עָלַץ (7) תָּכַן ni.

III Ki. 2. 35. ἡ βασιλεία κατωρθοῦτο ἐν Ἱερ. –
I Ch. 16. 30. κατορθωθήτω ἡ γῆ (5 *a*)
28. 7. κατορθώσω τὴν βασιλείαν αὐ. (5 *b*)
II Ch. 29. 35. καὶ κατωρθώθη τὸ ἔργον (5 *a*)
33. 16. κατώρθωσε τὸ θυσιαστήριον κυρίου (2)
35. 10. κατωρθώθη ἡ λειτουργία (5 *a*)
— 16. καὶ κατωρθώθη (5 *a*)
I Es. 5. 50. **A R** κατώρθωσαν [**B** -θώθησαν] τὸ θυσιαστήριον
Ps. 95 (96). 10. κατώρθωσε τὴν οἰκουμένην (5 *a*)
118 (119). 9. ἐν τίνι κατορθώσει νεώτερος τὴν ὁδὸν αὐτοῦ (3)
— 128. πρὸς πάσας τὰς ἐντολάς σου κατωρθούμην (4 *a*)
Pr. 2. 7. θησαυρίζει τοῖς κατορθοῦσι σωτηρίαν (4 *b*)
— 9. κατορθώσεις πάντας ἄξονας [**A** αὔξονας] ἀγαθούς (4 *d*)
4. 18. ἕως κατορθώσῃ [**A** -σει] ἡ ἡμέρα (5 *a*)
9. 6. κατορθώσατε ἐν γνώσει σύνεσιν (1)
11. 10. ἐν ἀγαθοῖς δικαίων κατώρθωσε πόλις (6)
12. 3. οὐ κατορθώσει ἄνθρωπος ἐξ ἀνόμου (5 *a*)
— 19. χείλη ἀληθινὰ κατορθοῖ μαρτυρίαν (5 *a*)
14. 11. σκηναὶ δὲ κατορθούντων στήσονται (4 *b*)
25. 5. κατορθώσει ἐν δικαιοσύνῃ ὁ θρόνος αὐ. (5 *a*)
Mi. 7. 2. κατορθῶν ἐν ἀνθρώποις οὐχ ὑπάρχει (4 *b*)
Za. 4. 7. τὸ ὄρος . . . τὸ πρὸ προσώπου Ζ. τοῦ κατορθῶσαι (4 *c*)
Is. 9. 7 (6). ἐπὶ . . . τὴν βασιλείαν αὐτοῦ κατορθῶσαι αὐτήν (5 *b*)
Je. 10. 23. κατορθώσει πορείαν [**S**^{1} πονηρίαν] αὐτοῦ (5 *b*)
Ez. 18. 25. **A** οὐ κατορθοῖ [**B** κατευθύνει] ἡ ὁδὸς κυρίου (7)
— 29. οὐ κατορθοῖ ἡ ὁδὸς κυρίου μὴ ἡ ὁδός μου οὐ κατορθοῖ, οἶκος Ἰσραήλ; οὐχὶ ἡ ὁδὸς ὑμῶν οὐ κατορθοῖ (7 *ter*)
II Ma. 8. 36. ἀναδεξάμενος φόρον . . . κατορθώσασθαι
[**Sm.** Is. 55. 11.]
[**Th.** Is. 55. 11 : Ez. 33. 20.]
[**Al.** I Ki. 13. 21 : 20. 31.]

κατόρθωμα.

III Ma. 3. 23. **R** ἡμᾶς καταστρέψαι τὰ κ. [**A** πράγματα]

κατόρθωσις. (1) *a.* יָכִין *b.* מָכוֹן

II Ch. 3. 17. τὸ ὄνομα τοῦ ἐκ δεξιῶν Κατόρθωσις (1 *a*)
Ju. 11. 7. εἰς κατόρθωσιν πάσης ψυχῆς
Ps. 96 (97). 2. δικαιοσύνη καὶ κρίμα κατόρθωσις τοῦ θρόνου αὐτοῦ (1 *b*)
[**Al.** Ps. 118 (119). 126.]

κατορύσσειν. (1) חָתַר (2) טָמַן (3) קָבַר *a.* qal. *b.* ni.

Ge. 48. 7. κατώρυξα αὐτὴν ἐν τῇ ὁδῷ (3 *a*)
Jo. 24. 32. καὶ κατώρυξαν ἐν [**A** αὐτὰ ἐν] Σικ. (3 *a*)
— 33. καὶ κατωρύγη [**A** -ύχθη] ἐν Γαβ. (3 *a*)
To. 14. 6. κατορύξουσι [**A** -ωσιν] τὰ εἴδωλα αὐ. [**S** *al.*]
Am. 9. 2. ἐὰν κατακρυβῶσιν [**A** κατορυγῶσιν] εἰς ᾅδου (1)
Je. 13. 7. οὗ κατώρυξα [**S**^{1} -αν] αὐτὸ ἐκεῖ (2)
32 (25). 33. οὐ μὴ κατορυγῶσιν [**A** -ύξωσιν] εἰς κόπρια (3 *b*)
Ez. 39. 11. κατορύξουσιν [**A** -ωσιν] ἐκεῖ τὸν Γώγ (3 *a*)
Ez. 39. 12. κατορύξουσιν [**A** -ωσιν] αὐτοῖς οἶκος Ἰσραήλ (3 *a*)
— 13. κατορύξουσιν αὐτοὺς πᾶς ὁ λαὸς τῆς γῆς (3 *a*)
[**Sm.** Jb. 3. 16 : Ps. 70 (71). 24.]

κατορχεῖσθαι.

Za. 12. 10. ἀνθ' ὧν κατωρχήσαντο †

κατούλωσις.

[**Aq.** Is. 58. 8.]

κατοχεύειν. (1) רָבַע hi.

Le. 19. 19. τὰ κτήνη σου οὐ κατοχεύσεις ἑτεροζύγῳ (1)

κατοχεύς.

[**Sm.** Ex. 26. 17.]

κατοχή.

[**Sm.** Ca. 8. 11.]

κατόχιμος. (1) κ. εἶναι עָבַד

Le. 25. 46. ἔσονται ὑμῖν κατόχιμοι εἰς αἰῶνα (1 ?)

κάτοχος. (1) בַּעַד

Jn. 2. 7. ἧς οἱ μοχλοὶ αὐτῆς κάτοχοι αἰώνιοι (1)
[**Sam.** Ge. 49. 23.]

κάτω, κατώτερον, κατωτάτω. (1) *a.* מַטָּה *b.* לְמַטָּה (2) *a.* מִתַּחַת *b.* תַּחְתִּי *c.* תַּחְתּוֹן

Ge. 35. 8. **R** ἐτάφη [**A** *om.*] κατώτερον Βαιθήλ (2 *a*)
Ex. 20. 4. ὅσα ἐν τῇ γῇ κ. (2 *a*)
De. 4. 39. καὶ ἐπὶ τῆς γῆς κ. (2 *a*)
5. 8. ὅσα ἐν τῇ γῇ κ. (2 *a*)
28. 43. σὺ δὲ καταβήσῃ κ. κ. (1 *a*, 1 *a*)
32. 22. καυθήσεται ἕως ᾅδου κ. (2 *b*)
Jo. 2. 11. καὶ ἐπὶ τῆς γῆς κ. (2 *a*)
15. 19. καὶ τὴν Γ. τὴν κ. (2 *b*)
16. 3. ἕως τῶν ὁρίων Βαιθωρὼν τὴν [**A** τῆς] κ. (2 *c*)
18. 13. ἥ ἐστι πρὸς λίβα Βαιθωρὼν ἡ κ. (2 *c*)
III Ki. 8. 23. καὶ ἐπὶ τῆς γῆς κ. (2 *a*)
IV Ki. 19. 30. προσθήσει . . . τὸ ὑπολειφθὲν ῥίζαν κ. (1 *b*)
I Ch. 7. 24. ᾠκοδόμησε Βαιθ. τὴν κ. (2 *c*)
27. 23. ἀπὸ εἰκοσαετοῦς καὶ κ. (1 *b*)
II Ch. 8. 5. ᾠκοδόμησε . . . τὴν Βαιθ. τὴν κ. (2 *c*)
32. 30. καὶ κατηύθυνεν αὐτὰ κ. (1 *b*)
To. 4. 19. **S** ἕως ᾅδου κατωτάτω
13. 2. **S** ἕως ᾅδου κατωτάτω τῆς γῆς [**A B** εἰς ᾅδην]
Jb. 37. 12. **A** ἐν τοῖς κατωτάτω θεὶς ἔργα αὐτῶν [**B S** *al.*] †
Ps. 138 (139). 15. ἐν τοῖς κατωτάτω [**A S** -οις] τῆς γῆς (2 *b*)
Ec. 3. 21. εἰ καταβαίνει αὐτὸ κ. εἰς γῆν (1 *b*)
5. 1. **S**^{1} σὺ ἐπὶ τῆς γῆς κ. [**A B S**^{2} *om.*] –
Si. 51. 6. ἡ ζωή μου ἦν σύνεγγυς ᾅδου κάτω [**S**^{2} κατωτάτου]
Is. 5. 30. εἰς τὴν γῆν [**S**^{2} *add.* κ.] –
8. 22. εἰς τὴν γῆν κ. ἐμβλέψονται –
37. 31. φυήσουσι ῥίζαν κ. (1 *b*)
51. 6. ἐμβλέψατε εἰς τὴν γῆν κ. (2 *a*)
Je. 38 (31). 37. ἐὰν ταπεινωθῇ τὸ ἔδαφος τῆς γῆς κ. (1 *b*)
Ez. 1. 27. **A**^{2} **B** ἀπὸ ὁράσεως ὀσφύος καὶ ἕως κ. (1 *a*)
8. 2. ἀπὸ τῆς ὀσφύος αὐτοῦ καὶ ἕως κ. πῦρ (1 *a*)
31. 16. **A** παρεκάλουν αὐτὸν ἐν γῇ κ. [**B** *om.*] πάντα τὰ ξύλα (2 *b*)
[**Aq.** Jd. 1. 15 : Ez. 31. 16.]
[**Sm.** Ez. 31. 16.]
[**Th.** Jb. 37. 12 : Ez. 31. 16 : Ho. 4. 13.]

κατώδυνος. (1) *a.* מַר *b.* מָרַר

I Ki. 1. 10. καὶ αὐτὴ κατώδυνος ψυχῇ (1 *a*)
22. 2. καὶ πᾶς [**A** *om.*] κ. ψυχῇ (1 *a*)
30. 6. κατώδυνος ψυχὴ παντὸς τοῦ λαοῦ (1 *b*)
IV Ki. 4. 27. ἡ ψυχὴ αὐτῆς κ. αὐτῇ (1 *b*)
[**Aq.** Is. 54. 6.]
[**Sm.** Is. 29. 2 : 54. 6.]
[**Th.** Jd. 18. 25 : Is. 54. 6.]

κάτωθεν. (1) מִלְּמַטָּה (2) *a.* תַּחַת *b.* מִתַּחַת *c.* תַּחְתּוֹן

Ex. 26. 24. ἔσται [**A** ἔσονται] ἐξ ἴσου κ. (1)
27. 5. ὑπὸ τὴν ἐσχάραν τοῦ θυσιαστ. κ. (1)
28. 29 (33). ποιήσεις ὑπὸ [**A B**^{2} ἐπὶ] τὸ λῶμα . . . κ. [**A** κυκλόθεν] –

Ex. 36. 28 (39. 20). **A R** ἐπέθηκαν . . . κ. αὐτοῦ [**B** *om.* κ. αὐ.] (1)
— 32 (39. 24). ἐποίησαν ἐπὶ τοῦ λώματος . . . κ. –
38. 24 (4). ἔργον δικτυωτὸν κ. τοῦ πυρείου (2 *a*)
De. 33. 13. ἀπὸ ἀβύσσων πηγῶν κ. (2 *a*)
Is. 14. 9. ὁ ᾅδης κ. ἐπικράνθη (2 *b*)
Ez. 41. 7. ἐκ τῶν κ. ἀναβαίνωσιν ἐπὶ τὰ ὑπερῷα (2 *c*)
[**Th.** Ex. 28. 27.]

κατώτερος, κατώτατος. (1) *a.* תַּחְתּוֹן *b.* תַּחְתִּי
III Ki. 9. 17. **A** καὶ τὴν Βαιθ. τὴν κ. (1 *a*)
Ne. 4. 13 (7). ἔστησα εἰς τὰ κ. τοῦ τόπου (1 *b*)
Ps. 62 (63). 9. εἰσελεύσονται εἰς τὰ κ. τῆς γῆς (1 *b*)
85 (86). 13. ἐρρύσω τὴν ψυχήν μου ἐξ ᾅδου κατωτάτου (1 *b*)
87 (88). 6. ἔθεντό με ἐν λάκκῳ κατωτάτῳ (1 *b*)
138 (139). 15. **A S** ἐν τοῖς κ. [**B** κατωτάτω] τῆς γῆς (1 *b*)
Si. 51. 6. **S**^{2} ἡ ζωή μου ἦν σύνεγγυς ᾅδου κατωτάτου [**A B S**^{1} κάτω]
La. 3. 55. **B S** ἐπεκαλεσάμην . . . ἐκ λάκκου κ. (1 *b*)
[**Aq.** Ps. 138 (139). 15: Ez. 26. 20: 43. 14.]
[**Sm.** II Ki. 24. 6: Ps. 94 (95). 4: 138 (139). 15: Ez. 26. 20: 32. 23.]
[**Th.** Ez. 26. 20.]
[**Al.** De. 32. 22: Ps. 138 (139). 15.]

καυλακαῦ.
[**Heb.** Is. 28. 13 *bis*.]

καυλός. (1) יָרֵךְ
Ex. 25. 30 (31). ὁ κ. αὐτῆς . . . ἐξ αὐτῆς ἔσται (1)
38. 14 (37. 17). τὸν κ. καὶ τοὺς καλαμίσκους (1)
Nu. 8. 4. ὁ κ. αὐτῆς [**A** *om.*] καὶ τὰ κρίνα αὐτῆς (1)
[**Th.** Ez. 17. 3: 31. 10, 14.]

καῦμα. (1) חֹם (2) חֹרֶב (3) יְלֵל (4) קַיִץ
Ge. 8. 22. ψῦχος καὶ καῦμα (1)
31. 40. **R** συγκαιόμενος τῷ κ. [**A** -σωνι] (2)
De. 32. 10. ἐν δίψει καύματος (3 ?)
II Ki. 4. 5. εἰσῆλθον ἐν τῷ κ. τῆς ἡμέρας (1)
To. 2. 9. **S** ἀνακεκαλυμμένον διὰ τὸ κ. [**A B** ἀκάλυπτον ἦν]
Jb. 24. 24. ἐμαράνθη δὲ ὥσπερ μολόχη [**A** χλόη] ἐν καύματι †
30. 30. τὰ δὲ ὀστᾶ μου ἀπὸ καύματος [**A** κ. συνεφρύγη] (2)
Pr. 10. 5. διεσώθη ἀπὸ καύματος υἱὸς νοήμων (4)
25. 13. **A S R** ὥσπερ ἔξοδος χιόνος [**B** *om.*] . . . κατὰ καῦμα ὠφελεῖ †
Si. 14. 27. σκεπασθήσεται ὑπ' [**A S**^{1} ἀπ'] αὐτῆς ἀπὸ καύματος
43. 3. ἐναντίον καύματος αὐτοῦ τίς ὑποστήσεται
— 4. **A S**^{2} **R** κάμινον φυσῶν [**B S**^{1} φυλάσσων] ἐν ἔργοις καύματος
50. 11. **A** ἐν τῷ . . . ἐνδιδύσκεσθαι αὐτὸν συντέλειαν καύματος [**B S** καυχήματος].
Is. 4. 6. ἔσται εἰς σκιὰν ἀπὸ καύματος (2)
18. 4. ὡς φῶς καύματος [**A** κύμ.] μεσημβρίας (1)
Je. 17. 8. οὐ φοβηθήσεται ὅταν ἔλθῃ κ. (1)
43 (36). 30. ἔσται ἐρριμμένον ἐν τῷ κ. τῆς ἡμέρας (2)
Ba. 2. 25. ἐστὶν ἐξερριμμένα τῷ κ. τῆς ἡμέρας
Da. LXX. 3. (66). εὐλογεῖτε πῦρ καὶ καῦμα τὸν κύριον
Da. TH. Su. 15. ὅτι καῦμα ἦν
3. (66). εὐλογεῖτε πῦρ καὶ καῦμα τὸν κύριον
— (69). εὐλογεῖτε ψῦχος καὶ καῦμα τὸν κύριον [**A** *al.*]
[**Sm.** Ps. 147. 6 (17).]
[**Th.** Da. 3. (67).]
[**Al.** Ex. 21. 25: I Ki. 10. 2.]
[**Sext.** Ps. 31 (32). 4.]

καῦσις. (1) בָּעַר pi. (2) *a.* יְקֵדָא *b.* מוֹקְדָה (3) מַעֲרָכָה
Ex. 39. 17 (37). λύχνους τῆς κ. (3)
Le. 6. 9 (2). αὕτη ἡ ὁλοκαύτωσις ἐπὶ τῆς κ. αὐτῆς (2 *b*)
II Ch. 13. 11. καὶ οἱ λύχνοι τῆς κ. ἀνάψαι δείλης (1 ?)
Is. 4. 4. ἐν πνεύματι κρίσεως καὶ πνεύματι καύσεως [**A** *om.* κ. πν. κ.] (1)
40. 16. ὁ δὲ Λίβανος οὐχ ἱκανὸς εἰς καῦσιν (1)
44. 15. ἵνα ᾖ ἀνθρώποις εἰς καῦσιν [**S**^{1} *al.*] (1)
Da. LXX. TH. 7. 11. ἐδόθη εἰς καῦσιν πυρός (2 *a*)
[**Aq.** Ps. 101 (102). 4.]
[**Sm.** Is. 9. 5 (4).]
[**Al.** II Ch. 16. 14.]

καῦσος.
[**Sm.** Ps. 31 (32). 4.]

καυστή.
[**Th.** Le. 7. 9.]

καυστικός.
IV Ma. 6. 27. βασάνοις κ. ἀποθνήσκω
10. 14. οὐχ οὕτω καυστικώτερον ἔχετε κατ' ἐμοῦ τὸ πῦρ

καύσων. (1) חֹרֶב (2) קָדִים (3) שָׁרָב
Ge. 31. 40. **A** συγκαιόμενος τῷ κ. [**R** -ματι] (1)
Ju. 8. 3. ὁ κ. ἦλθεν ἐπὶ τὴν κεφαλὴν αὐτοῦ
Jb. 27. 21. ἀναλήψεται δὲ αὐτὸν καύσων (2)
Si. 18. 16. οὐχὶ καύσωνα ἀναπαύσει δρόσος
31 (34). 16. σκέπη ἀπὸ καύσωνος καὶ σκέπη ἀπὸ μεσημβρίας
43. 22. δρόσος ἀπαντῶσα ἀπὸ καύσωνος ἱλαρώσει
Ho. 12. 1 (2). ἐδίωξε καύσωνα (2)
13. 15. ἐπάξει καύσωνα ἄνεμον κύριος (2)
Jn. 4. 8. προσέταξεν ὁ θ. πνεύματι καύσωνος (2)
Is. 49. 10. οὐδὲ πατάξει αὐτοὺς καύσων (3)
Je. 18. 17. ὡς ἄνεμον καύσωνα διασπερῶ αὐτούς (2)
28 (51). 1. ἐξεγείρω ἐπὶ Βαβυλῶνα . . . ἄνεμον καύσωνα διαφθείροντα –
Ez. 17. 10. ἅμα τῷ ἅψασθαι αὐτῆς ἄνεμον τὸν κ. (2)
19. 12. ἄνεμος ὁ [**A** *om.*] κ. ἐξήρανε τὰ ἐκλεκτὰ αὐτῆς (2)
Da. TH. 3. (67). **A** εὐλογεῖτε ψῦχος καὶ καύσων τὸν κύριον
[**Aq.** Ge 41. 6, 23: Ex. 10. 13 *bis*: Jd. 5. 21: Jb. 15. 2: Ps. 47 (48). 8: 77 (78). 26.]
[**Sm.** Ex. 10. 13 *bis*: Ps. 67 (68). 7: Hb. 1. 9.]
[**Th.** Jb. 15. 2: 27. 21: Is. 25. 5: 27. 8.]
[**Sext.** Ps. 31 (32). 4.]

καυτηρία (?), **καυτήριον.**
IV Ma. 15. 22. **A R** τῶν υἱῶν βασανιζομένων . . . καυτηρίοις [**S** -ίαις]

καυχᾶσθαι. (1) אָמַר (2) הָלַל hithp. (3) עָלַז (4) עָלַץ (5) פָּאַר hithp. (6) רָבָה hi. (7) רָנַן hi. (8) שָׁבַח hithp.
Jd. 7. 2. μή ποτε καυχήσηται Ἰσραήλ (5)
I Ki. 2. 3. μὴ καυχᾶσθε (6)
— 10. μὴ καυχάσθω ὁ φρόνιμος ἐν τῇ φρονήσει αὐ. –
— 10. καὶ μὴ καυχάσθω ὁ δυνατὸς ἐν τῇ δυνάμει αὐ. –
— 10. καὶ μὴ καυχάσθω ὁ πλούσιος ἐν τῷ πλούτῳ αὐ. –
— 10. ἐν τούτῳ καυχάσθω ὁ καυχώμενος –, –
III Ki. 21 (20). 11. μὴ καυχάσθω ὁ κυρτὸς ὡς ὁ ὀρθός (2)
I Ch. 16. 35. καὶ καυχᾶσθαι ἐν ταῖς αἰνέσεσί σου (8)
Ps. 5. 11. καυχήσονται ἐπὶ [**A S** ἐν] σοί (4)
31 (32). 11. καυχᾶσθε πάντες οἱ εὐθεῖς τῇ καρδίᾳ (7)
48 (49). 6. ἐπὶ τῷ πλήθει τοῦ πλούτου αὐτῶν καυχώμενοι (2)
93 (94). 3. ἕως πότε ἁμαρτωλοὶ καυχήσονται (3)
149. 5. καυχήσονται ὅσιοι ἐν δόξῃ (3)
Pr. 20. 9. τίς καυχήσεται ἁγνὴν ἔχειν τὴν καρδίαν (1)
25. 14. **A B**^{2}**S** οἱ καυχώμενοι [**B**^{1}**R** ὁ καυχώμενος] ἐπὶ δόσει ψευδεῖ (2)
27. 1. μὴ καυχῶ τὰ εἰς αὔριον (2)
Si. 11. 4. ἐν περιβολῇ ἱματίων μὴ καυχήσῃ
17. 8. **S**^{2} καυχᾶσθαι ἐν τοῖς θαυμασίοις αὐτοῦ
24. 1. ἐν μέσῳ λαοῦ αὐτῆς καυχήσεται [**A** -σονται]
— 2. ἔναντι δυνάμεως αὐτοῦ καυχήσεται
30. 2. ἀνὰ μέσον γνωρίμων ἐπ' αὐτῷ καυχήσεται
38. 25. ὁ . . . καυχώμενος ἐν δόρατι κέντρου
39. 8. ἐν νόμῳ διαθήκης κυρίου καυχήσεται
48. 4. τίς ὅμοιός σοι καυχᾶσθαι [**A S** -χήσεται]
50. 20. ἐν ὀνόματι αὐτοῦ καυχᾶσθαι [**A S** -χήσασθαι]
Je. 9. 23 (22). μὴ καυχάσθω ὁ σοφὸς ἐν τῇ σοφίᾳ αὐτοῦ (2)
— 23 (22). μὴ καυχάσθω ὁ ἰσχυρὸς ἐν τῇ ἰσχύϊ αὐτοῦ (2)
— 23 (22). μὴ καυχάσθω ὁ πλούσιος ἐν τῷ πλούτῳ αὐτοῦ (2)
— 24 (23). ἐν τούτῳ καυχάσθω ὁ καυχώμενος (2, 2)
Da. LXX. 5. 1. ἐνυψούμενος ἀπὸ τοῦ οἴνου καὶ καυχώμενος –
Da. LXX. 5. 6. οἱ συνεταῖροι κύκλῳ αὐτοῦ ἐκαυχῶντο –
III Ma. 2. 17. ἵνα μὴ καυχήσωνται οἱ παράνομοι
[**Aq.** Ps. 33 (34). 3: 43 (44). 9: 55 (56). 11: 62 (63). 12: 104 (105). 3: Is. 41. 16.]
[**Sm.** Je. 50 (27). 38.]
[**Th.** Pr. 20. 14: Is. 41. 16.]

καύχημα. (1) גַּאֲוָה (2) חֶדְוָה (3) שֵׁם (4) תְּהִלָּה (5) תּוֹחֶלֶת (6) תִּפְאֶרֶת
De. 10. 21. οὗτος [**A** αὐτὸς] καύχημά σου (4)
26. 19. ἐποίησέ σε ὀνομαστὸν καὶ καύχημα (3)
33. 29. καὶ ἡ μάχαιρα καύχημά σου (1)
I Ch. 16. 27. ἰσχὺς καὶ καύχημα ἐν τόπῳ αὐτοῦ (2)
29. 11. σοί, κύριε . . . τὸ κ. (6)
Ju. 15. 9. σὺ καύχημα μέγα τοῦ γένους ἡμῶν
Ps. 88 (89). 17. τὸ [**A S**^{2} *om.*] κ. τῆς δυνάμεως αὐτῶν σὺ εἶ (6)
Pr. 11. 7. τὸ δὲ κ. τῶν ἀσεβῶν ὄλλυται (5)
17. 6. καύχημα δὲ τέκνων πατέρες αὐτῶν (6)
19. 11. τὸ δὲ κ. αὐτοῦ ἐπέρχεται παρανόμοις (6)
Si. 1. 11. φόβος κυρίου δόξα καὶ καύχημα
9. 16. ἐν φόβῳ κυρίου ἔστω τὸ κ. σου
10. 22: 25. 6. τὸ κ. αὐτῶν φόβος κυρίου
44. 7. ἐν ταῖς ἡμέραις αὐτῶν καύχημα
45. 8. ἐνέδυσεν αὐτὸν συντέλειαν καυχήματος
— 12. καύχημα τιμῆς ἔργον ἰσχύος
50. 11. ἐν τῷ . . . ἐνδιδύσκεσθαι αὐτὸν συντέλειαν καυχήματος [**A** καύματος]
Ze. 3. 19. **A S**^{2} **R** καὶ θήσομαι [**B S**^{1} *om.* καὶ θ.] αὐτοὺς εἰς καύχημα (4)
— 20. δώσω ὑμᾶς . . . εἰς καύχημα (4)
Za. 12. 7. ὅπως μὴ μεγαλύνηται καύχημα οἴκου Δ. (6)
Je. 13. 11. τοῦ γενέσθαι μοι . . . εἰς κ. (4)
17. 14. κ. [**S**^{3} τὸ κ.] μου σὺ εἶ (4)
28 (51). 41. ἐθηρεύθη τὸ κ. πάσης τῆς γῆς (4)
[**Aq.** Jd. 4. 9: Is. 60. 19: Ez. 24. 21.]
[**Sm.** Is. 55. 5: 60. 7: 62. 7: Je. 13. 18.]
[**Th.** Is. 60. 18: 61. 3: 62. 7.]
[**Quint.** Ps. 46 (47). 5.]

καύχησις. (1) תִּפְאֶרֶת
I Ch. 29. 13. αἰνοῦμεν τὸ ὄνομα τῆς κ. σου (1)
Pr. 16. 31. στέφανος καυχήσεως γῆρας (1)
Si. 34 (31). 10. ἔστω εἰς καύχησιν
Je. 12. 13. αἰσχύνθητε [**A** *add.* αἰσχύνην] ἀπὸ καυχήσεως ὑμῶν †
Ez. 16. 12. στέφανον καυχήσεως ἐπὶ τὴν κεφαλήν σου (1)
— 17. ἔλαβες τὰ σκεύη τῆς καυχήσεώς σου (1)
— 39: 23. 26. λήψονται τὰ σκεύη τῆς κ. σου (1)
23. 42. στέφανον καυχήσεως ἐπὶ τὰς κεφ. αὐ. (1)
24. 25. λαμβάνω . . . τὴν ἔπαρσιν τῆς κ. αὐτῶν (1)
[**Aq.** Is. 62. 3: 63. 14: Ez. 16. 12.]
[**Sm.** Is. 62. 3.]
[**Th.** Ez. 16. 12.]

καυών, *vid.* **χαυών.**

καφουδήθ (**B**), **καφουρῆ** (**A**). (1) כְּפוֹרֵי
II Es. 8. 27. **A B** καὶ κ. [**R** χαφουρῆ] χρυσοῖ εἴκοσι (1)

καφφώ.
[**Al.** Le. 23. 40.]

καψάκης (**καμψ.**). (1) צַפַּחַת
III Ki. 17. 12. καὶ ὀλίγον ἔλαιον ἐν τῷ κ. (1)
— 14. ὁ κ. τοῦ ἐλαίου οὐκ ἐλαττονήσει (1)
— 16. ὁ κ. τοῦ ἐλαίου οὐκ ἠλαττονήθη (1)
19. 6. ἐγκρυφίας ὀλυρίτης καὶ καψάκης ὕδατος (1)
Ju. 10. 5. ἔδωκε . . . καψάκην ἐλαίου

▶ **κέγχρος.** (1) דֹּחַן (2) נִסְמָן
Is. 28. 25. σπείρει . . . κριθὴν καὶ κέγχρον [**A S** *om.* κ. κ.] (2)
Ez. 4. 9. λάβε σεαυτῷ πυροὺς καὶ κριθὰς καὶ κύαμον καὶ φακὸν καὶ κέγχρον (1)
[**Aq.**, **Th.** Is. 28. 25: 48. 19.]
[**Sm.** Is. 48. 19.]
[**Quint.** Ca. 1. 11.]

κεδέμ. (1) קֶדֶם
Je. 30. 6 (49. 28). πλήσατε τοὺς υἱοὺς κεδέμ (1)
Ez. 25. 4. παραδίδωμι ὑμᾶς τοῖς υἱοῖς κ. (1)
— 10. τοὺς υἱοὺς κ. ἐπὶ τοὺς υἱοὺς Ἀμμὼν δέδωκα αὐτῷ (1)

▶ = additional entry on page xxvi

κέδρινος. (1) אֶרֶז (2) בְּרוֹשׁ

Le. 14. 4. καὶ ξύλον κ. (1)
— 6. καὶ τὸ ξύλον τὸ κ. (1)
— 49. καὶ ξύλον κ. (1)
— 51. τὸ ξύλον τὸ κ. (1)
— 52. καὶ ἐν τῷ ξύλῳ τῷ κ. (1)
Nu. 19. 6. λήψεται ὁ ἱερεὺς ξύλον κ. (1)
II Ki. 5. 11. καὶ ξύλα κ. καὶ τεκτόνας ξύλων (1)
7. 2. κατοικῶ ἐν οἴκῳ κ. (1)
— 7. οὐκ ᾠκοδομήκατέ μοι οἶκον κ. (1)
III Ki. 5. 8 (22). ξύλα κ. καὶ πεύκινα (1)
6. 10. συνέσχε τὸν σύνδεσμον [A ἔνδ.] ἐν ξύλοις κ. (1)
— 15. ᾠκοδόμησε . . . διὰ ξύλων κ. (1)
— 18. A καὶ ἀνάγλυφα πάντα κ. (1)
7. 2. τριῶν στίχων στύλων κ. καὶ ὠμίαι κ. τοῖς στύλοις (1, 1)
9. 11. ἀντελάβετο τοῦ Σαλ. ἐν ξύλοις κ. (1)
I Ch. 14. 1. ξύλα κ. καὶ οἰκοδόμους (1)
17. 1. κατοικῶ ἐν οἴκῳ κ. (1)
— 6. οὐκ ᾠκοδομήκατέ μοι οἶκον κ. (1)
22. 4. καὶ ξύλα κ. οὐκ ἦν ἀριθμός (1)
— 4. ἐφέροσαν . . . ξύλα κ. (1)
II Ch. 2. 8 (7). ἀπόστειλόν μοι ξύλα κ. (1)
3. 5. τὸν οἶκον τὸν μέγαν ἐξύλωσε ξύλοις κ. (2)
I Es. 4. 48. μεταφέρειν ξύλα κ.
5. 55. εἰς τὸ παράγειν αὐτοὺς . . . ξύλα κ.
II Es. 3. 7. ἐνέγκαι ξύλα κ. ἀπὸ τοῦ Λιβ. (1)
Ca. 8. 9. διαγράψωμεν ἐπ' αὐτὴν σανίδα κεδρίνην (1)
[**Aq.** III Ki. 6. 20: Is. 30. 33.]
[**Sm.** III Ki. 6. 18, 20: Ca. 8. 9.]
[**Th.** III Ki. 6. 20.]
[**Al.** Ge. 6. 15 (14).]

κέδρος. (1) אֶרֶז (2) בְּרוֹשׁ (3) עֵץ אֶרֶז (4) קִדְרוֹן (5) תְּאַשּׁוּר

Nu. 24. 6. ὡσεὶ κέδροι παρ' ὕδατα (1)
Jd. 9. 15. καταφάγοι τὰς κ. τοῦ Λιβάνου (1)
III Ki. 4. 33 (5. 13). ἀπὸ τῆς κ. τῆς ἐν τῷ Λιβάνῳ (1)
5. 10 (24). διδοὺς τῷ Σαλ. κέδρους (3)
6. 9. ἐκοιλοστάθμησε τὸν οἶκον κέδροις [A φατνώσεσιν καὶ διατάξεσιν κ.] (1)
— 18. A διὰ κέδρου . . . ἐπαναστάσεις (1)
— 20. A ἐποίησε θυσιαστήριον κέδρου [B *om.*] (1)
— 36. στίχος κατειργασμένης κ. (1)
7. 7. A καὶ ὠρόφωσεν ἐν κέδρῳ (1)
— 11. κατὰ τὸ μέτρον ἀπελεκήτων καὶ κέδροις (1)
— 12. A R καὶ στίχος κεκολαμμένης [B κεκολλημένης] κ. (1)
10. 27. τὰς κ. ἔδωκεν ὡς συκαμίνους (1)
15. 13. ἐν τῷ χειμάρρῳ τῶν κ. (4)
IV Ki. 14. 9. ὁ ἄκαν . . . ἀπέστειλε πρὸς τὴν κ. (1)
19. 23. ἔκοψα τὸ μέγεθος τῆς κ. αὐτοῦ (1)
II Ch. 1. 15. καὶ τὰς κ. ἐν τῇ 'I. ὡς συκαμίνους (1)
2. 3 (2). ἀπέστειλας αὐτῷ κέδρους (1)
9. 27. καὶ τὰς κ. ὡς συκαμίνους (1)
25. 18. ἀπέστειλε πρὸς τὴν κ. τὴν ἐν τῷ Λιβ. (1)
Ps. 28 (29). 5. φωνὴ κυρίου συντρίβοντος κέδρους συντρίψει κύριος τὰς κ. τοῦ Λιβ. (1, 1)
36 (37). 35. ἐπαιρόμενον ὡς τὰς κ. τοῦ Λιβ. †
79 (80). 10. αἱ ἀναδενδράδες αὐτῆς [A *om.* αἱ ἀ. αὐ.] τὰς κ. τοῦ θεοῦ (1)
91 (92). 12. ὡς ἡ κ. ἡ ἐν τῷ Λιβάνῳ πληθυνθήσεται (1)
103 (104). 16. αἱ κ. τοῦ Λιβάνου ἃς ἐφύτευσεν [A S^2 -σας] (1)
148. 9. ξύλα καρποφόρα καὶ πᾶσαι κέδροι (1)
Ca. 1. 17. δοκοὶ οἴκων ἡμῶν κέδροι (1)
5. 15. εἶδος αὐτοῦ ὡς Λίβανος ἐκλεκτὸς ὡς κέδροι (1)
Si. 24. 13. ὡς κέδρος ἀνυψώθην ἐν τῷ Λιβάνῳ
50. 12. ὡς βλάστημα κέδρου [A S -ων] ἐν τῷ Λιβάνῳ
Am. 2. 9. ἦν καθὼς ὕψος κέδρου τὸ ὕψος αὐτοῦ (1)
Ze. 2. 14. διότι κέδρος τὸ ἀνάστημα αὐτῆς (1)
Za. 11. 1. καὶ καταφαγέτω πῦρ τὰς κ. σου (1)
— 2. διότι πέπτωκε κέδρος (1)
Is. 2. 13. ἐπὶ πᾶσαν κ. τοῦ Λιβ. τῶν ὑψηλῶν (1)
9. 10 (9). κόψωμεν [A ἐκκ.] . . . κέδρους (1)
14. 8. καὶ ἡ κ. τοῦ Λιβάνου (1)
Is. 37. 24. ἔκοψα τὸ ὕψος τῆς κ. αὐτοῦ (1)
41. 19. θήσω εἰς τὴν ἄνυδρον γῆν κέδρον [S^1 -ων] (1)
60. 13. ἐν κυπαρίσσῳ καὶ πεύκῃ καὶ κέδρῳ ἅμα (5)
Je. 22. 7. ἐκκόψουσι τὰς ἐκλεκτὰς κ. σου (1)
— 14. ὑπερῷα . . . ἐξυλωμένα ἐν κέδρῳ (1)
— 23. ἐννοσσεύουσα ἐν ταῖς κ. (1)
Ez. 17. 3. ἔλαβε τὰ ἐπίλεκτα [A ἐκλ.] τῆς κ. (1)
— 22. λήψομαι ἐγὼ ἐκ τῶν ἐκλεκτῶν [A ἐπιλ.] τῆς κ. (1)
— 23. ἔσται εἰς κέδρον μεγάλην (1)
27. 5. κ. ἐκ Σενεὶρ ᾠκοδομήθη σοι (2)
[**Aq.** III Ki. 6. 18 *bis*, 20: 7. 7 (44): Jb. 40. 12 (17): Is. 44. 14: Ez. 27. 24.]
[**Sm.** III Ki. 6. 18, 20: Jb. 40. 12 (17): Ca. 5. 15: Is. 44. 14: Je. 22. 15: Ez. 31. 3.]
[**Th.** III Ki. 6. 18 *bis*, 20: Jb. 40. 12 (17): Is. 44. 14.]

κειράδες. (1) קִיר־חֶרֶשׂ

Je. 31 (48). 31. βοήσατε ἐπ' ἄνδρας κειράδας [A κιδάρας] (1)
— 36. καρδία μου ἐπ' ἀνθρώπους κειράδας [A κειδάρεις, S^1 κιδάρ, S^3 κιδάρας (1)

κείρειν. (1) גָּזַז (2) גִּלַּח pi. (3) קָצַב (4) קָצַץ (5) רָאָה ni. (6) רָחֵל

Ge. 31. 19. κεῖραι τὰ πρόβατα αὐτοῦ (1)
38. 12. ἐπὶ τοὺς κείροντας τὰ πρόβατα αὐτοῦ (1)
— 13. κεῖραι τὰ πρόβατα αὐτοῦ (1)
De. 15. 19. οὐ μὴ κείρῃς τὰ πρωτότοκα [A τὸ πρ.] (1)
I Ki. 25. 2. ἐν τῷ κείρειν τὸ ποίμνιον [A τὰ π.] αὐτοῦ (1)
— 4. κείρει N. ὁ Καρμήλιος τὸ ποίμνιον αὐτοῦ (1)
— 7. κείρουσί σοι νῦν οἱ ποιμένες σου (1)
— 11. ἃ τέθυκα τοῖς κείρουσί μου τὰ πρόβατα (1)
II Ki. 13. 23. ἦσαν κείροντες τῷ 'Aβ. (1)
— 24. κείρουσι τῷ δούλῳ σου (1)
14. 26. ἐν τῷ κείρεσθαι αὐτὸν τὴν κεφαλὴν αὐ. (2)
— 26. ὡς ἂν ἐκείρετο (2)
— 26. κειρόμενος αὐτὴν ἔστησε τὴν τρίχα (2)
Jb. 1. 20. ἐκείρατο τὴν κόμην τῆς κεφαλῆς (1)
Pr. 17. 19. A φιλαμαρτήμων κείρει μάχας [B S χαίρει μάχαις] †
27. 25. καὶ κερεῖς πόαν (5)
Ca. 4. 2. ὡς ἀγέλαι τῶν κεκαρμένων (3)
6. 5 (6). ὡς ἀγέλαι τῶν κεκαρμένων (6)
Mi. 1. 16. ξύρησαι καὶ κεῖραι ἐπὶ τὰ τέκνα (1)
Is. 53. 7. ὡς ἀμνὸς ἐναντίον τοῦ κείροντος [A S^2 -ραντος αὐτόν] (1)
Je. 7. 29. κεῖρε [A -ραι] τὴν κεφαλήν σου (1)
30. 10 (49. 32). B^2 S R κεκαρμένους [A B^1 κεκραμ.] πρὸ προσώπου αὐτῶν (4)
52. 31. ἔλαβεν . . . [S^3 *add.* καὶ ἔκειρεν] τὴν κεφ. –
— 31. B ἔκειρεν αὐτόν –
[**Aq.** Je. 7. 29.]

κειρία. (1) מַרְבַדִּים

Pr. 7. 16. A S^2 κειρίαις [A κηρ., B S^1 -ᾳ] τέτακα τὴν κλίνην μου (1)

κεῖσθαι. (1) אִישׁ מִלְחָמוֹת (2) בְּקִרְבְּכֶם (3) יָעַד hoph. (4) מְדוּרָה (5) נְחַת aph. (6) ἐπ' αὐτῶν κείμενος סֹבֶל (7) שִׂים, שׂוּם

Jo. 4. 6. εἰς σημεῖον κείμενον διὰ παντός (2)
II Ki. 8. 10. B κείμενος [A R ἀντικ.] ἦν τῷ 'Aδρ. (1)
13. 32. ἐπὶ στόματος 'Aβ. ἦν κείμενος (7)
I Es. 6. 23. ἐν τοῖς βιβλιοφυλακίοις [A βασιλικοῖς β.] τοῖς κειμένοις ἐν Bαβ.
— 26. οὗ ἦν κείμενα
II Es. 6. 1. ὅπου ἡ γάζα κεῖται ἐν Bαβ. (5)
To. 5. 6. S κεῖνται γὰρ ἐν τῷ ὄρει
— 9. S ἐν τῷ σκότει κεῖμαι
Es. 3. 13. τόδε τὸ ἔθνος . . . παντὶ διὰ παντὸς ἀνθρώπῳ κείμενον [S^1 κινούμ.]
Wi. 17. 2. φυγάδες τῆς αἰωνίου προνοίας ἔκειντο
Si. 22. 18. χάρακες [A χάλικες] ἐπὶ μετεώρου κείμενοι
38. 29. ὃς ἐν μερίμνῃ κεῖται διὰ παντὸς ἐπὶ τὸ ἔργον αὐτοῦ
Is. 9. 4 (3). ὁ ζυγὸς ὁ ἐπ' αὐτῶν κείμενος (6)
Is. 30. 33. ἡτοιμάσθη βασιλεύειν φάραγγα βαθεῖαν ξύλα κείμενα (4?)
Je. 24. 1. δύο καλάθους σύκων κειμένους (3)
Da. LXX. Bel 11. σὺ αὐτὸς ὁρᾷς ὅτι κεῖται ταῦτα
I Ma. 10. 20. S^1 καὶ φίλον βασιλέως κεῖσθαι [A S^2 R καλεῖσθαι]
II Ma. 3. 11. ἀνδρὸς ἐν ὑπεροχῇ κειμένου
— 31. τῷ παντελῶς ἐν ἐσχάτῃ πνοῇ κειμένῳ
4. 11. τὰ κείμενα τοῖς 'Iουδ. φιλάνθρωπα βασιλικά
— 31. τῶν ἐν ἀξιώματι κειμένων
— 33. Δάφνης τῆς πρὸς 'Aντιόχειαν κειμένης
— 34. καίπερ ἐν ὑποψίᾳ κείμενος
15. 18. R ἦν γὰρ . . . κείμενος αὐτοῖς ἀγών [A *om.*]
III Ma. 4. 8. παρὰ πόδας ἤδη τὸν ᾅδην ὁρῶντες κείμενον
5. 26. τὸ πρόθυμον τοῦ βασ. ἐν ἑτοίμῳ κεῖσθαι
IV Ma. 13. 15. κίνδυνος ἐν αἰωνίῳ βασάνῳ κείμενος
[**Sm.** Jb. 34. 23: Ps. 87 (88). 6: Ec. 10. 6.]
[**Al.** IV Ki. 8. 11.]

κεκρυμμένως. (1) בְּמִסְתָּרִים

Je. 13. 17. κ. κλαύσεται ἡ ψυχὴ ὑμῶν (1)

κελαδεῖν.

[**Aq.** Is. 49. 13: 52. 9: 54. 1: 55. 12.]

κελεύειν.

I Es. 9. 53. οἱ Λ. ἐκέλευον πάντα [A τὰ π., R παντὶ] τῷ δήμῳ
To. 8. 18. ἐκέλευσε δὲ τοῖς οἰκέταις [S *al.*]
Ju. 2. 15 B ἐκέλευσεν [A S προσέταξεν] αὐτῷ ὁ κύριος αὐτοῦ
12. 1. ἐκέλευσεν εἰσαγαγεῖν αὐτήν
Da. LXX. Bel 13. ὁ δὲ Δαν. ἐκέλευσε τοὺς παρ' αὐτοῦ
— 13. ἐκέλευσε σφραγίσαι τῷ τοῦ βασ. δακτυλίῳ
Da. TH. Su. 32. ἐκέλευσαν ἀποκαλυφθῆναι αὐτήν
— 56. ἐκέλευσε προσαγαγεῖν τὸν ἕτερον
I Ma. 2. 45. S ἐκέλευσεν [A R ἐκύκλωσε] Ματτ.
11. 23. ἐκέλευσε περικαθῆσθαι
II Ma. 1. 20. ἐκέλευσεν αὐτοὺς ἀποβάψαντας φέρειν
— 21. ἐκέλευσε τοὺς ἱερεῖς Νεεμίας
— 31. R ἐκέλευσε λίθους μείζονας κατασχεῖν [A καταχεῖν]
2. 1. ἐκέλευσε τοῦ πυρὸς λαβεῖν
— 4. τὴν κιβωτὸν ἐκέλευσεν ὁ προφήτης
5. 12. ἐκέλευσε τοῖς στρατιώταις
7. 5. ἐκέλευσε τῇ πυρᾷ προσάγειν
9. 7. κελεύων ἐποξύνειν τὴν πορείαν
13. 12. ἐκέλευσε παραγίνεσθαι
14. 27. κελεύων δὲ τὸν Μακκ. δέσμιον ἐξαποστέλλειν
— 31. ἐκέλευσε παραδιδόναι τὸν ἄνδρα
— 41. κελευόντων πῦρ προσάγειν
15. 4. ὁ κελεύσας ἀσκεῖν τὴν ἑβδομάδα
III Ma. 5. 2. ἐκέλευσεν . . . ἅπαντας τοὺς ἐλέφαντας ποτίσαι
— 16. ἐκέλευσε τοὺς παραγεγονότας
6. 30. ἐκέλευσεν οἴνους τε . . . χορηγεῖν
IV Ma. 8. 2. ἐκέλευσεν ἄλλους . . . ἀγαγεῖν
— 12. A R ἐκέλευσεν . . . προτεθῆναι [S τιθέναι] τὰ βασανιστήρια
9. 11. τὸν πρεσβύτατον αὐτῶν κελευσθέντες παρήγαγον
10. 17. ἐκέλευσε τὴν γλῶτταν αὐτοῦ ἐκτεμεῖν

κέλευσμα.

Pr. 24. 62 (30. 27). στρατεύει [A S ἐκστρ.] ἀφ' ἑνὸς κελεύσματος εὐτάκτως †

κενεών.

II Ma. 14. 44. ἦλθε κατὰ μέσον τὸν κ.
IV Ma. 6. 8. εἰς τοὺς κ. ἐναλλόμενος ἔτυπτεν

κενίζειν.

Si. 38. 28. A φωνὴ σφύρης κενιεῖ [B S καινιεῖ] τὸ οὖς αὐτοῦ

κενοδοξεῖν.

IV Ma. 5. 9. κενοδοξῶν περὶ τὸ ἀληθές
8. 24. μηδὲ κενοδοξήσωμεν ἐπὶ τῇ ἑαυτῶν στρέβλῃ

κενοδοξία.

Wi. 14. 14. κενοδοξίᾳ γὰρ ἀνθρώπων εἰσῆλθεν [A S^1 θάνατος εἰσ.]

► = additional entry on page xxvi

IV Ma. 2. 15. κενοδοξίας καὶ ἀλαζονείας καὶ μεγαλαυχίας
8. 19. φευξόμεθα τὴν κ. ταύτην

κενολογεῖν. (1) צָפַף pilp.
Is. 8. 19. ζητήσατε . . . τοὺς κενολογοῦντας (1)

κενός (καινός), *incl.* διὰ κενῆς. (1) אָוֶן (2) אָחוֹר (3) אַכְזָב (4) אֶפֶס (5) הֶבֶל (6) *a.* כָּזַב pi. *b.* כָּזָב (7) לֹא סָכַן (8) לֹא רָאָה pu. (9) *a.* רִיק *b.* רֵק, רֵיק *c.* רֵיקָם (10) שָׁוְא (11) שָׁקַק (12) שֶׁקֶר (13) εἰς κενόν תֹּהוּ (14) κενὰ ἐπιβάλλειν הָבַל hi. (15) κενὸν ποιεῖν חָסֵר hi. (16) διὰ κενῆς חִנָּם (17) διὰ κενῆς רֵיקָם (18) διὰ κενῆς שָׁוְא (19) εἰς κενὸν ἐλπίζειν שָׁקַק

Ge. 31. 42. νῦν ἂν κενόν με ἐξαπέστειλας (9 *c*)
37. 24. R ὁ δὲ λάκκος κενός [A ἐκεῖνος] (9 *b*)
Ex. 3. 21. οὐκ ἀπελεύσεσθε κενοί (9 *c*)
5. 9. μὴ μεριμνάτωσαν [A -νάσθ.] ἐν λόγοις κ. (12)
23. 15 : 34. 20. οὐκ ὀφθήσῃ ἐνώπιόν μου κενός (9 *c*)
Le. 26. 16. σπερεῖτε διὰ κενῆς τὰ σπέρματα ὑμῶν (9 *a*)
— 20. ἔσται εἰς κενὸν ἡ ἰσχὺς ὑμῶν (9 *a*)
De. 15. 13. οὐκ ἐξαποστελεῖς αὐτὸν κ. (9 *c*)
16. 16. οὐκ ὀφθήσῃ . . . κενός (9 *c*)
32. 47. οὐχὶ λόγος κ. οὗτος ὑμῖν (9 *b*)
Jd. 5. 8. A[1] ᾑρέτισαν θεοὺς κ. [A[2] καινούς, B *al.*] †
7. 16. καὶ ἔδωκε . . . ὑδρίας κ. (9 *b*)
9. 4. ἐμισθώσατο . . . ἄνδρας κ. (9 *b*)
11. 3. συνεστράφησαν πρὸς Ἰ. ἄνδρες κ. [A *al.*] (9 *b*)
Ru. 1. 21. κενὴν ἀπέστρεψέ με ὁ κύριος (9 *c*)
3. 17. μὴ εἰσέλθῃς κενὴ πρὸς τὴν πενθεράν σου (9 *c*)
I Ki. 6. 3. μὴ δὴ ἐξαποστείλητε [A ἀπ.] αὐτὴν κ. (9 *c*)
II Ki. 1. 22. τόξον Ἰων. οὐκ ἀπεστράφη κενόν (2 ?)
— 22. ῥομφαία Σαοὺλ οὐκ ἀνέκαμψε κενή (9 *c*)
6. 3. A ἐφ' ἅμαξαν κ. [B καινήν] †
IV Ki. 4. 3. αἴτησον . . . σκεύη κ. (9 *b*)
Ne. 5. 13. ἔσται οὕτως ἐκτετιναγμένος καὶ κενός (9 *b*)
Ju. 1. 11. A S ἀπέστρεψαν [B ἀν.] τοὺς ἀγγέλους αὐτοῦ κ.
Jb. 2. 3. τὰ ὑπάρχοντα αὐ. διὰ κενῆς ἀπολέσαι (16)
— 9. οὓς εἰς τὸ κ. ἐκοπίασα μετὰ μόχθων –
6. 5. μὴ διὰ κενῆς κεκράξεται ὄνος ἄγριος –
— 6. εἰ δὲ καὶ ἔστι γεῦμα ἐν ῥήμασι κενοῖς †
7. 3. οὕτως κἀγὼ ὑπέμεινα μῆνας κενούς (10)
— 6. ἀπόλωλε δὲ ἐν κενῇ ἐλπίδι (4)
— 16. κενὸς γάρ μου ὁ βίος (5)
9. 17. πολλὰ δέ μου τὰ συντρίμμ. πεποίηκε διὰ κενῆς (16)
15. 3. A ἐλέγχων ἐν ῥήμασιν κενοῖς [B S οἷς οὐ δεῖ] (7)
— 31. κενὰ γὰρ ἀποβήσεται αὐτῷ (10)
— 35. ἀποβήσεται δὲ αὐτῷ κενά (1)
20. 18. εἰς κενὰ καὶ μάταια ἐκοπίασε †
21. 34. πῶς δὲ παρακαλεῖτέ με κενά (5)
22. 6. ἠνεχύραζες δὲ τοὺς ἀδ. σου διὰ κενῆς (16)
— 9. χήρας δὲ ἐξαπέστειλας κενάς (9 *c*)
27. 12. κενὰ κενοῖς ἐπιβάλλετε [A -εσθε] (5, 14)
29. 20. ἡ δόξα μου κενὴ μετ' ἐμοῦ †
31. 34. ἐξελθεῖν θύραν μου κόλπῳ κενῷ –
33. 21. ἕως ἂν . . . ἀποδείξῃ τὰ ὀστᾶ αὐ. κενά (8)
34. 20. κενὰ δὲ αὐτοῖς ἀποβήσεται †
39. 16. εἰς κενὸν ἐκοπίασεν ἄνευ φόβου (9 *a*)
Ps. 2. 1. ἵνα τί . . . λαοὶ ἐμελέτησαν κενά (9 *a*)
7. 4. ἀποπέσοιμι ἄρα . . . κενός (9 *c*)
24 (25). 3. οἱ ἀνομοῦντες διὰ κενῆς (17)
30 (31). 6. B S τοὺς φυλάσσοντας [A R διαφ.] ματαιότητας διὰ κενῆς (18)
106 (107). 9. ἐχόρτασε ψυχὴν κενήν (11)
Pr. 23. 29. τίνι συντρίμματα διὰ κενῆς (16)
Wi. 1. 11. φθέγμα λαθραῖον κενὸν οὐ πορεύσεται [S[1] *om.* οὐ π.]
3. 11. κενὴ ἡ ἐλπὶς αὐτῶν
Si. 23. 11. εἰ διὰ κενῆς ὤμοσεν
29. 9. μὴ ἀποστρέψῃς αὐτὸν κενόν
31 (34). 1. κεναὶ ἐλπίδες καὶ ψευδεῖς ἀσυνέτῳ ἀνδρί
32 (35). 4. μὴ ὀφθῇς ἐν προσώπῳ κυρίου κενός
Ho. 12. 1 (2). κενὰ καὶ μάταια ἐπλήθυνε (6 *b*)
Mi. 1. 14. εἰς κενὸν [A κενά] ἐγένοντο τοῖς βασιλεῦσι (3)
Hb. 2. 3. εἰς πέρας καὶ οὐκ εἰς κενόν (6 *a*)
Is. 29. 8. ἡ δὲ ψυχὴ αὐτοῦ εἰς κενὸν ἤλπισεν (19)
30. 7. κενὰ ὠφελήσουσιν ὑμᾶς (9 *a*)
32. 6. τὰς ψυχὰς τὰς διψώσας κενὰς ποιήσει [A S -ῆσαι] (15)
43. 19. R ἐγὼ ποιῶ κενά [A B S καινά] †
45. 18. οὐκ εἰς κενὸν ἐποίησεν αὐτήν (13)
59. 4. λαλοῦσι κενά (10)
65. 23. οἱ ἐκλεκτοί μου οὐ κοπιάσουσιν εἰς κενόν (9 *a*)
Je. 6. 29. εἰς κενὸν ἀργυροκόπος ἀργυροκοπεῖ (10)
14. 3. ἀπέστρεψαν τὰ ἀγγεῖα αὐτῶν κενά (9 *c*)
18. 15. εἰς κενὸν ἐθυμίασαν (10)
26 (46). 11. εἰς τὸ [A *om.*] κ. ἐπλήθυνας ἰάματα σου (10)
27 (50). 9. ὡς βολὶς . . . οὐκ ἐπιστρέψει κενή (9 *c*)
28 (51). 58. οὐ κοπιάσουσι λαοὶ εἰς κενόν (9 *a*)
Da. LXX. Bel 17. εἴδοσαν . . . τὰς τραπέζας κ.
I Ma. 6. 12. ἐξᾶραι τοὺς κατοικοῦντας Ἰούδα διὰ κενῆς
9. 68. ἦν ἡ βουλὴ αὐτοῦ . . . κενή
III Ma. 6. 6. εἰς τὸ μὴ λατρεῦσαι τοῖς κ.
IV Ma. 8. 18. A R τί βουλήμασι κ. [S *om.*] ἑαυτοὺς εὐφραίνομεν
[**Aq.** I Ki. 12. 21 : II Ki. 6. 20 : Pr. 12. 11 : 28. 19 : Is. 29. 8 : 34. 11 : 59. 4 : Ez. 21. 23 (28).]
[**Sm.** II Ki. 1. 22 : Jb. 11. 12 : Is. 29. 8 : 55. 11 : Je. 22. 30.]
[**Th.** Ge. 1. 2 : Jb. 29. 20 : Ps. 72 (73). 13 : Pr. 12. 11 : 28. 19 : Is. 30. 7 : 41. 29 : 55. 11.]

κενοτάφια (καιν.). (1) תְּרָפִים
I Ki. 19. 13. ἔλαβεν ἡ M. τὰ κ. (1)
— 16. ἰδοὺ τὰ κ. ἐπὶ τῆς κλίνης (1)

κενότης.
III Ki. 8. 53. A τοῦ κατοικεῖν ἐπὶ κενότητος [B καιν.] –

κενοῦν. (1) אָמַל pul.
Je. 14. 2. αἱ πύλαι αὐτῆς ἐκενώθησαν (1)
15. 9. ἐκενώθη [S[1] ἐγενήθη] ἡ τίκτουσα ἑπτά (1)
[**Aq.** I Ki. 24. 4.]
[**Sm.** Ez. 12. 20 : 26. 2.]

κεντεῖν. (1) עָרַךְ
Jb. 6. 4. ὅταν ἄρξωμαι λαλεῖν κεντοῦσί με (1)
[**Aq.** Ez. 21. 19 (24).]

κέντημα.
[**Sm., Th.** Pr. 12. 18.]

κέντρον. (1) מַלְמָד (2) קֶטֶב
Pr. 26. 3. ὥσπερ μάστιξ ἵππῳ καὶ κέντρον ὄνῳ (1)
Si. 38. 25. καυχώμενος ἐν δόρατι κέντρου
Ho. 5. 12. καὶ ὡς κέντρον τῷ οἴκῳ Ἰ. †
13. 14. ποῦ τὸ κέντρον σου, ᾅδη (2)
IV Ma. 14. 19. καθάπερ σιδήρῳ τῷ κ.

κένωμα.
[**Aq.** Ge. 1. 2 : Dt. 32. 10 : Jb. 26. 7 : Is. 40. 23 : 59. 4.]

κενῶς. (1) לָרִיק
Is. 49. 4. κ. ἐκοπίασα (1)
[**Aq.** Ps. 2. 1 : 72 (73). 13 : Is. 45. 19.]
[**Th.** Is. 45. 19.]

κένωσις.
[**Th.** Is. 34. 11.]

κεπφοῦσθαι (κεφφ.). (1) פִּתָּאֹם
Pr. 7. 22. ὁ δὲ ἐπηκολούθησεν αὐτῇ κεπφωθείς (1)

κεραμεύς. (1) יָצַר
I Ch. 4. 23. οὗτοι κ. οἱ κατοικοῦντες ἐν Ἀ. (1)
Ps. 2. 9. ὡς σκεῦος [A S[2] σκεύη] κεραμέως συντρίψεις αὐτούς (1)
Wi. 15. 7. κεραμεὺς ἁπαλὴν γῆν θλίβων
Si. 27. 5. σκεύη κεραμέως δοκιμάζει κάμινος
36 (33). 13. ὡς πηλὸς κεραμέως ἐν χειρὶ αὐτοῦ πᾶσαι αἱ ὁδοὶ αὐτοῦ
38. 29. οὕτω κεραμεὺς καθήμενος ἐν ἔργῳ αὐτοῦ
Is. 29. 16. οὐχ ὡς ὁ πηλὸς τοῦ κ. λογισθήσεσθε (1)
Is. 41. 25. ὡς πηλὸς κεραμέως καὶ ὡς κ. καταπατῶν τὸν πηλόν (–, 1)
45. 9. ποῖον βέλτιον κατεσκεύασα ὡς πηλὸν κεραμέως . . . μὴ ἐρεῖ ὁ πηλὸς τῷ κ. (†, 1)
Je. 18. 2. κατάβηθι εἰς οἶκον τοῦ κ. (1)
— 3. κατέβην εἰς τὸν οἶκον τοῦ κ. (1)
— 6. εἰ καθὼς ὁ κ. οὗτος οὐ δυνήσομαι τοῦ ποιῆσαι ὑμᾶς . . . ὡς ὁ πηλὸς τοῦ κ. (1, 1)
La. 4. 2. ἔργα χειρῶν κεραμέως (1)
[**Sm.** Je. 19. 1.]
[**Th.** Is. 54. 16.]

κεραμικός (-μει.). (1) פֶּחָר
Da. LXX. 2. 41. μέρος μέν τι ὀστράκου κ. (1)

κεράμιον. (1) בַּת (2) גָּבִיעַ
Is. 5. 10. ποιήσει κ. ἕν (1)
30. 14. ἐκ κεραμίου λεπτά [A -όν] –
Je. 42 (35). 5. ἔδωκα [A ἔστησα] κατὰ πρόσωπον αὐτῶν κ. οἴνου (2)
Da. Th. 2. 41. A[2] μέρος μέν τι ὀστράκινον κεραμίου [A[1] B *om.*] (3)
[**Aq.** Is. 10. 33.]
[**Al.** II Ch. 4. 5.]

κέραμος. (1) יָצַר
II Ki. 17. 28. B καὶ σκεύη κεράμου (1)

κεραμύλλιον.
[**Aq.** Is. 63. 3.]

κεραννύναι (-ύειν). (1) מָסַךְ
De. 28. 66. A ἔσται ἡ ζωή σου κεκραμένη [B κρεμαμένη] †
Pr. 9. 2. ἐκέρασεν εἰς κρατῆρα τὸν ἑαυτῆς οἶνον (1)
— 5. πίετε οἶνον ὃν ἐκέρασα ὑμῖν (1)
Is. 5. 22. οἱ δυνάσται οἱ κεραννύντες [B[1] S[1] -ύοντες] τὸ σίκερα (1)
19. 14. ἐκέρασεν αὐτοῖς πνεῦμα πλανήσεως (1)
Je. 30. 10 (49. 32). A B[1] κεκραμένους [B[2] S R κεκαρμ.] πρὸ προσώπου αὐτῶν †
Da. LXX. Bel 10. οἶνος κερασθεὶς εἰσηνέχθη
— 32. καὶ στάμνον οἴνου κεκερασμένου
Da. Th. Bel 11. τὸν οἶνον κεράσας θές

κέρας. (1) חָזוּת (2) מִקְצוֹעַ (3) קֶרֶן (4) κέρατα ἐκφέρειν קָרַן hi.
Ge. 22. 13. κατεχόμενος ἐν φυτῷ . . . τῶν κ. (3)
Ex. 27. 2. ποιήσεις τὰ κ. ἐπὶ τῶν τεσσάρων γωνιῶν (3)
— 2. ἐξ αὐτοῦ ἔσται τὰ κ. (3)
29. 12. ἐπὶ τῶν κ. τοῦ θυσιαστηρίου (3)
30. 2. ἐξ αὐτοῦ ἔσται τὰ κ. αὐτοῦ (3)
— 3. καταχρυσώσεις . . . τὰ κ. αὐτοῦ (3)
— 10. ἐξιλάσεται . . . ἐπὶ τῶν κ. αὐτοῦ [A *al.*] (3)
Le. 4. 7, 18, 25. ἐπιθήσει . . . ἐπὶ τὰ κ. τοῦ θυσιαστηρίου (3)
— 30, 34. ἐπιθήσει ἐπὶ τὰ κ. τοῦ θυσιαστηρίου (3)
8. 15 : 9. 9. ἐπέθηκεν ἐπὶ τὰ κ. τοῦ θυσιαστηρίου (3)
16. 18. ἐπιθήσει ἐπὶ τὰ κ. τοῦ θυσιαστηρίου κύκλῳ (3)
De. 33. 17. κέρατα μονοκέρωτος τὰ κ. αὐτοῦ (3, 3)
I Ki. 2. 1. ὑψώθη κέρας μου ἐν θεῷ μου (3)
— 10. ὑψώσει κέρας χριστοῦ αὐτοῦ (3)
16. 1. πλῆσον τὸ κ. σου ἐλαίου (3)
— 13. ἔλαβε Σαμ. τὸ κ. τοῦ ἐλαίου (3)
II Ki. 22. 3. καὶ κέρας σωτηρίας μου (3)
III Ki. 1. 39. ἔλαβε Σ. ὁ ἱερεὺς τὸ κ. τοῦ ἐλαίου (3)
— 50. ἐπελάβετο τῶν κ. τοῦ θυσιαστηρίου (3)
— 51. κατέχει τῶν κ. τοῦ θυσιαστηρίου (3)
2. 28. κατέσχε τῶν κ. τοῦ θυσιαστηρίου (3)
— 29. κατέχει τῶν κ. τοῦ θυσιαστηρίου †
22. 11. ἐποίησεν ἑαυτῷ . . . κ. σιδηρᾶ (3)
I Ch. 25. 5. ὑψῶσαι κέρας (3)
II Ch. 18. 10. ἐποίησεν ἑαυτῷ . . . κ. σιδηρᾶ (3)
Ju. 9. 8. καταβαλεῖν σιδήρῳ κέρας θυσιαστηρίου σου
Jb. 42. 14. τὴν δὲ τρίτην Ἀμαλθαίας κέρας (3)
Ps. 17 (18). 2. ὑπερασπιστής μου καὶ κέρας σωτηρίας (3)
21 (22). 21. καὶ ἀπὸ κεράτων μονοκερώτων (3)
68 (69). 31. μόσχον νέον κέρατα ἐκφέροντα (4)
74 (75). 4. μὴ ὑψοῦτε κέρας (3)
— 5. μὴ ἐπαίρετε εἰς ὕψος τὸ κ. ὑμῶν (3)

Ps. 74 (75). 10. πάντα τὰ κ. τῶν ἁμαρτωλῶν συγκλάσω [B[2] συνθλάσω] καὶ ὑψωθήσεται τὰ κ. [S[2] τὸ κ.] τοῦ δικαίου (3, 3)
75 (76). 3. B[1] ἐκεῖ συγκλάσει τὰ κέρατα -
88 (89). 17. ἐν τῇ εὐδοκίᾳ σου ὑψωθήσεται τὸ κ. ἡμῶν (3)
— 24. ἐν τῷ ὀνόμ. μου ὑψωθήσεται τὸ κ. αὐ. (3)
91 (92). 10. ὑψωθήσεται ὡς μονοκέρωτος τὸ κ. μου (3)
111 (112). 9. τὸ κ. αὐτοῦ ὑψωθήσεται ἐν δόξῃ (3)
117 (118). 27. ἕως τῶν κ. τοῦ θυσιαστηρίου (3)
131 (132). 17. ἐκεῖ ἐξανατελῶ κέρας τῷ Δαυίδ (3)
148. 14. ὑψώσει κέρας λαοῦ αὐτοῦ (3)
Si. 47. 5. A S R ἀνυψῶσαι [B -ει] κέρας λαοῦ αὐτοῦ
— 7. ἕως σήμερον συνέτριψεν αὐτῶν κέρας
— 11. ἀνύψωσεν εἰς αἰῶνα τὸ κ. αὐτοῦ
49. 5. ἔδωκαν γὰρ τὸ κ. αὐτῶν ἑτέροις
Am. 3. 14. καὶ κατασκαφήσεται τὰ κ. τοῦ θυσιαστηρίου (3)
6. 14 (13). οὐκ ἐν τῇ ἰσχύϊ ἡμῶν ἔσχομεν κέρατα (3)
Mi. 4. 13. τὰ κέρατά σου θήσομαι σιδηρᾶ (3)
Hb. 3. 4. κέρατα ἐν χερσὶν αὐτοῦ (3)
Za. 1. 18 (2. 1). ἴδον καὶ ἰδοὺ τέσσαρα κέρατα (3)
— 19 (2. 2), 21 (2. 4). ταῦτα τὰ κ. τὰ διασκορπίσαντα τὸν Ἰ. (3)
— 21 (2. 4). ὀξῦναι αὐτὰ εἰς χεῖρας αὐτῶν τὰ τέσσαρα κ. (3)
— 21 (2. 4). τὰ ἐπαιρόμενα κέρας ἐπὶ τὴν γῆν (3)
Is. 5. 1. ἀμπελὼν ἐγενήθη τῷ ἠγαπημένῳ ἐν κέρατι (3)
Je. 31 (48). 12. τὰ κ. αὐτοῦ συγκόψουσι †
— 25. κατεάχθη κ. Μωάβ (3)
La. 2. 3. A S R συνέκλασεν [B -κάλεσεν] . . . πᾶν κ. Ἰσραήλ (3)
— 17. ὕψωσε κ. [A κεφαλὰς] θλίβοντός σε (3)
Ez. 29. 21. ἀνατελεῖ κ. παντὶ τῷ οἴκῳ Ἰσραήλ (3)
34. 21. τοῖς κ. ὑμῶν ἐκερατίζετε (3)
41. 22. κέρατα εἶχε (2)
43. 15. ὑπεράνω τῶν κ. πῆχυς (3)
— 20. ἐπιθήσουσιν ἐπὶ τὰ τέσσαρα κ. τοῦ θυσιαστηρίου (3)
Da. LXX. 7. 7. εἶχε δὲ κέρατα δέκα (3)
— 8. καὶ βουλαὶ πολλαὶ ἐν τοῖς κ. αὐτοῦ (3)
— 8. ἄλλο ἓν κ. ἀνεφύη . . . μικρὸν ἐν τοῖς κ. αὐτοῦ καὶ τρία τῶν κ. τῶν πρώτων ἐξηράνθησαν (3, -, 3)
— 8. ὥσπερ ὀφθαλμοὶ ἀνθρώπινοι ἐν τῷ κ. τούτῳ (3)
— 11. ὧν τὸ κ. ἐλάλει (3)
— 20. περὶ τῶν δέκα κ. αὐ. τῶν ἐπὶ τῆς κεφ.
— 20. τὸ κ. ἐκεῖνο εἶχεν ὀφθαλμούς (3)
— 21. κατενόουν τὸ κ. ἐκεῖνο (3)
— 24. τὰ δέκα κ. τῆς βασιλείας δέκα βασιλεῖς στήσονται (3)
8. 3. καὶ εἶχε κέρατα καὶ τὰ κ. ὑψηλά (3, 3)
— 5. ην τοῦ τράγου κέρας ἓν θεωρητόν (3)
— 6. τὸν κριὸν τὸν τὰ κ. ἔχοντα (3)
— 7. συνέτριψε τὰ δύο κ. αὐτοῦ (3)
— 8. συνετρίβη αὐτοῦ τὸ κ. τὸ μέγα καὶ ἀνέβη ἕτερα τέσσαρα κ. (3, 1?)
— 9. ἀνεφύη κέρας ἰσχυρὸν ἓν (3)
— 20. τὸν κριὸν ὃν εἶδες τὸν ἔχοντα τὰ κ. (3)
— 21. τὸ κ. τὸ μέγα . . . αὐτὸς ὁ βασιλεὺς ὁ πρῶτος (3)
— 22. ἀναβάντα ὀπίσω αὐτοῦ τέσσαρα κ. -
Da. TH. 7. 7. A κέρατα δέκα αὐτῷ -
— 7. καὶ κέρατα δέκα αὐτῷ (3)
— 8. προσενόουν τοῖς κ. αὐτοῦ (3)
— 8. καὶ ἰδοὺ κ. ἕτερον μικρόν (3)
— 8. καὶ τρία κ. τῶν ἔμπροσθεν αὐτοῦ (3)
— 8. καὶ ἰδοὺ ὀφθαλμοὶ . . . ἐν τῷ κ. τούτῳ (3)
— 11. ὧν τὸ κ. ἐκεῖνο ἐλάλει (3)
— 20. περὶ τῶν κ. αὐτοῦ τῶν δέκα (3)
— 20. A κέρας ἐκεῖνο [B om. κ. ἐ.] ᾧ οἱ ὀφθαλμοί (3)
— 21. τὸ κ. ἐκεῖνο ἐποίει πόλεμον (3)
— 24. τὰ δέκα κ. αὐτοῦ δέκα βασιλεῖς (3)
8. 3. A καὶ αὐτῷ κέρατα καὶ τὰ κ. [B om. καὶ τὰ κ.] ὑψηλά (3, 3)
— 5. καὶ τῷ τράγῳ κέρας (3)
— 6. τοῦ κριοῦ τοῦ τὰ κ. ἔχοντος (3)
— 7. συνέτριψεν ἀμφότερα τὰ κ. αὐτοῦ (3)
— 8. A R συνετρίβη τὸ κ. αὐτοῦ τὸ μέγα καὶ ἀνέβη ἕτερα [B om.] κ. τέσσαρα (3, 1?)
— 9. ἐξῆλθε κ. ἓν ἰσχυρόν (3)
— 20. ὁ κριὸς . . . ὁ ἔχων τὰ κ. (3)
— 21. τὸ κ. τὸ μέγα . . . αὐτός ἐστιν ὁ βασ. ὁ πρῶτος (3)
— 22. οὗ ἔστησαν τέσσαρα κ. ὑποκάτω -

I Ma. 2. 48. οὐκ ἔδωκαν κέρας τῷ ἁμαρτωλῷ
9. 1. καὶ τὸ δεξιὸν κ. μετ' αὐτῶν
— 12. Βακχίδης δὲ ἦν ἐν τῷ δεξιῷ κ.
— 15. A R συνετρίβη τὸ δεξιὸν κ. [S μέρος] ἀπ' αὐτῶν
— 16. οἱ εἰς τὸ ἀριστερὸν κ. ἴδον ὅτι συνετρίβη τὸ δεξιὸν κ.
II Ma. 15. 20. τῆς δὲ ἵππου κατὰ κέρας τεταγμένης
[Aq. Ge. 22. 13: Ps. 74 (75). 11: Je. 17. 1: 48 (31). 12: Ez. 27. 6, 15.]
[Sm. Ge. 22. 13: Ps. 74 (75). 5, 6, 11: 117 (118). 27: Is. 5. 1: Je. 17. 1: Ez. 27. 6, 15.]
[Th. Ge. 22. 13: Ps. 74 (75). 11: Je. 17. 1: Ez. 27. 6, 15: Da. 7. 8, 20†: 8. 3†, 5.]
[Al. Hb. 3. 4.]

κέρασμα. (1) *a.* מֶסֶךְ *b.* מִמְסָךְ
Ps. 74 (75). 8. οἴνου ἀκράτου πλῆρες κεράσματος (1 a)
Is. 65. 11. πληροῦντες τῇ τυχῃ κ. (1 b)
[Aq., Sm. Is. 65. 11.]
[Th. Pr. 23. 30: Is. 65. 11.]

κεράστης. (1) צִפְעֹנִי
Pr. 23. 32. ὥσπερ ὑπὸ κεράστου διαχεῖται αὐτῷ ὁ ἰός (1)
[Sm. Ps. 68 (69). 32.]

κερατίζειν. (1) גּוּחַ (2) נָגַח *a.* qal. *b.* pi. (3) נָגַף (4) צָהַל
Ex. 21. 28. ἐὰν δὲ κερατίσῃ ταῦρος ἄνδρα (2 a)
— 31. ἐὰν δὲ υἱὸν ἢ θυγατέρα κερατίσῃ (2 a)
— 32. ἐὰν δὲ παῖδα κερατίσῃ ὁ ταῦρος (2 a)
— 35. ἐὰν δὲ κερατίσῃ τινὸς [B[1] τίς τ.] ταῦρος (3)
De. 33. 17. ἐν αὐτοῖς ἔθνη κερατιεῖ ἅμα (2 b)
III Ki. 22. 11: II Ch. 18. 10. ἐν τούτοις κερατιεῖς τὴν Συρίαν (2 b)
Ps. 43 (44). 5. ἐν σοὶ τοὺς ἐχθροὺς ἡμῶν κερατιοῦμεν (2 b)
Je. 27 (50). 11. ἐκερατίζετε ὡς ταῦροι (4)
Ez. 32. 2. ἐκεράτιζες τοῖς ποταμοῖς [A τοὺς π.] σου (1)
34. 21. τοῖς κέρασιν ὑμῶν ἐκερατίζετε (2 b)
Da. LXX. TH. 8. 4. εἶδον τὸν κριὸν κερατίζοντα (2 b)

κερατίνη. (1) שׁוֹפָר
Jd. 3. 27. ἐσάλπισεν ἐν [A om.] κερατίνῃ (1)
6. 34. ἐσάλπισεν ἐν κερατίνῃ (1)
7. 8. ἔλαβον . . . τὰς κ. αὐτῶν (1)
— 16. ἔδωκε κερατίνας ἐν χειρὶ πάντων (1)
— 18. σαλπιῶ ἐν [A om.] τῇ κ. (1)
— 18. σαλπιεῖτε ἐν [A om.] ταῖς κ. (1)
— 19. ἐσάλπισαν ἐν [A om.] ταῖς κ. (1)
— 20. ἐσάλπισαν . . . ἐν ταῖς κ. (1)
— 20. τὰς κ. τοῦ σαλπίζειν [A al.] (1)
— 22. ἐσάλπισαν ἐν ταῖς τριακοσίαις κ. [A αἱ κ.] (1)
II Ki. 15. 10. ἐν τῷ ἀκοῦσαι ὑμᾶς τὴν φωνὴν τῆς κ. (1)
18. 16. ἐσάλπισεν Ἰωὰβ ἐν κερατίνῃ (1)
20. 1. ἐσάλπισε τῇ [A ἐν τῇ] κ. (1)
— 22. ἐσάλπισεν ἐν κερατίνῃ [A τῇ κ.] (1)
III Ki. 1. 34. καὶ σαλπίσατε κερατίνῃ (1)
— 39. καὶ ἐσάλπισε τῇ κ. (1)
— 41. ἤκουσεν Ἰ. τὴν φωνὴν τῆς κ. (1)
IV Ki. 9. 13. ἐσάλπισαν ἐν κερατίνῃ (1)
II Ch. 15. 14. A R καὶ ἐν κερατίναις (1)
Ne. 4. 18 (12). ὁ σαλπίζων ἐν τῇ κ. ἐχόμενα αὐτοῦ (1)
— 20 (14). οὗ ἐὰν ἀκούσητε τὴν φωνὴν τῆς κ. (1)
[Aq. Jo. 6. 9: Jd. 7. 22: Is. 27. 13: 58. 1: Je. 6. 1.]
[Sm. Jo. 6. 9: Jd. 7. 22: Ps. 150. 3: Is. 27. 13: 58. 1: Je. 6. 1: Ez. 33. 4.]
[Th. Jo. 6. 9: Jd. 7. 22: Is. 27. 13: 58. 1.]
[Al. Le. 25. 9: I Ch. 15. 28.]

κεράτινος. (1) σάλπιγξ κ. שׁוֹפָר
Ps. 97 (98). 6. ἐν . . . φωνῇ σάλπιγγος κερατίνης (1)

κερατιστής. (1) נַגָּח
Ex. 21. 29. ἐὰν δὲ ὁ ταῦρος κερατιστὴς ᾖ (1)
— 36. ὁ ταῦρος ὅτι κερατιστής ἐστι (1)

κεραύνιος.
[Sm. Ex. 28. 17.]

κεραυνός. (1) בָּרָק
Jb. 38. 35. ἀποστελεῖς δὲ κεραυνούς (1)
Wi. 19. 13. οὐκ ἄνευ τῶν γεγονότων [A S προγεγ.] τεκμηρίων τῇ βίᾳ τῶν [S[2] om.] κ.
II Ma. 10. 30. κεραυνοὺς ἐξερρίπτουν

κεραυνοῦν, κεραύνωσις. (1) נֶפֶץ
Is. 30. 30. A S R κεραυνώσει βιαίως [B -ᾳ] (1)

κερδαίνειν.
[Sm. Jb. 22. 3.]

κέρδος.
[Aq. Ez. 27. 24.]
[Sm. Ge. 37. 26: Ps. 29 (30). 10: Ec. 4. 9: Mi. 4. 13.]
[Th. Ge. 37. 26.]

κερεϊνός.
[Aq., Sm., Quint. Ps. 49 (50). 9.]

κέρκιον.
[Aq. Le. 7. 3.]
[Sm., Th. Le. 7. 3: 8. 25.]
[Al. Le. 3. 9.]

κέρκος. (1) זָנָב
Ex. 4. 4. ἐπιλαβοῦ τῆς κ. (1)
— 4. ἐπελάβετο τῆς κ. †
Jd. 15. 4. ἐπέστρεψε [A συνέδησεν] κέρκον πρὸς κέρκον (1, 1)
— 4. ἔθηκε λαμπάδα μίαν ἀνὰ μέσον τῶν δύο κ. (1)
Pr. 26. 17. ὥσπερ ὁ κρατῶν κέρκου κυνός †
[Aq. Le. 3. 9: 8. 25.]
[Sm., Th. Le. 3. 9.]
[Heb. Ex. 29. 22.]

κέρκωψ. (1) נִרְגָּן
Pr. 26. 22. λόγοι κερκώπων μαλακοί (1?)

κεφάζ, *vid.* **καιφάζ.**

κεφάλαιον. (1) *a.* רֹאשׁ *b.* רֵאשׁ *c.* רֵאשִׁית
Le. 6. 4 (5. 24). ἀποτίσει αὐτὸ τὸ κ. (1 a)
Nu. 4. 2. λάβε τὸ κ. τῶν υἱῶν Κ. (1 a)
5. 7. τὸ κ. καὶ τὸ ἐπίπεμπτον αὐτοῦ (1 a)
31. 26. λάβε τὸ κ. τῶν σκύλων (1 a)
— 49. εἰλήφασι τὸ κ. τῶν ἀνδρῶν (1 a)
Da. LXX. 7. 1. ἔγραψεν εἰς κεφάλαια λόγων (1 b)
11. 41. καὶ κεφάλαιον υἱῶν Ἀμμών (1 c)
[Aq. Ge. 1. 1: 49. 3: I Ki. 15. 21: Jb. 8. 7: 40. 14 (19): Pr. 8. 22.]
[Sm., Th. Jb. 40. 14 (19).]
[Al. Nu. 4. 22.]

κεφαλαιοῦν.
Si. 35 (32). 8. κεφαλαίωσον λόγον [S om.] ἐν ὀλίγοις πολλά

κεφαλή. (1) גֻּלְגֹּלֶת (2) נֶפֶשׁ (3) קָדְקֹד (4) קֶרֶן (5) *a.* רֹאשׁ *b.* רֵאשׁ (6) πρὸς κεφαλῆς מְרַאֲשׁוֹת
Ge. 3. 15. αὐτός σου τηρήσει κεφαλήν (5 a)
8. 5. ὤφθησαν αἱ κ. τῶν ὀρέων (5 a)
11. 4. οὗ ἔσται ἡ κ. ἕως τοῦ οὐρανοῦ (5 a)
28. 11. A ἐπέθηκεν [R ἔθ.] πρὸς κεφαλῆς αὐτοῦ (6)
— 12. ἧς ἡ κ. ἀφικνεῖτο εἰς τὸν οὐρανόν (5 a)
— 18. R ὃν ὑπέθηκεν [A ἔθ.] ἐκεῖ πρὸς κεφαλῆς αὐτοῦ (6)
40. 16. τρία κανᾶ . . . αἴρειν ἐπὶ τῆς κ. μου (5 a)
— 17. ἀπὸ τοῦ κανοῦ τοῦ ἐπάνω τῆς κ. μου (5 a)
— 19. ἀφελεῖ Φ. τὴν κ. σου ἀπὸ σοῦ (5 a)
48. 14. ἐπέβαλεν ἐπὶ τὴν κ. Ἐ. . . . καὶ τὴν ἀριστερὰν ἐπὶ τὴν κ. Μ. (5 a, 5 a)
— 17. ἐπέβαλεν . . . ἐπὶ τὴν κ. Ἐ. (5 a)
— 17. ἀφελεῖν αὐτὴν ἀπὸ τῆς κ. Ἐ. ἐπὶ τὴν κ. Μ. (5 a, 5 a)
— 18. ἐπίθες τὴν δεξιάν σου ἐπὶ τὴν κ. αὐ. (5 a)
49. 26. ἔσονται ἐπὶ κεφαλὴν [A -ῆς] Ἰωσήφ (5 a)
Ex. 12. 9. ἔδεσθε . . . κεφαλὴν σὺν τοῖς ποσί (5 a)
16. 16. γομὸρ κατὰ κεφαλήν (1)
26. 24. ἔσονται ἴσοι ἐκ τῶν κ. [A -λίδων] (5 a)
29. 6. ἐπιθήσεις [B[1] θή.] τὴν μίτραν ἐπὶ τὴν κ. αὐτοῦ (5 a)
— 7. ἐπιχεεῖς αὐτὸ ἐπὶ τὴν κ. αὐτοῦ (5 a)
— 10. ἐπιθήσουσιν . . . ἐπὶ τὴν κ. τοῦ μόσχου (5 a)
— 15. ἐπιθήσουσιν . . . ἐπὶ τὴν κ. τοῦ κριοῦ (5 a)
— 17. ἐπὶ [B[1] om.] τὰ διχοτομήματα σὺν τῇ κ. (5 a)
— 19. ἐπιθήσει . . . ἐπὶ τὴν κ. τοῦ κριοῦ (5 a)
37. 6 (36. 38). A τὰς κ. [B -λίδας] αὐτῶν (5 a)
39. 2 (38. 26). δραχμὴ μία τῇ κ. (1)
Le. 1. 4. ἐπιθήσει τὴν χεῖρα ἐπὶ τὴν κ. τοῦ καρπώματος (5 a)

Le. 1. 8. ἐπιστοιβάσουσιν οἱ υἱοὶ Ἀ. . . . τὴν κ. (5 a)
— 11. ἐπιθήσει τὴν χεῖρα ἐπὶ τὴν κ. αὐτοῦ –
— 12. καὶ τὴν κ. καὶ τὸ στέαρ (5 a)
— 15. ἀποκνίσει τὴν κ. (5 a)
3. 2, 8. ἐπιθήσει τὰς χεῖρας ἐπὶ τὴν κ. τοῦ δώρου (5 a)
— 13. ἐπιθήσει τὰς χεῖρας ἐπὶ τὴν κ. αὐτοῦ (5 a)
4. 4. ἐπιθήσει τὴν χεῖρα αὐτοῦ ἐπὶ τὴν κ. τοῦ μόσχου (5 a)
— 11. πᾶσαν αὐτοῦ τὴν σάρκα σὺν τῇ κ. (5 a)
— 15. ἐπιθήσουσιν . . . ἐπὶ τὴν κ. τοῦ μόσχου (5 a)
— 24. ἐπιθήσει τὴν χεῖρα ἐπὶ τὴν κ. τοῦ χιμάρου (5 a)
— 29. ἐπιθήσει τὴν χεῖρα ἐπὶ τὴν κ. τοῦ ἁμαρτήματος αὐτοῦ (5 a)
— 33. ἐπιθήσει τὴν χεῖρα ἐπὶ τὴν κ. (5 a)
5. 8. ἀποκνίσει ὁ ἱερεὺς τὴν κ. αὐτοῦ (5 a)
8. 9. ἐπέθηκε τὴν μίτραν ἐπὶ τὴν κ. αὐτοῦ (5 a)
— 12. ἐπέχεε Μωυσῆς . . . ἐπὶ τὴν κ. Ἀαρών (5 a)
— 14. ἐπέθηκεν Ἀ. . . . τὰς χεῖρας ἐπὶ τὴν κ. τοῦ μόσχου (5 a)
— 18. ἐπέθηκεν Ἀ. . . . τὰς χεῖρας αὐτῶν ἐπὶ τὴν κ. τοῦ κριοῦ (5 a)
— 19 (20). ἀνήνεγκε Μωυσῆς τὴν κ. (5 a)
— 21 (22). ἐπέθηκεν Ἀ. . . . τὰς χεῖρας αὐτῶν ἐπὶ τὴν κ. τοῦ κριοῦ (5 a)
9. 13. αὐτὰ καὶ τὴν κ. (5 a)
10. 6. τὴν κ. ὑμῶν οὐκ ἀποκιδαρώσετε (5 a)
13. 12. ἀπὸ κεφαλῆς ἕως ποδῶν (5 a)
— 29. ἁφὴ λέπρας ἐν τῇ κ. (5 a)
— 30. λέπρα [A add. ἐστὶν] τῆς κ. (5 a)
— 40. ἐὰν δέ τινι μαδήσῃ ἡ κ. αὐτοῦ (5 a)
— 41. ἐὰν δὲ κατὰ πρόσωπον μαδήσῃ ἡ κ. αὐτοῦ (5 a)
— 44. ἐν τῇ κ. αὐτοῦ ἡ ἁφὴ αὐτοῦ (5 a)
— 45. καὶ ἡ κ. αὐτοῦ ἀκάλυπτος [A ἀκατακ.] (5 a)
14. 9. τὴν κ. αὐτοῦ καὶ τὸν πώγωνα (5 a)
— 18. ἐπιθήσει ὁ ἱερεὺς ἐπὶ τὴν κ. (5 a)
— 29. ἐπιθήσει ἐπὶ τὴν κ. (5 a)
16. 21. ἐπιθήσει [A προσάξει] . . . τὰς χεῖρας αὐτοῦ ἐπὶ τὴν κ. (5 a)
— 21. ἐπιθήσει αὐτὰς ἐπὶ τὴν κ. (5 a)
19. 27. ἐκ τῆς κόμης τῆς κ. ὑμῶν (5 a)
21. 5. φαλάκρωμα οὐ ξυρηθήσεσθε τὴν κ. (5 a)
— 10. τοῦ ἐπικεχυμένου ἐπὶ τὴν κ. τοῦ ἐλαίου (5 a)
— 10. τὴν κ. οὐκ ἀποκιδαρώσει (5 a)
24. 14. ἐπιθήσουσι . . . τὰς χεῖρας αὐτῶν ἐπὶ τὴν κ. αὐτοῦ (5 a)
Nu. 1. 2. λάβετε ἀρχὴν . . . κατὰ κεφαλὴν αὐτῶν (1)
— 18, 20, 22. κατὰ κεφαλὴν αὐτῶν (1)
— 26, 28, 30, 32, 34, 36, 24, 38, 40, 42. κατὰ κεφαλὴν αὐτῶν –
3. 47. πέντε σίκλους κατὰ κεφαλήν (1)
5. 18. ἀποκαλύψει τὴν κ. τῆς γυναικὸς (5 a)
6. 5. ξυρὸν οὐκ ἐπελεύσεται ἐπὶ τὴν κ. αὐτοῦ (5 a)
— 5. τρέφων κόμην τρίχα κεφαλῆς (5 a)
— 7. εὐχὴ θεοῦ αὐτοῦ . . . ἐπὶ κεφαλῆς αὐτοῦ (5 a)
— 9. μιανθήσεται ἡ κ. εὐχῆς αὐτοῦ (5 a)
— 9. ξυρήσεται τὴν κ. αὐτοῦ (5 a)
— 11. ἁγιάσει τὴν κ. αὐτοῦ (5 a)
— 12. ἐμιάνθη κεφαλὴ εὐχῆς αὐτοῦ –
— 18. ξυρήσεται ὁ ηὐγμένος . . . τὴν κ. τῆς εὐχῆς αὐτοῦ (5 a)
— 19. A μετὰ τὸ ξυρήσασθαι αὐτὸν τὴν κ. [B εὐχὴν] αὐτοῦ †
8. 12. ἐπιθήσουσι τὰς χεῖρας ἐπὶ τὰς κ. τῶν μόσχων (5 a)
De. 21. 6. νίψονται τὰς χεῖρας ἐπὶ τὴν κ. –
— 12. ξυρήσεις τὴν κ. αὐτῆς (5 a)
28. 13. καταστήσαι σε κύριος . . . εἰς κεφαλὴν (5 a)
— 23. ὁ οὐρανὸς ὁ ὑπὲρ κεφαλῆς σου (5 a)
— 44. οὗτος ἔσται κεφαλή [A εἰς κεφαλήν] (5 a)
32. 42. ἀπὸ κεφαλῆς ἀρχόντων ἐχθρῶν [A ἐθνῶν] (5 a)
33. 16. ἔλθοισαν ἐπὶ κεφαλὴν Ἰωσήφ (5 a)
Jo. 7. 6. ἐπεβάλοντο [A -λον τὸν] χοῦν ἐπὶ τὰς κ. [A τὴν κ.] αὐτῶν (5 a)
Jd. 5. 26. διήλωσε κεφαλὴν αὐ. [A al.] (5 a)
— 30. εἰς κεφαλὴν ἀνδρὸς [A al.] (5 a)
7. 25. τὴν κ. Ὠρὴβ . . . ἤνεγκαν πρὸς Γ. (5 a)
8. 28. ἆραι κεφαλὴν αὐτῶν (5 a)
9. 25. ἐπὶ τὰς κ. τῶν ὀρέων (5 a)
— 36. A R ἀπὸ τῶν [B om.] κ. [A κορυφῶν] τῶν ὀρέων (5 a)
— 53. ἔρριψε . . . ἐπὶ κεφαλὴν Ἀβ. (5 a)
— 57. ἐπέστρεψεν ὁ θ. εἰς κεφαλὴν αὐ. [A al.] (5 a)
10. 18. A εἰς κεφαλὴν [B ἄρχοντα] πᾶσι τοῖς κατοικοῦσι Γ. (5 a)

Jd. 11. 8. A ἔσῃ ἡμῖν εἰς κεφαλὴν [B ἄρχοντα] (5 a)
— 9. A ἐγὼ ὑμῖν ἔσομαι εἰς κεφαλὴν [B ἄρχοντα] (5 a)
— 11. εἰς κεφαλὴν καὶ εἰς ἀρχηγόν [A al.] (5 a)
13. 5. σίδηρος ἐπὶ τὴν κ. αὐτοῦ οὐκ ἀναβήσεται (5 a)
16. 13. τὰς ἑπτὰ σειρὰς τῆς κ. μου (5 a)
— 14. τὰς ἑπτὰ σειρὰς τῆς κ. αὐ. [A al.] –
— 17. σίδηρος οὐκ ἀνέβη ἐπὶ τὴν κ. μου [A al.] (5 a)
— 19. τὰς ἑπτὰ σειρὰς τῆς κ. αὐ. [A al.] (5 a)
— 22. θρὶξ τῆς κ. αὐτοῦ (5 a)
I Ki. 1. 11. σίδηρος οὐκ ἀναβήσεται ἐπὶ τὴν κ. αὐτοῦ (5 a)
4. 12. γῆ ἐπὶ τῆς κ. αὐτοῦ (5 a)
5. 4. κεφαλὴ [A ἡ κ.] Δαγὼν καὶ ἀμφότερα τὰ ἴχνη (5 a)
10. 1. καὶ ἐπέχεεν ἐπὶ τὴν κ. αὐτοῦ (5 a)
14. 45. εἰ πεσεῖται [A add. ἀπὸ τῆς] τριχὸς τῆς κ. αὐτοῦ (5 a)
17. 5. περικεφαλαία ἐπὶ τῆς κ. αὐτοῦ (5 a)
— 38. τὴν περικεφαλαίαν χαλκῆν περὶ [A ἐπὶ] τὴν κ. αὐτοῦ (5 a)
— 46. ἀφελῶ τὴν κ. σου ἀπὸ σοῦ (5 a)
— 51. ἀφεῖλε [A add. ἐν αὐτῇ] τὴν κ. αὐτοῦ (5 a)
— 54. ἔλαβε Δ. τὴν κ. τοῦ ἀλλοφύλου (5 a)
— 57. A καὶ ἡ κ. τοῦ ἀλλοφύλου ἐν τῇ χειρὶ αὐτοῦ (5 a)
19. 13. ἧπαρ . . . ἔθετο πρὸς κεφαλῆς αὐτοῦ (6)
— 16. καὶ ἧπαρ . . . πρὸς κεφαλῆς αὐτοῦ (6)
25. 39. τὴν κακίαν Ν. ἀπέστρεψε κύριος εἰς κεφαλὴν αὐτοῦ (5 a)
26. 7. καὶ τὸ δόρυ . . . πρὸς κεφαλῆς αὐτοῦ (6)
— 11. λάβε δὴ τὸ δόρυ ἀπὸ πρὸς κεφαλῆς αὐτοῦ (6)
— 12. ἔλαβε Δ. τὸ δόρυ . . . ἀπὸ πρὸς κεφαλῆς (6)
— 16. ποῦ ἐστι τὰ πρὸς κεφαλῆς αὐτοῦ (6)
29. 4. οὐχὶ ἐν ταῖς κ. τῶν ἀνδρῶν ἐκείνων (5 a)
II Ki. 1. 2. καὶ γῆ ἐπὶ τῆς κ. αὐτοῦ (5 a)
— 10. τὸ βασίλειον τὸ ἐπὶ τὴν κ. αὐτοῦ (5 a)
— 16. τὸ αἷμά σου ἐπὶ τὴν κ. σου (5 a)
2. 16. ἐκράτησαν ἕκαστος . . . τὴν κ. τοῦ πλησίον αὐτοῦ (5 a)
— 25. ἔστησαν ἐπὶ κεφαλὴν βουνοῦ ἑνός (5 a)
3. 8. μὴ κεφαλὴ κυνὸς ἐγώ εἰμι (5 a)
— 29. καταντησάτωσαν ἐπὶ κεφαλὴν Ἰ. (5 a)
4. 7. A R ἀφαιροῦσι [B ἀναφ.] τὴν κ. αὐτοῦ (5 a)
— 7. ἔλαβον τὴν κ. αὐτοῦ (5 a)
— 8. ἤνεγκαν τὴν κ. Ἰεβ. τῷ Δ. (5 a)
— 8. ἰδοὺ ἡ [A om.] κ. Ἰεβ. (5 a)
— 12. τὴν κ. Ἰεβ. ἔθαψαν (5 a)
12. 30. ἔλαβε τὸν στέφανον Μ. . . . ἀπὸ τῆς κ. αὐτοῦ (5 a)
— 30. καὶ ἦν ἐπὶ τῆς κ. Δαυίδ (5 a)
13. 19. A R ἐπέθηκεν [B ἐ. σποδὸν] ἐπὶ τὴν κ. [A τῆς κ.] αὐτῆς (5 a)
— 19. ἐπέθηκε τὰς χεῖρας αὐτῆς ἐπὶ τὴν κ. αὐτῆς (5 a)
14. 26. ἐν τῷ κείρεσθαι αὐτὸν τὴν κ. αὐτοῦ (5 a)
— 26. ἔστησε τὴν τρίχα τῆς κ. αὐτοῦ (5 a)
15. 30. καὶ τὴν κ. ἐπικεκαλυμμένος (5 a)
— 30. ἐπεκάλυψεν ἀνὴρ τὴν κ. αὐτοῦ (5 a)
— 32. καὶ γῆ ἐπὶ τῆς κ. αὐτοῦ (5 a)
16. 9. ἀφελῶ τὴν κ. αὐτοῦ (5 a)
18. 9. AR περιεπλάκη [B ἐκρεμάσθη] ἡ κ. αὐτοῦ (5 a)
20. 21. ἡ [A om.] κ. αὐτοῦ ῥιφήσεται (5 a)
— 22. ἀφεῖλε τὴν κ. Σ. (5 a)
22. 44. φυλάξεις με εἰς κεφαλὴν ἐθνῶν (5 a)
III Ki. 2. 32. ἀπέστρεψε . . . τὸ αἷμα . . . εἰς κεφαλὴν αὐτοῦ (5 a)
— 33. ἐπεστράφη [A ἀπ.] τὰ αἵματα αὐ. εἰς κεφαλὴν αὐ. καὶ εἰς κεφαλὴν [A τὴν κ.] τοῦ σπέρματος αὐ. (5 a, 5 a)
3. 1 (2. 37). τὸ αἷμά σου ἔσται ἐπὶ τὴν κ. σου (5 a)
— 1 (2. 44). ἀνταπέδωκε . . . τὴν κακίαν σου εἰς κεφαλήν σου (5 a)
7. 16. δοῦναι ἐπὶ τὰς κ. τῶν στύλων (5 a)
— 19. ἐπὶ τῶν κ. τῶν στύλων (5 a)
— 22. A ἐπὶ τῶν κ. τῶν ἔργου κρίνου (5 a)
— 35 *bis*. ἐπὶ τῆς κ. τῆς μεχωνώθ (5 a)
— 41. ἐπὶ τῶν κ. τῶν στύλων δύο (5 a)
8. 1. A συμπάσας κ. τῶν ῥάβδων (5 a)
— 8. ἐνεβλέποντο αἱ κ. τῶν ἡγιασμένων (5 a)
— 32. δοῦναι τὴν ὁδὸν αὐτοῦ εἰς κεφαλὴν αὐ. (5 a)
19. 6. πρὸς κεφαλῆς αὐτοῦ ἐγκρυφίας ὀλυρίτης (6)
20 (21). 12. A ἐκάθισαν τὸν Ναβ. ἐν κεφαλῇ [R ἀρχῇ] τοῦ λαοῦ (5 a)
21 (20). 31. καὶ σχοινία ἐπὶ τὰς κ. ἡμῶν (5 a)
— 32. ἔθεσαν σχοινία ἐπὶ τὰς κ. αὐτῶν (5 a)

IV Ki. 2. 3. A B[2] λαμβάνει τὸν κύριόν σου ἐπάνωθεν [B[1] R ἀπ.] τῆς κ. σου (5 a)
— 5. λαμβάνει κύριος τὸν κύριόν σου ἐπάνωθεν [A ἀπ.] τῆς κ. σου (5 a)
4. 19. τὴν κ. μου τὴν κ. μου (5 a, 5 a)
6. 25. ἐγενήθη κεφαλὴ ὄνου πεντήκοντα ἀργυρίου [B[2] σίκλων ἀ.] (5 a)
— 31. εἰ στήσεται ἡ κ. Ἐλ. ἐπ' αὐτῷ (5 a)
— 32. ἀπέσταλκεν . . . ἀφελεῖν τὴν κ. μου (5 a)
9. 3. ἐπιχεεῖς ἐπὶ τὴν κ. αὐτοῦ (5 a)
— 6. ἐπέχεε τὸ ἔλαιον ἐπὶ τὴν κ. αὐτοῦ (5 a)
— 30. ἠγάθυνε τὴν κ. αὐτῆς (5 a)
10. 6. λάβετε τὴν κ. ἀνδρῶν (5 a)
— 7. ἔθηκαν τὰς κ. αὐτῶν ἐν καρτάλλοις (5 a)
— 8. A R ἤνεγκαν [B -α] τὰς κ. τῶν υἱῶν τοῦ βασ. (5 a)
19. 21. ἐπὶ σοὶ [A σὲ] κεφαλὴν αὐτῆς [A om.] ἐκίνησε (5 a)
25. 27. ὕψωσεν Εὐ. . . . τὴν κ. Ἰ. (5 a)
I Ch. 10. 9. ἔλαβον τὴν κ. αὐτοῦ (5 a)
— 10. τὴν κ. [S[1] om.] αὐτοῦ ἔθηκαν ἐν οἴκῳ Δ. (1)
12. 19. ἐν ταῖς κ. τῶν ἀνδρῶν ἐκ. ἐπιστρέψει (5 a)
20. 2. ἔλαβε Δ. τὸν στέφανον Μ. . . . ἀπὸ τῆς κ. αὐτοῦ (5 a)
— 2. ἦν ἐπὶ τὴν κ. Δ. (5 a)
23. 3. ἐγένετο ὁ ἀριθμὸς αὐ. κατὰ κεφαλὴν αὐ. (1)
— 24. οὗτοι υἱοὶ Λευὶ . . . κατὰ κεφαλὴν αὐ. (1)
25. 1. ἐγένετο ὁ ἀριθμὸς αὐτῶν κατὰ κεφαλὴν αὐ. –
II Ch. 3. 15. καὶ τὰς κ. αὐτῶν πήχεων πέντε (5 a)
— 16. καὶ ἔδωκεν [A ἔθηκεν] ἐπὶ τῶν κ. τῶν στύλων (5 a)
4. 12. ἐπὶ τῶν κ. τῶν στύλων δύο (5 a)
— 12. συγκαλύψαι τὰς κ. τῶν χωθαρέθ †
— 12. ἅ ἐστιν ἐπὶ [A ἐπάνω] τῶν κ. τῶν στύλων (5 a)
5. 9. ἐβλέποντο αἱ κ. τῶν ἀναφορέων (5 a)
6. 23. ἀποδοῦναι ὁδοὺς αὐτοῦ εἰς κεφαλὴν αὐ. (5 a)
I Es. 4. 30. ἀφαιροῦσαν τὸ διάδημα ἀπὸ τῆς κ. τοῦ βασ.
8. 71. A R κατέτιλα [B -έτεινον] τοῦ τριχώματος τῆς κ.
— 75. ἐπλεόνασαν ὑπὲρ τὰς κ. ἡμῶν
II Es. 9. 3. ἔτιλλον ἀπὸ τῶν τριχῶν τῆς κ. μου (5 a)
— 6. ἐπληθύνθησαν ὑπὲρ κεφαλῆς ἡμῶν (5 a)
Ne. 4. 4 (3. 36). ἐπίστρεψον ὀνειδισμὸν αὐτῶν εἰς κεφαλὴν αὐτῶν (5 a)
9. 1. R καὶ σποδῷ ἐπὶ κεφαλῆς αὐτῶν –
Ju. 4. 11. ἐσποδώσαντο τὰς κ. αὐτῶν
8. 3. ὁ καύσων ἦλθεν ἐπὶ τὴν κ. αὐτοῦ
— 22. τὴν ἐρήμωσιν . . . ἐπιστρέψει εἰς κεφαλὴν ἡμῶν
9. 1. ἐπέθετο [S[2] ἔθ.] σποδὸν ἐπὶ τὴν κ. αὐτῆς
— 9. ἀπόστειλον τὴν ὀργήν σου εἰς κεφαλὰς αὐτῶν
— 10. S[1] τὴν ὀργήν σου εἰς κεφαλὰς αὐτῶν
— 10. S[1] ἀπόστειλον τὴν ὀργήν σου εἰς κεφαλὰς αὐτῶν
10. 3. τὰς τρίχας τῆς κ. αὐτῆς
13. 6. ὃς ἦν πρὸς κεφαλῆς Ὀλ.
— 7. ἐδράξατο τῆς κόμης τῆς κ. αὐτοῦ
— 8. καὶ ἀφεῖλε τὴν κ. αὐτοῦ
— 9. παρέδωκε τῇ ἅβρᾳ αὐτῆς τὴν κ. Ὀλ.
— 15. προελοῦσα τὴν κ. ἐκ τῆς πήρας
— 15. ἰδοὺ ἡ κ. Ὀλ.
— 18. κατεύθυνέ σε εἰς τραῦμα κεφαλῆς
14. 1. λαβόντες τὴν κ. ταύτην
— 6. καὶ εἶδε τὴν κ. Ὀλ.
— 11. ἐκρέμασαν τὴν κ. Ὀλ. ἐκ τοῦ τείχους
— 15. καὶ ἡ κ. αὐτοῦ ἀφῄρητο ἀπ' αὐτοῦ
— 18. καὶ ἡ κ. οὐκ ἔστιν ἐπ' αὐτῷ
Es. 4. 17. κοπριῶν ἔπλησεν τὴν κ.
— 17. ὅ ἐστιν ἐπὶ τῆς κ. μου [A om.]
5. 1. ἐπὶ τὴν κ. [A τῆς κ.] τῆς ἅβρας
6. 8. S[2] διάδημα βασιλείας ἐπὶ τὴν κ. αὐτοῦ (5 a)
— 12. λυπούμενος κατὰ κεφαλῆς [S[2] λ. κατακεκαλυμμένος κεφαλήν] (5 a)
Jb. 1. 17. οἱ ἱππεῖς ἐποίησαν ἡμῖν κεφαλὰς [A S[2] ἀρχὰς] τρεῖς (5 a)
— 20. ἐκείρατο τὴν κόμην τῆς κ. [A κ. αὐτοῦ] (5 a)
— 20. A κατεπάσατο γῆν ἐπὶ τῆς κ. αὐτοῦ –
2. 7. ἀπὸ ποδῶν ἕως κεφαλῆς (3)
— 12. A καταπασάμενοι γῆν ἐπὶ τὰς κ. αὐτῶν [B S om. ἐπὶ τ. κ. αὐ.] (5 a)
16. 5 (4). κινήσω δὲ καθ' ὑμῶν κεφαλήν (5 a)
19. 9. ἀφεῖλε δὲ στέφανον ἀπὸ κεφαλῆς μου (5 a)
29. 3. ηὔγει ὁ λύχνος αὐ. ὑπὲρ κεφαλῆς αὐ. (5 a)
40. 26 (31). ἐν πλοίοις ἁλιέων κεφαλὴν αὐτοῦ (5 a)

Ps. 3. 3. καὶ ὑψῶν τὴν κ. μου (5 *a*)
7. 16. ἐπιστρέψει ὁ πόνος αὐ. εἰς κεφαλὴν αὐ. (5 *a*)
17 (18). 43. καταστήσεις με εἰς κεφαλὴν ἐθνῶν (5 *a*)
20 (21). 3. ἔθηκας ἐπὶ τὴν κ. αὐτοῦ στέφανον (5 *a*)
21 (22). 7. ἐκίνησαν κεφαλήν (5 *a*)
22 (23). 5. ἐλίπανας ἐν ἐλαίῳ τὴν κ. μου (5 *a*)
26 (27). 6. ὕψωσε τὴν [B^{3} S^{2} *om.*] κ. μου (5 *a*)
37 (38). 4. αἱ ἀνομίαι μου ὑπερῆραν τὴν κ. μου (5 *a*)
39 (40). 12. ἐπληθύνθησαν ὑπὲρ τὰς τρίχας τῆς κ. μου (5 *a*)
43 (44). 14. κίνησιν κεφαλῆς [A^{2} -ὴν] ἐν τοῖς λαοῖς (5 *a*)
59 (60). 7. Ἐφραὶμ κραταίωσις τῆς κ. μου (5 *a*)
65 (66). 12. ἐπεβίβασας ἀνθρώπους ἐπὶ τὰς κ. ἡμῶν (5 *a*)
67 (68). 21. συνθλάσει κεφαλὰς ἐχθρῶν αὐ. (5 *a*)
68 (69). 4. ἐπληθύνθησαν ὑπὲρ τὰς τρίχας τῆς κ. μου (5 *a*)
73 (74). 13. σὺ συνέτριψας τὰς κ. τῶν δρακόντων (5 *a*)
— 14. B^{2} R συνέτριψας τὰς κ. [S συνέθλασας τὴν κ.] τοῦ δράκοντος (5 *a*)
82 (83). 2. οἱ μισοῦντές σε ἦραν κεφαλήν (5 *a*)
107 (108). 8. Ἐφραὶμ ἀντίληψις τῆς κ. μου (5 *a*)
108 (109). 25. ἐσάλευσαν κεφαλὰς αὐτῶν (5 *a*)
109 (110). 6. συνθλάσει κεφαλάς (5 *a*)
— 7. διὰ τοῦτο ὑψώσει κεφαλήν (5 *a*)
117 (118). 22. οὗτος ἐγενήθη εἰς κεφαλὴν γωνίας (5 *a*)
132 (133). 2. A S^{1} ὡς μύρον ἐπὶ κεφαλήν [S^{2} R -ῆς] (5 *a*)
139 (140). 7. ἐπεσκίασας ἐπὶ τὴν κ. μου (5 *a*)
— 9. ἡ κ. τοῦ κυκλώματος αὐτῶν (5 *a*)
140 (141). 5. ἔλαιον δὲ ἁμαρτωλοῦ μὴ λιπανάτω τὴν κ. μου (5 *a*)
Pr. 4. 9. ἵνα δῷ τῇ σῇ κ. στέφανον χαρίτων (5 *a*)
10. 6. εὐλογία κυρίου ἐπὶ κεφαλὴν [A S^{1} -ῆς] δικαίου (5 *a*)
— 22. A S εὐλογία κυρίου ἐπὶ κεφαλῆς [B -ὴν] δικαίου –
11. 26. εὐλογία δὲ εἰς κεφαλὴν τοῦ μεταδιδόντος (5 *a*)
25. 22. ἄνθρακας πυρὸς [A *om.*] σωρεύσεις ἐπὶ τὴν κ. [S^{1} τῆς κ.] αὐτοῦ (5 *a*)
Ec. 2. 14. τοῦ σοφοῦ οἱ ὀφθαλμοὶ αὐτοῦ ἐν κεφαλῇ αὐτοῦ (5 *a*)
9. 8. S R ἔλαιον ἐπὶ κεφαλῆς [A B -ήν] σου μὴ ὑστερησάτω (5 *a*)
Ca. 2. 6. εὐώνυμος αὐτοῦ ὑπὸ τὴν κ. μου (5 *a*)
4. 8. ἀπὸ κεφαλῆς Σανείρ (5 *a*)
5. 2. ἡ κ. μου ἐπλήσθη δρόσου (5 *a*)
— 11. κεφαλὴ αὐτοῦ χρυσίον κεφάζ . (5 *a*)
7. 5 (6). κεφαλή σου ἐπὶ σὲ ὡς K. καὶ πλόκιον κεφαλῆς σου ὡς πορφύρα (5 *a*, 5 *a*)
8. 3. εὐώνυμος αὐτοῦ ὑπὸ τὴν κ. μου [A *om.*] (5 *a*)
Wi. 18. 24. μεγαλωσύνη σου ἐπὶ διαδήματος κεφαλῆς αὐτοῦ
Si. 4. 7. μεγιστᾶνι [S^{2} πρεσβυτέρῳ] ταπεινοῦ τὴν κ. σου
11. 1. σοφία ταπεινοῦ ἀνύψωσε [A -σει] κεφαλήν
— 13. ἀνύψωσε κεφαλὴν αὐτοῦ
12. 18. κινήσει τὴν κ. αὐτοῦ
13. 7. τὴν κ. αὐτοῦ κινήσει ἐπὶ σοί
17. 23. τὸ ἀνταπόδομα αὐτῶν εἰς κεφαλὴν αὐ. ἀποδώσει [S ἀνταποδ.]
20. 11. ἔστιν ὃς ἀπὸ ταπεινώσεως ἦρε κεφαλήν
25. 15. οὐκ ἔστι κεφαλὴ ὑπὲρ κεφαλὴν ὄφεως
27. 25. ὁ βάλλων λίθον εἰς ὕψος ἐπὶ κεφαλὴν αὐτοῦ βάλλει
33 (36). 10. σύντριψον κεφαλὰς ἀρχόντων ἐχθρῶν
38. 3. ἐπιστήμη ἰατροῦ [S^{1} καιροῦ] ἀνυψώσει κεφαλὴν [S τὴν κ.] αὐτοῦ
44. 23. κατέπαυσεν ἐπὶ κεφαλὴν Ἰακώβ
Am. 2. 7. καὶ ἐκονδύλιζον εἰς κεφαλὰς πτωχῶν (5 *a*)
5. 11. κατεκονδύλιζον πτωχούς [A εἰς κεφαλὰς πτωχῶν] –
8. 10. καὶ ἐπὶ πᾶσαν κεφαλὴν φαλάκρωμα (5 *a*)
9. 1. καὶ διάκοψον εἰς κεφαλὰς πάντων (5 *a*)
Jl. 3 (4). 4, 7. ἀνταποδώσω τὸ ἀνταπόδ. ὑμ. εἰς κεφαλὰς ὑμ. (5 *a*)
Ob. 1. 15. τὸ ἀνταπόδομά σου ἀνταποδοθήσεται εἰς κεφαλήν σου (5 *a*)
Jn. 2. 6. ἔδυ ἡ κ. μου εἰς σχισμὰς ὀρέων (5 *a*)
4. 6. καὶ ἀνέβη ὑπὲρ κεφαλῆς τοῦ Ἰωνᾶ –
Jn. 4. 6. τοῦ εἶναι σκιὰν ὑπεράνω τῆς κ. αὐτοῦ (5 *a*)
— 8. ἐπάταξεν ὁ ἥλιος ἐπὶ τὴν κ. Ἰ. (5 *a*)
Hb. 3. 13. βαλεῖς [A S^{2} ἔβαλας] εἰς κεφαλὰς ἀνόμων θάνατον (5 *a*)
— 14. διέκοψας ἐν ἐκστάσει κεφαλὰς δυναστῶν (5 *a*)
Za. 1. 21 (2. 4). καὶ οὐδεὶς αὐτῶν ἦρε κεφαλήν (5 *a*)
3. 6 (5). ἐπίθετε κίδαριν καθαρὰν ἐπὶ τὴν κ. αὐτοῦ (5 *a*)
— 6 (5). A B S^{2} ἐπέθηκαν κίδαριν καθαρὰν ἐπὶ τὴν κ. αὐτοῦ • (5 *a*)
6. 11. ἐπιθήσεις ἐπὶ τὴν κ. Ἰ. (5 *a*)
Is. 1. 5. πᾶσα κ. εἰς πόνον (5 *a*)
— 6. ἀπὸ ποδῶν ἕως κεφαλῆς (5 *a*)
3. 24. ἀντὶ τοῦ κόσμου τῆς κ. τοῦ χρυσίου †
7. 8. ἡ κ. Ἀρὰμ Δαμασκὸς καὶ ἡ κ. Δαμασκοῦ Ῥασίμ [S^{1} *om.* καὶ . . . Ῥ.] (5 *a*, 5 *a*)
— 9. ἡ κ. Ἐφραὶμ Σομόρων καὶ ἡ κ. Σομόρων υἱὸς τοῦ Ῥ. (5 *a*, 5 *a*)
— 20. ξυρήσει . . . τὴν κ. (5 *a*)
8. 8. ὃς δυνήσεται κεφαλὴν ἆραι †
9. 14 (13). ἀφεῖλε κύριος ἀπὸ Ἰ. κεφαλήν (5 *a*)
15. 2. ἐπὶ πάσης κεφαλῆς φαλάκρωμα (5 *a*)
19. 15. ποιήσει κεφαλὴν καὶ οὐράν (5 *a*)
35. 10. εὐφροσύνη αἰώνιος ὑπὲρ κεφαλῆς αὐτῶν ἐπὶ γὰρ τῆς κ. [B^{1} *om.* ἐπὶ . . . κ.] αὐτῶν αἴνεσις (5 *a*, –)
37. 22. ἐπὶ σοὶ κεφαλὴν ἐκίνησε θυγάτηρ Ἰερ. (5 *a*)
43. 4. δώσω . . . ἄρχοντας ὑπὲρ τῆς κ. σου (2)
51. 11. ἐπὶ κεφαλῆς γὰρ [A S ἐ. γὰρ τῆς κ.] αὐτῶν αἴνεσις (5 *a*)
59. 17. περιέθετο περικεφαλαίαν [S *add.* ὡς] σωτηρίου ἐπὶ τῆς κ. (5 *a*)
61. 7. εὐφροσύνη αἰώνιος ὑπὲρ κεφαλῆς αὐτῶν –
Je. 2. 37. αἱ χεῖρές σου ἐπὶ τῆς κ. σου (5 *a*)
7. 29. κεῖρε [A -ραι] τὴν κ. σου †
9. 1 (8. 23). τίς δώσει κεφαλῇ μου ὕδωρ (5 *a*)
13. 18. καθῃρέθη ἀπὸ κεφαλῆς [A τῆς κ.] ὑμῶν στέφανος †
14. 4. ἐπεκάλυψαν τὰς κ. [A S τὴν κ.] αὐτῶν (5 *a*)
18. 16. κινήσουσι τὴν [S^{1} *om.*] κ. [A τὰς κ.] αὐτῶν (5 *a*)
31 (48). 37. πᾶσαν κεφαλὴν ἐν παντὶ τόπῳ ξυρηθήσονται [A S ξυρήσ.] (5 *a*)
38 (31). 7. χρεμετίσατε ἐπὶ κεφαλὴν [A -ῆς] ἐθνῶν (5 *a*)
52. 31. ἔλαβεν Οὐλ. . . . τὴν κ. Ἰωακείμ (5 *a*)
Ba. 5. 2. ἐπίθου τὴν μίτραν ἐπὶ τὴν κ. σου
La. 1. 5. ἐγένοντο οἱ θλίβοντες αὐτὴν εἰς κεφαλήν (5 *a*)
2. 10. ἀνεβίβασαν χοῦν ἐπὶ [S εἰς] τὴν κ. αὐ. (5 *a*)
— 15. ἐκίνησαν τὴν κ. αὐτῶν (5 *a*)
— 17. A ὕψωσε κεφαλὰς [B S κέρας] θλίβοντός σε (4)
3. 5. ἐκύκλωσε κεφαλήν μου (5 *a*)
— 54. A R ὑπερεχύθη ὕδωρ ἐπὶ τὴν [B *om.*] κ. μου (5 *a*)
5. 16. ἔπεσεν ὁ στέφανος ἡμῶν τῆς κ. (5 *a*)
Ep. Je. 9. κατασκευάζουσι στεφάνους ἐπὶ τὰς κ. τῶν θεῶν αὐτῶν
— 22. ἐπὶ τὴν κ. αὐτῶν ἐφίπτανται νυκτερίδες χελιδόνες
— 31. τὰς κ. καὶ τοὺς πώγωνας ἐξυρημένους [A -οι]
— 31. ὧν αἱ κ. ἀκάλυπτοί εἰσιν
Ez. 1. 22. ὁμοίωμα ὑπὲρ κεφαλῆς (5 *a*)
— 25. τοῦ στερεώματος τοῦ ὄντος ὑπὲρ κεφαλῆς αὐτῶν (5 *a*)
— 26. A τοῦ στερεώματος τοῦ ὑπὲρ κεφαλῆς αὐτῶν (5 *a*)
5. 1. ἐπάξεις αὐτὴν ἐπὶ τὴν κ. σου (5 *a*)
7. 18. ἐπὶ πᾶσαν κεφαλὴν φαλάκρωμα (5 *a*)
9. 10. τὰς ὁδοὺς αὐ. εἰς κεφαλὰς αὐ. δέδωκα (5 *a*)
10. 1. τοῦ στερεώματος τοῦ ὑπὲρ κεφαλῆς τῶν Χερ. (5 *a*)
11. 21. τὰς ὁδοὺς αὐ. εἰς τὰς [A *om.*] κ. αὐ. δέδωκα (5 *a*)
13. 18. ἐπιβόλαια ἐπὶ πᾶσαν κ. (5 *a*)
16. 12. ἔδωκα . . . στέφανον καυχήσεως ἐπὶ τὴν κ. σου (5 *a*)
— 43. τὰς ὁδούς σου εἰς κεφαλήν σου δέδωκα (5 *a*)
17. 19. δώσω αὐτὴν εἰς κεφαλὴν αὐτοῦ (5 *a*)
— 22. A δώσω ἀπὸ κεφαλῆς παραφυάδων αὐτῆς (5 *a*)
22. 31. τὰς ὁδοὺς αὐ. εἰς κεφαλὰς αὐ. δέδωκα (5 *a*)
Ez. 23. 15. ποικίλματα . . . καὶ ἐπὶ τῶν κ. αὐτῶν (5 *a*)
— 42. στέφανον καυχήσεως ἐπὶ τὰς κ. αὐτῶν (5 *a*)
24. 23. αἱ κόμαι ὑμῶν ἐπὶ τῆς κ. ὑμῶν (5 *a*)
26. 16. ἀφελοῦνται [A^{1} καθελ., A^{2} ἑλοῦσιν] τὰς μίτρας ἀπὸ τῶν κ. αὐτῶν –
27. 30. ἐπιθήσουσιν ἐπὶ τὴν κ. αὐτῶν γῆν (5 *a*)
29. 18. πᾶσα κ. φαλακρά [A -ρωμα] (5 *a*)
32. 27. ἔθηκαν τὰς μαχαίρας αὐ. ὑπὸ τὰς κ. αὐ. (5 *a*)
33. 4. τὸ αἷμα αὐτοῦ ἐπὶ τῆς κ. [A τὴν κ.] αὐτοῦ ἔσται (5 *a*)
44. 18. κιδάρεις λινᾶς ἕξουσιν ἐπὶ ταῖς κ. αὐ. (5 *a*)
— 20. τὰς κ. αὐτῶν οὐ ξυρήσονται . . . καλύψουσι [A B^{1} -ψωσι] τὰς κ. αὐτῶν (5 *a*, 5 *a*)
Da. LXX. Su. 34. ἐπέθηκαν τὰς χεῖρας αὐτῶν ἐπὶ τῆς κ. αὐτῆς
2. 32. ἦν κεφαλὴ αὐτῆς ἀπὸ χρυσίου χρηστοῦ (5 *b*)
— 38. σὺ εἶ ἡ κ. ἡ χρυσῆ (5 *b*)
3. 21. καὶ τὰς τιάρας αὐ. ἐπὶ τῶν κ. αὐ. –
4. 16. κινήσας τὴν κ. –
7. 1. ὅραμα εἶδε παρὰ κεφαλήν (5 *b*)
— 6. καὶ τέσσαρες κ. τῷ θηρίῳ (5 *b*)
— 9. τὸ τρίχωμα τῆς κ. αὐτοῦ (5 *b*)
— 20. περὶ τῶν δέκα κεράτων αὐτοῦ τῶν ἐπὶ τῆς κ. (5 *b*)
Bel 35. ἐπιλαβόμενος . . . τῆς κόμης αὐτοῦ τῆς κ.
Da. TH. Su. 34. ἔθηκαν τὰς χεῖρας ἐπὶ τὴν κ. [A τῆς κ.] αὐτῆς
— 55. ὀρθῶς ἔψευσαι εἰς τὴν σεαυτοῦ κ.
— 59. ὀρθῶς ἔψευσαι καὶ σὺ εἰς τὴν σεαυτοῦ κ.
1. 10. καὶ καταδικάσητε τὴν κ. μου τῷ βασ. (5 *a*)
2. 28. αἱ ὁράσεις τῆς κ. σου (5 *b*)
— 32. ἧς ἡ κ. χρυσίου χρηστοῦ [A B^{2} καθαροῦ] (5 *b*)
— 38. σὺ εἶ ἡ κ. ἡ χρυσῆ (5 *b*)
3. 27 (94). ἡ θρὶξ τῆς κ. αὐτῶν οὐκ ἐφλογίσθη (5 *b*)
4. 2. αἱ ὁράσεις τῆς κ. μου συνετάραξάν με (5 *b*)
7. 1. καὶ αἱ ὁράσεις τῆς κ. αὐτοῦ (5 *b*)
— 6. καὶ τέσσαρες κ. τῷ θηρίῳ (5 *b*)
— 9. ἡ θρὶξ τῆς κ. αὐτοῦ ὡσεὶ ἔριον καθαρόν (5 *b*)
— 15. αἱ ὁράσεις τῆς κ. μου ἐτάρασσόν με (5 *b*)
— 20. περὶ τῶν κεράτων αὐτοῦ τῶν δέκα τῶν ἐν τῇ κ. αὐτοῦ (5 *b*)
Bel 36. βαστάσας τῆς κόμης τῆς κ. αὐτοῦ
I Ma. 3. 47. A R καὶ σποδὸν ἐπὶ τὰς κ. [S τὴν κ.] αὐτῶν
4. 39. ἐπέθεντο σποδὸν ἐπὶ τὴν κ. αὐτῶν [S *om.* ἐπὶ τ. κ. αὐ.]
6. 35. περικεφαλαῖαι χαλκαῖ ἐπὶ τῶν κ. αὐτῶν
7. 47. τὴν κ. Νικάνορος ἀφεῖλον
11. 13. περιέθετο δύο διαδήματα περὶ τὴν κ. αὐτοῦ
— 17. ἀφεῖλε Ζαβδ. . . . τὴν κ. Ἀλεξ.
— 71. ἐπέθετο γῆν ἐπὶ τὴν κ. αὐτοῦ
II Ma. 1. 16. R τὰς κ. ἀφελόντες [A *om.*] . . . παρέρριψαν [A παραρίψαντες]
7. 7. τὸ τῆς κ. δέρμα . . . περισύροντες
10. 25. γῇ τὰς κ. καταπάσαντες
15. 30. τὴν τοῦ Νικ. κ. ἀποτεμόντας
— 32. τὴν τοῦ μιαροῦ Νικ. κ.
— 35. R ἐξέδησε δὲ τὴν τοῦ Νικ. κ. [A προτομήν]
III Ma. 1. 18. R κόνει τὰς κ. [A κόμας] πασάμεναι
IV Ma. 9. 28. τὴν τῆς κ. δορὰν . . . ἀπέσυραν
15. 15. τὰς τῶν κ. . . . σάρκας ὥσπερ προσωπεῖα προκειμένας
— 20. ἐπὶ κεφαλαῖς κεφαλὰς ἀποδειροτομουμένας

[**Aq.** Ge. 47. 31 : Ex. 28. 32 : Le. 19. 27 : Dt. 5. 23 (20) : 29. 10 (9), 18 (17) : 32. 33 : I Ki. 11. 11 : 13. 18 : 28. 2 : II Ki. 5. 24 : III Ki. 8. 1 : Jb. 20. 6 : Ps. 23 (24). 7 : 26 (27). 6 : 73 (74). 13, 14 : 82 (83). 3 : 132 (133). 2 : 136 (137). 6 : 138 (139). 17 : 139 (140). 10 : Pr. 1. 9 : Is. 9. 15 (14) : 40. 21 : 51. 20 : 58. 5 : Ez. 6. 13 : 10. 11 : 38. 2.]
[**Sm.** Le. 19. 27 : Jd. 5. 2, 26 : I Ki. 28. 2 : 31. 9 : II Ki. 1. 16 : 5. 24 : Jb. 16. 4 : 20. 6 : Ps. 26 (27). 6 : 27 (28). 7 : 43 (44). 15 : 82 (83). 3 : 132 (133). 2 : 138 (139). 17 : Ca. 4. 8 *bis* : Is. 9. 15 (14) : 37. 22 : 40. 21 : 58. 5 : Ez. 13. 18 : Za. 4. 2.]
[**Th.** Le. 19. 27 : Jd. 5. 26 : 10. 18 : I Ki. 28. 2 : Jb. 2. 12 : 20. 6 : Is. 9. 15 (14) : 58. 5 : Je. 14. 3 : Ez. 1. 26 : 17. 22 : Da. 2. 29 : 4. 7†.]
[**Al.** Jd. 5. 26 : I Ki. 31. 9 : Is. 28. 1 : Hb. 3. 13.]
[**Heb.** Jb. 4. 15 : Ez. 13. 18.]
[**Quint.** Ps. 26 (27). 6.]

κεφαλίς. (1) אֶדֶן (2) וָו (3) כֹּתֶרֶת
(4) מְגִלָּה (5) קֶרֶשׁ (6) רֹאשׁ

Ex. 26. 24. **A** ἔσονται ἴσοι ἐκ τῶν κ. [**B** -λῶν] (6)
— 32, 37. αἱ κ. αὐτῶν χρυσαῖ (2)
27. 17. αἱ κ. αὐτῶν ἀργυραῖ (2)
37. 4 (36. 36). αἱ κ. αὐτῶν χρυσαῖ (2)
— 6 (36. 38). **B** τὰς κ. [**A** -λὰς] αὐτῶν (2)
— 15 (38. 17), 17 (38. 19). αἱ κ. αὐτῶν περιηργυρωμέναι (6?)
38. 20 (36. 36). ἐχώνευσε τὰς κ. τὰς ἀργυρᾶς . . . καὶ τὰς κ. τὰς χαλκᾶς (1?, †)
39. 4 (38. 27). **A R** εἰς τὴν χώνευσιν τῶν ἑκατὸν [**A** *om.*] κ. τῆς σκ. καὶ εἰς τὰς [**B** *add.* ἑκατὸν] κ. τοῦ καταπετάσματος ἑκατὸν κεφαλίδες εἰς τὰ ἑκ. τάλαντα τάλαντον τῇ [**A** ἐν τ.] κ. (1 *quater*)
— 6 (38. 28). κατεχρύσωσε τὰς κ. αὐ. (6)
40. 18. ἐπέθηκε τὰς κ. [**A** κ. αὐτῆς] (5)
Nu. 3. 36 : 4. 31. τὰς κ. τῆς σκηνῆς (5)
III Ki. 7. 20. **A** ἐπὶ τῆς κ. τῆς δευτέρας (3)
— 31. **A** ἔσωθεν τῆς κ. (3)
II Es. 6. 2. καὶ εὑρέθη . . . κ. μία (4)
Ps. 39 (40). 7. ἐν κεφαλίδι βιβλίου γέγραπται περὶ ἐμοῦ (4)
Ez. 2. 9. ἐν αὐτῇ κ. βιβλίου (4)
3. 1. κατάφαγε τὴν κ. ταύτην (4)
— 2. ἐψώμισέ με τὴν κ. (4)
— 3. ἡ κοιλία σου πλησθήσεται τῆς κ. ταύτης (4)
[**Aq.** III Ki. 7. 20 (9) : IV Ki. 25. 17 : Is. 8. 1 : Je. 36 (43). 4 : 52. 22.]
[**Sm.** Je. 52. 22 *bis* : Za. 5. 1.]
[**Th.** Je. 52. 22.]

κεφφά.
[**Th.** Is. 19. 15.]

κεφφουρέ (**A**), **κεφουρέ** (**R**). (1) כְּפוֹרֵי
I Ch. 28. 17. **R** καὶ θυισκῶν [**A** *om.* κ. θ.] κ. (1)

κεφφουρῆς (**B**), **κεφουρῆς** (**R**). (1) כְּפוֹרֵי
II Es. 1. 9 (10). κ. [**A** χεφουρῆ] χρυσοῖ τριάκοντα (1)

κεχάρ, *vid.* **καιχάρ.**

κέχχαρ.
[**Aq.** Je. 37 (44). 21.]

κηδεία (-δία).
II Ma. 4. 49. τὰ πρὸς τὴν κ. αὐτῶν
5. 10. κηδείας οὐδ᾽ ἡστινοσοῦν . . . μετέσχε

κηδεμονία.
IV Ma. 4. 4. τὸν μὲν Σ. τῆς εἰς τὸν βασ. κ. ἐπῄνει
— 20. **S R** καταλῦσαι [**A** *om.*] τὴν τοῦ ἱεροῦ κ.

κηδεμών.
II Ma. 4. 2. τὸν κ. τῶν ὁμοεθνῶν . . . ἐτόλμα λέγειν

κηδιᾶν.
Si. 22. 13. **A** οὐ μὴ κηδιάσῃς [**B S** ἀκηδ.] ἐν τῇ ἀπονοίᾳ αὐτοῦ

κηλιδοῦσθαι. (1) כָּתַם ni.
Je. 2. 22. κεκηλίδωσαι ἐν ταῖς ἀδικίαις σου (1)
Da. LXX. 11. 33. ἐν προνομῇ ἡμερῶν κηλιδωθήσονται –

κηλίς.
Wi. 13. 14. πᾶσαν κηλῖδα τὴν ἐν αὐτῷ καταχρίσας
II Ma. 6. 25. κηλῖδα τοῦ γήρως κατακτήσομαι

κημός (κι.). (1) חָח (2) סוּגַר (3) רֶסֶן
Ps. 31 (32). 9. ἐν χαλινῷ καὶ κημῷ (3)
Ez. 19. 4. ἤγαγον αὐτὸν ἐν κημῷ εἰς γῆν Αἰγ. (1)
— 9. ἔθεντο αὐτὸν ἐν κημῷ (2)
[**Aq.**, **Th.** Pr. 26. 3.]
[**Sm.** Ps. 31 (32). 9.]

κῆπος. (1) *a.* גַּן *b.* גַּנָּה *c.* גִּנָּה
De. 11. 10. ὡσεὶ κῆπον λαχανίας (1 *a*)
III Ki. 20 (21). 2. ἔσται μοι εἰς κῆπον λαχάνων (1 *a*)
— 2. ἔσται μοι εἰς κῆπον λαχάνων –
IV Ki. 21. 18. ἐτάφη ἐν τῷ [**A** *om.*] κ. τοῦ οἴκου αὐτοῦ ἐν κήπῳ Ὀζά (1*a*, 1 *a*)
— 26. ἐν τῷ τάφῳ αὐ. ἐν τῷ [**A** *om.*] κ. Ὀζά (1 *a*)
25. 4. αὕτη ἥ ἐστιν τοῦ κ. τοῦ βασ. (1 *a*)
Ne. 3. 16. ἕως κήπου τάφου Δαυίδ †
Ne. 3. 26. ἕως κήπου πύλης τοῦ ὕδατος †
Es. 7. 7. ἐξανέστη . . . εἰς τὸν κ. (1 *b*)
— 8. ἐπέστρεψεν δὲ ὁ βασ. ἐκ [**A** ἀπὸ] τοῦ κ. (1 *b*)
Ec. 2. 5. ἐποίησά μοι κήπους (1 *c*)
Ca. 4. 12. κῆπος κεκλεισμένος ἀδελφή μου . . . κῆπος κεκλεισμένος (1 *a*, †)
— 15. πηγὴ κήπου καὶ [**A S** κήπων] φρέαρ ὕδατος ζῶντος (1 *a*)
— 16. διάπνευσον κῆπόν μου (1 *a*)
5. 1 (4. 16). καταβήτω ἀδελφιδός μου εἰς κῆπον αὐτοῦ [**A** μου] (1 *a*)
— 1. εἰσῆλθον εἰς κῆπον (1 *a*)
6. 1 (2). κατέβη εἰς κῆπον αὐτοῦ [**A** μου] (1 *a*)
— 1 (2). ποιμαίνειν ἐν κήποις (1 *a*)
— 10 (11). εἰς κῆπον καρύας κατέβην (1 *b*)
8. 13. ὁ καθήμενος ἐν κήποις (1 *a*)
Si. 24. 31. ποτιῶ μου τὸν κ.
Am. 4. 9. ἐπληθύνατε κήπους ὑμῶν (1 *c*)
9. 14. **R** καὶ ποιήσουσι [**A** καταφυτεύσουσιν, **B** φυτεύσουσιν] κήπους (1 *c*)
Is. 1. 29. ᾐσχύνθησαν ἐπὶ τοῖς κ. (1 *c*)
58. 11. ἔσται ὡς κ. μεθύων (1 *a*)
61. 11. ὡς κ. [**A** -ον] τὰ σπέρματα αὐτοῦ (1 *a*)
65. 3. θυσιάζουσιν [**A** θυμι.] ἐν τοῖς [**S**[1] *om.*] κ. (1 *c*)
66. 17. οἱ . . . καθαριζόμενοι εἰς τοὺς κ. (1 *c*)
Je. 36 (29). 28. φυτεύσατε κήπους (1 *c*)
52. 7. ὃ ἦν κατὰ τὸν κ. τοῦ βασιλέως (1 *a*)
Ep. Je. 17. **A** καθιδρυμένων αὐτῶν ἐν τοῖς κ. [**B** οἴκοις]
— 71. τὸν αὐτὸν τρόπον καὶ τῇ ἐν κήπῳ ῥάμνῳ
Ez. 36. 35. ἡ γῆ ἐκείνη ἠφανισμένη ἐγενήθη ὡς κ. τρυφῆς (1 *a*)
Da. LXX. Su. 58. ἐν ποίῳ τοῦ κ. τόπῳ κατέλαβες αὐτούς
[**Aq.** Ge. 2. 8 : 3. 2 (1) : Ca. 8. 13 : Is. 1. 29 : 51. 3 : Je. 31 (38). 12 : Ez. 31. 8.]
[**Sm.** Ca. 8. 13 : Is. 1. 29 : Je. 31 (38). 12.]
[**Th.** Ge. 3. 2 (1) : Ca. 8. 13 : Is. 1. 29 : 51. 3 *bis* : Je. 31 (46). 4 : Ez. 28. 13 : 31. 8.]
[**Quint.** Ca. 8. 13.]

κηρία. (1) מַרְבַדִּים
Pr. 7. 16. **A** κηρίαις [**B S** κειρ.] τέτακα τὴν κλίνην μου (1)

κηρίον. (1) יַעַר (2) נֹפֶת (3) צוּף
I Ki. 14. 27. ἔβαψεν αὐτὸ εἰς τὸ κ. [**B**[1] σκῆπτρον] τοῦ μέλιτος (1)
Ps. 18 (19). 10. γλυκύτερα ὑπὲρ μέλι καὶ κηρίον (2 + 3)
117 (118). 12. ἐκύκλωσάν με ὡσεὶ μέλισσαι κηρίον –
118 (119). 103. **S**[1] ὑπὲρ μέλι καὶ κηρίον [**A S**[2] **R** *om.* καὶ κ.] τῷ στόματί μου –
Pr. 16. 24. κηρία μέλιτος λόγοι καλοί (3)
24. 13. φάγε μέλι, υἱέ, ἀγαθὸν γὰρ κηρίον (2)
27. 7. ψυχὴ ἐν πλησμονῇ οὖσα κηρίοις ἐμπαίζει (2)
Ca. 4. 11. κηρίον ἀποστάζουσι χείλη σου (2)
Si. 24. 20. **A** ἡ κληρονομία μου ὑπὲρ μέλιτος καὶ κηρίου [**B S** μ. κηροῦ]
Ez. 20. 6. κ. [**B**[2] δυνατή] ἐστὶ παρὰ πᾶσαν τὴν γῆν †
— 15. κ. ἐστὶ παρὰ πᾶσαν τὴν γῆν †

κηρογονία.
IV Ma. 14. 19. περὶ τὸν τῆς κ. καιρόν

κηρός. (1) דּוֹנַג, דֹּנַג
Ju. 16. 15. ὡς κηρὸς τακήσονται
Ps. 21 (22). 14. ἐγενήθη ἡ καρδία μου ὡσεὶ κηρὸς τηκόμενος (1)
57 (58). 8. ὡσεὶ κηρὸς ὁ τακεὶς ἀνταναιρεθήσονται †
67 (68). 2. ὡς τήκεται κηρὸς ἀπὸ προσώπου πυρός (1)
96 (97). 5. τὰ ὄρη ὡσεὶ κηρὸς ἐτάκησαν (1)
Si. 24. 20. ἡ κληρονομία μου ὑπὲρ μέλιτος κηροῦ [**A** καὶ κηρίου]
Mi. 1. 4. αἱ κοιλάδες τακήσονται ὡς κηρός (1)
●Is. 64. 1. **A R** ὡς κ. ἀπὸ προσώπου [**B S** *om.* πυρὸς τήκεται †
[**Th.** Ps. 57 (58). 9.]

κήρυγμα. (1) קוֹל (2) קְרִיאָה
II Ch. 30. 5. διελθεῖν κήρυγμα ἐν παντὶ Ἰσρ. (1)
I Es. 9. 3. ἐγένετο κήρυγμα ἐν ὅλῃ τῇ Ἰ.
Pr. 9. 3. συγκαλοῦσα μετὰ ὑψηλοῦ κηρύγματος ἐπὶ κρατῆρα †
Jn. 3. 2. κήρυξον ἐν αὐτῇ κατὰ τὸ κ. τὸ ἔμπροσθεν (2)

κῆρυξ. (1) כָּרוֹז
Ge. 41. 43. ἐκήρυξεν ἔμπροσθεν αὐτοῦ κῆρυξ †
Si. 20. 15. ἀνοίξει τὸ στόμα αὐτοῦ ὡς κῆρυξ
Da. LXX. 3. 4. ὁ κ. ἐκήρυξε τοῖς ὄχλοις (1)
Da. TH. 3. 4. ὁ κ. ἐβόα ἐν ἰσχύϊ (1)
IV Ma. 6. 4. ἑτέρωθεν κ. ἐπιβοῶντος

κηρύσσειν. (1) זָעַק hi. (2) כְּרַז aph.
(3) נָתַן קוֹל (4) הֶעֱבִיר קוֹל (5) *a.* קָרָא
b. קְרָא (6) רוּעַ hi.

Ge. 41. 43. ἐκήρυξεν ἔμπροσθεν αὐτοῦ κῆρυξ (5 *a*)
Ex. 32. 5. ἐκήρυξεν Ἀαρὼν λέγων (5 *a*)
36. 6. ἐκήρυξεν ἐν τῇ παρεμβολῇ (4)
IV Ki. 10. 20. **A R** καὶ ἐκήρυξαν [**B** -εν] (5 *a*)
II Ch. 20. 3. **A B**[1] ἐκήρυξαν [**B**[2] **R** -ε] νηστείαν (5 *a*)
24. 9. κηρυξάτωσαν ἐν Ἰούδᾳ (3)
36. 22. κηρῦξαι [**A** τοῦ κ.] ἐν πάσῃ τῇ βασ. (4)
I Es. 2. 2. **A R** ἐκήρυξεν ἐν [**B** *om.*] ὅλῃ τῇ βασ.
Es. 6. 9. κηρυσσέτω [**S**[1] -αι, **S**[2] -ωσαν] διὰ τῆς πλατείας τῆς πόλεως (5 *a* ?)
— 11. καὶ ἐκήρυσσε λέγων (5 *a*)
Pr. 1. 21. ἐπ᾽ ἄκρων δὲ τειχέων κηρύσσεται (5 *a*)
8. 1. σὺ τὴν σοφίαν κηρύξεις (5 *a*)
Ho. 5. 8. κηρύξατε ἐν τῷ οἴκῳ Ὤν (6)
Mi. 3. 5. καὶ κηρύσσοντας ἐπ᾽ αὐτὸν εἰρήνην (5 *a*)
Jl. 1. 14. κηρύξατε θεραπείαν (5 *a*)
2. 1. κηρύξατε ἐν ὄρει ἁγίῳ μου (6)
— 15. κηρύξατε θεραπείαν (5 *a*)
3 (4). 9. κηρύξατε ταῦτα ἐν τοῖς ἔθνεσιν (5 *a*)
Jn. 1. 2 : 3. 2. καὶ κήρυξον ἐν αὐτῇ (5 *a*)
3. 4. καὶ ἐκήρυξε καὶ εἶπεν (5 *a*)
— 5. καὶ ἐκήρυξαν νηστείαν (5 *a*)
— 7. ἐκηρύχθη . . . ἐν τῇ Ν. παρὰ τοῦ βασ. (1)
Ze. 3. 14 : Za. 9. 9. κήρυσσε, θύγατερ Ἱερ. (6)
Is. 61. 1. κηρῦξαι αἰχμαλωτοῖς ἄφεσιν (5 *a*)
Da. LXX. 3. 4. ὁ κῆρυξ ἐκήρυξε τοῖς ὄχλοις (5 *b*)
Da. TH. 5. 29. καὶ ἐκήρυξε περὶ αὐτοῦ (2)
I Ma. 5. 49. **A R** ἐπέταξεν Ἰούδας κηρῦξαι [**S** τοῦ κ.]
10. 63. κηρύξατε τοῦ μηδένα ἐντυγχάνειν κατ᾽ αὐτοῦ
— 64. **R** καθὼς ἐκήρυξαν [**A S** -εν]
[**Sm.** Ps. 104 (105). 1 : Je. 7. 2 : 20. 8.]

κῆτος. (1) *a.* דָּג *b.* דָּגָה (2) לִוְיָתָן (3) רַהַב
(4) תַּנִּין
Ge. 1. 21. ἐποίησεν ὁ θεὸς τὰ κ. τὰ μεγάλα (4)
Jb. 3. 8. ὁ μέλλων τὸ μέγα κ. χειρώσασθαι (2)
9. 13. ὑπ᾽ αὐτοῦ ἐκάμφθησαν κήτη τὰ ὑπ᾽ οὐρανόν (3 ?)
26. 12. ἐπιστήμῃ δὲ ἔστρωται [**A S**[2] -ωσε] τὸ κ. (3)
Si. 43. 25. κτίσις κητῶν [**A S** κτῆσις κτηνῶν]
Jn. 2. 1. προσέταξε κ. κήτει μεγάλῳ (1 *a*)
— 1. ἦν Ἰ. ἐν τῇ κοιλίᾳ τοῦ κ. (1 *a*)
— 2. προσηύξατο Ἰ. . . . ἐκ τῆς κοιλίας τοῦ κ. [**S**[1] ἐκ τ. κ. τ. κ.] (1 *b*)
— 11. καὶ προσετάγη . . . τῷ κ. (1 *a*)
Da. LXX., TH. 3. (79). εὐλογεῖτε κήτη . . . τὸν κ.
III Ma. 6. 8. βυθοτρεφοῦς ἐν γαστρὶ κήτους
[**Aq.** Ex. 7. 9 : Jb. 7. 12 : Ps. 73 (74). 13 : Is. 27. 1 : 51. 9.]
[**Th.** Is. 27. 1.]
[**Heb.** Ez. 29. 3.]

κίβδηλος. (1) שַׁעַטְנֵז
Le. 19. 19. ἱμάτιον ἐκ δύο ὑφασμένον κ. (1)
De. 22. 11. οὐκ ἐνδύσῃ κίβδηλον (1)
Wi. 2. 16. εἰς κίβδηλον ἐλογίσθημεν [**S**[1] ἐγενήθημεν] αὐτῷ
15. 9. δόξαν ἡγεῖται ὅτι κίβδηλα πλάσσει

κιβώριον.
[**Sm.**, **Th.** Am. 9. 1.]

κιβωτός. (1) אָרוֹן (2) מִשְׁכָּן (3) תֵּבָה
Ge. 6. 14. ποίησον οὖν σεαυτῷ κιβωτόν (3)
— 14. νοσσιὰς ποιήσεις τὴν κ. (3)
— 15. οὕτω ποιήσεις τὴν κ. †
— 15. τὸ μῆκος τῆς κ. (3)
— 16. ἐπισυνάγων ποιήσεις τὴν κ. (3)
— 16. τὴν δὲ θύραν τῆς κ. (3)
— 18. εἰσελεύσῃ δὲ εἰς τὴν κ. (3)
— 19. εἰσάξεις εἰς τὴν κ. (3)
7. 1. εἴσελθε σὺ . . . εἰς τὴν κ. (3)

● = correction on page xxvi

Ge. 7. 7. εἰσῆλθε δὲ Νῶε . . . εἰς τὴν κ. (3)
— 9. δύο δύο εἰσῆλθον . . . εἰς τὴν κ. (3)
— 13. εἰσῆλθε Νῶε . . . εἰς τὴν κ. (3)
— 15. εἰσῆλθον πρὸς Νῶε εἰς τὴν κ. (3)
— 16. ἔκλεισε κύριος . . . τὴν κ. –
— 17. ἐπῆρε τὴν κ. (3)
— 18. ἐπεφέρετο ἡ κ. ἐπάνω τοῦ ὕδατος (3)
— 23. Ν. καὶ οἱ μετ' αὐτοῦ ἐν τῇ κ. (3)
8. 1. ὅσα ἦν μετ' αὐτοῦ ἐν τῇ κ. (3)
— 3 (4). ἐκάθισεν ἡ κ. (3)
— 6. ἠνέῳξε Νῶε τὴν θυρίδα τῆς κ. (3)
— 9. ἀνέστρεψε πρὸς αὐτὸν εἰς τὴν κ. (3)
— 9. εἰσήγαγεν αὐτὴν . . . εἰς τὴν κ. (3)
— 10. ἐξαπέστειλε τὴν περιστερὰν ἐκ τῆς κ. (3)
— 13. ἀπεκάλυψε Ν. τὴν στέγην τῆς κ. (3)
— 16. ἔξελθε ἐκ τῆς κ. (3)
— 19. ἐξήλθοσαν ἐκ τῆς κ. (3)
9. 10. ἀπὸ πάντων τῶν ἐξελθόντων ἐκ τῆς κ. (3)
— 18. οἱ ἐξελθόντες ἐκ τῆς κ. (3)
Ex. 25. 9 (10). ποιήσεις κιβωτὸν μαρτυρίου (1)
— 13 (14). τοὺς ἐν τοῖς κλίτεσι τῆς κ. (1)
— 13 (14). αἴρειν τὴν κ. ἐν αὐτοῖς (1)
— 14 (15). ἐν τοῖς δακτυλίοις τῆς κ. [**A** διαθήκης] (1)
— 15 (16). ἐμβαλεῖς εἰς τὴν κ. τὰ μαρτύρια (1)
— 20 (21). ἐπιθήσεις τὸ ἱλαστήριον ἐπὶ τὴν κ. (1)
— 20 (21). εἰς τὴν κ. ἐμβαλεῖς τὰ μαρτύρια (1)
— 21 (22). τῶν ὄντων ἐπὶ τῆς κ. (1)
26. 33. εἰσοίσεις ἐκεῖ . . . τὴν κ. τοῦ μαρτυρίου (1)
— 34. κατακαλύψεις . . . τὴν κ. τοῦ μαρτυρίου (1)
30. 6. ἐπὶ τῆς κ. τῶν μαρτυρίων (1)
— 26. **R** χρίσεις . . . τὴν κ. τοῦ μαρτ. (1)
31. 7. πονήσουσι [**A** ποιήσ.] . . . τὴν κ. τῆς διαθήκης (1)
35. 11 (12). ἐργαζέσθω . . . τὴν κ. τοῦ μαρτυρίου (1)
38. 1 (37. 1). ἐποίησε Β. τὴν κ. (1)
— 5 (37. 6). τὸ ἱλαστήριον ἐπάνωθεν [**A** ἄν.] τῆς κ. –
— 11 (37. 15). τοὺς διωστῆρας τῆς κ. –
39. 15 (35). τὴν κ. τῆς διαθήκης (1)
40. 3. **A R** θήσεις τὴν κ. τοῦ μαρτυρίου (1)
— 3. **A R** σκεπάσεις τὴν κ. [**B** κ. τοῦ μαρτυρίου] (1)
— 5. εἰς τὸ θυμιᾶν ἐναντίον [**A** ἐνώπιον] τῆς κ. (1)
— 20. **B** ἐνέβαλεν εἰς τὴν κ. [**A** εἰς αὐτήν] (1)
— 20. ὑπέθηκε τοὺς διωστῆρας ὑπὸ τὴν κ. (1)
— 21. εἰσήνεγκε τὴν κ. εἰς τὴν σκηνήν (1)
— 21. ἐσκέπασε τὴν κ. τοῦ μαρτυρίου (1)
Le. 16. 2. ὅ ἐστιν ἐπὶ τῆς κ. τοῦ μαρτυρίου (1)
Nu. 3. 31. ἡ φυλακὴ αὐτῶν ἡ κ. (1)
4. 5. κατακαλύψουσιν . . . τὴν κ. [**A** σκηνήν] (1)
7. 89. ὅ ἐστιν ἐπὶ τῆς κ. τοῦ μαρτυρίου (1)
10. 33. ἡ κ. τῆς διαθήκης κυρίου προεπορεύετο (1)
— 35. ἐν τῷ ἐξαίρειν τὴν κ. (1)
14. 44. ἡ δὲ κ. τῆς διαθήκης κυρίου (1)
De. 10. 1. ποιήσεις σεαυτῷ κ. ξυλίνην [**A** λιθίνην] (1)
— 2. **A R** ἐμβαλεῖς αὐτὰς [**B** -ὰ] εἰς τὴν κ. (1)
— 3. ἐποίησα κιβωτὸν ἐκ ξύλων ἀσήπτων (1)
— 5. ἐνέβαλον τὰς πλάκας εἰς τὴν κ. (1)
— 8. αἴρειν τὴν κ. τῆς διαθήκης κυρίου (1)
31. 9, 25. τοῖς αἴρουσι τὴν κ. τῆς διαθήκης κ. (1)
— 26. ἐκ πλαγίων τῆς κ. τῆς διαθήκης κυρίου (1)
Jo. 3. 3. ὅταν ἴδητε τὴν κ. τῆς διαθήκης κυρίου (1)
— 6. ἄρατε τὴν κ. τῆς διαθήκης κυρίου (1)
— 6. ἦραν οἱ ἱερεῖς τὴν κ. τῆς διαθήκης κυρίου (1)
— 8. τοῖς αἴρουσι τὴν κ. τῆς διαθήκης (1)
— 11. ἡ κ. διαθήκης . . . διαβαίνει (1)
— 13. τῶν αἰρόντων τὴν κ. τῆς διαθήκης κ. (1)
— 14. **A R** ἤροσαν τὴν κ. τῆς διαθήκης κυρίου [**B** *om.*] (1)
— 15. οἱ αἴροντες τὴν κ. τῆς διαθήκης (1)
— 15. τῶν αἰρόντων τὴν κ. (1)
— 17. οἱ αἴροντες τὴν κ. τῆς διαθήκης κυρίου (1)
4. 7. **A**^{2}**B** ἀπὸ προσώπου κιβωτοῦ διαθήκης κυρίου (1)
— 9. τῶν αἰρόντων τὴν κ. τῆς διαθήκης κυρίου (1)
— 10. οἱ αἴροντες τὴν κ. τῆς διαθήκης (1)
— 11. διέβη ἡ κ. τῆς διαθήκης κυρίου (1)
— 16. τοῖς αἴρουσι τὴν κ. τῆς διαθήκης (1)
— 18. οἱ αἴροντες τὴν κ. τῆς διαθήκης κυρίου (1)
6. 7 (8). ἡ κ. τῆς διαθήκης κυρίου ἐπακολουθείτω (1)
— 8 (9). ὀπίσω τῆς κ. τῆς διαθήκης κυρίου (1)
— 10 (11). περιελθοῦσα ἡ κ. τῆς διαθήκης τοῦ θεοῦ (1)

Jo. 6. 11 (12). ἦραν οἱ ἱερεῖς τὴν κ. τῆς διαθήκης [**A** *om.* τ. δ.] κυρίου (1)
— 13 (14). ὄπισθεν τῆς κ. τῆς διαθήκης κυρίου (1)
9. 2 (8. 33). ἔνθεν καὶ ἔνθεν τῆς κ. ἀπέναντι (1)
— 2 (8. 33). ἦραν τὴν κ. τῆς διαθήκης κυρίου (1)
22. 19. **A** οὗ κατασκηνοῖ ἐκεῖ ἡ κ. [**B** σκηνὴ] κυρίου (2)
24. 33. λαβόντες οἱ υἱοὶ Ἰσρ. τὴν κ. –
Jd. 20. 27. ἐκεῖ κιβωτὸς διαθήκης κυρίου (1)
I Ki. 3. 3. οὗ ἡ κ. τοῦ θεοῦ (1)
4. 3. λάβωμεν τὴν κ. (1)
— 4. αἴρουσιν ἐκεῖθεν τὴν κ. (1)
— 4. ἀμφότεροι οἱ υἱοὶ Ἡλὶ μετὰ τῆς κ. (1)
— 5. ὡς ἦλθεν κιβωτός (1)
— 6. κιβωτὸς κυρίου ἥκει (1)
— 11. κιβωτὸς [**A** ἡ κ.] τοῦ θεοῦ ἐλήφθη (1)
— 13. ἐξεστηκυῖα περὶ τῆς κ. τοῦ θεοῦ (1)
— 17. ἡ κ. τοῦ θεοῦ ἐλήφθη (1)
— 18. ὡς ἐμνήσθη τῆς κ. τοῦ θεοῦ (1)
— 19. ἐλήφθη ἡ κ. τοῦ θεοῦ (1)
— 21. ὑπὲρ τῆς κ. τοῦ θεοῦ (1)
— 22. ἐν τῷ ληφθῆναι τὴν κ. κυρίου (1)
— 23. **A** ἐλήφθη ἡ κ. τοῦ θεοῦ –
5. 1. ἔλαβον τὴν κ. τοῦ θεοῦ (1)
— 2. ἔλαβον . . . τὴν κ. κυρίου (1)
— 3, 4. Δαγὼν πεπτωκὼς . . . ἐνώπιον κιβωτοῦ (1)
— 7. οὐ καθήσεται κιβωτὸς τοῦ θεοῦ (1)
— 8. τί ποιήσωμεν κιβωτῷ θεοῦ (1)
— 8. μετελθέτω κιβωτὸς τοῦ θεοῦ (1)
— 8. καὶ μετῆλθε κιβωτὸς [**A** ἡ κ.] τοῦ θεοῦ (1)
— 10. ἐξαποστέλλουσι τὴν κ. τοῦ θεοῦ (1)
— 10. **B** ὡς εἰσῆλθε κιβωτὸς θεοῦ (1)
— 10. τί ἀπεστρέψατε τὴν κ. τοῦ θεοῦ Ἰσρ. (1)
— 11. ἐξαποστείλατε τὴν κ. τοῦ θεοῦ Ἰσρ. (1)
— 12. ὡς εἰσῆλθε κιβωτὸς θεοῦ –
6. 1. ἦν ἡ κ. [**A** *add.* κυρίου] ἐν ἀγρῷ τῶν ἀλλοφύλων (1)
— 2. τί ποιήσωμεν τῇ [**B**^{1} *om.*] κ. κυρίου (1)
— 3. εἰ ἐξαποστέλλετε . . . τὴν κ. διαθήκης (1)
— 8. λήψεσθε τὴν κ. [**A** *add.* κυρίου] (1)
— 11. **A R** ἔθεντο τὴν κ. κυρίου [**B** *om.*] ἐπὶ τὴν ἅμαξαν (1)
— 13. εἶδον κιβωτὸν κυρίου (1)
— 15. ἀνήνεγκαν τὴν κ. τοῦ κυρίου (1)
— 18. οὗ ἐπέθηκαν . . . τὴν κ. διαθήκης κυρίου (1)
— 19. εἶδαν κιβωτὸν κυρίου (1)
— 20. πρὸς τίνα ἀναβήσεται κιβωτὸς κυρίου –
— 21. ἀπεστρόφασιν . . . τὴν κ. κυρίου (1)
7. 1. ἀνάγουσι τὴν κ. διαθήκης κυρίου (1)
— 1. φυλάσσειν τὴν κ. διαθήκης κυρίου (1)
— 2. ἀφ' ἧς ἡμέρας ἦν ἡ κ. ἐν Κ. (1)
14. 18. **A** ἦν ἡ κ. τοῦ θεοῦ [**B** *al.*] (1)
II Ki. 6. 2. τοῦ ἀναγαγεῖν ἐκεῖθεν τὴν κ. τοῦ θεοῦ (1)
— 3. ἐπεβίβασεν τὴν κ. κυρίου (1)
— 4. σὺν τῇ κ. (1)
— 4. **B** ἐπορεύοντο ἔμπροσθεν τῆς κ. (1)
— 6. ἐξέτεινεν . . . ἐπὶ τὴν κ. τοῦ θεοῦ (1)
— 7. ἀπέθανεν ἐκεῖ παρὰ τὴν κ. τοῦ κυρίου (1)
— 9. πῶς εἰσελεύσεται πρὸς μὲ ἡ κ. κυρίου (1)
— 10. τοῦ ἐκκλῖναι πρὸς αὐτὸν τὴν κ. (1)
— 11. ἐκάθισεν ἡ κ. τοῦ κυρίου εἰς οἶκον Ἀ. [**A** *al.*] (1)
— 12. ἕνεκεν τῆς κ. τοῦ θεοῦ (1)
— 12. ἀνήγαγε τὴν κ. τοῦ κυρίου (1)
— 13. αἴροντες τὴν κ. (1)
— 15. ἀνήγαγον τὴν κ. κυρίου (1)
— 16. τῆς κ. [**A** κ. κυρίου] παραγινομένης (1)
— 17. φέρουσι τὴν κ. τοῦ κυρίου (1)
7. 2. ἡ κ. τοῦ θεοῦ κάθηται ἐν μέσῳ τῆς σκηνῆς (1)
11. 11. ἡ κ. καὶ Ἰσρ. . . . κατοικοῦσιν ἐν σκηναῖς (1)
15. 24. αἴροντες τὴν κ. διαθήκης κυρίου (1)
— 24. ἔστησαν τὴν κ. τοῦ θεοῦ (1)
— 25. ἀπόστρεψον τὴν κ. τοῦ θεοῦ (1)
— 29. **A R** ἀπέστρεψε . . . τὴν κ. τοῦ θεοῦ [**B** *om.* τ. θ.] (1)
III Ki. 2. 26. ἦρας τὴν κ. τῆς διαθήκης κυρίου (1)
3. 15. τοῦ κατὰ πρόσωπον κιβωτοῦ διαθήκης κυρίου (1)
6. 19. δοῦναι ἐκεῖ τὴν κ. διαθήκης κυρίου (1)
8. 1. τοῦ ἐνεγκεῖν [**A** ἀνεν.] τὴν κ. διαθήκης (1)
— 3. ἦραν οἱ ἱερεῖς τὴν κ. (1)
— 4. **A** ἀνεβίβασαν τὴν κ. κυρίου (1)
— 5. ἔμπροσθεν τῆς κ. (1)
— 6. εἰσφέρουσιν οἱ ἱερεῖς τὴν κ. (1)
— 7. ἐπὶ τὸν τόπον τῆς κ. (1)

III Ki. 8. 7. περιεκάλυπτον . . . ἐπὶ [**A** *om.*] τὴν κ. (1)
— 9. οὐκ ἦν ἐν τῇ κ. (1)
— 21. ἐθέμην ἐκεῖ τόπον τῇ κ. (1)
IV Ki. 12. 9 (10). ἔλαβεν Ἰ. ὁ ἱερεὺς κ. μίαν (1)
— 10 (11). πολὺ τὸ ἀργύριον ἐν τῇ κ. (1)
I Ch. 6. 31 (16). ἐν τῇ καταπαύσει τῆς κ. (1)
13. 3. μετενέγκωμεν τὴν κ. τοῦ θεοῦ ἡμῶν (1)
— 5. τοῦ εἰσενέγκαι τὴν κ. τοῦ θεοῦ (1)
— 6. τοῦ ἀναγαγεῖν ἐκεῖθεν τὴν κ. τοῦ θεοῦ (1)
— 7. ἐπέθηκαν τὴν κ. τοῦ θεοῦ ἐπὶ ἅμαξαν καινήν (1)
— 9. τοῦ κατασχεῖν τὴν κ. (1)
— 10. διὰ τὸ ἐκτεῖναι τὴν χεῖρα αὐτοῦ ἐπὶ τὴν κ. (1)
— 12. πῶς εἰσοίσω τὴν κ. τοῦ θεοῦ πρὸς ἐμαυτόν (1)
— 13. οὐκ ἀπέστρεψε Δ. τὴν κ. πρὸς ἑαυτόν [**S** *al.*] (1)
— 14. ἐκάθισεν ἡ κ. τοῦ θεοῦ ἐν οἴκῳ Ἀβ. (1)
15. 1. ἡτοίμασε τὸν τόπον τῇ κ. [**A** τῆς κ., **S**^{1} τὴν κ.] τοῦ θεοῦ (1)
— 2. οὐκ ἔστιν ἆραι τὴν κ. τοῦ θεοῦ (1)
— 2. **A R** αἴρειν τὴν κ. κυρίου (1)
— 3. **A**^{2} **B S** τοῦ ἀνενέγκαι τὴν κ. κυρίου (1)
— 12. ἀνοίσετε τὴν κ. τοῦ θεοῦ Ἰσρ. (1)
— 14. τοῦ ἀνενέγκαι τὴν κ. [**A** κ. κυρίου] θεοῦ Ἰσρ. (1)
— 15. ἔλαβον . . . τὴν κ. τοῦ θεοῦ (1)
— 23. πυλωροὶ τῆς κ. (1)
— 24. ἔμπροσθεν τῆς κ. τοῦ θεοῦ (1)
— 24. πυλωροὶ τῆς κ. [**S** τῇ κ.] τοῦ θεοῦ (1)
— 25. τοῦ ἀναγαγεῖν τὴν κ. τῆς διαθήκης (1)
— 26. αἴροντας τὴν κ. τῆς διαθήκης κυρίου (1)
— 27. αἴροντες τὴν κ. διαθήκης κυρίου (1)
— 28. ἀνάγοντες τὴν κ. διαθήκης κυρίου (1)
— 29. ἐγένετο κιβωτὸς διαθήκης κυρίου (1)
16. 1. εἰσήνεγκαν τὴν κ. τοῦ θεοῦ (1)
— 4. κατὰ πρόσωπον τῆς κ. διαθήκης κυρίου (1)
— 6. ἐναντίον [**S** -τι] τῆς κ. τῆς διαθήκης (1)
— 37. ἔναντι [**A** -τίον] τῆς κ. διαθήκης κυρίου (1)
— 37. τοῦ λειτουργεῖν ἐναντίον τῆς κ. (1)
17. 1. ἡ κ. διαθήκης κυρίου ὑποκάτω δέρρεων (1)
22. 19. τοῦ εἰσενέγκαι τὴν κ. διαθήκης κυρίου (1)
28. 2. οἶκον ἀναπαύσεως τῆς κ. διαθήκης κυρίου (1)
— 18. σκιαζόντων ἐπὶ τῆς κ. διαθήκης κυρίου (1)
II Ch. 1. 4. κιβωτὸν τοῦ θεοῦ ἀνήνεγκε Δ. (1)
5. 2. τοῦ ἀνενέγκαι κιβωτὸν διαθήκης κυρίου (1)
— 4. ἔλαβον πάντες οἱ Λευῖται τὴν κ. (1)
— 5. **A** καὶ ἀνήνεγκαν τὴν κ. (1)
— 6. οἱ ἐπισυνηγμένοι αὐτῶν ἔμπροσθεν τῆς κ. (1)
— 7. εἰσήνεγκαν οἱ ἱερεῖς τὴν κ. (1)
— 8. διαπεπετακότα τὰς πτέρυγας αὐτῶν ἐπὶ τὸν τόπον τῆς κ. (1)
— 8. **A R** συνεκάλυπτε τὰ Χερ. ἐπὶ [**B** *om.*] τὴν κ. (1)
— 10. οὐκ ἦν ἐν τῇ κ. πλὴν δύο πλάκες (1)
6. 11. ἔθηκα ἐκεῖ τὴν κ. (1)
— 41. σὺ καὶ ἡ κ. τῆς ἰσχύος σου (1)
8. 11. οὗ εἰσῆλθεν ἐκεῖ κιβωτὸς κυρίου (1)
35. 3. ἔθηκαν τὴν κ. τὴν ἁγίαν εἰς τὸν οἶκον (1)
I Es. 1. 3. ἐν τῇ θέσει τῆς ἁγίας κ. τοῦ κυρίου
— 54. καὶ τὰς κ. [**A** τὰ σκεύη κιβωτοῦ] τοῦ κυρίου
Ps. 131 (132). 8. σὺ καὶ ἡ κ. τοῦ ἁγιάσματός σου (1)
Je. 3. 16. κ. διαθήκης ἁγίου Ἰσραήλ (1)
II Ma. 2. 4. τὴν κ. ἐκέλευσεν ὁ προφήτης
— 5. τὴν σκηνὴν καὶ τὴν κ. . . . εἰσήνεγκεν ἐκεῖ
IV Ma. 15. 31. **A R** ἡ Νῶε κ. ἐν τῷ κοσμοπληθεῖ [**S** ἐθνοπλ.] κατακλυσμῷ

[**Aq.** Ge. 6. 17 (16) : Ex. 2. 3 : Jo. 4. 5 : I Ki. 14. 18 *bis.*]
[**Sm.** Ex. 2. 3 : Jo. 4. 5 : I Ki. 6. 18 : 14. 18 : III Ki. 6. 19.]
[**Th.** Ex. 37. 5 : Jo. 4. 5 : I Ki. 14. 18.]
[**Al.** II Ch. 24. 8.]

κιγκλιδωτός.

[**Aq.** IV Ki. 1. 2.]

κίδαρις. (1) מִגְבָּעָה (2) מִצְנֶפֶת (3) פְּאֵר (4) צָנִיף

Ex. 28. 4. χιτῶνα κοσυμβωτὸν καὶ κίδαριν (2)
— 35 (39). ποιήσεις κίδαριν βυσσίνην (2)
— 36 (40). κιδάρεις ποιήσεις αὐτοῖς (1)
29. 9. περιθήσεις αὐτοῖς τὰς κ. (1)
36. 36 (39. 28). ἐποίησαν . . . τὰς κ. ἐκ βύσσου (2)
Le. 8. 13. περιέθηκεν αὐτοῖς κιδάρεις (1)

Le. 16. 4. καὶ κ. λινῆν περιθήσεται [A *al.*] (2)
I Es. 3. 6. καὶ κ. βυσσίνην καὶ μανιάκην
Ju. 4. 15. ἦν σποδὸς ἐπὶ τὰς κ. αὐτῶν
Si. 45. 12. στέφανον χρυσοῦν ἐπάνω κιδάρεως
Za. 3. 6 (5). ἐπίθετε κίδαριν καθαράν (4)
— 6 (5). A B S² ἐπέθηκαν κίδαριν καθαράν (4)
Ez. 21. 26 (31). ἀφείλου τὴν κ. (2)
44. 18. κ. λινᾶς ἕξουσιν ἐπὶ ταῖς κεφ. αὐ. (3)
[**Aq.** Ex. 28. 37: Le. 8. 9: Is. 62. 3.]
[**Sm.** Le. 8. 9: Is. 28. 5: 62. 3.]
[**Th.** Ex. 28. 37: Le. 8. 9.]

κιθάρα. (1) כִּנּוֹר (2) נֶבֶל (3) נְגִינָה (4) עוּגָב (5) קִיתָרֹס

Ge. 4. 21. οὗτος ἦν ὁ καταδείξας . . . κιθάραν (4)
31. 27. μετὰ μουσικῶν . . . καὶ κιθάρας (1)
II Ch. 9. 11. καὶ κιθάρας καὶ νάβλας τοῖς ᾠδοῖς (1)
Jb. 21. 12. ἀναλαβόντες [A -λαμβάνοντα] . . . κιθάραν (1)
30. 9. κιθάρα ἐγώ εἰμι αὐτῶν (3)
— 31. A R ἀπέβη δὲ εἰς πένθος [B S πάθος] μου ἡ κ. (1)
Ps. 32 (33). 2. ἐξομολογεῖσθε τῷ κυρίῳ ἐν κιθάρᾳ (1)
42 (43). 4. B ἐξομολογήσομαί σοι, κύριε, ἐν κιθάρᾳ . . . ἐν κιθάρᾳ [A S R *om.* ἐν κ.] (1, –)
56 (57). 8. ἐξεγέρθητι ψαλτήριον καὶ κιθάρα (1)
70 (71). 22. ψαλῶ σοι ἐν κιθάρᾳ (1)
80 (81). 2. ψαλτήριον τερπνὸν μετὰ κιθάρας (2)
91 (92). 3. ἐν δεκαχόρδῳ ψαλτηρίῳ μετ᾽ ᾠδῆς ἐν κιθάρᾳ (1)
97 (98). 5. ψάλατε τῷ κυρίῳ ἐν κιθάρᾳ ἐν κιθάρᾳ καὶ φωνῇ ψαλμοῦ (1, 1)
107 (108). 2. ἐξεγέρθητι ψαλτήριον καὶ κιθάρα (1)
146 (147). 7. ψάλατε τῷ θεῷ ἡμῶν ἐν κιθάρᾳ (1)
150. 3. αἰνεῖτε αὐτὸν ἐν ψαλτηρίῳ καὶ κιθάρᾳ (1)
Is. 5. 12. μετὰ γὰρ κιθάρας καὶ ψαλτηρίου . . . τὸν οἶνον πίνουσι (1)
16. 11. ἡ κοιλία μου ἐπὶ Μωὰβ ὡς κ. ἠχήσει (1)
23. 16. λάβε κιθάραν (1)
24. 8. πέπαυται φωνὴ κιθάρας (1)
30. 32. μετὰ τυμπάνων [A S αὐλῶν] καὶ κιθάρας (1)
Da. LXX. 3. 5. τῆς σάλπιγγος σύριγγος καὶ κιθάρας (5)
— 7. τῆς σάλπιγγος σύριγγός τε καὶ κιθάρας (5)
— 10. τῆς σάλπιγγος σύριγγός τε καὶ σαμβύκης κιθάρας (5)
— 15. τῆς σάλπιγγος σύριγγός τε καὶ κιθάρας (5)
Da. TH. 3. 5. σάλπιγγος σύριγγός τε καὶ κιθάρας (5)
— 7, 10, 15. τῆς σάλπιγγος σύριγγός τε καὶ κιθάρας (5)
I Ma. 4. 54. ἐν ᾠδαῖς καὶ κιθάραις
[**Aq.** I Ki. 16. 23: I Ch. 25. 3: Ps. 70 (71). 22: 80 (81). 3: 91 (92). 4: 136 (137). 2: 146 (147). 7.]
[**Sm.** I Ki. 10. 5: 16. 16: Jb. 21. 12: Ps. 91 (92). 4: 150. 4.]
[**Th.** I Ki. 16. 16.]
[**Al.** Ps. 48 (49). 5: Is. 5. 12.]

κιθαρίζειν. (1) נִגֵּן pi.

Is. 23. 16. καλῶς κιθάρισον (1)
[**Th.** Ez. 33. 32.]

κικεών.

[**Aq., Th.** Jn. 4. 6.]

κινάμωμον, *vid.* **κιννάμωμον.**

κινδυνεύειν. (1) חוּב pi. (2) חָשַׁב pi. (3) יָקַשׁ ni. (4) סָכַן ni.

Ec. 10. 9. σχίζων ξύλα κινδυνεύσει [S -εύει] ἐν αὐτοῖς (4)
Si. 31 (34). 12. πλεονάκις ἕως θανάτου ἐκινδύνευσα
Jn. 1. 4. τὸ πλοῖον ἐκινδύνευε τοῦ συντριβῆναι [A S³ διαλυθῆναι] (2)
Is. 28. 13. κινδυνεύσουσι [S -σωσιν] καὶ ἁλώσονται (3)
Da. LXX. 1. 10. κινδυνεύσω τῷ ἰδίῳ τραχήλῳ (1)
II Ma. 15. 17. καὶ τὸ ἱερὸν κινδυνεύειν
III Ma. 5. 41. κινδυνεύει πολλάκις διαρπασθῆναι
[**Th.** Jb. 34. 9.]

κίνδυνος. (1) מֵצַר

To. 4. 4. πολλοὺς κ. ἑώρακεν ἐπὶ σοὶ ἐν τῇ κοιλίᾳ
Es. 4. 17. κίνδυνός μου ἐν χειρί μου
Ps. 114 (116). 3. κίνδυνοι ᾅδου εὕροσάν με (1)
Wi. 18. 9. τῶν αὐτῶν . . . κινδύνων μεταλήψεσθαι τοὺς ἁγίους
Si. 3. 26. ὁ ἀγαπῶν κίνδυνον ἐν αὐτῷ ἐμπεσεῖται [A S ἀπολεῖται]
43. 24. διηγοῦνται τὸν [A *om.*] κ. αὐτῆς
I Ma. 11. 23. ἔδωκεν ἑαυτὸν τῷ κ.
14. 29. ἔδωκαν ἑαυτοὺς τῷ κ.
II Ma. 1. 11. ἐκ μεγάλων κ. ὑπὸ τοῦ θεοῦ σεσωσμένοι
III Ma. 2. 12. R ἐρρύσω αὐτοὺς ἐκ μεγάλων κ. [A κακῶν]
6. 26. τοὺς χειρίστους . . . ἐπιδεδειγμένους κ.
IV Ma. 3. 15. πάνδεινον εἶναι κ. τῇ ψυχῇ
13. 15. μέγας γὰρ ψυχῆς ἀγὼν καὶ κίνδυνος
[**Aq.** Je. 4. 31.]
[**Sm.** Ge. 42. 4.]

κινεῖν. (1) חוּשׁ hi. (2) מוֹט ni. (3) מוּשׁ, מִישׁ (4) נָדַף ni. (5) נוּד *a.* qal. *b.* hi. (6) נוּס (7) נוּעַ *a.* qal. *b.* hi. (8) נָסַע (9) סוּר (10) פּוּק hi. (11) פָּעַם ni. (12) רָמַשׂ (13) שֶׁרֶץ

Ge. 7. 14. πᾶν ἑρπετὸν κινούμενον ἐπὶ τῆς γῆς (12)
— 21. πᾶσα σὰρξ κινουμένη ἐπὶ τῆς γῆς (12)
— 21. πᾶν ἑρπετὸν κινούμενον ἐπὶ τῆς γῆς (13)
8. 17, 19. πᾶν ἑρπετὸν κινούμενον ἐπὶ τῆς γῆς (12)
9. 2. ἐπὶ πάντα τὰ κινούμενα ἐπὶ τῆς γῆς (12)
11. 2. ἐν τῷ κινῆσαι αὐτοὺς ἀπὸ ἀνατολῶν (8)
20. 1. ἐκίνησεν ἐκεῖθεν Ἀ. (8)
Le. 11. 44. ἐν πᾶσι τοῖς ἑρπετοῖς τοῖς κινουμένοις ἐπὶ τῆς γῆς (12)
— 46. πάσης ψυχῆς τῆς κινουμένης ἐν τῷ ὕδατι (12)
Nu. 14. 44. οὐκ ἐκινήθησαν ἐκ [A ἐκ μέσου] τῆς παρεμβολῆς (3)
Jd. 6. 18. A μὴ κινηθῇς [B χωρισθῇς] ἐντεῦθεν (3)
9. 9, 11, 13. κινεῖσθαι ἐπὶ τῶν ξύλων [A *al.*] (7 *a*)
20. 37. καὶ τὸ ἔνεδρον ἐκινήθη [A *al.*] (1)
I Ki. 1. 13. τὰ χείλη αὐτῆς ἐκινεῖτο (7 *a*)
II Ki. 15. 20. σήμερον κινήσω σε μεθ᾽ ἡμῶν (7 *b*, 7 *a**)
III Ki. 14. 15. A καθὰ κινεῖται ὁ ἄνεμος (5 *a*)
IV Ki. 19. 21. κεφαλὴν αὐτῆς [A *om.*] ἐκίνησε (7 *b*)
23. 18. μὴ κινησάτωσαν [A -ω] τὰ ὀστᾶ αὐ. (7 *b*)
II Ch. 35. 15. οὐκ ἦν αὐτοῖς κινεῖσθαι (9)
To. 8. 20. S οὐ μὴ κινηθῇς ἐντεῦθεν [A B *al.*]
Es. 3. 13. S¹ παντὶ διὰ παντὸς ἀνθρώπων κινούμενον [A B S² *al.*]
Jb. 13. 25. ὡς φύλλον κινούμενον ὑπὸ ἀνέμου (4)
16. 5 (4). κινήσω δὲ καθ᾽ ὑμῶν κεφαλήν (7 *b*)
Ps. 21 (22). 7. ἐκίνησαν κεφαλήν (7 *b*)
103 (104). 5. A οὐ κινηθήσεται [S¹ κληθήσ., B S² κλιθήσ.] εἰς τὸν αἰῶνα (2)
Pr. 17. 13. οὐ κινηθήσεται κακὰ ἐκ τοῦ οἴκου [A εἰς τοὺς οἴκους] αὐτοῦ (3)
Ca. 2. 17: 4. 6. ἕως οὗ . . . κινηθῶσιν αἱ σκιαί (6)
Wi. 5. 11. πνεῦμα . . . σχιζόμενον βίᾳ ῥοίζου κινουμένων πτερύγων
Si. 12. 18. κινήσει τὴν κεφαλὴν αὐτοῦ
13. 7. τὴν κεφαλὴν αὐτοῦ κινήσει ἐπὶ σοί
Ze. 3. 1 (2. 15). καὶ κινήσει τὰς χεῖρας αὐτοῦ (7 *b*)
Is. 22. 25. κινηθήσεται ὁ ἄνθρωπος (3)
33. 20. οὐδὲ μὴ κινηθῶσιν οἱ πάσσαλοι τῆς σκηνῆς αὐτῆς (8)
37. 22. ἐπὶ σοὶ κεφαλὴν ἐκίνησε θυγάτηρ Ἰερ. (7 *b*)
41. 7. οὐ κινηθήσονται (2)
46. 7. οὐ μὴ κινηθῇ (2)
Je. 10. 5 (4). καὶ οὐ κινηθήσονται (10)
14. 10. ἠγάπησαν κ. πόδας αὐτῶν (7 *a*)
18. 16. κινήσουσι τὴν [S *om.*] κεφαλὴν [A τὰς κ.] αὐτῶν (5 *b*)
31 (48). 17. κινήσατε αὐτῷ [A -ὸν, S¹ *om.*] πάντες κυκλόθεν αὐτοῦ (5 *a*)
Ba. 2. 35. οὐ κινήσω ἔτι τὸν λαόν μου Ἰσραὴλ ἀπὸ τῆς γῆς
La. 2. 15. ἐκίνησαν τὴν κεφαλὴν αὐτῶν (7 *b*)
Ep. Je. 27. μήτε [A μή ποτε] . . . δι᾽ ἑαυτοῦ κινηθήσεται
Da. LXX. 2. 3. ἐκινήθη μου τὸ πνεῦμα (11)
3. (79). πάντα τὰ κινούμενα ἐν τοῖς ὕδασι
4. 16. κινήσας τὴν κεφαλήν –
11. 38. ἐπὶ τὸν τόπον αὐτοῦ κινήσει †
Da. TH. 3. (79). πάντα τὰ κινούμενα ἐν τοῖς ὕδασι
I Ma. 10. 74. ἐκινήθη τῇ διανοίᾳ
IV Ma. 1. 33. κινούμενοι πρὸς τὰς ἀπειρημένας τροφάς ▶
IV Ma. 14. 6. τοῖς τῆς ψυχῆς ἀφηγήμασι κινοῦνται
— 6. R ὑπὸ ψυχῆς ἀθανάτου τῆς εὐσεβείας κινούμενοι [A S *om.*]
[**Aq.** Ge. 1. 26, 28: III Ki. 14. 15: Ps. 17 (18). 8: 68 (69). 35: Je. 15. 5: 49. 30 (30. 8).]
[**Sm.** Ge. 1. 30: Ex. 20. 25: Jb. 16. 4: Ps. 44 (45). 2: Is. 13. 2: 37. 22: Na. 1. 5.]
[**Th.** Ps. 77 (78). 21: Is. 29. 9: Ez. 21. 10 (15).]
[**Quint.** Ps. 77 (78). 21.]

κίνημα.

I Ma. 13. 44. καὶ ἐγένετο κ. μέγα ἐν τῇ πόλει
IV Ma. 1. 35. S R φιμοῦται [A φιλοτιμοῦνται] πάντα τὰ τοῦ σώματος κ.
[**Th.** Is. 28. 19.]

κίνησις. (1) *a.* נִיד *b.* מָנוֹד

Jb. 16. 6 (5). κίνησιν δὲ χειλέων οὐ φείσομαι (1 *a*)
Ps. 43 (44). 14. κίνησιν κεφαλῆς ἐν τοῖς λαοῖς (1 *b*)
Wi. 2. 2. ὁ λόγος σπινθὴρ ἐν κινήσει καρδίας ἡμῶν
7. 24. πάσης γὰρ κ. κινητικώτερον σοφία
II Ma. 5. 3. καὶ ἀσπίδων κινήσεις
[**Sm.** Jb. 13. 11: 41. 17: Ps. 43 (44). 15.]

κινητικός.

Wi. 7. 24. πάσης γὰρ κινήσεως κινητικώτερον σοφία

κιννάμωμον (κινάμ.). (1) קְנֵה הַטּוֹב (2) קִנָּמוֹן

Ex. 30. 23. κινναμώμου εὐώδους τὸ ἥμισυ τούτου (2)
Pr. 7. 17. τὸν δὲ οἶκόν μου κινναμώμῳ (2)
Ca. 4. 14. νάρδος καὶ κρόκος κάλαμος καὶ κινάμωμον [S² -ος] (2)
Si. 24. 15. ὡς κιννάμωμον καὶ ἀσπάλαθος ἀρωμάτων δέδωκα ὀσμήν
Je. 6. 20. κιννάμωμον ἐκ γῆς μακρόθεν (1)
[**Th.** Je. 6. 20.]

κινύρα. (1) יָד (2) כִּנּוֹר

I Ki. 10. 5. καὶ αὐλὸς καὶ κινύρα (2)
16. 16. ἄνδρα εἰδότα [A ἰδόντα] ψάλλειν ἐν κινύρᾳ (2)
— 16. καὶ ψαλῇ ἐν τῇ κ. αὐτοῦ (1?)
— 23. ἐλάμβανε Δαυὶδ τὴν κ. (2)
II Ki. 6. 5. καὶ ἐν ᾠδαῖς καὶ ἐν κινύραις [A -ᾳ] (2)
III Ki. 10. 12. καὶ νάβλας καὶ κινύρας (2)
I Ch. 13. 8. καὶ ἐν [S *om.*] κινύραις καὶ ἐν νάβλαις (2)
15. 16. ἐν . . . νάβλαις κινύραις καὶ κυμβάλοις (2)
— 21. ἐν κινύραις ἀμασενείθ (2)
— 28. ἀναφωνοῦντες . . . ἐν κινύραις [S² -ᾳ] (2)
16. 5. ἐν ὀργάνοις νάβλαις [A ἐν ν. καὶ] κινύραις (2)
25. 1. τοὺς ἀποφθεγγομένους ἐν κινύραις (2)
— 3. ἐν κινύρᾳ ἀνακρουόμενοι ἐξομολόγησιν (2)
— 6. ἐν νάβλαις καὶ ἐν κινύραις (2)
II Ch. 5. 12. ἐν νάβλαις καὶ ἐν κινύραις (2)
20. 28. A R ἐν νάβλαις καὶ [B καὶ ἐν] κινύραις (2)
29. 25. ἐν νάβλαις καὶ ἐν κινύραις (2)
Ne. 12. 27. R καὶ κινύραι [S² -ας] (2)
Si. 39. 15. ἐν ᾠδαῖς χειλέων καὶ ἐν κινύραις
I Ma. 3. 45. ἐξέλιπεν αὐλὸς καὶ κινύρα
4. 54. ἐν ᾠδαῖς . . . καὶ κινύραις
13. 51. ἐν κινύραις καὶ ἐν κυμβάλοις

κιρνᾶν. (1) מָסַךְ

Ps. 101 (102). 9. τὸ πόμα μου μετὰ κλαυθμοῦ ἐκίρνων (1)

κιρρός.

[**Aq.** Pr. 8. 19: Is. 13. 12.]

κισσᾶν. (1) יָחַם pi.

Ps. 50 (51). 5. ἐν ἁμαρτίαις ἐκίσσησέ με ἡ μήτηρ μου (1)

κισσός.

II Ma. 6. 7. κισσοὺς ἔχοντες πομπεύειν τῷ Διον.
[**Sm.** Jn. 4. 6.]

κισσόφυλλον.

III Ma. 2. 29. παρασήμῳ Διονύσου κ.

κίτρις.

[**Aq.** Le. 23. 40.]

κιχρᾶν. (1) לָוָה hi. (2) שָׁאַל hi.

I Ki. 1. 28. κιχρῶ αὐτὸν τῷ κυρίῳ (2)
Ps. 111 (112). 5. χρηστὸς ἀνὴρ ὁ οἰκτείρων καὶ κιχρῶν (1)
Pr. 13. 11. δίκαιος οἰκτείρει καὶ κιχρᾷ –
[**Sm.** Ps. 111 (112). 5.]

▶ = additional entry on page xxvi

κιών. (1) עַמּוּד

Jd. 16. 25. ἔστησαν αὐτὸν ἀνὰ μέσον τῶν κ. [A δύο στύλων] (1)
— 26. ψηλαφήσω τοὺς κ. [A *al.*] (1)
— 29. περιέλαβε Σ. τοὺς δύο κ. [A στύλους] (1)
III Ki. 15. 15. εἰσήνεγκε τοὺς κ. τοῦ πατρὸς αὐτοῦ καὶ τοὺς κ. αὐτοῦ εἰσήνεγκεν †, †

κλαγγή.

[Sm. Jb. 39. 19.]

κλάδευσις.

[Aq., Sm. Ca. 2. 12.]

κλάδος. (1) דָּלִית (2) יוֹנֶקֶת (3) כַּף (4) סְעִיף (5) סַרְעַפָּה (6) *a.* עָנָף *b.* עֲנַף (7) פֹּארָה (8) *a.* שׂוֹךְ *b.* שׂוֹכָה (9) שִׁבֹּלֶת

Le. 23. 40. λήψεσθε . . . κλάδους ξύλου δασεῖς . . . καὶ ἄγνου κλάδους (6 *a*, –)
Nu. 3. 37 : 4. 32. A καὶ τοὺς κλ. [B κάλους] αὐτῶν †
Jd. 9. 48. ἔκοψε κλάδον ξύλου [A *al.*] (8 *b*)
— 49. καὶ ἔκοψαν . . . κλάδον [A *al.*] (8 *a*)
Wi. 4. 4. κἂν [S¹ καὶ] γὰρ ἐν κλάδοις πρὸς καιρὸν ἀναθάλῃ
17. 18. περὶ ἀμφιλαφεῖς κλάδους ὀρνέων [A ἢ ὀρ.] ἦχος εὐμελής
Si. 1. 20. οἱ κλ. αὐτῆς μακροημέρευσις [S¹ -εύσουσιν]
6. 29. BS οἱ κλ. [AR κλοιοὶ] αὐτῆς εἰς στολὴν δόξης
14. 26. ὑπὸ τοὺς κλ. αὐτῆς αὐλισθήσεται
23. 25. οἱ κλ. αὐτῆς οὐ δώσουσι [AS οὐκ οἴσουσι] καρπόν
24. 16. ὡς τερέμινθος ἐξέτεινα κλάδους μου καὶ οἱ κλ. μου κλάδοι δόξης καὶ χάριτος
40. 15. ἔκγονα ἀσεβῶν οὐ πληθυνεῖ κλάδους
Ho. 14. 7. πορεύσονται οἱ κλ. αὐτοῦ (2)
Za. 4. 12. τί οἱ δύο κλ. τῶν ἐλαιῶν (9)
Is. 17. 6. ἢ πέντε ἐπὶ τῶν κλ. αὐτῶν καταλειφθῇ (4)
55. 12. τὰ ξύλα τοῦ ἀγροῦ ἐπικροτήσει τοῖς κλ. (3)
Je. 11. 16. ἠχρειώθησαν οἱ κλ. αὐτῆς (1)
Ez. 31. 5. ἐπλατύνθησαν οἱ κλ. αὐτοῦ (5 + 7)
— 6. ὑποκάτω τῶν κλ. αὐτοῦ ἐγεννῶσαν πάντα τὰ θηρία (7)
— 7. διὰ τὸ πλῆθος τῶν κλ. αὐτοῦ (1)
— 8. ἐλάται οὐκ ἐγένοντο ὅμοιαι τοῖς κλ. αὐτοῦ (7)
— 9. διὰ τὸ πλῆθος τῶν κλ. αὐτοῦ (1)
— 12. ἐν πάσαις ταῖς φάραγξιν ἔπεσαν οἱ κλ. αὐτοῦ (1)
Da. LXX. 4. 9. οἱ κλ. αὐτοῦ τῷ μήκει ὡς σταδίων τριάκοντα –
— 15. οἱ κλ. αὐτοῦ ἐδόθησαν εἰς πάντα ἄνεμον –
Da. TH. 4. 9. ἐν τοῖς κλ. αὐτοῦ κατῴκουν τὰ ὄρνεα (6 *b*)
— 11. ἐκτίλατε τοὺς κλ. [A καρποὺς] αὐτοῦ (6 *b*)
— 11. καὶ τὰ ὄρνεα ἀπὸ τῶν κλ. αὐτοῦ (6 *b*)
— 18. ἐν τοῖς κλ. αὐτοῦ κατεσκήνουν [A -ῴκουν] τὰ ὄρνεα (6 *b*)
II Ma. 10. 7. θύρσους καὶ κλ. ὡραίους . . . ἔχοντες
[Aq. Ez. 17. 6 : 31. 3, 9, 13.]
[Sm. Jb. 8. 16 : Is. 27. 10 : 53. 2 : Ez. 17. 8 : 19. 11, 14 : 31. 13.]
[Th. Ez. 17. 6 : 19. 14 : 31. 3, 9, 13.]

κλαίειν. (1) *a.* בָּכָה *b.* בְּכָה *c.* בְּכִי (2) בָּרַךְ (3) כָּרַע (4) סָפַד (5) קָרָא (6) κλ. δάκρυσι נָטַף hi.

Ge. 21. 16. ἀναβοήσαν δὲ τὸ παιδίον ἔκλαυσεν (1 *a*)
27. 38. R ἀνεβόησε φωνῇ Ἡ. καὶ ἔκλαυσεν (1 *a*)
29. 11. βοήσας τῇ φωνῇ αὐτοῦ ἔκλαυσε (1 *a*)
33. 4. ἔκλαυσαν ἀμφότεροι (1 *a*)
37. 35. ἔκλαυσεν αὐτὸν ὁ πατὴρ αὐτοῦ (1 *a*)
42. 24. ἀποστραφεὶς . . . ἔκλαυσεν Ἰωσήφ (1 *a*)
43. 30. ἐζήτει κλαῦσαι (1 *a*)
— 30. ἔκλαυσεν ἐκεῖ (1 *a*)
45. 14. R ἔκλαυσεν [A ἐπέπεσεν] ἐπ' αὐτῷ (1 *a*)
— 14. ἔκλαυσεν ἐπὶ τῷ τραχήλῳ αὐτοῦ (1 *a*)
— 15. ἔκλαυσεν ἐπ' αὐτοῖς (1 *a*)
46. 29. ἔκλαυσε κλαυθμῷ πίονι [A B² πλείονι] (1 *a*)
50. 1. ἔκλαυσεν αὐτόν [A ἐπ' αὐ.] (1 *a*)
— 17. ἔκλαυσεν Ἰωσὴφ λαλούντων αὐτῶν (1 *a*)
Ex. 2. 6. ὁρᾷ παιδίον κλαῖον (1 *a*)
Le. 10. 6. κλαύσονται τὸν ἐμπυρισμόν (1 *a*)
Nu. 11. 4. καὶ καθίσαντες ἔκλαιον (1 *a*)
— 10. ἤκουσε M. κλαιόντων αὐτῶν (1 *a*)
— 13. κλαίουσιν ἐπ' ἐμοί [A ἐμέ] (1 *a*)
— 18. ἐκλαύσατε ἔναντι κυρίου (1 *a*)
— 20. καὶ ἐκλαύσατε ἐναντίον αὐτοῦ (1 *a*)
14. 1. ἔκλαιεν ὁ λαὸς ὅλην τὴν νύκτα ἐκείνην (1 *a*)
20. 29. καὶ ἔκλαυσαν τὸν Ἀαρών (1 *a*)
25. 6. αὐτοὶ δὲ ἔκλαιον παρὰ τὴν θύραν (1 *a*)
De. 1. 45. καὶ καθίσαντες ἐκλαίετε (1 *a*)
21. 13. καὶ κλαύσεται τὸν πατέρα (1 *a*)
34. 8. ἔκλαυσαν οἱ υἱοὶ Ἰσρ. Μωυσῆν (1 *a*)
Jd. 2. 4. καὶ ἔκλαυσαν (1 *a*)
9. 7. καὶ ἔκλαυσε [A *add.* ἐπ' αὐτοῖς] (5)
11. 37. κλαύσομαι ἐπὶ τὰ παρθενιά μου (1 *a*)
— 38. ἔκλαυσεν ἐπὶ τὰ παρθένια αὐτῆς (1 *a*)
14. 16. ἔκλαυσεν ἡ γυνὴ Σαμψὼν πρὸς αὐτόν (1 *a*)
— 17. καὶ ἔκλαυσε πρὸς [A ἐπ'] αὐτόν (1 *a*)
15. 18. ἔκλαυσε [A ἐβόησεν] πρὸς κύριον (5)
16. 28. ἔκλαυσε [A ἐβόησεν] Σαμψὼν πρὸς κ. (5)
20. 23. καὶ ἔκλαυσαν ἐνώπιον κυρίου (1 *a*)
— 26. καὶ ἔκλαυσαν (1 *a*)
21. 2. καὶ ἔκλαυσαν κλαυθμὸν μέγαν (1 *a*)
Ru. 1. 9. καὶ ἔκλαυσαν (1 *a*)
— 14. καὶ ἔκλαυσαν ἔτι (1 *a*)
I Ki. 1. 7. καὶ ἔκλαιε (1 *a*)
— 8. τί ἐστί σοι ὅτι κλαίεις (1 *a*)
— 10. AR καὶ κλαίουσα [B λέγουσα καὶ] ἔκλαυσε (1 *a*, 1 *a*)
4. 19. καὶ ἔκλαυσε (3)
11. 4. καὶ ἔκλαυσαν (1 *a*)
— 5. τί ὅτι κλαίει ὁ λαός (1 *a*)
13. 16. B καὶ ἔκλαιον –
20. 41. ἔκλαυσεν ἕκ. τῷ [A τὸν] πλησίον αὐ. (1 *a*)
24. 17. καὶ ἔκλαυσε (1 *a*)
30. 4. καὶ ἔκλαυσαν ἕως ὅτου οὐκ ἦν ἐν αὐτοῖς ἰσχὺς ἔτι κλαίειν (1 *a*, 1 *a*)
II Ki. 1. 12. καὶ ἔκλαυσαν (1 *a*)
— 24. B κλαύσατε [AR *om.*] κλαύσατε τὸν ἐνδιδύσκοντα ὑμᾶς (–, 1 *a*)
3. 16. ἐπορεύετο . . . κλαίων ὀπίσω αὐτῆς (1 *a*)
— 32. ἔκλαυσεν ἐπὶ τοῦ τάφου αὐτοῦ (1 *a*)
— 32. ἔκλαυσε πᾶς ὁ λαός (1 *a*)
— 34. συνήχθη πᾶς ὁ λαὸς τοῦ κλαῦσαι αὐτόν (1 *a*)
12. 21. καὶ ἔκλαιες (1 *a*)
— 22. καὶ ἔκλαυσα (1 *a*)
13. 36. καὶ ἔκλαυσαν (1 *a*)
— 36. ἔκλαυσαν κλαυθμὸν μέγαν (1 *a*)
15. 23. πᾶσα ἡ γῆ ἔκλαιε φωνῇ μεγάλῃ (1 *a*)
— 30. AR ἀναβαίνων καὶ κλαίων (1 *a*)
— 30. ἀναβαίνοντες καὶ κλαίοντες (1 *a*)
18. 33 (19. 1). καὶ ἔκλαυσε (1 *a*)
19. 1 (2). ὁ βασιλεὺς κλαίει (1 *a*)
III Ki. 18. 45. AR καὶ ἔκλαιε [B -αεν] †
20 (21). 27. καὶ ἐπορεύετο κλαίων –
IV Ki. 8. 11. καὶ ἔκλαυσεν ὁ ἄνθρωπος τοῦ θεοῦ (1 *a*)
— 12. ὁ κύριός μου κλαίει [A καλεῖ] (1 *a*)
13. 14. ἔκλαυσεν ἐπὶ προσώπου αὐτοῦ (1 *a*)
20. 3. ἔκλαυσεν Ἐζ. κλαυθμῷ μεγάλῳ (1 *a*)
22. 19. καὶ ἔκλαυσας ἐνώπιόν μου (1 *a*)
II Ch. 34. 27. καὶ ἔκλαυσας κατεναντίον μου (1 *a*)
I Es. 8. 91. κλαίων χαμαιπετὴς ἔμπροσθεν τοῦ ἱεροῦ
9. 50. καὶ πάντες ἔκλαιον
II Es. 3. 12. ἔκλαιον φωνῇ μεγάλῃ (1 *a*)
10. 1. ὡς [S¹ *om.*] ἐξηγόρευσε [B¹ προσηγ.] κλαίων (1 *a*)
— 1. ἔκλαυσεν ὁ λαὸς καὶ ὕψωσε κλαίων (1 *a*, 1 *b*)
Ne. 1. 4. ἐκάθισα καὶ ἔκλαυσα (1 *a*)
8. 9. μὴ πενθεῖτε μηδὲ κλαίετε (1 *a*)
— 9. ἔκλαιε πᾶς ὁ λαός (1 *a*)
To. 2. 7. καὶ ἔκλαυσα
3. 1. λυπηθεὶς ἔκλαυσα [S *al.*]
— 10. S καὶ ἔκλαυσεν
5. 17. ἔκλαυσε δὲ Ἄννα ἡ μήτηρ αὐτοῦ
6. 1. ἐπαύσατο [S ἐσίγησεν] κλαίουσα
7. 6. κατεφίλησεν αὐτὸν καὶ ἔκλαυσε
— 7. ἐλυπήθη καὶ ἔκλαυσε [S *al.*]
— 8. ἡ γυνὴ αὐτοῦ καὶ Σ. ἡ θυγάτηρ αὐτοῦ ἔκλαυσαν [S *al.*]
— 17. εἰσήγαγεν αὐτὴν ἐκεῖ καὶ ἔκλαυσε
9. 6. S καὶ ἔκλαυσεν
10. 4. S ἤρξατο κλαίειν καὶ [A B *om.* κλ. κ.] θρηνεῖν
— 7. S ἐθρήνει καὶ ἔκλαιεν [A B *al.*]
11. 9. ἔκλαυσαν ἀμφότεροι [S *al.*]
— 14. ἔκλαυσε καὶ εἶπεν
Ju. 16. 17. καὶ κλαύσονται ἐν αἰσθήσει
Jb. 2. 12. βοήσαντες φωνῇ μεγάλῃ ἔκλαυσαν (1 *a*)
30. 25. ἐγὼ δὲ ἐπὶ παντὶ ἀδυνάτῳ ἔκλαυσα (1 *a*)
31. 38. εἰ δὲ καὶ οἱ αὔλακες αὐτῆς ἔκλαυσαν ὁμοθυμαδόν (1 *a*)
Ps. 77 (78). 64. αἱ χῆραι αὐτῶν οὐ κλαυσθήσονται (1 *a*)
94 (95). 6. κλαύσωμεν [A -ομεν] ἐναντίον [S¹ ἐνώπιον] κυρίου τοῦ ποιήσαντος ἡμᾶς (2)
125 (126). 6. AS¹ ἔκλαιον αἴροντες [S²R βάλλοντες] τὰ σπέρματα αὐ. (1 *a*)
136 (137). 1. ἐκλαύσαμεν ἐν τῷ μνησθῆναι ἡμᾶς τῆς Σιών (1 *a*)
Ec. 3. 4. καιρὸς τοῦ κλαῦσαι (1 *a*)
Wi. 7. 3. πρώτην φωνὴν τὴν ὁμοίαν πᾶσιν ἴσα [S ἅπασι] κλαίων
Si. 7. 34. μὴ ὑστέρει ἀπὸ κλαιόντων
22. 11. ἐπὶ νεκρῷ κλαῦσον ἐξέλιπε γὰρ φῶς καὶ ἐπὶ μωρῷ κλαῦσον . . . ἥδιον [A ἴδιον] κλαῦσον ἐπὶ νεκρῷ
Ho. 12. 4 (5). ἔκλαυσαν καὶ ἐδεήθησάν μου (1 *a*)
Mi. 2. 6. ἐν ἐκκλησίᾳ κυρίου μὴ κλαίετε δάκρυσι (6)
Jl. 1. 5. ἐκνήψατε . . . καὶ κλαύσατε (1 *a*)
— 18. ἔκλαυσαν βουκόλια βοῶν †
2. 17. κλαύσονται οἱ ἱερεῖς . . . κυρίῳ (1 *a*)
Is. 15. 2. ἐκεῖ ἀναβήσεσθε κλαίειν (1 *c*)
— 5. πρὸς σὲ κλαίοντες ἀναβήσονται (1 *c*)
16. 9. κλαύσομαι . . . ἄμπελον Σεβαμά (1 *a*)
22. 4. πικρῶς κλαύσομαι (1 *c*)
30. 19. Ἱερουσαλὴμ κλαυθμῷ ἔκλαυσεν (1 *a*)
33. 7. ἄγγελοι . . . πικρῶς κλαίοντες (1 *a*)
38. 3. ἔκλαυσεν Ἐζεκίας κλαυθμῷ μεγάλῳ (1 *a*)
Je. 9. 1 (8. 23). κλαύσομαι τὸν λαόν μου τοῦτον (1 *a*)
13. 17. κεκρυμμένως κλαύσεται ἡ ψυχὴ ὑμῶν (1 *a*)
22. 10. μὴ κλαίετε τὸν τεθνηκότα . . . κλαύσατε κλαυθμῷ τὸν ἐκπορευόμενον (1 *a*, 1 *a*)
— 18. BS οὐδὲ μὴ κλαύσονται αὐτόν (4)
27 (50). 4. κλαίοντες πορεύσονται (1 *a*)
31 (48). 5. ἀναβήσεται κλαίων ἐν ὁδῷ Ὡρ. (1 *c*)
41 (34). 5. ὡς ἔκλαυσαν τοὺς πατέρας σου . . . κλαύσονται καὶ σέ †, †
— 5. ἕως ᾅδου κόψονταί [A κλαύσ.] σε (4)
48 (41). 6. ἐπορεύοντο καὶ ἔκλαιον (1 *a*)
Ba. 1. 5. ἔκλαιον καὶ ἐνήστευον
La. 1. 1. ἐκάθισεν Ἱερεμίας κλαίων –
— 2. κλαίουσα ἔκλαυσεν [A ἐδάκρυσεν] ἐν νυκτί (1 *a*, 1 *a*)
— 15 (16). ἐπὶ τούτοις ἐγὼ κλαίω (1 *a*)
Ez. 24. 16. οὐδ' οὐ μὴ κλαυσθῇς [B¹ κλαυθῇς] (1 *a*)
— 23. οὔτε μὴ κλαύσητε [A -σθητε] (1 *a*)
27. 31. A κλαύσονται περὶ σοῦ (1 *a*)
Da. LXX. Su. 33. ἐκλαίοσαν οἱ παρ' αὐτῆς πάντες
— 35. ἀνακύψασα ἔκλαυσεν ἐν αὐτῇ
Da. TH. Su. 33. ἔκλαιον δὲ οἱ παρ' αὐτῆς
— 35. ἡ δὲ κλαίουσα ἀνέβλεψεν εἰς τὸν οὐρανόν
I Ma. 7. 36. καὶ ἔκλαυσαν καὶ εἶπον
9. 20. καὶ ἔκλαυσαν αὐτόν [A αὐ. ἐκεῖ]
IV Ma. 15. 19. οὐκ ἔκλαυσας
[Aq. Ps. 68 (69). 11 : Is. 30. 19 : 33. 7 : Je. 13. 17 : 41 (48). 6 : Ho. 12. 4 (5).]
[Sm. Jd. 2. 5 : Ps. 68 (69). 11 : 77 (78). 64 : 83 (84). 7 : Is. 30. 19 : 33. 7 : Je. 13. 17 : 41 (48). 6 : 48 (31). 32 : Ho. 12. 4 (5) : Ma. 2. 13.]
[Th. Is. 30. 19 : 33. 7 : Je. 41 (48). 6 : Ez. 27. 31 : Ho. 12. 4 (5) : Ma. 2. 13.]

κλᾶν. (1) גָּדַע ni. (2) פָּרַס (3) פָּרַשׁ (4) רָצַץ hi.

Jd. 9. 53. καὶ ἔκλασε [A συνέθλασεν] τὸ κράνιον αὐτοῦ (4)
Je. 16. 7. οὐ μὴ κλασθῇ ἄρτος ἐν πένθει αὐτῶν (2)
27 (50). 23. πῶς ἐκλάσθη [AS συνεκλ.] καὶ συνετρίβη ἡ σφῦρα πάσης τῆς γῆς (1)
La. 4. 4. A ὁ κλῶν [B διακλ.] οὐκ ἔστιν αὐτοῖς (3)
IV Ma. 9. 14. κατὰ πᾶν μέλος κλώμενος
[Aq. Ez. 17. 4 : 23. 3.]
[Sm. Ps. 146 (147). 3.]

κλάνιον.

[Aq. II Ki. 1. 10.]

κλάσμα. (1) פֶּלַח (2) *a.* פַּת *b.* פְּתוֹת

Le. 2. 6. διαθρύψεις αὐτὰ κλάσματα (2 *a*)
6. 21 (14). B θυσίαν ἐκ κλασμάτων (2 *a*)
Jd. 9. 53. R ἔρριψε γυνὴ μία κλάσμα ἐπιμύλιον [B -ου, A μύλου] (1)

Jd. 19. 5. A στήρισον τὴν καρδίαν σου κλάσματι [B ψωμῷ] ἄρτου (2 a)
I Ki. 30. 12. διδόασιν αὐτῷ κλάσμα παλάθης (1)
II Ki. 11. 21. οὐχὶ γυνὴ ἔρριψε κλάσμα μύλου (1)
— 22. οὐχὶ γυνὴ ἔρριψεν . . . κλάσμα μύλου –
Ez. 13. 19. ἐβεβήλουν με ἕνεκεν κλασμάτων ἄρτων [A^{1} *al.*] (2 b)
[**Th.** Le. 6. 21 (14): Jd. 19. 5.]

κλαυθμός. (1) אֵבֶל (2) *a.* בָּכָה *b.* בְּכִי (3) מְבוּכָה (4) עֶצֶב
Ge. 45. 2. ἀφῆκε φωνὴν μετὰ κλαυθμοῦ (2 b)
46. 29. ἔκλαυσε κλαυθμῷ πίονι [A B^{2} πλείονι] †
De. 34. 8. αἱ ἡμέραι πένθους κλαυθμοῦ Μωυσῆ (2 b)
Jd. 21. 2: II Ki. 13. 36. καὶ ἔκλαυσαν κλ. μέγαν (2 b)
IV Ki. 20. 3. ἔκλαυσεν Ἐζ. κλ. μεγάλῳ (2 b)
I Es. 5. 63. μετὰ κραυγῆς καὶ κλ. μεγάλου
— 65. διὰ τὸν κλ. τοῦ λαοῦ
8. 91. κλ. γὰρ ἦν μέγας ἐν τῷ πλήθει
II Es. 3. 13. ἀπὸ τῆς φωνῆς [A εὐφροσύνης] τοῦ κλ. (2 b)
Ju. 7. 29. ἐγένετο κλ. μέγας
14. 16. ἐβόησε . . . μετὰ κλαυθμοῦ
Jb. 16. 17 (16). ἡ γαστήρ μου συγκέκαυται ἀπὸ κλαυθμοῦ (2 b)
30. 31. ὁ δὲ ψαλμός μου εἰς κλαυθμὸν ἐμοί (2 a)
Ps. 6. 8. ABS^{2} εἰσήκουσε κ. τῆς φωνῆς τοῦ κλ. μου (2 b)
29 (30). 5. τὸ ἑσπέρας αὐλισθήσεται κλαυθμός (2 b)
101 (102). 9. τὸ πόμα μου μετὰ κλαυθμοῦ ἐκίρνων (2 b)
Si. 38. 17. πίκρανον κλαυθμὸν καὶ θέρμανον κοπετόν
Mi. 7. 4. νῦν ἔσονται κλαυθμοὶ αὐτῶν (3)
Jl. 2. 12. καὶ ἐν κλαυθμῷ καὶ ἐν κοπετῷ (2 b)
Ma. 2. 13. ἐκαλύπτετε δάκρυσι τὸ θυσιαστ. κυρίου καὶ κλαυθμῷ (2 b)
Is. 15. 3. πάντες ὀλολύζετε μετὰ κλαυθμοῦ (2 b)
16. 9. κλαύσομαι ὡς τὸν κλ. Ἰαζήρ (2 b)
22. 12. ἐκάλεσε κύριος . . . κλαυθμόν (2 b)
30. 19. Ἰερουσαλὴμ κλαυθμῷ ἔκλαυσεν (2 a)
38. 3. ἔκλαυσεν Ἐζεκίας κλαυθμῷ μεγάλῳ (2 b)
65. 19. οὐκέτι μὴ ἀκουσθῇ ἐν αὐτῇ φωνὴ κλαυθμοῦ (2 b)
Je. 3. 21. φωνὴ ἐκ χειλέων ἠκούσθη κλαυθμοῦ (2 b)
22. 10. κλαύσατε κλαυθμῷ τὸν ἐκπορευόμενον (2 a)
31 (48). 5. ἐπλήσθη Ἀλὼθ ἐν κλαυθμῷ (2 b)
— 32. ὡς κλαυθμὸν Ἰαζὴρ ἀποκλαύσομαί σοι (2 b)
38 (31). 9. ἐν κλαυθμῷ ἐξῆλθον (2 b)
— 15. φωνὴ . . . ἠκούσθη . . . κλαυθμοῦ (2 b)
— 16. διαλειπέτω ἡ φωνή σου ἀπὸ κλαυθμοῦ (2 b)
Ba. 4. 11. ἐξαπέστειλα δὲ μετὰ κλαυθμοῦ
— 23. ἐξέπεμψα γὰρ ὑμᾶς μετὰ . . . κλαυθμοῦ
La. 5. 13. ἐκλεκτοὶ κλαυθμὸν ἀνέλαβον †
Da. LXX. 6. 20 (21). φωνῇ μεγάλῃ μετὰ κλαυθμοῦ (4)
II Ma. 13. 12. μετὰ κλαυθμοῦ καὶ νηστειῶν
[**Aq.** Ps. 83 (84). 7: Is. 15. 5: Je. 9. 10 (9): Ma. 2. 13.]
[**Sm., Th.** Is. 30. 19.]

κλαυθμών. (1) בָּכָא (2) בֹּכִים
Jd. 2. 1. ἀνέβη ἄγγελος κυρίου . . . ἐπὶ τὸν Κλ. (2)
— 5. τὸ ὄνομα τοῦ τόπου ἐκείνου Κλαυθμῶνες [A -μών] (2)
II Ki. 5. 23. παρέσῃ αὐτοῖς πλησίον τοῦ κλ. †
— 24. τοῦ ἄλσους τοῦ κλ. †
Ps. 83 (84). 6. AS^{2}R εἰς τὴν κοιλάδα [BS^{1} ἐν τῇ κ.] τοῦ κλ. (1)
[**Sm.** Jd. 2. 5.]

κλείειν. (1) גּוּף hi. (2) נָעַל (3) סָגַר *a.* qal. *b.* ni. *c.* pu. *d.* hi.
Ge. 7. 16. ἔκλεισε κύριος . . . τὴν κιβωτόν (3 a)
Jo. 2. 5. ὡς δὲ ἡ πύλη ἐκλείετο (3 a)
— 7. καὶ ἡ πύλη ἐκλείσθη (3 a)
Jd. 9. 51. καὶ ἔκλεισαν ἔξωθεν αὐτῶν [A *al.*] (3 a)
20. 42. A ἔκλεισαν ἐνώπιον ἀνδρὸς Ἰσρ. [B *al.*] †
I Ki. 23. 20. κεκλείκασιν αὐτὸν εἰς τὰς χεῖρας τοῦ βασ. (3 d)
II Ch. 28. 24. ἔκλεισε τὰς θύρας οἴκου κυρίου (3 a)
Ne. 6. 10. κλείσωμεν τὰς θύρας αὐτοῦ (3 a)
7. 3. κλειέσθωσαν αἱ θύραι (1)
Ne. 13. 19. ASR ἔκλεισαν [B -α] τὰς πύλας (3 b)
Jb. 12. 14. ἐὰν κλείσῃ [A δὲ καὶ ἀποκλ.] κατὰ ἀνθρώπων (3 a)
Ec. 12. 4. κλείσουσι θύρας [A -αν, S^{1} -αι] ἐν ἀγορᾷ (3 c)
Ca. 4. 12. κῆπος κεκλεισμένος ἀδελφή μου . . . κῆπος κεκλεισμένος (2, 2)
Si. 30. 18. ἀγαθὰ ἐκκεχυμένα ἐπὶ στόματι κεκλεισμένῳ
42. 6. ὅπου χεῖρες πολλαὶ κλεῖσον
Is. 22. 22. κλείσει καὶ οὐκ ἔσται ὁ ἀνοίγων (3 a)
24. 10. κλείσει οἰκίαν [S^{2} *al.*] (3 c)
60. 11. ἡμέρας καὶ νυκτὸς οὐ κλεισθήσονται (3 b)
Ez. 44. 1. αὕτη ἦν κεκλεισμένη (3 a)
— 2. ἡ πύλη αὕτη κεκλεισμένη ἔσται . . . ἔσται κεκλεισμένη (3 a, 3 a)
46. 1. πύλη ἡ ἐν τῇ αὐλῇ . . . ἔσται κεκλεισμένη (3 a)
— 2. ἡ πύλη οὐ μὴ κλεισθῇ ἕως ἑσπέρας (3 b)
— 12. κλείσει τὰς θύρας μετὰ τὸ ἐξελθεῖν αὐτόν (3 a)
Da. LXX. Bel 12. τοῦ ναοῦ ἐπὰν κλεισθῇ
Da. TH. Su. 17. τὰς θύρας τοῦ παραδείσου κλείσατε
— 20. αἱ θύραι τοῦ παραδείσου κέκλειντο
6. 18 (19). ἔκλεισεν ὁ θεὸς τὰ στόματα τῶν λεόντων
Bel 14. ἔκλεισαν τὴν θύραν
[**Aq.** Is. 22. 22.]
[**Sm.** Ge. 8. 2: Ps. 54 (55). 23.]
[**Th.** Is. 22. 22: Da. 6. 18†.]

κλεῖθρον. (1) בְּרִיחַ (2) מַנְעוּל
Ne. 3. 3. θύρας αὐτῆς καὶ κλεῖθρα [S^{2} τὰ κλ.] αὐτῆς (2)
— 6. BS κλεῖθρα [S^{2} τὰ κλ.] αὐ. καὶ μοχλοὺς αὐ. (2)
— 13, 14. καὶ κλεῖθρα αὐτῆς καὶ μοχλοὺς αὐτῆς (2)
Jb. 26. 13. κλεῖθρα δὲ οὐρανοῦ δεδοίκασιν αὐτόν †
38. 10. περιθεὶς κλεῖθρα καὶ πύλας (1)
Ca. 5. 5. ἐπὶ χεῖρας τοῦ κλ. ἤνοιξα ἐγὼ τῷ ἀδελφιδῷ μου (2)
Ep. Je. 18. θυρώμασί τε καὶ κλείθροις

κλείς. (1) מַפְתֵּחַ (2) שִׁכְמָה
Jd. 3. 25. ἔλαβον τὴν κλ. (1)
I Ch. 9. 27. καὶ οὗτοι ἐπὶ τῶν κλ. (1)
Jb. 31. 22. ἀποσταίη ἄρα ὁ ὦμός μου ἀπὸ τῆς κλ. (2)
Is. 22. 22. SR δώσω αὐτῷ [A *om.*] τὴν κλ. οἴκου Δαυίδ (1)
Da. LXX. Bel 12. ἐπισφραγίσεις τὰς κλ. τοῦ ναοῦ
[**Aq., Th.** Is. 22. 22.]

κλέμμα. (1) *a.* גָּנַב *b.* גְּנֵבָה
Ge. 31. 39. ἀπετίννυον . . . κλέμματα ἡμέρας καὶ κλέμματα νυκτός (1 a, 1 a)
Ex. 22. 3 (2). πραθήτω ἀντὶ τοῦ κλ. (1 b)
— 4 (3). R ἐὰν δὲ καταλειφθῇ [A B -λημφ.] . . . τὸ κλ. (1 b)

κλέος. (1) שֵׁמַע
Jb. 28. 22. ἀκηκόαμεν δὲ αὐτῆς τὸ κλ. (1)
30. 8. κλέος ἐσβεσμένον [S^{1} -ων] ἀπὸ γῆς –

κλέπτειν. (1) גָּנַב *a.* qal. *b.* ni. *c.* pi. *d.* pu. *e.* גְּנַב
Ge. 30. 33. κεκλεμμένον ἔσται παρ' ἐμοί (1 a)
31. 19. ἔκλεψε δὲ Ῥαχὴλ τὰ εἴδωλα (1 a)
— 30. ἵνα τί ἔκλεψας τοὺς θεούς μου (1 a)
— 32. Ῥαχὴλ . . . ἔκλεψεν αὐτούς (1 a)
40. 15. κλοπῇ ἐκλάπην ἐκ γῆς Ἑβραίων (1 d)
44. 5. ἵνα τί ἐκλέψατέ μου τὸ κόνδυ –
— 8. πῶς ἂν κλέψαιμεν . . . ἀργύριον (1 a)
Ex. 20. 14 (15). οὐ κλέψεις (1 a)
21. 17 (16). ὃς ἐὰν κλέψῃ τίς τινα τῶν υἱῶν Ἰσρ. (1 a)
22. 1 (21. 37). ἐὰν δέ τις κλέψῃ μόσχον (1 a)
— 7 (6). ἐὰν . . . κλαπῇ ἐκ τῆς οἰκίας τοῦ ἀνθρώπου (1 d)
— 7 (6). ἐὰν εὑρεθῇ ὁ κλέψας (1 e)
— 8 (7). ἐὰν δὲ μὴ εὑρεθῇ ὁ κλέψας (1 e)
— 12 (11). ἐὰν δὲ κλαπῇ παρ' αὐτοῦ (1 a + 1 b)
Le. 19. 11. οὐ κλέψετε (1 a)
De. 5. 19 (17). οὐ κλέψεις (1 a)
24. 7. ἄνθρωπος κλέπτων ψυχήν (1 a)
Jo. 7. 11. κλέψαντες ἀπὸ τοῦ ἀναθέματος (1 a) ●
II Ki. 19. 41 (42). ἔκλεψάν σε οἱ ἀδελφοὶ ἡμῶν (1 a)
21. 12. οἳ ἔκλεψαν [A ἔθαψαν] αὐτούς (1 a)
IV Ki. 11. 2. ἔκλεψεν αὐτὸν ἐκ μέσου τῶν υἱῶν τοῦ βασ. (1 a)
II Ch. 22. 11. ἔκλεψεν αὐτὸν ἐκ μέσου υἱῶν τοῦ βασ. (1 a)
I Es. 4. 23. ἐκπορεύεται . . . λῃστεύειν καὶ κλέπτειν
— 24. καὶ ὅταν κλέψῃ καὶ ἁρπάσῃ
To. 1. 18. ἔθαψα αὐτοὺς κλέπτων [S *al.*]
— 18. S ἔκλεπτον τὰ σώματα αὐτῶν [A B *al.*]
Jb. 17. 2. ABS^{2} ἔκλεψαν δέ μου τὰ ὑπάρχοντα ἀλλότριοι †
Pr. 6. 30. οὐ θαυμαστὸν ἐὰν ἁλῷ τις κλέπτων κλέπτει γὰρ ἵνα ἐμπλήσῃ τὴν ψυχὴν πεινῶν [A -ῶσαν] (1 e, 1 a)
24. 32 (30. 9). ἢ πενηθεὶς κλέψω (1 a)
Ob. 1. 5. οὐκ ἂν ἔκλεψαν τὰ ἱκανὰ ἑαυτοῖς (1 a)
Je. 7. 9. ABS^{2} καὶ κλέπτετε (1 a)
23. 30. ASR τοὺς προφήτας . . . τοὺς κλέπτοντας τοὺς λόγους μου (1 c)
Da. LXX. Su. 12. ἐρχόμενοι ἔκλεπτον ἀλλήλους
[**Aq.** Ge. 31. 27.]

κλέπτης. (1) *a.* גָּנַב *b.* גַּנָּב
Ex. 22. 2 (1). ἐὰν δὲ ἐν τῷ διορύγματι εὑρεθῇ ὁ κλ. (1 b)
De. 24. 7. ἀποθανεῖται ὁ κλ. ἐκεῖνος (1 b)
Jb. 24. 14. νυκτὸς ἔσται ὡς κλέπτης (1 b)
30. 5. ἐπανέστησάν μοι κλέπται (1 b)
Ps. 49 (50). 18. εἰ ἐθεώρεις κλέπτην (1 b)
Pr. 29. 24. ὃς μερίζεται [S^{2} συμμερ., S^{1} ἐρίζεται] κλέπτῃ (1 b)
Si. 5. 14. ἐπὶ γὰρ τῷ κλ. ἐστὶν αἰσχύνη
20. 25. αἱρετὸν κλέπτης ἢ [A *om.*] ὁ ἐνδελεχίζων ψεύδει
Ho. 7. 1. καὶ κλέπτης πρὸς αὐτὸν εἰσελεύσεται (1 b)
Jl. 2. 9. διὰ θυρίδων εἰσελεύσονται ὡς κλέπται (1 b)
Ob. 1. 5. εἰ κλέπται εἰσῆλθον πρὸς σέ (1 b)
Za. 5. 3. πᾶς ὁ κλ. ἐκ τούτου (1 a)
— 4. εἰσελεύσεται [A -σομαι] εἰς τὸν οἶκον τοῦ κλ. (1 b)
Is. 1. 23. οἱ ἄρχοντές σου ἀπειθοῦσι κοινωνοὶ κλεπτῶν (1 b)
Je. 2. 26. ὡς αἰσχύνη κλέπτου ὅταν ἁλῷ (1 b)
29 (49). 9. ὡς κλέπται ἐν νυκτὶ ἐπιθήσουσι χεῖρα [A S -ας] αὐτῶν (1 b)
Ep. Je. 57. οὔτε ἀπὸ κλεπτῶν οὔτε ἀπὸ λῃστῶν
[**Aq.** Pr. 6. 30: 29. 24.]
[**Sm., Quint.** Ho. 7. 1.]

κλεψιμαῖος.
To. 2. 13. μὴ κλεψιμαῖόν ἐστιν
— 13. οὐ γὰρ θεμιτόν ἐστι φαγεῖν κλεψιμαῖον [S *al.*]

κληδονίζεσθαι. (1) עָנַן po.
De. 18. 10. οὐχ εὑρεθήσεται . . . κληδονιζόμενος (1)
IV Ki. 21. 6: II Ch. 33. 6. καὶ ἐκληδονίζετο (1)
[**Aq.** Le. 19. 26: Mi. 5. 12 (11).]
[**Sm.** Is. 57. 3.]

κληδονισμός. (1) עָנַן po.
De. 18. 14. A οὗτοι κληδονισμῶν [B -όνων] . . . ἀκούσονται (1)
Is. 2. 6. ἐνεπλήσθη ὡς τὸ ἀπ' ἀρχῆς ἡ χώρα αὐτῶν κληδονισμῶν (1)

κληδών. (1) עָנַן po.
De. 18. 14. οὗτοι κληδόνων [A -ονισμῶν] . . . ἀκούσονται (1)
[**Aq., Th.** Je. 27 (34). 9.]

κλῆμα. (1) דָּלִית (2) זְמוֹרָה (3) נְטִישׁוֹת (4) עָנָף (5) קָצִיר (6) שָׂרִיג
Nu. 13. 24 (23). AR ἔκοψαν ἐκεῖθεν κλῆμα [B -ματα] (2)
Ps. 79 (80). 11. ἐξέτεινε τὰ κλ. αὐτῆς ἕως θαλάσσης (5)
Jl. 1. 7. ἐλεύκανε τὰ [AS *om.*] κλήματα αὐτῆς (6)
Na. 2. 2 (3). καὶ τὰ κλήματα αὐτῶν διέφθειραν (2)
Ma. 4. 1 (3. 19). οὐ μὴ ὑπολειφθῇ ἐξ αὐτῶν ῥίζα οὐδὲ κλῆμα (4)
Je. 31 (48). 32. κλήματά σου διῆλθε θάλασσαν (3)
Ez. 8. 17. A ἐκτείνουσιν τὸ κλ. (2)
15. 2. ἐκ πάντων τῶν ξύλων τῶν κλ. [B^{1} *om.* τ. κλ.] (2)
17. 6. τοῦ ἐπιφαίνεσθαι αὐτὴν [A -τῇ] τὰ κλ. αὐτῆς (1)
— 7. τὰ κλ. αὐτῆς [A *add.* καὶ] ἐξαπέστειλεν αὐτῷ [A -ην] (1)

● = correction on page xxvi

Ez. 17. 23. τὰ κλ. αὐτοῦ ἀποκατασταθήσεται (1)
19. 11. εἶδε τὸ μέγεθος αὐτῆς ἐν πλήθει κλημάτων αὐτῆς (1)
[Aq. Ez. 17. 6.]
[Sm. Is. 16. 8.]
[Th. Ps. 79 (80). 12 : Ez. 8. 17.]
[Quint. Ps. 79 (80). 12.]

κληματίζειν.
[Al. Le. 25. 4.]

κληματίς. (1) נְטִישׁוֹת (2) שְׁדֵמָה
De. 32. 32. ἡ κλ. αὐτῶν ἐκ Γομόρρας (2)
Is. 18. 5. τὰς κλ. ἀφελεῖ (1)
Da. LXX. 3. (46). στυππίον καὶ πίσσαν καὶ κληματίδα
Da. TH. 3. (46). πίσσαν καὶ στιππύον καὶ κληματίδα [A -ας]
[Aq., Sm. Ge. 40. 10.]
[Th. Is. 25. 5.]

κληροδοσία. (1) נַחֲלָה
Ps. 77 (78). 55. ἐκληροδότησεν αὐτοὺς ἐν σχοινίῳ κληροδοσίας (1)
Ec. 7. 12 (11). A S ἀγαθὴ σοφία μετὰ κληροδοσίας [B -νομίας] (1)
Da. LXX. 11. 21. κατισχύσει βασιλεὺς ἐν κληροδοσίᾳ αὐτοῦ †
— 34. καὶ πολλοὶ ὡς ἐν κληροδοσίᾳ †
I Ma. 10. 89. ἔδωκεν αὐτῷ τὴν Ἀκκ. . . . εἰς κληροδοσίαν
[Aq. De. 4. 20 : Ps. 27 (28). 9 : 32 (33). 12 : 67 (68). 10.]
[Sm. Is. 49. 8.]

κληροδοτεῖν. (1) יָרַשׁ hi. (2) נָפַל hi.
II Es. 9. 12. καὶ κληροδοτήσητε [A -ρονομήσητε] τοῖς υἱοῖς ὑμῶν (1)
Ps. 77 (78). 55. ἐκληροδότησεν αὐτοὺς ἐν σχοινίῳ κληροδοσίας (2)
Si. 17. 11. νόμον ζωῆς ἐκληροδότησεν αὐτοῖς [A S² -ούς]
[Aq. De. 32. 8 : Pr. 8. 21 : Is. 57. 13.]
[Sm. Pr. 8. 21 : Is. 49. 8.]
[Th. Pr. 8. 21.]
[Al. Ex. 34. 9 : Pr. 13. 22.]

κληρονομεῖν. (1) אָחַז ni. (2) בָּזַז (3) חָלַק pi. (4) יָדַע (5) יָרַשׁ *a.* qal. *b.* hi. *c.* יְרֻשָּׁה (6) לָכַד (7) נָחַל *a.* qal. *b.* hi. *c.* hithp. *d.* נַחֲלָה *e.* חָלַק נַחֲלָה *f.* נָתַן נַחֲלָה

Ge. 15. 3. R ὁ δὲ οἰκογενής μου κληρονομήσει με (5 *a*)
— 4. R οὐ κληρονομήσει σε οὗτος (5 *a*)
— 4. R οὗτος κληρονομήσει σε (5 *a*)
— 7. δοῦναί σοι τὴν γῆν ταύτην κληρονομῆσαι (5 *a*)
— 8. ὅτι κληρονομήσω αὐτήν (5 *a*)
21. 10. οὐ γὰρ μὴ κληρονομήσει ὁ υἱὸς τῆς παιδίσκης (5 *a*)
22. 17 : 24. 60. κληρονομήσει τὸ σπέρμα σου τὰς πόλεις (5 *a*)
28. 4. κληρονομῆσαι τὴν γῆν (5 *a*)
47. 27. ἐκληρονόμησαν [A -μήθησαν] ἐπ᾿ αὐτῆς (1)
Ex. 23. 30. ἕως ἂν . . . κληρονομήσῃς τὴν γῆν (7 *a*)
Le. 20. 24. A R κληρονομήσετε [B -σατε] τὴν γῆν αὐτῶν (5 *a*)
Nu. 14. 24. τὸ σπέρμα αὐτοῦ κληρονομήσει αὐτήν (5 *b*)
— 31. κληρονομήσουσι τὴν γῆν (4)
18. 20. ἐν τῇ γῇ αὐτῶν οὐ κληρονομήσεις (7 *a*)
— 23. οὐ κληρονομήσουσι κληρονομίαν (7 *a*)
— 24. οὐ κληρονομήσουσι κλῆρον (7 *a*)
21. 35. ἐκληρονόμησαν τὴν γῆν αὐτῶν (5 *a*)
26. 53. κληρονομεῖν ἐξ ἀριθμοῦ ὀνομάτων (7 *d*)
— 55. κατὰ φυλὰς πατριῶν αὐτῶν κληρονομήσουσιν (7 *a*)
27. 11. R κληρονομῆσαι [A B -σει] τὰ αὐτοῦ (5 *a*)
32. 19. οὐκέτι κληρονομήσωμεν ἐν αὐτοῖς (7 *a*)
33. 54. κατὰ φυλὰς πατριῶν ὑμῶν κληρονομήσετε (7 *c*)
34. 17. οἳ κληρονομήσουσιν ὑμῖν [A *om.*] τὴν γῆν (7 *a*)
35. 8. B ἣν κληρονομήσουσι [A R κατεκλ.] (7 *a*)
De. 1. 8. κληρονομήσατε τὴν γῆν (5 *a*)
— 21. ἀναβάντες κληρονομήσατε [A -μεῖτε] (5 *a*)
De. 1. 39. αὐτοὶ κληρονομήσουσιν αὐτήν (5 *a*)
2. 9. δέδωκα τὴν Ἀρ. κληρονομεῖν (5 *c*)
— 24. ἐνάρχου κληρονομεῖν (5 *a*)
— 31. ἔναρξαι κληρονομῆσαι τὴν γῆν αὐτοῦ (5 *a*)
3. 12. A B²R τὴν γῆν ἐκείνην ἐκληρονομήσαμεν [B¹ ἐπρονομεύσ.] (5 *a*)
4. 1. καὶ εἰσελθόντες κληρονομήσητε τὴν γῆν (5 *a*)
— 5. εἰσπορεύεσθε ἐκεῖ κληρονομεῖν αὐτήν (5 *a*)
— 14. A R εἰσπορεύεσθε ἐκεῖ κληρονομῆσαι [B -μεῖν] αὐτήν (5 *a*)
— 22. κληρονομήσετε τὴν γῆν τὴν ἀγαθὴν ταύτην (5 *a*)
— 26. διαβαίνετε . . . ἐκεῖ κληρονομῆσαι [A κλ. αὐτήν] (5 *a*)
— 38. δοῦναί σοι τὴν γῆν αὐτῶν κληρονομεῖν (7 *d*)
— 47. ἐκληρονόμησαν τὴν γῆν αὐτοῦ (5 *a*)
5. 33 (30). A R ἣν [B ἧς] κληρονομήσετε (5 *a*)
6. 1. εἰσπορεύεσθε ἐκεῖ κληρονομῆσαι αὐτήν [A B² *om.*] (5 *a*)
— 18. καὶ κληρονομήσῃς [A -σεις] τὴν γῆν (5 *a*)
7. 1. A R εἰσπορεύῃ ἐκεῖ κληρονομῆσαι αὐτήν [B *om.*] (5 *a*)
8. 1. καὶ κληρονομήσητε τὴν γῆν (5 *a*)
9. 1. κληρονομῆσαι ἔθνη μεγάλα (5 *a*)
— 4. κληρονομῆσαι τὴν γῆν τὴν ἀγαθὴν ταύτην (5 *a*)
— 5. εἰσπορεύῃ κληρονομῆσαι τὴν γῆν αὐτῶν (5 *a*)
— 6. δίδωσί σοι τὴν γῆν . . . κληρονομῆσαι (5 *a*)
— 23. κληρονομήσατε τὴν γῆν (5 *a*)
10. 11. κληρονομείτωσαν τὴν γῆν (5 *a*)
11. 8. A R κληρονομήσητε [B -ετε] τὴν γῆν (5 *a*)
— 8. διαβαίνετε τὸν Ἰορδ. ἐκεῖ κληρονομῆσαι αὐτήν (5 *a*)
— 10, 11. εἰς ἣν εἰσπορεύῃ ἐκεῖ κληρονομῆσαι αὐτήν (5 *a*)
— 23. κληρονομήσετε ἔθνη μεγάλα (5 *a*)
— 29. διαβαίνεις ἐκεῖ κληρονομῆσαι αὐτήν (5 *a*)
— 31. εἰσελθόντες κληρονομῆσαι τὴν γῆν (5 *a*)
— 31. A καὶ κληρονομήσετε αὐτήν (5 *a*)
12. 2. οὓς ὑμεῖς κληρονομεῖτε [A κατακλ.] αὐτούς (5 *a*)
— 29. εἰσπορεύῃ ἐκεῖ κληρονομῆσαι τὴν γῆν (5 *a*)
16. 20. καὶ εἰσελθόντες κληρονομήσητε τὴν γῆν (5 *a*)
17. 14. καὶ κληρονομήσῃς αὐτὴν [A -ῇς] (5 *a*)
19. 14. A² κληρονομῆσαι αὐτήν (5 *a*)
20. 15 (16). δίδωσί σοι κληρονομεῖν τὴν γῆν αὐτῶν (7 *d*)
21. 1. δίδωσί σοι κληρονομῆσαι (5 *a*)
23. 20 (21). A R εἰς ἣν εἰσπορεύῃ ἐκεῖ κληρονομῆσαι [B -μεῖν] αὐτήν (5 *a*)
25. 19. δίδωσί σοι κληρονομῆσαι [A *al.*] (7 *d* + 5 *a*)
26. 1. δίδωσί σοι κληρονομῆσαι [A *al.*] (7 *d*)
28. 21. εἰσπορεύῃ ἐκεῖ κληρονομῆσαι αὐτήν (5 *a*)
— 63. A R εἰσπορεύῃ ἐκεῖ κληρονομῆσαι [B -μεῖν] αὐτήν (5 *a*)
30. 5. ἣν ἐκληρονόμησαν οἱ πατέρες σου (5 *a*)
— 5. καὶ κληρονομήσεις αὐτήν (5 *a*)
— 16. A R εἰσπορεύῃ ἐκεῖ κληρονομῆσαι [B -μεῖν] αὐτήν (5 *a*)
— 18 : 31. 13. A R διαβαίνετε . . . κληρονομῆσαι [B -μεῖν] αὐτήν (5 *a*)
32. 47. διαβαίνετε . . . κληρονομῆσαι [A *add.* αὐτήν] (5 *a*)
33. 23. θάλασσαν καὶ λίβα κληρονομήσει (5 *a*)
Jo. 1. 15. καὶ κληρονομήσωσι [A -σουσιν] (5 *a*)
12. 7. ἔδωκεν αὐτὴν Ἰ. ταῖς φυλαῖς Ἰσρ. κληρονομεῖν [A -μίαν] (5 *c*)
14. 2. κατὰ κλήρους ἐκληρονόμησαν [B² -μήθησαν] (7 *d*)
16. 4. ἐκληρονόμησαν οἱ υἱοὶ Ἰωσήφ (7 *a*)
17. 6. ἐκληρονόμησαν κλῆρον (7 *a*)
— 14. διὰ τί ἐκληρονόμησας ἡμᾶς κλῆρον ἕνα (7 *f*)
18. 2. οἳ οὐκ ἐκληρονόμησαν [A οὐ κατεκλ.] (7 *e*)
— 3. κληρονομῆσαι τὴν γῆν (5 *a*)
19. 9. ἐκληρονόμησαν οἱ υἱοὶ Συμεών (7 *a*)
22. 9. ἣν ἐκληρονόμησαν αὐτὴν [A *om.*] (1)
24. 4. ἔδωκα . . . τὸ ὄρος τὸ Σηεὶρ κληρονομῆσαι [A -νομίαν] αὐτῷ (5 *a*)
Jd. 1. 18. οὐκ ἐκληρονόμησεν Ἰ. τὴν Γάζαν (6)
— 19. ἐκληρονόμησε τὸ ὄρος (5 *b*)
— 19. A οὐκ ἐδύνατο κληρονομῆσαι τοὺς κατοικοῦντας [B *al.*] (5 *b*)
— 20. ἐκληρονόμησεν ἐκεῖθεν τὰς τρεῖς πόλεις (5 *b*)
— 21. τὸν Ἰεβ. . . . οὐκ ἐκληρονόμησαν [A ἐξῆραν] (5 *b*)
— 27. A οὐκ ἐκληρονόμησεν [B ἐξῆρεν] Μ. τὴν Β. (5 *b*)
Jd. 3. 13. ἐκληρονόμησε τὴν πόλιν τῶν φοινίκων (5 *a*)
11. 2. οὐ κληρονομήσεις ἐν τῷ οἴκῳ τοῦ πατρὸς ἡμῶν (7 *a*)
— 21. ἐκληρονόμησεν Ἰσρ. πᾶσαν τὴν γῆν (5 *a*)
— 21. A ἐκληρονόμησεν πᾶν τὸ ὅριον (5 *a* ?)
— 23. καὶ σὺ κληρονομήσεις αὐτόν (5 *a*)
— 24. ἃ ἐὰν κληρονομήσει σε [A *al.*] (5 *b*)
— 24. οὐχὶ . . . αὐτὰ κληρονομήσεις (5 *a*)
— 24. αὐτοὺς [A -ὰ] κληρονομήσομεν [A -ωμεν] (5 *a*)
18. 9. τοῦ κληρονομῆσαι [A τοῦ . . . κατακλ.] τὴν γῆν (5 *a*)
III Ki. 20 (21). 15. κληρονόμει τὸν ἀμπελῶνα Ναβ. (5 *a*)
— 16. κατέβη Ἀχ. . . . κληρονομῆσαι αὐτόν (5 *a*)
— 18. καταβέβηκεν ἐκεῖ κληρονομῆσαι αὐτόν (5 *a*)
— 19. ὡς σὺ ἐφόνευσας καὶ ἐκληρονόμησας [A -α] (5 *a*)
IV Ki. 17. 24. ἐκληρονόμησαν τὴν Σαμ. (5 *a*)
I Ch. 28. 6. B κληρονομήσει [A R οἰκοδομ.] τὸν οἶκόν μου †
— 8. ἵνα κληρονομήσητε τὴν γῆν τὴν ἀγαθήν (5 *a*)
I Es. 8. 83. εἰς ἣν εἰσέρχεσθε κληρονομῆσαι
II Es. 9. 11. εἰς ἣν εἰσπορεύεσθε κληρονομῆσαι αὐτήν (5 *a*)
— 12. A καὶ κληρονομήσητε [A -ροδοτήσητε] τοῖς υἱοῖς ὑμῶν (5 *b*)
Ne. 9. 15. εἰσελθεῖν κληρονομῆσαι τὴν γῆν (5 *a*)
— 22. ἐκληρονόμησαν τὴν γῆν Σηών (5 *a*)
— 23. καὶ ἐκληρονόμησαν αὐτήν (5 *a*)
— 25. καὶ ἐκληρονόμησαν οἰκίας (5 *a*)
To. 3. 15. ὁ κληρονομήσει αὐτόν [S *al.*]
— 17. διότι Τωβία ἐπιβάλλει κληρονομῆσαι αὐτήν
4. 12. A B τὸ σπέρμα αὐτῶν κληρονομήσει γῆν
6. 11. S κληρονομῆσαι αὐτήν [A B *al.*]
— 11. S τὰ ὄντα τῷ πατρὶ αὐτῆς σοι δικαιοῦται κληρονομῆσαι
14. 13. ἐκληρονόμησε τὴν οὐσίαν αὐτῶν [S *al.*]
Ju. 5. 15. ἐκληρονόμησαν πᾶσαν τὴν ὀρεινήν
Ps. 5. *tit.* εἰς τὸ τέλος ὑπὲρ τῆς κληρονομούσης †
24 (25). 13. τὸ σπέρμα αὐτοῦ κληρονομήσει γῆν (5 *a*)
36 (37). 9. αὐτοὶ κληρονομήσουσι τὴν γῆν (5 *a*)
— 11. οἱ δὲ πραεῖς κληρονομήσουσι γῆν (5 *a*)
— 22. οἱ εὐλογοῦντες αὐτὸν κληρονομήσουσι γῆν (5 *a*)
— 29. δίκαιοι δὲ κληρονομήσουσι γῆν (5 *a*)
43 (44). 3. οὐ γὰρ ἐν τῇ ῥομφαίᾳ αὐτῶν ἐκληρονόμησαν γῆν (5 *a*)
68 (69). 35. καὶ κληρονομήσουσιν αὐτήν (5 *a*)
82 (83). 12. A S κληρονομήσωμεν ἑαυτοῖς τὸ ἁγιαστήριον [B θυσιαστ.] (5 *a*)
104 (105). 44. πόνους λαῶν ἐκληρονόμησαν [A S² κατεκλ.] (5 *a*)
118 (119). 111. ἐκληρονόμησα τὰ μαρτύριά σου (7 *a*)
Pr. 3. 35. δόξαν σοφοὶ κληρονομήσουσιν (7 *a*)
11. 29. κληρονομήσει ἄνεμον (7 *a*)
13. 22. ἀγαθὸς ἀνὴρ κληρονομήσει υἱοὺς υἱῶν (7 *b*)
Si. 4. 13. ὁ κρατῶν αὐτῆς κληρονομήσει δόξαν
6. 1. ὄνομα γὰρ πονηρὸν αἰσχύνην καὶ ὄνειδος κληρονομήσει
10. 11. ἐν γὰρ τῷ ἀποθανεῖν ἄνθρωπον κληρονομήσει ἑρπετὰ καὶ θηρία
19. 3. σκώληκες κληρονομήσουσιν αὐτόν [S¹ τὴν γῆν]
20. 25. ἀμφότεροι δὲ ἀπώλειαν κληρονομήσουσιν
22. 4. θυγάτηρ φρονίμη κληρονομήσει ἄνδρα αὐτῆς
24. 8. A ἐν Ἰσραὴλ κληρονομήθητι [B S κατακλ.]
37. 26. ὁ σοφὸς ἐν τῷ λαῷ αὐ. κληρονομήσει πίστιν
39. 23. ὀργὴν αὐτοῦ ἔθνη κληρονομήσει
45. 22. ἐν γῇ λαοῦ οὐ κληρονομήσει
46. 1. ὅπως κληρονομήσῃ [A S κατακλ.] τὸν Ἰσ.
Ho. 9. 6. τὸ ἀργύριον αὐτῶν ὄλεθρος κληρονομήσει αὐτό [A *om.*] (5 *a*)
Ob. 1. 20. κληρονομήσουσι τὰς πόλεις τοῦ ναγέβ (5 *a*)
Ze. 2. 9. οἱ κατάλοιποι . . . κληρονομήσουσιν αὐτούς (7 *a*)
Za. 9. 4. κύριος κληρονομήσει αὐτούς [A S¹ αὐτήν] (5 *b*)
Is. 14. 21. ἵνα μὴ ἀναστῶσι καὶ τὴν γῆν κληρονομήσωσι [S -σουσιν] (5 *a*)
17. 14. κληρονομία τοῖς ὑμᾶς κληρονομήσασιν [S¹ -σουσιν, A *al.*] (2 ?)
34. 17. εἰς τὸν αἰῶνα χρόνον κληρονομήσετε [A -σατε] (5 *a*)
49. 8. κληρονομῆσαι κληρονομίας ἐρήμους [A S *al.*] (7 *b*)
53. 12. κληρονομήσει πολλούς (3)
54. 3. τὸ σπέρμα σου ἔθνη κληρονομήσει (5 *a*)
57. 13. κληρονομήσουσι τὸ ὄρος τὸ ἅγιόν μου (5 *a*)

Is. 58. 11. A κληρονομήσουσι γενεὰς γενεῶν –
60. 21. δι' αἰῶνος κληρονομήσουσι τὴν γῆν (5 a)
61. 7. ἐκ δευτέρας κληρονομήσουσι τὴν γῆν [S^{1} al.] (5 a)
62. 4. οὐκέτι κληθήσῃ [S^{1} κληρονομηθ.] Καταλελειμμένη †
63. 18. ἵνα μικρὸν κληρονομήσωμεν τοῦ ὄρους τοῦ ἁγίου σου (5 a)
65. 9. κληρονομήσει τὸ ὄρος τὸ ἅγιόν μου καὶ κληρονομήσουσιν οἱ ἐκλεκτοί μου (5 b, 5 a)
Ez. 7. 24. A κληρονομήσουσιν τοὺς οἴκους αὐτῶν (5 a)
33. 25, 26. A τὴν γῆν κληρονομήσετε (5 a)
35. 10. κληρονομήσω αὐτάς (5 a)
36. 12. κληρονομήσουσιν ὑμᾶς (5 a)
45. 9. A τὴν γῆν κληρονομήσουσιν –
I Ma. 1. 32. τὰ κτήνη ἐκληρονόμησαν [S^{1} om., S^{2} ἐκλ. ἑαυτοῖς]
2. 10. A R ποῖον ἔθνος οὐκ ἐκληρονόμησε [S add. ἐν] βασιλείᾳ
— 57. Δαυὶδ . . . ἐκληρονόμησε θρόνον βασιλείας
[Aq. Pr. 14. 18: 30. 23: Is. 34. 11: 61. 7: Je. 12. 13: 32 (39). 23: 49 (30). 2: Ez. 33. 24.]
[Sm. Dt. 11. 11: Pr. 14. 18: 30. 23: Is. 34. 11: 57. 13: 61. 7: Je. 32 (39). 23: 49 (30). 2: Ez. 33. 24.]
[Th. Pr. 14. 18: 30. 23: Is. 34. 11: 57. 13: 61. 7: Ez. 7. 24: 33. 24, 25, 26.]
[Al. Dt. 2. 12: 19. 14: Jo. 22. 9.]

κληρονομία. (1) אֲחֻזָּה (2) גְּבוּל (3) גּוֹרָל (4) חֵלֶק (5) *a.* יָרַשׁ *b.* יְרֵשָׁה *c.* יְרֻשָּׁה *d.* מוֹרָשָׁה *e.* מוֹרָשֶׁת (6) *a.* נַחֲלָה *b.* נַחֲלַת

Ge. 31. 14. μὴ ἔστιν ἡμῖν ἔτι . . . κληρονομία (6 a)
Ex. 15. 17. εἰς ὄρος κληρονομίας σου (6 a)
Nu. 18. 20. B καὶ κληρονομία σου (6 a)
— 23. οὐ κληρονομήσουσι κληρονομίαν (6 a)
24. 18. ἔσται Ἐδὼμ κληρονομία καὶ ἔσται κληρονομία Ἡσαῦ (5 b, 5 b)
26. 54. τοῖς πλείοσι πλεονάσεις τὴν κλ. καὶ τοῖς ἐλάττοσιν ἐλαττώσεις τὴν κλ. αὐτῶν (6 a, 6 a)
— 54. δοθήσεται ἡ κλ. αὐτῶν (6 a)
— 56. ἐκ τοῦ κλήρου μεριεῖς τὴν κλ. αὐτῶν (6 a)
27. 7. δόμα δώσεις αὐταῖς κατάσχεσιν κληρονομίας (6 a)
— 8. περιθήσετε τὴν κλ. αὐτοῦ τῇ θυγατρὶ αὐ. (6 a)
— 9. δώσετε τὴν κλ. τῷ ἀδελφῷ αὐτοῦ (6 a)
— 10. δώσετε τὴν κλ. τῷ ἀδ. τοῦ πατρὸς αὐ. (6 a)
— 11. δώσετε τὴν κλ. τῷ οἰκείῳ τῷ ἔγγιστα αὐτοῦ (6 a)
32. 18. ἕκαστος εἰς τὴν κλ. αὐτοῦ (6 a)
34. 2. A B^{2} R αὕτη ἔσται ὑμῖν εἰς [B^{1} εἰς τὴν] κληρονομίαν (6 a)
35. 8. ἕκαστος κατὰ τὴν κλ. αὐτοῦ (6 a)
36. 2. ἀποδοῦναι τὴν γῆν τῆς κλ. (6 a)
— 2. δοῦναι τὴν κλ. Σ. . . . ταῖς θυγατράσιν αὐτοῦ (6 a)
— 3. προστεθήσεται εἰς [A εἰς τὴν] κληρονομίαν (6 a)
— 3. ἐκ τοῦ κλήρου τῆς κλ. ἡμῶν (6 a)
•— 4. προστεθήσεται ἡ κλ. αὐτῶν ἐπὶ τὴν κλ. τῆς φυλῆς (6 a, 6 a)
— 4. ἀπὸ τῆς κλ. φυλῆς πατριᾶς ἡμῶν ἀφαιρεθήσεται ἡ κλ. αὐτῶν (6 a, 6 a)
— 7. οὐχὶ περιστραφήσεται κληρονομία . . . ἀπὸ φυλῆς (6 a)
— 7. ἕκαστος ἐν τῇ κλ. τῆς φυλῆς (6 a)
— 8. πᾶσα θυγάτηρ ἀγχιστεύουσα κληρονομίαν (6 a)
— 8. ἕκαστος τὴν κλ. τὴν πατρικήν (6 a)
— 9. ἕκαστος ἐν τῇ κλ. αὐτοῦ (6 a)
— 12. ἐγενήθη ἡ κλ. αὐτῶν ἐπὶ τὴν φυλήν (6 a)
De. 2. 12. τὴν γῆν τῆς [A om.] κλ. αὐτοῦ (5 c)
3. 20. ἕκαστος εἰς τὴν κλ. αὐτοῦ (5 c)
9. 26. A καὶ τὴν κλ. [B μερίδα] σου (6 a)
12. 9. οὐ γὰρ ἥκατε . . . εἰς τὴν κλ. (6 a)
19. 14. ἐν τῇ κλ. ᾗ [A σου ἣν] κατεκληρονομήθης (6 a)
32. 9. σχοίνισμα κληρονομίας αὐτοῦ Ἰσρ. (6 a)
33. 4. κληρονομίαν συναγωγαῖς Ἰακώβ (5 d)
Jo. 1. 15. ἕκαστος εἰς τὴν κλ. αὐτοῦ (5 c)
11. 23. ἔδωκεν αὐτοὺς Ἰ. ἐν κληρονομίᾳ Ἰσρ. (6 a)
12. 6. ἔδωκεν αὐτὴν Μ. ἐν κληρονομίᾳ [A -ρῳ] (5 c)
— 7. A ἔδωκεν αὐτὴν Ἰ. . . . κληρονομίαν [B -νομεῖν] (5 c)
Jo. 13. 1. ἡ γῆ ὑπολέλειπται πολλὴ εἰς κληρονομίαν (5 a)
— 7. μέρισον τὴν γῆν ταύτην ἐν κληρονομίᾳ (6 a)
— 14. τῆς φυλῆς [A τῇ φ. τῇ] Λευὶ οὐκ ἐδόθη κληρονομία (6 a)
— 14. οὗτος κληρονομία αὐτῶν (6 a)
— 23. αὕτη ἡ κλ. υἱῶν Ῥουβήν (6 a)
— 28. αὕτη ἡ κλ. υἱῶν Γάδ (6 a)
15. 20. αὕτη ἡ κλ. φυλῆς υἱῶν Ἰούδα (6 a)
16. 5. ἐγενήθη τὰ ὅρια τῆς κλ. αὐτῶν (6 a)
— 8. αὕτη ἡ κλ. φυλῆς [A add. υἱῶν] Ἐφραΐμ (6 a)
— 9. ἀνὰ μέσον τῆς κλ. υἱῶν Μανασσῆ (6 a)
17. 4. δοῦναι ἡμῖν κληρονομίαν (6 a)
18. 7. ἔλαβοσαν τὴν κλ. αὐτῶν (6 a)
— 20, 28. αὕτη ἡ κλ. υἱῶν Βενιαμίν (6 a)
19. 1. καὶ ἐγενήθη ἡ κλ. αὐτῶν (6 a)
— 8. αὕτη ἡ κλ. φυλῆς υἱῶν Συμεών (6 a)
— 9. ἡ κλ. φυλῆς υἱῶν Συμεών (6 a)
— 10. ἔσται τὰ ὅρια τῆς κλ. αὐτῶν (6 a)
— 16. αὕτη ἡ κλ. τῆς φυλῆς υἱῶν Ζαβ. (6 a)
— 23. αὕτη ἡ κλ. φυλῆς υἱῶν Ἰσσ. (6 a)
— 31. αὕτη ἡ κλ. φυλῆς υἱῶν Ἀσήρ (6 a)
— 39. αὕτη ἡ κλ. φυλῆς υἱῶν Νεφθ. (6 a)
— 48. αὕτη ἡ κλ. φυλῆς υἱῶν Δάν (6 a)
24. 4. A ἔδωκα . . . τὸ ὄρος τὸ Σηεὶρ κληρονομίαν [B -μῆσαι] αὐτῷ (5 a)
Jd. 2. 6. ἦλθεν [A ἀπῆλθαν] . . . εἰς τὴν κλ. (6 a)
— 9. ἐν ὁρίῳ [A ὄρει] τῆς κλ. αὐτοῦ (6 a)
18. 1. ἐζήτει ἑαυτῇ κληρονομίαν (6 a)
— 1. οὐκ ἐνέπεσεν αὐτῇ . . . κληρονομία (6 a)
20. 6. ἐν παντὶ ὁρίῳ κληρονομίας υἱῶν [A om.] Ἰσρ. (6 a)
21. 17. κληρονομία διασωζομένων [A σεσωσμένῃ] (5 c)
— 23. ὑπέστρεψαν εἰς [A ἀπ. ἐπὶ] τὴν κλ. αὐτῶν (6 a)
— 24. A R ἀνὴρ εἰς τὴν [B om.] κλ. αὐτοῦ (6 a)
Ru. 4. 5. ὥστε ἀναστῆσαι [A -σασθαι] . . . ἐπὶ τῆς κλ. αὐτοῦ (6 a)
— 6. μή ποτε διαφθείρω τὴν κλ. μου (6 a)
— 10. τοῦ ἀναστῆσαι . . . ἐπὶ τῆς κλ. αὐτοῦ (6 a)
I Ki. 10. 1. ἔχρισέ σε κύριος ἐπὶ κληρονομίαν αὐτοῦ (6 a)
26. 19. μὴ ἐστηρίσθαι ἐν κληρονομίᾳ κυρίου (6 a)
II Ki. 14. 16. ἐξᾶραί με . . . ἀπὸ κληρονομίας θεοῦ (6 a)
20. 1. οὐδὲ κληρονομία ἡμῖν ἐν τῷ υἱῷ Ἰ. (6 a)
— 19. ἵνα τί καταποντίζεις κληρονομίαν κυρίου (6 a)
21. 3. εὐλογήσετε τὴν κλ. κυρίου (6 a)
III Ki. 8. 36. ἣν ἔδωκας . . . ἐν κληρονομίᾳ (6 a)
— 51. λαός σου καὶ κληρονομία σου (6 a)
— 53. A R διέστειλας αὐτοὺς [B om.] σαυτῷ εἰς κληρονομίαν (6 a)
12. 16. οὐκ ἔστιν ἡμῖν κληρονομία ἐν υἱῷ Ἰ. (6 a)
— 24. B οὐδὲ κληρονομία ἐν υἱῷ Ἰ. –
20 (21). 3. δοῦναι κληρονομίαν πατέρων μου σοί (6 a)
— 4. A οὐ δώσω σοι κληρονομίαν πατέρων μου (6 a)
— 6. οὐ δώσω σοι κληρονομίαν πατέρων μου †
IV Ki. 21. 14. ἀπεώσομαι τὸ ὑπόλειμμα τῆς κλ. μου (6 a)
I Ch. 16. 18. σχοίνισμα κληρονομίας ὑμῶν (6 a)
21. 12. ἐξολεθρεύων ἐν [A om.] πάσῃ κλ. Ἰσρ. (2)
II Ch. 6. 27. ἣν ἔδωκας τῷ λαῷ σου εἰς κληρονομίαν (6 a)
10. 16. καὶ κληρονομία ἐν υἱῷ Ἰεσσαί (6 a)
20. 11. ἀπὸ [A ἐκ] τῆς κλ. ἡμῶν (5 c)
31. 1. ἕκαστος εἰς τὴν κλ. αὐτοῦ (1)
To. 6. 11. σοὶ ἐπιβάλλει ἡ κλ. αὐτῆς [S al.]
— 12. τὴν κλ. σοι καθήκει λαβεῖν [S al.]
Ju. 4. 12. καὶ τὰς πόλεις τῆς κλ.
8. 22. τὴν ἐρήμωσιν τῆς κλ. ἡμῶν
9. 12. καὶ θεὸς κληρονομίας Ἰσρ.
13. 5. ἀντιλαβέσθαι τῆς κλ. σου
16. 21. ἀνέζευξεν ἕκαστος [A om.] εἰς τὴν κλ. αὐτοῦ
Es. 4. 17. ἀπολέσαι τὴν ἐξ ἀρχῆς κλ. σου
— 17. ἔλαβες τὸν Ἰσρ. . . . εἰς κλ. αἰώνιον
— 17. ἀφανίσαι κληρονομίαν σου
10. 3. ἐδικαίωσε τὴν κλ. αὐτοῦ
Jb. 31. 2. καὶ κληρονομία ἱκανοῦ (6 a)
42. 15. ἔδωκε δὲ αὐταῖς ὁ πατὴρ κληρονομίαν (6 a)
Ps. 2. 8. δώσω σοι ἔθνη τὴν κλ. σου (6 a)
15 (16). 5. κύριος ἡ μερὶς τῆς κλ. μου (4)
— 5. σὺ εἶ ὁ ἀποκαθιστῶν τὴν κλ. μου ἐμοί (3)
— 6. ἡ κλ. μου κρατίστη μοί ἐστιν (6 b)
27 (28). 9. εὐλόγησον τὴν κλ. σου (6 a)
32 (33). 12. ὃν ἐξελέξατο εἰς κληρονομίαν ἑαυτῷ (6 a)
Ps. 36 (37). 18. ἡ κλ. αὐτῶν εἰς τὸν αἰῶνα ἔσται (6 a)
46 (47). 4. ἐξελέξατο ἡμῖν τὴν κλ. αὐτοῦ (6 a)
60 (61). 5. ἔδωκας κληρονομίαν τοῖς φοβουμένοις τὸ ὄνομά σου (5 c)
67 (68). 9. βροχὴν ἑκούσιον ἀφοριεῖς, ὁ θεός, τῇ κλ. σου (6 a)
73 (74). 2. ἐλυτρώσω ῥάβδον κληρονομίας σου (6 a)
77 (78). 62. τὴν κλ. αὐτοῦ ὑπερεῖδε (6 a)
— 71. καὶ Ἰσραὴλ τὴν κλ. αὐτοῦ (6 a)
78 (79). 1. ἤλθοσαν ἔθνη εἰς τὴν κλ. σου (6 a)
93 (94). 5. τὴν κλ. σου ἐκάκωσαν (6 a)
— 14. τὴν κλ. αὐτοῦ οὐκ ἐγκαταλείψει (6 a)
104 (105). 11. σχοίνισμα κληρονομίας ὑμῶν (6 a)
105 (106). 5. τοῦ ἐπαινεῖσθαι μετὰ τῆς κλ. [S^{1} ἐν τῇ κλ.] σου (6 a)
— 40. ἐβδελύξατο τὴν κλ. αὐτοῦ (6 a)
110 (111). 6. τοῦ δοῦναι αὐτοῖς κληρονομίαν ἐθνῶν (6 a)
126 (127). 3. ἰδοὺ ἡ κλ. κυρίου υἱοί (6 a)
134 (135). 12. A S ἔδωκε τὴν γῆν αὐ. κληρονομίαν κληρονομίαν Ἰσραὴλ δούλῳ αὐ. (6 a, 6 a)
135 (136). 21. καὶ δόντι τὴν γῆν αὐτῶν κληρονομίαν (6 a)
— 22. κληρονομίαν Ἰσραὴλ δούλῳ [S^{2} λαῷ] αὐτοῦ (6 a)
Ec. 7. 12 (11). ἀγαθὴ σοφία μετὰ κληρονομίας [A S -δοσίας] (6 a)
Si. 9. 6. ἵνα μὴ ἀπολέσῃς τὴν κλ. σου [S^{1} al.]
22. 23. ἵνα ἐν τῇ κλ. αὐτοῦ συγκληρονομήσῃς
23. 12. μὴ εὑρεθήτω ἐν κληρονομίᾳ Ἰακώβ
24. 7. ἐν κληρονομίᾳ τίνος αὐλισθήσομαι
— 12. ἐν μερίδι κυρίου κληρονομίας αὐτοῦ
— 20. ἡ κλ. μου ὑπὲρ μέλιτος κηροῦ [A καὶ κηρίου]
— 23. κληρονομίαν συναγωγαῖς Ἰακώβ
30. 32 (33. 23). ἐν καιρῷ τελευτῆς διάδος κληρονομίαν
41. 6. τέκνων ἁμαρτωλῶν ἀπολεῖται κληρονομία
42. 3. περὶ δόσεως κληρονομίας ἑταίρων [A S ἑτέρων]
44. 11. μετὰ τοῦ σπέρμ. αὐ. διαμενεῖ ἀγαθὴ κλ.
— 23. ἔδωκεν αὐτῷ ἐν κληρονομίᾳ
45. 20. ἔδωκεν αὐτῷ κληρονομίαν
— 22. αὐτὸς γὰρ μερίς σου κληρονομία [A S^{2} καὶ κλ.]
— 25. κληρονομία βασιλέως υἱοῦ ἐξ υἱοῦ μόνου κληρονομία Ἀαρὼν [A αὐτῷ, S αὐτῶν] καὶ τῷ σπέρματι αὐτοῦ
46. 8. εἰσαγαγεῖν αὐτοὺς εἰς κληρονομίαν
— 9. τὸ σπέρμα αὐ. κατέσχε κληρονομίαν [A al.]
Mi. 1. 14. ἐξαποστελλομένους ἕως κληρονομίας Γ. (5 e)
— 15. κληρονομία ἕως Ὀδ. ἥξει †
2. 2. διήρπαζον . . . ἄνδρα καὶ τὴν κλ. αὐτοῦ (6 a)
7. 14. ποίμαινε . . . πρόβατα κληρονομίας σου (6 a)
— 18. τοῖς καταλοίποις τῆς κλ. αὐτοῦ (6 a)
Jl. 2. 17. καὶ μὴ δῷς τὴν κλ. σου εἰς ὄνειδος (6 a)
3 (4). 2. διακριθήσομαι πρὸς αὐτοὺς . . . ὑπὲρ . . . τῆς κλ. μου (6 a)
— 6. ἐκ τῶν ὁρίων [S^{3} add. τῆς κλ.] αὐτῶν (2 ?)
Za. 4. 7. ἐξοίσω τὸν λίθον τῆς κλ. ἰσότητα χάριτος †
Ma. 1. 3. ἔταξα . . . τὴν κλ. αὐτοῦ εἰς δώματα ἐρήμου (6 a)
Is. 17. 14. κλ. τοῖς ὑμᾶς κληρονομήσασιν [A τῶν ὑ. κληρονομησάντων] (3)
19. 25. A S R εὐλογημένος ὁ λαός μου . . . καὶ ἡ [B add. γῆ] κλ. μου Ἰσραήλ (6 a)
47. 6. ἐμίανας τὴν κλ. μου (6 a)
49. 8. κληρονομῆσαι κληρονομίας ἐρήμους [A S al.] (6 a)
54. 17. ἔστι κλ. τοῖς θεραπεύουσι κύριον [A -ίῳ] (6 a)
58. 14. ψωμιεῖ σε τὴν κλ. Ἰακώβ (6 a)
63. 17. διὰ τὰς φυλὰς τῆς κλ. σου (6 a)
Je. 2. 7. τὴν κλ. μου [A καὶ] ἔθεσθε εἰς βδέλυγμα
3. 19. δώσω σοι γῆν ἐκλεκτὴν κληρονομίαν θεοῦ (6 a)
10. 16. ὁ πλάσας τὰ πάντα αὐτὸς κλ. αὐτοῦ (6 a)
12. 7. ἀφῆκα τὴν κλ. μου (6 a)
— 8. ἐγενήθη ἡ κλ. μου ἐμοὶ ὡς λέων (6 a)
— 9. μὴ σπήλαιον ὑαίνης [A λῃστῶν] ἡ κλ. μου ἐμοί (6 a)
— 14. τάδε λέγει κύριος περὶ . . . τῶν ἁπτομένων τῆς κλ. μου (6 a)
— 15. κατοικιῶ αὐτοὺς ἕκαστον εἰς τὴν κλ. αὐτοῦ (6 a)
16. 18. ἐπλημμέλησαν τὴν κλ. μου (6 a)

Je. 27 (50). 11. διαρπάζοντες τὴν κλ. μου (6 *a*)
28 (51). 19. ὁ πλάσας τὰ πάντα αὐτός ἐστι κλ. αὐτοῦ (6 *a*)
La. 5. 2. κλ. ἡμῶν μετεστράφη ἀλλοτρίοις (6 *a*)
Ez. 11. 15. ἡμῖν δέδοται ἡ γῆ εἰς κληρονομίαν (5 *d*)
25. 4. παραδίδωμι ὑμᾶς τοῖς υἱοῖς κεδὲμ εἰς κληρονομίαν (5 *d*)
— 10. δέδωκα αὐτῷ εἰς κληρονομίαν (5 *d*)
44. 28. ἔσται αὐτοῖς εἰς κληρονομίαν ἐγὼ κλ. αὐτοῖς (6 *a*, 6 *a*)
45. 1. ἐν τῷ καταμετρεῖσθαι ὑμᾶς τὴν γῆν ἐν κληρονομίᾳ (6 *a*)
46. 16. ἐὰν δῷ . . . ἐκ τῆς κλ. αὐτοῦ τοῦτο τοῖς υἱοῖς αὐτοῦ ἔσται κατάσχεσις κλ. [A *al.*] (6 *a*, 6 *a*)
— 17. A ἐὰν δὲ δῷ δόμα ἐκ τῆς κλ. αὐ. [B *al.*] (6 *a*)
— 17. πλὴν τῆς κλ. τῶν υἱῶν αὐτοῦ αὐτοῖς ἔσται (6 *a*)
— 18. οὐ μὴ λάβῃ ὁ ἀφηγούμενος ἐκ τῆς κλ. τοῦ λαοῦ (6 *a*)
— 18. A ἀπὸ τῆς κλ. αὐτοῦ (1)
47. 14. πεσεῖται ἡ γῆ αὕτη ὑμῖν ἐν κληρονομίᾳ (6 *a*)
— 22. μεθ' ὑμῶν φάγονται ἐν κληρονομίᾳ (6 *a*)
— 23. ἐκεῖ δώσετε κληρονομίαν αὐτοῖς (6 *a*)
48. 28. ἀπὸ . . . ὕδατος βαριμὼθ Κάδης κληρονομίας [A -α] (6 *a*)
I Ma. 2. 56. A ἔλαβε γῆν [S τὴν, R γῆς] κληρονομίαν
6. 24. αἱ κλ. ἡμῶν διηρπάζοντο
15. 33. ἀλλὰ τῆς κλ. τῶν πατέρων ἡμῶν
— 34. ἀντεχόμεθα τῆς κλ. τῶν [A ἡμῶν καὶ τ.] πατέρων ἡμῶν
II Ma. 2. 4. ἐθεάσατο τὴν τοῦ θεοῦ κλ.
— 17. R ἀποδοὺς τὴν κλ. [A κλ. αὐτοῦ] πᾶσι
[**Aq.** Ps. 46 (47). 5: 73 (74). 2: Pr. 17. 2: Je. 10. 16.]
[**Sm.** Jb. 27. 13: Pr. 17. 2: 20. 21.]
[**Th.** Jb. 27. 13: Pr. 17. 2: 20. 21: Je. 10. 16: 32 (39). 8: Ez. 35. 15.]

κληρονόμος. (1) יָרַשׁ

Jd. 18. 7. B κληρονόμος ἐκπιέζων θησαυρούς (1)
II Ki. 14. 7. ἐξαροῦμεν καί γε τὸν κλ. ὑμῶν (1)
Si. 23. 22. γυνὴ . . . παριστῶσα κληρονόμον ἐξ ἀλλοτρίου
Mi. 1. 15. ἕως τοὺς κλ. ἀγάγωσι (1)
Je. 8. 10. δώσω . . . τοὺς ἀγροὺς αὐτῶν τοῖς κλ. (1)
13. 25. S οὗτος ὁ κλ. [A B κλῆρός] σου καὶ μερίς †
[**Aq.**, **Sm.** Je. 49 (30). 1: Mi. 1. 15.]

κλῆρος. (1) גּוֹרָל (2) חֶבֶל (3) *a.* חֵלֶק *b.* מַחֲלֹקֶת (4) *a.* יָרַשׁ *b.* יְרֻשָּׁה *c.* מוֹרָשָׁה (5) מִשְׁפָּחָה (6) נַחֲלָה (7) פּוּר (8) קָרְבָּן

Ge. 48. 6. κληθήσονται ἐπὶ [A ἐν] τοῖς ἐκείνων κλ. (6)
49. 14. ἀναπαυόμενος ἀνὰ μέσον τῶν κλ. [A *al.*] †
Ex. 6. 8. δώσω ὑμῖν αὐτὴν ἐν κλήρῳ (4 *c*)
Le. 16. 8. R ἐπιθήσει Ἀ. ἐπὶ τοὺς δύο χιμάρους κλήρους [A B *om.*] κλ. ἕνα τῷ κυρίῳ καὶ κλ. ἕνα τῷ ἀποπομπαίῳ (1 *ter*)
— 9. ἐφ' ὃν ἐπῆλθεν ἐπ' αὐτὸν ὁ κλ. τῷ κ. (1)
— 10. ὁ κλ. τοῦ ἀποπομπαίου (1)
Nu. 16. 14. A R ἔδωκας ἡμῖν κλῆρον [B καιρὸν] ἀγροῦ (6)
18. 21. δέδωκα πᾶν ἐπιδέκατον . . . ἐν κλήρῳ (6)
— 24. δέδωκα τοῖς Λευίταις ἐν κλήρῳ (6)
— 24. οὐ κληρονομήσουσι κλῆρον (6)
— 26. ὃ δέδωκα ὑμῖν παρ' αὐτῶν ἐν κλήρῳ (6)
26. 55. διὰ κλήρων μερισθήσεται ἡ γῆ (1)
— 56. ἐκ τοῦ κλ. μεριεῖς τὴν κληρονομίαν αὐ. (1)
— 62. οὐ δίδοται αὐτοῖς κλῆρος (6)
27. 6 (7). περιθήσεις τὸν κλ. τοῦ πατρὸς αὐτῶν αὐταῖς (6)
32. 19. ἀπέχομεν τοὺς κλ. ἡμῶν (6)
33. 53. δέδωκα τὴν γῆν αὐτῶν ἐν κλήρῳ (4 *a*)
— 54. A B^2 R κατακληρονομήσετε . . . ἐν κλήρῳ [A κληρωτί] (1)
34. 13. κατακληρονομήσετε αὐτὴν μετὰ κλήρου (1)
— 14. ἀπέλαβον τοὺς κλ. αὐτῶν (6)
— 15. ἔλαβον τοὺς κλ. αὐτῶν (6)
35. 2. ἀπὸ τῶν κλ. κατασχέσεως αὐτῶν (6)
36. 2. ἀποδοῦναι τὴν γῆν . . . ἐν κλήρῳ (1)
— 3. ἀφαιρεθήσεται ὁ κλ. αὐτῶν (6)
— 3. ἐκ τοῦ κλ. τῆς κληρονομίας ἡμῶν (1)
— 9. οὐ [A *om.*] περιστραφήσεται κλῆρος ἐκ φυλῆς (6)
De. 2. 5. ἐν κλήρῳ δέδωκα . . . τὸ ὄρος τὸ Σηείρ (4 *b*)
— 9, 19. οὐ γὰρ μὴ δῶ . . . ἐν κλήρῳ (4 *b*)
— 19. τοῖς υἱοῖς Λὼτ δέδωκα αὐτὴν ἐν κλήρῳ (4 *b*)
3. 18. ἔδωκεν ὑμῖν τὴν γῆν ταύτην ἐν κλήρῳ (4 *a*)
4. 21. δίδωσί σοι ἐν κλήρῳ (6)
5. 31 (28). ἣν ἐγὼ δίδωμι αὐτοῖς ἐν κλήρῳ (4 *a*)
9. 29. οὗτοι λαός σου καὶ κλῆρός σου (6)
10. 9. οὐκ ἔστι [A ἔσται] . . . μερὶς καὶ κλῆρος (6)
— 9. κύριος αὐτὸς κλ. αὐτοῦ (6)
11. 31: 12. 1. δίδωσιν ὑμῖν ἐν κλήρῳ (4 *a*)
12. 12. οὐκ ἔστιν αὐτῷ . . . κλῆρος μεθ' ὑμῶν (6)
14. 27. οὐκ ἔστιν αὐτῷ [A *om.*] . . . κλῆρος μετὰ σοῦ (6)
— 29. οὐκ ἔστιν αὐτῷ . . . κλῆρος μετὰ σοῦ (6)
15. 4. δίδωσί σοι ἐν κλήρῳ (6)
— 7: 17. 14. A δίδωσί σοι ἐν κλήρῳ [B *om.* ἐν κλ.] –
18. 1. οὐκ ἔσται τοῖς ἱερεῦσι . . . κλῆρος (6)
— 1. καρπώματα κυρίου [A -μα κυρίῳ] ὁ κλ. αὐτῶν (6)
— 2. κλῆρος δὲ οὐκ ἔσται αὐτοῖς [A -ῷ] (6)
— 2. κύριος αὐτὸς κλ. αὐτοῦ (6)
19. 10. δίδωσί σοι ἐν κλήρῳ (6)
— 14. δίδωσί σοι ἐν κλήρῳ (4 *a* ?)
21. 23. δίδωσί σοι ἐν κλήρῳ (6)
24. 4. δίδωσί σοι [A ὑμῖν] ἐν κλήρῳ (6)
25. 15. δίδωσί σοι ἐν κλήρῳ –
— 19: 26. 1. A δίδωσί σοι ἐν κλήρῳ [B *om.* ἐν κλ.] (6)
26. 2. A δίδωσί σοι ἐν κλήρῳ [B *om.* ἐν κλ.] –
29. 8 (7). ἔδωκα αὐτὴν ἐν κλήρῳ τῷ Ῥ. (6)
Jo. 12. 6. A ἔδωκεν αὐτὴν Μωυσῆς ἐν κλήρῳ [B -ρονομίᾳ] (4 *b*)
— 7. κληρονομεῖν [A -μίαν] κατὰ κλῆρον αὐ. (3 *b*)
13. 6. διάδος αὐτὴν ἐν κλήρῳ τῷ Ἰσρ. (6)
14. 2. κατὰ κλήρους ἐκληρονόμησαν (6)
— 3. οὐκ ἔδωκε κλῆρον ἐν αὐτοῖς (6)
— 9. ἡ γῆ . . . σοὶ ἔσται ἐν κλήρῳ (6)
— 13. ἔδωκε Χεβρὼν . . . ἐν κλήρῳ (6)
— 14. ἐγενήθη ἡ Χεβρὼν . . . ἐν κλήρῳ (6)
17. 4. ἐδόθη αὐτοῖς . . . κλῆρος (6)
— 6. ἐκληρονόμησαν κλῆρον (6)
— 14. διὰ τί ἐκληρονόμησας ἡμᾶς κλ. ἕνα (1 + 6)
— 17. οὐκ ἔσται σοι κλ. εἷς (1)
18. 6, 8. ἐξοίσω ὑμῖν κλῆρον (1)
— 10. ἐνέβαλεν αὐτοῖς Ἰ. κλῆρον (1)
— 11. ἐξῆλθεν ὁ κλ. φυλῆς Βεν. (1)
— 11. ἐξῆλθεν ὅρια τοῦ κλ. αὐτῶν (1)
19. 1. ἐξῆλθεν ὁ δεύτερος κλ. [A κλ. ὁ δ.] τῶν υἱῶν Σ. (1)
— 1. ἀνὰ μέσον κλήρων [A -ου] υἱῶν Ἰούδα (6)
— 2. καὶ ἐγενήθη ὁ κλ. αὐτῶν (6)
— 8. A αὕτη ἡ κληρονομία . . . κατὰ κλήρους [B δήμους] (5)
— 9. ἀπὸ τοῦ κλ. [A τῶν υἱῶν] Ἰούδα (2)
— 9. ἐκληρονόμησαν . . . ἐν μέσῳ τοῦ κλ. αὐ. (6)
— 10. ἐξῆλθεν ὁ κλ. ὁ τρίτος (1)
— 17. ἐξῆλθεν ὁ κλ. ὁ τέταρτος (1)
— 24. ἐξῆλθεν ὁ κλ. ὁ πέμπτος (1)
— 32. ἐξῆλθεν ὁ κλ. ὁ ἕκτος (1)
— 40. ἐξῆλθεν ὁ κλ. ὁ ἕβδομος (1)
— 49. ἔδωκαν οἱ υἱοὶ Ἰσραὴλ κλῆρον (6)
— 51. ἐν ταῖς φυλαῖς Ἰσρ. κατὰ κλήρους (1)
21. 4. ἐξῆλθεν ὁ κλ. τῷ δήμῳ Καάθ (1)
— 10. τούτοις ἐγενήθη ὁ κλ. (1)
23. 4. ἐν τοῖς κλ. εἰς τὰς φυλὰς ὑμῶν (6)
24. 30. πρὸς τοῖς ὁρίοις τοῦ κλ. αὐτοῦ (6)
Jd. 1. 3. ἀνάβηθι μετ' ἐμοῦ ἐν τῷ κλ. μου (1)
— 3. πορεύσομαι . . . ἐν τῷ κλ. σου (1)
20. 9. ἀναβησόμεθα ἐπ' αὐτὴν ἐν κλήρῳ (1)
21. 22. ὡς κλῆρος [A κατὰ τὸν καιρὸν] πλημμελήσατε †
I Ch. 6. 54 (39). αὐτοῖς ἐγένετο ὁ κλ. (1)
— 61 (46). τοῖς υἱοῖς Κ. . . . κλήρῳ πόλεις δέκα (1)
— 63 (48). τοῖς υἱοῖς Μ. . . κλήρῳ πόλεις δέκα δύο (1)
— 65 (50). ἔδωκαν ἐν κλήρῳ . . . τὰς πόλεις ταύτας (1)
24. 5. διεῖλεν αὐτοὺς κατὰ κλ. τούτους (1)
— 7. ἐξῆλθεν ὁ κλ. [A ὁλόκληρος] ὁ πρῶτος (1)
— 31. καὶ ἔλαβον καὶ αὐτοὶ κλήρους (1)
25. 8. ἔβαλον καὶ αὐτοὶ κλήρους ἐφημεριῶν (1)
— 9. ἐξῆλθεν ὁ κλ. [A ὁλόκληρος] ὁ πρῶτος (1)
26. 13. καὶ ἔβαλον κλήρους (1)
— 14. ἔπεσεν ὁ κλ. τῶν πρὸς [A κατὰ] ἀνατολάς (1)
I Ch. 26. 14. ἔβαλον κλήρους (1)
— 14. ἐξῆλθεν ὁ κλ. βορρᾶ (1)
I Es. 4. 56. κλήρους καὶ ὀψώνια
Ne. 10. 34 (35). καὶ κλήρους ἐβάλομεν περὶ κλήρου ξυλοφορίας (1, 8)
11. 1. A S^2 ἔβαλον [B S^1 ἐλάβοσαν] κλήρους (1)
Es. 3. 7. καὶ ἔβαλε κλήρους (7 + 1)
— 7. καὶ ἔπεσεν ὁ κλ. –
4. 17. ἱλάσθητι τῷ κλ. σου
9. 24. ἔθετο ψήφισμα καὶ κλῆρον [S^2 ἔβαλεν Φοὺρ ὅ ἐστιν κλῆρος] (1)
— 26. ἐπεκλήθησαν . . . Φρ. διὰ τοὺς κλ. (7)
10. 3. B S ἐποίησε κλήρους δύο
— 3. A B^2 S ἦλθον οἱ δύο κλ. . . . εἰς ὥραν καὶ κλῆρον [R καιρόν]
Ps. 21 (22). 18. ἐπὶ τὸν ἱματισμόν μου ἔβαλον κλῆρον (1)
30 (31). 15. ἐν ταῖς χερσί σου οἱ κλ. μου †
67 (68). 13. ἐὰν κοιμηθῆτε ἀνὰ μέσον τῶν κλ. †
124 (125). 3. ἐπὶ τὸν κλ. τῶν δικαίων (1)
Pr. 1. 14. τὸν δὲ σὸν κλ. βάλε ἐν [S^1 *om.*] ἡμῖν (1)
18. 18. S^2 ἀντιλογίας παύει κλῆρος [A B S^1 σιγηρός] (1)
Wi. 2. 9. αὕτη ἡ μερὶς ἡμῶν καὶ ὁ κλ. οὗτος [A ἡμῶν]
3. 14. κλῆρος ἐν ναῷ κυρίου θυμηρέστερος
5. 5. ἐν ἁγίοις ὁ κλ. αὐτοῦ ἐστιν
Si. 14. 15. τοὺς κόπους σου εἰς διαίρεσιν [A S^2 -σεις] κλήρου [A -ων]
25. 19. κλῆρος ἁμαρτωλοῦ ἐπιπέσοι αὐτῇ
37. 8. μή ποτε βάλῃ ἐπὶ σοὶ κλῆρον
Ho. 5. 7. καταφάγεται . . . τοὺς κλ. αὐτῶν (3 *a*)
Mi. 2. 5. οὐκ ἔσται σοι βάλλων σχοινίον ἐν κλήρῳ (1)
Jl. 3 (4). 3. ἐπὶ τὸν λαόν μου ἔβαλον κλήρους (1)
Ob. 1. 11. καὶ ἐπὶ Ἱερουσαλὴμ ἔβαλον κλήρους (1)
Jn. 1. 7. δεῦτε βάλωμεν κλήρους (1)
— 7. ἔβαλον κλήρους καὶ ἔπεσεν ὁ κλ. ἐπὶ Ἰ. (1, 1)
Na. 3. 10. ἐπὶ πάντα τὰ ἔνδοξα αὐτῆς βαλοῦσι κλήρους (1)
Is. 34. 17. αὐτὸς ἐπιβαλεῖ αὐτοῖς κλήρους (1)
57. 6. οὗτός σου ὁ κλ. (1)
Je. 12. 13. οἱ κλ. αὐτῶν οὐκ ὠφελήσουσιν αὐτούς †
13. 25. οὗτος ὁ κλ. [S -ρονόμος] σου καὶ μερίς (1)
Ez. 24. 6. A R οὐκ ἔπεσεν [B ἐπέπ.] ἐπ' αὐτὴν κλ. (1)
47. 22. βαλεῖτε αὐτὴν ἐν κλήρῳ (6)
48. 29. ἣν βαλεῖτε ἐν κλήρῳ (6)
Da. Th. 12. 13. ἀναστήσῃ εἰς τὸν κλ. σου (1)
I Ma. 2. 54. S ἔλαβε κλῆρον διαθήκης [A R ἔλ. διαθήκην]
[**Aq.** Ge. 49. 14: Jo. 21. 20: Jd. 5. 16: II Ki. 2. 16: Pr. 18. 18.]
[**Sm.** Le. 16. 8 *bis*: Jo. 21. 20: II Ki. 2. 16: Ps. 67 (68). 14: Pr. 18. 18: Je. 16. 19.]
[**Th.** Pr. 18. 18: Is. 47. 6: Da. 12. 13.]
[**Al.** Nu. 27. 8: 34. 14: Jo. 21. 4: Pr. 1. 14.]

κληροῦν. (1) לָכַד ni. (2) נַחֲלָה (3) קָרָא ni.

I Ki. 14. 41. καὶ κληροῦται Ἰων. (1)
Es. 4. 11. A οὐκ ἐκληρώθην [B S οὐ κέκλημαι] εἰσελθεῖν [S ἐλ.] (3)
Is. 17. 11. ᾗ ἂν ἡμέρᾳ κληρώσῃ καὶ ὡς πατὴρ ἀνθρώπου κληρώσῃ [S -σει] τοῖς υἱοῖς σου (2 ?, –)

κληρουργία.

[**Sm.** Ru. 4. 7.]

κληρουχεῖν.

[**Sm.** Ps. 81 (82). 8.]

κληρουχία. (1) נַחֲלָה

Ne. 11. 20. S^2 ἕκαστος ἐν τῇ κλ. αὐτοῦ (1)
[**Sm.** Ps. 46 (47). 5: 73 (74). 2.]

κληρωτί. (1) בַּגּוֹרָל, בְּגוֹרָל

Nu. 33. 54. A κατακληρονομήσετε . . . κλ. [B^2 R ἐν κλήρῳ] (1)
Jo. 21. 4. κλ. πόλεις δέκα τρεῖς (1)
— 5. κλ. πόλεις δέκα (1)
— 6. A κλ. [B *om.*] πόλεις δέκα τρεῖς (1)
— 7. κλ. πόλεις δώδεκα –
— 8. ἔδωκαν οἱ υἱοὶ Ἰσρ. . . . κλ. (1)

κλῆσις. (1) קָרָא

Ju. 12. 10. A οὐκ ἐκάλεσεν εἰς τὴν κλ. [B χρῆσιν] οὐδένα

Je. 38 (31). 6. ἔστιν ἡμέρα κλήσεως ἀπολογουμένων (1)
III Ma. 5. 14. ὁ πρὸς ταῖς κλ. τεταγμένος

κλητέος.
Ep. Je. 40. πῶς . . . κλητέον αὐτοὺς ὑπάρχειν θεούς
— 44. πῶς οὖν . . . κλητέον ὡς θεοὺς αὐτοὺς ὑπάρχειν
— 64. οὔτε κλητέον [A ἐκδεκτέον] αὐτοὺς θεούς

κλητός. (1) *a.* קָרָא *b.* מִקְרָא
Ex. 12. 16. κλητὴ ἁγία ἔσται ὑμῖν (1 *b*)
Le. 23. 2. ἃς καλέσετε αὐτὰς κλητὰς ἁγίας (1 *b*)
— 3. κλητὴ ἁγία τῷ κυρίῳ (1 *b*)
— 4. B αὗται αἱ ἑορταὶ . . . κληταὶ ἅγιαι [A B¹ *al.*] (1 *b*)
— 7. ἡ ἡμέρα ἡ πρώτη κλητὴ ἁγία ἔσται ὑμῖν (1 *b*)
— 8. ἡ ἡμέρα ἡ ἑβδόμη κλητὴ ἁγία ἔσται ὑμῖν (1 *b*)
— 21. καλέσετε ταύτην τὴν ἡμέραν κλητήν [A -ή] (1 *b*)
— 24, 27. κλητὴ ἁγία ἔσται ὑμῖν (1 *b*)
— 35. ἡ ἡμέρα ἡ πρώτη κλητὴ ἁγία (1 *b*)
— 36. ἡ ἡμέρα ἡ ὀγδόη κλητὴ ἁγία ἔσται ὑμῖν (1 *b*)
— 37. ἃς καλέσετε κλητὰς ἁγίας (1 *b*)
Nu. 28. 25. κλητὴ ἁγία ἔσται ὑμῖν (1 *b*)
Jd. 14. 11. ἔλαβον τριάκοντα κλητούς †
II Ki. 15. 11. διακόσιοι ἄνδρες ἐξ Ἱερ. κλητοί (1 *a*)
III Ki. 1. 41. Ἀδωνίας καὶ πάντες οἱ κλ. αὐτοῦ (1 *a*)
— 49. πάντες οἱ κλ. τοῦ Ἀδωνίου (1 *a*)
Ze. 1. 7. ἡγίακε τοὺς κλητοὺς αὐτοῦ (1 *a*)
III Ma. 5. 14. ἀθρόους τοὺς κλ. ἰδών
[**Aq.**, **Th.** Pr. 9. 18: Is. 1. 13: 48. 12.]
[**Sm.** Pr. 9. 18: Is. 1. 13: 48. 12.]
[**Al.** Nu. 28. 16: 29. 12: I Ki. 9. 13.]

κλίβανος. (1) תַּנּוּר
Ge. 15. 17. ἰδοὺ κλίβανος καπνιζόμενος (1)
Ex. 8. 3 (7. 28). εἰσελεύσονται . . . ἐν τοῖς κλ. σου (1)
Le. 2. 4. B θυσίαν πεπεμμένην ἐκ κλιβάνου [A B λιβ.] (1)
6. 39 (7. 9). ἥτις ποιηθήσεται ἐν τῷ κλ. (1)
11. 35. κλίβανοι . . . καθαιρεθήσονται (1)
26. 26. πέψουσι δέκα γυναῖκες . . . ἐν κλ. ἑνί (1)
Ps. 20 (21). 9. θήσεις αὐτοὺς ὡς κλίβανον πυρός (1)
Ho. 7. 4. πάντες μοιχεύοντες ὡς κλ. καιόμενος (1)
— 6. διότι ἀνεκαύθησαν ὡς κλίβανος αἱ καρδίαι αὐτῶν (1)
— 7. πάντες ἐθερμάνθησαν ὡς κλίβανος (1)
Ma. 4. 1 (3. 19). ἔρχεται καιομένη ὡς κλίβανος (1)
La. 5. 10. τὸ δέρμα ἡμῶν ὡς κλ. ἐπελιώθη (1)
[**Aq.**, **Sm.**, **Th.** Is. 31. 9.]

κλίμα. (1) פִּנָּה
Jd. 20. 2. A ἔστη τὸ κλ. παντὸς τοῦ λαοῦ [B *al.*] (1)
[**Aq.** Le. 19. 27.]
[**Sm.** Nu. 24. 17.]

κλιμακτήρ. (1) *a.* מַעֲלָה *b.* מַעֲלָה
Ez. 40. 22. ἐν ἑπτὰ κλιμακτῆρσιν ἀνέβαινον ἐπ' αὐτόν (1 *a*)
— 26. ἑπτὰ κλιμακτῆρες αὐτῇ (1 *a*)
— 31. ὀκτὼ κλιμακτῆρες (1 *b*)
— 34, 37. ὀκτὼ κλιμακτῆρες αὐτῇ (1 *a*)
43. 17. οἱ κλ. αὐτοῦ βλέποντες κατὰ ἀνατολάς (1 *a*)

κλῖμαξ. (1) מַעֲלָה (2) סֻלָּם
Ge. 28. 12. ἰδοὺ κλῖμαξ ἐστηριγμένη ἐν τῇ γῇ (2)
Ne. 3. 15. ἕως τῶν κλ. τῶν καταβαινουσῶν ἀπὸ πόλεως Δ. (1)
12. 37. ἀνέβησαν [S¹ -βόησαν] ἐπὶ κλίμακας πόλεως Δ. (1)
I Ma. 5. 30. αἴροντες κλίμακας καὶ μηχανάς
11. 59. ἀπὸ τῆς κλ. Τύρου ἕως τῶν ὁρίων Αἰγ.

κλίνειν. (1) אַט (2) יָרַד (3) כָּרַע
(4) מוּט *a.* qal. *b.* ni. (5) מוּשׁ
(6) נוּעַ (7) נָטָה *a.* qal. *b.* hi. (8) נָטַשׁ
(9) עִיט (10) עָשָׂה (11) פָּנָה
(12) צָעָה *a.* qal. *b.* pi. (13) רָפָה
(14) שָׁכַב hi.
Jd. 7. 5. ὃς ἐὰν κλίνῃ ἐπὶ [A κάμψῃ] τὰ γόνατα (3)
— 6. ἔκλιναν [A ἔκαμψαν] ἐπὶ τὰ γόνατα (3)
9. 3. ἔκλινεν ἡ καρδία αὐ. ὀπίσω Ἀβ. (7 *a*)
16. 30. A ἔκλινεν [B ἐβάσταξεν] ἐν ἰσχύϊ (7 *a*)
19. 8. ἕως κλῖναι τὴν ἡμέραν [A κλίνῃ ἡ ἡ.] (7 *a*)
Jd. 19. 9. A εἰς ἑσπέραν κέκλικεν [B ἠσθένησεν] ἡ ἡμέρα (13)
— 11. A καὶ ἡ ἡμέρα κεκλικυῖα [B προβεβήκει] σφόδρα (2)
I Ki. 4. 2. καὶ ἔκλινεν ὁ πόλεμος (8)
14. 32. ἐκλίθη ὁ λαὸς εἰς τὰ σκῦλα (9, 10*)
II Ki. 19. 14 (15). ἔκλινε τὴν καρδίαν παντὸς ἀνδρός (7 *c*)
22. 10. καὶ ἔκλινεν οὐρανούς (7 *b*)
III Ki. 2. 28. A B Ἰ. ἦν κεκλικὼς [B -ηκὼς] ὀπίσω Ἀδ. (7 *a*)
— 28. ὀπίσω Ἀβ. οὐκ ἔκλινε (7 *a*)
11. 3. A ἔκλιναν γυναῖκες αὐτοῦ τὴν καρδίαν αὐτοῦ (7 *b*)
20 (21). 27. A καὶ ἐπορεύθη κεκλιμένος [B *om.*] (1)
IV Ki. 8. 1. A κέκλικεν [B κέκληκε] κύριος λιμόν †
19. 16. κλῖνον, κύριε, τὸ οὖς σου (7 *b*)
20. 10. κοῦφον τὴν σκιὰν κλῖναι (7 *a*)
II Es. 7. 28. ἐπ' ἐμὲ ἔκλινεν ἔλεος (7 *b*)
9. 5. κλίνω ἐπὶ τὰ γόνατά μου (3)
— 9. ἔκλινεν ἐφ' ἡμᾶς ἔλεος (7 *b*)
Jb. 38. 37. οὐρανὸν [S -ὸς] δὲ εἰς γῆν ἔκλινε (14)
Ps. 16 (17). 6. κλῖνον τὸ οὖς σου ἐμοί (7 *b*)
17 (18). 9. ἔκλινεν οὐρανόν [S² -ούς] (7 *a*)
20 (21). 11. ἔκλιναν εἰς σὲ κακά (7 *a*)
30 (31). 2. κλῖνον πρός με τὸ οὖς σου (7 *b*)
44 (45). 10. κλῖνον τὸ οὖς σου (7 *b*)
45 (46). 6. ἔκλιναν βασιλεῖαι (4 *a*)
48 (49). 4. κλινῶ εἰς παραβολὴν τὸ οὖς μου (7 *b*)
61 (62). 3. ὡς τοίχῳ κεκλιμένῳ καὶ φραγμῷ ὠσμένῳ (7 *a*)
70 (71). 2. κλῖνον πρός με τὸ οὖς σου (7 *b*)
74 (75). 8. ἔκλινεν ἐκ τούτου εἰς τοῦτο †
77 (78). 1. κλίνατε τὸ οὖς ὑμῶν (7 *b*)
85 (86). 1. κλῖνον, κύριε, τὸ οὖς σου (7 *b*)
87 (88). 2. κλῖνον τὸ οὖς σου εἰς τὴν δέησίν μου (7 *b*)
101 (102). 2. κλῖνον πρός με τὸ οὖς σου (7 *b*)
— 11. αἱ ἡμέραι μου ὡσεὶ σκιὰ ἐκλίθησαν (7 *a*)
103 (104). 5. οὐ κλιθήσεται [A κινηθ., S¹ κληθ.] εἰς τὸν αἰῶνα τοῦ αἰῶνος (4 *b*)
114 (116). 2. ἔκλινε τὸ οὖς αὐτοῦ ἐμοί (7 *b*)
118 (119). 36. κλῖνον τὴν καρδίαν μου (7 *b*)
— 112. ἔκλινα τὴν καρδίαν μου (7 *a*)
143 (144). 5. κλῖνον οὐρανούς σου (7 *b*)
Pr. 21. 1. ἐκεῖ [A *om.*] ἔκλινεν αὐτήν (7 *b*)
Si. 4. 8. κλῖνον πτωχῷ τὸ οὖς σου
6. 33. ἐὰν κλίνῃς [S ἐκκλ.] τὸ οὖς σου σοφὸς ἔσῃ
15. 4. καὶ οὐ μὴ κλιθῇ [S κλισθῇ]
51. 16. ἔκλινα ὀλίγον τὸ οὖς μου
Za. 14. 4. καὶ κλινεῖ τὸ ἥμισυ τοῦ ὄρους πρὸς βορρᾶν (5)
Is. 24. 20. ἔκλινεν [S¹ *add.* καὶ σεισθήσεται ἡ γῆ ἔκλινεν] ὡς ὁ μεθύων καὶ κραιπαλῶν (4 *a*, 6)
33. 23. ὁ ἱστός σου ἔκλινεν †
37. 17. B κλῖνον, κύριε, τὸ οὖς σου (7 *b*)
Je. 6. 4. κέκλικεν ἡ ἡμέρα (11)
17. 23. οὐκ ἔκλιναν τὸ οὖς αὐτῶν (7 *b*)
31 (48). 12. ἀποστελῶ αὐτῷ κλίνοντας καὶ κλινοῦσιν αὐτόν (12 *a*, 12 *b*)
41 (34). 14. οὐκ ἔκλιναν τὸ οὖς αὐτῶν (7 *b*)
42 (35). 15. οὐκ ἐκλίνατε τὰ ὦτα ὑμῶν (7 *b*)
51 (44). 5. οὐκ ἔκλιναν τὸ οὖς αὐτῶν (7 *b*)
Ba. 2. 16. κλῖνον, κύριε, τὸ οὖς σου
— 21. κλίνατε τὸν ὦμον ὑμῶν
Ep. Je. 27. μήτε ἐὰν κλιθῇ οὐ μὴ ὀρθωθῇ
Da. Th. 9. 18. κλῖνον, ὁ θεός μου, τὸ οὖς σου (7 *b*)
[**Aq.** I Ki. 8. 3: III Ki. 11. 3: 21. 27: Ps. 26 (27). 9: Pr. 4. 20: 5. 13: Ec. 12. 4: Ca. 4. 6: 5. 6.]
[**Sm.** Ps. 45 (46). 3: 54 (55). 23: Pr. 4. 20: 5. 13: Ca. 2. 17: 4. 6: Ez. 32. 18.]
[**Th.** I Ki. 8. 3: III Ki. 21. 27: Pr. 4. 20: 5. 1, 13: Is. 24. 19 *bis*: 37. 17: Ez. 10. 11: 32. 18.]
[**Al.** Nu. 21. 15: I Ki. 10. 9: Ps. 48 (49). 5: 143 (144). 5.]
[**Quint.** Ps. 20 (21). 12.]

κλίνη. (1) מִטָּה (2) מִשְׁכָּב (3) עֶרֶשׂ
Ge. 48. 2. ἐκάθισεν ἐπὶ τὴν κλ. (1)
49. 33. ἐξάρας τοὺς πόδας αὐτοῦ ἐπὶ τὴν κλ. (1)
Ex. 8. 3 (7. 28). εἰσελεύσονται . . . ἐπὶ τῶν κλ. σου (1)
De. 3. 11. ἡ κλ. αὐτοῦ κλ. σιδηρᾶ (3, 3)
I Ki. 19. 13. καὶ ἔθετο ἐπὶ τὴν κλ. (1)
— 15. ἀγάγετε αὐτὸν ἐπὶ τῆς κλ. (1)
I Ki. 19. 16. ἰδοὺ τὰ κενοτάφια ἐπὶ τῆς κλ. (1)
II Ki. 3. 31. ἐπορεύετο ὀπίσω τῆς κλ. (1)
4. 7. ἐκάθευδεν ἐπὶ τῆς κλ. αὐτοῦ (1)
— 11. ἐπὶ τῆς κοίτης [B² κλ.] αὐτοῦ (2)
III Ki. 17. 19. ἐκοίμισεν [A -ησεν] αὐτὸν ἐπὶ τῆς κλ. [A κλ. αὐτοῦ] (1)
20 (21). 4. ἐκοιμήθη ἐπὶ τῆς κλ. αὐτοῦ (1)
IV Ki. 1. 4. ἡ κλ. [A κλ. σου] ἐφ' ἧς ἀνέβης ἐκεῖ (1)
— 6. ἡ κλ. [A *om.* ἡ κλ.] ἐφ' ἧς ἀνέβης (1)
— 16. ἡ κλ. ἐφ' ἧς ἀνέβης (1)
4. 10. θῶμεν αὐτῷ ἐκεῖ κλίνην (1)
— 21. ἐκοίμισεν αὐτὸν ἐπὶ τὴν κλ. (1)
— 32. κεκοιμισμένον [A -μημένον] ἐπὶ τὴν κλ. αὐτοῦ (1)
11. 2. καὶ τὴν τροφὸν αὐτοῦ ἐν τῷ ταμείῳ τῶν κλ. (1)
II Ch. 16. 14. ἐκοίμισαν αὐτὸν ἐπὶ τῆς κλ. (2)
22. 11. εἰς ταμεῖον κλινῶν (1)
24. 25. ἐθανάτωσαν αὐτὸν ἐπὶ τῆς κλ. αὐτοῦ (1)
To. 8. 4. ἀνέστη Τωβίας ἀπὸ τῆς κλ. [S *al.*]
14. 11. ἐξέλιπεν ἡ ψυχὴ αὐτοῦ ἐπὶ τῆς κλ. [S *al.*]
Ju. 8. 3. A B S² καὶ ἔπεσεν ἐπὶ τὴν κλ.
10. 21. ἦν Ὀλ. ἀναπαυόμενος ἐπὶ τῆς κλ. αὐτοῦ
13. 2. A B καὶ Ὀλ. προπεπτωκὼς ἐπὶ τὴν κλ. ἑαυτοῦ
— 4. A B στᾶσα Ἰ. παρὰ τὴν κλ. αὐτοῦ
— 6. A B προσελθοῦσα τῷ κανόνι τῆς κλ.
— 7. A B ἐγγίσασα τῆς κλ.
15. 11. πάντα τὰ ἀργυρώματα καὶ τὰς κλ.
Es. 1. 6. κλ. χρυσαῖ καὶ ἀργυραῖ (1)
7. 8. Ἀ. δὲ ἐπιπεπτώκει ἐπὶ τὴν κλ. (1)
Jb. 7. 13. παρακαλέσει με ἡ κλ. μου (3)
Ps. 6. 6. λούσω καθ' ἑκάστην νύκτα τὴν κλ. μου (1)
40 (41). 3. ἐπὶ κλίνης ὀδύνης αὐτοῦ (3)
131 (132). 3. εἰ ἀναβήσομαι ἐπὶ κλίνης στρωμνῆς μου (3)
Pr. 7. 16. κειρίαις [A κηρ.] τέτακα τὴν κλ. μου (3)
26. 14. οὕτως ὀκνηρὸς ἐπὶ τῆς κλ. αὐτοῦ (1)
Ca. 1. 16. πρὸς κλίνῃ ἡμῶν σύσκιος (3)
3. 7. ἰδοὺ ἡ κλ. τοῦ Σαλωμών (1)
Si. 23. 18. ἄνθρωπος παραβαίνων ἀπὸ τῆς κλ. αὐτοῦ [A *al.*]
48. 6. ὁ καταγαγὼν . . . δεδοξασμένους ἀπὸ κλίνης αὐτῶν
Am. 6. 4. οἱ καθεύδοντες ἐπὶ κλινῶν ἐλεφαντίνων (1)
Ez. 23. 41. ἐκάθου ἐπὶ κλίνης ἐστρωμένης (1)
[**Aq.** Ge. 47. 31: I Ki. 28. 23.]
[**Sm.** Ge. 47. 31: I Ki. 28. 23: Am. 3. 12.]
[**Th.** I Ki. 28. 23: Am. 3. 12.]
[**Heb.** Ge. 47. 31.]

κλισία.
III Ma. 6. 31. A κλισίας κατεμερίσαντο πλήρεις χαρμονῆς [B *al.*]

κλίτος. (1) *a.* יָרֵךְ *b.* יַרְכָה (2) כָּתֵף (3) מוּל
(4) מִקְצוֹעַ (5) פֵּאָה (6) פַּעַם (7) צַד
(8) צֵלָע (9) *a.* קָצֶה *b.* קָצָה (10) רְחוֹב
Ex. 25. 11 (12). ἐπιθήσεις ἐπὶ τὰ τέσσαρα κλ. (6)
— 11 (12). δύο δακτυλίους ἐπὶ τὸ κλ. τὸ ἕν (8)
— 11 (12). δύο δακτυλίους ἐπὶ τὸ κλ. τὸ δεύτ. (8)
— 13 (14). εἰς τοὺς δακτυλίους τοὺς ἐν τοῖς κλ. τῆς κιβωτοῦ (8)
— 17 (18). ἐξ ἀμφοτέρων τῶν κλ. τοῦ ἱλαστηρίου (9 *b*)
— 18 (19). Χερουβ εἷς ἐκ τοῦ κλ. τούτου (9 *b*)
— 18 (19). Χερουβ εἷς ἐκ τοῦ κλ. τοῦ δευτ. (9 *b*)
— 18 (19). ποιήσεις τοὺς δύο Χερουβιμ ἐπὶ τὰ δύο κλ. (9 *b*)
— 31 (32). τρεῖς καλαμίσκοι . . . ἐκ τοῦ κλ. τοῦ ἑνὸς αὐτῆς (7)
— 31 (32). τρεῖς καλαμίσκοι . . . ἐκ τοῦ κλ. τοῦ δευτέρου (7)
26. 18. ἐκ τοῦ κλ. τοῦ πρὸς βορρᾶν (5)
— 20. τὸ κλ. τὸ δεύτερον . . . εἴκοσι στύλους (8)
— 27. κλίτει τῆς σκηνῆς τῷ δευτέρῳ (8)
— 27. τῷ [A *om.*] κλ. τῆς σκηνῆς τῷ πρὸς θάλασσαν (8)
— 28. ἀπὸ τοῦ ἑνὸς κλ. εἰς τὸ ἕτερον κλ. (9 *a*, 9 *a*)
27. 4. ὑπὸ [A B² ἐπὶ] τὰ τέσσαρα κλ. (9 *b*)
— 9. εἰς τὸ κλ. τὸ πρὸς λίβα (5)
— 9. μῆκος ἑκατὸν πηχέων τῷ ἑνὶ κλ. (5)
— 11. A B τῷ κλ. [B *om.* τῷ κλ.] τῷ πρὸς ἀπηλιώτην [A βορρᾶν] (5)
— 14. τὸ ὕψος τῶν ἱστίων τῷ κλ. τῷ ἑνί (2)

Ex. 27. 15. τὸ κλ. τὸ δεύτερον . . . τῶν ἱστίων τὸ ὕψος (2)
28. 24. ἐπ' ἀμφοτέρων τῶν κλ. τοῦ λογείου (9 *b*)
30. 4. εἰς τὰ δύο κλ. ποιήσεις (8)
37. 9 (38. 11). A^{2}B τὸ κλ. τὸ πρὸς βορρᾶν (5)
— 9 (38. 11). B τὸ κλ. τὸ πρὸς νότον –
— 10 (38. 12). τὸ κλ. τὸ πρὸς [A κατὰ] θάλασσαν (5)
— 11 (38. 13). τὸ κλ. τὸ πρὸς ἀνατολάς (5)
38 (37). 3. δύο ἐπὶ τὸ κλ. τὸ ἓν καὶ δὺο ἐπὶ τὸ κλ. τὸ δεύτερον (8, 8)
— 10 (37. 13). δύο ἐπὶ τοῦ κλ. τοῦ ἑνὸς καὶ δύο ἐπὶ τοῦ κλ. τοῦ δευτέρου [A *al.*] (–, 5)
40. 22. ἐπὶ τὸ κλ. τῆς σκηνῆς τοῦ μαρτυρίου (1 *a*)
— 24. εἰς τὸ κλ. τῆς σκηνῆς τὸ πρὸς νότον (1 *a*)
Nu. 34. 3. ἔσται ὑμῖν τὸ κλ. τὸ πρὸς λίβα [A βορρᾶ] (5)
35. 5. μετρήσεις . . . τὸ κλ. τὸ πρὸς ἀνατολὰς . . . καὶ τὸ κλ. τὸ πρὸς λίβα . . . καὶ τὸ κλ. τὸ πρὸς θάλασσαν . . . καὶ τὸ κλ. τὸ πρὸς βορρᾶν (5 *quater*)
III Ki. 7. 39. ἀπὸ τοῦ κλ. τοῦ νότου (3)
II Ch. 29. 4. εἰς τὸ κλ. τὸ πρὸς ἀνατολάς (10)
Ps. 90 (91). 7. πεσεῖται ἐκ τοῦ κλ. σου χιλιάς (7)
127 (128). 3. A S^1 ὡς ἄμπελος εὐθηνοῦσα ἐν τοῖς [S^2 R ταῖς] κλ. τῆς οἰκίας σου (1 *b*)
Ez. 46. 21. αὐλὴ κατὰ τὰ [A *om.*] κλ. τῆς αὐλῆς [A *add.* αὐλή] (4)
— 21. κατὰ τὸ κλ. αὐλή (4)
— 22. καὶ [A κλίτη] τῆς αὐλῆς αὐλὴ μικρά (4)
47. 1. τὸ ὕδωρ κατέβαινεν ἀπὸ τοῦ κλ. τοῦ δεξιοῦ (2)
— 2. τὸ ὕδωρ κατεφέρετο ἀπὸ τοῦ κλ. τοῦ δεξιοῦ (2)
[**Th.** I Ki. 14. 38.]

κλιτύς. (1) יַרְכָּה

Ps. 127 (128). 3. S^2 R ὡς ἄμπελος εὐθηνοῦσα ἐν ταῖς [A S^1 τοῖς] κλ. τῆς οἰκίας σου (1)

κλοιός, κλοιόν (?). (1) מוֹטָה (2) עֲבֹתִים (3) עֹל (4) עֲנָק (5) רָבִיד

Ge. 41. 42. περιέθηκε κλοιὸν χρυσοῦν (5)
De. 28. 48. ἐπιθήσει κλ. σιδηροῦν ἐπὶ τὸν τράχηλόν σου (3)
Jd. 8. 26. A πλὴν τῶν κλ. τῶν χρυσῶν [B *al.*] (4)
III Ki. 12. 4. ὁ πατήρ σου ἐβάρυνε τὸν [A τὸ] κλ. ἡμῶν (3)
— 4. καὶ ἀπὸ τοῦ κλ. αὐτοῦ τοῦ βαρέως (3)
— 9. κούφισον ἀπὸ τοῦ κλ. (3)
— 10. ὁ πατήρ σου ἐβάρυνε τὸν κλ. ἡμῶν (3)
— 11. ὁ πατήρ μου ἐπεσάσσετο ὑμᾶς κλ. βαρεῖ κἀγὼ προσθήσω ἐπὶ τὸν κλ. ὑμῶν (3, 3)
— 14. ὁ πατήρ μου ἐβάρυνε τὸν κλ. ὑμῶν κἀγὼ προσθήσω ἐπὶ τὸν κλ. ὑμῶν (3, 3)
— 24. B ὁ πατήρ σου ἐβάρυνε τὸν κλ. αὐτοῦ ἐφ' ἡμᾶς –
I Ch. 18. 7. ἔλαβε Δ. τοὺς κλ. τοὺς χρυσοῦς †
Jb. 40. 21 (26). A καὶ εἰλήσεις κλοιὸν ἐν τῷ μυκτῆρι αὐτοῦ [B S *al.*] †
Pr. 1. 9. καὶ κλοιὸν χρύσεον περὶ σῷ τραχήλῳ (4)
Si. 6. 24. εἰς τὸν κλ. αὐτῆς τὸν τράχηλόν σου
— 29. A R οἱ κλ. [B S κλάδοι] αὐτῆς εἰς στολὴν δόξης
Hb. 2. 6. βαρύνων τὸν κλ. αὐτοῦ στιβαρῶς (2 ?)
Is. 43. 14. A S^2 Χαλδαῖοι ἐν κλοιοῖς [B S^1 πλ.] δεθήσονται †
Je. 34 (27). 2. ποίησον δεσμοὺς καὶ κλοιούς (1)
35 (28). 10. ἔλαβεν Ἀνανίας . . . τοὺς κλ. (1)
— 12. μετὰ τὸ συντρῖψαι Ἀνανίαν τοὺς κλ. (1)
— 13. κλοιοὺς ξυλίνους συνέτριψας καὶ ποιήσω ἀντ' αὐτῶν κλοιοὺς σιδηροῦς (1, 1)
Ez. 34. 27. A ἐν τῷ συντρῖψαί με τὸν ζυγὸν τοῦ κλ. [B *om.* τ. κλ.] αὐτῶν (3)
Da. TH. 8. 25. ὁ ζυγὸς τοῦ κλ. αὐτοῦ κατευθυνεῖ †
[**Aq.** II Ki. 8. 7 : Je. 28 (35). 10.]
[**Sm.** Is. 58. 9 : Je. 28 (35). 10 : Ez. 20. 37.]
[**Th.** Ps. 128 (129). 4 : Is. 10. 27 : 58. 6, 9 : Je. 28 (35). 10.]
[**Al.** Le. 26. 13.]
[**Quint.** Ps. 128 (129). 4.]

κλονεῖν.

[**Aq.** Ge. 45. 24 : Ex. 15. 14, 15 : Dt. 28. 65 : I Ki. 28. 15 : II Ki. 7. 10 : 18. 33 (19. 1) : Ps. 4. 5 : Is. 5. 25 : 13. 13 : 14. 9, 16 : 32. 11 : 64. 2 (1).]
[**Sm.** Jd. 9. 13.]

κλόνησις.

[**Aq.** Jb. 3. 17, 26 : 14. 1 : 37. 2.]

κλόνος.

[**Aq.** Ez. 12. 18.]

κλοπή. (1) גָּנַב *a.* qal. *b.* pu. *c.* גְּנֵבָה

Ge. 40. 15. κλοπῇ ἐκλάπην ἐκ γῆς Ἑβραίων (1 *b*)
Pr. 9. 17. καὶ ὕδατος κλοπῆς [A κοπῆς] γλυκεροῦ (1 *a*)
Wi. 14. 25. κλοπὴ καὶ δόλος
Si. 41. 19. ἀπὸ τόπου οὗ παροικεῖς περὶ κλοπῆς [S πλοκῆς]
Ho. 4. 2. ἀρὰ κ. ψεῦδος κ. φόνος κ. κλοπή (1 *a*)
Je. 31 (48). 27. ἐν κλοπαῖς σου εὑρέθη (1 *c*)
[**Sm.** Jb. 4. 12.]
[**Th.** Ex. 22. 12 (11).]

κλοποφορεῖν. (1) גָּנַב

Ge. 31. 26. ἐκλοποφόρησάς με (1)

κλύδων. (1) *a.* סָעַר *b.* סַעַר

Pr. 23. 34. ὥσπερ κυβερνήτης ἐν πολλῷ κλύδωνι †
Wi. 14. 5. διελθόντες κλύδωνα σχεδίᾳ διεσώθησαν
19. 7. χλοηφόρον πεδίον ἐκ κλύδωνος βιαίου
Jn. 1. 4. ἐγένετο κλύδων μέγας ἐν τῇ θαλάσσῃ (1 *b*)
— 11. ἡ θάλασσα . . . ἐξήγειρε μᾶλλον κλύδωνα (1 *a*)
— 12. ὁ κλ. ὁ μέγας οὗτος ἐφ' ὑμᾶς ἐστί (1 *b*)
I Ma. 6. 11. ἕως τίνος θλίψεως ἦλθον καὶ κλ. μεγάλου
IV Ma. 7. 5. περιέκλασε τοὺς μαινομένους [S ἐπιμ.] τῶν παθῶν κλ.
15. 31. κοσμοφοροῦσα καρτερῶς [A -οὺς] ὑπήνεγκε [S -έμεινε] τοὺς κλ.

κλυδωνίζεσθαι. (1) נִגְרַשׁ

Is. 57. 20. οἱ δὲ ἄδικοι κλυδωνισθήσονται (1)

κλύζειν.

[**Aq.** Ps. 31 (32). 6 : Is. 28. 15.]
[**Sm.** Is. 28. 15.]

κλώδαλον.

Wi. 11. 15. A^2 ἐθρήσκευον κλώδαλα [A^1 B S κνώδ.] εὐτελῆ

κλώθειν. (1) פָּתִיל (2) שָׁזַר hoph. (3) שָׁנִי

Ex. 25. 4. βύσσον κεκλωσμένην –
26. 1. ἐκ βύσσου κεκλωσμένης (2)
— 1, 31, 36. κοκκίνου κεκλωσμένου (3)
— 36. βύσσου κεκλωσμένης (2)
27. 9. A R ἐκ βύσσου κεκλωσμένης (2)
— 16. κοκκίνου κεκλωσμένου (3)
— 16. βύσσου κεκλωσμένης (2)
— 18 : 28. 6. ἐκ βύσσου κεκλωσμένης (2)
28. 8. βύσσου κεκλωσμένης (2)
— 15. κοκκίνου κεκλωσμένου (3)
— 15. βύσσου κεκλωσμένης [A -ου] (2)
— 29 (33). βύσσου κεκλωσμένης –
— 33 (37). ἐπὶ ὑακίνθου κεκλωσμένης (1)
31. 4. A καὶ τὴν βύσσον τὴν κεκλωσμένην –
35. 6. βύσσον κεκλωσμένην –
36. 9 (39. 2). ἐκ . . . βύσσου κεκλωσμένης (2)
— 10 (39. 3). σὺν . . . τῇ βύσσῳ τῇ κεκλωσμένῃ –
— 12 (39. 5), 15 (39. 8), 32 (39. 24), 36 (39. 28) : 37. 3 (36. 35), 5 (36. 37), 7 (38. 9), 14 (38. 16), 16 (38. 18). βύσσου κεκλωσμένης (2)
Le. 14. 4. καὶ κεκλωσμένον κόκκινον (3)
— 6. A καὶ τὸ κεκλωσμένον [B κλωστὸν] κόκκινον (3)
— 49. καὶ κεκλωσμένον κόκκινον (3)
— 51. καὶ τὸ κεκλωσμένον κόκκινον (3)
— 52. καὶ ἐν τῷ κεκλωσμένῳ κοκκίνῳ (3)
Si. 45. 11. κεκλωσμένῃ κόκκῳ ἔργῳ τεχνίτου
[**Heb.** Ex. 39. 29 (37).]

κλών. (1) בַּד (2) עֶרֶב

Jb. 18. 13. βρωθείησαν αὐτοῦ κλῶνες ποδῶν (1 ?)
40. 17 (22). σκιάζονται δὲ . . . κλῶνες ἀγροῦ [A S^2 ἄγνου] (2)
Wi. 4. 5. περικλασθήσονται κλῶνες ἀτέλεστοι [A -τατοι]

κλῶσμα. (1) פָּתִיל

Nu. 15. 38. ἐπιθήσετε . . . κλ. ὑακίνθινον (1)
Jd. 16. 9. A ὃν τρόπον διασπᾶται κλῶσμα [B *al.*] (1)
Si. 6. 30. οἱ δεσμοὶ αὐτῆς κλῶσμα ὑακίνθινον
[**Sm.** Je. 52. 21.]
[**Th.** Ex. 28. 28 : Jd. 16. 9.]

κλωστός. (1) שָׁנִי

Le. 14. 6. καὶ τὸ κλ. [A κεκλωσμένον] κόκκινον (1)

κνᾶν.

[**Heb.** Jb. 2. 8.]

κναφεύς, *vid.* γναφεύς.

κνήμη. (1) *a.* שׁוֹק *b.* שָׁק

De. 28. 35. ἐπὶ τὰ γόνατα καὶ ἐπὶ τὰς κν. (1 *a*)
Jd. 15. 8. ἐπάταξεν αὐτοὺς κνήμην ἐπὶ μηρόν (1 *a*)
Ps. 146 (147). 10. οὐδὲ ἐν ταῖς κν. τοῦ ἀνδρὸς εὐδοκεῖ (1 *a*)
Ca. 5. 15. κνῆμαι αὐτοῦ στῦλοι μαρμάρινοι (1 *a*)
Is. 47. 2. S R ἀνάσυρε [A B -ραι] τὰς κν. (1 *a*)
Da. TH. 2. 33. αἱ κν. σιδηραῖ (1 *b*)
[**Aq.** Ex. 29. 22 : I Ki. 9. 24.]
[**Sm.** Ex. 29. 22 : Pr. 26. 7.]
[**Th.** Ex. 29. 22.]
[**Al.** Le. 7. 32 : 8. 25 : 9. 21.]

κνημίς. (1) מִצְחָה

I Ki. 17. 6. κν. χαλκαῖ ἐπάνω τῶν σκελῶν αὐτοῦ (1)
[**Aq.**, **Sm.**, **Th.** Le. 8. 25.]

κνήφη. (1) חֶרֶס

De. 28. 27. καὶ ψώρᾳ ἀγρίᾳ καὶ κνήφῃ (1)

κνίδη. (1) חוֹחַ

Jb. 31. 40. ἀντὶ πυροῦ ἄρα ἐξέλθοι μοι κνίδη (1)
[**Sm.** Is. 55. 13.]

κνίζειν. (1) בָּלַס

Am. 7. 14. αἰπόλος ἤμην κνίζων συκάμινα (1)
[**Aq.**, **Th.** Pr. 6. 13 : 16. 30.]
[**Sm.** Pr. 16. 30.]

κνίς.

[**Aq.**, **Th.** Is. 34. 13.]
[**Sm.** Is. 34. 13 : 55. 13.]

κνώδαλον.

Wi. 11. 15. ἐθρήσκευον . . . κνώδαλα [A κλώδ.] εὐτελῆ
16. 1. διὰ πλήθους κνωδάλων ἐβασανίσθησαν
17. 9. κνωδάλων παρόδοις . . . ἐκσεσοβημένοι [A ἐκπεφοβ.]

κοθωνός. (1) כְּתֹנֶת

II Es. 2. 69. καὶ κοθωνοὶ [A χιτῶνας] τῶν ἱερέων ἑκατόν (1)

κοιλάς. (1) גַּיְא (2) עֵמֶק (3) שְׁקַעֲרוּרוֹת

Ge. 14. 8. παρετάξαντο . . . ἐν τῇ κ. τῇ ἁλυκῇ (2)
— 10. ἡ δὲ κ. ἡ ἁλυκὴ φρέατα ἀσφάλτου (2)
— 17. R εἰς τὴν κ. τοῦ [A τὴν] Σ. (2)
37. 14. ἀπέστειλεν αὐτὸν ἐκ τῆς κ. τῆς Χ. (2)
Le. 14. 37. ὄψεται τὴν ἁφὴν . . . κ. χλωριζούσας (3)
Nu. 14. 25. κατοικοῦσιν ἐν τῇ κ. (2)
Jo. 17. 16. ἐν τῇ κ. Ἰεζραέλ (2)
19. 48. καταβῆναι εἰς τὴν κ. –
Jd. 1. 19. τοὺς κατοικοῦντας τὴν κ. (2)
— 34. καταβῆναι εἰς τὴν κ. (2)
5. 14. A ἐν κοιλάδι ἀδελφοῦ σου Βενιαμείν [B *al.*] †
— 15. ἐν κοιλάσιν ἀπέστειλεν ἐν ποσὶν αὐτοῦ [A *al.*] (2)
6. 33. A R παρενέβαλον ἐν τῇ [B *om.*] κ. Ἰ. (2)
7. 1. παρεμβολὴ Μαδιὰμ . . . ἐν [A ἐν τῇ] κοιλάδι (2)
— 8. καὶ ἡ παρεμβολὴ Μ. . . . ἐν τῇ κ. (2)
— 12. βεβλημένοι [A παρεμβεβλήκεισαν] ἐν τῇ κ. (2)
18. 28. καὶ αὐτὴ ἐν τῇ [A *om.*] κ. (2)
I Ki. 6. 13. ἐθέριζον θερισμὸν πυρῶν ἐν κοιλάδι (2)
17. 2. παρεμβάλλουσιν ἐν τῇ κ. (2)
— 19. A καὶ πᾶς ἀνὴρ Ἰσρ. ἐν τῇ κ. τῆς δρυός (2)
21. 9 (10). ὃν ἐπάταξας ἐν τῇ κ. Ἠλᾶ (2)
31. 7. οἱ ἐν τῷ πέραν τῆς κ. [A *om.* τ. κ.] (2)
II Ki. 5. 18. συνέπεσαν εἰς τὴν κ. τῶν Τιτάνων (2)
— 22. συνέπεσαν ἐν τῇ κ. τῶν Τιτάνων (2)
18. 18. τὴν στήλην [A -λωσιν] τὴν ἐν τῇ κ. τοῦ βασ. (2)
23. 13. παρενέβαλον ἐν τῇ κ. Ῥ. (2)
III Ki. 21 (20). 23. A R καὶ οὐ θεὸς κοιλάδων [B -ος] –
— 28. καὶ οὐ θεὸς κοιλάδων (2)

I Ch. 11. 15. ἐν τῇ κ. τῶν γιγάντων (2)
14. 9. συνέπεσαν ἐν [S om.] τῇ κ. τῶν γιγάντων (2)
— 13. ἐν τῇ κ. τῶν γιγάντων (2)
18. 12. ἐν κοιλάδι [S τῇ κ.] τῶν ἁλῶν (1)
— 13. ἔθετο ἐν τῇ κ. φρουράς †
II Ch. 20. 26. ἐκάλεσαν τὸ ὄνομα ... Κοιλὰς εὐλογίας (2)
25. 11. ἐπορεύθη εἰς τὴν κ. τῶν ἁλῶν (1)
Ps. 59 (60). 6. τὴν κ. τῶν σκηνῶν διαμετρήσω (2)
64 (65). 13. αἱ κ. πληθυνοῦσι σῖτον (2)
83 (84). 6. A S²R εἰς τὴν κ. [B S¹ ἐν τῇ κ.] τοῦ κλαυθμῶνος (2)
107 (108). 7. τὴν κ. τῶν σκηνῶν διαμετρήσω [S al.] (2)
Ca. 2. 1. ἐγὼ ... κρίνον τῶν κ. (2)
Ho. 1. 5. συντρίψω τὸ τόξον τοῦ Ἰ. ἐν [A add. τῇ] κοιλάδι τοῦ Ἰ. (2)
2. 15 (17). καὶ δώσω αὐτῇ ... τὴν κ. Ἀ. (2)
Mi. 1. 4. αἱ κοιλάδες τακήσονται ὡς κηρός (2)
Jl. 3 (4). 2. καὶ κατάξω αὐτὰ εἰς τὴν κ. Ἰωσαφάτ (2)
— 12. ἀναβαινέτωσαν πάντα τὰ ἔθνη εἰς τὴν κ. Ἰω. (2)
— 14. ἦχοι ἐξήχησαν ἐν τῇ κ. [S¹ -λῃ] τῆς δίκης (2)
— 14. ἐγγὺς ἡμέρα κ. ἐν τῇ κ. τῆς δίκης (2)
Je. 21. 13. ἐγὼ πρὸς σὲ τὸν κατοικοῦντα τὴν κ. σόρ (2)
[Aq. Jo. 7. 26 : 13. 19, 27 : I Ki. 17. 2 : Jb. 39. 21 : Ps. 59 (60). 8 : 83 (84). 7 : Is. 22. 7 : 65. 10 : Je. 47 (29). 5 : 48 (31). 8.]
[Sm. Jo. 7. 24, 26 : 13. 19, 27 : 19. 27 : Jd. 7. 25 : Jb. 39. 10 : Ps. 83 (84). 7 : Is. 22. 7 : 65. 10 : Je. 17. 26 : 32 (39). 44 : 48 (31). 8.]
[Th. Jo. 7. 24 : 13. 19 : Jd. 5. 14 : 7. 25 : I Ki. 13. 18 : 17. 2 : Jb. 39. 21 : Is. 22. 7 : 65. 10 : Je. 31 (38). 40 : Ob. 19.]
[Al. Jo. 11. 16.]

κοίλασμα. (1) מוֹקֵשׁ

Is. 8. 14. ἐν κοιλάσματι ἐγκαθήμενοι ἐν Ἱερ. (1?)

κοιλία. (1) בֶּטֶן (2) בֵּן pl. (3) גָּחוֹן (4) כְּרֵשׂ (5) *a.* מֵעִים *b.* מְעִין (6) קֶרֶב (7) רֶחֶם (8) ἐκ [A ἀπὸ] τῆς κ. φωνεῖν הָגַג hi.

Ge. 3. 14. ἐπὶ τῷ στήθει σου καὶ τῇ κ. πορεύσῃ (3)
25. 23. δύο λαοὶ ἐκ τῆς κ. σου διασταλήσονται (5 *a*)
— 24. R ἦν δίδυμα ἐν τῇ κ. [A γαστρὶ] αὐτῆς (1)
30. 2. ὃς ἐστέρησέ σε καρπὸν κοιλίας (1)
38. 27. A ᾗδε ἦν δίδυμα ἐν τῇ κ. [R γαστρὶ] αὐ. (1)
41. 21 *bis*. εἰσῆλθον εἰς τὰς κ. αὐτῶν (6)
Ex. 29. 13. πᾶν τὸ στέαρ τὸ ἐπὶ τῆς κ. (6)
— 22 : Le. 3. 3. τὸ στέαρ τὸ κατακαλύπτον τὴν κ. (6)
Le. 3. 3. πᾶν τὸ στέαρ τὸ ἐπὶ τῆς κ. (6)
— 9. R πᾶν τὸ στέαρ τὸ κατακαλύπτον τὴν κ. (6)
— 9. τὸ στέαρ τῆς [R ἐπὶ τῆς] κ. (6)
— 14. τὸ στέαρ τὸ κατακαλύπτον [A καλ.] τὴν κ. (6)
— 14. A²B πᾶν τὸ στέαρ τὸ ἐπὶ τῆς κ. (6)
4. 11. πᾶσαν αὐτοῦ τὴν σάρκα σὺν ... τῇ κ. (6)
8. 19 (21). τὴν κ. ... ἔπλυνεν ὕδατι (6)
— 24 (25). τὸ στέαρ τὸ ἐπὶ τῆς κ. (6)
9. 14. ἔπλυνε τὴν κ. (6)
— 19. τὸ στέαρ τὸ κατακαλύπτον ἐπὶ τῆς κ. –
11. 42. πᾶς ὁ πορευόμενος ἐπὶ κοιλίας (3)
Nu. 5. 21. καὶ τὴν κ. σου πεπρησμένην (1)
— 22. εἰσελεύσεται τὸ ὕδωρ ... εἰς τὴν κ. σου (5 *a*)
— 27. πρησθήσεται τὴν κ. (1)
De. 7. 13. εὐλογήσει τὰ ἔκγονα τῆς κ. σου (1)
28. 4. εὐλογημένα τὰ ἔκγονα τῆς κ. σου (1)
— 11. ἐν [A ἐπὶ] τοῖς ἐκγόνοις τῆς κ. σου (1)
— 18. ἐπικατάρατα τὰ ἔκγονα τῆς κ. σου (1)
— 53. φάγῃ τὰ ἔκγονα τῆς κ. σου (1)
30. 9. ἐν τοῖς ἐκγόνοις τῆς κ. σου (1)
Jd. 3. 21. ἐνέπηξεν αὐτὴν ἐν τῇ κ. [A εἰς τὴν κ.] (1)
— 22. οὐκ ἐξέσπασε τὴν μάχαιραν ἐκ τῆς κ. αὐτοῦ (1)
13. 5. Ναζὶρ θεοῦ ἔσται τὸ παιδάριον ἀπὸ τῆς κ. [A al.] (1)
16. 17. ἀπὸ [A ἐκ] κοιλίας μητρός μου (1)
Ru. 1. 11. μὴ ἔτι μοι υἱοὶ ἐν τῇ κ. μου (5 *a*)
II Ki. 7. 12. ὃς ἔσται ἐκ τῆς κ. σου (5 *a*)
16. 11. ὁ υἱός μου ὁ ἐξελθὼν ἐκ τῆς κ. μου (5 *a*)
20. 10. ἐξεχύθη ἡ κ. αὐτοῦ εἰς τὴν γῆν (5 *a*)
I Ch. 17. 11. ὃ ἔσται ἐκ τῆς κ. σου (2)
II Ch. 21. 15. ἐν μαλακίᾳ πονηρᾷ ἐν νόσῳ κοιλίας (5 *a*)
— 15. ἕως οὗ ἐξέλθῃ ἡ κ. σου (5 *a*)
— 18. ἐπάταξεν αὐτὸν κύριος εἰς τὴν κοιλίαν (5 *a*)
— 19. ἐξῆλθεν ἡ κ. αὐτοῦ μετὰ τῆς νόσου (5 *a*)
32. 21. τῶν ἐξελθόντων ἐκ κοιλίας αὐτοῦ (5 *a*)
To. 4. 4. πολλοὺς κινδύνους ἑώρακεν ἐπὶ σοὶ ἐν τῇ κ.
Jb. 1. 21. αὐτὸς γυμνὸς ἐξῆλθον ἐκ κοιλίας μητρός μου (1)
2. 9. υἱοὶ καὶ θυγατέρες [A add. τῆς] ἐμῆς κοιλίας ὠδῖνες –
3. 11. διὰ τί γὰρ ἐν κοιλίᾳ οὐκ ἐτελεύτησα (7)
10. 18. ἵνα τί οὖν ἐκ κοιλίας με ἐξήγαγες (7)
15. 35. ἡ δὲ κ. αὐτοῦ ὑποίσει [S¹ οὐκ οἴσει] δόλον [A πόνον] (1)
20. 15. A ἐξεμεθήσεται ἐκ κοιλίας αὐτοῦ [B S om. ἐκ κ. αὐ.] (1)
30. 27. ἡ κ. μου ἐξέζεσε (5 *a*)
31. 15. γεγόναμεν δὲ ἐν τῇ αὐτῇ κ. (7)
38. 8. ἐκ κοιλίας μητρὸς αὐτῆς ἐκπορευομένη (7)
Ps. 21 (22). 10. ἐκ κοιλίας [S² ἀπὸ γαστρὸς] μητρός μου θεός μου εἶ σύ (1)
— 14. ἐγενήθη ἡ καρδία μου ... ἐν μέσῳ τῆς κ. μου (5 *a*)
39 (40). 8. AS καὶ τὸν νόμον σου ἐν μέσῳ τῆς κ. [B καρδίας] μου (5 *a*)
70 (71). 6. ἐκ κοιλίας μητρός μου σύ μου εἶ σκεπαστής (5 *a*)
131 (132). 11. S²R ἐκ καρποῦ τῆς κ. σου (1)
Pr. 18. 20. ἀπὸ καρπῶν [A -οῦ] στόματος ἀνὴρ πίμπλησι κοιλίαν αὐτοῦ (1)
20. 27. ὃς ἐρευνᾷ ταμιεῖα κοιλίας (1)
— 30. πληγαὶ δὲ εἰς ταμιεῖα κοιλίας (1)
24. 15. μηδὲ ἀπατηθῇς χορτασίᾳ κοιλίας –
— 70 (31. 2). τί τέκνον ἐμῆς κ. (1)
26. 22. S² οὗτοι δὲ τύπτουσιν εἰς ταμιεῖα κοιλίας [A B S¹ σπλάγχνων] (1)
Ca. 5. 4. ἡ κ. μου ἐθροήθη ἐπ' αὐτόν (5 *a*)
— 14. κοιλία αὐτοῦ πυξίον ἐλεφάντινον (5 *a*)
7. 2 (3). κοιλία σου θημωνία σίτου (1)
Wi. 7. 2. R ἐν κοιλίᾳ μητρὸς ἐγλύφην σάρξ
Si. 19. 12. οὕτως λόγος ἐν κοιλίᾳ μωροῦ
23. 6. κοιλίας ὄρεξις καὶ συνουσιασμός
36. 23 (20). πᾶν βρῶμα φάγεται κοιλία
40. 30. ἐν κοιλίᾳ αὐτοῦ πῦρ καήσεται
51. 5. ἐκ βάθους κοιλίας ᾅδου
— 21. ἡ κ. μου ἐταράχθη ἐκζητῆσαι αὐτήν
Ho. 9. 16. ἀποκτενῶ τὰ ἐπιθυμήματα κοιλίας αὐτῶν (1)
12. 3 (4). ἐν τῇ κ. ἐπτέρνισε τὸν ἀδελφὸν αὐτοῦ (1)
Mi. 6. 7. εἰ δῶ ... καρπὸν κοιλίας μου (1)
Jn. 2. 1. ἦν Ἰ. ἐν τῇ κ. τοῦ κήτους (5 *a*)
— 2. A B S² ἐκ τῆς κ. τοῦ κήτους (5 *a*)
— 3. εἰσήκουσέ μου ἐκ κοιλίας ᾅδου (1)
Hb. 3. 16. ἐπτοήθη ἡ κοιλία [S² καρδία] μου ἀπὸ φωνῆς (1)
Is. 8. 19. οἱ ἐκ [A ἀπὸ] τῆς κ. φωνοῦσιν (8)
16. 11. ἡ κ. μου ἐπὶ Μωὰβ ὡς κιθάρα ἠχήσει (5 *a*)
44. 2. ὁ πλάσας σε ἐκ κοιλίας (1)
— 24. πλάσσων [S ὁ πλάσας] σε ἐκ κοιλίας (1)
46. 3. οἱ αἰρόμενοι ἐκ κοιλίας (1)
48. 8. ἄνομος ἔτι ἐκ κοιλίας κληθήσῃ (1)
— 19. τὰ ἔκγονα [S ἔγγ.] τῆς κ. σου (5 *a*)
49. 1. ἐκ κοιλίας μητρός μου ἐκάλεσε τὸ ὄνομά μου (1 + 5 *a*)
— 5. λέγει κύριος ὁ πλάσας με ἐκ κοιλίας (1)
— 15. τοῦ μὴ ἐλεῆσαι τὰ ἔκγονα [S ἔγγ.] τῆς κ. αὐτῆς (1)
Je. 1. 5. πρὸ τοῦ με πλάσαι σε ἐν κοιλίᾳ [A ἐκ κοιλίας] (1)
4. 19. AS²R τὴν κ. μου τὴν κ. μου [BS¹ om. τ. κ. μ.] ἀλγῶ (5 *a*, 5 *a*)
28 (51). 34. ἔπλησε τὴν κ. αὐτοῦ ἀπὸ τῆς τρυφῆς μου (4)
La. 1. 20. ἡ κ. μου ἐταράχθη (5 *a*)
2. 20. εἰ φάγονται γυναῖκες καρπὸν κοιλίας αὐτῶν –
Ez. 3. 3. ἡ κ. σου πλησθήσεται τῆς κεφαλίδος ταύτης (1)
7. 19. αἱ κ. αὐτῶν οὐ μὴ πληρωθῶσι (5 *a*)
Da. LXX., Th. 2. 32. ἡ κ. καὶ οἱ μηροὶ χαλκοῖ (5 *b*)
II Ma. 7. 22. εἰς τὴν ἐμὴν ἐφάνητε κ.
10. 4. πεσόντες ἐπὶ κοιλίαν
[Aq. Jb. 15. 35 : Ps. 39 (40). 9 : Je. 31 (38). 20.]
[Sm. Is. 16. 11.]
[Th. Jb. 30. 27 : Ps. 39 (40). 9.]
[Al. Ex. 29. 17 : Le. 1. 9 : 4. 8 : 7. 3 : 8. 16 : Nu. 25. 8 : Pr. 13. 24 *bis* : 26. 22.]

κοῖλος. (1) יַרְכָּה (2) נָבַב (3) *a.* עֵמֶק *b.* עָמֹק

Ex. 27. 8. κοῖλον σανιδωτὸν ποιήσεις αὐτό (2)
Le. 13. 32, 34. ἡ ὄψις ... οὐκ ἔστι κοίλη ἀπὸ τοῦ δέρματος (3 *b*)
Jo. 9. 5. καὶ τὰ κ. τῶν ὑποδημάτων αὐτῶν †
I Es. 2. 17. R καὶ κριταὶ [B om., A κραταιοὶ] οἱ ἐν κ. Συρίᾳ
— 24. A R κάθοδος [B ἔξ.] οὐκέτι σοι ἔσται εἰς κ. Συρίαν
— 27. καὶ φορολογοῦντες κ. Συρίαν
4. 48. πᾶσι τοῖς τοπάρχαις ἐν κ. Συρίᾳ
6. 29. ἀπὸ τῆς φορολογίας κ. Συρίας
7. 1. Σισ. ἔπαρχος κ. Συρίας
8. 67. A R καὶ τοῖς ἐπάρχοις κ. [B om.] Συρίας
Wi. 17. 19. R ἀντανακλωμένη ἐκ κοιλοτάτων [A B S -ότητος] ὀρέων ἠχώ
Jl. 3 (4). 14. ἐν τῇ κοιλάδι [S¹ -λῃ] τῆς δίκης (3 *a*)
Jn. 1. 5. Ἰ. δὲ κατέβη εἰς τὴν κ. τοῦ πλοίου (1)
I Ma. 10. 69. Ἀπολλώνιον τὸν ὄντα ἐπὶ [S² add. τῆς] κ. Συρίας
II Ma. 3. 5. τὸν ... κ. Συρίας ... στρατηγόν
— 8. τὰς κατὰ κ. Συρίαν ... πόλεις
4. 4 : 8. 8. τὸν κ. Συρίας καὶ Φοινίκης στρατηγόν
10. 11. κ. δὲ Συρίας καὶ Φοιν. στρατηγὸν πρώταρχον
III Ma. 3. 15. τὰ κατοικοῦντα κ. Συρίαν καὶ Φοιν. ἔθνη
[Aq., Th. Le. 13. 3.]
[Sm. Jd. 1. 15.]
[Al. Le. 13. 20 : 14. 37.]

κοιλοσταθμεῖν. (1) סָפַן (2) צָפָה pi.

III Ki. 6. 9. ἐκοιλοστάθμησε τὸν οἶκον (1)
— 15. ἐκοιλοστάθμησε συνεχόμενα ξύλοις ἔσωθεν (2)

κοιλόσταθμος. (1) סָפַן

Hg. 1. 4. τοῦ οἰκεῖν ἐν οἴκοις ὑμῶν κοιλοστάθμοις (1)

κοιλότης.

Wi. 17. 19. A B S ἀντανακλωμένη ἐκ κοιλότητος [R -οτάτων] ὀρέων ἠχώ

κοίλωμα. (1) בֶּתֶר

Ge. 23. 2. ἐν πόλει Ἀ. ἥ ἐστιν ἐν τῷ κ. –
III Ki. 7. 15. τεσσάρων δακτύλων τὰ κ. †
Ca. 2. 17. νεβρῷ ἐλάφων ἐπὶ ὄρη κοιλωμάτων (1)
8. 14. AS¹ τῇ δορκάδι ἐπὶ τὰ ὄρη κοιλωμάτων [B ἀρωμάτων, S²R τῶν ἀρωμάτων] †
Ez. 43. 14. ἐκ βάθους τῆς ἀρχῆς τοῦ κ. αὐτοῦ †
II Ma. 1. 19. κατέκρυψαν ἐν κοιλώματι φρέατος

κοιμᾶν. (1) בּוּת (2) הָיָה ni. (3) הָלַךְ (4) יָגַע (5) יָשַׁב (6) יָשֵׁן (7) לִין (8) נָחַת (9) סָבַב pu. (10) רָבַץ (11) רָדַם ni. (12) שָׁכַב *a.* qal. *b.* hi. *c.* hoph. *d.* מִשְׁכָּב

Ge. 19. 4. πρὸ τοῦ κοιμηθῆναι ... περιεκύκλωσαν (12 *a*)
— 32. κοιμηθῶμεν μετ' αὐτοῦ (12 *a*)
— 33. ἐκοιμήθη μετὰ τοῦ πατρὸς αὐτῆς (12 *a*)
— 33. R ἐν τῷ κοιμηθῆναι αὐτόν [A -ήν] (12 *a*)
— 34. ἐκοιμήθην χθὲς μετὰ τοῦ πατρός ἡμ. (12 *a*)
— 34. κοιμήθητι μετ' αὐτοῦ (12 *a*)
— 35. ἐκοιμήθη μετὰ τοῦ πατρὸς αὐτῆς (12 *a*)
— 35. R ἐν τῷ κοιμηθῆναι αὐτόν [A -ήν] (12 *a*)
24. 11. A ἐκοίμησεν [S R -μισε] τὰς καμήλους †
— 54. ἔφαγον ... καὶ ἐκοιμήθησαν (7)
26. 10. ἐκοιμήθη τις ... μετὰ τῆς γυναικός σου (12 *a*)
28. 11. ἐκοιμήθη ἐκεῖ (7)
— 11. ἐκοιμήθη ἐν τῷ τόπῳ ἐκείνῳ (12 *a*)
30. 15. κοιμηθήτω μετὰ σοῦ (12 *a*)
— 16. ἐκοιμήθη μετ' αὐτῆς (12 *a*)
31. 54. ἐκοιμήθησαν ἐν τῷ ὄρει (7)
32. 13 (14). ἐκοιμήθη ἐκεῖ (7)
— 21 (22). ἐκοιμήθη ... ἐν τῇ παρεμβολῇ (7)
34. 2. ἐκοιμήθη μετ' αὐτῆς (12 *a*)
— 7. κοιμηθεὶς μετὰ τῆς θυγατρὸς Ἰ. (12 *a*)
35. 21 (22). ἐκοιμήθη μετὰ Βαλλᾶς (12 *a*)
39. 7, 12, 14. κοιμήθητι μετ' ἐμοῦ (12 *a*)
— 17. R κοιμηθήσομαι μετὰ σοῦ [A -θητι μετ' ἐμοῦ] –
41. 21. ἐξεγερθεὶς δὲ ἐκοιμήθην –

Ge. 47. 30. κοιμηθήσομαι μετὰ τῶν πατέρων μου (12 *a*)
49. 9. ἀναπεσὼν ἐκοιμήθης ὡς λέων (10)
Ex. 22. 16 (15). ἐὰν . . . κοιμηθῇ μετ' αὐτῆς (12 *a*)
— 19 (18). πᾶν κοιμώμενον μετὰ κτήνους (12 *a*)
— 27 (26). ἐν τίνι κοιμηθήσεται (12 *a*)
23. 18. οὐδὲ μὴ κοιμηθῇ στέαρ τῆς ἑορτῆς μου ἕως πρωΐ (7)
34. 25. οὐ κοιμηθήσεται εἰς τὸ πρωῒ θύματα [A -μίαμα] (7)
Le. 14. 47. ὁ κοιμώμενος ἐν τῇ οἰκίᾳ (12 *a*)
15. 4. A B[1] ἐφ' ᾗ [B[2] ἥν, R ἧς] ἂν κοιμηθῇ ἐπ' αὐτῆς (12 *a*)
— 18. ἐὰν κοιμηθῇ ἀνὴρ μετ' αὐτῆς (12 *a*)
— 24. ἐὰν δὲ κοίτῃ κοιμηθῇ τις μετ' αὐτῆς (12 *a*)
— 24. ἐφ' ᾗ ἂν κοιμηθῇ ἐπ' αὐτῆς (12 *a*)
— 26. ἐφ' ἣν ἂν κοιμηθῇ ἐπ' αὐτῆς (12 *a*)
— 33. ὃς ἂν κοιμηθῇ μετὰ ἀποκαθημένης (12 *a*)
18. 22. οὐ κοιμηθήσῃ κοίτην γυναικός (12 *a*)
19. 13. οὐ μὴ κοιμηθήσεται ὁ μισθὸς . . . παρὰ σοί (7)
— 20. ἐάν τις κοιμηθῇ . . . κοίτην σπέρματος (12 *a*)
20. 11. ἐάν τις κοιμηθῇ μετὰ γυναικὸς τοῦ πατρὸς αὐτοῦ (12 *a*)
— 12. ἐάν τις κοιμηθῇ μετὰ νύμφης αὐτοῦ (12 *a*)
— 13. ὃς ἂν κοιμηθῇ . . . κοίτην γυναικός (12 *a*)
— 18. ὃς ἂν κοιμηθῇ μετὰ γυναικὸς ἀποκαθημένης (12 *a*)
— 20. ὃς ἂν κοιμηθῇ μετὰ τῆς συγγενοῦς αὐ. (12 *a*)
26. 6. καὶ κοιμηθήσεσθε (12 *a*)
Nu. 5. 13. καὶ κοιμηθῇ τις μετ' αὐτῆς κοίτην σπέρματος (12 *a*)
— 19. εἰ μὴ κεκοίμηταί τις μετὰ σοῦ (12 *a*)
23. 24. οὐ κοιμηθήσεται (12 *a*)
De. 16. 4. οὐ κοιμηθήσεται ἀπὸ τῶν κρεῶν (7)
21. 23. οὐ κοιμηθήσεται [A οὐκ ἐπικ.] τὸ σῶμα αὐτοῦ (7)
22. 22. ἄνθρωπος κοιμώμενος μετὰ γυναικός (12 *a*)
— 22. τὸν ἄνδρα τὸν κοιμώμενον μετὰ τῆς γυναικός (12 *a*)
— 23. καὶ . . . κοιμηθῇ μετ' αὐτῆς [A[2] κ. ταύτης] (12 *a*)
— 25. καὶ βιασάμενος κοιμηθῇ μετ' αὐτῆς (12 *a*)
— 25. ἀποκτενεῖτε [A *add.* τὸν ἄνθρωπον] τὸν κοιμώμενον μετ' αὐτῆς (12 *a*)
— 28. καὶ βιασάμενος [A β. αὐτὴν] κοιμηθῇ μετ' αὐτῆς (12 *a*)
— 29. ὁ ἄνθρωπος ὁ κοιμηθεὶς μετ' αὐτῆς (12 *a*)
24. 12. οὐ κοιμηθήσῃ ἐν τῷ ἐνεχύρῳ (12 *a*)
— 13. κοιμηθήσεται ἐν τῷ ἱματίῳ αὐτοῦ (12 *a*)
27. 20. A R ὁ κοιμώμενος μετὰ γυναικὸς τοῦ [B ἐκ] πατρὸς αὐτοῦ (12 *a*)
— 21. ὁ κοιμώμενος μετὰ παντὸς [A *om.*] κτήνους (12 *a*)
— 22. ὁ κοιμώμενος μετὰ ἀδελφῆς (12 *a*)
— 23. ὁ κοιμώμενος μετὰ νύμφης [A πενθερᾶς] αὐτοῦ (12 *a*)
— 23. B ὁ κοιμώμενος μετὰ ἀδελφῆς γυναικὸς αὐτοῦ –
31. 16. σὺ κοιμᾷ [A -ασαι] μετὰ τῶν πατέρων σου (12 *a*)
Jo. 2. 8. πρὶν ἢ κοιμηθῆναι αὐτούς (12 *a*)
6. 10 (11). καὶ ἐκοιμήθη ἐκεῖ (7)
Jd. 5. 27. ἔπεσε καὶ [A *om.*] ἐκοιμήθη (12 *a*)
16. 3. καὶ ἐκοιμήθη Σαμψών (12 *a*)
— 14. ἐν τῷ κοιμᾶσθαι αὐτόν [A *al.*] –
Ru. 3. 4. ἐν τῷ κοιμηθῆναι αὐτόν (12 *a*)
— 4. ὅπου [A οὗ] κοιμᾶται ἐκεῖ (12 *a*)
— 4. καὶ κοιμηθήσῃ (12 *a*)
— 7. καὶ ἦλθε κοιμηθῆναι (12 *a*)
— 8. γυνὴ κοιμᾶται πρὸς ποδῶν αὐτοῦ (12 *a*)
— 13. κοιμήθητι ἕως πρωΐ (12 *a*)
— 14. καὶ ἐκοιμήθη πρὸς ποδῶν αὐτοῦ (12 *a*)
I Ki. 3. 9. ἐκοιμήθη ἐν τῷ τόπῳ αὐτοῦ (12 *a*)
— 15. κοιμᾶται Σαμ. ἕως πρωΐ (12 *a*)
9. 25. καὶ ἐκοιμήθη –
II Ki. 7. 12. κοιμηθήσῃ μετὰ τῶν πατέρων σου (12 *a*)
11. 4. ἐκοιμήθη μετ' αὐτῆς (12 *a*)
— 9. ἐκοιμήθη Οὐρίας παρὰ τῇ θύρᾳ (12 *a*)
— 11. καὶ κοιμηθῆναι μετὰ τῆς γυναικός μου (12 *a*)
— 13. τοῦ κοιμηθῆναι ἐπὶ [A καὶ ἐ.] τῆς κοίτης (12 *a*)
12. 11. κοιμηθήσεται μετὰ τῶν γυναικῶν σου (12 *a*)
— 16. A ηὐλίσθη καὶ ἐκοιμήθη [B *om.* κ. ἐκ.] ἐπὶ τῆς γῆς (12 *a*)
— 24. ἐκοιμήθη μετ' αὐτῆς (12 *a*)
13. 5. κοιμήθητι ἐπὶ τῆς κοίτης σου (12 *a*)

II Ki. 13. 6. καὶ ἐκοιμήθη Ἀμ. (12 *a*)
— 8. καὶ αὐτὸς κοιμώμενος (12 *a*)
— 11. κοιμήθητι μετ' ἐμοῦ (12 *a*)
— 14. ἐκοιμήθη μετ' αὐτῆς (12 *a*)
— 31. ἐκοιμήθη ἐπὶ τὴν γῆν (12 *a*)
III Ki. 1. 2. κοιμηθήσεται μετ' αὐτοῦ (12 *a*)
— 21. ὡς ἂν κοιμηθῇ ὁ κύριός μου (12 *a*)
2. 10. ἐκοιμήθη Δαυὶδ μετὰ τῶν πατ. αὐ. (12 *a*)
3. 19. A ὡς ἐκοιμήθη [B ἐπεκ.] ἐπ' αὐτόν (12 *a*)
11. 21. κεκοίμηται Δ. μετὰ τῶν πατέρων αὐτοῦ (12 *a*)
— 43. ἐκοιμήθη Σαλ. μετὰ τῶν πατ. αὐ. (12 *a*)
— 44. B ὁ βασ. Σαλ. ἐκοιμήθη μετὰ τῶν πατέρων αὐτοῦ (12 *a* ?)
12. 24. B κοιμᾶται μετὰ τῶν πατέρων αὐτοῦ –
14. 20. A καὶ ἐκοιμήθη μετὰ τῶν πατ. αὐ. (12 *a*)
— 31. καὶ ἐκοιμήθη Ῥ. μετὰ τῶν πατ. αὐ. (12 *a*)
15. 8. καὶ ἐκοιμήθη Ἀβ. μετὰ τῶν πατ. αὐ. (12 *a*)
— 24. καὶ ἐκοιμήθη Ἀσά (12 *a*)
16. 6. καὶ ἐκοιμήθη B. μετὰ τῶν πατ. αὐ. (12 *a*)
— 28. καὶ ἐκοιμήθη Z. μετὰ τῶν πατ. αὐ. (12 *a*)
— 28 (22. 50 [51]). B καὶ ἐκοιμήθη Ἰ. μετὰ τῶν πατέρων αὐτοῦ (12 *a*)
17. 19. A ἐκοίμησεν [B -ισεν] αὐτὸν ἐπὶ τῆς κλίνης (12 *b*)
19. 5. καὶ ἐκοιμήθη (12 *a*)
— 6. καὶ ἐπιστρέψας ἐκοιμήθη (12 *a*)
20 (21). 4. ἐκοιμήθη ἐπὶ τῆς κλίνης αὐτοῦ (12 *a*)
22. 40. καὶ ἐκοιμήθη Ἀ. μετὰ τῶν πατ. αὐ. (12 *a*)
— 51. A R καὶ ἐκοιμήθη Ἰωσ. [B *om.*] μετὰ τῶν πατέρων αὐτοῦ (12 *a*)
IV Ki. 4. 11. καὶ ἐκοιμήθη ἐκεῖ (12 *a*)
— 20. ἐκοιμήθη ἐπὶ τῶν γονάτων αὐτῆς (5)
— 32. A τὸ παιδάριον τεθνηκὸς κεκοιμημένον [B -μισμένον] (12 *c*)
— 34. ἐκοιμήθη ἐπὶ τὸ παιδάριον (12 *a*)
8. 24. καὶ ἐκοιμήθη Ἰ. μετὰ τῶν πατέρων αὐτοῦ (12 *a*)
9. 16. A ἀνὴρ δυνάμεως ἐκοιμήθη ἐκεῖ [B *om.* ἐ. ἐ.] (12 *a*)
10. 35: 13. 9, 13. καὶ ἐκοιμήθη Ἰ. μετὰ τῶν πατέρων αὐτοῦ (12 *a*)
14. 16. καὶ ἐκοιμήθη Ἰ. μετὰ τῶν πατέρων [A *om.*] αὐτοῦ (12 *a*)
— 22. μετὰ τὸ κοιμηθῆναι τὸν βασ. μετὰ τῶν πατέρων αὐτοῦ (12 *a*)
— 29. καὶ ἐκοιμήθη Ἰερ. μετὰ τῶν πατ. αὐ. (12 *a*)
15. 7. καὶ ἐκοιμήθη Ἀ. μετὰ τῶν πατ. αὐ. (12 *a*)
— 22. καὶ ἐκοιμήθη M. μετὰ τῶν πατ. αὐ. (12 *a*)
— 38. καὶ ἐκοιμήθη Ἰ. μετὰ τῶν πατ. αὐ. (12 *a*)
16. 20. καὶ ἐκοιμήθη Ἀ. μετὰ τῶν πατ. αὐ. (12 *a*)
20. 21. καὶ ἐκοιμήθη Ἐζ. μετὰ τῶν πατ. αὐ. (12 *a*)
21. 18. καὶ ἐκοιμήθη M. μετὰ τῶν πατ. αὐ. (12 *a*)
24. 6. καὶ ἐκοιμήθη Ἰ. μετὰ τῶν πατέρων (12 *a*)
I Ch. 17. 11. καὶ κοιμηθήσῃ μετὰ τῶν πατ. σου (3)
II Ch. 9. 31. καὶ ἐκοιμήθη Σαλωμών (12 *a*)
16. 13. καὶ ἐκοιμήθη Ἀσὰ μετὰ τῶν πατ. αὐ. (12 *a*)
21. 1. ἐκοιμήθη Ἰωσ. μετὰ τῶν πατέρων αὐτοῦ (12 *a*)
26. 2. μετὰ τὸ κοιμηθῆναι τὸν βασ. μετὰ τῶν πατέρων αὐτοῦ (12 *a*)
— 23. καὶ ἐκοιμήθη Ὀ. μετὰ τῶν πατ. αὐ. (12 *a*)
27. 9. καὶ ἐκοιμήθη Ἰ. μετὰ τῶν πατ. αὐ. (12 *a*)
28. 27. καὶ ἐκοιμήθη Ἄ. μετὰ τῶν πατ. αὐ. (12 *a*)
32. 33. καὶ ἐκοιμήθη Ἐζ. μετὰ τῶν πατ. αὐ. (12 *a*)
33. 20. καὶ ἐκοιμήθη M. μετὰ τῶν πατ. αὐ. (12 *a*)
36. 8. καὶ ἐκοιμήθη Ἰ. μετὰ τῶν πατέρων αὐτοῦ –
I Es. 3. 3. καὶ ἐκοιμήθη
To. 2. 9. ἐκοιμήθη μεμιαμμένος [S *om.*] παρὰ τὸν τοῖχον τῆς αὐλῆς
8. 1. S ἠθέλησαν κοιμηθῆναι
— 9. ἐκοιμήθησαν ἀμφότεροι [S *om.*] τὴν νύκτα
Jb. 3. 13. νῦν ἂν κοιμηθεὶς ἡσύχασα (12 *a*)
7. 4. ἐὰν κοιμηθῶ (12 *a*)
8. 17. ἐπὶ συναγωγὴν [A -ῇ] λίθων κοιμᾶται (9 ?)
14. 12. ἄνθρωπος δὲ κοιμηθεὶς οὐ μὴ ἀναστῇ (12 *a*)
20. 11. μετ' αὐτοῦ ἐπὶ χώματος κοιμηθήσεται (12 *a*)
21. 13. ἐν δὲ ἀναπαύσει ᾅδου ἐκοιμήθησαν (8)
— 26. ἐπὶ γῆς κοιμῶνται [A -μηθήσονται] (12 *a*)
22. 11. κοιμηθέντα δὲ ὕδωρ σε ἐκάλυψε †
27. 19. S[2] R πλούσιος κοιμηθήσεται [A B S[1] κοιμηθεὶς] καὶ οὐ προσθήσει (12 *a*)
— 20. A κοιμηθέντι [B S *om.*] συναντήσονται [B S -ήντησαν] αὐτῷ –
39. 9. βουλήσεται δὲ . . . κοιμηθῆναι ἐπὶ φάτνης σου (7)
40. 16 (21). ὑπὸ παντοδαπὰ δένδρα κοιμᾶται (12 *a*)
Ps. 3. 5. ἐγὼ ἐκοιμήθην καὶ ὕπνωσα (12 *a*)
4. 8. ἐν εἰρήνῃ ἐπὶ τὸ αὐτὸ κοιμηθήσομαι (12 *a*)

Ps. 40 (41). 8. μὴ ὁ κοιμώμενος οὐχὶ προσθήσει τοῦ ἀναστῆναι (12 *a*)
56 (57). 4. ἐκοιμήθην τεταραγμένος (12 *a*)
67 (68). 13. ἐὰν κοιμηθῆτε ἀνὰ μέσον τῶν κλήρων (12 *a*)
Pr. 4. 16. οὐ κοιμῶνται †
Ec. 2. 23. ἐν νυκτὶ οὐ κοιμᾶται ἡ καρδία αὐτοῦ (12 *a*)
4. 11. ἐὰν κοιμηθῶσι δύο (12 *a*)
Wi. 17. 14. τὸν αὐτὸν ὕπνον κοιμώμενοι
Si. 25. 1. S[1] ἐκοιμήθην [? ἐκοσμ.]
Is. 1. 21. ἐν ᾗ δικαιοσύνη ἐκοιμήθη ἐν αὐτῇ (7)
5. 27. οὐδὲ νυστάξουσιν οὐδὲ κοιμηθήσονται (6)
14. 8. ἀφ' οὗ σὺ κεκοίμησαι (12 *a*)
— 18. πάντες οἱ βασ. τῶν ἐθνῶν ἐκοιμήθησαν (12 *a*)
21. 13. ἐν τῷ δρυμῷ ἑσπέρας κοιμηθήσῃ (7)
43. 17. ἐκοιμήθησαν [B[1] κοιμηθήσονται] καὶ οὐκ ἀναστήσονται (12 *a*)
50. 11. ἐν λύπῃ κοιμηθήσεσθε (12 *a*)
57. 8. ἠγάπησας τοὺς κοιμωμένους μετὰ σοῦ (12 *d*)
65. 4. ἐν τοῖς σπηλαίοις κοιμῶνται διὰ ἐνύπνια (7)
Je. 3. 25. ἐκοιμήθημεν ἐν τῇ αἰσχύνῃ ἡμῶν (12 *a*)
30. 12 (49. 23). A ἐξέστησαν ἐκοιμήθησαν [B S *al.*] †
51. 33 (45. 3). ἐκοιμήθην ἐν στεναγμοῖς (4)
La. 2. 21. ἐκοιμήθησαν εἰς τὴν ἔξοδον (12 *a*)
Ep. Je. 43. ὅταν δέ τις αὐτῶν . . . κοιμηθῇ [A *add.* μετ' αὐτῆς]
Ez. 4. 4. κοιμηθήσῃ ἐπὶ τὸ πλευρόν σου τὸ ἀριστερόν (12 *a*)
— 4. ἃς κοιμηθήσῃ ἐπ' αὐτοῦ (12 *a*)
— 6. κοιμηθήσῃ ἐπὶ τὸ πλευρόν σου τὸ δεξιόν (12 *a*)
23. 8. μετ' αὐτῆς ἐκοιμῶντο ἐν νεότητι αὐτῆς (12 *a*)
31. 18. κοιμηθήσῃ μετὰ τραυματιῶν μαχαίρας (12 *a*)
32. 19. A κοιμήθητι μετὰ ἀπεριτμήτων (12 *c*)
— 19 (20). κοιμηθήσεται πᾶσα ἡ ἰσχὺς αὐτοῦ –
— 20 (21). κοιμήθητι μετὰ ἀπεριτμήτων (12 *a*)
— 27. ἐκοιμήθησαν μετὰ τῶν γιγάντων (12 *a*)
— 28. κοιμηθήσῃ μετὰ τετραυματισμένων μαχαίρᾳ (12 *a*)
— 29. οὗτοι [A αὐτοὶ ἐκοιμήθησαν] μετὰ τραυματιῶν [A *add.* μαχαίρας] ἐκοιμήθησαν (–, 12 *a*)
— 30. ἐκοιμήθησαν ἀπερίτμητοι (12 *a*)
— 32. κοιμηθήσεται ἐν μέσῳ ἀπεριτμήτων (12 *c*)
34. 14. κοιμηθήσονται καὶ ἐκεῖ ἀναπαύσονται (10)
Da. LXX. 8. 18. ἐκοιμήθην ἐπὶ πρόσωπον χαμαί (11)
Da. TH. 6. 18 (19). καὶ ἐκοιμήθη ἄδειπνος (1)
8. 27. ἐγὼ Δανιὴλ ἐκοιμήθην (2 ?)
I Ma. 11. 6. καὶ ἐκοιμήθησαν ἐκεῖ
16. 4. ἐκοιμήθησαν ἐν Μωδ.
II Ma. 12. 45. τοῖς μετ' εὐσεβείας κοιμωμένοις

[**Aq.** III Ki. 14. 20: Jb. 11. 18: Ps. 40 (41). 9: 56 (57). 5: Pr. 6. 9: 23. 34: 24. 33: Is. 56. 10: Ez. 32. 30: Ho. 2. 18 (20).]
[**Sm.** Ps. 56 (57). 5: Pr. 6. 9: 23. 34: 24. 33: Is. 50. 11: 56. 10: Ez. 32. 30.]
[**Th.** Ps. 56 (57). 5: Pr. 6. 9: 23. 34: 24. 33: Ez. 32. 19, 30: Da. 6. 18.]
[**Quint.** Ps. 56 (57). 5.]

κοίμησις.

Si. 46. 19. πρὸ καιροῦ κοιμήσεως αἰῶνος
48. 13. ἐν κοιμήσει ἐπροφήτευσε τὸ σῶμα αὐτοῦ

κοίμητρον.

[**Sm.** Jd. 4. 18.]

κοιμίζειν. (1) בָּרַךְ hi. (2) יָשֵׁן pi. (3) לִין hi. (4) שָׁכַב *a.* qal. *b.* hi. *c.* hoph.

Ge. 24. 11. S R ἐκοίμισε [A -μησεν τας καμήλους (1)
Jd. 16. 14. A καὶ ἐκοίμισεν αὐτὸν Δ. [B *al.*] –
— 19. ἐκοίμισε Δ. τὸν Σαμψών [A ἐκ. αὐτόν] (2)
I Ki. 2. 22. A ὡς ἐκοίμιζον τὰς γυναῖκας (4 *a*)
II Ki. 8. 2. κοιμίσας αὐτοὺς ἐπὶ τὴν γῆν (4 *b*)
III Ki. 3. 20. ἐκοίμισεν αὐτὸν ἐν τῷ κόλπῳ αὐ. (4 *b*)
— 20. τὸν υἱὸν αὐτῆς τὸν τεθνηκότα ἐκοίμισεν (4 *b*)
17. 19. ἐκοίμισεν [A -ησεν] αὐτὸν ἐπὶ τῆς κλίνης (4 *b*)
IV Ki. 4. 21. ἐκοίμισεν αὐτὸν ἐπὶ τὴν κλίνην (4 *b*)
— 32. τὸ παιδάριον τεθνηκὸς κεκοιμισμένον [A -μημένον] (4 *c*)
II Ch. 16. 14. ἐκοίμισαν αὐτὸν ἐπὶ τῆς κλίνης (4 *b*)
Jb. 24. 7. γυμνοὺς πολλοὺς ἐκοίμισαν ἄνευ ἱματίων (3 ?)

Jb. 24. 10. γυμνοὺς δὲ ἐκοίμισαν ἀδίκως †
Na. 3. 18. ἐκοίμισε τοὺς δυνάστας σου †
[Th. Jd. 16. 19.]

κοινῇ (*adv.*).
Si. 18. 1. ὁ ζῶν εἰς τὸν αἰῶνα ἔκτισε τὰ πάντα κ.
50. 17. A B² S πᾶς ὁ λαὸς κ. κατέσπευσαν [B¹ R -σε]
Da. TH. Su. 14. κ. συνετάξαντο καιρόν
II Ma. 4. 5. R τὸ δὲ συμφέρον [A -φορον] κ. . . . σκοπῶν
9. 26. τῶν εὐεργεσιῶν κ. καὶ κατ' ἰδίαν
[Quint. Ho. 7. 12.]

κοινολογεῖσθαι.
I Ma. 14. 9. S R πάντες περὶ ἀγαθῶν ἐκοινολογοῦντο [A -γουν]
15. 28. ἀπέστειλε . . . Ἀθηνόβιον . . . κοινολογησόμενον αὐτῷ
[Sm. Ps. 54 (55). 15.]

κοινολογία.
II Ma. 14. 22. τὴν ἁρμόζουσαν ἐποιήσαντο κ.

κοινός, *cf.* κοινῇ. (1) אֶחָד (2) חָבֵר
Es. 5. 1. κ. τὸ πρόσταγμα ἡμῶν ἐστιν
Pr. 1. 14. κοινὸν δὲ βαλάντιον κτησώμεθα πάντες (1)
15. 23. οὐδὲ μὴ εἴπῃ καίριόν τι καὶ καλὸν τῷ κ. –
21. 9. ἢ ἐν κενονιαμένοις . . . καὶ ἐν οἴκῳ [S¹ κοινῷ] κ. (†, 2)
25. 24. ἢ μετὰ γυναικὸς λοιδόρου ἐν οἰκίᾳ κοινῇ (2)
Wi. 7. 3. ἔσπασα τὸν κ. ἀέρα
I Ma. 1. 47. θύειν ὕεια καὶ κτήνη κ. [S¹ πολλά]
— 62. τοῦ μὴ φαγεῖν κοινά
II Ma. 8. 29. κ. ἱκετείαν ποιησάμενοι
9. 21. φροντίσαι τῆς κ. πάντων ὑμῶν ἀσφαλείας
10. 8. ἐδογμάτισάν τε μετὰ κ. προστάγματος
12. 4. R κατὰ [A μετὰ] δὲ τὸ κ. τῆς πόλεως ψήφισμα
15. 6. κ. τῶν περὶ τὸν Ἰ. συστήσασθαι τρόπαιον
— 36. ἐδογμάτισαν δὲ πάντες μετὰ κ. ψηφίσματος
III Ma. 2. 33. τῆς κ. συναναστροφῆς . . . ἐστέρουν
4. 4. λαμβάνοντας πρὸ τῶν ὀφθαλμῶν τὸν κ. ἔλεον
6. 36. κ. ὁρισάμενοι περὶ τούτων θεσμόν
7. 17. κατὰ κοινὴν αὐτῶν β.
IV Ma. 1. 24. θυμὸς δὲ κ. πάθος ἐστὶν ἡδονῆς
3. 21. πρὸς τὴν κ. νεωτερίσαντες ὁμόνοιαν

κοινοῦν.
IV Ma. 7. 6. S R γαστέρα ἐκοίνωσας [A ἐκοινώνησας] μιαροφαγίᾳ

κοινωνεῖν. (1) אָרַב (2) בָּחַר pu. (3) חָבַר *a.* pu. *b.* hithp. *c.* חֲבֵרָה
II Ch. 20. 35. ἐκοινώνησεν Ἰ. βασ. Ἰ. πρὸς Ὀ. (3 *b*)
Jb. 34. 8. ἢ οὐδ' οὐ κοινωνήσας μετὰ ποιούντων τὰ ἄνομα [A S *al.*] (3 *c*)
Pr. 1. 11. ἐλθὲ μεθ' ἡμῶν κοινώνησον αἵματος (1?)
Ec. 9. 4. ὃς κοινωνεῖ πρὸς πάντας τοὺς ζῶντας (2*, 3 *a*)
Wi. 6. 23. οὗτος οὐ κοινωνήσει [A -νωνεῖ] σοφίᾳ
Si. 13. 1. ὁ κοινωνῶν ὑπερηφάνῳ ὁμοιωθήσεται αὐτῷ
— 2. ἰσχυροτέρῳ σου καὶ πλουσιωτέρῳ μὴ κοινώνει
— 2. τί κοινωνήσει χύτρα πρὸς λέβητα
— 17. τί κοινωνήσει λύκος ἀμνῷ
II Ma. 5. 20. R τῶν τοῦ ἔθνους δυσπετημάτων . . . ἐκοινώνησε [A -αν]
14. 25. ἐκοινώνησε βίου
III Ma. 2. 31. ὡς μεγάλης τινὸς κοινωνήσοντες εὐκλείας
4. 11. πρὸς τὸ μηδὲ ταῖς δυνάμεσιν αὐτοῦ κοινωνεῖν
IV Ma. 7. 6. A γαστέρα ἐκοινώνησας [S R ἐκοίνωσας] μιαροφαγίᾳ
[Sm. Ps. 1. 1.]
[Th. Is. 44. 11.]

κοινωνία. (1) תְּשׂוּמֶת יָד
Le. 6. 2 (5. 21). ἢ περὶ κοινωνίας ἢ περὶ ἁρπαγῆς (1)
Wi. 8. 18. εὔκλεια [A εὐκλεὴς] ἐν κοινωνίᾳ λόγων αὐτῆς
III Ma. 4. 6. πρὸς βίου κοινωνίαν γαμικὸν ὑπεληλυθυῖαι παστόν
[Quint. Ho. 7. 4.]

κοινωνός. (1) *a.* חָבֵר *b.* חֲבֶרֶת
IV Ki. 17. 11. καὶ ἐποίησαν κοινωνούς †
Es. 8. 13. τὴν ἄμεμπτον τῆς βασιλείας κ. Ἐσθήρ
Pr. 28. 24. οὗτος κοινωνός ἐστιν ἀνδρὸς ἀσεβοῦς (1 *a*)
Si. 6. 10. A B S² ἔστι φίλος κοινωνὸς τραπεζῶν
41. 18. B S ἀπὸ κοινωνοῦ καὶ φίλου περὶ ἀδικίας
42. 3. περὶ λόγου κοινωνοῦ [S -ῶν] καὶ ὁδοιπόρων
Ma. 2. 14. αὕτη κοινωνός σου καὶ γυνὴ διαθήκης σου (1 *b*)
Is. 1. 23. οἱ ἄρχοντές σου ἀπειθοῦσι κοινωνοὶ κλεπτῶν (1 *a*)

κοινῶς.
To. 2. 2. S καὶ φάγεται κ. μετ' ἐμοῦ
5. 13. ἐπορευόμεθα κ. εἰς Ἱεροσόλυμα [S *al.*]
6. 5. S ἐπορεύθησαν ἀμφότεροι κ. [A B *al.*]
8. 7. S συγκαταγηρᾶσαι κ. [A B *al.*]
— 13. S καὶ ὑπνοῦντας κ.
9. 6. ὤρθρευσαν κ. καὶ ἦλθον εἰς τὸν γάμον
11. 4. S ἐπορεύθησαν ἀμφότεροι κ. [A B *al.*]

κοιτάζεσθαι. (1) לִין (2) רָבַץ *a.* qal. *b.* hi. (3) שָׁכַב
Le. 15. 20. ἐφ' [B¹ *om.*] ὃ ἂν κοιτάζηται ἐπ' αὐτό (3)
De. 6. 7. καὶ κοιταζόμενος καὶ διανιστάμενος [A ἀνιστ.] (3)
11. 19. A καὶ κοιταζομένους [B καθεύδοντός] σου (3)
Ps. 103 (104). 22. ἐν [S¹ ἐπὶ] ταῖς μάνδραις [A S² εἰς τὰς μ.] αὐτῶν κοιτασθήσονται (2 *a*)
Ca. 1. 7. ποῦ κοιτάζεις ἐν μεσημβρίᾳ (2 *b*)
Ze. 2. 14. ἐχῖνοι ἐν τοῖς φατνώμασιν αὐ. κοιτασθήσονται (1)
3. 13. αὐτοὶ νεμήσονται καὶ κοιτασθήσονται (2 *a*)
Je. 40 (33). 12. καταλύματα ποιμένων κοιταζόντων πρόβατα (2 *b*)
Da. TH. 4. 12. ἐν τῇ δρόσῳ τοῦ οὐρανοῦ κοιτασθήσεται †
[Aq. Dt. 11. 19.]
[Sm. Dt. 11. 19: Is. 27. 10: Da. 4. 12.]
[Th. Dt. 11. 19: Da. 4. 12†.]

κοιτασία. (1) שְׁכֹבֶת
Le. 20. 15. ὃς ἂν δῷ κοιτασίαν αὐτοῦ (1)

κοίτη. (1) דֹּבֶר (2) יָצוּעַ (3) מְאוּרָה (4) *a.* מָעוֹן *b.* מְעוֹנָה (5) *a.* רָבַץ *b.* רֵבֶץ (6) *a.* שָׁכַב *b.* שְׁכָבָה *c.* שְׁכֹבֶת *d.* מִשְׁכָּב *e.* מִשְׁכַּב (7) תַּחַת
Ge. 49. 4. ἀνέβης γὰρ ἐπὶ τὴν κ. τοῦ πατρός σου (6 *d*)
Ex. 10. 23. οὐκ ἐξανέστη [A ἀν.] οὐδεὶς ἐκ τῆς κ. αὐτοῦ (7)
21. 18. κατακλιθῇ δὲ ἐπὶ τὴν κ. (6 *d*)
Le. 15. 4. πᾶσα κ. . . . ἀκάθαρτός ἐστι (6 *d*)
— 5. ὃς ἂν [A ὃς] ἐὰν ἅψηται τῆς κ. αὐτοῦ (6 *d*)
— 16. ᾧ [A ὃς] ἐὰν ἐξέλθῃ ἐξ αὐτοῦ κοίτη σπέρματος (6 *b*)
— 17. ἐφ' ὃ ἐὰν ᾖ ἐπ' αὐτὸ κοίτη σπέρματος (6 *b*)
— 18. ἐὰν κοιμηθῇ ἀνὴρ . . . κοίτην σπέρματος (6 *b*)
— 21. ὃς ἐὰν ἅψηται τῆς κ. αὐτῆς (6 *d*)
— 23. ἐν τῇ κ. αὐτῆς οὔσης (6 *d*)
— 24. ἐὰν δὲ κοίτῃ κοιμηθῇ τις μετ' αὐτῆς (6 *a*)
— 24. πᾶσα κ. . . . ἀκάθαρτος ἔσται (6 *d*)
— 26. πᾶσαν κ. . . . κατὰ τὴν κ. τῆς ἀφέδρου ἔσται αὐτῇ (6 *d*, 6 *d*)
— 32. ἐάν τινι ἐξέλθῃ ἐξ αὐτοῦ κοίτη σπέρματος (6 *b*)
18. 20. οὐ δώσεις κοίτην σπέρματός σου (6 *c*)
— 22. οὐ κοιμηθήσῃ κοίτην γυναικός (6 *d*)
— 23. οὐ δώσεις τὴν [A *om.*] κ. σου (6 *c*)
19. 20. ἐάν τις κοιμηθῇ . . . κοίτην σπέρματος (6 *b*)
20. 13. ὃς ἂν κοιμηθῇ . . . κοίτην γυναικός (6 *d*)
22. 4. ᾧ ἂν ἐξέλθῃ ἐξ αὐτοῦ κοίτη σπέρματος (6 *b*)
Nu. 5. 13. καὶ κοιμηθῇ τις . . . κοίτην σπέρματος (6 *b*)
— 20. καὶ ἔδωκέ τις τὴν κ. αὐτοῦ (6 *c*)
31. 17. ἥτις ἔγνω κοίτην ἄρσενος (6 *d*)
— 18. ἥτις οὐκ οἶδε [A ἔγνω] κοίτην ἄρσενος (6 *d*)
— 35. αἱ οὐκ ἔγνωσαν κοίτην ἀνδρός (6 *d*)
Jd. 21. 11. εἰδυῖαν [A γινώσκουσαν] κοίτην ἄρσενος (6 *d*)
— 12. εἰς κοίτην ἀνδρός (6 *d*)
II Ki. 4. 5. ἐκάθευδεν ἐν τῇ κ. τῆς μεσημβρίας (6 *d*)
— 11. ἀπεκτάγκασιν ἄνδρα . . . ἐπὶ τῆς κ. [B² κλίνης] αὐτοῦ (6 *d*)
11. 2. ἀνέστη Δ. ἀπὸ τῆς κ. αὐτοῦ (6 *d*)
— 13. τοῦ κοιμηθῆναι ἐπὶ [A καὶ ἐ.] τῆς κ. αὐ. (6 *d*)
13. 5. κοιμήθητι ἐπὶ τῆς κ. σου (6 *d*)
II Ki. 17. 28. ἤνεγκαν δέκα κοίτας καὶ ἀμφιτάπους (6 *d*)
III Ki. 1. 47. προσεκύνησεν ὁ β. ἐπὶ τὴν κ. (6 *d*)
I Ch. 5. 1. ἐν τῷ ἀναβῆναι ἐπὶ τὴν κ. τοῦ πατρὸς αὐτοῦ (2)
Ju. 13. 1. ἀπῴχοντο εἰς τὰς κ. αὐτῶν
Es. 4. 17. B S βδελύσσομαι κοίτην ἀπεριτμήτων
Jb. 7. 13. ἀνοίσω δὲ πρὸς ἐμαυτὸν . . . τῇ κ. μου (6 *d*)
33. 15. ἐπὶ νυσταγμάτων ἐπὶ κοίτης (6 *d*)
— 19. ἤλεγξεν αὐτὸν ἐπὶ [A *om.*, S ἐν] μαλακίᾳ ἐπὶ κοίτης (6 *d*)
36. 28. οἴδασι δὲ κοίτης τάξιν –
37. 8. ἡσύχασαν δὲ ἐπὶ κοίτης (4 *b*)
38. 40. δεδοίκασι γὰρ ἐν κοίταις αὐτῶν (4 *b*)
Ps. 4. 4. ἐπὶ ταῖς κ. ὑμῶν κατανύγητε [A -νοίγητε] (6 *d*)
35 (36). 4. A S ἀνομίαν διελογίσατο [B ἐλ.] ἐπὶ τῆς κ. αὐτοῦ (6 *d*)
40 (41). 3. ὅλην τὴν κ. αὐτοῦ ἔστρεψας (6 *d*)
149. 5. ἀγαλλιάσονται ἐπὶ τῶν κ. αὐτῶν (6 *d*)
Pr. 7. 17. διέρραγκα τὴν κ. μου κροκίνῳ [A S² κρόκῳ] (6 *d*)
Ca. 3. 1. ἐπὶ κοίτην μου . . . ἐζήτησα (6 *d*)
Wi. 3. 13. ἥτις οὐκ ἔγνω κοίτην ἐν παραπτώματι
— 16. ἐκ παρανόμου κοίτης σπέρμα ἀφανισθήσεται
Si. 23. 18. A ἄνθρωπος πόρνος ἀπὸ τῆς κ. αὐτοῦ [B S *al.*]
34 (31). 19. ἐπὶ τῆς κ. αὐτοῦ οὐκ ἀσθμαίνει
40. 5. ἐν καιρῷ ἀναπαύσεως ἐπὶ κοίτης
41. 22. μὴ ἐπιστῇς ἐπὶ τὴν κ. αὐτῆς
Ho. 7. 14. ἀλλ' ἢ ὠλόλυζον ἐν ταῖς κ. αὐτῶν (6 *d*)
Mi. 2. 1. ἐργαζόμενοι κακὰ ἐν ταῖς κ. αὐτῶν (6 *d*)
— 12. ὡς ποίμνιον ἐν μέσῳ κοίτης αὐτῶν (1)
Is. 11. 8. ἐπὶ κοίτην ἐκγόνων ἀσπίδων τὴν χεῖρα ἐπιβαλεῖ (3)
17. 2. καταλελειμμένη . . . εἰς κοίτην ποιμνίων (5 *a*?)
56. 10. ἐνυπνιαζόμενοι κοίτην (6 *a*)
57. 7. ἐκεῖ σου ἡ κ. (6 *d*)
Je. 10. 22. τοῦ τάξαι τὰς πόλεις Ἰ. εἰς . . . κοίτην στρουθῶν (4 *a*)
27 (50). 6. ἐπελάθοντο κοίτης αὐτῶν (5 *b*)
Ez. 23. 17. ἤλθοσαν . . . εἰς κοίτην καταλυόντων (6 *d*)
Da. LXX. 4. 7. ἐπὶ τῆς κ. μου ἐκάθευδον (6 *e*)
— 15. ἀναστὰς τὸ πρωῒ ἐκ τῆς κ. μου –
7. 1. ὅραμα εἶδε . . . ἐπὶ τῆς κ. αὐτοῦ (6 *e*)
— 2. ἐπὶ τῆς κ. μου ἐθεώρουν –
Da. TH. 2. 28. αἱ ὁράσεις τῆς κεφαλῆς σου ἐπὶ τῆς κ. σου (6 *e*)
— 29. οἱ διαλογισμοί σου ἐπὶ τῆς κ. σου (6 *e*)
4. 2. ἐταράχθην ἐπὶ τῆς κ. μου (6 *e*)
— 7. ἐπὶ τῆς κ. μου ἐθεώρουν (6 *e*)
— 10. ἐθεώρουν . . . ἐπὶ τῆς κ. μου (6 *e*)
7. 1. καὶ αἱ ὁράσεις . . . ἐπὶ τῆς κ. αὐτοῦ (6 *e*)
I Ma. 1. 5: 6. 8. ἔπεσεν ἐπὶ τὴν κ.
[Aq., Sm. Ps. 4. 5: Is. 57. 2, 7, 8: Ez. 32. 25.]
[Th. Jb. 7. 13: Is. 57. 2, 7, 8 *bis*: Ez. 32. 25: Da. 2. 29 *bis*: 4. 7.]
[Al. Ez. 32. 25.]

κοιτών. (1) חֶדֶר (2) מְקָרֶה (3) מִשְׁכָּב
Ex. 8. 3. εἰς τὰ ταμιεῖα [B -μεία] τῶν κ. σου (3)
Jd. 3. 24. A ἐν τῇ ἀποχωρήσει τοῦ κ. [B *al.*] (2)
15. 1. A εἰσελεύσομαι . . . εἰς τὸν κ. [B *al.*] (1)
II Ki. 4. 7. ἐκάθευδεν . . . ἐν τῷ κ. αὐτοῦ (1+3)
13. 10. καὶ εἰσήνεγκε . . . εἰς τὸν κ. (1)
III Ki. 21 (20). 30. εἰσῆλθεν εἰς τὸν οἶκον τοῦ κ. (1)
IV Ki. 6. 12. ἐν τῷ ταμείῳ τοῦ κ. σου (3)
I Es. 3. 3. ἀνέλυσεν εἰς τὸν κ.
Ju. 13. 3. στῆναι ἔξω τοῦ κ. αὐτῆς
— 4. οὐδεὶς κατελείφθη ἐν τῷ κ.
14. 15. εἰσῆλθεν εἰς τὸν κ.
16. 19. ὃ ἔλαβεν ἑαυτῇ ἐκ τοῦ κ. αὐτοῦ
Ec. 10. 20. ἐν ταμιείοις κοιτώνων σου μὴ καταράσῃ πλούσιον (3)
Jl. 2. 16. ἐξελθέτω νυμφίος ἐκ τοῦ κ. αὐτοῦ (1)
Ez. 8. 12. ἕκαστος αὐτῶν ἐν τῷ κ. τῷ κρυπτῷ αὐτῶν (1)
[Al. Ge. 43. 30.]

κόκκινος (*incl.* κόκκινον *subst.*). (1) כַּרְמִיל (2) שָׁנִי (3) *a.* תּוֹלָע *b.* תּוֹלֵעָה
Ge. 38. 28. ἔδησεν ἐπὶ τὴν χεῖρα αὐ. κόκκινον (2)
— 30. R ἐφ' ᾧ ἦν ἐπὶ τῇ χειρὶ [A τὴν χ.] αὐ. τὸ κ. (2)
Ex. 25. 4. κόκκινον διπλοῦν (3 *b*)

Ex. 26. 1, 31, 36: 27. 16. κοκκίνου κεκλωσμένου (3 b)
28. 5. λήψονται . . . τὸ κ. καὶ τὴν βύσσον (3 b+2)
— 8. κοκκίνου διανενησμένου (3 b)
— 15. κοκκίνου κεκλωσμένου (3 b)
— 29 (33). κοκκίνου διανενησμένου (3 b)
31. 4. ἐργάζεσθαι . . . τὸ κ. τὸ νηστόν –
35. 6. κόκκινον διπλοῦν (3 b)
— 23. A πορφύρα καὶ κόκκινον (3 b+2)
— 25. ἤνεγκαν . . . τὸ κ. καὶ τὴν βύσσον (3 b+2)
— 35. ποικιλτὰ ὑφᾶναι τῷ κ. (3 b+2)
36. 9 (39. 2). ἐκ . . . κοκκίνου νενησμένου (3 b)
— 10 (39. 3). σὺν τῷ κ. τῷ διανενησμένῳ [B¹ om. τ. δ.] (3 b [3 b+2])
— 12 (39. 5), 15 (39. 8). ἐκ . . . κοκκίνου διανενησμένου (3 b)
— 32 (39. 24), 37 (39. 29). κοκκίνου νενησμένου (3 b)
37. 3 (36. 35), 5 (36. 37), 16 (38. 18). ἐξ . . . κοκκίνου νενησμένου (3 b)
— 23 (38. 23). ὑφᾶναι τῷ κ. (3 b+2)
39. 13 (1). πορφύραν καὶ τὸ κ. (3 b+2)
Le. 14. 4. καὶ κεκλωσμένον κόκκινον (3 b)
— 6. καὶ τὸ κλωστὸν [A κεκλωσμένον] κ. (3 b)
— 49. καὶ κεκλωσμένον κ. (3 b)
— 51. καὶ τὸ κεκλωσμένον κ. (3 b)
— 52. καὶ ἐν τῷ κεκλωσμένῳ κ. (3 b)
Nu. 4. 8. ἐπιβαλοῦσιν ἐπ᾿ αὐτὴν ἱμάτιον κ. (3 b+2)
19. 6. λήψεται ὁ ἱερεὺς . . . κόκκινον (2+3 b)
Jo. 2. 18. τὸ σπαρτίον τὸ κ. τοῦτο ἐκδήσεις (2)
II Ki. 1. 24. τὸν ἐνδιδύσκοντα ὑμᾶς κόκκινα (2)
II Ch. 2. 7 (6). ἐν τῇ πορφύρᾳ καὶ ἐν τῷ κ. (1)
— 14 (13). ἐν τῇ βύσσῳ καὶ ἐν τῷ κ. (1)
3. 14. καὶ κοκκίνου καὶ βύσσου (1)
Ca. 4. 3. ὡς σπαρτίον τὸ [A om.] κ. χείλη σου (2)
6. 5 (6). ὡς σπαρτίον τὸ [A S om.] κ. χείλη σου –
Is. 1. 18. ἐὰν δὲ ὦσιν ὡς κ. (3 a)
3. 23. τὰ ὑακίνθινα καὶ κόκκινα [A S τὰ κ.] –
Je. 4. 30. ἐὰν περιβάλῃ κόκκινον [S -να] (2)
[**Sm.** Ex. 28. 5: 35. 23, 35: 39. 1 (13): Is. 1. 18.]
[**Th.** Ex. 28. 5: 35. 23, 35: 39. 1 (13).]
[**Al.** Ca. 6. 5 (6).]

κόκκος. (1) תּוֹלָע

Si. 45. 11. κεκλωσμένη κόκκῳ ἔργῳ τεχνίτου
La. 4. 5. S R οἱ τιθηνούμενοι ἐπὶ κόκκων [A κόλπων, B -κω] (1)
[**Aq.** Ca. 4. 3: 6. 5 (6).]
[**Quint.** Ca. 4. 3.]

κολαβρίζεσθαι. (1) דָּכָא hithpa.

Jb. 5. 4. κολαβρισθείησαν [A σκολ.] δὲ ἐπὶ θύραις ἡσσόνων (1)

κολάζειν.

I Es. 8. 24. καὶ πάντες . . . ἐπιμελῶς κολασθήσονται
Wi. 3. 4. ἐν ὄψει ἀνθρώπων ἐὰν κολασθῶσιν
11. 5. δι᾿ ὧν γὰρ ἐκολάσθησαν οἱ ἐχθροὶ αὐτῶν
— 8. πῶς τοὺς ὑπεναντίους ἐκόλασας
— 16. διὰ τούτων κολάζεται [S καὶ κολ.]
12. 14. A B S περὶ ὧν ἐκόλασας [R ἀπώλεσας]
— 15. αὐτὸν τὸν μὴ ὀφείλοντα κολασθῆναι καταδικάσαι
— 27. ἐπὶ τούτοις οὓς [S¹ οὖν] ἐδόκουν θεοὺς ἐν αὐτοῖς κολαζόμενοι
14. 10. τὸ πραχθὲν σὺν τῷ δράσαντι κολασθήσεται
16. 1. δι᾿ ὁμοίων ἐκολάσθησαν ἀξίως
— 9. ἄξιοι ἦσαν ὑπὸ τοιούτων [S¹ τούτων] κολασθῆναι
18. 11. ὁμοίᾳ δὲ δίκῃ δοῦλος ἅμα δεσπότῃ κολασθεὶς
— 22. λόγῳ τὸν κολάζοντα ὑπέταξεν
Si. 23. 21. A ὃς οὐχ ὑπενόησεν κολασθήσεται [B S al.]
Da. LXX. 6. 12 (13). ἀλλὰ καὶ κολάσῃς τὸν ἄνθρ. –
I Ma. 7. 7. A S καὶ ἐκολάσατο [R κολασάτω] αὐτοὺς
II Ma. 6. 14. μεχρὶ τοῦ καταντήσαντας αὐτοὺς . . . κολάσαι
III Ma. 3. 26. τούτων γὰρ ὁμοῦ κολασθέντων
7. 3. κολάζεσθαι ξενιζούσαις ἀποστατῶν τιμωρίαις
— 14. R κατὰ τὴν ὁδὸν ἐκολάζοντο [A ἀπέκτεννον]
IV Ma. 2. 11. S διὰ κακίαν αὐτοὺς [A -ῶν, R -ὰ] κολάζων
8. 6. κολάζειν τοὺς ἀπειθοῦντάς μου τοῖς ἐπιτάγμασιν
18. 5. καὶ ἀποθανὼν κολάζεται
[**Aq.** II Ki. 8. 1.]
[**Sm.** Pr. 22. 23 *bis*: Ec. 7. 14 (13) (?).]

κολαιός, *cf.* **κολεός.** (1) תַּעַר

I Ki. 17. 51. A ἐξέσπασεν αὐτὴν ἐκ τοῦ κ. αὐτῆς (1)

κολακεύειν.

I Es. 4. 31. κολακεύει αὐτήν
Jb. 19. 17. προσεκαλούμην δὲ κολακεύων υἱοὺς παλλακίδων μου –
Wi. 14. 17. ἵνα τὸν ἀπόντα ὡς παρόντα κολακεύωσι [A -σωσιν]

κολάπτειν. (1) גָּזִית (2) חָרַת (3) כְּרֻתוֹת

Ex. 32. 16. ἡ γραφὴ . . . κεκολαμμένη ἐν ταῖς πλαξί (2)
III Ki. 7. 9. πάντα ταῦτα ἐκ λίθων . . . κεκολαμμένα (1)
— 12. A R καὶ στίχος κεκολαμμένης [B κεκολλημένης] κέδρου (3)
Si. 45. 11. ἐν γραφῇ κεκολαμμένῃ κατ᾿ ἀριθμὸν φυλῶν Ἰσραήλ
Je. 10. 4. καὶ χρυσίῳ κεκαλλωπισμένα [S¹ κεκολαμμ.] +
III Ma. 2. 27. A ἐκόλαψεν [R ἐξεκ.] γραφὴν

κόλασις. (1) מִכְשׁוֹל (2) λαμβάνειν τὴν κ. כָּלַם ni.

Wi. 11. 13. ἤκουσαν διὰ τῶν ἰδίων κ. εὐεργετουμένους [A S -ημένους] αὐτούς
16. 2. ἀνθ᾿ ἧς κολάσεως εὐεργετήσας τὸν λαόν σου
— 24. ἡ γὰρ κτίσις . . . ἐπιτείνεται εἰς κόλασιν κατὰ τῶν ἀδίκων
19. 4. τὴν λείπουσαν ταῖς βασάνοις . . . κόλασιν
Je. 18. 20. τὴν κ. αὐτῶν ἔκρυψάν μοι +
Ez. 14. 3. τὴν κ. τῶν ἀδικιῶν αὐτῶν ἔθηκαν (1)
— 4, 7. τὴν κ. τῆς ἀδικίας αὐτοῦ τάξῃ (1)
18. 30. οὐκ ἔσονται ὑμῖν εἰς κόλασιν ἀδικίας (1)
43. 11. λήψονται τὴν κ. αὐτῶν περὶ πάντων (2)
44. 12. ἐγένετο τῷ οἴκῳ [A om.] Ἰσρ. εἰς κόλασιν ἀδικίας (1)
II Ma. 4. 38. τοῦ κυρίου τὴν ἀξίαν αὐτῷ κ. ἀποδόντος
III Ma. 1. 3. κομίσασθαι τὴν ἐκείνου κ.
7. 10. τυχεῖν . . . τῆς ὀφειλομένης κ.
IV Ma. 8. 9. ἐπὶ δειναῖς κ. ἕνα ἕκαστον ὑμῶν . . . ἀπολέσαι
13. 7. S τὴν τῶν παθῶν ἐνίκησεν κ. [A R ἀκολασίαν]
[**Aq.** Je. 11. 20: 20. 10.]
[**Th.** Ez. 7. 19.]

κολαστήριον.

IV Ma. 10. 4. A R εἴ τι ἔχετε κ.

κολεός, *cf.* **κολαιός.** (1) נָדָן (2) תַּעַר

II Ki. 20. 8. περιεζωσμένος μάχαιραν . . . ἐν κολεῷ αὐτῆς (2)
I Ch. 21. 27. κατέθηκε [A καθῆκεν] τὴν ῥομφαίαν εἰς τὸν κ. (1)
Je. 29 (47). 6. ἀποκατάστηθι εἰς τὸν κ. σου (2)
Ez. 21. 3 (8). ἐκσπάσω τὸ ἐγχειρίδιόν μου ἐκ τοῦ κ. αὐτοῦ (2)
— 4 (9). ἐξελεύσεται τὸ ἐγχειρίδιόν μου ἐκ τοῦ κ. αὐτοῦ (2)
— 5 (10). ἐξέσπασα τὸ ἐγχειρίδιόν μου ἐκ τοῦ κ. αὐτοῦ (2)
[**Aq., Sm., Th.** Ez. 21. 30 (35).]

κολίανδρον.

[**Al.** Nu. 11. 7.]

κολλᾶν. (1) דָּבַק *a.* qal. *b.* pu. *c.* hi. *d.* hoph. (2) נָגַע hi. (3) נָגַשׁ (4) נָצַר (5) רָבַץ

De. 6. 13. πρὸς αὐτὸν κολληθήσῃ –
10. 20. πρὸς αὐτὸν κολληθήσῃ (1 a)
28. 60. καὶ κολληθήσονται ἐν σοί (1 a)
29. 20 (19). κολληθήσονται ἐν αὐτῷ πᾶσαι αἱ ἀραί (5)
Ru. 2. 8. κολλήθητι μετὰ τῶν κορασίων μου (1 a)
— 21. B μετὰ τῶν παιδαρίων [R κορασίων] μου κολλήθητι [A R τῶν ἐμῶν προσκ.] (1 a)
II Ki. 20. 2. ἀνὴρ Ἰ. ἐκολλήθη τῷ βασ. αὐτῶν (1 a)
III Ki. 7. 12. B καὶ στίχος κεκολλημένης [A κεκολαμμένης] κέδρου +
11. 2. εἰς αὐτοὺς ἐκολλήθη Σαλ. τοῦ ἀγαπῆσαι (1 a)

IV Ki. 1. 18 (3. 3). ἐν ταῖς ἁμαρτίαις οἴκου Ἰερ. . . . ἐκολλήθη (1 a)
3. 3. ἐν τῇ ἁμαρτίᾳ Ἰερ. . . . ἐκολλήθη (1 a)
5. 27. ἡ λέπρα N. κολληθήσεται ἐν σοί (1 a)
18. 6. ἐκολλήθη τῷ κυρίῳ (1 a)
I Es. 4. 20. πρὸς τὴν ἰδίαν γυναῖκα κολλᾶται
To. 6. 17. ἡ ψυχὴ αὐτοῦ ἐκολλήθη σφόδρα αὐτῇ [A S al.]
Jb. 29. 10. γλῶσσα αὐτῶν τῷ λάρυγγι αὐτῶν ἐκολλήθη (1 a)
38. 38. κεκόλληκα δὲ αὐτὸν ὥσπερ λίθῳ κύβον [A al.] (1 b)
41. 7 (8). εἷς τοῦ [A ἐκ τοῦ] ἑνὸς κολλῶνται (3)
— 14 (15). σάρκες δὲ σώματος [S om.] αὐτοῦ κεκόλληνται (1 a)
Ps. 21 (22). 15. ἡ γλῶσσά μου κεκόλληται τῷ λάρυγγί μου (1 d)
24 (25). 21. ἄκακοι καὶ εὐθεῖς ἐκολλῶντό μοι (4)
43 (44). 25. ἐκολλήθη εἰς γῆν ἡ γαστὴρ ἡμῶν (1 a)
62 (63). 8. ἐκολλήθη ἡ ψυχή μου ὀπίσω σου (1 a)
100 (101). 3. οὐκ ἐκολλήθη μοι καρδία σκαμβή (1 a)
101 (102). 5. ἐκολλήθη τὸ ὀστοῦν μου τῇ σαρκί μου (1 a)
118 (119). 25. ἐκολλήθη τῷ ἐδάφει ἡ ψυχή μου (1 a)
— 31. ἐκολλήθην τοῖς μαρτυρίοις σου, κύριε (1 a)
136 (137). 6. κολληθείη ἡ γλῶσσά μου τῷ λάρυγγί μου (1 a)
Si. 2. 3. κολλήθητι αὐτῷ καὶ μὴ ἀποστῇς
19. 2. ὁ κολλώμενος πόρναις τολμηρότερος [S -ρὸς] ἔσται
Je. 13. 11. καθάπερ κολλᾶται τὸ περίζωμα . . . οὕτως ἐκόλλησα πρὸς ἐμαυτὸν τὸν οἶκον τοῦ Ἰσρ. (1 a, 1 c)
Ba. 1. 20. ἐκολλήθη εἰς ἡμᾶς τὰ κακὰ
3. 4. ἐκολλήθη [A προσεκ.] ἡμῖν τὰ κακά
La. 2. 2. τὰ ὀχυρώματα . . . ἐκόλλησεν εἰς τὴν γῆν (2)
4. 4. ἐκολλήθη ἡ γλῶσσα θηλάζοντος (1 a)
I Ma. 3. 2. A R ὅσοι [S οἱ] ἐκολλήθησαν τῷ πατρὶ αὐ.
6. 21. ἐκολλήθησαν αὐτοῖς τινες τῶν ἀσεβῶν
[**Aq.** De. 4. 4: 30. 20: I Ki. 31. 2: II Ki. 1. 6: Jb. 19. 20: Je. 42 (49). 16: Ez. 29. 4.]
[**Sm.** Je. 42 (49). 16.]
[**Th.** Jb. 41. 8.]

κόλλη. (1) מְחוּגָה

Is. 44. 13. ἐν κόλλῃ ἐρρύθμισεν αὐτό (1)
[**Aq., Th.** Is. 41. 7.]

κόλλησις.

[**Sm.** Is. 41. 7.]

κολλύρα. (1) לְבִיבוֹת

II Ki. 13. 6. B κολλυρισάτω . . . δύο κολλύρας [A R -ρίδας] (1)
[**Aq., Th.** Ex. 29. 2, 23: Le. 2. 4: 8. 26.]
[**Sm.** Ex. 29. 2, 23: Le. 2. 4: 8. 26: Jd. 7. 13: I Ki. 2. 36: 10. 3: Je. 37 (44). 21.]
[**Al.** Le. 7. 12 *bis*, 13: 24. 5: Nu. 6. 15.]

κολλυρίζειν. (1) לָבַב pi.

II Ki. 13. 6. A R κολλυρισάτω . . . δύο κολλυρίδας [B -ρας] (1)
— 8. ἐκολλύρισε κατ᾿ ὀφθαλμοὺς αὐτοῦ (1)

κολλύριον. (1) נִקֻּדִים

III Ki. 12. 24 B (*cf.* A 14. 3). καὶ κολλύρια τοῖς τέκνοις αὐτοῦ (1)
— 24. B ἄρτους καὶ δύο κολλύρια
— 24. B καὶ κολλύρια καὶ στάμνον μέλιτος
[**Aq.** III Ki. 14. 3.]

κολλυρίς. (1) חַלָּה (2) לְבִיבוֹת (3) נִקֻּדִים

II Ki. 6. 19. διεμέρισε . . . κολλυρίδα ἄρτου (1)
13. 6. A R κολλυρισάτω . . . δύο κολλυρίδας [B -ρας] (2)
— 8. ἥψησε τὰς κ. (2)
— 10. ἔλαβε Θ. τὰς κ. (2)
III Ki. 14. 3. A καὶ κολλυρίδα τοῖς τέκνοις αὐτοῦ (3)
[**Aq., Sm., Th.** Le. 2. 4.]
[**Al.** Le. 7. 12: 24. 5: Nu. 6. 15.]

κολοβόκερκος. (1) קָלֻט

Le. 22. 23. A² B πρόβατον ὠτότμητον ἢ κ. (1)

κολοβόριν. (1) חָרֻם

Le. 21. 18. ἄνθρωπος τυφλὸς . . . ἢ κ. (1)

κολοβός.
[Aq., Sm. Is. 37. 27.]

κολοβότης.
[Aq. Ex. 6. 9.]

κολοβοῦν. (1) קָצַץ pi.
II Ki. 4. 12. κολοβοῦσι τὰς χεῖρας αὐτῶν (1)
[Aq. Jd. 16. 16: Jb. 21. 4: Is. 59. 1: Za. 11. 8.]
[Sm. Jb. 21. 4: Is. 28. 20: 59. 1.]
[Th. Is. 28. 20.]

κολόκυνθα (-τα). (1) קִיקָיוֹן
Jn. 4. 6. καὶ προσέταξε κ. ὁ θ. κολοκύνθη (1)
— 6. ἐχάρη Ἰ. ἐπὶ τῇ κ. χαρὰν μεγάλην (1)
— 7. ἐπάταξε τὴν κολόκυνθαν καὶ ἀπεξηράνθη (1)
— 9. εἰ σφόδρα λελύπησαι σὺ ἐπὶ τῇ κ. (1)
— 10. σὺ ἐφείσω ὑπὲρ τῆς κ. (1)

κολοκυνθίς.
[Al. IV Ki. 4. 39.]

κόλπος. (1) חֵיק, חוֹק, חֵק (2) חֹפֶן (3) חֹצֶן (4) צַלַּחַת
Ge. 16. 5. δέδωκα τὴν παιδίσκην μου εἰς τὸν κ. σου (1)
Ex. 4. 6. εἰσένεγκον τὴν χεῖρά σου εἰς τὸν κ. σου (1)
— 6. εἰσήνεγκε τὴν χεῖρα αὐτοῦ εἰς τὸν κ. αὐτοῦ (1)
— 6. ἐξήνεγκε τὴν χεῖρα αὐτοῦ ἐκ τοῦ κ. αὐτοῦ –
— 7. εἰσένεγκον τὴν χεῖρά σου εἰς τὸν κ. σου (1)
— 7. εἰσήνεγκε τὴν χεῖρα εἰς τὸν κ. αὐτοῦ (1)
— 7. ἐξήνεγκεν αὐτὴν ἐκ τοῦ κ. αὐτοῦ (1)
Nu. 11. 12. λάβε αὐτὸν [A -οὺς] εἰς τὸν κ. σου (1)
De. 13. 6 (7). ἡ γυνή σου ἡ ἐν κόλπῳ σου (1)
28. 54. A R τὴν γυναῖκα τὴν ἐν τῷ [B om.] κ. (1)
— 56. τὸν ἄνδρα αὐτῆς τὸν ἐν κόλπῳ [A τῷ κ.] αὐτῆς (1)
Ru. 4. 16. ἔθηκεν [A add. τοῦτο] εἰς τὸν κ. αὐτῆς (1)
II Ki. 12. 3. ἐν τῷ κ. αὐτοῦ ἐκάθευδε (1)
— 8. ἔδωκα . . . ἐν τῷ κ. σου (1)
III Ki. 3. 20. ἐκοίμισεν αὐτὸν ἐν τῷ κ. αὐτῆς (1)
— 20. ἐκοίμισεν ἐν τῷ κ. μου (1)
17. 19. ἔλαβεν αὐτὸν ἐκ τοῦ κ. αὐτῆς (1)
22. 35. ἀπέχυννε τὸ αἷμα . . . εἰς τὸν κ. τοῦ ἅρματος –
— 35. ἐξεπορεύετο τὸ αἷμα . . . ἕως τοῦ κ. τοῦ ἅρματος (1)
Jb. 19. 27. πάντα δέ μοι συντετέλεσται ἐν κόλπῳ [S[1] κόπῳ] (1)
23. 12. ἐν δὲ κόλπῳ μου ἔκρυψα ῥήματα αὐτοῦ †
31. 34. ἐξελθεῖν θύραν μου κ. κενῷ –
Ps. 34 (35). 13. ἡ προσευχή μου εἰς κόλπον μου ἀποστραφήσεται [A -ήτω] (1)
73 (74). 11. τὴν χεῖρά σου καὶ τὴν δεξιάν σου [S[1] om. καὶ τὴν δ. σου] ἐκ μέσου τοῦ κ. σου (1)
78 (79). 12. ἀπόδος . . . εἰς τὸν κ. αὐτῶν τὸν ὀνειδισμὸν αὐτῶν (1)
88 (89). 50. B S οὗ ὑπέσχου [A R -ον] ἐν τῷ κ. μου (1)
128 (129). 7. καὶ τὸν κ. αὐτοῦ ὁ τὰ δράγματα συλλέγων (3)
Pr. 6. 27. ἀποδήσει τις πῦρ ἐν κόλπῳ (1)
16. 33. εἰς κόλπους ἐπέρχεται πάντα τοῖς ἀδίκοις (1)
17. 23. λαμβάνοντος δῶρα ἐν κόλποις [A S -ῳ] ἀδίκως [S -ῳ] (1)
19. 24. ὁ ἐγκρύπτων εἰς τὸν κ. αὐτοῦ χεῖρας ἀδίκως (4)
24. 27 (30. 4). τίς συνήγαγεν ἀνέμους ἐν κόλπῳ (2)
26. 15. κρύψας ὀκνηρὸς τὴν χεῖρα ἐν τῷ κ. αὐτοῦ (4)
Ec. 7. 10 (9). θυμὸς ἐν κόλπῳ ἀφρόνων ἀναπαύσεται (1)
Si. 9. 1. μὴ ζήλου γυναῖκα τοῦ κ. σου
Ho. 8. 1. εἰς κόλπον αὐτῶν ὡς γῆ †
Is. 49. 22. ἄξουσι τοὺς υἱούς σου ἐν κόλπῳ (3)
65. 6. ἕως ἂν ἀποδώσω εἰς τὸν κ. αὐτῶν [A S al.] (1)
— 7. ἀποδώσω τὰ ἔργα αὐτῶν εἰς [S ἐπὶ] τὸν κ. αὐτῶν (1)
Je. 39 (32). 18. ἀποδιδοὺς ἁμαρτίας πατέρων εἰς κόλπους [S -ον] τέκνων αὐτῶν (1)
La. 2. 12. ἐν τῷ ἐκχεῖσθαι ψυχὰς αὐτῶν εἰς κόλπον μητέρων αὐτῶν (1)
La. 4. 5. A οἱ τιθηνούμενοι ἐπὶ κόλπων [R κόκκων, B κόκκῳ] †
[Aq. Ps. 88 (89). 51: Is. 40. 11: Ez. 43. 14.]
[Sm. Ps. 88 (89). 51: Is. 40. 11.]
[Th. Jb. 19. 27: Is. 40. 11.]

κόλπωμα. (1) חֵיק
Ez. 43. 13. παλαιστῆς κ. βάθους [A τὸ κ. βάθος πῆχυς] ἐπὶ πῆχυν (1)
[Al. Ez. 43. 13.]

κολυμβᾶν.
[Al. Is. 25. 11.]

κολυμβήθρα. (1) בְּרֵכָה
IV Ki. 18. 17. ἐν τῷ ὑδραγωγῷ τῆς κ. τῆς ἄνω (1)
Ne. 2. 14. καὶ εἰς κολυμβήθραν τοῦ βασ. (1)
3. 15. καὶ τὸ τεῖχος κολυμβήθρας [S[1] al.] (1)
— 16. ἕως τῆς κ. τῆς γεγονυίας (1)
Ec. 2. 6. ἐποίησά μοι κολυμβήθρας ὑδάτων (1)
Na. 2. 8 (9). N. ὡς [A ἦν] κολυμβήθρα ὕδατος τὰ ὕδατα [A τείχη ὕ.] (1)
Is. 7. 3. ἔξελθε . . . πρὸς τὴν κ. τῆς ἄνω ὁδοῦ (1)
22. 9. ἀπέστρεψε τὸ ὕδωρ τῆς ἀρχαίας κ. (1)
— 11. ἐποιήσατε ἑαυτοῖς ὕδωρ . . . ἐσώτερον τῆς κ. τῆς ἀρχαίας (1)
36. 2. ἔστη ἐν τῷ ὑδραγωγῷ τῆς κ. τῆς ἄνω (1)
[Aq. II Ki. 2. 13: 4. 12.]
[Sm. II Ki. 4. 12: Ca. 7. 4 (5).]
[Th. II Ki. 2. 13.]

κόμβος.
[Al. Ge. 42. 35 *bis*.]

κόμη. (1) עֹרֶף (2) פֵּאָה (3) פְּאֵר (4) פֶּרַע
Le. 19. 27. οὐ ποιήσετε σισόην ἐκ τῆς κ. (2)
Nu. 6. 5. τρέφων κόμην τρίχα κεφαλῆς (4)
Ju. 13. 7. ἐδράξατο τῆς κ. τῆς κεφαλῆς αὐτοῦ –
Jb. 1. 20. ἐκείρατο τὴν κ. τῆς κεφαλῆς –
16. 13 (12). λαβών με τῆς κ. διέτιλε (1)
38. 32. ἕσπερον ἐπὶ κόμης αὐτοῦ ἄξεις [A καὶ ἄ.] αὐτά †
Ez. 24. 23. αἱ κ. ὑμῶν ἐπὶ τῆς κεφαλῆς ὑμῶν (3)
44. 20. τὰς κ. αὐτῶν οὐ ψιλώσουσι (4)
Da. LXX. Bel 35. ἐπιλαβόμενος . . . τῆς κ. αὐτοῦ
Da. Th. Bel 36. βαστάσας τῆς κ. τῆς κεφαλῆς αὐτοῦ
III Ma. 1. 18. A κόνει τὰς κ. [R κεφαλὰς] πασάμεναι
4. 6. κόνει τὴν μυροβρεχῆ πεφυρμέναι κ.
[Th. Jb. 38. 32.]

κομιδῇ.
IV Ma. 3. 1. A ἔστι δὲ κ. γελοῖος ὁ λογισμός [R λόγος]

κομίζειν. (1) יָבַל aph. (2) לָקַח (3) נָשָׂא
Ge. 38. 20. κομίσασθαι . . . τὸν ἀρραβῶνα (2)
Le. 20. 17. ἁμαρτίαν κομιοῦνται (3)
I Es. 2. 14. τὰ δὲ πάντα σκεύη ἐκομίσθη [A διεκ.]
4. 5. τῷ βασ. κομίζουσι πάντα
9. 39. κόμισαι τὸν νόμον M.
— 40. A R ἐκόμισεν [B ἐδοκίμασεν] Ἔ. . . . τὸν νόμον
II Es. 6. 5. R καὶ ἐκόμισεν [A ἐκόσμ.] εἰς Βαβ. (1)
To. 7. 12. κομίζου αὐτὴν ἀπὸ τοῦ νῦν κατὰ τὴν κρίσιν [S al.]
— 13. κομίζου αὐτήν [S al.]
9. 2. κόμισαί μοι τὸ ἀργύριον
Jb. 22. 8. A ἐκόμισας δὲ πτωχοὺς ἐπὶ γῆς [B S al.] †
Ps. 39 (40). 15. κομισάσθωσαν παραχρῆμα αἰσχύνην αὐτῶν †
Wi. 18. 21. προσευχὴν [S[2] -ῆς] καὶ θυμιάματος ἐξιλασμὸν κομίσας
Si. 29. 6. μόλις κομίσεται [A -εῖται] τὸ ἥμισυ
Ho. 2. 9 (11). κομιοῦμαι τὸν σῖτόν μου (2)
Ez. 16. 52. κόμισαι βάσανόν σου (3)
— 54. ὅπως κομίσῃ τὴν βάσανόν σου (3)
— 58. τὰς ἀσεβείας σου . . . σὺ κεκόμισαι αὐτάς [A al.] (3)
I Ma. 13. 37. τὸν στέφανον τὸν χρυσοῦν . . . κεκομίσμεθα
II Ma. 7. 11. R ταῦτα πάλιν ἐλπίζω κομίσασθαι [A -ίζεσθαι]
— 29. R ἵνα ἐν τῷ ἐλέει . . . κομίσωμαί σε [A al.]
8. 33. R ἄξιον τῆς δυσσεβείας ἐκομίσαντο [A -ατο] μισθόν
10. 1. τὸ μὲν ἱερὸν ἐκομίσαντο
13. 8. ἐν σποδῷ τὸν θάνατον ἐκομίσατο
III Ma. 1. 3. κομίσασθαι τὴν ἐκείνου κόλασιν
— 8. καὶ ξένια κομιοῦντας
7. 22. πάντα τὰ ἑαυτῶν πάντες ἐκομίσαντο
IV Ma. 3. 14. S ἐκόμισαν [A R ἐγέμ.] τῷ βασ. τὸ ποτόν
[Sm. Jb. 27. 13.]
[Th. Jb. 27. 13: Ez. 16. 58.]

κόμμα.
I Ma. 15. 6. ποιῆσαι κ. ἴδιον

κόμπος.
Es. 8. 13. τοῖς τῶν ἀπειραγάθων κ. ἐπαρθέντες
III Ma. 6. 5. βαρέα λαλοῦντα κόμπῳ καὶ θράσει

κονδοκέρατος.
[Al. Le. 22. 23.]

κόνδυ. (1) גָּבִיעַ (2) כּוֹס
Ge. 44. 2. τὸ κ. μου τὸ ἀργυροῦν ἐμβάλετε (1)
— 5. ἵνα τί ἐκλέψατέ μου τὸ κ. τὸ ἀργυροῦν –
— 9. R παρ' ᾧ ἂν εὕρῃς [A -ρεθῇ] τὸ κ. –
— 10. παρ' ᾧ ἂν εὑρεθῇ τὸ κ. –
— 12. εὗρε τὸ κ. (1)
— 16. παρ' ᾧ εὑρέθη τὸ κ. (1)
— 17. ὁ ἄνθρωπος παρ' ᾧ εὑρέθη τὸ κ. (1)
Is. 51. 17. τὸ κ. τοῦ θυμοῦ ἐξέπιες (2)
— 22. εἴληφα . . . τὸ κ. τοῦ θυμοῦ (2)
[Th. Is. 51. 17.]

κονδυλίζειν.
Am. 2. 7. καὶ ἐκονδύλιζον εἰς κεφαλὰς πτωχῶν –
Ma. 3. 5. ἐπὶ . . . τοὺς κονδυλίζοντας ὀρφανούς –

κονδυλισμός. (1) גִּדּוּף
Ze. 2. 8. ἤκουσα . . . κονδυλισμοὺς υἱῶν Ἀμμών (1)

κονία. (1) מוּצָק (2) שִׂיד (3) κ. λεπτή אַבְנֵי־גִר
De. 27. 2, 4. κονιάσεις αὐτοὺς κονίᾳ (2)
Jb. 28. 4. διακοπὴ χειμάρρου ἀπὸ κονίας †
38. 38. κέχυται δὲ ὥσπερ γῆ [A γῆς] κονία (1?)
Am. 2. 1. κατέκαυσαν τὰ ὀστᾶ βασιλέως . . . εἰς κονίαν (2)
Is. 27. 9. ὅταν θῶσι [A θῷ] . . . ὡς κονίαν λεπτήν (3)
[Sm., Th. Jb. 28. 4.]

κονίαμα. (1) גִּיר
Da. LXX. 5. 1. ἐπέγραψαν . . . ἐπὶ τοῦ κ. –
— 5. ἔγραψαν . . . ἐπὶ τοῦ κ. (1)
Da. Th. 5. 5. ἔγραφον . . . ἐπὶ τὸ κ. τοῦ τοίχου (1)

κονιᾶν. (1) שִׂיד
De. 27. 2, 4. κονιάσεις αὐτοὺς κονίᾳ (1)
Pr. 21. 9. ἢ ἐν κεκονιαμένοις μετὰ ἀδικίας †

κονίεσθαι.
[Aq. Ge. 32. 24 (25).]
[Sm. II Ki. 1. 2.]

κονιορτός. (1) *a.* אָבָק *b.* אֲבָקָה (2) חֹמֶר (3) מִין (4) מַק (5) עוּר (6) עָפָר (7) שִׁפְעָה
Ex. 9. 9. γενηθήτω κονιορτός (1 *a*)
De. 9. 21. καὶ ἐγένετο ὡσεὶ κονιορτός (6)
— 21. ἔρριψα τὸν κ. εἰς τὸν χειμάρρουν (6)
28. 24. δῴη κύριος . . . τὸν ὑετὸν τῇ γῇ σου κονιορτόν (1 *a*)
IV Ki. 9. 17. εἶδε τὸν κ. Ἰού (7)
— 17. κονιορτὸν ἐγὼ βλέπω (7)
Jb. 21. 18. ὥσπερ κονιορτὸς ὃν ὑφείλατο λαῖλαψ (3)
Ca. 3. 6. τεθυμιαμένη . . . ἀπὸ πάντων κ. μυρεψοῦ [S[1] -ψικοῦ] (1 *b*)
Na. 1. 3. καὶ νεφέλαι κονιορτὸς ποδῶν αὐτοῦ (1 *a*)
Is. 3. 24. ἔσται ἀντὶ ὀσμῆς ἡδείας κ. (4)
5. 24. τὸ ἄνθος αὐτῶν ὡς κ. ἀναβήσεται (1 *a*)
10. 6. θεῖναι αὐτὰς εἰς κονιορτόν (2)
17. 13. ὡς κονιορτὸν τροχοῦ καταιγὶς φέρουσα –
29. 5. A S R ἔσται ὡς κ. ἀπὸ τροχοῦ [B τοιχ.] ὁ πλοῦτος τῶν ἀσεβῶν (1 *a*)
Ep. Je. 13. ἐκμάσσονται τὸ πρόσωπον αὐτῶν διὰ τὸν ἐκ τῆς οἰκίας κ.
— 17. οἱ ὀφθαλμοὶ αὐτῶν πλήρεις εἰσὶ κονιορτοῦ
Ez. 26. 10. κατακαλύψει [A καλ.] σε ὁ κ. αὐτῶν (1 *a*)

Da. TH. 2. 35. ὡσεὶ κονιορτὸς ἀπὸ ἅλωνος θερινῆς (5)
III Ma. 5. 48. κονιορτὸν ἰδόντες . . . οἱ Ἰουδαῖοι
[Th. Da. 2. 35.]
[Al. Jb. 27. 21: Ps. 1. 4.]

κόνις.
III Ma. 1. 18. B κόνει τὰς κεφαλὰς [A κόμας] πασάμεναι
4. 6. κόνει τὴν μυροβρεχῆ πεφυρμέναι κόμην
[Sm. Jb. 5. 6: 40. 8 (13): Ps. 21 (22). 30: 29 (30). 10.]

κοντάριον.
[Sm. Ps. 34 (35). 2.]

κοντός. (1) חֵץ (2) צִנָּה
I Ki. 17. 7. ὁ κ. τοῦ δόρατος αὐτοῦ ὡσεὶ μέσακλον (1)
Ez. 39. 9. καύσουσιν ἐν τοῖς ὅπλοις πέλταις καὶ κοντοῖς (2)
[Aq. Nu. 25. 7.]

κόνυζα. (1) סִרְפַּד
Is. 55. 13. ἀντὶ δὲ τῆς κ. ἀναβήσεται μυρσίνη (1)
[Aq., Th. Is. 55. 13.]

κοπάζειν. (1) חָדַל (2) כָּלָה pi. (3) כָּלַם ni. (4) עָצַר ni. (5) קָלַל (6) שָׁכַךְ (7) שָׁקַט (8) שָׁקַע (9) שָׁתַק
Ge. 8. 1. ἐκόπασε τὸ ὕδωρ (6)
— 7. A εἰ κεκόπακεν τὸ ὕδωρ ἀπὸ τῆς γῆς –
— 8. εἰ κεκόπακε τὸ ὕδωρ ἀπὸ τῆς γῆς (5)
— 11. κεκόπακε τὸ ὕδωρ ἀπὸ τῆς γῆς (5)
Nu. 11. 2. καὶ ἐκόπασε τὸ πῦρ (8)
16. 48 (17. 13), 50 (17. 15). ἐκόπασεν ἡ θραῦσις (4)
Jo. 14. 15. ἡ γῆ ἐκόπασε τοῦ πολέμου (7)
Jd. 15. 7. καὶ ἔσχατον κοπάσω (1)
20. 28. A ἢ κοπάσω (1)
Ru. 1. 18. ἐκόπασε τοῦ λαλῆσαι (1)
I Ki. 17. 39. A ἐκόπασεν περιπατῆσαι [B *al.*] †
II Ki. 13. 39. ἐκόπασεν ὁ βασ. Δαυίδ (2)
23. 7. A ἀνὴρ κοπάσει [B οὐ κοπιάσει] ἐν αὐτοῖς †
— 10. A ἕως οὗ ἐκόπασεν [B -πίασεν] ἡ χεὶρ αὐτοῦ †
Es. 2. 1. ἐκόπασεν ὁ βασ. τοῦ θυμοῦ (6)
7. 10. ὁ βασ. ἐκόπασε τοῦ θυμοῦ (6)
Ps. 105 (106). 30. ἐκόπασεν ἡ θραῦσις (4)
Si. 23. 17. οὐ μὴ κοπάσῃ ἕως ἂν τελευτήσῃ
39. 28. τὸν θυμὸν τοῦ ποιήσαντος αὐτοὺς κοπάσουσι
43. 23. λογισμῷ αὐτοῦ ἐκόπασεν ἄβυσσον [S^2 -ος]
46. 7. κοπάσαι γογγυσμὸν πονηρίας
48. 10. κοπάσαι ὀργὴν πρὸ θυμοῦ
Ho. 8. 10. καὶ κοπάσουσι [A^1 κοπιάσ.] μικρὸν τοῦ χρίειν βασιλέα †
Am. 7. 5. καὶ εἶπα, Κύριε, κόπασον δή (1)
Jn. 1. 11. καὶ κοπάσει ἡ θάλασσα (9)
— 12. καὶ κοπάσει ἡ θάλασσα ἀφ᾽ ὑμῶν (9)
Je. 14. 21. κόπασον διὰ τὸ ὄνομά σου †
Ez. 43. 10. κοπάσουσιν ἀπὸ τῶν ἁμαρτιῶν αὐτῶν (3)
[Aq. I Ki. 9. 5: Ca. 2. 17: 4. 6.]
[Th. Jb. 3. 17: Ez. 3. 11.]

κοπανίζειν. (1) דְּקַק aph.
III Ki. 3. 1 (*cf.* 4. 22 [5. 2]). B ἑξήκοντα κόροι ἀλεύρου κεκοπανισμένου –
4. 22 (5. 2). ἑξήκοντα κόροι ἀλεύρου κεκοπανισμένου –
Da. LXX. 7. 7. ἐσθίον καὶ κοπανίζον [*cod.* -ων] (1)

κοπετός. (1) בְּכִי (2) מִסְפֵּד (3) נְהִי
Ge. 50. 10. ἐκόψαντο αὐτὸν κοπετὸν μέγαν (2)
Es. 4. 3. κραυγὴ καὶ κοπετός (2)
Ps. 29 (30). 11. ἔστρεψας τὸν κ. μου εἰς χαρὰν ἐμοί (2)
Si. 38. 17. πίκρανον κλαυθμὸν καὶ θέρμανον κοπετόν
Am. 5. 16. ἐν πάσαις ταῖς πλατείαις κοπετός (2)
— 16. κληθήσεται γεωργὸς εἰς . . . κοπετόν (2)
— 17. καὶ ἐν πάσαις ὁδοῖς κοπετός (2)
Mi. 1. 8. ποιήσεται κοπετὸν ὡς δρακόντων (2)
Jl. 2. 12. ἐν νηστείᾳ . . . καὶ ἐν κοπετῷ (2)
Za. 12. 10. καὶ κόψονται ἐπ᾽ αὐτὸν κοπετόν (2)
— 11. μεγαλυνθήσεται ὁ κ. ἐν Ἰ. ὡς κοπετὸς ῥοῶνος ἐν πεδίῳ ἐκκοπτομένου (2, 2)
Is. 22. 12. ἐκάλεσε κύριος . . . κλαυθμὸν καὶ κοπετόν (2)
Je. 6. 26. ποίησαι σεαυτῇ κοπετὸν οἰκτρόν (2)
9. 10 (9). ἐπὶ τὰ ὄρη λάβετε κοπετόν (1+3)
Ez. 27. 31. A κοπετὸν πικρὸν ἐκστήσονται (2)
I Ma. 2. 70. ἐκόψαντο αὐτὸν πᾶς Ἰσρ. κ. μέγαν
4. 39. ἐκόψαντο κ. μέγαν
9. 20: 13. 26. ἐκόψαντο αὐτὸν πᾶς Ἰσρ. κ. μέγαν
III Ma. 4. 3. B τίνες ἀγυιαὶ κοπετοῦ . . . οὐκ ἐμπιπλῶντο [A *om.* οὐκ ἐμπ.]
[Th. Ez. 27. 31: Mi. 1. 11.]

κοπή. (1) נִגַּף ni. (2) *a.* נָכָה hi. *b.* מַכָּה
Ge. 14. 17. B ἀπὸ τῆς κ. τοῦ X. (2 *a*)
De. 28. 25. δῴη σε κύριος ἐπὶ κοπήν [? ἐπικ., A B^1 ἐπισκοπήν] (1)
Jo. 10. 20. κόπτοντες αὐτοὺς κ. μεγάλην (2 *b*)
Ju. 15. 7. ἀναστρέψαντες ἀπὸ τῆς κ.
[Aq. Dt. 24. 3 (1).]

κοπιᾶν. (1) אוֹן (2) חָדַל (3) חָלָה (4) חָשַׁל ni. (5) יָאַל hi. (6) *a.* יָגַע *b.* יָגֵעַ *c.* יָגֵעַ *d.* יְגִיעַ (7) כָּשַׁל *a.* qal. *b.* ni. (8) לָאָה ni. (9) עוּף (10) עָיֵף (11) *a.* עָמַל *b.* עָמֵל (12) חוּל (13) חָלַל (14) יָעֵף
De. 25. 18. τοὺς κοπιῶντας ὀπίσω σου (4)
— 18. σὺ δὲ ἐπείνας καὶ ἐκοπίας (6 *c*)
Jo. 24. 13. ἐφ᾽ ἣν [A^1 ᾗ] οὐκ ἐκοπιάσατε ἐπ᾽ αὐτῆς [A -ήν] (6 *a*)
Jd. 5. 26. εἰς σφῦραν κοπιώντων [A *al.*] (11 *b*)
I Ki. 6. 12. καὶ ἐκοπίων †
14. 31. καὶ ἐκοπίασεν ὁ λαὸς σφόδρα (9)
17. 39. καὶ ἐκοπίασε περιπατήσας [A *al.*] (5)
II Ki. 17. 2. καὶ αὐτὸς κοπιῶν (6 *c*)
23. 7. ἀνὴρ οὐ κοπιάσει [A ἀ. κοπάσει] ἐν αὐτοῖς †
— 10. ἕως οὗ ἐκοπίασεν [A -πασεν] ἡ χεὶρ αὐτοῦ (6 *a*)
Jb. 2. 9. οὓς εἰς τὸ κενὸν ἐκοπίασα μετὰ μόχθων –
20. 18. εἰς κενὰ καὶ μάταια ἐκοπίασε (6 *b*)
39. 16. εἰς κενὸν ἐκοπίασεν ἄνευ φόβου (6 *d*)
Ps. 6. 6. ἐκοπίασα ἐν τῷ στεναγμῷ μου (6 *a*)
48 (49). 8. ἐκοπίασεν εἰς τὸν αἰῶνα (2 ?)
68 (69). 3. ἐκοπίασα κράζων (6 *a*)
126 (127). 1. εἰς μάτην ἐκοπίασαν (11 *a*)
Pr. 4. 12. ἐὰν δὲ τρέχῃς οὐ κοπιάσεις (7 *b*)
Ec. 2. 18. ὃν ἐγὼ κοπιῶ [A S μοχθῶ] ὑπὸ τὸν ἥλιον (11 *b*)
Wi. 6. 14. ὁ ὀρθρίσας ἐπ᾽ [A πρὸς] αὐτὴν οὐ κοπιάσει
9. 10. ἵνα συμπαροῦσά μοι κοπιάσῃ
Si. 6. 19. ἐν γὰρ τῇ ἐργασίᾳ αὐτῆς ὀλίγον κοπιάσεις
11. 11. ἔστι κοπιῶν καὶ πονῶν καὶ σπεύδων
16. 27. οὔτε ἐπείνασαν οὔτε ἐκοπίασαν
24. 34: 30. 26 (33. 17). οὐκ ἐμοὶ μόνῳ ἐκοπίασα
34 (31). 3. ἐκοπίασε πλούσιος ἐν συναγωγῇ χρημάτων
— 4. ἐκοπίασε πτωχὸς ἐν ἐλαττώσει βίου
43. 30. μὴ κοπιᾶτε
51. 27. ἴδετε ἐν ὀφθαλμοῖς ὑμῶν ὅτι ὀλίγον ἐκοπίασα
Ho. 8. 10. κοπάσουσι [A^1 -πιάσ.] μικρόν (12 *v.* 13)
Is. 5. 27. οὐ πεινάσουσιν οὐδὲ [A *om.* π. οὐ.] κοπιάσουσιν (7 *a*)
16. 12. ἐκοπίασε Μωὰβ ἐπὶ τοῖς βωμοῖς (8 ?)
30. 5. μάτην κοπιάσουσι πρὸς λαόν †
31. 3. κοπιάσουσιν οἱ βοηθοῦντες (7 *a*)
33. 24. οὐ μὴ εἴπωσι, Κοπιῶ (3)
40. 28. οὐ πεινάσει οὐδὲ κοπιάσει (6 *a*)
— 30. κοπιάσουσι νεανίσκοι (6 *a*)
— 31. δραμοῦνται καὶ οὐ κοπιάσουσι (6 *a*)
43. 22. οὐδὲ κοπιᾶσαί σε ἐποίησα, Ἰσραήλ (6 *a*)
45. 14. ἐκοπίασεν Αἴγυπτος (6 *d*)
46. 1. ὡς φορτίον κοπιῶντι ἐκλελυμένῳ (10)
47. 13. κεκοπίακας ἐν ταῖς βουλαῖς σου (8)
— 15. ἐκοπίασας ἐν τῇ μεταβολῇ [A *add.* σου] (6 *a*)
49. 4. κενῶς ἐκοπίασα [B^1 *al.*] (6 *a*)
57. 10. ταῖς πολυοδίαις σου ἐκοπίασας (6 *a*)
63. 13. οὐκ ἐκοπίασαν (7 *b*)
65. 23. οἱ ἐκλεκτοί μου οὐ κοπιάσουσιν εἰς κενόν (6 *a*)
Je. 2. 24. πάντες οἱ ζητοῦντες αὐτὴν οὐ κοπιάσουσιν (14)
17. 16. οὐκ ἐκοπίασα κατακολουθῶν ὀπίσω σου (1 ?)
28 (51). 58. οὐ κοπιάσουσι λαοὶ εἰς κενόν (6 *a*)
La. 5. 5. ἐκοπιάσαμεν οὐκ ἀνεπαύθημεν (6 *a*)
I Ma. 10. 81. ἐκοπίασαν οἱ ἵπποι αὐτῶν
IV Ma. 9. 12. ὡς δὲ τύπτοντες ταῖς μάστιξιν ἐκοπίασαν
[Aq. Jd. 5. 26: Jb. 9. 29: Pr. 23. 4: Ec. 1. 3, 8: Is. 43. 22: Je. 6. 11: 20. 9: 51 (28). 30.]
[Sm. Pr. 16. 26 *bis*: Is. 33. 1: 43. 22: Je. 6. 11.]
[Th. Jb. 4. 2: Ps. 31 (32). 3: Is. 43. 22.]
[Al. I Ki. 14. 28.]
[Quint. Ps. 48 (49). 9.]

κόπος. (1) אָוֶן (2) אוֹן (3) εἶναι ἐν κόποις נָגַע (4) טֹרַח (5) יָגוֹן (6) יְגִיעַ (7) עָמָל (8) תֹּךְ
Ge. 31. 42. τὸν κ. τῶν χειρῶν μου εἶδεν ὁ θεός (6)
De. 1. 12. φέρειν τὸν κ. ὑμῶν (4)
Jd. 10. 16. ὠλιγώθη ἡ ψυχὴ αὐτοῦ ἐν κόπῳ Ἰσρ. (7)
Ne. 5. 13. ἐκ τοῦ οἴκου αὐτοῦ καὶ ἐκ κόπου αὐτοῦ (6)
Jb. 3. 10. A ἀπήλλαξε γὰρ ἂν κόπον [B S πόνον] (7)
4. 2. μὴ πολλάκις σοι λελάληται ἐν κόπῳ †
5. 6. οὐ γὰρ μὴ ἐξέλθῃ ἐκ τῆς γῆς κόπος (1)
— 7. ἄνθρωπος γεννᾶται κόπῳ [A ἐν κόπῳ γενν.] (7)
11. 16. τὸν κ. [A τῶν κ. σου] ἐπιλήσῃ (7)
19. 27. S^1 συντετέλεσται ἐν κόπῳ [A B S^2 κόλπῳ] †
Ps. 9. 28 (10. 7). ὑπὸ τὴν γλῶσσαν αὐτοῦ κόπος (7)
— 35 (10. 14). A σὺ κόπον [B S πόνον] . . . κατανοεῖς [B^1 -ήσεις] (7)
24 (25). 18. ἴδε . . . τὸν κ. μου (7)
54 (55). 10. S κόπος [B πόνος] ἐν μέσῳ αὐτῆς (7)
— 11. B S^1 οὐκ ἐξέλιπεν ἐκ τῶν πλατειῶν αὐτῆς κόπος [S^2 R τόκος] (8)
72 (73). 5. ἐν κόποις ἀνθρώπων οὐκ εἰσί (7)
— 16. τοῦτο κόπος ἐστὶν ἐναντίον μου [B^1 S *al.*] (7)
87 (88). 15. πτωχός εἰμι ἐγὼ καὶ ἐν κόποις (3)
89 (90). 10. τὸ πλεῖον αὐτῶν κόπος καὶ πόνος (7)
93 (94). 20. ὁ πλάσσων κόπον ἐπὶ προστάγματι [A S^2 -μα] (7)
106 (107). 12. ἐταπεινώθη ἐν κόποις ἡ καρδία αὐτῶν (7)
139 (140). 9. A^2 B S κόπος τῶν χειλέων αὐτῶν καλύψει αὐτούς (7)
Wi. 3. 11. καὶ οἱ κ. [S κ. αὐτῶν] ἀνόνητοι
10. 10. A S ἐπλήθυνε τοὺς κ. [B πόνους] αὐτοῦ
— 17. ἀπέδωκεν ὁσίοις μισθὸν κόπων αὐτῶν [S^1 -οῦ]
Si. 13. 26. εὕρεσις παραβολῶν διαλογισμοὶ μετὰ κόπου [A S -ων]
14. 15. τοὺς κ. σου εἰς διαίρεσιν κλήρου
22. 13. φύλαξαι ἀπ᾽ αὐτοῦ ἵνα μὴ κόπον ἔχῃς
29. 4. A S πάρεσχον κόπον [B πόνον] τοῖς βοηθήσασιν αὐτοῖς
31 (34). 23. A S R τί ὠφέλησαν πλεῖον ἢ κόπους [B -ον]
Ho. 12. 3 (4). καὶ ἐν κόποις αὐτοῦ ἐνίσχυσε πρὸς θεόν (1 ?, 2 ?)
Mi. 2. 1. ἐγένοντο λογιζόμενοι κόπους (1)
Hb. 1. 3. ἵνα τί ἔδειξάς μοι κόπους καὶ πόνους (1)
3. 7. ἀντὶ κόπων εἶδον σκηνώματα Αἰθιόπων (1)
Za. 10. 2. οἱ ἀποφθεγγόμενοι ἐλάλησαν κόπους (1)
Ma. 2. 13. ἐκαλύπτετε τὸ θυσ. κυρ. . . . στεναγμῷ ἐκ κόπων †
Je. 20. 18. τοῦ βλέπειν κόπους καὶ πόνους [S^1 μόχθους] (7)
51. 33 (45. 3). προσέθηκε κύριος κόπον ἐπὶ πόνον μοι (5)
I Ma. 10. 15. διηγήσαντο . . . τοὺς κ.
[Aq. Ps. 93 (94). 20: 127 (128). 2: Ec. 1. 3: Is. 45. 14: 55. 2: Je. 20. 5: Ez. 23. 29.]
[Sm. Ps. 77 (78). 46: 127 (128). 2: Pr. 31. 7: Ec. 2. 24: 4. 6: Is. 45. 14: 55. 2: Ez. 23. 29.]
[Th. Jb. 16. 2: Ps. 127 (128). 2: Is. 45. 14: 59. 4.]
[Al. Ps. 54 (55). 12.]
[Heb. Is. 45. 14.]
[Quint. Ps. 54 (55). 11.]

κοποῦν. (1) יָגַע pi.
Ju. 13. 1. ἦσαν γὰρ πάντες κεκοπωμένοι
Ec. 10. 15. S μόχθος τοῦ ἄφρονος κοπώσει αὐτόν [A B *al.*] (1)
[Aq. Jo. 7. 3: Is. 43. 24.]
[Sm. Jo. 7. 3: Jb. 16. 7: Is. 1. 14: 7. 13 *bis*: 43. 24: Je. 12. 5: 20. 9: 50 (27). 36.]
[Th. Jo. 7. 3.]

κοπρία. (1) אֵפֶר (2) אַשְׁפֹּת (3) דֹּמֶן (4) סוּחָה
I Ki. 2. 8. ἀπὸ κοπρίας ἐγείρει πτωχόν (2)

IV Ki. 9. 37. ὡς κοπρία ἐπὶ προσώπου τοῦ ἀγροῦ (3)
Ne. 2. 13. καὶ εἰς πύλην τῆς κ. (2)
3. 13. ἕως πύλης τῆς κ. (2)
— 14. τὴν πύλην τῆς κ. ἐκράτησε Μ. (2)
12. 31. ἐπάνω τοῦ τείχους τῆς [S^{a} τ. πύλης τῆς] κ. (2)
Es. 4. 17. κοπριῶν ἔπλησεν τὴν κεφαλήν
Jb. 2. 8. ἐκάθητο ἐπὶ τῆς κ. ἔξω τῆς πόλεως (1)
Ps. 112 (113). 7. ἀπὸ κοπρίας ἀνυψῶν πένητα (2)
Si. 27. 4. ἐν σείσματι κοσκίνου διαμένει κοπρία
Is. 5. 25. ἐγενήθη τὰ θνησιμαῖα αὐτῶν ὡς κ. ἐν μέσῳ ὁδοῦ (4)
La. 4. 5. περιεβάλλοντο [A -έλαβον] κοπρίας (2)
I Ma. 2. 62. R ἡ δόξα αὐτοῦ εἰς κοπρίαν [A S κόπρια]

κόπριον. (1) דֹּמֶן
Si. 22. 2. βολβίτῳ κοπρίων [A S -ίῳ] συνεβλήθη ὀκνηρός
Je. 32 (25). 33. οὐ μὴ κατορυγῶσιν [A -ύξω.] εἰς κόπρια (1)
I Ma. 2. 62. A S ἡ δόξα αὐτοῦ εἰς κόπρια [R -ίαν]
[Aq. Ps. 82 (83). 11.]
[Sm. Je. 22. 19.]

κόπρος. (1) גָּלָל (2) κ. περιστερῶν דִּבְיוֹנִים (3) דֹּמֶן (4) חֲרָאִים (5) חֲרֵי (6) פֶּרֶשׁ (7) a. צֵאָה b. צוֹאָה
Ex. 29. 14. τὴν κ. κατακαύσεις πυρί (6)
Le. 4. 11. πᾶσαν αὐτοῦ τὴν σάρκα σὺν . . . τῇ κ. (6)
8. 17. A B^{2} τὴν κ. αὐτοῦ (6)
16. 27. καὶ τὰ κρέα αὐτῶν καὶ τὴν κ. αὐτῶν (6)
Nu. 19. 5. τὸ αἷμα αὐτῆς σὺν τῇ κ. αὐτῆς (6)
III Ki. 14. 10. A καθὼς ἐπιλέγεται ἡ κ. (1)
IV Ki. 6. 25. τέταρτον τοῦ κάβου [A τέσσαρες κ.] κόπρου περιστερῶν (2, 5*)
18. 27. τοῦ φαγεῖν τὴν κ. αὐτῶν (7 b, 5*)
Ps. 82 (83). 10. ἐγενήθησαν ὡσεὶ κόπρος τῇ γῇ (3)
Is. 30. 22. ὡς κόπρον ὤσεις αὐτά †
36. 12. ἵνα φάγωσι κόπρον (7 b, 4*)
Ez. 4. 12. ἐν βολβίτοις κόπρου ἀνθρωπίνης ἐγκρύψεις [A κατακρ.] αὐτά (7 a)
[Aq. III Ki. 14. 10: Je. 16. 4: Ma. 2. 3 bis.]
[Sm. Je. 16. 4: Ma. 2. 3.]
[Th. Ma. 2. 3.]

κόπτειν. (1) אָסַף ni. (2) a. גָּדַד hithpo. b. גְּדוּדָה (3) גָּדַע a. pi. b. pu. (4) חָטַב (5) חָצַב (6) כָּרַת a. qal. b. hi. (7) a. כָּתַת hoph. b. כָּתִית (8) נָגַף (9) נָכָה hi. (10) סָפַד a. qal. b. ni. c. מִסְפֵּד (11) עָשָׂה (12) פּוּץ pil. (13) פָּלַשׁ hithp. (14) קָבַר (15) קוּם ni. (16) κ. τὴν οὐραγίαν זָנַב pi.
Ge. 23. 2. ἦλθε δὲ Ἀ. κόψασθαι Σάρραν (10 a)
32. 8 (9). R καὶ κόψῃ [A ἐκκ.] αὐτήν (9)
50. 10. ἐκόψαντο αὐτὸν κοπετὸν μέγαν (10 a)
Ex. 27. 20. ἔλαιον . . . καθαρὸν κεκομμένον (7 b)
29. 40. πεφυραμένης ἐν ἐλαίῳ κεκομμένῳ (7 b)
Le. 24. 2. ἔλαιον ἐλάϊνον καθαρὸν κεκομμένον (7 b)
Nu. 13. 24 (23). ἔκοψαν ἐκεῖθεν κλῆμα (6 a)
— 25 (24). ὃν ἔκοψαν ἐκεῖθεν οἱ υἱοὶ Ἰσρ. (6 a)
De. 19. 5. ἡ χεὶρ αὐτοῦ τῇ ἀξίνῃ κόπτοντος τὸ ξύλον (6 a)
25. 18. καὶ ἔκοψέ σου τὴν οὐραγίαν (16)
Jo. 10. 20. κόπτοντες αὐτοὺς κοπὴν μεγάλην (9)
11. 8. κόπτοντες αὐτοὺς κατεδίωκον (9)
Jd. 1. 4. ἔκοψαν [A ἐπάταξεν, B^{2} ἐπάταξαν] αὐτούς (9)
— 5. ἔκοψαν [A ἐπάταξεν] τὸν Χαν. (9)
— 17. ἔκοψε [A ἐπάταξαν] τὸν Χαν. (9)
6. 30. A ἔκοψεν [B ὠλέθρευσε] τὸ ἄλσος (6 a)
9. 48. ἔκοψε κλάδον ξύλου [A φορτίον ξύλων] (6 a)
— 49. καὶ ἔκοψαν . . . κλάδον [A al.] (6 a)
20. 43. A ἔκοψαν [B κατέκοπτον] τὸν B. †
I Ki. 25. 1. καὶ κόπτονται αὐτόν (10 a)
28. 3. ἐκόψαντο αὐτὸν πᾶς Ἰσρ. (10 a)
II Ki. 1. 12. καὶ ἐκόψαντο (10 a)
3. 31. κόπτεσθε ἐνώπιον [A ἔμπροσθεν] Ἀβ. (10 a)
5. 20. ἔκοψε [A διέκ.] τοὺς ἀλλοφύλους ἐκεῖ (9)
— 24. κόπτειν ἐν τῷ πολέμῳ τῶν ἀλλοφύλων (9)
11. 26. ἐκόψατο τὸν [A ἐπὶ τ.] ἄνδρα αὐτῆς (10 a)
III Ki. 5. 6 (20). κοψάτωσάν μοι ξύλα (6 a)
— 6 (20). A R εἰδὼς [B ἰδίως] ξύλα κόπτειν (6 a)
III Ki. 5. 11 (25). εἴκοσι χιλιάδας βαὶθ ἐλαίου κεκομμένου (7 b)
11. 15. ἔκοψαν πᾶν ἀρσενικὸν ἐν τῇ Ἰδ. (9)
12. 24. B καὶ τὸ παιδάριον κόψεται –
13. 29. A τοῦ κόψασθαι καὶ τοῦ θάψαι αὐτόν (10 a)
— 30. καὶ ἐκόψαντο [A -ατο] αὐτόν (10 a)
— 31. μετὰ τὸ κόψασθαι αὐτόν (14)
14. 13. A κόψονται αὐτὸν πᾶς Ἰσρ. (10 a)
— 18. A ἐκόψαντο αὐτὸν πᾶς Ἰσρ. (10 a)
IV Ki. 17. 15. A ἣν ἔκοψεν σὺν πατράσιν αὐ. (6 a)
19. 23. ἔκοψα τὸ μέγεθος τῆς κέδρου αὐτοῦ (6 a)
II Ch. 2. 8 (7). οἴδασι κόπτειν ξύλα ἐκ τοῦ Λιβ. (6 a)
— 10 (9). τοῖς ἐργαζομένοις τοῖς κόπτουσι ξύλα (6 a)
— 16 (15). κόψομεν ξύλα ἐκ τοῦ Λιβ. (6 a)
31. 1. ἔκοψαν [A ἐξέκ.] τὰ ἄλση (3 a)
34. 4. καὶ ἔκοψε τὰ ἄλση (3 a)
— 7. πάντα τὰ ὑψηλὰ ἔκοψεν [A κατέκ.] (3 a)
Ju. 15. 5. καὶ ἔκοπτον [A -οντο] αὐτούς
Es. 5. 14. κοπήτω σοι [A om.] ξύλον (11)
Ec. 3. 4. καιρὸς τοῦ κόψασθαι (10 a)
12. 5. ἐκύκλωσαν [S^{2} κυκλώσουσιν] ἐν ἀγορᾷ οἱ κοπτόμενοι (10 a)
Mi. 1. 8. ἕνεκεν τούτου κόψεται καὶ θρηνήσει (10 a)
— 11. κόψασθαι οἶκον ἐχόμενον αὐτῆς (10 c)
Jl. 1. 13. περιζώσασθε καὶ κόπτεσθε οἱ ἱερεῖς (10 a)
Hg. 1. 8. καὶ κόψατε [S^{1} -ετε] ξύλα †
Za. 7. 5. ἐὰν . . . κόψησθε ἐν ταῖς πέμπταις (10 a)
12. 10. καὶ κόψονται [S^{1} ὄψ.] ἐπ' αὐτὸν κοπετόν (10 a)
— 12. καὶ κόψεται ἡ γῆ κατὰ φυλὰς φυλάς (10 a)
14. 12. A B S^{a} ἣν κόψει κ. πάντας τοὺς λαούς (8)
Is. 9. 10 (9). κόψωμεν [A S ἐκκ.] συκαμίνους (3 b)
10. 15. ἄνευ τοῦ κόπτοντος ἐν αὐτῇ (5)
14. 8. οὐκ ἀνέβη ὁ κόπτων ἡμᾶς (6 a)
15. 3. κόπτεσθε ἐπὶ τῶν δωμάτων αὐτῆς –
32. 12. ἐπὶ τῶν μαστῶν κόπτεσθε (10 a)
37. 24. ἔκοψα τὸ ὕψος τῆς κέδρου αὐτοῦ (6 a)
44. 14. ἔκοψε ξύλον ἐκ τοῦ δρυμοῦ (6 a)
Je. 4. 8. κόπτεσθε καὶ ἀλαλάξατε (10 a)
8. 2. οὐ κοπήσονται καὶ οὐ ταφήσονται (1)
16. 4. οὐ κοπήσονται καὶ οὐ ταφήσονται (10 b)
— 5. μὴ πορευθῇς τοῦ κόψασθαι (10 a)
— 6. οὐ μὴ κόψονται [A -ωνται] αὐτούς (10 a)
22. 18. B S οὐ μὴ κόψωνται [A R -ονται] αὐτόν (10 a)
23. 29. ὡς πέλυξ [A πέλεκυς] κόπτων πέτραν (12)
26 (46). 5. οἱ ἰσχυροὶ αὐτῶν κοπήσονται (7 a)
— 13. τοῦ κόψαι γῆν Αἰγύπτου [A al.] (9)
— 22. ὡς κόπτοντες ξύλα ἐκκόψουσι τὸν δρυμὸν αὐτῆς (4)
29 (47). 6 (5). ἕως τίνος κόψεις (2 a)
30 (49). 3. περιζώσασθε σάκκους καὶ κόψασθε (10 a)
31 (48). 2. ἐκόψαμεν αὐτὴν ἀπὸ ἔθνους (6 b)
— 37. πᾶσαι χεῖρες κόψονται (2 b)
32 (25). 34. κόπτεσθε οἱ κριοὶ τῶν προβάτων (13)
41 (34). 5. ἕως ᾅδου κόψονταί [A κλαύσ.] σε (10 a)
48 (41). 5. διερρηγμένοι [A -ηχότες] τὰ ἱμάτια καὶ κοπτόμενοι [S^{1} om. τὰ ἱ. κ. κ.] (2 a)
51 (44). 8. R ἵνα κοπῆτε [A B S ἐκκ.] (6 b)
Ez. 6. 9. κόψονται πρόσωπα αὐτῶν (15)
9. 5. κόπτετε καὶ μὴ φείδεσθε (9)
— 7. καὶ κόπτετε (9)
— 8. ἐγένετο ἐν τῷ κ. αὐτούς (9)
20. 43. κόψεσθε [A^{2} ὄψεσθαι] τὰ πρόσωπα ὑμῶν (15)
24. 16. οὐ μὴ κοπῇς (10 a)
— 23. οὔτε μὴ κόψησθε (10 a)
39. 10. A R οὐδὲ μὴ κόψωσιν [B -ουσιν] ἐκ τῶν δρυμῶν (4)
I Ma. 2. 70. ἐκόψαντο αὐτὸν πᾶς Ἰσρ. κοπετὸν μέγαν
4. 39. ἐκόψαντο κοπετὸν μέγαν
9. 20. ἐκόψαντο αὐτὸν πᾶς Ἰσρ. κοπετὸν μέγαν
12. 44. ἵνα τί ἔκοψας πάντα τὸν λαὸν τοῦτον
13. 26. ἐκόψαντο αὐτὸν πᾶς Ἰσρ. κοπετὸν μέγαν
II Ma. 5. 12. κόπτειν ἀφειδῶς τοὺς ἐμπίπτοντας
10. 35. τὸν ἐμπίπτοντα ἔκοπτον
[Aq. Le. 22. 24: Dt. 19. 5: III Ki. 14. 13, 18: IV Ki. 17. 15: Pr. 27. 22: Is. 55. 3: 61. 8: Je. 25. 33 (32. 19): 34 (41). 5: Za. 12. 10.]
[Sm. I Ki. 31. 9: Ec. 12. 6: Za. 12. 10.]
[Th. Pr. 27. 22: Is. 51. 1: Je. 25. 33 (32. 19): Za. 12. 10.]

κοπώδης.
[Sm. Ec. 1. 8.]

κόπωσις. (1) יְגִיעָה
Ec. 12. 12. μελέτη πολλὴ κόπωσις σαρκός (1)

κόραξ. (1) עֹרֵב
Ge. 8. 7. ἀπέστειλε τὸν κ. (1)
Le. 11. 15. B^{2} καὶ κόρακα [R πάντα κ.] καὶ τὰ ὅμοια αὐτῷ (1)
De. 14. 14. A^{2} καὶ πάντα κ. καὶ τὰ ὅμοια αὐτῷ (1)
III Ki. 17. 4. τοῖς κ. ἐντελοῦμαι διατρέφειν σε (1)
— 6. οἱ κ. ἔφερον αὐτῷ ἄρτους (1)
Jb. 38. 41. τίς δὲ ἡτοίμασε κόρακι βοράν (1)
Ps. 146 (147). 9. καὶ τοῖς νεοσσοῖς τῶν κ. (1)
Pr. 24. 52 (30. 17). κόρακες ἐκ τῶν φαράγγων (1)
Ca. 5. 11. βόστρυχοι αὐτοῦ ἐλάται μέλανες ὡς κόραξ (1)
Ze. 2. 14. A B S^{2} κόρακες ἐν τοῖς πυλῶσιν αὐτῆς †
Is. 34. 11. ἴβεις καὶ κόρακες κατοικήσουσιν ἐν αὐτῇ (1)
[Aq. Dt. 14. 14: III Ki. 17. 6.]
[Sm., Th. III Ki. 17. 6.]
[Sam. Ex. 8. 21 (17).]

κοράσιον. (1) יַלְדָּה (2) a. נַעַר b. נַעֲרָה (3) נָשִׁים
Ru. 2. 8. κολλήθητι μετὰ τῶν κ. μου (2 b)
— 21. R μετὰ τῶν κ. [A B παιδαρίων] τῶν ἐμῶν προσκολλήθητι [B μου κολλ.] (2 a)
— 22. A B ἐπορεύθης [R ἐξῆλθες] μετὰ τῶν κ. αὐτοῦ (2 b)
— 23. προσεκολλήθη Ῥοὺθ τοῖς κ. (2 b)
3. 2. οὗ ἦς μετὰ τῶν κ. αὐτοῦ (2 b)
I Ki. 9. 11. εὑρίσκουσι τὰ κ. ἐξεληλυθότα (2 b)
— 12. ἀπεκρίθη τὰ κ. αὐτοῖς –
20. 30. υἱὲ κορασίων αὐτομολούντων +
25. 42. καὶ πέντε κοράσια ἠκολούθουν αὐτῇ (2 b)
III Ki. 12. 24. B τὰ κ. σου ἐξελεύσονταί σοι –
To. 6. 12. τὸ κ. καλὸν καὶ φρόνιμόν ἐστι
— 12. S λαλήσω τῷ πατρὶ αὐτῆς περὶ τοῦ κ. [A B al.]
— 12. S λαλήσωμεν περὶ τοῦ κ.
— 13. ἀκήκοα ἐγὼ τὸ κ. δεδόσθαι ἑπτὰ ἀνδράσι [S al.]
Ju. 16. 12. υἱοὶ κορασίων κατεκέντησαν αὐτούς
Es. 2. 2. ζητηθήτω τῷ βασ. κοράσια (2 b)
— 3. καὶ ἐπιλεξάτωσαν [A -δειξ.] κοράσια [S^{2} πάντα κ.] (2 b)
— 7. ἦν τὸ κ. καλὸν [S -ῇ] τῷ εἴδει (2 b)
— 8. συνήχθησαν κ. πολλὰ [S^{a} τὰ κ.] εἰς Σοῦσαν [S^{1} om. π. κ. εἰς Σ.] (2 b)
— 9. ἤρεσεν αὐτῷ τὸ κ. (2 b)
— 9. A B καὶ τὰ ἑπτὰ κ. τὰ ἀποδεδειγμένα [S R ὑποδ.] αὐτῇ (2 b)
— 12. καιρὸς κορασίου εἰσελθεῖν πρὸς τὸν βασ. (2 b)
— 12. A ὅταν ἀναπληρωθῇ καιρὸς κοράσια [B S al.] (3)
Jl. 3 (4). 3. τὰ κ. ἐπώλουν ἀντὶ οἴνου (1)
Za. 8. 5. αἱ πλατεῖαι . . . πλησθήσονται . . . κορασίων παιζόντων (1)
Da. Th. Su. 15. εἰσῆλθε . . . μετὰ δύο μόνων κ.
— 17. εἶπε τοῖς κ. [A κ. αὐτῆς]
— 19. ὡς ἐξήλθοσαν τὰ κ.
— 21. ἐξαπέστειλας τὰ κ. ἀπὸ σοῦ
[Sm. Ge. 24. 61: Ex. 2. 5: Pr. 9. 3: 27. 27.]

κορεῖν (?). (1) דִּשֵּׁן
De. 31. 20. καὶ ἐμπλησθέντες κορήσουσι (1)

κορεννύναι.
[Sm. Ps. 21 (22). 27.]
[Al. Ps. 102 (103). 5.]

κόρη. (1) אִישׁוֹן (2) בָּבָה
De. 32. 10. διεφύλαξεν αὐτὸν ὡς κόρην ὀφθαλμοῦ (1)
Ps. 16 (17). 8. φύλαξόν με ὡς κόρην [B^{1} S^{1} -αν] ὀφθαλμοῦ (1)
Pr. 7. 2. τοὺς δὲ ἐμοὺς λόγους ὥσπερ κόρας ὀμμάτων (1)
20. 20. αἱ δὲ κ. τῶν ὀφθαλμῶν αὐτοῦ ὄψονται [S ἔσονται] σκότος (†, 1*)
Si. 17. 22. χάριν ἀνθρώπου ὡς κόρην συντηρήσει
Za. 2. 8 (12). ὁ ἁπτόμενος τῆς κ. τοῦ ὀφθ. αὐ. (2)
III Ma. 5. 47. βουλόμενος . . . κόραις ὀφθαλμῶν θεάσασθαι
IV Ma. 18. 21. S R τὰς τῶν ὀμμάτων κ. ἐπήρωσε [A ἐπλήρ.]

κόριον, *cf.* χόριον. (1) גַּד (2) חספס

Ex. 16. 14. λεπτὸν ὡσεὶ κόριον λευκόν (2)
— 31. ὡς σπέρμα κορίου λευκόν (1)
Nu. 11. 7. τὸ δὲ μάννα ὡσεὶ σπέρμα κορίου ἐστί (1)

κορμός.

[**Aq.**, **Th.** Jb. 14. 7, 8: Is. 11. 1.]
[**Sm.** Jb. 14. 8: Is. 11. 1.]

κόρος (*corus*). (1) חֹמֶר (2) כֹּר

Le. 27. 16. κόρου κριθῶν πεντήκοντα δίδραχμα ἀργυρίου (1)
Nu. 11. 32. ὁ τὸ ὀλίγον συνήγαγε δέκα κόρους (1)
III Ki. 3. 1 (*cf.* 4. 22 [5. 2]). **B** τριάκοντα κόροι σεμιδάλεως καὶ ἑξήκοντα κόροι ἀλεύρου (2, 2)
4. 22 (5. 2). τριάκοντα κόροι σεμιδάλεως καὶ ἑξήκοντα κόροι ἀλεύρου (2, 2)
5. 11 (25). εἴκοσι χιλιάδας κόρους [**A** -ων] πυροῦ (2)
II Ch. 2. 10 (9). **A R** κόρων πυροῦ [**B** *om.*] εἴκοσι χιλιάδας καὶ κριθῶν κόρων εἴκοσι χιλιάδας (2, 2)
27. 5. καὶ δέκα χιλιάδας κόρων πυροῦ (2)
I Es. 8. 20. ἕως πυροῦ κόρων ἑκατόν
II Es. 7. 22. ἕως πυροῦ κόρων ἑκατόν (2)
Ez. 45. 13. ἀπὸ τοῦ [**A** *add.* γομὸρ] κ. τῶν κριθῶν (1)

[**Aq.**, **Th.** Ez. 45. 13, 14 *bis*: Ho. 3. 2.]
[**Sm.** Ez. 45. 13: Ho. 3. 2.]

κόρος (*satietas*).

Es. 8. 13. τόν τε κ. οὐ δυνάμενοι φέρειν

[**Aq.** Ge. 15. 12: Ex. 8. 14 (10) *bis*: III Ki. 5. 11 (25): Is. 65. 15.]
[**Sm.** Ex. 8. 14 (10) *bis*: III Ki. 5. 11 (25): Is. 65. 15.]
[**Th.** Is. 65. 15.]

κορύνη. (1) חֲרָשָׁה

II Ki. 21. 16. καὶ αὐτὸς περιεζωσμένος κορύνην (1?)

κόρυς.

Wi. 5. 18. περιθήσεται κόρυθα κρίσιν ἀνυπόκριτον

κορυφαῖος.

[**Aq.** Ez. 23. 23.]

κορυφή. (1) מֶגֶד (2) קָדְקֹד (3) רֹאשׁ (4) צִיצַת רֹאשׁ

Ge. 49. 26. ἐπὶ κορυφῆς ὧν ἡγήσατο ἀδελφῶν (2)
Ex. 17. 9. ἕστηκα ἐπὶ τῆς κ. τοῦ βουνοῦ (3)
— 10. ἀνέβησαν ἐπὶ τὴν κ. τοῦ βουνοῦ (3)
19. 20. κατέβη . . . ἐπὶ τὴν κ. τοῦ ὄρους (3)
— 20. ἐκάλεσε κ. Μωυσῆν ἐπὶ τὴν κ. τοῦ ὄρους (3)
24. 17. ὡσεὶ πῦρ φλέγον ἐπὶ τῆς κ. τοῦ ὄρους (3)
38. 16 (37. 19). **A R** τὸ ἐνθέμιον . . . ἐπὶ τῆς [**B** *om.*] κ. ἄνωθεν –
Nu. 14. 40. ἀνέβησαν εἰς [**A** ἐπὶ] τὴν κ. τοῦ ὄρους (3)
— 44. ἀνέβησαν ἐπὶ τὴν [**A** *om.*] κ. τοῦ ὄρους (3)
20. 28. ἀπέθανεν Ἀ. ἐπὶ τῆς κ. τοῦ ὄρους (3)
21. 19 (20). ἀπὸ κορυφῆς τοῦ λελαξευμένου (3)
23. 9. ἀπὸ κορυφῆς ὀρέων ὄψομαι αὐτόν (3)
— 14. ἐπὶ κορυφὴν λελαξευμένου (3)
— 28. ἐπὶ κορυφὴν [**A** τὴν κ.] τοῦ Φογώρ (3)
De. 3. 27. **A R** ἀνάβηθι ἐπὶ κορυφὴν [**B** -ῇ] τοῦ [**B** *om.*] λελαξευμένου (3)
28. 35. ἀπὸ ἴχνους τῶν ποδῶν σου ἕως τῆς κ. σου (2)
33. 15. ἀπὸ κορυφῆς ὀρέων ἀρχῆς καὶ ἀπὸ κορυφῆς βουνῶν ἀενάων (3, 1)
— 16. καὶ ἐπὶ κορυφῆς δοξασθεὶς ἐπ' [**A** ἐν] ἀδελφοῖς (3)
34. 1. ἀνέβη Μ. . . . ἐπὶ κορυφὴν Φασγά (3)
Jo. 15. 8. ἐπὶ κορυφὴν ὄρους (3)
— 9. ἀπὸ κορυφῆς τοῦ ὄρους (3)
Jd. 6. 26. οἰκοδομήσεις θυσιαστήριον . . . ἐπὶ κορυφὴν Μ. [**A** *al.*] (3)
9. 7. ἔστη ἐπὶ κορυφὴν [**A** τῆς κ. τοῦ] ὄρους (3)
— 36. **A** ἀπὸ τῶν κ. [**B** ἀπὸ κεφαλῶν] τῶν ὀρέων (3)
16. 3. ἀνέβη ἐπὶ τὴν κ. τοῦ ὄρους (3)
I Ki. 26. 13. ἔστη ἐπὶ τὴν κ. τοῦ ὄρους (3)
II Ki. 14. 25. καὶ ἕως κορυφῆς αὐτοῦ (2)
III Ki. 18. 42. **A** ἀνέβη εἰς τὴν κ. τοῦ Καρμ. [**B** ἐπὶ τὸν Κάρμ.] (3)
IV Ki. 1. 9. Ἠ. ἐκάθητο ἐπὶ τῆς κ. τοῦ ὄρους (3)
Ju. 4. 5. προκατελάβοντο πάσας τὰς κ. τῶν ὀρέων
5. 1. ἐτείχισαν πᾶσαν κ. ὄρους ὑψηλοῦ
Ju. 6. 12. ὡς εἶδαν αὐτοὺς . . . ἐπὶ τὴν κ. τοῦ ὄρους
— 12. **B S** ἐπῆλθον [**A R** ἀπ.] . . . ἐπὶ τὴν κ. τοῦ ὄρους
7. 10. προσβῆναι ταῖς κ. τῶν ὀρέων αὐτῶν
— 13. ἀναβησόμεθα ἐπὶ τὰς πλησίον κ. τῶν ὀρέων
9. 13. καὶ κορυφῆς [**A** -ὴν] Σιών
Ps. 7. 16. ἐπὶ κορυφὴν αὐτοῦ ἡ ἀδικία αὐτοῦ καταβήσεται (2)
67 (68). 21. κορυφὴν τριχὸς διαπορευομένων ἐν πλημμελείαις αὐτῶν (2)
Pr. 1. 9. στέφανον γὰρ χαρίτων δέξῃ [**A** ἕξῃ] σῇ κ. (3)
Ho. 4. 13. ἐπὶ τὰς κ. τῶν ὀρέων ἐθυσίαζον (3)
Am. 1. 2. ἐξηράνθη ἡ κ. τοῦ Καρμήλου (3)
9. 3. ἐὰν ἐγκατακρυβῶσιν [**A** ἐγκρ.] εἰς τὴν κ. (3)
Mi. 4. 1. τὸ ὄρος κ. ἕτοιμον ἐπὶ τὰς κ. τῶν ὀρέων (3)
Jl. 2. 5. ἐπὶ τὰς κ. τῶν ὀρέων ἐξαλοῦνται (3)
Is. 28. 1. ἐπὶ τῆς κ. τοῦ ὄρους τοῦ παχέως (3)
Ez. 6. 13. **A** ἐν πάσαις κ. τῶν ὀρέων (3)
8. 3. ἀνέλαβέ με τῆς κ. μου (4)
17. 22. λήψομαι ἐγὼ . . . ἐκ [**A** *om.*] κορυφῆς (3)
43. 12. τὴν διαγραφὴν τοῦ οἴκου ἐπὶ τῆς κ. τοῦ ὄρους (3)
Da. LXX. 4. 9. ἡ κ. αὐτοῦ ἤγγισεν ἕως τοῦ οὐρ. –
Da. Th. Bel 36. ἐπελάβετο ὁ ἄγγελος κυρίου [**A** *om.*] τῆς κ. [**A** χειρὸς] αὐτοῦ
IV Ma. 10. 7. σὺν ἄκραις ταῖς τῶν δακτύλων κ.
14. 16. **A R** τὰ δὲ κατὰ τὰς [**S** *om.*] κ. ὀρέων

[**Aq.** Ez. 8. 3.]
[**Sm.** Ps. 67 (68). 22.]
[**Th.** I Ki. 24. 23: Ez. 6. 13: 8. 3.]
[**Al.** Dt. 33. 20.]

κορώνη.

Je. 3. 2. ἐκάθισας αὐτοῖς ὡσεὶ κ. ἐρημουμένη †
Ep. Je. 54. ὥσπερ γὰρ [**A** αἱ] κορῶναι ἀνὰ μέσον τοῦ οὐρανοῦ καὶ τῆς γῆς

κοσκινίζειν.

[**Aq.**, **Sm.** Am. 9. 9.]

κόσκινον.

Si. 27. 4. ἐν σείσματι κοσκίνου [**S**[1] κοκκ.] διαμένει κοπρία

[**Aq.**, **Sm.** Am. 9. 9.]

κοσκίνωμα.

[**Sm.**, **Th.** Ex. 35. 16.]

κοσμεῖν. (1) חוּר (2) יָעַד (3) עָדָה *a.* qal. *b.* hi. (4) עָרַךְ (5) צָפָה pi. (6) תָּקַן *a.* qal. *b.* pi.

II Ch. 3. 6. ἐκόσμησε τὸν οἶκον (5)
Ju. 10. 3. **S** ἐν οἷς ἐκοσμεῖτο [**A B** ἐστολίζετο]
12. 15. ἐκοσμήθη τῷ ἱματισμῷ
Es. 1. 6. κεκοσμημένη [**A S**[1] -νῳ] βυσσίνοις (1 ?)
Ec. 1. 15. **A** διεστραμμένον οὐ δυνήσεται τοῦ κοσμηθῆναι [**B S** ἐπικ.] (6 *a*)
7. 14 (13). τίς δυνήσεται κοσμῆσαι [**A S**[2] τοῦ κ.] (6 *b*)
Si. 16. 27. ἐκόσμησεν εἰς αἰῶνα τὰ ἔργα αὐ.
25. 1. **S**[1] ἐκοιμήθην [? ἐκοσμήθην]
29. 26. πάρελθε, πάροικε, κόσμησον τράπεζαν
38. 28. ἡ ἀγρυπνία αὐτοῦ κοσμῆσαι ἐπὶ συντελείας
42. 21. τὰ μεγαλεῖα τῆς σοφίας αὐτοῦ ἐκόσμησε
45. 12. ἐπιθυμήματα ὀφθαλμῶν κοσμούμενα ὡραῖα
47. 10. ἐκόσμησε καιροὺς μέχρι συντελείας
48. 11. οἱ ἐν ἀγαπήσει [**S**[1] -πῃ, **S**[2] ἀγαπήσει σου] κεκοσμημένοι
50. 9. ὡς σκεῦος χρυσίου ὁλοσφύρητον κεκοσμημένον παντὶ λίθῳ πολυτελεῖ
— 14. κοσμῆσαι προσφορὰν ὑψίστου παντοκράτορος
Mi. 6. 9. καὶ τίς [**A** τί] κοσμήσει πόλιν (2)
Je. 4. 30. ἐὰν . . . κοσμήσῃ κόσμῳ χρυσῷ (3 *a*)
Ep. Je. 11. κοσμοῦσί τε αὐτοὺς ὡς ἀνθρώπους τοῖς ἐνδύμασι
Ez. 16. 11. ἐκόσμησά σε κόσμῳ (3 *b*)
— 13. ἐκοσμήθης χρυσίῳ καὶ ἀργυρίῳ [**A** *al.*] (3 *a*)
— 58. **A** σὺ κεκόσμησαι [**B** κεκόμισαι] αὐτάς †
23. 40. ἐκόσμου κόσμῳ (3 *a*)
— 41. τράπεζα κεκοσμημένη πρὸ προσώπου αὐτῆς (4)
II Ma. 9. 16. καλλίστοις ἀναθήμασι κοσμήσειν
III Ma. 3. 5. κοσμοῦντες τὴν συναναστροφήν
III Ma. 5. 45. **A** φοβερῶς κεκοσμημένα κατασκευαῖς [**R** *al.*]
6. 1. πάσῃ τῇ κατὰ τὸν βίον ἀρετῇ κεκοσμημένος

[**Aq.** Jb. 40. 5 (10): Is. 61. 10: Je. 31 (38). 4.]
[**Sm.** Ps. 143 (144). 12: Is. 61. 10.]
[**Al.** Is. 57. 9.]
[**Quint.** IV Ki. 9. 30.]

κόσμημα.

[**Sm.** Ca. 1. 10.]

κόσμιον. (1) תָּקַן pi.

Ec. 12. 9. οὓς ἐξιχνιάσεται [**S**[2] -άσατο] κόσμιον παραβολῶν (1)

[**Sm.** Jd. 8. 21, 26.]

κοσμοπληθής.

IV Ma. 15. 31. **A R** ἐν τῷ κ. [**S** ἐθνοπλ.] κατακλυσμῷ

κοσμοποιΐα.

IV Ma. 14. 7. ἑπτὰ τῆς κ. ἡμέραι

κόσμος. (1) כְּלִי (2) מַעֲדַנִּים (3) מַעֲשֶׂה (4) עֲדִי (5) עֵדֶן (6) צָבָא (7) תְּכוּנָה (8) תִּפְאֶרֶת

Ge. *tit.* **A** γένεσις κόσμου –
► 2. 1. ἡ γῆ καὶ πᾶς ὁ κ. αὐτῶν (6)
Ex. 33. 5. ἀφέλεσθε [**A** -λετε] . . . τὸν κ. (4)
— 6. περιείλαντο οἱ υἱοὶ Ἰσρ. τὸν κ. αὐτῶν (4)
De. 4. 19. ἰδὼν . . . πάντα τὸν κ. τοῦ οὐρανοῦ (6)
17. 3. ἢ παντὶ τῶν ἐκ τοῦ κ. [**A** π. τῷ κ. τῷ ἐκ] τοῦ οὐρανοῦ (6)
II Ki. 1. 24. τὸν ἐνδιδύσκοντα ὑμᾶς κόκκινα μετὰ κόσμου ὑμῶν τὸν ἀναφέροντα κόσμον χρυσοῦν [**A** -σίον] (5, 4)
Ju. 1. 14. τὸν κ. αὐτῆς ἔθηκεν εἰς ὄνειδος αὐτῆς
10. 4. περιέθετο . . . πάντα τὸν κ. αὐτῆς
12. 15. τῷ ἱματισμῷ καὶ παντὶ τῷ κ. [**A** *om.* κ. π. τ. κ.] τῷ γυναικείῳ
Es. 4. 17. **B S** πάντα τόπον κόσμου ἀγαλλιάματος αὐ. [**A**[2] *al.*]
Pr. 17. 6 (**A** 4). τοῦ πιστοῦ ὅλος ὁ κ. τῶν χρημάτων –
20. 29. κόσμος νεανίαις σοφία (8)
28. 17. δώσει κόσμον τῇ σῇ ψυχῇ –
29. 17. δώσει κόσμον τῇ ψυχῇ σου (2)
Wi. 1. 14. σωτήριοι αἱ γενέσεις τοῦ κ.
2. 24. θάνατος εἰσῆλθεν εἰς τὸν κ.
5. 20. συνεκπολεμήσει [**S** συμπ.] δὲ αὐτῷ ὁ κ.
6. 24. πλῆθος δὲ σοφῶν σωτηρία κόσμου
7. 6. **S** μία δὲ πάντων εἴσοδος εἰς τὸν κ. [**A B** βίον]
— 17. εἰδέναι σύστασιν κόσμου
9. 3. καὶ διέπῃ τὸν κ. ἐν ὁσιότητι
— 9. ὅτε ἐποίεις τὸν κ.
10. 1. πρωτόπλαστον πατέρα κόσμου μόνον κτισθέντα
11. 17. ἡ . . . χεὶρ καὶ [**S**[2] ἡ καὶ] κτίσασα τὸν κ. ἐξ ἀμόρφου ὕλης
— 22. ὡς ῥοπὴ ἐκ πλαστίγγων ὅλος ὁ κ. ἐναντίον σου
13. 2. ἢ φωστῆρας οὐρανοῦ πρυτάνεις κόσμου θεοὺς ἐνόμισαν
— 3. **S**[2] ὁ γὰρ τοῦ κ. [**A B S**[1] κάλλους] γενεσιάρχης ἔκτισεν αὐτά
14. 6. ἡ ἐλπὶς τοῦ κ. ἐπὶ σχεδίας καταφυγοῦσα
— 14. εἰσῆλθεν [**A S**[1] θάνατος εἰσ.] εἰς κόσμον [**A S** τὸν κ.]
16. 17. ὑπέρμαχος γὰρ ὁ κ. ἐστὶ δικαίων [**A** -αίοις]
17. 20. ὅλος γὰρ ὁ κ. λαμπρῷ κατελάμπετο φωτί
18. 24. ἐπὶ γὰρ ποδήρους ἐνδύματος ἦν ὅλος ὁ κ.
Si. 6. 30. κόσμος γὰρ χρύσεός ἐστιν ἐπ' αὐτῆς
21. 21. ὡς κόσμος χρυσοῦς φρονίμῳ παιδεία
22. 17. ὡς κόσμος ψαμμωτὸς τοίχου ξυστοῦ [**S**[2] ξεστοῦ]
26. 16. κάλλος ἀγαθῆς γυναικὸς ἐν κόσμῳ οἰκίας αὐ.
35 (32). 5. σφραγὶς ἄνθρακος ἐπὶ κόσμῳ χρυσῷ
43. 9. κόσμος φωτίζων ἐν ὑψίστοις κύριος [**A S**[2] -ίου]
50. 19. ἕως συντελεσθῇ [**S**[2] συνετ.] κόσμος [**S** ὁ κ.] κυρίου
Na. 2. 9 (10). καὶ οὐκ ἦν πέρας τοῦ κ. αὐτῆς (7)
Is. 3. 18. **A S** ἀφελεῖ κύριος τὴν δόξαν τοῦ ἱματισμοῦ αὐτῶν καὶ τοὺς κ. αὐτῶν [**B** *om.* κ. τ. κ. αὐ.] (7 ?)
— 19. ἀφελεῖ . . . τὸν κ. τοῦ προσώπου αὐτῶν †
— 20. ἀφελεῖ . . . τὴν σύνθεσιν [**A** σύνεσιν] τοῦ κ. τῆς δόξης †
— 24. ἀντὶ τοῦ κ. τῆς κεφαλῆς τοῦ χρυσίου φαλάκρωμα ἕξεις (3)

► = additional entry on page xxvi

Is. 3. 26. πενθήσουσιν αἱ θῆκαι τοῦ κ. ὑμῶν †
13. 10. ὁ Ὠ. καὶ πᾶς ὁ κ. [S^1 οἶκος] τοῦ οὐρανοῦ –
24. 21. ἐπάξει ὁ θεὸς ἐπὶ τὸν κ. τοῦ οὐρανοῦ τὴν χεῖρα (6)
40. 26. ὁ ἐκφέρων κατ' ἀριθμὸν τὸν κ. αὐ. (6)
49. 18. πάντας αὐτοὺς ὡς κόσμον [A S om. ὡς κ.] ἐνδύσῃ καὶ περιθήσεις αὐτοὺς ὡς κόσμον [S^1 -ος] νύμφη [A S -ης] (4, –)
61. 10. ὡς νύμφην κατεκόσμησέ με κόσμῳ (1)
Je. 2. 32. μὴ ἐπιλήσεται νύμφη τὸν κ. αὐτῆς (4)
4. 30. ἐὰν . . . κοσμήσῃ κόσμῳ χρυσῷ (4)
Ez. 7. 20. ἐκλεκτὰ κόσμου εἰς ὑπερηφανίαν ἔθεντο αὐτά (4)
16. 11. ἐκόσμησά σε κόσμῳ (4)
— 13. A ἐκοσμήθης κόσμῳ χρυσῷ καὶ ἀργυρῷ [B al.] –
23. 40. ἐκόσμου κόσμῳ (4)
I Ma. 1. 22. S R τὸν κ. τὸν χρυσοῦν [A -ὸν] τὸν κατὰ πρόσωπον τοῦ ναοῦ
2. 11. πᾶς ὁ κ. αὐτῆς ἀφῃρέθη
II Ma. 2. 2. βλέποντες . . . τὸν περὶ αὐτὰ κ.
3. 12. τοῦ τετιμημένου κατὰ τὸν σύμπαντα κ. ἱεροῦ
5. 3. καὶ χρυσῶν κόσμων ἐκλάμψεις
7. 9. ὁ δὲ τοῦ κ. βασ. . . . ἡμᾶς ἀναστήσει
— 23. ὁ τοῦ κ. κτίστης
8. 18. R καὶ τὸν ὅλον κ. . . . καταβαλεῖν [A -λαβεῖν]
12. 15. τὸν μέγαν τοῦ κ. δυνάστην
13. 14. R δοὺς δὲ τὴν ἐπιτροπὴν τῷ κτίστῃ [A κυρίῳ] τοῦ κ.
IV Ma. 5. 25. ὁ τοῦ κ. κτίστης
8. 23. ἐπιστεροῦμεν ἑαυτοὺς τοῦ γλυκέος κ.
16. 18. διὰ τὸν θεὸν τοῦ κ. μετελάβετε
17. 14. ὁ δὲ κ. . . . ἐθεώρει
[Aq. Ez. 24. 23.]
[Sm. Jb. 38. 4: Ez. 7. 20.]
[Th. Ex. 38. 10 (37. 8), 11 (37. 9), 12 (37. 10).]

κοσμοφορεῖν.
IV Ma. 15. 31. S R κοσμοφοροῦσα καρτερῶς [A -οὺς] ὑπήνεγκε [S -έμεινε] τοὺς κλύδωνας

κόσυμβος. (1) שְׁבִיסִים (2) שָׁבַץ pi.
Ex. 28. 35 (39). A οἱ κ. [B -βωτοὶ] τῶν χιτώνων ἐκ βύσσου (2)
Is. 3. 18. ἀφελεῖ . . . τοὺς κ. καὶ τοὺς μηνίσκους (1 ?)

κοσυμβωτός. (1) *a.* שָׁבַץ pi. *b.* תַּשְׁבֵּץ
Ex. 28. 4. χιτῶνα κοσυμβωτόν (1 *b*)
— 35 (39). οἱ κ. [A -βοι] τῶν χιτώνων ἐκ βύσσου (1 *a*)

κοτύλη. (1) בַּת (2) לֹג
Le. 14. 10. καὶ κοτύλην ἐλαίου μίαν (2)
— 12. καὶ τὴν κ. τοῦ ἐλαίου (2)
— 15. ἀπὸ τῆς κ. τοῦ ἐλαίου (2)
— 21. καὶ κοτύλην ἐλαίου μίαν (2)
— 24. καὶ τὴν κ. τοῦ ἐλαίου (2)
Ez. 45. 14. τὸ πρόσταγμα [A τὰ πρ.] τοῦ ἐλαίου κοτύλην ἐλαίου ἀπὸ δέκα [A τῶν δ.] κοτυλῶν ὅτι αἱ δέκα κ. εἰσὶ γομόρ (1 *ter*)

κουρά. (1) גֵּז (2) תְּבוּאָה
De. 18. 4. καὶ τὴν ἀπαρχὴν τῶν κ. τῶν προβάτων σου (1)
Jo. 5. 11 (12). B ἐκαρπίσαντο δὲ τὴν κ. [A R χώραν] (2)
Ne. 3. 15. τῇ κ. τοῦ βασιλέως †
Jb. 31. 20. ἀπὸ δὲ κουρᾶς ἀμνῶν [A ἀρνῶν] μου (1)
[Aq. I Ki. 6. 8: Ps. 71 (72). 6.]
[Sm., Th. Am. 7. 1.]
[Al. Nu. 6. 5.]

κουρεύς. (1) אִישׁ (2) גַּלָּב
Jd. 16. 19. A ἐκάλεσεν τὸν κ. [B ἐκ. ἄνδρα] (1)
Ez. 5. 1. λάβε σεαυτῷ ῥομφαίαν ὀξεῖαν ὑπὲρ ξυρὸν κουρέως (2)

κουφίζειν. (1) *a.* חָשַׂךְ לְמַטָּה מ׳ *b.* חָשַׂךְ ni.
(2) קָלַל hi.
Ex. 18. 22. κουφιοῦσιν [A -φίσουσιν] ἀπὸ σοῦ (2)
I Ki. 6. 5. ὅπως κουφίσῃ [A -ει] τὴν χεῖρα αὐτοῦ (2)
III Ki. 12. 4. κούφισον ἀπὸ τῆς δουλείας τοῦ πατρός σου (2)
— 9. κούφισον ἀπὸ τοῦ κλοιοῦ (2)
— 10. κούφισον ἀφ' ἡμῶν (2)
— 24. B κουφιεῖς σὺ ἐφ' ἡμᾶς –
I Es. 8. 86. ὁ κουφίσας [A ἐκούφ.] τὰς ἁμαρτίας ἡμῶν
II Es. 9. 13. ἐκούφισας ἡμῶν τὰς ἀνομίας (1 *a*)
Es. 5. 1. κουφίζουσα τὴν ἔνδυσιν αὐτῆς
Jb. 21. 30. εἰς ἡμέραν ἀπωλείας κουφίζεται ὁ πονηρός (1 *b*)
Jn. 1. 5. τοῦ κουφισθῆναι ἀπ' αὐτῶν (2)
[Th. Jb. 21. 30.]

κοῦφος. (1) קַל *a.* qal. *b.* ni. *c.* קַל
d. κ. εἶναι קָלַל ni.
I Ki. 18. 23. εἰ [B^1 om.] κοῦφον ἐν ὀφθαλμοῖς ὑμῶν (1 *b*)
II Ki. 1. 23. ὑπὲρ ἀετοὺς κοῦφοι (1 *a*)
2. 18. Ἀσαὴλ κοῦφος τοῖς ποσὶν αὐτοῦ (1 *c*)
IV Ki. 3. 18. A R κούφη [B -ος καὶ] αὐτὴ ἐν ὀφθαλμοῖς κυρίου (1 *b*)
20. 10. κοῦφον τὴν σκιὰν κλῖναι (1 *b*)
I Ch. 12. 8. καὶ κοῦφοι ὡς δορκάδες –
Ec. 9. 11. οὐ τοῖς κ. ὁ δρόμος (1 *c*)
Wi. 5. 11. πληγῇ δὲ ταρσῶν μαστιζόμενον πνεῦμα κοῦφον
Si. 11. 21. κοῦφον ἐν ὀφθαλμοῖς κυρίου . . . πλουτίσαι [A -ῆσαι] πένητα
— 26. κοῦφον ἔναντι [A ἐν ὀφθαλμοῖς] κυρίου ἐν ἡμέρᾳ τελευτῆς
19. 4. ὁ ταχὺ ἐμπιστεύων κοῦφος καρδίᾳ
Is. 18. 2. πορεύσονται γὰρ ἄγγελοι κοῦφοι πρὸς ἔθνος μετέωρον (1 *c*)
19. 1. κύριος κάθηται ἐπὶ νεφέλης κούφης (1 *c*)
30. 16. ἐπὶ κούφοις ἀναβάταις [A S^1 -αι] ἐσόμεθα διὰ τοῦτο κοῦφοι ἔσονται οἱ διώκοντες ὑμᾶς (1 *c*, 1 *d*)
Je. 4. 13. κουφότεροι ἀετῶν οἱ ἵπποι αὐ. (1 *a*)
26 (46). 6. μὴ φευγέτω ὁ κ. (1 *c*)
La. 4. 19. κοῦφοι ἐγένοντο οἱ διώκοντες ἡμᾶς (1 *c*)
[Aq., Sm. Nu. 21. 5: Je. 2. 23.]
[Th. Nu. 21. 5: Pr. 14. 6: Je. 2. 23.]
[Al. Ex. 23. 15.]

κούφως. (1) קַל
Is. 5. 26. ταχὺ κ. ἔρχονται (1)
[Sm. Jb. 39. 34 (40. 4).]

κόφινος. (1) דּוּד (2) סַל
Jd. 6. 19. ἔθηκεν ἐν τῷ κ. [A al.] (2)
Ps. 80 (81). 6. αἱ χεῖρες αὐτοῦ ἐν τῷ κ. ἐδούλευσαν (1)
[Aq. Ge. 40. 16.]
[Sm. Ps. 80 (81). 7: Je. 24. 1.]

κόχλαξ (A κοχλάς ?). (1) צָמֶד
I Ki. 14. 14. ἐν κόχλαξι [A κοχλάσιν] τοῦ πεδίου (1 ?)
I Ma. 10. 73. οὐκ ἔστι λίθος οὐδὲ κόχλαξ

κράββατος.
[Aq. Am. 3. 12.]

κραδαίνειν.
II Ma. 11. 8. πανοπλίαν χρυσῆν κραδαίνων
III Ma. 2. 21. κραδάνας αὐτὸν ὡς κάλαμον ὑπὸ ἀνέμου

κράζειν. (1) זָעַק *a.* qal. *b.* ni. *c.* hi.
(2) נָהַק (3) *a.* צָעַק *b.* צְעָקָה (4) קָרָא
a. qal. *b.* ni. (5) רוּעַ *a.* hi. *b.* hithpal.
c. רֵעַ (6) שְׁאָגָה (7) שָׁוַע pi.
Ge. 41. 55. R ἔκραξε δὲ [A ἐκέκραξεν δὲ πᾶς] ὁ λαὸς (3 *a*)
Ex. 5. 8. διὰ τοῦτο κεκράγασι (3 *a*)
22. 23 (22). κεκράξαντες καταβοήσωσι πρὸς μέ (3 *a*)
32. 17. τῆς φωνῆς [A B^2 τὴν φ.] τοῦ λαοῦ κραζόντων (5 *c*)
Nu. 11. 2. ἐκέκραξεν ὁ λαὸς πρὸς Μωυσῆν (3 *a*)
Jo. 6. 15 (16). εἶπεν Ἰησοῦς . . . Κεκράξατε (5 *a*)
Jd. 1. 14. ἔκραξεν ἀπὸ τοῦ ὑποζυγίου †
3. 9, 15. ἐκέκραξαν οἱ υἱοὶ Ἰσρ. πρὸς κύριον (1 *a*)
4. 3. ἐκέκραξαν οἱ υἱοὶ Ἰσρ. πρὸς κύριον (3 *a*)
6. 7 (6). A ἐκέκραξαν [B ἐβόησαν] οἱ υἱοὶ Ἰ. πρὸς κύριον (1 *a*)
— 8 (7). A ἐπεὶ ἐκέκραξαν οἱ υἱοὶ Ἰ. πρὸς κύριον (1 *a*)
10. 12. A καὶ ἐκεκράξατε [B ἐβοήσατε] πρὸς μέ (3 *a*)
18. 22. A ἔκραζον κατοπίσω Δάν [B al.] (1 *b*)
Jd. 18. 24. τί [A *add.* τοῦτο] κράζεις †
II Ki. 13. 19. ἐπορεύθη πορευομένη καὶ κράζουσα (1 *a*)
19. 4 (5). καὶ ἔκραξεν ὁ βασιλεὺς (1 *a*)
— 28 (29). τοῦ κεκραγέναι με ἔτι πρὸς τὸν βασ. (1 *a*)
To. 2. 13. ἤρξατο κράζειν [A κρανάζειν]
6. 2. S καὶ ἔκραξεν
Ju. 14. 17. ἐξεπήδησεν εἰς τὸν λαὸν κράζων [S λέγων, A καὶ ἐβόησεν]
Es. 4. 17. A R πᾶς Ἰσρ. ἐκέκραξεν [S ἔκρ., B -αν] ἐξ ἰσχύος αὐτῶν
Jb. 6. 5. μὴ διὰ κενῆς κεκράξεται ὄνος ἄγριος (2)
19. 7. κεκράξομαι καὶ οὐδαμοῦ κρίμα (7)
30. 20. κέκραγα δὲ πρὸς σέ (7)
— 28. ἕστηκα δὲ ἐν ἐκκλησίᾳ κεκραγώς (7)
34. 20. τὸ κεκραγέναι καὶ δεῖσθαι ἀνδρός †
35. 9. ἀπὸ πλήθους συκοφαντούμενοι κεκράξονται (1 *c*)
— 12. ἐκεῖ κεκράξονται [A -ξον] (3 *a*)
38. 41. νεοσσοὶ γὰρ αὐ. πρὸς κ. κεκράγασι (7)
Ps. 3. 4. φωνῇ μου πρὸς κύριον ἐκέκραξα (4 *a*)
4. 3. ἐν τῷ κεκραγέναι με πρὸς αὐτόν (4 *a*)
16 (17). 6. ἐγὼ ἐκέκραξα (4 *a*)
17 (18). 6. πρὸς τὸν θεόν μου ἐκέκραξα (7)
— 41. ἐκέκραξαν καὶ οὐκ ἦν ὁ σῴζων (7)
21 (22). 2. κεκράξομαι ἡμέρας πρὸς σέ [S^2 *om.* ἡ. πρὸς σέ] (4 *a*)
— 5. πρὸς σὲ ἐκέκραξαν (1 *a*)
— 24. ἐν τῷ κεκραγέναι με πρὸς αὐτόν (7)
26 (27). 7. ἧς ἐκέκραξα [A ἐκ. πρὸς σέ] (4 *a*)
27 (28). 1. πρὸς σέ, κύριε, ἐκέκραξα [A S κεκράξομαι] (4 *a*)
— 2. A ἧς ἐκέκραξα [B S ἐν τῷ δέεσθαί με] πρὸς σέ (7)
29 (30). 2. κύριε ὁ θεός μου, ἐκέκραξα πρὸς σέ (7)
— 8. πρὸς σέ, κύριε, κεκράξομαι (4 *a*)
30 (31). 22. ἐν τῷ κεκραγέναι με πρὸς σέ (7)
31 (32). 3. ἀπὸ τοῦ κράζειν με ὅλην τὴν ἡμέραν (6)
33 (34). 6. οὗτος ὁ πτωχὸς ἐκέκραξε (4 *a*)
— 17. ἐκέκραξαν οἱ δίκαιοι (3 *a*)
54 (55). 16. ἐγὼ πρὸς τὸν θεὸν ἐκέκραξα (4 *a*)
56 (57). 2. κεκράξομαι πρὸς τὸν θ. τὸν ὕψιστον (4 *a*)
60 (61). 2. ἀπὸ τῶν περάτων τῆς γῆς πρὸς σὲ ἐκέκραξα (4 *a*)
64 (65). 13. κεκράξονται καὶ γὰρ ὑμνήσουσιν (5 *b*)
65 (66). 17. πρὸς αὐτὸν τῷ στόματί μου ἐκέκραξα (4 *a*)
68 (69). 3. ἐκοπίασα κράζων (4 *a*)
76 (77). 1. φωνῇ μου πρὸς κύριον ἐκέκραξα (3 *a*)
85 (86). 3. πρὸς σὲ κεκράξομαι ὅλην τὴν ἡμέραν (4 *a*)
— 7. ἐν ἡμέρᾳ θλίψεώς μου ἐκέκραξα πρὸς σέ (4 *a*)
87 (88). 1. ἡμέρας ἐκέκραξα [A κεκράξομαι] (3 *a*)
— 9. ἐκέκραξα πρὸς σέ, κύριε, ὅλην τὴν ἡμ. (4 *a*)
— 13. κἀγὼ πρὸς σέ, κύριε, ἐκέκραξα (7)
90 (91). 15. A S κεκράξεται πρὸς [B ἐπικαλέσεταί] μέ (4 *a*)
106 (107). 6. ἐκέκραξαν πρὸς κύριον (3 *a*)
— 13, 19. ἐκέκραξαν πρὸς κύριον (1 *a*)
— 28. ἐκέκραξαν πρὸς κύριον (3 *a*)
118 (119). 145. ἐκέκραξα ἐν ὅλῃ καρδίᾳ μου (4 *a*)
— 146. A S^1 ἐκέκραξά σε [S^2 R σοι] (4 *a*)
— 147. προέφθασα ἐν ἀωρίᾳ καὶ ἐκέκραξα (7)
119 (120). 1. πρὸς κύριον . . . ἐκέκραξα (4 *a*)
129 (130). 1. A S^1 ἐκ βαθέων ἐκέκραξά σε [S^2 R σοι] κύριε (4 *a*)
140 (141). 1. κύριε, ἐκέκραξα πρὸς σέ (4 *a*)
— 1. ἐν τῷ κεκραγέναι με [S *om.*] πρὸς σέ (4 *a*)
141 (142). 1. φωνῇ μου πρὸς κύριον ἐκέκραξα (1 *a*)
— 5. πρὸς σέ, κύριε, ἐκέκραξα (1 *a*)
Ho. 8. 2. ἐμὲ κεκράξονται, Ὁ θεός, ἐγνώκαμέν σε (1 *a*)
Mi. 3. 4. οὕτως κεκράξονται πρὸς κύριον (1 *a*)
Jl. 1. 14. κεκράξατε πρὸς κύριον ἐκτενῶς (1 *a*)
Hb. 1. 1. ἕως τίνος, κύριε, κεκράξομαι [B^1 S^2 κρ.] (7)
Za. 7. 13. οὕτως κεκράξονται (4 *a*)
Is. 6. 3. ἐκέκραγεν [A S -γον] ἕτερος πρὸς τὸν ἕτερον (4 *a*)
— 4. ἀπὸ τῆς φωνῆς ἧς ἐκέκραγεν (4 *a*)
14. 31. κεκραγέτωσαν πόλεις τεταραγμέναι (1 *a*)
15. 4. κέκραγεν Ἐσεβών (1 *a*)
19. 20. κεκράξονται πρὸς κύριον [S^1 *om.* πρ. κ.] (3 *a*)
26. 17. ἐπὶ τῇ ὠδῖνι αὐτῆς ἐκέκραξεν (1 *a*)
31. 4. κεκράξῃ ἐπ' αὐτῇ [S -ήν] (4 *b*)
42. 2. οὐ κεκράξεται [A κρ.] οὐδὲ ἀνήσει (3 *a*)

Is. 65. 14. κεκράξεσθε διὰ τὸν πόνον (3 a)
— 24. πρὶν ἢ κεκράξαι αὐτούς (4 a)
Je. 4. 5. A R κεκράξατε [B S -ετε] μέγα (4 a)
11. 11. κεκράξονται πρὸς μέ (1 a)
— 12. κεκράξονται πρὸς τοὺς θεούς (1 a)
22. 20. ἀνάβηθι εἰς τὸν Λίβανον καὶ κράξον [A S κέκρ.] (3 a)
29 (47). 2. κεκράξονται [S¹ κρ.] οἱ ἄνθρωποι (1 a)
30 (49). 3. κεκράξατε [S κρ.], θυγατέρες Ῥ. (3 a)
31 (48). 2. φωνὴ κεκραγότων ἐξ Ὡρωναΐμ (3 b)
— 20. ὀλόλυξον καὶ κέκραξον [S¹ κρ.] (1 a)
32 (25). 34. ἀλαλάξατε, ποιμένες, καὶ κεκράξατε [A S -ετε] (1 a)
40 (33). 3. κέκραξον πρὸς μέ (4 a)
Ba. 3. 1. πνεῦμα ἀκηδιῶν κέκραγε [A ἐκέκραξε] πρὸς σέ
4. 20. κεκράξομαι πρὸς τὸν αἰώνιον [A add. ὕψιστον]
La. 3. 8. κεκράξομαι καὶ βοήσω (1 a)
Ez. 27. 30. κεκράξονται πικρόν [A -ρῶς] (1 a)
I Ma. 9. 46. νῦν οὖν κεκράξατε εἰς οὐρανόν
11. 49. ἐκέκραξαν [S¹ ἐκράτησαν] πρὸς τὸν βασ.
III Ma. 5. 23. R ἄρτι δὲ ἀλεκτρυὼν ἐκεκράγει [A -εν]
[**Sm.** Is. 33. 7.]
[**Th.** Jd. 10. 10: Jb. 35. 12: Ps. 3. 5: 54 (55). 17: 129 (130). 1: Pr. 8. 1.]
[**Al.** Ez. 8. 18.]
[**Quint.** Ps. 26 (27). 7: 27 (28). 2: 60 (61). 3: 129 (130). 1.]
[**Sext.** Ps. 27 (28). 2: 129 (130). 1.]

κραιπαλᾶν. (1) רָנַן hithpo. (2) a. שָׁכַר b. שִׁכּוֹר

Ps. 77 (78). 65. ὡς δυνατὸς κεκραιπαληκὼς ἐξ οἴνου (1)
Is. 24. 20. ἔκλινεν ὡς ὁ μεθύων καὶ κραιπαλῶν [S ὁ κρ.] (2 b)
29. 9. κραιπαλήσατε οὐκ ἀπὸ σίκερα (2 a)
[**Aq.** Ps 77 (78). 65.]

κρᾶμα. (1) מֶזֶג

Ca. 7. 2 (3). μὴ ὑστερούμενος κρᾶμα [A S κράματος] (1)
[**Aq.** Ez. 22. 18, 19.]

κρανίον. (1) גֻּלְגֹּלֶת

Jd. 9. 53. ἔκλασε [A συνέθλασεν] τὸ κρ. αὐτοῦ (1)
IV Ki. 9. 35. οὐχ εὗρον . . . ἄλλο τι ἢ τὸ κρ. (1)

κράσπεδον. (1) כָּנָף (2) צִיצִת

Nu. 15. 38. ποιησάτωσαν ἑαυτοῖς κράσπεδα (2)
— 38. ἐπιθήσετε ἐπὶ τὰ κρ. . . . κλῶσμα ὑακίνθινον (2)
— 39. ἔσται ὑμῖν ἐν τοῖς κρ. (2)
De. 22. 12. στρεπτὰ ποιήσεις . . . ἐπὶ τῶν τεσσάρων κρ. (1)
Za. 8. 23. καὶ ἐπιλάβωνται τοῦ κρ. ἀνδρὸς Ἰουδ. (1)
[**Aq.** Ez. 8. 3.]
[**Sm.** I Ki. 15. 27: Ez. 5. 3.]
[**Th.** I Ki. 24. 5: Ez. 8. 3.]

κραταιός. (1) אַדִּיר (2) אַמִּיץ (3) גִּבּוֹר (4) a. חָזָק b. חָזָק c. חֹזֶק (5) יָרֵא ni. (6) מָגֵן (7) a. עַז b. עֹז c. עִזּוּז (8) a. עָצַם b. עָצוּם c. עֹצֶם (9) עָרִיץ (10) תְּקֹף

Ex. 3. 19. οὐ προήσεται . . . ἐὰν μὴ μετὰ χειρὸς κρ. (4 b)
6. 1. ἐν γὰρ χειρὶ κρ. ἐξαποστελεῖ αὐτούς (4 b)
13. 3. ἐν γὰρ χειρὶ κρ. ἐξήγαγεν (4 c)
— 9. ἐν γὰρ χειρὶ κρ. ἐξήγαγέ σε κ. (4 b)
— 14. ἐν χειρὶ κρ. ἐξήγαγε κ. ἡμᾶς (4 b)
— 16. ἐν γὰρ χειρὶ κρ. ἐξήγαγέ σε κ. (4 c)
De. 3. 24. καὶ τὴν χεῖρα τὴν κρ. (4 b)
4. 34. καὶ ἐν χειρὶ κρ. (4 b)
5. 15. ἐξήγαγέ σε . . . ἐν χειρὶ κρ. (4 b)
6. 21. ἐξήγαγεν ἡμᾶς . . . ἐν χειρὶ κρ. (4 b)
7. 8. ἐξήγαγεν . . . ἐν χειρὶ κρ. (4 b)
— 19. τὴν χεῖρα τὴν κρ. καὶ τὸν βραχίονα τὸν ὑψηλόν (4 b)
— 21. θεὸς μέγας καὶ κρ. (5)
9. 26. καὶ ἐν τῇ χειρί σου τῇ κρ. (4 b)
— 29. B καὶ ἐν τῇ χειρί σου τῇ κρ. -
De. 11. 2. καὶ τὴν χεῖρα τὴν κρ. (4 b)
26. 8. καὶ ἐν χειρὶ κρ. (4 b)
29. 3 (2). A B² τὴν χεῖρα τὴν κρ. καὶ τὸν βραχίονα τὸν ὑψηλόν -
34. 12. καὶ [A add. πᾶσαν] τὴν χεῖρα τὴν κρ. (4 b)
Jo. 24. 4. εἰς ἔθνος μέγα καὶ πολὺ καὶ κρ. -
Jd. 5. 13. κατέβη αὐτῷ ἐν τοῖς κρ. [A al.] (3)
I Ki. 14. 51 (52). ἦν ὁ πόλεμος κρ. ἐπὶ τοὺς ἀλλοφύλους (4 b)
II Ki. 11. 15. ἐξ ἐναντίας τοῦ πολέμου τοῦ κρ. (4 b)
22. 31. τὸ ῥῆμα κυρίου κραταιὸν [A om.] πεπυρωμένον -
III Ki. 12. 24. B ἠρρώστησε . . . ἀρρωστίᾳ κρ. σφόδρα -
17. 17. ἦν [A om.] ἡ ἀρρωστία αὐτοῦ κρ. (4 b)
18. 2. ἡ [A ἦν] λιμὸς κραταιὰ [A -ὸς] ἐν Σαμ. (4 b)
19. 11. πνεῦμα μέγα κρ. διαλύον ὄρη (4 b)
II Ch. 6. 32. διὰ . . . τὴν χεῖρά σου τὴν κρ. (4 b)
I Es. 2. 17. A καὶ κραταιοὶ [B om., R κριταὶ] οἱ ἐν κοίλῃ Συρίᾳ
8. 47. A R κατὰ τὴν κρ. χεῖρα τοῦ κυρίου ἡμῶν
— 61. κατὰ τὴν κρ. χεῖρα τοῦ κυρίου ἡμῶν
II Es. 6. 4. A R καὶ δόμοι λίθινοι κρ. [B om.] †
Ne. 1. 10. καὶ ἐν τῇ χειρί σου τῇ κρ. (4 b)
9. 32. ὁ μέγας ὁ κρ. καὶ ὁ φοβερός (3)
Jb. 9. 4. σοφὸς γάρ ἐστι διανοίᾳ κρ. τε καὶ μέγας (2)
26. 2. ᾧ [A ὁ] βραχίων κραταιός ἐστι (7 b)
30. 21. χειρὶ κραταιᾷ με ἐμαστίγωσας (8 c)
Ps. 23 (24). 8. κύριος κραταιὸς καὶ δυνατός (7 c)
46 (47). 9. τοῦ θεοῦ οἱ κρ. τῆς γῆς σφόδρα ἐπήρθησαν (6)
53 (54). 3. κραταιοὶ ἐζήτησαν τὴν ψυχήν μου (9)
58 (59). 3. ἐπέθεντο ἐπ' ἐμὲ κραταιοί (7 a)
70 (71). 7. καὶ σὺ βοηθὸς κραταιός (7 b)
85 (86). 14. συναγωγὴ κραταιῶν [S¹ κραταιοί] (9)
134 (135). 10. ἀπέκτεινε βασιλεῖς κραταιούς (8 b)
135 (136). 12. ἐν χειρὶ κραταιᾷ καὶ ἐν βραχίονι ὑψηλῷ (4 b)
— 18. καὶ ἀποκτείναντι βασιλεῖς κραταιούς (1)
140 (141). 6. κατεπόθησαν ἐχόμενα πέτρας οἱ κρ. [S² κριταὶ] αὐτῶν †
Pr. 23. 11. ὁ γὰρ λυτρούμενος αὐτοὺς κύριος κραταιός ἐστι (4 b)
Ca. 8. 6. κραταιὰ ὡς θάνατος ἀγάπη (7 a)
Wi. 6. 8. τοῖς δὲ κρ. ἰσχυρὰ ἐφίσταται ἔρευνα
Si. 6. 14. φίλος πιστὸς σκέπη κραταιά
46. 1. κραταιὸς ἐν πολέμοις [A S -ῳ] Ἰησοῦς
— 6. ἐν [A S om.] λίθοις χαλάζης δυνάμεως κρ.
Am. 2. 14. ὁ κρ. οὐ μὴ κρατήσῃ τῆς ἰσχύος αὐτοῦ [A¹ al.] (4 b)
— 16. ὁ κρ. οὐ μὴ [A om. ὁ κρ. οὐ μὴ] εὑρήσει τὴν καρδίαν (2)
Hb. 3. 4. ἔθετο ἀγάπησιν κραταιὰν ἰσχύος αὐτοῦ (7 b)
Je. 21. 5. πολεμήσω ἐγὼ ὑμᾶς . . . ἐν βραχίονι [S add. ὑψηλῷ] κραταιῷ (4 b)
39 (32). 21. ἐξήγαγες τὸν λαόν σου . . . ἐν χειρὶ κραταιᾷ (4 b)
Ba. 2. 11. ἐξήγαγες τὸν λαόν σου ἐκ γῆς Αἰγύπτου ἐν χειρὶ κραταιᾷ
Ez. 3. 9. ἔσται διὰ παντὸς κραταιότερον πέτρας (4 b)
— 14. χεὶρ κυρίου ἐγένετο ἐπ' ἐμὲ κραταιά (4 a)
20. 33. ἐν χειρὶ κραταιᾷ . . . βασιλεύσω ἐφ' ὑμᾶς (4 b)
— 34. ἐν χειρὶ κραταιᾷ καὶ ἐν βραχίονι ὑψηλῷ (4 b)
Da. TH. 2. 37. βασιλείαν ἰσχυρὰν καὶ κρ. (10)
8. 24. καὶ κραταιὰ ἡ ἰσχὺς αὐτοῦ (8 a)
9. 15. ὃς ἐξήγαγες τὸν λαόν σου . . . ἐν χειρὶ κρ. (4 b)
I Ma. 5. 6. εὗρε χεῖρα κρ.
[**Aq.** Ez. 30. 22.]
[**Sm.** Jd. 6. 26: Jb. 9. 19: Ps. 44 (45). 13: Is. 30. 29: 33. 21 *bis*: 34. 7: Hb. 1. 12.]
[**Th.** Jb. 9. 19: Ps. 27 (28). 8.]
[**Al.** Pr. 24. 5.]

κραταιότης. (1) נַאֲוָה

Ps. 45 (46). 3. ἐταράχθησαν [A -θη] τὰ ὄρη ἐν τῇ κρ. αὐ. (1)

κραταιοῦν. (1) אָמֵץ a. qal. b. pi. c. hi. d. hithp. e. מַאֲמַצִּים (2) גָּבַר (3) חָזַק a. qal. b. pi. c. hi. d. hithp. e. חָזֵק (4) חָפַשׂ hithp. (5) כָּבַשׁ ni. (6) מָשַׁל (7) a. עָזַז b. עֹז c. מָעוֹז (8) עָצַם a. qal. b. hi. (9) פָּרַר po. (10) שָׂגַב a. ni. b. hi. (11) תָּקַן hoph. (12) תָּקֵף

Jo. 18. 1. A ἡ γῆ ἐκραταιώθη [B ἐκρατήθη] ὑπ' αὐτῶν (5)
Jd. 3. 10. B ἐκραταιώθη χεὶρ αὐτοῦ (7 a)
Ru. 1. 18. κραταιοῦται αὐτὴ τοῦ πορεύεσθαι (1 d)
I Ki. 4. 9. κραταιοῦσθε καὶ γίνεσθε εἰς ἄνδρας (3 d)
17. 50. A ἐκραταίωσεν Δ. ὑπὲρ τὸν ἀλλόφυλον (3 a)
23. 16. ἐκραταίωσε τὰς χεῖρας αὐτοῦ (3 b)
30. 6. ἐκραταιώθη Δαυὶδ ἐν κυρίῳ θεῷ αὐτοῦ (3 d)
II Ki. 1. 23. ὑπὲρ λέοντας ἐκραταιώθησαν (2)
2. 7. A R κραταιούσθωσαν αἱ χεῖρες ὑμῶν (3 a)
3. 1. ὁ οἶκος Δαυὶδ . . . ἐκραταιοῦτο (3 e)
10. 11. ἐὰν κραταιωθῇ Συρία ὑπὲρ ἐμέ (3 a)
— 11. ἐὰν κραταιωθῶσιν υἱοὶ Ἀ. ὑπὲρ σέ (3 a)
— 12. κραταιωθῶμεν ὑπὲρ τοῦ λαοῦ ἡμῶν (3 d)
11. 23. ἐκραταίωσαν ἐφ' ἡμᾶς οἱ ἄνδρες (2)
— 25. κραταίωσον τὸν πόλεμον (3 c)
— 25. καὶ κραταίωσον αὐτόν (3 b)
13. 14. ἐκραταίωσεν [A -ώθη] ὑπὲρ αὐτήν (3 a)
22. 18. ἐκραταιώθησαν ὑπὲρ ἐμέ (1 a)
— 33. ὁ ἰσχυρὸς ὁ κραταιῶν με δυνάμει [A -ιν] (7 c)
23. 3. πῶς κραταιώσητε φόβον χριστοῦ [A al.] (6)
III Ki. 21 (20). 22. κραταιοῦ καὶ γνῶθι (3 d)
— 23. ἐκραταίωσεν [B² -τησεν] ὑπὲρ ἡμᾶς (3 a)
— 23. εἰ μὴ κραταιώσομεν ὑπὲρ αὐτούς (3 a)
— 25. κραταιώσομεν ὑπὲρ αὐτούς (3 a)
IV Ki. 3. 26. ἐκραταίωσεν ὑπὲρ αὐτὸν ὁ πόλεμος (3 a)
12. 6 (7). οὐκ ἐκραταίωσαν οἱ ἱερεῖς τὸ βεδέκ (3 b)
— 7 (8). τί ὅτι οὐκ ἐκραταιοῦτε τὸ βεδὲκ τοῦ οἴκου (3 b)
— 12 (13). ὅσα ἐξωδιάσθη ἐπὶ τὸν οἶκον τοῦ κραταιῶσαι (3 a)
— 14 (15). ἐκραταίωσαν ἐν [A om.] αὐτῷ τὸν οἶκον κ. (3 b)
22. 6. τοῦ κραταιῶσαι τὸ βεδὲκ τοῦ οἴκου (3 b)
I Ch. 21. 4. A τὸ δὲ ῥῆμα τοῦ βασ. ἐκραταιώθη ἐπὶ τῷ [R ἴσχυσεν ἐ.] Ἰ. (3 a)
II Ch. 21. 4. καὶ ἐκραταιώθη (3 d)
23. 1. ἐκραταίωσεν Ἰωδαέ (3 d)
34. 8. κραταιῶσαι τὸν οἶκον κυρίου (3 b)
35. 22. πολεμεῖν αὐτὸν ἐκραταιώθη (4 ?)
II Es. 6. 22. κραταιῶσαι τὰς χεῖρας αὐτῶν (3 b)
7. 28. καὶ ἐγὼ ἐκραταιώθην (3 d)
10. 4. κραταιοῦ καὶ ποίησον (3 a)
Ne. 2. 18. ἐκραταιώθησαν αἱ χεῖρες αὐτῶν (3 b)
6. 9. ἐκραταίωσα τὰς χεῖράς μου (3 b)
Ju. 1. 13. ἐκραταιώθη ἐν τῷ πολέμῳ αὐτοῦ
13. 7. κραταίωσόν με, ὁ θεὸς Ἰσρ.
Jb. 36. 19. πάντας τοὺς κραταιοῦντας [S¹ -τοῦντας] ἰσχύν (1 e)
— 22. ὁ ἰσχυρὸς κραταιώσει [S -ῶς] ἐν [A σε ἐν] ἰσχύϊ αὐτοῦ (10 b)
Ps. 9. 19. μὴ κραταιούσθω ἄνθρωπος (7 a)
26 (27). 14. κραταιούσθω ἡ καρδία σου [A μου] (1 c)
30 (31). 24. κραταιούσθω ἡ καρδία ὑμῶν (1 c)
37 (38). 19. οἱ δὲ ἐχθροί μου . . . κεκραταίωνται ὑπὲρ ἐμέ (8 a)
63 (64). 5. ἐκραταίωσαν ἑαυτοῖς λόγον πονηρόν (3 b)
68 (69). 4. ἐκραταιώθησαν οἱ ἐχθροί μου (8 a)
73 (74). 13. σὺ ἐκραταίωσας . . . τὴν θάλασσαν (9)
79 (80). 15, 17. ὃν ἐκραταίωσας σεαυτῷ (1 b)
88 (89). 13. κραταιωθήτω ἡ χείρ σου (7 a)
102 (103). 11. ἐκραταίωσε κύριος τὸ ἔλεος αὐτοῦ (2)
104 (105). 4. ζητήσατε τὸν κ. καὶ κραταιώθητε (7 b)
— 24. ἐκραταίωσεν αὐτὸν ὑπὲρ τοὺς ἐχθροὺς αὐτοῦ (8 b)
116 (117). 2. ἐκραταιώθη τὸ ἔλεος αὐτοῦ ἐφ' ἡμᾶς (2)
138 (139). 6. ἐκραταιώθη οὐ μὴ δύνωμαι πρὸς αὐτήν (10 a)
— 17. λίαν ἐκραταιώθησαν αἱ ἀρχαὶ αὐτῶν (8 a)
141 (142). 6. ἐκραταιώθησαν ὑπὲρ ἐμέ (1 a)
La. 1. 16. ἐκραταιώθη ὁ ἐχθρός (2)
Da. TH. 4. 33. ἐπὶ τὴν βασιλείαν μου ἐκραταιώθην (11)
5. 20. τὸ πνεῦμα αὐτοῦ ἐκραταιώθη (12)
I Ma. 1. 62. S R πολλοὶ ἐν Ἰσρ. ἐκραταιώθησαν [A ἐκρεμάσθησαν]
[**Aq.** Le. 16. 8: Dt. 3. 28: I Ki. 17. 50: Ps. 26 (27). 14: 51 (52). 9: 138 (139). 17: Is. 19. 4: Je. 15. 8: 17. 16.]

[**Sm.** I Ki. 17. 50: II Ki. 3. 6: Pr. 31. 17: Is. 29. 23.]
[**Th.** I Ki. 17. 50: IV Ki. 12. 5 (6): Ps. 138 (139). 17: Pr. 21. 29: Is. 22. 21: 29. 23: 35. 3.]
[**Quint.** IV Ki. 12. 5 (6): Ps. 64 (65). 4.]

κραταίωμα. (1) סוֹד (2) סֶלַע (3) *a.* עֹז *b.* מָעוֹז (4) מִשְׂגָּב

I Ki. 2. 32. **A** ἐπιβλέψῃ κραταίωμά μου ὧν [? μονῶν] ἐν πᾶσιν †
Ps. 24 (25). 14. κραταίωμα κύριος τῶν φοβουμένων αὐτόν (1)
27 (28). 8. κύριος κραταίωμα τοῦ λαοῦ αὐτοῦ (3 *a*)
30 (31). 3. κραταίωμα [**A S** -ωσίς] μου [**S** *om.*] . . . εἶ σύ (2)
42 (43). 2. σὺ εἶ [**A S**^{2} *om.*] ὁ θεὸς [**S** θ. μου] κραταίωμά μου (3 *b*)
Je. 31 (48). 1. **A S** ᾐσχύνθη ἀμὰθ τὸ κρ. [**B** *om.* τὸ κρ.] (4)
[**Aq.** Jd. 6. 26: Ps. 26 (27). 1: 30 (31). 3, 5: Pr. 10. 29: Da. 11. 38.]
[**Sm.** Pr. 10. 29: Is. 8. 13.]
[**Th.** I Ki. 2. 31: Ps. 30 (31). 3: Pr. 10. 29: Is. 41. 21.]
[**Quint.** Ps. 26 (27). 1.]
[**Sext.** Ps. 24 (25). 14.]

κραταιῶς. (1) בְּחָזְקָה (2) שָׂגַב hi.

Jd. 8. 1. **A** ἐκρίνοντο μετ' αὐτοῦ κρ. [**B** *al.*] (1)
I Ki. 2. 16. λήψομαι κρ. (1)
Jb. 36. 22. **S** ὁ ἰσχυρὸς κρ. [**A B** -ώσει] ἐν [**A** σε ἐν] ἰσχύϊ αὐτοῦ (2)
Pr. 22. 3. πονηρὸν τιμωρούμενον κρ. -

κραταίωσις. (1) מָעוֹז (2) סֶלַע (3) תַּעֲצֻמוֹת

Ju. 7. 22. οὐκ ἦν κραταίωσις ἔτι ἐν αὐτοῖς
Ps. 30 (31). 3. **A S** κραταίωσίς [**B** -ωμά] μου [**S** *om.*] . . . εἶ σύ (2)
59 (60). 7. Ἐ. κραταίωσις τῆς κεφαλῆς μου (1)
67 (68). 35. δώσει . . . κραταίωσιν τῷ λαῷ (3)
[**Aq.** Is. 42. 25.]
[**Sm.** Ps. 138 (139). 15.]

κρατειλός (?).

[**Sext.** Ps. 28 (29). 1.]

κρατεῖν. (1) אָהַב (2) אָחַז *a.* qal. *b.* pi. (3) אֲחִידָה (4) *a.* אָמַץ pi. *b.* אַמִּיץ *c.* מַאֲמַצִּים (5) בּוֹא (6) חָזַק *a.* qal. *b.* pi. *c.* hi. *d.* hithp. *e.* חֶזְקָה (7) כָּבַשׁ ni. (8) כָּתַר hi. (9) לָכַד (10) מָלַךְ (11) מָשַׁל (12) עֲבֹדָה (13) עָנַק (14) עָצַר (15) קוּם hi. (16) שָׁפַט (17) תָּפַשׂ (18) תָּקַן hoph.

Ge. 19. 16. ἐκράτησαν οἱ ἄγγ. τῆς χειρὸς αὐ. (6 *c*)
21. 18. κράτησον τῇ χειρί σου αὐτό (6 *c*)
De. 2. 34: 3. 4. ἐκρατήσαμεν πασῶν τῶν πόλεων αὐτοῦ (9)
Jo. 18. 1. ἡ γῆ ἐκρατήθη [**A** ἐκραταιώθη] ὑπ' αὐτῶν (7)
Jd. 7. 8. **A** τῶν δὲ τριακοσίων ἀνδρῶν ἐκράτησεν [**B** *al.*] (6 *c*)
— 20. ἐκράτησαν . . . τὰς λαμπάδας [**A** *al.*] (6 *c*)
8. 12. ἐκράτησε τοὺς δύο βασιλεῖς Μ. (9)
16. 21. ἐκράτησαν αὐτὸν [**A** ἐπελάβοντο αὐτοῦ] οἱ ἀλλόφυλοι (2 *a*)
— 26. τὸν νεανίαν τὸν κρατοῦντα τὴν χεῖρα αὐτοῦ [**A** *al.*] (6 *c*)
— 29. ἐκράτησεν ἕνα τῇ δεξιᾷ αὐτοῦ [**A** *al.*] -
19. 29. ἐκράτησε τὴν παλλακὴν αὐτοῦ [**A** *al.*] (6 *c*)
20. 6. ἐκράτησα τὴν παλλακήν μου [**A** *al.*] (2 *a*)
Ru. 3. 15. καὶ ἐκράτησεν αὐτό (2 *a*)
I Ki. 15. 27. ἐκράτησε Σαοὺλ τοῦ πτερυγίου (6 *c*)
17. 35. ἐκράτησα τοῦ [**A** τῆς] φάρυγγος αὐτοῦ (6 *c*)
II Ki. 1. 11. ἐκράτησε Δ. τῶν ἱματίων [**A** τὰ ἱ.] αὐτοῦ (6 *c*)
2. 16. ἐκράτησαν ἕκαστος . . . τὴν κεφαλὴν τοῦ πλησίον αὐτοῦ (6 *c*)
3. 6. **A**^{2}**B** Ἀβ. ἦν κρατῶν τοῦ οἴκου Σαούλ (6 *d*)
— 29. μὴ ἐκλίποι . . . κρατῶν σκυτάλης [**A** -η] (6 *c*)
6. 6. καὶ ἐκράτησεν αὐτήν (2 *a*)
20. 9. ἐκράτησεν ἡ χεὶρ ἡ δεξιὰ . . . τοῦ πώγωνος Ἀμ. (2 *a*)
III Ki. 21 (20). 23. **B**^{2} ἐκράτησεν [**A B**^{1} -ταίωσεν] ὑπὲρ ἡμᾶς (6 *a*)
IV Ki. 4. 8. ἐκράτησεν αὐτὸν φαγεῖν ἄρτον (6 *c*)
11. 12. **AB** ἐκράτησεν [**R** ἐκρότησαν] τῇ χειρί †
12. 5 (6). κρατήσουσι [**A** -σωσιν] τὸ βεδὲκ τοῦ οἴκου (6 *b*)
I Ch. 19. 12. ἐὰν κρατήσῃ [**A** -σει] ὑπὲρ ἐμὲ Σύρος (6 *a*)
— 12. ἐὰν οἱ υἱοὶ Ἀ. κρατήσωσι ὑπὲρ σέ (6 *a*)
II Ch. 25. 5. κρατοῦντας δόρυ καὶ θυρεόν (2 *a*)
I Es. 4. 38. καὶ κρατεῖ εἰς τὸν αἰῶνα τοῦ αἰῶνος
— 50. **A R** πᾶσαν τὴν χώραν ἣν κρατοῦσιν [**B** -ήσουσιν]
Ne. 3. 6. τὴν πύλην . . . ἐκράτησαν (6 *c*)
— 7. **R** ἐπὶ χεῖρα αὐτῶν ἐκράτησαν (6 *c*)
— 8. **A S R** ἐπὶ χεῖρα αὐ. ἐκράτησεν [**B** -αν] (6 *c*)
— 9, 10. ἐπὶ χεῖρα αὐ. ἐκράτησε (6 *c*)
— 10. ἐπὶ χεῖρα [**S**^{1} -ας] αὐ. ἐκράτησεν (6 *c*)
— 11. καὶ δεύτερος ἐκράτησε Μ. (6 *c*)
— 12. ἐπὶ χεῖρα αὐτοῦ ἐκράτησε (6 *c*)
— 13. τὴν πύλην τῆς φάραγγος ἐκράτησαν (6 *c*)
— 14. τὴν πύλην τῆς κοπρίας ἐκράτησε (6 *c*)
— 16. ὀπίσω αὐτοῦ ἐκράτησε Νεεμ. (6 *c*)
— 17. ὀπίσω αὐτοῦ ἐκράτησαν οἱ Λευῖται (6 *c*)
— 17. ἐπὶ χεῖρα αὐτοῦ ἐκράτησεν (6 *c*)
— 18. μετ' αὐτὸν ἐκράτησαν ἀδελφοὶ αὐτῶν (6 *c*)
— 19. ἐκράτησεν ἐπὶ χεῖρα αὐτοῦ (6 *b*)
— 20. μετ' αὐτὸν ἐκράτησε Βαρούχ (6 *c*)
— 21. μετ' αὐτὸν ἐκράτησε Μεραμώθ (6 *c*)
— 22. μετ' αὐτὸν ἐκράτησαν οἱ ἱερεῖς (6 *c*)
— 23. μετ' αὐτὸν ἐκράτησε Βεν. (6 *c*)
— 23. μετ' αὐτὸν ἐκράτησεν Ἀζ. (6 *c*)
— 24. μετ' αὐτὸν ἐκράτησε Βανί (6 *c*)
— 27. μετ' αὐτὸν ἐκράτησαν οἱ Θ. (6 *c*)
— 28. ἐκράτησαν οἱ ἱερεῖς (6 *c*)
— 29. μετ' αὐτὸν ἐκράτησε [**B**^{1} *om.*] Σαδδούκ (6 *c*)
— 29. μετ' αὐτὸν ἐκράτησε Σαμαία (6 *c*)
— 30. μετ' αὐτὸν ἐκράτησεν Ἀνανία (6 *c*)
— 30. μετ' αὐτὸν ἐκράτησε Μεσ. (6 *c*)
— 31. μετ' αὐτὸν ἐκράτησε Μελ. (6 *c*)
— 32. ἐκράτησαν οἱ χαλκεῖς (6 *c*)
4. 17 (11). ἐν μιᾷ ἐκράτει τὴν βολίδα (6 *c*)
— 21 (15). κρατοῦντες [**S** οἱ κρ.] τὰς λόγχας (6 *c*)
5. 16. ἐν ἔργῳ τοῦ τείχους τούτων οὐκ ἐκράτησα (6 *c*)
To. 6. 3. ἐκράτησε τὸν ἰχθὺν [**S** τοῦ ἰ.] τὸ παιδάριον
Ju. 1. 14. ἐκράτησε τῶν πύργων
5. 18. αἱ πόλεις αὐτῶν ἐκρατήθησαν
15. 7. ἐκράτησαν πολλῶν λαφύρων
Es. 1. 1. ἑκατὸν εἴκοσι ἑπτὰ χωρῶν ἐκράτησεν (10)
4. 17. βασιλεῦ πάντων κρατῶν [**S**^{2} παντοκράτωρ]
Jb. 9. 19. **AS** ὅτι μὲν γὰρ ἰσχύϊ κρατεῖ [**B** ἰσχύει κράτει ?] (4 *b*)
26. 9. **ABS**^{2} ὁ κρατῶν πρόσωπον θρόνου (2 *b*)
36. 19. **S**^{1} πάντας τοὺς κρατοῦντας [**A B S**^{2} -ταιοῦντας] ἰσχύν (4 *c*)
Ps. 55 (56). *tit.* ὁπότε ἐκράτησαν αὐτὸν οἱ ἀλλόφυλοι ἐν Γέθ (2 *a*)
72 (73). 6. ἐκράτησεν αὐτοὺς ἡ ὑπερηφανία (13)
— 23. ἐκράτησας τῆς χειρὸς τῆς δεξιᾶς μου (2 *a*)
136 (137). 9. μακάριος ὃς κρατήσει (2 *a*)
Pr. 8. 16. τύραννοι δι' ἐμοῦ κρατοῦσι γῆς (16 ?)
12. 24. χεὶρ ἐκλεκτῶν κρατήσει εὐχερῶς [**A** ἐχθρῶν] (11)
14. 18. οἱ δὲ πανοῦργοι κρατήσουσιν αἰσθήσεως (8)
16. 32. ὁ δὲ κρατῶν ὀργῆς (11)
17. 2. κρατήσει δεσποτῶν [**S**^{1} -ην] ἀφρόνων (11)
18. 21. οἱ δὲ κρατοῦντες αὐτῆς ἔδονται (1)
24. 27 (30. 4). **B S** τίς ἐκράτησε τῶν [**A R** πάντων τῶν] ἄκρων τῆς γῆς (15)
26. 17. ὥσπερ ὁ κρατῶν κέρκου κυνός (6 *c*)
28. 22. οὐκ οἶδεν ὅτι ἐλεήμων κρατήσει αὐτοῦ (5)
Ec. 2. 3. τοῦ κρατῆσαι [**S**^{2} κρατεῖν] ἐπ' εὐφροσύνῃ (2 *a*)
9. 12. **S**^{2} οὕτως κρατηθήσονται -
Ca. 3. 4. ἐκράτησα αὐτόν (2 *a*)
7. 8 (9). κρατήσω τῶν ὑψέων αὐτοῦ (2 *a*)
Wi. 3. 8. κρατήσουσι λαῶν
6. 2. ἐνωτίσασθε, οἱ κρατοῦντες πλήθους
10. 2. ἔδωκέ τε αὐτῷ ἰσχὺν κρατῆσαι ἁπάντων [**S**^{2} ἀπὸ πάντων]
14. 19. ὁ μὲν γὰρ τάχα κρατοῦντι βουλόμενος ἀρέσαι
Si. 1. 19. δόξαν κρατούντων αὐτῆς [**S** -ην] ἀνύψωσε
4. 13. ὁ κρατῶν αὐτῆς κληρονομήσει δόξαν
10. 13. ὁ κρατῶν αὐτῆς ἐξομβρήσει βδέλυγμα
21. 14. πᾶσαν γνῶσιν οὐ κρατήσει
25. 11. ὁ κρατῶν αὐτοῦ τίνι ὁμοιωθήσεται
Si. 26. 7. ὁ κρατῶν αὐτῆς ὡς ὁ δρασσόμενος σκορπίου
27. 3. ἐὰν μὴ ἐν φόβῳ κυρίου κρατήσῃ κατὰ σπουδήν
28. 22. οὐ μὴ κρατήσῃ [**S** -σει] εὐσεβῶν
38. 25. τί σοφισθήσεται [**A** τίς ὀφθήσεται] ὁ κρατῶν ἀρότρου
Am. 2. 14. **A**^{2}**B** οὐ μὴ κρατήσῃ τῆς ἰσχύος αὐτοῦ (4 *a*)
Na. 2. 1 (2). σκόπευσον ὁδὸν κράτησον ὀσφύος (6 *b*)
Hb. 1. 10. βαλεῖ χῶμα καὶ κρατήσει αὐτοῦ (9)
Is. 32. 17. κρατήσει ἡ δικαιοσύνη ἀνάπαυσιν (12 ?)
41. 13. ἐγὼ ὁ θεὸς ὁ κρατῶν τῆς δεξιᾶς σου (6 *c*)
42. 6. κρατήσω τῆς χειρός σου (6 *c*)
45. 1. οὗ [**S**^{1} οὐκ] ἐκράτησα [**A** -ας] τῆς δεξιᾶς (6 *c*)
Je. 6. 23. τόξον καὶ ζιβύνην κρατήσουσιν (6 *c*)
20. 7. ἐκράτησας καὶ ἠδυνάσθης [**S** *al.*] (6 *a*)
Ba. 4. 1. πάντες οἱ κρατοῦντες αὐτήν [**A** -ῆς]
Ez. 7. 13. ἄνθρωπος ἐν ὀφθαλμῷ ζωῆς αὐτοῦ οὐ κρατήσει (6 *d*)
21. 11 (16). ἔδωκεν αὐτὴν ἑτοίμην τοῦ κρ. χεῖρα αὐτοῦ (17)
22. 14. εἰ κρατήσουσιν αἱ χεῖρές σου (6 *a*)
Da. LXX. 4. 29. κρατήσει τῆς δόξης σου -
— 34 (33). ἐν τῷ λαῷ μου ἐκράτησα (18 ?)
11. 43. κρατήσει τοῦ τόπου τοῦ χρυσίου (11)
Da. Th. 5. 12. καὶ ἀναγγέλλων κρατούμενα (3)
10. 8. οὐκ ἐκράτησα ἰσχύος (14)
11. 2. μετὰ τὸ κρατῆσαι αὐτὸν τοῦ πλούτου αὐτοῦ (6 *e*)
— 6. οὐ κρατήσει ἰσχύος βραχίονος (14)
Bel 19. ἐκράτησε τὸν βασιλέα
I Ma. 1. 2. καὶ ἐκράτησεν ὀχυρωμάτων
2. 10. καὶ οὐκ ἐκράτησε τῶν σκύλων αὐτῆς
10. 52. καὶ ἐκράτησα [**S**^{1} -ας] τῆς ἀρχῆς
11. 49. **S**^{1} ἐκράτησαν [**A R** ἐκέκραξαν, **S**^{2} ἔκραξαν] πρὸς τὸν βασ.
14. 6. ἐκράτησε τῆς χώρας
15. 7. τὰ ὀχυρώματα . . . ὧν κρατεῖς
— 9. **S R** ὡς [**S**^{1} ὧν] δ' ἂν κρατήσωμεν [**A** καταστήσωμεν] τῆς βασιλείας ἡμῶν
— 33. οὔτε ἀλλοτρίων κεκρατήκαμεν
II Ma. 4. 10. καὶ τῆς ἀρχῆς κρατήσας
— 27. ὁ δὲ Μεν. τῆς μὲν ἀρχῆς ἐκράτει
— 50. διὰ τὰς τῶν κρατούντων πλεονεξίας
5. 7. τῆς μὲν ἀρχῆς οὐκ ἐκράτησε
14. 2. κεκρατηκέναι τῆς χώρας
15. 37. κρατηθείσης τῆς πόλεως ὑπὸ τῶν Ἑβρ.
III Ma. 1. 1. τῶν ὑπ' αὐτοῦ κρατουμένων τόπων
5. 27. κατὰ πάντα ἀγνωσίᾳ κεκρατημένος
6. 25. **R** τίς τοὺς κρατήσαντας [**A** τοῦ κρ.] ἡμῶν . . . ἀποστήσας
IV Ma. 1. 5. εἰ τῶν παθῶν ὁ λογισμὸς κρατεῖ
— 6. οὐ γὰρ τῶν ἑαυτοῦ παθῶν ὁ λογισμὸς κρατεῖ
2. 6. τῶν ἐπιθυμιῶν κρατεῖν δύναται ὁ λογισμός
— 9. ὑπὸ τοῦ νόμου κρατεῖται διὰ τὸν λογισμόν
— 9. τῶν παθῶν ἐστιν ὁ λογισμὸς κρατῶν
— 10. ὁ γὰρ νόμος καὶ τῆς πρὸς γονεῖς εὐνοίας κρατεῖ
— 15. **A S** τῶν βιαιοτέρων δὲ παθῶν κρατεῖν [**R** ἐπικρ.]
— 20. εἰ μὴ γὰρ ἐδύνατο τῶν θυμῶν ὁ λογισμὸς κρατεῖν
— 24. **A R** πῶς οὖν . . . εἰ τῶν παθῶν ὁ λογισμὸς κρατεῖ λήθης καὶ ἀγνοίας οὐ κρατεῖ [**S** *om.* κρατεῖ . . . κρ.]
3. 1. ὁ λογισμὸς ἐπικρατεῖν [**S**^{2} κρ.] φαίνεται
5. 23. ὥστε πασῶν τῶν ἡδονῶν . . . κρατεῖν
6. 32. εἰ γὰρ τὰ πάθη τοῦ λογισμοῦ κεκρατήκει
— 35. **A R** τῶν ἀλγηδόνων ἐπιδείκνυμι κεκρατηκέναι [**S** κρατεῖν] τὸν λογισμὸν ἀλλὰ καὶ τῶν ἡδονῶν κρατεῖν
7. 18. δύνανται κρατεῖν τῶν τῆς σαρκὸς παθῶν
14. 1. τῆς . . . φιλαδελφίας παθῶν κρατῆσαι
15. 26. δύο ψήφους κρατοῦσα μήτηρ
16. 2. **S** οὐ μόνον τῶν παθῶν ἄνδρες ἐκράτησαν [**A R** ἐπεκρ.]
[**Aq.** Ps. 55 (56). 1: Ca. 7. 8 (9): Je. 8. 21: 46 (26). 9.]
[**Sm.** Ge. 22. 13: 49. 3: II Ki. 5. 8: Ec. 9. 11: Is. 33. 23: Je. 8. 21: 46 (26). 9: 52. 6: Ez. 26. 17.]
[**Th.** Jb. 23. 11: Ps. 76 (77). 5: Da. 5. 12†: 11. 2, 6.]
[**Al.** Dt. 32. 41: Pr. 31. 19.]
[**Quint.** Ps. 55 (56). 1.]

κρατερός.

[**Sm.** Ps. 48 (49). 15.]

κρατήρ. (1) אַגָּן (2) גָּבִיעַ

Ex. 24. 6. ἐνέχεεν εἰς κρατῆρας [A -ρα] (1)
25. 30 (31). οἱ κρ. . . . ἐξ αὐτῆς ἔσται (2)
— 32 (33). τρεῖς κρατῆρες ἐκτετυπωμένοι καρυΐσκους (2)
— 33 (34). τέσσαρες κρατῆρες ἐκτετυπωμένοι καρυΐσκους (2)
— 34 (35). τέσσαρες κρατῆρες ἐκτετυπωμένοι καρυΐσκους –
Pr. 9. 2. ἐκέρασεν εἰς κρατῆρα τὸν ἑαυτῆς οἶνον –
— 3. συγκαλοῦσα μετὰ ὑψηλοῦ κηρύγματος ἐπὶ κρατῆρα †
Ca. 7. 2 (3). ὀμφαλός σου κρατὴρ τορευτός (1)
[Sm. Is. 51. 17, 22 : Je. 13. 12 : 48 (31). 12.]

κράτησις.

Wi. 6. 3. ἐδόθη παρὰ τοῦ κυρίου ἡ κρ. ὑμῖν

κράτιστος, *vid.* κρείσσων.

κράτος. (1) אֵיתָן (2) אַמִּיץ (3) גֵּאוּת (4) *a.* חָזַק hi. *b.* חֶזְקָה (5) *a.* חֹסֶן *b.* חָסֵן (6) עֹז (7) *a.* עָצַם *b.* עֹצֶם (8) רֶשֶׁף (9) תֹּקֶף

Ge. 49. 24. συνετρίβη μετὰ κράτους τὰ τόξα αὐτῶν (1)
De. 8. 17. καὶ τὸ κρ. τῆς χειρός μου (7 *b*)
Jd. 4. 3. ἔθλιψε τὸν Ἰσρ. κατὰ κράτος (4 *b*)
II Es. 8. 22. καὶ κράτος αὐτοῦ καὶ θυμὸς αὐτοῦ (6)
Ju. 2. 12. καὶ τὸ κρ. τῆς βασιλείας μου
5. 3. ἐν τίνι τὸ κρ. αὐτῶν
— 23. ἐν ᾧ οὐκ ἔστι δύναμις οὐδὲ κράτος
6. 3. ἀποστελεῖ τὸ κρ. αὐτοῦ
— 3. οὐχ ὑποστήσονται τὸ κρ. τῶν ἵππων ἡμῶν
9. 8. κάταξον τὸ κρ. αὐτῶν
— 9. δὸς . . . ὃ διενοήθην κράτος
— 11. οὐ γὰρ ἐν πλήθει τὸ κρ.
— 14. θεὸς πάσης δυνάμεως καὶ κράτους
11. 7. καὶ ζῇ τὸ κρ. αὐτοῦ
— 22. τοῦ γενηθῆναι ἐν χερσὶν ἡμῶν κράτος
13. 11. καὶ κράτος κατὰ τῶν ἐχθρῶν
Jb. 9. 19. ὅτι μὲν γὰρ ἰσχύει κράτει [? -εῖ, A S ἰσχῦϊ κρατεῖ] (2)
12. 16. παρ' αὐτῷ κράτος καὶ ἰσχύς (6)
21. 23. ἐν κράτει ἁπλοσύνης [AS[4] ἀφροσύνης] αὐτοῦ (7 *a*)
Ps. 58 (59). 9. τὸ κρ. μου πρὸς σὲ φυλάξω (6)
61 (62). 11. τὸ κρ. τοῦ θεοῦ (6)
75 (76). 3. ἐκεῖ συνέτριψε τὰ κρ. τῶν τόξων (8)
85 (86). 16. δὸς τὸ κρ. σου τῷ παιδί σου (6)
88 (89). 9. σὺ δεσπόζεις τοῦ κρ. τῆς θαλάσσης (3)
89 (90). 11. τίς γινώσκει τὸ κρ. τῆς ὀργῆς σου (6)
Pr. 27. 24. οὐ τὸν αἰῶνα ἀνδρὶ κράτος (5 *a* ?)
Wi. 11. 21. κράτει βραχίονός σου τίς ἀντιστήσεται
12. 17. S[2] ἐν τοῖς εἰδόσι σου τὸ κρ. [A B S[1] *al.*]
15. 2. εἰδότες σου τὸ κρ. [S[1] κρίμα]
— 3. εἰδέναι σου τὸ κρ. ῥίζα ἀθανασίας
Si. 18. 5. κράτος μεγαλωσύνης αὐτοῦ τίς ἐξαριθμήσεται
29. 13. ὑπὲρ ἀσπίδα κράτους . . . πολεμήσει ὑπὲρ σοῦ
47. 5. ἔδωκεν ἐν τῇ δεξιᾷ αὐτοῦ κράτος
Is. 22. 21. τὸν στέφανόν σου δώσω αὐτῷ κατὰ [A S καὶ τὸ] κρ. †
40. 26. ἐν κράτει ἰσχύος αὐτοῦ οὐδέν σε ἔλαθε (2)
Da. LXX. 4. 27. ἐν ἰσχύϊ κράτους μου (5 *b*)
Da. TH. 4. 27. ἐν τῷ κρ. τῆς ἰσχύος μου (9)
11. 1. ἔστην εἰς κράτος καὶ ἰσχύν (4 *a*)
II Ma. 3. 34. τὸ μεγαλεῖον τοῦ θεοῦ κράτος
7. 17. θεώρει τὸ μεγαλεῖον αὐτοῦ κράτος
9. 17. καταγγέλλοντα τὸ τοῦ θεοῦ κρ.
11. 4. οὐδαμῶς ἐπιλογιζόμενος τὸ τοῦ θεοῦ κρ.
12. 28. R τὸν μετὰ κράτους συντρίβοντα τὰς . . . ἀλκάς [A ὁλκάς]
III Ma. 1. 27. τὸν πᾶν κρ. ἔχοντα
2. 6. ἐγνώρισας τὸ μέγα σου κρ.
3. 11. οὐ καθορῶν τὸ τοῦ μεγίστου θεοῦ κρ.
5. 13. δεῖξαι . . . κράτος ἔθνεσιν ὑπερηφάνοις
6. 5. ἔκδηλον δεικνὺς . . . τὸ σὸν κρ.
IV Ma. 6. 34. τὸ κρ. εἶναι τοῦ λογισμοῦ
[Aq. Ge. 49. 3 : II Ki. 6. 14 : Ps. 8. 3 : 27 (28). 7 : 28 (29). 1, 11 : 60 (61). 4 : 61 (62). 8 : 77 (78). 61 : 98 (99). 4 : 150. 1 : Pr. 18. 10, 19 : Is. 26. 1 : 51. 9.]
[Sm. Ps. 8. 3 : 29 (30). 8 : Pr. 8. 14 : 24. 5 : Is. 8. 11 : 40. 26, 29 : 42. 25 : 51. 9 : Ez. 34. 4.]
[Th. Jb. 21. 23 : Pr. 10. 15 : 18. 10 : Is. 28. 6 : 40. 26 : 42. 25 : 51. 9.]
[Al. Ge. 49. 3 : Ps. 131 (132). 8 : 139 (140). 8 : Ez. 34. 4.]

κρατύνειν.

Wi. 14. 16. ἐν χρόνῳ κρατυνθὲν τὸ ἀσεβὲς ἔθος [S[1] ἔθνος]
[Sm. Ps. 26 (27). 14 : 30 (31). 25 : 63 (64). 6 : Is. 35. 3.]
[Th. Ez. 27. 27.]
[Quint. Ps. 27 (28). 7.]

κραυάζειν (?).

To. 2. 13. A ἤρξατο κρ. [B S κράζειν]

κραυγάζειν. (1) רוּעַ hi.

II Es. 3. 13. ὁ λαὸς ἐκραύγασε φωνῇ μεγάλῃ (1)
[Sm. Jb. 19. 7.]

κραυγή (κραυή). (1) בְּכִי (2) הָגִיג (3) *a.* זַעַק *b.* זְעָקָה (4) מָרוֹם (5) צְוָחָה (6) צְעָקָה (7) קוֹל (8) רָנַע (9) רַעַם (10) שָׁאוֹן (11) *a.* שָׁוַע pi. *b.* שַׁוְעָה (12) תְּרוּעָה

Ge. 18. 20. κραυγὴ Σοδόμων . . . πεπλήθυνται (3 *b*)
— 21. εἰ κατὰ τὴν κρ. αὐτῶν . . . συντελοῦνται (6)
19. 13. ὑψώθη ἡ κρ. αὐτῶν (6)
Ex. 3. 8 (7). τῆς κρ. αὐτῶν ἀκήκοα (6)
— 9. κραυγὴ τῶν υἱῶν Ἰσρ. ἥκει πρὸς μέ (6)
11. 6. ἔσται κραυγὴ μεγάλη (6)
12. 30. ἐγενήθη κραυγὴ μεγάλη (6)
I Ki. 4. 6. ἤκουσαν οἱ ἀλλόφυλοι [A *add.* τὴν φωνὴν] τῆς κρ. (12)
— 6. τίς ἡ κρ. [A *add.* τοῦ ἀλαλαγμοῦ] ἡ μεγάλη αὕτη (12)
5. 12. ἀνέβη ἡ κρ. τῆς πόλεως εἰς τὸν οὐρανόν (11 *b*)
II Ki. 6. 15. μετὰ κραυγῆς καὶ μετὰ φωνῆς σάλπιγγος (12)
22. 7. καὶ ἡ κρ. μου ἐν τοῖς ὠσὶν αὐτοῦ (11 *b*)
III Ki. 12. 24. B ἐξῆλθεν ἡ κρ. εἰς ἀπαντήν –
I Es. 5. 63. μετὰ κραυγῆς καὶ κλαυθμοῦ μεγάλου
Ne. 5. 1. ἦν κραυγὴ τοῦ λαοῦ . . . μεγάλη (6)
— 6. καθὼς ἤκουσα τὴν κρ. αὐτῶν (3 *b*)
9. 9. καὶ τὴν κρ. αὐτῶν ἤκουσας (3 *b*)
Ju. 14. 19. καὶ ἐγένετο αὐτῶν κραυγή
Es. 4. 3. κραυγὴ καὶ κοπετός (1 ?)
Jb. 16. 19. μηδὲ εἴη τόπος τῇ κρ. [A τῆς κρ.] μου (4 ?)
34. 28. τοῦ ἐπαγαγεῖν ἐπ' αὐτὸν κραυγὴν πενήτων [A -os] καὶ κραυγὴν πτωχῶν εἰσακούσεται (6, 6)
39. 25. σὺν ἅλματι καὶ κραυγῇ [S[1] *al.*] (12)
Ps. 5. 1. σύνες τῆς κρ. [A τῇ κρ.] μου (2)
9. 12. S οὐκ ἐπελάθετο τῆς κρ. [A φωνῆς, B δεήσεως] τῶν πενήτων (6)
17 (18). 6. ἡ κρ. μου ἐνώπιον αὐτοῦ εἰσελεύσεται (11 *b*)
101 (102). 1. ἡ κρ. μου πρὸς σὲ ἐλθάτω (11 *b*)
143 (144). 14. οὐδὲ κραυγὴ ἐν ταῖς ἐπαύλεσιν [S[2] πλατείαις] αὐτῶν (5)
Ec. 9. 17. ὑπὲρ κραυγὴν ἐξουσιαζόντων (3 *b*)
Am. 1. 14. καταφάγεται . . . μετὰ κραυγῆς (12)
2. 2. ἀποθανεῖται . . . μετὰ κραυγῆς (10)
Jn. 1. 2. ἀνέβη ἡ κρ. τῆς κακίας αὐτῆς πρός μέ –
2. 3. εἰσήκουσέ μου . . . κραυγῆς μου (11 *a*)
Ze. 1. 10. φωνὴ κραυγῆς ἀπὸ πύλης ἀποκεντούντων (6)
— 16. ἡμέρα σάλπιγγος καὶ κραυγῆς (12)
Is. 5. 7. οὐ δικαιοσύνην ἀλλὰ κραυγήν (6)
29. 6. A ἐπισκοπὴ γὰρ ἔσται μετὰ κραυγῆς [B S βροντῆς] (9)
30. 19. τὴν φωνὴν τῆς κρ. σου ἡνίκα εἶδεν (3 *a*)
58. 4. ἀκουσθῆναι ἐν κραυγῇ τὴν φωνὴν ὑμῶν (4 ?)
65. 19. φωνὴ κλαυθμοῦ καὶ φωνὴ κραυγῆς (3 *b*)
● 66. 6. A B S[2] φωνὴ κραυγῆς ἐκ πόλεως (10)
Je. 4. 19. κραυγὴν πολέμου καὶ ταλαιπωρίαν (12)
8. 19. ἰδοὺ φωνὴ κραυγῆς θυγατρὸς λαοῦ μου (11 *b*)
14. 2. ἡ κρ. τῆς Ἰερουσαλὴμ ἀνέβη (5)
18. 22. γενηθήτω κρ. ἐν ταῖς οἰκίαις αὐτῶν (3 *b*)
20. 16. ἀκουσάτω κραυγῆς τὸ πρωΐ (3 *b*)
26 (46). 12. τῆς κρ. σου ἐπλήσθη ἡ γῆ (5)
Je. 27 (50). 46. κρ. ἐν ἔθνεσιν ἀκουσθήσεται (3 *b*)
28 (51). 54. φωνὴ κραυγῆς ἐν Βαβυλῶνι (3 *b*)
29 (49). 21. κρ. θαλάσσης οὐκ [A κρ. σου ἐν θαλάσσῃ] ἠκούσθη (6)
31 (48). 5. κραυγὴν συντρίμματος ἠκούσατε [S -σα] (6)
— 34. αἵδε ἀπὸ [S[1] ἐπὶ] κραυγῆς Ἐσ. ἕως Αλτάμ (3 *b*)
32 (25). 36. φωνὴ κραυγῆς τῶν ποιμένων (6)
38 (31). 35. ὁ δοὺς . . . κραυγὴν ἐν θαλάσσῃ (8)
Ez. 21. 22 (27). ὑψῶσαι φωνὴν μετὰ κραυγῆς (12)
27. 28. πρὸς τὴν κρ. τῆς φωνῆς [A π. τ. φωνὴν τῆς κρ.] σου (7 [3 *b*])
— 30. A ἀλλάξονται ἐπὶ σὲ τὴν κρ. αὐτῶν [B *al.*] (7)
Da. TH. Su. 26. ὡς δὲ ἤκουσαν τὴν κρ. ἐν τῷ παραδείσῳ
I Ma. 5. 31. AS ἡ κρ. τῆς πόλεως ἀνέβη . . . σάλπιγξι καὶ κρ. [R φωνῇ] μεγάλῃ
II Ma. 12. 37. καταρξάμενος . . . τὴν μεθ' ὕμνων κρ.
15. 29. γενομένης δὲ κρ. καὶ ταραχῆς
III Ma. 1. 16. κραυγῆς τε . . . τὸ ἱερὸν ἐμπλησάντων
— 28. ἐκ δὲ τῆς . . . τῶν ὄχλων συναγομένης κρ.
6. 23. ἀκούσας γὰρ τῆς κρ.
[Aq. Is. 15. 5, 8.]
[Sm. Ec. 9. 17 : Is. 15. 8 : Je. 48 (31). 34.]
[Th. Is. 15. 8 : 32. 4.]

κρεάγρα. (1) יָע (2) *a.* מִזְלָג *b.* מַזְלֵג (3) סִיר

Ex. 27. 3. τὰς κρ. αὐτοῦ . . . ποιήσεις χαλκᾶ (2 *a*)
38. 23 (3). ἐποίησε . . . τὰς κρ. χαλκᾶς (2 *a*)
Nu. 4. 14. τὰ πυρεῖα καὶ τὰς κρ. (2 *a*)
I Ki. 2. 13. καὶ κρεάγρα τριόδους ἐν τῇ χειρὶ αὐτοῦ (2 *b*)
— 14. ὃ ἐὰν ἀνέβη ἐν τῇ κρ. (2 *b*)
I Ch. 28. 17. καὶ τῶν κρ. καὶ σπονδείων (2 *a*)
II Ch. 4. 11. ἐποίησε X. τὰς κρ. (3)
— 16. τοὺς λέβητας καὶ τὰς κρ. (2 *a*)
Je. 52. 18. τὰς κρ. καὶ πάντα τὰ σκεύη τὰ χαλκᾶ (1 ?)

κρεανομεῖν. (1) נָתַח pi.

Le. 8. 19. τὸν κριὸν ἐκρεανόμησε κατὰ μέλη (1)

κρέας. (1) בָּשָׂר

Ge. 9. 4. κρέας ἐν αἵματι ψυχῆς οὐ φάγεσθε (1)
Ex. 12. 8. φάγονται τὰ κρ. . . . ὀπτὰ πυρί (1)
— 46. A οὐ καταλείψετε ἀπὸ τῶν κρ. –
— 46. οὐκ ἐξοίσετε . . . τῶν κρ. ἔξω (1)
16. 3. ἐπὶ τῶν λεβήτων τῶν κρ. (1)
— 8. ἑσπέρας κρέα φαγεῖν (1)
— 12. τὸ πρὸς ἑσπέραν ἔδεσθε κρέα (1)
21. 28. οὐ βρωθήσεται τὰ κρ. αὐτοῦ (1)
22. 31 (30). κρέας θηριάλωτον οὐκ ἔδεσθε (1)
29. 14. τὰ δὲ κρέα . . . κατακαύσεις (1)
— 31. ἑψήσεις τὰ κρ. ἐν τόπῳ ἁγίῳ (1)
— 32. ἔδονται . . . τὰ κρ. τοῦ κριοῦ (1)
— 34. ἐὰν δὲ καταλειφθῇ ἀπὸ τῶν κρ. (1)
Le. 6. 27 (20). πᾶς ὁ ἀπτόμενος τῶν κρ. αὐτῆς (1)
7. 5 (15). τὰ κρ. θυσίας αἰνέσεως σωτηρίου (1)
— 7 (17). τὸ καταλειφθὲν ἀπὸ τῶν κρ. τῆς θυσίας (1)
— 8 (18). ἐὰν δὲ φαγὼν φάγῃ ἀπὸ τῶν κρ. (1)
— 9 (19). κρέα ὅσα ἐὰν ἅψηται παντὸς ἀκαθάρτου (1)
— 9 (19). πᾶς καθαρὸς φάγεται κρέα (1)
— 10 (20). ἥτις ἐὰν φάγῃ ἀπὸ τῶν κρ. τῆς θυσίας (1)
— 11 (21). καὶ φάγῃ ἀπὸ τῶν κρ. τῆς θυσίας (1)
8. 17. A καὶ τὰ κρ. αὐτοῦ –
— 17. καὶ τὰ κρ. αὐτοῦ (1)
— 31. ἑψήσατε τὰ κρ. ἐν τῇ αὐλῇ τῆς σκηνῆς (1)
— 32. τὸ καταλειφθὲν τῶν κρ. (1)
9. 11. τὰ κρ. καὶ τὴν βύρσαν (1)
11. 8. ἀπὸ τῶν κρ. αὐτῶν οὐ φάγεσθε (1)
— 11. ἀπὸ τῶν κρ. αὐτῶν οὐκ ἔδεσθε (1)
16. 27. καὶ τὰ δέρματα αὐτῶν καὶ τὰ κρ. αὐτῶν (1)
22. 30. οὐκ ἀπολείψετε ἀπὸ τῶν κρ. εἰς τὸ πρωΐ †
Nu. 11. 4. τίς ἡμᾶς ψωμιεῖ κρέα [B[1] κρέας] (1)
— 13. πόθεν μοι [A *om.*] κρέα (1)
— 13. δὸς ἡμῖν κρέα (1)
— 18. καὶ φάγεσθε κρέα (1)
— 18. τίς ἡμᾶς ψωμιεῖ κρέα (1)
— 18. δώσει κύριος ὑμῖν κρέα φαγεῖν καὶ φάγεσθε κρέα (1, –)
— 20. ἕως ἂν ἐξέλθῃ ἐκ τῶν μυκτήρων ὑμῶν [B[1] *add.* κρέα] –
— 21. κρέα [A[2]-as] δώσω αὐτοῖς φαγεῖν [A[2] *om.*] (1)

● = correction on page xxvi

Nu. 11. 33. τὰ κρ. ἔτι ἦν ἐν τοῖς ὀδοῦσιν αὐτῶν (1)
18. 18. τὰ κρ. ἔσται σοι (1)
19. 5. τὸ δέρμα καὶ τὰ κρ. αὐτῆς (1)
De. 12. 15. καὶ φάγῃ κρέα (1)
— 20. φάγομαι κρέα (1)
— 20. ὥστε φαγεῖν κρέα (1)
— 20. φάγῃ κρέα (1)
— 23. οὐ βρωθήσεται ἡ ψυχὴ μετὰ τῶν κρ. (1)
— 27. A R τὰ κρ. ἀνοίσεις ἐπὶ τὸ θυσιαστήριον (1)
— 27. τὰ δὲ κρ. φάγῃ (1)
14. 8. ἀπὸ τῶν κρ. αὐτῶν οὐ φάγεσθε (1)
16. 4. οὐ κοιμηθήσεται ἀπὸ τῶν κρ. (1)
28. 53. κρέα υἱῶν σου καὶ θυγατέρων σου (1)
32. 42. R ἡ μάχαιρά μου φάγεται [A καταφ.] κρέα (1)
Jd. 6. 19. τὰ κρ. ἔθηκεν ἐν τῷ κοφίνῳ [A *al.*] (1)
— 20. λάβε τὰ κρ. (1)
— 21. ἥψατο τῶν κρ. (1)
— 21. κατέφαγε τὰ κρ. (1)
I Ki. 2. 13. ὡς ἂν ἡψήθῃ τὸ κρέας (1)
— 15. δὸς κρέας ὀπτῆσαι τῷ ἱερεῖ (1)
— 15. AR οὐ μὴ λάβω παρὰ σοῦ κρ. [B *om.*] ἑφθόν (1)
III Ki. 17. 6. A ἄρτους καὶ κρέας [B *om.* κ. κρ.] τὸ πρωὶ καὶ ἄρτον [B *om.* κ. ἄ.] καὶ κρέας [B -α] τὸ δείλης (1, 1)
● Jb. 10. 11. δέρμα δὲ καὶ κρέας με ἐνέδυσας (1)
Ps. 49 (50). 13. μὴ φάγομαι κρέα ταύρων (1)
Pr. 23. 20. συμβολαῖς κρεῶν τε ἀγορασμοῖς (1)
Ho. 8. 13. ἐὰν θύσωσι θυσίαν καὶ φάγωσι κρέα (1)
Mi. 3. 3. ἐμέλισαν . . . ὡς κρέα εἰς χύτραν (1)
Hg. 2. 13 (12). ἐὰν λάβῃ ἄνθρωπος κρέας ἅγιον [S^{1} ἄγριον] (1)
Za. 11. 16. καὶ τὰ κρ. τῶν ἐκλεκτῶν καταφάγεται (1)
Is. 22. 13. ὥστε φαγεῖν κρέα (1)
44. 16. ἐπ' αὐτοῦ κρ. ὀπτήσας ἔφαγε (1)
— 19. ὀπτήσας κρέα [A S -ας] ἔφαγε (1)
65. 4. οἱ ἔσθοντες κρ. ὕειον [AS κρέα ὕια] (1)
66. 17. ἔσθοντες κρέας [AS^{2} -α] ὕειον [S^{1} -α, S^{3} -ων] (1)
Je. 7. 21. φάγετε κρέα (1)
11. 15. μὴ εὐχαὶ καὶ κρέα ἅγια ἀφελοῦσιν (1)
37 (30). 16. κρέας αὐτῶν πᾶν ἔδονται †
Ez. 4. 14. R οὐδὲ εἰσελήλυθεν εἰς τὸ στόμα μου πᾶν κρ. ἕωλον [A^{2}B^{1} βέβηλον] (1)
11. 3. ἡμεῖς δὲ τὰ κρ. (1)
— 7. οὗτοί εἰσι τὰ κρ. (1)
— 11. A οὐ μὴ γένησθε ἐν μέσῳ αὐτῆς εἰς κρέα (1)
24. 10. ὅπως τακῇ [A ἐκτ.] τὰ κρ. (1)
39. 17. φάγεσθε κρέα (1)
— 18. κρέα γιγάντων φάγεσθε (1)
Da. LXX., TH. 10. 3. κρέας . . . οὐκ εἰσῆλθεν εἰς τὸ στόμα μου (1)
► II Ma. 6. 18. ἠναγκάζετο φαγεῖν ὕειον κρ.
— 21. ἐνέγκαντα κρέα . . . δι' αὐτοῦ παρασκευασθέντα
— 21. τῶν ἀπὸ τῆς θυσίας κρ.
7. 1. ἀπὸ τῶν ἀθεμίτων ὑείων κρ. ἐφάπτεσθαι
IV Ma. 5. 2. καὶ κρ. ὑείων . . . ἀπογεύεσθαι
[**Aq.** Ge. 41. 2: Dt. 5. 26 (23): III Ki. 17. 6 *bis*: Jb. 12. 10: 19. 20: Ps. 26 (27). 2: 77 (78). 20.]
[**Sm.** III Ki. 17. 6 *bis*: Ps. 77 (78). 20: Is. 66. 17.]
[**Th.** III Ki. 17. 6 *bis*: Pr. 23. 20.]

κρείσσων, κρείττων, κράτιστος. (1) גֶּבֶר (2) *a.* טוֹב *b.* מֵיטָב (3) נָעִים (4) κράτιστος εἶναι שְׁפַר (5) κρείττων εἶναι נָעֵם

Ex. 14. 12. κρεῖσσον γὰρ ἡμᾶς δουλεύειν τοῖς Αἰγ. (2 *a*)
Jd. 8. 2. B ἢ οὐχὶ κρεῖσσον [A κρείττω, R κρείττων] ἐπιφυλλὶς Ἐφρ. (2 *a*)
11. 25. A μὴ κρείσσων εἶ σὺ τοῦ B. [B *al.*] (2 *a*)
15. 2. A οὐκ ἰ. ἡ ἀδελφὴ αὐ. . . . κρ. [B *al.*] (2 *a*)
I Ki. 15. 15. τὰ κράτιστα τοῦ ποιμνίου καὶ τῶν βοῶν (2 *b*)
III Ki. 19. 4. οὐ κρείσσων ἐγώ εἰμι ὑπὲρ τοὺς πατέρας μου (2 *a*)
Ju. 7. 27. AS κρεῖσσον γὰρ ἡμᾶς [B -ῖν] γενηθῆναι αὐτοῖς
Es. 1. 19. δότω ὁ βασ. γυναικὶ κρείττονι αὐτῆς (2 *a*)
Ps. 15 (16). 6. σχοινία ἐπέπεσάν [S ἔπεσάν] μοι ἐν τοῖς κρατίστοις καὶ γὰρ ἡ κληρονομία μου κρατίστη μοί ἐστιν (3, 4)
Ps. 22 (23). 5 (6). μεθύσκον ὡς [S^{2} με ὡσεὶ] κράτιστον (2 *a*)
36 (37). 16. κρεῖσσον ὀλίγον τῷ δικαίῳ (2 *a*)
62 (63). 3. κρεῖσσον τὸ ἔλεός σου ὑπὲρ ζωάς (2 *a*)
83 (84). 10. κρείσσων [A -ον] ἡμέρα μία ἐν ταῖς αὐλαῖς σου (2 *a*)
Pr. 3. 14. κρεῖττον γὰρ αὐτὴν ἐμπορεύεσθαι (2 *a*)
8. 11. κρείσσων γὰρ σοφία λίθων πολυτελῶν (2 *a*)
— 19. κρείσσω [A κρεῖσσον] ἀργυρίου ἐκλεκτοῦ (2 *a*)
12. 2. κρείσσων ὁ εὑρὼν χάριν παρὰ κυρίῳ (2 *a*)
— 9. κρείσσων ἀνὴρ ἐν ἀτιμίᾳ δουλεύων ἑαυτῷ (2 *a*)
13. 12. ASR κρείσσων ἐναρχόμενος [B -οις, ? ἐν ἀρχ.] βοηθῶν [A S^{2} -θεῖν] καρδίᾳ †
15. 16. κρείσσων μικρὰ μερίς (2 *a*)
— 17. κρείσσων ξενισμὸς . . . πρὸς φιλίαν (2 *a*)
— 29 (16. 8). κρείσσων ὀλίγη λῆψις μετὰ δικαιοσύνης (2 *a*)
16. 19. κρείσσων πραΰθυμος [A πρόθ.] μετὰ ταπεινώσεως (2 *a*)
— 32. κρείσσων ἀνὴρ μακρόθυμος ἰσχυροῦ (2 *a*)
— 32. κρείσσων καταλαμβανομένου πόλιν –
17. 1. κρείσσων ψωμὸς μεθ' ἡδονῆς ἐν εἰρήνῃ (2 *a*)
19. 22. κρείσσων δὲ πτωχὸς δίκαιος (2 *a*)
21. 9. κρεῖσσον οἰκεῖν ἐπὶ γωνίας ὑπαίθρου (2 *a*)
— 19. κρεῖσσον οἰκεῖν ἐν γῇ ἐρήμῳ (2 *a*)
24. 5. κρείσσων σοφὸς ἰσχυροῦ (1)
25. 7. κρεῖσσον γάρ σοι τὸ ῥηθῆναι (2 *a*)
— 24. BS κρεῖττον [AR κρεῖσσον] οἰκεῖν ἐπὶ γωνίας δώματος (2 *a*)
27. 5. κρείσσους ἔλεγχοι ἀποκεκαλυμμένοι κρυπτομένης φιλίας (2 *a*)
— 10. κρείσσων [A S -ον] φίλος ἐγγὺς ἢ ἀδελφὸς μακρὰν οἰκῶν (2 *a*)
28. 6. κρείσσων πτωχὸς πορευόμενος ἐν ἀληθείᾳ (2 *a*)
29. 1. κρείσσων ἀνὴρ ἐλέγχων ἀνδρὸς σκληροτραχήλου –
Wi. 4. 1. κρείσσων ἀτεκνία μετὰ ἀρετῆς
15. 17. κρείττων [A κρείσσων, S κρεῖσσον] γάρ ἐστι τῶν σεβασμάτων αὐτοῦ
Si. 10. 27. κρείσσων ἐργαζόμενος ἐν πᾶσιν
16. 3. S^{2} κρείσσων γὰρ εἷς δίκαιος ποιῶν θέλημα κυρίου
— 3. κρείσσων γὰρ εἷς ἢ χίλιοι
18. 16. οὕτως κρείσσων λόγος ἢ δόσις
19. 24. κρείττων ἡττώμενος [B^{2} ἠλαττωμένος] ἐν συνέσει
20. 31. κρείσσων [AS κρείττων] ἄνθρωπος ἀποκρύπτων τὴν μωρίαν αὐτοῦ
23. 27. οὐθὲν κρεῖττον φόβου κυρίου
29. 22. κρείσσων [S^{1} -ον] βίος πτωχοῦ ὑπὸ σκέπην δοκῶν
30. 14. κρείσσων πτωχὸς ὑγιὴς καὶ ἰσχύων τῇ ἕξει
— 17. κρείσσων θάνατος ὑπὲρ ζωὴν πικράν
— 30 (33. 21). κρεῖσσον γάρ ἐστι τὰ τέκνα δεηθῆναί σου
36. 26 (23). ASR ἔστι δὲ θυγάτηρ θυγατρὸς κρείσσων [B -ον]
40. 28. κρεῖσσον ἀποθανεῖν ἢ ἐπαιτεῖν
41. 15. κρείσσων ἄνθρωπος ἀποκρύπτων τὴν μωρίαν αὐτοῦ
42. 14. κρείσσων πονηρία ἀνδρὸς ἢ ἀγαθοποιὸς γυνή
Am. 6. 2. τὰς κρατίστας ἐκ πασῶν τῶν βασιλειῶν τούτων (2 *a*)
Is. 56. 5. τόπον ὀνομαστὸν κρείττω [A S^{1} κρείσσων] υἱῶν (2 *a*)
Ep. Je. 59. κρεῖσσον εἶναι βασιλέα . . . ἢ οἱ ψευδεῖς θεοί
— 68. τὰ θηρία ἐστὶ κρείττω αὐτῶν
— 73. κρ. οὖν ἄνθρωπος δίκαιος οὐκ ἔχων εἴδωλα
Ez. 32. 19. τίνος κρείττων εἶ (5)
Da. LXX. 1. 15. ἡ ἕξις τοῦ σώματος κρείσσων τῶν ἄλλων νεανίσκων (1 ?)
I Ma. 3. 59. κρεῖσσον ἡμᾶς ἀποθανεῖν
13. 5. οὐ γάρ εἰμι κρείσσων τῶν ἀδελφῶν μου
II Ma. 3. 2. τὸ ἱερὸν ἀποστολαῖς ταῖς κρατίσταις δοξάζειν
4. 12. τοὺς κρατίστους τῶν ἐφήβων
III Ma. 1. 2. τῶν . . . ὅπλων Πτολεμαϊκῶν τὰ κράτιστα
[**Sm.** Pr. 8. 19.]
[**Th.** Jd. 11. 25: 15. 2.]
[**Al.** Ps. 44 (45). 13.]
[**Sext.** Ps. 22 (23). 6.]

κρεμάζειν, κρεμᾶν, κρεμαννύναι. (1) חָזַק (2) נָתַן hoph. (3) תָּלָא (4) תָּלָה *a.* qal. *b.* ni. *c.* pi.

Ge. 40. 19. κρεμάσει σε ἐπὶ ξύλου (4 *a*)
— 22. τὸν δὲ ἀρχισιτοποιὸν ἐκρέμασε (4 *a*)
41. 13. ἐκεῖνον δὲ κρεμασθῆναι (4 *a*)
De. 21. 22. καὶ κρεμάσητε [A -σῃ] αὐτὸν ἐπὶ ξύλου (4 *a*)
— 23. πᾶς κρεμάμενος ἐπὶ ξύλου (4 *a*)
28. 66. ἔσται ἡ ζωή σου κρεμαμένη [A κεκραμένη] (3)
Jo. 8. 29. τὸν βασιλέα τῆς Γαὶ ἐκρέμασεν (4 *a*)
10. 26. ἐκρέμασεν αὐτοὺς ἐπὶ πέντε ξύλων καὶ ἦσαν κρεμάμενοι ἐπὶ τῶν ξύλων (4 *a*, 4 *a*)
II Ki. 4. 12. καὶ ἐκρέμασαν αὐτούς (4 *a*)
18. 9. B ἐκρεμάσθη [AR περιεπλάκη] ἡ κεφαλὴ αὐτοῦ (1)
— 9. ἐκρεμάσθη ἀνὰ μέσον τοῦ οὐρανοῦ (2)
— 10. ἑώρακα τὸν Ἀβ. κρεμάμενον (4 *a*)
I Es. 6. 32. καὶ ἐπ' αὐτοῦ [A ἐπὶ τούτῳ] κρεμασθῆναι
Ju. 8. 24. ἐξ ἡμῶν κρέμαται ἡ ψυχὴ αὐτῶν
14. 1. κρεμάσατε αὐτὴν ἐπὶ τῆς ἐπάλξεως
— 11. ἐκρέμασαν τὴν κεφαλὴν Ὀλ. ἐκ τοῦ τείχους
Es. 2. 23. καὶ ἐκρέμασεν αὐτούς (4 *b*)
5. 14. κρεμασθήτω Μαρδ. ἐπὶ τοῦ ξύλου (4 *a*)
6. 4. εἰπεῖν τῷ βασ. κρεμάσαι τὸν Μαρδ. (4 *a*)
7. 10. καὶ ἐκρεμάσθη Ἀμάν (4 *a*)
8. 7. καὶ αὐτὸν ἐκρέμασα (4 *a*)
9. 13. ὥστε τοὺς δέκα [A *om.*] υἱοὺς Ἀ. κρεμάσαι [A -ασθῆναι] (4 *a*)
— 14. τὰ σώματα τῶν υἱῶν Ἀ. κρεμάσαι (4 *a*)
— 25. λέγων κρεμάσαι τὸν Μαρδ. –
— 25. καὶ ἐκρεμάσθη αὐτός (4 *a*)
Jb. 26. 7. κρεμάζων [A κρεμνῶν] γῆν ἐπὶ οὐδενός (4 *a*)
Ps. 136 (137). 2. ἐκρεμάσαμεν τὰ ὄργανα ἡμῶν (4 *a*)
Ca. 4. 4. χίλιοι θυρεοὶ κρέμανται ἐπ' αὐτόν (4 *a*)
La. 5. 12. ἄρχοντες ἐν χερσὶν αὐτῶν ἐκρεμάσθησαν (4 *b*)
Ez. 15. 3. τοῦ κρεμάσαι ἐπ' αὐτὸν [A -οῦ] πᾶν σκεῦος (4 *a*)
17. 23 (22). κρεμάσω αὐτὸν ἐν ὄρει μετεώρῳ Ἰσραήλ †
27. 10. περικεφαλαίας ἐκρέμασαν ἐν σοί (4 *c*)
— 11. τὰς φαρέτρας αὐτῶν ἐκρέμασαν (4 *c*)
I Ma. 1. 61. ἐκρέμασαν τὰ βρέφη
— 62. A πολλοὶ ἐν Ἰσρ. ἐκρεμάσθησαν [S R ἐκραταιώθησαν]
II Ma. 6. 10. ἐκ τῶν μαστῶν κρεμάσαντες τὰ βρέφη
15. 33. τὰ δ' ἐπίχειρα τῆς ἀνοίας . . . κρεμάσαι
[**Aq.** Dt. 21. 23: Ps. 136 (137). 2.]
[**Sm.** Nu. 25. 4: II Ki. 21. 6: Ps. 136 (137). 2.]
[**Th.** Dt. 21. 23.]
[**Heb.** Ge. 22. 13: Ez. 13. 18.]
[**Al.** Dt. 21. 23.]

κρεμαστός. (1) מְצָד

Jd. 6. 2. καὶ τὰ κρ. [A καὶ τοῖς ὀχυρώμασιν] (1)
III Ki. 7. 18. καὶ ἔργον κρ. . . . ἔργον κρ. †, †

κρεμνᾶν (?). (1) תָּלָה

Jb. 26. 7. A κρεμνῶν [B S κρεμάζων] γῆν ἐπὶ οὐδενός (1)

κρημνίζειν.

II Ma. 6. 10. κατὰ τοῦ τείχους ἐκρήμνισαν

κρημνός. (1) סֶלַע

II Ch. 25. 12. ἔφερον αὐτοὺς ἐπὶ τὸ ἄκρον τοῦ κρ. καὶ κατεκρήμνιζον αὐτοὺς ἀπὸ τοῦ ἄκρου τοῦ κρ. (1, 1)

κρήνη. (1) בְּרֵכָה

II Ki. 2. 13. A R συναντῶσιν αὐτοῖς ἐπὶ τὴν κρ. τὴν ἐν Γ. (1)
— 13. AR ἐκάθισαν οὗτοι ἐπὶ τὴν κρ. ἐντεῦθεν καὶ οὗτοι ἐπὶ τὴν κρ. ἐντεῦθεν [B *al.*] (1, 1)
4. 12. ἐκρέμασαν αὐτοὺς ἐπὶ τῆς κρ. (1)
III Ki. 3. 1. καὶ τὴν κρ. τῆς αὐλῆς
22. 38. ἀπένιψαν τὸ αἷμα [A ἅρμα] ἐπὶ τὴν κρ. Σαμ. (1)
IV Ki. 20. 20. τὴν κρ. καὶ τὸν ὑδραγωγόν (1)
Si. 48. 17. ᾠκοδόμησε κρήνας εἰς ὕδατα

κρηπίδωμα.

[**Aq.** Ez. 43. 14 *ter*.]

● = correction on page xxvi ► = additional entry on page xxvi

κρηπίς. (1) אוּלָם (2) גַּדְיָה

Jo. 3. 15. ὁ δὲ Ἰορδ. ἐπλήρου καθ' ὅλην τὴν κρ. αὐτοῦ (2)
4. 18. ἐπορεύετο . . . δι' ὅλης τῆς κρ. (2)
I Ch. 12. 15. πεπληρωκὼς ἐπὶ πᾶσαν κρ. αὐτοῦ (2)
Jl. 2. 17. ἀνὰ μέσον τῆς κρ. τοῦ θυσιαστηρίου (1)
I Ma. 9. 43. ἦλθε . . . ἕως τῶν κρ. τοῦ Ἰορδάνου
II Ma. 10. 26. ἐπὶ τὴν ἀπέναντι τοῦ θυσιαστηρίου κρ. προσπεσόντες

κριθή. (1) שְׂעֹרָה

Ge. 26. 12. εὗρεν . . . ἑκατοστεύουσαν κριθήν †
Ex. 9. 31. τὸ δὲ λίνον καὶ ἡ κρ. ἐπλήγη (1)
— 31. ἡ γὰρ κρ. παρεστηκυῖα (1)
Le. 27. 16. κόρου κριθῶν πεντήκοντα δίδραχμα ἀργυρίου (1)
De. 8. 8. γῆ πυροῦ καὶ κριθῆς (1)
Ru. 1. 22. ἐν ἀρχῇ θερισμοῦ κριθῶν (1)
2. 17. ἐγενήθη ὡς οἰφὶ κριθῶν (1)
— 23. A B ἕως οὗ συνετέλεσεν [R τοῦ συντελέσαι] τὸν θερισμὸν τῶν κρ. (1)
3. 2. λικμᾷ τὸν ἅλωνα τῶν κρ. (1)
— 15. καὶ ἐμέτρησεν ἓξ κριθῶν (1)
— 17. τὰ ἓξ τῶν κρ. ταῦτα ἔδωκέ μοι (1)
II Ki. 14. 30. καὶ αὐτῷ ἐκεῖ κριθαί [A αὐ. κρ. εἰσι] (1)
17. 28. καὶ πυροὺς καὶ κριθάς (1)
21. 9. ἐν [A om.] ἀρχῇ θερισμοῦ κριθῶν (1)
— 10. ἐν ἀρχῇ θερισμοῦ κριθῶν –
III Ki. 4. 28 (5. 8). καὶ τὰς κρ. καὶ τὸ [A τὸν] ἄχυρον (1)
IV Ki. 7. 1. A B^2 R καὶ δίμετρον κριθῶν σίκλου (1)
— 16. καὶ δίμετρον κριθῶν σίκλου (1)
— 18. δίμετρον κριθῆς σίκλου (1)
I Ch. 11. 13. ἦν μερὶς τοῦ ἀγροῦ πλήρης κριθῶν (1)
II Ch. 2. 10 (9). καὶ κριθῶν κόρων εἴκοσι χιλιάδας (1)
— 15 (14). τὸν σῖτον καὶ τὴν κρ. (1)
27. 5. καὶ κριθῶν δέκα χιλιάδας (1)
Ju. 8. 2. ἐν ἡμέραις θερισμοῦ κριθῶν
Jb. 31. 40. ἀντὶ δὲ κριθῆς βάτος (1)
Ho. 3. 2. ἐμισθωσάμην . . . γομὸρ κριθῶν (1)
Jl. 1. 11. θρηνεῖτε κτήματα ὑπὲρ . . . κριθῆς (1)
Hg. 2. 17 (16). ἐνεβάλλετε εἰς κυψέλην κριθῆς εἴκοσι σάτα –
— 17 (16). καὶ ἐγένετο κριθῆς δέκα σάτα –
Is. 28. 25. πυρὸν καὶ κριθήν (1)
30. 24. ἄχυρα ἀναπεποιημένα ἐν κριθῇ λελικμημένῃ [A S -να] –
Je. 48 (41). 8. θησαυροὶ ἐν ἀγρῷ πυροὶ καὶ κριθαί (1)
Ez. 4. 9. λάβε σεαυτῷ πυροὺς καὶ κριθάς (1)
13. 19. ἕνεκεν δρακὸς κριθῶν (1)
45. 13. τὸ ἕκτον αὐτοῦ τοῦ οἰφὶ ἀπὸ τοῦ [A *add.* γομὸρ] κόρου τῶν κρ. (1)
[**Aq.**, **Sm.** Je. 41 (48). 8: Ho. 3. 2 *bis.*]
[**Th.** Ho. 3. 2 *bis.*]
[**Al.** Le. 27. 16.]

κρίθινος. (1) שְׂעֹרָה

Nu. 5. 15. τὸ δέκατον τοῦ οἰφὶ ἄλευρον κρ. (1)
Jd. 5. 8. A ὡς ἄρτον κρ. †
7. 13. ἰδοὺ μαγὶς ἄρτου κρ. (1)
IV Ki. 4. 42. εἴκοσι ἄρτους κρ. (1)
Ez. 4. 12. ἐγκρυφίαν κρίθινον φάγεσαι αὐτά (1)

κρίκος. (1) אַנְמוֹן (2) אֹזֶן (3) וָו (4) קֶרֶס

Ex. 26. 6. ποιήσεις κρίκους πεντήκοντα χρυσοῦς (4)
— 6. συνάψεις τὰς αὐλαίας . . . τοῖς κρ. (4)
— 11. ποιήσεις κρίκους χαλκοῦς πεντήκοντα (4)
— 11. συνάψεις τοὺς κρ. ἐκ τῶν ἀγκυλῶν (4)
27. 10. οἱ κρ. αὐ. καὶ αἱ ψαλίδες ἀργυραῖ (3)
— 11. οἱ κρ. καὶ αἱ ψαλίδες τῶν στύλων (3)
37. 6 (36. 38). τοὺς στύλους αὐτῶν πέντε καὶ τοὺς κρ. [A κρ. αὐτῶν] (3)
38. 19. τοὺς κρ. τῆς σκηνῆς χρυσοῦς –
— 19. καὶ τοὺς κρ. τῆς αὐλῆς καὶ κρίκους εἰς τὸ ἐκτείνειν –, –
Jb. 38. 6. ἐπὶ τίνος οἱ κρ. [A στῦλοι] αὐτῆς πεπήγασι (2)
40. 21 (26). εἰ [A καὶ, R ἢ] δήσεις κρίκον [A εἰλήσεις κλοιόν] (1)
Is. 58. 5. οὐδ' ἂν κάμψῃς ὡς κρίκον τὸν τράχηλόν σου (1)
[**Aq.** Ex. 35. 11.]
[**Sm.** Is. 37. 29.]
[**Th.** Jb. 40. 21 (26).]
[**Al.** Ex. 26. 33.]

κρίμα. (1) *a.* אֵמֶר *b.* אִמְרָה (2) דָּבָר (3) דִּין (4) *a.* חֹק *b.* חֻקָּה (5) פֵּשֶׁר (6) צְדָקָה (7) *a.* שֶׁפֶט *b.* מִשְׁפָּט *c.* שְׁפַט po.

Ex. 18. 22. τὰ δὲ βραχέα τῶν κρ. κρινοῦσιν αὐτοί (2)
23. 6. οὐ διαστρέψεις κρίμα πένητος (7 *b*)
Le. 18. 4. τὰ κρ. μου ποιήσετε (7 *b*)
— 5. φυλάξεσθε . . . πάντα τὰ κρ. μου (7 *b*)
20. 22. φυλάξασθε . . . τὰ κρ. μου (7 *b*)
26. 15. καὶ τοῖς κρ. μου προσοχθίσῃ ἡ ψυχὴ ὑμῶν (7 *b*)
— 43. τὰ κρ. μου ὑπερεῖδον (7 *b*)
— 46. ταῦτα τὰ κρ. μου (4 *a*)
Nu. 35. 24. κρινεῖ ἡ συναγωγὴ . . . κατὰ τὰ κρ. ταῦτα (7 *b*)
— 29. ἔσται ταῦτα ὑμῖν εἰς δικαίωμα κρίματος (7 *b*)
36. 13. τὰ δικαιώματα καὶ τὰ κρ. (7 *b*)
De. 4. 1. ἄκουε . . . τῶν κρ. [A ῥημάτων] (7 *b*)
— 8. δικαιώματα καὶ κρ. δίκαια (7 *b*)
— 45. A B^2 R καὶ τὰ κρ. (7 *b*)
5. 1. ἄκουε Ἰσραὴλ . . . τὰ κρ. (7 *b*)
— 31 (28): 6. 1. τὰ δικαιώματα καὶ τὰ κρ. (7 *b*)
6. 3. τὰ δικαιώματα καὶ τὰ κρ. –
— 20. τὰ δικαιώματα καὶ τὰ κρ. (7 *b*)
— 24. A τὰς ἐντολὰς καὶ τὰ κρ. [B *al.*] (4 *a*)
7. 11. τὰ δικαιώματα καὶ τὰ κρ. ταῦτα [B^1 αὐτοῦ] (7 *b*)
8. 11. τὰ κρ. καὶ τὰ δικαιώματα αὐτοῦ (7 *b*)
12. 1. A τὰ προστάγματα καὶ τὰ κρ. [B αἱ κρίσεις] (7 *b*)
21. 22. ἁμαρτία κρίμα θανάτου (7 *b*)
26. 16. ποιῆσαι . . . τὰ κρ. (7 *b*)
— 17. φυλάσσεσθαι . . . τὰ κρ. (7 *b*)
32. 41. ἀνθέξεται κρίματος ἡ χείρ μου (7 *b*)
Jd. 13. 12. A τί ἔσται τὸ κρ. τοῦ παιδαρίου [B *al.*] (7 *b*)
I Ki. 2. 10. καὶ ποιεῖν κρίμα –
II Ki. 8. 15. A R ἦν Δαυὶδ [B *om.*] ποιῶν κρίμα (7 *b*)
22. 23. πάντα τὰ κρ. αὐτοῦ κατεναντίον μου (7 *b*)
III Ki. 2. 3. φυλάσσειν . . . τὰ κρ. (7 *b*)
3. 11. τοῦ εἰσακούειν κρίμα (7 *b*)
— 28. ἤκουσαν πᾶς Ἰσρ. τὸ κρ. τοῦτο (7 *b*)
6. 12. A καὶ τὰ κρ. μου ποιῇς (7 *b*)
10. 9. τοῦ ποιεῖν κρίμα ἐν δικαιοσύνῃ [A καὶ δικαιοσύνην] καὶ ἐν κρίμασιν αὐτῶν (7 *b*, –)
18. 28. A κατετέμνοντο κατὰ τὸ κρ. αὐτῶν [B *om.* κ. τὸ κρ. αὐ., R *al.*] (7 *b*)
IV Ki. 11. 14. εἱστήκει ὁ βασ. . . . κατὰ τὸ κρ. (7 *b*)
17. 26. οὐκ ἔγνωσαν τὸ κρ. [A τὰ κρ.] τοῦ θεοῦ (7 *b*)
— 26. οὐκ οἴδασι τὸ κρ. τοῦ θεοῦ (7 *b*)
— 27. A R φωτιοῦσιν αὐτοὺς τὸ κρ. τοῦ θεοῦ [B *om.* τ. θ.] τῆς γῆς (7 *b*)
— 33. κατὰ τὸ κρ. τῶν ἐθνῶν (7 *b*)
— 34. ἐποίουν κατὰ τὸ κρ. αὐτῶν (7 *b*)
— 37. τὰ δικαιώματα καὶ τὰ κρ. (7 *b*)
— 40. A R οὐκ ἀκούσεσθε ἐπὶ [B ἔτι] τῷ κρ. αὐτῶν (7 *b*)
I Ch. 15. 13. οὐκ ἐζητήσαμεν ἐν κρίματι (7 *b*)
16. 12. καὶ κρίματα τοῦ στόματος αὐτοῦ (7 *b*)
— 14. ἐν πάσῃ τῇ γῇ τὰ κρ. αὐτοῦ (7 *b*)
18. 14. ἦν ποιῶν κρίμα (7 *b*)
22. 13. τοῦ ποιεῖν . . . τὰ κρ. (7 *b*)
28. 7. τοῦ φυλάξασθαι . . . τὰ κρ. μου (7 *b*)
II Ch. 4. 7. κατὰ τὸ κρ. αὐτῶν (7 *b*)
— 20. κατὰ τὸ κρ. (7 *b*)
6. 39. καὶ ποιήσεις κρίματα (7 *b*)
7. 17. καὶ τὰ κρ. μου φυλάξῃ (7 *b*)
9. 8. τοῦ ποιῆσαι κρίμα [A κρίσιν] (7 *b*)
19. 10. καὶ δικαιώματα καὶ κρίματα (7 *b*)
24. 24. μετὰ Ἰωὰς ἐποίησε κρίματα (7 *a*)
30. 16. κατὰ τὸ κρ. αὐτῶν (7 *b*)
33. 8. κατὰ πάντα νόμον . . . καὶ τὰ κρ. (7 *b*)
I Es. 8. 7. δικαιώματα καὶ [A πάντα τὰ δ. κ. τὰ] κρίματα
9. 4. καὶ τὸ κρ. τῶν προκαθημένων πρεσβυτέρων
II Es. 7. 10. A R προστάγματα καὶ κρίματα [B κρίμα] (7 *b*)
— 26. τὸ κρ. ἔσται γινόμενον ἐξ αὐτοῦ (3)
Ne. 1. 7. τὰ προστάγματα καὶ τὰ κρ. (7 *b*)
8. 18. A S^2 R κατὰ τὸ κρ. (7 *b*)
9. 13. ἔδωκας αὐτοῖς κρ. εὐθέα (7 *b*)
— 29. B S ἐν τοῖς [A R *om.* ἐν τ.] κρ. σου ἡμάρτοσαν (7 *b*)
Ne. 10. 29 (30). A B καὶ κρίματα [S R τὰ κρ.] αὐ. (7 *b*)
Jb. 9. 15. τοῦ κρ. αὐτοῦ δεηθήσομαι (7 *c*)
— 19. τίς οὖν κρίματι αὐτοῦ ἀντιστήσεται (7 *b*)
13. 18. ἐγγύς εἰμι τοῦ κρ. μου (7 *b*)
14. 3. εἰσελθεῖν ἐν κρίματι (7 *b*)
19. 7. κεκράξομαι καὶ οὐδαμοῦ κρίμα (7 *b*)
— 29. εὐλαβήθητε δὴ καὶ ὑμεῖς ἀπὸ ἐπικαλύμματος [S^2 κρίματος ἐ., A κρίματος] †
23. 4. εἴποιμι [S^1 ἴδοιμι] δὲ ἐμαυτοῦ [A S^2 ἐπ' αὐτοῦ] κρίμα (7 *b*)
— 7. ἐξαγάγοι δὲ εἰς τέλος τὸ κρ. μου (7 *b*)
29. 14. ἠμφιασάμην δὲ κρίμα ἴσα διπλοΐδι (7 *b*)
31. 13. εἰ δὲ καὶ ἐφαύλισα κρίμα θεράποντός μου (7 *b*)
32. 9. οὐδ' οἱ γέροντες οἴδασι κρίμα (7 *b*)
34. 5. ὁ κύριος ἀπήλλαξέ μου τὸ κρ. (7 *b*)
— 6. ἐψεύσατο δὲ τῷ κρ. μου (7 *b*)
36. 6. κρίμα πτωχῶν δώσει (7 *b*)
— 15. κρίμα δὲ πραέων ἐκθήσει †
— 17. οὐχ ὑστερήσει δὲ ἀπὸ δικαίων κρίμα (3)
40. 3 (8). μὴ ἀποποιοῦ μου τὸ κρ. (7 *b*)
Ps. 9. 16. γινώσκεται κύριος κρίματα ποιῶν (7 *b*)
— 26 (10. 5). ἀνταναιρεῖται τὰ κρ. σου (7 *b*)
16 (17). 2. τὸ κρ. μου [S^1 μοι] ἐξέλθοι (7 *b*)
17 (18). 22. πάντα τὰ κρ. αὐτοῦ ἐνώπιόν μου (7 *b*)
18 (19). 9. τὰ κρ. κυρίου ἀληθινά (7 *b*)
35 (36). 6. τὰ κρ. σου ὡσεὶ [A S *om.*] ἄβυσσος πολλή (7 *b*)
36 (37). 6. ἐξοίσει . . . τὸ κρ. σου ὡς μεσημβρίαν (7 *b*)
47 (48). 11. ἕνεκα τῶν κρ. σου (7 *b*)
71 (72). 1. τὸ κρ. σου τῷ βασιλεῖ δός (7 *b*)
80 (81). 4. καὶ κρίμα τῷ θεῷ Ἰακώβ (7 *b*)
88 (89). 14. κρίμα ἑτοιμασία τοῦ θρόνου σου (7 *b*)
— 30. καὶ τοῖς κρ. μου μὴ πορευθῶσιν (7 *b*)
96 (97). 2. δικαιοσύνη καὶ κρίμα κατόρθωσις τοῦ θρόνου αὐτοῦ (7 *b*)
— 8. ἠγαλλιάσαντο . . . ἕνεκεν τῶν κρ. σου (7 *b*)
102 (103). 6. καὶ κρίμα πᾶσι τοῖς ἀδικουμένοις (7 *b*)
104 (105). 5. καὶ τὰ κρ. τοῦ στόματος αὐτοῦ (7 *b*)
— 7. ἐν πάσῃ τῇ γῇ τὰ κρ. αὐτοῦ (7 *b*)
118 (119). 7. ἐν τῷ μεμαθηκέναι με τὰ κρ. τῆς δικαιοσύνης σου (7 *b*)
— 13. ἐξήγγειλα πάντα τὰ κρ. τοῦ στόματός σου (7 *b*)
— 20. τοῦ ἐπιθυμῆσαι τὰ κρ. [S^1 εἰς τὰ δικαιώματά] σου (7 *b*)
— 30. τὰ κρ. σου οὐκ ἐπελαθόμην (7 *b*)
— 39. τὰ κρ. σου χρηστά (7 *b*)
— 43. ἐπὶ τοῖς κρ. [S^1 τὰ κρ.] σου ἐπήλπισα (7 *b*)
— 52. ἐμνήσθην τῶν κρ. σου ἀπ' αἰῶνος, κύριε (7 *b*)
— 62. ἐπὶ τὰ κρ. τῆς δικαιοσύνης σου (7 *b*)
— 75. δικαιοσύνη τὰ κρ. σου (7 *b*)
— 102. ἀπὸ τῶν κρ. [S^1 κλιμ.] σου οὐκ ἐξέκλινα (7 *b*)
— 106. τοῦ φυλάξασθαι τὰ κρ. τῆς δικαιοσύνης σου (7 *b*)
— 108. τὰ κρ. σου δίδαξόν με (7 *b*)
— 120. ἀπὸ γὰρ τῶν κρ. σου ἐφοβήθην (7 *b*)
— 121. ἐποίησα κρίμα καὶ δικαιοσύνην (7 *b*)
— 132. κατὰ τὸ κρ. τῶν ἀγαπώντων τὸ ὄνομά σου (7 *b*)
— 149. κατὰ τὸ κρ. σου ζῆσόν με (7 *b*)
— 156. κατὰ τὸ κρ. [S^1 τὰ κρ.] σου ζῆσόν με (7 *b*)
— 160. πάντα τὰ κρ. τῆς δικαιοσύνης σου (7 *b*)
— 164. ἐπὶ τὰ κρ. τῆς δικαιοσύνης σου (7 *b*)
— 170. A κατὰ τὸ κρ. σου ζῆσόν με [S R *al.*] (1 *b*)
— 175. τὰ κρ. σου βοηθήσει μοι (7 *b*)
145 (146). 7. ποιοῦντα κρίμα τοῖς ἀδικουμένοις (7 *b*)
147. 8 (19). δικαιώματα καὶ κρίματα αὐ. τῷ Ἰσρ. (7 *b*)
— 9 (20). τὰ κρ. αὐτοῦ οὐκ ἐδήλωσεν αὐτοῖς (7 *b*)
149. 9. τοῦ ποιῆσαι ἐν αὐτοῖς κρίμα ἔγγραπτον (7 *b*)
Pr. 1. 3. καὶ κρίμα κατευθύνειν (7 *b*)
2. 9. συνήσεις δικαιοσύνην καὶ κρίμα (7 *b*)
8. 8. A μετὰ δικαιοσύνης πάντα τὰ κρ. [B S ῥήματα] τοῦ στόματός μου (1 *a*)
12. 5. λογισμοὶ δικαίων κρίματα (7 *b*)
21. 15. A S R εὐφροσύνη δικαίων ποιεῖν [B ποιεῖ] κρίμα (7 *b*)
28. 5. ἄνδρες κακοὶ οὐ συνήσουσι [B^2 S νοήσουσιν] κρίμα (7 *b*)
Ec. 5. 7. ἐὰν . . . ἁρπαγὴν κρίματος . . . ἴδῃς ἐν χώρᾳ (7 *b*)
Wi 12. 12. τίς ἀντιστήσεται τῷ κρ. σου
15. 2. S^1 εἰδότες σου τὸ κρ. [A B S^2 κράτος]
Si. 17. 12. τὰ κρ. αὐτοῦ ὑπέδειξεν αὐτοῖς

Si. 18. 14. τοὺς κατασπεύδοντας ἐπὶ τὰ κρ. αὐτοῦ
19. 25. ἔστι διαστρέφων χάριν τοῦ ἐκφᾶναι κρίμα
20. 4. οὕτως ὁ ποιῶν ἐν [S¹ om.] βίᾳ κρίματα
21. 5. τὸ κρ. αὐτοῦ κατὰ σπουδὴν ἔρχεται
30. 20. B² οὕτως ὁ ποιῶν ἐν βίᾳ κρίματα
35 (32). 16. οἱ φοβούμενοι κύριον εὑρήσουσι κρίμα [S¹ χάριν]
38. 22. μνήσθητι τὸ κρ. αὐτοῦ [A μου, S om.]
— 33. διαθήκην κρίματος οὐ [S¹ σου] διανοηθήσονται οὐδὲ μὴ ἐκφανῶσι δικαιοσύνην [A S παιδίαν] καὶ κρίμα
41. 2. καλόν [S² ὡς κ.] σου τὸ κρ. ἐστιν
— 3. μὴ εὐλαβοῦ κρίμα θανάτου
— 3. τοῦτο τὸ [A om.] κρ. παρὰ κυρίου πάσῃ σαρκί
42. 2. περὶ κρίματος δικαιῶσαι τὸν ἀσεβῆ
— 15. S² γέγονεν ἐν εὐλογίᾳ αὐτοῦ κρίμα
43. 10. A S R ἐν λόγοις ἁγίου [B -ίοις] στήσονται κατὰ κρίμα [? κατάκρ.]
— 13. ταχύνει ἀστραπὰς κρίματος αὐτοῦ
45. 5. διδάξαι . . . κρίματα αὐτοῦ τὸν Ἰσραήλ
— 17. ἐξουσίαν ἐν διαθήκαις κριμάτων
48. 7. ἐν Χωρὴβ κρίματα ἐκδικήσεως
Ho. 2. 19 (21). ἐν κρίματι καὶ ἐν ἐλέει (7 b)
5. 1. διότι πρὸς ὑμᾶς ἐστι τὸ κρ. (7 b)
— 11. κατεπάτησε τὸ [A om.] κρ. (7 b)
6. 6 (5). καὶ τὸ κρ. μου ὡς φῶς ἐξελεύσεται (7 b)
10. 4. ἀνατελεῖ ὡς ἄγρωστις κρίμα (7 b)
12. 6 (7). ἔλεον καὶ κρίμα φυλάσσου (7 b)
Am. 5. 7. ὁ ποιῶν εἰς ὕψος κρίμα (7 b)
— 15. καὶ ἀποκαταστήσατε ἐν πύλαις κρίμα (7 b)
— 24. καὶ κυλισθήσεται ὡς ὕδωρ κρίμα (7 b)
6. 13 (12). ἐξεστρέψατε εἰς θυμὸν κρίμα (7 b)
Mi. 3. 1. οὐχ ὑμῖν ἐστι τοῦ γνῶναι τὸ κρ. (7 b)
— 8. ἐν πνεύματι κυρίου καὶ κρίματος (7 b)
— 9. οἱ βδελυσσόμενοι κρίμα (7 b)
6. 8. ἀλλ' ἢ τοῦ ποιεῖν κρίμα (7 b)
7. 9. καὶ ποιήσει [A ἀποίσει] τὸ κρ. μου (7 b)
Hb. 1. 4. καὶ οὐ διεξάγεται εἰς τέλος κρίμα (7 b)
— 4. ἐξελεύσεται τὸ κρ. διεστραμμένον (7 b)
— 7. ἐξ αὐτοῦ τὸ κρ. αὐτοῦ ἔσται (7 b)
— 12. εἰς κρίμα τέταχας αὐτό [A αὐτόν] (7 b)
Ze. 2. 3. κρίμα ἐργάζεσθε (7 b)
3. 5. πρωῒ πρωῒ δώσει κρίμα [A τὸ κρ.] αὐτοῦ (7 b)
— 8. τὸ κρ. μου εἰς συναγωγὰς ἐθνῶν (7 b)
Za. 7. 9. κρίμα δίκαιον κρίνατε (7 b)
8. 16. κρίμα εἰρηνικὸν [A δίκαιον] κρίνατε (7 b)
Is. 1. 27. μετὰ γὰρ κρίματος σωθήσεται (7 b)
5. 16. ὑψωθήσεται κύριος σαβαὼθ ἐν κρίματι (7 b)
9. 7 (6). ἐν κρίματι καὶ ἐν δικαιοσύνῃ [A S δ. κ. ἐν κρ.] (7 b [6])
10. 2. ἁρπάζοντες κρ. [S -ματα] πενήτων τοῦ λαοῦ μου (7 b)
16. 5. κρίνων καὶ ἐκζητῶν κρίμα (7 b)
28. 26. παιδευθήσῃ κρίματι θεοῦ σου [S¹ κρ. θ. σ.] (7 b)
32. 16. ἀναπαύσεται ἐν τῇ ἐρήμῳ κρ. (7 b)
Je. 4. 12. λαλῶ κρίματα πρὸς αὐτούς (7 b)
5. 1. εἰ ἔστι ποιῶν κρ. (7 b)
7. 5. A ποιοῦντες ποιήσητε κρ. [B S κρίσιν] (7 b)
8. 7. ὁ δὲ λαός μου οὐκ ἔγνω τὰ κρ. κυρίου (7 b)
9. 24 (23). A²BS ἐγώ εἰμι κύριος ὁ ποιῶν ἔλεος καὶ κρ. (7 b)
12. 1. κρίματα λαλήσω πρὸς σέ (7 b)
21. 12. κρίνατε πρωῒ κρ. (7 b)
22. 13. ὁ οἰκοδομῶν . . . τὰ ὑπερῷα αὐτοῦ οὐκ ἐν κρίματι (7 b)
— 15. βέλτιόν [A S add. ἦν] σε ποιεῖν κρ. (7 b)
23. 5. ποιήσει κρ. καὶ δικαιοσύνην ἐπὶ τῆς γῆς (7 b)
26 (46). 28. παιδεύσω σε εἰς κρ. [A κρίσιν] (7 b)
28 (51). 9. ἤγγικεν εἰς οὐρανὸν τὸ κρ. αὐτῆς (7 b)
— 10. ἐξήνεγκε κύριος τὸ κρ. αὐτοῦ (6)
37 (30). 18. ὁ λαὸς κατὰ τὸ κρ. αὐ. καθεδεῖται (7 b)
39 (32). 7. A S σοὶ κρ. [B κρίσις] παραλαβεῖν εἰς κτῆσιν (7 b)
— 8. σοὶ κρ. κτήσασθαι αὐτόν [A al.] (7 b)
Ez. 5. 8. ποιήσω ἐν μέσῳ σου κρ. ἐνώπιον τῶν ἐθνῶν (7 b)
— 10. ποιήσω ἐν σοὶ κρίματα (7 a)
— 15. ἐν τῷ ποιῆσαί με ἐν σοὶ κρίματα (7 a)
7. 27. ἐν [A om.] τοῖς κρ. αὐ. ἐκδικήσω αὐτούς (7 b)
11. 9. ποιήσω ἐν ὑμῖν κρίματα (7 a)
18. 5. A R ὁ ποιῶν κρ. καὶ [B om. κρ. κ.] δικαιοσύνην (7 b)
— 8. κρ. δίκαιον ποιήσει (7 b)
— 27. ποιήσῃ κρ. καὶ δικαιοσύνην (7 b)
22. 29. οὐκ ἀναστρεφόμενοι μετὰ κρίματος (7 b)

Ez. 23. 24. δώσω πρὸ προσώπου αὐ. κρ. καὶ ἐκδικήσουσί σε ἐν τοῖς κρ. αὐ. (7 b, 7 b)
28. 22. ἐν τῷ ποιῆσαί με ἐν σοὶ κρίματα (7 a)
— 26. ὅταν ποιήσω κρ. (7 a)
30. 19. ποιήσω κρ. ἐν Αἰγύπτῳ (7 a)
33. 2. A ἐφ' ἣν ἂν ἐπαγάγω κρ. αἵματος [B ἐπάγω ῥομφαίαν] †
— 14. ποιήσῃ κρ. καὶ δικαιοσύνην (7 b)
— 16. κρ. καὶ δικαιοσύνην ἐποίησεν (7 b)
— 19. ποιήσῃ κρ. καὶ δικαιοσύνην (7 b)
34. 16. βοσκήσω αὐτὰ μετὰ κρίματος (7 b)
36. 27. τὰ κρ. μου φυλάξησθε (7 b)
37. 24. τὰ κρ. μου φυλάξονται (4 b)
44. 24. τὰ κρ. μου κρινοῦσι (7 b)
45. 9. κρ. καὶ δικαιοσύνην ποιήσατε (7 b)
Da. LXX. Su. 9. μηδὲ μνημονεύειν κρ. δικαίων
3. (28). καὶ κρίματα ἀληθείας ἐποίησας
9. 5. παρέβημεν . . . τὰ κρ. σου (7 b)
Da. TH. Su. 9. μηδὲ μνημονεύειν κρ. δικαίων
3. (28). κρίματα ἀληθείας ἐποίησας
5. 16. δύνασαι κρίματα συγκρῖναι (5)
7. 22. τὸ κρ. ἔδωκεν ἁγίοις ὑψίστου (3)
9. 5. ἐξεκλίναμεν . . . ἀπὸ τῶν κρ. σου (7 b)
— 26. κρίμα οὐκ ἔστιν ἐν αὐτῷ –
● I Ma. 2. 24. ἀνήνεγκε θυμὸν κατὰ τὸ κρ.
— 29. ζητοῦντες δικαιοσύνην καὶ κρίμα

[Aq. Dt. 33. 10: III Ki. 18. 28: Jb. 34. 5: Ps. 88 (89). 15: 149. 9: Is. 28. 26: 32. 1: 61. 8: Je. 49. 12 (29. 13): 52. 9: Ez. 5. 6: 20. 11: 21. 27 (32): 23. 10.]
[Sm. Jb. 34. 5: Ps. 7. 7: 88 (89). 15: 98 (99). 4: 118 (119). 121: Is. 5. 16: 28. 26: 32. 1: Je. 22. 15: 49. 12 (29. 13): Ez. 18. 8, 17: 20. 11.]
[Th. Jd. 13. 12: Jb. 9. 15: 34. 23: Is. 5. 16: 28. 26: 32. 1: Je. 33 (40). 15: 39 (46). 5: 48 (31). 47: 49. 12 (29. 13): Ez. 5. 6: 18. 17: 20. 11: 23. 10: Da. 9. 26.]
[Al. I Ki. 2. 13: 8. 9: Ps. 9. 17.]

κρίνειν. (1) אָשַׁם hi. (2) בָּחַן (3) *a.* דִּין qal. *b.* ni. *c.* pe. *d.* דִּין subst. *e.* דַּיָּן *f.* **κρ. εἰκῆ** גֵּרָה מָדוֹן (4) דָּרַשׁ (5) כּוּן hi. (6) מַשְׂאֵת (7) הַחֲוֵא פְּשַׁר (8) רִיב *a.* verb. *b.* subst. *c.* רוּב (9) שָׁמַע (10) שָׁפַט *a.* qal. *b.* ni. *c.* מִשְׁפָּט *d.* בַּעַל מִשְׁפָּט (11) שׂוּם טְעֵם (12) חָתַךְ ni. (13) **δίκαιον κρ.** צָדַק hi.

Ge. 15. 14. τὸ δὲ ἔθνος . . . κρινῶ ἐγώ (3 a)
16. 5. κρίναι ὁ θεὸς ἀνὰ μέσον ἐμοῦ καὶ σοῦ (10 a)
18. 25. ὁ κρίνων πᾶσαν τὴν γῆν (10 a)
19. 9. μὴ καὶ κρίσιν κρῖναι (10 a)
26. 21. ἐκρίνοντο δὲ καὶ περὶ ἐκείνου (8 a)
30. 6. ἔκρινέ μοι ὁ θεός (3 a)
31. 53. ὁ θεὸς . . . κρινεῖ ἀνὰ μέσον ἡμῶν (10 a)
49. 16. Δὰν κρινεῖ τὸν λαὸν αὐτοῦ (3 a)
Ex. 5. 21. ἴδοι ὁ θεὸς ὑμᾶς καὶ κρίναι (10 a)
18. 13. συνεκάθισε Μ. κρίνειν τὸν λαόν (10 a)
— 22. κρινοῦσι τὸν λαὸν πᾶσαν ὥραν (10 a)
— 22. τὰ δὲ βραχέα τῶν κριμάτων κρινοῦσιν αὐτοί (10 a)
— 26. ἐκρίνοσαν [A -ον] τὸν λαὸν πᾶσαν ὥραν (10 a)
— 26. πᾶν δὲ ῥῆμα ἐλαφρὸν ἐκρίνοσαν [A -ον] (10 a)
Le. 19. 15. ἐν δικαιοσύνῃ κρινεῖς τὸν πλησίον σου (10 a)
Nu. 35. 24. καὶ κρινεῖ ἡ συναγωγή (10 a)
De. 1. 16. κρίνατε [A -ετε] δικαίως ἀνὰ μέσον ἀνδρός (10 a)
— 17. κατὰ τὸν μέγαν κρινεῖς (9)
16. 18. κρινοῦσι τὸν λαὸν κρίσιν δικαίαν (10 a)
25. 1. A R καὶ κρίνωσι (10 a)
32. 36. κρινεῖ κύριος τὸν λαὸν αὐτοῦ (3 a)
Jd. 3. 10. καὶ ἔκρινε τὸν Ἰσρ. (10 a)
— 30. καὶ ἔκρινεν αὐτοὺς Α. –
4. 4. αὕτη ἔκρινε τὸν Ἰσρ. (10 a)
— 5. A ἀνέβαινον . . . ἐκεῖ τοῦ κρίνεσθαι [B εἰς κρίσιν] (10 c)
8. 1. A ἐκρίνοντο μετ' αὐτοῦ κραταιῶς [B al.] (8 a)
10. 2, 3. καὶ ἔκρινε τὸν Ἰσρ. (10 a)
11. 27. A R κρίναι κύριος ὁ [B om.] κρίνων σήμερον (10 a, 10 a)
12. 7. ἔκρινε Ἰ. τὸν Ἰσρ. (10 a)
— 8. ἔκρινε μετ' αὐτὸν τὸν Ἰσρ. Ἀβ. (10 a)
— 9. καὶ ἔκρινε τὸν Ἰσρ. (10 a)

Jd. 12. 11. καὶ ἔκρινε μετ' αὐτὸν τὸν Ἰσρ. (10 a)
— 11. A καὶ ἔκρινεν τὸν Ἰσρ. (10 a)
— 13. καὶ ἔκρινε μετ' αὐτὸν τὸν Ἰσρ. Ἀβ. (10 a)
— 13 (14): 15. 20: 16. 31. ἔκρινε τὸν Ἰσρ. (10 a)
21. 22. κρίνεσθαι πρὸς ὑμᾶς (8 a, 8 c*)
Ru. 1. 1. ἐν τῷ κρίνειν τοὺς κριτάς (10 a)
I Ki. 2. 10. αὐτὸς κρινεῖ ἄκρα γῆς (3 a)
4. 18. ἔκρινε τὸν Ἰσρ. εἴκοσι ἔτη (10 a)
24. 16. καὶ κρίναι τὴν κρίσιν μου (8 a)
25. 39. ὃς ἔκρινε τὴν κρίσιν τοῦ ὀνειδισμοῦ μου (8 a)
II Ki. 18. 19. ἔκρινε κύριος ἐκ χειρὸς τῶν ἐχθρῶν αὐτοῦ (10 a)
— 31. ἔκρινέ σοι κύριος σήμερον (10 a)
19. 9 (10). ἦν πᾶς ὁ λαὸς κρινόμενος (3 b)
III Ki. 3. 9. τίς δυνήσεται κρίνειν τὸν λαόν σου (10 a)
— 28. τὸ κρίμα τοῦτο ὃ [A om.] ἔκρινεν ὁ βασ. (10 a)
7. 7. οὗ κρινεῖ ἐκεῖ (10 a)
8. 32. κρινεῖς τὸν λαόν σου Ἰσρ. (10 a)
IV Ki. 15. 5. κρίνων [A -ειν] τὸν λαὸν τῆς γῆς (10 a)
23. 22. οἳ ἔκρινον [A -αν] τὸν Ἰσρ. (10 a)
I Ch. 16. 33. ἦλθε κρῖναι τὴν γῆν (10 a)
II Ch. 1. 10. τίς κρινεῖ τὸν λαόν σου τὸν μέγαν τοῦτον (10 a)
— 11. ὅπως κρίνῃς τὸν λαόν μου (10 a)
6. 23. καὶ κρινεῖς τοὺς δούλους σου (10 a)
19. 6. οὐκ ἀνθρώπῳ ὑμεῖς κρίνετε (10 a)
— 8. κρίνειν τοὺς κατοικοῦντας ἐν Ἱερ. (8 a)
20. 12. οὐ κρινεῖς ἐν αὐτοῖς (10 a)
24. 6. τοῦ εἰσενέγκαι . . . τὸ κεκριμένον ὑπὸ Μωυσῆ (6)
— 22. ἴδοι κύριος καὶ κρινάτω [A -έτω] (4)
26. 21. κρίνων τὸν λαὸν τῆς γῆς (10 a)
I Es. 3. 9. ὃν ἂν [A om.] κρίνῃ ὁ βασ.
6. 21. A R νῦν οὖν εἰ [B om.] κρίνεται
— 22. καὶ κρίνηται τῷ κυρίῳ βασ. ἡμῶν
8. 10. τὰ φιλάνθρωπα ἐγὼ κρίνας
— 94. ὡς ἐκρίθη σοι
II Es. 4. 9. τάδε ἔκρινε Ῥεούμ –
7. 25. ἵνα ὦσι κρίνοντες παντὶ τῷ λαῷ (3 e, 3 c*)
To. 3. 2. κρίσιν ἀληθινὴν καὶ δικαίαν σὺ κρίνεις εἰς τὸν αἰῶνα [S al.]
7. 12. S ἐκ τοῦ οὐρανοῦ κέκριταί σοι
Ju. 2. 3. ἔκριναν ὀλεθρεῦσαι πᾶσαν σάρκα
7. 24. κρίναι ὁ θεὸς ἀνὰ μέσον ἡμῶν καὶ ὑμῶν
11. 13. τὰς ἀπαρχὰς . . . κεκρίκασιν ἐξαναλῶσαι
Jb. 7. 18. A B S² εἰς ἀνάπαυσιν αὐτὸν κρινεῖς (2)
8. 3. μὴ ὁ κύριος ἀδικήσει κρίνων (10 c)
9. 3. ἐὰν γὰρ βούληται κριθῆναι αὐτῷ [A μετ' αὐτοῦ] (8 a)
10. 2. διὰ τί με οὕτως ἔκρινας [A -ες] (8 a)
13. 19. τίς γάρ ἐστιν ὁ κριθησόμενός μοι (8 a)
17. 10. S² οὐ μὴν δὲ ἀλλὰ πάντες κρίνατε [A B ἐρείδετε] †
22. 13. ἦ κατὰ τοῦ γνόφου κρίνει (10 a)
23. 13. εἰ δὲ καὶ αὐτὸς ἔκρινεν οὕτως †
27. 2. ὃς οὕτω με κέκρικε (10 c)
31. 13. κρινομένων αὐτῶν πρὸς μέ (8 a)
35. 14. κρίθητι δὲ ἐναντίον αὐτοῦ (3 a)
36. 31. ἐν γὰρ αὐτοῖς κρινεῖ λαούς (3 a)
37. 23. ὁ τὰ δίκαια κρίνων (10 c)
39. 32 (40. 2). S² μὴ κρίσιν μετὰ ἱκανοῦ κρίνεις [A B ἐκκλίνει, S¹ ἐκκλίνειν] †
— 34 (40. 4). τί ἔτι ἐγὼ κρίνομαι –
Ps. 2. 10. παιδεύθητε πάντες οἱ κρίνοντες τὴν γῆν (10 a)
5. 10. κρῖνον αὐτούς, ὁ θεός (1)
7. 8. κύριος κρινεῖ λαούς (3 a)
— 8. κρῖνόν με [A μοι], κύριε (10 a)
9. 4. ἐκάθισας ἐπὶ θρόνου ὁ κρίνων δικαιοσύνην (10 a)
— 8. αὐτὸς κρινεῖ τὴν οἰκουμένην ἐν δικαιοσύνῃ κρινεῖ λαοὺς ἐν εὐθύτητι (10 a, 3 a)
— 19. κριθήτωσαν ἔθνη ἐνώπιόν σου (10 b)
— 39 (10. 18). κρῖναι ὀρφανῷ καὶ ταπεινῷ (10 a)
25 (26). 1. κρῖνόν με, κύριε (10 a)
34 (35). 24. κρῖνόν με [A μοι], κύριε [S om.] (10 a)
36 (37). 33. ὅταν [A om.] κρίνηται [A -εται] αὐτῷ (10 b)
42 (43). 1. κρῖνόν με [A μοι], ὁ θεός (10 a)
50 (51). 4. ὅπως ἂν . . . νικήσῃς ἐν τῷ κρίνεσθαί σε (10 a)
53 (54). 1. ἐν τῇ δυνάμει σου κρῖνόν [S² κρίνεις] με (3 a)
57 (58). 1. εὐθεῖα κρίνετε, οἱ υἱοὶ τῶν ἀνθρώπων (10 a)
— 11. ἄρα ἐστὶν ὁ θεὸς κρίνων αὐτούς (10 a)

● = correction on page xxvi

Ps. 66 (67). 4. S[1] κρινεῖ τὴν οἰκουμένην ἐν δικαιοσύνῃ –
— 4. κρινεῖς [S -εῖ] λαοὺς ἐν εὐθύτητι (10 a)
71 (72). 2. κρίνειν τὸν λαόν σου ἐν δικαιοσύνῃ (3 a)
— 4. κρινεῖ τοὺς πτωχοὺς τοῦ λαοῦ (10 a)
74 (75). 2. ἐγὼ εὐθύτητας κρινῶ (10 a)
81 (82). 2. ἕως πότε κρίνετε ἀδικίαν (10 a)
— 3. κρίνατε ὀρφανὸν καὶ πτωχόν [A S al.] (10 a)
— 8. κρῖνον τὴν γῆν (10 a)
93 (94). 2. ὑψώθητι ὁ κρίνων τὴν γῆν (10 a)
95 (96). 10. κρινεῖ λαοὺς ἐν εὐθύτητι (3 a)
— 13. ἔρχεται κρῖναι τὴν γῆν (10 a)
— 13. κρινεῖ τὴν οἰκουμένην (10 a)
97 (98). 9. ἥκει κρῖναι τὴν γῆν (10 a)
— 9. κρινεῖ τὴν οἰκουμένην ἐν δικαιοσύνῃ (10 a)
108 (109). 7. ἐν τῷ κρίνεσθαι αὐτόν (10 b)
109 (110). 6. κρινεῖ ἐν [S[1] κρίνειν] τοῖς ἔθνεσι (3 a)
118 (119). 154. κρῖνον τὴν κρίσιν μου (8 a)
134 (135). 14. ὅτι κρινεῖ [S[1] οἰκτείρει] κύριος τὸν λαὸν αὐτοῦ (3 a)
Pr. 17. 15. ὃς δίκαιον κρίνει τὸν ἄδικον [S δίκαιον] (13)
22. 23. ὁ γὰρ κύριος κρινεῖ αὐτοῦ τὴν κρίσιν [A δίκην, S[1] ψυχήν] (8 a)
23. 11. κρινεῖ τὴν κρίσιν αὐτῶν μετὰ σοῦ (8 a)
24. 35 (30. 12). ἔκγονον κακὸν δίκαιον ἑαυτὸν κρίνει †
— 73 (31. 5). ὀρθὰ κρῖναι [A -ειν] οὐ μὴ δύνωνται τοὺς ἀσθενεῖς (3 d)
— 76 (31. 8). κρῖνε πάντας ὑγιῶς (3 d)
— 77 (31. 9). καὶ κρῖνε [A -αι, S διάκρ.] δικαίως (10 a)
28. 25. ἄπιστος [A ἄπληστος] ἀνὴρ κρινεῖ εἰκῇ (10 f)
29. 7. ἐπίσταται δίκαιος κρίνειν πενιχροῖς (3 d)
— 9. ἀνὴρ σοφὸς κρίνει ἔθνη (10 b)
— 14. βασιλέως ἐν ἀληθείᾳ κρίνοντος πτωχούς (10 a)
Ec. 3. 17. σὺν τὸν ἀσεβῆ κρινεῖ ὁ θεός (10 a)
6. 10. οὐ δυνήσεται κριθῆναι [A S τοῦ κρ.] (3 a)
Wi. 1. 1. ἀγαπήσατε δικαιοσύνην οἱ κρίνοντες τὴν γῆν
2. 22. οὐδὲ ἔκριναν γέρας ψυχῶν ἀμώμων
3. 8. κρινοῦσιν ἔθνη
6. 4. οὐκ ἐκρίνατε ὀρθῶς
8. 9. ἔκρινα τοίνυν ταύτην ἀγαγέσθαι πρὸς συμβίωσιν
9. 3. καὶ ἐν εὐθύτητι ψυχῆς κρίσιν κρίνῃ [A -ει]
11. 9. πῶς ἐν ὀργῇ [S μετ' ὀργῆς] κρινόμενοι ἀσεβεῖς ἐβασανίζοντο
12. 10. κρίνων [S[1] κείνων] δὲ κατὰ βραχὺ ἐδίδους τόπον μετανοίας
— 13. οὐκ ἀδίκως ἔκρινας
— 18. σὺ δὲ . . . ἐν ἐπιεικείᾳ κρίνεις
— 21. μετὰ πόσης [S[2] πάσης] ἀκριβείας ἔκρινας τοὺς υἱούς σου
— 22. ἵνα σου τὴν ἀγαθότητα μεριμνῶμεν κρίνοντες κρινόμενοι δὲ προσδοκῶμεν ἔλεος
Si. 4. 9. μὴ ὀλιγοψυχήσῃς ἐν τῷ κρίνειν [S κρίνεσθαί] σε
— 15. ὁ ὑπακούων [S εἰσακ.] αὐτῆς κρινεῖ ἔθνη
8. 14. κατὰ γὰρ τὴν δόξαν αὐτοῦ κρινοῦσιν αὐτῷ
16. 12. ἄνδρα κατὰ τὰ ἔργα αὐτοῦ κρίνει [A κτείνει]
32 (35). 18. κρινεῖ δικαίως [A S[1] -οις] καὶ ποιήσει κρίσιν
— 19. ἕως κρίνῃ τὴν κρίσιν τοῦ λαοῦ αὐτοῦ
42. 8. περὶ παιδείας . . . ἐσχατογήρου κρινομένου πρὸς νέους [A al.]
45. 26. κρίνειν τὸν λαὸν αὐτοῦ ἐν δικαιοσύνῃ
46. 14. ἐν νόμῳ κυρίου ἔκρινε συναγωγήν
Ho. 2. 2 (4). κρίθητε πρὸς τὴν μητέρα ὑμῶν κρίθητε (8 a, 8 a)
13. 10. κρινάτω σε ὃν εἶπας (10 a)
Mi. 3. 11. οἱ ἡγούμενοι αὐ. μετὰ δώρων ἔκρινον (10 a)
4. 3. καὶ κρινεῖ ἀνὰ μέσον λαῶν πολλῶν (10 a)
6. 1. ἀνάστηθι κρίθητι πρὸς τὰ ὄρη (8 a)
Za. 7. 9. κρίμα δίκαιον κρίνατε (10 a)
8. 16. κρίμα εἰρηνικὸν [A δίκαιον] κρίνατε [A -ετε] (10 a)
Is. 1. 17. κρίνατε ὀρφανῷ (10 a)
— 23. ὀρφανοῖς οὐ κρίνοντες (10 a)
2. 4. κρινεῖ ἀνὰ μέσον τῶν ἐθνῶν [S add. πολλῶν] (10 a)
5. 3. κρίνατε ἐν ἐμοί (10 a)
11. 3. οὐ κατὰ τὴν δόξαν κρινεῖ (10 a)
— 4. κρινεῖ ταπεινῷ κρίσιν (10 a)
16. 5. κρίνων καὶ ἐκζητῶν κρίμα (10 a)

Is. 19. 20. κρίνων σώσει αὐτούς (8 a)
41. 6. ἦλθον ἅμα κρίνων ἕκαστος τῷ πλησίον –
43. 26. μνήσθητι καὶ κριθῶμεν (10 a)
49. 25. ἐγὼ δὲ τὴν κρίσιν σου κρινῶ (8 a)
50. 8. τίς ὁ κρινόμενός μοι (8 a)
— 8. τίς ὁ κρινόμενός μοι (10 d)
51. 22. ὁ θεὸς ὁ κρίνων τὸν λαὸν αὐτοῦ (8 a)
66. 16. κριθήσεται [A καταναλωθ.] πᾶσα ἡ γῆ (10 b)
Je. 2. 9. ἔτι κριθήσομαι πρὸς ὑμᾶς καὶ πρὸς τοὺς υἱοὺς τῶν υἱῶν ὑμῶν κριθήσομαι [S[1] al.] (8 a, 8 a)
— 35. ἐγὼ κρίνομαι πρὸς σέ (10 b)
5. 28. οὐκ ἔκριναν κρίσιν ὀρφανοῦ καὶ κρίσιν χήρας οὐκ ἐκρίνοσαν (3 a, 10 a)
11. 20. κύριε κρίνων δίκαια (10 a)
21. 12. κρίνατε πρωῒ κρίμα (3 a)
22. 16. οὐκ ἔκριναν κρίσιν ταπεινῷ [A -ῶν] (3 a)
27 (50). 34. κρίσιν κρινεῖ πρὸς τοὺς ἀντιδίκους αὐτοῦ (8 a)
28 (51). 36. κρινῶ τὴν ἀντίδικόν σου (8 a)
32 (25). 31. κρίνεται αὐτὸς πρὸς πᾶσαν σάρκα [S al.] (10 b)
37 (30). 13. οὐκ ἔστι κρίνων κρίσιν σου (3 a)
La. 3. 36. καταδικάσαι ἄνθρωπον ἐν τῷ κρίνεσθαι αὐτόν (8 b)
— 59. ἔκρινας τὴν κρίσιν μου (10 a)
Ep. Je. 64. οὔτε κρίσιν κρῖναι
Ez. 7. 8. κρινῶ σε ἐν ταῖς ὁδοῖς σου (10 a)
— 14. κρίνατε τὰ σύμπαντα (5)
11. 10. ἐπὶ τῶν ὀρέων τοῦ Ἰσραὴλ κρινῶ ὑμᾶς (10 a)
— 11. A ἐπὶ τῶν ὀρεῶν τοῦ Ἰσρ. κρινῶ ὑμᾶς (10 a)
18. 30. ἕκαστον κατὰ τὴν ὁδὸν αὐτοῦ κρινῶ ὑμᾶς (10 a)
20. 36. οὕτως [A κἀγὼ] κρινῶ ὑμᾶς (10 b)
21. 30 (35). ἐν τῇ γῇ τῇ ἰδίᾳ σου κρινῶ σε (10 a)
22. 2. εἰ [A οὐ] κρινεῖς τὴν πόλιν τῶν αἱμάτων (10 a)
23. 36. οὐ κρινεῖς τὴν Ὀολάν (10 a)
24. 14. κατὰ τὰ ἐνθυμήματά σου κρινῶ σε . . . κρινῶ σε κατὰ τὰ αἵματά σου καὶ κατὰ τὰ ἐνθυμήματά σου κρινῶ σε (10 a, –, –)
33. 20. ἐν ταῖς ὁδοῖς αὐτοῦ [A κατὰ τὰς ὁ. ὑμῶν] κρινῶ ὑμᾶς (10 a)
34. 22. κρινῶ ἀνὰ μέσον κριοῦ πρὸς κριόν (10 a)
35. 11. ἡνίκα ἂν κρίνω σε (10 a)
36. 19. κατὰ τὴν ἁμαρτίαν [A τὰς ἀνομίας] αὐτῶν ἔκρινα αὐτούς (10 a)
38. 22. κρινῶ αὐτὸν θανάτῳ (10 b)
44. 24. τὰ κρίματά μου κρινοῦσι (10 a)
Da. LXX. Su. 53. καὶ κρίνειν κρίσεις θάνατον ἐπιφερούσας
2. 6. δηλώσατέ μοι τὸ ἐνύπνιον καὶ κρίνατε (7)
— 7. οἱ παῖδές σου κρινοῦσι πρὸς ταῦτα (7)
3. 10. σύ, βασιλεῦ, προσέταξας καὶ ἔκρινας (11)
— 29 (96). καὶ νῦν ἐγὼ κρίνω (11)
4. 15. τὸν ἡγούμενον τῶν κρινόντων τὰ ἐνύπνια –
— 23. ἐπάξουσι τὰ κεκριμένα ἐπὶ σέ –
9. 12. ὅσα ἔκρινας ἡμῖν (10 a)
— 24. ἑβδομήκοντα ἑβδομάδες ἐκρίθησαν (12)
Da. TH. Su. 6. ἤρχοντο πρὸς αὐτοὺς πάντες οἱ κρινόμενοι
— 53. κρίνων κρίσεις ἀδίκους
9. 12. οἳ ἔκρινον ἡμᾶς (10 a)
I Ma. 7. 42. κρῖνον αὐτὸν κατὰ τὴν κακίαν αὐτοῦ
9. 73. ἤρξατο Ἰων. κρίνειν τὸν λαόν
11. 33. A R τῷ ἔθνει τῶν Ἰ. . . . ἐκρίναμεν ἀγαθοποιῆσαι [S ἀγαθὸν ποι.]
II Ma. 6. 14. ἐφ' ἡμῶν ἔκρινεν εἶναι
11. 25. κρίνομεν τό τε ἱερὸν ἀποκατασταθῆναι αὐτοῖς
— 36. ἃ δὲ ἔκρινε προσανενεχθῆναι τῷ βασ.
13. 13. κρῖναι τὰ πράγματα
— 15. μετὰ νεανίσκων ἀρίστων κεκριμένων
15. 17. κρῖναι τὰ πράγματα
— 21. R καθὼς δὲ ἂν αὐτῷ κριθείη [A al.]
III Ma. 1. 6. ἔκρινε τὰς πλησίον πόλεις . . . παρακαλέσαι
2. 3. τοὺς ὕβρει . . . τι πράσσοντας κρίνεις
— 33. ὡς πολεμίους τοῦ ἔθνους ἔκρινον
6. 30. κρίνας αὐτοὺς . . . σωτήρια ἄγειν

[**Aq.** III Ki. 7. 7 (44) : Jb. 21. 22 : Ps. 9. 39 (10. 18) : 36 (37). 33 : 53 (54). 3 : 81 (82). 1 : 108 (109). 31 : Is. 51. 5 : Ez. 7. 27 : 20. 4 *bis* : 22. 2 *bis* : 23. 24, 36, 45.]

[**Sm.** Ge. 6. 4 (3) : Ps. 36 (37). 33 : 42 (43). 1 : 50 (51). 6 : 81 (82). 1, 8 : 108 (109). 31 : Is. 11. 3 : 25. 7 : 51. 5 : Ez. 7. 27 : 22. 2 *bis* : 23. 24, 36 : Hb. 1. 12.]

[**Th.** Is. 27. 8 : 45. 9 : 51. 5 : Ez. 7. 27 : 22. 2 *bis* : 23. 24, 36, 45.]

[**Al.** I Ki. 7. 6.]

[**Quint.** Ps. 53 (54). 3.]

κρίνον. (1) חֲבַצֶּלֶת (2) פֶּרַח (3) *a.* שׁוּשַׁן *b.* שׁוֹשַׁן *c.* שׁוֹשַׁנָּה

Ex. 25. 30 (31). τὰ κρ. . . . ἐξ αὐτῆς ἔσται (2)
— 32 (33). ἐν τῷ ἑνὶ καλαμίσκῳ σφαιρωτὴρ καὶ κρίνον (2)
— 33 (34). σφαιρωτῆρες καὶ τὰ κρ. αὐτῆς [A al.] (2)
— 34 (35). A οἱ σφαιρωτῆρες καὶ τὰ κρ. αὐτῆς –
Nu. 8. 4. ὁ καυλὸς αὐτῆς καὶ τὰ κρ. αὐ. (2)
III Ki. 7. 19. ἔργον κρίνου κατὰ τὸ αἰλάμ (3 a)
— 22. A ἐπὶ τῶν κεφαλῶν ἔργον κρίνου (3 b)
— 24 (26). B βλαστὸς κρίνου (3 b?)
— 26. A βλαστὸς κρίνου (3 b)
II Ch. 4. 5. διαγεγλυμμένα βλαστοὺς κρίνου (3 c)
Ca. 2. 1. ἐγὼ . . . κρίνον τῶν κοιλάδων (3 c)
— 2. ὡς κρίνον ἐν μέσῳ ἀκανθῶν (3 c)
— 16. ὁ ποιμαίνων ἐν τοῖς κρ. (3 c)
4. 5. οἱ νεμόμενοι ἐν κρίνοις (3 c)
5. 13. χείλη αὐτοῦ κρίνα στάζοντα σμύρναν πλήρη (3 c)
6. 1 (2). συλλέγειν κρίνα (3 c)
— 2 (3). ὁ ποιμαίνων ἐν τοῖς κρίνοις (3 c)
7. 2 (3). θημωνία σίτου πεφραγμένη ἐν κρίνοις (3 c)
Si. 39. 14. ἀνθήσατε ἄνθος ὡς κρίνον
50. 8. ὡς κρίνα ἐπ' ἐξόδων [A S -ῳ] ὕδατος
Ho. 14. 6. ἀνθήσει ὡς κρίνον (3 c)
Is. 35. 1. ἀνθείτω ὡς κρίνον (1)

[**Aq.** Ps. 44 (45). 1 : 59 (60). 1 : 68 (69). 1 : 79 (80). 1.]

[**Th.** Ps. 44 (45). 1.]

[**Al.** Ca. 2. 16.]

[**Sext.** Ca. 2. 16 : 6. 2 (3).]

κριός. (1) אַדִּיר (2) אַיִל (3) דְּכַר (4) כַּר (5) עַתּוּד (6) פַּר (7) שֶׂה

Ge. 15. 9. λάβε μοι . . . κριὸν τριετίζοντα (2)
22. 13. ἰδοὺ κριὸς εἷς κατεχόμενος ἐν φυτῷ (2)
— 13. ἔλαβε τὸν κρ. καὶ ἀνήνεγκεν αὐτόν (2)
30. 40. ἔστησεν . . . κριὸν διάλευκον †
31. 10. R οἱ κρ. ἀναβαίνοντες [A ἀ. ἦσαν] ἐπὶ τὰ πρόβατα (5)
— 12. ἴδε . . . τοὺς κρ. ἀναβαίνοντας (5)
— 38. κριοὺς τῶν προβάτων σου οὐ κατέφαγον (2)
32. 14 (15). ἐξαπέστειλεν . . . κριοὺς εἴκοσι (2)
Ex. 25. 5 : 26. 14. δέρματα κριῶν ἠρυθροδανωμένα (2)
29. 1. λήψῃ . . . κριοὺς ἀμώμους δύο (2)
— 3. προσοίσεις [B[1] -σει] . . . τοὺς δύο κρ. (2)
— 15. τὸν κρ. λήψῃ τὸν ἕνα (2)
— 15. ἐπιθήσουσιν . . . ἐπὶ τὴν κεφαλὴν τοῦ κρ. (2)
— 16. A σφάξεις τὸν κρ. [B al.] (2)
— 17. τὸν κρ. διχοτομήσεις (2)
— 18. ἀνοίσεις ὅλον τὸν κρ. (2)
— 19. λήψῃ [A om.] τὸν κρ. τὸν δεύτερον (2)
— 19. ἐπιθήσει . . . ἐπὶ τὴν κεφαλὴν τοῦ κρ. (2)
— 21. τὸ δὲ αἷμα τοῦ κρ. προσχεεῖς –
— 22. λήψῃ ἀπὸ τοῦ κρ. τὸ στέαρ αὐτοῦ (2)
— 26. λήψῃ . . . ἀπὸ τοῦ κρ. τῆς τελειώσεως (2)
— 27. ἀπὸ τοῦ κρ. τῆς τελειώσεως (2)
— 31. τὸν κρ. τῆς τελειώσεως λήψῃ (2)
— 32. ἔδονται . . . τὰ κρέα τοῦ κρ. (2)
35. 7, 23 : 39. 21 (34). δέρματα κριῶν ἠρυθροδανωμένα (2)
Le. 5. 15. κρ. ἄμωμον ἐκ τῶν προβάτων (2)
— 16. ἐν τῷ κρ. τῆς πλημμελείας (2)
— 18. κρ. ἄμωμον ἐκ τῶν προβάτων (2)
6. 5 (5. 25). κριὸν ἀπὸ τῶν προβάτων ἄμωμον (2)
— 31 (7. 1). οὗτος ὁ νόμος τοῦ κρ. τοῦ περὶ τῆς πλημμελείας –
— 32 (7. 2). σφάξουσι τὸν κρ. τῆς πλημμελείας –
8. 2. καὶ τοὺς δύο κρ. (2)
— 18. προσήγαγε Μωυσῆς τὸν κρ. (2)
— 18. ἐπέθηκεν . . . ἐπὶ τὴν κεφαλὴν τοῦ κρ. (2)
— 18. ἔσφαξε Μωυσῆς τὸν κρ. –
— 19 (20). τὸν κρ. ἐκρεανόμησε κατὰ μέλη (2)
— 20 (21). ἀνήνεγκε Μωυσῆς ὅλον τὸν κρ. (2)
— 21 (22). προσήγαγε Μ. τὸν κρ. τὸν δεύτερον κριὸν τελειώσεως (2, 2)

Le. 8. 21 (22). ἐπέθηκεν . . . ἐπὶ τὴν κεφαλὴν τοῦ κρ. (2)
— 28 (29). ἐπίθεμα . . . ἀπὸ τοῦ κρ. τῆς τελειώσεως (2)
9. 2. καὶ κριὸν εἰς ὁλοκαύτωμα (2)
— 4. καὶ κριὸν εἰς θυσίαν σωτηρίου (2)
— 18. καὶ τὸν κρ. τῆς θυσίας τοῦ σωτηρίου (2)
— 19. ἀπὸ τοῦ μόσχου καὶ τοῦ κρ. (2)
16. 3. καὶ κριὸν εἰς ὁλοκαύτωμα (2)
— 5. καὶ κρ. ἕνα εἰς ὁλοκαύτωμα (2)
19. 21. προσάξει . . . κριὸν πλημμελείας (2)
— 22. ἐξιλάσεται . . . ἐν τῷ κρ. τῆς πλημμελείας (2)
23. 18. καὶ κρ. δύο ἀμώμους (2)
Nu. 5. 8. πλὴν τοῦ κρ. τοῦ ἱλασμοῦ [A ἐξι.] (2)
6. 14. καὶ κρ. ἕνα [A *om.*] ἄμωμον εἰς σωτήριον [B[1] -αν] (2)
— 17. τὸν κρ. ποιήσει θυσίαν (2)
— 19. τὸν βραχίονα ἑφθὸν ἀπὸ τοῦ κρ. (2)
7. 15. μόσχον ἕνα ἐκ βοῶν κρ. [B[1] καὶ κρ.] ἕνα (2)
— 17. δαμάλεις δύο κριοὺς [B[1] καὶ κρ.] πέντε (2)
— 21. μόσχον ἕνα ἐκ βοῶν κρ. ἕνα (2)
— 23. δαμάλεις δύο κριοὺς πέντε (2)
— 27. μόσχον ἕνα ἐκ βοῶν κρ. ἕνα (2)
— 29. δαμάλεις δύο κριοὺς πέντε (2)
— 33. μόσχον ἕνα ἐκ βοῶν κρ. ἕνα (2)
— 35. δαμάλεις δύο κριοὺς πέντε [A *om.* κρ. π.] (2)
— 39. μόσχον ἕνα ἐκ βοῶν κρ. ἕνα (2)
— 41. δαμάλεις δύο κριοὺς πέντε (2)
— 45. μόσχον ἕνα ἐκ βοῶν κρ. ἕνα (2)
— 47. δαμάλεις δύο κριοὺς πέντε (2)
— 51. μόσχον ἕνα ἐκ βοῶν κρ. ἕνα (2)
— 53. δαμάλεις δύο κριοὺς πέντε (2)
— 57. μόσχον ἕνα ἐκ βοῶν κρ. ἕνα (2)
— 59. δαμάλεις δύο κριοὺς πέντε (2)
— 63. μόσχον ἕνα ἐκ βοῶν κρ. ἕνα (2)
— 65. δαμάλεις δύο κριοὺς πέντε (2)
— 69. μόσχον ἕνα ἐκ βοῶν κρ. ἕνα (2)
— 71. δαμάλεις δύο κριοὺς πέντε (2)
— 75. μόσχον ἕνα ἐκ βοῶν κρ. ἕνα (2)
— 77. δαμάλεις δύο κριοὺς πέντε (2)
— 81. μόσχον ἕνα ἐκ βοῶν κρ. ἕνα (2)
— 83. δαμάλεις δύο κριοὺς πέντε (2)
— 87. μόσχοι δώδεκα κριοὶ δώδεκα (2)
— 88. δαμάλεις εἴκοσι τέσσαρες κριοὶ [B[1] καὶ κρ.] ἑξήκοντα (2)
15. 6. καὶ τῷ κρ. . . . ποιήσεις [A *om.*] θυσίαν (2)
— 11. οὕτω ποιήσεις . . . τῷ κρ. τῷ ἑνί (2)
23. 1. ἑπτὰ μόσχους καὶ ἑπτὰ κρ. (2)
— 2. ἀνήνεγκε μόσχον καὶ κριόν (2)
— 4. ἀνεβίβασα μόσχον καὶ κριόν (2)
— 14. ἀνεβίβασε μόσχον καὶ κριόν (2)
— 29. ἑπτὰ μόσχους καὶ ἑπτὰ κρ. (2)
— 30. ἀνήνεγκε μόσχον καὶ κριόν (2)
28. 11. καὶ κρ. ἕνα (2)
— 12. δύο δέκατα σεμιδάλεως . . . τῷ κρ. τῷ ἑνί (2)
— 14. ἔσται τῷ κρ. τῷ ἑνί (2)
— 19. μόσχους ἐκ βοῶν δύο κρ. ἕνα (2)
— 20. δύο δέκατα τῷ κρ. τῷ ἑνί (2)
— 27. μόσχους ἐκ βοῶν δύο κρ. ἕνα (2)
— 28. δύο δέκατα τῷ κρ. τῷ ἑνί (2)
29. 2. μόσχον ἕνα ἐκ βοῶν κρ. [B[2] καὶ κρ.] ἕνα (2)
— 3. δύο δέκατα τῷ κρ. τῷ ἑνί (2)
— 8. μόσχον ἐκ βοῶν ἕνα κρ. ἕνα (2)
— 9. δύο δέκατα τῷ κρ. τῷ ἑνί (2)
— 13. προσάξετε . . . κριοὺς δύο (2)
— 14. δύο δέκατα τῷ κρ. τῷ ἑνὶ ἐπὶ τοὺς δύο κρ. (2, 2)
— 17. μόσχους δώδεκα κριοὺς δύο (2)
— 18. τοῖς μόσχοις καὶ τοῖς κρ. (2)
— 20. μόσχους ἕνδεκα κριοὺς δύο (2)
— 21. τοῖς μόσχοις καὶ τοῖς κρ. (2)
— 23. μόσχους δέκα κριοὺς δύο (2)
— 24. τοῖς μόσχοις καὶ τοῖς κρ. (2)
— 26. μόσχους ἐννέα κριοὺς δύο (2)
— 27. τοῖς μόσχοις καὶ τοῖς κρ. (2)
— 29. μόσχους ὀκτὼ κριοὺς δύο (2)
— 30. τοῖς μόσχοις καὶ τοῖς κρ. (2)
— 32. μόσχους ἑπτὰ κριοὺς δύο (2)
— 33. τοῖς μόσχοις καὶ τοῖς κρ. (2)
— 36. μόσχον ἕνα κρ. ἕνα (2)
— 37. τῷ μόσχῳ καὶ τῷ κρ. (2)
De. 32. 14. μετὰ στέατος ἀρνῶν καὶ κριῶν (2)
I Ki. 15. 22. καὶ ἡ ἐπακρόασις ὑπὲρ στέαρ κριῶν (2)
IV Ki. 3. 4. ἑκατὸν χιλιάδας κριῶν ἐπὶ πόκων [? ἐπιπ.] (2)

I Ch. 15. 26. ἔθυσαν . . . ἀν' [S[1] *om.*] ἑπτὰ κριούς (2)
29. 21. ἀνήνεγκε . . . κριοὺς χιλίους (2)
II Ch. 13. 9. πληρῶσαι τὰς χεῖρας . . . κριοῖς ἑπτά (2)
15. 11. A κριοὺς καὶ πρόβατα [B *al.*] †
17. 11. ἔφερον αὐτῷ κριοὺς προβάτων (2)
29. 21. ἀνήνεγκε μόσχους ἑπτὰ κριοὺς ἑπτά (2)
— 22. ἔθυσαν τοὺς κρ. (2)
— 32. μόσχοι ἑβδομήκοντα κριοὶ ἑκατόν (2)
I Es. 6. 29. εἰς ταύρους καὶ κριοὺς καὶ ἄρνας
7. 7. προσήνεγκαν . . . κρ. διακοσίους
8. 14. A[2] B εἰς ταύρους καὶ κριοὺς καὶ ἄρνας
— 65. A R προσήνεγκαν . . . κριοὺς ἐνενήκοντα ἕξ [B *al.*]
9. 20. καὶ εἰς ἐξιλασμὸν κριοὺς ὑπὲρ τῆς ἀγνοίας αὐτῶν
II Es. 6. 9. καὶ υἱοὺς βοῶν καὶ κριῶν (3)
— 17. προσήνεγκαν . . . κρ. διακοσίους (3)
7. 17. μόσχους κριοὺς ἀμνούς (3)
8. 35. προσήνεγκαν . . . κριοὺς ἐνενήκοντα ἕξ (2)
10. 19. A B S[2] καὶ πλημμελείας κριὸν ἐκ προβάτων (2)
To. 7. 8. ἔθυσαν κριὸν προβάτων [S *al.*]
8. 19. S καὶ κριοὺς τέσσαρας
Jb. 42. 8. λάβετε ἑπτὰ μόσχους καὶ ἑπτὰ κριούς (2)
Ps. 28 (29). 1. ἐνέγκατε τῷ κυρίῳ υἱοὺς κριῶν (2 ?)
64 (65). 13. ἐνεδύσαντο οἱ κρ. τῶν προβάτων (4 ?)
65 (66). 15. μετὰ θυμιάματος καὶ κριῶν (2)
113 (114). 4. τὰ ὄρη ἐσκίρτησαν ὡσεὶ κριοί (2)
— 6. τὰ ὄρη, ὅτι ἐσκιρτήσατε ὡσεὶ κριοί (2)
Mi. 6. 7. εἰ προσδέξεται κύριος ἐν χιλιάσι κριῶν (2)
Is. 1. 11. πλήρης εἰμὶ ὁλοκαυτωμάτων κριῶν (2)
34. 6. ἀπὸ στέατος τράγων καὶ κριῶν (2)
— 7. συμπεσοῦνται . . . οἱ κρ. καὶ οἱ ταῦροι (6)
60. 7. κριοὶ [A οἱ κρ.] Ναβαιὼθ ἥξουσι (2)
Je. 28 (51). 40. καταβίβασον [S[1] -σω] αὐτοὺς . . . ὡς κριοὺς μετ' ἐρίφων (2)
32 (25). 34. κόπτεσθε οἱ κρ. τῶν προβάτων . . . καὶ πεσεῖσθε ὥσπερ οἱ κρ. οἱ ἐκλεκτοί (1, †)
— 35. ἀπολεῖται . . . σωτηρία ἀπὸ τῶν κρ. τῶν προβάτων (1)
— 36. ἀλαλαγμὸς τῶν προβάτων καὶ τῶν κρ. [S κρ. κ. τ. πρ.] (1)
La. 1. 6. ὡς κριοὶ οὐχ εὑρίσκοντες νομήν †
Ez. 27. 21. καμήλους καὶ κριοὺς καὶ ἀμνούς [A μόσχους] (2)
34. 17. διακρινῶ ἀνὰ μέσον . . . κριῶν [A -οῦ] (2)
— 22. κρινῶ ἀνὰ μέσον κριοῦ πρὸς κριόν (7, 7)
39. 18. κριοὺς καὶ μόσχους καὶ τράγους (2)
43. 23. προσοίσουσι . . . κριὸν ἐκ προβάτων ἄμωμον (2)
— 25. ποιήσεις . . . κριὸν ἐκ προβάτων (2)
45. 23. ποιήσει [A -εις] ὁλοκαυτώματα . . . ἑπτὰ κριοὺς ἀμώμους (2)
— 24. πέμμα τῷ κρ. ποιήσεις (2)
46. 4. προσοίσει . . . κριὸν ἄμωμον (2)
— 5. πέμμα τῷ κρ. (2)
— 6. κρ. ἄμωμος ἔσται (2)
— 7. καὶ πέμμα τῷ κρ. (6)
— 11. καὶ πέμμα τῷ κρ. (2)
Da. LXX. 3. (40). ἐν ὁλοκαυτώμασι κριῶν
8. 3. εἶδον κρ. ἕνα μέγαν (2)
— 4. εἶδον τὸν κρ. κερατίζοντα (2)
— 6. ἦλθεν ἐπὶ τὸν κρ. (2)
— 7. εἶδον αὐτὸν προσάγοντα πρὸς τὸν κρ. (2)
— 7. ἐπάταξε τὸν κρ. (2)
— 7. οὐκέτι ἦν ἰσχὺς ἐν τῷ κρ. (2)
— 7. οὐκ ἦν ὁ ῥυόμενος τὸν κρ. (2)
— 20. τὸν κρ. ὃν εἶδες (2)
Da. TH. 3. (40). ὡς ἐν ὁλοκαυτώσει [A -ώμασιν] κριῶν
8. 3. καὶ ἰδοὺ κριὸς εἷς (2)
— 4. ἴδον τὸν κρ. κερατίζοντα (2)
— 6. ἦλθεν ἕως τοῦ κρ. (2)
— 7. ἴδον αὐτὸν [A *om.*] φθάνοντα ἕως τοῦ κρ. (2)
— 7. ἔπαισε τὸν κρ. (2)
— 7. οὐκ ἦν ἰσχὺς τῷ κρ. (2)
— 7. οὐκ ἦν ὁ ἐξαιρούμενος τὸν κρ. (2)
— 20. ὁ κρ. ὃν εἶδες (2)
II Ma. 12. 15. τὸν ἄτερ κριῶν . . . κατακρημνίσαντα τὴν Ἱερ.
[**Aq.** Is. 34. 6 : Da. 8. 7.]
[**Sm.** Ex. 35. 23 : Is. 34. 6.]
[**Th.** Ex. 35. 23 : Is. 34. 6 : Da. 8. 7.]

κρίσις. (1) דָּבָר (2) *a.* דִּין subst. *b.* מָדוֹן *c.* מִדְיָן *d.* מְדָן *e.* דִּין verb. (3) מִצְוָה (4) נָקָם (5) פִּשֵּׁר (6) צֶדֶק (7) רִיב *a.* verb. *b.* subst. *c.* יָרִיב (8) שָׁפַט *a.* qal. *b.* ni. *c.* שֶׁפֶט *d.* מִשְׁפָּט *e.* שִׁפּוּט (9) κρίσιν ποιεῖν נָקַם ni.

Ge. 14. 7. ἦλθοσαν ἐπὶ τὴν πηγὴν τῆς κρ. (8 *d*)
18. 19. ποιεῖν δικαιοσύνην καὶ κρίσιν (8 *d*)
— 25. οὐ ποιήσεις κρίσιν (8 *d*)
19. 9. μὴ καὶ κρίσιν κρῖναι (8 *a*)
Ex. 6. 6. λυτρώσομαι ὑμᾶς ἐν . . . κρ. μεγάλῃ (8 *c*)
15. 25. ἔθετο αὐτῷ δικαιώματα καὶ κρίσεις (8 *d*)
18. 15. ἐκζητῆσαι κρίσιν παρὰ τοῦ θεοῦ –
22. 9 (8). ἐνώπιον τοῦ θεοῦ ἐλεύσεται ἡ κρ. ἀμφοτέρων (1)
23. 2. ὥστε ἐκκλεῖσαι [A -κλῖναι] κρίσιν –
— 3. πένητα οὐκ ἐλεήσεις ἐν κρίσει (7 *b*)
— 6. οὐ διαστρέψεις κρίμα πένητος ἐν κρίσει αὐτοῦ (7 *b*)
24. 14. ἐάν τινι συμβῇ κρίσις (1)
28. 15. ποιήσεις λογεῖον τῶν κρ. (8 *d*)
— 23 (29). ἐπὶ τοῦ λογείου [A τὸ λ.] τῆς κρ. (8 *d*)
— 24 (30). θήσεις ἐπὶ τὸ λογεῖον τῆς κρ. (8 *d* ?)
— 26 (30). ἐπιθήσεις ἐπὶ τὸ λογεῖον τῆς κρ. (8 *d*)
— 26 (30). οἴσει Ἀ. τὰς κρ. τῶν υἱῶν Ἰσραήλ (8 *d*)
Le. 19. 15, 35. οὐ ποιήσετε ἄδικον ἐν κρίσει (8 *d*)
25. 18. ποιήσετε . . . πάσας τὰς κρ. μου (8 *d*)
Nu. 27. 4 (5). προσήγαγε Μ. τὴν κρ. αὐ. ἔναντι κ. (8 *d*)
— 11. ἔσται τοῦτο . . . δικαίωμα κρίσεως (8 *d*)
— 21. ἐπερωτήσουσιν αὐτὸν τὴν κρ. τῶν δήλων (8 *d*)
35. 12. ἕως ἂν στῇ . . . εἰς κρίσιν (8 *d*)
De. 1. 17. οὐκ ἐπιγνώσῃ πρόσωπον ἐν κρίσει (8 *d*)
— 17. ἡ κρ. τοῦ θεοῦ ἐστι (8 *d*)
4. 5. δέδειχα ὑμῖν δικαιώματα καὶ κρίσεις (8 *d*)
— 14. διδάξαι ὑμᾶς δικαιώματα καὶ κρίσεις (8 *d*)
10. 18. ποιῶν κρίσιν προσηλύτῳ (8 *d*)
11. 1. καὶ τὰς κρ. αὐτοῦ (3 ?)
— 32. καὶ τὰς κρ. ταύτας [A αὐτοῦ] (8 *d*)
12. 1. τὰ προστάγματα καὶ αἱ κρ. [A τὰ κρίματα] (8 *d*)
16. 18. κρινοῦσι τὸν λαὸν κρ. δικαίαν (8 *d*)
— 19. A R οὐκ ἐκκλινοῦσι κρίσιν (8 *d*)
17. 8. ἐὰν δὲ ἀδυνατήσῃ ἀπὸ σοῦ ῥῆμα ἐν κρίσει . . . ἀνὰ μέσον κρίσις κρίσεως . . . ῥήματα κρίσεως ἐν ταῖς πόλεσιν ὑμῶν (8 *d*, 2 *a*, 2 *a*, 7 *b*)
— 9. ἀναγγελοῦσί σοι τὴν κρ. (1 + 8 *d*)
— 11. κατὰ τὴν κρ. ἣν ἂν εἴπωσί σοι (8 *d*)
18. 3. αὕτη ἡ κρ. τῶν ἱερέων (8 *d*)
19. 6. τούτῳ οὐκ ἔστι κρίσις θανάτου (8 *d*)
24. 17. οὐκ ἐκκλινεῖς κρίσιν προσηλύτου (8 *d*)
25. 1. καὶ προσέλθωσιν εἰς κρίσιν (8 *d*)
27. 19. ὃς ἂν ἐκκλίνῃ κρίσιν προσηλύτου (8 *d*)
30. 10. τὰ δικαιώματα αὐτοῦ καὶ τὰς κρ. αὐτοῦ –
— 16. τὰ δικαιώματα αὐτοῦ καὶ τὰς κρ. αὐτοῦ (8 *d*)
32. 4. πᾶσαι αἱ ὁδοὶ αὐτοῦ κρίσεις (8 *d*)
33. 21. καὶ κρίσιν αὐτοῦ μετὰ Ἰσρ. (8 *d*)
Jo. 20. 3. ἕως ἂν καταστῇ . . . εἰς κρίσιν (8 *d*)
— 6. A ἕως τῆς κατὰ πρόσωπον τῆς συναγωγῆς εἰς κρίσιν (8 *d*)
— 9. ἕως ἂν καταστῇ . . . εἰς κρίσιν –
24. 25. ἔδωκεν αὐτῷ νόμον καὶ κρίσιν (8 *d*)
Jd. 4. 5. ἀνέβαινον . . . εἰς κρίσιν [A *al.*] (8 *d*)
13. 12. τίς ἔσται κρ. τοῦ παιδίου [A *al.*] (8 *d*)
18. 7. ὡς κρίσις [A κατὰ τὴν σύγκρισιν τῶν] Σ. (8 *d*)
I Ki. 24. 16. καὶ κρίναι τὴν κρ. μου (7 *b*)
25. 39. ὃς ἔκρινε τὴν κρ. τοῦ ὀνειδισμοῦ μου (7 *b*)
II Ki. 15. 2. πᾶς ἀνὴρ ᾧ ἐγένετο κρίσις ἦλθε πρὸς τὸν βασ. εἰς κρίσιν (7 *b*, 8 *d*)
— 4. ᾧ [A οὗ] ἐὰν ᾖ ἀντιλογία καὶ κρίσις (8 *d*)
— 6. τοῖς παραγινομένοις εἰς κρίσιν (8 *d*)
III Ki. 8. 49. A ποιήσεις κρίσιν αὐτῶν (8 *d*)
11. 33. A διακριβείας μου καὶ κρίσεις μου (8 *d*)
IV Ki. 1. 7. τίς ἡ κρ. τοῦ ἀνδρός (8 *d*)
17. 34. καὶ κατὰ τὴν κρ. αὐτῶν (8 *d*)
25. 6. ἐλάλησε μετ' αὐτοῦ κρίσιν (8 *d*)
I Ch. 6. 32 (17). ἔστησαν κατὰ τὴν κρ. [A κρᾶσιν] αὐ. (8 *d*)
23. 31. κατὰ τὴν κρ. ἐπ' αὐτοῖς (8 *d*)
24. 19. κατὰ τὴν κρ. αὐτῶν διὰ χειρὸς Ἀαρών (8 *d*)
II Ch. 8. 14. κατὰ τὴν κρ. Δαυίδ (8 *d*)
9. 8. A τοῦ ποιῆσαι κρίσιν [B κρίμα] (8 *d*)
19. 6. καὶ μεθ' ὑμῶν λόγοι τῆς κρ. (8 *d*)

II Ch. 19. 8. κατέστησεν Ἰωσ. . . . εἰς κρίσιν κυρίου (8 *d*)
— 10. κρ. τὴν ἐλθοῦσαν ἐφ' [A πρὸς] ὑμᾶς (7 *b*)
20. 9. ῥομφαία κρίσις θάνατος (8 *e*)
35. 13. ὤπτησαν τὸ φασὲκ . . . κατὰ τὴν κρ. (8 *d*)
I Es. 4. 40. οὐκ ἔστιν ἐν τῇ κρ. αὐτῆς οὐδὲν ἄδικον
II Es. 3. 4. ὡς ἡ κρ. (8 *d*)
To. 1. 18. S ἐν ἡμέραις τῆς κρ.
3. 2. κρ. ἀληθινὴν καὶ δικαίαν σὺ κρίνεις εἰς τὸν αἰῶνα [S *al.*]
— 5. πολλαὶ αἱ κρ. σού εἰσι καὶ ἀληθιναί
6. 12. S κατὰ τὴν κρ. τῆς βίβλου Μ. [A B *al.*]
7. 12. κομίζου αὐτὴν ἀπὸ τοῦ νῦν κατὰ τὴν κρ. [S *al.*]
— 13. S κατὰ τὴν κρ. τὴν γεγραμμένην [A B *al.*]
— 14. S κατὰ τὴν κρ. τοῦ Μ. νόμου
Ju. 9. 6. καὶ ἡ κρ. [A αἱ κρ.] σου ἐν προγνώσει
16. 17. ἐκδικήσει αὐτοὺς ἐν ἡμέρᾳ κρίσεως
Es. 1. 13. ποιήσατε οὖν περὶ τούτου νόμον καὶ κρίσιν (2 *a*)
8. 13. τὴν καταξίαν τοῦ . . . θεοῦ . . . ἀποδόντος αὐτῷ κρ.
10. 3. A B^2 S R καὶ εἰς ἡμέραν κρίσεως
Jb. 6. 29. A S^2 μὴ εἴη ἄδικον ἐν κρίσει [B S^1 *om.* ἐν κρ.] –
9. 32. ἵνα ἔλθωμεν ὁμοθυμαδὸν εἰς κρίσιν (8 *d*)
13. 6. κρίσιν [A -σει] δὲ χειλέων μου προσέχετε (7 *b*)
22. 4. συνεισελεύσεταί σοι εἰς κρίσιν (8 *d*)
34. 4. κρίσιν ἑλώμεθα ἑαυτοῖς (8 *d*)
— 12. ἢ ὁ παντοκράτωρ ταράξει κρίσιν [A τὸ δίκαιον] (8 *d*)
35. 2. τί τοῦτο ἡγήσω ἐν κρίσει (8 *d*)
39. 32 (40. 2). μὴ κρίσιν μετὰ ἱκανοῦ ἐκκλίνει [? -εῖ] (7 *a*)
Ps. 1. 5. οὐκ ἀναστήσονται οἱ ἀσεβεῖς ἐν κρίσει (8 *d*)
9. 4. ἐποίησας τὴν κρ. μου (8 *d*)
— 7. ἡτοίμασεν ἐν κρίσει τὸν θρόνον αὐτοῦ (8 *d*)
24 (25). 9. ὁδηγήσει πραεῖς ἐν κρίσει (8 *d*)
32 (33). 5. ἀγαπᾷ ἐλεημοσύνην καὶ κρίσιν (8 *d*)
34 (35). 23. πρόσχες τῇ κρ. μου (8 *d*)
36 (37). 28. κύριος ἀγαπᾷ κρίσιν (8 *d*)
— 30. ἡ γλῶσσα αὐτοῦ λαλήσει [S^1 μελετήσει] κρίσιν (8 *d*)
71 (72). 2. καὶ τοὺς πτωχούς σου ἐν κρίσει (8 *d*)
75 (76). 8. ἐκ τοῦ οὐρανοῦ ἠκούτισας κρίσιν (2 *a*)
— 9. ἐν τῷ ἀναστῆναι εἰς κρίσιν τὸν θεόν (8 *d*)
93 (94). 15. ἕως οὗ δικαιοσύνη ἐπιστρέψῃ εἰς κρίσιν (8 *d*)
98 (99). 4. A B S^2 τιμὴ βασιλέως κρίσιν ἀγαπᾷ (8 *d*)
— 4. κρίσιν καὶ δικαιοσύνην ἐν Ἰ. σὺ ἐποίησας (8 *d*)
100 (101). 1. κρίσιν ᾄσομαί σοι (8 *d*)
105 (106). 3. μακάριοι οἱ φυλάσσοντες κρίσιν (8 *d*)
110 (111). 7. ἔργα χειρῶν αὐτοῦ ἀλήθεια καὶ κρίσις (8 *d*)
111 (112). 5. οἰκονομήσει τοὺς λόγους αὐτοῦ ἐν κρίσει (8 *d*)
118 (119). 84. πότε ποιήσεις ἐκ τῶν καταδιωκόντων με κρίσιν (8 *d*)
— 137. A R εὐθεῖς αἱ κρ. [S εὐθὴς ἡ κρ.] σου (8 *d*)
— 154. κρῖνον τὴν κρ. μου (7 *b*)
121 (122). 5. ἐκεῖ ἐκάθισαν θρόνοι εἰς κρίσιν (8 *d*)
139 (140). 12. ποιήσει κύριος τὴν κρ. τοῦ πτωχοῦ (2 *a*)
142 (143). 2. μὴ εἰσέλθῃς εἰς κρίσιν μετὰ τοῦ δούλου σου (8 *d*)
Pr. 6. 19. ἐπιπέμπει κρίσεις ἀνὰ μέσον ἀδελφῶν (2 *d*)
— 34. οὐ φείσεται ἐν ἡμέρᾳ κρίσεως (4)
15. 18. μακρόθυμος ἀνὴρ κατασβέσει κρίσεις (7 *b*)
16. 10. ἐν δὲ κρίσει οὐ μὴ πλανηθῇ τὸ στόμα αὐτοῦ (8 *d*)
18. 5. οὐδὲ ὅσιον ἐκκλίνειν τὸ δίκαιον ἐν κρίσει (8 *d*)
19. 28. στόμα δὲ ἀσεβῶν καταπίεται κρίσεις †
22. 23. ὁ γὰρ κύριος κρινεῖ αὐτοῦ τὴν κρ. [A δίκην, S^1 ψυχήν] (7 *b*)
23. 11. κρινεῖ τὴν κρ. αὐτῶν μετὰ σοῦ (7 *b*)
— 29. A B S τίνι θόρυβος; τίνι κρίσις [R -εις] (2 *c*, 2 *b* *)
24. 38 (23). A B αἰδεῖσθαι πρόσωπον ἐν κρίσει οὐ καλόν (8 *d*)
— 68 (30. 33). ἐξελεύσονται κρίσεις καὶ μάχαι (7 *b*)
26. 17. οὕτως ὁ προεστὼς ἀλλοτρίας κρίσεως (7 *b*)
28. 2. δι' ἁμαρτίας ἀσεβῶν κρίσεις ἐγείρονται †
Ec. 3. 16. εἶδον ὑπὸ τὸν ἥλιον τόπον τῆς κρ. (8 *d*)
8. 5. καιρὸν κρίσεως γινώσκει καρδία σοφοῦ (8 *d*)
— 6. παντὶ πράγματί ἐστι καιρὸς καὶ κρίσις (8 *d*)
11. 9. ἐπὶ πᾶσι τούτοις ἄξει σε ὁ θεὸς ἐν κρίσει (8 *d*)
12. 14. σύμπαν τὸ ποίημα ὁ θεὸς ἄξει ἐν κρίσει (8 *d*)
Wi. 5. 18. περιθήσεται κόρυθα κρίσιν ἀνυπόκριτον
Wi. 6. 5. κρίσις ἀπότομος ἐν τοῖς ὑπερέχουσιν γίνεται
8. 11. ὀξὺς εὑρεθήσομαι ἐν κρίσει
9. 3. καὶ ἐν εὐθύτητι ψυχῆς κρίσιν κρίνῃ [A -ει]
— 5. ἐλάσσων ἐν συνέσει κρίσεως
12. 25. ὡς παισὶν ἀλογίστοις τὴν κρ. εἰς ἐμπαιγμὸν ἔπεμψας
— 26. ἀξίαν θεοῦ κρίσιν πειράσουσιν
16. 18. θεοῦ κρίσει ἐλαύνονται [A -ωνται]
17. 1. μεγάλαι γάρ σου αἱ κρ.
Si. 3. 2. κρίσιν μητρὸς ἐστερέωσεν ἐφ' υἱοῖς
11. 9. ἐν κρίσει ἁμαρτωλῶν μὴ συνέδρευε
16. 26. ἐκ κρίσει κυρίου τὰ ἔργα αὐτοῦ ἀπ' ἀρχῆς
18. 20. πρὸ κρίσεως ἐξέταζε σεαυτόν
25. 4. ὡς ὡραῖον πολιαῖς κρίσις
29. 19. διώκων ἐργολαβείας ἐμπεσεῖται εἰς κρίσεις [A ἐγγύην]
30. 38 (33. 29). ἄνευ κρίσεως μὴ ποιήσῃς μηδέν
32 (35). 18. καὶ ποιήσει κρίσιν
— 19. ἕως κρίνῃ τὴν κρ. τοῦ λαοῦ αὐτοῦ
36 (33). 13. ἀποδοῦναι αὐτοῖς κατὰ τὴν κρ. αὐτοῦ
38. 16. κατὰ δὲ τὴν κρ. αὐ. περίστειλον τὸ σῶμα αὐ.
45. 10. λογείῳ [S λόγοι] κρίσεως δήλοις ἀληθείας
Ho. 4. 1. ὅτι κρίσις [A -εις] τῷ κ. πρὸς τοὺς κατοικοῦντας τὴν γῆν (7 *b*)
12. 2 (3). καὶ κρίσις [A -εις] τῷ κ. πρὸς Ἰ. (7 *b*)
Mi. 6. 2. R ἀκούσατε ὄρη [A βουνοί, B λαοὶ] τὴν κρ. (7 *b*)
— 2. ὅτι κρίσις τῷ κ. πρὸς τὸν λαὸν αὐτοῦ (7 *b*)
Hb. 1. 3. ἐξ ἐναντίας μου γέγονε κρίσις (7 *b*)
Ma. 3. 5. προσάξω πρὸς [A *om.*] ὑμᾶς ἐν κρίσει (8 *d*)
— 5. ἐπὶ . . . τοὺς ἐκκλίνοντας κρίσιν προσηλύτου –
Is. 1. 17. ἐκζητήσατε κρίσιν (8 *d*)
— 21. πόλις πιστὴ Σιὼν πλήρης κρίσεως (8 *d*)
— 23. κρίσιν χηρῶν [A S -ρας] οὐ προσέχοντες (7 *b*)
— 24. κρίσιν ἐκ τῶν ἐχθρῶν μου ποιήσω (9)
3. 13. καταστήσεται εἰς κρίσιν κύριος καὶ στήσει εἰς κρίσιν τὸν λαὸν αὐτοῦ (7 *a*, 2 *e*)
— 14. αὐτὸς κύριος εἰς κρίσιν ἥξει (8 *d*)
4. 4. ἐν πνεύματι κρίσεως (8 *d*)
5. 7. ἔμεινα τοῦ ποιῆσαι κρίσιν (8 *d*)
10. 2. ἐκκλίνοντες κρίσιν πτωχῶν (2 *a*)
11. 4. κρινεῖ ταπεινῷ κρίσιν (6)
26. 8. ἡ γὰρ ὁδὸς κυρίου κρίσις (8 *d*)
28. 6. καταλειφθήσονται ἐπὶ πνεύματι κρίσεως ἐπὶ κρίσιν (8 *d*, 8 *d*)
— 17. θήσω κρίσιν εἰς ἐλπίδα (8 *d*)
32. 1. ἄρχοντες μετὰ κρίσεως ἄρξουσι (8 *d*)
— 7. διασκεδάσαι λόγους [A -γισμοὺς] ταπεινῶν ἐν κρίσει (8 *d*)
33. 5. ἐνεπλήσθη Σιὼν κρίσεως καὶ δικαιοσύνης (8 *d*)
— 15. ἵνα μὴ ἀκούσῃ κρίσιν αἵματος –
34. 5. ἐπὶ τὸν λαὸν τῆς ἀπωλείας μετὰ κρίσεως (8 *d*)
— 8. ἡμέρα γὰρ κρίσεως κυρίου καὶ ἐνιαυτὸς ἀνταποδόσεως κρίσεως Σιών (4, 7 *b*)
35. 4. ὁ θεὸς ἡμῶν κρίσιν ἀνταποδίδωσι (4)
40. 14. τίς ἔδειξεν αὐτῷ κρίσιν (8 *d*)
— 27. ὁ θεός μου τὴν κρ. ἀφεῖλε (8 *d*)
41. 1. κρίσιν [A -εις] ἀναγγειλάτωσαν (8 *d*)
— 21. ἐγγίζει ἡ κρ. ὑμῶν (7 *b*)
42. 1. κρίσιν [A -εις] τοῖς ἔθνεσιν ἐξοίσει (8 *d*)
— 3. εἰς ἀλήθειαν ἐξοίσει κρίσιν (8 *d*)
— 4. ἕως ἂν θῇ ἐπὶ τῆς γῆς κρίσιν (8 *d*)
49. 4. ἡ κρ. μου παρὰ κυρίῳ [A -ίου] (8 *d*)
— 25. ἐγὼ δὲ τὴν κρ. σου κρινῶ (7 *c*)
51. 4. ἡ κρ. μου εἰς φῶς ἐθνῶν (8 *d*)
— 7. ἀκούσατέ μου οἱ εἰδότες κρίσιν (6)
53. 8. ἐν τῇ ταπεινώσει ἡ κρ. αὐτοῦ ἤρθη [S^1 ἤχθη] (8 *d*)
54. 17. ἀναστήσεται ἐπὶ σὲ εἰς κρίσιν (8 *d*)
56. 1. φυλάσσεσθε κρίσιν (8 *d*)
58. 2. ὡς λαὸς . . . κρίσιν θεοῦ αὐτοῦ μὴ ἐγκαταλελοιπὼς αἰτοῦσί με νῦν κρίσιν δικαίαν (8 *d*, 8 *d*)
— 4. εἰ [A S *om.*] εἰς κρίσεις καὶ μάχας νηστεύετε (7 *b*)
59. 4. οὐδὲ ἔστι κρ. ἀληθινή (8 *b*)
— 8. οὐκ ἔστι κρ. ἐν ταῖς ὁδοῖς αὐτῶν [S^1 *al.*] (8 *d*)
— 9. ἀπέστη ἡ κρ. ἀπ' αὐτῶν (8 *d*)
— 11. ἀνεμείναμεν κρίσιν (8 *d*)
— 14. ἀπεστήσαμεν ὀπίσω τὴν κρ. (8 *d*)
— 15. οὐκ ἤρεσεν αὐτῷ ὅτι οὐκ ἦν κρ. (8 *d*)
63. 1. διαλέγομαι . . . κρίσιν σωτηρίου [S^1 -ίας] †
Je. 1. 16. λαλήσω πρὸς αὐτοὺς μετὰ κρίσεως (8 *d*)
4. 2. ζῇ κύριος μετὰ ἀληθείας ἐν κρίσει (8 *d*)
5. 4. οὐκ ἔγνωσαν . . . κρίσιν θεοῦ (8 *d*)
Je. 5. 5. αὐτοὶ ἐπέγνωσαν . . . κρίσιν θεοῦ (8 *d*)
— 28. παρέβησαν κρίσιν οὐκ ἔκριναν κρίσιν ὀρφανοῦ καὶ κρίσιν χήρας οὐκ ἐκρίνοσαν (2 *e*, 2 *a*, 8 *d*)
7. 5. ποιοῦντες ποιήσητε κρίσιν [A κρίμα] (8 *d*)
10. 24. παίδευσον ἡμᾶς . . . πλὴν ἐν κρίσει (8 *d*)
17. 11. ποιῶν πλοῦτον αὐτοῦ οὐ μετὰ κρίσεως (8 *d*)
22. 3. ποιεῖτε κρίσιν καὶ δικαιοσύνην (8 *d*)
— 16. οὐκ ἔκριναν κρίσιν ταπεινῷ [A -ῶν] οὐδὲ κρίσιν πένητος (2 *a*, –)
26 (46). 28. A παιδεύσω σε εἰς κρίσιν [B S κρίμα] (8 *d*)
27 (50). 34. κρίσιν κρινεῖ πρὸς τοὺς ἀντιδίκους αὐτοῦ (7 *a*)
31 (48). 21. κρ. ἔρχεται εἰς τὴν γῆν τοῦ Μεισώρ (8 *d*)
32 (25). 31. κρ. τῷ κ. ἐν τοῖς ἔθνεσιν (7 *b*)
33 (26). 11. κρ. θανάτου τῷ ἀνθρώπῳ τούτῳ (8 *d*)
— 16. οὐκ ἔστι τῷ ἀνθρώπῳ τούτῳ κρ. θανάτου (8 *d*)
37 (30). 13. οὐκ ἔστι κρίνων κρίσιν σου (2 *a*)
39 (32). 7. σοὶ κρίσις [A S κρίμα] παραλαβεῖν εἰς κτῆσιν (8 *d*)
52. 9. ἐλάλησεν αὐτῷ μετὰ κρίσεως (8 *d*)
La. 3. 35. τοῦ ἐκκλῖναι κρίσιν ἀνδρὸς κατέναντι προσώπου ὑψίστου (8 *d*)
— 59. ἔκρινας τὴν κρ. μου (8 *d*)
Ep. Je. 54. κρίσιν τε οὐ μὴ διακρίνωσιν ἑαυτῶν
— 64. οὐ δυνάτων ὄντων αὐτῶν οὔτε κρίσιν κρῖναι
Ez. 39. 21. ὄψονται πάντα τὰ ἔθνη τὴν κρ. μου (8 *d*)
44. 24. ἐπὶ κρίσιν αἵματος οὗτοι ἐπιστήσονται (7 *b*)
Da. LXX. Su. 6. ἤρχοντο κρίσεις ἐξ ἄλλων πόλεων πρὸς αὐτούς
— 53. καὶ κρίνειν κρίσεις θάνατον ἐπιφερούσας
2. 9. ὅτι καὶ τὴν τούτου κρ. δηλώσητε (5)
— 36. καὶ τὴν κρ. δὲ ἐροῦμεν ἐπὶ τοῦ βασ. (5)
— 45. καὶ πιστὴ ἡ τούτου κρ. (5)
3. (27). καὶ πᾶσαι αἱ κρ. σου ἀληθιναί
— (28). ἐν ἀληθείᾳ καὶ κρίσει ἐποίησας πάντα ταῦτα
— (31). ἐν ἀληθινῇ κρ. ἐποίησας
4. 20. ἡ κρ. τοῦ θεοῦ τοῦ μεγάλου ἥξει ἐπὶ σέ –
— 25. ὡς ἤκουσε τὴν κρ. τοῦ ὁράματος –
7. 16. τὴν κρ. τῶν λόγων ἐδήλωσέ μοι (5)
— 22. τὴν κρ. ἔδωκε τοῖς ἁγίοις τοῦ ὑψίστου (2 *a*)
— 26. ἡ κρ. καθίσεται (2 *a*)
Da. TH. Su. 53. κρίνων κρ. ἀδίκους
3. (27). πᾶσαι αἱ κρ. σου ἀλήθεια
— (28). ἐν ἀληθείᾳ καὶ κρίσει ἐπήγαγες ταῦτα πάντα
— (31). ἐν ἀληθινῇ κρ. ἐποίησας
4. 34. καὶ αἱ τρίβοι αὐτοῦ κρίσεις [A -ις] (2 *a*)
I Ma. 6. 22. S^1 R ἕως πότε οὐ ποιήσῃ [A S^2 -εις] κρίσιν
7. 18. οὐκ ἔστιν ἐν αὐτοῖς ἀλήθεια καὶ κρίσις
8. 32. ποιήσομεν αὐτοῖς τὴν κρ.
II Ma. 4. 43. περὶ δὲ τούτων ἐνέστη κρίσις
7. 35. οὔπω γὰρ τὴν τοῦ . . . θεοῦ κρ. ἐκπέφευγας
— 36. σὺ δὲ τῇ τοῦ θεοῦ κρ. . . . τὰ πρόστιμα . . . ἀποίσῃ
9. 4. τῆς ἐξ οὐρανοῦ δὴ κρ. συνούσης αὐτῷ
— 18. ἐπεληλύθει γὰρ ἐπ' αὐτὸν δικαία ἡ τοῦ θεοῦ κρ.
14. 18. τὴν κρίσιν δι' αἱμάτων ποιήσασθαι
— 38. κρίσιν εἰσενηνεγμένος Ἰουδαϊσμοῦ
15. 20. πάντων ἤδη προσδοκώντων τὴν ἐσομένην κρ.
III Ma. 2. 22. R δικαίᾳ περιπεπλεγμένον [A πεπληγ.] κρ.

[**Aq.** LE. 24. 22 : DT. 21. 17 : III KI. 7. 7 (44): 11. 33 : JB. 19. 29 : 34. 6, 17 : 37. 23 : PS. 9. 8 : 98 (99). 4 : 118 (119). 121, 156 : PR. 1. 3 : 19. 28 : 31. 5 : IS. 5. 16 : 10. 2 : 28. 6 *bis* : 34. 5 : 41. 1 : EZ. 23. 45.]

[**Sm.** LE. 24. 22 : DT. 21. 17 : I KI. 30. 25 : III KI. 7. 7 (44) : JB. 8. 3 : 19. 29 : 23. 4 : 27. 2 : 34. 17 : 40. 3 (8) : PS. 9. 8 : 16 (17). 2 : 32 (33). 5 : 75 (76). 9 : 111 (112). 5 : 149. 9 : PR. 1. 3 : 18. 17 : 28. 25 : 31. 8 : IS. 10. 2 : 25. 7 : 28. 6 *bis*, 7 : 34. 5 : 40. 14 : 41. 1, 21 : 59. 9, 11 : JE. 9. 24 (23) : 30 (37). 11 : 39 (46). 5 : 46 (26). 28 : EZ. 23. 45.]

[**Th.** LE. 24. 22 : DT. 21. 17 : JB. 19. 29 : 34. 6 : 39. 32 (40. 2) : PR. 1. 3 : 19. 28 : 31. 5 : IS. 10. 2 : 28. 6 *bis* : 34. 5 : 41. 1 : 54. 17 : 58. 4 : JE. 30 (37). 11 : EZ. 23. 45 : JL. 3 (4). 2, 14.]

[**Al.** LE. 5. 10 : NU. 29. 6 : DT. 17. 9 : PS. 9. 26 (10. 5) : 47 (48). 12.]

[**Quint.** PS. 118 (119). 121 : PR. 31. 5.]

[**Sext.** PS. 118 (119). 121.]

κριτήριον. (1) דִּין (2) מִשְׁפָּט
Ex. 21. 6. προσάξει αὐτὸν . . . πρὸς τὸ κρ. τοῦ θεοῦ –
Jd. 5. 10. καθήμενοι ἐπὶ κριτηρίου [A al.] †
III Ki. 7. 7. αἰλὰμ τοῦ κρ. (2)
Da. LXX. 7. 10. καὶ κριτήριον ἐκάθισε (1)
Da. TH. Su. 49. ἀναστρέψατε εἰς τὸ κρ.
7. 10. κριτήριον ἐκάθισε (1)
— 26. καὶ τὸ κρ. ἐκάθισε [A καθίσει] (1)
[Th. Da. 7. 26.]

κριτής. (1) a. דַּיָּן b. מָדוֹן (2) רַב
(3) שֵׁבֶט (4) שֹׁטֵר (5) a. שֹׁפֵט b. מִשְׁפָּט
(6) κρ. γίγνεσθαι רִיב
De. 1. 15. γραμματοεισαγωγεῖς τοῖς κρ. ὑμῶν (3)
— 16. ἐνετειλάμην τοῖς κρ. ὑμῶν (5 a)
16. 18. κριτὰς . . . ποιήσεις [A καταστήσεις] (5 a)
17. 9. ἐλεύσῃ πρὸς . . . τὸν κρ. (5 a)
— 12. ἢ τοῦ κρ. ὃς ἂν ᾖ [A γένηται] ἐν ταῖς ἡμέραις ἐκείναις (5 a)
19. 17. ἔναντι τῶν ἱερέων καὶ ἔναντι τῶν κρ. (5 a)
— 18. καὶ ἐξετάσωσιν οἱ κρ. ἀκριβῶς (5 a)
21. 2. ἡ γερουσία σου καὶ οἱ κρ. σου (5 a)
25. 2. A R καθιεῖς αὐτὸν ἔναντι τῶν κρ. [B om. ἔ. τ. κρ.] (5 a)
29. 10 (9). ἡ γερουσία ὑμῶν καὶ οἱ κρ. ὑμῶν (3 ?)
31. 28. ἐκκλησιάσατε πρὸς μὲ . . . τοὺς κρ. ὑμῶν (4 ?)
Jd. tit. κριταί (5 a)
2. 16. ἤγειρε κύριος κριτάς (5 a)
— 16 (17). τῶν κρ. [A αὐτῶν] οὐχ ὑπήκουσαν [A οὐκ ἐπ.] (5 a)
— 18. ἤγειρε κύριος αὐτοῖς κριτάς (5 a)
— 18. ἦν κύριος μετὰ τοῦ κρ. (5 a)
— 18. A ἐν χειρὶ τῶν κρ. [B al.] †
— 18. πάσας τὰς ἡμέρας τοῦ κρ. (5 a)
— 19. ὡς ἀπέθνησκεν ὁ κρ. (5 a)
— subscr. κριταί
Ru. 1. 1. ἐν τῷ κρίνειν τοὺς κρ. (5 a)
I Ki. 24. 16. γένοιτο κύριος εἰς κριτήν (1 a)
II Ki. 7. 11. ὧν ἔταξα κριτὰς ἐπὶ τὸν λαόν μου Ἰσρ. (5 a)
15. 4. τίς με καταστήσει κριτήν (5 a)
IV Ki. 23. 22. ἀφ' ἡμερῶν τῶν κρ. (5 a)
I Ch. 17. 6. A ἑνὶ τῶν κρ. Ἰσρ. (5 a)
— 10. ὧν ἔταξα κριτὰς ἐπὶ τὸν λαόν μου Ἰσρ. (5 a)
23. 4. καὶ κρ. ἑξακισχίλιοι (5 a)
28. 1. ἄρχοντας τῶν κρ. (3)
II Ch. 1. 2. καὶ τοῖς κρ. καὶ πᾶσι τοῖς ἄρχουσιν (5 a)
19. 5. καὶ κατέστησε κριτάς (5 a)
— 6. καὶ εἶπε τοῖς κρ. (5 a)
26. 11. διὰ χειρὸς . . . Μ. τοῦ κρ. (4)
34. 13. γραμματεῖς καὶ κριταί (4)
I Es. 2. 17. R καὶ κριταὶ [A κραταιοί, B om.] οἱ ἐν κοίλῃ Συρίᾳ
8. 23. ἀνάδειξον κριτὰς καὶ δικαστάς
9. 13. τοὺς πρεσβυτέρους καὶ τοὺς κρ.
II Es. 7. 25. κατάστησον . . . κριτάς (1 a)
10. 14. πρεσβύτεροι πόλεως καὶ πόλεως καὶ κριταί (5 a)
Jb. 9. 24. πρόσωπα κριτῶν αὐ. συγκαλύπτει (5 a)
12. 17. κριτὰς δὲ γῆς ἐξέστησε (5 a)
13. 8. ὑμεῖς δὲ αὐτοὶ κριταὶ γίνεσθε [A S γενέσθαι] (6)
Ps. 7. 11. ὁ θεὸς κριτὴς δίκαιος (5 a)
49 (50). 6. θεὸς [S ὁ θ.] κριτής ἐστι (5 a)
67 (68). 5. τοῦ πατρὸς τῶν ὀρφανῶν καὶ κριτοῦ τῶν χηρῶν (1 a)
74 (75). 7. ὁ θεὸς κριτής ἐστι (5 a)
140 (141). 6. S² κατεπόθησαν . . . οἱ κρ. [ABS¹ κραταιοὶ] αὐτῶν (5 a)
148. 11. ἄρχοντες καὶ πάντες κριταὶ γῆς (5 a)
Wi. 15. 7. κριτὴς ὁ πηλουργός
Si. 7. 6. μὴ ζήτει γενέσθαι κριτής
8. 14. μὴ δικάζου μετὰ κριτοῦ
10. 1. κριτὴς σοφὸς παιδεύσει τὸν λαὸν αὐτοῦ
— 2. κατὰ τὸν κρ. τοῦ λαοῦ αὐτοῦ
— 24. μεγιστὰν καὶ κριτὴς καὶ δυνάστης
32 (35). 12. κύριος κριτής ἐστι
41. 18. ἀπὸ κριτοῦ καὶ ἄρχοντος περὶ πλημμελείας
46. 11. A S² R καὶ οἱ κρ. ἕκαστος [B S¹ -ῳ] τῷ αὐτοῦ ὀνόματι
Ho. 7. 7. καὶ κατέφαγον τοὺς κριτὰς αὐ. [A al.] (5 a)
Am. 2. 3. καὶ ἐξολεθρεύσω κριτὴν ἐξ αὐτῆς (5 a)
Mi. 7. 3. ὁ κριτὴς εἰρηνικοὺς λόγους ἐλάλησε (5 a)
Hb. 1. 3. γέγονε κρίσις καὶ ὁ κριτὴς λαμβάνει (1 b)
Ze. 3. 3. οἱ κριταὶ αὐτῆς ὡς λύκοι τῆς Ἀραβίας (5 a)
Is. 1. 26. ἐπιστήσω τοὺς κρ. σου ὡς τὸ πρότερον (5 a)
30. 18. κρ. κύριος ὁ θεὸς ὑμῶν [A S ἡμῶν ἐστι] (5 b)
33. 22. οὐ παρελεύσεταί με κύριος [A² add. πατὴρ κύριος] κρ. ἡμῶν (5 a)
63. 7. κύριος κρ. ἀγαθὸς τῷ οἴκῳ Ἰσραήλ (2 ?)
Ep. Je. 14. σκῆπτρον ἔχει ὡς ἄνθρωπος κρ. χώρας
Ez. 25. 16. A ἐξολεθρεύσω κριτὰς Σιδῶνος [B ἐ. Κρῆτας] †
Da. LXX. Su. 5. ἀπεδείχθησαν δύο πρεσβύτεροι ἐκ τοῦ λαοῦ κριταί
— 5. ἐξῆλθεν ἀνομία ἐκ Βαβ. ἐκ πρεσβυτέρων κρ.
— 29. ἀναστάντες οἱ δύο πρεσβύτεροι καὶ κρ.
— 34. ἀναστάντες δὲ οἱ πρεσβύτεροι καὶ κρ.
— 41. ὡς πρεσβυτέρων ὄντων καὶ κρ. τοῦ λαοῦ
9. 12. ὅσα ἐλάλησεν . . . ἐπὶ τοὺς κρ. ἡμῶν (5 a)
Da. TH. Su. 5. ἀπεδείχθησαν δύο πρεσβύτεροι ἐκ τοῦ λαοῦ κριταί
— 5. ἐξῆλθεν ἀνομία ἐκ Βαβ. ἐκ πρεσβυτέρων κρ.
— 41. ὡς πρεσβυτέροις τοῦ λαοῦ καὶ κριταῖς
9. 12. οὓς ἐλάλησεν . . . ἐπὶ τοὺς κρ. ἡμῶν (5 a)
I Ma. 2. 55. Ἰησοῦς . . . ἐγένετο κριτὴς ἐν Ἰσρ.
10. 37. S κριταὶ κατασταθήσονται [A R al.]
II Ma. 12. 6. ἐπικαλεσάμενος τὸν δίκαιον κρ. θεόν
[Aq. Ps. 140 (141). 6: Is. 40. 23: Mi. 5. 1 (4. 14).]
[Sm. I Ch. 26. 29: Ps. 74 (75). 8: 140 (141). 6: Mi. 5. 1 (4. 14).]
[Th. Jd. 2. 17: Jb. 9. 24: Mi. 5. 1 (4. 14).]
[Al. Nu. 25. 5: I Ch. 17. 6.]

κρίωμα.
[Aq. Ez. 40. 14 bis.]

κρόκη. (1) נַּפַּחַת (2) עֵרֶב
Le. 13. 48. ἢ ἐν στήμονι ἢ ἐν κρόκῃ (2)
— 49, 51. ἢ ἐν τῷ στήμονι ἢ ἐν τῇ κρ. (2)
— 52. ἢ τὸν στήμονα ἢ τὴν κρ. (2)
— 53. ἢ ἐν τῷ στήμονι ἢ ἐν τῇ κρ. (2)
— 55. ἢ ἐν τῷ στήμονι ἢ ἐν τῇ κρ. (1)
— 56. ἢ ἀπὸ τοῦ στήμονος ἢ ἀπὸ τῆς κρ. (2)
— 57. ἢ ἐν τῷ στήμονι ἢ ἐν τῇ κρ. (2)
— 58. ἢ ὁ στήμων ἢ ἡ κρ. (2)
— 59. ἢ στήμονος ἢ κρόκης (2)
[Sm. Jd. 16. 12.]

κρόκινος. (1) מֹר
Pr. 7. 17. διέρραγκα τὴν κοίτην μου κροκίνῳ [A S² κρόκῳ] (1)

κροκόδειλος. (1) ὁ κρ. ὁ χερσαῖος צָב
Le. 11. 29. ταῦτα ὑμῖν ἀκάθαρτα . . . ὁ κρ. ὁ χερσαῖος (1)

κρόκος. (1) כַּרְכֹּם (2) מֹר
Pr. 7. 17. A S² διέρραγκα τὴν κοίτην μου κρόκῳ [B S¹ κροκίνῳ] (2)
Ca. 4. 14. νάρδος καὶ κρόκος κάλαμος [S¹ -ον] καὶ κιννάμωμον (1)

κροκύφαντος.
[Aq. Is. 3. 19.]

κροκυφάντωτος (?).
[Aq. Je. 52. 22, 23.]
[Sm. Je. 52. 22.]

κρόμμυον (B), **κρόμυον** (A). (1) בָּצָל
Nu. 11. 5. καὶ τὰ κρ. καὶ τὰ σκόρδα (1)

κροσσός (**κρωσσός**). (1) עֲבֹת (2) שַׁרְשָׁה
(3) שַׁרְשֶׁרֶה
Ex. 28. 22. ποιήσεις . . . κρωσσοὺς συμπεπλεγμένους (2)
— 24. θήσεις ἐπὶ τὸ λογεῖον . . . τοὺς κρ. (1 ?)
36. 22 (39. 15). ἐποίησαν . . . κρωσσοὺς συμπεπλεγμένους (3)

κροσσωτός (**κροσσ.**). (1) מִשְׁבְּצוֹת (2) שַׁרְשְׁרָה
Ex. 28. 14. ποιήσεις δύο κροσσωτά (2)
— 14. ἐπιθήσεις τὰ κρ. τὰ πεπλεγμένα (2)
Ps. 44 (45). 13. ἐν κροσωτοῖς χρυσοῖς περιβεβλημένη πεποικιλμένη [S¹ -οις] (1)

κρόταφος. (1) עַפְעַפַּיִם (2) רַקָּה
Jd. 4. 21. ἔπηξε τὸν πάσσαλον ἐν τῷ κρ. αὐτοῦ [A al.] (2)
Jd. 4. 22. καὶ ὁ πάσσαλος ἐν τῷ κρ. [A τῇ γνάθῳ] αὐτοῦ (2)
5. 26. διήλωσε κρόταφον αὐτοῦ [A al.] (2)
Ps. 131 (132). 4. καὶ ἀνάπαυσιν τοῖς κρ. μου (1)
[Aq. Jd. 4. 21.]
[Sm., Al. Jd. 5. 26.]
[Th. Ps. 131 (132). 4.]

κροτεῖν. (1) מָחָא a. qal. b. pi. (2) נָכָה hi.
(3) סָפַק (4) שָׂפַק (5) תָּקַע
IV Ki. 11. 12. R ἐκρότησαν [A B ἐκράτησεν] τῇ χειρί (2)
Jb. 27. 23. S¹ R κροτήσει ἐπ' αὐτοὺς [B -οῦ, A S² -ὸν] χεῖρας αὐ. (4)
Ps. 46 (47). 1. πάντα τὰ ἔθνη κροτήσατε χεῖρας (5)
97 (98). 8. ποταμοὶ κροτήσουσι χειρὶ ἐπὶ τὸ αὐτό (1 a)
Na. 3. 19. κροτήσουσι χεῖρας ἐπὶ σέ (5)
La. 2. 15. ἐκρότησαν ἐπὶ σὲ χεῖρας (3)
Ez. 6. 11. κρότησον τῇ χειρί (2)
21. 12 (17). κρότησον ἐπὶ τὴν χεῖρά σου (3)
— 14 (19). κρότησον χεῖρα [A τῇ χειρὶ] ἐπὶ χεῖρα (2)
— 17 (22). κροτήσω χεῖρά μου πρὸς χεῖρά μου (2)
25. 6. ἐκρότησας τὴν χεῖρά σου (1 b)
29. 7. ἐπεκρότησεν [B¹ ἐκρ., A ἐπεκράτ.] ἐπ' αὐτούς †
[Aq. IV Ki. 11. 12: Je. 31 (38). 19: Ez. 31. 15.]
[Sm. Je. 31 (38). 19.]
[Th. IV Ki. 11. 12: Jb. 27. 23: Ez. 22. 13.]
[Al. Ps. 65 (66). 1: 94 (95). 2: 97 (98). 4: 99 (100). 1.]
[Quint. IV Ki. 11. 12.]

κρούειν. (1) דָּפַק a. qal. b. hithp.
Jd. 19. 22. κρούοντες ἐπὶ [A καὶ ἔκρουσαν] τὴν θύραν (1 b)
Ju. 14. 14. ἔκρουσε τὴν αὐλαίαν [A αὐλὴν] τῆς σκηνῆς
Ca. 5. 2. S τὸν νυμφίον κρούοντα ἐπὶ τὴν θύραν –
— 2. φωνὴ ἀδελφιδοῦ μου κρούει ἐπὶ τὴν θύραν (1 a)

κρουνηδόν.
II Ma. 14. 45. φερομένων κρ. τῶν αἱμάτων

κρουνισμός.
[Aq. II Ki. 5. 8.]

κρουνός.
[Sm. Ps. 41 (42). 8.]

κροῦσμα.
[Sm. Is. 1. 6.]

κρύβδην. (1) בַּסֵּתֶר
II Ki. 12. 12. A σὺ ἐποίησας κρ. [B -βῇ] (1)

κρύβειν. (1) חָבָא hithp. (2) פָּלָא ni.
I Ki. 23. 23. A ὅπου κρύβεται ἐκεῖ (1)
IV Ki. 11. 3. ἦν μετ' αὐτῆς κρυβόμενος (1)
I Ch. 21. 20. A τέσσαρες υἱοὶ αὐτοῦ . . . κρυβόμενοι [B μεθ' ἀχαβίν] (1)
Je. 39 (32). 27. μὴ ἀπ' ἐμοῦ κρυβήσεταί [S¹ -βεταί] τι (2)
[Sm. Ps. 54 (55). 13: Is. 8. 17.]

κρυβῇ. (1) חָבָא ni. (2) בַּלָּט (3) בַּסֵּתֶר
Ge. 31. 26 (27). A ἵνα τί κρ. [R κρυφῇ] ἀπέδρας (1)
Ru. 3. 7. A ἡ δὲ ἦλθεν κρυβῇ [B κρυφῇ] (2)
I Ki. 19. 2. B κάθισον κρυβῇ [A R κρυφῇ] (3)
II Ki. 12. 12. σὺ ἐποίησας κρυβῇ [A κρύβδην] (3)
III Ma. 4. 12. τοὺς ἐκ τῆς πόλεως ὁμοεθνεῖς κρ. ἐκπορευομένους
[Aq., Th. Jo. 2. 1.]

κρύος.
[Aq. Ps. 77 (78). 47.]

κρύπτειν. (1) חָבָא a. ni. b. pu. c. hi.
d. hoph. e. hithp. f. מַחֲבֵא g. חָבָה ni.
(2) חָשַׂךְ hi. (3) טָמַן a. qal. b. ni.
c. hi. (4) כָּחַד a. ni. b. pi. c. hi.
(5) כָּסָה a. qal. b. pi. c. hithp. (6) לָאט
(7) מָנַע (8) נָחַת (9) סָתַר a. ni.

b. pu. *c.* hi. *d.* hithp. *e.* סֻתַּר
(10) κεκρυμμένος בַּעֲלָטָה **(11)** עָלַם hi.
(12) פָּלָא ni. **(13)** צָפַן *a.* qal. *b.* ni.
c. hi. *d.* צָפִין *e.* מַצְפֻּנִים

Ge. 3. 8. ἐκρύβησαν ὅ τε Ἀ. καὶ ἡ γυνὴ αὐτοῦ (1 *e*)
— 10. ἐφοβήθην . . . καὶ ἐκρύβην (1 *a*)
4. 14. ἀπὸ τοῦ προσώπου σου κρυβήσομαι (9 *a*)
18. 17. **R** οὐ [**A** *om.*] μὴ κρύψω ἐγὼ ἀπὸ Ἀ. (5 *b*)
31. 20. ἔκρυψε δὲ Ἰακὼβ Λάβαν †
37. 26. ἐὰν . . . κρύψωμεν τὸ αἷμα αὐτοῦ (5 *b*)
Ex. 2. 3. οὐκ ἐδύναντο αὐτὸ ἔτι κρύπτειν (13 *c*)
— 12. ἔκρυψεν αὐτὸν ἐν τῇ ἄμμῳ (3 *a*)
Nu. 5. 13. καὶ κρύψῃ (9 *a*)
De. 7. 20. **A B**^{2} **R** ἕως ἂν ἐκτριβῶσιν . . . οἱ κεκρυμμένοι ἀπὸ σοῦ (9 *a*)
Jo. 2. 4. λαβοῦσα ἡ γυνὴ . . . ἔκρυψεν αὐτούς (13 *a*)
— 6. καὶ ἔκρυψεν αὐτούς (3 *a*)
— 16. καὶ κρυβήσεσθε ἐκεῖ (1 *a*)
6. 24 (25). ἔκρυψε τοὺς κατασκοπεύσαντας (1 *c*)
7. 19. μὴ κρύψῃς ἀπ' ἐμοῦ (4 *b*)
— 21. τὸ ἀργύριον κέκρυπται ὑποκάτω αὐτῶν –
— 22. **A R** ταῦτα ἦν κεκρυμμένα [**B** ἐγκ.] (3 *a*)
10. 17. εὕρηνται οἱ πέντε βασιλεῖς κεκρυμμένοι (1 *a*)
Jd. 9. 5. ὅτι ἐκρύβη (1 *a*)
I Ki. 3. 17. μὴ δὴ κρύψῃς [**A** μὴ διακρ.] ἀπ' ἐμοῦ (4 *b*)
— 17. ἐὰν κρύψῃς ἀπ' ἐμοῦ ῥῆμα (4 *b*)
— 18. καὶ οὐκ ἔκρυψεν ἀπ' αὐτοῦ (4 *b*)
10. 22. ἰδοὺ αὐτὸς κέκρυπται (1 *a*)
13. 6. **B** καὶ ἐκρύβη ὁ λαός (1 *e*)
14. 11. οὗ ἐκρύβησαν ἐκεῖ (1 *e*)
— 22. οἱ κρυπτόμενοι ἐν τῷ ὄρει Ἐφ. (1 *e*)
19. 2. κρύβηθι καὶ κάθισον κρυφῇ (1 *a*)
20. 2. κρύψει ὁ πατήρ μου τὸ ῥῆμα τοῦτο (9 *c*)
— 5. κρυβήσομαι [**A** πορεύσομαι] ἐν τῷ πεδίῳ (9 *a*)
— 19. οὗ κρυβῇς [**A** ἐκρ.] ἐν τῇ ἡμέρᾳ τῇ ἐργασίμῃ (9 *a*)
— 24. κρύπτεται Δαυὶδ ἐν ἀγρῷ (9 *a*)
23. 19. οὐκ ἰδοὺ Δαυὶδ κέκρυπται (9 *d*)
24. 9. **A** ἔκρυψεν [**B** ἔκυψε] Δ. ἐπὶ πρόσωπον αὐτοῦ †
II Ki. 14. 18. μὴ δὴ κρύψῃς ἀπ' ἐμοῦ ῥῆμα (4 *b*)
17. 9. αὐτὸς νῦν κέκρυπται ἐν ἑνὶ τῶν βουνῶν (1 *a*)
19. 4 (5). ἔκρυψε [**A** ἐπέκρ.] τὸ πρόσωπον αὐτοῦ (6)
III Ki. 17. 3. κρύβηθι ἐν τῷ χειμάρρῳ Χ. (9 *a*)
18. 4. **A B** καὶ ἔκρυψεν [**R** κατέκρ.] αὐτούς (1 *c*)
— 13. ἔκρυψα ἀπὸ τῶν προφητῶν κυρίου (1 *c*)
22. 25. τοῦ κρυβῆναι [**B**^{1} τοῦ κρυφίου] (1 *g*)
IV Ki. 6. 5. ὦ κύριε, καὶ αὐτὸ κεκρυμμένον †
— 9. ἐκεῖ Συρία κέκρυπται (8)
— 29. ἔκρυψε τὸν υἱὸν αὐτῆς (1 *c*)
7. 8. **A** καὶ ἔκρυψαν (3 *c*)
— 12. καὶ ἐκρύβησαν ἐν τῷ ἀγρῷ (1 *g*)
11. 2. καὶ ἔκρυψεν αὐτόν (9 *c*)
II Ch. 22. 11. ἔκρυψεν αὐτὸν Ἰωσ. (9 *c*)
— 11. ἔκρυψεν αὐτὸν ἀπὸ πρόσωπου Γ. –
To. 1. 19. καὶ ἐκρύβην
12. 7. μυστήριον βασιλέως καλὸν κρύψαι [**A S** κρύπτειν]
— 11. οὐ μὴ κρύψω ἀφ' ὑμῶν πᾶν ῥῆμα
— 11. μυστήριον βασιλέως κρύψαι καλόν
13. 6. οὐ μὴ κρύψῃ τὸ πρόσωπον αὐτοῦ ἀφ' ὑμῶν
Jb. 5. 21. ἀπὸ μάστιγος γλώσσης σε κρύψει (1 *a*)
13. 20. ἀπὸ τοῦ προσώπου σου οὐ [**S** *om.*] κρυβήσομαι (9 *a*)
— 24. διὰ τί ἀπ' ἐμοῦ κρύπτῃ [**A S** με ἀποκρύπτῃ] (9 *c*)
14. 13. ἔκρυψας [**A** κρύψεις] δέ με (9 *c*)
15. 18. **A R** οὐκ ἔκρυψαν πατέρες [**B S** -ας] αὐτῶν (4 *b*)
17. 4. **B S**^{2} καρδίαν αὐτῶν ἔκρυψας [**A** -αν] ἀπὸ φρονήσεως (13 *a*)
18. 10. κέκρυπται ἐν τῇ γῇ σχοινίον αὐτοῦ (3 *a*)
20. 12. κρύψει αὐτὴν ὑπὸ τὴν γλῶσσαν αὐτοῦ (4 *c*)
23. 12. ἐν δὲ κόλπῳ μου ἔκρυψα ῥήματα αὐτοῦ (13 *a*)
24. 4. ὁμοθυμαδὸν δὲ ἐκρύβησαν πραεῖς γῆς (1 *b*)
28. 21. ἀπὸ πετεινῶν τοῦ οὐρανοῦ ἐκρύβη [**A** οὐκ ἐκρ.] (9 *a*)
29. 8. ἰδόντες με νεανίσκοι ἐκρύβησαν [**A** ἐκρ. ἑαυτοῖς] (1 *a*)
31. 33. εἰ δὲ καὶ . . . ἔκρυψα τὴν ἁμαρτίαν μου (5 *b* + 3 *a*)
34. 22. τοῦ κρυβῆναι τοὺς ποιοῦντας τὰ ἄνομα (9 *a*)
Jb. 34. 29. κρύψει πρόσωπον καὶ τίς ὄψεται αὐτόν (9 *c*)
38. 2. τίς οὗτος ὁ κρύπτων με [**S**^{1} *om.*] βουλὴν . . . ἐμὲ δὲ οἴεται κρύπτειν (2, †)
40. 8 (13). κρύψον δὲ [**A S**^{2} δὲ αὐτοὺς] εἰς γῆν [**A S** γ. ἔξω] (3 *a*)
42. 3. **A B S**^{2} τίς γάρ ἐστιν ὁ κρύπτων σε βουλήν (11)
— 3. καὶ σὲ οἴεται κρύπτειν †
Ps. 9. 15. ἐν παγίδι ταύτῃ ᾗ ἔκρυψαν (3 *a*)
16 (17). 14. τῶν κεκρυμμένων σου ἐπλήσθη ἡ γαστὴρ αὐτῶν (13 *a*, 13 *d**)
26 (27). 5. ἔκρυψέ με ἐν σκηνῇ (13 *a*)
30 (31). 4. ἐκ παγίδος ταύτης ἧς ἔκρυψάν μοι (3 *a*)
— 19. ἧς ἔκρυψας τοῖς φοβουμένοις σε (13 *a*)
34 (35). 7. δωρεὰν ἔκρυψάν μοι διαφθορὰν παγίδος αὐτῶν (3 *a*)
— 8. ἡ θήρα ἣν ἔκρυψαν [**S**^{2} -εν] (3 *a*)
37 (38). 9. ὁ στεναγμός μου οὐκ ἐκρύβη ἀπὸ σοῦ (9 *a*)
39 (40). 10. οὐκ ἔκρυψα . . . τὴν ἀλήθειάν σου (5 *b*)
— 10. οὐκ ἔκρυψα τὸ ἔλεός σου (4 *b*)
53 (54). *tit.* οὐκ ἰδοὺ Δαυὶδ κέκρυπται παρ' ἡμῖν (9 *d*)
54 (55). 12. ἐκρύβην ἂν ἀπ' αὐτοῦ (9 *a*)
63 (64). 5. διηγήσαντο τοῦ κρύψαι παγίδας (3 *a*)
68 (69). 5. αἱ πλημμέλειαί μου . . . οὐκ ἐκρύβησαν [**S**^{2} ἀπεκρ.] (4 *a*)
77 (78). 4. οὐκ ἐκρύβη ἀπὸ τῶν τέκνων αὐτῶν εἰς γενεὰν ἑτέραν (4 *b*)
118 (119). 11. ἐν τῇ καρδίᾳ μου ἔκρυψα τὰ λόγιά σου (13 *a*)
138 (139). 15. οὐκ ἐκρύβη τὸ ὀστοῦν μου ἀπὸ σοῦ (4 *a*)
139 (140). 5. ἔκρυψαν ὑπερήφανοι παγίδα μοι (3 *a*)
141 (142). 3. ἔκρυψαν παγίδα μοι (3 *a*)
Pr. 1. 11. κρύψωμεν δὲ εἰς γῆν ἄνδρα δίκαιον ἀδίκως (13 *a*)
2. 1. ἐὰν δεξάμενος ῥῆσιν ἐμῆς ἐντολῆς κρύψῃς (13 *a*)
7. 1. τὰς δὲ ἐμὰς ἐντολὰς κρύψον παρὰ σεαυτῷ (13 *a*)
10. 14. σοφοὶ κρύψουσιν αἴσθησιν (13 *a*)
11. 13. πιστὸς δὲ πνοῇ κρύπτει πράγματα (5 *b*)
12. 16. κρύπτει δὲ τὴν ἑαυτοῦ ἀτιμίαν πανοῦργος (5 *a*)
17. 9. ὃς κρύπτει ἀδικήματα ζητεῖ φιλίαν ὃς δὲ μισεῖ κρύπτειν διΐστησι φίλους καὶ οἰκείους (5 *b*, †)
25. 2. δόξα θεοῦ κρύπτει λόγον (9 *c*)
— 4. **A** κρύπτε [**B S** τύπτε] ἀδόκιμον ἀργύριον †
26. 15. κρύψας ὀκνηρὸς τὴν χεῖρα ἐν τῷ κόλπῳ αὐτοῦ (3 *a*)
— 26. ὁ κρύπτων ἔχθραν συνίστησι δόλον (5 *c*)
27. 5. κρείσσους ἔλεγχοι ἀποκεκαλυμμένοι κρυπτομένης φιλίας (9 *b*)
Si. 1. 23. ἕως καιροῦ κρύψει τοὺς λόγους αὐτοῦ
6. 12. ἀπὸ τοῦ προσώπου σου κρυβήσεται
12. 8. οὐ κρυβήσεται ἐν κακοῖς ὁ ἐχθρός
16. 17. ἀπὸ [**A** παρὰ] κυρίου κρυβήσομαι
17. 15. οὐ κρυβήσονται ἀπὸ τῶν ὀφθαλμῶν αὐ.
— 20. οὐκ ἐκρύβησαν αἱ ἀδικίαι αὐτῶν ἀπ' αὐτοῦ
20. 30. σοφία κεκρυμμένη καὶ θησαυρὸς ἀφανής
22. 25. ἀπὸ προσώπου αὐτοῦ οὐ μὴ κρυβῶ
37. 10. ἀπὸ τῶν ζηλούντων σε κρύψον βουλήν
39. 19. οὐκ ἔστι κρυβῆναι ἀπὸ τῶν ὀφθαλμῶν αὐτοῦ
41. 14. σοφία δὲ κεκρυμμένη καὶ θησαυρὸς ἀφανής
42. 20. οὐκ ἐκρύβη ἀπ' αὐτοῦ οὐδὲ [**A** *om.*] εἷς λόγος
Ho. 6. 10 (9). ἔκρυψαν ἱερεῖς ὁδόν †
13. 14. παράκλησις κέκρυπται ἀπὸ [**A** ἐξ] ὀφθαλμῶν μου (9 *a*)
Ob. 1. 6. κατελήφθη [**S** κατελείφθη] αὐτοῦ τὰ κεκρυμμένα (13 *e*)
Is. 2. 10. κρύπτεσθε εἰς τὴν γῆν (3 *b*)
29. 14. τὴν σύνεσιν τῶν συνετῶν κρύψω (9 *d*)
32. 2. ἔσται ὁ ἄνθρωπος κρύπτων τοὺς λόγους αὐτοῦ [**A** τούτους] καὶ κρυβήσεται (1 *f*, 9 *e*)
42. 22. ὅπου ἔκρυψαν αὐτούς (1 *d*)
49. 2. ὑπὸ τὴν σκέπην τῆς χειρὸς αὐτοῦ ἔκρυψέ [**S**^{1} ἐσκέπασέν] με . . . καὶ ἐν τῇ φαρέτρᾳ αὐτοῦ ἔκρυψέ [**A S**^{2} ἐσκέπασέν] με (1 *c*, 9 *c*)
Je. 4. 29. εἰς τὰ ἄλση ἐκρύβησαν –
13. 5. ἔκρυψα αὐτὸ ἐν τῷ Εὐφράτῃ (3 *a*)
16. 17. **S**^{1} οὐκ ἐκρύβησαν ἀπὸ προσώπου μου (9 *a*)
— 17. οὐκ ἐκρύβη τὰ ἀδικήματα αὐτῶν (13 *b*)
18. 20. τὴν κόλασιν αὐτῶν ἔκρυψάν μοι –
— 22. παγίδας ἔκρυψαν ἐπ' ἐμέ (3 *a*)
23. 24. εἰ κρυβήσεταί τις [**A** ἄνθρωπος] ἐν κρυφαίοις (9 *a*)
Je. 27 (50). 2. μὴ κρύψητε (4 *b*)
29 (49). 10. κρυβῆναι οὐ μὴ δύνωνται (1 *g*)
39 (32). 27. μὴ ἀπ' ἐμοῦ κρυβήσεταί [**S**^{1} κρύβεταί] τι [**A** ἔτι] (12)
43 (36). 19. **A** κρύβηθι [**B S** κατακρ.] σύ (9 *a*)
45 (38). 14. μὴ δὴ κρύψῃς ἀπ' ἐμοῦ ῥῆμα (4 *b*)
— 25. μὴ κρύψῃς ἀφ' ἡμῶν (4 *b*)
49 (42). 4. οὐ μὴ κρύψω ἀφ' ὑμῶν ῥῆμα (7)
La. 3. 56. **B** μὴ κρύψῃς τὰ ὦτά σου εἰς τὴν δέησίν μου (11)
Ez. 12. 6. κεκρυμμένος ἐξελεύσῃ (10)
— 7. κεκρυμμένος ἐξῆλθον (10)
— 12. κεκρυμμένος ἐξελεύσεται διὰ τοῦ τοίχου (10)
Da. TH. Su. 16. οἱ δύο πρεσβύτεροι κεκρυμμένοι
— 18. ὅτι ἦσαν κεκρυμμένοι
— 37. νεανίσκος ὃς ἦν κεκρυμμένος
Bel 13. πεποιήκεισαν . . . κεκρυμμένην εἴσοδον
I Ma. 9. 38. ἐκρύβησαν ὑπὸ τὴν σκέπην τοῦ ὄρους
II Ma. 1. 33. **A** οὗ τὸ πῦρ ἔκρυψαν [**R** ἀπέκρ.]
12. 41. τοῦ τὰ κεκρυμμένα φανερὰ ποιοῦντος
[**Aq.** Ge. 31. 27 : Dt. 33. 19 : IV Ki. 7. 8† : Jb. 34. 22 : Ps. 12 (13). 2 : 16 (17). 14 : 30 (31). 5, 20 : Pr. 27. 16 : 28. 28 : Is. 32. 2 : 64. 7 (6) : Je. 16. 17 : 36 (43). 26.]
[**Sm.** Dt. 33. 19 : I Ki. 26. 1 : II Ki. 15. 28 : Jb. 15. 20 : 17. 4 : 24. 16 : Ps. 12 (13). 2 : 26. (27). 5 : 30 (31). 20, 21 : 31 (32). 1, 5 : 43 (44). 25 : 63 (64). 3, 6 : Pr. 27. 5, 16 : 28. 28 : Is. 64. 7 (6) : Je. 36 (43). 26.]
[**Th.** I Ki. 23. 26 : Jb. 15. 20 : 17. 4 : 24. 4 : 34. 22 : Ps. 12 (13). 2 : 31 (32). 1, 5 : Pr. 27. 16 : 28. 28 : Is. 64. 7 (6) : Je. 16. 17 : Da. 5. 12†.]
[**Al.** Ex. 2. 2 : Le. 20. 4 : Ps. 142 (143). 7.]
[**Quint.** Ps. 26 (27). 5 : 55 (56). 1 : Pr. 27. 16.]
[**Sext.** Ps. 31 (32). 1.]

κρυπτός. (1) אָטַם (2) בְּקִיעַ (3) כָּסָה pi.
(4) מַשְׂכִּית (5) *a.* סָתַר ni. *b.* מִסְתָּר
(6) רָז

De. 15. 9. μὴ γένηται ῥῆμα κρ. ἐν τῇ καρδίᾳ σου –
29. 29 (28). τὰ κρ. κυρίῳ τῷ θεῷ ἡμῶν (5 *a*)
III Ki. 6. 4. θυρίδας παρακυπτομένας κρ. (1)
IV Ki. 21. 7. **A** ἔθηκε τὸ κρ. τοῦ οἴκου ἐν τῷ ἄλσει [**B** *al.*] †
Wi. 7. 21. ὅσα τέ ἐστι κρυπτὰ καὶ ἐμφανῆ ἔγνων
Si. 1. 30. ἀποκαλύψει κύριος τὰ κρ. σου
3. 22. οὐ γάρ ἐστί σοι χρεία τῶν κρ.
4. 18. ἀποκαλύψει αὐτῷ τὰ κρ. αὐτῆς
8. 18. ἐνώπιον ἀλλοτρίου μὴ ποιήσῃς κρυπτόν
11. 4. κρυπτὰ τὰ ἔργα αὐτοῦ ἐν [**A S** *om.*] ἀνθρώποις
Is. 22. 9. ἀνακαλύψουσι τὰ κρ. τῶν οἴκων τῆς ἄκρας Δ. (2)
29. 10. καμμύσει τοὺς ὀφθαλμοὺς αὐτῶν . . . οἱ ὁρῶντες τὰ κρ. (3)
Je. 29 (49). 10. ἀνεκάλυψα τὰ [**S**^{1} τε] κρ. αὐτῶν (5 *b*)
Ez. 8. 12. ἕκαστος αὐτῶν ἐν τῷ κοιτῶνι τῷ κρυπτῷ αὐτῶν (4 ?)
40. 16. θυρίδες κρυπταὶ ἐπὶ τὸ θεείμ (1)
41. 26. θυρίδες κρυπταί (1)
Da. LXX. 2. 47. ὁ ἐκφαίνων μυστήρια κρυπτὰ μόνος (6 ?)
Da. TH. Su. 42. ὁ θεὸς ὁ αἰώνιος ὁ τῶν κρ. γνώστης
Bel 21. ἔδειξαν αὐτῷ τὰς κρ. θύρας
I Ma. 10. 79. **R** ἀπέλιπεν Ἀπ. χιλίαν ἵππον ἐν κρυπτῷ [**A S** κρυπτῶς]
II Ma. 1. 16. τὴν τοῦ φατνώματος κρ. θύραν
[**Aq.** Ge. 42. 12.]
[**Sm.** Ge. 42. 9, 12 : Dt. 28. 27 : I Ki. 5. 6, 9 : Ps. 138 (139). 15.]
[**Th.** II Ki. 12. 12 : III Ki. 6. 4.]
[**Al.** I Ki. 5. 12.]

κρυπτῶς.

To. 12. 6. καλέσας τοὺς δύο κρυπτῶς
I Ma. 10. 79. **A S** ἀπέλιπεν Ἀπ. χιλίαν ἵππον κρ. [**R** ἐν κρυπτῷ]

κρυσταλλοειδής.

Wi. 19. 21. οὐδὲ τηκτὸν εὔτηκτον κρυσταλλοειδὲς γένος ἀμβροσίας τροφῆς

κρύσταλλος. (1) אֶקְדָּח (2) בְּדֹלַח (3) קִיטוֹר
(4) קֶרַח

Nu. 11. 7. τὸ εἶδος αὐτοῦ εἶδος [**A** ὡς εἶ.] κρυστάλλου (2)

Jb. 6. 16. ἐπιπεπτώκασί μοι ὥσπερ χιὼν ἢ κρύσταλλος πεπηγώς (4)
38. 29. ἐκ γαστρὸς δὲ τίνος ἐκπορεύεται ὁ [A S om.] κρύσταλλος (4)
Ps. 147. 6 (17). βάλλοντος κρύσταλλον αὐτοῦ ὡσεὶ ψωμούς (4)
148. 8. πῦρ χάλαζα χιὼν κρύσταλλος (3)
Wi. 16. 22. κρύσταλλος ὑπέμεινε [A -έμενε] πῦρ
Si. 43. 20. παγήσεται κρύσταλλος ἀφ' [A S ἐφ'] ὕδατος
Is. 54. 12. θήσω . . . τὰς πύλας σου λίθους κρυστάλλου (1)
Ez. 1. 22. ὡς ὅρασις κρυστάλλου (4)
[Sm. Jb. 38. 22.]

κρύφα.

[Sm. Jb. 13. 10: 31. 27.]

κρυφαῖος. (1) מִסְתָּר

Ex. 17. 16. ἐν χειρὶ κρυφαίᾳ πολεμεῖ κ. †
Wi. 17. 3. λανθάνειν γὰρ νομίζοντες ἐπὶ κρυφαίοις ἁμαρτήμασιν
Je. 23. 24. εἰ κρυβήσεταί τις [A ἄνθρωπος] ἐν κρυφαίοις (1)
La. 3. 10. αὐτός μοι λέων ἐν κρυφαίοις (1)
[Sm. Ps. 80 (81). 8: Is. 45. 15.]
[Th. Is. 45. 15.]

● **κρυφαίως.** (1) בַּסֵּתֶר

Je. 44 (37). 17. ἠρώτα αὐτὸν ὁ βασ. κρ. [A al.] (1)
47 (40). 15. εἶπεν τῷ Γοδολίᾳ κρ. (1)
[Aq., Sm., Th. IV Ki. 15. 5: II Ch. 26. 21.]

κρυφῇ. (1) חָבָא ni. (2) ἐν κρ. *a.* בַּלָּאט *b.* בַּלָּט (3) *a.* סָתַר hi. *b.* בַּסֵּתֶר *c.* ἐν κρ. בַּסֵּתֶר (4) ἐν κρ. בְּתַרְמָה

Ge. 31. 26 (27). R ἵνα τί κρ. [A κρυβῇ] ἀπέδρας (1)
Ex. 11. 2. λάλησον οὖν κρυφῇ εἰς τὰ ὦτα τοῦ λαοῦ –
De. 28. 57. κατιφάγεται γὰρ αὐτὰ . . . κρυφῇ (3 *b*)
Jd. 4. 21. εἰσῆλθε πρὸς αὐτὸν ἐν κρυφῇ [A al.] (2 *a*)
9. 31. ἀπέστειλεν ἀγγέλους . . . ἐν κρυφῇ [A μετὰ δώρων] (4)
Ru. 3. 7. ἡ δὲ ἦλθεν κρυφῇ [A κρυβῇ] (2 *b*)
4. 1. A κάθισον ὧδε κρυφῇ [B -φιε] †
I Ki. 19. 2. A R κάθισον κρυφῇ [B κρυβῇ] (3 *b*)
Jb. 13. 10. εἰ δὲ καὶ κρυφῇ πρόσωπα θαυμάσεσθε [A -σετε] (3 *b*)
Ps. 138 (139). 15. ὃ ἐποίησας ἐν κρυφῇ (3 *c*)
Wi. 18. 9. κρυφῇ γὰρ ἐθυσίαζον ὅσιοι [A om.] παῖδες ἀγαθῶν
Is. 29. 15. A B[2] S οὐαὶ οἱ ἐν κρυφῇ βουλὴν ποιοῦντες (3 *a*)
45. 19. οὐκ ἐν κρυφῇ λελάληκα (3 *c*)
48. 16. οὐκ ἀπ' ἀρχῆς ἐν κρυφῇ λελάληκα (3 *c*)
[Aq. Je. 37 (44). 17.]
[Sm. Ps. 63 (64). 5: Je. 13. 17.]
[Al. Ps. 138 (139). 15.]

κρυφιαστής.

[Aq. Ge. 41. 8, 24: Ex. 7. 11: 8. 7 (3).]

κρύφιος. (1) חָבָה ni. (2) סָתַם (3) *a.* סָתַר ni. *b.* סֵתֶר (4) פְּלֹנִי אַלְמֹנִי (5) תַּעֲלֻמָה

Jd. 3. 19. λόγος μοι κρ. πρὸς σέ (3 *b*)
Ru. 4. 1. κάθισον ὧδε κρύφιε [A -φῇ] (4)
III Ki. 22. 25. B[1] ὅταν εἰσέλθῃς ταμεῖον τοῦ ταμείου τοῦ κρ. [A B[2] R κρυβῆναι] (1)
Ps. 9 *tit.* εἰς τὸ τέλος ὑπὲρ τῶν κρ. τοῦ υἱοῦ †
18 (19). 12. ἐκ τῶν κρ. μου καθάρισόν με (3 *a*)
43 (44). 21. γινώσκει τὰ κρ. τῆς καρδίας (5)
45 (46). *tit.* B ὑπὲρ τῶν κρ. ψαλμός [S al.] †
50 (51). 6. τὰ κρ. τῆς σοφίας σου ἐδήλωσάς μοι (2 ?)
Pr. 9. 17. ἄρτων κρυφίων ἡδέως ἅψασθε (3 *b*)
Wi. 14. 23. ἢ κρύφια μυστήρια . . . ἄγοντες
Si. 42. 1. καὶ ἀπὸ [S om.] ἀποκαλύψεων [A S -ως] λόγων κρυφίων
I Ma. 1. 53. A S[3] ἔθεντο τὸν Ἰσρ. ἐν κρυφίοις [S[1] R κρύφοις]
2. 31. S κατέβησαν . . . εἰς τοὺς κρ. [A R κρύφους]
— 41. S ἀπέθανον οἱ ἀδελφοὶ ἡμῶν ἐν τοῖς κρ. [A R κρύφοις]

[Aq. IV Ki. 2. 14: Je. 41 (48). 8: 43 (50). 9.]
[Sm. IV Ki. 2. 14: Je. 41 (48). 8: 43 (50). 9: Ez. 33. 27.]
[Th. IV Ki. 2. 14: Je. 43 (50). 9: Ez. 28. 3.]

κρυφίως.

[Sm. Hb. 3. 14.]
[Al. II Ch. 26. 21.]

κρύφος.

I Ma. 1. 53. ἔθεντο τὸν Ἰσρ. ἐν κρύφοις [A S[3] -ίοις]
2. 31. A R κατέβησαν . . . εἰς τοὺς κρ. [S -ίους]
— 36. οὐδὲ ἐνέφραξαν τοὺς κρ.
— 41. A R ἀπέθανον οἱ ἀδελφοὶ ἡμῶν ἐν τοῖς κρ. [S -ίοις]
[Th. Is. 30. 6†.]

κρύψις.

[Al. Le. 20. 4.]

κτᾶσθαι. (1) *a.* בָּעַל *b.* בַּעַל (2) הָיָה (3) יָלַד (4) יְרֻשָּׁה (5) לָקַח (6) מָכַר (7) נָחַל (8) עָשָׂה (9) קָנָה *a.* qal. *b.* ni. *c.* hi. *d.* קִנְיָן *e.* מִקְנָה (10) רָכַשׁ

Ge. 4. 1. ἐκτησάμην ἄνθρωπον διὰ τοῦ θεοῦ (9 *a*)
12. 5. ὅσα ἐκτήσαντο (10)
— 5. πᾶσαν ψυχὴν ἣν ἐκτήσαντο (8)
25. 10. τὸ σπήλαιον ὃ ἐκτήσατο Ἀ. (9 *a*)
33. 19. ἐκτήσατο τὴν μερίδα τοῦ ἀγροῦ (9 *a*)
36. 6. πάντα ὅσα ἐκτήσατο (9 *d*)
39. 1. ἐκτήσατο αὐτὸν Πετεφρής (9 *a*)
46. 6. R ἣν ἐκτήσαντο ἐν γῇ [A ἐκ γῆς] X. (10)
47. 19. κτῆσαι ἡμᾶς καὶ τὴν γῆν ἡμῶν (9 *a*)
— 20. ἐκτήσατο Ἰ. πᾶσαν τὴν γῆν . . . τῷ Φ. (9 *a*)
— 22. οὐκ ἐκτήσατο ταύτην [A om.] Ἰ. (9 *a*)
— 23. κέκτημαι ὑμᾶς καὶ τὴν γῆν ὑμῶν (9 *a*)
49. 30: 50. 13. ὃ ἐκτήσατο Ἀβ. τὸ σπήλαιον (9 *a*)
Ex. 15. 16. ὃν ἐκτήσω [A ἐλυτρώσω] (9 *a*)
21. 2. ἐὰν κτήσῃ παῖδα Ἑβραῖον (9 *a*)
Le. 22. 11. ἐὰν δὲ ἱερεὺς κτήσηται ψυχήν (9 *a*)
25. 14. ἐὰν καὶ κτήσῃ παρὰ τοῦ πλησίον σου (9 *a*)
— 15. κτήσῃ παρὰ τοῦ πλησίον (9 *a*)
— 28. ἔσται ἡ πρᾶσις τῷ κτησαμένῳ αὐτά (9 *a*)
— 30. κυρωθήσεται ἡ οἰκία . . . τῷ κτησαμένῳ αὐτήν (9 *a*)
— 44. ἀπ' αὐτῶν κτήσεσθε [A -σασθε] δοῦλον (9 *a*)
— 45. ἀπὸ τούτων κτήσεσθε (9 *a*)
— 50. συλλογιεῖται πρὸς τὸν κεκτημένον αὐτόν (9 *a*)
27. 22. ἀπὸ τοῦ ἀγροῦ οὗ κέκτηται (9 *e*)
— 24. παρ' οὗ κέκτηται αὐτόν (9 *a*)
De. 28. 68. οὐκ ἔσται ὁ κτώμενος (9 *a*)
32. 6. οὐκ αὐτὸς οὗτός σου πατὴρ ἐκτήσατό σε (9 *a*)
Jo. 24. 32. οὗ ἐκτήσατο Ἰακώβ (9 *a*)
Ru. 4. 4. κτῆσαι ἐναντίον τῶν καθημένων (9 *a*)
— 5. τοῦ κτήσασθαί σε τὸν ἀγρόν (9 *a*)
— 5. αὐτὴν κτήσασθαί σε δεῖ (9 *a*)
— 8. κτῆσαι σεαυτῷ τὴν ἀγχιστείαν μου (9 *a*)
— 9. κέκτημαι πάντα τὰ τοῦ Ἐλ. (9 *a*)
— 10. Ῥοὺθ . . . κέκτημαι ἐμαυτῷ εἰς γυναῖκα (9 *a*)
II Ki. 12. 3. ἣν ἐκτήσατο καὶ περιεποιήσατο (9 *a*)
24. 21. κτήσασθαι παρὰ σοῦ τὸν ἅλωνα (9 *a*)
— 24. κτώμενος κτήσομαι παρὰ σοῦ (9 *a*, 9 *a*)
— 24. ἐκτήσατο Δ. τὸν ἅλωνα (9 *a*)
III Ki. 16. 24. ἐκτήσατο Ζ. τὸ ὄρος τὸ Σεμερών (9 *a*)
IV Ki. 12. 12 (13). τοῦ κτήσασθαι ξύλα καὶ λίθους (9 *a*)
22. 6. τοῦ κτήσασθαι ξύλα καὶ λίθους (9 *a*)
Ne. 5. 8. κεκτήμεθα τοὺς ἀδελφοὺς ἡμῶν (9 *a*)
— 16. ἀγρὸν οὐκ ἐκτησάμην (9 *a*)
Ju. 8. 22. ἐναντίον τῶν κτωμένων ἡμᾶς
Ps. 73 (74). 2. ἧς ἐκτήσω ἀπ' ἀρχῆς (9 *a*)
77 (78). 54. ὃ ἐκτήσατο ἡ δεξιὰ αὐτοῦ (9 *a*)
138 (139). 13. σὺ ἐκτήσω τοὺς νεφρούς μου (9 *a*)
Pr. 1. 5. ὁ δὲ νοήμων κυβέρνησιν κτήσεται (9 *a*)
— 14. κοινὸν δὲ βαλάντιον κτησώμεθα πάντες (2)
3. 31. μὴ κτήσῃ κακῶν ἀνδρῶν ὀνείδη †
4. 4. S[2] κτῆσαι σοφίαν καὶ σύνεσιν (9 *a* ?)
— 5. A κτῆσαι σοφίαν κτῆσαι σύνεσιν (9 *a*, 9 *a*)
16. 22. πηγὴ ζωῆς ἔννοια τοῖς κεκτημένοις (1 *b*)
17. 16. κτήσασθαι γὰρ σοφίαν [A -ας] ἀκάρδιος οὐ δυνήσεται (9 *a*)
— 21. καρδία δὲ ἄφρονος ὀδύνη τῷ κεκτημένῳ αὐτήν (3 ?)
18. 15. καρδία φρονίμου κτᾶται αἴσθησιν (9 *a*)
19. 8. ὁ κτώμενος φρόνησιν ἀγαπᾷ ἑαυτόν (9 *a*)

Pr. 22. 9. τὴν μέντοι ψυχὴν ἀφαιρεῖται τῶν κεκτημένων –
31. 29. πολλαὶ θυγατέρες ἐκτήσαντο πλοῦτον (8)
Ec. 2. 7. ἐκτησάμην δούλους καὶ παιδίσκας (9 *a*)
Wi. 7. 14. A S[2] ὃν οἱ κτησάμενοι [B S[1] χρησάμενοι] πρὸς θεὸν ἐστείλαντο φιλίαν
Si. 6. 4. ψυχὴ πονηρὰ ἀπολεῖ τὸν κτησάμενον αὐτήν
— 7. εἰ κτᾶσαι φίλον ἐν πειρασμῷ κτῆσαι αὐτόν
20. 23. ἐκτήσατο αὐτὸν ἐχθρὸν δωρεάν
22. 23. πίστιν κτῆσαι ἐν πτωχείᾳ μετὰ τοῦ πλησίον
24. 6. ἐν παντὶ λαῷ καὶ ἔθνει ἐκτησάμην [S[2] ἡγησάμην]
29. 6. A S[2] R ἐκτήσατο αὐτὸν ἐχθρὸν δωρεάν [B S[1] οὐ δ.]
30. 39 (33. 30). ἐν αἵματι ἐκτήσω αὐτόν
36. 29 (26). ὁ κτώμενος γυναῖκα ἐνάρχεται κτήσεως
51. 20. καρδίαν ἐκτησάμην μετ' αὐτῶν [A -ῆς] ἀπ' ἀρχῆς
— 21. διὰ τοῦτο ἐκτησάμην ἀγαθὸν κτῆμα
— 25. κτήσασθε ἑαυτοῖς ἄνευ ἀργυρίου
— 28. πολὺν χρυσὸν κτήσασθε ἐν αὐτῇ
Am. 8. 6. τοῦ κτᾶσθαι ἐν ἀργυρίῳ καὶ πτωχούς (9 *a*)
Za. 11. 5. ἃ οἱ κτησάμενοι κατέσφαζον (9 *a*)
Is. 1. 3. ἔγνω βοῦς τὸν κτησάμενον (9 *a*)
26. 13. κτῆσαι ἡμᾶς (1 *a*)
43. 24. οὐδὲ ἐκτήσω μοι ἀργυρίου θυσίασμα [A S θυμίαμα] (9 *a*)
57. 13. οἱ δὲ ἀντεχόμενοί μου κτήσονται γῆν (7)
Je. 13. 1. κτῆσαι σεαυτῷ περίζωμα λινοῦν (9 *a*)
— 2. ἐκτησάμην τὸ περίζωμα (9 *a*)
16. 19. ὡς ψευδῆ ἐκτήσαντο οἱ πατέρες ἡμῶν εἴδωλα (7)
19. 1. κτῆσαι βικὸν πεπλασμένον ὀστράκινον (9 *a*)
39 (32). 7. κτῆσαι [B[2] -σον] σεαυτῷ τὸν ἀγρόν μου τὸν ἐν Ἀναθώθ (9 *a*)
— 8. κτῆσαι σεαυτῷ τὸν ἀγρόν μου (9 *a*)
— 8. ὅτι σοὶ κρίμα κτήσασθαι αὐτόν [A al.] (4)
— 9. ἐκτησάμην τὸν ἀγρὸν Ἀναμεήλ (9 *a*)
— 15. A S ἔτι κτηθήσονται [B κτισθ.] ἀγροί (9 *b*)
— 25. κτῆσαι σεαυτῷ τὸν ἀγρὸν ἀργυρίου (9 *a*)
— 43. κτηθήσονται ἔτι ἀγροὶ ἐν τῇ γῇ (9 *b*)
— 44. κτήσονται ἀγροὺς ἐν ἀργυρίῳ (9 *a*)
Ep. Je. 59. ἐφ' ᾧ κεχρήσεται ὁ κεκτημένος [A al.]
Ez. 5. 1. κτήσῃ [A -σαι] αὐτὴν σεαυτῷ (5)
7. 12. ὁ κτώμενος μὴ χαιρέτω (9 *a*)
— 13. ὁ κτώμενος πρὸς τὸν πωλοῦντα οὐκέτι μὴ ἐπιστρέψει (6)
8. 3. οὗ ἦν ἡ στήλη τοῦ κτωμένου (9 *c*)
II Ma. 7. 11. R ἐξ οὐρανοῦ ταῦτα κέκτημαι [A κέκληται]
[Aq. Pr. 4. 7 *bis*: 8. 22: Is. 11. 11: Je. 13. 4: 32 (39). 8, 44.]
[Sm. Ge. 4. 1: Ex. 15. 16: Ps. 77 (78). 54: Pr. 4. 7 *bis*: 8. 22: 18. 15: Is. 11. 11: Je. 13. 4: 32 (39). 44.]
[Th. Pr. 4. 7 *bis*: 8. 22: 20. 14: 23. 23: Is. 11. 11: Je. 13. 4.]
[Heb. Ge. 4. 1.]
[Al. Ge. 4. 1: Pr. 15. 32.]

κτείνειν. (1) הָגָה (2) הָרַג

Pr. 24. 11. ἐκπρίου κτεινομένους (2)
25. 5. κτεῖνε ἀσεβεῖς ἐκ προσώπου βασιλέως (1)
Si. 16. 12. A ἄνδρα κατὰ τὰ ἔργα αὐτοῦ κτείνει [B S κρινεῖ]
III Ma. 1. 2. ὡς μόνος κτεῖναι αὐτόν
[Aq., Sm. Ps. 138 (139). 19.]

κτενιστός.

[Sm. Is. 19. 9.]

κτῆμα. (1) הוֹן (2) *a.* כֶּרֶם *b.* כֹּרֵם (3) נַחֲלָה (4) שָׂדֶה

Jb. 20. 29. κτῆμα ὑπαρχόντων αὐτῷ [A -οῦ] παρὰ τοῦ ἐπισκόπου (3)
27. 13. κτῆμα [A S[2] ὀργή] δὲ δυναστῶν ἐλεύσεται [A ἐξελ.] (3)
Pr. 12. 27. κτῆμα δὲ τίμιον ἀνὴρ καθαρός (1)
23. 10. εἰς δὲ κτῆμα ὀρφανῶν μὴ εἰσέλθῃς (4)
31. 16. ἀπὸ δὲ καρπῶν χειρῶν αὐτῆς κατεφύτευσε κτῆμα (2 *a*)
Wi. 8. 5. εἰ δὲ πλοῦτός ἐστιν ἐπιθυμητὸν κτῆμα ἐν βίῳ
13. 17. περὶ δὲ κτημάτων καὶ γάμων αὐτοῦ . . . προσευχόμενος [S εὐχ.]
Si. 28. 24. περίφραξον τὸ κτ. [S στόμα] σου ἀκάνθαις
36. 30 (27). διαρπαγήσεται κτῆμα

● = correction on page xxvi

Si. 51. 21. διὰ τοῦτο ἐκτησάμην ἀγαθὸν κτῆμα
Ho. 2. 15 (17). καὶ δώσω αὐτῇ τὰ κτ. αὐτῆς ἐκεῖθεν (2 a)
Jl. 1. 11. θρηνεῖτε κτήματα ὑπὲρ πυροῦ (2 b)
[Sm. Ps. 77 (78). 48: Je. 51 (28). 13.]

κτῆνος. (1) בְּהֵמָה (2) בְּעִיר (3) בָּקָר (4) חַיָּה (5) *a.* צֹאן *b.* צֹנֶא (6) *a.* קִנְיָן *b.* מִקְנֶה (7) רְכוּשׁ

Ge. 1. 25. τὰ κτ. κατὰ γένος (1)
— 26. ἀρχέτωσαν . . . τῶν κτ. (1)
— 28. ἄρχετε . . . πάντων τῶν κτ. (4)
2. 20. ἐκάλεσεν 'Α. ὀνόματα πᾶσι τοῖς κτ. (1)
3. 14. ἐπικατάρατος σὺ ἀπὸ πάντων τῶν κτ. (1)
6. 7. ἀπὸ ἀνθρώπου ἕως κτήνους (1)
— 19. ἀπὸ πάντων τῶν κτ. –
— 20. ἀπὸ πάντων τῶν κτ. κατὰ γένος (1)
7. 2. ἀπὸ δὲ τῶν κτ. τῶν καθαρῶν (1)
— 2. ἀπὸ δὲ τῶν κτ. τῶν μὴ καθαρῶν (1)
— 8. ἀπὸ τῶν κτ. τῶν καθαρῶν (1)
— 8. ἀπὸ τῶν κτ. τῶν μὴ καθαρῶν (1)
— 14. πάντα τὰ κτ. κατὰ γένος (1)
— 21. πᾶσα σὰρξ . . . τῶν κτ. (1)
— 23. ἀπὸ ἀνθρώπου ἕως κτήνους (1)
8. 1. R ἀνεμνήσθη [A ἐμν.] ὁ θεὸς . . . πάντων τῶν κτ. (1)
— 17. πᾶσα σὰρξ ἀπὸ πετεινῶν ἕως κτηνῶν (1)
— 19. πάντα τὰ κτ. . . . ἐξήλθοσαν (4 ?)
— 20. ἔλαβεν ἀπὸ πάντων τῶν κτ. τῶν καθαρῶν (1)
9. 10. ἀπὸ ὀρνέων καὶ ἀπὸ κτηνῶν (1)
13. 2. "Αβραμ δὲ ἦν πλούσιος σφόδρα κτήνεσι (6 b)
— 5. A πρόβατα καὶ βόες καὶ κτήνη [R σκηναί] †
— 7. ἀνὰ μέσον τῶν ποιμένων τῶν κτ. τοῦ "Α. (6 b)
— 7. ἀνὰ μέσον τῶν ποιμένων τῶν κτ. τοῦ Λ. (6 b)
26. 14. κτήνη προβάτων καὶ κτήνη βοῶν (6 b, 6 b)
29. 7. οὔπω ὥρα συναχθῆναι τὰ κτ. (6 b)
30. 29. ὅσα ἦν κτήνη σου μετ' ἐμοῦ (6 b)
— 43. ἐγένετο αὐτῷ κτήνη πολλά (5 a ?)
31. 9. πάντα τὰ κτ. τοῦ πατρὸς ὑμῶν (6 b)
— 43. R τὰ κτ. [A κτ. σου] κτήνη μου (5 a, 5 a)
33. 13. ἀποθανοῦνται πάντα τὰ κτ. (5 a)
— 17. τοῖς κτ. αὐτοῦ ἐποίησε σκηνάς (6 b)
34. 5. ἦσαν μετὰ τῶν κτ. αὐτοῦ (6 b)
— 23. τὰ κτ. αὐτῶν . . . οὐχ ἡμῶν ἔσται (6 b)
36. 6. ἔλαβε δὲ 'Ησαῦ . . . πάντα τὰ κτ. (1)
46. 32. τὰ κτ. . . . ἀγηόχασιν (5 a)
47. 1. τὰ κτ. καὶ οἱ βόες αὐτῶν . . . ἦλθον (5 a)
— 4. οὐ γάρ ἐστι νομὴ τοῖς κτ. τῶν παίδων σου (5 a)
— 4 (6). κατάστησον αὐτοὺς ἄρχοντας τῶν ἐμῶν κτ. (6 b)
— 16. φέρετε τὰ κτ. ὑμῶν (6 b)
— 16. δώσω ὑμῖν ἄρτους ἀντὶ τῶν κτ. ὑμῶν (6 b)
— 17. ἤγαγον δὲ τὰ κτ. πρὸς 'Ι. (6 b)
— 17. ἀντὶ πάντων τῶν κτ. αὐτῶν (6 b)
— 18. εἰ γὰρ ἐκλέλοιπε . . . τὰ κτ. πρὸς σέ (1)
Ex. 9. 3. χεὶρ κυρίου ἐπέσται [A ἔσ.] ἐν τοῖς κτ. σου (6 b)
— 4. ἀνὰ μέσον τῶν κτ. τῶν Αἰγ. καὶ ἀνὰ μέσον τῶν κτ. τῶν υἱῶν 'Ισρ. [A κτ. τοῦ 'Ι.] (6 b, 6 b)
— 4. A ἀπὸ πάντων τῶν κτ. τῶν υἱῶν 'Ισρ. [B *al.*] –
— 6. A² B ἐτελεύτησε πάντα τὰ κτ. τῶν Αἰγυπτίων (6 b)
— 6. B ἀπὸ δὲ τῶν κτ. τῶν υἱῶν 'Ισρ. [A² κτ. τοῦ 'Ι.] (6 b)
— 7. B ἀπὸ πάντων [A² *om.*] τῶν κτ. τῶν υἱῶν 'Ισρ. (6 b)
— 19. κατάσπευσον συναγαγεῖν τὰ κτ. σου (6 b)
— 19. οἱ ἄνθρωποι καὶ τὰ κτ. . . . τελευτήσει (1)
— 20. συνήγαγε τὰ κτ. αὐτοῦ εἰς τοὺς οἴκους (1)
— 21. ἀφῆκε τὰ κτ. ἐν τοῖς πεδίοις (6 b)
— 22. ἔσται χάλαζα ἐπὶ . . . τὰ κτ. (1)
— 25. ἀπὸ ἀνθρώπου ἕως κτήνους (1)
10. 26. τὰ κτ. ἡμῶν πορεύσεται μεθ' ἡμῶν (6 b)
11. 5. ἕως πρωτοτόκου παντὸς κτήνους (1)
— 7: 12. 12. ἀπὸ ἀνθρώπου ἕως κτήνους (1)
12. 29. ἕως πρωτοτόκου παντὸς κτήνους [A *al.*] (1)
— 38. συνανέβη αὐτοῖς . . . κτήνη πολλὰ σφόδρα (6 b)
13. 2. ἀπὸ ἀνθρώπου ἕως κτήνους (1)
— 12. πᾶν διανοῖγον μήτραν . . . ἐν τοῖς κτ. σου (1)
— 15. ἕως πρωτοτόκων [A -ου] κτηνῶν (1)
17. 3. ἀποκτεῖναι . . . τὰ κτ. τῷ δίψει (6 b)
19. 13. ἐάν τε κτῆνος ἐάν τε ἄνθρωπος (1)
20. 10. σὺ καὶ . . . πᾶν κτῆνός σου (1)

Ex. 20. 17. οὐκ ἐπιθυμήσεις . . . παντὸς κτήνους αὐτοῦ –
22. 5 (4). ἀφῇ τὸ κτ. αὐτοῦ καταβοσκῆσαι (2)
— 10 (9). ἐὰν δέ τις δῷ τῷ πλησίον . . . πᾶν κτ. (1)
— 19 (18). πᾶν κοιμώμενον μετὰ κτήνους (1)
Le. 1. 2. ἀπὸ τῶν κτ. καὶ ἀπὸ τῶν βοῶν (1)
5. 2. ἢ τῶν θνησιμαίων κτ. τῶν ἀκαθάρτων (1 ?)
7. 15 (25). πᾶς ὁ ἔσθων στέαρ ἀπὸ τῶν κτ. (1)
— 16 (26). ἀπό τε τῶν κτ. καὶ ἀπὸ τῶν πετεινῶν (1)
11. 2. ταῦτα τὰ κτ. ἃ φάγεσθε ἀπὸ πάντων [B¹ *om.*] τῶν κτ. τῶν ἐπὶ τῆς γῆς (4, 6 b)
— 3. πᾶν κτ. διχηλοῦν ὁπλὴν . . . καὶ ἀνάγον μηρυκισμὸν ἐν τοῖς κτ. (–, 1)
— 26. καὶ ἐν πᾶσι τοῖς κτ. (1)
— 39. ἐὰν δὲ ἀποθάνῃ [A *add.* ἀπὸ] τῶν κτ. (1)
— 46. οὗτος ὁ νόμος περὶ τῶν κτ. (1)
19. 19. τὰ κτ. σου οὐ κατοχεύσεις ἑτεροζύγῳ (1)
20. 16. ἥτις προσελεύσεται πρὸς πᾶν κτ. (1)
— 16. ἀποκτενεῖτε τὴν γυναῖκα καὶ τὸ κτ. (1)
— 25. ἀνὰ μέσον τῶν κτ. τῶν καθαρῶν καὶ ἀνὰ μέσον τῶν κτ. τῶν ἀκαθάρτων (1, –)
— 25. οὐ βδελύξετε τὰς ψυχὰς ὑμῶν ἐν τοῖς κτ. (1)
24. 18. ὃς ἂν πατάξῃ κτῆνος (1)
25. 7. τοῖς κτ. σου καὶ τοῖς θηρίοις (1)
26. 22. καὶ ἐξαναλώσει τὰ κτ. ὑμῶν (1)
27. 9. ἐὰν δὲ ἀπὸ τῶν κτ. τῶν προσφερομένων (1)
— 10. ἐὰν δὲ ἀλλάσσων ἀλλάξῃ αὐτὸ κτῆνος κτήνει (1, 1)
— 11. ἐὰν δὲ πᾶν κτ. ἀκάθαρτον (1)
— 11. στήσει τὸ κτ. ἔναντι [A -ίον] τοῦ ἱερέως (1)
— 26. ὃ ἐὰν γένηται ἐν τοῖς κτ. σου (1)
— 28. ἀπὸ ἀνθρώπου ἕως κτήνους (1)
Nu. 3. 13. ἀπὸ ἀνθρώπου ἕως κτήνους ἐμοὶ ἔσονται (1)
— 41. καὶ τὰ κτ. τῶν Λευιτῶν ἀντὶ πάντων τῶν πρωτοτόκων ἐν τοῖς κτ. [B¹ *om.* ἐν τ. κτ.] τῶν υἱῶν 'Ισρ. (1, 1)
— 45. καὶ τὰ κτ. τῶν Λευιτῶν ἀντὶ τῶν κτ. αὐτῶν (1, 1)
8. 17. ἀπὸ ἀνθρώπων [A -ου] ἕως κτήνους (1)
16. 32. καὶ τὰ κτ. αὐτῶν (7)
18. 15. ἀπὸ ἀνθρώπου ἕως κτήνους (1)
— 15. τὰ πρωτότοκα τῶν κτ. τῶν ἀκαθάρτων (1)
20. 4. ἀποκτεῖναι ἡμᾶς καὶ τὰ κτ. ἡμῶν (2)
— 8. ποτιεῖτε τὴν συναγωγὴν καὶ τὰ κτ. αὐτῶν (2)
— 11. ἔπιεν ἡ συναγωγὴ καὶ τὰ κτ. αὐτῶν (2)
— 19. ἐγώ τε καὶ τὰ κτ. μου (6 b)
31. 9. καὶ τὴν ἀποσκευὴν αὐτῶν καὶ τὰ κτ. αὐτῶν (1)
— 11, 26. ἀπὸ ἀνθρώπου ἕως κτήνους (1)
— 28. ἀπὸ τῶν ἀνθρώπων καὶ ἀπὸ τῶν κτ. (3)
— 30. καὶ ἀπὸ πάντων τῶν κτ. (1)
— 47. ἀπὸ τῶν ἀνθρώπων καὶ ἀπὸ τῶν κτ. (1)
32. 1. κτήνη [B¹ -ους] πλῆθος ἦν τοῖς υἱοῖς 'Ρ. (6 b)
— 1. ἦν ὁ τόπος τόπος κτήνεσι (6 b)
— 4. καὶ τοῖς παισί σου κτήνη ὑπάρχει (6 b)
— 16. οἰκοδομήσομεν ὧδε τοῖς κτ. ἡμῶν (6 b)
— 24. καὶ ἐπαύλεις τοῖς κτ. ὑμῶν (5 b)
— 26. καὶ πάντα τὰ κτ. ἡμῶν (1)
— 30. διαβιβάσετε . . . τὰ κτ. αὐτῶν –
35. 3. ἔσται τοῖς κτ. αὐτῶν (1)
De. 2. 35. τὰ κτ. ἐπρονομεύσαμεν (1)
3. 7. τὰ παιδία καὶ πάντα τὰ κτ. (1)
— 19. τὰ τέκνα ὑμῶν καὶ τὰ κτ. ὑμῶν οἶδα ὅτι πολλὰ κτ. [A τὰ κτ.] ὑμῖν (6 b, 6 b)
4. 17. ὁμοίωμα παντὸς κτ. (1)
5. 14. καὶ πᾶν κτ. σου (1)
— 21 (18). οὔτε παντὸς κτ. αὐτοῦ –
7. 14. οὐκ ἔσται ἐν ὑμῖν . . . καὶ ἐν τοῖς κτ. σου (1)
11. 15. δώσει χορτάσματα . . . τοῖς [A ἐν τοῖς] κτ. σου (1)
14. 4. ταῦτα κτ. [A τὰ κτ.] ἃ φάγεσθε (1)
— 6. πᾶν κτ. διχηλοῦν [A -χηλεῦον] ὁπλήν (1)
— 6. καὶ ἀνάγον μηρυκισμὸν ἐν τοῖς κτ. (1)
20. 14. AR πάντα τὰ κτ. καὶ πάντα [B *om.* π. τὰ κτ. κ. π.] . . . προνομεύσεις (1)
27. 21. ὁ κοιμώμενος μετὰ παντὸς [A *om.*] κτ. (1)
28. 11. ἐπὶ τοῖς ἐκγόνοις τῶν κτ. σου (1)
— 51. κατέδεται τὰ ἔκγονα τῶν κτ. σου (1)
30. 9. ἐν τοῖς ἐκγόνοις τῶν κτ. σου (1)
Jo. 1. 14. τὰ κτ. ὑμῶν κατοικείτωσαν ἐν τῇ γῇ (6 b)
8. 2. τὴν προνομὴν τῶν κτ. προνομεύσεις σεαυτῷ (1)
— 27. A πλὴν τῶν κτ. καὶ [B *om.* τ. κτ. κ.] τῶν σκύλων (1)
14. 4. τὰ ἀφωρισμένα αὐτῶν [A -οῖς] τοῖς κτ. καὶ τὰ κτ. [A *om.* κ. τ. κτ.] αὐτῶν (6 b, 6 a)

Jo. 21. 2. καὶ τὰ περισπόρια [A *om.* τὰ π.] τοῖς κτ. ἡμῶν (1)
22. 8. κτ. πολλὰ σφόδρα . . . διεῖλαντο (6 b)
Jd. 6. 5. A αὐτοὶ τὰ κτ. [B αὐ. καὶ αἱ κτήσεις] αὐτῶν (6 b)
20. 48. καὶ ἕως κτήνους [A *al.*] (1)
I Ki. 17. 44. καὶ τοῖς κτ. [A θηρίοις] τῆς γῆς (1)
23. 5. καὶ ἀπήγαγε [A οὐκ ἀπ.] τὰ κτ. αὐτῶν (6 b)
III Ki. 4. 33 (5. 13). ἐλάλησε περὶ τῶν κτ. (1)
18. 5. A οὐκ ἐξολεθρευθήσονται ἀπὸ τῶν κτ. [B σκηνῶν] (1)
IV Ki. 3. 9. οὐκ ἦν ὕδωρ . . . τοῖς κτ. (1)
— 17. αἱ κτήσεις ὑμῶν καὶ τὰ κτ. ὑμῶν (1)
I Ch. 4. 39. τοῦ ζητῆσαι νομὰς τοῖς κτ. αὐτῶν (5 a)
— 41. νομαὶ τοῖς κτ. αὐτῶν ἐκεῖ (5 a)
5. 9. κτ. αὐτῶν πολλὰ ἐν γῇ Γ. (6 b)
7. 21. κατέβησαν τοῦ λαβεῖν τὰ κτ. αὐ. (6 b)
II Ch. 20. 25. καὶ εὗρον κτ. πολλά †
26. 10. κτ. πολλὰ ὑπῆρχεν αὐτῷ (6 b)
32. 28. φάτνας παντὸς κτ. (1)
I Es. 2. 7. μεθ' ἵππων καὶ κτηνῶν
— 9. ἵπποις κτήνεσι [A καὶ κτ.] καὶ εὐχαῖς
5. 1. αἱ παιδίσκαι [A π. αὐτῶν] καὶ τὰ κτ. αὐτῶν
8. 50. τέκνοις ἡμῶν καὶ κτήνεσιν
9. 4. ἀνιερωθήσονται τὰ κτ. αὐτῶν
II Es. 1. 4. ἐν . . . ἀποσκευῇ καὶ κτήνεσι (1)
— 6. καὶ ἐν κτήνεσι καὶ ἐν ξενίοις (1)
Ne. 2. 12. καὶ κτῆνος οὐκ ἔστι μετ' ἐμοῦ εἰ μὴ τὸ κτ. [S² *al.*] (1, 1)
— 14. οὐκ ἦν τόπος τῷ κτ. παρελθεῖν (1)
9. 37. AB καὶ ἐν [S² ἐν τοῖς] κτήνεσιν ἡμῶν (1)
10. 35 (37). καὶ τὰ πρωτότοκα . . . κτηνῶν [S τῶν κτ.] ἡμῶν (1)
To. 1. 6. S καὶ τὰς δεκάτας τῶν κτ. [AB γενημάτων]
10. 11. 'Ραγουὴλ ἔδωκεν αὐτῷ . . . κτήνη [S *al.*]
Ju. 4. 10. τὰ νήπια αὐτῶν καὶ τὰ κτ. αὐτῶν
5. 9. καὶ ἐν κτ. πολλοῖς σφόδρα
8. 7. καὶ κτήνη καὶ ἀγρούς
11. 7. τὰ θηρία τοῦ ἀγροῦ καὶ τὰ κτ.
— 12. ἐβουλεύσαντο ἐπιβαλεῖν τοῖς κτ. αὐτῶν
Jb. 1. 3. ἦν τὰ κτ. αὐτοῦ πρόβατα ἑπτακισχίλια (6 b)
— 10. τὰ κτ. αὐτοῦ πολλὰ ἐποίησας ἐπὶ τῆς γῆς (6 b)
36. 28. ὥραν ἔθετο κτήνεσιν –
42. 12. ἦν δὲ τὰ κτ. αὐτοῦ πρόβατα μύρια τετρακισχίλια –
Ps. 8. 7. ἔτι δὲ καὶ τὰ κτ. τοῦ πεδίου (1)
35 (36). 6. ἀνθρώπους καὶ κτήνη σώσεις (1)
48 (49). 12, 20. παρασυνεβλήθη τοῖς κτ. τοῖς ἀνοήτοις (1)
49 (50). 10. κτήνη ἐν τοῖς ὄρεσι καὶ βόες (1)
77 (78). 48. παρέδωκεν ἐν χαλάζῃ [S¹ εἰς αἰχμαλωσίαν, S² εἰς χάλαζαν] τὰ κτ. αὐτῶν (2)
— 50. τὰ κτ. αὐτῶν εἰς θάνατον συνέκλεισε (4)
103 (104). 14. ὁ ἐξανατέλλων χόρτον τοῖς κτ. (1)
106 (107). 38. τὰ κτ. αὐτῶν οὐκ ἐσμίκρυνε (1)
134 (135). 8. ἀπὸ ἀνθρώπου ἕως κτήνους (1)
146 (147). 9. καὶ διδόντι τοῖς κτ. τροφὴν αὐτῶν (1)
148. 10. τὰ θηρία καὶ πάντα τὰ κτ. (1)
Pr. 12. 10. δίκαιος οἰκτείρει ψυχὰς κτηνῶν αὐτοῦ (1)
24. 65 (30. 30). σκύμνος λέοντος ἰσχυρότερος κτηνῶν ὃς οὐκ ἀποστρέφεται οὐδὲ καταπτήσσει κτῆνος (1, †)
Ec. 3. 18. δεῖξαι ὅτι αὐτοὶ κτήνη εἰσί (1)
— 19. συνάντημα τοῦ κτ. (1)
— 19. τί ἐπερίσσευσεν ὁ ἄνθρωπος [S² τίς περισσεία τῷ ἀνθρώπῳ] παρὰ τὸ κτ. (1)
— 21. πνεῦμα τοῦ κτ. εἰ καταβαίνει (1)
Si. 7. 22. κτήνη σοί ἐστιν ἐπισκέπτου αὐτά
40. 8. μετὰ πάσης σαρκὸς ἀπὸ ἀνθρώπου ἕως κτήνους
43. 25. A S ποικιλία παντὸς ζῴου κτῆσις κτηνῶν [B κτίσις κητῶν]
Mi. 5. 8 (7). ὡς λέων ἐν κτήνεσιν ἐν τῷ δρυμῷ (1)
Jl. 1. 20. καὶ τὰ κτ. τοῦ πεδίου ἀνέβλεψαν πρὸς σέ (1)
— 2. 22. θαρσεῖτε κτήνη τοῦ πεδίου (1)
Jn. 3. 7. οἱ ἄνθρωποι καὶ τὰ κτ. . . . μὴ γευσάσθωσαν (1)
— 8. περιεβάλοντο σάκκους οἱ ἄνθρ. καὶ τὰ κτ. (1)
4. 11. ἐν ᾗ κατοικοῦσι . . . κτ. πολλά (1)
Ze. 1. 3. ἐκλιπέτω ἄνθρωπος καὶ κτήνη (1)
Hg. 1. 11. ἐπάξω ῥομφαίαν . . . ἐπὶ τὰ κτ. (1)
Za. 2. 4 (8). ἀπὸ πλήθους ἀνθρώπων καὶ κτηνῶν (1)
8. 10. καὶ ὁ μισθὸς τῶν κτ. οὐχ ὑπάρξει (1)
14. 15. αὕτη ἔσται ἡ πτῶσις . . . πάντων τῶν κτ. (1)
Is. 30. 23. βοσκηθήσεταί σου τὰ κτ. . . . τόπον πίονα (6 b)

Is. 46. 1. ἐγένετο τὰ γλυπτὰ αὐτῶν εἰς θηρία καὶ τὰ [A S *om.*] κτ. (1)
63. 14. καὶ ὡς κτήνη διὰ πεδίου (1)
Je. 7. 20. ἐπὶ τοὺς ἀνθρώπους καὶ ἐπὶ τὰ κτ. (1)
9. 10 (9). ἀπὸ πετεινῶν τοῦ οὐρανοῦ καὶ ἕως κτηνῶν [A τῶν κτ.] (1)
12. 4. ἠφανίσθησαν [A -ισας] κτήνη καὶ πετεινά (1)
21. 6. πατάξω . . . τοὺς ἀνθρώπους καὶ τὰ κτ. (1)
27 (50). 3. ἀπὸ ἀνθρώπου καὶ [A *om.*] ἕως κτήνους (1)
28 (51). 62. ἀπὸ ἀνθρώπου ἕως κτήνους (1)
30. 10 (49. 32). πλῆθος κτηνῶν αὐτῶν εἰς ἀπώλειαν (6 *b*)
38 (31). 12. ἐπὶ γῆν σίτου . . . καὶ κτηνῶν (3 ?)
— 27. σπέρμα ἀνθρώπου καὶ σπέρμα κτήνους (1)
39 (32). 43. ἄβατος ἔσται ἀπὸ ἀνθρώπων [A S -ου] καὶ κτήνους (1)
40 (33). 10. ἔρημός ἐστιν ἀπὸ ἀνθρώπων καὶ κτηνῶν . . . παρὰ τὸ μὴ εἶναι ἄνθρωπον [S -ους] καὶ κτήνη (1, 1)
— 12. παρὰ τὸ μὴ εἶναι ἄνθρωπον καὶ κτ. [A -νη] (1)
43 (36). 29. ἐκλείψει [A ἐκτρίψει] ἀπ' αὐτῆς . . . κτήνη (1)
Ba. 3. 32. ἐνέπλησεν αὐτὴν κτηνῶν τετραπόδων
Ez. 8. 10. A πᾶσα ὁμοίωσις ἑρπετοῦ καὶ κτήνους (1)
14. 13. ἐξαρῶ ἐξ [A ἀπ'] αὐτῆς . . . κτήνη (1)
— 17. ἐξαρῶ ἐξ αὐτῆς ἄνθρωπον καὶ κτ. [A -νη] (1)
— 19, 21. τοῦ ἐξολεθρεῦσαι ἐξ αὐτῆς ἄνθρωπον καὶ κτ. (1)
24. 5. ἐξ ἐπιλέκτων κτηνῶν εἰλημμένων [A -να] (5 *a*)
25. 13. ἐξολεθρεύσω ἐξ αὐτῆς ἄνθρωπον καὶ κτ. (1)
27. 20. Δαιδὰν ἔμποροί σου μετὰ κτηνῶν ἐκλεκτῶν †
29. 8. ἀπολῶ ἀπὸ σοῦ ἀνθρώπους καὶ κτήνη [A *al.*] (1)
— 11. πούς ἀνθρώπου καὶ πούς κτήνους [A ἄνθρωπος καὶ κτ.] (1)
32. 13. AR ἀπολῶ πάντα τὰ [B *om.*] κτ. αὐτῆς . . . ἴχνος κτηνῶν [A -ους] οὐ μὴ καταπατήσῃ αὐτό (1, 1)
35. 7. ἀπολῶ ἀπ' αὐτοῦ ἀνθρώπους καὶ κτήνη †
36. 11. πληθυνῶ ἐφ' ὑμᾶς ἀνθρώπους καὶ κτήνη (1)
44. 31. ἐκ τῶν πετεινῶν καὶ ἐκ τῶν κτ. (1)
Da. LXX. 3. (81). πάντα τὰ θηρία καὶ τὰ κτ. τετράποδα
Da. TH. 3. (81). εὐλογεῖτε . . . τὰ κτ. τὸν κύριον
I Ma. 1. 32. AR καὶ τὰ κτ. ἐκληρονόμησαν [S^{1} *om.*, S^{2} ἐκλ. ἑαυτοῖς]
— 47. θύειν ὕεια καὶ κτ. κοινά [S^{1} πολλά]
2. 30. αἱ γυναῖκες αὐτῶν καὶ τὰ κτ. αὐτῶν
— 38. τὰ τέκνα αὐτῶν καὶ τὰ κτ. αὐτῶν
10. 33. SR καὶ τῶν [A *om.*] κτ. αὐτῶν
12. 23. τὰ κτ. ὑμῶν . . . ἡμῖν ἐστι

[**Aq.** Ge. 1. 26 : Le. 27. 26 : Dt. 28. 4 : Jb. 40. 10 (15) : Is. 30. 6 : Je. 15. 3 : 16. 4 : 27 (34). 5 : 33 (40). 12 : Hb. 2. 17.]
[**Sm.** Le. 27. 26 : Jb. 35. 11 : Ps. 77 (78). 48 : 103 (104). 14 : Ec. 3. 19 : Is. 30. 6 : Hb. 2. 17 (?).]
[**Th.** Ex. 34. 19 : Le. 27. 26 : Jb. 40. 10 (15) : Is. 30. 6 : Je. 27 (34). 5 : Ez. 8. 10 : Da. 3. (81).]
[**Al.** Le. 5. 2 : 18. 23 *bis*.]

κτηνοτρόφος. (1) *a.* מִקְנֶה *b.* **ἀνὴρ κτ.** אֱנוֹשׁ מִקְנֶה

Ge. 4. 20. οἰκούντων ἐν σκηναῖς κτηνοτρόφων (1 *a*)
46. 32. ἄνδρες γὰρ κτηνοτρόφοι ἦσαν (1 *b*)
— 34. ἄνδρες κτηνοτρόφοι ἐσμέν (1 *b*)
Nu. 32. 4. γῆ κτ. ἐστί (1 *a*)

κτηνώδης. (1) בְּהֵמָה

Ps. 72 (73). 22. κτηνώδης ἐγενόμην [S ἐγενήθην] παρὰ σοί (1)
[**Sm.** Ps. 72 (73). 22.]

κτῆσις. (1) אֲחֻזָּה (2) הוֹן (3) יָרַשׁ (4) *a.* קָנָה *b.* מִקְנָה *c.* מִקְנֶה *d.* קִנְיָן (5) רְכוּשׁ

Ge. 23. 4. δότε οὖν μοι κτῆσιν τάφου (1)
— 9. R δότω [A -τε] μοι αὐτὸ . . . εἰς κτῆσιν μνημείου (1)
— 18. ἔστη ὁ ἀγρὸς . . . τῷ 'A. εἰς κτῆσιν (4 *b*)
— 20. ἐκυρώθη ὁ ἀγρὸς . . . τῷ 'A. εἰς κτῆσιν (1)
36. 43. ἐν τῇ γῇ τῆς κτ. αὐτῶν (1)
46. 6. ἀναλαβόντες . . . πᾶσαν τὴν κτ. (5)
49. 30. ὃ ἐκτήσατο 'A. . . . ἐν κτήσει μνημείου (1)
Ge. 49. 32. ἐν κτήσει τοῦ ἀγροῦ καὶ τοῦ σπηλαίου (4 *c*)
50. 13. ὃ ἐκτήσατο 'A. . . . ἐν κτήσει μνημείου (1)
Le. 14. 34. ἣν ἐγὼ δίδωμι ὑμῖν ἐν κτήσει (1)
20. 24. ἐγὼ δώσω ὑμῖν αὐτὴν ἐν κτήσει (3)
25. 10. εἷς ἕκαστος εἰς τὴν κτ. αὐτοῦ (1)
— 13. AB^{1} ἐπανελεύσεται [AB^{2} *add.* ἕκαστος] εἰς τὴν κτ. [B^{2} R ἔγκτ.] (1)
— 16. A B^{1} ἐλαττονώσει τὴν κτ. [B^{2} R ἔγκτ.] αὐτοῦ (4 *b*)
Jd. 6. 5 αὐτοὶ καὶ αἱ κτ [A αὐ. τὰ κτήνη] αὐτῶν (4 *c*)
18. 21. ἔθηκαν . . . τὴν κτ. [A *add.* αὐτοῦ] (4 *c*)
IV Ki. 3. 17. ὑμεῖς καὶ αἱ κτ. ὑμῶν (4 *c*)
I Ch. 28. 1. R καὶ πάσης τῆς κτ. τοῦ βασ. (4 *c*)
II Ch. 14. 15 (14). καί γε σκηνὰς κτήσεων . . . ἐξέκοψαν (4 *c*)
II Es. 8. 21. καὶ πάσῃ τῇ κτ. ἡμῶν (5)
Jb. 36. 33. κτῆσις [A -σεις] καὶ περὶ ἀδικίας (4 *c*)
Ps. 104 (105). 21. καὶ ἄρχοντα πάσης τῆς κτ. [AS κτίσεως] αὐτοῦ (4 *d*)
Pr. 1. 13. τὴν κτ. [A κτίσιν] αὐτοῦ τὴν πολυτελῆ καταλαβώμεθα (2)
8. 18. καὶ κτῆσις πολλῶν καὶ δικαιοσύνη (2)
10. 15. κτῆσις [S^{1} κτίσις] πλουσίων πόλις ὀχυρά (2)
Ec. 2. 7. κτῆσις βουκολίου . . . πολλὴ [S^{1} *om.*] ἐγένετό μοι (4 *c*)
Wi. 2. 6. A χρησώμεθα τῇ κτ. [B S κτίσει]
16. 24. A ἡ γὰρ κτ. [B S κτίσις] σοι τῷ ποιήσαντι ὑπηρετοῦσα
Si. 36. 29 (26). ὁ κτώμενος γυναῖκα ἐνάρχεται κτήσεως
42. 4. περὶ κτήσεως πολλῶν καὶ ὀλίγων
43. 25. AS ποικιλία παντὸς ζῴου κτῆσις κτηνῶν [B κτίσις κητῶν]
Je. 39 (32). 7. παραλαβεῖν εἰς κτῆσιν (4 *a*)
— 8. A σοὶ κρίμα παραλαβεῖν εἰς κτῆσιν [B *al.*] (4 *a* ?)
— 11. ἔλαβον τὸ βιβλίον τῆς κτ. τὸ ἐσφραγισμένον (4 *b*)
— 12. γραφόντων ἐν τῷ βιβλίῳ τῆς κτ. (4 *b*)
— 14. λάβε τὸ βιβλίον τῆς κτ. τοῦτο (4 *b*)
— 16. μετὰ τὸ δοῦναί με τὸ βιβλίον τῆς κτ. (4 *b*)
Ba. 3. 17. οὐκ ἔστι τέλος τῆς κτ. αὐτῶν
— 24. ἐπιμήκης ὁ τόπος τῆς κτ. αὐτοῦ
Ez. 38. 12. πεποιηκότας κτήσεις (4 *c* + 4 *d*)
— 13. ἀπενέγκασθαι κτῆσιν [A -σεις] (4 *c* + 4 *d*)

[**Aq.** Ps. 103 (104). 24 : Pr. 4. 7 : Is. 30. 23.]
[**Sm.** Dt. 18. 8 : Jd. 1. 15 *ter* : Ps. 103 (104). 24 : Pr. 4. 7 : Is. 30. 23.]
[**Th.** Jd. 18. 21 : Jb. 36. 33 : Ps. 103 (104). 24 : Pr. 4. 7 : Is. 30. 23.]
[**Al.** Le. 25. 27, 51.]

κτητός.

[**Sm.** Hb. 2. 17 (?).]

κτήτωρ.

[**Sm.** Jl. 1. 11.]

κτίζειν. (1) בָּרָא *a.* qal. *b.* ni. (2) יָסַד ni. (3) יָצַר (4) כּוּן *a.* pil. *b.* pu. (5) עָמַד (6) קָנָה *a.* qal. *b.* ni. (7) שָׁכַן

Ge. 14. 19, 22. ὃς ἔκτισε τὸν οὐρ. καὶ τὴν γῆν (6 *a*)
Ex. 9. 18. ἀφ' ἧς ἡμέρας ἔκτισται (2)
Le. 16. 16. τῇ σκηνῇ τοῦ μαρτυρίου τῇ ἐκτισμένῃ ἐν αὐτοῖς (7)
De. 4. 32. ἧς ἔκτισεν ὁ θεὸς ἄνθρωπον (1 *a*)
32. 6. A καὶ ἔκτισέν [B ἔπλασέ] σε (4 *a*)
I Es. 4. 53. κτίσαι τὴν πόλιν
6. 13. παῖδες τοῦ κυρίου τοῦ κτίσαντος τὸν οὐρανόν
Ju. 13. 18. ὃς ἔκτισε τοὺς οὐρανούς
Ps. 32 (33). 9. αὐτὸς ἐνετείλατο καὶ ἐκτίσθησαν (5)
50 (51). 10. καρδίαν καθαρὰν κτίσον ἐν ἐμοί (1 *a*)
88 (89). 12. τὸν βορρᾶν . . . σὺ ἔκτισας (1 *a*)
— 47. μὴ γὰρ ματαίως ἔκτισας πάντας τοὺς υἱοὺς τῶν ἀνθρώπων (1 *a*)
101 (102). 18. λαὸς ὁ κτιζόμενος αἰνέσει τὸν κύριον (1 *b*)
103 (104). 30. ἐξαποστελεῖς τὸ πνεῦμά σου καὶ κτισθήσονται (1 *b*)
148. 5. αὐτὸς ἐνετείλατο καὶ ἐκτίσθησαν (1 *b*)
Pr. 8. 22. κύριος ἔκτισέ με ἀρχὴν ὁδῶν αὐτοῦ εἰς ἔργα αὐτοῦ (6 *a*)
Ec. 12. 1. μνήσθητι τοῦ κτίσαντός σε (1 *a*)
Wi. 1. 14. ἔκτισε γὰρ εἰς τὸ εἶναι τὰ πάντα [S^{1} *al.*]
2. 23. ὁ θεὸς ἔκτισε τὸν ἄνθρωπον ἐπ' ἀφθαρσίᾳ
Wi. 10. 1. πρωτόπλαστον πατέρα κόσμου μόνον κτισθέντα
11. 17. ἡ . . . χεὶρ καὶ [S^{2} ἡ καὶ] κτίσασα τὸν κόσμον ἐξ ἀμόρφου ὕλης
13. 3. ὁ γὰρ τοῦ κάλλους [S^{2} κόσμου] γενεσιάρχης ἔκτισεν αὐτά
Si. 1. 4. προτέρα πάντων ἔκτισται σοφία
— 9. κύριος αὐτὸς ἔκτισεν αὐτήν
7. 15. μὴ μισήσῃς . . . γεωργίαν ὑπὸ ὑψίστου ἐκτισμένην
10. 18. οὐκ ἔκτισται ἀνθρώποις ὑπερηφανία
17. 1. κύριος ἔκτισεν ἐκ γῆς ἄνθρωπον
18. 1. ὁ ζῶν εἰς τὸν αἰῶνα ἔκτισε τὰ πάντα κοινῇ
23. 20. πρὶν ἢ κτισθῆναι τὰ πάντα ἔγνωσται αὐτῷ
24. 8. ὁ κτίσας με κατέπαυσε τὴν σκηνήν μου
— 9. πρὸ τοῦ αἰῶνος ἀπ' ἀρχῆς [A ἀπαρχὴν] ἔκτισέ με
34 (31). 13. πονηρότερον ὀφθαλμοῦ τί ἔκτισται
— 27. αὐτὸς ἔκτισται εἰς εὐφροσύνην ἀνθρώποις [S^{1} -ων]
36 (33). 10. ἐκ γῆς ἐκτίσθη 'Αδάμ
38. 1. καὶ γὰρ αὐτὸν ἔκτισε κύριος
— 4. κύριος ἔκτισεν ἐκ γῆς φάρμακα
— 12. καὶ γὰρ αὐτὸν ἔκτισε κύριος
39. 21. πάντα γὰρ εἰς χρείας [A S -αν] αὐτῶν ἔκτισται
— 25. ἀγαθὰ τοῖς ἀγαθοῖς ἔκτισται ἀπ' ἀρχῆς
— 28. ἔστι πνεύματα ἃ εἰς ἐκδίκησιν ἔκτισται
— 29. πάντα ταῦτα εἰς ἐκδίκησιν ἔκτισται
40. 1. ἀσχολία μεγάλη ἔκτισται παντὶ ἀνθρώπῳ
— 10. ἐπὶ τοὺς ἀνόμους ἐκτίσθη ταῦτα πάντα
44. 2. πολλὴν δόξαν ἔκτισεν ὁ κύριος
49. 14. οὐδὲ εἷς ἐκτίσθη οἷος 'Ενὼχ τοιοῦτος ἐπὶ τῆς γῆς
Ho. 13. 4. ὁ θεός σου ὁ . . . κτίζων γῆν –
— 4. οὗ αἱ χεῖρες ἔκτισαν πᾶσαν τὴν στρατιὰν τοῦ οὐρ. –
Am. 4. 13. ἐγὼ στερεῶν βροντὴν καὶ κτίζων πνεῦμα (1 *a*)
Hg. 2. 10 (9). εἰς περιποίησιν παντὶ τῷ κτίζοντι –
Ma. 2. 10. οὐχὶ θεὸς εἷς ἔκτισεν ὑμᾶς (1 *a*)
Is. 22. 11. τὸν κτίσαντα αὐτὴν οὐκ εἴδετε (3)
45. 7. ὁ ποιῶν εἰρήνην καὶ κτίζων κακά (1 *a*)
— 8. ἐγώ εἰμι κύριος ὁ κτίσας σε (1 *a*)
46. 11. ἔκτισα καὶ ἐποίησα (3)
54. 16. ἐγὼ ἔκτισά [A S κτίζω] σε . . . ἐγὼ δὲ ἔκτισά [S -κά] σε (1 *a*, 1 *a*)
Je. 38 (31). 22. ἔκτισε κύριος σωτηρίαν (1 *a*)
39 (32). 15. ἔτι κτισθήσονται [AS^{1} κτηθ.] ἀγροὶ καὶ οἰκίαι (6 *b*)
Ez. 28. 13. ἀφ' ἧς ἡμέρας ἐκτίσθης (1 *b* + 4 *b*)
— 15. ἀφ' ἧς ἡμέρας σὺ ἐκτίσθης (1 *b*)
Da. LXX. 4. 34. τῷ κτίσαντι τὸν οὐρανὸν . . . ἐξομολογοῦμαι
Bel 4. κύριον τὸν θεὸν τὸν κτίσαντα τὸν οὐρανόν
Da. TH. Bel 5. θεὸν τὸν κτίσαντα τὸν οὐρανόν
III Ma. 2. 3. σὺ γὰρ εἶ ὁ κτίσας τὰ πάντα
— 9. κτίσας τὴν ἀπέραντον καὶ ἀμέτρητον γῆν

[**Aq.** Ge. 1. 1, 27 *bis* : Ps. 88 (89). 13 : Is. 40. 26 : 41. 20 : 43. 7 : 54. 17 : 65. 17, 18 : Je. 31 (38). 22.]
[**Sm.** Ge. 1. 27 *ter* : Ps. 88 (89). 13 : Is. 40. 26 : 41. 20 : 43. 7 : 54. 17 : 65. 17, 18.]
[**Th.** Ge. 1. 27 *bis* : Ps. 88 (89). 13 : Is. 40. 26 : 41. 20 : 43. 7 : 54. 17 : 57. 19 : 65. 17, 18 : Je. 31 (38). 22.]
[**Quint.** Ps. 88 (89). 13.]

κτίσις. (1) הוֹן (2) קִנְיָן

To. 8. 5. εὐλογησάτωσάν σε . . . πᾶσαι αἱ κτ. σου [S *al.*]
— 15. εὐλογείτωσάν σε . . . πᾶσαι αἱ κτ. σου
Ju. 9. 12. βασιλεῦ πάσης κτ. σου
16. 14. σοὶ δουλευσάτω πᾶσα ἡ κτ. σου
Ps. 73 (74). 18. μνήσθητι ταύτης τῆς κτ. σου [S *om.* τῆς κτ. σου] –
103 (104). 24. ἐπληρώθη ἡ γῆ τῆς κτ. σου (2)
104 (105). 21. A S καὶ ἄρχοντα πάσης τῆς κτ. [B κτήσεως] αὐτοῦ (2)
Pr. 1. 13. A τὴν κτ. [B S κτῆσιν] αὐτοῦ τὴν πολυτελῆ καταλαβώμεθα (1)
10. 15. κτῆσις [S^{1} κτίσις] πλουσίων πόλις ὀχυρά (1)
Wi. 2. 6. χρησώμεθα τῇ κτ. [A κτήσει] ὡς νεότητι [A S^{1} -τητος] σπουδαίως
5. 17. ὁπλοποιήσει [S^{1} ὁδοπ.] τὴν κτ. εἰς ἄμυναν ἐχθρῶν

Wi. 16. 24. ἡ γὰρ κτ. [A κτῆσις] σοι τῷ ποιήσαντι ὑπηρετοῦσα
19. 6. ὅλη γὰρ ἡ κτ. . . . πάλιν ἄνωθεν διετυποῦτο
Si. 16. 17. τίς γὰρ ἡ ψυχή μου ἐν ἀμετρήτῳ κτίσει
43. 25. ποικιλία παντὸς ζῴου κτίσις κητῶν [A S κτῆσις κτηνῶν]
49. 16. ὑπὲρ πᾶν ζῷον ἐν τῇ [S² om.] κτ. Ἀδάμ
III Ma. 2. 2. δέσποτα πάσης τῆς κτ.
— 7. τῷ τῆς ἁπάσης κτ. δυναστεύοντι
6. 2. τὴν πᾶσαν διακυβερνῶν . . . κτ.
[Aq. Ez. 2. 10.]

κτίσμα.
Wi. 9. 2. ἵνα δεσπόζῃ τῶν ὑπὸ σοῦ γενομένων κτ.
13. 5. A R ἐκ γὰρ μεγέθους καλλονῆς [B S¹ κ. καὶ, S² καὶ κ.] κτισμάτων
14. 11. ἐν κτίσματι θεοῦ εἰς βδέλυγμα ἐγενήθησαν
Si. 36. 20 (17). δὸς μαρτύριον τοῖς ἐν ἀρχῇ κτ. σου
38. 34. κτίσμα αἰῶνος στηρίσουσι [S οὐ στ.]
III Ma. 5. 11. τὸ δὲ ἀπ᾽ αἰῶνος χρόνου κτ. καλόν

κτίστης.
II Ki. 22. 32. τίς κτίστης ἔσται †
Ju. 9. 12. κτίστα τῶν ὑδάτων
Si. 24. 8. ἐνετείλατό μοι ὁ κτ. ἁπάντων
II Ma. 1. 24. κύριε ὁ θεὸς ὁ πάντων κτ.
7. 23. ὁ τοῦ κόσμου κτ.
13. 14. R δοὺς δὲ τὴν ἐπιτροπὴν τῷ κτ. [A κυρίῳ] τοῦ κόσμου
IV Ma. 5. 25. ἡμῖν συμπαθεῖ . . . ὁ τοῦ κόσμου κτ.
11. 5. τὸν πάντων κτ. εὐσεβοῦμεν
[Sm. Is. 43. 15.]

κτύπος.
Wi. 17. 19. κτύπος ἀπηνὴς καταρριπτομένων πετρῶν
[Aq. Jb. 28. 26, 27: 38. 25.]
[Sm. Jb. 28. 26.]

κύαθος. (1) מְנַקִּית
Ex. 25. 28 (29). τοὺς κ. ἐν οἷς σπείσεις ἐν αὐτοῖς (1)
38. 12 (37. 16): Nu. 4. 7. τὰς θυίσκας καὶ τοὺς κ. (1)
Je. 52. 19. τὰς θυίσκας καὶ τοὺς κ. . . . ἔλαβεν ὁ ἀρχιμάγειρος (1)

κύαμος. (1) פּוֹל
II Ki. 17. 28. καὶ ἄλφιτον καὶ κύαμον (1)
Ez. 4. 9. λάβε σεαυτῷ . . . κριθὰς καὶ κύαμον (1)

κυβερνᾶν. (1) תַּחְבֻּלוֹת
Pr. 12. 5. κυβερνῶσι δὲ ἀσεβεῖς δόλους [S¹ λόγοις] (1)
Wi. 10. 4. δι᾽ εὐτελοῦς ξύλου τὸν δίκαιον κυβερνήσασα
14. 6. ἡ ἐλπὶς τοῦ κόσμου . . . τῇ σῇ κυβερνηθεῖσα χειρί
Da. LXX., TH. Su. 5. οἳ ἐδόκουν κυβερνᾶν τὸν λαόν

κυβέρνησις. (1) תַּחְבֻּלוֹת
Pr. 1. 5. ὁ δὲ νοήμων κυβέρνησιν κτήσεται (1)
11. 14. οἷς μὴ ὑπάρχει κυβέρνησις (1)
24. 6. μετὰ κυβερνήσεως γίνεται πόλεμος (1)
[Sm. Jb. 37. 12.]
[Th. Pr. 20. 18.]

κυβερνήτης. (1) חֹבֵל (2) שָׁכַב
Pr. 23. 34. ὥσπερ κυβερνήτης ἐν πολλῷ κλύδωνι (2 ?)
Ez. 27. 8. οὗτοι κυβερνῆταί σου (1)
— 27. οἱ κωπηλάται σου καὶ οἱ κ. σου (1)
— 28. οἱ κ. σου φόβῳ [A om.] φοβηθήσονται (1)
IV Ma. 7. 1. ὥσπερ γὰρ ἄριστος κ.
[Aq., Sm., Th. Ez. 27. 29: Jn. 1. 6.]

κύβος. (1) גָּלִיל (2) רֶגֶב
Es. 1. 6. ἐπὶ κ. χρυσοῖς καὶ ἀργυροῖς (1)
Jb. 38. 38. κεκόλληκα δὲ αὐτὸν ὥσπερ λίθῳ κύβον [A al.] (2)

κυδίων (AS), **κυδίως** (B) (?).
To. 1. 2. ἥ ἐστιν ἐκ δεξιῶν κυδίως τῆς Νεφθ.

κυδοιμός. (1) חֲזִיז קֹלוֹת
Jb. 38. 25. ὁδὸν δὲ κυδοιμῶν τοῦ ὑετίσαι (1)

κῦδος. (1) סֹבֶל
Is. 14. 25. τὸ κ. αὐτῶν ἀπὸ τῶν ὤμων ἀφαιρεθήσεται (1)

κύειν, κυεῖν. (1) הָרָה a. qal. b. po.
Is. 59. 4. κύουσι πόνον (1 a)
— 13. ἐκύομεν καὶ ἐμελετήσαμεν ἀπὸ καρδίας ἡμῶν λόγους (1 b)
[Sm. Ge. 33. 13: Ps. 7. 15: 50 (51). 7: Is. 33. 11.]
[Heb. Jb. 3. 3.]

κύησις. (1) הֵרָיוֹן
Ru. 4. 13. ἔδωκεν αὐτῇ κύριος κύησιν (1)
[Aq. Je. 20. 17.]
[Sm. Ge. 3. 17 (16): Is. 64. 6 (5): Je. 20. 17.]
[Th. Ge. 3. 17 (16).]

κύθρα, *vid.* χύτρα.

κυθρόπους, *vid.* χυτρόπους.

κυκᾶν.
[Sm. Ps. 2. 1.]

κύκησις.
[Sm. Ps. 63 (64). 3.]

κυκλεύειν. (1) סָבַב
IV Ki. 3. 25. B ἐκύκλευσαν [A R -ωσαν] οἱ σφενδονῆται [A -ισταί] (1)
[Sm. II Ki. 5. 23.]

κυκληδόν.
[Sm. Jb. 37. 12.]

κυκλόθεν. (1) כֹּל מַעֲבַר (2) a. סָבִיב b. מִסָּבִיב c. סָבַב d. סָבִיב סָבִיב e. ὁ κ. מִסָּבִיב
Ex. 28. 29 (33). A B² ἐπὶ [B¹ R ὑπὸ] τὸ λῶμα . . . κ. [B R κάτωθεν] –
Jo. 21. 42. κατέπαυσεν αὐτοὺς [A -οῖς] κύριος κ. (2 b)
23. 1. ἀπὸ πάντων τῶν ἐχθρῶν αὐτῶν κ. (2 b)
Jd. 2. 14. ἐν χερσὶ τῶν ἐχθρῶν αὐτῶν κ. [A al.] (2 b)
8. 34. τῶν θλιβόντων αὐτοὺς [A ἐχθρῶν αὐτῶν] κ. (2 b)
I Ki. 10. 1. ἐκ χειρὸς ἐχθρῶν αὐτοῦ κ. –
12. 11. ἐκ χειρὸς ἐχθρῶν ὑμῶν τῶν κ. (2 e)
III Ki. 3. 1. ἕως συντελέσαι αὐτὸν . . . τὸ τεῖχος Ἱερ. κ. –
— 1 (cf. 4. 24 [5. 4]). B ἐκ πάντων τῶν μερῶν αὐτοῦ κ. (2 b)
4. 24 (5. 4). ἐκ πάντων τῶν μερῶν κ. (2 b)
5. 4 (18). ἀνέπαυσε κόμος ὁ θεός μου ἐμοὶ κ. (2 b)
6. 5. A ἔδωκεν . . . μέλαθρα κ. σὺν τοίχοις τοῦ οἴκου κ. [B om. σὺν τ. τ. οἴ. κ.] τῷ ναῷ (2 a, 2 a)
— 5. A ἐποίησεν πλευρὰς κ. (2 a)
— 6. διάστημα ἔδωκε τῷ οἴκῳ κ. (2 a)
— 36. στίχος κατειργασμένης κέδρου κ. [A om.] –
7. 24. ὑποκάτωθεν τοῦ χείλους αὐτῆς κ. ἐκύκλουν αὐτὴν δέκα ἐν πήχει κ. (2 a, 2 a)
— 36. καὶ τὰ κ. (2 a)
18. 32. ἐποίησε θάλασσαν . . . κ. τοῦ θυσιαστηρίου (2 a)
IV Ki. 25. 10. R τὸ τεῖχος Ἱερ. κ. κατέσπασεν [A al.] (2 a)
I Ch. 22. 9. ἀπὸ πάντων τῶν ἐχθρῶν κ. (2 b)
— 18. ἀνέπαυσεν ὑμᾶς κ. (2 b)
II Ch. 4. 2. ἐποίησε τὴν θάλασσαν . . . στρογγύλην κ. (2 a)
— 3. δέκα πήχεις περιέχουσι τὸν λουτῆρα κ. (2 a)
14. 7 (6). κατέπαυσεν ἡμᾶς κ. (2 b)
15. 15. κατέπαυσε κύριος αὐτοῖς κ. (2 b)
20. 30. κατέπαυσεν αὐτῷ ὁ θεὸς αὐτοῦ κ. (2 b)
32. 22. καὶ κατέπαυσεν αὐτοὺς κ. (2 b)
33. 14. ἐκπορευομένων [A πορ.] τὴν πύλην τὴν κ. (2 c)
II Es. 1. 6. πάντες οἱ κ. ἐνίσχυσαν [A ἴσχ.] (2 a)
Ne. 12. 28. ἀπὸ τῆς περιχώρου κ. (2 a)
Jb. 1. 10. A τὰ ἔξωθεν πάντων τῶν ὄντων αὐτῷ κ. [B S al.] (2 b)
18. 9. A ἔλθοισαν δὲ ἐπ᾽ αὐτὸν παγίδες κ. [B S om.] –
— 11 (12). A ἡ σύλληψις αὐ. ἐπὶ τρίβων κ. [B S al.] (2 a)
Ps. 30 (31). 13. ἤκουσα ψόγον πολλῶν παροικούντων κ. (2 b)
Si. 45. 9. χρυσοῖς κώδωσι πλείστοις κ.
46. 5. ἐν τῷ θλῖψαι αὐτὸν ἐχθροὺς κ.
— 16. ἐν τῷ θλῖψαι ἐχθροὺς αὐτοῦ κ.
47. 7. ἐξέτριψε γὰρ ἐχθροὺς κ.
— 13. ᾧ ὁ θεὸς κατέπαυσε κ.
50. 12. κ. αὐτοῦ στέφανος ἀδελφῶν
51. 4. ἀπὸ πνιγμοῦ πυρᾶς κ.
Am. 3. 11. Τύρος κ. ἡ γῆ σου ἐρημωθήσεται (2 a)
Jl. 3 (4). 11. εἰσπορεύεσθε πάντα τὰ ἔθνη κ. (2 b)
— 12. καθιῶ τοῦ διακρῖναι πάντα τὰ ἔθνη κ. (2 b)
Za. 2. 5 (9). ἐγὼ ἔσομαι αὐτῇ . . . τεῖχος πυρὸς κ. (2 a)
7. 7. αἱ πόλεις κ. αὐτῆς [A αὐτῶν κ.] (2 a)
12. 6. καταφάγονται . . . πάντας τοὺς λαοὺς κ. (2 a)
14. 14. συνάξει τὴν ἰσχὺν πάντων τῶν λαῶν κ. (2 a)
Is. 30. 32. ἔσται αὐτῷ κ. (1)
Je. 6. 25. ῥομφαία τῶν ἐχθρῶν παροικεῖ κ. (2 b)
17. 26. ἥξουσιν ἐκ τῶν πόλεων Ἰ. καὶ κ. Ἱερ. (2 a)
20. 10. ἤκουσα ψόγον πολλῶν συναθροιζομένων κ. [B¹ add. κ.] (2 b, –)
26 (46). 5. οὐκ ἀνέστρεψαν περιεχόμενοι κ. (2 b)
27 (50). 29. παρεμβάλλετε ἐπ᾽ αὐτὴν κ. (2 a)
28 (51). 2. οὐαὶ ἐπὶ Βαβυλῶνα κ. (2 b)
30. 7 (49. 29). καλέσατε ἐπ᾽ [A om.] αὐτοὺς ἀπώλειαν κ. (2 b)
31 (48). 17. κινήσατε αὐτῷ [A -ὸν] πάντες κ. αὐτοῦ (2 a)
39 (32). 44. A διαμαρτύρῃ μάρτυρας . . . κ. [R κύκλῳ τῆς] Ἱερ. (2 a)
La. 2. 22. ἐκάλεσεν ἡμέραν ἑορτῆς παροικίας μου κ. (2 b)
Ez. 1. 18. οἱ νῶτοι αὐτῶν πλήρεις ὀφθαλμῶν κ. τοῖς τέσσαρσι (2 a)
— 28. οὕτως ἡ στάσις τοῦ φέγγους κ. (2 a)
5. 17. ῥομφαίαν ἐπάξω ἐπὶ σὲ κ. –
10. 12. οἱ τροχοὶ πλήρεις ὀφθαλμῶν κ. [A om.] (2 a)
16. 33. τοῦ ἔρχεσθαι πρὸς σὲ κ. (2 b)
— 37. συνάξω αὐτοὺς ἐπὶ σὲ κ. (2 b)
19. 8. ἔδωκαν ἐπ᾽ αὐτὸν ἔθνη ἐκ [A ἀπὸ] χωρῶν κ. (2 a)
23. 22. ἐπάξω αὐτοὺς ἐπὶ σὲ κ. υἱοὺς Βαβυλῶνος (2 b)
37. 2. περιήγαγέ με ἐπ᾽ αὐτὰ κ. κύκλῳ (2 a)
40. 16. ἔσωθεν τῆς πύλης τῆς αὐλῆς κ. (2 d)
— 25. τὰ αἰλαμμὼν κ. (2 d)
41. 5. τὸ εὖρος τῆς πλευρᾶς πηχῶν τεσσάρων κ. [A al.] (2 d)
— 11. τὸ εὖρος τοῦ φωτὸς τοῦ ἀπολοίπου πηχῶν πέντε πλάτυς κ. (2 d)
— 12. εὖρος κ. (2 d)
— 17. A ἐφ᾽ ὅλον τὸν οἶκον κ. [B al.] (2 d)
— 19. διαγεγλυμμένος [A add. ὅλος] ὁ οἶκος κ. (2 d)
42. 15. διεμέτρησε τὸ ὑπόδειγμα τοῦ οἴκου κ. (2 d)
43. 2. ὡς φέγγος ἀπὸ τῆς δόξης [A add. κυρίου] κ. –
— 12. πάντα τὰ ὅρια αὐτοῦ κ. (2 d)
— 13. γεῖσος ἐπὶ τὸ χεῖλος [A τοῦ χ.] αὐτοῦ κ. σπιθαμῆς (2 a)
— 17. τὸ γεῖσος αὐτῷ [A -ῶν] κ. κυκλούμενον αὐτῷ ἥμισυ πήχεως καὶ τὸ κύκλωμα αὐτοῦ πῆχυς κ. (2 a, 2 a)
45. 1. ἅγιον ἔσται ἐν πᾶσι τοῖς ὁρίοις αὐτοῦ κ. (2 a)
— 2. A R πεντακόσιοι ἐπὶ πεντακοσίους τετράγωνον κ. καὶ πήχεις πεντήκοντα διάστημα αὐτῶν [B -ῷ] κ. (2 a, 2 a)
Da. LXX. 7. 19. κατεσθίοντος πάντας κ. –
I Ma. 4. 60. κ. τείχη ὑψηλά
5. 1. ὅτε ἤκουσαν τὰ ἔθνη κ.
— 65. A S τοὺς πύργους αὐτῆς ἐνεπύρισεν [R -έπρησε] κ.
6. 62. S R καθελεῖν [A καὶ καθεῖλεν] τὸ τεῖχος κ.
7. 24. S R ἐξῆλθεν εἰς πάντα τὰ ὅρια τῆς Ἰ. κ. [A καὶ κ.]
— 46. ἐξῆλθον ἐκ πασῶν τῶν κωμῶν τῆς Ἰ. κ.
10. 11. καὶ τὸ ὄρος Σιὼν κ.
— 45. A R ὀχυρῶσαι [S ὠχύρωσεν] κ.
13. 10. ὠχύρωσεν αὐτὴν κ.
IV Ma. 5. 1. τῶν στρατευμάτων αὐτῶν παρεστηκότων κ. ἐνόπλων
14. 17. περιϊπτάμενα κ. αὐτῶν
[Aq. Ex. 7. 24: Ps. 30 (31). 14 (ἀπὸ κ.): Je. 20. 3: 51 (28). 2: Ez. 42. 20.]
[Sm. Ps. 30 (31). 14: Je. 20. 3.]
[Th. III Ki. 6. 5: Je. 20. 3.]

κύκλος (*incl.* κύκλῳ), *cf.* κυκλόθεν, περικύκλῳ, ὑπερκύκλῳ. (1) אֹרַח (2) מִמַּעַל (3) נָקַף hi. (4) *a.* סָבִיב *b.* מִסָּבִיב *c.* מֵסַב *d.* סָבִיב סָבִיב *e.* סָבַב (5) עַל־פֶּה (6) תַּחַת

Ge. 23. 17. ὅ ἐστιν ἐν τοῖς ὁρίοις αὐτοῦ κύκλῳ (4 *a*)
35. 5. ἐπὶ τὰς πόλεις τὰς κύκλῳ αὐτῶν (4 *a*)
41. 48. τῶν πεδίων τῆς πόλεως τῶν κύκλῳ αὐτῆς (4 *a*)
Ex. 7. 24. ὤρυξαν . . . κύκλῳ τοῦ ποταμοῦ (4 *a*)
16. 13. κύκλῳ τῆς παρεμβολῆς (4 *a*)
19. 12. ἀφοριεῖς τὸν λαὸν κύκλῳ (4 *a*)
25. 10 (11). ποιήσεις αὐτῇ κυμάτια . . . κύκλῳ (4 *a*)
— 23 (24). ποιήσεις αὐτῇ . . . κυμάτια [A -ον] . . . κύκλῳ –
— 23 (24). ποιήσεις αὐτῇ στεφάνην . . . κύκλῳ (4 *a*)
— 24 (25). ποιήσεις . . . κυμάτιον [A κ. χρυσοῦν] . . . κύκλῳ (4 *a*)
27. 17. πάντες οἱ στῦλοι . . . κύκλῳ κατηργυρωμένοι (4 *a*)
28. 28 (32). ὤαν ἔχον κύκλῳ τοῦ περιστομίου (4 *a*)
— 29 (33). ἐπὶ τοῦ λώματος τοῦ ὑποδύτου κύκλῳ (4 *a*)
— 30 (34). ἐπὶ [B[1] ὑπὸ] τοῦ λώματος τοῦ ὑποδύτου κύκλῳ (4 *a*)
29. 16. προσχεεῖς πρὸς τὸ θυσιαστήριον κύκλῳ (4 *a*)
— 21. προσχεεῖς πρὸς τὸ θυσιαστήριον κύκλῳ –
30. 3. καταχρυσώσεις . . . τοὺς τοίχους αὐτοῦ κύκλῳ (4 *a*)
— 3. ποιήσεις . . . στεφάνην χρυσῆν κύκλῳ (4 *a*)
36. 31 (39. 23). ὤαν ἔχον κύκλῳ (4 *a*)
— 33 (39. 25). ἐπὶ τὸ λῶμα τοῦ ὑποδύτου κύκλῳ (4 *a*)
— 34 (39. 26). ἐπὶ τοῦ λώματος [A[2] τὸ λ.] τοῦ ὑποδύτου κύκλῳ (4 *a*)
37. 18 (38. 20). πάντες οἱ πάσσαλοι τῆς αὐλῆς κύκλῳ χαλκοῖ (4 *a*)
38 (37). 2. A ἐποίησεν αὐτῇ κυμάτιον χρυσοῦν κύκλῳ (4 *a*)
39. 9 (38. 30). R τὰς βάσεις τῆς αὐλῆς [B πύλης, A σκηνῆς] κύκλῳ (4 *a*)
— 9 (38. 31). τοὺς πασσάλους τῆς αὐλῆς κύκλῳ (4 *a*)
— 10 (38. 31). A τὸ παράθεμα τὸ χαλκοῦν κύκλῳ [B *om.*] τοῦ θυσιαστ. –
40. 9 (8). πάντα τὰ αὐτῆς ἁγιάσεις κύκλῳ [A *al.*] (4 *a*?)
— 33. B ἔστησε τὴν αὐλὴν κύκλῳ τῆς σκηνῆς (4 *a*)
Le. 1. 5, 11. ἐπὶ τὸ θυσιαστήριον κύκλῳ (4 *a*)
3. 2. ἐπὶ τὸ θυσιαστήριον τῶν ὁλοκαυτωμάτων κύκλῳ (4 *a*)
— 8, 13. ἐπὶ τὸ θυσιαστήριον κύκλῳ (4 *a*)
6. 32 (7. 2). ἐπὶ τὴν βάσιν τοῦ θυσιαστηρίου κύκλῳ (4 *a*)
8. 15. ἐπὶ τὰ κέρατα τοῦ θυσιαστηρίου κύκλῳ (4 *a*)
— 18 (19), 23 (24) : 9. 12. ἐπὶ τὸ θυσιαστήριον κύκλῳ (4 *a*)
9. 18. πρὸς τὸ θυσιαστήριον κύκλῳ (4 *a*)
14. 41. τὴν οἰκίαν ἀποξύσουσιν ἔσωθεν κύκλῳ (4 *a*)
16. 18. ἐπὶ τὰ κέρατα τοῦ θυσιαστηρίου κύκλῳ (4 *a*)
17. 6. ἐπὶ τὸ θυσιαστήριον κύκλῳ –
25. 31. αἷς οὐκ ἔστιν ἐν [A *om.*] αὐταῖς τεῖχος κύκλῳ (4 *a*)
— 44. ὅσοι κύκλῳ σού εἰσιν (4 *a*)
Nu. 1. 50. κύκλῳ τῆς σκηνῆς παρεμβαλοῦσι (4 *a*)
— 53 : 2. 2. κύκλῳ τῆς σκηνῆς τοῦ μαρτυρίου (4 *a*)
3. 37 : 4. 32. τοὺς στύλους τῆς αὐλῆς κύκλῳ (4 *a*)
11. 24. ἔστησεν αὐτοὺς κύκλῳ τῆς σκηνῆς (4 *a*)
— 31. ὁδὸν ἡμέρας ἐντεῦθεν κύκλῳ τῆς παρεμβολῆς (4 *a*)
— 32. ψυγμοὺς κύκλῳ τῆς παρεμβολῆς (4 *a*)
16. 24. ἀναχωρήσατε κύκλῳ ἀπὸ τῆς συναγωγῆς κ. (4 *b*)
— 27. ἀπέστησαν ἀπὸ τῆς σκηνῆς Κ. κύκλῳ (4 *b*)
— 34. πᾶς Ἰσραὴλ οἱ κύκλῳ αὐτῶν (4 *a*)
22. 4. ἐκλείξει . . . πάντας τοὺς κύκλῳ ἡμῶν (4 *a*)
32. 33. πόλεις τῆς γῆς κύκλῳ (4 *a*)
34. 12. καὶ τὰ ὅρια αὐτῆς κύκλῳ (4 *a*)
35. 2. τὰ προάστια τῶν πόλεων κύκλῳ αὐτῶν (4 *a*)
— 4. δισχιλίους πήχεις κύκλῳ (4 *a*)
De. 12. 10. ἀπὸ πάντων τῶν ἐχθρῶν ὑμῶν τῶν κύκλῳ (4 *b*)
17. 14. καθὰ καὶ τὰ λοιπὰ ἔθνη τὰ κύκλῳ μου (4 *a*)
21. 2. τὰς πόλεις τὰς κύκλῳ τοῦ τραυματίου (4 *a*)
25. 19. ἀπὸ πάντων τῶν ἐχθρῶν σου [A *om.*] τῶν κύκλῳ σου [A[1] *om.* τ. κ. σου] (4 *b*)

Jo. 6. 3. περίστησον αὐτῇ τοὺς μαχίμους [A πάντας τοὺς μαχητὰς] κύκλῳ (3)
— 19 (20). ἔπεσεν ἅπαν τὸ τεῖχος κύκλῳ (6)
15. 12. ταῦτα τὰ ὅρια υἱῶν Ἰούδα κύκλῳ (4 *a*)
18. 20. τὰ ὅρια αὐτῆς κύκλῳ κατὰ δήμους (4 *a*)
19. 8. αἱ κῶμαι αὐτῶν κύκλῳ [A αἱ περικ.] τῶν πόλεων (4 *a*)
21. 11. τὰ δὲ περισπόρια κύκλῳ [A τὰ κ.] αὐτῆς (4 *a*)
— 40. κύκλῳ τῶν πόλεων τούτων –
— 40. τὰ περισπόρια κύκλῳ τῆς πόλεως [A τῶν π.] (4 *a*)
24. 33. τοὺς θεοὺς τῶν ἐθνῶν τῶν κύκλῳ αὐτῶν
Jd. 7. 18. κύκλῳ ὅλης τῆς παρεμβολῆς (4 *a*)
— 21. κύκλῳ τῆς παρεμβολῆς (4 *a*)
20. 29. ἔθηκαν οἱ υἱοὶ Ἰσρ. . . . κύκλῳ (4 *a*)
I Ki. 14. 47. ἐπολέμει κύκλῳ πάντας τοὺς ἐχθρούς (4 *a*)
15. 21. A ἔλαβεν ὁ λαὸς τῶν κ. [B σκύλων] ποίμνια †
17. 3. B κύκλῳ [A R καὶ ὁ αὐλὼν] ἀνὰ μέσον αὐτῶν †
26. 5. ὁ λαὸς παρεμβεβληκὼς κύκλῳ αὐτοῦ (4 *a*)
— 7. ὁ λαὸς αὐτοῦ ἐκάθευδε κύκλῳ αὐτοῦ (4 *a*)
31. 9. κύκλῳ εὐαγγελίζοντες τοῖς εἰδώλοις αὐ. (4 *a*)
II Ki. 5. 9. ᾠκοδόμησεν αὐτὴν πόλιν κύκλῳ (4 *a*)
7. 1. κατεκληρονόμησεν αὐτὸν κύκλῳ ἀπὸ πάντων τῶν ἐχθρῶν αὐτοῦ τῶν κύκλῳ [A *om.* τ. κ.] (4 *b*, –)
22. 12. κύκλῳ αὐτοῦ ἡ σκηνὴ αὐτοῦ (4 *a*)
III Ki. 3. 1. καὶ τὸ τεῖχος Ἱερ. κύκλῳ (4 *a*?)
— 1. A καὶ τὸ τεῖχος Ἱερ. κύκλῳ (4 *a*)
4. 31 (5. 11). A ἐν πᾶσιν τοῖς ἔθνεσιν κύκλῳ (4 *a*)
6. 29. πάντας τοὺς τοίχους τοῦ οἴκου κύκλῳ (4 *c*)
7. 20. A πέντε στίχοι κύκλῳ (4 *a*)
— 23. στρογγύλον κύκλῳ τὸ αὐτό (4 *a*)
— 23. A ἐκύκλουν αὐτὴν κύκλῳ (4 *a*)
— 35. στρογγύλον κύκλῳ ἐπὶ τῆς κεφαλῆς (4 *a*)
— 12. A R τῆς αὐλῆς τῆς μεγάλης κύκλῳ [B -οι] (4 *a*)
18. 35. διεπορεύετο τὸ ὕδωρ κύκλῳ τοῦ θυσιαστηρίου (4 *a*)
IV Ki. 11. 8. κυκλώσατε ἐπὶ [A[1] πρὸς] τὸν βασ. κύκλῳ ἀνήρ (4 *a*)
— 11. καὶ τοῦ οἴκου ἐπὶ τὸν βασ. κύκλῳ (4 *a*)
25. 1. ᾠκοδόμησεν ἐπ᾽ αὐτὴν περίτειχος κύκλῳ (4 *a*)
— 4. καὶ οἱ Χαλδ. ἐπὶ τὴν πόλιν κύκλῳ (4 *a*)
— 10. A τὸ τεῖχος . . . κύκλῳ κατέλυσαν [R *al.*] (4 *a*)
— 17. ἐπὶ τοῦ χωθὰρ κύκλῳ (4 *a*)
I Ch. 4. 33. πᾶσαι ἐπαύλεις αὐτῶν κύκλῳ τῶν πόλεων τούτων [A *al.*] (4 *a*)
6. 55 (40). καὶ τὰ περισπόρια αὐτῆς κύκλῳ αὐτῆς (4 *a*)
10. 9. ἀπέστειλαν εἰς γῆν ἀλλοφύλων κύκλῳ (4 *a*)
11. 8. ᾠκοδόμησε τὴν πόλιν κύκλῳ (4 *b*)
28. 12. καὶ πάντων τῶν παστοφορίων τῶν κύκλῳ (4 *a*)
II Ch. 4. 3. κύκλῳ κυκλοῖσιν αὐτήν (4 *d*)
14. 14 (13). τὰς κώμας αὐτῶν κύκλῳ Γ. (4 *a*)
17. 10. ἐπὶ πάσαις ταῖς βασιλείαις τῆς γῆς κύκλῳ [A ταῖς κ.] Ἰ. (4 *a*)
23. 7. κυκλώσουσιν οἱ Λ. τὸν βασ. κύκλῳ (4 *a*)
— 10. ἐπὶ τὸν βασιλέα κύκλῳ (4 *a*)
34. 6. ἐν . . . τοῖς τόποις αὐτῶν κύκλῳ (4 *a*)
I Es. 4. 11. τηροῦσι κύκλῳ περὶ αὐτόν
— 34. στρέφεται ἐν τῷ κ. τοῦ οὐρανοῦ
Ne. 5. 17. ἀπὸ τῶν ἐθνῶν τῶν κύκλῳ ἡμῶν (4 *a*)
6. 16. πάντα τὰ ἔθνη τὰ κύκλῳ ἡμῶν (4 *a*)
Ju. 1. 2. ᾠκοδόμησεν . . . κύκλῳ τείχη
5. 22. A ὁ κύκλῳ τῆς σκηνῆς περιεστὼς [B S *al.*]
6. 1. τῶν ἀνδρῶν τῶν κύκλῳ τῆς συνεδρίας
7. 20. ἔμεινε κύκλῳ αὐτῶν
15. 3. οἱ παρεμβεβληκότες [S παραβ.] . . . κύκλῳ B.
Es. 1. 6. κύκλῳ ῥόδα [A δόρα] πεπασμένα –
Jb. 1. 10. τὰ ἔξω πάντων τῶν ὄντων αὐτοῦ κύκλῳ [A -λόθεν] (4 *b*)
18. 11. κύκλῳ ὀλέσαισαν αὐτὸν ὀδύναι [A *al.*] (4 *a*)
19. 8. κύκλῳ περιῳκοδόμημαι (1 ?)
— 10. διέσπασέ με κύκλῳ καὶ ᾠχόμην (4 *a*)
29. 5. κύκλῳ δέ μου οἱ παῖδες (4 *a*)
41. 5 (6). κύκλῳ ὀδόντων αὐτοῦ φόβος (4 *a*)
Ps. 3. 6. τῶν κύκλῳ [A -ων] ἐπιτιθεμένων [A S συνεπ.] μοι (4 *a*)
11 (12). 8. A[2]BS κύκλῳ οἱ ἀσεβεῖς περιπατοῦσι (4 *a*)
17 (18). 11. κύκλῳ αὐτοῦ ἡ σκηνὴ αὐτοῦ (4 *a*)
33 (34). 7. κύκλῳ τῶν φοβουμένων αὐτόν (4 *a*)
43 (44). 13. A S[2] μυκτηρισμὸν καὶ χλευασμὸν [B καταγέλωτα] τοῖς κύκλῳ ἡμῶν (4 *a*)
49 (50). 3. κύκλῳ αὐτοῦ καταιγὶς σφόδρα (4 *a*)

Ps. 75 (76). 11. πάντες οἱ κύκλῳ αὐτοῦ οἴσουσι δῶρα (4 *a*)
77 (78). 28. κύκλῳ τῶν σκηνωμάτων αὐτῶν (4 *a*)
78 (79). 3. ἐξέχεαν τὸ αἷμα αὐτῶν ὡς ὕδωρ κύκλῳ Ἱερουσαλήμ (4 *a*)
— 4. μυκτηρισμὸς καὶ χλευασμὸς τοῖς κύκλῳ ἡμῶν (4 *a*)
88 (89). 8. καὶ ἡ ἀλήθειά σου κύκλῳ σου (4 *a*)
96 (97). 2. νεφέλη καὶ γνόφος κύκλῳ αὐτοῦ (4 *a*)
— 3. φλογιεῖ κύκλῳ τοὺς ἐχθροὺς αὐτοῦ (4 *a*)
124 (125). 2. ὄρη κύκλῳ αὐτῆς καὶ κύριος κύκλῳ τοῦ λαοῦ αὐτοῦ (4 *a*, 4 *a*)
127 (128). 3. οἱ υἱοί σου ὡς νεόφυτα ἐλαιῶν κύκλῳ τῆς τραπέζης σου (4 *a*)
Ec. 1. 6. ἐπὶ κύκλους αὐτοῦ ἐπιστρέφει τὸ πνεῦμα (4 *e*)
Ca. 3. 7. ἑξήκοντα δυνατοὶ κύκλῳ αὐτῆς (4 *a*)
Wi. 7. 19. ἐνιαυτῶν [A S[1] -οῦ] κύκλους [S[1] -ου]
13. 2. ἢ ταχινὸν ἀέρα ἢ κύκλον ἄστρων [S[2] ἀστέρων]
Si. 23. 18. σκότος κύκλῳ μου
Na. 3. 8. ὕδωρ κύκλῳ αὐτῆς (4 *a*)
Za. 12. 2. πρόθυρα σαλευόμενα πᾶσι τοῖς λαοῖς κύκλῳ (4 *a*)
Is. 6. 2. Σεραφὶμ εἱστήκεισαν κύκλῳ αὐτοῦ (2)
9. 18 (17). συγκαταφάγεται τὰ κύκλῳ τῶν βουνῶν πάντα †
19. 7. τὸ ἄχι τὸ χλωρὸν πᾶν τὸ κύκλῳ τοῦ ποταμοῦ (5)
42. 25. οἱ συμφλέγοντες αὐτοὺς κύκλῳ (4 *b*)
49. 18 : 60. 4. ἆρον κύκλῳ τοὺς ὀφθαλμούς σου (4 *a*)
Je. 1. 15. ἐπὶ πάντα τὰ τείχη τὰ κύκλῳ αὐτῆς (4 *a*)
4. 17. ὡς φυλάσσοντες ἀγρὸν ἐγένοντο ἐπ᾽ αὐτὴν κύκλῳ (4 *b*)
6. 3. πήξουσιν ἐπ᾽ αὐτὴν σκηνὰς κύκλῳ (4 *a*)
12. 9. B S σπήλαιον κύκλῳ αὐτῆς (4 *a*)
15. 14. καταδουλώσω [A -σουσίν] σε κύκλῳ τοῖς ἐχθροῖς σου –
21. 14. ἔδεται [A κατέδ.] πάντα τὰ κύκλῳ αὐτῆς (4 *a*)
25. 9. ἐπὶ πάντα τὰ ἔθνη τὰ κύκλῳ αὐτῆς (4 *a*)
27 (50). 14. παρατάξασθε ἐπὶ Βαβυλῶνα κύκλῳ (4 *a*)
— 32. καταφάγεται πάντα τὰ κύκλῳ αὐτῆς (4 *a*)
31 (48). 39. ἐγκότημα πᾶσι τοῖς κύκλῳ αὐτῆς (4 *a*)
38 (31). 39. περικυκλωθήσεται κύκλῳ ἐξ ἐκλεκτῶν λίθων [A *om.*] –
39 (32). 44. διαμαρτύρῃ μάρτυρας . . . κύκλῳ τῆς [A κυκλόθεν] Ἱερ. (4 *a*)
40 (33). 13. ἐν γῇ Βενιαμὶν καὶ ἐν ταῖς κύκλῳ Ἱερουσαλήμ (4 *a*)
52. 4. περιῳκοδόμησαν αὐτὴν τετραπέδοις κύκλῳ (4 *a*)
— 7. οἱ Χαλδαῖοι ἐπὶ τῆς πόλεως κύκλῳ [A ἐκύκλωσαν] (4 *a*)
— 14. πᾶν τεῖχος [A *add.* ἐν] Ἱερ. κύκλῳ (4 *a*)
— 21. τὸ πάχος [S πλάτος] αὐτοῦ δακτύλων τεσσάρων κύκλῳ †
— 22. ῥοαὶ ἐπὶ τοῦ γείσους κύκλῳ (4 *a*)
— 23. ἦσαν αἱ πᾶσαι ῥοαὶ ἑκατὸν ἐπὶ τοῦ δικτύου κύκλῳ (4 *a*)
Ba. 2. 4. πάσαις ταῖς βασιλείαις ταῖς κύκλῳ ἡμῶν
— 4. ἐν πᾶσι τοῖς λαοῖς τοῖς κύκλῳ [A *add.* ἡμῶν]
La. 1. 17. κύκλῳ αὐτοῦ [A *om.*] οἱ θλίβοντες αὐτόν (4 *a*)
2. 3. κατέφαγε πάντα τὰ κύκλῳ (4 *a*)
Ez. 1. 4. φέγγος κύκλῳ αὐτοῦ (4 *a*)
— 27. A ὡς ὅρασις πυρὸς ἔσωθεν αὐτοῦ κύκλῳ (4 *a*)
— 27. A[2] B τὸ φέγγος αὐτοῦ κύκλῳ (4 *a*)
2. 6. ἐπισυστήσονται ἐπὶ σὲ κύκλῳ –
4. 2. τάξεις τὰς βελοστάσεις κύκλῳ (4 *a*)
5. 2. τὸ τέταρτον κατακόψεις ἐν ῥομφαίᾳ κύκλῳ αὐτῆς (4 *a*)
— 5. τὰς κύκλῳ αὐτῆς χώρας (4 *a*)
— 6. τὰ νόμιμά μου [A *add.* ἐκ] τῶν χωρῶν τῶν κύκλῳ αὐτῆς (4 *a*)
— 7. ἐκ τῶν ἐθνῶν τῶν κύκλῳ ὑμῶν (4 *a*)
— 7. κατὰ τὰ δικαιώματα τῶν ἐθνῶν τῶν κύκλῳ ὑμῶν (4 *a*)
— 12. τὸ τέταρτόν σου ἐν ῥομφαίᾳ πεσοῦνται κύκλῳ σου (4 *a*)
— 14. καὶ τὰς θυγατέρας σου κύκλῳ σου (4 *a*)
— 15. ἔσῃ στενακτὴ . . . ἐν τοῖς ἔθνεσι τοῖς κύκλῳ σου (4 *a*)
6. 5, 13. κύκλῳ τῶν θυσιαστηρίων ὑμῶν (4 *a*)
8. 10. διαγεγραμμένα ἐπ᾽ αὐτοῦ κύκλῳ [B[2] *add.* κύκλῳ] (4 *d* [4 *a*, 4 *a*])
12. 14. πάντας τοὺς κύκλῳ αὐτοῦ . . . διασπερῶ (4 *a*)

Ez. 16. 57. ὄνειδος εἶ . . . πάντων τῶν κύκλῳ αὐτῆς θυγατέρων ἀλλοφύλων τῶν περιεχουσῶν σε κύκλῳ (4 *a*, 4 *b*)
23. 24. βαλεῖ φυλακὴν [A προφ.] ἐπὶ σὲ κύκλῳ (4 *a*)
26. 8. ποιήσει [A περιπ.] ἐπὶ σὲ κύκλῳ [A *add.* σου] χάρακα –
27. 11. A ἡ δύναμίς σου ἐπὶ τῶν τειχέων σου κύκλῳ [B *om.*] (4 *a*)
— 11. ἐκρέμασαν ἐπὶ τῶν ὅρμων σου κύκλῳ (4 *a*)
28. 24. A ἄκανθα ὀδύνης ἀπὸ τῶν κύκλῳ [B περικ.] αὐτῶν (4 *a*)
— 26. ἐν πᾶσι τοῖς ἀτιμήσασιν αὐτοὺς ἐν τοῖς κύκλῳ αὐτῶν (4 *a*)
31. 4. τοὺς ποταμοὺς αὐτῆς ἤγαγε κύκλῳ τῶν φυτῶν αὐτοῦ (4 *a*)
34. 26. A ἔσονται κύκλῳ [B δώσω αὐτοὺς περικ.] τοῦ ὄρους μου (4 *a*)
36. 3. μισηθῆναι ὑμᾶς ὑπὸ [A ἀπὸ τῶν ἐθνῶν] τῶν κύκλῳ ὑμῶν (4 *b*)
— 36. ὅσα ἂν καταλειφθῶσι κύκλῳ ὑμῶν (4 *a*)
37. 2. περιήγαγέ με ἐπ' αὐτὰ κυκλόθεν κύκλῳ (4 *a*)
40. 5. περίβολος ἔξωθεν τοῦ οἴκου κύκλῳ (4 *d*)
— 14. ἔξωθεν πήχεις εἴκοσι θεεὶμ πύλης κύκλῳ [A *al.*] (4 *d*)
— 16. ὡσαύτως τοῖς αἰλὰμ θυρίδες κύκλῳ ἔσωθεν (4 *d*)
— 17. περίστυλα κύκλῳ τῆς αὐλῆς (4 *d*)
— 30. τῷ αἰλαμμὼν κύκλῳ πηχεῖς πεντήκοντα τὸ μῆκος αὐτῆς (4 *d*)
— 30. A αἰλαμμὼθ κύκλῳ μῆκος πέντε (4 *d*)
— 33. θυρίδες αὐτῇ καὶ αἰλαμμὼν κύκλῳ (4 *d*)
— 36. θυρίδες αὐτῇ κύκλῳ καὶ τὸ αἰλαμμὼν αὐτῆς [A *add.* κύκλῳ] (4 *d*, –)
— 43. παλαιστὴν ἕξουσι γεῖσος λελαξευμένον ἔσωθεν [A ἔξω.] κύκλῳ (4 *d*)
41. 6. ἐν τοῖς πλευροῖς [A *add.* τοῦ οἴκου] κύκλῳ (4 *d*)
— 7. πρὸς τὴν ἀνωτέραν κύκλῳ τοῦ οἴκου (4 *d* ?)
— 8. τὸ θραὲλ τοῦ οἴκου ὕψος κύκλῳ (4 *d*)
— 10. τὸ περιφερὲς τῷ οἴκῳ [A τοῦ οἰ.] κύκλῳ (4 *d*)
— 16. ὑποφαύσεις κύκλῳ τοῖς τρισίν (4 *a*)
— 16. τὰ πλησίον ἐξυλωμένα κύκλῳ (4 *d*)
— 17. ἐφ' ὅλον τὸν τοῖχον [A οἶκον] κύκλῳ [A -λόθεν] (4 *d*)
42. 20. διέταξεν αὐτὸν καὶ περίβολον αὐτῶν [A -ὸν] κύκλῳ (4 *d*)
43. 20. ἐπιθήσουσιν . . . ἐπὶ τὴν βάσιν κύκλῳ (4 *a*)
46. 23. ἐξέδραι κύκλῳ ἐν αὐταῖς κύκλῳ ταῖς τέσσαρσι καὶ μαγειρεῖα γεγονότα ὑποκάτω τῶν ἐξεδρῶν κύκλῳ (4 *a ter*)
Da. LXX. 5. 6. οἱ συνεταῖροι κύκλῳ αὐτοῦ ἐκαυχῶντο †
7. 7. κύκλῳ τοῖς ποσὶ καταπατοῦν †
— 12. τοὺς κύκλῳ αὐτοῦ ἀπέστησε †
I Ma. 1. 11. τῶν ἐθνῶν τῶν κύκλῳ ἡμῶν
— 31. A R καὶ τὰ τείχη αὐτῆς [S *om.*] κύκλῳ
— 37. ἐξέχεαν αἷμα ἀθῷον κύκλῳ τοῦ ἁγιάσματος
— 54. ἐν πόλεσιν Ἰούδα κύκλῳ
3. 25. τὰ ἔθνη τὰ κύκλῳ αὐτῶν
5. 10. A R τὰ ἔθνη τὰ [S *om.*] κύκλῳ ἡμῶν
— 38. πάντα τὰ ἔθνη τὰ κύκλῳ ἡμῶν
— 57. τὰ ἔθνη τὰ κύκλῳ ἡμῶν
6. 18. συγκλείοντες τὸν Ἰσρ. κύκλῳ τῶν ἁγίων
7. 17. αἵματα αὐτῶν ἐξέχεαν κύκλῳ Ἰερ.
10. 84. καὶ τὰς πόλεις τὰς κύκλῳ αὐτῆς
12. 13. οἱ βασιλεῖς οἱ κύκλῳ ἡμῶν
— 27. ἐξέβαλε προφύλακας κύκλῳ τῆς παρεμβολῆς
— 53. πάντα τὰ ἔθνη τὰ κύκλῳ αὐτῶν
14. 36. καὶ ἐμίαινον κύκλῳ τῶν ἁγίων
II Ma. 4. 32. καὶ τὰς κύκλῳ πόλεις

[**Aq.** Jb. 10. 8 : Ps. 26 (27). 6 : 88 (89). 8 : Ec 1. 6 : Je. 46 (26). 14 : 52. 4 : Ez. 1. 27 : 5. 14 : 8. 10 *bis* : 32. 22, 25 : 40. 17, 29 : 42. 20]
[**Sm.** Ex. 7. 24 : 38. 31 (39. 9) : Le. 19. 27 : Ps. 26 (27). 6 : 43 (44). 14 : 77 (78). 28 : Is. 29. 3 : Je. 46 (26). 14 : 52. 4 : La. 1. 17 : Ez. 5. 14 : 8. 10 : 31. 4 : 32. 25.]
[**Th.** Ex. 7. 24 : 29. 20 : 37. 11, 12 *bis* : 38. 31 (39. 9) : Jb. 10. 8 : Je. 46 (26). 14 : Ez. 1. 27 : 5. 12, 14 : 8. 10 *bis* : 32. 25 : 40. 17, 29.]
[**Al.** Ps. 11 (12). 9 : 43 (44). 14.]

κυκλοτερῶς.

[**Sm.** Ez. 24. 5.]

κυκλοῦν. (1) *a.* חָנָה *b.* חָנָה סָבִיב (2) נָקַף hi. (3) סָבַב *a.* qal. *b.* ni. *c.* po. *d.* hi. *e.* סָבִיב (4) סְחֵרָה (5) פָּשַׁט (6) שָׁפַף

Ge. 2. 11. οὗτος ὁ κυκλῶν πᾶσαν τὴν γῆν Εὐ. (3 *a*)
— 13. οὗτος ὁ κυκλῶν πᾶσαν τὴν γῆν Αἰθ. (3 *a*)
Ex. 13. 18. ἐκύκλωσεν ὁ θεὸς τὸν λαόν (3 *d*)
Nu. 34. 4. κυκλώσει ὑμᾶς τὰ ὅρια (3 *b*)
— 5. κυκλώσει τὰ ὅρια (3 *b*)
De. 2. 1. ἐκυκλώσαμεν τὸ ὄρος τὸ Σηείρ (3 *a*)
— 3. κυκλοῦν τὸ ὄρος τοῦτο (3 *a*)
32. 10. ἐκύκλωσεν αὐτόν (3 *c*)
Jo. 6. 6 (7). καὶ κυκλῶσαι τὴν πόλιν (3 *a*)
Jd. 11. 18. ἐκύκλωσε τὴν γῆν Ἐδώμ (3 *a*)
16. 2. καὶ ἐκύκλωσαν (3 *a*)
19. 22. ἐκύκλωσαν [A περιεκ.] τὴν οἰκίαν (3 *b*)
20. 5. καὶ ἐκύκλωσαν [A περιεκ.] ἐπ' ἐμέ (3 *a*)
I Ki. 7. 16. καὶ ἐκύκλου [A -ουν] Βαιθήλ (3 *a*)
II Ki. 18. 15. ἐκύκλωσαν δέκα παιδάρια (3 *a*)
22. 6. ὠδῖνες θανάτου ἐκύκλωσάν με (3 *a*)
24. 6. ἐκύκλωσαν εἰς Σιδῶνα [A *al.*] (3 *e*)
III Ki. 5. 3 (17). τῶν πολέμων τῶν κυκλωσάντων αὐτόν (3 *a*)
7. 15. ἐκύκλου αὐτὸν τὸ πάχος τοῦ στύλου (3 *a*)
— 23. A ἐκύκλουν αὐτὴν κύκλῳ (3 *a*)
— 24. ἐκύκλουν αὐτὴν δέκα (3 *a*)
22. 32. ἐκύκλωσαν αὐτὸν πολεμῆσαι †
IV Ki. 3. 9. ἐκύκλωσαν ὁδὸν ἑπτὰ ἡμερῶν (3 *a*)
— 25. A R ἐκύκλωσαν [B -ευσαν] οἱ σφενδονῆται [A -ισταί] (3 *a*)
6. 15. δύναμις κυκλοῦσα τὴν πόλιν (3 *a*)
8. 21. τὸν Ἐδὼμ τὸν κυκλώσαντα ἐπ' αὐτόν (3 *a*)
11. 8. κυκλώσατε ἐπὶ [A[1] πρὸς] τὸν βασ. (2)
II Ch. 4. 3. κύκλῳ κυκλοῦσιν αὐτήν (3 *a*)
18. 31. ἐκύκλωσαν αὐτὸν τοῦ πολεμεῖν (3 *a*)
21. 9. ἐπάταξεν Ἐδὼμ τὸν κυκλοῦντα αὐτόν (3 *a*)
23. 2. ἐκύκλωσαν τὸν Ἰούδαν (3 *a*)
— 7. οἱ Λευῖται κυκλώσουσι τὸν βασ. (2)
Ju. 2. 26. ἐκύκλωσε πάντας τοὺς υἱοὺς Μ.
5. 22. ὁ λαὸς ὁ κυκλῶν τὴν σκηνήν [A *al.*]
7. 19. ἐκύκλωσαν [A ἐκ. αὐτοὺς] πάντες οἱ ἐχθροὶ αὐτῶν
10. 18. ἐλθόντες ἐκύκλουν αὐτήν
13. 10. ἐκύκλωσαν τὴν φάραγγα ἐκείνην
Jb. 1. 17. ἐκύκλωσαν τὰς καμήλους (5)
16. 14 (13). ἐκύκλωσάν με λόγχαις (3 *a*)
19. 12. ταῖς ὁδοῖς μου ἐκύκλωσαν [AS *add.* με] ἐγκάθετοι (1 *b*)
22. 10. ἐκύκλωσάν σε παγίδες (3 *e*)
Ps. 7. 7. συναγωγὴ λαῶν κυκλώσει σε (3 *c*)
21 (22). 16. ἐκύκλωσάν με κύνες πολλοί (3 *a*)
25 (26). 6. κυκλώσω τὸ θυσιαστήριόν σου (3 *c*)
26 (27). 6. ἐκύκλωσα καὶ ἔθυσα (3 *e*)
31 (32). 7. λύτρωσαί με ἀπὸ τῶν κυκλωσάντων με (3 *c*)
— 10. τὸν δὲ ἐλπίζοντα ἐπὶ κύριον ἔλεος κυκλώσει (3 *c*)
47 (48). 12. κυκλώσατε Σιών (3 *a*)
48 (49). 5. ἡ ἀνομία τῆς πτέρνης μου κυκλώσει με (3 *a*)
54 (55). 10. ἡμέρας καὶ νυκτὸς κυκλώσει αὐτήν (3 *c*)
58 (59). 6, 14. κυκλώσουσι πόλιν (3 *c*)
87 (88). 17. ἐκύκλωσάν με ὡς ὕδωρ (3 *a*)
90 (91). 4. ὅπλῳ κυκλώσει σε ἡ ἀλήθεια αὐτοῦ (4 ?)
108 (109). 3. λόγοις μίσους ἐκύκλωσάν με (3 *a*)
117 (118). 10. πάντα τὰ ἔθνη ἐκύκλωσάν με (3 *a*)
— 11. κυκλώσαντες ἐκύκλωσάν με (3 *a*, 3 *a*)
— 12. ἐκύκλωσάν με ὡσεὶ μέλισσαι κηρίον (3 *a*)
Ec. 1. 6. κυκλοῖ πρὸς βορρᾶν [A -ᾷ] κυκλοῖ κυκλῶν πορεύεται τὸ πνεῦμα (3 *a ter*)
7. 26 (25). ἐκύκλωσα ἐγὼ καὶ ἡ καρδία μου (3 *a*)
9. 14. καὶ κυκλώσῃ αὐτήν (3 *a*)
12. 5. ἐκύκλωσαν [S[2] κυκλώσουσιν] ἐν ἀγορᾷ οἱ κοπτόμενοι (3 *a*)
Ca. 3. 2. κυκλώσω ἐν τῇ πόλει (3 *c*)
— 3. οἱ κυκλοῦντες ἐν τῇ πόλει (3 *a*)
5. 7. οἱ φύλακες οἱ κυκλοῦντες ἐν τῇ πόλει (3 *a*)
Si. 24. 5. γῦρον οὐρανοῦ ἐκύκλωσα μόνη
45. 9. ἐκύκλωσεν αὐτὸν ῥοΐσκοις
50. 12. ἐκύκλωσαν αὐτὸν ὡς στελέχη φοινίκων
Ho. 7. 2. νῦν ἐκύκλωσαν [A -εν] αὐτοὺς τὰ διαβούλια αὐτῶν (3 *a*)
11. 12 (12. 1). ἐκύκλωσέ με ἐν ψεύδει Ἐ. (3 *a*)
Jn. 2. 4. καὶ ποταμοί με ἐκύκλωσαν (3 *c*)
— 6. ἄβυσσος ἐκύκλωσέ με ἐσχάτη (3 *c*)
Hb. 2. 16. ἐκύκλωσεν [S[1] -αν] ἐπὶ σὲ ποτήριον δεξιᾶς κυρίου (3 *a*)
Za. 14. 10. κυκλῶν [A S[2] -οῦν] πᾶσαν τὴν γῆν (3 *a*)
Is. 29. 3. κυκλώσω ὡς Δαυὶδ ἐπὶ σέ (1 *a*)
37. 33. οὐδὲ μὴ κυκλώσῃ [A -ει] ἐπ' αὐτὴν χάρακα (6)
Je. 52. 7. A οἱ Χαλδαῖοι ἐπὶ τῆς πόλεως ἐκύκλωσαν [B S κύκλῳ] (3 *e*)
La. 3. 5. ἐκύκλωσε κεφαλήν μου (2)
Ez. 31. 15. ἐκώλυσα [A -εν, B[2] ἐκύκλωσα] πλῆθος ὕδατος †
43. 17. τὸ γεῖσος αὐτῷ κυκλόθεν κυκλούμενον αὐτῷ ἥμισυ πήχεως (3 *e* ?)
Da. LXX. Su. 37. κυκλοῦντες τὸ στάδιον εἴδομεν ταύτην
I Ma. 1. 45. S καὶ κυκλῶσαι [A R κωλῦσαι] ὁλοκαυτώματα
2. 45. A R καὶ ἐκύκλωσε [S ἐκέλευσεν] Ματτ.
4. 7. καὶ ἵππον κυκλοῦσαν αὐτήν
6. 7. τὸ ἁγίασμα . . . ἐκύκλωσαν τείχεσιν ὑψηλοῖς
10. 80. ἐκύκλωσαν αὐτοῦ τὴν παρεμβολήν
12. 13. ἡμᾶς δὲ ἐκύκλωσαν πολλαὶ θλίψεις
13. 20. A R ἐκύκλωσεν [S -αν] ὁδὸν τὴν εἰς Ἄδωρα
— 43. καὶ ἐκύκλωσεν αὐτὴν παρεμβολαῖς
15. 14. καὶ ἐκύκλωσε τὴν πόλιν
IV Ma. 14. 8. περὶ τὴν ἑβδομάδα χορεύοντες οἱ μείρακες ἐκύκλουν

[**Aq.** Ge. 37. 7 : I Ki. 22. 18 : Ps. 21 (22). 17 : Je. 47 (29). 2 : 52. 21 : Ho. 11. 8.]
[**Sm.** Ps. 7. 8 : 16 (17). 9 : 21 (22). 17 : 54 (55). 11 : 58 (59). 7 : 117 (118). 11 : 139 (140). 10 : Je. 52. 21.]
[**Th.** Le. 19. 27 : I Ki. 22. 18 : Ps. 58 (59). 15 : Is. 28. 2.]
[**Al.** Ge. 43. 18 : Is. 28. 2.]
[**Heb.** Jb. 9. 9.]

κύκλωμα. (1) חֵיק (2) *a.* סָבִיב *b.* מֵסַב *c.* סָבַב (3) סַד (4) קַו

II Ch. 4. 2. καὶ τὸ κ. πήχεων τριάκοντα (4 + 2 *c* + 2 *a*)
Jb. 13. 27. A ἔθου δέ μου τὸν πόδα ἐν κυκλώματι [B S κωλύματι] (3)
33. 11. A ἔθετο δὲ τὸν πόδα μου ἐν κυκλώματι [B S ξύλῳ] (3)
37. 12. αὐτὸς κυκλώματα διαστρέψει (2 *b*)
Ps. 139 (140). 9. ἡ κεφαλὴ τοῦ κ. αὐτῶν (2 *b*)
Ez. 43. 17. τὸ κ. αὐτοῦ πῆχυς κυκλόθεν (1)
48. 35. κ. δέκα καὶ ὀκτὼ χιλιάδες (2 *a*)

[**Th.** Jb. 37. 12.]

κυκλωπάζειν (?).

Je. 27 (50). 13. πᾶς ὁ διοδεύων . . . σκυθρωπάσει [S[1] κυκλωπ.] †

κύκλωσις.

Si. 43. 12. ἐγύρωσεν οὐρανὸν ἐν κυκλώσει δόξης

[**Sm.** Ps. 65 (66). 11.]

κύκνειος.

IV Ma. 15. 21. οὐδὲ κ. πρὸς φιληκοΐαν φωναί

κύκνος. (1) יַנְשׁוּף (2) רָחָם

Le. 11. 18. ταῦτα ἃ βδελύξεσθε . . . κύκνον (2)
De. 14. 16. ταῦτα οὐ φάγεσθε . . . κύκνον (1)

[**Sm.** Jb. 39. 13.]
[**Th.** Ze. 2. 14.]

κυλίειν. (1) גָּלַל *a.* qal. *b.* ni. (2) הָפַךְ hithp. (3) נָסַס hithpo. (4) עוּק hi. (5) שׂוּם (6) שׁוּב (7) שָׁמַט

Jo. 10. 18. κυλίσατε λίθους ἐπὶ τὸ στόμα τοῦ σπηλαίου (1 *a*)
— 27. B[1] ἐκύλισαν [A B[2] R ἐπεκ.] λίθους (5)
Jd. 7. 13. A μαγὶς ἄρτου κριθίνου κυλιομένη [B στρεφομένη] (2)
I Ki. 14. 33. κυλίσατέ μοι λίθον ἐνταῦθα μέγαν (1 *a*)
IV Ki. 9. 33. κυλίσατε αὐτήν (7)
— 33. B καὶ ἐκύλισαν αὐτήν (7)
Pr. 26. 27. ὁ δὲ κυλίων λίθον ἐφ' ἑαυτὸν κυλίει (1 *a*, 6)
Ec. 10. 8. A ὁ κυλίων λίθον ἐφ' ἑαυτὸν κυλίει –
Si. 27. 27. ὁ ποιῶν πονηρὰ εἰς αὐτὸν [A S[2] -ὰ] κυλισθήσεται

Am. 2. 13. διὰ τοῦτο ἰδοὺ ἐγὼ κυλίω [A κωλύω] ὑποκάτω ὑμῶν ὃν τρόπον κυλίεται ἡ ἅμαξα (4, 4)
5. 24. καὶ κυλισθήσεται ὡς ὕδωρ κρίμα (1 *b*)
Za. 9. 16. διότι λίθοι ἅγιοι κυλίονται ἐπὶ τῆς γῆς (3)
[**Aq.** Ge. 32. 24 (25): Ps. 36 (37). 5: Ez. 27. 30.]
[**Sm.** Ge. 32. 24 (25): Am. 5. 24.]
[**Th.** Pr. 16. 3.]

κυλικεῖον.
I Ma. 15. 32. S R καὶ κυλικεῖον [A -κιον] μετὰ χρυσωμάτων

κυλίκινος.
Es. 1. 7. S[1] ἀνθράκιον κ. [A B S[2] -κινον κυλίκιον] προκείμενον †

κυλίκιον. (1) כְּלִי
Es. 1. 7. καὶ ἀνθράκινον κ. [S[1] -κιον κυλίκινον] προκείμενον (1 ?)
I Ma. 15. 32. A καὶ κυλίκιον [S R -κεῖον] μετὰ χρυσωμάτων
[**Aq.** Ec. 2. 8 *bis.*]

κύλισμα.
[**Sm.** Ez. 10. 13.]

κυλισμός.
[**Th.** Pr. 2. 18.]

κῦμα. (1) אֲפִיק נְחָלִים (2) גַּל (3) מַי (4) תְּהוֹם
Ex. 15. 8. ἐπάγη τὰ κ. ἐν μέσῳ τῆς θαλάσσης (4)
Jb. 6. 15. ὥσπερ κῦμα [A κύματα] παρῆλθόν με (1)
11. 16. ὥσπερ κῦμα παρελθόν (3)
38. 11. ἐν σεαυτῇ συντριβήσεταί σου τὰ κ. (2)
Ps. 41 (42). 7. τὰ κ. σου ἐπ' ἐμὲ διῆλθον (2)
45 (46). 3. S[1] ἐταράχθησαν τὰ κ. [A B S[2] ὕδατα αὐτῶν] (3)
64 (65). 7. ἤχους κυμάτων αὐτῆς (2)
88 (89). 9. τὸν δὲ σάλον τῶν κ. αὐτῆς σὺ καταπραΰνεις (2)
106 (107). 25. ὑψώθη τὰ κ. αὐτῆς (2)
— 29. ἐσίγησαν τὰ κ. αὐτῆς (2)
Wi. 5. 10. B[1] οὐδὲ ἀτραπὸν τρόπιος [B[2] τρίβων, S[1] τροπιᾶς, A S[2] τρόπεως] αὐτῆς ἐν κύμασιν
14. 1. ἄγρια μέλλων διοδεύειν κύματα
— 3. ὅτι ἔδωκας . . . ἐν κύμασι τρίβον ἀσφαλῆ
Si. 24. 6. ἐν κύμασι θαλάσσης . . . ἐκτησάμην [S[2] ἡγησάμην]
29. 18. ἐσάλευσεν αὐτοὺς ὡς κῦμα θαλάσσης
Jn. 2. 4. καὶ τὰ κ. σου ἐπ' ἐμὲ διῆλθον (2)
Za. 10. 11. καὶ πατάξουσιν ἐν θαλάσσῃ κύματα (2)
Is. 18. 4. ὡς φῶς καύματος [A[1] κύμ.] μεσημβρίας †
48. 18. ἡ δικαιοσύνη σου ὡς κ. θαλάσσης (2)
51. 15. ὁ . . . ἠχῶν τὰ κ. αὐτῆς (2)
Je. 5. 22. ἠχήσουσι [S ἠχύσ.] τὰ κ. αὐτῆς (2)
28 (51). 42. ἐν ἤχῳ κυμάτων αὐτῆς (2)
38 (31). 35. ἐβόμβησε τὰ κ. αὐτῆς (2)
Ez. 26. 3. ὡς ἀναβαίνει ἡ θάλασσα [A *add.* ἐν] τοῖς κ. αὐτῆς (2)
II Ma. 9. 8. τοῖς τῆς θαλάσσης κ. ἐπιτάσσειν
IV Ma. 13. 6. S R τὰς τῶν [A *om.*] κ. ἀπειλὰς ἀνακόπτοντες
[**Aq.** Ps. 64 (65). 8.]
[**Sm.** Jb. 38. 11: Ps. 41 (42). 8.]

κυμαίνειν. (1) גָּעַשׁ hithpa. (2) הָמָה
Wi. 5. 10. ὡς ναῦς διερχομένη κυμαινόμενον ὕδωρ
Is. 5. 30. ὡς φωνὴ θαλάσσης κυμαινούσης –
17. 12. ὡς θάλασσα κυμαίνουσα οὕτω ταραχθήσεσθε (2)
Je. 6. 23. φωνὴ αὐτοῦ ὡς θάλασσα κυμαίνουσα (2)
26 (46). 7. ὡς ποταμοὶ κυμαίνουσιν [A -ανοῦσιν] ὕδωρ [S[1] *om.*] (1)

κυμάτιον. (1) זֵר
Ex. 25. 10 (11). κ. χρυσᾶ [A *om.*] στρεπτά (1)
— 23 (24). στρεπτὰ κ. χρυσᾶ [A *al.*] (1)
— 24 (25). ποιήσεις στρεπτὸν κ. [A κ. χρυσοῦν] (1)
38 (37). 2. A ἐποίησεν αὐτῇ κ. χρυσοῦν κύκλῳ (1)
[**Th.** Ex. 37. 11, 12.]

κυμβαλίζειν. (1) מְצִלְתַּ
Ne. 12. 27. καὶ ἐν ᾠδαῖς κυμβαλίζοντες (1)

κύμβαλον. (1) מְנַעַנְעִים (2) מְצִלְתַּ (3) צֶלְצֶל (4) שָׁלִשׁ
I Ki. 18. 6. καὶ ἐν χαρμοσύνῃ καὶ ἐν κυμβάλοις (4)
II Ki. 6. 5. ἐν τυμπάνοις καὶ ἐν κυμβάλοις (1)
I Ch. 13. 8. ἐν τυμπάνοις καὶ ἐν κυμβάλοις (2)
15. 16. ἐν . . . νάβλαις κινύραις καὶ κυμβάλοις (2)
— 19. καὶ οἱ ψαλτῳδοὶ . . . ἐν κ. χαλκοῖς (2)
— 28. ἐν σάλπιγξι καὶ ἐν κυμβάλοις (2)
16. 5. Ἀσὰφ ἐν κυμβάλοις ἀναφωνῶν (2)
— 42. σάλπιγγες καὶ κύμβαλα (2)
25. 1. ἐν νάβλαις καὶ ἐν κυμβάλοις (2)
— 6. ἐν κυμβάλοις καὶ ἐν νάβλαις (2)
II Ch. 5. 12. ἐν κυμβάλοις καὶ ἐν νάβλαις (2)
— 13. ἐν σάλπιγξι καὶ ἐν κυμβάλοις (2)
29. 25. ἐν κυμβάλοις καὶ ἐν νάβλαις (2)
I Es. 5. 59. οἱ Λευῖται . . . ἔχοντες τὰ κ.
II Es. 3. 10. καὶ οἱ Λευῖται . . . ἐν [A *om.*] κυμβάλοις [B[1] *om.* ἐν κ.] (2)
Ju. 16. 2. ᾄσατε τῷ κυρίῳ μου ἐν κυμβάλοις
Ps. 150. 5. αἰνεῖτε αὐτὸν ἐν κυμβάλοις εὐήχοις αἰνεῖτε αὐτὸν ἐν κυμβάλοις ἀλαλαγμοῦ (3, 3)
I Ma. 4. 54. ἐν ᾠδαῖς . . . καὶ ἐν κυμβάλοις
13. 51. ἐν κινύραις καὶ ἐν κυμβάλοις
[**Sm.** Ps. 150. 5.]

κύμινον. (1) כַּמֹּן
Is. 28. 25. σπείρει μικρὸν μελάνθιον καὶ κ. (1)
— 27. οὐδὲ τροχὸς ἁμάξης περιάξει ἐπὶ τὸ κ. (1)
— 27. τὸ δὲ κ. μετὰ ἄρτου βρωθήσεται (1)
[**Sm.** Is. 28. 27.]

κυνεῖν.
Da. Th. Bel 4. ἐπορεύετο . . . προσκυνεῖν [B[2] κυνεῖν] αὐτῷ

κυνηγεῖν. (1) צַיִד
Ge. 25. 27. ἦν Ἠ. ἄνθρωπος εἰδὼς κυνηγεῖν (1)

κυνήγιον.
Si. 13. 19. κυνήγια λεόντων ὄναγροι ἐν ἐρήμῳ

κυνηγός. (1) צַיִד
Ge. 10. 9. οὗτος ἦν γίγας κ. (1)
— 9. ὡς Νεβρὼδ γίγας κ. (1)
I Ch. 1. 10. οὗτος ἤρξατο εἶναι [A τοῦ εἶ.] γίγας κ. ἐπὶ τῆς γῆς –

κυνικός.
I Ki. 25. 3. καὶ ὁ ἄνθρωπος κ. †

κυνοκέφαλος.
[**Sm.** II Ki. 3. 8.]

κυνόμυια. (1) עָרֹב
Ex. 8. 21 (17). A R ἐξαποστέλλω [B ἐπ.] ἐπὶ σὲ . . . κυνόμυιαν (1)
— 21 (17). πλησθήσονται αἱ οἰκίαι . . . τῆς κ. (1)
— 22 (18). ἐφ' ἧς [A ἣ] οὐκ ἔσται ἐκεῖ ἡ κ. (1)
— 24 (20). παρεγένετο ἡ κ. πλῆθος (1)
— 24 (20). ἐξωλεθρεύθη ἡ γῆ ἀπὸ τῆς κ. (1)
— 29 (25). ἀπελεύσεται ἀπὸ σοῦ ἡ κ. (1)
— 31 (27). περιεῖλε τὴν κ. ἀπὸ Φαραὼ (1)
Ps. 77 (78). 45. ἐξαπέστειλεν εἰς αὐτοὺς κυνόμυιαν (1)
104 (105). 31. εἶπε καὶ ἦλθε κυνόμυια (1)
[**Sm.** Ps. 77 (78). 45.]

κυοφορεῖν. (1) מְלֵאָה
Ec. 11. 5. ὡς ὀστᾶ ἐν γαστρὶ κυοφορούσης [A S τῆς κ.] (1)

κυοφορία.
IV Ma. 15. 6. ἑπτὰ κυοφορίαις τὴν . . . φιλοστοργίαν
16. 7. ὦ μάταιοι ἑπτὰ κ.

κυπαρίσσινος, κυπαρίστινος. (1) *a.* ארוז *b.* אֹרֶן (2) שֶׁמֶן
III Ki. 6. 23. A δύο χερουβεὶν ξύλων κ. [B *om.* ξ. κ.] (2)
Ne. 8. 15. καὶ φύλλα ξύλων κ. (2)
Ez. 27. 5. A ταινίαι σανίδων κυπαριστίνων [B -ισσου] ἐκ τοῦ Λιβάνου ἐλήφθησαν (1 *b*)
— 24. κυπαρίσσινα πλοῖα [A ἐν κυπαρισσίνοις πλοίοις] (1 *a*)
[**Al.** Nu. 19. 6.]

κυπάρισσος. (1) אֶרֶז (2) בְּרוֹשׁ (3) בְּרוֹת
IV Ki. 19. 23. τὰ ἐκλεκτὰ κυπαρίσσων αὐτοῦ (2)
Jb. 40. 12 (17). ἔστησεν οὐρὰν ὡς κυπάρισσον (1)
Ca. 1. 17. φατνώματα ἡμῶν κυπάρισσοι (3)
Si. 24. 13. ὡς κυπάρισσος ἐν ὄρεσιν [A ὄρει] Ἀερμών
50. 10. ὡς κυπάρισσος ὑψουμένη ἐν νεφέλαις
Is. 37. 24. ἔκοψα . . . τὸ κάλλος τῆς κ. (2)
41. 19. θήσω εἰς τὴν ἄνυδρον γῆν . . . μυρσίνην καὶ κυπάρισσον (2 ?)
55. 13. ἀντὶ τῆς στοιβῆς ἀναβήσεται κ. (2)
60. 13. ἐν κυπαρίσσῳ . . . δοξάσαι τὸν τόπον τὸν ἅγιόν μου (2)
Ez. 27. 5. ταινίαι σανίδων κυπαρίσσου [A -στίνων] ἐκ τοῦ Λιβάνου (1)
31. 3. Ἀσσοὺρ κ. ἐν τῷ Λιβάνῳ (1)
— 8. κυπάρισσοι τοιαῦται [A *add.* οὐκ ἐγενήθησαν] ἐν τῷ παραδείσῳ τοῦ θεοῦ (1)
[**Sm.** Is. 41. 19.]
[**Al.** Le. 14. 4.]
[**Sext.** Ps. 103 (104). 17.]

κυπρίζειν. (1) סְמָדַר
Ca. 2. 13. αἱ ἄμπελοι κυπρίζουσιν (1)
— 15. αἱ ἄμπελοι ἡμῶν κυπρίζουσαι [A S -ουσιν] (1)

κύπρινος.
[**Quint.** Ca. 1. 14.]

κυπρισμός. (1) סְמָדַר
Ca. 7. 12 (13). ἤνθησεν ὁ κ. (1)

κύπρος. (1) כֹּפֶר
Ca. 1. 14. A S R βότρυς τῆς κ. ἀδελφιδός μου ἐμοί (1)
4. 13. ἀποστολαί σου . . . κύπροι μετὰ νάρδων (1)

κύπτειν. (1) גָּהַר (2) סָגַד (3) קָדַד (4) שָׁחָה (5) שָׁחַח *a.* qal. *b.* ni.
Ge. 43. 28. κύψαντες προσεκύνησαν (3)
Ex. 4. 31. κύψας δὲ ὁ λαὸς προσεκύνησε (3)
12. 27. κύψας ὁ λαὸς προσεκύνησε (3)
34. 8. κύψας ἐπὶ τὴν γῆν προσεκύνησε (3)
Nu. 22. 31. καὶ κύψας προσεκύνησε (3)
I Ki. 24. 9. ἔκυψε [A ἔκρυψεν] Δ. ἐπὶ πρόσωπον αὐτοῦ (3)
28. 14. ἔκυψεν ἐπὶ πρόσωπον αὐτοῦ (3)
II Ki. 17. 19. A ἔκυψεν [B ἔψυξεν] ἐπ' αὐτῷ ἀρ. †
III Ki. 1. 16, 31. καὶ ἔκυψε Βηρσαβεέ (3)
18. 42. ἔκυψεν ἐπὶ τὴν γῆν (1)
II Ch. 20. 18. κύψας Ἰωσ. ἐπὶ πρόσωπον αὐτοῦ (3)
Ne. 8. 6. καὶ ἔκυψαν (3)
Ju. 13. 17. κύψαντες προσεκύνησαν τῷ θεῷ
Ps. 9. 31 (10. 10). κύψει καὶ πεσεῖται (5 *a*)
Is. 2. 9. ἔκυψεν ἄνθρωπος (5 *b*)
46. 6. κύψαντες [S[1] -ας] προσκυνοῦσιν αὐτοῖς [A -ό, S -ῷ] (2)
51. 23. κύψον ἵνα παρέλθωμεν (4)
Ba. 2. 18. ὃ βαδίζει κύπτον καὶ ἀσθενοῦν
[**Sm.** Ps. 34 (35). 14: Is. 25. 12.]
[**Al.** Pr. 2. 18.]

κυρεία (-ρία). (1) *a.* מָשַׁל *b.* מִמְשָׁל *c.* מֹשֶׁל (2) שָׁלְטָן
Is. 40. 10. ὁ βραχίων μετὰ κυρίας (1 *a*)
Da. LXX. 11. 3. κυριεύσει κ. πολλῆς (1 *b*)
— 4. οὐδὲ κατὰ τὴν κ. αὐτοῦ (1 *c*)
Bel 4. ἔχοντα πάσης σαρκὸς κυρείαν
Da. Th. 4. 19. καὶ ἡ κ. [A κυρεία] σου εἰς τὰ πέρατα τῆς γῆς (2)
6. 26 (27). ἡ κ. [A κυρεία] αὐτοῦ ἕως τέλους (2)
11. 3. κυριεύσει κ. πολλῆς (1 *b*)
— 4. οὐδὲ κατὰ τὴν κ. αὐτοῦ (1 *c*)
— 5. κυριεύσει κ. πολλήν [A κυριείας πολλῆς] (1 *b*)
Bel 5. ἔχοντα πάσης σαρκὸς κυρείαν
I Ma. 8. 24. A R πᾶσι τοῖς συμμάχοις αὐτῶν ἐν πάσῃ κ. [S τῇ κ.] αὐτῶν
[**Th.** Da. 11. 5.]

κυρία. (1) בַּעֲלָה (2) גְּבֶרֶת
Ge. 16. 4. ἠτιμάσθη ἡ κ. ἐναντίον αὐτῆς (2)
— 8. R ἀπὸ προσώπου Σάρας τῆς κ. μου (2)
— 9. R ἀποστράφηθι πρὸς τὴν κ. σου (2)
III Ki. 17. 17. ὁ υἱὸς τῆς γυναικὸς τῆς κ. τοῦ οἴκου (1)
IV Ki. 5. 3. ἡ δὲ εἶπε τῇ κ. αὐτῆς (2)

Ps. 122 (123). 2. ὡς ὀφθαλμοὶ παιδίσκης εἰς χεῖρας τῆς κ. αὐτῆς (2)
Pr. 24. 58 (30. 23). οἰκέτις ἐὰν ἐκβάλῃ τὴν ἑαυτῆς κ. (2)
Is. 24. 2. ἡ θεράπαινα ὡς ἡ κ. (2)

κυριακός.
II Ma. 15. 36. A Ἀδὰρ λέγεται τῇ κ. [R Συριακῇ] φωνῇ

κυριεία. (1) מִמְשָׁל (2) שָׁלְטָן
Da. TH. 4. 19. A καὶ ἡ κ. [B κυρεία] σου εἰς τὰ πέρατα τῆς γῆς (2)
6. 26 (27). A ἡ κ. [B κυρεία] αὐτοῦ ἕως τέλους (2)
11. 5. A κυριεύσει κ. πολλῆς [B κυρείαν πολλήν] (1)

κυριεύειν. (1) זְרַע (2) יָרַשׁ *a.* qal. *b.* hi. (3) לָכַד (4) מָשַׁל (5) מִשְׁעֶנֶת (6) נָגַשׂ (7) רָדָה (8) רוּד (9) שְׁלֵט *a.* pe. *b.* aph. *c.* שַׁלִּיט

Ge. 3. 16. αὐτός σου κυριεύσει (4)
37. 8. ἦ κυριεύων κυριεύσεις ἡμῶν (4, 4)
Ex. 15. 9. κυριεύσει ἡ χείρ μου (2 *b*)
Nu. 21. 18. ἐν τῷ κυριεῦσαι αὐτῶν (5)
24. 7. κυριεύσει ἐθνῶν πολλῶν (1 ?)
Jo. 12. 2. κυριεύων ἀπὸ Ἀρνῶν (4)
15. 16. καὶ κυριεύσῃ αὐτῆς (3)
24. 33. καὶ ἐκυρίευσεν [A κατεκ.] αὐτῶν –
Jd. 9. 2. κυριεῦσαι ὑμῶν ἑβδομήκοντα ἄνδρας [A *al.*] (4)
— 2. ἦ κυριεύειν ὑμῶν ἄνδρα ἕνα (4)
14. 4. οἱ ἀλλόφυλοι κυριεύοντες ἐν [A ἐκυρίευον τῶν υἱῶν] Ἰσρ. (4)
15. 11. R κυριεύουσιν [B -εύσ.] οἱ ἀλλόφυλοι ἡμῶν [A *al.*] (4)
II Ch. 14. 7 (6). ἐνώπιον [A ἐν ᾧ] τῆς γῆς κυριεύσομεν †
20. 6. κυριεύεις πασῶν τῶν βασιλειῶν τῶν ἐθνῶν (4)
I Es. 2. 27. βασιλεῖς . . . ἦσαν ἐν Ἱερ. κυριεύοντες
4. 3. καὶ κυριεύει αὐτῶν [A πάντων]
— 14. ἢ τίς ὁ κυριεύων αὐτῶν
— 15. ὃς κυριεύει τῆς θαλάσσης
— 22. αἱ γυναῖκες κυριεύουσιν ὑμῶν
Ju. 1. 13. ἐκυρίευσε τῶν πόλεων αὐτοῦ
10. 13. κυριεύσει πάσης τῆς ὀρεινῆς
15. 7. ἐκυρίευσαν τῶν λοιπῶν
Ps. 105 (106). 41. ἐκυρίευσαν αὐτῶν οἱ μισοῦντες αὐτούς (4)
Si. 37. 18. καὶ [A καὶ ἡ] κυριεύουσα ἐνδελεχῶς αὐτῶν [A -ῷ] γλῶσσά ἐστιν
44. 3. κυριεύοντες ἐν ταῖς βασιλείαις αὐ.
Is. 3. 4. ἐμπαῖκται κυριεύσουσιν αὐτῶν (4)
— 12. οἱ ἀπαιτοῦντες κυριεύουσιν [S[1] -εύσ.] ὑμῶν (4)
7. 18. ὃ κυριεύσει [A S -ύει] μέρος [A S[2] -ους] ποταμοῦ Αἰγύπτου –
14. 2. κυριευθήσονται οἱ κυριεύσαντες αὐτῶν (7, 6)
19. 4. βασιλεῖς σκληροὶ κυριεύσουσιν αὐτῶν (4)
42. 19. ἀλλ' ἦ οἱ κυριεύοντες αὐτῶν †
Je. 2. 31. οὐ κυριευθησόμεθα [A δουλευθ.] (8)
37 (30). 3. κυριεύσουσιν αὐτῆς (2 *a*)
Ba. 2. 34. κυριεύσουσιν αὐτῆς
3. 16. ποῦ εἰσιν . . . οἱ κυριεύοντες τῶν θηρίων
La. 5. 8. δοῦλοι ἐκυρίευσαν ἡμῶν (4)
Da. LXX. 2. 38. παρέδωκεν ὑπὸ τὰς χεῖράς σου κυριεύειν πάντων (9 *b*)
— 39. ἣ κυριεύσει πάσης τῆς γῆς (9 *a*)
3. 2. καὶ κυριεύων τῆς οἰκουμένης –
11. 3. κυριεύσει κυρείας πολλῆς (4)
Da. TH. 2. 39. ἣ κυριεύσει πάσης τῆς γῆς (9 *a*)
3. 27 (94). οὐκ ἐκυρίευσε τὸ πῦρ τοῦ σώματος αὐτῶν (9 *a*)
4. 22, 29. κυριεύει ὁ ὕψιστος τῆς βασιλείας (9 *c*)
5. 21. κυριεύει ὁ θεὸς [A *om.*] ὕψιστος (9 *c*)
6. 24 (25). ἐκυρίευσαν αὐτῶν οἱ λέοντες (9 *a*)
11. 3. κυριεύσει κυρείας πολλῆς (4)
— 4. τὴν κυρείαν αὐτοῦ ἣν ἐκυρίευσεν (4)
— 5. κυριεύσει κυρείαν πολλήν [A -ιείας πολλῆς] (4)
— 43. κυριεύσει ἐν τοῖς ἀποκρύφοις τοῦ χρυσοῦ (4)
I Ma. 6. 63. εὗρε Φίλ. κυριεύοντα τῆς πόλεως
7. 8. κυριεύοντα ἐν τῷ πέραν τοῦ ποταμοῦ
8. 16. καὶ κυριεύειν [S[1] *om.*] πάσης τῆς γῆς αὐτῶν
10. 76. ἐκυρίευσεν [S[1] -αν] Ἰωνάθαν Ἰόππης
I Ma. 11. 8. ἐκυρίευσε τῶν πόλεων τῆς παραλίας
14. 7. A R ἐκυρίευσε [S συνήγαγεν] Γαζαρῶν
15. 29. A R ἐκυριεύσατε τόπων [S *om.*] πολλῶν
IV Ma. 1. 4. τῶν . . . παθῶν κυριεύειν ἀναφαίνεται
2. 11. τῆς τέκνων φιλίας κυριεύει
[**Aq.** Ec. 2. 19: 8. 9: Je. 31 (38). 32.]
[**Sm.** Jb. 8. 18: Is. 54. 5.]
[**Th.** Jb. 8. 18: Pr. 12. 24: Is. 19. 4: 40. 10: Da. 11. 5.]
[**Al.** Ps. 11 (12). 5.]

κύριος (subst.). (1) אָדוֹן (2) אֲדֹנָי (3) אֲדֹנָי יֱהֹוִה (4) *a.* אֵל *b.* אֱלָהּ (5) אֱלוֹהַּ (6) אֱלֹהִים (7) בַּעַל (8) בָּעָל (9) גְּבִיר (10) יָהּ (11) *a.* יְהוָֹה *b.* יֱהֹוִה *c.* יְהוָֹה צְבָאוֹת, יֱהֹוִה צְבָאוֹת *d.* אֱלֹהֵי צְבָאוֹת (12) מָרֵא (13) צוּר (14) שַׁדַּי (15) שַׁלִּיט (16) κ. εἶναι מְשַׁל (17) κύριον καθιστάναι שְׁלַט aph. (18) κ. ὁ θεός, ὁ κύριος θεός, κύριος θεός *a.* יְהוָֹה *b.* אֱלֹהִים *c.* אֱלָהּ *d.* אָדוֹן *e.* יֱהֹוִה (19) τὸ στόμα κυρίου יְהוָֹה (20) ἄγγελος κυρίου יְהוָֹה (21) τὸ πρόσωπον κυρίου יְהוָֹה (22) ὁ λόγος κυρίου יְהוָֹה (23) κ. παντοκράτωρ שַׁדַּי (24) τὸ ὄνομα κυρίου יְהוָֹה

Ge. 2. 4. ᾗ ἡμέρᾳ ἐποίησε κ. ὁ θεὸς τὸν οὐρανόν (11 *a*)
— 8. A ἐφύτευσεν κ. [R *om.*] ὁ θεὸς παράδεισον (11 *a*)
— 15. ἔλαβε κ. ὁ θεὸς τὸν ἄνθρωπον (11 *a*)
— 16. ἐνετείλατο κ. ὁ θεὸς τῷ Ἀδάμ (11 *a*)
— 18. εἶπε κ. ὁ θεός (11 *a*)
— 22. A ᾠκοδόμησεν κ. [R *om.*] ὁ θεὸς τὴν πλευράν (11 *a*)
3. 1. ὧν ἐποίησε κ. ὁ θεός (11 *a*)
— 8. ἤκουσαν τὴν φωνὴν κ. τοῦ θεοῦ (11 *a*)
— 8. ἐκρύβησαν . . . ἀπὸ προσώπου κ. τοῦ θεοῦ (11 *a*)
— 9. ἐκάλεσεν κ. ὁ θεὸς τὸν Ἀ. (11 *a*)
— 13. εἶπε κ. ὁ θεὸς τῇ γυναικί (11 *a*)
— 14. εἶπε κ. ὁ θεὸς τῷ ὄφει (11 *a*)
— 21. ἐποίησε κ. ὁ θεὸς . . . χιτῶνας (11 *a*)
— 22. A εἶπεν κ. [R *om.*] ὁ θεός (11 *a*)
— 23. ἐξαπέστειλεν αὐτὸν κ. ὁ θεός (11 *a*)
4. 3. ἤνεγκε Κ. . . . θυσίαν τῷ κ. (11 *a*)
— 6. εἶπε κ. ὁ θεὸς τῷ Κ. (18 *a*)
— 9. R εἶπε κ. [A *om.*] ὁ θεὸς πρὸς Κ. (18 *a*)
— 10. R εἶπε κύριος [A ὁ θεός] –
— 13. A εἶπε Κ. πρὸς τὸν κ. [R πρ. κ. τ. θεόν] (11 *a* [18 *a*])
— 15. εἶπεν αὐτῷ κ. ὁ θεός (18 *a*)
— 15. ἔθετο κ. ὁ θεὸς σημεῖον (18 *a*)
— 26. ἐπικαλεῖσθαι τὸ ὄνομα κ. τοῦ θεοῦ (18 *a*)
5. 29. ἧς κατηράσατο κ. ὁ θεός (18 *a*)
6. 3. εἶπε κ. ὁ θεός (18 *a*)
— 5. ἰδὼν δὲ κ. ὁ θεός (18 *a*)
— 8. Ν. δὲ εὗρε χάριν ἐναντίον κ. τοῦ θεοῦ (18 *a*)
— 12. εἶδε κ. ὁ θεὸς τὴν γῆν (18 *b*)
— 13. R εἶπε κ. [A *om.*] ὁ θεὸς τῷ Ν. (18 *b*)
— 22. ὅσα ἐνετείλατο αὐτῷ κ. ὁ θεός (18 *b*)
7. 1. εἶπε κ. ὁ θεὸς πρὸς Ν. (18 *a*)
— 5. ὅσα ἐνετείλατο αὐτῷ κ. ὁ θεός (18 *a*)
— 16. ἔκλεισε κ. ὁ θεὸς τὴν κιβωτόν (18 *a*)
8. 15. R εἶπε κ. ὁ θεὸς πρὸς [A τῷ] Ν. (18 *b*)
— 20. R ᾠκοδόμησε Ν. θυσιαστήριον τῷ κ. [A θεῷ] (11 *a*)
— 21. ὠσφράνθη κ. ὁ θεὸς ὀσμὴν εὐωδίας (18 *a*)
— 21. εἶπε κ. ὁ θεός (18 *a*)
9. 12. εἶπε κ. ὁ θεὸς πρὸς Ν. (18 *b*)
— 26. εὐλογητὸς κ. ὁ θεὸς τοῦ Σήμ (11 *a*)
10. 9. γίγας κυνηγὸς ἐναντίον κ. τοῦ θεοῦ (18 *a*)
— 9. γίγας κυνηγὸς ἐναντίον κυρίου (11 *a*)
11. 5. κατέβη κύριος ἰδεῖν τὴν πόλιν (11 *a*)
— 6. καὶ εἶπε κύριος (11 *a*)
— 8. διέσπειρεν αὐτοὺς κύριος (11 *a*)
— 9. συνέχεε κύριος τὰ χείλη πάσης τῆς γῆς (11 *a*)
— 9. R διέσπειρεν αὐτοὺς κύριος [A κ. ὁ θεός] (11 *a* [18 *a*])
12. 1. εἶπε κύριος τῷ Ἅ. (11 *a*)
— 4. καθάπερ ἐλάλησεν αὐτῷ κύριος (11 *a*)
— 7. ὤφθη κύριος τῷ Ἅ. (11 *a*)
— 7. ᾠκοδόμησεν ἐκεῖ Ἅ. θυσιαστ. κυρίῳ (11 *a*)
Ge. 12. 8. ᾠκοδόμησεν ἐκεῖ θυσιαστήριον τῷ κ. (11 *a*)
— 8. ἐπεκαλέσατο ἐπὶ τῷ ὀνόματι κυρίου (11 *a*)
13. 4. R ἐπεκαλέσατο . . . τὸ ὄν. τοῦ [A *om.*] κ. (11 *a*)
— 18. R ᾠκοδόμησεν ἐκεῖ θυσιαστ. τῷ [A *om.*] κ. (11 *a*)
14. 22. R πρὸς κ. [A *om.*] τὸν θεὸν τὸν ὕψιστον (11 *a*)
15. 1. ἐγενήθη ῥῆμα κυρίου πρὸς Ἅ. (11 *a*)
— 2. R δέσποτα κύριε, τί μοι δώσεις (11 *b*)
— 4. R φωνὴ κυρίου ἐγένετο πρὸς αὐτόν (11 *a*)
— 8. δέσποτα κύριε, κατὰ τί γνώσομαι (11 *b*)
— 18. R διέθετο κύριος τῷ Ἅ. διαθήκην (11 *a*)
16. 2. συνέκλεισέ με κύριος (11 *a*)
— 7. R εὗρε δὲ αὐτὴν ἄγγελος κυρίου (11 *a*)
— 8. R εἶπεν αὐτῇ ὁ ἄγγελος κυρίου –
— 9. R εἶπε δὲ αὐτῇ ὁ ἄγγελος κυρίου (11 *a*)
— 10, 11. εἶπεν αὐτῇ ὁ ἄγγελος κυρίου (11 *a*)
— 11. ἐπήκουσε κύριος τῇ ταπεινώσει σου (11 *a*)
— 13. ἐκάλεσε τὸ ὄνομα κυρίου (11 *a*)
17. 1. ὤφθη κύριος τῷ Ἅ. (11 *a*)
18. 3. κύριε, εἰ ἄρα εὗρον χάριν (2 ?, 1 ?)
— 12. ὁ δὲ κ. μου πρεσβύτερος (1)
— 13. εἶπε κύριος πρὸς Ἅ. (11 *a*)
— 17. ὁ δὲ κ. εἶπε (11 *a*)
— 19. φυλάξουσι τὰς ὁδοὺς κυρίου (11 *a*)
— 19. ὅπως ἂν ἐπαγάγῃ κύριος . . . πάντα (11 *a*)
— 20. εἶπε δὲ κύριος (11 *a*)
— 22. ἑστηκὼς ἐναντίον κυρίου (11 *a*)
— 26. εἶπε δὲ κύριος (11 *a*)
— 27. ἠρξάμην λαλῆσαι πρὸς τὸν κ. (2)
— 30. μή τι, κύριε, ἐὰν λαλήσω (2)
— 31. ἔχω λαλῆσαι πρὸς τὸν κ. (2)
— 32. μή τι, κύριε, ἐὰν λαλήσω (2)
— 33. ἀπῆλθε δὲ ὁ κ. (11 *a*)
19. 2. ἰδού, κύριοι, ἐκκλίνατε (1)
— 13. ὑψώθη ἡ κραυγὴ αὐτῶν ἔναντι [A -ίον] κυρίου (11 *a*)
— 13. ἀπέστειλεν ἡμᾶς κύριος (11 *a*)
— 14. ἐκτρίβει κύριος τὴν πόλιν (11 *a*)
— 16. ἐν τῷ φείσασθαι κύριον αὐτοῦ (11 *a*)
— 18. δέομαι, κύριε (2)
— 24. κύριος ἔβρεξεν . . . πῦρ παρὰ κυρίου (11 *a*, 11 *a*)
— 27. οὗ εἱστήκει ἐναντίον κυρίου (11 *a*)
— 29. A ἐν τῷ ἐκτρῖψαι κύριον [R τὸν θεόν] (6)
— 29. ἐν τῷ καταστρέψαι κύριον τὰς πόλεις –
20. 4. εἶπε, Κύριε, ἔθνος ἀγνοοῦν . . . ἀπολεῖς (2)
— 18. συνέκλεισε κύριος . . . πᾶσαν μήτραν (11 *a*)
21. 1. κύριος ἐπεσκέψατο τὴν Σ. (11 *a*)
— 1. ἐποίησε κύριος τῇ Σ. (11 *a*)
— 2. καθὰ ἐλάλησεν αὐτῷ κύριος (6)
— 6. γέλωτά μοι ἐποίησε κύριος (6)
— 33. ἐπεκαλέσατο ἐκεῖ τὸ ὄνομα κυρίου (11 *a*)
22. 11. ἐκάλεσεν αὐτὸν ἄγγελος κυρίου (11 *a*)
— 14. κύριος εἶδεν (11 *a*)
— 14. ἐν τῷ ὄρει κύριος ὤφθη (11 *a*)
— 15. ἐκάλεσεν ἄγγελος κυρίου τὸν Ἀ. (11 *a*)
— 16. κατ' ἐμαυτοῦ ὤμοσα, λέγει κύριος (11 *a*)
23. 5 (6). μή, κύριε, ἄκουσον δὲ ἡμῶν (1)
— 11. παρ' ἐμοὶ γενοῦ, κύριε (1)
— 15. οὐχί, κύριε, ἀκήκοα γάρ (1)
24. 1. κύριος ηὐλόγησε τὸν Ἀ. (11 *a*)
— 3. ἐξορκιῶ σε κ. τὸν θεὸν τοῦ οὐρ. (11 *a*)
— 6 (7). κ. ὁ θεὸς τοῦ οὐρανοῦ (11 *a*)
— 9. ὑπὸ τὸν μηρὸν Ἀ. τοῦ κ. αὐτοῦ (2)
— 10. ἀπὸ τῶν καμήλων τοῦ κ. αὐτοῦ (2)
— 10. ἀπὸ πάντων τῶν ἀγαθῶν τοῦ κ. αὐτοῦ (2)
— 12. S R κύριε ὁ θεὸς τοῦ κ. μου [A *om.*] Ἀ. (11 *a*, 1)
— 12. ποίησον ἔλεος μετὰ τοῦ κ. μου Ἀ. (1)
— 14. R ἐποίησας ἔλεος μετὰ τοῦ κ. [A ἔ. τῷ κ.] μου Ἀ. (1)
— 18. ἡ δὲ εἶπε, Πίε, κύριε (1)
— 21. εἰ εὐώδωκε κύριος τὴν ὁδὸν αὐτοῦ (11 *a*)
— 26. R προσεκύνησε τῷ [A *om.*] κ. (11 *a*)
— 27. κύριος ὁ θεὸς τοῦ κ. μου Ἀ. (11 *a*, 1)
— 27. ὃς οὐκ ἐγκατέλιπε . . . ἀπὸ τοῦ κ. μου (1)
— 27. ἐμέ τ' εὐώδωκε κύριος εἰς οἶκον τοῦ ἀδελφοῦ τοῦ κ. μου (11 *a*, 1)
— 31. A S εὐλογητὸς κύριος [R -ίου] (11 *a*)
— 35. κύριος δὲ ηὐλόγησε τὸν κ. μου (11 *a*, 1)
— 36. ἔτεκε Σάρρα ἡ γυνὴ τοῦ κ. μου υἱὸν ἕνα τῷ κ. μου (1, 1)
— 37. ὥρκισέ με ὁ κ. μου (1)
— 39. εἶπα δὲ τῷ κ. μου (1)
— 40. κ. ὁ θεὸς [S *om.* ὁ θ.] . . . ἐξαποστελεῖ τὸν ἄγγελον (18 *a* [11 *a*])

Ge. 24. 42. κύριε ὁ θεὸς τοῦ κ. μου Ἀ. (11 *a*, 1)
— 44. ἣν ἡτοίμασε κύριος (11 *a*)
— 44. πεποίηκας ἔλεος τῷ κ. μου Ἀ. (1 ?)
— 48. S R προσεκύνησα τῷ [A *om.*] κ. καὶ εὐλόγησα κ. τὸν θεὸν τοῦ κ. μου Ἀ. (11 *a*, 11 *a*, 1)
— 48. τὴν θυγατέρα τοῦ ἀδελφοῦ τοῦ κ. μου (1)
— 49. εἰ οὖν ποιεῖτε . . . δικαιοσύνην πρὸς τὸν κ. μου (1)
— 50. R παρὰ κυρίου ἐξῆλθε τὸ πρᾶγμα [A πρόσταγ.] τοῦτο (11 *a*)
— 51. ἔστω γυνὴ τῷ υἱῷ τοῦ κ. σου καθὰ ἐλάλησε κύριος (2, 11 *a*, 1)
— 52. R προσεκύνησεν . . . τῷ [A *om.*] κ. (11 *a*)
— 54. ἵνα ἀπέλθω πρὸς τὸν κ. μου (1)
— 56. κύριος εὐώδωσε τὴν ὁδόν μου (11 *a*)
— 56. ἵνα ἀπέλθω πρὸς τὸν κ. μου (1)
— 65. οὗτός ἐστιν ὁ κ. μου (1)
25. 21. ἐδέετο δὲ Ἰ. κυρίου (11 *a*)
— 22. πυθέσθαι παρὰ κυρίου (11 *a*)
— 23. εἶπε κύριος αὐτῇ (11 *a*)
26. 2. ὤφθη δὲ αὐτῷ κύριος (11 *a*)
— 12. εὐλόγησε δὲ αὐτὸν κύριος (11 *a*)
— 22. ἐπλάτυνε κύριος ἡμῖν (11 *a*)
— 24. ὤφθη αὐτῷ κύριος (11 *a*)
— 25. ἐπεκαλέσατο τὸ ὄνομα κυρίου (11 *a*)
— 28. ἦν κύριος μετὰ σοῦ (11 *a*)
— 29. εὐλογημένος σὺ ὑπὸ κυρίου (11 *a*)
27. 7. εὐλογήσω σε ἐναντίον κυρίου (11 *a*)
— 20. R ὃ παρέδωκε κ. ὁ θεός σου [A *om.*] (11 *a*)
— 27. ὃν εὐλόγησε κύριος (11 *a*)
— 29. γίνου κύριος τοῦ ἀδελφοῦ σου (9)
— 37. εἰ κύριον αὐτὸν πεποίηκά σου (9)
28. 13. ὁ δὲ κ. ἐπεστήρικο ἐπ' αὐτῆς (11 *a*)
— 16. ἔστι κύριος ἐν τῷ τόπῳ τούτῳ (11 *a*)
— 20. ἐὰν ᾖ κ. ὁ θεὸς μετ' ἐμοῦ (18 *b*)
— 21. ἔσται κύριός μοι εἰς θεόν (11 *a*)
29. 31. ἰδὼν δὲ κ. ὁ θεός (18 *a*)
— 32. εἶδέ μου κύριος τὴν ταπείνωσιν (11 *a*)
— 33. ἤκουσε κύριος ὅτι μισοῦμαι (11 *a*)
— 35. ἐξομολογήσομαι κυρίῳ (11 *a*)
30. 30. R εὐλόγησέ σε κ. ὁ θεός [A *om.* ὁ θ.] (18 *a* [11 *a*])
31. 3. εἶπε δὲ κύριος πρὸς Ἰ. (11 *a*)
— 35. μὴ βαρέως φέρε, κύριε (1)
32. 4 (5). οὕτως ἐρεῖτε τῷ κ. μου Ἡσαῦ (1)
— 5 (6). ἀναγγεῖλαι τῷ κ. μου Ἡσαῦ (1)
— 9 (10). κύριε ὁ εἴπας μοι (11 *a*)
— 18 (19). δῶρα ἀπέσταλκε τῷ κ. μου Ἡσαῦ (1)
33. 8. ἵνα εὕρῃ ὁ παῖς σου χάριν . . . κύριε (1)
— 13. ὁ κ. μου γινώσκει (1)
— 14. προελθάτω ὁ κ. μου (1)
— 14. ἕως τοῦ με ἐλθεῖν πρὸς τὸν κ. μου (1)
— 15. εὗρον χάριν ἐναντίον σου, κύριε (1)
38. 7. ἐγένετο δὲ Ἢρ . . . πονηρὸς ἔναντι [A -ίον] κυρίου (11 *a*)
39. 2. ἦν κύριος μετὰ Ἰωσήφ (11 *a*)
— 2. R ἐγένετο . . . παρὰ τῷ κ. αὐτοῦ [A *om.*] (2)
— 3. R ᾔδει δὲ ὁ κ. αὐτοῦ ὅτι ὁ [A *om.*] κ. ἦν μετ' αὐτοῦ (2, 11 *a*)
— 3. κύριος εὐοδοῖ ἐν ταῖς χερσὶν αὐτοῦ (11 *a*)
— 4. εὗρεν Ἰ. χάριν ἐναντίον τοῦ κ. αὐτοῦ –
— 5. ηὐλόγησε κύριος τὸν οἶκον τοῦ Αἰγ. (11 *a*)
— 5. ἐγενήθη εὐλογία κυρίου ἐν [A ἐπὶ] πᾶσι (11 *a*)
— 7. ἡ γυνὴ τοῦ κ. αὐτοῦ (2)
— 8. εἶπε δὲ τῇ γυναικὶ τοῦ κ. αὐτοῦ (2)
— 8. εἰ ὁ κ. μου οὐ γινώσκει (1)
— 16. ἕως ἦλθεν ὁ κ. (2)
— 19. R ὡς ἤκουσεν ὁ κ. αὐτοῦ [A *om.*] (2)
— 20. R λαβὼν [A ἔλαβεν] ὁ κ. Ἰωσήφ (1)
— 21. ἦν κύριος μετὰ Ἰωσήφ (11 *a*)
— 23. διὰ τὸ τὸν κ. μετ' αὐτοῦ εἶναι (11 *a*)
— 23. R ὁ [A *om.*] κ. εὐώδου (11 *a*)
40. 1. ἥμαρτεν . . . ὁ ἀρχισιτοποιὸς τῷ κ. αὐτῶν (1)
— 7. οἳ ἦσαν . . . ἐν τῇ φυλακῇ παρὰ τῷ κ. αὐτοῦ (2)
42. 10. οἱ δὲ εἶπαν, Οὐχὶ, κύριε (1)
— 30, 33. ὁ ἄνθρωπος ὁ κ. τῆς γῆς (1)
43. 3. R ὁ ἄνθρωπος ὁ κ. τῆς γῆς [A *om.* ὁ κ. τ. γ.] –
— 20. δεόμεθα, κύριε (1)
44. 5. ἐν ᾧ πίνει ὁ κ. μου (1)
— 7. ἵνα τί λαλεῖ ὁ κ. κατὰ τὰ ῥήματα ταῦτα (1)
— 8. ἐκ τοῦ οἴκου τοῦ κ. σου (1)
— 9. ἡμεῖς δὲ ἐσόμεθα παῖδες τῷ κ. ἡμῶν (1)
— 16. τί ἀντεροῦμεν τῷ κ. (1)

Ge. 44. 16. ἰδού ἐσμεν οἰκέται τῷ κ. ἡμῶν (1)
— 18. δέομαι, κύριε (1)
— 19. κύριε, σὺ ἠρώτησας (1)
— 20, 22. εἴπαμεν τῷ κ. (1)
— 24. R τὰ ῥήματα τοῦ κ. ἡμῶν [A *om.*] (1)
— 33. παραμενῶ . . . οἰκέτης τοῦ κ. (1)
45. 8. ἐποίησέ με . . . κύριον (1)
— 9. ἐποίησέ με ὁ θεὸς κύριον (1)
47. 18. μή ποτε ἐκτριβῶμεν ἀπὸ τοῦ κ. ἡμῶν (1)
— 18. εἰ γὰρ ἐκλέλοιπε τὸ ἀργύριον . . . πρὸς σὲ τὸν κ. (1)
— 18. A R ἐναντίον τοῦ κ. ἡμῶν [B *om.*] (1)
— 25. εὕρομεν χάριν ἐναντίον τοῦ κ. ἡμῶν (1)
48. 15. B ὁ κ. [A R θεὸς] ὁ τρέφων με (6)
49. 18. τὴν σωτηρίαν περιμένων κυρίου (11 *a*)
— 23. ἐνεῖχον αὐτῷ κύριοι τοξευμάτων (7)
Ex. 3. 2. ὤφθη δὲ αὐτῷ ἄγγελος κυρίου (11 *a*)
— 4. ὡς δὲ εἶδε κύριος (11 *a*)
— 4. ἐκάλεσεν αὐτὸν κύριος (6)
— 7. εἶπε δὲ κύριος πρὸς M. (11 *a*)
— 15, 16. κ. ὁ θεὸς τῶν πατέρων ὑμῶν (11 *a*)
4. 1. A οὐκ ὦπταί σοι κ. [B *om.*] ὁ θεός (18 *a*)
— 2. εἶπε δὲ αὐτῷ κύριος (11 *a*)
— 4. εἶπε κύριος πρὸς M. (11 *a*)
— 5. A ὦπταί σοι κ. [B *om.*] ὁ θεός (11 *a*)
— 6. εἶπε δὲ αὐτῷ κύριος πάλιν (11 *a*)
— 10. εἶπε δὲ M. πρὸς κύριον [A τὸν θεὸν], Δέομαι, κύριε (11 *a*, 2)
— 11. εἶπε δὲ κύριος πρὸς M. [A τῷ M.] (11 *a*)
— 11. A οὐκ ἐγὼ κ. [B *om.*] ὁ θεός (18 *a*)
— 13. εἶπε M., Δέομαι, κύριε (2)
— 14. θυμωθεὶς ὀργῇ κύριος ἐπὶ M. (11 *a*)
— 19, 21. εἶπε δὲ κύριος πρὸς M. (11 *a*)
— 22. τάδε λέγει κύριος (11 *a*)
— 24. συνήντησεν αὐτῷ ἄγγελος κυρίου (20)
— 27. εἶπε δὲ κύριος πρὸς Ἀ. (11 *a*)
— 28. ἀνήγγειλε . . . πάντας τοὺς λόγους κυρίου (11 *a*)
5. 1. τάδε λέγει κ. ὁ θεὸς Ἰσρ. (11 *a*)
— 2. οὐκ οἶδα τὸν κ. (11 *a*)
— 3. R ὅπως θύσωμεν κ. [A B *om.*] τῷ θεῷ ἡμῶν (11 *a*)
— 22. ἐπέστρεψε δὲ M. πρὸς κύριον καὶ εἶπε, Δέομαι [A *om.*], κύριε (11 *a*, 2)
6. 1. εἶπε κύριος πρὸς M. (11 *a*)
— 2. ἐγὼ κύριος (11 *a*)
— 3. τὸ ὄνομά μου κύριος οὐκ ἐδήλωσα αὐτοῖς (11 *a*)
— 6. ἐγὼ κύριος (11 *a*)
— 7. ἐγὼ κύριος ὁ θεὸς ὑμῶν (11 *a*)
— 8. ἐγὼ κύριος (11 *a*)
— 10. εἶπε δὲ κύριος πρὸς M. (11 *a*)
— 12. ἐλάλησε δὲ M. ἔναντι [A -τίον] κυρίου (11 *a*)
— 13. εἶπε δὲ κύριος πρὸς M. (11 *a*)
— 28. ᾗ ἡμέρᾳ ἐλάλησε κύριος Μωυσῇ (11 *a*)
— 29. ἐλάλησε κύριος πρὸς M. (11 *a*)
— 29. ἐγὼ κύριος (11 *a*)
— 30. εἶπε M. ἐναντίον κυρίου (11 *a*)
7. 1. εἶπε κύριος πρὸς M. (11 *a*)
— 5. ἐγώ εἰμι κύριος (11 *a*)
— 6. καθάπερ ἐνετείλατο αὐτοῖς κύριος (11 *a*)
— 8. εἶπε κύριος πρὸς M. (11 *a*)
— 10. καθάπερ ἐνετείλατο αὐτοῖς κύριος (11 *a*)
— 13. καθάπερ ἐνετείλατο [A ἐλάλησεν] αὐτοῖς κύριος (11 *a*)
— 14. εἶπε δὲ κύριος πρὸς M. (11 *a*)
— 16. κ. ὁ θεὸς τῶν Ἑβραίων (11 *a*)
— 17. τάδε λέγει κύριος (11 *a*)
— 17. ἐγὼ κύριος (11 *a*)
— 19. εἶπε δὲ κύριος πρὸς M. (11 *a*)
— 20. καθάπερ ἐνετείλατο αὐτοῖς κύριος (11 *a*)
— 22. καθάπερ εἶπε κύριος (11 *a*)
— 25. μετὰ τὸ πατάξαι κύριον τὸν ποταμόν (11 *a*)
8. 1 (7. 26). εἶπε δὲ κύριος πρὸς M. (11 *a*)
— 1 (7. 26). τάδε λέγει κύριος (11 *a*)
— 5 (1). εἶπε δὲ κύριος πρὸς M. (11 *a*)
— 8 (4). εὔξασθε περὶ ἐμοῦ πρὸς κύριον (11 *a*)
— 8 (4) καὶ θύσωσι τῷ [A *om.*] κ. (11 *a*)
— 10 (6). οὐκ ἔστιν ἄλλος πλὴν κυρίου [A -os] (11 *a* + 6)
— 12 (8). ἐβόησε M. πρὸς κύριον (11 *a*)
— 13 (9). ἐποίησε δὲ κύριος (11 *a*)
— 15 (11). καθάπερ ἐλάλησε κύριος (11 *a*)
— 16 (12). εἶπε δὲ κύριος πρὸς M. (11 *a*)
— 19 (15). καθάπερ ἐλάλησε κύριος (11 *a*)
— 20 (16). εἶπε δὲ κύριος πρὸς M. (11 *a*)
— 20 (16). τάδε λέγει κύριος (11 *a*)

Ex. 8. 22 (18). B ἐγώ εἰμι [A *om.*] κ. ὁ κ. [A R θεὸς] πάσης τῆς γῆς (11 *a*, – [18 *a*])
— 24 (20). ἐποίησε δὲ κύριος οὕτως (11 *a*)
— 25 (21). A R θύσατε κ. [B *om.*] τῷ θεῷ ὑμῶν (18 *b*)
— 26 (22). θύσομεν [A -ωμεν] κ. τῷ θεῷ ἡμῶν (11 *a*)
— 27 (23). A θύσωμεν κ. [B *om.*] τῷ θεῷ ἡμῶν (11 *a*)
— 27 (23). καθάπερ εἶπε κύριος [A *om.*] ἡμῖν –
— 28 (24). A θύσετε κ. [B -σατε] τῷ θεῷ ὑμῶν (11 *a*)
— 28 (24). εὔξασθε οὖν περὶ ἐμοῦ πρὸς κύριον –
— 29 (25). θῦσαι κυρίῳ (11 *a*)
— 31 (27). ἐποίησε δὲ κύριος (11 *a*)
9. 1. εἶπε δὲ κύριος πρὸς M. (11 *a*)
— 1. τάδε λέγει κ. ὁ θεὸς τῶν Ἑβρ. (11 *a*)
— 3. χεὶρ κυρίου ἐπέσται [A ἔσται] (11 *a*)
— 5. A^2 B ποιήσει κύριος τὸ ῥῆμα τοῦτο (11 *a*)
— 6. A^2 B ἐποίησε κύριος τὸ ῥῆμα τοῦτο (11 *a*)
— 8. εἶπε δὲ κύριος πρὸς M. (11 *a*)
— 12. A^2 B ἐσκλήρυνε δὲ κύριος τὴν καρδίαν Φ. (11 *a*)
— 12. A^2 B καθὰ συνέταξε κύριος (11 *a*)
— 13. εἶπε δὲ κύριος πρὸς M. (11 *a*)
— 13. τάδε λέγει κ. ὁ θεὸς τῶν Ἑβρ. (11 *a*)
— 20. ὁ φοβούμενος τὸ ῥῆμα κυρίου (11 *a*)
— 21. ὃς δὲ μὴ προσέσχε . . . εἰς τὸ ῥῆμα κυρίου (11 *a*)
— 22. εἶπε δὲ κύριος πρὸς M. (11 *a*)
— 23. κύριος ἔδωκε φωνάς (11 *a*)
— 23. ἔβρεξε κύριος χάλαζαν (11 *a*)
— 27. ὁ κ. δίκαιος (11 *a*)
— 28. εὔξασθε οὖν περὶ ἐμοῦ πρὸς κύριον (11 *a*)
— 29. R ἐκπετάσω . . . πρὸς τὸν κ. [A θεόν, B *om.* πρ. τ. κ.] (11 *a*)
— 29. τοῦ κ. ἡ γῆ (11 *a*)
— 30. A R οὐδέπω πεφόβησθε τὸν κ. [B θεόν] (11 *a* + 6)
— 33. ἐξέτεινε [A -επέτασεν] . . . πρὸς κύριον (11 *a*)
— 35. καθάπερ ἐλάλησε κύριος (11 *a*)
10. 1. εἶπε δὲ κύριος πρὸς M. (11 *a*)
— 2. ἐγὼ [A *add.* εἰμι] κύριος (11 *a*)
— 3. τάδε λέγει κ. ὁ θεὸς τῶν Ἑβρ. (11 *a*)
— 7. A ὅπως λατρεύσωσι κ. [B *om.*] τῷ θεῷ αὐτῶν (11 *a*)
— 8. A R λατρεύσατε κ. [B *om.*] τῷ θεῷ ὑμῶν (11 *a*)
— 9. ἔστι γὰρ ἑορτὴ κυρίου [A B^2 *add.* τοῦ θεοῦ ἡμῶν] (11 *a* [18 *a*])
— 10. ἔστω οὕτω κύριος μεθ' ὑμῶν (11 *a*)
— 11. A λατρεύσατε τῷ κ. [B *al.*] (11 *a*)
— 12. εἶπε δὲ κύριος πρὸς M. (11 *a*)
— 13. A R κύριος [B *om.*] ἐπήγαγεν ἄνεμον [A *om.*] νότον (11 *a*)
— 16. ἡμάρτηκα ἐναντίον κ. τοῦ [B^1 *om.*] θεοῦ ὑμῶν (11 *a*)
— 17. προσεύξασθε πρὸς κ. τὸν θεὸν ὑμῶν (11 *a*)
— 18. A ηὔξατο πρὸς κύριον [B τὸν θεόν] (11 *a*)
— 19. μετέβαλε κύριος ἄνεμον (11 *a*)
— 20. ἐσκλήρυνε κύριος τὴν καρδίαν Φ. (11 *a*)
— 21. εἶπε δὲ κύριος πρὸς M. (11 *a*)
— 24. λατρεύσατε κ. τῷ θεῷ ὑμῶν (18 *a*)
— 25. ἃ ποιήσομεν κ. τῷ θεῷ ἡμῶν (11 *a*)
— 26. λατρεῦσαι κ. τῷ θεῷ ἡμῶν (11 *a*)
— 26. τί λατρεύσωμεν κ. τῷ θεῷ ἡμῶν (18 *a*)
— 27. ἐσκλήρυνε δὲ κύριος τὴν καρδίαν Φ. (11 *a*)
11. 1. εἶπε δὲ κύριος πρὸς M. (11 *a*)
— 3. κύριος δὲ ἔδωκε τὴν χάριν (11 *a*)
— 4. τάδε λέγει κύριος (11 *a*)
— 7. ὅσα παραδοξάσει κύριος (11 *a*)
— 9. εἶπε δὲ κύριος πρὸς M. (11 *a*)
— 10. ἐσκλήρυνε δὲ κύριος τὴν καρδίαν Φ. (11 *a*)
12. 1. εἶπε δὲ κύριος πρὸς M. (11 *a*)
— 11. πάσχα ἐστὶ κυρίῳ [A -ίου] (11 *a*)
— 12. ἐγὼ κύριος (11 *a*)
— 14. ἑορτάσετε αὐτὴν ἑορτὴν κυρίῳ (11 *a*)
— 23. καὶ παρελεύσεται κύριος (11 *a*)
— 23. παρελεύσεται κύριος τὴν θύραν (11 *a*)
— 25. ἣν ἂν δῷ κύριος ὑμῖν (11 *a*)
— 27. θυσία τὸ πάσχα τοῦτο κυρίῳ (11 *a*)
— 28. καθὰ ἐνετείλατο κύριος τῷ M. (11 *a*)
— 29. κύριος ἐπάταξε πᾶν πρωτότοκον (11 *a*)
— 31. λατρεύσατε κ. τῷ θεῷ ὑμῶν (18 *a*)
— 36. ἔδωκε κύριος τὴν χάριν (11 *a*)
— 41. ἐξῆλθε πᾶσα ἡ δύναμις κυρίου (11 *a*)
— 42. προφυλακή ἐστι τῷ κ. (11 *a*)
— 42. ἐκείνη ἡ νὺξ αὕτη προφυλακὴ κυρίῳ (11 *a*)

Ex. 12. 43. εἶπε δὲ κύριος πρὸς Μ. (11 a)
— 48. ποιῆσαι [A καὶ ποιῇ] τὸ πάσχα κυρίῳ (11 a)
— 50. καθὰ ἐνετείλατο κύριος τῷ Μ. (11 a)
— 51. ἐξήγαγε κύριος τοὺς υἱοὺς Ἰσρ. (11 a)
13. 1. εἶπε δὲ κύριος πρὸς Μ. (11 a)
— 3. ἐξήγαγεν ὑμᾶς κύριος (11 a)
— 5. ἡνίκα ἐὰν εἰσαγάγῃ σε κ. ὁ θεός σου (18 a)
— 6. ἑορτὴ κυρίου (11 a)
— 8. ἐποίησε κ. ὁ θεός μοι (18 a)
— 9. ὅπως ἂν γένηται ὁ νόμος κυρίου (11 a)
— 9. ἐξήγαγέ σε κ. ὁ θεός [A *om.* ὁ θ.] (18 a [11 a])
— 11. ὡς ἂν εἰσαγάγῃ σε κ. ὁ θεός σου (18 a)
— 12. τὰ ἀρσενικὰ [A[2] *add.* ἁγιάσεις] τῷ κ. (11 a)
— 12. τὰ ἀρσενικὰ ἁγιάσεις τῷ κ. (11 a)
— 14. ἐξήγαγε κύριος ἡμᾶς (11 a)
— 15. B πᾶν πρωτότοκον τῷ κ. (11 a)
— 15. R τὰ ἀρσενικὰ τῷ κ. [A B *om.* τῷ κ.] -
— 16. ἐξήγαγέ σε κύριος (11 a)
— 19. ἐπισκέψεται ὑμᾶς κύριος (6)
14. 1. ἐλάλησε κύριος πρὸς Μ. (11 a)
— 4. ἐγώ εἰμι κύριος (11 a)
— 8. ἐσκλήρυνε κύριος τὴν καρδίαν Φ. (11 a)
— 10. ἀνεβόησαν δὲ οἱ υἱοὶ Ἰσρ. πρὸς κύριον (11 a)
— 13. R τὴν σωτηρίαν τὴν παρὰ τοῦ κ. [A B θεοῦ] (11 a)
— 14. κύριος πολεμήσει περὶ ὑμῶν (11 a)
— 15. εἶπε δὲ κύριος πρὸς Μ. (11 a)
— 18. ἐγώ εἰμι κύριος (11 a)
— 21. ὑπήγαγε κύριος τὴν θάλασσαν (11 a)
— 24. καὶ ἐπέβλεψε κύριος (11 a)
— 25. ὁ γὰρ κ. πολεμεῖ (11 a)
— 26. εἶπε δὲ κύριος πρὸς Μ. (11 a)
— 27. ἐξετίναξε κύριος τοὺς Αἰγ. (11 a)
— 30. ἐρρύσατο κύριος τὸν Ἰσρ. (11 a)
— 31. ἃ ἐποίησε κύριος τοῖς Αἰγ. (11 a)
— 31. ἐφοβήθη δὲ ὁ λαὸς τὸν κ. (11 a)
15. 1. A ᾖσε Μ. . . . τῷ κ. [B θεῷ] (11 a)
— 1. ᾄσωμεν τῷ κ. (11 a)
— 3. κ. συντρίβων πολέμους κύριος ὄνομα αὐτῷ (11 a, 11 a)
— 6. ἡ δεξιά σου, κύριε, δεδόξασται (11 a)
— 6. ἡ δεξιά σου χείρ, κύριε, ἔθραυσεν ἐχθρούς (11 a)
— 11. τίς ὅμοιός σοι ἐν θεοῖς, κύριε (11 a)
— 16. ἕως ἂν παρέλθῃ ὁ λαός σου, κύριε [B[1] *om.*] (11 a)
— 17. ὃ κατηρτίσω [A -ηργάσω], κύριε, ἁγίασμα, κύριε [B[1] *om.* ἁ. κ.], ὃ ἡτοίμασαν (11 a, 2)
— 18. κύριος [A -ιε] βασιλεύων τὸν αἰῶνα (11 a)
— 19. ἐπήγαγεν ἐπ' αὐτοὺς κύριος τὸ ὕδωρ (11 a)
— 21. ᾄσωμεν τῷ κ. (11 a)
— 25. ἐβόησε δὲ Μ. πρὸς κύριον (11 a)
— 25. ἔδειξεν αὐτῷ κύριος ξύλον (11 a)
— 26. τῆς φωνῆς κ. τοῦ θεοῦ σου (11 a)
— 26. ἐγὼ γάρ εἰμι κ. ὁ θεός σου [A *om.* ὁ θ. σ.] (18 a [11 a])
16. 3. πληγέντες ὑπὸ κυρίου (11 a)
— 4. εἶπε δὲ κύριος πρὸς Μ. (11 a)
— 6. κύριος ἐξήγαγεν ὑμᾶς (11 a)
— 7. ὄψεσθε τὴν δόξαν κυρίου [A τοῦ θεοῦ] (11 a)
— 7. A ἐν τῷ εἰσακοῦσαι κ. [B *om.*] τὸν γογγυσμὸν ὑμῶν -
— 8. ἐν τῷ διδόναι κύριον . . . κρέα (11 a)
— 8. διὰ τὸ εἰσακοῦσαι κύριον τὸν γογγυσμὸν ὑμῶν (11 a)
— 10. ἡ δόξα κυρίου ὤφθη (11 a)
— 11. ἐλάλησε κύριος πρὸς Μ. (11 a)
— 12. ἐγὼ κ. ὁ θεὸς ὑμῶν (11 a)
— 15. ὃν ἔδωκε κύριος ὑμῖν φαγεῖν (11 a)
— 16. ὃ συνέταξε κύριος (11 a)
— 23. B εἶπε δὲ κύριος [A R Μ.] πρὸς αὐτούς -
— 23. ὃ ἐλάλησε κύριος (11 a)
— 23. ἀνάπαυσις ἁγία τῷ κ. (11 a)
— 25. ἔστι γὰρ σάββατα σήμερον τῷ κ. (11 a)
— 28. εἶπε δὲ κύριος πρὸς Μ. (11 a)
— 29. ὁ γὰρ κ. ἔδωκεν ὑμῖν (11 a)
— 32. ὃ συνέταξε κύριος (11 a)
— 32. ὡς ἐξήγαγεν ὑμᾶς κύριος -
— 34. ὃν τρόπον συνέταξε κύριος τῷ Μ. (11 a)
17. 1. διὰ ῥήματος κυρίου (11 a)
— 2. τί πειράζετε κύριον (11 a)
— 4. ἐβόησε δὲ Μ. πρὸς κύριον (11 a)
— 5. εἶπε κύριος πρὸς Μ. (11 a)
— 7. διὰ τὸ πειράζειν κύριον (11 a)
— 7. εἰ ἔστι κύριος ἐν ἡμῖν (11 a)
— 14. εἶπε δὲ κύριος πρὸς Μ. (11 a)

Ex. 17. 15. ᾠκοδόμησε Μ. θυσιαστήριον κυρίῳ [A *om.*] -
— 15. κύριος καταφυγή μου (11 a)
— 16. πολεμεῖ κύριος ἐπὶ Ἀμ. (11 a)
18. 1. ὅσα ἐποίησε κύριος Ἰσρ. (6)
— 1. ἐξήγαγε γὰρ κύριος τὸν Ἰσρ. (11 a)
— 8. ὅσα ἐποίησε κύριος τῷ Φ. (11 a)
— 8. ὅτι ἐξείλατο αὐτοὺς κύριος (11 a)
— 9. οἷς ἐποίησεν αὐτοῖς κύριος (11 a)
— 9. A ἐξείλατο κύριος [B *om.*] αὐτούς -
— 10. εὐλογητὸς κ. (11 a)
— 11. μέγας κ. παρὰ πάντας τοὺς θεούς (11 a)
19. 9. εἶπε δὲ κύριος πρὸς Μ. (11 a)
— 9. ἀνήγγειλε δὲ Μ. . . . πρὸς κύριον (11 a)
— 10. εἶπε δὲ κύριος πρὸς Μ. (11 a)
— 11. καταβήσεται κύριος (11 a)
— 20. κατέβη δὲ κύριος (11 a)
— 20. ἐκάλεσε κύριος Μ. (11 a)
— 22. οἱ ἐγγίζοντες κ. [A *om.*] τῷ θεῷ (18 a)
— 22. μή ποτε ἀπαλλάξῃ ἀπ' αὐτῶν κύριος [A πλῆθος] (11 a)
— 24. εἶπε δὲ αὐτῷ κύριος (11 a)
— 24. μή ποτε ἀπολέσῃ ἀπ' αὐτῶν κύριος -
20. 1. ἐλάλησε κύριος [A *add.* πρὸς Μ.] (6)
— 2. ἐγώ εἰμι κ. ὁ θεός σου (11 a)
— 5. ἐγὼ γάρ εἰμι κ. ὁ θεός σου (11 a)
— 7. τὸ ὄνομα κ. τοῦ θεοῦ σου (11 a)
— 7. οὐ γὰρ μὴ καθαρίσῃ κ. ὁ θεός σου [A *om.* ὁ θ. σ.] (18 a [11 a])
— 10. σάββατα κ. [A *om.*] τῷ θεῷ σου (11 a)
— 11. ἐποίησε κύριος τὸν οὐρανόν (11 a)
— 11. εὐλόγησε κύριος τὴν ἡμέραν τὴν ἑβδ. (11 a)
— 12. ἧς κ. ὁ θεός σου δίδωσί σοι (11 a)
— 22. εἶπε δὲ κύριος πρὸς Μ. (11 a)
21. 4. ἐὰν δὲ ὁ κ. δῷ αὐτῷ γυναῖκα (2)
— 4. ἡ γυνὴ . . . ἔσται τῷ κ. αὐ. (1)
— 5. ἠγάπηκα τὸν κ. μου (1)
— 6. προσάξει αὐτὸν ὁ κ. αὐτοῦ (2)
— 6. τρυπήσει ὁ κ. αὐτοῦ τὸ οὖς (2)
— 8. ἐὰν μὴ εὐαρεστήσῃ τῷ κ. αὐτῆς (1)
— 8. οὐ κύριός ἐστι πωλεῖν αὐτήν (16)
— 28. ὁ δὲ κ. τοῦ ταύρου ἀθῷος ἔσται (7)
— 29. διαμαρτύρωνται τῷ κ. αὐ. (7)
— 29. ὁ κ. αὐτοῦ προσαποθανεῖται (7)
— 32. ἀργυρίου . . . δώσει τῷ κ. αὐτῶν (2)
— 34. ὁ κ. τοῦ λάκκου ἀποτίσει (7)
— 34. ἀργύριον δώσει τῷ κ. αὐτῶν (7)
— 36. διαμεμαρτυρημένοι ὦσι τῷ κ. αὐτοῦ [B[1] *al.*] (7)
22. 8 (7). προσελεύσεται ὁ κ. τῆς οἰκίας (7)
— 11 (10). οὕτως προσδέξεται ὁ κ. αὐτοῦ (7)
— 12 (11). ἀποτίσει τῷ κ. [A πλησίον] (7)
— 14 (13). ὁ δὲ κ. μὴ ᾖ μετ' αὐτοῦ (7)
— 15 (14). ἐὰν δὲ ὁ κ. ᾖ μετ' αὐτοῦ (7)
— 20 (19). ὁ θυσιάζων . . . πλὴν κ. μόνῳ (11 a)
23. 17. ἐνώπιον κ. τοῦ θεοῦ σου (1)
— 19. εἰσοίσεις εἰς τὸν οἶκον κ. τοῦ θεοῦ σου (11 a)
— 25. λατρεύσεις κ. τῷ θεῷ σου (11 a)
24. 1. ἀνάβηθι πρὸς τὸν [A *om.*] κ. (11 a)
— 1. προσκυνήσουσι μακρόθεν τῷ κ. -
— 3. οὓς ἐλάλησε κύριος (11 a)
— 4. ἔγραψε Μ. πάντα τὰ ῥήματα κυρίου (11 a)
— 7. ὅσα ἐλάλησε κύριος (11 a)
— 8. ἧς διέθετο κύριος (11 a)
— 12. εἶπε κύριος πρὸς Μ. (11 a)
— 16. ἐκάλεσε κύριος τὸν Μ. -
— 17. τὸ δὲ εἶδος τῆς δόξης κυρίου (11 a)
25. 1. ἐλάλησε κύριος πρὸς Μ. (11 a)
27. 21. καύσει ἐναντίον [A ἔναντι] κυρίου (11 a)
28. 12. A ἀναλήψεται Ἀ. . . . ἔναντι κυρίου . . . μνημόσυνον ἔναντι κυρίου [B *om.* ἔ. κ.] (11 a, -)
— 26 (30). A R ὅταν εἰσπορεύηται . . . ἔναντι [B -τίον] κυρίου (11 a)
— 26 (30). A R οἴσει Ἀ. . . . ἔναντι [B -τίον] κυρίου (11 a)
— 31 (35). A R εἰσιόντι . . . ἔναντι [B -τίον] κυρίου (11 a)
— 32 (36). ἁγίασμα κυρίου (11 a)
— 34 (38). δεκτὸν αὐτοῖς ἔναντι κυρίου (11 a)
29. 10. ἐπιθήσουσιν . . . ἔναντι κυρίου -
— 11. B σφάξεις . . . ἔναντι κυρίου (11 a)
— 18. A R ὁλοκαύτωμα τῷ [B *om.*] κ. (11 a)
— 18. A B[2] θυσίασμα [B[1] R θυμίαμα] κυρίῳ ἐστι (11 a)
— 23. τῶν προτεθειμένων ἔναντι κυρίου (11 a)

Ex. 29. 24. ἀφόρισμα ἔναντι κυρίου (11 a)
— 25. εἰς ὀσμὴν εὐωδίας ἔναντι κυρίου (11 a)
— 25. κάρπωμά ἐστι κυρίῳ (11 a)
— 26. ἀφόρισμα ἔναντι κυρίου (11 a)
— 28. ἀφαίρεμα κυρίῳ (11 a)
— 41. κάρπωμα κυρίῳ (11 a)
— 42. θυσίαν . . . ἔναντι κυρίου (11 a)
— 46. ἐγώ εἰμι κ. ὁ θεὸς αὐτῶν (11 a)
30. 8. θυμίαμα . . . ἔναντι κυρίου (11 a)
— 10. ἅγιον τῶν ἁγίων ἐστὶ κυρίῳ [A τῷ κ.] (11 a)
— 11. ἐλάλησε κύριος πρὸς Μ. (11 a)
— 12. λύτρα τῆς ψυχῆς αὐτοῦ κυρίῳ [A τῷ κ.] (11 a)
— 13. εἰσφορὰ κυρίῳ (11 a)
— 14. δώσουσι τὴν εἰσφορὰν κυρίῳ (11 a)
— 15. ἐν τῷ διδόναι τὴν εἰσφορὰν κυρίῳ (11 a)
— 16. μνημόσυνον ἔναντι κυρίου (11 a)
— 17. ἐλάλησε κύριος πρὸς Μ. (11 a)
— 20. καὶ ἀναφέρειν . . . κυρίῳ [A τῷ κ.] (11 a)
— 22. ἐλάλησε κύριος πρὸς Μ. (11 a)
— 34. εἶπε κύριος πρὸς Μ. (11 a)
— 37. ἁγίασμα ἔσται ὑμῖν κυρίῳ (11 a)
31. 1, 12. ἐλάλησε κύριος πρὸς Μ. (11 a)
— 13. ἐγὼ κύριος ὁ ἁγιάζων ὑμᾶς (11 a)
— 14. B ἅγιον τοῦτό ἐστι κυρίου [R -ῳ] ὑμῖν [A *al.*] -
— 15. ἀνάπαυσις ἁγία τῷ κ. (11 a)
— 17. ἐποίησε κύριος τὸν οὐρανόν (11 a)
32. 5. ἑορτὴ τοῦ [A *om.*] κ. αὔριον (11 a)
— 7. ἐλάλησε κύριος πρὸς Μ. (11 a)
— 11. ἔναντι κ. τοῦ θεοῦ [A *al.*] (11 a)
— 11. ἵνα τί, κύριε, θυμοῖ ὀργῇ (11 a)
— 14. ἱλάσθη κύριος (11 a)
— 22. μὴ ὀργίζου, κύριε (1)
— 26. τίς πρὸς κύριον (11 a)
— 27. τάδε λέγει κ. ὁ θεὸς Ἰσρ. (11 a)
— 29. ἐπληρώσατε . . . κυρίῳ [A τῷ κ.] (11 a)
— 31. ὑπέστρεψε [A ἐπ.] δὲ Μ. πρὸς κύριον (11 a)
— 31. δέομαι, κύριε -
— 33. εἶπε κύριος πρὸς Μ. (11 a)
— 35. ἐπάταξε κύριος τὸν λαόν (11 a)
33. 1. εἶπε κύριος πρὸς Μ. (11 a)
— 5. εἶπε κύριος τοῖς υἱοῖς Ἰσρ. (11 a)
— 7. πᾶς ὁ ζητῶν κύριον (11 a)
— 11. ἐλάλησε κύριος πρὸς Μ. (11 a)
— 12. εἶπε Μ. πρὸς κύριον (11 a)
— 17. εἶπε κύριος πρὸς Μ. (11 a)
— 19. τῷ ὀνόματί μου κύριος [A ὀ. κυρίου] (11 a)
— 21. εἶπε κύριος (11 a)
34. 1. εἶπε κύριος πρὸς Μ. (11 a)
— 4. καθότι συνέταξεν αὐτῷ κύριος (11 a)
— 5. κατέβη κύριος ἐν νεφέλῃ (11 a)
— 5. ἐκάλεσε τῷ ὀνόματι κυρίου (11 a)
— 6. παρῆλθε κύριος πρὸ προσώπου αὐτοῦ (11 a)
— 6. A ἐκάλεσεν κύριος [A *om.*], Κ. ὁ θεός (11 a, 11 a)
— 9. συμπορευθήτω ὁ κ. μου [A σ. κ.] (2)
— 10. εἶπε [A[2] ἐλάλησεν] κύριος πρὸς Μ. -
— 10. ὄψεται . . . τὰ ἔργα κυρίου (11 a)
— 14. ὁ γὰρ κ. ὁ θεὸς . . . θεὸς ζηλωτής ἐστι (18 a)
— 23. ἐνώπιον κ. τοῦ θεοῦ Ἰσρ. (1 + 11 a)
— 24. ἐναντίον κ. τοῦ θεοῦ σου (11 a)
— 26. εἰς τὸν οἶκον κ. τοῦ θεοῦ σου (11 a)
— 27. εἶπε κύριος πρὸς Μ. (11 a)
— 28. ἦν ἐκεῖ Μ. ἐναντίον [A -τι] κυρίου (11 a)
— 32. ὅσα ἐνετείλατο [A ἐλάλησεν] κύριος (11 a)
— 34. εἰσεπορεύετο Μ. ἔναντι κυρίου (11 a)
— 34. ὅσα ἐνετείλατο αὐτῷ κύριος -
35. 1. οὓς εἶπε κύριος (11 a)
— 2. ἀνάπαυσις κυρίῳ [A τῷ κ.] (11 a)
— 3. ἐγὼ κύριος -
— 4. ὃ συνέταξε κύριος (11 a)
— 5. ἀφαίρεμα κυρίῳ (11 a)
— 5. οἴσουσι τὰς ἀπαρχὰς κυρίῳ (11 a)
— 10. ὅσα συνέταξε κύριος (11 a)
— 21. ἤνεγκαν ἀφαίρεμα κυρίῳ (11 a)
— 23 (22). ἤνεγκαν ἀφαιρέματα . . . κυρίῳ (11 a)
— 24. τὰ ἀφαιρέματα κυρίῳ (11 a)
— 29. ὅσα συνέταξε κύριος (11 a)
— 29. ἤνεγκαν . . . ἀφαίρεμα κυρίῳ (11 a)
36. 1, 5. ὅσα συνέταξε κύριος (11 a)
— 8 (39. 1), 12 (39. 5), 14 (39. 7), 29 (39. 21), 34 (39. 26). καθὰ συνέταξε κύριος τῷ Μ. (11 a)
— 37 (39. 29). ὃν τρόπον συνέταξε κύριος τῷ Μ. (11 a)
— 39 (39. 30). ἁγίασμα κυρίῳ (11 a)

Ex. 36. 40 (39. 31). ὃν τρόπον συνέταξε κύριος τῷ Μ. (11 *a*)
37 (38). 22. καθὰ συνέταξε κύριος τῷ Μ. (11 *a*)
38. 27 (40. 32). καθάπερ συνέταξε κύριος τῷ Μ. (11 *a*)
39. 11 (32). καθὰ συνέταξε κύριος τῷ Μ. (11 *a*)
— 12 (32). εἰς τὸ λειτουργεῖν . . . ἔναντι κυρίου -
— 22 (42). ὅσα συνέταξε κύριος τῷ Μ. (11 *a*)
— 23 (43). ὃν τρόπον συνέταξε κύριος τῷ Μ. (11 *a*)
40. 1. ἐλάλησε κύριος πρὸς Μ. (11 *a*)
— 16. ὅσα ἐνετείλατο αὐτῷ [A συνέταξεν] κύριος (11 *a*)
— 19. καθὰ συνέταξε κύριος τῷ Μ. (11 *a*)
— 21. ὃν τρόπον συνέταξε κύριος τῷ Μ. (11 *a*)
— 23. προσέθηκεν . . . ἄρτους . . . ἔναντι [A -ίον] κυρίου (11 *a*)
— 23. ὃν τρόπον συνέταξε κύριος τῷ Μ. (11 *a*)
— 25. ἐπέθηκε τοὺς λύχνους αὐτῆς ἔναντι [A -ίον] κυρίου ὃν τρόπον συνέταξε κύριος τῷ Μ. (11 *a*, 11 *a*)
— 27. καθάπερ [A ὃν τρόπον] συνέταξε κύριος τῷ Μ. (11 *a*)
— 34, 35. δόξης κυρίου ἐπλήσθη ἡ σκηνή (11 *a*)
Le. 1. 1. ἐλάλησε κύριος αὐτῷ (11 *a*)
— 2. ἐὰν προσαγάγῃ [A -φέρῃ] δῶρα τῷ κ. (11 *a*)
— 3. προσοίσει αὐτὸ . . . ἐναντίον [A -τι] κυρίου (11 *a*)
— 5. σφάξουσι τὸν μόσχον ἔναντι κυρίου (11 *a*)
— 9. ὀσμὴ εὐωδίας τῷ κ. (11 *a*)
— 10. τὸ δῶρον αὐτοῦ τῷ κ. -
— 11. σφάξουσιν αὐτὸ . . . ἔναντι κυρίου (11 *a*)
— 13. ὀσμὴ εὐωδίας τῷ [A *om.*] κ. (11 *a*)
— 14. δῶρον τῷ κ. (11 *a*)
— 17. ὀσμὴ εὐωδίας τῷ κ. (11 *a*)
2. 1. θυσίαν τῷ κ. (11 *a*)
— 2. ὀσμὴ εὐωδίας τῷ κ. (11 *a*)
— 3. ἀπὸ τῶν θυσιῶν κυρίου (11 *a*)
— 4. θυσίαν . . . δῶρον κυρίῳ -
— 6. θυσία ἐστὶ κυρίῳ -
— 8. ἣν ἂν ποιῇ ἐκ τούτων τῷ κ. (11 *a*)
— 9. κάρπωμα ὀσμὴ εὐωδίας κυρίῳ (11 *a*)
— 10. ἀπὸ τῶν καρπωμάτων κυρίου (11 *a*)
— 11. ἣν ἂν προσφέρητε κυρίῳ (11 *a*)
— 11. καρπῶσαι κυρίῳ δῶρον (11 *a*)
— 12. προσοίσετε αὐτὰ κυρίῳ (11 *a*)
— 12. εἰς ὀσμὴν εὐωδίας κυρίῳ -
— 13. ἅλα διαθήκης κυρίου (6)
— 13. προσοίσετε κυρίῳ τῷ θεῷ ὑμῶν ἅλας -
— 14. θυσίαν πρωτογεννημάτων τῷ κ. (11 *a*)
— 14. χίδρα ἐρικτὰ τῷ κ. -
— 16. κάρπωμά ἐστι κυρίῳ (11 *a*)
3. 1. τὸ δῶρον αὐτοῦ τῷ κ. -
— 1. A R ἄμωμον προσάξει αὐτὸ ἔναντι [B -ίον] κυρίου (11 *a*)
— 2. σφάξει αὐτὸ ἐναντίον κυρίου [A *om.* ἐ. κ.] -
— 3. προσάξουσιν . . . κάρπωμα κυρίῳ (11 *a*)
— 5. κάρπωμα ὀσμὴ εὐωδίας κυρίῳ (11 *a*)
— 6. θυσίαν σωτηρίου τῷ κ. (11 *a*)
— 7. προσάξει αὐτὸ ἔναντι κυρίου (11 *a*)
— 9. R κάρπωμα τῷ κ. [A B θεῷ] (11 *a*)
— 11. ὀσμὴ εὐωδίας κάρπωμα κυρίῳ (11 *a*)
— 12. προσάξει ἔναντι κυρίου (11 *a*)
— 13. σφάξουσιν αὐτὸ ἔναντι κυρίου -
— 14. ἀνοίσει ἐπ' αὐτοῦ κάρπωμα κυρίῳ (11 *a*)
— 16. ὀσμὴ εὐωδίας τῷ κ. -
— 16. πᾶν τὸ στέαρ τῷ κ. (11 *a*)
4. 1. ἐλάλησε κύριος πρὸς Μωυσῆν (11 *a*)
— 2. ἐὰν ἁμάρτῃ ἔναντι κυρίου -
— 2. ἀπὸ τῶν προσταγμάτων κυρίου (11 *a*)
— 3. μόσχον ἐκ βοῶν ἄμωμον τῷ κ. (11 *a*)
— 4. προσάξει τὸν μόσχον . . . ἔναντι κυρίου (11 *a*)
— 4. ἐπιθήσει τὴν χεῖρα αὐτοῦ . . . ἔναντι κυρίου -
— 4. σφάξει τὸν μόσχον ἐνώπιον κυρίου (11 *a*)
— 6. προσρανεῖ ἀπὸ τοῦ αἵματος . . . ἔναντι κυρίου (11 *a*)
— 7. τοῦ θυσιαστηρίου . . . τοῦ ἐναντίον [A ἔναντι] κυρίου (11 *a*)
— 13. μίαν ἀπὸ πασῶν τῶν ἐντολῶν κυρίου (11 *a*)
— 15. ἐπὶ τὴν κεφαλὴν τοῦ μόσχου ἔναντι κυρίου (11 *a*)
— 15. A B^2 R σφάξουσι τὸν μόσχον ἔναντι κυρίου (11 *a*)
— 17. ῥανεῖ ἑπτάκις ἔναντι κυρίου (11 *a*)
— 18. ὅ ἐστιν ἐνώπιον κυρίου (11 *a*)
— 22. ἀπὸ πασῶν τῶν ἐντολῶν κυρίου τοῦ θεοῦ (11 *a*)

Le. 4. 24. οὗ σφάζουσι τὰ ὁλοκαυτώματα ἐνώπιον κυρίου (11 *a*)
— 27. ἀπὸ πασῶν τῶν ἐντολῶν κυρίου (11 *a*)
— 31. εἰς ὀσμὴν εὐωδίας κυρίῳ (11 *a*)
— 35. ἐπὶ τὸ ὁλοκαύτωμα κυρίου (11 *a*)
5. 6. περὶ ὧν ἐπλημμέλησε κυρίῳ (11 *a*)
— 7. οἴσει περὶ τῆς ἁμαρτίας αὐτοῦ . . . κυρίῳ (11 *a*)
— 12. ἐπιθήσει ἐπὶ τὸ θυσιαστήριον . . . κυρίῳ (11 *a*)
— 14. ἐλάλησε κύριος πρὸς Μωυσῆν (11 *a*)
— 15. καὶ ἁμάρτῃ ἀκουσίως ἀπὸ τῶν ἁγίων κυρίου (11 *a*)
— 15. οἴσει τῆς πλημμελείας αὐτοῦ τῷ κ. (11 *a*)
— 17. ἀπὸ πασῶν τῶν ἐντολῶν κυρίου (11 *a*)
— 19. ἐπλημμέλησε γὰρ . . . ἔναντι κυρίου (11 *a*)
6. 1 (5. 20). ἐλάλησε κύριος πρὸς Μωυσῆν (11 *a*)
— 2 (5. 21). καὶ παριδὼν παρίδῃ τὰς ἐντολὰς κυρίου (11 *a*)
— 5 (5. 25). A B οἴσει κυρίῳ [R τῷ κ.] κριόν (11 *a*)
— 6 (5. 26). ἐξιλάσεται περὶ αὐτοῦ . . . ἔναντι κυρίου (11 *a*)
— 7 (1). ἐλάλησε κύριος πρὸς Μωυσῆν (11 *a*)
— 14 (7). ἣν προσάξουσιν αὐτὴν . . . ἔναντι κυρίου (11 *a*)
— 15 (8). τὸ μνημόσυνον αὐτῆς τῷ κ. (11 *a*)
— 17 (10). ἀπὸ τῶν καρπωμάτων κυρίου -
— 18 (11). ἀπὸ τῶν καρπωμάτων κυρίου (11 *a*)
— 19 (12). B ἐλάλησε κύριος πρὸς Μωυσῆν (11 *a*)
— 20 (13). B ὃ προσοίσουσι κυρίῳ (11 *a*)
— 21 (14). B εἰς ὀσμὴν εὐωδίας κυρίῳ (11 *a*)
— 24 (17). ἐλάλησε κύριος πρὸς Μωυσῆν (11 *a*)
— 25 (18). σφάξουσι . . . ἔναντι κυρίου (11 *a*)
— 29 (22). A B ἅγια ἁγίων ἐστὶ κυρίου [R -ῳ] -
— 32 (7. 2). σφάξουσι . . . ἔναντι κυρίου -
— 35 (7. 5). κάρπωμα τῷ κ. (11 *a*)
7. 1 (11). ἣν προσοίσουσι κυρίῳ (11 *a*)
— 4 (14). ἀφαίρεμα κυρίῳ (11 *a*)
— 10 (20). οὗ ἐστι κυρίου (11 *a*)
— 11 (21). ὅ ἐστι κυρίου (11 *a*)
— 12 (22). ἐλάλησε κύριος πρὸς Μωυσῆν (11 *a*)
— 15 (25). B κάρπωμα κυρίου [A R -ῳ] (11 *a*)
— 18 (28). ἐλάλησε κύριος πρὸς Μωυσῆν (11 *a*)
— 19 (29). B ὁ προσφέρων θυσίαν σωτηρίου κυρίῳ [A -ίου, R *om.*] οἴσει τὸ δῶρον αὐτοῦ κυρίῳ (11 *a*, 11 *a*)
— 20 (30). προσοίσουσι τὰ καρπώματα κυρίῳ (11 *a*)
— 20 (30). ἐπιθεῖναι δόμα ἔναντι κυρίου (11 *a*)
— 25 (35). ἀπὸ τῶν καρπωμάτων κυρίου (11 *a*)
— 25 (35). τοῦ ἱερατεύειν τῷ κ. (11 *a*)
— 26 (36). καθὰ ἐνετείλατο κύριος (11 *a*)
— 28 (38). ὃν τρόπον ἐνετείλατο κύριος τῷ Μωυσῇ (11 *a*)
— 28 (38). προσφέρειν τὰ δῶρα αὐτῶν ἔναντι κυρίου (11 *a*)
8. 1. ἐλάλησε κύριος πρὸς Μωυσῆν (11 *a*)
— 4. ὃν τρόπον συνέταξεν αὐτῷ κύριος (11 *a*)
— 5. ὃ ἐνετείλατο κύριος ποιῆσαι (11 *a*)
— 9. ὃν τρόπον συνέταξε κύριος τῷ Μωυσῇ (11 *a*)
— 13. καθάπερ [A καθὰ] συνέταξε κύριος τῷ Μ. (11 *a*)
— 17. ὃν τρόπον συνέταξε κύριος τῷ Μωυσῇ (11 *a*)
— 20 (21). κάρπωμά ἐστι τῷ κ. καθάπερ ἐνετείλατο κύριος τῷ Μ. (11 *a*, 11 *a*)
— 25 (26). ἀπὸ τοῦ κανοῦ . . . τοῦ ὄντος ἔναντι κυρίου (11 *a*)
— 26 (27). ἀφαίρεμα ἔναντι κυρίου (11 *a*)
— 27 (28). κάρπωμά ἐστι τῷ κ. (11 *a*)
— 28 (29). ἐπίθεμα ἔναντι κυρίου (11 *a*)
— 28 (29). καθὰ ἐνετείλατο κύριος τῷ Μωυσῇ (11 *a*)
— 34. ἃ ἐνετείλατο κύριος τοῦ ποιῆσαι (11 *a*)
— 35. φυλάξεσθε τὰ φυλάγματα κυρίου (11 *a*)
— 35. οὕτω γὰρ ἐνετείλατό μοι κύριος ὁ θεός -
— 36. οὓς συνέταξε κύριος τῷ Μωυσῇ (11 *a*)
9. 2. προσένεγκε αὐτὰ ἔναντι κυρίου (11 *a*)
— 4. εἰς θυσίαν σωτηρίου ἔναντι κυρίου (11 *a*)
— 4. σήμερον κύριος ὀφθήσεται ἐν ὑμῖν (11 *a*)
— 5. ἔστησαν ἔναντι κυρίου (11 *a*)
— 6. ὃ εἶπε κύριος (11 *a*)
— 6. ὀφθήσεται ἐν ὑμῖν δόξα κυρίου (11 *a*)
— 7. καθάπερ ἐνετείλατο κύριος τῷ Μωυσῇ (11 *a*)
— 10. ὃν τρόπον ἐνετείλατο κύριος τῷ Μωυσῇ (11 *a*)
— 21. ἀφαίρεμα ἔναντι κυρίου (11 *a*)
— 21. ὃν τρόπον συνέταξε κύριος τῷ Μωυσῇ -
— 23. ὤφθη ἡ δόξα κυρίου παντὶ τῷ λαῷ (11 *a*)
— 24. ἐξῆλθε πῦρ παρὰ κυρίου (11 *a*)
10. 1. προσήνεγκαν ἔναντι κυμίου πῦρ ἀλλότριον ὃ οὐ προσέταξε κύριος αὐτοῖς (11 *a*, -)

Le. 10. 2. ἐξῆλθε πῦρ παρὰ κυρίου (11 *a*)
— 2. καὶ ἀπέθανον ἔναντι κυρίου (11 *a*)
— 3. ὃ εἶπε κύριος (11 *a*)
— 6. ὃν ἐνεπυρίσθησαν ὑπὸ κυρίου (11 *a*)
— 7. τὸ ἔλαιον γὰρ τῆς χρίσεως τὸ παρὰ κυρίου (11 *a*)
— 8. ἐλάλησε κύριος τῷ Ἀαρών (11 *a*)
— 11. ἃ ἐλάλησε κύριος πρὸς αὐτούς (11 *a*)
— 12, 13. ἀπὸ τῶν καρπωμάτων κυρίου (11 *a*)
— 15. ἀφορίσαι ἔναντι κυρίου (11 *a*)
— 15. ὃν τρόπον συνέταξε κύριος τῷ Μωυσῇ (11 *a*)
— 17. καὶ ἐξιλάσησθε περὶ αὐτῶν ἔναντι κυρίου (11 *a*)
— 18. ὃν τρόπον μοι συνέταξε κύριος -
— 19. εἰ σήμερον προσαγηόχασι . . . ἔναντι κυρίου (11 *a*)
— 19. μὴ ἀρεστὸν ἔσται κυρίῳ (11 *a*)
11. 1. ἐλάλησε κύριος πρὸς Μωυσῆν (11 *a*)
— 44. ἐγώ εἰμι κύριος ὁ θεὸς ὑμῶν (11 *a*)
— 44. ἅγιός εἰμι ἐγὼ κύριος ὁ θεὸς ὑμῶν -
— 45. ἐγώ εἰμι κύριος (11 *a*)
— 45. ἅγιός εἰμι ἐγὼ κύριος -
12. 1. ἐλάλησε κύριος πρὸς Μωυσῆν (11 *a*)
— 7. προσοίσει ἔναντι κυρίου (11 *a*)
13. 1 : 14. 1. ἐλάλησε κύριος πρὸς Μωυσῆν (11 *a*)
14. 11. καὶ ταῦτα ἔναντι κυρίου (11 *a*)
— 12. ἀφοριεῖ αὐτὰ . . . ἔναντι κυρίου (11 *a*)
— 16. ῥανεῖ [A -ιεῖ] . . . ἑπτάκις ἔναντι κυρίου (11 *a*)
— 18. ἐξιλάσεται . . . ὁ ἱερεὺς ἔναντι κυρίου (11 *a*)
— 20. ἐπὶ τὸ θυσιαστήριον ἔναντι [B^1 ἀπέν.] κυρίου -
— 23. προσοίσει αὐτὰ . . . ἔναντι κυρίου (11 *a*)
— 24. ἐπιθήσει αὐτὰ ἐπίθεμα ἔναντι κυρίου (11 *a*)
— 27. ῥανεῖ ὁ ἱερεὺς . . . ἑπτάκις ἔναντι κυρίου (11 *a*)
— 29. ἐξιλάσεται περὶ αὐτοῦ . . . ἔναντι κυρίου (11 *a*)
— 31. ἐξιλάσεται ὁ ἱερεὺς . . . ἔναντι κυρίου (11 *a*)
— 33 : 15. 1. ἐλάλησε κύριος πρὸς Μωυσῆν (11 *a*)
15. 14. οἴσει αὐτὰ ἔναντι κυρίου (11 *a*)
— 15, 30. ἐξιλάσεται . . . ὁ ἱερεὺς ἔναντι κυρίου (11 *a*)
16. 1. ἐλάλησε κύριος πρὸς Μωυσῆν (11 *a*)
— 1. ἐν τῷ προσάγειν αὐτοὺς πῦρ ἀλλότριον ἔναντι κυρίου (11 *a*)
— 2. καὶ εἶπε κύριος πρὸς Μωυσῆν (11 *a*)
— 7. στήσει αὐτοὺς ἔναντι κυρίου (11 *a*)
— 8. κλῆρον ἕνα τῷ κ. (11 *a*)
— 9. ἐπῆλθεν ἐπ' αὐτὸν ὁ κλῆρος τῷ κ. (11 *a*)
— 10. στήσει αὐτὸν ζῶντα ἔναντι κυρίου (11 *a*)
— 12. ἀπὸ τοῦ θυσιαστηρίου τοῦ ἀπέναντι κυρίου (11 *a*)
— 13. ἐπιθήσει τὸ θυμίαμα . . . ἔναντι κυρίου (11 *a*)
— 15. σφάξει τὸν χίμαρον . . . ἔναντι κυρίου -
— 18. τὸ θυσιαστήριον τὸ ὂν ἀπέναντι κυρίου (11 *a*)
— 30. καθαρίσαι ὑμᾶς . . . ἔναντι κυρίου (11 *a*)
— 34. καθὰ [A B^2 καθάπερ] συνέταξε κύριος τῷ Μ. (11 *a*)
17. 1. ἐλάλησε κύριος πρὸς Μωυσῆν (11 *a*)
— 2. ὃ ἐνετείλατο κύριος (11 *a*)
— 4. ἢ σωτήριον κυρίῳ [A -ίου] δεκτόν -
— 4. A B ὥστε μὴ [R *om.*] προσενέγκαι δῶρον κυρίῳ ἀπέναντι τῆς σκηνῆς κυρίου (11 *a*, 11 *a*)
— 5. καὶ οἴσουσι τῷ κ. (11 *a*)
— 5. θύσουσι θυσίαν σωτηρίου τῷ κ. αὐτά (11 *a*)
— 6. προσχεεῖ ὁ ἱερεὺς . . . ἀπέναντι κυρίου (11 *a*)
— 6. εἰς ὀσμὴν εὐωδίας κυρίῳ (11 *a*)
— 9. ποιῆσαι αὐτὸ τῷ κ. (11 *a*)
18. 1. εἶπε κύριος πρὸς Μωυσῆν (11 *a*)
— 2, 4. ἐγὼ κύριος ὁ θεὸς ὑμῶν (11 *a*)
— 5. ἐγὼ κ. ὁ θεὸς ὑμῶν (18 *a*)
— 6, 21. ἐγὼ κύριος (11 *a*)
— 30. ἐγὼ κύριος ὁ θεὸς ὑμῶν (11 *a*)
19. 1. ἐλάλησε κύριος πρὸς Μωυσῆν (11 *a*)
— 2. ἅγιος ἐγὼ κύριος ὁ θεὸς ὑμῶν (11 *a*)
— 3, 4. ἐγὼ κύριος ὁ θεὸς ὑμῶν (11 *a*)
— 5. θυσίαν σωτηρίου τῷ κ. (11 *a*)
— 8. τὰ ἅγια κυρίου ἐβεβήλωσε (11 *a*)
— 10. ἐγώ εἰμι κύριος ὁ θεὸς ὑμῶν (11 *a*)
— 12. ἐγώ εἰμι [A *om.*] κύριος ὁ θεὸς ὑμῶν (18 *a*)
— 14. φοβηθήσῃ κύριον τὸν θεόν σου (18 *b*)
— 14, 16. ἐγώ εἰμι κύριος ὁ θεὸς ὑμῶν (18 *a*)
— 18. ἐγώ εἰμι κύριος (11 *a*)
— 21. προσάξει τῆς πλημμελείας αὐτοῦ τῷ κ. (11 *a*)
— 22. ἐξιλάσεται περὶ αὐτοῦ . . . ἔναντι κυρίου (11 *a*)
— 23. ἣν κύριος ὁ θεὸς ὑμῶν [B^1 *om.*] δίδωσιν ὑμῖν -

Le. 19. 24. ἔσται πᾶς ὁ καρπὸς αὐτοῦ ἅγιος αἰνετὸς τῷ κ. (11 *a*)
— 25. ἐγώ εἰμι κύριος ὁ θεὸς ὑμῶν (11 *a*)
— 28. ἐγώ εἰμι [A *om.*] κύριος ὁ θεὸς ὑμῶν (18 *a*)
— 30. ἐγώ εἰμι κύριος (11 *a*)
— 31. ἐγώ εἰμι κ. ὁ θεὸς ὑμῶν (11 *a*)
— 32. ἐγώ εἰμι κ. ὁ θεὸς ὑμῶν (18 *a*)
— 34, 36. ἐγώ εἰμι κ. ὁ θεὸς ὑμῶν (11 *a*)
— 37. ἐγώ εἰμι κ. ὁ θεὸς ὑμῶν (18 *a*)
20. 1. ἐλάλησε κύριος πρὸς Μωυσῆν (11 *a*)
— 7. ἅγιος ἐγὼ κ. ὁ θεὸς ὑμῶν [A *al.*] (11 *a*)
— 8. ἐγὼ κ. [A κ. ὁ θεὸς ὑμῶν] ὁ ἁγιάζων ὑμᾶς (11 *a* [18 *a*])
— 24. ἐγὼ κύριος ὁ θεὸς ὑμῶν (11 *a*)
— 26. ἐγὼ ἅγιός εἰμι [B^{1} *om.*] κ. ὁ θεὸς ὑμῶν (18 *a*)
21. 1. εἶπε κύριος πρὸς Μωυσῆν (11 *a*)
— 6. τὰς γὰρ θυσίας κυρίου . . . προσφέρουσι (11 *a*)
— 7. ἅγιός ἐστι κυρίῳ τῷ [A *om.*] θεῷ αὐτοῦ (18 *b*)
— 8. A R τὰ δῶρα κ. τοῦ [B *om.*] θεοῦ ὑμῶν οὗτος προσφέρει (18 *b*)
— 8. ἅγιος ἐγὼ κ. ὁ ἁγιάζων αὐτούς (11 *a*)
— 12. ἐγὼ κύριος (11 *a*)
— 15. ἐγὼ κ. ὁ ἁγιάζων αὐτόν (11 *a*)
— 16. ἐλάλησε κύριος πρὸς Μωυσῆν (11 *a*)
— 23. ἐγώ εἰμι κ. ὁ ἁγιάζων αὐτούς (11 *a*)
— 24. A B^{1} ἐλάλησε κύριος πρὸς Μ. καὶ Ἀ. [B^{2} R ἐλ. Μ. πρ. Ἀ.] †
22. 1. ἐλάλησε κύριος πρὸς Μωυσῆν (11 *a*)
— 2. ἐγὼ κύριος (11 *a*)
— 3. ὅσα ἂν ἁγιάζωσιν οἱ υἱοὶ Ἰσραὴλ τῷ κ. (11 *a*)
— 3. ἐγὼ κ. ὁ θεὸς ὑμῶν (18 *a*)
— 8. ἐγὼ κύριος (11 *a*)
— 9. ἐγὼ κ. ὁ θεὸς ὁ ἁγιάζων αὐτούς (18 *a*)
— 15. ἃ αὐτοὶ ἀφαιροῦσι [A προσφέρουσιν] τῷ κ. (11 *a*)
— 16. ἐγὼ κ. ὁ ἁγιάζων αὐτούς (11 *a*)
— 17. ἐλάλησε κύριος πρὸς Μωυσῆν (11 *a*)
— 20. οὐ προσάξουσι κυρίῳ –
— 21. ὃς ἂν προσενέγκῃ θυσίαν σωτηρίου τῷ κ. (11 *a*)
— 22. B οὐ προσάξουσι ταῦτα [A^{2} αὐτὰ] τῷ κ. (11 *a*)
— 22. A^{2} B οὐ δώσετε ἀπ' αὐτῶν . . . τῷ κ. (11 *a*)
— 24. οὐ προσάξεις αὐτὰ τῷ κ. (11 *a*)
— 26. ἐλάλησε κύριος πρὸς Μωυσῆν (11 *a*)
— 27. δεχθήσεται . . . κάρπωμα κυρίῳ (11 *a*)
— 29. ἐὰν δὲ θύσῃς θυσίαν . . . κυρίῳ (11 *a*)
— 30. ἐγώ εἰμι κύριος (11 *a*)
— 32. ἐγὼ κ. ὁ ἁγιάζων ὑμᾶς (11 *a*)
— 33. ἐγὼ κύριος (11 *a*)
23. 1. εἶπε κύριος πρὸς Μωυσῆν (11 *a*)
— 2. αἱ ἑορταὶ κυρίου . . . αὗταί εἰσιν (11 *a*)
— 3. κλητὴ ἁγία τῷ κ. –
— 3. σάββατά ἐστι τῷ κ. (11 *a*)
— 4. αὗται αἱ ἑορταὶ τῷ κ. (11 *a*)
— 5. πάσχα τῷ κ. (11 *a*)
— 6. ἑορτὴ τῶν ἀζύμων τῷ κ. (11 *a*)
— 8. προσάξετε ὁλοκαυτώματα τῷ κ. (11 *a*)
— 9. ἐλάλησε κύριος πρὸς Μωυσῆν (11 *a*)
— 11. ἀνοίσει τὸ δράγμα ἔναντι κυρίου (11 *a*)
— 12. εἰς ὁλοκαύτωμα τῷ κ. (11 *a*)
— 13. θυσία τῷ κ. ὀσμὴ εὐωδίας κυρίῳ [A τῷ κ.] (11 *a*, –)
— 16. προσοίσετε θυσίαν νέαν τῷ κ. (11 *a*)
— 17. πεφθήσονται πρωτογεννημάτων τῷ κ. (11 *a*)
— 18. ἔσονται ὁλοκαύτωμα τῷ κ. (11 *a*)
— 18. ὀσμὴν εὐωδίας τῷ κ. (11 *a*)
— 20. ἐπίθεμα ἔναντι κυρίου (11 *a*)
— 20. ἅγια ἔσονται τῷ κ. (11 *a*)
— 22. ἐγὼ κ. ὁ [A *om.*] θεὸς ὑμῶν (11 *a*)
— 23. ἐλάλησε κύριος πρὸς Μωυσῆν (11 *a*)
— 25. προσάξετε ὁλοκαύτωμα κυρίῳ [A τῷ κ.] (11 *a*)
— 26. ἐλάλησε κύριος πρὸς Μωυσῆν (11 *a*)
— 27. προσάξετε ὁλοκαύτωμα τῷ κ. (11 *a*)
— 28. ἐξιλάσασθαι . . . ἔναντι κυρίου τοῦ θεοῦ ὑμῶν (11 *a*)
— 33. ἐλάλησε κύριος πρὸς Μωυσῆν (11 *a*)
— 34. ἑορτὴ σκηνῶν ἑπτὰ ἡμέρας τῷ κ. (11 *a*)
— 36. προσάξετε ὁλοκαυτώματα τῷ κ. (11 *a*)
— 36. προσάξετε ὁλοκαυτώματα κυρίῳ [A τῷ κ.] (11 *a*)
— 37. αὗται αἱ ἑορταὶ κυρίῳ [A τῷ κ.] (11 *a*)
— 37. ὥστε προσενέγκαι καρπώματα τῷ κ. (11 *a*)
— 38. πλὴν τῶν σαββάτων κυρίου (11 *a*)
— 38. ἃ ἂν δῶτε τῷ κ. (11 *a*)
— 39. ἑορτάσατε τῷ κ. ἑπτὰ ἡμέρας (11 *a*)
— 40. εὐφρανθῆναι ἔναντι κυρίου τοῦ θεοῦ ὑμῶν (11 *a*)

Le. 23. 43. ἐγὼ κ. ὁ θεὸς ὑμῶν (11 *a*)
— 44. ἐλάλησε Μωυσῆς τὰς ἑορτὰς κυρίου (11 *a*)
24. 1. ἐλάλησε κύριος πρὸς Μωυσῆν (11 *a*)
— 3. καύσουσιν αὐτὸ [B^{1} -ὸν] . . . ἐνώπιον κυρίου (11 *a*)
— 4. καύσετε τοὺς λύχνους ἔναντι κυρίου (11 *a*)
— 6. ἐπιθήσετε αὐτοὺς . . . ἔναντι κυρίου (11 *a*)
— 7. εἰς ἀνάμνησιν προκείμενα τῷ κ. (11 *a*)
— 8. προθήσεται ἔναντι κυρίου (11 *a*)
— 9. ἀπὸ τῶν θυσιαζομένων τῷ κ. (11 *a*)
— 12. διὰ προστάγματος κυρίου (11 *a*)
— 13. ἐλάλησε κύριος πρὸς Μωυσῆν (11 *a*)
— 16. ὀνομάζων δὲ τὸ ὄνομα κυρίου (11 *a*)
— 16. ἐν τῷ ὀνομάσαι αὐτὸν τὸ ὄνομα κυρίου –
— 22. ἐγώ εἰμι κ. ὁ θεὸς ὑμῶν (11 *a*)
— 23. A B^{1} καθὰ [B^{2} R καθάπερ] συνέταξε κύριος τῷ Μ. (11 *a*)
25. 1. ἐλάλησε κύριος πρὸς Μωυσῆν (11 *a*)
— 2. ἣν ἐγὼ δίδωμι ὑμῖν σάββατα τῷ κ. (11 *a*)
— 4. σάββατα τῷ κ. (11 *a*)
— 17. φοβηθήσῃ κύριον τὸν θεόν σου (18 *b*)
— 17. ἐγώ εἰμι κ. ὁ θεὸς ὑμῶν (11 *a*)
— 36. ἐγὼ κύριος –
— 38. ἐγὼ κύριος ὁ θεὸς ὑμῶν (11 *a*)
— 43. φοβηθήσῃ κ. τὸν θεόν σου (18 *b*)
26. 1 (25. 35). ἐγὼ κύριος ὁ θεὸς ὑμῶν (11 *a*)
— 1. ἐγώ εἰμι κ. ὁ θεὸς ὑμῶν (11 *a*)
— 2. ἐγώ εἰμι κ. (11 *a*)
— 13. ἐγώ εἰμι κ. ὁ θεὸς ὑμῶν (11 *a*)
— 44. ὅτι ἐγώ εἰμι κ. ὁ θεὸς αὐτῶν (11 *a*)
— 45. ἐγώ εἰμι κύριος (11 *a*)
— 46. ὃν ἔδωκε κύριος (11 *a*)
27. 1. ἐλάλησε κύριος πρὸς Μωυσῆν (11 *a*)
— 2. ὃς ἂν εὔξηται εὐχὴν . . . τῷ κ. (11 *a*)
— 9. ἐὰν δὲ ἀπὸ τῶν κτηνῶν . . . δῶρον τῷ κ. (11 *a*)
— 9. ὃς ἂν δῷ ἀπὸ τούτων τῷ κ. (11 *a*)
— 11. ἀφ' ὧν οὐ προσφέρεται . . . δῶρον τῷ κ. (11 *a*)
— 14. ὃς ἂν ἁγιάσῃ τὴν οἰκίαν αὐτοῦ ἁγίαν τῷ κ. (11 *a*)
— 16. ἐὰν δὲ ἀπὸ τοῦ ἀγροῦ . . . ἁγιάσῃ ἄνθρωπος τῷ κ. (11 *a*)
— 21. ἔσται ὁ ἀγρὸς . . . ἅγιος τῷ κ. (11 *a*)
— 22. ἐὰν δὲ ἀπὸ τοῦ ἀγροῦ . . . ἁγιάσῃ τῷ κ. (11 *a*)
— 23. ἀποδώσει τὴν τιμὴν . . . ἅγιον τῷ κ. (11 *a*)
— 26. πᾶν πρωτότοκον . . . ἔσται τῷ κ. (11 *a*)
— 26. τῷ κ. ἐστίν (11 *a*)
— 28. ὃ ἐὰν ἀναθῇ ἄνθρωπος τῷ κ. (11 *a*)
— 28. πᾶν ἀνάθεμα ἅγιον ἁγίων ἔσται τῷ κ. (11 *a*)
— 30. πᾶσα δεκάτη . . . τῷ κ. ἐστὶν ἅγιον τῷ κ. (11 *a*, 11 *a*)
— 32. τὸ δέκατον ἔσται ἅγιον τῷ κ. (11 *a*)
— 34. ἃς ἐνετείλατο κύριος τῷ Μωυσῇ (11 *a*)
Nu. 1. 1. ἐλάλησε κύριος πρὸς Μωυσῆν (11 *a*)
— 19. ὃν τρόπον συνέταξε κύριος τῷ Μωυσῇ (11 *a*)
— 48. ἐλάλησε κύριος πρὸς Μωυσῆν (11 *a*)
— 53. B^{1} παρεμβαλέτωσαν ἐναντίον κυρίου [A B^{2} ἐναντίοι] –
— 54. ἃ [A ὅσα] ἐνετείλατο κύριος τῷ Μωυσῇ (11 *a*)
2. 1. ἐλάλησε κύριος πρὸς Μωυσῆν (11 *a*)
— 2. A παρεμβαλέτωσαν . . . ἐναντίον κυρίου [B ἐναντίοι] –
— 33. καθὰ ἐνετείλατο κύριος τῷ Μωυσῇ (11 *a*)
— 34. ὅσα συνέταξε [A καθὰ ἐνετείλατο] κύριος τῷ Μωυσῇ (11 *a*)
3. 1. ἐν ᾗ ἡμέρᾳ ἐλάλησε κύριος τῷ Μωυσῇ (11 *a*)
— 4. ἐτελεύτησε Ν. καὶ Ἀ. ἔναντι κυρίου προσφερόντων αὐτῶν . . . ἔναντι κυρίου (11 *a*, 11 *a*)
— 5, 11. ἐλάλησε κύριος πρὸς Μωυσῆν (11 *a*)
— 13. ἐγὼ κύριος (11 *a*)
— 14. ἐλάλησε κύριος πρὸς Μωυσῆν (11 *a*)
— 16. διὰ φωνῆς κυρίου ὃν τρόπον [A καθὰ] συνέταξεν αὐτοῖς κύριος (11 *a*, –)
— 39. διὰ φωνῆς κυρίου (11 *a*)
— 40. εἶπε κύριος πρὸς Μωυσῆν (11 *a*)
— 41. ἐγὼ κύριος (11 *a*)
— 42. ὃν τρόπον ἐνετείλατο κύριος [A κ. αὐτῷ] (11 *a*)
— 44. ἐλάλησε κύριος πρὸς Μωυσῆν (11 *a*)
— 45. ἐγὼ κύριος (11 *a*)
— 51. διὰ φωνῆς κυρίου ὃν τρόπον συνέταξε κύριος τῷ Μωυσῇ (11 *a*, 11 *a*)
4. 1, 17, 21. ἐλάλησε κύριος πρὸς Μωυσῆν (11 *a*)
— 37, 41, 45. διὰ φωνῆς κυρίου ἐν χειρὶ Μωυσῇ (11 *a*)
— 49. διὰ φωνῆς κυρίου ἐπεσκέψατο (11 *a*)
— 49. ὃν τρόπον συνέταξε κύριος τῷ Μωυσῇ (11 *a*)

Nu. 5. 1. ἐλάλησε κύριος πρὸς Μωυσῆν (11 *a*)
— 4. καθὰ ἐλάλησε κύριος Μωυσῇ [A τῷ Μ.] (11 *a*)
— 5. ἐλάλησε κύριος πρὸς Μωυσῆν (11 *a*)
— 8. τὸ πλημμέλημα τὸ ἀποδιδόμενον κυρίῳ [A τῷ κ.] (11 *a*)
— 9. A R ὅσα ἐὰν προσφέρωσι κυρίῳ [B τῷ κ.] –
— 11. ἐλάλησε κύριος πρὸς Μωυσῆν (11 *a*)
— 16. στήσει αὐτὴν ἔναντι κυρίου (11 *a*)
— 18. στήσει ὁ ἱερεὺς τὴν γυναῖκα ἔναντι κυρίου (11 *a*)
— 21. δῴη σε κύριος ἐν ἀρᾷ (11 *a*)
— 21. ἐν τῷ δοῦναι κύριον τὸν μηρόν σου (11 *a*)
— 25. ἐπιθήσει τὴν θυσίαν ἔναντι κυρίου (11 *a*)
— 30. στήσει τὴν γυναῖκα αὐτοῦ ἔναντι κυρίου (11 *a*)
6. 1. ἐλάλησε κύριος πρὸς Μωυσῆν (11 *a*)
— 2. ἀφαγνίσασθαι ἁγνείαν κυρίῳ (11 *a*)
— 5. ὅσας [A ἃς] ηὔξατο κυρίῳ (11 *a*)
— 6. πάσας τὰς ἡμέρας τῆς εὐχῆς κυρίῳ [S^{3} τῷ κ.] (11 *a*)
— 8. ἅγιος ἔσται κυρίῳ (11 *a*)
— 12. ᾗ ἡγιάσθη [A ἡγίασεν] κυρίῳ [S τῷ κ.] (11 *a*)
— 14. προσάξει τὸ δῶρον αὐτοῦ κυρίῳ (11 *a*)
— 16. προσοίσει ὁ ἱερεὺς ἔναντι κυρίου (11 *a*)
— 17. A B ποιήσει θυσίαν σωτηρίου κυρίῳ [R τῷ κ.] (11 *a*)
— 20. ἐπίθεμα ἔναντι κυρίου (11 *a*)
— 21. ὃς ἂν εὔξηται κυρίῳ δῶρον αὐτοῦ κυρίῳ (–, 11 *a*)
— 22. ἐλάλησε κύριος πρὸς Μωυσῆν (11 *a*)
— 27. ἐγὼ κύριος εὐλογήσω αὐτούς –
— 24. εὐλογήσαι σε κύριος (11 *a*)
— 25. ἐπιφάναι κύριος τὸ πρόσωπον αὐτοῦ ἐπὶ σέ (11 *a*)
— 26. ἐπάραι κύριος τὸ πρόσωπον αὐτοῦ ἐπὶ σέ (11 *a*)
7. 3. ἤνεγκαν τὸ δῶρον [A τὰ δ.] αὐτῶν ἔναντι κυρίου (11 *a*)
— 4, 11. εἶπε κύριος πρὸς Μωυσῆν (11 *a*)
— 89. ἤκουσε τὴν φωνὴν κυρίου –
8. 1. ἐλάλησε κύριος πρὸς Μωυσῆν (11 *a*)
— 3. A B^{2} R καθὰ συνέταξε κύριος τῷ Μωυσῇ (11 *a*)
— 4. ὃ ἔδειξε κύριος τῷ Μωυσῇ (11 *a*)
— 5. ἐλάλησε κύριος πρὸς Μωυσῆν (11 *a*)
— 10. προσάξεις τοὺς Λευίτας ἔναντι κυρίου (11 *a*)
— 11. ἀπόδομα ἔναντι κυρίου (11 *a*)
— 11. ὥστε ἐργάζεσθαι τὰ ἔργα κυρίου (11 *a*)
— 12. τὸν ἕνα εἰς ὁλοκαύτωμα κυρίῳ (11 *a*)
— 13. στήσεις τοὺς Λευίτας ἔναντι κυρίου –
— 13. ἀπόδομα ἔναντι [A *om.*] κυρίου [A -ῳ] (11 *a*)
— 15. ἀποδώσεις αὐτοὺς ἔναντι κυρίου †
— 20. καθὰ ἐνετείλατο κύριος τῷ Μωυσῇ (11 *a*)
— 21. ἀπόδομα ἔναντι κυρίου (11 *a*)
— 22. καθὰ [B^{1} καθὼς] συνέταξε κύριος τῷ Μ. (11 *a*)
— 23 : 9. 1. ἐλάλησε κύριος πρὸς Μωυσῆν (11 *a*)
9. 5. καθὰ συνέταξε κύριος τῷ Μωυσῇ (11 *a*)
— 7. προσενέγκαι τὸ δῶρον κυρίῳ (11 *a*)
— 8. τί ἐντελεῖται κύριος περὶ ὑμῶν (11 *a*)
— 9. ἐλάλησε κύριος πρὸς Μωυσῆν (11 *a*)
— 10. ποιήσει τὸ πάσχα κυρίῳ [A τῷ κ.] (11 *a*)
— 13. τὸ δῶρον κυρίῳ [A -ου] οὐ προσήνεγκε (11 *a*)
— 14. καὶ ποιήσει τὸ πάσχα κυρίῳ (11 *a*)
— 18. διὰ προστάγματος κυρίου παρεμβαλοῦσιν (11 *a*)
— 18. διὰ προστάγματος κυρίου ἀπαροῦσι (11 *a*)
— 20. διὰ φωνῆς κυρίου παρεμβαλοῦσι καὶ διὰ προστάγματος κυρίου ἀπαροῦσι [A ἐξαρ.] (11 *a*, 11 *a*)
— 23. διὰ προστάγματος κυρίου ἀπαροῦσι τὴν φυλακὴν κυρίου ἐφυλάξαντο [B^{1} ἣν ἐφ.] διὰ προστάγματος κυρίου (11 *a ter*)
10. 1. ἐλάλησε κύριος πρὸς Μωυσῆν (11 *a*)
— 9. ἀναμνησθήσεσθε ἔναντι κυρίου (11 *a*)
— 10. ἐγὼ κύριος ὁ θεὸς ὑμῶν (11 *a*)
— 13. ἐξῆραν πρῶτοι διὰ φωνῆς κυρίου (11 *a*)
— 29. εἰς τὸν τόπον ὃν εἶπε κύριος (11 *a*)
— 29. κύριος ἐλάλησε καλὰ περὶ Ἰσραήλ (11 *a*)
— 32. ὅσα [A ἃ] ἂν ἀγαθοποιήσῃ κύριος ἡμᾶς (11 *a*)
— 33. ἐξῆραν ἐκ τοῦ ὄρους κυρίου (11 *a*)
— 33. ἡ κιβωτὸς τῆς διαθήκης κυρίου (11 *a*)
— 35. ἐξεγέρθητι [B^{2} ἐγ.], κύριε (11 *a*)
— 36. ἐπίστρεφε, κύριε, χιλιάδας μυριάδας (11 *a*)
11. 1. γογγύζων πονηρὰ ἔναντι κυρίου (11 *a*)
— 1. καὶ ἤκουσε κύριος (11 *a*)
— 1. ἐξεκαύθη ἐν αὐτοῖς πῦρ παρὰ κυρίου (11 *a*)
— 2. ηὔξατο Μωυσῆς πρὸς κύριον (11 *a*)

Nu. 11. 3. ἐξεκαύθη ἐν αὐτοῖς παρὰ [A B^{2} πῦρ π.] κυρίου (11 *a*)
— 10. ἐθυμώθη ὀργῇ κύριος σφόδρα (11 *a*)
— 11. εἶπε Μωυσῆς πρὸς κύριον (11 *a*)
— 16. εἶπε κύριος πρὸς Μωυσῆν (11 *a*)
— 18. ἐκλαύσατε ἔναντι κυρίου (11 *a*)
— 18. δώσει κύριος ὑμῖν κρέα φαγεῖν (11 *a*)
— 20. ἠπειθήσατε κυρίῳ (11 *a*)
— 21. A^{2} εἶπε Μωυσῆς [B^{1} *add.* πρὸς κύριον] –
— 23. εἶπε κύριος πρὸς Μωυσῆν, Μὴ χεὶρ κυρίου οὐκ ἐξαρκέσει (11 *a*, 11 *a*)
— 24. καὶ ἐλάλησε . . . τὰ ῥήματα κυρίου (11 *a*)
— 25. A κατέβη κύριος ἐν νεφέλῃ καὶ ἐλάλησε κύριος [B *om.*] πρὸς αὐτόν (11 *a*, –)
— 28. κύριε [A κ. μου] Μωυσῆ, κώλυσον αὐτούς (1)
— 29. τίς δῴη πάντα τὸν λαὸν κυρίου προφήτας ὅταν δῷ κύριος τὸ πνεῦμα αὐτοῦ (11 *a*, 11 *a*)
— 31. πνεῦμα ἐξῆλθε παρὰ κυρίου (11 *a*)
— 33. κύριος ἐθυμώθη εἰς τὸν λαὸν [B^{1} λ. αὐτοῦ] καὶ ἐπάταξε κύριος τὸν λαόν [A ἐν τῷ λ.] (11 *a*, 11 *a*)
12. 2. μὴ Μωυσῇ μόνῳ λελάληκε κύριος (11 *a*)
— 2. καὶ ἤκουσε κύριος (11 *a*)
— 4. εἶπε κύριος παραχρῆμα [B^{1} *om.*] πρὸς M. (11 *a*)
— 5. κατέβη κύριος ἐν στύλῳ νεφέλης (11 *a*)
— 6. ἐὰν γένηται προφήτης ὑμῶν κυρίῳ [B^{1}-ου] (11 *a*)
— 8. τὴν δόξαν κυρίου [A μου] εἶδε (11 *a*)
— 9. ὀργὴ θυμοῦ κυρίου ἐπ' αὐτούς (11 *a*)
— 11. δέομαι, κύριε (1)
— 13. ἐβόησε Μωυσῆς πρὸς κύριον (11 *a*)
— 14. εἶπε κύριος πρὸς Μωυσῆν (11 *a*)
13. 2 (1). ἐλάλησε κύριος πρὸς Μωυσῆν (11 *a*)
— 4 (3). ἐξαπέστειλεν [A ἀπ.] αὐτοὺς . . . διὰ φωνῆς κυρίου (11 *a*)
14. 3. ἵνα τί κύριος εἰσάγει ἡμᾶς (11 *a*)
— 8. εἰ αἱρετίζει [B ἐρεθίζει] ἡμᾶς κύριος (11 *a*)
— 9. ἀπὸ τοῦ κ. μὴ ἀποστάται γίνεσθε (11 *a*)
— 9. ὁ δὲ κ. ἐν ἡμῖν (11 *a*)
— 10. ἡ δόξα κυρίου ὤφθη (11 *a*)
— 11. εἶπε κύριος πρὸς Μωυσῆν (11 *a*)
— 13. εἶπε Μωυσῆς πρὸς κύριον (11 *a*)
— 14. σὺ εἶ κύριος ἐν τῷ λαῷ τούτῳ (11 *a*)
— 14. ὅστις . . . ὀπτάζῃ, κύριε (11 *a*)
— 16. παρὰ τὸ μὴ δύνασθαι κύριον εἰσαγαγεῖν (11 *a*)
— 17. ὑψωθήτω ἡ ἰσχύς [A χείρ] σου, κύριε (2)
— 18. κύριος μακρόθυμος καὶ πολυέλεος (11 *a*)
— 20. εἶπε κύριος πρὸς Μωυσῆν (11 *a*)
— 21. ἐμπλήσει ἡ δόξα κυρίου πᾶσαν τὴν γῆν (11 *a*)
— 26. εἶπε κύριος πρὸς Μωυσῆν (11 *a*)
— 28. ζῶ ἐγώ, λέγει κύριος (11 *a*)
— 35. ἐγὼ κύριος ἐλάλησα (11 *a*)
— 37. οἱ κατείπαντες . . . ἔναντι κυρίου (11 *a*)
— 40. ὃν εἶπε κύριος (11 *a*)
— 41. ἵνα τί ὑμεῖς παραβαίνετε τὸ ῥῆμα κυρίου (11 *a*)
— 42. οὐ γάρ ἐστι κύριος μεθ' ὑμῶν (11 *a*)
— 43. ἀπεστράφητε ἀπειθοῦντες κυρίῳ (11 *a*)
— 43. οὐκ ἔσται κύριος ἐν ὑμῖν (11 *a*)
— 44. ἡ δὲ κιβωτὸς τῆς διαθήκης κυρίου (11 *a*)
15. 1. εἶπε [A ἐλάλησεν] κύριος πρὸς Μωυσῆν (11 *a*)
— 3. ποιήσεις ὁλοκαύτωμα [A -σητε κάρπωμα] κυρίῳ (11 *a*)
— 3. A B ποιῆσαι ὀσμὴν εὐωδίας κυρίῳ [R τῷ κ.] (11 *a*)
— 4. ὁ προσφέρων τὸ δῶρον αὐτοῦ κυρίῳ (11 *a*)
— 5. κάρπωμα ὀσμὴν εὐωδίας τῷ κ. –
— 7. εἰς ὀσμὴν εὐωδίας κυρίῳ (11 *a*)
— 8. εἰς σωτήριον κυρίῳ (11 *a*)
— 10. κάρπωμα ὀσμὴν εὐωδίας κυρίῳ (11 *a*)
— 13. εἰς ὀσμὴν εὐωδίας κυρίῳ (11 *a*)
— 14. κάρπωμα ὀσμὴν εὐωδίας κυρίῳ (11 *a*)
— 14. οὕτω ποιήσει ἡ συναγωγὴ κυρίῳ –
— 15. καὶ ὁ προσήλυτος ἔσται ἔναντι κυρίου (11 *a*)
— 17. ἐλάλησε κύριος πρὸς Μωυσῆν (11 *a*)
— 19. ἀφαίρεμα ἀφόρισμα κυρίῳ [A τῷ κ.] (11 *a*)
— 21. δώσετε κυρίῳ ἀφαίρεμα (11 *a*)
— 22. ἃς ἐλάλησε κύριος πρὸς Μωυσῆν (11 *a*)
— 23. καθὰ συνέταξε κύριος πρὸς ὑμᾶς [A κ. ὑμῖν] (11 *a*)
— 23. ἧς συνέταξε κύριος πρὸς ὑμᾶς (11 *a*)
— 24. εἰς ὀσμὴν εὐωδίας κυρίῳ (11 *a*)
— 25. ἤνεγκαν τὸ δῶρον αὐτῶν κάρπωμα κυρίῳ περὶ τῆς ἁμαρτίας αὐτῶν ἔναντι κυρίου (11 *a*, 11 *a*)
— 28. καὶ ἁμαρτούσης ἀκουσίως ἔναντι κυρίου (11 *a*)
— 31. τὸ ῥῆμα κυρίου ἐφαύλισε (11 *a*)

Nu. 15. 35. ἐλάλησε κύριος πρὸς Μωυσῆν (11 *a*)
— 36. καθὰ συνέταξε κύριος τῷ M. [A *al.*] (11 *a*)
— 37. εἶπε κύριος πρὸς Μωυσῆν (11 *a*)
— 39. μνησθήσεσθε πασῶν τῶν ἐντολῶν κυρίου (11 *a*)
— 41 *bis*. ἐγὼ κύριος ὁ θεὸς ὑμῶν (11 *a*)
16. 3. καὶ ἐν αὐτοῖς κύριος (11 *a*)
— 3. διὰ τί κατανίστασθε ἐπὶ τὴν συναγωγὴν κυρίου (11 *a*)
— 7. ἐπίθετε ἐπ' αὐτὰ θυμίαμα ἔναντι κυρίου (11 *a*)
— 7. ὃν ἐκλέλεκται [B^{1} -λέγεται, A ἂν ἐκλέξηται] κύριος (11 *a*)
— 9. τὰς λειτουργίας τῆς σκηνῆς κυρίου (11 *a*)
— 15. καὶ εἶπε πρὸς κύριον (11 *a*)
— 16. γίνεσθε ἕτοιμοι ἔναντι κυρίου (11 *a*)
— 17. A^{2} B προσάξετε ἔναντι κυρίου (11 *a*)
— 19. ὤφθη ἡ δόξα κυρίου (11 *a*)
— 20. ἐλάλησε κύριος πρὸς Μωυσῆν (11 *a*)
— 22. ἐπὶ πᾶσαν τὴν συναγωγὴν ὀργὴ κυρίου –
— 23. ἐλάλησε κύριος πρὸς Μωυσῆν (11 *a*)
— 28. κύριος ἀπέστειλέ με (11 *a*)
— 29. οὐχὶ κύριος ἀπέσταλκέ με (11 *a*)
— 30. ἐν φάσματι δείξει κύριος (11 *a*)
— 30. παρώξυναν οἱ ἄνθρωποι οὗτοι τὸν κ. (11 *a*)
— 35. πῦρ ἐξῆλθε παρὰ κυρίου (11 *a*)
— 36 (17. 1). εἶπε κύριος πρὸς Μωυσῆν (11 *a*)
— 38 (17. 3). προσηνέχθησαν ἔναντι κυρίου (11 *a*)
— 40 (17. 5). ἐπιθεῖναι θυμίαμα ἔναντι κυρίου (11 *a*)
— 40 (17. 5). καθὰ ἐλάλησε κύριος (11 *a*)
— 41 (17. 6). ὑμεῖς ἀπεκτάγκατε τὸν λαὸν κυρίου (11 *a*)
— 42 (17. 7). ὤφθη ἡ δόξα κυρίου (11 *a*)
— 44 (17. 9). ἐλάλησε κύριος πρὸς Μωυσῆν (11 *a*)
— 46 (17. 11). ἐξῆλθε γὰρ ὀργὴ [A^{1} *om.*] ἀπὸ προσώπου κυρίου (11 *a*)
17. 1 (16). ἐλάλησε κύριος πρὸς Μωυσῆν (11 *a*)
— 7 (22). ἀπέθηκε Μωυσῆς τὰς ῥάβδους ἔναντι κυρίου (11 *a*)
— 9 (24). ἐξήνεγκε Μωυσῆς . . . ἀπὸ προσώπου κυρίου (11 *a*)
— 10 (25). εἶπε κύριος πρὸς Μωυσῆν (11 *a*)
— 11 (26). καθὰ [A ὅσα] συνέταξε κύριος τῷ Μωυσῇ (11 *a*)
— 13 (28). πᾶς ὁ ἁπτόμενος τῆς σκηνῆς κυρίου (11 *a*)
18. 1. εἶπε κύριος πρὸς Ἀαρών (11 *a*)
— 6. δόμα δεδομένον κυρίῳ (11 *a*)
— 8. ἐλάλησε κύριος πρὸς Ἀαρών (11 *a*)
— 12. ὅσα ἂν δῶσι τῷ κυρίῳ (11 *a*)
— 13. ὅσα ἂν ἐνέγκωσι κυρίῳ (11 *a*)
— 15. ὅσα [B^{1} ἃ] προσφέρουσι κυρίῳ (11 *a*)
— 17. κάρπωμα εἰς ὀσμὴν εὐωδίας κυρίῳ (11 *a*)
— 19. ὅσα ἐὰν ἀφέλωσιν οἱ υἱοὶ Ἰσρ. κυρίῳ (11 *a*)
— 19. διαθήκη ἁλὸς αἰωνίου ἔστιν ἔναντι κυρίου (11 *a*)
— 20. ἐλάλησε κύριος πρὸς Ἀαρών (11 *a*)
— 24. ὅσα ἂν ἀφορίσωσι κυρίῳ (11 *a*)
— 25. ἐλάλησε κύριος πρὸς Μωυσῆν (11 *a*)
— 26. ἀφελεῖτε . . . ἀφαίρεμα κυρίῳ (11 *a*)
— 28. ἀπὸ πάντων τῶν ἀφαιρεμάτων κυρίου (11 *a*)
— 28. A R ἀφαίρεμα κυρίῳ [B *om.*] Ἀαρὼν τῷ ἱερεῖ (11 *a*)
— 29. ἀφελεῖτε ἀφαίρεμα κυρίῳ (11 *a*)
19. 1. ἐλάλησε κύριος πρὸς Μωυσῆν (11 *a*)
— 2. ὅσα συνέταξε κύριος (11 *a*)
— 13. τὴν σκηνὴν κυρίου ἐμίανεν (11 *a*)
— 20. τὰ ἅγια κυρίου ἐμίανεν (11 *a*)
20. 3. ὄφελον ἀπεθάνομεν [A ἀπωλόμεθα] . . . ἔναντι κυρίου (11 *a*)
— 4. ἵνα τί ἀνηγάγετε τὴν συναγωγὴν κυρίου (11 *a*)
— 6. ὤφθη ἡ δόξα κυρίου πρὸς αὐτούς (11 *a*)
— 7. ἐλάλησε κύριος πρὸς Μωυσῆν (11 *a*)
— 9. τὴν ῥάβδον τὴν ἀπέναντι κυρίου (11 *a*)
— 9. καθὰ συνέταξε κύριος –
— 12. εἶπε κύριος πρὸς Μωυσῆν (11 *a*)
— 13. ἐλοιδορήθησαν οἱ υἱοὶ Ἰσρ. ἔναντι κυρίου (11 *a*)
— 16. ἀνεβοήσαμεν πρὸς κύριον (11 *a*)
— 16. εἰσήκουσε κύριος τῆς φωνῆς ἡμῶν –
— 23. εἶπε κύριος πρὸς Μωυσῆν (11 *a*)
— 27. καθὰ συνέταξε κύριος αὐτῷ [B^{1} *om.*] (11 *a*)
21. 2. ηὔξατο Ἰσραὴλ εὐχὴν κυρίῳ (11 *a*)
— 3. εἰσήκουσε κύριος τῆς φωνῆς Ἰσρ. (11 *a*)
— 6. ἀπέστειλε κύριος . . . τοὺς ὄφεις (11 *a*)
— 7. κατελαλήσαμεν κατὰ τοῦ κ. (11 *a*)
— 7. εὖξαι οὖν πρὸς κύριον (11 *a*)
— 8. A B^{2} R ηὔξατο Μωυσῆς πρὸς κύριον –
— 8. εἶπε κύριος πρὸς Μωυσῆν (11 *a*)

Nu. 21. 14. πόλεμος τοῦ [A *om.*] κ. τὴν Z. ἐφλόγισε (11 *a*)
— 16. ὃ εἶπε κύριος πρὸς Μωυσῆν (11 *a*)
— 34. εἶπε κύριος πρὸς M. (11 *a*)
22. 8. ἃ ἂν λαλήσῃ κύριος πρὸς μέ (11 *a*)
— 13. ἀποτρέχετε πρὸς τὸν κ. ὑμῶν †
— 18. παραβῆναι τὸ ῥῆμα κυρίου τοῦ θεοῦ (11 *a*)
— 19. τί προσθήσει κύριος λαλῆσαι (11 *a*)
— 31. ὁρᾷ τὸν ἄγγελον κυρίου [A τοῦ θεοῦ] (11 *a*)
— 34. εἶπε Βαλαὰμ τῷ ἀγγέλῳ κυρίου (11 *a*)
23. 8. ὃν μὴ ἀρᾶται κύριος [A ὁ κ.] (4 *a*)
— 17. τί ἐλάλησε κύριος (11 *a*)
— 21. κύριος ὁ θεὸς αὐτοῦ μετ' αὐτοῦ (11 *a*)
24. 1. καλόν ἐστιν ἐναντίον κυρίου (11 *a*)
— 6. ἃς ἔπηξε κύριος (11 *a*)
— 11. ἐστέρησέ σε κύριος τῆς δόξης (11 *a*)
— 13. παραβῆναι τὸ ῥῆμα κυρίου (11 *a*)
25. 3. ὠργίσθη θυμῷ κύριος τῷ Ἰσρ. (11 *a*)
— 4. εἶπε κύριος τῷ M. [A πρὸς M.] (11 *a*)
— 4. παραδειγμάτισον αὐτοὺς κυρίῳ [A τῷ κ.] (11 *a*)
— 4. ἀποστραφήσεται ὀργὴ θυμοῦ [B *om.*] κυρίου (11 *a*)
— 10, 16: 26. 1. ἐλάλησε κύριος πρὸς Μωυσῆν (11 *a*)
26. 4. ὃν τρόπον συνέταξε κύριος τῷ M. (11 *a*)
— 9. ἐν τῇ ἐπισυστάσει κυρίου (11 *a*)
— 52. ἐλάλησε κύριος πρὸς Μωυσῆν (11 *a*)
— 61. ἐν τῷ προσφέρειν αὐτοὺς . . . ἔναντι κυρίου (11 *a*)
— 65. εἶπε κύριος [A *om.*] αὐτοῖς [B^{1} -ῷ] (11 *a*)
27. 3. τῆς ἐπισυστάσης ἔναντι κυρίου (11 *a*)
— 4 (5). προσήγαγε M. τὴν κρίσιν αὐτῶν ἔναντι κυρίου (11 *a*)
— 5 (6). ἐλάλησε κύριος πρὸς Μωυσῆν (11 *a*)
— 11. καθὰ συνέταξε κύριος τῷ Μωυσῇ (11 *a*)
— 12. εἶπε κύριος πρὸς Μωυσῆν (11 *a*)
— 15. εἶπε Μωυσῆς πρὸς κύριον (11 *a*)
— 16. ἐπισκεψάσθω κύριος . . . ἄνθρωπον (11 *a*)
— 17. οὐκ ἔσται ἡ συναγωγὴ κυρίου ὡσεὶ πρόβατα (11 *a*)
— 18. ἐλάλησε κύριος πρὸς Μωυσῆν (11 *a*)
— 21. ἐπερωτήσουσιν αὐτὸν . . . ἔναντι κυρίου (11 *a*)
— 22. καθὰ ἐνετείλατο αὐτῷ κύριος (11 *a*)
— 23. καθάπερ συνέταξε κύριος τῷ Μωυσῇ (11 *a*)
28. 1. ἐλάλησε κύριος πρὸς Μωυσῆν (11 *a*)
— 3. ὅσα προσάξετε κυρίῳ (11 *a*)
— 6. εἰς ὀσμὴν εὐωδίας κυρίῳ (11 *a*)
— 7. σπείσεις σπονδὴν σίκερα κυρίῳ (11 *a*)
— 8. εἰς ὀσμὴν εὐωδίας κυρίῳ [B^{1} -ου] (11 *a*)
— 11. προσάξετε ὁλοκαυτώματα τῷ [A *om.*] κ. (11 *a*)
— 13. θυσίαν ὀσμὴν εὐωδίας κάρπωμα κυρίῳ (11 *a*)
— 15. χίμαρον . . . ἕνα περὶ ἁμαρτίας κυρίῳ [B^{1} -ου] (11 *a*)
— 16. ἐν τῷ μηνὶ τῷ πρώτῳ . . . πάσχα κυρίῳ [B^{1} -ου, A *om.* π. κ.] (11 *a*)
— 19. προσάξετε ὁλοκαυτώματα κάρπωμα [B^{1} -ματα] κυρίῳ (11 *a*)
— 24. κάρπωμα εἰς ὀσμὴν εὐωδίας κυρίῳ [B^{1} -ίου] (11 *a*)
— 26. ὅταν προσφέρητε θυσίαν νέαν κυρίῳ (11 *a*)
— 27 : 29. 2. εἰς ὀσμὴν εὐωδίας κυρίῳ (11 *a*)
29. 6. εἰς ὀσμὴν εὐωδίας κυρίῳ [B^{1} -ίου] (11 *a*)
— 8. εἰς ὀσμὴν εὐωδίας κυρίῳ [A *om.*] καρπώματα κυρίῳ [A *om.*] (11 *a* ?, –)
— 11. εἰς ὀσμὴν εὐωδίας κάρπωμα κυρίῳ –
— 12. ἑορτάσατε αὐτὴν ἑορτὴν κυρίῳ [B^{1} -ίου] (11 *a*)
— 13. εἰς ὀσμὴν εὐωδίας κυρίῳ [B^{1} -ίου] (11 *a*)
— 36. A B^{1} καρπώματα κυρίῳ [B^{2}R τῷ κ.] (11 *a*)
— 39. ταῦτα ποιήσετε κυρίῳ [A τῷ κ.] (11 *a*)
30. 1. ὅσα [A ἃ] ἐνετείλατο κύριος τῷ Μωυσῇ (11 *a*)
— 2. ὃ συνέταξε κύριος (11 *a*)
— 3. ὃς ἂν εὔξηται εὐχὴν κυρίῳ [A τῷ κ.] (11 *a*)
— 4. ἐὰν δὲ γυνὴ εὔξηται εὐχὴν κυρίῳ (11 *a*)
— 6, 9, 13. κύριος καθαριεῖ αὐτήν (11 *a*)
— 17. ὅσα ἐνετείλατο κύριος τῷ Μωυσῇ (11 *a*)
31. 1. ἐλάλησε κύριος πρὸς Μωυσῆν (11 *a*)
— 3. παρατάξασθε ἔναντι κυρίου †
— 3. ἀποδοῦναι ἐκδίκησιν παρὰ τοῦ κ. (11 *a*)
— 7. καθὰ ἐνετείλατο κύριος Μωυσῇ (11 *a*)
— 16. καὶ ὑπεριδεῖν τὸ ῥῆμα κυρίου (11 *a*)
— 16. ἐγένετο ἡ πληγὴ ἐν τῇ συναγωγῇ κυρίου (11 *a*)
— 21. ὃ συνέταξε κύριος τῷ Μωυσῇ (11 *a*)
— 25. ἐλάλησε κύριος πρὸς Μωυσῆν (11 *a*)
— 28. ἀφελεῖτε τέλος κυρίῳ (11 *a*)
— 29. δώσεις . . . τῷ ἱερεῖ τὰς ἀπαρχὰς κυρίου (11 *a*)
— 30. τοῖς φυλάσσουσι τὰς φυλακὰς ἐν τῇ σκηνῇ κυρίου (11 *a*)

Nu. 31. 31. καθὰ συνέταξε κύριος τῷ Μωυσῇ (11 *a*)
— 37. ἐγένετο τὸ τέλος κυρίῳ (11 *a*)
— 38, 39. καὶ τὸ τέλος κυρίῳ (11 *a*)
— 40. καὶ τὸ τέλος αὐτῶν κυρίῳ (11 *a*)
— 41. ἔδωκε Μωυσῆς τὸ τέλος κυρίῳ -
— 41. καθὰ συνέταξε κύριος τῷ Μωυσῇ (11 *a*)
— 47. τοῖς φυλάσσουσι τὰς φυλακὰς σκηνῆς κυρίου ὃν τρόπον συνέταξε κύριος τῷ Μωυσῇ (11 *a*, 11 *a*)
— 50. προσενηνόχαμεν τὸ δῶρον κυρίῳ (11 *a*)
— 50. ἐξιλάσασθαι περὶ ἡμῶν ἔναντι κυρίου (11 *a*)
— 52. ὃ ἀφεῖλον κυρίῳ (11 *a*)
— 54. μνημόσυνον τῶν υἱῶν Ἰσρ. ἔναντι κυρίου (11 *a*)
32. 4. ἣν παραδέδωκε κύριος ἐνώπιον τῶν υἱῶν Ἰσρ. (11 *a*)
— 7. ἣν κύριος δίδωσιν αὐτοῖς (11 *a*)
— 9. ἣν ἔδωκε κύριος αὐτοῖς (11 *a*)
— 10. ὠργίσθη θυμῷ κύριος (11 *a*)
— 12. συνεπηκολούθησαν ὀπίσω κυρίου [A μου] (11 *a*)
— 13. ὠργίσθη θυμῷ κύριος (11 *a*)
— 13. οἱ ποιοῦντες τὰ πονηρὰ ἔναντι κυρίου (11 *a*)
— 14. προσθεῖναι ἔτι ἐπὶ τὸν θυμὸν τῆς ὀργῆς κυρίου (11 *a*)
— 20. ἐὰν ἐξοπλίσησθε ἔναντι κυρίου (11 *a*)
— 21. παρελεύσεται . . . τὸν Ἰορδάνην ἔναντι κυρίου (11 *a*)
— 22. καὶ κατακυριευθῇ ἡ γῆ ἔναντι κυρίου (11 *a*)
— 22. ἔσεσθε ἀθῷοι ἔναντι κυρίου (11 *a*)
— 22. ἐν κατασχέσει ἔναντι κυρίου (11 *a*)
— 23. ἁμαρτήσεσθε ἔναντι κυρίου (11 *a*)
— 25. καθὰ ὁ κ. ἡμῶν ἐντέλλεται (1)
— 27. ἐκτεταγμένοι ἔναντι κυρίου εἰς τὸν πόλεμον, ὃν τρόπον ὁ κ. λέγει (11 *a*, 1)
— 29. ἐὰν διαβῶσιν . . . εἰς πόλεμον ἔναντι κυρίου (11 *a*)
— 30. ἐὰν δὲ μὴ διαβῶσιν . . . ἔναντι κυρίου -
— 31. ὅσα ὁ κ. λέγει τοῖς θεράπουσιν (11 *a*)
— 32. διαβησόμεθα . . . ἔναντι κυρίου (11 *a*)
33. 2. ἔγραψε Μωυσῆς . . . διὰ ῥήματος κυρίου (11 *a*)
— 4. οὓς [A ὅσους] ἐπάταξε κύριος (11 *a*)
— 4. ἐποίησε τὴν ἐκδίκησιν κύριος (11 *a*)
— 38. ἀνέβη Ἀαρὼν . . . διὰ προστάγματος κυρίου (11 *a*)
— 50: 34. 1. ἐλάλησε κύριος πρὸς Μωυσῆν (11 *a*)
34. 13. ὃν τρόπον συνέταξε κύριος (11 *a*)
— 16. ἐλάλησε κύριος πρὸς Μωυσῆν (11 *a*)
— 29. τούτοις [A οὗτοι οἷς] ἐνετείλατο κύριος (11 *a*)
35. 1, 9. ἐλάλησε κύριος πρὸς Μωυσῆν (11 *a*)
— 34. ἐγὼ γάρ εἰμι κύριος (11 *a*)
36. 2. τῷ κ. ἡμῶν ἐνετείλατο κύριος (1, 11 *a*)
— 2. τῷ κ. συνέταξε κύριος (1, 11 *a*)
— 5. ἐνετείλατο Μ. . . . διὰ προστάγματος κυρίου (11 *a*)
— 6. ὃ συνέταξε κύριος ταῖς θυγατράσι Σ. (11 *a*)
— 10. ὃν τρόπον συνέταξε κύριος Μ. [A πρὸς Μ.] (11 *a*)
— 13. ἃ ἐνετείλατο κύριος (11 *a*)
De. 1. 3. ὅσα ἐνετείλατο κύριος αὐτῷ (11 *a*)
— 6. κ. ὁ θεὸς ἡμῶν ἐλάλησεν ἡμῖν (11 *a*)
— 10. κ. ὁ θεὸς ὑμῶν ἐπλήθυνεν ὑμᾶς (11 *a*)
— 11. κ. ὁ θεὸς τῶν πατέρων ὑμῶν (11 *a*)
— 19. καθότι ἐνετείλατο κ. ὁ θεὸς ἡμῶν ἡμῖν (11 *a*)
— 20. ὃ ὁ κ. ὁ θεὸς ἡμῶν δίδωσιν ὑμῖν (11 *a*)
— 21. παραδέδωκεν ἡμῖν κ. ὁ θεὸς . . . τὴν γῆν (11 *a*)
— 21. ὃν τρόπον εἶπε κ. ὁ θεός (11 *a*)
— 25. ἣν κ. ὁ θεὸς ἡμῶν δίδωσιν ἡμῖν (11 *a*)
— 26. ἠπειθήσατε τῷ ῥήματι κ. τοῦ θεοῦ ἡμῶν (11 *a*)
— 27. διὰ τὸ μισεῖν κύριον ἡμᾶς (11 *a*)
— 30. κ. ὁ θεὸς ὑμῶν ὁ προπορευόμενος (11 *a*)
— 31. ἐτροφοφόρησέν σε κ. ὁ θεός σου (11 *a*)
— 32. οὐκ ἐνεπιστεύσατε κ. τῷ θεῷ ἡμῶν (11 *a*)
— 34. ἤκουσε κύριος τὴν φωνὴν τῶν λόγων ὑμῶν (11 *a*)
— 36. διὰ τὸ προσκεῖσθαι αὐτὸν τὰ πρὸς κύριον (11 *a*)
— 37. ἐμοὶ ἐθυμώθη κύριος δι' ὑμᾶς (11 *a*)
— 41. ἡμάρτομεν ἔναντι [A -τίον] κ. τοῦ θεοῦ ἡμῶν (18 *a*)
— 41. ὅσα ἐνετείλατο κ. ὁ θεὸς ἡμῶν ἡμῖν (11 *a*)
— 42. εἶπε κύριος πρός μέ (11 *a*)
— 43. παρέβητε τὸ ῥῆμα κυρίου (11 *a*)
— 45. ἐκλαίετε ἔναντι κυρίου τοῦ θεοῦ ἡμῶν [A *om.* τ. θ. ἡ.] (18 *a* [11 *a*])
— 45. οὐκ εἰσήκουσε κύριος τῆς φωνῆς ὑμῶν (11 *a*)

De. 2. 1. ὃν τρόπον ἐλάλησε κύριος πρὸς μέ (11 *a*)
— 2. εἶπε κύριος πρὸς μέ (11 *a*)
— 7. ὁ γὰρ κ. ὁ θεὸς ἡμῶν εὐλόγησέ σε (11 *a*)
— 7. τεσσαράκοντα ἔτη κ. ὁ θεός σου μετὰ σοῦ (11 *a*)
— 9. εἶπε κύριος πρὸς μέ (11 *a*)
— 12. ἣν δέδωκε κύριος αὐτοῖς (11 *a*)
— 14. καθότι ὤμοσε κύριος [B^1 *om.*] ὁ θεός [A *om.* ὁ θ.] (18 *a* [11 *a*])
— 15. A ἡ χεὶρ κυρίου [B τοῦ θεοῦ] ἦν ἐπ' αὐτοῖς (11 *a*)
— 17. ἐλάλησε κύριος πρὸς μέ (11 *a*)
— 21. ἀπώλεσεν αὐτοὺς κύριος (11 *a*)
— 29. ἣν κ. ὁ θεὸς ἡμῶν δίδωσιν ἡμῖν (11 *a*)
— 30. ἐσκλήρυνε κ. ὁ θεὸς ἡμῶν τὸ πνεῦμα αὐτοῦ (11 *a*)
— 31. εἶπε κύριος πρὸς μέ (11 *a*)
— 33. παρέδωκεν αὐτὸν κ. ὁ θεὸς ἡμῶν (11 *a*)
— 36. τὰς πάσας παρέδωκε κ. ὁ θεὸς ἡμῶν (11 *a*)
— 37. καθότι ἐνετείλατο ἡμῖν κ. ὁ θεὸς ἡμῶν (11 *a*)
3. 2. εἶπε κύριος πρὸς μέ (11 *a*)
— 3. παρέδωκεν αὐτὸν κ. ὁ θεὸς ἡμῶν (11 *a*)
— 18. κ. ὁ θεὸς ὑμῶν ἔδωκεν ὑμῖν (11 *a*)
— 20. ἕως ἂν καταπαύσῃ κ. ὁ θεός (18 *a*)
— 20. ἣν κ. ὁ θεὸς ἡμῶν δίδωσιν αὐτοῖς (11 *a*)
— 21. ὅσα ἐποίησε κ. ὁ θεὸς ἡμῶν (11 *a*)
— 21. οὕτως ποιήσει κ. ὁ θεὸς ἡμῶν (18 *a*)
— 22. κ. ὁ θεὸς ἡμῶν αὐτὸς πολεμήσει (11 *a*)
— 23. καὶ ἐδεήθην κυρίου [B^1 ἐναντίον κ.] (11 *a*)
— 24. A B^2 κύριε κύριε [B^1 κ. ὁ θεός, R κ. θεέ] (2, 11 *b*)
— 26. ὑπερεῖδε κύριος ἐμέ (11 *a*)
— 26. εἶπε κύριος πρὸς μέ (11 *a*)
4. 1. ἣν κ. ὁ θεὸς τῶν πατέρων ὑμῶν δίδωσιν ὑμῖν (11 *a*)
— 2. φυλάσσεσθε τὰς ἐντολὰς κυρίου τοῦ θεοῦ ἡμῶν (11 *a*)
— 3. ὅσα ἐποίησε κ. ὁ θεὸς ἡμῶν (18 *a*)
— 3. ἐξέτριψεν αὐτὸν κ. ὁ θεὸς ἡμῶν (11 *a*)
— 4. ὑμεῖς δὲ οἱ προσκείμενοι κ. τῷ θεῷ ἡμῶν (11 *a*)
— 5. καθὰ ἐνετείλατό μοι κύριος [A κ. ὁ θεός μου] (11 *a* + 6 [11 *a*])
— 7. ὡς κ. ὁ θεὸς ἡμῶν ἐν πᾶσιν (11 *a*)
— 10. ἔστητε ἐνώπιον κ. τοῦ θεοῦ ἡμῶν (11 *a*)
— 10. εἶπε κύριος πρὸς μέ (11 *a*)
— 12. ἐλάλησε κύριος [B^2 κ. ὁ θεὸς] πρὸς ὑμᾶς (11 *a* [18 *a*])
— 14. ἐμοὶ ἐνετείλατο κύριος (11 *a*)
— 15. ᾗ ἐλάλησε κύριος πρὸς ὑμᾶς (11 *a*)
— 19. ἃ ἀπένειμε κ. ὁ θεός σου αὐτά [B^2 *om.*] (11 *a*)
— 20. A ὑμᾶς δὲ ἔλαβεν κ. [B *om.*] ὁ θεός (18 *a*)
— 21. A B^1 κύριος [B^2 R κ. ὁ θεὸς] ἐθυμώθη μοι (11 *a* [18 *a*])
— 21. ἣν κ. ὁ θεός σου [A *om.*] δίδωσι (11 *a*)
— 23. μὴ ἐπιλάθησθε τὴν διαθήκην κ. τοῦ θεοῦ (11 *a*)
— 23. ὧν συνέταξέ σοι κ. ὁ θεός σου (11 *a*)
— 24. κ. ὁ θεός σου πῦρ καταναλίσκον ἐστι (11 *a*)
— 25. καὶ ποιήσητε τὸ πονηρὸν [B^1 τὰ π.] ἐναντίον [A -τι] κυρίου τοῦ θεοῦ (11 *a*)
— 27. διασπερεῖ κύριος ὑμᾶς (11 *a*)
— 27. εἰς οὓς εἰσάξει κύριος ὑμᾶς ἐκεῖ (11 *a*)
— 29. ζητήσετε [A ἐκζ.] ἐκεῖ κ. τὸν θεὸν ἡμῶν (11 *a*)
— 30. ἐπιστραφήσῃ πρὸς [A ἐπὶ] κ. τὸν θεόν σου (11 *a*)
— 31. θεὸς οἰκτίρμων κ. ὁ θεός σου (11 *a*)
— 31. ἣν ὤμοσεν αὐτοῖς κύριος [A B^1 *om.*] -
— 34. ὅσα ἐποίησε κ. [B^1 *om.*] ὁ θεὸς ἡμῶν (11 *a*)
— 35. κ. ὁ θεός σου οὗτος [A αὐτὸς] θεός ἐστι (18 *a*)
— 39. κ. ὁ θεός σου οὗτος θεός (18 *a*)
— 40. ἧς κ. ὁ θεός σου δίδωσί σοι (11 *a*)
5. 2. κ. ὁ θεὸς ὑμῶν διέθετο πρὸς ὑμᾶς (11 *a*)
— 3. οὐχὶ τοῖς πατράσιν ὑμῶν διέθετο κύριος [A *om.*] (11 *a*)
— 4. ἐλάλησε κύριος πρὸς ὑμᾶς (11 *a*)
— 5. εἱστήκειν ἀνὰ μέσον κυρίου καὶ ὑμῶν (11 *a*)
— 5. ἀναγγεῖλαι ὑμῖν τὰ ῥήματα [A ἐνώπιον] κυρίου (11 *a*)
— 6. ἐγώ εἰμι κ. ὁ θεός σου (11 *a*)
— 9. ὅτι ἐγώ εἰμι κ. ὁ θεύς σου (11 *a*)
— 11. οὐ λήψῃ τὸ ὄνομα κ. τοῦ θεοῦ σου (11 *a*)
— 11. A B^1 οὐ γὰρ μὴ καθαρίσῃ κ. [B^2 R κ. ὁ θεός σου] (11 *a* [18 *a*])
— 12. ὃν τρόπον ἐνετείλατό σοι κ. ὁ θεός σου (11 *a*)
— 14. σάββατα κ. τῷ θεῷ σου (11 *a*)
— 14. B^1 ἐποίησεν κύριος τόν τε οὐρανόν -
— 15. ἐξήγαγέ σε κ. ὁ θεός σου (11 *a*)
— 15. συνέταξέ σοι [A σε] κ. ὁ θεός σου (11 *a*)

De. 5. 16. ὃν τρόπον ἐνετείλατό σοι [B^1 *om.*] κ. ὁ θεός σου (11 *a*)
— 16. ἧς κ. ὁ θεός σου δίδωσί σοι (11 *a*)
— 22 (19). τὰ ῥήματα ταῦτα ἐλάλησε κύριος (11 *a*)
— 22 (19). καὶ ἔδωκέ μοι [B^2 *add.* κύριος] -
— 24 (21). ἔδειξεν ἡμῖν κ. ὁ θεὸς ἡ. τὴν δόξαν αὐ. (11 *a*)
— 25 (22). ἀκοῦσαι τὴν φωνὴν κ. τοῦ θεοῦ ἡμῶν (11 *a*)
— 27 (24). ὅσα ἐὰν εἴπῃ κ. ὁ θεὸς ἡμῶν (11 *a*)
— 27 (24). A B^2 R ὅσα ἂν λαλήσει κ. ὁ θεὸς ἡμῶν (11 *a*)
— 28 (25). ἤκουσε κύριος τὴν φωνὴν τῶν λόγων ὑμῶν (11 *a*)
— 28 (25). εἶπε κύριος πρὸς μέ (11 *a*)
— 32 (29). ὃν τρόπον ἐνετείλατό σοι κ. ὁ θεός σου (11 *a*)
— 33 (30). ἣν ἐνετείλατό σοι κ. ὁ θεός σου (11 *a*)
6. 1. ὅσα ἐνετείλατο κ. [B^1 *om.*] ὁ θεὸς ἡμῶν (11 *a*)
— 2. ἵνα φοβῆσθε κ. τὸν θεὸν ὑμῶν (11 *a*)
— 3. καθάπερ ἐλάλησε κ. ὁ θεὸς τῶν πατέρων σου (11 *a*)
— 3. ὅσα ἐνετείλατο κύριος [B^1 Μωυσῆς] τοῖς υἱοῖς Ἰσρ. -
— 4. κ. ὁ θεὸς ἡμῶν κ. εἷς ἐστι (11 *a*, 11 *a*)
— 5. ἀγαπήσεις κ. τὸν θεόν σου (11 *a*)
— 10. ὅταν εἰσαγάγῃ σε κ. ὁ θεός σου (11 *a*)
— 10. B ἣν ὤμοσε κύριος [A R *om.*] -
— 12. μὴ ἐπιλάθῃ κ. τοῦ θεοῦ σου (18 *a*)
— 13. κ. τὸν θεόν σου φοβηθήσῃ [A προσκυνήσεις] (11 *a*)
— 15. θεὸς ζηλωτὴς κ. ὁ θεός σου ἐν σοί (11 *a*)
— 15. A B^1 μὴ ὀργισθεὶς θυμωθῇ [B^2 R -μῷ] κ. ὁ θεός σού σοι (11 *a*)
— 16. οὐκ ἐκπειράσεις κ. τὸν θεόν σου (11 *a*)
— 17. φυλάξῃ τὰς ἐντολὰς κ. τοῦ θεοῦ σου (11 *a*)
— 18. τὸ καλὸν ἐναντίον κ. τοῦ θεοῦ σου (18 *a*)
— 18. ἣν ὤμοσε κύριος (11 *a*)
— 19. καθὰ ἐλάλησε κύριος [A *om.*] (11 *a*)
— 20. ὅσα ἐνετείλατο κ. ὁ θεὸς ἡμῶν ἡμῖν (11 *a*)
— 21. ἐξήγαγεν ἡμᾶς κύριος ἐκεῖθεν (11 *a*)
— 22. ἔδωκε κύριος σημεῖα (11 *a*)
— 23. A ἐξήγαγεν ἡμᾶς κ. ὁ θεὸς ἡμῶν [B *om.* κ. ὁ θ. ἡ.] -
— 23. A ἣν ὤμοσεν κ. ὁ θεὸς ἡμῶν [B *om.* κ. ὁ θ. ἡ.] -
— 24. ἐνετείλατο ἡμῖν κύριος (11 *a*)
— 24. φοβεῖσθαι κ. τὸν θεὸν ἡμῶν (11 *a*)
— 25. ποιεῖν . . . ἐναντίον κ. τοῦ θεοῦ ἡμῶν (11 *a*)
— 25. B καθὰ ἐνετείλατο ἡμῖν κύριος [A R *om.*] -
7. 1. ἐὰν δὲ εἰσαγάγῃ σε κ. ὁ θεός [A *al.*] (11 *a*)
— 2. παραδώσει αὐτοὺς κ. ὁ θεός σου (11 *a*)
— 4. ὀργισθήσεται θυμῷ κύριος (11 *a*)
— 6. λαὸς ἅγιος εἶ κ. τῷ θεῷ σου (11 *a*)
— 6. σὲ προείλατο κ. ὁ θεός σου (11 *a*)
— 7. R προείλατο κύριος ὑμᾶς καὶ ἐξελέξατο κύριος [A B *om.*] ὑμᾶς (11 *a*, -)
— 8. παρὰ τὸ ἀγαπᾶν κύριον ὑμᾶς (11 *a*)
— 8. ἐξήγαγεν ὑμᾶς κύριος [A κ. ὑ. ἐκεῖθεν] (11 *a*)
— 8. ἐλυτρώσατό σε [B^1 *om.*] κύριος [A B^1 *om.*] -
— 9. κ. ὁ θεός σου οὗτος θεός (11 *a*)
— 12. διαφυλάξει κ. ὁ θεός σού σοι τὴν διαθήκην (11 *a*)
— 13. B^1 ἀγαπήσει σε κύριος [A B^2 R *om.*] -
— 13. A R ἧς [B ὡς] ὤμοσε κύριος -
— 15. A B^2 περιελεῖ κ. ὁ θεός [B^1 *om.* ὁ θ.] (18 *a* [11 *a*])
— 16. ἃ κ. ὁ θεός σου δίδωσί σοι (11 *a*)
— 18. ὅσα ἐποίησε κ. ὁ θεός σου (11 *a*)
— 19. ὡς ἐξήγαγέ σε κ. ὁ θεός σου (11 *a*)
— 19. οὕτω ποιήσει κ. ὁ θεὸς ὑμῶν (11 *a*)
— 20. A B R τὰς σφηκίας ἀποστελεῖ κ. ὁ θεός σου (11 *a*)
— 21. κ. ὁ θεός σου ἐν σοί (11 *a*)
— 22. καταναλώσει κ. ὁ θεός σου τὰ ἔθνη (11 *a*)
— 23. παραδώσει αὐτοὺς κ. ὁ θεός σου (11 *a*)
— 25. βδέλυγμα κ. τῷ θεῷ σού ἐστι (11 *a*)
8. 1. ἣν ὤμοσε κ. ὁ θεὸς ὑμῶν [A *om.* ὁ θ. ὑ.] (11 *a* [18 *a*])
— 2. ἣν ἤγαγέ σε κ. ὁ θεός σου (11 *a*)
— 5. οὕτω κ. ὁ θεός σου παιδεύσει σε (11 *a*)
— 6. φυλάξῃ τὰς ἐντολὰς κ. τοῦ θεοῦ σου (11 *a*)
— 7. ὁ γὰρ κ. ὁ θεός σου εἰσάξει σε (11 *a*)
— 10. εὐλογήσεις κ. τὸν θεόν σου (11 *a*)
— 10. ἧς ἔδωκέν σοι κύριος [A B^1 R *om.*] -
— 11. μὴ ἐπιλάθῃ κ. τοῦ θεοῦ σου (11 *a*)

De. 8. 14. καὶ ἐπιλάθῃ κ. τοῦ θεοῦ σου (11 a)
— 18. μνησθήσῃ κ. τοῦ θεοῦ σου (11 a)
— 18. ἣν ὤμοσε κύριος [A om.] τοῖς πατράσι σου –
— 19. ἐὰν λήθῃ ἐπιλάθῃ κ. τοῦ θεοῦ σου (11 a)
— 20. A B^1 ὅσα κ. [B^2R κ. ὁ θεὸς] ἀπολλύει (11 a [18 a])
— 20. οὐκ ἠκούσατε τῆς φωνῆς κ. τοῦ θεοῦ ὑμῶν (11 a)
9. 3. κ. ὁ θεός σου οὗτος προπορεύσεται (11 a)
— 3. καθάπερ εἶπέ σοι κύριος (11 a)
— 4. ἐν τῷ ἐξαναλῶσαι κ. τὸν θεόν σου τὰ ἔθνη (11 a)
— 4. εἰσήγαγέ με κύριος (11 a)
— 4. A κύριος ἐξολεθρεύσει αὐτούς (11 a)
— 5. κύριος ἐξολεθρεύσει αὐτούς (11 a + 6)
— 5. A R ἣν ὤμοσε κύριος [B om.] τοῖς πατράσιν ἡμῶν (11 a)
— 6. κ. ὁ θεός σου [A om.] δίδωσί σοι τὴν γῆν (11 a)
— 7. ὅσα παρώξυνας κ. τὸν θεόν σου (11 a)
— 7. ἀπειθοῦντες διετελεῖτε τὰ πρὸς κύριον (11 a)
— 8. παρωξύνατε κύριον (11 a)
— 8. A R ἐθυμώθη κύριος [B om.] ἐφ' ὑμῖν (11 a)
— 9. ἃς διέθετο κύριος πρὸς ὑμᾶς (11 a)
— 10. ἔδωκέ μοι κύριος τὰς δύο πλάκας (11 a)
— 10. οὓς ἐλάλησε κύριος πρὸς ὑμᾶς (11 a)
— 11. ἔδωκε κύριος ἐμοὶ τὰς δύο πλάκας (11 a)
— 12, 13. εἶπε κύριος πρὸς μέ (11 a)
— 16. ἡμάρτετε ἐναντίον [A -τι] κ. τοῦ θεοῦ ὑμῶν (11 a)
— 16. ἧς ἐνετείλατο κύριος ὑμῖν (11 a)
— 18. ἐδεήθην ἐναντίον [A -τι] κυρίου δεύτερον (11 a)
— 18. ποιῆσαι τὸ πονηρὸν ἐναντίον [A -τι] κ. τοῦ θεοῦ (18 a)
— 19. παρωξύνθη κύριος ἐφ' ὑμῖν (11 a)
— 19. εἰσήκουσε κύριος ἐμοῦ (11 a)
— 20. A ἐπὶ Ἀαρὼν ἐθυμώθη κύριος [B om.] (11 a)
— 22. παροξύνοντες ἦτε κύριον [A κ. τὸν θεὸν ὑμῶν] (11 a [18 a])
— 23. ὅτε ἐξαπέστειλεν [A ἀπ.] ὑμᾶς κύριος (11 a)
— 23. ἠπειθήσατε τῷ ῥήματι κυρίου τοῦ θεοῦ ὑμῶν (11 a)
— 24. ἀπειθοῦντες ἦτε τὰ πρὸς κύριον (11 a)
— 25. ἐδεήθην ἔναντι κυρίου (11 a)
— 25. εἶπε γὰρ κύριος ἐξολεθρεῦσαι ὑμᾶς (11 a)
— 26. A R κύριε κύριε [B om.] βασιλεῦ τῶν θεῶν (2, 11 b)
— 28. παρὰ τὸ μὴ δύνασθαι κύριον εἰσαγαγεῖν (11 a)
— 28. A παρὰ τὸ μισῆσαι κύριον [B om.] αὐτούς –
10. 1. εἶπε κύριος πρὸς μέ (11 a)
— 4. οὓς ἐλάλησε κύριος πρὸς ὑμᾶς (11 a)
— 4. ἔδωκεν αὐτὰς κύριος ἐμοί (11 a)
— 5. καθὰ ἐνετείλατό μοι κύριος (11 a)
— 8. διέστειλε κύριος τὴν φυλήν (11 a)
— 8. αἴρειν τὴν κιβωτὸν τῆς διαθήκης κυρίου παρεστάναι ἔναντι κυρίου (11 a, 11 a)
— 9. κύριος αὐτὸς κλῆρος αὐτοῦ (11 a)
— 10. A R εἰσήκουσε [B ἤκ.] κύριος ἐμοῦ (11 a)
— 10. οὐκ ἠθέλησε κύριος ἐξολεθρεῦσαι ὑμᾶς (11 a)
— 11. εἶπε κύριος πρὸς μέ (11 a)
— 12. τί κ. ὁ θεός σου αἰτεῖται παρὰ σοῦ ἀλλ' ἢ φοβεῖσθαι κ. τὸν θεόν σου (11 a, 11 a)
— 12. λατρεύειν κ. τῷ θεῷ σου (11 a)
— 13. φυλάσσεσθαι τὰς ἐντολὰς κ. τοῦ θεοῦ σου (18 a)
— 14. κ. τοῦ θεοῦ [B^1 κ. ὁ θεός] σου ὁ οὐρανός (11 a)
— 15. τοὺς πατέρας ὑμῶν προείλατο κύριος (11 a)
— 17. ὁ γὰρ κ. ὁ θεὸς ὑμῶν οὗτος θεὸς τῶν θεῶν καὶ κ. τῶν κ. (11 a, 1, 1)
— 20. κ. τὸν θεόν σου φοβηθήσῃ [A προσκυνήσεις] (11 a)
— 22. ἐποίησέ σε κ. ὁ θεός σου (11 a)
11. 1. ἀγαπήσεις κ. τὸν θεόν σου (11 a)
— 2. τὴν παιδείαν κ. τοῦ θεοῦ σου (11 a)
— 4. ἀπώλεσεν αὐτοὺς κύριος [A κ. ὁ θεός] (11 a [18 a])
— 7. ἑώρακαν πάντα τὰ ἔργα κυρίου (11 a)
— 9. ἧς ὤμοσε κύριος τοῖς πατράσιν ὑμῶν (11 a)
— 12. ἣν κ. ὁ θεός σου ἐπισκοπεῖται αὐτήν (11 a)
— 12. οἱ ὀφθαλμοὶ κ. τοῦ θεοῦ σου ἐπ' αὐτῆς (11 a)
— 13. ἀγαπᾶν κ. τὸν θεόν σου (11 a)
— 17. θυμωθεὶς ὀργῇ [A ὀργισθῇ] κύριος ἐφ' ὑμῖν (11 a)
— 17. ἧς ἔδωκεν ὁ κ. [A θεὸς] ὑμῖν (11 a)
— 21. ἧς ὤμοσε κύριος τοῖς πατράσιν ὑμῶν (11 a)
— 22. ἀγαπᾶν κ. τὸν θεὸν ἡμῶν (11 a)
— 23. ἐκβαλεῖ κύριος πάντα τὰ ἔθνη ταῦτα (11 a)

De. 11. 25. τὸν τρόμον ὑμῶν ἐπιθήσει κ. ὁ θεὸς ὑμῶν (11 a)
— 25. A ὃν τρόπον ἐλάλησε κύριος [B om.] πρὸς ὑμᾶς –
— 27. ἐὰν ἀκούσητε τὰς ἐντολὰς κ. τοῦ θεοῦ ὑμῶν (11 a)
— 28. ἐὰν μὴ ἀκούσητε [A εἰσακ.] τὰς ἐντολὰς κυρίου τοῦ θεοῦ ὑμῶν (11 a)
— 29. ὅταν εἰσαγάγῃ σε κ. ὁ θεός σου (11 a)
— 31. ἣν κ. ὁ θεὸς ἡμῶν δίδωσιν ὑμῖν (11 a)
12. 1. A R ἣν [B ᾗ] κ. ὁ θεὸς . . . δίδωσιν (11 a)
— 4. οὐ ποιήσετε οὕτω κ. τῷ θεῷ ὑμῶν (11 a)
— 5. ὃν ἂν ἐκλέξηται κ. ὁ θεός σου (11 a)
— 7. φάγεσθε ἐκεῖ ἐναντίον κ. τοῦ θεοῦ ὑμῶν (11 a)
— 7. καθότι εὐλόγησέ σε κ. ὁ θεός σου (11 a)
— 9. ἣν κ. ὁ θεὸς ἡμῶν δίδωσιν ὑμῖν (11 a)
— 10. ἧς κ. ὁ θεὸς ἡμῶν κατακληρονομεῖ ὑμῖν (11 a)
— 11. ὃν ἂν ἐκλέξηται κ. ὁ θεός σου (11 a)
— 11. R ὅσα ἂν εὔξησθε κ. [A B om.] τῷ θεῷ ὑμῶν (18 a)
— 12. εὐφρανθήσεσθε ἐναντίον [A -τι] κ. τοῦ θεοῦ ὑμῶν (11 a)
— 14. ὃν ἂν ἐκλέξηται κ. ὁ θεός σου αὐτόν (18 a)
— 15. κατὰ τὴν εὐλογίαν κ. τοῦ θεοῦ σου (11 a)
— 18. ἐναντίον κ. τοῦ θεοῦ σου φάγῃ αὐτό (11 a)
— 18. ᾧ [A οὗ] ἂν ἐκλέξηται κ. ὁ θεός σου αὐτῷ (11 a)
— 18. εὐφρανθήσῃ ἐναντίον κ. τοῦ θεοῦ σου (11 a)
— 20. ἐὰν δὲ ἐμπλατύνῃ κ. ὁ θεός σου τὰ ὅριά σου (11 a)
— 21. ὃν ἂν ἐκλέξηται κ. ὁ θεός σου (11 a)
— 25. τὸ ἀρεστὸν ἐναντίον κ. τοῦ θεοῦ σου (18 a)
— 26. ὃν ἂν ἐκλέξηται κ. ὁ θεός σου (18 a)
— 27. A R ἐπὶ τὸ θυσιαστήριον κ. τοῦ θεοῦ σου (11 a)
— 27. A R πρὸς τὴν βάσιν τοῦ θυσιαστηρίου κ. τοῦ θεοῦ σου (11 a)
— 28. τὸ ἀρεστὸν ἐναντίον κ. τοῦ θεοῦ σου (11 a)
— 29. ἐὰν δὲ ἐξολεθρεύσῃ κ. ὁ θεός σου τὰ ἔθνη (11 a)
— 31. A οὐ ποιήσεις οὕτω κ. [B om.] τῷ θεῷ σου τὰ βδελύγματα γὰρ ὁ κ. ἐμίσησεν [B al.] (11 a, 11 a)
13. 3 (4). πειράζει κ. ὁ θεός σου [A ὑμῶν] ὑμᾶς (11 a)
— 3 (4). A εἰ ἀγαπᾶτε κ. [B om.] τὸν θεὸν ὑμῶν (11 a)
— 4 (5). ὀπίσω κ. τοῦ θεοῦ ὑμῶν πορεύεσθε (11 a)
— 5 (6). πλανῆσαί σε ἀπὸ κ. τοῦ θεοῦ σου (11 a)
— 5 (6). ἧς ἐνετείλατό σοι κ. ὁ θεός σου (11 a)
— 10 (11). ἀποστῆσαί σε ἀπὸ κ. τοῦ θεοῦ σου (11 a)
— 12 (13). ὧν κ. ὁ θεός σου δίδωσί σοι (11 a)
— 16 (17). ἐμπρήσεις τὴν πόλιν . . . ἐναντίον κ. τοῦ θεοῦ σου (11 a)
— 17 (18). ἵνα ἀποστραφῇ κύριος ἀπὸ θυμοῦ (11 a)
— 17 (18). A ὃν τρόπον ὤμοσε κύριος [B om.] τοῖς πατράσι σου –
— 18 (19). ἐὰν ἀκούσῃς [A εἰσακούσητε] τῆς φωνῆς κ. τοῦ θεοῦ σου (11 a)
— 18 (19). τὸ καλὸν ἐναντίον κ. τοῦ θεοῦ σου (11 a)
14. 1. υἱοί ἐστε κ. τοῦ θεοῦ ὑμῶν (11 a)
— 2. λαὸς ἅγιος εἶ κ. τῷ θεῷ σου καὶ σὲ ἐξελέξατο κ. ὁ θεός σου (11 a, 18 a)
— 21. λαὸς ἅγιος εἶ κ. τῷ θεῷ σου (11 a)
— 23. A φάγῃ αὐτὸ ἔναντι κ. τοῦ θεοῦ σου [B om. ἔ. κ. τ. θ. σ.] (11 a)
— 23. ᾧ ἂν ἐκλέξηται κ. ὁ θεός σου –
— 23. ἵνα μάθῃς φοβεῖσθαι κ. τὸν θεόν σου (11 a)
— 24. ὃν ἂν ἐκλέξηται κ. ὁ θεός σου (11 a)
— 24. εὐλογήσει σε κ. ὁ θεός σου (11 a)
— 25. ὃν ἂν ἐκλέξηται κ. ὁ θεός σου [A om.] αὐτόν (11 a)
— 26. φάγῃ ἐκεῖ ἐναντίον κ. τοῦ θεοῦ σου (11 a)
— 29. ἵνα εὐλογήσῃ σε κ. ὁ θεός σου (11 a)
15. 2. ἄφεσις κ. τῷ θεῷ σου (18 a)
— 4. εὐλογήσει σε κ. ὁ θεός σου (18 a)
— 4. ᾗ κ. ὁ θεός σου δίδωσί σοι (11 a)
— 5. εἰσακούσητε τῆς φωνῆς κ. τοῦ θεοῦ ὑμῶν (11 a)
— 6. κ. ὁ θεός σου εὐλόγησέ σε (11 a)
— 7. ᾗ κύριος ὁ θ. σου δίδωσί σοι (11 a)
— 9. καὶ καταβοήσεται [A β.] κατὰ σοῦ πρὸς κύριον (11 a)
— 10. εὐλογήσει σε κ. ὁ θεός σου (11 a)
— 14. καθὰ εὐλόγησέ σε κ. ὁ θεός σου (11 a)
— 15. A B^2 R ἐλυτρώσατο σε κ. ὁ θεός σου (11 a)
— 18. εὐλογήσει σε κ. ὁ θεός σου (11 a)
— 19. τὰ ἀρσενικὰ ἁγιάσεις κ. τῷ θεῷ σου (11 a)

De. 15. 20. ἔναντι κυρίου [A κ. τοῦ θεοῦ σου] φάγῃ αὐτό (11 a + 6 [11 a])
— 20. ᾧ ἐὰν ἐκλέξηται κ. ὁ θεός σου (18 a)
— 21. οὐ θύσεις αὐτὸ κ. τῷ θεῷ σου (11 a)
16. 1. ποιήσεις τὸ πάσχα κ. τῷ θεῷ σου (11 a)
— 2. θύσεις τὸ πάσχα κ. τῷ θεῷ σου (11 a)
— 2. ᾧ ἐὰν ἐκλέξηται κ. ὁ θεός σου (18 a)
— 5. ὧν κ. ὁ θεός σου δίδωσί σοι (11 a)
— 6. ὃν ἂν ἐκλέξηται κ. ὁ θεός σου (11 a)
— 7. οὗ [A ᾧ] ἐὰν ἐκλέξηται κ. ὁ θεός σου αὐτόν (11 a)
— 8. ἐξόδιον ἑορτὴ κ. τῷ θεῷ σου (11 a)
— 10. ποιήσεις ἑορτὴν ἑβδομάδων κ. τῷ θεῷ σου (11 a)
— 10. ὅσα ἂν δῷ [A add. σοι καθότι ηὐλόγησέν σε] κ. ὁ θεός σου (11 a)
— 11. R εὐφρανθήσῃ ἐναντίον κ. [A B om.] τοῦ θεοῦ σου (11 a)
— 11. ᾧ ἐὰν ἐκλέξηται κ. ὁ θεός σου αὐτόν (11 a)
— 14. A εὐφρανθήσῃ ἔναντι κ. τοῦ θεοῦ [B ἐν τῇ ἑορτῇ] σου †
— 15. ἑορτάσεις κ. τῷ θεῷ σου (11 a)
— 15. ᾧ ἂν ἐκλέξηται κ. ὁ θεός σου (18 a)
— 15. ἐὰν δὲ εὐλογήσῃ σε κ. ὁ θεός σου (11 a)
— 16. ὀφθήσεται . . . ἐναντίον κ. τοῦ θεοῦ σου (11 a)
— 16. ᾧ ἐὰν ἐκλέξηται αὐτὸν [A om.] κύριος –
— 16. οὐκ ὀφθήσῃ ἐνώπιον κ. τοῦ θεοῦ σου κενός (18 a)
— 17. κατὰ τὴν εὐλογίαν κ. τοῦ θεοῦ σου (11 a)
— 18. αἷς κ. ὁ θεός σου δίδωσί σοι (11 a)
— 20. ἣν κ. ὁ θεός σου δίδωσί σοι (11 a)
— 21. A παρὰ τὸ θυσιαστήριον κ. [B om.] τοῦ θεοῦ σου (11 a)
— 22. ἃ ἐμίσησε κ. ὁ θεός σου (11 a)
17. 1. οὐ θύσεις [A προσοίσεις] κ. τῷ θεῷ σου μόσχον (11 a)
— 1. βδέλυγμα κ. τῷ θεῷ σού ἐστιν (11 a)
— 2. ὧν κ. ὁ θεός σου δίδωσί σοι (11 a)
— 2. τὸ πονηρὸν ἐναντίον κ. τοῦ θεοῦ σου (11 a)
— 8. ὃν ἂν ἐκλέξηται κ. ὁ θεός σου (11 a)
— 10. οὗ ἂν ἐκλέξηται κ. ὁ θεός σου (18 a)
— 12. λειτουργεῖν ἐπὶ τῷ ὀνόματι κ. τοῦ θεοῦ σου (11 a)
— 14. ἣν κ. ὁ θεός σου δίδωσί σοι (11 a)
— 15. ὃν ἂν ἐκλέξηται κ. ὁ θεὸς [A θ. σου] αὐτόν (11 a)
— 16. ὁ δὲ κ. εἶπεν [A add. ὑμῖν] (11 a)
— 19. ἵνα μάθῃ φοβεῖσθαι κ. τὸν θεόν σου [A αὐτοῦ] (11 a)
18. 1. καρπώματα κυρίου [A -μα κυρίῳ] ὁ κλῆρος αὐτῶν (11 a)
— 2. κ. αὐτὸς κλῆρος αὐτοῦ (11 a)
— 5. αὐτὸν ἐξελέξατο κύριος [A κ. ὁ θεός σου] (11 a + 6 [11 a])
— 5. παρεστάναι ἔναντι κ. τοῦ θεοῦ [A θ. σου] –
— 5. A εὐλογεῖν ἐπὶ τῷ ὀνόματι κυρίου [B αὐτοῦ] (11 a)
— 6. A ὃν ἂν ἐκλέξηται κύριος [B om.] (11 a)
— 7. λειτουργήσει τῷ ὀνόματι κ. τοῦ θεοῦ αὐτοῦ (11 a)
— 7. οἱ παρεστηκότες ἐκεῖ ἐναντίον [A -τι] κυρίου τοῦ θεοῦ σου [A om. τ. θ. σ.] (18 a [11 a])
— 9. ἣν κ. ὁ θεός σου [A om.] δίδωσί σοι (11 a)
— 12. ἔστι γὰρ βδέλυγμα κ. τῷ θεῷ σου (18 a)
— 12. κύριος [A κ. ὁ θεός σου] ἐξολεθρεύσει αὐτούς (11 a + 6 [11 a])
— 13. τέλειος ἔσῃ ἐναντίον κ. τοῦ θεοῦ σου (11 a)
— 14. οὐχ οὕτως ἔδωκε κ. ὁ θεός σου (11 a)
— 15. προφήτην . . . ἀναστήσει σοι κ. ὁ θεός σου (11 a)
— 16. ὅσα ᾐτήσω παρὰ κ. τοῦ θεοῦ σου (11 a)
— 16. ἀκοῦσαι τὴν φωνὴν κ. τοῦ θεοῦ σου [A ἡμῶν] (11 a)
— 17. εἶπε κύριος πρὸς μέ (11 a)
— 21. ὃ οὐκ ἐλάλησε κύριος (11 a)
— 22. ὅσα ἐὰν λαλήσῃ ὁ προφήτης ἐκεῖνος [A ἐπὶ] τῷ ὀνόματι κυρίου (11 a)
— 22. ὃ οὐκ ἐλάλησε κύριος (11 a)
19. 1. ἐὰν δὲ ἀφανίσῃ κ. ὁ θεός σου τὰ ἔθνη (11 a)
— 2. ἧς κ. ὁ θεός σου δίδωσί σοι (11 a)
— 3. ἣν καταμερίζει σοι κ. ὁ θεός σου (11 a)
— 8. ἐὰν δὲ ἐμπλατύνῃ κ. ὁ θεός σου τὰ ὅριά σου (11 a)
— 8. καὶ δῷ σοι κύριος πᾶσαν τὴν γῆν –
— 9. ἀγαπᾶν κ. τὸν θεόν σου (11 a)

De. 19. 10. ᾗ [A ἣν] κ. ὁ θεός σου δίδωσί σοι (11 *a*)
— 14. A R ἣν [B ᾗ] κ. ὁ θεός σου δίδωσί σοι (11 *a*)
— 17. ἔναντι κυρίου καὶ ἔναντι τῶν ἱερέων (11 *a*)
20. 1. ὅτι κ. ὁ θεός σου μετὰ σοῦ (11 *a*)
— 4. κ. ὁ θεὸς ὑμῶν ὁ προπορευόμενος (11 *a*)
— 13. ἕως ἂν παραδῷ σοι [A καὶ παραδώσει] αὐτὴν κ. ὁ θεός σου (11 *a*)
— 14, 15. ὧν κ. ὁ θεός σου δίδωσί σοι (11 *a*)
— 17. ὃν τρόπον ἐνετείλατό σοι κ. ὁ θεός σου (11 *a*)
— 18. καὶ ἁμαρτήσεσθε ἐναντίον κ. τοῦ θεοῦ ὑμῶν (11 *a*)
21. 1. ᾗ [A ἣν] κ. ὁ θεός σου δίδωσί σοι (11 *a*)
— 5. αὐτοὺς ἐπέλεξε [A ἐξελέξατο] κ. ὁ θεός (11 *a*)
— 8. οὓς ἐλυτρώσω, κύριε (11 *a*)
— 9. τὸ ἀρεστὸν ἔναντι κ. [A *om.*] τοῦ θεοῦ (18 *a*)
— 10. καὶ παραδῷ σοι [A αὐτοὺς] κ. ὁ θεός σου (11 *a*)
— 23. ἣν κ. ὁ θεός σου δίδωσί σοι (11 *a*)
22. 5. βδέλυγμα κ. τῷ θεῷ σού ἐστι πᾶς ποιῶν ταῦτα (11 *a*)
23. 1 (2). οὐκ εἰσελεύσεται . . . εἰς ἐκκλησίαν [A^{2} οἶκον] κυρίου (11 *a*)
— 2 (3) (A^{2} B^{2} R), 3 (4) *bis*. οὐκ εἰσελεύσεται . . . εἰς ἐκκλησίαν κυρίου (11 *a*)
— 5 (6). οὐκ ἠθέλησε κ. ὁ θεός σου εἰσακοῦσαι τοῦ B. καὶ μετέστρεψε κ. ὁ θεός σου τὰς κατάρας (11 *a*, 11 *a*)
— 5 (6). ἠγάπησέ σε κ. ὁ θεός σου (11 *a*)
— 8 (9). εἰσελεύσονται εἰς ἐκκλησίαν κυρίου (11 *a*)
— 14 (15). κ. ὁ θεός σου ἐμπεριπατεῖ ἐν τῇ παρεμβολῇ (11 *a*)
— 15 (16). A R οὐ παραδώσεις παῖδα τῷ κ. αὐτοῦ [B *om.*] ὃς προστέθειταί σοι παρὰ τοῦ κ. αὐτοῦ (1, 1)
— 18 (19). εἰς τὸν οἶκον κ. τοῦ θεοῦ σου (11 *a*)
— 18 (19). βδέλυγμα κ. τῷ θεῷ σού ἐστι (11 *a*)
— 20 (21). ἵνα εὐλογήσῃ σε κ. ὁ θεός σου (11 *a*)
— 21 (22). ἐὰν δὲ εὔξῃ εὐχὴν κ. τῷ θεῷ σου (11 *a*)
— 21 (22). ἐκζητήσει κ. ὁ θεός σου (11 *a*)
— 23 (24). A R ὃν τρόπον ηὔξω κ. [B *om.*] τῷ θεῷ (11 *a*)
24. 4. βδέλυγμά ἐστιν ἐναντίον κ. τοῦ θεοῦ σου (18 *a*)
— 4. ἣν κ. ὁ θεός σου [A ὑμῶν] δίδωσί σοι (11 *a*)
— 9. ὅσα ἐποίησε κ. ὁ θεός σου (11 *a*)
— 13. ἐλεημοσύνη ἐναντίον κ. τοῦ θεοῦ σου (11 *a*)
— 15. καταβοήσεται κατὰ [A οὐ κ. περὶ] σοῦ πρὸς κύριον (11 *a*)
— 18. ἐλυτρώσατό σε κ. ὁ θεός σου ἐκεῖθεν (11 *a*)
— 19. ἵνα εὐλογήσῃ σε κ. ὁ θεός σου (11 *a*)
25. 15. ἧς κ. ὁ θεός σου δίδωσί σοι (11 *a*)
— 16. A B^{2} R ὅτι βδέλυγμα κ. τῷ θεῷ σου (11 *a*)
— 18. A καὶ οὐκ ἐφοβήθη τὸν κ. [B θεόν] (6)
— 19. ἡνίκα ἐὰν καταπαύσῃ σε κ. ὁ θεός σου (11 *a*)
— 19. ᾗ κ. ὁ θεός σου δίδωσί σοι (11 *a*)
26. 1. ἣν κ. ὁ θεός σου δίδωσί σοι (11 *a*)
— 2. ἧς [A ἣν] κ. ὁ θεός σου δίδωσί σοι (11 *a*)
— 2. ὃν ἂν ἐκλέξηται κ. ὁ θεός σου (11 *a*)
— 3. ἀναγγέλλω σήμερον κ. τῷ θεῷ μου (11 *a*)
— 3. ἣν ὤμοσε κύριος τοῖς πατράσιν ἡμῶν (11 *a*)
— 4. ἀπέναντι τοῦ θυσιαστηρίου κ. τοῦ θεοῦ σου (11 *a*)
— 5. ἐρεῖ [A -εῖς] ἔναντι κ. τοῦ θεοῦ σου (11 *a*)
— 7. ἀνεβοήσαμεν πρὸς κ. τὸν θεόν (11 *a*)
— 7. εἰσήκουσε κύριος τῆς φωνῆς ἡμῶν (11 *a*)
— 8. ἐξήγαγεν ἡμᾶς κύριος (11 *a*)
— 10. ἧς ἔδωκάς μοι, κύριε [A *om.*] (11 *a*)
— 10. A R ἀφήσεις αὐτὰ ἔναντι κ. τοῦ θεοῦ σου (11 *a*)
— 10. προσκυνήσεις [A *add.* ἐκεῖ] ἔναντι κ. τοῦ θεοῦ σου (11 *a*)
— 11. οἷς ἔδωκέ σοι κ. ὁ θεός σου (11 *a*)
— 13. ἐρεῖς ἔναντι κ. τοῦ θεοῦ σου (11 *a*)
— 14. A R ὑπήκουσα [B ἐπὶ κ.] τῆς φωνῆς κ. τοῦ θεοῦ (11 *a*)
— 16. κ. ὁ θεός σου ἐνετείλατό σοι (11 *a*)
— 18. κύριος εἵλατό σε σήμερον (11 *a*)
— 19. εἶναί σε λαὸν ἅγιον κ. τῷ θεῷ σου (11 *a*)
27. 2. ἣν κ. ὁ θεός σου δίδωσί σοι (11 *a*)
— 3. ἣν κ. ὁ θεὸς τῶν πατέρων σου δίδωσί σοι (11 *a*)
— 3. ὃν τρόπον εἶπε κ. ὁ θεὸς τῶν πατέρων σού σοι (11 *a*)
— 5. οἰκοδομήσεις ἐκεῖ θυσιαστήριον κ. τῷ θεῷ σου (11 *a*)
— 6. οἰκοδομήσεις θυσιαστήριον κ. τῷ θεῷ σου (11 *a*)
— 6. ἀνοίσεις . . . κ. τῷ θεῷ σου (11 *a*)
— 7. A θυσιαστήριον κ. τῷ θεῷ σου -
— 7. εὐφρανθήσῃ ἔναντι κ. τοῦ θεοῦ σου (11 *a*)

De. 27. 9. γέγονας εἰς λαὸν κ. τῷ θεῷ σου (11 *a*)
— 10. εἰσακούσῃ τῆς φωνῆς κ. τοῦ θεοῦ σου (11 *a*)
— 15. ὅστις ποιήσει . . . χωνευτὸν βδέλυγμα κυρίῳ (11 *a*)
28. 1. A ἣν κ. ὁ θεὸς ὑμῶν δίδωσιν ὑμῖν -
— 1. ἐὰν . . . ἀκούσῃς [A εἰσακούσητε] φωνῆς κ. τοῦ θεοῦ (11 *a*)
— 1. δώσει σε κ. ὁ θεός σου [A *om.*] ὑπεράνω (11 *a*)
— 2. ἐὰν . . . ἀκούσῃς [A εἰσακ.] τῆς φωνῆς κ. τοῦ θεοῦ σου (11 *a*)
— 7. παραδῷ [A *add.* σοι] κ. ὁ θεός σου τοὺς ἐχθρούς σου (18 *a*)
— 8. ἀποστεῖλαι κύριος ἐπὶ σὲ τὴν εὐλογίαν (11 *a*)
— 8. ἧς κ. ὁ θεός σου δίδωσί σοι (11 *a*)
— 9. ἀναστῆσαι σε κύριος [A *add.* ὁ θεός σου] ἑαυτῷ λαὸν ἅγιον (11 *a* [18 *a*])
— 9. ἐὰν ἀκούσῃς [A εἰσακ.] τῆς φωνῆς κ. τοῦ θεοῦ σου (11 *a*)
— 10. τὸ ὄνομα κυρίου ἐπικέκληταί σοι (11 *a*)
— 11. πληθυνεῖ σε κ. ὁ θεός σου (18 *a*)
— 11. ἧς ὤμοσε κύριος τοῖς πατράσι σου (11 *a*)
— 12. ἀνοίξαι σοι κύριος τὸν θησαυρὸν αὐτοῦ (11 *a*)
— 13. καταστῆσαι σε κ. ὁ θεός σου εἰς κεφαλήν (18 *a*)
— 13. ἐὰν ἀκούσῃς τῆς φωνῆς [A τῶν ἐντολῶν] κυρίου τοῦ θεοῦ σου (11 *a*)
— 15. ἐὰν μὴ εἰσακούσῃς τῆς φωνῆς κ. τοῦ θεοῦ σου (11 *a*)
— 20. ἀποστείλαι [A ἐξαπ.] κύριος ἐπὶ σὲ [A κ. σοι] τὴν ἔνδειαν (11 *a*)
— 21. προσκολλήσαι κύριος εἰς σὲ τὸν θάνατον (11 *a*)
— 22. πατάξαι σε κύριος ἐν [A *om.*] ἀπορίᾳ (11 *a*)
— 24. δῴη κ. ὁ θεός σου [A *om.* ὁ θ. σ.] τὸν ὑετόν (18 *a* [11 *a*])
— 25. A B^{1} δῴη σε κύριος ἐπισκοπήν [B^{2} R ἐπὶ κοπήν] (11 *a*)
— 27. πατάξαι σε κύριος ἕλκει [A ἐν ἕ.] Αἰγυπτίῳ (11 *a*)
— 28. πατάξαι σε κύριος παραπληξίᾳ (11 *a*)
— 35. πατάξαι σε κύριος ἐν ἕλκει πονηρῷ (11 *a*)
— 36. ἀπαγάγοι κύριός σε (11 *a*)
— 37. εἰς οὓς ἂν ἀπαγάγῃ σε κύριος ἐκεῖ (11 *a*)
— 45. οὐκ εἰσήκουσας [A ἤκ.] τῆς φωνῆς κ. τοῦ θεοῦ σου (11 *a*)
— 47. οὐκ ἐλάτρευσας κ. τῷ θεῷ σου (11 *a*)
— 48. οὓς ἐπαποστελεῖ κύριος ἐπὶ σέ (11 *a*)
— 49. ἐπάξει κύριος ἐπὶ σὲ ἔθνος (11 *a*)
— 53. A ὅσα ἔδωκέ σοι κ. ὁ θεός σου [B *om.* κ. ὁ θ. σου] (11 *a*)
— 58. φοβεῖσθαι τὸ ὄνομα . . . κ. τὸν θεόν σου (11 *a*)
— 59. παραδοξάσει κύριος τὰς πληγάς σου (11 *a*)
— 61. πᾶσαν μαλακίαν...ἐπάξει κύριος ἐπὶ σέ (11 *a*)
— 62. οὐκ εἰσήκουσας τῆς φωνῆς κ. τοῦ θεοῦ (11 *a*)
— 63. ὃν τρόπον εὐφράνθη κύριος ἐφ᾽ ὑμῖν (11 *a*)
— 63. οὕτως εὐφρανθήσεται κύριος ἐφ᾽ ὑμῖν (11 *a*)
— 64. διασπερεῖ σε κ. ὁ θεός σου (18 *a*)
— 65. δώσει σοι κύριος ἐκεῖ καρδίαν ἑτέραν [A ἀθυμοῦσαν] (11 *a*)
— 68. ἀποστρέψει σε κύριος εἰς Αἴγ. (11 *a*)
29. 1 (28. 69). οὓς [A ἧς] ἐνετείλατο κύριος Μωυσῇ (11 *a*)
— 2 (1). ὅσα ἐποίησε κύριος (11 *a*)
— 4 (3). οὐκ ἔδωκε κ. ὁ θεὸς ὑμῖν καρδίαν (18 *a*)
— 6 (5). κ. ὁ θεὸς ὑμῶν ἐγώ [A οὗτος κ. ὁ θ. ὑ.] (11 *a*)
— 10 (9). ὑμεῖς ἑστήκατε . . . ἐναντίον κ. τοῦ θεοῦ ὑμῶν (11 *a*)
— 12 (11). παρελθεῖν ἐν τῇ διαθήκῃ [A τὴν δ.] κ. τοῦ θεοῦ (11 *a*)
— 12 (11). ὅσα κ. ὁ θεός σου διατίθεται (11 *a*)
— 15 (14). τοῖς ὧδε οὖσι . . . ἐναντίον κ. τοῦ θεοῦ (11 *a*)
— 15 (14). A^{2} τοῖς μὴ οὖσι . . . ἔναντι κ. τοῦ θεοῦ [A^{1} B *om.* ἔ. κ. τ. θ.] -
— 18 (17). τίνος ἡ διάνοια ἐξέκλινεν ἀπὸ κυρίου τοῦ θεοῦ (11 *a*)
— 20 (19). ἐκκαυθήσεται ὀργὴ κυρίου (11 *a*)
— 20 (19). ἐξαλείψει κύριος τὸ ὄνομα αὐτοῦ (11 *a*)
— 21 (20). διαστελεῖ αὐτὸν κύριος (11 *a*)
— 22 (21). ἃς ἀπέστειλε κύριος ἐπ᾽ αὐτήν (11 *a*)
— 23 (22). ἃς κατέστρεψε κύριος (11 *a*)
— 24 (23). διὰ τί ἐποίησε κύριος οὕτω (11 *a*)
— 25 (24). κατέλιπον τὴν διαθήκην κυρίου τοῦ θεοῦ (11 *a*)
— 27 (26). ὠργίσθη θυμῷ κύριος (11 *a*)
— 28 (27). ἐξῆρεν αὐτοὺς κύριος (11 *a*)
— 29 (28). τὰ κρυπτὰ κ. τῷ θεῷ ἡμῶν (11 *a*)

De. 30. 1. οὗ ἐὰν διασκορπίσῃ σε κύριος [A κ. ὁ θεός σου] (11 *a* + 6 [11 *a*])
— 2. καὶ ἐπιστραφήσῃ ἐπὶ κ. τὸν θεόν σου (11 *a*)
— 3. ἰάσεται κύριος τὰς ἁμαρτίας σου (11 *a* + 6)
— 3. εἰς οὓς διεσκόρπισέ σε κύριος [A κ. ὁ θεός σου] (11 *a* + 6 [11 *a*])
— 4. ἐκεῖθεν συνάξει σε κ. ὁ θεός σου καὶ ἐκεῖθεν λήψεταί σε κ. ὁ θεός σου [A *om.* κ. ὁ θ. σ.] (11 *a*, -)
— 5. A εἰσάξει σε κ. [B *om.*] ὁ θεός σου (11 *a*)
— 6. περικαθαριεῖ κύριος τὴν καρδίαν σου (11 *a* + 6)
— 6. ἀγαπᾶν κ. τὸν θεόν σου (11 *a*)
— 7. δώσει κ. ὁ θεός σου [A *om.* ὁ θ. σ.] τὰς ἀράς (11 *a* [11 *a* + 6])
— 8. B σὺ ἐπιστραφήσῃ ἐπὶ κύριον [A R *om.* ἐ. κ.] -
— 8. εἰσακούσῃ τῆς φωνῆς κ. τοῦ θεοῦ σου (18 *a*)
— 9. εὐλογήσει [A πολυωρήσει] σε κ. ὁ θεός σου (11 *a*)
— 9. ἐπιστρέψει κ. ὁ θεός σου (18 *a*)
— 10. ἐὰν εἰσακούσῃς τῆς φωνῆς κ. τοῦ θεοῦ σου (11 *a*)
— 10. ἐὰν ἐπιστραφῇς ἐπὶ κ. τὸν θεόν σου (11 *a*)
— 16. τὰς ἐντολὰς κ. τοῦ θεοῦ σου [A ὑμῶν] -
— 16. ἀγαπᾶν κ. τὸν θεόν σου (11 *a*)
— 16. εὐλογήσει σε κ. ὁ θεός σου (11 *a*)
— 18. A ἧς κ. ὁ θεός σου δίδωσίν σοι -
— 20. ἀγαπᾶν κ. τὸν θεόν σου (11 *a*)
— 20. ἧς ὤμοσε κύριος τοῖς πατράσι σου (11 *a*)
31. 2. κύριος δὲ εἶπε πρὸς μέ (11 *a*)
— 3. κ. ὁ θεός σου ὁ προπορευόμενος (11 *a*)
— 3. καθὰ ἐλάλησε κύριος (11 *a*)
— 4. ποιήσει κ. ὁ θεός σου [A *om.* ὁ θ. σ.] αὐτοῖς (18 *a* [11 *a*])
— 5. παρέδωκεν αὐτοὺς κύριος ὑμῖν [A ἐνώπιον ὑμῶν] (11 *a*)
— 6. κ. ὁ θεός σου ὁ [A οὗτος ὁ] προπορευόμενος (11 *a*)
— 7. ἣν ὤμοσε κύριος τοῖς πατράσιν ἡμῶν (11 *a*)
— 8. καὶ κ. ὁ συμπορευόμενος [A συμπροπ.] (11 *a*)
— 9. τὴν κιβωτὸν τῆς διαθήκης κυρίου (11 *a*)
— 11. ὀφθῆναι ἐνώπιον κ. τοῦ θεοῦ (11 *a*)
— 11. ᾧ [A ὃν] ἂν ἐκλέξηται κύριος [A^{2} *add.* ὁ θεός σου] -
— 12. ἵνα μάθωσι φοβεῖσθαι κ. τὸν θεόν (11 *a*)
— 13. μαθήσονται φοβεῖσθαι κ. τὸν θεόν (11 *a*)
— 14. εἶπε κύριος πρὸς Μωυσῆν (11 *a*)
— 15. καὶ κατέβη κύριος (11 *a*)
— 16. εἶπε κύριος πρὸς Μωυσῆν (11 *a*)
— 17. οὐκ ἔστι κ. ὁ θεός μου ἐν ἐμοί [A ὑμῖν] (18 *b*)
— 23. ἣν ὤμοσεν κύριος αὐτοῖς -
— 25. τὴν κιβωτὸν τῆς διαθήκης κυρίου (11 *a*)
— 26. τῆς κιβωτοῦ τῆς διαθήκης κ. τοῦ θεοῦ (11 *a*)
— 29. ποιήσετε τὰ πονηρὰ [A τὸ π.] ἐναντίον κυρίου (11 *a*)
32. 3. τὸ ὄνομα κυρίου ἐκάλεσα (11 *a*)
— 4. δίκαιος καὶ ὅσιος κ. †
— 6. ταῦτα κυρίῳ ἀνταποδίδοτε (11 *a*)
— 9. ἐγενήθη μερὶς κυρίου λαὸς αὐτοῦ (11 *a*)
— 12. κ. μόνος ἦγεν αὐτούς (11 *a*)
— 19. καὶ εἶδε κύριος (11 *a*)
— 27. καὶ οὐχὶ κύριος ἐποίησε ταῦτα πάντα (11 *a*)
— 30. καὶ κύριος [A ὁ κ.] παρέδωκεν αὐτούς (11 *a*)
— 36. κρινεῖ κύριος τὸν λαὸν αὐτοῦ (11 *a*)
— 37. καὶ εἶπε κύριος -
— 43. ἐκκαθαριεῖ κύριος τὴν γῆν τοῦ λαοῦ αὐτοῦ -
— 48. ἐλάλησε κύριος πρὸς Μωυσῆν (11 *a*)
33. 2. κύριος ἐκ Σινὰ ἥκει (11 *a*)
— 7. εἰσάκουσον, κύριε, φωνῆς Ἰούδα (11 *a*)
— 11. εὐλόγησον, κύριε, τὴν ἰσχὺν αὐτοῦ (11 *a*)
— 12. ἠγαπημένος ὑπὸ κυρίου (11 *a*)
— 13. ἀπ᾽ εὐλογίας κυρίου ἡ γῆ αὐτοῦ (11 *a*)
— 21. δικαιοσύνην κύριος ἐποίησε (11 *a*)
— 23. ἐμπλησθήτω εὐλογίας παρὰ κυρίου (11 *a*)
— 29. λαὸς σῳζόμενος ὑπὸ κυρίου (11 *a*)
34. 1. ἔδειξεν αὐτῷ κύριος πᾶσαν τὴν γῆν Γ. (11 *a*)
— 4. εἶπε κύριος πρὸς Μωυσῆν (11 *a*)
— 5. ἐτελεύτησε M. ὁ οἰκέτης κυρίου . . . διὰ ῥήματος κυρίου (11 *a*, 11 *a*)
— 9. καθότι ἐνετείλατο κύριος τῷ M. (11 *a*)
— 10. ὃν ἔγνω κύριος αὐτόν (11 *a*)
— 11. ὃν ἀπέστειλεν αὐτὸν κύριος (11 *a*)
Jo. 1. 1. εἶπε κύριος τῷ Ἰησοῖ (11 *a*)
— 9. ὅτι μετὰ σοῦ κ. ὁ θεός (11 *a*)
— 11. ἣν κ. ὁ θεὸς . . . δίδωσιν ὑμῖν (11 *a*)

Jo. 1. 13. A τὸ ῥῆμα κυρίου [B om.] ὃ ἐνετείλατο ὑμῖν M. ὁ παῖς κυρίου λέγων, K. ὁ θεὸς ὑμῶν κατέπαυσεν ὑμᾶς (–, 11 a, 11 a)
— 15. ἕως ἂν καταπαύσῃ κ. ὁ θεὸς ἡμῶν τοὺς ἀδελφούς (18 a)
— 15. ἣν κ. ὁ θεὸς ἡμῶν δίδωσιν αὐτοῖς (11 a)
— 17. ἔστω κ. ὁ θεὸς ἡμῶν μετὰ σοῦ (11 a)
2. 9. ἔδωκεν ὑμῖν κύριος [B^2 ὁ κ.] τὴν γῆν (11 a)
— 10. κατεξήρανε κ. ὁ θεὸς τὴν ἐρυθρὰν θάλασσαν (18 a)
— 11. κ. ὁ θεὸς ὑμῶν θεός (11 a)
— 12. ὀμόσατέ μοι κ. τὸν θεόν (18 a)
— 14. ὡς ἂν παραδῷ κύριος ὑμῖν τὴν πόλιν (11 a)
— 24. παρέδωκεν κύριος πᾶσαν τὴν γῆν (11 a)
3. 3. τὴν κιβωτὸν τῆς διαθήκης κυρίου τοῦ θεοῦ ἡμῶν (11 a)
— 5. αὔριον ποιήσει κύριος ἐν ὑμῖν θαυμαστά [A -σια] (11 a)
— 6 *bis*. τὴν κιβωτὸν τῆς διαθήκης κυρίου –
— 7. εἶπε κύριος πρὸς Ἰησοῦν (11 a)
— 9. ἀκούσατε τὸ ῥῆμα κ. τοῦ θεοῦ ἡμῶν (11 a)
— 10. A ὅτι ἐγὼ κ. [B ὅτι θεὸς] ζῶν ἐν ὑμῖν (4 a)
— 11. ἡ κιβωτὸς διαθήκης κυρίου πάσης τῆς γῆς (1)
— 13. τὴν κιβωτὸν τῆς διαθήκης κυρίου πάσης τῆς γῆς (11 a+1)
— 14. A R τὴν κιβωτὸν τῆς διαθήκης κυρίου [B om.] –
— 15. τὴν κιβωτὸν τῆς διαθήκης κυρίου [A om. τ. δ. κ.] –
— 17. τὴν κιβωτὸν τῆς διαθήκης κυρίου (11 a)
4. 1. εἶπε κύριος τῷ Ἰησοῖ [A πρὸς Ἰησοῦν] (11 a)
— 5. προσαγάγετε . . . πρὸ προσώπου κυρίου (11 a+6)
— 7. A^2 B κιβωτοῦ διαθήκης κυρίου πάσης τῆς γῆς (11 a)
— 8. καθότι ἐνετείλατο κύριος τῷ Ἰησοῖ –
— 8. καθάπερ συνέταξε κύριος τῷ Ἰησοῖ (11 a)
— 9. τὴν κιβωτὸν τῆς διαθήκης κυρίου –
— 10. ἃ [A ὅσα] ἐνετείλατο κύριος (11 a)
— 11. ἡ κιβωτὸς τῆς διαθήκης κυρίου (11 a)
— 13. διέβησαν ἐναντίον κυρίου (11 a)
— 14. ηὔξησε κύριος τὸν Ἰησοῦν (11 a)
— 15. εἶπε κύριος τῷ Ἰησοῖ (11 a)
— 16. τὴν κιβωτὸν τῆς διαθήκης τοῦ μαρτυρίου κυρίου –
— 18. τὴν κιβωτὸν τῆς διαθήκης κυρίου (11 a)
— 23. ἀποξηράναντος κ. τοῦ θεοῦ ἡμῶν τὸ ὕδωρ (11 a)
— 23. καθάπερ ἐποίησε κύριος ὁ θεὸς ἡμῶν τὴν ἐρυθρὰν θάλασσαν ἣν ἀπεξήρανε κ. ὁ θεὸς ἡμῶν (11 a, –)
— 24. ἡ δύναμις τοῦ κ. ἰσχυρά ἐστι (11 a)
— 24. ἵνα ὑμεῖς σέβησθε κ. τὸν θεὸν ἡμῶν (11 a)
5. 1. ἀπεξήρανε κ. ὁ θεὸς τὸν Ἰορδ. ποταμόν (18 a)
— 2. εἶπε κύριος τῷ Ἰησοῖ (11 a)
— 6. A οἷς καὶ διώρισεν κύριος αὐτοῖς [B om. κ. αὐ.] (11 a)
— 6. ἣν ὤμοσε κύριος τοῖς πατράσιν (11 a)
— 8 (9). εἶπε κύριος τῷ Ἰησοῖ (11 a)
— 13 (14). ἐγὼ ἀρχιστράτηγος δυνάμεως κυρίου (11 a)
— 15 (16). λέγει [A εἶπεν] ὁ ἀρχιστράτηγος κυρίου (11 a)
6. 2. εἶπε κύριος πρὸς Ἰησοῦν (11 a)
— 6 (7). παραπορευέσθωσαν . . . ἐναντίον κυρίου (11 a)
— 7 (8). παρελθέτωσαν . . . ἐναντίον τοῦ κ. (11 a)
— 7 (8). ἡ κιβωτὸς τῆς διαθήκης κυρίου (11 a)
— 8 (9). τῆς κιβωτοῦ τῆς διαθήκης κυρίου –
— 11 (12). τὴν κιβωτὸν τῆς διαθήκης [A om. τ. δ.] κυρίου (11 a)
— 12 (13). προεπορεύοντο ἐναντίον κυρίου [A τοῦ κ.] (11 a)
— 13 (14). τῆς κιβωτοῦ τῆς διαθήκης κυρίου (11 a)
— 15 (16). παρέδωκε γὰρ κύριος ὑμῖν τὴν πόλιν (11 a)
— 16 (17). ἔσται ἡ πόλις ἀνάθεμα . . . κυρίῳ σαβαώθ [A τῷ κ. τῶν δυνάμεων] (11 a)
— 18 (19). ἅγιον ἔσται τῷ κ. εἰς θησαυρὸν κυρίου εἰσενεχθήσεται (11 a, 11 a)
— 23 (24). εἰς θησαυρὸν κυρίου εἰσενεχθῆναι (11 a)
— 25 (26). ὥρκισεν Ἰ. . . . ἐναντίον κυρίου [A om. ἐ. κ.] (11 a?)
— 26 (27). ἦν κύριος μετὰ Ἰησοῦ (11 a)
7. 1. ἐθυμώθη κύριος ὀργῇ τοῖς υἱοῖς Ἰσρ. (11 a)
— 6. ἔπεσεν Ἰησοῦς . . . ἐναντίον κυρίου (11 a)

Jo. 7. 7. A δέομαι, κύριε κύριε [B om.] (2, 11 b)
— 10. εἶπε κύριος πρὸς Ἰησοῦν (11 a)
— 13. τάδε λέγει κ. ὁ θεὸς Ἰσρ. (11 a)
— 14. ἣν ἂν δείξῃ κύριος (11 a)
— 14 *bis*. ὃν ἂν δείξῃ [A ἐνδ.] κύριος (11 a)
— 15. παρέβη τὴν διαθήκην κυρίου (11 a)
— 19. δὸς δόξαν σήμερον τῷ κ. θεῷ Ἰσρ. (11 a)
— 20. ἥμαρτον ἐναντίον κ. θεοῦ Ἰσρ. (11 a)
— 23. ἔθηκαν αὐτὰ ἔναντι κυρίου (11 a)
— 25. ἐξολεθρεύσαι σε κύριος (11 a)
— 26. ἐπαύσατο κύριος τοῦ θυμοῦ τῆς ὀργῆς (11 a)
8. 1, 18. εἶπε κύριος πρὸς Ἰησοῦν (11 a)
— 27. κατὰ πρόσταγμα κυρίου ὃν τρόπον συνέταξε κύριος τῷ Ἰησοῖ (11 a, –)
9. 2 (8. 30). θυσιαστήριον κ. τῷ θεῷ [A τῷ κ. θ.] Ἰσρ. (11 a)
— 2 (8. 31). Μωυσῆς ὁ θεράπων κυρίου (11 a)
— 2 (8. 31). ἀνεβίβασεν ἐκεῖ ὁλοκαυτώματα κυρίῳ [A τῷ κ.] (11 a)
— 2 (8. 33). τὴν κιβωτὸν τῆς διαθήκης κυρίου (11 a)
— 2 (8. 33). Μωυσῆς ὁ θεράπων κυρίου (11 a)
— 3. ὅσα ἐποίησε κύριος [A Ἰησοῦς] τῇ Ἰερ. †
— 9. ἐν ὀνόματι κυρίου τοῦ θεοῦ σου (11 a)
— 14. κύριον οὐκ ἐπηρώτησαν (11 a)
— 18. ὤμοσαν αὐτοῖς . . . κ. τὸν θεὸν Ἰσρ. (11 a)
— 19. ὠμόσαμεν αὐτοῖς κ. τὸν θεὸν Ἰσρ. (11 a)
— 24. ὅσα συνέταξε κ. ὁ θεός σου Μωυσῇ (11 a)
— 27. ὃν ἂν ἐκλέξηται κύριος –
10. 8. εἶπε κύριος πρὸς Ἰησοῦν (11 a)
— 10. ἐξέστησεν αὐτοὺς κύριος (11 a)
— 10. συνέτριψεν αὐτοὺς κύριος –
— 11. κύριος ἐπέρριψεν αὐτοῖς λίθους χαλάζης (11 a)
— 12. ἐλάλησεν Ἰησοῦς πρὸς κύριον (11 a)
— 12. A παρέδωκεν κ. [B om.] ὁ θεὸς τὸν Ἀμ. (18 a)
— 14. κύριος συνεπολέμησεν τῷ Ἰσρ. (11 a)
— 19. παρέδωκε γὰρ αὐτοὺς κ. ὁ θεὸς ἡμῶν (11 a)
— 25. οὕτω ποιήσει κύριος πᾶσι τοῖς ἐχθροῖς (11 a)
— 30. παρέδωκεν αὐτὴν κύριος (11 a)
— 32. παρέδωκε κύριος τὴν Λαχίς (11 a)
— 35. παρέδωκεν αὐτὴν κύριος –
— 40. ὃν τρόπον ἐνετείλατο κ. ὁ θεὸς Ἰσρ. (11 a)
— 42. κ. ὁ θεὸς Ἰ. [A om. ὁ θ. Ἰ.] συνεπολέμει τῷ Ἰ. (11 a [11 a+6])
11. 6. εἶπε κύριος πρὸς Ἰησοῦν (11 a)
— 8. παρέδωκεν αὐτοὺς κύριος (11 a)
— 9. ὃν τρόπον [A καθότι] ἐνετείλατο αὐτῷ κύριος (11 a)
— 12. Μωυσῆς ὁ παῖς κυρίου (11 a)
— 15. ὃν τρόπον συνέταξε κύριος τῷ Μωυσῇ (11 a)
— 15. A ὧν συνέταξεν κύριος τῷ M. [B σ. αὐτῷ Μωυσῆς] (11 a)
— 20. διὰ κυρίου ἐγένετο (11 a)
— 20. ὃν τρόπον εἶπε κύριος πρὸς M. (11 a)
— 23. καθότι ἐνετείλατο κύριος τῷ Μωυσῇ (11 a)
12. 6. Μωυσῆς ὁ παῖς κυρίου (11 a)
13. 1. εἶπε κύριος πρὸς Ἰησοῦν (11 a)
— 8. Μωυσῆς ὁ παῖς κυρίου (11 a)
— 14. κ. ὁ θεὸς Ἰσρ. οὗτος κληρονομία αὐτῶν (11 a)
— 14. καθὰ εἶπεν αὐτοῖς κύριος –
14. 2. ὃν τρόπον ἐνετείλατο κύριος (11 a)
— 5. ὃν τρόπον ἐνετείλατο κύριος τῷ M. (11 a)
— 6. ὃ ἐλάλησε κύριος πρὸς Μωυσῆν (11 a)
— 7. A Μωυσῆς δοῦλος κυρίου [B ὁ παῖς τοῦ θεοῦ] (11 a)
— 8. ἐπακολουθῆσαι κ. τῷ θεῷ μου (11 a)
— 9. ἐπακολουθῆσαι ὀπίσω κ. τοῦ θεοῦ ἡμῶν [A om.] (11 a)
— 10. διέθρεψέ με κύριος (11 a)
— 10. ἀφ᾽ οὗ ἐλάλησε κύριος τὸ ῥῆμα τοῦτο (11 a)
— 12. καθὰ εἶπε κύριος (11 a)
— 12. ἐὰν οὖν κύριος μετ᾽ ἐμοῦ ᾖ (11 a)
— 12. ὃν τρόπον εἶπέ μοι κύριος (11 a)
— 14. τῷ προστάγματι κ. θεοῦ [A τοῦ θ.] Ἰσρ. (11 a)
17. 4. ἐδόθη αὐταῖς διὰ προστάγματος κυρίου (11 a)
18. 3. ἣν ἔδωκε [A add. ἡμῖν] κ. ὁ θεός (11 a)
— 6. ἔναντι [A -τίον] κ. τοῦ θεοῦ ἡμῶν (11 a)
— 7. ἱερατεία γὰρ κυρίου μερὶς αὐτοῦ (11 a)
— 7. Μωυσῆς ὁ παῖς κυρίου (11 a)
— 8. ἐξοίσω ὑμῖν κλῆρον ἔναντι κυρίου (11 a)
— 10. ἐνέβαλεν αὐτοῖς Ἰ. κλῆρον . . . ἔναντι [A -τίον] κυρίου (11 a)
19. 51. A R ἐν Σηλὼ ἔναντι [B -τίον, B^1 add. τοῦ] κυρίου (11 a)
20. 1. ἐλάλησε κύριος τῷ Ἰησοῖ (11 a)
21. 2. ἐνετείλατο κύριος ἐν χειρὶ M. (11 a)
— 3. διὰ προστάγματος κυρίου (11 a)

Jo. 21. 8. ὃν τρόπον ἐνετείλατο κύριος τῷ M. (11 a)
— 40. B διὰ [A R κατὰ] πρόσταγμα [A -ματος] κυρίου –
— 41. ἔδωκε κύριος τῷ Ἰσρ. πᾶσαν τὴν γῆν (11 a)
— 42. κατέπαυσεν αὐτοὺς [A -οῖς] κύριος (11 a)
— 42. πάντας τοὺς ἐχθροὺς αὐτῶν παρέδωκε κύριος (11 a)
— 43. ὧν ἐλάλησε κύριος τοῖς υἱοῖς Ἰσρ. (11 a)
22. 2. M. ὁ παῖς κυρίου (11 a)
— 3. ἐφυλάξατε τὴν ἐντολὴν κ. τοῦ θεοῦ ὑμῶν (11 a)
— 4. κατέπαυσε κ. ὁ θεὸς ἡμῶν τοὺς ἀδελφοὺς ἡμῶν (11 a)
— 5. Μωυσῆς ὁ παῖς κυρίου (11 a)
— 5. ἀγαπᾶν κ. τὸν θεὸν ἡμῶν (11 a)
— 9. διὰ προστάγματος κυρίου (11 a)
— 16. τάδε λέγει πᾶσα ἡ συναγωγὴ κυρίου (11 a)
— 16. A ἣν ἐπλημμελήσατε ἔναντι κ. τοῦ [B -τίον τοῦ] θεοῦ Ἰσρ. ἀποστραφῆναι σήμερον ἀπὸ κυρίου (18 b, 11 b)
— 16. ἀποστάτας ὑμᾶς γενέσθαι ἀπὸ τοῦ [A om.] κ. (11 a)
— 17. ἐν τῇ συναγωγῇ κυρίου (11 a)
— 18. ἀπεστράφητε σήμερον ἀπὸ κυρίου (11 a)
— 18. ἐὰν ἀποστῆτε σήμερον ἀπὸ κυρίου (11 a)
— 19. τὴν γῆν τῆς κατασχέσεως κυρίου (11 a)
— 19. οὗ κατασκηνοῖ ἐκεῖ ἡ σκηνὴ [A κιβωτὸς] κυρίου (11 a)
— 19. A μὴ ἀπὸ κυρίου [B θεοῦ] ἀποστάται γενήθητε (11 a)
— 19. μὴ ἀπόστητε ἀπὸ κυρίου [A om. ἀ. κ.] –
— 19. ἔξω τοῦ θυσιαστηρίου κ. τοῦ θεοῦ ἡμῶν (11 a)
— 22. A ὁ θεὸς θεὸς κ. ἐστι καὶ ὁ θεὸς θ. κ. [B ὁ θ. θεὸς] αὐτὸς οἶδε (11 a, 11 a [6+11 a])
— 22. ἐπλημμελήσαμεν ἔναντι τοῦ [A om.] κ. (11 a)
— 23. ὥστε ἀποστῆναι ἀπὸ κ. τοῦ θεοῦ ἡμῶν (18 a)
— 23. κύριος [A κ. αὐτὸς] ἐκζητήσει (11 a)
— 24. τί ὑμῖν κ. τῷ θεῷ Ἰσρ. (11 a)
— 25. ὅρια ἔθηκε κύριος (11 a)
— 25. οὐκ ἔστιν ὑμῖν μερὶς κυρίου (11 a)
— 25. ἵνα μὴ σέβωνται κύριον (11 a)
— 27. A R τοῦ λατρεύειν λατρείαν κυρίου [B -ῳ] (11 a)
— 27. οὐκ ἔστιν ὑμῖν μερὶς κυρίου (11 a)
— 28. ὁμοίωμα τοῦ θυσιαστηρίου κυρίου (11 a)
— 29. ἡμᾶς ἀποστραφῆναι [A -στῆναι] ἀπὸ κυρίου (11 a)
— 29. B ἀποστῆσαι [R -ῆναι] ἀπὸ κυρίου (11 a)
— 29. πλὴν τοῦ θυσιαστηρίου κυρίου [A add. τοῦ θ. ἡμῶν] (11 a)
— 31. μεθ᾽ ἡμῶν κύριος (11 a)
— 31. οὐκ ἐπλημμελήσατε ἐναντίον κυρίου πλημμέλειαν (11 a)
— 31. ἐρρύσασθε τοὺς υἱοὺς Ἰσρ. ἐκ χειρὸς κυρίου (11 a)
— 34. κ. ὁ θεὸς [A θ. θεὸς] αὐτῶν ἐστι (11 a)
23. 1. μετὰ τὸ καταπαῦσαι κύριον τὸν [A τ. θεὸν] Ἰσρ. (11 a [18 a])
— 3. ὅσα ἐποίησε κ. ὁ θεὸς ἡμῶν (11 a)
— 3. κ. ὁ θεὸς ὑμῶν [A add. αὐτὸς] ὁ ἐκπολεμήσας ἡμῖν (11 a)
— 5. κ. δὲ ὁ θεὸς ἡμῶν οὗτος ἐξολεθρεύσει αὐτούς (11 a)
— 5. καθὰ ἐλάλησε κ. ὁ θεὸς ἡμῶν ὑμῖν (11 a)
— 8. κ. τῷ θεῷ ἡμῶν προσκολληθήσεσθε (11 a)
— 9. ἐξολεθρεύσει [A -ωλέθρευσεν] αὐτοὺς κύριος (11 a)
— 10. κ. ὁ θεὸς ἡμῶν οὗτος ἐξεπολέμει ἡμῖν (11 a)
— 11. τοῦ ἀγαπᾶν κ. τὸν θεὸν ἡμῶν (11 a)
— 13. οὐ μὴ προσθῇ κύριος τοῦ ἐξολεθρεῦσαι (11 a+6)
— 13. ἣν [A ἧς] ἔδωκεν ὑμῖν κ. ὁ θεὸς ὑμῶν (11 a)
— 14. ὧν εἶπε κ. ὁ θεὸς ἡμῶν (11 a)
— 15. A R ἃ ἐλάλησε κύριος ἐφ᾽ [B πρὸς] ὑμᾶς (11 a+6)
— 15. ἐπάξει κ. ὁ θεὸς [A om. ὁ θ.] ἐφ᾽ ὑμᾶς (18 a [11 a])
— 15. ἧς ἔδωκε κύριος [A add. ὁ θ. ὑμῶν] ὑμῖν (11 a+6 [11 a])
— 16. τὴν διαθήκην κ. τοῦ θεοῦ ἡμῶν (11 a)
24. 2. τάδε λέγει κ. ὁ θεὸς Ἰσρ. (11 a)
— 5. A ἐπάταξεν κύριος [B^1 -ξαν, B^2 R -ξα] τὴν Αἴγ. –
— 7. ἀνεβοήσαμεν πρὸς κύριον (11 a)
— 7. ὅσα ἐποίησε κύριος –
— 8. παρέδωκεν αὐτοῖς κύριος –

Jo. 24. 10. οὐκ ἠθέλησε κ. ὁ θεός σου [A *om.* ὁ θ. σ.] ἀπολέσαι –
— 11. παρέδωκεν αὐτοὺς κύριος [A *om.*] –
— 14. φοβήθητε κύριον [A τὸν κ.] (11 *a*)
— 14. λατρεύσατε κυρίῳ (11 *a*)
— 15. εἰ δὲ μὴ ἀρέσκει ὑμῖν λατρεύειν κυρίῳ (11 *a*)
— 15. λατρεύσομεν κυρίῳ (11 *a*)
— 16. μὴ γένοιτο ἡμῖν καταλιπεῖν κύριον (11 *a*)
— 17. κ. [A καὶ γὰρ] ὁ θεὸς ἡμῶν αὐτὸς θεός [A *om.* αὐ. θ.] ἐστιν· (11 *a*)
— 18. ἐξέβαλε κύριος τὸν Ἀμορραῖον (11 *a*)
— 18. λατρεύσομεν κυρίῳ (11 *a*)
— 19. οὐ μὴ δύνησθε λατρεύειν κυρίῳ [A κ. τῷ θεῷ] (11 *a* [18 *a*])
— 20. ἡνίκα ἂν ἐγκαταλίπητε κύριον [A τὸν κ.] (11 *a*)
— 21. κυρίῳ λατρεύσομεν (11 *a*)
— 22. ὑμεῖς ἐξελέξασθε κυρίῳ [A τὸν κ.] λατρεύειν αὐτῷ (11 *a*)
— 23. εὐθύνατε τὴν καρδίαν ὑμῶν πρὸς κύριον θ. Ἰσρ. (11 *a*)
— 24. κυρίῳ λατρεύσομεν (11 *a* + 6)
— 26. ἔστησεν αὐτὸν Ἰησοῦς . . . ἀπέναντι κυρίου (11 *a*)
— 27. πάντα τὰ λεχθέντα αὐτῷ [A *om.*] ὑπὸ κυρίου (11 *a*)
— 27. ἡνίκα ἂν ψεύσησθε κ. τῷ θεῷ (18 *b*)
— 31. ἐλάτρευσεν Ἰσραὴλ τῷ κ. (11 *a*)
— 31. ὅσοι εἴδοσαν πάντα τὰ ἔργα κυρίου (11 *a*)
— 29. Ἰησοῦς υἱὸς Ναυὴ δοῦλος κυρίου (11 *a*)
— 30. καθὰ συνέταξεν αὐτοῖς [A *om.*] κύριος –
— 33. καὶ παρέδωκεν αὐτοὺς κύριος –
Jd. 1. 1. ἐπηρώτων οἱ υἱοὶ Ἰσρ. διὰ τοῦ κ. [A ἐν κυρίῳ] (11 *a*)
— 2. καὶ εἶπε κύριος (11 *a*)
— 4. παρέδωκε [A ἔδωκεν] κύριος τὸν Χαν. (11 *a*)
— 19. ἦν κύριος μετὰ Ἰούδα (11 *a*)
— 22. κύριος ἦν [A Ἰούδας] μετ' αὐτῶν (11 *a*)
2. 1. ἀνέβη ἄγγελος κυρίου (11 *a*)
— 1. A κύριος κύριος ἀνεβίβασεν [B τάδε λέγει κ., Ἀνεβίβασα] ὑμᾶς –, –
— 4. ὡς ἐλάλησεν ὁ ἄγγελος κυρίου (11 *a*)
— 5. ἐθυσίασαν [A ἔθυσαν] ἐκεῖ τῷ κ. (11 *a*)
— 7. ἐδούλευσεν ὁ λαὸς τῷ κ. (11 *a*)
— 7. ὅσοι ἔγνωσαν πᾶν τὸ ἔργον κυρίου τὸ μέγα (11 *a*)
— 8. Ἰησοῦς υἱὸς Ναυὴ δοῦλος κυρίου (11 *a*)
— 10. οἱ [A ὅσοι] οὐκ ἔγνωσαν τὸν κ. (11 *a*)
— 11. ἐποίησαν . . . τὸ πονηρὸν ἐνώπιον [A ἐναντίον] κυρίου (11 *a*)
— 12. ἐγκατέλιπον τὸν κ. (11 *a*)
— 12. παρώργισαν τὸν κ. (11 *a*)
— 13. A ἐγκατέλιπον τὸν κ. [B αὐτόν] (11 *a*)
— 14. ὠργίσθη θυμῷ κύριος (11 *a*)
— 15. χεὶρ κυρίου ἦν ἐπ' αὐτούς [A ἦν αὐτοῖς] (11 *a*)
— 15. καθὼς ἐλάλησε κύριος καὶ καθὼς ὤμοσε κύριος (11 *a*, 11 *a*)
— 16. ἤγειρε κύριος κριτάς (11 *a*)
— 16. ἔσωσεν αὐτοὺς κύριος [A *om.*] –
— 17. A παρώργισαν τὸν κ. –
— 17. τοῦ εἰσακούειν τῶν λόγων [A ἐντολὰς] κυρίου (11 *a*)
— 18. ἤγειρε κύριος αὐτοῖς κριτάς (11 *a*)
— 18. ἦν κύριος μετὰ τοῦ κρ. (11 *a*)
— 18. παρεκλήθη κύριος ἀπὸ τοῦ στεναγμοῦ αὐτῶν (11 *b*)
— 20. ὠργίσθη θυμῷ κύριος (11 *a*)
— 22. εἰ φυλάσσονται τὴν ὁδὸν κυρίου (11 *a*)
— 23. ἀφήσει κύριος τὰ ἔθνη ταῦτα (11 *a*)
3. 1. ἃ ἀφῆκε κύριος αὐτά [A *al.*] (11 *a*)
— 4. εἰ ἀκούσονται τὰς ἐντολὰς κυρίου (11 *a*)
— 7. ἐποίησαν . . . τὸ πονηρὸν ἐναντίον [A -τι] κυρίου (11 *a*)
— 7. ἐπελάθοντο κ. τοῦ [A *om.*] θεοῦ αὐτῶν (11 *a*)
— 8. ὠργίσθη θυμῷ κύριος (11 *a*)
— 9. ἐκέκραξαν οἱ υἱοὶ Ἰσρ. πρὸς κύριον (11 *a*)
— 9. ἤγειρε κύριος σωτῆρα τῷ Ἰσρ. (11 *a*)
— 10. ἐγένετο ἐπ' αὐτὸν πνεῦμα κυρίου (11 *a*)
— 10. παρέδωκε κύριος ἐν χειρὶ αὐτοῦ τὸν Χ. (11 *a*)
— 12. ποιῆσαι τὸ πονηρὸν ἐνώπιον [A ἔναντι] κυρίου (11 *a*)
— 12. ἐνίσχυσε κύριος τὸν Ἐγλώμ (11 *a*)
— 12. διὰ τὸ πεποιηκέναι αὐτοὺς τὸ πονηρὸν ἔναντι κυρίου (11 *a*)
— 15. ἐκέκραξαν οἱ υἱοὶ Ἰσρ. πρὸς κύριον (11 *a*)
— 15. A ἤγειρεν αὐτοῖς κύριος [B *om.*] σωτῆρα (11 *a*)
— 25. ὁ κ. αὐτῶν πεπτωκὼς ἐπὶ τὴν γῆν (1)

Jd. 3. 28. παρέδωκε κύριος . . . τοὺς ἐχθροὺς ἡμῶν (11 *a*)
4. 1. ποιῆσαι τὸ πονηρὸν ἐνώπιον [A ἔναντι] κυρίου (11 *a*)
— 2. ἀπέδοτο τοὺς υἱοὺς Ἰ. [A αὐτοὺς] κύριος (11 *a*)
— 3. ἐκέκραξαν οἱ υἱοὶ Ἰσρ. πρὸς κύριον (11 *a*)
— 6. οὐχὶ [A *add.* σοι] ἐνετείλατο κ. ὁ θεὸς Ἰσρ. (11 *a*)
— 8. ἐν ᾗ εὐοδοῖ κύριος τὸν ἄγγελον μετ' ἐμοῦ –
— 9. ἀποδώσεται κύριος τὸν Σισάρα (11 *a*)
— 14. παρέδωκε κύριος τὸν Σισάρα (11 *a*)
— 14. κύριος ἐξελεύσεται [A ἐλ.] ἔμπροσθέν σου (11 *a*)
— 15. ἐξέστησε κύριος τὸν Σισάρα (11 *a*)
— 18. ἔκκλινον [A ἔκνευσον], κυριέ μου (1)
— 23. A ἐταπείνωσεν κύριος [B ἐτρόπωσεν] ὁ θεὸς τὸν Ἰ. (18 *b*)
— 24. A ἐπορεύθη χεὶρ κυρίου [B -εύετο χ. τῶν] υἱῶν Ἰσρ. –
5. 2. εὐλογεῖτε κύριον [A τὸν κ.] (11 *a*)
— 3. ἐγώ εἰμι τῷ κ. ἐγώ εἰμι ᾄσομαι [A *al.*] (11 *a*)
— 3. ψαλῶ τῷ κ. [A *om.* τῷ κ.] τῷ θεῷ Ἰσρ. (11 *a*)
— 4. κύριε, ἐν τῇ ἐξόδῳ σου (11 *a*)
— 5. ὄρη ἐσαλεύθησαν ἀπὸ προσώπου κυρίου (11 *a*)
— 5. τοῦτο Σινὰ ἀπὸ προσώπου κ. θεοῦ Ἰσρ. (11 *a*)
— 9. εὐλογεῖτε κύριον [A τὸν κ.] (11 *a*)
— 11. δώσουσι δικαιοσύνας κύριε [A -ίῳ] (11 *a*)
— 11. κατέβη εἰς τὰς πόλεις λαὸς κυρίου (11 *a*)
— 13. λαὸς κυρίου κατέβη αὐτῷ [A *al.*] (11 *a*)
— 14. A κύριος ἐπολέμει μοι [B *al.*] †
— 23. εἶπεν ἄγγελος κυρίου (11 *a*)
— 23. εἰς βοήθειαν κυρίου (11 *a*)
— 23. A βοηθὸς ἡμῶν κύριος [B εἰς βοήθειαν] (11 *a*)
— 31. ἀπόλοιντο πάντες οἱ ἐχθροί σου, κύριος (11 *a*)
6. 1. ἐποίησαν . . . τὸ πονηρὸν ἐνώπιον [A ἔναντι] κυρίου (11 *a*)
— 1. ἔδωκεν [A παρέδ.] αὐτοὺς κύριος ἐν χειρὶ Μ. (11 *a*)
— 7 (6). ἐβόησαν [A ἐκέκραξαν] οἱ υἱοὶ Ἰσρ. πρὸς κύριον (11 *a*)
— 8 (7). A ἐπεὶ ἐκέκραξαν οἱ υἱοὶ Ἰ. πρὸς κύριον (11 *a*)
— 8. ἐξαπέστειλε κύριος ἄνδρα προφήτην (11 *a*)
— 8. τάδε λέγει κ. ὁ θεὸς Ἰσρ. (11 *a*)
— 10. ἐγὼ κ. ὁ θεὸς ὑμῶν (11 *a*)
— 11. ἦλθεν ἄγγελος κυρίου (11 *a*)
— 12. ὤφθη αὐτῷ ὁ [A εὗρεν αὐτὸν] ἄγγελος κυρίου (11 *a*)
— 12. κύριος μετὰ σοῦ (11 *a*)
— 13. A ἐν ἐμοί κύριος κύριος [B κύριέ μου] (1, –)
— 13. εἰ ἔστι κύριος μεθ' ἡμῶν (11 *a*)
— 13. ἀνήγαγεν [A ἐξήγ.] ἡμᾶς κύριος (11 *a*)
— 13. A ἀπώσατο ἡμᾶς κύριος [B ἐξέρριψεν ἡ.] (11 *a*)
— 14. ἐπέστρεψε [A -έβλεψεν] πρὸς αὐτὸν ὁ ἄγγελος κυρίου (20)
— 15. ἐν ἐμοί, κυριέ μου [A *om.*] (2)
— 16. εἶπε πρὸς αὐτὸν ὁ ἄγγελος κυρίου, Κύριος ἔσται μετὰ σοῦ (11 *a*, –)
— 20. A εἶπε πρὸς αὐτὸν ὁ ἄγγελος κυρίου [B τοῦ θεοῦ] (6)
— 21. ἐξέτεινεν ὁ ἄγγελος κυρίου τὸ ἄκρον τῆς ῥάβδου (11 *a*)
— 21. ὁ ἄγγελος κυρίου ἐπορεύθη [A ἀπῆλθεν] (11 *a*)
— 22. ἄγγελος κυρίου οὗτός [A *om.*] ἐστι (11 *a*)
— 22. ἆ ἆ κύριέ μου [A *om.*] κύριε (2, 11 *b*)
— 22. εἶδον ἄγγελον κυρίου (11 *a*)
— 23. εἶπεν αὐτῷ κύριος (11 *a*)
— 24. ᾠκοδόμησεν . . . θυσιαστήριον τῷ κ. (11 *a*)
— 24. εἰρήνη κυρίου (11 *a*)
— 25. εἶπεν αὐτῷ κύριος (11 *a*)
— 26. οἰκοδομήσεις θυσιαστήριον τῷ [A *om.*] κ. (11 *a*)
— 27. ὃν τρόπον [A καθὰ] ἐλάλησε πρὸς αὐτὸν κύριος (11 *a*)
— 34. πνεῦμα κυρίου [A θεοῦ] ἐνέδυσε τὸν Γ. (11 *a*)
7. 2. εἶπε κύριος πρὸς Γ. (11 *a*)
— 3. A εἶπεν κύριος πρὸς αὐτόν –
— 4, 5, 7. εἶπε κύριος πρὸς Γ. (11 *a*)
— 9. εἶπε πρὸς αὐτὸν κύριος (11 *a*)
— 14. A παρέδωκεν κύριος [B ὁ θεὸς] ἐν χειρὶ αὐτοῦ (6)
— 15. καὶ προσεκύνησε κυρίῳ [A κύριον] –
— 15. παρέδωκε κύριος ἐν χειρὶ ἡμῶν (11 *a*)
— 18. ἐρεῖτε, Τῷ κ. (11 *a*)
— 20. ῥομφαία τῷ κ. (11 *a*)
— 22. ἔθηκε κύριος τὴν ῥομφαίαν [A ἔθετο κ. μάχαιραν] (11 *a*)

Jd. 8. 3. παρέδωκε κύριος τοὺς ἄρχοντας Μ. (6)
— 7. ἐν τῷ δοῦναι κύριον τὸν Ζ. (11 *a*)
— 19. ζῇ κύριος (11 *a*)
— 22. κύριε, ἄρξον ἡμῶν [A *al.*] –
— 23. κύριος ἄρξει ὑμῶν (11 *a*)
— 34. οὐκ ἐμνήσθησαν οἱ υἱοὶ Ἰσ. κυρίου (11 *a*)
9. 57. A ἀπέστρεψεν κύριος εἰς τὴν κεφαλὴν αὐ. [B *al.*] (6)
10. 6. ποιῆσαι τὸ πονηρὸν ἐνώπιον [A ἔναντι] κυρίου (11 *a*)
— 6. ἐγκατέλιπον τὸν κ. (11 *a*)
— 7. ὠργίσθη θυμῷ [A ἐθυμώθη] κύριος ἐν Ἰσρ. (11 *a*)
— 10. ἐβόησαν οἱ υἱοὶ Ἰσρ. πρὸς κύριον (11 *a*)
— 10. A ἐγκατελίπομεν τὸν κ. [B *om.*] θεόν (18 *b*)
— 11. εἶπε κύριος πρὸς τοὺς υἱοὺς Ἰσρ. (11 *a*)
— 15. εἶπαν οἱ υἱοὶ Ἰσρ. πρὸς κύριον (11 *a*)
— 15. A πλὴν, κύριε [B *om.*], ἐξελοῦ ἡμᾶς –
— 16. ἐδούλευσαν [A ἐλάτρευσαν] τῷ κ. μόνῳ [A *om.*] (11 *a*)
11. 9. καὶ παραδῷ αὐτοὺς κύριος (11 *a*)
— 10. κύριος ἔστω [A ἔσται ὁ] ἀκούων (11 *a*)
— 11. ἐλάλησεν Ἰ. . . . ἐνώπιον κυρίου (11 *a*)
— 21. παρέδωκε κ. ὁ θεὸς Ἰσρ. τὸν Σηών (11 *a*)
— 23. κ. ὁ θεὸς Ἰσρ. [A *om.*] ἐξῆρε τὸν Ἀμ. (11 *a*)
— 24. οὓς ἐξῆρε κύριος [A *al.*] (11 *a*)
— 27. κρίναι κύριος ὁ κρίνων (11 *a*)
— 29. ἐγένετο ἐπὶ Ἰ. πνεῦμα κυρίου (11 *a*)
— 30. ηὔξατο Ἰ. εὐχὴν τῷ κ. (11 *a*)
— 31. καὶ ἔσται τῷ κ. (11 *a*)
— 32. παρέδωκεν αὐτοὺς κύριος (11 *a*)
— 35. ἤνοιξα κατὰ [A περὶ] σοῦ τὸ στόμα μου πρὸς κύριον (11 *a*)
— 36. ἤνοιξας τὸ στόμα σου πρὸς κύριον (11 *a*)
— 36. ἐν τῷ ποιῆσαί σοι κύριον ἐκδίκησιν [A *al.*] (11 *a*)
12. 3. ἔδωκεν [A παρέδ.] αὐτοὺς κύριος (11 *a*)
13. 1. ποιῆσαι τὸ πονηρὸν ἐνώπιον [A ἐναντίον] κυρίου (11 *a*)
— 1. παρέδωκεν αὐτοὺς κύριος [A *om.*] (11 *a*)
— 3. ὤφθη ἄγγελος κυρίου (11 *a*)
— 8. προσηύξατο Μ. πρὸς κύριον [A ἐδεήθη Μ. τοῦ κ.] (11 *a*)
— 8. ἐν ἐμοί, κύριε ἀδωναιέ [A *om.*] (2)
— 13. εἶπεν ὁ ἄγγελος κυρίου πρὸς Μ. (11 *a*)
— 15. εἶπε Μ. πρὸς τὸν ἄγγελον κυρίου (11 *a*)
— 16. εἶπεν ὁ ἄγγελος κυρίου πρὸς Μ. (11 *a*)
— 16. τῷ [A *om.*] κ. ἀνοίσεις αὐτό (11 *a*)
— 16. ἄγγελος κυρίου αὐτός [A ἐστιν] (11 *a*)
— 17. εἶπε Μ. πρὸς τὸν ἄγγελον κυρίου (11 *a*)
— 18. εἶπεν αὐτῷ ὁ ἄγγελος κυρίου (11 *a*)
— 19. ἀνήνεγκεν ἐπὶ τὴν πέτραν τῷ κ. (11 *a*)
— 19. A τῷ θαυμαστὰ ποιοῦντι κ. [B *al.*] –
— 20. ἀνέβη ὁ ἄγγελος κυρίου (11 *a*)
— 21. οὐ προσέθηκεν ἔτι ὁ ἄγγελος κυρίου ὀφθῆναι (11 *a*)
— 21. ἄγγελος κυρίου οὗτος [A ἐστίν] (11 *a*)
— 23. εἰ ἤθελεν ὁ [A οὐν βούλεται] κ. θανατῶσαι ἡμᾶς (11 *a*)
— 24. εὐλόγησεν αὐτὸ κύριος (11 *a*)
— 25. ἤρξατο πνεῦμα κυρίου συνεκπορεύεσθαι [A συμπ.] (11 *a*)
14. 4. παρὰ κυρίου ἐστίν (11 *a*)
— 6, 19 : 15. 14. ἥλατο [A κατηύθυνεν] ἐπ' αὐτὸν πνεῦμα κυρίου (11 *a*)
15. 18. ἔκλαυσε [A ἐβόησεν] πρὸς κύριον (11 *a*)
16. 20. ὁ [A *om.*] κ. ἀπέστη ἀπάνωθεν [A ἀπ' αὐτοῦ] (11 *a*)
— 28. ἔκλαυσε [A ἐβόησεν] Σ. πρὸς κύριον (11 *a*)
— 28. A κύριε [B ἀδωναιὲ] κύριε, μνήσθητι (2, 11 *b*)
17. 2. εὐλογητὸς [A -γημένος] ὁ υἱός μου τῷ κ. (11 *a*)
— 3. ἡγίασα τὸ ἀργύριον τῷ κ. (11 *a*)
— 13. ἀγαθυνεῖ μοι [A ἠγαθοποίησέν με] κύριος (11 *a*)
18. 6. ἐνώπιον κυρίου ἡ ὁδὸς ὑμῶν (11 *a*)
19. 11. εἶπεν ὁ νεανίας [A τὸ παιδάριον] πρὸς τὸν κ. αὐτοῦ (1)
— 12. εἶπε πρὸς αὐτὸν ὁ κ. αὐτοῦ (1)
— 22. τὸν ἄνδρα τὸν κ. τοῦ οἴκου [A τῆς οἰκίας] (7)
— 23. ὁ ἀνὴρ ὁ κ. τοῦ οἴκου [A τῆς οἰκίας] (7)
— 26. A οὗ ἦν ὁ κ. [B ἀνὴρ] αὐτῆς ἐκεῖ (1)
— 27. A ἀνέστη ὁ κ. [B ἀνὴρ] αὐτῆς (1)
20. 1. ἐξεκκλησιάσθη . . . πρὸς κύριον (11 *a*)
— 2. ἐστάθησαν κατὰ πρόσωπον κυρίου [A *al.*] –
— 3. A ἀνέβησαν οἱ υἱοὶ Ἰσρ. πρὸς κύριον [B *om.* πρ. κ.] –

Jd. 20. 18. καὶ εἶπε κύριος (11 *a*)
— 23. ἔκλαυσαν ἐνώπιον κυρίου (11 *a*)
— 23. ἠρώτησαν [A ἐπηρ.] ἐν κυρίῳ (11 *a*)
— 23. καὶ εἶπε κύριος [A ὁ κ.] (11 *a*)
— 26. ἐκάθισαν ἐκεῖ ἐνώπιον [A ἔναντι] κυρίου (11 *a*)
— 26. ὁλοκαυτώσεις καὶ τελείας ἐνώπιον κυρίου [A *al.*] (11 *a*)
— 27. A ἐπηρώτησαν οἱ υἱοὶ Ἰσρ. ἐν κυρίῳ (11 *a*)
— 27. ἐκεῖ κιβωτὸς διαθήκης κυρίου (6)
— 28 (27). B ἐπηρώτησαν οἱ υἱοὶ Ἰσρ. ἐν κυρίῳ (11 *a*)
— 28. καὶ εἶπε κύριος (11 *a*)
— 35. ἐπάταξε [A ἐτρόπωσεν] κύριος τὸν B. (11 *a*)
21. 3. εἰς τί, κύριε θεὲ [A ὁ θεὸς] Ἰσρ. (11 *a*)
— 5. τίς οὐκ ἀνέβη [A ὁ μὴ ἀναβὰς] . . . πρὸς κύριον (11 *a*)
— 5. τοῖς οὐκ ἀναβεβηκόσι πρὸς κύριον [A *al.*] (11 *a*)
— 7. ἡμεῖς ὠμόσαμεν ἐν κυρίῳ (11 *a*)
— 8. ὃς [A ἥτις] οὐκ ἀνέβη πρὸς κύριον (11 *a*)
— 15. ἐποίησε κύριος διακοπήν (11 *a*)
— 19. ἑορτὴ κυρίου [A τῷ κ.] ἐν Σ. (11 *a*)
Ru. 1. 6. ἐπέσκεπται κύριος τὸν λαὸν αὐτοῦ (11 *a*)
— 8. ποιήσαι κύριος μεθ' ὑμῶν ἔλεος (11 *a*)
— 9. δῴη κύριος ὑμῖν (11 *a*)
— 13. ἐξῆλθεν ἐν ἐμοὶ χεὶρ κυρίου (11 *a*)
— 17. τάδε ποιήσαι μοι κύριος (11 *a*)
— 21. κενὴν ἀπέστρεψέ με ὁ κ. (11 *a*)
— 21. κύριος ἐταπείνωσέ με (11 *a*)
2. 4. κύριος μεθ' ὑμῶν (11 *a*)
— 4. εὐλογήσαι σε κύριος (11 *a*)
— 12. ἀποτίσαι κύριος τὴν ἐργασίαν σου (11 *a*)
— 12. γένοιτο ὁ μισθός σου πλήρης παρὰ κυρίου (11 *a*)
— 13. εὕροιμι χάριν ἐν ὀφθαλμοῖς σου, κύριε (1)
— 20. εὐλογητός ἐστι τῷ κ. (11 *a*)
3. 10. εὐλογημένη σὺ τῷ κ. θεῷ [A *om.*] (18 *a* [11 *a*])
— 13. ζῇ κύριος (11 *a*)
— 13. A B σὺ εἶ κύριος -
4. 11. δῴη κύριος τὴν γυναῖκά σου (11 *a*)
— 12. οὗ δώσει κύριός σοι (11 *a*)
— 13. ἔδωκεν αὐτῇ κύριος κύησιν (11 *a*)
— 14. καὶ εἶπαν . . . Εὐλογητὸς κ. (11 *a*)
I Ki. 1. 3. θύειν κ. τῷ θεῷ σαβαώθ (18 *a*)
— 3. Ὀ. καὶ Φ. ἱερεῖς τοῦ κ. (11 *a*)
— 5. κύριος ἀπέκλεισε [A ὁ κ. συναπ.] τὰ περὶ τὴν μήτραν αὐτῆς (11 *a*)
— 6. οὐκ ἔδωκεν αὐτῇ κύριος παιδίον -
— 6. συνέκλεισε [A συναπ.] κύριος τὰ περὶ τὴν μήτραν αὐτῆς (11 *a*)
— 7. ἐν τῷ ἀναβαίνειν αὐτὴν εἰς οἶκον κυρίου (11 *a*)
— 8. ἰδοὺ ἐγώ, κύριε [A *om.*] -
— 9. κατέστη ἐνώπιον κυρίου †
— 9. ἐπὶ τῶν φλιῶν ναοῦ κυρίου (11 *a*)
— 10. προσηύξατο πρὸς κύριον (11 *a*)
— 11. ηὔξατο εὐχὴν κυρίῳ [A τῷ κ.] -
— 11. ἀδωναῒ κύριε [A καὶ] Ἐλωὲ σαβαώθ (11 *a*)
— 12. προσευχομένη ἐνώπιον κυρίου (11 *a*)
— 14. πορεύου ἐκ προσώπου κυρίου -
— 15. καὶ εἶπεν, Οὐχί, κύριε [A κ. μου] (1)
— 15. ἐκχεῶ τὴν ψυχήν μου ἐνώπιον κυρίου (11 *a*)
— 19. προσκυνοῦσι τῷ κ. (11 *a*)
— 19. ἐμνήσθη αὐτῆς κύριος (11 *a*)
— 20. παρὰ κυρίου θεοῦ σαβαὼθ ᾐτησάμην αὐτόν (18 *a*)
— 22. ὀφθήσεται τῷ προσώπῳ κυρίου (11 *a*)
— 23. στήσαι κύριος τὸ ἐξελθὸν ἐκ τοῦ στόματός σου (11 *a*)
— 24. εἰσῆλθεν εἰς οἶκον κυρίου (11 *a*)
— 25. προσήγαγον ἐνώπιον κυρίου -
— 25. ἣν ἐποίει . . . τῷ κ. -
— 26. ἐν ἐμοί, κύριε [A κύριος] (1)
— 26. A κύριέ μου (1)
— 26. ἐν τῷ προσεύξασθαι πρὸς κύριον (11 *a*)
— 27. A R ἔδωκέ μοι [B *om.*] κύριος τὸ αἴτημά μου (11 *a*)
— 28. κιχρῶ αὐτὸν τῷ κ. . . . χρῆσιν τῷ κ. (11 *a*, 11 *a*)
2. 1. ἐστερεώθη ἡ καρδία μου ἐν κυρίῳ (11 *a*)
— 2. οὐκ ἔστιν ἅγιος ὡς κύριος (11 *a*)
— 3. ὅτι θεὸς γνώσεων κύριος (11 *a*)
— 6. κύριος θανατοῖ καὶ ζωογονεῖ (11 *a*)
— 7. κύριος πτωχίζει καὶ πλουτίζει (11 *a*)
— 10. κύριος ἀσθενῆ ποιήσει ἀντίδικον αὐτοῦ κύριος ἅγιος (11 *a*, -)
— 10. γινώσκειν τὸν κ. -
— 10. κύριος ἀνέβη εἰς οὐρανούς (11 *a*)
— 10. κατέλιπεν αὐτὸν ἐκεῖ ἐνώπιον κυρίου -

I Ki. 2. 11. λειτουργῶν τῷ προσώπῳ κυρίου (21)
— 12. οὐκ εἰδότες τὸν κ. (11 *a*)
— 14. τοῖς ἐρχομένοις θῦσαι κυρίῳ †
— 17. ἡ ἁμαρτία ἐνώπιον κυρίου τῶν παιδαρίων (11 *a*)
— 17. ἠθέτουν τὴν θυσίαν κυρίου (11 *a*)
— 18. λειτουργῶν ἐνώπιον κυρίου (11 *a*)
— 20. ἀποτίσαι σοι κύριος σπέρμα (11 *a*)
— 20. οὗ ἔχρησας τῷ [A B[1] *om.*] κ. (11 *a*)
— 21. ἐπεσκέψατο κύριος τὴν Ἄνναν (11 *a*)
— 21. ἐμεγαλύνθη τὸ παιδάριον Σαμ. ἐνώπιον κυρίου (11 *a*)
— 23. ἐκ στόματος παντὸς τοῦ λαοῦ κυρίου -
— 25. προσεύξονται ὑπὲρ αὐτοῦ πρὸς κύριον (6)
— 25. ἐὰν τῷ κ. ἁμάρτῃ (11 *a*)
— 25. ἐβούλετο κύριος διαφθεῖραι αὐτούς (11 *a*)
— 26. ἀγαθὸν μετὰ κυρίου καὶ μετὰ ἀνθρώπων (11 *a*)
— 27. τάδε λέγει κύριος (11 *a*)
— 30. τάδε εἶπεν κ. ὁ θεὸς Ἰσρ. (11 *a*)
— 30. καὶ νῦν φησὶ κύριος (11 *a*)
3. 1. λειτουργῶν τῷ κ. (11 *a*)
— 1. ῥῆμα κυρίου ἦν τίμιον (11 *a*)
— 3. A Σαμ. ἐκάθευδεν ἐν τῷ οἴκῳ κυρίου [B ναῷ] (11 *a*)
— 4. καὶ ἐκάλεσε κύριος (11 *a*)
— 6. καὶ προσέθετο κύριος (11 *a*)
— 7. καὶ ἀποκαλυφθῆναι αὐτῷ ῥῆμα κυρίου (11 *a*)
— 8. καὶ προσέθετο κύριος καλέσαι (11 *a*)
— 8. κύριος κέκληκε τὸ παιδάριον (11 *a*)
— 9. A λάλει κύριε [B *om.*] (11 *a*)
— 10. καὶ ἦλθε κύριος (11 *a*)
— 11. καὶ εἶπε κύριος πρὸς Σαμ. (11 *a*)
— 15. ἤνοιξε τὰς θύρας οἴκου κυρίου (11 *a*)
— 18. κ. αὐτὸς τὸ ἀγαθὸν . . . ποιήσει (11 *a*)
— 19. ἦν κύριος μετ' αὐτοῦ (11 *a*)
— 20. πιστὸς Σαμ. εἰς προφήτην τῷ κ. (11 *a*)
— 21. προσέθετο κύριος δηλωθῆναι (11 *a*)
— 21. ἀπεκαλύφθη κύριος πρὸς Σαμ. (11 *a*)
— 21. προφήτης γενέσθαι τῷ κ. [A τοῦ κ.] (11 *a* ?)
— 21. πονηρὰ ἡ ὁδὸς αὐτῶν ἐνώπιον κυρίου -
4. 3. κατὰ τί ἔπταισεν ἡμᾶς κύριος (11 *a*)
— 4. τὴν κιβωτὸν [A *add.* τῆς διαθήκης] κυρίου [A *add.* τῶν δυνάμ.] (11 *c* [11 *a*])
— 5. ἡ κιβωτὸς [A *add.* διαθήκης] κυρίου (11 *a*)
— 6. κιβωτὸς κυρίου ἥκει (11 *a*)
— 8 (7). ἐξελοῦ ἡμᾶς, κύριε -
— 22. ἐν τῷ ληφθῆναι τὴν κιβωτὸν κυρίου (6)
5. 2. ἔλαβον ἀλλόφυλοι τὴν κιβωτὸν κυρίου [A τοῦ κ.] (6)
— 3. ἐβαρύνθη χεὶρ κυρίου -
— 4. ἐνώπιον κιβωτοῦ διαθήκης κυρίου (11 *a*)
— 6. ἐβαρύνθη ἡ χεὶρ κυρίου (11 *a*)
— 9. γίνεται χεὶρ κυρίου τῇ [A ἐν τῇ] πόλει (11 *a*)
6. 1. A ἦν ἡ κιβωτὸς κυρίου [B *om.*] ἐν ἀγρῷ (11 *a*)
— 2. τί ποιήσωμεν τῇ κιβωτῷ κυρίου [A τοῦ κ.] (11 *a*)
— 3. τὴν κιβωτὸν διαθήκης κ. θεοῦ Ἰσρ. (18 *b*)
— 5. δώσετε τῷ κ. δόξαν (6)
— 8. A λήψεσθε τὴν κιβωτὸν κυρίου [B *om.*] (6)
— 11. A R ἔθεντο τὴν κιβωτὸν κυρίου [B *om.*] ἐπὶ τὴν ἅμαξαν (11 *a*)
— 13. εἶδον κιβωτὸν κυρίου -
— 14. ὁλοκαύτωσιν [A -κάρπωσιν] τῷ κ. (11 *a*)
— 15. ἀνήνεγκαν τὴν κιβωτὸν τοῦ [A *om.*] κ. (11 *a*)
— 15. ἀνήνεγκαν . . . τῷ κ. (11 *a*)
— 17. ἃς ἀπέδωκαν . . . τῷ κ. (11 *a*)
— 18. τὴν κιβωτὸν διαθήκης κυρίου (11 *a*)
— 19. εἶδαν κιβωτὸν κυρίου (11 *a*)
— 19. ἐπάταξε κύριος . . . πληγὴν μεγάλην (11 *a*)
— 20. A R διελθεῖν ἐνώπιον κ. τοῦ θεοῦ [B *om.* κ. τ. θ.] τοῦ ἁγίου τούτου (11 *a*)
— 20. πρὸς τίνα ἀναβήσεται κιβωτὸς κυρίου -
— 21. ἀπεστρόφασιν . . . τὴν κιβωτὸν κυρίου (11 *a*)
7. 1. ἀνάγουσι τὴν κιβωτὸν διαθήκης κυρίου (11 *a*)
— 1. φυλάσσειν τὴν κιβωτὸν διαθήκης κυρίου (11 *a*)
— 2. ἐπέβλεψε πᾶς οἶκος Ἰσρ. ὀπίσω κυρίου (11 *a*)
— 3. ὑμεῖς ἐπιστρέφετε πρὸς κύριον (11 *a*)
— 3. ἑτοιμάσατε τὰς καρδίας ὑμῶν πρὸς κύριον (11 *a*)
— 4. ἐδούλευσαν κ. [A τῷ κ.] μόνῳ (11 *a*)
— 5. προσεύξομαι περὶ ὑμῶν πρὸς κύριον (11 *a*)
— 6. ἐξέχεαν ἐνώπιον κυρίου (11 *a*)
— 6. ἡμαρτήκαμεν ἐνώπιον κυρίου (11 *a*)
— 8. τοῦ μὴ βοᾶν πρὸς κ. θεόν σου (11 *a*)
— 9. ἀνήνεγκεν αὐτὸν . . . τῷ κ. (11 *a*)
— 9. ἐβόησε Σαμ. πρὸς κύριον (11 *a*)
— 9. ἐπήκουσεν αὐτοῦ κύριος (11 *a*)
— 10. καὶ ἐβρόντησε κύριος (11 *a*)

I Ki. 7. 12. ἐβοήθησεν ἡμῖν κύριος (11 *a*)
— 13. ἐταπείνωσε κύριος τοὺς ἀλλοφύλους -
— 13. ἐγενήθη χεὶρ κυρίου ἐπὶ τοὺς ἀλλοφ. (11 *a*)
— 17. ᾠκοδόμησεν ἐκεῖ θυσιαστήριον τῷ κ. (11 *a*)
8. 6. προσηύξατο Σαμ. πρὸς κύριον (11 *a*)
— 7. εἶπε κύριος πρὸς Σαμ. (11 *a*)
— 10. εἶπε Σαμ. πᾶν τὸ ῥῆμα τοῦ [A *om.*] κ. (11 *a*)
— 18. οὐκ ἐπακούσεται κύριος ὑμῶν (11 *a*)
— 21. ἐλάλησεν αὐτοὺς εἰς τὰ ὦτα κυρίου (11 *a*)
— 22. εἶπε κύριος πρὸς Σαμ. (11 *a*)
9. 6. A[2] ὁ κ. θεὸς [A[1] B ἄνθρωπος] τοῦ θεοῦ ἐν τῇ πόλει †
— 15. A[2] B κύριος ἀπεκάλυψε τὸ ὠτίον Σαμ. (11 *a*)
— 17. κύριος ἀπεκρίθη αὐτῷ (11 *a*)
10. 1. οὐχὶ κέχρικέ σε κύριος (11 *a*)
— 1. σὺ ἄρξεις ἐν [A *om.*] λαῷ κυρίου -
— 1. ἔχρισέ σε κύριος (11 *a* ?)
— 6. ἐφαλεῖται ἐπὶ σὲ πνεῦμα κυρίου (11 *a*)
— 17. παρήγγειλε Σαμ. παντὶ τῷ λαῷ πρὸς κ. (11 *a*)
— 18. τάδε εἶπε κύριος (11 *a*)
— 19. κατάστητε ἐνώπιον κυρίου (11 *a*)
— 22. ἐπηρώτησε [A *add.* ἔτι] Σαμ. ἔτι ἐν κυρίῳ (11 *a*)
— 22. καὶ εἶπε κύριος (11 *a*)
— 24. ὃν ἐκλέλεκται ἑαυτῷ κύριος (11 *a*)
— 25. καὶ ἔθηκεν ἐνώπιον κυρίου (11 *a*)
— 26. ὧν ἥψατο κύριος καρδίας αὐτῶν (6)
11. 6. B ἐφήλατο πνεῦμα κυρίου ἐπὶ Σαούλ (6)
— 7. ἐπῆλθεν ἔκστασις κυρίου ἐπὶ τὸν λαὸν Ἰσρ. (11 *a*)
— 13. ἐποίησε κύριος σωτηρίαν ἐν Ἰσρ. (11 *a*)
— 15. ἔχρισε Σαμ. ἐκεῖ τὸν Σαοὺλ . . . ἐνώπιον κυρίου (11 *a*)
— 15. ἔθυσεν ἐκεῖ θυσίας . . . ἐνώπιον κυρίου (11 *a*)
12. 3. ἀποκρίθητε κατ' ἐμοῦ ἐνώπιον κυρίου (11 *a*)
— 5. μάρτυς κύριος ἐν ὑμῖν (11 *a*)
— 6. μάρτυς κύριος ὁ ποιήσας τὸν Μωυσῆν (11 *a*)
— 7. δικάσω [A δικαιώσω] ὑμᾶς ἐνώπιον κυρίου (11 *a*)
— 7. τὴν πᾶσαν δικαιοσύνην [A τὰς π. δ.] κυρίου (11 *a*)
— 8. ἐβόησαν οἱ πατέρες ἡμῶν πρὸς κύριον (11 *a*)
— 8. ἀπέστειλε κύριος τὸν Μωυσῆν (11 *a*)
— 9. ἐπελάθοντο κ. τοῦ θεοῦ [A τοῦ κ. θ.] αὐτῶν (11 *a*)
— 10. ἐβόησαν πρὸς κύριον (11 *a*)
— 10. ἐγκατελίπομεν τὸν κ. (11 *a*)
— 11. A ἀπέστειλε κύριος [B *om.*] τὸν Ἱερ. (11 *a*)
— 12. A B[2] R κ. ὁ θεὸς ὑμῶν βασιλεὺς ὑμῶν (11 *a*)
— 13. δέδωκε κύριος ἐφ' ὑμᾶς βασιλέα (11 *a*)
— 14. ἐὰν φοβηθῆτε τὸν κ. (11 *a*)
— 14. καὶ μὴ ἐρίσητε τῷ στόματι κυρίου (11 *a*)
— 14. ὀπίσω κυρίου πορευόμενοι (11 *a* + 6)
— 15. ἐὰν δὲ μὴ ἀκούσητε [A εἰσακ.] τῆς φωνῆς κυρίου καὶ ἐρίσητε τῷ στόματι κυρίου καὶ ἔσται χεὶρ κυρίου ἐφ' [A εἰς] ὑμᾶς (11 *a ter*)
— 16. ὃ ὁ κ. ποιήσει (11 *a*)
— 17. ἐπικαλέσομαι κύριον [A τὸν κ.] (11 *a*)
— 17. ἣν ἐποιήσατε ἐνώπιον κυρίου [A *om.*] (11 *a*)
— 18. B ἐπεκαλέσατο Σαμ. τὸν κ. (11 *a*)
— 18. B ἔδωκε κύριος φωνάς (11 *a*)
— 18. B ἐφοβήθησαν πᾶς ὁ λαὸς τὸν κ. (11 *a*)
— 19. B πρόσευξαι . . . πρὸς κ. θεόν σου (11 *a*)
— 20. B μὴ ἐκκλίνητε ἀπὸ ὄπισθεν κυρίου (11 *a*)
— 20. B δουλεύσατε τῷ κ. (11 *a*)
— 22. B οὐκ ἀπώσεται κύριος τὸν λαὸν αὐτοῦ (11 *a*)
— 22. B κύριος προσελάβετο ὑμᾶς ἑαυτῷ (11 *a*)
— 23. B τοῦ ἁμαρτεῖν τῷ κ. (11 *a*)
— 23. B δουλεύσω τῷ κ. -
— 24. B φοβεῖσθε τὸν κ. (11 *a*)
13. 12. B τοῦ προσώπου τοῦ κ. οὐκ ἐδεήθην (11 *a*)
— 13. B ἣν ἐνετείλατό σοι κύριος (11 *a* + 6)
— 13. B ἡτοίμασε κύριος τὴν βασιλείαν σου (11 *a*)
— 14. B ζητήσει κύριος ἑαυτῷ ἄνθρωπον (11 *a*)
— 14. B ἐντελεῖται κύριος αὐτῷ (11 *a*)
— 14. B ὅ τι ἐνετείλατό σοι κύριος (11 *a*)
14. 6. B εἴ τι ποιήσαι κύριος ἡμῖν (11 *a*)
— 6. B οὐκ ἔστι τῷ κ. συνεχόμενον (11 *a*)
— 10, 12. παραδέδωκεν αὐτοὺς κύριος (11 *a*)
— 15. ἐγενήθη ἔκστασις παρὰ κυρίου (6)
— 22 (23). ἔσωσε κύριος . . . τὸν Ἰσρ. (11 *a*)
— 26. ἐφοβήθη ὁ λαὸς τὸν ὅρκον κυρίου -
— 33. ἡμάρτηκεν ὁ λαὸς τῷ κ. (11 *a*)
— 34. οὐ μὴ ἁμάρτητε τῷ κ. (11 *a*)
— 35. ᾠκοδόμησεν . . . θυσιαστήριον τῷ κ. (11 *a*)

I Ki. 14. 35. οἰκοδομῆσαι θυσιαστήριον τῷ κ. (11 a)
— 39. ζῇ κύριος ὁ σώσας τὸν Ἰσρ. (11 a)
— 41. καὶ εἶπε Σαοὺλ, Κύριε ὁ θεὸς Ἰσρ. –
— 41. κύριε ὁ θεὸς Ἰσρ., δὸς δήλους (11 a)
— 42. ὃν ἂν κατακληρώσηται κύριος –
— 45. ζῇ κύριος (11 a)
15. 1. ἐμὲ ἀπέστειλε κύριος (11 a)
— 1. ἄκουε τῆς φωνῆς [A τῶν λόγων] κυρίου (11 a)
— 2. τάδε εἶπε κύριος σαβαώθ (11 a)
— 10. ἐγενήθη ῥῆμα κυρίου πρὸς Σαμ. (11 a)
— 11. ἐβόησε πρὸς κύριον (11 a)
— 12. ἀνέφερεν ὁλοκαύτωσιν τῷ κ. –
— 13. εὐλογητὸς σὺ τῷ κ. (11 a)
— 13. ὅσα ἐλάλησε κύριος (11 a)
— 15. ὅπως τυθῇ κ. τῷ θεῷ σου (11 a)
— 16. ἃ ἐλάλησε κύριος πρὸς μέ (11 a)
— 17. καὶ ἔχρισέ σε κύριος (11 a)
— 18. καὶ ἀπέστειλέ σε κύριος (11 a)
— 19. ἵνα τί οὐκ ἤκουσας φωνῆς κυρίου (11 a)
— 19. ἐποίησας τὸ πονηρὸν ἐνώπιον κυρίου (11 a)
— 20. ᾗ ἀπέστειλέ με κύριος (11 a)
— 21. A R θῦσαι [B om.] ἐνώπιον κ. θεοῦ ἡμῶν (11 a)
— 22. εἰ θελητὸν τῷ κ. ὁλοκαυτώματα [A -μα] (11 a)
— 22. τὸ ἀκοῦσαι φωνῆς κυρίου (11 a)
— 23. ὅτι ἐξουδένωσας τὸ ῥῆμα κυρίου (11 a)
— 23. ἐξουδενώσει σε κύριος –
— 24. παρέβην τὸν λόγον κυρίου (11 a)
— 25. προσκυνήσω κ. τῷ [A om.] θεῷ σου (18 a)
— 26. ἐξουδένωσας τὸ ῥῆμα κυρίου (11 a)
— 26. ἐξουδενώσει σε κύριος (11 a)
— 28. διέρρηξε κύριος τὴν βασιλείαν σου (11 a)
— 30. προσκυνήσω κ. τῷ θεῷ σου (11 a)
— 31. προσεκύνησε [A add. Σαοὺλ] τῷ κ. (11 a)
— 33. ἔσφαξε . . . τὸν Ἀγὰγ ἐνώπιον κυρίου (11 a)
— 35. καὶ κύριος μετεμελήθη (11 a)
16. 1. εἶπε κύριος πρὸς Σαμ. (11 a)
— 2. καὶ εἶπε κύριος (11 a)
— 2. θῦσαι τῷ κ. ἥκω (11 a)
— 4. ἃ ἐλάλησεν αὐτῷ κύριος (11 a)
— 5. θῦσαι τῷ κ. ἥκω (11 a)
— 6. ἐνώπιον κυρίου χριστὸς αὐτοῦ (11 a)
— 7. εἶπε κύριος πρὸς Σαμ. (11 a)
— 8. A οὐδὲ τοῦτον ἐξελέξατο κύριος [B ὁ θεός] (11 a)
— 9. ἐν τούτῳ οὐκ ἐξελέξατο κύριος (11 a)
— 10. οὐκ ἐξελέξατο κύριος ἐν τούτοις (11 a)
— 12. καὶ ἀγαθὸς ὁράσει κυρίῳ –
— 12. εἶπε κύριος πρὸς Σαμ. (11 a)
— 13. ἐφήλατο πνεῦμα κυρίου ἐπὶ Δ. (11 a)
— 14. πνεῦμα κυρίου ἀπέστη ἀπὸ Σαούλ (11 a)
— 14. πνεῦμα πονηρὸν παρὰ κυρίου (11 a)
— 15. πνεῦμα κυρίου πονηρὸν πνίγει σε (6)
— 16. ζητησάτωσαν τῷ κ. ἡμῶν ἄνδρα (1 ?)
— 18. καὶ κύριος μετ' αὐτοῦ (11 a)
17. 32. μὴ δὴ συμπεσέτω καρδία τοῦ κ. μου †
— 37. κύριος ὃς ἐξείλατό με (11 a)
— 37. ἔσται κύριος μετὰ σοῦ (11 a)
— 45. ἐν ὀνόματι κ. θεοῦ σαβαώθ [A σ. θ.] (18 a [11 a])
— 45 (46). ἀποκλείσει σε κύριος (11 a)
— 47. οὐκ ἐν ῥομφαίᾳ καὶ δόρατι σώζει κύριος ὅτι τοῦ κ. ὁ πόλεμος καὶ παραδώσει κύριος ὑμᾶς (11 a, 11 a, –)
18. 12. A ἦν κύριος μετ' αὐτοῦ (11 a)
— 14. καὶ κύριος μετ' αὐτοῦ (11 a)
— 17. A πολέμει τοὺς πολέμους κυρίου (11 a)
— 28. κύριος μετὰ Δαυίδ (11 a)
19. 5. ἐποίησε κύριος σωτηρίαν μεγάλην (11 a)
— 6. ζῇ κύριος (11 a)
— 9. A ἐγένετο πνεῦμα κυρίου [B θεοῦ] πονηρὸν ἐπὶ Σ. (11 a)
20. 3. ζῇ κύριος (11 a)
— 8. εἰσήγαγες εἰς διαθήκην κυρίου (11 a)
— 12. κ. ὁ θεὸς Ἰσρ. οἶδεν (11 a)
— 13. A τάδε ποιήσαι κύριος [B ὁ θεὸς] τῷ Ἰων. (11 a)
— 13. ἔσται κύριος μετὰ σοῦ (11 a)
— 14. A ποιήσεις μετ' ἐμοῦ ἔλεος κυρίου [B om.] (11 a)
— 15. ἐν τῷ ἐξαίρειν κύριον τοὺς ἐχθροὺς Δαυίδ (11 a)
— 16. ἐκζητήσαι κύριος ἐχθροὺς τοῦ Δ. (11 a)
— 22 (21). B οὐκ ἔστι λόγος κυρίου [A R om.] –
— 22 (21). ζῇ κύριος (11 a)
— 22. ἐξαπέσταλκέ σε κύριος (11 a)
— 23. ἰδοὺ κύριος μάρτυς (11 a)

I Ki. 20. 38. A B[2] R ἤνεγκε τὰς σχίζας [B[1] om. ἤ. τ. σχ.] πρὸς τὸν κ. αὐτοῦ (1)
— 42. ὀμωμόκαμεν . . . ἐν ὀνόματι κυρίου (11 a)
— 42. κύριος ἔσται μάρτυς (11 a)
21. 6 (7). οἱ ἀφῃρημένοι ἐκ προσώπου κυρίου (11 a)
— 7 (8). συνεχόμενος . . . ἐνώπιον κυρίου (11 a)
22. 11. A τοὺς ἱερεῖς τοῦ κ. [B om. τ. κ.] τοὺς ἐν N. –
— 12. ἰδοὺ ἐγὼ, λάλει, κύριε (1)
— 17. θανατοῦτε τοὺς ἱερεῖς τοῦ κ. (11 a)
— 17. ἁμαρτῆσαι εἰς τοὺς ἱερεῖς κυρίου (11 a)
— 18. ἐθανάτωσε τοὺς ἱερεῖς κυρίου –
— 21. ἐθανάτωσε Σ. πάντας τοὺς ἱερεῖς τοῦ κ. (11 a)
23. 2. ἐπηρώτησε Δ. διὰ τοῦ κ. (11 a)
— 2. καὶ εἶπε κύριος (11 a)
— 4. ἐρωτῆσαι διὰ τοῦ κ. (11 a)
— 4. ἀπεκρίθη αὐτῷ [A om.] κύριος (11 a)
— 9. προσάγαγε τὸ ἐφοὺδ κυρίου –
— 10. καὶ εἶπε Δ., Κύριε ὁ θεὸς Ἰσρ. (11 a)
— 11. καθὼς ἤκουσεν ὁ δοῦλός σου, κύριε ὁ θεὸς Ἰσρ. (11 a)
— 11. καὶ εἶπε κύριος (11 a)
— 12. A καὶ εἶπεν κύριος (11 a)
— 14. οὐ παρέδωκεν αὐτὸν κύριος (6)
— 16. ἐκραταίωσε τὰς χεῖρας αὐτοῦ ἐν κυρίῳ (6)
— 18. διέθεντο . . . διαθήκην ἐνώπιον κυρίου (11 a)
— 21. εὐλογημένοι ὑμεῖς τῷ κ. (11 a)
24. 5. ἣν εἶπε κύριος πρὸς σέ (11 a)
— 7. μηδαμῶς μοι παρὰ κυρίου [A -ίῳ] (11 a)
— 7. A R εἰ ποιήσω τὸ ῥῆμα τοῦτο τῷ κ. μου [B om. τ. κ. μ.] τῷ χριστῷ κυρίου (1, 11 a)
— 7. χριστὸς κυρίου ἐστὶν οὗτος (11 a)
— 9. λέγων, Κύριε [A κ. μου] βασιλεῦ (1)
— 11. ὡς παρέδωκέ σε κύριος (11 a)
— 11. ἐποίσω χεῖρά μου ἐπὶ κύριόν μου (1)
— 11. χριστὸς κυρίου [A -os] οὗτός [A om.] ἐστι (11 a)
— 13. δικάσαι κύριος ἀνὰ μέσον ἐμοῦ (11 a)
— 13. ἐκδικήσαι με κύριος ἐκ σοῦ (11 a)
— 16. γένοιτο κύριος εἰς κριτήν (11 a)
— 16. ἴδοι κύριος καὶ κρίναι –
— 19. ὡς ἀπέκλεισέ με κύριος (11 a)
— 20. R κύριος ἀποτίσει [B ἀνταπ.] αὐτῷ ἀγαθά [A al.] (11 a)
— 22. ὄμοσόν μοι ἐν κυρίῳ (11 a)
25. 10. ἕκαστος ἐκ προσώπου τοῦ κ. αὐτοῦ (1)
— 14. A R εὐλογῆσαι τὸν [B om.] κ. ἡμῶν (1)
— 17. συντετέλεσται ἡ κακία εἰς τὸν κ. ἡμῶν (1)
— 24. ἐν ἐμοὶ, κύριέ μου, ἡ ἀδικία μου (1)
— 25. μὴ δὴ θέσθω ὁ κ. μου καρδίαν αὐτοῦ (1)
— 25. R οὐκ εἶδον τὰ παιδάρια τοῦ κ. μου [A B π. σου] (1)
— 26. καὶ νῦν, κύριε, ζῇ κύριος (1, 11 a)
— 26. καθὼς ἐκώλυσέ σε κύριος (11 a)
— 26. οἱ ζητοῦντες τῷ κ. μου κακά (1)
— 27. ἣν ἐνήνοχεν ἡ δούλη σου τῷ κ. μου (1)
— 27. τοῖς παρεστηκόσι τῷ κ. μου (1)
— 28. ποιήσει κύριος τῷ κ. μου οἶκον πιστόν [A om.] (11 a, 1)
— 28. πόλεμον κυρίου μου ὁ κ. [A κ. μου] πολεμεῖ (11 a, 1)
— 29. ἔσται ψυχὴ κυρίου μου ἐνδεδεμένη ἐν δεσμῷ τῆς ζωῆς παρὰ κ. τῷ θεῷ (1, 11 a)
— 30. ποιήσει κύριος τῷ κ. μου πάντα (11 a, 1)
— 30. A ἐντελεῖταί σοι κύριος [B om.] εἰς ἡγούμενον –
— 31. καὶ σκάνδαλον [A add. καρδίας] τῷ κ. μου (1)
— 31. σῶσαι χεῖρα κυρίου μου αὐτοῦ (1)
— 31. ἀγαθῶσαι κύριος τῷ κ. μου (11 a, 1)
— 32. εὐλογητὸς κ. ὁ θεὸς Ἰσρ. (11 a)
— 34. ζῇ κ. ὁ θεὸς Ἰσρ. (11 a)
— 38. ἐπάταξε κύριος τὸν Νάβαλ (11 a)
— 39. εὐλογητὸς κ. (11 a)
— 39. τὴν κακίαν N. ἀπέστρεψε κύριος (11 a)
— 41. A νίψαι πόδας τῶν παίδων τοῦ κ. μου [B παίδων σου] (1)
26. 8. ἀπέκλεισε κύριος . . . τὸν ἐχθρόν σου (6)
— 9. τίς ἐποίσει χεῖρα αὐτοῦ ἐπὶ χριστὸν κυρίου (11 a)
— 10. ζῇ κύριος (11 a)
— 10. A R ἐὰν μὴ κύριος παίσῃ [B παιδεύσῃ] αὐτόν (11 a)
— 11. μηδαμῶς μοι [A om.] παρὰ κυρίου ἐπενεγκεῖν χεῖρά μου ἐπὶ χριστὸν κυρίου (11 a, 11 a)
— 12. A R θάμβος κυρίου [B -os] ἔπεσεν ἐπ' αὐτούς (11 a)
— 15. διὰ τί οὐ φυλάσσεις τὸν κ. σου τὸν βασ. (1)

I Ki. 26. 15. A R διαφθεῖραι τὸν [B om.] κ. σου τὸν βασ. (1)
— 16. ζῇ κύριος (11 a)
— 16. A R οἱ φυλάσσοντες τὸν βασ. τὸν [B om.] κ. ὑμῶν τὸν χριστὸν κυρίου (1, 11 a)
— 17. δοῦλός σου, κύριε βασιλεῦ (1)
— 18. ἵνα τί τοῦτο καταδιώκει ὁ κ. (1)
— 19. ἀκουσάτω ὁ κ. μου ὁ βασ. τὸ ῥῆμα (1)
— 19. ἐπικατάρατοι οὗτοι [A om.] ἐνώπιον κυρίου (11 a)
— 19. μὴ ἐστηρίσθαι ἐν κληρονομίᾳ κυρίου (11 a)
— 20. μὴ πέσοι τὸ αἷμά μου . . . ἐξ ἐναντίας προσώπου κυρίου (11 a)
— 23. κύριος ἐπιστρέψει ἑκάστῳ (11 a)
— 23. ὡς παρέδωκέ σε κύριος (11 a)
— 23. ἐπενεγκεῖν χεῖρά μου ἐπὶ χριστὸν κυρίου (11 a)
— 24. μεγαλυνθείη ἡ ψυχή μου ἐνώπιον κυρίου (11 a)
28. 6. ἐπηρώτησε Σαοὺλ διὰ κυρίου (11 a)
— 6. οὐκ ἐπεκρίθη αὐτῷ κύριος (11 a)
— 10. A ὤμοσεν αὐτῇ Σαοὺλ ἐν κυρίῳ [B om. ἐν κ.] (11 a)
— 10. ζῇ κύριος (11 a)
— 16. κύριος ἀφέστηκεν ἀπὸ σοῦ (11 a)
— 17. πεποίηκε κύριός σοι καθὼς ἐλάλησε κύριος (11 a, –)
— 17. διαρρήξει κύριος τὴν βασιλείαν σου (11 a)
— 18. οὐκ ἤκουσας φωνῆς κυρίου (11 a)
— 18. ἐποίησε κύριός σοι (11 a)
— 19. παραδώσει κύριος τὸν Ἰσρ. (11 a)
— 19. τὴν παρεμβολὴν Ἰσρ. δώσει κύριος (11 a)
29. 4. ἐν τίνι διαλλαγήσεται οὗτος τῷ κ. αὐτοῦ (1)
— 6. ζῇ κύριος (11 a)
— 8. πολεμῆσαι τοὺς ἐχθροὺς τοῦ κ. μου τοῦ βασ. (1)
— 10. οἱ παῖδες τοῦ κ. σου οἱ ἥκοντες (1)
30. 6. ἐκραταιώθη Δ. ἐν κ. θεῷ αὐτοῦ (11 a)
— 8. ἐπηρώτησε Δ. διὰ τοῦ κ. (11 a)
— 13. κατέλιπέ με ὁ κ. μου (1)
— 15. μὴ παραδοῦναί με εἰς χεῖρας τοῦ κ. (1)
— 23. μετὰ τὸ παραδοῦναι τὸν κ. ἡμῖν (11 a)
— 23. παρέδωκε κύριος τὸν γεδδούρ –
— 26. τῶν σκύλων τῶν ἐχθρῶν κυρίου (11 a)
II Ki. 1. 10. ἐνήνοχα αὐτὰ τῷ κ. μου (1)
— 14. διαφθεῖραι τὸν χριστὸν κυρίου (11 a)
— 16. ἐθανάτωσα τὸν χριστὸν κυρίου (11 a)
2. 1. ἐπηρώτησε Δ. ἐν κυρίῳ (11 a)
— 1. καὶ εἶπε κύριος πρὸς αὐτόν (11 a)
— 5. A R εὐλογημένοι ὑμεῖς τῷ κ. (11 a)
— 5. A R πεποιήκατε τὸ ἔλεος τοῦ θεοῦ ἐπὶ τὸν κ. ὑμῶν (1)
— 5. R ἐπὶ Σαοὺλ τὸν χριστὸν κυρίου [A al.] –
— 6. A R ποιήσαι κύριος μεθ' ὑμῶν ἔλεος (11 a)
— 7. τέθνηκεν ὁ κ. ὑμῶν Σαούλ (1)
— 27. ζῇ κύριος (6)
3. 9. καθὼς ὤμοσε κύριος τῷ Δ. (11 a)
— 18. κύριος ἐλάλησε περὶ Δαυίδ (11 a)
— 21. συναθροίσω πρὸς [A[2] add. τὸν] κύριόν μου τὸν βασ. (1)
— 28. ἀθῷός εἰμι . . . ἀπὸ κυρίου (11 a)
— 39. ἀποδῷ [A ἀνταπ.] κύριος τῷ ποιοῦντι (11 a)
4. 8. ἔδωκε κύριος τῷ κ. [A κ. μου] βασ. ἐκδίκησιν (11 a, 1)
— 9. ζῇ κύριος (11 a)
5. 2. εἶπε κύριος πρὸς σέ (11 a)
— 3. διέθετο αὐτοῖς . . . ἐνώπιον κυρίου (11 a)
— 9 (8). οὐκ εἰσελεύσονται εἰς οἶκον κυρίου –
— 10. καὶ κ. [A κ. ὁ θεὸς] παντοκράτωρ μετ' αὐτοῦ (11 a et 6 [11 a])
— 12. ἡτοίμασεν αὐτὸν κύριος (11 a)
— 19. ἠρώτησε Δαυὶδ διὰ κυρίου (11 a)
— 19. εἶπε κύριος πρὸς Δαυίδ (11 a)
— 20. διέκοψε κύριος τοὺς ἐχθρούς (11 a)
— 23. ἐπηρώτησε Δαυὶδ διὰ κυρίου καὶ εἶπε κύριος (11 a, –)
— 24. ἐξελεύσεται κύριος ἔμπροσθέν σου (11 a)
— 25. καθὼς ἐνετείλατο αὐτῷ κύριος (11 a)
6. 2. A R ἐφ' ἣν ἐπεκλήθη τὸ ὄνομα τοῦ [B om.] κ. τῶν δυνάμεων (11 a)
— 3. ἐπεβίβασεν τὴν κιβωτὸν κυρίου (6)
— 5. παίζοντες ἐνώπιον κυρίου (11 a)
— 7. ἐθυμώθη κύριος (11 a)
— 7. παρὰ τὴν κιβωτὸν τοῦ κ. (6 ?)
— 8. διέκοψε κύριος διακοπήν (11 a)
— 9. ἐφοβήθη Δ. τὸν κ. (11 a)
— 9. πῶς εἰσελεύσεται . . . ἡ κιβωτὸς κυρίου [A τοῦ κ.] (11 a)
— 10. τὴν κιβωτὸν διαθήκης κυρίου (11 a)

II Ki. 6. 11. ἐκάθισεν ἡ κιβωτὸς τοῦ [A ἐκεῖ γλωσσόκομον] κ. (11 a)
— 11. εὐλόγησε κύριος ὅλον τὸν οἶκον (11 a)
— 12. εὐλόγησε κύριος τὸν οἶκον Ἀβ. (11 a)
— 12. ἀνήγαγε τὴν κιβωτὸν τοῦ κ. (6)
— 14. ἀνεκρούετο . . . ἐνώπιον κυρίου (11 a)
— 15. ἀνήγαγον τὴν κιβωτὸν κυρίου (11 a)
— 16. A τῆς κιβωτοῦ κυρίου [B om.] παραγινομένης (11 a)
— 16. ἀνακρουόμενον ἐνώπιον κυρίου (11 a)
— 17. φέρουσι τὴν κιβωτὸν τοῦ [A om.] κ. (11 a)
— 17. ἀνήνεγκε [A -ήγαγεν] . . . ἐνώπιον κυρίου (11 a)
— 18. ἐν ὀνόματι κυρίου τῶν δυνάμεων (11 a)
— 21. ἐνώπιον κυρίου ὀρχήσομαι [A om.] (11 a)
— 21. εὐλογητὸς κ. –
— 21. ὀρχήσομαι ἐνώπιον κυρίου [A om. ἐ. κ.] (11 a)
7. 1. κύριος κατεκληρονόμησεν αὐτόν (11 a)
— 3. ὅτι κύριος μετὰ σοῦ (11 a)
— 4. ἐγένετο ῥῆμα κυρίου πρὸς Ν. (11 a)
— 5. τάδε λέγει κύριος (11 a)
— 8. τάδε λέγει κ. παντοκράτωρ (11 a)
— 11. ἀπαγγελεῖ σοι κύριος (11 a)
— 18. ἐκάθισεν ἐνώπιον κυρίου (11 a)
— 18. τίς εἰμι ἐγώ, κύριέ μου κύριε (2, 11 b)
— 19. B ἐνώπιόν σου, κύριέ μου κύριε [A B om.] (2, 11 b)
— 19. οὗτος δὲ . . . κύριέ μου κύριε [A om.] (2, 11 b)
— 20. B σὺ οἶδας τὸν δοῦλόν σου, κύριέ μου κύριε [A B om. μ. κ.] (2, 11 b)
— 22. A B τοῦ μεγαλῦναί σε, κύριε [B om.] κύριέ μου (11 a, 6)
— 24. σύ, κύριε, ἐγένου αὐτοῖς εἰς θεόν (11 a)
— 25. καὶ νῦν, κύριέ μου (11 a + 6)
— 25. ἕως αἰῶνος, κύριε παντοκράτωρ [A om.] –
— 26. A κύριε παντοκράτωρ θεὲ ἐπὶ τὸν Ἰσρ. (11 a)
— 27. κύριε παντοκράτωρ θεὸς Ἰσρ. (11 a)
— 27. λέγει κύριος παντοκράτωρ θεὸς Ἰσρ. –
— 28. καὶ νῦν, κύριέ μου κύριε [A om.] (2, 11 b)
— 29. σὺ εἶ, κύριέ μου κύριε, ἐλάλησας (2, 11 b)
8. 6. ἔσωσε κύριος τὸν Δαυίδ (11 a)
— 11. ταῦτα ἡγίασεν ὁ βασ. Δ. τῷ κ. (11 a)
— 14. ἔσωσε κύριος τὸν Δαυίδ (11 a)
9. 9. πάντα . . . δέδωκα τῷ υἱῷ τοῦ κ. [A τῷ οἴκῳ τῷ κ.] σου (1)
— 10. εἰσοίσεις τῷ υἱῷ τοῦ κ. σου ἄρτους (1)
— 10. Μεμφιβοσθὲ υἱὸς τοῦ κ. σου (1)
— 11. ὅσα ἐντέταλται ὁ κ. μου ὁ βασ. (1)
10. 3. εἶπον . . . πρὸς Ἀ. τὸν κ. αὐτῶν (1)
— 12. κύριος ποιήσει τὸ ἀγαθόν (11 a)
11. 9. μετὰ τῶν δούλων τοῦ κ. αὐτοῦ (1)
— 11. ὁ κ. μου Ἰ. καὶ οἱ δοῦλοι τοῦ κ. μου (1, 1)
— 13. μετὰ τῶν δούλων τοῦ κ. αὐ. (1)
— 27. ὃ ἐποίησε Δ. ἐν ὀφθαλμοῖς κυρίου (11 a)
12. 1. ἀπέστειλε κύριος τὸν Νάθαν (11 a)
— 5. ζῇ κύριος (11 a)
— 7. τάδε λέγει κ. ὁ θεὸς Ἰσρ. (11 a)
— 8. ἔδωκά σοι τὸν οἶκον τοῦ κ. σου καὶ [A om.] τὰς [A ἔδωκα τ.] γυναῖκας τοῦ κ. σου (1, 1)
— 9. ἐφαύλισας τὸν λόγον κυρίου (11 a)
— 11. τάδε λέγει κύριος (11 a)
— 13. ἡμάρτηκα τῷ κ. (11 a)
— 13. κύριος παρεβίβασε τὸ ἁμάρτημά σου (11 a)
— 14. παρώξυνας τοὺς ἐχθροὺς κυρίου (11 a)
— 15. ἔθραυσε κύριος τὸ παιδίον [A -δάριον] (11 a)
— 22. εἰ ἐλεήσει με κύριος (11 a)
— 24. κύριος ἠγάπησεν αὐτόν (11 a)
— 25. ἐκάλεσε τὸ ὄνομα αὐτοῦ Ἰ. ἕνεκεν κυρίου (11 a)
13. 32. μὴ εἰπάτω ὁ κ. μου ὁ βασ. [A al.] (1)
— 33. μὴ θέσθω ὁ κ. μου ὁ βασ. . . . ῥῆμα (1)
14. 9. ἐπ' ἐμέ, κύριέ μου βασιλεῦ (1)
— 11. μνημονευσάτω δὴ . . . τὸν κ. θεὸν αὐτοῦ (11 a)
— 11. ζῇ κύριος (11 a)
— 12. λαλησάτω δὴ . . . πρὸς τὸν κ. μου (1)
— 15. λαλῆσαι πρὸς τὸν βασ. τὸν [B^1 om.] κ. μου (1)
— 15. B λαλησάτω δὴ πρὸς τὸν κ. μου [A B om. τ. κ. μ.] τὸν βασ. –
— 17. εἴη δὴ ὁ λόγος τοῦ κ. μου (1)
— 17. οὕτως ὁ κ. μου ὁ βασ. (1)
— 17. κ. ὁ θεός σου ἔσται μετὰ σοῦ (11 a)
— 18. λαλησάτω δὴ ὁ κ. μου ὁ βασ. (1)
— 19. ζῇ ἡ ψυχή σου, κύριέ μου βασιλεῦ (1)
— 19. ὧν ἐλάλησεν μου ὁ βασ. (1)
II Ki. 14. 20. καὶ ὁ κ. μου σοφός (1)
— 22. ἐν ὀφθαλμοῖς σου, κύριέ μου βασιλεῦ (1)
— 22. ἐποίησεν ὁ κ. μου ὁ βασ. τὸν λόγον –
15. 7. ἃς ηὐξάμην τῷ κ. ἐν Χ. (11 a)
— 8. ἐὰν . . . ἐπιστρέψῃ με κύριος [A ὁ κ.] (11 a)
— 8. λατρεύσω τῷ κ. (11 a)
— 15. ὅσα αἱρεῖται ὁ κ. ἡμῶν ὁ βασ. (1)
— 20. κύριος ποιήσει μετὰ σοῦ ἔλεος –
— 21. ζῇ κύριος καὶ ζῇ ὁ κ. μου ὁ βασ. (11 a, 1)
— 21. οὗ ἐὰν ᾖ ὁ κ. μου (1)
— 24. τὴν κιβωτὸν διαθήκης κυρίου (6)
— 25. ἐὰν εὕρω χάριν ἐν ὀφθαλμοῖς κυρίου (11 a)
— 31. διασκέδασον δὴ . . . κύριε ὁ θεός μου (18 a)
16. 3. καὶ ποῦ ὁ υἱὸς τοῦ κ. σου (1)
— 4. εὕροιμι χάριν . . . κύριέ μου βασιλεῦ (1)
— 8. ἐπέστρεψεν ἐπὶ σὲ κύριος πάντα τὰ αἵματα (11 a)
— 8. ἔδωκε κύριος τὴν βασιλείαν (11 a)
— 9. ἵνα τί καταρᾶται . . . τὸν κ. μου τὸν βασ. (1)
— 10. κύριος εἶπεν αὐτῷ καταρᾶσθαι τὸν Δ. (11 a)
— 11. ὅτι εἶπεν αὐτῷ κύριος (11 a)
— 12. εἴπως ἴδοι κύριος ἐν τῇ ταπεινώσει μου (11 a)
— 12. A ἐπιστρέψει κύριός [B om.] μοι ἀγαθά (11 a)
— 18. κατόπισθεν οὗ ἐξελέξατο κύριος (11 a)
17. 14. καὶ κύριος ἐνετείλατο (11 a)
— 14. ὅπως ἂν ἐπαγάγῃ κύριος . . . τὰ κακὰ πάντα (11 a)
18. 19. ἔκρινε κύριος ἐκ χειρὸς τῶν ἐχθρῶν αὐτοῦ (11 a)
— 28. εὐλογητὸς κ. ὁ θεός σου (11 a)
— 28. ἐν τῷ κ. μου τῷ βασ. (1)
— 31. εὐαγγελισθήτω ὁ κ. μου ὁ β. (1)
— 31. ἔκρινέ σοι κύριος σήμερον (11 a)
— 32. οἱ ἐχθροὶ τοῦ κ. μου τοῦ βασ. (1)
19. 7 (8). ἐν κυρίῳ ὤμοσα (11 a)
— 19 (20). μὴ διαλογισάσθω ὁ κ. μου ἀνομίαν (1)
— 19 (20). ἢ ὁ κ. μου [A add. ὁ βασ.] ἐξεπορεύετο (1)
— 20 (21). εἰς ἀπαντὴν τοῦ κ. μου τοῦ βασ. (1)
— 21 (22). κατηράσατο τὸν χριστὸν κυρίου (11 a)
— 26 (27). κύριέ μου [A om.] βασιλεῦ, ὁ δοῦλός σου (1)
— 27 (28). μεθώδευσεν . . . πρὸς τὸν κ. μου (1)
— 27 (28). ὁ κ. μου ὁ βασ. ἐποίησεν τὸ καλόν (1)
— 28 (29). ἄνδρες θανάτου τῷ κ. μου τῷ βασ. (1)
— 30 (31). μετὰ τὸ παραγενέσθαι τὸν κ. μου (1)
— 35 (36). εἰς φορτίον ἐπὶ τὸν κ. μου τὸν βασ. (1)
— 37 (38). διαβήσεται μετὰ τοῦ κ. μου τοῦ βασ. (1)
20. 6. λάβε μετὰ σεαυτοῦ τοὺς παῖδας τοῦ κ. σου (1)
— 19. ἵνα τί καταποντίζεις κληρονομίαν κυρίου (11 a)
21. 1. ἐζήτησε Δ. τὸ πρόσωπον τοῦ κ. (11 a)
— 1. καὶ εἶπε κύριος (11 a)
— 3. εὐλογήσετε τὴν κληρονομίαν κυρίου (11 a)
— 6. ἐξηλιάσωμεν αὐτοὺς τῷ κ. . . . ἐκλεκτοὺς [A -ὸς] κυρίου (11 a, 11 a)
— 7. διὰ τὸν ὅρκον κυρίου (11 a)
— 9. ἐξηλίασαν αὐτοὺς . . . ἔναντι κυρίου (11 a)
22. 1. ἐλάλησε Δ. τῷ κ. τοὺς λόγους (11 a)
— 1. ἐν ᾗ ἡμέρᾳ ἐξείλατο αὐτὸν κύριος (11 a)
— 2. κύριε, πέτρα μου (11 a)
— 4. αἰνετὸν ἐπικαλέσομαι κύριον (11 a)
— 7. ἐπικαλέσομαι κύριον (11 a)
— 8. ἐθυμώθη κύριος αὐτοῖς –
— 14. ἐβρόντησεν ἐξ οὐρανοῦ κύριος (11 a)
— 16. ἐν τῇ ἐπιτιμήσει κυρίου (11 a)
— 19. ἐγένετο κύριος ἐπιστήριγμά μου (11 a)
— 21. ἀνταπέδωκέ μοι κύριος (11 a)
— 22. ἐφύλαξα ὁδοὺς κυρίου (11 a)
— 25. ἀποδώσει μοι κύριος (11 a)
— 29. σὺ ὁ λύχνος μου, κύριε (11 a)
— 29. κύριος [A κ. μου] ἐκλάμψει μοι τὸ σκότος μου (11 a)
— 31. τὸ ῥῆμα κυρίου κραταιὸν [A om.] πεπυρωμένον (11 a)
— 32. τίς ἰσχυρὸς πλὴν κυρίου (11 a)
— 42. βοήσονται . . . πρὸς κύριον (11 a)
— 47. ζῇ κύριος (11 a)
— 48. ἰσχυρὸς [A S ὑψηλὸς] κ. ὁ διδοὺς (4 a)
— 50. ἐξομολογήσομαί σοι, κύριε (11 a)
23. 1. A ὃν ἀνέστησε κύριος ἐπὶ χριστὸν κυρίου [B om.] θεοῦ Ἰακώβ (–, 18 b)
— 2. πνεῦμα κυρίου ἐλάλησεν ἐν ἐμοί (11 a)
— 3. A πῶς κραταιώσητε φόβον κυρίου [B χριστοῦ] (6)
— 4. οὐ κύριος [A om.] παρῆλθεν ἐκ φέγγους –
— 10, 12. ἐποίησε κύριος σωτηρίαν μεγάλην (11 a)
II Ki. 23. 16. ἔσπεισεν αὐτὸ τῷ κ. (11 a)
— 17. ἵλεώς μοι, κύριε (11 a)
24. 1. προσέθετο ὀργὴν κύριος [A B^2 -ὴ κυρίου] ἐκκαῆναι (11 a)
— 3. προσθείη κύριος ὁ θεὸς πρὸς τὸν λαόν (11 a)
— 3. καὶ ὀφθαλμοὶ τοῦ κ. μου τοῦ βασ. ὁρῶντες (1)
— 3. ὁ κ. μου ὁ βασ. ἵνα τί βούλεται (1)
— 10. εἶπε Δ. πρὸς κύριον (11 a)
— 10. ἐποίησα νῦν, κύριε [A al.] (11 a)
— 11. λόγος κυρίου ἐγένετο πρὸς Γάδ (11 a)
— 12. B τάδε λέγει κύριος (11 a)
— 14. ἐμπεσοῦμαι δὴ ἐν χειρὶ κυρίου (11 a)
— 15. ἔδωκε κύριος ἐν Ἰσρ. θάνατον (11 a)
— 16. παρεκλήθη κύριος ἐπὶ [A ἐν] τῇ κακίᾳ (11 a)
— 16. ὁ ἄγγελος κυρίου ἦν παρὰ τῇ ἅλῳ (11 a)
— 17. εἶπε Δαυὶδ πρὸς κύριον (11 a)
— 18. στῆσον τῷ κ. θυσιαστήριον (11 a)
— 19. καθ' ὃν τρόπον ἐνετείλατο αὐτῷ κύριος (11 a)
— 21. ἦλθεν ὁ κ. μου ὁ βασ. πρὸς τὸν δοῦλον αὐτοῦ (1)
— 21. τοῦ οἰκοδομῆσαι θυσιαστήριον τῷ κ. (11 a)
— 22. ἀνενεγκάτω ὁ κ. μου ὁ βασ. τῷ κ. τὸ ἀγαθόν (1, –)
— 23. κ. ὁ θεός σου [A om.] εὐλογήσαι σε (11 a)
— 24. οὐκ ἀνοίσω τῷ κ. μου θεῷ ὁλοκαύτωμα δωρεάν (11 a)
— 25. ᾠκοδόμησεν . . . θυσιαστήριον κυρίῳ [A τῷ κ.] (11 a)
— 25. ἐπήκουσε κύριος τῇ γῇ (11 a)
III Ki. 1. 2. A ζητησάτωσαν τῷ κ. ἡμῶν [B om. τ. κ. ἡ.] τῷ βασ. (1)
— 2. θερμανθήσεται ὁ κ. μου ὁ βασ. (1)
— 11. ὁ κ. ἡμῶν Δ. [A ὁ βασ. Δ.] οὐκ ἔγνω (1)
— 13. οὐχὶ σύ, κύριέ μου βασιλεῦ, ὤμοσας (1)
— 17. ἡ δὲ εἶπε, Κύριε [A Κ. μου βασιλεῦ] (1)
— 17. A R σὺ ὤμοσας ἐν κ. [B om.] τῷ θεῷ σου (11 a)
— 18. σύ, κύριέ μου βασιλεῦ, οὐκ ἔγνως (1)
— 20. καὶ σύ, κύριέ μου βασιλεῦ (1)
— 20. τίς καθήσεται ἐπὶ τοῦ θρόνου τοῦ κ. μου (1)
— 21. ὡς ἂν κοιμηθῇ ὁ κ. μου ὁ βασ. (1)
— 24. κύριέ μου βασιλεῦ, σὺ εἶπας (1)
— 27. εἰ διὰ τοῦ κ. μου τοῦ βασ. γέγονε τὸ ῥῆμα τοῦτο (1)
— 27. τίς καθήσεται ἐπὶ τὸν θρόνον τοῦ κ. μου (1)
— 29. ζῇ κύριος (11 a)
— 30. A R καθὼς ὤμοσά σοι ἐν κ. θεῷ [B τῷ θ.] Ἰσρ. (11 a)
— 31. ζήτω ὁ κ. μου ὁ βασ. Δ. (1)
— 33. λάβετε τοὺς δούλους τοῦ κ. ὑμῶν (1)
— 36. A R πιστώσαι κ. [B om.] ὁ θεὸς τοῦ κ. μου τοῦ βασ. (11 a, 1)
— 37. καθὼς ἦν κύριος μετὰ τοῦ κ. μου τοῦ βασ. (11 a, 1)
— 37. ὑπὲρ τὸν θρόνον τοῦ κ. μου τοῦ βασ. Δ. (1)
— 43. ὁ κ. ἡμῶν ὁ βασ. Δ. ἐβασίλευσε τὸν Σαλ. (1)
— 47. εὐλογῆσαι τὸν κ. ἡμῶν τὸν βασ. Δ. (1)
— 48. εὐλογητὸς κ. ὁ θεὸς Ἰσρ. (11 a)
2. 3. A R φυλάξεις τὴν φυλακὴν κ. [B om.] θεοῦ σου (11 a)
— 4. ἵνα στήσῃ κύριος τὸν λόγον αὐτοῦ (11 a)
— 8. ὤμοσα αὐτῷ ἐν κυρίῳ (11 a)
— 14 (15). παρὰ κυρίου ἐγένετο αὐτῷ (11 a)
— 23. ὤμοσεν ὁ βασ. Σαλ. κατὰ τοῦ κ. (11 a)
— 24. ζῇ κύριος (11 a)
— 24. καθὼς ἐλάλησε κύριος –
— 26. τὴν κιβωτὸν τῆς διαθήκης κυρίου (3)
— 27. τοῦ μὴ εἶναι ἱερέα τοῦ κ. (11 a)
— 27. πληρωθῆναι τὸ ῥῆμα κυρίου (11 a)
— 28. ἔφυγεν Ἰ. εἰς τὸ σκήνωμα τοῦ κ. (11 a)
— 29. ἔφυγεν Ἰ. εἰς τὴν σκηνὴν τοῦ κ. (11 a)
— 29. ἔφυγον πρὸς κύριον [A τὸν κ.] –
— 30. ἦλθε B. . . . εἰς τὴν σκηνὴν τοῦ κ. (11 a)
— 32. ἀπέστρεψεν κύριος τὸ αἷμα (11 a)
— 33. γένοιτο εἰρήνη ἕως αἰῶνος παρὰ κυρίου (11 a)
3. 1 (4. 29 [5. 9]). ἔδωκε κύριος φρόνησιν τῷ Σαλ. (6)
— 1. ἕως συντελέσαι αὐτὸν . . . τὸν οἶκον κυρίου (11 a)
— 1 (9. 25). ὃ ᾠκοδόμησε τῷ κ. (11 a)
— 1 (9. 25). ἐθυμία ἐνώπιον κυρίου (11 a)
— 1. μετὰ τὸ οἰκοδομῆσαι αὐτὸν τὸν οἶκον τοῦ κ. (11 a)
— 1 (2. 8). ὤμοσα αὐτῷ κατὰ τοῦ κ. (11 a)
— 1 (2. 38). ὃ ἐλάλησας, κύριέ μου βασιλεῦ (1)
— 1 (2. 42). οὐχὶ ὥρκισά σε κατὰ τοῦ κ. (11 a)
— 1 (2. 43). οὐκ ἐφύλαξας τὸν ὅρκον κυρίου [A τοῦ κ.] (11 a)
— 1 (2. 44). ἀνταπέδωκε κύριος τὴν κακίαν σου (11 a)

III Ki. 3. 1 (2. 45). ἕτοιμος ἐνώπιον κυρίου (11 a)
— 1. A ἕως οὗ συνετέλεσεν οἰκοδομῶν . . . τὸν οἶκον κυρίου (11 a)
— 2. οὐκ ᾠκοδομήθη οἶκος τῷ κ. [A ὀνόματι κυρίου] (11 a)
— 3. ἠγάπησε Σαλ. τὸν κ. (11 a)
— 5. ὤφθη κύριος [A ὁ κ.] τῷ Σαλ. (11 a)
— 5. εἶπε κύριος πρὸς Σαλ. (6)
— 7. καὶ νῦν, κύριε ὁ θεός μου (11 a)
— 10. ἤρεσεν [A ἤ. ὁ λόγος] ἐνώπιον κυρίου (2)
— 11. εἶπε κύριος πρὸς αὐτόν (6)
— 15. τοῦ κατὰ πρόσωπον κιβωτοῦ διαθήκης κυρίου (11 a)
— 17. ἐν ἐμοί, κύριε [A κ. μου] (1)
— 26. ἐν ἐμοί, κύριε (1)
4. 29 (5. 9). ἔδωκε κύριος φρόνησιν [A σοφίαν] τῷ Σαλ. (6)
— 34 (3. 1). B ἕως συντελέσαι αὐτὸν τὸν οἶκον κυρίου (11 a)
5. 3 (17). οἰκοδομῆσαι οἶκον τῷ ὀνόματι κ. θεοῦ μου (11 a)
— 3 (17). A R ἕως τοῦ δοῦναι κύριον [B om.] αὐτούς (11 a)
— 4 (18). ἀνέπαυσε κ. ὁ θεός μου ἐμοί (11 a)
— 5 (19). οἰκοδομῆσαι οἶκον τῷ ὀνόματι κ. θεοῦ μου (11 a)
— 5 (19). καθὼς ἐλάλησε κ. ὁ θεὸς πρὸς Δ. (18 a)
— 12 (26). κύριος ἔδωκε σοφίαν τῷ Σαλ. (11 a)
6. 1. A ᾠκοδόμει τὸν οἶκον τῷ κ. (11 a)
— 1. B ἐθεμελίωσε τὸν οἶκον κυρίου (11 a?)
— 2. ὃν ᾠκοδόμησεν ὁ βασ. τῷ κ. (11 a)
— 11. A ἐγένετο λόγος κυρίου πρὸς Σαλ. (11 a)
— 19. δοῦναι ἐκεῖ τὴν κιβωτὸν διαθήκης κυρίου (11 a)
— 37. A ἐθεμελίωσεν τὸν οἶκον κυρίου (11 a)
7. 40. ἃ ἐποίησε . . . ἐν οἴκῳ κυρίου (11 a)
— 45. ἃ ἐποίησε . . . τῷ οἴκῳ κυρίου (11 a)
— 45. οἱ στῦλοι . . . τοῦ οἴκου κυρίου [A τοῦ κ.] –
— 48. R ἃ ἐποίησεν ἐν οἴκῳ κυρίου [B om., A al.] (11 a)
— 51. ὃ ἐποίησε . . . οἴκου κυρίου (11 a)
— 51. ἔδωκεν εἰς τοὺς θησαυροὺς οἴκου κυρίου (11 a)
— 12. A ᾠκοδόμησεν αὐλὴν οἴκου κυρίου (11 a)
8. 1. B τοῦ οἰκοδομῆσαι τὸν οἶκον κυρίου (11 a)
— 1. τὴν κιβωτὸν διαθήκης κυρίου (11 a)
— 4. A ἀνεβίβασαν τὴν κιβωτὸν κυρίου (11 a)
— 6. A εἰσφέρουσιν . . . τὴν κιβωτὸν διαθήκης κυρίου [B om. δ. κ.] (11 a)
— 9. ἃ διέθετο κύριος (11 a)
— 10. A ἡ νεφέλη ἔπλησε τὸν οἶκον κυρίου [B om.] (11 a)
— 11. A ἔπλησε δόξα κυρίου τὸν οἶκον κυρίου [B om.] (11 a, 11 a)
— 12. A κύριος εἶπεν τοῦ σκηνῶσαι ἐν γνόφῳ (11 a)
— 15. εὐλογητὸς κ. ὁ θεὸς Ἰσρ. (11 a)
— 17. οἰκοδομῆσαι οἶκον τῷ ὀνόματι κυρίου (11 a)
— 18. εἶπε κύριος πρὸς Δ. τὸν πατέρα μου (11 a)
— 20. ἀνέστησε κύριος τὸ ῥῆμα αὐτοῦ (11 a)
— 20. A B² R καθὼς ἐλάλησε κύριος [B¹ om.] (11 a)
— 20. ᾠκοδόμησα τὸν οἶκον τῷ ὀνόματι κυρίου (11 a)
— 21. ἐν ᾗ ἐστιν ἐκεῖ διαθήκη κυρίου (11 a)
— 21. ἣν διέθετο κύριος μετὰ τῶν πατέρων –
— 22. κατὰ πρόσωπον τοῦ θυσιαστηρίου κυρίου (11 a)
— 23. καὶ εἶπε, Κύριε ὁ θεὸς Ἰσρ. (11 a)
— 25. καὶ νῦν, κύριε ὁ θεὸς Ἰσρ. (11 b)
— 26. καὶ νῦν, κύριε ὁ θεὸς Ἰσρ. (18 b)
— 28. ἐπιβλέψῃ . . . κύριε [A om.] ὁ θεὸς Ἰσρ. (11 a)
— 44. προσεύξονται ἐν ὀνόματι κυρίου (11 a)
— 53. ἐν τῷ ἐξαγαγεῖν σε . . . κύριε κύριε [A om. κ. κ.] (2, 11 b)
— 53. AR κύριος εἶπε κατοικεῖν ἐν γνόφῳ [B ἐκ γνόφου] –
— 54. προσευχόμενος πρὸς κύριον (11 a)
— 54. ἀπὸ προσώπου τοῦ θυσιαστηρίου κυρίου (11 a)
— 56. εὐλογητὸς κ. σήμερον (11 a)
— 57. γένοιτο κ. ὁ θεὸς ἡμῶν μεθ' ἡμῶν (11 a)
— 59. ὡς [A οὓς] δεδέημαι ἐνώπιον κ. θεοῦ ἡμῶν (18 a)
— 59. ἐγγίζοντες πρὸς κ. θεὸν ἡμῶν (11 a)
— 60. κύριος [A κ. αὐτὸς] ὁ θεὸς αὐτὸς θεός (18 a)
— 61. ἔστωσαν αἱ καρδίαι ἡμῶν τέλειαι πρὸς κύριον (11 a)
— 62. ἔθυσαν θυσίαν ἐνώπιον κυρίου (11 a)
— 63. A R ἃς [B¹ ἣν, B² ὧν] ἔθυσε τῷ κ. (11 a)
— 63. ἐνεκαίνισε τὸν οἶκον κυρίου (11 a)
— 64. τὸ κατὰ πρόσωπον τοῦ οἴκου κυρίου (11 a)

III Ki. 8. 64. τὸ θυσιαστήριον τὸ χαλκοῦν τὸ ἐνώπιον κυρίου (11 a)
— 65. ἐποίησε Σαλ. τὴν ἑορτὴν . . . ἐνώπιον κυρίου (11 a)
— 65. εὐφραινόμενος ἐνώπιον κ. θεοῦ ἡμῶν –
— 66. οἷς ἐποίησε κύριος τῷ Δαυίδ (11 a)
9. 1. οἰκοδομεῖν [A B² -μῶν] τὸν οἶκον κυρίου (11 a)
— 2. ὤφθη κύριος τῷ Σαλ. (11 a)
— 3. εἶπε πρὸς αὐτὸν κύριος (11 a)
— 8. ἕνεκα τίνος ἐποίησε κύριος οὕτως (11 a)
— 9. ἐγκατέλιπον κύριον [A τὸν κ.] (11 a)
— 9. ἐπήγαγε κύριος [B¹ om.] . . . τὴν κακίαν ταύτην (11 a)
— 10. τὸν οἶκον κυρίου καὶ τὸν οἶκον τοῦ βασ. (11 a)
— 15. A οἰκοδομῆσαι τὸν οἶκον κυρίου (11 a)
— 25. A ὃν ᾠκοδόμησεν τῷ κ. (11 a)
— 25. A ἐθυμία αὐτὸς εἰς πρόσωπον κυρίου (11 a)
10. 1. ἤκουσε . . . τὸ ὄνομα κυρίου (11 a)
— 5. ἣν ἀνέφερεν ἐν οἴκῳ κυρίου (11 a)
— 9. γένοιτο κ. ὁ θεός σου εὐλογημένος (11 a)
— 9. διὰ τὸ ἀγαπᾶν κύριον τὸν Ἰσρ. (11 a)
— 12. ὑποστηρίγματα τοῦ οἴκου κυρίου (11 a)
— 22 (9. 15). B οἰκοδομῆσαι τὸν οἶκον κυρίου (11 a)
— 24. ἧς ἔδωκε κύριος τῇ καρδίᾳ αὐτοῦ (6)
11. 2. ὧν ἀπεῖπε κύριος τοῖς υἱοῖς Ἰσρ. (11 a)
— 4. οὐκ ἦν ἡ καρδία αὐτοῦ τελεία μετὰ κυρίου (11 a)
— 6. ἐποίησε Σαλ. τὸ πονηρὸν ἐνώπιον κυρίου (11 a)
— 6. οὐκ ἐπορεύθη ὀπίσω κυρίου (11 a)
— 9. ὠργίσθη κύριος ἐπὶ Σαλ. (11 a)
— 9. ἐξέκλινε καρδίαν αὐτοῦ ἀπὸ κυρίου (11 a)
— 10. ἃ ἐνετείλατο αὐτῷ κ. ὁ θεός (18 a)
— 10. B οὐδ' ἦν ἡ καρδία αὐτοῦ τελεία μετὰ κυρίου –
— 11. εἶπε κύριος πρὸς Σαλ. (11 a)
— 14 (B), 23 (A). ἤγειρε κύριος σατὰν τῷ Σαλ. (11 a)
— 14 (B), 23 (A). Ἀδαδ. βασιλέα Σουβὰ κύριον αὐτοῦ (1)
— 31. τάδε λέγει κ. ὁ θεὸς Ἰσρ. (11 a)
— 33. A οὐκ ἐπορεύθη ἐνώπιον κυρίου [B om. ἐ. κ.] –
12. 15. ἦν μεταστροφὴ παρὰ κυρίου (11 a)
— 15. A ὃ ἐλάλησεν κύριος [B om.] ἐν χειρὶ Ἀ. (11 a)
— 22. ἐγένετο λόγος κυρίου πρὸς Σαμ. (6)
— 24. τάδε λέγει κύριος (11 a)
— 24. ἤκουσαν τοῦ λόγου κυρίου (11 a)
— 24. κατὰ τὸ ῥῆμα κυρίου (11 a)
— 24 B (cf. A 14. 22). ἐποίησε τὸ πονηρὸν ἐνώπιον κυρίου (11 a)
— 24. B καὶ ῥῆμα κυρίου μετ' αὐτοῦ –
— 24 ter. B τάδε λέγει κύριος –
— 24. B τὸ παιδάριον κόψεται, Οὐαὶ κύριε –
— 24. B ῥῆμα καλὸν περὶ τοῦ κ. –
— 24. B λόγος κυρίου ἐγένετο πρὸς Σαμ. –
— 24 bis. B τάδε λέγει κύριος –
— 24. B ἐγένετο ῥῆμα κυρίου πρὸς Σαμ. –
— 24. B τάδε λέγει κύριος –
— 24. B ἤκουσαν τοῦ λόγου κυρίου –
— 24. B κατὰ τὸ ῥῆμα κυρίου –
— 27. ἀναφέρειν θυσίαν ἐν οἴκῳ κυρίου (11 a)
— 27. ἐπιστραφήσεται . . . πρὸς κύριον καὶ κύριον αὐτῶν (–, 1)
— 30. R εἴασαν τὸν οἶκον κυρίου –
13. 1. παρεγένετο ἐν λόγῳ κυρίου (11 a)
— 2. ἐπεκάλεσε . . . ἐν λόγῳ κυρίου (11 a)
— 2. τάδε λέγει κύριος (11 a)
— 3. ὃ ἐλάλησε κύριος (11 a)
— 5. ἔδωκεν ὁ ἄνθρωπος τοῦ θεοῦ ἐν λόγῳ κυρίου (11 a)
— 6. AR δεήθητι τοῦ προσώπου κυρίου [B om.] (11 a)
— 6. ἐδεήθη . . . τοῦ προσώπου κυρίου (11 a)
— 9. οὕτως ἐνετείλατό μοι ἐν λόγῳ κύριος (11 a)
— 17. οὕτως ἐντέταλταί μοι ἐν λόγῳ κύριος (11 a)
— 18. ἄγγελος λελάληκε . . . ἐν ῥήματι κυρίου (11 a)
— 20. ἐγένετο λόγος κυρίου πρὸς τὸν προφήτην (11 a)
— 21. τάδε λέγει κύριος (11 a)
— 21. παρεπίκρανας τὸ ῥῆμα κυρίου (11 a)
— 21. ἣν ἐνετείλατό σοι κύριος ὁ θεός σου (11 a)
— 26. ὃς παρεπίκρανε τὸ ῥῆμα κυρίου (11 a)
— 26. A ἔδωκεν αὐτὸν ὁ κ. τῷ λέοντι (11 a)
— 26. A κατὰ τὸ ῥῆμα κυρίου (11 a)
— 32. ὃ ἐλάλησεν ἐν λόγῳ κυρίου (11 a)
14. 5. A κύριος εἶπεν πρὸς Ἀ. (11 a)
— 7. A τάδε λέγει κ. ὁ θεὸς Ἰσρ. (11 a)
— 11. A ὅτι κύριος ἐλάλησεν (11 a)
— 13. A εὑρέθη ἐν αὐτῷ ῥῆμα καλὸν περὶ τοῦ κ. θεοῦ Ἰσρ. (11 a)

III Ki. 14. 14. A ἀναστήσει κύριος ἑαυτῷ βασιλέα (11 a)
— 15. A κύριος πλήξει τὸν Ἰσρ. (11 a)
— 15. A παροργίζοντες τὸν κ. (11 a)
— 16. A παραδώσει κύριος τὸν Ἰσρ. –
— 18. A κατὰ τὸ ῥῆμα κυρίου (11 a)
— 21. ἣν ἐξελέξατο κύριος (11 a)
— 22. ἐποίησε Ῥ. τὸ πονηρὸν ἐνώπιον κυρίου (11 a)
— 24. ὧν ἐξῆρε κύριος (11 a)
— 26. τοὺς θησαυροὺς οἴκου κυρίου (11 a)
— 28. ὅτε εἰσεπορεύετο ὁ βασ. εἰς οἶκον κυρίου (11 a)
15. 3. οὐκ ἦν ἡ καρδία αὐτοῦ τελεία μετὰ κυρίου (11 a)
— 4. ἔδωκεν αὐτῷ κύριος [A κ. ὁ θεὸς] κατάλειμμα (11 a + 6 [11 a])
— 5. ἐποίησε Δ. τὸ εὐθὲς ἐνώπιον κυρίου (11 a)
— 11. ἐποίησεν Ἀσὰ τὸ εὐθὲς ἐνώπιον κυρίου (11 a)
— 14. ἡ καρδία Ἀσὰ ἦν τελεία μετὰ κυρίου (11 a)
— 15. εἰσήνεγκεν εἰς τὸν οἶκον κυρίου (11 a)
— 18. A R ἐν θησαυροῖς οἴκου κυρίου [B om. οἴ. κ.] (11 a)
— 26. ἐποίησε τὸ πονηρὸν ἐνώπιον κυρίου (11 a)
— 29. B κατὰ τὸ ῥῆμα κυρίου (11 a)
— 30. ᾧ [A ὡς] παρώργισε τὸν κ. (11 a)
— 34. ἐποίησε τὸ πονηρὸν ἐνώπιον κυρίου (11 a)
16. 1. ἐγένετο λόγος κυρίου ἐν χειρὶ Ἰού (11 a)
— 7. ἐλάλησε κύριος ἐπὶ [A περὶ] B. (11 a)
— 7. ἣν ἐποίησεν ἐνώπιον κυρίου (11 a)
— 12. κατὰ τὸ ῥῆμα ὃ ἐλάλησε κύριος [A κ. τ. ῥ. κυρίου ὃ ἐλ.] (11 a)
— 13. τοῦ παροργίσαι κύριον (11 a)
— 19. τοῦ ποιῆσαι τὸ πονηρὸν ἐνώπιον κυρίου (11 a)
— 24. ἐκτήσατο . . . παρὰ Σεμὴρ τοῦ κ. τοῦ ὄρους –
— 24. ἐπὶ τῷ ὀνόματι Σ. τοῦ κ. τοῦ ὄρους (1)
— 25. ἐποίησεν Ζ. τὸ πονηρὸν ἐνώπιον κυρίου (11 a)
— 26. A R τοῦ παροργίσαι τὸν κ. [B om. τ. κ.] (11 a)
— 28 (22. 43). B τοῦ ποιεῖν τὸ εὐθὲς ἐνώπιον κυρίου (11 a)
— 30. ἐποίησεν . . . τὸ πονηρὸν ἐνώπιον κυρίου (11 a)
— 33. A R τοῦ παροργίσαι τὸν κ. [B om. τ. κ.] (11 a)
— 34. κατὰ τὸ ῥῆμα κυρίου (11 a)
17. 1. ζῇ κ. ὁ θεὸς τῶν δυνάμεων (11 a)
— 2. ἐγένετο ῥῆμα [A λόγος] κυρίου πρὸς Ἠ. (11 a)
— 5. B κατὰ τὸ ῥῆμα κυρίου (11 a)
— 8. ἐγένετο ῥῆμα κυρίου πρὸς Ἠ. (11 a)
— 12. ζῇ κ. ὁ θεός σου (11 a)
— 14. τάδε λέγει κύριος [A κ. ὁ θεὸς Ἰσρ.] (11 a + 6 [11 a])
— 14. τοῦ δοῦναι κύριον τὸν ὑετόν (11 a)
— 16. κατὰ τὸ ῥῆμα κυρίου (11 a)
— 20. οἴμοι, κύριε (11 a + 6)
— 21. ἐπεκαλέσατο τὸν κ. καὶ εἶπε, Κύριε ὁ θεός μου (11 a, 11 a)
— 22. A ἤκουσεν κύριος ἐν φωνῇ Ἠλία (11 a)
— 24. ῥῆμα κυρίου ἐν στόματί σου ἀληθινόν (11 a)
18. 1. ῥῆμα κυρίου ἐγένετο πρὸς Ἠ. (11 a)
— 3. Ἀβδ. ἦν φοβούμενος τὸν κ. σφόδρα (11 a)
— 4. ἐν τῷ τύπτειν τὴν Ἰ. τοὺς προφήτας κυρίου (11 a)
— 7. εἰ σὺ εἶ αὐτός, κύριέ μου Ἠλιού (1)
— 8. λέγει [A εἰπὸν] τῷ κ. σου (1)
— 10. ζῇ κύριος ὁ θεός σου (11 a)
— 10. οὗ οὐκ ἀπέστειλεν ὁ κ. μου (1)
— 11. ἀνάγγελε τῷ κ. σου (1)
— 12. πνεῦμα κυρίου ἀρεῖ σε (11 a)
— 12. ὁ δοῦλός σού ἐστι φοβούμενος τὸν κ. (11 a)
— 13. οὐκ ἀπηγγέλη [A ἀν.] σοι τῷ κ. μου (1)
— 13. ἐν τῷ ἀποκτείνειν Ἰ. τοὺς προφήτας κυρίου (11 a)
— 13. ἔκρυψα ἀπὸ τῶν προφητῶν κυρίου (11 a)
— 14. λέγε τῷ κ. σου (1)
— 15. ζῇ κύριος τῶν δυνάμεων (11 a)
— 18. ἐν τῷ καταλιμπάνειν ὑμᾶς τὸν κ. θεὸν ὑμῶν (18 a)
— 21. εἰ ἔστι κύριος ὁ θεός (11 a)
— 22. ὑπολέλειμμαι προφήτης τοῦ κ. μονώτατος (11 a)
— 24. ἐπικαλέσομαι ἐν ὀνόματι κ. τοῦ θεοῦ μου (18 a)
— 31. ὡς ἐλάλησε κύριος πρὸς αὐτόν (11 a)
— 32. ᾠκοδόμησε τοὺς λίθους ἐν ὀνόματι κυρίου (11 a)
— 32 (31). A ἰάσατο τὸ θυσιαστήριον κυρίου [B om.] –
— 36. κύριε ὁ θεὸς Ἀβραάμ (11 a)
— 36. B ἐπάκουσόν μου, κύριε –
— 36. A R σὺ εἶ [B om.] κ. ὁ θεὸς Ἰσρ. (18 b)
— 37. ἐπάκουσόν μου, κύριε (11 a)
— 37. A R σὺ εἶ [B om.] κ. ὁ θεός (11 a)
— 38. ἔπεσε πῦρ παρὰ κυρίου (11 a)

III Ki. 18. 39. ἀληθῶς κ. ὁ θεὸς αὐτὸς ὁ θεός [A κ. αὐ. ἐστιν ὁ θ.] (11 *a*)
— 46. χεὶρ κυρίου ἐπὶ [A ἐγένετο ἐπὶ] τὸν Ἠ. (11 *a*)
19. 4. A κύριε [B *om.*], λάβε τὴν ψυχήν μου ἀπ᾽ ἐμοῦ, κύριε (11 *a*, -)
— 7. ἐπέστρεψεν ὁ ἄγγελος κυρίου (11 *a*)
— 9. ῥῆμα κυρίου πρὸς αὐτόν (11 *a*)
— 10. ἐζήλωκα τῷ κ. παντοκράτορι (11 *a* + 6)
— 11. στήσῃ ἐνώπιον κυρίου (11 *a*)
— 11. παρελεύσεται κύριος (11 *a*)
— 11. πνεῦμα . . . συντρῖβον πέτρας ἐνώπιον κυρίου (11 *a*)
— 11. R οὐκ [B *om.*] ἐν τῷ πνεύματι κύριος [A B -ίου] (11 *a*)
— 12 (11). οὐκ ἐν τῷ συσσεισμῷ κύριος (11 *a*)
— 12. οὐκ ἐν τῷ πυρὶ κύριος (11 *a*)
— 12. A κἀκεῖ κύριος -
— 14. ἐζήλωκα τῷ κ. παντοκράτορι (11 *a* + 6)
— 15. εἶπε κύριος πρὸς αὐτόν (11 *a*)
20 (21). 17. εἶπε κύριος πρὸς Ἠ. (11 *a*)
— 19 *bis*. τάδε λέγει κύριος (11 *a*)
— 20. ποιῆσαι τὸ πονηρὸν ἐνώπιον κυρίου (11 *a*)
— 23. τῇ Ἰ. ἐλάλησε κύριος (11 *a*)
— 25. ποιῆσαι τὸ πονηρὸν ἐνώπιον κυρίου (11 *a*)
— 26. ὃν [A ὧν] ἐξωλέθρευσε κύριος (11 *a*)
— 27. κατενύγη Ἀχ. ἀπὸ προσώπου τοῦ [A *om.*] κ. †
— 28. ἐγένετο ῥῆμα κυρίου ἐν χειρὶ δούλου αὐτοῦ (11 *a*)
— 28. καὶ εἶπε κύριος -
21 (20). 4. καθὼς ἐλάλησας [A ἐλ. μοι], κύριέ μου βασιλεῦ (1)
— 9. λέγετε τῷ κ. ὑμῶν (1)
— 13. τάδε λέγει κύριος (11 *a*)
— 13. γνώσῃ ὅτι ἐγὼ κύριος (11 *a*)
— 14. τάδε λέγει κύριος (11 *a*)
— 23. A θεὸς ὀρέων κ. ὁ [B *om.* κ. ὁ] θεὸς Ἰσρ. (18 *b*)
— 28. τάδε λέγει κύριος (11 *a*)
— 28. θεὸς ὀρέων κ. ὁ θεὸς Ἰσραήλ (18 *a*)
— 28. γνώσῃ ὅτι ἐγὼ κύριος (11 *a*)
— 35. εἶπε . . . ἐν λόγῳ κυρίου (11 *a*)
— 36. οὐκ ἤκουσας τῆς φωνῆς κυρίου (11 *a*)
— 42. τάδε λέγει κύριος (11 *a*)
22. 5. ἐπερωτήσατε δὴ σήμερον τὸν κ. (11 *a*)
— 6. δώσει κύριος εἰς χεῖρας τοῦ βασ. (2)
— 7. οὐκ ἔστιν ὧδε προφήτης τοῦ κ. (11 *a*)
— 7. ἐπερωτήσομεν τὸν κ. δι᾽ αὐτοῦ -
— 8. εἰς τὸ ἐπερωτῆσαι δι᾽ αὐτοῦ τὸν κ. (11 *a*)
— 11. τάδε λέγει κύριος (11 *a*)
— 12. δώσει κύριος εἰς χεῖράς σου (11 *a*)
— 14. ζῇ κύριος (11 *a*)
— 14. ἃ [A *om.*] ἐὰν εἴπῃ κύριος πρὸς μέ (11 *a*)
— 15. εὐοδώσει κύριος εἰς χεῖρα τοῦ βασ. (11 *a*)
— 16. ὅπως λαλήσῃς . . . ἐν ὀνόματι κυρίου (11 *a*)
— 17. καὶ εἶπε κύριος, Οὐ κύριος τούτοις θεός [A *om.*] (11 *a*, 1)
— 19. ἄκουε ῥῆμα κυρίου (11 *a*)
— 19. A εἶδον τὸν κ. [B *om.* τ. κ.] θεὸν Ἰσρ. (18 *a*)
— 20. καὶ εἶπε κύριος (11 *a*)
— 21. ἔστη ἐνώπιον κυρίου (11 *a*)
— 22 (21). εἶπε πρὸς αὐτὸν κύριος (11 *a*)
— 23. ἔδωκε κύριος πνεῦμα ψευδές (11 *a*)
— 23. κύριος ἐλάλησεν ἐπὶ σὲ κακά (11 *a*)
— 24. ποῖον [A π. τοῦτο παρῆλθεν] πνεῦμα κυρίου (11 *a*)
— 28. οὐ λελάληκε κύριος ἐν ἐμοί (11 *a*)
— 38. κατὰ τὸ ῥῆμα κυρίου (11 *a*)
— 43. τοῦ ποιῆσαι τὸ εὐθὲς ἐν ὀφθαλμοῖς [A ἐνώπιον] κυρίου (11 *a*)
— 53. ἐποίησε τὸ πονηρὸν ἐναντίον [A ἐνώπιον] κυρίου (11 *a*)
— 54. παρώργισε τὸν κ. θεὸν Ἰσρ. (11 *a*)
IV Ki. 1. 3. ἄγγελος κυρίου ἐκάλεσεν Ἠ. (11 *a*)
— 4, 6. τάδε λέγει κύριος (11 *a*)
— 15. ἐλάλησεν ἄγγελος κυρίου πρὸς Ἠ. (11 *a*)
— 16. τάδε λέγει κύριος (11 *a*)
— 17. κατὰ τὸ ῥῆμα κυρίου (11 *a*)
— 18 (3. 2). ἐποίησε τὸ πονηρὸν ἐνώπιον κυρίου (11 *a*)
— 18 (3. 3). ἐθυμώθη ὀργῇ κύριος -
2. 1. ἐν τῷ ἀνάγειν κύριον . . . Ἠ. (11 *a*)
— 2. A κύριος ἀπέστειλέν με ἕως B. [B *al.*] (11 *a*)
— 2. ζῇ κύριος (11 *a*)
— 3. κύριος σήμερον λαμβάνει τὸν κ. σου (11 *a*, 1)
— 4. κύριος ἀπέσταλκέ με εἰς Ἱερ. (11 *a*)

IV Ki. 2. 4. ζῇ κύριος (11 *a*)
— 5. σήμερον λαμβάνει κύριος τὸν κ. σου (11 *a*, 1)
— 6. κύριος ἀπέσταλκέ με ἕως [A *om.*] εἰς τὸν Ἰορδ. (11 *a*)
— 6. ζῇ κύριος (11 *a*)
— 14. A ποῦ, κύριε [B *om.*], ὁ θεὸς Ἠ. (11 *a*)
— 16. ζητησάτωσαν τὸν κ. σου (1)
— 16. A R μή ποτε ἦρεν [B εὗρεν] αὐτὸν πνεῦμα κυρίου (11 *a*)
— 19. καθὼς ὁ κ. βλέπει (1)
— 21. τάδε λέγει κύριος (11 *a*)
— 24. κατηράσατο αὐτοῖς ἐν ὀνόματι κυρίου (11 *a*)
3. 2. ἐποίησε τὸ πονηρὸν ἐν ὀφθαλμοῖς κυρίου (11 *a*)
— 10. κέκληκε κύριος τοὺς τρεῖς βασ. (11 *a*)
— 11. οὐκ ἔστιν ὧδε προφήτης τοῦ κ. (11 *a*)
— 11. ἐπιζητήσωμεν τὸν κ. παρ᾽ αὐτοῦ (11 *a*)
— 12. A R ἔστιν σὺν αὐτῷ ῥῆμα κυρίου [B *om.*] (11 *a*)
— 13. κέκληκε κύριος τοὺς τρεῖς βασιλεῖς (11 *a*)
— 14. ζῇ κύριος τῶν δυνάμεων (11 *a*)
— 15. ἐγένετο ἐπ᾽ αὐτὸν χεὶρ κυρίου (11 *a*)
— 16, 17. τάδε λέγει κύριος (11 *a*)
— 18. A R κούφη [B -ος καὶ] αὐτὴ ἐν ὀφθαλμοῖς κυρίου (11 *a*)
4. 1. δοῦλος ἦν φοβούμενος τὸν κ. (11 *a*)
— 7. A ἀπήγγειλε κυρίῳ [B τῷ ἀνθρώπῳ] τοῦ θεοῦ †
— 16. A R μή, κύριε [B κ. μου] (1)
— 27. κύριος ἀπέκρυψεν ἀπ᾽ ἐμοῦ (11 *a*)
— 28. μὴ ᾐτησάμην υἱὸν παρὰ τοῦ κ. μου (1)
— 30. ζῇ κύριος (11 *a*)
— 33. προσηύξατο πρὸς κύριον (11 *a*)
— 43. τάδε λέγει κύριος (11 *a*)
— 44. κατὰ τὸ ῥῆμα κυρίου (11 *a*)
5. 1. ἀνὴρ μέγας ἐνώπιον τοῦ κ. αὐτοῦ (1)
— 1. ἐν αὐτῷ ἔδωκε [A ἔθηκε] κύριος σωτηρίαν Σ. (11 *a*)
— 3. ὄφελον ὁ κ. μου ἐνώπιον τοῦ προφήτου (1)
— 4. ἀπήγγειλε τῷ κ. ἑαυτῆς (1)
— 11. A ἐν ὀνόματι κυρίου [B θεοῦ] αὐτοῦ (11 *a* + 6)
— 16. ζῇ κύριος (11 *a*)
— 17. ἀλλ᾽ ἢ τῷ κ. τῷ ῥήματι τούτῳ (11 *a*)
— 18. ἱλάσεται κύριος τῷ δούλῳ σου (11 *a*)
— 18. ἐν τῷ εἰσπορεύεσθαι τὸν κ. μου εἰς οἶκον Ῥ. (1)
— 18. ἱλάσεται δὴ κύριος τῷ δούλῳ σου (11 *a*)
— 20. ἐφείσατο ὁ κ. μου τοῦ Ναιμάν (1)
— 20. ζῇ κύριος (11 *a*)
— 22. ὁ κ. μου ἀπέστειλέ με [A πρὸς σέ] (1)
— 25. παρειστήκει πρὸς τὸν κ. αὐτοῦ (1)
6. 5. ὦ κύριε, καὶ αὐτὸ κεκρυμμένον (1)
— 12. οὐχὶ, κύριέ μου βασιλεῦ (1)
— 15. ὦ [A *om.*] κύριε, πῶς ποιήσομεν (1)
— 17. καὶ εἶπε, Κύριε (11 *a*)
— 17. διήνοιξε κύριος τοὺς ὀφθαλμοὺς αὐτοῦ (11 *a*)
— 18. προσηύξατο πρὸς κύριον (11 *a*)
— 20. ἄνοιξον δή, κύριε, τοὺς ὀφθαλμοὺς αὐ. (11 *a*)
— 20. A R διήνοιξε κύριος [B *om.*] τοὺς ὀφθαλμοὺς αὐτῶν (11 *a*)
— 22. ἀπελθέτωσαν πρὸς τὸν κ. αὐτῶν (1)
— 23. ἀπῆλθον πρὸς τὸν κ. αὐτῶν (1)
— 26. σῶσον, κύριε βασιλεῦ (1)
— 27. μὴ σὲ σώσαι κύριος (11 *a*)
— 32. φωνὴ τῶν ποδῶν τοῦ κ. αὐτοῦ (1)
— 33. αὕτη ἡ κακία παρὰ κυρίου (11 *a*)
— 33. τί ὑπομείνω τῷ κ. [A *om.* τ. κ.] ἔτι (11 *a*)
7. 1. ἄκουσον λόγον κυρίου (11 *a*)
— 1. τάδε λέγει κύριος (11 *a*)
— 2. ποιήσει κύριος καταράκτας ἐν οὐρανῷ (11 *a*)
— 6. κύριος ἀκουστὴν ἐποίησε . . . Συρίας φωνήν (2)
— 16. κατὰ τὸ ῥῆμα κυρίου (11 *a*)
— 19. κύριος ποιεῖ καταράκτας ἐν τῷ οὐρανῷ (11 *a*)
8. 1. κέκληκε κύριος λιμὸν ἐπὶ τὴν γῆν (11 *a*)
— 5. κύριε βασιλεῦ, αὕτη ἡ γυνή (1)
— 8. ἐπιζήτησον τὸν κ. παρ᾽ αὐτοῦ (11 *a*)
— 10. ἔδειξέ μοι κύριος ὅτι θανάτῳ ἀποθανῇ (11 *a*)
— 12. ὁ [A *om.*] κ. μου κλαίει [A καλεῖ] (1)
— 13. A ὦ κύριε [B *al.*] -
— 13. ἔδειξέ μοι κύριός σε (11 *a*)
— 14. εἰσῆλθε πρὸς τὸν κ. αὐτοῦ (1)
— 18. ἐποίησε τὸ πονηρὸν ἐνώπιον κυρίου (11 *a*)
— 19. οὐκ ἠθέλησε κύριος διαφθεῖραι τὸν Ἰ. (11 *a*)
— 27. ἐποίησε τὸ πονηρὸν ἐνώπιον κυρίου (11 *a*)
9. 3, 6. τάδε λέγει κύριος (11 *a*)
— 6. κέχρικά σε εἰς βασιλέα ἐπὶ λαὸν κυρίου (11 *a*)

IV Ki. 9. 7. ἐξολεθρεύσεις τὸν οἶκον Ἀχ. τοῦ κ. σου (1)
— 7. καὶ τὰ αἵματα πάντων τῶν δούλων κυρίου (11 *a*)
— 11. ἐξῆλθε πρὸς τοὺς παῖδας τοῦ κ. αὐτοῦ (1)
— 12. τάδε λέγει κύριος (11 *a*)
— 25. κύριος ἔλαβεν ἐπ᾽ αὐτὸν τὸ λῆμμα [A ῥῆμα] τοῦτο (11 *a*)
— 26 *bis*. φησὶ κύριος (11 *a*)
— 26. κατὰ τὸ ῥῆμα κυρίου (11 *a*)
— 31. ὁ φονευτὴς τοῦ κ. μου (1)
— 36. καὶ εἶπε, Λόγος κυρίου (11 *a*)
10. 2. μεθ᾽ ὑμῶν οἱ υἱοὶ τοῦ κ. ὑμῶν (1)
— 3. ἐν τοῖς υἱοῖς τοῦ κ. ὑμῶν (1)
— 3. πολεμεῖτε ὑπὲρ τοῦ οἴκου τοῦ κ. ὑμῶν (1)
— 6. ἀνδρῶν τῶν υἱῶν [A *om.* τ. υἱ.] τοῦ κ. ὑμῶν (1)
— 9. συνεστράφην ἐπὶ τὸν κ. μου (1)
— 10. ἀπὸ τοῦ ῥήματος κυρίου (11 *a*)
— 10. οὗ [A ὅ τι] ἐλάλησε κύριος (11 *a*)
— 10. κύριος ἐποίησεν ὅσα ἐλάλησεν (11 *a*)
— 16. ἐν τῷ ζηλῶσαί με τῷ κ. (11 *a*)
— 17. κατὰ τὸ ῥῆμα κυρίου (11 *a*)
— 23. εἰ ἔστι μεθ᾽ ὑμῶν τῶν δούλων κυρίου (11 *a*)
— 30. καὶ εἶπε κύριος πρὸς Ἰ. (11 *a*)
— 31. πορεύεσθαι ἐν νόμῳ κ. θεοῦ Ἰσρ. (11 *a*)
— 32. ἤρξατο κύριος συγκόπτειν (11 *a*)
11. 3. A R κρυβόμενος ἐν οἴκῳ κυρίου [B *om.*] (11 *a*)
— 4. ἀπήγαγεν αὐτοὺς . . . εἰς οἶκον κυρίου (11 *a*)
— 4. διέθετο αὐτοῖς διαθήκην κυρίου -
— 4. A ὥρκισεν αὐτοὺς ἐν τῇ διαθήκῃ κυρίου [B ὥρκωσε] (11 *a*)
— 7. φυλάξουσι τὴν φυλακὴν οἴκου κυρίου (11 *a*)
— 10. τοὺς τρισσοὺς . . . τοὺς ἐν οἴκῳ κυρίου (11 *a*)
— 13. εἰσῆλθε . . . εἰς οἶκον κυρίου (11 *a*)
— 15. μὴ [A εἰ μὴ] ἀποθάνῃ ἐν οἴκῳ κυρίου (11 *a*)
— 17. διέθετο Ἰ. διαθήκην ἀνὰ μέσον κυρίου (11 *a*)
— 17. τοῦ εἶναι εἰς λαὸν τῷ κ. (11 *a*)
— 18. ἔθηκεν ὁ ἱερεὺς ἐπισκόπους εἰς τὸν οἶκον κυρίου (11 *a*)
— 19. κατήγαγον τὸν βασ. ἐξ οἴκου κυρίου (11 *a*)
12. 2 (3). ἐποίησεν Ἰ. τὸ εὐθὲς ἐνώπιον κυρίου (11 *a*)
— 4 (5). τὸ εἰσοδιαζόμενον ἐν τῷ οἴκῳ κυρίου (11 *a*)
— 4 (5). ἐνεγκεῖν ἐν οἴκῳ κυρίου (11 *a*)
— 9 (10). A R ἐν τῷ οἴκῳ ἀνδρὸς οἴκου [B -ῳ] κυρίου (11 *a*)
— 9 (10). A ἔδωκαν . . . πᾶν τὸ ἀργύριον τὸ εὑρεθὲν ἐν οἴκῳ κυρίου κυρίῳ [B *om.*] (11 *a*, -)
— 10 (11). τὸ ἀργύριον τὸ εὑρεθὲν ἐν οἴκῳ κυρίου (11 *a*)
— 11 (12). τὰ ἔργα τῶν ἐπισκόπων [A ἐπὶ σκευῶν] οἴκου κυρίου (11 *a*)
— 11 (12). τοῖς οἰκοδόμοις τοῖς ποιοῦσιν ἐν οἴκῳ κυρίου (11 *a*)
— 12 (13). τοῦ κατασχεῖν τὸ βεδὲκ οἴκου κυρίου (11 *a*)
— 13 (14). οὐ ποιηθήσεται οἴκῳ [A -ου] κυρίου (11 *a*)
— 13 (14). τοῦ ἀργυρίου τοῦ εἰσενεχθέντος ἐν οἴκῳ κυρίου (11 *a*)
— 14 (15). ἐκραταίωσαν ἐν αὐτῷ τὸν οἶκον κυρίου (11 *a*)
— 16 (17). ὅτι [A ὅτι οὐκ] εἰσηνέχθη ἐν οἴκῳ κυρίου (11 *a*)
— 18 (19). τὸ εὑρεθὲν ἐν θησαυροῖς οἴκου κυρίου (11 *a*)
13. 2. ἐποίησε τὸ πονηρὸν ἐν ὀφθαλμοῖς κυρίου (11 *a*)
— 3. ὠργίσθη θυμῷ κύριος (11 *a*)
— 4. ἐδεήθη Ἰ. τοῦ προσώπου κυρίου (11 *a*)
— 4. ἐπήκουσεν αὐτοῦ κύριος (11 *a*)
— 5. ἔδωκε κύριος σωτηρίαν τῷ Ἰσρ. (11 *a*)
— 11. ἐποίησε τὸ πονηρὸν ἐν ὀφθαλμοῖς κυρίου (11 *a*)
— 17. βέλος σωτηρίας τῷ κ. (11 *a*)
— 23. ἠλέησε κύριος αὐτούς (11 *a*)
— 23. οὐκ ἠθέλησε κύριος διαφθεῖραι αὐτούς -
14. 3. ἐποίησε τὸ εὐθὲς ἐν ὀφθαλμοῖς κυρίου (11 *a*)
— 6. ὡς ἐνετείλατο κύριος (11 *a*)
— 14. τὰ εὑρεθέντα ἐν οἴκῳ κυρίου (11 *a*)
— 24. ἐποίησε τὸ πονηρὸν ἐνώπιον κυρίου (11 *a*)
— 25. κατὰ τὸ ῥῆμα κ. θεοῦ Ἰσρ. (11 *a*)
— 26. εἶδε κύριος τὴν ταπείνωσιν Ἰσρ. (11 *a*)
— 27. οὐκ ἐλάλησε κύριος ἐξαλεῖψαι (11 *a*)
15. 3. ἐποίησε τὸ εὐθὲς [A ἀγαθὸν] ἐν ὀφθαλμοῖς κυρίου (11 *a*)
— 5. ἥψατο κύριος τὸν βασ. [A τοῦ β.] (11 *a*)
— 9. ἐποίησε τὸ πονηρὸν ἐν ὀφθαλμοῖς κυρίου (11 *a*)
— 12. ὁ λόγος κυρίου ὃν ἐλάλησεν (11 *a*)

IV Ki. 15. 18, 24, 28. ἐποίησε τὸ πονηρὸν ἐν ὀφθαλμοῖς κυρίου (11 *a*)
— 34. ἐποίησε τὸ εὐθὲς ἐν ὀφθαλμοῖς κυρίου (11 *a*)
— 35. ᾠκοδόμησε τὴν πύλην οἴκου κυρίου (11 *a*)
— 37. ἤρξατο κύριος ἐξαποστέλλειν (11 *a*)
16. 2. οὐκ [B[1] *om.*] ἐποίησε τὸ εὐθὲς ἐν ὀφθαλμοῖς κυρίου θεοῦ (11 *a*)
— 3. ὧν ἐξῆρε κύριος (11 *a*)
— 8. τὸ εὑρεθὲν ἐν θησαυροῖς οἴκου κυρίου (11 *a*)
— 13 (14). τὸ θυσιαστήριον . . . τὸ ἀπέναντι κυρίου (11 *a*)
— 14. προσήγαγε τὸ πρόσωπον τοῦ οἴκου κυρίου –
— 14. καὶ ἀπὸ τοῦ ἀνὰ μέσον τοῦ οἴκου κυρίου (11 *a*)
— 18. τὸν θεμέλιον . . . ᾠκοδόμησεν ἐν οἴκῳ κυρίου –
— 18. A R τὴν εἴσοδον . . . ἐπέστρεψεν ἐν [B *om.*] οἴκῳ κυρίου (11 *a*)
17. 2. ἐποίησε τὸ πονηρὸν ἐν ὀφθαλμοῖς κυρίου (11 *a*)
— 7. ἥμαρτον οἱ υἱοὶ Ἰσρ. τῷ κ. θεῷ αὐτῶν (11 *a*)
— 8. ὧν ἐξῆρε κύριος (11 *a*)
— 9. οὐχ οὕτως κατὰ κ. θεοῦ αὐτῶν (11 *a*)
— 11. ἃ ἀπῴκισεν κύριος (11 *a*)
— 11. τοῦ παροργίσαι τὸν κ. (11 *a*)
— 12. οἷς εἶπε κύριος αὐτοῖς (11 *a*)
— 12. οὐ ποιήσετε τὸ ῥῆμα τοῦτο κυρίῳ –
— 13. διεμαρτύρατο κύριος ἐν τῷ Ἰσρ. (11 *a*)
— 14. A οἳ οὐκ ἐπίστευσαν κ. θεῷ αὐτῶν (11 *a*)
— 15. R ὧν ἐνετείλατο κύριος [A B *om.*] αὐτοῖς (11 *a*)
— 16. ἐγκατέλιπον τὰς ἐντολὰς κ. θεοῦ αὐτῶν (11 *a*)
— 17. τοῦ ποιῆσαι τὸ πονηρὸν ἐν ὀφθαλμοῖς κυρίου (11 *a*)
— 18. ἐθυμώθη κύριος σφόδρα ἐν τῷ Ἰσρ. (11 *a*)
— 19. οὐκ ἐφύλαξε τὰς ἐντολὰς κυρίου [B[1] *om.*, A τοῦ κ.] (11 *a*)
— 19. ἀπεώσαντο [A ἀπῳκίσαντο] τὸν κ. –
— 20. R καὶ ἐθυμώθη κύριος (11 *a*)
— 21. ἐξέωσεν . . . τὸν Ἰσρ. ἐξόπισθε κυρίου (11 *a*)
— 23. μετέστησε κύριος τὸν Ἰσρ. (11 *a*)
— 23. καθὼς ἐλάλησε κύριος –
— 25. οὐκ ἐφοβήθησαν τὸν κ. (11 *a*)
— 25. ἀπέστειλε κύριος ἐν αὐτοῖς τοὺς λέοντας (11 *a*)
— 26. A ἀπέστειλεν κύριος [B *om.*] . . . τοὺς λέοντας –
— 28. πῶς [A ὅπως] φοβηθῶσι τὸν κ. (11 *a*)
— 32. ἦσαν φοβούμενοι τὸν κ. (11 *a* ?)
— 32. ἦσαν φοβούμενοι τὸν κ. (11 *a*)
— 33. τὸν κ. ἐφοβοῦντο (11 *a*)
— 34. ἣν ἐνετείλατο κύριος (11 *a*)
— 35. διέθετο κύριος μετ' αὐτῶν [A *om.* μετ' αὐ.] διαθήκην (11 *a*)
— 36. τῷ κ. ὃς ἀνήγαγεν ὑμᾶς (11 *a*)
— 39. τὸν κ. θεὸν ὑμῶν φοβηθήσεσθε (11 *a*)
— 41. ἦσαν . . . φοβούμενοι τὸν κ. (11 *a*)
18. 3. ἐποίησε τὸ εὐθὲς ἐν ὀφθαλμοῖς κυρίου (11 *a*)
— 5. ἐν κ. θεῷ Ἰσρ. ἤλπισε (11 *a*)
— 6. ἐκολλήθη τῷ κ. (11 *a*)
— 7. ἦν κύριος μετ' αὐτοῦ (11 *a*)
— 12. οὐκ ἤκουσαν τῆς φωνῆς κ. θεοῦ αὐτῶν (11 *a*)
— 12. Μωσῆς ὁ δοῦλος κυρίου (11 *a*)
— 15. τὸ εὑρεθὲν ἐν οἴκῳ κυρίου (11 *a*)
— 16. A συνέκοψεν Ἐζ. τὰς θύρας ναοῦ κυρίου [B *om.*] (11 *a*)
— 22. ἐπὶ κ. θεὸν πεποίθαμεν (11 *a*)
— 23. μίχθητε δὴ τῷ κ. μου (1)
— 24. τῶν δούλων τοῦ κ. μου τῶν ἐλαχίστων (1)
— 25. μὴ ἄνευ κυρίου ἀνέβημεν (11 *a*)
— 25. κύριος εἶπε πρός μέ (11 *a*)
— 27. μὴ ἐπὶ [A πρὸς] τὸν κ. σου καὶ πρὸς σὲ ἀπέστειλέ με ὁ κ. μου (1, 1)
— 30. μὴ ἐπελπιζέτω ὑμᾶς Ἐζ. πρὸς κύριον (11 *a*)
— 30. ἐξελεῖται κύριος [A ἡμᾶς κ.] (11 *a*)
— 32. κύριος ῥύσεται ὑμᾶς (11 *a*)
— 35. ὅτι ἐξελεῖται κύριος τὴν Ἱερ. (11 *a*)
19. 1. εἰσῆλθεν εἰς οἶκον κυρίου (11 *a*)
— 4. εἴ πως εἰσακούσεται κύριος ὁ θεός σου . . . πάντας τοὺς λόγους Ῥ. (11 *a*)
— 4. ὃν ἀπέστειλεν αὐτὸν . . . ὁ κ. αὐτοῦ (1)
— 4. οἷς ἤκουσε κ. ὁ θεός σου (11 *a*)
— 6. τάδε ἐρεῖτε πρὸς τὸν κ. ὑμῶν (1)
— 6. τάδε λέγει κύριος (11 *a*)
— 14. ἀνέβη εἰς οἶκον κυρίου (11 *a*)
— 14. ἀνέπτυξεν αὐτὰ Ἐζ. ἐναντίον κυρίου (11 *a*)
— 15. A προσηύξατο Ἐζ. εἰς πρόσωπον κυρίου (11 *a*)
— 15. καὶ εἶπε, Κύριε ὁ θεὸς Ἰσρ. (11 *a*)

IV Ki. 19. 16. κλῖνον, κύριε, τὸ οὖς σου (11 *a*)
— 16. ἄνοιξον, κύριε, τοὺς ὀφθαλμούς σου (11 *a*)
— 17. κύριε, ἠρήμωσαν βασ. Ἀσσ. τὰ ἔθνη (11 *a*)
— 19. καὶ νῦν, κύριε ὁ θεὸς ἡμῶν (11 *a*)
— 19. σὺ [A σὺ εἶ] κύριος ὁ θεὸς μόνος (11 *a*)
— 20. τάδε λέγει κ. ὁ θεὸς τῶν δυνάμεων (11 *a*)
— 21. ὃν ἐλάλησε κύριος ἐπ' [A πρὸς] αὐτόν (11 *a*)
— 23. A R ὠνείδισας κύριον [B κ. σου] (2)
— 31. ὁ ζῆλος κυρίου τῶν δυνάμεων ποιήσει τοῦτο (11 *a*)
— 32. τάδε λέγει κύριος (11 *a*)
— 33. λέγει κύριος (11 *a*)
— 35. ἐξῆλθεν ἄγγελος κυρίου (11 *a*)
20. 1. τάδε λέγει κύριος (11 *a*)
— 2. ηὔξατο πρὸς κύριον (11 *a*)
— 3. κύριε, μνήσθητι δή (11 *a*)
— 4. ῥῆμα κυρίου ἐγένετο πρὸς αὐτόν (11 *a*)
— 5. τάδε λέγει κύριος ὁ θ. Δ. (11 *a*)
— 5. ἀναβήσῃ εἰς οἶκον κυρίου (11 *a*)
— 8. ἰάσεται κύριός με (11 *a*)
— 8. ἀναβήσομαι εἰς οἶκον κυρίου (11 *a*)
— 9. τοῦτο τὸ σημεῖον παρὰ κυρίου (11 *a*)
— 9. ποιήσει κύριος τὸν λόγον (11 *a*)
— 11. ἐβόησεν Ἡ. ὁ προφήτης πρὸς κύριον (11 *a*)
— 16. ἄκουσον λόγον κυρίου (11 *a*)
— 17. ὃ εἶπε κύριος [A ὁ κ.] (11 *a*)
— 19. ἀγαθὸς ὁ λόγος κυρίου (11 *a*)
21. 2. ἐποίησε τὸ πονηρὸν ἐν ὀφθαλμοῖς κυρίου (11 *a*)
— 2. ὧν ἐξῆρε κύριος (11 *a*)
— 4. ᾠκοδόμησε θυσιαστήριον ἐν οἴκῳ κυρίου (11 *a*)
— 5. ἐν ταῖς δυσὶν αὐλαῖς οἴκου κυρίου (11 *a*)
— 6. τοῦ ποιεῖν τὸ πονηρὸν ἐν ὀφθαλμοῖς κυρίου (11 *a*)
— 7. ᾧ εἶπε κύριος πρὸς Δ. (11 *a*)
— 9. τοῦ ποιῆσαι τὸ πονηρὸν ἐν ὀφθαλμοῖς κυρίου –
— 9. ἃ ἠφάνισε κύριος (11 *a*)
— 10. καὶ ἐλάλησε κύριος (11 *a*)
— 12. τάδε λέγει κ. ὁ θεὸς Ἰσρ. (11 *a*)
— 16. τοῦ ποιῆσαι τὸ πονηρὸν ἐν ὀφθαλμοῖς κυρίου (11 *a*)
— 20. ἐποίησε τὸ πονηρὸν ἐν ὀφθαλμοῖς κυρίου (1 *a*)
— 22. ἐγκατέλιπε τὸν κ. (11 *a*)
— 22. οὐκ ἐπορεύθη ἐν ὁδῷ κυρίου (11 *a*)
22. 2. ἐποίησε τὸ εὐθὲς ἐν ὀφθαλμοῖς κυρίου (11 *a*)
— 3. τὸν Σ. . . . τὸν γραμματέα οἴκου κυρίου (11 *a*)
— 4. τὸ εἰσενεχθὲν ἐν οἴκῳ [A εἰς οἶκον] κυρίου (11 *a*)
— 5. τῶν καθεσταμένων ἐν οἴκῳ κυρίου (11 *a*)
— 5. τοῖς ποιοῦσι τὰ ἔργα τοῖς ἐν οἴκῳ κυρίου (11 *a*)
— 8. βιβλίον τοῦ νόμου εὗρον ἐν οἴκῳ κυρίου (11 *a*)
— 9. εἰσῆλθεν ἐν οἴκῳ [A εἰς οἶκον] κυρίου †
— 9. τὸ εὑρεθὲν ἐν τῷ οἴκῳ κυρίου –
— 9. καθεσταμένων ἐν οἴκῳ κυρίου (11 *a*)
— 13. ἐκζητήσατε τὸν κ. (11 *a*)
— 13. μεγάλη ἡ ὀργὴ κυρίου (11 *a*)
— 15, 16. τάδε λέγει κύριος (11 *a*)
— 18. τὸν ἀποστείλαντα ὑμᾶς ἐκζητῆσαι τὸν κ. (11 *a*)
— 18. τάδε λέγει κύριος (11 *a*)
— 19. B[1] ἐνετράπης τὸ πρόσωπον [A B[2] R ἀπὸ προσώπου] κυρίου [R *om.*] (11 *a*)
— 19. λέγει κύριος (11 *a*)
23. 2. ἀνέβη ὁ βασ. εἰς οἶκον κυρίου (11 *a*)
— 2. τοῦ εὑρεθέντος ἐν οἴκῳ κυρίου (11 *a*)
— 3. διέθετο διαθήκην ἐνώπιον κυρίου τοῦ πορεύεσθαι ὀπίσω κυρίου (11 *a*, 11 *a*)
— 4. ἐξαγαγεῖν ἐκ τοῦ ναοῦ κυρίου (11 *a*)
— 6. ἐξήνεγκε τὸ ἄλσος ἐξ οἴκου κυρίου (11 *a*)
— 7. τῶν καδησὶμ τῶν ἐν τῷ οἴκῳ κυρίου (11 *a*)
— 9. οὐκ ἀνέβησαν . . . πρὸς τὸ θυσιαστήριον κυρίου (11 *a*)
— 11. ἐν τῇ εἰσόδῳ οἴκου κυρίου (11 *a*)
— 12. ἐν ταῖς δυσὶν αὐλαῖς οἴκου κυρίου (11 *a*)
— 16. κατὰ τὸ ῥῆμα κυρίου (11 *a*)
— 19. οὓς ἐποίησαν . . . παροργίζειν κύριον –
— 21. ποιήσατε πάσχα τῷ κ. θ. ἡμῶν (11 *a*)
— 23. ἐγενήθη τὸ πάσχα [A π. τοῦτο] τῷ κ. (11 *a*)
— 24. οὗ εὗρε . . . ἐν οἴκῳ κυρίου (11 *a*)
— 25. ὃς ἐπέστρεψε πρὸς κύριον (11 *a*)
— 26. οὐκ ἀπεστράφη κύριος ἀπὸ θυμοῦ (11 *a*)
— 27. καὶ εἶπε κύριος (11 *a*)
— 32. ἐποίησε τὸ πονηρὸν ἐν ὀφθαλμοῖς κυρίου (11 *a*)
— 37. ἐποίησε τὸ πονηρὸν ἐν ὀφθαλμοῖς [A ἐνώπιον] κυρίου (11 *a*)
24. 2. AR ἀπέστειλε κύριος [B *om.*] . . . τοὺς μονοζώνους Μ. (11 *a*)

IV Ki. 24. 2. κατὰ τὸν λόγον κυρίου (11 *a*)
— 3. ἐπὶ τὸν θυμὸν κυρίου ἦν (11 *a*)
— 4. οὐκ ἠθέλησε κύριος ἱλασθῆναι (11 *a*)
— 9. ἐποίησε τὸ πονηρὸν ἐν ὀφθαλμοῖς κυρίου (11 *a*)
— 13. πάντας τοὺς θησαυροὺς οἴκου κυρίου (11 *a*)
— 13. ἃ ἐποίησε Σαλ. . . . ἐν τῷ ναῷ κυρίου κατὰ τὸ ῥῆμα κυρίου (11 *a*, 11 *a*)
— 19. ἐποίησε τὸ πονηρὸν ἐνώπιον [A ἐν ὀφθαλμοῖς] κυρίου (11 *a*)
— 20. ἐπὶ τὸν θυμὸν κυρίου ἦν (11 *a*)
25. 9. ἐνέπρησε τὸν οἶκον κυρίου (11 *a*)
— 13. τοὺς στύλους . . . τοὺς ἐν οἴκῳ κυρίου (11 *a*)
— 13. τὴν θάλασσαν . . . τὴν ἐν οἴκῳ κυρίου (11 *a*)
— 16. ἃ ἐποίησε Σαλ. τῷ οἴκῳ κυρίου (11 *a*)
I Ch. 2. 3. ἦν *Ηρ . . . πονηρὸς ἐναντίον κυρίου (11 *a*)
6. 31 (16). οὓς κατέστησε Δ. . . . ἐν οἴκῳ κυρίου (11 *a*)
— 32 (17). A R ἕως οὗ ᾠκοδόμησε Σαλ. τὸν οἶκον κυρίου [B *om.*] (11 *a*)
9. 19. A R πατέρες αὐτῶν ἐπὶ τῆς παρεμβολῆς κυρίου [B *om.*] (11 *a*)
— 20. AR ἡγούμενος ἦν . . . ἔμπροσθεν κυρίου [B *om.*] (11 *a*)
— 23. ἐπὶ τῶν πυλῶν ἐν οἴκῳ κυρίου (11 *a*)
10. 13. A αἷς ἠνόμησε τῷ κ. [B S θεῷ] (11 *a*)
— 13. κατὰ τὸν λόγον κυρίου [S τοῦ κ.] (11 *a*)
— 14. οὐκ ἐζήτησε [A ἐξεζ. τὸν] κύριον [S -ος] (11 *a*)
— 14. A καθότι οὐκ ἠρώτησεν ἐν κυρίῳ –
11. 2. A S εἶπεν [B εἶ. Ἰσρ.] κύριός [A κ. ὁ θεός σου] σοι (11 *a* + 6 [11 *a*])
— 3. διέθετο αὐτοῖς ὁ βασ. Δ. διαθήκην . . . ἐναντίον κυρίου (11 *a*)
— 3. κατὰ τὸν λόγον κυρίου (11 *a*)
— 9. καὶ κ. παντοκράτωρ μετ' αὐτοῦ (11 *a*)
— 10. κατὰ τὸν λόγον κυρίου (11 *a*)
— 14. ἐποίησε κύριος σωτηρίαν μεγάλην (11 *a*)
— 18. ἔσπεισεν αὐτὸ τῷ κ. (11 *a*)
12. 19. ἐπιστρέψει πρὸς τὸν κ. αὐτοῦ Σαούλ (1)
— 23. κατὰ τὸν λόγον κυρίου (11 *a*)
13. 2. καὶ παρὰ κ. θεοῦ ἡμῶν εὐοδωθῇ (11 *a*)
— 6. τὴν κιβωτὸν τοῦ θεοῦ κυρίου (11 *a*)
— 10. A S R ἐθυμώθη κύριος ὀργῇ [B *om.*] (11 *a*)
— 11. διέκοψε κύριος διακοπὴν ἐν Ὀζά (11 *a*)
14. 2. ἡτοίμασεν αὐτὸν κύριος (11 *a*)
— 10. B S εἶπεν αὐτῷ κύριος [A[2] *om.*] (11 *a*)
— 17. κύριος ἔδωκε τὸν φόβον αὐτοῦ (11 *a*)
15. 2. αὐτοὺς ἐξελέξατο κύριος (11 *a*)
— 2. AR αἴρειν τὴν κιβωτὸν κυρίου (6)
— 3. A[2] B τοῦ ἀνενέγκαι τὴν κιβωτὸν κυρίου [S τοῦ κ.] (11 *a*)
— 14. A τὴν κιβωτὸν τοῦ κ. [B S *om.*] θεοῦ Ἰσρ. (11 *a*)
— 25. A τὴν κιβωτὸν τῆς διαθήκης κυρίου [B S *om.*] (11 *a*)
— 26. τὴν κιβωτὸν τῆς διαθήκης κυρίου (11 *a*)
— 27. τὴν κιβωτὸν διαθήκης κυρίου –
— 28. τὴν κιβωτὸν διαθήκης κυρίου (11 *a*)
— 29. κιβωτὸς διαθήκης κυρίου (11 *a*)
16. 1. A προσήνεγκαν . . . ἐναντίον τοῦ κ. [B S θεοῦ] (6)
— 2. εὐλόγησε τὸν λαὸν ἐν ὀνόματι κυρίου (11 *a*)
— 4. τῆς κιβωτοῦ διαθήκης κυρίου (11 *a*)
— 4. S αἰνεῖν κύριον [A τὸν κ.] θεὸν [B τὸν θ.] Ἰσρ. (11 *a*)
— 6. S τῆς κιβωτοῦ τῆς διαθήκης τοῦ κ. [A B θεοῦ] (6)
— 7. τοῦ αἰνεῖν τὸν κ. (11 *a*)
— 8. R ἐξομολογεῖσθε τῷ κ. [ABS *om.* τ. κ.] (11 *a*)
— 9. ἃ ἐποίησε κύριος –
— 11. R ζητήσατε τὸν κ. [A B S *om.* τ. κ.] (11 *a*)
— 14. A R αὐτὸς [B S *om.*] κ. ὁ θεὸς ἡμῶν (11 *a*)
— 23. ᾄσατε τῷ κ. (11 *a*)
— 25. ὅτι μέγας κύριος (11 *a*)
— 28. δότε τῷ κ. . . . δότε τῷ κ. δόξαν (11 *a*, 11 *a*)
— 29. A R δότε τῷ κ. δόξαν (11 *a*)
— 29. προσκυνήσατε κυρίῳ [A τῷ κ.] (11 *a*)
— 31. κύριος βασιλεύων [A ἐβασίλευσεν] (11 *a*)
— 33. εὐφρανθήσεται . . . ἀπὸ προσώπου κυρίου (11 *a*)
— 34. ἐξομολογεῖσθε τῷ κ. (11 *a*)
— 36. εὐλογημένος κ. ὁ θεὸς Ἰσρ. (11 *a*)
— 36. ᾔνεσαν τῷ κ. (11 *a*)
— 37. τῆς κιβωτοῦ διαθήκης κυρίου (11 *a*)
— 39. ἐναντίον τῆς σκηνῆς κυρίου (11 *a*)
— 40. τοῦ ἀναφέρειν ὁλοκαυτώματα τῷ κ. (11 *a*)
— 40. κατὰ πάντα τὰ γεγραμμένα ἐν νόμῳ κυρίου (11 *a*)

I Ch. 16. 41. τοῦ αἰνεῖν τὸν κ. (11 *a*)
17. 1. ἡ κιβωτὸς διαθήκης κυρίου (11 *a*)
— 3. ἐγένετο λόγος κυρίου πρὸς Νάθαν (6)
— 4. οὕτως εἶπε κύριος (11 *a*)
— 7. τάδε λέγει κ. παντοκράτωρ (11 *a*)
— 10. B S οἰκοδομήσει σε [A R σοι] κύριος (11 *a*)
— 16. ἐκάθισεν ἀπέναντι [S -τίον] κυρίου (11 *a*)
— 16. τίς εἰμι ἐγώ, κύριε [A -ος] (11 *a*)
— 17. ὕψωσάς με, κύριε ὁ θεός (11 *a*)
— 20. κύριε, οὐκ ἔστιν ὅμοιός σοι (11 *a*)
— 22. A S σύ, κύριε [B -ος], αὐτοῖς εἰς θεόν (11 *a*)
— 23. καὶ νῦν, κύριε, ὁ λόγος σου (11 *a*)
— 24. κύριε κύριε παντοκράτωρ θεὸς Ἰσρ. (11 *a*, -)
— 25. A σύ, κύριε [B S *om.*, R κ. ὁ θεός μου], ἤνοιξας (6 [11 *b*])
— 26. καὶ νῦν, κύριε, σὺ εἶ (11 *a*)
— 27. AR σύ, κύριε [BS *om.*], εὐλόγησας (11 *a*)
18. 6. ἔσωζεν κύριος τὸν Δαυίδ (11 *a*)
— 11. ἡγίασεν Δαυὶδ τῷ κ. (11 *a*)
— 13. AR ἔσωζε κύριος τὸν Δ. [BS *om.* τ. Δ.] (11 *a*)
19. 13. BS κύριος τὸ ἀγαθὸν [AR ἀ. ἐν ὀφθαλμοῖς αὐτοῦ] ποιήσει (11 *a*)
— 17. ἐπολέμησεν αὐτόν [S ? *add.* κύριος] -
21. 3. προσθείη κύριος ἐπὶ τὸν λαὸν αὐτοῦ (11 *a*)
— 3. AB οἱ ὀφθαλμοὶ κυρίου [A -οι, R τοῦ κ.] μου . . . βλέποντες (1)
— 3. πάντες τῷ κ. μου παῖδες (1)
— 3. ἵνα τί [B^1 ἵνα] ζητεῖ κύριός [A ὁ κ.] μου τοῦτο (1)
— 9. ἐλάλησε κύριος πρὸς Γάδ (11 *a*)
— 10, 11. οὕτω λέγει κύριος (11 *a*)
— 12. ἢ τρεῖς ἡμέρας ῥομφαίαν κυρίου (11 *a*)
— 12. καὶ ἄγγελος κυρίου ἐξολεθρεύων (11 *a*)
— 13. ἐμπεσοῦμαι δὴ εἰς χεῖρας κυρίου (11 *a*)
— 14. ἔδωκε κύριος θάνατον ἐν Ἰσρ. (11 *a*)
— 15. εἶδε κύριος (11 *a*)
— 15. καὶ ὁ ἄγγελος κυρίου ἑστώς (11 *a*)
— 16. εἶδε τὸν ἄγγελον κυρίου (11 *a*)
— 17. κύριε ὁ θεός, γενηθήτω ἡ χείρ σου (11 *a*)
— 17. καὶ μὴ ἐν τῷ λαῷ σου εἰς ἀπώλειαν, κύριε -
— 18. ἄγγελος κυρίου εἶπε τῷ Γάδ (11 *a*)
— 18. A^2 κύριε, ἵνα λάβῃ [A^1 B R ἵ. ἀναβῇ] -
— 18. τοῦ στῆσαι θυσιαστήριον τῷ κ. (11 *a*)
— 19. ὃν ἐλάλησεν ἐν ὀνόματι κυρίου (11 *a*)
— 22. οἰκοδομήσω . . . θυσιαστήριον τῷ κ. (11 *a*)
— 23. ποιησάτω ὁ κ. μου . . . τὸ ἀγαθόν (1)
— 24. οὐ μὴ λάβω ἅ ἐστί σοι κυρίῳ (11 *a*)
— 24. τοῦ ἀνενέγκαι ὁλοκαύτωσιν [A εἰς ὁ.] δωρεὰν κυρίῳ -
— 26. ᾠκοδόμησεν Δ. ἐκεῖ θυσιαστήριον κυρίῳ (11 *a*)
— 26. καὶ ἐβόησε πρὸς κύριον (11 *a*)
— 27. εἶπε κύριος πρὸς τὸν ἄγγελον (11 *a*)
— 28. A R εἰσήκουσεν αὐτῷ κύριος [B *om.*] (11 *a*)
— 29. σκηνὴ κυρίου ἣν ἐποίησε M. (11 *a*)
— 30. ἀπὸ προσώπου τῆς ῥομφαίας ἀγγέλου κυρίου (11 *a*)
22. 1. οὗτός ἐστιν ὁ οἶκος κυρίου [A *om.*] τοῦ θεοῦ (11 *a*)
— 5. ὁ οἶκος τοῦ οἰκοδομῆσαι τῷ κ. (11 *a*)
— 6. τοῦ οἰκοδομῆσαι τὸν οἶκον τῷ κ. [A ὀνόματι κυρίου] (11 *a*)
— 7. τοῦ οἰκοδομῆσαι οἶκον τῷ ὀνόματι κυρίου (11 *a*)
— 8. ἐγένετό μοι [A ἐπ' ἐμὲ] λόγος κυρίου (11 *a*)
— 11. ἔσται μετὰ σοῦ κύριος (11 *a*)
— 11. οἰκοδομήσεις οἶκον τῷ κ. θεῷ σου (11 *a*)
— 12. δῴη σοι σοφίαν . . . κύριος (11 *a*)
— 12. τοῦ ποιεῖν τὸν νόμον κυρίου τοῦ θ. σου (11 *a*)
— 13. ἃ ἐνετείλατο κύριος τῷ M. (11 *a*)
— 14. ἡτοίμασα εἰς οἶκον κυρίου (11 *a*)
— 16. καὶ κύριος μετὰ σοῦ (11 *a*)
— 18. οὐχὶ κύριος μεθ' ὑμῶν (18 *a*)
— 18. ὑπετάγη ἡ γῆ ἐναντίον κυρίου (11 *a*)
— 19. τοῦ ζητῆσαι τῷ κ. θεῷ ὑμῶν (11 *a*)
— 19. A οἰκοδομήσατε ἁγίασμα κ. [B *om.*] τῷ θεῷ ὑμῶν (11 *a*)
— 19. τοῦ εἰσενέγκαι τὴν κιβωτὸν διαθήκης κ. (11 *a*)
— 19. τὸν οἰκοδομούμενον τῷ ὀνόματι κυρίου (11 *a*)
23. 4. R ἐπὶ τὰ ἔργα οἴκου κυρίου [A B *om.*] (11 *a*)
— 5. αἰνοῦντες τῷ κ. (11 *a*)
— 5. οἷς ἐποίησε τοῦ αἰνεῖν τῷ κ. -
— 13. τοῦ θυμιᾶν ἐναντίον τοῦ κ. (11 *a*)
— 24. τὰ ἔργα λειτουργίας οἴκου κυρίου (11 *a*)
— 25. κατέπαυσε κύριος ὁ θεὸς Ἰσρ. [A τῷ Ἰσρ.] (11 *a*)
— 28. τοῦ λειτουργεῖν ἐν οἴκῳ κυρίου (11 *a*)

I Ch. 23. 30. ἐξομολογεῖσθαι τῷ κ. (11 *a*)
— 31. τῶν ἀναφερομένων ὁλοκαυτωμάτων τῷ κ. (11 *a*)
— 31. κατὰ τὴν κρίσιν ἐπ' αὐτοῖς διὰ παντὸς τῷ κ. (11 *a*)
— 32. τοῦ λειτουργεῖν ἐν οἴκῳ κυρίου (11 *a*)
24. 5. ἦσαν . . . ἄρχοντες κυρίου (6)
— 19. τοῦ εἰσπορεύεσθαι εἰς οἶκον κυρίου (11 *a*)
— 19. ὡς ἐνετείλατο κ. ὁ θεὸς Ἰσρ. (11 *a*)
25. 3. ἐξομολόγησιν καὶ αἴνεσιν τῷ κ. (11 *a*)
— 6. ἐν οἴκῳ θεοῦ [A κυρίου] (11 *a*)
— 7. δεδιδαγμένοι ᾄδειν κυρίῳ (11 *a*)
26. 12. λειτουργεῖν ἐν οἴκῳ κυρίου (11 *a*)
— 20. ἐπὶ τῶν θησαυρῶν οἴκου κυρίου (6)
— 22. ἐπὶ τῶν θησαυρῶν οἴκου κυρίου (11 *a*)
— 30. εἰς πᾶσαν λειτουργίαν κυρίου [A τῷ κ.] (11 *a*)
— 32. εἰς πᾶν πρόσταγμα κυρίου [A *al.*] (6)
27. 23. κύριος εἶπε πληθῦναι τὸν Ἰσρ. (11 *a*)
28. 2. τῆς κιβωτοῦ διαθήκης κυρίου (11 *a*)
— 2. καὶ στάσιν ποδῶν κυρίου ἡμῶν (6)
— 4. ἐξελέξατο κ. ὁ θεὸς Ἰσρ. ἐν ἐμοί (11 *a*)
— 5. πολλοὺς υἱοὺς ἔδωκέ μοι κύριος (11 *a*)
— 5. ἐπὶ θρόνου βασιλείας κυρίου (11 *a*)
— 8. κατὰ πρόσωπον πάσης ἐκκλησίας κυρίου (11 *a*)
— 8. ζητήσατε πάσας τὰς ἐντολὰς κυρίου (11 *a*)
— 9. πάσας καρδίας ἐτάζει [A ἐξετ.] κύριος (11 *a*)
— 10. κύριος ᾑρέτικέ σε (11 *a*)
— 12. τὸ παράδειγμα . . . τῶν αὐλῶν οἴκου κυρίου (11 *a*)
— 12. AR τῶν εἰς τὰς ἀποθήκας οἴκου [B *om.*] κυρίου (6)
— 13. εἰς πᾶσαν ἐργασίαν λειτουργίας οἴκου κυρίου (11 *a*)
— 13. A R τῆς λατρείας οἴκου κυρίου (11 *a*)
— 18. ἐπὶ τῆς κιβωτοῦ διαθήκης κυρίου (11 *a*)
— 19. πάντα ἐν γραφῇ χειρὸς κυρίου (11 *a*)
— 20. κ. ὁ θεός μου μετὰ σοῦ (11 *a*+6)
— 20. πᾶσαν ἐργασίαν λειτουργίας οἴκου κυρίου (11 *a*)
— 20. καὶ τὸ παράδειγμα οἴκου κυρίου -
— 21. εἰς πᾶσαν λειτουργίαν οἴκου κυρίου [A τοῦ θεοῦ] (6)
29. 1. εἰς ὃν ᾑρέτικεν ἐν αὐτῷ κύριος (6)
— 1. οὐκ ἀνθρώπῳ [A *add.* ἡ οἰκοδομὴ] ἀλλ' ἢ κυρίῳ θεῷ (11 *a*)
— 5. πληρῶσαι τὰς χεῖρας αὐτοῦ σήμερον κυρίῳ (11 *a*)
— 7. ἔδωκαν εἰς τὰ ἔργα τοῦ οἴκου κυρίου (6)
— 8. ἔδωκαν εἰς τὰς ἀποθήκας οἴκου κυρίου (11 *a*)
— 9. προεθυμήθησαν τῷ κ. (11 *a*)
— 10. εὐλόγησεν ὁ βασ. Δ. τὸν κ. (11 *a*)
— 10. εὐλογητὸς εἶ, κύριε ὁ θεὸς Ἰσρ. (11 *a*)
— 11. σοί, κύριε, ἡ μεγαλωσύνη (11 *a*)
— 12. σὺ πάντων ἄρχεις, κύριε -
— 13. καὶ νῦν, κύριε, ἐξομολογούμεθά σοι (6)
— 16. κύριε ὁ θεὸς ἡμῶν . . . ἐκ χειρός σού ἐστι (11 *a*)
— 17. καὶ ἔγνων, κύριε (6)
— 18. κύριε ὁ θεὸς Ἀβρ. . . . φύλαξον ταῦτα (11 *a*)
— 20. εὐλογήσατε κ. τὸν θεὸν ἡμῶν (11 *a*)
— 20. εὐλόγησε πᾶσα ἡ ἐκκλησία κύριον (11 *a*)
— 20. προσεκύνησαν κυρίῳ [A τῷ κ.] (11 *a*)
— 21. ἔθυσε Δ. τῷ κ. θυσίας (11 *a*)
— 22. ἔπιον ἐναντίον κυρίου (11 *a*)
— 22. ἔχρισαν αὐτὸν τῷ κ. (11 *a*)
— 25. ἐμεγάλυνε κύριος τὸν Σαλ. (11 *a*)
II Ch. 1. 1. καὶ κ. ὁ θεὸς αὐτοῦ μετ' αὐτοῦ (11 *a*)
— 3. ἣν ἐποίησε M. παῖς κυρίου (11 *a*)
— 5. ἐκεῖ ἦν ἔναντι τῆς σκηνῆς κυρίου (11 *a*)
— 6. τὸ θυσιαστήριον τὸ χαλκοῦν ἐνώπιον κυρίου (11 *a*)
— 9. καὶ νῦν, κύριε ὁ θεός, πιστωθήτω (11 *a*)
2. 1 (1. 18). τοῦ οἰκοδομῆσαι οἶκον τῷ ὀνόματι κυρίου (11 *a*)
— 4 (3). οἰκοδομῶ οἶκον τῷ ὀνόματι κυρίου (11 *a*)
— 4 (3). ἐν ταῖς ἑορταῖς τοῦ κ. [A κ. τοῦ] θεοῦ ἡμῶν (11 *a*)
— 5 (4). R μέγας κύριος [A B *om.*] ὁ θεὸς ἡμῶν (18 *b*)
— 11 (10). ἐν τῷ ἀγαπῆσαι κύριον τὸν λαὸν αὐτοῦ (11 *a*)
— 12 (11). εὐλογητὸς κ. ὁ θεὸς Ἰσρ. (11 *a*)
— 12 (11). ὃς οἰκοδομήσει οἶκον τῷ κ. (11 *a*)
— 14 (13). μετὰ . . . σοφῶν Δαυὶδ κυρίου μου (1)
— 15 (14). ἃ [A ὃν] εἶπεν ὁ κ. μου (1)
3. 1. τοῦ οἰκοδομεῖν τὸν οἶκον κυρίου (11 *a*)
— 1. οὗ ὤφθη κύριος τῷ Δ. -
4. 16. ἐν οἴκῳ κυρίου (11 *a*)

II Ch. 4. 19. ἐποίησε Σαλ. πάντα τὰ σκεύη οἴκου κυρίου (6)
— 22 (5. 1). ἣν ἐποίησε Σαλ. ἐν οἴκῳ κυρίου (11 *a*)
5. 1. A R ἔδωκεν εἰς θησαυρὸν οἴκου [B *om.*] κυρίου (6)
— 2. τοῦ ἀνενέγκαι κιβωτὸν διαθήκης κυρίου (11 *a*)
— 7. τὴν κιβωτὸν διαθήκης κυρίου (11 *a*)
— 10. ἃ διέθετο κύριος μετὰ τῶν υἱῶν Ἰσρ. (11 *a*)
— 13. τοῦ ἐξομολογεῖσθαι καὶ αἰνεῖν τῷ κ. (11 *a*)
— 13. ἐξομολογεῖσθε τῷ κ. (11 *a*)
— 13. ὁ οἶκος ἐνεπλήσθη νεφέλης δόξης κυρίου (11 *a*)
— 14. A^2 ἀπὸ προσώπου τῆς νεφέλης δόξης κυρίου [B *om.* δ. κ.] -
— 14. A^{2}B ἐνέπλησε δόξα κυρίου τὸν οἶκον τοῦ θεοῦ (11 *a*)
6. 1. A^{2}B κύριος εἶπε τοῦ κατασκηνῶσαι [A^2 κατοικῆσαι] (11 *a*)
— 4. εὐλογητὸς κ. ὁ θεὸς Ἰσρ. (11 *a*)
— 7. τοῦ οἰκοδομῆσαι οἶκον τῷ ὀνόματι κυρίου (11 *a*)
— 8. εἶπε κύριος πρὸς Δ. (11 *a*)
— 10. ἀνέστησε κύριος τὸν λόγον τοῦτον [A αὐτοῦ] (11 *a*)
— 10. καθὼς ἐλάλησε κύριος (11 *a*)
— 10. ᾠκοδόμησα τὸν οἶκον τῷ ὀνόματι κυρίου (11 *a*)
— 11. ἐν ᾗ ἐκεῖ διαθήκη κυρίου (11 *a*)
— 12. ἔστη κατέναντι τοῦ θυσιαστηρίου κυρίου (11 *a*)
— 14. καὶ εἶπε, Κύριε ὁ θεὸς Ἰσρ. (11 *a*)
— 16, 17. καὶ νῦν, κύριε ὁ θεὸς Ἰσρ. (11 *a*)
— 19. ἐπιβλέψῃ . . . ἐπὶ τὴν δέησίν μου, κύριε ὁ θεός (11 *a*)
— 40. κύριε, ἔστωσαν δὴ οἱ ὀφθαλμοί σου ἀνεῳγμένοι (6)
— 41. ἀνάστηθι, κύριε ὁ θεός (11 *a*)
— 41. ἱερεῖς σου, κύριε ὁ θεός (11 *a*)
— 42. κύριε ὁ θεός, μὴ ἀποστρέψῃς (11 *a*)
7. 1. δόξα κυρίου ἔπλησε τὸν οἶκον (11 *a*)
— 2. εἰσελθεῖν εἰς τὸν οἶκον κυρίου (11 *a*)
— 2. ἔπλησε δόξα κυρίου τὸν οἶκον (11 *a*)
— 3. καὶ ἡ δόξα κυρίου ἐπὶ τὸν οἶκον (11 *a*)
— 3. ᾔνουν τῷ κ. (11 *a*)
— 4. θύοντες θύματα ἔναντι κυρίου (11 *a*)
— 6. ἐν ὀργάνοις ᾠδῶν κυρίου (11 *a*)
— 6. τοῦ ἐξομολογεῖσθαι ἔναντι κυρίου (11 *a*)
— 7. τὸ μέσον τῆς αὐλῆς τῆς ἐν οἴκῳ κυρίου (11 *a*)
— 10. οἷς ἐποίησε κύριος τῷ Δ. (11 *a*)
— 11. συνετέλεσε Σαλ. τὸν οἶκον κυρίου (11 *a*)
— 11. τοῦ ποιῆσαι ἐν οἴκῳ κυρίου (11 *a*)
— 12. R ὤφθη κύριος [AB ὁ θεὸς] τῷ Σαλ. (11 *a*)
— 21. χάριν τίνος ἐποίησε κύριος τῇ γῇ ταύτῃ (11 *a*)
— 22. διότι ἐγκατέλιπον κύριον (11 *a*)
8. 1. ᾠκοδόμησε Σαλ. τὸν οἶκον κυρίου (11 *a*)
— 11. οὗ εἰσῆλθεν ἐκεῖ κιβωτὸς κυρίου (11 *a*)
— 12. ἀνήνεγκε Σαλ. ὁλοκαυτώματα τῷ κ. (11 *a*)
— 12. A ἐπὶ τὸ θυσιαστήριον κυρίου [B *om.*] (11 *a*)
— 12. R ὃ ᾠκοδόμησε κυρίῳ [A B *om.*] -
— 16. ἕως οὗ ἐτελείωσε Σαλ. τὸν οἶκον κυρίου (11 *a*)
9. 4. ἃ ἀνέφερεν ἐν οἴκῳ κυρίου (11 *a*)
— 8. ἔστω κ. ὁ θεός σου εὐλογημένος (11 *a*)
— 8. τοῦ δοῦναί σε . . . εἰς βασιλέα τῷ κ. θεῷ [A τῷ λαῷ] σου (11 *a*)
— 8. ἐν τῷ ἀγαπῆσαι κ. τὸν θεόν σου τὸν Ἰσρ. (18 *b*)
— 11. ἀναβάσεις τῷ οἴκῳ κυρίου (11 *a*)
10. 15. ἀνέστησε κύριος τὸν λόγον αὐτοῦ (11 *a*)
11. 2. ἐγένετο λόγος κυρίου πρὸς Σαμαίαν (11 *a*)
— 4. τάδε λέγει κύριος (11 *a*)
— 4. ἐπήκουσαν [A ὑπ.] τοῦ λόγου κυρίου (11 *a*)
— 14. μὴ λειτουργεῖν [A τοῦ μὴ λ. τῷ] κυρίῳ (11 *a*)
— 16. τοῦ ζητῆσαι κύριον [A τὸν κ.] θεὸν Ἰσρ. (11 *a*)
— 16. θῦσαι κυρίῳ θεῷ [A τῷ θ.] τῶν πατέρων αὐτῶν (11 *a*)
12. 1. ἐγκατέλιπε τὰς ἐντολὰς κυρίου (11 *a*)
— 2. ἥμαρτον ἐναντίον κυρίου (11 *a*)
— 5. οὕτως εἶπε κύριος (11 *a*)
— 6. καὶ εἶπαν, Δίκαιος ὁ κ. (11 *a*)
— 7. ἐν τῷ ἰδεῖν κύριον (11 *a*)
— 7. ἐγένετο λόγος κυρίου πρὸς Σαμ. (11 *a*)
— 9. τοὺς θησαυροὺς τοὺς ἐν οἴκῳ κυρίου (11 *a*)
— 11. ἐν τῷ εἰσελθεῖν τὸν βασ. εἰς οἶκον κυρίου (11 *a*)
— 12. ἀπεστράφη ἀπ' αὐτοῦ ὀργὴ κυρίου (11 *a*)
— 13. ἐν τῇ πόλει ᾗ ἐξελέξατο κύριος (11 *a*)
— 14. ἐκζητῆσαι τὸν [A *om.*] κ. (11 *a*)
13. 5. κ. ὁ θεὸς Ἰσρ. ἔδωκε βασιλέα ἐπὶ τὸν Ἰσρ. (11 *a*)
— 6. A R ἀπέστη [B ἀν.] ἀπὸ τοῦ κ. αὐτοῦ (1)
— 8. κατὰ πρόσωπον βασιλείας κυρίου (11 *a*)
— 9. οὐκ ἐξεβάλετε τοὺς ἱερεῖς κυρίου (11 *a*)

II Ch. 13. 10. κ. τὸν θεὸν ἡμῶν οὐκ ἐγκατελίπομεν (11 a)
— 10. οἱ ἱερεῖς αὐτοῦ λειτουργοῦσι τῷ κ. (11 a)
— 11. θυμιῶσι τῷ κ. (11 a)
— 11. φυλάσσομεν ἡμεῖς τὰς φυλακὰς κυρίου (11 a)
— 12. μεθ' ἡμῶν ἐν ἀρχῇ κύριος (6)
— 12. πολεμήσετε πρὸς κ. θεὸν τῶν πατέρων (11 a)
— 14. ἐβόησαν πρὸς κύριον (11 a)
— 15. κύριος ἐπάταξε τὸν Ἰερ. (6)
— 16. παρέδωκεν αὐτοὺς κύριος (6)
— 18. ἤλπισαν ἐπὶ κ. θεὸν τῶν πατέρων αὐτῶν (11 a)
— 20. ἐπάταξεν αὐτὸν κύριος (11 a)
14. 2 (1). A R τὸ εὐθὲς ἐνώπιον κ. τοῦ [B *om.*] θεοῦ αὐτοῦ (11 a)
— 4 (3). ἐκζητῆσαι τὸν κ. [A κ. τὸν] θεόν (11 a)
— 6 (5). κατέπαυσεν αὐτῷ κύριος (11 a)
— 7 (6). A R καθὼς ἐξεζητήσαμεν [B ἐζ.] κύριον (11 a)
— 11 (10). ἐβόησεν Ἀσὰ πρὸς κ. θεὸν αὐτοῦ καὶ εἶπε, Κύριε (11 a, 11 a)
— 11 (10). κατίσχυσον ἡμᾶς, κύριε ὁ θεὸς ἡμῶν (11 a)
— 11 (10. κύριε ὁ θεὸς ἡμῶν, μὴ κατισχυσάτω (11 a)
— 12 (11). ἐπάταξε κύριος τοὺς Αἰθίοπας (11 a)
— 13 (12). συνετρίβησαν ἐνώπιον κυρίου (11 a)
— 14 (13). ἐγενήθη ἔκστασις κυρίου ἐπ' αὐτούς (11 a)
15. 1. ἐγένετο ἐπ' αὐτὸν πνεῦμα κυρίου (6)
— 2. κύριος μεθ' ὑμῶν (11 a)
— 4. ἐπιστρέψει αὐτοὺς ἐπὶ κ. θεὸν Ἰσρ. (11 a)
— 5. ἔκστασις κυρίου ἐπὶ πάντας †
— 8. R ἐνεκαίνισε [A B ἀν.] τὸ θυσιαστήριον κυρίου (11 a)
— 8. ὃ ἦν ἔμπροσθεν τοῦ ναοῦ κυρίου (11 a)
— 9. κ. ὁ θεὸς αὐτοῦ μετ' αὐτοῦ (11 a)
— 11. καὶ ἔθυσε τῷ κ. (11 a)
— 12. ζητῆσαι κ. θεὸν τῶν πατέρων αὐτῶν (11 a)
— 13. ὃς ἐὰν μὴ ἐκζητήσῃ κύριον (11 a)
— 14. ὤμοσαν ἐν κυρίῳ [A τῷ κ.] (11 a)
— 15. κατέπαυσε κύριος αὐτοῖς κυκλόθεν (11 a)
— 18. A B τὰ ἅγια οἴκου κυρίου [R *om.*] τοῦ θεοῦ (18 b)
16. 2. ἐκ θησαυρῶν οἴκου κυρίου (11 a)
— 7. καὶ μὴ πεποιθέναι σε [A *om.*] ἐπὶ κ. θεόν σου (11 a)
— 8. ἐν τῷ πεποιθέναι σε [A *om.*] ἐπὶ κύριον (11 a)
— 9. οἱ ὀφθαλμοὶ κυρίου ἐπιβλέπουσιν (11 a)
— 12. A R οὐκ ἐζήτησε τὸν [A ἐξεζ.] κύριον [B -ος] (11 a)
17. 3. ἐγένετο κύριος μετὰ Ἰωσαφάτ (11 a)
— 4. κ. τὸν θεὸν τοῦ πατρὸς αὐτοῦ ἐξεζήτησε (18 b)
— 5. κατεύθυνε κύριος τὴν βασιλείαν (11 a)
— 6. ὑψώθη καρδία αὐτοῦ ἐν ὁδῷ κυρίου (11 a)
— 9. μετ' αὐτῶν βίβλος νόμου κυρίου (11 a)
— 10. ἐγένετο ἔκστασις κυρίου (11 a)
— 16. ὁ προθυμούμενος τῷ κ. (11 a)
18. 4. ζήτησον δὴ σήμερον τὸν κ. (11 a)
— 6. οὐκ ἔστιν ὧδε προφήτης τοῦ κ. ἔτι (11 a)
— 7. τοῦ ζητῆσαι τὸν κ. δι' αὐτοῦ (11 a)
— 10. τάδε λέγει κύριος (11 a)
— 11. καὶ δώσει κύριος εἰς χεῖρας τοῦ βασ. (11 a)
— 13. ζῇ κύριος (11 a)
— 15. τὴν ἀλήθειαν ἐν ὀνόματι κυρίου (11 a)
— 16. καὶ εἶπε κύριος (11 a)
— 18. ἀκούσατε λόγον κυρίου (11 a)
— 18. εἶδον τὸν [A *om.*] κ. καθήμενον ἐπὶ θρόνου (11 a)
— 19. καὶ εἶπε κύριος (11 a)
— 20. καὶ ἔστη ἐνώπιον κυρίου (11 a)
— 20. καὶ εἶπε κύριος (11 a)
— 22. ἔδωκε κύριος πνεῦμα ψευδές (11 a)
— 22. κύριος ἐλάλησεν ἐπὶ σὲ κακά (11 a)
— 23. A πνεῦμα κυρίου παρ' ἐμοῦ (11 a)
— 23. πνεῦμα κυρίου παρ' ἐμοῦ (11 a)
— 27. οὐκ ἐλάλησε κύριος ἐν ἐμοί (11 a)
— 31. κύριος ἔσωσεν αὐτόν (11 a)
19. 2. ἢ μισουμένῳ ὑπὸ κυρίου φιλιάζεις (11 a)
— 2. ἐγένετο ἐπὶ σὲ ὀργὴ παρὰ κυρίου (11 a)
— 3. ἐκζητῆσαι τὸν κ. (6)
— 4. ἐπέστρεψεν αὐτοὺς ἐπὶ κύριον (11 a)
— 6. ὅτι οὐκ ἀνθρώπῳ . . . ἀλλ' ἢ τῷ κ. (11 a)
— 7. γενέσθω φόβος κυρίου ἐφ' ὑμᾶς (11 a)
— 7. οὐκ ἔστι μετὰ κ. θεοῦ ἡμῶν ἀδικία (11 a)
— 8. κατέστησεν Ἰ. τῶν ἱερέων . . . εἰς κρίσιν κυρίου (11 a)
— 9. οὕτω ποιήσετε ἐν φόβῳ κυρίου (11 a)
— 10. οὐχ ἁμαρτήσονται τῷ κ. [A θεῷ] (11 a)
— 11. εἰς πᾶν λόγον κυρίου (11 a)
— 11. ἔσται κύριος μετὰ τοῦ ἀγαθοῦ (11 a)

II Ch. 20. 3, 4. ἐκζητῆσαι τὸν κ. (11 a)
— 4. ζητῆσαι τὸν κ. (11 a)
— 5. ἀνέστη Ἰωσ. . . . ἐν οἴκῳ κυρίου (11 a)
— 6. κύριε ὁ θεὸς τῶν πατέρων ἡμῶν (11 a)
— 7. οὐχὶ σὺ ὁ κ. [A *al.*] (6)
— 12. κύριε ὁ θεὸς ἡμῶν (18 b)
— 13. πᾶς Ἰ. ἑστηκὼς ἔναντι [A -τίον] κυρίου (11 a)
— 14. ἐγένετο ἐπ' αὐτὸν πνεῦμα κυρίου (11 a)
— 15. τάδε λέγει κύριος ὑμῖν αὐτοῖς (11 a)
— 17. ἴδετε τὴν σωτηρίαν κυρίου μεθ' ὑμῶν (11 a)
— 17. καὶ κύριος μεθ' ὑμῶν (11 a)
— 18. ἔπεσον ἔναντι [A -τίον] κυρίου προσκυνῆσαι κυρίῳ (11 a, 11 a)
— 19. αἰνεῖν κυρίῳ θεῷ [A τῷ θ.] Ἰσρ. (11 a)
— 20. ἐμπιστεύσατε ἐν [A *om.*] κ. θεῷ ὑμῶν (11 a)
— 21. ἐξομολογεῖσθε [A -θαι] τῷ κ. (11 a)
— 22. ἔδωκε κύριος πολεμεῖν τοὺς υἱοὺς Ἀ. (11 a)
— 26. ἐκεῖ γὰρ ηὐλόγησαν τὸν κ. (11 a)
— 27. εὔφρανεν αὐτοὺς κύριος (11 a)
— 28. εἰσῆλθον . . . εἰς οἶκον κυρίου (11 a)
— 29. καὶ ἐγένετο ἔκστασις κυρίου (6)
— 29. ἐπολέμησε κύριος πρὸς τοὺς ὑπεναντίους Ἰσρ. (11 a)
— 32. τοῦ ποιῆσαι τὸ εὐθὲς ἐνώπιον κυρίου (11 a)
— 33. πρὸς κύριον θεὸν τῶν πατέρων αὐτῶν (18 b)
— 37. ἔθραυσε κύριος τὸ ἔργον σου (11 a)
21. 6. ἐποίησε τὸ πονηρὸν ἐναντίον κυρίου (11 a)
— 7. οὐκ ἐβούλετο κύριος ἐξολεθρεῦσαι (11 a)
— 10. κ. [A τὸν κ.] θεὸν τῶν πατέρων αὐτοῦ (11 a)
— 12. τάδε λέγει κ. θεὸς [A ὁ θ.] Δαυίδ (11 a)
— 14. κύριος πατάξει σε πληγὴν μεγάλην (11 a)
— 16. ἐπήγειρε κύριος ἐπὶ Ἰ. τοὺς ἀλλοφύλους (11 a)
— 18. ἐπάταξεν αὐτὸν κύριος εἰς τὴν κοιλίαν (11 a)
22. 4. ἐποίησε τὸ πονηρὸν ἐναντίον κυρίου (11 a)
— 7. A R πρὸς Ἰηοὺ [B *om.*] υἱὸν Ναμ. χρισ- τὸν κυρίου (11 a)
— 9. ὃς ἐζήτησε [A ἐκζητήσει] τὸν κ. (11 a)
23. 1. A R ἔλαβε τοὺς ἑκατοντάρχους . . . εἰς οἶκον κυρίου [B *om.*] †
— 3. καθὼς ἐλάλησε κύριος (11 a)
— 5. πᾶς ὁ λαὸς ἐν αὐλαῖς οἴκου κυρίου (11 a)
— 6. μὴ εἰσελθέτω εἰς οἶκον κυρίου (11 a)
— 6. A R φυλασσέτω φυλακὰς κυρίου [B -ίῳ] (11 a)
— 12. εἰσῆλθε πρὸς τὸν βασ. εἰς οἶκον κυρίου (11 a)
— 14. μὴ ἀποθανέτω ἐν οἴκῳ κυρίου (11 a)
— 16. εἶναι λαὸν τῷ κ. (11 a)
— 18. A B[1] ἐνεχείρησεν [B[2] R -ισεν] Ἰ. . . . τὰ ἔργα οἴκου κυρίου (11 a)
— 18. A[2] B διέστειλε Δ. ἐπὶ τὸν οἶκον κυρίου (11 a)
— 18. A[2] B ἀνενέγκαι ὁλοκαυτώματα κυρίῳ [A[2] τῷ κ.] (11 a)
— 19. ἐπὶ τὰς πύλας οἴκου κυρίου (11 a)
— 20. ἐπεβίβασαν [A ἀνεβ.] τὸν βασ. εἰς οἶκον κυρίου (11 a)
24. 2. ἐποίησεν Ἰ. τὸ εὐθὲς ἐνώπιον κυρίου (11 a)
— 4. ἐπισκευάσαι τὸν οἶκον κυρίου (11 a)
— 5. κατισχῦσαι τὸν οἶκον κυρίου (6)
— 7. τὰ ἅγια οἴκου κυρίου (11 a)
— 8. τεθήτω ἐν πύλῃ οἴκου κυρίου (11 a)
— 9. εἰσενέγκαι κυρίῳ καθὼς εἶπε Μ. (11 a)
— 12. εἰς τὴν ἐργασίαν οἴκου κυρίου (11 a)
— 12. ἐπισκευάσαι τὸν οἶκον κυρίου (11 a)
— 12. B ἐπισκευάσαι τὸν οἶκον κυρίου (11 a)
— 13. ἀνέστησαν τὸν οἶκον κυρίου (6)
— 14. ἐποίησαν σκεύη εἰς οἶκον κυρίου (11 a)
— 14. ἀνήνεγκαν ὁλοκαυτώσεις ἐν οἴκῳ κυρίου (11 a)
— 18. B ἐγκατέλιπον τὸν κ. θεόν [A κ. τ. θ., R οἶκον κυρίου θεοῦ] (11 a)
— 19. ἐπιστρέψαι πρὸς κύριον (11 a)
— 20. τάδε λέγει κύριος (6)
— 20. τί παραπορεύεσθε τὰς ἐντολὰς κυρίου (11 a)
— 20. ἐγκατελίπετε τὸν κ. (11 a)
— 21. ἐν αὐλῇ οἴκου κυρίου (11 a)
— 22. ἴδοι κύριος καὶ κρινάτω (11 a)
— 24. ὅτι ἐγκατέλιπον κύριον (11 a)
25. 2. ἐποίησε τὸ εὐθὲς ἐνώπιον κυρίου (11 a)
— 4. κατὰ τὴν διαθήκην τοῦ νόμου κυρίου -
— 4. ὡς ἐνετείλατο κύριος (11 a)
— 7. οὐκ ἔστι κύριος μετὰ Ἰσρ. (11 a)
— 8. καὶ τροπώσεταί σε [A *om.*] κύριος (6)
— 8. ὅτι ἐστὶ παρὰ κυρίου (6)
— 9. ἔστι τῷ κ. δοῦναί σοι πλεῖστα τούτων (11 a)
— 15. ἐγένετο ὀργὴ κυρίου ἐπὶ Ἀμ. (11 a)
— 20. ὅτι παρὰ κυρίου ἐγένετο (6)
— 24. τὰ εὑρεθέντα ἐν οἴκῳ κυρίου (6)
— 27. ᾧ ἀπέστη Ἀμ. ἀπὸ κυρίου (11 a)

II Ch. 26. 4. ἐποίησε τὸ εὐθὲς ἐνώπιον κυρίου (11 a)
— 5. ἦν ἐκζητῶν τὸν κ. (6)
— 5. τοῦ συνιόντος ἐν φόβῳ κυρίου (6)
— 5. ἐζήτησε τὸν κ. (11 a)
— 5. εὐώδωσεν αὐτῷ κύριος (6)
— 7. κατίσχυσεν αὐτὸν κύριος (6)
— 16. ἠδίκησεν ἐν κ. θεῷ αὐτοῦ (11 a)
— 16. εἰσῆλθεν εἰς τὸν ναὸν κυρίου (11 a)
— 17. καὶ μετ' αὐτοῦ ἱερεῖς τοῦ κ. (11 a)
— 18. A R οὐ σοὶ . . . θυμιᾶσαι τῷ [B θῦσαι] κ. (11 a)
— 18. ἀπέστης ἀπὸ κυρίου -
— 18. εἰς δόξαν παρὰ κ. θεοῦ (11 a)
— 19. ἡ λέπρα ἀνέτειλεν . . . ἐν οἴκῳ κυρίου (11 a)
— 20. ἤλεγξεν αὐτὸν κύριος (11 a)
— 21. ἀπεσχίσθη ἀπὸ οἴκου κυρίου (11 a)
27. 2. ἐποίησε τὸ εὐθὲς ἐνώπιον κυρίου (11 a)
— 2. οὐκ εἰσῆλθεν εἰς τὸν ναὸν κυρίου (11 a)
— 3. ᾠκοδόμησε τὴν πύλην οἴκου κυρίου (11 a)
— 6. A R ἡτοίμασε τὰς ὁδοὺς αὐτοῦ ἐναντίον [B -τι] κυρίου θεοῦ αὐ. (11 a)
28. 1. οὐκ ἐποίησε τὸ εὐθὲς ἐνώπιον κυρίου (11 a)
— 3. ὧν ἐξωλέθρευσε κύριος (11 a)
— 5. παρέδωκεν αὐτὸν κ. ὁ θεὸς αὐτοῦ (11 a)
— 6. ἐν τῷ αὐτοὺς καταλιπεῖν τὸν κ. θεόν (11 a)
— 9. ἐκεῖ ἦν ὁ προφήτης τοῦ κ. (11 a)
— 9. ὀργὴ κυρίου . . . ἐπὶ τὸν Ἰούδαν (11 a)
— 10. μαρτυρῆσαι κ. θεῷ [A τῷ θ.] ὑμῶν (11 a)
— 11. A R ὀργὴ θυμοῦ [B *om.*] κυρίου ἐφ' ὑμῖν (11 a)
— 13. εἰς τὸ ἁμαρτάνειν τῷ κ. (11 a)
— 13. R καὶ ὀργὴ θυμοῦ [B *om.*] κυρίου [A B κ. θεοῦ] ἐπὶ τὸν Ἰσρ. -
— 18. ἔλαβον . . . ἐν οἴκῳ κυρίου [A *om.* ἐν οἴ. κ.] -
— 19. ἐταπείνωσε κύριος τὸν Ἰούδαν (11 a)
— 19. ἀπέστη ἀποστάσει ἀπὸ κυρίου (11 a)
— 21. ἔλαβεν Ἄχ. τὰ ἐν οἴκῳ κυρίου (11 a)
— 22. προσέθηκε τοῦ ἀποστῆναι ἀπὸ κυρίου (11 a)
— 24. ἀπέστησεν Ἄχ. τὰ σκεύη οἴκου κυρίου (6)
— 24. ἔκλεισε τὰς θύρας οἴκου κυρίου (11 a)
— 25. καὶ παρώργισαν κύριον (11 a)
29. 2. ἐποίησε τὸ εὐθὲς ἐνώπιον κυρίου (11 a)
— 3. ἀνέῳξε τὰς θύρας οἴκου κυρίου (11 a)
— 5. ἁγνίσατε τὸν οἶκον κυρίου (11 a)
— 6. A B ἐποίησαν τὸ πονηρὸν ἐναντίον κυρίου [R *add.* θεοῦ ἡμῶν] (11 a + 6 [11 a])
— 6. ἀπέστρεψαν τὸ πρόσωπον ἀπὸ τῆς σκηνῆς κυρίου (11 a)
— 8. ὠργίσθη ὀργῇ [A θυμῷ] κύριος (11 a)
— 10. διαθήκην κυρίου θεοῦ Ἰσρ. (11 a)
— 11. A R ἐν ὑμῖν ἡρέτικε κύριος [B *om.*] (11 a)
— 15. ἡγνίσθησαν . . . διὰ προστάγματος κυρίου (11 a)
— 15. A R καθαρίσαι τὸν οἶκον κυρίου (11 a)
— 16. εἰσῆλθον . . . εἰς τὸν οἶκον κυρίου (11 a)
— 16. τὴν εὑρεθεῖσαν ἐν τῷ οἴκῳ κυρίου καὶ εἰς τὴν αὐλὴν οἴκου κυρίου (11 a, 11 a)
— 17. εἰσῆλθαν εἰς τὸν ναὸν κυρίου [A τοῦ κ.] (11 a)
— 17. ἥγνισαν τὸν οἶκον κυρίου (11 a)
— 18. ἡγνίσαμεν πάντα τὰ ἐν οἴκῳ κυρίου (11 a)
— 19. ἔστιν ἐναντίον τοῦ θυσιαστηρίου κυρίου (11 a)
— 20. ἀνέβη εἰς οἶκον κυρίου (11 a)
— 21. ἀναβαίνειν ἐπὶ τὸ θυσιαστήριον κυρίου (11 a)
— 25. ἔστησε τοὺς Λευίτας ἐν οἴκῳ κυρίου (11 a)
— 25. δι' ἐντολῆς κυρίου τὸ πρόσταγμα (11 a)
— 27. ἤρξαντο ᾄδειν κυρίῳ [A τῷ κ.] (11 a)
— 30. ὑμνεῖν τὸν κ. ἐν λόγοις Δ. (11 a)
— 31. ἐπληρώσατε τὰς χεῖρας ὑμῶν κυρίῳ (11 a)
— 31. φέρετε θυσίας καὶ αἰνέσεως εἰς οἶκον κυρίου (11 a)
— 31. B ἀνήνεγκεν ἡ ἐκκλησία θυσίας . . . εἰς οἶκον κυρίου -
— 32. εἰς ὁλοκαύτωσιν κυρίῳ πάντα ταῦτα (11 a)
— 35. κατωρθώθη τὸ ἔργον ἐν οἴκῳ κυρίου (11 a)
30. 1. ἐλθεῖν εἰς οἶκον κυρίου (11 a)
— 1. ποιῆσαι τὸ φασὲκ τῷ κ. (11 a)
— 5. ποιῆσαι τὸ φασὲκ κυρίῳ (11 a)
— 6. R ἐπιστρέψατε πρὸς κ. [A B *om.*] θεὸν Ἀβ. (11 a)
— 7. οἱ ἀπέστησαν ἀπὸ κυρίου (11 a)
— 8. δότε δόξαν κ. τῷ θεῷ (18 a)
— 8. δουλεύσατε τῷ κ. θεῷ ὑμῶν (11 a)
— 9. ἐν τῷ ἐπιστρέφειν ὑμᾶς πρὸς κύριον (11 a)
— 9. ἐλεήμων καὶ οἰκτίρμων κ. ὁ θεὸς ἡμῶν (11 a)
— 12. ἐγένετο χεὶρ κυρίου δοῦναι αὐτοῖς (6)
— 12. κατὰ τὰ προστάγματα . . . ἐν λόγῳ κυρίου (11 a)

II Ch. 30. 15. εἰσήνεγκαν . . . ἐν οἴκῳ [A εἰς
οἶκον] κυρίου (11 *a*)
— 17. τῷ μὴ δυναμένῳ ἁγνισθῆναι τῷ κ. (11 *a*)
— 18. κ. ἀγαθὸς [A ὁ ἀ.] ἐξιλάσθω (11 *a*)
— 19. ἐκζητῆσαι κ. τὸν θεὸν τῶν πατέρων αὐ-
τῶν (6 + 11 *a*)
— 20. ἐπήκουσε κύριος τῷ Ἐζ. (11 *a*)
— 21. καθυμνοῦντες τῷ κ. (11 *a*)
— 21. καὶ οἱ ἱερεῖς . . . ἐν ὀργάνοις τῷ κ. (11 *a*)
— 22. τῶν συνιόντων σύνεσιν ἀγαθὴν τῷ κ. (11 *a*)
— 22. ἐξομολογούμενοι τῷ [A *om.*] κ. (11 *a*)
31. 2. ἐν ταῖς αὐλαῖς οἴκου κυρίου (11 *a*)
— 3. τὰς γεγραμμένας ἐν τῷ νόμῳ κυρίου (11 *a*)
— 4. ἐν τῇ λειτουργίᾳ οἴκου κυρίου (11 *a*)
— 6. καὶ ἡγίασαν τῷ κ. θεῷ αὐτῶν (11 *a*)
— 8. ηὐλόγησαν τὸν κ. (11 *a*)
— 10. φέρεσθαι εἰς οἶκον κυρίου (11 *a*)
— 10. κύριος ηὐλόγησε τὸν λαὸν αὐτοῦ (11 *a*)
— 11. ἑτοιμάσαι παστοφόρια εἰς οἶκον κυρίου (11 *a*)
— 13. Ἀζ. ὁ ἡγούμενος οἴκου κυρίου (6)
— 14. R δοῦναι τὰς ἀπαρχὰς κυρίου [A B -ῳ] (11 *a*)
— 16. παντὶ τῷ εἰσπορευομένῳ εἰς οἶκον κυρίου (11 *a*)
— 20. τὸ εὐθὲς ἐναντίον τοῦ [A *om.*] κ. θεοῦ
αὐτοῦ (11 *a*)
— 21. ᾧ [A ἐν ᾧ] ἤρξατο . . . ἐν οἴκῳ κυρίου (6)
32. 8. μεθ᾽ ἡμῶν δὲ κ. ὁ θεὸς ἡμῶν (11 *a*)
— 11. κ. ὁ θεὸς ἡμῶν σώσει ὑμᾶς (11 *a*)
— 16. ἐλάλησαν παῖδες αὐτοῦ ἐπὶ κύριον (11 *a*)
— 17. ὀνειδίζειν τὸν κ. θεὸν Ἰσρ. (11 *a*)
— 21. ἀπέστειλε κύριος ἄγγελον (11 *a*)
— 22. ἔσωσε κύριος Ἐζεκίαν (11 *a*)
— 23. πολλοὶ ἔφερον δῶρα τῷ κ. (11 *a*)
— 24. προσηύξατο πρὸς κύριον (11 *a*)
— 26. A R οὐκ ἐπῆλθεν ἐπ᾽ αὐτοὺς ὀργὴ κυ-
ρίου [B θεοῦ] (11 *a*)
— 29. ἔδωκεν αὐτῷ κύριος ἀποσκευὴν πολλήν (6)
— 31. ἐγκατέλιπεν αὐτὸν κύριος (6)
33. 2. ἐποίησε τὸ πονηρὸν ἐναντίον [A ἐνώπιον]
κυρίου (11 *a*)
— 2. οὓς ἐξωλέθρευσε κύριος (11 *a*)
— 4. ᾠκοδόμησε θυσιαστήρια ἐν οἴκῳ κυρίου
οὗ εἶπε κύριος (11 *a*, 11 *a*)
— 5. ἐν ταῖς δυσὶν αὐλαῖς οἴκου κυρίου (11 *a*)
— 6. τοῦ ποιῆσαι τὸ πονηρὸν ἐναντίον κυρίου (11 *a*)
— 7. A ἔθηκε τὸ γλυπτὸν . . . ἐν οἴκῳ κυρίου
[B θεοῦ] (6)
— 9. ἃ ἐξῆρε κύριος [A *om.*] (11 *a*)
— 10. ἐλάλησε κύριος ἐπὶ Μαν. (11 *a*)
— 11. ἤγαγε κύριος ἐπ᾽ αὐτοὺς τοὺς ἄρχοντας (11 *a*)
— 12. ἐζήτησε τὸ πρόσωπον θεοῦ τοῦ κ. αὐτοῦ (6)
— 13. κύριος αὐτός ἐστι θεός [A ὁ θ.] (11 *a*)
— 15. περιεῖλε . . . τὸ γλυπτὸν ἐξ οἴκου κυρίου (11 *a*)
— 15. ἃ ᾠκοδόμησεν ἐν ὄρει οἴκου κυρίου (11 *a*)
— 16. κατώρθωσε τὸ θυσιαστήριον κυρίου (11 *a*)
— 16. τοῦ δουλεύειν κ. θεῷ Ἰσρ. (11 *a*)
— 17. πλὴν κ. ὁ θεὸς αὐτῶν (11 *a*)
— 18. A ἐπ᾽ ὀνόματι κ. [B *om.*] θεοῦ Ἰσρ. (11 *a*)
— 22. ἐποίησε τὸ πονηρὸν ἐνώπιον κυρίου (11 *a*)
— 23. οὐκ ἐταπεινώθη ἐναντίον κυρίου (11 *a*)
34. 2. ἐποίησε τὸ εὐθὲς ἐναντίον κυρίου (11 *a*)
— 3. τοῦ ζητῆσαι κ. τὸν θεὸν Δαυίδ (18 *b*)
— 8. κραταιῶσαι τὸν οἶκον κυρίου (11 *a*)
— 9. A τὸ εἰσενεχθὲν εἰς οἶκον κυρίου [B θεοῦ] (6)
— 10. οἱ καθεσταμένοι ἐν οἴκῳ κυρίου (11 *a*)
— 10. οἳ ἐποίουν ἐν οἴκῳ κυρίου (11 *a*)
— 14. τὸ εἰσοδιασθὲν εἰς οἶκον κυρίου (11 *a*)
— 14. εὗρε . . . βιβλίον νόμου κυρίου (11 *a*)
— 15. βιβλίον νόμου εὗρον ἐν οἴκῳ κυρίου (11 *a*)
— 17. τὸ εὑρεθὲν ἐν οἴκῳ κυρίου (11 *a*)
— 21. AR ζητήσατε τὸν [B *om.*] κ. περὶ ἐμοῦ (11 *a*)
— 21. μέγας ὁ θυμὸς κυρίου ἐκκέκαυται (11 *a*)
— 21. A R οὐκ εἰσήκουσαν [B ἤκ.] . . . τῶν
λόγων κυρίου (11 *a*)
— 23. οὕτως εἶπε κύριος (11 *a*)
— 24. οὕτω λέγει κύριος (11 *a*)
— 26. τοῦ ζητῆσαι τὸν κ. (11 *a*)
— 26. οὕτω λέγει κ. ὁ θεὸς Ἰσρ. (11 *a*)
— 27. ἐγὼ ἤκουσα, φησὶ κύριος (11 *a*)
— 30. ἀνέβη ὁ βασ. εἰς οἶκον κυρίου (11 *a*)
— 30. τοὺς εὑρεθέντας ἐν οἴκῳ κυρίου (11 *a*)
— 31. διέθετο διαθήκην ἐναντίον κυρίου τοῦ
πορευθῆναι ἐνώπιον κυρίου (11 *a*, 11 *a*)
— 32. ἐποίησαν . . . διαθήκην ἐν οἴκῳ κυρίου (6)
— 33. τοῦ δουλεύειν κυρίῳ θεῷ αὐτῶν (11 *a*)
— 33. οὐκ ἐξέκλινεν ἀπὸ ὄπισθε κυρίου (11 *a*)
35. 1. ἐποίησεν Ἰ. τὸ φασὲκ τῷ κ. θεῷ αὐ. (11 *a* + 6)

II Ch. 35. 2. κατίσχυσεν αὐτοὺς εἰς τὰ ἔργα
οἴκου κυρίου (11 *a*)
— 3. τοῦ ἁγιασθῆναι αὐτοὺς τῷ [A *om.*] κ. (11 *a*)
— 3. λειτουργήσατε τῷ κ. θεῷ ὑμῶν (11 *a*)
— 6. τοῦ ποιῆσαι κατὰ τὸν λόγον κυρίου (11 *a*)
— 12. τοῦ προσάγειν τῷ κ. (11 *a*)
— 16. ἡτοιμάσθη πᾶσα ἡ λειτουργία κυρίου (11 *a*)
— 16. ἐνεγκεῖν . . . ἐπὶ τὸ θυσιαστήριον κυρίου (11 *a*)
— 18. ὃ ἐποίησεν . . . τῷ κ. -
— 19. οὗ εὗρε Χ. . . . ἐν τῷ οἴκῳ κυρίου -
— 19. ὃς ἐπέστρεψε πρὸς κύριον -
— 19. οὐκ ἀπεστράφη κύριος ἀπὸ ὀργῆς -
— 19. οὗ ὠργίσθη θυμῷ κύριος -
— 19. καὶ εἶπε κύριος -
— 26. γεγραμμένα ἐν νόμῳ κυρίου (11 *a*)
36. 2. ἐποίησε τὸ πονηρὸν ἐνώπιον κυρίου -
— 5. ἐποίησε τὸ πονηρὸν ἐναντίον κυρίου (11 *a* + 6)
— 5. ἀπέστειλε κύριος . . . τοὺς Χαλδαίους -
— 5. κατὰ τὸν λόγον κυρίου -
— 5. θυμὸς κυρίου ἦν ἐπὶ Ἰούδαν -
— 5. οὐκ ἠθέλησε κύριος ἐξολεθρεῦσαι αὐτούς -
— 7. μέρος τῶν σκευῶν οἴκου κυρίου (11 *a*)
— 9. ἐποίησε τὸ πονηρὸν ἐνώπιον κυρίου (11 *a*)
— 10. μετὰ τῶν σκευῶν . . . οἴκου κυρίου (11 *a*)
— 12. ἐποίησε τὸ πονηρὸν ἐνώπιον κυρίου (11 *a*)
— 12. οὐκ ἐνετράπη . . . ἐκ στόματος κυρίου (11 *a*)
— 13. τοῦ μὴ ἐπιστρέψαι πρὸς κ. θεὸν Ἰσρ. (11 *a*)
— 14. ἐμίαναν τὸν οἶκον κυρίου (11 *a*)
— 15. ἐξαπέστειλε κύριος ὁ θεός (11 *a*)
— 16. ἕως ἀνέβη ὁ θυμὸς κυρίου (11 *a*)
— 18. R καὶ τοὺς θησαυροὺς οἴκου κυρίου
[A B *om.* οἴ. κ.] (11 *a*)
— 19. ἐνέπρησε τὸν οἶκον κυρίου (6)
— 21. τοῦ πληρωθῆναι λόγον κυρίου (11 *a*)
— 22. μετὰ τὸ πληρωθῆναι ῥῆμα κυρίου (11 *a*)
— 22. ἐξήγειρε κύριος τὸ πνεῦμα Κύρου (11 *a*)
— 23. ἔδωκέ μοι κ. ὁ θεὸς τοῦ οὐρανοῦ (11 *a*)
I Es. 1. 1. ἤγαγεν Ἰ. τὸ πάσχα . . . τῷ κ. αὐτοῦ
— 2. στήσας τοὺς ἱερεῖς . . . ἐν τῷ ἱερῷ τοῦ κ.
— 2. ἁγιάσαι ἑαυτοὺς τῷ κ.
— 3. ἐν τῇ θέσει τῆς ἁγίας κιβωτοῦ τοῦ κ.
— 4. λατρεύετε τῷ κ. θεῷ [A κ. τ. θ.] ὑμῶν
— 6. κατὰ τὸ πρόσταγμα τοῦ [A *om.*] κ.
— 11. προσενεγκεῖν τῷ κ.
— 17. συνετελέσθη τὰ τῆς θυσίας τοῦ κ. [A τῷ κ.]
— 18. προσαχθῆναι [A -ενεχθ.] . . . ἐπὶ τὸ τοῦ κ.
θυσιαστήριον
— 23. ὠρθώθη τὰ ἔργα Ἰ. ἐνώπιον τοῦ κ. αὐτοῦ
— 24. περὶ τῶν ἡμαρτηκότων . . . εἰς τὸν κ.
— 24. οἱ λόγοι τοῦ κ. ἀνέστησαν ἐπὶ Ἰσρ.
— 27. οὐχὶ πρὸς σὲ ἐξαπέσταλμαι ὑπὸ κυρίου
— 27. κύριος μετ᾽ ἐμοῦ ἐστι καὶ κύριος μετ᾽ ἐμοῦ
ἐπισπεύδων ἐστίν
— 27. μὴ ἐναντιοῦ τῷ κ.
— 28. οὐ προσέχων ῥήμασιν . . . ἐκ στόματος κυρίου
— 33. τῆς συνέσεως αὐτοῦ ἐν τῷ νόμῳ κυρίου [A
τοῦ κ.]
— 39. ἐποίησε τὸ πονηρὸν ἐνώπιον [A ἔναντι] κυ-
ρίου
— 41. ἀπὸ τῶν ἱερῶν σκευῶν τοῦ κ. λαβών
— 44. ἐποίησε τὸ πονηρὸν ἔναντι κυρίου
— 45. ἅμα τοῖς ἱεροῖς σκεύεσι τοῦ κ.
— 47. ἐποίησε τὸ πονηρὸν ἐνώπιον κυρίου
— 47. τῶν ῥηθέντων λόγων . . . ἐκ στόματος τοῦ κ.
— 48. ὁρκισθεὶς . . . τῷ ὀνόματι τοῦ κ.
— 48. παρέβη τὰ νόμιμα κύριου θεοῦ Ἰσρ.
— 49. ἐμίαναν τὸ ἱερὸν τοῦ κ.
— 51. ᾗ ἡμέρᾳ ἐλάλησε κύριος
— 54. πάντα τὰ ἱερὰ σκεύη τοῦ κ.
— 54. τὰς κιβωτοὺς [A τὰ σκεύη κιβωτοῦ] τοῦ κ.
— 55. ἐνεπύρισαν τὸν οἶκον τοῦ [A *om.*] κ.
— 57. εἰς ἀναπλήρωσιν ῥήματος τοῦ [A ἀ. λόγου] κ.
2. 1. εἰς συντέλειαν ῥήματος κυρίου
— 2. ἤγειρε κύριος τὸ πνεῦμα Κύρου
— 3. ἐμὲ ἀνέδειξε βασιλέα . . . ὁ κ. τοῦ Ἰσρ. κ. ὁ
ὕψιστος
— 5. A ἔστω ὁ κ. κ. [B *om.*] αὐτοῦ μετ᾽ αὐτοῦ
— 5. οἰκοδομείτω τὸν οἶκον τοῦ [A *om.*] κ.
— 5. οὗτος ὁ κ. ὁ κατασκηνώσας ἐν Ἱερ.
— 7. εἰς τὸ ἱερὸν τοῦ κ. τὸ ἐν Ἱερ.
— 8. ὧν ἤγειρε κύριος τὸ πνεῦμα
— 8. οἰκοδομῆσαι οἶκον τῷ κ.
— 10. A R ἐξήνεγκε τὰ ἱερὰ [B ἅγια] σκεύη τοῦ κ.
— 17. βασιλεῖ Ἀρτ. κυρίῳ οἱ παῖδές σου
— 18. γνωστὸν ἔστω τῷ κ. [A κ. μου] βασ.
— 21. προσφωνῆσαι τῷ κ. βασ.

I Es. 2. 24. ὑποδεικνύομέν σοι, κύριε βασιλεῦ
4. 46. ὅ σε [B^1 ὅσα] ἀξιῶ, κύριε βασιλεῦ
5. 50. ἀνέφερον . . . ὁλοκαυτώματα κυρίῳ [A τῷ κ.]
— 58. ἔστησαν τοὺς Λ. . . . ἐπὶ τῶν ἔργων τοῦ κ.
— 58. ποιοῦντες εἰς τὰ ἔργα ἐν τῷ οἴκῳ τοῦ κ. [A
θεοῦ]
— 58. ᾠκοδόμησαν . . . τὸν ναὸν τοῦ κ.
— 60. ὑμνοῦντες τῷ κ.
— 61. εὐλογοῦντες [A ὁμολογ.] τῷ κ.
— 62. ὑμνοῦντες τῷ κ. ἐπὶ τῇ ἐγέρσει τοῦ οἴκου
κυρίου [A τοῦ κ.]
— 67. οἰκοδομοῦσι τὸν ναὸν τῷ κ.
— 69. ἀκούομεν τοῦ κ. ὑμῶν
— 70. τοῦ οἰκοδομῆσαι τὸν οἶκον κυρίῳ
— 71. οἰκοδομήσομεν τῷ κ. τοῦ Ἰσρ.
6. 1. ἐπροφήτευσεν . . . ἐπὶ τῷ ὀνόματι κυρίου
— 2. ἤρξαντο οἰκοδομεῖν τὸν οἶκον τοῦ κ.
— 2. συνόντων τῶν προφητῶν τοῦ κ.
— 5. χάριν ἐπισκοπῆς γενομένης . . . παρὰ τοῦ κ.
— 8. πάντα γνωστὰ ἔστω τῷ κ. ἡμῶν
— 9. οἰκοδομοῦντας οἶκον τῷ κ. μέγαν
— 13. ἐσμὲν παῖδες τοῦ κ.
— 15. ἥμαρτον εἰς τὸν κ. τοῦ Ἰσρ.
— 19. καὶ τὸν ναὸν τοῦ κ. [A κ. τοῦτον] οἰκοδομη-
θῆναι
— 20. A R ἐνεβάλετο [B^1 εἰσεβάλ.] τοὺς θεμελίους
τοῦ οἴκου κυρίου [A τοῦ κ.]
— 21. A B ἐν τοῖς βασιλικοῖς βιβλιοφυλακίοις τοῦ
κ. [R Κύρου]
— 22. τὴν οἰκοδομὴν τοῦ οἴκου [B^1 *om.*] κυρίου
— 22. καὶ κρίνηται τῷ κ. βασιλεῖ ἡμῶν
— 24. προσέταξε τὸν οἶκον τοῦ κ. . . . οἰκοδομῆσαι
— 26. τὰ ἱερὰ σκεύη τοῦ οἴκου κυρίου
— 27. ἐᾶσαι δὲ τὸν παῖδα [A *add.* τοῦ] κυρίου Ζορ.
— 27. τὸν οἶκον τοῦ [A *om.*] κ. ἐκεῖνον οἰκοδομεῖν
— 28. μέχρι τοῦ ἐπιτελεσθῆναι τὸν οἶκον τοῦ κ.
— 29. εἰς θυσίαν τῷ κ.
— 33. ὁ κ. οὗ τὸ ὄνομα αὐτοῦ ἐπικέκληται ἐκεῖ
— 33. ἢ κακοποιῆσαι τὸν οἶκον κυρίου [A τοῦ κ.]
7. 4. διὰ προστάγματος τοῦ κ.
— 7. εἰς τὸν ἐγκαινισμὸν τοῦ ἱεροῦ τοῦ κ.
— 9. ἔστησαν . . . ἐπὶ τῶν ἔργων κυρίου
— 13. ζητοῦντες τὸν κ.
— 14. εὐφραινόμενοι ἔναντι κυρίου [A τοῦ κ.]
— 15. κατισχῦσαι . . . ἐπὶ τὰ ἔργα κυρίου
8. 6. κατὰ τὴν . . . εὐοδίαν παρὰ τοῦ κ.
— 7. μηδὲν παραλείπειν τῶν ἐκ τοῦ νόμου κυρίου
— 8. ἀναγνώστην τοῦ νόμου κυρίου
— 9. ἀναγνώστῃ τοῦ νόμου κυρίου
— 12. ᾧ [A ὡς] ἔχει νόμῳ [A R ἐν τῷ ν.] κυρίου
[A τοῦ κ.]
— 13. ἀπενεγκεῖν δῶρα τῷ κ.
— 13. καὶ ἀργύριον . . . τῷ κ. [A *om.*]
— 14. A^2 B εἰς τὸ ἱερὸν τοῦ κ.
— 15. A R προσενεγκεῖν θυσίας τῷ κ. [B *om.*
τ. κ.]
— 15. B ἐπὶ τὸ θυσιαστήριον τοῦ κ. [A θεοῦ, R κ.
θεοῦ]
— 17. A R τὰ [B κατὰ] ἱερὰ σκεύη τοῦ κ. [B σκ.
σου]
— 25. εὐλογητὸς μόνος ὁ κ.
— 27. κατὰ τὴν ἀντίληψιν κυρίου
— 46. ἐν τῷ οἴκῳ [A ἐν τόπῳ] τοῦ κ. ἡμῶν
— 47. A R κατὰ τὴν κραταιὰν χεῖρα τοῦ κ. ἡμῶν
— 50. εὐξάμην . . . ἔναντι κυρίου [A κ. τοῦ θεοῦ]
ἡμῶν
— 52. ἰσχὺς τοῦ κ. ἡμῶν ἔσται μετὰ τῶν ἐπιζη-
τούντων
— 53. ἐδεήθημεν τοῦ κ. ἡμῶν
— 55. τὰ ἱερὰ σκεύη τοῦ οἴκου τοῦ κ. ἡμῶν
— 58. A ὑμεῖς ἅγιοί ἐστε τῷ κ. κύριος [B *om.*] καὶ
τὰ σκεύη
— 58. καὶ τὸ ἀργύριον εὐχὴ τῷ κ. κ. τῶν πατέρων
ἡμῶν
— 59. ἐν τοῖς παστοφορίοις τοῦ οἴκου τοῦ κ.
— 60. ἤνεγκαν εἰς τὸ ἱερὸν τοῦ κ.
— 61. κατὰ τὴν κραταιὰν χεῖρα τοῦ κ. ἡμῶν
— 61. A ἐρρύσατο ἡμᾶς . . . κύριος [B *om.*]
— 62. παρεδόθη ἐν τῷ οἴκῳ κυρίου [A τοῦ κ.]
— 65. προσήνεγκαν θυσίας τῷ θεῷ τοῦ Ἰσρ. κυρίῳ
— 66. ἅπαντα θυσίαν τῷ κ.
— 67. ἐδόξασαν . . . τὸ ἱερὸν τοῦ κ.
— 72. A R ἐπεκινοῦντο ἐπὶ [B *om.*] τῷ ῥήματι κυ-
ρίου
— 73. ἐκτείνας τὰς χεῖρας πρὸς τὸν κ.
— 74. κύριε, ᾔσχυμμαι

I Es. 8. 78. ἐγενήθη ἡμῖν ἔλεος παρὰ τοῦ κ. κυρίου [A σοῦ, κύριε]
— 79. ἐν τῷ οἴκῳ τοῦ κ.
— 80. οὐκ ἐγκατελείφθημεν ὑπὸ [A ἀπὸ] τοῦ κ. ἡμῶν
— 81. A R καὶ δοξάσαι τὸ ἱερὸν τοῦ κ. [B om. τ. κ.]
— 82. τί ἐροῦμεν, κύριε
— 86. σὺ γάρ, κύριε, ὁ κουφίσας [A κ., ἐκ.]
— 89. κύριε [B^{1} om.] τοῦ Ἰσρ., ἀληθινὸς εἶ
— 92. ἡμάρτομεν εἰς τὸν κ. [A add. θεόν]
— 93. γινέσθω ἡμῖν ὁρκωμοσία πρὸς τὸν κ.
— 94. A R πειθαρχοῦσι τοῦ νόμου [A τῷ νόμῳ] κυρίου [B τοῦ κ.]
9. 8. δότε ὁμολογίαν δόξαν τῷ κ. θεῷ
— 13. ἕως τοῦ λῦσαι τὴν ὀργὴν κυρίου [A τοῦ κ.]
— 39. R τὸν παραδοθέντα ὑπὸ κυρίου [B τοῦ, A τοῦ κ.] θεοῦ Ἰσρ.
— 46. A R εὐλόγησεν Ἔ. τῷ κ. θ. [B om. τ. κ. θ.] τῷ ὑψίστῳ θεῷ
— 47. A R προσεκύνησαν τῷ κ. [B θεῷ]
— 48. ἐδίδασκον τὸν νόμον κυρίου
— 48. B ἀνεγίνωσκον τὸν νόμον τοῦ κ.
— 50. ἡ ἡμέρα αὕτη ἐστὶν ἁγία τῷ κ.
— 52. ἁγία γὰρ ἡ ἡμέρα τῷ κ.
— 52. ὁ γὰρ κ. [A θεὸς κ.] δοξάσει ἡμᾶς
II Es. 1. 1. A R τοῦ τελεσθῆναι λόγον [B^{1} om.] κυρίου [B om.] (11 a)
— 1. A R ἐξήγειρε κύριος [B om.] τὸ πνεῦμα Κύρου (11 a)
— 2. A R πάσας τὰς βασιλείας τῆς γῆς [B om. τ. γ.] ἔδωκέ μοι κύριος [B om.] (11 a)
— 5. A R οἰκοδομῆσαι τὸν οἶκον κυρίου [B om.] (11 a)
— 7. A R ἐξήνεγκε τὰ σκεύη οἴκου κυρίου [B om.] (11 a)
— 9. B κυρίῳ [A R ψυκτῆρες] χρυσοῖ τριάκοντα †
2. 68. ἐν τῷ ἐλθεῖν αὐτοὺς εἰς οἶκον κυρίου (11 a)
3. 3. ἀνέβη ἐπ' αὐτὸ ὁλοκαύτωσις τῷ κ. (11 a)
— 5. A εἰς πάσας ἑορτὰς κυρίῳ [B om., R τῷ κ.] (11 a)
— 5. παντὶ ἑκουσιαζομένῳ ἑκούσιον τῷ κ. (11 a)
— 6. ἀναφέρειν ὁλοκαυτώσεις τῷ κ. (11 a)
— 6. ὁ οἶκος κυρίου οὐκ ἐθεμελιώθη (11 a)
— 8. R τὰ ἔργα ἐν [A θεοῦ] οἴκῳ [B om. ἐν οἴ.] κυρίου (11 a)
— 10. τοῦ οἰκοδομῆσαι τὸν οἶκον κυρίου (11 a)
— 10. τοῦ αἰνεῖν τὸν κ. (11 a)
— 11. ἐν αἴνῳ καὶ ἀνθομολογήσει τῷ κ. (11 a)
— 11. αἰνεῖν τῷ κ. ἐπὶ θεμελιώσει οἴκου κυρίου (11 a, 11 a)
4. 1. οἰκοδομοῦσιν οἶκον τῷ κ. (11 a)
— 3. οἰκοδομήσομεν τῷ κ. θεῷ ἡμῶν (11 a)
5. 1. A ἐν ὀνόματι κυρίου [B om.] θεοῦ Ἰσρ. (18 c)
6. 21. τοῦ ἐκζητῆσαι κύριον (11 a)
— 22. A R εὔφρανεν αὐτοὺς κύριος [B om.] (11 a)
— 22. A κύριος [B om.] ἐπέστρεψε καρδίαν βασ. –
7. 6. ὃν ἔδωκε κ. ὁ θεὸς Ἰσρ. (11 a)
— 6. A R χεὶρ κυρίου [B om.] θεοῦ αὐτοῦ ἐπ' αὐτόν (11 a)
— 11. βιβλίου λόγων ἐντολῶν κυρίου (11 a)
— 12. A R Ἔ. γραμματεῖ νόμου κ. [B om.] τοῦ θεοῦ (18 c)
— 15. καὶ εἰς οἶκον κυρίου ἀργύριον –
— 15. B τῷ κ. [A R θεῷ] τοῦ Ἰσρ. (4 b)
— 27. εὐλογητὸς κ. ὁ θεὸς τῶν πατέρων ἡμῶν (11 a)
— 27. A R τοῦ δοξάσαι τὸν [B -άσαντος] οἶκον κυρίου [B om.] (11 a)
— 28. A ὡς χεὶρ κυρίου [B θεοῦ] ἡ ἀγαθὴ ἐπ' ἐμέ (11 a + 6)
8. 28. ὑμεῖς ἅγιοι τῷ κ. [A κ. θεῷ] (11 a [18 a])
— 28. ἑκούσια τῷ κ. θεῷ πατέρων ἡμῶν (11 a)
— 29. εἰς σκηνὰς οἴκου κυρίου (11 a)
— 35. A R τὰ πάντα ὁλοκαυτώματα τῷ κ. [B -ωμάτων] (11 a)
9. 5. A R ἐκπετάζω τὰς [B om.] χεῖράς μου πρὸς κύριον [B om.] τὸν θεόν (11 a)
— 6. A R καὶ εἶπα, Κύριε [B om.] (6)
— 8. R ἐπιεικεύσατο [A B -εσκευάσ.] ἡμῖν κ. [B om.] ὁ θεὸς ἡμῶν (11 a)
— 9. οὐκ ἐγκατέλιπεν ἡμᾶς κ. ὁ θεὸς ἡμῶν (18 b)
— 15. B S κύριε ὁ θεὸς Ἰσραήλ (11 a)
10. 3. S^{2} ἐν βουλῇ κυρίου (2)
— 11. S^{2} R δότε αἴνεσιν κυρίῳ [A τῷ κ., B S^{1} om.] (11 a)
Ne. 1. 5. μὴ δή [S^{1} om. μὴ δή], κύριε ὁ θεὸς (11 a)
— 11. S^{2} R μὴ δή, κύριε [A B S^{1} om.] (2)
5. 13. ᾔνεσαν τὸν κ. [S^{2} λόγον κυρίου] (11 a [22])

Ne. 8. 1. A S^{2} R ὃ ἐνετείλατο κύριος [B S^{1} om.] τῷ Ἰσρ. (11 a)
— 6. B ηὐλόγησεν Ἔ. τὸν [A S R om.] κ. (11 a)
— 6. προσεκύνησαν τῷ κ. (11 a)
— 8. διέστελλεν ἐν [A om.] ἐπιστήμῃ κυρίου –
— 8. S καὶ συνῆκεν ὁ λαὸς κυρίου [A B om.] –
— 9. S R ἡμέρα ἁγία ἐστὶ τῷ [A B om.] κ. (11 a)
— 10. ἁγία ἐστὶν ἡ ἡμέρα τῷ κ. ἡμῶν (1)
— 10. R ἐστὶ κύριος [A B S om.] ἰσχὺς ἡμῶν (11 a)
— 14. ᾧ ἐνετείλατο κύριος τῷ Μ. (11 a)
9. 3. R ἐν βιβλίῳ νόμου κυρίου [A B S om.] θεοῦ αὐτῶν (11 a)
— 3. ἦσαν ἐξαγορεύοντες τῷ κ. –
— 3. A S R καὶ προσκυνοῦντες τῷ κ. [B om.] (11 a)
— 4. ἐβόησαν . . . πρὸς κ. τὸν θεὸν αὐτῶν (11 a)
— 5. εὐλογεῖτε κ. τὸν θεὸν ἡμῶν (11 a)
— 6. σὺ εἶ αὐτὸς κ. μόνος (11 a)
— 7. A S^{2} σὺ εἶ κ. [B om.] ὁ θεός (11 a)
10. 29 (30). A R πάσας τὰς ἐντολὰς κυρίου [B S^{1} ἡμῶν, S^{2} τοῦ θεοῦ] (11 a + 1)
— 34 (35). A S R ἐπὶ [A B περὶ] τὸ θυσιαστήριον κ. [B τοῦ] θεοῦ ἡμῶν (11 a)
— 35 (36). A S R εἰς οἶκον κυρίου [B om.] (11 a)
— 39 (40). A οὐκ ἐγκαταλείψομεν τὸν οἶκον κυρίου [B S τοῦ] θεοῦ ἡμῶν (18 b)
13. 1. S^{1} ἐν ἐκκλησίᾳ [S^{2} εἰς ἐκκλησίαν τοῦ] κυρίου [A S^{2} τοῦ θεοῦ, B θεοῦ] (6)
— 14. ἐν οἴκῳ κ. τοῦ [A S^{2} om.] θεοῦ [S^{1} οἴ. θ. κ.] (18 b)
To. 2. 2. ὃς μέμνηται τοῦ κ. [S om. τ. κ.]
— 12. ἀπέστελλε τοῖς κ.
— 13. ἀπόδος αὐτὸ τοῖς κ.
— 14. ἔλεγον ἀποδιδόναι αὐτὸ τοῖς κ.
3. 2. δίκαιος εἶ, κύριε
— 3. S καὶ νῦν σύ, κύριε
— 6. S λύπη πολλὴ μετ' ἐμοῦ, κύριε [A B al.]
— 6. S μὴ ἀποστρέψῃς τὸ πρόσωπόν σου, κύριε [A B om.]
— 10. S ἀλλὰ δεηθῆναι τοῦ κ.
— 11. εὐλογητὸς εἶ, κύριε ὁ θεός μου [S al.]
— 12. κύριε, τοὺς ὀφθαλμούς μου καὶ τὸ πρόσωπόν μου εἰς σὲ δέδωκα [S al.]
— 14. σὺ γινώσκεις, κύριε [S δέσποτα]
— 15. S κύριε, νῦν εἰσάκουσον [A B al.]
— 16. A εἰσήκουσεν κύριος τῆς προσευχῆς [B S al.]
4. 5. πάσας τὰς ἡμέρας, παιδίον, κ. τοῦ θεοῦ ἡμῶν μνημόνευε [S al.]
— 19. A B ἐν παντὶ καιρῷ εὐλόγει κ. τὸν θεόν
— 19. αὐτὸς ὁ κ. δίδωσι πάντα τὰ ἀγαθά [S al.]
— 19. S ὃν ἂν θέλῃ κύριος [A B om.] ταπεινοῖ
— 21. A ἐὰν φοβηθῇς τὸν κ. [B S θεόν]
— 21. S ἐνώπιον κ. τοῦ θεοῦ σου [A B ἐν. αὐτοῦ]
5. 19. ὡς γὰρ δέδοται ἡμῖν ζῆν παρὰ τοῦ κ.
6. 17. S δεήθητε τοῦ κ. τοῦ οὐρανοῦ [A B al.]
7. 11. S κύριος ποιήσει ἐν ὑμῖν
— 12. S ὁ κ. τοῦ οὐρανοῦ εὐοδώσει ὑμᾶς [A B al.]
— 18. ὁ κ. τοῦ οὐρανοῦ καὶ τῆς γῆς δῴη σοι χάριν
8. 4. ἵνα ἐλεήσῃ ἡμᾶς ὁ κ. [S al.]
— 7. κύριε [S om.], οὐ διὰ πορνείαν ἐγὼ λαμβάνω τὴν ἀδελφήν μου
9. 6. S δῴη σοι κύριος εὐλογίαν οὐρανοῦ
10. 12. S ὁ κ. τοῦ οὐρανοῦ εὐοδώσαι ὑμᾶς [A B al.]
— 13. ἀποκαταστῆσαι σε ὁ [S om.] κ. τοῦ οὐρανοῦ
— 13. ἵνα εὐφρανθῶ ἐνώπιον τοῦ κ. [S al.]
11. 1. S εὐλογῶν τῷ κ. τοῦ οὐρανοῦ [A B al.]
— 4. S συνῆλθεν αὐτοῖς ὁ κ. [A B σ. ὁ κύων]
12. 12, 15. S ἐνώπιον τῆς δόξης κυρίου [A B al.]
— 20. S εὐλογεῖτε ἐπὶ τῆς γῆς κύριον
— 22. A R ὡς ὤφθη αὐτοῖς ὁ [B S om.] ἄγγελος κυρίου [S θεοῦ]
13. 4. καθότι αὐτὸς κ. ἡμῶν
— 6. εὐλογήσατε τὸν κ. τῆς δικαιοσύνης
— 10. B ἐξομολογοῦ τῷ κ. ἀγαθῶς [A al.]
— 11. ἔθνη πολλὰ μακρόθεν ἥξει πρὸς τὸ ὄνομα κ. τοῦ θ. [S al.]
— 13. εὐλογήσουσι τὸν κ. τῶν δικαίων [S τοῦ αἰῶνος]
— 15. S εὐλόγει τὸν κ. [A B θεόν]
14. 2. προσέθετο φοβεῖσθαι κ. τὸν θεόν [S al.]
— 6. πάντα τὰ ἔθνη ἐπιστρέψουσιν ἀληθινῶς φοβεῖσθαι κ. τὸν θ. [S al.]
— 6. εὐλογήσουσι πάντα τὰ ἔθνη κύριον [A τὸν κ., S al.]
— 7. A B ὑψώσει κύριος τὸν λαὸν αὐτοῦ
— 7. χαρήσονται πάντες οἱ ἀγαπῶντες κ. τὸν θεόν [S al.]

To. 14. 15. S εὐλόγησεν κ. τὸν θεόν
Ju. 2. 5. ὁ βασ. ὁ μέγας ὁ κ. πάσης τῆς γῆς
— 13. ἕν τι τῶν ῥημάτων τοῦ κ. σου
— 14. ἐξῆλθεν Ὀλ. ἀπὸ προσώπου τοῦ κ. αὐτοῦ
— 15. A S προσέταξεν [B ἐκέλευσεν] αὐτῷ ὁ κ. αὐτοῦ
4. 2. περὶ Ἰερ. καὶ τοῦ ναοῦ κυρίου . . . ἐταράχθησαν
— 11. ἐξέτειναν τοὺς σάκκους αὐτῶν κατὰ πρόσωπον κυρίου
— 13. εἰσήκουσε κύριος τῆς φωνῆς αὐτῶν
— 13. κατὰ πρόσωπον τῶν ἁγίων κυρίου
— 14. πάντες οἱ παρεστηκότες ἐνώπιον κυρίου
— 14. A B οἱ λειτουργοῦντες κυρίῳ
— 15. ἐβόων πρὸς κύριον
5. 5. ἀκουσάτω δὴ λόγον ὁ κ. μου
— 20. καὶ νῦν, δέσποτα κύριε
— 21. παρελθάτω δὴ ὁ κ.
— 21. μή ποτε ὑπερασπίσῃ ὁ κ. αὐτῶν καὶ ὁ [S om. κ. αὐ. κ. ὁ] θεὸς αὐτῶν
6. 4. A S R ὁ βασ. Ναβ. ὁ [B om.] κ. πάσης τῆς γῆς
— 13. ἀπῴχοντο πρὸς τὸν κ. αὐτῶν
— 18. S προσεκύνησαν κ. [A B om.] τῷ θεῷ
— 19. κύριε ὁ θεὸς τοῦ οὐρανοῦ
7. 19. ἀνεβόησαν πρὸς κ. θεὸν [S τὸν θ.] αὐτῶν
— 28. καὶ τὸν θεὸν ἡμῶν καὶ κύριον τῶν πατ. ἡμῶν
— 29. ἐβόησαν πρὸς κύριον
— 30. ἐπιστρέψει κύριος . . . τὸ ἔλεος αὐτοῦ
8. 11. ἐὰν μὴ ἐν αὐταῖς ἐπιστρέψῃ ὁ [A om.] κ.
— 13. κύριον παντοκράτορα ἐξετάζετε
— 14. μὴ παροργίζετε κύριον
— 16. μὴ ἐνεχυράζετε τὰς βουλὰς κυρίου
— 21. S ἐκζητήσει [B ζητ.] κύριος [A B om.] τὴν βεβήλωσιν
— 23. εἰς ἀτιμίαν θήσει αὐτὴν κύριος
— 25. εὐχαριστήσωμεν κ. τῷ θεῷ ἡμῶν
— 27. μαστιγοῖ κύριος τοὺς ἐγγίζοντας αὐτῷ
— 31. ἀποστελεῖ κύριος τὸν [S ἡμῖν τὸν] ὑετόν
— 33. ἐπισκέψεται κύριος τὸν Ἰσρ.
— 35. καὶ κ. ὁ θεὸς ἔμπροσθέν σου
9. 1. A εἰς τὸν οἶκον τοῦ κ. [B S θεοῦ]
— 1. καὶ ἐβόησε . . . Ἰ. πρὸς κύριον
— 2. κύριε ὁ θεὸς τοῦ πατρός μου Σ.
— 7. σὺ εἶ κύριος συντρίβων πολέμους
— 8. κύριος ὄνομά σοι
— 11. A ταπεινῶν εἶ κύριος [B S θεός]
10. 15. εἰς πρόσωπον τοῦ κ. [S πρὸς τὸν κ.] ἡμῶν
11. 4. καθὰ γίνεται τοῖς δούλοις τοῦ κ. μου
— 5. οὐκ ἀναγγελῶ ψεῦδος τῷ κ. μου
— 6. οὐκ ἀποπεσεῖται ὁ κ. μου τῶν ἐπιτηδευμάτων
— 10. δέσποτα κύριε, μὴ παρέλθῃς
— 11. ἵνα μὴ γένηται ὁ κ. μου ἔκβολος
— 17. A B μενῶ παρὰ σοί, κύριέ μου
— 22. A B ἐν δὲ τοῖς φαυλίσασι τὸν κ. μου
12. 4. A B ζῇ ἡ ψυχή σου, κύριέ μου
— 4. A R ἕως ἂν ποιήσῃ κύριος [B om.]
— 6. A B ἐπιταξάτω δὴ ὁ κ. μου
— 8. B ἐδέετο τοῦ [A om.] κ. θεοῦ Ἰσρ.
— 13. A B ἐλθοῦσα πρὸς τὸν κ. μου
— 14. A B τίς εἰμι ἐγὼ ἀντεροῦσα τῷ κ. μου
— 18. A B πίομαι δή, κύριε
13. 1. A B ἐκ προσώπου τοῦ κ. αὐτοῦ
— 4. A B κύριε ὁ θεὸς πάσης δυνάμεως
— 7. A κραταίωσόν με, κύριε [B om.] ὁ θεὸς Ἰσρ.
— 14. A αἰνεῖτε τὸν κ. [B S θεόν]
— 14. A αἰνεῖτε τὸν κ. [B θεόν]
— 15. καὶ ἐπάταξεν αὐτὸν ὁ κ.
— 16. καὶ ζῇ κύριος [A ὁ κ.]
— 18. καὶ εὐλογημένος κ. ὁ θεός [S θ. σου]
14. 13. ἔγειρον δὴ τὸν κ. ἡμῶν
15. 8. ἃ ἐποίησε κύριος τῷ Ἰσρ.
— 10. εὐλογημένη γίνου παρὰ τῷ παντοκράτορι κ.
16. 2. A S R ᾄσατε τῷ κ. μου [B om.]
— 3. θεὸς [A ὁ θ.] συντρίβων πολέμους κύριος
— 6. κ. παντοκράτωρ ἠθέτησεν αὐτούς
— 12. ἀπώλοντο ἐκ παρατάξεως κυρίου μου
— 13. A ὑμνήσω τῷ κ. [B θεῷ μου] ὕμνον
— 13. κύριε, μέγας εἶ
— 16. ὁ δὲ φοβούμενος τὸν κ. μέγας διὰ παντός
— 17. κ. παντοκράτωρ ἐκδικήσει αὐτούς
— 19. A S εἰς ἀνάθεμα τῷ κ. [B θεῷ] ἔδωκε
Es. 4. 8. ἐπικάλεσαι τὸν [A om.] κ. †
— 17. ἐδεήθη κυρίου [S^{2} τοῦ κ.] μνημονεύων πάντα τὰ ἔργα κυρίου [S^{2} τοῦ κ.] καὶ εἶπε, Κύριε κύριε [A κ. θεὲ κ.]
— 17. κύριος εἶ πάντων
— 17. ὃς ἀντιτάξεταί σοι τῷ κ.

Es. 4. 17. σὺ οἶδας, κύριε
— 17. πλὴν σοῦ τοῦ κ. μου
— 17. καὶ νῦν, κύριε . . . φεῖσαι τοῦ λαοῦ σου
— 17. ἵνα ζῶντες ὑμνῶμέν σου τὸ ὄνομα, κύριε
— 17. R αἰνούντων σε, κύριε [A B S om.]
— 17. Ἐσθὴρ . . . κατέφυγεν ἐπὶ τὸν κ.
— 17. ἐδεῖτο κ. θεοῦ Ἰσρ.
— 17. καὶ εἶπεν, Κύριέ μου [A ὁ θεός μου]
— 17. A ἐγὼ ἤκουον, κύριε [B S om.]
— 17. σὺ, κύριε, ἔλαβες τὸν Ἰσρ.
— 17. δίκαιος εἶ, κύριε
— 17. S μὴ παραδῷς, κύριε, τὸ σκῆπτρόν σου, κύριε [A B om.]
— 17. μνήσθητι, κύριε
— 17. καὶ μὴ ἐχούσῃ [A ἐ. βοηθὸν] εἰ μὴ σὲ, κύριε
— 17. πλὴν ἐπὶ σοὶ, κύριε ὁ θεὸς Ἀβ.
5. 2. εἶδόν σε, κύριε
— 2. θαυμαστὸς εἶ, κύριε
6. 1. ὁ δὲ κ. ἀπέστησε τὸν ὕπνον ἀπὸ τοῦ βασ. -
10. 3. B S ἔσωσε κύριος [A om.] τὸν λαὸν αὐτοῦ
— 3. ἐρρύσατο κύριος [A S[2] om.] ἡμᾶς
— 3. A ἐμνήσθη ὁ κ. [B S θεὸς] τοῦ λαοῦ αὐτοῦ
Jb. 1. 6. ἦλθον οἱ ἄγγελοι τοῦ θεοῦ παραστῆναι ἐνώπιον τοῦ κ. [S[1] θεοῦ] (11 a)
— 7. εἶπεν ὁ κ. τῷ διαβόλῳ [A πρὸς τὸν διάβολον] (11 a)
— 7. ἀποκριθεὶς ὁ διάβολος τῷ κ. εἶπε (11 a)
— 8. εἶπεν αὐτῷ ὁ κ. [A θεός] (11 a)
— 9. ἀπεκρίθη δὲ ὁ διάβολος καὶ εἶπεν [A om. καὶ εἶπεν] ἐναντίον τοῦ κ. (11 a)
— 10. μὴ δωρεὰν Ἰὼβ σέβεται τὸν κ. [A θεόν] (6)
— 12. εἶπεν ὁ κ. τῷ διαβόλῳ (11 a)
— 12. ἐξῆλθεν ὁ διάβολος παρὰ τοῦ [A ἀπὸ προσώπου] κ. (11 a)
— 20. A S[2] πεσὼν χαμαὶ προσεκύνησε τῷ κ. [B S[1] om. τῷ κ.] -
— 21. ὁ κ. ἔδωκεν ὁ κ. ἀφείλατο ὡς τῷ κ. ἔδοξεν οὕτως ἐγένετο εἴη τὸ ὄνομα κυρίου εὐλογημένον (11 a, 11 a, -, 11 a)
— 22. οὐδὲν ἥμαρτεν Ἰὼβ ἐναντίον τοῦ κ. [A al.] -
2. 1. ἦλθον οἱ ἄγγελοι τοῦ θεοῦ παραστῆναι ἔναντι [A ἐνώπιον] κυρίου [S τοῦ κ.] (11 a)
— 1. B S[2] παραστῆναι ἐναντίον τοῦ [A om.] κ. (11 a)
— 2. εἶπεν ὁ κ. τῷ διαβόλῳ (11 a)
— 2. εἶπεν ὁ διάβολος ἐνώπιον τοῦ [A ἔναντι] κ. (11 a)
— 3. εἶπε δὲ ὁ κ. πρὸς τὸν διάβολον [A Σατανᾶν] (11 a)
— 4. ὑπολαβὼν δὲ ὁ διάβολος εἶπε τῷ κ. (11 a)
— 6. εἶπε δὲ ὁ κ. τῷ διαβόλῳ (11 a)
— 7. ἐξῆλθε δὲ ὁ διάβολος ἀπὸ [A παρὰ] τοῦ κ. (11 a)
— 9. εἰπόν τι ῥῆμα εἰς [A πρὸς] κύριον (6)
— 10. εἰ τὰ ἀγαθὰ ἐδεξάμεθα ἐκ χειρὸς κυρίου (6)
3. 4. μὴ ἀναζητήσαι αὐτὴν ὁ κ. ἄνωθεν (5)
— 19. θεράπων δεδοικὼς [A S[2] οὐ δ.] τὸν κ. αὐτοῦ (1)
— 23. A συνέκλεισε γὰρ ὁ κ. [B S θεὸς] κατ' αὐτοῦ (5)
4. 9. ἀπὸ προστάγματος κυρίου ἀπολοῦνται (5)
— 17. μὴ καθαρὸς ἔσται βροτὸς ἐναντίον τοῦ [A S ἔναντι] κ. (5)
5. 8. ἐγὼ δεηθήσομαι κυρίου κύριον δὲ . . . ἐπικαλέσομαι (4 a, 6)
— 17. μακάριος δὲ ἄνθρωπος ὃν ἤλεγξεν ὁ κ. (5)
6. 4. βέλη γὰρ κυρίου ἐν τῷ σώματί [A στόματί] μού ἐστιν (14)
— 8. τὴν ἐλπίδα μου δῴη ὁ κ. [A θεύς] (5)
— 9. ἀρξάμενος ὁ κ. τρωσάτω με (5)
— 14. ἐπισκοπὴ δὲ κυρίου ὑπερεῖδέ με (14)
7. 2. ὥσπερ θεράπων δεδοικὼς τὸν κ. αὐτοῦ †
8. 3. μὴ ὁ κ. ἀδικήσει κρίνων (4 a)
— 5. ὄρθριζε πρὸς κύριον παντοκράτορα δεόμενος (4 a)
— 13. τὰ ἔσχατα πάντων τῶν ἐπιλανθανομένων τοῦ κ. [A θεοῦ] (4 a)
— 20. ὁ γὰρ κ. οὐ μὴ ἀποποιήσηται τὸν ἄκακον (4 a)
9. 2. πῶς γὰρ ἔσται δίκαιος βροτὸς παρὰ κυρίῳ (4 a)
10. 2. ἐρῶ πρὸς κύριον (5)
11. 5. πῶς ἂν ὁ κ. λαλήσαι πρὸς σέ (5)
— 6. ἄξιά σοι ἀπέβη [A παρέβη] ἀπὸ κυρίου (5)
— 7. ἢ [A μὴ] ἴχνος κυρίου εὑρήσεις (5)
12. 6. ὅσοι παροργίζουσι [A γὰρ ὀργ.] τὸν κ. (4 a)
— 9. χεὶρ κυρίου ἐποίησε ταῦτα (11 a)
13. 3. ἐγὼ πρὸς κύριον λαλήσω (14)
— 7. πότερον οὐκ ἔναντι κυρίου λαλεῖτε (4 a)

Jb. 13. 11. A φόβος δὲ κυρίου [B S παρ' αὐτοῦ] ἐπιπεσεῖται ὑμῖν †
15. 4. συνετελέσω δὲ ῥήματα τοιαῦτα ἔναντι τοῦ [A om.] κ. (4 a)
— 8. ἢ σύνταγμα κυρίου ἀκήκοας (5)
— 13. θυμὸν ἔρρηξας ἔναντι κυρίου (4 a)
— 25. ἦρκε χεῖρας ἐναντίον τοῦ [A -τι] κ. ἔναντι δὲ κυρίου παντοκράτορος ἐτραχηλίασεν (4 a, 23)
16. 12 (11). παρέδωκε γάρ με ὁ κ. εἰς χεῖρας ἀδίκου (4 a)
— 21 (20). A B S[2] ἀφίκοιτό μου ἡ δέησις πρὸς κύριον (5)
— 22 (21). B S[2] εἴη δὲ ἔλεγχος ἀνδρὶ [A ὁ ἔλ. μου] ἔναντι κυρίου (5)
18. 21. οὗτος δὲ ὁ τόπος τῶν μὴ εἰδότων τὸν κ. (4 a)
19. 2. ὁ [S om.] κ. ἐποίησέ με οὕτως -
— 6. κύριός [A B[1] ὁ κ.] ἐστιν ὁ ταράξας (5)
— 21. χεὶρ γὰρ κυρίου ἡ ἁψαμένη μού ἐστι (5)
— 22. διὰ τί με διώκετε ὥσπερ καὶ ὁ [S[1] om. κ. ὁ] κ. (4 a)
— 27 (26). παρὰ γὰρ κυρίου ταῦτά μοι συνετελέσθη (5 ?)
20. 29. αὕτη ἡ μερὶς ἀνθρώπου ἀσεβοῦς παρὰ κυρίου (6)
21. 9. μάστιξ δὲ παρὰ κυρίου οὐκ ἔστιν ἐπ' [B[1] om.] αὐτοῖς (5)
— 14. λέγει δὲ κυρίῳ [S τῷ κ., A ὁ ἀσεβὴς τῷ κ.] (4 a)
— 20. ἀπὸ [A ὑπὸ] δὲ κυρίου μὴ διασωθείη (14)
— 22. οὐχὶ ὁ [S om.] κ. ἐστιν ὁ διδάσκων σύνεσιν (4 a)
22. 2. οὐχὶ ὁ κ. ἐστιν ὁ διδάσκων σύνεσιν (4 a)
— 3. τί γὰρ μέλει τῷ κ. (14)
— 17. κύριος [A ὁ κ.] τί ποιήσει ὑμῖν (4 a)
— 23. ἐὰν δὲ . . . ταπεινώσῃς σεαυτὸν ἔναντι κυρίου (14)
— 26. παρρησιασθήσῃ [A ἐνπαρρησιάσῃ] ἐναντίον [A S -τι] κυρίου (14)
23. 16. κύριος δὲ ἐμαλάκυνε τὴν καρδίαν μου (4 a)
24. 1. διὰ τί δὲ κύριον [A -ιε] ἔλαθον ὧραι [A -ας] (14)
25. 4. πῶς γὰρ ἔσται δίκαιος βροτὸς ἔναντι κυρίου (4 a)
27. 2. A S[2] ζῇ κύριος [S[1] ὁ κ., B ὁ θεὸς] ὃς οὕτω με κέκρικε (4 a)
— 8. πεποιθὼς [A μὴ π.] ἐπὶ κύριον ἆρα [A εἰ ἄρα] σωθήσεται (5)
— 9. ἢ τὴν δέησιν αὐτοῦ ἀκούσῃ ὁ κ. [B S εἰσακούσεται ὁ θεός] (4 a)
— 11. ἀναγγελῶ ὑμῖν τί ἐστιν ἐν χειρὶ κυρίου (4 a)
— 13. αὕτη ἡ μερὶς ἀνθρώπου ἀσεβοῦς παρὰ κυρίου (4 a)
28. 23. A S[2] ὁ κ. [B S[1] θεὸς] εὖ συνέστησεν αὐτῆς τὴν ὁδόν (6)
29. 4. A S[2] ὁ κ. [B S[1] θεὸς] ἐπισκοπὴν ἐποιεῖτο τοῦ οἴκου μου (5)
31. 6. οἶδε δὲ ὁ κ. τὴν ἀκακίαν μου (5)
— 14. ἐὰν ἔτασίν μου ποιῆται ὁ κ. (4 a)
— 23. A S R φόβος γὰρ κυρίου [B om.] συνέσχε με (4 a)
— 28. ἐψευσάμην ἐναντίον κυρίου τοῦ ὑψίστου (4 a)
— 35. χεῖρα δὲ κυρίου εἰ μὴ ἐδεδοίκειν (14)
— 39. εἰ δὲ καὶ ψυχὴν κυρίου τῆς γῆς ἐκλαβὼν [A -βαλὼν] ἐλύπησα (7)
32. 2. ἀπέφηνεν ἑαυτὸν δίκαιον ἐναντίον κυρίου (6)
— 13. εὕρομεν σοφίαν κυρίῳ προσθέμενοι (4 a)
33. 14. ἐν γὰρ τῷ ἅπαξ λαλῆσαι ὁ κ. (4 a)
— 23. B[1] ἐὰν νοήσῃ τῇ καρδίᾳ ἐπιστραφῆναι πρὸς κύριον [B[2] S ἐπὶ κ., A ἐπὶ τὸν κ.] -
— 26. εὐξάμενος δὲ [A εὔξεται] πρὸς κύριον (5)
34. 5. ὁ κ. ἀπήλλαξέ μου τὸ κρίμα (4 a)
— 9. ἐπισκοπὴ αὐτῷ [A -οῦ] παρὰ κυρίου (6)
— 10. μή μοι εἴη ἔναντι κυρίου ἀσεβῆσαι (4 a)
— 12. οἴῃ δὲ τὸν κ. ἄτοπα ποιήσειν (4 a)
— 23. ὁ γὰρ κ. πάντας [A τὰ πάντα] ἐφορᾷ (4 a ?)
— 37. πολλὰ λαλούντων [A -οῦσιν] ῥήματα ἐναντίον τοῦ [A -τι] κ. (4 a)
35. 2. δίκαιός εἰμι ἔναντι κυρίου (4 a)
— 13. ἄτοπα γὰρ οὐ βούλεται ἰδεῖν ὁ κ. (4 a)
36. 5. ὁ κ. οὐ μὴ ἀποποιήσηται τὸν ἄκακον (4 a)
— 12. παρὰ τὸ μὴ βούλεσθαι αὐτοὺς εἰδέναι τὸν κ. -
— 33. κύριος κτῆσις [A -σεις] καὶ περὶ ἀδικίας -
37. 2. ἄκουε ἀκοὴν ἐν [S[1] om.] ὀργῇ θυμοῦ κυρίου †

Jb. 37. 14. στῆθι νουθετούμενος [A S -τοῦ] δύναμιν κυρίου (4 a)
38. 1. εἶπεν ὁ κ. τῷ Ἰὼβ διὰ λαίλαπος (11 a)
— 41. νεοσσοὶ γὰρ αὐτοῦ πρὸς κύριον κεκράγασι [A al.] (4 a)
39. 31 (40. 1). ἀπεκρίθη κύριος ὁ θεὸς τῷ Ἰώβ (18 a)
— 33 (40. 3). λέγει [A εἶπεν] τῷ κ. (11 a)
— 34 (40. 4). νουθετούμενος καὶ ἐλέγχων κύριον [A ἐλεγχόμενος ὑπὸ κυρίου] -
40. 1 (6). ἔτι δὲ ὑπολαβὼν ὁ κ. εἶπε τῷ Ἰώβ (11 a)
— 4 (9). ἢ βραχίων σοί ἐστι κατὰ τοῦ κυρίου [A S[2] κατὰ κύριον] (4 a)
— 14 (19). τοῦτ' ἔστιν ἀρχὴ πλάσματος κυρίου (4 a)
42. 1. ὑπολαβὼν δὲ Ἰὼβ λέγει τῷ κ. (11 a)
— 4. ἄκουσον δέ μου, κύριε -
— 7. μετὰ τὸ λαλῆσαι τὸν κ. πάντα τὰ ῥήματα ταῦτα τῷ Ἰὼβ εἶπεν ὁ κ. Ἐλιφάς (11 a, 11 a)
— 9. καθὼς συνέταξεν αὐτοῖς ὁ κ. (11 a)
— 10. ὁ δὲ κ. ηὔξησε τὸν Ἰώβ (11 a)
— 10. ἔδωκε δὲ ὁ κ. διπλᾶ [A al.] (11 a)
— 11. οἷς ἐπήγαγεν αὐτῷ ὁ κ. [S[1] θεός] (11 a)
— 12. ὁ δὲ κ. εὐλόγησε τὰ ἔσχατα Ἰώβ (11 a)
— 18. ἀναστήσεσθαι μεθ' ὧν ὁ κ. ἀνίστησιν -
Ps. 1. 2. ἐν τῷ νόμῳ κυρίου τὸ θέλημα αὐτοῦ (11 a)
— 6. γινώσκει κύριος ὁδὸν δικαίων (11 a)
2. 2. οἱ ἄρχοντες συνήχθησαν . . . κατὰ τοῦ κ. (11 a)
— 4. ὁ κ. ἐκμυκτηριεῖ αὐτούς (2)
— 6 (7). διαγγέλλων τὸ πρόσταγμα κυρίου (11 a ?)
— 7. κύριος εἶπε πρὸς μέ (11 a ?)
— 11. δουλεύσατε τῷ κ. ἐν φόβῳ (11 a)
— 12. μή ποτε ὀργισθῇ κύριος -
3. 1. κύριε, τί ἐπληθύνθησαν οἱ θλίβοντές με (11 a)
— 3. σὺ δὲ, κύριε [A om.], ἀντιλήπτωρ μου εἶ (11 a)
— 4. φωνῇ μου πρὸς κύριον ἐκέκραξα (11 a)
— 5. ὅτι κύριος ἀντιλήψεταί [S ἀντελάβετό] μου (11 a)
— 7. ἀνάστα, κύριε, σῶσόν με, ὁ θεός μου (11 a)
— 8. τοῦ κ. ἡ σωτηρία μου (11 a)
4. 3. ἐθαυμάστωσε κύριος τὸν ὅσιον αὐτοῦ κύριος εἰσακούσεταί μου (11 a, 11 a)
— 5. ἐλπίσατε ἐπὶ κύριον (11 a)
— 6. τὸ φῶς τοῦ προσώπου σου, κύριε (11 a)
— 8. σὺ, κύριε, κατὰ μόνας ἐπ' ἐλπίδι κατῴκισάς με (11 a)
5. 1. τὰ ῥήματά μου ἐνώτισαι, κύριε (11 a)
— 3. πρὸς σὲ προσεύξομαι, κύριε (11 a)
— 5. ἐμίσησας, κύριε [B[2] S om.], πάντας τοὺς ἐργαζομένους τὴν ἀνομίαν -
— 6. ἄνδρα αἱμάτων καὶ δόλιον βδελύσσεται κύριος (11 a)
— 8. κύριε, ὁδήγησόν με ἐν τῇ δικαιοσύνῃ σου (11 a)
— 10. παρεπίκρανάν σε, κύριε -
— 12. κύριε, ὡς ὅπλῳ εὐδοκίας ἐστεφάνωσας ἡμᾶς (11 a)
6. 1. κύριε, μὴ τῷ θυμῷ σου ἐλέγξῃς με (11 a)
— 2. ἐλέησόν με, κύριε, ὅτι ἀσθενής εἰμι (11 a)
— 2. A S R ἴασαί με, κύριε [B om.] (11 a)
— 3. καὶ σὺ, κύριε, ἕως πότε (11 a)
— 4. ἐπίστρεψον, κύριε, ῥῦσαι τὴν ψυχήν μου (11 a)
— 8. A B S[2] εἰσήκουσε κύριος τῆς φωνῆς τοῦ κλαυθμοῦ μου (11 a)
— 9. εἰσήκουσε [A S[2] ἤκ.] κύριος τῆς δεήσεώς μου κύριος τὴν προσευχήν μου προσεδέξατο (11 a, 11 a)
7. tit. ψαλμὸς τῷ Δαυὶδ ὃν ᾖσε τῷ κ. (11 a)
— 1. κύριε ὁ θεός μου, ἐπὶ σοὶ ἤλπισα (11 a)
— 3. κύριε ὁ θεός μου, εἰ ἐποίησα τοῦτο (11 a)
— 6. ἀνάστηθι, κύριε, ἐν ὀργῇ σου (11 a)
— 6. ἐξεγέρθητι, κύριε [S[1] om.] ὁ θεός μου †
— 8. κύριος κρινεῖ λαοὺς κρῖνόν με [A μοι], κύριε (11 a, 11 a)
— 17. ἐξομολογήσομαι κυρίῳ [A S[1] τῷ κ.] κατὰ τὴν δικαιοσύνην αὐ. καὶ ψαλῶ τῷ ὀνόματι κυρίου τοῦ ὑψίστου (11 a, 11 a)
8. 1, 9. κύριε ὁ κ. ἡμῶν, ὡς θαυμαστὸν τὸ ὄνομά σου (11 a, 1)
9. 1. ἐξομολογήσομαί σοι, κύριε (11 a)
— 7. ὁ κ. εἰς τὸν αἰῶνα μένει (11 a)
— 9. ἐγένετο κύριος καταφυγὴ τῷ πένητι (11 a)
— 10. οὐκ ἐγκατέλιπες τοὺς ἐκζητοῦντάς σε, κύριε (11 a)
— 11. ψάλατε τῷ κ. τῷ κατοικοῦντι ἐν Σιών (11 a)
— 13. ἐλέησόν με, κύριε (11 a)
— 16. γινώσκεται κύριος κρίματα ποιῶν (11 a)
— 19. ἀνάστηθι, κύριε (11 a)

Ps. 9. 20. καταστησον, κύριε, νομοθέτην ἐπ᾽ αὐτούς (11 a)
— 22 (10. 1). ἵνα τί, κύριε, ἀφέστηκας μακρόθεν (11 a)
— 25 (10. 3). παρώξυνε τὸν κ. ὁ ἁμαρτωλός (11 a)
— 33 (10. 12). ἀνάστηθι, κύριε ὁ θεός [A S^2 θ. μου] (11 a)
— 37 (10. 16). βασιλεύσει κύριος εἰς τὸν αἰῶνα (11 a)
— 38 (10. 17). τὴν ἐπιθυμίαν τῶν πενήτων εἰσήκουσε κύριος [S^2 -σας, κύριε] (11 a)
10 (11). 1. ἐπὶ τῷ κ. πέποιθα (11 a)
— 5. κύριος ἐν ναῷ ἁγίῳ αὐτοῦ κύριος ἐν οὐρανῷ ὁ θρόνος αὐτοῦ (11 a, 11 a)
— 6. κύριος ἐξετάζει τὸν δίκαιον (11 a)
— 8. δίκαιος κύριος καὶ δικαιοσύνας ἠγάπησεν (11 a)
11 (12). 1. σῶσόν με, κύριε (11 a)
— 3. ἐξολεθρεύσαι [A -σει] κύριος πάντα τὰ χείλη τὰ δόλια (11 a)
— 4. τίς ἡμῶν κύριός ἐστιν (1)
— 5. νῦν ἀναστήσομαι λέγει κύριος (11 a)
— 6. τὰ λόγια κυρίου λόγια ἁγνά (11 a)
— 7. σὺ, κύριε, φυλάξεις ἡμᾶς (11 a)
12 (13). 1. ἕως πότε, κύριε, ἐπιλήσῃ μου εἰς τέλος (11 a)
— 3. εἰσάκουσόν μου [S *om.*], κύριε ὁ θεός μου (11 a)
— 6. ᾄσω τῷ κ. τῷ εὐεργετήσαντί με καὶ ψαλῶ τῷ ὀνόματι κυρίου τοῦ ὑψίστου (11 a, -)
13 (14). 2. A^2 B S κύριος ἐκ τοῦ οὐρανοῦ διέκυψεν (11 a)
— 4. τὸν κ. οὐκ ἐπεκαλέσαντο (11 a)
— 5. S^2 κύριος [A B S^1 *om.*] ὁ θεὸς ἐν γενεᾷ δικαίᾳ [A S^2 -ων] (18 b)
— 6. ὅτι [S^2 ὁ δὲ] κύριος ἐλπὶς αὐτοῦ ἐστι (11 a)
— 7. ἐν τῷ ἐπιστρέψαι κύριον τὴν αἰχμαλωσίαν (11 a)
14 (15). 1. κύριε, τίς παροικήσει ἐν τῷ σκηνώματί σου (11 a)
— 4. τοὺς δὲ φοβουμένους κύριον δοξάζει (11 a)
15 (16). 1. φύλαξόν με, κύριε [S^1 ὁ θεός] (4 a)
— 2. εἶπα τῷ κ., Κύριός [S^1 θεός] μου εἶ σύ (11 a, 2)
— 5. κύριος ἡ μερὶς τῆς κληρονομίας μου (11 a)
— 7. εὐλογήσω τὸν κ. τὸν συνετίσαντά με (11 a)
— 8. προορώμην τὸν κ. ἐνώπιόν μου διὰ παντός (11 a)
16 (17). 1. εἰσάκουσον, κύριε, τῆς δικαιοσύνης μου (11 a)
— 8. φύλαξόν με [S^2 *add.* κύριε] -
— 13. ἀνάστηθι, κύριε, πρόφθασον αὐτούς (11 a)
— 14. κύριε ἀπολύων ἀπὸ γῆς (11 a)
17 (18). *tit.* εἰς τὸ τέλος τῷ παιδὶ κυρίου ἃ ἐλάλησε τῷ κ. τοὺς λόγους τῆς ᾠδῆς ταύτης ἐν ἡμέρᾳ ᾗ ἐρρύσατο αὐτὸν κύριος (11 a *ter*)
— 1. ἀγαπήσω σε, κύριε ἰσχύς μου (11 a)
— 2. κύριος στερέωμά μου καὶ καταφυγή μου (11 a)
— 3. αἰνῶν ἐπικαλέσομαι κύριον [S^2 τὸν κ.] (11 a)
— 6. ἐν τῷ θλίβεσθαί με ἐπεκαλεσάμην τὸν κ. (11 a)
— 13. ἐβρόντησεν ἐξ οὐρανοῦ κύριος [A S^2 ὁ κ.] (11 a)
— 15. ἀπὸ ἐπιτιμήσεώς σου, κύριε (11 a)
— 18. ἐγένετο κύριος ἀντιστήριγμά μου (11 a)
— 20. ἀνταποδώσει μοι κύριος κατὰ τὴν δικαιοσύνην μου (11 a)
— 21. ἐφύλαξα τὰς ὁδοὺς κυρίου (11 a)
— 24. ἀνταποδώσει μοι κύριος κατὰ τὴν δικαιοσύνην μου (11 a)
— 28. σὺ φωτιεῖς λύχνον μου, κύριε (11 a)
— 30. τὰ λόγια κυρίου πεπυρωμένα (11 a)
— 31. τίς θεὸς πλὴν [S παρὲξ] τοῦ κ. (11 a)
— 41. πρὸς κύριον καὶ οὐκ εἰσήκουσεν αὐτῶν (11 a)
— 46. ζῇ κύριος καὶ εὐλογητὸς ὁ θεός (11 a)
— 49. ἐξομολογήσομαί σοι ἐν ἔθνεσι, κύριε (11 a)
18 (19). 7. ὁ νόμος τοῦ [A *om.*] κ. ἄμωμος ἐπιστρέφων ψυχὰς ἡ μαρτυρία κυρίου πιστή (11 a, 11 a)
— 8. τὰ δικαιώματα κυρίου εὐθέα εὐφραίνοντα καρδίαν ἡ ἐντολὴ κυρίου τηλαυγὴς φωτίζουσα ὀφθαλμούς (11 a, 11 a
— 9. ὁ φόβος κυρίου ἁγνὸς διαμένων εἰς αἰῶνα αἰῶνος τὰ κρίματα κυρίου ἀληθινὰ δεδικαιωμένα ἐπὶ τὸ αὐτό (11 a, 11 a)
— 14. κύριε βοηθέ μου καὶ λυτρωτά μου (11 a)
19 (20). 1. ἐπακούσαι σου κύριος ἐν ἡμέρᾳ θλίψεως (11 a)
— 4. A S^2 δῴη σοι κύριος [B S^1 *om.*] κατὰ τὴν καρδίαν σου -

Ps. 19 (20). 5. S ἐν ὀνόματι κυρίου [A B *om.*] θεοῦ ἡμῶν μεγαλυνθησόμεθα· πληρώσαι κύριος πάντα τὰ αἰτήματά σου (18 b, 11 a)
— 6. ἔσωσε κύριος τὸν χριστὸν αὐτοῦ (11 a)
— 7. ἐν ὀνόματι κυρίου [A *om.*] θεοῦ ἡμῶν (11 a)
— 9. κύριε, σῶσον τὸν βασιλέα (11 a)
20 (21). 1. κύριε, ἐν τῇ δυνάμει σου εὐφρανθήσεται ὁ βασιλεύς (11 a)
— 7. ὁ βασιλεὺς ἐλπίζει ἐπὶ κύριον (11 a)
— 9. A B S^1 κύριε [S^2 R -ος] ἐν ὀργῇ σου [S^2 R αὐτοῦ] συνταράξεις [S^2 R -ξει] αὐτούς (11 a)
— 13. ὑψώθητι, κύριε, ἐν τῇ δυνάμει σου (11 a)
21 (22). 8. ἤλπισεν [B^1 -σαν] ἐπὶ κύριον (11 a)
— 19. σὺ δὲ, κύριε, μὴ μακρύνῃς τὴν βοήθειάν μου [S^1 σου] (11 a)
— 23. οἱ φοβούμενοι κύριον [S^2 τὸν κ.] αἰνέσατε αὐτόν (11 a)
— 25. S^2 τὰς εὐχάς μου τῷ κ. [A B S^1 *om.* τῷ κ.] ἀποδώσω -
— 26. αἰνέσουσι κύριον οἱ ἐκζητοῦντες αὐτόν (11 a)
— 27. ἐπιστραφήσονται πρὸς κύριον πάντα τὰ πέρατα τῆς γῆς (11 a)
— 28. τοῦ κ. ἡ βασιλεία (11 a)
— 30. ἀναγγελήσεται τῷ κ. γενεὰ ἡ ἐρχομένη (2)
— 31. A S λαῷ . . . ὃν ἐποίησεν κύριος [B ὁ κ.] -
22 (23). 1. κύριος ποιμαίνει με (11 a)
— 6. τὸ κατοικεῖν με ἐν οἴκῳ κυρίου (11 a)
23 (24). 1. τοῦ κ. ἡ γῆ καὶ τὸ πλήρωμα αὐτῆς (11 a)
— 3. τίς ἀναβήσεται εἰς τὸ ὄρος τοῦ κ. (11 a)
— 5. οὗτος λήψεται εὐλογίαν παρὰ κυρίου (11 a)
— 6. S^1 αὕτη ἡ γενεὰ ζητούντων τὸν κ. [A B S^1 ζ. αὐτόν] †
— 8. κύριος κραταιὸς καὶ δυνατὸς κύριος δυνατὸς ἐν πολέμῳ (11 a, 11 a)
— 10. κύριος τῶν δυνάμεων αὐτός ἐστιν οὗτος [A S^2 *om.*] ὁ βασιλεὺς τῆς δόξης (11 a)
24 (25). 1. πρὸς σὲ, κύριε, ἦρα τὴν ψυχήν μου (11 a)
— 4. τὰς ὁδούς σου, κύριε, γνώρισόν μοι (11 a)
— 6. A S R μνήσθητι τῶν οἰκτιρμῶν σου, κύριε [B *om.*] (11 a)
— 7. ἕνεκα τῆς χρηστότητός σου, κύριε (11 a)
— 8. χρηστὸς καὶ εὐθὴς ὁ κ. (11 a)
— 10. πᾶσαι αἱ ὁδοὶ κυρίου ἔλεος καὶ ἀλήθεια (11 a)
— 11. ἕνεκα τοῦ ὀνόματός σου, κύριε (11 a)
— 12. τίς ἐστιν ἄνθρωπος ὁ φοβούμενος τὸν κ. (11 a)
— 14. κραταίωμα κύριος τῶν φοβουμ. αὐτόν (11 a)
— 14. A B^1 τὸ ὄνομα κυρίου τῶν φοβουμένων [A ἐπικαλεσαμένων] αὐτόν -
— 15. οἱ ὀφθαλμοί μου διὰ παντὸς πρὸς τὸν κ. (11 a)
— 21. ὑπέμεινά σε, κύριε [S *om.*] -
25 (26). 1. κρῖνόν με, κύριε (11 a)
— 1. A S ἐπὶ τῷ κ. ἐλπίζων οὐ μὴ ἀσθενήσω [B σαλευθῶ] (11 a)
— 2. A B S^2 δοκίμασόν με, κύριε (11 a)
— 6. A S R κυκλώσω τὸ θυσιαστήριόν σου, κύριε [B *om.*] (11 a)
— 8. κύριε, ἠγάπησα εὐπρέπειαν οἴκου σου (11 a)
— 11. A S^2 λύτρωσαί με, κύριε [B S^1 *om.*] -
— 12. ἐν ἐκκλησίαις εὐλογήσω σε, κύριε (11 a)
26 (27). 1. κύριος φωτισμός μου καὶ σωτήρ μου (11 a)
— 1. κύριος ὑπερασπιστὴς τῆς ζωῆς μου (11 a)
— 4. μίαν ᾐτησάμην παρὰ κυρίου (11 a)
— 4. τοῦ κατοικεῖν με ἐν οἴκῳ κυρίου [S^1 τοῦ κ.] (11 a)
— 4. A S^2 R τοῦ θεωρεῖν με τὴν τερπνότητα κυρίου [B S^1 τοῦ κ.] (11 a)
— 6. A ὕψωσε κύριος [B S *om.*] τὴν κεφαλήν μου ἐπ᾽ ἐχθρούς μου -
— 6. ᾄσομαι καὶ ψαλῶ τῷ κ. (11 a)
— 7. εἰσάκουσον, κύριε, τῆς φωνῆς μου (11 a)
— 8. S^2 κύριον ζητήσω -
— 8. τὸ πρόσωπόν σου, κύριε, ζητήσω (11 a)
— 10. ὁ δὲ κ. προσελάβετό με (11 a)
— 11. νομοθέτησόν με, κύριε (11 a)
— 13. πιστεύω τοῦ ἰδεῖν τὰ ἀγαθὰ κυρίου (11 a)
— 14 *bis.* ὑπόμεινον τὸν κ. (11 a)
27 (28). 1. πρὸς σὲ, κύριε, ἐκέκραξα (11 a)
— 2. S^2 εἰσάκουσον, κύριε [A B S^1 *om.*], τῆς φωνῆς τῆς δεήσεώς μου -
— 4. S^2 κύριε [A B S^1 *om.*], κατὰ τὰ ἔργα αὐτῶν -
— 5. οὐ συνῆκαν [A -κα] εἰς τὰ ἔργα κυρίου (11 a)
— 6. εὐλογητὸς κύριος (11 a)
— 7. κύριος βοηθός μου καὶ ὑπερασπιστής μου (11 a)
— 8. κύριος κραταίωμα τοῦ λαοῦ αὐτοῦ (11 a)

Ps. 28 (29). 1. ἐνέγκατε τῷ κ., υἱοὶ θεοῦ, ἐνέγκατε τῷ κ. υἱοὺς κριῶν (11 a, 11 a)
— 1. ἐνέγκατε τῷ κ. δόξαν καὶ τιμήν (11 a)
— 2. ἐνέγκατε τῷ κ. δόξαν ὀνόματι αὐτοῦ προσκυνήσατε τῷ κ. ἐν αὐλῇ ἁγίᾳ αὐτοῦ (11 a, 11 a)
— 3. φωνὴ κυρίου ἐπὶ τῶν ὑδάτων (11 a)
— 3. κύριος ἐπὶ ὑδάτων πολλῶν (11 a)
— 4. φωνὴ κυρίου ἐν ἰσχύϊ φωνὴ κυρίου ἐν μεγαλοπρεπείᾳ (11 a, 11 a)
— 5. φωνὴ κυρίου συντρίβοντος κέδρους συντρίψει κύριος τὰς κέδρους τοῦ Λιβάνου (11 a, 11 a)
— 7. φωνὴ κυρίου διακόπτοντος φλόγα πυρός (11 a)
— 8. φωνὴ κυρίου συσσείοντος ἔρημον συσσείσει κύριος τὴν ἔρημον Κάδης (11 a, 11 a)
— 9. φωνὴ κυρίου καταρτιζομένου [S^2 -νη] ἐλάφους (11 a)
— 10. κύριος τὸν κατακλυσμὸν κατοικιεῖ καὶ καθιεῖται κύριος βασιλεὺς εἰς τὸν αἰῶνα (11 a, 11 a)
— 11. κύριος ἰσχὺν τῷ λαῷ αὐτοῦ δώσει κύριος εὐλογήσει τὸν λαὸν αὐτοῦ ἐν εἰρήνῃ (11 a, 11 a)
29 (30). 1. ὑψώσω σε, κύριε (11 a)
— 2. κύριε ὁ θεός μου, ἐκέκραξα πρὸς σέ (11 a)
— 3. κύριε, ἀνήγαγες ἐξ ᾅδου τὴν ψυχήν μου (11 a)
— 4. ψάλατε τῷ κ., οἱ ὅσιοι αὐτοῦ (11 a)
— 7. κύριε, ἐν τῷ θελήματί σου παράσχου (11 a)
— 8. πρὸς σὲ, κύριε, κεκράξομαι (11 a)
— 10. ἤκουσε κύριος καὶ ἠλέησέ με κύριος ἐγενήθη βοηθός μου (11 a, 11 a)
— 12. ἔστρεψας τὸν κοπετόν μου [S^2 *add.* κύριε] -
— 12. κύριε ὁ θεός μου, . . . ἐξομολογήσομαί σοι (11 a)
30 (31). 1. ἐπὶ σοὶ, κύριε, ἤλπισα (11 a)
— 4. A S^2 R σὺ εἶ ὁ ὑπερασπιστής μου, κύριε [B S^1 *om.*] -
— 5. ἐλυτρώσω με, κύριε ὁ θεὸς τῆς ἀληθείας (11 a)
— 6. ἐγὼ δὲ ἐπὶ τῷ κ. ἤλπισα (11 a)
— 9. ἐλέησόν με, κύριε, ὅτι θλίβομαι (11 a)
— 14. ἐγὼ δὲ ἐπὶ σοὶ ἤλπισα, κύριε (11 a)
— 17. κύριε, μὴ καταισχυνθείην (11 a)
— 19. ὡς πολὺ τὸ πλῆθος τῆς χρηστότητός σου, κύριε [S *om.*] -
— 21. εὐλογητὸς κύριος (11 a)
— 22. εἰσήκουσας, κύριε [A S *om.*], τῆς φωνῆς τῆς δεήσεώς μου -
— 23. ἀγαπήσατε τὸν κ. πάντες οἱ ὅσιοι αὐτοῦ ὅτι [S^1 *om.*] ἀληθείας ἐκζητεῖ κύριος (11 a, 11 a)
— 24. πάντες οἱ ἐλπίζοντες ἐπὶ κύριον [S τὸν κ.] (11 a)
31 (32). 2. μακάριος ἀνὴρ οὗ οὐ μὴ λογίσηται κύριος ἁμαρτίαν (11 a)
— 5. A S R ἐξαγορεύσω κατ᾽ ἐμοῦ τὴν ἀνομίαν [B ἁμαρτίαν] τῷ κ. (11 a)
— 10. τὸν δὲ ἐλπίζοντα ἐπὶ κύριον ἔλεος κυκλώσει (11 a)
— 11. εὐφράνθητε ἐπὶ κύριον (11 a)
32 (33). 1. ἀγαλλιᾶσθε δίκαιοι ἐν τῷ [S^2 *om.*] κ. (11 a)
— 2. ἐξομολογεῖσθε τῷ κ. ἐν κιθάρᾳ (11 a)
— 4. εὐθὴς ὁ λόγος τοῦ κ. (11 a)
— 5. A S^2 ἀγαπᾷ ἐλεημοσύνην καὶ κρίσιν ὁ κ. [B S^1 *om.* ὁ κ.] τοῦ ἐλέους κυρίου πλήρης ἡ γῆ (-, 11 a)
— 6. τῷ λόγῳ τοῦ [A S *om.*] κ. οἱ οὐρανοὶ ἐστερεώθησαν (11 a)
— 8. φοβηθήτω τὸν κ. πᾶσα ἡ γῆ (11 a)
— 10. κύριος διασκεδάζει βουλὰς ἐθνῶν (11 a)
— 11. ἡ δὲ βουλὴ τοῦ κ. εἰς τὸν αἰῶνα μένει (11 a)
— 12. μακάριον τὸ ἔθνος οὗ ἐστι κύριος ὁ θεὸς αὐτοῦ (11 a)
— 13. ἐξ οὐρανοῦ ἐπέβλεψεν ὁ κ. (11 a)
— 18. οἱ ὀφθαλμοὶ κυρίου ἐπὶ τοὺς φοβουμένους αὐτόν (11 a)
— 20. ἡ ψυχὴ ἡμῶν ὑπομένει τῷ κ. (11 a)
— 22. γένοιτο τὸ ἔλεός σου, κύριε, ἐφ᾽ ἡμᾶς (11 a)
33 (34). 1. εὐλογήσω τὸν κ. ἐν παντὶ καιρῷ (11 a)
— 2. ἐν τῷ κ. ἐπαινεσθήσεται ἡ ψυχή μου (11 a)
— 3. μεγαλύνατε τὸν κ. σὺν ἐμοί (11 a)
— 4. ἐξεζήτησα τὸν κ. (11 a)
— 6. ὁ κ. εἰσήκουσεν αὐτοῦ [S^1 -ῶν] (11 a)
— 7. παρεμβαλεῖ ἄγγελος κυρίου [A αὐτοῦ] (11 a)
— 8. ἴδετε ὅτι χρηστὸς ὁ κ. (11 a)

Ps. 33 (34). 9. φοβήθητε τὸν κ. πάντες οἱ ἅγιοι αὐ. (11 *a*)
— 10. οἱ δὲ ἐκζητοῦντες τὸν κ. οὐκ ἐλαττωθήσονται (11 *a*)
— 11. φόβον κυρίου διδάξω ὑμᾶς (11 *a*)
— 15. ὀφθαλμοὶ κυρίου ἐπὶ δικαίους (11 *a*)
— 16. πρόσωπον δὲ κυρίου ἐπὶ ποιοῦντας κακά (11 *a*)
— 17. ὁ κ. εἰσήκουσεν αὐτῶν (11 *a*)
— 17. ἐρρύσατο αὐτούς [S^2 *add.* ὁ κ.] -
— 18. ἐγγὺς κύριος τοῖς συντετριμμένοις τὴν καρδίαν (11 *a*)
— 19. **A R** ἐκ πασῶν αὐτῶν ῥύσεται αὐτοὺς ὁ κ. [**B S** *om.* ὁ κ.] (11 *a*)
— 20. **A S^2** φυλάσσει κύριος [**B S^1** *om.*] πάντα τὰ ὀστᾶ αὐτῶν -
— 22. λυτρώσεται κύριος ψυχὰς δούλων αὐτοῦ (11 *a*)
34 (35). 1. δίκασον, κύριε, τοὺς ἀδικοῦντάς με (11 *a*)
— 5. ἄγγελος κυρίου [**S** ὁ κυρίου] ἐκθλίβων αὐτούς (11 *a*)
— 6. ἄγγελος κυρίου καταδιώκων αὐτούς (11 *a*)
— 9. ἡ δὲ ψυχή μου ἀγαλλιάσεται ἐπὶ [**S^1** ἐν] τῷ κ. (11 *a*)
— 10. **A** κύριε κύριε [**B S** *om.*], τίς ὅμοιός σοι (11 *a*, -)
— 17. κύριε, πότε ἐπόψῃ (2)
— 18. **B** ἐξομολογήσομαί σοι, κύριε [**A S** *om.*] -
— 22. εἶδες, κύριε, μὴ παρασιωπήσῃς· κύριε [**A^1** *om.*], μὴ ἀποστῇς ἀπ' ἐμοῦ (11 *a*, 2)
— 23. ἐξεγέρθητι, κύριε [**S^2** *om.*], καὶ πρόσχες τῇ κρίσει μου, ὁ θεός μου καὶ ὁ κ. μου, εἰς τὴν δίκην μου (-, 2)
— 24. κρῖνόν με [**A** μοι], κύριε [**S** *om.*], κατὰ τὴν δικαιοσύνην [**S^1** ἐλεημοσύνην] σου, κύριε ὁ θεός μου (-, 11 *a*)
— 27. μεγαλυνθήτω ὁ κ. [**S^1** θεός] (11 *a*)
35 (36). *tit.* τῷ δούλῳ κυρίου τῷ Δ. [**A** *al.*] (11 *a*)
— 5. κύριε, ἐν τῷ οὐρανῷ τὸ ἔλεός σου (11 *a*)
— 6. ἀνθρώπους καὶ κτήνη σώσεις, κύριε (11 *a*)
36 (37). 3. ἔλπισον ἐπὶ κύριον (11 *a*)
— 4. κατατρύφησον τοῦ κ. (11 *a*)
— 5. ἀποκάλυψον πρὸς κύριον τὴν ὁδόν σου (11 *a*)
— 7. ὑποτάγηθι τῷ κ. (11 *a*)
— 9. οἱ δὲ ὑπομένοντες τὸν κ. (11 *a*)
— 13. ὁ δὲ κ. ἐκγελάσεται αὐτόν (2)
— 17. **A S^2 R** ὑποστηρίζει δὲ τοὺς δικαίους ὁ [**B S^1** *om.*] κ. (11 *a*)
— 18. γινώσκει κύριος τὰς ὁδοὺς τῶν ἀμώμων (11 *a*)
— 20. οἱ δὲ ἐχθροὶ τοῦ κ. . . . ἐξέλιπον (11 *a*)
— 23. παρὰ κυρίου τὰ διαβήματα ἀνθρώπου [**S^1** ἀνδρί] (11 *a*)
— 24. κύριος ἀντιστηρίζει χεῖρα αὐτοῦ (11 *a*)
— 28. κύριος ἀγαπᾷ κρίσιν (11 *a*)
— 33. ὁ δὲ κ. οὐ μὴ ἐγκαταλίπῃ αὐτόν (11 *a*)
— 34. ὑπόμεινον τὸν κ. (11 *a*)
— 39. **A S^2 R** σωτηρία δὲ τῶν δικαίων παρὰ κυρίου [**B S^1** -ῳ] (11 *a*)
— 40. **A B S^2** βοηθήσει αὐτοῖς κύριος (11 *a*)
37 (38). 1. κύριε, μὴ τῷ θυμῷ σου ἐλέγξῃς με (11 *a*)
— 9. **A S** κύριε [**B** καὶ] ἐναντίον σοῦ πᾶσα ἡ ἐπιθυμία μου (2)
— 15. ἐπὶ σοὶ, κύριε, ἤλπισα, σὺ εἰσακούσῃ, κύριε ὁ θεός μου (11 *a*, 2)
— 21. μὴ ἐγκαταλίπῃς με, κύριε (11 *a*)
— 22. κύριε τῆς σωτηρίας μου (2)
38 (39). 4. γνώρισόν μοι, κύριε, τὸ πέρας μου (11 *a*)
— 7. τίς ἡ ὑπομονή μου; οὐχὶ ὁ [**S^2** *om.*] κ. (2)
— 12. **A S R** εἰσάκουσον τῆς προσευχῆς μου, κύριε [**B** *om.*] (11 *a*)
39 (40). 1. ὑπομένων ὑπέμεινα τὸν κ. (11 *a*)
— 3. ἐλπιοῦσιν ἐπὶ κύριον (11 *a*)
— 4. οὗ ἐστι τὸ ὄνομα κυρίου ἐλπὶς αὐτοῦ (11 *a*)
— 5. πολλὰ ἐποίησας σὺ, κύριε ὁ θεός μου (11 *a*)
— 9. κύριε, σὺ ἔγνως τὴν δικαιοσύνην μου [**A S^2** σου] (11 *a*)
— 11. σὺ δὲ, κύριε, μὴ μακρύνῃς τοὺς οἰκτιρμούς σου (11 *a*)
— 13. εὐδόκησον, κύριε, τοῦ ῥύσασθαί με, κύριε, εἰς τὸ βοηθῆσαί μοι πρόσχες [**A** σπεῦσον] (11 *a*, 11 *a*)
— 16. πάντες οἱ ζητοῦντές σε, κύριε -
— 16. μεγαλυνθήτω ὁ κ. (11 *a*)
— 17. κύριος [**A** ὁ κ.] φροντιεῖ μοι (2)
40 (41). 1. ἐν ἡμέρᾳ πονηρᾷ ῥύσεται αὐτὸν ὁ [**S** *om.*] κ. (11 *a*)
— 2. **A S** κύριος διαφυλάξαι [**B** φυλ.] αὐτόν (11 *a*)
— 3. κύριος βοηθήσαι [**A** -σει] αὐτῷ ἐπὶ κλίνης ὀδύνης αὐτοῦ (11 *a*)

Ps. 40 (41). 4. κύριε, ἐλέησόν με (11 *a*)
— 10. σὺ δὲ, κύριε, ἐλέησόν με (11 *a*)
— 13. εὐλογητὸς κ. ὁ θεὸς Ἰσραήλ (11 *a*)
41 (42). 6. **A S^1** μνησθήσομαί σου, κύριε [**B S^2** *om.*] -
— 8. ἡμέρας ἐντελεῖται κύριος τὸ ἔλεος αὐτοῦ (11 *a*)
42 (43). 4. **B** ἐξομολογήσομαί σοι, κύριε [**ASR** *om.*], ἐν κιθάρᾳ -
43 (44). 23. ἵνα τί ὑπνοῖς, κύριε (2)
— 26. ἀνάστα, κύριε, βοήθησον ἡμῖν -
44 (45). 11. αὐτός ἐστιν ὁ [**S^2** *om.*] κ. σου (1)
45 (46). 7. κύριος τῶν δυνάμεων μεθ' ἡμῶν (11 *a*)
— 8. **A R** ἴδετε τὰ ἔργα τοῦ [**B S** *om.*] κ. [**A S^2** θεοῦ] (11 *a*)
— 11. κύριος [**A^1** *om.*, **S** κ. ὁ θεὸς] τῶν δυνάμεων μεθ' ἡμῶν (11 *a*)
46 (47). 2. κύριος ὕψιστος φοβερός (11 *a*)
— 5. κύριος ἐν φωνῇ σάλπιγγος (11 *a*)
47 (48). 1. μέγας κύριος καὶ αἰνετὸς σφόδρα (11 *a*)
— 8. ἐν πόλει κυρίου τῶν δυνάμεων (11 *a*)
— 11. ἕνεκα τῶν κριμάτων σου, κύριε [**S^1** *om.*] -
49 (50). 1. θεὸς θεῶν κύριος ἐλάλησε (11 *a*)
50 (51). 15. κύριε, τὰ χείλη μου ἀνοίξεις (2)
— 18. ἀγάθυνον, κύριε [**S^1** *om.*], ἐν τῇ εὐδοκίᾳ σου τὴν Σιών -
52 (53). 4. **S^1** τὸν κ. [**B S^2** θεὸν] οὐκ ἐπεκαλέσαντο (6)
— 6. **B S^1** ἐν τῷ ἐπιστρέψαι [**B^1 R** ἀποστρ.] κύριον [**S^2** τὸν θεόν] (6)
53 (54). 4. ὁ κ. ἀντιλήπτωρ τῆς ψυχῆς μου (2)
— 6. **S R** ἐξομολογήσομαι τῷ ὀνόματί σου, κύριε [**B** *om.*] (11 *a*)
54 (55). 9. καταπόντισον, κύριε, καὶ καταδίελε τὰς γλώσσας αὐτῶν (2)
— 16. ὁ κ. εἰσήκουσέ μου (11 *a*)
— 22. ἐπίρριψον ἐπὶ κύριον τὴν μέριμνάν σου (11 *a*)
— 23. ἐγὼ δὲ ἐλπιῶ ἐπὶ σὲ [**S^2** σοὶ], κύριε -
55 (56). 1. **B** ἐλέησόν με, κύριε [**S R** ὁ θεός] (6)
— 4. **S^1** ἐπὶ [**B** ἐν] τῷ κ. [**B S^2** θεῷ] ἤλπισα (6)
● — 10. **B** ἐπὶ τῷ κ. [**S R** θεῷ] αἰνέσω ῥῆμα (6)
● — 10. ἐπὶ τῷ κ. αἰνέσω λόγον (11 *a*)
— 11. **S^1** ἐπὶ τῷ κ. [**B S^2 R** θεῷ] ἤλπισα (6)
— 13. **S^2** τοῦ εὐαρεστῆσαι ἐνώπιον κυρίου [**B S^1** τοῦ] θεοῦ (18 *b*)
56 (57). 9. ἐξομολογήσομαί σοι ἐν λαοῖς, κύριε (2)
57 (58). 6. **B S^1** τὰς μύλας τῶν ὀδόντων συνέθλασεν κύριος [**S^2 R** ὁ κ.] (11 *a*)
58 (59). 1. **S^1** ἐξελοῦ με, κύριε [**B S^2** *om.*], ἐκ τῶν ἐχθρῶν μου -
— 3. οὔτε ἡ ἁμαρτία μου, κύριε (11 *a*)
— 5. κύριε ὁ θεὸς τῶν δυνάμεων ὁ θεὸς Ἰσρ. (11 *a*)
— 8. σὺ, κύριε, ἐκγελάσῃ αὐτούς (11 *a*)
— 11. ὁ ὑπερασπιστής μου, κύριε (2)
61 (62). 12. σοῦ, κύριε, τὸ ἔλεος (2)
62 (63). 11. **S^1** ὁ δὲ βασιλεὺς εὐφρανθήσεται ἐπὶ τῷ κ. [**B S^2** θεῷ] (6)
63 (64). 10. **B S^1** εὐφρανθήσεται δίκαιος ἐπὶ [**S^2 R** ἐν] τῷ κ. (11 *a*)
65 (66). 16. **B S^1** πάντες οἱ φοβούμενοι τὸν κ. [**S^2 R** θεόν] (6)
— 18. μὴ εἰσακουσάτω κύριος (2)
67 (68). 4. κύριος ὄνομα αὐτῷ (10)
— 11. κύριος δώσει ῥῆμα τοῖς εὐαγγελιζομένοις (2)
— 16. ὁ κ. κατασκηνώσει εἰς τέλος (11 *a*)
— 17. **B S^1** ὁ [**S^2 R** *om.*] κύριος ἐν αὐτοῖς ἐν Σινὰ ἐν τῷ ἁγίῳ (2)
— 19. κύριος ὁ θεὸς εὐλογητὸς εὐλογητὸς κύριος ἡμέραν καθ' ἡμέραν (10, 2)
— 20. τοῦ κ. [**S^2** *add.* κυρίου] αἱ διέξοδοι τοῦ θανάτου (11 *b* + 2 [11 *b*, 2])
— 22. εἶπε κύριος, Ἐκ Βασὰν ἐπιστρέψω (2)
— 26. τὸν [**S^2** *om.*] κ. ἐκ πηγῶν Ἰσραήλ (2)
— 31. **S^1** Αἰθιοπία προφθάσει χεῖρα αὐτῆς τῷ κ. [**B S^2** θεῷ] (6)
— 32. **S^1** ᾄσατε τῷ κ. [**B S^2** θεῷ] (6)
— 32. ψάλατε τῷ κ. [**S^1** θεῷ] (2)
68 (69). 6. **S** κύριε κύριε [**B** *om.*] τῶν δυνάμεων (2, 11 *b* [2 + 11 *b*])
— 13. ἐγὼ δὲ τῇ προσευχῇ μου πρὸς σὲ, κύριε (11 *a*)
— 16. εἰσάκουσόν μου, κύριε (11 *a*)
— 33. εἰσήκουσε τῶν πενήτων ὁ κ. (11 *a*)
69 (70). *tit.* εἰς τὸ σῶσαί με κύριον -
— 1. **B^1** κύριε, εἰς τὸ βοηθῆσαί μοι σπεῦσον [**S^1** θέλησον] (11 *a*)
— 4. οἱ ζητοῦντές σε [**S^2** *add.* κύριε] -
— 5. βοηθός μου καὶ ῥύστης μου εἶ σὺ, κύριε (11 *a*)

Ps. 70 (71). 1. **S R** ἐπὶ σοὶ, κύριε [**B** ὁ θεὸς], ἤλπισα (11 *a*)
— 5. σὺ εἶ ἡ ὑπομονή μου, κύριε, κύριος ἡ ἐλπίς μου ἐκ νεότητός μου (2, 11 *b*)
— 16. εἰσελεύσομαι ἐν δυναστείᾳ κυρίου· κύριε, μνησθήσομαι τῆς δικαιοσύνης σου μόνου (2, 11 *b*)
71 (72). 17. ἔστω τὸ ὄνομα αὐ. [**S^2** τοῦ κ.] εὐλογημένον †
— 18. εὐλογητὸς κύριος ὁ θεὸς Ἰσραήλ (11 *a* + 6)
72 (73). 20. κύριε, ἐν τῇ πόλει σου τὴν εἰκόνα αὐτῶν ἐξουδενώσεις (2)
— 28. **B** τὸ προσκολλᾶσθαι τῷ κ. [**S R** θεῷ] (6)
— 28. τίθεσθαι ἐν τῷ κ. τὴν ἐλπίδα μου (2 + 11 *b*)
73 (74). 8. καταπαύσωμεν τὰς ἑορτὰς κυρίου [**S** τοῦ θεοῦ] (4 *a*)
— 18. ἐχθρὸς ὠνείδισε τὸν κ. (11 *a*)
74 (75). 8. ποτήριον ἐν χειρὶ κυρίου (11 *a*)
— 9. ἐγὼ δὲ ἀγαλλιάσομαι [**S^1** *add.* κυρίῳ] -
75 (76). 11. ἀπόδοτε κυρίῳ τῷ θεῷ ἡμῶν (11 *a*)
76 (77). 1. φωνῇ μου πρὸς κύριον ἐκέκραξα (6)
— 7. μὴ εἰς τοὺς αἰῶνας ἀπώσεται κύριος (2)
— 11. ἐμνήσθην τῶν ἔργων κυρίου (10)
77 (78). 4. ἀπαγγέλλοντες τὰς αἰνέσεις κυρίου (11 *a*)
— 21. ἤκουσε κύριος καὶ ἀνεβάλετο (11 *a*)
— 59. **S^1** ἤκουσεν κύριος [**B S^2** ὁ θεός] (6)
— 65. ἐξηγέρθη ὡς ὁ ὑπνῶν κύριος (2)
78 (79). 5. ἕως πότε, κύριε, ὀργισθήσῃ εἰς τέλος (11 *a*)
— 9. ἕνεκα τῆς δόξης τοῦ ὀνόματός σου, κύριε -
— 12. ὃν ὠνείδισάν σε, κύριε (2)
79 (80). 4. κύριε ὁ θεὸς τῶν δυνάμεων (11 *a*)
— 7. κύριε ὁ θεὸς τῶν δυνάμεων (18 *b*)
— 19. κύριε ὁ θεὸς τῶν δυνάμεων (11 *a*)
80 (81). 10. ἐγὼ γάρ εἰμι κύριος ὁ θεός σου (11 *a*)
— 15. οἱ ἐχθροὶ κυρίου ἐψεύσαντο αὐτῷ (11 *a*)
82 (83). 3. **A** ἐπὶ τὸν λαόν σου, κύριε [**B S** *al.*] -
— 16. ζητήσουσι τὸ ὄνομά [**A** πρόσωπόν] σου, κύριε (11 *a*)
— 18. γνώτωσαν ὅτι ὄνομά σοι κύριος (11 *a*)
83 (84). 1. ὡς ἀγαπητὰ τὰ σκηνώματά σου, κύριε τῶν δυνάμεων (11 *a*)
— 2. ἐκλείπει ἡ ψυχή μου εἰς τὰς αὐλὰς τοῦ κ. [**S^1** θεοῦ] (11 *a*)
— 3. τὰ θυσιαστήριά σου, κύριε τῶν δυνάμεων (11 *a*)
— 5. οὗ ἐστιν ἡ ἀντίληψις αὐτοῦ παρὰ σοῦ, κύριε [**S^2** *om.*] -
— 8. κύριε ὁ θεὸς τῶν δυνάμεων (11 *a*)
— 11. ἔλεον καὶ ἀλήθειαν ἀγαπᾷ κύριος (11 *a*)
— 11. κύριος οὐχ ὑστερήσει [**S^2** οὐ στερήσει] τὰ ἀγαθά (11 *a*)
— 12. κύριε [**S^2** κύριε ὁ θεὸς] τῶν δυνάμεων (11 *a* [18 *a*])
84 (85). 1. εὐδόκησας, κύριε, τὴν γῆν σου (11 *a*)
— 7. δεῖξον ἡμῖν, κύριε, τὸ ἔλεός σου (11 *a*)
— 7. **A B** τὸ σωτήριόν σου, κύριε [**S R** *om.*] -
— 8. ἀκούσομαι τί λαλήσει ἐν ἐμοὶ κ. ὁ θεός (4 *a*)
— 12. ὁ κ. δώσει χρηστότητα (11 *a*)
85 (86). 1. κλῖνον, κύριε, τὸ οὖς σου (11 *a*)
— 3. ἐλέησόν με, κύριε (2)
— 4. πρὸς σὲ, κύριε [**S^1** *om.*], ἦρα τὴν ψυχήν μου (2)
— 5. σὺ, κύριε, χρηστὸς καὶ ἐπιεικής (2)
— 6. ἐνώτισαι, κύριε, τὴν προσευχήν μου (11 *a*)
— 8. οὐκ ἔστιν ὅμοιός σοι ἐν θεοῖς, κύριε (2)
— 9. προσκυνήσουσιν ἐνώπιόν σου, κύριε (2)
— 11. ὁδήγησόν με, κύριε, τῇ ὁδῷ σου (11 *a*)
— 12. ἐξομολογήσομαί σοι, κύριε ὁ θεός μου (2)
— 15. σὺ, κύριε ὁ θεὸς, οἰκτίρμων καὶ ἐλεήμων (2)
— 17. σὺ, κύριε, ἐβοήθησάς μοι (11 *a*)
86 (87). 2. ἀγαπᾷ κύριος τὰς πύλας Σιών (11 *a*)
— 6. κύριος διηγήσεται ἐν γραφῇ λαῶν (11 *a*)
87 (88). 1. κύριε ὁ θεὸς τῆς σωτηρίας μου (11 *a*)
— 2. κλῖνον τὸ οὖς σου εἰς τὴν δέησίν μου, κύριε [**B^4 S** *om.*] -
— 9. ἐκέκραξα πρὸς σὲ, κύριε, ὅλην τὴν ἡμέραν (11 *a*)
— 13. κἀγὼ πρὸς σὲ, κύριε, ἐκέκραξα (11 *a*)
— 14. **A S^1** ἵνα τί, κύριε, ἀπωθεῖς τὴν ψυχήν [**B S^2** προσευχήν] μου (11 *a*)
88 (89). 1. τὰ ἐλέη σου, κύριε, εἰς τὸν αἰῶνα ᾄσομαι (11 *a*)
— 5. ἐξομολογήσονται οἱ οὐρανοὶ τὰ θαυμάσιά σου, κύριε (11 *a*)
— 6. τίς ἐν νεφέλαις ἰσωθήσεται τῷ κ. (11 *a*)
— 6. καὶ τίς [**A S^2** *om.* καὶ τίς] ὁμοιωθήσεται τῷ κ. [**S^1** θεῷ] ἐν υἱοῖς θεοῦ (11 *a*)

● = correction on page xxvi

Ps. 88 (89). 8. κύριε ὁ θεὸς τῶν δυνάμεων, τίς ὅμοιός σοι; δυνατὸς εἶ, κύριε (11 *a*, 10)
— 15. κύριε, ἐν τῷ φωτὶ τοῦ προσώπου σου πορεύσονται (11 *a*)
— 18. τοῦ κ. ἡ ἀντίληψις (11 *a*)
— 46. ἕως πότε, κύριε, ἀποστρέφεις [B -ψεις, R -φῃ] (11 *a*)
— 49. ποῦ ἐστι τὰ ἐλέη σου τὰ ἀρχαῖα, κύριε (2)
— 50. μνήσθητι, κύριε, τοῦ ὀνειδισμοῦ τῶν δούλων σου (2)
— 51. οὗ ὠνείδισαν οἱ ἐχθροί σου, κύριε (11 *a*)
— 52. εὐλογητὸς κύριος εἰς τὸν αἰῶνα (11 *a*)
89 (90). 1. κύριε, καταφυγὴ ἐγενήθης ἡμῖν (2)
— 4. ἐν ὀφθαλμοῖς σου [A S^{2} *add.* κύριε] -
— 13. ἐπίστρεψον, κύριε, ἕως πότε (11 *a*)
— 17. ἔστω ἡ λαμπρότης κυρίου τοῦ θεοῦ ἡμῶν ἐφ' ἡμᾶς (11 *a* [2])
90 (91). 2. ἐρεῖ τῷ κ. [B^{1} S^{1} θεῷ] (11 *a*)
— 9. σὺ, κύριε, ἡ ἐλπίς μου (11 *a*)
91 (92). 1. ἀγαθὸν τὸ ἐξομολογεῖσθαι τῷ κ. (11 *a*)
— 4. εὔφρανάς με, κύριε, ἐν τῷ ποιήματί σου (11 *a*)
— 5. ὡς ἐμεγαλύνθη τὰ ἔργα σου, κύριε (11 *a*)
— 8. σὺ δὲ ὕψιστος εἰς τὸν αἰῶνα, κύριε (11 *a*)
— 9. A^{2} S ὅτι ἰδοὺ οἱ ἐχθροί σου, κύριε (11 *a*)
— 13. πεφυτευμένοι ἐν τῷ οἴκῳ κυρίου (11 *a*)
— 15. εὐθὴς κύριος ὁ θεός μου (11 *a*)
92 (93). 1. ὁ [B^{1} *om.*] κ. ἐβασίλευσεν (11 *a*)
— 1. ἐνεδύσατο κύριος δύναμιν (11 *a*)
— 3. ἐπῆραν οἱ ποταμοὶ, κύριε (11 *a*)
— 4. θαυμαστὸς ἐν ὑψηλοῖς ὁ κ. (11 *a*)
— 5. τῷ οἴκῳ σου πρέπει ἁγίασμα, κύριε (11 *a*)
93 (94). 1. θεὸς ἐκδικήσεων κύριος (11 *a*)
— 3. ἕως πότε ἁμαρτωλοὶ, κύριε (11 *a*)
— 5. τὸν λαόν σου, κύριε, ἐταπείνωσας (11 *a*)
— 7. οὐκ ὄψεται κύριος [S^{1} ὁ κ.] (10)
— 11. κύριος γινώσκει τοὺς διαλογισμοὺς τῶν ἀνθρώπων (11 *a*)
— 12. ὃν ἂν σὺ παιδεύσῃς, κύριε (10)
— 14. οὐκ ἀπώσεται κύριος τὸν λαὸν αὐτοῦ (11 *a*)
— 17. εἰ μὴ ὅτι κύριος ἐβοήθησέ μοι (11 *a*)
— 18. τὸ ἔλεός σου [A^{1} *om.* τὸ ἔ. σου], κύριε, ἐβοήθει μοι (11 *a*)
— 19. κύριε [A S^{2} *om.*], κατὰ τὸ πλῆθος τῶν ὀδυνῶν μου -
— 22. ἐγένετό μοι κύριος εἰς καταφυγήν (11 *a*)
— 23. A S^{2} ἀποδώσει αὐτοῖς κύριος κατὰ [B S^{1} *om.* κ. κατὰ] τὴν ἀνομίαν αὐτῶν -
— 23. ἀφανιεῖ αὐτοὺς κύριος ὁ θεὸς ἡμῶν (11 *a*)
94 (95). 1. ἀγαλλιασόμεθα τῷ κ. (11 *a*)
— 3. θεὸς μέγας κύριος (11 *a*)
— 3. B S^{2} οὐκ ἀπώσεται κύριος τὸν λαὸν αὐτοῦ -
— 6. κλαύσωμεν ἐναντίον κυρίου τοῦ ποιήσαντος ἡμᾶς (11 *a*)
95 (96). 1. ᾄσατε τῷ κ. ᾆσμα καινὸν ᾄσατε τῷ κ., πᾶσα ἡ γῆ (11 *a*, 11 *a*)
— 2. ᾄσατε τῷ κ. (11 *a*)
— 4. μέγας κύριος καὶ αἰνετὸς σφόδρα (11 *a*)
— 5. ὁ δὲ κ. τοὺς οὐρανοὺς ἐποίησεν (11 *a*)
— 7. ἐνέγκατε τῷ κ. αἱ πατριαὶ τῶν ἐθνῶν ἐνέγκατε τῷ κ. δόξαν καὶ τιμήν (11 *a*, 11 *a*)
— 8. ἐνέγκατε τῷ κ. δόξαν ὀνόματι αὐτοῦ (11 *a*)
— 9. προσκυνήσατε τῷ κ. ἐν αὐλῇ ἁγίᾳ αὐτοῦ (11 *a*)
— 10. ὁ [A S^{2} ὅτι] κ. ἐβασίλευσε (11 *a*)
— 13. ἀγαλλιάσονται πάντα τὰ ξύλα . . . πρὸ [A S^{2} ἀπὸ] προσώπου κυρίου (11 *a*)
96 (97). 1. ὁ κ. ἐβασίλευσεν (11 *a*)
— 5. τὰ ὄρη ὡσεὶ κηρὸς ἐτάκησαν ἀπὸ προσώπου κυρίου ἀπὸ προσώπου κυρίου [S *om.*] πάσης τῆς γῆς (11 *a*, 1)
— 8. ἕνεκεν τῶν κριμάτων σου, κύριε (11 *a*)
— 9. σὺ εἶ [A S^{2} *om.*] κύριος ὕψιστος (11 *a*)
— 10. οἱ ἀγαπῶντες τὸν κ. μισεῖτε πονηρόν [A B^{3} S^{2} -ρά] (11 *a*)
— 10. φυλάσσει κύριος τὰς ψυχὰς τῶν ὁσίων αὐτοῦ -
— 12. A S^{2} R εὐφράνθητε δίκαιοι ἐν [B S^{1} ἐπὶ] τῷ κ. (11 *a*)
97 (98). 1. B S ᾄσατε τῷ κ. ᾆσμα καινὸν ὅτι θαυμαστὰ ἐποίησεν κύριος [AR ὁ κ.] (11 *a*, -)
— 2. ἐγνώρισε κύριος τὸ σωτήριον αὐτοῦ (11 *a*)
— 4. A B^{2} S ἀλαλάξατε τῷ κ. [B^{1} R θεῷ] πᾶσα ἡ γῆ (11 *a*)
— 5. ψάλατε τῷ κ. ἐν κιθάρᾳ (11 *a*)
— 6. ἀλαλάξατε ἐνώπιον τοῦ βασιλέως κυρίῳ [A B^{2} S^{2} -ου] (11 *a*)

Ps. 97 (98). 9. A S^{2} τὰ ὄρη ἀγαλλιάσονται ἀπὸ προσώπου κυρίου [B S^{1} *om.* ἀπὸ πρ. κ.] (11 *a*)
98 (99). 1. ὁ [B^{1} S^{1} *om.*] κύριος ἐβασίλευσεν (11 *a*)
— 2. κύριος ἐν Σιὼν μέγας (11 *a*)
— 5. ὑψοῦτε κύριον τὸν θεὸν ἡμῶν (11 *a*)
— 6. ἐπεκαλοῦντο τὸν κ. (11 *a*)
— 8. κύριε ὁ θεὸς ἡμῶν, σὺ ἐπήκουες αὐτῶν (11 *a*)
— 9. ὑψοῦτε κύριον τὸν θεὸν ἡμῶν (11 *a*)
— 9. ἅγιος κύριος ὁ θεὸς ἡμῶν (11 *a*)
99 (100). 1. ἀλαλάξατε τῷ κ. πᾶσα ἡ γῆ (11 *a*)
— 2. δουλεύσατε τῷ κ. ἐν εὐφροσύνῃ (11 *a*)
— 3. γνῶτε ὅτι κύριος αὐτός ἐστιν ὁ θεός [A S^{2} θ. ἡμῶν] (11 *a*)
— 5. ὅτι χρηστὸς κύριος (11 *a*)
100 (101). 1. κρίσιν ᾄσομαί σοι, κύριε (11 *a*)
— 8. τοῦ ἐξολεθρεῦσαι ἐκ πόλεως κυρίου (11 *a*)
101 (102). *tit.* ὅταν . . . ἐναντίον κυρίου ἐκχέῃ τὴν δέησιν αὐτοῦ (11 *a*)
— 1. κύριε, εἰσάκουσον τῆς προσευχῆς μου (11 *a*)
— 12. σὺ δὲ, κύριε, εἰς τὸν αἰῶνα μένεις (11 *a*)
— 15. φοβηθήσονται τὰ ἔθνη τὸ ὄνομά σου, κύριε [A^{1} S -ίου] (11 *a*)
— 16. οἰκοδομήσει κύριος τὴν Σιών (11 *a*)
— 18. λαὸς ὁ κτιζόμενος αἰνέσει τὸν κ. (10)
— 19. κύριος ἐξ οὐρανοῦ ἐπὶ τὴν γῆν ἐπέβλεψε (11 *a*)
— 21. τοῦ ἀναγγεῖλαι ἐν Σιὼν τὸ ὄνομα κυρίου (11 *a*)
— 22. A S^{2} R καὶ βασιλεῖς [B S^{1} -είας] τοῦ δουλεύειν τῷ κ. (11 *a*)
— 25. κατ' ἀρχὰς τὴν γῆν σὺ, κύριε [S^{1} *om.* σὺ κ.], ἐθεμελίωσας -
102 (103). 1, 2. εὐλόγει ἡ ψυχή μου τὸν κ. (11 *a*)
— 6. ποιῶν ἐλεημοσύνας ὁ κ. (11 *a*)
— 8. οἰκτίρμων καὶ ἐλεήμων ὁ κ. (11 *a*)
— 11. ἐκραταίωσε κύριος τὸ ἔλεος αὐτοῦ -
— 13. ᾠκτείρησε κύριος τοὺς φοβουμένους αὐτόν (11 *a*)
— 17. τὸ δὲ ἔλεος τοῦ κ. ἀπὸ τοῦ αἰῶνος (11 *a*)
— 19. κύριος ἐν τῷ οὐρανῷ ἡτοίμασε τὸν θρόνον αὐτοῦ (11 *a*)
— 20. εὐλογεῖτε τὸν κ. πάντες οἱ ἄγγελοι αὐτοῦ (11 *a*)
— 21. εὐλογεῖτε τὸν κ. πᾶσαι αἱ δυνάμεις αὐ. (11 *a*)
— 22. εὐλογεῖτε τὸν κ. πάντα τὰ ἔργα αὐτοῦ (11 *a*)
— 22. εὐλόγει ἡ ψυχή μου τὸν κ. (11 *a*)
103 (104). 1. εὐλόγει ἡ ψυχή μου τὸν κ. (11 *a*)
— 1. B κύριε [A S R *om.*] κύριε ὁ θεός μου, ἐμεγαλύνθης σφόδρα (11 *a*, 11 *a*)
— 16. S^{1} χορτασθήσεται τὰ ξύλα τοῦ κ. [A B S^{2} πεδίου] (11 *a*)
— 24. ὡς ἐμεγαλύνθη τὰ ἔργα σου, κύριε (11 *a*)
— 31. ἤτω ἡ δόξα κυρίου εἰς τὸν αἰῶνα [A S^{2} τοὺς αἰ.] (11 *a*)
— 31. εὐφρανθήσεται κύριος ἐπὶ τοῖς ἔργοις αὐτοῦ (11 *a*)
— 33. ᾄσω τῷ κ. ἐν τῇ ζωῇ μου (11 *a*)
— 34. ἐγὼ δὲ εὐφρανθήσομαι ἐπὶ τῷ κ. (11 *a*)
— 35. εὐλόγει ἡ ψυχή μου τὸν κ. (11 *a*)
104 (105). 1. ἐξομολογεῖσθε τῷ κ. (11 *a*)
— 3. εὐφρανθήτω καρδία ζητούντων τὸν κ. (11 *a*)
— 4. ζητήσατε τὸν κ. (11 *a*)
— 7. αὐτὸς κύριος ὁ θεὸς ἡμῶν (11 *a*)
— 19. τὸ λόγιον τοῦ κ. ἐπύρωσεν αὐτόν (11 *a*)
— 21. κατέστησεν αὐτὸν κύριον τοῦ οἴκου αὐ. (1)
105 (106). 1. ἐξομολογεῖσθε τῷ κ. ὅτι χρηστός (11 *a*)
— 2. τίς λαλήσει τὰς δυναστείας τοῦ κ. (11 *a*)
— 4. μνήσθητι ἡμῶν, κύριε (11 *a*)
— 16. Ἀαρὼν τὸν ἅγιον κυρίου (11 *a*)
— 21. ἐπελάθοντο τοῦ [AS *om.*] θεοῦ [S^{1} κυρίου] (4 *a*)
— 25. οὐκ εἰσήκουσαν τῆς φωνῆς κυρίου (11 *a*)
— 34. ἃ εἶπε κύριος αὐτοῖς (11 *a*)
— 40. ὠργίσθη θυμῷ κύριος (11 *a*)
— 44. AR εἶδε κύριος [S *om.*] ἐν τῷ θλίβεσθαι αὐτούς -
— 47. σῶσον ἡμᾶς, κύριε ὁ θεὸς ἡμῶν (11 *a*)
— 48. εὐλογητὸς κύριος ὁ θεὸς Ἰσραήλ (11 *a*)
106 (107). 1. ἐξομολογεῖσθε τῷ κ. ὅτι χρηστός (11 *a*)
— 2. εἰπάτωσαν οἱ λελυτρωμένοι ὑπὸ κυρίου (11 *a*)
— 6. ἐκέκραξαν πρὸς κύριον ἐν τῷ θλίβεσθαι αὐτούς (11 *a*)
— 8. ἐξομολογησάσθωσαν τῷ κ. τὰ ἐλέη αὐ. (11 *a*)
— 13. ἐκέκραξαν πρὸς κύριον ἐν τῷ θλίβεσθαι αὐτούς (11 *a*)

Ps. 106 (107). 15. ἐξομολογησάσθωσαν τῷ κ. τὰ ἐλέη αὐ. (11 *a*)
— 19. ἐκέκραξαν πρὸς κύριον ἐν τῷ θλίβεσθαι αὐτούς (11 *a*)
— 21. ἐξομολογησάσθωσαν τῷ κ. τὰ ἐλέη αὐ. (11 *a*)
— 24. αὐτοὶ εἶδον τὰ ἔργα κυρίου (11 *a*)
— 28. ἐκέκραξαν πρὸς κύριον ἐν τῷ θλίβεσθαι αὐτούς (11 *a*)
— 31. ἐξομολογησάσθωσαν τῷ κ. τὰ ἐλέη αὐ. (11 *a*)
— 43. συνήσει τὰ ἐλέη τοῦ κ. (11 *a*)
107 (108). 3. ἐξομολογήσομαί σοι ἐν λαοῖς, κύριε (11 *a*)
108 (109). 14. ἀναμνησθείη ἡ ἀνομία τῶν πατέρων αὐτοῦ ἔναντι κυρίου (11 *a*)
— 15. γενηθήτωσαν ἐναντίον κυρίου διὰ παντός (11 *a*)
— 20. τοῦτο τὸ ἔργον τῶν ἐνδιαβαλλόντων με παρὰ κυρίῳ (11 *a*)
— 21. A S^{1} σὺ, κύριε, κύριε, ποίησον μετ' ἐμοῦ ἔλεος [S^{2} R *om.*] (11 *b*, 2)
— 26. βοήθησόν μοι, κύριε ὁ θεός μου (11 *a*)
— 27. σὺ, κύριε, ἐποίησας αὐτήν (11 *a*)
— 30. ἐξομολογήσομαι τῷ [S^{2} *om.*] κ. σφόδρα ἐν τῷ στόματί μου (11 *a*)
109 (110). 1. εἶπεν ὁ κ. τῷ κ. μου (11 *a*, 1)
— 2. A S^{1} ῥάβδον δυνάμεως ἐξαποστελεῖ κύριος [S^{2} R σοι κ.] (11 *a*)
— 4. ὤμοσε κύριος καὶ οὐ μεταμεληθήσεται (11 *a*)
— 5. κύριος ἐκ δεξιῶν σου συνέθλασεν . . . βασιλεῖς (2)
110 (111). 1. ἐξομολογήσομαί σοι, κύριε, ἐν ὅλῃ καρδίᾳ μου (11 *a*)
— 2. μεγάλα τὰ ἔργα κυρίου (11 *a*)
— 4. ἐλεήμων καὶ οἰκτίρμων ὁ κ. (11 *a*)
— 9. λύτρωσιν ἀπέστειλε [S^{2} *add.* κύριος] -
— 10. ἀρχὴ σοφίας φόβος κυρίου (11 *a*)
111 (112). 1. μακάριος ἀνὴρ ὁ φοβούμενος τὸν κ. (11 *a*)
— 4. A οἰκτίρμων καὶ δίκαιος κ. ὁ θεός [S R *om.* κ. ὁ θ.] -
— 7. A R ἐλπίζειν ἐπὶ κύριον [S τὸν κ.] (11 *a*)
112 (113). 1. αἰνεῖτε παῖδες κύριον [A τὸν κ.] αἰνεῖτε τὸ ὄνομα κυρίου [S^{1} αὐτοῦ] (11 *a*, 11 *a*)
— 2. εἴη τὸ ὄνομα κυρίου εὐλογημένον (11 *a*)
— 3. αἰνετὸν [S^{1} αἰνεῖτε] τὸ ὄνομα κυρίου (11 *a*)
— 4. ὑψηλὸς ἐπὶ πάντα τὰ ἔθνη ὁ κ. (11 *a*)
— 5. τίς ὡς κύριος ὁ θεὸς ἡμῶν (11 *a*)
113 (114). 7. ἀπὸ προσώπου κυρίου ἐσαλεύθη ἡ γῆ (1)
113. 9 (115. 1). μὴ ἡμῖν, κύριε, μὴ ἡμῖν . . . δὸς δόξαν (11 *a*)
— 17 (115. 9). οἶκος Ἰσραὴλ ἤλπισεν ἐπὶ κύριον (11 *a*)
— 18 (115. 10). οἶκος Ἀαρὼν ἤλπισεν ἐπὶ κύριον (11 *a*)
— 19 (115. 11). οἱ φοβούμ. τὸν [A *om.*] κ. ἤλπισαν ἐπὶ κύριον [S ἐπ' αὐτόν] (11 *a*, 11 *a*)
— 20 (115. 12). κύριος μνησθεὶς ἡμῶν εὐλόγησεν ἡμᾶς (11 *a*)
— 21 (115. 13). εὐλόγησε τοὺς φοβουμ. τὸν κ. (11 *a*)
— 22 (115. 14). προσθείη κύριος ἐφ' ὑμᾶς (11 *a*)
— 23 (115. 15). εὐλογημένοι ὑμεῖς τῷ κ. (11 *a*)
— 24 (115. 16). S R ὁ οὐρανὸς τοῦ οὐρανοῦ [A τῷ οὐ.] τῷ κ. (11 *a*)
— 25 (115. 17). οὐχ οἱ νεκροὶ αἰνέσουσί σε, κύριε (10)
— 26 (115. 18). ἡμεῖς οἱ ζῶντες εὐλογήσωμεν τὸν κ. (10)
114 (116). 1. εἰσακούσεται κύριος [S^{1} ὁ θεὸς] τῆς φωνῆς τῆς δεήσεώς μου (11 *a*)
— 4. τὸ ὄνομα κυρίου ἐπεκαλεσάμην, Ὦ κύριε, ῥῦσαι τὴν ψυχήν μου (11 *a*, 11 *a*)
— 5. ἐλεήμων ὁ κ. καὶ δίκαιος (11 *a*)
— 5. καὶ [S^{1} *add.* κύριος] ὁ θεὸς ἡμῶν (18 *b*)
— 6. φυλάσσων τὰ νήπια ὁ κ. (11 *a*)
— 7. S R κύριος εὐηργέτησέ σε [A με] (11 *a*)
— 9. εὐαρεστήσω ἐνώπιον κυρίου ἐν χώρᾳ ζώντων (11 *a*)
115. 3 (116. 12). τί ἀνταποδώσω τῷ κ. (11 *a*)
— 4 (116. 13). τὸ ὄνομα κυρίου ἐπικαλέσομαι (11 *a*)
— 5 (116. 14). R τὰς εὐχάς μου τῷ κ. ἀποδώσω (11 *a*)
— 6 (116. 15). τίμιος ἐναντίον κυρίου ὁ θάνατος τῶν ὁσίων αὐτοῦ (11 *a*)
— 7 (116. 16). ὦ κύριε, ἐγὼ δοῦλος σός (11 *a*)

Ps. 115. 8 (116. 17). A S[2] R ἐν ὀνόματι κυρίου ἐπικαλέσομαι (11 *a*)

— 9 (116. 18). τὰς εὐχάς μου τῷ κ. ἀποδώσω (11 *a*)

— 10 (116. 19). ἐν αὐλαῖς οἴκου κυρίου (11 *a*)

116 (117). 1. αἰνεῖτε τὸν κ. πάντα τὰ ἔθνη (11 *a*)

— 2. ἡ ἀλήθεια τοῦ κ. μένει εἰς τὸν αἰῶνα (11 *a*)

117 (118). 1. ἐξομολογεῖσθε τῷ κ. (11 *a*)

— 4. A R εἰπάτωσαν δὴ πάντες οἱ φοβούμενοι τὸν κ. (11 *a*)

— 5. ἐκ θλίψεως [S ἐν θλίψει] ἐπεκαλεσάμην τὸν κ. (10)

— 6, 7. κύριος ἐμοὶ βοηθός (11 *a*)

— 8. ἀγαθὸν πεποιθέναι ἐπὶ κύριον (11 *a*)

— 9. ἀγαθὸν ἐλπίζειν ἐπὶ κύριον (11 *a*)

— 10, 11, 12. τῷ ὀνόματι κυρίου ἠμυνάμην αὐτούς (11 *a*)

— 13. ὁ [S[1] *om.*] κ. ἀντελάβετό μου (11 *a*)

— 14. ἰσχύς μου καὶ ὕμνησίς μου ὁ κ. (10)

— 15. δεξιὰ κυρίου ἐποίησε δύναμιν (11 *a*)

— 16. δεξιὰ κυρίου ὕψωσέ με (11 *a*)

— 16. A S[2] R δεξιὰ κυρίου ἐποίησε δύναμιν (11 *a*)

— 17. A S[1] ἐκδιηγήσομαι [S[2] R διηγ.] τὰ ἔργα κυρίου (10)

— 18. A R παιδεύων ἐπαίδευσέ με ὁ [S *om.*] κ. (10)

— 19. εἰσελθὼν ἐν αὐταῖς ἐξομολογήσομαι τῷ κ. (10)

— 20. αὕτη ἡ πύλη τοῦ κ. (11 *a*)

— 23. παρὰ κυρίου ἐγένετο αὕτη (11 *a*)

— 24. A R ἣν ἐποίησεν ὁ [S *om.*] κ. (11 *a*)

— 25. ὦ κύριε, σῶσον δή, ὦ κύριε, εὐόδωσον δή (11 *a*, 11 *a*)

— 26. εὐλογημένος ὁ ἐρχόμενος ἐν ὀνόματι κυρίου· εὐλογήκαμεν ὑμᾶς ἐξ οἴκου κυρίου (11 *a*, 11 *a*)

— 27. θεὸς κύριος καὶ ἐπέφανεν ἡμῖν (11 *a*)

— 29. ἐξομολογεῖσθε τῷ κ. (11 *a*)

118 (119). 1. οἱ πορευόμενοι ἐν νόμῳ κυρίου (11 *a*)

— 7. ἐξομολογήσομαί σοι [A S[1] *add.* κύριε] -

— 12. εὐλογητὸς εἶ, κύριε (11 *a*)

— 31. ἐκολλήθην τοῖς μαρτυρίοις σου, κύριε (11 *a*)

— 33. νομοθέτησόν με, κύριε, τὴν ὁδὸν τῶν δικαιωμάτων σου (11 *a*)

— 41. ἔλθοι ἐπ' ἐμὲ τὸ ἔλεός σου, κύριε (11 *a*)

— 52. ἐμνήσθην τῶν κριμάτων σου ἀπ' αἰῶνος, κύριε (11 *a*)

— 55. ἐμνήσθην ἐν νυκτὶ τοῦ ὀνόματός [S[1] τὸ ὄ.] σου, κύριε (11 *a*)

— 57. μερίς μου εἶ, κύριε (11 *a*)

— 64. S R τοῦ ἐλέους σου, κύριε [A ἐλ. κυρίου] πλήρης ἡ γῆ (11 *a*)

— 64. τὰ δικαιώματά σου [S[1] *add.* κύριε] -

— 65. χρηστότητα ἐποίησας μετὰ τοῦ δούλου σου, κύριε (11 *a*)

— 68. χρηστὸς εἶ σὺ, κύριε -

— 75. ἔγνων, κύριε (11 *a*)

— 85. οὐχ ὡς ὁ νόμος σου, κύριε -

— 89. εἰς τὸν αἰῶνα, κύριε, ὁ λόγος σου διαμένει (11 *a*)

— 93. S ἔζησάς με, κύριε [A R *om.*] -

— 94. S[1] σός εἰμι, κύριε [A S[2] R ἐγώ] †

— 97. ὡς ἠγάπησα τὸν νόμον σου, κύριε -

— 107. ἐταπεινώθην ἕως σφόδρα, κύριε (11 *a*)

— 108. τὰ ἑκούσια τοῦ στόματός μου εὐδόκησον δὴ [S[1] εὐλόγησον], κύριε (11 *a*)

— 124. ποίησον μετὰ τοῦ δούλου σου [A *add.* κύριε] -

— 126. καιρὸς τοῦ ποιῆσαι τῷ κ. (11 *a*)

— 137. δίκαιος εἶ, κύριε (11 *a*)

— 145. ἐπάκουσόν μου, κύριε (11 *a*)

— 149. τῆς φωνῆς μου ἄκουσον, κύριε (11 *a*)

— 151. ἐγγὺς εἶ, κύριε (11 *a*)

— 156. οἱ οἰκτιρμοί σου πολλοὶ, κύριε (11 *a*)

— 159. τὰς ἐντολάς σου ἠγάπησα, κύριε (11 *a*)

— 166. προσεδόκων τὸ σωτήριόν σου, κύριε (11 *a*)

— 168. πᾶσαι αἱ ὁδοί μου ἐναντίον σου, κύριε [A[1] S[1] *om.*] -

— 169. ἐγγισάτω ἡ δέησίς μου ἐνώπιόν σου, κύριε [S[1] *add.* κύριε] (11 *a*, -)

— 170. εἰσέλθοι τὸ ἀξίωμά μου ἐνώπιόν σου, κύριε [S[1] *om.*] -

— 174. ἐπεπόθησα τὸ σωτήριόν σου, κύριε (11 *a*)

119 (120). 1. πρὸς κύριον ἐν τῷ θλίβεσθαί με ἐκέκραξα (11 *a*)

— 2. κύριε, ῥῦσαι τὴν ψυχήν μου ἀπὸ χειλέων ἀδίκων (11 *a*)

120 (121). 2. ἡ βοήθειά μου παρὰ κυρίου (11 *a*)

Ps. 120 (121). 5. κύριος φυλάξει σε κύριος σκέπη σου ἐπὶ χεῖρα δεξιάν σου (11 *a*, 11 *a*)

— 7. κύριος φυλάξει σε ἀπὸ παντὸς κακοῦ φυλάξει τὴν ψυχήν σου ὁ κ. [S[1] *om.* ὁ κ.] (11 *a*, -)

— 8. κύριος φυλάξει τὴν εἴσοδόν σου (11 *a*)

121 (122). 1. εἰς οἶκον κυρίου πορευσόμεθα (11 *a*)

— 4. ἐκεῖ γὰρ ἀνέβησαν αἱ φυλαὶ φυλαὶ κυρίου (10)

— 4. τοῦ ἐξομολογήσασθαι τῷ ὀνόματι κυρίου (11 *a*)

— 9. S R ἕνεκα τοῦ οἴκου κυρίου τοῦ θεοῦ ἡμῶν ἐξεζήτησα ἀγαθά σοι [A *om.*] (11 *a*)

122 (123). 2. ὡς ὀφθαλμοὶ δούλων εἰς χεῖρας τῶν κ. αὐτῶν (1)

— 2. οὕτως οἱ ὀφθαλμοὶ ἡμῶν πρὸς κύριον τὸν θεὸν ἡμῶν (11 *a*)

— 3. ἐλέησον ἡμᾶς, κύριε (11 *a*)

123 (124). 1. εἰ μὴ ὅτι κύριος ἦν ἐν ἡμῖν (11 *a*)

— 2. εἰ μὴ ὅτι κύριος ἦν ἐν ἡμῖν (11 *a*)

— 6. εὐλογητὸς κύριος (11 *a*)

— 8. ἡ βοήθεια ἡμῶν ἐν ὀνόματι κυρίου (11 *a*)

124 (125). 1. οἱ πεποιθότες ἐπὶ κύριον (11 *a*)

— 2. κύριος κύκλῳ τοῦ λαοῦ αὐτοῦ (11 *a*)

— 3. S[2] R οὐκ ἀφήσει κύριος [A S[1] *om.*] τὴν ῥάβδον τῶν ἁμαρτωλῶν -

— 4. ἀγάθυνον, κύριε, τοῖς ἀγαθοῖς (11 *a*)

— 5. ἀπάξει κύριος μετὰ τῶν ἐργαζομένων τὴν ἀνομίαν (11 *a*)

125 (126). 1. ἐν τῷ ἐπιστρέψαι κύριον τὴν αἰχμαλωσίαν Σιών (11 *a*)

— 2. ἐμεγάλυνε κύριος τοῦ ποιῆσαι μετ' αὐτῶν (11 *a*)

— 3. ἐμεγάλυνε κύριος τοῦ ποιῆσαι μεθ' ἡμῶν (11 *a*)

— 4. ἐπίστρεψον, κύριε, τὴν αἰχμαλωσίαν ἡμῶν (11 *a*)

126 (127). 1. S R ἐὰν μὴ κύριος [A ὁ κ.] οἰκοδομήσῃ οἶκον (11 *a*)

— 1. S R ἐὰν μὴ κύριος [A ὁ κ.] φυλάξῃ πόλιν (11 *a*)

— 3. ἡ κληρονομία κυρίου υἱοί (11 *a*)

127 (128). 1. μακάριοι πάντες οἱ φοβούμενοι τὸν κ. (11 *a*)

— 4. οὕτως εὐλογηθήσεται ἄνθρωπος ὁ φοβούμενος τὸν κ. (11 *a*)

— 5. εὐλογήσαι σε κύριος ἐκ Σιών (11 *a*)

128 (129). 4. κύριος δίκαιος συνέκοψεν αὐχένας ἁμαρτωλῶν (11 *a*)

— 8. εὐλογία κυρίου ἐφ' ὑμᾶς εὐλογήκαμεν ὑμᾶς ἐν ὀνόματι κυρίου (11 *a*, 11 *a*)

129 (130). 1. A S[1] ἐκ βαθέων ἐκέκραξά σε [S[2] R σοι], κύριε (11 *a*)

— 2. κύριε, εἰσάκουσον τῆς φωνῆς [A προσευχῆς] μου (2)

— 3. ἐὰν ἀνομίας παρατηρήσῃ, κύριε, κύριε, τίς ὑποστήσεται (10, 2)

— 5. ὑπέμεινά σε, κύριε (11 *a*)

— 6. ἤλπισεν ἡ ψυχή μου ἐπὶ τὸν κ. (2)

— 6. S[2] ἐλπισάτω Ἰσρ. ἐπὶ τὸν κ. (11 *a* ?)

— 7. A R ἐλπισάτω Ἰσραὴλ ἐπὶ τὸν κ. (11 *a*)

— 7. παρὰ τῷ κ. τὸ ἔλεος (11 *a*)

130 (131). 1. κύριε, οὐχ ὑψώθη ἡ καρδία μου (11 *a*)

— 3. ἐλπισάτω Ἰσραὴλ ἐπὶ τὸν κ. (11 *a*)

131 (132). 1. μνήσθητι, κύριε, τοῦ Δαυίδ (11 *a*)

— 2. ὡς ὤμοσε τῷ κ. (11 *a*)

— 5. ἕως οὗ εὕρω τόπον τῷ κ. (11 *a*)

— 8. ἀνάστηθι, κύριε, εἰς τὴν ἀνάπαυσίν σου (11 *a*)

— 11. ὤμοσε κύριος τῷ Δαυὶδ ἀλήθειαν (11 *a*)

— 13. ἐξελέξατο κύριος τὴν Σιών (11 *a*)

132 (133). 3. ἐνετείλατο κύριος τὴν εὐλογίαν (11 *a*)

133 (134). 1. εὐλογεῖτε τὸν κ. πάντες οἱ δοῦλοι κυρίου οἱ ἑστῶτες ἐν οἴκῳ κυρίου [S[1] *om.* ἐν οἴ. κ.] (11 *a ter*)

— 2. εὐλογεῖτε τὸν κ. (11 *a*)

— 3. εὐλογήσαι σε κύριος ἐκ Σιών (11 *a*)

134 (135). 1. αἰνεῖτε τὸ ὄνομα κυρίου αἰνεῖτε δοῦλοι κυρίου (11 *a*, 11 *a*)

— 2. οἱ ἑστῶτες ἐν οἴκῳ κυρίου (11 *a*)

— 3. αἰνεῖτε τὸν κ. ὅτι ἀγαθὸς κύριος (10, 11 *a*)

— 4. τὸν Ἰακὼβ ἐξελέξατο ἑαυτῷ ὁ κ. (10)

— 5. μέγας κύριος καὶ ὁ κ. ἡμῶν παρὰ πάντας τοὺς θεούς (11 *a*, 1)

— 6. ὅσα ἠθέλησεν ὁ κ. [S[2] *om.* ὁ κ.] (11 *a*)

— 13. κύριε, τὸ ὄνομά σου εἰς τὸν αἰῶνα (11 *a*)

— 13. A S κύριε [S[2] R καὶ] τὸ μνημόσυνόν σου εἰς γενεὰν καὶ γενεάν (11 *a*, 11 *a*)

— 14. A S[2] R ὅτι κρινεῖ [S[1] οἰκτείρει] κύριος τὸν λαὸν αὐτοῦ (11 *a*)

Ps. 134 (135). 19. οἶκος Ἰσραὴλ εὐλογήσατε τὸν κ. οἶκος Ἀαρὼν εὐλογήσατε τὸν κ. (11 *a*, 11 *a*)

— 20. οἶκος Λευὶ εὐλογήσατε τὸν κ. οἱ φοβούμενοι τὸν κ. εὐλογήσατε τὸν κ. (11 *a*, 11 *a*)

— 21. εὐλογητὸς κύριος ἐκ Σιών (11 *a*)

135 (136). 1. ἐξομολογεῖσθε τῷ κ. (11 *a*)

— 3. ἐξομολογεῖσθε τῷ κ. τῶν κ. (1, 1)

— 23. A S[2] R ἐν τῇ ταπεινώσει ἡμῶν ἐμνήσθη ἡμῶν ὁ κ. -

— 26. A S[1] ἐξομολογεῖσθε τῷ κ. [S[2] R θεῷ] τοῦ οὐρανοῦ (4 *a*)

136 (137). 4. πῶς ᾄσωμεν τὴν ᾠδὴν κυρίου ἐπὶ γῆς ἀλλοτρίας (11 *a*)

— 7. μνήσθητι, κύριε, τῶν υἱῶν Ἐδώμ (11 *a*)

137 (138). 1. ἐξομολογήσομαί σοι, κύριε, ἐν ὅλῃ καρδίᾳ μου -

— 4. ἐξομολογησάσθωσάν σοι, κύριε, πάντες οἱ βασιλεῖς τῆς γῆς (11 *a*)

— 5. ᾀσάτωσαν ἐν ταῖς ὁδοῖς κυρίου ὅτι μεγάλη ἡ δόξα κυρίου (11 *a*, 11 *a*)

— 6. ὅτι ὑψηλὸς κύριος (11 *a*)

— 8. κύριε [A -ος] ἀνταποδώσεις [A -σει] ὑπὲρ ἐμοῦ· κύριε, τὸ ἔλεός σου εἰς τὸν αἰῶνα [S *add.* κύριε] . . . μὴ παρίδῃς (11 *a*, 11 *a*)

138 (139). 1. κύριε, ἐδοκίμασάς με (11 *a*)

— 4. κύριε, σὺ ἔγνως πάντα τὰ ἔσχατα (11 *a*)

— 13. σὺ [S[1] *add.* κύριε] ἐκτήσω τοὺς νεφρούς μου, κύριε -, -

— 21. οὐχὶ τοὺς μισοῦντάς σε, κύριε, ἐμίσησα (11 *a*)

— 23. A δοκίμασόν με, κύριε [B S ὁ θεός] (4 *a*)

139 (140). 1. ἐξελοῦ με, κύριε, ἐξ ἀνθρώπου πονηροῦ (11 *a*)

— 4. φύλαξόν με, κύριε [S *om.*], ἐκ χειρὸς ἁμαρτωλοῦ (11 *a*)

— 6. A S R εἶπα τῷ κ., Θεός μου εἶ σὺ, ἐνώτισαι, κύριε [B -ος], τὴν φωνὴν τῆς δεήσεώς μου (11 *a*, 11 *a*)

— 7. κύριε κύριε, δύναμις τῆς σωτηρίας μου (11 *b*, 2)

— 8. μὴ παραδῷς με, κύριε, ἀπὸ τῆς ἐπιθυμίας μου ἁμαρτωλῷ (11 *a*)

— 12. ποιήσει κύριος τὴν κρίσιν τοῦ πτωχοῦ (11 *a*)

140 (141). 1. κύριε, ἐκέκραξα πρὸς σέ (11 *a*)

— 3. θοῦ, κύριε, φυλακὴν τῷ στόματί μου (11 *a*)

— 8. πρὸς σὲ, κύριε κύριε [A[1] S[1] *om.*], οἱ ὀφθαλμοί μου (11 *b*, 2)

141 (142). 1. φωνῇ μου πρὸς κύριον ἐκέκραξα (11 *a*)

— 1. B S φωνῇ μου πρὸς κύριον ἐδεήθην [A *al.*] (11 *a*)

— 5. πρὸς σὲ, κύριε, ἐκέκραξα (11 *a*)

— 7. τοῦ ἐξομολογήσασθαι τῷ ὀνόματί σου, κύριε [S[2] *om.*] -

142 (143). 1. κύριε, εἰσάκουσον τῆς προσευχῆς μου (11 *a*)

— 7. ταχὺ εἰσάκουσόν μου, κύριε (11 *a*)

— 8. γνώρισόν μοι, κύριε, ὁδόν -

— 8. πρὸς σὲ [S[2] *add.* κύριε] ἦρα τὴν ψυχήν μου -

— 9. ἐξελοῦ με ἐκ τῶν ἐχθρῶν μου, κύριε (11 *a*)

— 11. ἕνεκα τοῦ ὀνόματός σου, κύριε, ζήσεις σε (11 *a*)

143 (144). 1. εὐλογητὸς κύριος ὁ θεός μου (11 *a*)

— 3. κύριε, τί [A τίς] ἐστιν ἄνθρωπος ὅτι ἐγνώσθης [S ἐγνωρίσθης] αὐτῷ (11 *a*)

— 5. κύριε, κλῖνον οὐρανούς σου (11 *a*)

— 15. μακάριος ὁ λαὸς οὗ κύριος ὁ θεὸς αὐτοῦ [S[1] *al.*] (11 *a*)

144 (145). 3. μέγας ὁ [A S[2] *om.*] κ. καὶ αἰνετὸς σφόδρα (11 *a*)

— 8. οἰκτίρμων καὶ ἐλεήμων ὁ κ. (11 *a*)

— 9. χρηστὸς κύριος τοῖς ὑπομένουσι [A S[2] *al.*] (11 *a*)

— 10. ἐξομολογησάσθωσάν σοι, κύριε, πάντα τὰ ἔργα σου (11 *a*)

— 13. πιστὸς κύριος ἐν τοῖς λόγοις αὐτοῦ -

— 14. ὑποστηρίζει κύριος πάντας τοὺς καταπίπτοντας (11 *a*)

— 17. δίκαιος κύριος ἐν πάσαις ταῖς ὁδοῖς αὐτοῦ (11 *a*)

— 18. ἐγγὺς κύριος πᾶσι τοῖς ἐπικαλουμένοις αὐτόν (11 *a*)

— 20. φυλάσσει κύριος πάντας τοὺς ἀγαπῶντας αὐτόν (11 *a*)

— 21. αἴνεσιν κυρίου λαλήσει τὸ στόμα μου (11 *a*)

145 (146). 1. αἴνει ἡ ψυχή μου τὸν κ. (11 *a*)

— 2. αἰνέσω κύριον ἐν ζωῇ μου (11 *a*)

— 5. ἡ ἐλπὶς αὐτοῦ ἐπὶ κύριον τὸν θεὸν αὐτοῦ (11 *a*)

— 7. κύριος λύει πεπεδημένους (11 *a*)

Ps. 145 (146). 8. κύριος σοφοῖ τυφλούς (11 a)
— 8. κύριος ἀνορθοῖ κατερραγμένους κύριος ἀγαπᾷ δικαίους (11 a, 11 a)
— 9. κύριος φυλάσσει τοὺς προσηλύτους (11 a)
— 10. βασιλεύσει κύριος εἰς τὸν αἰῶνα (11 a)
146 (147). 1. αἰνεῖτε τὸν [S om.] κ. (10)
— 2. οἰκοδομῶν Ἰερουσαλὴμ ὁ κ. (11 a)
— 5. μέγας ὁ κ. ἡμῶν (1)
— 6. ἀναλαμβάνων πραεῖς ὁ κ. (11 a)
— 7. ἐξάρξατε τῷ κ. ἐν ἐξομολογήσει (11 a)
— 11. εὐδοκεῖ κύριος ἐν τοῖς φοβουμένοις αὐτόν (11 a)
147. 1 (12). ἐπαίνει Ἰερουσαλὴμ τὸν κ. (11 a)
148. 1. αἰνεῖτε τὸν κ. ἐκ τῶν οὐρανῶν (11 a)
— 5. αἰνεσάτωσαν τὸ ὄνομα κυρίου (11 a)
— 7. αἰνεῖτε τὸν κ. ἐκ τῆς γῆς (11 a)
— 13. αἰνεσάτωσαν τὸ ὄνομα κυρίου (11 a)
149. 1. ᾄσατε τῷ κ. ᾆσμα καινόν (11 a)
— 4. εὐδοκεῖ κύριος ἐν λαῷ αὐτοῦ (11 a)
150. 6. πᾶσα πνοὴ αἰνεσάτω τὸν κ. (10)
151. 3. τίς ἀναγγελεῖ τῷ κ. μου; αὐτὸς κύριος αὐτὸς εἰσακούει
— 5. οὐκ εὐδόκησεν ἐν αὐτοῖς κύριος [A ὁ κ.]
Pr. 1. 7. A R ἀρχὴ σοφίας φόβος κυρίου [B S θεοῦ] (11 a)
— 29. τὸν δὲ λόγον [S[2] φόβον] τοῦ [A S[2] om.] κ. οὐ προείλαντο (11 a)
2. 5. συνήσεις φόβον κυρίου (11 a)
— 6. κύριος δίδωσι σοφίαν (11 a)
3. 4. ἐνώπιον κυρίου καὶ ἀνθρώπων (6)
— 9. τίμα τὸν κ. ἀπὸ σῶν δικαίων πόνων (11 a)
— 11. μὴ ὀλιγώρει παιδείας κυρίου (11 a)
— 12. A S ὃν γὰρ ἀγαπᾷ κύριος παιδεύει [B ἐλέγχει] (11 a)
— 18. A S[2] R τοῖς ἐπερειδομένοις ἐπ' αὐτὴν ὡς ἐπὶ κύριον ἀσφαλής [B S[1] om.] -
— 26. ὁ γὰρ κ. ἔσται ἐπὶ πασῶν ὁδῶν σου (11 a)
— 32. ἀκάθαρτος γὰρ ἔναντι κυρίου πᾶς παράνομος (11 a)
— 34. κύριος ὑπερηφάνοις ἀντιτάσσεται -
6. 16. A S οἷς μισεῖ ὁ κ. [B θεός] (11 a)
7. 2. τίμα τὸν κ. καὶ ἰσχύσεις -
8. 13. φόβος κυρίου μισεῖ ἀδικίαν (11 a)
— 22. κύριος ἔκτισέ με ἀρχὴν ὁδῶν αὐτοῦ (11 a)
— 26. κύριος ἐποίησε χώρας καὶ ἀοικήτους †
— 35. ἑτοιμάζεται θέλησις παρὰ κυρίου (11 a)
9. 10. ἀρχὴ σοφίας φόβος κυρίου (11 a)
10. 3. οὐ λιμοκτονήσει κύριος ψυχὴν δικαίαν (11 a)
— 6. εὐλογία κυρίου ἐπὶ κεφαλὴν [A S[1] -ῆς] δικαίου -
— 22. A S εὐλογία κυρίου ἐπὶ κεφαλῆς [B -ὴν] δικαίου (11 a)
— 27. φόβος κυρίου προστίθησιν ἡμέρας (11 a)
— 29. ὀχύρωμα ὁσίου φόβος κυρίου (11 a)
11. 1. ζυγοὶ δόλιοι βδέλυγμα ἐνώπιον κυρίου (11 a)
— 20. βδέλυγμα κυρίῳ διεστραμμέναι ὁδοί (11 a)
12. 2. κρείσσων ὁ εὑρὼν χάριν παρὰ κυρίῳ (11 a)
— 22. βδέλυγμα κυρίῳ χείλη ψευδῆ (11 a)
14. 2. ὁ πορευόμενος ὀρθῶς φοβεῖται τὸν κ. (11 a)
— 26. ἐν φόβῳ κυρίου ἐλπὶς ἰσχύος (11 a)
— 27. πρόσταγμα κυρίου πηγὴ ζωῆς (11 a)
15. 3. ἐν παντὶ τόπῳ ὀφθαλμοὶ κυρίου (11 a)
— 8. θυσίαι ἀσεβῶν [S ἁμαρτωλῶν] βδέλυγμα κυρίῳ (11 a)
— 9. βδέλυγμα κυρίῳ ὁδοὶ ἀσεβοῦς (11 a)
— 11. ᾅδης καὶ ἀπώλεια φανερὰ παρὰ τῷ κ. (11 a)
— 16. κρεῖσσον μικρὰ μερὶς μετὰ φόβου κυρίου (11 a)
— 25. οἴκους ὑβριστῶν κατασπᾷ κύριος (11 a)
— 26. βδέλυγμα κυρίῳ λογισμὸς ἄδικος (11 a)
— 27 (16. 6). τῷ δὲ φόβῳ κυρίου ἐκκλίνει πᾶς ἀπὸ κακοῦ (11 a)
— 28 (16. 7). δεκταὶ παρὰ κυρίῳ ὁδοὶ ἀνθρώπων δικαίων (11 a)
16. 4 (15. 33). A R φόβος κυρίου [B S θεοῦ] παιδεία καὶ σοφία (11 a)
— 5. ὁ ζητῶν τὸν κ. εὑρήσει γνῶσιν -
— 5 (4). πάντα τὰ ἔργα τοῦ [A om.] κ. μετὰ δικαιοσύνης (11 a)
— 11. ῥοπὴ ζυγοῦ δικαιοσύνης παρὰ κυρίῳ [A -ου] (11 a)
— 20. A πεποιθὼς δὲ ἐπὶ κυρίῳ [B S θεῷ] (11 a)
— 33. παρὰ δὲ κυρίου πάντα τὰ δίκαια (11 a)
17. 3. οὕτως ἐκλεκταὶ καρδίαι [S[1] καρδία ἐκλέγεται] παρὰ κυρίῳ [A θεῷ] (11 a)
— 11. ὁ δὲ κ. ἄγγελον ἀνελεήμονα ἐκπέμψει αὐτῷ -

Pr. 18. 10. ἐκ μεγαλωσύνης ἰσχύος ὄνομα κυρίου [S[1] -ῳ] (11 a)
— 22. ἔλαβε δὲ παρὰ θεοῦ [A S[2] κυρίου] (11 a)
19. 14. A R παρὰ δὲ κυρίου [B S θεοῦ] ἁρμόζεται γυνὴ ἀνδρί (11 a)
— 21. ἡ δὲ βουλὴ τοῦ κ. εἰς τὸν αἰῶνα μένει (11 a)
— 23. φόβος κυρίου εἰς ζωὴν ἀνδρί (11 a)
20. 22. ὑπόμεινον τὸν κ. (11 a)
— 10. ἀκάθαρτα ἐνώπιον κυρίου καὶ ἀμφότερα (11 a)
— 12. κυρίου ἔργα καὶ ἀμφότερα (11 a)
— 23. βδέλυγμα κυρίῳ δισσὸν στάθμιον (11 a)
— 24. παρὰ κυρίου εὐθύνεται τὰ διαβήματα ἀνδρί (11 a)
— 27. φῶς κυρίου πνοὴ ἀνθρώπων (11 a)
21. 2. κατευθύνει δὲ καρδίας κύριος (11 a)
— 27. θυσίαι ἀσεβῶν βδέλυγμα κυρίῳ -
— 31. παρὰ δὲ κυρίου ἡ βοήθεια (11 a)
22. 2. ἀμφοτέρους δὲ ὁ κ. ἐποίησε (11 a)
— 4. γενεὰ σοφίας φόβος κυρίου (11 a)
— 11. ἀγαπᾷ κύριος ὁσίας καρδίας -
— 12. οἱ δὲ ὀφθαλμοὶ κυρίου διατηροῦσιν αἴσθησιν (11 a)
— 14. ὁ δὲ μισηθεὶς ὑπὸ κυρίου ἐμπεσεῖται εἰς αὐτόν (11 a)
— 19. ἵνα σου γένηται ἐπὶ κύριον ἡ ἐλπίς (11 a)
— 23. ὁ γὰρ κ. [S[1] om.] κρινεῖ αὐτοῦ τὴν κρίσιν [A δίκην, S[1] ψυχήν] (11 a)
23. 11. ὁ γὰρ λυτρούμενος αὐτοὺς κύριος κραταιός ἐστι -
— 17. ἐν φόβῳ κυρίου ἴσθι ὅλην τὴν ἡμέραν (11 a)
24. 7. σοφοὶ οὐκ ἐκκλίνουσιν ἐκ στόματος κυρίου -
— 12. κύριος [A ὁ κ.] καρδίας πάντων γινώσκει -
— 18. ὄψεται κύριος καὶ οὐκ ἀρέσει αὐτῷ (11 a)
25. 22. ὁ δὲ κ. ἀνταποδώσει σοι ἀγαθά (11 a)
27. 18. ὃς δὲ φυλάσσει τὸν ἑαυτοῦ κ. τιμηθήσεται (1)
— 20. βδέλυγμα κυρίῳ στηρίζων ὀφθαλμόν -
28. 5. οἱ δὲ ζητοῦντες τὸν κ. (11 a)
— 25. ὃς δὲ πέποιθεν ἐπὶ κύριον ἐν ἐπιμελείᾳ ἔσται (11 a)
29. 13. ἐπισκοπὴν ἀμφοτέρων ποιεῖται ὁ κ. (11 a)
— 23. τοὺς δὲ ταπεινόφρονας ἐρείδει δόξῃ κύριος -
— 25. ὁ δὲ πεποιθὼς ἐπὶ κυρίῳ [S -ον] εὐφρανθήσεται (11 a)
— 26. παρὰ δὲ κυρίου γίνεται τὸ δίκαιον ἀνδρί (11 a)
31. 30. φόβον δὲ κυρίου αὕτη αἰνείτω (11 a)
Ec. 7. 30 (29). A ἐποίησεν ὁ κ. [B S θεὸς] σὺν τὸν ἄνθρωπον εὐθῆ (6)
Wi. 1. 1. φρονήσατε περὶ τοῦ κ ἐν ἀγαθότητι
— 7. πνεῦμα κυρίου πεπλήρωκε τὴν οἰκουμένην
— 9. λόγων δὲ αὐτοῦ ἀκοὴ πρὸς κύριον ἥξει
2. 13. παῖδα κυρίου ἑαυτὸν ὀνομάζει
3. 8. βασιλεύσει αὐτῶν κύριος εἰς τοὺς αἰῶνας
— 10. οἱ . . . τοῦ κ. ἀποστάντες
— 14. μηδὲ ἐνθυμηθεὶς κατὰ τοῦ κ. πονηρά
— 14. κλῆρος ἐν ναῷ κυρίου θυμηρέστερος
4. 13. ἀρεστὴ γὰρ ἦν [S[1] om.] κυρίῳ [S[1] ἐν κ.] ἡ ψυχὴ αὐτοῦ
— 17. εἰς τί ἠσφαλίσατο αὐτὸν ὁ κ.
— 18. αὐτοὺς δὲ ὁ κ. ἐκγελάσεται
5. 7. τὴν δὲ ὁδὸν κυρίου οὐκ ἔγνωμεν [S ἐπέγν.]
— 15. ἐν κυρίῳ ὁ μισθὸς αὐτῶν
— 16. S λήψονται . . . τὸ διάδημα τοῦ κάλλους ἐκ χειρὸς κυρίου ὅτι δεξιὰ κυρίου σκεπάσει αὐτούς [A B al.]
6. 3. ἐδόθη παρὰ τοῦ [A om.] κ. ἡ κράτησις ὑμῖν
8. 20. ἐνέτυχον τῷ κ.
9. 1. κύριε τοῦ ἐλέους σου
— 13. τίς ἐνθυμηθήσεται τί θέλει ὁ κ.
— 18. A κύριε [B S καὶ] τὰ ἀρεστά σου
10. 16. εἰσῆλθεν εἰς ψυχὴν θεράποντος κυρίου
— 20. ὕμνησαν, κύριε, τὸ ὄνομα τὸ ἅγιόν σου
11. 13. ᾔσθοντο τοῦ κ. [S[2] σου, κύριε]
12. 2. ἵνα . . . πιστεύσωσιν [A -σωμεν, S[1] om.] ἐπὶ σέ, κύριε
16. 12. ὁ σὸς, κύριε, λόγος
— 26. οἱ υἱοί σου οὓς ἠγάπησας, κύριε
19. 9. αἰνοῦντές σε, κύριε, τὸν ῥυόμενον αὐτούς
— 22. κατὰ πάντα γὰρ, κύριε, ἐμεγάλυνας τὸν λαόν σου
Si. 1. 1. πᾶσα σοφία παρὰ κυρίου
— 8. καθήμενος ἐπὶ τοῦ θρόνου αὐ. κύριος
— 11. φόβος κυρίου δόξα καὶ καύχημα
— 12. φόβος κυρίου τέρψει καρδίαν
— 13. τῷ φοβουμένῳ τὸν κ. εὖ ἔσται ἐπ' ἐσχάτων

Si. 1. 14. A S ἀρχὴ σοφίας φοβεῖσθαι τὸν κ. [B θεόν]
— 16. πλησμονὴ σοφίας φοβεῖσθαι τὸν κ.
— 18. στέφανος σοφίας φόβος κυρίου
— 20. ῥίζα σοφίας φοβεῖσθαι τὸν κ.
— 25. κύριος [S ὁ κ.] χορηγήσει σοι αὐτήν
— 26. σοφία γὰρ καὶ παιδεία φόβος κυρίου
— 27. μὴ ἀπειθήσῃς [S[1] ἀπιστήσῃς] φόβῳ κυρίου
— 30. ἀποκαλύψει κύριος τὰ κρυπτά σου
— 30. οὐ προσῆλθες φόβῳ κυρίου
2. 1. εἰ προσέρχῃ δουλεύειν κυρίῳ θεῷ [A S om.]
— 7. οἱ φοβούμενοι τὸν κ. ἀναμείνατε τὸ ἔλεος αὐτοῦ
— 8. οἱ φοβούμενοι κύριον [S τὸν κ.] πιστεύσατε αὐτῷ
— 9. οἱ φοβούμενοι κύριον [S τὸν κ.] ἐλπίσατε εἰς ἀγαθά
— 10. τίς ἐνεπίστευσε κυρίῳ [S[1] τῷ κ.] καὶ κατῃσχύνθη
— 11. οἰκτίρμων καὶ ἐλεήμων ὁ κ.
— 14. τί ποιήσετε ὅταν ἐπισκέπτηται ὁ [S[1] om.] κ.
— 15. οἱ φοβούμενοι κύριον [S[2] τὸν κ.] οὐκ ἀπειθήσουσι ῥημάτων αὐ. [A al.]
— 16. οἱ φοβούμενοι κύριον [S[2] τὸν κ.] ζητήσουσιν εὐδοκίαν αὐτοῦ
— 17. οἱ φοβούμενοι κύριον [S[2] τὸν κ.] ἑτοιμάσουσι καρδίας αὐτῶν
— 18. ἐμπεσούμεθα εἰς χεῖρας κυρίου
3. 2. ὁ γὰρ κ. ἐδόξασε πατέρα ἐπὶ τέκνοις
— 6. ὁ εἰσακούων κυρίου ἀναπαύσει μητέρα αὐτοῦ
— 16. κεκατηραμένος ὑπὸ [A παρὰ] κυρίου ὁ παροργίζων μητέρα αὐτοῦ
— 18. ἔναντι κυρίου εὑρήσεις χάριν
— 20. μεγάλη ἡ δυναστεία τοῦ [A S om.] κ.
4. 13. οὗ εἰσπορεύεται εὐλογήσει [A S -γεῖ] κύριος
— 14. τοὺς ἀγαπῶντας αὐτὴν ἀγαπᾷ ὁ [S om.] κ.
— 28. κύριος ὁ θεὸς πολεμήσει ὑπὲρ σοῦ
5. 3. ὁ γὰρ κ. ἐκδικῶν ἐκδικήσει σε [A S om.]
— 4. ὁ γὰρ κ. ἐστι μακρόθυμος
— 7. μὴ ἀνάμενε ἐπιστρέψαι πρὸς [S ἐπὶ] κύριον
— 7. ἐξάπινα γὰρ ἐξελεύσεται ὀργὴ κυρίου [S al.]
6. 16. οἱ φοβούμενοι κύριον [S τὸν κ.] εὑρήσουσιν αὐτόν
— 17. ὁ φοβούμενος κύριον εὐθύνει φιλίαν αὐτοῦ
— 37. διανοοῦ ἐν τοῖς προστάγμασι κυρίου
7. 4. μὴ ζήτει παρὰ κυρίου ἡγεμονίαν
— 5. μὴ δικαιοῦ ἔναντι κυρίου
— 9. ἐν τῷ προσενέγκαι με θεῷ [S[1] κυρίῳ]
— 29. ἐν ὅλῃ ψυχῇ σου εὐλαβοῦ τὸν κ.
— 31. φοβοῦ τὸν κ. καὶ δόξασον ἱερέα
9. 16. ἐν φόβῳ κυρίου ἔστω τὸ καύχημά σου
10. 4. ἐν χειρὶ κυρίου ἐξουσία τῆς γῆς
— 5. ἐν χειρὶ κυρίου εὐοδία ἀνδρός
— 7. μισητὴ ἔναντι κυρίου καὶ ἀνθρώπων ὑπερηφανία
— 12. ἀνθρώπου ἀφισταμένου ἀπὸ κυρίου
— 13. παρεδόξασε κύριος τὰς ἐπαγωγάς
— 14. θρόνους ἀρχόντων καθεῖλεν ὁ κ.
— 15. ῥίζας ἐθνῶν ἐξέτιλεν ὁ [S om.] κ.
— 16. χώρας ἐθνῶν κατέστρεψεν ὁ κ.
— 19. σπέρμα ἔντιμον ποῖον; οἱ φοβούμενοι τὸν κ.
— 20. οἱ φοβούμενοι κύριον ἐν ὀφθαλμοῖς αὐτοῦ
— 22. τὸ καύχημα αὐτῶν φόβος κυρίου
— 24. οὐκ ἔστιν αὐτῶν τις μείζων τοῦ φοβουμένου [A τῶν φοβουμένων] τὸν κ.
11. 4. θαυμαστὰ τὰ ἔργα κυρίου
— 12. οἱ ὀφθαλμοὶ κυρίου ἐπέβλεψαν αὐτῷ
— 14. πτωχεία καὶ πλοῦτος παρὰ κυρίου ἐστί
— 17. δόσις κυρίου παραμένει εὐσεβέσι [S[2] -λαβέσιν]
— 21. πίστευε τῷ [A S δὲ] κ.
— 21. κοῦφον ἐν ὀφθαλμοῖς κυρίου . . . πλουτίσαι [A -ῆσαι] πένητα
— 22. εὐλογία κυρίου ἐν μισθῷ [A ἐμμέσῳ] εὐσεβοῦς
— 26. κοῦφον ἔναντι [A ἐν ὀφθαλμοῖς] κυρίου ἐν ἡμέρᾳ τελευτῆς
14. 11. προσφορὰς κυρίῳ ἀξίως πρόσαγε
15. 1. ὁ φοβούμενος κύριον ποιήσει αὐτό
— 9. οὐ παρὰ κυρίου ἀπεστάλη
— 10. ὁ κ. εὐοδώσει αὐτόν
— 11. μὴ εἴπῃς ὅτι διὰ κύριον ἀπέστην
— 13. πᾶν βδέλυγμα ἐμίσησε κύριος [A S ὁ κ.]
— 18. πολλὴ σοφία τοῦ κ.
16. 2. εἰ μὴ ἔστι φόβος κυρίου μετ' αὐτῶν
— 3. S[2] κρείσσων γὰρ εἷς δίκαιος ποιῶν θέλημα κυρίου
— 11. S[2] ἔλεος γὰρ καὶ ὀργὴ παρὰ κυρίου [A S[1] παρ' αὐτῷ, B παρ' αὐτοῦ]
— 17. μὴ εἴπῃς ὅτι ἀπὸ [A παρὰ] κυρίου κρυβήσομαι

Si. 16. 26. ἐν κρίσει κυρίου τὰ ἔργα αὐτοῦ ἀπ' ἀρχῆς
— 29. κύριος εἰς [A ἐπὶ] τὴν γῆν ἐπέβλεψε
17. 1. κύριος ἔκτισεν ἐκ γῆς ἄνθρωπον
— 17. μερὶς κυρίου Ἰσραὴλ ἐστιν
— 20. πᾶσαι αἱ ἁμαρτίαι αὐτῶν ἔναντι κυρίου
— 25. ἐπίστρεφε ἐπὶ κύριον καὶ ἀπόλειπε ἁμαρτίας
— 28. ζῶν καὶ ὑγιὴς αἰνέσει τὸν κ.
— 29. ὡς μεγάλη ἡ ἐλεημοσύνη τοῦ κ.
18. 2. κύριος μόνος δικαιωθήσεται
— 6. οὐκ ἔστιν ἐξιχνιάσαι τὰ θαυμάσια τοῦ [S om.] κ.
— 11. ἐμακροθύμησε κύριος [S ὁ κ.] ἐπ' αὐτοῖς
— 13. ἔλεος δὲ κυρίου ἐπὶ πᾶσαν σάρκα
— 23. μὴ γίνου ὡς ἄνθρωπος πειράζων τὸν κ.
— 26. πάντα ἐστὶ ταχινὰ ἔναντι κυρίου
19. 20. πᾶσα σοφία φόβος κυρίου
21. 6. ὁ φοβούμενος κύριον [A τὸν θεὸν] ἐπιστρέψει ἐν καρδίᾳ
— 11. συντέλεια τοῦ φόβου κυρίου σοφία
23. 1. κύριε, πάτερ καὶ δέσποτα ζωῆς μου
— 4. κύριε, πάτερ καὶ θεὲ ζωῆς μου
— 10. AS^2 ὁ ὀμνύων καὶ ὁ ὀνομάζων διὰ παντὸς τὸ ὄνομα κυρίου [BS^1 om. τὸ ὄ. κ.]
— 19. ὀφθαλμοὶ κυρίου μυριοπλασίως ἡλίου φωτεινότεροι
— 27. οὐθὲν κρεῖττον φόβου κυρίου καὶ οὐθὲν γλυκύτερον τοῦ προσέχειν ἐντολαῖς κυρίου
24. 12. ἐν μερίδι κυρίου κληρονομίας αὐτοῦ
25. 1. ἀνέστην ὡραία ἔναντι κυρίου
— 6. τὸ καύχημα αὐτῶν φόβος κυρίου
— 10. οὐκ ἔστιν ὑπὲρ τὸν φοβούμενον τὸν κ.
— 11. φόβος κυρίου ὑπὲρ πᾶν ὑπερέβαλεν
26. 3. ἐν μερίδι φοβουμένων κύριον [A τὸν κ.] δοθήσεται
— 14. δόσις κυρίου γυνὴ σιγηρά
— 16. ἥλιος ἀνατέλλων ἐν ὑψίστοις κυρίου
— 28. ὁ κ. ἑτοιμάσει εἰς ῥομφαίαν αὐτόν
27. 3. ἐὰν μὴ ἐν φόβῳ κυρίου κρατήσῃ κατὰ σπουδήν
— 24. ὁ κ. μισήσει [A ἐμίσει, S^1 μισεῖ] αὐτόν
28. 1. ὁ ἐκδικῶν παρὰ κυρίου εὑρήσει ἐκδίκησιν
— 3. παρὰ κυρίου ζητεῖ ἴασιν
— 23. οἱ καταλείποντες κύριον ἐμπεσοῦνται εἰς αὐτήν
30. 19. οὕτως ὁ ἐκδιωκόμενος ὑπὸ κυρίου
— 25 (33. 16). ἐν εὐλογίᾳ κυρίου ἔφθασα
31 (34). 13. πνεῦμα φοβουμένων κύριον ζήσεται
— 14. ὁ φοβούμενος κύριον οὐ μὴ [A κ. πολλὰ, S κ. οὐδὲν] εὐλαβηθήσεται
— 15. φοβουμένου τὸν κ. μακαρία ἡ ψυχή
— 16. οἱ ὀφθαλμοὶ κυρίου ἐπὶ τοὺς ἀγαπῶντας αὐτόν
32 (35). 3. εὐδοκία κυρίου ἀποστῆναι ἀπὸ πονηρίας
— 4. μὴ ὀφθῇς ἐν προσώπῳ κυρίου κενός
— 8. ἐν ἀγαθῷ ὀφθαλμῷ δόξασον τὸν κ. [S *add.* θεόν]
— 11. κύριος ἀνταποδιδούς ἐστι
— 12. κύριος κριτής ἐστι
— 17. A ἕως ἐπισκέψηται κύριος [BS ὁ ὕψιστος]
— 18. ὁ κ. οὐ μὴ βραδύνῃ
33 (36). 5. οὐκ ἔστι θεὸς πλὴν σοῦ, κύριε
35 (32). 14. ὁ φοβούμενος κύριον [S τὸν κ.] ἐκδέξεται [B^2 ἐκλέξ.] παιδείαν
— 16. οἱ φοβούμενοι κύριον εὑρήσουσι κρίμα [S^1 χάριν]
— 24. ὁ πεποιθὼς κυρίῳ οὐκ ἐλαττωθήσεται
36 (33). 1. τῷ φοβουμένῳ κύριον [S τὸν κ.] οὐκ ἀπαντήσει κακόν
— 8. ἐν γνώσει κυρίου διεχωρίσθησαν
— 11. ἐν πλήθει ἐπιστήμης κύριος διεχώρισεν αὐτούς
36. 17 (14). ἐλέησον λαὸν, κύριε [S om.]
— 22 (19). εἰσάκουσον, κύριε, δεήσεως τῶν ἱκετῶν [A S οἰκ.] σου
— 22 (19). κύριος εἶ ὁ θεὸς τῶν αἰώνων
37. 21. οὐ γὰρ ἐδόθη αὐτῷ παρὰ κυρίου χάρις
38. 1. καὶ γὰρ αὐτὸν ἔκτισε κύριος [S ὁ κ.]
— 4. κύριος ἔκτισεν ἐκ γῆς φάρμακα
— 9. εὖξαι κυρίῳ καὶ αὐτὸς ἰάσεταί σε
— 12. καὶ γὰρ αὐτὸν ἔκτισε κύριος
— 14. καὶ γὰρ αὐτοὶ κυρίου δεηθήσονται
39. 5. ὀρθρίσαι πρὸς κύριον τὸν ποιήσαντα αὐτόν
— 6. ἐὰν κύριος [A S^2 ὁ κ.] ὁ μέγας θελήσῃ
— 7. ἐν προσευχῇ ἐξομολογήσεται κυρίῳ [S^1 om.]
— 8. ἐν νόμῳ διαθήκης κυρίου καυχήσεται
— 15. εὐλογήσατε κύριον ἐπὶ πᾶσι τοῖς ἔργοις
— 16. τὰ ἔργα κυρίου πάντα ὅτι καλὰ σφόδρα
— 16. ἐν καιρῷ [S^1 κυρίῳ] αὐτοῦ ἔσται
— 33. τὰ ἔργα κυρίου πάντα ἀγαθά
— 35. εὐλογήσατε τὸ ὄνομα κυρίου

Si. 40. 26. ὑπὲρ ἀμφότερα φόβος κυρίου [S^1 θεοῦ]· οὐκ ἔστι φόβῳ [A S ἐν φ.] κυρίου [S^1 θεοῦ] ἐλάττωσις
— 27. φόβος κυρίου ὡς παράδεισος εὐλογίας
41. 3. τοῦτο τὸ κρίμα παρὰ κυρίου πάσῃ σαρκί
42. 15. μνησθήσομαι δὴ τὰ ἔργα κυρίου
— 15. ἐν λόγοις κυρίου τὰ ἔργα αὐτοῦ
— 16. A S^2 τῆς δόξης κυρίου [B S^1 αὐτοῦ] πλῆρες τὸ ἔργον αὐτοῦ
— 17. οὐκ ἐνεποίησε τοῖς ἁγίοις κύριος [S -ίου] ἐκδιηγήσασθαι πάντα τὰ θαυμάσια αὐτου ἃ ἐστερέωσε κύριος ὁ παντοκράτωρ
— 18. ἔγνω γὰρ ὁ κ. [A S ὕψιστος] πᾶσαν εἴδησιν [S συνείδ.]
43. 5. μέγας κύριος [A ὁ κ.] ὁ ποιήσας αὐτόν
— 9. κόσμος φωτίζων ἐν ὑψίστοις κύριος [AS^2 -ίου]
— 29. φοβερὸς κύριος καὶ σφόδρα μέγας
— 30. δοξάζοντες κύριον [S^2 τὸν κ.] ὑψώσατε
— 33. πάντα γὰρ ἐποίησεν ὁ κ.
44. 2. πολλὴν δόξαν ἔκτισεν ὁ κ.
— 16. Ἐνὼχ εὐηρέστησε κυρίῳ
45. 16. προσαγαγεῖν κάρπωσιν [S -ωμα] κυρίῳ
— 19. εἶδε κύριος καὶ οὐκ εὐδόκησε
— 21. καὶ γὰρ θυσίας κυρίου φάγονται
— 23. ἐν τῷ ζηλῶσαι αὐτὸν ἐν φόβῳ κυρίου
46. 3. τοὺς γὰρ πολεμίους [S^2 -μους] κύριος [A S^2 -ίου] αὐτὸς ἐπήγαγεν [A ἀπ.]
— 5. S ἐπεκαλέσατο τὸν κ. [A B om.] ὕψιστον δυνάστην
— 6. ἐπήκουσεν αὐτῶν [AS -οῦ] μέγας κύριος
— 6. ἐναντίον κυρίου ὁ πόλεμος αὐτοῦ
— 9. ἔδωκεν ὁ κ. τῷ Χαλὲβ ἰσχύν
— 10. καλὸν τὸ πορεύεσθαι ὀπίσω κυρίου
— 11. ὅσοι οὐκ ἀπεστράφησαν ἀπὸ κυρίου
— 13. A S R ἠγαπημένος ὑπὸ κυρίου αὐτοῦ Σαμουὴλ [B om.] προφήτης κυρίου κατέστησε βασιλείαν [B -λέα]
— 14. ἐν νόμῳ κυρίου ἔκρινε συναγωγὴν καὶ ἐπεσκέψατο κύριος τὸν Ἰακώβ
— 16. ἐπεκαλέσατο τὸν κ. δυνάστην
— 17. ἐβρόντησεν ἀπ' οὐρανοῦ κύριος [S ὁ κ.]
— 19. ἐπεμαρτύρατο ἔναντι κυρίου καὶ χριστοῦ
47. 5. ἐπεκαλέσατο γὰρ κύριον τὸν ὕψιστον
— 6. ᾔνεσεν αὐτὸν ἐν εὐλογίαις κυρίου
— 11. κύριος [B^2 χριστὸς] ἀφεῖλε τὰς ἁμαρτίας αὐτοῦ
— 18. ἐν ὀνόματι κυρίου τοῦ θεοῦ τοῦ ἐπικεκλημένου θεοῦ Ἰσραήλ
— 22. ὁ δὲ κ. οὐ μὴ καταλίπῃ [A ἐγκαταλείπῃ] τὸ ἔλεος αὐτοῦ
48. 3. ἐν λόγῳ κυρίου ἀνέσχεν οὐρανόν
— 13. S πᾶς λόγος κυρίου [AB οὐχ] ὑπερῆρεν αὐτόν
— 20. ἐπεκαλέσαντο [S^1 ἐπανεκ.] τὸν κ. τὸν ἐλεήμονα
— 22. ἐποίησε γὰρ Ἐζεκίας τὸ ἀρεστὸν κυρίῳ [S^1 om.]
49. 3. κατεύθυνε πρὸς κύριον τὴν καρδίαν [A ὁδὸν] αὐτοῦ
— 12. ἀνύψωσαν λαὸν [A ναὸν] ἅγιον κυρίῳ
50. 13. προσφορὰ κυρίου ἐν χερσὶν αὐτῶν
— 17. προσκυνῆσαι τῷ [A om.] κ. [S^2 θεῷ] αὐτῶν [A om.]
— 19. ἐδεήθη ὁ λαὸς κυρίου ὑψίστου
— 19. ἕως συντελεσθῇ κόσμος κυρίου
— 20. δοῦναι εὐλογίαν κυρίῳ [S -ίου] ἐκ χειλέων αὐτοῦ
— 21. S^2 ἐδευτέρωσεν ἐν [A ἐπὶ] προσκυνήσει κυρίου [A B S^1 om.]
— 29. φῶς κυρίου τὸ ἴχνος αὐτοῦ
51. 1. ἐξομολογήσομαί σοι, κύριε βασιλεῦ
— 8. ἐμνήσθην τοῦ ἐλέους σου, κύριε
— 10. ἐπεκαλεσάμην κύριον πατέρα κυρίου [S^2 τοῦ κ.] μου
— 12. εὐλογήσω τῷ ὀνόματι κυρίου
— 22. ἔδωκε κύριος γλῶσσάν μοι [AS μου] μισθόν μου [S μοι]
Ho. 1. 1. λόγος κυρίου ὃς ἐγενήθη πρὸς Ὠ. (11 *a*)
— 2. ἀρχὴ λόγου κυρίου ἐν [A πρὸς] Ὠ. (11 *a*)
— 2. καὶ εἶπε κύριος πρὸς Ὠ. (11 *a*)
— 2. ἐκπορνεύσει ἡ γῆ ἀπὸ ὄπισθεν τοῦ κ. (11 *a*)
— 4. καὶ εἶπε κ. πρὸς αὐτόν (11 *a*)
— 7. καὶ σώσω αὐτοὺς ἐν κ. θ. αὐτῶν (11 *a*)
2. 13 (15). ἐμοῦ δὲ ἐπελάθετο λέγει κ. (11 *a*)
— 16 (18). καὶ ἔσται ἐν τῇ ἡμέρᾳ ἐκείνῃ λέγει κ. (11 *a*)
— 20 (22). καὶ ἐπιγνώσῃ τὸν κ. (11 *a*)
— 21 (23). καὶ ἔσται ἐν ἐκείνῃ τῇ ἡμ., λέγει κ. (11 *a*)
— 23 (25). καὶ αὐτὸς ἐρεῖ, Κ. ὁ θ. μου εἶ σύ (18 *b*)

Ho. 3. 1. καὶ εἶπε κ. πρὸς μέ (11 *a*)
— 5. ἐπιζητήσουσι κ. τὸν θ. αὐτῶν (11 *a*)
— 5. καὶ ἐκστήσονται ἐπὶ τῷ κ. (11 *a*)
4. 1. ἀκούσατε λόγον κυρίου, υἱοὶ Ἰ. (11 *a*)
— 1. ὅτι κρίσις τῷ κ. (11 *a*)
— 10. διότι τὸν κ. ἐγκατέλιπον (11 *a*)
— 15. καὶ μὴ ὀμνύετε ζῶντα κ. (11 *a*)
— 16. νῦν νεμήσει αὐτοὺς κύριος ὡς ἀμνόν (11 *a*)
5. 4. τὸν δὲ κ. οὐκ ἐπέγνωσαν (11 *a*)
— 6. πορεύσονται τοῦ ἐκζητῆσαι τὸν κ. (11 *a*)
— 7. ὅτι τὸν κ. ἐγκατέλιπον (11 *a*)
6. 1. ἐπιστρέψωμεν πρὸς κ. τὸν θ. ἡμῶν (18 *a*)
— 4 (3). διώξομεν τοῦ γνῶναι τὸν κ. (11 *a*)
— 10 (9). A ἔκρυψαν ἱερεῖς ὁδὸν κυρίου [B om.] –
7. 10. καὶ οὐκ ἐπέστρεψαν πρὸς κ. τὸν θ. αὐτῶν (11 *a*)
8. 1. ὡς ἀετὸς ἐπ' οἶκον κυρίου (11 *a*)
— 13. κύριος οὐ προσδέξεται αὐτά (11 *a*)
9. 3. οὐ κατῴκησαν ἐν τῇ γῇ τοῦ κ. (11 *a*)
— 4. οὐκ ἔσπεισαν τῷ κ. οἶνον (11 *a*)
— 4. οὐκ εἰσελεύσονται εἰς τὸν οἶκον κ. (11 *a*)
— 5. ἐν ἡμέρᾳ ἑορτῆς τοῦ κ. (11 *a*)
— 8. A μανίαν ἐν οἴκῳ κυρίου [B θεοῦ] κατέπηξαν (6)
— 14. δὸς αὐτοῖς, κύριε, τί δώσεις αὐτοῖς (11 *a*)
10. 3. οὐκ ἐφοβήθημεν τὸν κ. (11 *a*)
— 12. ἐκζητήσατε τὸν κ. (11 *a*)
11. 10. ὀπίσω κυρίου πορεύσομαι (11 *a*)
— 11. ἀποκαταστήσω αὐτοὺς . . . λέγει κ. (11 *a*)
12. 2 (3). καὶ κρίσις τῷ κ. πρὸς Ἰ. (11 *a*)
— 5 (6). ὁ δὲ κ. ὁ θ. ὁ παντοκράτωρ ἔσται μνημόσυνον αὐ. (11 *a*)
— 9 (10). ἐγὼ δὲ κ. ὁ θ. σου ἀνήγαγόν σε (11 *a*)
— 13 (14). ἐν προφήτῃ ἀνήγαγε κύριος τὸν Ἰ. (11 *a*)
— 14 (15). τὸν ὀνειδισμὸν αὐτοῦ ἀνταποδώσει αὐτῷ κύριος (2)
13. 4. ἐγὼ δὲ κ. ὁ θ. σου ὁ στερεῶν τὸν οὐρ. (11 *a*)
— 15. ἐπάξει καύσωνα ἄνεμον κύριος (11 *a*)
14. 2. ἐπιστράφηθι, Ἰ., πρὸς κ. τὸν θ. σου (11 *a*)
— 3. καὶ ἐπιστράφητε πρὸς κ. τὸν θ. ὑμῶν (18 *a*)
— 10. διότι εὐθεῖαι αἱ ὁδοὶ τοῦ κ. (11 *a*)
Am. 1. 2. κύριος ἐκ Σιὼν ἐφθέγξατο (11 *a*)
— 3. καὶ εἶπε κ. (11 *a*)
— 5. λέγει κύριος (11 *a*)
— 6. τάδε λέγει κ. (11 *a*)
— 8. ἀπολοῦνται αἱ κατάλοιποι . . . λέγει κύριος (2 + 11 *b*)
— 9, 11, 13. τάδε λέγει κ. (11 *a*)
— 15. ἱερεῖς . . . καὶ . . . ἄρχοντες ἐπὶ τὸ αὐτὸ, λέγει κ. (11 *a*)
2. 1. τάδε λέγει κ. (11 *a*)
— 3. πάντας αὐτῆς ἀποκτενῶ μετ' αὐτοῦ, λέγει κ. (11 *a*)
— 4. τάδε λέγει κ. (11 *a*)
— 4. ἀπώσασθαι αὐτοὺς τὸν νόμον τοῦ [A om.] κ. (11 *a*)
— 6. τάδε λέγει κ. (11 *a*)
— 11. μὴ οὐκ ἔστι ταῦτα, υἱοὶ Ἰσ.; λέγει κ. (11 *a*)
— 16. ὁ γυμνὸς διώξεται ἐν ἐκείνῃ τῇ ἡμέρᾳ, λέγει κ. (11 *a*)
3. 1. τὸν λόγον τ. ὃν ἐλάλησε κ. ἐφ' ὑμᾶς (11 *a*)
— 6. ἣν κ. οὐκ ἐποίησε (11 *a*)
— 7. οὐ μὴ ποιήσῃ κ. ὁ θεὸς πρᾶγμα (2)
— 8. κ. ὁ θεὸς ἐλάλησε (2)
— 10. ἃ ἔσται ἐναντίον αὐτῆς, λέγει κ. (11 *a*)
— 11. τάδε λέγει κ. ὁ θ. (2)
— 12. τάδε λέγει κ. (11 *a*)
— 13. λέγει κ. ὁ θ. ὁ παντοκράτωρ (2 + 11 *b*)
— 15. A R προστεθήσονται ἕτεροι οἶκοι . . . λέγει κ. [B om.] (11 *a*)
4. 1. αἱ λέγουσαι τοῖς κ. αὐτῶν (1)
— 2. ὀμνύει κ. κατὰ τῶν ἁγίων αὐτοῦ (2 + 11 *b*)
— 3. ἀπορριφήσεσθε εἰς τὸ ὄρος τὸ Ῥ., λέγει κ. (11 *a*)
— 5. R ταῦτα ἠγάπησαν οἱ υἱοὶ Ἰσ., λέγει κ. [AB κ. ὁ θ.] (2 + 11 *b* [2])
— 6. οὐκ ἐπεστρέψατε πρὸς μὲ, λέγει κ. (11 *a*)
— 8. οὐκ ἐπεστράφητε πρὸς μὲ, λέγει κ. (11 *a*)
— 9, 10, 11. οὐδ' ὧς ἐπεστρέψατε πρὸς μὲ, λέγει κ. (11 *a*)
— 13. κ. ὁ θ. ὁ παντοκράτωρ ὄνομα αὐτῷ (11 *a*)
5. 1. ἀκούσατε τὸν λόγον κυρίου [A^1 om.] τοῦτον –
— 3. τάδε λέγει κ. κ. (2, 11 *b*)
— 4. τάδε λέγει κ. πρὸς τὸν οἶκον Ἰ. (11 *a*)
— 6. ἐκζητήσατε τὸν κ. (11 *a*)
— 7. ὁ ποιῶν [A κ. ὁ θ. ὁ π.] εἰς ὕψος κρίμα –
— 8. κ. [A κ. ὁ θ. ὁ παντοκράτωρ] ὄνομα αὐτῷ (11 *a* [18 *a*])
— 14. ἔσται . . . μεθ' ὑμῶν κ. ὁ θ. ὁ παντοκράτωρ (11 *a*)

Am. 5. 15. ὅπως ἐλεήσῃ κ. ὁ θ. ὁ παντοκρ. (11 *a*)
— 16. τάδε λέγει κ. ὁ θ. ὁ παντοκρ. (11 *a*)
— 17. διότι ἐλεύσομαι διὰ μέσου σου, εἶπε κύριος (11 *a*)
— 18. οὐαὶ οἱ ἐπιθυμοῦντες τὴν ἡμέραν κυρίου (11 *a*)
— 18. ἵνα τί αὕτη ὑμῖν ἡ ἡμέρα τοῦ κ. (11 *a*)
— 20. οὐχὶ σκότος ἡ ἡμέρα τοῦ κ. (11 *a*)
— 25. A λέγει κύριος -
— 27. μετοικιῶ ὑμᾶς ἐπέκεινα Δαμασκοῦ, λέγει κύριος (11 *a*)
6. 8. ὤμοσε κύριος καθ' ἑαυτοῦ (2 + 11 *b*)
— 11 (10). ἕνεκα τοῦ μὴ ὀνομάσαι τὸ ὄνομα κυρίου (11 *a*)
— 12 (11). διότι ἰδοὺ κύριος ἐντέλλεται (11 *a*)
— 15 (14). B λέγει κ. τῶν δυν. (11 *a* + 6)
7. 1. ἔδειξέ μοι κ. ὁ θ. [A *om.* ὁ θ.] (2 [2 + 11 *b*])
— 2. κύριε κύριε, ἵλεως γενοῦ (2, 11 *b*)
— 3. μετανόησον κύριε ἐπὶ τούτῳ (11 *a*)
— 3. καὶ τοῦτο οὐκ ἔσται λέγει κ. (11 *a*)
— 4. οὕτως ἔδειξέ μοι κύριος [A κ. ὁ θεός] (2 + 11 *b* [2])
— 4. ἐκάλεσε τὴν δίκην ἐν πυρὶ κύριος (2 + 11 *b*)
— 4. καὶ κατέφαγε τὴν μερίδα κυρίου [A *om.*] -
— 5. A καὶ εἶπα, Κύριε κύριε [B *om.*] (2, 11 *b* [2 + 11 *b*])
— 6. μετανόησον κύριε ἐπὶ τούτῳ (11 *a*)
— 6. καὶ τοῦτο οὐ μὴ γένηται, λέγει κ. (2 + 11 *b*)
— 7. οὕτως ἔδειξέ μοι κύριος (2 ?)
— 8. εἶπε κύριος πρὸς μὲ, Τί σὺ ὁρᾷς (11 *a*)
— 8. εἶπε κ. πρὸς μὲ, Ἰδοὺ ἐγὼ ἐντάσσω (2)
— 15. A R ἀνέλαβέ με κ. ἐκ τῶν προβάτων [B προφητῶν] (11 *a*)
— 15. εἶπε κ. πρὸς μέ (11 *a*)
— 16. καὶ νῦν ἄκουε λόγον κυρίου (11 *a*)
— 17. διὰ τοῦτο τάδε λέγει κ. (11 *a*)
8. 1. οὕτως ἔδειξέ μοι κ. κ. [A *om.*] (2, 11 *b* [2 + 11 *b*])
— 2. εἶπε κ. πρὸς μέ (11 *a*)
— 3. ὀλολύξει τὰ φατνώματα . . . λέγει κ. κ. [A *om.*] (2, 11 *b* [2 + 11 *b*])
— 7. ὀμνύει κ. κατὰ τῆς ὑπερηφανίας Ἰακ. (11 *a*)
— 9. ἔσται ἐν ἐκείνῃ τῇ ἡμέρᾳ λέγει κ. κ. [A ὁ θ.] (2, 11 *b* [2])
— 11. ἡμέραι ἔρχονται, λέγει κ. (2 + 11 *b*)
— 11. λιμὸν τοῦ ἀκοῦσαι λόγον κυρίου (11 *a*)
— 12. AR ζητοῦντες τὸν λόγον τοῦ [B *om.*] κ. (11 *a*)
— 14. A ζῇ κ. [B *om.*] ὁ θ. σου Δάν (18 *b*)
9. 1. εἶδον τὸν κ. ἐφεστῶτα ἐπὶ τοῦ θυσιαστηρίου (2)
— 5. καὶ κ. κ. ὁ θ. ὁ παντοκράτωρ (2, 18 *e*)
— 6. κ. παντοκράτωρ [A κ. ὁ θ. ὁ π.] ὄνομα αὐτῷ (11 *a* [18 *a*])
— 7. λέγει κ. (11 *a*)
— 8. οἱ ὀφθαλμοὶ κ. τοῦ θ. ἐπὶ τὴν βασιλείαν (2)
— 8. ἐξαρῶ τὸν οἶκον Ἰ., λέγει κ. (11 *a*)
— 12. A ὅπως ἐκζητήσωσιν οἱ κατάλοιποι . . . τὸν κ. [B *om.* τ. κ.] -
— 12. λέγει κ. [A κ. ὁ θ.] ὁ ποιῶν ταῦτα (11 *a* [18 *a*])
— 13. ἡμέραι ἔρχονται, λέγει κ. (11 *a*)
— 15. λέγει κ. ὁ θ. ὁ παντοκράτωρ (11 *a*)
Mi. 1. 1. ἐγένετο λόγος κυρίου πρὸς Μιχαίαν (11 *a*)
— 2. ἔσται κ. κ. [A *om.*] ἐν ὑμῖν εἰς μαρτύριον (2, 11 *b* [2 + 11 *b*])
— 2. κύριος ἐξ οἴκου ἁγίου αὐτοῦ (2)
— 3. ἰδοὺ κ. ἐκπορεύεται ἐκ τοῦ τόπου αὐτοῦ (11 *a*)
— 12. κατέβη κακὰ παρὰ κυρίου (11 *a*)
2. 3. τάδε λέγει κ. (11 *a*)
— 5. ἐν ἐκκλησίᾳ κυρίου μὴ κλαίετε δάκρυσι (11 *a*)
— 7. οἶκος Ἰ. παρώργισε πνεῦμα κυρίου (11 *a*)
— 13. ὁ δὲ κ. ἡγήσεται αὐτῶν (11 *a*)
3. 4. οὕτως κεκράξονται πρὸς κύριον (11 *a*)
— 5. τάδε λέγει κ. ἐπὶ τοὺς προφήτας (11 *a*)
— 8. ἐὰν μὴ ἐγὼ ἐμπλήσω ἰσχὺν ἐν πνεύματι κυρίου (11 *a*)
— 11. καὶ ἐπὶ τὸν κ. ἐπανεπαύοντο (11 *a*)
— 11. οὐχὶ κύριος ἐν ἡμῖν ἐστιν (11 *a*)
4. 1. ἔσται . . . ἐμφανὲς τὸ ὄρος τοῦ κ. (11 *a*)
— 2. δεῦτε ἀναβῶμεν εἰς τὸ ὄρος κυρίου [A τοῦ κ.] (11 *a*)
— 2. ἐξελεύσεται . . . λόγος κυρίου ἐξ Ἱερ. (11 *a*)
— 4. τὸ στόμα κυρίου παντοκράτορος ἐλάλησε (11 *a*)
— 5. πορευσόμεθα ἐν ὀνόματι κυρίου [A *om.*] θεοῦ (11 *a*)
— 6. ἐν τῇ ἡμέρᾳ ἐκείνῃ λέγει κ. συνάξω (11 *a*)
— 7. καὶ βασιλεύσει κύριος ἐπ' αὐτούς (11 *a*)
— 10. ἐκεῖθεν ῥύσεταί σε . . . κ. ὁ θ. σου (18 *a*)
— 12. AR αὐτοὶ δὲ οὐκ ἔγνωσαν τὸν λογισμὸν κυρίου [B -ον] (11 *a*)

Mi. 4. 13. ἀναθήσεις τῷ κ. τὸ πλῆθος αὐτῶν (11 *a*)
— 13. ἀναθήσεις . . . τὴν ἰσχὺν τῷ κ. πάσης τῆς γῆς (1)
5. 4 (3). ποιμανεῖ τὸ ποίμνιον . . . ἐν ἰσχύϊ κύριος (11 *a*)
— 4 (3). ἐν τῇ δόξῃ ὀνόματος κυρίου θ. [A τοῦ ὀν. κ. τοῦ θ.] (11 *a*)
— 7 (6). ὡς δρόσος παρὰ κυρίου πίπτουσα (11 *a*)
— 10 (9). ἐν τῇ ἡμ. ἐκ. λέγει κ. (11 *a*)
6. 1. ἀκούσατε δὴ λόγον· κ. κ. εἶπεν [A κυρίου ἃ ὁ κ. εἶπεν] (–, 11 *a*)
— 2. ἀκούσατε ὄρη [A βουνοὶ, B λαοὶ] τὴν κρίσιν τοῦ κ. (11 *a*)
— 2. κρίσις τῷ κ. πρὸς τὸν λαὸν αὐτοῦ (11 *a*)
— 5. ὅπως γνωσθῇ ἡ δικαιοσύνη τοῦ κ. (11 *a*)
— 6. ἐν τίνι καταλάβω τὸν κύριον (11 *a*)
— 7. εἰ προσδέξεται κύριος [A ὁ κ.] ἐν χιλιάσι κριῶν (11 *a*)
— 8. ἢ τί κύριος ἐκζητεῖ παρὰ σοῦ (11 *a*)
— 8. ἕτοιμον . . . τοῦ πορεύεσθαι μετὰ κυρίου θεοῦ (18 *b*)
— 9. φωνὴ κυρίου τῇ πόλει ἐπικληθήσεται (11 *a*)
7. 7. ἐγὼ δὲ ἐπὶ τὸν κ. ἐπιβλέψομαι (11 *a*)
— 8. κύριος [A ὁ κ.] φωτιεῖ μοι (11 *a*)
— 9. ὀργὴν κυρίου ὑποίσω (11 *a*)
— 10. ποῦ κ. ὁ θ. σου (11 *a*)
— 17. ἐπὶ τῷ κ. θ. ἡμῶν ἐκστήσονται (11 *a*)
Jl. 1. 1. λόγος κυρίου ὃς ἐγενήθη πρὸς Ἰωήλ (11 *a*)
— 9. ἐξῆρται θυσία καὶ σπονδὴ ἐξ οἴκου κυρίου (11 *a*)
— 9. R οἱ λειτουργοῦντες θυσιαστηρίῳ κυρίου [A B S *om.*] (11 *a*)
— 14. A S^3 κατοικοῦντας γῆν εἰς οἶκον κυρίου [B S^1 *om.*] θεοῦ [S^2 *om.*] (11 *a* [18 *b*])
— 14. κεκράξατε πρὸς κύριον ἐκτενῶς (11 *a*)
— 15. ἐγγὺς ἡ ἡμέρα κυρίου (11 *a*)
— 19. πρὸς σὲ, κύριε, βοήσομαι (11 *a*)
2. 1. διότι πάρεστιν ἡμέρα κυρίου [A τοῦ κ.] (11 *a*)
— 1. A ὅτι ἐγγὺς ἡ ἡμέρα τοῦ κ. [BS *om.* ἡ ἡ. τ. κ.] -
— 11. καὶ κύριος δώσει φωνὴν αὐτοῦ (11 *a*)
— 11. μεγάλη ἡ ἡμέρα τοῦ κ. (11 *a*)
— 12. καὶ νῦν λέγει κ. ὁ θ. ὑμῶν (18 *a*)
— 13. ἐπιστράφητε πρὸς κ. τὸν θ. ὑμῶν (11 *a*)
— 14. σπονδὴν κ. τῷ θ. ἡμῶν (11 *a*)
— 17. οἱ ἱερεῖς οἱ λειτουργοῦντες κυρίῳ (11 *a*)
— 17. φεῖσαι, κύριε, τοῦ λαοῦ σου (11 *a*)
— 17. A ποῦ ἐστιν κύριος [B S *om.*] ὁ θεὸς αὐτῶν (18 *b*)
— 18. καὶ ἐζήλωσε κύριος τὴν γῆν αὐτοῦ (11 *a*)
— 19. ἀπεκρίθη κύριος (11 *a*)
— 21. ἐμεγάλυνε κύριος τοῦ ποιῆσαι (11 *a*)
— 23. εὐφραίνεσθε ἐπὶ τῷ κυρίῳ θεῷ ὑμῶν (11 *a*)
— 26. αἰνέσετε τὸ ὄνομα κ. τοῦ θ. [A *om.*] ὑμῶν (11 *a*)
— 27. ἐπιγνώσεσθε ὅτι . . . ἐγὼ κ. ὁ θ. ὑμῶν (11 *a*)
— 31 (3. 4). πρὶν ἐλθεῖν τὴν ἡμέραν κυρίου (11 *a*)
— 32 (3. 5). ὃς ἂν ἐπικαλέσηται τὸ ὄνομα κυρίου (11 *a*)
— 32 (3. 5). καθότι εἶπε κύριος (11 *a*)
— 32 (3. 5). οὓς κύριος προσκέκληται (11 *a*)
3 (4). 8. ὅτι κύριος ἐλάλησε (11 *a*)
— 14. ἐγγὺς ἡμέρα κυρίου ἐν τῇ κοιλάδι (11 *a*)
— 16. ABS^2 ὁ δὲ κύριος ἐκ Σιὼν ἀνακεκράξεται (11 *a*)
— 16. ὁ δὲ κύριος φείσεται τοῦ λαοῦ αὐτοῦ (11 *a*)
— 17. ἐγὼ κ. ὁ θ. ὑμῶν ὁ κατασκηνῶν ἐν Σ. (11 *a*)
— 18. πηγὴ ἐξ οἴκου κυρίου ἐξελεύσεται (11 *a*)
— 21. καὶ κύριος κατασκηνώσει ἐν Σ. (11 *a*)
Ob. 1. 1. τάδε λέγει κ. ὁ θ. τῇ Ἰδουμαίᾳ (2)
— 1. ἀκοὴν ἤκουσα παρὰ κυρίου (11 *a*)
— 4. ἐκεῖθεν κατάξω σε, λέγει κύριος (11 *a*)
— 8. ἐν ἐκείνῃ τῇ ἡμέρᾳ, λέγει κ. (11 *a*)
— 15. διότι ἐγγὺς ἡμέρα κυρίου (11 *a*)
— 18. διότι κ. ἐλάλησε (11 *a*)
— 21. καὶ ἔσται τῷ κυρίῳ ἡ βασιλεία (11 *a*)
Jn. 1. 1. ἐγένετο λόγος κυρίου πρὸς Ἰωνᾶν (11 *a*)
— 3. τοῦ φυγεῖν . . . ἐκ [A S ἀπὸ] προσώπου κυρίου (11 *a*)
— 3. τοῦ πλεῦσαι . . . ἐκ προσώπου κυρίου (11 *a*)
— 4. καὶ κύριος ἐξήγειρε πνεῦμα (11 *a*)
— 9. δοῦλος κυρίου εἰμὶ ἐγώ -
— 9. τὸν κ. θ. τοῦ οὐρανοῦ ἐγὼ σέβομαι (11 *a*)
— 10. ἐκ προσώπου κυρίου ἦν φεύγων (11 *a*)
— 14. ἀνεβόησαν πρὸς κύριον [S^1 τὸν κ.] (11 *a*)
— 14. καὶ εἶπαν, Μηδαμῶς, κύριε (11 *a*)
— 14. σύ, κύριε [S^1 *om.* σὺ κ.], ὃν τρόπον ἐβούλου πεποίηκας (11 *a*)
— 16. ἐφοβήθησαν . . . φόβῳ μεγάλῳ τὸν κ. (11 *a*)

Jn. 1. 16. καὶ ἔθυσαν θυσίαν τῷ κ. (11 *a*)
2. 1. καὶ προσέταξε κύριος κήτει μεγάλῳ (11 *a*)
— 2. προσηύξατο Ἰ. πρὸς κ. τὸν θ. αὐτοῦ (11 *a*)
— 3. A B S^2 ἐβόησα . . . πρὸς κ. τὸν θ. (11 *a*)
— 7. ἀναβήτω φθορὰ ζωῆς μου, κύριε ὁ θ. μου [A S^4 *al.*] (11 *a*)
— 8. τοῦ κυρίου ἐμνήσθην (11 *a*)
— 10. ἀποδώσω σοι σωτηρίου τῷ κ. [A *al.*] (11 *a*)
— 11. S^2 R προσετάγη ἀπὸ κυρίου [A B S^1 *om.* ἀ. κ.] τῷ κήτει (11 *a*)
3. 1. ἐγένετο λόγος κυρίου πρὸς Ἰ. ἐκ δευτέρου (11 *a*)
— 3. καθὰ [A καθὼς] ἐλάλησε κύριος (11 *a*)
4. 2. προσεύξατο πρὸς κύριον (11 *a*)
— 2. S^2 R κύριε [A B S^1 ὦ κ.], οὐχ οὗτοι οἱ λόγοι μου (11 *a*)
— 3. νῦν, δέσποτα κύριε, λάβε τὴν ψυχήν μου (11 *a*)
— 4. καὶ εἶπε κύριος πρὸς Ἰ. (11 *a*)
— 6. προσέταξε κ. ὁ θ. κολοκύνθῃ (11 *a*)
— 7. A προσέταξε κύριος [B S *om.*] ὁ θεὸς σκώληκι [S^1 *al.*] (18 *b*)
— 8. A προσέταξεν κύριος [B S *om.*] ὁ θεός (18 *b*)
— 9. εἶπεν [A S^3 *add.* κύριος] ὁ θεός (18 *b*)
— 10. εἶπε κύριος, Σὺ ἐφείσω ὑπὲρ τῆς κολοκύνθης (11 *a*)
Na. 1. 2. θεὸς ζηλωτὴς καὶ ἐκδικῶν κύριος (11 *a*)
— 2. B^2 R ἐκδικῶν κύριος [A B^1 S *om.* ἐκ. κ.] μετὰ θυμοῦ (11 *a*)
— 2. ἐκδικῶν κύριος τοὺς ὑπεναντίους αὐτοῦ (11 *a*)
— 3 κύριος μακρόθυμος καὶ μεγάλη ἡ ἰσχύς (11 *a*)
— 3. καὶ ἀθῷον οὐκ ἀθῳώσει κύριος (11 *a*)
— 7. χρηστὸς κύριος τοῖς ὑπομένουσιν αὐτόν (11 *a*)
— 9. τί λογίζεσθε ἐπὶ τὸν κύριον (11 *a*)
— 11. ἐξελεύσεται λογισμὸς κατὰ τοῦ κ. (11 *a*)
— 12. τάδε λέγει κύριος κατάρχων ὑδάτων πολλῶν (11 *a*)
— 14. S R καὶ ἐντελεῖται περὶ [A B ὑπὲρ] σοῦ κύριος (11 *a*)
2. 2 (3). ἀπέστρεψε κύριος τὴν ὕβριν Ἰακώβ (11 *a*)
— 13 (14). ἐγὼ ἐπὶ σὲ, λέγει κύριος παντοκράτωρ [A ὁ π.] (11 *a*)
3. 5. ἐγὼ ἐπὶ σὲ, λέγει κ. ὁ θ. ὁ παντοκράτωρ (18 *a*)
Hb. 1. 2. ἕως τίνος, κύριε, κεκράξομαι (11 *a*)
— 12. οὐχὶ σὺ ἀπ' ἀρχῆς, κύριε ὁ θεὸς ὁ ἅγιός μου (11 *a*)
— 12. κύριε, εἰς κρίμα τέταχας αὐτό [A -όν] (11 *a*)
2. 2. καὶ ἀπεκρίθη πρὸς μὲ κύριος (11 *a*)
— 13. οὐ ταῦτά ἐστι παρὰ κ. παντοκράτορος (11 *a*)
— 14. τοῦ γνῶναι τὴν δόξαν κυρίου (11 *a*)
— 16. ἐκύκλωσεν ἐπὶ σὲ ποτήριον δεξιᾶς κυρίου (11 *a*)
— 20. ὁ δὲ κύριος ἐν ναῷ ἁγίῳ αὐτοῦ (11 *a*)
3. 2. κύριε, εἰσακήκοα τὴν ἀκοήν σου (11 *a*)
— 2. S κύριε [A B *om.*], κατενόησα τὰ ἔργα σου
— 8. μὴ ἐν ποταμοῖς ὠργίσθης, κύριε (11 *a*)
— 9. ἐνέτεινας τόξον . . . λέγει κύριος -
— 18. ἐγὼ δὲ ἐν [A ἐπὶ] τῷ κ. ἀγαλλιάσομαι (11 *a*)
— 19. κ. ὁ θ. δύναμίς μου (11 *b*)
Ze. 1. 1. λόγος κυρίου ὃς ἐγενήθη πρὸς Σοφ. (11 *a*)
— 2. ἐκλιπέτω . . . λέγει κύριος, ἐκλιπέτω ἄνθρωπος (11 *a*)
— 3. ἐξαρῶ τοὺς ἀνόμους . . . λέγει κύριος (11 *a*)
— 5. BS τοὺς ὀμνύοντας κατὰ τοῦ [S^1 τὰ τοῦ] κ. (11 *a*)
— 5. καὶ τοὺς ὀμνύοντας κατὰ τοῦ [S^2 *add.* κυρίου] βασιλέως -
— 6. καὶ τοὺς ἐκκλίνοντας ἀπὸ τοῦ κ. (11 *a*)
— 6. καὶ τοὺς μὴ ζητοῦντας [A ζητήσαντας] τὸν κ. (11 *a*)
— 6. καὶ τοὺς μὴ ἀντεχομένους τοῦ κ. †
— 7. εὐλαβεῖσθε ἀπὸ προσώπου κ. [S^1 τοῦ κ.] τοῦ θ. (2)
— 7. διότι ἐγγὺς ἡμέρα τοῦ κ. (11 *a*)
— 7. ὅτι ἡτοίμακε κύριος τὴν θυσίαν αὐτοῦ (11 *a*)
— 8. καὶ ἔσται ἐν ἡμέρᾳ θυσίας κυρίου (11 *a*)
— 9. τοὺς πληροῦντας τὸν οἶκον κυρίου θεοῦ [S^3 *om.*, A τοῦ θ.] αὐτῶν (18 *d* [1])
— 10. ἔσται ἐν τῇ ἡμ. ἐκ. λέγει κύριος (11 *a*)
— 12. οὐ μὴ ἀγαθοποιήσῃ κύριος (11 *a*)
— 14. ὅτι ἐγγὺς ἡμέρα κυρίου ἡ μεγάλη (11 *a*)
— 14. φωνὴ ἡμέρας κυρίου πικρὰ . . . τέτακται (11 *a*)
— 17. ὅτι τῷ κ. ἐξήμαρτον (11 *a*)
— 18. ἐν ἡμέρᾳ ὀργῆς κυρίου (11 *a*)
2. 2. πρὸ τοῦ ἐπελθεῖν ἐφ' ὑμᾶς ὀργὴν κυρίου [S^3 *om.* πρὸ . . . κ.] (11 *a*)
— 2. πρὸ τοῦ ἐπελθεῖν . . . ἡμέραν θυμοῦ κυρίου (11 *a*)
— 3. ζητήσατε τὸν κ. (11 *a*)
— 3. ὅπως σκεπασθῆτε ἐν ἡμέρᾳ ὀργῆς κυρίου (11 *a*)
— 5. λόγος κυρίου ἐφ' ὑμᾶς [A πρὸς ὑμᾶς] (11 *a*)

Ze. 2. 7. ὅτι ἐπέσκεπται αὐτοὺς κ. ὁ θ. αὐτῶν (11 a)
— 9. ζῶ ἐγώ, λέγει κ. τῶν δυνάμεων (11 a)
— 10. ἐμεγαλύνθησαν ἐπὶ τὸν κ. τὸν παντοκράτορα (11 a)
— 11. ἐπιφανήσεται [A S[1] ἐπιφανὴς ἔσται] κύριος (11 a)
3. 2. ἐπὶ τῷ κ. οὐκ ἐπεποίθει (11 a)
— 5. ὁ δὲ κ. δίκαιος ἐν μέσῳ αὐτῆς (11 a)
— 8. διὰ τοῦτο ὑπόμεινόν με, λέγει κύριος (11 a)
— 9. τοῦ ἐπικαλεῖσθαι πάντας τὸ ὄνομα κυρίου (11 a)
— 12. εὐλαβηθήσονται ἀπὸ τοῦ ὀνόματος κυρίου [A τοῦ κ.] (11 a)
— 15. περιεῖλε κύριος τὰ ἀδικήματά σου (11 a)
— 15. βασιλεὺς Ἰσραὴλ [A S[2] βασιλεύσει ὁ] κύριος (11 a)
— 16. ἐν τῷ καιρῷ ἐκείνῳ ἐρεῖ κύριος τῇ Ἱερ. -
— 17. κ. ὁ θ. σου ἐν σοί (11 a)
— 19. ἐγὼ ποιῶ ἐν σοὶ ἕνεκέν σου . . . λέγει κύριος -
— 20. ἐν τῷ ἐπιστρέφειν με τὴν αἰχμαλωσίαν . . . λέγει κύριος (11 a)
Hg. 1. 1. ἐγένετο λόγος κυρίου ἐν χειρὶ Ἀγγαίου (11 a)
— 2. τάδε λέγει κύριος παντοκράτωρ (11 a)
— 2. τοῦ οἰκοδομῆσαι τὸν οἶκον κυρίου (11 a)
— 3. ἐγένετο λόγος κυρίου ἐν χειρὶ Ἀγγαίου (11 a)
— 5. νῦν τάδε λέγει κύριος παντοκράτωρ (11 a)
— 6. A διότι τάδε λέγει κ. παντοκρ. -
— 7. τάδε λέγει κ. παντοκράτωρ (11 a)
— 8. καὶ ἐνδοξασθήσομαι, εἶπε κύριος (11 a)
— 9. τάδε λέγει κ. παντοκράτωρ (11 a)
— 12. ἤκουσε Ζορ. . . . τῆς φωνῆς κ. τοῦ θ. αὐ. (11 a)
— 12. καθότι ἐξαπέστειλεν αὐτὸν κ. ὁ θ. αὐ. (11 a)
— 12. ἐφοβήθη ὁ λαὸς ἀπὸ προσώπου κυρίου (11 a)
— 13. καὶ εἶπεν Ἀγγαῖος ἄγγελος κυρίου ἐν ἀγγέλοις [A *om.* κ. ἐν ἀγγ.] κυρίου τῷ λαῷ, Ἐγώ εἰμι μεθ' ὑμῶν, λέγει κύριος [S *al.*] (11 a *ter*)
— 14. ἐξήγειρε κύριος τὸ πνεῦμα Ζοροβάβελ (11 a)
— 14. ἐν τῷ οἴκῳ κυρίου παντοκράτορος θεοῦ (11 a)
2. 2 (1). ἐλάλησε κύριος ἐν χειρὶ Ἀγγ. τοῦ προφήτου (11 a)
— 5 (4). καὶ νῦν κατίσχυε, Ζοροβ., λέγει κύριος (11 a)
— 5 (4). κατισχυέτω πᾶς ὁ λαὸς τῆς γῆς, λέγει κύριος (11 a)
— 5 (4). λέγει κύριος ὁ παντοκρ. (11 a)
— 7 (6). A R τάδε [B S *om.*] λέγει κύριος παντοκρ. (11 a)
— 8 (7), 9 (8), 10 (9) *bis*. λέγει κύριος παντοκρ. (11 a)
— 11 (10). ἐγένετο λόγος κυρίου πρὸς Ἀγγ. τὸν προφήτην (11 a)
— 12 (11). τάδε λέγει κύριος παντοκράτωρ (11 a)
— 15 (14). ἐνώπιον ἐμοῦ, λέγει κύριος (11 a)
— 16 (15). πρὸ [A *om.*] τοῦ θεῖναι λίθον . . . ἐν τῷ ναῷ κυρίου (11 a)
— 18 (17). οὐκ ἐπεστρέψατε πρὸς μέ, λέγει κύριος (11 a)
— 19 (18). τεθεμελίωται ὁ ναὸς κυρίου (11 a)
— 21 (20). ἐγένετο λόγος κυρίου ἐκ δευτέρου πρὸς Ἀγ. (11 a)
— 24 (23). λέγει κύριος παντοκράτωρ (11 a)
— 24 (23). λήψομαί σε Ζ. . . . λέγει κύριος (11 a)
— 24 (23). λέγει κύριος παντοκράτωρ (11 a)
Za. 1. 1. ἐγένετο λόγος κυρίου πρὸς Ζαχαρίαν (11 a)
— 2. ὠργίσθη κύριος ἐπὶ τοὺς πατέρας ὑμῶν (11 a)
— 3. τάδε λέγει κύριος παντοκράτωρ (11 a)
— 3. λέγει κ. τῶν δυνάμ. [S[1] κ. παντοκρ.] (11 a)
— 3. λέγει κ. τῶν δυνάμ. [A κ. παντοκράτ.] (11 a)
— 4. τάδε λέγει κύριος παντοκράτωρ (11 a)
— 4. τοῦ εἰσακοῦσαί μου, λέγει κύριος (11 a)
— 6. καθὼς παρατέτακται κύριος παντοκράτωρ (11 a)
— 7. ἐγένετο λόγος κυρίου πρὸς Ζαχαρίαν (11 a)
— 9. καὶ εἶπα, Τί οὗτοι, κύριε (1)
— 10. οὗτοί εἰσιν οὓς ἐξαπέστειλε κύριος (11 a)
— 11. καὶ ἀπεκρίθησαν τῷ ἀγγέλῳ κυρίου (11 a)
— 12. καὶ ἀπεκρίθη ὁ ἄγγελος κυρίου (11 a)
— 12. καὶ εἶπε, Κύριε παντοκράτωρ (11 a)
— 13. ἀπεκρίθη κύριος παντοκράτωρ τῷ ἀγγέλῳ (11 a)
— 14. τάδε λέγει κύριος παντοκράτωρ (11 a)
— 16. τάδε λέγει κύριος [A κ. παντοκράτωρ] (11 a)
— 16. λέγει κύριος παντοκράτωρ (11 a)
— 17. τάδε λέγει κύριος παντοκράτωρ (11 a)
— 17. ἐλεήσει κύριος ἔτι τὴν Σ. (11 a)
— 17. A αἱρετιεῖ κύριος [B S *om.*] τὴν Ἰ. -

Za. 1. 19 (2. 2). τί ἐστι ταῦτα, κύριε -
— 20 (2. 3). καὶ ἔδειξέ μοι κύριος τέσσαρας τέκτονας (11 a)
— 21 (2. 4). τὰ ἐπαιρόμενα κέρας ἐπὶ τὴν γῆν κυρίου †
2. 5 (9). ἐγὼ ἔσομαι αὐτῇ, λέγει [A φησὶν] κύριος (11 a)
— 6 (10). φεύγετε ἀπὸ γῆς βορρᾶ, λέγει κύριος (11 a)
— 6 (10). συνάξω ὑμᾶς, λέγει κύριος (11 a)
— 8 (12). διότι τάδε λέγει κύριος παντοκράτωρ (11 a)
— 9 (13). κύριος παντοκράτωρ ἀπέσταλκέ με (11 a)
— 10 (14). κατασκηνώσω ἐν μέσῳ σου, λέγει κύριος (11 a)
— 11 (15). καταφεύξονται ἔθνη πολλὰ ἐπὶ τὸν κ. (11 a)
— 11 (15). κύριος παντοκρ. ἐξαπέσταλκέ [A ἀπέσταλκέν] με (11 a)
— 12 (16). κατακληρονομήσει κύριος τὸν Ἰ. (11 a)
— 13 (17). εὐλαβείσθω πᾶσα σὰρξ ἀπὸ προσώπου κυρίου (11 a)
3. 1. καὶ ἔδειξέ μοι κύριος τὸν Ἰ. τὸν ἱερέα . . . ἑστῶτα πρὸ προσώπου ἀγγέλου κυρίου (- , 11 a)
— 2. καὶ εἶπε κύριος πρὸς τὸν διάβολον (11 a)
— 3 (2) *bis*. ἐπιτιμήσαι κύριος ἐν σοί (11 a)
— 6 (5). καὶ ὁ ἄγγελος κυρίου εἱστήκει (11 a)
— 7 (6). διεμαρτύρατο ὁ ἄγγελος κυρίου πρὸς Ἰ. (11 a)
— 8 (7). τάδε λέγει κύριος παντοκράτωρ (11 a)
— 10 (9), 11 (10). λέγει κύριος παντοκρ. (11 a)
4. 4. τί ἐστι ταῦτα, κύριε (1)
— 5. A B S[2] καὶ εἶπα, Οὐχί, κύριε (1)
— 6. οὗτος ὁ λόγος κυρίου πρὸς Ζοροβάβελ (11 a)
— 6. λέγει κύριος παντοκράτωρ (11 a)
— 8. καὶ ἐγένετο λόγος κυρίου πρὸς μέ (11 a)
— 9. διότι κύριος παντοκράτωρ ἐξαπέσταλκέ με (11 a)
— 10. A S ἑπτὰ οὗτοι ὀφθαλμοί εἰσιν κυρίου [B *om.*] (11 a)
— 13. καὶ εἶπα, Οὐχί, κύριε (1)
— 14. παρεστήκασι κυρίῳ [A τῷ κ.] πάσης τῆς γῆς (1)
5. 2. S εἶπε κύριος [A B *om.*] πρὸς μέ -
— 4. λέγει κύριος παντοκράτωρ (11 a)
6. 4. τί ἐστι ταῦτα, κύριε (1)
— 5. παραστῆναι τῷ κ. πάσης τῆς γῆς (1)
— 9. καὶ ἐγένετο λόγος κυρίου πρὸς μέ (11 a)
— 12. τάδε λέγει κύριος παντοκράτωρ (11 a)
— 12. καὶ οἰκοδομήσει τὸν οἶκον κυρίου (11 a)
— 14. εἰς ψαλμὸν ἐν οἴκῳ κυρίου (11 a)
— 15. καὶ οἰκοδομήσουσιν ἐν τῷ οἴκῳ κυρίου (11 a)
— 15. κύριος παντοκράτωρ ἀπέσταλκέ με (11 a)
— 15. ἐὰν . . . εἰσακούσητε τῆς φωνῆς κ. τοῦ θ. ὑμῶν (11 a)
7. 1. ἐγένετο λόγος κυρίου πρὸς Ζαχαρίαν (11 a)
— 2. ἐξιλάσασθαι τὸν κ. (11 a)
— 3. ἐν τῷ οἴκῳ κυρίου παντοκράτορος (11 a)
— 4. ἐγένετο λόγος κυρίου τῶν δυνάμεων πρὸς μέ (11 a)
— 7. ἐλάλησε κύριος ἐν χερσὶ τῶν προφητῶν (11 a)
— 8. καὶ ἐγένετο λόγος κυρίου πρὸς Ζαχαρίαν (11 a)
— 9. τάδε λέγει κύριος παντοκράτωρ (11 a)
— 12. οὓς ἐξαπέστειλε κύριος παντοκράτωρ (11 a)
— 12. ἐγένετο ὀργὴ . . . παρὰ κυρίου παντοκράτορος (11 a)
— 13. οὐ μὴ εἰσακούσω, λέγει κύριος παντοκρ. (11 a)
8. 1. καὶ ἐγένετο λόγος κυρίου παντοκράτορος (11 a)
— 2. τάδε λέγει κύριος παντοκράτωρ (11 a)
— 3. τάδε λέγει κύριος [S[3] *add.* παντοκράτωρ] (11 a)
— 3. κληθήσεται . . . τὸ ὄρος κυρίου παντοκράτορος ὄρος ἅγιον (11 a)
— 4, 6. τάδε λέγει κύριος παντοκρ. (11 a)
— 6. λέγει κύριος παντοκράτωρ (11 a)
— 7, 9. τάδε λέγει κύριος παντοκράτωρ (11 a)
— 9. τεθεμελίωται ὁ οἶκ. κυρίου παντοκράτορος (11 a)
— 11. λέγει κύριος παντοκράτωρ (11 a)
— 14. τάδε λέγει κύριος παντοκράτωρ (11 a)
— 14, 17. λέγει κύριος παντοκράτωρ (11 a)
— 18. ἐγένετο λόγος κυρίου παντοκράτορος πρὸς μέ (11 a)
— 19. A S[2] R τάδε [B S[1] *om.*] λέγει κύριος παντοκράτωρ (11 a)
— 20. τάδε λέγει κύριος παντοκράτωρ (11 a)
— 21. δεηθῆναι τοῦ προσώπου κυρίου (11 a)
— 21. ἐκζητῆσαι τὸ πρόσωπον κυρίου παντοκράτορος (11 a)

Za. 8. 22. ἐκζητῆσαι τὸ πρόσωπ. κυρίου παντοκράτορος [S[1] *om.*] (11 a)
— 22. ἐξιλάσασθαι τὸ πρόσωπον κυρίου (11 a)
— 23. τάδε λέγει κύριος παντοκράτωρ (11 a)
9. 1. λῆμμα λόγου κυρίου ἐν γῇ Σεδράχ (11 a)
— 1. διότι κύριος ἐφορᾷ ἀνθρώπους (11 a)
— 4. διὰ τοῦτο κύριος κληρονομήσει αὐτούς [A S[2] αὐτήν] (2)
— 14. καὶ κύριος ἔσται ἐπ' αὐτούς (11 a)
— 14. κύριος παντοκράτωρ ἐν σάλπιγγι σαλπιεῖ (2)
— 15. κύριος παντοκράτωρ ὑπερασπιεῖ αὐτούς (11 a)
— 16. σώσει αὐτοὺς κ. ὁ θ. αὐτῶν [A *om.* ὁ θ. αὐ.] (11 a [11 a + 6])
10. 1. αἰτεῖσθε παρὰ κυρίου ὑετόν (11 a)
— 1. κύριος ἐποίησε φαντασίας (11 a)
— 3. ἐπισκέψεται κ. ὁ θ. ὁ παντοκρ. τὸ ποίμνιον (18 a)
— 5. διότι κύριος [A κ. παντοκράτωρ] μετ' αὐτῶν (11 a)
— 6. διότι ἐγὼ κ. ὁ θ. αὐτῶν (11 a)
— 7. καὶ χαρεῖται ἡ καρδία αὐτῶν ἐπὶ τῷ κ. (11 a)
— 12. καὶ κατισχύσω αὐτοὺς ἐν κυρίῳ θεῷ αὐτῶν (18 a)
— 12. ἐν τῷ ὀνόμ. αὐ. κατακαυχήσονται, λέγει κύριος (11 a)
11. 4. τάδε λέγει κύριος παντοκράτωρ (11 a)
— 5. εὐλογητὸς κύριος (11 a)
— 6. οὐ φείσομαι . . . λέγει κύριος [A κ. παντοκράτωρ] (11 a)
— 11. διότι λόγος κυρίου [A[1] *om.*] ἐστί (11 a)
— 13. καὶ εἶπε κύριος πρὸς μέ (11 a)
— 13. καὶ ἐνέβαλον αὐτοὺς εἰς τὸν οἶκον κυρίου (11 a)
— 15. εἶπε κύριος πρὸς μέ (11 a)
12. 1. λῆμμα λόγου κυρίου ἐπὶ τὸν Ἰσ., λέγει κύριος (11 a, 11 a)
— 4. ἐν τῇ ἡμ. ἐκείνῃ, λέγει κύριος παντοκρ. (11 a)
— 5. τοὺς κατοικοῦντας Ἰ. ἐν κυρίῳ παντοκρ. θεῷ (11 a)
— 7. καὶ σώσει κύριος τὰ σκηνώματα Ἰούδα (11 a)
— 8. ὑπερασπιεῖ κύριος ὑπὲρ τῶν κατοικούντων (11 a)
— 8. ὡς ἄγγελος κυρίου ἐνώπιον αὐτῶν (11 a)
13. 2. ἐν τῇ ἡμ. ἐκείνῃ, λέγει κύριος σαβαώθ [A *om.*] (11 a [11 c])
— 3. ψευδῆ ἐλάλησας ἐπ' [A ἐν] ὀνόματι κυρίου (11 a)
— 7. λέγει κύριος παντοκρ. (11 a)
— 8. ἔσται ἐν πάσῃ τῇ γῇ [A ἐν τῇ ἡμ. ἐκ.], λέγει κύριος (11 a)
— 9. καὶ αὐτὸς ἐρεῖ, Κ. ὁ θ. μου (11 a)
14. 1. ἰδοὺ ἡμέραι ἔρχονται τοῦ κ. (11 a)
— 3. καὶ ἐξελεύσεται κύριος (11 a)
— 5. ἥξει κ. ὁ θ. μου (11 a)
— 7. καὶ ἡ ἡμέρα ἐκείνη γνωστὴ τῷ κ. (11 a)
— 9. ἔσται κύριος εἰς βασιλέα (11 a)
— 9. ἐν τῇ ἡμέρᾳ ἐκείνῃ ἔσται κύριος εἷς (11 a)
— 12. A B S[2] ἣν κόψει κύριος πάντας τοὺς λαούς (11 a)
— 13. ἔσται ἐν τῇ ἡμ. ἐκ. ἔκστασις κυρίου μεγάλη (11 a)
— 16, 17. τοῦ προσκυνῆσαι τῷ βασιλεῖ κ. παντοκράτορι (11 a)
— 18. ἣν πατάξει κύριος πάντα τὰ ἔθνη (11 a)
— 20. ἔσται τὸ ἐπὶ τὸν χαλινὸν τοῦ ἵππου ἅγιον τῷ κ. παντοκρ. (11 a)
— 20. ἔσονται οἱ λέβητες ἐν τῷ οἴκῳ κυρίου (11 a)
— 21. ἅγιος [A ἅγιον] τῷ κ. παντοκρ. (11 a)
— 21. οὐκ ἔσται Χαν. ἔτι ἐν τῷ οἴκῳ κυρίου παντοκρ. (11 a)
Ma. 1. 1. λῆμμα λόγου κυρίου ἐπὶ τὸν Ἰσραήλ (11 a)
— 2. ἠγάπησα ὑμᾶς, λέγει κύριος (11 a)
— 2. οὐκ ἀδελφὸς ἦν Ἠ. τοῦ Ἰ., λέγει κύριος (11 a)
— 2. S λέγει κύριος -
— 4. τάδε λέγει κύριος παντοκράτωρ (11 a)
— 4. ἐφ' ὃν παρατέτακται κύριος ἕως αἰῶνος (11 a)
— 5. ἐμεγαλύνθη κύριος ὑπεράνω τῶν ὁρίων τοῦ Ἰ. (11 a)
— 6. καὶ δοῦλος τὸν κ. αὐτοῦ (1)
— 6. εἰ κύριός εἰμι ἐγώ (1)
— 6. λέγει κύριος παντοκράτωρ (11 a)
— 7. τράπεζα κυρίου ἠλισγημένη [S ἐξουδενωμένη] ἐστί (11 a)
— 8, 9, 10, 11. λέγει κύριος παντοκρ. (11 a)
— 12. τράπεζα κυρίου ἠλισγημένη ἐστί (11 a)
— 13 *bis*. λέγει κύριος παντοκράτωρ (11 a)
— 14. καὶ θύει διεφθαρμένον τῷ κυρίῳ (2)

Ma. 1. 14 : 2. 2. λέγει κύριος παντοκρ. (11 *a*)
2. 4. A ἐγὼ κύριος [B S *om.*] ἐξαπέσταλκα –
— 4. λέγει κύριος παντοκράτωρ (11 *a*)
— 7. διότι ἄγγελος κυρίου παντοκράτορός ἐστιν (11 *a*)
— 8. λέγει κύριος παντοκρ. (11 *a*)
— 11. ἐβεβήλωσεν Ἰ. τὰ ἅγια κυρίου (11 *a*)
— 12. ἐξολεθρεύσει κύριος τὸν ἄνθρωπον (11 *a*)
— 12. ἐκ προσαγόντων θυσίαν τῷ κ. παντοκράτορι (11 *a*)
— 13. ἐκαλύπτετε δάκρυσι τὸ θυσιαστήριον κυρίου (11 *a*)
— 14. ὅτι [A ὁ] κύριος διεμαρτύρατο ἀνὰ μέσον σου (11 *a*)
— 16. λέγει κ. ὁ θ. τοῦ [A θ. ὁ παντοκράτωρ θ.] Ἰσ. (11 *a*)
— 16. λέγει κύριος παντοκρ. (11 *a*)
— 17. πᾶς ποιῶν πονηρὸν καλὸν ἐνώπιον κυρίου (11 *a*)
3. 1. ἐξαίφνης ἥξει εἰς τὸν ναὸν ἑαυτοῦ κύριος (1)
— 1. ἰδοὺ ἔρχεται, λέγει κύριος παντοκρ. (11 *a*)
— 3. ἔσονται τῷ κ. προσάγοντες θυσίαν (11 *a*)
— 4. καὶ ἀρέσει τῷ κ. θυσία Ἰ. καὶ Ἱερ. (11 *a*)
— 5. λέγει κύριος παντοκρ. (11 *a*)
— 6. διότι ἐγὼ κ. ὁ θ. ὑμῶν (18 *a*)
— 7, 10, 11, 12. λέγει κύριος παντοκρ. (11 *a*)
— 13. ἐβαρύνατε . . . τοὺς λόγους ὑμῶν, λέγει κύριος (11 *a*)
— 14. ἱκέται πρὸ προσώπου κυρίου παντοκράτορος (11 *a*)
— 16. κατελάλησαν [A ἐλάλησαν] οἱ φοβούμ. τὸν κ. [S[1] *al.*] (11 *a*)
— 16. καὶ προσέσχε κύριος (11 *a*)
— 16. ἔγραψε βιβλίον . . . τοῖς φοβουμένοις τὸν κ. (11 *a*)
— 17. ἔσονταί μοι, λέγει κύριος παντοκράτωρ (11 *a*)
4. 1 (3. 19). A ἰδοὺ ἡμέρα κυρίου [B S *om.*] ἔρχεται καιομένη –
— 1 (3. 19), 3 (3. 21). λέγει κύριος παντοκρ. (11 *a*)
— 5 (3. 23). πρὶν ἐλθεῖν ἡμέραν κυρίου τὴν μεγάλην (11 *a*)
Is. 1. 2. κ. ἐλάλησεν (11 *a*)
— 3. καὶ ὄνος τὴν φάτνην τοῦ κ. αὐτοῦ (7)
— 4. ἐγκατελίπατε τὸν κ. (11 *a*)
— 9. εἰ μὴ κ. σαβαὼθ ἐγκατέλιπεν ἡμῖν σπέρμα (11 *a*)
— 10. ἀκούσατε λόγον κυρίου (11 *a*)
— 11. τί μοι πλῆθος τῶν θυσιῶν ὑμῶν, λέγει κ. (11 *a*)
— 18. διελεγχθῶμεν, λέγει κ. (11 *a*)
— 20. τὸ γὰρ στόμα κυρίου ἐλάλησε ταῦτα (11 *a*)
— 24. τάδε λέγει κ. ὁ δεσπότης σαβαώθ (1)
— 28. οἱ ἐγκαταλιπόντες τὸν κ. συντελεσθήσονται (11 *a*)
2. 1. A S ὁ λόγος ὁ γενόμενος παρὰ κυρίου [B *om.* π. κ.] †
— 2. ἔσται . . . ἐμφανὲς τὸ ὄρος κυρίου [A τοῦ κ.] (11 *a*)
— 3. ἀναβῶμεν εἰς τὸ ὄρος κυρίου [A τοῦ κ.] . . . καὶ λόγος κυρίου ἐξ Ἱερουσαλήμ (11 *a*, 11 *a*)
— 5. πορευθῶμεν τῷ φωτὶ κυρίου (11 *a*)
— 10. ἀπὸ προσώπου τοῦ φόβου κυρίου (11 *a*)
— 11. οἱ γὰρ ὀφθαλμοὶ κυρίου ὑψηλοί . . . ὑψωθήσεται κ. μόνος (–, 11 *a*)
— 12. ἡμέρα γὰρ κυρίου σαβαὼθ ἐπὶ πάντα ὑβριστήν (11 *a*)
— 17. ὑψωθήσεται κ. μόνος (11 *a*)
— 19, 21. ἀπὸ προσώπου τοῦ φόβου κυρίου (11 *a*)
3. 1. κ. σαβαὼθ ἀφελεῖ . . . ἰσχύοντα (11 *a*)
— 8. τὰ πρὸς κύριον ἀπειθοῦντες (11 *a*)
— 13. καταστήσεται εἰς κρίσιν κ. (11 *a*)
— 14. αὐτὸς κ. εἰς κρίσιν ἥξει (11 *a*)
— 16. τάδε λέγει κ. (11 *a*)
— 17. κ. ἀνακαλύψει [A ἀποκ.] τὸ σχῆμα αὐτῶν (11 *a*)
— 18. ἀφελεῖ κ. τὴν δόξαν τοῦ ἱματισμοῦ αὐτῶν (2)
4. 4. ἐκπλυνεῖ κ. τὸν ῥύπον τῶν υἱῶν (2)
— 5. A πάσῃ τῇ δόξῃ κυρίου [B S *om.*] σκεπασθήσεται –
5. 7. ὁ γὰρ ἀμπελὼν κυρίου σαβαὼθ οἶκος τοῦ Ἰσραήλ (11 *a*)
— 9. ἠκούσθη γὰρ εἰς τὰ ὦτα κυρίου σαβαὼθ ταῦτα (11 *a*)
— 12. τὰ δὲ ἔργα κυρίου [S[1] θεοῦ, S[3] τοῦ κ.] οὐκ ἐμβλέπουσι (11 *a*)
— 13. διὰ τὸ μὴ εἰδέναι αὐτοὺς τὸν κ. –
— 16. ὑψωθήσεται κ. σαβαὼθ ἐν κρίματι (11 *a*)
— 24. οὐ γὰρ ἠθέλησαν τὸν νόμον κυρίου σαβ. (11 *a*)

Is. 5. 25. ἐθυμώθη ὀργῇ [S ὠργίσθη θυμῷ] κ. σαβαώθ (11 *a*)
6. 1. εἶδον τὸν κ. καθήμενον (2)
— 3. ἅγιος ἅγιος ἅγιος κ. σαβαώθ (11 *a*)
— 5. τὸν βασιλέα κ. σαβαὼθ εἶδον (11 *a*)
— 8. ἤκουσα τῆς φωνῆς κυρίου (2)
— 11. ἕως πότε, κύριε (2)
7. 3. εἶπε κ. πρὸς Ἡσαΐαν (11 *a*)
— 7. τάδε λέγει κ. σαβαώθ (2)
— 10. προσέθετο κ. λαλῆσαι τῷ Ἄχαζ (11 *a*)
— 11. αἴτησαι σεαυτῷ σημεῖον παρὰ κυρίου θεοῦ σου (11 *a*)
— 12. οὐδὲ μὴ πειράσω κύριον (11 *a*)
— 13. πῶς κυρίῳ παρέχετε ἀγῶνα (6)
— 14. B S δώσει κ. αὐτὸς [A[2] -οῖς] ὑμῖν σημεῖον (2)
— 18. συριεῖ κ. μυίαις (11 *a*)
— 20. ξυρήσει κ. ἐν [A S *om.*] τῷ ξυρῷ (2)
8. 1. εἶπε κ. πρὸς μὲ, Λάβε σεαυτῷ τόμον (11 *a*)
— 3. εἶπε κ. μοι, Κάλεσον τὸ ὄνομα αὐτοῦ (11 *a*)
— 5. προσέθετο κ. λαλῆσαί μοι ἔτι (11 *a*)
— 7. κ. ἀνάγει ἐφ᾽ ὑμᾶς τὸ ὕδωρ τοῦ ποταμοῦ (2)
— 10. διασκεδάσει κ. –
— 11. οὕτω λέγει κ. (11 *a*)
— 13. κύριον αὐτὸν ἁγιάσατε (11 *c*)
— 18. τέρατα ἐν τῷ οἴκῳ [A *om.*] Ἰσραὴλ παρὰ κυρίου σαβαώθ (11 *a*)
9. 4 (3). A S τὴν γὰρ ῥάβδον . . . διεσκέδασεν κύριος [B *om.*] –
— 7 (6). ὁ ζῆλος κυρίου σαβαὼθ ποιήσει ταῦτα (11 *a*)
— 8 (7). θάνατον [S[1] λόγον] ἀπέστειλε κ. ἐπὶ Ἰακώβ (2)
— 13 (12). τὸν κ. οὐκ ἐζήτησαν [A S[3] ἐξεζ.] (11 *c*)
— 14 (13). ἀφεῖλε κ. ἀπὸ Ἰσραὴλ κεφαλὴν καὶ οὐράν (11 *a*)
— 17 (16). οὐκ εὐφρανθήσεται ὁ κ. [A S θεός] (2)
— 19 (18). διὰ θυμὸν ὀργῆς κυρίου (11 *c*)
10. 12. ὅταν συντελέσῃ κ. πάντα ποιῶν (2)
— 12. S ἐπάξει κύριος ἐπὶ τὸν νοῦν [A B *al.*] –
— 16. ἀποστελεῖ κ. σαβαὼθ εἰς τὴν σὴν τιμὴν ἀτιμίαν (1+2)
— 23. λόγον συντετμημένον ποιήσει κ. [A S ὁ θεός] (2+11 *c*)
— 24. τάδε λέγει κ. [S[1] *add.* ὁ θεὸς, S[4] *add.* κύριος] σαβαώθ (2+11 *b* [2])
— 33. ὁ δεσπότης κ. σαβαὼθ συνταράσσει τοὺς ἐνδόξους (11 *a*)
11. 9. ἐνεπλήσθη ἡ σύμπασα τοῦ γνῶναι τὸν κ. (11 *a*)
— 11. προσθήσει ὁ [A S *om.*] κ. τοῦ δεῖξαι τὴν χεῖρα αὐτοῦ (2)
— 15. ἐρημώσει κ. τὴν θάλασσαν Αἰγύπτου (11 *a*)
12. 1. εὐλογῶ [A S[3] -γήσω] σε, κύριε (11 *a*)
— 2. S σωτήρ μου κύριος [A B *om.*] –
— 2. ἡ δόξα μου καὶ ἡ αἴνεσίς μου κ. (10+11 *a*)
— 4. ὑμνεῖτε κύριον (11 *a*)
— 5. ὑμνήσατε τὸ ὄνομα κυρίου (24)
13. 4. κ. σαβαὼθ ἐντέταλται ἔθνει ὑπλομάχῳ (11 *a*)
— 5. κ. καὶ οἱ ὁπλομάχοι αὐτοῦ (11 *a*)
— 6. ἐγγὺς γὰρ ἡμέρα κυρίου (11 *a*)
— 9. ἰδοὺ γὰρ ἡμέρα κυρίου ἔρχεται (11 *a*)
— 13. διὰ θυμὸν ὀργῆς κυρίου σαβαώθ (11 *a*)
14. 1. ἐλεήσει κ. τὸν Ἰακώβ (11 *a*)
— 3. ἀναπαύσει σε κ. [A S[1] κ. ὁ θεὸς] ἀπὸ [A S[2] ἐκ] τῆς ὀδύνης (11 *a* [18 *a*])
— 5. συνέτριψε κ. [A S ὁ θεὸς] τὸν ζυγὸν τῶν ἁμαρτωλῶν (11 *a*)
— 22. λέγει κ. σαβαὼθ . . . τάδε λέγει κ. [S *add.* σαβ.] (11 *a*, 11 *a*)
— 24. τάδε λέγει κ. σαβαώθ (11 *a*)
— 26. ἣν βεβούλευται κ. –
— 32. κ. ἐθεμελίωσε Σιών (11 *a*)
16. 13. τοῦτο τὸ ῥῆμα ὃ ἐλάλησε κ. (11 *a*)
17. 3. τάδε λέγει κ. σαβαώθ (11 *a*)
— 6. τάδε λέγει κ. ὁ θεὸς Ἰσραήλ (11 *a*)
— 10. κυρίου τοῦ βοηθοῦ σου οὐκ ἐμνήσθης (13)
18. 4. οὕτως εἶπε κ. μοι (11 *a*)
— 7. ἀνενεχθήσεται δῶρα κυρίῳ σαβαὼθ . . . εἰς τὸν τόπον οὗ τὸ ὄνομα κυρίου σαβαώθ (11 *a*, 11 *a*)
19. 1. κ. κάθηται ἐπὶ νεφέλης κούφης (11 *a*)
— 4. παραδώσω Αἴγυπτον εἰς χεῖρας ἀνθρώπων κυρίων σκληρῶν . . . τάδε λέγει κ. σαβαώθ (1, 1+11 *a*)
— 12. τί βεβούλευται κ. σαβαὼθ ἐπ᾽ Αἴγυπτον (11 *a*)
— 14. κ. γὰρ ἐκέρασεν αὐτοῖς πνεῦμα πλανήσεως (11 *a*)

Is. 19. 16. ἐν τρόμῳ ἀπὸ προσώπου τῆς χειρὸς κυρίου σαβ. (11 *a*)
— 17. φοβηθήσονται διὰ τὴν βουλὴν [A *add.* κυρίου σαβαὼθ] ἣν βεβούλευται κ. ἐπ᾽ αὐτήν [S[1] -ούς] (11 *a*, †)
— 18. ὀμνῦντες [A S[3] -ύουσαι] τῷ ὀνόματι κυρίου (11 *a*)
— 19. ἔσται θυσιαστήριον τῷ κ. ἐν χώρᾳ Αἰγυπτίων καὶ στήλη πρὸς τὸ ὅριον αὐτῆς τῷ κ. (11 *a*, 11 *a*)
— 20. ἔσται εἰς σημεῖον εἰς τὸν αἰῶνα κυρίῳ [S[1] -ος] ἐν χώρᾳ Αἰγύπτου ὅτι κεκράξονται πρὸς κύριον [S[1] *om.* πρ. κ.] (11 *c*, 11 *a*)
— 20. A S ἀποστελεῖ αὐτοῖς κύριος [B *om.*] ἄνθρωπον –
— 21. γνωστὸς ἔσται κ. τοῖς Αἰγυπτίοις καὶ γνώσονται οἱ Αἰγύπτιοι τὸν κ. . . . καὶ εὔξονται εὐχὰς τῷ κ. (11 *a ter*)
— 22. πατάξει κ. τοὺς Αἰγυπτίους πληγῇ [A S *add.* μεγάλῃ] . . . καὶ ἐπιστραφήσονται πρὸς κύριον (11 *a*, 11 *a*)
— 25. ἣν [A ᾗ] εὐλόγησε κ. σαβαώθ (11 *a*)
20. 2. ἐλάλησε κ. πρὸς Ἡσαΐαν (11 *a*)
— 3. εἶπε κ. (11 *a*)
21. 6. οὕτως εἶπε πρὸς μὲ κ. (2)
— 8. εἰς τὴν σκοπιάν· κύριος [A S -ίου· καὶ] εἶπεν (2)
— 10. ἃ ἤκουσα παρὰ κυρίου σαβαώθ (11 *a*)
— 16. οὕτως εἶπέ μοι κ. (2)
— 17. κ. [A S *om.*] ὁ θεὸς Ἰσραὴλ ἐλάλησε (11 *a*)
22. 5. πλάνησις [S[1] *om.*, S[2] -σεως] παρὰ κυρίου σαβαώθ (2+11 *b*)
— 12. ἐκάλεσε κ. [A S *om.*] κ. σαβαὼθ . . . κλαυθμόν (2, 11 *b* [2+11 *b*])
— 14. ἀνακεκαλυμμένα ταῦτά ἐστιν ἐν τοῖς ὠσὶ κυρίου σαβαώθ (11 *a*)
— 14. S[2] εἶπεν κύριος (2+11 *c*)
— 15. τάδε λέγει κ. σαβαώθ (2+11 *b*)
— 17. κ. σαβαὼθ ἐκβάλλει καὶ ἐκτρίψει ἄνδρα (11 *a*)
— 25. τάδε λέγει κ. σαβαὼθ . . . ὅτι κ. ἐλάλησε (11 *a*, 11 *a*)
23. 9. κ. σαβαὼθ ἐβουλεύσατο (11 *a*)
— 11. κ. σαβαὼθ ἐνετείλατο περὶ Χαναάν (11 *a*)
— 18. ἔσται αὐτῆς ἡ ἐμπορία . . . ἅγιον κυρίῳ [A S[1] τῷ κ.] (11 *a*)
— 18. ἀλλὰ τοῖς κατοικοῦσιν ἔναντι κυρίου (11 *a*)
— 18. εἰς συμβολὴν μνημόσυνον ἔναντι κυρίου [A[1] *om.* ἔ. κ.] –
24. 1. κ. καταφθείρει τὴν οἰκουμένην (11 *a*)
— 2. ὁ παῖς ὡς ὁ κ. (1)
— 3. τὸ γὰρ στόμα κυρίου ἐλάλησε ταῦτα (19)
— 5. A ἤλλαξαν τὰ προστάγματα κυρίου [B S *om.*] –
— 14. εὐφρανθήσονται ἅμα τῇ δόξῃ κυρίου (11 *a*)
— 15. ἡ δόξα κυρίου ἐν ταῖς νήσοις ἔσται τῆς θαλάσσης, τὸ ὄνομα κυρίου ἔνδοξον ἔσται (11 *a*, 11 *a* ?)
— 16 (15). κύριε ὁ θεὸς Ἰσραήλ (11 *a*)
— 23. A S βασιλεύσει κ. ἐν [B ἐκ] Σιών (11 *c*)
25. 1. A S κύριε ὁ θεὸς . . . γένοιτο, κύριε [B *om.*] (11 *a*, –)
— 6. ποιήσει κ. σαβαὼθ πᾶσι τοῖς ἔθνεσιν (11 *a*)
— 8. ἀφεῖλε κ. [A *om.*] ὁ θεὸς πᾶν δάκρυον . . . τὸ γὰρ στόμα κυρίου ἐλάλησε (2, 19)
— 9. S ἰδοὺ κ. [A B *om.*] ὁ θεὸς ἡμῶν (18 *b*)
— 9. B οὗτος κ. ὑπεμείναμεν αὐτῷ (11 *a*)
26. 4. ἐπὶ σοὶ ἐλπίδι [A S *om.*] ἤλπισαν, κύριε (11 *a*)
— 8. ἡ γὰρ ὁδὸς κυρίου κρίσις (11 *a*)
— 10. ἵνα μὴ ἴδῃ τὴν δόξαν κυρίου (11 *a*)
— 11. κύριε, ὑψηλός σου ὁ βραχίων (11 *a*)
— 12. κύριε ὁ θεὸς ἡμῶν (18 *a*)
— 13. A B[2] S κύριε ὁ θεὸς ἡμῶν (11 *a*)
— 13. κύριε, ἐκτὸς σοῦ ἄλλον οὐκ οἴδαμεν (1)
— 15. πρόσθες αὐτοῖς κακὰ, κύριε [S[1] -ος] (11 *a*)
— 16. κύριε, ἐν θλίψει ἐμνήσθην σου (11 *a*)
— 18 (17). διὰ τὸν φόβον σου, κύριε, ἐν γαστρὶ ἐλάβομεν (11 *a*)
— 20. ἕως ἂν παρέλθῃ ἡ ὀργὴ κυρίου –
— 21. κ. ἀπὸ τοῦ ἁγίου ἐπάγει τὴν ὀργήν (11 *a*)
27. 1. ἐπάξει ὁ θεὸς [S[1] κύριος] τὴν μάχαιραν (11 *a*)
— 4. ἐποίησε κ. [A S[3] *add.* ὁ θεὸς] πάντα ὅσα συνέταξε [S[1] *add.* κύριος] †, †
— 12. A S συμφράξει [S συνταρ.] κ. [B ὁ θεὸς] ἀπὸ τῆς διώρυγος (11 *a*)
— 13. προσκυνήσουσι τῷ κ. (11 *a*)
28. 2. σκληρὸν [S[1] *add.* παρὰ κυρίου] ὁ θυμὸς κυρίου (2, –)

Is. 28. 5. ἔσται κ. σαβαὼθ ὁ στέφανος τῆς ἐλπίδος (11 *a*)
— 13. τὸ λόγιον κυρίου [A S λ. κ. τοῦ θεοῦ] (11 *a* [18 *a*])
— 14. ἀκούσατε λόγον τοῦ κυρίου (11 *a*)
— 16. οὕτω λέγει κ. κ. [A S *om.*](2, 11 *b* [2+11 *b*])
— 21. ὥσπερ ὄρος ἀσεβῶν ἀναστήσεται κ. [A *om.*] (11 *a*)
— 22. συντετμημένα πράγματα ἤκουσα παρὰ κυρίου [S^1 τοῦ κ.] σαβαὼθ (2+11 *b*)
— 29. ταῦτα παρὰ κυρίου σαβαὼθ ἐξῆλθε (11 *a*)
29. 6. ἔσται ὡς στιγμὴ παραχρῆμα παρὰ κυρίου σαβαώθ (11 *a*)
— 10. πεπότικεν ὑμᾶς κ. πνεύματι κατανύξεως (11 *a*)
— 13. εἶπε κ. (2)
— 15. οὐαὶ οἱ βαθέως βουλὴν ποιοῦντες καὶ οὐ διὰ κυρίου [B^1 *om.* κ. οὐ δ. κ.] (11 *a*)
— 19. ἀγαλλιάσονται πτωχοὶ διὰ κύριον (11 *a*)
— 22. τάδε λέγει κ. ἐπὶ τὸν οἶκον Ἰακώβ (11 *a*)
— 24. S μαθήσονται ὑπακούειν κυρίῳ [A B *om.*] –
30. 1. οὐαὶ τέκνα ἀποστάται [AS *add.* τάδε], λέγει κ. (11 *a*)
— 12. τάδε [AS^3 οὕτως] λέγει [AS *add.* κύριος] ὁ ἅγιος τοῦ Ἰσραήλ –
— 15. οὕτω λέγει κ. κ. [A S *om.*] ὁ ἅγιος τοῦ Ἰσραήλ (2, 11 *b* [2+11 *b*])
— 18. κριτὴς κ. ὁ θεὸς ὑμῶν (18 *a* ?)
— 20. δώσει κ. ὑμῖν ἄρτον θλίψεως (2)
— 26. ὅταν ἰάσηται κ. τὸ σύντριμμα τοῦ λαοῦ αὐτοῦ (11 *a*)
— 27. τὸ ὄνομα κυρίου ἔρχεται (11 *a*)
— 29. εἰσελθεῖν μετὰ αὐλοῦ εἰς τὸ ὄρος [A τὸν οἶκον] κυρίου [A S τοῦ κ.] (11 *a*)
— 30. ἀκουστὴν ποιήσει κ. [A S ὁ θεὸς] τὴν δόξαν (11 *a*)
— 31. διὰ γὰρ τῆς φωνῆς [A τὴν φ.] κυρίου (11 *a*)
— 33. ὁ θυμὸς κυρίου ὡς φάραγξ ὑπὸ θείου καιομένη (11 *a*)
31. 1. τὸν κ. οὐκ ἐζήτησαν [A S *al.*] (11 *a*)
— 3. ὁ δὲ κ. ἐπάξει τὴν χεῖρα αὐτοῦ (11 *a*)
— 4. οὕτως εἶπέ μοι κ. . . . οὕτως καταβήσεται κ. σαβαὼθ ἐπιστρατεῦσαι (11 *a*, 11 *a*)
— 5. οὕτως ὑπερασπιεῖ κ. σαβαώθ [A *om.*] (11 *a*)
— 9. τάδε λέγει κ. (11 *a*)
32. 6. λαλεῖν πρὸς κύριον πλάνησιν (11 *a*)
33. 2. κύριε, ἐλέησον ἡμᾶς (11 *a*)
— 6. ἐπιστήμη καὶ εὐσέβεια πρὸς τὸν κ. [S^1 θεόν] (11 *a*)
— 10. νῦν ἀναστήσομαι, λέγει κ. (11 *a*)
— 18. A ἡ ψυχὴ ὑμῶν μελετήσει φόβον κυρίου [B S *om.*] –
— 21. τὸ ὄνομα κυρίου μέγα ὑμῖν [A ἐστιν] (11 *a*)
— 22. οὐ παρελεύσεταί με κ. [A^2 *add.* πατὴρ κ.] κριτὴς ἡμῶν κ. ἄρχων ἡμῶν κ. βασιλεὺς ἡμῶν κ. οὗτος ἡμᾶς σώσει (–, 11 *a ter*, –)
34. 2. θυμὸς κυρίου ἐπὶ πάντα τὰ ἔθνη (11 *a*)
— 6. ἡ μάχαιρα τοῦ [A S *om.*] κ. ἐνεπλήσθη αἵματος . . . θυσία τῷ [A S *om.*] κ. ἐν Βοσόρ (11 *a*, 11 *a*)
— 8. ἡμέρα γὰρ κρίσεως κυρίου (11 *a*)
— 16. κ. αὐτοῖς ἐνετείλατο †
35. 2. ὁ λαός μου ὄψεται τὴν δόξαν κυρίου (11 *a*)
— 10. συνηγμένοι διὰ κύριον (11 *a*)
36. 7. ἐπὶ κύριον τὸν θεὸν ἡμῶν πεποίθαμεν (11 *a*)
— 8. μίχθητε τῷ κ. μου τῷ βασ. Ἀσσυρίων (1)
— 10. μὴ ἄνευ κυρίου ἀνέβημεν (11 *a*)
— 10. B S κ. εἶπε πρὸς μέ (11 *a*)
— 12. μὴ πρὸς τὸν κ. ὑμῶν ἢ πρὸς ὑμᾶς ἀπέσταλκέ με ὁ κ. μου (1, 1)
37. 1. ἀνέβη εἰς τὸν οἶκον κυρίου (11 *a*)
— 4. εἰσακούσαι κ. ὁ θεός σου [A *om.*] τοὺς λόγους Ῥαψάκου . . . οὓς ἤκουσε κ. ὁ θεός σου καὶ δεηθήσῃ πρὸς κύριόν σου [S^1 τὸν θεόν σου, A S^3 *om.* κ. δ. πρ. κ. σ.] (11 *a*, 11 *a*, –)
— 6. οὕτως ἐρεῖτε πρὸς τὸν κ. ὑμῶν, Τάδε λέγει κ. (1, 11 *a*)
— 14. B S ἀνέβη εἰς οἶκον κυρίου (11 *a*)
— 14. ἤνοιξεν αὐτὸ ἐναντίον κυρίου [S^1 τοῦ κ.](11 *a*)
— 15. προσηύξατο Ἑζ. πρὸς κύριον [S τὸν κ.](11 *a*)
— 16. κ. [A S κύριε] σαβαὼθ ὁ θεὸς Ἰσραήλ (11 *a*)
— 17. B κλῖνον κύριε τὸ οὖς σου (11 *a*)
— 17. εἰσάκουσον, κύριε, ἄνοιξον, κύριε, τοὺς ὀφθαλμούς σου [A S *om.* ἄν. κ. τ. ὀ. σ.], εἴσβλεψον, κύριε (–, 11 *a*, –)

Is. 37. 18. R κύριε [A B S *om.*], ἠρήμωσαν . . . τὴν οἰκουμένην ὅλην (11 *a*)
— 20. κύριε [A -ος] ὁ θεὸς ἡμῶν, σῶσον ἡμᾶς (11 *a*)
— 21. τάδε λέγει κ. ὁ θεὸς Ἰσραήλ (11 *a*)
— 24. δι' ἀγγέλων ὠνείδισας κύριον (2)
— 30. τοῦτο δέ σοι τὸ σημεῖον [S^1 *add.* παρὰ κυρίου] –
— 32. ὁ ζῆλος κυρίου σαβαὼθ ποιήσει ταῦτα (11 *a*)
— 33. οὕτως λέγει κ. ἐπὶ βασιλέα Ἀσσυρίων (11 *a*)
— 34. τάδε λέγει κ. (11 *a*)
— 36. ἐξῆλθεν ἄγγελος κυρίου (11 *a*)
38. 1. τάδε λέγει κ. (11 *a*)
— 2. προσηύξατο πρὸς κύριον (11 *a*)
— 3. μνήσθητι, κύριε (11 *a*)
— 4. ἐγένετο λόγος κυρίου πρὸς Ἡσαΐαν (11 *a*)
— 5. τάδε λέγει κ. ὁ θεὸς Δαυίδ (11 *a*)
— 7. τοῦτο δέ σοι τὸ σημεῖον παρὰ κυρίου (11 *a*)
— 14. τοῦ βλέπειν εἰς τὸ ὕψος τοῦ οὐρανοῦ πρὸς τὸν κ. (11 *a*)
— 16. κύριε, περὶ αὐτῆς γὰρ ἀνηγγέλη σοι (2)
— 20. A S κύριε [B θεὲ] τῆς σωτηρίας μου (11 *a*)
— 22. εἰς τὸν οἶκον [AS^2 *add.* κυρίου] τοῦ θεοῦ (18 *a*)
39. 5. ἄκουσον τὸν λόγον κυρίου σαβαώθ (11 *a*)
— 6. A λέγει κ. –
— 7. εἶπε δὲ ὁ θεός [S^1 κύριος] (11 *a*)
— 8. ἀγαθὸς ὁ λόγος κυρίου (11 *a*)
40. 1. A λέγει κ. [B S ὁ θεός] (6)
— 2. ἐδέξατο ἐκ χειρὸς κυρίου διπλᾶ (11 *a*)
— 3. ἑτοιμάσατε τὴν ὁδὸν κυρίου (11 *a*)
— 5. ὀφθήσεται ἡ δόξα κυρίου . . . ὅτι κ. ἐλάλησε (11 *a*, 11 *a*)
— 10. ἰδοὺ κ. [A S^1 *om.*] κ. μετὰ ἰσχύος ἔρχεται (2, 11 *b* [2+11 *b*])
— 13. τίς ἔγνω νοῦν κυρίου (11 *a*)
— 18. τίνι ὡμοιώσατε κύριον (4 *a*)
41. 17. ἐγὼ κ. ὁ θεός (18 *a*)
— 20. χεὶρ κυρίου ἐποίησε ταῦτα (11 *a*)
— 21. λέγει κ. ὁ θεός (18 *a*)
42. 5. οὕτω λέγει κ. ὁ θεός (4 *a*)
— 6. ἐγὼ κ. ὁ θεὸς ἐκάλεσά σε ἐν δικαιοσύνῃ (18 *a*)
— 8. ἐγὼ κ. ὁ θεός (18 *a*)
— 10. ὑμνήσατε τῷ κ. [S^1 θεῷ] ὕμνον καινόν (11 *a*)
— 13. κ. ὁ θεὸς τῶν δυνάμεων ἐξελεύσεται (18 *a*)
— 21. κ. ὁ θεὸς ἐβουλεύσατο (18 *a*)
43. 1. οὕτως λέγει κ. ὁ θεός (18 *a*)
— 3. ἐγὼ κ. ὁ θεός σου (11 *a*)
— 10. λέγει κ. ὁ θεός (18 *a*)
— 12. ἐγὼ [A *add.* μάρτυς, λέγει] κ. ὁ θεὸς ἔτι ἀπ' ἀρχῆς (18 *a*, 4 *a*)
— 14. οὕτως λέγει κ. ὁ θεός (18 *a*)
— 15. ἐγὼ κ. ὁ θεὸς ὁ ἅγιος ὑμῶν (18 *a*)
— 16. οὕτως λέγει κ. (11 *a*)
44. 2. οὕτω λέγει κύριος ὁ θεός (18 *a*)
— 14. ASR ἐκ τοῦ δρυμοῦ ὃ ἐφύτευσε κ. [B ὁ κ.] –
— 24. οὕτω λέγει κ. . . . Ἐγὼ κ. ὁ συντελῶν πάντα [A ταῦτα] (11 *a*, 11 *a*)
45. 1. οὕτω λέγει κ. ὁ θεὸς τῷ χριστῷ μου Κύρῳ (18 *a*)
— 3, 5. ἐγὼ κ. ὁ θεός (18 *a*)
— 6. ἐγὼ κ. ὁ θεὸς καὶ οὐκ ἔστιν ἔτι (18 *a*)
— 7. ἐγὼ κ. ὁ θεὸς ὁ ποιῶν πάντα ταῦτα (18 *a*)
— 8. ἐγώ εἰμι κ. ὁ [S^1 ὁ θεὸς ὁ] κτίσας σε (11 *a* [18 *a*])
— 11. οὕτω λέγει κ. ὁ θεός (18 *a*)
— 13. εἶπε κ. σαβαώθ (11 *a*)
— 14. οὕτω λέγει κ. σαβαώθ (11 *a*)
— 17. Ἰσραὴλ σώζεται ὑπὸ κυρίου σωτηρίαν αἰώνιον (11 *a*)
— 18. R οὕτως λέγει κ. ὁ ποιήσας τὸν οὐρανὸν . . . Ἐγώ εἰμι κ. [A B S *om.*] (11 *a*, 11 *a*)
— 19. ἐγώ εἰμι κ. ὁ [A *om.* κ. ὁ] λαλῶν δικαιοσύνην (11 *a*)
— 24 (23). ὀμεῖται πᾶσα γλῶσσα τὸν θεόν [S^1 κ., AS^3 *al.*] (11 *a* ?)
— 26 (25). ἀπὸ κυρίου δικαιωθήσονται (11 *a*)
47. 4. ὁ ῥυσάμενός σε κ. σαβαώθ (11 *a*)
48. 1. οἱ ὀμνύοντες τῷ ὀνόματι κυρίου θεοῦ Ἰσραήλ (11 *a*)
— 2. κ. σαβαὼθ ὄνομα αὐτῷ (11 *a*)
— 16. κ. [AS *om.*] κ. ἀπέστειλέ με (2, 11 *b* [2+11 *b*])
— 17. A^{2}B S οὕτω λέγει κ. ὁ ῥυσάμενός σε (11 *a*)
— 20. ἐρρύσατο κ. τὸν δοῦλον [A λαὸν] αὐ. (11 *a*)
— 22. οὐκ ἔστι χαίρειν, λέγει κ., τοῖς ἀσεβέσιν (11 *a*)
49. 1. στήσεται, λέγει κ. (11 *a*)
— 4. ἡ κρίσις μου παρὰ κυρίῳ [A -ίου] (11 *a*)
— 5. οὕτω λέγει κ. ὁ πλάσας με . . . δοξασθήσομαι ἐναντίον κυρίου (11 *a*, 11 *a*)

Is. 49. 7. οὕτως λέγει κ. ὁ ῥυσάμενός σε . . . προσκυνήσουσιν αὐτῷ ἕνεκεν κυρίου (11 *a*, 11 *a*)
— 8. οὕτως λέγει κ. (11 *a*)
— 14. ἐγκατέλιπέ με κ. καὶ ὅτι [A S ὁ] κ. [A^2 θεὸς] ἐπελάθετό μου (11 *a*, 2)
— 15. A B S^2 εἶπε κ. –
— 18. ζῶ ἐγώ, λέγει κ. (11 *a*)
— 22. B^{2}R οὕτως λέγει κ. [A B^{1}S *om.*] κ. (2, 11 *b* [2+11 *b*])
— 23. γνώσῃ ὅτι ἐγὼ κ. (11 *a*)
— 25. οὕτω λέγει κ. (11 *a*)
— 26. ἐγὼ κ. [A *om.*] ὁ ῥυσάμενός σε (11 *a*)
50. 1. οὕτως λέγει κ. (11 *a*)
— 4. κ. [A S *om.*] κ. δίδωσί μοι γλῶσσαν παιδείας [A σοφίας] (2, 11 *b* [2+11 *b*])
— 5. ἡ παιδεία κυρίου [A S^1 *om.*] κυρίου ἀνοίγει μου τὰ ὦτα (2, 11 *b* [2+11 *b*])
— 7. κ. κ. [A S^3 *om.*] βοηθός μοι [A S μου] ἐγενήθη (2, 11 *b* [2+11 *b*])
— 9. B^{2}R ἰδοὺ κ. [A B^{1}S *om.*] κ. βοηθήσει μοι (2, 11 *b* [2+11 *b*])
— 10. τίς ἐν ὑμῖν ὁ φοβούμενος τὸν κ. . . . πεποίθατε ἐπὶ τῷ ὀνόματι κυρίου (11 *a*, 11 *a*)
51. 1. οἱ . . . ζητοῦντες τὸν κ. (11 *a*)
— 3. ὡς παράδεισον κυρίου [S^3 *om.* ως π. κ.] (11 *a*)
— 11. ὑπὸ γὰρ κυρίου ἀποστραφήσονται (11 *a*)
— 15. κ. σαβαὼθ ὄνομά μοι (11 *a*)
— 17. ἡ πιοῦσα ἐκ χειρὸς κυρίου τὸ ποτήριον τοῦ θυμοῦ αὐτοῦ (11 *a*)
— 20. οἱ πλήρεις θυμοῦ κυρίου ἐκλελυμένοι διὰ κυρίου τοῦ θεοῦ (11 *a*, 18 *b*)
— 22. οὕτω λέγει κ. ὁ θεός (1+11 *a*)
52. 3. τάδε λέγει κ. (11 *a*)
— 4. B οὕτως λέγει κ. κ. [A S R *om.*] (2, 11 *b* [2+11 *b*])
— 5 *bis.* τάδε λέγει κ. (11 *a*)
— 8. ἡνίκα ἂν ἐλεήσῃ κ. τὴν Σιών (11 *a*)
— 9. ἠλέησε κ. [S^1 *om.*] αὐτήν (11 *a*)
— 10. ἀποκαλύψει κ. τὸν βραχίονα τὸν ἅγιον αὐτοῦ (11 *a*)
— 11. ἀφορίσθητε οἱ φέροντες τὰ σκεύη κυρίου (11 *a*)
— 12. A S προπορεύσεται [A πορ.] πρότερος [S πρὸ προσώπου] ὑμῶν κ. καὶ ὁ ἐπισυνάγων ὑμᾶς κ. ὁ [B *om.* κ. ὁ] θεὸς Ἰσραήλ (11 *a*, 18 *b*)
53. 1. κύριε, τίς ἐπίστευσε τῇ ἀκοῇ ἡμῶν; καὶ ὁ βραχίων κυρίου τίνι ἀπεκαλύφθη (–, 11 *a*)
— 6. κ. παρέδωκεν αὐτὸν ταῖς ἁμαρτίαις ἡμῶν (11 *a*)
— 10. κ. βούλεται καθαρίσαι αὐτόν (11 *a*)
— 10. βούλεται κ. ἀφελεῖν ἀπὸ τοῦ πόνου τῆς ψυχῆς αὐτοῦ (11 *a*)
54. 1. εἶπε γὰρ κ. (11 *a*)
— 5. κ. ὁ ποιῶν σε κ. σαβαὼθ ὄνομα αὐτῷ (8, 11 *a*)
— 6. κέκληκέ σε ὁ [A S *om.*] κ. (11 *a*)
— 8. εἶπεν ὁ ῥυσάμενός σε κ. (11 *a*)
— 11. ἱλεώς σοι, κύριε [AS κύριος ἵλεώς σοι] (11 *a*)
— 17. ἔστι κληρονομία τοῖς θεραπεύουσι κύριον [A -ίῳ] καὶ ὑμεῖς ἔσεσθέ μοι δίκαιοι [S^1 μου ἅγιοι], λέγει κ. (11 *a*, 11 *a*)
55. 5. ἐπὶ σὲ καταφεύξονται ἕνεκεν κυρίου [AS^3 *om.*] τοῦ θεοῦ σου (11 *a*)
— 6. ζητήσατε τὸν κ. [A S^3 θεόν] (11 *a*)
— 7. ἐπιστραφήτω ἐπὶ κύριον (11 *a*)
— 8. λέγει κ. (11 *a*)
— 13. ἔσται κ. εἰς ὄνομα (11 *a*)
56. 1. τάδε λέγει κ. (11 *a*)
— 3. μὴ λεγέτω ὁ ἀλλογενὴς ὁ προσκείμενος πρὸς κύριον [S κυρίῳ], Ἀφοριεῖ με ἄρα κ. ἀπὸ τοῦ λαοῦ αὐτοῦ (11 *a*, 11 *a*)
— 4. τάδε λέγει κ. τοῖς εὐνούχοις (11 *a*)
— 6. τοῖς προσκειμένοις κυρίῳ [A πρὸς κύριον] δουλεύειν αὐτῷ καὶ ἀγαπᾶν τὸ ὄνομα κυρίου (11 *a*, 11 *a*)
— 8. εἶπε κ. ὁ συνάγων τοὺς διεσπαρμένους Ἰσραήλ (2+11 *b*)
57. 6. S λέγει κ. –
— 15. A S^3 τάδε λέγει κ. [B S^1 *om.*] ὁ ὕψιστος –
— 15. A S^1 κ. [B S^2 *om.*] ὕψιστος –
— 19. καὶ εἶπε κ. (11 *a*)
— 21. A S εἶπεν κ. [B *om.*] ὁ θεός (18 *b*)
58. 6. λέγει κ. –

Is. 58. 14. ἔσῃ πεποιθὼς ἐπὶ κύριον . . . τὸ γὰρ στόμα κυρίου ἐλάλησε ταῦτα (11 a, 11 a)
59. 1. μὴ οὐκ ἰσχύει ἡ χεὶρ κυρίου τοῦ σῶσαι (11 a)
— 15. εἶδε κ. (11 a)
— 19. φοβηθήσονται οἱ ἀπὸ δυσμῶν τὸ ὄνομα κυρίου . . . ἥξει γὰρ ὡς ποταμὸς βίαιος ἡ ὀργὴ παρὰ κυρίου (11 a, 11 a)
— 21. εἶπε κ. (11 a)
— 21. εἶπε γὰρ κύριος (11 a)
60. 1. ἡ δόξα κυρίου ἐπὶ σὲ ἀνατέταλκεν (11 a)
— 2. ἐπὶ δὲ σὲ φανήσεται κ. (11 a)
— 6. τὸ σωτήριον κυρίου εὐαγγελιοῦνται [S *add.* σοι] (11 a)
— 9. διὰ τὸ ὄνομα κυρίου τὸ ἅγιον (11 a + 6)
— 14. A B S κληθήσῃ πόλις κυρίου [B *om.*] Σιὼν (11 a)
— 16. ἐγὼ κ. ὁ σῴζων σε (11 a)
— 19. ἔσται σοι κ. [S^1 *add.* εἰς] φῶς αἰώνιον (11 a)
— 20. ἔσται γάρ σοι κύριος [S^1 *add.* ὁ θεὸς] φῶς αἰώνιον (11 a [18 a])
— 22. ἐγὼ κ. κατὰ καιρὸν συνάξω αὐτούς (11 a)
61. 1. πνεῦμα κυρίου ἐπ' ἐμέ (2 + 11 b)
— 2. καλέσαι ἐνιαυτὸν κυρίου δεκτόν (11 a)
— 3. φύτευμα κυρίου εἰς δόξαν (11 a)
— 6. ὑμεῖς δὲ ἱερεῖς κυρίου κληθήσεσθε (11 a)
— 8. ἐγὼ γάρ εἰμι κ. ὁ ἀγαπῶν δικαιοσύνην (11 a)
— 9 (10). εὐφροσύνῃ [S -ην, A ἐν εὐ.] εὐφρανθήσονται ἐπὶ κύριον (11 a)
— 10. ἀγαλλιάσθω ἡ ψυχή μου ἐπὶ τῷ κ. (6)
— 11. ἀνατελεῖ κ. [A S *om.*] κ. δικαιοσύνην (2, 11 b [2 + 11 b])
62. 2. ὃ ὁ κ. ὀνομάσει αὐτό (11 a)
— 3. ἔσῃ στέφανος κάλλους ἐν χειρὶ κυρίου (11 a)
— 3. ἐν χειρὶ θεοῦ [S^1 κυρίου] σου (6)
— 4. B εὐδόκησε κ. ἐν σοί (11 a)
— 5. οὕτως εὐφρανθήσεται κ. ἐπὶ σοί (6)
— 6. οὐ σιωπήσονται μιμνησκόμενοι κυρίου (11 a)
— 8. ὤμοσε κ. κατὰ τῆς δόξας [B^2 δεξιᾶς] αὐτοῦ (11 a)
— 9. A B S^2 αἰνέσουσι κύριον (11 a)
— 11. κ. ἐποίησεν ἀκουστόν (11 a)
— 12. λαὸν ἅγιον λελυτρωμένον ὑπὸ κυρίου· σὺ δὲ κληθήσῃ [S^1 ἀπὸ κ. συνεκλήθη] (11 a)
63. 4. S^2 ἡμέρα γὰρ κυρίου [A B S^1 *om.*] ἀνταποδόσεως ἐπῆλθεν [B ἦλ.] αὐτοῖς –
— 7. τὸν ἔλεον κυρίου ἐμνήσθην (11 a)
— 7. τὰς ἀρετὰς κυρίου [B^2 αὐτοῦ κύριος κυρίου] ἐν πᾶσιν οἷς [A *add.* ὁ κ.] ἡμῖν ἀνταποδίδωσι· κ. κριτὴς ἀγαθός (11 a, 11 a, –)
— 9. A S^1 αὐτὸς κ. [B S^2 *om.*] ἔσωσεν αὐτούς –
— 14. κατέβη πνεῦμα παρὰ κυρίου (11 a)
— 15. ἀνέσχου ἡμῶν [S^2 *add.* κύριε] –
— 16. σύ, κύριε, πατὴρ ἡμῶν (11 a)
— 17. τί ἐπλάνησας ἡμᾶς, κύριε, ἀπὸ τῆς ὁδοῦ σου (11 a)
64. 2 (1). A S φανερὸν ἔσται τὸ ὄνομα κυρίου [B σου] †
— 8 (7). νῦν, κύριε, πατὴρ ἡμῶν σύ (11 a)
— 12 (11). ἐπὶ πᾶσι τούτοις ἀνέσχου, κύριε (11 a)
65. 7. λέγει κ. (11 a)
— 8. οὕτως λέγει κ. (11 a)
— 8. A S^2 εὐλογία κυρίου [B S^1 *om.*] ἐστὶν ἐν αὐτῷ –
— 13. τάδε λέγει κ. (2 + 11 b)
— 15. καταλείψετε γὰρ τὸ ὄνομα [S^2 *add.* τοῦ κ.] ὑμῶν εἰς πλησμονὴν τοῖς ἐκλεκτοῖς μου ὑμᾶς δὲ ἀνελεῖ κ. (–, 2 + 11 b)
— 25. λέγει κ. (11 a)
66. 1. A B S^2 οὕτως λέγει κ. (11 a)
— 2. λέγει κ. (11 a)
— 5. ἀκούσατε ῥήματα [A S τὸ ῥῆμα] κυρίου . . . ἵνα τὸ ὄνομα κυρίου δοξασθῇ (11 a, 11 a)
— 6. φωνὴ κυρίου ἀνταποδιδόντος ἀνταπόδοσιν (11 a)
— 9. οὐκ ἐμνήσθης μου, εἶπε κ. (11 a)
— 12. τάδε λέγει κ. (11 a)
— 14. γνωσθήσεται ἡ χεὶρ κυρίου (11 a)
— 15. κ. ὡς πῦρ ἥξει (11 a)
— 16. ἐν γὰρ τῷ πυρὶ κυρίου κριθήσεται [A καταναλωθ.] πᾶσα ἡ γῆ . . . πολλοὶ τραυματίαι ἔσονται ὑπὸ κυρίου (11 a, 11 a)
— 17. εἶπε κ. (11 a)
— 20. ἄξουσι τοὺς ἀδελφοὺς ὑμῶν . . . δῶρον κυρίῳ . . . εἶπε κ. ὡς ἀνενέγκαισαν . . . εἰς τὸν οἶκον κυρίου (11 a *ter*)

Is. 66. 21. εἶπε κ. (11 a)
— 22. λέγει [S^1 εἶπεν] κ. (11 a)
— 23. εἶπε κ. [S^1 κ. ὁ θεός, A^1 *om.*] (11 a [18 a])
Je. 1. 4. ἐγένετο λόγος κυρίου πρὸς αὐτόν [A μέ] (11 a)
— 6. ὁ ὢν δέσποτα κύριε (11 b)
— 7. εἶπε κ. πρὸς μέ (11 a)
— 8. λέγει κ. (11 a)
— 9. ἐξέτεινε κ. τὴν χεῖρα αὐτοῦ πρὸς μὲ . . . καὶ εἶπε κ. πρὸς μέ (11 a, 11 a)
— 11. ἐγένετο λόγος κυρίου πρὸς μέ (11 a)
— 12. A B S^2 εἶπε κ. πρὸς μέ (11 a)
— 13. A B S^2 ἐγένετο λόγος κυρίου πρὸς μέ (11 a)
— 14. εἶπε κ. πρὸς μέ (11 a)
— 15. λέγει κ. (11 a)
— 17. λέγει κ. –
— 19. εἶπε [A λέγει] κ. (11 a)
2. 2. τάδε λέγει κ. (11 a)
— 2. λέγει κ. –
— 3. ἅγιος Ἰσραὴλ τῷ κ. ἀρχὴ γεννημάτων αὐτοῦ . . . φησὶ κ. (11 a, 11 a)
— 4. ἀκούσατε λόγον κυρίου (11 a)
— 5. τάδε λέγει κ. (11 a)
— 6. ποῦ ἐστι κ. ὁ ἀναγαγὼν ἡμᾶς ἐκ γῆς Αἰγ. (11 a)
— 8. οὐκ εἶπαν, Ποῦ ἐστι κ. (11 a)
— 9. A B^2 S^2 λέγει κ. (11 a)
— 12. λέγει κ. (11 a)
— 17, 19. λέγει κ. ὁ θεός σου (11 a)
— 19. λέγει κ. ὁ θεός σου (2)
— 22. λέγει κ. [A *add.* ὁ θεός σου] (2 + 11 b [2])
— 29. λέγει κ. (11 a)
— 31. ἀκούσατε λόγον κυρίου (11 a)
— 31. τάδε λέγει κ. –
— 37. ἀπώσατο κ. τὴν ἐλπίδα σου (11 a)
3. 1. λέγει κ. (11 a)
— 2. A λέγει κ. –
— 6, 11. εἶπε κ. πρὸς μέ (11 a)
— 12 *bis*. λέγει κ. (11 a)
— 13. εἰς κύριον τὸν θεόν σου ἠσέβησας (11 a)
— 13, 14, 16. λέγει κ. (11 a)
— 17. καλέσουσι τὴν Ἱερ. Θρόνος κυρίου (11 a)
— 19. γένοιτο, κύριε –
— 20. λέγει κ. (11 a)
— 22. σὺ [A *om.*] κ. ὁ θεὸς ἡμῶν εἶ (11 a)
— 23. διὰ κυρίου θεοῦ ἡμῶν ἡ σωτηρία τοῦ [A τῷ] Ἰσραήλ (11 a)
— 25. οὐχ ὑπηκούσαμεν [A οὐκ ἠκ.] τῆς φωνῆς κ. τοῦ θεοῦ ἡμῶν (11 a)
4. 1. λέγει κ. (11 a)
— 2. ζῇ κ. (11 a)
— 3. B S^2 τάδε [S^1 οὕτως] λέγει κ. τοῖς ἀνδράσιν Ἰούδα (11 a)
— 8. οὐκ ἀπεστράφη ὁ θυμὸς κυρίου ἀφ' ὑμῶν (11 a)
— 9. λέγει κ. (11 a)
— 10. εἶπα, Ὦ δέσποτα κύριε (11 b)
— 17. λέγει κ. (11 a)
— 26. A B ἐμπεπυρισμέναι πυρὶ [B S *om.*] ἀπὸ προσώπου κυρίου (11 a)
— 27. τάδε λέγει κ. (11 a)
5. 1. λέγει κ. –
— 2. ζῇ κ., λέγουσι (11 a)
— 3. κύριε [A καὶ] οἱ ὀφθαλμοί σου εἰς πίστιν (11 a)
— 4. οὐκ ἔγνωσαν ὁδὸν κυρίου (11 a)
— 5. αὐτοὶ ἐπέγνωσαν ὁδὸν κυρίου (11 a)
— 9. λέγει κ. (11 a)
— 10. τοῦ κ. εἰσίν (11 a)
— 11. B λέγει κ. (11 a)
— 12. οἶκος Ἰούδα ἐψεύσατο τῷ κ. αὐτῶν (11 a)
— 13. λόγος κυρίου οὐχ ὑπῆρχεν ἐν αὐτοῖς –
— 14. τάδε λέγει κ. παντοκράτωρ (11 a + 6)
— 15. λέγει κ. (11 a)
— 18. λέγει κ. ὁ θεός σου (18 a)
— 19. τίνος ἕνεκεν ἐποίησε κ. ὁ θεὸς ἡμῶν ἡμῖν πάντα ταῦτα (11 a)
— 22. λέγει κ. (11 a)
— 24. φοβηθῶμεν δὴ κύριον τὸν [S τ. κ.] θεὸν ἡμῶν (11 a)
— 29. λέγει κ. (11 a)
6. 6, 9. τάδε λέγει κ. (11 c)
— 10. τὸ ῥῆμα κυρίου ἐγένετο αὐτοῖς εἰς ὀνειδισμόν (11 a)
— 12. λέγει κ. (11 a)
— 15. εἶπε κ. (11 a)
— 16. τάδε λέγει κ. . . . ἐρωτήσατε τρίβους κυρίου (11 a, –)
— 21, 22. τάδε λέγει κ. (11 a)
— 30. ἀπεδοκίμασεν αὐτοὺς κ. (11 a)

Je. 7. 2. ἀκούσατε λόγον κυρίου (11 a)
— 3. τάδε λέγει κ. ὁ θεὸς Ἰσραήλ (11 c)
— 4. ναὸς κυρίου ναὸς κυρίου ἐστίν (11 a, 11 a)
— 11, 19. λέγει κ. (11 a)
— 20. τάδε λέγει κ. (2 + 11 b)
— 21. τάδε λέγει κ. (11 c)
— 23. S ἀκούσατε τῆς φωνῆς κυρίου [A B μου] †
— 28. ὃ οὐκ ἤκουσε τῆς φωνῆς κυρίου (11 + 6)
— 29. ἀπεδοκίμασε [S *add.* αὐτοὺς] κ. (11 c)
— 30, 32 : 8. 1. λέγει κ. (11 a)
8. 4. τάδε λέγει κ. (11 a)
— 7. ὁ δὲ λαός μου ἔγνω τὰ κρίματα κυρίου (11 a)
— 8. νόμος κυρίου ἐστὶν μεθ' ἡμῶν (11 a)
— 9. τὸν νόμον [A S λόγον] κυρίου ἀπεδοκίμασαν (11 a)
— 10 (13). λέγει κ. (11 a)
— 19. μὴ κ. οὐκ ἔστιν ἐν Σιών (11 a)
9. 3 (2), 6 (5). B φησὶ κύριος (11 a)
— 7 (6). τάδε λέγει κ. (11 c)
— 9 (8). λέγει κ. (11 a)
— 12 (11). ᾧ [A S^1 ὁ] λόγος στόματος κυρίου πρὸς αὐτόν (11 a)
— 13 (12). εἶπε κ. πρὸς μέ (11 a)
— 15 (14). τάδε λέγει κ. ὁ θεὸς Ἰσραήλ (11 c)
— 17 (16). τάδε λέγει κ. (11 c)
— 20 (19). A ἀκούσατε δὴ γυναῖκες λόγον κυρίου [B S θεοῦ] (11 a)
— 23 (22). τάδε λέγει κ. (11 a)
— 24 (23). A^2 B S ἐγώ εἰμι κ. ὁ ποιῶν ἔλεος (11 a)
— 24 (23), 25 (24) (A B S^2). λέγει κ. (11 a)
10. 1. ἀκούσατε τὸν λόγον κυρίου –
— 1. A ὃν ἐλάλησεν κύριος [B S *om.*] (11 a)
— 2. τάδε λέγει κ. (11 a)
— 12. κ. ὁ ποιήσας τὴν γῆν ἐν τῇ ἰσχύϊ αὐτοῦ –
— 16. κ. ὄνομα αὐτῷ [A -οῦ] (11 c)
— 18. τάδε λέγει κ. (11 a)
— 21. τὸν κ. οὐκ ἐζήτησαν [A S ἐξεζ.] (11 a)
— 23. οἶδα, κύριε [S^1 -ον] (11 a)
— 24. παίδευσον ἡμᾶς, κύριε (11 a)
11. 1. ὁ λόγος ὁ γενόμενος παρὰ κυρίου (11 a)
— 3. τάδε λέγει κ. ὁ θεὸς Ἰσραήλ (11 a)
— 5. γένοιτο, κύριε (11 a)
— 6, 9. εἶπε κ. πρὸς μέ (11 a)
— 11. τάδε λέγει κ. (11 a)
— 16. ἐλαίαν ὡραίαν . . . ἐκάλεσε [S *add.* σε] κ. τὸ ὄνομά σου (11 a)
— 17. κ. ὁ καταφυτεύσας σε (11 c)
— 18. κύριε, γνώρισόν μοι (11 a)
— 20. κύριε κρίνων δίκαια (11 c)
— 21. τάδε λέγει κ. [A *add.* ὁ θεὸς] . . . Οὐ μὴ προφητεύσεις ἐπὶ τῷ ὀνόματι κυρίου (11 a [18 a], 11 a)
12. 1. δίκαιος εἶ, κύριε (11 a)
— 3. σύ, κύριε, γινώσκεις με (11 a)
— 12. μάχαιρα τοῦ κ. καταφάγεται (11 a)
— 13. αἰσχύνθητε [A *add.* αἰσχύνην] . . . ἔναντι κυρίου (11 a)
— 14. τάδε λέγει κ. (11 a)
— 16. ζῇ κ. (11 a)
13. 1. τάδε λέγει κ. (11 a)
— 2. ἐκτησάμην τὸ περίζωμα κατὰ τὸν λόγον κυρίου (11 a)
— 3. ἐγενήθη λόγος κυρίου πρὸς μέ (11 a)
— 5. καθὼς ἐνετείλατό μοι κ. (11 a)
— 6. εἶπε κ. πρὸς μέ (11 a)
— 8. ἐγενήθη λόγος κυρίου πρὸς μέ (11 a)
— 9, 13. τάδε λέγει κ. (11 a)
— 14. λέγει κ. (11 a)
— 15. κ. ἐλάλησε (11 a)
— 16. δότε τῷ κ. θεῷ ὑμῶν δόξαν (11 a)
— 17. συνετρίβη τὸ ποίμνιον κυρίου (11 a)
— 25. λέγει κ. (11 a)
14. 1. ἐγένετο λόγος κυρίου πρὸς Ἱερ. [A ὁ λ. ὁ γενάμενος πρ. Ἰ. παρὰ κ.] (11 a)
— 7. κύριε, ποίησον ἡμῖν ἕνεκέν σου (11 a)
— 8. ὑπομονὴ Ἰσραήλ, κύριε –
— 9. σὺ ἐν ἡμῖν εἶ, κύριε (11 a)
— 10. οὕτως λέγει [S εἶπεν] κ. τῷ λαῷ τούτῳ (11 a)
— 11. εἶπε κ. πρὸς μέ (11 a)
— 13. εἶπα, Ὁ ὢν [A *add.* δέσποτα] κύριε (2 + 11 b [11 b])
— 14. εἶπε κ. πρὸς μέ (11 a)
— 15. τάδε λέγει κ. (11 a)
— 20. ἔγνωμεν, κύριε, ἁμαρτήματα ἡμῶν (11 a)
— 22. ὑπομενοῦμέν σε, κύριε [A S *om.*] (11 a + 6)
15. 1. εἶπε κ. πρὸς μέ (11 a)

Je. 15. 2. τάδε λέγει κ. [A add. ὁ θεός] (11 a)
— 3, 6. λέγει κ. (11 a)
— 15. κύριε, μνήσθητί μου (11 a)
— 16. κύριε παντοκράτωρ (11 a+6)
— 19. τάδε λέγει κ. (11 a)
16. 1. λέγει κ. ὁ θεὸς Ἰσραήλ (11 a+6)
— 3. τάδε λέγει κ. περὶ τῶν υἱῶν (11 a)
— 5. τάδε λέγει κ. (11 a)
— 9. τάδε λέγει κ. ὁ θεὸς Ἰσραήλ (11 c)
— 10. διὰ τί ἐλάλησε κ.[S[1] om.] ἐφ' ἡμᾶς πάντα τὰ κακὰ ταῦτα . . . ἣν ἡμάρτομεν ἔναντι κυρίου τοῦ θεοῦ ἡμῶν (11 a, 11 a)
— 11. λέγει κ. (11 a)
— 14. λέγει κ. καὶ οὐκ ἐροῦσιν ἔτι, Ζῇ κ.(11 a, 11 a)
— 15. ζῇ κ. ὃς ἀνήγαγε τὸν οἶκον Ἰσραήλ (11 a)
— 16. λέγει κ. (11 a)
— 19. κύριε, σὺ [A om.] ἰσχύς μου (11 a)
— 21. γνώσονται ὅτι ὄνομά μοι κ. [S[1] ἐγὼ κ. ὄ. μ. κ., S[3] ἐγὼ κ.] (–, 11 a)
17. 5. καὶ ἀπὸ κυρίου ἀποστῇ ἡ καρδία αὐτοῦ (11 a)
— 7. πέποιθεν ἐπὶ τῷ κ. καὶ ἔσται κ. ἐλπὶς αὐτοῦ (11 a, 11 a)
— 10. ἐγὼ κ. ἐτάζων καρδίας (11 a)
— 13. κύριε, πάντες οἱ καταλιπόντες σε καταισχυνθήτωσαν [S[1] αἱ.] . . . ἐγκατέλιπον πηγὴν ζωῆς τὸν κ. (11 a, 11 a)
— 14. ἴασαί με, κύριε (11 a)
— 15. ποῦ ἐστιν ὁ λόγος κυρίου (11 a)
— 19. τάδε λέγει κ. (11 a)
— 20. ἀκούσατε τὸν [AS om.] λόγον κυρίου [B[1] al.] (11 a)
— 21. τάδε λέγει κ. (11 a)
— 24. λέγει κύριος (11 a)
— 26. φέροντες αἴνεσιν εἰς οἶκον κυρίου (11 a)
18. 1. ὁ λόγος ὁ γενόμενος παρὰ κυρίου πρὸς Ἰερ. (11 a)
— 5. ἐγένετο λόγος κυρίου πρὸς μέ (11 a)
— 13. τάδε λέγει κ. (11 a)
— 19. εἰσάκουσόν μου, κύριε (11 a)
— 23. σύ, κύριε [A add. κύριε], ἔγνως ἅπασαν τὴν βουλὴν αὐτῶν (11 a)
19. 1. εἶπε κ. πρὸς μέ (11 a)
— 3. ἀκούσατε τὸν λόγον [A ἀ. λόγους, S τοὺς λ.] κυρίου . . . τάδε λέγει κ. ὁ θεὸς Ἰσραήλ (11 a, 11 c)
— 6. λέγει κ. (11 a)
— 11. τάδε λέγει κ. (11 c)
— 12. λέγει [S εἶπεν] κ. (11 a)
— 14. οὗ ἀπέστειλεν αὐτὸν κ. ἐκεῖ τοῦ προφητεῦσαι καὶ ἔστη ἐν τῇ αὐλῇ οἴκου κυρίου (11 a, 11 a)
— 15. τάδε λέγει κ. (11 c+6)
20. 1. οὗτος ἦν καθεσταμένος ἡγούμενος οἴκου κυρίου (11 a)
— 2. ὃς ἦν ἐν οἴκῳ κυρίου (11 a)
— 3. οὐχὶ Πασχὼρ ἐκάλεσε κ. τὸ ὄνομά σου (11 a)
— 4. τάδε λέγει κ. (11 a)
— 7. ἠπάτησάς με, κύριε (11 a)
— 8. ἐγενήθη λόγος κυρίου εἰς ὀνειδισμὸν ἐμοί (11 a)
— 9. οὐ μὴ ὀνομάσω τὸ ὄνομα κυρίου –
— 11. ὁ δὲ κ. μετ' ἐμοῦ καθὼς μαχητὴς ἰσχύων [A -υρός] (11 a)
— 12. κύριε δοκιμάζων δίκαια (11 c)
— 13. ᾄσατε τῷ κ. (11 a)
— 16. ἃς κατέστρεψε κ. ἐν θυμῷ (11 a)
21. 1. ὁ λόγος ὁ γενόμενος παρὰ κυρίου πρὸς Ἰερεμίαν (11 a)
— 2. ἐπερώτησον περὶ ἡμῶν τὸν κ. . . . εἰ ποιήσει κ. κατὰ πάντα τὰ θαυμάσια αὐτοῦ (11 a, 11 a)
— 4. τάδε λέγει κ. (11 a+6)
— 7. οὕτως λέγει κ. (11 a)
— 8. τάδε λέγει κ. (11 a)
— 11. ἀκούσατε λόγον κυρίου (11 a)
— 12 : 22. 1. τάδε λέγει κ. (11 a)
22. 2. ἄκουε λόγον κυρίου (11 a)
— 3. τάδε λέγει κ. (11 a)
— 5. λέγει κ. (11 a)
— 6. τάδε λέγει κ. (11 a)
— 8. διὰ τί ἐποίησε κ. οὕτως τῇ πόλει ταύτῃ (11 a)
— 9. ἐγκατέλιπον τὴν διαθήκην κυρίου θεοῦ αὐτῶν (11 a)
— 11. τάδε λέγει κ. (11 a)
— 16. λέγει κ. (11 a)
— 18. τάδε λέγει κ. . . . οἴμοι κύριε [A om. οἰ. κ.] (11 a, 1)

Je. 22. 24. λέγει κ. (11 a)
— 29. ἄκουε λόγον κυρίου (11 a)
23. 2. τάδε λέγει κ. (11 a+6)
— 4, 5. λέγει κ. (11 a)
— 6. ὃ καλέσει αὐτὸν κ. (11 a)
— 9. ὡς ἄνθρωπος συνεχόμενος ἀπὸ οἴνου ἀπὸ προσώπου κυρίου (11 a)
— 12. A φησὶν κ. (11 a)
— 15. τάδε λέγει κ. (11 c)
— 16. A B οὕτως λέγει κ. παντοκράτωρ (11 a)
— 16. καὶ οὐκ ἀπὸ στόματος κυρίου (11 a)
— 17. λέγουσι τοῖς ἀπωθουμένοις τὸν λόγον κυρίου (11 a)
— 18. τίς [A om.] ἔστη ἐν ὑποστήματι κυρίου (11 a)
— 19. ἰδοὺ σεισμὸς παρὰ κυρίου (11 a)
— 20. οὐκέτι ἀποστρέψει ὁ θυμὸς κυρίου (11 a)
— 23 (A B[2] S), 24, 28, 29 (A S R). λέγει κ. (11 a)
— 30. A S R λέγει κ. ὁ θεός (18 a)
— 33. τί τὸ λῆμμα κυρίου . . . λέγει κ. (11 a, 11 a)
— 34. λῆμμα κυρίου (11 a)
— 35. τί ἀπεκρίθη κ. (11 a)
— 35. B S καὶ τί ἐλάλησε κ. (11 a)
— 36. λῆμμα κυρίου μὴ ὀνομάζετε ἔτι [AS om.] (11 a)
— 36. τὸ λῆμμα [A add. κυρίου] τῷ ἀνθρώπῳ ἔσται ὁ λόγος αὐ. [S[3] κυρίου] –, †
— 37. διὰ τί ἐλάλησε κ. ὁ θεὸς ἡμῶν (18 a)
— 38. τάδε λέγει κ. ὁ θεὸς ἡμῶν [AS om.] . . . λῆμμα κυρίου . . . οὐκ ἐρεῖτε, Λῆμμα κυρίου (18 a, 11 a, 11 a)
— 7. λέγει κ. καὶ οὐκ ἐροῦσιν ἔτι, Ζῇ κ. (11 a, 11 a)
— 8. ζῇ κ. ὃς συνήγαγεν ἅπαν τὸ σπέρμα Ἰσ.(11 a)
24. 1. ἔδειξέ μοι κ. δύο καλάθους σύκων κειμένους κατὰ πρόσωπον ναοῦ κυρίου (11 a, 11 a)
— 3. εἶπε κ. πρὸς μέ (11 a)
— 4. ἐγένετο λόγος κυρίου πρὸς μέ (11 a)
— 5. τάδε λέγει κ. ὁ θεὸς Ἰσραήλ (11 a)
— 7. ἐγώ εἰμι κ. (11 a)
— 8. τάδε λέγει κ. (11 a)
25. 8. τάδε λέγει κ. (11 c)
— 12. A φησὶν κ. (11 a)
— 14 (49. 35). τάδε λέγει κ. (11 c)
— 18 (49. 39) : 26 (46). 5. λέγει κ. (11 a)
26 (46). 10. ἡ ἡμέρα ἐκείνη κυρίῳ τῷ θεῷ ἡμῶν ἡμέρα ἐκδικήσεως . . . καὶ καταφάγεται ἡ μάχαιρα κυρίου . . . θυσία τῷ κ. [A add. σαβαὼθ] ἀπὸ γῆς βορρᾶ (2, –, 2+11 c [11 a])
— 13. ἃ ἐλάλησε κ. ἐν χειρὶ Ἰερεμίου (11 a)
— 15. κ. [A ὁ κ.] παρέλυσεν αὐτόν (11 a)
— 18. λέγει κ. ὁ θεός (11 c?)
— 23. λέγει κ. [S ὁ θεός, A add. ὁ θεός](11 a [18 a])
— 28. λέγει κ. (11 a)
27 (50). 1. λόγος κυρίου [A om.] ὃν ἐλάλησεν [A add. κ.] (–, 11 a)
— 4. πορεύσονται τὸν κ. [S κ. τ.] θεὸν αὐτῶν ζητοῦντες (11 a)
— 5. καταφεύξονται πρὸς κύριον τὸν [AS om.] θεόν (18 a)
— 7. ἥμαρτον τῷ κ. (11 a)
— 13. ἔρημος ἀπὸ ὀργῆς κυρίου οὐ κατοικηθήσεται (11 a)
— 18. τάδε λέγει κ. (11 c+6)
— 20. A φησὶν κ. (11 a)
— 20. λέγει κ. –
— 21. λέγει κ. (11 a)
— 24. τῷ κ. ἀντέστης (11 a)
— 25. ἤνοιξε κ. τὸν θησαυρὸν αὐτοῦ . . . ὅτι ἔργον τῷ [S[1] om.] κ. θεῷ [A om.] (11 a, 2 [2+11 c])
— 28. τὴν ἐκδίκησιν παρὰ κ. θεοῦ ἡμῶν [A αὐτῶν] (11 a)
— 29. πρὸς κύριον [AS τὸν κ.] ἀντέστη (11 a)
—•30. εἶπε κ. (11 a)
— 31. λέγει κ. (2+11 c)
— 33. τάδε λέγει κ. (11 c)
— 34. κ. παντοκράτωρ ὄνομα αὐτῷ (11 a)
— 40. εἶπε κ. (11 a)
— 45. ἀκούσατε τὴν βουλὴν κυρίου (11 a)
28 (51). 1. τάδε λέγει κ. (11 a)
— 5. A οὐκ ἐχήρευσεν . . . ἀπὸ κ. [B S om.] θεοῦ αὐ. [B S add. ἀπὸ] κυρίου παντ. (18 b, 11 a)
— 6. καιρὸς ἐκδικήσεως αὐτῆς ἐστι παρὰ κυρίου (11 a)

Je. 28. 7. ποτήριον χρυσοῦν Βαβυλὼν ἐν χειρὶ κυρίου [S θεοῦ] (11 a)
— 10. ἐξήνεγκε κ. τὸ κρίμα αὐτοῦ . . . ἀναγγείλωμεν ἐν [A εἰς] Σιὼν τὰ ἔργα κ. τοῦ [AS om.] θεοῦ ἡμῶν (11 a, 11 a)
— 11. ἤγειρε κ. τὸ πνεῦμα βασιλέως Μήδων . . . ἐκδίκησις κυρίου ἐστίν (11 a, 11 a)
— 12. A B S[2] ποιήσει κ. ἃ ἐλάλησεν (11 a)
— 14. ὤμοσε κ. κατὰ τοῦ βραχίονος αὐτοῦ (11 c)
— 15. R κ. [A B S om.] ποιῶν γῆν –
— 19. κ. ὄνομα αὐτῷ (11 c)
— 24, 26. λέγει κ. (11 a)
— 27. S[1] λέγει κύριος –
— 29. ἐξανέστη ἐπὶ Βαβυλῶνα λογισμὸς κυρίου (11 a)
— 33. τάδε λέγει κ. (11 c+6)
— 36. τάδε λέγει κ. (11 a)
— 39. λέγει κ. (11 a)
— 50. οἱ μακρόθεν μνήσθητε τοῦ κ. (11 a)
— 51. εἰσῆλθον ἀλλογενεῖς . . . εἰς οἶκον κυρίου (11 a)
— 52. λέγει [S τάδε λ.] κ. (11 a)
— 53. λέγει κύριος (11 a)
— 55. ἐξωλέθρευσε κ. τὴν Βαβυλῶνα (11 a)
— 56. A B S[2] κύριος ἀνταποδίδωσι (11 a)
— 57. κ. παντοκράτωρ ὄνομα αὐτῷ (11 a)
— 58. τάδε λέγει κ. (11 c)
— 59. ὃν ἐνετείλατο κ. [S[1] ὁ κ.] Ἱερεμίᾳ –
— 62. ἐρεῖς, Κύριε κύριε [S om.] (11 a, –)
29 (47). 1. τάδε λέγει κ. (11 a)
— 4. ἐξολεθρεύσει κ. τοὺς [A τὰς] καταλοίπους τῶν νήσων (11 a)
— 6. ἕως τίνος κόψεις, ἡ μάχαιρα τοῦ [A om.] κ. (11 a)
— 7. κ. [S[1] ὁ κ.] ἐνετείλατο αὐτῇ ἐπὶ τὴν Ἀσκ.(11 a)
29 (49). 7. τῇ Ἰδουμαίᾳ τάδε λέγει κ. (11 c)
— 12. τάδε εἶπε [A λέγει] κ. (11 a)
— 13. λέγει κ. (11 a)
— 14. ἀκοὴν ἤκουσα παρὰ κυρίου (11 a)
— 18. εἶπε κ. παντοκράτωρ (11 a)
— 20. ἀκούσατε βουλὴν κυρίου (11 a)
30 (49). 1. οὕτως εἶπε κ. (11 a)
— 2. φησὶ κ. (11 a)
— 5. εἶπε κ. (2+11 c)
— 6 (49. 28). οὕτως εἶπε κ. (11 a)
— 10 (49. 32). εἶπε κ. (11 a)
— 15 (49. 26). φησὶ κ. (11 c)
31 (48). 1. οὕτως εἶπε κ. (11 c+6)
— 8. καθὼς εἶπε κ. (11 a)
— 10. ἐπικατάρατος ὁ ποιῶν τὰ ἔργα κυρίου ἀμελῶς (11 a)
— 12. φησὶ κ. (11 a)
— 26. ἐπὶ κύριον ἐμεγαλύνθη (11 a)
— 35, 38. φησὶ κ. (11 a)
— 40. οὕτως εἶπε κ. (11 a)
— 42. ἐπὶ τὸν [S om.] κ. ἐμεγαλύνθη (11 a)
32 (25). 15. οὕτως εἶπε κ. ὁ θεὸς Ἰσραήλ (11 a)
— 17. ἔλαβον τὸ ποτήριον ἐκ χειρὸς κυρίου (11 a)
— 17. πρὸς ἃ ἀπέστειλέ με κ. (11 a)
— 27. οὕτως εἶπε κ. παντοκράτωρ (11 a+6)
— 28. οὕτως εἶπε κ. (11 c)
— 30. κ. ἀφ' [S ἐφ'] ὑψηλοῦ χρηματιεῖ (11 a)
— 31. κρίσις τῷ κ. ἐν τοῖς ἔθνεσι . . . λέγει κ. (11 a, 11 a)
— 32. οὕτως εἶπε κ. (11 c)
— 33. ἔσονται τραυματίαι ὑπὸ κυρίου ἐν ἡμέρᾳ κυρίου (11 a, †)
— 36. ὠλέθρευσε κ. τὰ βοσκήματα αὐτῶν (11 a)
33 (26). 1. ἐγενήθη ὁ λόγος οὗτος παρὰ κυρίου (11 a)
— 2. οὕτως εἶπε κ., Στῆθι ἐν αὐλῇ οἴκου κυρίου (11 a, 11 a)
— 2. πᾶσι τοῖς ἐρχομένοις προσκυνεῖν ἐν οἴκῳ κυρίου (11 a)
— 4. οὕτως εἶπε κ. (11 a)
— 7. τοῦ Ἱερ. λαλοῦντος . . . ἐν οἴκῳ κυρίου (11 a)
— 8. ἃ συνέταξεν αὐτῷ κ. λαλῆσαι (11 a)
— 9. ἐπροφήτευσας [S add. ἐπὶ] τῷ ὀνόματι κυρίου . . . ἐξεκκλησιάσθη πᾶς ὁ λαὸς ἐπὶ Ἱερ. ἐν οἴκῳ κυρίου (11 a, 11 a)
— 10. ἀνέβησαν ἐξ οἴκου τοῦ βασιλέως εἰς οἶκον κυρίου καὶ ἐκάθισαν ἐν προθύροις πύλης [A add. κυρίου] τῆς καινῆς (11 a, 11 a)
— 12. κ. ἀπέστειλέ με προφητεῦσαι (11 a)
— 13. ἀκούσατε τῆς φωνῆς κυρίου [S[5] κ. τοῦ θεοῦ] καὶ παύσεται κ. ἀπὸ τῶν κακῶν (11 a+6 [11 a], 11 a)

Je. 33 (26). 15. ἀπέσταλκέ με κ. πρὸς ὑμᾶς λαλῆσαι (11 *a*)
— 16. ἐπὶ τῷ ὀνόματι κ. τοῦ θεοῦ ἡμῶν ἐλάλησε πρὸς ἡμᾶς (11 *a*)
— 18. οὕτως εἶπε κ. (11 *c*)
— 19. οὐχ ὅτι ἐφοβήθησαν τὸν κ. καὶ ὅτι ἐδεήθησαν τοῦ προσώπου κυρίου [A αὐτοῦ] καὶ ἐπαύσατο κ. ἀπὸ τῶν κακῶν (11 *a ter*)
— 20. προφητεύων [A *add.* ἐπὶ] τῷ ὀνόματι κυρίου (11 *a*)
34 (27). 2. οὕτως εἶπε κ. (11 *a*)
— 4. συντάξεις αὐτοῖς πρὸς τοὺς κ. αὐτῶν εἰπεῖν, Οὕτως εἶπε κ. ὁ θεὸς Ἰσραήλ, Οὕτως ἐρεῖτε πρὸς τοὺς κ. [A ἐ. τοῖς κ.] ὑμῶν (1, 11 *c*, 1)
— 8. εἶπε κ. (11 *a*)
— 15. φησὶ κ. (11 *a*)
— 16. οὕτως εἶπε κ. (11 *a*)
— 16. σκεύη οἴκου κυρίου ἐπιστρέψει ἐκ Βαβ. (11 *a*)
— 18. εἰ ἔστι λόγος [S^1 νόμος] κυρίου ἐν αὐτοῖς ἀπαντησάτωσάν μοι (11 *a*)
— 19. ὅτι οὕτως εἶπε κ. (11 *c*)
— 22. λέγει κ. [S κ. ὁ θεός] (11 *a* [18 *a*])
35 (28). 1. εἰπέ μοι Ἀνανίας . . . ἐν οἴκῳ κυρίου (11 *a*)
— 2. οὕτως εἶπε κ. (11 *c* + 6)
— 3. ἀποστρέψω . . . τὰ σκεύη οἴκου κυρίου (11 *a*)
— 5. κατ' ὀφθαλμοὺς τῶν ἱερέων τῶν ἑστηκότων ἐν οἴκῳ κυρίου (11 *a*)
— 6. A ἀληθῶς οὕτω ποιήσαι κ. στήσαι κύριος [BS *om.*] τὸν λόγον σου . . . τοῦ ἐπιστρέψαι τὰ σκεύη οἴκου κυρίου (11 *a ter*)
— 7. ἀκούσατε τὸν λόγον κυρίου –
— 9. ὃν ἀπέστειλεν αὐτοῖς κ. [A^1 *om.*] ἐν πίστει (11 *a*)
— 11. οὕτως εἶπε κ. (11 *a*)
— 12. ἐγένετο λόγος κυρίου πρὸς Ἱερεμίαν (11 *a*)
— 13. οὕτως εἶπε κ. (11 *a*)
— 14. οὕτως εἶπε κ. (11 *c* + 6)
— 15. οὐκ ἀπέσταλκέ σε κ. (11 *a*)
— 16. οὕτως εἶπε κ. (11 *a*)
36 (29). 4. οὕτως εἶπε κ. ὁ θεὸς Ἰσραήλ (11 *c*)
— 7. προσεύξεσθε περὶ αὐτῶν πρὸς κύριον (11 *a*)
— 8. οὕτως εἶπε κύριος (11 *c* + 6)
— 10. οὕτως εἶπε κ. (11 *a*)
— 15. κατέστησεν ἡμῖν κ. προφήτας (11 *a*)
— 21. οὕτως εἶπε κ. ἐπὶ Ἀχιάβ (11 *c* + 6)
— 22. ποιήσαι σε κ. ὡς Σεδεκίαν ἐποίησε (11 *a*)
— 23. φησὶ κ. (11 *a*)
— 26. κ. ἔδωκέ σε ἱερέα ἀντὶ Ἰωδαὲ τοῦ ἱερέως γενέσθαι ἐπιστάτην ἐν τῷ οἴκῳ κυρίου (11 *a*, 11 *a*)
— 30. ἐγένετο λόγος κυρίου πρὸς Ἱερεμίαν (11 *a*)
— 31, 32. οὕτως εἶπε κ. (11 *a*)
37 (30). 1. ὁ λόγος ὁ γενάμενος πρὸς Ἱερεμίαν . παρὰ κυρίου (11 *a*)
— 2. οὕτως εἶπε κ. ὁ θεὸς Ἰσραήλ (11 *a*)
— 3. φησὶ κ. . . . εἶπε κ. [A S *add.* παντοκράτωρ] (11 *a*, 11 *a*)
— 4. οὗτοι οἱ λόγοι οὓς ἐλάλησε κ. (11 *a*)
— 5. οὕτως εἶπε κ. (11 *a*)
— 8. εἶπε κ. (11 *c*)
— 9. ἐργῶνται τῷ κ. θεῷ αὐτῶν (11 *a*)
— 12. οὕτως εἶπε [A λέγει] κ. (11 *a*)
— 17. φησὶ κ. (11 *a*)
— 18. οὕτως εἶπε κ. (11 *a*)
— 21. φησὶ κ. (11 *a*)
— 23. ὀργὴ κυρίου ἐξῆλθε θυμώδης (11 *a*)
— 24. οὐ μὴ ἀποστραφῇ ὀργὴ θυμοῦ [S^1 *om.*] κυρίου (11 *a*)
38 (31). 1. εἶπε κ. (11 *a*)
— 2. οὕτως εἶπε κ. (11 *a*)
— 3. κ. πόρρωθεν ὤφθη [AS ὀφθήσεται] αὐτῷ (11 *a*)
— 6. ἀνάβητε εἰς Σιὼν πρὸς κύριον τὸν θεὸν [A Σ. ἐν ὄρεσιν κυρίου θεοῦ] ἡμῶν (11 *a*)
— 7. οὕτως εἶπε κ. τῷ Ἰακώβ (11 *a*)
— 7. ἔσωσε κ. τὸν λαὸν αὐτοῦ (11 *a*)
— 10. ἀκούσατε λόγους κυρίου (11 *a*)
— 11. ἐλυτρώσατο κ. τὸν Ἰακώβ (11 *a*)
— 12. ἥξουσιν ἐπ' ἀγαθὰ κυρίου (11 *a*)
— 15, 16. οὕτως εἶπε κ. (11 *a*)
— 18. σὺ κ. ὁ θεός μου (11 *a*)
— 20. φησὶ κ. (11 *a*)
— 22. ἔκτισε κ. σωτηρίαν (11 *a*)
— 23. οὕτως εἶπε κ. . . . εὐλογημένος κ. ἐπὶ δίκαιον ὄρος (11 *c* + 6, 11 *a*)

Je. 38 (31). 27, 28. φησὶ κ. (11 *a*)
— 31. φησὶ [A S λέγει] κ. (11 *a*)
— 32, 33. φησὶ κ. (11 *a*)
— 34. γνῶθι τὸν κ. (11 *a*)
— 37 *bis*. φησὶ κ. (11 *a*)
— 35. οὕτως εἶπε κ. . . . κ. παντοκράτωρ ὄνομα αὐτῷ (11 *a*, 11 *a*)
— 36. φησὶ κ. (11 *a*)
— 36. A φησὶν κύριος –
— 38. φησὶ κ. (11 *a*)
— 38. οἰκοδομηθήσεται πόλις τῷ κ. [S^1 λαῷ] (11 *a*)
— 40. ἁγίασμα τῷ [S *om.*] κ. (11 *a*)
39 (32). 1. ὁ λόγος ὁ γενόμενος παρὰ κυρίου πρὸς Ἱερ. (11 *a*)
— 3. A B S^2 οὕτως εἶπε κ. (11 *a*)
— 6. λόγος κυρίου ἐγενήθη [A ἐγένετο λ. κ.] πρὸς Ἱερεμίαν (11 *a*)
— 8. ἔγνων ὅτι λόγος κυρίου ἐστί (11 *a*)
— 14. οὕτως εἶπε κ. παντοκράτωρ (11 *a*)
— 15. οὕτως εἶπε κ. (11 *c*)
— 16. προσευξάμην πρὸς κύριον (11 *a*)
— 17. ὁ ὢν κύριε [A *add.* κύριε], σὺ ἐποίησας τὸν οὐρανόν (2, 11 *b*)
— 18. S κ. μεγάλης βουλῆς (11 *c*)
— 19. κ. [AB ὁ θεὸς ὁ μέγας ὁ] παντοκράτωρ . . . καὶ μεγαλώνυμος κ. [S^1 *om.*, S^3 -ε] –, –
— 26. ἐγένετο λόγος κυρίου πρὸς μέ (11 *a*)
— 27. ἐγὼ κ. ὁ θεὸς πάσης σαρκός (11 *a*)
— 28. οὕτως εἶπε κ. ὁ θεὸς Ἰσραήλ [S *om.* ὁ θ. Ἰ.] (18 *a* [11 *a*])
— 36. οὕτως εἶπε κ. ὁ θεὸς Ἰσραήλ (11 *a*)
— 42. οὕτως εἶπε κ. (11 *a*)
40 (33). 1. ἐγένετο λόγος κυρίου πρὸς Ἱερεμίαν (11 *a*)
— 2. οὕτως εἶπε κ. . . . κ. ὄνομα αὐτῷ (11 *a*, 11 *a*)
— 4. οὕτως εἶπε κ. [A S *add.* ὁ θεὸς Ἰσραήλ] (11 *a* + 6 [11 *a*])
— 10. οὕτως εἶπε κ. (11 *a*)
— 11. ἐξομολογεῖσθε κυρίῳ [S τῷ κ.] παντοκράτορι ὅτι χρηστὸς κ. . . . εἰσοίσουσι δῶρα εἰς οἶκον κυρίου . . . εἶπε κ. (11 *a ter*)
— 12. οὕτως εἶπε κ. τῶν δυνάμεων [A^1 *om.* τ. δ.] (11 *a* [11 *c*])
— 13. εἶπε κ. (11 *a*)
41 (34). 1. ὁ λόγος ὁ γενόμενος πρὸς Ἱερ. παρὰ κυρίου (11 *a*)
— 2 *bis*. οὕτως εἶπε κ. (11 *a* + 6)
— 4. ἄκουσον τὸν λόγον κυρίου . . . οὕτως λέγει κ. (11 *a*, 11 *a*)
— 5. R οὐαὶ [A B^2 ὦ] κύριε (11)
— 5. εἶπε κ. (11 *a*)
— 8. ὁ λόγος ὁ γενόμενος πρὸς Ἱερ. παρὰ κυρίου (11 *a*)
— 12. ἐγενήθη λόγος κυρίου [S^1 *om.*] πρὸς Ἱερεμίαν (11 *a*)
— 13. οὕτως εἶπε κ. [A *add.* ὁ θεὸς Ἰσραήλ] (11 *a* + 6 [11 *a*])
— 17. οὕτως εἶπε κ. (11 *a*)
— 22. φησὶ κ. (11 *a*)
42 (35). 1. ὁ λόγος ὁ γενόμενος πρὸς Ἱερ. παρὰ κυρίου (11 *a*)
— 2. ἄξεις αὐτοὺς εἰς οἶκον κυρίου (11 *a*)
— 4. εἰσήγαγον αὐτοὺς εἰς οἶκον κυρίου (11 *a*)
— 12. ἐγένετο λόγος κυρίου πρὸς μέ (11 *a*)
— 13. οὕτως λέγει κ. (11 *c* + 6)
— 17. οὕτως εἶπε κ. (11 *a* + 11 *d* + 6)
— 18. B S οὕτως εἶπε κ. (11 *c* + 6)
43 (36). 1. ἐγενήθη λόγος κυρίου πρὸς μέ (11 *a*)
— 4. ἔγραψεν . . . πάντας τοὺς λόγους κυρίου (11 *a*)
— 5. οὐ μὴ δύνωμαι εἰσελθεῖν εἰς οἶκον κυρίου (11 *a*)
— 6. ἀναγνώσῃ . . . ἐν οἴκῳ κυρίου (11 *a*)
— 7. ἴσως πεσεῖται ἔλεος αὐτῶν κατὰ πρόσωπον κυρίου . . . μέγας ὁ θυμὸς καὶ ἡ ὀργὴ κυρίου (11 *a*, –)
— 7. A ἣν ἐλάλησεν κύριος [B S *om.*] (11 *a*)
— 8. τοῦ ἀναγνῶναι ἐν τῷ βιβλίῳ λόγους κυρίου ἐν οἴκῳ κυρίου (11 *a*, 11 *a*)
— 9. ἐξεκκλησίασαν νηστείαν κατὰ πρόσωπον κυρίου (11 *a*)
— 10. ἀνεγίνωσκε Βαροὺχ . . . ἐν οἴκῳ κυρίου . . . ἐν προθύροις πύλης τοῦ [A *om.* π. τ.] οἴκου κυρίου (11 *a*, 11 *a*)
11. ἤκουσε Μιχαίας . . . ἅπαντας τοὺς λόγους κυρίου (11 *a*)
— 13. S^1 ἀναγινώσκοντος Βαροὺχ εἰς τὰ ὦτα κυρίου τοῦ θεοῦ [A B S^2 ὠ. τοῦ λαοῦ] †

Je. 43 (36). 27. A B S^2 ἐγένετο λόγος κυρίου πρὸς Ἱερεμίαν (11 *a*)
— 29. οὕτως εἶπε κ. (11 *a*)
— 30. οὕτως εἶπε κ. ἐπὶ Ἰωακίμ (11 *a*)
44 (37). 2. οὐκ ἤκουσαν . . . τοὺς λόγους κυρίου (11 *a*)
— 3. πρόσευξαι δὴ περὶ ἡμῶν πρὸς κύριον (11 *a* + 6)
— 6. ἐγένετο λόγος κυρίου πρὸς Ἱερεμίαν (11 *a*)
— 7. οὕτως εἶπε κ. (11 *a* + 6)
— 9. οὕτως εἶπε κ. (11 *a*)
— 17. εἰ ἔστιν ὁ [A S *om.*] λόγος παρὰ [A S^1 *om.*] κυρίου [S^1 θεοῦ] (11 *a*)
— 20. κύριε [A *add.* μου] βασιλεῦ, πεσέτω τὸ ἔλεός μου (1)
45 (38). 2, 3. οὕτως εἶπε κ. (11 *a*)
— 14. εἰς οἰκίαν ἀσελεισὴλ τὴν ἐν οἴκῳ κυρίου (11 *a*)
— 16. ζῇ κ. (11 *a*)
— 17. οὕτως εἶπε κ. (11 *a* + 11 *d* + 6)
— 20. ἄκουσον τὸν [A *om.*] λόγον κυρίου (11 *a*)
— 21. οὗτος ὁ λόγος ὃν ἔδειξέ μοι κ. (11 *a*)
— 27. οὐκ ἠκούσθη λόγος κυρίου –
46 (39). 15. πρὸς Ἱερεμίαν ἐγένετο λόγος κυρίου (11 *a*)
— 16. οὕτως εἶπε κ. ὁ θεὸς Ἰσραήλ (11 *c*)
— 18. φησὶ κ. (11 *a*)
47 (40). 1. ὁ λόγος ὁ γενόμενος παρὰ κυρίου πρὸς Ἱερ. (11 *a*)
— 2. κ. ὁ θεός σου ἐλάλησε τὰ κακὰ ταῦτα (11 *a*)
— 3. ἐποίησε κ. (11 *a*)
48 (41). 5. τοῦ εἰσενεγκεῖν εἰς οἶκον [S ἐν τῷ οἴκῳ] κυρίου (11 *a*)
49 (42). 2. πρόσευξαι πρὸς κύριον τὸν θεόν σου (11 *a*)
— 3. ἀναγγειλάτω ἡμῖν κ. ὁ θεός σου τὴν ὁδόν (11 *a*)
— 4. προσεύξομαι πρὸς κύριον τὸν θεὸν ἡμῶν . . . ὃν ἂν ἀποκριθήσεται κ. (11 *a*, 11 *a*)
— 5. ἔστω κ. ἐν [A *om.*] ἡμῖν εἰς μάρτυρα (11 *a*)
— 5. ὃν ἐὰν ἀποστείλῃ κ. πρὸς ἡμᾶς (11 *a* + 6)
— 6. τὴν φωνὴν κ. τοῦ θεοῦ ἡμῶν . . . ἀκουσόμεθα (11 *a*)
— 6. ἀκουσόμεθα τῆς φωνῆς κ. τοῦ θεοῦ ἡμῶν (11 *a*)
— 7. ἐγενήθη λόγος κυρίου πρὸς Ἱερεμίαν (11 *a*)
— 9. οὕτως εἶπε κ. (11 *a* + 6)
— 11. φησὶ κ. (11 *a*)
— 13. πρὸς τὸ μὴ ἀκοῦσαι φωνῆς κυρίου (11 *a* + 6)
— 15. ἀκούσατε λόγον [S -ους] κυρίου (11 *a*)
— 15 (A B S^2), 18. οὕτως εἶπε κ. (11 *c* + 6)
— 19. ἃ ἐλάλησε κ. [S^1 *om.*] ἐφ' ὑμᾶς (11 *a*)
— 20. πρόσευξαι περὶ ἡμῶν πρὸς κύριον (11 *a* + 6)
— 20. ἃ ἐὰν λαλήσει σοι κύριος (11 *a* + 6)
— 21. οὐκ ἠκούσατε [A εἰσηκ.] τῆς φωνῆς κυρίου (11 *a* + 6)
50 (43). 1. ἐπαύσατο Ἱερ. λέγων . . . πάντας τοὺς λόγους κυρίου [A *add.* θεοῦ αὐ.] οὓς ἀπέστειλεν αὐτὸν κ. [A *add.* ὁ θεὸς αὐ.] πρὸς αὐτούς (11 *a* + 6 [11 *a*], 11 *a* + 6 [11 *a*])
— 2. οὐκ ἀπέστειλέ σε κ. πρὸς ἡμᾶς (11 *a* + 6)
— 4. οὐκ ἤκουσεν . . . πᾶς ὁ λαὸς τῆς φωνῆς κυρίου [S τοῦ κ.] (11 *a*)
— 7. οὐκ ἤκουσαν τῆς φωνῆς κυρίου (11 *a*)
— 8. ἐγένετο λόγος κυρίου πρὸς Ἱερ. (11 *a*)
— 10. οὕτως εἶπε κ. (11 *c* + 6)
51 (44). 2. οὕτως εἶπε κ. ὁ θεὸς Ἰσραήλ (11 *c*)
— 7. οὕτως εἶπε κ. παντοκράτωρ (11 *a* + 11 *d* + 6)
— 11. οὕτως εἶπε κ. (11 *c* + 6)
— 16. ὃν ἐλάλησας πρὸς ἡμᾶς [S *add.* ἐν] τῷ ὀνόματι κυρίου (11 *a*)
— 21. οὐχὶ τοῦ θυμιάματος . . . ἐμνήσθη κ. (11 *a*)
— 22. οὐκ ἠδύνατο κ. ἔτι φέρειν (11 *a*)
— 23. ὧν ἡμάρτετε τῷ κ. καὶ οὐκ ἠκούσατε τῆς φωνῆς κυρίου (11 *a*, 11 *a*)
— 24. ἀκούσατε λόγον κυρίου (11 *a*)
— 25. οὕτως εἶπε κ. ὁ θεὸς Ἰσραήλ (11 *c*)
— 26. ἀκούσατε λόγον κυρίου . . . εἶπε [A λέγει] κ. . . . ζῇ κ. [A S *add.* κύριος] ἐπὶ πάσῃ γῇ Αἰγ. (11 *a*, 11 *a*, 2 + 11 *b* [2, 11 *b*])
— 30. οὕτως εἶπε κ. (11 *a*)
— 32 (45. 2). οὕτως εἶπε κ. ἐπὶ σοί (11 *a* + 6)
— 33 (45. 3). προσέθηκε κ. κόπον ἐπίπονόν μοι (11 *a*)
— 34 (45. 4). οὕτως εἶπε κ. [S *al.*] (11 *a*)
— 35 (45. 5). λέγει κ. (11 *a*)
52. 13. ἐνέπρησε τὸν οἶκον κυρίου (11 *a*)
— 17. τοὺς στύλους τοὺς χαλκοῦς τοὺς ἐν οἴκῳ κυρίου (11 *a*)
— 17. B S τὴν θάλασσαν τὴν χαλκῆν τὴν ἐν οἴκῳ κυρίου (11 *a*)

Je. 52. 20. ἃ ἐποίησεν ὁ βασιλεὺς Σαλωμὼν εἰς οἶκον κυρίου (11 *a*)
Ba. 1. 5. ηὔχοντο ἐναντίον [A εὐχὰς ἔναντι] κυρίου
— 8. ἐν τῷ λαβεῖν αὐτὸν τὰ σκεύη οἴκου κυρίου
— 10. ἀνοίσατε ἐπὶ τὸ θυσιαστήριον κυρίου τοῦ θεοῦ ἡμῶν
— 12. δώσει κ. ἰσχὺν ἡμῖν
— 13. προσεύξασθε περὶ ἡμῶν πρὸς κύριον τὸν θεὸν ἡμῶν ὅτι ἡμάρτομεν τῷ [A *om.*] κ. θεῷ ἡμῶν καὶ οὐκ ἀπέστρεψεν ὁ θυμὸς κυρίου
— 14. ἐξαγορεῦσαι ἐν οἴκῳ κυρίου ἐν ἡμέρᾳ [A -αις] ἑορτῆς
— 15. τῷ κ. θεῷ ἡμῶν ἡ δικαιοσύνη
— 17. ὧν ἡμάρτομεν ἔναντι κυρίου
— 18. οὐκ ἠκούσαμεν τῆς φωνῆς κυρίου θεοῦ ἡμῶν πορεύεσθαι [A *add.* ἐν] τοῖς προστάγμασι κυρίου
— 19. ἧς ἐξήγαγε κ. τοὺς πατέρας ἡμῶν . . . ἤμεθα ἀπειθοῦντες πρὸς κύριον θεὸν ἡμῶν
— 20. ἣν συνέταξε κ. τῷ Μωυσῇ παιδὶ αὐτοῦ
— 21. οὐκ ἠκούσαμεν τῆς φωνῆς κυρίου τοῦ θεοῦ ἡμῶν
— 22. ποιῆσαι τὰ κακὰ κατ' ὀφθαλμοὺς κυρίου θεοῦ ἡμῶν
2. 1. ἔστησε κ. τὸν λόγον αὐτοῦ
— 4. οὗ διέσπειρεν αὐτοὺς κ. ἐκεῖ
— 5. ἡμάρτομεν κυρίῳ [A τῷ κ.] θεῷ ἡμῶν
— 6. τῷ κ. θεῷ ἡμῶν ἡ δικαιοσύνη
— 7. ἃ ἐλάλησε κ. ἐφ' ἡμᾶς
— 8. οὐκ ἐδεήθημεν τοῦ προσώπου κυρίου
— 9. ἐγρηγόρησε κ. ἐπὶ τοῖς κακοῖς καὶ ἐπήγαγε κ. ἐφ' ἡμᾶς ὅτι δίκαιος ὁ [A *om.*] κ. ἐπὶ πάντα τὰ ἔργα αὐτοῦ
— 10. πορεύεσθαι τοῖς προστάγμασι κυρίου
— 11. κύριε ὁ θεὸς Ἰσραήλ
— 12. κύριε ὁ θεὸς ἡμῶν
— 14. εἰσάκουσον, κύριε, τῆς προσευχῆς ἡμῶν
— 15. σὺ κ. ὁ θεὸς ἡμῶν
— 16. A R κύριε, κάτιδε ἐκ τοῦ οἴκου τοῦ ἁγίου σου . . . κλῖνον, κύριε [B -ος], τὸ οὖς σου
— 17. A ἄνοιξον, κύριε, [B *om.*] ὀφθαλμούς σου
— 17. δώσουσι δόξαν καὶ δικαίωμα τῷ κ.
— 18. δώσουσί σοι δόξαν καὶ δικαιοσύνην, κύριε
— 19. κύριε ὁ θεὸς ἡμῶν
— 21. οὕτως εἶπε κ.
— 22. ἐὰν μὴ ἀκούσητε τῆς φωνῆς κυρίου
— 27. κύριε ὁ θεὸς ἡμῶν
— 31. γνώσονται ὅτι ἐγὼ κ. ὁ θεὸς αὐτῶν
— 33. μνησθήσονται τῆς ὁδοῦ πατέρων αὐτῶν τῶν ἁμαρτόντων ἔναντι κυρίου
3. 1. κύριε παντοκράτωρ ὁ θεὸς Ἰσραήλ
— 2. ἄκουσον, κύριε
— 4. κύριε παντοκράτωρ ὁ θεὸς Ἰσραήλ
— 6. σὺ κ. ὁ θεὸς ἡμῶν, καὶ αἰνέσομέν σε, κύριε
— 8. οἳ ἀπέστησαν ἀπὸ κυρίου θεοῦ ἡμῶν
La. 1. 5. κ. ἐταπείνωσεν αὐτήν (11 *a*)
— 9. ἴδε, κύριε, τὴν ταπείνωσίν μου (11 *a*)
— 11. ἴδε, κύριε [A *om.*], καὶ ἐπίβλεψον (11 *a*)
— 12. φθεγξάμενος ἐν ἐμοὶ ἐταπείνωσέ με κ. (11 *a*)
— 13. A ἔδωκέ με κ. [B S *om.*] ἠφανισμένην –
— 14. ἔδωκε κ. ἐν χερσί μου ὀδύνας (2)
— 15. ἐξῆρε πάντας τοὺς ἰσχυρούς μου ὁ [S *om.*] κ. ἐκ μέσου μου . . . ληνὸν ἐπάτησε κ. παρθένῳ θυγατρὶ Ἰούδα (2, 2)
— 17. ἐνετείλατο κ. τῷ Ἰακώβ (11 *a*)
— 18. δίκαιός ἐστι κ. (11 *a*)
— 20. ἴδε, κύριε, ὅτι θλίβομαι (11 *a*)
2. 1. πῶς ἐγνόφωσεν ἐν ὀργῇ αὐτοῦ κ. [A *om.*] τὴν θυγατέρα Σιών (2)
— 2. ἐν ἡμέρᾳ ὀργῆς αὐτοῦ κατεπόντισε κ. (2)
— 5. ἐγενήθη κ. ὡς ἐχθρός (2)
— 6. ἐπελάθετο κ. ἃ ἐποίησεν (11 *a*)
— 7. A R ἀπώσατο κ. θυσιαστήριον αὐτοῦ . . . φωνὴν ἔδωκαν ἐν οἴκῳ κυρίου [B S *om.*] (2, 11 *a*)
— 8. A ἀπέστρεψε κ. [B S *om.*] τοῦ διαφθεῖραι τεῖχος (11 *a*)
— 8. A οὐκ ἐπέστρεψε κύριος [B S *om.*] χεῖρα –
— 9. οὐκ εἶδον ὅρασιν παρὰ κυρίου (11 *a*)
— 17. ἐποίησε κ. ἃ ἐνεθυμήθη (11 *a*)
— 18. ἐβόησε καρδία αὐτῶν πρὸς κύριον (2)
— 19. ἔκχεον ὡς ὕδωρ καρδίαν σου ἀπέναντι προσώπου κυρίου (2)
— 20. ἴδε, κύριε . . . ἀποκτενεῖς ἐν ἁγιάσματι κυρίου ἱερέα καὶ προφήτην (11 *a*, 2)
— 22. ἐν ἡμέρᾳ ὀργῆς κυρίου (11 *a*)

La. 3. 18. ἡ ἐλπίς μου ἀπὸ κυρίου (11 *a*)
— 22. R τὰ ἐλέη κυρίου ὅτι οὐκ ἐξέλιπέ με (11 *a*)
— 22. R μῆνας εἰς τὰς πρωΐας ἐλέησον, κύριε –
— 24. R μερίς μου κ. (11 *a*)
— 25. ἀγαθὸς κ. τοῖς ὑπομένουσιν αὐτόν (11 *a*)
— 26. ἡσυχάσει εἰς τὸ σωτήριον κυρίου (11 *a*)
— 31. οὐκ εἰς τὸν αἰῶνα ἀπώσεται κ. (2)
— 36. κ. οὐκ εἶπε (2)
— 37. A κύριος [B τίς] οὕτως εἶπε †
— 37. κ. οὐκ ἐνετείλατο (2)
— 40. ἐπιστρέψωμεν ἕως κυρίου (11 *a*)
— 50. καὶ ἴδῃ κ. ἐξ οὐρανοῦ (11 *a*)
— 55. B ἐπεκαλεσάμην τὸ ὄνομά σου, κύριε (11 *a*)
— 58. ἐδίκασας, κύριε, τὰς δίκας [A ἀδικίας] τῆς ψυχῆς μου (2)
— 59. ἴδες, κύριε, τὰς ταραχάς μου (11 *a*)
— 64. ἀποδώσεις αὐτοῖς ἀνταπόδομα, κύριε (11 *a*)
— 66. ἐξαναλώσεις αὐτοὺς ὑποκάτω τοῦ οὐρανοῦ, κύριε (11 *a*)
4. 11. συνετέλεσε κ. θυμὸν αὐτοῦ (11 *a*)
— 16. πρόσωπον κυρίου μερὶς αὐτῶν (11 *a*)
— 20. χριστὸς κ. συνελήφθη (11 *a*)
— 21. ἐπὶ σὲ διελεύσεται τὸ ποτήριον κυρίου –
5. 1. μνήσθητι, κύριε (11 *a*)
— 19. σὺ δέ, κύριε, εἰς τὸν αἰῶνα κατοικήσεις (11 *a*)
— 21. ἐπίστρεψον ἡμᾶς, κύριε, πρὸς σέ (11 *a*)
Ez. 1. 3. ἐγένετο λόγος κυρίου πρὸς Ἰεζεκιὴλ . . . ἐγένετο [A *add.* ἐκεῖ] ἐπ' ἐμὲ χεὶρ κυρίου (11 *a*, 11 *a*)
2. 1 (1. 28). B αὕτη ἡ ὅρασις ὁμοιώματος [A^2 -μα τῆς] δόξης κυρίου (11 *a*)
— 4: 3. 11. A τάδε λέγει κ. κ. [B *om.*] (2, 11 *b* [2+11 *b*])
3. 12. εὐλογημένη ἡ δόξα κυρίου ἐκ τοῦ τόπου αὐτοῦ (11 *a*)
— 14. A τὸ πνεῦμα κυρίου [B *om.*] ἐξῆρέ με –
— 14. χεὶρ κυρίου ἐγένετο ἐπ' ἐμὲ κραταιά (11 *a*)
— 16. A^2B ἐγένετο μετὰ τὰς ἑπτὰ ἡμέρας λόγος κυρίου πρὸς μέ (11 *a*)
— 22. ἐγένετο ἐπ' ἐμὲ χεὶρ κυρίου (11 *a*)
— 23. R ἰδοὺ ἐκεῖ δόξα κυρίου εἱστήκει . . . καθὼς ἡ δόξα κυρίου [A B *om.*] ἣν ἴδον (11 *a*, –)
— 27. A τάδε λέγει κ. κ. [B *om.*] (2, 11 *b* [2+11 *b*])
4. 13. τάδε λέγει κ. ὁ θεὸς τοῦ Ἰσραήλ (18 *a* ?)
— 14. μηδαμῶς, κύριε [A *add.* κύριε] θεὲ Ἰσραήλ (2 [2, 18 *e*])
— 15, 16. A εἶπεν κ. [B *om.*] πρὸς μέ –
5. 5, 7, 8. τάδε λέγει [A *add.* Ἀδωναΐ] κ. (2+11 *b* [11 *b*])
— 11. λέγει [A *add.* Ἀδωναΐ] κ. (2+11 *b* [11 *b*])
— 13. ἐγὼ κ. λελάληκα ἐν ζήλῳ μου (11 *a*)
— 15, 17. ἐγὼ κ. λελάληκα (11 *a*)
6. 1. ἐγένετο λόγος κυρίου πρὸς μέ (11 *a*)
— 3. ἀκούσατε λόγον [A *add.* Ἀδωναΐ] κυρίου· τάδε λέγει [A *add.* Ἀδωναΐ] κ. (2+11 *b* [11 *b*], 2+11 *b* [11 *b*])
— 7. ἐπιγνώσεσθε ὅτι ἐγὼ κ. (11 *a*)
— 10. ἐπιγνώσονται διότι ἐγὼ κ. [A *add.* οὐκ εἰς δωρεὰν] λελάληκα (11 *a*)
— 11. τάδε λέγει [A *add.* Ἀδωναΐ] κ. (2+11 *b* [11 *b*])
— 13. γνώσεσθε διότι ἐγὼ κ. (11 *a*)
— 14. ἐπιγνώσεσθε ὅτι ἐγὼ κ. (11 *a*)
7. 1. ἐγένετο λόγος κυρίου πρὸς μέ (11 *a*)
— 2. τάδε λέγει [A *add.* Ἀδωναΐ] κ. (2+11 *b* [11 *b*])
— 9. B ἐπιγνώσῃ διότι ἐγώ εἰμι κ. ὁ τύπτων (11 *a*)
— 4. ἐπιγνώσῃ διότι [A γν. ὅτι] ἐγὼ κ. (11 *a*)
— 5. τάδε λέγει κ. (2+11 *b*)
— 10. ἰδοὺ ἡ [A *om.*] ἡμέρα κυρίου [A *om.*] –
— 19. A ἐν ἡμέρᾳ ὀργῆς κυρίου (11 *a*)
— 27. γνώσονται ὅτι ἐγὼ κ. (11 *a*)
8. 1. ἐγένετο ἐπ' ἐμὲ χεὶρ [A *add.* Ἀδωναΐ] κυρίου (2+11 *b* [11 *b*])
— 4. ἐκεῖ ἦν δόξα κυρίου θεοῦ Ἰσραήλ (18 *b*)
— 12. οὐχ ὁρᾷ ὁ κ., ἐγκαταλέλοιπεν κ. [A ἐ. κ., οὐκ ἐφορᾷ ὁ κ.] τὴν γῆν (11 *a*, 11 *a*)
— 14. ἐπὶ τὰ πρόθυρα τῆς πύλης οἴκου κυρίου (11 *a*)
— 16. εἰς τὴν αὐλὴν οἴκου κυρίου τὴν ἐσωτέραν καὶ ἐπὶ τῶν προθύρων τοῦ ναοῦ κυρίου (11 *a*, 11 *a*)
— 16. τὰ ὀπίσθια αὐτῶν [A *add.* δεδωκότες] πρὸς τὸν ναὸν τοῦ [A *om.*] κ. (11 *a*)
9. 4. A εἶπε κύριος [B *al.*] πρὸς αὐτόν (11 *a*)

Ez. 9. 8. οἴμοι [A οἴμμοι Ἀδωναΐ] κύριε (2+11 *b* [11 *b*])
— 9. ἐγκαταλέλοιπεν κ. τὴν γῆν (11 *a*)
— 9. οὐκ ἐφορᾷ ὁ κ. [A *al.*] (11 *a*)
10. 4. ἀπῆρεν ἡ δόξα κυρίου ἀπὸ τῶν χερουβὶμ . . . ἡ αὐλὴ ἐπλήσθη τοῦ φέγγους τῆς δόξης κυρίου (11 *a*, 11 *a*)
— 18. ἐξῆλθε δόξα κυρίου ἀπὸ [A *add.* τοῦ αἰθρίου] τοῦ οἴκου (11 *a*)
— 19. τὰ πρόθυρα τῆς πύλης οἴκου κυρίου τῆς ἀπέναντι καὶ δόξα [A *add.* κυρίου] θεοῦ Ἰσραὴλ ἦν ἐπ' αὐτῶν ὑπεράνω (11 *a*, 18 *b*)
11. 1. ἤγαγέ με ἐπὶ τὴν πύλην τοῦ οἴκου κυρίου τὴν κατέναντι (11 *a*)
— 2. εἶπε κ. πρὸς μέ –
— 5. A R ἔπεσεν ἐπ' ἐμὲ πνεῦμα κυρίου [B *om.*] καὶ εἶπε πρός μέ, Λέγε, Τάδε λέγει κ. (11 *a*, 11 *a*)
— 7. τάδε λέγει [A *add.* Ἀδωναΐ] κ. (2+11 *b* [11 *b*])
— 8. λέγει [A *add.* Ἀδωναΐ] κ. (2+11 *b* [11 *b*])
— 10. ἐπιγνώσεσθε ὅτι ἐγὼ κ. (11 *a*)
— 12. A ἐπιγνώσεσθε διότι ἐγὼ κύριος (11 *a*)
— 13. οἴμοι οἴμοι [A *add.* Ἀδωναΐ] κύριε (2+11 *b* [11 *b*])
— 14. ἐγένετο λόγος κυρίου πρὸς μέ (11 *a*)
— 15. μακρὰν ἀπέχετε ἀπὸ τοῦ κ. (11 *a*)
— 16, 17. τάδε λέγει [A *add.* Ἀδωναΐ] κ. (2+11 *b* [11 *b*])
— 20. A λέγει κ. –
— 21. λέγει [A *add.* Ἀδωναΐ] κ. (2+11 *b* [11 *b*])
— 23. ἀνέβη ἡ δόξα κυρίου ἐκ μέσης τῆς πόλεως (11 *a*)
— 25. ἐλάλησα . . . πάντας τοὺς λόγους τοῦ [A *om.*] κ. (11 *a*)
— 25. A οὓς ἔδειξέ μοι κ. [B *om.*] –
12. 1, 8. ἐγένετο λόγος κυρίου πρὸς μέ (11 *a*)
— 10. τάδε λέγει κ. κ. (2, 11 *b*)
— 15. γνώσονται διότι ἐγὼ κ. (11 *a*)
— 16. γνώσονται ὅτι ἐγὼ κ. (11 *a*)
— 17. ἐγένετο λόγος κυρίου πρὸς μέ (11 *a*)
— 19. τάδε λέγει [A *add.* Ἀδωναΐ] κ. (2+11 *b* [11 *b*])
— 20. ἐπιγνώσεσθε διότι ἐγὼ κ. (11 *a*)
— 21. ἐγένετο λόγος κυρίου πρὸς μέ (11 *a*)
— 23. τάδε λέγει [A *add.* Ἀδωναΐ] κ. (2+11 *b* [11 *b*])
— 25. ἐγὼ κύριος λαλήσω τοὺς λόγους μου (11 *a*)
— 25. λέγει [A *add.* Ἀδωναΐ] κ. (2+11 *b* [11 *b*])
— 26. ἐγένετο λόγος κυρίου πρὸς μέ (11 *a*)
— 28. τάδε λέγει [A *add.* Ἀδωναΐ] κ. (2+11 *b* [11 *b*])
— 28. A B^2 S λέγει [A *add.* Ἀδωναΐ] κ. (2+11 *b* [11 *b*])
13. 1. ἐγένετο λόγος κυρίου πρὸς μέ (11 *a*)
— 2. ἀκούσατε λόγον κυρίου (11 *a*)
— 3. τάδε λέγει [A *add.* Ἀδωναΐ] κ. (2+11 *b* [11 *b*])
— 5. οὐκ ἀνέστησαν οἱ λέγοντες, Ἐν ἡμέρᾳ κυρίου (11 *a*)
— 6. λέγει [A^2 τάδε λ.] κ. καὶ [A *add.* ὁ] κ. οὐκ ἀπέσταλκεν αὐτούς (11 *a*, 11 *a*)
— 7. A φησὶν κ. (11 *a*)
— 8. τάδε λέγει [A *add.* Ἀδωναΐ] κ. . . . λέγει [A *add.* Ἀδωναΐ] κ. (2+11 *b* [11 *b*], 2+11 *b* [11 *b*])
— 9. γνώσονται διότι ἐγὼ κ. [A εἰμι Ἀδωναΐ κ.] (2+11 *b* [11 *b*])
— 13. τάδε λέγει [A *add.* Ἀδωναΐ] κ. (2+11 *b* [11 *b*])
— 14. ἐπιγνώσεσθε διότι ἐγὼ κ. (11 *a*)
— 16. λέγει [A *add.* Ἀδωναΐ] κ. (2+11 *b* [11 *b*])
— 18. τάδε λέγει [A *add.* Ἀδωναΐ] κ. (2+11 *b* [11 *b*])
— 20. τάδε λέγει κ. κ. (2, 11 *b*)
— 21. ἐπιγνώσεσθε διότι ἐγὼ κ. (11 *a*)
— 23. γνώσεσθε [A ἐπιγν.] ὅτι ἐγὼ κ. (11 *a*)
14. 2. ἐγένετο λόγος κυρίου πρὸς μέ (11 *a*)
— 4. τάδε λέγει [A *add.* Ἀδωναΐ] κ. (2+11 *b* [11 *b*])
— 4. ἐγὼ κ. ἀποκριθήσομαι αὐτῷ (11 *a*)
— 6. τάδε λέγει κ. κ. [A *add.* ὁ θεός] (2, 11 *b* [18 *e*])
— 7. ἐγὼ κ. ἀποκριθήσομαι αὐτῷ (11 *a*)
— 8. ἐπιγνώσεσθε ὅτι ἐγὼ κ. (11 *a*)
— 9. ἐγὼ κ. πεπλάνηκα τὸν προφήτην ἐκεῖνον (11 *a*)
— 11. λέγει [A^2 *add.* Ἀδωναΐ] κ. (2+11 *b* [11 *b*])
— 12. ἐγένετο λόγος κυρίου πρὸς μέ (11 *a*)

Ez. 14. 14, 16, 18, 20. λέγει [A^2 add. 'Αδωναΐ] κ. (2+11 b [11 b])
— 21. τάδε λέγει [A add. 'Αδωναΐ] κ. (2+11 b [11 b])
— 23. λέγει [A^2 add. 'Αδωναΐ] κ. (2+11 b [11 b])
15. 1. ἐγένετο λόγος κυρίου πρὸς μέ (11 a)
— 6. τάδε λέγει [A add. 'Αδωναΐ] κ. (2+11 b [11 b])
— 7. ἐπιγνώσονται ὅτι ἐγὼ κ. (11 a)
— 8. λέγει κ. (2+11 b)
16. 1. ἐγένετο λόγος κυρίου πρὸς μέ (11 a)
— 3. τάδε λέγει κ. τῇ Ἰερουσαλήμ (2+11 b)
— 8, 14. λέγει [A^2 add. 'Αδωναΐ] κ. (2+11 b [11 b])
— 19, 23, 30. λέγει κ. (2+11 b)
— 35. ἄκουε λόγον κυρίου (11 a)
— 36. τάδε λέγει [A add. 'Αδωναΐ] κ. (2+11 b [11 b])
— 43, 48. λέγει κ. (2+11 b)
— 58. λέγει κ. (11 a)
— 59. τάδε λέγει [A add. 'Αδωναΐ] κ. (2 +11 b [11 b])
— 62. ἐπιγνώσῃ ὅτι ἐγὼ κ. (11 a)
— 63. λέγει κ. (2+11 b)
17. 1. ἐγένετο λόγος κυρίου πρὸς μέ (11 a)
— 3, 9. τάδε λέγει κ. (2+11 b)
— 11. ἐγένετο λόγος κυρίου πρὸς μέ (11 a)
— 16. λέγει κ. (2+11 b)
— 19. τάδε λέγει κ. (2+11 b)
— 21. ἐπιγνώσεσθε διότι ἐγὼ κ. λελάληκα (11 a)
— 22. τάδε λέγει κ. (2+11 b)
— 24. ἐγὼ κ. ὁ ταπεινῶν ξύλον ὑψηλὸν . . . ἐγὼ κ. λελάληκα (11 a, 11 a)
18. 1. ἐγένετο λόγος κυρίου πρὸς μέ (11 a)
— 3, 9. λέγει [A add. 'Αδωναΐ] κ. (2+11 b [11 b])
— 23. A λέγει κ. κ. [B om.] (2, 11 b [2+11 b])
— 25. οὐ κατευθύνει [A κατορθοῖ] ἡ ὁδὸς κυρίου (2)
— 29. οὐ κατορθοῖ ἡ ὁδὸς κυρίου (2)
— 30. λέγει [A add. 'Αδωναΐ] κ. (2+11 b [11 b])
— 31. A λέγει κ. –
— 32. λέγει [A add. 'Αδωναΐ] κ. (2+11 b [11 b])
20. 1. ἦλθον ἄνδρες . . . ἐπερωτῆσαι τὸν κ. (11 a)
— 2. ἐγένετο λόγος κυρίου πρὸς μέ (11 a)
— 3. τάδε λέγει κ. (2+11 b)
— 3. λέγει [A add. 'Αδωναΐ] κ. (2+11 b [11 b])
— 5. τάδε λέγει κ. [A add. ὁ θεός] . . . ἐγὼ κ. ὁ θεὸς ὑμῶν (2+11 b [2], 11 a)
— 7. ἐγὼ κ. ὁ θεὸς ὑμῶν (11 a)
— 12. ἐγὼ κ. ὁ ἁγιάζων αὐτούς (11 a)
— 19, 20. ἐγὼ κ. ὁ θεὸς ὑμῶν (11 a)
— 26. A ἵνα γνῶσιν ὅτι ἐγὼ κ. (11 a)
— 27. τάδε λέγει [A^2 add. 'Αδωναΐ] κ. (2+11 b [11 b])
— 30. τάδε λέγει κ. [A add. κ. ὁ θεός] (2+11 b [2, 18 e])
— 31. λέγει κ. (2+11 b)
— 33. B^2 λέγει [A add. 'Αδωναΐ] κ. (2+11 b [11 b])
— 36. λέγει κ. [A add. ὁ θεός] (2+11 b [2])
— 38. ἐπιγνώσεσθε διότι ἐγὼ κ. κ. [A ὁ θεός] (11 a, –)
— 39. τάδε λέγει κ. κ. (2, 11 b)
— 40. B λέγει κ. κ. (2, 11 b)
— 40. A λέγει κ. κ. –
— 42. ἐπιγνώσεσθε διότι ἐγὼ κ. (11 a)
— 44. ἐπιγνώσεσθε διότι ἐγὼ κ. . . . λέγει [A add. 'Αδωναΐ] κ. (11 a, 2+11 b [11 b])
— 45 (21. 1). ἐγένετο λόγος κυρίου πρὸς μέ (11 a)
— 47 (21. 3). ἄκουε λόγον κυρίου· τάδε λέγει κ. κ. [A ὁ θεὸς 'Ισραήλ] (11 a, 2, 11 b)
— 48 (21. 4). ἐγὼ κ. ἐξέκαυσα αὐτό (11 a)
— 49 (21. 5.). μηδαμῶς, κύριε κύριε (2, 11 b)
21. 1 (6). ἐγένετο λόγος κυρίου πρὸς μέ (11 a)
— 3 (8). B^{1}R τάδε λέγει κ. [A add. ὁ θεὸς, B^2 add. κύριος] (11 a [18 a])
— 5 (10). ἐγὼ κ. ἐξέσπασα τὸ ἐγχειρίδιόν μου (11 a)
— 7 (12). λέγει κ. [A add. ὁ θεός, B^1 add. κύριος] (2+11 b [2, 11 b])
— 8 (13). ἐγένετο λόγος κυρίου πρὸς μέ (11 a)
— 9 (14). τάδε λέγει [A^2 add. 'Αδωναΐ] κ. (11 a)
— 13 (18). λέγει κ. κ. (2, 11 b)
— 17 (22). ἐγὼ κ. λελάληκα (11 a)
— 18 (23). ἐγένετο λόγος κυρίου πρὸς μέ (11 a)
— 24 (29). λέγει κ. [A add. κ. ὁ θεός] (2+11 b [2, 18 e])
— 26 (31). τάδε λέγει κ. [A add. κ. ὁ θεός] (2+11 b [2, 18 e])
— 28 (33). τάδε λέγει κ. [A add. ὁ θεός] (2+11 b [2])

Ez. 21. 32 (37). ἐγὼ κ. λελάληκα (11 a)
22. 1. ἐγένετο λόγος κυρίου πρὸς μέ (11 a)
— 3. τάδε λέγει κ. κ. [A add. ὁ θεός] (2, 11 b [2, 18 e])
— 12. A λέγει κ. κ. [B om.] (2, 11 b [2+11 b])
— 14. ἐγὼ κ. λελάληκα (11 a)
— 16. γνώσεσθε [A γνώσῃ] διότι ἐγὼ κ. (11 a)
— 17. ἐγένετο λόγος κυρίου πρὸς μέ (11 a)
— 19. R τάδε λέγει κ. κ. [B om., A add. ὁ θεός] (2, 11 b [2+11 b, 2+18 e])
— 22. ἐγὼ κ. ἐξέχεα τὸν θυμόν μου ἐφ' ὑμᾶς (11 a)
— 23. ἐγένετο λόγος κυρίου πρὸς μέ (11 a)
— 28. τάδε λέγει κ. καὶ κ. οὐκ ἐλάλησε (2+11 b, 11 a)
— 31. λέγει κ. κ. (2, 11 b)
23. 1. ἐγένετο λόγος κυρίου πρὸς μέ (11 a)
— 22. τάδε λέγει κ. [A add. κ. ὁ θεὸς ἐπὶ σέ] (2+11 b [2, 18 e])
— 28. τάδε λέγει κ. κ. [A add. ὁ θεός] (2, 11 b [18 e])
— 32. τάδε λέγει κ. [A 'Αδωναΐ κ. κ. ὁ θεός] (2+11 b [2, 18 e])
— 34. λέγει κ. [A add. κ. ὁ θεός] (2+11 b [2, 18 e])
— 35. τάδε λέγει [A add. 'Αδωναΐ] κ. (2+11 b [11 b])
— 36. εἶπε κ. πρὸς μέ (11 a)
— 46. τάδε λέγει κ. [A 'Αδωναΐ] κ. (2, 11 b)
— 49. γνώσεσθε διότι ἐγὼ κ. (2+11 b)
24. 1. ἐγένετο λόγος κυρίου πρὸς μέ (11 a)
— 3, 6, 9. τάδε λέγει [A add. 'Αδωναΐ] κ. (2+11 b [11 b])
— 14. ἐγὼ κ. λελάληκα . . . λέγει [A add. 'Αδωναΐ] κ. (11 a, 2+11 b [11 b])
— 15. ἐγένετο λόγος κυρίου πρὸς μέ (11 a)
— 20. λόγος κυρίου ἐγένετο πρὸς μὲ λέγων [A^2 τάδε λέγει 'Αδωναΐ κ.] (11 a)
— 21. τάδε λέγει κ. [A add. κ. ὁ θεός] (2+11 b [2, 18 e])
— 24. ἐπιγνώσεσθε διότι ἐγὼ κ. (2+11 b)
— 27. ἐπιγνώσονται διότι ἐγὼ κ. (11 a)
25. 1. ἐγένετο λόγος κυρίου πρὸς μέ (11 a)
— 3. ἀκούσατε λόγον κυρίου· τάδε λέγει [A add. 'Αδωναΐ] κ. (2+11 b, 2+11 b [11 b])
— 5. ἐπιγνώσεσθε διότι ἐγὼ κ. (11 a)
— 6. τάδε λέγει κ. [A add. ὁ θεός] (2+11 b [2])
— 7. ἐπιγνώσῃ διότι ἐγὼ κ. (11 a)
— 8. τάδε λέγει [A add. 'Αδωναΐ] κ. (2+11 b [11 b])
— 11. ἐπιγνώσονται διότι ἐγὼ κ. (11 a)
— 12, 13. τάδε λέγει [A add. 'Αδωναΐ] κ. (2+11 b [11 b])
— 14. λέγει κ. [A^2 om.] (2+11 b)
— 15, 16. τάδε λέγει [A add. 'Αδωναΐ] κ. (2+11 b [11 b])
— 17. ἐπιγνώσονται διότι ἐγὼ κ. (11 a)
26. 1. ἐγένετο λόγος κυρίου πρὸς μέ (11 a)
— 3. τάδε λέγει [A add. 'Αδωναΐ] κ. (2+11 b [11 b])
— 5. A λέγει κ. κ. [B om.] (2, 11 b)
— 6. γνώσονται ὅτι ἐγὼ [A add. εἰμι] κ. (11 a)
— 7. τάδε λέγει [A add. 'Αδωναΐ] κ. (2+11 b [11 b])
— 14. ἐγὼ κ. [A om.] ἐλάλησα, λέγει κ. (11 a, 2+11 b)
— 15. τάδε λέγει [A add. 'Αδωναΐ] κ. κ. [A add. ἐπὶ σὲ] τῇ Σόρ (2, 11 b)
— 19. τάδε λέγει κ. κ. (2, 11 b)
— 21. λέγει κ. κ. [A add. ὁ θεός] (2, 11 b [18 e])
27. 1. ἐγένετο λόγος κυρίου πρὸς μέ (11 a)
— 3. τάδε λέγει κ. τῇ [A 'Αδ. κ. ἐπὶ] Σ. (2+11 b [11 b])
— 36. A λέγει κ. ὁ θεός –
28. 1. ἐγένετο λόγος κυρίου πρὸς μέ (11 a)
— 2. τάδε λέγει κ. [A add. ὁ θεός] (2+11 b [2])
— 6. τάδε λέγει κ. [A add. κ. ὁ θεός] (2+11 b [2, 18 e])
— 10. λέγει κ. [A^2 om.] (2+11 b)
— 11. ἐγένετο λόγος κυρίου πρὸς μέ (11 a)
— 12. τάδε λέγει κ. κ. [A om.] (2, 11 b [2+11 b])
— 20. ἐγένετο λόγος κυρίου πρὸς μέ (11 a)
— 22. τάδε λέγει κ. . . . γνώσῃ ὅτι ἐγώ εἰμι κ. (2+11 b, 11 a)
— 23. γνώσονται διότι ἐγώ εἰμι κ. (11 a)
— 24. γνώσονται ὅτι ἐγώ εἰμι κ. [A add. ὁ θεός] (2+11 b [2])
— 25. τάδε λέγει κ. κ. [A ὁ θεός] (2, 11 b)
— 26. γνώσονται ὅτι ἐγώ εἰμι κ. ὁ θεὸς αὐτῶν (11 a)
29. 1. ἐγένετο λόγος κυρίου πρὸς μέ (11 a)
— 3. τάδε λέγει κ. [A add. ὁ θεός] (2+11 b [2])
— 6. ἐγώ εἰμι κ. (11 a)

Ez. 29. 8. τάδε λέγει κ. [A add. ὁ θεός] (2+11 b [2])
— 9. γνώσονται ὅτι ἐγώ εἰμι κ. (11 a)
— 13. A τάδε λέγει κ. κ. [B om.] (2, 11 b [2+11 b])
— 16. γνώσονται ὅτι ἐγώ εἰμι κ. [A add. ὁ θεός] (2+11 b [2])
— 17. ἐγένετο λόγος κυρίου πρὸς μέ (11 a)
— 19, 20. τάδε λέγει κ. [A 'Αδωναΐ] κ. (2, 11 b)
— 21. γνώσονται ὅτι ἐγώ εἰμι κ. (11 a)
30. 1. ἐγένετο λόγος κυρίου πρὸς μέ (11 a)
— 2. τάδε λέγει κ. (2+11 b)
— 3. ἐγγὺς ἡμέρα τοῦ κ. (11 a)
— 6. λέγει κ. (2+11 b)
— 8. γνώσονται ὅτι ἐγώ εἰμι κ. (11 a)
— 10. τάδε λέγει κ. [A 'Αδωναΐ] κ. (2, 11 b)
— 12. ἐγὼ κ. λελάληκα (11 a)
— 13. τάδε λέγει κ. [A 'Αδωναΐ] κ. (2, 11 b)
— 19. γνώσονται ὅτι ἐγώ εἰμι κ. (11 a)
— 20. ἐγένετο λόγος κυρίου πρὸς μέ (11 a)
— 22. τάδε λέγει κ. κ. (2, 11 b)
— 25. γνώσονται ὅτι ἐγώ εἰμι κ. (11 a)
— 26. γνώσονται πάντες ὅτι ἐγώ εἰμι κ. (11 a)
31. 1. ἐγένετο λόγος κυρίου πρὸς μέ (11 a)
— 10. τάδε λέγει [A add. 'Αδωναΐ] κ. (2+11 b [11 b])
— 15. τάδε λέγει κ. [A 'Αδωναΐ] κ. (2, 11 b)
— 18. λέγει κ. κ. (2, 11 b)
32. 1. ἐγένετο λόγος κυρίου πρὸς μέ (11 a)
— 3. τάδε λέγει [A add. 'Αδωναΐ] κ. (2+11 b [11 b])
— 8. λέγει κ. κ. [A add. ὁ θεός] (2, 11 b [18 e])
— 11. τάδε λέγει κ. [A 'Αδωναΐ, B^1 om.] κ. (2, 11 b)
— 14. λέγει [A add. 'Αδωναΐ] κ. (2+11 b [11 b])
— 15. γνώσονται ὅτι ἐγώ εἰμι κ. (11 a)
— 16. λέγει κ. κ. (2, 11 b)
— 17. ἐγένετο λόγος κυρίου πρὸς μέ (11 a)
— 31. λέγει κ. κ. [A ὁ θεός] (2, 11 b)
— 32. λέγει κ. κ. [A add. ὁ θεός] (2, 11 b [18 e])
33. 1. ἐγένετο λόγος κυρίου πρὸς μέ (11 a)
— 11. τάδε λέγει [A^2 add. 'Αδωναΐ] κ. (2+11 b [11 b])
— 17. οὐκ εὐθεῖα ἡ ὁδὸς τοῦ κ. (2)
— 20. οὐκ εὐθεῖα ἡ ὁδὸς κυρίου (2)
— 20. A λέγει κ. –
— 22. ἐγενήθη ἐπ' ἐμὲ χεὶρ κυρίου (11 a)
— 23. ἐγενήθη λόγος κυρίου πρὸς μέ (11 a)
— 25. A οὕτως εἶπεν 'Αδωναΐ κ. (11 b)
— 27. τάδε λέγει κ. κ. (2, 11 b)
— 29. γνώσονται ὅτι ἐγώ εἰμι κ. (11 a)
— 30. ἀκούσωμεν τὰ ἐκπορευόμενα παρὰ κυρίου (11 a)
34. 1. ἐγένετο λόγος κυρίου πρὸς μέ (11 a)
— 2. τάδε λέγει κ. κ. (2, 11 b)
— 7. ἀκούσατε λόγον κυρίου (11 a)
— 8. λέγει κ. κ. (2, 11 b)
— 9. A ἀκούσατε λόγον κυρίου (11 a)
— 10. τάδε λέγει κ. [A 'Αδωναΐ] κ. (2, 11 b)
— 11. τάδε λέγει κ. κ. [B^1 om., A add. ὁ θεός] (2, 11 b [18 e])
— 15. A^{2}B γνώσονται ὅτι ἐγώ εἰμι κ. –
— 15, 17. τάδε λέγει κ. κ. (2, 11 b)
— 20. τάδε λέγει κ. κ. [A add. ὁ θεός] (2, 11 b [18 e])
— 24. ἐγὼ κ. ἔσομαι αὐτοῖς εἰς θεὸν . . . ἐγὼ κ. ἐλάλησα (11 a, 11 a)
— 27. γνώσονται ὅτι ἐγώ εἰμι κ. (11 a)
— 30. γνώσονται ὅτι ἐγώ εἰμι κ. ὁ θεὸς αὐτῶν . . . λέγει κ. κ. [B^1 om.] (11 a, 2, 11 b)
— 31. ἐγὼ κ. [B^2 add. κύριος] ὁ θεὸς ὑμῶν, λέγει κ. κ. (18 b [–, 18 b], 2, 11 b)
35. 1. ἐγένετο λόγος κυρίου πρὸς μέ (11 a)
— 3. τάδε λέγει κ. κ. [A om.] (2, 11 b)
— 4. γνώσῃ ὅτι ἐγώ εἰμι κ. (11 a)
— 6. λέγει κ. κ. (2, 11 b)
— 9. γνώσῃ ὅτι ἐγώ εἰμι κ. (11 a)
— 10. κ. [A ὁ κ.] ἐκεῖ ἐστι (11 a)
— 11. λέγει κ. [A add. κ.] (2+11 b [2, 11 b])
— 12. γνώσῃ ὅτι ἐγώ εἰμι κ. (11 a)
— 13. A φησὶν κ. –
— 14. τάδε λέγει κ. (2+11 b)
— 15. γνώσῃ ὅτι ἐγώ εἰμι κ. ὁ θεὸς αὐτῶν (18 a)
36. 1. ἀκούσατε λόγον κυρίου (11 a)
— 2. τάδε λέγει κ. κ. (2, 11 b)
— 3. τάδε λέγει κ. κ. [A add. ὁ θεός] (2, 11 b [18 e])
— 4. ἀκούσατε λόγον κυρίου· τάδε λέγει κ. (2+11 b, 2+11 b)
— 5. τάδε λέγει κ. κ. [A om.] (2, 11 b)
— 6. τάδε λέγει [A add. 'Αδωναΐ] κ. (2+11 b [11 b])
— 11. γνώσεσθε ὅτι ἐγώ εἰμι κ. (11 a)

Ez. 36. 13. τάδε λέγει κ. [A 'Αδωναΐ] κ. (2, 11 *b*)
— 14. λέγει κ. [A 'Αδωναΐ] κ. (2, 11 *b*)
— 15. λέγει κ. κ. [A ὁ θεός] (2, 11 *b*)
— 16. ἐγένετο λόγος κυρίου πρὸς μέ (11 *a*)
— 20. λαὸς κυρίου οὗτοι (11 *a*)
— 22. τάδε λέγει [A *add.* 'Αδωναΐ] κ. (2 + 11 *b* [11 *b*])
— 23. γνώσονται τὰ ἔθνη ὅτι ἐγώ εἰμι κ. (11 *a*)
— 23. A λέγει 'Αδωναΐ κ. (11 *b*)
— 32. λέγει κ. [B[2] 'Αδωναΐ] κ. [A ὁ θεός] (2, 11 *b*)
— 32. A λέγει κύριος -
— 33. τάδε λέγει 'Αδωναΐ κ. [A λ. κ. ὁ θεός] (11 *b* [2])
— 36. ἐγὼ [A ἐ. εἰμι] κύριος ᾠκοδόμησα (11 *a*)
— 36. ἐγὼ κ. [A *add.* κ.] ἐλάλησα (11 *a*, -)
— 37. τάδε λέγει 'Αδωναΐ κ. [A λ. κ. κ. ὁ θεός] (11 *b* [2, 18 *e*])
— 38. γνώσονται ὅτι ἐγὼ [A *add.* εἰμι] κ. (11 *a*)
37. 1. ἐγένετο ἐπ' ἐμὲ χεὶρ κυρίου καὶ ἐξήγαγέ με ἐν πνεύματι κ. (11 *a*, 11 *a*)
— 3. A R κύριε κύριε [B *om.*], σὺ ἐπίστῃ αὐτά (2, 11 *b* [2 + 11 *b*])
— 4. ἀκούσατε λόγον κυρίου (11 *a*)
— 5. A τάδε λέγει κ. κ. [B *om.*] (2, 11 *b* [2 + 11 *b*])
— 6. γνώσεσθε ὅτι ἐγώ εἰμι κ. (11 *a*)
— 7. A ἐνετείλατό μοι κ. [B *om.*] -
— 9. A τάδε λέγει κ. κ. [B *om.*] (2, 11 *b* [2 + 11 *b*])
— 11. ἐλάλησε κ. πρὸς μέ -
— 12. τάδε λέγει [A *add.* 'Αδωναΐ] κ. (2 + 11 *b* [11 *b*])
— 13. γνώσεσθε ὅτι ἐγώ εἰμι κ. (11 *a*)
— 14. γνώσεσθε ὅτι ἐγὼ κ. . . . λέγει κ. [A *add.* κ.] (11 *a*, 11 *a*, -)
— 15. ἐγένετο λόγος κυρίου πρὸς μέ (11 *a*)
— 19. τάδε λέγει [A *add.* 'Αδωναΐ] κ. (2 + 11 *b* [11 *b*])
— 21. τάδε λέγει κ. κ. [A λ. 'Αδωναΐ κ. ὁ θεός] (2, 11 *b* [18 *e*])
— 23. ἐγὼ κ. ἔσομαι αὐτοῖς εἰς θεόν -
— 28. ἐγώ εἰμι κ. ὁ ἁγιάζων αὐτούς (11 *a*)
— 28. A λέγει κύριος -
38. 1. ἐγένετο λόγος κυρίου πρὸς μέ (11 *a*)
— 3. τάδε λέγει κ. [A 'Αδωναΐ] κ. (2, 11 *b*)
— 10. τάδε λέγει κ. κ. [A *add.* ὁ θεός] (2, 11 *b* [18 *e*])
— 14. τάδε λέγει κ. [A *add.* κ. ὁ θεός] (2 + 11 *b* [2, 18 *e*])
— 17. τάδε λέγει κ. κ. [A λ. 'Αδωναΐ κ. ὁ θεός] (2, 11 *b* [18 *e*])
— 18. λέγει κ. κ. [A *add.* ὁ θεός] (2, 11 *b* [18 *e*])
— 20. σεισθήσονται ἀπὸ προσώπου κυρίου [A τοῦ κ.] οἱ ἰχθύες †
— 21. A λέγει κ. κ. [B *om.*] (2, 11 *b* [2 + 11 *b*])
— 23. γνώσονται ὅτι ἐγώ εἰμι κ. (11 *a*)
39. 1. A τάδε λέγει κ. κ. [B *om.*] (2, 11 *b* [2 + 11 *b*])
— 5. A λέγει κ. κ. [B *om.*] (2, 11 *b* [2 + 11 *b*])
— 6. γνώσονται ὅτι ἐγώ εἰμι κ. (11 *a*)
— 7. ἐγώ εἰμι κ. [A *add.* κ. ὁ] ἅγιος ἐν [A *om.*] 'Ισραήλ (11 *a*)
— 8. λέγει κ. κ. [A *add.* ὁ θεός] (2, 11 *b* [18 *e*])
— 10, 13. λέγει κ. (2 + 11 *b*)
— 17. τάδε λέγει κ. (2 + 11 *b*)
— 20. A λέγει κ. κ. [B *om.*] (2, 11 *b* [2 + 11 *b*])
— 22. ἐγώ εἰμι κ. ὁ θεὸς αὐτῶν (11 *a*)
— 25. τάδε λέγει κ. κ. [A *add.* ὁ θεός] (2, 11 *b* [18 *e*])
— 28. ἐγώ εἰμι κ. ὁ θεὸς αὐτῶν (11 *a*)
— 29. λέγει κ. κ. (2, 11 *b*)
40. 1. ἐγένετο ἐπ' ἐμὲ χεὶρ κυρίου (11 *a*)
— 46. οἱ ἐγγίζοντες ἐκ τοῦ Λευὶ πρὸς κύριον (11 *a*)
41. 22. αὕτη ἡ τράπεζα ἡ πρὸ προσώπου [A τρ. κατὰ πρόσωπον] κυρίου [B[1] *om.*] (11 *a*)
42. 13. οἱ ἱερεῖς υἱοὶ Σαδδοὺκ οἱ ἐγγίζοντες πρὸς κύριον (11 *a*)
43. 2. A ὡς φέγγος ἀπὸ τῆς δόξης κυρίου [B *om.*] κυκλόθεν †
— 4. δόξα κυρίου εἰσῆλθεν (11 *a*)
— 5. πλήρης δόξης κυρίου ὁ οἶκος (11 *a*)
— 18. τάδε λέγει κ. ὁ θεὸς 'Ισραήλ (2)
— 19. λέγει κ. ὁ θεός [A *add.* τοῦ Λευί] (2)
— 24. προσοίσετε ἐναντίον κυρίου . . . ἀνοίσουσιν αὐτὰ ὁλοκαυτώματα τῷ κ. (11 *a*, 11 *a*)
— 27. λέγει κ. (2 + 11 *b*)
44. 2. εἶπε κ. πρὸς μὲ . . . κ. ὁ θεὸς τοῦ 'Ισραὴλ εἰσελεύσεται δι' αὐτῆς (11 *a*, 11 *a*)
— 3. τοῦ φαγεῖν ἄρτον ἐναντίον κυρίου (11 *a*)
— 4. πλήρης δόξης ὁ οἶκος τοῦ [A *om.*] κ. (11 *a*)
— 5. εἶπε κ. πρὸς μὲ . . . κατὰ πάντα τὰ προστάγματα οἴκου κυρίου (11 *a*, 11 *a*)
— 6, 9. τάδε λέγει κ. ὁ θεός (2)

Ez. 44. 11. A λειτουργοῦντες τῷ οἴκῳ κυρίου [B *om.*] -
— 12, 15, 27. λέγει κ. ὁ θεός (2)
45. 1. ἀφοριεῖτε ἀπαρχὴν τῷ κ. (11 *a*)
— 4. τοῖς ἐγγίζουσι [A *add.* ἐν αὐτοῖς] λειτουργεῖν τῷ κ. (11 *a*)
— 9. τάδε λέγει κ. θεὸς . . . λέγει κ. θεός (2, 2)
— 15. λέγει κ. θεός (2)
— 18. τάδε λέγει κ. θεός (2)
— 23. ποιήσει [A -εις] ὁλοκαυτώματα τῷ κ. (11 *a*)
46. 1. τάδε λέγει κ. θεός (2)
— 3. προσκυνήσει ὁ λαὸς . . . ἐναντίον κυρίου [A τοῦ κ.] (11 *a*)
— 4. τὰ ὁλοκαυτώματα προσοίσει ὁ ἀφηγούμενος τῷ κ. (11 *a*)
— 9. ὅταν εἰσπορεύηται . . . ἐναντίον κυρίου (11 *a*)
— 12. ὁλοκαύτωμα σωτηρίου τῷ κ. (11 *a*)
— 13. εἰς [A *om.*] ὁλοκαύτωμα καθ' ἡμέραν τῷ κ. (11 *a*)
— 14. τοῦ ἀναμίξαι τὴν σεμίδαλιν μαναὰ τῷ κ. (11 *a*)
— 16. τάδε λέγει κ. θεός [A λ. 'Αδωναΐ κ.] (2 [11 *b*])
47. 13. τάδε λέγει κ. θεός (2)
— 23. λέγει κ. θεός (2)
48. 9. ἣν ἀφοριοῦσι τῷ κ. (11 *a*)
— 14. ἅγιόν ἐστι τῷ κ. (11 *a*)
— 29. λέγει κ. θεός (2)
— 35. A κ. ἐκεῖ [B *om.* κ. ἐ.] ἔσται τὸ ὄνομα αὐτῆς (11 *a*)
Da. LXX. Su. 2. καλὴ σφόδρα καὶ φοβουμένη τὸν κ.
— 23. ἢ ἁμαρτεῖν ἐνώπιον κυρίου
— 35. ἡ δὲ καρδία αὐτῆς ἐπεποίθει ἐπὶ κ. τῷ θεῷ αὐτῆς
— 35. κύριε ὁ θεὸς ὁ αἰώνιος
— 35. εἰσήκουσε κύριος τῆς δεήσεως αὐτῆς
— 42. καὶ ἰδοὺ ἄγγελος κυρίου
— 53. τοῦ κ. λέγοντος, 'Αθῷον . . . οὐκ ἀποκτενεῖς
— 55. ὁ γὰρ ἄγγελος κυρίου σχίσει σου τὴν ψυχήν
— 59. ὁ ἄγγελος κυρίου τὴν ῥομφαίαν ἕστηκεν ἔχων
— 62. ὁ ἄγγελος κυρίου ἔρριψε πῦρ
1. 2. παρέδωκεν αὐτὴν κύριος εἰς χεῖρας αὐτοῦ (2)
— 2. μέρος τι τῶν ἱερῶν σκευῶν τοῦ κ. (6)
— 9. ἔδωκε κύριος τῷ Δαν. τιμήν (6)
— 10. ἀγωνιῶ τὸν κ. μου τὸν βασ. (1)
— 17. τοῖς νεανίσκοις ἔδωκεν ὁ κ. ἐπιστήμην (6)
2. 4. κύριε βασιλεῦ, εἰς τὸν αἰῶνα ζῆθι -
— 18. ζητῆσαι παρὰ τοῦ κ. τοῦ ὑψίστου (4 *b*)
— 19. Δανιὴλ εὐλόγησεν τὸν κ. τὸν ὕψιστον (4 *b*)
— 20. ἔσται τὸ ὄνομα τοῦ κ. τοῦ μεγάλου εὐλογημένον (4 *b*)
— 23. σοί, κύριε τῶν πατέρων μου, ἐξομολογοῦμαι (4 *b*)
— 37. σοὶ ὁ κ. τοῦ οὐρανοῦ τὴν ἀρχὴν . . . ἔδωκεν (4 *b*)
— 47. θεὸς τῶν θεῶν καὶ κύριος τῶν βασιλέων (12)
3. 9. κύριε βασιλεῦ, εἰς τὸν αἰῶνα ζῆθι -
— 17. ἔστι γὰρ . . . εἷς κύριος ἡμῶν -
— (24). ὕμνησαν τῷ κ.
— (25). ἐξωμολογεῖτο τῷ κ.
— (26). κύριε ὁ θεὸς τῶν πατέρων ἡμῶν
— (43). δὸς δόξαν τῷ ὀνόματί σου, κύριε
— (45). σὺ εἶ μόνος κ. ὁ θεός
— (49). ἄγγελος δὲ κυρίου συγκατέβη
— (52). κύριε ὁ θεὸς τῶν πατέρων ἡμῶν
— (57). εὐλογεῖτε πάντα τὰ ἔργα τοῦ κ. τὸν κ.
— (58). εὐλογεῖτε ἄγγελοι κυρίου τὸν κ.
— (59). εὐλογεῖτε οὐρανοὶ τὸν κ.
— (60). εὐλογεῖτε ὕδατα . . . τὸν κ.
— (61). εὐλογεῖτε πᾶσαι αἱ δυνάμεις κυρίου τὸν κ.
— (62). εὐλογεῖτε ἥλιος καὶ σελήνη τὸν κ.
— (63). εὐλογεῖτε ἄστρα τοῦ οὐρανοῦ τὸν κ.
— (64). εὐλογεῖτε πᾶς ὄμβρος καὶ δρόσος τὸν κ.
— (65). εὐλογεῖτε πάντα τὰ πνεύματα τὸν κ.
— (66). εὐλογεῖτε πῦρ καὶ καῦμα τὸν κ.
— (67). εὐλογεῖτε ῥῖγος καὶ ψῦχος τὸν κ.
— (68). εὐλογεῖτε δρόσοι καὶ νιφετοὶ τὸν κ.
— (69). εὐλογεῖτε πάγοι καὶ ψῦχος τὸν κ.
— (70). εὐλογεῖτε πάχναι καὶ χίονες τὸν κ.
— (71). εὐλογεῖτε νύκτες καὶ ἡμέραι τὸν κ.
— (72). εὐλογεῖτε φῶς καὶ σκότος τὸν κ.
— (73). εὐλογεῖτε ἀστραπαὶ καὶ νεφέλαι τὸν κ.
— (74). εὐλογείτω ἡ γῆ τὸν κ.
— (75). εὐλογεῖτε ὄρη καὶ βουνοὶ τὸν κ.
— (76). εὐλογεῖτε πάντα τὰ φυόμενα . . . τὸν κ.
— (77). εὐλογεῖτε ὄμβροι . . . τὸν κ.
— (78). εὐλογεῖτε θάλασσαι . . . τὸν κ.
— (79). εὐλογεῖτε κήτη . . . τὸν κ.
— (80). εὐλογεῖτε πάντα τὰ πετεινὰ . . . τὸν κ.

Da. LXX. 3. (81). εὐλογεῖτε πάντα τὰ θηρία . . . τὸν κ.
— (82). εὐλογεῖτε οἱ υἱοὶ τῶν ἀνθρώπων τὸν κ.
— (83). εὐλογεῖτε 'Ισραὴλ τὸν κ.
— (84). εὐλογεῖτε ἱερεῖς δοῦλοι κυρίου τὸν κ.
— (85). εὐλογεῖτε δοῦλοι τὸν κ.
— (86). εὐλογεῖτε πνεύματα . . . τὸν κ.
— (87). εὐλογεῖτε ὅσιοι . . . τὸν κ.
— (88). εὐλογεῖτε 'Αν. 'Αζ. Μισ. τὸν κ.
— (89). ἐξομολογεῖσθε τῷ κ.
— (90). πάντες οἱ σεβόμενοι τὸν κ.
— 28 (95). εὐλογητὸς κ. τοῦ Σεδράχ (4 *b*)
— 29 (96). ὃς ἂν βλασφημήσῃ εἰς τὸν κ. τὸν θ. Σ. (18 *c*)
4. 14. ἕως ἂν γνῷ τὸν κ. τοῦ οὐρανοῦ ἐξουσίαν ἔχειν (15)
— 20. ἄγγελος ἐν ἰσχύϊ ἀπεστάλη παρὰ τοῦ κ. †
— 23. κύριος ζῇ ἐν οὐρανῷ -
— 31. κατὰ πρόσωπον κ. τοῦ θεοῦ τοῦ οὐρανοῦ -
— 34. θεὸς τῶν θεῶν καὶ κύριος τῶν κ. -
— 34. εἰς ὀσμὴν εὐωδίας τῷ κ. -
— 34. κ. τῷ θεῷ τοῦ οὐρανοῦ αἰνεῖτε -
6. 5 (6). καὶ δεῖται κ. τοῦ θεοῦ αὐτοῦ -
9. 3. ἔδωκα τὸ πρόσωπόν μου ἐπὶ κ. τὸν θεόν (2)
— 4. προσηυξάμην πρὸς κ. τὸν θεόν (11 *a*)
— 4. κύριε, σὺ εἶ ὁ θεός (2)
— 7. σοί, κύριε, ἡ δικαιοσύνη (2)
— 9. τῷ κ. ἡ δικαιοσύνη (2 + 6)
— 10. οὐκ ἠκούσαμεν τῆς φωνῆς κ. τοῦ θεοῦ ἡμῶν (11 *a*)
— 13. οὐκ ἐξεζητήσαμεν τὸ πρόσωπον κ. θεοῦ ἡμῶν (11 *a*)
— 13. διανοηθῆναι τὴν δικαιοσύνην σου, κύριε -
— 14. ἠγρύπνησε κ. ὁ θεὸς ἐπὶ τὰ κακά (18 *a*)
— 14. δίκαιος κ. ὁ θεὸς ἡμῶν ἐπὶ πάντα (11 *a*)
— 15. δέσποτα κύριε ὁ θεὸς ἡμῶν (18 *b*)
— 16. ὁ δῆμός σου, κύριε, εἰς ὀνειδισμόν -
— 18. πρόσχες, κύριε, τὸ οὖς σου (6)
— 18. ἀλλὰ διὰ τὸ σὸν ἔλεος, κύριε -
— 19. κύριε, ἐπάκουσον καὶ ποίησον (2)
— 20. καὶ δεόμενος . . . ἐναντίον κ. θεοῦ μοῦ (11 *a*)
— 23. ἐξῆλθε πρόσταγμα παρὰ κυρίου -
— 25. οἰκοδομήσεις 'Ιερουσαλὴμ πόλιν κυρίῳ -
10. 12. ταπεινωθῆναι ἐναντίον κ. τοῦ θεοῦ σου (18 *b*)
— 16. εἶπα τῷ ἑστηκότι ἀπέναντί μου, Κύριε (1)
— 17. λαλῆσαι μετὰ τοῦ κ. αὐτοῦ (1)
— 19. λαλησάτω ὁ κ. μου (1)
12. 8. κύριε, τίς ἡ λύσις τοῦ λόγου τούτου (1)
Bel 3. Δαν. δὲ προσηύχετο πρὸς κύριον
— 4. οὐδένα σέβομαι ἐγὼ εἰ μὴ κύριον
— 6. ὀμνύω δέ σοι κ. τὸν θεὸν τῶν θεῶν
— 33. ἐλάλησεν ἄγγελος κυρίου πρὸς 'Αμβ.
— 33. τάδε λέγει σοι κ. ὁ θεός
— 34. κύριε ὁ θεὸς, οὐχ ἑώρακα τὴν Βαβ.
— 35. ἐπιλαβόμενος αὐτοῦ ὁ ἄγγελος κυρίου
— 36. ὃ ἀπέστειλέ σοι κ. ὁ θεός
— 37. ἐμνήσθη γάρ μου κ. ὁ θεός
— 38. ὁ δὲ ἄγγελος κυρίου κατέστησε τὸν 'Αμβ.
— 38. ὁ δὲ κ. ὁ θεὸς ἐμνήσθη τοῦ Δαν.
— 40. μέγας ἐστὶ κ. ὁ θεός
Da. TH. Su. 2. καλὴ σφόδρα καὶ φοβουμένη τὸν κ.
— 23. ἢ ἁμαρτεῖν ἐνώπιον κυρίου
— 35. ἦν ἡ καρδία αὐτῆς πεποιθυῖα ἐπὶ κυρίῳ [A τῷ κ.]
— 44. εἰσήκουσε κύριος [A ἐπήκ. ὁ θεὸς] τῆς φωνῆς αὐτῆς
— 53. A B λέγοντος τοῦ κ. [R θεοῦ], 'Αθῷον . . . οὐκ ἀποκτενεῖς
1. 2. ἔδωκε κύριος ἐν χειρὶ αὐτοῦ τὸν 'Ιωακείμ (2)
— 10. φοβοῦμαι ἐγὼ τὸν κ. μου (1)
2. 38. κατέστησέ σε κύριον πάντων (17)
— 47. A κύριος τῶν κ. καὶ βασ. [B *om.* τῶν κ. καὶ βασ.] τῶν βασιλέων (12)
3. 23. περιεπάτουν εὐλογοῦντες τὸν κ. -
— (26). κύριε ὁ θεὸς τῶν πατέρων ἡμῶν
— (43). δὸς δόξαν τῷ ὀνόματί σου, κύριε
— (45). σὺ εἶ κύριος θεὸς μόνος
— (49). ὁ δὲ ἄγγελος κυρίου συγκατέβη
— (52). κύριε ὁ θεὸς τῶν πατέρων ἡμῶν
— (57). εὐλογεῖτε πάντα τὰ ἔργα κυρίου τὸν κ.
— (59). εὐλογεῖτε οὐρανοὶ τὸν κ.
— (58). εὐλογεῖτε ἄγγελοι κυρίου τὸν κ.
— (60). εὐλογεῖτε ὕδατα . . . τὸν κ.
— (61). R εὐλογείτω πᾶσα ἡ δύναμις κυρίου [B *om.*] τὸν κ. [A *al.*]
— (62). εὐλογεῖτε ἥλιος καὶ σελήνη τὸν κ.
— (63). εὐλογεῖτε ἄστρα τοῦ οὐρανοῦ τὸν κ.

Da. TH. 3. (64). εὐλογείτω [A -εῖτε] πᾶς ὄμβρος καὶ δρόσος τὸν κ.
— (65). εὐλογεῖτε πάντα τὰ πνεύματα τὸν κ.
— (66). εὐλογεῖτε πῦρ καὶ καῦμα τὸν κ.
— (67). A εὐλογεῖτε ψῦχος καὶ καύσων τὸν κ.
— (68). A εὐλογεῖτε δρόσοι . . . τὸν κ.
— (71). εὐλογεῖτε νύκτες . . . τὸν κ.
— (72). εὐλογεῖτε φῶς καὶ σκότος τὸν κ.
— (69). εὐλογεῖτε ψῦχος καὶ καῦμα [A εὐ. πάγος καὶ ψ.] τὸν κ.
— (70). εὐλογεῖτε πάχναι . . . τὸν κ.
— (73). εὐλογεῖτε ἀστραπαὶ . . . τὸν κ.
— (74). εὐλογείτω ἡ γῆ τὸν κ.
— (75). εὐλογεῖτε ὄρη . . . τὸν κ.
— (76). εὐλογεῖτε πάντα τὰ φυόμενα . . . τὸν κ.
— (78). εὐλογεῖτε θάλασσαι . . . τὸν κ.
— (77). εὐλογεῖτε αἱ πηγαὶ τὸν κ.
— (79). εὐλογεῖτε κήτη . . . τὸν κ.
— (80). εὐλογεῖτε πάντα τὰ πετεινὰ . . . τὸν κ.
— (81). εὐλογεῖτε . . . τὰ κτήνη τὸν κ.
— (82). εὐλογεῖτε υἱοὶ τῶν ἀνθρώπων τὸν κ.
— (83). εὐλογεῖτε [A -είτω] Ἰσραὴλ τὸν κ.
— (84). A εὐλογεῖτε ἱερεῖς κυρίου [B *om.*] τὸν κ.
— (85). A εὐλογεῖτε δοῦλοι κυρίου [B *om.*] τὸν κ.
— (86). εὐλογεῖτε πνεύματα . . . τὸν κ.
— (87). εὐλογεῖτε ὅσιοι . . . τὸν κ.
— (88). εὐλογεῖτε Ἀν. Ἀζ. Μι. τὸν κ.
— (89). ἐξομολογεῖσθε τῷ κ. ὅτι χρηστός
— (90). πάντες οἱ σεβόμενοι τὸν κ.
— 27 (94). A B[2] προσεκύνησεν ὁ βασ. . . τῷ κ. –
4. 14. κύριός ἐστιν ὁ ὕψιστος τῆς βασιλείας (15)
— 16. κύριε, τὸ ἐνύπνιον ἔστω τοῖς μισοῦσί σε (12)
— 21. ὃ ἔφθασεν ἐπὶ τὸν κ. μου τὸν βασ. (12)
5. 23. ἐπὶ τὸν κ. θεὸν τοῦ οὐρανοῦ ὑψώθης (12)
9. 2. ὃς ἐγενήθη λόγος κυρίου πρὸς Ἱερ. (11 *a*)
— 3. ἔδωκα τὸ πρόσωπόν μου πρὸς κ. τὸν θεόν (2)
— 4. προσευξάμην πρὸς κ. τὸν θεόν μου [A κ. τοῦ οὐρανοῦ] (11 *a* [11 *a* + 6])
— 4. κύριε ὁ θεὸς ὁ μέγας καὶ θαυμαστός (2)
— 7. σοί, κύριε, ἡ δικαιοσύνη (2)
— 7. A ᾗ ἠθέτησάν σε, κύριε [B *om.* σε κ.] –
— 8. ἐν [A *om.*] σοί, κύριε, ἐστὶν ἡμῶν [A *om.* ἐ. ἡ.] ἡ δικαιοσύνη (2)
— 9. τῷ κ. θεῷ ἡμῶν οἱ οἰκτιρμοί (2)
— 9. A ὅτι ἀπέστημεν ἀπὸ κυρίου [B *om.* ἀπὸ κ.] †
— 10. A R οὐκ εἰσηκούσαμεν τῆς φωνῆς κ. τοῦ [B τοῦ κ.] θεοῦ ἡμῶν (11 *a*)
— 13. οὐκ ἐδεήθημεν τοῦ προσώπου κ. τοῦ θεοῦ ἡμῶν (11 *a*)
— 14. καὶ ἐγρηγόρησε κύριος [A κ. ὁ θεὸς ἡμῶν] (11 *a* [18 *a*])
— 14. δίκαιος κ. [A *om.*] ὁ θεὸς ἡμῶν (11 *a*)
— 15. καὶ νῦν, κύριε ὁ θεὸς ἡμῶν (2)
— 16. κύριε, ἐν πάσῃ ἐλεημοσύνῃ σου (2)
— 17. εἰσάκουσον, κύριε ὁ θεὸς ἡμῶν (18 *b*)
— 17. ἕνεκέν σου, κύριε (2)
— 18. ἐπὶ τοὺς οἰκτιρμούς σου τοὺς πολλούς, κύριε –
— 19. A κύριε [B *om.*], εἰσάκουσον [B ἄκ.], κύριε, ἱλάσθητι, κύριε, πρόσχες, κύριε, ποίησον [B *om.*] (2 *ter*, –)
— 19. A ἕνεκέν σου, κύριε [B *om.*] ὁ θεός μου (18 *b*)
— 20. ῥιπτοῦντος τὸν ἔλεόν μου ἐναντίον τοῦ κ. [A *om.* τ. κ.] τοῦ θ. μου (11 *a*)
10. 12. A R κακωθῆναι ἐναντίον κ. [B *om.*] τοῦ θεοῦ σου (18 *b*)
— 16. κύριε, ἐν τῇ ὀπτασίᾳ σου (1)
— 17. πῶς δυνήσεται ὁ παῖς σου, κύριε, λαλῆσαι μετὰ τοῦ κ. μου τούτου (1, 1)
— 19. λαλείτω ὁ κ. μου (1)
12. 8. κύριε, τί τὰ ἔσχατα τούτων (1)
Bel 25. κ. τῷ θεῷ μου προσκυνήσω
— 34. εἶπεν ἄγγελος κυρίου τῷ [A πρὸς] Ἀμβ.
— 35. κύριε, Βαβυλῶνα οὐχ ἑώρακα
— 36. ἐπελάβετο ὁ ἄγγελος κυρίου [A *om.*] τῆς κορυφῆς [A χειρὸς] αὐτοῦ
— 41. κύριε ὁ θεὸς τοῦ Δανιήλ
I Ma. 2. 53. καὶ ἐγένετο κύριος Αἰγύπτου
4. 24. R εὐλόγουν εἰς οὐρανὸν τὸν κ. [AS *om.* τὸν κ.]
7. 37. R σύ, κύριε [AS *om.*], ἐξελέξω τὸν οἶκον τοῦτον
— 41. R ἐξῆλθεν ἄγγελός σου, κύριε [A S *om.*]
9. 25. κατέστησεν αὐτοὺς κυρίους τῆς χώρας
II Ma. 1. 8. ἐδεήθημεν τοῦ κ.
— 24. R κύριε [A *om.*] κύριε ὁ θεὸς ὁ πάντων κτίστης
2. 2. ἵνα μὴ ἐπιλάθωνται τῶν προσταγμάτων τοῦ κ.
— 8. ὁ κ. ἀναδείξει ταῦτα
II Ma. 2. 8. ὀφθήσεται ἡ δόξα τοῦ κ.
— 10. Μωυσῆς προσηύξατο πρὸς κύριον
— 10. A Σαλωμὼν προσηύξατο πρὸς κύριον [R *om.* πρ. κ.]
— 22. τοῦ κ. . . . ἵλεω γενομένου αὐτοῖς
3. 22. A ἐπεκαλοῦντο τὸν παγκρατῆ κ. [R παντοκράτορα θεόν]
— 24. R ὁ τῶν πατέρων [A πνευμάτων] κ. [A *om.*]
— 30. οἱ δὲ τὸν κ. εὐλόγουν
— 30. R τοῦ παντοκράτορος ἐπιφανέντος κ. [A χριστοῦ]
— 33. R σοὶ κεχάρισται τὸ ζῆν ὁ [A *om.*] κ.
— 35. R θυσίαν ἀνενέγκας τῷ κ. [A -κὼν τῷ θεῷ]
4. 38. τοῦ κ. τὴν ἀξίαν αὐτῷ κόλασιν ἀποδόντος
5. 19. τὸν τόπον ὁ κ. ἐξελέξατο
— 20. R ὑπὸ τοῦ κ. [A *om.* ὑ. τ. κ.] ἐκοινώνησε
6. 30. τῷ κ. . . . φανερόν ἐστιν
7. 6. ὁ κ. ὁ θεὸς ἐφορᾷ
— 20. διὰ τὰς ἐπὶ κύριον ἐλπίδας
— 33. ὁ ζῶν κ. ἡμῶν βραχέως ἐπώργισται
— 40. παντελῶς ἐπὶ τῷ κ. πεποιθώς
8. 2. ἐπεκαλοῦντο τὸν κ.
— 5. τῆς ὀργῆς τοῦ κ. εἰς ἔλεον τραπείσης
— 14. ὁμοῦ δὲ τὸν κ. ἠξίουν
— 27. ἐξομολογούμενοι τῷ κ.
— 29. τὸν ἐλεήμονα κ. ἠξίουν
— 35. τῇ τοῦ κ. βοηθείᾳ
9. 5. ὁ δὲ πανεπόπτης κ.
10. 1. τοῦ κ. προάγοντος αὐτούς
— 4. ἠξίωσαν τὸν κ.
— 28. τὴν ἐπὶ τὸν κ. καταφυγήν
— 38. εὐλόγουν τῷ κ.
11. 6. ἱκέτευον . . . τὸν κ.
— 10. ἐλεήσαντος αὐτοὺς τοῦ κ.
12. 36. ἐπικαλεσάμενος ὁ Ἰούδας τὸν κ.
— 41. εὐλογήσαντες τὰ τοῦ δικαιοκρίτου κ.
13. 10. ἐπικαλέσασθαι τὸν κ.
— 12. καὶ καταξιωσάντων τὸν ἐλεήμονα κ.
— 13. R τῇ τοῦ κ. [A θεοῦ] βοηθείᾳ
— 14. A δοὺς δὲ τὴν ἐπιτροπὴν τῷ κ. [R κτίστῃ] τοῦ κόσμου
— 17. R διὰ τὴν ἐπαρήγουσαν αὐτῷ τοῦ κ. [A τῷ κ.] σκέπην
14. 35. σύ, κύριε, τῶν ὅλων ἀπροσδεὴς ὑπάρχων
— 36. ἅγιε παντὸς ἁγιασμοῦ κύριε
15. 4. ἔστιν ὁ κ. ζῶν αὐτὸς ἐν οὐρανῷ
— 7. ἀντιλήψεως τεύξασθαι παρὰ τοῦ κ.
— 21. ἐπεκαλέσατο τὸν τερατοποιὸν κ.
— 34. εὐλόγησαν τὸν ἐπιφανῆ κ.
— 35. φανερὸν τῆς τοῦ κ. βοηθείας σημεῖον
III Ma. 2. 2. κύριε κύριε βασιλεῦ τῶν οὐρανῶν
5. 7. τὸν παντοκράτορα κ. . . . ἐπεκαλέσαντο
— 35. A τὸν ἐπιφανῆ θεὸν κ. [R καὶ] βασιλέα
6. 15. μεθ' ἡμῶν εἶ, κύριε
— 15. οὕτως ἐπιτέλεσον, κύριε
IV Ma. 2. 7. κύριός ἐστι τῶν παθῶν ὁ λογισμός
7. 23. μόνος γὰρ ὁ σοφὸς . . . ἐστι τῶν παθῶν κύριος

[**Aq.** Ge. 2. 7, 8: 3. 2 (1): 4. 6, 26: 6. 7 (6): 8. 21: 18. 30: 23. 6, 11: 24. 31: 32. 9 (10): Ex. 4. 13: 9. 33: 17. 16: 19. 22: 21. 8: 29. 18: Le. 2. 3: 23. 40, 41: 24. 9: 25. 2: 27. 26 *bis*: Nu. 14. 14 *bis*: Jo. 1. 15: 2. 14: Jd. 4. 14: I Ki. 6. 20: 25. 41: II Ki. 6. 13, 14: 12. 14, 25: 21. 6: III Ki. 5. 3 (17): 6. 19: 8. 12: 9. 25 *bis*: 11. 14: 13. 26 *bis*: 14. 5, 7, 11, 13, 14, 15 *bis*, 16, 18: 15. 4, 14, 18: 17. 22: 22. 6: IV Ki. 2. 14: 10. 10: 11. 3, 4: 17. 11, 14, 15, 25: 23. 7: Jb. 1. 6: 2. 1: 3. 19: Ps. 1. 2: 2. 7: 6. 2: 9. 14, 21, 24 (10. 3), 33 (10. 12): 10 (11). 5: 12 (13). 2: 16 (17). 1, 14: 17 (18). 1: 24 (25). 10, 14: 26 (27). 4, 13: 28 (29). 10: 30 (31). 24: 34 (35). 17: 36 (37). 7, 20: 40 (41). 3, 4: 45 (46). 9: 49 (50). 1: 54 (55). 17: 55 (56). 11: 65 (66). 18: 68 (69). 7, 14: 71 (72). 18: 76 (77). 2: 80 (81). 16: 81 (82). 1: 82 (83). 19: 83 (84). 12, 13: 84 (85). 9: 85 (86). 11: 86 (87). 6: 87 (88). 15: 88 (89). 2, 47: 90 (91). 9: 103 (104). 16: 112 (113). 1 *bis*: 113 (114). 7: 114 (116). 4: 117 (118). 25 *bis*, 26: 120 (121). 8: 123 (124). 1: 129 (130). 1, 4, 6: 137 (138). 8: 146 (147). 7: Pr. 8. 22: 10. 29: 12. 2: 17. 3: 21. 30: 22. 23: 29. 13: 30. 9: 31. 30: Is. 1. 24: 2. 2: 3. 8, 15 *bis*: 7. 11, 13, 14: 8. 18 *bis*: 10. 23 *bis*, 24: 11. 11, 15: 19. 1: 21. 17: 22. 14 *bis*: 23. 18 *bis*: 24. 2: 26. 4 *ter*: 28. 22: 30. 1: 34. 16: 35. 2: 36. 10: 37. 4: 38. 3, 14 *bis*, 16: 40. 13: 41. 13, 16: 47. 4: 48. 14, 22: 51. 3, 9: 52. 5, 8: 54. 10, 17: 58. 5: 59. 13, 19: 60. 9: 61. 1, 10: 62. 2, 6: 64. 9 (8): 66. 5: Je. 3. 10: 5. 11: 6. 11: 7. 1, 2 *ter*, 13, 29: 8. 3, 17: 9. 20 (19): 10. 6, 7, 10: 11. 20: 12. 12, 17: 13. 11, 12: 14. 6, 22: 15. 6, 11, 16, 20: 16. 1, 10, 19: 17. 7, 19: 18. 6: 20. 7, 12: 21. 10, 14: 22. 30: 23. 2, 28: 25. 3: 27 (34). 1, 11, 18, 22: 28 (35). 16: 29 (36). 11: 30 (37). 12: 31 (38). 6, 7, 16, 17, 22, 34, 37: 32 (39). 14, 17 *bis*, 25, 30: 34 (41). 5, 12: 36 (43). 1, 26: 37 (44). 20: 38 (45). 20: 39 (46). 17: 43 (50). 1: 46 (26). 10, 18, 25: 47 (29). 1: 48 (31). 43: 49 (30). 6: 50 (27). 5, 7, 14: 51 (28). 6, 10, 12, 51: La. 4. 16: Ez. 4. 13: 18. 23: 34. 9: 44. 4: Am. 6. 10: 7. 3: Za. 11. 13 *bis*.]

[**Sm.** Ge. 2. 7: 4. 1: 8. 21: 19. 16: 24. 31 (?): 32. 9 (10): Ex. 4. 24: 17. 16: 21. 8: 32. 9: Le. 2. 3: 16. 8: 23. 40, 41: 24. 9: 27. 26 *bis*: Nu. 14. 14: Dt. 4. 19: 9. 23: Jo. 1. 15: 2. 14: Jd. 4. 14: I Ki. 3. 7: 6. 18, 20: 12. 7 *bis*: 13. 12: 15. 22: 16. 16: II Ki. 6. 14: 12. 14, 25 *bis*: 15. 21 *bis*: 21. 6: III Ki. 5. 3 (17): 6. 19: 11. 14: 15. 4: 17. 20: 22. 6: IV Ki. 2. 14: 10. 10: 11. 3: 17. 15, 25: 23. 7: Jb. 1. 6: 3. 19: 8. 3: Ps. 1. 2: 6. 2: 9. 21, 24 (10. 3), 33 (10. 12): 12 (13). 2: 16 (17). 1, 14: 17 (18). 1, 31: 21 (22). 31: 24 (25). 14: 26 (27). 7, 11, 13: 28 (29). 10: 29 (30). 8, 9: 30 (31). 22, 24, 25: 32 (33). 13: 34 (35). 17: 36 (37). 7, 13, 18, 20: 39 (40). 2, 6: 40 (41). 3, 5, 11: 41 (42). 9: 44 (45). 12: 45 (46). 9: 49 (50). 1: 58 (59). 9, 12: 65 (66). 18: 67 (68). 12, 17, 21, 23: 68 (69). 7, 14, 32: 70 (71). 16: 71 (72). 18: 74 (75). 9: 76 (77). 12: 80 (81). 16: 82 (83). 19: 83 (84). 12: 84 (85). 9: 85 (86). 11: 86 (87). 6: 87 (88). 14, 15: 88 (89). 2, 7 *bis*, 47: 89 (90). 13, 17: 90 (91). 9: 91 (92). 16: 95 (96). 10: 103 (104). 1, 16: 109 (110). 4: 111 (112). 7: 112 (113). 1 *bis*: 114 (116). 4: 117 (118). 23, 25 *bis*, 26: 118 (119). 126: 120 (121). 8: 125 (126). 2: 129 (130). 1, 4: 137 (138). 8: 139 (140). 9: 146 (147). 7: Pr. 3. 5: 8. 22, 35: 10. 29: 15. 11: 17. 3: 19. 3: 21. 30: 22. 4: 29. 13: 30. 9: Is. 1. 4, 24: 2. 2: 3. 8, 15: 6. 1, 12: 7. 11, 14: 8. 11, 13, 17, 18 *bis*: 10. 23 *bis*, 24: 11. 11, 15: 13. 5: 16. 14: 21. 17: 23. 18: 25. 8 *bis*, 9: 28. 21, 22, 29: 31. 9: 33. 6, 21: 34. 16: 35. 2: 36. 9, 10: 37. 4, 14: 38. 3, 11, 14, 20: 40. 7: 41. 13, 16: 42. 13, 19, 21: 43. 15: 48. 14, 22: 51. 3, 9: 52. 5, 8: 53. 6, 10: 54. 10, 17: 59. 13, 19, 20: 60. 9: 62. 2, 4, 6: 63. 7: 64. 9 (8): 65. 13, 15: 66. 5, 9: Je. 3. 10: 5. 11: 6. 11: 7. 1, 2 *ter*, 13, 29: 9. 12 (11), 20 (19): 11. 5, 20, 22: 12. 17: 13. 11, 12: 14. 22: 15. 11, 16, 20: 16. 1, 10, 19: 17. 7, 19: 18. 6: 20. 12, 13: 21. 10: 22. 30: 23. 28: 27 (34). 22: 29 (36). 11: 31 (38). 6, 7, 16, 17, 34, 37: 32 (39). 14, 17 *bis*, 25 *bis*, 30: 36 (43). 1, 26: 38 (45). 20: 39 (46). 17: 43 (50). 1: 46 (26). 10, 18: 47 (29). 1: 48 (31). 43: 49. 13 (29. 14): 50 (27). 5, 7, 14: 51 (28). 6, 10, 51: La. 1. 12, 15, 17: Ez. 4. 13: 13. 5: 18. 23: 44. 4: 48. 10: Ho. 3. 5: Am. 6. 10: 7. 3, 7: Hb. 1. 12: Za. 11. 13: 14. 7.]

[**Th.** Ge. 2. 7: 8. 21: Ex. 4. 13, 24: 17. 16: 21. 8: 29. 18: 32. 9: Le. 2. 3: 23. 40, 41: 24. 9: 27. 26 *bis*: Dt. 1. 26: 9. 23: Jo. 1. 15: 2. 14: Jd. 4. 14: 6. 22 *bis*: 13. 8: 16. 28 *bis*: I Ki. 6. 20: II Ki. 12. 9, 14, 25: 14. 16: 15. 21 *bis*: III Ki. 5. 3 (17): 6. 19: 13. 26 *bis*: 15. 4, 14: 22. 6: IV Ki. 10. 10: 11. 3, 4 *bis*: 17. 25: Jb. 2. 1: 3. 19: 12. 9: 31. 35: 36. 33: 37. 2: Ps. 9. 21: 16 (17). 1: 24 (25). 14: 27 (28). 8: 29 (30). 11: 34 (35). 17: 40 (41). 3, 4: 49 (50). 1: 54 (55). 17: 68 (69). 7, 14: 71 (72). 18: 76 (77). 2: 82 (83). 19: 83 (84). 12: 84 (85). 9: 86 (87). 6: 87 (88). 15: 103 (104). 16: 117 (118). 25 *bis*, 26: 129 (130). 1: Pr. 8. 22: 10. 29: 15. 11: 16. 2, 3, 4: 17. 3: 21. 30: 29. 13: Is. 1. 24: 2. 2: 7. 11: 8. 18 *bis*: 10. 23 *bis*, 24, 26: 11. 15: 16. 14: 21. 17: 22. 14 *bis*, 15, 25: 25. 9: 28. 2, 21, 22: 34. 16: 35. 2: 36. 10: 37. 4, 14, 17: 38. 3: 40. 7: 41. 13: 48. 14, 22: 51. 3, 9: 52. 5, 8: 54. 10, 17: 59. 19: 60. 9: 61. 1: 62. 2, 4, 6: 64. 9 (8): 65. 13, 15: 66. 5: Je. 2. 1: 3. 10: 5. 11, 22: 7. 1, 2 *ter*, 13: 8. 12,

17: 9. 22 (21): 10. 6, 7, 10: 11. 20, 22: 12. 17: 13. 11, 12: 15. 16, 20: 16. 19: 17. 19: 18. 6: 21. 10, 14: 22. 30: 23. 2, 23, 28, 36, 37 *bis*, 38: 25. 3: 27 (34). 11, 18 *bis*, 19, 21 *bis*, 22: 28 (35). 16: 29 (36). 11, 14 *bis*, 16, 17, 19 *bis*, 20, 25, 32 *bis*: 30 (37). 10, 11: 31 (38). 16, 17, 22, 34: 32 (39). 5, 14, 25: 33 (40). 14, 16, 17, 19, 20, 23, 24, 25: 37 (44). 20: 38 (45). 9: 43 (50). 1: 46 (26). 10, 18, 25, 26: 48 (31). 44, 47: 49 (30). 6: 50 (27). 7, 14: 51 (28). 51: Ez. 4. 13: 7. 19: 13. 5: 18. 23: 33. 27: 34. 9: 44. 4: Da. 2. 38, 47: 3 (58), (90): 9. 14: Jl. 1. 9: Am. 6. 10: 7. 7: Hg. 1. 13.]

[**Heb.** Ge. 4. 26: 24. 31: III Ki. 19. 14: IV Ki. 17. 15, 25: Ps. 103 (104). 16: Je. 1. 2.]

[**Al.** Ge. 4. 1: 44. 18: 47. 18: 49. 18: Ex. 8. 22 (18): 10. 11: 17. 16: Le. 6. 2 (5. 21): 7. 25: 10. 6: 21. 6: 24. 12: Nu. 3. 16 *bis*: 12. 11: 14. 9: 22. 13: 28. 16: 32. 27: Dt. 9. 18: 16. 1: Jd. 5. 13: I Ki. 1. 6, 11 *bis*: 5. 6: 11. 7: 12. 22: 23. 12: 28. 16, 18, 19 *bis*: III Ki. 22. 17: IV Ki. 10. 16: 13. 4: II Ch. 36. 22, 23: Jb. 2. 7: Ps. 4. 4: 7. 9: 9. 17: 10 (11). 5: 114 (116). 9: 118 (119). 126: 121 (122). 1: 124 (125). 2: 125 (126). 1: 134 (135). 5: 137 (138). 5: Pr. 3. 19: Is. 24. 14: 28. 2: 63. 7: Je. 1. 6 *bis*: 3. 16: 10. 10: Hb. 3. 19.]

[**Quint.** IV Ki. 10. 10: 11. 3, 4: 17. 15, 25: Ps. 1. 2: 24 (25). 14: 30 (31). 25: 71 (72). 18: 83 (84). 12: 90 (91). 9: 117 (118). 25 *bis*, 26: 129 (130). 1, 5.]

[**Sext.** Ps. 1. 2: 24 (25). 14: 71 (72). 18: 117 (118). 25 *bis*, 26: 129 (130). 1.]

κύριος (adj.).

I Ma. 8. 30. *ὃ ἐὰν προσθῶσιν . . . ἔσται κύρια*
IV Ma. 1. 19. *κυριωτάτη δὲ πάντων ἡ φρόνησις*

κυροῦν. (1) קוּם

Ge. 23. 20. *ἐκυρώθη ὁ ἀγρὸς . . . τῷ Ἀ. εἰς κτῆσιν* (1)
Le. 25. 30. *κυρωθήσεται ἡ οἰκία* (1)
Da. LXX. 6. 9 (10). *ὁ βασ. Δαρεῖος ἔστησε καὶ ἐκύρωσεν* –
IV Ma. 7. 9. *τὴν εὐνομίαν ἡμῶν . . . ἐκύρωσας*
[**Aq.** Ge. 23. 17.]
[**Sm.** Ez. 13. 6.]
[**Al.** I Ki. 15. 13.]

κυρτός. (1) גִּבֵּן (2) חָנַר

Le. 21. 20. *ἢ κυρτὸς ἢ ἔφηλος* (1)
III Ki. 21 (20). 11. *μὴ καυχάσθω ὁ κ. ὡς ὁ ὀρθός* (2 ?)

κύτος. (1) חֲזוּת (2) שְׂאֹן

Ps. 64 (65). 7. **SR** *ὁ συνταράσσων τὸ κ.* [**B** *ὕδωρ*] *τῆς θαλάσσης* (2)
Da. LXX. 4. 9 (8). *καὶ τὸ κ. αὐτοῦ ἕως τῶν νεφελῶν* (1)
— 19 (17). *καὶ τὸ κ. αὐτοῦ ἅψασθαι τῶν νεφελῶν* (1)
Da. TH. 4. 8. *καὶ τὸ κ. αὐτοῦ εἰς τὸ πέρας* [**A** *τὰ πέρατα*] (1)
— 17. *καὶ τὸ κ. αὐτοῦ εἰς πᾶσαν τὴν γῆν* (1)

κύφειν. (1) שַׁח

Jb. 22. 29. *κύφοντα ὀφθαλμοῖς σώσει* (1)
[**Sm., Th.** Is. 60. 14.]

κυψέλη. (1) עֲרֵמָה

Hg. 2. 17 (16). *ἐνεβάλλετε εἰς κυψέλην κριθῆς εἴκοσι σάτα*

κύων. (1) כֶּלֶב (2) עֲכָם

Ex. 11. 7. *οὐ γρύξει κύων τῇ γλώσσῃ αὐτοῦ* (1)
22. 31 (30). *τῷ κ. ἀπορρίψατε αὐτό* (1)
De. 23. 18 (19). *οὐ προσοίσεις . . . ἄλλαγμα κυνός* (1)
Jd. 7. 5. *ὃς ἐὰν λάψῃ* [**A** *λάμψῃ*] *ὁ κ.* (1)
I Ki. 17. 43. *ὡσεὶ κύων ἐγώ εἰμι* (1)
— 43. **B** *ἀλλ' ἢ χείρων κυνός* –
24. 15. *ὀπίσω κυνὸς τεθνηκότος* (1)
II Ki. 3. 8. *μὴ κεφαλὴ κυνὸς ἐγώ εἰμι* (1)
9. 8. *ἐπέβλεψας ἐπὶ τὸν κ. τὸν τεθνηκότα* (1)
16. 9. *ἵνα τί καταρᾶται ὁ κ. ὁ τεθνηκὼς οὗτος* (1)
III Ki. 12. 24 (*cf.* **A** 14. 11). **B** *καταφάγονται οἱ κ.* (1 ?)
14. 11. **A** *καταφάγονται οἱ κ.* (1)
16. 4. *καταφάγονται αὐτὸν* [**A** *om.*] *οἱ κ.* (1)
20 (21). 19. *ᾧ ἔλειξαν . . . οἱ κ. τὸ αἷμα Ναβ. ἐκεῖ λείξουσιν οἱ κ.* [**A** *om. οἱ κ.*] *τὸ αἷμά σου* (1, 1)
— 23. *οἱ κ. καταφάγονται αὐτήν* (1)
III Ki. 20 (21). 24. *τὸν τεθνηκότα . . . φάγονται* [**A** *καταφ.*] *οἱ κ.* (1)
● 22. 38. *ἐξέλειξαν . . . οἱ κ. τὸ αἷμα* (1)
IV Ki. 8. 13. *ὁ κ. ὁ τεθνηκώς* [**A** *al.*] (1)
9. 10. *τὴν Ἰεζ. καταφάγονται οἱ κ.* (1)
— 36. *καταφάγονται οἱ κ. τὰς σάρκας Ἰεζ.* (1)
To. 5. 16. **A B** *ὁ κ. τοῦ παιδαρίου μετ' αὐτῶν*
6. 1. **S** *ὁ κ. ἐξῆλθεν μετ' αὐτοῦ*
11. 4. *συνῆλθεν ὁ κ. ὄπισθεν αὐτῶν* [**S** *al.*]
Ju. 11. 19. *οὐ γρύξει κύων τῇ γλώσσῃ αὐτοῦ*
Jb. 30. 1. *ἀξίους κυνῶν τῶν ἐμῶν νομάδων* [**A** *al.*] (1)
Ps. 21 (22). 16. *ἐκύκλωσάν με κύνες πολλοί* (1)
— 20. *καὶ ἐκ χειρὸς κυνὸς τὴν μονογενῆ μου* (1)
58 (59). 6, 14. *λιμώξουσιν ὡς κύων* (1)
67 (68). 23. *ἡ γλῶσσα τῶν κ. σου ἐξ ἐχθρῶν παρ' αὐτοῦ* (1)
Pr. 7. 22. *ὥσπερ κύων ἐπὶ δεσμούς* (2 ?)
26. 11. *ὥσπερ κύων ὅταν ἐπέλθῃ ἐπὶ τὸν ἑαυτοῦ ἔμετον* (1)
— 17. *ὥσπερ ὁ κρατῶν κέρκου κυνός* (1)
Ec. 9. 4. *ὁ κ. ὁ ζῶν αὐτὸς ἀγαθὸς ὑπὲρ τὸν λέοντα τὸν νεκρόν* (1)
Si. 13. 18. *τίς εἰρήνη ὑαίνῃ πρὸς κύνα*
Is. 56. 10. *κύνες ἐνεοὶ οὐ δυνήσονται ὑλακτεῖν* (1)
— 11. *οἱ κ. ἀναιδεῖς τῇ ψυχῇ* (1)
66. 3. *ὁ θύων μοι μόσχον ὡς ὁ ἀποκτέννων κύνα* (1)
Je. 15. 3. *ἐκδικήσω ἐπ' αὐτοὺς . . . τοὺς κ. εἰς διασπασμόν* (1)
[**Aq.** III Ki. 14. 11: Jb. 30. 1: Ps. 58 (59). 7, 15.]
[**Sm.** Jb. 30. 1: Ps. 58 (59). 7, 15: 67 (68). 24: Ec. 9. 4.]
[**Th.** Jb. 30. 1: Ps. 21 (22). 17: 58 (59). 7.]
[**Quint.** Ps. 58 (59). 7.]

κώδιον.

Ne. 3. 15. *τὸ τεῖχος κολυμβήθρας τῶν κ.* [**S**[1] *al.*] †
Ju. 12. 15. *ἔστρωσεν αὐτῇ . . . τὰ κ.*

κώδων. (1) פַּעֲמֹן (2) רִמּוֹן

Ex. 28. 29 (33). *κώδωνας ἀνὰ μέσον τούτων περικύκλῳ* (1)
— 30 (34). *παρὰ ῥοΐσκον χρυσοῦν κώδωνα* (1)
36. 33 (39. 25). *ἐποίησαν κώδωνας χρυσοῦς* (1)
— 33 (39. 25). *ἐπέθηκαν τοὺς κ. ἐπὶ τὸ λῶμα* (1)
— 34 (39. 26). *κώδων χρυσοῦς καὶ ῥοΐσκος* (1)
II Ch. 4. 13. *καὶ κ. χρυσοῦς τετρακοσίους* (2)
Si. 45. 9. *ἐκύκλωσεν αὐτὸν ῥοΐσκοις χρυσοῖς κώδωσι πλείστοις κυκλόθεν*

κωελέθ.

[**Aq.** Ec. 12. 8.]

κώθων. (1) מִשְׁתֶּה

Es. 8. 17. **A B S**[2] *κώθων καὶ εὐφροσύνη* (1)
III Ma. 6. 31. *κ. σωτήριον συστησάμενοι*

κωθωνίζεσθαι. (1) יָשַׁב לִשְׁתּוֹת

I Es. 4. 63. *ἐκωθωνίζοντο μετὰ μουσικῶν*
Es. 3. 15. *ὁ δὲ βασ. καὶ Ἀμὰν ἐκωθωνίζοντο* (1)

κωκυτός.

III Ma. 6. 32. *κωκυτὸν ἀπωσάμενοι*
[**Sm.** Ps. 143 (144). 14.]

κωλέα. (1) שׁוֹק

I Ki. 9. 24. *ἥψησεν ὁ μάγειρος τὴν κ.* (1)

κωλέθ.

[**Aq.** Ec. 1. 1.]

κῶλον. (1) פֶּגֶר

Le. 26. 30. *θήσω τὰ κ. ὑμῶν ἐπὶ τὰ κ. τῶν εἰδώλων ὑμῶν* (1, 1)
Nu. 14. 29. *πεσεῖται τὰ κ. ὑμῶν* (1)
— 32. *τὰ κ. ὑμῶν πεσεῖται* (1)
— 33. *ἕως ἀναλωθῇ τὰ κ. ὑμῶν* (1)
I Ki. 17. 46. *δώσω τὰ κ. σου καὶ τὰ κ. παρεμβολῆς ἀλλοφύλων* (–, 1)
Is. 66. 24. *ὄψονται τὰ κ. τῶν ἀνθρώπων τῶν παραβεβηκότων ἐν ἐμοί* (1)

κωλύειν. (1) כָּלָא *a.* qal. *b.* ni. (2) מוּשׁ hi. (3) מָנַע (4) עָצַר (5) שׁוּב hi.

Ge. 23. 6. **R** *οὐ μὴ κωλύσει τὸ μνημεῖον αὐτοῦ* [**A** *al.*] (1 *a*)
Ex. 36. 6. *ἐκωλύθη ὁ λαὸς ἔτι προσφέρειν* (1 *b*)
Nu. 11. 28. *κύριε* [**A** *κ. μου*] *Μωυσῆ, κώλυσον αὐτούς* (1 *a*)
I Ki. 25. 26. *καθὼς ἐκώλυσέ σε κύριος* (3)
II Ki. 13. 13. *οὐ μὴ κωλύσῃ με ἀπὸ σοῦ* (3)
I Es. 2. 30. *ἤρξαντο κωλύειν τοὺς οἰκοδομοῦντας*
6. 6. *οὐκ ἐκωλύθησαν τῆς οἰκοδομῆς*
— 33. *κωλῦσαι ἢ κακοποιῆσαι τὸν οἶκον κυρίου*
To. 6. 12. **S** *οὐ μὴ δυνηθῇ Ῥ. κωλῦσαι αὐτήν* [**AB** *al.*]
— 8. 3. **S** *ἡ ὀσμὴ τοῦ ἰχθύος ἐκώλυσεν* [**A B** *al.*]
Jb. 12. 15. *ἐὰν κωλύσῃ τὸ ὕδωρ ξηρανεῖ τὴν γῆν* (4)
Ps. 39 (40). 9. *τὰ χείλη μου οὐ μὴ κωλύσω* (1 *a*)
118 (119). 101. *ἐκ πάσης ὁδοῦ πονηρᾶς ἐκώλυσα τοὺς πόδας μου* (1 *a*)
Ec. 8. 8. *τοῦ κωλῦσαι σὺν τὸ πνεῦμα* (1 *a*)
Si. 4. 23. *μὴ κωλύσῃς λόγον ἐν καιρῷ σωτηρίας*
18. 30. *ἀπὸ τῶν ὀρέξεών σου κωλύου* [**A** *μὴ κ.*]
19. 28. *ἐὰν ὑπὸ ἐλαττώματος ἰσχύος κωλυθῇ* [**S** *-ῇς*] *ἁμαρτεῖν*
20. 2. *ὁ ἀνθομολογούμενος ἀπὸ ἐλαττώσεως κωλυθήσεται*
— 21. *ἔστι κωλυόμενος ἁμαρτάνειν ἀπὸ ἐνδείας*
46. 7. *κωλῦσαι λαὸν ἀπὸ ἁμαρτίας*
Am. 2. 13. **A** *ἐγὼ κωλύω* [**B** *κυλίω*] *ὑποκάτω ὑμῶν* †
Mi. 2. 4. *οὐκ ἦν ὁ κωλύσων αὐτόν* (2 ?)
Is. 28. 6. **R** *ἰσχὺν κωλυόντων* [**A B S** *-ύων*] *ἀνελεῖν* (5 ?)
43. 6. *ἐρῶ . . . τῷ λιβί, Μὴ κώλυε* (1 *a*)
Ez. 31. 15. *ἐπέστησα* [**A** *ἐκώλυσα*] *τοὺς ποταμοὺς αὐτῆς καὶ ἐκώλυσα* [**A** *-σεν*, **B**[2] *ἐκύκλωσα*] *πλῆθος ὕδατος* (3, 1 *b*)
I Ma. 1. 45. **A R** *καὶ κωλῦσαι* [**S** *κυκλῶσαι*] *ὁλοκαυτώματα*
13. 49. *ἐκωλύοντο ἐκπορεύεσθαι*
III Ma. 1. 13. *οὐθεὶς ἐκώλυσε τῶν παρόντων*
3. 2. *ἀπὸ τῶν νομίμων αὐτοὺς κωλυόντων*
IV Ma. 4. 7. *ὡς οἷόν τε ἦν, ἐκώλυον*
5. 26. *τὰ δὲ ἐναντιωθησόμενα ἐκώλυσε σαρκοφαγεῖν*
14. 16. *καὶ τὸν προσιόντα κωλύει*
— 17. *εἰ δὲ καὶ μὴ δύναιντο κωλύειν*
[**Aq.** Pr. 1. 15: 30. 7: Je. 5. 25: 48 (31). 10: Ez. 31. 15.]
[**Sm.** Ps. 76 (77). 5: 118 (119). 101: Pr. 11. 26: 30. 7: Is. 32. 10: Je. 5. 25: 42 (49). 4: 48 (31). 10: Ez. 31. 15: Mi. 2. 6: Za. 9. 8.]
[**Th.** Ps. 118 (119). 101: Pr. 1. 15: 11. 26: 30. 7: Ez. 31. 15.]
[**Quint., Sext.** Ps. 118 (119). 101.]

κώλυμα. (1) סַד

Jb. 13. 27. *ἔθου δέ μου τὸν πόδα ἐν κωλύματι* [**A** *κυκλώματι*] (1)
[**Th.** Le. 19. 19: Dt. 22. 9.]
[**Al.** Le. 19. 19.]

κωλυτικός.

IV Ma. 1. 3. *τῶν σωφροσύνης κ. παθῶν*
— 30. *διὰ τῶν κ. τῆς σωφροσύνης ἔργων*
2. 6. *τῶν κ. τῆς δικαιοσύνης παθῶν*

κωμάρχης. (1) פָּקִיד

Es. 2. 3. *καταστήσει ὁ βασ. κωμάρχας* (1)

κώμη. (1) בַּת (2) חַוָּה (3) חָצֵר (4) טִירָה (5) *a.* כָּפָר *b.* כְּפִיר *c.* כֹּפֶר (6) עִיר (7) קִרְיָה

Nu. 21. 32. *αὐτὴν καὶ τὰς κ. αὐτῆς* (1)
32. 42. *τὴν Κ. καὶ τὰς κ. αὐτῆς* (1)
Jo. 10. 39. *καὶ τὰς* [**A** *τὰς πάσας*] *κ. αὐτῆς* (6)
13. 30. *καὶ πάσας τὰς κ. Ἰαΐρ* (2)
15. 24. **B** *καὶ αἱ κ. αὐτῶν* †
— 28. *καὶ αἱ κ. αὐτῶν* –
— 32, 36, 41, 44. *καὶ αἱ κ. αὐτῶν* (3)
— 45. *καὶ αἱ κ. αὐτῆς* (1)
— 46. **B** *καὶ αἱ κ. αὐτῶν* (3)
— 47 *bis*. *καὶ αἱ κ. αὐτῆς* (1)
— 51. *καὶ αἱ κ. αὐτῶν* (3)
— 54. **A** *καὶ αἱ κ.* [**B** *ἐπαύλεις*] *αὐτῶν* (3)
— 57, 59. *καὶ αἱ κ. αὐτῶν* (3)
— 60. *καὶ αἱ κ. αὐτῶν* –
— 62. *καὶ αἱ κ. αὐτῶν* (3)
16. 7. *καὶ αἱ κ. αὐτῶν* †
— 9. *καὶ αἱ κ. αὐτῶν* (3)
17. 11. *καὶ αἱ κ. αὐτῶν* (1)
— 11 *bis*. *καὶ τὰς κ. αὐτῆς* (1)

Jo. 17. 11. A καὶ τὰς κ. αὐτῆς (1)
— 11. καὶ τὰς κ. αὐτῆς –
— 16. καὶ ἐν ταῖς κ. αὐτῆς (1)
18. 24, 28 : 19. 6, 8, 16. καὶ αἱ κ. αὐτῶν (3)
19. 23. καὶ αἱ κ. [A ἐπαύλεις] αὐτῶν (3)
— 31, 48. καὶ αἱ κ. αὐτῶν (3)
21. 12. τὰς κ. αὐτῆς ἔδωκεν Ἰησοῦς (3)
I Ki. 6. 18. καὶ ἕως κώμης τοῦ Φερεζαίου (5 c)
I Ch. 2. 23. ἔλαβε Γ. . . . τὰς κ. Ἰ. . . . τὴν Κ. καὶ τὰς κ. αὐτῆς (2, 1)
5. 16. καὶ ἐν ταῖς κ. αὐτῶν (1)
6. 54 (39). αὗται αἱ κατοικίαι αὐτῶν ἐν ταῖς κ. αὐτῶν (4)
— 56 (41). καὶ τὰς κ. αὐτῆς (3)
7. 28. Βαιθὴλ καὶ αἱ κ. αὐτῆς (1)
— 28. Γάζερ καὶ αἱ κ. αὐτῆς (1)
— 28. Συχὲμ καὶ αἱ κ. αὐτῆς ἕως Γ. καὶ αἱ κ. αὐτῆς (1, 1)
— 29. Βαιθσ. καὶ αἱ κ. αὐτῆς Θ. καὶ αἱ κ. αὐτῆς (1, 1)
— 29. A B Βαλ. καὶ αἱ κ. αὐτῆς –
— 29. Μαγ. καὶ αἱ κ. αὐ. Δὼρ καὶ αἱ κ. αὐ. (1, 1)
8. 12. καὶ τὰς κ. αὐτῆς (1)
9. 16. ὁ κατοικῶν ἐν ταῖς κ. Νωτ. (3)
18. 1. τὴν Γὲθ καὶ τὰς κ. αὐτῆς (1)
27. 25. τῶν θησαυρῶν τῶν ἐν ἀγρῷ καὶ ἐν ταῖς κ. (6)
II Ch. 13. 19. τὴν Β. καὶ τὰς κ. αὐτῆς καὶ τὴν Ἰ. καὶ τὰς κ. αὐτῆς καὶ τὴν Ἐ. καὶ τὰς κ. [A θυγατέρας] αὐτῆς (1 *ter*)
14. 14 (13). ἐξέκοψαν τὰς κ. αὐτῶν (6)
28. 18. τὴν Σ. καὶ τὰς κ. αὐτῆς (1)
— 18. A R Θαμνὰ καὶ τὰς κ. αὐτῆς (1)
— 18. τὴν Γ. καὶ τὰς κ. αὐτῆς (1)
32. 28. καὶ κώμας [B[1] *om.*] καὶ [AB[1] *om.*] φάτνας –
I Es. 4. 50. ἵνα . . . ἀφίωσι τὰς κ.
5. 46. καὶ πᾶς Ἰσρ. ἐν ταῖς κ. αὐτῶν
Ne. 6. 2. ἐν ταῖς κ. ἐν πεδίῳ Ὠνώ (5 b)
11. 26. S[2] καὶ ἐν ταῖς κ. αὐτῆς (3)
Ju. 4. 4. A ἀπέστειλαν εἰς . . . κώμας [B S Κωνάς]
— 5. ἐτειχίσαντο τὰς ἐν αὐτοῖς κ.
15. 7. A S καὶ αἱ κ. καὶ αἱ πόλεις [B καὶ ἐπαύλεις]
Ca. 7. 11 (12). αὐλισθῶμεν ἐν κώμαις (5 a)
Is. 32. 14. ἔσονται αἱ κ. σπήλαια ἕως τοῦ αἰῶνος †
42. 11. εὐφράνθητι ἔρημος καὶ αἱ κ. αὐτῆς (6)
Je. 19. 15. ἐπάγω . . . ἐπὶ τὰς κ. αὐτῆς ἅπαντα τὰ κακά (6)
30 (49). 25. κώμην ἠγάπησαν (7)
Ez. 38. 13. πᾶσαι αἱ κ. αὐτῶν [A χῶραι αὐτῆς] ἐροῦσί σοι (5 b)
I Ma. 7. 46. ἐξῆλθον ἐκ πασῶν τῶν κ. τῆς Ἰ.
II Ma. 8. 1. εἰς τὰς κ. προσεκαλοῦντο τοὺς συγγενεῖς
— 6. R πόλεις δὲ καὶ κώμας [A χώρας] . . . ἐνεπίμπρα
14. 16. συμμίσγουσιν αὐτοῖς ἐπὶ κώμην Δ.
[**Aq.** Jo. 15. 9.]
[**Sm.** I Ki. 6. 18.]
[**Th.** Ez. 38. 13.]
[**Sext.** Ps. 30 (31). 22.]

κῶμος.

Wi. 14. 23. ἐμμανεῖς ἐξάλλων θεσμῶν κώμους ἄγοντες
II Ma. 6. 4. ἀσωτίας καὶ κώμων . . . ἐπεπλήρωτο

κωνωπεῖον (-πιον).

Ju. 10. 21. ἦν Ὀλ. ἀναπαυόμενος . . . ἐν τῷ κ.
13. 9. ἀφεῖλε τὸ [A τὸν] κ. ἀπὸ τῶν στύλων
— 15. καὶ ἰδοὺ τὸ κ. [A κ. αὐτοῦ]
16. 19. καὶ τὸ κ. ὃ ἔλαβεν

κώπη. (1) מָשׁוֹט

Ez. 27. 6. ἐκ τῆς Βασανίτιδος ἐποίησαν τὰς κ. σου (1)
[**Aq.** Is. 33. 21.]

κωπηλάτης. (1) מַלָּח (2) *a.* שׁוּט *b.* תֹּפֵשׂ מָשׁוֹט

Ez. 27. 8. Ἀράδιοι ἐγένοντο κωπηλάται σου (2 a)
— 9. οἱ κ. αὐτῶν ἐγένοντό σοι ἐπὶ δυσμὰς δυσμῶν (1)
— 26. ἦγόν σε οἱ κ. σου (2 a)
— 27. οἱ κ. σου καὶ οἱ κυβερνῆταί σου (1)
— 29. καταβήσονται ἀπὸ τῶν πλοίων πάντες οἱ κ. (2 b)
— 34. ἔπεσον πάντες οἱ κ. σου –
[**Sm.** Is. 33. 21.]

κώρυκος.

[**Al.** IV Ki. 4. 42.]

κωφεύειν. (1) חָרַשׁ *a.* hi. *b.* hithp.

Jd. 16. 2. ἐκώφευσαν ὅλην τὴν νύκτα (1 b)
18. 19. εἶπαν αὐτῷ [A πρὸς αὐτὸν], Κώφευσον (1 a)
II Ki. 13. 20. καὶ νῦν, ἀδελφή μου, κώφευσον (1 a)
19. 10 (11). ἵνα τί ὑμεῖς κωφεύετε (1 a)
IV Ki. 18. 36. καὶ ἐκώφευσαν (1 a)
Jb. 6. 24. διδάξατέ με ἐγὼ δὲ κωφεύσω (1 a)
13. 5. εἴη δὲ ὑμῖν κωφεῦσαι (1 a)
— 13. κωφεύσατε ἵνα λαλήσω (1 a)
— 19. νῦν κωφεύσω καὶ ἐκλείψω (1 a)
33. 31. κώφευσον καὶ ἐγώ εἰμι λαλήσω [A *al.*] (1 a)
— 33. κώφευσον καὶ διδάξω σε [A σε σοφίαν] (1 a)
[**Aq.** Ps. 27 (28). 1 : 31 (32). 3 : 38 (39). 13 : 108 (109). 1 : Pr. 17. 28 : Is. 41. 1 : Je. 38 (45). 27.]
[**Sm., Quint.** Pr. 17. 28.]
[**Th.** Jb. 13. 19 : 33. 31, 33 : Pr. 17. 28 : Is. 41. 1.]

κωφός. (1) אִלֵּם (2) חֵרֵשׁ

Ex. 4. 11. τίς ἐποίησε δύσκωφον καὶ κωφόν (2)
Le. 19. 14. οὐ κακῶς ἐρεῖς κωφόν (2)
Ps. 37 (38). 13. ἐγὼ δὲ ὡσεὶ κωφὸς οὐκ ἤκουον (2)
57 (58). 4. ὡσεὶ ἀσπίδος κωφῆς καὶ βυούσης τὰ ὦτα αὐτῆς (2)
Wi. 10. 21. ἡ σοφία ἤνοιξε στόμα κωφῶν
Hb. 2. 18. πέποιθεν ὁ πλάσας . . . τοῦ ποιῆσαι εἴδωλα κωφά (1)
Is. 29. 18. ἀκούσονται ἐν τῇ ἡμέρᾳ ἐκείνῃ κωφοὶ λόγους βιβλίου (2)
35. 5. ὦτα κωφῶν ἀκούσονται (2)
42. 18. οἱ κ. ἀκούσατε (2)
— 19. κωφοὶ [S οἱ κ.] ἀλλ' ἢ οἱ κυριεύοντες αὐτῶν (2)
43. 8. κωφοὶ τὰ ὦτα ἔχοντες (2)
44. 11. κωφοὶ ἀπὸ ἀνθρώπων συναχθήτωσαν πάντες †
III Ma. 4. 16. κωφὰ καὶ μὴ δυνάμενα αὐτοῖς λαλεῖν
[**Sm.** Ps. 57 (58). 5 : Is. 42. 19 *bis.*]

κωφοῦν. (1) אָלַם ni.

Ps. 38 (39). 2. ἐκωφώθην καὶ ἐταπεινώθην (1)
— 9. ἐκωφώθην καὶ οὐκ ἤνοιξα τὸ στόμα μου (1)

Λ

λααρματταραί. (1) לְמַטָּרָה

I Ki. 20. 20. A πέμπων εἰς τὴν λ. [B *al.*] (1)

λάαρς.

[**Heb.** Ps. 11 (12). 7.]

λαβανί.

[**Heb.** Ho. 11. 1.]

λαβή. (1) נְצָב

Jd. 3. 22. ἐπεισήνεγκε καί γε τὴν λ. (1)

λαβίς. (1) מַלְקָחַיִם

Ex. 38. 17 (37. 23). καὶ τὰς λ. αὐτῆς χρυσᾶς (1)
Nu. 4. 9. καὶ τοὺς λύχνους αὐ. καὶ τὰς λ. αὐτῆς (1)
II Ch. 4. 21. καὶ λαβίδες αὐτῶν (1)
Is. 6. 6. ὃν τῇ λ. ἔλαβεν ἀπὸ τοῦ θυσιαστηρίου (1)
[**Aq., Sm., Th.** Ex. 25. 37 (38).]

λάβρος. (1) סָחַף (2) ὑετὸς λ. שֶׁטֶף

Jb. 38. 25. τίς δὲ ἡτοίμασεν ὑετῷ λάβρῳ ῥύσιν (2)
— 34. A καὶ δρόμῳ [B S τρόμῳ] ὕδατος λάβρου [B S -ῳ] ὑπακούσεταί σου –
Pr. 28. 3. ὥσπερ ὑετὸς λάβρος καὶ ἀνωφελής (1)
IV Ma. 16. 3. ἐκφλεγομένη κάμινος λαβροτάτῳ πυρί
[**Aq.** Ps. 56 (57). 5 : 103 (104). 4.]

λαβώ, λοβώ. (1) לְבוֹא

Jd. 3. 3. ἀπὸ τοῦ ὄρους τοῦ Ἀ. ἕως λ. Ἐ. (1)

λάγανον (-ος ?). (1) חַלָּה (2) רָקִיק (3) λ. ἀπὸ τηγάνου אֲשִׁישָׁה

Ex. 29. 2. B λάγανα ἄζυμα κεχρισμένα ἐν ἐλαίῳ (1)
— 23. λ. ἐν [B[2] ἕνα] ἀπὸ τοῦ κανοῦ τῶν ἀζύμων (2)
Le. 2. 4 : 7. 2 (12). λάγανα ἄζυμα διακεχρισμένα (2)
8. 25 (26). ἄρτον ἐξ ἐλαίου ἕνα καὶ λ. ἕν (2)
Nu. 6. 15. καὶ λ. ἄζυμα κεχρισμένα ἐν ἐλαίῳ (2)
— 19. καὶ λάγανον ἄζυμον ἕν (2)
II Ki. 6. 19. διεμέρισε . . . ἑκάστῳ . . . λάγανον ἀπὸ τηγάνου (3 ?)
I Ch. 23. 29. εἰς τὰ λ. τὰ ἄζυμα (2)

λαγχάνειν. (1) לָכַד

I Ki. 14. 47. Σ. ἔλαχε τοῦ βασιλεύειν (1)
Wi. 8. 19. ψυχῆς τε ἔλαχον ἀγαθῆς
III Ma. 6. 1. ἐν πρεσβείῳ τὴν ἡλικίαν ἤδη λελογχώς

λαγών.

Si. 47. 19. R παρενέκλινας [AB παρανέκλ., S παρέκλ.] τὰς λ. σου γυναιξί
[**Aq.** Ps. 37 (38). 8.]
[**Sm.** II Ki. 3. 27 : Jb. 12. 18 : 40. 11 (16) : Is. 11. 5 : Je. 30 (37). 6.]
[**Th.** Jb. 40. 11 (16).]
[**Al.** Le. 3. 4 : 4. 9 : 7. 4.]

λαγωός. (1) שָׁפָן

Ps. 103 (104). 18. AS[2] πέτρα καταφυγὴ τοῖς λ. [B S[1] χοιρογρυλλίοις] (1)
[**Aq.** Le. 11. 6 (5) : Dt. 14. 7.]
[**Th.** Ps. 103 (104). 18.]

λάδανον.

[**Al.** Ge. 43. 11.]

λάθρα. (1) בַּלָּט (2) *a.* בְּמִסְתָּר *b.* בַּסֵּתֶר

De. 13. 6 (7). λάθρα λέγων (2 b)
I Ki. 18. 22. λαλήσατε ὑμεῖς λ. τῷ Δ. [A τὸν Δ.] (1)
26. 5. ἀνέστη Δ. λ. –
Jb. 31. 27. εἰ ἠπατήθη λ. ἡ καρδία μου (2 b)
Ps. 100 (101). 5. τὸν καταλαλοῦντα λ. τοῦ πλησίον αὐτοῦ (2 b)
Hb. 3. 14. ὡς ἔσθων πτωχὸς λάθρα (2 a)
I Ma. 9. 60. ἀπέστειλεν ἐπιστολὰς λάθρα
III Ma. 6. 24. λάθρα μηχανώμενοι τὰ μὴ συμφέροντα
[**Sm.** Ps. 55 (56). 7.]
[**Th.** Jb. 31. 27.]
[**Al.** Hb. 3. 14.]

λαθραῖος.

Wi. 1. 11. φθέγμα λαθραῖον [B² -ριον] κενὸν οὐ πορεύσεται

λαθραίως. (1) בַּלָּט

I Ki. 24. 5. ἀφεῖλε τὸ πτερύγιον . . . λ. (1)
II Ma. 1. 19. λαθραίως κατέκρυψαν ἐν κοιλώματι
[Sm. Jb. 4. 12.]

λάθριος. (1) בַּסֵּתֶר

Pr. 21. 14. δόσις λάθριος ἀνατρέπει ὀργάς
Wi. 1. 11. φθέγμα λαθραῖον [B² -ριον] κενὸν οὐ πορεύσεται

λαϊκός.

[Aq. I Ki. 21. 4 (5).]
[Sm. I Ki. 21. 4 (5) : Ez. 22. 26 : 48. 15.]
[Th. I Ki. 21. 4 (5) : Ez. 48. 15.]
[Al. I Ki. 21. 5 (6).]

λαϊκοῦν.

[Aq. Dt. 20. 6 *bis* : 28. 30 : Ez. 7. 22.]
[Sm., Th. Dt. 20. 6 *bis*.]

λαιλαπίζειν.

[Aq. Ps. 49 (50). 3 : 57 (58). 10 : Is. 54. 11.]

λαιλαπώδης.

[Aq., Th. Ps. 54 (55). 9.]

λαῖλαψ. (1) סוּפָה (2) *a.* סַעַר *b.* סְעָרָה

Jb. 21. 18. ὥσπερ κονιορτὸς ὃν ὑφείλατο λαῖλαψ (1)
27. 20. S νυκτὶ δὲ ὑφείλατο αὐτὸν λαῖλαψ [AB γνόφος] (1)
38. 1. εἶπεν ὁ κύριος τῷ Ἰὼβ διὰ λαίλαπος καὶ νεφῶν (2 *b*)
Wi. 5. 14. ὡς πάχνη ὑπὸ λαίλαπος διωχθεῖσα λεπτή
— 23. ὡς λαῖλαψ ἐκλικμήσει αὐτούς
Si. 48. 9. ὁ ἀναληφθεὶς ἐν λαίλαπι [A λαμπάδι] πυρός
— 12. ὃς ἐν λαίλαπι ἐσκεπάσθη
Je. 32 (25). 32. λ. μεγάλη ἐκπορεύεται ἀπ' ἐσχάτου τῆς γῆς (2 *a*)
[Aq. Ps. 54 (55). 9 : 106 (107). 29 : Is. 41. 16 : Ez. 13. 13.]
[Sm. Ps. 54 (55). 9 : 57 (58). 10 : Is. 32. 2.]
[Th. Ps. 54 (55). 9.]
[Al. IV Ki. 2. 11.]

λαιμαργία.

IV Ma. 1. 27. A R κατὰ δὲ τὸ σῶμα παντοφαγία καὶ λαιμαργία καὶ μονοφαγία [S *om.* κ. λ. κ. μ.]

λακάνη, *vid.* **λεκάνη.**

λάκκος. (1) *a.* באר *b.* בּוֹר *c.* בִּיר *d.* בֵּית הַבּוֹר *e.* בְּאֵר (2) גֹּב (3) מַכְתֵּשׁ

Ge. 37. 20. ῥίψωμεν αὐτὸν εἰς ἕνα τῶν λ. (1 *b*)
— 22. ἐμβάλλετε αὐτὸν εἰς ἕνα τῶν λ. (1 *b*)
— 24. λαβόντες αὐτὸν ἔρριψαν εἰς τὸν λ. (1 *b*)
— 24. ὁ δὲ λ. κενός [A ἐκεῖνος] (1 *b*)
— 28. ἐξείλκυσαν . . . τὸν Ἰ. ἐκ τοῦ λ. (1 *b*)
— 29. ἀνέστρεψε δὲ Ῥουβὴν ἐπὶ τὸν λ. (1 *b*)
— 29. οὐχ ὁρᾷ τὸν Ἰ. ἐν τῷ λ. (1 *b*)
40. 15. ἐνέβαλόν με εἰς τὸν λ. τοῦτον (1 *b*)
Ex. 12. 29. τῆς αἰχμαλωτίδος τῆς ἐν τῷ λ. (1 *d*)
21. 33. ἐὰν δέ τις ἀνοίξῃ λάκκον ἢ λατομήσῃ [A *om.* λ. ἢ λατ.] λάκκον [B¹ *om.*] (1 *b*, 1 *b*)
— 34. ὁ κύριος τοῦ λ. ἀποτίσει (1 *b*)
Le. 11. 36. πλὴν πηγῶν ὑδάτων καὶ λάκκου (1 *b*)
Nu. 20. 17. οὐδὲ πιόμεθα ὕδωρ ἐκ λάκκου σου (1 *e*)
De. 6. 11. λάκκους λελατομημ. οὓς οὐκ ἐλατόμησας (1 *b*)
Jd. 15. 19. ἔρρηξεν ὁ θ. τὸν λ. [A *al.*] (3)
I Ki. 13. 6. B ἐκρύβη ὁ λαὸς . . . ἐν τοῖς λ. (1 *b*)
II Ki. 17. 18. καὶ αὐτῷ λάκκος ἐν τῇ αὐλῇ (1 *e*)
— 19. διεπέτασε τὸ ἐπικάλυμμα ἐπὶ πρόσωπον τοῦ λ. (1 *e*)
— 21. ἀνέβησαν ἐκ τοῦ λ. (1 *e*)
23. 15. τίς ποτιεῖ με ὕδωρ ἐκ τοῦ λ. (1 *b*, 1 *a**)
— 16. ὑδρεύσαντο ὕδωρ ἐκ τοῦ λ. (1 *b*, 1 *a**)
— 20. ἐπάταξε τὸν λέοντα ἐν μέσῳ τοῦ λ. (1 *b*, 1 *a**)
IV Ki. 18. 31. πίεται ὕδωρ τοῦ λ. αὐτοῦ (1 *b*)
I Ch. 11. 17. τίς ποτιεῖ με ὕδωρ ἐκ τοῦ λ. B. (1 *b*)
— 18. A B S² ὑδρεύσαντο ὕδωρ ἐκ τοῦ λ. (1 *b*)
— 22. ἐπάταξε τὸν λέοντα ἐν τῷ λ. (1 *b*)
II Ch. 26. 10. ἐλατόμησε λ. πολλούς (1 *b*)
Ne. 9. 25. ἐκληρονόμησαν . . . λ. λελατομημένους (1 *b*)
Ju. 7. 21. καὶ οἱ λ. ἐξεκενοῦντο
8. 31. εἰς πλήρωσιν τῶν λ. [S σάκκων] ἡμῶν
Ps. 7. 15. λάκκον ὤρυξε καὶ ἀνέσκαψεν αὐτόν (1 *b*)
27 (28). 1. ὁμοιωθήσομαι τοῖς καταβαίνουσιν εἰς λάκκον (1 *b*)
29 (30). 3. ἔσωσάς με ἀπὸ τῶν καταβαινόντων εἰς λάκκον (1 *b*)
39 (40). 2. ἀνήγαγέ με ἐκ λάκκου ταλαιπωρίας (1 *b*)
87 (88). 4. προσελογίσθην μετὰ τῶν καταβαινόντων εἰς λάκκον (1 *b*)
— 6. ἔθεντό με ἐν λάκκῳ κατωτάτῳ (1 *b*)
142 (143). 7. ὁμοιωθήσομαι τοῖς καταβαίνουσιν εἰς λάκκον (1 *b*)
Ec. 12. 6. καὶ συντροχάσῃ ὁ τροχὸς ἐπὶ τὸν λ. (1 *b*)
Wi. 10. 13. συγκατέβη αὐτῷ εἰς λάκκον
Si. 50. 3. A λάκκος [B S χαλκὸς] ὡσεὶ θαλάσσης τὸ περίμετρον
Za. 9. 11. ἐξαπέστειλας . . . ἐκ λάκκου οὐκ ἔχοντος ὕδωρ (1 *b*)
Is. 36. 16. A S R πίεσθε ὕδωρ τοῦ λ. [B χαλκοῦ] ὑμῶν (1 *b*)
51. 1. ἐμβλέψατε . . . εἰς τὸν βόθυνον τοῦ λ. (1 *b*)
Je. 2. 13. ὤρυξαν ἑαυτοῖς λάκκους συντετριμμ. (1 *a*)
6. 7. ὡς ψύχει λ. ὕδωρ (1 *c*, 1 *b**)
44 (37). 16. ἦλθεν Ἱερεμίας εἰς οἰκίαν τοῦ λ. (1 *b*)
45 (38). 6. ἔρριψαν αὐτὸν εἰς [A S *add.* τὸν] λάκκον Μελχίου . . . ἐχάλασαν αὐτὸν εἰς τὸν λ. καὶ ἐν τῷ λ. οὐκ ἦν ὕδωρ (1 *b*, †, 1 *b*)
— 7. ἔδωκαν Ἱερεμίαν εἰς τὸν λ. (1 *b*)
— 10. ἀνάγαγε αὐτὸν ἐκ τοῦ λ. (1 *b*)
— 11. ἔρριψεν αὐτὰ πρὸς Ἱερεμίαν εἰς τὸν λ. (1 *b*)
— 13. ἀνήγαγον αὐτὸν ἐκ τοῦ λ. (1 *b*)
La. 3. 53. ἐθανάτωσαν ἐν λάκκῳ ζωήν μου (1 *b*)
— 55. B ἐπεκαλεσάμην τὸ ὄνομά σου, κύριε, ἐκ λάκκου κατωτάτου (1 *b*)
Ez. 31. 16. μετὰ τῶν καταβαινόντων εἰς λάκκον (1 *b*)
32. 23. A ἔδωκαν τὰς ταφὰς αὐτῆς ἐν μηροῖς λάκκου (1 *b*)
Da. LXX. 6. 5 (6). ἵνα . . . ῥιφῇ εἰς τὸν λ. τῶν λεόντων –
— 7 (8), 12 (13). ῥιφήσεται εἰς τὸν λ. τῶν λεόντων (2)
— 14 (15). εἶπεν ῥιφῆναι τὸν Δ. εἰς τὸν λ. τῶν λεόντων –
— 17 (18). Δ. ἐρρίφη εἰς τὸν λ. τῶν λεόντων –
— 17 (18). ἐτέθη εἰς τὸ στόμα τοῦ λ. (2)
— 17 (18). ὅπως μὴ . . . αὐτὸν ἀνασπάσῃ ἐκ τοῦ λ. –
— 19 (20). ἔστη ἐπὶ τοῦ στόματος τοῦ λ. (2)
— 22 (23). ἐρρίψας με εἰς τὸν λ. τῶν λεόντων –
Bel 31. ἦν δὲ λάκκος ἐν ᾧ ἐτρέφοντο λέοντες ἑπτά
— 30. ἐνεβάλοσαν τὸν Δ. . . . εἰς ἐκεῖνον τὸν λ.
— 30. ἦν ἐν τῷ λ. Δ. ἡμέρας ἕξ
— 33. ἀπένεγκε Δ. εἰς τὸν λ. τῶν λεόντων
— 34. τὸν λ. οὐ γινώσκω ποῦ ἐστίν
— 35. ἔθηκεν αὐτὸν ἐπάνω τοῦ λ.
— 39. ἐγκύψας εἰς τὸν λ. ὁρᾷ αὐτόν
— 41. ἐξήγαγεν ὁ βασιλεὺς τὸν Δ. ἐκ τοῦ λ.
— 41. τοὺς αἰτίους . . . ἐνέβαλεν εἰς τὸν λ.
Da. TH. 6. 7 (8), 12 (13). ἐμβληθήσεται εἰς τὸν λ. τῶν λεόντων (2)
— 16 (17). ἐνέβαλον αὐτὸν εἰς τὸν λ. τῶν λεόντων (2)
— 17 (18). ἐπέθηκαν ἐπὶ τὸ στόμα τοῦ λ. (2)
— 19 (20). ἦλθεν ἐπὶ τὸν λ. τῶν λεόντων (2)
— 20 (21). ἐν τῷ ἐγγίζειν αὐτὸν τῷ λ. (2)
— 23 (24). τὸν Δ. εἶπεν ἀνενέγκαι ἐκ τοῦ λ. (2)
— 23 (24). καὶ ἀνηνέχθη Δ. ἐκ τοῦ λ. (2)
— 24 (25). εἰς τὸν λ. τῶν λεόντων ἐνεβλήθησαν (2)
— 24 (25). οὐκ ἔφθασαν εἰς τὸ ἔδαφος τοῦ λ. (2)
Bel 31. ἔβαλον αὐτὸν εἰς τὸν λ. τῶν λεόντων
— 32. ἦσαν δὲ ἐν τῷ λ. ἑπτὰ λέοντες
— 34. εἰς τὸν λ. τῶν λεόντων
— 35. τὸν λ. οὐ γινώσκω
— 36. ἔθηκεν αὐτὸν . . . ἐπάνω τοῦ λ.
— 40. ἦλθεν ἐπὶ τὸν λ.
— 42. τοὺς δὲ αἰτίους . . . ἐνέβαλεν εἰς τὸν λ.
I Ma. 9. 33. παρενέβαλον ἐπὶ τὸ ὕδωρ λάκκου Ἀσ.
II Ma. 10. 37. τὸν Τ. ἀποκεκρυμμένον ἔν τινι λάκκῳ
IV Ma. 18. 13. ἐδόξαζε δὲ καὶ τὸν ἐν λάκκῳ λεόντων Δ.
[Aq. II Ki. 3. 26 : Ps. 27 (28). 1 : 29 (30). 4 : 142 (143). 7 : Pr. 5. 15 : Is. 14. 15 : 38. 18 : Je. 6. 7 : 37 (44). 16 : 41 (48). 7 : Ez. 26. 20 : 32. 25.]
[Sm. Ps. 27 (28). 1 : 29 (30). 4 : 54 (55). 24 : 87 (88). 5 : Pr. 5. 15 : Is. 24. 22 : 38. 18 : Je. 6. 7 : 37 (44). 16 : 38 (45). 6 : 41 (48). 9 : Ez. 26. 20 : 32. 25.]
[Th. Pr. 5. 15 : Is. 14. 15 : 51. 1 : Je. 6. 7 : 37 (44). 16 : 38 (45). 9 : Ez. 26. 20 : 32. 23, 25.]
[Al. Ps. 56 (57). 7 : Je. 37 (44). 16.]
[Heb. Ez. 32. 23.]

λακτάλ.

[Heb. Ps. 109 (110). 3.]

Λακωνικός. (1) **διαφανῆ Λακωνικά** גִּלְיֹנִים

Is. 3. 23. ἀφελεῖ . . . τὰ διαφανῆ Λακωνικά (1)

λαλεῖν. (1) אָמַר *a.* qal. *b.* hithp. *c.* אֲמַר (2) דָּבַר *a.* qal. *b.* ni. *c.* pi. *d.* pu. *e.* hithp. *f.* דָּבָר *g.* הָיָה דָבָר, דָּבָר הָיָה (3) חָשַׁב (4) *a.* מָלַל pi. *b.* מְלַל pa. *c.* מִלָּה (5) נָבָא hithp. (6) נָגַד hi. (7) סָפַר pi. (8) פָּגַע (9) צָוָה pi. (10) קָרָא (11) רִיב

Ge. 12. 4. καθάπερ ἐλάλησεν αὐτῷ κύριος (2 *c*)
16. 13. τὸ ὄνομα κυρίου τοῦ λαλοῦντος πρὸς αὐτήν (2 *a*)
17. 3. καὶ ἐλάλησεν αὐτῷ ὁ θ. (2 *c*)
— 22. συνετέλεσε δὲ λαλῶν πρὸς αὐτόν (2 *c*)
— 23. καθὰ ἐλάλησεν αὐτῷ ὁ θεός (2 *c*)
18. 19. R ὅσα ἐλάλησε πρὸς [A ἐπ'] αὐτόν (2 *c*)
— 27. νῦν ἠρξάμην λαλῆσαι πρὸς τὸν κ. (2 *c*)
— 29. προσέθηκεν ἔτι λαλῆσαι πρὸς αὐτόν (2 *c*)
— 30. μή τι κύριε, ἐὰν λαλήσω (2 *c*)
— 31. ἐπειδὴ ἔχω λαλῆσαι πρὸς τὸν κ. (2 *c*)
— 32. μή τι κύριε, ἐὰν λαλήσω ἔτι ἅπαξ (2 *c*)
— 33. ὡς ἐπαύσατο λαλῶν τῷ Ἀ. (2 *c*)
19. 14. καὶ ἐλάλησε πρὸς τοὺς γαμβροὺς αὐ. (2 *c*)
— 21. τὴν πόλιν περὶ ἧς ἐλάλησας (2 *c*)
20. 8. ἐλάλησε πάντα τὰ ῥήματα τ. εἰς τὰ ὦτα (2 *c*)
21. 1. ἐποίησε κύριος τῇ Σ. καθὰ ἐλάλησε (2 *c*)
— 2. καθὰ ἐλάλησεν αὐτῷ κ. (2 *c*)
23. 8. ἐλάλησε πρὸς αὐτοὺς Ἀβ. λέγων (2 *c*)
— 8. λαλήσατε περὶ ἐμοῦ Ἐφρὼν (8)
— 16. ὃ ἐλάλησεν εἰς τὰ ὦτα (2 *c*)
24. 7. ὃς ἐλάλησέ μοι (2 *c*)
— 15. λαλοῦντα ἐν τῇ διανοίᾳ (2 *c*)
— 30. οὕτω λελάληκέ μοι ὁ ἄνθρωπος (2 *c*)
— 33. ἕως τοῦ λαλῆσαί με τὰ ῥήματά μου (2 *c*)
— 33. καὶ εἶπεν, Λάλησον (2 *c*)
— 45. λαλοῦντα ἐν τῇ διανοίᾳ μου (2 *c*)
— 51. καθὰ ἐλάλησε κύριος (2 *c*)
27. 5. Ῥεβέκκα δὲ ἤκουσε λαλοῦντος Ἰσαὰκ (2 *c*)
— 6. ἤκουσα τοῦ πατρός σου λαλοῦντος πρὸς Ἡ. (2 *c*)
— 19. καθὰ ἐλάλησάς μοι (2 *c*)
28. 15. πάντα ὅσα ἐλάλησά σοι (2 *c*)
29. 6. A ἔτι αὐτοῦ λαλοῦντος –
— 9. ἔτι αὐτοῦ λαλοῦντος αὐτοῖς (2 *c*)
31. 24, 29. μή ποτε λαλήσῃς μετὰ Ἰ. πονηρά (2 *c*)
32. 19 (20). λαλήσατε τῷ Ἡσαῦ (2 *c*)
34. 3. ἐλάλησε κατὰ τὴν διάνοιαν (2 *c*)
— 6. ἐξῆλθε . . . πρὸς Ἰακὼβ λαλῆσαι αὐτῷ (2 *c*)
— 8. ἐλάλησεν Ἐμμὼρ αὐτοῖς (2 *c*)
— 13. ἐλάλησαν αὐτοῖς ὅτι ἐμίαναν (2 *c*)
— 20. ἐλάλησαν πρὸς τοὺς ἄνδρας (2 *c*)
35. 13. οὗ ἐλάλησε μετ' αὐτοῦ (2 *c*)
— 14. ᾧ ἐλάλησε μετ' αὐτοῦ (2 *c*)
— 15. ἐν ᾧ ἐλάλησε μετ' αὐτοῦ (2 *c*)
37. 4. οὐκ ἠδύναντο λαλεῖν αὐτῷ οὐδέν (2 *c*)
39. 10. ἡνίκα δὲ ἐλάλει τῷ Ἰωσήφ (2 *c*)
— 17. ἐλάλησεν αὐτῷ κατὰ τὰ ῥήματα τ. (2 *c*)
— 19. ὅσα ἐλάλησε πρὸς αὐτόν (2 *c*)
41. 9. καὶ ἐλάλησεν . . . πρὸς Φαραώ (2 *c*)
— 17. ἐλάλησε δὲ Φαραὼ τῷ Ἰωσήφ (2 *c*)
42. 7. καὶ ἐλάλησεν αὐτοῖς σκληρά (2 *c*)
— 22. οὐκ ἐλάλησα ὑμῖν λέγων (1 *a*)
— 30. λελάληκεν . . . πρὸς ἡμᾶς σκληρά (2 *c*)
43. 19. ἐλάλησαν αὐτῷ . . . λέγοντες (2 *c*)
44. 7. ἵνα τί λαλεῖ ὁ κύριος κατὰ τὰ ῥήματα τ. (2 *c*)
— 16. R ἢ τί λαλήσομεν [A -ωμεν] (2 *c*)
— 18. λαλησάτω ὁ παῖς σου ῥῆμα ἐναντίον σου (2 *c*)
45. 12. τὸ στόμα μου τὸ λαλοῦν πρὸς ὑμᾶς (2 *c*)
— 15. ἐλάλησαν οἱ ἀδελφοὶ αὐ. πρὸς αὐτόν (2 *c*)
— 27. ἐλάλησαν δὲ αὐτῷ πάντα τὰ ῥηθέντα (2 *c*)
49. 28. ταῦτα ἐλάλησεν αὐτοῖς ὁ πατὴρ αὐτῶν (2 *c*)

Ge. 50. 4. ἐλάλησεν Ἰωσὴφ πρὸς τοὺς δυνάστας Φ. (2 c)
— 4. λαλήσατε περὶ ἐμοῦ εἰς τὰ ὦτα Φαραώ (2 c)
— 17. λαλούντων αὐτῶν πρὸς αὐτόν (2 c)
— 21. ἐλάλησεν αὐτῶν εἰς τὴν καρδίαν (2 c)
Ex. 4. 10. ἀφ' οὗ ἤρξω λαλεῖν τῷ θεράποντι (2 c)
— 12. ὃ [A ἃ] μέλλεις λαλῆσαι (2 c)
— 14. λαλῶν λαλήσει αὐτός σοι (2 c, 2 c)
— 16. αὐτός σοι λαλήσει [A B² προσλαλήσει] πρὸς τὸν λαόν (2 c)
— 30. ἐλάλησεν Ἀαρὼν πάντα τὰ ῥήματα τ. ἃ ἐλάλησεν ὁ θεὸς πρὸς M. (2 c, 2 c)
5. 23. λαλῆσαι [A *add.* αὐτῷ] ἐπὶ τῷ σῷ ὀνόμ. (2 c)
6. 2. ἐλάλησε δὲ ὁ θεὸς πρὸς Μωυσῆν (2 c)
— 9. ἐλάλησε δὲ Μωυσῆς οὕτω τοῖς υἱοῖς Ἰ. (2 c)
— 11. λάλησον Φαραῷ (2 c)
— 12. ἐλάλησε δὲ M. ἔναντι κυρίου (2 c)
— 28. ἐλάλησε κύριος Μωυσῇ ἐν γῇ Αἰγ. (2 c)
— 29. ἐλάλησε κύριος πρὸς Μωυσῆν (2 c)
— 29. λάλησον πρὸς Φαραώ (2 c)
7. 2. σὺ δὲ λαλήσεις αὐτῷ πάντα (2 c)
— 2. λαλήσει πρὸς Φαραώ (2 c)
— 7. ἡνίκα ἐλάλησε [A -σαν] πρὸς Φαραώ (2 c)
— 9. καὶ ἐὰν λαλήσῃ πρὸς ὑμᾶς (2 c)
— 13. καθάπερ ἐνετείλατο [A ἐλάλησεν] αὐτοῖς (2 c)
8. 15 (11), 19 (15). καθάπερ ἐλάλησε κύριος (2 c)
9. 35. καθάπερ ἐλάλησε κύριος τῷ Μωυσῇ (2 c)
11. 2. λάλησον οὖν κρυφῇ εἰς τὰ ὦτα (2 c)
12. 3. λάλησον πρὸς πᾶσαν συναγωγήν (2 c)
— 25. καθότι ἐλάλησε (2 c)
14. 1. ἐλάλησε κύριος πρὸς Μωυσῆν (2 c)
— 2. λάλησον τοῖς υἱοῖς Ἰσραήλ (2 c)
— 12. ὃ ἐλαλήσαμεν πρὸς σέ (2 c)
— 15. λάλησον τοῖς υἱοῖς Ἰσραήλ (2 c)
16. 10. ἡνίκα δὲ ἐλάλει Ἀ. πάσῃ συναγωγῇ (2 c)
— 11. καὶ ἐλάλησε κ. πρὸς Μωυσῆν (2 c)
— 12. λάλησον πρὸς αὐτούς (2 c)
— 23. ὃ ἐλάλησε κύριος (2 c)
19. 7. ἐκάλεσε [B¹ ἐλάλησε πρὸς] τοὺς πρεσβυτέρους (10)
— 9. ἵνα ἀκούσῃ ὁ λαὸς λαλοῦντός μου πρὸς σέ (2 c)
— 19. Μωυσῆς ἐλάλησεν [A ἐλάλει] (2 c)
20. 1. ἐλάλησε κ. πάντας τοὺς λόγους τ. (2 c)
— 19. λάλησον σὺ ἡμῖν (2 c)
— 19. καὶ μὴ λαλείτω πρὸς ἡμᾶς ὁ θεός (2 c)
— 22. ἐκ τοῦ οὐρανοῦ λελάληκα πρὸς ὑμᾶς (2 c)
23. 13. ὅσα εἴρηκα [A λελάληκα] πρὸς ὑμᾶς (1 a)
24. 3. οὓς ἐλάλησε κύριος (2 c)
— 7. ὅσα ἐλάλησε κύριος ποιήσομεν (2 c)
25. 1. ἐλάλησε κύριος πρὸς Μωυσῆν (2 c)
— 21 (22). καὶ λαλήσω σοι ἄνωθεν τοῦ ἱλαστηρίου (2 c)
28. 3. καὶ σὺ λάλησον πᾶσι τοῖς σοφοῖς (2 c)
29. 42. ὥστε λαλῆσαί σοι (2 c)
30. 11, 17, 22. ἐλάλησε κύριος πρὸς Μωυσῆν (2 c)
— 31. τοῖς υἱοῖς Ἰσραὴλ λαλήσεις (2 c)
31. 1. ἐλάλησε κύριος πρὸς Μωυσῆν (2 c)
— 12. ἐλάλησε κύριος πρὸς M. (1 a)
— 18. κατέπαυσε λαλῶν αὐτῷ [A πρὸς αὐτόν] (2 c)
32. 7. ἐλάλησε κύριος πρὸς Μωυσῆν (2 c)
— 13. καὶ ἐλάλησας πρὸς αὐτούς (2 c)
— 28. καθὰ ἐλάλησεν αὐτοῖς (2 *f*)
33. 9. καὶ ἐλάλει Μωυσῇ (2 c)
— 11. καὶ ἐλάλησε κύριος πρὸς Μωυσῆν (2 c)
— 11. B εἴ τις λαλήσει [A R -αι] πρὸς τὸν ἑαυτοῦ φίλον (2 c)
— 19. B λαλήσω ἐπὶ [A R καλέσω] τῷ ὀνόματί μου (10)
34. 10. εἶπε [A² ἐλάλησεν] κύριος πρὸς Μωυσῆν (1 a)
— 29. ἐν τῷ λαλεῖν αὐτὸν αὐτῷ (2 c)
— 31. ἐλάλησεν αὐτοῖς [A πρὸς αὐτοὺς] M. (2 c)
— 32. ὅσα ἐνετείλατο [A ἐλάλησεν] κ. πρὸς αὐτόν (2 c)
— 33. ἐπειδὴ κατέπαυσε λαλῶν πρὸς αὐτούς (2 c)
— 34. ἔναντι κυρίου λαλεῖν αὐτῷ (2 c)
— 34. ἐλάλει πᾶσι τοῖς υἱοῖς Ἰσρ. (2 c)
40. 1. ἐλάλησε κύριος πρὸς Μωυσῆν (2 c)
Le. 1. 1. ἐλάλησε κύριος αὐτῷ ἐκ τῆς σκηνῆς (2 c)
— 2. λάλησον τοῖς υἱοῖς Ἰσραήλ (2 c)
4. 1. ἐλάλησε κύριος πρὸς Μωυσῆν (2 c)
— 2. λάλησον πρὸς τοὺς υἱοὺς Ἰσραήλ (2 c)
5. 14 : 6. 1 (5. 20), 7 (1), 19 (12) (B), 24 (17). ἐλάλησε κύριος πρὸς Μωυσῆν (2 c)
6. 25 (18). λάλησον Ἀαρών (2 c)
7. 12 (22). ἐλάλησε κύριος πρὸς Μωυσῆν (2 c)
— 13 (23). λάλησον τοῖς υἱοῖς Ἰσραήλ (2 c)

Le. 7. 18 (28). ἐλάλησε κύριος πρὸς Μωυσῆν (2 c)
— 19 (29). τοῖς υἱοῖς Ἰσραὴλ λαλήσεις (2 c)
8. 1. ἐλάλησε κύριος πρὸς Μωυσῆν (2 c)
9. 3. τῇ γερουσίᾳ Ἰσραὴλ λάλησον (2 c)
10. 8. ἐλάλησε κύριος τῷ Ἀαρών (2 c)
— 11. τὰ νόμιμα ἃ ἐλάλησε (2 c)
— 19. ἐλάλησεν Ἀαρὼν πρὸς Μωυσῆν (2 c)
11. 1. ἐλάλησε κύριος πρὸς M. καὶ Ἀαρών (2 c)
— 2. λαλήσατε τοῖς υἱοῖς Ἰσραήλ (2 c)
12. 1. ἐλάλησε κύριος πρὸς Μωυσῆν (2 c)
— 2. λάλησον τοῖς υἱοῖς Ἰσραήλ (2 c)
13. 1. ἐλάλησε κύριος πρὸς M. καὶ Ἀαρών (2 c)
14. 1. ἐλάλησε κύριος πρὸς Μωυσῆν (2 c)
— 33 : 15. 1. ἐλάλησε κύριος πρὸς M. καὶ Ἀαρών (2 c)
15. 2. λάλησον τοῖς υἱοῖς Ἰσραήλ (2 c)
16. 1. ἐλάλησε κύριος πρὸς Μωυσῆν (2 c)
— 2. λάλησον πρὸς Ἀαρὼν τὸν ἀδελφόν σου (2 c)
17. 1. ἐλάλησε κύριος πρὸς Μωυσῆν (2 c)
— 2. λάλησον πρὸς Ἀαρών (2 c)
18. 2. λάλησον τοῖς υἱοῖς Ἰσραήλ (2 c)
19. 1. ἐλάλησε κύριος πρὸς Μωυσῆν (2 c)
— 2. λάλησον τῇ συναγωγῇ (2 c)
20. 1. ἐλάλησε κύριος πρὸς M. (2 c)
— 2. τοῖς υἱοῖς Ἰσρ. λαλήσεις (1 a)
21. 16. ἐλάλησε κύριος πρὸς M. (2 c)
— 24. ἐλάλησε M. πρὸς Ἀ. [A B¹ *al.*] (2 c)
22. 1, 17. ἐλάλησε κύριος πρὸς M. (2 c)
— 18. λάλησον Ἀαρὼν καὶ τοῖς υἱοῖς αὐ. (2 c)
— 26. ἐλάλησε κύριος πρὸς M. (2 c)
23. 2. λάλησον τοῖς υἱοῖς Ἰσρ. (2 c)
— 9, 23. ἐλάλησε κύριος πρὸς M. (2 c)
— 24. λάλησον τοῖς υἱοῖς Ἰσρ. (2 c)
— 26, 33. ἐλάλησε κύριος πρὸς M. (2 c)
— 34. λάλησον τοῖς υἱοῖς Ἰσρ. (2 c)
— 44. ἐλάλησε M. τὰς ἑορτὰς κυρίου (2 c)
24. 1, 13. ἐλάλησε κύριος πρὸς M. (2 c)
— 15. τοῖς υἱοῖς Ἰσρ. λάλησον (2 c)
— 23. ἐλάλησε M. τοῖς υἱοῖς Ἰσρ. (2 c)
25. 1. ἐλάλησε κύριος πρὸς M. (2 c)
— 2. λάλησον τοῖς υἱοῖς Ἰσρ. (2 c)
27. 1. ἐλάλησε κύριος πρὸς M. (2 c)
— 2. λάλησον τοῖς υἱοῖς Ἰσρ. (2 c)
Nu. 1. 1, 48 : 2. 1. ἐλάλησε κύριος πρὸς M. (2 c)
3. 1. ἐλάλησε κύριος τῷ M. (2 c)
— 5, 11, 14, 44 : 4. 1, 17, 21 : 5. 1. ἐλάλησε κύριος πρὸς M. (2 c)
5. 4. καθὰ ἐλάλησε κύριος Μωυσῇ (2 c)
— 5. ἐλάλησε κύριος πρὸς M. (2 c)
— 6. λάλησον τοῖς υἱοῖς Ἰσρ. (2 c)
— 11. ἐλάλησε κύριος πρὸς M. (2 c)
— 12. λάλησον τοῖς υἱοῖς Ἰσρ. (2 c)
6. 1. ἐλάλησε κύριος πρὸς M. (2 c)
— 2. λάλησον τοῖς υἱοῖς Ἰσρ. (2 c)
— 22. ἐλάλησε κύριος πρὸς M. (2 c)
— 23. ABS² λάλησον Ἀαρὼν καὶ τοῖς υἱοῖς αὐ. (2 c)
7. 89. λαλῆσαι αὐτῷ (2 c)
— 89. τὴν φωνὴν κυρίου λαλοῦντος πρὸς αὐτόν (2 c)
— 89. καὶ ἐλάλει πρὸς αὐτόν (2 c)
8. 1. ἐλάλησε κύριος πρὸς M. (2 c)
— 2. λάλησον τῷ Ἀαρών (2 c)
— 5, 23 : 9. 1. ἐλάλησε κύριος πρὸς M. (2 c)
9. 4. ἐλάλησε M. τοῖς υἱοῖς Ἰσρ. (2 c)
— 9. ἐλάλησε κύριος πρὸς M. (2 c)
— 10. λάλησον τοῖς υἱοῖς Ἰσρ. (2 c)
10. 1. ἐλάλησε κύριος πρὸς M. (2 c)
— 29. κύριος ἐλάλησε καλά (2 c)
11. 17. λαλήσω ἐκεῖ μετὰ σοῦ (2 c)
— 24. ἐλάλησε . . . τὰ ῥήματα κυρίου (2 c)
— 25. ἐλάλησε πρὸς αὐτόν (2 c)
12. 1. ἐλάλησε M. καὶ Ἀ. κατὰ M. [B¹ *al.*] (2 c)
— 2. μὴ Μωυσῇ μόνῳ λελάληκε [A ἐλάλησε] κ. (2 c)
— 2. οὐχὶ καὶ [A *add.* ἐν] ἡμῖν ἐλάλησε (2 c)
— 6. ἐν ὕπνῳ λαλήσω αὐτῷ (2 c)
— 8. στόμα κατὰ στόμα λαλήσω αὐτῷ (2 c)
13. 2 (1). ἐλάλησε κύριος πρὸς M. (2 c)
14. 28. ὃν τρόπον λελαλήκατε εἰς τὰ ὦτά μου [A *om.* εἰς τ. ὦ. μ.] (2 c)
— 35. ἐγὼ κύριος ἐλάλησα (2 c)
— 39. ἐλάλησε M. τὰ ῥήματα ταῦτα (2 c)
15. 1. A ἐλάλησεν [B εἶπε] κύριος πρὸς M. (2 c)
— 2. λάλησον τοῖς υἱοῖς Ἰσρ. (2 c)
— 17. ἐλάλησε κύριος πρὸς M. (2 c)
— 18. λάλησον τοῖς υἱοῖς Ἰσρ. (2 c)
— 22. ἃς ἐλάλησε κύριος πρὸς M. (2 c)
— 35. ἐλάλησε κύριος πρὸς M. (1 a)

Nu. 15. 36. A καθὰ ἐλάλησεν κύριος πρὸς M. [B *al.*] (9)
— 38. λάλησον τοῖς υἱοῖς Ἰσρ. (2 c)
16. 1. καὶ ἐλάλησε Κορέ †
— 5. ἐλάλησε πρὸς Κορέ (2 c)
— 20, 23. ἐλάλησε κύριος πρὸς M. (2 c)
— 24. λάλησον τῇ συναγωγῇ (2 c)
— 26. ἐλάλησε πρὸς τὴν συναγωγήν (2 c)
— 31. ὡς δὲ ἐπαύσατο λαλῶν πάντας τοὺς λόγους τ. (2 c)
— 40 (17. 5). καθὰ ἐλάλησε κύριος (2 c)
— 44 (17. 9). ἐλάλησε κύριος πρὸς M. (2 c)
— 47 (17. 12). καθάπερ ἐλάλησεν αὐτῷ M. (2 c)
17. 1 (16). ἐλάλησε κύριος πρὸς M. (2 c)
— 2 (17). λάλησον τοῖς υἱοῖς Ἰσρ. (2 c)
— 6 (21). ἐλάλησε M. τοῖς υἱοῖς Ἰσρ. (2 c)
18. 8. ἐλάλησε κύριος πρὸς Ἀ. (2 c)
— 20. ἐλάλησε κύριος πρὸς Ἀ. (1 a)
— 25. ἐλάλησε κύριος πρὸς M. (2 c)
— 26. καὶ τοῖς Λευΐταις λαλήσεις (2 c)
19. 1. ἐλάλησε κύριος πρὸς M. (2 c)
— 2. λάλησον τοις υἱοῖς Ἰσρ. (2 c)
20. 7. ἐλάλησε κύριος πρὸς M. (2 c)
— 8. λαλήσατε πρὸς τὴν πέτραν (2 c)
22. 8. ἃ ἐὰν λαλήσῃ κύριος πρὸς μέ (2 c)
— 19. τί προσθήσει κ. λαλῆσαι πρὸς μέ (2 c)
— 20. ὃ ἂν λαλήσω [A εἴπω] πρὸς σέ (2 c)
— 35. τοῦτο φυλάξῃ λαλῆσαι (2 c)
— 38. δυνατὸς ἔσομαι λαλῆσαί τι (2 c)
— 38. τοῦτο λαλήσω [A φυλάξω λαλῆσαι] (2 c)
23. 5. οὕτως λαλήσεις (2 c)
— 12. τοῦτο φυλάξω λαλῆσαι (2 c)
— 16. καὶ τάδε λαλήσεις (2 c)
— 17. τί ἐλάλησε κύριος (2 c)
— 19. λαλήσει καὶ οὐχὶ ἐμμενεῖ (2 c)
— 26. οὐκ ἐλάλησά σοι λέγων (2 c)
— 26. ὃ ἐὰν λαλήσῃ ὁ θεός (2 c)
24. 12. οὐχὶ . . . ἐλάλησα λέγων (2 c)
25. 10, 16. ἐλάλησε κύριος πρὸς M. (2 c)
— 16. λάλησον τοῖς υἱοῖς Ἰσρ. —
26. 1. ἐλάλησε κύριος πρὸς M. (1 a)
— 3. ἐλάλησε M. καὶ Ἐλ. [A *add.* μετ' αὐτῶν] (2 c)
— 52. ἐλάλησε κύριος πρὸς M. (2 c)
27. 5 (6). ἐλάλησε κύριος πρὸς M. (1 a)
— 6 (7). ὀρθῶς θυγατέρες Σ. λελαλήκασι (2 a)
— 7 (8). τοῖς υἱοῖς Ἰσρ. λαλήσεις (2 c)
— 18. ἐλάλησε κύριος πρὸς M. (1 a)
28. 1. ἐλάλησε κύριος πρὸς M. (2 c)
30. 1. ἐλάλησε M. τοῖς υἱοῖς Ἰσρ. (1 a)
— 2. ἐλάλησε M. πρὸς τοὺς ἄρχοντας (2 c)
31. 1. ἐλάλησε κύριος πρὸς M. (2 c)
— 3. ἐλάλησε M. πρὸς τὸν λαόν (2 c)
— 25. ἐλάλησε κύριος πρὸς M. (1 a)
33. 50. ἐλάλησε κύριος πρὸς M. (2 c)
— 51. λάλησον τοῖς υἱοῖς Ἰσρ. (2 c)
34. 1, 16 : 35. 1, 9. ἐλάλησε κύριος πρὸς M. (2 c)
35. 10. λάλησον τοῖς υἱοῖς Ἰσρ. (2 c)
36. 1. ἐλάλησαν ἔναντι Μωυσῆ (2 c)
De. 1. 1. οὓς ἐλάλησε M. (2 c)
— 3. ἐλάλησε M. πρὸς πάντας υἱοὺς Ἰσρ. (2 c)
— 6. κ. ὁ θεὸς ἡμῶν ἐλάλησεν ἡμῖν (2 c)
— 11. καθότι ἐλάλησεν ὑμῖν (2 c)
— 14. ὃ ἐλάλησας ποιῆσαι (2 c)
— 43. καὶ ἐλάλησα ὑμῖν (2 c)
2. 1. ὃν τρόπον ἐλάλησε κύριος πρὸς μέ (2 c)
— 17. ἐλάλησε κύριος πρὸς μέ (2 c)
3. 26. μὴ προσθῇς ἔτι λαλῆσαι τὸν λόγον τ. (2 c)
4. 12. ἐλάλησε κύριος πρὸς ὑμᾶς (2 c)
— 15. ᾗ ἐλάλησε κ. πρὸς ὑμᾶς (2 c)
— 33. φωνὴν θεοῦ ζῶντος λαλοῦντος ἐκ μέσου τοῦ πυρός (2 c)
— 45. ὅσα ἐλάλησε M. (2 c)
5. 1. ὅσα ἐγὼ λαλῶ ἐν τοῖς ὠσὶν ὑμῶν (2 a)
— 4. ἐλάλησε κύριος πρὸς ὑμᾶς (2 c)
— 22 (19). τὰ ῥήματα ταῦτα ἐλάλησε κύριος (2 c)
— 24 (21). λαλήσει ὁ θεὸς πρὸς ἄνθρωπον (2 c)
— 26 (23). φωνὴν θεοῦ ζῶντος λαλοῦντος ἐκ μέσου τοῦ πυρός (2 c)
— 27 (24). AB²R λαλήσεις πρὸς ἡμᾶς πάντα ὅσα ἂν λαλήσῃ κύριος (2 c, 2 c)
— 28 (25). τὴν φωνὴν τῶν λόγων ὑμῶν λαλούντων πρὸς μέ (2 c)
— 28 (25). ὅσα ἐλάλησαν πρὸς σέ (2 c)
— 28 (25). ὀρθῶς πάντα ὅσα ἐλάλησαν (2 c)
— 31 (28). λαλήσω πρὸς σὲ τὰς ἐντολάς (2 c)
6. 3. καθάπερ ἐλάλησε κύριος (2 c)

De. 6. 7. καὶ λαλήσεις ἐν αὐτοῖς (2 c)
— 19. καθὰ ἐλάλησε κύριος (2 c)
9. 10. οὓς ἐλάλησε κύριος πρὸς ὑμᾶς (2 c)
— 13. λελάληκα πρὸς σέ –
10. 4. οὓς ἐλάλησε κ. πρὸς ὑμᾶς (2 c)
11. 19. λαλεῖν ἐν αὐτοῖς [A λ. αὐτά] (2 c)
— 25. ὃν τρόπον ἐλάλησε πρὸς ὑμᾶς (2 c)
12. 20. καθάπερ ἐλάλησέ σοι (2 c)
13. 2 (3). ὃ ἐλάλησε πρὸς σέ (2 c)
— 5 (6). ἐλάλησε γὰρ πλανῆσαί σε (2 c)
— 17 (18). A καθὼς ἐλάλησέ σοι –
15. 6. ὃν τρόπον ἐλάλησέ σοι (2 c)
18. 17. ὅσα ἐλάλησαν πρὸς σέ (2 c)
— 18. καὶ λαλήσει αὐτοῖς (2 c)
— 19. ὅσα ἐὰν λαλήσῃ ὁ προφήτης ἐκ. (2 c)
— 20. λαλῆσαι ἐπὶ τῷ ὀνόματί μου ῥῆμα (2 c)
— 20. ὃ οὐ προσέταξα λαλῆσαι (2 c)
— 20. ὃς ἂν λαλήσῃ ἐν [A ἐπ'] ὀνόματι θεῶν ἑτέρων (2 c)
— 21. ὃ οὐκ ἐλάλησε κύριος (2 c)
— 22. ὅσα ἐὰν λαλήσῃ ὁ προφήτης ἐκ. (2 c)
— 22. ὃ οὐκ ἐλάλησε κύριος (2 c)
— 22. ἐν ἀσεβείᾳ ἐλάλησεν ὁ προφήτης ἐκ. (2 c)
20. 2. λαλήσει τῷ λαῷ (2 c)
— 5. λαλήσουσιν οἱ γραμματεῖς πρὸς τὸν λαόν (2 c)
— 8. λαλῆσαι πρὸς τὸν λαόν (2 c)
— 9. ὅταν παύσωνται . . . λαλοῦντες πρὸς τὸν λαόν (2 c)
23. 23 (24). ὃ ἐλάλησας τῷ στόματί σου (2 c)
26. 19. καθὼς ἐλάλησε (2 c)
27. 9. ἐλάλησε Μ. . . . λέγοντες (2 c)
31. 1. συνετέλεσε Μ. λαλῶν πάντας τοὺς λόγους τ. (2 c)
— 3. καθὰ ἐλάλησε κύριος (2 c)
— 28. ἵνα λαλήσω εἰς τὰ ὦτα αὐτῶν (2 c)
— 30. ἐλάλησε Μ. . . . τὰ ῥήματα τῆς ᾠδῆς τ. (2 c)
32. 1. καὶ λαλήσω (2 c)
— 44. ἐλάλησε πάντας τοὺς λόγους τοῦ νόμου τ. (2 c)
— 45. ἐξετέλεσε Μ. λαλῶν (2 c)
— 48. ἐλάλησε κύριος πρὸς Μ. (2 c)
Jo. 10. 12. ἐλάλησεν ’Ι. πρὸς κύριον (2 c)
14. 6. ὃ ἐλάλησε κ. πρὸς Μ. (2 c)
— 10. ἐλάλησε κύριος τὸ ῥῆμα τοῦτο (2 c)
20. 1. ἐλάλησε κύριος τῷ ’Ιησοῖ (2 c)
— 2. λάλησον τοῖς υἱοῖς ’Ισρ. (2 c)
— 4. A λαλήσει ἐν τοῖς ὠσὶ τῶν πρεσβυτ. (2 c)
21. 43. ὧν ἐλάλησε κύριος τοῖς υἱοῖς ’Ισρ. (2 c)
22. 15. ἐλάλησαν πρὸς αὐτούς (2 c)
— 21. ἐλάλησαν τοῖς χιλιάρχοις ’Ισρ. (2 c)
— 28. ἐὰν . . . λαλήσωσι πρὸς ἡμᾶς (1 a)
— 30. οὓς ἐλάλησαν οἱ υἱοὶ ‘Ρ. (2 c)
— 33. ἐλάλησαν [A -εν] πρὸς τοὺς υἱοὺς ’Ισρ. †
23. 5. καθὰ ἐλάλησε κ. ὁ θεὸς ἡμῶν ὑμῖν (2 c)
— 15. B ἃ ἐλάλησε κύριος πρὸς [A R ἐφ'] ὑμᾶς (2 c)
24. 27. ὅ τι [A ὅσα] ἐλάλησε πρὸς ἡμᾶς (2 c)
Jd. 1. 20. καθὼς ἐλάλησε Μ. (2 c)
2. 4. ὡς ἐλάλησεν ὁ ἄγγελος κυρίου (2 c)
— 15. καθὼς ἐλάλησε κύριος (2 c)
5. 12. λάλησον ᾠδήν [A λάλει μετ' ᾠδῆς] (2 c)
6. 17. ὅ τι ἐλάλησας [A σὺ λαλεῖς] μετ' ἐμοῦ (2 c)
— 27. ὃν τρόπον ἐλάλησε πρὸς αὐτὸν κύριος (2 c)
— 36, 37. καθὼς ἐλάλησας (2 c)
— 39. λαλήσω [A *add.* πρὸς σὲ] ἔτι ἅπαξ (2 c)
7. 3. λάλησον δὴ ἐν ὠσὶ [A εἰς τὰ ὦ.] τοῦ λαοῦ (10)
— 10 (11). ἀκούσῃ τί λαλήσουσι [A λαλοῦσιν] (2 c)
8. 3. ἐν τῷ λαλῆσαι αὐτὸν τὸν λόγον τοῦτον (2 c)
— 8. ἐλάλησε πρὸς αὐτοὺς ὡσαύτως (2 c)
9. 1. ἐλάλησε πρὸς αὐτούς (2 c)
— 2. λαλήσατε δὴ ἐν τοῖς ὠσὶ πάντων (2 c)
— 3. ἐλάλησαν περὶ αὐτοῦ (2 c)
— 37. προσέθετο ἔτι Γ. τοῦ λαλῆσαι (2 c)
— 38. ὡς ἐλάλησας [A *al.*] (1 a)
11. 11. ἐλάλησεν ’Ι. πάντας τοὺς λόγους αὐ. (2 c)
12. 6. οὐ κατεύθυνε τοῦ λαλῆσαι οὕτως [A *al.*] (2 c)
13. 11. ὁ ἀνὴρ ὁ λαλήσας πρὸς τὴν γυναῖκα (2 c)
14. 7. ἐλάλησαν τῇ γυναικί (2 c)
15. 17. ὡς ἐπαύσατο λαλῶν [A *al.*] (2 c)
16. 10, 13. ἐλάλησας πρὸς μὲ ψευδῆ (2 c)
18. 7. A μὴ δυναμένους λαλῆσαι ῥῆμα [B *al.*] (2 f?)
19. 3. τοῦ λαλῆσαι ἐπὶ καρδίαν αὐτῆς (2 c)
— 30. καὶ λαλήσατε (2 c)
20. 3. λαλήσατε ποῦ ἐγένετο ἡ πονηρία αὕτη (2 c)
21. 13. ἐλάλησαν πρὸς τοὺς υἱοὺς Βεν. (2 c)
Ru. 1. 18. ἐκόπασε τοῦ λαλῆσαι πρὸς αὐτὴν ἔτι (2 c)
2. 13. ἐλάλησας ἐπὶ καρδίαν τῆς δούλης σου (2 c)
Ru. 4. 1. R ὃν ἐλάλησε [A B εἶπεν] Βοόζ (2 c)
I Ki. 1. 13. ἐλάλει ἐν τῇ καρδίᾳ αὐ. (2 c)
2. 3. μὴ λαλεῖτε ὑψηλά (2 c)
3. 9, 10. λάλει ὅτι ἀκούει ὁ δοῦλός σου (2 c)
— 12. ὅσα ἐλάλησα εἰς τὸν οἶκον αὐ. (2 c)
— 17. τί τὸ ῥῆμα τὸ λαληθὲν πρὸς σέ (2 c)
— 17. ἐκ πάντων λόγων τῶν λαληθέντων σοι (2 c)
8. 7. καθὰ ἂν λαλήσωσίν σοι (1 a)
— 21. ἐλάλησεν αὐτοὺς [A -οῖς] εἰς τὰ ὦτα κυρίου (2 c)
9. 6. ὃ ἐὰν λαλήσῃ (2 c)
— 21. ἵνα τί ἐλάλησας πρὸς ἐμέ (2 c)
11. 4. λαλοῦσι τοὺς λόγους (2 c)
14. 19. ὡς ἐλάλει Σ. πρὸς τὸν ἱερέα (2 c)
— 26. καὶ ἰδοὺ ἐπορεύετο λαλῶν †
15. 13. ὅσα ἐλάλησε κύριος (2 f)
— 16. ἃ ἐλάλησε κύριος πρὸς μέ (2 c)
— 16. εἶπεν αὐτῷ, Λάλησον (2 c)
16. 4. ἃ ἐλάλησεν αὐτῷ κύριος (2 c)
17. 23. A αὐτοῦ λαλοῦντος μετ' αὐτῶν (2 c)
— 23. A ἐλάλησε κατὰ ῥήματα ταῦτα (2 c)
— 28. A ἐν τῷ λαλεῖν αὐτὸν πρὸς τοὺς ἄνδρας (2 c)
— 31. A οὓς ἐλάλησεν Δαυίδ (2 c)
18. 1. A ὡς συνετέλεσεν λαλῶν πρὸς Σ. (2 c)
— 22. λαλήσατε ὑμεῖς λάθρα τῷ Δ. [A τὸν Δ.] (2 c)
— 23. ἐλάλησαν οἱ παῖδες Σ. . . . τὰ ῥήματα ταῦτα (2 c)
— 24. ἃ ἐλάλησε Δαυίδ (2 c)
19. 1. ἐλάλησε Σ. πρὸς ’Ιων. (2 c)
— 3. λαλήσω περὶ σοῦ πρὸς τὸν πατέρα μου (2 c)
— 4. ἐλάλησεν ’Ιων. περὶ Δ. ἀγαθά (2 c)
20. 23. ὃ ἐλαλήσαμεν ἐγὼ καὶ σύ (2 c)
— 26. οὐκ ἐλάλησε Σ. [A *add.* οὐδὲν] ἐν τῇ ἡμέρᾳ ἐκείνῃ (2 c)
22. 12. λάλει, κύριε –
24. 17. ὡς συνετέλεσε Δ. τὰ ῥήμ. ταῦτα λαλῶν (2 c)
25. 9. λαλοῦσι τοὺς λόγους τούτους πρὸς Ν. [A *al.*] (2 c)
— 17. οὐκ ἔστι λαλῆσαι πρὸς αὐτόν (2 c)
— 24. λαλησάτω δὴ ἡ δούλη σου εἰς τὰ ὦτά σου (2 c)
— 30. ὅσα ἐλάλησεν ἀγαθὰ ἐπὶ σέ (2 c)
— 39. ἐλάλησε περὶ ’Αβιγαίας (2 c)
— 40. ἐλάλησαν αὐτῇ λέγοντες (2 c)
26. 14. τῷ ’Αβ. ἐλάλησε –
28. 17. καθὼς ἐλάλησε κύριος ἐν χειρί μου (2 c)
— 21. οὓς ἐλάλησάς μοι (2 c)
II Ki. 2. 27. εἰ μὴ ἐλάλησας (2 c)
3. 18. κύριος ἐλάλησε περὶ Δ. (1 a)
— 19. ἐλάλησεν ’Αβ. ἐν τοῖς ὠσὶ Βεν. (2 c)
— 19. τοῦ λαλῆσαι εἰς τὰ ὦτα τοῦ Δ. (2 c)
— 27. λαλῆσαι πρὸς αὐτόν (2 c)
7. 7. εἰ λαλῶν ἐλάλησα πρὸς μίαν φυλὴν τοῦ ’Ισρ. (2 f, 2 c)
— 17. οὕτως ἐλάλησε Ν. πρὸς Δ. (2 c)
— 19. ἐλάλησας ὑπὲρ τοῦ οἴκου τοῦ δούλου σου (2 c)
— 20. τοῦ λαλῆσαι πρὸς σέ (2 c)
— 25. ὃ ἐλάλησας περὶ τοῦ δούλου σου (2 c)
— 25. A καθὼς ἐλάλησας (2 c)
— 27. καὶ νῦν καθὼς ἐλάλησας –
— 28. ἐλάλησας ὑπὲρ τοῦ δούλου σου τὰ ἀγαθὰ ταῦτα (2 c)
— 29. σὺ εἶ . . . ἐλάλησας (2 c)
11. 18. B λαλῆσαι πρὸς τὸν βασ. –
— 19. λαλῆσαι πρὸς τὸν βασ. (2 c)
12. 18. ἐλαλήσαμεν πρὸς αὐτόν (2 c)
13. 13. λάλησον δὴ πρὸς τὸν βασ. (2 c)
— 20. τοῦ λαλῆσαι εἰς τὸ ῥῆμα τοῦτο –
— 22. οὐκ ἐλάλησεν ’Αβ. μετὰ ’Α. (2 c)
— 36. ἡνίκα συνετέλεσε λαλῶν (2 c)
14. 3. λαλήσεις πρὸς αὐτόν (2 c)
— 10. τίς ὁ λαλῶν πρὸς σέ (2 c)
— 12. λαλησάτω δὴ ἡ δούλη σου πρὸς τὸν κ. μου (2 c)
— 12. καὶ εἶπε, Λάλησον (2 c)
— 15. ὃ ἦλθον λαλῆσαι πρὸς τὸν βασ. (2 c)
— 15. λαλησάτω δὴ πρὸς τὸν βασ. (2 c)
— 18. λαλησάτω δὴ ὁ κ. μου ὁ βασ. (2 c)
— 19. ὧν ἐλάλησεν ὁ κ. μου ὁ βασ. (2 c)
17. 6. B ὃ [A R *om.*] ἐλάλησεν ’Αχ. (2 c)
— 6. εἰ δὲ μὴ σὺ λάλησον (2 c)
19. 7 (8). λάλησον εἰς τὴν καρδίαν τῶν δούλων σου (2 c)
— 11 (12). λαλήσατε πρὸς τοὺς πρεσβυτ. ’Ι. (2 c)
— 29 (30). ἵνα τί λαλεῖς ἔτι τοὺς λόγους σου (2 c)
II Ki. 20. 16. λαλήσω πρὸς αὐτόν (2 c)
— 18. λόγον ἐλάλησαν ἐν πρώτοις (2 c)
— 22. ἐλάλησε πρὸς πᾶσαν τὴν πόλιν –
22. 1. ἐλάλησε Δ. . . . τοὺς λόγους (2 c)
23. 2. πνεῦμα κυρίου ἐλάλησεν ἐν ἐμοί (2 c)
— 3. ἐμοὶ ἐλάλησε φύλαξ ἐξ ’Ισρ. (2 c)
24. 12. λάλησον πρὸς Δ. (2 c)
III Ki. 1. 14. ἔτι λαλούσης σου ἐκεῖ μετὰ τοῦ βασ. (2 c)
— 22. ἔτι αὐτῆς λαλούσης μετὰ τοῦ βασ. (2 c)
— 42. ἔτι αὐτοῦ λαλοῦντος (2 c)
2. 4. ὃν ἐλάλησε [A *add.* περὶ ἐμοῦ] (2 c)
— 13 (14). καὶ εἶπεν αὐτῷ, Λάλησον (2 c)
— 15 (16). καὶ εἶπεν αὐτῷ Β., Λάλει (2 c)
— 18. ἐγὼ λαλήσω περὶ σοῦ τῷ βασ. (2 c)
— 19. λαλῆσαι αὐτῷ περὶ ’Αδ. (2 c)
— 23. ἐλάλησεν ’Αδ. τὸν λόγον τοῦτον (2 c)
— 24. καθὼς ἐλάλησε κύριος (2 c)
— 27. ὃ ἐλάλησεν ἐπὶ τὸν οἶκον ‘Η. (2 c)
— 30. τάδε λελάληκεν ’Ι. (2 c)
3. 1 (2. 38). ὃ ἐλάλησας (2 c)
— 22. ἐλάλησαν [A -ας] ἐνώπιον τοῦ βασ. (2 c)
4. 32 (5. 12). ἐλάλησε Σαλ. τρισχιλίας παραβολάς (2 c)
— 33 (5. 13). ἐλάλησεν ὑπὲρ [A περὶ] τῶν ξύλων (2 c)
— 33 (5. 13). ἐλάλησε περὶ τῶν κτηνῶν (2 c)
5. 5 (19). καθὼς ἐλάλησε κύριος (2 c)
— 12 (26). καθὼς ἐλάλησεν αὐτῷ (2 c)
6. 12. A ὃν ἐλάλησα πρὸς Δ. (2 c)
8. 15. ὃς ἐλάλησεν ἐν τῷ στόματι αὐ. (2 c)
— 20. τὸ ῥῆμα αὐτοῦ ὃ ἐλάλησε (2 c)
— 20. καθὼς ἐλάλησε (2 c)
— 24. A ὅσα ἐλάλησας αὐτῷ (2 c)
— 24. ἐλάλησας ἐν τῷ στόματί σου (2 c)
— 25. ἃ ἐλάλησας αὐτῷ (2 c)
— 26. A ὃ ἐλάλησας τῷ δούλῳ σου Δ. [B *al.*] (2 c)
— 53. καθὼς ἐλάλησας ἐν χειρὶ δούλου σου Μ. (2 c)
— 53. ἐλάλησε Σαλ. ὑπὲρ τοῦ οἴκου –
— 56. ὅσα [A ἃ] ἐλάλησεν (2 c)
— 56. οἷς ἐλάλησεν ἐν χειρὶ δούλου αὐ. Μ. (2 c)
9. 5. καθὼς ἐλάλησα τῷ Δ. (2 c)
10. 2. ἐλάλησεν αὐτῷ πάντα (2 c)
— 7. οὐκ ἐπίστευσα τοῖς λαλοῦσί μοι (2 f)
12. 3. ἐλάλησεν ὁ λαὸς πρὸς τὸν βασ. (2 c)
— 7. ἐλάλησαν πρὸς αὐτόν (2 c)
— 7. B καὶ λαλήσῃς [A R -εις] αὐτοῖς λόγους ἀγαθούς (2 c)
— 9. A τῷ λαῷ τούτῳ τοῖς λαλήσασιν [B λέγουσι] πρὸς μέ (2 c)
— 10. ἐλάλησαν πρὸς αὐτόν (2 c)
— 10. τάδε λαλήσεις τῷ λαῷ τούτῳ τοῖς λαλήσασι πρὸς σέ (1 a, 2 c)
— 10. τάδε λαλήσεις πρὸς αὐτούς (2 c)
— 12. καθότι ἐλάλησεν αὐτοῖς ὁ βασ. (2 c)
— 14. ἐλάλησε πρὸς αὐτούς (2 c)
— 15. ὃ ἐλάλησεν ἐν χειρὶ ’Αχ. (2 c)
— 24. B ἐλάλησεν εἰς τὰ ὦτα Σ. –
— 24. B ἐλάλησε ‘Ρ. εἰς τὰ ὦτα αὐ. –
— 24. B οὕτως ἐλάλησε πρὸς σὲ ὁ λαός –
— 24. B ἐλάλησεν αὐτοῖς τὰ αὐτά –
— 24. B οὕτως λαλήσεις πρὸς τὸν λ. –
13. 3. ὃ ἐλάλησε κύριος (2 c)
— 7. ἐλάλησεν ὁ βασ. πρὸς τὸν ἄνθρ. τοῦ θ. (2 c)
— 11. οὓς ἐλάλησε τῷ βασ. (2 c)
— 12. ἐλάλησε πρὸς αὐτοὺς ὁ πατὴρ αὐ. (2 c)
— 18. ἄγγελος λελάληκε πρὸς μέ [A μοι] (2 c)
— 22. ᾧ [A ὡς] ἐλάλησε πρὸς σέ (2 c)
— 25. ἐλάλησαν [A -εν] ἐν τῇ πόλει (2 c)
— 26. A ὃ ἐλάλησεν αὐτῷ (2 c)
— 27. A ἐλάλησεν πρὸς τοὺς υἱοὺς αὐ. (2 c)
— 32. ὃ ἐλάλησεν ἐν λόγῳ κυρίου (10)
14. 2. A ἐλάλησεν ἐμὲ τοῦ βασιλεῦσαι (2 c)
— 5. A κατὰ τοῦτο λαλήσεις πρὸς αὐτήν (2 c)
— 11. A κύριος ἐλάλησεν (2 c)
— 18. A ὃ ἐλάλησεν ἐν χειρὶ δούλου αὐ. (2 c)
15. 29. B ὃ ἐλάλησεν ἐν χειρὶ δούλου ’Αχ. (2 c)
16. 7. ἐν χειρὶ Εἰοὺ . . . ἐλάλησε κύριος (2 g)
— 12. ὃ ἐλάλησε κύριος ἐπὶ τὸν οἶκον Β. (2 c)
— 34. ὃ ἐλάλησεν ἐν χειρὶ ’Ι. (2 c)
17. 16. ὃ ἐλάλησεν ἐν χειρὶ ’Η. (2 c)
18. 24. ὃ ἐλάλησας –
— 29. ἐλάλησεν ’Η. πρὸς τοὺς προφήτας –
— 31. ὡς ἐλάλησε κύριος πρὸς αὐτόν (2 g)
20 (21). 2. ἐλάλησεν ’Αχ. πρὸς Ναβ. (2 c)

III Ki. 20 (21). 4. A ὡς ἐλάλησε πρὸς αὐτὸν N. (2 c)
— 5. ἐλάλησε πρὸς αὐτόν (2 c)
— 6. ἐλάλησα πρὸς Ναβ. (2 c)
— 19. λαλήσεις πρὸς αὐτόν (2 c)
— 23. τῇ Ἰεζ. ἐλάλησε κύριος (2 c)
21 (20). 4. καθὼς ἐλάλησας [A add. μοι] (2 f)
22. 8. οὐ λαλεῖ περὶ ἐμοῦ καλά (5)
— 13. ὁ ἄγγελος . . . ἐλάλησεν αὐτῷ (2 c)
— 13. λαλοῦσι πάντες οἱ προφῆται (2 f)
— 13. λάλησον καλά (2 c)
— 14. ταῦτα λαλήσω (2 c)
— 16. ὅπως λαλήσῃς [A -εις] πρὸς μὲ ἀλήθειαν (2 c)
— 23. κύριος ἐλάλησεν ἐπὶ σὲ κακά (2 c)
— 24. ποῖον πνεῦμα κυρίου τὸ λαλῆσαν ἐν σοί [A al.] (2 c)
— 28. οὐ λελάληκε [A οὐκ ἐλάλησεν] κύριος ἐν ἐμοί (2 c)
— 38. ὃ ἐλάλησε (2 c)
IV Ki. 1. 3. λαλήσεις πρὸς αὐτούς (2 c)
— 6. λαλήσατε πρὸς αὐτόν. (2 c)
— 7. B καθὰ ἐλάλησεν Ἠ. –
— 7. ἐλάλησε πρὸς αὐτούς (2 c)
— 7. τοῦ . . . λαλήσαντος πρὸς ὑμᾶς τοὺς λόγους τ. (2 c)
— 9, 11. ἐλάλησεν ὁ πεντηκόνταρχος πρὸς αὐτόν (2 c)
— 12, 13. ἐλάλησε πρὸς αὐτόν (2 c)
— 15. ἐλάλησεν ἄγγελος κυρίου πρὸς Ἠ. (2 c)
— 16. ἐλάλησε πρὸς αὐτόν (2 c)
— 17. ὃ ἐλάλησεν Ἠλ. (2 c)
2. 11. ἐπορεύοντο καὶ ἐλάλουν (2 c)
— 22. ὃ ἐλάλησε (2 c)
4. 17. ὡς ἐλάλησε πρὸς αὐτὴν Ἑλ. (2 c)
5. 4. οὕτως καὶ οὕτως ἐλάλησεν ἡ νεᾶνις (2 c)
— 13. ἐλάλησαν πρὸς αὐτόν (2 c)
— 13. μέγαν λόγον ἐλάλησεν ὁ προφήτης (2 c)
6. 12. οὓς ἐὰν λαλήσῃς ἐν τῷ ταμείῳ (2 c)
— 33. ἔτι αὐτοῦ λαλοῦντος μετ' αὐτῶν (2 c)
7. 17. καθὰ ἐλάλησεν ὁ ἄνθρωπος τοῦ θ. ὃς ἐλάλησεν (2 c, 2 c)
— 18. καθὰ ἐλάλησεν Ἑλ. (2 c)
8. 1. Ἑλ. ἐλάλησε πρὸς τὴν γυναῖκα (2 c)
— 4. ὁ βασ. ἐλάλει [A -λησεν] πρὸς Γ. (2 c)
9. 12. οὕτως καὶ οὕτως ἐλάλησε πρὸς μέ (1 a)
— 36. ὃν ἐλάλησεν ἐν χειρὶ Ἠλ. (2 c)
10. 10. οὗ [A ὅ τι] ἐλάλησε κύριος (2 c)
— 10. ὅσα ἐλάλησεν ἐν χειρὶ δούλου αὐ. Ἠλ. (2 c)
— 17. ὃ ἐλάλησε πρὸς Ἠλ. (2 c)
14. 25. ὃ [A ὃς] ἐλάλησεν ἐν χειρὶ δούλου αὐ. Ἰ. (2 c)
— 27. οὐκ ἐλάλησε κύριος ἐξαλεῖψαι (2 c)
15. 12. ὃν ἐλάλησε πρὸς Εἰοὺ (2 c)
17. 23. καθὼς ἐλάλησε κύριος (2 c)
18. 26. λάλησον δὴ πρὸς τοὺς παῖδάς σου Σ. (2 c)
— 26. οὐ λαλήσεις . . . Ἰουδ. (2 c)
— 26. ἵνα τί λαλεῖς [A om. ἵ. τί λ.] ἐν τοῖς ὠσὶ τοῦ λαοῦ –
— 27. λαλῆσαι τοὺς λόγους τούτους (2 c)
— 28. καὶ ἐλάλησε (2 c)
19. 21. ὃν ἐλάλησε κύριος ἐπ' [A πρὸς] αὐτόν (2 c)
20. 9. ὃν ἐλάλησε (2 c)
— 14. τί ἐλάλησαν οἱ ἄνδρες οὗτοι (1 a)
— 19. ὃν ἐλάλησεν (2 c)
21. 10. ἐλάλησε κύριος ἐν χειρὶ δούλων αὐτοῦ (2 c)
22. 14. ἐλάλησαν πρὸς αὐτήν (2 c)
— 19. ὅσα ἐλάλησα ἐπὶ τὸν τόπον τοῦτον (2 c)
23. 16. ὃ ἐλάλησεν ὁ ἄνθρωπος τοῦ θεοῦ (10)
— 16. τοῦ ἀνθρώπου τοῦ θ. τοῦ λαλήσαντος τοὺς λόγους τούτους (10)
24. 2. ὃν ἐλάλησεν ἐν χειρὶ τῶν δούλων αὐ. (2 c)
25. 6. ἐλάλησε μετ' αὐτοῦ κρίσιν (2 c)
— 28. ἐλάλησε μετ' αὐτοῦ ἀγαθά (2 c)
I Ch. 17. 6. εἰ λαλῶν ἐλάλησα πρὸς μίαν φυλήν (2 f, 2 c)
— 15. οὕτως ἐλάλησε N. πρὸς Δ. (2 c)
— 17. ἐλάλησας ἐπὶ τὸν οἶκον τοῦ παιδός σου (2 c)
— 23. ὃν ἐλάλησας πρὸς τὸν παῖδά σου (2 c)
— 23. B καθὼς ἐλάλησας (2 c)
— 26. ἐλάλησας . . . τὰ ἀγαθὰ ταῦτα (2 c)
21. 9. ἐλάλησε κύριος πρὸς Γάδ (2 c)
— 10. λάλησον πρὸς Δ. (2 c)
— 19. ὃν ἐλάλησεν ἐν ὀνόματι κυρίου (2 c)
22. 11. ὡς ἐλάλησε περὶ σοῦ (2 c)
II Ch. 6. 4. ὃς ἐλάλησεν ἐν στόματι αὐτοῦ (2 c)
— 10. ὃν ἐλάλησε (2 c)
— 10. καθὼς ἐλάλησε κύριος (2 c)

II Ch. 6. 15. ἃ ἐλάλησας αὐτῷ λέγων καὶ ἐλάλησας [A om. αὐ. λ. κ. ἐ.] ἐν στόματί σου (2 c, 2 c)
— 16. ἃ ἐλάλησας αὐτῷ (2 c)
— 17. ὃ ἐλάλησας τῷ παιδί σου τῷ Δ. (2 c)
9. 1. ἐλάλησε πρὸς αὐτόν (2 c)
10. 7. ἐλάλησαν αὐτῷ λέγοντες (2 c)
— 7. ἐὰν . . . λαλήσῃς αὐτοῖς λόγους ἀγαθούς (2 c)
— 9. οἳ ἐλάλησαν πρὸς μέ (2 c)
— 10. ἐλάλησαν αὐτῷ τὰ παιδάρια (2 c)
— 10. οὕτως λαλήσεις τῷ λαῷ τῷ λαλήσαντι πρὸς σέ (1 a, 2 c)
— 12. ὡς ἐλάλησεν ὁ βασ. (2 c)
— 14. ἐλάλησε πρὸς αὐτούς (2 c)
— 15. ὃν ἐλάλησεν ἐν χειρὶ Ἀχ. (2 c)
18. 7. μὴ λαλείτω ὁ βασ. οὕτως (1 a)
— 12. ἐλάλησεν αὐτῷ λέγων (2 c)
— 12. ἐλάλησαν οἱ προφῆται . . . ἀγαθά (2 f)
— 12. καὶ λαλήσεις ἀγαθά (2 c)
— 13. αὐτὸ λαλήσω (2 c)
— 15. ἵνα μὴ λαλήσῃς [A -σεις] πρὸς μέ (2 c)
— 22. κύριος ἐλάλησεν ἐπὶ σὲ κακά (2 c)
— 23. A τοῦ λαλῆσαι πρὸς σέ –
— 23. τοῦ λαλῆσαι πρὸς σέ (2 c)
— 27. οὐκ ἐλάλησε κύριος ἐν ἐμοί (2 c)
23. 3. καθὼς ἐλάλησε κύριος (2 c)
24. 5. σπεύσατε λαλῆσαι (2 f)
25. 16. ἐν τῷ λαλῆσαι αὐτῷ (2 c)
30. 22. ἐλάλησεν Ἐζ. ἐπὶ πᾶσαν καρδίαν τῶν Λ. (2 c)
32. 6. ἐλάλησεν ἐπὶ καρδίαν αὐ. (2 c)
— 16. ἐλάλησαν παῖδες αὐ. ἐπὶ κύριον (2 c)
— 19. ἐλάλησεν ἐπὶ θεὸν Ἱερ. (2 c)
33. 10. ἐλάλησε κύριος ἐπὶ M. (2 c)
— 18. καὶ λόγοι τῶν ὁρώντων λαλούντων πρὸς αὐτόν (2 c)
34. 22. ἐλάλησαν αὐτῇ κατὰ ταῦτα (2 c)
I Es. 1. 51. ᾗ ἡμέρᾳ ἐλάλησε κύριος
3. 21. πάντα διὰ ταλάντων ποιεῖ λαλεῖν
4. 1. ἤρξατο ὁ δεύτερος λαλεῖν
— 13. ὁ δὲ τρίτος . . . ἤρξατο λαλεῖν
— 33. ἤρξατο λαλεῖν περὶ τῆς ἀληθείας
— 41. ἐσιώπησε τοῦ λ.
5. 6. ὃς ἐλάλησεν . . . λόγους σοφούς
II Es. 8. 17. λόγους λαλῆσαι πρὸς τοὺς ἀδ. αὐ. (2 c)
Ne. 9. 13. καὶ ἐλάλησας πρὸς αὐτούς (2 c)
13. 24. οἱ υἱοὶ αὐ. ἥμισυ λαλοῦντες [A -οῦσιν] Ἀζ. (2 c)
— 24. οὐκ εἰσὶν ἐπιγινώσκοντες λαλεῖν Ἰουδ. (2 c)
To. 2. 6. S ὅσα ἐλάλησεν Ἀμ. [A B al.]
6. 10. A B λαλήσω περὶ αὐτῆς
— 12. λαλήσω τῷ πατρὶ αὐτῆς
— 12. S λαλήσωμεν περὶ τοῦ κορασίου
7. 7. S ἐλάλησεν καὶ εἶπεν αὐτῷ [A B al.]
— 8. λάλησον ὑπὲρ ὧν ἔλεγες [S al.]
14. 4. ὅσα ἐλάλησεν Ἰωνᾶς [S al.]
— 4. S ὅσα ἐλάλησαν οἱ προφῆται τοῦ Ἰ.
— 5. καθὼς ἐλάλησαν περὶ αὐτῆς οἱ προφῆται
— 8. A B ἃ ἐλάλησεν ὁ προφήτης Ἰωνᾶς
Ju. 2. 1. καθὼς ἐλάλησε
— 12. λελάληκα [S² ὅσα λ.] καὶ ποιήσω
5. 22. ὡς ἐπαύσατο Ἀ. λαλῶν τοὺς λόγους τ.
6. 5. ὃς [S ὡς] ἐλάλησας τοὺς λόγους τούτους
— 9. ἐλάλησα καὶ οὐδὲν διαπεσεῖται
— 17. ὅσα ἐλάλησεν [A -αν]
7. 16. καθὰ ἐλάλησαν
— 24. οὐ λαλήσαντες εἰρηνικά
8. 9. οὓς ἐλάλησε πρὸς αὐτοὺς Ὀ.
— 11. ὃν ἐλαλήσατε ἐναντίον τοῦ λαοῦ
— 11. ὃν ἐλαλήσατε ἀνὰ μέσον τοῦ θεοῦ
— 28. πάντα . . . ἀγαθῇ [A S ἐν ἀ.] καρδίᾳ ἐλάλησας
— 30. καθὰ ἐλαλήσαμεν αὐτοῖς
10. 9. ὧν ἐλαλήσατε μετ' ἐμοῦ
— 9. καθότι ἐλάλησαν [A S -εν]
11. 5. λαλησάτω ἡ παιδίσκη σου
— 9. ὃν ἐλάλησεν Ἀχ.
— 9. S ὅσα ἐλάλησε [A B ἐξελ.] παρὰ σοί
— 19. A B ταῦτα ἐλαλήθη μοι
— 23. A B ἐὰν ποιήσῃς καθὰ ἐλάλησας
13. 3. τῷ B. ἐλάλησε κατὰ τὰ ῥήματα ταῦτα
14. 8. ἕως οὗ ἐλάλει αὐτοῖς
— 9. ὡς δὲ ἐπαύσατο λαλοῦσα
15. 8. καὶ [S add. τοῦ] λαλῆσαι μετ' αὐτῆς εἰρήνην
Es. 1. 13. κατὰ ταῦτα [S¹ add. ἃ] ἐλάλησεν Ἀ. (2 f)
— 21. καθὰ ἐλάλησεν ὁ M. (2 f)
2. 1. μνημονεύων οἷα ἐλάλησεν [S¹ -αν, A al.] †

Es. 3. 3. ἐλάλησαν οἱ ἐν τῇ αὐλῇ τοῦ βασ. (1 a)
— 4. ἐλάλουν [A S² ἔλεγον] αὐτῷ (1 a)
— 8. ἐλάλησε πρὸς τὸν βασ. (1 a)
4. 8. ἐλάλησε καθ' ἡμῶν εἰς θάνατον –
— 8. λάλησον τῷ βασ. περὶ ἡμῶν –
— 9. ἐλάλησεν αὐτῇ πάντας τοὺς λόγους τ. (6)
— 17. ὅσα ἐλάλησας [A S add. αὐτοῖς]
5. 2. λάλησόν μοι
6. 10. καλῶς [S² καθὼς] ἐλάλησας (2 c)
— 10. ὧν ἐλάλησας (2 c)
— 14. ἔτι αὐτῶν λαλούντων (2 c)
7. 9. τῷ λαλήσαντι [S² add. ἀγαθὰ] περὶ τοῦ βασ. (2 c)
8. 3. ἐλάλησε πρὸς τὸν βασ. (2 c)
Jb. 1. 16, 17, 18. ἔτι τούτου λαλοῦντος (2 c)
2. 10. ὥσπερ [A ἵνα τί ὥσπερ] μία τῶν ἀφρόνων γυναικῶν ἐλάλησας [A οὕτως ἐλ.] (2 c)
— 13. A B οὐδεὶς αὐτῶν [B -ῷ] ἐλάλησεν [A ἐλ. πρὸς αὐτὸν λόγον] (2 a)
4. 2. μὴ πολλάκις σοι λελάληται ἐν κόπῳ (2 f)
6. 4. ὅταν ἄρξωμαι λαλεῖν †
7. 11. λαλήσω ἐν ἀνάγκῃ ὤν (2 c)
8. 2. μέχρι τίνος λαλήσεις ταῦτα (4 a)
9. 27. ἐπιλήσομαι λαλῶν †
— 35. οὐ μὴ φοβηθῶ ἀλλὰ λαλήσω [S¹ al.] (2 c)
10. 1. λαλήσω πικρίᾳ ψυχῆς μου συνεχόμενος (2 c)
11. 5. πῶς ἂν ὁ κύριος λαλήσαι [S -σει] πρὸς σέ (2 c)
13. 3. οὐ μὴν δὲ ἀλλ' ἐγὼ πρὸς κύριον λαλήσω (2 c)
— 7. πότερον οὐκ ἔναντι κυρίου λαλεῖτε (2 c)
— 8. A καλῶς γε λαλοῦντες –
— 13. κωφεύσατε ἵνα λαλήσω (2 c)
— 15. ἦ μὴν [A οὐ μὴν δὲ ἀλλὰ] λαλήσω †
— 22. ἢ [A om.] λαλήσεις (2 c)
15. 11. μεγάλως ὑπερβαλλόντως [A -βάλλον οὕτως] λελάληκας (2 f?)
16. 4. κἀγὼ καθ' ὑμᾶς λαλήσω (2 c)
— 7 (6). ἐὰν γὰρ λαλήσω οὐκ ἀλγήσω τὸ τραῦμα †
18. 2. ἐπίσχες ἵνα καὶ αὐτοὶ λαλήσωμεν (2 c)
19. 4. λαλῆσαι ῥήματα ἃ οὐκ ἔδει †
— 7. A S² ἰδοὺ λαλῶ [B S¹ γελῶ] ὀνείδει [A -δη] καὶ οὐ λαλήσω †, †
— 18. ὅταν ἀναστῶ κατ' ἐμοῦ λαλοῦσιν (2 c)
21. 3. ἐγὼ δὲ λαλήσω (2 c)
27. 4. μὴ λαλήσειν τὰ χείλη μου ἄνομα [A al.] (2 c)
29. 9. ἁδροὶ δὲ ἐπαύσαντο λαλοῦντες (4 c)
— 22. ὁπόταν αὐτοῖς ἐλάλουν (4 c)
32. 7. οὐχ [A om.] ὁ χρόνος ἐστὶν ὁ λαλῶν (2 c)
— 14. λαλῆσαι τοιαῦτα ῥήματα (4 c)
— 16. οὐ γὰρ ἐλάλησα (2 c)
— 18. πάλιν λαλήσω †
— 20. λαλήσω ἵνα ἀναπαύσωμαι (2 c)
33. 2. ἐλάλησεν ἡ γλῶσσά μου (2 c)
— 14. ἐν γὰρ τῷ ἅπαξ λαλῆσαι ὁ κύριος (2 c)
— 31. καὶ ἐγώ εἰμι λαλήσω [A al.] (2 c)
— 32. λάλησον θέλω γὰρ δικαιωθῆναί σε (2 c)
34. 33. τί ἔγνως λάλησον (2 c)
— 35. Ἰὼβ δὲ οὐκ ἐν συνέσει ἐλάλησε [A -σας] (2 c)
— 37. πολλὰ λαλούντων [A λαλοῦσιν] ῥήματα (1 c)
39. 14. A ἐλάλησαν [B S om.] ὅτι ἀφήσει εἰς γῆν τὰ ᾠὰ αὐ. –
— 35 (40. 5). ἅπαξ λελάληκα [A ἐλάλησα] (2 c)
40. 22 (27). λαλήσει δέ σοι δεήσει [A -σεις] (2 c)
42. 4. ἵνα κἀγὼ λαλήσω (2 c)
— 7. μετὰ τὸ λαλῆσαι τὸν κ. πάντα τὰ ῥήμ. ταῦτα τῷ Ἰ. (2 c)
— 7. οὐ γὰρ ἐλαλήσατε ἐνώπιόν μου ἀληθὲς οὐδέν (2 c)
— 8. οὐ γὰρ ἐλαλήσατε ἀληθές [A al.] (2 c)
Ps. 2. 5. λαλήσει πρὸς αὐτοὺς ἐν ὀργῇ αὐτοῦ (2 c)
5. 6. ἀπολεῖς πάντας τοὺς λαλοῦντας τὸ ψεῦδος (2 a)
11 (12). 2. μάταια ἐλάλησεν ἕκαστος πρὸς τὸν πλησίον αὐ. (2 c)
— 2. ἐν καρδίᾳ ἐλάλησαν [A S² ἐλ. κακά] (2 c)
14 (15). 2. λαλῶν ἀλήθειαν ἐν καρδίᾳ αὐτοῦ (2 a)
16 (17). 3. ὅπως ἂν μὴ λαλήσῃ τὸ στόμα μου τὰ ἔργα τῶν ἀνθρ. (2 f?)
— 10. τὸ στόμα αὐτῶν ἐλάλησεν ὑπερηφανίαν (2 c)
17 (18) tit. ἃ ἐλάλησε τῷ κυρίῳ τοὺς λόγους (2 c)
21 (22). 7. ἐλάλησαν ἐν χείλεσιν †
27 (28). 3. τῶν λαλούντων εἰρήνην μετὰ τῶν πλησίον αὐ. (2 a)
30 (31). 18. τὰ λαλοῦντα κατὰ τοῦ δικαίου ἀνομίαν (2 a)

Ps. 33 (34). 13. καὶ χείλη σου τοῦ μὴ λαλῆσαι δόλον (2 c)
34 (35). 20. ἐμοὶ μὲν εἰρηνικὰ ἐλάλουν (2 c)
36 (37). 30. ἡ γλῶσσα αὐτοῦ λαλήσει [S[1] μελετήσει] κρίσιν (2 c)
37 (38). 12. ἐλάλησαν ματαιότητας [S[1] -τα] (2 c)
38 (39). 3. ἐλάλησα ἐν γλώσσῃ μου (2 c)
39 (40). 5. ἀπήγγειλα καὶ ἐλάλησα (2 c)
40 (41). 6. A B[2] S R μάτην ἐλάλει (2 c)
— 6. ἐλάλει ἐπὶ τὸ αὐτό (2 c)
48 (49). 3. τὸ στόμα μου λαλήσει σοφίαν (2 c)
49 (50). 1. θεὸς θεῶν κύριος ἐλάλησε (2 c)
— 7. λαλήσω σοι, Ἰσραήλ (2 c)
51 (52). 3. ἠγάπησας . . . ἀδικίαν ὑπὲρ τὸ λαλῆσαι δικαιοσύνην (2 c)
57 (58). 1. εἰ ἀληθῶς ἄρα δικαιοσύνην λαλεῖτε (2 c)
— 3. ἐλάλησαν ψευδῆ (2 a)
59 (60). 6. ὁ θεὸς ἐλάλησεν ἐν τῷ ἁγίῳ αὐτοῦ (2 c)
61 (62). 11. ἅπαξ ἐλάλησεν ὁ θεός (2 c)
62 (63). 11. ἐνεφράγη στόμα λαλούντων ἄδικα (2 a)
65 (66). 14. ἃς . . . ἐλάλησε τὸ στόμα μου (2 c)
72 (73). 8. ἐλάλησαν ἐν πονηρίᾳ ἀδικίαν εἰς τὸ ὕψος ἐλάλησαν (2 c, 2 c)
74 (75). 5. μὴ λαλεῖτε κατὰ τοῦ θεοῦ ἀδικίαν (2 c)
76 (77). 4. ἐταράχθην καὶ οὐκ ἐλάλησα (2 c)
80 (81). 8. B S[1] καὶ λαλήσω σοι –
84 (85). 8. ἀκούσομαι τί λαλήσει ἐν ἐμοὶ κ. ὁ θεὸς ὅτι λαλήσει εἰρήνην ἐπὶ τὸν λαὸν αὐ. (2 c, 2 c)
86 (87). 3. δεδοξασμένα ἐλαλήθη περὶ σοῦ (2 d)
88 (89). 19. ἐλάλησας ἐν ὁράσει τοῖς υἱοῖς σου (2 c)
93 (94). 4. λαλήσουσιν ἀδικίαν λαλήσουσι πάντες οἱ ἐργαζόμενοι τὴν ἀνομίαν (2 c, 1 b)
98 (99). 7. ἐν στύλῳ νεφέλης ἐλάλει πρὸς αὐτούς (2 c)
100 (101). 7. λαλῶν ἄδικα οὐ κατεύθυνεν (2 a)
105 (106). 2. τίς λαλήσει τὰς δυναστείας τοῦ κυρίου (4 a)
107 (108). 7. ὁ θεὸς ἐλάλησεν ἐν τῷ ἁγίῳ αὐτοῦ (2 c)
108 (109). 2. ἐλάλησαν κατ' ἐμοῦ γλώσσῃ δολίᾳ (2 c)
— 20. καὶ τῶν λαλούντων πονηρὰ κατὰ τῆς ψυχῆς μου (2 a)
113. 13 (115. 5). A R στόμα ἔχουσι καὶ οὐ λαλήσουσιν [S λαλοῦσιν] (2 c)
115. 1 (116. 10). ἐπίστευσα διὸ ἐλάλησα (2 c)
118 (119). 46. ἐλάλουν ἐν τοῖς μαρτυρίοις σου (2 c)
119 (120). 7. ὅταν ἐλάλουν αὐτοῖς (2 c)
121 (122). 8. ἐλάλουν δὲ εἰρήνην περὶ σοῦ (2 c)
126 (127). 5. ὅταν λαλῶσι τοῖς ἐχθροῖς αὐτῶν (2 c)
134 (135). 16. A R στόμα ἔχουσι καὶ οὐ λαλήσουσιν [S λαλοῦσιν] (2 c)
143 (144). 8, 11. ὧν τὸ στόμα ἐλάλησε ματαιότητα (2 c)
144 (145). 5. τὴν μεγαλοπρέπειαν τῆς δόξης τῆς ἁγιωσύνης σου λαλήσουσι (2 f)
— 6. A B S[1] τὴν δυναστείαν σου λαλήσουσιν (7 ?)
— 11. τὴν δυναστείαν σου λαλήσουσι (2 c)
— 21. αἴνεσιν κυρίου λαλήσει τὸ στόμα μου (2 c)
Pr. 2. 12. καὶ ἀπὸ ἀνδρὸς λαλοῦντος μηδὲν πιστόν (2 c)
7. 8. καὶ λαλοῦντα ἐν σκότει ἑσπερινῷ †
21. 28. ἀνὴρ δὲ ὑπήκοος φυλασσόμενος λαλήσει (2 c)
23. 33. τὸ στόμα σου τότε λαλήσει σκολιά (2 c)
24. 2. πόνους τὰ χείλη αὐτῶν λαλεῖ (2 c)
Ec. 1. 8. οὐ δυνήσεται ἀνὴρ τοῦ λαλεῖν (2 c)
— 10. ὃς λαλήσει καὶ ἐρεῖ (2 f)
— 16. ἐλάλησα ἐγὼ ἐν τῇ καρδίᾳ μου (2 c)
2. 15. περισσὸν ἐλάλησα ἐν καρδίᾳ μου (2 c)
— 15. ὁ ἄφρων ἐκ περισσεύματος λαλεῖ –
3. 4. καιρὸς τοῦ γελάσαι [S[1] γε λαλῆσαι] †
— 7. καιρὸς τοῦ λαλεῖν (2 c)
7. 22 (21). λόγους οὓς [S om.] λαλήσουσιν ἀσεβεῖς [A S[2] om.] (2 c)
8. 4. A S[2] καθὼς βασιλεὺς ἐξουσιάζων λαλεῖ [B S[1] om.] (2 f)
Ca. 8. 8. ἐν ἡμέρᾳ ᾗ ἐὰν λαληθῇ ἐν αὐτῇ (2 d)
Wi. 8. 12. λαλοῦντος ἐπὶ πλεῖον χεῖρα ἐπιθήσουσιν
Si. 13. 6. λαλήσει σοι [S om.] καλά
— 22. ἐλάλησεν ἀπόρρητα
— 23. πλούσιος ἐλάλησε
— 23. πτωχὸς ἐλάλησε
18. 19. πρὶν ἢ [S om.] λαλῆσαι μάνθανε
35 (32). 3. λάλησον, πρεσβύτερε
— 7. λάλησον, νεανίσκε
51. 25. ἤνοιξα τὸ στόμα μου καὶ ἐλάλησα
Ho. 2. 14 (16). λαλήσω ἐπὶ τὴν καρδίαν αὐ. (2 c)

Ho. 10. 4. λαλῶν ῥήματα προφάσεις (2 c)
12. 4 (5). ἐκεῖ ἐλαλήθη πρὸς αὐτούς (2 c)
— 10 (11). καὶ λαλήσω πρὸς προφήτας (2 c)
Am. 3. 1. ὃν ἐλάλησε κύριος (2 c)
— 8. κ. ὁ θ. ἐλάλησε (2 c)
Mi. 4. 4. τὸ στόμα κυρίου παντοκράτ. ἐλάλησε ταῦτα (2 c)
6. 12. καὶ οἱ κατοικοῦντες αὐτὴν ἐλάλουν ψευδῆ (2 c)
7. 3. καὶ ὁ κριτὴς εἰρηνικοὺς λόγους ἐλάλησε (2 a)
Jl. 3 (4). 8. ὅτι κύριος ἐλάλησε (2 c)
Ob. 1. 18. διότι κύριος ἐλάλησε (2 c)
Jn. 3. 2. ὃ ἐγὼ ἐλάλησα πρὸς σέ (2 a)
— 3. καθὰ ἐλάλησε κύριος (2 f)
— 10. ᾗ [A ἃ] ἐλάλησε τοῦ ποιῆσαι αὐτοῖς (2 c)
4. 2. A οὓς ἐλάλησα –
Hb. 2. 1. τοῦ ἰδεῖν τί λαλήσει ἐν ἐμοί (2 c)
Ze. 3. 13. καὶ οὐ λαλήσουσι μάταια (2 c)
Hg. 2. 2 (1). ἐλάλησε [S[1] ἔλαβεν] κύριος ἐν χειρὶ Ἀγ. (2 g)
Za. 1. 9. ὁ ἄγγελος ὁ λαλῶν ἐν ἐμοί (2 a)
— 13. τῷ ἀγγέλῳ τῷ λαλοῦντι ἐν ἐμοί (2 a)
— 14. ὁ ἄγγελος ὁ λαλῶν ἐν ἐμοί (2 a)
— 17. ὁ ἄγγελος ὁ λαλῶν ἐν ἐμοί –
— 19 (2. 2). πρὸς τὸν ἄγγελον τὸν λαλοῦντα ἐν ἐμοί (2 a)
2. 3 (7). ὁ ἄγγελος ὁ λαλῶν ἐν ἐμοί (2 a)
— 4 (8). λάλησον πρὸς τὸν νεανίαν (2 c)
4. 1. ὁ ἄγγελος ὁ λαλῶν ἐν ἐμοί (2 a)
— 4. πρὸς τὸν ἄγγελον τὸν λαλοῦντα ἐν ἐμοί (2 a)
— 5 : 5. 5. ὁ ἄγγελος ὁ λαλῶν ἐν ἐμοί (2 a)
5. 10 : 6. 4. πρὸς τὸν ἄγγελον τὸν λαλοῦντα ἐν ἐμοί (2 a)
6. 5. ὁ ἄγγελος ὁ λαλῶν ἐν ἐμοί –
— 8. καὶ ἐλάλησε πρὸς μέ (2 c)
7. 7. οὓς ἐλάλησε κύριος ἐν χερσὶ τῶν προφ. (10)
8. 16. λαλεῖτε ἀλήθειαν ἕκαστος πρὸς τὸν πλησίον (2 c)
10. 2. οἱ ἀποφθεγγόμενοι ἐλάλησαν κόπους (2 c)
— 2. καὶ τὰ ἐνύπνια ψευδῆ ἐλάλουν (2 c)
13. 3. ψευδῆ ἐλάλησας ἐπ' [A ἐν] ὀνόματι κυρίου (2 c)
Ma. 3. 16. ταῦτα κατελάλησαν [A ἐλάλησαν] οἱ φοβούμενοι (2 b)
Is. 1. 2. κύριος ἐλάλησεν (2 c)
— 20. τὸ γὰρ στόμα κυρίου ἐλάλησε ταῦτα (2 c)
7. 10. προσέθετο κύριος λαλῆσαι τῷ Ἄχας (2 c)
8. 5. προσέθετο κύριος λαλῆσαί μοι ἔτι (2 c)
— 10. A S R λόγον ὃν ἐὰν [B om.] λαλήσητε (2 c)
9. 17 (16). πᾶν στόμα λαλεῖ ἄδικα (2 a)
15. 4. A B[2] S[1] κέκραγεν Ἐσεβὼν καὶ ἐλάλησεν [B[1] Ἐλεαλή, S[2] om.] †
16. 9. A B[2] S τὰ δένδρα σου κατέβαλεν Ἐσεβὼν καὶ ἐλάλησεν [B[1] Ἐλεαλή] †
— 13. τοῦτο τὸ ῥῆμα ὃ ἐλάλησε κύριος . . . ὁπότε ἐλάλησε (2 c, –)
19. 18. ἔσονται πέντε πόλεις ἐν Αἰγ. λαλοῦσαι τῇ γλώσσῃ τῇ Χαν. (2 c)
20. 2. ἐλάλησε κύριος πρὸς Ἠσαΐαν (2 c)
21. 17. κύριος ὁ θεὸς Ἰσραὴλ ἐλάλησε (2 c)
22. 3. οἱ ἁλόντες [S[1] λαλοῦντες ?] σκληρῶς †
— 25. κύριος ἐλάλησε (2 c)
24. 3. τὸ γὰρ στόμα κυρίου ἐλάλησε ταῦτα (2 c)
25. 8. τὸ γὰρ στόμα κυρίου ἐλάλησε (2 c)
28. 11. λαλήσουσι τῷ λαῷ τούτῳ (2 c)
29. 24. μαθήσονται λαλεῖν εἰρήνην †
30. 10. μὴ λαλεῖτε ἡμῖν ἀλλὰ ἡμῖν λαλεῖτε . . . ἑτέραν πλάνησιν (†, 2 c)
32. 4. μαθήσονται λ. εἰρήνην (2 c)
— 6. ὁ γὰρ μωρὸς μωρὰ λαλήσει . . . τοῦ συντελεῖν ἄνομα καὶ λ. πρὸς κύριον πλάνησιν (2 c, 2 c)
33. 15. λαλῶν εὐθεῖαν ὁδόν (2 a)
36. 11. λάλησον πρὸς τοὺς παῖδάς σου Συριστὶ . . . μὴ λάλει πρὸς ἡμᾶς Ἰουδαϊστί· καὶ ἵνα τί λαλεῖς εἰς τὰ ὦτα τῶν ἀνθρώπων (2 c, 2 c, –)
— 12. λαλῆσαι τοὺς λόγους τούτους [S[3] om. λ. τ. λ. τ.] (2 c)
37. 22. ὃν ἐλάλησε περὶ αὐτοῦ ὁ θεός (2 c)
39. 8. ἀγαθὸς ὁ λόγος κυρίου ὃν ἐλάλησε (2 c + 1 a)
40. 2. λαλήσατε εἰς τὴν καρδίαν Ἰερουσαλήμ (2 c)
— 5. κύριος ἐλάλησε (2 c)
— 27. τί ἐλάλησας, Ἰσραήλ (2 c)
41. 1. λαλησάτωσαν ἅμα (2 c)
44. 7. S λαλησάτω [A B καλεσάτω] (10)

Is. 45. 19. οὐκ ἐν κρυφῇ λελάληκα . . . ἐγώ εἰμι κύριος ὁ λαλῶν δικαιοσύνην (2 c, 2 a)
46. 11. ἐλάλησα καὶ ἤγαγον (2 c)
48. 15. ἐγὼ ἐλάλησα ἐγὼ ἐκάλεσα (2 c)
— 16. οὐκ ἀπ' ἀρχῆς ἐν κρυφῇ λελάληκα [A S ἐλάλησα] (2 c)
52. 6. ἐγώ εἰμι αὐτὸς ὁ λαλῶν (2 c)
58. 9. ἔτι λαλοῦντός σου †
— 13. οὐδὲ λαλήσεις λόγον ἐν ὀργῇ (2 c)
— 14. τὸ γὰρ στόμα κυρίου ἐλάλησε ταῦτα (2 c)
59. 3. τὰ δὲ χείλη ὑμῶν ἐλάλησεν ἀνομίαν (2 c)
— 4. οὐθεὶς λαλεῖ δίκαια . . . λαλοῦσι κενά (10, 2 c)
— 13. ἐλαλήσαμεν ἄδικα (2 c)
65. 12. ἐλάλησα καὶ παρηκούσατε (2 c)
— 24. ἔτι λαλούντων αὐτῶν (2 c)
66. 4. ἐλάλησα καὶ οὐκ ἤκουσαν (2 c)
Je. 1. 6. οὐκ ἐπίσταμαι λ. (2 c)
— 7. ὅσα ἐὰν ἐντείλωμαί σοι λαλήσεις (2 c)
— 16. λαλήσω πρὸς αὐτοὺς μετὰ κρίσεως (2 c)
2. 29. ἵνα τί λαλεῖτε πρὸς μέ (11)
3. 5. ἐλάλησας καὶ ἐποίησας [S om. κ. ἐ.] τὰ πονηρὰ ταῦτα (2 c)
4. 12. λαλῶ κρίματα πρὸς αὐτούς (2 c)
— 28. ἐλάλησα καὶ οὐ μετανοήσω (2 c)
5. 5. λαλήσω αὐτοῖς [A πρὸς αὐτούς] (2 c)
— 14. ἀνθ' ὧν ἐλαλήσατε τὸ ῥῆμα τοῦτο (2 c)
6. 10. πρὸς τίνα λαλήσω (2 c)
7. 13. ἐλάλησα πρὸς ὑμᾶς (2 c)
— 14. A τῷ τόπῳ ᾧ ἐλάλησα [B ἔδωκα] ὑμῖν †
— 22. οὐκ ἐλάλησα πρὸς τοὺς πατέρας ὑμῶν (2 c)
8. 6. οὐχ οὕτω λαλήσουσιν [A λαλοῦσιν] (2 c)
9. 5 (4). ἀλήθειαν οὐ μὴ λαλήσωσι [A S -σουσιν]· μεμάθηκεν ἡ γλῶσσα αὐτῶν λ. ψευδῆ (2 c, 2 c)
— 8 (7). τῷ πλησίον αὐτοῦ λαλεῖ εἰρηνικά (2 c)
10. 1. ὃν ἐλάλησεν ἐφ' ὑμᾶς (2 c)
11. 2. λαλήσεις πρὸς ἄνδρας Ἰούδα (2 c)
— 17. ἐλάλησεν ἐπὶ σὲ κακά (2 c)
12. 1. κρίματα λαλήσω πρὸς σέ (2 c)
— 6. λαλήσουσι [B[1] λαλοῦσι] πρὸς [A ἐπὶ] σὲ καλά (2 c)
13. 15. κύριος ἐλάλησε (2 c)
14. 14. οὐκ ἐλάλησα πρὸς αὐτούς (2 c)
16. 10. διὰ τί ἐλάλησε κ. ἐφ' ἡμᾶς πάντα τὰ κακὰ ταῦτα (2 c)
18. 7. πέρας λαλήσω ἐπὶ ἔθνος (2 c)
— 8. A ὧν ἐλάλησα [B ἐλογισάμην] τοῦ ποιῆσαι αὐτοῖς (2 c + 3)
— 9. πέρας λαλήσω ἐπὶ ἔθνος (2 c)
— 10. ὧν ἐλάλησα τοῦ ποιῆσαι αὐτοῖς (1 a)
— 20. τοῦ λαλῆσαι ὑπὲρ αὐτῶν ἀγαθά (2 c)
19. 2. οὓς ἂν λαλήσω πρὸς σέ (2 c)
— 5. A ἃ οὐκ ἐνετειλάμην οὐδὲ ἐλάλησα [B om. οὐ. ἐ.] (2 c)
— 15. ἃ ἐλάλησα ἐπ' αὐτήν (2 c)
20. 9. οὐ μὴ λαλήσω ἔτι ἐπὶ τῷ ὀνόματι αὐ. (2 c)
22. 1. λαλήσεις ἐκεῖ τὸν λόγον τοῦτον (2 c)
— 21. ἐλάλησα [A S -αν] πρὸς σὲ ἐν τῇ παραπτώσει σου (2 c)
23. 16. ἀπὸ καρδίας αὐ. λαλοῦσι (2 c)
— 21. οὐδὲ ἐλάλησα πρὸς αὐτοὺς [S ἐλ. αὐτοῖς] (2 c)
— 25. A R ἤκουσα ἃ λαλοῦσιν οἱ προφῆται [B S al.] (1 a)
— 35. B S τί ἐλάλησε κύριος (2 c)
— 37. διὰ τί [S τί ὅτι] ἐλάλησε κύριος (2 c)
25. 2. A B S[2] ὃν ἐλάλησε πρὸς πάντα τὸν λαὸν Ἰούδα (2 c)
— 3. ἐλάλησα πρὸς ὑμᾶς ὀρθρίζων (2 c)
— 13. οὓς ἐλάλησα κατ' αὐτῆς (2 c)
26 (46). 13. ἃ ἐλάλησε κυρίου ἐν χειρὶ Ἰερ. (2 c)
— 16. ἕκαστος πρὸς τὸν πλησίον αὐτοῦ ἐλάλει [A -ουν] (1 a)
27 (50). 1. ὃν ἐλάλησεν ἐπὶ Βαβ. (2 c)
28 (51). 12. A B S[2] ποιήσει κύριος ἃ ἐλάλησεν (2 c)
— 41. πῶς ἑάλω [S[1] ἐλάλκεν ?] . . . τὸ καύχημα †
— 62. ἐλάλησας ἐπὶ τὸν τόπον τοῦτον τοῦ ἐξολεθρεῦσαι αὐτόν (2 c)
33 (26). 7. τοῦ Ἱερεμίου λαλοῦντος τοὺς λόγους τούτους (2 c)
— 8. ἐγένετο Ἱερεμίου παυσαμένου λαλοῦντος πάντα ἃ συνέταξεν αὐτῷ κύριος λαλῆσαι [S om.] παντὶ τῷ λαῷ (2 c, 2 c)
— 13. ὧν ἐλάλησεν ἐφ' [S[1] πρὸς] ὑμᾶς (2 c)
— 15. λαλῆσαι εἰς τὰ ὦτα ὑμῶν πάντας τοὺς λόγους τούτους (2 c)

Je. 33 (26). 16. ἐπὶ τῷ ὀνόματι κ. τοῦ θεοῦ ἡμῶν ἐλάλησε πρὸς ἡμᾶς (2 c)
— 19. ὧν ἐλάλησεν ἐπ' αὐτούς (2 c)
34 (27). 12. πρὸς Σεδεκίαν βασιλέα Ἰούδα ἐλάλησα (2 c)
— 16. παντὶ τῷ λαῷ τούτῳ . . . ἐλάλησε (2 c)
37 (30). 4. οὓς ἐλάλησε κύριος ἐπὶ Ἰσραὴλ (2 c)
39 (32). 4. λαλήσει στόμα αὐ. πρὸς στόμα αὐ. (2 c)
— 24. ὡς ἐλάλησας οὕτως ἐγένετο (2 c)
— 42. τὰ ἀγαθὰ ἃ ἐλάλησα ἐπ' αὐτούς (2 a)
41 (34). 3. A στόμα αὐ. μετὰ τοῦ στόματός σου λαλήσει (2 c)
— 5. λόγον ἐγὼ ἐλάλησα (2 c)
— 6. ἐλάλησεν Ἰερ. . . . πάντας τοὺς λόγους τούτους (2 c)
42 (35). 14. A ἐλάλησα πρὸς ὑμᾶς ὄρθρου [B S *add.* καὶ ἐλάλησα] (2 c, 2 c)
— 17. B S ἃ ἐλάλησα ἐπ' αὐτούς (2 c)
43 (36). 2. οὓς ἐλάλησα [A ἐχρημάτισα] πρὸς σὲ ἐπὶ Ἰερ. [A Ἰσρ.] . . . ἀφ' ἧς ἡμέρας λαλήσαντός μου πρὸς σέ (2 c, 2 c)
— 3. A ἃ ἐλάλησα ἐπ' αὐτούς [B S *al.*] (3)
— 4. οὓς ἐλάλησε [A ἐχρημάτισεν] πρὸς αὐτόν (2 c)
— 7. ἣν ἐλάλησεν ἐπὶ τὸν λαὸν [A τόπον] τοῦτον (2 c)
— 31. ἃ ἐλάλησα πρὸς [A ἐπ'] αὐτούς (2 c)
44 (37). 2. οὓς ἐλάλησεν ἐν χειρὶ Ἰερεμίου (2 c)
45 (38). 1. οὓς Ἰερεμίας ἐλάλει ἐπὶ τὸν λαόν (2 c)
— 4. λαλῶν πρὸς αὐτοὺς κατὰ τοὺς λόγους τούτους (2 c)
— 8. ἐλάλησε πρὸς τὸν βασιλέα (2 c)
— 25. ἐλάλησά σοι . . . τί ἐλάλησέ σοι ὁ βασιλεύς (2 c, 2 c)
— 25. τί ἐλάλησε πρὸς σὲ ὁ βασιλεύς (2 c)
47 (40). 2. κ. ὁ θεός σου ἐλάλησε τὰ κακὰ ταῦτα (2 c)
49 (42). 19. ἃ ἐλάλησε κύριος ἐφ' ὑμᾶς (2 c)
— 20. S R ἃ ἐὰν λαλήσει [A B -σῃ] σοι κύριος (1 a)
51 (44). 16. ὃν ἐλάλησας πρὸς ἡμᾶς (2 c)
— 25. ὑμεῖς γυναῖκες τῷ στόματι ὑμῶν ἐλαλήσατε (2 c)
— 31 (45. 1). ὁ λόγος ὃν ἐλάλησεν Ἰερ. (2 c)
52. 9. ἐλάλησεν αὐτῷ μετὰ κρίσεως (2 c)
— 32. ἐλάλησεν αὐτῷ χρηστά (2 c)
Ba. 2. 1. ὃν ἐλάλησεν ἐφ' ἡμᾶς
— 7. ἃ ἐλάλησε κύριος ἐφ' ἡμᾶς
— 20. καθάπερ ἐλάλησας ἐν χειρὶ τῶν παίδων σου τῶν προφητῶν
— 24. οὓς ἐλάλησας ἐν χερσὶ τῶν παίδων σου
— 28. καθὰ ἐλάλησας ἐν χειρὶ παιδός σου Μωυσῆ
Ep. Je. 8. οὐ δύνανται λ.
— 41. ὅταν ἴδωσιν ἐνεὸν οὐ δυνάμενον λαλῆσαι προσενεγκάμενοι τὸν Β. ἀξιοῦσι φωνῆσαι [A τότε λαλῆσαι]
Ez. 2. 1 (1. 28). ἤκουσα φωνὴν λαλοῦντος (2 c)
— 1. λαλήσω πρὸς σέ (2 c)
— 2. ἤκουον αὐτοῦ λαλοῦντος πρὸς μέ (2 c)
— 7. λαλήσεις τοὺς λόγους μου πρὸς αὐτούς (2 c)
— 8. ἄκουε τοῦ λαλοῦντος πρὸς σέ (2 c)
3. 1. λάλησον τοῖς υἱοῖς Ἰσραήλ (2 c)
— 4. λάλησον τοὺς λόγους μου πρὸς αὐτούς (2 c)
— 10. οὓς λελάληκα μετὰ σοῦ (2 c)
— 11. λαλήσεις πρὸς αὐτούς (2 c)
— 18. A B οὐ διεστείλω αὐτῷ οὐδὲ ἐλάλησας [R *om.* οὐ. ἐ.] τοῦ διαστείλασθαι (2 c)
— 22. ἐκεῖ λαληθήσεται πρὸς σέ (2 c)
— 24. ἐλάλησε πρὸς μέ (2 c)
— 27. ἐν τῷ λ. με πρὸς σέ (2 c)
5. 13. ἐγὼ κύριος λελάληκα ἐν ζήλῳ μου (2 c)
— 15, 17. ἐγὼ κύριος λελάληκα (2 c)
6. 10. ἐγὼ κύριος [A *add.* οὐκ εἰς δωρεὰν] λελάληκα (2 c)
10. 5. ὡς φωνὴ θεοῦ σαδδαὶ λαλοῦντος (2 c)
11. 25. ἐλάλησα . . . πάντας τοὺς λόγους τοῦ κ. (2 c)
12. 23. λαλήσεις πρὸς αὐτούς (2 c)
— 25. ἐγὼ κύριος λαλήσω τοὺς λόγους μου λαλήσω καὶ ποιήσω . . . λαλήσω λόγον καὶ ποιήσω (2 c *ter*)
— 28. οὓς ἂν λαλήσω· λαλήσω [A ὅτι λ. λόγον] καὶ ποιήσω (2 c, 2 f [–])
13. 7. A ἐγὼ οὐκ ἐλάλησα (2 c)
14. 4. λάλησον αὐτοῖς (2 c)
— 9. ἐὰν πλανήσῃ [A -ηθῇ] καὶ λαλήσῃ (2 c + 2 f)
17. 21, 24. ἐγὼ κύριος λελάληκα (2 c)
20. 3. λάλησον πρὸς τοὺς πρεσβυτέρους (2 c)
Ez. 20. 27. λάλησον πρὸς τὸν οἶκον τοῦ Ἰσραὴλ (2 c)
21. 17 (22). ἐγὼ κύριος λελάληκα [A ἐλάλησα] (2 c)
— 32 (37): 22. 14. ἐγὼ κύριος λελάληκα (2 c)
22. 28. A R κύριος οὐκ ἐλάλησε [B οὐ λελάληκεν] (2 c)
23. 34. ἐγὼ λελάληκα [A ἐλάλησα] (2 c)
24. 14. ἐγὼ κύριος λελάληκα (2 c)
— 18. ἐλάλησα πρὸς τὸν λαὸν τὸ πρωΐ (2 c)
— 27. λαλήσεις [A ἐρεῖς] καὶ [A *om.*] οὐ μὴ ἀποκωφωθῇς οὐκέτι (2 c)
26. 5. ἐγὼ λελάληκα [A ἐλάλησα] (2 c)
— 14. ἐγὼ κύριος [A *om.*] ἐλάλησα (2 c)
28. 10. ἐγὼ ἐλάλησα (2 c)
29. 3. A καὶ λάλησον (2 c)
30. 12. ἐγὼ κύριος λελάληκα [A ἐλάλησα] (2 c)
33. 2. λάλησον τοῖς υἱοῖς τοῦ λαοῦ σου (2 c)
— 8. μὴ λαλήσῃς τοῦ φυλάξασθαι τὸν ἀσεβῆ [A *al.*] (2 c)
— 10. οὕτως ἐλαλήσατε λέγοντες (1 a)
— 30. οἱ λαλοῦντες περὶ σοῦ παρὰ τὰ τείχη . . . καὶ λαλοῦσιν [A ἐλάλουν] ἄνθρωπος τῷ ἀδελφῷ αὐτοῦ (2 b, 2 c)
34. 24. ἐγὼ κύριος ἐλάλησα (2 c)
36. 5. ἐλάλησα ἐπὶ τὰ λοιπὰ ἔθνη (2 c)
— 6. ἐν τῷ θυμῷ μου ἐλάλησα (2 c)
— 36. ἐγὼ κύριος [A *add.* κύριος] ἐλάλησα (2 c)
37. 11. ἐλάλησε κύριος πρὸς μέ (1 a)
— 14. λελάληκα καὶ ποιήσω (2 c)
38. 17. περὶ οὗ ἐλάλησα πρὸ [A ἀφ'] ἡμερῶν τῶν ἔμπροσθεν (2 c)
— 19. ἐλάλησα εἰ μὴν ἐν τῇ ἡμέρᾳ ἐκείνῃ ἔσται σεισμός (2 c)
39. 5. ἐγὼ ἐλάλησα (2 c)
— 8. αὕτη ἐστὶν ἡ ἡμέρα ἐν ᾗ ἐλάλησα (2 c)
43. 6. φωνὴ ἐκ τοῦ οἴκου λαλοῦντος πρὸς μέ (2 e)
44. 5. ὅσα ἐγὼ λαλῶ μετὰ σοῦ (2 c)
Da. LXX. Su. 5. περὶ ὧν ἐλάλησεν ὁ δεσπότης
— 12. τίς . . . λαλήσει πρὸς αὐτήν
2. 4. ἐλάλησαν οἱ X. πρὸς τὸν βασιλέα (2 c)
3. (36). ἐλάλησα πρὸς αὐτοὺς λέγων
4. 29. οὐ μὴ λαλήσῃς μετὰ παντὸς ἀνθρώπου –
— 34. ὅσοι ἐλάλησαν εἰς τὸν θ. τοῦ οὐρανοῦ –
— 34. ὅσοι ἂν καταληφθῶσι λαλοῦντές τι –
7. 8. στόμα λαλοῦν μεγάλα (4 b)
— 11. ὧν τὸ κέρας ἐλάλει (4 b)
— 20. στόμα λαλοῦν μεγάλα (4 b)
— 25. ῥήματα εἰς τὸν ὕψιστον λαλήσει (4 b)
8. 13. ἤκουον ἑτέρου ἁγίου λαλοῦντος (2 c)
— 13. εἶπεν ὁ ἕτερος ἅγιος τῷ φελμουνὶ τῷ λαλοῦντι (2 c)
— 18. λαλοῦντος αὐτοῦ μετ' ἐμοῦ ἐκοιμήθην (2 c)
9. 6. οἳ ἐλάλησαν ἐπὶ τῷ ὀνόματί σου (2 c)
— 12. ὅσα ἐλάλησεν ἐφ' ἡμᾶς (2 c)
— 20. ἐγὼ ἐλάλουν προσευχόμενος (2 c)
— 21. ἔτι λαλοῦντός μου ἐν τῇ προσευχῇ μου (2 c)
— 22. καὶ ἐλάλησε μετ' ἐμοῦ (2 c)
10. 11. οἷς ἐγὼ λαλῶ ἐπὶ σέ (2 a)
— 11. ἐν τῷ λαλῆσαι αὐτὸν μετ' ἐμοῦ (2 c)
— 15. ἐν τῷ αὐτὸν λαλῆσαι μετ' ἐμοῦ (2 c)
— 16. ἤνοιξα τὸ στόμα μου καὶ ἐλάλησα (2 c)
— 17. πῶς δυνήσεται ὁ παῖς λαλῆσαι (2 c)
— 19. ἐν τῷ λαλῆσαι αὐτὸν μετ' ἐμοῦ (2 c)
— 19. λαλησάτω ὁ κύριός μου (2 c)
11. 36. ἐπὶ τὸν θεὸν τῶν θεῶν ἔξαλλα λαλήσει (2 c)
Bel 33. ἐλάλησεν ἄγγελος κυρίου πρὸς Ἀ.
Da. TH. Su. 5. περὶ ὧν ἐλάλησεν ὁ δεσπότης
— 47. ὅν σὺ λελάληκας
1. 19. ἐλάλησε μετ' αὐτῶν ὁ βασιλεύς (2 c)
2. 4. καὶ ἐλάλησαν [A εἶπον] οἱ X. τῷ βασ. (2 c)
3. (36). ἐλάλησας [A ἐλ. πρὸς αὐτοὺς] πληθῦναι
7. 8. καὶ στόμα λαλοῦν μεγάλα (4 b)
— 11. λόγων τῶν μεγάλων [A λόγων ὧν ἐλάλει] ὧν τὸ κέρας ἐκεῖνο ἐλάλει (–, 4 b)
— 20. καὶ στόμα λαλοῦν μεγάλα (4 b)
— 25. λόγους πρὸς τὸν ὕψιστον λαλήσει (4 b)
8. 13. ἤκουσα ἑνὸς ἁγίου λαλοῦντος (2 c)
— 13. εἶπεν εἷς ἅγιος τῷ φελμουνὶ τῷ λαλοῦντι (2 c)
— 18. ἐν τῷ λαλεῖν αὐτὸν μετ' ἐμοῦ (2 c)
9. 6. οἳ ἐλάλουν ἐν τῷ ὀνόματί σου (2 c)
— 12. οὓς ἐλάλησεν ἐφ' ἡμᾶς (2 c)
— 20. ἔτι ἐμοῦ λαλοῦντος καὶ προσευχομένου (2 c)
— 21. ἔτι ἐμοῦ λαλοῦντος [A *add.* καὶ προσευχομένου] ἐν τῇ προσευχῇ (2 c)
— 22. ἐλάλησε μετ' ἐμοῦ (2 c)
10. 11. οἷς ἐγὼ λαλῶ πρὸς σέ (2 a)
— 11. ἐν τῷ λαλῆσαι αὐτὸν πρὸς μέ (2 c)
Da. TH. 10. 15. ἐν τῷ λαλῆσαι αὐτὸν μετ' ἐμοῦ (2 c)
— 16. καὶ ἐλάλησα (2 c)
— 17. πῶς δυνήσεται ὁ παῖς . . . λαλῆσαι μετὰ τοῦ κ. (2 c)
— 19. ἐν τῷ λαλῆσαι αὐτὸν μετ' ἐμοῦ (2 c)
— 19. λαλείτω ὁ κύριός μου (2 c)
11. 27. ἐπὶ τραπέζῃ μιᾷ ψευδῆ λαλήσουσι (2 c)
— 36. λαλήσει ὑπέρογκα (2 c)
I Ma. 1. 24. S R καὶ ἐλάλησεν [A -σαν] ὑπερηφανείαν μεγάλην
— 30. καὶ ἐλάλησεν αὐτοῖς λόγους εἰρηνικούς
2. 23. ὡς ἐπαύσατο λαλῶν τοὺς λ. τούτους [S[1] *om.* τ. λ. τ.]
3. 23. ὡς δὲ ἐπαύσατο λαλῶν
4. 19. R ἔτι λαλοῦντος [A S πληροῦντος] Ἰούδα
7. 15. ἐλάλησε μετ' αὐτῶν λόγους εἰρηνικούς
— 34. ἐλάλησεν ὑπερηφάνως
— 42. R κακῶς ἐλάλησαν [A S -σεν] ἐπὶ τὰ ἁγιά σου
9. 55. οὐκ ἠδύνατο ἔτι λαλῆσαι λόγον
13. 17. δόλῳ λαλοῦσι πρὸς αὐτόν
II Ma. 12. 14. καὶ λαλοῦντες ἃ μὴ θέμις
III Ma. 4. 16. μὴ δυνάμενα αὐτοῖς λαλεῖν
— 16. R εἰς δὲ τὸν . . . θεὸν [A *om.* τὸν . . . θεὸν] τὰ μὴ καθήκοντα λαλῶν
6. 5. βαρέα λαλοῦντα κόμπῳ καὶ θράσει
[**Aq.** Ex. 4. 10: Le. 15. 2: III Ki. 8. 24: 13. 26, 27: 14. 2, 5, 11, 18: Jb. 1. 16: 4. 2: 13. 22: Ps. 26 (27). 7: 40 (41). 7: 49 (50). 1: 59 (60). 8: 61 (62). 12: 84 (85). 9: 119 (120). 7: Pr. 23. 16: 25. 11: Ec. 8. 4: Is. 8. 10: 21. 17: 30. 10: 33. 15: 38. 15: 58. 9: Je. 4. 12: 7. 13: 9. 22 (21): 10. 5: 26 (33). 2, 8: 28 (35). 7, 16: 29 (36). 23: 30 (37). 2: 35 (42). 14: 36 (43). 2: 43 (50). 1: 46 (26). 13: Ez. 29. 3: Ho. 7. 14: Za. 9. 10.]
[**Sm.** Ge. 24. 63: Le. 15. 2: III Ki. 8. 24: Jb. 4. 12: 13. 7, 22: 33. 14: 42. 3: Ps. 11 (12). 3: 16 (17). 10: 27 (28). 3: 34 (35). 20: 40 (41). 7: 49 (50). 1: 57 (58). 4: 58 (59). 13: 61 (62). 12: 72 (73). 8: 74 (75). 6: 84 (85). 9: 121 (122). 8: Pr. 23. 16: 25. 11: Ec. 7. 22 (21): 10. 14: Ca. 5. 6: Is. 8. 10: 16. 14: 21. 17: 25. 8: 29. 4: 30. 10: 32. 4: 33. 15: 40. 27: 63. 1: Je. 4. 12: 7. 13: 9. 12 (11), 22 (21): 10. 5: 26 (33). 2, 8: 29 (36). 23: 30 (37). 2: 36 (43). 2: Ez. 2. 1: 3. 18: 13. 7: 29. 3: Ho. 7. 14: Za. 9. 10.]
[**Th.** Le. 15. 2: III Ki. 13. 26, 27: Jb. 1. 16: 4. 2: 13. 22: 32. 16: 34. 33: 42. 7: Ps. 49 (50). 1: 84 (85). 9: 119 (120). 7: Pr. 18. 23: 25. 11: Ec. 8. 4: Is. 8. 10: 16. 14: 21. 17: 22. 25: 30. 10: 33. 15: 58. 13: Je. 4. 12: 10. 5: 23. 37: 28 (35). 16: 29 (36). 32: 33 (40). 14, 24: 35 (42). 17: 36 (43). 2: 39 (46). 5, 12: Ez. 6. 10: 29. 3: Da. 7. 25: Za. 9. 10.]
[**Al.** Ge. 35. 8: Ex. 31. 13: Nu. 22. 38: Dt. 3. 26: I Ki. 1. 16: 28. 17: Je. 43 (50). 1: Ez. 12. 25 *bis.*]
[**Heb.** IV Ki. 20. 19: Jb. 13. 19: 40. 22 (27).]
[**Quint.** Ps. 34 (35). 20.]

λάλημα. (1) שֵׁם (2) שְׁנִינָה

III Ki. 9. 7. ἔσται Ἰσρ. . . . εἰς λάλημα (2)
To. 3. 4. S ἔδωκας ἡμᾶς . . . εἰς . . . λάλημα [A B *al.*]
Ez. 23. 10. ἐγένετο λ. εἰς γυναῖκας (1)
36. 3. ἀνέβητε λ. γλώσσῃ [A *al.*] †

λαλητός.

Jb. 38. 14. καὶ λαλητὸν αὐτὸν [A -ὸ] ἔθου ἐπὶ γῆς †

λαλιά. (1) אֹמֶר (2) *a.* דָּבָר *b.* דִּבְרָה *c.* מִדְבָּר (3) מִשְׁמַע אָזְנַיִם

Jb. 7. 6. ὁ δὲ βίος μού ἐστιν ἐλαφρότερος λαλιᾶς [A S[2] δρομέως] †
29. 23. οὕτως οὗτοι τὴν ἐμὴν λ. [A λ. προσεδέχοντο] †
33. 1. λαλιάν [A S[2] τὴν λ.] ἐνωτίζου μου (2 a)
Ps. 18 (19). 3. οὐκ εἰσὶ λαλιαὶ οὐδὲ λόγοι (1)
Ec. 3. 18. περὶ λαλιᾶς υἱῶν τοῦ ἀνθρώπου (2 b)
7. 15 (14). ἐποίησεν ὁ θεὸς περὶ λαλιᾶς (2 b)
Ca. 4. 3. ἡ λ. σου ὡραία (2 c)
6. 5 (6). ἡ λ. σου ὡραία –
Si. 5. 13. δόξα καὶ ἀτιμία ἐν λαλιᾷ
13. 11. ἐκ πολλῆς γὰρ λαλιᾶς πειράσει σε
19. 5. ὁ μισῶν λαλιὰν ἐλαττονοῦται
20. 5. ἔστι μισητὸς ἀπὸ πολλῆς λαλιᾶς

Si. 27. 14. λαλιὰ πολυόρκου ὀρθώσει τρίχας
32 (35). 14. ἐὰν ἐκχέῃ λαλιάν
35 (32). 4. μὴ ἐκχέῃς λαλιάν
42. 11. λαλιὰν ἐν πόλει καὶ ἔκκλητον λαοῦ
Is. 11. 3. οὐδὲ κατὰ τὴν λ. ἐλέγξει (3)
Da. LXX. 10. 6. φωνὴ λαλιᾶς αὐτοῦ ὡσεὶ φωνὴ θορύβου (2 *a*)
— 9. οὐκ ἤκουσα τὴν φωνὴν λαλιᾶς αὐτοῦ (2 *a*)
II Ma. 5. 5. γενομένης δὲ λαλιᾶς ψευδοῦς
8. 7. R λαλιά τις τῆς εὐανδρίας αὐ. οὗ διεχεῖτο [A *al.*]
15. 12. πρᾷον δὲ τὸν τρόπον καὶ λαλιὰν προϊέμενον
[**Aq.** Ps. 138 (139). 4.]
[**Sm.** Jb. 32. 14 : Ps. 141 (142). 7 : Is. 29. 4 *bis.*]
[**Al.** Ge. 35. 8.]

λαμανασσή.

[**Heb.** Ps. 8. 1.]

λαμασάλ.

[**Heb.** Ps. 48 (49). 5.]

λαμβάνειν. **(1)** אָחַז **(2)** אָרַשׁ pi. **(3)** בּוֹא hi. **(4)** הֵא **(5)** חָזַק hi. **(6)** חָלַק **(7)** יָצָא hi. **(8)** יָרַשׁ **(9)** יָשַׁב hi. **(10)** לָכַד *a.* qal. *b.* ni. **(11)** לָקַח *a.* qal. *b.* ni. *c.* pu. *d.* ho. *e.* מִקָּח *f.* מַלְקוֹחַ **(12)** מְכוּרָה **(13)** מָלֵא **(14)** מָצָא **(15)** נָכָה hi. **(16)** נָפַל hi. **(17)** נָשָׂא *a.* qal. *b.* ni. *c.* pi. *d.* hi. *e.* מַשְׂאֵת *f.* נְשָׂא **(18)** נָשַׂג hi. **(19)** סוּר **(20)** עָדָה **(21)** עָלָה **(22)** פּוּק hi. **(23)** צוּר **(24)** קִבֵּל pa. **(25)** קוּם hi. **(26)** קָרַב hi. **(27)** קָרַע **(28)** שׂוּם **(29)** שָׁבָה **(30)** תָּפַשׂ *a.* qal. *b.* ni. **(31) λ. ἐν γαστρί** הָרָה **(32) πεῖραν λ.** נָסָה pi. **(33) αἰσχύνη λαμβάνει** בּוֹשׁ **(34) ὀδύνη λαμβάνει** חִיל **(35) φόβος λαμβάνει** חָרֵד **(36) τρόμος λαμβάνει** זָלַל ni.

Ge. 2. 15. ἔλαβε κύριος ὁ θεὸς τὸν ἄνθρωπον (11 *a*)
— 21. καὶ ἔλαβε μίαν τῶν πλευρῶν (11 *a*)
— 22. ἣν ἔλαβεν ἀπὸ τοῦ Ἀδ. (11 *a*)
— 23. ἐκ τοῦ ἀνδρὸς αὐ. ἐλήφθη [A *add.* αὕτη] (11 *c*)
3. 6. R λαβοῦσα ἀπὸ [A *om.*] τοῦ καρποῦ (11 *a*)
— 19. εἰς τὴν γῆν ἐξ ἧς ἐλήφθης (11 *c*)
— 22. R μὴ . . . λάβῃ ἀπὸ [A *om.*] τοῦ ξύλου (11 *a*)
— 23. ἐργάζεσθαι τὴν γῆν ἐξ ἧς ἐλήφθη (11 *c*)
4. 19. ἔλαβεν ἑαυτῷ Λάμεχ δύο γυναῖκας (11 *a*)
6. 2. ἔλαβον ἑαυτοῖς γυναῖκας ἀπὸ πασῶν (11 *a*)
— 21. σὺ δὲ λήψῃ σεαυτῷ ἀπὸ πάντων (11 *a*)
8. 9. ἔλαβεν αὐτὴν καὶ εἰσήγαγεν αὐτήν (11 *a*)
— 20. ἔλαβεν ἀπὸ πάντων τῶν κτηνῶν (11 *a*)
9. 23. καὶ λαβόντες . . . τὸ ἱμάτιον (11 *a*)
11. 29. ἔλαβον . . . ἑαυτοῖς γυναῖκας (11 *a*)
— 31. καὶ ἔλαβε Θάρρα τὸν Ἄβραμ (11 *a*)
12. 5. ἔλαβεν Ἀβ. Σάραν τὴν γυν. (11 *a*)
— 19. R ἔλαβον . . . ἐμαυτῷ [A *add.* εἰς] γυναῖκα (11 *a*)
— 19. ἰδοὺ ἡ γυνή σου . . . λαβὼν ἀπότρεχε (11 *a*)
14. 11. R ἔλαβον [A -εν] δὲ τὴν ἵππον πᾶσαν (11 *a*)
— 12. ἔλαβον δὲ καὶ τὸν Λὼτ τὸν υἱόν (11 *a*)
— 21. τὴν δὲ ἵππον λάβε σεαυτῷ (11 *a*)
— 23. εἰ . . . λήψομαι ἀπὸ πάντων (11 *a*)
— 24. οὗτοι λήψονται μερίδα (11 *a*)
15. 9. λάβε μοι δάμαλιν τριετίζουσαν (11 *a*)
— 10. ἔλαβε δὲ αὐτῷ πάντα ταῦτα (11 *a*)
16. 3. λαβοῦσα Σάρα . . . Ἄγαρ τὴν Αἰγ. (11 *a*)
17. 23. καὶ ἔλαβεν Ἀβραὰμ Ἰσμαὴλ τὸν υἱόν (11 *a*)
18. 4. ληφθήτω δὴ ὕδωρ (11 *d*)
— 5. καὶ λήψομαι ἄρτον (11 *a*)
— 7. R ἔλαβεν [A -ον] ἁπαλὸν μοσχάριον (11 *a*)
— 8. ἔλαβε δὲ βούτυρον καὶ γάλα (11 *a*)
19. 14. τοὺς εἰληφότας τὰς θυγατέρας αὐ. (11 *a*)
— 15. ἀναστὰς λάβε τὴν γυναῖκά σου (11 *a*)
20. 2. καὶ ἔλαβε τὴν Σάρραν (11 *a*)
— 3. περὶ τῆς γυναικὸς ἧς ἔλαβες (11 *a*)
— 14. ἔλαβε δὲ Ἀβ. χίλια δίδραχμα (11 *a*)
21. 14. καὶ ἔλαβεν ἄρτους καὶ ἀσκὸν ὕδατος (11 *a*)
— 18. καὶ λάβε τὸ παιδίον (17 *a*)

Ge. 21. 21. καὶ ἔλαβεν αὐτῷ ἡ μήτηρ γυναῖκα (11 *a*)
— 27. ἔλαβεν Ἀβραὰμ πρόβατα καὶ μόσχους (11 *a*)
— 30. τὰς ἑπτὰ ἀμνάδας λήψῃ παρ' ἐμοῦ (11 *a*)
22. 2. λάβε τὸν υἱόν σου τὸν ἀγαπητόν (11 *a*)
— 6. ἔλαβε . . . τὰ ξύλα τῆς ὁλοκαρπώσεως (11 *a*)
— 6. ἔλαβε δὲ μετὰ χεῖρας καὶ τὸ πῦρ (11 *a*)
— 10. λαβεῖν τὴν μάχαιραν (11 *a*)
— 13. ἔλαβε τὸν κριόν (11 *a*)
23. 13. τὸ ἀργύριον . . . λάβε παρ' ἐμοῦ (11 *a*)
24. 3. λάβῃς γυναῖκα τῷ υἱῷ μου (11 *a*)
— 4. λήψῃ γυναῖκα τῷ υἱῷ μου Ἰ. ἐκεῖθεν (11 *a*)
— 7. ἔλαβέ με ἐκ τοῦ οἴκου τοῦ πατρός (11 *a*)
— 7. λήψῃ γυναῖκα τῷ υἱῷ μου ἐκεῖθεν (11 *a*)
— 10. ἔλαβεν . . . δέκα καμήλους (11 *a*)
— 22. ἔλαβεν ο ἄνθρωπος ἐνώτια χρυσᾶ (11 *a*)
— 37. οὐ λήψῃ γυναῖκα τῷ υἱῷ μου (11 *a*)
— 38. λήψῃ γυναῖκα τῷ υἱῷ μου ἐκεῖθεν (11 *a*)
— 40. λήψῃ γυναῖκα τῷ υἱῷ μου ἐκ τῆς φυλῆς (11 *a*)
— 48. εὐώδωσέ με . . . λαβεῖν τὴν θυγατέρα (11 *a*)
— 51. ἰδοὺ Ῥεβέκκα . . . λαβὼν ἀπότρεχε (11 *a*)
— 65. ἡ δὲ λαβοῦσα τὸ θέριστρον (11 *a*)
— 67. καὶ ἔλαβε τὴν Ῥεβέκκαν (11 *a*)
25. 1. προσθέμενος δὲ Ἀβ. ἔλαβε γυναῖκα (11 *a*)
— 20. R ἔλαβε . . . ἑαυτῷ εἰς [A *om.*] γυναῖκα (11 *a*)
— 21. A ἔλαβεν [R συνέλ.] ἐν γαστρί (31)
26. 34. καὶ ἔλαβε γυναῖκα Ἰουδίθ (11 *a*)
27. 3. νῦν οὖν λάβε τὸ σκεῦος (17 *a*)
— 9. λάβε μοι ἐκεῖθεν δύο ἐρίφους (11 *a*)
— 14. πορευθεὶς δὲ ἔλαβε καὶ ἤνεγκε (11 *a*)
— 15. καὶ λαβοῦσα Ῥεβέκκα τὴν στολήν (11 *a*)
— 35. ἔλαβε τὴν εὐλογίαν σου (11 *a*)
— 36. τά τε πρωτοτόκιά μου εἴληφε (11 *a*)
— 36. R ἔλαβε [A εἴληφεν] τὴν εὐλογίαν μου (11 *a*)
— 46. εἰ λήψεται Ἰ. γυναῖκα (11 *a*)
28. 1. οὐ λήψῃ γυναῖκα ἐκ τῶν θυγατέρων (11 *a*)
— 2. λάβε σεαυτῷ ἐκεῖθεν γυναῖκα (11 *a*)
— 6. λαβεῖν ἑαυτῷ γυναῖκα (11 *a*)
— 6. οὐ λήψῃ γυναῖκα ἀπὸ τῶν θυγατέρων (11 *a*)
— 9. ἔλαβε τὴν Μαελὲθ . . . γυναῖκα (11 *a*)
— 11. ἔλαβεν ἀπὸ τῶν λίθων τοῦ τόπου (11 *a*)
— 18. ἔλαβε τὸν λίθον (11 *a*)
29. 23. καὶ λαβὼν Λείαν . . . εἰσήγαγε (11 *a*)
30. 9. ἔλαβε Ζελφὰν τὴν παιδίσκην αὐ. (11 *a*)
— 15. ὅτι ἔλαβες τὸν ἄνδρα μου (11 *a*)
— 15. μὴ καὶ τοὺς μανδραγόρας . . . λήψῃ (11 *a*)
— 37. ἔλαβε δὲ ἑαυτῷ Ἰ. ῥάβδον (11 *a*)
— 41. τὰ πρόβατα ἐν γαστρὶ λαμβάνοντα †
31. 1. εἴληφεν Ἰακὼβ πάντα τὰ τοῦ πατρός (11 *a*)
— 10. R τὰ πρόβατα ἐν γαστρὶ λαμβάνοντα [A *om.* ἐν γ. λ.] -
— 17. ἔλαβε τὰς γυναῖκας (17 *a*)
— 32. ἐπίγνωθι τί ἐστι . . . τῶν σῶν καὶ λάβε (11 *a*)
— 34. ἔλαβε τὰ εἴδωλα (11 *a*)
— 45. λαβὼν δὲ Ἰ. λίθον (11 *a*)
— 50. R εἰ λάβῃς [A λήψῃ] γυναῖκας πρὸς [A ἐπὶ] ταῖς θυγατράσι μου (11 *a*)
32. 13 (14). ἔλαβεν ὧν ἔφερεν δῶρα (11 *a*)
— 22 (23). ἔλαβε τὰς δύο γυναῖκας (11 *a*)
— 23 (24). ἔλαβεν αὐτούς (11 *a*)
33. 11. λάβε τὰς εὐλογίας μου (11 *a*)
— 11. καὶ ἐβιάσατο αὐτὸν καὶ ἔλαβε (11 *a*)
34. 2. καὶ λαβὼν αὐτὴν ἐκοιμήθη (11 *a*)
— 4. λάβε μοι τὴν παῖδα . . . εἰς γυναῖκα (11 *a*)
— 9. τὰς θυγατέρας ἡ. λάβετε τοῖς υἱοῖς (11 *a*)
— 16. ληψόμεθα ἡμῖν γυναῖκας (11 *a*)
— 17. R λαβόντες τὴν θυγατέρα [A τὰς θ.] (11 *a*)
— 21. τὰς θυγατέρας αὐ. ληψόμεθα ἡμῖν γυναῖκας (11 *a*)
— 25. ἔλαβον . . . ἕκαστος τὴν μάχαιραν αὐτοῦ (11 *a*)
— 26. ἔλαβον τὴν Δείναν ἐκ τοῦ οἴκου (11 *a*)
— 28. ὅσα ἦν ἐν τῷ πεδίῳ ἔλαβον (11 *a*)
36. 2. ἔλαβε τὰς γυναῖκας ἑαυτῷ (11 *a*)
— 6. ἔλαβε δὲ Ἠσαῦ τὰς γυναῖκας αὐτοῦ (11 *a*)
37. 24. λαβόντες αὐτὸν ἔρριψαν (11 *a*)
— 31. λαβόντες δὲ τὸν χιτῶνα τοῦ Ἰωσήφ (11 *a*)
38. 2. ἔλαβεν αὐτὴν καὶ εἰσῆλθε πρὸς αὐτήν (11 *a*)
— 6. ἔλαβεν Ἰούδας γυναῖκα Ἤρ (11 *a*)
— 18. ἐν γαστρὶ ἔλαβεν ἐξ αὐτοῦ (31)
— 28. λαβοῦσα δὲ ἡ μαῖα ἔδησεν (11 *a*)
39. 20. R λαβὼν [A ἔλαβεν] . . . Ἰωσὴφ ἐνέβαλεν (11 *a*)
40. 11. καὶ ἔλαβον τὴν σταφυλήν (11 *a*)
42. 16. καὶ λάβετε τὸν ἀδελφόν (11 *a*)
— 24. καὶ ἔλαβε τὸν Συμεὼν ἀπ' αὐτῶν (11 *a*)
— 33. τὸν δὲ ἀγορασμὸν . . . λαβόντες (11 *a*)
— 36. καὶ τὸν Βενιαμὶν λήψεσθε (11 *a*)

Ge. 43. 11. λάβετε ἀπὸ τῶν καρπῶν τῆς γῆς (11 *a*)
— 12. τὸ ἀργύριον . . . λάβετε ἐν ταῖς χερσίν (11 *a*)
— 13. καὶ τὸν ἀδελφὸν ὑμῶν λάβετε (11 *a*)
— 15. λαβόντες δὲ . . . τὰ δῶρα ταῦτα (11 *a*)
— 15. τὸ ἀργύριον . . . ἔλαβον ἐν ταῖς χερσίν (11 *a*)
— 18. τοῦ λαβεῖν ἡμᾶς εἰς παῖδας (11 *a*)
44. 29. ἐὰν οὖν λάβητε καὶ τοῦτον (11 *a*)
45. 19. λαβεῖν αὐτοῖς ἁμάξας ἐκ γῆς (11 *a*)
47. 23. λάβετε ἑαυτοῖς σπέρμα (4)
48. 13. λαβὼν δὲ Ἰ. τοὺς δύο υἱοὺς αὐ. (11 *a*)
— 22. ἣν ἔλαβον ἐκ χειρὸς . . . ἐν μαχαίρᾳ (11 *a*)
Ex. 2. 1. ὃς ἔλαβε τῶν θυγατέρων Λευί (11 *a*)
— 2. καὶ ἐν γαστρὶ ἔλαβε (31)
— 3. ἔλαβεν αὐτῷ . . . θίβιν (11 *a*)
— 9. ἔλαβε . . . τὸ παιδίον (11 *a*)
— 22. ἐν γαστρὶ δὲ λαβοῦσα . . . ἔτεκεν υἱόν -
4. 9. λήψῃ ἀπὸ τοῦ ὕδατος τοῦ ποταμοῦ (11 *a*)
— 9. τὸ ὕδωρ ὃ ἐὰν λάβῃς ἀπὸ τοῦ ποταμοῦ (11 *a*)
— 17. τὴν ῥάβδον . . . λήψῃ ἐν τῇ χειρί σου (11 *a*)
— 20. ἔλαβε . . . τὴν ῥάβδον . . . ἐν τῇ χειρί (11 *a*)
— 25. καὶ λαβοῦσα Σ. ψῆφον περιέτεμε (11 *a*)
6. 7. λήψομαι ἐμαυτῷ ὑμᾶς λαὸν ἐμοί (11 *a*)
— 20. ἔλαβεν Ἀ. τὴν Ἰ. . . . ἑαυτῷ εἰς γυναῖκα (11 *a*)
— 23. ἔλαβε . . . τὴν Ἐλ. . . . αὐτῷ γυναῖκα (11 *a*)
— 25. ἔλαβε τῶν θυγατέρων Φ. αὐτῷ γυναῖκα (11 *a*)
7. 9. λάβε τὴν ῥάβδον (11 *a*)
— 15. τὴν ῥάβδον . . . λήψῃ ἐν τῇ χειρί σου (11 *a*)
— 19. λάβε τὴν ῥάβδον (11 *a*)
9. 8. λάβετε ὑμεῖς πλήρεις τὰς χεῖρας (11 *a*)
— 10. καὶ ἔλαβε [A -ον] τὴν αἰθάλην (11 *a*)
10. 26. ἀπ' αὐτῶν γὰρ ληψόμεθα λατρεῦσαι (11 *a*)
12. 3. λαβέτωσαν ἕκαστος πρόβατον (11 *a*)
— 5. ἀπὸ τῶν ἀρνῶν καὶ τῶν ἐρίφων λήψεσθε (11 *a*)
— 7. καὶ λήψονται ἀπὸ τοῦ αἵματος (11 *a*)
— 21. λάβετε ὑμῖν αὐτοῖς πρόβατον (11 *a*)
— 22. λήψεσθε δὲ δέσμην ὑσσώπου (11 *a*)
13. 19. ἔλαβε Μωυσῆς τὰ ὀστᾶ Ἰ. μεθ' ἑαυτοῦ (11 *a*)
14. 7. καὶ λαβὼν [A ἔλαβεν] . . . ἅρματα (11 *a*)
15. 14. ὠδῖνες ἔλαβον κατοικοῦντας (1)
— 15. ἔλαβεν αὐτοὺς τρόμος (1)
— 20. λαβοῦσα [A ἔλαβεν] δὲ . . . τὸ τύμπανον (11 *a*)
16. 33. λάβε στάμνον χρυσοῦν ἕνα (11 *a*)
17. 5. λάβε δὲ σεαυτῷ ἀπὸ τῶν πρεσβυτ. [A *al.*] (11 *a*)
— 5. καὶ τὴν ῥάβδον . . . λάβε ἐν τῇ χειρί (11 *a*)
— 12. καὶ λαβόντες λίθον (11 *a*)
18. 2. ἔλαβε δὲ . . . Σ. τὴν γυναῖκα (11 *a*)
— 12. ἔλαβεν . . . ὁλοκαυτώματα . . . τῷ θεῷ (11 *a*)
20. 7. οὐ λήψῃ τὸ ὄνομα . . . ἐπὶ ματαίῳ (17 *a*)
— 7. λαμβάνοντα τὸ ὄνομα αὐ. ἐπὶ ματαίῳ (17 *a*)
21. 10. ἐὰν δὲ ἄλλην λάβῃ ἑαυτῷ (11 *a*)
— 14. λήψῃ αὐτὸν θανατῶσαι (11 *a*)
23. 8. καὶ δῶρα οὐ λήψῃ (11 *a*)
24. 6. λαβὼν δὲ Μ. τὸ ἥμισυ τοῦ αἵματος (11 *a*)
— 7. καὶ λαβὼν τὸ βιβλίον . . . ἀνέγνω (11 *a*)
— 8. λαβὼν δὲ Μ. τὸ αἷμα (11 *a*)
25. 2. λάβετε [A *add.* μοι] ἀπαρχὰς παρὰ πάντων (11 *a*)
— 2. λήψεσθε τὰς ἀπαρχάς μου (11 *a*)
— 3. ἡ ἀπαρχὴ ἣν λήψεσθε παρ' αὐτῶν (11 *a*)
27. 20. λαβέτωσάν σοι ἔλαιον ἐξ ἐλαιῶν (11 *a*)
28. 5. καὶ αὐτοὶ λήψονται τὸ χρυσίον (11 *a*)
— 9. καὶ λήψῃ τοὺς δύο λίθους (11 *a*)
— 23 (29). λήψεται Ἀαρὼν τὰ ὀνόματα τῶν υἱῶν (17 *a*)
29. 1. λήψῃ δὲ μοσχάριον ἐκ βοῶν ἕν (11 *a*)
— 5. καὶ λαβὼν τὰς στολάς (11 *a*)
— 7. καὶ λήψῃ τοῦ ἐλαίου (11 *a*)
— 12. καὶ λήψῃ ἀπὸ τοῦ αἵματος τοῦ μόσχου (11 *a*)
— 13. καὶ λήψῃ πᾶν τὸ στέαρ (11 *a*)
— 15. καὶ τὸν κριὸν λήψῃ τὸν ἕνα (11 *a*)
— 16. καὶ λαβὼν τὸ αἷμα προσχεεῖς (11 *a*)
— 19. καὶ λήψῃ [A *om.*] τὸν κριόν (11 *a*)
— 20. καὶ λήψῃ τοῦ αἵματος αὐτοῦ (11 *a*)
— 21. καὶ λήψῃ ἀπὸ τοῦ αἵματος (11 *a*)
— 22. λήψῃ ἀπὸ τοῦ κριοῦ τὸ στέαρ αὐτοῦ (11 *a*)
— 25. καὶ λήψῃ [A δέξῃ] αὐτὰ ἐκ τῶν χειρῶν (11 *a*)
— 26. καὶ λήψῃ τὸ στηθύνιον ἀπὸ τοῦ κριοῦ (11 *a*)
— 31. τὸν κριὸν τῆς τελειώσεως λήψῃ (11 *a*)
30. 12. ἐὰν λάβῃς τὸν συλλογισμὸν τῶν υἱῶν (17 *a*)
— 16. καὶ λήψῃ τὸ ἀργύριον τῆς εἰσφορᾶς (11 *a*)
— 23. καὶ σὺ λάβε ἡδύσματα (11 *a*)
— 34. λάβε σεαυτῷ ἡδύσματα (11 *a*)
32. 20. καὶ λαβὼν τὸν μόσχον . . . κατέκαυσεν (11 *a*)
33. 7. καὶ λαβὼν Μωυσῆς τὴν σκηνήν (11 *a*)

Ex. 34. 4. ἔλαβε Μ. τὰς δύο πλάκας (11 a)
— 16. λάβῃς τῶν θυγατέρων αὐτῶν τοῖς υἱοῖς (11 a)
35. 5. λάβετε παρ' ὑμῶν . . . ἀφαίρεμα κυρίῳ (11 a)
36. 3. ἔλαβον παρὰ Μ. π. τὰ ἀφαιρέματα (11 a)
40. 9. λήψῃ τὸ ἔλαιον τοῦ χρίσματος (11 a)
— 20. λαβὼν τὰ μαρτύρια ἐνέβαλεν (11 a)
Le. 4. 5. λαβὼν . . . τὰς χεῖρας ἀπὸ τοῦ αἵματος (11 a)
— 30. λήψεται . . . ἀπὸ τοῦ αἵματος αὐτῆς (11 a)
— 34. λαβὼν . . . ἀπὸ τοῦ αἵματος (11 a)
5. 1. λήψεται τὴν ἁμαρτίαν (17 a)
— 17. καὶ λάβῃ τὴν ἁμαρτίαν (17 a)
7. 8 (18). τὴν ἁμαρτίαν λήψεται (17 a)
— 24 (34). τὸ γὰρ στηθύνιον . . . εἴληφα (11 a)
8. 2. λάβε 'Ααρὼν καὶ τοὺς υἱοὺς αὐτοῦ (11 a)
— 10. ἔλαβε Μωυσῆς ἀπὸ τοῦ ἐλαίου (11 a)
— 15. ἔλαβε Μωυσῆς ἀπὸ τοῦ αἵματος (11 a)
— 16. καὶ ἔλαβε Μωυσῆς πᾶν τὸ στέαρ (11 a)
— 22 (23). καὶ ἔλαβε Μ. ἀπὸ τοῦ αἵματος (11 a)
— 24 (25). καὶ ἔλαβε τὸ στέαρ καὶ τὴν ὀσφύν (11 a)
— 25 (26). ἔλαβεν ἄρτον ἕνα (11 a)
— 27 (28). ἔλαβε Μ. ἀπὸ τῶν χειρῶν αὐτῶν (11 a)
— 28 (29). καὶ λαβὼν Μωυσῆς τὸ στηθύνιον (11 a)
— 29 (30). ἔλαβε Μωυσῆς ἀπὸ τοῦ ἐλαίου (11 a)
9. 2. λάβε σεαυτῷ μοσχάριον (11 a)
— 3. λάβετε χίμαρον ἐξ αἰγῶν ἕνα (11 a)
— 5. καὶ ἔλαβον καθὸ ἐνετείλατο Μ. (11 a)
— 15. ἔλαβε τὸν χίμαρον (11 a)
10. 1. λαβόντες . . . ἕκαστος τὸ πυρεῖον (11 a)
— 12. λάβετε τὴν θυσίαν τὴν καταλειφθεῖσαν (11 a)
12. 8. καὶ λήψεται δύο τρυγόνας (11 a)
14. 4. λήψονται τῷ κεκαθαρισμένῳ δύο ὀρνίθια (11 a)
— 6. καὶ τὸ ὀρνίθιον τὸ ζῶν λήψεται αὐτό (11 a)
— 10. λήψεται δύο ἀμνοὺς ἀμώμους (11 a)
— 12. καὶ λήψεται ὁ ἱερεὺς τὸν ἀμνόν (11 a)
— 14. καὶ λήψεται ὁ ἱερεὺς ἀπὸ τοῦ αἵματος (11 a)
— 15. καὶ λαβὼν ὁ ἱερεὺς ἀπὸ τῆς κοτύλης (11 a)
— 21. λήψεται ἀμνὸν ἕνα (11 a)
— 24. καὶ λαβὼν ὁ ἱερεὺς τὸν ἀμνόν (11 a)
— 25. καὶ λήψεται ὁ ἱερεὺς ἀπὸ τοῦ αἵματος (11 a)
— 42. καὶ λήψονται λίθους (11 a)
— 42. χοῦν ἕτερον λήψονται (11 a)
— 49. λήψεται ἀφαγνίσαι τὴν οἰκ. δύο ὀρνίθια (11 a)
— 51. καὶ λήψεται τὸ ξύλον τὸ κέδρινον (11 a)
15. 14. λήψεται ἑαυτῷ δύο τρυγόνας (11 a)
— 29. λήψεται αὕτη [A *om.*] δύο τρυγόνας (11 a)
16. 5. λήψεται δύο χιμάρους (11 a)
— 7. λήψεται τοὺς δύο χιμάρους (11 a)
— 12. λήψεται τὸ πυρεῖον πλῆρες ἀνθράκων (11 a)
— 14, 18. λήψεται ἀπὸ τοῦ αἵμ. τοῦ μόσχου (11 a)
— 18. λήψεται ἀπὸ τοῦ αἵματος τοῦ μόσχου (11 a)
— 22. λήψεται . . . τὰς ἀδικίας αὐ. (17 a)
17. 16. καὶ λήψεται ἀνόμημα αὐτοῦ (17 a)
18. 17. τὴν θυγατέρα τῆς θυγ. αὐ. οὐ λήψῃ (11 a)
— 18. γυναῖκα ἐπ' ἀδελφῇ αὐ. οὐ λήψῃ ἀντίζηλον (11 a)
19. 8. ὁ δὲ ἔσθων αὐτὸ ἁμαρτίαν λήψεται (17 a)
— 15. οὐ λήψῃ πρόσωπον πτωχοῦ (17 a)
— 17. οὐ λήψῃ δι' αὐτὸν ἁμαρτίαν (17 a)
20. 14. ὃς ἂν λάβῃ γυναῖκα (11 a)
— 17. ὃς ἂν λάβῃ τὴν ἀδ. αὐ. (11 a)
— 21. ὃς ἂν λάβῃ γυναῖκα τοῦ ἀδ. αὐ. (11 a)
21. 7. γυναῖκα πόρνην . . . οὐ λήψονται (11 a)
— 13. παρθένον ἐκ τοῦ γένους αὐτοῦ λήψεται [B^{1} οὐ λ.] (11 a)
— 14. ταύτας οὐ λήψεται (11 a)
— 14. παρθένον ἐκ τοῦ λαοῦ αὐ. λήψεται γυναῖκα (11 a)
22. 9. ἵνα μὴ λάβωσι δι' αὐτὰ ἁμαρτίαν (17 a)
23. 40. λήψεσθε . . . καρπὸν ξύλου ὡραῖον (11 a)
24. 2. λαβέτωσάν μοι ἔλαιον (11 a)
— 5. λήψεσθε σεμίδαλιν (11 a)
— 15. ἁμαρτίαν λήψεται (17 a)
25. 36. οὐ λήψῃ παρ' αὐτοῦ τόκον (11 a)
Nu. 1. 2. λάβετε ἀρχὴν πάσης συναγ. 'Ισρ. (17 a)
— 17. ἔλαβε . . . τοὺς ἄνδρας τούτους (11 a)
— 49. τὸν ἀριθμὸν αὐτῶν οὐ λήψῃ (17 a)
3. 6. λάβε τὴν φυλὴν Λ. (26)
— 12. εἴληφα [A ἤλιφα] τοὺς Λευίτας (11 a)
— 40. λάβετε [A -βε] τὸν ἀριθμὸν ἐξ ὀνόματος (17 a)
— 41. λήψῃ τοὺς Λευίτας ἐμοί (11 a)
— 45. B^{1} λάβετε [A B^{2} R -βε] τοὺς Λ. (11 a)
— 47. λήψῃ πέντε σίκλους κατὰ κεφαλήν (11 a)
— 47. κατὰ τὸ δίδραχμον τὸ ἅγ. λήψῃ (11 a)
— 49. ἔλαβε Μ. τὸ ἀργύριον (11 a)
— 50. ἔλαβε τὸ ἀργύριον (11 a)

Nu. 4. 2. λάβε τὸ κεφάλαιον τῶν υἱῶν Κ. (17 a)
— 9. λήψονται ἱμάτιον ὑακίνθινον (11 a)
— 12. λήψονται πάντα τὰ σκεύη τὰ λειτουργικά (11 a
— 14. λήψονται ἱμάτιον πορφυροῦν -
— 22. λάβε τὴν ἀρχὴν τῶν υἱῶν Γ. (17 a)
5. 17. λήψεται ὁ ἱερεὺς ὕδωρ καθαρὸν ζῶν (11 a)
— 17. λαβὼν ὁ ἱ. ἐμβαλεῖ εἰς τὸ ὕδωρ (11 a)
— 25. λήψεται ὁ ἱ. . . . τὴν θυσίαν τῆς ζηλοτυπίας (11 a)
— 31. λήψεται τὴν ἁμαρτίαν αὐ. (17 a)
6. 19. λήψεται ὁ ἱ. τὸν βραχίονα ἑφθόν (11 a)
7. 5. λάβε παρ' αὐτῶν (11 a)
— 6. λαβὼν Μωυσῆς τὰς ἁμάξας (11 a)
8. 6. λάβε τοὺς Λευίτας (11 a)
— 8. λήψονται μόσχον ἕνα (11 a)
— 8. μόσχον ἐνιαύσιον ἐκ βοῶν λήψῃ (11 a)
— 16. εἴληφα αὐτοὺς ἐμοί (11 a)
— 18. ἔλαβον τοὺς Λευίτας (11 a)
9. 13. ἁμαρτίαν αὐτοῦ λήψεται ὁ ἄνθρ. ἐκ. (17 a)
11. 12. μὴ ἐγὼ ἐν γαστρὶ ἔλαβον πάντα τὸν λαὸν τ. (31)
— 12. λάβε αὐτὸν εἰς τὸν κόλπον σου (17 a)
12. 1. ἣν [A ἧς] ἔλαβε Μ. ὅτι γυναῖκα Αἰθ. ἔλαβε (11 a, 11 a)
13. 21 (20). λήψεσθε ἀπὸ τῶν καρπῶν τῆς γῆς (11 a)
14. 34. λήψεσθε τὰς ἁμαρτίας ὑμῶν (17 a)
16. 6. λάβετε ὑμῖν αὐτοῖς πυρεῖα (11 a)
— 15. οὐκ ἐπιθύμημα οὐδενὸς αὐτῶν εἴληφα (17 a)
— 17. λάβετε ἕκαστος τὸ πυρεῖον αὐτοῦ (11 a)
— 17 (18). ἔλαβεν ἕκαστος τὸ πυρεῖον αὐτοῦ (11 a)
— 39 (17. 4). ἔλαβεν 'Ελ. . . . τὰ πυρεῖα (11 a)
— 46 (17. 11). λάβε τὸ πυρεῖον (11 a)
— 47 (17. 12). ἔλαβεν 'Α. καθάπερ ἐλάλησεν (11 a)
— 47 (17. 12). A ἔλαβεν [B *om.*] καὶ ἐπέβαλε τὸ θυμίαμα -
17. 2 (17). λάβε παρ' αὐτῶν ῥάβδον (11 a)
— 9 (24). AR ἔλαβον [B ἔβαλεν] ἕκαστος τὴν ῥάβδον αὐ. (11 a)
18. 1. AR λήψεσθε τὰς ἁμαρτίας [B ἀπαρχάς] (17 a)
— 1. λήψεσθε τὰς ἁμαρτίας τῆς ἱερατείας ὑμῶν (17 a)
— 6. εἴληφα τοὺς ἀδελφοὺς ὑμῶν (11 a)
— 22. λαβεῖν ἁμαρτίαν θανατηφόρον (17 a)
— 23. λήψονται τὰ ἁμαρτήματα αὐτῶν (17 a)
— 26. ἐὰν λάβητε . . . τὸ ἐπιδέκατον (11 a)
— 28. ὅσα ἐὰν λάβητε παρὰ τῶν υἱῶν 'Ισρ. (11 a)
— 32. οὐ λήψεσθε [A οὗτοι λήψονται] δι' αὐτὸ ἁμαρτίαν (17 a)
19. 2. λαβέτωσαν πρὸς σὲ δάμαλιν (11 a)
— 4. λήψεται 'Ελ. ἀπὸ τοῦ αἵματος αὐτῆς (11 a)
— 6. λήψεται ὁ ἱ. ξύλον κέδρινον (11 a)
— 17. λήψονται τῷ ἀκαθάρτῳ ἀπὸ τῆς σποδιᾶς (11 a)
— 18. λήψεται ὕσσωπον (11 a)
20. 8. λάβε τὴν ῥάβδον (11 a)
— 9. ἔλαβε Μ. τὴν ῥάβδον (11 a)
— 25. λάβε τὸν 'Α. (11 a)
21. 25. ἔλαβεν 'Ισρ. πάσας τὰς πόλεις ταύτας (11 a)
— 26. ἔλαβον [A -εν] πᾶσαν τὴν γῆν αὐ. (11 a)
25. 4. λάβε πάντας τοὺς ἀρχηγούς (11 a)
— 7. λαβὼν σειρομάστην ἐν τῇ χειρί (11 a)
26. 2. λάβε τὴν ἀρχὴν πάσης συναγ. (17 a)
27. 18. λάβε πρὸς σεαυτὸν τὸν 'Ι. (11 a)
— 22. λαβὼν τὸν 'Ιησοῦν (11 a)
30. 16. λήψεται τὴν ἁμαρτίαν αὐ. (17 a)
31. 11. ἔλαβον πᾶσαν τὴν προνομήν (11 a)
— 26. λάβε τὸ κεφάλαιον τῶν σκύλων (17 a)
— 29. ἀπὸ τοῦ ἡμίσους αὐτῶν λήψεσθε (11 a)
— 30. λήψῃ ἕνα ἀπὸ τῶν πεντήκοντα (11 a)
— 47. ἔλαβε Μ. ἀπὸ τοῦ ἡμισεύμ. τῶν υἱῶν 'Ισρ. (11 a)
— 49. εἰλήφασι τὸ κεφάλαιον τῶν ἀνδρῶν (17 a)
— 51, 54. ἔλαβε Μ. . . . τὸ χρυσίον (11 a)
32. 39. καὶ ἔλαβεν αὐτήν (10 a)
— 41. ἔλαβε τὰς ἐπαύλεις αὐτῶν (10 a)
— 42. ἔλαβε τὴν Καάθ (10 a)
34. 14. ἔλαβε φυλὴ υἱῶν 'Ρ. (11 a)
— 15. ἔλαβον τοὺς κλήρους αὐτῶν (11 a)
— 18. ἄρχοντα ἕνα ἐκ φυλῆς λήψεσθε (11 a)
35. 31. οὐ λήψεσθε λύτρα περὶ ψυχῆς (11 a)
— 32. οὐ λήψεσθε λύτρα τοῦ φυγεῖν (11 a)
De. 1. 15. ἔλαβον ἐξ ὑμῶν ἄνδρας σοφούς (11 a)
— 23. ἔλαβον ἐξ ὑμῶν δώδεκα ἄνδρας (11 a)

De. 1. 25. ἐλάβοσαν [A -βον] . . . ἀπὸ τοῦ καρποῦ τῆς γῆς (11 a)
2. 6. ὕδωρ μέτρῳ λήψεσθε †
— 35. τὰ σκῦλα τῶν πόλεων ἐλάβομεν (10 a)
3. 4. ἣν οὐκ ἐλάβομεν παρ' αὐτῶν (11 a)
— 8. ἐλάβομεν ἐν τῷ καιρῷ ἐκ. τὴν γῆν (11 a)
— 14. ἔλαβε πᾶσαν τὴν περίχωρον 'Α. (11 a)
4. 20. ὑμᾶς δὲ ἔλαβεν ὁ θεός (11 a)
— 34. λαβεῖν ἑαυτῷ ἔθνος ἐκ μέσου ἔθνους (11 a)
5. 11. οὐ λήψῃ τὸ ὄνομα . . . ἐπὶ ματαίῳ (17 a)
— 11. τὸν λαμβάνοντα τὸ ὄνομα αὐ. ἐπὶ ματαίῳ (17 a)
7. 3. τὴν θυγατ. αὐ. οὐ λήψῃ τῷ υἱῷ σου (11 a)
— 25. οὐ λήψῃ [A λαβεῖν] σεαυτῷ (11 a)
9. 9. λαβεῖν τὰς πλάκας τὰς λιθίνας (11 a)
— 21. ἔλαβον αὐτόν (11 a)
10. 17. οὐδ' οὐ μὴ λάβῃ δῶρον (11 a)
12. 26. τὰς εὐχάς σου λαβὼν ἥξεις (17 a)
14. 25. λήψῃ τὸ ἀργύριον ἐν ταῖς χερσί σου (23)
15. 17. λήψῃ τὸ ὀπήτιον (11 a)
16. 19. οὐδὲ λήψονται δῶρον (11 a)
19. 12. λήψονται αὐτὸν ἐκεῖθεν (11 a)
20. 7. καὶ οὐκ ἔλαβεν αὐτήν (11 a)
— 7. ἄνθρωπος ἕτερος λήψεται αὐτήν (11 a)
21. 3. λήψεται . . . δάμαλιν ἐκ βοῶν (11 a)
— 11. καὶ λάβῃς αὐτὴν σαυτῷ γυναῖκα (11 a)
22. 6. οὐ λήψῃ τὴν μητέρα μετὰ τῶν τέκνων (11 a)
— 7. τὰ δὲ παιδία λήψῃ σεαυτῷ (11 a)
— 13. ἐὰν δέ τις λάβῃ γυναῖκα (11 a)
— 14. τὴν γυναῖκα ταύτην εἴληφα (11 a)
— 15. λαβὼν ὁ πατὴρ τῆς παιδός (11 a)
— 18. λήψεται . . . τὸν ἄνθρωπον ἐκεῖνον (11 a)
— 30 (23. 1). οὐ λήψεται ἄνθρ. τὴν γυναῖκα τοῦ πατρὸς αὐ. (11 a)
24. 1. A^{2} B ἐὰν δέ τις λάβῃ γυναῖκα (11 a)
— 3. ὃς ἔλαβεν αὐτὴν ἑαυτῷ γυναῖκα (11 a)
— 4. λαβεῖν αὐτὴν ἑαυτῷ γυναῖκα (11 a)
— 5. ἐὰν δέ τις λάβῃ γυναῖκα προσφάτως (11 a)
— 5. ἣν ἔλαβεν (11 a)
— 19. οὐκ ἀναστραφήσῃ λαβεῖν αὐτό (11 a)
25. 5. λήψεται αὐτὴν ἑαυτῷ γυναῖκα (11 a)
— 7. λαβεῖν τὴν γυναῖκα τοῦ ἀδ. αὐ. (11 a)
— 8. οὐ βούλομαι λαβεῖν αὐτήν (11 a)
26. 2. λήψῃ ἀπὸ τῆς ἀπαρχῆς τῶν καρπῶν (11 a)
— 4. λήψεται ὁ ἱερεὺς τὸν κάρταλλον (11 a)
27. 25. ὃς ἂν λάβῃ δῶρα (11 a)
28. 30. γυναῖκα λήψῃ (2)
— 56. ἧς οὐχὶ πεῖραν ἔλαβεν ὁ ποὺς αὐτῆς (32)
29. 8 (7). ἐλάβομεν τὴν γῆν αὐτῶν (11 a)
30. 4. ἐκεῖθεν λήψεταί σε κ. ὁ θεός σου (11 a)
— 12. τίς . . . λήψεται ἡμῖν αὐτήν (11 a)
— 13. A B^{2} R καὶ λάβῃ [A λήψεται] ἡμῖν αὐτήν (11 a)
31. 26. λαβόντες τὸ βιβλίον τοῦ ν. τούτου (11 a)
Jo. 2. 4. λαβοῦσα ἡ γυνὴ τοὺς δύο ἄνδρας (11 a)
4. 8. AB λαβόντες [R ἀναλ.] δώδεκα λίθους (17 a)
— 20. οὓς ἔλαβεν ἐκ τοῦ 'Ι. (11 a)
6. 17 (18). μή ποτε . . . λάβητε ἀπὸ τοῦ ἀναθέματος (11 a)
7. 1. ἔλαβεν 'Α. . . . ἀπὸ τοῦ ἀναθέματος (11 a)
— 21. ἐνθυμηθεὶς αὐτῶν ἔλαβον (11 a)
— 24. ἔλαβεν 'Ι. τὸν 'Αχαρ (11 a)
8. 1. λάβε μετὰ σοῦ πάντας τοὺς ἄνδρας (11 a)
— 21. B ἔλαβον τὰ ἔνεδρα τὴν πόλιν (10 a)
9. 4. λαβόντες σάκκους παλαιούς (11 a)
— 11. λάβετε ἑαυτοῖς ἐπισιτισμόν (11 a)
— 14. ἔλαβον . . . τοῦ ἐπισιτισμοῦ αὐτῶν (11 a)
10. 1. ἔλαβεν 'Ι. τὴν Γαί (10 a)
— 28. τὴν Μ. ἐλάβοσαν [A -βον] (10 a)
— 30. ἔλαβον [A -εν] αὐτήν -
— 32, 35. ἔλαβεν αὐτήν (10 a)
— 39. ἔλαβον αὐτήν (10 a)
— 42. A τὴν γῆν αὐ. ἔλαβεν [B ἐπάταξεν] 'Ι. (10 a)
11. 12. τοὺς βασιλεῖς αὐ. ἔλαβεν 'Ι. (10 a)
— 16. ἔλαβεν 'Ι. πᾶσαν τὴν γῆν τὴν ὀρ. (11 a)
— 17. πάντας τοὺς βασιλεῖς αὐ. ἔλαβε (10 a)
— 19. ἣν οὐκ ἔλαβεν 'Ισρ. [A *al.*] †
— 19. πάντα [A -ας] ἐλάβοσαν [A -βεν] ἐν πολέμῳ (11 a)
— 23. ἔλαβεν 'Ι. πᾶσαν τὴν γῆν (11 a)
15. 16. ὃς ἐὰν λάβῃ . . . τὴν πόλιν τῶν γραμμάτων (15 ?)
— 17. ἔλαβεν αὐτὴν Γ. (10 a)
16. 10. καὶ ἔλαβεν αὐτήν [A τὴν πόλιν] -
18. 7. ἐλάβοσαν τὴν κληρονομίαν αὐ. (11 a)
21. 40. ἔλαβεν 'Ι. τὰς μαχαίρας τὰς πετρ. -

Jo. 24. 3. ἔλαβον τὸν πατέρα ὑμῶν (11 a)
— 26. ἔλαβε λίθον μέγαν (11 a)
— 33. λαβόντες . . . τὴν κιβωτὸν τοῦ θεοῦ –
Jd. 1. 6. B[1] κατελάβοσαν [B[2] R ἐλ., A ἔλαβον] αὐτόν (1)
— 24. A R ἔλαβον [B -αν] αὐτόν –
3. 6. ἔλαβον τὰς θυγατ. αὐ. ἑαυτοῖς (11 a)
— 21. ἔλαβε τὴν μάχαιραν (11 a)
— 25. ἔλαβον τὴν κλεῖδα (11 a)
4. 6. λήψῃ . . . δέκα χιλιάδας ἀνδρῶν (11 a)
— 21. ἔλαβεν Ἰ. . . . τὸν πάσσαλον τῆς σκηνῆς (11 a)
5. 19. δῶρον [A πλεονεξίαν] ἀργυρίου οὐκ ἔλαβον (11 a)
6. 20. λάβε τὰ κρέα (11 a)
— 25. λάβε τὸν μόσχον τὸν ταῦρον (11 a)
— 26. λήψῃ τὸν μόσχον τὸν δεύτερον (11 a)
— 27. ἔλαβε Γ. δέκα ἄνδρας (11 a)
7. 5. ὃς ἂν λάψῃ [A λήψῃ] τῇ γλώσσῃ αὐ. †
— 5. ὡς ἐὰν λάψῃ [A λήψῃ] ὁ κύων †
— 8. ἔλαβον τὸν ἐπισιτισμὸν τοῦ λαοῦ (11 a)
— 20. A ἐλάβοντο ἐν τῇ χειρὶ τῇ ἀρ. [B al.] (5)
8. 16. ἔλαβε [A -ον] τοὺς πρεσβυτ. τῆς πόλεως (11 a)
— 21. ἔλαβε τοὺς μηνίσκους (11 a)
9. 43. ἔλαβε [A παρέλ.] τὸν λαόν (11 a)
— 48. ἔλαβεν Ἀβ. τὰς ἀξίνας (11 a)
— 48. A ἔλαβεν αὐτό [B al.] (17 a)
11. 5. λαβεῖν [A παραλ.] τὸν Ἰ. ἀπὸ τῆς γῆς T. (11 a)
— 13. ἔλαβεν Ἰσρ. τὴν γῆν μου (11 a)
— 15. οὐκ ἔλαβεν Ἰσρ. τὴν γῆν M. (11 a)
13. 19. ἔλαβε M. τὸν ἔριφον τῶν αἰγῶν (11 a)
— 23. οὐκ ἂν ἔλαβεν [A ἐδέξατο] . . . θυσίαν (11 a)
14. 2. λάβετε αὐτὴν ἐμοί (11 a)
— 3. σὺ πορεύῃ λαβεῖν γυναῖκα (11 a)
— 3. ταύτην λάβε μοι (11 a)
— 8. ὑπέστρεψε [A ἐπ.] . . . λαβεῖν αὐτήν (11 a)
— 11. ἔλαβον τριάκοντα κλητούς [A al.] (11 a)
— 19. ἔλαβε τὰ ἱμάτια [A τὰς στολὰς] αὐ. (11 a)
15. 4. ἔλαβε λαμπάδας (11 a)
— 6. ἔλαβε τὴν γυναῖκα αὐτοῦ (11 a)
— 15. καὶ ἔλαβεν αὐτήν (11 a)
16. 12. ἔλαβε Δ. καλώδια [A om.] καινά (11 a)
— 14. ἔλαβε Δ. τὰς ἑπτὰ σειράς [A al.] –
— 31. ἔλαβον αὐτόν (17 a)
17. 2. οὓς ἔλαβες ἀργυρίου σεαυτῇ [A ἀ. τοὺς ληφθέντας σοι] (11 c)
— 2. ἐγὼ ἔλαβον αὐτό (11 a)
— 4. ἔλαβεν ἡ μήτηρ αὐ. διακοσίους ἀργυρίου (11 a)
18. 17 (A), 18. ἔλαβον τὸ γλυπτόν (11 a)
— 20. ἔλαβε τὸ ἐφώδ (11 a)
— 24. τὸ γλυπτόν μου . . . ἐλάβετε (11 a)
— 27. ἔλαβον ὃ ἐποίησε M. (11 a)
19. 1. ἔλαβεν αὐτῷ γυναῖκα παλλακήν (11 a)
— 28. ἔλαβεν αὐτὴν ἐπὶ τὸν ὄνον [A al.] (11 a)
— 29. ἔλαβε τὴν ῥομφαίαν [A μάχαιραν] (11 a)
20. 10. ληψόμεθα δέκα ἄνδρας (11 a)
— 10. λαβεῖν ἐπισιτισμόν (11 a)
21. 22. οὐκ ἐλάβομεν ἀνὴρ γυναῖκα αὐτοῦ (11 a)
— 23. ἔλαβον γυναῖκας (17 a)
Ru. 1. 4. ἐλάβοσαν ἑαυτοῖς γυναῖκας M. (17 a)
4. 2. ἔλαβε B. δέκα ἄνδρας (11 a)
— 13. ἔλαβε B. τὴν Ῥούθ (11 a)
— 16. ἔλαβε N. τὸ παιδίον (11 a)
I Ki. 2. 14. πᾶν . . . ἐλάμβανεν ἑαυτῷ ὁ ἱερεύς (11 a)
— 15. B οὐ μὴ λάβω παρὰ σοῦ [AR add. κρέας] ἑφθόν (11 a)
— 16. λάβε σεαυτῷ ἐκ πάντων (11 a)
— 16. λήψομαι κραταιῶς (11 a)
4. 3. λάβωμεν τὴν κιβωτὸν τοῦ θεοῦ ἡμῶν [A al.] (11 a)
— 11. κιβωτὸς θεοῦ ἐλήφθη (11 b)
— 17. ἡ κιβωτὸς τοῦ θεοῦ ἐλήφθη (11 b)
— 19. ἐλήφθη ἡ κιβωτὸς τοῦ θεοῦ (11 b)
— 21. ἐν τῷ λημφθῆναι τὴν κιβωτὸν κυρίου (11 b)
— 22. A ὅτι ἐλήφθη ἡ κιβ. τοῦ θεοῦ (11 b)
5. 1. ἔλαβον τὴν κιβωτὸν τοῦ θεοῦ (11 a)
— 2. ἔλαβον ἀλλόφυλοι τὴν κιβωτὸν κυρίου (11 a)
6. 7. λάβετε . . . ἅμαξαν καινήν (11 a)
— 8. λήψεσθε τὴν κιβωτόν (11 a)
— 10. ἔλαβον δύο βόας πρωτοτοκούσας (11 a)
7. 9. ἔλαβε Σαμ. ἄρνα γαλαθηνὸν ἕνα (11 a)
— 12. ἔλαβε Σαμ. λίθον ἕνα (11 a)
— 14. ἃς ἔλαβον οἱ ἀλλόφυλοι (11 a)
8. 3. καὶ ἐλάμβανον [A -αν] δῶρα (11 a)
— 11. τοὺς υἱοὺς ὑμῶν λήψεται (11 a)
I Ki. 8. 13. τὰς θυγατέρας ὑμῶν λήψεται (11 a)
— 14. τοὺς ἐλαιῶνας ὑ. τοὺς ἀγαθοὺς λήψεται (11 a)
— 16. τοὺς ὄνους ὑμῶν λήψεται (11 a)
9. 3. λάβε μετὰ σεαυτοῦ ἓν τῶν παιδαρίων (11 a)
— 22. ἔλαβε Σαμ. τὸν Σαούλ (11 a)
10. 1. ἔλαβε Σαμ. τὸν φακὸν τοῦ ἐλαίου (11 a)
— 4. λήψῃ ἐκ τῆς χειρὸς αὐτῶν (11 a)
— 23. λαμβάνει αὐτὸν ἐκεῖθεν (11 a)
11. 7. ἔλαβε δύο βόας (11 a)
12. 3. μόσχον τίνος εἴληφα ἢ ὄνον τίνος εἴληφα (11 a, 11 a)
— 3. ἐκ χειρὸς τίνος εἴληφα ἐξίλασμα (11 a)
— 4. οὐκ εἴληφας ἐκ χειρὸς οὐδενὸς οὐδέν (11 a)
14. 32. ἔλαβεν ὁ λαὸς ποίμνια (11 a)
— 42. A λάβετε [B βάλετε] ἀνὰ μέσον ἐμοῦ (16)
15. 21. ἔλαβεν ὁ λαὸς τῶν σκύλων ποίμνια (11 a)
16. 2. δάμαλιν βοῶν λάβε ἐν τῇ χειρί σου (11 a)
— 11. λάβε αὐτόν (11 a)
— 13. ἔλαβε Σαμ. τὸ κέρας τοῦ ἐλαίου (11 a)
— 20. ἔλαβεν Ἰ. γόμορ ἄρτων (11 a)
— 23. ἐλάμβανε Δ. τὴν κινύραν (11 a)
17. 17. A λάβε δὴ τοῖς ἀδ. σου οἰφεὶ τούτου (11 a)
— 20. A ἔλαβεν καὶ ἀπῆλθεν (17 a)
— 34. καὶ ἐλάμβανε πρόβατον ἐκ τῆς ἀγέλης (17 a)
— 40. ἔλαβε τὴν βακτηρίαν αὐτοῦ (11 a)
— 49. ἔλαβεν ἐκεῖθεν [A om.] λίθον ἕνα (11 a)
— 51. ἔλαβε τὴν ῥομφαίαν αὐ. (11 a)
— 54. ἔλαβε Δ. τὴν κεφαλὴν τοῦ ἀλλοφύλου (11 a)
18. 2. A ἔλαβεν αὐτὸν Σαούλ (11 a)
19. 13. ἔλαβεν ἡ M. τὸ κενοτάφια (11 a)
— 14, 20. ἀπέστειλε Σ. ἀγγέλους λαβεῖν τὸν Δ. (11 a)
20. 22. λάβε αὐτήν –
— 31. λάβε τὸν νεανίαν (11 a)
21. 6 (7). ᾗ ἡμέρᾳ ἔλαβεν αὐτούς (11 b)
— 8 (9). τὰ σκεύη οὐκ εἴληφα ἐν τῇ χειρί μου (11 a)
— 9 (10). A εἰλημμένη [B ἐνειλ.] ἦν ἐν ἱματίῳ †
— 9 (10). εἰ ταύτην λήψῃ σεαυτῷ λάβε (11 a, 11 a)
24. 3. ἔλαβε μεθ' ἑαυτοῦ τρεῖς χιλιάδας ἀνδρῶν (11 a)
— 12. δεσμεύεις τὴν ψυχήν μου λαβεῖν αὐτήν (11 a)
25. 11. λήψομαι τοὺς ἄρτους μου (11 a)
— 18. ἔλαβε διακοσίους ἄρτους (11 a)
— 21. οὐκ ἐνετειλάμεθα λαβεῖν . . . οὐθέν †
— 27. λάβε τὴν εὐλογίαν –
— 27. A λάβε [B om.] καὶ δώσεις –
— 35. ἔλαβε Δ. . . . πάντα (11 a)
— 39. λαβεῖν αὐτὴν ἑαυτῷ εἰς γυναῖκα (11 a)
— 40. λαβεῖν σε αὐτῷ εἰς γυναῖκα (11 a)
— 43. τὴν Ἀχ. ἔλαβε Δ. ἐξ Ἰσρ. (11 a)
26. 11. λάβε δὴ τὸ δόρυ (11 a)
— 12. ἔλαβε Δ. τὸ δόρυ (11 a)
— 22. καὶ λαβέτω αὐτό (11 a)
27. 9. ἐλάμβανεν ποίμνια (11 a)
28. 24. ἔλαβεν ἄλευρα (11 a)
30. 11. καὶ λαμβάνουσιν αὐτόν (11 a)
— 16. οἷς ἔλαβον ἐκ γῆς ἀλλοφύλων (11 a)
— 18. ἃ ἔλαβον οἱ Ἀμ. (11 a)
— 19. ὧν ἔλαβον αὐτῶν (11 a)
— 20. ἔλαβε πάντα τὰ ποίμνια (11 a)
31. 4. ἔλαβε Σ. τὴν ῥομφαίαν (11 a)
— 12. ἔλαβον τὸ σῶμα Σ. (11 a)
— 13. λαμβάνουσι τὰ ὀστᾶ αὐ. (11 a)
II Ki. 1. 10. ἔλαβον τὸ βασίλειον (11 a)
2. 8. Ἀβ. . . . ἔλαβε τὸν Ἰεβ. (11 a)
— 21. λάβε σεαυτῷ τὴν πανοπλίαν αὐ. (11 a)
3. 14. A[2] B ἣν ἔλαβον [A[2] add. ἐμαυτῷ] ἐν ἑκατὸν ἀκροβυστίαις (2)
— 15. ἔλαβεν αὐτὴν παρὰ τοῦ ἀνδρὸς αὐ. (11 a)
4. 7. ἔλαβον τὴν κεφαλὴν αὐ. (11 a)
5. 13. ἔλαβε Δ. ἔτι γυναῖκας (11 a)
— 21. ἐλάβοσαν [A -βεν] αὐτοὺς Δ. καὶ οἱ ἄνδρες (17 a)
7. 8. ἔλαβόν σε ἐκ τῆς μάνδρας (11 a)
8. 1. ἔλαβε Δ. τὴν ἀφωρισμένην (11 a)
— 7. ἔλαβε Δ. τοὺς χλιδῶνας τοὺς χρυσοῦς (11 a)
— 7. ἔλαβεν αὐτὰ Σ. –
— 8. ἔλαβεν . . . χαλκὸν πολύν (11 a)
9. 5. ἔλαβεν αὐτὸν ἐκ τοῦ οἴκου M. (11 a)
10. 4. ἔλαβεν Ἀ. τοὺς παῖδας Δ. (11 a)
11. 4. ἔλαβεν αὐτήν (11 a)
— 5. ἐν γαστρὶ ἔλαβεν ἡ γυνή (31)
12. 4. ἐφείσατο λαβεῖν [A add. αὐτὴν] ἐκ τῶν ποιμνίων αὐ. (11 a)
— 4. ἔλαβε τὴν ἀμνάδα τοῦ πένητος (11 a)
— 9. τὴν γυναῖκα αὐ. ἔλαβες σεαυτῷ (11 a)
II Ki. 12. 10. ἔλαβες τὴν γυναῖκα τοῦ Οὐ. (11 a)
— 11. λήψομαι τὰς γυναῖκάς σου (11 a)
— 30. ἔλαβε τὸν στέφανον (11 a)
13. 8. ἔλαβε τὸ σταῖς [A στέαρ] (11 a)
— 9. ἔλαβε τὸ τήγανον (11 a)
— 10. ἔλαβε Θ. τὰς κολλυρίδας (11 a)
— 19. ἔλαβε Θ. σποδόν (11 a)
14. 2. ἔλαβεν ἐκεῖθεν γυναῖκα σοφήν (11 a)
— 14. λήψεται ὁ θ. [A add. τὴν] ψυχήν (17 a)
17. 13. λήψεται πᾶς [A add. ἀνὴρ] Ἰσρ. . . . σχοινία (17 d)
— 19. καὶ ἔλαβεν ἡ γυνή (11 a)
18. 14. ἔλαβεν Ἰ. τρία βέλη (11 a)
— 17. ἔλαβε τὸν Ἀβ. (11 a)
— 18. R Ἀβ. . . . ἔλαβε [A B om.] (11 a)
— 18. ἐν ᾗ ἐλήφθη [A al.] –
— 18. ἐστήλωσεν αὐτὴν λαβεῖν –
19. 30 (31). τὰ πάντα λαβέτω (11 a)
20. 3. ἔλαβεν ὁ βασ. τὰς δέκα γυναῖκας (11 a)
— 6. λάβε . . . τοὺς παῖδας τοῦ κυρίου σου (11 a)
— 22. A ἔλαβεν [B ἔβαλε] πρὸς Ἰ. †
21. 8. ἔλαβεν ὁ βασ. τοὺς δύο υἱοὺς Ῥ. (11 a)
— 10. ἔλαβε Ῥ. . . . τὸν σάκκον (11 a)
— 12. ἔλαβε τὰ ὀστᾶ Σ. (11 a)
22. 17. ἔλαβέ [A ἀνέλ.] με (11 a)
23. 6. οὐ χειρὶ ληφθήσονται (11 a)
— 16. ἔλαβαν [A -ον] καὶ παρεγένοντο (17 a)
24. 22. λαβέτω καὶ ἀνενεγκέτω (11 a)
III Ki. 1. 33. λάβετε τοὺς δούλους τοῦ κυρίου ὑμῶν (11 a)
— 39. ἔλαβε Σ. ὁ ἱερεὺς τὸ κέρας τοῦ ἐλαίου (11 a)
3. 1. ἔλαβε τὴν θυγατέρα Φ. (11 a)
— 1. A ἔλαβεν τὴν θυγατέρα Φ. (11 a)
— 20. ἔλαβε τὸν υἱόν μου (11 a)
— 24. λάβετε [A add. μοι] μάχαιραν (11 a)
4. 15. ἔλαβε τὴν Βασ. (11 a)
— 34 (3. 1). B ἔλαβε Σαλ. τὴν θυγ. Φ. (11 a)
7. 13. ἔλαβε τὸν X. ἐκ Τύρου (11 a)
— 48. ἔλαβεν ὁ βασ. Σαλ. τὰ σκεύη [A al.] †
— 8. ἣν ἔλαβε Σαλ. (11 a)
8. 31. ἐὰν λάβῃ ἐπ' αὐτὸν ἀράν (17 a)
9. 28. ἔλαβον ἐκεῖθεν χρυσίου ἑκατὸν εἴκοσι τάλαντα [A al.] (11 a)
10. 28. ἐλάμβανεν ἐκ Θ. ἐν ἀλλάγματι (11 a)
11. 1. ἔλαβε γυναῖκας ἀλλοτρίας †
— 12. ἐκ χειρὸς υἱοῦ σου λήψομαι αὐτήν (27)
— 13. ὅλην τὴν βασιλείαν οὐ μὴ λάβω (27)
— 18. λαμβάνουσιν ἄνδρας μετ' αὐτῶν (11 a)
— 31. λάβε σεαυτῷ δέκα ῥήγματα (11 a)
— 34. οὐ μὴ λάβω ὅλην τὴν βασιλείαν (11 a)
— 35. λήψομαι τὴν βασιλείαν (11 a)
— 37. καὶ σὲ λήψομαι (11 a)
12. 24 (cf. A 14. 3). B λάβε εἰς τὴν χεῖρά σου . . . ἄρτους (11 a)
— 24. B ἔλαβεν εἰς τὴν χεῖρα αὐ. ἄρτους –
— 24. B λάβε σεαυτῷ ἱμάτιον καινόν –
— 24. B λάβε σεαυτῷ δώδεκα ῥήγματα –
— 24. B καὶ ἔλαβεν Ἰερ. –
14. 3. A λάβε εἰς τὴν χεῖρά σου . . . ἄρτους (11 a)
— 26. ἔλαβε παντὰς τοὺς θησαυροὺς οἴκου κυρίου (11 a)
— 26. ἃ ἔλαβε Δ. –
— 26. τὰ πάντα ἃ [A om.] ἔλαβεν [A add. καὶ ἔλαβεν] ὅπλα τὰ χρυσᾶ (11 a, 11 a)
15. 18. ἔλαβεν Ἀ. τὸ ἀργύριον (11 a)
16. 31. ἔλαβε γυναῖκα τὴν Ἰεζ. (11 a)
17. 10. λάβε δὴ ὀλίγον ὕδωρ (11 a)
— 11. καὶ ἐπορεύθη λαβεῖν (11 a)
— 11. λήψῃ δή μοι ψωμὸν ἄρτου (11 a)
— 19. ἔλαβεν αὐτὸν ἐκ τοῦ κόλπου αὐ. (11 a)
— 23. A καὶ ἔλαβεν Ἠ. (11 a)
18. 4. ἔλαβεν Ἀβδ. ἑκατὸν ἄνδρας προφήτας (11 a)
— 26. ἔλαβον [A -εν] τὸν μόσχον (11 a)
— 31. ἔλαβεν Ἠ. δώδεκα λίθους (11 a)
— 33 (34). λάβετέ μοι τέσσαρας ὑδρίας ὕδατος (13)
19. 4. λάβε δὴ τὴν ψυχήν μου ἀπ' ἐμοῦ (11 a)
— 10, 14. ζητοῦσι τὴν ψυχήν μου λαβεῖν αὐτήν (11 a)
— 21. ἔλαβε τὰ ζεύγη τῶν βοῶν (11 a)
21 (20). 6. καὶ λήψονται (11 a)
— 21. ἔλαβε πάντας [A om.] τοὺς ἵππους (15)
— 33. λάβετε αὐτόν (11 a)
— 34. ἃς ἔλαβεν ὁ πατήρ μου (11 a)
22. 3. λαβεῖν αὐτὴν ἐκ χειρὸς βασιλέως Σ. (11 a)
— 26. λάβετε τὸν M. (11 a)
IV Ki. 2. 3. λαμβάνει τὸν κύριόν σου ἀπάνωθεν τῆς κεφ. σου (11 a)

IV Ki. 2. 5. λαμβάνει κύριος τὸν κύριόν σου (11 *a*)
— 8. ἔλαβεν Ἠλ. τὴν μηλωτὴν αὐ. (11 *a*)
— 14. ἔλαβε τὴν μηλωτὴν Ἠλ. (11 *a*)
— 20. λάβετέ μοι ὑδρίσκην καινήν (11 *a*)
— 20. καὶ ἔλαβον πρὸς αὐτόν (11 *a*)
3. 14. εἰ μὴ πρόσωπον Ἰωσ. . . . λαμβάνω (17 *a*)
— 15. λάβε [A ἴδε] μοι ψάλλοντα (11 *a*)
— 26. ἔλαβε μεθ' ἑαυτοῦ ἑπτακοσίους ἄνδρας (11 *a*)
— 27. ἔλαβε τὸν υἱὸν αὐ. τὸν πρωτότοκον (11 *a*)
4. 1. ἦλθε λαβεῖν τοὺς δύο υἱούς μου (11 *a*)
— 17. ἐν γαστρὶ ἔλαβεν ἡ γυνή (31)
— 29. λάβε τὴν βακτηρίαν μου (11 *a*)
— 36. λάβε τὸν υἱόν σου (17 *a*)
— 37. ἔλαβε τὸν υἱὸν αὐ. (17 *a*)
— 41. λάβετε ἄλευρον (11 *a*)
5. 5. ἔλαβεν ἐν τῇ χειρὶ αὐ. δέκα τάλ. ἀργ. (11 *a*)
— 15. λάβε τὴν εὐλογίαν παρὰ [A *om.*] τοῦ δούλου σου (11 *a*)
— 16. ζῇ κύριος . . . εἰ λήψομαι (11 *a*)
— 16. παρεβιάσατο αὐτὸν λαβεῖν (11 *a*)
— 20. τοῦ μὴ λαβεῖν ἐκ χειρὸς αὐ. ἃ ἐνήνοχεν (11 *a*)
— 20. λήψομαι παρ' αὐτοῦ τι (11 *a*)
— 23. λάβε διτάλαντον ἀργυρίου (11 *a*)
— 23. καὶ ἔλαβεν [A *al.*] -
— 24. ἔλαβεν ἐκ τῶν χειρῶν αὐ. -
— 26. καὶ νῦν ἔλαβες τὸ ἀργύριον (11 *a*)
— 26. καὶ νῦν ἔλαβες τὰ ἱμάτια (11 *a*)
6. 2. λάβωμεν ἐκεῖθεν ἀνὴρ εἷς δοκὸν μίαν (11 *a*)
— 7. ἔλαβεν αὐτό (11 *a*)
— 13. ἀποστείλας λήψομαι αὐτόν (11 *a*)
7. 8. καὶ ἔλαβον ἐκεῖθεν (17 *a*)
— 13. λαβέτωσαν δὴ πέντε τῶν ἵππων [A *al.*] (11 *a*)
— 14. ἔλαβον δύο ἐπιβάτας ἵππων (11 *a*)
8. 8. λάβε ἐν τῇ χειρί σου μαανά (11 *a*)
— 9. ἔλαβε μαανὰ ἐν τῇ χειρὶ αὐ. (11 *a*)
— 15. ἔλαβε τὸν χαββά [A *al.*] (11 *a*)
9. 1. λάβε τὸν φακὸν τοῦ ἐλαίου τούτου (11 *a*)
— 3. λήψῃ τὸν φακὸν τοῦ ἐλαίου (11 *a*)
— 13. ἔλαβεν [A -ον] ἕκαστος τὸ ἱμάτιον αὐ. (11 *a*)
— 17. λάβε ἐπιβάτην (11 *a*)
— 25. ἔλαβεν ἐπ' αὐτὸν τὸ λῆμμα [A ῥῆμα] τοῦτο (17 *a*)
10. 6. λάβετε τὴν κεφαλὴν ἀνδρῶν (11 *a*)
— 7. ἔλαβον τοὺς υἱοὺς τοῦ βασ. (11 *a*)
— 15. A B ἔλαβεν [R εὗρε] τὸν Ἰων. (14)
11. 2. ἔλαβεν Ἰωσ. . . . τὸν Ἰωάς (11 *a*)
— 4. ἔλαβε τοὺς ἑκατοντάρχους (11 *a*)
— 9. ἔλαβεν ἀνὴρ τοὺς ἄνδρας αὐ. (11 *a*)
— 19. ἔλαβε τοὺς ἑκατοντάρχους (11 *a*)
12. 4 (5). ἀνὴρ ἀργύριον λαβὼν συντιμήσεως [A *al.*] †
— 4 (5). B ὃ ἐὰν λάβῃ [A R ἀναβῇ] ἐπὶ καρδίαν ἀνδρός (21)
— 5 (6). λαβέτωσαν ἑαυτοῖς οἱ ἱερεῖς (11 *a*)
— 7 (8). μὴ λάβητε [A -ετε] ἀργύριον (11 *a*)
— 8 (9). τοῦ μὴ λαβεῖν ἀργύριον παρὰ τοῦ λαοῦ (11 *a*)
— 9 (10). ἔλαβεν Ἰ. ὁ ἱερεὺς κιβωτὸν μίαν (11 *a*)
— 18 (19). ἔλαβεν Ἰ. . . . πάντα τὰ ἅγια (11 *a*)
13. 15. λάβε τόξον καὶ βέλη (11 *a*)
— 15. ἔλαβε . . . τόξον καὶ βέλη (11 *a*)
— 18. λάβε τόξα καὶ ἔλαβε (11 *a*, 11 *a*)
— 25. ἔλαβε τὰς πόλεις . . . ἃς ἔλαβεν ἐκ χειρὸς Ἰ. (11 *a*, 11 *a*)
14. 13. A τὸν Ἀμ. . . . ἔλαβεν [B συνέλ.] Ἰ. (30 *a*)
— 14. ἔλαβε τὸ χρυσίον (11 *a*)
— 21. ἔλαβε πᾶς ὁ λαὸς Ἰ. τὸν Ἀζ. (11 *a*)
15. 29. ἔλαβε τὴν Αἰν (11 *a*)
16. 8. ἔλαβεν Ἀχ. ἀργύριον (11 *a*)
18. 32. ἕως ἔλθω καὶ λάβω ὑμᾶς (11 *a*)
19. 4. καὶ λήψῃ προσευχήν (17 *a*)
— 14. ἔλαβεν Ἐζ. τὰ βιβλία (11 *a*)
20. 7. λαβέτωσαν παλάθην σύκων (11 *a*)
— 7. A καὶ ἐλήφθη (11 *a*)
— 17. ληφθήσεται πάντα τὰ ἐν τῷ οἴκῳ σου (17 *b*)
— 18. οὓς γεννήσεις λήψεται (11 *a*)
23. 4. B ἔλαβεν [A R ἔβαλε] τὸν χοῦν αὐ. εἰς B. (17 *a*)
— 16. ἔλαβε τὰ ὀστᾶ (11 *a*)
— 30. ἔλαβεν ὁ λαὸς τῆς γῆς τὸν Ἰ. (11 *a*)
— 34. τὸν Ἰ. ἔλαβε (11 *a*)
24. 7. ἔλαβε βασιλεὺς Βαβ. ἀπὸ τοῦ χειμάρρου (11 *a*)
— 12. ἔλαβεν αὐτὸν [A -οὺς] βασιλεὺς Βαβ. (11 *a*)
25. 14. τοὺς λέβητας . . . ἔλαβε (11 *a*)
— 15. καὶ τὰ πυρεῖα . . . ἔλαβεν (11 *a*)

IV Ki. 25. 18. ἔλαβεν ὁ ἀρχιμάγειρος τὸν Σ. (11 *a*)
— 19. ἔλαβεν εὐνοῦχον ἕνα (11 *a*)
— 20. ἔλαβεν αὐτοὺς Ναβ. (11 *a*)
I Ch. 2. 18. A R ἔλαβε [B ἐγέννησε] τὴν Γ. †
— 19. ἔλαβεν ἑαυτῷ Χ. τὴν Ἐ. (11 *a*)
— 21. οὗτος ἔλαβεν αὐτήν (11 *a*)
— 23. ἔλαβε Γ. . . . τὰς κώμας Ἰ. (11 *a*)
4. 18. ἣν ἔλαβε Μ. (11 *a*)
7. 15. Μ. ἔλαβε γυναῖκα τῷ Ἀ. (11 *a*)
— 21. κατέβησαν τοῦ [A *om.*] λαβεῖν τὰ κτήνη αὐ. (11 *a*)
— 23. καὶ ἔλαβεν ἐν γαστρί (31)
10. 4. ἔλαβε Σ. τὴν ῥομφαίαν (11 *a*)
— 9. ἔλαβον τὴν κεφαλὴν αὐτοῦ (17 *a*)
— 12. ἔλαβον τὸ σῶμα Σ. (17 *a*)
11. 8. ἔλαβε τὴν πόλιν -
— 18. B^1 ἔλαβον [A B^2 S R *add.* καὶ ἦλθον] πρὸς Δ. (17 *a*)
14. 3. ἔλαβε Δ. ἔτι γυναῖκας ἐν Ἱερ. (11 *a*)
15. 15. ἔλαβον . . . τὴν κιβωτὸν τοῦ θεοῦ (17 *a*)
16. 29. λάβετε δῶρα (17 *a*)
17. 7. ἔλαβόν σε ἐκ τῆς μάνδρας (11 *a*)
18. 1. ἔλαβε τὴν Γέθ (11 *a*)
— 7. ἔλαβε Δ. τοὺς κλοιοὺς τοὺς χρυσοῦς (11 *a*)
— 8. ἔλαβε Δ. χαλκὸν πολὺν σφόδρα (11 *a*)
— 11. οὗ ἔλαβεν ἐκ πάντων τῶν ἐθνῶν (17 *a*)
19. 4. ἔλαβεν Ἀ. τοὺς παῖδας Δ. (11 *a*)
20. 2. ἔλαβε Δ. τὸν στέφανον Μ. (11 *a*)
21. 18. A^2 λάβῃ [B ἀναβῇ] τοῦ στῆσαι θυσιαστ. (21)
— 23. λάβε σεαυτῷ (11 *a*)
— 24. οὐ μὴ λάβω ἅ ἐστι σοὶ κυρίῳ (17 *a*)
23. 22. ἔλαβον αὐτὰς υἱοὶ Κείς (17 *a*)
24. 31. ἔλαβον καὶ αὐτοὶ κλήρους (16)
26. 27. ἃ ἔλαβεν ἐκ πόλεων [A τῶν πολέμων] -
27. 23. οὐκ ἔλαβε Δ. τὸν ἀριθμὸν αὐ. (17 *a*)
II Ch. 5. 4. ἔλαβον πάντες οἱ Λ. τὴν κιβωτόν (17 *a*)
6. 22. ἐὰν . . . λάβῃ ἐπ' αὐτὸν ἀράν (17 *a*)
8. 18. B ἔλαβεν [A R -ον] ἐκεῖθεν τὰ τετρακόσια καὶ πεντήκ. τάλαντα χρυσίου (11 *a*)
11. 18. ἔλαβεν ἑαυτῷ Ῥ. γυναῖκα (11 *a*)
— 20. ἔλαβεν ἑαυτῷ τὴν Μ. (11 *a*)
12. 9. ἔλαβε τοὺς θησαυρούς (11 *a*)
— 9. τὰ πάντα ἔλαβε (11 *a*)
— 9. ἔλαβε τοὺς θυρεοὺς τοὺς χρυσοῦς (11 *a*)
13. 21. ἔλαβεν ἑαυτῷ γυναῖκας δέκα τέσσαρας (17 *a*)
14. 15 (14). ἔλαβον πρόβατα πολλά (29)
16. 2. ἔλαβεν Ἀ. χρυσίον (7)
— 6. ἔλαβε [A ἤγαγεν] πάντα τὸν Ἰούδα καὶ ἔλαβε τοὺς λίθους τῆς Ῥ. (11 *a*, 17 *a*)
18. 25. λάβετε τὸν Μ. (11 *a*)
19. 7. οὐδὲ λαβεῖν δῶρα (11 *e*)
22. 11. ἔλαβεν Ἰωσ. τὸν Ἰ. [A *al.*] (11 *a*)
23. 1. ἔλαβε τοὺς ἑκατοντάρχους (11 *a*)
— 8. ἔλαβον ἕκαστος τοὺς ἄνδρας αὐ. (11 *a*)
— 20. ἔλαβε τοὺς πατριάρχας (11 *a*)
24. 3. ἔλαβεν ἑαυτῷ Ἰ. δύο γυναῖκας (17 *a*)
26. 1. ἔλαβε πᾶς ὁ λαὸς τῆς γῆς τὸν Ὀ. (11 *a*)
28. 18. ἔλαβον τὴν Β. (10 *a*)
— 21. ἔλαβεν Ἀ. τὰ ἐν οἴκῳ κυρίου (6)
36. 1. ἔλαβεν ὁ λαὸς τῆς γῆς τὸν Ἰ. (11 *a*)
— 4. τὸν Ἰ. ἀδελφὸν αὐ. ἔλαβε Φ. (11 *a*)
I Es. 1. 41. ἀπὸ τῶν ἱερῶν σκευῶν τοῦ κ. λαβὼν Ναβ.
3. 13. λαβόντες τὸ γράμμα
4. 23. λαμβάνει ἄνθρωπος τὴν ῥομφ. αὐ.
— 39. οὐκ ἔστι παρ' αὐτὴν [A -ῇ] λ. πρόσωπα
— 44. πάντα τὰ σκεύη τὰ ληφθέντα ἐξ Ἱερ.
— 61. ἔλαβε τὰς ἐπιστολάς
5. 38. υἱοὶ Ἰ. τοῦ λαβόντος Αὐ. γυναῖκα
6. 20. οὐκ ἔλαβε συντέλειαν
— 32. ληφθῆναι ξύλον ἐκ τῶν ἰδίων αὐ.
8. 84. τὰς θυγ. αὐ. μὴ λάβητε [A δῶτε]
9. 12. παραγενηθήτωσαν λαβόντες χρόνον
II Es. 1. 4. λήψονται αὐτὸν ἄνδρες τοῦ τόπου αὐ. (17 *c*)
— 7. ἃ ἔλαβε Ναβ. (7)
2. 61. ὃς ἔλαβεν ἀπὸ θυγατέρων Β. (11 *a*)
5. 15. πάντα τὰ σκεύη λάβε (17 *f*)
9. 2. ἐλάβοσαν ἀπὸ θυγατέρων αὐ. (17 *a*)
— 12. ἀπὸ τῶν θυγατέρων αὐ. μὴ λάβητε (17 *a*)
10. 2. ἐκαθίσαμεν [S^2 ἐλάβομεν] γυναῖκας ἀλλοτρ. (9)
— 10. ἐκαθίσατε [S^2 ἐλάβετε] γυναῖκας ἀλλοτρ. (9)
— 14. ὃς ἐκάθισεν [S^2 οἱ λαβόντες] γυναῖκας ἀλλοτρ. (9)
— 18. οἱ ἐκάθισαν [S^2 ἔλαβον] γυναῖκας ἀλλοτρ. (9)
— 44. ἐλάβοσαν γυναῖκας ἀλλοτρίας (17 *a*)

Ne. 2. 1. ἔλαβον τὸν οἶνον (17 *a*)
5. 2, 3. ληψόμεθα σῖτον (11 *a*)
— 15. καὶ ἐλάβοσαν [S^1 -ον] παρ' αὐτῶν (11 *a*)
6. 18. ἔλαβε τὴν θυγατέρα Μ. (11 *a*)
7. 63. A S R ἔλαβον [B -εν] ἀπὸ θυγατέρων Β. . . . γυναῖκας (11 *a*)
10. 30 (31). τὰς θυγ. αὐ. οὐ ληψόμεθα τοῖς υἱοῖς ἡ. (11 *a*)
11. 1. B S^1 ἐλάβοσαν [A S^2 ἐβάλον, R ἐβάλοσαν] κλήρους (16)
13. 25. ἐὰν λάβητε ἀπὸ τῶν θυγ. αὐ. (17 *a*)
To. 1. 9. ἔλαβον Ἄνναν γυναῖκα
3. 17. S παρὰ πάντας τοὺς θέλοντας λαβεῖν αὐτήν
4. 12. A B γυναῖκα πρῶτον λάβε ἀπὸ τοῦ σπέρματος τῶν πατ. σου
— 12. A B μὴ λάβῃς γ. ἀλλοτρίαν
— 12. A B ἔλαβον γυναῖκας ἐκ τῶν ἀδελφῶν αὐτῶν
— 13. A B λαβεῖν σεαυτῷ ἐξ αὐτῶν γυναῖκα
5. 2. πῶς δυνήσομαι λαβεῖν τὸ ἀργύριον [S *al.*]
— 3. S καὶ ἐλάβομεν ἑκατέρωσε
— 3. λάβε πορευθεὶς τὸ ἀργύριον [S *al.*]
6. 4. λαβὼν τὴν καρδίαν καὶ τὸ ἧπαρ [S *al.*]
— 12. S δεδικαίωταί σοι λαβεῖν αὐτήν
— 12. S ληψόμεθά σοι αὐτὴν νύμφην
— 12. τὴν κληρονομίαν σοι καθήκει λαβεῖν [S *al.*]
— 12. S ληψόμεθα αὐτήν
— 15. A^2 B ὑπὲρ τοῦ λαβεῖν σε γυναῖκα [A^1 S *al.*]
— 15. S καὶ λάβε
— 16. λήψῃ τέφραν θυμιαμάτων [S *al.*]
7. 10. σοὶ γὰρ καθήκει τὸ παιδίον μου λαβεῖν [S *al.*]
— 13. λαβὼν [S λαβόμενος] τῆς χειρὸς αὐτῆς
— 14. λαβὼν βιβλίον [S *al.*]
8. 2. ἔλαβε τὴν τέφραν τῶν θυμιαμάτων [S *al.*]
— 7. λαμβάνω τὴν ἀδελφήν μου ταύτην
— 21. λαβόντα τὸ ἥμισυ τῶν ὑπαρχόντων αὐτοῦ [S *al.*]
9. 2. λάβε μετὰ σεαυτοῦ παῖδα [S *al.*]
— 5. S ἔλαβεν γυναῖκα
11. 4. λάβε δὲ παρὰ χεῖρα τὴν χολὴν τοῦ ἰχθύος [S *al.*]
— 11. S ἐλάβετο αὐτοῦ [A B *al.*]
— 15. S ἔλαβεν Σάρραν . . . γυναῖκα
12. 4. S λάβειν τὸ ἥμισυ πάντων
— 5. λάβε τὸ ἥμισυ πάντων
14. 3. λάβε τοὺς υἱούς σου [S *al.*]
Ju. 1. 15. ἔλαβε τὸν Ἀρφ. ἐν τοῖς ὄρεσι Ῥ.
2. 5. λήψῃ μετὰ σεαυτοῦ ἄνδρας
17. ἔλαβε καμήλους καὶ ὄνους
— 22. ἔλαβε πᾶσαν τὴν δύναμιν αὐ.
3. 6. A S R ἔλαβεν [B -ον] ἐξ αὐτῶν . . . ἄνδρας ἐπιλέκτους
6. 9. οὐ ληφθήσονται [A συλληφθ.]
8. 14. R λόγους τῆς διανοίας αὐ. οὐ λήψεσθε [A B S *al.*]
— 21. ἐν τῷ ληφθῆναι ἡμᾶς
10. 4. καὶ ἔλαβε σανδάλια
12. 15. ἃ ἔλαβε [A -ον] παρὰ Βαγώου
— 19. καὶ λαβοῦσα ἔφαγε
14. 1. λαβόντες τὴν κεφαλὴν ταύτην
15. 11. λαβοῦσα αὕτη ἐπέθηκεν [S *al.*]
— 12. καὶ ἔλαβε [S^1 -ον] θύρσους
16. 8. ἔλαβε στολὴν λινῆν εἰς ἀπάτην αὐ.
— 19. ὃ ἔλαβεν ἑαυτῇ
Es. 3. 7. A ἔλαβεν [B S ἔβαλε] κλήρους (16)
4. 17. ἔλαβες τὸν Ἰσρ. ἐκ πάντων τῶν ἐθνῶν
6. 10. S^2 ταχέως λάβε σὺν τὸ ἔνδυμα (11 *a*)
— 11. ἔλαβε δὲ Ἀ. τὴν στολήν (11 *a*)
8. 2. ἔλαβε δὲ ὁ βασ. τὸν δακτύλιον (19)
— 13. ᾠήθη λαβὼν [A S^2 -εῖν] ἡμᾶς ἐρήμους
Jb. 2. 8. ἔλαβεν ὄστρακον (11 *a*)
15. 35. ἐν γαστρὶ δὲ λήψεται [A -ονται] ὀδύνας (31)
16. 13 (12). λαβών με τῆς κόμης διέτιλε (1)
31. 37. οὐθὲν λαβὼν παρὰ χρεωφειλέτου †
34. 31. πρὸς τὸν ἰσχυρὸν ὁ λέγων [S^1 *om.* ὁ λ.], Εἴληφα (17 *a*)
35. 7. τί ἐκ χειρός σου λήψεται (11 *a*)
38. 14. ἦ σὺ λαβὼν γῆν πηλὸν ἔπλασας ζῷον †
40. 23 (28). λήψῃ δὲ αὐτὸν δοῦλον αἰώνιον (11 *a*)
42. 8. λάβετε ἑπτὰ μόσχους καὶ ἑπτὰ κριούς (11 *a*)
— 8. ὅτι εἰ μὴ πρόσωπον αὐτοῦ λήψομαι (17 *a*)
— 17. λαβὼν δὲ γυναῖκα Ἀράβισσαν
Ps. 14 (15). 3. ὀνειδισμὸν οὐκ ἔλαβεν ἐπὶ τοὺς ἔγγιστα αὐτοῦ (17 *a*)
— 5. δῶρα ἐπ' ἀθῴοις οὐκ ἔλαβεν (11 *a*)
17 (18). 16. καὶ ἔλαβέ με (11 *a*)

Ps. 23 (24). 4. ὃς οὐκ ἔλαβεν ἐπὶ ματαίῳ τὴν ψυχὴν αὐτοῦ [A μου] (17 a)
— 5. οὗτος λήψεται εὐλογίαν παρὰ κυρίου (17 a)
30 (31). 13. τοῦ λαβεῖν τὴν ψυχήν μου ἐβουλεύσαντο (11 a)
48 (49). 15. ὅταν λαμβάνῃ με (11 a)
— 17. A B S^2 οὐκ ἐν τῷ ἀποθνήσκειν αὐτὸν λήψεται τὰ πάντα (11 a)
67 (68). 18. B^{2}S ἔλαβες δόματα ἐν ἀνθρώποις [B^{1}R -φ] (11 a)
68 (69). 24. S^1 ὁ θυμός σου λάβοι αὐτούς [B S^2 al.] (18)
74 (75). 2. ὅταν λάβω καιρόν (11 a)
77 (78). 71. ἐξόπισθεν τῶν λοχευομένων ἔλαβεν αὐτόν (3)
80 (81). 2. λάβετε ψαλμὸν καὶ δότε τύμπανον (17 a)
81 (82). 2. πρόσωπα ἁμαρτωλῶν λαμβάνετε (17 a)
108 (109). 8. τὴν ἐπισκοπὴν αὐτοῦ λάβοι ἕτερος (11 a)
115. 4 (116. 13). ποτήριον σωτηρίου λήψομαι (17 a)
138 (139). 9. S^1 ἐὰν λάβοιμι τὰς πτέρυγάς μου [A B S^2 al.] (17 a)
— 20. λήψονται εἰς ματαιότητα τὰς πόλεις μου (17 a)
Pr. 7. 20. ἔνδεσμον ἀργυρίου λαβὼν ἐν χειρὶ αὐτοῦ (11 a)
8. 10. λάβετε παιδείαν καὶ μὴ ἀργύριον (11 a)
9. 7. ὁ παιδεύων κακοὺς λήψεται ἑαυτῷ ἀτιμίαν (11 a)
11. 21. λήψεται μισθὸν πιστόν [A -ῶν] †
17. 23. λαμβάνοντος δῶρα ἐν κόλποις ἀδίκως (11 a)
18. 22. ἔλαβε δὲ παρὰ θεοῦ ἱλαρότητα (22)
22. 25. μή ποτε . . . λάβῃς βρόχους τῇ σῇ ψυχῇ (11 a)
— 27. λήψονται τὸ στρῶμα τὸ ὑπὸ τὰς πλευράς σου (11 a)
Ec. 5. 14. οὐδὲν οὐ [A om.] λήψεται ἐν μόχθῳ αὐτοῦ (17 a)
— 18. λαβεῖν τὸ μέρος αὐτοῦ (17 a)
Wi. 5. 16. λήψονται τὸ βασίλειον τῆς εὐπρεπείας
— 17. λήψεται πανοπλίαν τὸν ζῆλον αὐτοῦ
— 19. λήψεται ἀσπίδα ἀκαταμάχητον ὁσιότητα
8. 18. ὅπως λάβω [S ἀγάγω] αὐτὴν εἰς ἐμαυτόν
11. 12. διπλῆ γὰρ αὐτοὺς ἔλαβε λύπη
13. 13. ξύλον . . . λαβὼν ἔγλυψεν
15. 8. ἐξ ἧς ἐλήφθη
Si. 4. 22. μὴ λάβῃς πρόσωπον κατὰ τῆς ψυχῆς σου
— 27. μὴ λάβῃς πρόσωπον δυνάστου
— 31. μὴ ἔστω ἡ χείρ σου ἐκτεταμένη εἰς τὸ λαβεῖν
14. 16. δὸς καὶ λάβε
29. 5. ἕως οὗ λάβῃ καταφιλήσει
32 (35). 13. οὐ λήψεται πρόσωπον ἐπὶ πτωχοῦ
35 (32). 2. ἵνα . . . λάβῃς στέφανον
37. 5. ἔναντι [A ἀπέν.] πολέμου λήψεται ἀσπίδα
38. 2. παρὰ βασιλέως λήψεται δόμα
42. 1. μὴ λάβῃς πρόσωπον τοῦ ἁμαρτάνειν
46. 19. χρήματα καὶ ἕως ὑποδημάτων . . . οὐκ εἴληφα [B^{2}S^2 -φεν]
Ho. 1. 2. λάβε σεαυτῷ γυναῖκα πορνείας (11 a)
— 3. καὶ ἐπορεύθη καὶ ἔλαβε τὴν Γ. (11 a)
4. 8. ἐν ταῖς ἀδικίαις αὐτῶν λήψονται τὰς ψυχάς (17 a)
5. 14. πορεύσομαι καὶ λήψομαι (17 a)
13. 1. δικαιώματα αὐτὸς ἔλαβεν (17 a)
14. 3. λάβετε μεθ' ἑαυτῶν λόγους (11 a)
— 3. ὅπως μὴ λάβητε ἀδικίαν καὶ λάβητε [A -ετε] ἀγαθά (17 a, 11 a)
Am. 2. 11. καὶ ἔλαβον ἐκ τῶν υἱῶν ὑμῶν εἰς προφήτας (25)
4. 2. καὶ λήψονται ὑμᾶς ἐν ὅπλοις (17 c)
5. 1. ὃν ἐγὼ λαμβάνω ἐφ' ὑμᾶς θρῆνον (17 a)
— 12. λαμβάνοντες ἀλλάγματα (11 a)
6. 10. καὶ λήψονται οἱ οἰκεῖοι αὐτῶν (17 a)
9. 3. καὶ λήψομαι αὐτούς (11 a)
Mi. 1. 11. λήψεται ἐξ ὑμῶν πληγὴν ὀδύνης (11 a)
2. 4. ληφθήσεται ἐφ' ὑμᾶς παραβολή (17 a)
6. 16. καὶ ὀνείδη λαῶν λήψεσθε (17 a)
Jl. 3 (4). 5. τὸ χρυσίον μου ἐλάβετε (11 a)
Jn. 1. 15. καὶ ἔλαβον τὸν Ἰ. (17 a)
4. 3. λάβε τὴν ψυχήν μου ἀπ' ἐμοῦ (11 a)
Hb. 1. 3. καὶ ὁ κριτὴς λαμβάνει (17 a)
2. 6. παραβολὴν κατ' αὐτοῦ λήψονται [S^1 -εται] (17 a)
Ze. 3. 18. τίς ἔλαβεν ἐπ' αὐτὴν ὀνειδισμόν (17 e)
Hg. 2. 2 (1). ἐλάλησε [S^1 ἔλαβεν] κύριος ἐν χειρὶ Ἀ. †
— 13 (12). ἐὰν λάβῃ ἄνθρωπος κρέας ἅγιον (17 a)
— 24 (23). λήψομαί σε Ζ. τὸν τοῦ Σ. (11 a)
Za. 6. 10. λάβε τὰ ἐκ τῆς αἰχμαλωσίας (11 a)
— 11. καὶ λήψῃ ἀργύριον καὶ χρυσίον (11 a)
Za. 6. 13. καὶ αὐτὸς λήψεται ἀρετήν (17 a)
11. 7. καὶ λήψομαι ἐμαυτῷ δύο ῥάβδους (11 a)
— 10. A S R καὶ λήψομαι [B -ονται] τὴν ῥάβδον μου τὴν καλήν (11 a)
— 13. καὶ ἔλαβον τοὺς τριάκοντα ἀργυροῦς (11 a)
— 15. ἔτι λάβε σεαυτῷ σκεύη ποιμενικά (11 a)
14. 21. καὶ λήψονται ἐξ αὐτῶν καὶ ἑψήσουσιν (11 a)
Ma. 1. 8. εἰ λήψεται πρόσωπόν σου (17 a)
— 9. εἰ λήψομαι [S^1 -ονται] ἐξ ὑμῶν πρόσωπα ὑμῶν (17 a)
2. 3. καὶ λήψομαι [S^3 -ονται] ὑμᾶς εἰς τὸ αὐτό (17 a)
— 9. ἀλλὰ ἐλαμβάνετε πρόσωπα ἐν νόμῳ (17 a)
— 13. ἢ λαβεῖν δεκτὸν ἐκ τῶν χειρῶν ὑμῶν (11 a)
Is. 2. 4. οὐ λήψεται ἔθνος ἐπ' ἔθνος μάχαιραν (17 a)
6. 6. ὃν τῇ λαβίδι ἔλαβεν ἀπὸ τοῦ θυσιαστηρίου (11 a)
7. 14. ἡ παρθένος ἐν γαστρὶ λήψεται [A S ἕξει] (31)
8. 1. λάβε σεαυτῷ τόμον [A add. χάρτου] καινοῦ (11 a)
— 3. ἐν γαστρὶ ἔλαβε (31)
— 4. λήψεται δύναμιν Δαμασκοῦ (17 a)
10. 9. οὐκ ἔλαβον τὴν χώραν τὴν ἐπάνω Βαβ. †
— 9. ἔλαβον Ἀραβίαν καὶ Δαμασκόν †
— 10. ὃν τρόπον ταύτας ἔλαβον (14)
— 10. πάσας τὰς ἀρχὰς [A S χώρας] λήψομαι †
— 29. φόβος λήψεται Ῥαμά (35)
11. 5. A S ἀληθείᾳ εἰλημμένος [B εἱλημένος] τὰς πλευράς †
14. 2. λήψονται αὐτοὺς ἔθνη (11 a)
— 4. λήψῃ τὸν θρῆνον τ. ἐπὶ τὸν βασιλέα Βαβ. (17 a)
15. 7. λήψονται αὐτήν (17 a)
19. 9. αἰσχύνη λήψεται τοὺς ἐργαζομ. τὸ λίνον τὸ σχιστόν (33)
20. 1. ἔλαβεν [A S κατελάβετο] αὐτήν (10 a)
21. 3. ὠδῖνες ἔλαβόν με ὡς τὴν τίκτουσαν (1)
22. 6. οἱ δὲ Ἐλαμῖται ἔλαβον φαρέτρας (17 a)
23. 5. λήψεται αὐτοὺς ὀδύνη περὶ Τύρου (34)
— 16. λάβε κιθάραν (11 a)
26. 11. ζῆλος λήψεται λαὸν ἀπαίδευτον −
— 18. ἐν γαστρὶ ἐλάβομεν (31)
28. 4. πρὶν εἰς τὴν χεῖρα αὐτοῦ λαβεῖν αὐτό [A S^3 om.] †
— 19. λήψεται ὑμᾶς (11 a)
30. 28. λήψεται αὐτοὺς κατὰ πρόσωπον αὐτῶν †
31. 4. ἐπὶ τῇ θήρᾳ ᾗ ἔλαβε −
33. 14. λήψεται [S^1 -ονται] τρόμος τοὺς ἀσεβεῖς (1)
36. 1. ἔλαβεν [A συνέλ.] αὐτάς (30 a)
— 17. ἕως ἂν ἔλθω καὶ λάβω ὑμᾶς εἰς γῆν (11 a)
37. 14. ἔλαβεν Ἐζ. τὸ βιβλίον παρὰ τῶν ἀγγέλων (11 a)
38. 21. λάβε παλάθην ἐκ σύκων (17 a)
39. 6. λήψονται πάντα τὰ ἐν τῷ οἴκῳ σου (17 b)
— 7. ἀπὸ τῶν τέκνων σου . . . λήψονται (11 a)
40. 24. καταιγὶς ὡς φρύγανα λήψεται [A S^3 ἀναλ.] αὐτούς (17 a)
41. 16. ἄνεμος λήψεται αὐτούς (17 a)
44. 15. λαβὼν ἀπ' αὐτοῦ ἐθερμάνθη (11 a)
47. 2. λάβε μύλον (11 a)
— 3. τὸ δίκαιον ἐκ σοῦ λήψομαι (11 a)
49. 24. μὴ λήψεταί τις παρὰ γίγαντος σκῦλα (11 d)
— 25. λήψεται σκῦλα (11 d)
— 25. λαμβάνων δὲ παρὰ ἰσχύοντος σωθήσεται (11 f)
51. 22. εἴληφα ἐκ τῆς χειρός σου τὸ ποτήριον τῆς πτώσεως (11 a)
52. 5. ἐλήφθη ὁ λαός μου δωρεάν (11 c)
57. 11. οὐδὲ ἔλαβές με εἰς τὴν διάνοιαν (28)
— 13. τούτους γὰρ πάντας ἄνεμος λήψεται (17 a)
64. 1 (63. 19), 3 (2). τρόμος λήψεται ἀπὸ σοῦ ὄρη (36)
66. 21. ἀπ' αὐτῶν λήψομαι [A add. ἐμαυτῷ, S ἐμοὶ] ἱερεῖς (11 a)
Je. 3. 14. λήψομαι ὑμᾶς ἕνα ἐκ πόλεως (11 a)
9. 10 (9). ἐπὶ τὰ ὄρη λάβετε κοπετόν (17 a)
— 18 (17). λαβέτωσαν ἐφ' ὑμᾶς θρῆνον (17 a)
13. 4. λάβε τὸ περίζωμα τὸ περὶ τὴν ὀσφύν σου (11 a)
— 6. λάβε ἐκεῖθεν τὸ περίζωμα (11 a)
— 7. ἔλαβον τὸ περίζωμα ἐκ τοῦ τόπου (11 a)
15. 15. ὡς ἔλαβον περὶ σοῦ ὀνειδισμόν (17 a)
16. 2. μὴ λάβῃς γυναῖκα (11 a)
20. 10. ληψόμεθα τὴν ἐκδίκησιν ἡμῶν ἐξ αὐτῶν (11 a)
23. 39. λαμβάνω καὶ ῥάσσω ὑμᾶς †
25. 9. λήψομαι πατριὰν ἀπὸ [S ἐκ τοῦ] βορρᾶ (11 a)
26 (46). 11. λάβε ῥητίνην τῇ παρθένῳ θυγατρὶ Αἰγ. (11 a)
27 (50). 24. εὑρέθης καὶ ἐλήφθης [A^1 -η] (30 b)
28 (51). 8. λάβετε ῥητίνην τῇ διαφθορᾷ αὐτῆς (11 a)
— 26. οὐ μὴ λάβωσιν ἀπὸ σοῦ λίθον εἰς γωνίαν (11 a)
Je. 28 (51). 32. ἀπ' ἐσχάτου τῶν διαβάσεων αὐτοῦ ἐλήφθησαν (30 b)
30 (49). 29. τὰ πρόβατα αὐτῶν λήψονται (11 a)
— 29. καμήλους αὐτῶν λήψονται ἑαυτοῖς (17 a)
31 (48). 1. ἐλήφθη Καριαθέμ (10 b)
— 41. ἐλήφθη Καριώθ (10 b)
32 (25). 15. λάβε τὸ ποτήριον τοῦ οἴνου τοῦ ἀκράτου τούτου (11 a)
— 17. ἔλαβον τὸ ποτήριον ἐκ χειρὸς κυρίου (11 a)
34 (27). 20. ὧν οὐκ ἔλαβε βασιλεὺς Βαβυλῶνος (11 a)
35 (28). 10. ἔλαβεν Ἀνανίας . . . τοὺς κλοιούς (11 a)
36 (29). 6. λάβετε γυναῖκας (11 a)
— 6. A B S^2 λάβετε τοῖς υἱοῖς ὑμῶν γυναῖκας (11 a)
— 22. λήψονται ἀπ' [A ἐπ'] αὐτῶν κατάραν (11 c)
38 (31). 4. A R ἔτι λήψῃ [B S ἐπιλ.] τύμπανόν σου (20)
— 19. ἔλαβον ὀνειδισμὸν ἐκ νεότητός μου (17 a)
39 (32). 3. A B S^2 λήψεται αὐτήν (10 a)
— 11. ἔλαβον τὸ βιβλίον τῆς κτήσεως τὸ ἐσφραγισμένον (11 a)
— 14. λάβε τὸ βιβλίον τῆς κτήσεως τοῦτο (11 a)
— 23. εἰσήλθοσαν καὶ ἔλαβον [A S -οσαν] αὐτήν (8)
— 28. λήψεται [S^1 -ουσιν] αὐτήν (10 a)
— 33. οὐκ ἤκουσαν [A ἠθέλησαν] ἔτι λαβεῖν παιδείαν (11 a)
41 (34). 22. λήψονται αὐτήν (10 a)
42 (35). 13. οὐ μὴ λάβητε παιδείαν (11 a)
43 (36). 2. λάβε σεαυτῷ χαρτίον βιβλίου (11 a)
— 14. λάβε αὐτὸ εἰς τὴν χεῖρά σου (11 a)
— 14. καὶ ἔλαβε Β. τὸ χαρτίον (11 a)
— 21. λαβεῖν τὸ χαρτίον (11 a)
— 21. καὶ ἔλαβεν [S -ον] αὐτὸ ἐξ οἴκου Ἐλ. (11 a)
— 28. πάλιν λάβε σὺ [A σεαυτῷ] χαρτίον ἕτερον (11 a)
— 32. ἔλαβε Βαροὺχ χαρτίον ἕτερον (11 a)
45 (38). 3. συλλήψεται [A -ονται, S^1 λήψεται?] αὐτήν (10 a)
— 10. λάβε εἰς τὰς χεῖράς σου ἐντεῦθεν τριάκοντα ἄνδρ. (11 a)
— 11. ἔλαβεν Ἀβδεμέλεχ τοὺς ἀνθρώπους (11 a)
— 11. ἔλαβεν ἐκεῖθεν παλαιὰ ῥάκη (11 a)
46 (39). 14. ἔλαβον τὸν Ἱερεμίαν ἐξ αὐλῆς τῆς φυλακῆς (11 a)
47 (40). 1. ἐν τῷ λαβεῖν αὐτὸν ἐν χειροπέδαις (11 a)
— 2. ἔλαβεν αὐτὸν ὁ ἀρχιμάγειρος (11 a)
48 (41). 16. ἔλαβεν . . . πάντας τοὺς καταλοίπους τοῦ λαοῦ (11 a)
50 (43). 5. ἔλαβεν . . . πάντας τοὺς καταλοίπους (11 a)
— 9. λάβε σεαυτῷ λίθους μεγάλους (11 a)
52. 17. ἔλαβον τὸν χαλκὸν αὐτῶν (17 a)
— 19. ἃ ἦν ἀργυρᾶ ἀργυρᾶ ἔλαβεν ὁ ἀρχιμάγειρος (11 a)
— 24. ἔλαβεν ὁ ἀρχιμάγειρος τὸν ἱερέα τὸν πρῶτον (11 a)
— 25. A ἐκ τῆς πόλεως ἔλαβεν [B S om. ἐκ τ. π. ἔ.] εὐνοῦχον ἕνα (11 a)
— 26. ἔλαβεν αὐτοὺς Ναβ. ὁ ἀρχιμάγειρος (11 a)
— 31. ἔλαβεν . . . τὴν κεφαλὴν Ἰωακείμ (17 a)
Ba. 1. 2. ᾧ ἔλαβον οἱ Χαλδαῖοι τὴν Ἱερουσαλήμ
— 8. ἐν τῷ λαβεῖν αὐτὸν τὰ σκεύη οἴκου κυρίου
2. 17. ὧν ἐλήφθη τὸ πνεῦμα αὐτῶν
3. 29. τίς ἀνέβη εἰς τὸν οὐρανὸν καὶ ἔλαβεν αὐτήν
La. 4. 16. πρόσωπον ἱερέων οὐκ ἔλαβον (17 a)
Ep. Je. 5. μὴ . . . φόβος ὑμᾶς λάβῃ ἐπ' αὐτοῖς
— 9. λαμβάνοντες χρυσίον κατασκευάζουσι στεφάνους
Ez. 3. 10. πάντας τοὺς λόγους . . . λάβε εἰς τὴν καρδίαν σου (11 a)
4. 1. λάβε σεαυτῷ πλίνθον (11 a)
— 3. λάβε σεαυτῷ τήγανον σιδηροῦν (11 a)
— 4. λήψῃ τὰς ἀδικίας αὐ. (17 a)
— 5, 6. λήψῃ τὰς ἀδικίας τοῦ οἴκου Ἰ. (17 a)
— 9. λάβε σεαυτῷ πυρούς (11 a)
5. 1. λάβε σεαυτῷ ῥομφαίαν ὀξεῖαν (11 a)
— 1. λήψῃ ζυγὸν σταθμίων (11 a)
— 2. λήψῃ τὸ τέταρτον (11 a)
— 3. λήψῃ ἐκεῖθεν ὀλίγους ἐν ἀριθμῷ (11 a)
— 4. ἐκ τούτων λήψῃ ἔτι (11 a)
10. 6. λάβε πῦρ ἐκ μέσου τῶν τροχῶν (11 a)
— 7. ἔλαβε καὶ ἔδωκε (17 a)
— 7. καὶ ἔλαβε καὶ ἐξῆλθε (17 a)
14. 10. λήψονται [A^2 λήψομαι] τὴν ἀδικίαν αὐ. (17 a)
15. 3. εἰ λήψονται ἐξ αὐτῆς ξύλον (11 d)
— 3. εἰ λήψονται ἐξ αὐτῆς πάσσαλον (11 a)
16. 16. ἔλαβες ἐκ τῶν ἱματίων σου (11 a)
— 17. ἔλαβες τὰ σκεύη τῆς καυχήσεώς σου (11 a)
— 18. ἔλαβες τὸν ἱματισμὸν τὸν ποικίλον σου (11 a)

Ez. 16. 20. ἔλαβες τοὺς υἱούς σου καὶ τὰς θυγ. σου (11 *a*)
— 32. παρὰ τοῦ ἀνδρὸς αὐτῆς λαμβάνουσα μισθώματα (11 *a*)
— 39. λήψονται τὰ σκεύη τῆς καυχήσεώς σου (11 *a*)
— 52. λάβε τὴν ἀτιμίαν σου (17 *a*)
17. 3. ἔλαβε τὰ ἐπίλεκτα [**A** ἐκλ.] τῆς κέδρου (11 *a*)
— 5. ἔλαβεν ἀπὸ τοῦ σπέρματος τῆς γῆς (11 *a*)
— 12. λήψεται τὸν βασιλέα αὐτῆς (11 *a*)
— 13. λήψεται ἐκ τοῦ σπέρματος τῆς βασ. (11 *a*)
— 13. τοὺς ἡγεμόνας [**A** ἡγουμένους] τῆς γῆς λήψεται (11 *a*)
— 22. λήψομαι ἐγὼ ἐκ τῶν ἐκλεκτῶν [**A** ἐπιλ.] τῆς κέδρου (11 *a*)
18. 8. πλεονασμὸν οὐ λήψεται (11 *a*)
— 13. πλεονασμὸν ἔλαβεν (11 *a*)
— 17. τόκον οὐδὲ πλεονασμὸν οὐκ ἔλαβε (11 *a*)
— 19. οὐκ ἔλαβε τὴν ἀδικίαν (17 *a*)
— 20. ὁ δὲ υἱὸς οὐ λήψεται τὴν ἀδικίαν τοῦ πατρὸς οὐδὲ ὁ πατὴρ λήψεται τὴν ἀδικίαν τοῦ υἱοῦ (17 *a*, 17 *a*)
19. 1. λάβε θρῆνον ἐπὶ τὸν ἄρχοντα τοῦ Ἰσραὴλ (17 *a*)
— 5. ἔλαβεν ἄλλον ἐκ τῶν σκύμνων αὐτῆς (11 *a*)
22. 12. δῶρα ἐλαμβάνοσαν [**A** -νον] ἐν σοί (11 *a*)
— 12. πλεονασμὸν ἐλαμβάνοσαν ἐν σοί (11 *a*)
— 25. τιμὰς λαμβάνοντες [**A** δῶρα ἐλάμβανον] (11 *a*)
23. 10. υἱοὺς καὶ θυγατέρας αὐτῆς ἔλαβον (11 *a*)
— 25. υἱούς σου καὶ θυγατέρας σου λήψονται (11 *a*)
— 26. λήψονται τὰ σκεύη τῆς καυχήσεώς σου (11 *a*)
— 29. λήψονται πάντας τοὺς πόνους σου (11 *a*)
— 35. λάβε τὴν ἀσέβειάν σου (17 *a*)
— 49. τὰς ἁμαρτίας τῶν ἐνθυμημάτων ὑμῶν λήψεσθε (17 *a*)
24. 5. ἀπὸ τῶν ὀστῶν ἐξ ἐπιλέκτων κτηνῶν εἰλημμένων [**A** -να] (11 *a*)
— 16. λαμβάνω ἐκ σοῦ τὰ ἐνθυμήματα τῶν ὀφθ. σου (11 *a*)
— 25. ὅταν λαμβάνω τὴν ἰσχὺν παρ' αὐτῶν (11 *a*)
26. 17. λήψονται ἐπὶ σὲ θρῆνον (17 *a*)
27. 2. λάβε ἐπὶ Σὸρ θρῆνον (17 *a*)
— 5. ταινίαι σανίδων κυπαρίσσου [**A** -στίνων] ἐκ τοῦ Λιβ. ἐλήφθησαν (11 *a*)
— 32. λήψονται οἱ υἱοὶ αὐτῶν ἐπὶ σὲ θρῆνον (17 *a*)
28. 12. λάβε θρῆνον ἐπὶ τὸν ἄρχοντα Τύρου (17 *a*)
29. 14. ἐν τῇ γῇ ὅθεν ἐλήφθησαν (12)
— 19. **A** λήψεται τὸ πλῆθος αὐτῆς (17 *a*)
30. 4. **A** λήψονται τὸ πλῆθος αὐτῆς (11 *a*)
32. 2. λάβε θρῆνον ἐπὶ Φαραώ (17 *a*)
— 24. ἐλάβοσαν τὴν βάσανον αὐτῶν (17 *a*)
— 30. **A** ἔλαβον [**B** ἀπήνεγκαν] τὴν βάσανον αὐτῶν (17 *a*)
33. 2. καὶ λάβῃ ὁ λαὸς τῆς γῆς ἄνθρωπον ἕνα (11 *a*)
— 6. ἐλθοῦσα ἡ ῥομφαία λάβῃ ἐξ αὐτῶν ψυχὴν αὕτη διὰ τὴν αὐτῆς ἀνομίαν ἐλήφθη (11 *a*, 11 *b*)
— 25. **A** ὀφθαλμοὺς ὑμῶν λήψεσθε πρὸς εἴδωλα ὑμῶν (17 *a*)
36. 7. οὗτοι τὴν ἀτιμίαν αὐτῶν λήψονται (17 *a*)
— 24. λήψομαι ὑμᾶς ἐκ τῶν ἐθνῶν (11 *a*)
— 30. ὅπως ἂν μὴ λάβητε ὀνειδισμὸν λιμοῦ (11 *a*)
37. 16. λάβε σεαυτῷ ῥάβδον (11 *a*)
— 16. ῥάβδον δευτέραν λήψῃ σεαυτῷ (11 *a*)
— 19. ἐγὼ λήψομαι τὴν φυλὴν Ἰωσήφ (11 *a*)
— 21. λαμβάνω πάντα οἶκον Ἰσραήλ (11 *a*)
38. 13. λαβεῖν ἀργύριον καὶ χρυσίον (17 *a*)
39. 10. οὐ μὴ λάβωσι ξύλα ἐκ τοῦ πεδίου (17 *a*)
— 26. λήψονται [**A** -ομαι] τὴν ἀτιμίαν αὐ. (17 *a*)
43. 11. λήψονται τὴν κόλασιν αὐτῶν †
— 20. λήψονται ἐκ τοῦ αἵματος αὐτοῦ (11 *a*)
— 21. λήψονται τὸν μόσχον τὸν περὶ [**A** ὑπὲρ] ἁμαρτίας (11 *a*)
— 22. λήψονται ἐρίφους δύο [**A** *add.* ἀπὸ] αἰγῶν ἀμώμους (26)
44. 10. λήψονται ἀδικίαν αὐτῶν (17 *a*)
— 12. **A** λήψονται τὴν ἀτιμίαν αὐτῶν (17 *a*)
— 13. λήψονται ἀτιμίαν αὐτῶν (17 *a*)
— 22. χήραν καὶ ἐκβεβλημένην οὐ λήψονται ἑαυτοῖς εἰς γυναῖκα . . . χήρα ἐὰν γένηται ἐξ ἱερέως λήψονται (11 *a*, 11 *a*)
45. 11. ἡ χοῖνιξ ὁμοίως μία ἔσται τοῦ λ. (17 *a*)
— 18. λήψεσθε μόσχον ἐκ βοῶν ἄμωμον (11 *a*)
— 19. λήψεται ὁ ἱερεὺς ἀπὸ τοῦ αἵματος (11 *a*)
— 20. **A R** λήψῃ [**B** *om.*] παρ' ἑκάστου ἀπόμοιραν [**A** ἀγνοοῦντος] –
46. 18. οὐ μὴ λάβῃ ὁ ἀφηγούμ. ἐκ τῆς κληρονομίας τοῦ λαοῦ (11 *a*)

Da. LXX. Su. 2. ἔλαβε γυναῖκα ᾗ ὄνομα Σ.
2. 6. λήψεσθε δόματα παντοῖα (24)
4. 16. τρόμου λαβόντος αὐτόν –
— 32. καὶ ὑπόνοιαί με εἰλήφασι –
— 32. ὕπνος με ἔλαβε πολύς –
— 34. ἀπὸ τοῦ φόβου αὐ. τρόμος εἴληφέ με –
11. 12. καὶ λήψεται τὴν συναγωγήν (17 *b*)
— 15. καὶ λήψεται τὴν πόλιν τὴν ὀχυράν (10 *a*)
— 18. καὶ λήψεται πολλούς (10 *a*)
Bel 26. λαβὼν ὁ Δ. πίσσης μνᾶς τριάκοντα
— 38. ὅθεν αὐτὸν ἔλαβε
Da. TH. Su. 2. καὶ ἔλαβε γυναῖκα ᾗ ὄνομα Σ.
— 55. ἤδη γὰρ ἄγγελος φάσιν θ. λαβὼν παρὰ τοῦ θ.
2. 6. τιμὴν πολλὴν λήψεσθε παρ' ἐμοῦ (24)
11. 12. καὶ λήψεται τὸν ὄχλον (17 *b*)
Bel 27. καὶ ἔλαβεν ὁ Δ. πίσσαν καὶ στέαρ
— 37. λάβε τὸ ἄριστον
I Ma. 1. 3. ἔλαβε σκῦλα πλήθους ἐθνῶν
— 19. ἔλαβε τὰ σκῦλα γῆς Αἰγύπτου
— 21. ἔλαβε τὸ θυσιαστήριον τὸ χρυσοῦν
— 23. ἔλαβε τὸ ἀργύριον καὶ τὸ χρυσίον
— 23. ἔλαβε τοὺς θησαυροὺς τοὺς ἀποκρύφους
— 24. λαβὼν πάντα ἀπῆλθεν εἰς τὴν γῆν αὐτοῦ
— 31. ἔλαβε τὰ σκῦλα τῆς πόλεως
2. 54. **AR** ἔλαβε διαθήκην [**S** κλῆρον διαθήκης]
— 56. **R** ἔλαβε γῆς [**A** γῆν, **S** τὴν] κληρονομίαν
3. 12. **R** ἔλαβε [**A S** -ον] τὰ σκῦλα αὐτῶν
— 12. τὴν μάχαιραν Ἀπ. ἔλαβεν Ἰούδας
— 31. τοῦ . . . λαβεῖν τοὺς φόρους
— 41. ἔλαβον ἀργύριον καὶ χρυσίον πολύ
— 41. τοῦ λαβεῖν τοὺς υἱοὺς Ἰσρ.
4. 18. **R** λήψετε [**AS** λάβετε] τὰ σκῦλα μετὰ παρρησίας
— 23. **SR** ἔλαβον [**A** -εν] χρυσίον πολύ
— 47. **SR** ἔλαβον [**A** -εν] λίθους ὁλοκλήρους
5. 3. ἔλαβε τὰ σκῦλα αὐτῶν
— 22. **AR** ἔλαβε [**S** -ον] τὰ σκῦλα αὐτῶν
— 28. ἔλαβε πάντα τὰ σκῦλα αὐτῶν
— 35. ἔλαβε τὰ σκῦλα αὐτῆς
— 51. **S R** ἔλαβε τὰ σκῦλα αὐτῆς [**A** τῆς πόλεως]
6. 6. οἷς ἔλαβον ἀπὸ τῶν παρεμβολῶν
— 12. ἔλαβον πάντα τὰ σκεύη τὰ ἀργυρᾶ
7. 47. ἔλαβον τὰ σκῦλα καὶ τὴν προνομήν
8. 7. ἔλαβον αὐτὸν ζῶντα
— 8. λαβόντες αὐτὰς παρ' αὐτοῦ
— 26. **S R** οὐθὲν [**A** ὅθεν] λαβόντες
9. 40. ἔλαβον πάντα τὰ σκῦλα αὐ.
— 53. **SR** ἔλαβε [**A** -ον] τοὺς υἱοὺς τῶν ἡγουμένων
10. 30. τοῦ ἐπιβάλλοντός μοι λαβεῖν
— 30. τοῦ λαβεῖν ἀπὸ τῆς γῆς Ἰ.
— 42. οὓς [**S**[1] ὅσα] ἐλάμβανον
— 84. ἔλαβε τὰ σκῦλα αὐτῶν
11. 24. λαβὼν ἀργύριον καὶ χρυσίον
— 34. ὧν ἐλάμβανεν ὁ βασ.
— 48. **A R** καὶ ἐλάβοσαν [**S** ἔλαβον] σκῦλα πολλά
— 56. ἔλαβε Τρύφων τὰ θηρία
— 62. ἔλαβε τοὺς υἱοὺς ἀρχόντων αὐτῶν
— 66. ἠξίωσαν αὐτὸν τοῦ δεξιὰς [**S**[1] -ὰν] λαβεῖν
12. 8. ἔλαβε τὰς ἐπιστολάς
— 31. καὶ ἔλαβε τὰ σκῦλα αὐτῶν
13. 17. **A R** πέμπει [**S** *add.* τοῦ λαβεῖν] τὸ ἀργύριον
— 25. ἔλαβε τὰ ὀστᾶ Ἰ. τοῦ ἀδελφοῦ αὐτοῦ
— 50. ἐβόησαν πρὸς Σ. δεξιὰς λαβεῖν
14. 5. ἔλαβε τὴν Ἰόππην [**S**[1] ἵππον] εἰς λιμένα
15. 33. οὔτε γῆν ἀλλοτρίαν εἰλήφαμεν
16. 16. **A R** ἐλάβοσαν [**S** -ον] τὰ ὅπλα αὐτῶν
II Ma. 1. 14. χάριν τοῦ λαβεῖν τὰ χρήματα
— 19. οἱ τότε εὐσεβεῖς ἱερεῖς λαβόντες ἀπὸ τοῦ πυρός
— 35. πολλὰ διάφορα ἐλάμβανε καὶ μετεδίδου
2. 1. **A**[2] **R** ἐκέλευσε τοῦ πυρὸς λαβεῖν
4. 6. τὸν Σ. παῦλαν οὐ ληψόμενον τῆς ἀνοίας
— 25. λαβὼν δὲ τὰς βασιλικὰς ἐντολὰς παρεγένετο
— 32. νομίσας δὲ ὁ Μ. εἰληφέναι καιρὸν εὐφυῆ
— 34. ὁ Μ. λαβὼν ἰδίᾳ τὸν Ἀ.
5. 7. αἰσχύνην λαβών
— 11. ἔλαβε τὴν μὲν πόλιν δοριάλωτον
— 16. ταῖς μιαραῖς χερσὶ τὰ ἱερὰ σκεύη λαμβάνων
— 25. λαβὼν ἀργοῦντας τοὺς Ἰουδαίους
7. 8. οὗτος τὴν ἑξῆς ἔλαβε βάσανον
8. 7. τὰς νύκτας . . . συνεργοὺς ἐλάμβανε
— 17. πρὸ ὀφθαλμῶν λαβόντας τὴν . . . ὕβριν
— 20. ὠφέλειαν πολλὴν ἔλαβον
— 25. τὰ δὲ χρήματα . . . ἐπὶ τὸν ἀγορασμὸν αὐτῶν ἔλαβον
9. 5. ἔλαβεν αὐτὸν ἀνήκεστος . . . ἀλγηδών
10. 3. πῦρ ἐκ τούτων λαβόντες

II Ma. 10. 20. ἑπτάκις δὲ μυριάδας δραχμὰς λαβόντες
— 24. ὡς δοριάλωτον ληψόμενος τὴν Ἰουδαίαν
— 30. τὸν Μακκαβαῖον μέσον λαβόντες
12. 12. λαβόντες δεξιὰς εἰς τὰς σκηνὰς αὐ.
— 28. ἔλαβον τὴν πόλιν ὑποχείριον
— 35. λαβόμενος τῆς χλαμύδος
— 35. τὸν κατάρατον λαβεῖν ζωγρίαν
13. 18. ὁ δὲ βασιλεὺς εἰληφὼς γεῦσιν
— 22. δεξιὰν ἔδωκεν ἔλαβεν ἀπῄει
14. 5. καιρὸν δὲ λαβὼν τῆς ἰδίας ἀνοίας συνεργόν
— 19. δοῦναι καὶ λαβεῖν δεξιάς
— 26. **R** ἀναλαβὼν [**A** λαβὼν] ἧκε πρὸς τὸν Δ.
— 46. λαβὼν ἑκατέραις ταῖς χερσίν
15. 16. λάβε τὴν ἁγίαν ῥομφαίαν δῶρον παρὰ τοῦ θ.
III Ma. 3. 28. τὴν οὐσίαν . . . ὑπὸ τὴν εὔθυναν λήψεται
4. 4. λαμβάνοντας πρὸ τῶν ὀφθαλμῶν τὸν κοινὸν ἔλεον
— 10. ἀγωγὴν ἐπιβούλων ἐν παντὶ τῷ κατάπλῳ λαμβάνωσι
— 15. ἀνήνυτον λαμβάνουσα τὸ τέλος
5. 5. δόξαντες ὁμοῦ λήψεσθαι τὸ φῦλον
6. 5. δόρατι τὴν πᾶσαν ὑποχείριον ἤδη λαβόντα γῆν
— 20. λήθη τὸ θράσος αὐτοῦ τὸ βαρύθυμον ἔλαβε
7. 10. λαβόντες δὲ τὴν ἐπιστολὴν ταύτην
— 16. **R** παντελῆ σωτηρίας ἀπόλαυσιν εἰληφότες [**A** *al.*]
IV Ma. 3. 12. κάλπην λαβόντες
4. 5. **A R** λαβὼν [**S** ἔλαβεν] τὴν περὶ αὐτῶν ἐξουσίαν ταχύ
— 6. ὅπως τὰ ἰδιωτικὰ . . . λάβοι χρήματα
5. 15. λαβὼν τοῦ λέγειν ἐξουσίαν
6. 29. ἀντίψυχον αὐτῶν λάβε τὴν ἐμὴν ψυχήν
8. 7. ἀρχὰς . . . ἡγεμονικὰς λήψεσθε
— 8. **S** λαβόντες [**A R** μεταλ.] Ἑλληνικοῦ βίου
12. 11. παρὰ τοῦ θ. λαβὼν τὰ ἀγαθά

[**Aq.** Ex. 9. 8: 25. 2: Nu. 3. 47: I Ki. 17. 18: 25. 35: III Ki. 14. 3: 17. 23: IV Ki. 9. 13: 11. 4: Jb. 12. 20: 40. 19 (24): Ps. 50 (51). 13: 74 (75). 3: 77 (78). 71: Pr. 1. 3: 18. 5: Is. 44. 14: 51. 22: 53. 4: Je. 7. 16: 16. 2: 20. 5: 37 (44). 17: 38 (45). 6, 10: 40 (47). 1, 2: Ez. 5. 1: 16. 58: 20. 15: Ho. 13. 1: Za. 11. 10: Ma. 2. 13.]
[**Sm.** Ge. 2. 23: 49. 3: Ex. 9. 8: Nu. 3. 47: I Ki. 17. 18: IV Ki. 9. 13: 11. 4: Ps. 74 (75). 3: Pr. 1. 19: 18. 5: 24. 11: Is. 41. 16: 47. 3: 49. 24: Je. 15. 15: 38 (45). 6, 10: 40 (47). 1, 2: 43 (50). 10: Ez. 16. 58: 17. 5: 24. 5: Ho. 2. 19 (21).]
[**Th.** Ex. 9. 8: 25. 2: Nu. 3. 47: I Ki. 25. 35: IV Ki. 11. 4: Jb. 4. 2: 13. 8: 34. 31: 42. 8: Pr. 6. 35: 18. 5: 20. 16: Is. 33. 11: 41. 16: 44. 14: 56. 12: 59. 4, 13: Je. 15. 15: 20. 5: 27 (34). 20: 33 (40). 26: 38 (45). 6: 39 (46). 5, 12: 44 (51). 12: 48 (31). 46: Ez. 5. 1: 16. 58: 27. 32: 44. 12: Ma. 2. 13.]
[**Al.** Le. 20. 17: Nu. 16. 18: Dt. 7. 25: I Ki. 30. 22: Ca. 7. 8 (9).]
[**Heb.** Jb. 16. 12.]

λαμία.

[**Sm.** Is. 34. 14.]

λαμπάδιον (-εῖον). (1) גֻּלָּה (2) מְנוֹרָה

Ex. 38. 16 (37. 19). καὶ τὰ λ. αὐτῶν (2 ?)
— 16 (37. 19). τὸ ἐπ' ἄκρου τοῦ λ. –
III Ki. 7. 49. **AB**[2]**R** καὶ τὰ λ. [**B**[1]-δεῖα] καὶ τοὺς λύχνους †
Za. 4. 2. τὸ λ. ἐπάνω αὐτῆς (1)
— 3. μία ἐκ δεξιῶν τοῦ λ. αὐτῆς (1)

λαμπάς. (1) לַפִּיד (2) נֶבְרְשְׁתָּא

Ge. 15. 17. **R** κλίβανος . . . καὶ λαμπάδες πυρός (1)
Ex. 20. 18. ἑώρα τὴν φωνὴν καὶ τὰς λ. (1)
Jd. 7. 16. ἔδωκε . . . λαμπάδας ἐν ταῖς ὑδρίαις (1)
— 20. ἐκράτησαν . . . τὰς λ. [**A** *al.*] (1)
15. 4. ἔλαβε λαμπάδας (1)
— 4. ἔθηκε λ. μίαν (1)
— 5. ἐξέκαυσε [**A** ἐξῆψεν] πῦρ ἐν ταῖς λ. (1)
Ju. 10. 22. καὶ λ. ἀργυραῖ προάγουσαι αὐτοῦ
Jb. 41. 10 (11). ἐκπορεύονται λαμπάδες καιόμεναι (1)
Si. 48. 1. ὁ λόγος αὐτοῦ ὡς λαμπὰς ἐκαίετο
— 9. **A** ὁ ἀναληφθεὶς ἐν λαμπάδι [**B S** λαίλαπι] πυρός
Na. 2. 4 (5). ἡ ὅρασις αὐτῶν ὡς λαμπάδες πυρός (1)
Za. 12. 6. **A B S**[2] καὶ ὡς λαμπάδα πυρός (1)
Is. 62. 1. τὸ δὲ σωτήριόν μου ὡς λ. καυθήσεται (1)

Ez. 1. 13. ὡς ὄψις λαμπάδων συστρεφομένων (1)
Da. LXX. 10. 6. οἱ ὀφθαλμοὶ αὐτοῦ ὡσεὶ λαμπάδες πυρός (1)
Da. TH. 5. 5. ἔγραφον κατέναντι τῆς λαμπάδος (2)
10. 6. οἱ ὀφθαλμοὶ αὐτοῦ ὡσεὶ λαμπάδες πυρός (1)
I Ma. 6. 39. κατηύγαζεν ὡς λαμπάδες πυρός [S[1] *om.*]
[**Aq.** Ca. 8. 6 *bis.*]
[**Th.** Da. 5. 5.]

λάμπειν. (1) זָהַר hi. (2) *a.* נָגַהּ *b.* נֹגַהּ (3) צָחַח

To. 13. 11. S φῶς λαμπρὸν λάμψει
Pr. 4. 18. αἱ δὲ ὁδοὶ τῶν δικαίων ὁμοίως φωτὶ λάμπουσι (2 *b*)
Wi. 5. 6. τὸ τῆς δικαιοσύνης φῶς οὐκ ἔλαμψεν [S ἐπέλ.] ἡμῖν [A ἐν ἡ.]
Is. 4. 2. A λάμψει [B S ἐπιλ.] ὁ θεὸς ἐν βουλῇ †
9. 2 (1). φῶς λάμψει ἐφ' ὑμᾶς (2 *a*)
Ba. 3. 34. οἱ δὲ ἀστέρες ἔλαμψαν ἐν ταῖς φυλακαῖς αὐ.
— 34. ἔλαμψαν μετ' εὐφροσύνης τῷ ποιήσαντι αὐτούς
La. 4. 7. ἔλαμψαν ὑπὲρ γάλα (3)
Ep. Je. 67. οὐδὲ ὡς ὁ ἥλιος λάμψουσιν [A ἐκλ.]
Da. TH. 12. 3. οἱ συνιέντες λάμψουσιν [A ἐκλ.] (1)
[**Sm.** Jb. 29. 3.]
[**Th.** Jb. 18. 5: Da. 12. 3.]

λαμπηδών.

[**Aq.** Is. 58. 11.]

λαμπήνη. (1) מַד (2) מַעְגָּל (3) צָב

Jd. 5. 10. A καθήμενοι ἐπὶ λαμπηνῶν [B κριτηρίου] (1)
I Ki. 26. 5. Σ. ἐκάθευδεν ἐν λαμπήνῃ (2)
— 7. Σ. καθεύδων ὕπνῳ [A *om.*] ἐν λαμπήνῃ (2)
Is. 66. 20. ἄξουσι τοὺς ἀδελφοὺς ὑμῶν . . . ἐν λαμπήναις ἡμιόνων (3)
[**Th.** Is. 66. 20.]

λαμπηνικός. (1) צָב

Nu. 7. 3. ἓξ ἁμάξας λ. (1)

λαμπρός.

To. 13. 11. S φῶς λ. λάμψει
Wi. 6. 12. λαμπρὰ καὶ ἀμάραντός ἐστιν ἡ σοφία
17. 20. ὅλος γὰρ ὁ κόσμος λαμπρῷ κατελάμπετο φωτί
Si. 29. 22. ἐδέσματα λαμπρὰ ἐν ἀλλοτρίοις
33. 13 (30. 25). λαμπρὰ καρδία καὶ ἀγαθή
34 (31). 23. λαμπρὸν ἐπ' ἄρτοις εὐλογήσει χείλη
Ep. Je. 60. σελήνη καὶ ἄστρα ὄντα λαμπρά
[**Sm.** Ca. 5. 10: La. 4. 7.]
[**Th.** Pr. 20. 11.]
[**Al.** Hb. 3. 11.]

λαμπρότης. (1) הָדָר (2) זֹהַר (3) זֶרַח נֹגַהּ (4) נֹעַם

Ps. 89 (90). 17. ἔστω ἡ λ. κυρίου τοῦ θεοῦ ἡμῶν ἐφ' ἡμᾶς (4)
109 (110). 3. ἐν ταῖς λ. [S[1] τῇ λ.] τῶν ἁγίων σου (1)
Is. 60. 3. καὶ ἔθνη τῇ λ. σου (3)
Ba. 4. 24. μετὰ δόξης μεγάλης καὶ λαμπρότητος τοῦ αἰωνίου
5. 3. δείξει τῇ ὑπ' οὐρανὸν πάσῃ τὴν σὴν λ.
Da. TH. 12. 3. ὡς ἡ λ. τοῦ στερεώματος (2)
[**Sm.** Is. 58. 11.]
[**Th.** Is. 58. 11: Da. 12. 3: Za. 4. 14.]

λαμπρύνειν.

[**Sm.** Ps. 118 (119). 9: Pr. 20. 9.]

λαμπτήρ. (1) *a.* נִיר *b.* נֵר

Pr. 16. 28. λαμπτῆρα δόλου [S χόλου] πυρσεύσει κακοῖς †
20. 20. κακολογοῦντος πατέρα ἢ μητέρα σβεσθήσεται λαμπτήρ (1 *b*)
21. 4. λαμπτὴρ δὲ ἀσεβῶν ἁμαρτία (1 *a*)
24. 20. λαμπτὴρ δὲ ἀσεβῶν σβεσθήσεται (1 *b*)
[**Al.** Pr. 20. 27.]

λάμψις.

Ba. 4. 2. διόδευσον πρὸς τὴν λ.

▶ **λανθάνειν.** (1) כָּחַד ni. (2) מָעַל (3) עָדַר ni. (4) עָלַם ni.

Le. 4. 13. καὶ λάθῃ ῥῆμα ἐξ ὀφθαλμῶν τῆς συναγωγῆς (4)
Le. 5. 3. καὶ ἔλαθεν αὐτόν (4)
— 4. καὶ λάθῃ αὐτὸν πρὸ ὀφθαλμῶν (4)
— 15. ψυχὴ ἣ ἂν λάθῃ αὐτὸν λήθῃ (2)
Nu. 5. 13. καὶ λάθῃ ἐξ ὀφθαλμῶν τοῦ ἀνδρὸς αὐ. (4)
— 27. καὶ λήθῃ λάθῃ τὸν ἄνδρα αὐτῆς (2)
II Ki. 17. 22. ἕως ἑνὸς οὐκ ἔλαθεν (3)
18. 13. πᾶς ὁ λόγος οὐ λήσεται ἀπὸ τοῦ βασ. (1)
To. 12. 13. A B οὐκ ἔλαθές με ἀγαθοποιῶν
Jb. 24. 1. διὰ τί δὲ κύριον ἔλαθον ὧραι [A *al.*] †
28. 21. λέληθε πάντα ἄνθρωπον (4)
34. 21. λέληθε δὲ αὐτὸν οὐδέν †
Wi. 1. 8. φθεγγόμενος ἄδικα οὐδεὶς μὴ λάθῃ
10. 8. ἵνα . . . μηδὲ λαθεῖν δυνηθῶσι
17. 3. λανθάνειν γὰρ νομίζοντες ἐπὶ κρυφαίοις ἁμαρτήμασιν
Is. 40. 26. οὐδέν σε ἔλαθε (3)
IV Ma. 3. 13. λαθόντες τοὺς τῶν πυλῶν ἀκροφύλακας
[**Aq.** Is. 59. 15.]
[**Sm.** Ps. 138 (139). 15: Is. 34. 16: Ho. 5. 3.]
[**Th.** Is. 34. 16.]
[**Al.** Ps. 138 (139). 15.]

λάξ.

IV Ma. 6. 8. λὰξ γέ τοι . . . ἔτυπτεν

λαξεύειν. (1) גָּזִית (2) פִּסְגָּה (3) פָּסַל (4) λ. λίθους גָּזִית בָּנָה

Ex. 34. 1. λάξευσον σεαυτῷ δύο πλάκας (3)
— 4. καὶ ἐλάξευσε δύο πλάκας λιθίνας (3)
Nu. 21. 19 (20). ἀπὸ κορυφῆς τοῦ λελαξευμένου (2)
23. 14. ἐπὶ κορυφὴν Λελαξευμένου (2)
De. 3. 27. B ἀνάβηθι ἐπὶ κορυφῇ [A R τὴν κ. τοῦ] Λελαξευμένου (2)
10. 1. λάξευσον σεαυτῷ δύο πλάκας λιθίνας (3)
— 3. ἐλάξευσα τὰς πλάκας λιθίνας (3)
Ju. 1. 2. τείχη ἐκ λίθων λελαξευμένων
Is. 9. 10 (9). λαξεύσωμεν λίθους (4)
Ez. 40. 42. τέσσαρες τράπεζαι τῶν ὁλοκαυτωμ. λίθιναι λελαξευμέναι (1)
— 43. παλαιστὴν ἕξουσι γεῖσος λελαξευμένον †

λαξευτήριον. (1) כֵּילַפּוֹת

Ps. 73 (74). 6. ἐν πελέκει καὶ λαξευτηρίῳ κατέρραξαν αὐτήν (1)

λαξευτός. (1) פִּסְגָּה

De. 4. 49. AB[1] ἀπὸ [B[3]R ὑπὸ] Ἀσ. τὴν λαξευτήν (1)
[**Aq.** Nu. 21. 20.]
[**Th.** Jd. 7. 11.]

λαογραφία.

III Ma. 2. 28. πάντας δὲ τοὺς Ἰουδ. εἰς λαογραφίαν . . . ἀχθῆναι

λαοκατάρατος.

[**Sm.** Pr. 11. 26.]

λαός. (1) אָדָם (2) אֻמָּה (3) אֱנוֹשׁ (4) בַּיִת (5) בֵּן (6) גּוֹי (7) הָמוֹן (8) טַף (9) לְאֹם (10) מַחֲנֶה (11) מָקוֹם (12) מִשְׁפָּחָה (13) עֶבֶד (14) עַם, עָם (15) צֹאן (16) קָהָל (17) λ. ἀλλότριος זָר

Ge. 14. 16. R ἀπέστρεψε . . . τὸν λ. (14)
19. 4. ἀπὸ νεαν. ἕως πρ. ἅπας ὁ λ. ἅμα (14)
23. 7. προσεκύνησε τῷ λ. τῆς γῆς (14)
— 12. προσεκύνησεν Ἀβ. ἐναντίον τοῦ λ. τῆς γῆς (14)
— 13. R εἶπε . . . ἐναντίον [A *add.* παντὸς] τοῦ λ. τῆς γῆς (14)
25. 8. προσετέθη πρὸς τὸν λ. αὐτοῦ (14)
— 23. δύο λαοὶ ἐκ τῆς κοιλίας σου (9)
— 23. καὶ λαὸς λαοῦ ὑπερέξει (9, 9)
26. 11. συνέταξε . . . παντὶ τῷ λ. αὐτοῦ (14)
32. 7 (8). διεῖλε τὸν λαὸν τὸν μεθ' ἑαυτοῦ (14)
33. 15. καταλείψω . . . ἀπὸ τοῦ λ. (14)
34. 22. ὥστε εἶναι λαὸν ἕνα (14)
35. 6. καὶ πᾶς ὁ λ. ὃς ἦν μετ' αὐτοῦ (14)
41. 40. ὑπακούσεται πᾶς ὁ λ. μου (14)
— 55. R ἔκραξε δὲ [A *add.* πᾶς] ὁ λ. (14)
42. 6. ἐπώλει παντὶ τῷ λ. τῆς γῆς (14)
47. 21. τὸν λ. κατεδουλώσατο . . . εἰς παῖδας (14)
48. 19. καὶ οὗτος ἔσται εἰς λαόν (14)
49. 16. Δὰν κρινεῖ τὸν λ. αὐτοῦ (14)
— 29. ἐγὼ προστίθεμαι πρὸς τὸν ἐμὸν λ. (14)
Ge. 49. 33. καὶ προσετέθη πρὸς τὸν λ. αὐτοῦ (14)
50. 20. ἵνα διατραφῇ λ. πολύς (14)
Ex. 1. 20. ἐπλήθυνεν ὁ λ. (14)
— 22. συνέταξε . . . παντὶ τῷ λ. αὐτοῦ (14)
3. 7. τὴν κάκωσιν τοῦ λ. μου τοῦ ἐν Αἰγύπτῳ (14)
— 10. ἐξάξεις τὸν λ. μου τοὺς υἱοὺς Ἰσραήλ (14)
— 12. ἐξαγαγεῖν σε τὸν λ. μου ἐξ Αἰγύπτου (14)
— 21. δώσω χάριν τῷ λ. τούτῳ (14)
4. 16. λαλήσει [A B[2] προσλαλήσει] πρὸς τὸν λ. (14)
— 21. οὐ μὴ ἐξαποστείλῃ τὸν λ. (14)
— 23. ἐξαπόστειλον τὸν λ. μου (5)
— 30. ἐποίησε τὰ σημεῖα ἐναντίον τοῦ λ. (14)
— 31. καὶ ἐπίστευσεν ὁ λ. (14)
— 31. κύψας δὲ ὁ λ. προσεκύνησε –
5. 1. ἐξαπόστειλον τὸν λ. μου (14)
— 4. διαστρέφετε τὸν λ. μου (14)
— 5. πολυπληθεῖ ὁ λ. [A *add.* τῆς γῆς] (14)
— 6. συνέταξε . . . τοῖς ἐργοδιώκταις τοῦ λ. (14)
— 7. διδόναι ἄχυρον τῷ λ. (14)
— 10. ἔλεγον πρὸς τὸν λ. (14)
— 12. διεσπάρη ὁ λ. ἐν ὅλῃ γῇ [A *om.*] Αἰγ. (14)
— 16. ἀδικήσεις οὖν τὸν λ. σου (14)
— 22. τί ἐκάκωσας τὸν λ. τοῦτον (14)
— 23. ἐκάκωσε τὸν λ. τοῦτον (14)
— 23. καὶ οὐκ ἐρρύσω τὸν λ. σου (14)
6. 7. λήψομαι ἐμαυτῷ ὑμᾶς λαὸν ἐμοί (14)
7. 4. ἐξάξω . . . τὸν λ. μου . . . ἐκ γῆς (14)
— 14. τοῦ μὴ ἐξαποστεῖλαι τὸν λ. (14)
— 16: 8. 1 (7. 26). ἐξαπόστειλον τὸν λ. μου (14)
8. 3 (7. 28). τῶν θεραπόντων σου καὶ τοῦ λ. σου (14)
— 4 (7. 29). ἐπὶ τὸν λ. σου ἀναβήσονται (14)
— 8 (4). ἀπ' ἐμοῦ καὶ ἀπὸ τοῦ ἐμοῦ λ. (14)
— 8 (4). ἐξαποστελῶ αὐτούς [A τὸν λ.] (14)
— 9 (5). εὔξομαι περὶ σοῦ . . . καὶ τοῦ λ. σου (14)
— 9 (5). ἀπὸ σοῦ καὶ ἀπὸ τοῦ λ. σου (4 ?)
— 11 (7). περιαιρεθήσονται . . . ἀπὸ τοῦ λ. σου (14)
— 20 (16). ἐξαπόστειλον τὸν λ. μου (14)
— 21 (17). ἐξαποστεῖλαι τὸν λ. μου (14)
— 21 (17). ἐξαποστέλλω . . . ἐπὶ τὸν λ. σου (14)
— 22 (18). ἐφ' ἧς ὁ λ. μου ἔπεστιν ἐπ' αὐτῆς (14)
— 23 (19). ἀνὰ μέσον τοῦ ἐμοῦ λ. (14)
— 23 (19). καὶ ἀνὰ μέσον τοῦ σοῦ λ. (14)
— 29 (25). ἀπελεύσεται . . . ἀπὸ τοῦ λ. σου (14)
— 29 (25). τοῦ μὴ ἐξαποστεῖλαι τὸν λ. (14)
— 31 (27). ἀπὸ . . . τοῦ λ. αὐτοῦ (14)
— 32 (28). οὐκ ἠθέλησεν ἐξαποστεῖλαι τὸν λ. (14)
9. 1. ἐξαπόστειλον τὸν λ. μου (14)
— 2. ἐξαποστεῖλαι τὸν λ. μου –
— 7. A[2] B καὶ οὐκ ἐξαπέστειλε τὸν λ. (14)
— 13. ἐξαπόστειλον τὸν λ. μου (14)
— 14. εἰς τὴν καρδίαν σου . . . καὶ τοῦ λ. σου (14)
— 15. καὶ τὸν λ. σου θανατώσω (14)
— 17. ἔτι οὖν σὺ ἐμποιῇ τοῦ λ. μου (14)
— 27. ἐγὼ δὲ καὶ ὁ λ. μου ἀσεβεῖς (14)
10. 3. ἐξαπόστειλον τὸν λ. μου (14)
— 4. ἐξαποστεῖλαι τὸν λ. μου (14)
11. 2. λάλησον . . . εἰς τὰ ὦτα τοῦ λ. (14)
— 3. ἔδωκε τὴν χάριν τῷ λ. αὐτοῦ (14)
— 8. ἔξελθε σὺ καὶ πᾶς [B[1] *om.*] ὁ λ. σου (14)
12. 27. καὶ κύψας ὁ λ. προσεκύνησε (14)
— 31. ἐξέλθατε ἐκ τοῦ λ. μου (14)
— 33. κατεβιάζοντο οἱ Αἰγύπτιοι τὸν λ. (14)
— 34. ἀνέλαβε δὲ ὁ λ. τὸ σταῖς αὐτῶν (14)
— 36. ἔδωκε κύριος τὴν χάριν τῷ λ. αὐτοῦ (14)
13. 3. εἶπε δὲ Μωυσῆς πρὸς τὸν λ. (14)
— 17. ὡς δὲ ἐξαπέστειλε Φαραὼ τὸν λ. (14)
— 17. μεταμελήσῃ τῷ λ. ἰδόντι πόλεμον (14)
— 18. ἐκύκλωσεν . . . τὸν λ. ὁδόν (14)
— 22. οὐκ ἐξέλιπε . . . ἐναντίον τοῦ λ. παντός (14)
14. 3. καὶ ἐρεῖ Φαραὼ τῷ λ. αὐτοῦ [A[1] *om.* τ. λ. αὐ.] –
— 5. πέφευγεν ὁ λ. (14)
— 5. μετεστράφη ἡ καρδία . . . ἐπὶ τὸν λ. (14)
— 6. πάντα τὸν λ. αὐτοῦ συναπήγαγε (14)
— 13. εἶπε δὲ Μωυσῆς πρὸς τὸν λ. (14)
— 31. ἐφοβήθη δὲ ὁ λ. τὸν κύριον (14)
15. 13. ὡδήγησας . . . τὸν λ. σου (14)
— 16. A B[2] R ἕως ἂν παρέλθῃ ὁ λ. σου (14)
— 16. ἕως ἂν παρέλθῃ ὁ λ. σου οὗτος (14)
— 24. διεγόγγυζεν ὁ λ. ἐπὶ [A κατὰ] Μωυσῆ (14)
16. 4. ἐξελεύσεται ὁ λ. (14)
— 27. ἐξήλθοσάν τινες ἐκ τοῦ λ. (14)
— 30. καὶ ἐσαββάτισεν ὁ λ. (14)
17. 1. οὐκ ἦν δὲ ὕδωρ τῷ λ. πιεῖν (14)
— 2. καὶ ἐλοιδορεῖτο ὁ λ. πρὸς Μωυσῆν (14)

▶ = additional entry on page xxvi

Ex. 17. 3. ἐδίψησε δὲ ἐκεῖ ὁ λ. ὕδατι (14)
— 3. διεγόγγυζεν ἐκεῖ ὁ λ. (14)
— 4. τί ποιήσω τῷ λ. τούτῳ (14)
— 5. προπορεύου τοῦ λ. τούτου [A *om.*] (14)
— 5. λάβε . . . ἀπὸ τῶν πρεσβυτέρων τοῦ λ. †
— 6. καὶ πίεται ὁ λ. (14)
— 13. τὸν Ἀμαλὴκ καὶ πάντα τὸν λ. αὐτοῦ (14)
18. 1. ὅσα ἐποίησε κύριος . . . τῷ ἑαυτοῦ λαῷ (14)
— 10. ἐξείλατο αὐτοὺς [A τὸν λ. αὐτοῦ] (14)
— 13. συνεκάθισε Μωυσῆς κρίνειν τὸν λ. (14)
— 13. παρειστήκει δὲ πᾶς ὁ λ. Μωυσῇ (14)
— 14. ὅσα ποιεῖ [A ἐποίει] τῷ λ. (14)
— 14. τί τοῦτο ὃ σὺ ποιεῖς τῷ λ. (14)
— 14. πᾶς δὲ ὁ λ. παρέστηκέ σοι (14)
— 15. παραγίνεται πρὸς μὲ ὁ λ. (14)
— 18. πᾶς ὁ λ. [A *add.* σου] οὗτος (14)
— 19. γίνου σὺ τῷ λ. τὰ πρὸς τὸν θεόν (14)
— 21. σεαυτῷ σκέψαι ἀπὸ παντὸς τοῦ λ. (14)
— 22. καὶ κρινοῦσι τὸν λ. πᾶσαν ὥραν (14)
— 23. καὶ πᾶς ὁ λ. οὗτος . . . ἥξει (14)
— 26. καὶ ἐκρίνοσαν τὸν λ. πᾶσαν ὥραν (14)
19. 5. ἔσεσθέ μοι λ. περιούσιος -
— 7. τοὺς πρεσβυτέρους τοῦ λ. [A Ἰσραήλ] (14)
— 8. ἀπεκρίθη δὲ πᾶς ὁ λ. (14)
— 8. τοὺς λόγους τούτους [A τοῦ λ.] (14)
— 9. ἵνα ἀκούσῃ ὁ λαὸς λαλοῦντός μου (14)
— 9. ἀνήγγειλε δὲ Μωυσῆς τὰ ῥήματα τοῦ λ. (14)
— 10. καταβὰς διαμάρτυραι τῷ λ. (14)
— 11. καταβήσεται . . . ἐναντίον παντὸς τοῦ λ. (14)
— 12. καὶ ἀφοριεῖς τὸν λ. κύκλῳ (14)
— 14. κατέβη . . . ἐκ τοῦ ὄρους πρὸς τὸν λ. (14)
— 15. καὶ εἶπε τῷ λ. (14)
— 16. πᾶς ὁ λ. ὁ [A *om.*] ἐν τῇ παρεμβολῇ (14)
— 17. καὶ ἐξήγαγε Μωυσῆς τὸν λ. (14)
— 18. καὶ ἐξέστη πᾶς ὁ λ. σφόδρα †
— 21. καταβὰς διαμάρτυραι τῷ λ. (14)
— 23. οὐ δυνήσεται ὁ λ. προσαναβῆναι (14)
— 24. οἱ δὲ ἱερεῖς καὶ ὁ λ. μὴ βιαζέσθωσαν (14)
— 25. κατέβη δὲ Μωυσῆς πρὸς τὸν λ. (14)
20. 18. πᾶς ὁ λ. ἑώρα τὴν φωνήν (14)
— 18. φοβηθέντες δὲ πᾶς ὁ λ. ἔστησαν (14)
— 21. εἱστήκει δὲ ὁ λ. μακρόθεν (14)
22. 25 (24). ἐὰν δὲ ἀργύριον ἐκδανείσῃς τῷ ἀδελφῷ [A^{1} λαῷ] (14)
— 28 (27). ἄρχοντα τοῦ λ. σου οὐ κακῶς ἐρεῖς (14)
23. 22. ἔσεσθέ μοι λ. περιούσιος -
24. 2. ὁ δὲ λ. οὐ συναναβήσεται μετ᾽ αὐτῶν (14)
— 3. διηγήσατο τῷ λ. πάντα τὰ ῥήματα (14)
— 3. ἀπεκρίθη δὲ πᾶς ὁ λ. (14)
— 7. ἀνέγνω εἰς τὰ ὦτα τοῦ λ. (14)
— 8. κατεσκέδασε τοῦ λ. (14)
30. 33. ἐξολεθρευθήσεται ἐκ τοῦ λ. αὐτοῦ [A *om.*] (14)
— 38. ἀπολεῖται ἐκ τοῦ λ. αὐ. (14)
31. 14. ἐκ μέσου τοῦ λ. αὐ. (14)
32. 1. καὶ ἰδὼν ὁ λ. ὅτι κεχρόνικε Μ. (14)
— 1. συνέστη ὁ λ. ἐπὶ Ἀαρών (14)
— 3. περιείλαντο πᾶς ὁ λ. τὰ ἐνώτια (14)
— 6. καὶ ἐκάθισεν ὁ λ. φαγεῖν (14)
— 7. ἠνόμησε γὰρ ὁ λαός σου (14)
— 11. ἵνα τί . . . θυμοῖ ὀργῇ εἰς τὸν λ. σου (14)
— 12. ἵλεως γενοῦ ἐπὶ τῇ κακίᾳ τοῦ λ. σου (14)
— 14. περιποιῆσαι [A ποιῆσαι] τὸν λ. αὐτοῦ (14)
— 17. τῆς φωνῆς τοῦ λ. κραζόντων (14)
— 21. τί ἐποίησέ σοι ὁ λ. οὗτος (14)
— 22. σὺ γὰρ οἶδας τὸ ὅρμημα τοῦ λ. τούτου (14)
— 25. ἰδὼν Μωυσῆς τὸν λ. (14)
— 28. ἔπεσαν ἐκ τοῦ λ. . . . εἰς τρισχιλίους (14)
— 30. εἶπε Μωυσῆς πρὸς τὸν λ. (14)
— 31. ἡμάρτηκεν ὁ λ. οὗτος ἁμαρτίαν (14)
— 34. καὶ ὁδήγησον τὸν λ. τοῦτον (14)
— 35. καὶ ἐπάταξε κύριος τὸν λ. (14)
33. 1. ἀνάβηθι ἐντεῦθεν σὺ καὶ ὁ λ. σου (14)
— 3. διὰ τὸ λαὸν σκληροτράχηλόν σε εἶναι (14)
— 4. ἀκούσας ὁ λ. τὸ ῥῆμα τὸ πονηρόν (14)
— 5. ὑμεῖς λ. σκληροτράχηλος (14)
— 8. εἱστήκει πᾶς ὁ λ. σκοπεύοντες (14)
— 10. ἑώρα πᾶς ὁ λ. τὸν στῦλον τῆς νεφέλης (14)
— 10. στάντες πᾶς ὁ λ. προσεκύνησαν (14)
— 12. ἀνάγαγε τὸν λ. τοῦτον (14)
— 13. ὅτι λ. σου τὸ ἔθνος τὸ μέγα τοῦτο (14)
— 16. εὕρηκα χάριν . . . ἐγώ τε καὶ ὁ λ. σου (14)
— 16. A B^{2} R ἐνδοξασθήσομαι ἐγώ τε καὶ ὁ λ. σου (14)
34. 9. ὁ λ. γὰρ σκληροτράχηλός ἐστι (14)
— 10. διαθήκην ἐνώπιον παντὸς τοῦ λ. σου (14)
— 10. καὶ ὄψεται πᾶς ὁ λ. (14)

Ex. 36. 5. πλῆθος φέρει ὁ λ. κατὰ τὰ ἔργα (14)
— 6. ἐκωλύθη ὁ λ. ἔτι προσφέρειν (14)
Le. 4. 3. ἁμάρτῃ τοῦ τὸν [A B^{1} *om.*] λ. ἁμαρτεῖν (14)
— 27. ψυχὴ μία . . . ἐκ τοῦ λ. τῆς γῆς (14)
7. 10 (20), 11 (21). ἀπολεῖται ἡ ψυχὴ ἐκ. ἐκ τοῦ λ. αὐτῆς (14)
— 15 (25). ἀπολεῖται . . . ἀπὸ [A ἐκ] τοῦ λ. αὐτῆς (14)
— 17 (27). ἀπολεῖται ἡ ψυχὴ ἐκ. ἀπὸ τοῦ λ. αὐτῆς (14)
9. 7. καὶ ποίησον τὰ δῶρα τοῦ λ. (14)
— 15. καὶ προσήνεγκε τὸ δῶρον τοῦ λ. (14)
— 15. τὸν χίμαρον τὸν περὶ τῆς ἁμαρτίας τοῦ λ. (14)
— 18. τῆς θυσίας τοῦ σωτηρίου τῆς τοῦ λ. (14)
— 22. ἐξάρας Ἀαρὼν τὰς χεῖρας ἐπὶ τὸν λ. (14)
— 23. ἐξελθόντες εὐλόγησαν πάντα τὸν λ. (14)
— 23. ὤφθη ἡ δόξα κυρίου παντὶ τῷ λ. (14)
— 24. καὶ εἶδε πᾶς ὁ λ. (14)
16. 15. τὸν χίμαρον . . . τὸν περὶ τοῦ λ. (14)
— 24. ποιήσει . . . τὸ ὁλοκάρπωμα τοῦ λ. (14)
— 24. B καὶ περὶ τοῦ λ. (14)
17. 4. ἐξολεθρευθήσεται . . . ἐκ τοῦ λ. αὐτῆς (14)
— 9. ἐξολεθρευθήσεται . . . ἐκ τοῦ λ. αὐτοῦ (14)
— 10. ἀπολῶ αὐτὴν ἐκ τοῦ λ. αὐ. (14)
18. 29 : 19. 8. ἐξολεθρευθήσονται . . . ἐκ τοῦ λ. αὐτῶν (14)
19. 18. οὐ μηνιεῖς τοῖς υἱοῖς τοῦ λ. σου (14)
20. 3. ἀπολῶ αὐτὸν ἐκ τοῦ λ. αὐτοῦ (14)
— 5. ἀπολῶ αὐτὸν . . . ἐκ τοῦ λ. αὐτῶν (14)
— 6. ἀπολῶ αὐτὴν ἐκ τοῦ λ. αὐ. (14)
21. 4. οὐ μιανθήσεται [A B^{1} *om.* οὐ μ.] ἐξάπινα ἐν τῷ λ. αὐτοῦ (14)
— 14. παρθένον ἐκ τοῦ λ. [A *om.*] αὐ. λήψεται γυναῖκα (14)
— 15. οὐ βεβηλώσει τὸ σπέρμα αὐ. ἐν τῷ λ. αὐ. (14)
23. 29. ἐξολεθρευθήσεται ἐκ τοῦ λ. αὐτῆς (14)
— 30. ἀπολεῖται ἡ ψυχὴ ἐκ. ἐκ τοῦ λ. αὐ. (14)
26. 12. ὑμεῖς ἔσεσθέ μου λαός (14)
Nu. 5. 21. ἐν μέσῳ τοῦ λ. σου (14)
— 27. εἰς ἀρὰν τῷ [A S^{2} ἐν τῷ] λ. αὐτῆς (14)
9. 13. ἐξολεθρευθήσεται ἡ ψυχὴ ἐκ. ἐκ τοῦ λ. αὐ. (14)
11. 1. ἦν ὁ λ. γογγύζων πονηρά (14)
— 2. ἐκέκραξεν ὁ λ. πρὸς Μ. (14)
— 8. διεπορεύετο ὁ λ. (14)
— 11. ἐπιθεῖναι τὴν ὁρμὴν [A ὀργὴν] τοῦ λ. τ. ἐπ᾽ ἐμέ (14)
— 12. μὴ ἐγὼ ἐν γαστρὶ ἔλαβον πάντα τὸν λ. τ. (14)
— 13. κρέα δοῦναι παντὶ τῷ λ. τούτῳ (14)
— 14. φέρειν τὸν λ. τοῦτον (14)
— 16. οὗτοί εἰσι πρεσβύτεροι τοῦ λ. (14)
— 17. συναντιλήψονται . . . τὴν ὁρμὴν τοῦ λ. (14)
— 18. καὶ τῷ λ. ἐρεῖς (14)
— 21. ὁ λ. ἐν οἷς εἰμι ἐν αὐτοῖς (14)
— 24. ἐλάλησε πρὸς τὸν λ. τὰ ῥήμ. κυρίου (14)
— 24. ἀπὸ τῶν πρεσβυτέρων τοῦ λ. (14)
— 29. τίς δῴη πάντα τὸν λ. κυρίου προφήτας (14)
— 32. ἀναστὰς ὁ λ. ὅλην τὴν ἡμέραν (14)
— 33. κύριος ἐθυμώθη εἰς τὸν λ. (14)
— 33. ἐπάταξε κύριος τὸν λ. [A ἐν τῷ λ.] (14)
— 34. ἐκεῖ ἔθαψαν τὸν λ. τὸν ἐπιθυμητήν (14)
— 35. ἐξῆρεν ὁ λ. εἰς Ἀσ. (14)
— 35. A B^{2} R ἐγένετο ὁ λ. ἐν Ἀσ. -
12. 15. ὁ λ. οὐκ ἐξῆρεν (14)
13. 1 (12. 16). ἐξῆρεν ὁ λ. ἐξ Ἀσ. (14)
— 19 (18). ὄψεσθε . . . τὸν λ. τὸν ἐγκαθήμ. ἐπ᾽ αὐτῆς (14)
— 31 (30). κατεσιώπησε Χ. τὸν λ. (14)
— 33 (32). πᾶς ὁ λ. ὃν ἑωράκαμεν (14)
14. 1. ἔκλαιεν ὁ λ. ὅλην τὴν νύκτα ἐκ. (14)
— 9. μὴ φοβηθῆτε τὸν λ. τῆς γῆς (14)
— 11. ἕως τίνος παροξύνει με ὁ λ. οὗτος (14)
— 13. ἀνήγαγες . . . τὸν λ. τοῦτον ἐξ αὐτῶν (14)
— 14. σὺ εἶ κύριος ἐν τῷ λ. τούτῳ (14)
— 15. ἐκτρίψεις τὸν λ. τοῦτον (14)
— 16. εἰσαγαγεῖν τὸν λ. τοῦτον [A αὐτούς] (14)
— 19. ἄφες τὴν ἁμαρτίαν τῷ λ. τούτῳ (14)
— 39. ἐπένθησεν ὁ λ. σφόδρα (14)
15. 26. ὅτι παντὶ τῷ λ. ἀκούσιον (14)
— 30. ἐξολεθρευθήσεται . . . ἐκ τοῦ λ. αὐτῆς (14)
16. 41 (17. 6). ὑμεῖς ἀπεκτάγκατε τὸν λ. κυρίου (14)
— 46 (17. 11). ἦρκται θραύειν τὸν λ. -
— 47 (17. 12). ἤδη ἐνῆρκτο ἡ θραῦσις ἐν τῷ λ. (14)
— 47 (17. 12). ἐξιλάσατο περὶ τοῦ λ. (14)
— 48 (17. 13). B^{1} ἐκόπασεν ἡ θραῦσις ἐν τῷ λ. [A B^{2} R *om.* ἐν τ. λ.] -
20. 1. κατέμεινεν ὁ λ. ἐν Κ. (14)

Nu. 20. 3. ἐλοιδορεῖτο ὁ λ. πρὸς Μ. (14)
— 24. προστεθήτω Ἀ. πρὸς τὸν λ. αὐτοῦ (14)
21. 2. ἐάν μοι παραδῷς τὸν λ. τοῦτον ὑποχείριον (14)
— 4. ὠλιγοψύχησεν ὁ λ. ἐν τῇ ὁδῷ (14)
— 5. κατελάλει ὁ λ. πρὸς τὸν θεόν (14)
— 6. ἀπέστειλε κύριος εἰς τὸν λ. τοὺς ὄφεις (14)
— 6. ἔδακνον τὸν λ. (14)
— 6. ἀπέθανε λ. πολύς (14)
— 7. παραγενόμενος ὁ λ. πρὸς Μ. (14)
— 8 (7). A B^{2} ηὔξατο Μ. . . . περὶ τοῦ λ. (14)
— 16. B συνάγαγε τὸν λ. (14)
— 23. συνήγαγε Σ. πάντα τὸν λ. αὐ. (14)
— 29. ἀπώλου, λαὸς Χαμώς (14)
— 33. ἐξῆλθεν . . . πᾶς ὁ λ. αὐ. (14)
— 34. παραδέδωκα . . . πάντα τὸν λ. αὐ. (14)
— 35. ἐπάταξεν . . . πάντα τὸν λ. αὐ. (14)
22. 3. ἐφοβήθη Μ. τὸν λ. σφόδρα (14)
— 5. ἐπὶ τοῦ ποταμοῦ γῆς υἱῶν λαοῦ αὐ. (14)
— 5. λαὸς ἐξελήλυθεν ἐξ Αἰγ. (14)
— 6. ἄρασαί μοι τὸν λ. τοῦτον (14)
— 11. λαὸς ἐξελήλυθεν ἐξ Αἰγ. (14)
— 12. οὐδὲ καταράσῃ τὸν λ. (14)
— 17. ἐπικατάρασαί μοι τὸν λ. τοῦτον (14)
— 41. ἔδειξεν αὐτῷ . . . μέρος τι τοῦ λ. (14)
23. 9. λ. μόνος κατοικήσει (14)
— 24. λαὸς ὡς σκύμνος ἀναστήσεται (14)
24. 14. τί ποιήσει ὁ λ. οὗτος τὸν λ. σου (14, 14)
25. 1. ἐβεβηλώθη ὁ λ. (14)
— 2. ἔφαγεν ὁ λ. τῶν θυσιῶν αὐτῶν (14)
— 4. λάβε πάντας τοὺς ἀρχηγοὺς τοῦ λ. (14)
— 4. A παραδειγμάτισον αὐτοὺς . . . κατέναντι τοῦ λ. [B ἡλίου] †
27. 13 : 31. 2. προστεθήσῃ πρὸς τὸν λ. σου (14)
31. 3. ἐλάλησε Μ. πρὸς τὸν λ. (14)
33. 14. οὐκ ἦν ἐκεῖ ὕδωρ τῷ λ. πιεῖν (14)
De. 2. 4. καὶ τῷ λ. ἔντειλαι (14)
— 16. ἐκ μέσου τοῦ λ. (14)
— 32. αὐτὸς καὶ πᾶς ὁ λ. αὐτοῦ (14)
— 33. αὐτὸν . . . καὶ πάντα τὸν λ. αὐ. (14)
3. 1. αὐτὸς καὶ πᾶς ὁ λ. αὐτοῦ (14)
— 2. αὐτὸν καὶ πάντα τὸν λ. αὐτοῦ (14)
— 3. καὶ τὸν Ὠγ . . . καὶ πάντα τὸν λ. αὐ. (14)
— 28. διαβήσεται πρὸ προσώπου τοῦ λ. τ. (14)
4. 6. ἰδοὺ λ. σοφὸς καὶ ἐπιστήμων (14)
— 10. ἐκκλησίασον πρὸς μὲ τὸν λ. (14)
— 20. εἶναι αὐτῷ λ. ἔγκληρον [B^{1} εὔκλ.] (14)
5. 28 (25). ἤκουσα τὴν φωνὴν τῶν λόγων τοῦ λ. τούτου (14)
7. 6. λ. ἅγιος εἶ κυρίῳ τῷ θεῷ σου (14)
— 6. εἶναι αὐτῷ λ. περιούσιον (14)
9. 2. λ. μέγαν καὶ πολύν (14)
— 6. λ. σκληροτράχηλος εἶ (14)
— 12. ἠνόμησεν ὁ λ. σου (14)
— 13. ἑώρακα τὸν λ. τοῦτον (14)
— 13. λ. σκληροτράχηλός ἐστι (14)
— 26. μὴ ἐξολεθρεύσῃς τὸν λ. σου (14)
— 27. ἐπὶ τὴν σκληρότητα τοῦ λ. τούτου (14)
— 29. καὶ οὗτοι λαός σου (14)
10. 11. ἄπαρον ἐναντίον τοῦ λ. τούτου (14)
13. 9 (10). αἱ χεῖρες παντὸς τοῦ λ. ἐπ᾽ ἐσχάτῳ (14)
14. 2. λ. ἅγιος εἶ κυρίῳ τῷ θεῷ σου (14)
— 2. γενέσθαι σε αὐτῷ λ. περιούσιον (14)
— 21. λ. ἅγιος εἶ κυρίῳ τῷ θεῷ σου (14)
16. 18. κρινοῦσι τὸν λ. κρίσιν δικαίαν (14)
17. 7. ἡ χεὶρ [A *add.* παντὸς] τοῦ λ. ἐπ᾽ ἐσχάτων (14)
— 13. καὶ πᾶς ὁ λ. ἀκούσας φοβηθήσεται (14)
— 16. οὐδὲ μὴ ἀποστρέψῃ τὸν λ. εἰς Αἴγ. (14)
18. 3. τὰ παρὰ τοῦ λ. παρὰ τῶν θυόντων (14)
20. 1. ἐὰν δὲ . . . ἴδῃς . . . λ. πλείονά σου (14)
— 2. λαλήσει τῷ λ. (14)
— 5. λαλήσουσιν οἱ γραμματεῖς πρὸς τὸν λ. (14)
— 8. λαλῆσαι πρὸς τὸν λ. (14)
— 9. λαλοῦντες πρὸς τὸν λ. (14)
— 9. καταστήσουσιν . . . προηγουμένους τοῦ λ. (14)
— 11. ἔσται πᾶς ὁ λ. (14)
21. 8. ἵλεως γενοῦ τῷ λ. σου Ἰσρ. (14)
— 8. ἵνα μὴ γένηται αἷμα ἀναίτιον ἐν τῷ λ. σου Ἰσρ. (14)
26. 15. εὐλόγησον τὸν λ. σου τὸν Ἰσρ. (14)
— 18. γενέσθαι σε αὐτῷ λ. περιούσιον (14)
— 19. εἶναί σε λ. ἅγιον κ. τῷ θεῷ σου (14)
27. 9. γέγονας εἰς λαὸν κ. τῷ θεῷ σου (14)
— 11. ἐνετείλατο Μ. τῷ λ. (14)
— 12. εὐλογεῖν τὸν λ. (14)
— 15. A R ἀποκριθεὶς πᾶς [B *om.*] ὁ λ. ἐροῦσι (14)

De. 27. 16, 17, 18, 19, 20, 21, 22, 23. ἐροῦσι πᾶς ὁ λ. (14)
— 23. B ἐροῦσι πᾶς ὁ λ. –
— 24, 25, 26. ἐροῦσι πᾶς ὁ λαός (14)
28. 9. ἀναστῆσαί σε κ. ἑαυτῷ λ. ἅγιον (14)
29. 13 (12). ἵνα στήσῃ σε αὐτῷ εἰς [A ἑαυ.] λαόν (14)
31. 7. εἰσελεύσῃ πρὸ προσώπου τοῦ λ. τούτου (14)
— 12. ἐκκλησιάσας τὸν λ. (14)
— 16. ἀναστὰς ὁ λ. οὗτος ἐκπορνεύσει (14)
32. 6. λ. μωρὸς καὶ οὐχὶ σοφός (14)
— 9. ἐγενήθη μερὶς κυρίου λαὸς αὐ. 'Ι. (14)
— 36. κρινεῖ κύριος τὸν λ. αὐτοῦ (14)
— 43. εὐφράνθητε ἔθνη μετὰ τοῦ λ. αὐ. (14)
— 43. ἐκκαθαριεῖ κ. τὴν γῆν τοῦ λ. αὐ. (14)
— 44. A προσῆλθεν Μ. πρὸς τὸν λ. [B *al.*] –
— 44. ἐλάλησε . . . εἰς τὰ ὦτα τοῦ λ. (14)
— 50. προστέθητι πρὸς τὸν λ. σου (14)
— 50. προσετέθη πρὸς τὸν λ. αὐτοῦ (14)
33. 3. ἐφείσατο τοῦ λ. αὐ. (14)
— 5. συναχθέντων ἀρχόντων λαῶν (14)
— 7. εἰς τὸν λ. αὐτοῦ ἔλθοις ἄν (14)
— 21. συνηγμένων ἅμα ἀρχηγοῖς λαῶν [A αὐτῶν] (14)
— 29. λ. σωζόμενος ὑπὸ κυρίου (14)
Jo. 1. 2. σὺ καὶ πᾶς ὁ λ. οὗτος (14)
— 6. ἀποδιελεῖς τῷ λ. τούτῳ τὴν γῆν (14)
— 10. ἐνετείλατο 'Ι. τοῖς γραμματεῦσι τοῦ λ. (14)
— 11. κατὰ μέσον τῆς παρεμβολῆς τοῦ λ. –
— 11. ἐντείλασθε τῷ λ. (14)
3. 3. ἐνετείλαντο τῷ λ. (14)
— 5. εἶπεν 'Ι. τῷ λ. (14)
— 6. προπορεύεσθε τοῦ λ. (14)
— 6. ἐπορεύοντο ἔμπροσθεν τοῦ λ. (14)
— 14. ἀπῆρεν ὁ λ. (14)
— 14. ἦροσαν τὴν κιβωτὸν . . . πρότεροι τοῦ λ. (14)
— 16. ὁ λ. εἱστήκει ἀπέναντι 'Ιερ. (14)
— 17. ἕως συνετέλεσε πᾶς ὁ λ. διαβαίνων (6)
4. 1. ἐπεὶ συνετέλεσε πᾶς ὁ λ. διαβαίνων (6)
— 2. παραλαβὼν ἄνδρας ἀπὸ τοῦ λ. (14)
— 10. ἀναγγεῖλαι τῷ λ. (14)
— 10. ἔσπευσεν ὁ λ. (14)
— 11. ὡς συνετέλεσε πᾶς ὁ λ. διαβῆναι (14)
— 19. ὁ λ. ἀνέβη ἐκ τοῦ 'Ι. (14)
6. 5. ἀνακραγέτω πᾶς ὁ λ. ἅμα [A *om.*] (14)
— 5. εἰσελεύσεται πᾶς ὁ λ. (14)
— 6 (7). παραγγείλατε τῷ λ. (14)
— 9 (10). τῷ δὲ λ. ἐνετείλατο 'Ι. (14)
— 19 (20). ὡς δὲ ἤκουσεν ὁ λ. τῶν σαλπίγγων (14)
— 19 (20). ἠλάλαξε πᾶς ὁ λ. ἅμα (14)
— 19 (20). ἀνέβη πᾶς ὁ λ. εἰς τὴν πόλιν (14)
7. 3. μὴ ἀναβήτω πᾶς ὁ λ. (14)
— 3. μὴ ἀναγάγῃς ἐκεῖ τὸν λ. πάντα (14)
— 5. ἐπτοήθη ἡ καρδία τοῦ λ. (14)
— 7. διεβίβασεν ὁ παῖς σου τὸν λ. τοῦτον τὸν 'Ι. (14)
— 11. ἡμάρτηκεν ὁ λ. †
— 13. ἁγίασον τὸν λ. (14)
— 16. προσήγαγε τὸν λ. †
— 24. καὶ πᾶς ὁ λ. [A 'Ισραὴλ] μετ' αὐτοῦ †
8. 3. ἀνέστη 'Ι. καὶ πᾶς ὁ λ. ὁ πολεμιστής (14)
— 5. A ἐγὼ καὶ πᾶς ὁ λ. ὁ [B πάντες οἱ] μετ' ἐμοῦ (14)
— 10. ἐπεσκέψατο τὸν λ. (14)
— 10. ἀνέβησαν . . . κατὰ πρόσωπον τοῦ λ. (14)
— 11. πᾶς ὁ λ. ὁ πολεμιστὴς μετ' αὐτοῦ ἀνέβησαν (14)
— 14. αὐτὸς καὶ πᾶς ὁ λ. ὁ μετ' [A *om.* ὁ μ.] αὐτοῦ (14)
9. 2 (8. 33). εὐλογῆσαι τὸν λ. (14)
10. 5. αὐτοὶ καὶ πᾶς ὁ λ. αὐτῶν (10)
— 7. αὐτὸς καὶ πᾶς ὁ λ. ὁ πολεμιστής (14)
— 15. B³ ἐπέστρεψεν 'Ι. καὶ πᾶς ὁ λ. 'Ισρ. –
— 21. ἀπεστράφη πᾶς ὁ λ. (14)
— 29. A 'Ι. καὶ πᾶς ὁ λ. ὁ [B π. 'Ισραὴλ] μετ' αὐτοῦ †
— 33. ἐπάταξεν . . . τὸν λ. αὐτοῦ (14)
11. 7. 'Ι. καὶ πᾶς ὁ λ. ὁ πολεμιστής (14)
14. 8. μετέστησαν τὴν καρδίαν [A διάνοιαν] τοῦ λ. (14)
17. 14. ἐγὼ δὲ λ. πολύς εἰμι (14)
— 15, 17. εἰ λ. πολὺς εἶ (14)
24. 2. εἶπεν 'Ι. πρὸς πάντα τὸν λ. (14)
— 16. ἀποκριθεὶς ὁ λ. εἶπε (14)
— 19. εἶπεν 'Ι. πρὸς τὸν λ. (14)
— 21. εἶπεν ὁ λ. πρὸς 'Ι. (14)
— 22. εἶπεν 'Ι. πρὸς τὸν λ. (14)

Jo. 24. 24. εἶπεν ὁ λ. πρὸς 'Ι. (14)
— 25. διέθετο 'Ι. διαθήκην πρὸς τὸν λ. (14)
— 27. εἶπεν 'Ι. πρὸς τὸν λ. (14)
— 28. ἀπέστειλεν 'Ι. τὸν λ. (14)
Jd. 1. 16. κατῴκησαν μετὰ τοῦ λ. (14)
2. 3. A τοῦ μετοικίσαι τὸν λ. †
— 4. ἐπῆραν ὁ λ. τὴν φωνὴν αὐτῶν (14)
— 6. ἐξαπέστειλεν 'Ι. τὸν λ. (14)
— 7. ἐδούλευσεν ὁ λ. τῷ κυρίῳ (14)
4. 13. ἐκάλεσε . . . πάντα τὸν λ. (14)
5. 2. ἐν τῷ ἑκουσιασθῆναι λαὸν [A ἐν προαιρέσει λαοῦ] (14)
— 9. οἱ ἑκουσιαζόμενοι ἐν λαῷ [A *al.*] (14)
— 11. κατέβη . . . λαὸς [A ὁ λ.] κυρίου (14)
— 12. A ἐξεγείρου μυριάδας μετὰ λαοῦ –
— 13. λαὸς κυρίου κατέβη αὐτῷ [A *al.*] (14)
— 14. A λαὸς 'Εφρ ἐτιμωρήσατο αὐτοὺς [B *al.*] †
— 14. ὀπίσω σου B. ἐν τοῖς λ. σου [A *al.*] (14)
— 18. Z. λαὸς ὠνείδισε ψυχὴν [A *al.*] (14)
7. 1. ὤρθρισεν . . . πᾶς ὁ λ. μετ' [A ὁ μ.] αὐτοῦ (14)
— 2. πολὺς ὁ λ. ὁ μετὰ σοῦ (14)
— 3. λάλησον δὴ ἐν ὠσὶ [A εἰς τὰ ὦ.] τοῦ λ. (14)
— 3. ἐπέστρεψεν ἀπὸ τοῦ λ. (14)
— 4. ἔτι ὁ λ. πολύς (14)
— 5. κατήνεγκε [A κατεβίβασεν] τὸν λ. (14)
— 6. πᾶν τὸ κατάλοιπον τοῦ λ. (14)
— 7. πᾶς ὁ λ. πορεύσονται (14)
— 8. ἔλαβον τὸν ἐπισιτισμὸν τοῦ λ. (14)
8. 5. εἰς τροφὴν τῷ λ. τούτῳ (14)
9. 29. τίς δῴη τὸν λ. τοῦτον ἐν χειρί μου (14)
— 32. σὺ καὶ ὁ λ. ὁ μετὰ σοῦ (14)
— 33. αὐτὸς καὶ ὁ λ. ὁ μετ' αὐτοῦ (14)
— 34. καὶ πᾶς ὁ λ. μετ' [A ὁ μ.] αὐτοῦ (14)
— 35. ἀνέστη 'Αβ. καὶ ὁ λ. ὁ μετ' αὐτοῦ (14)
— 36. εἶδε Γ. . . . τὸν λ. (14)
— 36. ἰδοὺ λαὸς καταβαίνει (14)
— 37. ἰδοὺ λαὸς καταβαίνων (14)
— 38. μὴ οὐχὶ οὗτος ὁ λ. [A *al.*] (14)
— 42. ἐξῆλθεν ὁ λ. εἰς τὸν ἀγρόν (14)
— 43. ἔλαβε [A παρέλ.] τὸν λ. (14)
— 43. B ὁ [A B *om.*] λ. ἐξῆλθεν ἐκ τῆς πόλεως (14)
— 45. τὸν λ. τὸν ἐν αὐτῇ ἀπέκτεινε (14)
— 48. καὶ πᾶς ὁ λ. ὁ μετ' αὐτοῦ (14)
— 48. εἶπε τῷ λ. τῷ [A πρὸς τὸν λ. τὸν] μετ' αὐτοῦ (14)
10. 16. A οὐκ εὐηρέστησαν ἐν τῷ λ. –
— 18. εἶπον ὁ λ. οἱ ἄρχοντες [A οἱ ἄ. τοῦ λ.] Γ. (14)
11. 11. ἔθηκαν αὐτὸν ὁ λ. ἐπ' αὐτούς (14)
— 20. συνῆξε Σ. πάντα τὸν λ. αὐτοῦ (14)
— 21. παρέδωκε κ. ὁ θεὸς . . . πάντα τὸν λ. αὐτοῦ (14)
— 23. ἀπὸ προσώπου [A ἐκ πρ. τοῦ] λαοῦ αὐ. 'Ισ. (14)
12. 2. ἐγὼ καὶ ὁ λ. μου (14)
14. 3. μὴ . . . ἐκ παντὸς τοῦ λ. [A ἐν παντὶ τῷ λ.] μου γυνή (14)
— 16. ὃ προεβάλου τοῖς υἱοῖς τοῦ λ. μου (14)
— 17. ἀπήγγειλε τοῖς υἱοῖς τοῦ λ. αὐ. (14)
16. 24. εἶδαν αὐτὸν ὁ λ. (14)
— 30. ἔπεσεν ὁ οἶκος . . . ἐπὶ πάντα τὸν λ. (14)
18. 7. εἶδαν τὸν λ. τὸν ἐν μέσῳ αὐτῆς [A *al.*] (14)
— 9. A εἴδομεν τὸν λ. †
— 10. εἰσελεύσεσθε πρὸς λαόν [A *al.*] (14)
— 20. ἦλθεν ἐν μέσῳ τοῦ λ. (14)
— 22. A οἱ ἄνδρες ὁ λ. οἱ ὄντες ἐν τοῖς οἴκοις [B *al.*] (3)
— 27. ἦλθον . . . ἐπὶ λ. ἡσυχάζοντα (14)
20. 2. A ἔστη τὸ κλίμα παντὸς τοῦ λ. [B *al.*] (14)
— 2. ἐν ἐκκλησίᾳ τοῦ λ. τοῦ θεοῦ (14)
— 8. ἀνέστη πᾶς ὁ λ. (14)
— 10. A λαβεῖν ἐπισιτισμὸν τῷ λ. [B *al.*] (14)
— 16. ἐκλεκτοὶ ἐκ παντὸς λ. [A *al.*] (14)
— 25. A διέφθειρεν ἐκ τοῦ λ. [B *al.*] †
— 26. ἀνέβησαν πάντες . . . καὶ πᾶς ὁ λ. (14)
— 31. ἐξῆλθον . . . εἰς συνάντησιν τοῦ λ. [A *al.*] (14)
— 31. πατάσσειν ἀπὸ τοῦ λ. τραυματίας [A *al.*] (14)
21. 2. ἦλθεν ὁ λ. εἰς B. [A *al.*] (14)
— 4. ὤρθρισεν ὁ λ. (14)
— 9. ἐπεσκέπη [A ἀπεσκόπει] ὁ λ. (14)
— 10. A καὶ τὰς γυναῖκας καὶ τὸν λ. (8)
— 15. ὁ λ. παρεκλήθη ἐπὶ τῷ B. (14)
Ru. 1. 6. ἐπέσκεπται κύριος τὸν λ. αὐ. (14)
— 10. ἐπιστρέφομεν εἰς τὸν λ. σου (14)
— 14. ἐπέστρεψεν εἰς τὸν λ. αὐτῆς †
— 15. ἀνέστρεψε . . . πρὸς λαὸν αὐτῆς (14)
— 16. ὁ λ. σου λαός μου (14, 14)

Ru. 2. 11. καὶ ἐπορεύθης πρὸς λαόν (14)
3. 11. οἶδε γὰρ πᾶσα φυλὴ λαοῦ μου (14)
4. 4. ἐναντίον τῶν πρεσβυτέρων τοῦ λ. μου (14)
— 9. εἶπε B. . . . παντὶ τῷ λ. (14)
— 10. καὶ ἐκ τῆς φυλῆς λαοῦ [A τοῦ λ.] αὐ. (11)
— 11. εἴποσαν πᾶς ὁ λ. (14)
1 Ki. 2. 8. καθίσαι [A *add.* αὐτὸν] μετὰ δυναστῶν λαῶν –
— 13. τὸ δικαίωμα τοῦ ἱερέως παρὰ τοῦ λ. (14)
— 23. ἐκ στόματος παντὸς [A *om.*] τοῦ λ. κυρίου (14)
— 24. τοῦ μὴ δουλεύειν λαὸν θεῷ (14)
4. 3. ἦλθεν ὁ λ. εἰς τὴν παρεμβολήν (14)
— 4. ἀπέστειλεν ὁ λ. εἰς Σ. (14)
— 17. ἐγένετο πληγὴ μεγάλη ἐν τῷ λ. (14)
5. 10. θανατῶσαι ἡμᾶς καὶ τὸν λ. ἡμῶν (14)
— 11. οὐ μὴ θανατώσῃ ἡμᾶς καὶ τὸν λ. ἡ. (14)
6. 5 (4). πταῖσμα ἐν ὑμῖν . . . καὶ τῷ λ. –
— 19. ἐπένθησεν ὁ λ. (14)
— 19. ἐπάταξε κύριος ἐν τῷ λ. (14)
7. 9. ἀνήνεγκεν αὐτὸν . . . σὺν παντὶ τῷ λ. †
8. 7. ἄκουε τῆς φωνῆς τοῦ λ. (14)
— 10. εἶπε Σ. . . . πρὸς τὸν λ. (14)
— 19. οὐκ ἐβούλετο ὁ λ. ἀκοῦσαι τοῦ Σ. (14)
— 21. ἤκουσε Σ. πάντας τοὺς λόγους τοῦ λ. (14)
9. 9. τὸν προφήτην ἐκάλει ὁ λ. ἔμπροσθεν 'Ο βλέπων –
— 12. θυσία σήμερον τῷ λ. (14)
— 13. οὐ μὴ φάγῃ ὁ λ. (14)
— 16. εἰς ἄρχοντα ἐπὶ τὸν λ. μου 'Ισρ. (14)
— 16. σώσει τὸν λ. μου (14)
— 16. ἐπέβλεψα ἐπὶ τὴν ταπείνωσιν τοῦ λ. μου (14)
— 17. οὗτος ἄρξει ἐν τῷ λ. μου (14)
10. 1. εἰς ἄρχοντα ἐπὶ τὸν λ. αὐτοῦ †
— 1. σὺ ἄρξεις ἐν [A *om.*] λαῷ κυρίου –
— 11. καὶ εἶπεν ὁ λ. (14)
— 17. παρήγγειλε Σαμ. παντὶ τῷ λ. (14)
— 23. κατέστησεν ἐν μέσῳ τοῦ λ. (14)
— 23. ὑψώθη ὑπὲρ πάντα τὸν λ. (14)
— 24. εἶπε Σ. πρὸς πάντα τὸν λ. (14)
— 24. ἔγνωσαν πᾶς ὁ λ. (14)
— 25. εἶπε Σ. πρὸς τὸν λ. (14)
— 25. ἐξαπέστειλε Σ. πάντα τὸν λ. (14)
11. 4. λαλοῦσι τοὺς λόγους εἰς τὰ ὦτα τοῦ λ. (14)
— 4. ἦραν πᾶς ὁ λ. τὴν φωνὴν αὐτῶν (14)
— 5. τί ὅτι κλαίει ὁ λ. (14)
— 7. ἐπῆλθεν ἔκστασις κυρίου ἐπὶ τὸν λ. 'Ισρ. (14)
— 11. ἔθετο Σ. τὸν λ. εἰς τρεῖς ἀρχάς (14)
— 12. εἶπεν ὁ λ. πρὸς Σαμ. (14)
— 14. εἶπε Σαμ. πρὸς τὸν λ. (14)
— 15. ἐπορεύθη πᾶς ὁ λ. εἰς Γ. (14)
12. 5. εἶπε Σαμ. πρὸς τὸν λ. †
— 6. εἶπε Σαμ. πρὸς τὸν λ. (14)
— 18. B ἐφοβήθησαν πᾶς ὁ λ. τὸν κ. σφόδρα (14)
— 19. B εἶπαν πᾶς ὁ λ. πρὸς Σαμ. (14)
— 20. B εἶπε Σαμ. πρὸς τὸν λ. (14)
— 22. B οὐκ ἀπώσεται κύριος τὸν λ. αὐ. (14)
— 22. B προσελάβετο ὑμᾶς αὐτῷ εἰς λαόν (14)
13. 2. B τὸ κατάλοιπον τοῦ λ. ἐξαπέστειλεν (14)
— 5. B ἀναβαίνουσιν . . . λαὸς ὡς ἡ ἄμμος (14)
— 6. B ἐκρύβη ὁ λ. ἐν τοῖς σπηλαίοις (14)
— 7. B πᾶς ὁ λ. ἐξέστη ὀπίσω αὐτοῦ (14)
— 8. B διεσπάρη ὁ λ. αὐ. ἀπ' αὐτοῦ (14)
— 11. B ὡς διεσπάρη ὁ λ. ἀπ' ἐμοῦ (14)
— 14. B εἰς ἄρχοντα ἐπὶ τὸν λ. αὐτοῦ (14)
— 15. B τὸ κατάλειμμα τοῦ λ. ἀνέβη . . . ὀπίσω τοῦ λ. τοῦ πολεμιστοῦ –, –
— 15. B ἐπεσκέψατο Σ. τὸν λ. (14)
— 16. B ὁ λ. . . . ἐκάθισαν ἐν Γ. (14)
— 22. B ἐν χειρὶ παντὸς τοῦ λ. τοῦ μετὰ Σ. (14)
14. 3. B ὁ λ. οὐκ ᾔδει (14)
— 15. πᾶς ὁ λ. . . . ἐξέστησαν (14)
— 17. εἶπε Σ. τῷ λ. τῷ μετ' αὐτοῦ (14)
— 20. Σ. καὶ πᾶς ὁ λ. ὁ μετ' αὐτοῦ (14)
— 22 (23). πᾶς ὁ λ. ἦν μετὰ Σ. –
— 24. ἀρᾶται τῷ λ. (14)
— 24. οὐκ ἐγεύσατο πᾶς ὁ λ. ἄρτου (14)
— 26. εἰσῆλθεν ὁ λ. εἰς τὸν μελισσῶνα (14)
— 26. ἐφοβήθη ὁ λ. τὸν ὅρκον κυρίου (14)
— 27. ἐν τῷ ὁρκίζειν τὸν πατέρα αὐ. τὸν λ. (14)
— 28. ἀπεκρίθη εἷς ἐκ τοῦ λ. (14)
— 28. ὁρκίσας ὥρκισε τὸν λ. [A τῷ λ.] (14)
— 28. ἐξελύθη ὁ λ. (14)
— 30. ἔφαγεν ἔσθων σήμερον ὁ λ. (14)
— 31. ἐκοπίασεν ὁ λ. σφόδρα (14)

I Ki. 14. 32. ἐκλίθη ὁ λ. εἰς τὰ σκῦλα (14)
— 32. ἔλαβεν ὁ λ. ποίμνια –
— 32. ἤσθιεν ὁ λ. σὺν τῷ αἵματι (14)
— 33. ἡμάρτηκεν ὁ λ. τῷ κυρίῳ (14)
— 34. διασπάρητε ἐν τῷ λ. (14)
— 34. προσῆγε πᾶς ὁ λ. (14)
— 39. οὐκ ἦν ὁ ἀποκρινόμ. ἐκ παντὸς τοῦ λ. (14)
— 40. εἶπεν ὁ λ. πρὸς Σ. (14)
— 41. δὸς δὴ τῷ λ. σου [A *al.*] –
— 41. ὁ λ. ἐξῆλθε (14)
— 42. εἶπεν ὁ λ. πρὸς Σ. –
— 42. κατεκράτησε Σ. τοῦ λ. –
— 45. εἶπεν ὁ λ. πρὸς Σ. (14)
— 45. ὁ λ. τοῦ θεοῦ ἐποίησε τὴν ἡμ. ταύτην †
— 45. προσηύξατο ὁ λ. περὶ Ἰων. (14)
15. 1. εἰς βασιλέα [A *add.* ἐπὶ τὸν λ. αὐ.] ἐπὶ Ἰσρ. (14)
— 4. παρήγγειλε Σ. τῷ λ. (14)
— 8. πάντα τὸν λ. [A *add.* ἐξωλέθρευσεν] ἰ. ἀπέκτεινεν (14)
— 9. Σαοὺλ καὶ πᾶς ὁ λ. (14)
— 15. ἃ περιεποιήσατο ὁ λ. (14)
— 20. διὰ τὸ ἀκοῦσαί με τῆς φωνῆς τοῦ λ. †
— 21. ἔλαβεν ὁ λ. τῶν σκύλων ποίμνια (14)
— 24. ἐφοβήθην τὸν λ. (14)
— 30. ἐνώπιον πρεσβυτέρων Ἰσρ. [A λαοῦ μου] καὶ ἐνώπιον λαοῦ μου [A Ἰσρ.] (14, †)
17. 27. A εἶπεν αὐτῷ ὁ λ. (14)
— 30. A ἀπεκρίθη αὐτῷ ὁ λ. (14)
18. 5. A ἤρεσεν ἐν ὀφθαλμοῖς παντὸς τοῦ λ. (14)
— 13. εἰσεπορεύετο ἔμπροσθεν τοῦ λ. (14)
— 16. ἐξεπορεύετο πρὸ προσώπου τοῦ λ. †
23. 8. παρήγγειλε Σ. παντὶ τῷ λ. (14)
24. 10. ἵνα τί ἀκούεις τῶν λόγων τοῦ λ. (1)
26. 5. καὶ ὁ λ. παρεμβεβληκὼς κύκλῳ αὐτοῦ (14)
— 7. εἰσπορεύεται Δ. . . . εἰς τὸν λ. (14)
— 7. ὁ λ. αὐ. ἐκάθευδε κύκλῳ αὐτοῦ (14)
— 14. προσεκαλέσατο Δ. τὸν λ. (14)
— 15. εἰσῆλθεν εἷς ἐκ τοῦ λ. (14)
27. 12. ᾔσχυνται αἰσχυνόμενος ἐν τῷ λ. αὐ. (14)
30. 6. εἶπεν ὁ λ. λιθοβολῆσαι αὐτόν (14)
— 6. κατώδυνος ψυχὴ παντὸς τοῦ λ. (14)
— 21. εἰς ἀπάντησιν τοῦ λ. τοῦ μετ' αὐτοῦ (14)
— 21. προσήγαγε Δ. ἕως τοῦ λ. (14)
31. 9. εὐαγγελίζοντες . . . τῷ λ. [A *add.* αὐτῶν] (14)
II Ki. 1. 2. ἀνὴρ ἦλθεν [A *om.*] . . . ἐκ τοῦ λ. Σ. †
— 4. B ἔφυγεν ὁ λ. ἐκ τοῦ πολέμου (14)
— 4. πεπτώκασι πολλοὶ ἐκ τοῦ λ. (14)
— 12. ἔκλαυσαν . . . ἐπὶ τὸν λ. Ἰούδα (14)
2. 26. ἕως πότε οὐ μὴ εἴπῃς τῷ λ. (14)
— 27. ἀνέβη ὁ λ. (14)
— 28. ἀπέστησαν πᾶς ὁ λ. (14)
— 30. συνήθροισε πάντα τὸν λ. (14)
3. 31. εἶπε Δ. . . . πρὸς πάντα τὸν λ. (14)
— 32. ἔκλαυσε πᾶς ὁ λ. ἐπὶ Ἀβ. (14)
— 34. συνήχθη πᾶς ὁ λ. τοῦ κλαῦσαι αὐτόν (14)
— 35. ἦλθε πᾶς ὁ λ. (14)
— 36. ἔγνω πᾶς ὁ λ. (14)
— 36. ὅσα ἐποίησεν ὁ βασ. ἐνώπιον τοῦ λ. (14)
— 37. ἔγνω πᾶς ὁ λ. (14)
5. 2. σὺ ποιμανεῖς [A -αίνεις] τὸν λ. μου (14)
— 2. R εἰς ἡγούμενον ἐπὶ τὸν λ. μου [A B *om.* λ. μ.] Ἰσρ. –
— 12. ἐπήρθη ἡ βασ. αὐ. διὰ τὸν λ. αὐ. (14)
6. 2. ἐπορεύθη Δ. καὶ πᾶς ὁ λ. (14)
— 18. εὐλόγησε τὸν λ. (14)
— 19. διεμέρισε παντὶ τῷ λ. (14)
— 19. ἀπῆλθε πᾶς ὁ λ. (14)
— 21. καταστῆσαί με εἰς ἡγούμενον ἐπὶ τὸν λ. αὐ. (14)
7. 7. ᾧ ἐνετειλάμην ποιμαίνειν τὸν λ. μου Ἰσρ. (14)
— 8. εἰς ἡγούμενον ἐπὶ τὸν λ. μου [A *om.* ἐ. τ. λ. μ.] ἐπὶ τὸν Ἰσρ. (14)
— 10. θήσομαι τόπον τῷ λ. μου (14)
— 11. ὧν ἔταξα κριτὰς ἐπὶ τὸν λ. μου Ἰσρ. (14)
— 23. τίς ὡς λαός σου Ἰσρ. (14)
— 23. τοῦ λυτρώσασθαι αὐτῷ λαόν (14)
— 23. τοῦ ἐκβαλεῖν σε ἐκ προσώπου τοῦ λ. σου (14)
— 24. ἡτοίμασας σεαυτῷ τὸν λ. σου Ἰσρ. λαὸν ἕως αἰῶνος (14, 14)
8. 15. ἦν Δ. ποιῶν κρίμα . . . ἐπὶ πάντα τὸν λ. αὐ. (14)
10. 6. κατῃσχύνθησαν ὁ λ. [A *add.* ἐν] Δ. –
— 10. τὸ κατάλοιπον τοῦ λ. ἔδωκεν ἐν χειρὶ Ἀβ. (14)
— 12. κραταιωθῶμεν ὑπὲρ τοῦ λ. ἡμῶν (14)

II Ki. 10. 13. προσῆλθεν Ἰ. καὶ ὁ λ. αὐτοῦ (14)
11. 7. ἐπηρώτησε Δ. . . . εἰς εἰρήνην τοῦ λ. (14)
— 17. ἔπεσαν ἐκ τοῦ λ. (14)
12. 28. καὶ νῦν συνάγαγε τὸ κατάλοιπον τοῦ λ. (14)
— 29. συνήγαγε Δ. πάντα τὸν λ. (14)
— 31. τὸν λ. τὸν ὄντα [A *om.*] ἐν αὐτῇ ἐξήγαγε (14)
— 31. ἐπέστρεψε Δ. καὶ πᾶς ὁ λ. (14)
13. 34. λ. πολὺς πορευόμενος ἐν τῇ ὁδῷ (14)
14. 13. ἵνα τί ἐλογίσω τοιοῦτο ἐπὶ λαὸν θεοῦ (14)
— 15. ὄψεταί με ὁ λ. (14)
— 15. A B ἐρεῖ ὁ λ. [B ἡ δούλη] σου †
15. 12. ὁ λ. ὁ [A *om.*] πορευόμ. καὶ πολὺς μετὰ Ἀβ. (14)
— 18. B πᾶς ὁ λ. παρεπορεύετο –
— 23. πᾶς ὁ λ. παρεπορεύοντο (14)
— 23. πᾶς ὁ λ. καὶ ὁ βασ. [A *om.* κ. ὁ β.] παρεπορεύοντο (14)
— 24. ἕως ἐπαύσατο πᾶς ὁ λ. παρελθεῖν (14)
— 30. καὶ πᾶς ὁ λ. ὁ [A οἱ] μετ' αὐτοῦ (14)
16. 6. πᾶς ὁ λ. ἦν [A *om.*] . . . ἐκ δεξιῶν αὐ. (14)
— 14. ἦλθεν ὁ βασ. καὶ πᾶς ὁ λ. αὐ. [A *al.*] (14)
— 15. A Ἀβ. καὶ πᾶς ὁ λ. [B π. ἀνὴρ] Ἰσρ. εἰσῆλθεν εἰς Ἱερ. (14)
— 18. οὗ ἐξελέξατο κ. καὶ ὁ λ. οὗτος (14)
17. 2. φεύξεται πᾶς ὁ λ. (14)
— 3. ἐπιστρέψω πάντα τὸν λ. πρὸς σέ (14)
— 3. B παντὶ τῷ λ. ἔσται ἐν εἰρήνῃ [ARἔ. εἰρήνη] (14)
— 8. οὐ μὴ καταλύσῃ τὸν λ. (14)
— 9. ἐγενήθη θραῦσις ἐν τῷ λ. (14)
— 16. μή ποτε καταπείσῃ [A -πίῃ] . . . πάντα [A *om.*] τὸν λ. (14)
— 22. ἀνέστη Δ. καὶ πᾶς ὁ λ. (14)
— 29. προσήνεγκαν . . . τῷ λ. (14)
— 29. ὁ λ. πεινῶν καὶ ἐκλελυμένος (14)
18. 1. ἐπεσκέψατο Δ. τὸν λ. (14)
— 2. ἀπέστειλε Δ. τὸν λ. (14)
— 2. εἶπε Δ. πρὸς τὸν λ. (14)
— 4. πᾶς ὁ λ. ἐξεπορεύετο (14)
— 5. B πᾶς ὁ λ. ἤκουσεν (14)
— 6. ἐξῆλθε πᾶς ὁ λ. (14)
— 7. ἔπταισεν ἐκεῖ [A *add.* πᾶς] ὁ λ. Ἰσρ. (14)
— 8. τοῦ καταφαγεῖν ἐκ τοῦ λ. ὑπὲρ οὓς κατέφαγεν ἐν τῷ λ. [A *om.* ἐν τ. λ.] (14, –)
— 16. ἀπέστρεψεν ὁ λ. (14)
— 16. ἐφείδετο Ἰ. τοῦ λ. (14)
19. 2 (3). ἐγένετο . . . εἰς πένθος παντὶ τῷ λ. (14)
— 2 (3). ἤκουσεν ὁ λ. (14)
— 3 (4). διεκλέπτετο ὁ λ. (14)
— 3 (4). καθὼς διακλέπτεται ὁ λ. (14)
— 8 (9). πᾶς ὁ λ. ἀνήγγειλαν (14)
— 8 (9). εἰσῆλθε πᾶς ὁ λ. (14)
— 9 (10). ἦν πᾶς ὁ λ. κρινόμενος (14)
— 39 (40). διέβη πᾶς ὁ λ. τὸν Ἰορδ. (14)
— 40 (41). A διέβη πᾶς ὁ λ. [B δ. ὁ βασ.] εἰς Γ. †
— 40 (41). καὶ πᾶς ὁ λ. Ἰ. διαβαίνοντες . . . καί γε τὸ ἥμισυ τοῦ λ. Ἰσρ. (14, 14)
20. 12. εἱστήκει πᾶς ὁ λ. (14)
— 15. πᾶς ὁ λ. . . . ἐνοοῦσαν καταβαλεῖν τὸ τεῖχος (14)
— 22. εἰσῆλθεν ἡ γυνὴ πρὸς πάντα τὸν λ. (14)
22. 28. τὸν λ. τὸν πτωχὸν σώσεις (14)
— 44. ῥύσῃ με ἐκ μάχης λαῶν (14)
— 44. λαὸς ὃν οὐκ ἔγνων ἐδούλευσάν [A -έν] μοι (14)
— 48. παιδεύων λαοὺς ὑποκάτω μου (14)
23. 10. ὁ λ. ἐκάθητο ὀπίσω αὐτοῦ (14)
— 11. ὁ λ. ἔφυγεν ἐκ προσώπου ἀλλοφύλων (14)
24. 2. ἐπίσκεψαι τὸν λ. (14)
— 2. γνώσομαι τὸν ἀριθμὸν τοῦ λ. (14)
— 3. προσθείη κ. ὁ θ. πρὸς τὸν λ. (14)
— 4. ἐπισκέψασθαι τὸν λ. Ἰσρ. (14)
— 9. τὸν ἀριθμὸν τῆς ἐπισκέψεως τοῦ λ. (14)
— 10. μετὰ τὸ ἀριθμῆσαι τὸν λ. (14)
— 15. ἤρξατο ἡ θραῦσις ἐν τῷ λ. –
— 15. ἀπέθανεν ἐκ τοῦ λ. (14)
— 16. τῷ ἀγγέλῳ τῷ διαφθείροντι ἐν τῷ λ. (14)
— 17. τὸν ἄγγελον τὸν τύπτοντα ἐν τῷ λ. (14)
— 21. συνεσχέθη ἡ θραῦσις ἐπάνω τοῦ λ. (14)
III Ki. 1. 39. εἶπε πᾶς ὁ λ. (14)
— 40. ἀνέβη πᾶς ὁ λ. ὀπίσω αὐτοῦ (14)
3. 1 (*cf.* 5. 16 [30]). ἐπιστάται τοῦ λ. [A τῷ λ.] (14)
— 2. ὁ λ. ἦσαν [A *om.* ὁ λ. ἦ.] θυμιῶντες (14)
— 8. ἐν μέσῳ τοῦ λ. σου ὃν ἐξελέξω λ. πολύν (14, 14)
— 9. διακρίνειν τὸν λ. σου ἐν δικαιοσύνῃ (14)
— 9. κρίνειν τὸν λ. σου τὸν βαρὺν τοῦτον (14)

III Ki. 4. 34 (5. 14). παρεγίνοντο πάντες οἱ λ. (14)
5. 7 (21). υἱὸν φρόνιμον ἐπὶ τὸν λ. τὸν πολὺν τοῦτον (14)
— 16 (30). A ἐπιστάται τοῦ λ. [B *om.* τ. λ.] (14)
6. 13. A οὐκ ἐγκαταλείψω τὸν λ. μου Ἰσρ. (14)
8. 16. ἐξήγαγον τὸν λ. μου (14)
— 16. τοῦ εἶναι ἐπὶ [A *om.*] τὸν λ. μου τὸν Ἰσρ. (14)
— 30. εἰσακούσῃ τῆς δεήσεως . . . τοῦ λ. σου [A *al.*] (14)
— 32. κρινεῖς τὸν λ. σου (13)
— 33. ἐν τῷ πταῖσαι τὸν λ. σου Ἰσρ. (14)
— 34. AB[1] ἵλεως ἔσῃ ταῖς ἁμαρτίαις τοῦ δούλου [B[2]R λαοῦ] σου (14)
— 36. A ἵλεως ἔσῃ ταῖς ἁμαρτίαις τοῦ λ. [B δούλου] σου καὶ τοῦ λ. σου Ἰσρ. (13, 14)
— 36. ἣν ἔδωκας τῷ λ. σου (14)
— 38. A παντὶ ἀνθρώπῳ παντὸς λ. σου [B *om.* π. λ. σ.] (14)
— 41. ὃς οὐκ ἔστιν ἀπὸ λαοῦ σου (14)
— 43. ὅπως γνῶσι πάντες οἱ λ. (14)
— 43. καθὼς ὁ λ. σου Ἰσρ. (14)
— 44. ἐξελεύσεται ὁ λ. σου εἰς πόλεμον (14)
— 51. λαός σου καὶ κληρονομία σου (14)
— 52. εἰς τὴν δέησιν τοῦ λ. σου Ἰσρ. (14)
— 53. ἐκ πάντων τῶν λ. τῆς γῆς (14)
— 56. ὃς ἔδωκε κατάπαυσιν τῷ λ. αὐ. (14)
— 59. AR καὶ τὸ δικαίωμα λαοῦ (14)
— 60. ὅπως γνῶσι πάντες οἱ λ. τῆς γῆς (14)
— 66. ἐξαπέστειλε τὸν λ. (14)
— 66. οἷς ἐποίησε κύριος . . . τῷ Ἰσρ. λαῷ αὐτοῦ (14)
9. 7. εἰς λάλημα εἰς πάντας τοὺς λ. (14)
— 23. A πεντακόσιοι ἐπικρατοῦντες ἐν τῷ λ. (14)
10. 22 (B), 9. 20 (A). B πάντα τὸν λ. τὸν ὑποδεδειγμ. [A R -λελειμμ.] (14)
12. 3. ἐλάλησεν ὁ λ. πρὸς τὸν βασ. Ῥ. (16?)
— 6. πῶς . . . ἀποκριθῶ τῷ λ. τούτῳ λόγον (14)
— 7. εἰ . . . ἔσῃ δοῦλος τῷ λ. τούτῳ (14)
— 9. τί ἀποκριθῶ τῷ λ. τούτῳ (14)
— 10. τάδε λαλήσεις τῷ λ. τούτῳ (14)
— 13. ἀπεκρίθη ὁ βασ. πρὸς τὸν λ. σκληρά (14)
— 15. οὐκ ἤκουσεν ὁ βασ. τοῦ λ. (14)
— 16. ἀπεκρίθη ὁ λ. τῷ βασ. [A *add.* λόγον] (14)
— 23. εἰπὸν . . . τῷ καταλοίπῳ τοῦ λ. (14)
— 24. B εἶπεν ὁ λ. πρὸς Ῥ. –
— 24. B εἶπεν Ἱερ. πρὸς τὸν λ. –
— 24. B τί ἀποκριθῶ τῷ λ. ῥῆμα –
— 24. B καθὼς ἀπέστειλεν ὁ λ. πρὸς αὐτόν –
— 24. B εἶπον οἱ πρεσβύτεροι τοῦ λ. –
— 24. B οὕτως ἐλάλησε πρὸς σὲ ὁ λ. –
— 24. B ταῦτα ἀπέστειλεν ὁ λ. πρὸς μὲ λέγων –
— 24. B οὕτως λαλήσεις πρὸς τὸν λ. –
— 24. B ἀπεκρίθη τῷ λ. –
— 24. B εἶπε πᾶς ὁ λ. –
— 24. B διεσπάρη πᾶς ὁ λ. ἐκ Σ. –
— 24. B εἰπὸν . . . πρὸς τὸ κατάλειμμα τοῦ λ. –
— 27. ἐὰν ἀναβῇ ὁ λ. οὗτος (14)
— 27. ἐπιστραφήσεται καρδία τοῦ [A *om.*] λ. (14)
— 28. εἶπε πρὸς τὸν λ. †
— 30. ἐπορεύετο ὁ λ. πρὸ προσώπου τῆς μιᾶς (14)
— 31. ἐποίησεν ἱερεῖς μέρος τι ἐκ τοῦ λ. (14)
13. 33. ἐποίησεν ἐκ μέρους τοῦ λ. ἱερεῖς (14)
14. 2. A τοῦ βασιλεῦσαι ἐπὶ τὸν λ. τοῦτον (14)
— 7. A ὕψωσά σε ἀπὸ μέσου λαοῦ (14)
— 7. A ἔδωκά σε ἡγούμενον ἐπὶ τὸν λ. μου Ἰσρ. (14)
15. 22. A παρήγγειλε παντὶ τῷ λ. [B *om.* τ. λ.] Ἰούδα –
16. 2. ἔδωκά σε ἡγούμενον ἐπὶ τὸν λ. [A δοῦλόν] μου Ἰσρ. (14)
— 2. ἐξήμαρτες τὸν λ. μου τὸν Ἰσρ. (14)
— 16. ἤκουσεν ὁ λ. . . . λεγόντων (14)
— 21. μερίζεται ὁ λ. Ἰσρ. (14)
— 21. ἥμισυ τοῦ λ. γίνεται ὀπίσω Θ. (14)
— 21. τὸ ἥμισυ τοῦ λ. γίνεται ὀπίσω Ζ. –
— 22. A ὑπερίσχυσεν ὁ λ. ὁ ἀκολουθῶν τῷ Ζ. (14)
— 22. A ἡττήθη [B *om.*] ὁ λ. ὁ ὢν ὀπίσω Θ. (14?)
— 22. R ὑπερεκράτησε τὸν λ. τὸν ὀπίσω Θ. (14)
18. 21. A προσήγαγεν Ἠ. πρὸς πάντα τὸν λ. [B πάντας] (14)
— 21. οὐκ ἀπεκρίθη ὁ λ. [A *add.* αὐτῷ] λόγον (14)
— 22. εἶπεν Ἠ. πρὸς τὸν λ. (14)
— 24. ἀπεκρίθησαν πᾶς ὁ λ. (14)
— 30. εἶπεν Ἠ. πρὸς τὸν λ. (14)
— 30. προσήγαγε πᾶς ὁ λ. πρὸς αὐτόν (14)
— 36. γνώτωσαν πᾶς ὁ λ. οὗτος [A π. ὁ λ. οὗ.] –
— 37. γνώτω [A -ωσαν] ὁ λ. (14)
— 37. ἔστρεψας τὴν καρδίαν τοῦ λ. τούτου †

III Ki. 18. 39. ἔπεσε πᾶς ὁ λ. [A *al.*] (14)
— 40. εἶπεν Ἠ. πρὸς τὸν λ. †
19. 21. καὶ ἔδωκε τῷ λ. (14)
20 (21). 9. καθίσατε τὸν Ναβ. ἐν ἀρχῇ τοῦ λ. (14)
— 12. A ἐκάθισαν τὸν Ν. ἐν κεφαλῇ [R ἀρχῇ] τοῦ λ. (14)
— 13. A κατέναντι τοῦ λ. (14)
21 (20). 8. εἶπαν αὐτῷ οἱ πρεσβύτ. καὶ πᾶς ὁ λ. (14)
— 10. εἰ ἐκποιήσει . . . παντὶ τῷ λ. τοῖς πεζοῖς μου (14)
— 15. ἐπεσκέψατο [A *add.* σύμπαντα] τὸν λ. (14)
— 42. καὶ ὁ λ. σου ἀντὶ τοῦ λ. αὐτοῦ (14, 14)
22. 5 (4). καθὼς ὁ λ. μου ὁ λ. σου (14, 14)
— 28. A ἀκούσατε λ. πάντες (14)
— 44. ἔτι ὁ λ. ἐθυσίαζεν (14)
IV Ki. 3. 7. ὡς ὁ λ. μου ὁ λ. σου (14, 14)
4. 13. ἐν μέσῳ τοῦ λ. [A *add.* μου] ἐγώ εἰμι οἰκῶ (14)
— 41. ἔγχει τῷ λ. (14)
— 42. δότε τῷ λ. (14)
— 43. δὸς τῷ λ. (14)
6. 30. εἶδεν ὁ λ. τὸν σάκκον (14)
7. 16. ἐξῆλθεν ὁ λ. (14)
— 17, 20. συνεπάτησεν αὐτὸν ὁ λ. (14)
8. 21. ἔφυγεν ὁ λ. εἰς τὰ σκηνώματα αὐ. (14)
9. 6. εἰς βασιλέα ἐπὶ λαὸν [A τὸν λ.] κυρίου (14)
10. 9. εἶπε πρὸς πάντα τὸν λ. (14)
— 18. A B ἐζήλωσεν [R συνήθροισεν] Εἰοὺ πάντα τὸν λ. (14)
11. 13. ἤκουσε Γ. τὴν φωνὴν τῶν τρεχόντων τοῦ λ. (14)
— 13. εἰσῆλθε πρὸς τὸν λ. (14)
— 14. καὶ πᾶς ὁ λ. τῆς γῆς χαίρων (14)
— 17. ἀνὰ μέσον τοῦ βασ. καὶ ἀνὰ μέσον τοῦ λ. (14)
— 17. τοῦ εἶναι εἰς λαὸν τῷ κυρίῳ (14)
— 17. ἀνὰ μέσον τοῦ βασ. καὶ ἀνὰ μέσον τοῦ λ. (14)
— 18. εἰσῆλθε πᾶς ὁ λ. τῆς γῆς (14)
— 19. ἔλαβε . . . πάντα τὸν λ. τῆς γῆς (14)
— 20. ἐχάρη πᾶς ὁ λ. τῆς γῆς (14)
12. 3 (4). ἔτι ὁ λ. ἐθυσίαζε (14)
— 8 (9). τοῦ μὴ λαβεῖν ἀργύριον παρὰ τοῦ λ. (14)
13. 7. οὐχ ὑπελείφθη τῷ Ἰ. λαός (14)
14. 4. ὁ λ. ἐθυσίαζε (14)
— 21. ἔλαβε πᾶς ὁ λ. Ἰ. τὸν Ἀζ. (14)
15. 4. ὁ λ. ἐθυσίαζε (14)
— 5. κρίνων [A κρίνειν] τὸν λ. τῆς γῆς (14)
— 10. A ἐπάταξαν αὐτὸν κατέναντι τοῦ λ. [B αὐ. κεβλαάμ] (14)
— 35. ὁ λ. ἐθυσίαζεν (14)
16. 15. καὶ τὴν ὁλοκαύτωσιν παντὸς [A *om.*] τοῦ λ. (14)
18. 26. ἐν τοῖς ὠσὶ τοῦ λ. (14)
20. 5. πρὸς Ἐζ. τὸν ἡγούμενον τοῦ λ. μου [A *om.*] (14)
21. 24. ἐπάταξεν ὁ [A πᾶς ὁ] λ. τῆς γῆς πάντας (14)
— 24. ἐβασίλευσεν ὁ λ. τῆς γῆς τὸν Ἰωσ. (14)
22. 4. ὃ συνήγαγον . . . παρὰ τοῦ λ. (14)
— 13. περὶ ἐμοῦ καὶ περὶ παντὸς τοῦ λ. (14)
23. 2. καὶ πᾶς ὁ λ. [A *add.* μετ' αὐτοῦ] (14)
— 3. ἔστη πᾶς ὁ λ. ἐν τῇ διαθήκῃ (14)
— 6. εἰς τὸν τάφον τῶν υἱῶν τοῦ λ. (14)
— 21. ἐνετείλατο ὁ βασ. παντὶ τῷ λ. (14)
— 30. ἔλαβεν ὁ λ. τῆς γῆς τὸν Ἰω. (14)
— 35. ἔδωκαν . . . τὸ χρυσίον μετὰ τοῦ λ. τῆς γῆς (14)
25. 3. οὐκ ἦσαν ἄρτοι τῷ λ. τῆς γῆς (14)
— 11. τὸ περισσὸν τοῦ λ. τὸ καταλειφθέν (14)
— 19. τὸν ἐκτάσσοντα τὸν λ. τῆς γῆς (14)
— 19. ἑξήκοντα ἄνδρας τοῦ λ. τῆς γῆς (14)
— 22. ὁ λ. ὁ καταλειφθεὶς ἐν τῇ γῇ Ἰ. [A *al.*] (14)
— 26. ἀνέστη πᾶς ὁ λ. (14)
I Ch. 5. 25. B ἐπόρνευσαν ὀπίσω θεῶν λαῶν [A R τῶν θ.] τῆς γῆς (14)
10. 9. τοῦ εὐαγγελίσασθαι . . . τῷ λ. (14)
11. 2. σὺ ποιμανεῖς τὸν λ. μου τὸν Ἰσρ. (14)
— 13. ὁ λ. ἔφυγεν ἀπὸ προσώπου ἀλλοφύλων (14)
12. 18. πορεύου καὶ ὁ [S *om.*] λ. σου †
13. 4. ἐν ὀφθαλμοῖς παντὸς τοῦ λ. (14)
14. 2. ηὐξήθη . . . διὰ τὸν λ. αὐ. Ἰσρ. (14)
16. 2. εὐλόγησε τὸν λ. ἐν ὀνόματι κυρίου (14)
— 8. γνωρίσατε ἐν λαοῖς τὰ ἐπιτηδεύμ. αὐ. (14)
— 20. καὶ ἀπὸ βασιλείας εἰς λ. ἕτερον (14)
— 24. R ἐξηγεῖσθε . . . ἐν πᾶσι τοῖς λ. τὰ θαυμάσια αὐ. (14)
— 36. καὶ ἐρεῖ πᾶς ὁ λ., Ἀμήν (14)
— 43. ἐπορεύθη ἅπας ὁ λ. (14)
17. 6. τοῦ ποιμαίνειν τὸν λ. μου (14)
— 7. τοῦ εἶναι εἰς ἡγούμενον ἐπὶ τὸν λ. μου Ἰ. (14)
— 9. θήσομαι τόπον τῷ λ. μου Ἰσρ. (14)

I Ch. 17. 10. ἔταξα κριτὰς ἐπὶ τὸν λ. μου Ἰσρ. (14)
— 13. S^1 αὐτὸς ἔσται μοι εἰς λαόν [A B S^2 υἱόν] (5)
— 21. οὐκ ἔστιν ὡς ὁ λ. σου Ἰσρ. ἔθνος [S^1 -νη] (14)
— 21. τοῦ λυτρώσασθαι ἑαυτῷ λαόν (14)
— 21. τοῦ ἐκβαλεῖν ἀπὸ προσώπου λαοῦ σου (14)
— 22. ἔδωκας τὸν λ. σου Ἰσρ. σεαυτῷ λαόν (14, 14)
18. 14. ἦν ποιῶν κρίμα . . . τῷ παντὶ λ. αὐτοῦ (14)
19. 6. ᾐσχύνθη λαὸς Δ. †
— 7. ἐμισθώσαντο . . . τὸν βασ. Μ. καὶ τὸν λ. αὐ. (14)
— 11. τὸ κατάλοιπον τοῦ λ. ἔδωκεν ἐν χειρὶ Ἀ. (14)
— 13. A R ἐνισχύσωμεν περὶ τοῦ λ. ἡμῶν (14)
— 14. παρετάξατο Ἰ. καὶ ὁ λ. ὁ μετ' αὐτοῦ (14)
20. 3. τὸν λ. τὸν ἐν αὐτῇ ἐξήγαγε [A -ήνεγκεν] (14)
— 3. ἀνέστρεψε Δ. καὶ πᾶς ὁ λ. αὐ. (14)
21. 3. προσθείη κύριος ἐπὶ τὸν λ. αὐ. (14)
— 3. A ἵνα μὴ γένηται εἰς ἁμαρτίαν τῷ λ. [B *om.*] Ἰ. –
— 5. τὸν ἀριθμὸν τῆς ἐπισκέψεως τοῦ λ. (14)
— 17. B τοῦ ἀριθμῆσαι [A R *add.* ἐν] τῷ λ. (14)
— 17. καὶ μὴ ἐν τῷ λ. σου εἰς ἀπώλειαν (14)
— 22. παύσεται ἡ πληγὴ ἐκ [A *om.*] τοῦ λ. (14)
22. 18. ὑπετάγη ἡ γῆ . . . ἐναντίον λαοῦ [A τοῦ λ.] αὐ. (14)
23. 25. κατέπαυσε κ. ὁ θεὸς Ἰσρ. τῷ [A τῷ Ἰ.] λ. αὐ. (14)
27. 1. A B οἱ λειτουργοῦντες τῷ λ. [R βασιλεῖ] †
— 24. ἤρξατο ἀριθμεῖν ἐν τῷ λ. –
28. 2. ἀκούσατέ μου, ἀδελφοὶ καὶ λαός μου (14)
— 21. καὶ οἱ ἄρχοντες καὶ πᾶς ὁ λ. (14)
29. 9. καὶ εὐφράνθη ὁ λ. (14)
— 14. τίς ὁ λ. σου (14)
— 17. τὸν λ. σου τὸν εὑρεθέντα ὧδε εἶδον (14)
— 18. ἐν διανοίᾳ καρδίας λαοῦ σου (14)
II Ch. 1. 9. ἐβασίλευσάς με ἐπὶ λ. πολύν (14)
— 10. ἐξελεύσομαι ἐνώπιον τοῦ λ. τούτου (14)
— 10. τίς κρινεῖ τὸν λ. σου τὸν μέγαν τοῦτον (14)
— 11. ὅπως κρίνῃς τὸν λ. μου (14)
— 14. καὶ ὁ λ. μετὰ τοῦ βασ. ἐν [A *om.*] Ἱερ. †
2. 11 (10). ἐν τῷ ἀγαπῆσαι κύριον τὸν λ. αὐτοῦ (14)
— 18 (17). B^1 τρισχιλίους ἑξακοσίους [A B^2 R *add.* ἐργοδιώκτας] ἐπὶ τὸν λ. (14)
6. 5. ἧς ἀνήγαγον τὸν λ. μου (14)
— 5. τοῦ εἶναι εἰς ἡγούμενον ἐπὶ τὸν λ. μου Ἰσρ. (14)
— 6. τοῦ [A^2 ὥστε] εἶναι ἐπὶ τὸν λ. [A^2 τοῦ λ.] μου Ἰσρ. (14)
— 21. B ἀκούσῃ τῆς δεήσεως τοῦ παιδός σου καὶ λαοῦ [A R *add.* σου] Ἰσρ. (14)
— 24. ἐὰν θραυσθῇ ὁ λ. σου Ἰσρ. (14)
— 25. ἵλεως ἔσῃ ταῖς ἁμαρτίαις [A *add.* τοῦ] λαοῦ σου Ἰσρ. (14)
— 27. ἵλεως ἔσῃ ταῖς ἁμαρτίαις [A τῶν ἁ.] . . . τοῦ λ. σου Ἰσρ. (14)
— 27. ἣν ἔδωκας τῷ λ. σου (14)
— 29. ἡ ἐὰν γένηται . . . παντὶ λ. σου Ἰσρ. (14)
— 32. B ὃς οὐκ ἐκ τοῦ λ. [A R *add.* σου] Ἰσρ. ἐστιν αὐτός (14)
— 33. ὅπως γνῶσι πάντες οἱ λ. τῆς γῆς (14)
— 33. τοῦ φοβεῖσθαί σε ὡς ὁ λ. σου Ἰσρ. (14)
— 34. ἐὰν δὲ ἐξέλθῃ ὁ λ. σου (14)
— 39. ἵλεως ἔσῃ τῷ λ. τῷ ἁμαρτόντι σοι (14)
7. 4. καὶ πᾶς ὁ λαὸς θύοντες θύματα (14)
— 5. ὁ βασ. καὶ πᾶς ὁ λ. (14)
— 10. ἀπέστειλε τὸν λ. (14)
— 10. οἷς ἐποίησε κύριος . . . τῷ Ἰσρ. λ. αὐ. (14)
— 13. ἐὰν ἀποστείλω θάνατον ἐν τῷ λ. μου (14)
— 14. ἐὰν ἐντραπῇ ὁ λ. μου (14)
8. 7. πᾶς ὁ λ. ὁ καταλειφθείς (14)
— 10. ἐργοδιωκτοῦντες ἐν τῷ λ. (14)
9. 8. A εἰς βασιλέα τῷ λ. [B κυρίῳ θεῷ] σου †
10. 5. ἀπῆλθεν ὁ λ. (14)
— 6. τοῦ ἀποκριθῆναι τῷ λ. τούτῳ λόγον (14)
— 7. ἐὰν . . . γένῃ εἰς ἀγαθὸν τῷ λ. τούτῳ (14)
— 9. ἀποκριθήσομαι λόγον τῷ λ. τούτῳ (14)
— 10. οὕτως λαλήσεις τῷ λ. (14)
— 12. ἦλθεν Ἱερ. καὶ πᾶς ὁ λ. (14)
— 15. οὐκ ἤκουσεν ὁ βασ. τοῦ λ. (14)
— 16. ἀπεκρίθη ὁ λ. πρὸς τὸν βασ. (14)
13. 9. ἐποιήσατε ἑαυτοῖς ἱερεῖς ἐκ τοῦ λ. (14)
— 17. ἐπάταξεν ἐν αὐτοῖς Ἀ. καὶ ὁ λ. αὐτοῦ (14)
14. 13 (12). κατεδίωξεν Ἀ. καὶ ὁ λ. αὐτοῦ (14)
16. 10. ἐλυμήνατο Ἀ. ἐν τῷ λ. (14)
17. 9. ἐδίδασκον τὸν λ. (14)
18. 2. ἔθυσεν αὐτῷ . . . καὶ τῷ λ. τῷ μετ' αὐτοῦ (14)
— 3. B ὡς ὁ λ. μου [A R σου] καὶ ὁ λ. σου [A R μου] (14, 14)
— 27. ἀκούσατε, λ. πάντες (14)

II Ch. 19. 4. ἐξῆλθεν εἰς τὸν λ. (14)
20. 7. A ἀπὸ προσώπου λαοῦ σου [B *om.* λ. σ.] Ἰσρ. (14)
— 21. ἐβουλεύσατο μετὰ τοῦ λ. (14)
— 25. ἦλθεν Ἰωσ. καὶ ὁ λ. αὐ. (14)
— 33. ὁ λ. οὐ κατεύθυνε τὴν καρδίαν (14)
21. 9. ἔφυγεν ὁ λ. εἰς τὰ σκηνώματα αὐ. –
— 14. πατάξει σε πληγὴν μεγάλην ἐν τῷ λ. σου (14)
— 19. οὐκ ἐποίησεν ὁ λ. αὐ. ἐκφοράν (14)
23. 5. πᾶς ὁ λ. ἐν αὐλαῖς οἴκου κυρίου (14)
— 6. πᾶς ὁ λ. φυλασσέτω φυλακάς (14)
— 10. ἔστησε πάντα τὸν λ. (14)
— 12. ἤκουσε Γ. τὴν φωνὴν τοῦ λ. (14)
— 13. πᾶς ὁ λ. ηὐφράνθη (14)
— 16. ἀνὰ μέσον αὐτοῦ καὶ τοῦ λ. (14)
— 16. εἶναι λαὸν τῷ κυρίῳ (14)
— 17. εἰσῆλθε πᾶς ὁ λ. τῆς γῆς εἰς οἶκον Β. (14)
— 20. ἔλαβε . . . τοὺς ἄρχοντας τοῦ λ. καὶ πάντα τὸν λ. τῆς γῆς (14, 14)
— 21. ηὐφράνθη πᾶς ὁ λ. τῆς γῆς (14)
24. 10. πάντες ἄρχοντες καὶ πᾶς ὁ λ. (14)
— 20. ἀνέστη ἐπάνω τοῦ λ. (14)
— 23. κατέφθειραν πάντας τοὺς ἄρχοντας τοῦ λ. ἐν τῷ λ. (14, 14)
25. 11. παρέλαβε τὸν λ. αὐ. (14)
— 15. τί ἐζήτησας τοὺς θεοὺς τοῦ λ. οἳ οὐκ ἐξείλαντο τὸν λ. αὐ. (14, 14)
26. 1. ἔλαβε πᾶς ὁ λ. τῆς γῆς τὸν Ὀ. (14)
— 21. κρίνων τὸν λ. τῆς γῆς (14)
27. 2. ἔτι ὁ λ. κατεφθείρετο (14)
29. 36. ηὐφράνθη Ἐζ. καὶ πᾶς ὁ λ. διὰ τὸ ἡτοιμακέναι τὸν θεὸν τῷ λ. (14, 14)
30. 3. ὁ λ. οὐ συνήχθη εἰς Ἱερ. (14)
— 13. συνήχθησαν εἰς Ἱερ. λ. πολύς (14)
— 18. πλεῖστον τοῦ λ. . . . οὐχ ἥγνισαν (14)
— 20. ἰάσατο τὸν λ. (14)
— 24. ἀπήρξαντο τῷ λ. μόσχους χιλίους (16)
— 27. ηὐλόγησαν τὸν λ. (14)
31. 4. εἶπαν τῷ λ. (14)
— 8. ηὐλόγησαν τὸν κ. καὶ τὸν λ. αὐ. Ἰσρ. (14)
— 10. κύριος ηὐλόγησε τὸν λ. αὐ. (14)
32. 4. συνήγαγε λ. πολύν (14)
— 6. ἔθετο ἄρχοντας τοῦ πολ. ἐπὶ [A εἰς] τὸν λ. (14)
— 8. κατεθάρσησεν ὁ λ. (14)
— 13. ὅ τι [A τί] ἐποίησα . . . πᾶσι τοῖς λ. τῶν χωρῶν (14)
— 13. σῶσαι τὸν λ. αὐ. ἐκ χειρός μου †
— 14. σῶσαι τὸν λ. αὐ. ἐκ χειρός μου (14)
— 15. τοῦ σῶσαι τὸν λ. αὐ. ἐκ χειρός μου (14)
— 17. οὐκ ἐξείλαντο λαοὺς αὐ. [A τοὺς λ. ἑαυ.] (14)
— 17. οὐ μὴ ἐξέληται ὁ θεὸς Ἐζ. λαὸν αὐ. (14)
— 18. ἐβόησε . . . ἐπὶ λαὸν Ἱερ. [A *al.*] (14)
— 19. A R ἐλάλησεν . . . ἐπὶ θεοὺς λαῶν [B θεοῦ Σαλ.] (14)
33. 10. ἐλάλησε κύριος . . . ἐπὶ τὸν λ. αὐτοῦ (14)
— 17. ὁ λ. ἔτι ἐπὶ τῶν ὑψηλῶν (14)
— 25. ἐπάταξεν ὁ λ. τῆς γῆς τοὺς ἐπιθεμ. [A -τιθεμ.] (14)
— 25. ἐβασίλευσεν ὁ λ. τῆς γῆς τὸν Ἰωσ. (14)
34. 30. καὶ πᾶς ὁ λ. ἀπὸ μεγάλου ἕως μικροῦ (14)
35. 3. λειτουργήσατε . . . τῷ [A *om.*] λ. αὐ. Ἰσρ. (14)
— 5. τοῖς ἀδελφοῖς ὑμῶν υἱοῖς τοῦ λ. (14)
— 7. ἀπήρξατο Ἰ. τοῖς υἱοῖς τοῦ λ. πρόβατα (14)
— 8. ἀπήρξαντο τῷ λ. (14)
— 12. παραδοῦναι αὐτοῖς . . . τοῖς υἱοῖς τοῦ [A^2 *om.*] λ. (14)
— 13. ἔδραμον πρὸς πάντας τοὺς υἱοὺς τοῦ λ. (14)
36. 1. ἔλαβεν ὁ λ. τῆς γῆς τὸν Ἰ. (14)
— 4. ἀπῄτει τὸ ἀργύριον . . . παρὰ τοῦ λ. τῆς γῆς –
— 14. ὁ λ. τῆς γῆς ἐπλήθυνεν τοῦ ἀθετῆσαι (14)
— 15. ἦν φειδόμενος τοῦ λ. αὐ. (14)
— 16. ἕως ἀνέβη ὁ θυμὸς κ. ἐν τῷ λ. αὐ. (14)
— 23. τίς ἐξ ὑμῶν ἐκ παντὸς τοῦ λ. αὐ. (14)
I Es. 1. 7. ἐδωρήσατο Ἰ. τῷ λ.
— 7. ἐδόθη κατ' ἐπαγγελίαν τῷ λ.
— 11. ἔστησαν . . . ἔμπροσθεν τοῦ λ.
— 13. ἀπήνεγκαν πᾶσι τοῖς ἐκ τοῦ λ.
— 49. καὶ οἱ ἡγούμ. δὲ τοῦ λ.
4. 10. πᾶς ὁ λ. αὐ. καὶ αἱ δυνάμεις αὐ. ἐνακούουσιν
— 15. αἱ γυναῖκες ἐγέννησαν . . . πάντα τὸν λ.
— 41. πᾶς ὁ λ. τότε ἐφώνησε
5. 46. κατῳκίσθησαν . . . οἱ ἐκ τοῦ λ.
— 62. πᾶς ὁ λ. ἐσάλπισαν
— 65. ὥστε τὸν λ. μὴ ἀκούειν . . . διὰ τὸν κλαυθμὸν τοῦ λ.
6. 16. τὸν λ. ᾐχμαλώτευσαν

II Es. 1. 3. τίς ἐν ὑμῖν ἀπὸ παντὸς τοῦ λ. αὐ. (14)
2. 2. A R ἀνδρῶν ἀριθμὸς λαοῦ [B *om.*] 'Ισρ. (14)
— 70. B ἐκάθισαν . . . ἀπὸ [A R οἱ ἀπὸ] τοῦ λ. (14)
3. 1. συνήχθη ὁ λ. (14)
— 3. A R ἀπὸ τῶν λ. τῶν γαιῶν (14)
— 11. B πᾶς ὁ λ. ἐσήμαινον [R -ε, A -μανε] (14)
— 13. A R οὐκ ἦν ὁ [B *om.*] λ. ἐπιγινώσκων (14)
— 13. A R ἀπὸ τῆς φωνῆς τοῦ κλαυθμοῦ τοῦ λ. [B *al.*] (14)
— 13. ὁ [A *om.*] λ. ἐκραύγασε (14)
4. 4. A R ἦν ὁ λ. τῆς γῆς ἐκλύων χεῖρας τοῦ [B *om.*] λ. 'Ι. (14, 14)
5. 12. τὸν λ. ἀπῴκισεν εἰς Βαβ. (14)
6. 12. B καταστρέψει [A R -αι] πάντα βασ. καὶ λαόν (14)
7. 13. πᾶς ὁ ἑκουσιαζόμ. . . . ἀπὸ λαοῦ 'Ισρ. (14)
— 16. μετὰ ἑκουσιασμοῦ τοῦ λ. (14)
— 25. ἵνα ὦσι κρίνοντες παντὶ τῷ λ. (14)
8. 15. συνῆκα ἐν τῷ λ. (14)
— 36. ἐδόξασαν τὸν λ. (14)
9. 1. οὐκ ἐχωρίσθη ὁ λ. 'Ισρ. . . . ἀπὸ λαῶν τῶν γαιῶν (14, 14)
— 2. παρήχθη σπέρμα τὸ ἅγιον ἐν λαοῖς τῶν γαιῶν (14)
— 11. ἐν μετακινήσει λαῶν τῶν ἐθνῶν (14)
— 14. A S R ἐπιγαμβρεῦσαι [B γ.] τοῖς λ. (14)
10. 1. ἔκλαυσεν ὁ λ. (14)
— 2. γυναῖκας ἀλλοτρίας ἀπὸ λαῶν τῆς γῆς (14)
— 9. ἐκάθισε πᾶς [S *om.*] ὁ λ. (14)
— 11. διαστάλητε ἀπὸ λαῶν τῆς γῆς (14)
— 13. ἀλλὰ ὁ λ. πολύς (14)
Ne. 1. 8. διασκορπιῶ ὑμᾶς ἐν τοῖς λ. (14)
— 10. αὐτοὶ παῖδές σου καὶ λαός σου (14)
4. 13 (7). ἔστησα τὸν λ. κατὰ δήμους (14)
— 14 (8), 19 (13). εἶπα . . . πρὸς τοὺς καταλοίπους τοῦ λ. (14)
— 22 (16). εἶπα τῷ λ. (14)
5. 1. ἦν κραυγὴ τοῦ λ. . . . μεγάλη (14)
— 13. ἐποίησεν ὁ λ. τὸ ῥῆμα τοῦτο (14)
— 15. ἐξουσιάζονται ἐπὶ τὸν λ. (14)
— 18. βαρεῖα ἡ δουλεία ἐπὶ τὸν λ. τοῦτον (14)
— 19. ὅσα ἐποίησα τῷ λ. τούτῳ (14)
6. 1. ἕως τοῦ καιροῦ [S^{1} λαοῦ] ἐκείνου †
7. 4. καὶ ὁ λ. ὀλίγος ἐν αὐτῇ (14)
— 5. συνῆξα . . . τὸν λ. (14)
— 7. ἄνδρες λαοῦ [B^{1} υἱοῦ, B^{2} τοῦ] 'Ισρ. (14)
— 72. S R ἔδωκαν οἱ κατάλοιποι τοῦ λ. (14)
— 73. οἱ ἀπὸ τοῦ λ. καὶ οἱ Ναθ. (14)
8. 1. συνήχθησαν πᾶς ὁ λ. (14)
— 3. καὶ ὦτα παντὸς τοῦ λ. εἰς τὸ βιβλίον τοῦ νόμου (14)
— 5. ἐνώπιον παντὸς τοῦ λ. (14)
— 5. αὐτὸς ἦν ἐπάνω τοῦ λ. (14)
— 5. ἔστη πᾶς ὁ λ. (14)
— 6. ἀπεκρίθη πᾶς ὁ λ. (14)
— 7. ἦσαν συνετίζοντες τὸν λ. (14)
— 7. καὶ ὁ λ. ἐν τῇ στάσει αὐ. (14)
— 8. συνῆκεν ὁ λ. [S *add.* κυρίου] ἐν τῇ ἀναγνώσει -
— 9. A S R καὶ οἱ συνετίζοντες τὸν λ. [B *al.*] (14)
— 9. εἶπαν παντὶ τῷ λ. (14)
— 9. ἔκλαιε πᾶς ὁ λ. (14)
— 11. A R κατεσιώπων πάντα [B S *om.*] τὸν λ. (14)
— 12. ἀπῆλθε πᾶς ὁ λ. (14)
— 13. συνήχθησαν . . . σὺν [A S *om.*] τῷ παντὶ λ. (14)
— 16. καὶ ἐξῆλθεν ὁ λ. (14)
9. 10. A B S^{2} καὶ ἐν παντὶ τῷ λ. τῆς γῆς αὐ. (14)
— 22. ἔδωκας αὐτοῖς . . . λαούς (14)
— 24. ἔδωκας . . . τοὺς λ. τῆς γῆς (14)
— 30. ἔδωκας αὐτοὺς ἐν χειρὶ λαῶν τῆς γῆς (14)
— 32. ὃς εὗρεν ἡμᾶς . . . ἐν παντὶ τῷ λ. σου (14)
10. 14 (15). ἄρχοντες τοῦ λ. (14)
— 28 (29). καὶ οἱ κατάλοιποι τοῦ λ. (14)
— 28 (29). πᾶς ὁ προσπορευόμ. ἀπὸ λαῶν [A τοῦ λ.] τῆς γῆς (14)
— 30 (31). τοῦ μὴ δοῦναι θυγατέρας ἡ. τοῖς λ. τῆς γῆς (14)
— 31 (32). καὶ λαοὶ τῆς γῆς . . . οὐκ ἀγορῶμεν παρ' αὐτῶν (14)
— 34 (35). οἱ ἱερεῖς καὶ οἱ Λ. καὶ ὁ λ. (14)
11. 1. ἐκάθισαν οἱ ἄρχοντες τοῦ λ. (14)
— 1. A S^{2} R οἱ κατάλοιποι τοῦ λ. ἐβάλοσαν [B S^{1} ἐλάβοσαν] (14)
— 2. εὐλόγησεν ὁ λ. τοὺς πάντας ἄνδρας (14)
— 24. εἰς πᾶν χρῆμα [S^{2} ῥῆμα] τῷ λ. (14)

Ne. 12. 30. ἐκαθάρισαν τὸν λ. (14)
— 38. S^{2} τὸ ἥμισυ τοῦ λ. ἐπάνω τοῦ τείχους (14)
13. 1. ἀνεγνώσθη . . . ἐν ὠσὶ τοῦ λ. (14)
— 24. S^{2} κατὰ γλῶσσαν λαοῦ καὶ λαοῦ (14, 14)
To. 4. 13. A B μὴ ὑπερηφανεύου . . . ἀπὸ τῶν . . . θυγατέρων τοῦ λ. σου
14. 7. ὁ λ. αὐτοῦ ἐξομολογήσεται τῷ θεῷ [S *al.*]
— 7. ὑψώσει κύριος τὸν λ. αὐτοῦ [S *al.*]
Ju. 4. 3. νεωστὶ πᾶς ὁ λ. συνελέλεκτο
— 8. A καὶ ἡ γερουσία παντὸς λ. [B S δήμου] 'Ι.
— 13. καὶ ἦν ὁ λ. νηστεύων
— 14. A B καὶ τὰ ἑκούσια δόματα τοῦ λ.
5. 3. τίς ὁ λ. οὗτος ὁ καθήμενος ἐν τῇ ὀρεινῇ
— 5. ἀναγγελῶ σοι τὴν ἀλήθειαν περὶ τοῦ λ.
— 6. ὁ λ. οὗτός εἰσιν ἀπόγονοι Χαλδαίων
— 20. εἰ μέν ἐστιν ἀγνόημα ἐν τῷ λ. τούτῳ
— 22. ἐγόγγυσε πᾶς ὁ λ.
— 23. ἰδοὺ γὰρ λαὸς ἐν ᾧ οὐκ ἔστι δύναμις
6. 6. διελεύσεται . . . ὁ λ. τῶν θεραπόντων μου
— 16. ἔστησαν τὸν 'Α. ἐν μέσῳ παντὸς τοῦ λ.
— 18. πεσόντες ὁ λ. προσεκύνησαν
7. 1. παρήγγειλεν 'Ολ. . . . παντὶ τῷ [A *om.*] λ. αὐ.
— 7. ἀνέζευξεν εἰς τὸν λ. αὐ.
— 8. καὶ πάντες οἱ ἡγούμενοι τοῦ λ. Μ.
— 10. ὁ γὰρ λ. οὗτος τῶν υἱῶν 'Ισρ.
— 11. οὐ πεσεῖται ἐκ τοῦ λ. σου
— 13. ἡμεῖς καὶ ὁ λ. ἡμῶν ἀναβησόμεθα
— 23. ἐπισυνήχθησαν πᾶς ὁ λ. ἐπὶ 'Ο.
— 26. ἔκδοσθε τὴν πόλιν πᾶσαν εἰς προνομὴν τῷ λ. 'Ολ.
— 32. ἐσκόρπισε τὸν λ.
8. 9. ἤκουσε τὰ ῥήματα τοῦ λ. τὰ πονηρά
— 11. ὃν ἐλαλήσατε ἐναντίον τοῦ λ.
— 29. ἔγνω πᾶς ὁ λ. τὴν σύνεσίν σου
— 30. ὁ λ. ἐδίψησε σφόδρα
10. 19. τίς καταφρονήσει τοῦ λ. τούτου
11. 2. ὁ λ. σου ὁ κατοικῶν τὴν ὀρεινήν
— 13. A B ἅψασθαι οὐδένα τῶν ἐκ τοῦ λ.
— 22. A B ἀποστείλας σε ἔμπροσθεν τοῦ λ.
12. 8. A B εἰς ἀνάστημα τῶν υἱῶν τοῦ λ. αὐ.
13. 17. ἐξέστη πᾶς ὁ λ. σφόδρα
— 17. ὁ ἐξουδενώσας . . . τοὺς ἐχθροὺς τοῦ λ. σου
— 20. καὶ εἶπαν πᾶς ὁ λ.
14. 6. ἐν τῇ ἐκκλησίᾳ τοῦ λ.
— 8. ἀπήγγειλεν αὐτῷ 'Ι. ἐν μέσῳ τοῦ λ.
— 9. ἠλάλαξεν ὁ λ.
— 17. ἐξεπήδησεν εἰς τὸν λ.
15. 10. καὶ εἶπε πᾶς ὁ λ.
— 11. ἐλαφύρευσε πᾶς [A S *om.*] ὁ λ. τὴν παρεμβ.
— 13. προῆλθε παντὸς τοῦ λ.
— 14. ὑπερεφώνει πᾶς ὁ λ. τὴν αἴνεσιν ταύτην
16. 3. ἐν μέσῳ [S *add.* τοῦ] λαοῦ ἐξείλατό με
— 18. ἡνίκα ἐκαθαρίσθη ὁ λ.
— 19. ὅσα ἔδωκεν ὁ λ. αὐτῇ
— 20. ἦν ὁ λ. εὐφραινόμενος
— 22. προσετέθη πρὸς τὸν λ. αὐ.
Es. 1. 1. κακοποιῆσαι . . . τὸν λ. αὐτοῦ
3. 13. ἀναμεμίχθαι δυσμενῆ λ. τινα
4. 8. ἀξιῶσαι αὐτὸν περὶ τοῦ λ. (14)
— 11. S^{2} καὶ λαὸς ἐπαρχιῶν τοῦ βασ. (14)
— 17. φεῖσαι τοῦ λ. σου
7. 3. A B S^{1} καὶ ὁ λόγος [S^{2} R λαός] μου τῷ ἀξιώματί μου (14)
— 4. ἐπράθημεν γὰρ ἐγώ τε καὶ ὁ λ. μου (14)
8. 6. ἰδεῖν τὴν κάκωσιν τοῦ λ. μου (14)
— 11. S^{2} πᾶσαν δύναμιν λαοῦ καὶ χώρας (14)
10. 3. ἔσωσε κύριος τὸν λ. αὐ.
— 3. B ἕνα τῷ λ. τοῦ θεοῦ [S τῷ θεῷ τοῦ λ.]
— 3. ἐμνήσθη ὁ θ. τοῦ λ. αὐτοῦ
— 3. ἐν τῷ λ. αὐ. 'Ισρ.
Jb. 18. 19. οὐκ ἔσται ἐπίγνωστος ἐν λαῷ [A τῷ λ.] αὐ. (14)
31. 30. θρυληθείην δὲ ἄρα ὑπὸ λαοῦ μου κακούμενος †
— 34. A οὐ γὰρ διετράπην πολυοχλίαν λαοῦ [B S πλήθους] (7)
34. 30. βασιλεύων ἄνθρωπον ὑποκριτὴν ἀπὸ δυσκολίας λαοῦ (14)
36. 20. τοῦ ἀναβῆναι λαοὺς ἀντ' αὐτῶν (14)
— 31. ἐν γὰρ αὐτοῖς κρινεῖ λαούς (14)
Ps. 2. 1. λαοὶ ἐμελέτησαν κενά (9)
3. 6. οὐ φοβηθήσομαι ἀπὸ μυριάδων λαοῦ (14)
— 8. ἐπὶ τὸν λ. σου ἡ εὐλογία σου (14)
7. 7. συναγωγὴ λαῶν κυκλώσει σε (9)
— 8. κύριος κρινεῖ λαούς (14)
9. 8. κρινεῖ λαοὺς ἐν εὐθύτητι (9)

Ps. 13 (14). 4. οἱ κατέσθοντες τὸν λ. μου (14)
— 7. ἐν τῷ ἐπιστρέψαι κ. τὴν αἰχμαλωσίαν τοῦ λ. αὐ. (14)
17 (18). 27. σὺ λαὸν ταπεινὸν σώσεις (14)
— 43. ἐξ ἀντιλογιῶν [S^{2} -ίας] λαοῦ [A -ῶν] (14)
— 43. λαὸς ὃν [A ὃς] οὐκ ἔγνων ἐδούλευσέ μοι (14)
— 47. καὶ ὑποτάξας λαοὺς ὑπ' ἐμέ (14)
21 (22). 6. καὶ ἐξουθένημα λαοῦ (14)
— 31. ἀναγγελοῦσι τὴν δικαιοσύνην αὐ. λαῷ τῷ τεχθησομ. (14)
26 (27). 4. S^{1} καὶ ἐπισκέπτεσθαι τὸν λ. [A B S^{2} ναόν] †
27 (28). 8. κύριος κραταίωμα τοῦ λ. αὐτοῦ †
— 9. σῶσον τὸν λ. σου (14)
28 (29). 11. κύριος ἰσχὺν τῷ λ. αὐτοῦ δώσει κύριος εὐλογήσει τὸν λ. αὐτοῦ (14, 14)
32 (33). 10. ἀθετεῖ δὲ λογισμοὺς λαῶν (14)
— 12. λαὸς ὃν ἐξελέξατο εἰς κληρονομίαν ἑαυτῷ (14)
34 (35). 18. ἐν λαῷ βαρεῖ αἰνέσω σε (14)
43 (44). 2. ἐκάκωσας λαούς (9)
— 12. ἀπέδου τὸν λ. σου ἄνευ τιμῆς (14)
— 14. κίνησιν κεφαλῆς ἐν τοῖς λ. (9)
44 (45). 5. λαοὶ ὑποκάτω σου πεσοῦνται (14)
— 10. ἐπιλάθου τοῦ λ. σοῦ (14)
— 12. τὸ πρόσωπόν σου λιτανεύσουσιν οἱ πλούσιοι τοῦ λ. (14)
— 17. λαοὶ [A^{1} *om.*] ἐξομολογήσονταί σοι εἰς τὸν αἰῶνα (14)
46 (47). 3. ὑπέταξε λαοὺς ἡμῖν (14)
— 9. ἄρχοντες λαῶν συνήχθησαν (14)
47 (48). 9. ἐν μέσῳ τοῦ λ. σου †
49 (50). 4. διακρῖναι τὸν λ. αὐτοῦ (14)
— 7. ἄκουσον, λαός μου (14)
52 (53). 4. οἱ κατεσθίοντες τὸν λ. μου (14)
— 6. ἐν τῷ ἀποστρέψαι κύριον τὴν αἰχμαλωσίαν τοῦ λ. αὐτοῦ (14)
55 (56) *tit.* εἰς τὸ τέλος ὑπὲρ τοῦ λ. †
— 7. ἐν ὀργῇ λαοὺς κατάξεις (14)
56 (57). 9. ἐξομολογήσομαί σοι ἐν λαοῖς (14)
59 (60). 3. ἔδειξας τῷ λ. σου σκληρά (14)
61 (62). 8. B ἐλπίσατε ἐπ' αὐτὸν πᾶσα συναγωγὴ λαοῦ [S^{2} -ῶν] (14)
66 (67). 2. S^{1} ἐν πᾶσιν τοῖς λ. [B S^{2} π. ἔθνεσι] τὸ σωτήριόν σου (6)
— 3. ἐξομολογησάσθωσάν σοι λαοὶ, ὁ θεὸς, ἐξομολογησάσθωσάν σοι λαοὶ πάντες (14, 14)
— 4. B κρινεῖς [S κρινεῖ] λαοὺς ἐν εὐθύτητι (14)
— 5. ἐξομολογησάσθωσάν σοι λαοὶ, ὁ θεὸς, ἐξομολογησάσθωσάν σοι λαοὶ πάντες (14, 14)
67 (68). 7. ἐν τῷ ἐκπορεύεσθαί σε ἐνώπιον τοῦ λ. σου (14)
— 30. ἡ συναγωγὴ τῶν ταύρων ἐν ταῖς δαμάλεσι τῶν λ. (14)
— 35. δώσει δύναμιν καὶ κραταίωσιν τῷ λ. αὐ. (14)
71 (72). 2. κρίνειν τὸν λ. σου ἐν δικαιοσύνῃ (14)
— 3. ἀναλαβέτω τὰ ὄρη εἰρήνην τῷ λ. σου (14)
— 4. κρινεῖ τοὺς πτωχοὺς τοῦ λ. (14)
72 (73). 10. ἐπιστρέψει ὁ λ. μου ἐνταῦθα (14)
73 (74). 14. ἔδωκας αὐτὸν βρῶμα λαοῖς τοῖς Αἰθίοψι (14)
— 18. λαὸς ἄφρων παρώξυνε τὸ ὄνομά σου (14)
76 (77). 14. ἐγνώρισας ἐν τοῖς λ. τὴν δύναμίν σου (14)
— 15. ἐλυτρώσω ἐν τῷ βραχίονί σου τὸν λ. σου (14)
— 20. ὡδήγησας ὡς πρόβατα τὸν λ. σου (14)
77 (78). 1. προσέχετε λαός μου τὸν νόμον μου (14)
— 20. ἑτοιμάσαι τράπεζαν τῷ λ. αὐτοῦ (14)
— 52. ἀπῆρεν ὡς πρόβατα τὸν λ. αὐτοῦ (14)
— 62. συνέκλεισεν εἰς ῥομφαίαν τὸν λ. αὐτοῦ (14)
78 (79). 13. ἡμεῖς γὰρ λαός σου (14)
80 (81). 8. ἄκουσον λαός μου (14)
— 11. οὐκ ἤκουσεν ὁ λ. μου τῆς φωνῆς μου (14)
— 13. εἰ ὁ λ. μου ἤκουσέ μου (14)
82 (83). 3. ἐπὶ τὸν λ. σου κατεπανουργεύσαντο γνώμην (14)
84 (85). 2. ἀφῆκας τὰς ἀνομίας τῷ λ. σου (14)
— 6. ὁ λ. σου εὐφρανθήσεται ἐπὶ σοί (14)
— 8. λαλήσει εἰρήνην ἐπὶ τὸν λ. αὐτοῦ (14)
86 (87). 4. ἀλλόφυλος καὶ Τύρος καὶ λαὸς Αἰθιόπων †
— 6. κύριος διηγήσεται ἐν γραφῇ λαῶν (14)
88 (89). 3. S^{1} ὕψωσα ἐκλεκτὸν ἐκ τοῦ λ. μου -
— 15. μακάριος ὁ λ. ὁ γινώσκων ἀλαλαγμόν (14)
— 19. ὕψωσα ἐκλεκτὸν ἐκ τοῦ λ. μου (14)

Ps. 93 (94). 5. τὸν λ. σου, κύριε, ἐταπείνωσαν (14)
— 8. σύνετε δὴ ἄφρονες ἐν τῷ λ. (14)
— 14. οὐκ ἀπώσεται κύριος τὸν λ. αὐτοῦ (14)
94 (95). 3. B S^2 οὐκ ἀπώσεται κύριος τὸν λ. αὐτοῦ –
— 7. ἡμεῖς λαὸς νομῆς αὐτοῦ (14)
95 (96). 3. ἐν πᾶσι τοῖς λ. τὰ θαυμάσια αὐτοῦ (14)
— 10. κρινεῖ λαοὺς ἐν εὐθύτητι (14)
— 13. κρινεῖ . . . λαοὺς ἐν τῇ ἀληθείᾳ αὐτοῦ (14)
96 (97). 6. εἴδοσαν πάντες οἱ λ. τὴν δόξαν αὐτοῦ (14)
97 (98). 9. κρινεῖ . . . λαοὺς ἐν εὐθύτητι (14)
98 (99). 1. ὀργιζέσθωσαν λαοί (14)
— 2. ὑψηλός ἐστιν ἐπὶ πάντας τοὺς λ. (14)
99 (100). 3. λαὸς αὐ. καὶ πρόβατα τῆς νομῆς αὐ. (14)
101 (102). 18. λαὸς ὁ κτιζόμ. αἰνέσει τὸν κ. (14)
— 22. ἐν τῷ συναχθῆναι λαοὺς ἐπὶ τὸ αὐτό (14)
104 (105). 13. καὶ ἐκ βασιλείας εἰς λαὸν ἕτερον (14)
— 20. ἄρχων λαῶν καὶ ἀφῆκεν αὐτόν (14)
— 24. ηὔξησε τὸν λ. αὐτοῦ σφόδρα (14)
— 25. τοῦ μισῆσαι τὸν λ. αὐτοῦ (14)
— 43. ἐξήγαγε τὸν λ. αὐτοῦ ἐν ἀγαλλιάσει (14)
— 44. πόνους λαῶν ἐκληρονόμησαν (9)
105 (106). 4. ἐν τῇ εὐδοκίᾳ τοῦ λ. σου (14)
— 40. ὠργίσθη θυμῷ κύριος ἐπὶ τὸν λ. αὐτοῦ (14)
— 48. ἐρεῖ πᾶς ὁ λ. (14)
106 (107). 32. A S^2 R ὑψωσάτωσαν αὐτὸν ἐν ἐκκλησίᾳ [S^1 -αις] λαοῦ (14)
107 (108). 3. ἐξομολογήσομαί σοι ἐν λαοῖς (14)
110 (111). 6. ἰσχὺν ἔργων αὐ. ἀνήγγειλε τῷ λ. αὐ. (14)
— 9. λύτρωσιν ἀπέστειλε τῷ λ. αὐτοῦ (14)
112 (113). 8. τοῦ καθίσαι αὐτὸν . . . μετὰ ἀρχόντων λαοῦ αὐτοῦ (14)
113 (114). 1. ἐν ἐξόδῳ . . . οἴκου Ἰακὼβ ἐκ λαοῦ βαρβάρου (14)
115. 5 (116. 14). R ἐναντίον παντὸς τοῦ λ. αὐτοῦ (14)
— 9 (116. 18). ἐναντίον παντὸς τοῦ λ. αὐτοῦ (14)
116 (117). 1. ἐπαινέσατε αὐτὸν πάντες οἱ λ. (2)
118 (119). 114. S^1 εἰς τὸν λ. σου ἤλπισα [A S^2 R *al.*] †
124 (125). 2. κύριος κύκλῳ τοῦ λ. αὐτοῦ (14)
134 (135). 12. R κληρονομίαν Ἰσραὴλ λαῷ [A S δούλῳ] αὐτοῦ (14)
— 14. A S^2 R ὅτι κρινεῖ [S^1 οἰκτείρει] κύριος τὸν λ. αὐ. (14)
135 (136). 16. τῷ διαγαγόντι τὸν λ. αὐ. ἐν τῇ ἐρήμῳ (14)
— 22. S^2 κληρονομίαν Ἰσραὴλ λαῷ [A S^1 R δούλῳ] αὐ. (13)
143 (144). 2. ὁ ὑποτάσσων τὸν λ. μου [A αὐτοῦ, S^1 σου] ὑπ' ἐμέ (14)
— 15. ἐμακάρισαν [S^1 -σα] τὸν λ. (14)
— 15. μακάριος ὁ λ. οὗ κύριος ὁ θεὸς αὐτοῦ (14)
148. 11. βασιλεῖς τῆς γῆς καὶ πάντες λαοί (9)
— 14. ὑψώσει κέρας λαοῦ αὐτοῦ (14)
— 14. λαῷ ἐγγίζοντι αὐτῷ (14)
149. 4. εὐδοκεῖ κύριος ἐν λαῷ [S^2 τῷ λ.] αὐ. (14)
— 7. τοῦ ποιῆσαι . . . ἐλεγμοὺς ἐν τοῖς λ. (9)
Pr. 14. 28. ἐν δὲ ἐκλείψει λαοῦ συντριβὴ δυνάστου (9)
24. 39 (24). ἐπικατάρατος λαοῖς ἔσται (14)
29. 2. ἐγκωμιαζομένων δικαίων εὐφρανθήσονται λαοί (14)
Ec. 4. 16. οὐκ ἔστι περασμὸς τῷ παντὶ λ. (14)
Wi. 3. 8. κρατήσουσι λαῶν
4. 15. οἱ δὲ λ. [A^1 ἄλλοι] ἰδόντες
6. 21. τύραννοι λαῶν, τιμήσατε σοφίαν
8. 14. διοικήσω λαούς
9. 7. σύ με προείλω βασιλέα λαοῦ σου
— 12. διακρινῶ τὸν λ. σου δικαίως
10. 15. αὕτη λαὸν ὅσιον . . . ἐρρύσατο
12. 19. ἐδίδαξας δέ σου τὸν λ. διὰ τῶν τοιούτων ἔργων
15. 14. οἱ ἐχθροὶ τοῦ λ. σου καταδυναστεύσαντες αὐτόν
16. 2. εὐεργετήσας τὸν λ. σου
— 20. ἀγγέλων τροφὴν ἐψώμισας τὸν λ. σου
18. 5. S^1 τοὺς δὲ ἐχθροὺς τοῦ λ. ὁμοθυμαδὸν ἀπώλεσας [A B S^2 *al.*]
— 7. προσεδέχθη ὑπὸ λαοῦ σου
— 13. ὡμολόγησαν θεοῦ υἱὸν λαὸν εἶναι
19. 5. ὁ μὲν λ. σου παράδοξον ὁδοιπορίαν περάσῃ
— 22. ἐμεγάλυνας τὸν λ. σου
Si. 9. 17. ὁ ἡγούμενος λαοῦ σοφὸς ἐν λόγῳ αὐτοῦ
10. 1. κριτὴς σοφὸς παιδεύσει τὸν λ. αὐτοῦ
— 2. κατὰ τὸν κριτὴν τοῦ λ. αὐτοῦ

Si. 10. 3. βασιλεὺς ἀπαίδευτος ἀπολεῖ τὸν λ. αὐτοῦ
16. 17. ἐν λαῷ πλείονι οὐ μὴ μνησθῶ
24. 1. ἐν μέσῳ λαοῦ αὐτῆς καυχήσεται
— 6. ἐν παντὶ λαῷ καὶ ἔθνει ἐκτησάμην
— 12. ἐρρίζωσα ἐν λαῷ δεδοξασμένῳ [S^2 δεδοκιμασμένῳ]
30. 27 (33. 18). ἀκούσατέ μου, μεγιστᾶνες λαοῦ
32 (35). 19. ἕως κρίνῃ τὴν κρίσιν τοῦ λ. αὐτοῦ
33 (36). 9. οἱ κακοῦντες τὸν λ. σου εὕροισαν ἀπώλειαν
34 (31). 9. ἐποίησε γὰρ θαυμάσια ἐν λαῷ αὐτοῦ
36. 17 (14). ἐλέησον λαόν, κύριε, κεκλημένον ἐπ' ὀνόματί σου
— 19 (16). καὶ ἀπὸ τῆς δόξης σου τὸν λ. σου
— 22 (19). κατὰ τὴν εὐλογίαν Ἀαρὼν περὶ τοῦ λ. [S^1 υἱοῦ] σου
37. 23. ἀνὴρ σοφὸς τὸν ἑαυτοῦ λ. παιδεύσει
— 26. ὁ σοφὸς ἐν τῷ λ. αὐτοῦ κληρονομήσει πίστιν
38. 32. S^2 εἰς βουλὴν λαοῦ ζητηθήσονται
41. 18. ἀπὸ συναγωγῆς καὶ λαοῦ περὶ ἀνομίας
42. 11. λαλιὰν ἐν πόλει καὶ ἔκκλητον λαοῦ
44. 4. ἡγούμενοι λαοῦ ἐν διαβουλίοις καὶ συνέσει [S ἐν σ.] γραμματείας λαοῦ
— 15. σοφίαν αὐτῶν διηγήσονται λαοί
45. 3. ἐνετείλατο αὐτῷ πρὸς λαὸν αὐτοῦ
— 7. ἔδωκεν αὐτῷ ἱερατείαν λαοῦ
— 9. εἰς μνημόσυνον υἱοῖς λαοῦ αὐτοῦ
— 15. εὐλογεῖν τὸν λ. αὐτοῦ
— 16. ἐξιλάσκεσθαι περὶ τοῦ λ. σου
— 22. πλὴν ἐν γῇ λαοῦ οὐ κληρονομήσει καὶ μερὶς οὐκ ἔστιν αὐτῷ ἐν λαῷ
— 23. καὶ στῆσαι [A στῆναι] αὐτὸν ἐν τροπῇ λαοῦ
— 24. προστάτην ἁγίων καὶ λαῷ [S^2 -οῦ] αὐτοῦ
— 26. κρίνειν τὸν λ. αὐτοῦ ἐν δικαιοσύνῃ
46. 7. κωλῦσαι λαὸν ἀπὸ ἁμαρτίας
— 13. ἔχρισεν ἄρχοντας ἐπὶ τὸν λ. αὐτοῦ
— 20. ἐξαλεῖψαι ἀνομίαν λαοῦ
47. 4. ἐξῆρεν ὀνειδισμὸν ἐκ λαοῦ
— 5. ἀνυψῶσαι κέρας λαοῦ αὐτοῦ
— 23. κατέλιπε μετ' αὐτὸν ἐκ τοῦ σπέρματος αὐτοῦ λαοῦ ἀφροσύνην καὶ ἐλασσούμενον συνέσει Ῥ. ὃς ἀπέστησε λαὸν [A τὸν λ.] ἐκ βουλῆς αὐ.
48. 15. ἐν πᾶσι τούτοις οὐ μετενόησεν ὁ λ.
— 15. κατελείφθη ὁ λ. ὀλιγοστός
49. 2. κατευθύνθη ἐν ἐπιστροφῇ λαοῦ [S^1 αὐτοῦ]
— 12. ἀνύψωσαν λαὸν [A ναὸν] ἅγιον
— 15. ἡγούμενος ἀδελφῶν στήριγμα λαοῦ
50. 4. ὁ φροντίζων τοῦ λ. [S^1 τὸ ἔλεον] αὐτοῦ
— 5. ὡς [A ὃς] ἐδοξάσθη ἐν περιστροφῇ λαοῦ
— 17. πᾶς ὁ λ. κοινῇ κατέσπευσε
— 19. ἐδεήθη ὁ [S^1 *om.*] λ. κυρίου ὑψίστου
— 26. ὁ [S *om.*] λ. μωρὸς ὁ κατοικῶν ἐν Σικίμοις
Ho. 1. 9. κάλεσον τὸ ὄνομα αὐτοῦ Οὐ λαός μου (14)
— 9. διότι ὑμεῖς οὐ λαός μου (14)
— 10 (2. 1). οὐ ἐρρέθη αὐτοῖς, Οὐ λαός μου ὑμεῖς (14)
2. 1 (3). εἴπατε τῷ ἀδελφῷ ὑμῶν, Λαός μου (14)
— 23 (25). καὶ ἐρῶ τῷ οὐ λαῷ μου, Λαός μου εἶ σύ (14, 14)
4. 4. ὁ δὲ λ. μου ὡς ἀντιλεγόμενος ἱερεύς (14)
— 6. ὡμοιώθη ὁ λ. μου ὡς οὐκ ἔχων γνῶσιν (14)
— 8. ἁμαρτίας λαοῦ μου φάγονται (14)
— 9. καὶ ἔσται καθὼς ὁ λ. (14)
— 12. μέθυσμα ἐδέξατο καρδία λαοῦ μου (14)
— 14. καὶ ὁ λ. ὁ συνίων συνεπλέκετο μετὰ πόρνης (14)
6. 12 (11). ἐν τῷ ἐπιστρέφειν τὴν αἰχμαλωσίαν τοῦ λ. μου (14)
7. 8. Ἐ. ἐν τοῖς λ. αὐτοῦ συνεμίγνυτο (14)
9. 1. μηδὲ εὐφραίνου καθὼς οἱ λαοί. (14)
10. 5. ἐπένθησε λαὸς [A ὁ λ.] αὐτοῦ ἐπ' αὐτόν (14)
— 10. καὶ συναχθήσονται ἐπ' αὐτοὺς λαοί (14)
— 14. καὶ ἐξαναστήσεται ἀπώλεια ἐν τῷ λ. σου (14)
11. 7. ὁ λ. αὐτοῦ ἐπικρεμάμενος ἐκ τῆς κατοικίας αὐ. (14)
— 12 (12. 1). καὶ λ. ἅγιος κεκλήσεται θεοῦ †
Am. 1. 5. αἰχμαλωτευθήσεται λαός (14)
3. 6. καὶ λαὸς οὐ πτοηθήσεται (14)
7. 8. ἐν μέσῳ [A εἰς μέσον] λαοῦ μου (14)
— 15. προφήτευσον ἐπὶ τὸν λ. μου Ἰσραήλ (14)
8. 2. ἥκει τὸ πέρας ἐπὶ τὸν λ. μου Ἰσραήλ (14)
9. 10. τελευτήσουσι πάντες ἁμαρτωλοὶ λαοῦ μου (14)
— 14. A R ἐπιστρέψω τὴν αἰχμαλωσίαν τοῦ [B *om.*] λ. μου (14)

Mi. 1. 2. ἀκούσατε λαοὶ λόγους (14)
— 9. καὶ ἥψατο ἕως πύλης λαοῦ μου (14)
2. 4. μερὶς λαοῦ μου κατεμετρήθη ἐν σχοινίῳ (14)
— 8. ὁ λ. μου εἰς ἔχθραν ἀντέστη [A ἀντικατέστη] (14)
— 9. ἡγούμενοι λαοῦ μου ἀπορριφήσονται (14)
— 11. ἐκ τῆς σταγόνος τοῦ λ. τούτου (14)
— 12. ἐκδέξομαι τοὺς καταλοίπους τοῦ Ἰσ. [A τοῦ λ. τούτου] †
3. 3. ὃν τρόπον κατέφαγον τὰς σάρκας τοῦ λ. μου (14)
— 5. τοὺς προφήτας τοὺς πλανῶντας τὸν λ. μου (14)
4. 1. καὶ σπεύσουσι πρὸς αὐτὸ λαοί (14)
— 3. καὶ κρινεῖ ἀνὰ μέσον λαῶν πολλῶν (14)
— 5. ὅτι πάντες οἱ λαοὶ πορεύσονται (14)
— 13. κατατήξεις [A λεπτυνεῖς] λ. πολλούς (14)
5. 7 (6), 8 (7). ἐν μέσῳ λαῶν πολλῶν (14)
6. 2. R ἀκούσατε ὄρη [A βουνοί, B λαοὶ] τὴν κρίσιν †
— 2. ὅτι κρίσις τῷ κυρίῳ πρὸς τὸν λ. αὐτοῦ (14)
— 3. λαός μου, τί ἐποίησά σοι (14)
— 5. λαός μου μνήσθητι δή (14)
— 15. καὶ ἀφανισθήσεται νόμιμα λαοῦ μου –
— 16. καὶ ὀνείδη λαῶν λήψεσθε (14)
7. 14. ποίμαινε λαόν σου ἐν ῥάβδῳ σου (14)
Jl. 2. 2. χυθήσεται ἐπὶ τὰ ὄρη λαὸς πολὺς καὶ ἰσχυρός (14)
— 5. καὶ ὡς λαὸς πολὺς καὶ ἰσχυρός (14)
— 6. ἀπὸ προσώπου αὐτοῦ συντριβήσονται λαοί (14)
— 16. συναγάγετε λαόν [A τὸν λ.] (14)
— 17. φεῖσαι, κύριε, τοῦ λ. σου (14)
— 18. καὶ ἐφείσατο τοῦ λ. αὐτοῦ (14)
— 19. καὶ εἶπε τῷ λ. αὐτοῦ (14)
— 26. οὐ μὴ καταισχυνθῇ ὁ λ. μου εἰς τὸν αἰῶνα (14)
— 27. οὐ μὴ καταισχυνθῶσιν ἔτι ὁ λ. μου εἰς τὸν αἰ. (14)
3 (4). 2. διακριθήσομαι . . . ἐκεῖ ὑπὲρ τοῦ λ. μου (14)
— 3. ἐπὶ τὸν λ. μου ἔβαλον κλήρους (14)
— 16. ὁ δὲ κ. φείσεται τοῦ λ. αὐτοῦ (14)
Ob. 1. 13. μηδὲ εἰσέλθῃς εἰς πύλας λαῶν [A S^3 λαοῦ] (14)
Jn. 1. 8. καὶ ἐκ ποίου λαοῦ εἶ σύ (14)
2. 5. πρὸς τὸν ναὸν [B^1 λαὸν] τὸν ἅγιόν σου †
3. 6. ἤγγισεν ὁ λόγος [S^3 λαὸς] πρὸς τὸν βασιλέα †
Na. 3. 4. ἡ πωλοῦσα . . . λαοὺς [A S^2 φυλὰς] ἐν τοῖς φαρμάκοις (12)
— 13. ἰδοὺ ὁ λαός σου ὡς γυναῖκες ἐν σοί (14)
— 18. ἀπῆρεν ὁ λ. σου ἐπὶ τὰ ὄρη (14)
Hb. 2. 5. εἰσδέξεται πρὸς αὐτὸν πάντας τοὺς λ. (14)
— 8. πάντες οἱ ὑπολελειμμένοι λαοί (14)
— 10. συνεπέρανας λαοὺς πολλούς (14)
— 13. καὶ ἐξέλιπον λαοὶ ἱκανοὶ ἐν πυρί (14)
3. 10. ὄψονταί σε καὶ ὠδινήσουσι λαοί †
— 13. ἐξῆλθες εἰς σωτηρίαν λαοῦ σου (14)
— 16. τοῦ ἀναβῆναι εἰς λαὸν παροικίας μου (14)
Ze. 1. 11. ὅτι ὡμοιώθη πᾶς ὁ λ. Χαναάν (14)
2. 8. ἐν οἷς ὠνείδιζον τὸν λ. μου (14)
— 9. οἱ κατάλοιποι [A *add.* τοῦ] λαοῦ μου διαρπῶνται αὐτούς (14)
3. 9. τότε μεταστρέψω ἐπὶ λαοὺς γλῶσσαν (14)
— 12. ὑπολείψομαι ἐν σοὶ λαὸν πραῢν [A πολὺν] καὶ ταπεινόν (14)
— 20. εἰς καύχημα ἐν πᾶσι τοῖς λ. τῆς γῆς (14)
Hg. 1. 2. ὁ λ. οὗτος λέγουσιν (14)
— 12. καὶ πάντες οἱ κατάλοιποι τοῦ λ. (14)
— 12. ἐφοβήθη ὁ λ. ἀπὸ προσώπου κυρίου (14)
— 13. εἶπεν Ἀγγαῖος . . . τῷ λ. (14)
— 14. τὸ πνεῦμα τῶν καταλοίπων παντὸς τοῦ λ. (14)
2. 3 (2). πάντας τοὺς καταλοίπους τοῦ λ. (14)
— 5 (4). κατισχυέτω πᾶς ὁ λ. τῆς γῆς (14)
— 15 (14). οὕτως ὁ λαὸς οὗτος (14)
Za. 2. 11 (15). καὶ ἔσονται αὐτῷ εἰς λαόν (14)
7. 5. εἰπὸν πρὸς ἅπαντα τὸν λ. τῆς γῆς (14)
8. 6. ἐνώπιον τῶν καταλοίπων τοῦ λ. τούτου (14)
— 7. σώζω τὸν λ. μου (14)
— 8. καὶ ἔσονταί μοι εἰς λαόν (14)
— 11. ἐγὼ ποιῶ τοῖς καταλοίποις τοῦ λ. τούτου (14)
— 12. τοῖς καταλοίποις τοῦ λ. μου τούτου [A S^3 *om.* τ.] (14)
— 20. ἔτι ἥξουσι λαοὶ πολλοί (14)
— 22. καὶ ἥξουσι λαοὶ πολλοί (14)

Za. 9. 16. σώσει αὐτοὺς κ. ὁ θ. . . . ὡς πρόβατα λαὸν αὐτοῦ (14)
10. 9. σπερῶ αὐτοὺς ἐν λαοῖς [A ἀλλήλοις] (14)
11. 10. ἣν διεθέμην πρὸς πάντας τοὺς λ. (14)
12. 2. τίθημι τὴν Ἰ. . . . πᾶσι τοῖς λ. κύκλῳ (14)
— 4. πάντας τοὺς ἵππους τῶν λ. [S[1] τοῦ λ.] πατάξω (14)
— 6. καταφάγονται . . . πάντας τοὺς λ. κυκλόθεν (14)
13. 9. λαός μου οὗτός ἐστι (14)
14. 2. οἱ δὲ κατάλοιποι τοῦ λ. μου (14)
— 12. A B S[2] κόψει κύριος πάντας τοὺς λ. (14)
— 14. συνάξει τὴν ἰσχὺν πάντων τῶν λ. κυκλόθεν (6)
Ma. 1. 4. λαὸς ἐφ' ὃν παρατέτακται κύριος (14)
Is. 1. 3. ὁ λ. με οὐ συνῆκεν (14)
— 4. λ. πλήρης ἁμαρτιῶν (14)
— 7. ἠρήμωται κατεστραμμένη ὑπὸ λαῶν ἀλλοτρίων (17)
— 10. προσέχετε νόμον [S[1] λόγον] θεοῦ, λαὸς [S[1] -ὸν] Γομόρρας (14)
2. 4. ἐξελέγξει [A S ἐλ.] λαὸν πολύν (14)
— 6. ἀνῆκε γὰρ τὸν λ. αὐ. τὸν οἶκον τοῦ Ἰσ. (14)
3. 5. συμπεσεῖται ὁ λ. (14)
— 7. οὐκ ἔσομαι ἀρχηγὸς τοῦ λ. τούτου (14)
— 12. λαός μου, οἱ πράκτορες ὑμῶν (14)
— 12. λαός μου, οἱ μακαρίζοντες ὑμᾶς (14)
— 13. στήσει εἰς κρίσιν τὸν λ. αὐτοῦ (14)
— 14. ἥξει μετὰ τῶν πρεσβυτέρων τοῦ λ. (14)
— 15. τί ὑμεῖς ἀδικεῖτε τὸν λ. μου (14)
5. 13. αἰχμάλωτος ὁ λ. μου ἐγενήθη (14)
— 25. ἐθυμώθη ὀργῇ κύριος σαβαὼθ ἐπὶ [A εἰς] τὸν λ. αὐτοῦ (14)
6. 5. ἐν μέσῳ λαοῦ ἀκάθαρτα χείλη ἔχοντος (14)
— 8. τίς πορεύσεται πρὸς τὸν λ. τοῦτον †
— 9. εἰπὸν τῷ λ. τούτῳ (14)
— 10. ἐπαχύνθη γὰρ καρδία τοῦ λ. τούτου (14)
7. 2. ἐξέστη ἡ ψυχὴ αὐ. καὶ ἡ ψυχὴ τοῦ λ. αὐ. (14)
— 8. ἐκλείψει ἡ βασιλεία Ἐφραὶμ ἀπὸ λαοῦ (14)
— 17. ἐπάξει ὁ θεὸς . . . ἐπὶ τὸν λ. σου (14)
8. 6. διὰ τὸ μὴ βούλεσθαι τὸν λ. τοῦτον τὸ ὕδωρ τοῦ Σ. (14)
— 11. ἀπειθοῦσι τῇ πορείᾳ τῆς ὁδοῦ τοῦ λ. τούτου (14)
— 12. ὃ ἐὰν εἴπῃ ὁ λ. οὗτος (14)
9. 2 (1). ὁ λ. ὁ πορευόμ. [A καθήμ.] ἐν σκότει (14)
— 3 (2). τὸ πλεῖστον τοῦ λ. ὃ κατήγαγες (6)
— 9 (8). γνώσονται πᾶς ὁ λ. τοῦ Ἐφραὶμ (14)
— 13 (12). ὁ λ. οὐκ ἐπεστράφη [A S ἀπ.] (14)
— 16 (15). ἔσονται οἱ μακαρίζοντες τὸν λ. τοῦτον πλανῶντες (14)
— 19 (18). ἔσται ὁ λ. ὡς . . . κατακεκαυμένος (14)
10. 2. ἁρπάζοντες κρίμα πενήτων τοῦ λ. μου (14)
— 6. τῷ ἐμῷ λ. συντάξω ποιῆσαι σκῦλα (14)
— 22. ἐὰν γένηται ὁ λ. Ἰσραὴλ ὡς ἡ ἄμμος τῆς θαλ. (14)
— 24. μὴ φοβοῦ, ὁ λ. μου οἱ κατοικοῦντες ἐν Σιών (14)
11. 11. τοῦ ζηλῶσαι τὸ καταλειφθὲν ὑπόλοιπον τοῦ λ. (14)
— 16. τῷ καταλειφθέντι μου λαῷ ἐν Αἰγ. (14)
13. 14. ὥστε ἄνθρωπον εἰς τὸν λ. αὐτοῦ ἀποστραφῆναι (14)
14. 20. τὸν λ. μου ἀπέκτεινας (14)
— 32. δι' αὐτοῦ σωθήσονται οἱ ταπεινοὶ τοῦ λ. (14)
18. 2. πρὸς ἔθνος μετέωρον καὶ ξένον λαὸν καὶ χαλεπόν (14)
— 7. ἀνενεχθήσεται δῶρα . . . ἐκ λ. τεθλιμμένου καὶ τετιλμένου καὶ ἀπὸ λ. μεγάλου (14, 14)
19. 25. εὐλογημένος ὁ λ. μου (14)
24. 2. ἔσται ὁ λ. ὡς ὁ ἱερεύς (14)
25. 3. εὐλογήσει σε ὁ λ. ὁ πτωχός (14)
— 8. τὸ ὄνειδος τοῦ λ. ἀφεῖλεν ἀπὸ πάσης τῆς γῆς (14)
26. 2. εἰσελθέτω λ. φυλάσσων δικαιοσύνην (6)
— 11. ζῆλος λήψεται λαὸν [A[1] -ὸς] ἀπαίδευτον (14)
— 20. βάδιζε, [A add. ὁ] λ. μου, εἴσελθε (14)
27. 11. οὐ γὰρ λ. ἐστιν ἔχων σύνεσιν (14)
28. 5. τῷ καταλειφθέντι τοῦ λ. [A B[3] κ. μου λαῷ] (14)
— 11. λαλήσουσι τῷ λ. τούτῳ (14)
— 14. ἄρχοντες τοῦ λ. τούτου [S om.] τοῦ ἐν Ἱερ. (14)
29. 13. ἐγγίζει μοι ὁ λ. οὗτος (14)
— 14. προσθήσω τοῦ μεταθεῖναι τὸν λ. τοῦτον (14)

Is. 30. 5. μάτην κοπιάσουσι πρὸς λαόν (14)
— 9. ὁ [A B[1] S om.] λ. ἀπειθής ἐστιν (14)
— 19. λ. ἅγιος ἐν Σιὼν οἰκήσει (14)
— 26. ὅταν ἰάσηται κύριος τὸ σύντριμμα τοῦ λ. αὐ. (14)
32. 13. ἡ γῆ τοῦ λ. μου (14)
— 18. κατοικήσει ὁ λ. αὐτοῦ ἐν πόλει εἰρήνης (14)
33. 3. ἐξέστησαν λαοὶ ἀπὸ τοῦ φόβου σου (14)
— 19. τοὺς τρεφομένους μικρὸν καὶ μέγαν λαόν (14)
— 19. ὥστε μὴ ἀκοῦσαι λ. πεφαυλισμένος (14 ?)
— 24. ὁ λ. ἐνοικῶν ἐν αὐτοῖς (14)
34. 1. ἡ οἰκουμένη καὶ ὁ λ. ὁ ἐν αὐτῇ †
— 5. ἐπὶ τὸν λ. τῆς ἀπωλείας μετὰ κρίσεως (14)
35. 2. ὁ λ. μου ὄψεται τὴν δόξαν κυρίου †
40. 1. παρακαλεῖτε τὸν λ. [S[1] π. λαός] μου (14)
42. 5. διδοὺς πνοὴν τῷ λ. τῷ ἐπ' αὐτῆς (14)
— 22. ἐγένετο ὁ λ. πεπρονομευμένος (14)
43. 8. ἐξήγαγον λαὸν τυφλόν (14)
— 21. ἔδωκα . . . λαόν μου (14)
45. 13. τὴν αἰχμαλωσίαν τοῦ λ. μου ἐπιστρέψει †
47. 6. παρωξύνθην ἐπὶ τῷ λ. μου (14)
48. 20. A ἐρρύσατο κύριος τὸν λ. [B S δοῦλον] αὐτοῦ (13)
— 21. πίεται ὁ λ. μου –
49. 13. ἠλέησεν ὁ θεὸς τὸν λ. αὐ. καὶ τοὺς ταπεινοὺς τοῦ λ. αὐ. παρεκάλεσεν (14, –)
51. 4. ἀκούσατέ μου λ. μου (14)
— 7. λ. οὗ ὁ νόμος μου ἐν τῇ καρδίᾳ ὑμῶν (14)
— 16. λ. μου εἶ σύ (14)
— 22. οὕτως λέγει κύριος ὁ θεὸς ὁ κρίνων τὸν λ. αὐτοῦ (14)
52. 4. εἰς Αἴγυπτον κατέβη ὁ λ. μου τὸ πρότερον (14)
— 5. ἐλήφθη ὁ λ. μου δωρεάν (14)
— 6. γνώσεται ὁ λ. μου τὸ ὄνομά μου (14)
53. 8. ἀπὸ τῶν ἀνομιῶν τοῦ λ. μου ἤχθη εἰς θάνατον (14)
55. 5. λαοὶ . . . ἐπὶ σὲ καταφεύξονται (6)
56. 3. ἀφοριεῖ με ἄρα κύριος ἀπὸ τοῦ λ. αὐτοῦ (14)
57. 14. ἄρατε σκῶλα ἀπὸ τῆς ὁδοῦ τοῦ λ. μου (14)
58. 1. ἀνάγγειλον τῷ λ. μου τὰ ἁμαρτήματα αὐ. (14)
— 2. ὡς λ. δικαιοσύνην [A add. θεοῦ] πεποιηκώς (6)
60. 5. πλοῦτος θαλάσσης καὶ ἐθνῶν καὶ λαῶν (6)
— 21. ὁ λ. σου πᾶς δίκαιος (14)
61. 9. τὰ ἔκγονα αὐτῶν ἐν μέσῳ τῶν λ. [A S[3] om. ἐν μ. τ. λ.] (14)
62. 10. ὁδοποιήσατε τῷ λ. μου (14)
— 12. καλέσει αὐτὸν Λαὸν ἅγιον (14)
63. 8. εἶπεν, Οὐχ ὁ λ. μου (14)
— 14. οὕτως ἤγαγες τὸν λ. σου (14)
64. 9 (8). λ. σου πάντες ἡμεῖς (14)
65. 2. ἐξεπέτασα τὰς χεῖράς μου . . . πρὸς λαὸν ἀπειθοῦντα (14)
— 3. ὁ λ. οὗτος ὁ παροξύνων με ἐναντίον ἐμοῦ (14)
— 10. φάραγξ Ἀχὼρ εἰς ἀνάπαυσιν βουκολίων τῷ λ. μου (14)
— 18. ποιῶ . . . τὸν λ. μου εὐφροσύνην (14)
— 19. εὐφρανθήσομαι ἐπὶ τῷ λ. μου (14)
— 22. A S R ἔσονται [B om.] αἱ ἡμέραι τοῦ λ. μου (14)
Je. 1. 18. τέθεικά σε . . . ὡς τεῖχος χαλκοῦν . . . τῷ λ. τῆς γῆς (14)
2. 11. ὁ δὲ λ. μου ἠλλάξατο τὴν δόξαν αὐτοῦ (14)
— 13. δύο καὶ πονηρὰ ἐποίησεν ὁ λ. μου (14)
— 31. εἶπεν ὁ λ. μου, Οὐ κυριευθησόμεθα [A δουλευθ.] (14)
— 32. ὁ δὲ λ. μου ἐπελάθετό μου ἡμέρας (14)
4. 10. ἀπατῶν ἠπάτησας τὸν λ. τοῦτον (14)
— 11. ἐροῦσι τῷ λ. τούτῳ . . . ὁδὸς τῆς θυγατρὸς τοῦ λ. μου οὐκ εἰς καθαρόν (14, 14)
— 22. οἱ ἡγούμενοι τοῦ λ. μου ἐμὲ οὐκ ᾔδεισαν (14)
5. 14. δέδωκα . . . τὸν λ. τοῦτον ξύλα (14)
— 21. λ. μωρὸς καὶ ἀκάρδιος (14)
— 23. τῷ δὲ λ. τούτῳ ἐγενήθη καρδία ἀνήκοος (14)
— 26. εὑρέθησαν ἐν τῷ λ. μου ἀσεβεῖς [A -ειαι] (14)
— 31. ὁ λ. μου ἠγάπησεν οὕτως (14)
6. 14. ἰῶντο τὸ σύντριμμα τοῦ λ. μου (14)
— 19. ἐπάγω ἐπὶ τὸν λ. τοῦτον κακά [S al.] (14)
— 21. δίδωμι ἐπὶ τὸν λ. τοῦτον ἀσθένειαν (14)
— 22. λ. ἔρχεται ἀπὸ βορρᾶ (14)
— 26. A R θύγατερ [B S[2] -τηρ, S[1] -τέρες] λαοῦ μου, περίζωσαι σάκκον (14)
— 27. δοκιμαστὴν δέδωκά σε ἐν λαοῖς δεδοκιμασμένοις (14)
7. 12. ἀπὸ προσώπου κακίας λαοῦ μου (14)

Je. 7. 16. μὴ προσεύχου περὶ [A ὑπὲρ] τοῦ λ. τούτου (14)
— 23. ἔσεσθέ μοι εἰς λαόν (14)
— 33. ἔσονται οἱ νεκροὶ τοῦ λ. τούτου (14)
8. 5. ἀπέστρεψεν ὁ λ. μου [A om.] οὗτος [S om.] ἀποστροφὴν ἀναιδῆ (14)
— 7. ὁ δὲ λ. μου οὐκ ἔγνω τὰ κρίματα κυρίου (14)
— 19. ἰδοὺ φωνὴ κραυγῆς θυγατρὸς λαοῦ μου (14)
— 21. ἐπὶ συντρίμματι θυγατρὸς λαοῦ μου ἐσκοτώθην (14)
— 22. διὰ τί οὐκ ἀνέβη ἴασις θυγατρὸς λαοῦ μου (14)
9. 1 (8. 23). κλαύσομαι τὸν λ. μου τοῦτον ἡμέρας καὶ νυκτός –
— 1 (8. 23). τοὺς τετραυματισμένους θυγατρὸς λαοῦ μου (14)
— 2 (1). καταλείψω τὸν λ. μου [S add. τοῦτον] (14)
— 7 (6). ποιήσω ἀπὸ προσώπου πονηρίας [S τῆς] θυγατρὸς λαοῦ μου (14)
— 9 (8). ἐν λαῷ τοιούτῳ οὐκ ἐκδικήσει ἡ ψυχή μου (6)
11. 4. ἔσεσθέ μοι εἰς λαόν (14)
— 11. ἐπάγω ἐπὶ τὸν λ. τοῦτον κακά †
— 14. μὴ προσεύχου περὶ [A ὑπὲρ] τοῦ λ. τ. (14)
12. 14. ἧς ἐμέρισα τῷ λ. μου Ἰσραήλ (14)
— 16. ἐὰν μαθόντες μάθωσι τὴν ὁδὸν τοῦ λ. [A om. τ. λ.] μου (14)
— 16. ἐδίδαξαν τὸν λ. μου ὀμνύειν τῇ Βαάλ (14)
— 16. καὶ οἰκοδομηθήσεται ἐν μέσῳ τοῦ λ. μου (14)
13. 11. τοῦ γενέσθαι μοι εἰς λαὸν ὀνομαστόν (14)
— 12. ἐρεῖς πρὸς τὸν λ. τοῦτον †
14. 6. A οὐκ ἦν χόρτος ἀπὸ λαοῦ ἀδικίας [B S om. ἀ. λ. ἀ.] –
— 10. οὕτως λέγει κύριος τῷ λ. τούτῳ (14)
— 11. μὴ προσεύχου περὶ τοῦ λ. τούτου εἰς ἀγαθά (14)
— 16. ἐν λιμῷ συντελεσθήσονται οἱ προφῆται καὶ ὁ λ. (14)
— 17. συντρίμματι συνετρίβη θυγάτηρ λαοῦ μου (14)
15. 1. ἐξαπόστειλον τὸν λ. τοῦτον †
— 7. ἐν πύλαις λαοῦ μου ἠτεκνώθησαν ἀπώλεσαν τὸν λ. μου [S al.] (†, 14)
— 20. δώσω σε [S σε ἐν] τῷ λ. τούτῳ ὡς τεῖχος ὀχυρόν (14)
16. 5. ἀφέστακα τὴν εἰρήνην μου ἀπὸ τοῦ λ. τούτου (14)
— 10. ὅταν ἀναγγείλῃς τῷ λ. τούτῳ ἅπαντα τὰ ῥήμ. τ. (14)
17. 19. στῆθι ἐν ταῖς πύλαις υἱῶν λαοῦ σου (14)
18. 15. ἐπελάθοντό μου [A S add. ὁ] λ. μου (14)
19. 1. ἄξεις ἀπὸ τῶν πρεσβυτέρων τοῦ λ. [A add. σου] (14)
— 11. συντρίψω τὸν λ. τοῦτον (14)
— 14. εἶπε πρὸς πάντα τὸν λ. (14)
21. 7. δώσω . . . τὸν λ. τὸν καταλειφθέντα . . . εἰς χεῖρας ἐχθρῶν αὐτῶν (14)
— 8. πρὸς τὸν λ. τοῦτον ἐρεῖς (14)
22. 2. σὺ καὶ ὁ οἶκός σου καὶ ὁ λ. σου (14)
— 4. αὐτοὶ καὶ οἱ παῖδες αὐτῶν καὶ ὁ λ. αὐτῶν (14)
23. 2. τάδε λέγει κύριος ἐπὶ τοὺς ποιμαίνοντας τὸν λ. μου (14)
— 3. εἰσδέξομαι τοὺς καταλοίπους [A τὸ κ.] τοῦ λ. μου (15)
— 13. ἐπλάνησαν τὸν λ. μου Ἰσραήλ (14)
— 14. S οἱ κατοικοῦντες αὐτὴν ὥσπερ λ. [A B om.] Γόμορρα –
— 22. τὸν λ. μου ἂν ἀπέστρεφον [A μ. ἀποστρέφειν] αὐτούς (14)
— 32. ἐπλάνησαν τὸν λ. μου ἐν τοῖς ψεύδεσιν αὐτῶν (14)
— 32. ὠφέλειαν οὐκ ὠφελήσουσι τὸν λ. τοῦτον (14)
— 33. ἐὰν ἐρωτήσωσίν σε ὁ λ. οὗτος (14)
— 34. ὁ προφήτης καὶ οἱ ἱερεῖς καὶ ὁ λ. (14)
— 7. S ὃς ἀνήγαγε [S[1] σύν.] τὸν λ. [A B οἶκον] Ἰσραήλ (5)
24. 7. ἔσονταί μοι εἰς λαόν (14)
25. 1. ὁ λόγος ὁ γενόμενος . . . ἐπὶ πάντα τὸν λ. Ἰούδα (14)
— 2. A B S[2] ὃν ἐλάλησε πρὸς πάντα τὸν λ. Ἰούδα (14)
26 (46). 16. ἀναστρέψωμεν πρὸς τὸν λ. ἡμῶν [A al.] (14)
— 24. παρεδόθη εἰς χεῖρας λαοῦ ἀπὸ βορρᾶ (14)
27 (50). 6. πρόβατα ἀπολωλότα ἐγενήθη ὁ λ. μου (14)
— 16. ἕκαστος εἰς τὸν λ. [A τόπον] αὐτοῦ ἀποστρέψουσι (14)
— 41. λαὸς ἔρχεται ἀπὸ [A add. γῆς] βορρᾶ (14)
28 (51). 11. ἐκδίκησις λαοῦ αὐτοῦ ἐστιν †

Je. 28 (51). 58. οὐ κοπιάσουσι λαοὶ εἰς κενόν (14)
30 (49). 1. ὁ λ. αὐ. ἐν πόλεσιν αὐ. ἐνοικήσει (14)
32 (25). 19. ἐπότισα . . . πάντα τὸν λ. αὐτοῦ (14)
33 (26). 7. ἤκουσαν οἱ ἱερεῖς . . . καὶ πᾶς ὁ λ. (14)
— 8. ἃ συνέταξεν αὐτῷ κύριος λαλῆσαι [S *om.*] παντὶ τῷ λ. καὶ συνελάβοσαν αὐτὸν οἱ ἱερεῖς . . . καὶ πᾶς ὁ λ. (14, 14)
— 9. ἐξεκκλησιάσθη πᾶς ὁ λ. ἐπὶ Ἱερεμίαν (14)
— 11. εἶπαν οἱ ἱερεῖς . . . παντὶ τῷ λ. (14)
— 12. εἶπεν Ἱερεμίας . . . παντὶ τῷ λ. (14)
— 16. εἶπαν οἱ ἄρχοντες καὶ πᾶς ὁ λ. πρὸς τοὺς ἱερεῖς (14)
— 17. εἶπαν πάσῃ τῇ συναγωγῇ τοῦ λ. (14)
— 18. εἶπε παντὶ τῷ λ. Ἰούδα (14)
— 23. ἔρριψεν αὐτὸν εἰς τὸ μνῆμα [A -μεῖον] υἱῶν λαοῦ αὐ. (14)
— 24. τοῦ μὴ παραδοῦναι αὐτὸν εἰς χεῖρας τοῦ λ. (14)
34 (27). 16. παντὶ τῷ λ. τούτῳ καὶ τοῖς ἱερεῦσιν ἐλάλησα (14)
35 (28). 1. κατ' ὀφθαλμοὺς τῶν ἱερέων καὶ παντὸς τοῦ λ. (14)
— 5. κατ' ὀφθαλμοὺς παντὸς τοῦ λ. (14)
— 7. εἰς τὰ ὦτα ὑμῶν καὶ εἰς τὰ ὦτα παντὸς τοῦ λ. (14)
— 10. ἐν ὀφθαλμοῖς παντὸς τοῦ λ. †
— 11. κατ' ὀφθαλμοὺς παντὸς [S *om.*] τοῦ λ. (14)
— 15. πεποιθέναι ἐποίησας τὸν λ. τοῦτον ἐπ' ἀδίκῳ (14)
36 (29). 1. οὓς ἀπέστειλεν Ἱερεμίας . . . πρὸς ἅπαντα τὸν λ. (14)
— 10. τοῦ τὸν λ. ὑμῶν ἀποστρέψαι εἰς τὸν τόπον τοῦτον †
37 (30). 3. ἀποστρέψω τὴν ἀποικίαν λαοῦ μου (14)
— 18. ὁ λ. κατὰ τὸ κρίμα αὐτοῦ καθεδεῖται †
38 (31). 1. ἔσονταί μοι εἰς λαόν (14)
— 7. ἔσωσε κύριος τὸν λ. αὐτοῦ (14)
— 14. ὁ λ. μου τῶν ἀγαθῶν μου ἐμπλησθήσεται (14)
— 33. αὐτοὶ ἔσονταί μοι εἰς λαόν (14)
— 38. οἰκοδομηθήσεται πόλις τῷ κ. [S¹ λαῷ] †
39 (32). 21. ἐξήγαγες τὸν λ. σου Ἰσραήλ (14)
— 38. ἔσονταί μοι εἰς λαόν (14)
— 42. ἐπήγαγον ἐπὶ τὸν λ. τοῦτον πάντα τὰ κακά (14)
40 (33). 9. ἔσται εἰς εὐφροσύνην . . . παντὶ τῷ λ. τῆς γῆς (6)
41 (34). 8. μετὰ τὸ συντελέσαι τὸν βασιλέα Σεδ. διαθήκην πρὸς τὸν λ. (14)
— 10. ἐπεστράφησαν πάντες οἱ μεγιστᾶνες καὶ πᾶς ὁ λ. (14)
— 19. δώσω . . . τοὺς ἱερεῖς καὶ τὸν λ. (14)
42 (35). 16. ὁ δὲ λ. οὗτος [A μου] οὐκ ἤκουσάν μου (14)
43 (36). 6. ἀναγνώσῃ . . . εἰς τὰ ὦτα τοῦ λ. (14)
— 6. ἐν ὠσὶ παντὸς Ἰούδα [A τοῦ λαοῦ] . . . ἀναγνώσῃ αὐτοῖς †
— 7. ἣν ἐλάλησεν ἐπὶ τὸν λ. [A τόπον] τοῦτον (14)
— 9. ἐξεκκλησίασαν νηστείαν . . . πᾶς ὁ λ. (14)
— 10. ἐν ὠσὶ [A εἰς τὰ ὦτα] παντὸς τοῦ λ. (14)
— 13. εἰς τὰ ὦτα τοῦ λ. [S¹ κυρίου τοῦ θεοῦ] (14)
— 14. ἐν ὠσὶ τοῦ λ. (14)
44 (37). 2. οὐκ ἤκουσαν αὐτὸς . . . καὶ ὁ λ. τῆς γῆς (14)
— 12. τοῦ ἀγοράσαι ἐκεῖθεν ἐν μέσῳ τοῦ λ. (14)
— 18. τί ἠδίκησά σε . . . καὶ τὸν λ. τοῦτον (14)
45 (38). 1. οὓς Ἱερεμίας ἐλάλει ἐπὶ τὸν λ. [S¹ ὄχλον] (14)
— 4. ἐκλύει . . . τὰς χεῖρας παντὸς τοῦ λ. (14)
— 4. οὐ χρησμολογεῖ εἰρήνην τῷ λ. τούτῳ [A *om.*] (14)
46 (39). 14. ἐκάθισεν ἐν μέσῳ τοῦ λ. (14)
47 (40). 5. οἴκησον μετ' αὐτοῦ ἐν μέσῳ τοῦ λ. (14)
— 6. ἐκάθισεν ἐν μέσῳ τοῦ λ. (14)
48 (41). 10. ἀπέστρεψεν Ἰσμαὴλ πάντα τὸν λ. (14)
— 13. εἶδε πᾶς ὁ λ. ὁ μετὰ Ἰσμαὴλ τὸν Ἰωάναν (14)
— 16. ἔλαβεν Ἰωάναν . . . πάντας τοὺς καταλοίπους τοῦ λ. (14)
49 (42). 1. πᾶς ὁ λ. ἀπὸ μικροῦ καὶ ἕως μεγάλου (14)
— 8. ἐκάλεσε . . . πάντα τὸν λ. (14)
50 (43). 1. ἐπαύσατο Ἱερεμίας λέγων πρὸς τὸν λ. (14)
— 4. οὐκ ἤκουσεν Ἰωάναν . . . καὶ πᾶς ὁ λ. (14)
51 (44). 15. καὶ πᾶς ὁ λ. οἱ καθήμενοι ἐν γῇ Αἰγ. (14)
— 20. εἶπεν Ἱερεμίας παντὶ τῷ λ. τοῖς δυνατοῖς καὶ ταῖς γυναιξὶ καὶ παντὶ τῷ λ. (14, 14)
— 21. οἱ βασιλεῖς ὑμῶν καὶ οἱ ἄρχοντες ὑμῶν καὶ ὁ λ. τῆς γῆς (14)
— 24. εἶπεν Ἱερεμίας τῷ λ. (14)
52. 6. οὐκ ἦσαν ἄρτοι τῷ λ. τῆς γῆς (14)

Je. 52. 16. τοὺς καταλοίπους [S λ.] τοῦ λ. κατέλιπεν ὁ ἀρχιμάγειρος †
— 25. ἔλαβεν . . . τὸν γραμματεύοντα τῷ λ. τῆς γῆς καὶ ἑξήκοντα ἀνθρώπους ἐκ τοῦ λ. τῆς γῆς (14, 14)
Ba. 1. 3, 4. ἐν ὠσὶ παντὸς τοῦ λ.
— 7. ἀπέστειλαν . . . πρὸς πάντα τὸν λ.
— 9. μετὰ τὸ ἀποικίσαι N. . . . τὸν λ. τῆς γῆς
2. 4. εἰς ὀνειδισμὸν καὶ ἄβατον ἐν πᾶσι τοῖς λ.
— 11. ὃς ἐξήγαγες τὸν λ. σου ἐκ γῆς Αἰγύπτου
— 30. λ. σκληροτράχηλός ἐστι
— 35. αὐτοὶ ἔσονταί μοι εἰς λαόν
— 35. οὐ κινήσω ἔτι τὸν λ. μου Ἰσραὴλ ἀπὸ τῆς γῆς
4. 5. θαρσεῖτε λαός μου
— 10. A εἶδον γὰρ τὴν αἰχμαλωσίαν τοῦ λ. [B *om.* τ. λ.] τῶν υἱῶν μου
La. 1. 1. ἡ πόλις ἡ πεπληθυμμένη λαῶν (14)
— 7. ἐν τῷ πεσεῖν τὸν λ. αὐτῆς εἰς χεῖρας θλίβοντος (14)
— 11. πᾶς ὁ λ. αὐτῆς καταστενάζοντες (14)
— 18. ἀκούσατε δὴ πάντες οἱ [S *om.*] λ. (14)
2. 11. ἐπὶ τὸ σύντριμμα τῆς θυγατρὸς [AS *add.* τοῦ] λαοῦ μου (14)
3. 14. ἐγενήθην γέλως παντὶ [A *add.* τῷ] λαῷ μου (14)
— 45. ἔθηκας ἡμᾶς ἐν μέσῳ τῶν λ. (14)
— 48. ἐπὶ τὸ σύντριμμα τῆς θυγατρὸς τοῦ λ. μου (14)
4. 3. ἐθήλασαν σκύμνοι αὐτῶν θυγατέρας [A -ες] λαοῦ μου (14)
— 6. ἐμεγαλύνθη ἀνομία θυγατρὸς λαοῦ μου (14)
— 10. AR ἐν τῷ συντρίμματι τῆς θυγατρὸς τοῦ [B *om.*] λ. μου (14)
Ez. 3. 5. οὐ πρὸς λ. βαθύγλωσσον σὺ ἐξαποστέλλῃ [A *al.*] (14)
— 6. οὐδὲ πρὸς λ. πολλοὺς ἀλλοφώνους (14)
— 11. εἴσελθε . . . πρὸς τοὺς υἱοὺς τοῦ λ. σου (14)
7. 23. ἡ γῆ πλήρης λαῶν †
— 27. αἱ χεῖρες τοῦ λ. τῆς γῆς παραλυθήσονται (14)
9. 9. ἐπλήσθη ἡ γῆ λαῶν πολλῶν †
11. 1. ἰδοὺ . . . τοὺς ἀφηγουμένους τοῦ λ. (14)
— 20. ἔσονταί μοι εἰς λαόν (14)
12. 19. ἐρεῖς πρὸς τὸν λ. τῆς γῆς (14)
13. 9. ἐν παιδείᾳ τοῦ λ. μου οὐκ ἔσονται (14)
— 10. ἐπλάνησαν τὸν λ. μου (14)
— 17. στήρισον τὸ πρόσωπόν σου ἐπὶ τὰς θυγατέρας τοῦ λ. σου (14)
— 18. αἱ ψυχαὶ διεστράφησαν τοῦ λ. μου (14)
— 19. ἐβεβήλουν με πρὸς τὸν λ. μου (14)
— 19. ἐν τῷ ἀποφθέγγεσθαι ὑμᾶς λαῷ (14)
— 21, 23. ῥύσομαι τὸν λ. μου ἐκ χειρὸς ὑμῶν (14)
14. 1. R ἦλθον πρὸς μὲ . . . ἄνδρες τοῦ λ. [A *om.* τ. λ., B *om.* λ.] Ἰσρ. –
— 8. ἐξαρῶ αὐτὸν ἐκ μέσου τοῦ λ. μου (14)
— 9. ἀφανιῶ αὐτὸν ἐκ μέσου τοῦ λ. μου Ἰσραήλ (14)
— 11. ἔσονταί μοι εἰς λαόν (14)
17. 9. οὐκ ἐν βραχίονι μεγάλῳ οὐδὲ ἐν λαῷ πολλῷ (14)
— 15. τοῦ δοῦναι αὐτῷ ἵππους καὶ λαὸν πολύν (14)
18. 18. ἐναντία ἐποίησεν ἐν μέσῳ τοῦ λ. μου (14)
20. 34. ἐξάξω ὑμᾶς ἐκ τῶν λ. (14)
— 35. ἄξω ὑμᾶς εἰς τὴν ἔρημον τῶν λ. (14)
— 41. ἐν τῷ ἐξαγαγεῖν με ὑμᾶς ἐκ τῶν λ. (14)
— 41. ἁγιασθήσομαι ἐν ὑμῖν κατ' ὀφθαλμοὺς τῶν λ. (6)
21. 12 (17). αὕτη ἐγένετο ἐν τῷ λ. μου (14)
— 12 (17). ἐπὶ ῥομφαίᾳ [B² ἐπεὶ ῥομφαία] ἐγένετο ἐν τῷ λ. μου (14)
22. 29. λαὸν [A τὸν λ.] τῆς γῆς ἐκπιεζοῦντες (14)
23. 24. ἅρματα καὶ τροχοὶ μετ' ὄχλου λαῶν (14)
24. 9. B μεγαλυνῶ τὸν λ. [AR δαλόν] †
— 18. ἐλάλησα πρὸς τὸν λ. τὸ πρωΐ (14)
— 19. εἶπε πρὸς μὲ ὁ λ. (14)
25. 7. ἐξολεθρεύσω σε ἐκ τῶν λ. (14)
— 14. δώσω ἐκδίκησίν μου . . . ἐν χειρὶ λαοῦ μου Ἰσρ. (14)
26. 11. τὸν λ. σου μαχαίρᾳ ἀνελεῖ (14)
— 20. πρὸς τοὺς καταβαίνοντας εἰς βόθρον πρὸς λαὸν αἰῶνος (14)
27. 3. ἐρεῖς τῇ Σορ . . . τῷ ἐμπορίῳ τῶν λ. (14)
28. 25. ἁγιασθήσομαι ἐν αὐτοῖς καὶ ἐνώπιον τῶν λ. (6)
30. 11. διὰ χειρὸς Ναβουχοδονόσορ . . . αὐτοῦ καὶ τοῦ λ. αὐτοῦ (14)
31. 12. κατέβησαν . . . πάντες οἱ λ. τῶν ἐθνῶν (14)
32. 3. περιβαλῶ ἐπὶ σὲ δίκτυα λαῶν πολλῶν [A *al.*] (14)
— 9. παροργιῶ καρδίαν λαῶν πολλῶν (14)
33. 2. λάλησον τοῖς υἱοῖς τοῦ λ. σου (14)

Ez. 33. 2. λάβῃ ὁ λ. τῆς γῆς ἄνθρωπον ἕνα ἐξ αὐτῶν (14)
— 3. σημάνῃ τῷ λ. (14)
— 6. μὴ σημάνῃ [A *add.* τῷ λ.] τῇ σάλπιγγι καὶ ὁ λ. μὴ φυλάξηται (–, 14)
— 12. εἰπὸν πρὸς τοὺς υἱοὺς τοῦ λ. σου (14)
— 17. ἐροῦσιν οἱ υἱοὶ τοῦ λ. σου (14)
— 30. οἱ υἱοὶ τοῦ λ. σου οἱ λαλοῦντες περὶ σοῦ (14)
— 31. ἔρχονται πρὸς σὲ ὡς συμπορεύεται λαός (14)
— 31. A κάθηνται ἐναντίον σου ὁ λ. μου [B *om.* ὁ λ. μ.] (14)
34. 30. αὐτοὶ λ. μου (14)
36. 8. τὸν καρπὸν ὑμῶν καταφάγεται ὁ λ. μου (14)
— 12. γεννήσω [A δώσω] ἐφ' ὑμᾶς ἀνθρώπους τὸν λ. μου Ἰσρ. (14)
— 15. ὀνειδισμοὺς λαῶν οὐ μὴ ἀνενέγκητε ἔτι [A *al.*] (14)
— 20. λ. κυρίου οὗτοι (14)
— 28. ἔσεσθέ μοι εἰς λαόν (14)
— 30. A ὅπως μὴ λάβητε ἔτι ὀνειδισμὸν λαοῦ [B *al.*] †
37. 13. τοῦ ἀναγαγεῖν με ἐκ τῶν τάφων τὸν λ. μου (14)
— 18. ὅταν λέγωσι πρὸς σὲ οἱ υἱοὶ τοῦ λ. σου (14)
— 23. ἔσονταί μοι εἰς λαόν (14)
— 27. αὐτοί μου ἔσονται [A ἔ. μοι] λ. (14)
38. 14. ἐν τῷ κατοικισθῆναι τὸν λ. μου Ἰσρ. (14)
— 16. ἀναβήσῃ ἐπὶ τὸν λ. μου Ἰσραὴλ ὡς νεφέλη (14)
39. 7. γνωσθήσεται ἐν μέσῳ λαοῦ μου Ἰσραήλ (14)
— 13. κατορύξουσιν αὐτοὺς πᾶς ὁ λ. τῆς γῆς (14)
42. 14. ὅταν ἅπτωνται τοῦ λ. (14)
44. 11. σφάξουσι . . . τὰς θυσίας τῷ λ. (14)
— 11. οὗτοι στήσονται ἐναντίον τοῦ λ. †
— 19. ἐν τῷ ἐκπορεύεσθαι αὐτοὺς . . . πρὸς τὸν λ. (14)
— 19. οὐ μὴ ἁγιάσωσι τὸν λ. ἐν ταῖς στολαῖς αὐ. (14)
— 23. τὸν λ. μου διδάξουσιν (14)
45. 8. οὐ καταδυναστεύσουσιν οὐκέτι . . . τὸν λ. μου (14)
— 9. A τὸν λ. μου καὶ τὴν γῆν κατακληρονομήσουσιν –
— 9. ἐξάρατε καταδυναστείαν ἀπὸ τοῦ λ. μου (14)
— 16. πᾶς ὁ λ. δώσει τὴν ἀπαρχὴν ταύτην (14)
— 22. ποιήσει . . . ὑπὲρ παντὸς τοῦ λ. τῆς γῆς μόσχον (14)
46. 3. προσκυνήσει ὁ λ. τῆς γῆς κατὰ τὰ πρόθυρα (14)
— 9. ὅταν εἰσπορεύηται ὁ λ. τῆς γῆς [A *om.* τ. γ.] ἐναντίον κυρίου (14)
— 18. οὐ μὴ λάβῃ ὁ ἀφηγούμ. ἐκ τῆς κληρονομίας τοῦ λ. (14)
— 18. ὅπως μὴ διασκορπίζηται ὁ λ. μου (14)
— 20. τοῦ ἁγιάζειν τὸν λ. (14)
— 24. ἑψήσουσιν ἐκεῖ . . . τὰ θύματα τοῦ λ. (14)
Da. LXX. Su. 5. δύο πρεσβύτεροι ἐκ τοῦ λαοῦ
— 5. ἐδόκουν κυβερνᾶν τὸν λαόν
— 41. πρεσβυτέρων ὄντων καὶ κριτῶν τοῦ λ.
— 59. ἕως ὁ λ. ἐξολεθρεύσει ὑμᾶς
3. 4. ὑμῖν παραγγέλλεται, . . . λαοὶ καὶ γλῶσσαι (2)
— 31 (98). Ναβ. ὁ βασ. πᾶσι τοῖς λ. (14)
4. 19. ἐπὶ ταῖς ἁμαρτίαις τοῦ λ. τοῦ ἡγιασμένου –
— 34. ποιήσω ἐγὼ καὶ ὁ λ. –
— 34. ἐν τῷ λ. μου ἐκράτησα –
7. 27. ἔδωκε λαῷ ἁγίῳ ὑψίστου βασιλεῦσαι (14)
8. 19. ἃ ἔσται . . . τοῖς υἱοῖς τοῦ λ. σου –
9. 7. ἡμῖν ἡ αἰσχύνη . . . καὶ παντὶ τῷ λ. Ἰσ. –
— 15. ὁ ἐξαγαγὼν τὸν λ. σου ἐξ Αἰγ. (14)
— 19. τὸ ὄνομά σου ἐπεκλήθη . . . ἐπὶ τὸν λ. σου (14)
— 20. τὰς ἁμαρτίας τοῦ λ. μου Ἰσ. (14)
— 24. ἑβδομήκ. ἑβδομάδες ἐκρίθησαν ἐπὶ τὸν λ. σου (14)
10. 14. τί ὑπαντήσεται τῷ λ. σου (14)
11. 32. ἐν ἁμαρτίαις διαθήκης μιανοῦσιν ἐν σκληρῷ λαῷ †
12. 1. ὁ ἑστηκὼς ἐπὶ τοὺς υἱοὺς τοῦ λ. σου (14)
— 1. ἐν ἐκείνῃ τῇ ἡμέρᾳ ὑψωθήσεται πᾶς ὁ λ. (14)
— 7. ἡ συντέλεια χειρῶν ἀφέσεως λαοῦ ἁγίου (14)
Da. TH. Su. 5. ἀπεδείχθησαν δύο πρεσβύτεροι ἐκ τοῦ λ.
— 5. οἱ ἐδόκουν κυβερνᾶν τὸν λ.
— 7. ἡνίκα ἀπέτρεχεν ὁ λ. μέσον ἡμέρας
— 28. συνῆλθεν ὁ λ. πρὸς τὸν ἄνδρα αὐτῆς Ἰ.
— 29. εἶπαν ἔμπροσθεν τοῦ λ.
— 34. ἀναστάντες . . . ἐν μέσῳ τῷ λ. [A τοῦ λ.]

Da. TH. Su. 41. ἐπίστευσεν αὐτοῖς . . . ὡς πρεσβυτέροις τοῦ λ.
— 47. ἐπέστρεψε δὲ πᾶς ὁ λ. πρὸς αὐτόν
— 50. ἀνέστρεψε πᾶς [**B**[2] *om.*] ὁ λ. μετὰ σπουδῆς
— 64. Δ. ἐγένετο μέγας ἐνώπιον τοῦ λ.
2. 44. λαῷ ἑτέρῳ οὐχ ὑπολειφθήσεται (14)
3. 4. ὑμῖν λέγεται λαοῖς [**A** ἔθνη λαοὶ] φυλαὶ γλῶσσαι (14)
— 7. ὅταν ἤκουον οἱ λ. τῆς φωνῆς τῆς σάλπιγγος (14)
— 7. πίπτοντες πάντες οἱ λ. φυλαὶ γλῶσσαι (14)
— 29 (96). πᾶς λαὸς φυλὴ γλῶσσα (14)
— 31 (98). πᾶσι τοῖς λ. φυλαῖς καὶ γλώσσαις (14)
5. 19. πάντες οἱ λ. φυλαὶ γλῶσσαι ἦσαν τρέμοντες (14)
6. 25 (26). ἔγραψε πᾶσι τοῖς λ. φυλαῖς γλώσσαις (14)
7. 14. πάντες οἱ λ. φυλαὶ καὶ γλῶσσαι (14)
8. 24. διαφθερεῖ ἰσχυροὺς καὶ λαὸν ἅγιον (14)
9. 6. οἳ ἐλάλουν . . . πρὸς πάντα τὸν λ. τῆς γῆς (14)
— 15. ὃς ἐξήγαγες τὸν λ. σου ἐκ γῆς Αἰ. (14)
— 16. ὁ λ. σου εἰς ὀνειδισμὸν ἐγένετο (14)
— 19. τὸ ὄνομά σου ἐπικέκληται . . . ἐπὶ τὸν λ. σου (14)
— 20. τὰς ἁμαρτίας τοῦ λ. μου Ἰσραήλ (14)
— 24. ἑβδομήκ. ἑβδομάδες συνετμήθησαν ἐπὶ τὸν λ. σου (14)
10. 14. ὅσα ἀπαντήσεται τῷ λ. σου (14)
11. 14. **A R** οἱ υἱοὶ τῶν λοιμῶν [**B** -πῶν] τοῦ λ. σου (14)
— 32. **A** καὶ λαοὶ ἀνομοῦντες διαθήκην ἐξάξουσιν ἐν ὀλισθήμασιν καὶ λαὸς γινώσκων θεόν [**B** *al.*] (–, 14)
— 33. οἱ συνετοὶ τοῦ λ. [**A** σ. λ. μου] συνήσουσιν (14)
12. 1. ὁ ἑστηκὼς ἐπὶ τοὺς υἱοὺς τοῦ λ. σου (14)
— 1. ἐν τῷ καιρῷ ἐκείνῳ σωθήσεται ὁ λ. σου (14)
— 7. **A** διασκορπισμὸν λαοῦ ἡγιασμένου [**B** *om.* λ. ἡ.] (14)
I Ma. 1. 13. **A R** προεθυμήθησάν τινες ἀπὸ [**S** *om.*] τοῦ λ.
— 30. ἀπώλεσε λαὸν πολὺν ἐξ Ἰσραήλ
— 41. εἶναι πάντας λαὸν [**A** εἰς λ.] ἕνα
— 51. **AR** ἐποίησεν ἐπισκόπους ἐπὶ [**S** κατὰ] πάντα τὸν λ.
— 52. συνηθροίσθησαν ἀπὸ τοῦ λ. πρὸς αὐτοὺς πολλοί
2. 7. **S R** τὸ σύντριμμα [**A** τὰ σ.] τοῦ λ. μου
— 66. **S R** πολεμήσει [**A** -σετε] πόλεμον λαῶν
— 67. ἐκδικήσατε ἐκδίκησιν τοῦ λ. ὑμῶν
3. 3. ἐπλάτυνε δόξαν τῷ λ. αὐτοῦ
— 5. **SR** τοὺς ταράσσοντας τὸν λ. [**A** *om.*] αὐτοῦ
— 42. ἐνετείλατο ποιῆσαι τῷ λ. εἰς ἀπώλειαν
— 43. ἀναστήσωμεν τὴν καθαίρεσιν τοῦ λ. ἡμῶν
— 43. **S R** πολεμήσωμεν περὶ [**S**[1] *om.*] τοῦ λ. ἡμῶν [**A** *om.* πολ. . . . ἡ.] καὶ τῶν ἁγίων [**S**[1] λαῶν]
— 55. κατέστησεν Ἰ. ἡγουμένους τοῦ λ.
4. 17. εἶπε πρὸς τὸν λ.
— 31. **S R** σύγκλεισον . . . ἐν χειρὶ [**A** εἰς χεῖρας] λαοῦ σου Ἰσ.
— 55. ἔπεσον πᾶς ὁ λ. ἐπὶ πρόσωπον
— 58. ἐγενήθη εὐφροσύνη μεγάλη ἐν τῷ λ. σφόδρα
— 61. τοῦ ἔχειν τὸν λ. ὀχύρωμα
5. 2. ἤρξαντο τοῦ θανατοῦν ἐν τῷ λ.
— 4. οἳ ἦσαν τῷ λ. εἰς παγίδα
— 6. εὗρε χεῖρα κραταιὰν καὶ λαὸν πολύν
— 16. ὡς δὲ ἤκουσεν Ἰ. καὶ ὁ λ. τοὺς λόγους τούτους
— 18. **R** κατέλιπεν Ἰ. . . . καὶ Ἀ. ἡγούμενον τοῦ λ.
— 19. πρόστητε τοῦ λ. τούτου
— 30. ἰδοὺ λαὸς πολύς
— 42. ἔστησε τοὺς γραμματεῖς τοῦ λ. ἐπὶ τοῦ χειμάρρου
— 43. **SR** πᾶς ὁ λ. ὄπισθεν αὐτοῦ [**A** *al.*]
— 53. παρακαλῶν τὸν λ. κατὰ πᾶσαν τὴν ὁδόν
— 60. **SR** ἔπεσον . . . ἐκ τοῦ λ. τοῦ [**A** σου] Ἰσρ.
— 61. ἐγενήθη τροπὴ μεγ. ἐν τῷ λ. [**S** *om.*]
6. 19. ἐξεκκλησίασε πάντα τὸν λ.
— 24. **R** περικάθηνται [**S** -εκάθηντο] . . . υἱοὶ τοῦ λ. ἡμῶν [**A** *al.*]
— 44. ἔδωκεν ἑαυτὸν τοῦ σῶσαι τὸν λ. αὐτοῦ
7. 6. κατηγόρησαν [**S**[1] -ρῆσαι] τοῦ λ. πρὸς τὸν βασιλέα
— 18. ἐπέπεσεν . . . ὁ τρόμος εἰς πάντα τὸν λ.
— 19. συνέλαβε . . . τινας τοῦ λ.
— 22. πάντες οἱ ταράσσοντες τὸν λ. αὐτῶν
— 26. ἐνετείλατο αὐτῷ ἐξᾶραι τὸν λ.
— 33. ἀπὸ τῶν πρεσβυτέρων τοῦ λ.
I Ma. 7. 37. οἶκον προσευχῆς καὶ δεήσεως τῷ λ. σου
— 48. ηὐφράνθη ὁ λαὸς σφόδρα
9. 73. ἤρξατο Ἰωνάθαν κρίνειν τὸν λ.
10. 7. εἰς τὰ ὦτα παντὸς τοῦ λ.
— 46. ὡς δὲ ἤκουσεν Ἰ. καὶ ὁ λ.
— 80. ἐξετίναξαν τὰς σχίζας εἰς τὸν λ. [**S**[1] ναόν]
— 81. ὁ δὲ λ. εἱστήκει
12. 35. ἐξεκκλησίασε τοὺς πρεσβυτέρους τοῦ λ.
— 44. **A R** ἵνα τί ἔκοψας πάντα [**S** *om.*] τὸν λ. τ.
13. 2. εἶδε τὸν λ.
— 2. καὶ ἤθροισε τὸν λ.
— 7. ἀνεζωοπύρησε τὸ πνεῦμα τοῦ λ.
— 17. μή ποτε ἔχθραν ἄρῃ μεγάλην πρὸς τὸν λ.
— 42. **A R** ἤρξατο ὁ λ. Ἰσ. [**S** *om.*] γράφειν
14. 14. ἐστήρισε πάντας τοὺς ταπεινοὺς τοῦ λ. αὐτοῦ
— 28. ἐπὶ συναγωγῆς μεγάλης ἱερέων καὶ λαοῦ
— 30. προσετέθη πρὸς τὸν λαὸν αὐτοῦ
— 35. **A S**[2] **R** εἶδεν ὁ λ. [**S**[1] *om.* εἰ. ὁ λ.] τὴν πρᾶξιν [**A S** πίστιν] τοῦ Σ.
— 35. ὑψῶσαι τὸν λ. αὐτοῦ
— 44. οὐκ ἐξέσται οὐδενὶ [**S**[1] οὐθὲν] τοῦ λ.
— 46. εὐδόκησε πᾶς ὁ λ.
15. 35. ἐποίουν ἐν τῷ λ. πληγὴν μεγάλην
— 39. ὅπως πολεμήσῃ τὸν λ.
— 40. ἤρξατο τοῦ ἐρεθίζειν τὸν λ.
— 40. ἤρξατο . . . αἰχμαλωτίζειν τὸν λ.
16. 6. παρενέβαλε κατὰ πρόσωπον αὐ. αὐτὸς καὶ ὁ λ. αὐτοῦ
— 6. εἶδε τὸν λ. δειλούμενον
— 7. διεῖλε τὸν λ. καὶ τοὺς ἱππεῖς
II Ma. 1. 26. πρόσδεξαι τὴν θυσίαν ὑπὲρ παντὸς τοῦ λ. σου Ἰ.
— 29. καταφύτευσον τὸν λ. σου
2. 7. ἐπισυναγωγὴν τοῦ λ.
— 17. ὁ σώσας τὸν πάντα λαὸν αὐτοῦ
6. 16. οὐκ ἐγκαταλείπει τὸν ἑαυτοῦ λαόν
8. 2. **R** τὸν ὑπὸ πάντων καταπατούμενον [**A** -πονούμ.] λαόν
10. 21. συναγαγὼν τοὺς ἡγουμένους τοῦ λ.
13. 11. τὸν ἄρτι βραχέως ἀνεψυχότα λαόν
14. 15. τὸν . . . συστήσαντα τὸν ἑαυτοῦ λαόν
15. 14. προσευχόμενος περὶ τοῦ λ.
— 24. παραγενόμενοι ἐπὶ τὸν ἅγιόν σου λ.
III Ma. 2. 6. καταδουλωσάμενον τὸν λ. σου τὸν ἅγιον Ἰσ.
— 16. εὐδόκησας τὴν δόξαν σου ἐν τῷ λ. σου Ἰσ.
6. 3. μερίδος ἡγιασμένης σου λαὸν ἐν ξένῃ γῇ ξένον
IV Ma. 4. 26. τὰ δόγματα αὐτοῦ κατεφρονεῖτο ὑπὸ τοῦ λ.

[**Aq**. Ge. 49. 10 : Ex. 5. 16 : 11. 3 : 19. 12 : 32. 25 : Le. 4. 3 : Nu. 14. 14 : Dt. 2. 21 : 4. 19 : 7. 19 : 10. 11 : 32. 43 : Jd. 5. 2 : I Ki. 9. 24 : 26. 14 : III Ki. 9. 23 : 14. 2, 7 *bis* : 18 21 : Jb. 18. 19 : Ps. 17 (18). 28 : 34 (35). 18 : 44 (45). 18 : 55 (56). 8 : 58 (59). 12 : 61 (62). 9 : 79 (80). 5 : 86 (87). 6 : 88 (89). 51 : 95 (96). 7 : 113 (114). 1 : Pr. 14. 28 : 29. 18 : Ec. 4. 16 : 12. 9 : Ca. 6. 11 (12) : Is. 1. 3 : 2. 3 : 8. 9 : 11. 10, 11 : 13. 14 : 30. 28 : 33. 3, 12 : 40. 7 : 51. 16, 22 : 61. 9 : 63. 3, 8 : Je. 6. 27 : 9. 15 (14) : 13. 10 : 17. 19 : 23. 27 : 34 (41). 8, 19 : 37 (44). 4 : 41 (48). 10 *bis* : 44 (51). 20 : 52. 15 *bis* : Ez. 26. 2 : 33. 3 : Da. 9. 24, 26 : Ob. 13 : Hb. 3. 13 : Ze. 3. 9.]
[**Sm**. Ex. 19. 5, 12 : 32. 9 *bis*, 25 : Dt. 4. 19 : 7. 19 : 10. 11 : 33. 7 : Jd. 5. 14 : I Ki. 26. 14 : II Ki. 14. 13 : III Ki. 18. 21 : 22. 28 : Jb. 36. 20 : Ps. 17 (18). 28, 48 : 34 (35). 18 : 43 (44). 13 : 44 (45). 18 : 46 (47). 10 *bis* : 55 (56). 8 : 58 (59). 12 : 61 (62). 9 : 67 (68). 8, 31 : 77 (78). 62 : 79 (80). 5 : 80 (81). 12 : 82 (83). 4 : 86 (87). 6 : 88 (89). 20 : 95 (96). 7 : 109 (110). 3 : 113 (114). 1 : Pr. 14. 28, 34 : Ec. 12. 9 : Ca. 6. 11 (12) : Is. 2. 3 : 6. 5, 10 : 8. 9, 11, 12 : 11. 11 : 25. 8 : 29. 14 : 32. 13 : 33. 12, 19 *bis* : 34. 1 : 40. 1, 7 : 51. 16, 22 : 53. 8 : 57. 1 : 61. 9 : 63. 3, 8 : Je. 6. 27 : 9. 15 (14) : 12. 16 : 13. 10 : 23. 27 : 30 (37). 22 : 31 (38). 2 : 44 (51). 20 : La. 1. 1 : Ez. 26. 2 : 33. 3, 31 : Da. 9. 24 : Mi. 2. 8 : Ze. 3. 9.]
[**Th**. Ex. 5. 16 : 11. 3 : 19. 12 : 32. 9 *bis*, 25 : Dt. 4. 19 : 7. 19 : 10. 11 : 32. 43 : Jd. 2. 12 : 5. 2, 14 : I Ki. 9. 24 : 26. 14 : II Ki. 14. 13 : III Ki. 21 (20). 13 : 22. 28 : Jb. 36. 20 : Ps. 44 (45). 18 : 46 (47). 10 *bis* : 58 (59). 12 : 73 (74). 14 : 79 (80). 5 : 86 (87). 6 : 95 (96). 7 : 104 (105). 20 : Pr. 11. 14 : 14. 28 : Is. 1. 3 : 2. 3 : 8. 9 : 10. 22 : 11. 11 : 30. 6, 28 : 33. 3, 12 : 40. 7 : 51. 5 : 53. 8 : 57. 1 : 61. 9 : 63. 8 : Je. 6. 27 : 8. 11 : 9. 15 (14) : 13. 10 : 29 (36). 16, 25 : 30 (37). 22 : 33 (40). 24 *bis* : 34 (41). 8 : 39 (46). 8, 9 *bis*, 10 : 48 (31). 46 : 52. 28 : Ez. 26. 2 : 33. 31 : Da. 7. 27† : 9. 20, 24 : 12. 7† : Ze. 3. 9.]
[**Heb**. Ge. 49. 6 : Dt. 32. 43 *bis* : Ps. 95 (96). 7.]
[**Al**. Ex. 9. 35 : 15. 14 : 17. 1 : Le. 4. 3 : 10. 3 : 20. 2, 4 : Nu. 7. 2 : 11. 33 : 14. 19 : Dt. 32. 21 : Jo. 3. 6 : I Ki. 9. 2 : Ps. 9. 12 : 44 (45). 18 : 124 (125). 2 : Hb. 3. 13, 16.]
[**Quint**. Ps. 73 (74). 14 : 86 (87). 6 : Ca. 6. 11 (12) : Hb. 3. 13.]
[**Sext**. Hb. 3. 13.]

λαπιστής.

Si. 20. 7. ὁ δὲ λ. . . . ὑπερβήσεται καιρόν [**S**[1] -ῷ]

λάπτειν. (1) לָקַק *a.* qal. *b.* pi.

Jd. 7. 5. ὃς ἂν λάψῃ [**A** λήψῃ] τῇ γλώσσῃ αὐ. (1 *a*)
— 5. ὡς ἐὰν λάψῃ [**A** λήψῃ] ὁ κύων (1 *a*)
— 6. ὁ ἀριθμὸς τῶν λαψάντων ἐν χειρὶ αὐτῶν [**A** *al.*] (1 *b*)
— 7. ἐν τοῖς τριακοσίοις ἀνδράσι τοῖς λάψασι (1 *b*)
[**Sm**. Jd. 7. 6 : Ps. 67 (68). 24.]

λαρνάκιον.

[**Sm**. I Ki. 6. 8.]
[**Al**. I Ki. 6. 11.]

λάρναξ.

[**Aq**. I Ki. 6. 8.]

λάρος. (1) שַׁחַף

Le. 11. 15 (16) : De. 14. 15. στρουθὸν καὶ γλαῦκα καὶ λάρον (1)

λάρυγξ. (1) גָּרוֹן (2) חֵךְ (3) מַלְקוֹחַ

Jb. 6. 30. ἢ ὁ λ. μου οὐχὶ σύνεσιν μελετᾷ (2)
12. 11. λάρυγξ δὲ σῖτα γεύεται (2)
20. 13. συνάξει αὐτὴν ἐν μέσῳ τοῦ λ. αὐτοῦ (2)
29. 10. γλῶσσα αὐτῶν τῷ λ. αὐτῶν ἐκολλήθη (2)
34. 3. λάρυγξ γεύεται βρῶσιν (2)
Ps. 5. 9. τάφος ἀνεῳγμένος ὁ λ. αὐτῶν (1)
13 (14). 3. **B S**[1] τάφος ἀνεῳγμένος ὁ λ. αὐτῶν –
21 (22). 15. ἡ γλῶσσά μου κεκόλληται τῷ λ. μου (3)
68 (69). 3. ἐβραγχίασεν ὁ λ. μου (1)
113. 15 (115. 7). οὐ φωνήσουσιν ἐν τῷ λ. αὐτῶν (1)
118 (119). 103. ὡς γλυκέα τῷ λ. μου τὰ λόγιά σου (2)
134 (135). 17. **A** οὐ φωνήσουσιν ἐν τῷ λ. αὐτῶν –
136 (137). 6. κολληθείη ἡ γλῶσσά μου τῷ λ. μου (2)
149. 6. αἱ ὑψώσεις τοῦ θεοῦ ἐν [**A S** *add.* τῷ] λάρυγγι αὐτῶν (1)
Ca. 2. 3. καρπὸς αὐτοῦ γλυκὺς ἐν λάρυγγί μου (2)
7. 9 (10). ὁ [**A**[1] **S** *om.*] λ. σου ὡς οἶνος ὁ ἀγαθός (2)
Si. 6. 5. λάρυγξ γλυκὺς πληθυνεῖ φίλους αὐτοῦ
[**Aq.**, **Sm**. Ez. 3. 26.]
[**Th**. Jb. 33. 2 : Pr. 23. 2 : Ez. 3. 26.]

λατομεῖν. (1) חָצַב *a.* qal. *b.* pu. (2) כָּרָה

Ex. 21. 33. ἢ λατομήσῃ [**A** *om.* ἢ λατ.] λάκκον (2)
Nu. 21. 18. **A B** ἐλατόμησαν [**R** ἐξελ.] αὐτὸ βασιλεῖς ἐθνῶν (2)
De. 6. 11. **B** λάκκους λελατομημένους οὓς οὐκ ἐλατόμησας [**A B**[2] **R** ἐξελ.] (1 *a*, 1 *a*)
I Ch. 22. 2. λατομῆσαι λίθους ξυστούς (1 *a*)
II Ch. 26. 10. ἐλατόμησε λάκκους πολλούς (1 *a*)
Ne. 9. 25. ἐκληρονόμησαν . . . λάκκους λελατομημένους (1 *a*)
Jb. 28. 2. χαλκὸς δὲ ἴσα λίθῳ λατομεῖται †
Is. 22. 16. ἐλατόμησας σεαυτῷ ὧδε μνημεῖον (1 *a*)
51. 1. ἣν ἐλατομήσατε (1 *b*)
[**Aq**. Dt. 8. 9 : Pr. 9. 1 : Is. 51. 9 : Ho. 6. 5.]
[**Sm**. III Ki. 7. 12 (49) : Pr. 9. 1 : Is. 51. 1, 9.]
[**Th**. Is. 51. 1, 9 : Ho. 6. 5.]

λατομητός. (1) מַחְצֵב

IV Ki. 12. 12 (13). τοῦ κτήσασθαι . . . λίθους λ. (1)
22. 6. τοῦ κτήσασθαι . . . λίθους λ. (1)
[**Sm**. III Ki. 7. 12 (49).]

λατόμος. (1) חָצַב

III Ki. 3. 1 (5. 15 [29]). ὀγδοήκοντα χιλιάδες λατόμων (1)
5. 15 (29). ὀγδοήκοντα χιλιάδες λατόμων (1)
IV Ki. 12. 12 (13). καὶ τοῖς λ. τῶν λίθων (1)

I Ch. 22. 2. καὶ κατέστησε λατόμους (1)
II Ch. 2. 2 (1), 18 (17). ὀγδοήκοντα χιλιάδας λατόμων (1)
24. 12. ἐμισθοῦντο λατόμους (1)
I Es. 5. 54. ἔδωκαν ἀργύριον τοῖς λ.
II Es. 3. 7. ἔδωκαν ἀργύριον τοῖς λ. (1)

λατρεία (-ρία). (1) עֲבֹדָה

Ex. 12. 25. φυλάξασθε τὴν λ. ταύτην (1)
— 26. τίς ἡ λ. αὕτη (1)
13. 5. ποιήσεις τὴν λ. ταύτην (1)
Jo. 22. 27. B τοῦ λατρεύειν λατρείαν κυρίῳ [AR -ου] (1)
I Ch. 28. 13. A R τῶν λειτουργησίμων σκευῶν τῆς λ. οἴκου κ. [B *om.* τ. λ. οἴ. κ.] (1)
I Ma. 1. 43. εὐδόκησαν τῇ λ. αὐτοῦ
2. 19. ἀποστῆναι ἕκαστος ἀπὸ λατρείας πατέρων
— 22. παρελθεῖν τὴν λ. ἡμῶν δεξιὰν
III Ma. 4. 14. S R προδεδηλωμένην τῶν ἔργων κατάπονον [A -τρόπον] λατρείαν
[**Sm.** Nu. 3. 7: 8. 24: Is. 32. 17.]

λατρεύειν. (1) אַחַר (2) *a.* עָבַד *b.* הָיָה עֹבֵד
(3) *a.* פְּלַח *b.* אִיתַי פָּלַח (4) שָׁרַת pi.

Ex. 3. 12. λατρεύσετε τῷ θεῷ ἐν τῷ ὄρει τούτῳ (2 *a*)
4. 23. ἵνα μοι λατρεύσῃ (2 *a*)
7. 16. ἵνα μοι λατρεύσῃ ἐν τῇ ἐρήμῳ (2 *a*)
8. 1 (7. 26). ἵνα μοι λατρεύσωσιν (2 *a*)
— 20 (16). ἵνα μοι λατρεύσωσιν [A -σῃ] (2 *a*)
9. 1. ἵνα μοι λατρεύσωσιν (2 *a*)
— 13: 10. 3. ἵνα λατρεύσωσί μοι (2 *a*)
10. 7. ὅπως λατρεύσωσι τῷ θεῷ (2 *a*)
— 8. λατρεύσατε κυρίῳ τῷ θεῷ ὑμῶν (2 *a*)
— 11. λατρευσάτωσαν [A -σατε] τῷ θεῷ (2 *a*)
— 24. λατρεύσατε κυρίῳ τῷ θεῷ ὑμῶν (2 *a*)
— 26. λημψόμεθα λατρεῦσαι κυρίῳ τῷ θεῷ (2 *a*)
— 26. τί λατρεύσωμεν κυρίῳ (2 *a*)
12. 31. λατρεύσατε κυρίῳ (2 *a*)
20. 5: 23. 24. οὐδὲ μὴ λατρεύσῃς αὐτοῖς (2 *a*)
23. 25. καὶ λατρεύσεις κυρίῳ τῷ θεῷ σου (2 *a*)
Le. 18. 21. οὐ δώσεις λατρεύειν ἄρχοντι †
Nu. 16. 9. παρίστασθαι . . . λατρεύειν αὐτοῖς (4)
De. 4. 19. μὴ . . . λατρεύσῃς αὐτοῖς (2 *a*)
— 28. λατρεύσετε ἐκεῖ θεοῖς ἑτέροις (2 *a*)
5. 9. οὐδὲ μὴ λατρεύσῃς αὐτοῖς [A *al.*] (2 *a*)
6. 13. καὶ αὐτῷ [A *add.* μόνῳ] λατρεύσεις [A -σῃς] (2 *a*)
7. 4. λατρεύσει θεοῖς ἑτέροις (2 *a*)
— 16. οὐ [A οὐ μὴ] λατρεύσεις τοῖς θεοῖς αὐτῶν (2 *a*)
8. 19. καὶ λατρεύσῃς αὐτοῖς (2 *a*)
10. 12. λατρεύειν κυρίῳ τῷ θεῷ σου (2 *a*)
— 20. καὶ αὐτῷ [A *add.* μόνῳ] λατρεύσεις (2 *a*)
11. 13. καὶ λατρεύειν αὐτῷ (2 *a*)
— 16. μὴ . . . λατρεύσητε θεοῖς ἑτέροις (2 *a*)
— 28. πορευθέντες λατρεύειν θεοῖς ἑτέροις (1)
12. 2. ἐν οἷς ἐλάτρευσαν ἐκεῖ τοῖς θεοῖς αὐ. (2 *a*)
13. 2 (3). λατρεύσωμεν θεοῖς ἑτέροις (1+2 *a*)
— 6 (7), 13 (14). λατρεύσωμεν θεοῖς ἑτέροις (2 *a*)
17. 3. καὶ ἐλθόντες λατρεύσωσι θεοῖς ἑτέροις (2 *a*)
28. 14. λατρεύειν αὐτοῖς (2 *a*)
— 36. λατρεύσεις ἐκεῖ θεοῖς ἑτέροις (2 *a*)
— 47. οὐκ ἐλάτρευσας κ. τῷ θεῷ σου (2 *a*)
— 48. λατρεύσεις τοῖς ἐχθροῖς σου (2 *a*)
29. 18 (17). λατρεύειν τοῖς θεοῖς τῶν ἐθνῶν ἐκ. (2 *a*)
— 26 (25). ἐλάτρευσαν θεοῖς ἑτέροις (2 *a*)
30. 17. ἐὰν . . . λατρεύσῃς [A -σεις] αὐτοῖς (2 *a*)
31. 20. A R καὶ λατρεύσουσιν αὐτοῖς (2 *a*)
Jo. 22. 5. καὶ λατρεύειν αὐτῷ (2 *a*)
— 27. B τοῦ λατρεύειν λατρείαν κυρίῳ [AR -ου] (2 *a*)
23. 7. οὐδὲ μὴ λατρεύσητε [B[1] -σετε] (2 *a*)
— 16. καὶ πορευθέντες λατρεύσητε θεοῖς ἑτ. (2 *a*)
24. 2. ἐλάτρευσαν θεοῖς ἑτέροις (2 *a*)
— 14. λατρεύσατε αὐτῷ ἐν εὐθύτητι (2 *a*)
— 14. οἷς ἐλάτρευσαν οἱ πατέρες ἡμῶν (2 *a*)
— 14. B λατρεύετε [A R -εύσατε] κυρίῳ (2 *a*)
— 15. εἰ δὲ μὴ ἀρέσκει ὑμῖν λατρεύειν κυρίῳ (2 *a*)
— 15. ἐκλέξασθε . . . τίνι λατρεύσητε (2 *a*)
— 15. λατρεύσομεν [A -σωμεν] κυρίῳ (2 *a*)
— 16. ὥστε λατρεύειν θεοῖς ἑτέροις (2 *a*)
— 18. λατρεύσομεν [A -σωμεν] κυρίῳ (2 *a*)
— 19. οὐ μὴ δύνησθε λατρεύειν κυρίῳ (2 *a*)
— 20. ἡνίκα ἐὰν . . . λατρεύσητε θεοῖς ἑτέροις (2 *a*)
— 21. κυρίῳ λατρεύσομεν [A -σωμεν] (2 *a*)
— 22. ἐξελέξασθε κυρίῳ λατρεύειν αὐτῷ (2 *a*)
— 24. κυρίῳ λατρεύσομεν [A -σωμεν] (2 *a*)

Jo. 24. 31. ἐλάτρευσεν Ἰσρ. τῷ κυρίῳ (2 *a*)
Jd. 2. 11. ἐλάτρευσαν [A -ευον] τοῖς Βααλείμ (2 *a*)
— 13. ἐλάτρευσαν τῷ [A τῇ] Βαάλ (2 *a*)
— 19. λατρεύειν αὐτοῖς καὶ προσκυνεῖν αὐτοῖς (2 *a*)
3. 6. ἐλάτρευσαν τοῖς θεοῖς αὐτῶν (2 *a*)
— 7. ἐλάτρευσαν τοῖς [A ταῖς] Βααλείμ (2 *a*)
10. 6. A ἐλάτρευσαν ταῖς Βααλείμ [B *al.*] (2 *a*)
— 10. A ἐλατρεύσαμεν ταῖς Β. [B *al.*] (2 *a*)
— 13. A ἐλατρεύσατε [B ἐδουλεύσ.] θεοῖς ἑτέροις (2 *a*)
— 16. A ἐλάτρευσαν τῷ κυρίῳ [B *al.*] (2 *a*)
II Ki. 15. 8. λατρεύσω τῷ κυρίῳ (2 *a*)
IV Ki. 17. 12. ἐλάτρευσαν τοῖς εἰδώλοις (2 *a*)
— 16. ἐλάτρευσαν τῷ Βαάλ (2 *a*)
— 33. τοῖς θεοῖς αὐτῶν ἐλάτρευον (2 *b*)
— 35. οὐ λατρεύσετε αὐτοῖς (2 *a*)
21. 21. ἐλάτρευσε τοῖς εἰδώλοις οἷς ἐλάτρευσεν ὁ πατὴρ αὐ. (2 *a*, 2 *a*)
II Ch. 7. 19. καὶ λατρεύσητε θεοῖς ἑτέροις (2 *a*)
I Es. 1. 4. λατρεύετε τῷ κ. θεῷ
4. 54. ἐν τίνι λατρεύουσιν ἐν αὐτῇ
Ju. 3. 8. B ὅπως αὐτῷ μόνῳ τῷ Ναβ. λατρεύωσι [S R -σωσιν, A -εύσει]
Si. 4. 14. οἱ λατρεύοντες αὐτῇ λειτουργήσουσιν ἁγίῳ
Ez. 20. 32. τοῦ λ. ξύλοις καὶ λίθοις (4)
Da. LXX. 3. 12. τῷ εἰδώλῳ σου οὐκ ἐλάτρευσαν (3 *a*)
— 14. διὰ τί . . . τοῖς θεοῖς μου οὐ λατρεύετε (3 *b*)
— 18. οὔτε τῷ εἰδώλῳ σου λατρεύομεν (3 *b*)
— 28 (95). ἵνα μὴ λατρεύσωσι . . . θεῷ ἑτέρῳ (3 *a*)
4. 34. ἀπὸ τοῦ νῦν αὐτῷ λατρεύσω –
6. 16 (17). ᾧ σὺ λατρεύεις ἐνδελεχῶς (3 *a*)
— 20 (21). ὁ θ. σου ᾧ λατρεύεις ἐνδελεχῶς (3 *a*)
— 26 (27). προσκυνοῦντες καὶ λατρεύοντες τῷ θ. τοῦ Δ. †
7. 14. πᾶσα δόξα αὐτῷ λατρεύουσα (3 *a*)
Da. TH. 3. 12. τοῖς θεοῖς σου οὐ λατρεύουσι (3 *a*)
— 14. εἰ . . . τοῖς θεοῖς μου οὐ λατρεύετε (3 *b*)
— 17. ᾧ ἡμεῖς λατρεύομεν (3 *a*)
— 18. τοῖς θεοῖς σου οὐ λατρεύομεν (3 *b*)
— 28 (95). ὅπως μὴ λατρεύσωσι . . . παντὶ θεῷ (3 *a*)
6. 16 (17), 20 (21). ᾧ σὺ λατρεύεις ἐνδελεχῶς (3 *a*)
III Ma. 6. 6. εἰς τὸ μὴ λατρεῦσαι τοῖς κενοῖς
[**Sm.** Nu. 3. 7: Ps. 21 (22). 31: Is. 53. 11: Je. 44 (51). 3: Ez. 20. 39.]
[**Th.** Dt. 28. 48: Je. 44 (51). 3.]
[**Al.** Ex. 10. 11: I Ki. 2. 24.]

λατρευτός. (1) עֲבֹדָה (2) ἔργον λ. מְלָאכָה

Ex. 12. 16. πᾶν ἔργον λ. οὐ ποιήσετε (2)
Le. 23. 7, 8, 21, 25, 35, 36: Nu. 28. 18, 25, 26: 29. 1. πᾶν ἔργον λ. οὐ ποιήσετε (1)
Nu. 29. 7. A πᾶν ἔργον λ. [B *om.*] οὐ ποιήσετε (2)
— 12, 35. πᾶν ἔργον λ. οὐ ποιήσετε (1)

λάτρις.

Jb. 2. 9. κἀγὼ πλανωμένη [A S[2] πλανῆτις] καὶ λάτρις –

λαφυρεῖν.

[**Aq.** Is. 59. 15.]

λαφυρεύειν.

Ju. 15. 11. ἐλαφύρευσε πᾶς ὁ λαὸς τὴν παρεμβολὴν

λάφυρον. (1) שָׁלָל

I Ch. 26. 27. ἃ ἔλαβεν . . . ἐκ τῶν λ. (1)
Ju. 15. 7. ἐκράτησαν πολλῶν λ.
II Ma. 8. 30. R λάφυρα πλεῖστα [A πλείονος] ἐμερίσαντο
[**Aq.** Ge. 49. 27: Nu. 31. 12: Dt. 20. 14: Jb. 12. 17: Ps. 67 (68). 13: Pr. 1. 13: Is. 33. 23: 53. 12.]
[**Sm.** Nu. 31. 12: Ps. 67 (68). 13.]
[**Th.** Nu. 31. 12.]
[**Al.** Ex. 15. 9: Dt. 2. 35: Jo. 7. 21: I Ki. 14. 32: Pr. 31. 11.]

λαχανεία (-νία). (1) יָרָק

De. 11. 10. ὡσεὶ κῆπον λαχανείας (1)

λάχανον. (1) *a.* יָרָק *b.* יֶרֶק

Ge. 9. 3. ὡς λάχανα χόρτου δέδωκα ὑμῖν τὰ πάντα (1 *a*)
III Ki. 20 (21). 2. ἔσται μοι εἰς κῆπον λαχάνων (1 *b*)
— 2. ἔσται μοι εἰς κῆπον λαχάνων –

Ps. 36 (37). 2. ὡσεὶ λάχανα χλόης ταχὺ ἀποπεσοῦνται (1 *a*)
Pr. 15. 17. κρείσσων ξενισμὸς μετὰ [A *om.*] λαχάνων (1 *b*)
[**Aq.** Ge. 1. 30: IV Ki. 4. 39.]
[**Sm.**, **Th.** IV Ki. 4. 39.]

λέαινα. (1) אַרְיֵה (2) שַׁחַל

Jb. 4. 10. σθένος λέοντος φωνὴ δὲ λεαίνης (2)
Da. LXX., TH. 7. 4. τὸ πρῶτον ὡσεὶ λέαινα (1)
[**Aq.** Ps. 56 (57). 5: Ho. 5. 14.]
[**Sm.** Is. 21. 8: Ho. 5. 14.]
[**Al.** Ez. 19. 2.]

λεαίνειν, λειαίνειν. (1) רוק hi. (2) שָׁחַק

II Ki. 22. 43. ἐλέανα αὐτοὺς ὡς χνοῦν γῆς (2)
Jb. 14. 19. λίθους ἐλέαναν [A -εν] ὕδατα (2)
Ps. 17 (18). 42. ὡς πηλὸν πλατειῶν λεανῶ αὐτούς (1)
[**Aq.**, **Sm.**, **Th.** Pr. 29. 5: Is. 41. 7.]

λέβ.

Jo. 19. 29. καὶ ἀπὸ λ. καὶ Ἐχ. [A *al.*] †

λέβης. (1) דּוּד (2) כִּיּוֹר (3) סִיר (4) סַף

Ex. 16. 3. ἐκαθίσαμεν ἐπὶ τῶν λ. τῶν κρεῶν (3)
I Ki. 2. 14. ἐπάταξεν αὐ. εἰς τὸν λ. τὸν μέγαν (1?, 2?)
— 15. οὐ μὴ λάβω . . . ἐκ τοῦ λ. †
II Ki. 17. 28. ἤνεγκαν . . . λέβητας δέκα (4)
III Ki. 7. 40. ἐποίησε Χ. τοὺς λ. (2)
— 45. καὶ τοὺς λ. καὶ τὰς θερμαστρεῖς (3)
IV Ki. 4. 38. ἐπίστησον τὸν λ. (3)
— 39. ἐνέβαλεν εἰς τὸν λ. τοῦ ἑψέματος (3)
— 40. θάνατος ἐν τῷ λ. (3)
— 41. ἐμβάλετε εἰς τὸν λ. (3)
— 41. οὐκ ἐγενήθη ἔτι ἐκεῖ ῥῆμα πον. ἐν τῷ λ. (3)
25. 14. καὶ τοὺς λ. . . . ἔλαβε (3)
II Ch. 4. 16. καὶ τοὺς λ. καὶ τὰς κρεάγρας (3?)
35. 13. τὰ ἅγια ἥψησαν . . . ἐν τοῖς λ. (1)
I Es. 1. 12. ἥψησαν [A ὤπτησαν] ἐν τοῖς . . . λέβησι
Ps. 59 (60). 8: 107 (108). 9. Μωὰβ λέβης τῆς ἐλπίδος μου (3)
Ec. 7. 7 (6). ὡς φωνὴ ἀκανθῶν ὑπὸ τὸν λ. (3)
Si. 13. 2. τί κοινωνήσει χύτρα πρὸς λέβητα
Am. 4. 2. τοὺς μεθ' ὑμῶν εἰς λέβητας ὑποκαιομένους ἐμβαλοῦσιν [A *om.* ὑ. ἐμβ.] (3)
Mi. 3. 3. καὶ ἐμέλισαν ὡς σάρκας εἰς λέβητα (3)
Za. 14. 20. ἔσονται οἱ λ. ἐν τῷ οἴκῳ κ. ὡς φιάλαι (3)
— 21. ἔσται πᾶς λέβης ἐν Ἱερ. . . . ἅγιος τῷ κ. (3)
Je. 1. 13. A B S[2] λέβητα ὑποκαιόμενον (3)
Ez. 11. 3. αὕτη ἐστὶν ὁ λ. (3)
— 7. αὐτὴ δὲ ὁ λ. ἐστί (3)
— 11. A αὕτη ὑμῖν οὐκ ἔσται εἰς λέβητα (3)
24. 3. ἐπίστησον τὸν λ. (3)
— 6. λ. ἐν ᾧ ἐστιν ἰός (3)
II Ma. 7. 3. προσέταξε τήγανα καὶ λέβητας ἐκπυροῦν
IV Ma. 8. 13. καταπέλτας καὶ λέβητας
12. 1. ἐναπέθανε καταβληθεὶς εἰς λέβητα
18. 20. A R πῦρ φλέξας [S σβέσας] λέβησιν ὠμοῖς
[**Aq.** Ps. 59 (60). 10: 107 (108). 10: Je. 52. 19.]
[**Sm.** Ps. 59 (60). 10: 107 (108). 10: Je. 52. 18.]
[**Quint.** Ps. 107 (108). 10.]

λεβή.

[**Heb.** Ps. 11 (12). 9.]

λέγειν. (1) אָמַר *a.* qal. *b.* ni. *c.* אֲמַר
d. אֱמַר *e.* אֹמֶר (2) בָּטָה (3) *a.* דָּבָר
b. דָּבַר qal. *c.* pi. (4) מִצְוָה (5) מָשַׁל
a. qal. *b.* pi. (6) נְאֻם (7) סָפַר pi.
(8) ὁ λέγων ψευδῆ με λέγειν כָּזַב hi.
(9) τάδε λέγει נְאֻם

Ge. 1. 22, 28. εὐλόγησεν . . . λέγων (1 *a*)
2. 16. ἐνετείλατο κύριος . . . τῷ Ἀδὰμ λέγων (1 *a*)
4. 25. ἐπωνόμασε τὸ ὄνομα . . . λέγουσα –
5. 29. ἐπωνόμασε τὸ ὄνομα . . . λέγων (1 *a*)
8. 15. εἶπε κύριος . . . τῷ Νῶε λέγων (1 *a*)
9. 8. εἶπεν ὁ θεὸς τῷ Νῶε . . . λέγων (1 *a*)
15. 1. ἐγενήθη ῥῆμα κυρίου . . . λέγων (1 *a*)
— 2. R λέγει δὲ Ἄβραμ, Δέσποτα κύριε (1 *a*)
— 4. R φωνὴ κυρίου ἐγένετο . . . λέγουσα (1 *a*)
— 18. R διέθετο κύριος . . . διαθήκην, λέγων (1 *a*)
17. 3. καὶ ἐλάλησεν αὐτῷ ὁ θεὸς λέγων (1 *a*)
— 17. εἶπεν ἐν τῇ διανοίᾳ αὐτοῦ λέγων –

Ge. 18. 12. ἐγέλασε δὲ Σάρρα ἐν ἑαυτῇ λέγουσα (1 a)
— 13. ἐγέλασε Σ. ἐν ἑαυτῇ λέγουσα (1 a)
— 15. ἠρνήσατο δὲ Σάρρα λέγουσα (1 a)
19. 5. καὶ ἔλεγον πρὸς αὐτόν (1 a)
— 15. ἐσπούδαζον . . . τὸν Λὼτ λέγοντες (1 a)
— 37. ἐκάλεσε τὸ ὄνομα αὐτοῦ Μωὰβ λέγουσα –
— 39 (38). R ἐκάλεσε τὸ ὄνομα αὐ. Ἀμμὰν λέγουσα [A om.] –
21. 22. εἶπεν Ἀβιμέλεχ . . . λέγων (1 a)
22. 7. R εἶπε δὲ [A λέγων], Ἰδοὺ τὸ πῦρ (1 a)
— 16. καὶ ἐκάλεσεν . . . τὸν Ἀβραὰμ . . . λέγων (1 a)
— 16. κατ' ἐμαυτοῦ ὤμοσα, λέγει κύριος (6)
— 20. καὶ ἀνηγγέλη . . . λέγοντες (1 a)
23. 3. καὶ εἶπεν . . . τοῖς υἱοῖς . . . λέγων (1 a)
— 4 (5). ἀπεκρίθησαν . . . πρὸς Ἀβ. λέγοντες (1 a)
— 8. καὶ ἐλάλησε πρὸς αὐτοὺς Ἀβ. λέγων (1 a)
— 10. ἀποκριθεὶς δὲ . . . εἶπεν . . . λέγων (1 a)
— 14. ἀπεκρίθη δὲ Ἐφρὼν τῷ Ἀβραὰμ λέγων (1 a)
24. 7. ὤμοσέ μοι λέγων (1 a)
— 30. τὰ ῥήματα Ῥεβέκκας . . . λεγούσης (1 a)
— 37. καὶ ὥρκισέ με ὁ κύριός μου λέγων (1 a)
26. 11. συνέταξε . . . παντὶ τῷ λαῷ αὐ. λέγων (1 a)
— 22. ἐπωνόμασε τὸ ὄνομα . . . λέγων (1 a)
27. 6. λαλοῦντος πρὸς Ἡσαῦ . . . λέγοντος (1 a)
28. 1, 6. ἐνετείλατο αὐτῷ λέγων (1 a)
— 20. ηὔξατο Ἰακὼβ εὐχὴν λέγων (1 a)
29. 32. ἐκάλεσε δὲ τὸ ὄνομα . . . λέγουσα (1 a)
30. 24. ἐκάλεσε τὸ ὄνομα αὐ. Ἰωσὴφ λέγουσα (1 a)
31. 1. τὰ ῥήματα τῶν υἱῶν Λ. λεγόντων (1 a)
— 29. ὁ δὲ θεὸς . . . εἶπε πρὸς μὲ λέγων (1 a)
32. 4 (5). καὶ ἐνετείλατο αὐτοῖς λέγων (1 a)
— 4 (5). οὕτως λέγει ὁ παῖς σου Ἰακώβ (1 a)
— 6 (7). ἀνέστρεψαν . . . πρὸς Ἰακὼβ λέγοντες (1 a)
— 17 (18). ἐνετείλατο τῷ πρώτῳ λέγων (1 a)
— 17 (18). ἐάν . . . ἐρωτᾷ σε λέγων (1 a)
— 19 (20). ἐνετείλατο τῷ πρώτῳ . . . λέγων (1 a)
34. 4. εἶπε Συχὲμ πρὸς Ἐμμὼρ . . . λέγων (1 a)
— 8. ἐλάλησεν Ἐμμὼρ αὐτοῖς λέγων (1 a)
— 20. ἐλάλησαν πρὸς τοὺς ἄνδρας . . . λέγοντες (1 a)
37. 15. ἠρώτησε δὲ αὐτὸν . . . λέγων (1 a)
— 17. ἤκουσα γὰρ αὐτῶν λεγόντων (1 a)
— 35. οὐκ ἤθελε παρακαλεῖσθαι λέγων (1 a)
38. 13. ἀπηγγέλη Θ. τῇ νύμφῃ αὐ. λέγοντες (1 a)
— 22. λέγουσι μὴ εἶναι ὧδε πόρνην (1 a)
— 24. ἀνηγγέλη τῷ Ἰούδᾳ λέγοντες (1 a)
— 25. ἀπέστειλε πρὸς τὸν πενθερὸν αὐ. λέγουσα (1 a)
— 28. ἔδησεν ἐπὶ τὴν χεῖρα . . . λέγουσα (1 a)
39. 12. ἐπεσπάσατο αὐτὸν . . . λέγουσα (1 a)
— 14. καὶ εἶπεν αὐτοῖς λέγουσα (1 a)
— 14. εἰσῆλθε πρὸς μὲ λέγων –
— 17. ἐλάλησεν αὐτῷ κατὰ τὰ ῥήμ. τ. λέγουσα (1 a)
— 19. ὅσα ἐλάλησε πρὸς αὐτὸν λέγουσα (1 a)
40. 7. ἠρώτα τοὺς εὐνούχους . . . λέγων (1 a)
41. 9. ἐλάλησεν . . . πρὸς Φαραὼ λέγων (1 a)
— 15. ἀκήκοα περὶ σοῦ λεγόντων (1 a)
— 17. ἐλάλησε δὲ Φαραὼ τῷ Ἰωσὴφ λέγων –
— 51. R ἐκάλεσε . . . Μανασσῆ [A add. λέγων] –
42. 14. ἐστιν ὃ εἴρηκα ὑμῖν λέγων (1 a)
— 22. οὐκ ἐλάλησα ὑμῖν λέγων (1 a)
— 28. ἐταράχθησαν πρὸς ἀλλήλους λέγοντες (1 a)
— 29. ἀπήγγειλαν αὐτῷ πάντα . . . λέγοντες (1 a)
— 37. εἶπε δὲ Ῥουβὴν τῷ πατρὶ αὐ. λέγων (1 a)
43. 3. εἶπε δὲ αὐτῷ Ἰούδας λέγων (1 a)
— 3. R μεμαρτύρηται [A διαμεμ.] . . . λέγων (1 a)
— 5. εἶπεν ἡμῖν λέγων –
— 7. ἐρωτῶν ἐπηρώτησεν ἡμᾶς . . . λέγων (1 a)
— 20. ἐλάλησαν αὐτῷ . . . λέγοντες (1 a)
44. 1. ἐνετείλατο . . . λέγων (1 a)
— 4. R εἶπε τῷ ἐπὶ τῆς οἰκίας αὐ. [A add. λέγων] –
— 10. καὶ νῦν ὡς λέγετε οὕτως ἔσται (3 a)
— 19. ἠρώτησε τοὺς παῖδάς σου λέγων (1 a)
— 32. ἐκδέδεκται τὸ παιδίον . . . λέγων (1 a)
45. 9. τάδε λέγει ὁ υἱός σου Ἰωσήφ (1 a)
— 16. διεβοήθη ἡ φωνὴ . . . λέγοντες (1 a)
— 26. ἀνήγγειλαν αὐτῷ λέγοντες (1 a)
46. 3. R ὁ δὲ λέγει αὐτῷ [A λέγων], Ἐγώ εἰμι (1 a)
47. 1. ἀπήγγειλε τῷ Φαραὼ λέγων (1 a)
— 5. εἶπε Φαραὼ πρὸς Ἰωσὴφ λέγων (1 a)
— 15. ἦλθον δὲ . . . πρὸς Ἰωσὴφ λέγοντες (1 a)
48. 2. ἀπηγγέλη δὲ τῷ Ἰακὼβ λέγοντες (1 a)
— 20. καὶ εὐλόγησεν αὐτοὺς . . . λέγων (1 a)
— 20. ἐν ὑμῖν εὐλογηθήσεται Ἰσραὴλ λέγοντες (1 a)
50. 4. ἐλάλησεν Ἰ. . . . λέγων (1 a)

Ge. 50. 4. λαλήσατε περὶ ἐμοῦ . . . λέγοντες (1 a)
— 5. ὁ πατήρ μού με ὥρκισε λέγων (1 a)
— 16. ὁ πατήρ σου ὥρκισε . . . λέγων (1 a)
— 24. εἶπεν Ἰ. τοῖς ἀδ. αὐτοῦ λέγων [A om.] –
— 25. ὥρκισεν Ἰ. τοὺς υἱοὺς Ἰσραὴλ λέγων (1 a)
Ex. 1. 22. συνέταξε . . . τῷ λαῷ αὐτοῦ λέγων (1 a)
2. 10. ἐπωνόμασε δὲ τὸ ὄνομα . . . λέγουσα (1 a)
— 13. καὶ λέγει τῷ ἀδικοῦντι (1 a)
— 22. ἐπωνόμασε Μ. τὸ ὄνομα . . . λέγων (1 a)
3. 4. ἐκάλεσεν αὐτὸν κύριος . . . λέγων (1 a)
— 12. εἶπε δὲ ὁ θεὸς Μωυσῇ λέγων [A om. ὁ . . . λ.] –
— 14. εἶπεν ὁ θεὸς πρὸς Μωυσῆν λέγων [A om.] –
— 16. κύριος . . . ὦπταί μοι . . . λέγων (1 a)
4. 18. καὶ λέγει (1 a)
— 22. τάδε λέγει κύριος (1 a)
5. 1. τάδε λέγει κύριος ὁ θεὸς Ἰσραήλ (1 a)
— 3. καὶ λέγουσιν αὐτῷ (1 a)
— 6. συνέταξε . . . τοῖς ἐργοδιώκταις . . . λέγων (1 a)
— 8. διὰ τοῦτο κεκράγασι λέγοντες (1 a)
— 10. ἔλεγον πρὸς τὸν λαὸν λέγοντες (1 a, 1 a)
— 10. τάδε λέγει Φαραώ (1 a)
— 13. κατέσπευδον αὐτοὺς λέγοντες (1 a)
— 14. ἐμαστιγώθησαν . . . λέγοντες (1 a)
— 15. κατεβόησαν πρὸς Φαραὼ λέγοντες (1 a)
— 16. καὶ τὴν πλίνθον ἡμῖν λέγουσι ποιεῖν (1 a)
— 17. διὰ τοῦτο λέγετε (1 a)
— 19. ἑώρων . . . ἑαυτοὺς ἐν κακοῖς λέγοντες (1 a)
6. 6. εἰπὸν τοῖς υἱοῖς Ἰσραὴλ λέγων –
— 10. εἶπε δὲ κύριος πρὸς Μωυσῆν λέγων (1 a)
— 12. ἐλάλησε δὲ Μ. ἔναντι κυρίου λέγων (1 a)
— 29. ἐλάλησε κύριος πρὸς Μωυσῆν λέγων (1 a)
— 29. λάλησον . . . ὅσα ἐγὼ λέγω πρὸς σέ (3 b)
7. 1. εἶπε κύριος πρὸς Μωυσῆν λέγων –
— 8. εἶπε κ. πρὸς Μωυσῆν . . . λέγων (1 a)
— 9. καὶ ἐὰν λαλήσῃ πρὸς ὑμᾶς Φ. λέγων (1 a)
— 16. ἀπέσταλκέ με πρὸς σὲ λέγων (1 a)
— 17 : 8. 1 (7. 26), 20 (16). τάδε λέγει κύριος (1 a)
8. 25 (21). ἐκάλεσε . . . Ἀαρὼν λέγων (1 a)
9. 1. τάδε λέγει κύριος ὁ θ. τῶν Ἑβρ. (1 a)
— 5. A²B καὶ ἔδωκεν ὁ θεὸς ὅρον λέγων (1 a)
— 8. εἶπε δὲ κύριος πρὸς Μωυσῆν . . . λέγων –
— 13. τάδε λέγει κύριος ὁ θεὸς τῶν Ἑβρ. (1 a)
10. 1. εἶπε δὲ κύριος πρὸς Μωυσῆν λέγων –
— 3. τάδε λέγει κύριος ὁ θεὸς τῶν Ἑβρ. (1 a)
— 7. καὶ λέγουσιν οἱ θεράποντες (1 a)
— 9. καὶ λέγει Μωυσῆς (1 a)
— 16. κατέσπευδε . . . καλέσαι Μωυσῆν . . . λέγων (1 a)
— 24. ἐκάλεσε Φ. Μωυσῆν καὶ Ἀ. λέγων (1 a)
— 28. καὶ λέγει [A add. αὐτῷ] Φαραώ (1 a)
— 29. λέγει δὲ Μωυσῆς, Εἴρηκας (1 a)
11. 4. τάδε λέγει κύριος (1 a)
— 8. καὶ προσκυνήσουσί με λέγοντες (1 a)
12. 1. εἶπε δὲ κύριος πρὸς Μωυσῆν . . . λέγων (1 a)
— 3. λάλησον . . . λέγων (1 a)
— 26. ἐὰν λέγωσι πρὸς ὑμᾶς οἱ υἱοὶ ὑμῶν (1 a)
— 31. καθὰ λέγετε (3 c)
— 43. B εἶπε δὲ κύριος . . . λέγων [A R om.] –
13. 1. εἶπε δὲ κύριος πρὸς Μωυσῆν λέγων (1 a)
— 8. ἀναγγελεῖς τῷ υἱῷ σου . . . λέγων (1 a)
— 14. ἐὰν δὲ ἐρωτήσῃ σε ὁ υἱὸς . . . λέγων (1 a)
— 19. ὥρκισε τοὺς υἱοὺς Ἰσραὴλ λέγων (1 a)
14. 1. ἐλάλησε κύριος πρὸς Μωυσῆν λέγων (1 a)
— 5. A ἀνηγγέλη τῷ Φαραὼ λέγοντες [B al.] –
— 12. ὃ ἐλαλήσαμεν πρὸς σὲ . . . λέγοντες (1 a)
15. 1. καὶ εἶπαν λέγοντες [A τῷ λέγειν] (1 a)
— 21. ἐξῆρχε δὲ αὐτῶν Μαριὰμ λέγουσα –
— 24. διεγόγγυζεν ὁ λ. . . . λέγοντες (1 a)
16. 11. ἐλάλησε κύριος πρὸς Μωυσῆν λέγων (1 a)
— 12. λάλησον πρὸς αὐτοὺς λέγων (1 a)
17. 2. ἐλοιδορεῖτο ὁ λαὸς . . . λέγοντες [A καὶ ἔλεγον] (1 a)
— 3. διεγόγγυζεν ἐκεῖ ὁ λαὸς . . . λέγοντες (1 a)
— 4. ἐβόησε δὲ Μωυσῆς πρὸς κύριον λέγων (1 a)
— 7. διὰ τὸ πειράζειν κύριον λέγοντες (1 a)
18. 3. ὄνομα τῷ ἑνὶ αὐ. Γηρσὰμ λέγων (1 a)
— 4. τὸ ὄνομα . . . Ἐλιέζερ λέγων [A om.] –
— 6. ἀνηγγέλη δὲ Μωυσῇ λέγοντες –
— 14. ἰδὼν Ἰ. πάντα . . . λέγει (1 a)
— 15. καὶ λέγει Μωυσῆς τῷ γαμβρῷ (1 a)
19. 3. ἐκάλεσεν αὐτὸν ὁ θεὸς . . . λέγων (1 a)
— 12. καὶ ἀφοριεῖς τὸν λαὸν κύκλῳ λέγων (1 a)
— 21. εἶπεν ὁ θεὸς πρὸς Μωυσῆν λέγων –
— 23. σὺ γὰρ διαμεμαρτύρησαι ἡμῖν λέγων (1 a)
20. 1. ἐλάλησε . . . τοὺς λόγους τούτους λέγων (1 a)
— 20. καὶ λέγει αὐτοῖς Μωυσῆς (1 a)

Ex. 24. 3. ἀπεκρίθη δὲ πᾶς ὁ λαὸς . . . λέγοντες (1 a)
25. 1 : 30. 11, 17, 22. ἐλάλησε κύριος πρὸς Μ. λέγων (1 a)
30. 31. τοῖς υἱοῖς Ἰσραὴλ λαλήσεις λέγων (1 a)
31. 1, 12. ἐλάλησε κύριος πρὸς Μωυσῆν λέγων (1 a)
— 13. σὺ σύνταξον τοῖς υἱοῖς Ἰσραὴλ λέγων (1 a)
32. 1. καὶ λέγουσιν [A ἔλεγον] αὐτῷ (1 a)
— 2. καὶ λέγει αὐτοῖς Ἀαρών (1 a)
— 5. καὶ ἐκήρυξεν Ἀαρὼν λέγων (1 a)
— 7. ἐλάλησε κύριος πρὸς Μωυσῆν λέγων –
— 12. μή ποτε εἴπωσιν οἱ Αἰγ. λέγοντες (1 a)
— 13. καὶ ἐλάλησας πρὸς αὐτοὺς λέγων –
— 17. λέγει πρὸς Μωυσῆν (1 a)
— 18. καὶ λέγει (1 a)
— 22. εἶπεν Ἀ. πρὸς Μωυσῆν [A add. λέγων] –
— 23. λέγουσι γάρ μοι (1 a)
— 27. καὶ λέγει [A εἶπεν] αὐτοῖς (1 a)
— 27. τάδε λέγει κύριος ὁ θεὸς Ἰσραήλ (1 a)
33. 1. ἣν ὤμοσα . . . λέγων (1 a)
— 12. σύ μοι λέγεις (1 a)
— 14. καὶ λέγει (1 a)
— 15. καὶ λέγει [A εἶπεν] πρὸς αὐτόν (1 a)
— 18. καὶ λέγει (1 a)
35. 4. εἶπε Μ. . . . λέγων (1 a)
— 4. ὃ συνέταξε κύριος λέγων (1 a)
36. 5. A εἶπον πρὸς Μ. λέγοντες [B al.] (1 a)
— 6. καὶ ἐκήρυξεν . . . λέγων (1 a)
40. 1. ἐλάλησε κύριος πρὸς Μωυσῆν λέγων (1 a)
Le. 1. 1. ἐλάλησε κύριος αὐτῷ . . . λέγων (1 a)
4. 1. ἐλάλησε κύριος πρὸς Μωυσῆν λέγων (1 a)
— 2. λάλησον πρὸς τοὺς υἱοὺς Ἰσραὴλ λέγων (1 a)
5. 14 : 6. 1 (5. 20). ἐλάλησε κύριος πρὸς Μ. λέγων (1 a)
6. 4 (5. 24). B ᾗ ἡμέρᾳ ἐλέχθη [A R ἐλεγχθῇ] †
— 7 (1). ἐλάλησε κύριος πρὸς Μ. λέγων (1 a)
— 8 (2). ἔντειλαι Ἀαρὼν . . . λέγων (1 a)
— 19 (12) (B), 24 (17). ἐλάλησε κύριος πρὸς Μ. λέγων (1 a)
— 25 (18). λάλησον Ἀαρὼν . . . λέγων (1 a)
7. 12 (22). ἐλάλησε κύριος πρὸς Μ. λέγων (1 a)
— 13 (23). λάλησον τοῖς υἱοῖς Ἰσραὴλ λέγων [B¹ om.] (1 a)
— 18 (28). ἐλάλησε κύριος πρὸς Μ. λέγων (1 a)
— 19 (29). τοῖς υἱοῖς Ἰσραὴλ λαλήσεις λέγων (1 a)
8. 1. ἐλάλησε κύριος πρὸς Μωυσῆν λέγων (1 a)
— 31. ὃν τρόπον συντέτακταί μοι λέγων (1 a)
9. 3. τῇ γερουσίᾳ Ἰσραὴλ λάλησον λέγων (1 a)
10. 3. τοῦτό ἐστιν ὃ εἶπε κύριος λέγων (1 a)
— 8. ἐλάλησε κύριος τῷ Ἀ. λέγων (1 a)
— 16. ἐθυμώθη Μ. ἐπὶ Ἐλεάζαρ . . . λέγων (1 a)
— 19. ἐλάλησεν Ἀαρὼν πρὸς Μ. λέγων –
11. 1. ἐλάλησε κ. πρὸς . . . Ἀ. λέγων (1 a)
— 2. λαλήσατε τοῖς υἱοῖς Ἰσρ. λέγοντες (1 a)
12. 1. ἐλάλησε κύριος πρὸς Μ. λέγων (1 a)
13. 1. ἐλάλησε κύριος πρὸς . . . Ἀ. λέγων (1 a)
14. 1. ἐλάλησε κύριος πρὸς Μ. λέγων (1 a)
— 33. ἐλάλησε κύριος πρὸς . . . Ἀ. λέγων (1 a)
— 35. καὶ ἀναγγελεῖ τῷ ἱερεῖ λέγων (1 a)
15. 1. ἐλάλησε κύριος πρὸς . . . Ἀ. λέγων (1 a)
16. 2. εἶπε κύριος πρὸς Μ. [A add. λέγων] –
17. 1. ἐλάλησε κύριος πρὸς Μωυσῆν λέγων (1 a)
— 2. τὸ ῥῆμα ὃ ἐνετείλατο κύριος λέγων (1 a)
18. 1. καὶ εἶπε κύριος πρὸς Μ. λέγων (1 a)
19. 1 : 20. 1. ἐλάλησε κύριος πρὸς Μ. λέγων (1 a)
21. 1. εἶπε κύριος πρὸς Μ. λέγων –
— 16 : 22. 1, 17, 26. ἐλάλησε κύριος πρὸς Μ. λέγων (1 a)
23. 1. εἶπε κύριος πρὸς Μ. λέγων (1 a)
— 9, 23. ἐλάλησε κύριος πρὸς Μ. λέγων (1 a)
— 24. λάλησον τοῖς υἱοῖς Ἰσρ. λέγων (1 a)
— 26, 33. ἐλάλησε κύριος πρὸς Μ. λέγων (1 a)
— 34. λάλησον τοῖς υἱοῖς Ἰσρ. λέγων (1 a)
24. 1, 13. ἐλάλησε κύριος πρὸς Μ. λέγων (1 a)
25. 1. ἐλάλησε κύριος πρὸς Μ. . . . λέγων (1 a)
— 20. ἐὰν δὲ λέγητε (1 a)
27. 1. ἐλάλησε κύριος πρὸς Μ. λέγων (1 a)
Nu. 1. 1. ἐλάλησε κύριος πρὸς Μ. . . . λέγων (1 a)
— 48. ἐλάλησε κύριος πρὸς Μ. λέγων (1 a)
2. 1. ἐλάλησε κύριος . . . λέγων (1 a)
3. 5, 11. ἐλάλησε κύριος πρὸς Μ. λέγων (1 a)
— 14. ἐλάλησε κύριος . . . λέγων (1 a)
— 40. εἶπε κύριος πρὸς Μ. λέγων –
— 44. ἐλάλησε κύριος πρὸς Μ. λέγων (1 a)
4. 1, 17. ἐλάλησε κύριος . . . λέγων (1 a)
— 21 : 5. 1, 5. ἐλάλησε κύριος πρὸς Μ. λέγων (1 a)
5. 6. λάλησον τοῖς υἱοῖς Ἰσρ. λέγων –

Nu. 5. 11: 6. 1, 22. ἐλάλησε κύριος πρὸς Μ. λέγων (1 *a*)
6. 23. λάλησον Ἀαρὼν . . . λέγων (1 *a*)
— 23. οὕτως εὐλογήσετε . . . λέγοντες αὐτοῖς (1 *a*)
7. 4. εἶπε κύριος πρὸς Μ. λέγων (1 *a*)
8. 1, 5, 23. ἐλάλησε κύριος πρὸς Μ. λέγων (1 *a*)
9. 1. ἐλάλησε κύριος πρὸς Μ. . . . λέγων (1 *a*)
— 9. ἐλάλησε κύριος πρὸς Μ. λέγων (1 *a*)
— 10. λάλησον τοῖς υἱοῖς Ἰσρ. λέγων (1 *a*)
10. 1. ἐλάλησε κύριος πρὸς Μ. λέγων (1 *a*)
11. 12. ὅτι λέγεις μοι (1 *a*)
— 13. κλαίουσιν ἐπ' ἐμοὶ λέγοντες (1 *a*)
— 18. ἐκλαύσατε ἔναντι κυρίου λέγοντες (1 *a*)
— 20. ἐκλαύσατε ἐναντίον αὐτοῦ λέγοντες (1 *a*)
— 27. καὶ εἶπε λέγων –
12. 13. ἐβόησε Μ. πρὸς κύριον λέγων (1 *a*)
13. 2 (1). ἐλάλησε κύριος πρὸς Μ. λέγων (1 *a*)
— 33 (32). ἐξήνεγκαν ἔκστασιν . . . λέγοντες (1 *a*)
14. 7. εἶπαν πρὸς πᾶσαν συναγ. . . . λέγοντες (1 *a*)
— 15. ἐροῦσι τὰ ἔθνη . . . λέγοντες (1 *a*)
— 17. ὃν τρόπον εἶπας λέγων (1 *a*)
— 26. εἶπε κύριος πρὸς Μ. . . . λέγων (1 *a*)
— 28. λέγει κύριος (6)
— 40. ἀνέβησαν . . . λέγοντες (1 *a*)
15. 1. εἶπε [A ἐλάλησεν] κύριος πρὸς Μ. λέγων (1 *a*)
— 17. ἐλάλησε κύριος πρὸς Μ. λέγων (1 *a*)
— 35. ἐλάλησε κύριος πρὸς Μ. λέγων –
— 37. εἶπε κύριος πρὸς Μ. λέγων (1 *a*)
16. 5. ἐλάλησε πρὸς Κορὲ . . . λέγων (1 *a*)
— 20. ἐλάλησε κύριος . . . λέγων (1 *a*)
— 23. ἐλάλησε κύριος πρὸς Μ. λέγων (1 *a*)
— 24. λάλησον τῇ συναγωγῇ λέγων (1 *a*)
— 26. ἐλάλησε πρὸς τὴν συναγ. λέγων (1 *a*)
— 34. ὅτι [A *add.* εἶπαν] λέγοντες –
— 41 (17. 6). ἐγόγγυσαν οἱ υἱοὶ Ἰσρ. . . . λέγοντες (1 *a*)
— 44 (17. 9). ἐλάλησε κύριος πρὸς Μ. . . . λέγων (1 *a*)
17. 1 (16). ἐλάλησε κύριος πρὸς Μ. λέγων (1 *a*)
— 12 (27). εἶπαν οἱ υἱοὶ Ἰσρ. . . . λέγοντες (1 *a*)
18. 1. εἶπε κύριος πρὸς Ἀ. λέγων –
— 25. ἐλάλησε κύριος πρὸς Μ. λέγων (1 *a*)
19. 1. ἐλάλησε κύριος πρὸς Μ. . . . λέγων (1 *a*)
— 2. ὅσα συνέταξε κύριος λέγων (1 *a*)
20. 3. ἐλοιδορεῖτο ὁ λαὸς . . . λέγοντες (1 *a*)
— 7. ἐλάλησε κύριος πρὸς Μ. λέγων (1 *a*)
— 14. ἀπέστειλε Μ. . . . λέγων –
— 14. τάδε λέγει ὁ ἀδελφός σου Ἰσρ. (1 *a*)
— 19. λέγουσιν αὐτῷ οἱ υἱοὶ Ἰσρ. (1 *a*)
— 23. εἶπε κύριος πρὸς Μ. . . . λέγων (1 *a*)
21. 5. κατελάλει ὁ λαὸς . . . λέγοντες –
— 7. παραγενόμενος ὁ λ. . . . ἔλεγον (1 *a*)
— 14. λέγεται ἐν βιβλίῳ [A -λφ] (1 *b*)
— 20 (21). ἀπέστειλε Μ. . . . λόγοις εἰρηνικοῖς λέγων (1 *a*)
22. 5. ἀπέστειλε . . . καλέσαι αὐτὸν λέγων (1 *a*)
— 10. ἀπέστειλεν αὐτοὺς πρὸς μὲ λέγων –
— 16. καὶ λέγουσιν αὐτῷ (1 *a*)
— 16. τάδε λέγει Βαλάκ (1 *a*)
— 28. καὶ λέγει [A εἶπεν] τῷ Β. (1 *a*)
— 30. λέγει ἡ ὄνος τῷ Β. (1 *a*)
— 32. A λέγει [B εἶπεν] αὐτῷ ὁ ἄγγ. τοῦ θ. (1 *a*)
23. 7. μετεπέμψατό με Β. . . . λέγων (1 *a*)
— 26. οὐκ ἐλάλησά σοι λέγων (1 *a*)
24. 12. οὐχὶ . . . ἐλάλησα λέγων (1 *a*)
25. 10, 16. ἐλάλησε κύριος πρὸς Μ. λέγων (1 *a*)
— 16. λάλησον τοῖς υἱοῖς Ἰσρ. λέγων –
26. 1. A ἐλάλησε κύριος πρὸς Μ. λέγων [B *om.*] καὶ πρὸς Ἐλ. τὸν ἱ. λέγων (–, 1 *a*)
— 3. ἐλάλησε Μ. . . . λέγων (1 *a*)
— 52. ἐλάλησε κύριος πρὸς Μ. λέγων (1 *a*)
27. 2. καὶ στᾶσαι . . . λέγουσιν (1 *a*)
— 5 (6). ἐλάλησε κύριος πρὸς Μ. λέγων (1 *a*)
— 7 (8). τοῖς υἱοῖς Ἰσρ. λαλήσεις λέγων (1 *a*)
— 18. ἐλάλησε κύριος πρὸς Μ. λέγων –
28. 1. ἐλάλησε κύριος πρὸς Μ. λέγων (1 *a*)
— 2. ἐρεῖς πρὸς αὐτοὺς λέγων –
30. 2. ἐλάλησε Μ. . . . λέγων (1 *a*)
31. 1. ἐλάλησε κύριος πρὸς Μ. λέγων (1 *a*)
— 3. ἐλάλησε Μ. πρὸς τὸν λαὸν λέγων (1 *a*)
— 25. ἐλάλησε κύριος πρὸς Μ. λέγων (1 *a*)
32. 2. εἶπαν πρὸς Μ. . . . λέγοντες (1 *a*)
— 5. καὶ ἔλεγον [A -οσαν] (1 *a*)
— 10. καὶ ὤμοσε λέγων (1 *a*)
— 16. προσῆλθον αὐτῷ καὶ ἔλεγον (1 *a*)
— 25. εἶπαν οἱ υἱοὶ Ῥ. . . . λέγοντες (1 *a*)
— 27. ὃν τρόπον ὁ κύριος λέγει (3 *b*)

Nu. 32. 31. ἀπεκρίθησαν οἱ υἱοὶ Ῥ. . . . λέγοντες (1 *a*)
— 31. ὅσα ὁ κύριος λέγει τοῖς θεράπουσιν (3 *c*)
33. 50. B[1] ἐλάλησε κύριος πρὸς Μ. λέγων [A B[2] R *om.*] κατὰ Ἱερ. [A B[2] R *add.* λέγων] (–, 1 *a*)
34. 1. ἐλάλησε κύριος πρὸς Μ. λέγων (1 *a*)
— 13. ἐνετείλατο Μ. . . . λέγων (1 *a*)
— 16. ἐλάλησε κύριος πρὸς Μ. λέγων (1 *a*)
35. 1. ἐλάλησε κύριος πρὸς Μ. . . . λέγων (1 *a*)
— 9. ἐλάλησε κύριος πρὸς Μ. λέγων (1 *a*)
36. 5. ἐνετείλατο Μ. . . . λέγων (1 *a*)
— 5. οὕτως φυλὴ υἱῶν Ἰ. λέγουσι (3 *b*)
— 6. ὃ συνέταξε κύριος . . . λέγων (1 *a*)
De. 1. 5. ἤρξατο Μ. διασαφῆσαι . . . λέγων (1 *a*)
— 6. ἐλάλησεν ἡμῖν ἐν Χ. λέγων (1 *a*)
— 9. εἶπα πρὸς ὑμᾶς . . . λέγων (1 *a*)
— 16. ἐνετειλάμην τοῖς κριταῖς ὑμῶν . . . λέγων (1 *a*)
— 25. καὶ ἔλεγον (1 *a*)
— 28. ἀπέστησαν τὴν καρδίαν ὑμῶν λέγοντες (1 *a*)
— 34. παροξυνθεὶς ὤμοσε λέγων (1 *a*)
— 37. ἐθυμώθη κ. δι' ὑμᾶς λέγων (1 *a*)
2. 4. καὶ τῷ λαῷ ἔντειλαι λέγων (1 *a*)
— 17. ἐλάλησε κύριος πρὸς μὲ λέγων (1 *a*)
— 26. ἀπέστειλα . . . λόγοις εἰρηνικοῖς λέγων (1 *a*)
3. 18. ἐνετειλάμην ὑμῖν . . . λέγων (1 *a*)
— 21. ἐνετειλάμην . . . λέγων (1 *a*)
— 23. ἐδεήθην κυρίου . . . λέγων (1 *a*)
4. 21. περὶ τῶν λεγομένων ὑφ' ὑμῶν (3 *a*)
5. 5. εἱστήκειν . . . λέγων (1 *a*)
— 24 (21). καὶ ἐλέγετε (1 *a*)
6. 20. ὅταν ἐρωτήσῃ σε ὁ υἱός σου αὔριον λέγων (1 *a*)
7. 17. ἐὰν δὲ λέγῃς ἐν τῇ διανοίᾳ σου (1 *a*)
9. 4. μὴ εἴπῃς ἐν τῇ καρδίᾳ σου . . . λέγων (1 *a*)
— 13. A B[1] εἶπε κύριος πρὸς μέ [B[2] R *add.* λέγων] (1 *a*?)
— 13. λελάληκα πρὸς σὲ . . . λέγων (1 *a*?)
— 23. ὅτε ἐξαπέστειλεν ὑμᾶς κ. . . . λέγων (1 *a*)
— 28. μὴ εἴπωσιν . . . λέγοντες –
12. 30. μὴ ἐκζητήσῃς . . . λέγων [A *al.*] (1 *a*)
13. 2 (3). ὃ ἐλάλησε πρὸς σὲ λέγων (1 *a*)
— 6 (7). ἐὰν δὲ παρακαλέσῃ σε . . . λάθρα λέγων (1 *a*)
— 12 (13). ἐὰν δὲ ἀκούσῃς . . . λεγόντων (1 *a*)
— 13 (14). ἀπέστησαν πάντας . . . λέγοντες (1 *a*)
15. 9. μὴ γένηται ῥῆμα . . . λέγων (1 *a*)
— 11. ἐγώ σοι ἐντέλλομαι . . . λέγων (1 *a*)
— 16. ἐὰν δὲ λέγῃ πρὸς σέ (1 *a*)
18. 16. ὅσα ᾐτήσω . . . λέγοντες (1 *a*)
19. 7. ἐντέλλομαι τὸ ῥῆμα τοῦτο λέγων (1 *a*)
20. 5. λαλήσουσιν οἱ γραμματεῖς . . . λέγοντες (1 *a*)
22. 14. καὶ λέγῃ (1 *a*)
— 17. ἐπιτίθησιν αὐτῇ προφασιστικοὺς λόγους λέγων (1 *a*)
27. 1. προσέταξε Μ. . . . λέγων [B[3] *al.*] (1 *a*)
— 9. ἐλάλησε Μ. . . . λέγοντες (1 *a*)
— 11. ἐνετείλατο Μ. . . . λέγων (1 *a*)
29. 19 (18). καὶ ἐπιφημίσηται . . . λέγων (1 *a*)
30. 12. οὐκ ἐν τῷ οὐρανῷ ἄνω ἐστὶ λέγων (1 *a*)
— 13. A B[2] R οὐδὲ πέραν τῆς θαλ. ἐστὶ λέγων (1 *a*)
31. 10. ἐνετείλατο Μ. αὐτοῖς . . . λέγων (1 *a*)
— 25. ἐνετείλατο τοῖς Λευίταις . . . λέγων (1 *a*)
32. 48. ἐλάλησε κύριος πρὸς Μ. . . . λέγων (1 *a*)
33. 9. B[1] λέγων [A B[2] R ὁ λ.] τῷ πατρί (1 *a*)
— 27. ἐκβαλεῖ . . . λέγων, Ἀπόλοιο (1 *a*)
34. 4. ἣν ὤμοσα Ἀβραὰμ . . . λέγων (1 *a*)
Jo. 1. 1. εἶπε κύριος τῷ Ἰησοῖ . . . λέγων (1 *a*)
— 10. ἐνετείλατο Ἰ. . . . λέγων (1 *a*)
— 11. ἐντείλασθε τῷ λαῷ λέγοντες (1 *a*)
— 13. ὃ ἐνετείλατο ὑμῖν Μ. . . . λέγων (1 *a*)
2. 1. ἀπέστειλεν Ἰ. . . . λέγων (1 *a*)
— 2. ἀπηγγέλη τῷ βασ. Ἱερ. λέγοντες [A *om.*] (1 *a*)
— 3. εἶπε πρὸς Ῥ. λέγων (1 *a*)
— 4. εἶπεν αὐτοῖς λέγουσα –
3. 3. ἐνετείλαντο τῷ λαῷ λέγοντες (1 *a*)
— 8. ἔντειλαι τοῖς ἱερεῦσι . . . λέγων (1 *a*)
4. 1. εἶπε κύριος τῷ Ἰ. λέγων (1 *a*)
— 3. σύνταξον αὐτοῖς [A *add.* λέγων] (1 *a*)
— 6. ὅταν ἐρωτᾷ σε . . . λέγων (1 *a*)
— 7. A[2] B δηλώσεις τῷ υἱῷ σου λέγων –
— 15. εἶπε κύριος τῷ Ἰησοῖ λέγων (1 *a*)
— 17. ἐνετείλατο Ἰ. τοῖς ἱερεῦσι λέγων (1 *a*)
— 21. ἔστησεν Ἰ. . . . λέγων (1 *a*)
— 21. ὅταν ἐρωτῶσιν ὑμᾶς . . . λέγοντες (1 *a*)
5. 15. λέγει [A εἶπεν] ὁ ἀρχιστράτηγος κ. πρὸς Ἰ. (1 *a*)

Jo. 6. 6 (7). εἶπεν αὐτοῖς λέγων –
— 9 (10). τῷ δὲ λαῷ ἐνετείλατο Ἰ. λέγων (1 *a*)
— 25 (26). ὥρκισεν Ἰ. . . . λέγων (1 *a*)
7. 2. ἀπέστειλεν Ἰ. . . . λέγων (1 *a*)
— 13. τάδε λέγει κ. ὁ θεὸς Ἰσρ. (1 *a*)
8. 4. ἐνετείλατο αὐτοῖς λέγων (1 *a*)
9. 11. εἶπαν πρὸς ἡμᾶς . . . λέγοντες (1 *a*)
— 22. διὰ τί παρελογίσασθέ με λέγοντες (1 *a*)
— 24. ἀπεκρίθησαν τῷ Ἰ. λέγοντες (1 *a*)
10. 3. ἀπέστειλεν Ἀδ. . . . λέγων (1 *a*)
— 6. ἀπέστειλαν . . . εἰς Γ. λέγοντες (1 *a*)
— 17. ἀπηγγέλη τῷ Ἰ. λέγοντες (1 *a*)
— 24. συνεκάλεσεν Ἰ. πάντα Ἰσρ. . . . λέγων αὐτοῖς (1 *a*?)
14. 9. ὤμοσε Μ. . . . λέγων (1 *a*)
15. 18. συνεβουλεύσατο αὐτῷ λέγουσα –
17. 4. καὶ ἔστησαν . . . λέγουσαι (1 *a*)
— 14. ἀντεῖπαν δὲ . . . τῷ Ἰ. λέγοντες (1 *a*)
— 17. εἶπεν Ἰ. τοῖς υἱοῖς Ἰ. [A *add.* λέγων] (1 *a*)
18. 8. ἐνετείλατο Ἰ. . . . λέγων (1 *a*)
20. 1. ἐλάλησε κύριος τῷ Ἰ. λέγων (1 *a*)
— 2. λάλησον τοῖς υἱοῖς Ἰσρ. λέγων (1 *a*)
21. 2. εἶπον πρὸς αὐτοὺς . . . λέγοντες (1 *a*)
22. 8. A λέγων [B καὶ] ἐν χρήμασι πολλοῖς (1 *a*)
— 11. ἤκουσαν οἱ υἱοὶ Ἰσρ. λεγόντων (1 *a*)
— 15. ἐλάλησαν πρὸς αὐτοὺς λέγοντες (1 *a*)
— 16. τάδε λέγει πᾶσα ἡ συναγ. κυρίου (1 *a*)
— 21. ἐλάλησαν τοῖς χιλιάρχοις Ἰσρ. λέγοντες –
— 24. ἐποιήσαμεν τοῦτο λέγοντες (1 *a*)
— 24. A ἵνα μὴ εἴπωσιν . . . λέγοντες [B *om.*] (1 *a*)
24. 2. τάδε [A λέγων, Τ.] λέγει κ. ὁ θεὸς Ἰσρ. [A *add.* λέγων] (–, 1 *a*, –)
— 27. ἀκήκοε πάντα τὰ λεχθέντα αὐτῷ (1 *d*)
Jd. 1. 1. ἐπηρώτων οἱ υἱοὶ Ἰσρ. . . . λέγοντες (1 *a*)
2. 1. τάδε λέγει κύριος [A *al.*] –
5. 1. ᾖσαν Δ. καὶ Β. . . . λέγοντες [A *al.*] (1 *a*)
6. 8. τάδε λέγει κύριος ὁ θ. Ἰσρ. (1 *a*)
— 13. διηγήσαντο ἡμῖν . . . λέγοντες (1 *a*)
— 32. ἐκάλεσεν αὐτὸ . . . λέγων [A *al.*] (1 *a*)
7. 2. μή ποτε καυχήσηται Ἰσρ. ἐπ' ἐμὲ λέγων (1 *a*)
— 3. λάλησον δὴ . . . λέγων (1 *a*)
— 24. ἀγγέλους ἀπέστειλε Γ. . . . λέγων (1 *a*)
8. 9. A εἶπεν . . . λέγων [B *om.*] (1 *a*)
— 15. ὠνειδίσατέ με λέγοντες (1 *a*)
9. 1. ἐλάλησε πρὸς αὐτοὺς . . . λέγων (1 *a*)
— 31. ἀπέστειλεν ἀγγέλους . . . λέγων (1 *a*)
— 38. A ποῦ ἐστι νῦν τὸ στόμα σου τὸ λέγον [B *al.*] (1 *a*)
10. 10. ἐβόησαν . . . πρὸς κύριον λέγοντες (1 *a*)
11. 12. ἀπέστειλεν Ἰ. ἀγγέλους . . . λέγων (1 *a*)
— 15. A λέγων, Τάδε λέγει Ἰ. [B *al.*] (1 *a*, 1 *a*)
— 17. ἀπέστειλεν Ἰσρ. ἀγγέλους . . . λέγων (1 *a*)
13. 6. εἶπε τῷ ἀνδρὶ αὐτῆς λέγουσα (1 *a*)
15. 2. εἶπεν ὁ πατὴρ αὐτῆς λέγων [A *om.*] (1 *a*)
— 13. εἶπον [A ὤμοσαν] αὐτῷ λέγοντες (1 *a*)
16. 2. ἀνηγγέλη [A ἀπ.] τοῖς Γαζαίοις λέγοντες (1 *a*)
— 2. ἐκώφευσαν ὅλην τὴν νύκτα λέγοντες (1 *a*)
— 15. πῶς λέγεις [A ἐρεῖς] (1 *a*)
— 18. ἐκάλεσε τοὺς ἄρχοντας . . . λέγουσα (1 *a*)
18. 8. A ἔλεγον αὐτοῖς οἱ ἀδελφοί [B *al.*] (1 *a*)
— 24. τί τοῦτο λέγετε πρὸς με (1 *a*)
19. 22. εἶπον πρὸς τὸν ἄνδρα . . . λέγοντες (1 *a*)
— 30. πᾶς ὁ βλέπων [A ὁρῶν] ἔλεγεν (1 *a*)
— 30. A ἐνετείλατο τοῖς ἀνδράσιν . . . λέγων –
20. 8. ἀνέστη πᾶς ὁ λαὸς . . . λέγοντες [A λέγων] (1 *a*)
— 12. ἀπέστειλαν αἱ φυλαὶ Ἰσρ. . . . λέγοντες (1 *a*)
— 23. ἠρώτησαν ἐν κυρίῳ λέγοντες (1 *a*)
— 28. λέγοντες, Εἰ προσθῶμεν [A *al.*] (1 *a*)
21. 1. ὤμοσαν ἐν Μ. λέγοντες [A *al.*] (1 *a*)
— 5. ὁ ὅρκος μέγας ἦν . . . λέγοντες (1 *a*)
— 10. ἐνετείλαντο αὐτοῖς λέγοντες (1 *a*)
— 18. ὠμόσαμεν ἐν υἱοῖς Ἰσρ. λέγοντες (1 *a*)
— 20. ἐνετείλαντο τοῖς υἱοῖς Β. λέγοντες (1 *a*)
Ru. 2. 15. ἐνετείλατο Βοὸς . . . λέγων (1 *a*)
4. 4. ἀποκαλύψω τὸ οὖς σου λέγων (1 *a*)
— 17. ἐκάλεσαν . . . ὄνομα λέγουσαι (1 *a*)
1 Ki. 1. 10. B προσηύξατο πρὸς κύριον λέγουσα [A R *om.*] –
— 11. ηὔξατο εὐχὴν κυρίῳ λέγουσα (1 *a*)
2. 15. ἔλεγε τῷ ἀνδρὶ τῷ θύοντι (1 *a*)
— 16. ἔλεγεν ὁ ἀνὴρ ὁ θύων [A *al.*] (1 *a*)
— 20. εὐλόγησεν Ἡ. τὸν Ἐ. . . . λέγων (1 *a*)
— 27. τάδε λέγει κύριος (1 *a*)
— 30. R τάδε λέγει [A B εἶπεν] κ. ὁ θεὸς Ἰσρ. (9)
— 36. ἥξει προσκυνεῖν αὐτῷ . . . λέγων (1 *a*)

I Ki. 5. 7, 8. καὶ λέγουσιν (1 a)
— 8. καὶ λέγουσιν οἱ Γ. (1 a)
— 10. ἐβόησαν οἱ Ἀσκ. λέγοντες (1 a)
6. 2. καλοῦσιν ἀλλόφυλοι . . . λέγοντες (1 a)
— 4. καὶ λέγουσι (1 a)
— 21. ἀποστέλλουσιν ἀγγέλους . . . λέγοντες (1 a)
7. 3. εἶπε Σαμ. . . . λέγων (1 a)
9. 9. τάδε ἔλεγεν [A -αν] ἕκαστος (1 a)
— 11. καὶ λέγουσιν αὐταῖς (1 a)
— 12. καὶ λέγουσιν αὐτοῖς [A om.] (1 a)
— 15. A[2]B ἀπεκάλυψε τὸ ὠτίον Σ. . . . λέγων (1 a)
— 26. ἐκάλεσε Σαμ. τὸν Σ. . . . λέγων (1 a)
10. 2. ἐδαψιλεύσατο δι' ὑμᾶς λέγων (1 a)
— 18. τάδε εἶπε κ. ὁ θ. Ἰσρ. λέγων –
11. 3. καὶ λέγουσιν αὐτῷ (1 a)
— 7. ἀπέστειλεν . . . ἐν χειρὶ ἀγγέλων λέγων (1 a)
— 14 : 12. 6. εἶπε Σαμ. πρὸς τὸν λαὸν λέγων –
12. 10. καὶ ἔλεγον (1 a)
13. 3. B σαλπίζει εἰς πᾶσαν τὴν γῆν λέγων (1 a)
— 4. B πᾶς Ἰσρ. ἤκουσε λεγόντων (1 a)
14. 11. καὶ λέγουσιν οἱ ἀλλόφυλοι (1 a)
— 12. καὶ λέγουσιν (1 a)
— 24. ἀρᾶται τῷ λαῷ λέγων (1 a)
— 28. ὥρκισε τὸν λαὸν [A τῷ λ.] . . . λέγων (1 a)
— 33. ἀπηγγέλη Σαοὺλ λέγοντες (1 a)
15. 10. ἐγενήθη ῥῆμα κυρίου πρὸς Σαμ. λέγων (1 a)
— 12. ἀπηγγέλη τῷ Σ. λέγοντες (1 a)
16. 19. ἀπέστειλε Σ. ἀγγέλους . . . λέγων (1 a)
— 22. ἀπέστειλε Σ. πρὸς Ἰ. λέγων (1 a)
17. 26. A εἶπεν Δ. . . . λέγων (1 a)
— 27. A εἶπεν αὐτῷ ὁ λαὸς . . . λέγων (1 a)
18. 7. καὶ ἔλεγον (1 a)
— 22. ἐνετείλατο Σ. τοῖς παισὶν αὐ. λέγων –
— 22. λαλήσατε ὑμεῖς λάθρα . . . λέγοντες (1 a)
19. 2. ἀπήγγειλεν Ἰων. τῷ Δ. λέγων (1 a)
— 6. καὶ ὤμοσε Σ. λέγων –
— 11. ἀπήγγειλε τῷ Δ. . . . λέγουσα (1 a)
— 14. λέγουσιν ἐνοχλεῖσθαι αὐτόν (1 a)
— 15. ἀποστέλλει ἐπὶ τὸν Δ. λέγων [A al.] (1 a)
— 19. ἀπηγγέλη τῷ Σ. λέγοντες (1 a)
— 24. διὰ τοῦτο ἔλεγον (1 a)
20. 21. ἀποστέλλω τὸ παιδάριον λέγων –
— 22. ἐὰν εἴπω λέγων τῷ παιδαρίῳ –
— 38. ἀνεβόησεν [A ἐβ.] Ἰων. . . . λέγων –
— 42. ὡς ὀμωμόκαμεν . . . λέγοντες (1 a)
21. 2 (3). ἐν τῷ τόπῳ τῷ λεγομ. Θεοῦ πίστις –
— 11 (12). οὐχὶ τούτῳ ἐξῆρχον αἱ χορεύουσαι λέγουσαι (1 a)
23. 1. ἀπηγγέλη τῷ Δ. λέγοντες (1 a)
— 2. ἐπηρώτησε Δ. διὰ τοῦ κυρίου λέγων (1 a)
— 19. ἀνέβησαν οἱ Ζ. . . . λέγοντες (1 a)
— 27. πρὸς Σ. ἦλθεν ἄγγελος λέγων (1 a)
24. 2. ἀπηγγέλη αὐτῷ λεγόντων [A λέγων] (1 a)
— 9. ἐβόησε Δ. ὀπίσω Σ. λέγων (1 a)
— 10. ἵνα τί ἀκούεις τῶν λόγων τοῦ λαοῦ λεγόντων (1 a)
— 14. καθὼς λέγεται ἡ παραβολὴ ἡ ἀρχαία (1 a)
25. 14. ἀπήγγειλεν ἓν τῶν παιδαρίων λέγων (1 a)
— 40. ἐλάλησαν αὐτῇ λέγοντες (1 a)
26. 1. ἔρχονται οἱ Ζ. . . . λέγοντες (1 a)
— 6. ἀπεκρίθη Δ. . . . λέγων (1 a)
— 14. τῷ Ἀβ. ἐλάλησε λέγων (1 a)
— 19. ἐξέβαλόν με . . . λέγοντες (1 a)
27. 1. εἶπε Δ. . . . λέγων –
— 11. γυναῖκα οὐκ ἐζωογόνησα . . . λέγων (1 a)
— 11. μὴ ἀναγγείλωσιν . . . λέγοντες (1 a)
— 12. ἐπιστεύθη Δ. . . . λέγων (1 a)
28. 10. ὤμοσεν αὐτῇ Σ. [A add. ἐν κυρίῳ] λέγων (1 a)
29. 4. καὶ λέγουσιν αὐτῷ (1 a)
— 5. ᾧ ἐξῆρχον ἐν χοροῖς λέγοντες (1 a)
— 9. οἱ σατράπαι τῶν ἀλλοφύλων λέγουσιν (1 a)
30. 8. ἐπηρώτησε Δ. διὰ τοῦ κυρίου λέγων (1 a)
— 20. τοῖς σκύλοις ἐκείνοις ἐλέγετο (1 a)
— 26. ἀπέστειλε τοῖς πρεσβυτέροις . . . λέγων (1 a)
II Ki. 1. 16. τὸ στόμα σου ἀπεκρίθη κατὰ σοῦ λέγων (1 a)
2. 1. ἐπηρώτησε Δ. ἐν κυρίῳ λέγων (1 a)
— 4. ἀπήγγειλαν τῷ Δ. λέγοντες (1 a)
— 22. προσέθετο ἔτι Ἀβ. λέγων τῷ Ἀσ. (1 a)
3. 12. ἀπέστειλεν Ἀβ. ἀγγέλους . . . λέγων (1 a)
— 13. λόγον ἕνα ἐγὼ αἰτοῦμαι . . . λέγων (1 a)
— 14. ἐξαπέστειλε . . . ἀγγέλους λέγων (1 a)
— 17. εἶπεν Ἀβ. . . . λέγων (1 a)
— 18. κύριος ἐλάλησε περὶ Δ. λέγων (1 a)
— 23. ἀπηγγέλη τῷ Ἰ. λέγοντες (1 a)

II Ki. 3. 35. ὤμοσε Δ. λέγων (1 a)
5. 6. ἀντέστησαν οἱ τυφλοὶ . . . λέγοντες (1 a)
— 19. ἠρώτησε Δ. διὰ κυρίου λέγων (1 a)
6. 9. ἐφοβήθη Δ. τὸν κύριον . . . λέγων (1 a)
— 12. ἀπηγγέλη τῷ βασ. Δ. λέγοντες (1 a)
7. 4. ἐγένετο ῥῆμα κυρίου πρὸς Ν. λέγων (1 a)
— 5. τάδε λέγει κύριος (1 a)
— 7. ᾧ ἐνετειλάμην . . . λέγων (1 a)
— 8. τάδε λέγει κύριος παντοκράτωρ (1 a)
— 27. A λέγει κύριος παντοκράτωρ –
— 27. ἀπεκάλυψας τὸ ὠτίον τοῦ δούλου σου λέγων (1 a)
11. 6. ἀπέστειλε Δ. πρὸς Ἰ. λέγων –
— 10. ἀνήγγειλαν τῷ Δ. λέγοντες (1 a)
— 15. ἔγραψεν ἐν βιβλίῳ λέγων (1 a)
— 19. ἐνετείλατο τῷ ἀγγέλῳ λέγων (1 a)
12. 7. τάδε λέγει κύριος ὁ θ. Ἰσρ. (1 a)
— 11. τάδε λέγει κύριος (1 a)
13. 7. ἀπέστειλε Δ. . . . εἰς τὸν οἶκον λέγων (1 a)
— 28. ἐνετείλατο Ἀβ. τοῖς παιδαρίοις αὐ. λέγων (1 a)
— 30. ἡ ἀκοὴ ἦλθε πρὸς Δ. λέγων (1 a)
— 33. μὴ θέσθω ὁ κ. μου ὁ βασ. . . . ῥῆμα λέγων (1 a)
14. 32. ἀπέστειλα πρὸς σὲ λέγων (1 a)
— 32. ἀποστελῶ σε πρὸς τὸν βασ. λέγων (1 a)
15. 2. καὶ ἔλεγεν αὐτῷ (1 a)
— 8. εὐχὴν ηὔξατο ὁ δοῦλός σου . . . λέγων (1 a)
— 10. ἀπέστειλεν Ἀβ. κατασκόπους . . . λέγων (1 a)
— 13. παρεγένετο ἀπαγγέλλων πρὸς Δ. λέγων (1 a)
— 31. ἀνηγγέλη Δ. λέγοντες (1 a)
16. 7. οὕτως ἔλεγε Σ. (1 a)
17. 6. εἶπεν Ἀβ. πρὸς αὐτὸν λέγων (1 a)
— 16. ἀναγγείλατε [A ἀπ.] τῷ Δ. λέγοντες (1 a)
18. 5, 12. ἐνετείλατο ὁ βασ. . . . λέγων (1 a)
19. 1 (2). ἀνηγγέλη τῷ Ἰ. λέγοντες –
— 2 (3). ἤκουσεν ὁ λαὸς . . . λέγων (1 a)
— 4 (5). ἔκραξεν ὁ βασ. . . . λέγων (1 a)
— 8 (9). πᾶς ὁ λαὸς ἀνήγγειλαν λέγοντες (1 a)
— 9 (10). ἦν πᾶς ὁ λαὸς . . . λέγοντες (1 a)
— 11 (12). ὁ βασ. Δ. ἀπέστειλε . . . λέγων (1 a)
— 11 (12). λαλήσατε πρὸς τοὺς πρεσβυτ. Ἰ. λέγοντες (1 a)
— 14 (15). ἀπέστειλαν πρὸς τὸν βασ. λέγοντες –
— 21 (22). A ἀπεκρίθη Ἀβ. . . . λέγων [B καὶ εἶπεν] (1 a)
20. 18. καὶ εἶπε λέγουσα (1 a)
— 18. λόγον ἐλάλησαν ἐν πρώτοις λέγοντες (1 a)
21. 4. τί ὑμεῖς λέγετε (1 a)
— 17. ὤμοσαν οἱ ἄνδρες Δ. λέγοντες (1 a)
23. 3. λέγει ὁ θεὸς Ἰσρ. (1 a)
24. 1. ἐπέσεισε τὸν Δ. ἐν αὐτοῖς λέγων (1 a)
— 11. λόγος κυρίου ἐγένετο . . . λέγων (1 a)
— 12. λάλησον πρὸς Δ. λέγων –
— 12. B τάδε λέγει κύριος (1 a)
III Ki. 1. 5. Ἀδ. . . . ἐπήρετο λέγων (1 a)
— 6. οὐκ ἀπεκώλυσεν αὐτὸν . . . οὐδέποτε λέγων (1 a)
— 11. εἶπε Ν. πρὸς Β. μητέρα Σαλ. λέγων (1 a)
— 13. ἐρεῖς πρὸς αὐτὸν λέγουσα (1 a)
— 13. οὐχὶ σὺ . . . ὤμοσας . . . λέγων (1 a)
— 17. σὺ ὤμοσας . . . τῇ δούλῃ σου λέγων –
— 23. A ἀνηγγέλη τῷ βασ. λεγόντων [B om.] (1 a)
— 30. καθὼς ὤμοσά σοι . . . λέγων (1 a)
— 47. εἰσῆλθον οἱ δοῦλοι τοῦ βασ. . . . λέγοντες (1 a)
— 51. ἀνηγγέλη τῷ Σαλ. λέγοντες (1 a)
— 51. κατέχει τῶν κεράτων τοῦ θυσιαστ. λέγων (1 a)
2. 1. ἀπεκρίνατο Σαλ. υἱῷ αὐ. λέγων (1 a)
— 4. ὃν ἐλάλησε [A add. περὶ ἐμοῦ] λέγων (1 a)
— 4. ἐὰν φυλάξωσιν . . . λέγων (1 a)
— 8. ὤμοσα αὐτῷ ἐν κυρίῳ λέγων (1 a)
— 23. ὤμοσεν ὁ βασ. Σαλ. . . . λέγων (1 a)
— 29. ἀπηγγέλη τῷ Σαλ. λέγοντες –
— 29. ἀπέστειλε Σαλ. πρὸς Ἰ. λέγων –
— 29. ἀπέστειλε Σαλ. . . . λέγων (1 a)
— 30. τάδε λέγει ὁ βασ. (1 a)
— 30. εἶπε τῷ βασ. λέγων (1 a)
3. 1. ἐνετείλατο τῷ Σαλ. λέγων –
— 1 (2. 8). ὤμοσα αὐτῷ . . . λέγων (1 a)
— 1 (2. 39). ἀπηγγέλη τῷ Σεμ. λέγοντες (1 a)
— 1 (2. 41). ἀπηγγέλη τῷ Σαλ. λέγοντες –
— 1 (2. 42). ἐπεμαρτυράμην σοι λέγων (1 a)
— 22. A αὐτὴ ἔλεγεν, Οὐχί (1 a)

III Ki. 3. 23. σὺ λέγεις, Οὗτος ὁ υἱός μου ὁ ζῶν (1 a)
— 23. σὺ λέγεις, Οὐχί (1 a)
5. 2 (16). ἀπέστειλε Σαλ. πρὸς Χ. λέγων (1 a)
— 5 (19). καὶ ἰδοὺ ἐγὼ λέγω (1 a)
— 5 (19). καθὼς ἐλάλησε κύριος . . . λέγων (1 a)
— 8 (22). ἀπέστειλε πρὸς Σαλ. λέγων (1 a)
6. 11. A ἐγένετο λόγος κυρίου πρὸς Σαλ. λέγων (1 a)
8. 15. ἐν ταῖς χερσὶν αὐ. ἐπλήρωσε λέγων (1 a)
— 25. ἃ ἐλάλησας αὐτῷ λέγων (1 a)
— 47. καὶ δεηθῶσί σου λέγοντες (1 a)
— 55. εὐλόγησε . . . φωνῇ μεγάλῃ λέγων (1 a)
9. 5. καθὼς ἐλάλησα Δ. πατρί σου λέγων (1 a)
11. 31. τάδε λέγει κ. ὁ θεὸς Ἰσρ. (1 a)
12. 3. ἐλάλησεν ὁ λαὸς . . . λέγοντες (1 a)
— 6. παρήγγειλεν ὁ βασ. . . . λέγων (1 a)
— 7. ἐλάλησαν πρὸς αὐτὸν λέγοντες (1 a)
— 9. τῷ λαῷ τούτῳ τοῖς λέγουσι [A λαλήσασιν] πρὸς μὲ λεγόντων (3 c, 1 a)
— 10. ἐλάλησαν πρὸς αὐτὸν . . . λέγοντες (1 a)
— 10. τοῖς λαλήσασι πρὸς σὲ λέγοντες (1 a)
— 12. ἐλάλησεν αὐτοῖς ὁ βασ. λέγων (1 a)
— 14. ἐλάλησε πρὸς αὐτοὺς . . . λέγων (1 a)
— 16. ἀπεκρίθη ὁ λαὸς . . . λέγων (1 a)
— 22. ἐγένετο λόγος κυρίου . . . λέγων (1 a)
— 23. εἰπὸν τῷ Ῥ. . . . λέγων (1 a)
— 24. τάδε λέγει κύριος (1 a)
— 24. B ἐλάλησεν εἰς τὰ ὦτα . . . λέγων –
— 24 ter. B τάδε λέγει κύριος –
— 24. B λόγος κυρίου ἐγένετο . . . λέγων –
— 24. B τάδε λέγει κύριος –
— 24. B τάδε λέγει κύριος ἐπὶ τὰς δέκα φυλάς –
— 24. B ταῦτα ἀπέστειλεν πρὸς μὲ λέγων ὁ λαός [R al.] –
— 24. B λαλήσεις πρὸς τὸν λαὸν λέγων –
— 24. B ἀνέκραξαν ἅπαντες λέγοντες –
— 24. B[1] R ἐγένετο ῥῆμα κ. πρὸς Σ. ἄνθρ. τοῦ θ. [B[2] add. λέγων] –
— 24. B εἰπὸν τῷ Ῥ. . . . λέγων –
— 24. B τάδε λέγει κύριος –
13. 2. τάδε λέγει κύριος (1 a)
— 3. δώσει ἐν τῇ ἡμ. ἐκείνῃ τέρας λέγων (1 a)
— 3. ὃ ἐλάλησε κύριος λέγων –
— 4. ἐξέτεινεν ὁ βασ. τὴν χεῖρα αὐ. . . . λέγων (1 a)
— 9. ἐνετείλατό μοι ἐν λόγῳ κύριος λέγων (1 a)
— 12. ἐλάλησε πρὸς αὐτοὺς ὁ πατὴρ αὐ. λέγων –
— 17. ἐντέταλταί μοι ἐν λόγῳ κύριος λέγων –
— 18. ἄγγελος λελάληκε πρὸς μὲ . . . λέγων (1 a)
— 21. εἶπε πρὸς τὸν ἄνθρ. τοῦ θ. . . . λέγων (1 a)
— 21. τάδε λέγει κύριος (1 a)
— 22. ἐλάλησε πρὸς σὲ λέγων –
— 27. A ἐλάλησεν πρὸς τοὺς υἱοὺς αὐ. τῷ λέγειν (1 a)
— 31. εἶπε τοῖς υἱοῖς αὐ. λέγων (1 a)
14. 7. A τάδε λέγει κ. ὁ θ. Ἰσραήλ (1 a)
15. 18. ἐξαπέστειλεν αὐτοὺς [A om. ἐ. αὐ.] . . . λέγων (1 a)
16. 16. ἤκουσεν ὁ λαὸς . . . λεγόντων (1 a)
17. 8. A ἐγένετο ῥῆμα κυρίου πρὸς Ἠ. λέγων [B om.] (1 a)
— 14. τάδε λέγει κύριος (1 a)
18. 1. ῥῆμα κυρίου ἐγένετο πρὸς Ἠ. . . . λέγων (1 a)
— 8. λέγε [A εἰπὸν] τῷ κυρίῳ σου (1 a)
— 11. καὶ νῦν σὺ λέγεις (1 a)
— 14. καὶ νῦν σὺ λέγεις μοι (1 a)
— 14. λέγε τῷ κυρίῳ σου (1 a)
— 29. ἐλάλησεν Ἠ. . . . λέγων –
— 31. ὡς ἐλάλησε κύριος . . . λέγων (1 a)
20 (21). 2. ἐλάλησεν Ἀχ. . . . λέγων (1 a)
— 6. ἐλάλησα πρὸς Ναβ. . . . λέγων (1 a)
— 9. ἐγέγραπτο ἐν τοῖς βιβλίοις λέγων (1 a)
— 10. A R καταμαρτυρησάτωσαν αὐτοῦ λέγοντες (1 a)
— 13. κατεμαρτύρησαν αὐτοῦ λέγοντες [A al.] (1 a)
— 14. ἀπέστειλαν πρὸς Ἰεζ. λέγοντες (1 a)
— 17. εἶπε κύριος πρὸς Ἠ. . . . λέγων (1 a)
— 19. λαλήσεις πρὸς αὐτὸν λέγων (1 a)
— 19 bis. τάδε λέγει κύριος (1 a)
— 23. τῇ Ἰεζ. ἐλάλησε κύριος λέγων (1 a)
21 (20). 3, 5. τάδε λέγει υἱὸς Ἀδέρ (1 a)
— 5. ἐγὼ ἀπέστρεψα λέγων [A om.] (1 a)
— 9. λέγετε τῷ κυρίῳ ὑμῶν (1 a)
— 10. ἀπέστειλε [A ἀνταπ.] . . . υἱὸς Ἀ. λέγων (1 a)
— 13, 14. τάδε λέγει κύριος (1 a)
— 17. καὶ ἀπαγγέλλουσι τῷ βασ. Σ. λέγοντες [A al.] (1 a)

III Ki. 21 (20). 28. τάδε λέγει κύριος (1 *a*)
— 32. δοῦλός σου υἱὸς Ἀδὲρ λέγει (1 *a*)
— 33. A ἀδελφός σου υἱὸς Ἀδὲρ λέγει [B *om*.] -
— 42. τάδε λέγει κύριος (1 *a*)
22. 8. μὴ λεγέτω ὁ βασ. οὕτως (1 *a*)
— 11. τάδε λέγει κύριος (1 *a*)
— 12. ἐπροφήτευον οὕτως λέγοντες (1 *a*)
— 13. ἐλάλησεν αὐτῷ λέγων (1 *a*)
— 27. A τάδε λέγει ὁ βασ. (1 *a*)
— 31. ἐνετείλατο τοῖς ἄρχουσι . . . λέγων (1 *a*)
— 36. ἔστη ὁ στρατοκῆρυξ . . . λέγων (1 *a*)
IV Ki. 1. 3. ἐκάλεσεν Ἠ. τὸν Θ. λέγων -
— 4, 6. τάδε λέγει κύριος (1 *a*)
— 11. τάδε λέγει ὁ βασ. (1 *a*)
— 16 : 2. 21. τάδε λέγει κύριος (1 *a*)
3. 7. ἐξαπέστειλε πρὸς Ἰωσ. . . . λέγων (1 *a*)
— 16, 17. τάδε λέγει κύριος (1 *a*)
4. 1. ἐβόα πρὸς Ἐλ. λέγουσα (1 *a*)
— 31. ἀπήγγειλεν αὐτῷ λέγων (1 *a*)
— 43. τάδε λέγει κύριος (1 *a*)
5. 6. ἤνεγκε τὸ βιβλίον . . . λέγων (1 *a*)
— 8. ἀπέστειλε πρὸς τὸν βασ. Ἰσρ. λέγων (1 *a*)
— 10. ἀπέστειλεν Ἐλ. ἄγγελον . . . λέγων (1 *a*)
— 11. B[1] R ἰδοὺ εἶπον [B[2] δὴ ἔλεγον] (1 *a*)
— 22. ὁ κύριός μου ἀπέστειλέ με λέγων (1 *a*)
6. 8. ἐβουλεύσατο πρὸς τοὺς παῖδας αὐ. λέγων (1 *a*)
— 9. ἀπέστειλεν Ἐλ. . . . λέγων (1 *a*)
— 13. ἀνήγγειλαν αὐτῷ λέγοντες (1 *a*)
— 26. γυνὴ ἐβόησε πρὸς αὐτὸν λέγουσα (1 *a*)
7. 1. τάδε λέγει κύριος (1 *a*)
— 10. ἀνήγγειλαν αὐτοῖς λέγοντες (1 *a*)
— 12. ἐκρύβησαν ἐν τῷ ἀγρῷ λέγοντες (1 *a*)
— 14. ἀπέστειλεν ὁ βασ. . . . λέγων (1 *a*)
— 18. καθὰ ἐλάλησεν Ἐλ. . . . λέγων (1 *a*)
8. 1. Ἐλ. ἐλάλησε . . . λέγων (1 *a*)
— 4. ὁ βασ. ἐλάλει [A -λησεν] . . . λέγων (1 *a*)
— 6. ἔδωκεν αὐτῇ ὁ βασ. εὐνοῦχον ἕνα λέγων (1 *a*)
— 7. ἀνήγγειλαν αὐτῷ λέγοντες (1 *a*)
— 8. ἐπιζήτησον τὸν κύριον . . . λέγων (1 *a*)
— 9. ἀπέστειλέ με . . . λέγων (1 *a*)
9. 3. τάδε λέγει κύριος (1 *a*)
— 6. τάδε λέγει κύριος ὁ θ. Ἰσρ. (1 *a*)
— 12. ἐλάλησε πρὸς μὲ λέγων (1 *a*)
— 12. τάδε λέγει κύριος (1 *a*)
— 18. τάδε λέγει ὁ βασ. (1 *a*)
— 18. ἀπήγγειλεν ὁ σκοπὸς λέγων (1 *a*)
— 19. τάδε λέγει ὁ βασ. (1 *a*)
— 20. ἀπήγγειλεν ὁ σκοπὸς λέγων (1 *a*)
— 36. ὃν ἐλάλησεν . . . λέγων (1 *a*)
10. 1. ἔγραψεν Εἰοὺ . . . λέγων (1 *a*)
— 5. ἀπέστειλαν . . . πρὸς Εἰοὺ λέγοντες (1 *a*)
— 6. ἔγραψε πρὸς αὐτοὺς . . . λέγων (1 *a*)
— 8. καὶ ἀπήγγειλε λέγων (1 *a*)
— 21. B ἀπέστειλεν Εἰοὺ . . . λέγων -
11. 5. ἐνετείλατο αὐτοῖς λέγων (1 *a*)
14. 6. ὡς ἐνετείλατο κύριος λέγων (1 *a*)
— 8. ἀπέστειλεν Ἀμ. ἀγγέλους . . . λέγων (1 *a*)
— 9. ἀπέστειλεν Ἰ. . . . λέγων (1 *a*)
— 9. ὁ ἄκαν . . . ἀπέστειλε . . . λέγων (1 *a*)
15. 12. ὃν ἐλάλησε πρὸς Εἰοὺ λέγων (1 *a*)
16. 7. ἀπέστειλεν Ἀχ. ἀγγέλους . . . λέγων (1 *a*)
— 15. ἐνετείλατο ὁ βασ. Ἀχ. . . . λέγων (1 *a*)
17. 13. A R διεμαρτύρατο κύριος . . . λέγων [B λόγον] (1 *a*)
— 26. εἶπον τῷ βασ. Ἀσσ. λέγοντες (1 *a*)
— 27. ἐνετείλατο ὁ βασ. Ἀσσ. λέγων (1 *a*)
— 35. ἐνετείλατο αὐτοῖς λέγων (1 *a*)
18. 14. ἀπέστειλεν Ἐζ. . . . λέγων (1 *a*)
— 19, 29. τάδε λέγει ὁ βασ. (1 *a*)
— 30. μὴ ἐπελπιζέτω ὑμᾶς Ἐζ. . . . λέγων (1 *a*)
— 31. τάδε λέγει ὁ βασ. Ἀσσ. (1 *a*)
— 32. ἀπατᾷ ὑμᾶς λέγων (1 *a*)
— 36. ἐντολὴ τοῦ βασ. λέγων (1 *a*)
19. 3. τάδε λέγει Ἐζ. (1 *a*)
— 6. τάδε λέγει κύριος (1 *a*)
— 9. ἤκουσε περὶ Θ. . . . λέγων (1 *a*)
— 9. ἀπέστειλεν ἀγγέλους πρὸς Ἐζ. λέγων (1 *a*)
— 10. A τάδε ἐρεῖτε . . . τῷ λέγειν (1 *a*)
— 10. ἐφ' ᾧ σὺ πέποιθας ἐν αὐτῷ λέγων (1 *a*)
— 20. ἀπέστειλεν Ἡσ. . . . λέγων (1 *a*)
— 20. τάδε λέγει κ. ὁ θεὸς τῶν δυνάμεων (1 *a*)
— 32. τάδε λέγει κύριος (1 *a*)
— 33. λέγει κύριος (6)
20. 1. τάδε λέγει κύριος (1 *a*)
— 2. ηὔξατο πρὸς κύριον λέγων (1 *a*)
— 4. ῥῆμα κυρίου ἐγένετο πρὸς αὐτὸν λέγων (1 *a*)

IV Ki. 20. 5. τάδε λέγει κ. ὁ θεὸς Δ. (1 *a*)
21. 10. ἐλάλησε κύριος . . . λέγων (1 *a*)
— 12. τάδε λέγει κ. ὁ θεὸς Ἰσρ. (1 *a*)
22. 3. ἀπέστειλεν ὁ βασ. . . . λέγων (1 *a*)
— 10. εἶπε Σ. . . . λέγων (1 *a*)
— 12. ἐνετείλατο ὁ βασ. . . . λέγων (1 *a*)
— 15. τάδε λέγει κ. ὁ θεὸς Ἰσρ. (1 *a*)
— 16. τάδε λέγει κύριος (1 *a*)
— 18. τάδε λέγει κ. ὁ θεὸς Ἰσρ. (1 *a*)
— 19. λέγει κύριος (6)
23. 21. ἐνετείλατο ὁ βασ. παντὶ τῷ λαῷ λέγων (1 *a*)
I Ch. 4. 9. ἐκάλεσε τὸ ὄνομα αὐ. Ἰ. λέγουσα (1 *a*)
— 10. ἐπεκαλέσατο Ἰ. τὸν θεὸν Ἰσρ. λέγων (1 *a*)
11. 1. ἦλθε πᾶς Ἰσρ. . . . λέγοντες (1 *a*)
12. 19. παρὰ τῶν στρατηγῶν τῶν ἀλλοφ. λεγόντων (1 *a*)
13. 12. ἐφοβήθη Δ. . . . λέγων (1 *a*)
14. 10. ἠρώτησε Δ. διὰ τοῦ θεοῦ λέγων (1 *a*)
16. 18. λέγων, Σοὶ δώσω τὴν γῆν Χ. (1 *a*)
— 19. A ἐν τῷ λέγεσθαι [B S γενέσθαι] αὐτοὺς ὀλιγοστοὺς ἀριθμῷ †
17. 3. A ἐγένετο λόγος κυρίου . . . λέγων [B S *om*.] (1 *a*)
— 6. εἰ λαλῶν ἐλάλησα . . . λέγων (1 *a*)
— 7. τάδε λέγει κύριος παντοκράτωρ (1 *a*)
— 24. λεγόντων, Κύριε κύριε παντοκρ. (1 *a*)
21. 9. A R ἐλάλησε κύριος . . . λέγων [B *om*.] (1 *a*)
— 10. λάλησον πρὸς Δ. λέγων (1 *a*)
— 10, 11. οὕτως λέγει κύριος (1 *a*)
22. 8. ἐγένετό μοι [A ἐπ' ἐμὲ] λόγος κ. λέγων (1 *a*)
29. 10. εὐλόγησεν ὁ βασ. . . . λέγων (1 *a*)
II Ch. 2. 3 (2). ἀπέστειλε Σ. πρὸς Χ. . . . λέγων (1 *a*)
— 11 (10). R ἀπέστειλε πρὸς Σαλ. λέγων [A B *om*.] -
5. 13. καὶ ἔλεγον -
6. 4. ἐν χερσὶν αὐ. ἐπλήρωσε λέγων (1 *a*)
— 15. ἃ ἐλάλησας αὐτῷ λέγων [A *al*.] -
— 16. ἃ ἐλάλησας αὐτῷ λέγων (1 *a*)
— 37. καὶ δεηθῶσί σου . . . λέγοντες (1 *a*)
7. 18. ὡς διεθέμην . . . λέγων (1 *a*)
10. 3. B ἦλθον πρὸς Ῥ. λέγοντες [A R *al*.] (1 *a*)
— 6. συνήγαγεν ὁ βασ. . . . λέγων (1 *a*)
— 7. ἐλάλησαν αὐτῷ λέγοντες (1 *a*)
— 9. οἳ ἐλάλησαν πρὸς μὲ λέγοντες (1 *a*)
— 10. R ἐλάλησαν αὐτῷ . . . λέγοντες [A B *om*.] (1 *a*)
— 10. οὕτως λαλήσεις τῷ λαῷ . . . λέγων (1 *a*)
— 12. ὡς ἐλάλησεν ὁ βασ. λέγων (1 *a*)
— 14. ἐλάλησε πρὸς αὐτοὺς . . . λέγων (1 *a*)
— 15. ἦν μεταστροφὴ παρὰ τοῦ θεοῦ λέγων -
— 16. ἀπεκρίθη ὁ λαὸς πρὸς τὸν βασ. λέγων -
11. 2. ἐγένετο λόγος κυρίου . . . λέγων (1 *a*)
— 3. εἰπὸν πρὸς Ῥ. . . . λέγων (1 *a*)
— 4. τάδε λέγει κύριος (1 *a*)
12. 7. ἐγένετο λόγος κυρίου . . . λέγων (1 *a*)
13. 8. λέγετε ὑμεῖς ἀντιστῆναι (1 *a*)
16. 2. καὶ ἀπέστειλε . . . λέγων (1 *a*)
18. 10. τάδε λέγει κύριος (1 *a*)
— 11. ἐπροφήτευον οὕτως λέγοντες (1 *a*)
— 12. ἐλάλησεν αὐτῷ λέγων (1 *a*)
— 30. ἐνετείλατο τοῖς ἄρχουσι . . . λέγων (1 *a*)
19. 9. ἐνετείλατο πρὸς αὐτοὺς λέγων (1 *a*)
20. 2. ὑπέδειξαν τῷ Ἰ. λέγοντες (1 *a*)
— 8. ᾠκοδόμησαν . . . ἁγίασμα . . . λέγοντες (1 *a*)
— 15. τάδε λέγει κύριος ὑμῖν αὐτοῖς (1 *a*)
— 21. B[1] καὶ ἔλεγεν [B[2] R -ον] (1 *a*)
— 37. ἐπροφήτευσεν Ἐλ. . . . λέγων (1 *a*)
21. 12. ἦλθεν αὐτῷ ἐν γραφῇ . . . λέγων (1 *a*)
— 12. τάδε λέγει κ. θεὸς Δ. τοῦ πατρός σου (1 *a*)
24. 20. τάδε λέγει κύριος (1 *a*)
25. 4. ὡς ἐνετείλατο κύριος λέγων (1 *a*)
— 7. ἦλθε πρὸς αὐτὸν λέγων (1 *a*)
— 17. A R ἀπέστειλε πρὸς Ἰ. . . . λέγων (1 *a*)
— 18. ἀπέστειλεν Ἰ. . . . λέγων (1 *a*)
— 18. ὁ χοζεὶ . . . ἀπέστειλε . . . λέγων (1 *a*)
28. 10. υἱοὺς . . . λέγετε κατακτήσεσθαι (1 *a*)
— 13. ἐφ' ἡμᾶς ὑμεῖς λέγετε (1 *a*)
30. 6. ἐπορεύθησαν οἱ τρέχοντες . . . λέγοντες (1 *a*)
— 18. προσηύξατο Ἐζ. περὶ αὐτῶν λέγων (1 *a*)
32. 4. ἐνέφραξε τὰ ὕδατα . . . λέγοντες (1 *a*)
— 6. ἐλάλησεν . . . λέγων (1 *a*)
— 9. ἀπέστειλε πρὸς Ἐζ. . . . λέγων (1 *a*)
— 10. οὕτως λέγει Σ. ὁ βασ. Ἀ. (1 *a*)
— 11. οὐχὶ Ἐζ. ἀπατᾷ ὑμᾶς . . . λέγων (1 *a*)
— 12. εἶπε τῷ Ἰούδᾳ . . . λέγων (1 *a*)
— 17. εἶπε περὶ αὐτοῦ λέγων (1 *a*)

II Ch. 34. 18. ἀπήγγειλε Σ. . . . λόγον [A *om*.] λέγων (1 *a*)
— 20. ἐνετείλατο ὁ βασ. . . . λέγων (1 *a*)
— 24. οὕτως λέγει κύριος (1 *a*)
— 26. οὕτως λέγει κ. ὁ θ. Ἰσρ. (1 *a*)
35. 21. ἀπέστειλε πρὸς αὐτὸν ἀγγέλους λέγων (1 *a*)
36. 22. παρήγγειλε κηρῦξαι . . . λέγων (1 *a*)
— 23. τάδε λέγει Κῦρος (1 *a*)
I Es. 1. 26. διεπέμψατο πρὸς αὐτὸν . . . λέγων
2. 2. ἐκήρυξεν . . . διὰ γραπτῶν λέγων
— 3. τάδε λέγει ὁ βασ. Περσῶν
4. 58. εὐλόγησε τῷ βασιλεῖ τοῦ οὐρ. λέγων
5. 68. λέγουσιν αὐτοῖς
6. 11. ἐπυνθανόμεθα . . . λέγοντες
— 13. ἀπεκρίθησαν ἡμῖν λέγοντες
8. 22. καὶ ὑμῖν δὲ λέγεται
— 41. ἐπὶ τὸν λεγόμ. Θ. ποταμόν
— 68. προσήλθοσάν μοι . . . λέγοντες
— 73. ἐκτείνας τὰς χεῖρας πρὸς τὸν κ. ἔλεγον
— 82. ἃ ἔδωκας . . . λέγων
9. 53. ἐκέλευον . . . λέγοντες
II Es. 1. 1. παρήγγειλε φωνὴν . . . λέγων (1 *a*)
5. 11. ἀπεκρίθησαν ἡμῖν λέγοντες (1 *c*)
8. 22. εἴπαμεν τῷ βασ. λέγοντες (1 *a*)
9. 1. ἤγγισαν πρὸς μὲ οἱ ἄρχ. λέγοντες (1 *a*)
— 11. ASR ἃς ἔδωκας ἡμῖν . . . λέγων [B *om*.] (1 *a*)
Ne. 1. 8. ὃν ἐνετείλω . . . λέγων [S[1] *om*.] (1 *a*)
5. 2. ἦσάν τινες λέγοντες (1 *a*)
— 3, 4. εἰσί τινες λέγοντες (1 *a*)
— 12. καθὼς σὺ [S[2] σοὶ] λέγεις [S[1] κ. οἱ λέγοντες] (1 *a*)
6. 2. ἀπέστειλε . . . πρὸς μὲ λέγων (1 *a*)
— 3. ἀπέστειλα ἐπ' αὐτοὺς . . . λέγων (1 *a*)
— 8. ἀπέστειλα πρὸς αὐτὸν λέγων (1 *a*)
— 8. A S[1] R ὡς [B S[2] οὓς] σὺ λέγεις (1 *a*)
— 9. φοβερίζουσιν ἡμᾶς λέγοντες (1 *a*)
— 19. τοὺς λόγους αὐ. ἦσαν λέγοντες πρὸς μέ (1 *a*)
8. 11. κατεσιώπων πάντα τὸν λαὸν λέγοντες (1 *a*)
To. 2. 3. S καὶ ἐπιστρέψας λέγει [A B *al*.]
— 6. S ὅσα ἐλάλησεν Ἀ. ἐπὶ Β. λέγων [A B *al*.]
— 8. οἱ πλησίον ἐπεγέλων λέγοντες [S *al*.]
— 14. S λέγει μοι αὐτή [A B *al*.]
— 14. ἔλεγον ἀποδιδόναι αὐτὸ τοῖς κυρίοις [S *al*.]
— 14. S ἀποκριθεῖσα λέγει μοι [A B *al*.]
3. 1. προσευξάμην μετ' ὀδύνης λέγων [S *al*.]
— 10. S καὶ λέγει [A B εἶπεν]
6. 10. S λέγει Ῥ. τῷ παιδαρίῳ [A B *al*.]
— 13. S ἤκουσα λεγόντων αὐτῶν
— 15. S καὶ λέγει αὐτῷ [A B *al*.]
7. 1. S λέγει αὐτῷ
— 8. λάλησον ὑπὲρ ὧν ἔλεγες [S *al*.]
8. 5. ἤρξατο Τωβίας λέγειν
— 10. ὤρυξε τάφον λέγων [S *al*.]
— 15. εὐλόγησε Ῥαγουὴλ τὸν θεὸν λέγων [S *al*.]
10. 4. S Ἀ. ἡ γυνὴ αὐ. λέγει [AB *al*.]
— 6. Τώβ. λέγει [S ἔλεγεν] αὐτῇ
— 10. Τωβίας λέγει [S *al*.]
— 12. ἐξαπέστειλε λέγων [S *al*.]
— 13. S Ἔ. λέγει Τωβίᾳ [A B *al*.]
11. 11. προσέπασε τὴν χολὴν . . . λέγων [S *al*.]
— 17. κατευλόγησεν αὐτὴν λέγων [S *al*.]
13. 8. A B λεγέτωσαν πάντες
— 18. ἐροῦσι πᾶσαι αἱ ῥῦμαι αὐ. . . . λέγοντες [S *al*.]
14. 3. S ἐνετείλατο αὐτῷ λέγων [A B *al*.]
— 11. A B ταῦτα αὐτοῦ λέγοντος
Ju. 2. 5. τάδε λέγει ὁ βασ. ὁ μέγας
3. 1. ἀπέστειλαν . . . ἀγγέλους . . . λέγοντες
4. 7. λέγων διακατασχεῖν τὰς ἀναβάσεις
6. 4. λέγει ὁ βασ. Ναβ.
— 18. ἐβόησαν λέγοντες
11. 3. καὶ νῦν λέγε μοι
12. 6. ἀπέστειλε πρὸς Ὀλ. λέγουσα
14. 17. S ἐξεπήδησεν . . . λέγων [A καὶ ἐβόησεν. B κράζων]
Es. 1. 18. ἀκούσασαι τὰ τῷ βασ. λεχθέντα [A ἀχθ.] ὑπ' αὐτῆς (3 *a*)
2. 15. ὧν ἐνετείλατο [A S[2] ἔλεγεν] ὁ εὐνοῦχος (1 *a*)
3. 3. τί παρακούεις τὰ ὑπὸ τοῦ βασ. λεγόμενα (4)
— 4. ἐλάλουν [A S[2] ἔλεγον] αὐτῷ (1 *a*)
— 8. ἐλάλησε πρὸς τὸν βασ. Ἀρτ. λέγων -
4. 15. ἐξαπέστειλεν Ἐ. . . . λέγουσα (1 *a* ?)
6. 9. καὶ κηρυσσέτω . . . λέγων -
— 11. καὶ ἐκήρυσσε λέγων -
8. 14. τὰ ὑπὸ τοῦ βασ. λεγόμενα ἐπιτελεῖν (3 *a*)
9. 25. λέγων κρεμάσαι τὸν Μαρδ. (1 *a*)
Jb. 1. 5. ἔλεγε γὰρ Ἰώβ (1 *a*)

Jb. 1. 17. A καὶ λέγει αὐτῷ [B S *al.*] (1 *a*)
— 18. ἄλλος ἄγγελος ἔρχεται λέγων τῷ Ἰώβ [A *al.*] (1 *a*)
2. 9. μέχρι τίνος καρτερήσεις λέγων –
3. 2. A καὶ ἀπεκρίθη Ἰὼβ [B S *om.* καὶ ἀπ. Ἰ.] λέγων (1 *a*)
4. 1. ὑπολαβὼν δὲ Ἐλιφὰς ὁ Θαιμανίτης λέγει (1 *a*)
6. 1. ὑπολαβὼν δὲ Ἰὼβ λέγει (1 *a*)
7. 4. ἐὰν κοιμηθῶ λέγω, Πότε ἡμέρα (1 *a*)
8. 1. ὑπολαβὼν δὲ Βαλδὰδ ὁ Σαυχίτης λέγει (1 *a*)
9. 1. ὑπολαβὼν δὲ Ἰὼβ λέγει (1 *a*)
— 7. ὁ λέγων τῷ ἡλίῳ [A ἡ. μὴ ἀνατέλλειν] καὶ οὐκ ἀνατέλλει (1 *a*)
11. 1. ὑπολαβὼν δὲ Σωφὰρ ὁ Μιναῖος λέγει (1 *a*)
— 2. ὁ τὰ πολλὰ λέγων καὶ ἀντακούσεται (3 *a*)
— 4. μὴ γὰρ λέγε, Ὅτι καθαρός εἰμι τοῖς ἔργοις (1 *a*)
12. 1. ὑπολαβὼν δὲ Ἰὼβ λέγει (1 *a*)
15. 1. ὑπολαβὼν δὲ Ἐλιφὰζ ὁ Θ. λέγει (1 *a*)
16. 1. ὑπολαβὼν δὲ Ἰὼβ λέγει (1 *a*)
18. 1. ὑπολαβὼν δὲ Βαλδὰδ ὁ Σαυχίτης λέγει (1 *a*)
19. 1. ὑπολαβὼν δὲ Ἰὼβ λέγει (1 *a*)
20. 1. ὑπολαβὼν δὲ Σωφὰρ ὁ Μιναῖος λέγει (1 *a*)
21. 1. ὑπολαβὼν δὲ Ἰὼβ λέγει (1 *a*)
— 14. λέγει δὲ κυρίῳ (1 *a*)
22. 1. ὑπολαβὼν δὲ Ἐλιφὰς ὁ Θαιμανίτης λέγει (1 *a*)
— 17. οἱ λέγοντες, Κύριος τί ποιήσει ἡμῖν (1 *a*)
23. 1. ὑπολαβὼν δὲ Ἰὼβ λέγει (1 *a*)
24. 15. ὀφθαλμὸς μοιχοῦ ἐφύλαξε σκότος λέγων (1 *a*)
— 25. τίς ἐστιν ὁ φάμενος [B^{2} λέγων] ψευδῆ με λέγειν (8)
25. 1. ὑπολαβὼν δὲ Βαλδὰδ ὁ Σαυχίτης λέγει (1 *a*)
— 5. A ὁ λέγων τῷ ἡλίῳ μὴ ἀνατέλλειν –
26. 1. ὑπολαβὼν δὲ Ἰὼβ λέγει (1 *a*)
29. 1. A λέγει [B S εἶπε] τῷ προοιμίῳ (1 *a*)
32. 6. A ὑπολαβὼν δὲ Ἐλιοὺς . . . λέγει [B S εἶπε] (1 *a*)
— 17. ὑπολαβὼν δὲ Ἐλιοὺς λέγει –
33. 9. διότι λέγεις, Καρθαρός εἰμι –
— 12. πῶς γὰρ λέγεις, Δίκαιός εἰμι †
— 13. λέγεις δὲ, Διὰ τί τῆς δίκης [A S^{2} δικαιοσύνης] μου –
— 27. ἀπομέμψεται [A -πέμψεται] ἄνθρωπος αὐτὸς ἑαυτῷ λέγων (1 *a*)
— 31 (34. 1): 34. 1. ὑπολαβὼν δὲ Ἐλιοὺς λέγει (1 *a*)
34. 18. ἀσεβὴς ὁ λέγων βασιλεῖ, Παρανομεῖς (1 *a*)
— 31. πρὸς τὸν ἰσχυρὸν ὁ λέγων [S^{1} *om.* ὁ λ.] (1 *a*)
35. 1. ὑπολαβὼν δὲ Ἐλιοὺς λέγει (1 *a*)
36. 1. προσθεὶς δὲ Ἐλιοὺς ἔτι λέγει (1 *a*)
37. 19. παυσώμεθα πολλὰ λέγοντες †
39. 25. σάλπιγγος δὲ σημαινούσης λέγει [A ἐρεῖ], Εὖγε (1 *a*)
— 33 (40. 3). ὑπολαβὼν δὲ Ἰὼβ λέγει [A εἶπεν] τῷ κυρίῳ (1 *a*)
41. 1. οὐδὲ ἐπὶ τοῖς λεγομένοις τεθαύμακας †
42. 1. ὑπολαβὼν δὲ Ἰὼβ λέγει τῷ κυρίῳ (1 *a*)
Ps. 3. 2. πολλοὶ λέγουσι τῇ ψυχῇ μου (1 *a*)
4. 4. ἃ λέγετε ἐν ταῖς καρδίαις ὑμῶν (1 *a*)
— 6. πολλοὶ λέγουσι, Τίς δείξει ἡμῖν τὰ ἀγαθά (1 *a*)
11 (12). 5. νῦν ἀναστήσομαι, λέγει κύριος (1 *a*)
28 (29). 9. ἐν τῷ ναῷ αὐτοῦ πᾶς τις λέγει δόξαν (1 *a*)
39 (40). 15. οἱ λέγοντές μοι, Εὖγε εὖγε (1 *a*)
41 (42). 3. ἐν τῷ λέγεσθαί μοι καθ' ἑκάστην ἡμέραν (1 *a*)
— 10. ἐν τῷ λέγειν αὐτούς μοι καθ' ἑκάστην ἡμέραν (1 *a*)
44 (45). 1. λέγω ἐγὼ τὰ ἔργα μου τῷ βασιλεῖ (1 *a*)
69 (70). 3. οἱ λέγοντές μοι, Εὖγε εὖγε (1 *a*)
— 4. καὶ λεγέτωσαν διὰ παντός (1 *a*)
70 (71). 11. ἐβουλεύσαντο ἐπὶ τὸ αὐτὸ λέγοντες (1 *a*)
72 (73). 15. εἰ ἔλεγον, Διηγήσομαι οὕτως (1 *a*)
93 (94). 18. εἰ ἔλεγον, Σεσάλευται ὁ πούς μου (1 *a*)
104 (105). 11. λέγων, Σοὶ δώσω τὴν γῆν Χαναάν (1 *a*)
118 (119). 82. R λέγοντες, Πότε παρακαλέσεις με [S *al.*] (1 *a*)
136 (137). 7. μνήσθητι, κύριε, τῶν υἱῶν Ἐδὼμ . . . τῶν λεγόντων (1 *a*)
Pr. 1. 11. ἐὰν παρακαλέσωσί σε λέγοντες (1 *a*)
— 21. ἐπὶ δὲ πύλαις πόλεως θαρροῦσα λέγει (1 *a*)
4. 4. οἳ ἔλεγον καὶ ἐδίδασκόν με (1 *a*)
9. 4. λέγουσα, Ὅς ἐστιν ἄφρων ἐκκλινάτω πρὸς μέ –
— 16. ἐνδεέσιν δὲ φρονήσεως παρακελεύομαι λέγουσα (1 *a*)
12. 18. εἰσὶν οἱ λέγοντες τιτρώσκουσι μάχαιραι [A -αν] (2)
22. 13. προφασίζεται καὶ λέγει ὀκνηρός (1 *a*)
Pr. 23. 9. εἰς ὦτα ἄφρονος μηδὲν λέγε (3 *c*)
24. 23 (29. 27). μηδὲν ψεῦδος ἀπὸ γλώσσης βασιλεῖ λεγέσθω –
— 24 (30. 1). τάδε λέγει ὁ ἀνὴρ τοῖς πιστεύουσι θεῷ (6)
— 38 (23). ταῦτα δὲ λέγω ὑμῖν τοῖς σοφοῖς ἐπιγινώσκειν –
— 70 (31. 2). πρωτογενές, σοὶ λέγω υἱέ –
25. 7. ἃ εἶδον οἱ ὀφθαλμοί σου λέγε –
26. 13. λέγει ὀκνηρὸς ἀποστελλόμενος εἰς ὁδόν (1 *a*)
— 19. λέγουσιν ὅτι παίζων ἔπραξα (1 *a*)
Ec. 1. 16. ἐλάλησα ἐγὼ ἐν καρδίᾳ μου τῷ [S τοῦ] λέγειν (1 *a*)
Ca. 2. 10. καὶ λέγει μοι [S *om.*] (1 *a*)
Wi. 7. 15. A S ἐνθυμηθῆναι ἀξίως τῶν λεγομένων [B δεδομ.]
Si. *prol.* 6. τοῖς ἐκτὸς δύνασθαι τοὺς φιλομαθοῦντας χρησίμους εἶναι καὶ λέγοντας καὶ γράφοντας
— 16. οὐ γὰρ ἰσοδυναμεῖ αὐτὰ ἐν ἑαυτοῖς Ἑβραϊστὶ λεγόμενα
— 19. τὰ λοιπὰ τῶν βιβλίων οὐ μικρὰν ἔχει τὴν διαφορὰν ἐν [S *om.*] ἑαυτοῖς λεγόμενα
12. 16. B^{2} ἐρεῖ σοι καλὰ λέγων
19. 10. ἀκήκοας λόγον [S^{1} λέγων]
23. 18. λέγων ἐν [A *om.*] τῇ ψυχῇ αὐ., Τίς με ὁρᾷ
33 (36). 10. σύντριψον κεφαλὰς ἀρχόντων ἐχθρῶν λεγόντων
35 (32). 9. ἑτέρου λέγοντος μὴ πολλὰ ἀδολέσχει
51. 24. A S^{1} ὑστερεῖτε λέγετε [B *om.*, S^{2} ἢ λ.] ἐν τούτοις
Ho. 2. 13 (15), 16 (18), 21 (23). λέγει κύριος (6)
6. 1. ὀρθριοῦσι πρὸς μὲ λέγοντες –
11. 11. λέγει κύριος (6)
13. 2. αὐτοὶ λέγουσι, Θύσατε ἀνθρώπους (1 *a*)
Am. 1. 5. λέγει κύριος (1 *a*)
— 6. τάδε λέγει κύριος (1 *a*)
— 8. λέγει κύριος (1 *a*)
— 9, 11, 13. τάδε λέγει κύριος (1 *a*)
— 15. λέγει κύριος (1 *a*)
2. 1. τάδε λέγει κύριος (1 *a*)
— 3. λέγει κύριος (1 *a*)
— 4, 6. τάδε λέγει κύριος (1 *a*)
— 11. λέγει κύριος (6)
— 12. τοῖς προφήταις ἐνετέλλεσθε λέγοντες (1 *a*)
— 16. λέγει κύριος (6)
3. 1. ὃν ἐλάλησε κύριος . . . λέγων (1 *a*)
— 10. λέγει κύριος (6)
— 11. διὰ τοῦτο τάδε λέγει κύριος ὁ θεός (1 *a*)
— 12. τάδε λέγει κύριος (1 *a*)
— 13. λέγει κ. ὁ θ. ὁ παντοκράτωρ (6)
— 15. A R λέγει κύριος [B *om.*] (6)
4. 1. δαμάλεις . . . αἱ λέγουσαι τοῖς κυρίοις αὐτῶν (1 *a*)
— 3. λέγει κύριος (6)
— 5. λέγει κ. ὁ θεός (6)
— 6, 8, 9, 10, 11. λέγει κύριος (6)
5. 3. τάδε λέγει κύριος κύριος (1 *a*)
— 4. διότι τάδε λέγει κ. πρὸς τὸν οἶκον Ἰ. (1 *a*)
— 16. τάδε λέγει κ. ὁ θ. ὁ παντοκράτωρ (1 *a*)
— 25. A λέγει κύριος –
— 27. λέγει κ. (1 *a*)
6. 14 (13). οἱ εὐφραινόμενοι ἐπ' οὐδενὶ λόγῳ οἱ λέγοντες (1 *a*)
— 15 (14). B λέγει κύριος τῶν δυνάμεων (6)
7. 3, 6. λέγει κύριος (1 *a*)
— 10. ἐξαπέστειλεν Ἀμ. . . . πρὸς Ἱερ. . . . λέγων (1 *a*)
— 11. διότι τάδε λέγει Ἀμώς (1 *a*)
— 16. σὺ λέγεις, Μὴ προφήτευε (1 *a*)
— 17. διὰ τοῦτο τάδε λέγει κύριος (1 *a*)
8. 3. λέγει κύριος κύριος [A *om.*] (6)
— 5. λέγοντες [A οἱ λ.], Πότε διελεύσεται ὁ μήν (1 *a*)
— 9. λέγει κύριος κύριος (6)
— 11. λέγει κύριος (6)
— 14. καὶ οἱ λέγοντες, Ζῇ ὁ θ. σου (1 *a*)
9. 7, 8. λέγει κύριος (6)
— 10. οἱ λέγοντες, Οὐ μὴ ἐγγίσῃ (1 *a*)
— 12. λέγει κύριος ὁ ποιῶν πάντα ταῦτα (6)
— 13. λέγει κύριος (6)
— 15. λέγει κ. ὁ θ. ὁ παντοκράτωρ (1 *a*)
Mi. 2. 3. διὰ τοῦτο τάδε λέγει κύριος (1 *a*)
— 4. θρηνηθήσεται θρῆνος ἐν μέλει λέγων (1 *a*)
— 7. ὁ λέγων, Οἶκος Ἰ. παρώργισε πνεῦμα κ. (1 *a*)
3. 5. τάδε λέγει κύριος ἐπὶ τοὺς προφήτας (1 *a*)
Mi. 3. 11. ἐπὶ τὸν κύριον ἐπανεπαύοντο λέγοντες (1 *a*)
4. 6. λέγει κύριος (6)
— 11. ἐπισυνήχθη ἐπὶ σὲ ἔθνη πολλὰ [A *add.* οἱ] λέγοντες (1 *a*)
5. 10 (9). λέγει κύριος (6)
7. 10. περιβαλεῖται αἰσχύνην ἡ λέγουσα πρὸς μέ (1 *a*)
Jl. 2. 12. καὶ νῦν λέγει κ. ὁ θ. ὑμῶν (6)
3 (4). 10. ὁ ἀδύνατος [S^{1} δυνατὸς] λεγέτω (1 *a*)
Ob. 1. 1. τάδε λέγει κ. ὁ θ. τῇ Ἰδ. (1 *a*)
— 3. λέγων ἐν καρδίᾳ αὐτοῦ (1 *a*)
— 4, 8. λέγει κύριος (6)
Jn. 1. 1. ἐγένετο λόγος κυρίου πρὸς Ἰ. . . . λέγων (1 *a*)
3. 1. ἐγένετο λόγος κ. πρὸς Ἰ. ἐκ δευτέρου λέγων (1 *a*)
— 7. ἐκηρύχθη καὶ ἐρρέθη ἐν τῇ Ν. . . . λέγων (1 *a*)
— 8. ἀπέστρεψαν ἕκαστος ἀπὸ τῆς ὁδοῦ . . . λέγοντες –
Na. 1. 12. τάδε λέγει κύριος (1 *a*)
2. 13 (14). λέγει κύριος παντοκράτωρ (6)
3. 5. λέγει κ. ὁ θ. ὁ παντοκράτωρ (6)
Hb. 2. 19. οὐαὶ ὁ λέγων [S^{1} οἱ λ.] τῷ ξύλῳ (1 *a*)
3. 9. λέγει κύριος (1 *e*)
Ze. 1. 2, 3, 10. λέγει κ. (6)
— 12. οἱ δὲ λέγοντες ἐν ταῖς καρδίαις αὐτῶν [A *om.* ἐν τ. κ. α.] (1 *a*)
2. 9. λέγει κύριος τῶν δυνάμεων (6)
3. 1 (2. 15). ἡ λέγουσα ἐν καρδίᾳ αὐτῆς (1 *a*)
— 8. λέγει κύριος (6)
— 19. λέγει κύριος –
— 20. λέγει κύριος (1 *a*)
Hg. 1. 1. ἐγένετο λόγος κυρίου ἐν χειρὶ Ἀγ. . . . λέγων –
— 1. εἶπον πρὸς Σ. . . . λέγων [S^{2} *om.*] (1 *a*)
— 2. τάδε λέγει κύριος παντοκράτωρ λέγων (1 *a*, 1 *a*)
— 2. ὁ λαὸς οὗτος λέγουσιν (1 *a*)
— 3. ἐγένετο λόγος κ. ἐν χειρὶ Ἀγ. . . . λέγων (1 *a*)
— 5. τάδε λέγει κύριος παντοκράτωρ (1 *a*)
— 6. A διότι τάδε λέγει κύριος παντοκράτωρ –
— 7. τάδε λέγει κύριος παντοκράτωρ (1 *a*)
— 9. τάδε λέγει κύριος παντοκράτωρ (9)
— 13. λέγει κύριος (6)
2. 2 (1). ἐλάλησε κ. ἐν χειρὶ Ἀγ. . . . λέγων (1 *a*)
— 3 (2). εἰπὸν δὴ πρὸς Ζ. . . . λέγων (1 *a*)
— 5 (4) *bis.* λέγει κύριος (6)
— 5 (4). λέγει κύριος ὁ παντοκράτωρ (6)
— 7 (6). A R τάδε [B S *om.*] λέγει κύριυς παντοκράτωρ (1 *a*)
— 8 (7). λέγει κύριος παντοκράτωρ (1 *a*)
— 9 (8). λέγει κύριος παντοκράτωρ (6)
— 10 (9). λέγει κύριος παντοκράτωρ (1 *a*)
— 10 (9). λέγει κύριος παντοκράτωρ (6)
— 11 (10). ἐγένετο λόγος κ. πρὸς Ἀγ. . . . λέγων (1 *a*)
— 12 (11). τάδε λέγει κύριος παντοκράτωρ (1 *a*)
— 12 (11). ἐπερώτησον τοὺς ἱερεῖς νόμον λέγων (1 *a*)
— 15 (14), 18 (17). λέγει κύριος (6)
— 21 (20). ἐγένετο λόγος κυρίου . . . πρὸς Ἀγ. . . . λέγων (1 *a*)
— 22 (21). εἰπὸν πρὸς Ζ. τὸν τοῦ Σ. . . . λέγων (1 *a*)
— 24 (23). λέγει κύριος παντοκράτωρ (6)
— 24 (23). λέγει κύριος (6)
— 24 (23). λέγει κύριος παντοκράτωρ (6)
Za. 1. 1. ἐγένετο λόγος κυρίου πρὸς Ζ. . . . λέγων (1 *a*)
— 3. τάδε λέγει κύριος παντοκράτωρ (1 *a*)
— 3. λέγει κύριος τῶν δυναμέων [S^{1} *al.*] (6)
— 3. λέγει κύριος τῶν δυναμέων [A *al.*] (1 *a*)
— 4. ἐνεκάλεσαν . . . λέγοντες (1 *a*)
— 4. τάδε λέγει κύριος παντοκράτωρ (1 *a*)
— 4. λέγει κύριος (6)
— 7. ἐγένετο λόγος κ. πρὸς Ζ. . . . λέγων (1 *a*)
— 14. ἀνάκραγε λέγων, Τάδε λέγει κ. παντοκράτωρ (1 *a*, 1 *a*)
— 16. τάδε λέγει κύριος (1 *a*)
— 16. λέγει κύριος παντοκράτωρ (6)
— 17. ἀνάκραγε λέγων, Τάδε λέγει κ. παντοκράτωρ (1 *a*, 1 *a*)
2. 4 (8). εἶπε πρὸς αὐτὸν λέγων [S^{1} *om.*] –
— 4 (8). λάλησον πρὸς τὸν νεανίαν ἐκ. λέγων (1 *a*)
— 5 (9). λέγει [A φησὶν] κύριος (6)
— 6 (10) *bis.* λέγει κύριος (6)
— 8 (12). τάδε λέγει κύριος παντοκράτωρ (1 *a*)
— 10 (14). λέγει κύριος (6)
3. 5 (4). εἶπε πρὸς τοὺς ἑστηκότας . . . λέγων (1 *a*)

Za. 3. 7 (6). διεμαρτύρατο ὁ ἄγγελος κ. πρὸς Ἰ. λέγων (1 a)
— 8 (7). τάδε λέγει κύριος παντοκράτωρ (1 a)
— 10 (9), 11 (10). λέγει κύριος παντοκράτωρ (6)
4. 4. εἶπα πρὸς τὸν ἄγγελον . . . λέγων [A om.] (1 a)
— 5. εἶπε πρὸς μὲ λέγων [A om. πρὸς μὲ λ.] –
— 6. A B S^2 ἀπεκρίθη καὶ εἶπε πρὸς μὲ λέγων (1 a)
— 6. οὗτος ὁ λόγος κ. πρὸς Z. λέγων (1 a)
— 6. λέγει κύριος παντοκράτωρ (1 a)
— 8. ἐγένετο λόγος κ. πρὸς μὲ λέγων (1 a)
— 13. εἶπε πρὸς μέ [S^3 add. λέγων] (1 a)
5. 4. λέγει κύριος παντοκράτωρ (6)
6. 8. ἐλάλησε πρὸς μὲ λέγων (1 a)
— 9. ἐγένετο λόγος κ. πρὸς μὲ λέγων (1 a)
— 12. τάδε λέγει κύριος παντοκράτωρ (1 a)
7. 3. λέγων πρὸς τοὺς ἱερεῖς . . . καὶ πρὸς τοὺς προφήτας λέγων [A om.] (1 a, 1 a)
— 4. ἐγένετο λόγος κ. τῶν δανάμεων πρὸς μὲ λέγων (1 a)
— 5. εἰπὸν πρὸς ἅπαντα τὸν λαὸν . . . λέγων (1 a)
— 8. ἐγένετο λόγος κ. πρὸς Z. λέγων (1 a)
— 9. τάδε λέγει κύριος παντοκράτωρ (1 a)
— 13. λέγει κύριος παντοκράτωρ (1 a)
8. 1. ἐγένετο λόγος κ. παντοκράτορος λέγων (1 a)
— 2, 3, 4, 6. τάδε λέγει κύριος (1 a)
— 6. λέγει κύριος παντοκράτωρ (6)
— 7, 9. τάδε λέγει κύριος παντοκράτωρ (1 a)
— 11. λέγει κύριος παντοκράτωρ (6)
— 14. τάδε λέγει κύριος παντοκράτωρ (1 a)
— 14. λέγει κύριος παντοκράτωρ (1 a)
— 17. λέγει κύριος παντοκράτωρ (6)
— 18. A S^2 R ἐγένετο λόγος κυρίου . . . πρὸς μὲ λέγων [B S^1 om.] (1 a)
— 19. A S^2 R τάδε [B S^1 om.] λέγει κύριος παντοκράτωρ (1 a)
— 20. τάδε λέγει κύριος παντοκράτωρ (1 a)
— 21. συνελεύσονται κατοικοῦντες . . . λέγοντες (1 a)
— 23. τάδε λέγει κύριος παντοκράτωρ (1 a)
— 23. ἐπιλάβωνται τοῦ κρασπέδου ἀνδρὸς Ἰ. λέγοντες (1 a)
10. 12. λέγει κύριος (6)
11. 4. τάδε λέγει κύριος παντοκράτωρ (1 a)
— 5. οἱ πωλοῦντες αὐτὰ ἔλεγον (1 a)
— 6. λέγει κύριος [A κ. παντοκράτωρ] (6)
12. 1. λέγει κύριος (6)
— 4. λέγει κύριος παντοκράτωρ (6)
13. 2. λέγει κύριος σαβαώθ [A om.] (6)
— 7. λέγει κύριος παντοκράτωρ (6)
— 8. λέγει κύριος (6)
Ma. 1. 2. λέγει κύριος (1 a)
— 2. λέγει κύριος (6)
— 2. S λέγει κύριος –
— 4. τάδε λέγει κύριος παντοκράτωρ (1 a)
— 6. λέγει κύριος παντοκράτωρ (1 a)
— 7. ἐν τῷ λέγειν ὑμᾶς (1 a)
— 8, 9, 10, 11. λέγει κύριος παντοκράτωρ (1 a)
— 12. ἐν τῷ λέγειν ὑμᾶς (1 a)
— 13 *bis*, 14 : 2. 2, 4, 8. λέγει κύριος παντοκράτωρ (1 a)
2. 16. λέγει κ. ὁ θ. τοῦ Ἰσραήλ (1 a)
— 16. λέγει κύριος παντοκράτωρ (1 a)
— 17. ἐν τῷ λέγειν ὑμᾶς (1 a)
3. 1, 5, 7, 10, 11, 12. λέγει κύριος παντοκράτωρ (1 a)
— 13. ἐβαρύνατε . . . τοὺς λόγους ὑμῶν, λέγει κ. (1 a)
— 17 : 4. 1 (3. 19), 3 (3. 21). λέγει κύριος παντοκράτωρ (1 a)
Is. 1. 11, 18. λέγει κύριος (1 a)
— 24. τάδε λέγει κύριος (6)
3. 6. ἐπιλήψεται ἄνθρωπος τοῦ ἀδελφοῦ αὐτοῦ . . . λέγων –
— 16 (15). τάδε λέγει κύριος (9)
4. 1. ἐπιλήψονται ἑπτὰ γυναῖκες ἀνθρώπου ἑνὸς λέγουσαι (1 a)
5. 19. οἱ λέγοντες, Τὸ τάχος ἐγγισάτω (1 a)
— 20. οὐαὶ οἱ λέγοντες τὸ πονηρὸν καλόν (1 a)
6. 3. ἔλεγον, Ἅγιος ἅγιος ἅγιος (1 a)
— 8. ἤκουσα τῆς φωνῆς κυρίου λέγοντος (1 a)
7. 2. ἀνηγγέλη εἰς τὸν οἶκον Δαυὶδ λέγων [A -γοντες] (1 a)
— 5. A S ἐβουλεύσαντο . . . λέγοντες [B om.] (1 a)
— 7. τάδε λέγει κύριος σαβαώθ (1 a)
— 10. προσέθετο κύριος λαλῆσαι τῷ Ἄχαζ, λέγων (1 a)
8. 11. οὕτω λέγει κύριος (1 a)

Is. 8. 11. ἀπειθοῦσι τῇ πορείᾳ τῆς ὁδοῦ τοῦ λαοῦ τούτου λέγοντες (1 a)
9. 9 (8). γνώσονται πᾶς ὁ λαὸς τοῦ Ἐφραὶμ . . . λέγοντες (1 a)
10. 24. τάδε λέγει κύριος σαβαώθ (1 a)
14. 22. λέγει κύριος σαβαὼθ . . . τάδε λέγει κύριος (6, 9)
— 24 (23). τάδε λέγει κύριος σαβαώθ (9 ?)
16. 14. νῦν λέγω (3 c + 1 a)
17. 3. τάδε λέγει κύριος σαβαώθ (9)
— 6. τάδε λέγει κύριος ὁ θεὸς Ἰσραήλ (9)
19. 4. τάδε λέγει κύριος σαβαώθ (9)
— 25. εὐλόγησε κύριος σαβαὼθ λέγων (1 a)
20. 2. ἐλάλησε κύριος πρὸς Ἠ. υἱὸν Ἀμὼς λέγων (1 a)
22. 13. A S R λέγοντες [B om.], Φάγωμεν καὶ πίωμεν –
— 15. τάδε λέγει κύριος σαβαώθ (1 a)
— 25. τάδε λέγει κύριος σαβαώθ (9)
26. 1. A S^3 ᾄσονται . . . λέγοντες [B S^1 om.] –
28. 12. λαλήσουσι τῷ λαῷ τούτῳ λέγοντες αὐτοῖς [A S^2 -ῷ] (1 a)
— 16. οὕτως λέγει κύριος κύριος (1 a)
29. 11. ὃ ἐὰν δῶσιν αὐτὸ ἀνθρώπῳ ἐπισταμένῳ γράμματα λέγοντες (1 a)
— 22. τάδε λέγει κύριος ἐπὶ τὸν οἶκον Ἰακώβ (1 a)
30. 1. λέγει [A S τάδε λ.] κύριος (6 [9])
— 10. οἱ λέγοντες τοῖς προφήταις (1 a)
— 12. τάδε [A S^3 οὕτως] λέγει [A S add. κύριος] ὁ ἅγιος τοῦ Ἰσρ. (1 a)
— 15. οὕτω λέγει κύριος (1 a)
— 21. οἱ λέγοντες [S^1 οἱ λέγονται], Αὕτη ἡ ὁδός (1 a)
31. 9. τάδε λέγει κύριος (9)
33. 10. λέγει κύριος (1 a)
36. 4. τάδε λέγει ὁ βασιλεύς (1 a)
— 7. εἰ δὲ λέγετε [S^1 *al.*] (1 a)
— 14. τάδε λέγει ὁ βασιλεύς (1 a)
— 15. μὴ λεγέτω ὑμῖν Ἐζεκίας (1 a ?)
— 16. τάδε λέγει ὁ βασιλεὺς Ἀσσυρίων (1 a)
— 18. μὴ ἀπατάτω ὑμᾶς Ἐζεκίας λέγων (1 a)
37. 3. τάδε λέγει Ἐζεκίας (1 a)
— 6. τάδε λέγει κύριος (1 a)
— 9. ἀπέστειλεν ἀγγέλους πρὸς Ἐζεκίαν λέγων (1 a)
— 10. ἐφ᾽ ᾧ πέποιθας ἐπ᾽ αὐτῷ λέγων (1 a)
— 15. προσηύξατο Ἐζεκίας πρὸς κύριον λέγων (1 a)
— 21. τάδε λέγει κύριος ὁ θεὸς Ἰσραήλ (1 a)
— 33. οὕτως λέγει κύριος ἐπὶ βασιλέα Ἀσσ. (1 a)
— 34. τάδε λέγει κύριος (9)
38. 1. τάδε λέγει κύριος (1 a)
— 3. προσηύξατο πρὸς κύριον λέγων (1 a)
— 4. ἐγένετο λόγος κυρίου πρὸς Ἡσαΐαν λέγων (1 a)
— 5. τάδε λέγει κύριος ὁ θεὸς Δαυίδ (1 a)
39. 3. τί λέγουσιν οἱ ἄνθρωποι οὗτοι (1 a)
— 6. A λέγει κύριος –
40. 1. λέγει ὁ θεός [A λ. κύριος] (1 a)
— 6. φωνὴ λέγοντος, Βόησον (1 a)
41. 13. ἐγὼ ὁ θεός σου . . . ὁ λέγων σοι (1 a)
— 14. λέγει ὁ θεός (6)
— 21. λέγει κύριος ὁ θεὸς . . . λέγει ὁ βασιλεὺς Ἰακώβ (1 a, 1 a)
42. 5. οὕτω λέγει κύριος ὁ θεός (1 a)
— 17. οἱ λέγοντες τοῖς χωνευτοῖς (1 a)
— 22. οὐκ ἦν ὁ λέγων, Ἀπόδος (1 a)
43. 1. οὕτως λέγει κύριος ὁ θεός (1 a)
— 10. λέγει κύριος ὁ θεός (6)
— 12. A κἀγὼ μάρτυς, λέγει [B καὶ ἐγὼ] κύριος ὁ θεός (6)
— 14. οὕτως λέγει κύριος ὁ θεός (1 a)
— 16. οὕτως λέγει κύριος (1 a)
— 26. λέγε σὺ τὰς ἀνομίας σου πρῶτος (7)
44. 2. οὕτω λέγει κύριος ὁ θεός (1 a)
— 6. οὕτως λέγει ὁ θεός (1 a)
— 17. AR προσεύχεται [B S add. πρὸς αὐτὸ] λέγων (1 a)
— 24. οὕτω λέγει κύριος (1 a)
— 26. ὁ λέγων Ἱερουσαλήμ, Κατοικηθήσῃ (1 a)
— 27. ὁ λέγων τῇ ἀβύσσῳ, Ἐρημωθήσῃ (1 a)
— 28. ὁ λέγων Κύρῳ φρονεῖν . . . ὁ λέγων Ἱερουσαλὴμ, Οἰκοδομηθήσῃ (1 a, 1 a)
45. 1. οὕτω λέγει κύριος ὁ θεὸς τῷ χριστῷ μου Κύρῳ (1 a)
— 10. ὁ λέγων τῷ πατρὶ, Τί γεννήσεις (1 a)
— 11. οὕτω λέγει κύριος ὁ θεός (1 a)
— 14. οὕτω λέγει κύριος σαβαώθ (1 a)
— 18. οὕτως λέγει κ. (1 a)

Is. 45. 25 (24). λέγων, Δικαιοσύνη καὶ δόξα [S^1 εἰρήνη] πρὸς αὐτὸν ἥξει (1 a)
47. 8. ἡ λέγουσα ἐν καρδίᾳ αὐτῆς (1 a)
48. 17. A^2BS οὕτω λέγει κύριος ὁ ῥυσάμενός σε (1 a)
— 20. λέγετε, Ἐρρύσατο κύριος (1 a)
— 22. λέγει κύριος (1 a)
49. 1. λέγει κύριος –
— 5. οὕτω λέγει κύριος ὁ πλάσας με (1 a)
— 7. οὕτως λέγει κύριος ὁ ῥυσάμενός σε (1 a)
— 8. οὕτως λέγει κύριος (1 a)
— 9. λέγοντα τοῖς ἐν δεσμοῖς, Ἐξέλθατε (1 a)
— 15. S^1 ἃ λέγων [S^2 -ω, A B *al.*] †
— 18. λέγει κύριος (6)
— 22, 25 : 50. 1. οὕτως λέγει κύριος (1 a)
51. 22. οὕτω λέγει κύριος ὁ θεός (1 a)
52. 3. τάδε λέγει κύριος (1 a)
— 4. οὕτως λέγει κύριος (1 a)
— 5 *bis*. τάδε λέγει κύριος (9)
— 7. λέγων, Σιὼν βασιλεύσει σου ὁ θεός (1 a)
54. 17 : 55. 8. λέγει κύριος (6)
56. 1. τάδε λέγει κύριος (1 a)
— 3. μὴ λεγέτω ὁ ἀλλογενὴς . . . μὴ λεγέτω εὐνοῦχος (1 a, 1 a)
— 4. τάδε λέγει κύριος τοῖς εὐνούχοις (1 a)
57. 6. S λέγει κύριος –
— 15. τάδε λέγει [A *add.* κύριος] ὁ ὕψιστος (1 a)
58. 2. ἐγγίζειν θεῷ ἐπιθυμοῦσι λέγοντες –
— 6. λέγει κύριος –
65. 5. οἱ λέγοντες, Πόρρω ἀπ᾽ ἐμοῦ (1 a)
— 7. λέγει κύριος (1 a)
— 8. οὕτως λέγει κύριος (1 a)
— 13. τάδε λέγει κύριος (1 a)
— 25. λέγει κύριος (1 a)
66. 1. A B S^2 οὕτως λέγει κύριος (1 a)
— 2. λέγει κύριος (6)
— 12. τάδε λέγει κύριος (1 a)
— 22. λέγει [S^1 εἶπεν] κύριος (6)
Je. 1. 4. A ἐγένετο λόγος κυρίου πρὸς μὲ λέγων [B S πρὸς αὐτόν] (1 a)
— 7. μὴ λέγε, Ὅτι νεώτερος ἐγώ εἰμι (1 a)
— 8. λέγει κύριος (6)
— 11. ἐγένετο λόγος κυρίου πρὸς μὲ λέγων (1 a)
— 13. A B S^2 ἐγένετο λόγος κυρίου πρὸς μὲ . . . λέγων (1 a)
— 15. λέγει κύριος (6)
— 17. λέγει κύριος –
— 19. A λέγει [B S εἶπε] κύριος (6)
2. 2. τάδε λέγει κύριος (1 a)
— 2. λέγει κύριος –
— 5. τάδε λέγει κύριος (1 a)
— 9. A B^2 S^2 λέγει κύριος (6)
— 12. λέγει κύριος (6)
— 15. ἐπ᾽ αὐτὸν ὠρύοντο λέοντες [S^1 λέγ.] †
— 17, 19. λέγει κύριος ὁ θεός σου –
— 19. λέγει κύριος ὁ θεός σου (6)
— 22, 29. λέγει κύριος (6)
— 31. τάδε λέγει κύριος –
— 35. ἐν τῷ λ. σε, Οὐχ ἥμαρτον (1 a)
3. 1. λέγει κύριος (6)
— 2. A λέγει κύριος –
— 12 *bis*, 13, 14, 16, 20 : 4. 1. λέγει κύριος (6)
4. 3. BS τάδε [S^1 οὕτως] λέγει κύριος τοῖς ἀνδράσιν Ἰ. (1 a)
— 9. λέγει κύριος (6)
— 10. ἠπάτησας . . . τὴν Ἱερ. λέγων (1 a)
— 17. λέγει κύριος (6)
— 27. τάδε λέγει κύριος (1 a)
5. 1. λέγει κύριος –
— 2. ζῇ κύριος, λέγουσι (1 a)
— 9, 11 (B). λέγει κύριος (6)
— 14. τάδε λέγει κύριος παντοκράτωρ (1 a)
— 15. λέγει κύριος (6)
— 18. λέγει κύριος ὁ θεός σου (6)
— 22, 29. λέγει κύριος (6)
6. 6, 9. τάδε λέγει κύριος (1 a)
— 12. λέγει κύριος (6)
— 14. καὶ λέγοντες, Εἰρήνη (1 a)
— 16, 21, 22. τάδε λέγει κύριος (1 a)
7. 3. τάδε λέγει κύριος ὁ θεὸς Ἰσραήλ (1 a)
— 4. μὴ πεποίθατε ἐφ᾽ ἑαυτοῖς . . . λέγοντες (1 a)
— 11, 19. λέγει κύριος (6)
— 20, 21. τάδε λέγει κύριος (1 a)
— 23. τὸ ῥῆμα τοῦτο ἐνετειλάμην αὐτοῖς λέγων (1 a)
— 30, 32 : 8. 1. λέγει κύριος (6)
8. 4. τάδε λέγει κύριος (1 a)

Je. 8. 6. οὐκ ἔστιν ἄνθρωπος μετανοῶν ἀπὸ τῆς κακίας αὐτοῦ λέγων (1 a)
— 10 (13). λέγει κύριος (6)
9. 7 (6). τάδε λέγει κύριος (1 a)
— 9 (8). λέγει κύριος (6)
— 15 (14). τάδε λέγει κύριος ὁ θεὸς Ἰσραήλ (1 a)
— 17 (16), 23 (22). τάδε λέγει κύριος (1 a)
— 24 (23), 25 (24) (A B S^2). λέγει κύριος (6)
10. 2, 18. τάδε λέγει κύριος (1 a)
11. 1. ὁ λόγος ὁ γενόμενος παρὰ κυρίου πρὸς Ἰερ. λέγων (1 a)
— 3. τάδε λέγει κύριος ὁ θεὸς Ἰσραήλ (1 a)
— 4. ἧς ἐνετειλάμην . . . λέγων (1 a)
— 6. ἀνάγνωθι τοὺς λόγους τούτους . . . λέγων (1 a)
— 11. τάδε λέγει κύριος (1 a)
— 19. ἐλογίσαντο λογισμὸν πονηρὸν λέγοντες –
— 21. τάδε λέγει κύριος ἐπὶ τοὺς ἄνδρας Ἀναθὼθ . . . τοὺς λέγοντας (1 a, 1 a)
12. 14. τάδε λέγει κ. περὶ πάντων τῶν γειτόνων (1 a)
13. 1. τάδε λέγει κύριος (1 a)
— 3, 8. ἐγενήθη λόγος κυρίου πρὸς μὲ λέγων (1 a)
— 9, 13. τάδε λέγει κύριος (1 a)
— 14, 25. λέγει κύριος (6)
14. 10. οὕτως λέγει [S εἶπεν] κύριος τῷ λαῷ τούτῳ (1 a)
— 13. προφητεύουσι καὶ λέγουσιν (1 a)
— 15. τάδε λέγει κύριος περὶ τῶν προφητῶν . . . οἳ λέγουσι [A οἱ λέγοντες] (1 a, 1 a)
15. 2. τάδε λέγει κύριος (1 a)
— 3, 6. λέγει κύριος (6)
— 19. τάδε λέγει κύριος (1 a)
16. 2. λέγει κύριος ὁ θεὸς Ἰσραήλ –
— 3. τάδε λέγει κύριος περὶ τῶν υἱῶν (1 a)
— 5. τάδε λέγει κύριος (1 a)
— 9. τάδε λέγει κύριος ὁ θεὸς Ἰσραήλ (1 a)
— 11, 14, 16. λέγει κύριος (6)
17. 15. αὐτοὶ λέγουσι πρὸς μέ (1 a)
— 19, 21. τάδε λέγει κύριος (1 a)
— 24. λέγει κύριος (6)
18. 1. ὁ λόγος ὁ γενόμ. παρὰ κυρίου πρὸς Ἰερ. λέγων (1 a)
— 5. ἐγένετο λόγος κυρίου πρὸς μὲ λέγων (1 a)
— 13. τάδε λέγει κύριος (1 a)
19. 3. τάδε λέγει κύριος ὁ θεὸς Ἰσραήλ (1 a)
— 6. λέγει κύριος (6)
— 11. τάδε λέγει κύριος (1 a)
— 12. λέγει [S εἶπεν] κύριος (6)
— 15 : 20. 4. τάδε λέγει κύριος (1 a)
20. 15. ὁ ἄνθρωπος ὁ εὐαγγελισάμενος τῷ πατρί μου λέγων (1 a)
21. 1. ἀπέστειλε πρὸς αὐτὸν ὁ βασ. Σεδ. τὸν Π. . . . λέγων (1 a)
— 4. τάδε λέγει κύριος (1 a)
— 7. οὕτως λέγει κύριος (6)
— 8, 12. τάδε λέγει κύριος (1 a)
— 13. ἐγὼ πρὸς σὲ . . . τοὺς λέγοντας, Τίς πτοήσει ἡμᾶς (1 a)
22. 1, 3. τάδε λέγει κύριος (1 a)
— 5. λέγει κύριος (6)
— 6, 11. τάδε λέγει κύριος (1 a)
— 16. λέγει κύριος (6)
— 18. τάδε λέγει κύριος (1 a)
— 24. λέγει κύριος (6)
23. 2. τάδε λέγει κύριος ἐπὶ τοὺς ποιμαίνοντας (1 a)
— 4, 5. λέγει κύριος (6)
— 15. τάδε λέγει κύριος (1 a)
— 16. AB οὕτως λέγει κύριος παντοκράτωρ (1 a)
— 17. λέγουσι τοῖς ἀπωθουμένοις τὸν λόγον κυρίου (1 a)
— 23 (A B^2 S), 24 λέγει κύριος (6)
— 25. προφητεύουσιν ἐπὶ τῷ ὀνόματί μου ψευδῆ λέγοντες (1 a)
— 28, 29 (A S R). λέγει κύριος (6)
— 30. A S R λέγει κύριος ὁ θεός (6)
— 33. ἐὰν ἐρωτήσωσιν . . . ἱερεὺς ἢ προφήτης [S^3 *add.* λέγων] (1 a)
— 33. λέγει κύριος (6)
— 38. τάδε λέγει κύριος ὁ θεός (1 a)
— 38. ἀπέστειλα πρὸς ὑμᾶς λέγων (1 a)
— 7. λέγει κύριος (6)
24. 4. ἐγένετο λόγος κυρίου πρὸς μὲ λέγων (1 a)
— 5. τάδε λέγει κύριος ὁ θεὸς Ἰσραήλ (1 a)
— 8. τάδε λέγει κύριος (1 a)
25. 2. ὃν ἐλάλησε . . . πρὸς πάντα τὸν λαὸν Ἰούδα . . . λέγων (1 a)
— 3. ἐλάλησα πρὸς ὑμᾶς ὀρθρίζων καὶ λέγων (3 c)

Je. 25. 5. ἀπέστελλον πρὸς ὑμᾶς τοὺς δούλους μου . . . λέγων (1 a)
— 8, 14 (49. 35). τάδε λέγει κύριος (1 a)
— 18 (49. 39) : 26 (46). 5. λέγει κύριος (6)
26 (46). 18. λέγει κύριος ὁ θεός (6)
— 23. λέγει κύριος [S ὁ θεός, A *add.* ὁ θ.] (6)
— 28. λέγει κύριος (6)
27 (50). 17. λέοντες [S^1 λέγοντες] ἔξωσαν αὐτόν †
— 18. τάδε λέγει κύριος (1 a)
— 20, 21, 31. λέγει κύριος (6)
— 33 : 28 (51). 1. τάδε λέγει κύριος (1 a)
28 (51). 24, 26. λέγει κύριος (6)
— 27. S^1 λέγει κύριος –
— 33, 36. τάδε λέγει κύριος (1 a)
— 39. λέγει κύριος (6)
— 52. λέγει [S τάδε λ.] κύριος (6 [9])
— 53. λέγει κύριος (6)
— 57. λέγει ὁ βασιλεύς (6)
— 58 : 29 (47). 2. τάδε λέγει κύριος (1 a)
29 (49). 7. τῇ Ἰδουμαίᾳ τάδε λέγει κύριος (1 a)
— 12. A τάδε λέγει [B S εἶπεν] κύριος (1 a)
— 13. λέγει κύριος (6)
30 (49). 4. θύγατερ ἰταμίας . . . ἡ λέγουσα –
32 (25). 31. λέγει κύριος (6)
33 (26). 8. συνελάβοσαν . . . λέγων [S^1 ἔλεγον] (1 a)
— 9. ἐπροφήτευσας τῷ ὀνόματι κυρίου λέγων (1 a)
— 12. εἶπεν Ἰερ. πρὸς τοὺς ἄρχοντας . . . λέγων (1 a)
— 18. A εἶπε παντὶ τῷ λαῷ Ἰούδα λέγων [B S *om.*] (1 a)
34 (27). 9. μὴ ἀκούετε τῶν ψευδοπροφητῶν ὑμῶν . . . τῶν λεγόντων (1 a)
— 12. ἐλάλησα κατὰ πάντας τοὺς λόγους τούτους λέγων (1 a)
— 16. τοῖς ἱερεῦσιν ἐλάλησα λέγων . . . μὴ ἀκούετε τῶν λόγων τῶν προφητῶν . . . λεγόντων (1 a, 1 a)
— 21 (22). λέγει κύριος (6)
35 (28). 1. εἶπέ μοι Ἀνανίας . . . λέγων (1 a)
— 7. ὃν ἐγὼ λέγω εἰς τὰ ὦτα ὑμῶν (3 b)
— 11. εἶπεν Ἀνανίας κατ' ὀφθαλμοὺς παντὸς τοῦ λαοῦ λέγων (1 a)
— 12. ἐγένετο λόγος κυρίου πρὸς Ἰερ. . . . λέγων (1 a)
— 13. εἰπὸν πρὸς Ἀνανίαν λέγων (1 a)
36 (29). 3. ὃν ἀπέστειλε Σ. . . . εἰς Βαβ. λέγων (1 a)
— 22. λήψονται ἀπ' αὐτῶν κατάραν . . . λέγοντες (1 a)
— 28. ἀπέστειλε πρὸς ὑμᾶς εἰς Βαβ. λέγων (1 a)
— 30. ἐγένετο λόγος κυρίου πρὸς Ἰερ. λέγων (1 a)
— 31. ἀπόστειλον πρὸς τὴν ἀποικίαν λέγων (1 a)
37 (30). 2. οὕτως εἶπε κ. ὁ θεὸς Ἰσ. λέγων (1 a)
— 12. A οὕτως λέγει [B S εἶπε] κύριος (1 a)
38 (31). 31. A S λέγει [B φησὶ] κύριος (6)
— 34. οὐ μὴ διδάξωσιν ἕκαστος τὸν πολίτην αὐτοῦ . . . λέγων (1 a)
39 (32). 3. A B S^2 ὁ λόγος ὁ γενόμενος παρὰ κυρίου . . . λέγων, Διὰ τί σὺ προφητεύεις λέγων (1 a, 1 a)
— 6. λόγος κυρίου ἐγένετο πρὸς Ἰερεμίαν λέγων (1 a)
— 7. ἔρχεται πρὸς σὲ λέγων (1 a)
— 13. συνέταξα τῷ Βαροὺχ κατ' ὀφθαλμοὺς αὐτῶν λέγων (1 a)
— 16. προσευξάμην πρὸς κύριον . . . λέγων (1 a)
— 25. λέγεις πρὸς μέ (1 a)
— 26. ἐγένετο λόγος κυρίου πρὸς μὲ λέγων (1 a)
— 36. ἣν σὺ λέγεις (1 a)
— 43. ἐν τῇ γῇ ᾗ σὺ λέγεις (1 a)
40 (33). 1. ἐγένετο λόγος κυρίου . . . λέγων (1 a)
— 10. ᾧ ὑμεῖς λέγετε (1 a)
— 11. φωνὴ λεγόντων [A -οσ] (1 a)
41 (34). 1. ὁ λόγος ὁ γενόμενος πρὸς Ἰερεμίαν . . . λέγων (1 a)
— 4. οὕτως λέγει κύριος (1 a)
— 12. ἐγενήθη λόγος κυρίου πρὸς Ἰερ. λέγων (1 a)
— 13. διεθέμην διαθήκην . . . λέγων (1 a)
42 (35). 1. ὁ λόγος ὁ γενόμενος πρὸς Ἰερεμίαν . . . λέγων (1 a)
— 6. ὁ πατὴρ ἡμῶν ἐνετείλατο ἡμῖν λέγων [A εἴπας] (1 a)
— 12. ἐγένετο λόγος κυρίου πρὸς μὲ λέγων (1 a)
— 13. οὕτως λέγει κύριος (1 a)
— 15. ἀπέστειλα πρὸς ὑμᾶς . . . τοὺς προφήτας λέγων (1 a)
43 (36). 1. ἐγενήθη λόγος κυρίου πρὸς μὲ λέγων (1 a)
— 5. ἐνετείλατο Ἰερεμίας τῷ Βαροὺχ λέγων (1 a)
— 14. ἀπέστειλαν πάντες οἱ ἄρχοντες . . . λέγοντες [S^1 *om.*] (1 a)

Je. 43 (36). 17. τὸν Βαροὺχ ἠρώτησαν λέγοντες (1 a)
— 27. ἐγένετο λόγος κυρίου . . . λέγων (1 a)
— 29. κατέκαυσας τὸ χαρτίον τοῦτο λέγων, Διὰ τί ἔγραψας ἐπ' αὐτῷ λέγων (1 a, 1 a)
44 (37). 3. ἀπέστειλεν . . . τὸν ἱερέα πρὸς Ἰερεμίαν λέγων (1 a)
— 6. ἐγένετο λόγος κυρίου πρὸς Ἰερεμίαν λέγων (1 a)
— 9. μὴ ὑπολάβητε ταῖς ψυχαῖς ὑμῶν λέγοντες (1 a)
— 13. συνέλαβε τὸν Ἰερεμίαν λέγων (1 a)
— 19. ποῦ εἰσιν οἱ προφῆται ὑμῶν οἱ προφητεύσαντες ὑμῖν λέγοντες (1 a)
45 (38). 1. οὓς Ἰερεμίας ἐλάλει ἐπὶ τὸν λαὸν λέγων (1 a)
— 10. ἐνετείλατο ὁ βασιλεὺς τῷ Ἀβδ. λέγων (1 a)
— 16. ὤμοσεν αὐτῷ ὁ βασιλεὺς λέγων (1 a)
— 20. ὃν ἐγὼ λέγω πρὸς σέ (3 b)
— 22. αὗται ἔλεγον, Ἠπάτησάν σε (1 a)
46 (39). 15. ἐγένετο λόγος κυρίου ἐν τῇ αὐλῇ τῆς φυλακῆς λέγων (1 a)
47 (40). 9. ὤμοσεν αὐτοῖς Γοδ. καὶ τοῖς ἀνδράσιν αὐτῶν λέγων (1 a)
— 16. ψευδῆ σὺ λέγεις ὑπὲρ [A κατά, S περὶ] Ἰσμ. (3 b)
49 (42). 13. εἰ λέγετε ὑμεῖς (1 a)
— 20. ἀποστείλαντές με λέγοντες (1 a)
50 (43). 1. λέγων πρὸς τὸν λαὸν πάντας τοὺς λόγους (3 c)
— 2. εἶπεν Ἀζ. υἱὸς Μ. καὶ Ἰ. . . . λέγοντες (1 a ?)
— 2. οὐκ ἀπέστειλέ σε κύριος πρὸς ἡμᾶς λέγων [A εἰπεῖν] (1 a)
— 8. ἐγένετο λόγος κυρίου πρὸς Ἰερ. ἐν Τάφνας λέγων (1 a)
51 (44). 1. ὁ λόγος ὁ γενόμενος πρὸς Ἰερεμίαν . . . λέγων (1 a)
— 4. ἀπέστειλα λέγων (1 a)
— 15. ἀπεκρίθησαν τῷ Ἰερεμίᾳ . . . λέγοντες (1 a)
— 20. εἶπεν Ἰερεμίας παντὶ τῷ λαῷ . . . λέγων (1 a)
— 25. ταῖς χερσὶν ὑμῶν ἐπληρώσατε λέγουσαι (1 a)
— 26. A λέγει [BS εἶπε] κύριος (1 a)
51. 35 (45. 5). λέγει κύριος (6)
Ba. 2. 20. A ἐλάλησας ἐν χειρὶ τῶν παίδων σου τῶν προφητῶν λέγων [B *om.*]
— 28. καθὰ ἐλάλησας . . . λέγων
Ez. 2. 4 : 3. 11. τάδε λέγει κύριος (1 a)
3. 12. A ἤκουσα κατόπισθέν μου φωνὴν σεισμοῦ μεγάλου λεγόντων [B *om.*] –
— 16. A^2 B ἐγένετο . . . λόγος κυρίου πρὸς μὲ λέγων (1 a)
— 18. ἐν τῷ λ. με τῷ ἀνόμῳ (1 a)
— 27. τάδε λέγει κύριος (1 a)
4. 13. τάδε λέγει κύριος ὁ θεὸς τοῦ Ἰσραήλ (1 a ?)
5. 5, 7, 8. τάδε λέγει κύριος (1 a)
— 11. λέγει κύριος (6)
6. 1. ἐγένετο λόγος κυρίου πρὸς μὲ λέγων (1 a)
— 3, 11. τάδε λέγει κύριος (1 a)
7. 1. ἐγένετο λόγος κυρίου πρὸς μὲ λέγων (1 a)
— 2, 5. τάδε λέγει κύριος (1 a)
9. 1. ἀνέκραγεν εἰς τὰ ὦτά μου φωνῇ μεγάλῃ λέγων (1 a)
— 11. ἀπεκρίνατο λέγων (1 a)
10. 6. ἐγένετο ἐν τῷ ἐντέλλεσθαι αὐτὸν τῷ ἀνδρὶ . . . λέγων (1 a)
11. 3. οὗτοι οἱ ἄνδρες . . . οἱ λέγοντες (1 a)
— 5. λέγε, Τάδε λέγει κύριος (1 a, 1 a)
— 7. τάδε λέγει κύριος (1 a)
— 8. λέγει κύριος (6)
— 14. ἐγένετο λόγος κυρίου πρὸς μὲ λέγων (1 a)
— 16, 17. τάδε λέγει κύριος (1 a)
— 20. A λέγει κύριος –
— 21. λέγει κύριος (6)
12. 1. ἐγένετο λόγος κυρίου πρὸς μὲ λέγων (1 a)
— 8. ἐγένετο λόγος κυρίου πρὸς μὲ τὸ πρωῒ λέγων (1 a)
— 10. τάδε λέγει κύριος κύριος (1 a)
— 17. ἐγένετο λόγος κυρίου πρὸς μὲ λέγων (1 a)
— 19. τάδε λέγει κύριος (1 a)
— 21. ἐγένετο λόγος κυρίου πρὸς μὲ λέγων (1 a)
— 22. τίς ἡ παραβολὴ ὑμῖν ἐπὶ τῆς γῆς τοῦ Ἰσρ. λέγοντες (1 a)
— 23. τάδε λέγει κύριος (1 a)
— 25. λέγει κύριος (6)
— 26. ἐγένετο λόγος κυρίου πρὸς μὲ λέγων (1 a)
— 27. λέγοντες λέγουσιν, Ἡ ὅρασις ἣν οὗτος ὁρᾷ (1 a, –)

Ez. 12. 28. τάδε λέγει κύριος . . . λέγει κύριος [B^{1} *om.* λ. κ.] (1 *a*, 6)
13. 1. ἐγένετο λόγος κυρίου πρὸς μὲ λέγων (1 *a*)
— 3. τάδε λέγει κύριος (1 *a*)
— 5. οὐκ ἀνέστησαν οἱ λέγοντες –
— 6. μαντευόμενοι μάταια οἱ λέγοντες [A^{2} *add.* τάδε] λέγει κύριος (1 *a*, 6)
— 7. A λέγετε, φησὶν κύριος (1 *a*)
— 8. τάδε λέγει κύριος . . . λέγει κύριος (1 *a*, 6)
— 10. ἐπλάνησαν τὸν λαόν μου λέγοντες (1 *a*)
— 13. τάδε λέγει κύριος (1 *a*)
— 16. λέγει κύριος (6)
— 18. τάδε λέγει κύριος (1 *a*)
— 20. τάδε λέγει κύριος κύριος (1 *a*)
14. 2. ἐγένετο λόγος κυρίου πρὸς μὲ λέγων (1 *a*)
— 4. τάδε λέγει κύριος (1 *a*)
— 6. τάδε λέγει κύριος κύριος (1 *a*)
— 11. λέγει κύριος (6)
— 12. ἐγένετο λόγος κυρίου πρὸς μὲ λέγων (1 *a*)
— 14, 16, 18, 20. λέγει κύριος (6)
— 21. τάδε λέγει κύριος (1 *a*)
— 23. λέγει κύριος (6)
15. 1. ἐγένετο λόγος κυρίου πρὸς μὲ λέγων (1 *a*)
— 6. τάδε λέγει κύριος (1 *a*)
— 8. λέγει κύριος (6)
16. 1. ἐγένετο λόγος κυρίου πρὸς μὲ λέγων (1 *a*)
— 3. τάδε λέγει κύριος τῇ Ἱερουσαλήμ (1 *a*)
— 8, 14, 19, 23, 30. λέγει κύριος (6)
— 36. τάδε λέγει κύριος (1 *a*)
— 43. λέγει κύριος (6)
— 44. ὅσα εἶπαν κατὰ σοῦ ἐν παραβολῇ λέγοντες (1 *a*)
— 48, 58. λέγει κύριος (6)
— 59. τάδε λέγει κύριος (1 *a*)
— 63. λέγει κύριος (6)
17. 1. ἐγένετο λόγος κυρίου πρὸς μὲ λέγων (1 *a*)
— 3, 9. τάδε λέγει κύριος (1 *a*)
— 11. ἐγένετο λόγος κυρίου πρὸς μὲ λέγων (1 *a*)
— 16. λέγει κύριος (6)
— 19, 22. τάδε λέγει κύριος (1 *a*)
18. 1. ἐγένετο λόγος κυρίου πρὸς μὲ λέγων (1 *a*)
— 2. τί ὑμῖν ἡ παραβολὴ αὕτη . . . λέγοντες (1 *a*)
— 3. λέγει κύριος, ἐὰν γένηται ἔτι λεγομένη ἡ παραβολὴ αὕτη (6, 5 *a*)
— 9, 23. λέγει κύριος (6)
— 29. λέγουσιν ὁ οἶκος τοῦ Ἰσραήλ (1 *a*)
— 30. λέγει κύριος (6)
— 31. A λέγει κύριος –
— 32. λέγει κύριος (6)
20. 2. ἐγένετο λόγος κυρίου πρὸς μὲ λέγων (1 *a*)
— 3. τάδε λέγει κύριος (1 *a*)
— 3. λέγει κύριος (6)
— 5. τάδε λέγει κύριος . . . ἀντελαβόμην τῇ χειρί μου αὐτῶν λέγων [B^{1} -ει] (1 *a*, 1 *a*)
— 27, 30. τάδε λέγει κύριος (1 *a*)
— 31. λέγει κύριος (6)
— 32. ὃν τρόπον ὑμεῖς λέγετε (1 *a*)
— 33 (A B^{2} R), 36. λέγει κύριος (6)
— 39. τάδε λέγει κύριος κύριος (1 *a*)
— 40. λέγει κύριος κύριος (6)
— 44. λέγει κύριος (6)
— 45 (21. 1). ἐγένετο λόγος κυρίου πρὸς μὲ λέγων (1 *a*)
— 47 (21. 3). τάδε λέγει κύριος κύριος (1 *a*)
— 49 (21. 5). αὐτοὶ λέγουσι πρὸς μέ, Οὐχὶ παραβολή ἐστι λεγομένη αὕτη (1 *a*, 5 *b*)
21. 1 (6). ἐγένετο λόγος κυρίου πρὸς μὲ λέγων (1 *a*)
— 3 (8). A B^{2} R τάδε λέγει κύριος (1 *a*)
— 7 (12). λέγει κύριος (6)
— 8 (13). ἐγένετο λόγος κυρίου πρὸς μὲ λέγων (1 *a*)
— 9 (14). τάδε λέγει κύριος (1 *a*)
— 13 (18). λέγει κύριος κύριος (6)
— 18 (23). ἐγένετο λόγος κυρίου πρὸς μὲ λέγων (1 *a*)
— 24 (29), 26 (31), 28 (33). τάδε λέγει κύριος (1 *a*)
22. 1. ἐγένετο λόγος κυρίου πρὸς μὲ λέγων (1 *a*)
— 3. τάδε λέγει κύριος κύριος (1 *a*)
— 12. λέγει κύριος (6)
— 17. ἐγένετο λόγος κυρίου πρὸς μὲ λέγων (1 *a*)
— 19. τάδε λέγει κύριος κύριος (1 *a*)
— 23. ἐγένετο λόγος κυρίου πρὸς μὲ λέγων (1 *a*)
— 28. λέγοντες, Τάδε λέγει κύριος (1 *a*, 1 *a*)
— 31. λέγει κύριος κύριος (6)
23. 1. ἐγένετο λόγος κυρίου πρὸς μὲ λέγων (1 *a*)
— 22. τάδε λέγει κύριος (1 *a*)
— 28. τάδε λέγει κύριος κύριος (1 *a*)
— 32. τάδε λέγει κύριος (1 *a*)
— 34. λέγει κύριος (6)

Ez. 23. 35. τάδε λέγει κύριος (1 *a*)
— 46. τάδε λέγει κύριος κύριος (1 *a*)
24. 1. ἐγένετο λόγος κυρίου πρὸς μὲ . . . λέγων (1 *a*)
— 3, 6, 9. τάδε λέγει κύριος (1 *a*)
— 14. λέγει κύριος (6)
— 15. ἐγένετο λόγος κυρίου πρὸς μὲ λέγων (1 *a*)
— 20. λόγος κυρίου ἐγένετο πρὸς μὲ λέγων [A τάδε λέγει ἀδωναϊ κύριος] (1 *a*)
— 21. τάδε λέγει κύριος (1 *a*)
25. 1. ἐγένετο λόγος κυρίου πρὸς μὲ λέγων (1 *a*)
— 3, 6, 8, 12, 13. τάδε λέγει κύριος (1 *a*)
— 14. λέγει κύριος [A^{2} *om.*] (6)
— 15, 16. τάδε λέγει κύριος (1 *a*)
26. 1. ἐγένετο λόγος κυρίου πρὸς μὲ λέγων (1 *a*)
— 3. τάδε λέγει κύριος (1 *a*)
— 5. λέγει κύριος (6)
— 7. τάδε λέγει κύριος (1 *a*)
— 14. λέγει κύριος (6)
— 15. τάδε λέγει κύριος κύριος τῇ [A ἐπὶ σὲ] Σόρ (1 *a*)
— 19. τάδε λέγει κύριος κύριος (1 *a*)
— 21. λέγει κύριος κύριος (6)
27. 1. ἐγένετο λόγος κυρίου πρὸς μὲ λέγων (1 *a*)
— 3. τάδε λέγει κύριος τῇ [A ἐπὶ] Σόρ (1 *a*)
— 36. A λέγει κύριος ὁ θεός –
28. 1. ἐγένετο λόγος κυρίου πρὸς μὲ λέγων (1 *a*)
— 2, 6. τάδε λέγει κύριος (1 *a*)
— 9. μὴ λέγων ἐρεῖς (1 *a*)
— 10. λέγει κύριος [A^{2} *om.*] (6)
— 11. ἐγένετο λόγος κυρίου πρὸς μὲ λέγων (1 *a*)
— 12. τάδε λέγει κύριος κύριος (1 *a*)
— 20. ἐγένετο λόγος κυρίου πρὸς μὲ λέγων (1 *a*)
— 22. τάδε λέγει κύριος (1 *a*)
— 25. τάδε λέγει κύριος κύριος (1 *a*)
29. 1. ἐγένετο λόγος κυρίου πρὸς μὲ λέγων (1 *a*)
— 3. τάδε λέγει κύριος (1 *a*)
— 3. ἐπὶ Φαραὼ . . . τὸν λέγοντα, Ἐμοί εἰσιν οἱ ποταμοί (1 *a*)
— 8. τάδε λέγει κύριος (1 *a*)
— 9. ἀντὶ τοῦ λ. σε, Οἱ ποταμοὶ ἐμοί εἰσι (1 *a*)
— 13. τάδε λέγει κύριος (1 *a*)
— 17. ἐγένετο λόγος κυρίου πρὸς μὲ λέγων (1 *a*)
— 19. τάδε λέγει κύριος κύριος (1 *a*)
— 20. τάδε λέγει κύριος κύριος (9)
30. 1. ἐγένετο λόγος κυρίου πρὸς μὲ λέγων (1 *a*)
— 2. τάδε λέγει κύριος (1 *a*)
— 6. λέγει κύριος (6)
— 10, 13. τάδε λέγει κύριος κύριος (1 *a*)
— 20. ἐγένετο λόγος κυρίου πρὸς μὲ λέγων (1 *a*)
— 22. τάδε λέγει κύριος κύριος (1 *a*)
31. 1. ἐγένετο λόγος κυρίου πρὸς μὲ λέγων (1 *a*)
— 10. τάδε λέγει κύριος (1 *a*)
— 15. τάδε λέγει κύριος κύριος (1 *a*)
— 18. λέγει κύριος κύριος (6)
32. 1. ἐγένετο λόγος κυρίου πρὸς μὲ λέγων (1 *a*)
— 3. τάδε λέγει κύριος (1 *a*)
— 8. λέγει κύριος κύριος (6)
— 11. τάδε λέγει κύριος κύριος (1 *a*)
— 14. λέγει κύριος (6)
— 16. λέγει κύριος κύριος (6)
— 17. ἐγένετο λόγος κυρίου πρὸς μὲ λέγων (1 *a*)
— 31, 32. λέγει κύριος κύριος (6)
33. 1. ἐγένετο λόγος κυρίου πρὸς μὲ λέγων (1 *a*)
— 10. οὕτως ἐλαλήσατε λέγοντες (1 *a*)
— 11. τάδε [A *om.*] λέγει κύριος (9 [6])
— 20. A λέγει κύριος –
— 21. ἦλθε . . . πρὸς μὲ . . . λέγων (1 *a*)
— 23. ἐγενήθη λόγος κυρίου πρὸς μὲ λέγων (1 *a*)
— 24. οἱ κατοικοῦντες τὰς ἠρημωμ. . . . λέγουσιν (1 *a*)
— 27. τάδε λέγει κύριος κύριος (1 *a*)
— 30. λαλοῦσιν ἄνθρωπος τῷ ἀδελφῷ αὐ. λέγοντες (1 *a*)
34. 1. ἐγένετο λόγος κυρίου πρὸς μὲ λέγων (1 *a*)
— 2. τάδε λέγει κύριος κύριος (1 *a*)
— 8. λέγει κύριος κύριος (6)
— 10, 11. τάδε λέγει κύριος κύριος (1 *a*)
— 15. τάδε λέγει κύριος κύριος (9)
— 17, 20. τάδε λέγει κύριος κύριος (1 *a*)
— 30, 31. λέγει κύριος κύριος (6)
35. 1. ἐγένετο λόγος κυρίου πρὸς μὲ λέγων (1 *a*)
— 3. τάδε λέγει κύριος κύριος (1 *a*)
— 6. λέγει κύριος κύριος (6)
— 11. λέγει κύριος (6)
— 14. τάδε λέγει κύριος (1 *a*)
36. 2, 3. τάδε λέγει κύριος κύριος (1 *a*)

Ez. 36. 4. τάδε λέγει κύριος (1 *a*)
— 5. τάδε λέγει κύριος κύριος (1 *a*)
— 6. τάδε λέγει κύριος (1 *a*)
— 13. τάδε λέγει κύριος κύριος (1 *a*)
— 14, 15. λέγει κύριος κύριος (6)
— 16. ἐγένετο λόγος κυρίου πρὸς μὲ λέγων (1 *a*)
— 20. ἐν τῷ λέγεσθαι αὐτούς (1 *a*)
— 22. τάδε λέγει κύριος (1 *a*)
— 23. A λέγει ἀδωναϊ κύριος (6)
— 32. λέγει κύριος κύριος (6)
— 32. A λέγει κύριος –
— 33, 37. τάδε λέγει ἀδωναϊ κύριος (1 *a*)
37. 5, 9. τάδε λέγει κύριος (1 *a*)
— 11. ἐλάλησε κύριος πρὸς μὲ λέγων . . . αὐτοὶ λέγουσι (–, 1 *a*)
— 12. τάδε λέγει κύριος (1 *a*)
— 14. λέγει κύριος (6)
— 15. ἐγένετο λόγος κυρίου πρὸς μὲ λέγων (1 *a*)
— 18. ὅταν λέγωσι πρὸς σὲ οἱ υἱοὶ τοῦ λαοῦ σου [A *add.* λέγοντες] (1 *a*, 1 *a*)
— 19. τάδε λέγει κύριος (1 *a*)
— 21. τάδε λέγει κύριος κύριος (1 *a*)
— 28. A λέγει κύριος –
38. 1. ἐγένετο λόγος κυρίου πρὸς μὲ λέγων (1 *a*)
— 3, 10. τάδε λέγει κύριος κύριος (1 *a*)
— 14. τάδε λέγει κύριος (1 *a*)
— 17. τάδε λέγει κύριος κύριος (1 *a*)
— 18. λέγει κύριος κύριος (6)
— 21. λέγει κύριος (6)
39. 1. τάδε λέγει κύριος (1 *a*)
— 5. λέγει κύριος (6)
— 8. λέγει κύριος κύριος (6)
— 10, 13. λέγει κύριος (6)
— 17. τάδε λέγει κύριος (1 *a*)
— 20. λέγει κύριος (6)
— 25. τάδε λέγει κύριος κύριος (1 *a*)
— 29. λέγει κύριος κύριος (6)
43. 18. τάδε λέγει κύριος ὁ θεὸς Ἰσραήλ (1 *a*)
— 19. λέγει κύριος ὁ θεός (6)
— 27. λέγει κύριος (6)
44. 6, 9. τάδε λέγει κύριος ὁ θεός (1 *a*)
— 12, 15, 27. λέγει κύριος ὁ θεός (6)
45. 9. τάδε λέγει κύριος θεός (1 *a*)
— 9, 15. λέγει κύριος θεός (6)
— 18 : 46. 1, 16 : 47. 13. τάδε λέγει κύριος θεός (1 *a*)
47. 23 : 48. 29. λέγει κύριος θεός (6)
Da. LXX. Su. 13. εἰς τὸν ἕτερον ἀνέκρινε λέγων
— 35. ἀνακύψασα ἔκλαυσεν ἐν αὐτῇ λέγουσα
— 38. συνειπάμεθα ἀλλήλοις λέγοντες
— 51. μὴ βλέψητε . . . λέγοντες
— 53. τοῦ κυρίου λέγοντος, Ἀθῷον . . . οὐκ ἀποκτενεῖς
— 58. νῦν οὖν λέγε μοι
2. 7. ἀπεκρίθησαν δὲ ἐκ δευτέρου λέγοντες (1 *c*)
— 15. ἐπυνθάνετο αὐτοῦ λέγων (1 *c*)
3. (36). ἐλάλησας πρὸς αὐτοὺς λέγων
— (51). ἐξύψουν τὸν θεὸν ἐν τῇ καμίνῳ λέγοντες
4. 28. σοὶ λέγεται, N. βασιλεῦ (1 *c*)
— 32. ἄγγελος εἷς ἐκάλεσέ με . . . λέγων –
5. 7. ὁ βασιλεὺς ἐξέθηκε πρόσταγμα λέγων (1 *c* ?)
6. 4 (5). οἱ δύο νεανίσκοι πρὸς ἀλλήλους λέγοντες –
— 12 (13). οὕτως ποιήσω καθὼς λέγετε –
— 20 (21). ὁ βασιλεὺς ἐκάλεσε τὸν Δ. φωνῇ μεγ. . . . λέγων (1 *c*)
— 25 (26). Δ. ἔγραψε πᾶσι τοῖς ἔθνεσι . . . λέγων –
7. 16. ἀποκριθεὶς δὲ λέγει μοι (1 *c*)
Bel 26. ἔδειξεν αὐτὸν τῷ βασιλεῖ λέγων
— 33. ἐλάλησεν ἄγγελος κυρίου πρὸς Ἀ. λέγων
— 33. τάδε λέγει σοι κ. ὁ θ.
Da. TH. Su. 53. λέγοντος τοῦ κυρίου, Ἀθῷον . . . οὐκ ἀποκτενεῖς
— 58. νῦν οὖν λέγε μοι ὑπὸ τί δένδρον
2. 10. ἀπεκρίθησαν οἱ Χαλδαῖοι . . . καὶ λέγουσιν (1 *c*)
— 15. A ἐπυνθάνετο αὐτοῦ λέγων (1 *c*)
— 27. ἀπεκρίθη Δ. . . . καὶ εἶπε [B^{1} λέγει] (1 *c*)
3. 4. ὑμῖν λέγεται λαοῖς φυλαὶ γλῶσσαι (1 *c*)
— 16. ἀπεκρίθησαν Σ. M. A. λέγοντες τῷ βασ. (1 *c*)
— (51). ηὐλόγουν τὸν θ. . . . λέγοντες
4. 28. σοὶ λέγουσι, Ναβουχοδονόσορ βασιλεῦ (1 *c*)
6. 12 (13). προσελθόντες λέγουσι τῷ βασιλεῖ (1 *c*)
— 13 (14). λέγουσιν ἐνώπιον τοῦ βασ. (1 *c*)
— 15 (16). οἱ ἄνδρες ἐκεῖνοι λέγουσι τῷ βασιλεῖ (1 *c*)
7. 5. οὕτως ἔλεγον αὐτῇ (1 *c*)
Bel 37. ἐβόησεν Ἀ. λέγων
1 Ma. 1. 11. ἀνέπεισαν πολλοὺς λέγοντες

I Ma. 2. 17. εἶπον τῷ Μ. λέγοντες
— 27. ἀνέκραξε Μ. . . . φωνῇ μεγάλῃ λέγων
— 36. οὐδὲ ἐνέφραξαν τοὺς κρύφους λέγοντες
— 41. ἐβουλεύσαντο τῇ ἡμέρᾳ ἐκείνῃ λέγοντες
3. 50. ἐβόησαν φωνῇ εἰς τὸν οὐρανὸν λέγοντες
5. 10. ἀπέστειλαν γράμματα πρὸς Ἰ. . . . λέγοντες
— 15. SR ἀπαγγέλλοντες . . . λέγοντες ἐπισυνῆχθαι [A -θη]
— 19. ἐνετείλατο αὐτοῖς λέγων
— 38. ἀπήγγειλαν αὐτῷ λέγοντες
— 42. ἐνετείλατο αὐτοῖς λέγων
— 48. ἀπέστειλε πρὸς αὐτοὺς Ἰ. λόγοις εἰρηνικοῖς λέγων
6. 23. πορεύεσθαι τοῖς ὑπ' αὐτοῦ λεγομένοις
7. 6. κατηγόρησαν τοῦ λαοῦ πρὸς τὸν βασ. λέγοντες
— 15. ὤμοσεν αὐτοῖς λέγων
— 27. ἀπέστειλε . . . μετὰ δόλου λόγοις εἰρηνικοῖς λέγων
— 35. ὤμοσε μετὰ θυμοῦ λέγων
8. 31. ἐγράψαμεν αὐτῷ λέγοντες
9. 9. ἀπέστρεψαν αὐτὸν λέγοντες
— 58. ἐβουλεύσαντο πάντες οἱ ἄνομοι λέγοντες
10. 17. ἔγραψεν ἐπιστολὰς . . . λέγων
— 20. ἀπέστειλεν . . . στέφανον χρυσοῦν [S² *add.* λέγων]
— 51. ἀπέστειλεν Ἀ. . . . λέγων
— 55. ἀπεκρίθη Πτ. ὁ βασιλεὺς λέγων
— 69. ἀπέστειλε πρὸς Ἰ. τὸν ἀρχιερέα λέγων
— 72. καὶ λέγουσιν
11. 2. AR ἐξῆλθεν εἰς Σ. λόγοις εἰρηνικοῖς [S λέγων λόγους εἰρην.]
— 9. ἀπέστειλε πρέσβεις πρὸς Δ. τὸν βασ. λέγων
— 42. ἀπέστειλε Δ. πρὸς Ἰ. λέγων
— 49. ἐκέκραξαν πρὸς τὸν βασ. . . . λέγοντες
— 57. ἔγραψεν Ἀντ. ὁ νεώτερος . . . λέγων
13. 8. ἀπεκρίθησαν φωνῇ μεγάλῃ λέγοντες
— 14. ἀπέστειλε πρὸς αὐτὸν πρέσβεις λέγων
— 18. R μή ποτε ἔχθραν ἄρῃ μεγάλην πρὸς τὸν λαὸν λέγων [AS -οντες]
15. 28. κοινολογησάμενον αὐτῷ λέγων
II Ma. 2. 3. A² R ἕτερα τοιαῦτα λέγων
3. 13. ἔλεγεν εἰς τὸ βασιλικὸν ἀναληπτέα ταῦτα εἶναι
4. 2. ἐπίβουλον τῶν πραγμάτων ἐτόλμα λέγειν
— 47. εἰ καὶ ἐπὶ Σκυθῶν ἔλεγον
6. 23. ταχέως λέγων προπέμπειν εἰς τὸν ᾅδην
7. 5. ἀλλήλους παρεκάλουν . . . λέγοντες οὕτως
— 6. διεσάφησε Μωυσῆς λέγων
— 21. λογισμὸν . . . διεγείρασα λέγουσα πρὸς αὐτούς
9. 2. εἰσεληλύθει γὰρ εἰς τὴν λεγομένην Περσέπολιν
— 11. R ἤρξατο τὸ πολὺ τῆς ὑπερηφανίας λήγειν [A λέγειν]
— 13. ηὔχετο δὲ ὁ μιαρὸς . . . οὕτω λέγων
10. 32. συνέφυγεν εἰς Γ. λεγόμενον ὀχύρωμα
12. 17. διήνυσαν . . . πρὸς τοὺς λεγομένους Τ.
— 21. προεξαπέστειλε . . . τὰς γυναῖκας . . . εἰς τὸ λεγόμενον Κ.
— 32. μετὰ δὲ τὴν λεγομένην Πεντηκοστήν
14. 6. οἱ λεγόμενοι τῶν Ἰουδαίων Ἀσιδαῖοι
— 7. R λέγω [A λέγων] δὴ τὴν ἀρχιερωσύνην
— 26. ἔλεγε τὸν Ν. ἀλλότρια φρονεῖν
— 34. ἐπεκαλοῦντο . . . ταῦτα λέγοντες
15. 2. τῶν . . . συνεπομένων αὐτῷ Ἰουδαίων λεγόντων
— 22. ἔλεγε δὲ ἐπικαλούμενος τόνδε τὸν τρόπον
— 34. εὐλόγησαν τὸν ἐπιφανῆ κύριον λέγοντες
— 36. R Ἄδαρ λέγεται τῇ Συριακῇ [A κυριακῇ] φωνῇ
III Ma. 1. 3. τοῖτον δὲ διαγαγὼν Δ. ὁ Δ. λεγόμενος
— 12. δεῖν εἰσελθεῖν, λέγων
2. 17. μηδὲ ἀγαλλιάσωνται ἐν ὑπερηφανίᾳ . . . λέγοντες
4. 11. τούτων δὲ ἐπὶ τὴν λεγομένην σχεδίαν ἀχθέντων
— 20. R συνέβη σαφῶς αὐτὸν περὶ τούτου πεισθῆναι [A πιστωθῆναι] λεγόντων μετὰ ἀποδείξεως
6. 11. οἱ ματαιόφρονες εὐλογησάτωσαν . . . λέγοντες
— 23. μετὰ ὀργῆς τοῖς φίλοις διηπειλεῖτο λέγων
— 29. R ὁ μὲν οὖν ταῦτα ἔλεξεν [A ἐξέλεξεν]
7. 12. ὁ δὲ τἀληθὲς αὐτοὺς λέγειν παραδεξάμενος
IV Ma. 1. 3. λέγω δὴ φρονήσεως
— 5. γελοῖον ἐπιχειροῦντες λέγειν
— 12. περὶ τούτου . . . δὴ λέγειν ἐξέσται
2. 5. λέγει γοῦν ὁ νόμος
— 19. μὴ λυγισμῷ τοὺς Σ. ἐθνηδὸν ἀποσφάξαντας λέγων
4. 2. τὸν Σ. τε καὶ Φ. καὶ Κ. στρατηγὸν ἔλεγεν
— 6. ταῖς τοῦ βασιλέως ἐντολαῖς ἥκειν ἔλεγεν
IV Ma. 4. 12. ἔλεγε γὰρ ἡμαρτηκώς
5. 15. λαβὼν τοῦ λέγειν ἐξουσίαν
6. 14. προσιόντες αὐτῷ τινες τῶν τοῦ βασιλέως ἔλεγον
8. 12. ταῦτα δὲ λέγων ἐκέλευσεν
9. 14. ἐκακηγόρει λέγων
— 16. τῶν δορυφόρων λεγόντων
— 19. R ταῦτα λέγοντι πῦρ ὑπέστρωσαν [AS *al.*]
— 22. μιμήσασθέ με, ἀδελφοί, λέγων
— 28. ὁ δὲ ταύτην βαρέως τὴν ἀλγηδόνα καρτερῶν ἔλεγεν
10. 12. τὸν τέταρτον ἐπεσπῶντο λέγοντες
11. 1. ὁ πέμπτος παρεπήδησε λέγων
— 9. τοιαῦτα λέγοντα οἱ δορυφόροι δήσαντες αὐτόν
— 12. καλὰς, ἔλεγεν, ἄκων, ὦ τύραννε, χάριτας
— 20. ὦ ἱεροπρεποῦς ἀγῶνος, ἔλεγεν
12. 3. παρηγορεῖν ἐπειρᾶτο λέγων
13. 2. ἐλέγομεν ἂν αὐτοὺς τούτοις νενικῆσθαι
— 8. παρεθάρσυνον ἀλλήλους λέγοντες
— 11. ὁ μὲν, Θάρρει, ἀδελφὲ, ἔλεγεν
— 12. ὁ δὲ καταμνησθεὶς ἔλεγε
— 13. ἑαυτοὺς, ἔλεγον, τῷ θεῷ ἀφιερώσωμεν
— 18. ἑνὶ ἑκάστῳ . . . ἔλεγον οἱ περιλειπόμενοι
16. 15. AR ἔλεγες [S -εν] τοῖς παισίν
17. 1. ἔλεγον δὲ καὶ τῶν δορυφόρων τινές
— 8. ταῦτα τοῖς ἀπὸ τοῦ ἔθνους εἰς μνείαν λεγόμενα
18. 6. ἔλεγε δὲ ἡ μήτηρ τῶν ἑπτὰ παίδων
— 12. SR ἔλεγε δὲ ὑμῖν [A ἡμῖν] τὸν ζηλωτὴν Φινεές
— 14. AR τὴν Ἡσαΐου γραφὴν τὴν λέγουσαν [S *al.*]
— 15. AR ἐμελῴδει ὑμῖν Δαυὶδ τὸν [S *om.*] λέγοντα
— 16. A R τὸν Σ. ἐπαροιμίαζεν ὑμῖν τὸν [S *om.*] λέγοντα
— 17. τὸν Ἰ. ἐπιστοποιεῖτο τὸν λέγοντα
— 18. R ᾠδὴν . . . ἐδίδαξε . . . τὴν διδάσκουσαν καὶ λέγουσαν [A *om.* καὶ λ., S *al.*]

[**Aq.** Ge. 15. 4: Ex. 2. 14: 15. 1: Dt. 15. 9: Jo. 1. 12: 2. 2: I Ki. 9. 24: III Ki. 13. 27: 14. 7: IV Ki. 19. 10†: Ps. 4. 5: 78 (79). 10: 86 (87). 5: Is. 41. 7: 52. 7: Je. 3. 1: 7. 1: 8. 3: 13. 12: 14. 10: 16. 1: 22. 14, 30: 23. 17: 26 (33). 1: 27 (34). 1: 30 (37). 12: 31 (38). 7, 37: 32 (39). 26: Ez. 30. 6: 33. 24: Mi. 2. 6.]
[**Sm.** Ge. 15. 4: Ex. 2. 14: 36. 5: Jo. 1. 12: 2. 2: II Ki. 5. 6 *bis*: III Ki. 17. 2: Jb. 19. 28: 29. 18: Ps. 9. 27 (10. 6): 29 (30). 7, 8: 39 (40). 16: 40 (41). 5, 6: 48 (49). 19: 72 (73). 11: 78 (79). 10: 82 (83). 5: 86 (87). 5: Ec. 1. 8: Is. 3. 15: 8. 5, 11: 16. 14: 40. 1, 27: 41. 7: 44. 28: 52. 5, 7: 58. 9: Je. 3. 16: 7. 1: 11. 22: 13. 12: 16. 1: 22. 14, 30: 26 (33). 1: 31 (38). 7, 37: 32 (39). 26: Ez. 13. 12: 20. 49 (21. 5): 30. 6: 33. 20, 24.]
[**Th.** Ge. 15. 4: Ex. 2. 14: 36. 5: Jo. 1. 12: 2. 2: I Ki. 9. 24: III Ki. 13. 27: 21 (20). 13: Jb. 34. 31: Ps. 78 (79). 10: Is. 3. 15: 8. 5: 16. 14: 22. 15: 41. 7: 52. 5: 56. 3: 58. 9: Je. 2. 1, 2: 5. 20: 7. 1: 8. 11: 9. 22 (21): 11. 7, 22: 13. 12: 22. 14, 30: 23. 23, 38: 26 (33). 1: 27 (34). 19, 21, 22: 29 (36). 16, 17, 24, 25 *bis*, 32: 30 (37). 10: 33 (40). 17, 19, 20, 23, 24, 25: 39 (46). 11: 46 (26). 18, 26: Ez. 18. 2: 30. 6: 33. 27: Da. 2. 15†: 6. 15.]
[**Al.** Nu. 16. 3: 21. 27: Ps. 9. 34 (10. 13).]
[**Sext.** Ps. 36 (37). 35.]

λεηλατεῖν.

II Ma. 2. 21. ὥστε τὴν ὅλην χώραν ὀλίγους ὄντας λεηλατεῖν

λειαίνειν, *vid. sub* **λεαίνειν.**

λεῖμμα, *cf.* **λίμμα.** (1) שְׁאֵרִית

IV Ki. 19. 4. A λήψῃ προσευχὴν περὶ τοῦ λ. [B λήμμ.] τοῦ εὑρισκομ. (1)
[**Aq.** Dt. 2. 34: 3. 3: Je. 52. 15.]
[**Sm.** Is. 37. 4.]
[**Th.** Is. 37. 4: Je. 27 (34). 19.]

λειόγλωσσος.

[**Sm.**, **Th.** Pr. C. 24.]

λεῖος. (1) *a.* חָלָק *b.* חַלּוּק (2) ὁδὸς λ. בִּקְעָה

Ge. 27. 11. ἐγὼ δὲ ἀνὴρ λ. (1 *a*)
I Ki. 17. 40. R πέντε λίθους λ. [B τελείους, A *om.*] (1 *b*)
Pr. 2. 20. εὗροσαν ἂν τρίβους δικαιοσύνης λείους –
12. 13. ὁ βλέπων λεῖα ἐλεηθήσεται –
Pr. 26. 23. χείλη λεῖα [S δόλια] καρδίαν καλύπτει λυπηράν †
Is. 40. 4. A S² ἡ τραχεῖα εἰς ὁδοὺς λείας [BS¹ εἰς πεδία] (2)
[**Aq.** Ge. 27. 16: Pr. 5. 3: 26. 28: Ez. 24. 7.]
[**Sm.** Ge. 27. 16: Ps. 11 (12). 3: 54 (55). 22: Pr. 5. 3: 26. 28: Is. 30. 10.]
[**Th.** Pr. 5. 3: 26. 28: Ez. 12. 24.]

λειοῦν.

[**Aq.** Pr. 28. 23.]

λείπειν. (1) לִין hi. (2) פָּרַד ni. (3) λ. ἀλλήλους פָּרַד hithp.

Jb. 4. 11. σκύμνοι δὲ λεόντων ἔλιπον [A ἔλειπον] ἀλλήλους (3)
Pr. 4. 21. B¹ S² R ὅπως μὴ ἐκλίπωσί [A B² -λείπ., S¹ λίπ.] σε αἱ πηγαί σου (1)
11. 3. ἀποθανὼν δίκαιος ἔλιπε [A ἔλειπεν] μετάμελον †
19. 1 (4). ὁ δὲ πτωχὸς καὶ ἀπὸ τοῦ ὑπάρχοντος φίλου λείπεται (2)
Wi. 19. 4. ἵνα τὴν λείπουσαν [S λιπ.] τοῖς βασάνοις προαναπληρώσωσι κόλασιν
II Ma. 4. 45. ἤδη δὲ λελειμμένος ὁ Μ.
III Ma. 3. 18. A λειπόμενοι [R ἀπολ.] τῆς ἡμετέρας ἀλκῆς
4. 13. μὴ λειπομένοις κατὰ μηδένα τρόπον τῆς ἐκείνων τιμωρίας
[**Aq.** Ex. 10. 5: Je. 31 (38). 2.]
[**Sm.** Jd. 12. 4: Jb. 21. 34.]
[**Al.** Nu. 31. 49.]

λειποθυμεῖν, **λειποτακτεῖν**, **λειποψυχεῖν**, *vid. sub* **λιποθ.**, **λιποτ.**, **λιποψ.**

λειτουργεῖν. (1) כָּהַן pi. (2) *a.* עָבַד *b.* עֲבֹדָה (3) צָבָא *a.* verb. *b.* subst. (4) שֵׁרֵת pi. (5) שְׁמַשׁ pa.

Ex. 28. 31 (35). ἔσται Ἀαρὼν ἐν τῷ λειτουργεῖν ἀκουστὴ ἡ φωνὴ αὐ. (4)
— 39 (43). ὅταν προσπορεύωνται λειτουργεῖν (4)
29. 30. λειτουργεῖν ἐν τοῖς ἁγίοις (4)
30. 20. λειτουργεῖν καὶ ἀναφέρειν (4)
35. 19. ἐν αἷς λειτουργήσουσιν [A -γοῦσιν] (4)
36. 34 (39. 26). κώδων . . . εἰς τὸ λειτουργεῖν (4)
38. 27 (40. 32). προσπορεύωνται . . . λειτουργεῖν –
39. 12 (32). εἰς τὸ λειτουργεῖν ἐν αὐτοῖς –
— 13 (1). ὥστε λειτουργεῖν ἐν αὐταῖς (4)
Nu. 1. 50. αὐτοὶ λειτουργήσουσιν ἐν αὐτῇ (4)
3. 6. λειτουργήσουσιν αὐτῷ (4)
— 31. ὅσα λειτουργοῦσιν ἐν αὐτοῖς (4)
4. 3. πᾶς ὁ εἰσπορευόμ. λειτουργεῖν (3 *b*)
— 9. οἷς [A ὅσοι] λειτουργοῦσιν ἐν αὐτοῖς (4)
— 12. ὅσα λειτουργοῦσιν ἐν αὐτοῖς (4)
— 14. ὅσοις [A -οι] λειτουργοῦσιν ἐπ' αὐτῷ (4)
— 23. πᾶς ὁ εἰσπορευόμ. λειτουργεῖν (3 *a* + 3 *b*)
— 24. λειτουργεῖν καὶ αἴρειν (2 *a*)
— 26. ὅσα λειτουργοῦσιν ἐν αὐτοῖς (2 *a* ?)
— 30. λειτουργεῖν τὰ ἔργα τῆς σκηνῆς (3 *b* + 2 *a*)
— 35. πᾶς ὁ εἰσπορευόμ. λειτουργεῖν (3 *b*)
— 37. πᾶς ὁ λειτουργῶν ἐν τῇ σκηνῇ (2 *a*)
— 39. πᾶς ὁ εἰσπορευόμ. λειτουργεῖν (3 *b*)
— 41. πᾶς ὁ λειτουργῶν ἐν τῇ σκηνῇ (2 *a*)
— 43. πᾶς ὁ εἰσπορευόμ. λειτουργεῖν (3 *b*)
8. 22. λειτουργεῖν τὴν λειτουργίαν αὐ. (2 *a*)
— 24. A λειτουργεῖν λειτουργίαν ἐν ἔργοις [B *al.*] (3 *a*)
— 26. λειτουργήσει ὁ ἀδελφὸς αὐτοῦ (4)
16. 9. λειτουργεῖν τὰς λειτουργίας τῆς σκηνῆς κ. (2 *a*)
18. 2. καὶ λειτουργείτωσάν σοι (4)
— 6. λειτουργεῖν τὰς λειτουργίας τῆς σκηνῆς (2 *a*)
— 7. λειτουργήσετε τὰς λειτουργίας (2 *a*)
— 21. ὅσα αὐτοὶ λειτουργοῦσι λειτουργίαν (2 *a*)
— 23. λειτουργήσει . . . τὴν λειτουργίαν τῆς σκηνῆς (2 *a*)
De. 10. 8. λειτουργεῖν καὶ ἐπεύχεσθαι (4)
17. 12. λειτουργεῖν ἐπὶ τῷ ὀνόματι κυρίου (4)
18. 5. λειτουργεῖν καὶ εὐλογεῖν (2 *a*)
— 7. λειτουργήσει τῷ ὀνόματι κυρίου (4)
I Ki. 2. 11. τὸ παιδάριον ἦν λειτουργῶν τῷ προσώπῳ κυρίου (4)
— 18. Σαμ. ἦν λειτουργῶν ἐνώπιον κυρίου (4)

I Ki. 3. 1. τὸ παιδάριον Σαμ. ἦν λειτουργῶν τῷ κ. (4)
II Ki. 19. 18 (19). ἐλειτούργησαν τὴν λειτουργίαν †
III Ki. 1. 4. ἐλειτούργει αὐτῷ (4)
— 15. B Ἀβ. ἡ Σ. ἡ [A *om.*, R ἦν] λειτουργοῦσα τῷ βασ. (4)
8. 11. οὐκ ἐδύνατο οἱ ἱερεῖς στήκειν λ. (4)
19. 21. καὶ ἐλειτούργει αὐτῷ (4)
IV Ki. 6. 15. A ὤρθρισεν λειτουργεῖν [B ὁ λειτουργός] (4)
25. 14. ἐν οἷς λειτουργοῦσιν ἐν αὐτοῖς (4)
I Ch. 6. 32 (17). ἦσαν λειτουργοῦντες ἐναντίον τῆς σκηνῆς (4)
15. 2. καὶ λειτουργεῖν αὐτῷ ἕως αἰῶνος (4)
16. 4. ἔταξε . . . ἐκ τῶν Λ. λειτουργοῦντας [S^1 -ων] (4)
— 37. τοῦ λειτουργεῖν ἐναντίον τῆς κιβωτοῦ (4)
23. 13. λειτουργεῖν καὶ ἐπεύχεσθαι (4)
— 28, 32. τοῦ λειτουργεῖν ἐν οἴκῳ κυρίου (2 *b*)
26. 12. λειτουργεῖν ἐν οἴκῳ κυρίου (4)
27. 1. AB οἱ λειτουργοῦντες τῷ λαῷ [R βασιλεῖ] (4)
II Ch. 5. 14. οὐκ ἠδύναντο οἱ ἱ. τοῦ στῆναι λειτουργεῖν (4)
8. 14. B τοῦ λ. καὶ αἰνεῖν [A R *al.* κ. λ.] (4)
11. 14. μὴ [A τοῦ μὴ] λειτουργεῖν κυρίῳ (1)
13. 10. λειτουργοῦσι τῷ κυρίῳ (4)
15. 16. τοῦ μὴ [A *om.*] εἶναι τῇ Ἀστάρτῃ λειτουργοῦσαν †
17. 19. οὗτοι οἱ [A *om.*] λειτουργοῦντες τῷ βασ. (4)
22. 8. B λειτουργοῦντας τῷ Ὀχ. (4)
23. 6. καὶ οἱ λειτουργοῦντες τῶν Λ. (4)
29. 11. στῆναι ἐναντίον αὐτοῦ λειτουργεῖν καὶ εἶναι αὐτῷ λειτουργοῦντας (4, 4)
31. 2. ἐξομολογεῖσθαι καὶ λειτουργεῖν (4)
35. 3. λειτουργήσατε τῷ κ. θεῷ ὑμῶν (2 *a*)
Ne. 10. 36 (37). τοῖς ἱ. τοῖς λειτουργοῦσιν ἐν οἴκῳ (4)
Ju. 4. 14. A B καὶ οἱ λειτουργοῦντες κυρίῳ
Ps. 100 (101). 6. οὗτός μοι ἐλειτούργει (4)
Si. 4. 14. οἱ λατρεύοντες αὐτῇ λειτουργήσουσιν ἁγίῳ
7. 30. S^1 τοὺς λειτουργοῦντας αὐτῷ [A B S^2 τοὺς λειτουργοὺς αὐτοῦ] μὴ ἐγκαταλίπῃς
8. 8. μαθήσῃ . . . λειτουργῆσαι μεγιστᾶσι
10. 25. οἰκέτῃ σοφῷ ἐλεύθεροι λειτουργήσουσι
24. 10. ἐν σκηνῇ ἁγίᾳ ἐνώπιον αὐτοῦ ἐλειτούργησα [A -γουν]
45. 15. λειτουργεῖν αὐτῷ ἅμα καὶ ἱερατεύειν
50. 14. συντέλειαν λειτουργῶν ἐπὶ βωμῶν
— 19. S^1 τὴν λειτουργίαν αὐτοῦ ἐλειτούργησαν [A B S^2 ἐτελείωσαν]
Jl. 1. 9. ἱερεῖς οἱ λειτουργοῦντες θυσιαστηρίῳ (4)
— 13. θρηνεῖτε οἱ λειτουργοῦντες θυσιαστηρίῳ (4)
— 13. ὑπνώσατε ἐν σάκκοις λειτουργοῦντες θεῷ (4)
2. 17. οἱ ἱερεῖς οἱ λειτουργοῦντες κυρίῳ (4)
Je. 52. 18. ἐν οἷς ἐλειτούργουν [A -γων] ἐν αὐτοῖς (4)
Ez. 40. 46. οἱ ἐγγίζοντες ἐκ τοῦ Λευὶ πρὸς κύριον λ. αὐτῷ (4)
42. 14. ἐν οἷς λειτουργοῦσιν ἐν αὐτοῖς (4)
43. 19. τοῦ [A *om.*] λ. μοι μόσχον ἐκ βοῶν (4)
44. 11. ἔσονται ἐν τοῖς ἁγίοις μου λειτουργοῦντες . . . καὶ λειτουργοῦντες τῷ οἴκῳ . . . στήσονται ἐναντίον τοῦ λαοῦ τοῦ [A *om.*] λ. αὐτοῖς (4 *ter*)
— 12. ἐλειτούργουν αὐτοῖς πρὸ προσώπου τῶν εἰδώλων αὐ. (4)
— 15. προσάξουσι πρὸς μὲ τοῦ λ. μοι (4)
— 16. προσελεύσονται πρὸς τὴν τράπεζάν μου τοῦ λ. μοι (4)
— 17. οὐκ ἐνδύσονται ἔρια ἐν τῷ λ. αὐτούς (4)
— 19. ἐν αἷς αὐτοὶ λειτουργοῦσιν ἐν αὐταῖς (4)
— 27. τοῦ λ. ἐν τῷ ἁγίῳ (4)
45. 4. ἔσται τοῖς ἱερεῦσι τοῖς λειτουργοῦσιν ἐν τῷ ἁγίῳ καὶ ἔσται τοῖς ἐγγίζουσι λ. τῷ κυρίῳ (4, 4)
— 5. τοῖς Λευίταις τοῖς λειτουργοῦσι τῷ οἴκῳ αὐτοῖς (4)
46. 24. ἑψήσουσιν ἐκεῖ οἱ λειτουργοῦντες τῷ οἴκῳ (4)
Da. TH. 7. 10 χίλιαι χιλιάδες ἐλειτούργουν αὐτῷ (5)
I Ma. 10. 42. τοῖς ἱερεῦσι τοῖς λειτουργοῦσι

[**Aq**. Ge. 40. 4: Dt. 21. 5: Is. 56. 6: 60. 7: Ez. 27. 25.]
[**Sm**. Ex. 39. 1 (13): Is. 56. 6: 60. 7.]
[**Th**. Ex. 39. 1 (13): Is. 56. 6: 60. 7: Je. 33 (40). 21, 22: Jl. 1. 9.]

λειτούργημα. (1) עֲבֹדָה
Nu. 4. 32. καὶ πάντα τὰ λ. αὐτῶν (1)
7. 9. τὰ λ. τοῦ ἁγίου ἔχουσιν (1)

λειτουργήσιμος. (1) עֲבֹדָה
I Ch. 28. 13. τῶν ἀποθηκῶν τῶν λ. σκευῶν (1?)

λειτουργία (-εία). (1) מְלָאכָה (2) עֲבֹדָה (3) פָּלְחָן (4) פְּעֻלָּה (5) צָבָא
Ex. 37. 19 (38. 21). τὴν λ. εἶναι τῶν Λευιτῶν (2)
Nu. 4. 24. αὕτη ἡ λ. τοῦ δήμου τοῦ Γ. (2)
— 27. ἔσται ἡ λ. τῶν υἱῶν Γ. κατὰ πάσας τὰς λ. αὐτῶν (2, 2)
— 28. αὕτη ἡ λ. τῶν υἱῶν Γ. (2)
— 33. αὕτη ἡ λ. δήμου υἱῶν Μ. (2)
7. 5. ἑκάστῳ κατὰ τὴν αὐτοῦ λ. (2)
— 7, 8. κατὰ τὰς λ. αὐτῶν (2)
8. 22. λειτουργεῖν τὴν λ. αὐτῶν (2)
— 24. A λειτουργεῖν λειτουργίαν ἐν αὐτοῖς [B *al.*] (5)
— 25. B^1 ἀποστήσεται [A B^2 R *add.* ἀπὸ] τῆς λ. (5 + 2)
16. 9. λειτουργεῖν τὰς λ. τῆς σκηνῆς κυρίου (2)
18. 4. κατὰ πάσας τὰς λ. τῆς σκηνῆς (2)
— 6. λειτουργεῖν τὰς λ. τῆς σκηνῆς τοῦ μαρτ. (2)
— 7. λειτουργήσετε τὰς λ. (2)
— 21. δέδωκα πᾶν ἐπιδέκατον . . . ἀντὶ τῶν λ. αὐ. (2)
— 21. ὅσα αὐτοὶ λειτουργοῦσι λειτουργίαν (2)
— 23. λειτουργήσει . . . τὴν λ. τῆς σκηνῆς (2)
— 31. μισθὸς οὗτος ὑμῖν ἐστιν ἀντὶ [B^2 ἀπὸ] τῶν λ. ὑμῶν (2)
II Ki. 19. 18 (19). ἐλειτούργησαν τὴν λ. [A *add.* τοῦ βασ.] †
I Ch. 6. 32 (17). ἔστησαν . . . ἐπὶ τὰς λ. αὐτῶν (2)
— 48 (33). εἰς πᾶσαν ἐργασίαν λειτουργίας σκηνῆς (2)
9. 13. εἰς ἐργασίαν λειτουργίας οἴκου τοῦ θεοῦ (2)
— 19. ἐπὶ τῶν ἔργων τῆς λ. (2)
— 28. ἐπὶ τὰ σκεύη τῆς λ. (2)
23. 24. ποιοῦντες τὰ ἔργα λειτουργίας οἴκου κ. (2)
— 26. οὐκ ἦσαν αἴροντες . . . εἰς τὴν λ. αὐ. (2)
— 28. ἐπὶ τὰ ἔργα λειτουργίας (2)
24. 3, 19. κατὰ τὴν λ. αὐτῶν (2)
26. 30. εἰς πᾶσαν λ. κυρίου (1)
28. 13. εἰς πᾶσαν ἐργασίαν λειτουργίας (2)
— 20. πᾶσαν ἐργασίαν λειτουργίας (2)
— 21. εἰς πᾶσαν λ. οἴκου κυρίου [A τοῦ θ.] (2)
II Ch. 8. 14. κατὰ τὰς λ. αὐτῶν (2)
31. 2. κατὰ τὴν ἑαυτοῦ λ. (2)
— 4. ἐν τῇ λ. οἴκου κυρίου †
— 16. λειτουργίαν ἐφημερίας διατάξεως αὐ. (2)
35. 10. κατωρθώθη ἡ λ. (2)
— 15. οὐκ ἦν αὐτοῖς κινεῖσθαι ἀπὸ τῆς λ. ἁγίων (2)
— 16. ἡτοιμάσθη πᾶσα ἡ λ. κυρίου (2)
II Es. 7. 19. τὰ διδόμ. σοι εἰς λειτουργίαν οἴκου θεοῦ (3)
Wi. 18. 21. τὸ τῆς ἰδίας λ. ὅπλον . . . κομίσας
Si. 50. 19. τὴν λ. αὐτοῦ ἐτελείωσαν [S^1 ἐλειτούργησαν]
Ez. 29. 20. ἀντὶ τῆς λ. αὐτοῦ [A τ. δουλείας] (4)
II Ma. 3. 3. πάντα τὰ πρὸς τὰς λ. τῶν θυσιῶν
4. 14. περὶ τὰς τοῦ θυσιαστηρίου λ. προθύμους εἶναι

[**Al**. Nu. 8. 25: 18. 7.]

λειτουργικός. (1) עֲבֹדָה (2) שָׁרֵת
Ex. 31. 9 (10). καὶ τὰς στολὰς τὰς λ. †
39. 13 (1). ἐποίησαν στολὰς λ. †
Nu. 4. 12. λήψονται πάντα τὰ σκεύη τὰ λ. (2)
— 26. καὶ πάντα τὰ σκεύη τὰ λ. (1)
7. 5. πρὸς τὰ ἔργα τὰ λ. τῆς σκηνῆς (1)
II Ch. 24. 14. σκεύη λειτουργικὰ ὁλοκαυτωμάτων (2)

[**Sm., Th**. Ex. 39. 1 (13).]

λειτουργός. (1) פֶּלַח (2) שָׁרַת pi.
Jo. 1. 1. A τῷ Ἰησοῦ υἱῷ Ν. τῷ λ. [B ὑπουργῷ] Μ. (2)
II Ki. 13. 18. ἐξήγαγεν αὐτὴν ὁ λ. αὐ. ἔξω (2)
III Ki. 10. 5. καὶ τὴν στάσιν λειτουργῶν αὐτοῦ (2)
IV Ki. 4. 43. εἶπεν ὁ λ. αὐτοῦ (2)
6. 15. ὤρθρισεν ὁ λ. [A λειτουργεῖν] (2)
II Ch. 9. 4. καὶ στάσιν λειτουργῶν αὐτοῦ (2)
II Es. 7. 24. ἐν . . . λειτουργοῖς οἴκου θεοῦ (1)
Ne. 10. 39 (40). καὶ ἐκεῖ . . . οἱ λ. (2)
Ps. 102 (103). 21. λειτουργοὶ αὐτοῦ ποιοῦντες τὰ θελήματα αὐτοῦ (2)
103 (104). 4. καὶ τοὺς λ. αὐτοῦ πῦρ φλέγον (2)
Si. 7. 30. τοὺς λ. αὐτοῦ [S^1 -γοῦντας αὐτῷ] μὴ ἐγκαταλίπῃς
10. 2. κατὰ τὸν κριτὴν τοῦ λαοῦ αὐτοῦ οὕτως καὶ οἱ λ. αὐτοῦ
Is. 61. 6. ἱερεῖς κυρίου κληθήσεσθε λειτουργοὶ θεοῦ (2)
III Ma. 5. 5. οἵ τε πρὸς τούτοις λειτουργοί

[**Aq., Sm., Th**. Ex. 24. 13: Pr. 29. 12.]

λείχειν. (1) לָחַךְ pi. (2) לָקַק
III Ki. 20 (21). 19. ᾧ ἔλειξαν αἱ ὗες (2)
— 19. ἐκεῖ λείξουσιν οἱ κύνες τὸ αἷμά σου (2)
Ps. 71 (72). 9. οἱ ἐχθροὶ αὐτοῦ χοῦν λείξουσι (1)
Mi. 7. 17. λείξουσι χοῦν ὡς ὄφις σύροντες γῆν (1)
Is. 49. 23. τὸν χοῦν τῶν ποδῶν σου λείξουσι (1)

λειχήν (λιχήν). (1) יַלֶּפֶת (2) λειχῆνας ἔχων יַלֶּפֶת
Le. 21. 20. ψώρα ἀγρία ἢ λειχήν (1)
22. 22. A^{2}B ἢ λειχῆνας ἔχοντα (2)

λείψανον.

[**Sm**. Jd. 5. 13: Ps. 16 (17). 14: 75 (76). 11: Ez. 11. 13.]

λεκάνη (λακ.). (1) סֵפֶל
Jd. 5. 25. γάλα ἔδωκεν ἐν λεκάνῃ [A *al.*] (1)
6. 38. πλήρης λεκάνη ὕδατος (1)

λεκτίς.

[**Sm**. Is. 66. 20.]

λεληθότως.
II Ma. 6. 11. λεληθότως ἄγειν τὴν ἑβδομάδα
8. 1. παρεισπορευόμενοι λεληθότως εἰς τὰς κώμας

λέξις. (1) כְּתָב (2) לָשׁוֹן (3) מִלָּה
Es. 1. 22. κατὰ τὴν λ. αὐτῶν (1 + 2)
3. 12. κατὰ τὴν αὐτῶν λ. [S^2 λῆξιν] (1 + 2)
8. 9. κατὰ τὴν ἑαυτῶν λ. (1 + 2)
Jb. 36. 2. ἔτι γὰρ ἐν ἐμοί ἐστι [A μοι ἔνεστιν] λέξις (3)
38. 1. μετὰ δὲ τὸ παύσασθαι Ἐλιοὺν τῆς λ. –
Si. *prol.* 15. συγγνώμην ἔχειν ἐφ᾽ οἷς ἂν δοκῶμεν τῶν κατὰ τὴν ἑρμηνείαν πεφιλοπονημένων τισὶ τῶν λ. ἀδυναμεῖν [B^1 S^1 *om.*]
23. 12. ἔστι λέξις ἀντιπεριβεβλημένη θανάτῳ
II Ma. 2. 31. τὸ δὲ σύντομον τῆς λ. μεταδιώκειν

λεοντηδόν.
II Ma. 11. 11. R λ. [A λεόντινον] δὲ ἐντινάξαντες

λεόντινος.
II Ma. 11. 11. A λεόντινον [? Λ., R λεοντηδὸν] δὲ ἐντινάξαντες

λεοπετρία, *vid.* **λεωπετρία.**

λεπιδωτός.

[**Sm., Th.**, I Ki. 17. 5.]

λεπίζειν. (1) פָּצַל pi.
Ge. 30. 37. καὶ ἐλέπισεν αὐτὰς Ἰ. λεπίσματα (1)
— 37. τὸ λευκὸν ὃ ἐλέπισε –
— 38. τὰς ῥάβδους ἃς ἐλέπισεν (1)
To. 3. 17. τοῦ Τωβὶτ λεπίσαι τὰ λευκώματα [A^2 S *al.*]
11. 13. ἐλεπίσθη ἀπὸ τῶν κανθῶν . . . τὰ λευκώματα [S *al.*]
I Ma. 1. 22. καὶ ἐλέπισε πάντα

λεπίς. (1) פַּח (2) קַשְׂקֶשֶׂת
Le. 11. 9. B ἐστὶν αὐτοῖς πτερύγια καὶ λεπίδες (2)
— 10. οὐκ ἔστιν αὐτοῖς πτερύγια οὐδὲ λεπίδες (2)
— 12. οὐκ . . . πτερύγια καὶ λεπίδες (2)
Nu. 16. 38 (17. 3). ποίησον αὐτὰ λ. ἐλατάς (1)
De. 14. 9. ἐστὶν ἐν [A *om.*] αὐτοῖς πτερύγια καὶ λεπίδες (2)
— 10. οὐκ ἔστιν αὐτοῖς πτερύγια καὶ λεπίδες (2)

[**Aq., Sm**. Ez. 29. 4 *bis.*]
[**Th**. Ez. 29. 4.]
[**Al**. Le. 13. 2, 7.]

λέπισμα. (1) פְּצָלוֹת
Ge. 30. 37. ἐλέπισεν αὐτὰς Ἰ. λ. λευκά (1)

λεπιστός.

[**Al**. Le. 23. 14.]

λέπρα. (1) *a.* צָרַעַת *b.* נֶגַע־צָרַעַת
Le. 13. 2. γένηται ἐν δέρματι . . . ἁφὴ λέπρας (1 *a*)
— 3. ἁφὴ λέπρας ἐστί (1 *a*)
— 8. λ. ἐστί (1 *a*)

Le. 13. 9. ἁφὴ λέπρας ἐὰν γένηται ἐν ἀνθρώπῳ (1 a)
— 11. λ. παλαιουμένη ἐστὶν ἐν τῷ δέρματι (1 a)
— 12. ἐὰν δὲ ἀνθοῦσα ἐξανθήσῃ ἡ λ. (1 a)
— 12. καὶ καλύψῃ ἡ λ. πᾶν τὸ δέρμα τῆς ἁφῆς (1 a)
— 13. ἐκάλυψεν ἡ λ. πᾶν τὸ δέρμα τοῦ χρωτός (1 a)
— 15. λ. ἐστίν (1 a)
— 20. λ. ἐστίν (1 b)
— 22. ἁφὴ λέπρας ἐστίν –
— 25. λ. ἐστιν (1 a)
— 25 (A² B), 27. ἁφὴ λέπρας ἐστίν (1 a)
— 29. γένηται . . . ἁφὴ λέπρας ἐν τῇ κεφαλῇ –
— 30. λ. [A add. ἐστιν] τῆς κεφαλῆς (1 a)
— 30. ἡ λ. τοῦ πώγωνός ἐστι –
— 42. λ. ἐστὶν ἐν τῷ φαλακρώματι αὐτοῦ (1 a)
— 43. ὡς εἶδος λέπρας ἐν δέρματι τῆς σαρκός (1 a)
— 47. ἐὰν γένηται ἁφὴ ἐν αὐτῷ λέπρας (1 a)
— 49. ἁφὴ λέπρας ἐστί (1 a)
— 51. λ. ἔμμονός ἐστιν ἡ ἁφή (1 a)
— 52. B²R ὅτι λ. ἔμμονός ἐστιν [A B¹ om. ἐμμ. ἐστιν] (1 a)
— 57. λ. ἐξανθοῦσά ἐστιν –
— 59. οὗτος ὁ νόμος ἁφῆς λέπρας ἱματίου (1 a)
14. 3. ἴαται ἡ ἁφὴ τῆς λ. ἀπὸ τοῦ λεπροῦ (1 a)
— 7. ἐπὶ τὸν καθαρισθέντα ἀπὸ τῆς λ. (1 a)
— 32. ὁ νόμος ἐν ᾧ ἐστιν ἡ ἁφὴ τῆς [A om.] λ. (1 a)
— 34. καὶ δώσω ἁφὴν λέπρας ἐν ταῖς οἰκίαις (1 a)
— 44. λ. ἔμμονός ἐστιν ἐν τῇ οἰκίᾳ (1 a)
— 54. οὗτος ὁ νόμος κατὰ πᾶσαν ἁφὴν λέπρας (1 a)
— 55. καὶ τῆς λ. ἱματίου καὶ οἰκίας (1 a)
— 57. οὗτος ὁ νόμος τῆς λ. (1 a)
De. 24. 8. πρόσεχε σεαυτῷ ἐν τῇ ἁφῇ τῆς λ. (1 a)
IV Ki. 5. 3. ἀποσυνάξει αὐτὸν ἀπὸ τῆς λ. αὐ. (1 a)
— 6. ἀποσυνάξεις αὐτὸν ἀπὸ [A ἐκ] τῆς λ. αὐ. (1 a)
— 7. ἀποσυνάξαι ἄνδρα ἀπὸ [A ἐκ] τῆς λ. αὐ. (1 a)
— 27. ἡ λ. N. κολληθήσεται ἐν σοί (1 a)
II Ch. 26. 19. ἡ λ. ἀνέτειλεν ἐν τῷ μετώπῳ αὐ. (1 a)

λεπρᾶν. (1) צָרַע a. qal. b. pu.

Le. 22. 4. καὶ οὗτος λεπρᾷ [A λεπρός] (1 a)
Nu. 12. 10. M. λεπρῶσα ὡσεὶ χιών (1 b)
— 10. καὶ ἰδοὺ λεπρῶσα (1 b)
[Aq., Th. Ex. 4. 6.]
[Al. Le. 21. 7.]

λεπρός. (1) צָרַע a. qal. b. pu.

Le. 13. 44. ἄνθρωπος λ. ἐστι (1 a)
— 45. καὶ ὁ λ. ἐν ᾧ ἐστιν ἡ ἁφή (1 a)
14. 2. οὗτος ὁ νόμος τοῦ λεπροῦ (1 b)
— 3. ἴαται ἡ ἁφὴ τῆς λέπρας ἀπὸ τοῦ λ. (1 a)
22. 4. A καὶ οὗτος λεπρός [B -ρᾷ] (1 a)
Nu. 5. 2. ἐξαποστειλάτωσαν . . . πάντα λ. (1 a)
II Ki. 3. 29. μὴ ἐκλίποι . . . γονορρυὴς καὶ λεπρός (1 b)
IV Ki. 5. 11. ἀποσυνάξει [A συν.] τὸ λ. (1 b)
7. 3. τέσσαρες ἄνδρες ἦσαν λ. παρὰ τὴν θύραν (1 b)
— 8. εἰσῆλθον οἱ λ. οὗτοι (1 b)
II Ch. 26. 20. ἰδοὺ αὐτὸς λ. ἐν τῷ μετώπῳ (1 b)
— 21. ἦν Ὀζ. ὁ βασιλεὺς λεπρός (1 b)
— 21. ἐν οἴκῳ ἀφφ. ἐκάθητο λεπρός (1 b)
— 23. λεπρός ἐστι (1 b)
[Sm. Nu. 5. 2.]
[Al. Le. 22. 4.]

λεπροῦσθαι. (1) צָרַע pu.

IV Ki. 5. 1. ὁ ἀνὴρ ἦν δυνατὸς ἰσχύϊ λελεπρωμένος (1)
— 27. ἐξῆλθεν ἐκ προσώπου αὐ. λελεπρωμένος (1)
15. 5. καὶ ἦν λελεπρωμένος (1)
[Sm. Ex. 4. 6.]

λεπτοκοπεῖν.

[Aq., Th. Is. 28. 28.]
[Sm. Is. 27. 9: 28. 28.]

λεπτός. (1) a. דַּק b. דָּקַק qal. c. hi. d. λ. γίνεσθαι דְּקַק (2) כְּתַת (3) נָפַץ pu. (4) רַק (5) a. רֵק b. רֵיק (6) λεπτὸν ποιεῖν זָרָה

Ge. 41. 3. ἑπτὰ βόες . . . λεπταὶ ταῖς σαρξί (1 a)
— 4. αἱ ἑπτὰ βόες αἱ αἰσχραὶ καὶ λ. ταῖς σαρξί (1 a)
— 6. στάχυες λεπτοὶ καὶ ἀνεμόφθοροι (1 a)
— 7. οἱ ἑπτὰ στάχυες οἱ λεπτοί (1 a)
— 19. αἰσχραὶ . . . καὶ λεπταὶ ταῖς σαρξίν (4)
— 20. αἱ ἑπτὰ βόες αἱ αἰσχραὶ καὶ λεπταί (4)
— 23. ἑπτὰ στάχυες λεπτοὶ καὶ ἀνεμόφθοροι (1 a)
— 24. οἱ ἑπτὰ στάχυες οἱ λ. καὶ ἀνεμόφθοροι (1 a)
Ge. 41. 27. αἱ ἑπτὰ βόες αἱ λ. αἱ ἀναβαίνουσαι (4)
— 27. οἱ ἑπτὰ στάχυες οἱ λ. (5 a)
Ex. 16. 14. ἰδοὺ . . . λεπτὸν ὡσεὶ κόριον λευκόν (1 a)
30. 7. θυμίαμα σύνθετον λ. –
— 36. καὶ συγκόψεις ἐκ τούτων λεπτόν (1 c)
32. 20. καὶ κατήλεσεν αὐτὸν [A om.] λεπτόν (1 b)
Le. 13. 30. ἐν αὐτῇ δὲ θρὶξ ξανθίζουσα λεπτή (1 a)
16. 12. θυμιάματος συνθέσεως λεπτῆς (1 a)
De. 9. 21. ἕως ἐγένετο λεπτόν (1 b)
III Ki. 19. 12. μετὰ τὸ πῦρ φωνὴ αὔρας λεπτῆς (1 a)
II Ch. 34. 7. τὰ εἴδωλα κατέκοψε λεπτά (1 c)
Wi. 5. 14. ὡς πάχνη ὑπὸ λαίλαπος διωχθεῖσα λεπτή
7. 22. ἔστι γὰρ ἐν [A om.] αὐτῇ πνεῦμα . . . λεπτόν
— 23. διὰ πάντων χωροῦν πνευμάτων . . . καθαρῶν λεπτοτάτων
Is. 27. 9. κατακεκομμένους ὡς κονίαν λεπτήν (3 ?)
30. 14. ἐκ κεραμίου λεπτά [A -τόν] (2)
— 22. τὰ περικεχρυσωμένα λεπτὰ ποιήσεις (6)
Je. 28 (51). 34. κατέλαβέ με σκότος λεπτόν (5 b)
Da. LXX. 2. 35. τότε λεπτὰ ἐγένετο ἅμα ὁ σίδηρος (1 d)
— 35. ἐγένετο ὡσεὶ λεπτότερον ἀχύρου –
[Aq., Th. Is. 29. 5: 40. 15, 22.]
[Sm. Ex. 16. 14 bis: Is. 29. 5: 40. 15, 22.]

λεπτύνειν. (1) דָּקַק a. qal. b. hi. c. דְּקַק peal. d. aph. (2) שָׁבַר pi. (3) שָׁחַק

II Ki. 22. 43. ὡς πηλὸν ἐξόδων ἐλέπτυνα αὐτούς (1 b)
IV Ki. 23. 6, 15. καὶ ἐλέπτυνεν εἰς χοῦν (1 b)
II Ch. 23. 17. καὶ τὰ εἴδωλα αὐ. ἐλέπτυναν (2)
34. 4. καὶ ἐλέπτυνε (1 b)
Ps. 17 (18). 42. λεπτυνῶ αὐτοὺς ὡς χνοῦν (3)
28 (29). 6. λεπτυνεῖ αὐτὰς ὡς τὸν μόσχον τὸν Λίβανον +
Mi. 4. 13. καὶ κατατήξεις [A λεπτυνεῖς] λαοὺς πολλούς (1 b)
Is. 41. 15. λεπτυνεῖς βουνούς (1 a)
Je. 31 (48). 12. τὰ σκεύη αὐτοῦ λεπτυνοῦσι +
Da. TH. 2. 34. καὶ ἐλέπτυνεν αὐτοὺς εἰς τέλος (1 d)
— 35. τότε ἐλεπτύνθησαν εἰσάπαξ (1 c)
— 40. ὃν τρόπον ὁ σίδηρος λεπτύνει (1 d)
— 40. οὕτως πάντα λεπτυνεῖ (1 d)
— 44. λεπτυνεῖ καὶ λικμήσει πάσας τὰς βασ. (1 d)
— 45. καὶ ἐλέπτυνε τὸ ὄστρακον (1 d)
6. 24 (25). πάντα τὰ ὀστᾶ αὐτῶν ἐλέπτυναν (1 d)
7. 7, 19. ἐσθίον καὶ λεπτῦνον (1 d)
[Sm. Is. 28. 28.]
[Th. Is. 28. 28: Da. 2. 45.]

λέπυρον. (1) פֶּלַח

Ca. 4. 3. ὡς λέπυρον ῥοᾶς μῆλόν σου (1)
6. 6 (7). ὡς λέπυρον τῆς ῥοᾶς μῆλόν σου (1)

λέσχη. (1) שִׂיחַ

Pr. 23. 29. τίνι δὲ ἀηδίαι καὶ λέσχαι (1)

λευιαθάν.

[Aq. Ez. 32. 2.]

λευκαθίζειν (?). (1) לָבָן

Le. 13. 39. R αὐγάζοντα λευκανθίζοντα [A B λευκαθ.] (1)
Ca. 8. 15. B τίς αὕτη ἡ ἀναβαίνουσα λελευκαθισμένη [A S R -κανθ.] +

λευκαίνειν. (1) a. לָבַן hi. b. לְבַן

Le. 13. 19. οὐλὴ λευκὴ ἢ τηλαυγὴς λευκαίνουσα (1 b)
Ps. 50 (51). 7. ὑπὲρ χιόνα λευκανθήσομαι (1 a)
Jl. 1. 7. ἐλεύκανε τὰ κλήματα αὐτῆς (1 a)
Is. 1. 18. ὡς χιόνα λευκανῶ (1 a)
— 18. ὡς ἔριον λευκανῶ +

λευκανθίζειν. (1) לָבָן

Le. 13. 38. αὐγάσματα αὐγάζοντα λευκανθίζοντα (1)
— 39. R αὐγάζοντα λευκανθίζοντα [A B λευκαθ.] (1)
Ca. 8. 5. A S R τίς αὕτη ἡ ἀναβαίνουσα λελευκανθισμένη [B -καθ.] +

λεύκη. (1) לִבְנֶה

Ho. 4. 13. ἔθυον ὑποκάτω δρυὸς κ. λεύκης (1)
Is. 41. 19. θήσω εἰς τὴν ἄνυδρον γῆν . . . κυπάρισσον καὶ λεύκην +
[Aq. Ho. 4. 13.]

λευκόπους.

[Sm. Ge. 30. 35.]

λευκός. (1) חוּם (2) חִוָּר (3) לָבָן (4) נְקֵא (5) נָקֹד (6) עָקֹד (7) צַח

Ge. 30. 32. A διάραντον καὶ λ. [R al.] (5)
— 35. A ὃ ἦν λευκὸν ἐν αὐτοῖς [R al.] (3)
— 35. R ὃ ἦν λευκὸν ἐν αὐτοῖς [A al.] (1)
— 37. ἐλέπισεν αὐτὰς Ἰ. λεπίσματα λ. (3)
— 37. ἐφαίνετο ἐπὶ ταῖς ῥάβδοις τὸ λ. –
31. 8. τὰ λ. ἔσται σου μισθός (6)
— 8. τέξεται πάντα τὰ πρόβατα λευκά (6)
49. 12. λευκοὶ οἱ ὀδόντες αὐτοῦ ἢ γάλα (3)
Ex. 16. 14. ἰδοὺ . . . λεπτὸν ὡσεὶ κόριον λευκόν +
— 31. ἦν δὲ ὡσεὶ σπέρμα κορίου λευκόν (3)
Le. 13. 3. καὶ ἡ θρὶξ ἐν τῇ ἁφῇ μεταβάλῃ λευκή (3)
— 4. τηλαυγὴς λευκὴ ἦν ἐν τῷ δέρματι (3)
— 4. ἡ θρὶξ αὐτοῦ οὐ μετέβαλε τρίχα λ. (3)
— 10. ἰδοὺ οὐλὴ λευκὴ ἐν τῷ δέρματι (3)
— 10. καὶ αὕτη μετέβαλε τρίχα λευκήν (3)
— 13. ὅτι πᾶν μετέβαλε λευκόν (3)
— 16. καὶ μεταβάλῃ λευκή (3)
— 17. μετέβαλεν ἡ ἁφὴ εἰς τὸ λ. (3)
— 19. γένηται ἐν τῷ τόπῳ τοῦ ἕλκους οὐλὴ λ. (3)
— 20. ἡ θρὶξ αὐτῆς μετέβαλεν εἰς λευκήν (3)
— 21. οὐκ ἔστιν ἐν αὐτῷ θρὶξ λ. (3)
— 24. γένηται . . . αὐγάζον τηλαυγὲς λευκόν (3)
— 25. μετέβαλε θρὶξ λ. εἰς τὸ αὐγάζον (3)
— 26. οὐκ ἔστιν ἐν τῷ αὐγάζοντι θρὶξ λ. (3)
— 42. ἢ ἐν τῷ ἀναφαλαντώματι αὐτοῦ ἁφὴ λ. (3)
— 43. ἡ ὄψις τῆς ἁφῆς λευκὴ ἢ πυρρίζουσα (3)
Ec. 9. 8. ἔστωσαν ἱμάτιά σου λευκά (3)
Ca. 5. 10. ἀδελφιδός μου λευκὸς καὶ πυρρός (7)
Za. 1. 8. ἵπποι . . . ψαροὶ καὶ ποικίλοι καὶ λ. (3)
6. 3. ἐν τῷ ἅρματι τῷ τρίτῳ ἵπποι λ. (3)
— 6. οἱ λ. ἐξεπορεύοντο κατόπισθεν αὐτῶν (3)
Da. LXX. 7. 9. ὡσεὶ ἔριον λευκὸν καθαρόν (4)
Da. TH. 7. 9. τὸ ἔνδυμα αὐτοῦ ὡσεὶ χιὼν λευκόν (2)
II Ma. 11. 8. ἐφάνη . . . ἐν λευκῇ ἐσθῆτι
[Aq., Sm., Th. Le. 13. 4.]
[Al. Ex. 24. 10: Le. 6. 10 (3) bis: 13. 30: 16. 4 bis, 23.]

λευκότης.

Si. 43. 18. κάλλος λευκότητος αὐτῆς ἐκθαυμάσει ὀφθαλμός

λεύκωμα.

To. 2. 10. B ἐγενήθη λευκώματα [S al.]
— 10. S ἐξετυφλοῦντο οἱ ὀφθ. μου τοῖς λ.
3. 17. τοῦ Τωβὶτ λεπίσαι τὰ λ. [S al.]
6. 8. ἐγχρῖσαι ἄνθρωπον ὃς ἔχει λευκώματα [A -μα, S al.]
— 8. S ἐμφυσῆσαι ἐπ' αὐτοὺς ἐπὶ τῶν λ.
11. 8. ἀποβαλεῖται [S -λεπίσει] τὰ λ.
— 13. ἐλεπίσθη ἀπὸ τῶν κανθῶν τῶν ὀφθαλμῶν αὐτοῦ τὰ λ. [S al.]
[Aq., Sm., Th., Le. 21. 20.]

λεχώς, λοχώς.

Ep. Je. 29. τῶν θυσιῶν αὐτῶν ἀποκαθημένη καὶ λεχὼς [? -ὼ, A B² λοχὼ, B³ λοχὼς] ἅπτονται

λέων. (1) a. אֲרִי b. אַרְיֵה (2) כְּפִיר (3) a. לָבִיא b. לְבִי (4) שַׁחַל (5) σκύμνος λέοντος a. כְּפִיר b. לַיִשׁ

Ge. 49. 9. σκύμνος λέοντος Ἰούδα (1 b)
— 9. ἀναπεσὼν ἐκοιμήθης ὡς λέων (1 b)
Nu. 23. 24. ὡς λέων γαυριωθήσεται (1 a)
24. 9. ἀνεπαύσατο ὡς λέων (1 a)
De. 33. 20. ὡς λέων ἀνεπαύσατο (3 a)
— 22. Δὰν σκύμνος λέοντος (1 b)
Jd. 14. 5. σκύμνος λέοντος [A -ων] ὠρυόμενος (1 a)
— 8. ἰδεῖν τὸ πτῶμα τοῦ λ. (1 b)
— 8. ἐν τῷ στόματι τοῦ λ. (1 b)
— 9. ἀπὸ στόματος τοῦ λ. ἐξεῖλε τὸ μέλι (1 b)
— 18. τί ἰσχυρότερον λέοντος (1 a)
I Ki. 17. 34. ὅταν ἤρχετο ὁ λ. (1 a)
— 36. τὸν λ. . . . ἔτυπτεν (1 a)
— 37. ὃς ἐξείλατό με ἐκ χειρὸς τοῦ λ. (1 a)
II Ki. 1. 23. ὑπὲρ λέοντας ἐκραταιώθησαν (1 a)
17. 10. καθὼς ἡ καρδία τοῦ λ. (1 a)
23. 20. ἐπάταξε τὸν λ. (1 a, 1 b*)
III Ki. 7. 29. λέοντες καὶ βόες καὶ χερ. (1 a)
— 29. ὑποκάτωθεν τῶν λ. . . . χῶραι (1 a)
— 36. χερ. καὶ λέοντες καὶ φοίνικες (1 a)

III Ki. 10. 19. καὶ δύο λέοντες ἑστηκότες [A om.] (1 a)
— 20. B καὶ δώδεκα λέοντες (1 a)
13. 24. εὗρεν αὐτὸν λέων ἐν τῇ ὁδῷ (1 b)
— 24. B ὁ λ. εἱστήκει (1 b)
— 25. ὁ λ. εἱστήκει ἐχόμενα τοῦ θνησιμαίου (1 b)
— 26. A ἔδωκεν αὐτὸν ὁ κύριος τῷ λ. (1 b)
— 28. ὁ ὄνος καὶ ὁ λ. εἱστήκεισαν (1 b)
— 28. οὐκ ἔφαγεν ὁ λ. τὸ σῶμα (1 b)
21 (20). 36. πατάξει σε λέων (1 b)
— 36. εὑρίσκει αὐτὸν λέων (1 b)
IV Ki. 17. 25. ἀπέστειλε κύριος ἐν αὐτοῖς τοὺς λ. (1 a)
— 26. ἀπέστειλεν εἰς αὐτοὺς τοὺς λ. (1 a)
I Ch. 11. 22. ἐπάταξε τὸν λ. ἐν τῷ λάκκῳ (1 a)
12. 8. καὶ πρόσωπον λέοντος πρόσωπα αὐτῶν (1 b)
II Ch. 9. 18. καὶ δύο λέοντες ἑστηκότες (1 a)
— 19. καὶ δώδεκα λ. ἑστηκότες ἐκεῖ (1 a)
I Es. 4. 24. τὸν λ. θεωρεῖ
Es. 4. 17. δὸς λόγον εὔρυθμον . . . ἐνώπιον τοῦ λ.
Jb. 4. 10. σθένος λέοντος φωνὴ δὲ λεαίνης (1 b)
— 11. σκύμνοι δὲ λεόντων ἔλιπον ἀλλήλους (3 a)
6. 7. βρόμον γὰρ ὁρῶ τὰ σῖτά μου ὥσπερ ὀσμὴν λέοντος †
10. 16. ἀγρεύομαι γὰρ ὥσπερ λέων εἰς σφαγήν (4)
28. 8. οὐ παρῆλθεν ἐπ' αὐτῆς λέων (4)
38. 39. θηρεύσεις δὲ λέουσι βοράν (3 a)
Ps. 7. 2. μή ποτε ἁρπάσῃ ὡς λέων τὴν ψυχήν μου (1 b)
9. 30 (10. 9). B S ὡς λέων ἐν τῇ μάνδρᾳ αὐτοῦ (1 b)
16 (17). 12. ὡσεὶ λέων ἕτοιμος εἰς θήραν (1 b)
21 (22). 13. ὡς λέων ὁ ἁρπάζων καὶ ὠρυόμενος (1 b)
— 21. σῶσόν με ἐκ στόματος λέοντος (1 b)
34 (35). 17. ἀπὸ λεόντων τὴν μονογενῆ μου (2)
57 (58). 6. τὰς μύλας τῶν λ. συνέθλασεν κύριος (2)
90 (91). 13. καταπατήσεις λέοντα καὶ δράκοντα (2)
Pr. 19. 12. βασιλέως ἀπειλὴ ὁμοία βρυγμῷ λέοντος (2)
20. 2. οὐ διαφέρει ἀπειλὴ βασιλέως θυμοῦ λέοντος (2)
22. 13. λέων ἐν ταῖς ὁδοῖς (1 a)
24. 65 (30. 30). σκύμνος λέοντος ἰσχυρότερος κτηνῶν (5 b)
26. 13. λέων ἐν ταῖς ὁδοῖς (4)
28. 1. δίκαιος δὲ ὥσπερ λέων πέποιθε (2)
— 15. λέων πεινῶν καὶ λύκος διψῶν (1 a)
Ec. 9. 4. ὁ κύων ὁ ζῶν αὐτὸς ἀγαθὸς ὑπὲρ τὸν λ. τὸν νεκρόν (1 b)
Ca. 4. 8. ἀπὸ μανδρῶν λεόντων (1 a)
Wi. 11. 17. ἐπιπέμψαι αὐτοῖς . . . θρασεῖς λέοντας
Si. 4. 30. μὴ ἴσθι ὡς λέων ἐν τῷ οἴκῳ σου
13. 19. κυνήγια λεόντων ὄναγροι ἐν ἐρήμῳ
21. 2. ὀδόντες λέοντος οἱ ὀδόντες αὐτῆς
25. 16. συνοικῆσαι λέοντι καὶ δράκοντι
27. 10. A S R λέων θήραν [B θύραν] ἐνεδρεύει
— 28. ἡ ἐκδίκησις ὡς λέων ἐνεδρεύσει αὐτόν
28. 23. ἐξαποσταλήσεται ἐπ' αὐτοῖς ὡς λέων
47. 3. ἐν λέουσιν ἔπαισεν ὡς ἐν ἐρίφοις
Ho. 5. 14. ἐγώ εἰμι . . . ὡς λέων τῷ οἴκῳ Ἰούδα (2)
11. 10. ὡς λέων ἐρεύξεται (1 b)
Am. 3. 4. εἰ ἐρεύξεται λέων ἐκ τοῦ δρυμοῦ αὐτοῦ (1 b)
— 8. λέων ἐρεύξεται (1 b)
— 12. ἐκσπάσῃ ὁ ποιμὴν ἐκ στόματος τοῦ λ. (1 a)
5. 19. ἐὰν φύγῃ ἄνθρ. ἐκ προσώπου τοῦ λ. (1 a)
Mi. 5. 8 (7). ἔσται τὸ ὑπόλειμμα Ἰ. . . . ὡς λέων ἐν κτήνεσιν (1 b)
Jl. 1. 6. οἱ ὀδόντες αὐτοῦ ὀδόντες λέοντος (1 b)
Na. 2. 11 (12). ποῦ ἐστι τὸ κατοικητήριον τῶν λ. (1 a)
— 11 (12). οὗ ἐπορεύθη λέων τοῦ εἰσελθεῖν ἐκεῖ σκύμνον [A S² -ος] λέοντος (1 b, 1 b)
— 12 (13). λέων ἥρπασε τὰ ἱκανὰ τοῖς σκύμνοις (1 b)
— 12 (13). καὶ ἀπέπνιξε τοῖς λ. αὐτοῦ (3 b)
— 13 (14). τοὺς λ. σου καταφάγεται ῥομφαία (2)
Ze. 3. 3. οἱ ἄρχοντες αὐτῆς . . . ὡς λέοντες ὠρυόμενοι (1 a)
Za. 11. 3. φωνὴ ὠρυομένων λεόντων (2)
Is. 5. 29. ὁρμῶσιν ὡς λέοντες καὶ παρέστηκαν ὡς σκύμνοι λέοντος [A S al.] (3 a, 5 a)
11. 6. ταῦρος καὶ λέων ἅμα βοσκηθήσονται (2)
— 7. λέων ὡς [A S καὶ] βοῦς φάγονται ἄχυρα (1 b)
30. 6. λέων καὶ σκύμνος λέοντος (3 a, 5 b)
31. 4. ὃν τρόπον βοήσῃ ὁ [A om.] λ. (1 b)
35. 9. οὐκ ἔσται ἐκεῖ λ. (1 b)
38. 13. παρεδόθην ἕως πρωὶ ὡς λέοντι (1 a)
65. 25. λ. ὡς βοῦς φάγεται ἄχυρα (1 b)
Je. 2. 15. ἐπ' αὐτὸν ὠρύοντο λέοντες [S¹ λέγ.] (2)
— 30. κατέφαγε τοὺς προφήτας ὑμῶν ὡς λ. [B¹ om.] ὀλεθρεύων (1 b)
4. 7. ἀνέβη λ. ἐκ τῆς μάνδρας αὐτοῦ (1 b)
5. 6. ἔπαισεν αὐτοὺς λ. ἐκ τοῦ δρυμοῦ (1 b)
12. 8. ἐγενήθη . . . ὡς λ. ἐν δρυμῷ (1 b)
27 (50). 17. λέοντες [S¹ λέγ.] ἔξωσαν αὐτόν (1 a)
— 44. ὥσπερ λ. ἀναβήσεται ἀπὸ τοῦ Ἰορδάνου (1 b)
28 (51). 38. ἅμα ὡς λέοντες ἐξηγέρθησαν καὶ ὡς σκύμνοι λεόντων (2, 1 a)
29 (49). 19. ὥσπερ λ. ἀναβήσεται ἐκ μέσου τοῦ Ἰορδάνου (1 b)
32 (25). 38. ἐγκατέλιπεν ὥσπερ λ. κατάλυμα αὐτοῦ (2)
La. 3. 10. αὐτός μοι λ. ἐν κρυφαίοις (1 b*, 1 a)
Ez. 1. 10. πρόσωπον λέοντος ἐκ δεξιῶν τοῖς τέσσαρσι (1 b)
10. 14. A τὸ πρόσωπον τοῦ τρίτου πρόσωπον λέοντος (1 b)
19. 2. τί ἡ μήτηρ σου σκύμνος ἐν μέσῳ λεόντων ἐγενήθη ἐν μέσῳ λεόντων ἐπλήθυνε σκύμνους αὐ. (1 a, 2)
— 3. λ. ἐγένετο (2)
— 5. λέοντα ἔταξεν αὐτόν (2)
— 6. ἀνεστρέφετο ἐν μέσῳ λεόντων λ. ἐγένετο (1 a)
22. 25. οἱ ἀφηγούμενοι ἐν μέσῳ αὐτῆς ὡς λέοντες ὠρυόμενοι [A ἐρευγόμ.] (1 a)
32. 2. λέοντι ἐθνῶν ὡμοιώθης σύ (2)
41. 19. πρόσωπον λέοντος πρὸς τὸν φοίνικα (2)
Da. LXX. 4. 31. ἐγένοντο . . . οἱ ὄνυχές μου ὡσεὶ λέοντος –
6. 5 (6). ἵνα . . . ῥιφῇ εἰς τὸν λάκκον τῶν λ. –
— 7 (8), 12 (13). ῥιφήσεται εἰς τὸν λάκκον τῶν λ. (1 b)
— 14 (17). εἶπεν ῥιφῆναι τὸν Δ. εἰς τὸν λάκκον τῶν λ. (1 b)
— 16 (17). αὐτὸς ἐξελεῖταί σε ἐκ χειρὸς τῶν λ. –
— 17 (18). Δ. ἐρρίφη εἰς τὸν λάκκον τῶν λ. –
— 18 (19). ἀπέκλεισε τὰ στόματα τῶν λ. –
— 19 (20). ἔστη ἐπὶ τοῦ στόματος τοῦ λάκκου τῶν λ. (1 b)
— 20 (21). σέσωκέ σε ἀπὸ τῶν λ. (1 b)
— 22 (23). σέσωκέ με ὁ θεὸς ἀπὸ τῶν λ. (1 b)
— 22 (23). ἔρριψάς με εἰς τὸν λάκκον τῶν λ. –
— 23 (24). οὐ παρηνώχλησαν αὐτῷ οἱ λ. –
— 24 (25). ἐρρίφησαν τοῖς λ. (1 b)
— 24 (25). καὶ οἱ λ. ἀπέκτειναν αὐτούς (1 b)
Bel 31. ἦν δὲ λάκκος ἐν ᾧ ἐτρέφοντο λέοντες ἑπτά
— 33. ἀπένεγκε Δ. εἰς τὸν λάκκον τῶν λ.
Da. TH. 4. 30. αἱ τρίχες αὐτοῦ ὡς λεόντων ἐμεγαλύνθησαν †
6. 7 (8), 12 (13). ἐμβληθήσεται εἰς τὸν λάκκον τῶν λ. (1 b)
— 16 (17). ἐνέβαλον αὐτὸν εἰς τὸν λάκκον τῶν λ. (1 b)
— 18 (19). ἔκλεισεν ὁ θεὸς τὰ στόματα τῶν λ. –
— 19 (20). ἦλθεν ἐπὶ τὸν λάκκον τῶν λ. (1 b)
— 20 (21). ἐξελέσθαι σε ἐκ στόματος τῶν λ. (1 b)
— 22 (23). ἐνέφραξε τὰ στόματα τῶν λ. (1 b)
— 24 (25). εἰς τὸν λάκκον τῶν λ. ἐνεβλήθησαν (1 b)
— 24 (25). ἐκυρίευσαν αὐτῶν οἱ λ. (1 b)
— 27 (28). ἐξείλατο τὸν Δ. ἐκ χειρὸς τῶν λ. (1 b)
Bel 31. ἔβαλον αὐτὸν εἰς τὸν λάκκον τῶν λ.
— 32. ἦσαν δὲ ἐν τῷ λάκκῳ ἑπτὰ λέοντες
— 34. ἀπένεγκε τὸ ἄριστον . . . εἰς τὸν λάκκον τῶν λ.
I Ma. 2. 60. A R Δ. . . . ἐρρύσθη ἐκ στόματος λεόντων [S -ος]
3. 4. ὡμοιώθη λέοντι ἐν τοῖς ἔργοις αὐτοῦ
III Ma. 6. 7. τὸν διαβολαῖς φθόνου λέουσι κατὰ γῆς ῥιφέντα
IV Ma. 16. 3. οἱ περὶ Δ. λέοντες ἦσαν ἄγριοι
— 20. Δ. ὁ δίκαιος εἰς λέοντας ἐβλήθη
18. 13. ἐδόξαζε δὲ καὶ τὸν ἐν λάκκῳ λεόντων Δ.

[Aq. Ge. 49. 9 : III Ki. 13. 26 : Ps. 21 (22). 14 : Is. 21. 8.]
[Sm. Ge. 49. 9 : Jb. 4. 11 : Ps. 21 (22). 14 : 56 (57). 5 : Ec. 9. 4.]
[Th. III Ki. 13. 26 : Is. 38. 13 : Ez. 10. 14 : Da. 6. 18 : Mi. 1. 8.]
[Heb. Jb. 10. 16.]

λεωπετρία (λεοπ.). (1) צְחִיחַ סֶלַע

Ez. 24. 7. ἐπὶ λεωπετρίαν τέταχα αὐτό (1)
— 8. δέδωκα τὸ αἷμα αὐτῆς ἐπὶ λεωπετρίαν (1)
26. 4. δώσω αὐτὴν [A σε] εἰς λεωπετρίαν (1)
— 14. δώσω σε [A add. εἰς] λεωπετρίαν (1)

λεωπετρίανδε.

[Aq. Ps. 67 (68). 7.]

λήγειν.

II Ma. 9. 7. ὁ δ' οὐδαμῶς τῆς ἀγερωχίας ἔληγεν
— 11. R ἤρξατο . . . λήγειν [A λέγειν] ὑποτεθραυσμένος
— 18. οὐδαμῶς δὲ ληγόντων τῶν πόνων
15. 24. οὗτος μὲν ἐν τούτοις ἔληξεν
III Ma. 3. 16. μηδέποτε ληγόντων τῆς ἀνοίας
6. 16. τοῦ δὲ Ἐ. λήγοντος ἄρτι τῆς προσευχῆς

λήθη. (1) מַעַל (2) שָׁכַח (3) ποιεῖν λήθην נָשָׂא

Le. 5. 15. ψυχὴ ἣ ἂν λάθῃ αὐτὸν λήθῃ (1)
Nu. 5. 27. καὶ λήθῃ λάθῃ τὸν ἄνδρα αὐτῆς (1)
De. 8. 19. ἐὰν λήθῃ ἐπιλάθῃ κ. τοῦ θεοῦ σου (2)
Jb. 7. 21. διὰ τί οὐκ ἐποιήσω τῆς ἀνομίας [A ἁμαρτίας] μου λήθην (3)
Wi. 16. 11. εἰς βαθεῖαν ἐμπεσόντες λήθην
17. 3. ἀφεγγεῖ λήθης παρακαλύμματι ἐσκορπίσθησαν
Si. 14. 7. κἂν εὖ ποιῇ ἐν λήθῃ ποιεῖ
III Ma. 5. 28. τῶν πρὶν αὐτῷ μεμηχανημένων λήθην
6. 20. λήθη τὸ θράσος αὐτοῦ τὸ βαρύθυμον ἔλαβε
IV Ma. 1. 5. λήθης καὶ ἀγνοίας οὐ δεσπόζει
2. 24. A R λήθης καὶ ἀγνοίας οὐ κρατεῖ

ληκύθιον.

[Aq. III Ki. 17. 12.]

λῆμμα. (1) a. מַשָּׂא b. שְׂאֵת c. מַשְׂאֵת (2) שְׁאֵרִית

II Ki. 14. 7. A ὥστε μὴ θέσθαι . . . ὄνομα καὶ λῆμμα [B κατάλειμμα κ. ὄ.] (2)
IV Ki. 9. 25. ἔλαβεν ἐπ' αὐτὸν τὸ λ. [A ῥῆμα] τοῦτο (1 a)
19. 4. B λήψῃ προσευχὴν περὶ τοῦ λ. [A R λείμμ.] τοῦ εὑρισκομ. (2)
Jb. 31. 23. ἀπὸ του λ. αὐτοῦ οὐχ ὑποίσω (1 b)
Na. 1. 1. λῆμμα N. βιβλίον ὁράσεως N. (1 a)
Hb. 1. 1. τὸ λ. ὃ εἶδεν Ἀμ. ὁ προφήτης (1 a)
— 7. τὸ λ. αὐτοῦ ἐξ αὐτοῦ ἐξελεύσεται (1 b)
Hg. 2. 15 (14). μιανθήσεται ἕνεκεν τῶν λ. αὐ. τῶν ὀρθρινῶν –
Za. 9. 1. λῆμμα λόγου κ. ἐν γῇ Σ. καὶ Δ. (1 a)
12. 1 : Ma. 1. 1. λῆμμα λόγου κ. ἐπὶ τὸν Ἰσ. (1 a)
Je. 23. 33. τί τὸ λ. κυρίου . . . ὑμεῖς ἐστε τὸ λ. [S¹ ῥῆμα] (1 a, 1 a)
— 34. οἳ ἂν εἴπωσι, Λ. κυρίου (1 a)
— 36. λ. κυρίου μὴ ὀνομάζετε ἔτι ὅτι τὸ λ. [A ὅτι λ. κυρίου] τῷ ἀνθρώπῳ ἔσται ὁ λόγος αὐ. (1 a, 1 a)
— 38. λῆμμα κυρίου . . . οὐκ ἐρεῖτε, Λ. κυρίου (1 a, 1 a)
La. 2. 14. εἴδοσάν σοι λήμματα μάταια (1 c)

[Aq. Pr. 31. 1 : Je. 23. 39 : Ez. 24. 25.]
[Sm. Pr. 26. 26 : 31. 1 : Is. 15. 1 : 17. 1 : 19. 1 : 21. 13 : 22. 1 : 23. 1 : 30. 6 : Je. 23. 33, 39 : 40 (47). 5 : Ez. 12. 10 : 20. 31 : Hb. 1. 1 : Ma. 1. 1.]
[Th. Jb. 31. 23 : Pr. 31. 1 : Is. 15. 1 : 17. 1 : 19. 1 : 21. 13 : 22. 1 : 23. 1 : 30. 6, 27 : Je. 23. 33, 38 : Ez. 20. 40 : Hb. 1. 1 : Ma. 1. 1.]

ληνός. (1) a. גַּת b. גִּתִּית (2) דֶּמַע (3) יֶקֶב (4) מַמְּגֻרָה (5) רַהַט

Ge. 30. 38. R τοῖς [A ταῖς] λ. τῶν ποτιστηρίων (5)
— 41. R τὰς ῥάβδους . . . ἐν τοῖς [A ταῖς] λ. (5)
Ex. 22. 29 (28). ἀπαρχὰς ἅλωνος καὶ ληνοῦ σου (2)
Nu. 18. 27. ὡς . . . ἀφαίρεμα ἀπὸ ληνοῦ (3)
— 30. ὡς γέννημα ἀπὸ ληνοῦ (3)
De. 15. 14. A ἀπὸ τοῦ σίτου σου καὶ ἀπὸ τῆς λ. [B τοῦ οἴνου] σου (3)
16. 13. ἐν τῷ συναγαγεῖν σε . . . ἀπὸ τῆς λ. σου (3)
Jd. 6. 11. ῥαβδίζων σῖτον ἐν ληνῷ [A al.] (1 a)
IV Ki. 6. 27. μὴ ἀπὸ ἅλωνος ἢ ἀπὸ ληνοῦ [A τῆς λ.] (3)
Ne. 13. 15. εἶδον ἐν Ἰ. πατοῦντας ληνούς (1 a)
Ps. 8. tit. εἰς τὸ τέλος ὑπὲρ τῶν λ. (1 b)
80 (81). tit. εἰς τὸ τέλος ὑπὲρ τῶν λ. [A ἀλλοιωθησομένων] (1 b)
83 (84). tit. εἰς τὸ τέλος ὑπὲρ τῶν λ. (1 b)
Pr. 3. 10. οἴνῳ δὲ αἱ λ. σου ἐκβλύζωσιν (3)
Si. 30. 25 (33. 16). ὡς τρυγῶν ἐπλήρωσα ληνόν
Ho. 9. 2. ἅλων καὶ ληνὸς οὐκ ἔγνω αὐτούς (3)

Jl. 1. 17. κατεσκάφησαν ληνοί (4)
2. 24. ὑπερχυθήσονται αἱ λ. οἴνου (3)
3 (4). 13. διότι πλήρης ἡ ληνός (1 a)
Is. 63. 2. τὰ ἐνδύματά σου ὡς ἀπὸ πατητοῦ ληνοῦ (1 a)
Je. 31 (48). 33. οἶνος ἦν ἐπὶ ληνοῖς σου (3)
La. 1. 15. ληνὸν ἐπάτησε κύριος (1 a)
[**Aq.** Ps. 83 (84). 1 : Is. 63. 2.]
[**Sm.** Ps. 8. 1 : 83 (84). 1 : Is. 10. 33 : 63. 3.]
[**Th.** Ps. 83 (84). 1 : Is. 10. 33.]

λῆξις.
Es. 3. 12. κατὰ τὴν αὐτῶν λέξιν [S² λῆξιν] †

ληπτός.
[**Th.** Ez. 17. 5.]

λῆρος.
IV Ma. 5. 10. ἀποσκεδάσεις τῶν λογισμῶν σου τὸν λ.

ληρώδης.
II Ma. 12. 44. R περισσὸν ἂν ἦν καὶ ληρῶδες ὑπὲρ νεκρῶν προσεύχεσθαι [A *al.*]

ληστεύειν.
I Es. 4. 23. ἐκπορεύεται ἐξοδεύειν καὶ λ.
[**Quint.** Ho. 7. 1.]

ληστήριον. (1) גְּדוּד
II Ch. 22. 1. τὸ λ. τὸ ἐπελθὸν ἐπ' αὐτούς (1)
36. 5. ἀπέστειλε . . . ληστήρια Σ. [A *om.* λ. Σ.] καὶ ληστήρια M. –, –
[**Sm.** Ho. 7. 1.]

λῃστής. (1) גְּדוּד (2) פָּרִיץ (3) שֹׁדֵד
Si. 36. 31 (28). τίς γὰρ πιστεύσει εὐζώνῳ λῃστῇ
Ho. 7. 1. ἐκδιδύσκων λῃστὴς ἐν τῇ ὁδῷ αὐτοῦ (1)
Ob. 1. 5. εἰ κλέπται εἰσῆλθον . . . ἢ λῃσταὶ νυκτός (3)
Je. 7. 11. μὴ σπήλαιον λῃστῶν ὁ οἶκός μου (2)
12. 9. A μὴ σπήλαιον λῃστῶν [BS ὑαίνης] ἡ κληρονομία μου ἐμοί †
18. 22. ἐπάξεις ἐπ' αὐτοὺς λῃστὰς ἄφνω (1)
Ep. Je. 15. ἑαυτὸν δὲ ἐκ πολέμου καὶ λῃστῶν οὐκ ἐξελεῖται
— 18. ὅπως ὑπὸ τῶν λ. μὴ συληθῶσι
— 57. οὔτε ἀπὸ λῃστῶν οὐ μὴ διασωθῶσι θεοὶ ξύλινοι
Ez. 22. 9. AB ἄνδρες λῃσταὶ [B *om.*] ἦσαν [B *om.*] ἐν σοί †
[**Th.** Ho. 7. 1.]
[**Al.** Je. 12. 9.]

λῃστρικός.
[**Quint.** Ho. 6. 9.]

λῃστρίς.
[**Sm.** Ps. 136 (137). 8.]

λῆψις. (1) λῆψις δώρων מַתָּנָה
Pr. 15. 27. ὁ δὲ μισῶν δώρων λήψεις σώζεται (1)
— 29 (16. 8). κρείσσων ὀλίγη λῆψις μετὰ δικαιοσύνης –
Si. 41. 19. ἀπὸ σκορακισμοῦ λήψεως καὶ δόσεως
42. 7. δόσις καὶ λῆψις παντὶ [A S πάντα] ἐν γραφῇ
[**Aq.** Pr. 16. 23 : Is. 29. 24.]
[**Sm.** Is. 49. 24.]
[**Th.** Ge. 2. 23.]

λίαν. (1) מְאֹד (2) מַה־, מָה (3) σφόδρα λ. עַד־מְאֹד
Ge. 1. 31. καὶ ἰδοὺ καλὰ λ. (1)
4. 5. R ἐλυπήθη K. [A ἐλύπησεν τὸν K.] λ. (1)
I Ki. 11. 15. εὐφράνθη Σαμ. . . . ὥστε [A ἕως τε] λ. (1)
II Ki. 2. 17. ἐγένετο ὁ πόλεμος σκληρὸς ὥστε λ. (1)
III Ki. 3. 4. A αὐτὴ ὑψηλοτάτη καὶ μεγάλη λ. [B *al.*] †
I Es. 1. 30. ἠσθένησα γὰρ λ.
To. 6. 12. τὸ κοράσιον . . . καλὸν λ. [AB *al.*]
— 17. S λίαν ἠγάπησεν αὐτήν [AB *al.*]
9. 4. ὀδυνηθήσεται [S λυπήσῳ αὐτὸν] λ.
10. 3. ἐλυπεῖτο λ. [S *al.*]
Jb. 29. 5. ὅτε ἤμην ὑλώδης λ. †
31. 31. λ. μου χρηστοῦ ὄντος –
Ps. 138 (139). 17. ἐμοὶ δὲ λ. ἐτιμήθησαν οἱ φίλοι σου, ὁ θ., λ. ἐκραταιώθησαν αἱ ἀρχαὶ αὐτῶν (2, 2)
Je. 24. 3. σῦκα τὰ χρηστὰ χρηστὰ λ. καὶ τὰ πονηρὰ πονηρὰ λ. (1, 1)
Je. 30 (49). 30. λ. ἐμβαθύνατε εἰς κάθισιν (1)
31 (48). 29. ὕβρισε λ. [A σφόδρα καὶ] ὕβριν αὐτοῦ (1)
Da. LXX. 11. 25. ἐν ὄχλῳ ἰσχυρῷ σφόδρα λίαν (3)
Da. TH. Bel 28. ἠγανάκτησαν λίαν καὶ συνεστράφησαν
II Ma. 11. 1. λίαν βαρέως φέρων ἐπὶ τοῖς γεγονόσι
IV Ma. 8. 17. ὦ τάλανες ἡμεῖς καὶ λίαν ἀνόητοι

λίβανος. (1) לְבֹנָה, לְבוֹנָה
Ex. 30. 34. στακτὴν . . . καὶ λίβανον διαφανῆ (1)
Le. 2. 1. καὶ ἐπιθήσει ἐπ' αὐτὸ λίβανον (1)
— 2. δραξάμενος . . . πάντα τὸν λ. αὐτῆς (1)
— 4. AB θυσίαν πεπεμμένην ἐκ λιβάνου [R κλιβ.] †
— 15. καὶ ἐπιθήσεις ἐπ' αὐτὴν λίβανον (1)
— 16. ἀνοίσει . . . πάντα τὸν λ. αὐτῆς (1)
5. 11. οὐκ ἐπιχεεῖ ἐπ' αὐτὸ ἔλαιον [B¹ λίβανον] †
— 11. οὐδὲ ἐπιθήσει ἐπ' αὐτὸ λίβανον (1)
6. 15 (8). τῆς θυσίας . . . σὺν τῷ λ. αὐτῆς (1)
24. 7. ἐπιθήσετε . . . λ. καθαρόν (1)
Nu. 5. 15. οὐδὲ ἐπιθήσει ἐπ' αὐτὸ λίβανον (1)
Ne. 13. 5. AB²SR διδόντες τὸν λ. (1)
— 9. ἐπέστρεψα ἐκεῖ . . . τὸν λ. (1)
Ca. 3. 6. τεθυμιαμένη σμύρναν καὶ λίβανον (1)
4. 6. πορεύσομαι ἐμαυτῷ . . . πρὸς τὸν βουνὸν τοῦ λ. (1)
— 11. ὀσμὴ ἱματίων σου ὡς ὀσμὴ λιβάνου †
Si. 24. 15. ὡς λιβάνου ἀτμὶς ἐν σκηνῇ
39. 14. ὡς λίβανος [S -ον] εὐωδιάσατε ὀσμήν
50. 9. ὡς πῦρ καὶ λίβανος ἐπὶ πυρίου
— 12. ὡς βλάστημα κέδρου ἐν τῷ λ.
Is. 43. 23. οὐδὲ ἔγκοπον ἐποίησά σε ἐν λιβάνῳ (1)
60. 6. λίβανον οἴσουσι (1)
66. 3. ὁ διδοὺς λίβανον εἰς μνημόσυνον (1)
Je. 6. 20. ἵνα τί μοι λίβανον ἐκ Σαβὰ φέρετε (1)
17. 26. φέροντες . . . μάννα καὶ λίβανον (1)
48 (41). 5. μάννα καὶ λ. ἐν χερσὶν αὐτῶν (1)
Ba. 1. 10. ἀγοράσατε τοῦ ἀργυρίου . . . λίβανον
III Ma. 5. 10. τοῦ λιβάνου μεμεστωμένους
[**Aq.** Ca. 4. 6.]
[**Sm.** Je. 41 (48). 5.]

λιβανοῦν.
III Ma. 5. 45. R πόμασιν οἴνου λελιβανωμένου [A πόμασιν οἴνῳ λελιβανωμένῳ]

λιβανωτός. (1) לְבוֹנָה
I Ch. 9. 29. καὶ ἐπὶ . . . τοῦ λ. καὶ τῶν ἀρωμάτων (1)
III Ma. 5. 2. δαψιλέσι δράκεσι λιβανωτοῦ . . . ποτίσαι
[**Aq.** Je. 41 (48). 5.]

λίβας.
[**Al.** Ge. 49. 14.]

λιγμίζειν (?), *cf.* **λικμᾶν.** (1) נוּעַ hi.
Am. 9. 9. ἐγὼ ἐντέλλομαι καὶ λικμήσω [A λιγμιῶ] (1)

λιγύριον. (1) לֶשֶׁם
Ex. 28. 19. λ. ἀχάτης ἀμέθυστος (1)
36. 19 (39. 12). λ. καὶ ἀχάτης καὶ ἀμέθυστος (1)
Ez. 28. 13. ἐνδέδεσαι . . . λ. καὶ ἀχάτην –

λιθάζειν. (1) סָקַל pi.
II Ki. 16. 6. λιθάζων ἐν [A *om.*] λίθοις τὸν Δ. (1)
— 13. καὶ λιθάζων ἐν λίθοις (1)

λιθέα.
[**Aq.** Ca. 5. 11.]

λιθία.
[**Sext.** Ca. 5. 11.]

λίθινος. (1) אֶבֶן (2) שֵׁשׁ
Ge. 35. 14. ἔστησεν . . . στήλην λ. (1)
Ex. 24. 12. καὶ δώσω σοι τὰ πυξία τὰ λ. (1)
31. 18. πλάκας λ. γεγραμμένας τῷ δακτύλῳ (1)
32. 15. πλάκες λ. καταγεγραμμέναι –
34. 1. λάξευσον σεαυτῷ δύο πλάκας λ. (1)
— 4. καὶ ἐλάξευσε δύο πλάκας λ. (1)
— 4. ἔλαβε M. τὰς δύο πλάκας τὰς λ. (1)
De. 4. 13. ἔγραψεν αὐτὰ ἐπὶ δύο πλάκας λ. (1)
5. 22 (19). B¹ ἔγραψεν αὐτὰ ἐπὶ δύο πλάκας [AB²R *add.* λ.] (1)
9. 9. λαβεῖν τὰς πλάκας τὰς λ. (1)
— 10. ἔδωκέ μοι κύριος τὰς δύο πλάκας τὰς λ. (1)
— 11. ἔδωκε κ. ἐμοὶ τὰς δύο πλάκας τὰς λ. (1)
10. 1. λάξευσον σεαυτῷ δύο πλάκας λ. (1)
— 1. A ποιήσεις σεαυτῷ κιβωτὸν λ. [B ξυλίνην] †
De. 10. 3. ἐλάξευσα τὰς πλάκας λ. [A τὰς δύο πλ. τὰς λ.] (1)
III Ki. 8. 9. οὐκ ἦν ἐν τῇ κιβωτῷ πλὴν δύο πλάκες λ. (1)
IV Ki. 16. 17. ἔδωκεν αὐτὴν ἐπὶ βάσιν λ. (1)
I Es. 6. 25. διὰ δόμων λ. ξυστῶν τριῶν
II Es. 6. 4. B δόμοι λ. [AR *add.* κραταιοὶ] τρεῖς (1)
Es. 1. 6. ἐπὶ στύλοις παρίνοις καὶ λ. (2)
Si. 27. 2. S² ἀνὰ μέσον ἁρμῶν λιθίνων [ABS¹ λίθων] παγήσεται πάσσαλος
Ez. 11. 19. ἐκσπάσω τὴν καρδίαν τὴν λ. (1)
36. 26. ἀφελῶ τὴν καρδίαν τὴν λ. (1)
40. 42. τέσσαρες τράπεζαι τῶν ὁλοκαυτωμάτων λίθιναι (1)
Da. TH. 5. 4. ᾔνεσαν τοὺς θεοὺς . . . λιθίνους (1)
— 23. τοὺς θεοὺς . . . λιθίνους . . . ᾔνεσας (1)

λιθοβολεῖν. (1) סָקַל *a.* qal. *b.* ni. *c.* pu. (2) רָגַם
Ex. 8. 26 (22). ἐὰν γὰρ θύσωμεν . . . λιθοβοληθησόμεθα (1 a)
19. 13. ἐν γὰρ λίθοις λιθοβοληθήσεται (1 b)
21. 28. λίθοις λιθοβοληθήσεται ὁ ταῦρος (1 b)
— 29. ὁ ταῦρος λιθοβοληθήσεται (1 b)
— 32. καὶ ὁ ταῦρος λιθοβοληθήσεται (1 b)
Le. 20. 2. λιθοβολήσουσιν αὐτὸν ἐν λίθοις (2)
— 27. λίθοις λιθοβολήσατε αὐτούς (2)
24. 14. λιθοβολήσουσιν αὐτὸν πᾶσα ἡ συναγ. (2)
— 16. λίθοις λιθοβολείτω αὐτόν (2)
— 23. ἐλιθοβόλησαν αὐτὸν ἐν [B² *om.*] λίθοις (2)
Nu. 15. 35. λιθοβολήσατε αὐτὸν [A *add.* ἐν] λίθοις (2)
— 36. ἐλιθοβόλησεν [A -αν] αὐτὸν . . . λίθοις [A ἐν λ.] (2)
De. 13. 10 (11). λιθοβολήσουσιν αὐτὸν ἐν λίθοις (1 a)
17. 5. λιθοβολήσετε [A -σουσιν] αὐτοὺς ἐν λίθοις (1 a)
21. 21. λιθοβολήσουσιν αὐτὸν . . . ἐν λίθοις (2)
22. 21. λιθοβολήσουσιν αὐτὴν ἐν λίθοις (1 a)
— 24. λιθοβοληθήσονται ἐν λίθοις (1 a)
Jo. 7. 25. ἐλιθοβόλησαν αὐτὸν λίθοις [A ἐν λ.] (2)
I Ki. 30. 6. εἶπεν ὁ λαὸς λιθοβολῆσαι αὐτόν (1 a)
III Ki. 12. 18. ἐλιθοβόλησαν αὐτὸν ἐν λίθοις (2)
20 (21). 10. AR λιθοβολησάτωσαν αὐτόν (1 a)
— 13. B ἐλιθοβόλησαν αὐτὸν [AR *add.* ἐν] λίθοις (1 a)
— 14, 15 (A). λελιθοβόληται Ναβ. (1 c)
II Ch. 10. 18. ἐλιθοβόλησαν αὐτὸν οἱ υἱοὶ Ἰσρ. λίθοις (2)
24. 21. καὶ ἐλιθοβόλησαν αὐτόν (2)
Si. 22. 1. S² λίθῳ ἠρδαλωμένῳ ἐλιθοβολήθη [ABS¹ συνεβλήθη] ὀκνηρός
Ez. 16. 40. λιθοβολήσουσί σε ἐν λίθοις (2)
23. 47. λιθοβόλησον ἐπ' [A *om.*] αὐτὰς λίθοις ὄχλων (2)

λιθοβολία.
[**Al.** Le. 24. 16.]

λιθοβόλον.
I Ma. 6. 51. ἔστησεν ἐκεῖ . . . πυροβόλα καὶ λιθοβόλα

λιθολογεῖσθαι.
[**Aq.** Mi. 3. 12.]

λιθολογία.
[**Aq.** Ps. 78 (79). 1.]

λιθόριον.
[**Aq.** Ps. 78 (79). 1.]

λίθος. (1) *a.* אֶבֶן *b.* אבן (2) כֶּתֶם (3) מַצֵּבָה (4) סָקַל (5) פְּנִינִים (6) צְרוֹר (7) רָגַם (8) λ. πολυτελής כֶּתֶם (9) λίθος τίμιος פַּז (10) λίθοι πολυτελεῖς *a.* פְּנִיִּים *b.* פְּנִינִים (11) λαξεύειν λίθους גָּזִית בָּנָה
Ge. 2. 12. ὁ ἄνθραξ καὶ ὁ λ. ὁ πράσινος (1 a)
11. 3. καὶ ἐγένετο αὐτοῖς ἡ πλίνθος εἰς λίθον (1 a)
28. 11. ἔλαβεν ἀπὸ τῶν λίθων τοῦ τόπου (1 a)
— 18. ἔλαβε τὸν λ. (1 a)
— 22. ὁ λ. οὗτος ὃν ἔστησα στήλην (1 a)
29. 2. λ. δὲ ἦν μέγας ἐπὶ τῷ στόματι (1 a)
— 3. ἀπεκύλιον τὸν λ. ἀπὸ τοῦ στόματος (1 a)
— 3. ἀπεκαθίστων τὸν λ. ἐπὶ τὸ στόμα (1 a)

Ge. 29. 8. ἀποκυλίσουσι τὸν λ. (1 *a*)
— 10. ἀπεκύλισε τὸν λ. ἀπὸ τοῦ στόματος (1 *a*)
31. 45. λαβὼν δὲ Ἰ. λίθον (1 *a*)
— 46. συλλέγετε λίθους (1 *a*)
— 46. καὶ συνέλεξαν λίθους (1 *a*)
Ex. 7. 19. ἔν τε τοῖς ξύλοις καὶ ἐν τοῖς λ. (1 *a*)
15. 5. κατέδυσαν εἰς βυθὸν ὡσεὶ λίθος (1 *a*)
17. 12. λαβόντες λίθον ὑπέθηκαν ἐπ᾽ αὐτόν (1 *a*)
19. 13. ἐν γὰρ λίθοις λιθοβοληθήσεται (4)
20. 25. ἐὰν δὲ θυσιαστήριον ἐκ λίθων ποιῇς (1 *a*)
21. 18. πατάξωσι τὸν πλησίον λίθῳ (1 *a*)
— 28. λίθοις λιθοβοληθήσεται ὁ ταῦρος (4)
24. 4. ᾠκοδόμησε . . . δώδεκα λίθους (3)
25. 6 (7). καὶ λίθους σαρδίου (1 *a*)
— 6. καὶ λίθους εἰς τὴν γλυφήν (1 *a*)
28. 9. λήψῃ τοὺς δύο λίθους λίθους σμαράγδου (1 *a*, -)
— 10. ἓξ ὀνόματα ἐπὶ τὸν λ. τὸν ἕνα (1 *a*)
— 10. τὰ λοιπὰ ἐπὶ τὸν λ. τὸν δεύτερον (1 *a*)
— 11. διαγλύψεις τοὺς δύο λ. (1 *a*)
— 12. **A R** θήσεις τοὺς δύο λίθους (1 *a*)
— 12. λίθοι μνημοσύνου εἰσὶ τοῖς υἱοῖς Ἰ. (1 *a*)
— 17. στίχος λίθων ἔσται (1 *a*)
— 21. καὶ οἱ λ. ἔστωσαν ἐκ τῶν ὀνομάτων (1 *a*)
35. 8 (9). καὶ λίθους σαρδίου (1 *a*)
— 9. καὶ λίθους εἰς τὴν γλυφήν (1 *a*)
— 13. τοὺς λ. τοὺς τῆς σμαράγδου -
— 27. ἤνεγκαν τοὺς λ. τῆς σμαράγδου (1 *a*)
— 27. τοὺς λ. τῆς πληρώσεως εἰς τὴν ἐπωμίδα (1 *a*)
— 33. καὶ λιθουργῆσαι τὸν λ. (1 *a*)
36. 13 (39. 6). τοὺς λ. τῆς σμαράγδου (1 *a*)
— 14 (39. 7). λίθους μνημοσύνου τῶν υἱῶν Ἰσρ. (1 *a*)
— 17 (39. 10). στίχος λίθων σάρδιον (1 *a*)
— 21 (39. 14). οἱ λ. ἦσαν ἐκ τῶν ὀνομάτων (1 *a*)
Le. 14. 40. ἐξελοῦσι τοὺς λ. ἐν οἷς ἐστιν ἡ ἁφή (1 *a*)
— 42. καὶ λήψονται λίθους ἀπεξυσμένους (1 *a*)
— 42. καὶ ἀντιθήσουσιν ἀντὶ τῶν λ. (1 *a*)
— 43. μετὰ τὸ ἐξελεῖν τοὺς λ. (1 *a*)
— 45. τὴν οἰκίαν . . . καὶ τοὺς λ. αὐτῆς (1 *a*)
20. 2. λιθοβολήσουσιν αὐτὸν ἐν λίθοις (1 *a*)
— 27. λίθοις λιθοβολήσατε αὐτούς (1 *a*)
24. 16. λίθοις λιθοβολείτω αὐτόν (7)
— 23. ἐλιθοβόλησαν αὐτὸν ἐν [B^{2} *om.*] λίθοις (1 *a*)
26. 1. οὐδὲ λίθον σκοπὸν θήσετε (1 *a*)
Nu. 14. 10. B^{1} καταλιθοβολῆσαι αὐτούς [$AB^{2}R$ *add.* ἐν λίθοις] (1 *a*)
15. 35. λιθοβολήσατε αὐτὸν [**A** *add.* ἐν] λίθοις (1 *a*)
— 36. ἐλιθοβόλησεν αὐτὸν . . . [**A** *add.* ἐν] λίθοις (1 *a*)
35. 17. ἐὰν δὲ ἐν λίθῳ . . . πατάξῃ αὐτόν (1 *a*)
— 23. ἢ παντὶ λίθῳ ἐν ᾧ ἀποθανεῖται (1 *a*)
De. 4. 28. λατρεύσετε ἐκεῖ . . . λίθοις (1 *a*)
8. 9. γῆ ἧς οἱ λ. [**A** *add.* αὐτῆς] σίδηρος (1 *a*)
13. 10 (11). λιθοβολήσουσιν αὐτὸν ἐν λίθοις (1 *a*)
17. 5. λιθοβολήσετε [**A** -σουσιν] αὐτοὺς ἐν λίθοις (1 *a*)
21. 21. λιθοβολήσουσιν αὐτὸν . . . ἐν λίθοις (1 *a*)
22. 21. λιθοβολήσουσιν αὐτὴν ἐν λίθοις (1 *a*)
— 24. λιθοβοληθήσονται ἐν λίθοις (1 *a*)
27. 2. στήσεις σεαυτῷ λ. μεγάλους (1 *a*)
— 3. γράψεις ἐπὶ τῶν λ. τούτων †
— 4. στήσετε τοὺς λ. τούτους (1 *a*)
— 5. οἰκοδομήσεις . . . θυσιαστήριον ἐκ λίθων (1 *a*)
— 6. λ. ὁλοκλήρους οἰκοδομήσεις (1 *a*)
— 8. γράψεις ἐπὶ τῶν λ. (1 *a*)
28. 36. λατρεύσεις ἐκεῖ . . . λίθοις (1 *a*)
— 64. δουλεύσεις ἐκεῖ . . . λίθοις (1 *a*)
29. 17 (16). τὰ εἴδωλα αὐτῶν ξύλον καὶ λίθον (1 *a*)
Jo. 4. 3. ἀνέλεσθε . . . ἑτοίμους δώδεκα λίθους (1 *a*)
— 5. ἀνελόμενος ἐκεῖθεν ἕκαστος λίθον (1 *a*)
— 6. A^{2}**B** τί εἰσιν οἱ λ. οὗτοι ἡμῖν (1 *a*)
— 7. ἔσονται οἱ λ. οὗτοι ὑμῖν μνημόσυνον (1 *a*)
— 8. λαβόντες δώδεκα λίθους (1 *a*)
— 9. ἔστησε δὲ Ἰ. καὶ ἄλλους δώδεκα λ. (1 *a*)
— 11. καὶ οἱ λ. ἔμπροσθεν αὐτῶν †
— 20. τοὺς δώδεκα λ. τούτους . . . ἔστησεν Ἰ. (1 *a*)
— 21. τί εἰσιν οἱ λ. οὗτοι (1 *a*)
7. 25. ἐλιθοβόλησαν αὐτὸν [**A** *add.* ἐν] λίθοις (1 *a*)
— 26. ἐπέστησαν αὐτῷ σωρὸν λίθων μέγαν (1 *a*)
8. 29. ἐπέστησαν αὐτῷ σωρὸν λίθων (1 *a*)
9. 2 (8. 31). θυσιαστήριον λ. ὁλοκλήρων (1 *a*)
— 2 (8. 32). ἔγραψεν Ἰ. ἐπὶ τῶν λ. (1 *a*)
10. 11. ἐπέρριψεν αὐτοῖς λίθους χαλάζης (1 *a*)
— 11. οἱ ἀποθανόντες διὰ τοὺς λ. τῆς χαλάζης (1 *a*)
— 18. κυλίσατε λίθους ἐπὶ τὸ στόμα τοῦ σπηλαίου (1 *a*)

Jo. 10. 27. ἐπεκύλισαν λίθους ἐπὶ τὸ σπήλαιον (1 *a*)
15. 6. προσαναβαίνει . . . ἐπὶ λίθον B. (1 *a*)
18. 18 (17). καταβήσεται ἐπὶ λίθον B. (1 *a*)
24. 26. ἔλαβε λ. μέγαν (1 *a*)
— 27. ὁ λ. οὗτος ἔσται ἐν ὑμῖν εἰς μαρτύριον (1 *a*)
Jd. 9. 5. ἀπέκτεινε τοὺς ἀδ. αὐ. . . . ἐπὶ λ. ἕνα (1 *a*)
— 18. ἀπεκτείνατε τοὺς υἱοὺς αὐ. . . . ἐπὶ λ. ἕνα (1 *a*)
20. 16. σφενδονῆται ἐν λίθοις [**A** βάλλοντες λίθους] (1 *a*)
I Ki. 6. 14. ἔστησαν ἐκεῖ παρ᾽ αὐτῇ λ. μέγαν (1 *a*)
— 15. ἔθεντο ἐπὶ τοῦ λ. τοῦ μεγάλου (1 *a*)
— 18. καὶ ἕως λ. τοῦ μεγάλου †
7. 12. ἔλαβε Σαμ. λ. ἕνα (1 *a*)
— 12. Ἀβενέζερ λίθος τοῦ βοηθοῦ (1 *a*)
14. 33. κυλίσατέ μοι λ. ἐνταῦθα μέγαν (1 *a*)
17. 40. **B** ἐξελέξατο ἑαυτῷ πέντε λ. τελείους [**R** λείους, **A** *om.*] (1 *a*)
— 43. σὺ ἔρχῃ . . . ἐν ῥάβδῳ καὶ λίθοις [**A** -ῳ] -
— 49. ἔλαβεν ἐκεῖθεν λ. ἕνα (1 *a*)
— 49. διέδυ ὁ λ. . . . εἰς τὸ μέτωπον αὐ. (1 *a*)
— 50. **A** ἐκραταίωσεν Δ. . . . ἐν τῷ λ. (1 *a*)
25. 37. αὐτὸς γίνεται ὡς λίθος (1 *a*)
II Ki. 5. 11. ἀπέστειλε Χ. . . . τέκτονας λίθων (1 *a*)
12. 30. τάλαντον χρυσίου καὶ λ. τιμίου (1 *a*)
16. 6. λιθάζων ἐν [**A** *om.*] λίθοις τὸν Δ. (1 *a*)
— 13. καὶ λιθάζων ἐν λίθοις (1 *a*)
17. 13. ὅπως μὴ καταλειφθῇ ἐκεῖ μηδὲ λίθος (6)
18. 17. ἐστήλωσεν ἐπ᾽ αὐτὸν σωρὸν λίθων (1 *a*)
20. 8. καὶ αὐτοὶ παρὰ τῷ λ. τῷ μεγάλῳ (1 *a*)
III Ki. 1. 9. **A** παρὰ τὸν λ. τοῦ Ζ. [**B** *al.*] (1 *a*)
5. 17 (32). ἡτοίμασαν τοὺς λ. (1 *a*)
6. 1 (5. 17 [31]). λ. μεγάλους [**A** *add.* λίθους] τιμίους . . . καὶ λ. ἀπελεκήτους (1 *a ter*)
— 7. λίθοις ἀκροτόμοις ἀργοῖς ᾠκοδομήθη (1 *a*)
— 18. **A** οὐκ ἐφαίνετο λίθος (1 *a*)
7. 9. πάντα ταῦτα ἐκ λ. τιμίων (1 *a*)
— 10. τὴν τεθεμελιωμένην ἐν τιμίοις λ. μεγάλοις λ. δεκαπήχεσιν (1 *a*, 1 *a*)
— 11. **A** καὶ ἐπάνωθεν λ. [**B** *om.*] τιμίοις (1 *a*)
10. 2. κάμηλοι αἴρουσαι . . . λ. τίμιον (1 *a*)
— 10. ἔδωκε τῷ Σαλ. . . . λ. τίμιον (1 *a*)
— 11. ἤνεγκε . . . λ. τίμιον (1 *a*)
— 22. ναῦς . . . λ. τορευτῶν [**A** *al.*] †
— 27. ἔδωκεν ὁ βασ. τὸ χρυσίον . . . ὡς λίθους (1 *a*)
12. 18. ἐλιθοβόλησαν αὐτὸν ἐν λίθοις (1 *a*)
15. 22. αἴρουσι τοὺς λ. τῆς Ῥ. (1 *a*)
18. 31. ἔλαβεν Ἠ. δώδεκα λίθους (1 *a*)
— 32. ᾠκοδόμησε τοὺς λ. (1 *a*)
— 38. τοὺς λ. . . . ἐξέλειξε τὸ πῦρ (1 *a*)
20 (21). 13. **B** ἐλιθοβόλησαν αὐτὸν [**A** *add.* ἐν] λίθοις (1 *a*)
IV Ki. 3. 19. πᾶσαν μερίδα ἀγαθὴν ἀχρειώσετε ἐν λίθοις (1 *a*)
— 25. ἔρριψαν ἀνὴρ τὸν λ. (1 *a*)
— 25. ἕως τοῦ καταλιπεῖν τοὺς λ. τοῦ τοίχου καθῃρημ. (1 *a*)
12. 12 (13). καὶ τοῖς λατόμοις τῶν λ. (1 *a*)
— 12 (13). τοῦ κτήσασθαι . . . λ. λατομητούς (1 *a*)
19. 18. οὐ θεοί εἰσιν ἀλλ᾽ ἢ . . . λίθος (1 *a*)
22. 6. τοῦ κτήσασθαι . . . λ. λατομητούς (1 *a*)
23. 15. συνέτριψε τοὺς λ. αὐτοῦ †
I Ch. 12. 2. καὶ σφενδονῆται ἐν λίθοις (1 *a*)
20. 2. καὶ ἐν αὐτῷ λ. τίμιος (1 *a*)
22. 2. λατομῆσαι λ. ξυστούς (1 *a*)
— 14. ξύλα καὶ λίθους ἡτοίμασα (1 *a*)
— 15. τεχνῖται καὶ οἰκοδόμοι λίθων (1 *a*)
29. 2. ἡτοίμακα . . . λίθους σνὸμ καὶ . . . λ. πολυτελεῖς . . . καὶ πάντα λ. τίμιον (1 *a ter*)
— 8. οἷς εὑρέθη παρ᾽ αὐτοῖς λίθος (1 *a*)
II Ch. 1. 15. ἔθηκεν ὁ βασ. τὸ χρυσίον . . . ὡς λίθους (1 *a*)
2. 14 (13). εἰδότα ποιῆσαι . . . ἐν λίθοις (1 *a*)
3. 6. ἐκόσμησε τὸν οἶκον λ. τιμίοις (1 *a*)
9. 1. κάμηλοι αἴρουσαι . . . λ. τίμιον (1 *a*)
— 9. ἔδωκε τῷ βασ. . . . λ. τίμιον (1 *a*)
— 10. ἔφερον . . . λ. τίμιον (1 *a*)
— 27. ἔδωκεν ὁ βασ. τὸ χρυσίον . . . ὡς λίθους (1 *a*)
10. 18. ἐλιθοβόλησαν αὐτὸν . . . λίθοις (1 *a*)
16. 6. ἔλαβε τοὺς λ. τῆς Ῥ. (1 *a*)
26. 14. ἡτοίμαζεν . . . σφενδόνας εἰς λίθους (1 *a*)
— 15. βάλλειν . . . λ. μεγάλοις (1 *a*)
32. 27. θησαυροὺς ἐποίησεν . . . τοῦ λ. τοῦ τιμίου (1 *a*)
34. 11. ἀγοράσαι λ. τετραπέδους (1 *a*)
I Es. 6. 9. οἶκον . . . καινὸν διὰ λ. ξυστῶν πολυτελῶν
II Es. 5. 8. οἰκοδομεῖται λ. ἐκλεκτοῖς (1 *a*)
Ne. 4. 2 (3. 34). **R** ἰάσονται τοὺς λ. (1 *a*)

Ne. 4. 3 (3. 35). καὶ καθελεῖ τὸ τεῖχος λίθων αὐ. (1 *a*)
9. 11. ἔρριψας εἰς βυθὸν ὡσεὶ λίθον (1 *a*)
To. 13. 16. καὶ λ. ἐντίμῳ τὰ τείχη σου [**A S** *al.*]
— 17. λίθῳ ἐκ [**S** *om.*] Σουφεὶρ ψηφολογηθήσονται
Ju. 1. 2. τείχη ἐκ λ. λελαξευμένων
6. 12. ἔβαλλον ἐν λίθοις ἐπ᾽ αὐτούς
10. 21. ὃ ἦν ἐκ . . . λ. πολυτελῶν
Es. 1. 6. ἐπὶ λιθοστρώτου σμαραγδίτου λ. καὶ πιννίνου καὶ παρίνου λ. [**AS** *al.*] †
5. 1. ὅλος διὰ χρυσοῦ καὶ λ. πολυτελῶν
Jb. 5. 23. **A** μετὰ τῶν λ. τοῦ ἀγροῦ ἡ διαθήκη σου (1 *a*)
6. 12. μὴ ἰσχὺς λίθων ἡ ἰσχύς μου (1 *a*)
8. 17. ἐπὶ συναγωγὴν λίθων κοιμᾶται †
14. 19. λίθους ἐλέαναν ὕδατα (1 *a*)
28. 2. χαλκὸς δὲ ἴσα λίθῳ λατομεῖται (1 *a*)
— 3. **ASR** λίθος σκοτία [**B** -*as*] καὶ σκιὰ θανάτου (1 *a*)
— 6. τόπος σαπφείρου οἱ λ. αὐτῆς (1 *a*)
31. 24. εἰ δὲ καὶ λίθῳ πολυτελεῖ ἐπεποίθησα (8)
38. 6. τίς δέ ἐστιν ὁ βαλὼν λίθον γωνιαῖον ἐπ᾽ αὐτῆς (1 *a*)
— 38. κεκόλληκα δὲ αὐτὸν ὥσπερ λίθῳ κύβον [**A** *al.*] †
41. 6 (7). σύνδεσμος δὲ αὐτοῦ ὥσπερ σμυρίτης λίθος †
— 15 (16). ἡ καρδία αὐτοῦ πέπηγεν ὡς λίθος (1 *a*)
Ps. 18 (19). 10. ἐπιθυμητὰ ὑπὲρ χρυσίον καὶ λίθον τίμιον πολύν (9)
20 (21). 3. ἔθηκας ἐπὶ τὴν κεφαλὴν αὐτοῦ στέφανον ἐκ λίθου τιμίου (9)
90 (91). 12. μή ποτε προσκόψῃς πρὸς λίθον τὸν πόδα σου (1 *a*)
101 (102). 14. εὐδόκησαν οἱ δοῦλοί σου τοὺς λ. αὐτῆς (1 *a*)
117 (118). 22. λίθον ὃν ἀπεδοκίμασαν οἱ οἰκοδομοῦντες (1 *a*)
Pr. 3. 15. τιμιωτέρα δέ ἐστι λίθων πολυτελῶν (10 *a**, 10 *b*)
8. 11. κρείσσων γὰρ σοφία λίθων πολυτελῶν (10 *b*)
— 12. B^{1} κρείσσων γὰρ σοφία λ. πολυτελῶν -
— 19. βέλτιον ἐμὲ καρπίζεσθαι ὑπὲρ χρυσίον καὶ λίθον τίμιον (9)
24. 46 (31). οἱ δὲ φραγμοὶ τῶν λ. αὐτοῦ κατασκάπτονται (1 *a*)
26. 8. ὃς ἀποδεσμεύει λίθον ἐν σφενδόνῃ (1 *a*)
— 27. ὁ δὲ κυλίων λίθον ἐφ᾽ ἑαυτὸν κυλίει (1 *a*)
27. 3. βαρὺ λίθος καὶ δυσβάστακτον ἄμμος (1 *a*)
31. 10. τιμιωτέρα δέ ἐστι λίθων πολυτελῶν ἡ τοιαύτη (10 *b*)
Ec. 3. 5. καιρὸς τοῦ βαλεῖν λίθους καὶ καιρὸς τοῦ συναγαγεῖν λίθους (1 *a*, 1 *a*)
10. 8. **A** ὁ κυλίων λίθον ἐφ᾽ ἑαυτὸν κυλίει -
— 9. ἐξαίρων λίθους διαπονηθήσεται ἐν αὐτοῖς (1 *a*)
Ca. 5. 14. πυξίον ἐλεφάντινον ἐπὶ λίθου σαπφείρου †
Wi. 7. 9. οὐδὲ ὡμοίωσα αὐτῇ λίθον ἀτίμητον
11. 4. ἴαμα δίψης ἐκ λίθου σκληροῦ
13. 10. ἢ λίθον ἄχρηστον χειρὸς ἔργον ἀρχαίας
14. 21. τὸ ἀκοινώνητον ὄνομα λίθοις . . . περιέθεσαν
18. 24. πατέρων δόξαι ἐπὶ τετραστίχου λίθου [**A** -ων] γλυφῆς
Si. 6. 21. ὡς λίθος δοκιμασίας ἰσχυρὸς [S^{1} -χὺς, S^{2} -ύος] ἔσται ἐπ᾽ αὐτῷ
21. 8. συνάγων αὐτοῦ τοὺς λ. εἰς χειμῶνα
— 10. ὁδὸς ἁμαρτωλῶν ὡμαλισμένη ἐκ λίθων
22. 1. λίθῳ ἠρδαλωμένῳ συνεβλήθη [S^{1} ἐλιθοβολήθη] ὀκνηρός
— 20. βάλλων λίθον ἐπὶ πετεινὰ ἀποσοβεῖ αὐτά
27. 2. ἀνὰ μέσον ἁρμῶν λίθων [S^{2} λιθίνων] παγήσεται πάσσαλος
— 25. ὁ βάλλων λίθον εἰς ὕψος
29. 10. μὴ ἰωθήτω ὑπὸ τὸν λ. εἰς ἀπώλειαν
43. 15. διεθρύβησαν λίθοι χαλάζης
45. 11. λίθοις πολυτελέσι γλύμματος σφραγῖδος
46. 6. ἐν [**AS** *om.*] λίθοις χαλάζης δυνάμεως κραταιᾶς
47. 4. ἐν τῷ ἐπᾶραι χεῖρα ἐν λίθῳ σφενδόνης
50. 9. κεκοσμημένον παντὶ λ. πολυτελεῖ
Mi. 1. 6. κατασπάσω εἰς χάος τοὺς λίθους αὐτῆς (1 *a*)
Hb. 2. 11. διότι λίθος ἐκ τοίχου βοήσεται (1 *a*)
— 19. οὐαὶ ὁ λέγων . . . τῷ λ., Ὑψώθητι (1 *a*)
Hg. 2. 16 (15). πρὸ τοῦ θεῖναι λίθον ἐπὶ λίθον ἐν τῷ ναῷ κυρίου (1 *a*, 1 *a*)
Za. 3. 10 (9). ὁ λ. ὃν ἔδωκα πρὸ προσώπου Ἰ. (1 *a*)
— 10 (9). ἐπὶ τὸν λ. τὸν ἕνα ἑπτὰ ὀφθαλμοί εἰσιν (1 *a*)
4. 7. ἐξοίσω τὸν λ. τῆς κληρονομίας (1 *a*)
— 10. ὄψονται τὸν λ. τὸν κασσιτέρινον (1 *a*)

Za. 5. 4. συντελέσει αὐτὸν . . . καὶ τοὺς λ. αὐτοῦ (1 *a*)
— 8. ἔρριψε τὸν λ. τοῦ μολίβου (1 *a*)
9. 15. καταχώσουσιν αὐτοὺς ἐν λίθοις σφενδόνης (1 *a*)
— 16. διότι λίθοι ἅγιοι κυλίονται ἐπὶ τῆς γῆς (1 *a*)
12. 3. θήσομαι τὴν Ἱερ. λίθον καταπατούμενον (1 *a*)
Is. 8. 14. οὐχ ὡς λίθου προσκόμματι συναντήσεσθε (1 *a*)
9. 10 (9). λαξεύσωμεν λίθους (11)
13. 12. ἄνθρωπος μᾶλλον ἔντιμος ἔσται ἢ ὁ λ. ὁ ἐν Σουφίρ (2)
27. 9. ὅταν θῶσι πάντας τοὺς λ. τῶν βωμῶν κατακεκομμένους (1 *a*)
28. 16. ἐμβάλλω εἰς τὰ θεμέλια Σιὼν λίθον πολυτελῆ (1 *a*)
37. 19. ἔργα χειρῶν ἀνθρώπων ξύλα καὶ λίθοι (1 *a*)
54. 11. ἑτοιμάζω σοι ἄνθρακα τὸν λ. σου (1 *a*)
— 12. καὶ τὰς πύλας σου λίθους κρυστάλλου καὶ τὸν περίβολόν σου λίθους ἐκλεκτούς (1 *a*, 1 *a*)
60. 6. λίβανον οἴσουσι [A S[1] *add.* καὶ λίθον τίμιον] –
— 17. ἀντὶ δὲ λίθων σίδηρον (1 *a*)
62. 10. τοὺς λ. ἐκ τῆς ὁδοῦ διαρρίψατε (1 *a*)
Je. 2. 27. εἶπαν . . . τῷ λ., Σὺ ἐγέννησάς με (1 *a*)
3. 9. ἐμοίχευσε τὸ ξύλον καὶ τὸν λ. (1 *a*)
18. 3. ἐποίει ἔργον ἐπὶ τῶν λ. (1 *b*)
28 (51). 26. οὐ μὴ λάβωσιν ἀπὸ σοῦ λίθον εἰς γωνίαν καὶ λίθον εἰς θεμέλιον (1 *a*, 1 *a*)
— 63. ἐπιδήσεις ἐπ' αὐτὸ λίθον (1 *a*)
38 (31). 39. περικυκλωθήσεται κύκλῳ ἐξ ἐκλεκτῶν λίθων [A κύκλῳ] †
50 (43). 9. λάβε σεαυτῷ λίθους μεγάλους (1 *a*)
— 10. θήσει αὐτοῦ τὸν θρόνον ἐπάνω τῶν λ. τ. (1 *a*)
52. 4. B περιῳκοδόμησαν αὐτὴν τετραπέδοις λ. [A B S *om.*] †
La. 3. 53. ἐπέθηκαν λίθον ἐπ' ἐμοί (1 *a*)
4. 1. ἐξεχύθησαν λίθοι ἅγιοι (1 *a*)
— 7. ἐπυρώθησαν [A ἐπυρ.] ὑπὲρ λίθους σαπφείρου (5)
Ep. Je. 39. τοῖς ἀπὸ τοῦ ὄρους λίθοις ὡμοιωμένοι εἰσί
Ez. 1. 26. ὡς ὅρασις λίθου σαπφείρου (1 *a*)
10. 1. ὡς λ. σαπφείρου ὁμοίωμα θρόνου (1 *a*)
— 9. ὡς ὄψις λίθου ἄνθρακος (1 *a*)
13. 11. δώσω λ. πετροβόλους εἰς τοὺς ἐνδέσμους αὐ. (1 *a*)
— 13. τοὺς λ. τοὺς πετροβόλους ἐν θυμῷ ἐπάξω (1 *a*)
16. 40. λιθοβολήσουσί σε ἐν λίθοις (1 *a*)
20. 32. τοῦ λατρεύειν ξύλοις καὶ λίθοις (1 *a*)
23. 47. λιθοβόλησον ἐπ' [A *om.*] αὐτὰς λίθοις ὄχλων (1 *a*)
26. 12. τοὺς λ. σου καὶ τὰ ξύλα σου . . . ἐμβαλεῖ (1 *a*)
27. 22. μετὰ πρώτων ἡδυσμάτων καὶ λίθων χρηστῶν [A ἐκλεκτῶν] (1 *a*)
28. 13. πᾶν λίθον χρηστὸν ἐνδέδεσαι (1 *a*)
— 14. ἐγενήθης [A *om.*] ἐν μέσῳ λίθων πυρίνων (1 *a*)
— 16. ἤγαγέ σε τὸ Χερουβ ἐκ μέσου [A ἐμμέσῳ] λίθων πυρίνων (1 *a*)
38. 22. κρινῶ αὐτὸν . . . λίθοις χαλάζης (1 *a*)
Da. LXX. 2. 34. ἑώρακας ἕως ὅτου ἐτμήθη λίθος (1 *a*)
— 35. ὁ λ. ὁ πατάξας τὴν εἰκόνα ἐγένετο ὄρος (1 *a*)
— 45. ἑώρακας ἐξ ὄρους τμηθῆναι λίθον (1 *a*)
6. 17 (18). ἠνέχθη λίθος καὶ ἐτέθη εἰς τὸ στόμα (1 *a*)
11. 38. ἐν χρυσίῳ . . . καὶ λ. πολυτελεῖ (1 *a*)
Da. TH. 2. 34. ἐθεώρεις ἕως ἀπεσχίσθη λίθος [A *al.*] (1 *a*)
— 35. ὁ λ. ὁ πατάξας τὴν εἰκόνα ἐγενήθη ὄρος (1 *a*)
— 45. ἀπὸ ὄρους ἐτμήθη λίθος ἄνευ χειρῶν (1 *a*)
6. 17 (18). ἤνεγκαν λίθον καὶ ἐπέθηκαν ἐπὶ τὸ στόμα (1 *a*)
11. 38. ἐν χρυσῷ καὶ ἀργύρῳ καὶ λίθῳ τιμίῳ (1 *a*)
I Ma. 2. 36. οὐδὲ λίθον ἐνετίναξαν αὐτοῖς
4. 43. ἦραν τοὺς λ. τοῦ μιασμοῦ εἰς τόπον ἀκάθ.
— 46. ἀπέθεντο τοὺς λ. ἐν τῷ ὄρει
— 47. ἔλαβον λίθους ὁλοκλήρους
5. 47. ἐνέφραξαν τὰς πύλας λίθοις
10. 11. A R οἰκοδομεῖν . . . ἐκ λίθων τετραγώνων [S[1] -απόδων, S[3] -απέδων]
— 73. οὐκ ἔστι λίθος οὐδὲ κόχλαξ
13. 27. R ὕψωσεν αὐτὸν τῇ ὁράσει λίθῳ ξεστῷ [A ξυστῷ]
II Ma. 1. 31. ὁ N. ἐκέλευσε λίθους μείζονας καταχεῖν
10. 3. πυρώσαντες λίθους καὶ πῦρ ἐκ τούτων λαβόντες
[Aq. Ex. 28. 17 : Dt. 25. 13 : I Ki. 4. 1 : 5. 1 : 17. 50 : III Ki. 1. 9 : 6. 18 : Jb. 28. 3 : 41. 20 : Ps. 90 (91). 12 : Ec. 10. 9 : Is. 8. 14 : 28. 16 : 34. 11 : 54. 11, 12.]
[Sm. Ex. 28. 17 : I Ki. 4. 1 : 17. 50 : 20. 19 : III Ki. 1. 9 : 6. 18 : Jb. 28. 3 : 41. 20 : Ps. 90 (91). 12 : Ec. 10. 9 : Ca. 5. 11 : Is. 8. 14 : 28. 16 : 34. 11 : 54. 11, 12 : Ez. 28. 13.]
[Th. Ex. 28. 17 : I Ki. 4. 1 : 5. 1 : 17. 50 : 20. 19 : III Ki. 1. 9 : 6. 18 : Jb. 28. 3 : 41. 20 : Pr. 17. 8 : Is. 8. 14 : 28. 16 : 34. 11 : 54. 11.]
[Al. Le. 19. 36 : Jb. 5. 23.]
[Heb. Jb. 28. 2.]

λιθόστρωτον. (1) *a.* רִצְפָּה *b.* רָצַף
II Ch. 7. 3. ἔπεσον . . . ἐπὶ τὸ λ. (1 *a*)
Es. 1. 6. ἐπὶ λιθοστρώτου σμαραγδίτου λίθου (1 *a*)
Ca. 3. 10. ἐντὸς αὐτοῦ λιθόστρωτον (1 *b*)

λιθουργεῖν. (1) חֲרֹשֶׁת
Ex. 35. 33. καὶ λιθουργῆσαι τὸν λ. (1)

λιθουργικός. (1) λ. τέχνη חָרַשׁ אֶבֶן (2) τὰ λ. חֲרֹשֶׁת אֶבֶן
Ex. 28. 11. ἔργον λιθουργικῆς τέχνης (1)
31. 5. τὸ κόκκινον τὸ νηστὸν καὶ τὰ λ. (2)

λιθουργός.
Si. 45. 11. A S R ἐν δέσει χρυσίου ἔργῳ [B -ων] λιθουργοῦ

λιθώδης.
Si. 35 (32). 20. μὴ προσκόψῃς ἐν λιθώδεσι

λικμᾶν (λιχ.), *cf.* λιγμίζειν. (1) זָרָה *a.* qal. *b.* ni. *c.* pi. *d.* מִזְרֶה (2) נוּעַ *a.* ni. *b.* hi. (3) סוּף aph. (4) סָחָה pi. (5) שָׂעַר pi.
Ru. 3. 2. λικμᾷ τὸν ἅλωνα τῶν κριθῶν (1 *a*)
III Ki. 14. 15. A καὶ λικμήσει αὐτούς (1 *c*)
Jb. 27. 21. λικμήσει αὐτὸν ἐκ τοῦ τόπου αὐτοῦ (5)
Wi. 11. 18. ἢ βρόμους [A S -ον] λικμωμένους [A λιχ.] καπνοῦ
— 20. λικμηθέντες ὑπὸ πνεύματος δυνάμεώς σου
Si. 5. 9. μὴ λίκμα ἐν παντὶ ἀνέμῳ
Am. 9. 9. ἐγὼ ἐντέλλομαι καὶ λικμήσω [A λιγμιῶ] (2 *b*)
— 9. ὃν τρόπον λικμᾶται ἐν τῷ λικμῷ (2 *a*)
Is. 17. 13. διώξεται ὡς χνοῦν ἀχύρου λικμώντων ἀπέναντι ἀνέμου –
30. 22. λικμήσεις ὡς ὕδωρ ἀποκαθημένης (1 *a*)
— 24. φάγονται ἄχυρα ἀναπεποιημένα ἐν κριθῇ λελικμημένῃ [A S -να] (1 *d*)
41. 16. καὶ λικμήσεις [S[1] λιχ.] (1 *a*)
Je. 30 (49). 32. λικμήσω αὐτοὺς παντὶ πνεύματι (1 *c*)
38 (31). 10. ὁ λικμήσας τὸν Ἰσραὴλ συνάξει αὐτόν (1 *c*)
Ez. 26. 4. λικμήσω [A -σουσιν] τὸν χοῦν αὐ. (4)
29. 12 : 30. 23, 26. λικμήσω αὐτοὺς εἰς τὰς χώρας (1 *c*)
36. 19. ἐλίκμησα αὐτοὺς εἰς τὰς χώρας (1 *b*)
Da. TH. 2. 44. λικμήσει πάσας τὰς βασ. (3)
[Aq. III Ki. 14. 15 : Is. 30. 22 : 41. 16 : Je. 15. 7 : 51 (28). 2 : Ma. 2. 3.]
[Sm. Ps. 43 (44). 12 : Is. 41. 16 : Je. 15. 7 : 51 (28). 2.]
[Th. Pr. 20. 8 : Is. 41. 16.]
[Al. Le. 26. 33 : Jb. 18. 15.]

λικμητήριον.
[Sm. Je. 15. 7.]
[Th. Is. 30. 24.]

λικμητής.
[Aq., Sm. Je. 51 (28). 2.]

λικμήτωρ. (1) זָרָה pi.
Pr. 20. 26. λικμήτωρ ἀσεβῶν βασιλεὺς σοφός (1)

λικμός. (1) כְּבָרָה
Am. 9. 9. ὃν τρόπον λικμᾶται ἐν τῷ λικμῷ (1)
[Aq. Je. 15. 7.]

λιλίθ.
[Aq. Is. 34. 14.]

λιμαγχονεῖν. (1) רָעֵב hi.
De. 8. 3. καὶ ἐλιμαγχόνησέ σε (1)
[Sm., Th. Pr. 10. 3.]

λιμήν. (1) מָחוֹז
I Es. 5. 55. διαφέρειν σχεδίας εἰς τὸν Ἰόππης λ.
Ps. 106 (107). 30. A S[2] R ὡδήγησεν αὐτοὺς ἐπὶ λιμένα θελήματος αὐ. [S[1] *al.*] (1)
— 35. S ἔθετο ἔρημον εἰς λιμένας [A R λίμνας] ὑδάτων †
I Ma. 14. 5. ἔλαβε τὴν Ἰόππην [S[1] ἵππον] εἰς λιμένα
II Ma. 12. 6. τὸν μὲν λ. νύκτωρ ἐνέπρησε
— 9. ὑφῆψε τὸν λ.
14. 1. διὰ τοῦ κατὰ Τρ. λιμένος εἰσπλεύσαντα
IV Ma. 7. 3. S R ἔπλευσεν ἐπὶ τὸν τῆς ἀθανάτου [A θαν.] νίκης λιμένα
13. 6. S R προβλῆτες λιμένων πύργοι [A *al.*]
— 7. τὸν τῆς εὐσεβείας ὀχυρώσασα λιμένα

λίμμα, *cf.* λεῖμμα.
[Sm., Th. Is. 37. 4.]
[Al. Le. 18. 6, 12 (!), 17 : 20. 19.]

λίμνη. (1) אֲגַם (2) בְּרֵכָה
Ps. 106 (107). 35. A R ἔθετο ἔρημον εἰς λίμνας [S λιμένας] ὑδάτων (1)
113 (114). 8. τοῦ στρέψαντος τὴν πέτραν εἰς λίμνας ὑδάτων (1)
Ca. 7. 4 (5). οἱ ὀφθαλμοί σου ὡς λίμναι ἐν Ἐσ. (2)
I Ma. 11. 35. τὰς τοῦ ἁλὸς λίμνας [S[1] *al.*]
II Ma. 12. 16. ὥστε τὴν παρακειμένην λ. τὸ πλάτος ἔχουσαν
[Aq. Ec. 2. 6 : Is. 35. 7 : 41. 18.]
[Al. Ex. 7. 19.]

λιμοκτονεῖν. (1) רָעֵב hi.
Pr. 10. 3. οὐ λιμοκτονήσει κύριος ψυχὴν δικαίαν (1)

λιμός (λοιμός). (1) כָּפָן (2) *a.* רָעָב *b.* רָעֵב *c.* רְעָבוֹן
Ge. 12. 10. ἐγένετο λ. ἐπὶ τῆς γῆς (2 *a*)
— 10. ἐνίσχυσεν ὁ λ. ἐπὶ τῆς γῆς (2 *a*)
26. 1. ἐγένετο δὲ λ. ἐπὶ τῆς γῆς (2 *a*)
— 1. χωρὶς τοῦ λ. τοῦ πρότερον (2 *a*)
41. 27. ἔσονται ἑπτὰ ἔτη λιμοῦ (2 *a*)
— 30. ἥξει δὲ ἑπτὰ ἔτη λιμοῦ (2 *a*)
— 30. καὶ ἀναλώσει ὁ λ. τὴν γῆν (2 *a*)
— 31. οὐκ ἐπιγνωσθήσεται . . . ἀπὸ τοῦ λ. (2 *a*)
— 36. εἰς τὰ ἑπτὰ ἔτη τοῦ λ. (2 *a*)
— 36. οὐκ ἐκτριβήσεται ἡ γῆ ἐν τῷ λ. (2 *a*)
— 50. πρὸ τοῦ ἐλθεῖν τὰ ἑπτὰ ἔτη τοῦ λ. (2 *a*)
— 54. τὰ ἑπτὰ ἔτη τοῦ λ. (2 *a*)
— 54. καὶ ἐγένετο λ. ἐν πάσῃ τῇ γῇ (2 *a*)
— 56. ὁ λ. ἦν ἐπὶ προσώπου πάσης τῆς γῆς (2 *a*)
— 57. ἐπεκράτησε γὰρ ὁ λ. ἐν πάσῃ τῇ γῇ (2 *a*)
42. 5. ἦν γὰρ ὁ λ. ἐν γῇ Χαναάν (2 *a*)
43. 1. ὁ δὲ λ. ἐνίσχυσεν ἐπὶ τῆς γῆς (2 *a*)
45. 6. τοῦτο γὰρ δεύτερον ἔτος λιμὸς ἐπὶ τῆς γῆς (2 *a*)
— 11. ἔτι γὰρ πέντε ἔτη λιμός (2 *a*)
47. 4. ἐνίσχυσε γὰρ ὁ λ. ἐν γῇ Χαναάν (2 *a*)
— 13. ἐνίσχυσε γὰρ ὁ λ. σφόδρα (2 *a*)
— 13. ἐξέλιπε . . . ἡ γῆ Χαναὰν ἀπὸ τοῦ λ. (2 *a*)
— 20. ἐπεκράτησε γὰρ αὐτῶν ὁ λ. (2 *a*)
Ex. 16. 3. ἀποκτεῖναι πᾶσαν τὴν συναγωγὴν τ. ἐν λ. (2 *a*)
De. 28. 48. ἐν λιμῷ . . . καὶ ἐν ἐκλείψει πάντων (2 *a*)
32. 24. τηκόμενοι λιμῷ (2 *a*)
Ru. 1. 1. ἐγένετο λιμὸς ἐν τῇ γῇ (2 *a*)
II Ki. 21. 1. ἐγένετο λ. ἐν ταῖς ἡμ. Δ. (2 *a*)
24. 13. εἰ ἔλθῃ [A εἰσέλθῃ] σοι τρία ἔτη λιμός (2 *a*)
III Ki. 8. 37. λιμὸς ἐὰν γένηται (2 *a*)
18. 2. καὶ ἡ [A ἦν] λ. κραταιὰ [A -ὸς] ἐν Σαμ. (2 *a*)
IV Ki. 4. 38. καὶ ὁ λ. ἐν τῇ γῇ (2 *a*)
6. 25. ἐγένετο λ. μέγας ἐν Σαμ. (2 *a*)
7. 4. καὶ ὁ λ. ἐν τῇ πόλει (2 *a*)
8. 1. κέκληκε κύριος λιμὸν ἐπὶ τὴν γῆν (2 *a*)
25. 3. ἐνίσχυσεν ὁ λ. ἐν τῇ πόλει (2 *a*)
I Ch. 21. 12. ἢ τρία ἔτη λιμοῦ (2 *a*)
II Ch. 6. 28. λιμὸς ἐὰν γένηται ἐπὶ τῆς γῆς (2 *a*)
20. 9. ἐὰν ἐπέλθῃ ἐφ' ἡμᾶς . . . λιμός (2 *a*)
32. 11. τοῦ παραδοῦναι ὑμᾶς . . . εἰς λιμόν (2 *a*)
To. 4. 13. A B ἡ γὰρ ἀχρειότης μήτηρ ἐστὶ τοῦ λ.
Ju. 5. 10. ἐκάλυψε γὰρ τὸ πρόσωπον τῆς γῆς Χ. λιμὸς [S ὁ λ.]
7. 14. τακήσονται ἐν τῷ λ.
Jb. 5. 20. ἐν λιμῷ ῥύσεταί σε ἐκ θανάτου (2 *a*)
18. 12. ἔλθοισαν [A ἔλθοι] λιμῷ στενῷ (2 *b*)
30. 3. ἐν ἐνδείᾳ καὶ λιμῷ [A -ῶν] ἄγονος (1)
— 4. A B[2] S R ῥίζας ξύλων ἐμασῶντο ὑπὸ λ. μεγάλου –
Ps. 32 (33). 19. διαθρέψαι αὐτοὺς ἐν λιμῷ (2 *a*)

Ps. 36 (37). 19. ἐν ἡμέραις λιμοῦ χορτασθήσονται (2 c)
104 (105). 16. ἐκάλεσε λιμὸν ἐπὶ τὴν γῆν (2 a)
Si. 18. 25. μνήσθητι καιρὸν [A κατὰ κ.] λιμοῦ
39. 29. πῦρ καὶ χάλαζα καὶ λιμὸς καὶ θάνατος
40. 9. A B^{2} S R λιμὸς καὶ σύντριμμα καὶ μάστιξ
48. 2. ἐπήγαγεν ἐπ' αὐτοὺς λιμόν
51. 19. ἐν ποιήσει λιμοῦ [A μου] διηκριβασάμην
Am. 8. 11. ἐξαποστελῶ λιμὸν ἐπὶ τὴν γῆν οὐ λιμὸν ἄρτων οὐδὲ δίψαν ὕδατος ἀλλὰ λιμὸν τοῦ ἀκοῦσαι λόγον κυρίου (2 a, 2 a, –)
Is. 5. 13. πλῆθος ἐγενήθη νεκρῶν διὰ λιμόν (2 a)
8. 21. ἥξει ἐφ' ὑμᾶς σκληρὰ λ. (2 b)
14. 30. ἀνελεῖ δὲ λιμῷ τὸ σπέρμα σου (2 a)
51. 19. πτῶμα καὶ σύντριμμα λ. καὶ μάχαιρα (2 a)
Je. 5. 12. μάχαιραν καὶ λιμὸν οὐκ ὀψόμεθα (2 a)
11. 22. τελευτήσουσιν ἐν λιμῷ (2 a)
14. 12. ἐν λιμῷ . . . ἐγὼ συντελέσω αὐτούς (2 a)
— 13. οὐδὲ λ. ἔσται ἐν ὑμῖν (2 a)
— 15. μάχαιρα καὶ λ. οὐκ ἔσται ἐπὶ τῆς γῆς ταύτης (2 a)
— 15. ἐν λιμῷ συντελεσθήσονται οἱ προφῆται (2 a)
— 16. ἀπὸ προσώπου μαχαίρας καὶ τοῦ [S om.] λ. (2 a)
— 18. ἰδοὺ πόνος λιμοῦ (2 a)
15. 2. ὅσοι εἰς λιμὸν εἰς λιμόν (2 a, 2 a)
16. 4. ἐν λιμῷ συντελεσθήσονται (2 a)
17. 18. A ἐπάγαγε ἐπ' αὐτοὺς λιμὸν [B S ἡμέραν] πονηράν †
18. 21. δὸς τοὺς υἱοὺς αὐτῶν εἰς λιμόν (2 a)
21. 7. τὸν λαὸν τὸν καταλειφθέντα . . . ἀπὸ τοῦ λ. καὶ ἀπὸ τῆς μαχαίρας (2 a)
— 9. ἀποθανεῖται ἐν μαχαίρᾳ καὶ ἐν λιμῷ (2 a)
24. 10. ἀποστελῶ εἰς αὐτοὺς τὸν [A τὴν] λ. (2 a)
34 (27). 8. ἐν λιμῷ ἐπισκέψομαι αὐτούς (2 a)
39 (32). 24. ἀπὸ προσώπου μαχαίρας καὶ τοῦ λ. (2 a)
— 36. παραδοθήσεται . . . ἐν μαχαίρᾳ καὶ ἐν λιμῷ (2 a)
41 (34). 17. καλῶ ἄφεσιν ὑμῖν . . . εἰς τὸν λ. (2 a)
45 (38). 2. ἀποθανεῖται ἐν ῥομφαίᾳ καὶ ἐν λιμῷ (2 a)
— 9. τοῦ ἀποκτεῖναι τὸν ἄνθρωπον τοῦτον ἀπὸ προσώπου τοῦ λ. (2 a)
49 (42). 16. ὁ [S om.] λ. . . . καταλήψεται ὑμᾶς (2 a)
— 17. ἐκλείψουσιν ἐν τῇ ῥομφαίᾳ καὶ ἐν τῷ λ. (2 a)
— 22. ἐν ῥομφαίᾳ καὶ ἐν λιμῷ ἐκλείψετε (2 a)
51 (44). 12. πεσοῦνται ἐν ῥομφαίᾳ καὶ ἐν λιμῷ (2 a)
— 13. ἐπεσκεψάμην ἐπὶ Ἰερ. . . . ἐν λιμῷ (2 a)
— 18. ἐν ῥομφαίᾳ καὶ ἐν λιμῷ ἐξελίπομεν (2 a)
— 27. ἐκλείψουσι . . . ἐν ῥομφαίᾳ καὶ ἐν λιμῷ (2 a)
52. 6. ἐστερεώθη ὁ λ. ἐν τῇ πόλει (2 a)
Ba. 2. 25. ἀπεθάνοσαν ἐν πόνοις πονηροῖς ἐν λιμῷ καὶ ἐν ῥομφαίᾳ
La. 2. 19. τῶν ἐκλυομένων λιμῷ (2 a)
— 21. ἐν ῥομφαίᾳ καὶ ἐν λιμῷ ἀπέκτεινας –
4. 9. καλοὶ ἦσαν οἱ τραυματίαι ῥομφαίας ἢ οἱ τραυματίαι λιμοῦ (2 a)
5. 10. συνεσπάσθησαν ἀπὸ προσώπου καταιγίδων λιμοῦ (2 a)
Ez. 5. 12. τὸ τέταρτόν σου ἐν λιμῷ συντελεσθήσεται (2 a)
— 16. R ἐν τῷ ἀποστεῖλαί με βολίδας τοῦ λ. ἐπ' αὐτούς [A B al.] (2 a)
— 17. ἐξαποστελῶ ἐπὶ σὲ λιμόν (2 a)
6. 11. ἐν θανάτῳ καὶ ἐν λιμῷ πεσοῦνται (2 a)
— 12. ὁ περιεχόμενος ἐν λιμῷ συντελεσθήσεται (2 a)
7. 15. ὁ λ. καὶ ὁ θάνατος ἔσωθεν . . . τοὺς δ' ἐν τῇ πόλει λ. καὶ θάνατος συντελέσει (2 a, 2 a)
12. 16. ὑπολείψομαι ἐξ αὐτῶν ἄνδρας ἀριθμῷ . . . ἐκ λιμοῦ (2 a)
14. 13. ἐξαποστελῶ ἐπ' αὐτὴν λιμόν (2 a)
— 21. λιμὸν . . . καὶ θάνατον ἐξαποστείλω (2 a)
34. 29. οὐκέτι ἔσονται ἀπολλύμενοι λιμῷ (2 a)
36. 29. οὐ δώσω ἐφ' ὑμᾶς λιμόν (2 a)
— 30. ὅπως ἂν μὴ λάβητε ὀνειδισμὸν λιμοῦ [A λαοῦ] (2 a)
I Ma. 6. 54. κατεκράτησεν αὐτῶν ὁ λ.
9. 24. S R ἐγενήθη λιμὸς μέγας [A μεγάλη] σφόδρα
13. 49. A R ἀπώλοντο ἐξ αὐτῶν ἱκανοὶ τῇ [S τῷ] λ.
[Aq. Je. 14. 15, 18 : 44 (51). 12 : Ez. 5. 16.]
[Sm. Jb. 6. 5 : Ps. 32 (33). 19.]
[Th. Je. 14. 15 : 29 (36). 17, 18 : 44 (51). 12.]
[Al. Jb. 5. 22 : 18. 11.]

λιμώδης.
[Sm. Jb. 6. 5 : 30. 7.]

λιμώσσειν. (1) הָמָה
Ps. 58 (59). 6, 14. λιμώξουσιν ὡς κύων (1)
[Aq. Is. 65. 13.]

λινοκαλάμη. (1) פִּשְׁתֵּי הָעֵץ
Jo. 2. 6. ἔκρυψεν αὐτοὺς ἐν τῇ λ. (1)

λίνον. (1) בַּד (2) a. פֵּשֶׁת b. פִּשְׁתָּה
Ex. 9. 31. τὸ δὲ λ. καὶ ἡ κριθὴ ἐπλήγη (2 b)
— 31. τὸ δὲ λ. σπερματίζον (2 b)
De. 22. 11. ἔρια καὶ λίνον ἐν τῷ αὐτῷ (2 a)
I Ki. 22. 18. A πάντας αἴροντας ἐφοὺδ λίνον [B om.] (1)
Pr. 31. 13. μηρυομένη ἔρια καὶ λίνον (2 a)
Is. 19. 9. τοὺς ἐργαζομένους τὸ λ. τὸ σχιστόν (2 a)
42. 3. λ. καπνιζόμενον οὐ σβέσει (2 b)
43. 17. ἐσβέσθησαν ὡς λ. ἐσβεσμένον [S^{2} -ων] (2 b)
[Sm. Ez. 9. 2, 11 : 10. 2.]

λινοῦς. (1) בַּד (2) פֵּשֶׁת
Ex. 28. 38 (42). ποιήσεις αὐτοῖς περισκελῆ λινᾶ (1)
Le. 6. 10 (3). ἐνδύσεται ὁ ἱερεὺς χιτῶνα λινοῦν (1)
— 10 (3). καὶ περισκελὲς λινοῦν ἐνδύσεται (1)
13. 48. ἢ ἐν τοῖς λινοῖς ἢ ἐν τοῖς ἐρέοις (2)
— 52. ἐν τοῖς ἐρέοις ἢ ἐν τοῖς λινοῖς (2)
16. 4. χιτῶνα λινοῦν ἡγιασμένον ἐνδύσεται (1)
— 4. περισκελὲς λινοῦν ἔσται ἐπὶ τοῦ χρωτός (1)
— 4. ζώνῃ λινῇ ζώσεται (1)
— 4. καὶ κίδαριν λινῆν περιθήσεται [A al.] (1)
— 23. ἐκδύσεται τὴν στολὴν τὴν λινῆν (1)
— 32. καὶ ἐνδύσεται τὴν στολὴν τὴν λινῆν (1)
Ju. 16. 8. ἔλαβε στολὴν λ.
Je. 13. 1. κτῆσαι σεαυτῷ περίζωμα λινοῦν (2)
Ez. 44. 17. στολὰς λινᾶς ἐνδύσονται (2)
— 18. κιδάρεις λινᾶς ἕξουσιν ἐπὶ ταῖς κεφαλαῖς αὐτῶν καὶ περισκελῆ λινᾶ ἕξουσιν ἐπὶ τὰς ὀσφύας αὐ. (2, 2)
[Sm. I Ki. 2. 18 : II Ki. 6. 14.]
[Al. Le. 13. 47.]

λιπαίνειν. (1) דָּשֵׁן pi. (2) חָלַק (3) שָׁמֵן
a. qal. b. hi. c. שָׁמֵן adj.
De. 32. 15. ἐλιπάνθη ἐπαχύνθη ἐπλατύνθη (3 a)
Ne. 9. 25. καὶ ἐλιπάνθησαν (3 b)
Ps. 22 (23). 5. ἐλίπανας ἐν ἐλαίῳ τὴν κεφαλήν μου (1)
140 (141). 5. ἔλαιον δὲ ἁμαρτωλοῦ μὴ λιπανάτω τὴν κεφαλήν μου †
Pr. 5. 3. ἣ πρὸς καιρὸν λιπαίνει σὸν φάρυγγα (2)
Si. 32 (35). 6. προσφορὰ δικαίου λιπαίνει θυσιαστήριον
38. 11. λίπανον προσφορὰν ὡς μὴ ὑπάρχων
Hb. 1. 16. ὅτι ἐν αὐτοῖς ἐλίπανε μερίδα αὐτοῦ (3 c)
[Aq. Ps. 118 (119). 70 : Je. 5. 28.]
[Sm., Th. Is. 34. 7 : Je. 5. 28.]
[Al. Pr. 15. 30.]

λιπαρός. (1) שָׁמֵן
Jd. 3. 29. ἐπάταξαν . . . πᾶν λ. [A al.] (1)
Ne. 9. 35. ἐν τῇ γῇ τῇ πλατείᾳ καὶ λ. (1)
Is. 30. 23. ὁ ἄρτος τοῦ γεννήματος τῆς γῆς σου ἔσται πλησμονὴ καὶ λιπαρός [S^{1} al.] (1)
[Aq. Ps. 21 (22). 30 : 77 (78). 31 : Is. 28. 1.]
[Sm. Ps. 21 (22). 30 : 77 (78). 31 : Ez. 27. 18.]

λιπαρότης.
[Sm. Ps. 72 (73). 7.]

λίπασμα. (1) מַשְׁמַנִּים
I Es. 9. 51. φάγετε λιπάσματα
Ne. 8. 10. φάγετε λιπάσματα (1)
[Th. Is. 25. 6.]

λιποθυμεῖν.
IV Ma. 6. 26. μέλλων λιποθυμεῖν ἀνέτεινε τὰ ὄμματα
[Sm. Ge. 45. 26 : Jd. 4. 21 : Ps. 76 (77). 4.]

λίπος.
[Sm. Nu. 11. 8 : Jd. 9. 9 : Ps. 72 (73). 7 : Is. 66. 11.]

λιποτακτεῖν.
IV Ma. 9. 23. μή μου τὸν αἰῶνα λιποτακτήσητε

λιποψυχεῖν.
[Sm. Ge. 45. 26.]

λῖς.
[Aq. Jb. 4. 11.]
[Th. Ho. 5. 14.]

λίσσεσθαι.
Jb. 17. 2. A B S^{2} λίσσομαι κάμνων †

λιτανεία (-νία).
II Ma. 3. 20. ἐποιοῦντο τὴν λιτανείαν
10. 16. οἱ δὲ περὶ τὸν Μ. ποιησάμενοι λιτανίαν
III Ma. 2. 21. εἰσακούσας τῆς ἐνθέσμου λιτανείας
5. 9. ἡ λ. ἐκτενῶς ἀνέβαινεν εἰς οὐρανόν

λιτανεύειν. (1) חָלָה pi.
Ps. 44 (45). 12. τὸ πρόσωπόν σου λιτανεύσουσιν οἱ πλούσιοι τοῦ λαοῦ (1)
II Ma. 14. 15. R ἐλιτάνευον [A -νευσαν] τὸν ἄχρι αἰῶνος συστήσαντα
[Aq. Is. 57. 10 : Ho. 8. 10.]
[Sm. I Ki. 13. 12 : Ps. 27 (28). 2.]

λιτός. (1) רֵיק
Jd. 11. 3. A συνελέγοντο πρὸς τὸν Ἰ. ἄνδρες λ. [B κενοί] (1)

λιχάς.
[Aq. Is. 40. 12.]

λιχήν, *vid.* **λειχήν.**

λιχμᾶν, *vid.* **λικμᾶν.**

λιχνεία.
III Ma. 6. 36. οὐ πότου χάριν καὶ λιχνείας

λίψ. (1) דָּרוֹם (2) a. מַעֲרָב b. מַעֲרָבָה (3) נֶגֶב (4) תֵּימָן
Ge. 13. 14. καὶ ἴδε . . . πρὸς βορρᾶν καὶ λίβα (3)
20. 1. ἐκίνησεν ἐκεῖθεν Ἀβ. εἰς γῆν πρὸς λίβα (3)
24. 62. κατῴκει ἐν τῇ γῇ τῇ πρὸς λίβα (3)
28. 14. ἐπὶ θάλασσαν καὶ ἐπὶ λίβα (3)
Ex. 27. 9. εἰς τὸ κλίτος τὸ πρὸς λίβα (3 + 4)
37. 7 (38. 9). τὴν αὐλὴν τὰ πρὸς λίβα [A^{1} νότον] (3 + 4)
Nu. 2. 10. πρὸς λίβα δύναμις αὐτῶν (4)
3. 29. ἐκ πλαγίων τῆς σκηνῆς κατὰ λίβα [A^{1} νότον] (4)
10. 6. αἱ παρεμβ. αἱ παρεμβάλλουσαι λίβα [A νότον] (4)
34. 3. τὸ κλίτος τὸ πρὸς λίβα [A βορρᾶ] (3)
— 3. ἔσται ὑμῖν τὰ ὅρια τὰ πρὸς λίβα (3)
— 4. κυκλώσει ὑμᾶς τὰ ὅρια ἀπὸ λιβός (3)
— 4. ἔσται ἡ διέξοδος αὐτοῦ πρὸς λίβα (3)
35. 5. καὶ τὸ κλίτος τὸ πρὸς λίβα (3)
De. 1. 7. πρὸς λίβα καὶ παραλίαν γῆν (3)
3. 27. κατὰ θάλασσαν . . . καὶ λίβα [A νότον] (4)
33. 23. θάλασσαν καὶ λίβα κληρονομήσει (1)
Jo. 15. 1. ἕως Κάδης πρὸς λίβα [A νότον] (3 + 4)
— 2. τὰ ὅρια ἀπὸ λιβός [A νότου] . . . ἀπὸ τῆς λοφιᾶς τῆς φερούσης ἐπὶ λίβα [A νότον] (3, 3)
— 3. B^{1} ἀναβαίνει ἐπὶ [A B^{2} R ἀπὸ] λιβὸς [A νότου] (3)
— 4. τοῦτό ἐστιν αὐ. ὅρια ἀπὸ λιβός [A νότου] (3)
— 7. ἥ ἐστι κατὰ λίβα [A νότον] τῇ φάραγγι (3)
— 8. B ἐπὶ νότου [A R νώτου] τοῦ Ἰ. ἀπὸ λιβός [A om. ἀ. λ.] (3)
— 10. παρελεύσεται ἐπὶ λίβα [A νότον] †
— 11. παρελεύσεται ὅρια ἐπὶ λίβα [A al.] †
17. 9. ἐπὶ φάραγγα Κ. ἐπὶ λίβα (3)
— 10. ἀπὸ λιβὸς τῷ Ἐφ. (3)
18. 5. Ἰ. στήσεται αὐτοῖς ὅριον ἀπὸ λιβός (3)
— 13. ἐπὶ νώτου [A νότου] Λ. ἀπὸ λιβὸς αὐτῆς (3)
— 13. ἥ ἐστι πρὸς λίβα Βαιθ. (3)
— 14. τὸ βλέπον παρὰ θάλασσαν ἀπὸ λιβός (3)
— 14. ἀπὸ τοῦ ὄρους ἐπὶ πρόσωπον Β. λίβα (3)
— 15. μέρος τὸ πρὸς λίβα ἀπὸ μέρους Κ. (3)
— 16. B ἐπὶ νότον [A νώτου, R νῶτον] Ἰ. ἀπὸ λιβός (3)
— 19. εἰς μέρος τοῦ Ἰορδ. ἀπὸ λιβός (3)
— 19. ταῦτα τὰ ὅριά ἐστιν ἀπὸ λιβός (3)
19. 8. πορευομένων Β. κατὰ λίβα (3)
II Ch. 28. 18. καὶ ἀπὸ λιβὸς τοῦ Ἰ. (3)
32. 30. πρὸς λίβα τῆς πόλεως Δ. (2 b)
33. 14. B^{1} ἀπὸ λιβὸς κατὰ Γ. [A B^{2} R νότον] (2 b)

Ps. 77 (78). 26. ἐπήγαγεν ἐν τῇ δυναστείᾳ αὐτοῦ λίβα (4)
Is. 43. 6. ἐρῶ . . . τῷ λ., Μὴ κώλυε (4)
Ez. 47. 19. τὰ πρὸς νότον καὶ λίβα (4)
— 19. τοῦτο τὸ μέρος νότος καὶ λ. (3)
48. 28. ἕως τῶν πρὸς λίβα (3+4)
Da. TH. 8. 4. κερατίζοντα κατὰ . . . βορρᾶν καὶ νότον [A *add.* καὶ λίβα] (3)
— 5. τράγος αἰγῶν ἤρχετο ἀπὸ λιβός (2 *a*)
[**Aq.** Is. 30. 6.]
[**Sm.** Ez. 20. 46 (21. 2): 40. 24.]
[**Al.** Hb. 3. 3.]

λοβός. (1) בָּדָל (2) יוֹתֶרֶת (3) תְּנוּךְ
Ex. 29. 13. λήψῃ . . . τὸν λ. τοῦ ἥπατος (2)
— 20. ἐπιθήσεις ἐπὶ τὸν λ. τοῦ ὠτὸς Ἀαρών (3)
— 20. καὶ ἐπὶ τοὺς λ. τῶν ὤτων τῶν υἱῶν (3)
— 22. λήψῃ . . . τὸν λ. τοῦ ἥπατος (2)
Le. 3. 4, 10. καὶ τὸν λ. τὸν ἐπὶ τοῦ ἥπατος (2)
— 15. καὶ τὸν λ. τοῦ ἥπατος σὺν τοῖς νεφροῖς (2)
4. 9: 6. 34 (7. 4). τὸν λ. τὸν ἐπὶ τοῦ ἥπατος (2)
7. 20 (30). τὸν λ. τοῦ ἥπατος προσοίσει †
8. 16. A R τὸν λ. τὸν ἐπὶ τοῦ ἥπατος [B *al.*] (2)
— 22 (23). ἐπὶ τὸν λ. τοῦ ὠτὸς Ἀαρὼν τοῦ δεξιοῦ (3)
— 23 (24). ἐπὶ τοὺς λ. τῶν ὤτων τῶν δεξιῶν (3)
— 24 (25). τὸν λ. τοῦ ἥπατος καὶ τοὺς δύο νεφρούς (2)
9. 10. τοὺς νεφροὺς καὶ τὸν λ. τοῦ ἥπατος (2)
— 19. καὶ τὸν λ. τὸν ἐπὶ τοῦ ἥπατος (2)
14. 14, 17. ἐπιθήσει ὁ ἱερεὺς ἐπὶ τὸν λ. τοῦ ὠτός (3)
— 25. καὶ ἐπιθήσει ἐπὶ τὸν λ. τοῦ ὠτός (3)
— 28. ἐπιθήσει . . . ἐπὶ τὸν λ. τοῦ ὠτός (3)
Am. 3. 12. ἐκσπάσῃ ὁ ποιμὴν . . . δύο σκέλη ἢ λοβὸν ὠτίου (1)
[**Th.** Ex. 29. 20.]

λοβῶ, *vid.* **λαβῶ.**

λογάς.
[**Sm.** Je. 51 (28). 27.]

λόγγη.
[**Al.** Le. 14. 10.]

λογεῖον (-ιον). (1) חֹשֶׁן
Ex. 28. 15. ποιήσεις λ. τῶν κρίσεων (1)
— 22. ποιήσεις ἐπὶ τὸ λ. κρωσσούς (1)
— 23 (29). λήψεται . . . ἐπὶ τοῦ λ. [A τὸ λ.] τῆς κρίσεως (1)
— 24 (29). θήσεις ἐπὶ τὸ λ. τῆς κρίσεως –
— 24 (29). ἐπ' ἀμφοτέρων τῶν κλιτῶν τοῦ λ. –
— 26 (30). ἐπιθήσεις ἐπὶ τὸ λ. τῆς κρίσεως (1)
29. 5. καὶ τὴν ἐπωμίδα καὶ τὸ λ. (1)
— 5. A R συνάψεις αὐτῷ τὸ λ. †
35. 27. καὶ [A *add.* εἰς] τὸ λ. καὶ τὰς συνθέσεις (1)
36. 15 (39. 8). ἐποίησαν [A -σεν τὸ] λ. (1)
— 16 (39. 9). διπλοῦν ἐποίησαν τὸ λ. (1)
— 22 (39. 15). ἐποίησαν ἐπὶ τὸ λ. κρωσσούς (1)
— 24 (39. 16). ἀμφοτέρας τὰς ἀρχὰς τοῦ λ. (1)
— 25 (39. 17). ἀμφοτέρων τῶν μερῶν τοῦ λ. (1)
— 27 (39. 19). πτερύγια ἐπ' ἄκρου τοῦ λ. (1)
— 29 (39. 21). συνέσφιγξε τὸ λ. (1)
— 29 (39. 21). A B^2 R ἵνα μὴ χαλᾶται τὸ λ. (1)
Le. 8. 8. ἐπέθηκεν ἐπ' αὐτὴν [A αὐτὸ] τὸ λ. (1)
— 8. ἐπέθηκεν ἐπὶ τὸ λ. τὴν δήλωσιν (1)
Si. 45. 10. λογείῳ κρίσεως δήλοις ἀληθείας
[**Aq.** Ex. 25. 6 (7): 28. 4: 35. 9.]
[**Sm.** Ex. 28. 4, 28.]
[**Th.** Ex. 25. 6 (7): 28. 4, 23 *bis*, 24, 26, 28: 35. 9.]

λογίζεσθαι. (1) הָיָה (2) חָשַׁב *a.* qal. *b.* ni. *c.* pi. *d.* חֲשַׁב (3) מָנָה ni. (4) קָרָא ni. (5) שׁוּב
Ge. 15. 6. καὶ ἐλογίσθη αὐτῷ εἰς δικαιοσύνην (2 *a*)
31. 15. οὐχ ὡς αἱ ἀλλότριαι λελογίσμεθα αὐτῷ (2 *b*)
Le. 7. 8 (18). οὐ λογισθήσεται [A λογίσεται] αὐτῷ (2 *b*)
17. 4. λογισθήσεται τῷ ἀνθρώπῳ ἐκείνῳ αἷμα (2 *b*)
25. 31. A B^1 πρὸς τὸν ἀγρὸν τῆς γῆς λογισθήτωσαν [B^2 R -θήσονται] (2 *b*)
27. 23. λογιεῖται πρὸς αὐτὸν . . . τὸ τέλος τῆς τιμῆς (2 *c*)
Nu. 18. 27. λογισθήσεται ὑμῖν τὰ ἀφαιρέμ. ὑμῶν (2 *b*)
— 30. λογισθήσεται τοῖς Λευίταις (2 *b*)
De. 2. 11. Ῥαφαεὶν λογισθήσονται καὶ οὗτοι (2 *b*)
De. 2. 20. γῆ Ῥαφαεὶν λογισθήσεται (2 *b*)
3. 13. γῆ Ῥαφαεὶν λογισθήσεται (4)
I Ki. 1. 13. ἐλογίσατο αὐτὴν Ἡ. εἰς μεθύουσαν (2 *a*)
18. 25. B ἐλογίσατο ἐμβαλεῖν αὐτόν (2 *a*)
II Ki. 4. 2. B B. ἐλογίζετο τοῖς υἱοῖς Βεν. (2 *b*)
14. 13. ἵνα τί ἐλογίσω τοιοῦτο ἐπὶ λαὸν θεοῦ (2 *a*)
— 14. καὶ λογιζόμενος [A διαλ. λογισμοὺς] τοῦ ἐξῶσαι (2 *a*)
19. 19 (20). R μὴ δὴ λογισάσθω [A B διαλ.] ὁ κύριός μου ἀνομίαν (2 *a*)
— 43 (44). καὶ οὐκ ἐλογίσθη ὁ λόγος μου (1)
III Ki. 10. 21. οὐκ ἦν λογιζόμενον [A -ισμένον] ἐν ταῖς ἡμ. Σ. (2 *b*)
II Ch. 5. 6. καὶ οἳ οὐ λογισθήσονται (3)
9. 20. οὐκ ἦν ἀργύριον λογιζόμενον (2 *b*)
Ne. 6. 2. καὶ αὐτοὶ λογιζόμ. ποιῆσαί μοι πονηρίαν (2 *a*)
— 6. λογίζεσθε ἀποστατῆσαι (2 *a*)
13. 13. πιστοὶ ἐλογίσθησαν ἐπ' αὐτούς (2 *b*)
To. 3. 10. S καὶ πάλιν ἐλογίσατο [A B *al.*]
10. 1. ἐλογίσατο ἑκάστης ἡμέρας [A S *al.*]
14. 4. S οἱ ἀδ. ἡμῶν . . . λογισθήσονται [A B *al.*]
Jb. 31. 28. καὶ τοῦτό μοι ἄρα ἀνομία ἡ μεγίστη λογισθείη [A λ. μεγάλη] –
34. 37. ἀνομία δὲ ἐφ' ἡμῖν λογισθήσεται [A ἔσται] †
41. 20 (21). ὡς καλάμη ἐλογίσθησαν [S -ίσατο] σφυρά (2 *b*)
— 23 (24). ἐλογίσατο ἄβυσσον εἰς περίπατον (2 *a*)
Ps. 31 (32). 2. A B S^1 οὗ [S^2 R ᾧ] οὐ μὴ λογίσηται κύριος ἁμαρτίαν (2 *a*)
34 (35). 4. οἱ λογιζόμενοί μοι κακά (2 *a*)
35 (36). 4. ἀνομίαν ἐλογίσατο [A S διελ.] ἐπὶ τῆς κοίτης αὐτοῦ (2 *a*)
40 (41). 7. ἐλογίζοντο κακά μοι (2 *a*)
43 (44). 22. ἐλογίσθημεν ὡς πρόβατα σφαγῆς (2 *b*)
51 (52). 2. ὅλην τὴν ἡμέραν ἀδικίαν ἐλογίσατο ἡ γλῶσσά σου (2 *a*)
105 (106). 31. ἐλογίσθη αὐτῷ εἰς δικαιοσύνην (2 *b*)
118 (119). 119. παραβαίνοντας ἐλογισάμην πάντας τοὺς ἁμαρτωλούς †
139 (140). 2. οἵτινες ἐλογίσαντο ἀδικίας ἐν καρδίᾳ (2 *a*)
— 4. οἵτινες ἐλογίσαντο ὑποσκελίσαι τὰ διαβήματά μου (2 *a*)
143 (144). 3. ἢ υἱὸς ἀνθρώπου ὅτι λογίζῃ αὐτόν (2 *c*)
Pr. 16. 1 (9). καρδία ἀνδρὸς λογιζέσθω δίκαια (2 *c*)
— 30. A S λογίζεται [B διαλ.] διεστραμμένα (2 *a*)
17. 28. ἀνοήτῳ ἐπερωτήσαντι σοφίαν [A *om.*] σοφία λογισθήσεται (2 *b*)
24. 7. λογίζονται ἐν συνεδρίοις –
Ec. 10. 3. ἃ λογιεῖται πάντα ἀφροσύνη ἐστίν †
Wi. 2. 1. εἶπον γὰρ ἐν ἑαυτοῖς λογισάμενοι οὐκ ὀρθῶς
— 16. εἰς κίβδηλον ἐλογίσθημεν [S^1 ἐγενήθημεν] αὐτῷ
— 21. ταῦτα ἐλογίσαντο [S^1 -ίσθησαν]
3. 2. ἐλογίσθη κάκωσις ἡ ἔξοδος αὐτῶν
— 10. καθὰ ἐλογίσαντο ἕξουσιν ἐπιτιμίαν
— 17. εἰς οὐθὲν λογισθήσονται
5. 4. τὸν βίον αὐτοῦ ἐλογισάμεθα μανίαν
7. 9. ὡς πηλὸς λογισθήσεται ἄργυρος
8. 17. ταῦτα λογισάμενος ἐν ἐμαυτῷ
9. 6. εἰς [S^1 *om.*] οὐδὲν λογισθήσεται [S^1 -σονται]
14. 20. τὸν . . . ἄνθρωπον νῦν σέβασμα ἐλογίσαντο
15. 2. εἰδότες ὅτι σοὶ λελογίσμεθα
— 12. ἐλογίσαντο [B^1 S^2 -ατο] παίγνιον εἶναι τὴν ζωὴν ἡμῶν
— 15. πάντα τὰ εἴδωλα τῶν ἐθνῶν ἐλογίσαντο θεούς
17. 13. πλείονα λογίζεται τὴν [S ἀναλογ.] ἄγνοιαν
Si. 29. 6. λογιεῖται αὐτὸ ὡς εὕρεμα
40. 19. ὑπὲρ ἀμφότερα γυνὴ ἄμωμος λογίζεται
Ho. 7. 15. εἰς ἐμὲ ἐλογίσαντο πονηρά (2 *c*)
8. 12. τὰ νόμιμα αὐ. εἰς ἀλλότρια ἐλογίσθησαν (2 *b*)
Am. 6. 5. ὡς ἑστηκότα ἐλογίσαντο (2 *a*)
Mi. 2. 1. ἐγένοντο λογιζόμενοι κόπους (2 *a*)
— 3. ἰδοὺ ἐγὼ λογίζομαι ἐπὶ τὴν φυλὴν ταύτην κακά (2 *a*)
Na. 1. 9. τί λογίζεσθε ἐπὶ τὸν κύριον (2 *c*)
— 11. A^2 λογιζόμενος ποιήσει [A^1 -εται] ἐναντία [B S *al.*] †
Za. 8. 17. μὴ λογίζεσθε ἐν ταῖς καρδίαις ὑμῶν (2 *a*)
Is. 5. 28. οἱ πόδες τῶν ἵππων αὐτῶν ὡς στερεὰ πέτρα ἐλογίσθησαν (2 *b*)
10. 7. τῇ ψυχῇ οὐχ οὕτως λελόγισται [S^1 -θαι] (2 *a*)
13. 17. οὐ λογίζονται ἀργύριον (2 *a*)
29. 16. οὐχ ὡς ὁ πηλὸς τοῦ κεραμέως λογισθήσεσθε [S^1 -σεται] (2 *b*)
— 17. τὸ Χερμὲλ εἰς δρυμὸν λογισθήσεται (2 *b*)
Is. 32. 15. ὁ Χερμὲλ εἰς δρυμὸν λογισθήσεται (2 *b*)
33. 8. A S R οὐ μὴ λογίσησθε [B -σθήσεσθε] αὐτοὺς ἀνθρώπους (2 *a*)
40. 15. ὡς ῥοπὴ ζυγοῦ ἐλογίσθησαν ὡς σίελος λογισθήσονται [A *al.*] (2 *b*, †)
— 17. εἰς οὐθὲν ἐλογίσθησαν (2 *b*)
44. 19. οὐκ ἐλογίσατο [A S *add.* τῇ καρδίᾳ αὐ. οὐδ' ἂν ἐλογίσατο (? ἀνελ.) ἐν] τῇ ψυχῇ αὐτοῦ (5, –)
53. 3. ἠτιμάσθη καὶ οὐκ ἐλογίσθη (2 *a*)
— 4. ἐλογισάμεθα αὐτὸν εἶναι ἐν πόνῳ (2 *a*)
— 12. ἐν τοῖς ἀνόμοις ἐλογίσθη (3)
Je. 11. 19. ἐπ' ἐμὲ ἐλογίσαντο λογισμὸν πονηρόν (2 *a*)
18. 8. ὧν ἐλογισάμην [A ἐλάλησα] τοῦ ποιῆσαι αὐτοῖς (2 *a*)
— 11. λογίζομαι ἐφ' ὑμᾶς λογισμόν (2 *a*)
— 18. λογισώμεθα ἐπὶ Ἰερεμίαν λογισμόν (2 *a*)
23. 27. τῶν λογιζομένων τοῦ ἐπιλαθέσθαι τοῦ νόμου μου (2 *a*)
27 (50). 45. οὓς ἐλογίσατο [A διελ.] ἐπὶ τοὺς κατοικοῦντας Χαλδ. (2 *a*)
29 (49). 20. ὃν ἐλογίσατο ἐπὶ τοὺς κατοικοῦντας Θ. (2 *a*)
30 (49). 30. ἐλογίσατο [A *add.* ἐφ' ὑμᾶς] λογισμόν (2 *a*)
31 (48). 2. ἐλογίσατο [S^1 *om.*, S^3 -σαντο] ἐπ' αὐτὴν κακά (2 *a*)
33 (26). 3. ὧν ἐγὼ λογίζομαι τοῦ ποιῆσαι αὐτοῖς (2 *a*)
36 (29). 11. λογιοῦμαι ἐφ' ὑμᾶς λογισμὸν εἰρήνης (2 *a*)
43 (36). 3. ἃ ἐγὼ λογίζομαι ποιῆσαι αὐτοῖς [A *al.*] (2 *a*)
Ba. 3. 35. οὐ λογισθήσεται ἕτερος πρὸς αὐτόν
La. 4. 2. πῶς ἐλογίσθησαν εἰς ἀγγεῖα ὀστράκινα (2 *b*)
Ez. 11. 2. οὗτοι οἱ ἄνδρες οἱ λογιζόμενοι μάταια (2 *a*)
38. 10. λογιῇ λογισμοὺς πονηρούς (2 *a*)
Da. TH. 4. 32. οἱ κατοικοῦντες τὴν γῆν ὡς οὐδὲν ἐλογίσθησαν (2 *d*)
11. 24. ἐπ' Αἴγ. λογιεῖται λογισμούς [A *al.*] (2 *c*)
— 25. λογιοῦνται ἐπ' αὐτὸν λογισμούς (2 *a*)
I Ma. 2. 52. ἐλογίσθη αὐτῷ εἰς δικαιοσύνην [A αὐ. δικαιοσύνη]
3. 52. ἃ λογίζονται ἐφ' ἡμᾶς
4. 35. ἐλογίζετο πάλιν παραγενέσθαι
6. 9. ἐλογίσατο ὅτι ἀποθνήσκει
— 19. ἐλογίσατο Ἰ. ἐξᾶραι αὐτούς
10. 38. A R πρὸς τὸ [S *om.*] λογισθῆναι τοῦ γένεσθαι ὑφ' ἕνα
II Ma. 6. 12. λογίζεσθαι δὲ τὰς τιμωρίας μὴ πρὸς ὄλεθρον . . . εἶναι
11. 2. λογιζόμενος τὴν μὲν πόλιν Ἕ. οἰκητήριον ποιήσειν
III Ma. 4. 4. λογιζομένους τὴν ἄδηλον τοῦ βίου καταστροφήν
5. 16. ὃν ὁ βασιλεὺς λογισάμενος
IV Ma. 3. 15. ἐλογίσατο πάνδεινον εἶναι κίνδυνον τῇ ψυχῇ λογισθὲν ἰσοδύναμον τὸ ποτὸν αἵματι
8. 16. καίτοι λογισώμεθα
— 19. λογιούμεθα τὰς τῶν βασάνων ἀπειλάς
[**Aq.** Jb. 41. 21: Ps. 31 (32). 2: 34 (35). 20: 72 (73). 16: Pr. 17. 28: Is. 2. 22: 13. 17: 53. 3: Ho. 8. 12.]
[**Sm.** Ge. 11. 6: 42. 30: I Ki. 26. 24: II Ki. 14. 13 *bis*: Ps. 20 (21). 12: 31 (32). 2: 34 (35). 20: 72 (73). 16: 87 (88). 5: 118 (119). 119: Pr. 17. 28: Is. 2. 22: 53. 3, 4: Ho. 8. 12.]
[**Th.** II Ki. 14. 13: Jb. 41. 21, 24: Ps. 72 (73). 16: Is. 2. 22: 53. 3.]
[**Al.** Nu. 6. 12.]
[**Quint.** Ps. 34 (35). 20.]

λόγιον. (1) *a.* אֵמֶר *b.* אִמְרָה (2) דָּבָר (3) מַשָּׂאָה
Nu. 24. 4. B φησὶν ἀκούων λόγια θεοῦ [A *add.* ἰσχυροῦ, R ἰσχυροῦ] (1 *a*)
— 16. ἀκούων λόγια θεοῦ (1 *a*)
De. 33. 9. ἐφύλαξε τὰ λ. σου (1 *b*)
Ps. 11 (12). 6. τὰ λ. κυρίου λόγια ἁγνά (1 *b*, 1 *b*)
17 (18). 30. τὰ λ. κυρίου πεπυρωμένα (1 *b*)
18 (19). 14. ἔσονται εἰς εὐδοκίαν τὰ λ. τοῦ στόματός μου (1 *a*)
104 (105). 19. τὸ λ. τοῦ κυρίου ἐπύρωσεν αὐτόν (1 *a*)
106 (107). 11. παρεπίκραναν τὰ λ. τοῦ θεοῦ (1 *a*)

Ps. 118 (119). 11. ἐν τῇ καρδίᾳ μου ἔκρυψα τὰ λ. σου (1 b)
— 25. A S^2 ζῆσόν με [S ζήσομαι] κατὰ τὸ λ. [A^1 R τὸν λόγον] σου (2)
— 38. στῆσον τῷ δούλῳ σου [S^1 add. εἰς] τὸ λ. σου (1 b)
— 41. A τὸ σωτήριόν σου κατὰ λόγιόν [S^1 τὸ ἔλεος, S^2 R τὸν λόγον] σου (1 b)
— 50. A S^2 R τὸ λ. σου ἔζησέ με [S^1 σου οὐκ ἐξέκλινα] (1 b)
— 58. SR ἐλέησόν με κατὰ τὸ [A om.] λ. σου (1 b)
— 65. AS^1 κύριε, κατὰ τὸ λ. [S^2 R τὸν λόγον] σου (2)
— 67. τὸ λ. σου ἐφύλαξα (1 b)
— 76. κατὰ [S καὶ] τὸ λ. σου τῷ δούλῳ σου (1 b)
— 82. ἐξέλιπον οἱ ὀφθαλμοί μου εἰς τὸ λ. σου (1 b)
— 103. ὡς γλυκέα τῷ λάρυγγί μου τὰ λ. σου (1 b)
— 107. S^1 ζῆσόν με κατὰ τὸ λ. [A S^2 R τὸν λόγον] σου (2)
— 116. ἀντιλαβοῦ μου κατὰ τὸ λ. σου (1 b)
— 123. καὶ εἰς τὸ λ. τῆς δικαιοσύνης σου (1 b)
— 124. AS^1 ποίησον μετὰ τοῦ δούλου σου κατὰ τὸ λ. [S^2 R ἔλεός] σου †
— 133. τὰ διαβήματά μου κατεύθυνον κατὰ τὸ λ. σου (1 b)
— 140. πεπυρωμένον τὸ λ. σου σφόδρα (1 b)
— 148. τοῦ μελετᾶν τὰ λ. σου (1 b)
— 149. S^1 τῆς φωνῆς μου ἄκουσον, κύριε, κατὰ τὸ λ. [A S^2 R ἔλεός] σου †
— 158. τὰ λ. σου οὐκ ἐφυλάξαντο (1 b)
— 162. ἀγαλλιάσομαι ἐγὼ ἐπὶ τὰ λ. σου (1 b)
— 169. κατὰ τὸ λ. σου συνέτισόν με (2)
— 170. SR κατὰ τὸ λ. σου ῥῦσαί με [A al.] (1 b)
— 172. A S^1 φθέγξαιτο ἡ γλῶσσά μου τὸ λ. [S^2 R τὰ λ.] σου (1 b)
147. 4 (15). ὁ ἀποστέλλων τὸ λ. αὐτοῦ τῇ γῇ (1 b)
Wi. 16. 11. εἰς γὰρ ὑπόμνησιν τῶν λ. σου ἐνεκεντρίζοντο
Si. 36. 19 (16). R πλῆσον Σιὼν ἆραι τὰ λ. [B ἀρεταλογίας, A S ἀρεταλογίᾳ] σου
Is. 5. 24. τὸ λ. τοῦ ἁγίου [A om.] Ἰσραὴλ παρώξυναν (1 b)
28. 13. ἔσται αὐτοῖς τὸ λ. κυρίου (2)
30. 11. ἀφέλετε ἀφ' ἡμῶν τὸ λ. τοῦ Ἰσραήλ †
— 27. μετὰ δόξης τὸ λ. τῶν χειλέων αὐτοῦ τὸ λ. ὀργῆς πλῆρες (3, -)

[**Aq.** Ps. 118 (119). 41 : 137 (138). 2 : Is. 32. 9 : Je. 8. 9.]
[**Th.** Ps. 118 (119). 41.]
[**Quint.** Ps. 137 (138). 2.]

λογισμός. (1) a. מַחֲשָׁבָה, מַחֲשֶׁבֶת b. חֶשְׁבּוֹן c. חִשָּׁבוֹן d. חָשַׁב

II Ki. 14. 14. A διαλογιζόμενος λογισμοὺς τοῦ ἐξῶσαι [B al.] (1 a)
Ju. 8. 14. τὸν λ. αὐ. κατανοήσετε
Es. 1. 1. ἤκουσέ τε αὐτῶν τοὺς λ.
Ps. 32 (33). 10. ἀθετεῖ δὲ λογισμοὺς λαῶν (1 a)
— 11. λογισμοὶ τῆς καρδίας αὐτοῦ ἀπὸ γενεῶν εἰς γενεάς (1 a)
Pr. 6. 18. καὶ καρδία τεκταινομένη λ. κακούς (1 a)
12. 5. λογισμοὶ δικαίων κρίματα (1 a)
15. 22. ὑπερτίθενται λογισμοὺς οἱ μὴ τιμῶντες συνέδρια (1 a)
— 26. βδέλυγμα κυρίῳ λογισμὸς ἄδικος (1 a)
19. 21. πολλοὶ λογισμοὶ ἐν καρδίᾳ ἀνδρός (1 a)
Ec. 7. 28 (27). μία τῇ μιᾷ τοῦ εὑρεῖν λογισμόν (1 b)
— 30 (29). αὐτοὶ ἐζήτησαν λ. πολλούς (1 c)
9. 10. οὐκ ἔστι . . . λογισμὸς . . . ἐν ᾅδῃ (1 b)
Wi. 1. 3. σκολιοὶ γὰρ λ. χωρίζουσιν ἀπὸ θεοῦ
— 5. ἀπαναστήσεται ἀπὸ λ. ἀσυνέτων
9. 14. λογισμοὶ γὰρ θνητῶν δειλοί
11. 15. ἀντὶ δὲ λ. ἀσυνέτων ἀδικίας αὐτῶν
12. 10. οὐ μὴ ἀλλαγῇ ὁ λ. αὐτῶν εἰς τὸν αἰῶνα
17. 12. προδοσία [S προσδοκία] τῶν ἀπὸ λογισμοῦ βοηθημάτων
19. 3. ἕτερον ἐπεσπάσαντο λογισμὸν ἀνοίας
Si. 27. 4. σκύβαλα ἀνθρώπου ἐν λογισμῷ αὐτοῦ
— 5. A S^2 πειρασμὸς ἀνθρώπου ἐν λογισμῷ [B S^1 διαλ.] αὐτοῦ
— 7. πρὸ λογισμοῦ μὴ ἐπαινέσῃς ἄνδρα
40. 29. οὐκ ἔστιν αὐτοῦ ὁ βίος ἐν λογισμῷ [S διαλ.] ζωῆς
43. 23. λογισμῷ αὐτοῦ ἐκόπασεν ἄβυσσον
Mi. 4. 12. οὐκ ἔγνωσαν τὸν λογισμὸν κυρίου (1 a)
Na. 1. 11. ἐκ σοῦ ἐξελεύσεται λογισμὸς κατὰ τοῦ κ. πονηρά (1 d)
Is. 32. 7. A διασκεδάσαι λογισμοὺς [BS -γους] ταπεινῶν ἐν κρίσει †
66. 18. τὰ ἔργα αὐ. καὶ τὸν λ. αὐ. [S add. ἐπίσταμαι] (1 a)
Je. 4. 14. B^2S ἕως πότε ὑπάρχουσιν ἐν σοὶ λογισμοὶ [A B^1 R διαλ.] πόνων σου (1 a)
11. 19. ἐπ' ἐμὲ ἐλογίσαντο λογισμὸν πονηρόν (1 a)
18. 11. λογίζομαι ἐφ' ὑμᾶς λογισμόν (1 a)
— 18. λογισώμεθα ἐπὶ Ἱερεμίαν λογισμόν (1 a)
27 (50). 45. ἀκούσατε . . . λογισμοὺς αὐτοῦ [A διαλ.] (1 a)
28 (51). 29. ἐξανέστη ἐπὶ Βαβυλῶνα λ. κυρίου (1 a)
29 (49). 20. ἀκούσατε . . . λογισμὸν αὐτοῦ (1 a)
30 (49). 30. ἐλογίσατο [A add. ἐφ' ὑμᾶς] λογισμόν (1 a)
36 (29). 11. λογιοῦμαι ἐφ' ὑμᾶς λογισμὸν εἰρήνης (1 a)
Ez. 38. 10. λογιῇ λογισμοὺς πονηρούς (1 a)
Da. LXX. 11. 24. οἱ λ. αὐτοῦ εἰς μάτην (1 a)
Da. TH. 11. 24. ἐπ' Αἴγ. λογιεῖται λογισμούς [A διαλ. αὐτοῦ] (1 a)
— 25. λογιοῦνται ἐπ' αὐτὸν λογισμούς (1 a)
I Ma. 11. 8. διελογίζετο περὶ Ἀ. λογισμοὺς πονηρούς
II Ma. 6. 23. ὁ δὲ λογισμὸν ἀστεῖον ἀναλαβών
7. 21. τὸν θῆλυν λογισμὸν ἄρσενι θυμῷ διεγείρασα
III Ma. 5. 12. τοῦ δὲ ἀμεταθέτου λ. μεγάλως διεψευσμένος
IV Ma. 1. 1. αὐτοδέσποτός ἐστι τῶν παθῶν ὁ εὐσεβὴς λ.
— 3. εἰ ἄρα τῶν . . . παθῶν ὁ λ. φαίνεται ἐπικρατεῖν
— 5. εἰ τῶν παθῶν ὁ λ. κρατεῖ
— 6. οὐ γὰρ τῶν ἑαυτοῦ παθῶν ὁ λ. κρατεῖ
— 7. A R αὐτοκράτωρ ἐστὶ τῶν παθῶν ὁ εὐσεβὴς [S om.] λ.
— 9. περικρατεῖ τῶν παθῶν ὁ λ.
— 13. αὐτοκράτωρ ἐστὶ τῶν παθῶν ὁ λ.
— 14. διακρίνωμεν δὲ τί ποτέ ἐστι λογισμός
— 14. εἰ πάντων ἐπικρατεῖ τούτων ὁ λογισμός
— 15. λογισμὸς μὲν δὴ τοίνυν ἐστὶ νοῦς
— 19. τῶν παθῶν ὁ λ. ἐπικρατεῖ
— 29. ὁ παγγέωργος λογισμὸς περικαθαίρων
— 30. ὁ γὰρ λ. τῶν μὲν ἀρετῶν ἐστιν ἡγεμών
— 30. αὐτοδέσποτός ἐστι τῶν παθῶν ὁ λ.
— 32. τούτων . . . ὁ λ. ἐπικρατεῖν φαίνεται
— 33. δύναται τῶν ὀρέξεων ἐπικρατεῖν ὁ λ.
— 34. ἀπεχόμεθα διὰ τὴν τοῦ λ. ἐπικράτειαν
— 35. SR φιμοῦται [A φιλοτιμοῦνται] . . . ὑπὸ τοῦ λ.
2. 2. AR ὅτι τῷ λ. [S om. τῷ λ.] διανοίᾳ περιεκράτησε
— 3. ἠκύρωσε τῷ λ. τὸν τῶν παθῶν οἶστρον
— 4. ἐπικρατεῖν ὁ λογισμὸς φαίνεται
— 6. τῶν ἐπιθυμιῶν κρατεῖν δύναται ὁ λ.
— 7. κύριός ἐστι τῶν παθῶν ὁ λ.
— 9. ὑπὸ τοῦ νόμου κρατεῖται διὰ τὸν λ.
— 9. τῶν παθῶν ἐστιν ὁ λ. κρατῶν
— 13. ὁ λ. ἐπικρατεῖν δύναται διὰ τὸν νόμον
— 15. τῶν . . . παθῶν ἐπικρατεῖν ὁ λ. φαίνεται
— 17. ἀλλὰ λογισμῷ τὸν θυμὸν διῄτησεν
— 19. μὴ λογισμῷ τοὺς Σ. ἐθνηδὸν ἀποσφάξαντας
— 20. ἐδύνατο τῶν θυμῶν ὁ λ. κρατεῖν
— 24. A R εἰ τῶν παθῶν ὁ λ. κρατεῖ [S al.]
3. 1. R ἔστι δὲ κομιδῇ γελοῖος ὁ λόγος [A λογισμός]
— 1. AR τῶν ἑαυτοῦ παθῶν ὁ λ. ἐπικρατεῖν φαίνεται [S al.]
— 2. δύναται ὁ λ. παρασχέσθαι
— 3. S τῷ θυμῷ δυνατὸν τὸν λ. [A R om. τ. λ.] βοηθῆσαι
— 4. SR δύναται [A -τὸν] ὁ λ. συμμαχῆσαι
— 5. οὐ γὰρ ἐκριζωτὴς τῶν παθῶν ὁ λ. ἐστιν
— 16. ἀντιθεὶς τῇ ἐπιθυμίᾳ τὸν λ.
— 18. τῇ καλοκἀγαθίᾳ τοῦ λ. ἀποπτύσαι
— 19. τῆς ἱστορίας τοῦ σώφρονος λογισμοῦ
5. 10. S R ἀποσκεδάσεις τῶν λ. [A τὸν λ.] σου τὸν λῆρον
— 31. ὥστε μοι διὰ τὴν εὐσέβειαν μὴ νεάζειν τὸν λ.
— 38. τῶν δὲ ἐμῶν περὶ τῆς εὐσεβείας λογισμῶν
6. 7. ὀρθὸν εἶχε καὶ ἀκλινῆ τὸν λ.
— 30. ἀντέστη τῷ λ. διὰ τὸν νόμον
— 31. δεσπότης ἐστὶ τῶν παθῶν ὁ εὐσεβὴς λ.
— 32. εἰ γὰρ τὰ πάθη τοῦ λ. ἐκεκρατήκει
— 33. νυνὶ δὲ τοῦ λ. τὰ πάθη νικήσαντος
— 34. ὁμολογεῖν . . . τὸ κράτος εἶναι τοῦ λ.
— 35. τῶν ἀλγηδόνων . . . κεκρατηκέναι τὸν λ.
7. 1. κυβερνήτης ὁ τοῦ πατρὸς ἡμῶν Ἐ. λογισμός
— 4. διὰ τὸν ὑπερασπίζοντα τῆς εὐσεβείας λογισμόν
IV Ma. 7. 12. οὐ μετετράπη τὸν λ.
— 14. AR ἀνενέασε τῷ πνεύματι [S add. διὰ] τοῦ λ.
— 14. τῷ Ἰσ. λ. τὴν πολυκέφαλον στρέβλαν ἠκύρωσεν
— 16. ἡγεμών ἐστι τῶν παθῶν ὁ εὐσεβὴς λ.
— 17. οὐδὲ πάντες φρόνιμον ἔχουσι τὸν λ.
— 20. παθοκρατεῖσθαι διὰ τὸν ἀσθενῆ λογισμόν
— 24. μειρακίσκοι τῷ τῆς εὐσεβείας λ. φιλοσοφοῦντες
9. 17. ὥστε μου τὸν λ. ἆξαι
— 30. A R νικώμενον τὸν [S om.] τῆς τυραννίδος ὑπερήφανον λ.
10. 19. οὐ γὰρ παρὰ τοῦτο τὸν λ. ἡμῶν γλωσσοτομήσεις
11. 25. μεταπεῖσαι τὸν λ. ἡμῶν
— 27. διὰ τοῦτο ἀνίκητον ἔχομεν τὸν λ.
13. 1. αὐτοδέσποτός ἐστι τῶν παθῶν ὁ εὐσεβὴς λ.
— 3. τῷ ἐπαινουμένῳ λ. παρὰ θ. περιεγένοντο τῶν παθῶν
— 16. τῇ τοῦ θείου λογισμοῦ παθοκρατείᾳ
14. 2. ὦ βασιλέως λογισμοὶ βασιλικώτεροι
— 11. εἰ ὁ λ. περιεκράτησε τῶν ἀνδρῶν ἐκείνων
15. 1. ὦ λογισμὲ τέκνων παθῶν τύραννε
— 11. ἐπ' οὐδενὸς αὐτῶν τὸν λ. αὐ. . . . ἴσχυσαν μετατρέψαι
— 23. ὁ εὐσεβὴς λογισμὸς . . . ἐπέτεινε
16. 1. αὐτοκράτωρ ἐστὶ τῶν παθῶν ὁ εὐσεβὴς λ.
— 4. τῷ λ. τῆς εὐσεβείας κατέσβεσε τοσαῦτα . . . πάθη
18. 2. τῶν παθῶν δεσπότης ἐστὶν ὁ εὐσεβὴς λ.

[**Aq.** Ec. 7. 26 (25), 28 (27) : Is. 65. 2 : Je. 18. 18 : 29 (36). 11 : 49. 20 (29. 21).]
[**Sm.** II Ki. 14. 13 : Ec. 7. 26 (25), 28 (27) : Je. 18. 18 : 49. 20 (29. 21).]
[**Th.** Pr. 15. 22 : 16. 3 : 20. 18 : 21. 5 : Ec. 7. 28 (27) : Is. 65. 2 : Je. 29 (36). 11 : Ez. 5. 7 : Da. 11. 25.]
[**Al.** Jb. 17. 1 : Pr. 15. 6.]
[**Sext.** Ps. 32 (33). 10.]

λογιστής. (1) חָשַׁב

II Ch. 26. 15. μηχανὰς μεμηχανευμένας λογιστοῦ (1)

λογοποιΐα.

[**Sm.** Ps. 101 (102). 1.]

λόγος. (1) a. אֵמֶר b. אִמְרָה c. אֲמַר d. מֵאמַר e. מַאֲמָר (2) a. דָּבָר b. דִּבְרָה c. דִּבְרָה d. דָּבַר qal. e. pi. (3) טַעַם (4) מִלָּה (5) מִצְוָה (6) נְבוּאָה (7) סֵפֶר (8) פֶּה (9) פִּתְגָּם (10) קוֹל (11) שָׂפָה (12) שֵׁבֶט (13) תְּבוּנָה (14) תּוֹרָה (15) λόγον ἔχειν דָּאַג (16) σκοτεινὸς λ. מְלִיצָה (17) φοβερὸς λ. דְּאָגָה

Ge. 4. 23. ἐνωτίσασθέ μου τοὺς λ. (1 b)
29. 13. διηγήσατο τῷ Λ. πάντας τοὺς λ. τούτους (2 a)
34. 18. ἤρεσαν οἱ λ. ἐναντίον Ἐμμώρ (2 a)
Ex. 4. 28. ἀνήγγειλε . . . πάντας τοὺς λ. κυρίου (2 a)
5. 9. μὴ μεριμνάτωσαν ἐν λ. κενοῖς (2 a)
18. 19. ἀνοίσεις τοὺς λ. αὐτῶν πρὸς τὸν θεόν (2 a)
19. 7. παρέθηκεν αὐτοῖς πάντας τοὺς λ. τ. (2 a)
— 8. ἀνήνεγκε . . . τοὺς λ. τούτους [A τοῦ λαοῦ] (2 a)
20. 1. ἐλάλησε κύριος πάντας τοὺς λ. τούτους (2 a)
24. 3. π. τοὺς λ. οὓς ἐλάλησε κύριος ποιήσομεν (2 a)
— 8. διέθετο . . . περὶ πάντων τῶν λ. τούτων (2 a)
33. 17. τοῦτόν σοι τὸν λ. ὃν εἴρηκας ποιήσω (2 a)
34. 27. ἐπὶ γὰρ τῶν λ. τούτων τέθειμαί σοι (2 a)
— 28. τὰ ῥήματα ταῦτα . . . τοὺς δέκα λ. (2 a)
35. 1. οὗτοι οἱ λ. οὓς εἶπε κύριος ποιῆσαι (2 a)
Le. 8. 36. ἐποίησεν . . . πάντας τοὺς λ. (2 a)
Nu. 5. 21. B ὁρκιεῖ . . . ἐν τοῖς λ. [AR ὅρκοις] τῆς ἀρᾶς ταύτης †
11. 23. εἰ ἐπικαταλήψεταί σε ὁ λ. μου (2 a)
12. 6. ἀκούσατε τῶν λ. μου (2 a)
16. 31. ὡς δὲ ἐπαύσατο λαλῶν πάντας τοὺς λ. τούτους (2 a)
21. 20 (21). ἀπέστειλε Μ. . . . λ. εἰρηνικοῖς -
De. 1. 1. οὗτοι οἱ λ. οὓς ἐλάλησε Μ. (2 a)
— 18. ἐνετειλάμην ὑμῖν . . . πάντας τοὺς λ. (2 a)
— 32. ἐν τῷ λ. τούτῳ οὐκ ἐνεπιστεύσατε (2 a)
— 34. ἤκουσε κύριος τὴν φωνὴν τῶν λ. (2 a)
2. 26. ἀπέστειλα . . . λ. εἰρηνικοῖς (2 a)
3. 26. μὴ προσθῇς ἔτι λαλῆσαι τὸν λ. τοῦτον (2 a)

De. 4. 9. μὴ ἐπιλάθῃ πάντας τοὺς λ. (2 a)
— 30. εὑρήσουσί σε πάντες οἱ λ. οὗτοι (2 a)
5. 28 (25). ἤκουσε κύριος τὴν φωνὴν τῶν λ. ὑμῶν (2 a)
— 28 (25). ἤκουσα τὴν φωνὴν τῶν λ. τοῦ λαοῦ (2 a)
9. 10. ἐγέγραπτο πάντες οἱ λ. (2 a)
10. 4. ἔγραψεν . . . τοὺς δέκα λ. (2 a)
12. 28. ποιήσεις πάντας τοὺς λ. (2 a)
13. 3 (4). οὐκ ἀκούσεσθε τῶν λ. τοῦ προφήτου ἐκ. (2 a)
— 14 (15). B ἀληθῶς [A R -ὴς] σαφῶς ὁ λ. (2 a)
16. 19. ἐξαίρει λόγους δικαίων (2 a)
18. 19. ὃς ἐὰν μὴ ἀκούσῃ [A *add.* τῶν λ. αὐ.] (2 a)
22. 14. καὶ ἐπιθῇ αὐτῇ προφασιστικοὺς λ. (2 a)
— 17. ἐπιτίθησιν αὐτῇ προφασιστικοὺς λ. (2 a)
— 20. ἐὰν δὲ ἐπ' ἀληθείας γένηται ὁ λ. οὗτος (2 a)
27. 3. γράψεις . . . πάντας τοὺς λ. τοῦ νόμου τούτου (2 a)
— 26. ὃς οὐκ ἐμμένει ἐν πᾶσι τοῖς λ. τοῦ νόμου τ. (2 a)
28. 14. A οὐ παραβήσῃ ἀπὸ πάντων τῶν λ. [B *al.*] (2 a)
29. 1 (28. 69). οὗτοι οἱ λ. τῆς διαθήκης (2 a)
— 9 (8). φυλάξεσθε ποιεῖν πάντας τοὺς λ. (2 a)
31. 1. λαλῶν πάντας τοὺς λ. τούτους (2 a)
— 12. ποιεῖν πάντας τοὺς λ. τοῦ νόμου τούτου (2 a)
— 24. γράφων πάντας τοὺς λ. τοῦ νόμου τούτου (2 a)
— 28. ἵνα λαλήσω . . . πάντας τοὺς λ. τούτους (2 a)
32. 44. ἐλάλησε πάντας τοὺς λ. τοῦ νόμου τ. (2 a)
— 46. προσέχετε . . . ἐπὶ πάντας τοὺς λ. τ. (2 a)
— 46. ποιεῖν πάντας τοὺς λ. τοῦ νόμου τούτου (2 a)
— 47. οὐχὶ λ. κενὸς [A καινὸς] οὗτος ὑμῖν (2 a)
— 47. ἕνεκεν τοῦ λ. τούτου μακροημερεύσετε (2 a)
33. 3. ἐδέξατο ἀπὸ τῶν λ. αὐτοῦ (2 b)
Jo. 2. 20. ἐὰν δέ τις . . . ἀποκαλύψῃ τοὺς λ. ἡμῶν τούτους (2 a)
14. 7. ἀπεκρίθην αὐτῷ λόγον (2 a)
20. 4. A λαλήσει . . . τοὺς λ. τούτους (2 a)
22. 30. ἀκούσας . . . τοὺς λ. (2 a)
— 32. ἀπεκρίθησαν αὐτοῖς τοὺς λ. (2 a)
23. 14. οὐκ ἔπεσεν εἷς λ. ἀπὸ πάντων τῶν λ. (2 a, 2 a)
Jd. 2. 4. ὡς ἐλάλησεν . . . τοὺς λ. τούτους (2 a)
— 17. τοῦ εἰσακούειν τῶν λ. [A ἐντολὰς] κυρίου (5)
3. 19. λ. μοι κρύφιος πρὸς σέ (2 a)
— 20. λόγος θεοῦ μοι πρὸς σέ (2 a)
5. 29. ἀπέστρεψε λόγους αὐτῆς ἑαυτῇ [A *al.*] (1 a)
8. 3. ἐν τῷ λαλῆσαι αὐτὸν τὸν λ. τοῦτον (2 a)
9. 3. ἐλάλησαν . . . πάντας τοὺς λ. τούτους (2 a)
— 30. ἤκουσε Ζ. . . . τοὺς λ. Γ. (2 a)
11. 11. ἐλάλησεν Ἰ. πάντας τοὺς λ. αὐ. (2 a)
— 28. οὐκ ἤκουσε . . . τῶν λ. Ἰ. [A *al.*] (2 a)
— 37. ποιησάτω δὴ . . . τὸν λ. τοῦτον [A *al.*] (2 a)
13. 12. νῦν ἐλεύσεται ὁ λ. σου [A *al.*] (2 a)
16. 16. ἐξέθλιψεν αὐτὸν ἐν λόγοις [A αὐ. τοῖς λ.] αὐ. (2 a)
18. 7. οὐκ ἔστι . . . καταισχύνων λόγον [A *al.*] (2 a)
— 7. λόγον οὐκ ἔχουσι πρὸς ἄνθρωπον [A λόγος οὐκ ἦν αὐτοῖς μετὰ Συρίας] (2 a)
— 9. A λόγος οὐκ ἦν αὐτοῖς μετὰ Συρίας –
— 28. λόγος οὐκ ἔστιν αὐτοῖς μετὰ ἀνθρώπου (2 a)
20. 7. δότε ἑαυτοῖς λόγον (2 a)
21. 11. A οὗτος ὁ λ. ὃν ποιήσετε [B *al.*] (2 a)
Ru. 4. 7. τοῦ στῆσαι πάντα [A τὸν] λ. (2 a)
I Ki. 3. 17. ἐκ πάντων λ. τῶν λαληθέντων σοι (2 a)
— 18. ἀπήγγειλε Σ. πάντας τοὺς λ. (2 a)
— 19. οὐκ ἔπεσεν ἀπὸ πάντων [B¹ *om.*] τῶν λ. αὐ. (2 a)
8. 21. ἤκουσε Σ. πάντας τοὺς λ. τοῦ λαοῦ (2 a)
11. 4. λαλοῦσι τοὺς λ. (2 a)
15. 1. ἄκουε τῆς φωνῆς [A *add.* τῶν λ.] κυρίου (2 a)
— 11. τοὺς λ. μου οὐκ ἐτήρησε (2 a)
— 24. παρέβην τὸν λ. κυρίου (8)
16. 18. ὁ ἀνὴρ πολεμιστὴς καὶ σοφὸς [A συνετὸς] λόγῳ (2 a)
17. 31. A ἠκούσθησαν οἱ λ. (2 a)
18. 8. πονηρὸν ἐφάνη τὸ ῥῆμα . . . περὶ τοῦ λ. τούτου (2 a ?)
— 26. εὐθύνθη ὁ λ. ἐν ὀφθαλμοῖς Δ. (2 a)
20. 22. B οὐκ ἔστι λόγος κυρίου [A R *om.*] –
22. 15. μὴ δότω ὁ βασ. . . . λόγον (2 a)
24. 8. ἔπεισε Δ. τοὺς ἄνδρας αὐ. ἐν λόγοις (2 a)
— 10. ἵνα τί ἀκούεις τῶν λ. τοῦ λαοῦ (2 a)
25. 9. λαλοῦσι τοὺς λ. τούτους πρὸς Ν. [A *al.*] (2 a)
— 24. B ἄκουσον τῆς δούλης σου λόγον [A τὸν λ., R -ων] (2 a)
28. 10. εἰ ἀπαντήσεταί σοι ἀδικία ἐν τῷ λ. τούτῳ (2 a)
— 20. ἐφοβήθη σφόδρα ἀπὸ τῶν λ. Σαμ. (2 a)

I Ki. 28. 21. ἤκουσα τοὺς λ. (2 a)
29. 10. λ. λοιμὸν μὴ θῇς –
30. 24. B τίς ὑπακούσεται [A R ἐπ.] ὑμῶν τῶν λ. τούτων (2 a)
II Ki. 1. 4. τίς ὁ λ. οὗτος (2 a)
3. 8. A²B ἐθυμώθη σφόδρα Ἀβ. περὶ τοῦ λ. (2 a)
— 13. λ. ἕνα ἐγὼ αἰτοῦμαι παρὰ σοῦ (2 a)
7. 17. κατὰ πάντας τοὺς λ. τούτους (2 a)
— 21. A διὰ τὸν λ. [B δοῦλόν] σου πεποίηκας (2 a)
— 28. οἱ λ. σου ἔσονται ἀληθινοί (2 a)
11. 18. ἀπήγγειλε . . . πάντας τοὺς λ. τοῦ πολέμου (2 a)
— 19. ἐν τῷ συντελέσαι πάντας τοὺς λ. τοῦ πολέμου (2 a)
12. 9. ἐφαύλισας τὸν λ. κυρίου (2 a)
13. 21. ἤκουσεν ὁ βασ. Δ. πάντας τοὺς λ. τ. (2 a)
— 22. ἐπὶ λόγου οὗ ἐταπείνωσε Θ. (2 a)
— 35. κατὰ τὸν λ. τοῦ δούλου σου (2 a)
14. 3. ἔθηκεν Ἰ. τοὺς λ. ἐν τῷ στόματι αὐ. (2 a)
— 13. ἢ ἐκ στόματος τοῦ βασ. ὁ λ. οὗτος (2 a)
— 17. εἴη δὴ ὁ λ. τοῦ κ. μου τοῦ βασ. εἰς θυσίας (2 a)
— 19. ἔθετο ἐν τῷ στόματι . . . πάντας τοὺς λ. τούτους (2 a)
— 20. B ἐποίησεν . . . τὸν δόλον [A R λόγον] τοῦτον (2 a)
— 21. ἐποίησά σοι κατὰ τὸν λ. σου τοῦτον (2 a)
— 22. ἐποίησεν . . . τὸν λ. τοῦ δούλου αὐ. (2 a)
15. 3. οἱ λ. σου ἀγαθοὶ καὶ εὔκολοι (2 a)
16. 23. ὃν τρόπον ἐπερωτήσῃ ἐν λόγῳ τοῦ θ. (2 a)
17. 4. εὐθὴς ὁ λ. ἐν ὀφθαλμοῖς Ἀβ. (2 a)
— 6. ποιήσομεν κατὰ τὸν λ. αὐτοῦ (2 a)
18. 13. πᾶς ὁ [A *om.*] λ. οὐ λήσεται ἀπὸ τοῦ βασ. (2 a)
19. 11 (12). λόγος παντὸς [A -ὶ] Ἰσρ. ἦλθε πρὸς τὸν βασ. (2 a)
— 29 (30). ἵνα τί λαλεῖς ἔτι τοὺς λ. σου (2 a)
— 42 (43). ἵνα τί . . . ἐθυμώθης περὶ τοῦ λ. τούτου (2 a)
— 43 (44). καὶ οὐκ ἐλογίσθη ὁ λ. μου πρῶτός μοι (2 a)
— 43 (44). ἐσκληρύνθη ὁ λ. ἀνδρὸς Ἰ. ὑπὲρ τὸν λ. ἀνδρὸς Ἰσρ. (2 a, 2 a)
20. 17. ἄκουσον τοὺς λ. τῆς δούλης σου (2 a)
— 18. λόγον ἐλάλησαν ἐν πρώτοις (2 e)
— 21. οὐχ οὗτος ὁ λ. (2 a)
22. 1. ἐλάλησε Δ. τῷ κ. τοὺς λ. τῆς ᾠδῆς ταύτης (2 a)
23. 1. οὗτοι οἱ λ. Δ. οἱ ἔσχατοι (2 a)
— 2. ὁ λ. αὐ. ἐπὶ γλώσσης μου (4)
24. 3. ἵνα τί βούλεται ἐν τῷ λ. τούτῳ (2 a)
— 4. ὑπερίσχυσεν ὁ λ. τοῦ βασ. πρὸς Ἰ. (2 a)
— 11. λόγος κυρίου ἐγένετο πρὸς Γ. (2 a)
— 19. ἀνέβη Δ. κατὰ τὸν λ. Γάδ (2 a)
III Ki. 1. 7. ἐγένοντο οἱ λ. αὐ. μετὰ Ἰ. (2 a)
— 14. πληρώσω τοὺς λ. σου (2 a)
2. 4. ἵνα στήσῃ κύριος τὸν λ. αὐτοῦ (2 a)
— 13 (14). λόγος μοι πρὸς σέ (2 a)
— 23. ἐλάλησεν Ἀδ. τὸν λ. τοῦτον (2 a)
3. 10. A ἤρεσεν ὁ λ. [B *om.* ὁ λ.] ἐνώπιον κυρίου (2 a)
4. 27 (5. 7). οὐ παραλλάσσουσι λόγον (2 a)
5. 7 (21). καθὼς ἤκουσε Χ. τῶν λ. Σαλ. (2 a)
6. 1 (38). εἰς πάντα λ. αὐ. καὶ εἰς πᾶσαν διάταξιν αὐ. (2 a)
— 11. A ἐγένετο λόγος κυρίου πρὸς Σαλ. (2 a)
— 12. A στήσω τὸν λ. μου σὺν σοί (2 a)
8. 56. οὐ διεφώνησε λ. εἷς ἐν πᾶσι τοῖς λ. αὐτοῦ τοῖς ἀγαθοῖς (2 a, 2 a)
— 59. ἔστωσαν οἱ λ. [A *add.* μου] οὗτοι . . . ἐνώπιον κυρίου (2 a)
10. 3. ἀπήγγειλεν αὐτῇ Σ. πάντας τοὺς λ. αὐ. (2 a)
— 3. οὐκ ἦν λ. παρεωραμένος παρὰ τοῦ βασ. (2 a)
— 6. ἀληθινὸς ὁ λ. ὃν ἤκουσα ἐν τῇ γῇ μου περὶ τοῦ λ. σου (2 a, 2 a)
11. 10. καὶ ἐντειλαμένου αὐτῷ ὑπὲρ τοῦ λ. τούτου (2 a)
— 41. A R τὰ λοιπὰ τῶν λ. [B ῥημάτων] Σαλ. (2 a)
12. 6. πῶς . . . ἀποκριθῶ τῷ λαῷ τούτῳ λόγον (2 a)
— 7. καὶ λαλήσεις αὐτοῖς λ. ἀγαθούς (2 a)
— 16. A ἀπεκρίθη ὁ λαὸς τῷ βασ. λόγον [B *om.*] (2 a)
— 22. ἐγένετο λόγος κυρίου πρὸς Σ. (2 a)
— 24. ἤκουσαν τοῦ λ. κυρίου (2 a)
— 24. B λόγος κυρίου ἐγένετο πρὸς Σ. –

III Ki. 12. 24. B ἤκουσαν τοῦ λ. κυρίου –
— 30. ἐγένετο ὁ λ. οὗτος εἰς ἁμαρτίαν (2 a)
13. 1. παρεγένετο ἐν λόγῳ κυρίου (2 a)
— 2. ἐπεκάλεσε . . . ἐν λόγῳ κυρίου (2 a)
— 4. ὡς ἤκουσεν . . . τῶν λ. τοῦ ἀνθρώπου τοῦ θ. (2 a)
— 5. ὃ ἔδωκεν ὁ ἄνθρ. τοῦ θ. ἐν λόγῳ κυρίου (2 a)
— 9. ἐνετείλατό μοι ἐν λόγῳ κύριος (2 a)
— 11. τοὺς λ. οὓς ἐλάλησε τῷ βασ. (2 a)
— 17. ἐντέταλταί μοι ἐν λόγῳ κύριος (2 a)
— 20. ἐγένετο λόγος κυρίου πρὸς τὸν προφ. (2 a)
— 32. ὃ ἐλάλησεν ἐν λόγῳ κυρίου (2 a)
14. 29. καὶ τὰ λοιπὰ τῶν λ. Ῥ. (2 a)
— 29. ἐν βιβλίῳ λόγων τῶν ἡμερῶν (2 a)
15. 7. καὶ τὰ λοιπὰ τῶν λ. Ἀβ. (2 a)
— 7. ἐπὶ βιβλίῳ [A -ου] λόγων τῶν ἡμερῶν (2 a)
— 23. καὶ τὰ λοιπὰ τῶν λ. Ἀσά (2 a)
— 23. ἐπὶ βιβλίῳ [A -ου] λόγων τῶν ἡμερῶν (2 a)
— 31. καὶ τὰ λοιπὰ τῶν λ. Ν. (2 a)
— 31. ἐν βιβλίῳ λόγων τῶν ἡμερῶν (2 a)
16. 1. ἐγένετο λόγος κυρίου ἐν χειρὶ Εἰού (2 a)
— 5. καὶ τὰ λοιπὰ τῶν λ. Β. (2 a)
— 5. ἐν [A ἐπὶ] βιβλίῳ λόγων τῶν ἡμερῶν (2 a)
— 14. καὶ τὰ λοιπὰ τῶν λ. Ἠ. (2 a)
— 14. ἐν βιβλίῳ λόγων τῶν ἡμερῶν (2 a)
— 20. καὶ τὰ λοιπὰ τῶν λ. Ζ. (2 a)
— 20. ἐν βιβλίῳ [A ἐπὶ βιβλίου] λόγων τῶν ἡμερῶν (2 a)
— 27. καὶ τὰ λοιπὰ τῶν λ. Ζ. (2 a)
— 27. ἐν βιβλίῳ λόγων τῶν ἡμερῶν (2 a)
— 28 (22. 45 [46]). B ἐν βιβλίῳ λόγων τῶν ἡμερῶν (2 a)
17. 1. διὰ στόματος λόγου μου (2 a)
— 2. A ἐγένετο λόγος [B ῥῆμα] κυρίου πρὸς Ἠ. (2 a)
18. 21. οὐκ ἀπεκρίθη ὁ λαὸς [A *add.* αὐτῷ] λόγον (2 a)
20 (21). 4. A ἐκλελυμένος ἐπὶ τῷ λ. [B *al.*] (2 a)
— 27. ὑπὲρ τοῦ λ. ὡς [A οὗ] κατενύγη Ἀχ. †
21 (20). 9. ἐπέστρεψαν [A ἀνέστρ.] αὐτῷ λόγον (2 a)
— 12. ἀπεκρίθη αὐτῷ τὸν λ. τοῦτον (2 a)
— 33. ἀνέλεξαν τὸν λ. –
— 35. εἶπε πρὸς τὸν πλησίον αὐ. ἐν λόγῳ κυρίου (2 a)
22. 13. γίνου δὴ καὶ σὺ εἰς λόγους σου κατὰ τοὺς λ. ἑνὸς τούτων (2 a, 2 a)
— 39. καὶ τὰ λοιπὰ τῶν λ. Ἀχ. (2 a)
— 39. ἐν βιβλίῳ λόγων τῶν ἡμερῶν (2 a)
— 46. καὶ τὰ λοιπὰ τῶν λ. Ἰωσ. (2 a)
— 46. B ἐν βιβλίῳ λόγων Ἰωσ. [A R *al.*] (2 a)
IV Ki. 1. 7. καὶ λαλήσαντος πρὸς ὑμᾶς τοὺς λ. τούτους (2 a)
— 18. καὶ τὰ λοιπὰ τῶν λ. Ὀχ. (2 a)
— 18. ἐπὶ βιβλίῳ [A -ου] λόγων τῶν ἡμερῶν (2 a)
4. 13. εἰ ἔστι λόγος σοι πρὸς τὸν βασ. (2 e)
5. 13. μέγαν λ. ἐλάλησεν ὁ προφήτης (2 a)
— 18. ἱλάσεται δὴ κύριος . . . ἐν τῷ λ. τούτῳ (2 a)
6. 11. ἐξεκινήθη . . . περὶ τοῦ λ. τούτου (2 a)
— 12. ἀναγγέλλει . . . πάντας τοὺς λ. (2 a)
— 30. ὡς ἤκουσεν ὁ βασ. Ἰσρ. τοὺς λ. τῆς γυν. (2 a)
7. 1. ἄκουσον λόγον κυρίου (2 a)
8. 23. καὶ τὰ λοιπὰ τῶν λ. Ἰ. (2 a)
— 23. ἐπὶ [A ἐν] βιβλίῳ λόγων τῶν ἡμερῶν (2 a)
9. 5. λόγος μοι πρὸς σέ (2 a)
— 36. λόγος κυρίου ὃν ἐλάλησεν (2 a)
10. 34. καὶ τὰ λοιπὰ τῶν λ. Εἰού (2 a)
— 34. B ἐπὶ βιβλίῳ [A R -ου] λόγων τῶν ἡμερῶν (2 a)
11. 5. οὗτος ὁ λ. ὃν ποιήσετε (2 a)
12. 19 (20). καὶ τὰ λοιπὰ τῶν λ. Ἰ. (2 a)
— 19 (20). ἐπὶ βιβλίῳ [A -ου] λόγων τῶν ἡμερῶν (2 a)
13. 8. καὶ τὰ λοιπὰ τῶν λ. Ἰ. (2 a)
— 8. ἐπὶ βιβλίῳ [A -ου] λόγων τῶν ἡμερῶν (2 a)
— 12. καὶ τὰ λοιπὰ τῶν λ. Ἰ. (2 a)
— 12. ἐπὶ βιβλίῳ [A -ου] λόγων τῶν ἡμερῶν (2 a)
14. 15. καὶ τὰ λοιπὰ τῶν λ. Ἰ. (2 a)
— 15. ἐπὶ [A ἐν] βιβλίῳ λόγων τῶν ἡμερῶν (2 a)
— 18. καὶ τὰ λοιπὰ τῶν λ. Ἀμ. (2 a)
— 18. ἐπὶ βιβλίῳ λόγων τῶν ἡμερῶν (2 a)
— 28. καὶ τὰ λοιπὰ τῶν λ. Ἱερ. (2 a)
— 28. ἐπὶ βιβλίῳ λόγων τῶν ἡμερῶν (2 a)
15. 6. καὶ τὰ λοιπὰ τῶν λ. Ἀζ. (2 a)
— 6. ἐπὶ βιβλίου [A ἐν βιβλίῳ] λόγων τῶν ἡμερῶν (2 a)

IV Ki. 15. 11. καὶ τὰ λοιπὰ τῶν λ. Ζ. (2 a)
— 11. ἐπὶ βιβλίῳ [A -ου] λόγων τῶν ἡμερῶν (2 a)
— 12. ὁ λ. κυρίου ὃν ἐλάλησε (2 a)
— 15. καὶ τὰ λοιπὰ τῶν λ. Σ. (2 a)
— 15. ἐπὶ βιβλίῳ [A -ου] λόγων τῶν ἡμερῶν (2 a)
— 21. καὶ τὰ λοιπὰ τῶν λ. Μ. (2 a)
— 21. ἐπὶ βιβλίῳ [A -ου] λόγων τῶν ἡμερῶν (2 a)
— 26. καὶ τὰ λοιπὰ τῶν λ. Φ. (2 a)
— 26. ἐπὶ βιβλίῳ [A -ου] λόγων τῶν ἡμερῶν (2 a)
— 31. καὶ τὰ λοιπὰ τῶν λ. Φ. (2 a)
— 31. ἐπὶ βιβλίῳ [A -ου] λόγων τῶν ἡμερῶν (2 a)
— 36. καὶ τὰ λοιπὰ τῶν λ. Ἰ. (2 a)
— 36. ἐπὶ βιβλίῳ [A -ου] λόγων τῶν ἡμερῶν (2 a)
16. 19. καὶ τὰ λοιπὰ τῶν λ. Ἄχαζ (2 a)
— 19. ἐπὶ βιβλίῳ λόγων τῶν ἡμερῶν (2 a)
17. 9. ὅσοι ἠμφιέσαντο οἱ υἱοὶ Ἰσρ. λόγους (2 a)
— 13. B διεμαρτύρατο κύριος . . . λόγον [A R λέγων] (1 c)
18. 20. πλὴν λόγοι χειλέων (2 a)
— 27. λαλῆσαι τοὺς λ. τούτους (2 a)
— 28. ἀκούσατε τοὺς λ. τοῦ μεγάλου βασ. Ἀσσ. (2 a)
— 29. μὴ ἐπαιρέτω ὑμᾶς Ἐζ. λόγοις [A om.] -
— 36. οὐκ ἀπεκρίθησαν αὐτῷ λόγον (2 a)
— 37. ἀνήγγειλαν αὐτῷ τοὺς λ. Ῥ. (2 a)
19. 4. εἰσακούσεται κ. ὁ θ. σου πάντας [A om.] τοὺς λ. Ῥ. (2 a)
— 4. βλασφημεῖν ἐν λόγοις [A λόγους] (2 a)
— 6. μὴ φοβηθῇς ἀπὸ τῶν λ. (2 a)
— 16. ἄκουσον τοὺς λ. Σενν. (2 a)
— 21. οὗτος ὁ λ. ὃν ἐλάλησε κύριος (2 a)
20. 9. ποιήσει κύριος τὸν λ. (2 a)
— 13. οὐκ ἦν λόγος [A τόπος] ὃν οὐκ ἔδειξεν αὐτοῖς (2 a)
— 16. ἄκουσον λόγον [A τὸν λ.] κυρίου (2 a)
— 19. ἀγαθὸς ὁ λ. κυρίου (2 a)
— 20. καὶ τὰ λοιπὰ τῶν λ. Ἐζ. (2 a)
— 20. ἐπὶ βιβλίῳ λόγων [A om.] τῶν ἡμερῶν (2 a)
21. 17. καὶ τὰ λοιπὰ τῶν λ. Μ. (2 a)
— 17. ἐπὶ βιβλίῳ λόγων τῶν ἡμερῶν (2 a)
— 25. καὶ τὰ λοιπὰ τῶν λ. Ἀ. (2 a)
— 25. ἐπὶ βιβλίῳ [A -ου] λόγων τῶν ἡμερῶν (2 a)
22. 11. ὡς ἤκουσεν ὁ βασ. τοὺς λ. βιβλίου (2 a)
— 13. περὶ τῶν λ. τοῦ βιβλίου τοῦ εὑρεθέντος τ. (2 a)
— 13. οὐκ ἤκουσαν . . . τῶν λ. τοῦ βιβλίου τ. (2 a)
— 16. ἐπάγω . . . πάντας τοὺς λ. τοῦ βιβλίου [A τῆς βίβλου] (2 a)
— 18. οἱ λ. οὓς ἤκουσας (2 a)
23. 2. ἀνέγνω . . . πάντας τοὺς λ. τοῦ βιβλίου (2 a)
— 3. τοῦ ἀναστῆσαι τοὺς λ. τῆς διαθήκης τ. (2 a)
— 16. τοῦ λαλήσαντος τοὺς λ. τούτους (2 a)
— 17. ὁ . . . ἐπικαλεσάμενος τοὺς λ. τούτους (2 a)
— 24. ἵνα στήσῃ τοὺς λ. τοῦ νόμου (2 a)
— 28. καὶ τὰ λοιπὰ τῶν λ. Ἰωσ. (2 a)
— 28. ἐπὶ βιβλίῳ λόγων τῶν ἡμερῶν (2 a)
24. 2. τοῦ κατισχῦσαι κατὰ τὸν λ. κυρίου (2 a)
— 5. καὶ τὰ λοιπὰ τῶν λ. Ἰω. (2 a)
— 5. ἐπὶ βιβλίῳ λόγων τῶν ἡμερῶν (2 a)
25. 30. λόγον ἡμέρας ἐν τῇ ἡμέρᾳ αὐ. (2 a)
I Ch. 10. 13: 11. 3, 10. κατὰ τὸν λ. κυρίου (2 a)
12. 23. κατὰ τὸν λ. κυρίου (8)
13. 4. εὐθὴς ὁ λ. ἐν ὀφθαλμοῖς παντὸς τοῦ λαοῦ (2 a)
15. 15. ἐν λόγῳ θεοῦ κατὰ τὴν γραφήν (2 a)
16. 15. λόγον αὐ. ὃν ἐνετείλατο (2 a)
17. 3. ἐγένετο λόγος κυρίου πρὸς Ν. (2 a)
— 15. κατὰ πάντας τοὺς λ. τούτους (2 a)
— 23. ὁ λ. σου . . . πιστωθήτω (2 a)
21. 6. κατίσχυσε [A προσώχθισεν ὁ] λόγος τοῦ βασ. τὸν Ἰ. (2 a)
— 12. τί ἀποκριθῶ τῷ ἀποστείλαντι λόγον (2 a)
— 19. ἀνέβη Δ. κατὰ τὸν λ. Γ. (2 a)
22. 8. ἐγένετό μοι [A ἐπ' ἐμὲ] λόγος κυρίου (2 a)
23. 27. ἐν τοῖς λ. Δ. τοῖς ἐσχάτοις (2 a)
25. 5. ἐν λόγοις θεοῦ ὑψῶσαι κέρας (2 a)
26. 32. A εἰς πάντα λ. τοῦ θ. καὶ λόγον βασιλέως [B al.] (2 a, 2 a)
27. 1. εἰς πᾶν λόγον τοῦ βασ. . . . πᾶν λόγον τοῦ εἰσπορευομένου (2 a, -)
— 24. ἐν βιβλίῳ λόγων τῶν ἡμερῶν (2 a)
28. 21. εἰς πάντας τοὺς λ. σου (2 a)
29. 29. οἱ δὲ λοιποὶ λ. τοῦ βασ. Δ. . . . γεγραμμένοι εἰσὶν ἐν λόγοις Σαμ. . . . καὶ ἐπὶ λόγων Ν. . . . καὶ ἐπὶ λόγων Γάδ (2 a quater)
II Ch. 6. 10. ἀνέστησε κύριος τὸν λ. τοῦτον [A αὐτοῦ] (2 a)
8. 13. κατὰ τὸν λ. ἡμέρας ἐν ἡμέρᾳ (2 a)
— 14. κατὰ τὸν λ. ἡμέρας ἐν τῇ ἡμέρᾳ (2 a)
— 15. εἰς πάντα λ. καὶ εἰς τοὺς θησαυρούς (2 a)
9. 2. ἀνήγγειλεν αὐτῇ Σ. πάντας τοὺς λ. αὐ. (2 a)
— 2. B οὐ παρῆλθε λόγος ἀπὸ Σ. λόγος [A R om.] ὃν οὐκ ἀπήγγειλεν αὐτῇ (2 a, -)
— 5. ἀληθινὸς ὁ λ. ὃν ἤκουσα . . . περὶ τῶν λ. σου (2 a, 2 a)
— 6. οὐκ ἐπίστευσα τοῖς λ. (2 a)
— 29. καὶ οἱ κατάλοιποι λ. Σαλ. (2 a)
— 29. γεγραμμένοι ἐπὶ τῶν λ. Νάθαν . . . καὶ ἐπὶ τῶν λ. Ἀ. (2 a, 6)
10. 6. τοῦ ἀποκριθῆναι τῷ λαῷ τούτῳ λόγον (2 a)
— 7. ἐὰν . . . λαλήσῃς αὐτοῖς λ. ἀγαθούς (2 a)
— 9. ἀποκριθήσομαι λόγον τῷ λαῷ τούτῳ (2 a)
— 15. ἀνέστησε κύριος τὸν λ. αὐτοῦ (2 a)
11. 2. ἐγένετο λόγος κυρίου πρὸς Σ. (2 a)
— 4. ἐπήκουσαν [A ὑπ.] τοῦ λ. κυρίου (2 a)
12. 7. ἐγένετο λόγος κυρίου πρὸς Σ. (2 a)
— 12. ἐν Ἰούδᾳ ἦσαν λ. ἀγαθοί (2 a)
— 15. λόγοι Ῥ. οἱ πρῶτοι καὶ οἱ ἔσχατοι (2 a)
— 15. γεγραμμένοι ἐν τοῖς λ. Σ. (2 a)
13. 22. καὶ οἱ λοιποὶ λ. Ἀβία . . . καὶ οἱ λ. αὐτοῦ (2 a, 2 a)
15. 8. ἐν τῷ ἀκοῦσαι τοὺς λ. τούτους (2 a)
16. 11. οἱ λ. Ἀ. οἱ πρῶτοι καὶ οἱ ἔσχατοι (2 a)
18. 12. ἔστωσαν δὴ οἱ λ. σου ὡς ἑνὸς αὐτῶν (2 a)
— 18. ἀκούσατε λόγον κυρίου (2 a)
19. 3. λ. ἀγαθοὶ ηὑρέθησαν ἐν σοί (2 a)
— 6. μεθ' ὑμῶν λόγοι τῆς κρίσεως (2 a)
— 11. εἰς πᾶν λόγον κυρίου (2 a)
— 11. πρὸς πᾶν λόγον βασιλέως (2 a)
20. 34. οἱ λοιποὶ λ. Ἰωσ. οἱ πρῶτοι . . . γεγραμμένοι ἐν λόγοις Ἰ. (2 a, 2 a)
23. 4. νῦν ὁ λ. οὗτος ὃν ποιήσετε (2 a)
25. 26. καὶ οἱ λοιποὶ λ. Ἀμ. οἱ πρῶτοι (2 a)
26. 22. καὶ οἱ λοιποὶ λ. Ὀ. (2 a)
27. 7. καὶ οἱ λοιποὶ λ. Ἰ. [A οἱ λ. Ἰ. οἱ λοιποί] (2 a)
28. 26. καὶ οἱ λοιποὶ λ. αὐ. (2 a)
29. 30. ὑμνεῖν τὸν κύριον ἐν λόγοις Δ. (2 a)
— 36. ἐξάπινα ἐγένετο ὁ λ. (2 a)
30. 4. ἤρεσεν ὁ λ. ἐναντίον τοῦ βασ. (2 a)
— 5. καὶ ἔστησαν λόγον (2 a)
— 12. τοῦ ποιῆσαι . . . ἐν λόγῳ κυρίου (2 a)
31. 5. ὡς προσέταξε τὸν λ. (2 a)
— 16. εἰς λόγον ἡμερῶν εἰς ἡμέρας (2 a)
32. 1. μετὰ τοὺς λ. τούτους (2 a)
— 8. κατεθάρσησεν ὁ λαὸς ἐπὶ τοῖς λ. Ἐζ. (2 a)
— 32. B καὶ τὰ κατάλοιπα [A R λ.] τῶν λ. Ἐζ. (2 a)
33. 18. καὶ τὰ λοιπὰ τῶν λ. Μαν. . . . καὶ [A add. οἱ] λόγοι τῶν ὁρώντων (2 a, 2 a)
— 19 (18). ἰδοὺ ἐπὶ λόγων προσευχῆς αὐτοῦ (2 a)
— 19. γέγραπται ἐπὶ τῶν [A om.] λ. τῶν ὁρώντων (2 a)
34. 16. ἀπέδωκεν ἔτι [A ἐπὶ] τῷ βασ. λόγον (2 a)
— 18. ἀπήγγειλε Σ. . . . λόγον [A om.] -
— 19. A R ὡς ἤκουσεν ὁ βασ. τοὺς λ. [B om. τ. λ.] τοῦ νόμου (2 a)
— 21. περὶ τῶν λ. τοῦ βιβλίου τοῦ εὑρεθέντος (2 a)
— 21. B οὐκ ἤκουσαν [A R εἰσήκ.] οἱ πατ. ἡμῶν τῶν λ. κυρίου (2 a)
— 24. ἐπάγω . . . τοὺς πάντας λ. τοὺς γεγραμμ. †
— 26. τοὺς λ. οὓς ἤκουσας (2 a)
— 27. ἐν τῷ ἀκοῦσαί σε τοὺς λ. μου (2 a)
— 28. ἀπέδωκαν τῷ βασ. λόγον (2 a)
— 30. B ἀνέγνω . . . τοὺς [A R om.] πάντας λ. βιβλίου (2 a)
— 31. τοῦ φυλάσσειν . . . τοὺς λ. τῆς διαθήκης (2 a)
35. 6. κατὰ τὸν λ. κυρίου διὰ χειρὸς Μ. (2 a)
— 19. ἵνα στήσῃ τοὺς λ. τοῦ νόμου. -
— 22. οὐκ ἤκουσε τῶν λ. Ν. (2 a)
— 26. ἦσαν λόγοι Ἰ. καὶ ἡ ἐλπὶς αὐ. -
— 27. καὶ οἱ [A add. λοιποὶ] λ. αὐ. οἱ πρῶτοι (2 a)
36. 5. ἀπέστησαν μετὰ τὸν λ. τοῦτον κατὰ τὸν λ. κυρίου -, -
— 5. καὶ τὰ λοιπὰ τῶν λ. Ἰ. (2 a)
— 8. ἐπὶ βιβλίῳ λόγων τῶν ἡμερῶν -
— 16. ἦσαν . . . ἐξουθενοῦντες τοὺς λ. αὐτοῦ (2 a)
— 21. τοῦ πληρωθῆναι λόγον κυρίου (2 a)
I Es. 1. 24. οἱ λ. τοῦ κυρίου ἀνέστησαν ἐπὶ Ἰσρ.
— 47. οὐκ ἐνετράπη ἀπὸ τῶν ῥηθέντων λ. ὑπὸ Ἰ.
— 57. A εἰς ἀναπλήρωσιν λόγου κυρίου [B al.]
3. 5. εἴπωμεν ἕκαστος ἡμῶν ἕνα λ.
— 8. γράψαντες ἕκαστος τὸν ἑαυτοῦ λ.
— 9. οὗ [A om.] ὁ λ. αὐ. σοφώτερος
I Es. 3. 16. δηλώσουσι τοὺς λ. ἑαυτῶν
4. 5. τὸν λ. τοῦ βασ. οὐ παραβαίνουσιν
5. 6. ὃς ἐλάλησεν . . . λ. σοφούς
II Es. 1. 1. B^1 τοῦ τελεσθῆναι [A B^2 R add. λόγον, A R add. κυρίου] ἀπὸ στόματος Ἰερ. (2 a)
3. 4. λόγον ἡμέρας ἐν ἡμέρᾳ (2 a)
7. 11. τῷ γραμματεῖ βιβλίου λόγων ἐντολῶν κ. (2 a)
— 12. R τετελέσθω [A -ται ὁ, B -το] λόγος -
8. 17. λόγους λαλῆσαι πρὸς τοὺς ἀδ. αὐ. (2 a)
9. 3. ὡς ἤκουσα τὸν λ. τοῦτον (2 a)
— 4. πᾶς ὁ διώκων λόγον θεοῦ Ἰσρ. (2 a)
Ne. 1. 1. λόγοι Ν. υἱοῦ Χ. (2 a)
— 4. ἐν τῷ ἀκοῦσαί με τοὺς λ. τούτους (2 a)
— 8. μνήσθητι δὴ τὸν λ. (2 a)
2. 18. B ἀπήγγειλα . . . πρὸς [A S τοὺς] λόγους τοῦ βασ. (2 a)
— 20. ἐπέστρεψα αὐτοῖς λόγον (2 a)
5. 6. καθὼς ἤκουσα . . . τοὺς λ. τούτους (2 a)
— 8. οὐχ εὕροσαν λόγον (2 a)
— 9. A S R οὐκ ἀγαθὸς ὁ [B om.] λ. (2 a)
— 13. ὃς οὐ στήσει τὸν λ. τοῦτον (2 a)
— 13. ᾔνεσαν τὸν κύριον [S^2 λόγον κυρίου] -
— 13. ἐποίησεν ὁ λαὸς τὸ ῥῆμα τοῦτο [S^2 τὸν λ. τ.] (2 a)
6. 5. S^2 κατὰ τὸν λ. τοῦτον τὸ πέμπτον (2 a)
— 7. ἀπαγγελήσονται . . . οἱ λ. οὗτοι (2 a)
— 8. οὐκ ἐγενήθη ὡς οἱ λ. οὗτοι (2 a)
— 12. ἡ προφητεία λόγος κατ' ἐμοῦ (2 e)
— 19. τοὺς λ. αὐ. ἦσαν λέγοντες πρὸς μὲ καὶ λόγους μου ἦσαν ἐκφέροντες αὐτῷ (†, 2 a)
8. 9. ὡς ἤκουσαν τοὺς λ. τοῦ νόμου (2 a)
— 12. συνῆκαν ἐν τοῖς λ. (2 a)
— 13. ἐπιστῆσαι πρὸς πάντας τοὺς λ. τοῦ νόμου (2 a)
9. 8. ἔστησας τοὺς λ. σου (2 a)
12. 23. ἐπὶ βιβλίῳ [S^2 -ου] λόγων τῶν ἡμ. (2 a)
— 47. λόγον ἡμέρας ἐν ἡμέρᾳ αὐ. (2 a)
13. 17. τίς ὁ λ. οὗτος ὁ πονηρός (2 a)
To. 1. 1. βίβλος λόγων Τωβὶτ τοῦ Τωβιὴλ
5. 20. μὴ λόγον ἔχε
— 20. S μὴ λόγον ἔχε
6. 15. οὐ μέμνησαι τῶν λ. [S τὰς ἐντολάς]
— 15. A^2 ὧν ἐνετείλατο . . . ὑπὲρ τοῦ λ. τούτου [A^1 B S al.]
— 15. τοῦ δαιμονίου μηδένα λ. ἔχε [S al.]
— 17. S μὴ λόγον ἔχε
— 17. S ὅτε ἤκουσε Τ. τῶν λ. Ῥ. [A B al.]
7. 9. μετέδωκε τὸν λ. τῷ Ῥαφαὴλ [S al.]
8. 2. ἐμνήσθη τῶν λ. Ῥαφαὴλ
10. 6. μὴ λόγον ἔχε
12. 6. τοὺς λ. τῶν ἔργων θεοῦ ἐντίμως ὑποδεικνύοντες [S al.]
13. 12. S οἱ ἐροῦσιν λ. σκληρόν [A B al.]
14. 1. S συνετελέσθησαν οἱ λ. τῆς ἐξομολογήσεως Τ. [A B al.]
— 4. S οὐ μὴ διαπέσῃ ῥῆμα ἐκ τῶν λ.
Ju. 2. 1. ἐγένετο λόγος ἐν οἴκῳ Ναβ.
— 3. οἱ οὐκ ἠκολούθησαν τῷ λ. τοῦ στόματος αὐ.
3. 1. ἀπέστειλαν . . . ἀγγέλους λ. εἰρηνικοῖς
5. 5. ἀκουσάτω δὴ λόγον ὁ κύριός μου
— 22. λαλῶν τοὺς λ. τούτους
6. 4. τὰ ῥήματα τῶν λ. [S τοῦ στόματος] αὐ.
— 5. ὃς ἐλάλησας τοὺς λ. τούτους
7. 9. ἀκουσάτω δὴ λόγον ὁ δεσπότης ἡμῶν
— 16. ἤρεσαν οἱ λ. αὐ. ἐνώπιον Ὀλ.
8. 9. ἤκουσε πάντας τοὺς λ. Ἰ.
— 11. οὐκ εὐθὴς ὁ λ. ὑμῶν
— 14. λόγους τῆς διανοίας αὐ. οὐ διαλήψεσθε
— 28. ὃς ἀντιστήσεται τοῖς λ. σου
9. 13. δὸς λόγον μου [S μοι]
10. 9. εἰς τελείωσιν τῶν λ.
11. 6. ἐὰν κατακολουθήσῃς τοῖς λ. τῆς παιδίσκης σου
— 9. καὶ νῦν [A S add. ὁ] λόγος [S^1 add. σου] ὃν ἐλάλησεν
— 10. μὴ παρέλθῃς τὸν λ. αὐτοῦ
— 20. ἤρεσαν οἱ λ. αὐ. ἐναντίον Ὀλ.
— 21. A B ἐν καλῷ προσώπῳ καὶ συνέσει λόγων
— 23. καὶ ἀγαθὴ ἐν τοῖς λ. σου
Es. 1. 1. ἐν παντὶ λ. ἤθελεν ἐπιγνῶναι αὐτό
— 1. ἔγραψεν ὁ βασ. τοὺς λ. τούτους
— 1. ἔγραψε περὶ τῶν λ. τούτων
— 1. καὶ ἐγένετο μετὰ τοὺς λ. τούτους -
— 20. ἀκουσθήτω ὁ νόμος [A S^2 λόγος] (9)
— 21. ἤρεσεν ὁ λ. τῷ βασιλεῖ (2 a)
2. 1. μετὰ τοὺς λ. τούτους (2 a)

Es. 2. 22. ἐδηλώθη Μαρδοχαίῳ ὁ [A *om.*] λ. (2 *a*)
3. 4. Μαρδοχαῖον τοῖς τοῦ βασ. λ. ἀντιτασσόμενον [A *al.*] (2 *a* ?)
4. 9. ἐλάλησεν αὐτῇ πάντας τοὺς λ. τ. (2 *a*)
— 12. ἀπήγγειλεν . . . πάντας τοὺς λ. ᾿Ε. (2 *a*)
— 17. δὸς λόγον εὔρυθμον εἰς τὸ στόμα μου
5. 1. παρεκάλει αὐτὴν λ. εἰρηνικοῖς
— 5. ὅπως ποιήσωμεν τὸν λ. ᾿Ε. [A *al.*] (2 *a*)
6. 1. εἰσφέρειν γράμματα μνημόσυνα [S^2 *add.* λόγων] (2 *a*)
— 10. μὴ παραπεσάτω σου λόγος (2 *a*)
7. 3. A B S^1 καὶ ὁ λ. [S^{2}R λαός] μου τῷ ἀξιώματί μου †
— 8. S^2 ὁ λ. ἐξῆλθεν ἐκ τοῦ στόματος τοῦ βασ. (2 *a*)
8. 5. S^2 καὶ εὐθὴς ὁ λ. ἐνώπιον τοῦ βασ. (2 *a*)
— 17. S^2 ὁ λ. τοῦ βασιλέως [A B S^1 *al.*] (2 *a*)
9. 20. ἔγραψε δὲ Μ. τοὺς λ. τούτους (2 *a*)
— 26. διὰ τοὺς λ. τῆς ἐπιστολῆς ταύτης (2 *a*)
— 32. ᾿Ε. λόγῳ ἔστησεν (2 *e*)
10. 3. οὗ εἶδον περὶ τῶν λ. τούτων
— 3. οὐδὲ γὰρ παρῆλθεν ἀπ᾿ αὐτῶν λόγος
Jb. 2. 13. A οὐδεὶς αὐτῶν ἐλάλησεν πρὸς αὐτὸν λόγον [B S *al.*] (2 *a*)
4. 12. εἰ δέ τι ῥῆμα ἀληθινὸν ἐγεγόνει ἐν λόγοις σου –
7. 13. ἀνοίσω δὲ πρὸς ἐμαυτὸν ἰδίᾳ λόγον [A διάλ.] †
9. 3. ἵνα μὴ ἀντείπῃ πρὸς ἕνα λόγον αὐτοῦ ἐκ χιλίων –
11. 12. ἄνθρωπος δὲ ἄλλως νήχεται λόγοις [A^1 ἀλόγοις] †
14. 3. οὐχὶ καὶ τούτου λόγον ἐποιήσω †
15. 3. ἐλέγχων . . . ἐν λόγοις οἷς οὐδὲν ὄφελος (4)
16. 5 (4). A εἶτ᾿ ἐναλοῦμαι ὑμῖν λόγοις [B S ῥήμασι] (4)
19. 2. ἕως τίνος . . . καθαιρεῖτέ με λόγοις (4)
— 28. ῥίζαν λόγου εὑρήσομεν ἐν αὐτῷ (2 *a*)
21. 2. ἀκούσατέ μου τῶν λ. (4)
22. 4. ἢ λόγον σου ποιούμενος ἐλέγξει σε †
26. 14. S^1 ταῦτα μέρη λόγου [A B S^2 ὁδοῦ] αὐτοῦ καὶ ἐπὶ ἰκμάδα λόγου ἀκουσόμεθα ἐν αὐτῷ (†, 2 *a*)
32. 11. A ἤκουσα τοὺς λ. ὑμῶν –
— 11. ἄχρις οὗ ἐτάσητε λόγους [A τοὺς λ. ὑμῶν] (4)
— 15. ἐπαλαίωσαν ἐξ αὐτῶν λόγους (4)
33. 32. A S^{2}R εἰ εἰσί σοι λόγοι [B S^1 εἰ ἔστι λόγος] (4)
34. 3. οὓς [A νοῦς] λόγους δοκιμάζει (4)
41. 3 (4). λόγον [A -ος] δυνάμεως ἐλεήσει τὸν ἴσον αὐτοῦ (2 *a*)
Ps. 7. *tit.* ὃν ᾖσε τῷ κ. ὑπὲρ τῶν λ. Χ. (2 *a*)
16 (17). 4. διὰ τοὺς λ. τῶν χειλέων σου (2 *a*)
17 (18). *tit.* ἃ ἐλάλησε τῷ κυρίῳ τοὺς λ. τῆς ᾠδῆς ταύτης (2 *a*)
18 (19). 3. οὐκ εἰσὶ λαλιαὶ οὐδὲ λόγοι (2 *a*)
21 (22). 1. μακρὰν ἀπὸ τῆς σωτηρίας μου οἱ λ. τῶν παραπτωμάτων μου (2 *a*)
32 (33). 4. εὐθὴς ὁ λ. τοῦ κυρίου (2 *a*)
— 6. τῷ λ. τοῦ κυρίου οἱ οὐρανοὶ ἐστερεώθησαν (2 *a*)
40 (41). 8. λόγον παράνομον κατέθεντο κατ᾿ ἐμοῦ (2 *a*)
44 (45). 1. ἐξηρεύξατο ἡ καρδία μου λόγον ἀγαθόν (2 *a*)
49 (50). 17. ἐξέβαλες τοὺς λ. μου εἰς τὰ ὀπίσω (2 *a*)
50 (51). 4. ὅπως ἂν δικαιωθῇς ἐν τοῖς λ. σου (2 *a*)
54 (55). 21. ἡπαλύνθησαν οἱ λ. αὐτοῦ ὑπὲρ ἔλαιον (2 *a*)
55 (56). 3. ἐν τῷ θεῷ ἐπαινέσω τοὺς λ. μου (2 *a*)
— 5. ὅλην τὴν ἡμέραν τοὺς λ. μου ἐβδελύσσοντο (2 *a*)
— 10. ἐπὶ τῷ κυρίῳ αἰνέσω λόγον (2 *a*)
58 (59). 12. λόγον [S^2 -ος] χειλέων αὐτῶν (2 *a*)
63 (64). 5. ἐκραταίωσαν ἑαυτοῖς λόγον πονηρόν (2 *a*)
64 (65). 3. λόγοι ἀνόμων ὑπερεδυνάμωσαν ἡμᾶς (2 *a*)
90 (91). 3. ῥύσεταί με . . . ἀπὸ λόγου ταραχώδους †
102 (103). 20. ποιοῦντες τὸν λ. αὐ. τοῦ ἀκοῦσαι τῆς φωνῆς τῶν λ. αὐ. (2 *a*, 2 *a*)
104 (105). 8. ἐμνήσθη . . . λόγου οὗ ἐνετείλατο (2 *a*)
— 19. μέχρι τοῦ ἐλθεῖν τὸν λ. αὐτοῦ (2 *a*)
— 27. ἔθετο ἐν αὐτοῖς τοὺς λ. τῶν σημείων αὐ. (2 *a*)
— 28. παρεπίκραναν τοὺς λ. αὐτοῦ (2 *a*)
— 42. ἐμνήσθη τοῦ λ. τοῦ ἁγίου αὐτοῦ (2 *a*)
105 (106). 12. A B S^1 ἐπίστευσαν ἐν [S^{2}R *om.*] τοῖς λ. [S^2 τῷ λ.] αὐτοῦ (2 *a*)
— 24. οὐκ ἐπίστευσαν τῷ λ. αὐτοῦ (2 *a*)
106 (107). 20. ἀπέστειλε τὸν λ. αὐτοῦ (2 *a*)

Ps. 108 (109). 3. λόγοις μίσους ἐκύκλωσάν με (2 *a*)
111 (112). 5. οἰκονομήσει τοὺς λ. αὐτοῦ ἐν κρίσει (2 *a*)
118 (119). 9. ἐν τῷ φυλάσσεσθαι τοὺς λ. σου (2 *a*)
— 16. οὐκ ἐπιλήσομαι τῶν λ. σου (2 *a*)
— 17. φυλάξω τοὺς λ. σου (2 *a*)
— 25. A^1 R ζῆσόν με [S ζήσομαι] κατὰ τὸν λ. [A^2 S τὸ λόγιόν] σου (2 *a*)
— 28. βεβαίωσόν με ἐν τοῖς λ. σου (2 *a*)
— 41. S^2 R τὸ σωτήριόν σου κατὰ τὸν λ. [A κ. λόγιον, S^1 κ. τὸ ἔλεός] σου (1 *b*)
— 42. A S ἀποκριθήσομαι τοῖς ὀνειδίζουσί με λόγον ὅτι ἤλπισα ἐπὶ τοὺς λ. [R τοῖς λ.] σου (2 *a*, 2 *a*)
— 43. μὴ περιέλῃς ἐκ τοῦ στόματός μου λόγον ἀληθείας (2 *a*)
— 49. A S^1 μνήσθητι τὸν λ. [S^2 R τῶν λ.] σου τῷ δούλῳ σου (2 *a*)
— 65. S^2 R κατὰ τὸν λ. [A S^2 τὸ λόγιόν] σου (2 *a*)
— 74. εἰς τοὺς λ. σου ἐπήλπισα (2 *a*)
— 81. A S^1 εἰς τὸν λ. [S^2 R τοὺς λ.] σου ἐπήλπισα (2 *a*)
— 89. εἰς τὸν αἰῶνα, κύριε, ὁ λ. σου διαμένει (2 *a*)
— 101. ὅπως ἂν φυλάξω τοὺς λ. σου (2 *a*)
— 107. A S^2 R ζῆσόν με κατὰ τὸν λ. [S^1 τὸ λόγιόν] σου (2 *a*)
— 114. A S^2 R εἰς τοὺς λ. [S^1 τὸν λαόν] σου ἐπήλπισα (2 *a*)
— 130. ἡ δήλωσις τῶν λ. σου φωτιεῖ (2 *a*)
— 139. S^2 R ἐπελάθοντο τῶν λ. [A S^1 ἐντολῶν] σου (2 *a*)
— 142. S^1 ὁ λ. [A S^2 R νόμος] σου ἀλήθεια (14)
— 147. εἰς τοὺς λ. σου ἐπήλπισα (2 *a*)
— 154. διὰ τὸν λ. σου ζῆσόν με (1 *b*)
— 160. ἀρχὴ τῶν λ. σου ἀλήθεια (2 *a*)
— 161. ἀπὸ τῶν λ. σου ἐδειλίασεν ἡ καρδία μου (2 *a*)
129 (130). 5. A S^2 R ὑπέμεινεν ἡ ψυχή μου εἰς τὸν λ. [S^1 νόμον] σου (2 *a*)
136 (137). 3. ἐπηρώτησαν ἡμᾶς . . . λόγους ᾠδῶν (2 *a*)
138 (139). 4. οὐκ ἔστι λόγος ἄδικος [S^2 ἔστι δόλος] ἐν γλώσσῃ μου (4)
140 (141). 4. μὴ ἐκκλίνῃς τὴν καρδίαν μου εἰς λόγους πονηρίας [S -ρούς] (2 *a*)
144 (145). 13. πιστὸς κύριος ἐν τοῖς [S^2 πᾶσιν τοῖς] λ. αὐτοῦ –
147. 4 (15). ἕως τάχους δραμεῖται ὁ λ. αὐτοῦ (2 *a*)
— 7 (18). ἀποστελεῖ τὸν λ. αὐτοῦ (2 *a*)
— 8 (19). ἀπαγγέλλων τὸν λ. αὐτοῦ τῷ ᾿Ιακώβ (2 *a*)
148. 8. τὰ ποιοῦντα τὸν λ. αὐτοῦ (2 *a*)
Pr. 1. 2. νοῆσαί τε λόγους φρονήσεως (1 *a*)
— 3. δέξασθαί τε στροφὰς λόγων †
— 6. νοήσει τε παραβολὴν καὶ σκοτεινὸν λόγον (16)
— 23. διδάξω δὲ ὑμᾶς τὸν ἐμὸν λ. (2 *a*)
— 24. ἐξέτεινον λόγους †
— 29. τὸν δὲ λ. [S^2 φόβον] τοῦ κυρίου οὐ προείλαντο †
4. 4. ἐρειδέτω ὁ ἡμέτερος λ. εἰς σὴν καρδίαν [S διάνοιαν] (2 *a*)
— 10. δέξαι ἐμοὺς λ. (1 *a*)
— 20. τοῖς δὲ ἐμοῖς λ. παράβαλλε σὸν οὖς (1 *a*)
5. 1. ἐμοῖς δὲ λ. παράβαλλε σον οὖς (13)
— 7. μὴ ἀκύρους [S^1 μακρύνῃς] ποιήσῃς ἐμοὺς λ. (1 *a*)
7. 1. υἱέ, φύλασσε ἐμοὺς λ. (1 *a*)
— 2. τοὺς δὲ ἐμοὺς λ. ὥσπερ κόρας ὀμμάτων (14)
— 5. ἐάν σε λόγοις τοῖς πρὸς χάριν ἐμβάληται (1 *a*)
12. 5. S^1 κυβερνῶσι δὲ ἀσεβεῖς λόγοις [A B S^2 δόλους] †
— 6. λόγοι ἀσεβῶν δόλιοι (2 *a*)
— 25. φοβερὸς λόγος καρδίαν ταράσσει ἀνδρὸς δικαίου (17)
13. 5. λόγον ἄδικον μισεῖ δίκαιος (2 *a*)
14. 15. ἄκακος πιστεύει παντὶ λόγῳ (2 *a*)
15. 1. λόγος δὲ λυπηρὸς ἐγείρει ὀργάς (2 *a*)
16. 13. λόγους δὲ ὀρθοὺς ἀγαπᾷ (2 *d*)
— 21. οἱ δὲ γλυκεῖς ἐν λόγῳ πλείονα ἀκούσονται (11)
— 24. κηρία μέλιτος λόγοι καλοί (1 *a*)
17. 14. ἐξουσίαν δίδωσι λόγοις ἀρχὴ δικαιοσύνης †
18. 4. ὕδωρ βαθὺ λόγος ἐν καρδίᾳ ἀνδρός (2 *a*)
— 13. ὃς ἀποκρίνεται λόγον πρὶν ἀκοῦσαι (2 *a*)
19. 7. ὁ δὲ ἐρεθίζει λόγους οὐ σωθήσεται (1 *a*)
22. 12. φαυλίζει δὲ λόγους παράνομος (2 *a*)
— 17. λόγοις σοφῶν παράβαλλε σὸν οὖς καὶ ἄκουε ἐμὸν λ. (2 *a*, –)
— 21. διδάσκω οὖν σε ἀληθῆ λόγον (1 *a*)

Pr. 22. 21. τοῦ ἀποκρίνεσθαί σε λόγους [A -οις, S -ον] ἀληθείας (1 *a*)
23. 8. λυμανεῖται τοὺς λ. σου τοὺς καλούς (2 *a*)
— 9. μή ποτε μυκτηρίσῃ τοὺς συνετοὺς λόγους σου (4)
— 12. τὰ δὲ ὦτά σου ἑτοίμασον λόγοις αἰσθήσεως (1 *a*)
— 16. ἐνδιατρίψει λόγοις τὰ σὰ χείλη πρὸς τὰ ἐμὰ χείλη (2 *e*)
24. 23 (29. 27). λόγον φυλασσόμενος υἱὸς ἀπωλείας ἐκτὸς ἔσται –
— 23 (29. 27). τοὺς ἐμοὺς λ., υἱέ, φοβήθητι –
— 28 (30. 5). πάντες γὰρ λόγοι θεοῦ πεπυρωμένοι (1 *b*)
— 29 (30. 6). μὴ προσθῇς τοῖς λ. αὐτοῦ (2 *a*)
— 31 (30. 8). μάταιον λόγον καὶ ψευδῆ μακράν μου ποίησον (2 *a*)
— 41 (26). χείλη δὲ φιλήσουσιν ἀποκρινόμενα λόγους ἀγαθούς [A S^2 σοφούς] (2 *a*)
— 68 (30. 33). ἐὰν δὲ ἐξέλκῃς λόγους †
— 69 (31. 1). οἱ ἐμοὶ λ. εἴρηνται ὑπὸ θεοῦ (2 *a*)
— 76 (31. 8). ἄνοιγε σὸν στόμα λόγῳ θεοῦ †
25. 2. δόξα θεοῦ κρύπτει λόγον (2 *a*)
— 11. οὕτως εἰπεῖν λόγον (2 *a*)
— 12. λόγος σοφὸς εἰς εὐήκοον οὖς †
— 27. τιμᾶν δὲ χρὴ λόγους ἐνδόξους †
26. 6. ὁ ἀποστείλας δι᾿ ἀγγέλου ἄφρονος λόγον (2 *a*)
— 18. προβάλλουσι λόγους εἰς ἀνθρώπους ὁ δὲ ἀπαντήσας τῷ λ. πρῶτος ὑποσκελισθήσεται †, –
— 22. λόγοι κερκώπων μαλακοί (2 *a*)
— 24. A^{2}R ἐν δὲ τῇ καρδίᾳ τεκταίνεται δόλους [A^1 -ος, B^1 S λόγους] †
27. 11. ἀπόστρεψον ἀπὸ σοῦ ἐπονειδίστους λόγους (2 *a*)
29. 12. βασιλέως ἐπακούοντος λόγον ἄδικον (2 *a*)
— 19. λόγοις οὐ παιδευθήσεται οἰκέτης σκληρός (2 *a*)
— 20. ἐὰν ἴδῃς ἄνδρα ταχὺν ἐν λόγοις (2 *a*)
Ec. 1. 8. πάντες οἱ λ. ἔγκοποι (2 *a*)
5. 1. τοῦ ἐξενέγκαι λόγον πρὸ προσώπου τοῦ θεοῦ (2 *a*)
— 1. ἔστωσαν οἱ λ. σου ὀλίγοι (2 *a*)
— 2. φωνὴ ἄφρονος ἐν πλήθει λόγων (2 *a*)
— 6. ἐν πλήθει ἐνυπνίων . . . καὶ λ. πολλῶν (2 *a*)
6. 11. A B εἰσὶ λ. [S ὀλίγοι] πολλοὶ πληθύνοντες ματαιότητα (2 *a*)
7. 9 (8). ἀγαθὴ ἐσχάτη λόγων ὑπὲρ ἀρχὴν αὐτοῦ (2 *a*)
— 22 (21). εἰς πάντας λ. . . . μὴ θῇς καρδίαν σου (2 *a*)
8. 2. περὶ λόγου ὅρκου θεοῦ μὴ σπουδάσῃς (2 *c*)
— 3. μὴ στῇς ἐν λ. πονηρῷ (2 *a*)
9. 16. οἱ λ. αὐτοῦ οὐκ εἰσακουόμενοι [A S *al.*] (2 *a*)
— 17. λόγοι σοφῶν ἐν ἀναπαύσει ἀκούονται (2 *a*)
10. 1. B^1 τίμιον ὁ λόγος [A B^2 S R ὀλίγον] σοφίας ὑπὲρ δόξαν ἀφροσύνης μεγάλην –
— 12. λόγοι [S^2 -οις] στόματος σοφοῦ χάρις (2 *a*)
— 13. ἀρχὴ λόγων στόματος αὐτοῦ ἀφροσύνη (2 *a*)
— 14. ὁ ἄφρων πληθύνει λόγους (2 *a*)
— 20. ὁ ἔχων τὰς πτέρυγας ἀπαγγελεῖ λόγον σου (2 *a*)
12. 10. τοῦ εὑρεῖν λόγους θελήματος καὶ γεγραμμένον εὐθύτητος λόγους ἀληθείας (2 *a*, 2 *a*)
— 11. λόγοι σοφῶν ὡς τὰ βούκεντρα (2 *a*)
— 13. τέλος λόγου τὸ πᾶν ἄκουε (2 *a*)
Ca. 5. 6. ἐξῆλθεν [S ἀπῆλθεν] ἐν λόγῳ αὐτοῦ (2 *e*)
Wi. 1. 9. λόγων δὲ αὐτοῦ ἀκοὴ πρὸς κύριον ἥξει
— 16. ἀσεβεῖς δὲ . . . τοῖς λ. προσεκαλέσαντο αὐτόν
2. 2. ὁ λ. σπινθὴρ ἐν κινήσει καρδίας ἡμῶν
— 17. ἴδωμεν εἰ οἱ λ. αὐτοῦ ἀληθεῖς
— 20. ἔσται γὰρ αὐτοῦ ἐπισκοπὴ ἐκ λόγων αὐτοῦ
6. 9. πρὸς ὑμᾶς οὖν, ὦ τύραννοι, οἱ λ. μου
— 11. ἐπιθυμήσατε οὖν τῶν λ. μου
7. 16. ἐν γὰρ χειρὶ αὐτοῦ καὶ ἡμεῖς καὶ οἱ λ. ἡμῶν
8. 8. ἐπίσταται στροφὰς λόγων
— 18. ἐν κοινωνίᾳ λόγων αὐτῆς
9. 1. ὁ ποιήσας τὰ πάντα ἐν λόγῳ σου
12. 9. ἢ λόγῳ ἀποτόμῳ ὑφ᾿ ἓν ἐκτρῖψαι
16. 12. ὁ σός, κύριε, λ. [S ὁ λ.] ὁ πάντα ἰώμενος
18. 15. ὁ παντοδύναμός σου λ. ἀπ᾿ οὐρανῶν . . . ἥλατο
— 22. λόγῳ τὸν κολάζοντα ὑπέταξεν
Si. 1. 23. ἕως καιροῦ κρύψει τοὺς λ. αὐτοῦ
3. 8. ἐν ἔργῳ καὶ λόγῳ τίμα τὸν πατέρα σου

Si. 4. 23. μὴ κωλύσῃς λόγον ἐν καιρῷ σωτηρίας
— 24. ἐν γὰρ λόγῳ γνωσθήσεται σοφία
— 29. παρειμένος ἐν τοῖς ἔργοις [S^{2} λόγοις] σου
5. 10. εἷς ἔστω σου ὁ λ.
7. 14. μὴ δευτερώσῃς λόγον ἐν προσευχῇ σου
— 36. ἐν πᾶσι τοῖς λ. σου μιμνήσκου τὰ ἔσχατά σου
8. 17. οὐ γὰρ δυνήσεται λόγον στέξαι
9. 17. ὁ ἡγούμενος λαοῦ σοφὸς ἐν λόγῳ [S^{1} -οις] αὐ.
— 18. ὁ προπετὴς ἐν λόγῳ αὐτοῦ μισηθήσεται
11. 8. ἐν μέσῳ λόγων μὴ παρεμβάλλου
12. 12. ἐπ' ἐσχάτῳ ἐπιγνώσῃ τοὺς λ. μου
13. 11. μὴ πίστευε τοῖς πλείοσι λ. αὐτοῦ
— 12. ἀνελεήμων ὁ μὴ συντηρῶν λόγους
— 23. τὸν λ. αὐτοῦ ἀνύψωσαν ἕως τῶν νεφελῶν
16. 24. ἐπὶ τῶν λ. μου πρόσεχε τῇ καρδίᾳ σου
18. 15. μὴ δῷς ... ἐν πάσῃ δόσει λύπην λόγων
— 16. οὕτως κρείσσων λόγος ἢ δόσις
— 17. οὐκ ἰδοὺ λόγος ὑπὲρ δόμα ἀγαθόν
— 29. συνετοὶ ἐν λόγοις καὶ αὐτοὶ ἐσοφίσαντο
19. 7. μηδέποτε δευτερώσῃς λόγον
— 10. ἀκήκοας λόγον [S^{1} λέγων] συναποθανέτω σοι
— 11. ἀπὸ προσώπου λόγου ὠδινήσει μωρός
— 12. οὕτως λόγος ἐν κοιλίᾳ μωροῦ
— 15. μὴ παντὶ λόγῳ πίστευε
20. 8. ὁ πλεονάζων λόγῳ [A -ον] βδελυχθήσεται
— 13. ὁ σοφὸς ἐν λόγῳ [A S -οις] ἑαυτὸν προσφιλῆ ποιήσει
— 27. λόγοι παραβολῶν
— 27. ὁ σοφὸς ἐν λόγοις προάξει ἑαυτόν
21. 15. λόγον σοφὸν ἐὰν ἀκούσῃ ἐπιστήμων
— 17. τοὺς λ. αὐτοῦ διανοηθήσεται ἐν καρδίᾳ
— 18. γνῶσις ἀσυνέτου ἀδιεξέταστοι λόγοι
— 25. λόγοι δὲ φρονίμων ἐν ζυγῷ σταθήσονται
22. 13. μετὰ ἄφρονος μὴ πληθύνῃς λόγον
23. 13. ἔστι γὰρ ἐν αὐτῇ λόγος ἁμαρτίας
— 15. ἄνθρωπος συνεθιζόμενος λόγοις ὀνειδισμοῦ
27. 6. οὕτως λόγος ἐνθυμήματος καρδίας [A -ίᾳ] ἀνθρώπου
— 23. ἐπὶ τῶν λ. σου ἐκθαυμάσει
— 23. ἐν τοῖς λ. σου δώσει σκάνδαλον
28. 25. τοῖς λ. σου ποίησον ζυγὸν καὶ σταθμόν
29. 3. στερέωσον λόγον
— 5. ἀποδώσει λόγους ἀκηδίας
31 (34). 11. πλείονα τῶν λ. μου σύνεσίς μου
34 (31). 22. εὑρήσεις τοὺς λ. μου
— 22. A ἐν πᾶσι τοῖς λ. [B S ἔργοις] σου γίνου ἐντρεχής
— 31. λόγον ὀνειδισμοῦ μὴ εἴπῃς αὐτῷ
35 (32). 8. κεφαλαίωσον λόγον [S om.]
— 12. μὴ ἁμάρτῃς λόγῳ ὑπερηφάνῳ [S^{1} al.]
36 (33). 4. ἑτοίμασον λόγον
36. 24 (21). οὕτως καρδία συνετὴ λόγους ψευδεῖς
37. 16. ἀρχὴ παντὸς ἔργου λόγος
— 20. ἔστι σοφιζόμενος ἐν λόγοις μισητός
39. 17. ἐν λόγῳ αὐτοῦ ἔστη ὡς θημωνία ὕδωρ
— 31. ἐν τοῖς καιροῖς αὐ. οὐ παραβήσονται λόγον
41. 22. ἀπὸ φίλων περὶ λόγων [A S -ου] ὀνειδισμοῦ
42. 1. ἀπὸ δευτερώσεως καὶ λόγου ἀκοῆς καὶ ἀπὸ ἀποκαλύψεων λόγων κρυφίων
— 3. περὶ λόγου κοινωνοῦ [S -ῶν] καὶ ὁδοιπόρων
— 15. ἐν λόγοις κυρίου τὰ ἔργα αὐτοῦ
— 20. οὐκ ἐκρύβη ἀπ' αὐτοῦ οὐδὲ [A om.] εἷς λόγος
43. 5. ἐν λόγοις αὐτοῦ κατέσπευσε πορείαν
— 10. A S R ἐν λόγοις ἁγίου [B -ίοις] στήσονται κατὰ κρίμα
— 26. ἐν λόγῳ αὐτοῦ σύγκειται πάντα
— 27. συντέλεια λόγων τὸ πᾶν ἐστιν αὐτός
44. 4. σοφοὶ λόγοι ἐν [A ἐν λόγοις] παιδείᾳ αὐτῶν
45. 3. ἐν λόγοις αὐτοῦ σημεῖα κατέπαυσεν
— 10. λογείῳ [S λόγοι] κρίσεως
48. 1. ὁ λ. αὐτοῦ ὡς λαμπὰς ἐκαίετο
— 3. ἐν λόγῳ κυρίου ἀνέσχεν οὐρανόν
— 5. ὁ ἐγείρας νεκρὸν ... ἐξ ᾅδου ἐν λόγῳ ὑψίστου
— 13. πᾶς λόγος οὐχ [S κυρίου] ὑπερῆρεν αὐτόν
51. 5. ἀπὸ γλώσσης ἀκαθάρτου καὶ λόγου ψευδοῦς
Ho. 1. 1. λόγος κυρίου ὃς ἐγενήθη πρὸς Ὡσηέ (2 a)
— 2. ἀρχὴ λόγου κυρίου ἐν [A πρὸς] Ὡσηέ (2 e)
4. 1. ἀκούσατε λόγον κυρίου (2 a)
13. 1. κατὰ τὸν λ. Ἐφ. δικαιώματα αὐτὸς ἔλαβεν (2 e)
14. 3. λάβετε μεθ' ἑαυτῶν λόγους (2 a)
Am. 1. 1. λόγοι Ἀμὼς οἳ ἐγένοντο ἐν ἀκκαρείμ (2 a)
3. 1 : 4. 1. ἀκούσατε τὸν λ. τοῦτον (2 a)
5. 1. ἀκούσατε τὸν λ. κυρίου τοῦτον (2 a)
— 10. καὶ λόγον ὅσιον ἐβδελύξαντο (2 d)
6. 14 (13). οἱ εὐφραινόμενοι ἐπ' οὐδενὶ λόγῳ (2 a)

Am. 7. 10. ὑπενεγκεῖν πάντας τοὺς λ. αὐτοῦ (2 a)
— 16. καὶ νῦν ἄκουε λόγον κυρίου (2 a)
8. 11. λιμὸν τοῦ ἀκοῦσαι λόγον κ. (2 a)
— 12. ζητοῦντες τὸν λ. τοῦ κυρίου (2 a)
Mi. 1. 1. καὶ ἐγένετο λόγος κυρίου πρὸς Μιχαίαν (2 a)
— 2. ἀκούσατε λαοὶ λόγους †
2. 7. οὐχ οἱ λ. αὐτοῦ εἰσι καλοὶ μετ' αὐτοῦ (2 a)
4. 2. ἐξελεύσεται ... λόγος κυρίου ἐξ Ἱερουσ. (2 a)
6. 1. ἀκούσατε δὴ λόγον –
7. 3. ὁ κριτὴς εἰρηνικοὺς λόγους ἐλάλησε (2 d)
Jl. 1. 1. λόγος κυρίου ὃς ἐγενήθη πρὸς Ἰωήλ (2 a)
2. 11. ὅτι ἰσχυρὰ ἔργα λόγων αὐτοῦ (2 a)
Jn. 1. 1 : 3. 1. ἐγένετο λόγος κ. πρὸς Ἰωνᾶν (2 a)
3. 6. ἤγγισεν ὁ λ. [S^{3} λαὸς] πρὸς τὸν βασιλέα (2 a)
4. 2. οὐχ οὗτοι οἱ λ. μου (2 a)
Hb. 3. 5. πρὸ προσώπου αὐτοῦ πορεύσεται λόγος †
Ze. 1. 1. λόγος κ. ὃς ἐγενήθη πρὸς Σ. (2 a)
2. 5. λόγος κ. ἐφ' [A πρὸς] ὑμᾶς (2 a)
Hg. 1. 1, 3. ἐγένετο λόγος κ. ἐν χειρὶ Ἀ. (2 a)
— 12. πάντες οἱ κατάλοιποι ... τῶν λ. Ἀ. (2 a)
2. 11 (10). ἐγένετο λόγος κ. πρὸς Ἀ. (2 a)
— 21 (20). ἐγένετο λόγος κ. ἐκ δευτέρου πρὸς Ἀ. (2 a)
Za. 1. 1. ἐγένετο λόγος κ. πρὸς Ζ. (2 a)
— 6. πλὴν τοὺς λ. μου ... δέχεσθε (2 a)
— 7. ἐγένετο λόγος κ. πρὸς Ζ. (2 a)
— 13. λαλοῦντι ἐν ἐμοὶ ... λόγους παρακλητικούς (2 a)
4. 6. οὗτος ὁ λ. κ. πρὸς Ζ. (2 a)
— 8 : 6. 9. ἐγένετο λόγος κ. πρὸς μέ (2 a)
7. 1. ἐγένετο λόγος κ. πρὸς Ζ. (2 a)
— 4. ἐγένετο λόγος κ. τῶν δυνάμεων πρὸς μέ (2 a)
— 7. οὐχ οὗτοι οἱ λ. εἰσίν (2 a)
— 8. ἐγένετο λόγος κ. πρὸς Ζ. (2 a)
— 12. τοὺς λ. οὓς ἐξαπέστειλε κύριος (2 a)
8. 1. ἐγένετο λόγος κυρίου παντοκράτορος (2 a)
— 9. τῶν ἀκουόντων ... τοὺς λ. τούτους (2 a)
— 16. οὗτοι οἱ λ. οὓς ποιήσετε (2 a)
— 18. ἐγένετο λόγος κ. παντοκράτορος πρὸς μέ (2 a)
9. 1. λῆμμα λόγου κ. ἐν γῇ Σ. καὶ Δ. (2 a)
11. 11. διότι λόγος κ. [A^{1} om.] ἐστί (2 a)
12. 1 : Ma. 1. 1. λῆμμα λόγου κ. ἐπὶ τὸν Ἰσ. (2 a)
Ma. 2. 17. οἱ παροξύναντες τὸν θ. ἐν τοῖς λ. ὑμῶν (2 a)
3. 13. ἐβαρύνατε ἐπ' ἐμὲ τοὺς λ. ὑμῶν (2 a)
Is. 1. 10. ἀκούσατε λόγον κυρίου (2 a)
— 10. προσέχετε νόμον [S^{1} λόγον] θεοῦ (14)
2. 1. ὁ λ. ὁ γενόμενος [A S add. παρὰ κυρίου] πρὸς Ἡσαΐαν (2 a)
— 3. λ. κυρίου ἐξ Ἱερουσαλήμ (2 a)
8. 10. λόγον [A τὸν λ.] ὃν ἐὰν λαλήσητε (2 a)
9. 8 (7). S^{1} λόγον [A B S^{2} θάνατον] ἀπέστειλε κύριος ἐπὶ Ἰ. (2 a)
10. 23 (22). λόγον συντελῶν καὶ συντέμνων ἐν δικαιοσύνῃ –
— 23. ὅτι λόγον συντετμημένον ποιήσει κύριος –
11. 4. πατάξει γῆν τῷ λ. τοῦ στόματος αὐτοῦ (12)
28. 14. ἀκούσατε λόγον τοῦ κυρίου (2 a)
— 23. ἀκούετε τοὺς λ. μου (1 b)
29. 4. ταπεινωθήσονται εἰς τὴν γῆν οἱ λ. σου καὶ εἰς τὴν γῆν οἱ λ. σου δύσονται (2 e, 1 b)
— 11. ὡς οἱ λ. τοῦ βιβλίου τοῦ ἐσφραγισμένου τούτου (2 a)
— 18. ἀκούσονται ἐν τῇ ἡμέρᾳ ἐκ. κωφοὶ λόγους βιβλίου (2 a)
— 21. οἱ ποιοῦντες ἁμαρτεῖν ἀνθρώπους ἐν λόγῳ (2 a)
30. 12. ἠπειθήσατε τοῖς λ. τούτοις ... πεποιθὼς ἐγένου ἐπὶ τῷ λ. τούτῳ (2 a, †)
— 21. τὰ ὦτά σου ἀκούσονται τοὺς λ. τῶν ὀπίσω σε πλανησάντων (2 a)
31. 2. ὁ λ. αὐτοῦ οὐ μὴ ἀθετηθῇ (2 a)
32. 2. ἔσται ὁ ἄνθρωπος κρύπτων τοὺς λ. αὐτοῦ [A τούτους] †
— 7. καταφθεῖραι ταπεινοὺς ἐν λόγοις ἀδίκοις καὶ διασκεδάσαι λόγοις [A -γισμοὺς] ταπεινῶν ἐν κρίσει (1 a, 2 e)
— 9. εἰσακούσατε λόγους [A S^{3} τοὺς λ.] μου (1 b)
36. 5. μὴ ... λόγοις [A ἐν λ.] χειλέων παράταξις γίνεται (2 a)
— 12. λαλῆσαι τοὺς λ. τούτους [S^{3} om. λ. τ. λ. τ.] (2 a)
— 13. ἀκούσατε τοὺς λ. τοῦ βασιλέως τοῦ μεγάλου (2 a)
— 14. μὴ ἀπατάτω ὑμᾶς Ἐζεκίας λόγοις –
— 21. οὐδεὶς ἀπεκρίθη αὐτῷ λόγον (2 a)
— 22. ἀνήγγειλαν [A ἀπ.] αὐτῷ τοὺς λ. Ῥ. (2 a)

Is. 37. 4. εἰσακούσαι κύριος ὁ θεός σου τοὺς λ. Ῥαψάκου ... ὀνειδίζειν λόγους (2 a, 2 a)
— 6. μὴ φοβηθῇς ἀπὸ τῶν λ. ὧν ἤκουσας (2 a)
— 17. ἴδε τοὺς λ. Σενναχηρείμ (2 a)
— 22. οὗτος ὁ λ. ὃν ἐλάλησε περὶ αὐτοῦ (2 a)
38. 4. ἐγένετο λ. κυρίου πρὸς Ἡσαΐαν (2 a)
39. 5. ἄκουσον τὸν λ. κυρίου σαβαώθ (2 a)
— 8. A S R ἀγαθὸς ὁ [B om.] λ. κυρίου (2 a)
41. 26. οὐδὲ ὁ ἀκούων ὑμῶν τοὺς λ. (1 a)
45. 23. οἱ λ. μου οὐκ ἀποστραφήσονται (2 a)
50. 4. ἡνίκα δεῖ εἰπεῖν λόγον (2 a)
51. 16. θήσω τοὺς λ. μου εἰς τὸ στόμα σου (2 a)
58. 13. οὐδὲ λαλήσεις λόγον ἐν ὀργῇ (2 a)
59. 13. ἐμελετήσαμεν ἀπὸ καρδίας ἡμῶν λόγους ἀδίκους (2 a)
66. 2. ἐπὶ τὸν ταπεινὸν ... καὶ τρέμοντα τοὺς λ. μου (2 a)
— 5. οἱ τρέμοντες τὸν λ. αὐτοῦ (2 a)
Je. 1. 2. ὃς ἐγενήθη λ. τοῦ θεοῦ πρὸς αὐτόν (2 a)
— 4. ἐγένετο λ. κυρίου πρὸς αὐτόν [A μέ] (2 a)
— 9. δέδωκα τοὺς λ. μου εἰς τὸ στόμα σου (2 a)
— 11. ἐγένετο λ. κυρίου πρὸς μέ (2 a)
— 12. A B S^{2} ἐγρήγορα ἐγὼ ἐπὶ τοὺς λ. μου (2 a)
— 13. A B S^{2} ἐγένετο λόγος κυρίου πρὸς μέ (2 a)
2. 4. ἀκούσατε λόγον κυρίου (2 a)
— 31. ἀκούσατε [A add. τὸν] λόγον κυρίου (2 a)
3. 12. ἀνάγνωθι τοὺς λ. τούτους (2 a)
5. 13. λ. [S^{1} -ον] κυρίου οὐχ ὑπῆρχεν ἐν αὐτοῖς (2 e)
— 14. δέδωκα τοὺς λ. μου εἰς τὸ στόμα σου πῦρ (2 a)
6. 19. τῶν λ. [A τοῖς λ., S τῷ λ.] μου οὐ προσέσχον (2 a)
7. 2. ἀκούσατε λόγον κυρίου (2 a)
— 4. μὴ πεποίθατε ἐφ' ἑαυτοῖς ἐπὶ λ. ψευδέσιν (2 a)
— 8. εἰ δὲ ὑμεῖς πεποίθατε ἐπὶ λόγοις ψευδέσιν (2 a)
— 27. ἐρεῖς αὐτοῖς τὸν λ. τοῦτον (2 a)
8. 9. A S τὸν λ. [B νόμον] κυρίου ἀπεδοκίμασαν (2 a)
9. 12 (11). ᾧ [A S^{1} ὁ] λ. στόματος κυρίου πρὸς αὐτόν (2 e)
— 20 (19). ἀκούσατε δὴ γυναῖκες λόγον θεοῦ καὶ δεξάσθω τὰ ὦτα ὑμῶν λόγους στόματος αὐτοῦ (2 a, 2 a)
10. 1. ἀκούσατε τὸν [A S om.] λ. κυρίου (2 a)
11. 1. ὁ λ. ὁ γενόμενος παρὰ κυρίου πρὸς Ἰερ. (2 a)
— 2. ἀκούσατε τοὺς λ. τῆς διαθήκης ταύτης (2 a)
— 3. οὐκ ἀκούσεται τῶν λ. [S -σει τῆς φωνῆς] τῆς διαθήκης ταύτης (2 a)
— 6. ἀνάγνωθι τοὺς λ. τούτους ἐν πόλεσιν Ἰούδα (2 a)
— 6. ἀκούσατε τοὺς λ. τῆς διαθήκης ταύτης (2 a)
— 10. οὐκ ἠθέλησαν εἰσακοῦσαι τῶν λ. μου (2 a)
13. 2. ἐκτησάμην τὸ περίζωμα κατὰ τὸν λ. κυρίου (2 a)
— 3, 8. ἐγενήθη λ. κυρίου πρὸς μέ (2 a)
— 10. τοὺς μὴ βουλομένους ὑπακούειν τῶν λ. μου (2 a)
14. 1. ἐγένετο λ. κυρίου πρὸς Ἰερ. [A al.] (2 a)
— 17. ἐρεῖς πρὸς αὐτοὺς τὸν λ. τοῦτον (2 a)
15. 16. ὑπὸ τῶν ἀθετούντων τοὺς λ. σου (2 a)
— 16. ἔσται ὁ λ. σου ἐμοὶ εἰς εὐφροσύνην (2 a)
17. 15. ποῦ ἐστιν ὁ λ. κυρίου (2 a)
— 20. ἀκούσατε [B^{1} om.] τὸν [A S om.] λ. κυρίου (2 a)
18. 1. ὁ λ. ὁ γενόμενος παρὰ κυρίου πρὸς Ἰερ. (2 a)
— 2. ἐκεῖ ἀκούσῃ τοὺς λ. μου (2 a)
— 5. ἐγένετο λ. κυρίου πρὸς μέ (2 a)
— 18. οὐκ ἀπολεῖται ... λ. ἀπὸ προφήτου (2 a)
— 18. ἀκουσόμεθα πάντας τοὺς λ. αὐ. (2 a)
— 22. ἐνεχείρησαν λόγον εἰς σύλληψίν μου †
19. 2. ἀνάγνωθι ἐκεῖ πάντας τοὺς λ. (2 a)
— 3. ἀκούσατε τὸν λ. [S τοὺς λ., A λόγους] κυρίου (2 a)
— 15. A τοῦ μὴ εἰσακούειν τῶν λ. [B S ἐντολῶν] μου (2 a)
20. 1. τοῦ Ἰερ. προφητεύοντος τοὺς λ. τούτους (2 a)
— 8. πικρῷ λόγῳ μου γελάσομαι (2 e)
— 8. ἐγενήθη λ. κυρίου εἰς ὀνειδισμὸν ἐμοί (2 a)
21. 1. ὁ λ. ὁ γενόμενος παρὰ κυρίου πρὸς Ἰερ. (2 a)
— 11. ἀκούσατε λόγον κυρίου (2 a)
22. 1. λαλήσεις ἐκεῖ τὸν λ. τοῦτον (2 a)
— 2. ἄκουε λόγον κυρίου (2 a)
— 4. ἐὰν ποιοῦντες ποιήσητε τὸν λ. τοῦτον (2 a)
— 5. ἐὰν δὲ μὴ ποιήσητε τοὺς λ. τούτους (2 a)
— 29. ἄκουε λόγον κυρίου (2 a)
23. 16. μὴ ἀκούετε τοὺς λ. [S τῶν λ.] τῶν προφητῶν (2 a)
— 17. λέγουσι τοῖς ἀπωθουμένοις τὸν λ. κυρίου (2 e)

Je. 23. 18. εἶδε τὸν λ. αὐτοῦ (2 a)
— 22. εἰ ἤκουσαν [S εἰσί,κ.] τῶν λ. μου (2 a)
— 28. ἐν ᾧ ὁ λ. μου πρὸς αὐτόν (2 a)
— 28. διηγησάσθω τὸν λ. μου ἐπ' ἀληθείας (2 a)
— 28. οὕτως οἱ λ. μου -
— 29. οὐκ ἰδοὺ οἱ λ. μου ὥσπερ [A add. φλέγον] πῦρ (2 a)
— 30. A S R πρὸς τοὺς προφήτας . . . τοὺς κλέπτοντας τοὺς λ. μου (2 a)
— 36. τὸ λῆμμα τῷ ἀνθρ. ἔσται ὁ λ. αὐ. [A al.] (2 a)
— 38. ἀνθ' ὧν εἴπατε τὸν λ. τοῦτον (2 a)
24. 4. ἐγένετο λ. κυρίου πρὸς μέ (2 a)
25. 1. ὁ λ. ὁ γενόμενος πρὸς Ἰερεμίαν (2 a)
— 8. οὐκ ἐπιστεύσατε τοῖς λ. μου (2 a)
— 13. ἐπάξω ἐπὶ τὴν γῆν ἐκ. πάντας τοὺς λ. μου (2 a)
26 (46). 1. ἐγένετο ὁ λ. οὗτος (2 a)
27 (50). 1. λ. [AS ὁ λ.] κυρίου ὃν ἐλάλησεν ἐπὶ Βαβ. (2 a)
28 (51). 59. ὁ λ. ὃν ἐνετείλατο κύριος Ἰερεμίᾳ (2 a)
— 60. ἔγραψεν . . . πάντας τοὺς λ. τ. (2 a)
— 61. ἀναγνώσῃ πάντας τοὺς λ. τούτους (2 a)
32 (25). 30. προφητεύσεις ἐπ' αὐτοὺς τοὺς λ. τούτους (2 a)
— 30. λόγον χρηματιεῖ ἐπὶ [A ἀπὸ] τοῦ τόπου αὐ. †
33 (26). 1. ἐγενήθη ὁ λ. οὗτος παρὰ κυρίου (2 a)
— 2. χρηματιεῖς . . . ἅπαντας τοὺς λόγους (2 a)
— 5. εἰσακούειν τῶν λ. [A add. μου καὶ] τῶν παίδων μου (2 a)
— 7. τοῦ Ἰερεμίου λαλοῦντος τοὺς λ. τούτους (2 a)
— 10. ἤκουσαν οἱ ἄρχοντες Ἰούδα τὸν λ. τοῦτον [A τῶν λ. τ.] (2 a)
— 12. προφητεῦσαι . . . πάντας τοὺς λ. (2 a)
— 15. λαλῆσαι εἰς τὰ ὦτα ὑμῶν πάντας τοὺς λ. τούτους (2 a)
— 20. ἐπροφήτευσε . . . κατὰ πάντας τοὺς λ. Ἰερεμίου (2 a)
— 21. ἤκουσεν . . . πάντας τοὺς λ. αὐτοῦ (2 a)
34 (27). 12. ἐλάλησα κατὰ πάντας τοὺς λ. τ. (2 a)
— 16. μὴ ἀκούετε τῶν λ. τῶν προφητῶν (2 a)
— 18. εἰ ἔστι λ. [S[1] νόμος] κυρίου ἐν αὐτοῖς (2 a)
35 (28). 6. στῆσαι τὸν λ. σου ὃν σὺ προφητεύεις (2 a)
— 7. ἀκούσατε τὸν λ. κυρίου (2 a)
— 9. ἐλθόντος τοῦ λ. γνώσονται τὸν προφήτην (2 a)
— 12. ἐγένετο λόγος κυρίου πρὸς Ἰερ. (2 a)
36 (29). 1. οὗτοι οἱ λ. τῆς βίβλου (2 a)
— 10. ἐπιστήσω τοὺς λ. μου ἐφ' ὑμᾶς (2 a)
— 23. λόγον ἐχρημάτισαν ἐν τῷ ὀνόματί μου (2 a)
— 30. ἐγένετο λ. κυρίου πρὸς Ἰερεμίαν (2 a)
37 (30). 1. ὁ λ. ὁ γενόμενος πρὸς Ἰερεμίαν (2 a)
— 2. γράψον πάντας τοὺς λ. (2 a)
— 4. οὗτοι οἱ λ. οὓς ἐλάλησε κύριος (2 a)
38 (31). 10. ἀκούσατε λόγους [S -ον] κυρίου (2 a)
— 20. οἱ λ. μου ἐν αὐτῷ (2 e)
— 23. ἔτι ἐροῦσι τὸν λ. τοῦτον ἐν γῇ Ἰούδα (2 a)
39 (32). 1. ὁ λ. ὁ γενόμενος παρὰ κυρίου (2 a)
— 6. λ. κυρίου ἐγενήθη πρὸς Ἰερεμίαν (2 a)
— 8. ἔγνων ὅτι λ. κυρίου ἐστί (2 a)
— 26. ἐγένετο λ. κυρίου πρὸς μέ (2 a)
40 (33). 1. ἐγένετο λ. κυρίου πρὸς Ἰερεμίαν (2 a)
41 (34). 1. ὁ λ. ὁ γενόμενος πρὸς Ἰερεμίαν (2 a)
— 4. ἄκουσον τὸν λ. κυρίου (2 a)
— 5. λόγον ἐγὼ ἐλάλησα (2 a)
— 6. ἐλάλησεν Ἰερ. . . . πάντας τοὺς λ. τούτους (2 a)
— 8. ὁ λ. ὁ γενόμενος πρὸς Ἰερ. παρὰ κυρίου (2 a)
— 12. ἐγενήθη λ. κυρίου [S[1] om.] πρὸς Ἰερεμίαν (2 a)
42 (35). 1. ὁ λ. ὁ γενόμενος πρὸς Ἰερ. παρὰ κυρίου (2 a)
— 12. ἐγένετο λ. κυρίου πρὸς μέ (2 a)
— 13. οὐ μὴ λάβητε παιδείαν τοῦ ἀκούειν τοὺς λ. μου (2 a)
43 (36). 1. ἐγενήθη λ. κυρίου πρὸς μέ (2 a)
— 2. γράψον ἐπ' αὐτοῦ πάντας τοὺς λ. (2 a)
— 4. ἔγραψεν . . . πάντας τοὺς λ. κυρίου (2 a)
— 8. AR τοῦ ἀναγνῶναι ἐν τῷ βιβλίῳ τοὺς [BS om.] λ. κυρίου (2 a)
— 10. ἀνεγίνωσκε Β. . . . τοὺς [A om.] λόγους Ἰερ. (2 a)
— 11. ἤκουσε Μ. . . . ἅπαντας τοὺς λ. κυρίου (2 a)
— 13. ἀνήγγειλεν αὐτοῖς Μ. πάντας τοὺς λ. (2 a)
— 16. ὡς ἤκουσαν πάντας τοὺς λ. (2 a)
— 16. ἀναγγείλωμεν τῷ βασ. ἅπαντας τοὺς λ. τούτους (2 a)
— 17. ποῦ ἔγραψας πάντας [S om.] τοὺς λ. τούτους (2 a)

Je. 43 (36). 18. ἀνήγγειλέ μοι Ἰερ. πάντας τοὺς λ. τ. (2 a)
— 20. ἀνήγγειλαν τῷ βασ. πάντας τοὺς λ. (2 a)
— 24. οἱ ἀκούοντες πάντας [A -ες] τοὺς λ. τούτους (2 a)
— 27. ABS[2] ἐγένετο λ. κυρίου πρὸς Ἰερεμίαν (2 a)
— 27. μετὰ τὸ κατακαῦσαι τὸν βασ. τὸ χαρτίον πάντας τοὺς λ. (2 a)
— 28. γράψον πάντας τοὺς λ. (2 a)
— 32. ἔγραψεν . . . ἅπαντας τοὺς λ. τοῦ βιβλίου (2 a)
— 32. προσετέθησαν αὐτῷ λόγοι πλείονες (2 a)
44 (37). 2. οὐκ ἤκουσαν . . . τοὺς λ. κυρίου (2 a)
— 6. ἐγένετο λ. κυρίου πρὸς Ἰερεμίαν (2 a)
— 17. εἰ ἔστιν ὁ [AS om.] λ. παρὰ [AS[1] om.] κυρίου (2 a)
45 (38). 1. ἤκουσε Σαφανίας . . . τοὺς λ. (2 a)
— 4. λαλῶν πρὸς αὐτοὺς κατὰ τοὺς λ. τούτους (2 a)
— 14. ἐρωτήσω σε λόγον (2 a)
— 19. λόγον ἔχω τῶν Ἰουδαίων τῶν πεφευγότων (15)
— 20. ἄκουσον τὸν [A om.] λ. κυρίου (10)
— 21. A S R οὗτος [B -ως] ὁ λ. ὃν ἔδειξέ μοι κύριος (2 a)
— 24. ἄνθρωπος μὴ γνώτω ἐκ τῶν λ. τούτων (2 a)
— 27. ἀνήγγειλεν αὐτοῖς κατὰ πάντας τοὺς λ. τούτους (2 a)
— 27. οὐκ ἠκούσθη λ. κυρίου (2 a)
46 (39). 15. πρὸς Ἰερεμίαν ἐγένετο λ. κυρίου (2 a)
— 16. φέρω τοὺς λ. μου . . . εἰς κακά (2 a)
47 (40). 1. ὁ λ. ὁ γενόμενος παρὰ κυρίου (2 a)
49 (42). 3. ἀναγγειλάτω ἡμῖν κύριος . . . λόγον (2 a)
— 4. A[2]BS κατὰ τοὺς λ. ὑμῶν (2 a)
— 4. ὁ λ. ὃν ἂν ἀποκριθήσεται κύριος (2 a)
— 5. κατὰ πάντα τὸν λ. ὃν ἐὰν ἀποστείλῃ κύριος (2 a)
— 7. ἐγενήθη λ. κυρίου πρὸς Ἰερεμίαν (2 a)
— 15. ἀκούσατε λόγον [S -ους] κυρίου (2 a)
— 16. ὁ λιμὸς οὗ ὑμεῖς λόγον ἔχετε (15)
50 (43). 1. ἐπαύσατο Ἰερ. λέγων . . . πάντας τοὺς λ. κυρίου . . . πάντας τοὺς λ. τούτους (2 a, 2 a)
— 8. ἐγένετο λ. κυρίου πρὸς Ἰερεμίαν (2 a)
51 (44). 1. ὁ λ. ὁ γενόμενος πρὸς Ἰερεμίαν (2 a)
— 16. ὁ λ. ὃν ἐλάλησας πρὸς ἡμᾶς (2 a)
— 17. ποιήσομεν πάντα τὸν λ. (2 a)
— 20. εἶπεν . . . τοῖς ἀποκριθεῖσιν αὐτῷ λόγους (2 a)
— 24. ASR ἀκούσατε [B add. τὸν] λόγον κυρίου (2 a)
— 26. ἀκούσατε λόγον κυρίου (2 a)
— 28. λ. τίνος ἐμμενεῖ (2 a)
51. 31 (45. 1). ὁ λ. ὃν ἐλάλησεν Ἰερεμίας (2 a)
— 31 (45. 1). ὅτε ἔγραφε τοὺς λ. τούτους (2 a)
Ba. 1. 1. οὗτοι οἱ λ. τοῦ βιβλίου οὓς ἔγραψε Βαρούχ
— 3. ἀνέγνω Βαρούχ τοὺς λ. τοῦ βιβλίου τούτου
— 21. κατὰ πάντας τοὺς λ. τῶν προφητῶν
2. 1. ἔστησε κύριος τὸν λ. αὐτοῦ
— 24. ἔστησας τοὺς λ. σου
Ez. 1. 3. ἐγένετο λ. κυρίου πρὸς Ἰεζεκιήλ (2 a)
— 24. ἐν τῷ πορεύεσθαι αὐτὰ φωνὴ τοῦ λ. †
2. 6. τοὺς λ. αὐτῶν μὴ φοβηθῇς (2 a)
— 7. λαλήσεις τοὺς λ. μου πρὸς αὐτούς (2 a)
3. 4. λάλησον τοὺς λ. μου πρὸς αὐτούς (2 a)
— 6. ὧν οὐκ ἀκούσῃ τοὺς λ. (2 a)
— 10. πάντας τοὺς λ. οὓς λελάληκα μετὰ σοῦ λάβε (2 a)
— 16. ἐγένετο . . . λ. κυρίου πρὸς μέ [A[1] om. λ. κ. πρ. μέ] (2 a)
— 17. A[2] B ἀκούσῃ ἐκ στόματός μου λόγον (2 a)
6. 1. ἐγένετο λ. κυρίου πρὸς μέ (2 a)
— 3. ἀκούσατε λόγον κυρίου (2 a)
7. 1. ἐγένετο λόγος κυρίου πρὸς μέ (2 a)
9. 11. A ἀπεκρίνατο λόγον [B om.] λέγων (2 a)
11. 14. ἐγένετο λ. κυρίου πρὸς μέ (2 a)
— 25. ἐλάλησα . . . πάντας τοὺς λ. τοῦ κυρίου (2 a)
12. 1. ἐγένετο λ. κυρίου πρὸς μέ (2 a)
— 8. ἐγένετο λ. κυρίου πρὸς μὲ τὸ πρωΐ (2 a)
— 17, 21. ἐγένετο λ. κυρίου πρὸς μέ (2 a)
— 23. ἤγγικασιν αἱ ἡμέραι καὶ λ. πάσης ὁράσεως (2 a)
— 25. ἐγὼ κύριος λαλήσω τοὺς λ. μου . . . λαλήσω λόγον (2 a, 2 a)
— 26. ἐγένετο λ. κυρίου πρὸς μέ (2 a)
— 28. οὐ μὴ μηκύνωσιν οὐκέτι πάντες οἱ λ. μου (2 a)
— 28. λαλήσω [A ὅτι λ. λόγον] (2 a)
13. 1. ἐγένετο λ. κυρίου πρὸς μέ (2 a)
— 2. ἀκούσατε λόγον κυρίου (2 a)
— 6. ἤρξαντο τοῦ ἀναστῆσαι λόγον (2 a)
— 8. ἀνθ' ὧν οἱ λ. ὑμῶν ψευδεῖς (2 e)

Ez. 14. 2, 12 : 15. 1 : 16. 1. ἐγένετο λ. κυρίου πρὸς μέ (2 a)
16. 35. ἄκουε λόγον κυρίου (2 a)
17. 1, 11 : 18. 1 : 20. 2, 45 (21. 1). ἐγένετο λ. κυρίου πρὸς μέ (2 a)
20. 47 (21. 3). ἄκουε λόγον κυρίου (2 a)
21. 1 (6), 8 (13), 18 (23) : 22. 1, 17, 23 : 23. 1 : 24. 1, 15. ἐγένετο λ. κυρίου πρὸς μέ (2 a)
24. 20. B λ. κυρίου ἐγένετο πρὸς μέ [A[2] al.] (2 a)
25. 1. ἐγένετο λ. κυρίου πρὸς μέ (2 a)
— 3. ἀκούσατε λόγον κυρίου (2 a)
26. 1 : 27. 1 : 28. 1, 11, 20 : 29. 1, 17 : 30. 1, 20 : 31. 1 : 32. 1, 17 : 33. 1. ἐγένετο λ. κυρίου πρὸς μέ (2 a)
33. 7. ἀκούσῃ ἐκ στόματός μου λόγον (2 a)
— 8. A μὴ λαλήσῃς τοὺς λόγους [B om. τ. λ.] -
— 23. ἐγενήθη λ. κυρίου πρὸς μέ (2 a)
34. 1. ἐγένετο λ. κυρίου πρὸς μέ (2 a)
— 7, 9 (A). ἀκούσατε λόγον κυρίου (2 a)
35. 1. ἐγένετο λ. κυρίου πρὸς μέ (2 a)
36. 1, 4. ἀκούσατε λόγον κυρίου (2 a)
— 16. ἐγένετο λ. κυρίου πρὸς μέ (2 a)
37. 4. ἀκούσατε λόγον κυρίου (2 a)
— 15 : 38. 1. ἐγένετο λόγος κυρίου πρὸς μέ (2 a)
Da. LXX. 1. 20. ἐν παντὶ λόγῳ καὶ συνέσει (2 a)
2. 5. ὁ λόγος ἀπ' ἐμοῦ ἀπέστη (4)
— 9. συνείπασθε γὰρ λόγους ψευδεῖς (4)
— 11. ὁ λ. ὃν ζητεῖς, βασιλεῦ (4)
4. 25. τούτους τοὺς λ. ἀγάπησον -
— 25. ἀκριβὴς γάρ μου ὁ λ. -
— 25. ἐπὶ συντελείᾳ τῶν λ. Ν. -
— 25. τοὺς λ. ἐν τῇ καρδίᾳ συνετήρησε -
— 28. ἔτι τοῦ λ. ἐν τῷ στόματι τοῦ βασ. ὄντος (4)
— 28. ἐπὶ συντελείας τοῦ λ. αὐτοῦ -
6. 12 (13). ἀκριβὴς ὁ λ. (4)
7. 1. ἔγραψεν εἰς κεφάλαια λόγων (4)
— 11. ἐθεώρουν τότε τὴν φωνὴν τῶν λ. (4)
— 16. καὶ τὴν κρίσιν τῶν λ. ἐδήλωσέ μοι (4)
— 28. ἕως καταστροφῆς τοῦ λ. (4)
12. 3. οἱ κατισχύοντες τοὺς λ. μου †
— 8. τίς ἡ λύσις τοῦ λ. τούτου †
Bel 12. ἤρεσε δὲ ὁ λ. τῷ βασιλεῖ
Da. TH. Su. 27. εἶπαν οἱ πρεσβῦται τοὺς λ. αὐτῶν
— 27. οὐκ ἐρρήθη λόγος τοιοῦτος περὶ Σ.
— 47. τίς ὁ λόγος οὗτος ὃν σὺ λελάληκας
2. 5. ὁ λ. ἀπ' ἐμοῦ ἀπέστη (4)
— 11. ὁ λ. ὃν ὁ βασιλεὺς ἐπερωτᾷ βαρύς (4)
4. 14. διὰ συγκρίματος εἴρ ὁ λόγος (9)
— 14. καὶ ῥῆμα [A λόγος] ἁγίων τὸ ἐπερώτημα (1 d)
— 28. ἔτι τοῦ λ. ἐν τῷ στόματι τοῦ βασ. ὄντος (4)
— 30. αὐτῇ τῇ ὥρᾳ ὁ λ. συνετελέσθη ἐπὶ Ν. (4)
6. 2 (3). τοῦ ἀποδιδόναι αὐτοῖς τοὺς σατράπας λόγον (3)
— 12 (13). εἶπεν ὁ βασιλεύς, Ἀληθινὸς ὁ λ. (4)
7. 11. ἀπὸ φωνῆς τῶν λ. τῶν μεγάλων [A λ. ὧν ἐλάλει] (4)
— 16. τὴν σύγκρισιν τῶν λ. ἐγνώρισέ μοι (4)
— 25. λόγους πρὸς τὸν ὕψιστον λαλήσει (4)
— 28. ἕως ὧδε τὸ πέρας τοῦ λόγου (4)
9. 2. ὃς ἐγενήθη λόγος κ. πρὸς Ἰ. τὸν προφήτην (2 a)
— 12. ἔστησε τοὺς λ. αὐτοῦ οὓς ἐλάλησεν (2 a)
— 23. ἐξῆλθε λόγος (2 a)
— 25. ἀπὸ ἐξόδου λόγου τοῦ ἀποκριθῆναι (2 a)
10. 1. λόγος ἀπεκαλύφθη τῷ Δ. (2 a)
— 1. καὶ ἀληθινὸς ὁ λ. (2 a)
— 6. ἡ φωνὴ τῶν λ. αὐτοῦ ὡς φωνὴ ὄχλου (2 a)
— 9. καὶ ἤκουσα τὴν φωνὴν τῶν λ. αὐτοῦ (2 a)
— 11. σύνες ἐν τοῖς λ. (2 a)
— 11. ἐν τῷ λαλῆσαι αὐτὸν πρὸς μὲ τὸν λ. τ. (2 a)
— 12. ἠκούσθησαν οἱ λ. σου (2 a)
— 12. ἐγὼ ἦλθον ἐν τοῖς λ. σου (2 a)
— 15. ἐν τῷ λαλῆσαι αὐτὸν . . . κατὰ τοὺς λ. τούτους (2 a)
12. 4. σὺ Δ. ἔμφραξον τοὺς λ. [A τὸ βιβλίον] καὶ σφράγισον τὸ βιβλίον [A τοὺς λ.] (2 a [7])
— 9. ἐμπεφραγμένοι καὶ ἐσφραγισμένοι οἱ λ. (2 a)
1 Ma. 1. 12. ἠγαθύνθη ὁ λ. ἐν ὀφθαλμοῖς αὐτῶν
— 30. ἐλάλησεν αὐτοῖς λόγους εἰρηνικούς
— 42. κατὰ τὸν λ. τοῦ βασιλέως
— 50. AR ὃς ἂν μὴ ποιήσῃ κατὰ τὸ ῥῆμα [S τὸν λ.] τοῦ βασ.
— 51. κατὰ πάντας τοὺς λ. τούτους ἔγραψε
2. 22. R τῶν λ. [S τὸν λ., A τὸν νόμον] τοῦ βασ. οὐκ ἀκουσόμεθα

I Ma. 2. 23. ὡς ἐπαύσατο λαλῶν τοὺς λ. τούτους [S[1] *om.* τ. λ. τ.]
— 33. ποιήσατε κατὰ τὸν λ. τοῦ βασιλέως
— 34. οὐδὲ ποιήσομεν τὸν λ. τοῦ βασιλέως
— 55. 'Ι. ἐν τῷ πληρῶσαι λόγον ἐγένετο κριτής
— 62. ἀπὸ λόγων ἀνδρὸς ἁμαρτωλοῦ μὴ φοβηθῆτε
3. 14. τοὺς ἐξουδενοῦντας τὸν λ. τοῦ βασιλέως
— 27. ὡς δὲ ἤκουσεν 'Α. ὁ βασιλεὺς τοὺς λ. τούτους
— 39. καταφθεῖραι αὐτὴν [S[1] *om.*] κατὰ τὸν λ. τοῦ βασιλ.
— 42. **SR** ἐπέγνωσαν τοὺς λ. τοῦ βασ. [**A** τῆς βασιλείας]
5. 16. ὡς δὲ ἤκουσεν 'Ι. καὶ ὁ λαὸς τοὺς λ. τούτους
— 48. ἀπέστειλε πρὸς αὐτοὺς 'Ι. λόγοις εἰρηνικοῖς
6. 3. ἐγνώσθη [S[1] οὐκ ἐγ.] ὁ λ. τοῖς ἐκ τῆς πόλεως
— 8. ὡς ἤκουσεν ὁ βασιλεὺς τοὺς λ. τούτους
— 60. ἤρεσεν ὁ λ. ἐναντίον τοῦ βασιλέως
7. 10. ἀπέστειλεν ἀγγέλους . . . λόγοις εἰρηνικοῖς
— 11. οὐ προσέσχον τοῖς λ. αὐτῶν
— 15. ἐλάλησε μετ' αὐτῶν λόγους εἰρηνικούς
— 16. **SR** κατὰ τὸν λ. ὃν [**A** τοὺς λ. οὓς] ἔγραψεν
— 27. ἀπέστειλε πρὸς 'Ι. . . . λόγοις εἰρηνικοῖς
— 30. ἐγνώσθη ὁ λ. τῷ 'Ιούδᾳ
— 33. μετὰ τοὺς λ. τούτους ἀνέβη Ν.
8. 10. ἐγνώσθη ὁ λ. αὐτοῖς
— 21. ἤρεσεν ὁ λ. ἐνώπιον αὐτῶν
— 29. κατὰ τοὺς λ. τούτους οὕτως ἔστησαν
— 30. ἐὰν δὲ μετὰ τοὺς λ. τούτους βουλεύσωνται
9. 22. τὰ περισσὰ τῶν λόγων 'Ι.
— 37. μετὰ δὲ τοὺς λ. τούτους ἀπήγγειλαν
— 55. οὐκ ἠδύνατο ἔτι λαλῆσαι λόγον
— 71. ἐποίησε κατὰ τοὺς λ. αὐτοῦ [S[1] -ῷ]
10. 3. ἀπέστειλε Δ. πρὸς 'Ι. ἐπιστολὰς λόγοις εἰρηνικοῖς
— 17. ἔγραψεν ἐπιστολὰς . . . κατὰ τοὺς λ. τούτους
— 22. ἤκουσε Δ. τοὺς λ. τούτους
— 24. γράψω αὐτοῖς κἀγὼ λόγους παρακλήσεως
— 25. ἀπέστειλεν αὐτοῖς κατὰ τοὺς λ. τούτους
— 40. δίδωμι . . . ἀπὸ τῶν λ. τοῦ βασ.
— 42. σίκλους . . . οὓς ἐλάμβανον . . . ἀπὸ τοῦ λ.
— 44. δοθήσεται ἐκ τοῦ λ. τοῦ βασιλέως [S[2] *om.* δ. . . . β.]
— 45. δοθήσεται ἐκ τοῦ λ. τοῦ βασιλέως
— 46. ὡς δὲ ἤκουσεν . . . ὁ λαὸς τοὺς λ. τούτους
— 47. ἐγένετο αὐτοῖς ἀρχηγὸς λόγων εἰρηνικῶν
— 51. ἀπέστειλεν 'Α. πρὸς Πτ. . . . κατὰ τοὺς λ. τούτους
— 63. μηδεὶς αὐτῷ παρενοχλείτω περὶ παντὸς λ.
— 74. ὡς δὲ ἤκουσεν 'Ι. τῶν λόγων 'Α.
— 88. ὡς ἤκουσεν 'Α. ὁ βασιλεὺς τοὺς λ. τούτους
11. 2. ἐξῆλθεν εἰς Σ. λόγοις εἰρηνικοῖς [**S** λέγων λόγους εἰρηνικούς]
13. 7. ἅμα τῷ ἀκοῦσαι τῶν λ. τούτων
— 35. ἀπέστειλεν αὐτῷ Δ. . . . κατὰ τοὺς λ. τούτους
14. 23. τοῦ θέσθαι τὸ ἀντίγραφον τῶν λ. αὐτῶν
— 25. ὡς δὲ ἤκουσεν ὁ δῆμος τῶν λ. τούτων
— 46. ποιῆσαι κατὰ τοὺς λ. τούτους
15. 32. ἀπήγγειλεν αὐτῷ τοὺς λ. τοῦ βασ.
— 35. οὐκ ἀπεκρίθη αὐτῷ 'Αθ. λόγον
— 36. ἀπήγγειλεν αὐτῷ τοὺς λ. τούτους
16. 23. καὶ τὰ λοιπὰ τῶν λ. 'Ι. . . . ταῦτα γέγραπται
II Ma. 1. 14. τοῦ λαβεῖν τὰ χρήματα εἰς φερνῆς λόγον
2. 30. **R** περὶ πάντων ποιεῖσθαι λόγον [**A** περίπατον π. λόγῳ]
3. 6. μὴ προσήκειν αὐτὰ πρὸς τὸν τῶν θυσιῶν λ.
4. 36. ὑπὲρ τοῦ παρὰ λόγον τὸν 'Ο. ἀπεκτάνθαι
6. 29. διὰ τὸ τοὺς προειρημένους λόγους [**A** διὰ τῶν πρ. λόγων]
7. 24. οὐ μόνον διὰ λόγων ἐποιεῖτο τὴν παράκλησιν
9. 5. ἄρτι δὲ αὐτοῦ καταλήξαντος τὸν λόγον
10. 34. λόγους ἀθεμίτους προΐοντο
15. 11. ὡς τὴν ἐν τοῖς ἀγαθοῖς λόγοις παράκλησιν
— 17. παρακληθέντες δὲ τοῖς 'Ι. λόγοις πάνυ καλοῖς
— 37. καταπαύσω τὸν λ. [**A** τὸν λ. καταπαύσων]
— 39. τὸ τῆς κατασκευῆς τοῦ λ. τέρπει τὰς ἀκοάς
III Ma. *tit.* Μακκαβαίων λόγος
3. 14. κατὰ λόγον ἐπ' ἄριστον [**A** *om.*] τέλος ἀχθείσης
— 17. οἱ δὲ λόγῳ μὲν τὴν ἡμετέραν ἀποδεξάμενοι παρουσίαν
— 23. βδελύσσονται λόγῳ τε καὶ σιγῇ
5. 15. τὸν περὶ τούτων λόγον ποιούμενος
7. 8. περὶ τῶν γεγενημένων παρὰ λόγον
IV Ma. 1. 1. φιλοσοφώτατον λόγον ἐπιδείκνυσθαι μέλλων
IV Ma. 1. 2. ἀναγκαῖος εἰς ἐπιστήμην παντὶ ὁ λ.
— 12. οὕτως εἰς τὸν περὶ αὐτῶν τρέψομαι λόγον
— 15. **R** νοῦς μετὰ ὀρθοῦ λόγου [**A** ὀρθοῦς βίον] προτιμῶν τὸν σοφίας βίον [**A** λόγον]
3. 1. **R** ἔστι δὲ κομιδῇ γελοῖος ὁ λόγος [**A** λογισμός]
4. 7. τοῦ ἔθνους πρὸς τὸν λόγον σχετλιάσαντος
— 13. τούτοις ἐπαχθεὶς τοῖς λ. 'Ον. ὁ ἀρχιερεύς
5. 14. λόγον ᾔτησεν ὁ 'Ελεάζαρος
— 35. οὐδὲ καταισχυνῶ σε, φιλόσοφε λόγε
— 38. οὔτε λόγοις δεσπόσεις
7. 10. τοὺς τῆς θείας φιλοσοφίας λόγους
8. 16. ποίοις ἂν ἐχρήσαντο λόγοις
14. 9. ἀκούοντες τὸν παραχρῆμα ἀπειλῆς λόγον
16. 14. λόγοις εὑρέθης ἀνδρός
— 24. διὰ τούτων τῶν λ. ἡ ἐπταμήτωρ . . . ἔπεισε

[**Aq.** Jo. 6. 10: IV Ki. 17. 11: Jb. 6. 25: Ps. 5. 2: 18 (19). 4: 55 (56). 11: 64 (65). 4: Pr. 26. 22: Ec. 12. 10: Is. 8. 10: 9. 8 (7): 36. 5: Je. 1. 1: 5. 28: 6. 10, 19: 7. 1, 2 *bis*, 22, 23: 10. 1: 14. 1: 16. 1: 18. 2: 25. 3: 27 (34). 1: 29 (36). 23: 36 (43). 1: 38 (45). 24: 44 (51). 29: 46 (26). 13: 47 (29). 1: 51 (28). 59, 64: Ez. 14. 9: 34. 9.]
[**Sm.** Ge. 41. 32: 47. 12: Ex. 16. 16: 18. 14: Jo. 6. 10: Jd. 18. 7: III Ki. 3. 10: 12. 16: IV Ki. 17. 11: Jb. 2. 13: 4. 2: 6. 3: 16. 4: 21. 3: 24. 25: 26. 14: 32. 4, 11, 14: 33. 13: 35. 16: 36. 4: 37. 2: Ps. 18 (19). 4: 21 (22). 2: 34 (35). 20: 40 (41). 9: 44 (45). 2: 48 (49). 14: 51 (52). 6: 54 (55). 22: 55 (56). 5, 6, 11: 58 (59). 13: 63 (64). 4, 6: 64 (65). 4: 90 (91). 3: 118 (119). 49, 57, 116: 140 (141). 4: Pr. 2. 16: 4. 4: 11. 13: 17. 9: 25. 11: 26. 22: 31. 1: Ec. 5. 6: 7. 9 (8), 10 (9): 8. 4 *bis*: 12. 10: Is. 8. 10: 9. 8 (7): 29. 21: 36. 5: 37. 4: 40. 8: Je. 1. 1: 5. 28: 7. 1, 2 *bis*, 22, 23: 8. 9: 10. 1: 11. 6: 14. 1: 16. 1: 29 (36). 23: 32 (39). 27: 36 (43). 1: 38 (45). 24, 27: 44 (51). 4, 20: 47 (29). 1: Ez. 14. 9.]
[**Th.** Ge. 20. 10: Jo. 6. 10: II Ki. 12. 25: 14. 13: III Ki. 12. 16: Jb. 2. 13: 19. 28: 32. 11 *bis*, 15: 36. 4: 41. 4: Ps. 21 (22). 2: 63 (64). 4: 118 (119). 116: 147. 8 (19): Pr. 17. 9: 26. 22: Is. 8. 10: 9. 8 (7): 36. 5: 37. 4: 58. 13: Je. 1. 1: 2. 1: 5. 28: 7. 1, 2 *bis*: 10. 1: 11. 8: 18. 2: 23. 36: 25. 3: 29 (36). 19, 20: 33 (40). 14, 19. 23: 34 (41). 18: 44 (51). 29: Ez. 1. 24: 2. 6: 14. 9: 34. 9: 35. 13: Da. 2. 5: 4. 28: 5. 10: 7. 1†, 25, 28: 10. 1: Am. 4. 13: 5. 10: Hb. 3. 5.]
[**Al.** Le. 4. 13: Dt. 22. 24: Jd. 5. 29: III Ki. 15. 5: Ps. 144 (145). 5: Pr. 18. 4: Ca. 2. 14.]
[**Sam.** Nu. 31. 16.]
[**Heb.** Jb. 19. 28: Je. 1. 1.]
[**Quint.** IV Ki. 17. 11: Ps. 21 (22). 2: 55 (56). 5: 147. 8 (19).]
[**Sext.** Ps. 21 (22). 2: 129 (130). 4: 147. 8 (19).]

λόγχη. (1) חֶרֶב (2) לַהֶבֶת חֲנִית (3) מְחִי (4) רַב (5) רֹמַח

Jd. 5. 8. θυρεὸς ἐὰν ὀφθῇ καὶ λόγχη [**A** *al.*] (5)
I Ki. 17. 7. ἡ λ. αὐ. ἑξακοσίων σίκλων σιδήρου (2)
Ne. 4. 13 (7). ἔστησα . . . λόγχας αὐ. (5)
— 16 (10). καὶ λόγχαι καὶ θυρεοί (5)
— 21 (15). κρατοῦντες τὰς λ. (5)
Jb. 16. 14 (13). ἐκύκλωσάν με λόγχαις (4)
41. 17 (18). ἐὰν συναντήσωσιν αὐτῷ λόγχαι (1)
Ez. 26. 8 (9). τὰς λ. αὐτοῦ ἀπέναντί σου [**A** ἐπὶ σὲ] δώσει (3 ?)
39. 9. ῥάβδοις χειρῶν καὶ λόγχαις (5)
II Ma. 5. 2. λόγχας σπειρηδὸν ἐξωπλισμένους
15. 11. οὐ τὴν ἀσπίδων καὶ λογχῶν ἀσφάλειαν

[**Aq.** Ps. 34 (35). 3: 54 (55). 22.]
[**Sm.** Jb. 41. 18: Ps. 34 (35). 3.]
[**Th.** Jb. 39. 23: Ps. 34 (35). 3.]
[**Quint** Ps. 34 (35). 3.]

λοιδορεῖν. (1) נָעַר (2) רִיב

Ge. 49. 23. εἰς ὃν διαβουλευόμενοι ἐλοιδόρουν †
Ex. 17. 2. ἐλοιδορεῖτο ὁ λαὸς πρὸς Μωυσῆν (2)
— 2. τί λοιδορεῖσθέ μοι (2)
21. 18. ἐὰν δὲ λοιδορῶνται δύο ἄνδρες (2)
Nu. 20. 3. ἐλοιδορεῖτο ὁ λαὸς πρὸς Μ. (2)
— 13. ἐλοιδορήθησαν οἱ υἱοὶ 'Ισρ. (2)
De. 33. 8. ἐλοιδόρησαν αὐτόν (2)
Je. 36 (29). 27. **S** διὰ τί ἐλοιδορήσατε [**A B** συνελ.] 'Ιερεμίαν (1)
II Ma. 12. 14. τοῖς περὶ τὸν 'Ι. λοιδοροῦντες

[**Aq., Th.** Je. 29 (36). 27.]
[**Sm.** Le. 24. 15: I Ki. 17. 43: Ec. 7. 22 (21), 23 (22): 10. 20: Je. 29 (36). 27.]
[**Al.** Le. 19. 14: 24. 11, 15, 16.]

λοιδόρησις. (1) מְרִיבָה

Ex. 17. 7. τὸ ὄνομα τοῦ τόπου ἐκ. Πειρασμὸς καὶ Λ. (1)

λοιδορία. (1) דִּבָּה (2) *a.* רִיב *b.* מְרִיבָה

Ex. 17. 7. διὰ τὴν λ. τῶν υἱῶν 'Ισραήλ (2 *a*)
Nu. 20. 24. ἐπὶ τοῦ ὕδατος τῆς λ. (2 *b*)
Pr. 10. 18. οἱ δὲ ἐκφέροντες λοιδορίας ἀφρονέστατοί εἰσιν (1)
20. 3. δόξα ἀνδρὶ ἀποστρέφεσθαι λοιδορίας (2 *a*)
Si. 22. 24. οὕτως πρὸ αἱμάτων λοιδορίαι
23. 8. λοίδορος [S[1] -ρίαι] καὶ ὑπερήφανος
27. 21. λοιδορίας ἐστὶ διαλλαγή
29. 6. κατάρας καὶ λοιδορίας ἀποδώσει αὐτῷ

[**Al.** Nu. 20. 13.]

λοίδορος. (1) *a.* מָדוֹן *b.* מִדְיָן

Pr. 25. 24. μετὰ γυναικὸς λοιδόρου ἐν οἰκίᾳ κοινῇ (1 *a**, 1 *b*)
26. 21. ἀνὴρ δὲ λοίδορος εἰς ταραχὴν μάχης (1 *a**, 1 *b*)
27. 15. ὡσαύτως καὶ γυνὴ λοίδορος ἐκ [**S** ἀπὸ] τοῦ ἰδίου οἴκου (1 *a**, 1 *b*)
Si. 23. 8. λοίδορος [S[1] -ρίαι] καὶ ὑπερήφανος σκανδαλισθήσονται ἐν αὐτοῖς

λοιμεύεσθαι.

Pr. 19. 19. ἐὰν δὲ λοιμεύηται καὶ τὴν ψυχὴν αὐτοῦ προσθήσει †

λοιμός (*adj.*). (1) בְּלִיַּעַל (2) *a.* לִיץ qal. *b.* pil. *c.* לָצוֹן (3) עָלֵז (4) עָרִיץ (5) פָּרִיץ (6) רָע (7) רֵק (8) רָשָׁע

I Ki. 1. 16. μὴ δῷς τὴν δούλην σου εἰς θυγατέρα λ. (1)
2. 12. οἱ υἱοὶ 'Η. τοῦ ἱερέως υἱοὶ λ. (1)
10. 27. υἱοὶ λ. εἶπαν (1)
25. 17. καὶ οὗτος υἱὸς λ. (1)
— 25. ἐπὶ τὸν ἄνθρωπον τὸν λ. τοῦτον (1)
29. 10. λόγον λ. μὴ θῇς –
30. 22. ἀπεκρίθη πᾶς ἀνὴρ λ. (6)
II Ch. 13. 7. συνήχθησαν πρὸς αὐτὸν ἄνδρες λ. (7)
Ps. 1. 1. ἐπὶ καθέδρᾳ λοιμῶν οὐκ ἐκάθισεν (2 *a*)
Pr. 19. 25. λοιμοῦ μαστιγουμένου ἄφρων πανουργότερος γίνεται (2 *a*)
21. 24. θρασὺς καὶ αὐθάδης καὶ ἀλάζων λοιμὸς καλεῖται (2 *a*)
22. 10. ἔκβαλε ἐκ συνεδρίου λοιμόν (2 *a*)
24. 9. ἀκαθαρσία δὲ ἀνδρὶ λοιμῷ ἐμμολυνθήσεται (2 *a*)
29. 8. **A** ἄνδρες λοιμοὶ [**B S** ἄνομοι] ἐξέκαυσαν πόλιν (2 *c*)
Ho. 7. 5. ἐξέτεινε τὴν χεῖρα αὐτοῦ μετὰ λοιμῶν (2 *b*)
Am. 4. 2. ἐμβαλοῦσιν [**A** *om.*] ἔμπυροι λοιμοί †
Is. 5. 14. καταβήσονται . . . οἱ λ. αὐτῆς (3)
Je. 15. 21. λυτρώσομαί σε ἐκ χειρὸς λοιμῶν [**S** *al.*] (4)
Ez. 7. 21. παραδώσω αὐτὰ . . . τοῖς λ. τῆς γῆς εἰς σκῦλα (8)
18. 10. ἐὰν γεννήσῃ υἱὸν λοιμόν (5)
28. 7. ἐπάγω ἐπὶ σὲ ἀλλοτρίους λοιμούς (4)
30. 11. λοιμοὶ ἀπὸ ἐθνῶν ἀπεσταλμένοι (4)
31. 12. ἐξωλέθρευσαν αὐτὸν ἀλλότριοι λοιμοί (4)
32. 12. λοιμοὶ ἀπὸ ἐθνῶν πάντες (4)
Da. Th. 11. 14. **AR** οἱ υἱοὶ τῶν λ. [**B** λοιπῶν] τοῦ λαοῦ (5)
I Ma. 10. 61. ἐπισυνήχθησαν πρὸς αὐτὸν ἄνδρες λ.
15. 3. **R** ἐπειδὴ ἄνδρες [**A** τινες ἄ., **S** ἐπεί τινες] λοιμοὶ κατεκράτησαν
— 21. εἴ τινες οὖν λοιμοὶ διαπεφεύγασιν

[**Sm.** Pr. 9. 12: 14. 6: 15. 12: 19. 29: 20. 1: 24. 9.]
[**Th.** Is. 35. 9: Ez. 18. 10: Da. 11. 14.]

λοιμός (*subst.*).

III Ki. 8. 37. **R** λοιμὸς [**A B** λιμὸς] ἐὰν γένηται †
Ez. 36. 29. οὐ δώσω ἐφ' ὑμᾶς λιμόν [B[1] λοιμόν] †
IV Ma. 15. 32. **A** καρτεροῖς ἂν λοιμοῖς ταῖς . . . βασάνοις συνεχομένη [**S R** *al.*]

[**Aq.** Ex. 5. 3: 9. 3, 15: Dt. 28. 21: Ez. 6. 12: 12. 16: Am. 4. 10.]
[**Sm.** Ex. 5. 3: 9. 3, 15: Ps. 77 (78). 48: 90 (91). 6: Je. 38 (45). 2: Ez. 6. 12: 12. 16.]

λοιμότης (λυμ.).
Es. 8. 13. τῇ τῶν ἀνάξια δυναστευόντων λ. [A *al.*]

λοιός (?).
[Sm. Is. 58. 5.]

λοιπός. (1) *a.* יָתַר qal. *b.* ni. *c.* יֶתֶר (2) כֹּל (3) פֵּאָה (4) *a.* שְׁאָר *b.* שָׁאַר ni. *c.* שְׁאֵרִית

Ge. 45. 6. καὶ ἔτι λοιπὰ πέντε ἔτη –
Ex. 28. 10. τὰ ἓξ ὀνόματα τὰ λ. ἐπὶ τὸν λίθον (1 *b*)
29. 12. τὸ δὲ λ. πᾶν [A *om.*] αἷμα ἐκχεεῖς –
— 34. κατακαύσεις τὰ λ. πυρί (1 *b*)
39. 12 (32). τὸ δὲ λ. χρυσίον –
— 21 (34). καὶ τῶν λ. τὰ ἐπικαλύμματα –
Le. 2. 3. τὸ λ. ἀπὸ τῆς θυσίας 'Α. (1 *b*)
23. 22. οὐ συντελέσετε τὸ λ. τοῦ θερισμοῦ (3)
De. 8. 20. καθὰ καὶ τὰ λ. ἔθνη –
17. 14. καθὰ καὶ τὰ λ. ἔθνη τὰ κύκλῳ μου (2)
Jo. 6. 12 (13). καὶ ὁ λ. ὄχλος ὄπισθεν τῆς κιβωτοῦ –
— 13 (14). καὶ ὁ λ. ὄχλος ἅπας –
13. 27. καὶ τὴν λ. βασιλείαν Σ. (1 *c*)
17. 2. ἐγενήθη τοῖς υἱοῖς Μ. τοῖς λ. (1 *b*)
21. 34. τῷ δήμῳ υἱῶν Μ. τοῖς Λευίταις τοῖς λ. (1 *b*)
Jd. 20. 45, 47. ἐπέβλεψαν οἱ λ. [A *al.*]
I Ki. 8. 5. καθὰ καὶ τὰ λ. ἔθνη (2)
15. 15. τὰ λ. ἐξωλέθρευσα (1 *a*)
III Ki. 11. 41. B τὰ λ. τῶν ῥημάτων [A R λόγων] Σαλ. (1 *c*)
14. 29. καὶ τὰ λ. τῶν λόγων 'Ρ. (1 *c*)
15. 7. καὶ τὰ λ. τῶν λόγων 'Αβ. (1 *c*)
— 23. καὶ τὰ λ. τῶν λόγων 'Ασά (1 *c*)
— 31. καὶ τὰ λ. τῶν λόγων Ν. (1 *c*)
16. 5. καὶ τὰ λ. τῶν λόγων Β. (1 *c*)
— 14. καὶ τὰ λ. τῶν λόγων 'Η. (1 *c*)
— 20, 27. καὶ τὰ λ. τῶν λόγων Ζ. (1 *c*)
— 28 (22. 46 [47]). B καὶ τὰ λ. τῶν συμπλοκῶν (1 *c*)
22. 39. καὶ τὰ λ. τῶν λόγων 'Αχ. (1 *c*)
— 46. καὶ τὰ λ. τῶν λόγων 'Ιωσ. (1 *c*)
IV Ki. 1. 18. καὶ τὰ λ. τῶν λόγων 'Οχ. (1 *c*)
8. 23. καὶ τὰ λ. τῶν λόγων 'Ι. (1 *c*)
10. 34. καὶ τὰ λ. τῶν λόγων Εἰού (1 *c*)
12. 19 (20). καὶ τὰ λ. τῶν λόγων 'Ι. (1 *c*)
13. 8. καὶ τὰ λ. τῶν λόγων 'Ιω. (1 *c*)
— 12 : 14. 15. καὶ τὰ λ. τῶν λόγων 'Ι. (1 *c*)
14. 18. καὶ τὰ λ. τῶν λόγων 'Αμ. (1 *c*)
— 28. καὶ τὰ λ. τῶν λόγων 'Ιερ. (1 *c*)
15. 6. καὶ τὰ λ. τῶν λόγων 'Αζ. (1 *c*)
— 11. καὶ τὰ λ. τῶν λόγων Ζ. (1 *c*)
— 15. καὶ τὰ λ. τῶν λόγων Σ. (1 *c*)
— 21. καὶ τὰ λ. τῶν λόγων Μ. (1 *c*)
— 26, 31. καὶ τὰ λ. τῶν λόγων Φ. (1 *c*)
— 36. καὶ τὰ λ. τῶν λόγων 'Ι. (1 *c*)
16. 19. καὶ τὰ λ. τῶν λόγων 'Α. (1 *c*)
20. 20. καὶ τὰ λ. τῶν λόγων 'Εζ. (1 *c*)
21. 17. καὶ τὰ λ. τῶν λόγων Μ. (1 *c*)
— 25. καὶ τὰ λ. τῶν λόγων 'Α. (1 *c*)
23. 28. καὶ τὰ λ. τῶν λόγων 'Ιωσ. (1 *c*)
24. 5. καὶ τὰ λ. τῶν λόγων 'Ιω. (1 *c*)
25. 11. τὸ λ. τοῦ στηρίγματος μετῆρε Ναβ. (1 *c*)
I Ch. 16. 41. καὶ οἱ λ. ἐκλεγέντες (4 *a*)
29. 29. οἱ δὲ λ. λόγοι τοῦ βασ. Δ. –
II Ch. 13. 22. καὶ οἱ λ. λόγοι 'Αβιά (1 *c*)
20. 34. οἱ λ. λόγοι 'Ιωσ. οἱ πρῶτοι (1 *c*)
24. 27. καὶ τὰ λ. ἰδοὺ [A 'Ιούδα] γεγραμμένα –
25. 26. καὶ οἱ λ. λόγοι 'Αμ. οἱ πρῶτοι (1 *c*)
26. 22. καὶ οἱ λ. λόγοι 'Ο. (1 *c*)
27. 7. καὶ οἱ λ. λόγοι 'Ι. [A οἱ λόγοι 'Ι. οἱ λ.] (1 *c*)
28. 26. καὶ οἱ λ. λόγοι αὐ. (1 *c*)
32. 32. AR καὶ τὰ λ. [B κατάλ.] τῶν λόγων 'Εζ. (1 *c*)
33. 18. καὶ τὰ λ. τῶν λόγων Μαν. (1 *c*)
35. 26. R ἦσαν οἱ λ. λόγοι 'Ιωσία [A B *al.*] (1 *c*)
— 27. A καὶ οἱ λ. [B *om.*] λόγοι αὐ. οἱ πρῶτοι –
36. 8. καὶ τὰ λ. τῶν λόγων 'Ι. (1 *c*)
I Es. 2. 16. καὶ οἱ λ. οἱ τούτοις συντασσόμενοι
— 25. ἀντέγραψεν . . . τοῖς λ. τοῖς συντασσομ.
5. 8. καὶ τὴν λ. 'Ιουδαίαν
7. 6. οἱ λ. οἱ ἐκ τῆς αἰχμαλωσίας
8. 18. καὶ τὰ λ. ὅσα ἂν ὑποπίπτῃ σοι
II Es. 4. 7. ἔγραψεν . . . τοῖς λ. συνδούλοις (4 *a*)
Ne. 11. 20. S[2] τὸ δὲ λοιπὸν τοῦ 'Ισρ. οἱ ἱερεῖς (4 *a*)
To. 1. 7. S ἐδίδουν . . . τὴν δεκάτην τῶν λ. ἀκροδρύων [A B *al.*]
8. 21. καὶ τὰ λ. ὅταν ἀποθάνω [S *al.*]
Ju. 7. 18. καὶ ἡ λ. στρατιὰ τῶν 'Α.
11. 3. ἐν τῇ νυκτὶ ταύτῃ ζήσῃ καὶ εἰς τὸ λ.
15. 6. οἱ δὲ λ. οἱ κατοικοῦντες Β.
— 7. ἐκυρίευσαν τῶν λ.
Es. 1. 3. δοχὴν ἐποίησε . . . τοῖς λ. ἔθνεσι –
— 18. αἱ τυραννίδες αἱ λ. τῶν ἀρχόντων Περσῶν –
2. 3. δοθήτω . . . ἡ λ. ἐπιμέλεια –
9. 16. οἱ δὲ λ. τῶν 'Ι. οἱ ἐν τῇ βασ. (4 *a*)
Si. *prol.* 18. τὰ λ. τῶν βιβλίων οὐ μικρὰν ἔχει τὴν διαφοράν
Za. 11. 9. A R τὰ κατάλοιπα [B S λοιπὰ] κατεσθιέτωσαν . . . τὰς σάρκας (4 *b*)
Is. 9. 1 (8. 23). οἱ λ. [S[2] κατάλ.] οἱ τὴν παραλίαν [A S[2] *add.* κατοικοῦντες] †
17. 3. τὸ λ. τῶν Σύρων [A S *add.* ἀπολεῖται] (4 *a*)
21. 17. S τὸ λ. [A B κατάλ.] τῶν τοξευμάτων τῶν ἰσχυρῶν υἱῶν Κηδὰρ ἔσται ὀλίγον (4 *a*)
38. 12. A κατέλιπον τὸ λ. [B S ἐπίλ.] τῆς ζωῆς μου –
44. 15. τὸ δὲ λ. εἰργάσαντο [A S *add.* εἰς] θεούς –
— 17. τὸ δὲ λ. ἐποίησεν εἰς [A *om.*] θεὸν γλυπτόν (4 *c*)
— 19. τὸ λ. αὐτοῦ εἰς βδέλυγμα ἐποίησε (1 *c*)
Je. 48 (41). 16. ἔλαβεν 'Ιωάναν . . . τὰ λ. [S[1] τὰς λ.] καὶ τοὺς εὐνούχους †
50 (43). 5. A S ἔλαβεν 'Ιωάναν . . . ἅπαντας τοὺς λ. [B καταλ.] 'Ιούδα (4 *c*)
— 6. A ἔλαβεν . . . τὰς γυναῖκας καὶ τὰ νήπια καὶ [B S *om.* τ. ν. καὶ] τὰ λ. –
52. 16. S τοὺς λ. [A B καταλ.] τοῦ λαοῦ κατέλιπεν ὁ ἀρχιμάγειρος †
Ez. 34. 18. τὸ λ. τοῖς ποσὶν ὑμῶν ἐταράσσετε (1 *b*)
36. 5. εἰ μὴν . . . ἐλάλησα ἐπὶ τὰ λ. ἔθνη (4 *c*)
Da. TH. 7. 12. τῶν λ. θηρίων ἡ ἀρχὴ μετεστάθη (4 *a*)
— 20. ἡ ὅρασις αὐτοῦ μείζων τῶν λ. †
11. 14. B οἱ υἱοὶ τῶν λ. [A R λοιμῶν] τοῦ λαοῦ σου †
12. 4. B ἔμφραξον τοὺς λ. [R λόγους, A τὸ βιβλίον] †
I Ma. 2. 44. οἱ λ. ἔφυγον εἰς τὰ ἔθνη σωθῆναι
3. 24. οἱ δὲ λ. ἔφυγον εἰς γῆν Φ.
5. 27. ἐν ταῖς λοιπαῖς [S ἄλλαις] πόλεσι τῆς Γ.
— 36. προκατελάβετο . . . τὰς λ. πόλεις τῆς Γ.
9. 18. 'Ιούδας ἔπεσε καὶ οἱ λ. ἔφυγον
10. 72. καὶ οἱ λ. οἱ βοηθοῦντες ἡμῖν
12. 6. οἱ ἱερεῖς καὶ ὁ λ. δῆμος τῶν 'Ι.
— 11. ἐν . . . ταῖς λοιπαῖς καθηκούσαις ἡμέραις
— 14. R παρενοχλεῖν ἡμῖν καὶ τοῖς λ. συμμάχοις [A S τοὺς λ. σ.]
— 45. S R παραδώσω σοι αὐτὴν καὶ τὰ λ. ὀχυρώματα καὶ τὰς δυνάμεις τὰς λ. [A πολλάς]
14. 20. Σπαρτιατῶν ἄρχοντες . . . τῷ λ. δήμῳ . . . χαίρειν
16. 23. τὰ λ. τῶν λόγων 'Ι. . . . γέγραπται
II Ma. 1. 23. τῶν δὲ λοιπῶν ἐπιφωνούντων
7. 4. τῶν λ. ἀδελφῶν καὶ τῆς μητρὸς συνορώντων
— 5. R ἄχρηστον δὲ αὐτὸν τοῖς ὅλοις [A λοιποῖς] γενόμενον
8. 28. μερίσαντες ἀπὸ τῶν σκύλων τὰ λοιπά
— 31. τὰ δὲ λοιπὰ τῶν σκύλων ἤνεγκαν εἰς 'Ιερ.
10. 36. εἰσδεξάμενοι δὲ τὴν λ. τάξιν
11. 3. καθὼς τὰ λ. τῶν ἐθνῶν τεμένη
— 19. εἰς τὸ λοιπὸν πειράσομαι παραίτιος . . . γενέσθαι
12. 11. ἐν τοῖς λ. ὠφελήσειν αὐτούς
— 31. εἰς τὰ λ. πρὸς τὸ γένος εὐμενεῖς εἶναι
14. 11. θᾶττον οἱ λ. φίλοι δυσμενῶς ἔχοντες
III Ma. 5. 5. τήν τε λοιπὴν ἐμηχανῶντο περὶ αὐτοὺς ἀσφάλειαν
6. 30. τὰ λ. πρὸς εὐωχίαν ἐπιτήδεια
[Aq. Je. 41 (48). 10.]
[Th. Je. 39 (46). 9 *bis.*]
[Al. Ex. 10. 5 : III Ki. 22. 47.]

λού. (1) לוֹ
III Ki. 4. 10. B υἱὸς 'Εσὼθ Βηρνεμὰ λού (1)

λούειν. (1) רָחַץ *a.* qal. *b.* pu. (2) שָׁחָה hi.
Ex. 2. 5. κατέβη . . . λούσασθαι ἐπὶ τὸν ποταμόν (1 *a*)
29. 4. καὶ λούσεις αὐτοὺς ἐν ὕδατι (1 *a*)
40. 12. καὶ λούσεις αὐτοὺς ὕδατι (1 *a*)
Le. 8. 6. καὶ ἔλουσεν αὐτοὺς ὕδατι (1 *a*)
11. 40. πλυνεῖ τὰ ἱμάτια [A *add.* καὶ λούσεται ὕδατι] –
— 40. A[2]B πλυνεῖ τὰ ἱμάτια καὶ λούσεται ὕδατι –
Le. 14. 8. καὶ λούσεται ἐν ὕδατι (1 *a*)
— 9. καὶ λούσεται τὸ σῶμα αὐτοῦ ὕδατι (1 *a*)
15. 5, 6, 7, 8, 10. καὶ λούσεται ὕδατι (1 *a*)
— 11, 13. καὶ λούσεται τὸ σῶμα ὕδατι (1 *a*)
— 16. λούσεται ὕδατι πᾶν τὸ σῶμα αὐτοῦ (1 *a*)
— 18. καὶ λούσονται ὕδατι (1 *a*)
— 21. καὶ λούσεται τὸ σῶμα αὐτοῦ ὕδατι (1 *a*)
— 22. καὶ λούσεται ὕδατι (1 *a*)
— 27. καὶ λούσεται τὸ σῶμα ὕδατι (1 *a*)
16. 4. λούσεται ὕδατι πᾶν τὸ σῶμα αὐτοῦ (1 *a*)
— 24, 26, 28. καὶ λούσεται τὸ σῶμα αὐτοῦ ὕδατι (1 *a*)
17. 15. καὶ λούσεται ὕδατι (1 *a*)
— 16. ἐὰν δὲ . . . τὸ σῶμα μὴ λούσηται ὕδατι (1 *a*)
22. 6. ἐὰν μὴ λούσηται τὸ σῶμα αὐ. ὕδατι (1 *a*)
Nu. 19. 7. λούσεται τὸ σῶμα αὐ. ὕδατι (1 *a*)
— 8. λούσεται τὸ σῶμα αὐτοῦ (1 *a*)
— 19. καὶ λούσεται ὕδατι (1 *a*)
De. 23. 11 (12). λούσεται τὸ σῶμα αὐ. ὕδατι (1 *a*)
Ru. 3. 3. σὺ δὲ λούσῃ (1 *a*)
II Ki. 11. 2. εἶδε γυναῖκα λουομένην [A λουμ.] (1 *a*)
12. 20. ἐλούσατο καὶ ἠλείψατο (1 *a*)
III Ki. 20 (21). 19. αἱ πόρναι λούσονται ἐν τῷ αἵματί σου –
22. 38. αἱ πόρναι ἐλούσαντο ἐν τῷ αἵματι (1 *a*)
IV Ki. 5. 10. λοῦσαι ἑπτάκις ἐν τῷ 'Ιορδ. (1 *a*)
— 12. οὐχὶ πορευθεὶς λούσομαι [A πορεύσ.] ἐν αὐτοῖς (1 *a*)
— 13. λοῦσαι καὶ καθαρίσθητι (1 *a*)
To. 2. 5. ἐπιτρέψας ἐλουσάμην
— 9. S ἐλουσάμην καὶ εἰσῆλθον [A B *al.*]
7. 8. S ὅτε ἐλούσαντο
Ps. 6. 6. λούσω καθ' ἑκάστην νύκτα τὴν κλίνην μου (2)
Ca. 5. 12. ὡς περιστεραὶ . . . λελουσμέναι [A S λελουμέναι] ἐν γάλακτι (1 *a*)
Is. 1. 16. λούσασθε καθαροὶ γένεσθε (1 *a*)
Ez. 16. 4. ἐν ὕδατι οὐκ ἐλούσθης (1 *b*)
— 9. ἔλουσά σε ἐν ὕδατι (1 *a*)
23. 40. εὐθὺς ἐλούου καὶ ἐστιβίζου τοὺς ὀφθαλμούς σου (1 *a*)
Da. TH. Su. 15. ἐπεθύμησε λούσασθαι ἐν τῷ παραδείσῳ
— 17. τὰς θύρας . . . κλείσατε ὅπως λούσωμαι
[Al. Is. 25. 11.]

λουτήρ. (1) יָם (2) כִּיּוֹר ,כִּיֹּר
Ex. 30. 18. ποίησον λουτῆρα χαλκοῦν (2)
— 28. καὶ τὸν λ. [A *add.* καὶ τὴν βάσιν αὐτοῦ] (2)
31. 9. καὶ τὸν λ. καὶ τὴν βάσιν αὐτοῦ (2)
38. 26 (8). ἐποίησε τὸν λ. τὸν χαλκοῦν (2)
— 27 (40. 30). ἐποίησε τὸν λ. (2)
Le. 8. 11. καὶ τὸν λ. καὶ τὴν βάσιν αὐτοῦ (2)
Nu. 4. 14. συγκαλύψουσι τὸν λ. –
I Ki. 2. 14. ἐπάταξεν αὐτήν [A *add.* εἰς τὸν λ.] (2)
II Ki. 8. 8. ἐν αὐτῷ ἐποίησε . . . τοὺς λ. –
III Ki. 3. 1. ἐποίησε . . . τοὺς λ. τοὺς μεγάλους –
7. 30. ὦμιαι ὑποκάτω τῶν λ. (2)
10. 21. καὶ λ. χρυσοῖ –
IV Ki. 16. 17. μετῆρεν ἀπ' αὐτῶν τὸν λ. (2)
II Ch. 4. 3. περιέχουσι [A -σαι] τὸν λ. κυκλόθεν (1)
— 6. ἐποίησε λουτῆρας δέκα (2)
— 14. τοὺς λ. ἐποίησεν ἐπὶ τῶν μεχ. (2)
[Aq. I Ki. 2. 14 : III Ki. 7. 38 (24) *bis.*]
[Sm. Ex. 35. 16 : 39. 39 (10) : III Ki. 7. 38 (24) *bis.*]
[Th. Ex. 39. 39 (10).]
[Heb. Ex. 40. 11 (9).]

λουτρόν. (1) רַחְצָה
Ca. 4. 2 : 6. 5 (6). ἀγέλαι . . . αἳ ἀνέβησαν ἀπὸ τοῦ λ. (1)
Si. 31 (34). 25. τί ὠφέλησε τῷ [A S ἐν τῷ] λ. αὐτοῦ
[Aq. Ps. 59 (60). 10 : 107 (108). 10.]
[Quint. Ps. 107 (108). 10.]

λοφιά. (1) לָשׁוֹן
Jo. 15. 2. ἀπὸ τῆς λ. τῆς φερούσης ἐπὶ λίβα [A νότον] (1)
— 5. τὰ ὅρια αὐ. . . . ἀπὸ τῆς λ. τῆς θαλ. (1)
18. 19. ἐπὶ λοφιὰν τῆς θαλάσσης τῶν ἁλῶν (1)

λόφος.
[Quint. Ps. 64 (65). 11.]

λοχαγός.
[Sm. II Ki. 4. 2.]

λοχᾶν.
Wi. 14. 24. ἕτερος δ' ἕτερον ἢ λοχῶν [S² λοχεύων] ἀναιρεῖ

λοχεύειν. (1) עוּל
Ge. 33. 13. αἱ βόες λοχεύονται ἐπ' ἐμέ (1)
Ps. 77 (78). 71. ἐξόπισθεν τῶν λοχευομένων ἔλαβεν αὐτόν (1)
Wi. 14. 24. S² ἕτερος δ' ἕτερον ἢ λοχεύων [A B S¹ λοχῶν] ἀναιρεῖ
[Aq. 1 Ki. 6. 7.]

λόχος.
[Sm. Ge. 49. 19: 1 Ki. 30. 8, 15: II Ki. 3. 22: Jb. 19. 12.]
[Quint. Ho. 6. 9.]

λοχώς, *vid. sub* **λεχώς.**

λυγμός.
[Aq., Th. 1 Ki. 25. 31.]

λυδεοῦν (?).
[Aq. Is. 33. 9.]

λύειν. (1) נָשָׂא (2) נָשַׁל (3) נָתַר hi. (4) סָתַר (5) פָּתַח *a.* qal. *b.* ni. *c.* pi. (6) רָצָה ni. (7) שְׁרָא *a.* peal. *b.* pa.
Ge. 42. 27. λύσας δὲ εἷς τὸν μάρσιππον αὐτοῦ (5 *a*)
Ex. 3. 5. λῦσαι τὸ ὑπόδημα ἐκ τῶν ποδῶν σου (2)
Jo. 5. 15. λῦσαι [A λῦσον] τὸ ὑπόδημα (2)
I Es. 1. 55. ἔλυσαν τὰ τείχη Ἱερ.
9. 13. ἕως τοῦ λῦσαι τὴν ὀργὴν κ. ἀφ' ἡμῶν
— 46. ἐν τῷ λῦσαι τὸν ν.
II Es. 5. 12. B τὸν οἶκον ἔλυσεν τοῦτον [A R *al.*](4)
To. 3. 17. S λῦσαι Ἀσμ. τὸ δαιμόνιον τὸ πονηρόν [A B *al.*]
Ju. 6. 14. λύσαντες αὐτὸν ἀπήγαγον
9. 2. οἳ ἔλυσαν μήτραν παρθένου
Jb. 5. 20. ἐκ χειρὸς σιδήρου λύσει [A ῥύσεται] σε –
39. 2. ὠδῖνας δὲ αὐτῶν ἔλυσας †
— 5. δεσμοὺς δὲ αὐτοῦ τίς ἔλυσεν (5 *c*)
42. 9. ἔλυσε τὴν ἁμαρτίαν αὐτοῖς [A S¹ -ῶν] διὰ Ἰώβ (1)
Ps. 101 (102). 20. τοῦ λῦσαι τοὺς υἱοὺς τῶν τεθανατωμένων (5 *c*)
104 (105). 20. καὶ ἔλυσεν αὐτόν (3)
145 (146). 7. κύριος λύει πεπεδημένους (3)
Si. 28. 2. δεηθέντος σου αἱ ἁμαρτίαι σου λυθήσονται
Is. 5. 27. οὐδὲ λύσουσι τὰς ζώνας αὐτῶν ἀπὸ τῆς ὀσφύος αὐτῶν (5 *b*)
14. 17. τοὺς ἐν ἐπαγωγῇ οὐκ ἔλυσε (5 *a*)
40. 2. λέλυται αὐτῆς ἡ ἁμαρτία (6)
58. 6. λῦε πάντα σύνδεσμον ἀδικίας (5 *c*)
Je. 47 (40). 4. ἔλυσά σε ἀπὸ τῶν χειροπέδων (5 *c*)
Da. LXX. 3. 25 (92). ὁρῶ ἄνδρας τέσσαρας λελυμένους (7 *a*)
Da. TH. 3. 25 (92). ὁρῶ ἄνδρας τέσσαρας λελυμένους (7 *a*)
5. 12. καὶ λύων συνδέσμους (7 *b*)
III Ma. 1. 4. R μετὰ . . . δακρύων τοὺς πλοκάμους [A πολέμους] λελυμένη
6. 27. λύσατε ἐκλύσατε ἄδικα δεσμά
— 29. οἱ δὲ ἐν ἀμερεῖ χρόνῳ λυθέντες
IV Ma. 3. 11. λύουσα κατέφλεγεν
7. 13. SR λελυμένων μὲν ἤδη τῶν τοῦ σώματος τόνων [A πόνων]
12. 8. S λύσατέ [A R ἀπολ.] με, φησίν
— 9. ταχέως ἔλυσαν αὐτόν
[Aq. Jb. 37. 1.]
[Sm. Ps. 72 (73). 2.]
[Th. Is. 54. 3: 58. 6: Da. 5. 16†: Am. 8. 4.]
[Al. Ge. 44. 11.]

λυθρώδης.
Wi. 11. 6. ἀντὶ μὲν πηγῆς . . . ποταμοῦ αἵματι λυθρώδει ταραχθέντες [A S -ος]

λύκος. (1) דֹּב (2) זְאֵב
Ge. 49. 27. Βενιαμὶν λ. ἅρπαξ τὸ πρωϊνὸν ἔδεται (2)
Pr. 28. 15. λέων πεινῶν καὶ λύκος διψῶν (1)
Si. 13. 17. τί κοινωνήσει λύκος ἀμνῷ
Hb. 1. 8. ὀξύτεροι ὑπὲρ τοὺς λ. τῆς Ἀρ. (2)
Ze. 3. 3. οἱ κριταὶ αὐτῆς ὡς λύκοι τῆς Ἀρ. (2)
Is. 11. 6. συμβοσκηθήσεται λ. μετὰ ἀρνός (2)
65. 25. λύκοι καὶ ἄρνες βοσκηθήσονται ἅμα (2)

Je. 5. 6. λ. ἕως τῶν οἰκιῶν ὠλέθρευσεν αὐτούς (2)
Ez. 22. 27. οἱ ἄρχοντες αὐτῆς ἐν μέσῳ αὐτῆς ὡς λύκοι (2)

λυμαίνειν (λοιμ.). (1) בָּקַק po. (2) חָבַל pa. (3) כִּרְסֵם (4) סָלַף pi. (5) רָצַץ pi. (6) שָׁחַת *a.* pi. *b.* hi. *c.* ho. (7) תָּעַב pi.
Ex. 23. 8. τὰ γὰρ δῶρα . . . λυμαίνεται ῥήματα δίκαια (4)
II Ch. 16. 10. ἐλυμήνατο Ἀσὰ ἐν τῷ λαῷ (5)
Ps. 79 (80). 13. ἐλυμήνατο αὐτὴν σῦς ἐκ δρυμοῦ (3)
Pr. 18. 9. ἀδελφός ἐστι τοῦ λυμαινομένου ἑαυτόν (6 *b*)
— 22 (19. 3). ἀφροσύνη ἀνδρὸς λυμαίνεται τὰς ὁδοὺς αὐτοῦ (4)
23. 8. λυμανεῖται τοὺς λόγους σου τοὺς καλούς (6 *a*)
25. 26. ὥσπερ εἴ τις . . . ὕδατος ἔξοδον λυμαίνοιτο (6 *c*)
27. 13. ὑβριστὴς ὅστις τὰ ἀλλότρια λυμαίνεται †
Si. 28. 23. ὡς πάρδαλις λυμανεῖται αὐτούς
Am. 1. 11. καὶ ἐλυμήνατο μητέρα [A μήτραν] ἐπὶ γῆς (6 *a*)
Is. 65. 8. μὴ λυμήνῃ [S¹ -νητε, S³ -νηται] αὐτόν (6 *b*)
— 25. οὐδὲ λυμανοῦνται ἐπὶ τῷ ὄρει τῷ ἁγίῳ μου (6 *b*)
Je. 28 (51). 2. λυμανοῦνται τὴν γῆν αὐτῆς (1)
31 (48). 18. ἀνέβη εἰς σὲ λυμαινόμενος ὀχύρωμά σου (6 *a*)
Ez. 16. 25. ἐλυμήνω τὸ κάλλος σου (7)
Da. TH. 6. 22 (23). οὐκ ἐλυμήναντό με (2)
IV Ma. 18. 8. οὐδὲ ἐλυμήνατό μου τὰ ἁγνὰ τῆς παρθενίας

λυμεών.
IV Ma. 18. 8. οὐ διέφθειρέ με λυμεὼν τῆς ἐρημίας
— 8. R οὐδὲ ἐλυμήνατό μου . . . λυμεὼν ἀπατηλὸς [A S -της] ὄφις

λυπεῖν. (1) אָבַל (2) אֲגַם נֶפֶשׁ (3) בָּאַשׁ (4) דְּוַי (5) חָרָה (6) כָּאַב (7) לָאָה hi. (8) עָצַב ni. (9) קָצַף *a.* qal. *b.* hithp. (10) רָגַז (11) רוּד hi. (12) *a.* רָעַע hi. *b.* רַע
Ge. 4. 5. R ἐλυπήθη Κάϊν [A ἐλύπησεν τὸν Κ.] (5)
45. 5. νῦν οὖν μὴ λυπεῖσθε (8)
De. 15. 10. οὐ λυπηθήσῃ [A -πήσῃ] τῇ καρδίᾳ σου (12 *a*)
I Ki. 29. 4. ἐλυπήθησαν ἐπ' αὐτῷ οἱ στρατηγοί (9 *a*)
II Ki. 13. 21. οὐκ ἐλύπησε τὸ πνεῦμα Ἀ. –
19. 2 (3). λυπεῖται ὁ βασ. ἐπὶ τῷ υἱῷ αὐ. (8)
IV Ki. 13. 19. ἐλυπήθη ἐπ' αὐτῷ ὁ ἄνθρωπος τοῦ θ. (9 *a*)
I Es. 1. 24. ἃ [A *om.*] ἐλύπησαν αὐτόν
9. 52, 53. μὴ λυπεῖσθε
Ne. 5. 6. καὶ ἐλυπήθην [A¹ -θησαν] σφόδρα (5)
To. 2. 10. S ἐλυποῦντο περὶ ἐμοῦ
3. 1. λυπηθεὶς ἔκλαυσα [S *al.*]
— 10. ἐλυπήθη σφόδρα [S ἐν τῇ ψυχῇ]
4. 3. μὴ λυπήσῃς αὐτήν [S τὸ πνεῦμα αὐ.]
7. 7. ἐλυπήθη καὶ ἔκλαυσε [S *al.*]
9. 4. S λυπήσω αὐτὸν λίαν [A B *al.*]
10. 3. ἐλυπεῖτο λίαν [S *al.*]
— 6. S μὴ λυποῦ περὶ αὐτοῦ
— 13. μὴ λυπήσῃς αὐτήν
13. 14. ὅσοι ἐλυπήθησαν ἐπὶ πάσαις ταῖς μάστιξί σου [S *al.*]
Es. 1. 12. ἐλυπήθη [S ὠργίσθη] ὁ βασ. καὶ ὠργίσθη [S ἐλυπήθη] (9 *a*, †)
2. 21. ἐλυπήθησαν οἱ δύο εὐνοῦχοι (9 *a*)
6. 12. Ἀ. δὲ ὑπέστρεψεν . . . λυπούμενος (1)
Jb. 31. 39. εἰ δὲ καὶ ψυχὴν κυρίου τῆς γῆς ἐκλαβὼν [A -βαλὼν] ἐλύπησα †
Ps. 54 (55). 2. ἐλυπήθην ἐν τῇ ἀδολεσχίᾳ μου (11)
Pr. 25. 20. A S οὕτως προσπεσὸν πάθος σώματι [B ἐν σ.] καρδίαν λυπεῖ (12 *b*)
Si. 3. 12. μὴ λυπήσῃς αὐτὸν ἐν τῇ ζωῇ αὐτοῦ
4. 2. ψυχὴν πεινῶσαν μὴ λυπήσῃς
26. 28. ἐπὶ δυσὶ λελύπηται ἡ καρδία μου
30. 5. ἐν τῇ τελευτῇ αὐτοῦ οὐκ ἐλυπήθη
— 9. σύμπαιξον αὐτῷ καὶ λυπήσει σε
Mi. 6. 3. τί ἐποίησά σοι ἢ τί ἐλύπησά σε (7)
Jn. 4. 1. ἐλυπήθη Ἰωνᾶς λύπην μεγάλην (12 *a*)
— 4. εἰ σφόδρα λελύπησαι σύ (5)

Jn. 4. 9. εἰ σφόδρα λελύπησαι σὺ ἐπὶ τῇ κολοκύνθῃ (5)
— 9. σφόδρα λελύπημαι ἐγὼ ἕως θανάτου (5)
Is. 8. 21. λυπηθήσεσθε (9 *b*)
15. 2. λυπεῖσθε ἐφ' ἑαυτούς [A S -οῖς] †
19. 10. πάντες οἱ ποιοῦντες τὸν ζῦθον λυπηθήσονται (2)
32. 11. λυπήθητε αἱ πεποιθυῖαι (10)
57. 17. βραχύ τι ἐλύπησα αὐτὸν . . . καὶ ἐλυπήθη (9 *a*, 9 *a*)
Je. 15. 18. ἵνα τί οἱ λυποῦντές με κατισχύουσί μου (6)
Ba. 2. 18. ἡ ψυχὴ ἡ λυπουμένη ἐπὶ τὸ μέγεθος
4. 8. ἐλυπήσατε δὲ καὶ τὴν ἐκθρέψασαν ὑμᾶς
— 33. λυπηθήσεται ἐπὶ τῇ ἑαυτῆς ἐρημίᾳ
La. 1. 22. ἡ καρδία μου λυπεῖται (4)
Ez. 16. 43. ἐλύπεις με ἐν πᾶσι τούτοις (10)
Da. LXX. 3. (50). οὐκ ἐλύπησε καὶ οὐ παρηνώχλησεν αὐτούς
6. 14 (15). καὶ λυπούμενος ὁ βασιλεὺς εἶπεν –
— 14 (15). τότε ὁ βασ. σφόδρα ἐλυπήθη ἐπὶ τὸν Δ. (3)
— 18 (19). ἦν λυπούμενος περὶ τοῦ Δ. –
Da. TH. 3. (50). οὐκ ἐλύπησεν οὐδὲ παρηνώχλησεν αὐτοῖς
6. 14 (15). πολὺ ἐλυπήθη ἐπ' αὐτῷ (3)
I Ma. 10. 22. καὶ ἐλυπήθη καὶ εἶπε
— 68. καὶ ἐλυπήθη σφόδρα
14. 16. καὶ ἐλυπήθησαν σφόδρα
IV Ma. 16. 12. ὡς οὐδ' ἀποθνησκόντων ἐλυπήθη
[Aq. 1 Ki. 30. 6: II Ki. 6. 8: Jn. 4. 4.]
[Sm. 1 Ki. 15. 11: II Ki. 6. 8: Jn. 4. 4.]
[Th. 1 Ki. 20. 34: II Ki. 6. 8: Jn. 4. 4.]

λύπη. (1) דְּוַי (2) יָגוֹן (3) *a.* עֶצֶב *b.* עִצָּבוֹן *c.* עַצֶּבֶת *d.* מַעֲצֵבָה (4) רָעָה (5) תּוּגָה (6) προσμίγνυνται λύπη כָּאַב (7) ὁ ἐν λύπῃ אוֹבֵד
Ge. 3. 16. πληθύνων πληθυνῶ τὰς λ. σου (3 *b*)
— 16. ἐν λύπαις τέξῃ τέκνα (3 *a*)
— 17. ἐν λύπαις φάγῃ αὐτήν (3 *b*)
5. 29. διαναπαύσει ἡμᾶς . . . ἀπὸ τῶν λ. (3 *b*)
42. 38. κατάξετέ μου τὸ γῆρας μετὰ λύπης (2)
44. 29. κατάξετέ μου τὸ γῆρας μετὰ λύπης (4)
— 31. κατάξουσιν . . . μετὰ λύπης [A μετ' ὀδύνης] (2)
I Es. 3. 20. οὐ μέμνηται πᾶσαν λ.
To. 2. 5. ἤσθιον τὸν ἄρτον μου ἐν λύπῃ [S *al.*]
3. 6. λ. ἐστὶ πολλὴ ἐν ἐμοί [S *al.*]
— 10. S κατάξω τὸ γῆρας τοῦ πατρός μου μετὰ λύπης [A B *al.*]
7. 18. δῴη σοι χάριν ἀντὶ τῆς λ. σου ταύτης
14. 4. S καὶ ὁ οἶκος τοῦ θ. ἐν λύπῃ [A B *al.*]
Pr. 10. 1. υἱὸς δὲ ἄφρων λύπη τῇ μητρί (5)
— 10. ὁ ἐννεύων ὀφθαλμοῖς μετὰ δόλου συνάγει ἀνδράσι λύπας (3 *c*)
— 22. οὐ μὴ προστεθῇ αὐτῇ λύπη ἐν καρδίᾳ (3 *a*)
14. 13. ἐν εὐφροσύναις οὐ προσμίγνυνται λύπη (6)
15. 13. ἐν δὲ λύπαις οὔσης σκυθρωπάζει (3 *c*)
24. 74 (31. 6). δίδοτε μέθην τοῖς ἐν λύπαις (7)
25. 20. οὕτως λύπη ἀνδρὸς βλάπτει καρδίαν †
Wi. 8. 9. παραίνεσις φροντίδων καὶ λύπης
11. 12. διπλῆ γὰρ αὐτοὺς ἔλαβε λύπη
Si. 12. 9. ἐν ἀγαθοῖς ἀνδρὸς οἱ ἐχθροὶ αὐτοῦ ἐν λύπῃ
14. 1. οὐ κατενύγη ἐν λύπῃ ἁμαρτίας [A S -ιῶν]
18. 15. μὴ δῷς . . . ἐν πάσῃ δόσει λύπην λόγων
22. 4. ἡ καταισχύνουσα εἰς λύπην γεννήσαντος
30. 21. μὴ δῷς εἰς λύπην τὴν ψυχήν σου
— 23. λύπην μακρὰν ἀπόστησον ἀπὸ σοῦ πολλοὺς γὰρ ἀπέκτεινεν ἡ [A *om.*] λ.
36. 25 (22). καρδία στρεβλὴ δώσει λύπην
37. 2. οὐχὶ λύπη ἔνι [B² S² μένει] ἕως θανάτου
38. 17. παρακλήθητι λύπης ἕνεκα
— 18. ἀπὸ λύπης γὰρ ἐκβαίνει θάνατος καὶ λύπη καρδίας κάμψει ἰσχύν
— 19. ἐν ἀπαγωγῇ παραβαίνει [A S² -μένει] καὶ λύπη
— 20. μὴ δῷς εἰς λύπην τὴν καρδίαν σου
Jn. 4. 1. ἐλυπήθη Ἰωνᾶς λύπην μεγάλην (4)
Is. 1. 5. πᾶσα καρδία εἰς λύπην (1)
35. 10. ἀπέδρα ὀδύνη καὶ λ. καὶ στεναγμός (2)
40. 29. διδοὺς . . . τοῖς μὴ ὀδυνωμένοις λύπην †
50. 11. ἐν λύπῃ κοιμηθήσεσθε (3 *d*)
51. 11. ἀπέδρα ὀδύνη καὶ λύπη καὶ στεναγμός (2)
I Ma. 6. 4. ἀπῆρεν [A ἀπῆλθεν] ἐκεῖθεν μετὰ λύπης μεγ.

I Ma. 6. 8. ἐνέπεσεν [S ἔπεσεν] εἰς ἀρρωστίαν ἀπὸ τῆς λ.
— 9. ἀνεκαινίσθη ἐπ' αὐτὸν λύπη μεγάλη
— 13. ἰδοὺ ἀπόλλυμαι λύπῃ μεγάλῃ
IV Ma. 1. 23. μετὰ δὲ τὸν πόνον λύπη
[**Aq.** Ge. 44. 31 : 49. 3 : Dt. 26. 14 : Is. 40. 29 : Je. 31 (38). 13.]
[**Th.** Je. 31 (38). 13.]
[**Al.** Ge. 41. 51 : IV Ki. 3. 27.]

λυπηρός. (1) מָרָה (2) נָכֵא (3) עָצָב (4) רַע (5) **λυπηρὸς εἶναι** חָרָה

Ge. 34. 7. καὶ λυπηρὸν ἦν αὐτοῖς σφόδρα (5)
Pr. 14. 10. καρδία ἀνδρὸς αἰσθητικὴ λυπηρὰ ψυχὴ αὐτοῦ (1)
15. 1. λόγος δὲ λυπηρὸς ἐγείρει ὀργάς (3)
17. 22. ἀνδρὸς δὲ λυπηροῦ ξηραίνεται τὰ ὀστᾶ (2)
26. 23. χείλη λεῖα καρδίαν καλύπτει λυπηράν (4)
Wi. 2. 1. ὀλίγος ἐστὶ καὶ λυπηρὸς ὁ βίος ἡμῶν
[**Sm.** Pr. 25. 20 : Je. 8. 18.]
[**Al.** Jb. 6. 25.]

λύρα.
[**Aq.** Ps. 150. 3.]
[**Sm.** I Ch. 25. 1, 3 : Ps. 80 (81). 3 : 136 (137). 2 : 146 (147). 7 : 150. 3.]

λυρίζειν.
Si. 9. 4. μετὰ ψαλλούσης [B² λυριζούσης] μὴ ἐνδελέχιζε [B² συνήθιζε]

λύσις. (1) פֵּשֶׁר
Ec. 7. 30 (8. 1). τίς οἶδε λύσιν ῥήματος (1)
Wi. 8. 8. ἐπίσταται . . . λύσεις αἰνιγμάτων
Da. LXX. 12. 8. τίς ἡ λ. τοῦ λόγου τούτου †

λυσιτέλεια.
II Ma. 2. 27. ζητοῦντι τὴν ἑτέρων λυσιτέλειαν

λυσιτελεῖν.
To. 3. 6. λυσιτελεῖ μοι ἀποθανεῖν
— 6. S λυσιτελεῖ μοι ἀποθανεῖν
Si. 20. 10. ἔστι δόσις ἣ οὐ λυσιτελήσει σοι
— 14. δόσις ἄφρονος οὐ λυσιτελήσει σοι
29. 11. λυσιτελήσει σοι μᾶλλον ἢ τὸ χρυσίον

λυσιτελής.
Si. 28. 21. λυσιτελὴς μᾶλλον ὁ ᾅδης αὐτῆς

λύτρον. (1) *a.* גְּאֻלָּה *b.* גָּאַל (2) כֹּפֶר (3) מְחִיר (4) *a.* פִּדְיוֹן *b.* פָּדָה qal. *c.* ho. *d.* פְּדוּי *e.* פִּדְיוֹם

Ex. 21. 30. ἐὰν δὲ λύτρα ἐπιβληθῇ αὐτῷ (2)
— 30. δώσει λύτρα τῆς ψυχῆς αὐτοῦ (4 *a*)
30. 12. λύτρα [A τὰ λ.] τῆς ψυχῆς αὐτοῦ (2)
Le. 19. 20. καὶ αὕτη λύτροις οὐ λελύτρωται (4 *c*)
25. 24. λύτρα δώσετε τῆς γῆς (1 *a*)
— 26. καὶ εὑρεθῇ αὐτῷ τὸ ἱκανὸν λύτρα αὐτοῦ (1 *a*)
— 51, 52. ἀποδώσει τὰ λ. αὐτοῦ (1 *a*)
27. 31. ἐὰν δὲ λυτρῶται λύτρῳ ἄνθρ. τὴν δεκ. αὐ. (1 *b*)
Nu. 3. 12. λύτρα αὐτῶν ἔσονται –
— 46. καὶ τὰ λ. (4 *d*)
— 48. λύτρα τῶν πλεοναζόντων ἐν αὐτοῖς (4 *d*)
— 49. ἔλαβε . . . τὰ [A *om.*] λ. τῶν πλεοναζόντων (4 *e*)
— 51. ἔδωκε M. τὰ λ. τῶν πλεοναζόντων (4 *d*, 4 *e**)
18. 15. λύτροις λυτρωθήσεται τὰ πρωτότοκα (4 *b*)
35. 31. οὐ λήψεσθε λύτρα περὶ ψυχῆς (2)
— 32. οὐ λήψεσθε λύτρα τοῦ φυγεῖν (2)
Pr. 6. 35. οὐκ ἀνταλλάξεται οὐδενὸς λύτρου τὴν ἔχθραν (2)
13. 8. λύτρον ἀνδρὸς ψυχῆς ὁ ἴδιος πλοῦτος (2)
Is. 45. 13. οὐ μετὰ λύτρων οὐδὲ μετὰ δώρων (3)

λυτροῦν. (1) *a.* גָּאַל qal. *b.* ni. (2) עָרַף (3) פָּדָה *a.* qal. *b.* ni. (4) פִּלֵּט (5) פָּצָה (6) *a.* פָּרַק *b.* פְּרַק (7) קָנָה (8) שָׂגַב pi. (9) שֵׁיזִב

Ex. 6. 6. λυτρώσομαι ὑμᾶς ἐν βραχίονι ὑψηλῷ (1 *a*)
13. 13. ἐὰν δὲ μὴ ἀλλάξῃς λυτρώσῃ αὐτό (2 ?)
— 13. πᾶν πρωτότοκον ἀνθρώπου . . . λυτρώσῃ (3 *a*)
— 15. πᾶν πρωτότοκον . . . λυτρώσομαι (3 *a*)
Ex. 15. 13. τὸν λαόν σου τοῦτον ὃν ἐλυτρώσω (1 *a*)
— 16. ὁ λαός . . . ὃν ἐκτήσω [A ἐλυτρώσω] (7)
34. 20. πρωτότοκον ὑποζυγίου λυτρώσῃ προβάτῳ (3 *a*)
— 20. ἐὰν δὲ μὴ λυτρώσῃ αὐτό [A *om.*] (3 *a*)
— 20. πρωτότοκον τῶν υἱῶν σου λυτρώσῃ (3 *a*)
Le. 19. 20. καὶ αὕτη λύτροις οὐ λελύτρωται (3 *b*)
25. 25. λυτρώσεται τὴν πρᾶσιν τοῦ ἀδ. αὐτοῦ (1 *a*)
— 30. ἐὰν δὲ μὴ λυτρωθῇ (1 *b*)
— 33. ὃς ἂν λυτρωσάμενος παρὰ τῶν Λ. (1 *a*)
— 48. εἷς τῶν ἀδ. αὐ. λυτρώσεται αὐτόν (1 *a*)
— 49. υἱὸς ἀδελφοῦ πατρὸς λυτρώσεται αὐτόν (1 *a*)
— 49. ἢ ἀπὸ τῶν οἰκείων . . . λυτρώσεται αὐτόν (1 *a*)
— 49. A B¹ ἐὰν δὲ . . . λυτρώσηται [B² R -ῶται] αὐτόν (1 *b*)
— 54. ἐὰν δὲ μὴ λυτρῶται μετὰ ταῦτα (1 *b*)
27. 13. ἐὰν δὲ λυτρούμενος λυτρώσηται αὐτόν (1 *a*, 1 *a*)
— 15. ἐὰν δὲ . . . λυτρῶται [A -ώσηται] τὴν οἰκίαν αὐ. (1 *a*)
— 19. ἐὰν δὲ λυτρῶται [A -οῦται] τὸν ἀγρόν (1 *a*)
— 20. ἐὰν δὲ μὴ λυτρῶται τὸν ἀγρόν (1 *a*)
— 20. οὐκέτι μὴ λυτρώσηται [A -σεται] αὐτόν (1 *b*)
— 27. ἐὰν δὲ μὴ λυτρῶται (1 *b*)
— 28. οὐκ ἀποδώσεται οὐδὲ λυτρώσεται (1 *b*)
— 29. πᾶν . . . οὐ λυτρωθήσεται [A -ώσεται] (3 *b*)
— 31. ἐὰν δὲ λυτρῶται λύτρῳ ἄνθρ. τὴν δεκ. αὐ. (1 *a*)
— 33. οὐ λυτρωθήσεται (1 *b*)
Nu. 18. 15. λύτροις λυτρωθήσεται τὰ πρωτότοκα (3 *a*)
— 15. τὰ πρωτότοκα τῶν κτηνῶν τῶν ἀκαθ. λυτρώσῃ (3 *a*)
— 17. πρωτότοκα αἰγῶν οὐ λυτρώσῃ (3 *a*)
De. 7. 8. B¹ ἐλυτρώσατο [B² R *add.* σε κ., A *add.* σε] ἐξ οἴκου δουλείας (3 *a*)
9. 26. ἣν ἐλυτρώσω (3 *a*)
13. 5 (6). τοῦ λυτρωσαμένου σε ἐκ τῆς δουλείας (3 *a*)
15. 15. A B² R ἐλυτρώσατό σε κ. ὁ θ. σου ἐκεῖθεν (3 *a*)
21. 8. οὓς ἐλυτρώσω (3 *a*)
24. 18. ἐλυτρώσατό σε κ. ὁ θ. σου ἐκεῖθεν (3 *a*)
II Ki. 4. 9. ὃς ἐλυτρώσατο τὴν ψυχήν μου (3 *a*)
7. 23. τοῦ λυτρώσασθαι αὐτῷ λαόν (3 *a*)
— 23. οὓς ἐλυτρώσω σεαυτῷ ἐξ Αἰγ. (3 *a*)
III Ki. 1. 29. ὃς ἐλυτρώσατο τὴν ψυχήν μου (3 *a*)
I Ch. 17. 21. τοῦ λυτρώσασθαι ἑαυτῷ λαόν (3 *a*)
21. οὓς [A οὐ] ἐλυτρώσω ἐξ Αἰγ. ἔθνη (3 *a*)
Ne. 1. 10. οὓς ἐλυτρώσω ἐν τῇ δυνάμει σου (3 *a*)
Es. 4. 17. ἣν σεαυτῷ ἐλυτρώσω
Ps. 7. 2. μὴ ὄντος λυτρουμένου μηδὲ σώζοντος (6 *a*)
24 (25). 22. λύτρωσαι ὁ θεὸς τὸν Ἰσραήλ (3 *a*)
25 (26). 11. λύτρωσαί με καὶ ἐλέησόν με (3 *a*)
30 (31). 5. ἐλυτρώσω με (3 *a*)
31 (32). 7. τὸ ἀγαλλίαμά μου λύτρωσαί με (4)
33 (34). 22. λυτρώσεται κύριος ψυχὰς δούλων αὐτοῦ (3 *a*)
43 (44). 26. λύτρωσαι ἡμᾶς ἕνεκεν τοῦ ὀνόματός σου (3 *a*)
48 (49). 7. ἀδελφὸς οὐ λυτροῦται [A -ῶται] λυτρώσεται ἄνθρωπος (3 *a*, 3 *a*)
— 15. ὁ θεὸς λυτρώσεται τὴν ψυχήν μου (3 *a*)
54 (55). 18. λυτρώσεται ἐν εἰρήνῃ τὴν ψυχήν μου (3 *a*)
58 (59). 1. ἐκ τῶν ἐπανιστανομένων ἐπ' ἐμὲ λύτρωσαί με (8)
68 (69). 18. καὶ λύτρωσαι αὐτήν (1 *a*)
70 (71). 23. ἡ ψυχή μου ἣν ἐλυτρώσω (3 *a*)
71 (72). 14. ἐξ ἀδικίας λυτρώσεται τὰς ψυχὰς αὐτῶν (1 *a*)
73 (74). 2. ἐλυτρώσω ῥάβδον κληρονομίας σου (1 *a*)
76 (77). 15. ἐλυτρώσω ἐν τῷ βραχίονί σου τὸν λαόν σου (1 *a*)
77 (78). 42. ἡμέρας ἧς ἐλυτρώσατο αὐτούς (3 *a*)
102 (103). 4. τὸν λυτρούμενον ἐκ φθορᾶς τὴν ζωήν σου (1 *a*)
105 (106). 10. ἐλυτρώσατο αὐτοὺς ἐκ χειρὸς ἐχθροῦ (1 *a*)
106 (107). 2. εἰπάτωσαν οἱ λελυτρωμένοι ὑπὸ κυρίου οὓς ἐλυτρώσατο ἐκ χειρὸς ἐχθροῦ (1 *a*, 1 *a*)
Ps. 118 (119). 134. λύτρωσαί με ἀπὸ συκοφαντίας ἀνθρώπων (3 *a*)
— 154. κρῖνον τὴν κρίσιν μου καὶ λύτρωσαί με (1 *a*)
129 (130). 8. αὐτὸς λυτρώσεται τὸν Ἰσραήλ (3 *a*)
135 (136). 24. ἐλυτρώσατο ἡμᾶς (6 *a*)
143 (144). 10. τῷ λυτρουμένῳ Δ. τὸν δοῦλον αὐ. (5)
Pr. 23. 11. ὁ γὰρ λυτρούμενος αὐτοὺς κύριος κραταιός ἐστι (1 *a*)
Si. 48. 20. ἐλυτρώσατο αὐτοὺς ἐν χειρὶ Ἡσαΐου
49. 10. ἐλυτρώσατο [A -αντο] αὐτοὺς ἐν πίστει ἐλπίδος
50. 24. ἐν ταῖς ἡμέραις αὐτοῦ λυτρωσάσθω ἡμᾶς
51. 2. ἐλυτρώσω τὸ σῶμά μου ἐξ ἀπωλείας
— 3. ἐλυτρώσω με κατὰ τὸ πλῆθος ἐλέους καὶ ὀνόματός σου
Ho. 7. 13. ἐγὼ δὲ ἐλυτρωσάμην αὐτούς (3 *a*)
13. 14. καὶ ἐκ θανάτου λυτρώσομαι αὐτούς (1 *a*)
Mi. 4. 10. ἐκεῖθεν λυτρώσεταί σε κ. ὁ θ. [B¹ *al.*] (1 *a*)
6. 4. καὶ ἐξ οἴκου δουλείας ἐλυτρωσάμην σε (3 *a*)
Ze. 3. 1. ὦ ἡ ἐπιφανὴς καὶ ἀπολελυτρωμένη [S² λελ.] πόλις (1 *b*)
— 15. λελύτρωταί σε [S¹ -ωσαι] ἐκ χειρὸς ἐχθρῶν σου †
Za. 10. 8. διότι λυτρώσομαι αὐτούς (3 *a*)
Is. 35. 9. πορεύσονται ἐν αὐτῇ λελυτρωμένοι (1 *a*)
41. 14. ὁ θεός σου ὁ λυτρούμενός σε, Ἰσραήλ (1 *a*)
43. 1. ἐλυτρωσάμην σε (1 *a*)
— 14. οὕτως λέγει κ. ὁ θεὸς ὁ λυτρούμενος ὑμᾶς (1 *a*)
44. 22. λυτρώσομαί σε (1 *a*)
— 23. ἐλυτρώσατο [A ἠλέησεν] ὁ θεὸς τὸν Ἰ. (1 *a*)
— 24. οὕτω λέγει κύριος ὁ λυτρούμενός [A -ρώμ.] σε (1 *a*)
51. 11. ὁδὸν διαβάσεως ῥυομένοις καὶ λελυτρωμένοις (3 *a*)
52. 3. οὐ μετὰ ἀργυρίου λυτρωθήσεσθε (1 *b*)
62. 12. λελυτρωμένον ὑπὸ [S¹ ἀπὸ] κυρίου (1 *a*)
63. 9. αὐτὸς ἐλυτρώσατο αὐτούς (1 *a*)
Je. 15. 21. λυτρώσομαί σε [S *om.* λ. σ.] ἐκ χειρὸς λοιμῶν (3 *a*)
27 (50). 34. ὁ λυτρούμενος αὐτοὺς ἰσχυρός (1 *a*)
38 (31). 11. ἐλυτρώσατο κύριος τὸν Ἰακώβ (3 *a*)
La. 3. 58. ἐλυτρώσω τὴν ζωήν μου (1 *a*)
5. 8. λυτρούμενος οὐκ ἔστιν ἐκ τῆς χειρὸς αὐτῶν (6 *a*)
Da. LXX. 3. (88). ἐκ τοῦ πυρὸς ἐλυτρώσατο ἡμᾶς
4. 24. τὰς ἀδικίας σου ἐν ἐλεημοσύναις λύτρωσαι (6 *b*)
6. 27 (28). ὡς ἐλυτρώσατο ὁ θεὸς τοῦ Δ. τὸν Δ. (9)
Da. Th. 4. 24. τὰς ἁμαρτίας σου ἐν ἐλεημοσύναις λύτρωσαι (6 *b*)
I Ma. 4. 11. ἐστὶν ὁ λυτρούμενος καὶ σώζων [S¹ *om.* κ. σ.] τὸν Ἰ.
[**Aq.** Ps. 25 (26). 11 : 73 (74). 2 : Is. 29. 22.]
[**Sm.** Ps. 70 (71). 23 : 73 (74). 2 : Is. 29. 22.]
[**Th.** Ex. 15. 16 : Is. 29. 22.]
[**Al.** Le. 27. 24, 27 : Ps. 48 (49). 8 *bis*.]
[**Quint.** Ps. 25 (26). 11.]

λυτρών. (1) מוֹצָאָה (2) מַחֲרָאָה
IV Ki. 10. 27. B ἐπάταξεν [A R ἔταξαν] αὐτὸν εἰς λυτρῶνας (1, 2*)

λύτρωσις. (1) *a.* גְּאֻלָּה *b.* גְּאוּלִים (2) *a.* פָּדָה *b.* פִּדְיוֹן *c.* פְּדוּת

Le. 25. 29. καὶ ἔσται ἡ λ. αὐτῆς (1 *a*)
— 29. ἔσται ἡ λ. αὐτῆς (1 *a*)
— 48. A B¹ λύτρωσις ἔσται αὐτῷ [B² R -οῦ] (1 *a*)
Nu. 18. 16. καὶ ἡ λ. αὐτοῦ ἀπὸ μηνιαίου (2 *a*)
Jd. 1. 15. δώσεις μοι λύτρωσιν ὕδατος †
— 15. ἔδωκεν αὐτῇ . . . λύτρωσιν [A τὴν λ.] μετεώρων καὶ [A *add.* τὴν] λ. ταπεινῶν †, †
Ps. 48 (49). 8. καὶ τὴν τιμὴν τῆς λ. τῆς ψυχῆς αὐτοῦ (2 *b*)
110 (111). 9. λύτρωσιν ἀπέστειλε τῷ λαῷ αὐτοῦ (2 *c*)
129 (130). 7. καὶ πολλὴ παρ' αὐτῷ λύτρωσις (2 *c*)
Is. 63. 4. ἐνιαυτὸς λυτρώσεως πάρεστι (1 *b*)
[**Aq.** Ec. 12. 6.]
[**Th.** Pr. 6. 35.]
[**Al.** Le. 5. 18 : 6. 6 (5. 25), 17 (10) : 7. 1, 37 : 14. 12 : 25. 26, 29.]

λυτρωτής. (1) גָּאַל

Ps. 18 (19). 14. κύριε βοηθέ μου καὶ λυτρωτά μου (1)
77 (78). 35. καὶ ὁ θεὸς ὁ ὕψιστος λυτρωτὴς αὐτῶν ἐστι (1)
[Al., Sm. Le. 25. 25.]

λυτρωτός. (1) גְּאֻלָּה

Le. 25. 31, 32. λυτρωταὶ διὰ παντὸς ἔσονται (1)

λυχνία. (1) מְנוֹרָה

Ex. 25. 30 (31). ποιήσεις λυχνίαν ἐκ χρυσίου καθαροῦ (1)
— 30 (31). τορευτὴν ποιήσεις τὴν λυχνίαν (1)
— 31 (32). τρεῖς καλαμίσκοι τῆς λ. (1)
— 31 (32). τρεῖς καλαμίσκοι τῆς λ. [A om. τῆς λ.] (1)
— 32 (33). τοῖς ἐκπορευομένοις ἐκ τῆς λ. (1)
— 33 (34). καὶ ἐν τῇ λ. [A ἐκ τῆς λ.] τέσσαρες (1)
— 34 (35). τοῖς ἐκπορευομένοις ἐκ τῆς λ. (1)
— 34 (35). καὶ ἐν τῇ λ. [A ἐκ τῆς λ.] τέσσαρες –
— 35 (36). A τοῖς ἐκπορευομένοις ἐκ τῆς λ. –
26. 35. ἐπιθήσεις . . . τὴν λ. (1)
30. 27. τὴν λ. καὶ πάντα τὰ σκεύη αὐτῆς (1)
31. 8. καὶ τὴν λ. τὴν καθαράν (1)
35. 16 (14). καὶ τὴν λ. τοῦ φωτός (1)
38. 13 (37. 17). ἐποίησε τὴν λ. ἣ φωτίζει (1)
39. 17 (37). καὶ τὴν λ. τὴν καθαράν (1)
40. 4. εἰσοίσεις τὴν λ. (1)
— 24. ἔθηκε τὴν λ. εἰς τὴν σκηνήν (1)
Le. 24. 4. ἐπὶ τῆς λ. τῆς καθαρᾶς καύσετε (1)
Nu. 3. 31. ἡ τράπεζα καὶ ἡ λ. (1)
4. 9. καλύψουσι τὴν λ. τὴν φωτίζουσαν (1)
8. 2. ἐκ μέρους κατὰ πρόσωπον τῆς λ. (1)
— 3. ἐκ τοῦ ἑνὸς μέρους κατὰ πρόσωπον τῆς λ. (1)
— 4. αὕτη ἡ κατασκευὴ τῆς λ. (1)
— 4. οὕτως ἐποίησε τὴν λ. (1)
III Ki. 7. 49. καὶ τὰς λ. πέντε ἐξ ἀριστερῶν (1)
IV Ki. 4. 10. θῶμεν αὐτῷ ἐκεῖ . . . λυχνίαν (1)
I Ch. 28. 15. λυχνιῶν τὴν ὁλκὴν ἔδωκεν αὐτῷ (1)
II Ch. 4. 7. ἐποίησε τὰς λ. τὰς χρυσᾶς δέκα (1)
— 20. ἐποίησε Σ. . . . τὰς λ. (1)
13. 11. καὶ ἡ λ. ἡ χρυσῆ (1)
Si. 26. 17. λύχνος ἐκλάμπων ἐπὶ λυχνίας ἁγίας
Za. 4. 2. ἰδοὺ λυχνία χρυσῆ ὅλη (1)
— 11. αἱ ἐκ δεξιῶν τῆς λ. [S[1] om. τ. λ.] (1)
Je. 52. 19. τὰς λ. [S om. τ. λ.] καὶ τὰς θυΐσκας . . . ἔλαβεν (1)
I Ma. 1. 21. ἔλαβε . . . τὴν λ. τοῦ φωτός
4. 49. εἰσήνεγκαν τὴν λ. . . . εἰς τὸν ναόν
— 50. ἐξῆψαν τοὺς λύχνους τοὺς ἐπὶ τῆς λ.
[Al. II Ki. 21. 17.]

λύχνος. (1) a. נִיר b. נֵר c. נֵיר

Ex. 25. 36 (37). ποιήσεις τοὺς λ. αὐτῆς ἑπτά (1 b)
— 36 (37). καὶ ἐπιθήσεις τοὺς λ. [A add. αὐτῆς] (1 b)
27. 20. ἵνα καίηται λ. διὰ παντός (1 b)
30. 8 (7). ὅταν ἐπισκευάζῃ τοὺς λ. (1 b)
— 8. καὶ ὅταν ἐξάπτῃ Ἀαρὼν τοὺς λ. (1 b)
38. 16 (37. 19). ὥσιν οἱ λ. ἐπ' [A ἐξ] αὐτῶν –
— 17 (37. 23). ἑπτὰ λύχνους . . . χρυσοῦς (1 b)
39. 17 (37). τὴν λυχνίαν . . . καὶ τοὺς λ. αὐτῆς λύχνους τῆς καύσεως (1 b, 1 b)
40. 4. καὶ ἐπιθήσεις τοὺς λ. αὐτῆς (1 b)
— 25. ἐπέθηκε τοὺς λ. αὐτῆς ἔναντι κυρίου (1 b)
Le. 24. 2. καῦσαι λύχνον διὰ παντός (1 b)
— 4. καύσετε τοὺς λ. (1 b)
Nu. 4. 9. τὴν λυχνίαν τὴν φωτίζουσαν καὶ τοὺς λ. αὐ. (1 b)
8. 2. ὅταν ἐπιτιθῇς τοὺς λύχνους (1 b)
— 2. φωτιοῦσιν οἱ ἑπτὰ λ. (1 b)
— 3. ἐξῆψε τοὺς λ. αὐτῆς (1 b)
I Ki. 3. 3. ὁ λ. τοῦ θεοῦ πρὶν ἐπισκευασθῆναι (1 b)
II Ki. 21. 17. οὐ μὴ σβέσῃς τὸν λ. Ἰσρ. [A μου] (1 b)
22. 29. σὺ ὁ λ. μου (1 c)
III Ki. 7. 49. τὰ λαμπαδεῖα καὶ τοὺς λ. (1 b)
IV Ki. 8. 19. δοῦναι αὐτῷ λύχνον (1 a)
I Ch. 28. 15. λυχνιῶν τὴν ὁλκὴν ἔδωκεν αὐτῷ καὶ τῶν λ. (1 b)
II Ch. 4. 20. ἐποίησε Σ. . . . τοὺς λ. τοῦ φωτός (1 b)
— 21. καὶ οἱ λ. αὐτῶν (1 b)
13. 11. καὶ οἱ λ. τῆς καύσεως (1 b)
21. 7. δοῦναι αὐτῷ λύχνον (1 a)
29. 7. ἔσβεσαν τοὺς λ. (1 b)
To. 8. 13. S ἧψαν τὸν λ.
Jb. 18. 6. ὁ δὲ λ. ἐπ' αὐτῷ σβεσθήσεται (1 b)
21. 17. ἀσεβῶν λύχνος σβεσθήσεται (1 b)
29. 3. ὡς ὅτε ηὔγει ὁ [A om.] λ. αὐτοῦ (1 b)
Ps. 17 (18). 28. σὺ φωτιεῖς λύχνον μου (1 b)
Ps. 118 (119). 105. λύχνος τοῖς ποσί μου ὁ νόμος σου (1 b)
131 (132). 17. ἡτοίμασα λύχνον τῷ χριστῷ μου (1 b)
Pr. 6. 23. λύχνος ἐντολὴ νόμου καὶ φῶς (1 b)
20. 27. A φῶς κυρίου πνοὴ ἀνθρώπων ἢ λύχνος [BS om. ἢ λ.] (1 b ?)
31. 18. οὐκ ἀποσβέννυται ὁ λ. αὐτῆς ὅλην τὴν νύκτα (1 b)
Si. 26. 17. λύχνος ἐκλάμπων ἐπὶ λυχνίας ἁγίας
Ze. 1. 12. ἐξερευνήσω τὴν Ἱερ. μετὰ λύχνου (1 b)
Za. 4. 2. καὶ ἑπτὰ λύχνοι ἐπάνω αὐτῆς (1 b)
— 2. ἑπτὰ ἐπαρυστρίδες τοῖς λ. τοῖς ἐπάνω αὐτῆς (1 b)
Je. 25. 10. ἀπολῶ ἀπ' αὐτῶν . . . φῶς λύχνου (1 b)
Ep. Je. 19. λύχνους καίουσι καὶ πλείους ἢ ἑαυτοῖς [A πλείονας αὐτοῖς]
Da. LXX. 5. 1. ἐπὶ τοῦ κονιάματος κατέναντι τοῦ λ. –
I Ma. 4. 50. ἐξῆψαν τοὺς λ. τοὺς ἐπὶ τῆς λυχνίας
II Ma. 1. 8. R ἐξήψαμεν [A ἐξήγαγεν] τοὺς λύχνους
10. 3. θυμίαμα καὶ λύχνους . . . ἐποιήσαντο
[Aq., Sm. III Ki. 11. 36: 15. 4: Pr. 20. 27: 24. 20.]
[Th. Ex. 35. 14: Pr. 20. 27: 24. 20.]

λωιαβίν.

[Heb. Ps. 91 (92). 7.]

λῶμα. (1) פְּתִיל (2) שׁוּל

Ex. 28. 29 (33). ὑπὸ [A B[2] ἐπὶ] τὸ λ. τοῦ ὑποδύτου (2)
— 29 (33). ἐπὶ τοῦ λ. τοῦ ὑποδύτου κύκλῳ (2)
— 30 (34). ἐπὶ [B[1] ὑπὸ] τοῦ λ. [A δώμ.] τοῦ ὑποδύτου κύκλῳ (2)
36. 32 (39. 24). ἐπὶ τοῦ λ. τοῦ ὑποδύτου (2)
— 33 (39. 25). ἐπὶ τὸ λ. τοῦ ὑποδύτου (2)
— 34 (39. 26). ἐπὶ τοῦ λώματος [A[2] τὸ λ.] (2)
— 40 (39. 31). ἐπέθηκαν ἐπὶ τὸ λ. ὑακίνθινον (1)

λωποδυτεῖν.

I Es. 4. 24. ὅταν . . . ἁρπάσῃ καὶ λωποδυτήσῃ

λωποδύτης.

[Quint. Ho. 7. 1.]

λωφᾶν.

[Sm. Ge. 8. 1.]

M

μά.

IV Ma. 5. 29. S[2] οὐ μὰ τοὺς ἱεροὺς . . . ὅρκους [AS[1]R al.]
10. 15. μὰ τὸν μακάριον . . . θάνατον

μαανά. (1) מִנְחָה

IV Ki. 8. 8. B λάβε ἐν τῇ χειρί σου μ. [AR μαναά] (1)
— 9. B ἔλαβε μ. [AR μαναὰ] ἐν τῇ χειρὶ αὐ. (1)
Ne. 13. 9. S[2] ἐπέστρεψα ἐκεῖ . . . τὴν μ. [B[1] μάννα, B[2] μανναείμ, S[1] βαανά, A μαναάν, R μαναά] (1)

μαασαναί (B), **μεσαναί** (A). (1) מִשְׁנֶה

II Ch. 34. 22. κατῴκει ἐν Ἱερ. ἐν μ. (1)

μαβά.

II Ch. 1. 13. B ἦλθε Σαλ. ἐκ μ. [AR βαμά] †

μαβδαρῖτις (μαδβ.). (1) מִדְבָּר

Jo. 5. 15. ἐν τῇ ἐρήμῳ τῇ μ. [B[1] μαδβ.] (1)
18. 12. ἔσται αὐτοῦ ἡ διέξοδος ἡ [B[1] om.] μ. (1)

μαγάλ.

[Th. I Ki. 26. 7.]

μαγειρεῖον. (1) a. מְבַשְּׁלוֹת b. בָּשֵׁל pi.

Ez. 46. 23. μαγειρεῖα γεγονότα ὑποκάτω τῶν ἐξεδρῶν κύκλῳ (1 a)
— 24. A οὗτοι οἱ οἶκοι τῶν μ. [B μαγείρων] (1 b)

μαγειρεύειν. (1) טָבַח

La. 2. 21. ἐν ἡμέρᾳ ὀργῆς σου ἐμαγείρευσας (1)

μαγείρισσα. (1) טַבָּחָה

I Ki. 8. 13. τὰς θυγ. ὑμῶν λήψεται . . . εἰς μαγειρίσσας (1)

μάγειρος. (1) בָּשֵׁל pi. (2) טַבָּח

I Ki. 9. 23. εἶπε Σ. τῷ μ. (2)
— 24. ἥψησεν ὁ μ. τὴν κωλέαν (2)
La. 2. 20. ἐπιφυλλίδα ἐποίησε μ. †
Ez. 46. 24. οὗτοι οἱ οἶκοι τῶν μ. [A μαγειρείων] (1)

μαγικός.

Wi. 17. 7. μαγικῆς δὲ ἐμπαίγματα κατέκειτο τέχνης

μαγίς. (1) a. צְלוּל b. צְלִיל

Jd. 7. 13. μαγὶς ἄρτου κριθίνου στρεφομένη (1 a*, 1 b)

μάγος. (1) אַשָּׁף

Da. LXX. 2. 2. εἰσενεχθῆναι . . . τοὺς μ. (1)
— 10. οὐκ ἐπερωτᾷ πάντα σοφὸν καὶ μ. (1)
Da. TH. 1. 20. δεκαπλασίονας παρὰ . . . τοὺς μ. (1)
2. 2. καλέσαι . . . τοὺς μ. (1)
— 10. οὐκ ἐπερωτᾷ ἐπαοιδὸν μάγον (1)
— 27. οὐκ ἔστι σοφῶν μάγων ἐπαοιδῶν (1)
4. 4. εἰσεπορεύοντο οἱ ἐπαοιδοὶ μάγοι (1)
Da. TH. 5. 7. τοῦ εἰσαγαγεῖν μάγους (1)
— 11. ἄρχοντα ἐπαοιδῶν μάγων . . . κατέστησεν αὐτόν (1)
— 15. εἰσῆλθον . . . οἱ σοφοὶ μάγοι (1)
[Aq. Dt. 18. 11: I Ki. 28. 3, 7, 8, 9: IV Ki. 21. 6: 23. 24: Is. 29. 4.]
[Sm. Ge. 41. 8, 24.]
[Th. Da. 1. 20: 4. 4.]

● **μαγωζός.**

[Aq., Sm. Ez. 27. 24.]

μαδᾶν. (1) מָרַט a. qal. b. ni.

Le. 13. 40. ἐὰν δέ τινι μαδήσῃ ἡ κεφαλὴ αὐτοῦ (1 b)
— 41. ἐὰν δὲ κατὰ πρόσωπον μαδήσῃ ἡ κεφαλή (1 b)
Ez. 29. 18. πᾶς ὦμος μαδῶν (1 a)

μαδαροῦν. (1) מָרַט

Ne. 13. 25. R καὶ ἐμαδάρωσα αὐτούς (1)

μαδβαρῖτις, *vid. sub* **μαβδαρῖτις.**

μαδών. (1) a. מִדִּין b. מָדוֹן

II Ki. 21. 20. ἦν ἀνὴρ μ. (1 a*, 1 b)

μαεβέρ. (1) מַעֲבָר

III Ki. 4. 12. ἕως μ. Λ. [A al.] (1)

● = correction on page xxvi

μαελέθ. (1) מַחֲלַת
Ps. 52 (53). *tit.* εἰς τὸ τέλος ὑπὲρ μ. (1)
87 (88). *tit.* ᾠδὴ ψαλμοῦ . . . ὑπὲρ μ. (1)

μαεμωνί.
I Ki. 21. 2 (3). φελλανεὶ μ. [A *al.*] †

μάζα.
Da. LXX. Bel 26. ἐποίησε μάζαν
Da. TH. Bel 27. ἐποίησε μάζας
[**Aq.** HB. 2. 11.]
[**Th.** DA. 14. 26.]

μαζούρ.
[**Aq.** JB. 37. 9.]

μαζουρώθ. (1) מַזָּרוֹת
IV Ki. 23. 5. τοὺς θυμιῶντας . . . τοῖς μ. †
Jb. 38. 32. ἢ διανοίξεις μαζουρὼθ ἐν καιρῷ αὐτοῦ (1)
[**Th.** JB. 38. 32.]

μάθημα. (1) אַלּוּף
Je. 13. 21. ἐδίδαξας αὐτοὺς ἐπὶ σὲ μαθήματα [A -ητὰς] εἰς ἀρχήν (1)

μάθησις.
[**Sm.** PR. 2. 17.]

μαθητής. (1) אַלּוּף
Je. 13. 21. A ἐδίδαξας αὐτοὺς ἐπὶ σὲ μαθητὰς [BS -ήματα] εἰς ἀρχήν (1)
20. 11. A καθὼς μ. ἰσχυρός [BS μαχητὴς ἰσχύων] †
26 (46). 9. A[1] ἐξέλθατε οἱ μαθηταὶ [A[2]B μαχ.] Αἰθιόπων †

μαῖα. (1) יָלַד pi.
Ge. 35. 17. εἶπεν αὐτῇ ἡ μ. (1)
38. 28. λαβοῦσα δὲ ἡ μ. ἔδησεν (1)
Ex. 1. 15. εἶπεν . . . ταῖς μ. τῶν Ἑβρ. (1)
— 17. ἐφοβήθησαν δὲ αἱ μ. τὸν θεόν (1)
— 18. ἐκάλεσε δὲ ὁ βασιλεὺς Αἰγύπτου τὰς μ. (1)
— 19. εἶπαν δὲ αἱ μ. τῷ Φαραῷ (1)
— 19. πρὶν ἢ εἰσελθεῖν πρὸς αὐτὰς τὰς μ. (1)
— 20. εὖ δὲ ἐποίει ὁ θεὸς ταῖς μ. (1)
— 21. ἐπειδὴ ἐφοβοῦντο αἱ μ. τὸν θεόν (1)
[**Sm.** EX. 1. 19 *bis.*]

μαιμάσσειν. (1) גִּיחַ (2) הָמָה
Jb. 38. 8. ὅτε ἐμαίμασσεν [S[1] -αξεν, A ἐμαιοῦτο καὶ] ἐκ κοιλίας μητρὸς αὐτῆς ἐκπορευομένη (1)
Je. 4. 19. τὰ αἰσθητήρια τῆς καρδίας μου μαιμάσσει [? με μάσσει] ἡ ψυχή μου [S[1] *om.* μ. ἡ ψ. μ.] (2)
[**Th.** JE. 4. 19.]

μαίνεσθαι. (1) הָלַל hithpo. (2) שָׁגַע pu.
Wi. 14. 28. ἢ γὰρ εὐφραινόμενοι μεμήνασιν
Je. 32 (25). 16. μανήσονται ἀπὸ προσώπου τῆς μαχαίρας (1)
36 (29). 26. γενέσθαι ἐπιστάτην . . . παντὶ ἀνθρώπῳ μαινομένῳ (2)
II Ma. 4. 4. καὶ Ἀπολλώνιον μαίνεσθαι
IV Ma. 7. 5. AR περιέκλασε τοὺς μαινομ. [S ἐπιμ.] τῶν παθῶν κλύδωνας
8. 5. μὴ μανῆναι τὴν αὐτὴν . . . μανίαν
10. 13. μὴ μανῇς . . . τὴν αὐτὴν μανίαν
[**Sm.** I KI. 21. 15 (16) *bis.*]

μαιοῦσθαι. (1) גִּיחַ (2) חוּל pul. (3) יָלַד pi.
Ex. 1. 16. ὅταν μαιοῦσθε τὰς Ἑβραίας (3)
Jb. 26. 5. μὴ γίγαντες μαιωθήσονται [S[1] *al.*] (2)
38. 8. ὅτε ἐμαιοῦτο καὶ [BS[2] ἐμαίμασσεν, S[1] ἐμαίμαξεν] ἐκ κοιλίας μητρὸς αὐτῆς ἐκπορευομένη (1)
[**Sm.** PR. 8. 25.]
[**Th.** JB. 26. 5.]
[**Quint.** PS. 28 (29). 9.]

μακαρίζειν. (1) אָשַׁר *a.* pi. *b.* pu. *c.* אֶשֶׁר
Ge. 30. 13. R μακαριοῦσί [A -ίζουσίν] με (1 *a*)
Nu. 24. 17. μακαρίζω καὶ οὐκ ἐγγίζει †
Jb. 29. 10. οἱ δὲ ἀκούσαντες [A ἀ. περὶ ἐμοῦ] ἐμακάρισάν με †
— 11. οὖς ἤκουσε καὶ ἐμακάρισέ με (1 *a*)
Ps. 40 (41). 2. κύριος . . . μακαρίσαι αὐτὸν ἐν τῇ γῇ (1 *b*)
71 (72). 17. πάντα τὰ ἔθνη μακαριοῦσιν αὐτόν (1 *a*)
143 (144). 15. ἐμακάρισαν [S[1] -σα] τὸν λαὸν ᾧ ταῦτά ἐστι (1 *c*)
Ca. 6. 8 (9). καὶ μακαριοῦσιν αὐτήν (1 *a*)
— 9 (10). S καὶ ἐμακάρισαν αὐτήν –
Wi. 2. 16. μακαρίζει ἔσχατα δικαίων
18. 1. ὅτι μὲν οὖν [A οὐ] κἀκεῖνοι ἐπεπόνθεισαν ἐμακάριζον
Si. 11. 28. πρὸ τελευτῆς μὴ μακάριζε μηδένα
25. 7. ἐννέα ὑπονοήματα ἐμακάρισα ἐν καρδίᾳ
— 23. ἥτις οὐ μακαριεῖ τὸν ἄνδρα αὐτῆς
34 (31). 9. τίς ἐστι καὶ μακαριοῦμεν αὐτόν
37. 24. μακαριοῦσιν αὐτὸν πάντες οἱ ὁρῶντες
45. 7. ἐμακάρισεν αὐτὸν ἐν εὐκοσμίᾳ
Ma. 3. 12. μακαριοῦσιν ὑμᾶς πάντα τὰ ἔθνη (1 *a*)
— 15. καὶ νῦν ἡμεῖς μακαρίζομεν ἀλλοτρίους (1 *a*)
Is. 3. 12. οἱ μακαρίζοντες ὑμᾶς πλανῶσιν ὑμᾶς (1 *a*)
9. 16 (15). ἔσονται οἱ μακαρίζοντες τὸν λαὸν τοῦτον πλανῶντες (1 *a*)
IV Ma. 1. 10. τῶν δὲ τιμῶν μακαρίσαιμ' ἄν
16. 9. οὐδὲ μάμμη κληθεῖσα μακαρισθήσομαι
18. 13. ὃν καὶ ἐμακάριζεν
[**Aq.**, **Th.** PR. 4. 14 : 31. 28.]
[**Sm.** PS. 16 (17). 11 : PR. 31. 28 : EC. 4. 2.]

μακάριος. (1) *a.* אֹשֶׁר *b.* אֶשֶׁר
Ge. 30. 13. μακαρία ἐγὼ ὅτι μακαριοῦσί με (1 *a*)
De. 33. 29. μακάριος σύ, Ἰσραήλ (1 *b*)
III Ki. 10. 8. μ. αἱ γυναῖκές σου μ. οἱ παῖδές σου οὗτοι (1 *b*, 1 *b*)
II Ch. 9. 7. μ. οἱ ἄνδρες μ. οἱ παῖδές σου οὗτοι (1 *b*, 1 *b*)
To. 13. 14. μ. οἱ ἀγαπῶντές σε
— 14. S μ. οἳ χαρήσονται ἐπὶ τῇ εἰρήνῃ σου [A B *al.*]
— 14. μ. ὅσοι ἐλυπήθησαν ἐπὶ πάσαις ταῖς μάστιξί σου [S *al.*]
— 16. S μακάριος ἔσομαι
Jb. 5. 17. μακάριος δὲ ἄνθρωπος ὃν ἤλεγξεν ὁ κύριος (1 *b*)
Ps. 1. 1. μακάριος ἀνὴρ ὃς οὐκ ἐπορεύθη ἐν βουλῇ ἀσεβῶν (1 *b*)
2. 12. μακάριοι πάντες οἱ πεποιθότες ἐπ' αὐτῷ (1 *b*)
31 (32). 1. μακάριοι ὧν ἀφέθησαν αἱ ἀνομίαι (1 *b*)
— 2. μακάριος ἀνὴρ οὗ οὐ μὴ λογίσηται κύριος ἁμαρτίαν (1 *b*)
32 (33). 12. μακάριον [B[1] -os] τὸ ἔθνος οὗ ἐστι κύριος ὁ θεὸς αὐτοῦ (1 *b*)
33 (34). 8. μακάριος ἀνὴρ ὃς ἐλπίζει ἐπ' αὐτόν (1 *b*)
39 (40). 4. μακάριος ἀνὴρ οὗ ἐστι τὸ ὄνομα κυρίου ἐλπὶς αὐτοῦ (1 *b*)
40 (41). 1. μακάριος ὁ συνίων ἐπὶ πτωχόν (1 *b*)
64 (65). 4. μακάριος ὃν ἐξελέξω καὶ προσελάβου (1 *b*)
83 (84). 4. μακάριοι πάντες οἱ κατοικοῦντες ἐν τῷ οἴκῳ σου (1 *b*)
— 5. μακάριος ἀνὴρ οὗ ἐστιν ἡ ἀντίληψις αὐτοῦ παρὰ σοῦ (1 *b*)
— 12. μακάριος ἄνθρωπος ὁ ἐλπίζων ἐπὶ σέ (1 *b*)
88 (89). 15. μακάριος ὁ λαὸς ὁ γινώσκων ἀλαλαγμόν (1 *b*)
93 (94). 12. μακάριος ὁ ἄνθρωπος ὃν ἂν σὺ παιδεύσῃς (1 *b*)
105 (106). 3. μακάριοι οἱ φυλάσσοντες κρίσιν (1 *b*)
111 (112). 1. μακάριος ἀνὴρ ὁ φοβούμενος τὸν κύριον (1 *b*)
118 (119). 1. μακάριοι ἄμωμοι ἐν ὁδῷ (1 *b*)
— 2. μακάριοι οἱ ἐξερευνῶντες τὰ μαρτύρια αὐτοῦ (1 *b*)
126 (127). 5. μακάριος ὃς πληρώσει τὴν ἐπιθυμίαν (1 *b*)
127 (128). 1. μακάριοι πάντες οἱ φοβούμενοι τὸν κύριον (1 *b*)
— 2. μακάριος εἶ καὶ καλῶς σοι ἔσται (1 *b*)
136 (137). 8. μακάριος ὃς ἀνταποδώσει σοι τὸ ἀνταπόδομά σου (1 *b*)
— 9. μακάριος ὃς . . . ἐδαφιεῖ τὰ νήπιά σου πρὸς τὴν πέτραν (1 *b*)
143 (144). 15. μακάριος ὁ λαὸς οὗ κύριος ὁ θεὸς αὐτοῦ (1 *b*)
145 (146). 5. μακάριος οὗ ὁ θεὸς Ἰακὼβ βοηθός (1 *b*)
Pr. 3. 13. μακάριος ἄνθρωπος ὃς εὗρε σοφίαν (1 *b*)
8. 32. AS[2] μακάριοι οἱ ὁδούς μου φυλάσσοντες (1 *b*)
— 32 (34). μακάριος ἀνὴρ ὃς εἰσακούσεταί μου (1 *b*)
20. 7. μακαρίους τοὺς παῖδας αὐ. καταλείψει (1 *b*)
28. 14. μακάριος ἀνὴρ ὃς καταπτήσσει πάντα (1 *b*)
Ec. 10. 17. μακαρία σὺ γῆ (1 *b*)
Wi. 3. 13. μακαρία στεῖρα ἡ ἀμίαντος
Si. 14. 1. μακάριος ἀνὴρ ὃς οὐκ ὠλίσθησεν
— 2. μακάριος οὗ [A ἀνὴρ οὗ] κατέγνω ἡ ψυχή
Si. 14. 20. μακάριος ἀνὴρ ὃς ἐν σοφίᾳ τελευτήσει [S[2] μελετήσει]
25. 8. μακάριος ὁ συνοικῶν γυναικὶ συνετῇ
— 9. μακάριος ὃς [S[1] ἀνὴρ ὃς] εὗρε φρόνησιν
26. 1. γυναικὸς ἀγαθῆς μακάριος ὁ ἀνήρ
28. 19. μακάριος ὁ σκεπασθεὶς ἀπ' αὐτῆς
31 (34). 15. φοβουμένου τὸν κύριον μακαρία ἡ ψυχή
34 (31). 8. μακάριος πλούσιος ὃς εὑρέθη ἄμωμος
48. 11. μακάριοι οἱ ἰδόντες σε
50. 28. μακάριος ὃς ἐν τούτοις ἀναστραφήσεται
Is. 30. 18. μακάριοι οἱ ἐμμένοντες ἐπ' [AS ἐν] αὐτῷ (1 *b*)
31. 9. μ. ὃς ἔχει ἐν Σιὼν σπέρμα †
32. 20. μακάριοι οἱ σπείροντες ἐπὶ πᾶν ὕδωρ (1 *b*)
56. 2. μ. ἀνὴρ ὁ ποιῶν ταῦτα (1 *b*)
Ba. 4. 4. μακάριοί ἐσμεν, Ἰσραήλ
Da. LXX. 12. 12. μ. ὁ ἐμμένων (1 *b*)
Da. TH. 12. 12. μ. ὁ ὑπομένων (1 *b*)
IV Ma. 7. 15. ὢ μακαρίου γήρως
— 22. τὸ . . . ὑπομένειν μακάριόν ἐστιν
10. 15. μὰ τὸν μ. τῶν ἀδ. μου θάνατον
17. 18. τὸν μ. βιοῦσιν αἰῶνα
18. 9. μακάριος μὲν ἐκεῖνος
[**Aq.**, **Sm.** PS. 31 (32). 1 : 126 (127). 5 : 127 (128). 2.]
[**Th.** PS. 126 (127). 5 : 127 (128). 2.]
[**Quint.**, **Sext.** PS. 31 (32). 1.]

μακαριότης.
IV Ma. 4. 12. ὑμνήσειν . . . τὴν τοῦ ἱεροῦ τόπου μ.
18. 19. A καὶ ἡ μ. [SR μακρότης] τῶν ἡμερῶν

μακαριστός. (1) אָשַׁר
Pr. 14. 21. ἐλεῶν δὲ πτωχοὺς μακαριστός [A *add.* ἔσται] (1)
16. 20. πεποιθὼς δὲ ἐπὶ θεῷ μακαριστός (1)
29. 18. ὁ δὲ φυλάσσων τὸν νόμον μακαριστός (1)
II Ma. 7. 24. ἅμα πλουτεῖν καὶ μακαριστὸν ποιήσειν
[**Sm.** PS. 40 (41). 3.]

μακαρίως.
IV Ma. 12. 1. μ. ἐναπέθανε

μακράν, *cf.* **μακρός.** (1) אָרֵךְ (2) סוּר (3) *a.* רָחַק qal. *b.* hi. *c.* רָחוֹק *d.* מֵרָחוֹק *e.* לְמֵרָחוֹק *f.* מֶרְחָק *g.* רַחִיק (4) ὁ μ. *a.* רָחוֹק *b.* מֵרָחוֹק *c.* מִמֶּרְחָק (5) οἱ μ. בַּמֶּרְחַקִּים (6) μ. ἀπέχειν *a.* רָחַק qal. *b.* hi. *c.* רָחוֹק (7) μ. ἀπωθεῖν רָחַק hi. (8) ἀφεστάναι μ., ἀποστῆναι μ. רָחַק (9) μ. γίγνεσθαι *a.* רָבָה *b.* רָחַק hi. (10) μ. εἶναι *a.* אָרֹךְ *b.* רָחַק *c.* רָחוֹק (11) μ. οἰκῶν רָחוֹק (12) μ. ποιεῖν *a.* נָצַל hi. *b.* רָחַק hi.
Ge. 44. 4. οὐκ ἀπέσχον μακράν (6 *b*)
Ex. 8. 28 (24). ἀλλ' οὐ μακρὰν ἀποτενεῖτε πορευθῆναι (3 *b*)
33. 7. ἔπηξεν . . . μακρὰν ἀπὸ τῆς παρεμβολῆς [B[1] *om.* μ. . . . π.] (3 *b*)
Nu. 9. 10. ἢ ἐν ὁδῷ μακρὰν ὑμῖν [A ἢ ἐν ὑ.] (3 *c*)
— 13. AR ἐν ὁδῷ μ. [B -ᾷ] οὐκ ἔστιν –
De. 12. 21. ἐὰν δὲ μ. [A -ρότερον] ἀπέχῃ σου ὁ τόπος (6 *a*)
13. 7 (8). ἢ τῶν μ. ἀπὸ σοῦ (4 *a*)
14. 24. ἐὰν δὲ μ. γένηται ἡ ὁδὸς ἀπὸ σοῦ (9 *a*)
— 24. μ. ἀπὸ σοῦ ὁ τόπος (3 *a*)
20. 15. πάσας τὰς πόλεις τὰς μ. οὔσας σου (10 *c*)
30. 11. AR οὐδὲ μακρὰν ἀπὸ σοῦ ἐστιν [B *om.*] (10 *c* [3 *c*])
Jo. 3. 4. μακρὰν ἔστω ἀνὰ μέσον ἡμῶν (3 *c*)
— 16. ἀφεστηκὸς μακρὰν σφόδρα (3 *b*)
8. 4. μὴ μ. γίνεσθε ἀπὸ [A *om.*] τῆς πόλεως (9 *b*)
9. 22. μ. ἀπὸ σοῦ ἐσμεν σφόδρα (10 *c*)
Jd. 18. 7. μ. εἰσι Σιδωνίων [A ἀπὸ Σιδῶνος] (10 *c*)
— 9. A μ. ἀπέχοντες ἐκ Σιδῶνος –
— 28. μ. ἐστιν ἀπὸ Σιδωνίων (10 *c*)
II Ki. 7. 19. ἐλάλησας ὑπὲρ τοῦ οἴκου . . . εἰς μ. (3 *d*)
15. 17. ἔστησαν ἐν οἴκῳ τῷ μ. (3 *f*)
III Ki. 8. 46. εἰς γῆν μ. καὶ ἐγγύς (3 *c*)
II Ch. 6. 36. εἰς γῆν μ. ἢ ἐγγύς (3 *c*)
II Es. 6. 6. μ. ὄντες ἐκεῖθεν (3 *g*)
Ne. 4. 19 (13). σκορπιζόμεθα . . . μ. ἀνὴρ ἀπὸ τοῦ ἀδ. αὐ. (3 *c*)

● = correction on page xxvi ▶ = additional entry on page xxvi

Es. 9. 20. τοῖς ἐγγὺς καὶ τοῖς μ. (3 c)
Jb. 30. 10. ἐβδελύξαντο δέ με ἀποστάντες μ. (8)
36. 3. ἀναλαβὼν τὴν ἐπιστήμην μου μ. (3 e)
Ps. 21 (22). 1. μ. ἀπὸ τῆς σωτηρίας μου οἱ λόγοι τῶν παραπτωμάτων μου (3 c)
64 (65). 5. B²S¹ καὶ ἐν [S² R τῶν ἐν] θαλάσσῃ μ. (3 c)
118 (119). 155. μ. ἀπὸ ἁμαρτωλῶν σωτηρία (3 c)
Pr. 2. 16. τοῦ μ. σε ποιῆσαι ἀπὸ ὁδοῦ εὐθείας (12 a)
4. 24. ἄδικα χείλη μ. ἀπὸ σοῦ ἄπωσαι (7)
5. 8. μ. ποίησον ἀπ' αὐτῆς σὴν ὁδόν (12 b)
13. 19. ἔργα δὲ ἀσεβῶν μ. ἀπὸ γνώσεως (2)
15. 29. μ. ἀπέχει ὁ θεὸς ἀπὸ ἀσεβῶν (6 c)
19. 7. φιλίας μ. ἔσται (10 b)
22. 15. ῥάβδος δὲ καὶ παιδεία μ. ἀπ' αὐτοῦ (3 b)
24. 31 (30. 8). μάταιον λόγον καὶ ψευδῆ μ. μου ποίησον (12 b)
27. 10. ἢ ἀδελφὸς μ. οἰκῶν (11)
Ec. 7. 25 (24). αὕτη ἐμακρύνθη ἀπ' ἐμοῦ μ. ὑπὲρ ὃ ἦν (3 c)
Wi. 14. 17. μὴ δυνάμενοι τιμᾶν ἄνθρωποι διὰ τὸ μ. οἰκεῖν
Si. 9. 13. μακρὰν ἄπεχε ἀπὸ ἀνθρώπου
13. 10. μὴ μ. ἀφιστῶ ἵνα μὴ ἐπιλησθῇς
15. 8. μακράν ἐστιν ὑπερηφανίας
16. 22. μακρὰν γὰρ ἡ διαθήκη
24. 32. ἐκφανῶ αὐτὰ ἕως εἰς μακράν
27. 20. μὴ αὐτὸν διώξῃς ὅτι μ. ἀπέστη
30. 23. λύπην μακρὰν ἀπόστησον ἀπὸ σοῦ
Mi. 4. 3. ἕως εἰς [A add. γῆν] μ. (3 c)
Jl. 3 (4). 8. εἰς ἔθνος μακρὰν ἀπέχον (6 c)
Za. 6. 15. καὶ οἱ μακρὰν ἀπ' αὐτῶν ἥξουσι (4 a)
10. 9. καὶ οἱ μακρὰν μνησθήσονταί μου (5)
Is. 5. 26. ἀρεῖ σύσσημον ἐν τοῖς ἔθνεσι τοῖς μ. (4 b)
27. 9. τὰ εἴδωλα αὐτῶν ἐκκεκομμένα ὥσπερ δρυμὸς μ. †
46. 12. οἱ μ. ἀπὸ τῆς δικαιοσύνης (3 c)
57. 9. πολλοὺς ἐποίησας τοὺς μ. ἀπὸ σοῦ †
— 19. ἔδωκα . . . εἰρήνην ἐπ' εἰρήνην τοῖς μ. (3 c)
59. 11. μ. ἀφέστηκεν ἀφ' ἡμῶν (8)
— 14. ἡ δικαιοσύνη μ. ἀφέστηκεν [A add. ἀφ' ἡμῶν] (3 d)
Je. 2. 5. ἀπέστησαν μ. ἀπ' ἐμοῦ (8)
36 (29). 28. μ. ἐστιν (10 a)
38 (31). 10. A ἀναγγείλατε εἰς νήσους τὰς μ. [R -ρόθεν, B S -ρότερον] (4 c)
Ba. 2. 29. A ἡ βόμβησις ἡ μεγ. . . . ἀποστρέψει εἰς μ. [B μικράν]
Ep. Je. 73. ἔσται γὰρ μ. ἀπὸ ὀνειδισμοῦ
Ez. 6. 12. ὁ δὲ μ. ἐν θανάτῳ τελευτήσει (3 c)
11. 15. μ. ἀπέχετε ἀπὸ τοῦ κυρίου (6 a)
12. 22. A μ. [B μακραὶ] αἱ ἡμέραι (1)
22. 5. ταῖς μ. ἀπεχούσαις [B² om.] ἀπὸ σοῦ (6 c [3 c])
Da. LXX. Su. 51. διαχωρίσατέ μοι αὐτοὺς ἀπ' ἀλλήλων μ.
Da. TH. Su. 51. διαχωρίσατε αὐτοὺς ἀπ' ἀλλήλων μ.
9. 7. τοῖς ἐγγὺς καὶ τοῖς μ. (3 c)
I Ma. 8. 4. ὁ τόπος ἦν μ. ἀπέχων ἀπ' αὐτῶν σφόδρα
— 12. A R τῶν βασιλειῶν [S -λέων] τῶν ἐγγὺς καὶ τῶν μ.
[**Aq.** Ps. 21 (22). 2: Is. 17. 13: 57. 9 (εἰς μ.).]
[**Sm.** Jd. 18. 7: Ps. 37 (38). 12: 87 (88). 9, 19: Is. 6. 12: 57. 9 (εἰς μ.): 59. 9: Ez. 11. 16.]
[**Th.** Ps. 21 (22). 2: Is. 57. 9 (εἰς μ.).]
[**Al.** Jb. 18. 6.]
[**Quint., Sext.** Ps. 21 (22). 2.]

μακρόβιος. (1) הֶאֱרִיךְ יָמִים
Wi. 3. 17. ἐάν τε γὰρ μακρόβιοι γένωνται
Is. 53. 10. ἡ ψυχὴ ὑμῶν ὄψεται σπέρμα μακρόβιον (1)
[**Sm.** Ec. 7. 16 (15).]

μακροβίωσις.
Ba. 3. 14. τοῦ γνῶναι ἅμα ποῦ ἐστι μ. καὶ ζωή

μακροημερεύειν. (1) הֶאֱרִיךְ יָמִים (2) רָבָה יָמִים
●De. 5. 33 (30). ὅπως . . . μακροημερεύσητε ἐπὶ τῆς γῆς (1)
6. 2. ἵνα μακροημερεύσητε (1)
11. 9. ἵνα μακροημερεύσητε ἐπὶ τῆς γῆς (1)
— 21. ἵνα μακροημερεύσητε [A πολυημ.] (2)
32. 47. μακροημερεύσετε [A -σητε] ἐπὶ τῆς γῆς (1)
Jd. 2. 7. ὅσοι ἐμακροημέρευσαν μετὰ Ἰ. (1)
Si. 1. 20. S¹ οἱ κλάδοι αὐτῆς μακροημερεύσουσιν [A B S² -ευσις]
3. 6. ὁ δοξάζων πατέρα μακροημερεύσει

μακροημέρευσις.
Si. 1. 12. φόβος κυρίου . . . δώσει . . . μακροημέρευσιν
— 20. οἱ κλάδοι αὐτῆς μακροημέρευσις [S¹ -εύσουσιν]
30. 22. ἀγαλλίαμα ἀνδρὸς μακροημέρευσις [S¹ μεγαλοημ.]

μακροήμερος. (1) μακροήμερος γίγνεσθαι הֶאֱרִיךְ יָמִים
De. 4. 40. ὅπως μακροήμεροι [A -χρόνιοι] γένησθε (1)
[**Al.** Dt. 5. 33 (30).]

μακρόθεν. (1) a. רָחַק hi. b. מֵרָחוֹק c. רָחוֹק d. בְּרָחוֹק e. מֵרָחָק f. מִמֶּרְחָק g. ἀπὸ μ. לְמֵרָחוֹק h. ἀπὸ μ. עַד־מֵרָחוֹק i. ὁ μ. מֵרָחוֹק j. ὁ μ. מִמֶּרְחָק
Ge. 21. 16. R ἐκάθητο ἀπέναντι αὐτοῦ μ. [A μακρότερον] (1 a)
— 16. R ἐκάθισεν [A -ητο] ἀπέναντι αὐτοῦ [A add. μακρόθεν] –
22. 4. εἶδε τὸν τόπον μακρόθεν (1 b)
37. 18. προεῖδον δὲ αὐτὸν μ. (1 b)
Ex. 2. 4. κατεσκόπευεν ἡ ἀδελφὴ αὐτοῦ μ. (1 b)
20. 18. φοβηθέντες δὲ πᾶς ὁ λαὸς ἔστησαν μ. (1 b)
— 21. εἱστήκει δὲ ὁ λαὸς μ. (1 b)
24. 1. καὶ προσκυνήσουσι μ. τῷ κυρίῳ (1 b)
De. 28. 49. ἐπάξει κ. ἐπὶ σὲ ἔθνος μ. (1 b)
29. 22 (21). ὃς ἂν ἔλθῃ ἐκ γῆς μ. (1 c)
Jo. 9. 6. ἐκ γῆς μ. ἥκαμεν (1 c)
— 9. ἐκ γῆς μ. σφόδρα ἥκασιν (1 c)
I Ki. 26. 13. ἔστη ἐπὶ τὴν κορυφὴν τοῦ ὄρους μ. (1 b)
III Ki. 8. 41. A καὶ ἔλθῃ ἀπὸ γῆς μ. (1 c)
IV Ki. 2. 7. ἔστησαν ἐξ ἐναντίας μ. (1 b)
19. 25. A μὴ οὐκ ἤκουσας ἀπὸ μ. (1 g)
II Ch. 6. 32. καὶ ἔλθῃ ἐκ γῆς μ. (1 c)
I Es. 5. 65. ὥστε μ. ἀκούεσθαι
II Es. 3. 13. ἠκούετο ἕως ἀπὸ μ. (1 g)
Ne. 12. 43. ἠκούσθη ἡ εὐφροσύνη . . . ἀπὸ μ. (1 h)
To. 13. 11. ἔθνη πολλὰ μ. ἥξει [S al.]
Ju. 13. 11. εἶπεν Ἰ. μ. τοῖς φυλάσσουσιν
Ps. 9. 22 (10. 1). ἵνα τί, κύριε, ἀφέστηκας μ. (1 d)
37 (38). 11. οἱ ἔγγιστά μου μ. [A S² ἀπὸ μ.] ἔστησαν (1 b [1 c])
137 (138). 6. τὰ ὑψηλὰ ἀπὸ μ. γινώσκει (1 e)
138 (139). 2. σὺ συνῆκας τοὺς διαλογισμούς μου ἀπὸ μ. (1 c)
Pr. 25. 25. οὕτως ἀγγελία ἀγαθὴ ἐκ γῆς μ. (1 e)
31. 14. ἐγένετο ὡσεὶ ναῦς ἐμπορευομένη μ. (1 f)
Si. 21. 7. γνωστὸς μ. ὁ δυνατὸς ἐν γλώσσῃ
Hb. 1. 8. καὶ ὁρμήσουσι μακρόθεν (1 b)
Is. 60. 4. ἥκασι πάντες οἱ υἱοί σου μ. (1 b)
— 9. ἀγαγεῖν τὰ τέκνα σου μ. (1 b)
Je. 4. 16. συστροφαὶ ἔρχονται ἐκ γῆς μ. (1 e)
6. 20. καὶ κιννάμωμον ἐκ γῆς μ. (1 e)
8. 19. φωνὴ κραυγῆς θυγατρὸς λαοῦ μου ἀπὸ γῆς μ. (1 e)
26 (46). 27. σώζων σε μ. (1 b)
28 (51). 50. οἱ [S εἰς γῆν] μ. μνήσθητε τοῦ κυρίου (1 i)
38 (31). 10. ἀναγγείλατε εἰς νήσους τὰς μ. [A -ράν, B S -ρότερον] (1 j)
Ba. 4. 15. ἐπήγαγε γὰρ ἐπ' αὐτοὺς [A add. ὁ θεὸς] ἔθνος μ.
Ez. 23. 40. τοῖς ἀνδράσι τοῖς ἐρχομένοις μ. (1 f)
[**Aq.** IV Ki. 19. 25 (εἰς ἀπὸ μ.): Ps. 137 (138). 6: Is. 30. 27: 49. 1.]
[**Sm.** Jb. 36. 25: Is. 30. 27: 49. 1.]
[**Th.** Is. 30. 27: 49. 1: Je. 30 (37). 10.]

μακροθυμεῖν. (1) a. אָרַךְ b. הֶאֱרִיךְ אַף
Jb. 7. 16. οὐ γὰρ εἰς τὸν αἰῶνα ζήσομαι ἵνα μακροθυμήσω –
Pr. 19. 11. ἐλεήμων ἀνὴρ μακροθυμεῖ (1 b)
Ec. 8. 12. S² μακροθυμεῖ ἐπ' αὐτῷ (1 a)
Si. 2. 4. ἐν ἀλλάγμασι ταπεινώσεώς σου μακροθύμησον
18. 11. ἐμακροθύμησε κύριος ἐπ' αὐτοῖς
29. 8. πλὴν ἐπὶ ταπεινῷ μακροθύμησον
32 (35). 18. οὐδὲ μὴ μακροθυμήσει [A S -σῃ] ἐπ' αὐτοῖς
Ba. 4. 25. μακροθυμήσατε τὴν παρὰ τοῦ θεοῦ ἐπελθοῦσαν ὑμῖν ὀργήν
II Ma. 6. 14. ἀναμένει μακροθυμῶν ὁ δεσπότης
8. 26. R οὐκ ἐμακροθύμησαν [A -οτόνησαν]
[**Aq.** Jb. 6. 11.]

μακροθυμία. (1) a. אֶרֶךְ אַפַּיִם b. אֹרֶךְ אַפַּיִם
Pr. 25. 15. ἐν μακροθυμίᾳ εὐοδία βασιλεῦσι (1 a)
Si. 5. 11. ἐν μακροθυμίᾳ φθέγγου ἀπόκρισιν
Is. 57. 15. ὀλιγοψύχοις διδοὺς μακροθυμίαν †
Je. 15. 15. ἀθῷωσόν με ἀπὸ [S ἐκ] τῶν καταδιωκόντων με μὴ εἰς μακροθυμίαν (1 b)
I Ma. 8. 4. τῇ βουλῇ αὐ. καὶ τῇ μ.
[**Aq.** Pr. 19. 11.]
[**Sm.** Ec. 8. 12.]
[**Th.** Pr. 19. 11: Da. 4. 24†.]

μακρόθυμος. (1) אֲרִכָּה, אַרְכָּא (2) אֶרֶךְ אַפַּיִם (3) אֶרֶךְ רוּחַ (4) קַר רוּחַ
Ex. 34. 6. μ. καὶ πολυέλεος καὶ ἀληθινός (2)
Nu. 14. 18. κύριος μ. καὶ πολυέλεος (2)
Ne. 9. 17. καὶ σὺ θεὸς . . . μ. καὶ πολυέλεος (2)
Ps. 7. 11. ὁ θεὸς κριτὴς δίκαιος καὶ ἰσχυρὸς καὶ μ. –
85 (86). 15. σύ, κύριε ὁ θεός, . . . μακρόθυμος καὶ πολυέλεος (2)
102 (103). 8: 144 (145). 8. ἐλεήμων ὁ κύριος μ. καὶ πολυέλεος (2)
Pr. 14. 29. μακρόθυμος ἀνὴρ πολὺς ἐν φρονήσει (2)
15. 18. μακρόθυμος δὲ καὶ τὴν μέλλουσαν καταπραΰνει (2 ?)
— 18. μακρόθυμος ἀνὴρ κατασβέσει κρίσεις (2)
16. 32. κρείσσων ἀνὴρ μακρόθυμος ἰσχυροῦ (2)
17. 27. μακρόθυμος δὲ ἀνὴρ φρόνιμος (4)
Ec. 7. 9 (8). A S² R ἀγαθὸν μακρόθυμος ὑπὲρ ὑψηλὸν πνεύματι [B S¹ al.] (3)
Wi. 15. 1. σὺ δὲ ὁ θεὸς ἡμῶν . . . μακρόθυμος
Si. 1. 22. ἕως καιροῦ ἀνθέξεται μακρόθυμος
2. 11. ἐλεήμων ὁ κύριος [S² add. μ. καὶ πολυέλεος]
5. 4. ὁ γὰρ κύριός ἐστι μακρόθυμος
Jl. 2. 13: Jn. 4. 2. μακρόθυμος καὶ πολυέλεος καὶ μετανοῶν (2)
Na. 1. 3. κύριος μακρόθυμος καὶ μεγάλη ἡ ἰσχὺς (2)
Da. TH. 4. 24. ἴσως ἔσται μ. τοῖς παραπτώμασί σου ὁ θεός (1)
[**Th.** Da. 4. 24†.]

μακρός, *cf.* **μακράν.** (1) a. אָרֹךְ b. אֹרֶךְ c. אֲרֻכָּה d. אָרֵךְ (2) a. רָחוֹק b. מֵרָחוֹק (3) **μακρότερος εἶναι** רָבָה (4) **ἐκ μακρῶν** לְמֵרָחוֹק (5) **μ. χρόνον ζῆν** הֶאֱרִיךְ יָמִים (6) **γῆ μ.** רָחוֹק
Nu. 9. 13. B ἐν ὁδῷ μ. [A R -ὰν] οὐκ ἔστιν –
De. 19. 6. B ἐὰν μακροτέρα ἦν [A R ᾖ] ἡ ὁδός (3)
I Ch. 17. 17. ἐλάλησας ἐπὶ τὸν οἶκον . . . ἐκ μακρῶν (4)
Jb. 11. 9. ἢ μακρότερα μέτρου γῆς [A al.] (1 a)
12. 12. A ἐν δὲ μακρῷ [B S πολλῷ] βίῳ ἐπιστήμη (1 b)
Pr. 7. 19. πεπόρευται δὲ ὁδὸν μακράν (2 b)
28. 16. ὁ δὲ μισῶν ἀδικίαν μακρὸν χρόνον ζήσεται (5)
Wi. 4. 13. ἐπλήρωσε χρόνους μακρούς
12. 24. τῶν πλάνης ὁδῶν μακρότερον ἐπλανήθησαν
17. 2. μακρᾶς πεδῆται νυκτός
Si. 10. 10. μακρὸν ἀρρώστημα σκώπτει ἰατρός [S² -όν]
Mi. 4. 3. ἕως εἰς μακράν [A γῆν μακ.] (6)
Is. 5. 18. οὐαὶ οἱ ἐπισπώμενοι τὰς ἁμαρτίας ὡς σχοινίῳ μακρῷ †
Ba. 4. 35. πῦρ γὰρ ἐπελεύσεται αὐτῇ . . . εἰς ἡμέρας μ.
Ep. Je. 3. ἔσεσθε ἐκεῖ ἔτη πλείονα καὶ χρόνον μακρόν
Ez. 12. 22. μακραὶ [A -ὰν] αἱ ἡμέραι (1 c)
— 27. εἰς καιροὺς μακροὺς οὗτος προφητεύει (2 a)
17. 3. ἀετὸς ὁ μέγας ὁ μεγαλοπτέρυγος ὁ μ. τῇ ἐκτάσει [A ἐκστ.] (1 d)
[**Aq.** Ez. 17. 3 (μήκιστος).]
[**Sm.** II Ki. 3. 1: Jb. 36. 3 (διὰ μακροῦ): Ec. 8. 13.]
[**Th.** Am. 1. 11 (εἰς μακρόν).]
[**Al.** Pr. 28. 16.]

μακρότερον (*adv.*). (1) רָחַק hi. (2) **μ. ἀπέχειν** רָחַק
Ge. 21. 16. A ἐκάθητο ἀπέν. αὐτοῦ μακρότερον [R μακρόθεν] (1)
De. 12. 21. A ἐὰν δὲ μακρότερον [B μακρὰν] ἀπέχῃ σου ὁ τόπος (2)

● = correction on page xxvi

μακρότης. (1) *a.* אֹרֶךְ *b.* אֲרֻכָּה (2) ἀπὸ μακρότητος מַאֲרִיךְ

De. 30. 20. ὅτι τοῦτο . . . ἡ μ. τῶν ἡμερῶν σου (1 *a*)
Ps. 20 (21). 4. ἔδωκας αὐτῷ μακρότητα ἡμερῶν (1 *a*)
22 (23). 6. καὶ τὸ κατοικεῖν με ἐν οἴκῳ κυρίου εἰς μακρότητα ἡμερῶν (1 *a*)
90 (91). 16. μακρότητι [A -τα] ἡμερῶν ἐμπλήσω αὐτόν (1 *a*)
92 (93). 5. τῷ οἴκῳ σου πρέπει ἁγίασμα, κύριε, εἰς μακρότητα ἡμερῶν (1 *a*)
Ec. 8. 12. ἀπὸ τότε καὶ ἀπὸ μακρότητος αὐτῶν (2)
La. 5. 20. καταλείψεις ἡμᾶς εἰς μακρότητα ἡμερῶν (1 *a*)
Da. TH. 7. 12. μακρότης ζωῆς ἐδόθη αὐτοῖς (1 *b*)
IV Ma. 18. 19. S R καὶ ἡ μ. [A μακαριότης] τῶν ἡμερῶν

μακροτονεῖν.
II Ma. 8. 26. A οὐκ ἐμακροτόνησαν [R -οθύμησαν]

μακροχρονεῖν.
[Sm. Jb. 12. 12.]

μακροχρονίζειν. (1) הֶאֱרִיךְ יָמִים
De. 17. 20. ὅπως ἂν μακροχρονίσῃ [A -νιος ᾖ] (1)
32. 27. ἵνα μὴ μακροχρονίσωσιν [A -σουσιν] †

μακροχρόνιος. (1) μ. γίγνεσθαι הֶאֱרִיךְ יָמִים (2) μ. εἶναι הֶאֱרִיךְ יָמִים
Ex. 20. 12. ἵνα μ. γένῃ ἐπὶ τῆς γῆς τῆς ἀγαθῆς (1)
De. 4. 40. A ὅπως μακροχρόνιοι [B -ήμεροι] γένησθε (1)
5. 16. B ἵνα μακροχρόνιοι ἦτε [A R -ος γένῃ] (2 [1])
17. 20. A ὅπως ἂν μακροχρόνιος ᾖ [B -νίσῃ] (2)
[Al. Dt. 5. 16.]

μάκρυμμα. (1) תּוֹעֵבָה
II Es. 9. 1. οὐκ ἐχωρίσθη ὁ λαὸς Ἰ. . . . ἐν μακρύμμασιν αὐ. (1)
— 11. ἐν μακρύμμασιν [S¹ μακρύνσει] αὐτῶν (1)

μακρύνειν. (1) אָרַךְ hi. (2) כָּלָא (3) סוּר (4) רָחַק *a.* qal. *b.* pi. *c.* hi. *d.* רָחוֹק (5) ὁ μακρύνων ἑαυτόν רָחַק
Jd. 18. 22. αὐτοὶ ἐμάκρυναν [A αὐτῶν δὲ μεμακρυνκότων] ἀπὸ οἴκου M. (4 *c*)
Ju. 2. 13. οὐ μακρυνεῖς [A¹ -εῖ] τοῦ ποιῆσαι αὐτά
Ps. 21 (22). 19. μὴ μακρύνῃς τὴν βοήθειάν μου (4 *a*)
39 (40). 11. μὴ μακρύνῃς τοὺς οἰκτιρμούς σου ἀπ' ἐμοῦ (2)
54 (55). 7. ἰδοὺ ἐμάκρυνα φυγαδεύων (4 *c*)
55 (56). *tit.* ὑπὲρ τοῦ λαοῦ τοῦ ἀπὸ τῶν ἁγίων μεμακρυμμένου (4 *d*)
70 (71). 12. ὁ θεός, μὴ μακρύνῃς ἀπ' ἐμοῦ (4 *a*)
72 (73). 27. οἱ μακρύνοντες ἑαυτοὺς ἀπὸ σοῦ ἀπολοῦνται (5)
87 (88). 8. ἐμάκρυνας τοὺς γνωστούς μου ἀπ' ἐμοῦ (4 *c*)
— 18. ἐμάκρυνας ἀπ' ἐμοῦ φίλον (4 *c*)
102 (103). 12. ἐμάκρυνεν ἀφ' ἡμῶν τὰς ἀνομίας ἡμῶν (4 *c*)
108 (109). 17. καὶ μακρυνθήσεται ἀπ' αὐτοῦ (4 *a*)
118 (119). 150. ἀπὸ δὲ τοῦ νόμου σου ἐμακρύνθησαν (4 *a*)
119 (120). 5. οἴμοι ὅτι ἡ παροικία μου ἐμακρύνθη †
128 (129). 3. ἐμάκρυναν τὴν ἀνομίαν αὐτῶν (1)
Pr. 5. 7. S¹ μὴ μακρύνῃς [A B S² ἀκύρους] ποιήσῃς ἐμοὺς λόγους (3)
Ec. 3. 5. καιρὸς τοῦ μακρυνθῆναι ἀπὸ περιλήψεως (4 *a*)
7. 24 (23). αὕτη ἐμακρύνθη ἀπ' ἐμοῦ μακράν (4 *d*)
8. 13. οὐ μακρυνεῖ ἡμέρας ἐν σκιᾷ (1)
Is. 6. 12. μακρυνεῖ ὁ θεὸς τοὺς ἀνθρώπους (4 *b*)
49. 19. μακρυνθήσονται ἀπὸ σοῦ οἱ καταπίνοντές σε (4 *a*)
54. 2. μάκρυνον τὰ σχοινίσματά σου (1)
Je. 34 (27). 10. πρὸς τὸ μακρῦναι ὑμᾶς ἀπὸ τῆς γῆς ὑμῶν (4 *c*)
La. 1. 16. ἐμακρύνθη ἀπ' ἐμοῦ ὁ παρακαλῶν με (4 *a*)
I Ma. 8. 23. ἐχθρὸς μακρυνθείη ἀπ' αὐτῶν
[Aq. Jb. 13. 21 : Pr. 4. 24 : 22. 5 : Ec. 7. 16 (15) : Ez. 8. 6.]
[Sm. Pr. 4. 24 : 22. 5 : Ez. 44. 10.]
[Th. Jb. 13. 21 : Pr. 4. 24 : 22. 5 : Is. 26. 15 : 46. 13 : Ez. 8. 6 : 11. 15.]

μάκρυνσις. (1) תּוֹעֵבָה
II Es. 9. 11. ἐν μακρύμμασιν [S¹ μακρύνσει] αὐτῶν (1)

μακρυσμός.
[Aq. Ps. 55 (56). 1 : 119 (120). 5.]

μάλα (*valde*). (1) καὶ μ. אֲבָל
II Ki. 14. 5. καὶ μ. γυνὴ χήρα ἐγώ εἰμι (1)
III Ki. 1. 43. καὶ μ. ὁ κ. ἡμῶν . . . ἐβασίλευσε τὸν Σ. (1)
IV Ki. 4. 14. καὶ μ. υἱὸς οὐκ ἔστιν αὐτῇ (1)
To. 7. 10. S καὶ μ. τὴν ἀλήθειάν σου ὑποδείξω [A B *al.*]
10. 6. S καὶ μ. περισπασμὸς αὐτοῖς ἐγένετο ἐκεῖ
Da. LXX. 10. 21. καὶ μ. ὑποδείξω σοι (1)
II Ma. 8. 30. εὖ μ. ἐγκρατεῖς ἐγένοντο
10. 18. εἰς δύο πύργους ὀχυροὺς εὖ μάλα
— 32. εἰς Γ. λεγόμενον ὀχύρωμα εὖ μ. φρούριον
12. 18. καταλελοιπότα δὲ φρουρὰν . . . μ. ὀχυράν
IV Ma. 13. 13. φαιδροὶ καὶ μ. θαρραλέοι
[Sm. Ge. 42. 21.]

μάλα (*vox Hebr.*). (1) מֶלַח
II Ki. 8. 13. A ἐπάταξε τὴν Ἰδ. ἐν γῇ μ. [B *al.*] (1)

μαλάβαθρον.
[Sext. Ca. 2. 17.]

μάλαγμα. (1) חִתּוּל (2) רָכַךְ pu.
Wi. 16. 12. οὔτε μάλαγμα ἐθεράπευσεν αὐτούς
Is. 1. 6. οὐκ ἔστι μ. ἐπιθεῖναι (2)
Ez. 30. 21. τοῦ δοθῆναι ἐπ' αὐτὸν μ. (1)

μαλαγματίζειν.
[Sm. Ho. 6. 1.]

μαλακία. (1) אָסוֹן (2) *a.* חֳלִי *b.* מַחֲלָה *c.* מַחֲלֻיִים (3) מַכְאוֹב ,מַכְאֹב (4) תַּחֲלוּא
Ge. 42. 4. μή ποτε συμβῇ αὐτῷ μ. (1)
44. 29. καὶ συμβῇ αὐτῷ μ. ἐν τῇ ὁδῷ (1)
Ex. 23. 25. καὶ ἀποστρέψω μ. ἀφ' ὑμῶν (2 *b*)
De. 7. 15. περιελεῖ . . . πᾶσαν μ. (2 *a*)
28. 61. πᾶσαν μ. . . . ἐπάξει κ. ἐπὶ σέ (2 *a*)
II Ch. 6. 29. ἐὰν γνῷ ἄνθρωπος . . . τὴν μ. αὐ. (3)
16. 12. ἐν τῇ μ. αὐ. οὐκ ἐζήτησε τὸν κύριον (2 *a*)
21. 15. καὶ σὺ ἐν μ. πονηρᾷ (2 *a*)
— 15. ἕως οὗ ἐξέλθῃ ἡ κοιλία σου μετὰ τῆς μ. (2 *a*)
— 18. ἐπάταξεν αὐτὸν κ. εἰς τὴν κοιλίαν μαλακίαν [A -ᾳ] (2 *a*)
— 19. ἀπέθανεν ἐν μ. πονηρᾷ (4)
24. 25. ἐν τῷ ἐγκαταλιπεῖν αὐτὸν ἐν μ. μεγάλαις (2 *c*)
Jb. 33. 19. πάλιν δὲ ἤλεγξεν αὐτὸν ἐπὶ [A *om.*, S ἐν] μαλακίᾳ ἐπὶ κοίτης (3)
Is. 38. 9. ἀνέστη ἐκ τῆς μ. αὐτοῦ (2 *a*)
53. 3. ἄνθρωπος ἐν πληγῇ ὢν καὶ εἰδὼς φέρειν μαλακίαν (2 *a*)
[Th. Is. 53. 3.]

μαλακίζεσθαι. (1) אָסוֹן (2) דָּכָא pu. (3) חָלָא (4) חָלָה *a.* qal. *b.* ni. *c.* hithp. *d.* חֳלִי
Ge. 42. 38. αὐτὸν μαλακισθῆναι ἐν τῇ ὁδῷ (1)
II Ki. 13. 5. καὶ μαλακίσθητι (4 *c*)
II Ch. 16. 12. καὶ ἐμαλακίσθη Ἀ. . . . τοὺς πόδας ἕως σφόδρα ἐμαλακίσθη (3, 4 *d*)
Jb. 24. 23. μαλακισθεὶς μὴ ἐλπιζέτω ὑγιασθῆναι [A ὑγιᾶναι] †
Is. 38. 1. ἐμαλακίσθη Ἑζεκίας ἕως θανάτου (4 *a*)
— 9. ἡνίκα ἐμαλακίσθη καὶ ἀνέστη (4 *a*)
39. 1. ἐμαλακίσθη ἕως θανάτου (4 *a*)
53. 5. μεμαλάκισται [A ἐμαλακίσθη] διὰ τὰς ἀνομίας [A S ἁμαρτίας] ἡμῶν (2)
Da. TH. 8. 27. ἐκοιμήθην καὶ ἐμαλακίσθην (4 *b*)
[Th. I Ki. 30. 13.]

μαλακός. (1) רַךְ (2) כְּמִתְלַהֲמִים
Jb. 40. 22 (27). λαλήσει δέ σοι δεήσει ἱκετηρίᾳ μαλακῶς [S¹ -κῇ, A *al.*] (1)
Pr. 25. 15. γλῶσσα δὲ μαλακὴ συντρίβει ὀστᾶ (1)
26. 22. λόγοι κερκώπων μαλακοί (2)
[Heb. Jb. 40. 22 (27).]

μαλακοψυχεῖν.
IV Ma. 6. 17. ὥστε μαλακοψυχήσαντας . . . ὑποκρίνασθαι

μαλακύνειν. (1) רָכַךְ hi.
Jb. 23. 16. κύριος δὲ ἐμαλάκυνε τὴν καρδίαν μου (1)

μαλακῶς. (1) רַכּוֹת
Jb. 40. 22 (27). λαλήσει δέ σοι δεήσει ἱκετηρίᾳ μ. [A S *al.*] (1)

μαλάλ.
III Ki. 5. 11 (25). ἔδωκε . . . μαχεὶρ [A¹ μαλάλ, A² μαχάλ] τῷ οἴκῳ αὐ. †

μαλάσσειν.
[Sm. Ez. 23. 3.]

μαλεεῖν.
[Th. Je. 38 (45). 12.]

μάλη.
[Aq., Th. Pr. 26. 15.]
[Sm. Pr. 19. 24 : 26. 15.]

μᾶλλον (*incl.* μάλιστα). (1) מ' (2) μ. ἤ מ'
Ge. 19. 9. σε κακώσωμεν μᾶλλον ἢ ἐκείνους (2)
29. 30. ἠγάπησε δὲ Ῥαχὴλ μᾶλλον ἢ Λείαν (2)
Nu. 13. 32 (31). ὅτι ἰσχυρότερόν ἐστιν ἡμῶν μᾶλλον (1)
14. 12. εἰς ἔθνος μέγα καὶ πολὺ μᾶλλον ἢ τοῦτο (2)
De. 9. 1. καὶ ἰσχυρότερα μᾶλλον ἢ ὑμεῖς (2)
— 14. καὶ πολὺ μᾶλλον ἢ τοῦτο (2)
11. 23. καὶ ἰσχυρὰ [A -ρότερα] μᾶλλον ἢ ὑμεῖς (2)
I Es. 4. 19. πάντες αὐτὴν αἱρετίζουσι μ. ἢ τὸ χρυσίον
— 25. πλεῖον ἀγαπᾷ ἄνθρωπος τὴν ἰδίαν γυναῖκα μ. ἢ τὸν πατ.
To. 2. 10. S τοσούτῳ μ. ἐξετυφλοῦντο οἱ ὀφθ. μου
3. 6. λυσιτελεῖ μοι [A *add.* μ.] ἀποθανεῖν [S *add.* μ.] ἢ ζῆν
— 6. S λυσιτελεῖ μοι ἀποθανεῖν μ. ἢ βλέπειν
12. 8. S μ. ἢ πλοῦτος μετὰ ἀδικίας [A B *al.*]
— 8. S μ. [A B *om.*] ἢ θησαυρίσαι χρυσίον
14. 4. ἔσται εἰρήνη μ. ἕως καιροῦ [S *al.*]
Jb. 20. 2. οὐχὶ συνίετε [A S² -ιέναι] μᾶλλον ἢ καὶ ἐγώ †
30. 26. ἰδοὺ συνήντησάν μοι μᾶλλον ἡμέραι κακῶν †
42. 12. A εὐλόγησε τὰ ἔσχατα Ἰ. μᾶλλον [B S *om.*] ἢ τὰ ἔμπροσθεν (2)
Ps. 83 (84). 10. μᾶλλον ἢ οἰκεῖν ἐπὶ σκηνώμασιν ἁμαρτωλῶν (2)
Pr. 5. 4. ἠκονημένον μᾶλλον μαχαίρας διστόμου †
15. 18. ὁ δὲ ἀσεβὴς ἐγείρει μᾶλλον –
16. 5. δεκτὰ δὲ παρὰ θεῷ μᾶλλον ἢ θύειν θυσίας –
18. 2. μᾶλλον γὰρ ἄγεται ἀφροσύνῃ †
21. 3. ἀρεστὰ παρὰ θεῷ μᾶλλον ἢ θυσιῶν αἷμα (2)
26. 12. ἐλπίδα μέντοι ἔσχε μᾶλλον ἄφρων αὐτοῦ (1)
28. 23. χάριτας ἕξει μᾶλλον τοῦ γλωσσοχαριτοῦντος (1)
29. 20. ἐλπίδα ἔχει μᾶλλον ὁ ἄφρων αὐτοῦ (1)
Wi. 8. 6. τίς αὐτῆς τῶν ὄντων μᾶλλόν ἐστι τεχνίτης
— 20. μᾶλλον δὲ ἀγαθὸς ὢν ἦλθον εἰς σῶμα ἀμίαντον
Si. *prol.* 12. ὅπως . . . πολλῷ μᾶλλον ἐπιπροσθῶσι [S ἔτι προσθήσουσιν]
4. 10. ἀγαπήσει σε μᾶλλον ἢ μήτηρ σου
11. 11. τόσῳ [A πόσῳ, B² S¹ τοσούτῳ] μᾶλλον ὑστερεῖται
13. 9. τόσῳ μᾶλλον προσκαλέσεταί σε
20. 18. ὀλίσθημα ἀπὸ ἐδάφους μᾶλλον ἢ ἀπὸ γλώσσης
28. 21. λυσιτελὴς μᾶλλον ὁ ᾅδης αὐτῆς
29. 11. λυσιτελήσει σοι μᾶλλον ἢ τὸ χρυσίον
Jn. 1. 11. ἐξήγειρε μᾶλλον κλύδωνα –
— 13. ἐξηγείρετο μᾶλλον ἐπ' αὐτούς –
4. 3. καλὸν τὸ ἀποθανεῖν με [S² *add.* μᾶλλον] ἢ ζῆν (2)
Is. 13. 12. ἔσονται οἱ καταλελειμμένοι ἔντιμοι μ. ἢ τὸ χρυσίον τὸ ἄπυρον καὶ ἄνθρωπος μ. ἔντιμος ἔσται ἢ ὁ λίθος ὁ ἐν Σουφίρ (2, 2)
54. 1. πολλὰ τὰ τέκνα τῆς ἐρήμου μ. ἢ τῆς ἐχούσης τὸν ἄνδρα (2)
Je. 8. 3. A εἵλαντο τὸν θάνατον μ. [B *om.*] ἢ τὴν ζωήν (2)
II Ma. 6. 19. τὸν . . . θάνατον μ. ἢ τὸν μετὰ μύσους βίον
— 23. μ. δὲ τῆς ἁγίας καὶ θεοκτίστου νομοθεσίας
7. 18. A μὴ πλανῶ μ. [R μάτην]

II Ma. 8. 7. μάλιστα τὰς νύκτας . . . ἐλάμβανε
III Ma. 1. 4. τῶν πραγμάτων μᾶλλον ἐρρωμένων
— 8. συνέβη μ. αὐτὸν προθυμηθῆναι
5. 3. συναγαγὼν τοὺς μάλιστα τῶν φίλων
6. 31. μᾶλλον δὲ ἐπ' αὐτῷ βεβηκότες
7. 5. μᾶλλον δὲ ὡς ἐπιβούλους
IV Ma. 3. 10. ὁ δὲ βασ. ὡς μάλιστα διψῶν
4. 22. μάλιστα χαίροιεν οἱ Ἱεροσολυμῖται
12. 9. ἐπιχαρέντες μάλιστα
13. 24. μᾶλλον ἑαυτοὺς ἠγάπων
15. 3. τὴν εὐσέβειαν μᾶλλον ἠγάπησε
— 4. μάλιστα διὰ τὸ πάθος
— 5. τοσούτῳ μᾶλλόν εἰσι φιλοτεκνότεραι
16. 13. μᾶλλον ὑπὲρ τῆς εὐσεβείας . . . προετρέπετο
— 24. μᾶλλον ἢ παραβῆναι τὴν ἐντολὴν τοῦ θ.
[**Aq.** Ge. 42. 21 : III Ki. 1. 43.]
[**Sm.** I Ki. 14. 30 : II Ki. 4. 11 : 16. 11 : Jb. 4. 19 : 15. 16 : 25. 6 : Ps. 68 (69). 32 : Ec. 9. 17.]

μαλλός.
[**Sm.** Ez. 8. 3.]

μαμζήρ.
[**Aq.**, **Sm.** Dt. 23. 2 (3).]

μάμμη.
IV Ma. 16. 9. οὐδὲ μάμμη κληθεῖσα μακαρισθήσομαι

μάν. (1) מָן
Ex. 16. 31. ἐπωνόμασαν . . . τὸ ὄνομα αὐτοῦ μ. (1)
— 32. πλήσατε τὸ γομὸρ τοῦ μ. εἰς ἀποθήκην †
— 33. **A R** ἔμβαλε . . . πλῆρες τὸ γομὸρ τοῦ [**B** *om.*] μ. (1)
— 35. ἔφαγον τὸ μ. [**A** μάννα] (1)
— 35. ἐφάγοσαν τὸ μ. (1)
[**Al.** Ex. 16. 15.]

μανά. (1) מִנְחָה
Da. TH. 2. 46. **A B**² μαννὰ [**B**¹ μανά, **R** μαναὰ] καὶ εὐωδίας (1)

μαναά, μαναάν (?), **μαναάμ.** (1) מִנְחָה
IV Ki. 8. 8. **A R** λάβε ἐν τῇ χειρί σου μ. [**B** μαανά] (1)
— 9. **A R** ἔλαβε μ. [**B** μαανὰ] ἐν τῇ χειρὶ αὐ. (1)
17. 3. **A R** ἐπέστρεψεν αὐτῷ μ. [**B** μανάχ] (1)
— 4. οὐκ ἤνεγκε μ. τῷ βασ. Ἀσσ. (1)
20. 12. **B** ἀπέστειλε Μ. . . . μαναὰν [**R** -ὰ, **A** πανaὰ] πρὸς Ἐζ. (1)
II Ch. 7. 7. δέξασθαι . . . τὰ μ. (1)
Ne. 13. 5. **B**² διδόντες τὴν μαναάμ [**A S** -άν, **R** -ά] (1)
— 9. **A** ἐπέστρεψα ἐκεῖ . . . τὴν μαναάν [**B**¹ μάννα, **B**² μανναείμ, **S**¹ βαανά, **S**² μαανά, **R** μαναά] (1)
Ez. 45. 25. καθὼς τὸ μ. [**A** μαννὰ] καὶ καθὼς τὸ ἔλαιον (1)
46. 5. μ. [**A** μαννὰ] πέμμα τῷ κριῷ (1)
— 7. πέμμα τῷ μόσχῳ ἔσται μ. [**A** μαννά] (1)
— 11. ἔσται τὸ μ. [**A** μαννὰ] πέμμα τῷ μόσχῳ (1)
— 14. μ. [**A** μαννὰ] ποιήσει ἐπ' αὐτῷ (1)
— 14. τοῦ ἀναμίξαι τὴν σεμίδαλιν μ. [**A** μαννὰ] τῷ κυρίῳ (1)
— 15. τὸ μ. [**A** μαννὰ] καὶ τὸ ἔλαιον ποιήσετε τὸ πρωΐ (1)
— 20. ἐκεῖ πέψουσι τὸ μ. [**A** μαννὰ] τὸ παράπαν (1)
Da. TH. 2. 46. **R** μαναὰ [**A B**² μάννα, **B**¹ μανὰ] . . . εἶπε σπεῖσαι αὐτῷ (1)
[**Th.** Is. 66. 3 : Da. 2. 46.]
[**Al.** Le. 6. 23 (16) : Jo. 22. 23.]
[**Heb.** IV Ki. 16. 15 : Je. 14. 12.]

μανάχ. (1) מִנְחָה
IV Ki. 17. 3. **B** ἐπέστρεψεν αὐτῷ μ. [**A R** μαναά] (1)

μάνδρα. (1) גְּדֵרָה (2) חוֹחַ (3) מִנְהָרָה (4) מְעוֹנָה (5) נָוֶה (6) סֹבֶךְ (7) סֹךְ (8) עֵדֶר
Jd. 6. 2. **A** ἐποίησαν . . . μάνδρας [**B** *al.*] (3)
I Ki. 13. 6. **B** ἐκρύβη ὁ λαὸς . . . ἐν ταῖς μ. (2)
II Ki. 7. 8 : I Ch. 17. 7. ἔλαβόν σε ἐκ τῆς μ. (5)
II Ch. 32. 28. ἐποίησεν . . . μάνδρας εἰς τὰ ποίμνια (8)
Ju. 2. 26. ἐπρονόμευσε τὰς μ. αὐ.
3. 3. **A B** καὶ πᾶσαι αἱ μ. τῶν σκηνῶν ἡμῶν
Ps. 9. 30 (10. 9). **B S** ὡς λέων ἐν τῇ μ. αὐτοῦ (7)
Ps. 103 (104). 22. ἐν ταῖς μ. [**S**¹ ἐπὶ τ. μ., **S**² εἰς τὰς μ.] αὐτῶν κοιτασθήσονται (4)
Ca. 4. 8. ἀπὸ μανδρῶν λεόντων (4)
Am. 3. 4. εἰ δώσει σκύμνος φωνὴν αὐτοῦ ἐκ τῆς μ. αὐ. (4)
Ze. 2. 6. ἔσται Κρ. . . . μάνδρα προβάτων (1)
Je. 4. 7. **ASR** ἀνέβη λέων ἐκ τῆς [**B** *om.*] μ. αὐτοῦ (6)
Ez. 34. 14. ἔσονται αἱ μ. αὐτῶν ἐκεῖ (5)
[**Aq.** Je. 25. 38 (32. 24).]
[**Sm.** Ez. 25. 4.]
[**Th.** Jd. 6. 2.]
[**Al.** Hb. 3. 17.]

μανδραγόρας (-ος). (1) דּוּדַי (2) μῆλα μανδραγορῶν (-ου) דּוּדָאִים
Ge. 30. 14. **R** εὗρε μῆλα μανδραγορῶν [**A** -ου] (2)
— 14. δός μοι τῶν μ. τοῦ υἱοῦ σου (1)
— 15. τοὺς μανδραγόρας τοῦ υἱοῦ (1)
— 15. ἀντὶ τῶν μ. τοῦ υἱοῦ σου (1)
— 16. ἀντὶ τῶν μ. τοῦ υἱοῦ μου (1)
Ca. 7. 13 (14). οἱ μ. [**A** -ες] ἔδωκαν ὀσμήν (1)

μανδύας. (1) *a.* מַד *b.* מַדּוּ
Jd. 3. 16. περιεζώσατο αὐτὴν ὑπὸ τὸν μ. (1 *a*)
I Ki. 17. 38. ἐνέδυσε Σ. τὸν Δ. [**A** *om.*] μανδύαν (1 *a*)
— 39. ἔζωσε . . . τὴν ῥομφαίαν αὐ. ἐπάνω τοῦ μ. αὐ. (1 *a*)
18. 4. **A** ἔδωκε . . . τὸν μ. αὐ. (1 *a*)
II Ki. 10. 4. ἀπέκοψε τοὺς μ. αὐτῶν (1 *b*)
20. 8. καὶ Ἰ. περιεζωσμένος μανδύαν (1 *a*)
I Ch. 19. 4. ἀφεῖλε τῶν μ. αὐ. τὸ ἥμισυ (1 *b*)
[**Aq.** I Ki. 4. 12.]

μανή. (1) מְנֵא
Da. LXX. 5. 1. μανὴ φάρες θεκέλ –
— 1. μανὴ ἠρίθμηται –
Da. TH. 5. 26 (25). μανὴ θεκὲλ φάρες (1)
— 26. μανὴ ἐμέτρησεν ὁ θ. τὴν βασ. σου (1)

μανθάνειν. (1) אָלַף (2) יָגַע (3) יָדַע (4) *a.* לָמַד qal. *b.* pi. *c.* תַּלְמִיד *d.* לִמּוּד
Ex. 2. 4. μαθεῖν τί [**A** *om.*] τὸ ἀποβησόμενον (3)
De. 4. 10. ὅπως μάθωσι φοβεῖσθαί με (4 *a*)
5. 1. καὶ μαθήσεσθε αὐτά (4 *a*)
14. 23. ἵνα μάθῃς φοβεῖσθαι κύριον (4 *a*)
17. 19. ἵνα μάθῃ φοβεῖσθαι κύριον (4 *a*)
18. 9. οὐ μαθήσῃ ποιεῖν (4 *a*)
31. 12. ἵνα μάθωσι φοβεῖσθαι κύριον (4 *a*)
— 13. μαθήσονται φοβεῖσθαι κύριον (4 *a*)
I Ki. 1. 9. **A** ἐμάθετο [? ἐκάθητο, **B** *om.*] ἐπὶ τοῦ δίφρου †
I Ch. 25. 8. τελείων καὶ μανθανόντων (4 *c*)
Es. 1. 1. ἔμαθεν ὅτι ἑτοιμάζουσι
4. 5. μαθεῖν αὐτῇ [? αὐτὴ, **A S**² -ὸν] . . . τὸ ἀκριβές (3)
Jb. 34. 36. οὐ μὴν δὲ ἀλλὰ μάθε, Ἰώβ †
Ps. 105 (106). 35. ἔμαθον τὰ ἔργα αὐτῶν (4 *a*)
118 (119). 7. ἐν τῷ μεμαθηκέναι με τὰ κρίματα τῆς δικαιοσύνης σου (4 *a*)
— 71. ὅπως ἂν μάθω τὰ δικαιώματά σου (4 *a*)
— 73. μαθήσομαι τὰς ἐντολάς σου (4 *a*)
Pr. 6. 8. μάθε ὡς ἐργάτις ἐστί –
17. 16. ὁ δὲ σκολιάζων τοῦ μαθεῖν ἐμπεσεῖται εἰς κακά –
22. 25. μή ποτε μάθῃς τῶν ὁδῶν αὐτοῦ (1)
Wi. 6. 1. μάθετε, δικασταὶ περάτων γῆς
— 9. ἵνα μάθητε σοφίαν
7. 13. ἀδόλως τε ἔμαθον
16. 26. ἵνα μάθωσιν οἱ υἱοί σου οὓς ἠγάπησας
Si. 8. 8. παρ' αὐτῶν μαθήσῃ παιδείαν [**S** σοφίαν]
— 9. καὶ γὰρ αὐτοὶ ἔμαθον παρὰ τῶν πατέρων αὐτῶν ὅτι παρ' αὐτῶν μαθήσῃ σύνεσιν
16. 24. ἄκουσόν μου, τέκνον, καὶ μάθε ἐπιστήμην
18. 19. πρὶν ἢ λαλῆσαι μάνθανε
Mi. 4. 3. καὶ οὐκέτι μὴ μάθωσι πολεμεῖν (4 *a*)
Is. 1. 17. μάθετε καλὸν ποιεῖν (4 *a*)
2. 4. οὐ μὴ μάθωσιν ἔτι πολεμεῖν (4 *a*)
8. 16. οἱ σφραγιζόμενοι τὸν νόμον τοῦ μὴ [**A** *om.*] μαθεῖν (4 *d*)
26. 9. δικαιοσύνην μάθετε (4 *b*)
— 10. οὐ μὴ μάθῃ δικαιοσύνην ἐπὶ τῆς γῆς (4 *a*)
28. 20. μάθετε ἀκούειν στενοχωρούμενοι †
29. 24. οἱ γογγύζοντες μαθήσονται ὑπακούειν καὶ αἱ γλῶσσαι αἱ ψελλίζουσαι μαθήσονται λαλεῖν εἰρήνην (4 *a*, 4 *a* ?)
Is. 32. 4. μαθήσονται λαλεῖν εἰρήνην –
47. 12. ἃ ἐμάνθανες ἐκ νεότητός σου (2)
Je. 9. 5 (4). μεμάθηκεν ἡ γλῶσσα αὐτῶν λαλεῖν ψευδῆ (4 *b*)
10. 2. κατὰ τὰς ὁδοὺς τῶν ἐθνῶν μὴ μανθάνετε [**A** πορεύεσθε] (4 *a*)
12. 16. ἐὰν μαθόντες [**A** μανθάνοντες] μάθωσι τὴν ὁδὸν τοῦ λαοῦ μου (4 *a*, 4 *a*)
13. 23. δυνήσεσθε εὖ ποιῆσαι μεμαθηκότες τὰ κακά (4 *d*)
Ba. 3. 14. μάθε ποῦ ἐστι φρόνησις
Ez. 19. 3. ἔμαθε τοῦ ἁρπάζειν ἁρπάγματα (4 *a*)
— 6. ἔμαθεν ἁρπάζειν ἁρπάγματα (4 *a*)
Da. LXX. Su. 38. μάθωμεν τίνες εἰσὶν οὗτοι
Da. TH. 7. 16. τὴν ἀκρίβειαν ἐζήτουν παρ' αὐτοῦ μαθεῖν [**B**¹ *om.*] –
I Ma. 10. 72. μάθε τίς εἰμι
II Ma. 7. 2. **R** ἐρωτᾶν καὶ μανθάνειν παρ' [**A** *om.*] ἡμῶν
III Ma. 1. 1. παρὰ τῶν ἀνακομισθέντων μαθών
IV Ma. 1. 17. δι' ἧς τὰ θεῖα σεμνῶς . . . μανθάνομεν
9. 5. παρὰ Ἐλεαζάρου μαθών
10. 16. ἵνα καὶ διὰ τούτων μάθῃς
[**Aq.** Is. 26. 10.]
[**Sm.** Ps. 118 (119). 71 : Is. 26. 10 : 29. 24 *bis*.]
[**Th.** Is. 26. 10 : Ez. 16. 61.]

μανία. (1) מְשַׁמָּה
Ps. 39 (40). 4. οὐκ ἐπέβλεψεν εἰς . . . μανίας ψευδεῖς †
Wi. 5. 4. τὸν βίον αὐτοῦ ἐλογισάμεθα μανίαν
Ho. 9. 7. ἐπληθύνθη μανία [**A** μνεία] σου (1)
— 8. μανίαν ἐν οἴκῳ θεοῦ κατέπηξαν (1)
IV Ma. 8. 5. μὴ μανῆναι τὴν αὐτὴν . . . μ.
10. 13. μὴ μανῇς . . . τὴν αὐτὴν μ.
[**Quint.** Ho. 7. 16.]

μανιάκης. (1) *a.* הַמְנוּכָא (המונכא) *b.* הַמְנִיכָא
I Es. 3. 6. δώσει αὐτῷ . . . μανιάκην περὶ τὸν τράχ.
Da. LXX. 5. 7. μ. χρυσοῦν περιθήσει αὐτῷ (1 *a**, 1 *b*)
— 16. μ. χρυσοῦν περιθήσω σοι (1 *a**, 1 *b*)
— 29. μ. χρυσοῦν περιέθηκεν αὐτῷ (1 *a**, 1 *b*)
Da. TH. 5. 7. καὶ ὁ μ. ὁ χρυσοῦς ἐπὶ τὸν τράχηλον αὐ. (1 *a**, 1 *b*)
— 16. ὁ μ. ὁ χρυσοῦς ἔσται ἐπὶ τῷ τραχήλῳ σου (1 *a**, 1 *b*)
— 29. τὸν μ. τὸν χρυσοῦν περιέθηκαν (1 *a**, 1 *b*)
[**Aq.** Ge. 41. 42.]
[**Sm.** Ge. 41. 42 : Is. 3. 18.]

μανιώδης.
III Ma. 5. 45. εἰς κατάστημα μανιῶδες ἀγηοχώς

μάννα. (1) מָן (2) מִנְחָה
Ex. 16. 35. ἔφαγον τὸ μάν [**A** μ.] (1)
Nu. 11. 6. οὐδὲν πλὴν εἰς τὸ μ. οἱ ὀφθ. ἡμῶν (1)
— 7. τὸ δὲ μ. ὡσεὶ σπέρμα κορίου ἐστίν (1)
— 9. κατέβαινε τὸ μ. ἐπ' αὐτῆς (1)
De. 8. 3. ἐψώμισέ σε τὸ μ. (1)
— 16. τοῦ ψωμίσαντός σε τὸ μ. (1)
Jo. 5. 11 (12). ἐξέλιπε τὸ μ. (1)
— 11 (12). οὐκέτι ὑπῆρχε τοῖς υἱοῖς Ἰσρ. μάννα (1)
Ne. 9. 20. τὸ μ. σου οὐκ ἀφυστέρησας (1)
13. 9. **B**¹ ἐπέστρεψα ἐκεῖ . . . τὴν μ. [**B**² μανναείμ, **S**¹ βαανά, **S**² μαανά, **A** μαναάν, **R** μαναά] (2)
Ps. 77 (78). 24. ἔβρεξεν αὐτοῖς μάννα φαγεῖν (1)
Je. 17. 26. θυμιάματα καὶ μ. καὶ λίβανον (2)
48 (41). 5. μ. καὶ λίβανος ἐν χερσὶν αὐτῶν (2)
Ba. 1. 10. ποιήσατε μ.
Ez. 45. 25. **A** καθὼς τὸ μ. [**B** μαναὰ] καὶ καθὼς τὸ ἔλαιον (2)
46. 5. **A** μ. [**B** μαναὰ] πέμμα τῷ κριῷ (2)
— 7. **A** πέμμα τῷ μόσχῳ ἔσται μ. [**B** μαναά] (2)
— 11. **A** ἔσται τὸ μ. [**B** μαναὰ] πέμμα τῷ μόσχῳ (2)
— 14. **A** μ. [**B** μαναὰ] ποιήσει ἐπ' αὐτῷ . . . τοῦ ἀναμίξαι τὴν σεμίδαλιν μ. [**B** μαναὰ] τῷ κυρίῳ (2, 2)
— 15. **A** τὸ μ. [**B** μαναὰ] καὶ τὸ ἔλαιον ποιήσετε πρωΐ (2)
— 20. **A** ἐκεῖ πέψουσι τὸ μ. [**B** μαναὰ] τὸ παράπαν (2)
Da. TH. 2. 46. **A B**² μ. [**B**¹ μανά, **R** μαναὰ] . . . εἶπε σπεῖσαι αὐτῷ (2)

● = correction on page xxvi

μανναείμ. (1) מִנְחָה
Ne. 13. 9. B^{2} ἐπέστρεψα ἐκεῖ . . . τὴν μ. [B^{1} μάννα, S^{1} βαανά, S^{2} μαανά, A μαναάν, R μαναά] (1)

μανούδ.
[**Heb.** Ps. 43 (44). 15.]

μαντεία (-τία). (1) חָזָה (2) *a.* קֶסֶם *b.* קָסַם *c.* מִקְסָם
Nu. 23. 23. οὐδὲ μαντεία ἐν Ἰσρ. (2 *a*)
De. 18. 10. μαντευόμενος μαντείαν (2 *a*)
— 14. μαντειῶν ἀκούσονται (2 *b*)
IV Ki. 17. 17. ἐμαντεύοντο μαντείας [A *om.*] (2 *a*)
Si. 31 (34). 5. μαντεῖαι καὶ οἰωνισμοὶ καὶ ἐνύπνια μάταιά ἐστι
Mi. 3. 6. καὶ σκοτία ὑμῖν ἔσται ἐκ μαντείας (2 *b*)
Is. 16. 6. οὐχ οὕτως ἡ μ. σου †
44. 25. καὶ μαντείας ἀπὸ καρδίας (2 *b*)
Je. 14. 14. μαντείας . . . προφητεύουσιν ὑμῖν (2 *a*)
Ez. 13. 7. μαντείας ματαίας εἰρήκατε (2 *c*)
— 8. αἱ μ. ὑμῶν μάταιαι (1)
— 23. μαντείας [A -αν] οὐ μὴ μαντεύσησθε ἔτι (2 *a*)
21. 21 (26). τοῦ μαντεύσασθαι μαντείαν (2 *a*)
— 23 (28). αὐτὸς αὐτοῖς ὡς μαντευόμενος μαντείαν †
[**Aq.**, **Sm.** I Ki. 15. 23 : Je. 14. 14.]
[**Al.** Ge. 44. 5.]

μαντεῖον. (1) קֶסֶם
Nu. 22. 7. καὶ τὰ μ. ἐν ταῖς χερσὶν αὐτῶν (1)
Pr. 16. 10. μαντεῖον ἐπὶ χείλεσι βασιλέως (1)
Ez. 21. 22 (27). ἐγένετο τὸ μ. ἐπὶ Ἱερουσαλήμ (1)
[**Th.** Je. 50 (27). 36.]

μαντεύεσθαι. (1) *a.* קָסַם *b.* מִקְסָם *c.* קֶסֶם
De. 18. 10. οὐχ εὑρεθήσεται . . . μαντευόμενος μαντείαν (1 *a*)
I Ki. 28. 9 (8). μάντευσαι δή μοι (1 *a*)
IV Ki. 17. 17. ἐμαντεύοντο μαντείας [A *om.*] (1 *a*)
Mi. 3. 11. οἱ προφῆται αὐτῆς μετὰ ἀργυρίου ἐμαντεύοντο (1 *a*)
Je. 34 (27). 9. μὴ ἀκούετε . . . τῶν μαντευομένων ὑμῖν (1 *a*)
Ez. 12. 24. μαντευόμενος τὰ πρὸς χάριν ἐν μέσῳ τῶν υἱῶν Ἰσραήλ (1 *b*)
13. 6. μαντευόμενοι μάταια (1 *c*)
— 23. μαντείας [A -αν] οὐ μὴ μαντεύσησθε ἔτι (1 *a*)
21. 21 (26). τοῦ μαντεύσασθαι μαντείαν (1 *a*)
— 23 (28). αὐτὸς αὐτοῖς ὡς μαντευόμενος μαντείαν (1 *a*)
— 29 (34). ἐν τῷ μαντεύεσθαί σε ψευδῆ (1 *a*)
22. 28. ὁρῶντες μάταια μαντευόμενοι ψευδῆ (1 *a*)
[**Aq.**, **Sm.**, **Th.** Ez. 13. 9.]
[**Al.** Ge. 44. 5.]

μάντις. (1) קֹסֵם
Jo. 13. 22. τὸν Β. . . . τὸν μ. ἀπέκτειναν (1)
I Ki. 6. 2. καλοῦσιν ἀλλόφυλοι . . . τοὺς μ. (1)
Mi. 3. 7. καὶ καταγελασθήσονται οἱ μ. (1)
Za. 10. 2. ἐλάλησαν . . . οἱ μάντεις ὁράσεις ψευδεῖς (1)
Je. 36 (29). 8. μὴ ἀναπειθέτωσαν ὑμᾶς οἱ μ. ὑμῶν (1)
[**Al.** Le. 19. 31.]

μανώζ.
[**Th.** Jd. 6. 26.]

μαουέκ.
Jd. 6. 26. B ἐπὶ κορυφὴν τοῦ μαουέκ [AR *al.*] †

μαραά. (1) מַעֲרֶה
Jd. 20. 33. ἐπήρχετο . . . ἀπὸ μ. Γ. [A *al.*] (1)

μαραίνειν. (1) יָבֵשׁ pi.
Jb. 15. 30. τὸν βλαστὸν αὐτοῦ μαράναι [A -αίνει] ἄνεμος (1)
24. 24. ἐμαράνθη δὲ ὥσπερ μολόχη [A χλόη] ἐν καύματι †
Wi. 2. 8. στεψώμεθα ῥόδων κάλυξι πρὶν ἢ μαρανθῆναι
19. 21. φλόγες . . . εὐφθάρτων ζῴων οὐκ ἐμάραναν σάρκας

μαριμώθ. (1) מְרִיבוֹת
Ez. 47. 19. ἕως ὕδατος μ. Κ. (1)

μαρμάρινος. (1) שֵׁשׁ
Ca. 5. 15. κνῆμαι αὐτοῦ στῦλοι μαρμάρινοι (1)

μάρμαρος.
Ep. Je. 72. ἀπό τε τῆς πορφύρας καὶ τῆς μ. τῆς ἐπ᾽ αὐτοὺς [A -ῶν] σηπομένης

μαρσίππιον (-συππ.). (1) כִּיס
Pr. 1. 14. μαρσίππιον ἓν γενηθήτω ἡμῖν (1)
Si. 18. 33. B S^{1} οὐδέν σοί ἐστιν ἐν μαρσιππίῳ [A -σίππῳ, R -συπείῳ, S^{2} βαλλαντίῳ]
Is. 46. 6. οἱ συμβαλλόμενοι χρυσίον ἐκ μαρσυππίου [A^{2}S -σιππ., A^{1} -σίππου] (1)

μάρσιππος. (1) אַמְתַּחַת (2) כִּיס (3) שַׂק
Ge. 42. 27. λύσας δὲ εἷς τὸν μ. αὐτοῦ (3)
— 27. ἦν ἐπάνω τοῦ στόματος τοῦ μ. (1)
— 28. καὶ ἰδοὺ τοῦτο ἐν τῷ μ. μου (1)
43. 12. τὸ ἀργύριον . . . ἐν τοῖς μ. ὑμῶν (1)
— 18. τὸ ἀποστραφὲν ἐν τοῖς μ. ἡμῶν (1)
— 21. καὶ ἠνοίξαμεν τοὺς μ. ἡμῶν (1)
— 21. τὸ ἀργύριον ἑκάστου ἐν τῷ μ. αὐτοῦ (1)
— 21. ἐν ταῖς χερσὶν [A τοῖς μ.] ἡμῶν †
— 22. ἐνέβαλε τὸ ἀργύριον εἰς τοὺς μ. ἡμῶν (1)
— 23. ἔδωκεν ὑμῖν θησαυροὺς ἐν τοῖς μ. ὑμῶν (1)
44. 1. πλήσατε τοὺς μ. τῶν ἀνθρώπων (1)
— 1. ἐπὶ τοῦ στόματος τοῦ μ. [A *add.* αὐτοῦ] (1)
— 2. ἐμβάλετε εἰς τὸν μ. τοῦ νεωτέρου (1)
— 8. ὃ εὕρομεν ἐν τοῖς μ. ἡμῶν (1)
— 11. καθεῖλαν ἕκαστος τὸν μ. αὐτοῦ (1)
— 11. ἤνοιξεν ἕκαστος τὸν μ. αὐτοῦ (1)
— 12. κόνδυ ἐν τῷ μ. τοῦ Βενιαμίν (1)
— 13. ἐπέθηκαν ἕκαστος τὸν μ. αὐτοῦ -
De. 25. 13. οὐκ ἔσται ἐν τῷ μ. σου στάθμιον (2)
Si. 18. 33. A οὐδέν σοί ἐστιν ἐν μαρσίππῳ [B S^{1} -σιππίῳ, R -συπείῳ, S^{2} βαλλαντίῳ]
Mi. 6. 11. καὶ ἐν μαρσίππῳ στάθμια δόλου (2)
Is. 46. 6. οἱ συμβαλλόμενοι χρυσίον ἐκ μαρσυππίου [A^{1} μαρσίππου] (2)
[**Th.** Pr. 16. 11.]

μαρσυπεῖον.
Si. 18. 33. R οὐδέν σοί ἐστιν ἐν μαρσυπείῳ [A -σίππῳ, BS^{1} -σιππίῳ, S^{2} βαλλαντίῳ]

μαρτυρεῖν. (1) עוּד *a.* qal. *b.* hi. *c.* עֵד (2) עָנָה
Ge. 31. 46. ὁ βουνὸς οὗτος μαρτυρεῖ -
— 47. A βουνὸς μαρτυρεῖ [R μάρτυς] (1 *c*)
— 48. μαρτυρεῖ ὁ βουνὸς οὗτος (1 *c*)
— 48. καὶ μαρτυρεῖ ἡ στήλη αὕτη -
— 48. ἐκλήθη τὸ ὄνομα Βουνὸς μαρτυρεῖ (1 *c*)
43. 3. μεμαρτύρηται [A διαμεμ.] ἡμῖν (1 *b*)
Ex. 21. 36. καὶ διαμεμαρτυρημένοι [B^{1} μεμ.] ὦσι †
Nu. 35. 30. B μάρτυς εἷς οὐ μαρτυρήσει ἐπὶ ψυχῆς [AR -ήν] (2)
De. 19. 15. μαρτυρῆσαι κατὰ ἀνθρώπου -
— 18. μάρτυς ἄδικος ἐμαρτύρησεν ἄδικα (1 *c*)
31. 19. ἡ ᾠδὴ αὕτη . . . μαρτυροῦσα [A εἰς μαρτύριον] ἐν υἱοῖς Ἰσρ. (1 *c*)
— 21. ἡ ᾠδὴ αὕτη κατὰ πρόσωπον μαρτυροῦσα (1 *c*)
II Ch. 28. 10. μαρτυρῆσαι κ. θεῷ ὑμῶν †
Wi. 17. 11. δειλὸν γὰρ ἰδίως πονηρία μαρτυρεῖ [AS -υρι]
La. 2. 13. τί μαρτυρήσω σοι (1 *a**, 1 *b*)
Da. LXX., Th. Su. 40. ταῦτα μαρτυροῦμεν
I Ma. 2. 37. μαρτυρεῖ ἐφ᾽ ἡμᾶς [S^{1} *om.* ἐφ᾽ ἡ.] ὁ οὐρ.
[**Aq.**, **Sm.** Jb. 29. 11.]

μαρτύρεσθαι.
Ju. 7. 28. μαρτυρόμεθα [S διαμ.] ὑμῖν τὸν οὐρανόν
I Ma. 2. 56. S ἐν τῷ μαρτύρασθαι ἐν τῇ ἐκκλησίᾳ [AR *al.*]
[**Sm.** Ps. 49 (50). 7.]

μαρτυρία. (1) מוֹעֵד (2) *a.* עֵד *b.* עֵדוּת (3) שָׂהֲדוּתָא
Ge. 31. 47. R βουνὸς τῆς μ. [A *al.*] (3)
Ex. 20. 16 : De. 5. 20 (17). οὐ ψευδομαρτυρήσεις . . . μαρτυρίαν ψευδῆ (2 *a*)
I Ki. 9. 24. A εἰς μαρτυρίαν [B -ον] τέθειταί σοι (1)
Ps. 18 (19). 7. ἡ μ. κυρίου πιστὴ σοφίζουσα νήπια (2 *b*)
Pr. 12. 19. χείλη ἀληθινὰ κατορθοῖ μαρτυρίαν †
25. 18. ἀνὴρ ὁ καταμαρτυρῶν τοῦ [A κατὰ τοῦ] φίλου αὐτοῦ μαρτυρίαν ψευδῆ (2 *a*)
Si. 34 (31). 23. μαρτυρία [AS^{2} ἡ μ.] τῆς καλλονῆς αὐ. πιστή
— 24. ἡ μ. τῆς πονηρίας αὐτοῦ ἀκριβής
45. 17. A διδάξαι τὸν Ἰακὼβ μαρτυρίαν [BS τὰ μαρτύρια]
IV Ma. 6. 32. τούτοις ἂν ἀπεδόμην τὴν τῆς ἐπικρατείας μ.
12. 17. A οὐκ ἀπαυτομολῶ τῆς τῶν ἀδ. μου μ. [SR *al.*]
[**Aq.** IV Ki. 11. 12 : Ps. 59 (60). 1 : 118 (119). 152 : Is. 64. 6 (5) : Je 6. 18.]
[**Sm.** Ps. 59 (60). 1 : 79 (80). 1 : 80 (81). 6 : 92 (93). 5 : 118 (119). 152 : Ho. 7. 12.]
[**Th.** Je. 11. 7.]
[**Al.** Ge. 31. 47.]

μαρτύριον. (1) מוֹעֵד (2) *a.* עֵד *b.* עֵדָה *c.* עֵדוּת *d.* תְּעוּדָה
Ge. 21. 30. ἵνα ὦσί μοι [A ὦσιν] εἰς μ. (2 *b*)
31. 44. ἔσται εἰς μ. ἀνὰ μέσον ἐμοῦ καὶ σοῦ (2 *a*)
Ex. 16. 34. AR ἀπέθηκεν Ἀαρὼν ἐναντίον τοῦ μ. [B θεοῦ] (2 *c*)
25. 9 (10). ποιήσεις κιβωτὸν μαρτυρίου -
— 15 (16). ἐμβαλεῖς εἰς τὴν κιβωτὸν τὰ μ. (2 *c*)
— 20 (21). εἰς τὴν κιβωτὸν ἐμβαλεῖς τὰ μ. (2 *c*)
— 21 (22). τῶν ὄντων ἐπὶ τῆς κιβωτοῦ τοῦ μ. (2 *c*)
26. 33. εἰσοίσεις . . . τὴν κιβωτὸν τοῦ μ. (2 *c*)
— 34. κατακαλύψεις . . . τὴν κιβωτὸν τοῦ μ. (2 *c*)
27. 21. ἐν τῇ σκηνῇ τοῦ μ. (1)
28. 39 (43). εἰσπορεύωνται εἰς τὴν σκηνὴν τοῦ μ. (1)
29. 4, 10. ἐπὶ τὰς θύρας τῆς σκηνῆς τοῦ μ. (1)
— 10. παρὰ τὰς θύρας τῆς σκηνῆς τοῦ μ. -
— 11. B παρὰ τὰς θύρας τῆς σκηνῆς τοῦ μ. (1)
— 30. εἰσελεύσεται εἰς τὴν σκηνὴν τοῦ μ. (1)
— 32. παρὰ τὰς θύρας τῆς σκηνῆς τοῦ μ. (1)
— 42. ἐπὶ [A *add.* τὰς] θύρας τῆς σκηνῆς τοῦ μ. (1)
— 44. ἁγιάσω τὴν σκηνὴν τοῦ μαρτυρίου (1)
30. 6. τοῦ ὄντος ἐπὶ τῆς κιβωτοῦ τῶν μ. (2 *c*)
— 16. εἰς τὸ κάτεργον τῆς σκηνῆς τοῦ μ. (1)
— 18. ἀνὰ μέσον τῆς σκηνῆς τοῦ μ. (1)
— 20. εἰσπορεύωνται εἰς τὴν σκηνὴν τοῦ μ. (1)
— 21. εἰσπορεύωνται εἰς τὴν σκηνὴν τοῦ μ. -
— 26. χρίσεις ἐξ αὐτοῦ τὴν σκηνὴν τοῦ μ. (1)
— 26. R κιβωτὸν τῆς σκηνῆς [AB *om.* τ. σκ.] τοῦ μ. (2 *c*)
— 27. B καὶ τὴν σκηνὴν τοῦ μ. -
— 36. θήσεις ἀπέναντι τῶν μ. ἐν τῇ σκηνῇ τοῦ μ. (2 *c*, 1)
31. 7. τὴν σκηνὴν τοῦ μ. (1)
— 18. τὰς δύο πλάκας τοῦ μ. (2 *c*)
32. 15. αἱ δύο πλάκες τοῦ μ. ἐν ταῖς χερσίν (2 *c*)
33. 7. καὶ ἐκλήθη σκηνὴ τοῦ μ. (1)
35. 12. τὴν κιβωτὸν τοῦ μ. -
— 21. εἰς πάντα τὰ ἔργα τῆς σκηνῆς τοῦ μ. (1)
37. 5 (36. 37). τῆς θύρας τῆς σκηνῆς τοῦ μ. -
— 19 (38. 21). ἡ σύνταξις τῆς σκηνῆς τοῦ μ. (2 *c*)
38. 26 (8). τὰς θύρας τῆς σκηνῆς τοῦ μ. (1)
— 27 (40. 32). εἰς τὴν σκηνὴν τοῦ μ. (1)
39. 8 (38. 30). τῆς θύρας τῆς σκηνῆς τοῦ μ. (1)
— 10 (38. 31). ἐργαλεῖα τῆς σκηνῆς τοῦ μ. -
— 21 (40). τὰ ἔργα τῆς σκηνῆς τοῦ μ. (1)
40. 2. στήσεις τὴν σκηνὴν τοῦ μ. (1)
— 3. AR θήσεις τὴν κιβωτὸν τοῦ μ. (2 *c*)
— 3. B σκεπάσεις τὴν κιβωτὸν τοῦ μ. [AR *om.* τ. μ.] -
— 5. A ἐνώπιον τῆς κιβωτοῦ τοῦ μ. [B *al.*] (2 *c*)
— 5. ἐπὶ τὴν θύραν τῆς σκηνῆς τοῦ μ. -
— 6. παρὰ τὰς θύρας τῆς σκηνῆς τοῦ μ. (1)
— 12. ἐπὶ τὰς θύρας τῆς σκηνῆς τοῦ μ. (1)
— 20. λαβὼν τὰ μ. ἐνέβαλεν (2 *c*)
— 21. ἐσκέπασε τὴν κιβωτὸν τοῦ μ. (2 *c*)
— 22. ἐπέθηκε . . . εἰς τὴν σκηνὴν τοῦ μ. ἐπὶ τὸ κλίτος τῆς σκηνῆς τοῦ μ. (1. -)
— 24. ἔθηκε . . . εἰς τὴν σκηνὴν τοῦ μ. (1)
— 26. ἔθηκε . . . ἐν τῇ σκηνῇ τοῦ μ. (1)
— 29. τὰς θύρας τῆς σκηνῆς [A^{2} *add.* τοῦ μ.] (1)
— 34. ἐκάλυψεν ἡ νεφέλη τὴν σκηνὴν τοῦ μ. (1)
— 35. εἰσελθεῖν εἰς τὴν σκηνὴν τοῦ μ. (1)
Le. 1. 1. ἐλάλησε . . . αὐτῷ ἐκ τῆς σκηνῆς τοῦ μ. (1)
— 3. πρὸς τὴν θύραν τῆς σκηνῆς τοῦ μ. (1)
— 5. ἐπὶ τῶν θυρῶν τῆς σκηνῆς τοῦ μ. (1)
3. 2, 8, 13. παρὰ τὰς θύρας τῆς σκηνῆς τοῦ μ. (1)
4. 4. παρὰ τὴν θύραν τῆς σκηνῆς τοῦ μ. (1)
— 5. εἰσοίσει αὐτὸ εἰς τὴν σκηνὴν τοῦ μ. (1)
— 7. ὅ ἐστιν ἐν τῇ σκηνῇ τοῦ μ. (1)
— 7. ὅ ἐστι παρὰ τὰς θύρας τῆς σκηνῆς τοῦ μ. (1)

Le. 4. 14. παρὰ τὰς θύρας τῆς σκηνῆς τοῦ μ. (1)
— 16. εἰσοίσει . . . εἰς τὴν σκηνὴν τοῦ μ. (1)
— 18. ὅ ἐστιν ἐν τῇ σκηνῇ τοῦ μ. (1)
— 18. τῶν πρὸς τῇ θύρᾳ τῆς σκηνῆς τοῦ μ. (1)
6. 16 (9), 26 (19). ἐν αὐλῇ τῆς σκηνῆς τοῦ μ. (1)
— 30 (23). εἰσενεχθῇ . . . εἰς τὴν σκηνὴν τοῦ μ. (1)
8. 3, 4. ἐπὶ τὴν θύραν τῆς σκηνῆς τοῦ μ. (1)
— 31. ἐν τῇ αὐλῇ τῆς σκηνῆς τοῦ μ. (1)
— 33. τῆς θύρας τῆς σκηνῆς τοῦ μ. (1)
— 35. τὴν θύραν τῆς σκηνῆς τοῦ μ. (1)
9. 5. ἀπέναντι τῆς σκηνῆς τοῦ μ. (1)
— 23. εἰσῆλθε . . . εἰς τὴν σκηνὴν τοῦ μ. (1)
10. 7. ἀπὸ τῆς θύρας τῆς σκηνῆς τοῦ μ. (1)
— 9. εἰσπορεύησθε εἰς τὴν σκηνὴν τοῦ μ. (1)
12. 6 : 14. 11, 23. ἐπὶ τὴν θύραν τῆς σκηνῆς τοῦ μ. (1)
15. 14. ἐπὶ τὰς θύρας τῆς σκηνῆς τοῦ μ. (1)
— 29. ἐπὶ τὴν θύραν τῆς σκηνῆς τοῦ μ. (1)
16. 2. ὅ ἐστιν ἐπὶ τῆς κιβωτοῦ τοῦ μ. –
— 7. παρὰ τὴν θύραν τῆς σκηνῆς τοῦ μ. (1)
— 13. τὸ ἱλαστήριον τὸ ἐπὶ τῶν μ. (2 c)
— 16. τῇ σκηνῇ τοῦ μ. τῇ ἐκτισμένῃ (1)
— 17. οὐκ ἔσται ἐν τῇ σκηνῇ τοῦ μ. (1)
— 20. τὸ ἅγιον καὶ τὴν σκηνὴν τοῦ μ. (1)
— 23. εἰσελεύσεται Ἀ. εἰς τὴν σκηνὴν τοῦ μ. (1)
— 33. ἅγιον τοῦ ἁγίου καὶ τὴν σκηνὴν τοῦ μ. (1)
17. 4. ἐπὶ τὴν θύραν τῆς σκηνῆς τοῦ μ. (1)
— 4. ἐπὶ τὴν θύραν τῆς σκηνῆς τοῦ μ. (1 ?)
— 5. ἐπὶ τὰς θύρας τῆς σκηνῆς τοῦ μ. (1)
— 6. παρὰ τὰς θύρας τῆς σκηνῆς τοῦ μ. (1)
— 9. ἐπὶ τὴν θύραν τῆς σκηνῆς τοῦ μ. (1)
19. 21. παρὰ τὴν θύραν τῆς σκηνῆς τοῦ μ. (1)
24. 3 : Nu. 1. 1. ἐν τῇ σκηνῇ τοῦ μ. (1)
Nu. 1. 50. ἐπὶ τὴν σκηνὴν τοῦ μ. (2 c)
— 53. κύκλῳ τῆς σκηνῆς τοῦ μ. (2 c)
— 53. τὴν φυλακὴν τῆς σκηνῆς τοῦ μ. (2 c)
2. 2. κύκλῳ τῆς σκηνῆς τοῦ μ. (1)
— 17. ἀρθήσεται ἡ σκηνὴ τοῦ μ. (1)
3. 7. ἔναντι τῆς σκηνῆς τοῦ μ. (1)
— 8. πάντα τὰ σκεύη τῆς σκηνῆς τοῦ μ. (1)
— 10. ἐπὶ τῆς σκηνῆς τοῦ μ. –
— 25. ἐν τῇ σκηνῇ τοῦ μ. (1)
— 25. τὸ κατακάλυμμα τῆς θύρας [A^{1} *om.* τ. θ.] τῆς σκηνῆς τοῦ μ. (1)
— 38. κατὰ πρόσωπον τῆς σκηνῆς τοῦ μ. (1)
4. 3, 4. ἐν τῇ σκηνῇ τοῦ μ. (1)
— 5. τὴν κιβωτὸν [A σκηνὴν] τοῦ μ. (2 c)
— 15, 23. ἐν τῇ σκηνῇ τοῦ μ. (1)
— 25. καὶ τὴν σκηνὴν τοῦ μ. (1)
— 25. καὶ τὸ κάλυμμα τῆς θύρας τῆς σκηνῆς τοῦ μ. (1)
— 26. AB^{2}R ὅσα ἐπὶ τῆς σκηνῆς τοῦ μ. –
— 28. ἐν τῇ σκηνῇ τοῦ μ. (1)
— 30. λειτουργεῖν τὰ ἔργα τῆς σκηνῆς τοῦ μ. (1)
— 31. κατὰ πάντα τὰ ἔργα αὐ. ἐν τῇ σκηνῇ τοῦ μ. (1)
— 33. ἐν τῇ σκηνῇ τοῦ μ. (1)
— 35. ἐν τῇ σκηνῇ τοῦ μ. [A *al.*] (1)
— 37, 39, 41. ἐν τῇ σκηνῇ τοῦ μ. (1)
— 43. πρὸς τὰ ἔργα τῆς σκηνῆς τοῦ μ. (1)
— 47. ἐν τῇ σκηνῇ τοῦ μ. (1)
5. 17. ἐπὶ τοῦ ἐδάφους τῆς σκηνῆς τοῦ μ. –
6. 10. ἐπὶ τὰς θύρας τῆς σκηνῆς τοῦ μ. (1)
— 13, 18. παρὰ τὰς θύρας τῆς σκηνῆς τοῦ μ. (1)
7. 5. τὰ ἔργα τὰ λειτουργικὰ τῆς σκηνῆς τοῦ μ. (1)
— 89. εἰς τὴν σκηνὴν τοῦ μ. (1)
— 89. ἐπὶ τῆς κιβωτοῦ τοῦ μ. (2 c)
8. 9. ἔναντι τῆς σκηνῆς τοῦ μ. (1)
— 15. τὰ ἔργα τῆς σκηνῆς τοῦ μ. (1)
— 19, 22, 24, 26. ἐν τῇ σκηνῇ τοῦ μ. (1)
9. 15. τὸν οἶκον τοῦ μ. (2 c)
10. 3. ἐπὶ τὴν θύραν τῆς σκηνῆς τοῦ μ. (1)
— 11. ἀπὸ τῆς σκηνῆς τοῦ μ. (2 c)
11. 16. πρὸς τὴν σκηνὴν τοῦ μ. (1)
12. 4. τὴν σκηνὴν τοῦ μ. (1)
— 5 (4). ἐξῆλθον . . . εἰς τὴν σκηνὴν τοῦ μ. –
— 5. ἐπὶ τῆς θύρας τῆς σκηνῆς τοῦ μ. –
14. 10. ἐπὶ τῆς σκηνῆς τοῦ μ. (1)
16. 18. A^{2}B παρὰ τὰς θύρας τῆς σκηνῆς τοῦ μ. (1)
— 19. A^{2}B παρὰ τὴν θύραν τῆς σκηνῆς τοῦ μ. (1)
— 42 (17. 7). ἐπὶ τὴν σκηνὴν τοῦ μ. (1)
— 43 (17. 8). κατὰ πρόσωπον τῆς σκηνῆς τοῦ μ. (1)
— 50 (17. 15). ἐπὶ τὴν θύραν τῆς σκηνῆς τοῦ μ. (1)
17. 4 (19). ἐν τῇ σκηνῇ τοῦ μ. κατέναντι τοῦ μ. (1, 2 c)
— 7 (22). ἐν τῇ σκηνῇ τοῦ μ. (2 c)
— 8 (23). εἰς τὴν σκηνὴν τοῦ μ. (2 c)
— 10 (25). ἀπόθες τὴν ῥάβδον Ἀ. ἐνώπιον τῶν μ. (2 c)

Nu. 18. 2. ἀπέναντι τῆς σκηνῆς τοῦ μ. (2 c)
— 4. τὰς φυλακὰς τῆς σκηνῆς τοῦ μ. (1)
— 6. τὰς λειτουργίας τῆς σκηνῆς τοῦ μ. (1)
— 21. ἐν τῇ σκηνῇ τοῦ μ. (1)
— 22. εἰς τὴν σκηνὴν τοῦ μ. (1)
— 23. τὴν λειτουργίαν τῆς σκηνῆς τοῦ μ. (1)
— 31. τῶν ἐν τῇ σκηνῇ τοῦ μ. (1)
19. 4. ἀπέναντι τοῦ προσώπου τῆς σκηνῆς τοῦ μ. (1)
20. 6. ἐπὶ τὴν θύραν τῆς σκηνῆς τοῦ μ. (1)
25. 6. παρὰ τὴν θύραν τῆς σκηνῆς τοῦ μ. (1)
27. 2. ἐπὶ τῆς θύρας τῆς σκηνῆς τοῦ μ. (1)
31. 54. εἰς τὴν σκηνὴν τοῦ μ. (1)
De. 4. 45. ταῦτα τὰ μ. καὶ τὰ δικαιώμ. (2 b)
6. 17. τὰ μ. καὶ τὰ δικαιώματα (2 b)
— 20. τί [A τίνα] ἐστι τὰ μ. (2 b)
9. 15. AR αἱ δύο πλάκες τῶν μ. [B *om.* τ. μ.] †
31. 14. παρὰ τὰς θύρας τῆς σκηνῆς τοῦ μ. (1)
— 14. AB^{2}R ἐπορεύθη . . . εἰς τὴν σκηνὴν τοῦ μ. –
— 14. AB^{2}R παρὰ τὰς θύρας τῆς σκηνῆς τοῦ μ. (1)
— 15. παρὰ τὰς θύρας τῆς σκηνῆς τοῦ μ. –
— 15. A^{1}B^{1} παρὰ τὰς θύρας τῆς σκηνῆς [A^{2}B^{2}R *add.* τοῦ μ.] –
— 19. A εἰς μαρτύριον [B μαρτυροῦσα] ἐν υἱοῖς Ἰσρ. (2 a)
— 26. ἔσται ἐκεῖ ἐν σοὶ εἰς μαρτύριον (2 a)
Jo. 4. 16. τὴν κιβωτὸν τῆς διαθήκης τοῦ μ. κ. (2 c)
18. 1. ἔπηξαν ἐκεῖ τὴν σκηνὴν τοῦ μ. (1)
19. 51. παρὰ τὰς θύρας τῆς σκηνῆς τοῦ μ. (1)
22. 27. ἵνα ᾖ τοῦτο μαρτύριον (2 a)
— 28. μαρτύριόν ἐστιν ἀνὰ μέσον ὑμῶν (2 a)
— 34. μαρτύριόν ἐστιν ἀνὰ μέσον αὐτῶν (2 a)
24. 27. ὁ λίθος οὗτος ἔσται ἐν ὑμῖν εἰς μαρτύριον (2 b)
— 27. οὗτος ἔσται ἐν ὑμῖν εἰς μαρτύριον (2 b)
Ru. 4. 7. τοῦτο ἦν μ. ἐν Ἰσρ. (2 d)
I Ki. 2. 22. A παρὰ τὴν θύραν τῆς σκηνῆς τοῦ μ. (1)
9. 24. εἰς μαρτύριον [A -αν] τέθειταί σοι (1)
13. 8. B διέλιπεν ἑπτὰ ἡμέρας τῷ μ. (1)
— 11. B ὡς διετάξω ἐν τῷ μ. τῶν ἡμερῶν (1)
20. 35. καθὼς ἐτάξατο εἰς τὸ μ. Δ. (1)
III Ki. 2. 3. A καὶ τὰ μ. αὐτοῦ (2 b)
8. 4. καὶ τὸ σκήνωμα τοῦ μ. καὶ τὰ σκεύη τὰ ἅγια τὰ ἐν τῷ σκηνώματι τοῦ μ. (1, –)
IV Ki. 11. 12. ἔδωκεν ἐπ' αὐτὸν . . . τὸ μ. (2 c)
17. 15. καὶ τὰ μ. αὐ. ὅσα διεμαρτύρατο αὐτοῖς (2 b)
23. 3. τοῦ φυλάσσειν . . . τὰ μ. αὐτοῦ (2 b)
I Ch. 6. 32 (17). ἐναντίον τῆς σκηνῆς οἴκου μαρτυρίου (1)
9. 21. πυλωρὸς τῆς θύρας τῆς σκηνῆς τοῦ μ. (1)
23. 32. τὰς φυλακὰς σκηνῆς τοῦ μ. (1)
29. 19. ποιεῖν . . . τὰ μ. σου (2 b)
II Ch. 1. 3. οὗ ἐκεῖ ἦν ἡ σκηνὴ τοῦ μ. τοῦ θεοῦ (1)
— 13. B πρὸ [A ἀπὸ] προσώπου σκηνῆς [AR τῆς σκ. τοῦ] μαρτυρίου (1)
5. 5. καὶ τὴν σκηνὴν τοῦ μ. (1)
23. 11. ἔδωκεν ἐπ' αὐτὸν . . . τὰ μ. (2 c)
24. 6. εἰς τὴν σκηνὴν τοῦ μ. (2 c)
34. 31. τοῦ φυλάσσειν . . . μαρτύρια (2 b)
Ne. 9. 34. οὐ προσέσχον . . . τὰ μ. σου (2 b)
Jb. 15. 34. μαρτύριον γὰρ ἀσεβοῦς θάνατος (2 b)
16. 9 (8). εἰς μαρτύριον ἐγενήθη [AS -ην] (2 a)
Ps. 24 (25). 10. τοῖς ἐκζητοῦσι τὴν διαθήκην αὐτοῦ καὶ τὰ μ. αὐτοῦ (2 b)
77 (78). 5. ἀνέστησε μαρτύριον ἐν Ἰακώβ (2 c)
— 56. τὰ μ. αὐτοῦ οὐκ ἐφυλάξαντο (2 b)
79 (80). *tit.* μαρτύριον τῷ Ἀσάφ (2 c)
80 (81). 5. μαρτύριον ἐν τῷ Ἰωσὴφ ἔθετο αὐτόν (2 c)
92 (93). 5. τὰ μ. σου ἐπιστώθησαν σφόδρα (2 b)
98 (99). 7. ἐφύλασσον τὰ μ. αὐτοῦ (2 b)
118 (119). 2. μακάριοι οἱ ἐξερευνῶντες τὰ μ. αὐτοῦ (2 b)
— 14. ἐν τῇ ὁδῷ τῶν μ. σου ἐτέρφθην (2 b)
— 22. τὰ μ. σου ἐξεζήτησα (2 b)
— 24. τὰ μ. σου μελέτη μού ἐστι (2 b)
— 31. ἐκολλήθην τοῖς μ. σου (2 b)
— 36. κλῖνον τὴν καρδίαν μου εἰς τὰ μ. σου (2 b)
— 46. ἐλάλουν ἐν τοῖς μ. σου ἐναντίον βασιλέων (2 b)
— 59. ἐπέστρεψα τοὺς πόδας μου εἰς τὰ μ. σου (2 b)
— 79. οἱ γινώσκοντες τὰ μ. σου (2 b)
— 88. φυλάξω τὰ μ. τοῦ στόματός σου (2 c)
— 95. τὰ μ. σου συνῆκα (2 b)
— 99. τὰ μ. σου μελέτη μού ἐστιν (2 b)
— 111. ἐκληρονόμησα τὰ μ. σου εἰς τὸν αἰῶνα (2 b)
— 119. ἠγάπησα τὰ μ. σου (2 b)
— 125. γνώσομαι τὰ μ. σου (2 b)
— 129. θαυμαστὰ τὰ μ. σου (2 b)
— 138. ἐνετείλω δικαιοσύνην τὰ μ. σου (2 b)

Ps. 118 (119). 144. δικαιοσύνη τὰ μ. σου εἰς τὸν αἰῶνα (2 b)
— 146. φυλάξω τὰ μ. σου (2 b)
— 152. κατ' ἀρχὰς ἔγνων ἐκ τῶν μ. σου (2 b)
— 157. ἐκ τῶν μ. σου οὐκ ἐξέκλινα (2 b)
— 167. ἐφύλαξεν ἡ ψυχή μου τὰ μ. σου (2 b)
— 168. ἐφύλαξα τὰς ἐντολάς σου καὶ τὰ μ. σου (2 b)
121 (122). 4. φυλαὶ κυρίου μαρτύριον τῷ Ἰσραήλ (2 c)
131 (132). 12. ἐὰν φυλάξωνται οἱ υἱοί σου . . . τὰ μ. μου ταῦτα (2 b)
Pr. 29. 14. ὁ θρόνος αὐτοῦ εἰς μαρτύριον κατασταθήσεται †
Wi. 10. 7. μαρτύριον τῆς πονηρίας καπνιζομένη καθέστηκε χέρσος
Si. 36. 20 (17). δὸς μαρτύριον τοῖς ἐν ἀρχῇ κτίσμασί σου
45. 17. διδάξαι τὸν Ἰακὼβ τὰ μ. [A Ἰ. μαρτυρίαν]
Ho. 2. 12 (14). καὶ θήσομαι αὐτὰ εἰς μαρτύριον †
Am. 1. 11. ἥρπασεν εἰς μαρτύριον φρίκην αὐτοῦ †
Mi. 1. 2. ἔσται κ. κ. ἐν ὑμῖν εἰς μαρτύριον (2 a)
7. 18. καὶ οὐ συνέσχεν εἰς μαρτύριον ὀργὴν αὐ. †
Ze. 3. 8. εἰς ἡμέραν ἀναστάσεώς μου εἰς μαρτύριον †
Is. 55. 4. μ. ἐν ἔθνεσιν ἔδωκα αὐτόν (2 a)
Je. 37 (30). 20. τὰ μ. αὐτῶν κατὰ πρόσωπόν μου ὀρθωθήσεται (2 b)
51 (44). 23. ἐν τοῖς μ. αὐτοῦ οὐκ ἐπορεύθητε (2 b)
[**Aq.** Dt. 31. 21 : Is. 8. 16 : 30. 8 : Ze. 3. 8.]
[**Sm.** Ex. 33. 7 : IV Ki. 11. 12 : Is. 8. 16 : 30. 8 : Ze. 3. 8.]
[**Th.** Ex. 33. 7 : 40. 30 (26) : Nu. 3. 7 : Jb. 19. 24 : Is. 30. 8 : Ze. 3. 8.]
[**Sam.** Ex. 38. 8 (26).]
[**Al.** Dt. 31. 19.]
[**Quint.** Mi. 7. 18.]

μάρτυς. (1) עֵד (2) שָׂהֲדוּתָא

Ge. 31. 44. ὁ θεὸς μ. ἀνὰ μέσον ἐμοῦ καὶ σοῦ –
— 47. A βουνὸς μάρτυς [R τῆς μαρτυρίας] (2)
— 47. R βουνὸς μ. [A μαρτυρεῖ] (1)
— 50. R θεὸς μ. μεταξὺ ἐμοῦ (1)
— 51. R καὶ μ. ἡ στήλη αὕτη –
Ex. 23. 1. γενέσθαι μ. ἄδικος (1)
Le. 5. 1. καὶ οὗτος μ. ἢ ἑώρακεν ἢ σύνοιδεν (1)
Nu. 5. 13. καὶ μάρτυς μὴ ἦν μετ' αὐτῆς (1)
23. 18. ἐνώτισαι μάρτυς υἱὸς Σ. †
35. 30. διὰ μαρτύρων φονεύσεις τὸν φονεύσαντα (1)
— 30. μ. εἷς οὐ μαρτυρήσει ἐπὶ ψυχῆς (1)
De. 17. 6. ἐπὶ δυσὶ μ. ἢ ἐπὶ τρισὶ μ. ἀποθανεῖται (1, 1)
— 6. οὐκ ἀποθανεῖται ἐφ' ἑνὶ μ. (1)
— 7. ἡ χεὶρ τῶν μ. ἔσται ἐπ' αὐτῷ (1)
19. 15. οὐκ ἐμμενεῖ μ. εἷς (1)
— 15. ἐπὶ στόματος δύο μαρτύρων καὶ ἐπὶ στόματος τριῶν μ. (1, 1)
— 16. ἐὰν δὲ καταστῇ μ. ἄδικος κατὰ ἀνθρώπου (1)
— 18. μ. ἄδικος ἐμαρτύρησεν ἄδικα (1)
Jo. 24. 22. μάρτυρες ὑμεῖς καθ' ὑμῶν (1)
Ru. 4. 9, 10. μάρτυρες ὑμεῖς σήμερον (1)
— 11. καὶ εἴποσαν . . . Μάρτυρες (1)
I Ki. 12. 5. μάρτυς κύριος ἐν ὑμῖν καὶ μάρτυς χριστὸς αὐ. (1, 1)
— 5. καὶ εἶπαν, Μάρτυς (1)
— 6. μάρτυς κύριος ὁ ποιήσας τὸν Μ. –
20. 23. κύριος μάρτυς ἀνὰ μέσον ἐμοῦ καὶ σοῦ –
— 42. κύριος ἔσται μ. ἀνὰ μέσον ἐμοῦ καὶ σοῦ –
III Ki. 17. 20. ὁ μ. τῆς χήρας μεθ' ἧς ἐγὼ κατοικῶ –
Jb. 16. 20 (19). ABS^{2} ἰδοὺ ἐν οὐρανοῖς ὁ μ. μου (1)
Ps. 26 (27). 12. ἐπανέστησάν μοι μάρτυρες ἄδικοι (1)
34 (35). 11. ἀναστάντες μάρτυρες ἄδικοι (1)
88 (89). 37. καὶ ὁ μ. ἐν οὐρανῷ πιστός (1)
Pr. 6. 19. ἐκκαίει ψευδῆ μάρτυς ἄδικος (1)
12. 17. ὁ δὲ μ. τῶν ἀδίκων δόλιος (1)
— 19. μάρτυς δὲ ταχὺς γλῶσσαν ἔχει ἄδικον †
14. 5. μ. πιστὸς οὐ ψεύδεται ἐκκαίει δὲ ψευδῆ μ. ἄδικος (1, 1)
— 25. ῥύσεται ἐκ κακῶν ψυχὴν μάρτυς πιστός (1)
19. 5, 9. μάρτυς ψευδὴς οὐκ ἀτιμώρητος ἔσται (1)
21. 28. μάρτυς ψευδὴς ἀπολεῖται (1)
24. 43 (28). μὴ ἴσθι ψευδὴς μάρτυς ἐπὶ σὸν πολίτην (1)
Wi. 1. 6. τῶν νεφρῶν αὐτοῦ μάρτυς ὁ θεός
4. 6. μάρτυρές εἰσι πονηρίας κατὰ γονέων
17. 11. AS δειλὸν γὰρ ἰδίως πονηρία μάρτυρι [B -υρεῖ]
Ma. 3. 5. ἔσομαι μάρτυς [A^{1} *om.*] ταχὺς ἐπὶ τὰς φαρμακούς (1)
Is. 8. 2. μάρτυράς μοι ποίησον πιστοὺς ἀνθρώπους (1)
43. 9. ἀγαγέτωσαν τοὺς μ. αὐτῶν (1)

Is. 43. 10. γένεσθέ μοι μάρτυρες καὶ ἐγὼ μ. (1, –)
— 12. ὑμεῖς ἐμοὶ μάρτυρες καὶ ἐγὼ [A κἀγὼ μ., λέγει] κύριος (1, –)
44. 8. μάρτυρες ὑμεῖς ἐστε (1)
Je. 36 (29). 23. ἐγὼ μ. φησὶ κύριος (1)
39 (32). 10. διεμαρτυράμην μάρτυρας (1)
— 25. ἐπεμαρτυράμην μάρτυρας (1)
— 44. διαμαρτύρῃ μάρτυρας (1)
49 (42). 5. ἔστω κύριος ἐν [A om.] ἡμῖν εἰς μάρτυρα δίκαιον καὶ πιστόν (1)
[Aq. Dt. 17. 6: Ps. 26 (27). 12: Pr. 19. 28: Is. 55. 4: Je. 32 (39). 12.]
[Sm. Pr. 12. 17: Is. 55. 4: Je. 32 (39). 12.]
[Th. Pr. 19. 28: Is. 44. 9.]
[Al. Ge. 31. 47, 52 *bis*: Nu. 35. 30.]

μαρυκᾶσθαι.
De. 14. 8. μηρυκισμὸν οὐ μαρυκᾶται [A οὐκ ἀναμ.] –

μασαναί. (1) מִשְׁנֶה
II Ch. 34. 22. R κατῴκει ἐν Ἱερ. ἐν μ. [A μεσ., B μαασ.] (1)

μασᾶν (μασσ.). (1) לֶחֶם
Jb. 30. 4. A B^{2} S R ῥίζας ξύλων ἐμασῶντο ὑπὸ λιμοῦ μεγάλου (1)
Si. 19. 9. A ἐν καιρῷ μασήσει [B S μισήσει] σε

μασέκ. (1) מֶשֶׁק
Ge. 15. 2. R ὁ δὲ υἱὸς μ. τῆς οἰκογενοῦς μου (1)

μασενά. (1) מִשְׁנֶה
IV Ki. 22. 14. κατῴκει ἐν Ἱερ. ἐν τῇ μ. (1)

μασερέθ, μασερέμ.
I Ki. 23. 14. A ἐκάθισεν . . . ἐν μ. [B -έμ] †

μασθός, *vid.* **μαστός.**

μασμαρώθ.
Je. 52. 19. A S^{1} R τὰς [B S^{2} τὰ] μ. . . . ἔλαβεν ὁ ἀρχιμάγειρος †

μασογά, μασογάβ.
[Aq., Th. Je. 48 (31). 1.]

μασσᾶν, *vid.* **μασᾶν.**

μάσσειν. (1) הָמָה
Je. 4. 19. A B S^{2} με μάσσει [? μαιμάσσει] ἡ ψυχή μου (1)

μαστιγοῦν. (1) כָּתַשׁ (2) נָגַע *a.* qal. *b.* pu. (3) נָכָה *a.* hi. *b.* ho. (4) שָׁטַם
Ex. 5. 14. ἐμαστιγώθησαν οἱ γραμματεῖς (3 *b*)
— 16. οἱ παῖδές σου μεμαστίγωνται (3 *b*)
De. 25. 2. A R μαστιγώσουσιν αὐτὸν [B *om.* μ. αὐ.] ἐναντίον αὐτῶν (3 *a*)
— 3. ἀριθμῷ τεσσαράκοντα μαστιγώσουσιν αὐτόν (3 *a*)
— 3. ἐὰν δὲ προσθῇς μαστιγῶσαι [A *add.* αὐτόν] (3 *a*)
III Ki. 12. 24. B ἐμαστίγου ὑμᾶς μάστιξιν –
II Ch. 25. 16. πρόσεχε μὴ μαστιγωθῇς (3 *a*)
To. 3. 9. τί ἡμᾶς μαστιγοῖς
11. 15. ἐμαστίγωσας καὶ ἠλέησάς με [S *al.*]
13. 2. αὐτὸς μαστιγοῖ καὶ ἐλεᾷ
— 5. μαστιγώσει ἡμᾶς ἐν ταῖς ἀδικίαις ἡμῶν [S *al.*]
— 9. A B μαστιγώσει ἐπὶ τὰ ἔργα τῶν υἱῶν σου
Ju. 8. 27. μαστιγοῖ κύριος τοὺς ἐγγίζοντας αὐτῷ
Jb. 15. 11. ὀλίγα ὧν ἡμάρτηκας μεμαστίγωσαι †
30. 21. χειρὶ κραταιᾷ με ἐμαστίγωσας (4)
Ps. 72 (73). 5. μετὰ ἀνθρώπων οὐ μαστιγωθήσονται (2 *b*)
— 14. ἐγενόμην μεμαστιγωμένος ὅλην τὴν ἡμέραν (2 *a*)
Pr. 3. 12. μαστιγοῖ δὲ πάντα υἱὸν ὃν παραδέχεται †
17. 10. ἄφρων δὲ μαστιγωθεὶς οὐκ αἰσθάνεται (3 *a*)
19. 25. λοιμοῦ μαστιγουμένου ἄφρων πανουργότερος γίνεται (3 *a*)
27. 22. ἐὰν μαστιγοῖς ἄφρονα (1)
Wi. 12. 22. τοὺς ἐχθροὺς ἡμῶν ἐν μυριότητι μαστιγοῖς
16. 16. ἐν ἰσχύϊ βραχίονός σου ἐμαστιγώθησαν
Si. 30. 14. πλούσιος μεμαστιγωμένος εἰς σῶμα αὐτοῦ
Je. 5. 3. ἐμαστίγωσας αὐτούς (3 *a*)
Da. LXX. 4. 23. καὶ μαστιγώσουσί σε –
II Ma. 3. 26. ἐμαστίγουν αὐτόν
— 34. R σὺ δὲ ὑπ' αὐτοῦ μεμαστιγωμένος [A *al.*]
— 38. μεμαστιγωμένον αὐτὸν προσδέξῃ
5. 18. μαστιγωθεὶς ἀνετράπη τοῦ θράσους
6. 30. σκληρὰς ὑποφέρω . . . ἀλγηδόνας μαστιγούμενος
[Aq. Ez. 28. 24.]
[Sm. Ex. 5. 16.]
[Th. Ex. 5. 16: Is. 53. 4.]

μαστίζειν. (1) נָכָה hi.
Nu. 22. 25. προσέθετο ἔτι μαστίξαι αὐτήν (1)
Wi. 5. 11. πληγῇ δὲ ταρσῶν μαστιζόμενον πνεῦμα κοῦφον
III Ma. 2. 21. τὸν . . . μεγάλως ἐπηρμένον ἐμάστιξεν

μάστιξ. (1) מַכְאוֹב (2) נֶגַע (3) *a.* נָכֶה *b.* מַכָּה (4) צֶלַע (5) שֵׁבֶט (6) שׁוֹט (7) שֶׁפֶט
III Ki. 12. 11, 14. ἐπαίδευσεν ὑμᾶς ἐν μάστιξιν (6)
— 24. B ἐμαστίγου ὑμᾶς μάστιξιν –
II Ch. 10. 11, 14. ἐπαίδευσεν ὑμᾶς ἐν μάστιξι (6)
To. 13. 14. ἐλυπήθησαν ἐπὶ πάσαις ταῖς μ. σου
Jb. 5. 21. ἀπὸ μάστιγος γλώσσης σε κρύψει (6)
21. 9. μάστιξ δὲ παρὰ κυρίου οὐκ ἔστιν ἐπ' [B^{1} *om.*] αὐτοῖς (5)
Ps. 31 (32). 10. πολλαὶ αἱ μ. τοῦ ἁμαρτωλοῦ (1)
34 (35). 15. συνήχθησαν ἐπ' ἐμὲ μάστιγες (3 *a*)
37 (38). 17. ἐγὼ εἰς μάστιγας ἕτοιμος (4)
38 (39). 10. ἀπόστησον ἀπ' ἐμοῦ τὰς μ. σου (2)
72 (73). 4. καὶ στερέωμα ἐν τῇ μ. αὐτῶν †
88 (89). 32. A S καὶ ἐν μάστιξι τὰς ἀδικίας [B ἁμαρτίας] αὐτῶν (2)
90 (91). 10. μάστιξ οὐκ ἐγγιεῖ τῷ σκηνώματί σου (2)
Pr. 19. 29. ἑτοιμάζονται ἀκολάστοις [S^{1} -οι] μάστιγες (7)
26. 3. ὥσπερ μάστιξ ἵππῳ καὶ κέντρον ὄνῳ (6)
Si. 22. 6. μάστιγες καὶ παιδεία ἐν παντὶ καιρῷ σοφίας [S^{1} -ία]
23. 2. τίς ἐπιστήσει ἐπὶ τοῦ διανοήματός μου μάστιγας
— 11. οὐκ ἀποστήσεται ἀπὸ τοῦ οἴκου αὐ. μάστιξ
26. 6. μάστιξ γλώσσης πᾶσιν ἐπικοινωνοῦσα
28. 17. πληγὴ μάστιγος ποιεῖ μώλωπας
30. 1. ἐνδελεχήσει μάστιγας αὐτῷ
39. 28. ἐν θυμῷ αὐτῶν ἐστερέωσαν μάστιγας αὐ.
40. 9. A B^{2} S^{2} R λιμὸς καὶ σύντριμμα καὶ μάστιξ [S^{1} -ιγες]
Na. 3. 2. φωνὴ μαστίγων καὶ φωνὴ σεισμοῦ (6)
Is. 50. 6. τὸν νῶτόν μου ἔδωκα εἰς μάστιγας (3 *b*)
Je. 6. 7. πόνῳ καὶ μάστιγι παιδευθήσῃ (3 *b*)
II Ma. 7. 1. μάστιξι καὶ νευραῖς αἰκιζομένους
— 37. μετὰ ἐτασμῶν καὶ μαστίγων ἐξομολογήσασθαι
9. 11. θείᾳ μ. . . . ἐπιτεινόμενος
IV Ma. 6. 3. μάστιξι κατῄκιζον
— 6. ἀπέξαινε ταῖς μ. τὰς σάρκας
9. 12. ὡς δὲ τύπτοντες ταῖς μ. ἐκοπίασαν
[Aq. Is. 28. 15, 18.]
[Sm. Pr. 6. 33: Is. 28. 15.]

μαστιστής (?).
IV Ma. 9. 11. A τὸν πρεσβύτατον αὐ. . . . παρήγαγον οἱ μ. [S R ὑπασπισταί]

μαστός (**μασθός**). (1) דּוֹד (2) *a.* שַׁד *b.* שֹׁד
Ge. 49. 25. εὐλογίας μαστῶν καὶ [A *om.*] μήτρας (2 *a*)
Jb. 3. 12. ἵνα τί δὲ μαστοὺς ἐθήλασα (2 *a*)
24. 9. ἥρπασαν ὀρφανὸν ἀπὸ μαστοῦ (2 *b*)
Ps. 21 (22). 9. ἡ ἐλπίς μου ἀπὸ μαστῶν τῆς μητρός μου (2 *a*)
Ca. 1. 2. ἀγαθοὶ μαστοί σου ὑπὲρ οἶνον (1)
— 4. ἀγαπήσομεν μαστούς σου ὑπὲρ οἶνον (1)
— 13. A S R ἀνὰ μέσον τῶν μ. μου αὐλισθήσεται (2 *a*)
4. 5. δύο μαστοί σου ὡς δύο νεβροὶ δίδυμοι δορκάδος (2 *a*)
— 10. τί ἐκαλλιώθησαν μαστοί σου (1)
— 10. τί ἐκαλλιώθησαν μαστοί σου [B^{1} *om.* τί ἐ. μ. σ.] ἀπὸ οἴνου (1)
6. 11 (12). ἐκεῖ δώσω τοὺς μ. μου σοί –
7. 3 (4). δύο μαστοί σου ὡς δύο νεβροὶ δίδυμοι δορκάδος (2 *a*)
— 7 (8). οἱ μαστοί σου τοῖς βότρυσιν (2 *a*)
Ca. 7. 8 (9). ἔσονται δὴ μαστοί σου ὡς βότρυες τῆς ἀμπέλου (2 *a*)
— 12 (13). ἐκεῖ δώσω τοὺς μαστούς μου σοί (1)
8. 1. τίς δῴη σε . . . θηλάζοντα μαστοὺς μητρός μου (2 *a*)
— 8. μαστοὺς οὐκ ἔχει (2 *a*)
— 10. μαστοί [S οἱ μ.] μου ὡς πύργοι (2 *a*)
Ho. 2. 2 (4). ἐξαρῶ . . . τὴν μοιχείαν αὐ. ἐκ μέσου μαστῶν αὐ. (2 *a*)
9. 14. μήτραν ἀτεκνοῦσαν καὶ μ. ξηρούς (2 *a*)
Jl. 2. 16. συναγάγετε νήπια θηλάζοντα μαστούς (2 *a*)
Is. 28. 9. οἱ ἀπεσπασμένοι ἀπὸ μαστοῦ (2 *a*)
32. 12. ἐπὶ τῶν μ. κόπτεσθε (2 *a*)
66. 11. ἵνα . . . ἐμπλησθῆτε ἀπὸ μαστοῦ παρακλήσεως αὐτῆς (2 *b*)
Je. 18. 14. μὴ ἐκλείψουσιν ἀπὸ πέτρας μαστοί †
La. 2. 20. φονευθήσονται νήπια θηλάζοντα μαστούς †
4. 3. δράκοντες ἐξέδυσαν μαστούς (2 *a*)
Ez. 16. 4. οὐκ ἔδησας τοὺς μ. σου †
— 7. οἱ μ. σου ἀνωρθώθησαν (2 *a*)
23. 3. ἐκεῖ ἔπεσον οἱ μ. αὐτῶν (2 *a*)
— 21. οὗ οἱ μ. [A *add.* ἔπεσαν] νεότητός σου (2 *a*)
II Ma. 3. 19. ὑπεζωσμέναι δὲ ὑπὸ τοὺς μ.
6. 10. τούτων δὲ ἐκ τῶν μ. κρεμάσαντες τὰ βρέφη
III Ma. 5. 49. νεογνὰ πρὸς μαστοὺς ἔχουσαι βρέφη
— 50. τὰ νήπια χωρίσαντες τῶν μ.
IV Ma. 13. 21. R ἀφ' ὧν συντρέφονται ἐν ἀγκάλαις μαστῶν [A S *al.*]
[Aq. Nu. 11. 8: Is. 60. 16: 66. 11: Ez. 16. 8: 23. 34.]
[Sm. Is. 60. 16: 66. 11: Ez. 23. 21, 34.]
[Th. Is. 60. 16: 66. 11: Ez. 16. 8: 23. 34.]
[Quint. Ca. 8. 8.]

μασφάλ.
[Th. Le. 13. 6.]

μασφασσάτ.
Jo. 19. 29. ἕως πηγῆς μ. [A *al.*] †

μασχάλη.
[Aq. Pr. 19. 24.]

μάτ.
[Heb. Ps. 8. 6.]

ματαιοπονεῖν.
[Sm. Ps. 61 (62). 4.]

μάταιος. (1) אָוֶן (2) אַכְזָב (3) אֱלִיל (4) הֶבֶל (5) חַטָּאת (6) חִנָּם (7) כָּזָב (8) רֵק, רִיק (9) שָׂעִיר (10) שָׁוְא (11) תֹּהוּ
Ex. 20. 7. οὐ λήψῃ τὸ ὄνομα . . . ἐπὶ ματαίῳ (10)
— 7. λαμβάνοντα τὸ ὄνομα αὐτοῦ ἐπὶ ματαίῳ (10)
23. 1. οὐ παραδέξῃ ἀκοὴν ματαίαν (10)
Le. 17. 7. οὐ θύσουσιν . . . τοῖς μ. (9)
De. 5. 11. οὐ λήψῃ τὸ ὄνομα κυρίου . . . ἐπὶ ματαίῳ (10)
— 11. τὸν λαμβάνοντα τὸ ὄνομα αὐ. ἐπὶ ματαίῳ (10)
III Ki. 16. 2. τοῦ παροργίσαι με ἐν τοῖς μ. αὐτῶν (5)
— 13. τοῦ παροργίσαι κ. τὸν θ. Ἰσρ. ἐν τοῖς μ. αὐ. (4)
— 26. B τοῦ παροργίσαι [A R *add.* τὸν κ. θ. Ἰσρ.] ἐν τοῖς μ. αὐ. (4)
IV Ki. 17. 15. B ὀπίσω τῶν μ. (4)
II Ch. 11. 15. κατέστησεν αὐτῷ ἱερεῖς . . . τοῖς μ. (9)
Es. 4. 17. εἰς ἀρετὰς ματαίων
Jb. 20. 18. εἰς κενὰ καὶ μάταια ἐκοπίασε †
Ps. 5. 9. ἡ καρδία αὐτῶν ματαία †
11 (12). 2. μάταια ἐλάλησεν ἕκαστος πρὸς τὸν πλησίον αὐ. (10)
23 (24). 4. ὃς οὐκ ἔλαβεν ἐπὶ ματαίῳ τὴν ψυχὴν αὐτοῦ (10)
59 (60). 11. ματαία σωτηρία ἀνθρώπου (10)
61 (62). 9. μάταιοι οἱ υἱοὶ τῶν ἀνθρώπων (4)
93 (94). 11. κύριος γινώσκει τοὺς διαλογισμοὺς τῶν ἀνθρώπων ὅτι εἰσὶ μάταιοι (4)
107 (108). 12. ματαία σωτηρία ἀνθρώπου (10)
Pr. 12. 11. οἱ δὲ διώκοντες μάταια ἐνδεεῖς φρενῶν (8)
21. 6. μάταια διώκει ἐπὶ παγίδας θανάτου (4)
24. 31 (30. 8). μάταιον λόγον καὶ ψευδῆ μακράν μου ποίησον (10)
26. 2. οὕτως ἀρὰ ματαία οὐκ ἐπελεύσεται οὐδενί (6)

Pr. 31. 30. μάταιον κάλλος γυναικός (4)
Wi. 13. 1. μάταιοι μὲν γὰρ πάντες ἄνθρωποι φύσει
15. 8. κακόμοχθος θεὸν μάταιον ἐκ τοῦ αὐτοῦ πλάσσει πηλοῦ
Si. 31 (34). 5. οἰωνισμοὶ καὶ ἐνύπνια μάταιά ἐστι
Ho. 5. 11. ἤρξατο πορεύεσθαι ὀπίσω τῶν μ. †
6. 9 (8). πόλις ἐργαζομένη μάταια (1)
12. 1 (2). κενὰ καὶ μάταια ἐπλήθυνε (7)
Am. 2. 4. ἐπλάνησεν αὐτοὺς τὰ μ. [A^{1} αἵματα] αὐ. (7)
Mi. 1. 14. οἴκους ματαίους εἰς κενὸν ἐγένοντο (2)
Jn. 2. 9. φυλασσόμενοι μάταια καὶ ψευδῆ (4)
Ze. 3. 13. καὶ οὐ λαλήσουσι μάταια (7)
Za. 10. 2. τὰ ἐνύπνια ψευδῆ ἐλάλουν μάταια παρεκάλουν (4)
11. 17. ὦ οἱ ποιμαίνοντες τὰ μάταια (3)
Ma. 3. 14. μάταιος ὁ δουλεύων θεῷ (10)
Is. 1. 13. ἐὰν φέρητε σεμίδαλιν μάταιον (10)
2. 20. ἐκβαλεῖ ἄνθρωπος τὰ βδελύγματα αὐτοῦ . . . τοῖς μ. †
22. 1. ἀνέβητε πάντες εἰς δώματα μάταια †
28. 29. ὑψώσατε ματαίαν παράκλησιν †
29. 8. ἐξαναστάντων μάταιον [S^{1} -ων] τὸ ἐνύπνιον (8)
30. 7. Αἰγύπτιοι μάταια καὶ κενὰ ὠφελήσουσιν ὑμᾶς· ἀπάγγειλον αὐτοῖς ὅτι ματαία ἡ παράκλησις ὑμῶν αὕτη (4, †)
— 15. ἐπεποίθεις ἐπὶ τοῖς μ. ματαία ἡ ἰσχὺς ὑμῶν ἐγενήθη †, †
— 28. τοῦ ταράξαι ἔθνη ἐπὶ πλανήσει ματαίᾳ καὶ διώξεται αὐτοὺς πλάνησις [A S^{2} *add.* ματαία] (10, †)
31. 2. ἐπαναστήσεται . . . ἐπὶ τὴν ἐλπίδα αὐτῶν τὴν μ. (1)
32. 6. ἡ καρδία αὐ. μάταια νοήσει (1)
33. 11. μ. ἔσται ἡ ἰσχὺς τοῦ πνεύματος ὑμῶν †
44. 9. A S^{2} R πάντες μάταιοι [B S^{1} -α] (11)
45. 19. A S R μάταιον ζητήσατε [B ζήσατε] (11)
49. 4. εἰς μάταιον καὶ εἰς οὐδὲν ἔδωκα τὴν ἰσχύν μου [B^{1} *al.*] (11)
59. 4. πεποίθασιν ἐπὶ ματαίοις (11)
Je. 2. 5. ἐπορεύθησαν ὀπίσω τῶν μ. (4)
4. 30. εἰς μάταιον [A -την] ὁ ὡραϊσμός σου (10)
8. 19. παρώργισάν με ἐν μ. ἀλλοτρίοις (4)
10. 3. τὰ νόμιμα τῶν ἐθνῶν μάταια (4)
— 15. μάταιά ἐστιν ἔργα ἐμπεπαιγμένα (4)
28 (51). 18. μάταιά ἐστιν ἔργα μεμωκημένα (4)
La. 2. 14. προφῆταί σου εἴδοσάν σοι μάταια . . . εἴδοσάν σοι λήμματα μ. (10, 10)
4. 17. μάταια ἀποσκοπευόντων ἡμῶν (4)
Ez. 8. 10. μάταια βδελύγματα †
11. 2. οὗτοι οἱ ἄνδρες οἱ λογιζόμενοι μάταια (1)
13. 6. μαντευόμενοι μάταια (7)
— 7. μαντείας ματαίας εἰρήκατε (7)
— 8. αἱ μαντεῖαι ὑμῶν μάταιαι (7)
— 9. ἐπὶ τοὺς προφήτας . . . τοὺς ἀποφθεγγομένους μάταια (7)
— 19. ἐν τῷ ἀποφθέγγεσθαι ὑμᾶς λαῷ εἰσακούοντι μάταια ἀποφθέγματα (7)
21. 29 (34). ὅπως στίλβῃς ἐν τῇ ὁράσει σου τῇ μ. (10)
22. 28. οἱ προφῆται αὐτῆς . . . πεσοῦνται ὁρῶντες μάταια (10)
III Ma. 6. 11. μὴ τοῖς μ. . . . εὐλογησάτωσαν
IV Ma. 16. 7. ὦ μάταιοι ἑπτὰ κυοφορίαι
[**Aq.** Je. 14. 22: Ez. 21. 29 (34).]
[**Sm.** I Ki. 12. 21: Ps. 40 (41). 7: 59 (60). 13: 118 (119). 118: 126 (127). 2: Is. 29. 21: 59. 4: Je. 14. 22: 16. 19: Ez. 12. 24: 21. 23 (28), 29 (34): Ho. 10. 4: Jn. 2. 9.]
[**Th.** Is. 30. 7: Je. 10. 8: Ez. 12. 24.]

ματαιότης. (1) *a.* הֶבֶל *b.* הֲבֵל (2) הַוָּה (3) רִיק (4) שָׁוְא

Ps. 4. 2. ἵνα τί ἀγαπᾶτε ματαιότητα [A -ας] (3)
25 (26). 4. οὐκ ἐκάθισα μετὰ συνεδρίου ματαιότητος [A -ας] (4)
30 (31). 6. B S ἐμίσησας τοὺς φυλάσσοντας [A R διαφ.] ματαιότητας [S^{2} -α] διὰ κενῆς (1 *a*)
37 (38). 12. οἱ ζητοῦντες τὰ κακά μοι ἐλάλησαν ματαιότητας [S^{1} -α] (2)
38 (39). 5. τὰ σύμπαντα ματαιότης (1 *a*)
39 (40). 4. οὐκ ἐπέβλεψεν εἰς ματαιότητας †
51 (52). 7. ἐνεδυναμώθη ἐπὶ τῇ μ. αὐτοῦ (2)
61 (62). 9. αὐτοὶ ἐκ ματαιότητος ἐπὶ τὸ αὐτό (1 *a*)
Ps. 77 (78). 33. ἐξέλιπον ἐν ματαιότητι αἱ ἡμέραι αὐτῶν (1 *a*)
118 (119). 37. τοῦ μὴ ἰδεῖν ματαιότητα (4)
138 (139). 20. λήψονται εἰς ματαιότητα τὰς πόλεις σου (4)
143 (144). 4. ἄνθρωπος ματαιότητι ὡμοιώθη (1 *a*)
— 8, 11. ὧν τὸ στόμα ἐλάλησε ματαιότητα (4)
Pr. 22. 8. ματαιότητα δὲ ἔργων αὐτοῦ συντελέσει –
Ec. 1. 2. ματαιότης ματαιοτήτων . . . ματαιότης ματαιοτήτων τὰ πάντα ματαιότης (1 *b*, 1 *a*, 1 *b*, 1 *a*, 1 *a*)
— 14. τὰ πάντα ματαιότης (1 *a*)
2. 1. καὶ ἰδοὺ καί γε τοῦτο ματαιότης (1 *a*)
— 11. καὶ ἰδοὺ τὰ πάντα ματαιότης (1 *a*)
— 15. καί γε τοῦτο ματαιότης (1 *a*)
— 17. πάντα ματαιότης (1 *a*)
— 19, 21. καί γε τοῦτο ματαιότης (1 *a*)
— 23. καί γε τοῦτο ματαιότης ἐστίν (1 *a*)
— 26. καί γε τοῦτο ματαιότης (1 *a*)
3. 19. πάντα ματαιότης (1 *a*)
4. 4. καί γε τοῦτο ματαιότης (1 *a*)
— 7. εἶδον ματαιότητα ὑπὸ τὸν ἥλιον (1 *a*)
— 8, 16. καί γε τοῦτο ματαιότης (1 *a*)
5. 6. ἐν πλήθει ἐνυπνίων καὶ ματαιοτήτων (1 *a*)
— 9. καί γε τοῦτο ματαιότης (1 *a*)
6. 2. τοῦτο ματαιότης (1 *a*)
— 4. ἐν ματαιότητι ἦλθε (1 *a*)
— 9. καί γε τοῦτο ματαιότης (1 *a*)
— 11. εἰσὶ λόγοι [S ὀλίγοι] πολλοὶ πληθύνοντες ματαιότητα (1 *a*)
7. 1 (6. 12). ἀριθμὸν ἡμερῶν ζωῆς ματαιότητος αὐτοῦ (1 *a*)
— 7 (6). καί γε τοῦτο ματαιότης (1 *a*)
— 16 (15). ἐν ἡμέραις ματαιότητός μου (1 *a*)
8. 10. καί γε τοῦτο ματαιότης (1 *a*)
— 14. ἔστι μ. ἣ πεποίηται ἐπὶ τῆς γῆς (1 *a*)
— 14. καί γε τοῦτο ματαιότης (1 *a*)
9. 2. ματαιότης ἐν τοῖς πᾶσι †
— 9. πάσας ἡμέρας ζωῆς ματαιότητός σου (1 *a*)
— 9. S πάσας ἡμέρας ματαιότητός σου [B πᾶσαι ἡμέραι ἡμέραι ἀτμοῦ σου] (1 *a*)
11. 8. πᾶν τὸ ἐρχόμενον ματαιότης (1 *a*)
— 10. ἡ νεότης καὶ ἡ ἄνοια ματαιότης (1 *a*)
12. 8. ματαιότης ματαιοτήτων . . . τὰ πάντα ματαιότης (1 *b*, 1 *a*, 1 *a*)
[**Aq.** Jb. 7. 16: Pr. 13. 11: Is. 57. 13: Je. 10. 8: Jn. 2. 9.]
[**Sm.** Jb. 4. 18: 31. 5: Ps. 106 (107). 40: Ec. 5. 6: Is. 5. 18: 30. 28: Je. 10. 8: 14. 14.]
[**Th.** Jb. 31. 5.]

ματαιοῦν. (1) בָּעַר ni. (2) הָבַל *a.* qal. *b.* hi. (3) סָכַל *a.* ni. *b.* hi.

I Ki. 13. 13. B μεματαίωταί σοι (3 *a*)
26. 21. ἐν τῇ σήμερον μεματαίωμαι (3 *b*)
IV Ki. 17. 15. B καὶ ἐματαιώθησαν (2 *a*)
I Ch. 21. 8. ἐματαιώθην σφόδρα (3 *a*)
Ju. 6. 4. οὐ ματαιωθήσεται τὰ ῥήματα
Jb. 26. 5. S^{1} μὴ γείτονες ματαιωθήσονται [ABS^{2} *al.*] †
Je. 2. 5. καὶ ἐματαιώθησαν (2 *a*)
23. 16. ματαιοῦσιν ἑαυτοῖς ὅρασιν (2 *b*)
28 (51). 17. ἐματαιώθη [A ἐμωράνθη] πᾶς ἄνθρωπος ἀπὸ γνώσεως (1)
[**Aq.** Ps. 61 (62). 11.]
[**Sm.** Ps. 61 (62). 10.]
[**Th.** II Ki. 15. 31: Jb. 15. 20: Ps. 61 (62). 11.]

ματαιόφρων.

III Ma. 6. 11. μὴ τοῖς ματαίοις οἱ μ. εὐλογησάτωσαν

ματαίως. (1) הֶבֶל (2) רִיק (3) שָׁוְא (4) שֶׁקֶר

III Ki. 20 (21). 25. πλὴν μ. [A *add.* ἐπράθη] Ἀχ. †
Jb. 35. 16. Ἰὼβ μ. ἀνοίγει τὸ στόμα αὐτοῦ (1)
Ps. 3. 7. σὺ ἐπάταξας πάντας τοὺς ἐχθραίνοντάς μοι μ. †
34 (35). 19. μὴ ἐπιχαρείησάν μοι οἱ ἐχθραίνοντές μοι μ. [A S ἀδίκως] (4)
72 (73). 13. ἄρα μ. ἐδικαίωσα τὴν καρδίαν μου (2)
88 (89). 47. μὴ γὰρ μ. ἔκτισας πάντας τοὺς υἱοὺς τῶν ἀνθρώπων (3)
[**Sm.** Ps. 7. 5: 138 (139). 20: Is. 45. 19.]

μάτην. (1) אָוֶן (2) הֶבֶל (3) חִנָּם (4) *a.* שָׁוְא *b.* לַשָּׁוְא (5) שֶׁקֶר (6) εἰς μ. שָׁוְא

III Ki. 20 (21). 20. μ. πέπρασαι –
Ps. 34 (35). 7. μ. ὠνείδισαν τὴν ψυχήν μου (3)
38 (39). 6. πλὴν μ. ταράσσονται (2)
— 11. A S πλὴν μ. [B μ. ταράσσεται] πᾶς ἄνθρωπος (2)
40 (41). 6. A B^{2} S R μ. ἐλάλει (4 *a*)
62 (63). 9. εἰς μ. ἐζήτησαν τὴν ψυχήν μου †
126 (127). 1. εἰς μ. ἐκοπίασαν οἱ οἰκοδομοῦντες (6)
— 1. εἰς μ. ἠγρύπνησεν ὁ φυλάσσων (6)
— 2. εἰς μ. ὑμῖν ἐστι τοῦ ὀρθρίζειν (6)
Pr. 3. 30. μὴ φιλεχθρήσῃς πρὸς ἄνθρωπ ν μ. (3)
Is. 27. 3. μ. ποτιῶ αὐτήν †
28. 17. οἱ πεποιθότες μ. ψεύδει –
29. 13. μ. δὲ σέβονταί με †
30. 5. μ. κοπιάσουσι πρὸς λαόν †
41. 29. μ. οἱ πλανῶντες ὑμᾶς (1)
Je. 2. 30. μ. ἐπάταξα τὰ τέκνα ὑμῶν (4 *b*)
4. 30. A εἰς μ. [R S μάταιον] ὁ ὡραϊσμός σου (4 *a*)
8. 8. εἰς μ. ἐγενήθη σχοῖνος ψευδὴς γραμματεῦσιν (5)
Ez. 14. 23. οὐ μ. πεποίηκα πάντα (3)
Da. LXX. 11. 24. καὶ οἱ λογισμοὶ αὐ. εἰς μ. †
II Ma. 7. 18. B μὴ πλανῶ μ. [A μᾶλλον]
— 34. μὴ μ. μετεωρίζου
IV Ma. 16. 8. μ. ἐφ' ὑμῖν . . . πολλὰς ὑπέμεινα ὠδῖνας
[**Aq.** Jb. 9. 29: Ps. 38 (39). 12: Is. 59. 4: Je. 46 (26). 11 (εἰς μ.).]
[**Sm.** I Ki. 19. 5: Ps. 72 (73). 13: Je. 46 (26). 11 (εἰς μ.).]
[**Al.** I Ki. 25. 21 (εἰς μ.).]

μάχαιρα. (1) בַּרְזֶל (2) חֲנִית (3) חֶרֶב (4) מַאֲכֶלֶת

Ge. 22. 6. ἔλαβε δὲ . . . τὴν μ. (4)
— 10. ἐξέτεινεν . . . τὴν χεῖρα αὐ. λαβεῖν τὴν μ. (4)
27. 40. ἐπὶ τῇ μ. σου ζήσῃ (3)
31. 26. ἀπήγαγες . . . ὡς αἰχμαλώτιδας μαχαίρᾳ (3)
34. 25. ἔλαβον . . . ἕκαστος τὴν μ. αὐτοῦ (3)
— 26. ἀπέκτειναν ἐν στόματι μαχαίρας (3)
48. 22. ἣν ἔλαβον . . . ἐν μ. μου καὶ τόξῳ (3)
Ex. 15. 9. ἀνελῶ τῇ μ. μου (3)
17. 13. ἐτρέψατο . . . ἐν φόνῳ μαχαίρας (3)
22. 24 (23). καὶ ἀποκτενῶ ὑμᾶς μαχαίρᾳ (3)
Le. 26. 8. πεσοῦνται οἱ ἐχθροὶ ὑμῶν . . . μαχαίρᾳ (3)
— 25. ἐπάξω ἐφ' ὑμᾶς μάχαιραν (3)
— 33. ἐξαναλώσει ὑμᾶς ἐκπορευομένη ἡ μ. (3)
Nu. 14. 43. καὶ πεσεῖσθε μαχαίρᾳ (3)
21. 24. ἐπάταξεν αὐτὸν Ἰσρ. φόνῳ μαχαίρας (3)
22. 29. εἰ εἶχον μάχαιραν ἐν τῇ χειρί (3)
— 31. καὶ τὴν μ. ἐσπασμένην ἐν τῇ χειρὶ αὐ. (3)
De. 13. 15 (16). ἀνελεῖς . . . ἐν φόνῳ μαχαίρας (3)
20. 13. πατάξεις . . . ἐν φόνῳ μαχαίρας (3)
32. 25. ἔξωθεν ἀτεκνώσει αὐτοὺς μάχαιρα (3)
— 41. παροξυνῶ ὡς ἀστραπὴν τὴν μ. μου (3)
— 42. A R ἡ μ. μου φάγεται κρέα (3)
33. 29. καὶ ἡ μ. καύχημά σου (3)
Jo. 5. 2. ποίησον σεαυτῷ μ. πετρίνας (3)
— 3. ἐποίησεν Ἰ. μ. πετρίνας (3)
8. 24. ἐν στόματι ῥομφαίας [B^{2} μαχαίρας] (3)
10. 11. οὓς ἀπέκτειναν οἱ υἱοὶ Ἰσρ. μαχαίρᾳ (3)
— 28. B^{1} ἐν στόματι μαχαίρας [A B^{2} R ξίφους] (3)
— 30. ἐν στόματι ξίφους [B^{2} μαχαίρας] (3)
19. 47. ἐν στόματι μαχαίρας (3)
21. 40. ἔλαβεν Ἰ. τὰς μ. τὰς πετρίνας –
24. 30. ἔθηκαν . . . τὰς μ. τὰς πετρίνας –
Jd. 1. 8. A ἐν στόματι μαχαίρας [B ῥομφαίας] (3)
3. 16. ἐποίησεν ἑαυτῷ Ἀ. μ. δίστομον (3)
— 21. ἔλαβε τὴν μ. (3)
— 22. οὐκ ἐξέσπασε τὴν μ. ἐκ τῆς κοιλίας αὐ. (3)
7. 22. A ἔθετο κύριος μάχαιραν [B *al.*] (3)
8. 20. A οὐκ ἔσπασε . . . τὴν μ. [B ῥομφ.] αὐτοῦ (3)
9. 54. A σπάσον τὴν μ. [B ῥομφαίαν] (3)
19. 29. A ἔλαβεν τὴν μ. [B ῥομφαίαν] (4)
20. 38. A πρὸς τὸ ἔνεδρον μάχαιρα [B *al.*] (3)
I Ki. 25. 13. A περιεζώσαντο ἀνὴρ τὴν μ. αὐ. καὶ περιεζώσατο καὶ Δ. τὴν μ. αὐ. (3, 3)
II Ki. 2. 16. μάχαιρα αὐ. εἰς πλευρὰν [A πλάγιον] τοῦ πλησίον αὐ. (3)

II Ki. 11. 25. φάγεται ἡ μ. (3)
15. 14. καὶ πατάξῃ τὴν πόλιν στόματι μαχαίρας (3)
18. 8. ὑπὲρ οὓς κατέφαγεν . . . ἡ μ. (3)
20. 8. ἐπ' αὐτῷ περιεζωσμένος μάχαιραν (3)
— 8. ἡ μ. ἐξῆλθεν †
— 10. 'Αμ. οὐκ ἐφυλάξατο τὴν μ. (3)
23. 10. προσεκολλήθη ἡ χεὶρ αὐ. πρὸς τὴν μ. (3)
III Ki. 3. 24. λάβετε [A *add.* μοι] μάχαιραν (3)
— 24. προσήνεγκαν τὴν μ. (3)
18. 28. B κατετέμοντο ἐν μαχαίρᾳ [A R -αις] (3)
IV Ki. 19. 37. ἐπάταξαν αὐτὸν ἐν μαχαίρᾳ (3)
I Ch. 5. 18. ἄνδρες αἴροντες . . . μάχαιραν (3)
21. 5. ἀνδρῶν ἐσπασμένων μάχαιραν (3)
— 5. A ἀνδρῶν ἐσπασμένων μάχαιραν (3)
— 12. καὶ μάχαιρα [A -αν] ἐχθρῶν σου (3)
II Ch. 23. 9. ἔδωκε τὰς μ. . . . ἐν οἴκῳ τοῦ θεοῦ (2)
— 14. ἀποθανέτω μαχαίρᾳ (3)
— 21. A τὴν Γοθ. ἐθανάτωσαν μαχαίρᾳ [B *om.*] (3)
29. 9. πεπλήγασιν οἱ πατέρες ὑμῶν μαχαίρᾳ (3)
I Es. 3. 22. A R μετ' οὐ πολὺ σπῶνται τὰς [B *om.*] μ.
Es. 3. 13. ἀπολέσαι . . . ταῖς τῶν ἐχθρῶν μ. [A *al.*]
Jb. 1. 15. τοὺς παῖδας ἀπέκτειναν ἐν μαχαίραις [A *al.*] (3)
— 17. A S R τοὺς παῖδας ἀπέκτειναν [S^1 -ώλεσαν] ἐν [B *om.*] μαχαίραις (3)
39. 23. ἐπ' αὐτῷ γαυριᾷ τόξον καὶ μάχαιρα [A ὀξυσθενὴς μ.] (2)
Ps. 56 (57). 4. ἡ γλῶσσα αὐτῶν μάχαιρα ὀξεῖα (3)
151. 7. σπασάμενος τὴν παρ' αὐτοῦ [A ἐκείνου] μ.
Pr. 5. 4. ἠκονημένον μᾶλλον μαχαίρας διστόμου (3)
12. 18. εἰσὶν οἳ λέγοντες τιτρώσκουσι μάχαιραι [A -αν] (3)
24. 23 (29. 27). μάχαιρα γλῶσσα βασιλέως καὶ οὐ σαρκίνη –
— 37 (30. 14). ἔκγονον κακὸν μαχαίρας τοὺς ὀδόντας ἔχει (3)
25. 18. ῥόπαλον καὶ μάχαιρα καὶ τόξευμα ἀκιδωτόν [A ἀκηλίδωτον] (3)
Si. 28. 18. πολλοὶ ἔπεσαν ἐν στόματι μαχαίρας
Za. 11. 17. μάχαιρα ἐπὶ τοὺς βραχίονας αὐτοῦ (3)
Is. 1. 20. μ. ὑμᾶς κατέδεται (3)
2. 4. συγκόψουσι τὰς μ. αὐ. εἰς ἄροτρα . . . οὐ λήψεται ἔθνος ἐπ' ἔθνος μάχαιραν (3, 3)
3. 25. μαχαίρᾳ πεσεῖται . . . μαχαίρᾳ πεσοῦνται (3, †)
10. 34. πεσοῦνται ὑψηλοὶ μαχαίρᾳ [A *al.*] (1)
13. 15. οἵτινες συνηγμένοι εἰσὶ μαχαίρᾳ πεσοῦνται (3)
14. 19. μετὰ πολλῶν τεθνηκότων ἐκκεκεντημένων μαχαίραις (3)
21. 15. διὰ τὸ πλῆθος τῆς μ. (3)
22. 2. οἱ τραυματίαι σου οὐ τραυματίαι ἐν μαχαίραις [A S τρ. μαχαίρας] (3)
27. 1. ἐπάξει ὁ θεὸς τὴν μ. τὴν ἁγίαν καὶ τὴν μεγάλην (3)
31. 8. οὐ μ. ἀνδρὸς οὐδὲ μ. ἀνθρώπου καταφάγεται αὐτὸν καὶ φεύξεται οὐκ ἀπὸ προσώπου μαχαίρας [A διώκοντος] (3 *ter*)
34. 5. ἐμεθύσθη ἡ μ. μου ἐν τῷ οὐρανῷ (3)
— 6. ἡ μ. τοῦ κυρίου ἐνεπλήσθη αἵματος (3)
37. 7. πεσεῖται μαχαίρᾳ ἐν τῇ γῇ αὐτοῦ (3)
— 38. ἐπάταξαν αὐτὸν μαχαίραις [S^1 -ας] (3)
41. 2. δώσει εἰς γῆν τὰς μ. αὐτῶν (3)
49. 2. ἔθηκε τὸ στόμα μου ὡς μάχαιραν ὀξεῖαν (3)
51. 19. πτῶμα καὶ σύντριμμα λιμὸς καὶ μ. (3)
65. 12. παραδώσω ὑμᾶς εἰς μάχαιραν (3)
Je. 2. 30. μ. κατέφαγε τοὺς προφήτας ὑμῶν (3)
4. 10. ἥψατο ἡ μ. ἕως τῆς ψυχῆς αὐτῶν (3)
5. 12. μάχαιραν καὶ λιμὸν οὐκ ὀψόμεθα (3)
9. 16 (15). ἐπαποστελῶ ἐπ' αὐτοὺς τὴν μ. (3)
11. 22. οἱ νεανίσκοι αὐτῶν ἐν μαχαίρᾳ ἀποθανοῦνται [A πεσοῦνται] (3)
12. 12. μ. τοῦ κυρίου καταφάγεται (3)
14. 12. ἐν μαχαίρᾳ καὶ ἐν λιμῷ καὶ ἐν θανάτῳ (3)
— 13. οὐκ ὄψεσθε μάχαιραν (3)
— 15. μ. καὶ λιμὸς οὐκ ἔσται ἐπὶ τῆς γῆς ταύτης (3)
— 16. ἀπὸ προσώπου μαχαίρας καὶ τοῦ λιμοῦ (3)
— 18. ἰδοὺ τραυματίαι μαχαίρας [A ῥομφαίας] (3)
15. 2. ὅσοι εἰς μάχαιραν εἰς μάχαιραν (3, 3)
— 3. ἐκδικήσω ἐπ' αὐτοὺς . . . τὴν μ. εἰς σφαγήν (3)
— 9. τοὺς καταλοίπους αὐτῶν εἰς μάχαιραν δώσω (3)
16. 4. ἐν μαχαίρᾳ πεσοῦνται (3)
18. 21. ἄθροισον αὐτοὺς εἰς χεῖρας μαχαίρας [S^1 *om.*] . . . οἱ νεανίσκοι αὐ. πεπτωκότες [A *add.* ἐν] μαχαίρᾳ ἐν πολέμῳ (3, 3)
Je. 19. 7. καταβαλῶ αὐτοὺς ἐν μαχαίρᾳ (3)
20. 4. πεσοῦνται ἐν μαχαίρᾳ ἐχθρῶν αὐτῶν . . . καὶ κατακόψουσιν ἐν μαχαίραις [A -ρᾳ] (3, 3)
21. 7. ἀπὸ τοῦ λιμοῦ καὶ ἀπὸ τῆς μ. . . . κατακόψουσιν αὐτοὺς ἐν στόματι μαχαίρας (3, 3)
— 9. ἀποθανεῖται ἐν μαχαίρᾳ (3)
24. 10. ἀποστελῶ εἰς αὐτοὺς . . . τὴν μ. (3)
25. 16 (49. 37). ἐπαποστελῶ ὀπίσω αὐτῶν τὴν μ. μου (3)
26 (46). 10. καταφάγεται ἡ [S *om.*] μ. κυρίου (3)
— 14. κατέφαγε μ. τὴν σμίλακά σου (3)
— 16 : 27 (50). 16. ἀπὸ προσώπου μαχαίρας Ἑλληνικῆς (3)
27 (50). 21. ἐκδίκησον, μ. [S -αν] †
— 35. παροξυνεῖ τοῖς κατοικοῦσι Βαβυλῶνα μάχαιραν (3)
— 36. μάχαιραν ἐπὶ τοὺς μαχητὰς αὐτῆς (3)
— 36. μάχαιραν ἐπὶ τοὺς ἵππους αὐτῶν (3)
— 37. μάχαιραν ἐπὶ τοὺς μαχητὰς αὐτῶν (3)
— 37. μάχαιραν ἐπὶ τοὺς θησαυρούς (3)
29 (47). 6. ἕως τίνος κόψεις, ἡ μ. τοῦ κυρίου (3)
31 (48). 2. ὄπισθέν σου βαδιεῖται μ. (3)
— 10. ἐξαίρων μάχαιραν αὐτοῦ ἀφ' αἵματος (3)
32. 2 (25. 16). μανήσονται ἀπὸ προσώπου τῆς μ. (3)
— 13 (25. 27). οὐ μὴ ἀναστῆτε ἀπὸ προσώπου τῆς μ. (3)
— 15 (25. 29). μάχαιραν ἐγὼ καλῶ (3)
— 17 (25. 31). οἱ δὲ ἀσεβεῖς ἐδόθησαν εἰς μάχαιραν (3)
— 24 (25. 38). ἀπὸ προσώπου τῆς [A *om.*] μ. τῆς μεγάλης †
33 (26). 23. ἐπάταξεν αὐτὸν ἐν μαχαίρᾳ (3)
34 (27). 8. ἐν μαχαίρᾳ [A S^1 *add.* πεσοῦνται] καὶ ἐν λιμῷ ἐπισκέψομαι αὐτούς (3)
38 (31). 2. μετὰ ὀλωλότων ἐν μαχαίρᾳ (3)
39 (32). 24. ἀπὸ προσώπου μαχαίρας καὶ τοῦ λιμοῦ (3)
— 36. ἐν μαχαίρᾳ καὶ ἐν λιμῷ καὶ ἐν ἀποστολῇ (3)
41 (34). 17. καλῶ ἄφεσιν ὑμῖν εἰς μάχαιραν (3)
La. 1. 20. ἔξωθεν ἠτέκνωσέ με μ. (3)
Ez. 5. 2, 12. μάχαιραν ἐκκενώσω ὀπίσω αὐτῶν (3)
26. 6. αἱ θυγατέρες αὐτῆς ἐν πεδίῳ μαχαίρᾳ ἀναιρεθήσονται [A *al.*] (3)
— 8. τὰς θυγατέρας σου τὰς ἐν τῷ πεδίῳ μαχαίρᾳ ἀνελεῖ (3)
— 9. τοὺς πύργους σου καταβαλεῖ ἐν ταῖς μ. αὐτοῦ (3)
— 11. τὸν λαόν σου μαχαίρᾳ ἀνελεῖ (3)
— 15. ἐν τῷ σπάσαι μάχαιραν ἐν μέσῳ σου †
28. 7. ἐκκενώσουσι τὰς μ. αὐτῶν ἐπὶ σέ (3)
— 23. πεσοῦνται τετραυματισμένοι [A *add.* ἐν] μαχαίραις (3)
30. 4. ἥξει μ. [A ἡ μ.] ἐπ' Αἰγυπτίους (3)
— 5, 6. μαχαίρᾳ πεσοῦνται ἐν αὐτῇ (3)
— 11. ἐκκενώσουσι πάντες τὰς μ. αὐτῶν (3)
— 17. ἐν [A *om.*] μαχαίρᾳ πεσοῦνται (3)
— 21. τοῦ δοθῆναι ἰσχὺν ἐπιλαβέσθαι μαχαίρας (3)
— 22. καταβαλῶ τὴν μ. αὐ. ἐκ τῆς χειρὸς αὐ. (3)
31. 17. ἐν τοῖς τραυματίαις ἀπὸ [A μετὰ τραυματιῶν] μαχαίρας (3)
— 18. κοιμηθήσῃ μετὰ τραυματιῶν μαχαίρας (3)
32. 12. ἥξει σοι ἐν μαχαίραις γιγάντων (3)
— 19 (20). ἐν μέσῳ μαχαίρας τραυματιῶν [A τρ. μαχαίρᾳ] πεσοῦνται (3)
— 21. ἐν μέσῳ τραυματιῶν μαχαίρας (3)
— 23. οἱ τραυματίαι οἱ πεπτωκότες μαχαίρᾳ (3 ?)
— 23. A πάντες αὐτοὶ τραυματίαι πίπτοντες μαχαίρᾳ (3)
— 24. οἱ τραυματίαι οἱ πεπτωκότες μαχαίρᾳ [A -αις] (3)
— 26. πάντες ἀπερίτμητοι τραυματίαι ἀπὸ [A *om.* τρ. ἀ.] μαχαίρας (3)
— 27. ἔθηκαν τὰς μ. αὐ. ὑπὸ τὰς κεφαλὰς αὐ. (3)
— 28. κοιμηθήσῃ μετὰ τετραυματισμένων μαχαίρᾳ (3)
— 29. οἱ δόντες τὴν ἰσχὺν αὐ. εἰς τραῦμα μαχαίρας οὗτοι μετὰ τραυματιῶν ἐκοιμήθησαν [A τρ. μαχαίρας] (3, –)
— 30. ἐκοιμήθησαν ἀπερίτμητοι μετὰ τραυματιῶν [A τετραυματισμένων] μαχαίρας (3)
— 31. A τραυματίαι μαχαίρᾳ Φαραώ (3)
Ez. 32. 32. μετὰ τραυματιῶν μαχαίρας Φαραώ (3)
33. 27. εἰ μὴν οἱ ἐν ταῖς ἠρημωμέναις μαχαίραις [A -ᾳ] πεσοῦνται (3)
35. 5. ἐν χειρὶ ἐχθρῶν μαχαίρᾳ [A ἐν καιρῷ ἐ. ἐν χ. μαχαίρας] (3)
— 8. τετραυματισμένοι μαχαίρᾳ πεσοῦνται ἐν σοί (3)
38. 4. πέλται καὶ περικεφαλαῖαι καὶ μάχαιραι (3)
— 8. ἥξει εἰς τὴν γῆν τὴν ἀπεστραμμένην ἀπὸ μαχαίρας (3)
— 21. καλέσω ἐπ' αὐτὸ καὶ πᾶν φόβον [A *add.* μαχαίρας] . . . μ. ἀνθρώπου ἐπὶ τὸν ἀδελφὸν αὐτοῦ ἔσται (3, 3)
39. 23. ἔπεσαν πάντες μαχαίρᾳ (3)
Da. TH. Bel 26. ἀποκτενῶ τὸν δράκοντα ἄνευ μαχαίρας
I Ma. 3. 12. τὴν μ. 'Απ. ἔλαβεν 'I.
4. 6. S R μαχαίρας [A -αν] οὐκ εἶχον
10. 85. ἐγένοντο οἱ πεπτωκότες μαχαίρᾳ
II Ma. 5. 3. καὶ μαχαιρῶν σπασμούς
[**Aq.** Ex. 5. 3 : 20. 25 : Jd. 7. 22 : Ps. 63 (64). 4 : 75 (76). 4 : 149. 6 : Pr. 23. 1 : Ca. 3. 8 : Is. 3. 25 : 21. 15 : Je. 6. 25 : 31 (38). 2 : 33 (40). 4 : 47 (29). 6 : 48 (31). 10 : Ez. 32. 25 : Za. 13. 7.]
[**Sm.** Ex. 5. 3 : 20. 25 : Jd. 7. 22 : II Ki. 21. 16 : Jb. 15. 22 : 19. 29 : 39. 22 : 40. 14 (19) : 41. 18 : Ps. 7. 13 : 16 (17). 13 : 44 (45). 4 : 58 (59). 8 : 63 (64). 4 : 75 (76). 4 : 77 (78). 62 : Is. 21. 15 : Je. 31 (38). 2 : 33 (40). 4 : 47 (29). 6 : 48 (31). 10 : 50 (27). 21 : 51 (28). 50 : Ez. 21. 3 (8), 14 (19) : 31. 17 : 32. 25 : Za. 13. 7.]
[**Th.** Jd. 7. 22 : Jb. 39. 22 : Ps. 63 (64). 4 : Pr. 12. 18 : 23. 1 : 25. 18 : Is. 21. 15 : Je. 29 (36). 17 : 33 (40). 4 : 50 (27). 36 : Ez. 5. 12 : 21. 3 (8) : 32. 23, 25, 31 : 33. 26.]
[**Al.** Ps. 43 (44). 4 : 44 (45). 4 : Je. 33 (40). 6 : La. 2. 21 : Ez. 32. 25 : Hb. 1. 17 : 3. 11.]
[**Sext.** Ps. 75 (76). 4.]

μαχάλ. (1) מַכֹּלֶת

III Ki. 5. 11 (25). Σαλ. ἔδωκε . . . μαχεὶρ [A^1 μαλὰλ, A^2 μαχὰλ] τῷ οἴκῳ αὐ.

μαχαλίμ.

[**Th.** Ez. 27. 24.]

μαχβάρ. (1) מַכְבֵּר

IV Ki. 8. 15. R ἔλαβε τὸ μ. [A B *al.*] (1)
[**Th., Heb.** IV Ki. 8. 15.]

μαχείρ.

III Ki. 5. 11 (25). Σαλ. ἔδωκε . . . μ. [A^1 μαλὰλ, A^2 μαχὰλ] τῷ οἴκῳ αὐ. †

μάχεσθαι. (1) חָרֵב ni. (2) חָרָה ni. (3) לָחַם ni. (4) נָכָה hi. (5) נָצָה ni. (6) רִיב

Ge. 26. 20. ἐμαχέσαντο . . . μετὰ τῶν ποιμένων (6)
— 22. καὶ οὐκ ἐμαχέσαντο περὶ αὐτοῦ (6)
31. 36. καὶ ἐμαχέσατο τῷ Λάβαν (6)
Ex. 21. 22. ἐὰν δὲ μάχωνται δύο ἄνδρες (5)
Le. 24. 10. ἐμαχέσαντο ἐν τῇ παρεμβολῇ (5)
De. 25. 11. ἐὰν δὲ μάχωνται ἄνθρωποι ἐπὶ τὸ αὐτό (5)
Jo. 9. 18. οὐκ ἐμαχέσαντο αὐτοῖς οἱ υἱοὶ 'Ισρ. (4)
Jd. 11. 25. μὴ μαχόμενος [A μάχῃ] ἐμαχέσατο μετὰ 'Ισρ. (6, 6)
II Ki. 14. 6. ἐμαχέσαντο ἀμφότεροι ἐν τῷ ἀγρῷ (5)
IV Ki. 3. 23. ἐμαχέσαντο οἱ βασιλεῖς (1)
II Ch. 27. 5. ἐμαχέσατο πρὸς βασιλέα υἱῶν 'A. (3)
Ne. 5. 7. ἐμαχεσάμην πρὸς τοὺς ἐντίμους (6)
13. 11. S^2 R ἐμαχεσάμην τοῖς στρατηγοῖς [A B S^1 *om.* τ. στ.] (6)
— 17. ἐμαχεσάμην τοῖς υἱοῖς 'I. (6)
— 25. ἐμαχεσάμην μετ' αὐτῶν (6)
Ca. 1. 6. υἱοὶ μητρός μου ἐμαχέσαντο ἐν ἐμοί (2)
Is. 27. 8. μαχόμενος καὶ ὀνειδίζων ἐξαποστελεῖ αὐτούς (6)
28. 20. οὐ δυνάμεθα μ. †
Je. 40 (33). 5. τοῦ μ. πρὸς τοὺς Χαλδαίους (3)
II Ma. 10. 17. πάντας τε τοὺς ἐπὶ τῷ τείχει μαχομ.
12. 36. τῶν δὲ περὶ τὸν Ἔ. ἐπὶ πλεῖον μαχομένων
[**Sm.** Ge. 45. 24.]
[**Th.** Ca. 1. 6.]

μάχη. (1) מָדוֹן (2) מִלְחָמָה (3) מַצָּה (4) צָבָא (5) *a.* רִיב subst. *b.* מְרִיבָה *c.* רִיב verb.

Ge. 13. 7. καὶ ἐγένετο μ. ἀνὰ μέσον τῶν ποιμένων (5 *a*)
— 8. μὴ ἔστω μ. ἀνὰ μέσον ἐμοῦ καὶ σοῦ (5 *b*)
Jo. 4. 13. τετρακισμύριοι εὔζωνοι εἰς μάχην (4)
Jd. 11. 25. A μὴ μάχῃ [B μαχόμενος] ἐμαχέσατο (5 *c*)
20. 38. μετὰ τοῦ ἐνέδρου τῆς μ. [A *al.*] †
II Ki. 22. 44. ῥύσῃ με ἐκ μάχης λαῶν (5 *a*)
I Es. 1. 30. ἀποστήσατέ με ἀπὸ τῆς μ.
Es. 3. 13. A ἀπολέσαι . . . ταῖς τῶν ἐθνῶν μ. [B S *al.*]
Jb. 38. 23. εἰς ἡμέραν πολέμων [A S -ου] καὶ μάχης (2)
Pr. 15. 18. ἀνὴρ θυμώδης παρασκευάζει μάχας (1)
17. 1. A S οἶκος πλήρης [B *om.*] πολλῶν ἀγαθῶν . . . μετὰ μάχης (5 *a*)
— 14. προηγεῖται δὲ τῆς ἐνδείας στάσις καὶ μάχη (5 *a* ?)
— 19. φιλαμαρτήμων χαίρει [A κείρει] μάχαις (3)
24. 67 (30. 32). ἐὰν . . . ἐκτείνῃς τὴν χεῖρά σου μετὰ μάχης †
— 68 (30. 33). ἐξελεύσονται κρίσεις καὶ μάχαι (5 *a*)
25. 8. μὴ πρόσπιπτε εἰς μάχην ταχέως (5 *c*)
— 10 (9). ἡ δὲ μ. σου καὶ ἡ ἔχθρα οὐκ ἀπέσται †
26. 20. ἡσυχάζει μάχη (1)
— 21. ἀνὴρ δὲ λοίδορος εἰς ταραχὴν μάχης (5 *a*)
Si. 6. 9. A B S^2 μάχην ὀνειδισμοῦ σου ἀποκαλύψει
8. 16. μετὰ θυμώδους μὴ ποιήσῃς μάχην
27. 14. ἡ μ. αὐτῶν ἐμφραγμὸς [S^1 στεναγμὸς] ὠτίων
— 15. ἔκχυσις αἵματος μάχη ὑπερηφάνων
28. 8. ἀπόσχου ἀπὸ μάχης [S^2 ἀπόλιπε ἀπὸ μέθης]
— 8. ἄνθρωπος γὰρ θυμώδης ἐκκαύσει μάχην
— 10. κατὰ τὴν στερέωσιν τῆς μ. ἐκκαυθήσεται
— 11. μάχη κατασπεύδουσα ἐκχέει αἷμα
34 (31). 26. οὕτως οἶνος καρδίας ἐν μάχῃ ὑπερηφάνων
Is. 58. 4. εἰς κρίσεις καὶ μάχας νηστεύετε (3)
I Ma. 7. 28. μὴ ἔστω μάχη
10. 53. συνῆψα πρὸς αὐτὸν μάχην
II Ma. 10. 29 : 12. 11 : III Ma. 1. 4. γενομένης δὲ καρτερᾶς μ.
[Aq. Pr. 13. 10 : Je. 15. 10.]
[Sm. Jd. 12. 2 : Ps. 73 (74). 22 : 79 (80). 7 : Pr. 10. 12 : 13. 10 : 16. 28 : 18. 6 : 19. 13 : 22. 10 : 29. 22 : Je. 15. 10.]
[Th. Pr. 10. 12 : 13. 10 : 17. 14 : 22. 10 : Is. 41. 11, 12.]

μαχητής. (1) אֱנוֹשׁ הַמִּלְחָמָה (2) גִּבּוֹר (3) רִיב

Jo. 6. 3. A περίστησον αὐτῇ πάντας τοὺς μ. κύκλῳ [B *al.*] (1)
Jd. 3. 29. A ἐπάταξαν . . . πάντας τοὺς μ. [B *al.*] †
5. 23. A βοηθὸς ἡμῶν κύριος ἐν μ. δυνατοῖς [B *al.*] (2)
12. 2. ἀνὴρ μαχητὴς [A ἀντιδικῶν] ἤμην ἐγώ (3)
II Ki. 15. 18. B πάντες οἱ ἁδροὶ καὶ πάντες οἱ μ. –
— 24. 9. πεντακόσιαι χιλιάδες ἀνδρῶν μαχητῶν –
I Ch. 28. 1. B ἐξεκκλησίασε . . . τοὺς μ. [A R *add.* τῆς στρατιᾶς] ἐν Ἱερ. (2)
Am. 2. 14. A^2 B ὁ μ. οὐ μὴ σώσῃ τὴν ψυχὴν αὐτοῦ [A^2 *om.* οὐ μὴ . . . αὐτοῦ] (2)
Jl. 2. 7. ὡς μαχηταὶ δραμοῦνται (2)
3 (4). 9. ἐξεγείρατε τοὺς μαχητάς (2)
— 11. ὁ πραῢς ἔστω μαχητής (2)
Ob. 1. 9. πτοηθήσονται οἱ μ. σου οἱ ἐκ Θαιμάν (2)
Hb. 1. 6. A ἐξεγείρω . . . τοὺς Χ. τοὺς μ. [B S *om.* τ. μ.] –
Za. 9. 13. ψηλαφήσω σε ὡς ῥομφαίαν μαχητοῦ (2)
10. 5. ἔσονται ὡς μαχηταὶ πατοῦντες πηλόν (2)
— 7. ἔσονται ὡς μαχηταὶ τοῦ Ἐφραΐμ (2)
Je. 20. 11. ὁ δὲ κύριος μετ' ἐμοῦ καθὼς μ. ἰσχύων [A *al.*] (2)
26 (46). 9. ἐξέλθατε οἱ μ. [A^1 μαθ.] Αἰθιόπων (2)
— 12. μ. πρὸς μαχητὴν ἠσθένησεν (2, 2)
27 (50). 9. ὡς βολὶς μαχητοῦ συνετοῦ οὐκ ἐπιστρέψει κενή (2)
— 36. μάχαιραν ἐπὶ τοὺς μ. αὐτῆς (2)
— 37. μάχαιραν ἐπὶ τοὺς μ. αὐτῶν †
28 (51). 30. ἐξέλιπε μ. Βαβυλῶνος τοῦ πολεμεῖν (2)
— 56. ἑάλωσαν οἱ μ. αὐτῆς (2)

μαχθάμ.

[Quint., Sext. Ps. 15 (16). 1.]

μάχιμος. (1) אֱנוֹשׁ הַמִּלְחָמָה (2) חָלַץ (3) *a.* מָדוֹן *b.* מִדְיָן (4) נָצָה ni.

Jo. 5. 6. ἀπερίτμητοι ἦσαν οἱ πλεῖστοι αὐ. τῶν μ. (1)
6. 3. περίστησον αὐτῇ τοὺς μ. κύκλῳ [A *al.*] (1)
— 6 (7). οἱ μ. παραπορευέσθωσαν (2)
— 8 (9). οἱ δὲ μ. ἔμπροσθεν παραπορευέσθωσαν (2)
— 12 (13). εἰσεπορεύοντο οἱ μ. (2)
IV Ki. 19. 25. ἐγενήθη εἰς ἐπάρσεις ἀπὸ οἰκεσιῶν μ. (4)
Pr. 21. 9. B^a μετὰ γυναικὸς μ. (3 *a**, 3 *b*)
— 19. A S R μετὰ γυναικὸς μαχίμου καὶ γλωσσώδους [B γλ. κ. μ.] (3 *a**, 3 *b*)
[Sm. Pr. 21. 9 : 27. 15.]
[Th. Pr. 21. 9.]

μαχούς (?).

Ne. 13. 21. A ἐκτενῶ τὴν μ. –

μάψαρ. (1) מִבְצָר

II Ki. 24. 7. ἦλθον εἰς μ. Τύρου (1)

μαωζεί, μαωζείμ, μαωζείν. (1) מָעֻזִּים

Da. Th. 11. 38. θεὸν μ. . . . δοξάσει (1)
[Th. Da. 11. 38.]

μαωζί. (1) מָעוֹז

Jd. 6. 26. R ἐπὶ κορυφὴν μ. τούτου (1)

μαώχ.

Jd. 6. 26. A ἐπὶ τῆς κορυφῆς τοῦ ὄρους μ. [B *al.*] †

μεγαλαυχεῖν. (1) גָּבַהּ (2) עָרַץ

Ps. 9. 39 (10. 18). A S ἵνα μὴ προσθῇ ἔτι τοῦ [B *om.*] μεγαλαυχεῖν ἄνθρωπος (2)
Si. 48. 18. ἐμεγαλαύχησεν ὑπερηφανίᾳ [S -ίαν] αὐτοῦ
Ze. 3. 11. οὐκέτι μὴ προσθῇς τοῦ μεγαλαυχῆσαι (1)
Ez. 16. 50. καὶ ἐμεγαλαύχουν (1)
II Ma. 15. 32. ἐπὶ τὸν . . . οἶκον ἐμεγαλαύχησε

μεγαλαύχημα.

[Sm. Ez. 32. 12.]

μεγαλαυχία.

IV Ma. 2. 15. καὶ μεγαλαυχίας καὶ βασκανίας

μεγαλεῖος (-λιος). (1) *a.* גֹּדֶל *b.* גָּדוֹל (2) עֲלִילָה

De. 11. 2. οὐδὲ ἴδοσαν . . . τὰ μ. αὐτοῦ (1 *a*)
To. 11. 15. ἀπήγγειλε . . . τὰ μ. τὰ γενόμενα αὐτῷ [S *al.*]
Ps. 70 (71). 19. ἃ ἐποίησας μεγαλεῖα (1 *b*)
104 (105). 1. S^1 ἀπαγγείλατε ἐν τοῖς ἔθνεσι τὰ μ. [A B S^2 ἔργα] αὐτοῦ (2)
105 (106). 21. A^2 τοῦ ποιήσαντος μεγαλεῖα [A^1 B S -λα] ἐν Αἰγ. (1 *b*)
Si. 17. 8. δεῖξαι αὐτοῖς τὸ μ. τῶν ἔργων αὐτοῦ
— 9. ἵνα διηγῶνται τὰ μ. τῶν ἔργων αὐτοῦ
— 13. μεγαλεῖον δόξης εἶδον οἱ ὀφθαλμοὶ αὐ.
18. 4. τίς ἐξιχνιάσει τὰ μ. αὐτοῦ
33 (36). 8. ἐκδιηγησάσθωσαν τὰ μ. σου
42. 21. τὰ μ. τῆς σοφίας αὐτοῦ ἐκόσμησε
43. 15. ἐν μεγαλείῳ αὐτοῦ ἴσχυσε νεφέλας
45. 24. ἱερωσύνης μεγαλεῖον εἰς τοὺς αἰῶνας
II Ma. 3. 34. διάγγελλε πᾶσι τὸ μ. τοῦ θ. κράτος
7. 17. θεώρει τὸ μ. αὐ. κράτος
III Ma. 7. 22. R τὰ μ. τοῦ μεγίστου [A μεγάλου] θεοῦ ποιήσαντος
[Aq., Sext. Ps. 70 (71). 19.]
[Sm. Ps. 70 (71). 19 : Je. 32 (39). 21.]

μεγαλειότης. (1) רִבּוֹ (2) תִּפְאֶרֶת

I Es. 1. 5. κατὰ τὴν μ. Σαλ.
4. 40. καὶ ἡ μ. τῶν πάντων αἰώνων
Je. 40 (33). 9. ἔσται . . . εἰς μεγαλειότητα [S -λωσύνην] παντὶ τῷ λαῷ (2)
Da. LXX. 7. 27. τὴν μ. αὐτῶν . . . ἔδωκε λαῷ ἁγίῳ (1)
[Aq. Ps. 70 (71). 21.]
[Sm. Ps. 70 (71). 21 : 130 (131). 1.]
[Th. Ez. 31. 18.]
[Al. Le. 7. 35.]

μεγαλόδοξος.

III Ma. 6. 18. ὁ μ. παντοκράτωρ καὶ ἀληθινὸς θεός

μεγαλοδόξως.

III Ma. 6. 39. μ. ἐπιφάνας τὸ ἔλεος αὐ.

μεγαλοημέρευσις.

Si. 30. 22. S^1 ἀγαλλίαμα ἀνδρὸς μεγαλοημέρευσεις [A B S^2 μακροημ.]

μεγαλόθυμος.

[Th. Pr. 19. 19.]

μεγαλοκράτωρ.

III Ma. 6. 2. βασιλεῦ μεγαλοκράτωρ

μεγαλομερής.

III Ma. 5. 8. ῥύσασθαι αὐτοὺς μετὰ μ. ἐπιφανείας

μεγαλομερῶς.

II Ma. 4. 22. A μ. [R -οπρεπῶς] δὲ . . . ἀποδεχθεὶς
— 49. A μ. [R -οπρεπῶς] ἐχορήγησαν
III Ma. 6. 33. εἰς οὐρανὸν ἀνθωμολογεῖτο μ.

μεγαλοποιεῖν.

Si. 50. 22. εὐλογήσατε τῷ θεῷ πάντες τῷ μεγαλοποιοῦντι [A S πάντων τῷ μεγάλα ποιοῦντι] πάντη

μεγαλοπρέπεια (-πία). (1) נַאֲוָה (2) הָדָר (3) הוֹד (4) תִּפְאֶרֶת

Ps. 8. 1. ἐπήρθη ἡ μ. σου ὑπεράνω τῶν οὐρανῶν (3)
20 (21). 5. δόξαν καὶ μεγαλοπρέπειαν ἐπιθήσεις ἐπ' αὐτόν (2)
28 (29). 4. φωνὴ κυρίου ἐν μεγαλοπρεπείᾳ (2)
67 (68). 34. ἐπὶ τὸν Ἰσραὴλ ἡ μ. αὐτοῦ (1)
70 (71). 8. ὅλην τὴν ἡμέραν τὴν μ. [S^1 τῆς μ.] σου (4)
95 (96). 6. ἁγιωσύνη καὶ μεγαλοπρέπεια ἐν τῷ ἁγιάσματι αὐτοῦ (4)
103 (104). 1. A S^2 ἐξομολόγησιν καὶ μεγαλοπρέπειαν [B S^1 εὐπρέπειαν] ἐνεδύσω (2)
110 (111). 3. ἐξομολόγησις καὶ μεγαλοπρέπεια τὸ ἔργον αὐτοῦ (2)
144 (145). 5. τὴν μ. τῆς δόξης τῆς ἁγιωσύνης σου λαλήσουσι (2)
— 12. καὶ τὴν δόξαν τῆς μ. τῆς βασιλείας σου (2)
[Th. Ps. 103 (104). 1 : Is. 35. 2.]
[Al. Ps. 144 (145). 5.]

μεγαλοπρεπής. (1) נַאֲוָה

De. 33. 26. καὶ ὁ μ. τοῦ στερεώματος (1)
II Ma. 8. 15. τῆς . . . ἐπικλήσεως τοῦ . . . μ. ὀνόματος αὐ.
15. 13. μεγαλοπρεπεστάτην εἶναι τὴν περὶ αὐτὸν ὑπεροχήν
III Ma. 2. 9. καὶ παρεδόξασας ἐν ἐπιφανείᾳ μ.

μεγαλοπρεπῶς.

II Ma. 4. 22. R μ. [A -ομερῶς] δὲ . . . παραδεχθεὶς
— 49. R μ. [A -ομερῶς] ἐχορήγησαν
IV Ma. 5. 24. ὥστε μόνον τὸν ὄντα θεὸν σέβειν μ.

μεγαλοπτέρυγος. (1) גְּדֹל, גְּדוֹל הַכְּנָפַיִם כְּנָפַיִם

Ez. 17. 3. ἀετὸς ὁ μέγας ὁ μ. (1)
— 7. ἐγένετο ἀετὸς ἕτερος μέγας μ. (1)

μεγαλορρημονεῖν (-ορη.). (1) גָּדַל hi. (2) הִגְדִּיל פֶּה

Ju. 6. 17. ὅσα ἐμεγαλορρημόνησεν Ὀλ.
Ps. 34 (35). 26. οἱ μεγαλορρημονοῦντες ἐπ' ἐμέ (1)
37 (38). 16. ἐπ' ἐμὲ ἐμεγαλορρημόνησαν (1)
54 (55). 12. εἰ ὁ μισῶν ἐπ' ἐμὲ ἐμεγαλορρημόνησεν (1)
Ob. 1. 12. R μὴ μεγαλορρημονῇ [B -ῇς, A S μεγαλορρημονήσῃς] (2)
Ez. 35. 13. ἐμεγαλορρημόνησας ἐπ' ἐμὲ τῷ στόματί σου (1)

μεγαλορρημοσύνη (-ορη.). (1) עָתָק

I Ki. 2. 3. μὴ ἐξελθάτω μ. ἐκ τοῦ στόματος ὑ. (1)

μεγαλορρήμων (-ορη.). (1) מְדַבֵּר גְּדֹלוֹת

Ps. 11 (12). 3. ἐξολεθρεύσαι κύριος . . . γλῶσσαν μεγαλορρήμονα (1)
III Ma. 6. 4. ἐπαρθέντα . . . γλώσσῃ μ.

μεγαλόσαρκος. (1) גְּדֵל בָּשָׂר

Ez. 16. 26. ἐπὶ τοὺς υἱοὺς Αἰγύπτου τοὺς ὁμοροῦντάς σοι τοὺς μ. (1)

μεγαλοσθενής.

III Ma. 5. 13. R δεῖξαι τῆς [A om.] μ. αὐ. χειρὸς κράτος

μεγαλοφρονεῖν.

IV Ma. 6. 24. πρὸς τὰς ἀνάγκας οὕτως μεγαλοφρονοῦντα αὐτὸν ἰδόντες

μεγαλόφρων. (1) רוּם עֵינַיִם

Pr. 21. 4. μεγαλόφρων ἐφ' ὕβρει θρασυκάρδιος (1)
IV Ma. 6. 5. ὁ δὲ μ. . . . Ἐλ.
9. 21. ὁ μ. καὶ Ἀβραμιαῖος νεανίας

μεγαλόψυχος.

IV Ma. 15. 10. δίκαιοί τε γὰρ ἦσαν . . . καὶ μ.

μεγαλοψύχως.

III Ma. 6. 41. μ. τὴν ἐκτενίαν ἔχουσαν

μεγαλύνειν. (1) גָּבַר hi. (2) גָּדַל *a.* qal. *b.* pi. *c.* hi. *d.* hithp. *e.* גָּדֵל *f.* גָּדוֹל *g.* מִגְדּוֹל (3) פָּלָא pi. (4) רָבַב (5) *a.* רָבָה *b.* רְבָה pe. *c.* pa. (6) שָׂרַר

Ge. 12. 2. καὶ μεγαλυνῶ τὸ ὄνομά σου (2 *b*)
19. 19. ἐμεγάλυνας τὴν δικαιοσύνην σου (2 *c*)
43. 34. ἐμεγαλύνθη δὲ ἡ μερίς (5 *a*)
Nu. 15. 3, 8. μεγαλῦναι εὐχήν (3)
Jd. 5. 13. A ἐμεγάλυνεν ἡ ἰσχὺς αὐτοῦ [B *al.*] †
I Ki. 2. 21. ἐμεγαλύνθη τὸ παιδάριον Σαμ. (2 *a*)
— 26. τὸ παιδάριον Σαμ. ἐπορεύετο [A *add.* μεγαλυνόμενον] (2 *e*)
3. 19. καὶ ἐμεγαλύνθη Σαμ. (2 *a*)
12. 24. B ἃ ἐμεγάλυνε μεθ' ὑμῶν (2 *c*)
26. 24. καθὼς ἐμεγαλύνθη ἡ ψυχή σου (2 *a*)
— 24. οὕτως μεγαλυνθείη ἡ ψυχή μου (2 *a*)
II Ki. 5. 10. διεπορεύετο Δ. . . . μεγαλυνόμενος (2 *f*)
7. 22. ἕνεκεν τοῦ μεγαλῦναί [A -υνθῆναί] σε (2 *a*)
— 26. μεγαλυνθείη τὸ ὄνομά σου (2 *a*)
— 27. A μεγαλυνθείη τὸ ὄνομά σου –
22. 51. μεγαλύνων σωτηρίας βασιλέως αὐ. (2 *c**, 2 *g*)
III Ki. 1. 37, 47. μεγαλῦναι τὸν θρόνον αὐτοῦ (2 *b*)
10. 23. ἐμεγαλύνθη Σ. ὑπὲρ πάντας τοὺς βασ. (2 *a*)
I Ch. 11. 9. A ἐπορεύετο Δ. πορευόμενος καὶ μεγαλυνόμενος [BS *om.* κ. μ.] (2 *f*)
17. 24. R μεγαλυνθήτω τὸ ὄνομά σου (2 *a*)
29. 12. ἐν χειρί σου . . . μεγαλῦναι (2 *b*)
— 25. ἐμεγάλυνε κ. τὸν Σαλ. (2 *b*)
II Ch. 1. 1. ἐμεγάλυνεν αὐτὸν εἰς ὕψος (2 *b*)
9. 22. ἐμεγαλύνθη Σ. ὑπὲρ πάντας τοὺς βασ. (2 *a*)
II Es. 9. 6. αἱ πλημμέλειαι ἡ. ἐμεγαλύνθησαν (2 *a*)
Ju. 12. 18. ἐμεγαλύνθη τὸ ζῆν μου ἐν ἐμοί
Es. 9. 4. S² ἐμεγαλύνετο γὰρ Μαρδοχαῖος (2 *f*)
Jb. 7. 17. τί γάρ ἐστιν ἄνθρωπος ὅτι ἐμεγάλυνας αὐτόν (2 *b*)
19. 5. ἔα δὲ ὅτι ἐπ' ἐμοὶ μεγαλύνεσθε (2 *c*)
Ps. 11 (12). 4. τὴν γλῶσσαν ἡμῶν μεγαλυνοῦμεν (1)
17 (18). 50. μεγαλύνων τὰς σωτηρίας τοῦ βασ. (2 *c*)
19 (20). 5. ἐν ὀνόματι θεοῦ ἡμῶν μεγαλυνθησόμεθα (2 *a*)
— 7. ἐν ὀνόματι κυρίου θεοῦ ἡμῶν μεγαλυνθησόμεθα [S¹ ἀγαλλιασόμεθα, S² ἐπικαλεσόμεθα] †
33 (34). 3. μεγαλύνατε τὸν κύριον σὺν ἐμοί (2 *b*)
34 (35). 27. AS μεγαλυνθήτω [B -θείη] ὁ κύριος (2 *a*)
39 (40). 16. μεγαλυνθήτω ὁ κύριος (2 *a*)
40 (41). 9. ἐμεγάλυνεν ἐπ' ἐμὲ πτερνισμόν (2 *c*)
56 (57). 10. ἐμεγαλύνθη ἕως τῶν οὐρανῶν τὸ ἔλεός σου (2 *f*)
68 (69). 30. μεγαλυνῶ αὐτὸν ἐν αἰνέσει (2 *b*)
69 (70). 4. μεγαλυνθήτω ὁ θεός (2 *a*)
91 (92). 5. ὡς ἐμεγαλύνθη τὰ ἔργα σου, κύριε (2 *a*)
103 (104). 1. ἐμεγαλύνθης σφόδρα (2 *a*)
— 24. ὡς ἐμεγαλύνθη τὰ ἔργα σου, κύριε (4)
125 (126). 2. ἐμεγάλυνε κύριος τοῦ ποιῆσαι μετ' αὐτῶν (2 *c*)
— 3. ἐμεγάλυνε κύριος τοῦ ποιῆσαι μεθ' ἡμῶν (2 *c*)
137 (138). 2. SR ἐμεγάλυνας ἐπὶ πᾶν [A πάντας] τὸ ὄνομα τὸ ἅγιόν σου (2 *c*)
Pr. 8. 16. δι' ἐμοῦ μεγιστᾶνες μεγαλύνονται (6)
Ec. 1. 16. ἰδοὺ ἐγὼ ἐμεγαλύνθην (2 *c*)
Ec. 2. 4. ἐμεγάλυνα ποίημά μου (2 *c*)
— 9. ἐμεγαλύνθην καὶ προσέθηκα (2 *a*)
Wi. 19. 22. ἐμεγάλυνας τὸν λαόν σου
Si. 33 (36). 4. μεγαλυνθείης [S¹ -θῇς] ἐν αὐτοῖς
43. 31. τίς μεγαλύνει [? -υνεῖ] αὐτὸν καθώς ἐστι
45. 2. ἐμεγάλυνεν αὐτὸν ἐν φόβοις ἐχθρῶν
49. 11. πῶς μεγαλύνωμεν [S -ομεν] τὸν Ζοροβάβελ
50. 18. AS² ἐμεγαλύνθη [BS¹ ἐγλυκάνθη] μέλος
Am. 8. 5. τοῦ [A om.] μεγαλῦναι στάθμιον (2 *c*)
Mi. 1. 10. οἱ ἐν Γὲθ μὴ μεγαλύνεσθε †
5. 4 (3). νῦν μεγαλυνθήσονται [B¹ -σεται] ἕως ἄκρων τῆς γῆς (2 *a*)
Jl. 2. 20. BS ἐμεγάλυνε [A² ἐμεγαλύνθη] τὰ ἔργα αὐτοῦ (2 *c*)
— 21. ἐμεγάλυνε κύριος τοῦ ποιῆσαι (2 *c*)
Ze. 2. 8. ἐμεγαλύνοντο ἐπὶ τὰ ὅριά μου (2 *c*)
— 10. ἐμεγαλύνθησαν ἐπὶ τὸν κύριον (2 *c*)
Za. 12. 7. ὅπως μὴ μεγαλύνηται καύχημα οἴκου Δ. (2 *a*)
— 11. μεγαλυνθήσεται ὁ κοπετὸς ἐν Ἰερ. (2 *a*)
Ma. 1. 5. ἐμεγαλύνθη κύριος (2 *a*)
Is. 42. 21. ἵνα δικαιωθῇ καὶ μεγαλύνῃ αἴνεσιν (2 *c*)
Je. 5. 27. ἐμεγαλύνθησαν καὶ ἐπλούτησαν (2 *a*)
31 (48). 26. ἐπὶ κύριον ἐμεγαλύνθη (2 *c*)
— 42. ἐπὶ τὸν κύριον ἐμεγαλύνθη (2 *c*)
38 (31). 14. μεγαλυνῶ καὶ μεθύσω τὴν ψυχὴν τῶν ἱερέων –
La. 1. 9. ἐμεγαλύνθη ὁ ἐχθρός (2 *c*)
2. 13. ἐμεγαλύνθη ποτήριον συντριβῆς σου (2 *f*)
4. 6. ἐμεγαλύνθη ἀνομία θυγατρὸς λαοῦ μου (2 *a*)
Ez. 9. 9. ἀδικία τοῦ οἴκου Ἰσραὴλ καὶ Ἰούδα μεμεγάλυνται (2 *f*)
16. 7. ἐπληθύνθης καὶ ἐμεγαλύνθης (2 *a*)
24. 9. AR μεγαλυνῶ τὸν δαλόν [B λαόν] (2 *b*)
38. 23. μεγαλυνθήσομαι καὶ ἁγιασθήσομαι (2 *d*)
Da. LXX. 2. 48. ὁ βασ. Ναβ. Δαν. μεγαλύνας (5 *c*)
Da. TH. 2. 48. ἐμεγάλυνεν ὁ βασ. τὸν Δαν. (5 *c*)
4. 8. ἐμεγαλύνθη τὸ δένδρον (5 *b*)
— 17. AR τὸ δένδρον ὃ εἶδες τὸ [B *om.*] μεγαλυνθέν (5 *b*)
— 19. ἐμεγαλύνθης καὶ ἴσχυσας (5 *b*)
— 19. ἡ μεγαλωσύνη σου ἐμεγαλύνθη (5 *b*)
— 30. αἱ τρίχες αὐ. ὡς λεόντων ἐμεγαλύνθησαν (5 *b*)
8. 4. καὶ ἐμεγαλύνθη (2 *c*)
— 8. ὁ τράγος τῶν αἰγῶν ἐμεγαλύνθη (2 *c*)
— 9. ἐμεγαλύνθη περισσῶς πρὸς τὸν νότον (2 *a*)
— 10. ἐμεγαλύνθη ἕως τῆς δυνάμεως τοῦ οὐ. (2 *a*)
— 25. ἐν καρδίᾳ αὐτοῦ μεγαλυνθήσεται (2 *c*)
11. 36. μεγαλυνθήσεται ἐπὶ πάντα θεόν (2 *d*)
— 37. ἐπὶ πάντας μεγαλυνθήσεται (2 *d*)
I Ma. 10. 3. AR ὥστε μεγαλῦναι [S -υνθῆναι] αὐτόν
[**Aq.** II Ki. 7. 22: Ps. 143 (144). 12: Is. 9. 3 (2): 28. 29: 30. 25: 33. 18: 51. 18.]
[**Sm.** Ps. 54 (55). 13: 137 (138). 2: Is. 9. 3 (2): 28. 29: 42. 21.]
[**Th.** Is. 9. 3 (2): 28. 29: 30. 25: 33. 18: Je. 48 (31). 26: Da. 8. 8.]
[**Al.** Nu. 16. 13 *bis*: I Ki. 20. 41: Ps. 138 (139). 6.]
[**Quint., Sext.** Ca. 6. 9 (10).]

μεγάλωμα. (1) תִּפְאָרָה

Je. 31 (48). 17. συνετρίβη βακτηρία εὐκλεὴς ῥάβδος μεγαλώματος (1)

μεγαλώνυμος.

Je. 39 (32). 19. μ. κύριος –

μεγάλως. (1) גָּדוֹל (2) פָּלָא hi. (3) רֹב

Nu. 6. 2. ὃς ἐὰν μ. εὔξηται εὐχήν (2)
I Ch. 29. 9. Δ. ὁ βασ. εὐφράνθη μ. (1)
I Es. 5. 65. ὁ γὰρ ὄχλος ἦν ὁ σαλπίζων μ. [A -ωστί]
9. 54. καὶ εὐφρανθῆναι μ.
Ne. 12. 43. ὁ θ. ηὔφρανεν αὐτοὺς μ. (1)
To. 14. 3. μ. δὲ ἐγήρασε [S *al.*]
Jb. 4. 14. μ. μου τὰ ὀστᾶ διέσεισε (3)
15. 11. μ. ὑπερβαλλόντως [A -βάλλον οὕτως] λελάληκας †
17. 7. ABS² πεπολιόρκημαι μ. ὑπὸ πάντων †
24. 12. A ψυχὴ δὲ νηπίων ἐστέναξε μ. [BS μέγα] –
30. 30. τὸ δὲ δέρμα μου ἐσκότωται [A μεμελάνωται] μ. †
Wi. 11. 21. τὸ γὰρ μ. ἰσχύειν πάρεστί σοι πάντοτε
14. 22. S¹ μ. [B μεγάλῳ, AS² ἐν μεγάλῳ] ζῶντες ἀγνοίας πολέμῳ
Za. 11. 2. ὅτι μεγάλως μεγιστᾶνες ἐταλαιπώρησαν –
Da. LXX. 4. 16. μ. δὲ ἐθαύμασεν ὁ Δ. –
II Ma. 1. 11. μ. εὐχαριστοῦμεν αὐτῷ
II Ma. 2. 8. ἵνα ὁ τόπος καθαγιασθῇ μ.
3. 21. τοῦ μ. διαγωνιῶντος ἀρχιερέως
10. 38. τῷ κυρίῳ τῷ μ. εὐεργετοῦντι τὸν Ἰ.
15. 27. τῇ τοῦ θ. μ. εὐφρανθέντες ἐπιφανείᾳ
III Ma. 2. 21. τὸν ὕβρει καὶ θράσει μ. ἐπηρμένον
4. 16. μ. δὲ . . . ὁ βασ. χαρᾷ πεπληρωμένος
5. 12. τοῦ δὲ ἀμεταθέτου λογισμοῦ μ. διεψευσμένος

μεγαλωστί.

I Es. 5. 65. A ὁ γὰρ ὄχλος ἦν ὁ σαλπίζων μ. [B -ως]

μεγαλωσύνη. (1) אַדֶּרֶת (2) גְּבוּרָה (3) *a.* גֹּדֶל *b.* גְּדֻלָּה, גְּדוּלָה, גְּדוּלָּה *c.* גָּדַל hi. *d.* מִגְדָּל (4) רְבוּ (5) תִּפְאֶרֶת

De. 32. 3. δότε μεγαλωσύνην τῷ θεῷ ἡμῶν (3 *a*)
II Ki. 7. 21. ἐποίησας πᾶσαν τὴν μ. ταύτην (3 *b*)
— 23. τοῦ ποιῆσαι μεγαλωσύνην (3 *b*)
I Ch. 17. 19. ἐποίησας τὴν πᾶσαν μ. (3 *b*)
22. 5. καὶ ὁ οἶκος . . . εἰς μεγαλωσύνην ἄνω (3 *c*)
29. 11. B σὺ [AR σοί] κύριε, ἡ μ. (3 *b*)
I Es. 4. 46. αὕτη ἐστὶν ἡ [A *om.*] μ. ἡ παρὰ σοῦ
To. 12. 6. B μεγαλωσύνην δίδοτε αὐτῷ
13. 4. ἐκεῖ ὑποδείξατε τὴν μ. αὐτοῦ [S *al.*]
— 6. AB δεικνύω τὴν ἰσχὺν καὶ τὴν μ. αὐ.
— 7. AB ἀγαλλιάσεται τὴν μ. αὐτοῦ
14. 2. S ἐξομολογεῖσθαι τὴν μ. τοῦ θ. [AB *al.*]
Ps. 78 (79). 11. κατὰ [S¹ καὶ] τὴν μ. τοῦ βραχίονός σου (3 *a*)
144 (145). 3. τῆς μ. αὐτοῦ οὐκ ἔστι πέρας (3 *b*)
— 6. AS²R τὴν μ. σου διηγήσονται [B -σομαι αὐτήν] (3 *b*)
150. 2. κατὰ τὸ πλῆθος τῆς μ. αὐτοῦ (3 *a*)
Pr. 18. 10. ἐκ μεγαλωσύνης ἰσχύος ὄνομα κυρίου (3 *d*)
Wi. 18. 24. μεγαλωσύνη [S² ἡ μ.] σου ἐπὶ διαδήματος κεφαλῆς αὐτοῦ
Si. 2. 18. ὡς γὰρ ἡ μ. αὐτοῦ
18. 5. κράτος μεγαλωσύνης αὐτοῦ τίς ἐξαριθμήσεται
39. 15. δότε τῷ ὀνόματι αὐτοῦ μεγαλωσύνην
44. 2. τὴν μ. [S² τῇ μ.] αὐτοῦ ἀπ' αἰῶνος
Za. 11. 3. ὅτι τεταλαιπώρηκεν ἡ μ. αὐτῶν (1)
Je. 40 (33). 9. S ἔσται . . . εἰς μεγαλωσύνην [AB -λειότητα] παντὶ τῷ λαῷ (5)
Da. LXX. 2. 20. ἡ μ. αὐτοῦ ἐστι (2)
4. 34. ἡ μ. μου ἀποκατεστάθη μοι –
Da. TH. 4. 19. ἡ μ. σου ἐμεγαλύνθη (4)
— 33. μ. περισσοτέρα προσετέθη μοι (4)
5. 18. τὴν μ. . . . ἔδωκε Ναβ. τῷ πατρί σου (4)
— 19. ἀπὸ τῆς μ. ἧς [B¹ *om.*] ἔδωκεν αὐτῷ (4)
7. 27. ἡ μ. τῶν βασ. τῶν ὑποκάτω παντὸς τοῦ οὐρ. (4)
I Ma. 9. 22. τὰ περισσὰ . . . τῆς μ. αὐ. οὐ κατεγράφη
[**Aq.** Ps. 130 (131). 1: 144 (145). 6.]
[**Th.** Ps. 70 (71). 21: 130 (131). 1: 144 (145). 6.]

μέγας. (1) *a.* אַדִּיר *b.* אַדֶּרֶת (2) *a.* גָּדוֹל, גָּדֹל *b.* גָּדֵל *c.* גֹּדֶל *d.* גְּדֻלָּה *e.* גָּדַל qal. *f.* hi. (3) הָמוֹן (4) יָרֵא ni. (5) כָּבֵד *a.* verb. *b.* adj. (6) מְאֹר (7) עָצַב (8) עָצוּם (9) *a.* פָּלָא ni. *b.* פֶּלֶא (10) צוּר (11) רֹאשׁ (12) *a.* רַב *b.* רַבְרַב (13) *a.* רָבָה *b.* מַרְבֶּה *c.* רְבָה (14) רָם (15) שַׂגִּיא (16) μ. γίγνεσθαι *a.* גָּבַהּ *b.* גָּדַל (17) μ. εἶναι שָׂגָא hi. (18) τὸ μ. κῆτος לִוְיָתָן (19) μ. πλῆθος רַב (20) ἡ ἰσχὺς ἡ μ. גֹּדֶל (21) μείζων *a.* גְּבִירָה *b.* גָּדֹל *c.* גָּדֵל *d.* רָבָה *e.* רַב (22) μείζων εἶναι *a.* רָבָה *b.* גָּדַל (23) μέγιστος רֹב (24) μέγα מָלֵא pi.

Ge. 1. 16. ἐποίησεν ὁ θ. τοὺς δύο φωστῆρας τοὺς μ. (2 *a*)
— 16. τὸν φωστῆρα τὸν μέγαν (2 *a*)
— 21. ἐποίησεν ὁ θεὸς τὰ κήτη τὰ μ. (2 *a*)
4. 13. μείζων ἡ αἰτία μου τοῦ ἀφεθῆναι (21 *b*)
10. 12. R αὕτη ἡ πόλις [A *add.* ἡ] μεγάλη (2 *a*)
— 21. τῷ Σὴμ . . . ἀδελφῷ Ἰάφεθ τοῦ μείζονος (21 *b*)
12. 2. ποιήσω σε εἰς ἔθνος μ. (2 *a*)
— 17. ἤτασεν . . . ἐτασμοῖς μ. καὶ πονηροῖς (2 *a*)
15. 12. φόβος σκοτεινὸς μ. ἐπιπίπτει αὐτῷ (2 *a*)
— 18. R ἕως τοῦ ποταμοῦ τοῦ μ. Εὐφράτου (2 *a*)
17. 20. καὶ δώσω αὐτὸν εἰς ἔθνος μέγα (2 *a*)

Ge. 18. 18. γινόμενος ἔσται εἰς ἔθνος μ. καὶ πολύ (2 a)
— 20. καὶ αἱ ἁμαρτίαι αὐτῶν μ. σφόδρα (5 a)
19. 11. τοὺς δὲ ἄνδρας . . . ἀπὸ μικροῦ ἕως μεγάλου (2 a)
20. 9. ἐπήγαγες ἐπ' ἐμὲ . . . ἁμαρτίαν μεγάλην (2 a)
21. 8. ἐποίησεν Ἀβραὰμ δοχὴν μ. (2 a)
— 13. εἰς ἔθνος μ. ποιήσω αὐτόν –
— 18. εἰς γὰρ ἔθνος μ. ποιήσω αὐτόν (2 a)
25. 23. ὁ μείζων δουλεύσει τῷ ἐλάσσονι (21 e)
26. 13. καὶ προβαίνων μείζων ἐγένετο (2 b)
— 13. ἕως οὗ μ. ἐγένετο σφόδρα (16 b)
27. 33. ἐξέστη . . . ἔκστασιν μεγάλην σφόδρα (2 a)
— 34. ἀνεβόησε φωνὴν μεγάλην (2 a)
29. 2. λίθος δὲ ἦν μ. ἐπὶ τῷ στόματι (2 a)
— 16. ὄνομα τῇ μείζονι Λεία (21 b)
38. 11. ἕως μ. γένηται Σηλὼμ ὁ υἱός μου (16 b)
— 14. ἴδε γὰρ ὅτι μ. γέγονε Σηλώμ (16 b)
39. 14. καὶ ἐβόησα φωνῇ μ. (2 a)
45. 7. ἐκθρέψαι ὑμῶν κατάλειψιν μεγάλην (2 a)
— 28. μέγα μοί ἐστιν (12 a)
46. 3. εἰς γὰρ ἔθνος μ. ποιήσω σε ἐκεῖ (2 a)
48. 19. ὁ ἀδελφὸς αὐτοῦ . . . μείζων αὐτοῦ ἔσται (22 b)
50. 9. καὶ ἐγένετο ἡ παρεμβολὴ μ. σφόδρα (5 b)
— 10. καὶ ἐκόψαντο αὐτὸν κοπετὸν μ. (2 a)
— 11. πένθος μέγα τοῦτό ἐστι τοῖς Αἰγυπτίοις (5 b)
Ex. 1. 9. τὸ γένος τῶν υἱῶν Ἰσραὴλ μ. πλῆθος (19)
2. 11. μ. γενόμενος Μωυσῆς ἐξῆλθε (16 b)
3. 3. ὄψομαι τὸ ὅραμα τὸ μ. τοῦτο (2 a)
6. 6. ἐν βραχίονι ὑψηλῷ καὶ κρίσει μ. (2 a)
7. 4. ἐξάξω . . . τὸν λ. . . . σὺν ἐκδικήσει μ. (2 a)
9. 3. ἐπέσται [A ἔσται] . . . θάνατος μ. σφόδρα (5 b)
11. 3. μ. ἐγενήθη σφόδρα (2 a)
— 6. καὶ ἔσται κραυγὴ μ. κατὰ πᾶσαν γῆν (2 a)
12. 30. καὶ ἐγενήθη κραυγὴ μ. (2 a)
14. 31. εἶδε . . . τὴν χεῖρα τὴν μ. (2 a)
18. 11. μ. κύριος παρὰ πάντας τοὺς θεούς (2 a)
19. 16. φωνὴ τῆς σάλπιγγος ἤχει μέγα (6)
23. 31. ἕως τοῦ μ. ποταμοῦ [A τ. π. τοῦ μ.] –
32. 10. καὶ ποιήσω σε εἰς ἔθνος μ. (2 a)
— 11. οὓς ἐξήγαγες . . . ἐν ἰσχύϊ μ. (2 a)
— 21. ἐπήγαγες ἐπ' αὐτοὺς ἁμαρτίαν μ. (2 a)
— 30. ὑμεῖς ἡμαρτήκατε ἁμαρτίαν μ. (2 a)
— 31. ἡμάρτηκεν ὁ λαὸς οὗτος ἁμαρτίαν μ. (2 a)
33. 13. λαός σου τὸ ἔθνος τὸ μ. [A^{1} om. τὸ μ.] τοῦτο –
Le. 21. 10. ὁ ἱερεὺς ὁ μ. ἀπὸ τῶν ἀδ. αὐτοῦ (2 a)
Nu. 11. 33. ἐπάταξε . . . πληγὴν μ. σφόδρα (12 a)
13. 29 (28). καὶ πόλεις ὀχυραὶ τετειχισμ. μ. (2 a)
14. 12. ποιήσω σε . . . εἰς ἔθνος μ. (2 a)
— 19. κατὰ τὸ μ. ἔλεός σου (2 c)
22. 18. ποιῆσαι αὐτὸ μικρὸν ἢ μέγα (2 a)
34. 6. ἡ θάλασσα ἡ μ. ὁριεῖ (2 a)
— 7. ἀπὸ τῆς θαλάσσης τῆς μ. (2 a)
35. 25, 28. ἕως ἂν ἀποθάνῃ ὁ ἱερεὺς ὁ μ. (2 a)
— 28. μετὰ τὸ ἀποθανεῖν τὸν ἱερέα τὸν μ. (2 a)
— 32. ἕως ἂν ἀποθάνῃ ὁ ἱερεὺς ὁ μ. –
De. 1. 7. ἕως τοῦ ποταμοῦ τοῦ μ. (2 a)
— 17. κατὰ τὸν μικρὸν καὶ κατὰ τὸν μ. κρινεῖς (2 a)
— 19. πᾶσαν τὴν ἔρημον τὴν μ. (2 a)
2. 10. ἔθνος μ. καὶ πολύ (2 a)
— 28. πόλεις μ. καὶ τετειχισμέναι (2 a)
2. 7. πῶς διῆλθες τὴν ἔρημον τὴν μ. (2 a)
— 10, 21. ἔθνος μ. καὶ πολύ (2 a)
4. 6. τὸ ἔθνος τὸ μ. τοῦτο (2 a)
— 7, 8. ποῖον ἔθνος μ. (2 a)
— 11. B^{2} θύελλα φωνὴ μ. [B^{1} om. μ., A R om. φ. μ.] –
— 32. κατὰ τὸ ῥῆμα τὸ μ. τοῦτο (2 a)
— 34. AB^{2}R καὶ ἐν ὁράμασι μ. (2 a)
— 36. ἔδειξέ σοι τὸ πῦρ αὐ. τὸ μ. (2 a)
— 37. ἐν τῇ ἰσχύϊ αὐτοῦ τῇ μ. (2 a)
— 38. ἐξολεθρεῦσαι ἔθνη μ. (2 a)
5. 22 (19). γνόφος θύελλα φωνὴ μ. (2 a)
— 25 (22). ἐξαναλώσει ἡμᾶς τὸ πῦρ τὸ μ. τοῦτο (2 a)
6. 10. δοῦναί σοι πόλεις μ. (2 a)
— 22. σημεῖα καὶ τέρατα μ. (2 a)
7. 1. ἐξαρεῖ ἔθνη μ. (12 a)
— 1. ἑπτὰ ἔθνη πολλά [B^{1} μ., A μ. καὶ π.] (12 a)
— 19. τοὺς πειρασμοὺς τοὺς μ. (2 a)
— 19. B^{1} καὶ τὰ τέρατα [A B^{2} R add. τὰ μ. ἐκ.] –
— 21. θ. μέγας καὶ κραταιός (2 a)
— 23. ἀπολεῖ αὐτοὺς ἀπωλείᾳ μ. (2 a)
8. 15. διὰ τῆς ἐρήμου τῆς μ. (2 a)
— 17. ἐποίησέ μοι τὴν δύναμιν τὴν μ. τ. –
9. 1. κληρονομῆσαι ἔθνη μ. (2 a)
— 1. πόλεις μ. καὶ τειχήρεις (2 a)
— 2. λαὸν μ. καὶ πολύν (2 a)

De. 9. 14. ποιήσω σε εἰς ἔθνος μ. –
— 26. A ἐν τῇ ἰσχύϊ σου τῇ μ. (20)
— 26. ἐν τῇ ἰσχύϊ σου τῇ μ. –
— 26. A καὶ ἐν τῷ βραχίονί σου τῷ μ. [B ὑψηλῷ] –
— 29. ἐν τῇ ἰσχύϊ σου τῇ μ. (2 a)
10. 17. ὁ θεὸς ὁ μ. καὶ ἰσχυρός (2 a)
— 21. ὅστις ἐποίησεν ἐν σοὶ τὰ μ. (2 a)
11. 7. AR πάντα τὰ ἔργα κυρίου τὰ μ. [B om. τ. μ.] (2 a)
— 23. κληρονομήσετε ἔθνη μ. (2 a)
— 24. ἀπὸ τοῦ ποταμοῦ τοῦ μ. –
15. 9. ἔσται ἐν σοὶ ἁμαρτία μ. –
18. 16. τὸ πῦρ τὸ μ. τοῦτο οὐκ ὀψόμεθα ἔτι (2 a)
25. 13. στάθμιον καὶ στάθμιον μ. ἢ μικρόν (2 a)
— 14. μέτρον καὶ μέτρον μ. ἢ μικρόν (2 a)
26. 5. ἐγένετο ἐκεῖ εἰς ἔθνος μ. καὶ πλῆθος πολύ [A add. καὶ μ.] (2 a, 12 a ?)
— 8. ἐν ἰσχύϊ αὐ. τῇ [A om. αὐ. τῇ] μ. . . . καὶ ἐν ὁράμασι μ. (–, 2 a)
27. 2. στήσεις σεαυτῷ λίθους μ. (2 a)
— 14. ἐροῦσι παντὶ Ἰσρ. φωνῇ μ. (14)
28. 59. πληγὰς μ. καὶ θαυμαστάς (2 a)
29. 3 (2). τοὺς πειρασμοὺς τοὺς μ. (2 a)
— 3 (2). καὶ τὰ τέρατα τὰ μ. ἐκεῖνα (2 a)
— 24 (23). τίς ὁ θυμὸς τῆς ὀργῆς ὁ μ. οὗτος (2 a)
— 28 (27). ἐν . . . παροξυσμῷ μ. σφόδρα (2 a)
34. 12. τὰ θαυμάσια τὰ μ. καὶ τὴν χεῖρα τὴν κραταιάν (2 a)
Jo. 1. 4. ἕως τοῦ ποταμοῦ τοῦ μ. ποταμοῦ (2 a)
6. 19 (20). ἀλαλαγμῷ μ. καὶ ἰσχυρῷ (2 a)
7. 1. ἐπλημμέλησαν . . . πλημμέλειαν μ. [A om.] †
— 9. τί ποιήσεις τὸ ὄνομά σου τὸ μ. (2 a)
— 26. ἐπέστησαν αὐτῷ σωρὸν λίθων μέγαν (2 a)
9. 1. οἱ ἐν πάσῃ τῇ παραλίᾳ τῆς θαλ. τῆς μ. (2 a)
10. 2. πόλις μ. Γαβαών (2 a)
— 10. συνέτριψεν αὐτοὺς κ. συντρίψει μ. [A -ιν μ.] (2 a)
— 20. κόπτοντες αὐτοὺς κοπὴν μ. σφόδρα (2 a)
11. 2. τοὺς βασιλεῖς τοὺς κατὰ Σιδῶνα τὴν μ. –
— 8. κατεδίωκον ἕως Σιδῶνος τῆς μ. (12 a)
13. 8. ἀπὸ τοῦ Ἰ. ἕως τῆς θαλάσσης τῆς μ. –
— 8. ἡ θάλασσα ἡ μ. ὁριεῖ –
14. 12. πόλεις ὀχυραὶ καὶ μ. (2 a)
15. 12. ἡ θάλασσα ἡ μ. ὁριεῖ (2 a)
— 47. ἡ θάλασσα ἡ μ. διορίζει (†*, 2 a)
17. 17. εἰ . . . ἰσχὺν μ. ἔχεις (2 a)
19. 9. ἐγενήθη ἡ μερὶς υἱῶν Ἰ. μείζων τῆς αὐτῶν (21 e)
— 28. ἕως Σιδῶνος τῆς μ. (12 a)
20. 6. A ἕως ἀποθάνῃ ὁ ἱερεὺς ὁ μ. (2 a)
22. 10. B^{1} βωμὸν μ. ἐπὶ [AB^{2}R om.] τοῦ ἰδεῖν (2 a)
23. 4. ἀπὸ τῆς θαλάσσης τῆς μ. ὁριεῖ (2 a)
— 9. ἔθνη μ. καὶ ἰσχυρά (2 a)
24. 4. ἐγένοντο ἐκεῖ εἰς ἔθνος μ. –
— 26. ἔλαβε λίθον μ. (2 a)
Jd. 2. 7. πᾶν τὸ ἔργον κυρίου τὸ μ. (2 a)
5. 15. μεγάλοι ἐξικνούμενοι καρδίαν [A al.] (2 a)
— 16. μεγάλοι ἐξετασμοὶ καρδίας [A al.] (2 a)
11. 33 : 15. 8. ἐπάταξεν αὐτοὺς . . . πληγὴν μ. (2 a)
15. 18. τὴν σωτηρίαν τὴν μ. ταύτην (2 a)
16. 5. ἴδε ἐν τίνι ἡ ἰσχὺς αὐ. ἡ μ. (2 a)
— 6, 15. ἐν τίνι ἡ ἰσχύς σου ἡ μ. (2 a)
— 23. θῦσαι θυσίασμα μ. [A θυσίαν μ.] (2 a)
21. 2. ἔκλαυσαν κλαυθμὸν μ. (2 a)
— 5. ὁ ὅρκος μ. ἦν (2 a)
I Ki. 2. 14. ἐπάταξεν αὐτὴν εἰς τὸν λέβητα τὸν μ. –
— 17. ἦν ἡ ἁμαρτία . . . μεγάλη σφόδρα (2 a)
4. 5. ἀνέκραξε πᾶς Ἰσρ. φωνῇ μ. (2 a)
— 6. τίς ἡ κραυγὴ ἡ μ. αὕτη (2 a)
— 10. ἐγένετο πληγὴ μ. σφόδρα (2 a)
— 17. ἐγένετο πληγὴ μ. ἐν τῷ λαῷ (2 a)
5. 6. ἐγένετο σύγχυσις [A χ.] θανάτου μ. –
— 9. τάραχος μ. σφόδρα (2 a)
— 9. ἀπὸ μικροῦ ἕως μεγάλου (2 a)
6. 9. πεποίηκεν ἡμῖν τὴν κακίαν τ. τὴν μ. τ. (2 a)
— 14. ἔστησαν ἐκεῖ παρ' αὐτῇ λίθον μ. (2 a)
— 15. ἔθεντο ἐπὶ τοῦ λίθου τοῦ μ. (2 a)
— 18. καὶ ἕως λίθου τοῦ μ. (2 a)
— 19. ἐπάταξε κύριος . . . πληγὴν μ. σφόδρα (2 a)
7. 10. ἐβρόντησε κύριος ἐν φωνῇ μ. (2 a)
10. 2. εὑρήσεις δύο ἄνδρας . . . ἁλλομένους μεγάλα –
12. 16. ἴδετε τὸ ῥῆμα τὸ μ. τοῦτο (2 a)
— 17. ἡ κακία ὑμῶν μ. (12 a)
— 22. B διὰ τὸ ὄνομα αὐτοῦ τὸ μ. (2 a)
14. 20. σύγχυσις μ. σφόδρα (2 a)
— 24. ἠγνόησεν ἄγνοιαν μ. †

I Ki. 14. 30. B^{1} νῦν ἂν μείζων [A B^{2} R add. ἦν] ἡ πληγή (21 d [22 a])
— 33. κυλίσατέ μοι λίθον ἐνταῦθα μ. (2 a)
— 45. ὁ ποιήσας τὴν σωτηρίαν τὴν μ. ταύτην (2 a)
17. 13. A οἱ τρεῖς υἱοὶ Ἰ. οἱ μείζονες (21 b)
— 14. A οἱ τρεῖς οἱ μείζονες ἐπορεύθησαν ὀπίσω Σ. (21 b)
— 25. A πλουτίσει αὐτὸν ὁ βασ. πλοῦτον μ. (2 a)
— 28. A Ἐλ. ὁ ἀδ. αὐτοῦ ὁ μείζων (21 b)
18. 17. A ἡ θυγάτηρ μου ἡ μείζων Μ. (21 b)
19. 5. ἐποίησε κύριος σωτηρίαν μ. (2 a)
— 8. ἐπάταξεν . . . πληγὴν μ. σφόδρα (2 a)
— 22. A ἕως τοῦ φρέατος τοῦ μ. [B ἅλω] (2 a)
20. 2. AR οὐ μὴ ποιήσῃ ὁ πατήρ μου ῥῆμα μ. ἢ [B om. ῥ. μ. ἢ] μικρόν (2 a)
— 41. ἕως συντελείας μ. (2 f)
22. 15. ῥῆμα μικρὸν ἢ μ. (2 a)
23. 5. ἐπάταξεν ἐν αὐτοῖς πληγὴν μ. (2 a)
25. 2. καὶ ὁ ἄνθρωπος μ. σφόδρα (2 a)
— 36. ῥῆμα μικρὸν ἢ μ. (2 a)
28. 12. ἀνεβόησε φωνῇ μ. (2 a)
30. 2. ἀπὸ μικροῦ ἕως μεγάλου (2 a)
— 16. ἐν πᾶσι τοῖς σκύλοις τοῖς μ. (2 a)
— 19. ἀπὸ μικροῦ ἕως μεγάλου (2 a)
II Ki. 3. 38. ἡγούμενος μ. πέπτωκεν (2 a)
7. 9. κατὰ τὸ ὄνομα τῶν μ. (2 a)
13. 15. ἐμίσησεν αὐτὴν Ἀ. μῖσος μ. σφόδρα (2 a)
— 15. μ. τὸ μῖσος ὃ ἐμίσησεν αὐτήν (2 a)
— 15. B μείζων ἡ κακία ἡ ἐσχάτη –
— 16. εἶπεν αὐτῷ Θ. περὶ τῆς κακίας τῆς μ. ταύτης (2 a)
— 36. ἔκλαυσαν κλαυθμὸν μ. (2 a)
15. 23. πᾶσα ἡ γῆ ἔκλαιε φωνῇ μ. (2 a)
18. 7. ἐγένετο ἡ θραῦσις μ. (2 a)
— 9. ὑπὸ τὸ δάσος τῆς δρυὸς τῆς μ. (2 a)
— 17. ἔρριψεν αὐτὸν [A om.] εἰς χάσμα μ. . . . εἰς τὸν βόθυνον τὸν μ. (–, 2 a)
— 17. σωρὸν λίθων μέγαν σφόδρα (2 a)
— 29. εἶδον τὸ πλῆθος τὸ μ. (2 a)
19. 4 (5). ἔκραξεν ὁ βασ. [A add. ἐν] φωνῇ μ. (2 a)
— 32 (33). ἀνὴρ μ. ἐστὶν σφόδρα (2 a)
20. 8. καὶ αὐτοὶ παρὰ τῷ λίθῳ τῷ μ. (2 a)
23. 10, 12. ἐποίησε κύριος σωτηρίαν μ. (2 a)
24. 6. ἐκύκλωσαν εἰς Σ. [A add. τὴν μ.] –
III Ki. 1. 40. καὶ εὐφραινόμενοι εὐφροσύνην μ. (2 a)
2. 22. οὗτος ἀδελφός μου ὁ [A^{1} om.] μ. ὑπὲρ ἐμέ (2 a)
3. 1. ἐποίησε . . . τοὺς λουτῆρας τοὺς μ. –
— 4. αὕτη ὑψηλοτάτη καὶ μ. (2 a)
— 6. σὺ ἐποίησας . . . ἔλεος μ. (2 a)
— 6. ἐφύλαξας αὐτῷ τὸ ἔλεος τὸ μ. τοῦτο (2 a)
— 15. ἐποίησε πότον μ. ἑαυτῷ –
4. 13. ἑξήκοντα πόλεις μ. τειχήρεις (2 a)
6. 1 (5. 17 [31]). αἴρουσι λίθους μ. (2 a)
7. 9. καὶ ἔξωθεν εἰς τὴν αὐλὴν τὴν μ. (2 a)
— 10. τὴν τεθεμελιωμ. ἐν τιμίοις λίθοις μ. (2 a)
— 12. B τῆς αὐλῆς τῆς μ. κύκλοι [A R -ῳ] (2 a)
8. 42. A ἀκούσουσιν τὸ ὄνομά σου τὸ μ. (2 a)
— 55. εὐλόγησε . . . φωνῇ μ. (2 a)
— 65. ἐκκλησία μ. ἀπὸ τῆς εἰσόδου Ἡ. (2 a)
10. 18. ἐποίησεν ὁ βασ. θρόνον ἐλεφάντινον μ. (2 a)
11. 19. B ἀδελφὴν Θεκ. τῆς [A τήν, R om.] μείζω (21 a)
12. 24. B αὕτη ἦν μ. ἐν μέσῳ τῶν θυγ. τοῦ βασ. –
18. 27. ἐπικαλεῖσθε ἐν φωνῇ μ. (2 a)
— 28. ἐπεκαλοῦντο ἐν φωνῇ μ. (2 a)
— 45. ἐγένετο ὁ ὑετὸς μ. (2 a)
19. 11. πνεῦμα μ. κραταιὸν διαλῦον ὄρη (2 a)
21 (20). 13. εἰ ἑώρακας τὸν ὄχλον τὸν μ. τοῦτον (2 a)
— 21. ἐπάταξε πληγὴν μ. (2 a)
— 28. δώσω [A -σει] τὴν δύναμιν τὴν μ. τ. (2 a)
22. 31. μὴ πολεμεῖτε μικρὸν καὶ μέγαν (2 a)
IV Ki. 3. 27. ἐγένετο μεταμέλος μ. ἐπὶ Ἰσρ. (2 a)
4. 8. καὶ ἐκεῖ γυνὴ μ. (2 a)
— 38. A ἐπίστησον τὸν λέβητα τὸν μ. [B om. τ. μ.] (2 a)
5. 1. Ναιμὰν . . . ἦν ἀνὴρ μ. (2 a)
— 13. μέγαν λόγον ἐλάλησεν ὁ προφήτης (2 a)
6. 23. παρέθηκεν αὐτοῖς παράθεσιν μ. (2 a)
— 25. ἐγένετο λιμὸς μ. ἐν Σαμ. (2 a)
7. 6. φωνὴν δυνάμεως μεγάλης (2 a)
8. 4. διήγησαι δή μοι πάντα τὰ μ. (2 a)
10. 19. θυσία μ. μοι τῷ Βάαλ (2 a)
— 21. B θυσίαν μ. ποιῶ –
12. 10 (11). ἀνέβη . . . ὁ ἱερεὺς ὁ μ. (2 a)
16. 15. ἐπὶ τὸ θυσιαστήριον τὸ μ. πρόσφερε (2 a)

IV Ki. 17. 21. ἐξήμαρτεν αὐτοὺς ἁμαρτίαν μ. (2 a)
— 36. ὃς ἀνήγαγεν ὑμᾶς . . . ἐν ἰσχύϊ μ. (2 a)
18. 19. τάδε λέγει ὁ βασ. ὁ μ. βασιλεὺς Ἀσσ. (2 a)
— 28. A B ἐβόησε μεγάλῃ [R φωνῇ μ.] Ἰουδαϊστί (2 a)
— 28. ἀκούσατε τοὺς λόγους τοῦ μ. βασ. (2 a)
20. 3. ἔκλαυσεν Ἐζ. κλαυθμῷ μ. (2 a)
22. 4. ἀνάβηθι πρὸς Χ. τὸν ἱερέα τὸν μ. (2 a)
— 8. εἶπε Χ. ὁ ἱερεὺς ὁ μ. (2 a)
— 13. μ. ἡ ὀργὴ κυρίου ἡ ἐκκεχυμένη (2 a)
23. 2. ἀπὸ μικροῦ καὶ ἕως μεγάλου (2 a)
— 4. ἐνετείλατο . . . τῷ ἱερεῖ τῷ μ. (2 a)
— 26. B ἀπὸ θυμοῦ τῆς ὀργῆς αὐ. τοῦ μ. [A R τῆς μ.] (2 a)
25. 26. ἀπὸ μικροῦ καὶ ἕως μεγάλου (2 a)
I Ch. 9. 31. ἐπὶ τὰ ἔργα τῆς θυσίας τοῦ τηγάνου τοῦ μ. ἱερέως –
11. 14. ἐποίησε κύριος σωτηρίαν μ. (2 a)
12. 14. εἰς τοῖς ἑκατὸν μικρὸς καὶ μέγας τοῖς χιλίοις (2 a)
— 22. ἤρχοντο πρὸς Δ. εἰς δύναμιν μ. (2 a)
16. 25. μέγας κύριος καὶ αἰνετὸς σφόδρα (2 a)
17. 8. κατὰ τὸ ὄνομα τῶν μ. τῶν ἐπὶ τῆς γῆς (2 a)
— 21. τοῦ θέσθαι αὐτῷ ὄνομα μ. (2 d)
22. 8. πολέμους μ. ἐποίησας (2 a)
25. 8 : 26. 13. κατὰ τὸν μικρὸν καὶ κατὰ τὸν μ. (2 a)
29. 1. καὶ τὸ ἔργον μ. (2 a)
II Ch. 1. 8. ἐποίησας μετὰ Δ. τοῦ πατρός μου ἔλεος μ. (2 a)
— 10. τίς κρινεῖ τὸν λαόν σου τὸν μ. τοῦτον (2 a)
2. 5 (4). ὁ οἶκος ὃν ἐγὼ οἰκοδομῶ μέγας ὅτι μ. ὁ θεὸς ἡμῶν (2 a, 2 a)
— 9 (8). ὁ οἶκος ὃν ἐγὼ οἰκοδομῶ μέγας (2 a)
3. 5. τὸν οἶκον τὸν μέγαν ἐξύλωσε (2 a)
4. 9. ἐποίησε . . . τὴν αὐλὴν τὴν μ. (2 a)
6. 32. καὶ ἔλθῃ . . . διὰ τὸ ὄνομά σου τὸ μ. (2 a)
7. 8. πᾶς Ἰσρ. μετ' αὐτοῦ ἐκκλησία μ. σφόδρα (2 a)
9. 17. ἐποίησεν ὁ βασ. θρόνον . . . μέγαν (2 a)
13. 17. ἐπάταξεν . . . πληγὴν μ. (12 a)
15. 14. ὤμοσαν . . . ἐν φωνῇ μ. (2 a)
16. 14. ἐποίησαν αὐτῷ ἐκφορὰν μ. (2 a)
17. 12. ἦν Ἰ. πορευόμενος μείζων (21 c)
18. 30. μὴ πολεμεῖτε τὸν μικρὸν καὶ τὸν μ. (2 a)
20. 19. αἰνεῖν κ. θεῷ Ἰσρ. ἐν φωνῇ μ. (2 a)
— 27. καὶ Ἰωσ. ἡγούμενος αὐ. ἐν εὐφροσύνῃ μ. –
21. 14. πατάξει σε πληγὴν μ. (2 a)
24. 11. ὁ προστάτης τοῦ ἱερέως τοῦ μ. (11)
— 25. ἐν τῷ ἐγκαταλιπεῖν αὐτὸν ἐν μαλακίαις μ. (12 a)
26. 15. βάλλειν . . . λίθοις μ. (2 a)
28. 5. B ἐπάταξεν ἑαυτῷ [A R ἐν αὐ.] πληγὴν μ. (2 a)
30. 21. ἐποίησαν . . . τὴν ἑορτὴν τῶν ἀζ. . . . ἐν εὐφροσύνῃ μ. (2 a)
— 26. ἐγένετο εὐφροσύνη μ. ἐν Ἱερ. (2 a)
31. 15. κατὰ τὸν μ. καὶ τὸν μικρόν (2 a)
32. 18. ἐβόησε φωνῇ μ. Ἰουδαϊστί (2 a)
34. 9. ἦλθον πρὸς Χ. τὸν ἱερέα τὸν μ. (2 a)
— 21. μ. ὁ θυμὸς κυρίου ἐκκέκαυται (2 a)
— 30. πᾶς ὁ λαὸς ἀπὸ μεγάλου ἕως μικροῦ (2 a)
35. 19. ἀπὸ ὀργῆς θυμοῦ αὐ. τοῦ μ. –
36. 18. πάντα τὰ σκεύη οἴκου θεοῦ τὰ μ. (2 a)
I Es. 1. 54. πάντα τὰ ἱερὰ σκεύη τοῦ κ. τὰ μ.
3. 1. ἐποίησε δοχὴν μ.
— 5. δώσει αὐτῷ Δ. ὁ βασ. δωρεὰς μ. καὶ ἐπινίκια μ.
4. 14. οὐ μέγας ὁ βασ.
— 28. οὐχὶ μέγας ὁ βασ. τῇ ἐξουσίᾳ αὐ.
— 34. μεγάλη ἡ γῆ καὶ ὑψηλὸς ὁ οὐρ.
— 35. οὐχὶ μέγας ὃς ταῦτα ποιεῖ
— 35. ἡ ἀλήθεια μεγάλη
— 41. μεγάλη ἡ ἀλήθεια καὶ ὑπερισχύει
5. 62. ἐβόησαν φωνῇ μ.
— 64. ἦλθοσαν . . . μετὰ . . . κλαυθμοῦ μ.
— 64. καὶ χαρᾷ [A -ᾶς] μεγάλῃ τῇ φωνῇ
6. 9. οἰκοδομοῦντας οἶκον τῷ κ. μέγαν
— 14. διὰ βασιλέως τοῦ Ἰσρ. μεγάλου
8. 76. ἐσμὲν ἐν μ. ἁμαρτίᾳ
— 86. γίνεται διὰ . . . τὰς μ. ἁμαρτίας
— 91. κλαυθμὸς γὰρ ἦν μ. ἐν τῷ πλήθει
9. 2. B πενθῶν ὑπὲρ [A R ἐπὶ] τῶν ἀνομιῶν τῶν μ.
— 10. εἶπον μ. τῇ φωνῇ
II Es. 3. 11. B ἐσήμαινον φωνὴν μ. [A R *al.*] (2 a)
— 12. ἔκλαιον φωνῇ μ. (2 a)
— 13. ἐκραύγασε φωνῇ μ. (2 a)
4. 10. ὧν ἀπῴκισεν Ἀσ. ὁ μ. (12 a)
5. 8. εἰς οἶκον τοῦ θεοῦ τοῦ μ. (12 a)

II Es. 5. 11. βασιλεὺς τοῦ Ἰ. μέγας ᾠκοδόμησεν αὐτόν (12 a)
9. 7. ἐσμὲν ἐν πλημμελείᾳ μ. (2 a)
— 13. ἐν πλημμελείᾳ ἡμῶν τῇ μ. (2 a)
10. 12. μέγα τοῦτο τὸ ῥῆμά σου (2 a)
Ne. 1. 3. ἐν πονηρίᾳ μ. καὶ ἐν ὀνειδισμῷ (2 a)
— 5. ὁ ἰσχυρὸς ὁ μ. καὶ φοβερός (2 a)
— 10. ἐν τῇ δυνάμει σου τῇ μ. [S^1 *om.* τ. μ.] (2 a)
3. 1. ἀνέστη Ἐλ. ὁ ἱερεὺς ὁ μ. (2 a)
— 20. ἕως θύρας B. τοῦ ἱερέως τοῦ μ. (2 a)
— 27. ἐξ ἐναντίας τοῦ πύργου τοῦ μ. (2 a)
4. 14 (8). μνήσθητε τοῦ θεοῦ ἡμῶν τοῦ μ. (2 a)
5. 1. ἦν κραυγὴ τοῦ λαοῦ . . . μεγάλη (2 a)
— 7. ἔδωκα ἐπ' αὐτοὺς ἐκκλησίαν μ. (2 a)
6. 3. ἔργον μ. ἐγὼ ποιῶ (2 a)
— 16. S ἐπέπεσε φόβος μ. [A B *om.*] σφόδρα –
7. 4. ἡ πόλις πλατεῖα καὶ μ. (2 a)
8. 6. ηὐλόγησε Ἔ. κ. τὸν θεὸν τὸν μ. (2 a)
— 12. καὶ ποιῆσαι εὐφροσύνην μ. (2 a)
— 17. καὶ ἐγένετο εὐφροσύνη μ. (2 a)
9. 4. ἐβόησαν φωνῇ μ. [A *om.*] (2 a)
— 18. ἐποίησαν παροργισμοὺς μ. (2 a)
— 19. A σὺ ἐν οἰκτιρμοῖς σου τοῖς μ. [B S πολλοῖς] (12 a)
— 25. ἐν ἀγαθωσύνῃ σου τῇ μ. (2 a)
— 26. ἐποίησαν παροργισμοὺς μ. (2 a)
— 27. ἐν οἰκτιρμοῖς σου τοῖς μ. (12 a)
— 32. ὁ ἰσχυρὸς ὁ μ. ὁ κραταιός (2 a)
— 37. ἐν θλίψει μ. ἐσμέν (2 a)
11. 14. S^2 R υἱὸς τῶν μ. (2 a)
12. 31. S^2 R ἔστησα [R -αν] δύο περὶ αἰνέσεως μεγάλους (2 a)
— 43. ἔθυσαν . . . θυσιάσματα μ. (2 a)
13. 5. ἐποίησεν ἑαυτῷ γαζοφυλάκιον μ. [B^1 *om.*] (2 a)
— 27. ποιῆσαι πᾶσαν πονηρίαν [S^2 *add.* τὴν μ.] ταύτην (2 a)
— 28. ἀπὸ υἱῶν Ἰ. τοῦ Ἐλ. τοῦ ἱερέως τοῦ μ. νυμφίου τοῦ Σ. (2 a)
To. 3. 17. ἐνώπιον τῆς δόξης τοῦ μ. Ῥ. [S τοῦ θ.]
4. 13. A B ἐν τῇ ἀχρειότητι ἐλάττωσις καὶ ἔνδεια μ.
5. 12. ἐγὼ Ἀζαρίας Ἀνανίου τοῦ μ.
— 13. τοὺς υἱοὺς Σεμ. τοῦ μ.
— 13. A ἐκ ῥίζης μ. [B καλῆς, S ἀγαθῆς] εἶ
6. 2. S ἀναπηδήσας ἰχθὺς μ. [A B *al.*]
9. 4. ἐὰν χρονίσω μέγα [S *al.*]
11. 14. S εὐλογητὸν τὸ ὄνομα τὸ μ. αὐ. [A B *al.*]
— 14. S γένοιτο τὸ ὄνομα τὸ μ. αὐ. ἐφ' ἡμᾶς
12. 22. ἐξωμολογοῦντο τὰ ἔργα τὰ μ. [S *al.*]
13. 2. S ἀνάγει ἐκ τῆς ἀπωλείας τῆς μ. [A B *al.*]
— 15. A R εὐλογείτω τὸν θεὸν βασιλέα τὸν μ. [B S *al.*]
Ju. 1. 1. ἐν Νιν. τῇ πόλει τῇ μ. [S τῇ μ. π.]
— 5. A S R ἐποίησε πόλεμον . . . ἐν [B *om.*] τῷ πεδίῳ τῷ μ.
— 8. καὶ τὸ μ. πεδίον Ἐσρ.
2. 5. τάδε λέγει ὁ βασιλεὺς ὁ μ.
3. 2. ἡμεῖς οἱ παῖδες Ναβ. βασιλέως μεγάλου
— 9. A B S^2 ἥ ἐστιν ἀπέναντι τοῦ πρίονος τοῦ μ.
4. 6. ἔγραψεν Ἰω. ὁ ἱερεὺς ὁ μ.
— 8. καθὰ συνέταξεν αὐτοῖς Ἰ. ὁ ἱερεὺς ὁ μ.
— 9. ἀνεβόησαν . . . ἐν ἐκτενείᾳ μ.
— 9. ἐταπείνουσαν τὰς ψυχὰς αὐ. [S^2 *add.* νηστείᾳ μ.] ἐν ἐκτενείᾳ μ. [S *om.* ἐν ἐ. μ.]
— 14. Ἰω. ὁ ἱερεὺς ὁ μ. [S^1 *om.* ὁ μ.]
7. 23. ἀνεβόησαν . . . φωνῇ μ.
— 24. ἐποιήσατε ἐν ἡμῖν ἀδικίαν μ.
— 25. ἐν δίψῃ καὶ ἀπωλείᾳ μ.
— 29. καὶ ἐγένετο κλαυθμὸς μ.
— 29. ἐβόησαν πρὸς κ. τὸν θεὸν φωνῇ μ.
8. 19. ἔπεσον πτῶμα μ.
9. 1. ἐβόησε φωνῇ μ. [A -ὴν μ.]
13. 4, 13. ἀπὸ μικροῦ ἕως μεγάλου
— 14. εἶπε πρὸς αὐτοὺς φωνῇ μ.
14. 9. ἠλάλαξεν ὁ λαὸς φωνῇ μ.
— 16. ἐβόησε φωνῇ μ.
— 19. ἐγένετο αὐτῶν κραυγὴ καὶ βοὴ μ.
15. 5. ὑπερεκέρασαν αὐτοὺς πληγῇ μ. [A -ὴν μ.]
— 8. Ἰ. ὁ ἱερεὺς ὁ μ.
— 9. σὺ γαυρίαμα μ. τοῦ Ἰσρ.
— 9. σὺ καύχημα μ. τοῦ γένους ἡμῶν
16. 13. κύριε, μέγας εἶ
— 16. ὁ δὲ φοβούμενος τὸν κύριον μέγας διὰ παντός
— 23. καὶ ἦν προβαίνουσα μεγάλη σφόδρα
Es. 1. 1. βασιλεύοντος Ἀρτ. τοῦ μ. βασιλέως [A S *om.*]

Es. 1. 1. ἄνθρωπος μ. θεραπεύων ἐν τῇ αὐλῇ τοῦ βασ.
— 1. καὶ ἰδοὺ δύο δράκοντες μ.
— 1. ἐγένετο αὐτῶν φωνὴ μ. [A -αὶ μ.]
— 1. κάκωσις καὶ τάραχος μ.
— 1. ἀπὸ μικρᾶς πηγῆς ποταμὸς μ.
— 5. S^2 ἀπὸ μεγάλου καὶ ἕως μικροῦ (2 a)
3. 13. βασιλεὺς μ. Ἀρτ. τοῖς ἀπὸ τῆς Ἰνδ.
4. 1. ἐβόα φωνῇ μ. (2 a)
— 3. πένθος μ. τοῖς Ἰουδαίοις (2 a)
8. 13. βασιλεὺς μ. Ἀρτ. τοῖς ἀπὸ τῆς Ἰνδ.
— 13. πολλοὶ . . . μεῖζον [S^1 ἄμεινον] ἐφρόνησαν
— 13. ὄντας δὲ υἱοὺς τοῦ ὑψίστου μεγίστου ζῶντος θεοῦ
10. 3. καὶ μέγας ἦν ἐν τῇ βασ. (2 a?)
— 3. ἐποίησεν ὁ θ. . . . τὰ τέρατα τὰ μ.
Jb. 1. 3. ἔργα μεγάλα ἦν αὐτῷ ἐπὶ τῆς γῆς (12 a)
— 19. πνεῦμα μέγα ἐπῆλθεν ἐκ τῆς ἐρήμου (2 a)
2. 12. βοήσαντες φωνῇ μεγάλῃ ἔκλαυσαν –
— 13. ἑώρων γὰρ τὴν πληγὴν δεινὴν οὖσαν καὶ μ. σφόδρα (2 e)
3. 8. ὁ μέλλων τὸ μέγα κῆτος χειρώσασθαι (18)
— 19. μικρὸς καὶ μέγας ἐκεῖ ἐστι (2 a)
5. 9. τὸν ποιοῦντα μεγάλα καὶ ἀνεξιχνίαστα (2 a)
9. 4. σοφὸς γάρ ἐστι διανοίᾳ κραταιός τε καὶ μέγας –
— 10. ὁ ποιῶν μεγάλα καὶ ἀνεξιχνίαστα (2 a)
— 22. μέγαν καὶ δυνάστην ἀπολλύει ὀργή †
10. 17. ὀργῇ δὲ μεγάλῃ μοι ἐχρήσω (13 a)
24. 12. ψυχὴ δὲ νηπίων ἐστέναξε μέγα [A μεγάλως] –
26. 3. οὐχ ᾧ μεγίστη [A ἡ μ.] δύναμις (23)
30. 4. A B^2 S R ῥίζας ξύλων ἐμασῶντο ὑπὸ λιμοῦ μεγάλου –
31. 28. τοῦτό μοι ἄρα ἀνομία ἡ μεγίστη λογισθείη [A λ. μεγάλη] †
36. 24. μεγάλα ἐστὶν αὐτοῦ τὰ ἔργα (17)
37. 5. ἐποίησε γὰρ μεγάλα (2 a)
— 22. ἐπὶ τούτοις μεγάλη ἡ δόξα (4)
38. 7. ᾔνεσάν με φωνῇ [A ἐν φ.] μεγάλῃ –
40. 17 (22). σκιάζονται δὲ ἐν αὐτῷ δένδρα μεγάλα –
42. 3. μεγάλα καὶ θαυμαστὰ ἃ οὐκ ἐπιστάμην (9 a)
Ps. 18 (19). 13. καθαρισθήσομαι ἀπὸ ἁμαρτίας μεγάλης (12 a)
20 (21). 5. μεγάλη ἡ δόξα αὐτοῦ ἐν τῷ σωτηρίῳ σου (2 a)
21 (22). 25. παρὰ σοῦ ὁ ἔπαινός μου ἐν ἐκκλησίᾳ μεγάλῃ (12 a)
39 (40). 9. εὐηγγελισάμην δικαιοσύνην ἐν ἐκκλησίᾳ μεγάλῃ (12 a)
46 (47). 2. βασιλεὺς μέγας ἐπὶ πᾶσαν τὴν γῆν (2 a)
47 (48). 1. μέγας κύριος καὶ αἰνετὸς σφόδρα (2 a)
— 2. ἡ πόλις τοῦ βασιλέως τοῦ μ. (12 a)
50 (51). 1. ἐλέησόν με, ὁ θεός, κατὰ τὸ μ. ἔλεός σου (2 a)
75 (76). 1. ἐν τῷ Ἰσραὴλ μέγα τὸ ὄνομα αὐτοῦ (2 a)
76 (77). 13. B S^2 τίς θεὸς [S^1 *om.*] μέγας ὡς ὁ θεὸς ἡμῶν (2 a)
85 (86). 10. μέγας εἶ σὺ καὶ ποιῶν θαυμάσια σὺ εἶ ὁ θεὸς μόνος ὁ μ. [A S *om.* ὁ μ.] (2 a, –)
— 13. τὸ ἔλεός σου μέγα ἐπ' ἐμέ (2 a)
88 (89). 7. μέγας καὶ φοβερὸς ἐπὶ πάντας τοὺς περικύκλῳ αὐτοῦ (12 a)
94 (95). 3. θεὸς μ. κύριος καὶ βασιλεὺς μ. (2 a, 2 a)
95 (96). 4. μέγας κύριος καὶ αἰνετὸς σφόδρα (2 a)
98 (99). 2. κύριος ἐν Σιὼν μέγας (2 a)
— 3. ἐξομολογησάσθωσαν τῷ ὀνόματί σου τῷ μ. (2 a)
103 (104). 25. αὕτη ἡ θάλασσα ἡ μ. καὶ εὐρύχωρος (2 a)
— 25. ζῷα μικρὰ μετὰ μεγάλων (2 a)
105 (106). 21. τοῦ ποιήσαντος μεγάλα [A^2 -λεῖα] ἐν Αἰγύπτῳ (2 a)
107 (108). 4. μέγα ἐπάνω τῶν οὐρανῶν τὸ ἔλεός σου (2 a)
108 (109). 26. κατὰ τὸ [S^1 *add.* μ.] ἔλεός σου –
110 (111). 2. μεγάλα τὰ ἔργα κυρίου (2 a)
113. 21 (115. 13). εὐλόγησε . . . τοὺς μικροὺς μετὰ τῶν μ. (2 a)
130 (131). 1. οὐδὲ ἐπορεύθην ἐν μεγάλοις (2 a)
134 (135). 5. ἐγὼ ἔγνων ὅτι μέγας κύριος (2 a)
135 (136). 4. τῷ ποιήσαντι θαυμάσια μεγάλα μόνῳ (2 a)
— 7. τῷ ποιήσαντι φῶτα μεγάλα μόνῳ (2 a)
— 17. τῷ πατάξαντι βασιλεῖς μεγάλους (2 a)
137 (138). 5. μεγάλη ἡ δόξα κυρίου (2 a)

Ps. 144 (145). 3. μέγας ὁ κύριος καὶ αἰνετὸς σφόδρα (2 *a*)
146 (147). 5. μέγας ὁ κύριος ἡμῶν καὶ μεγάλη ἡ ἰσχὺς αὐτοῦ (2 *a*, 12 *a*)
151. 5. οἱ ἀδελφοί μου καλοὶ καὶ μεγάλοι
Pr. 2. 3. **A B**^{2} τὴν δὲ αἴσθησιν ζητήσῃς μεγάλῃ τῇ φωνῇ –
15. 16. θησαυροὶ μεγάλοι μετὰ ἀφοβίας (12 *a*)
16. 32. **A S**^{2} καὶ ἀνὴρ φρόνησιν ἔχων γεωργίου μεγάλου –
18. 11. ἡ δὲ δόξα αὐτῆς μέγα [**S**^{2} μεγάλα] ἐπισκιάζει †
20. 6. μέγα ἄνθρωπος καὶ τίμιον ἀνὴρ ἐλεήμων (12 *a*)
— 10. στάθμιον μέγα καὶ μικρόν †
24. 5. καὶ ἀνὴρ φρόνησιν ἔχων γεωργίου μεγάλου †
26. 25. ἐάν σου δέηται ὁ ἐχθρὸς μεγάλῃ τῇ φωνῇ –
27. 14. ὃς ἂν εὐλογῇ φίλον τὸ πρωῒ μεγάλῃ τῇ φωνῇ (2 *a*)
28. 16. βασιλεὺς ἐνδεὴς προσόδων [**S**^{2} χρημάτων] μέγας συκοφάντης (12 *a*)
29. 6. ἁμαρτάνοντι ἀνδρὶ μεγάλη παγίς †
Ec. 2. 21. τοῦτο ματαιότης καὶ πονηρία μ. (12 *a*)
9. 13. τοῦτο εἶδον σοφίαν . . . καὶ μεγάλη ἐστὶ πρὸς μέ (2 *a*)
— 14. καὶ ἔλθῃ ἐπ' αὐτὴν βασιλεὺς μ. (2 *a*)
— 14. καὶ οἰκοδομήσῃ ἐπ' αὐτὴν χάρακας μ. (2 *a*)
10. 1. **A R** ὑπὲρ δόξαν ἀφροσύνης μεγάλην [**B S** -λης] †
— 4. ἴαμα καταπαύσει ἁμαρτίας μεγάλας (2 *a*)
— 6. **S** ἐδόθη ἄφρων ἐν ὕψεσι μ. καὶ πλούσιοι μ. [**A B** *om.*] ἐν ταπεινῷ καθήσονται (12 *a*, –)
Wi. 3. 5. ὀλίγα παιδευθέντες μεγάλα εὐεργετηθήσονται
6. 7. μικρὸν καὶ μέγαν αὐτὸς ἐποίησεν
14. 22. μεγάλῳ [**A S**^{2} ἐν μ., **S**^{1} -ως] ζῶντες ἀγνοίας πολέμῳ
17. 1. μεγάλαι γάρ σου αἱ κρίσεις
18. 1. τοῖς δὲ ὁσίοις σου μέγιστον ἦν φῶς
Si. *prol.* 1. πολλῶν καὶ μεγάλων ἡμῖν διὰ τοῦ νόμου . . . δεδομένων
3. 18. ὅσῳ μέγας εἶ
— 20. μεγάλη ἡ δυναστεία τοῦ κυρίου
5. 15. ἐν μεγάλῳ καὶ ἐν μικρῷ μὴ ἀγνόει
7. 25. ἔσῃ τετελεκὼς ἔργον μέγα
10. 24. οὐκ ἔστιν αὐτῶν τις μείζων τοῦ φοβουμένου [**A** τῶν φ.] τὸν κύριον
17. 29. ὡς μεγάλη ἡ ἐλεημοσύνη τοῦ κυρίου
24. 29. ἡ βουλὴ αὐ. ἀπὸ ἀβύσσου μεγάλης
25. 10. ὡς μέγας ὁ εὑρὼν σοφίαν
— 22. αἰσχύνη μεγάλη γυνὴ ἐὰν ἐπιχορηγῇ τῷ ἀνδρὶ αὐτῆς
26. 8. ὀργὴ μεγάλη γυνὴ μέθυσος
29. 23. ἐπὶ μικρῷ καὶ μεγάλῳ εὐδοκίαν ἔχε
34 (31). 12. ἐπὶ τραπέζης μεγάλης ἐκάθισας
39. 6. ἐὰν κύριος ὁ μ. θελήσῃ
40. 1. ἀσχολία μεγάλη ἔκτισται παντὶ ἀνθρώπῳ
— 13. ὡς βροντὴ μεγάλη ἐν ὑετῷ ἐξηχήσει
41. 12. χίλιοι μεγάλοι θησαυροὶ χρυσίου
43. 5. μέγας κύριος ὁ ποιήσας αὐτόν
— 28. αὐτὸς γὰρ ὁ μ. παρὰ πάντα τὰ ἔργα αὐτοῦ
— 29. φοβερὸς κύριος καὶ σφόδρα μέγας
— 32. πολλὰ ἀπόκρυφά ἐστι μείζονα τούτων
44. 19. Ἀβραὰμ μέγας πατὴρ πλήθους ἐθνῶν
46. 1. ἐγένετο κατὰ τὸ ὄνομα αὐτοῦ μέγας
— 6. ἐπήκουσεν αὐτῶν μέγας κύριος
— 17. ἐν ἤχῳ μεγάλῳ ἀκουστὴν ἐποίησε τὴν φωνὴν αὐ.
48. 22. ἃς ἐνετείλατο Ἡσαΐας ὁ προφήτης ὁ μ.
— 24. πνεύματι μεγάλῳ εἶδε τὰ ἔσχατα
50. 1. Σίμων Ὀνίου υἱὸς ἱερεὺς ὁ μ.
— 16. ἀκουστὴν ἐποίησαν φωνὴν μεγάλην
— 22. **A S** εὐλογήσατε τῷ θεῷ πάντων τῷ μεγάλα ποιοῦντι [**B** πάντες τῷ μεγαλοποιοῦντι]
Ho. 1. 11 (2. 2). μεγάλη ἡ ἡμέρα τοῦ Ἰεζ. (2 *a*)
Am. 6. 12 (11). πατάξει τὸν οἶκον τὸν μ. θλάσμασι (2 *a*)
Jl. 2. 11. διότι μεγάλη ἡ ἡμέρα τοῦ κ. μεγάλη καὶ ἐπιφανής (2 *a*, –)
— 25. ἡ δύναμίς μου ἡ μεγάλη ἣν ἐξαπέστειλα (2 *a*)
— 31 (3. 4). τὴν ἡμέραν κ. τὴν μεγάλην καὶ ἐπιφανῆ (2 *a*)
Jn. 1. 2. εἰς Νινευὴ τὴν πόλιν τὴν μεγάλην (2 *a*)
— 4. ἐγένετο κλύδων μέγας ἐν τῇ θαλάσσῃ (2 *a*)
— 10. ἐφοβήθησαν οἱ ἄνδρες φόβον μέγαν [**S**^{3} -ῳ μ.] (2 *a*)

Jn. 1. 12. δι' ἐμὲ ὁ κλύδων ὁ μ. οὗτος ἐφ' ὑμᾶς (2 *a*)
— 16. ἐφοβήθησαν οἱ ἄνδρες φόβῳ μεγάλῳ (2 *a*)
2. 1. προσέταξε κύριος κήτει μεγάλῳ (2 *a*)
3. 2. εἰς Νινευὴ τὴν πόλιν τὴν μεγάλην (2 *a*)
— 3. ἡ δὲ Νινευὴ ἦν πόλις μ. τῷ θεῷ (2 *a*)
— 5. ἀπὸ μεγάλου αὐτῶν ἕως μικροῦ αὐτῶν [**A S**^{3} *al.*] (2 *a*)
4. 1. καὶ ἐλυπήθη Ἰωνᾶς λύπην μεγάλην (2 *a*)
— 6. ἐχάρη Ἰ. ἐπὶ τῇ κολοκύνθῃ χαρὰν μεγάλην (2 *a*)
— 11. ὑπὲρ Νινευὴ τῆς πόλεως τῆς μεγάλης [**A** *om.* τ. μ.] (2 *a*)
Na. 1. 3. κ. μακρόθυμος καὶ μ. ἡ ἰσχὺς αὐ. (2 *a*)
Ze. 1. 10. καὶ συντριμμὸς μέγας ἀπὸ τῶν βουνῶν (2 *a*)
— 14. ὅτι ἐγγὺς ἡμέρα κυρίου ἡ μεγάλη (2 *a*)
Hg. 1. 1. εἰπὸν . . . πρὸς Ἰ. τὸν τοῦ Ἰ. τὸν ἱερέα τὸν μέγαν (2 *a*)
— 12. ἤκουσε . . . Ἰ. ὁ τοῦ Ἰ. ὁ ἱερεὺς ὁ μέγας (2 *a*)
— 14. τὸ πνεῦμα Ἰ. τοῦ Ἰ. τοῦ ἱερέως τοῦ μ. (2 *a*)
2. 3 (2). πρὸς Ἰ. τὸν τοῦ Ἰ. τὸν ἱερέα τὸν μέγαν (2 *a*)
— 5 (4). κατίσχυε, Ἰ. ὁ τοῦ Ἰ. ὁ ἱερεὺς ὁ μέγας (2 *a*)
— 10 (9). μεγάλη ἔσται ἡ δόξα τοῦ οἴκου τ. (2 *a*)
Za. 1. 2. ὠργίσθη κύριος . . . ὀργὴν μ. –
— 14. ἐζήλωκα . . . ζῆλον μ. (2 *a*)
— 15. ὀργὴν μ. ἐγὼ ὀργίζομαι (2 *a*)
3. 1. ἔδειξέ μοι κ. τὸν Ἰ. τὸν ἱερέα τὸν μέγαν (2 *a*)
— 9 (8). ἄκουε δή, Ἰ. ὁ ἱερεὺς ὁ μέγας (2 *a*)
4. 6. οὐκ ἐν δυνάμει μεγάλῃ οὐδὲ ἐν ἰσχύϊ –
— 7. τίς εἶ σὺ τὸ ὄρος τὸ μέγα (2 *a*)
6. 11. ἐπὶ τὴν κεφ. Ἰ. τοῦ Ἰ. τοῦ ἱερέως τοῦ μεγάλου (2 *a*)
7. 12. ἐγένετο ὀργὴ [**A** ὁρμὴ] μεγάλη παρὰ κ. (2 *a*)
8. 2. ἐζήλωκα τὴν Ἰ. . . . ζῆλον μέγαν (2 *a*)
— 2. καὶ θυμῷ μεγάλῳ ἐζήλωκα αὐτήν (2 *a*)
14. 4. χάος μέγα σφόδρα (2 *a*)
— 13. ἔσται . . . ἔκστασις κ. μεγάλη ἐπ' αὐτούς (12 *a*)
Ma. 1. 11. διότι μέγα τὸ ὄνομά μου ἐν τοῖς ἔθνεσι (2 *a*)
— 14. διότι βασιλεὺς μέγας ἐγώ εἰμι (2 *a*)
4. 5 (3. 23). ἡμέραν κ. τὴν μ. καὶ ἐπιφανῆ (2 *a*)
Is. 1. 13. τὰ σάββατα καὶ ἡμέραν μεγάλην οὐκ ἀνέχομαι †
5. 9. εἰς ἔρημον ἔσονται μεγάλαι καὶ καλαί (2 *a*)
— 14. καταβήσονται οἱ ἔνδοξοι καὶ οἱ μ. (3)
7. 20. **A S** ξυρήσει κύριος [**B** *add.* ἐν] τῷ ξυρῷ τῷ μ. καὶ μεμεθυσμένῳ [**B** ξ. τῷ μεμισθωμένῳ] –
8. 1. λάβε σεαυτῷ τόμον [**A** *add.* χάρτου] καινοῦ μ. (2 *a*)
9. 2 (1). ἴδετε φῶς μέγα (2 *a*)
— 6 (5). μεγάλης βουλῆς ἄγγελος (9 *b*)
— 7 (6). μεγάλη ἡ ἀρχὴ αὐτοῦ (13 *b*)
— 14 (13). ἀφεῖλε κύριος . . . μέγαν καὶ μικρόν †
10. 12. **R** ἐπισκέψομαι [**A B S** ἐπάξει] ἐπὶ τὸν νοῦν τὸν μ. (2 *c*)
18. 7. ἀπὸ λαοῦ μεγαλοῦ ἀπὸ τοῦ νῦν καὶ εἰς τὸν αἰῶνα χρόνον (4)
19. 22. **A S** πατάξει κύριος τοὺς Αἰγυπτίους πληγῇ μεγάλῃ [**B** *om.*] –
22. 5. ἀπὸ μικροῦ ἕως μεγάλου πλανῶνται ἐπὶ τὰ ὄρη †
— 18. ῥίψει σε εἰς χώραν μεγάλην †
— 24. ἀπὸ μικροῦ ἕως μεγάλου †
26. 4. ὁ θεὸς ὁ μ. ὁ αἰώνιος (10)
27. 1. ἐπάξει ὁ θεὸς τὴν μάχαιραν τὴν ἁγίαν καὶ τὴν μ. (2 *a*)
— 13. σαλπιοῦσι [**A** *add.* ἐν] τῇ σάλπιγγι τῇ μ. (2 *a*)
29. 6. **ASR** ἐπισκοπὴ γὰρ ἔσται μετὰ . . . σεισμοῦ καὶ φωνῆς μεγάλης [**B** -ῇ μ.] (2 *a*)
33. 4. συναχθήσεται τὰ σκῦλα ὑμῶν [**A** *add.* ἀπὸ] μικροῦ καὶ μεγάλου †
— 19. ποῦ ἐστιν ὁ ἀριθμῶν τοὺς τρεφομένους [**A S** συστρ.] μικρὸν καὶ μ. λαόν †
— 21. τὸ ὄνομα κυρίου μέγα ὑμῖν [**A** ἔστιν] (1 *a*)
— 22 (21). ὁ γὰρ θεός μου μέγας ἐστίν (1 *a*)
34. 6. σφαγὴ μεγάλη ἐν τῇ Ἰδουμαίᾳ (2 *a*)
36. 4. ὁ μ. βασιλεὺς Ἀσσυρίων (2 *a*)
— 13. ἀνεβόησε [**A S** ἐβ.] φωνῇ μεγάλῃ Ἰουδαϊστὶ . . . ἀκούσατε τοὺς λόγους τοῦ βασιλέως τοῦ μ. βασιλέως Ἀσσυρίων [**S**^{1} *al.*] (2 *a*, 2 *a*)
38. 3. ἔκλαυσεν Ἐζ. κλαυθμῷ μεγάλῳ (2 *a*)
39. 2. **A S** ἐχάρη ἐπ' αὐτοῖς Ἐζεκίας χαρὰν μεγάλην [**B** *om.* χ. μ.] –

Is. 49. 6. μέγα σοί ἐστι τοῦ κληθῆναί σε παῖδά μου †
54. 7. μετ' ἐλέους μεγάλου ἐλεήσω σε (2 *a*)
60. 22. ὁ ἐλάχιστος εἰς ἔθνος μέγα (8)
Je. 4. 5. κεκράξατε μέγα (24)
— 6. ἐπάγω . . . συντριβὴν μεγάλην (2 *a*)
6. 1. συντριβὴ μεγάλη γίνεται (2 *a*)
— 13. ἀπὸ μικροῦ αὐτῶν καὶ ἕως [**A** *om.*] μεγάλου (2 *a*)
— 22. **A S**^{2} ἔθνος μέγα ἐξεγερθήσεται [**B S**^{1} *al.*] (2 *a*)
10. 22. σεισμὸς μ. ἐκ γῆς βορρᾶ (2 *a*)
11. 16. μεγάλη ἡ θλῖψις ἐπὶ σέ (2 *a*)
21. 5. μετὰ θυμοῦ καὶ ὀργῆς μεγάλης [**A** ὀ. καὶ παροργισμοῦ μεγάλου] (2 *a*)
— 6. πατάξω πάντας . . . ἐν θανάτῳ μεγάλῳ (2 *a*)
22. 8. διὰ τί ἐποίησε κύριος οὕτως τῇ πόλει ταύτῃ τῇ μ. (2 *a*)
27 (50). 22. συντριβὴ μεγάλη ἐν γῇ Χαλδαίων (2 *a*)
— 41. ἔθνος μέγα καὶ βασιλεῖς πολλοί (2 *a*)
28 (51). 54. συντριβὴ μεγάλη ἐν γῇ [**A** ἐκ γῆς] Χαλδαίων (2 *a*)
— 55. ἀπώλεσεν ἀπ' αὐτῆς φωνὴν μεγάλην. (2 *a*)
31 (48). 3. ὄλεθρον καὶ σύντριμμα μέγα (2 *a*)
32. 18 (25. 32). λαῖλαψ μεγάλη ἐκπορεύεται (2 *a*)
— 24 (25. 38). ἀπὸ προσώπου τῆς μαχαίρας τῆς μ. †
33 (26). 19. ἐποιήσαμεν κακὰ μεγάλα ἐπὶ ψυχὰς [**A** -αῖς] ἡμῶν (2 *a*)
34 (27). 5. ἐν τῇ ἰσχύϊ μου τῇ μ. (2 *a*)
35 (28). 8. ἐπὶ βασιλείας μεγάλας [**S** -ης] εἰς πόλεμον (2 *a*)
37 (30). 7. **R** ὅτι ἐγενήθη [**A B S** ἐ. ὅ.] μεγάλη ἡ ἡμέρα ἐκείνη (2 *a*)
38 (31). 34. εἰδήσουσί με ἀπὸ μικροῦ αὐτῶν ἕως μεγάλου αὐτῶν (2 *a*)
39 (32). 17. ἐποίησας τὸν οὐρανὸν καὶ τὴν γῆν [**A** *add.* ἐν] τῇ ἰσχύϊ σου τῇ μ. (2 *a*)
— 18. ὁ θεὸς ὁ μ. ὁ [**A S** καὶ] ἰσχυρός (2 *a*)
— 19. κύριος μεγάλης βουλῆς καὶ δυνατὸς τοῖς ἔργοις ὁ θεὸς ὁ μ. ὁ παντοκράτωρ [**S** *al.*] (2 *a*, –)
— 21. ἐν ὁράμασι μεγάλοις (2 *a*)
— 37. ἐν ὀργῇ μου καὶ τῷ θυμῷ μου καὶ παροξυσμῷ μεγάλῳ (2 *a*)
— 42. ἐπήγαγον ἐπὶ τὸν λαὸν τοῦτον πάντα τὰ κακὰ τὰ μ. ταῦτα (2 *a*)
40 (33). 3. ἀπαγγελῶ σοι μεγάλα καὶ ἰσχυρά (2 *a*)
43 (36). 7. μ. ὁ θυμὸς καὶ ἡ ὀργὴ κυρίου (2 *a*)
48 (41). 9. φρέαρ μέγα τοῦτό ἐστιν –
49 (42). 1. πᾶς ὁ λαὸς ἀπὸ μικροῦ καὶ ἕως μεγάλου (2 *a*)
— 8. ἀπὸ μικροῦ καὶ ἕως μεγάλου (2 *a*)
50 (43). 9. λάβε σεαυτῷ λίθους μεγάλους (2 *a*)
51 (44). 7. ποιεῖτε κακὰ μεγάλα ἐπὶ ψυχαῖς [**S**^{1} -χὰς] ὑμῶν (2 *a*)
— 12. ἐκλείψουσιν ἀπὸ μικροῦ ἕως μεγάλου (2 *a*)
— 15. ἀπεκρίθησαν . . . συναγωγὴ μεγάλη (2 *a*)
— 26. ὤμοσα τῷ ὀνόματί μου τῷ μ. (2 *a*)
51. 35 (45. 5). ζητήσεις σεαυτῷ μεγάλα (2 *a*)
52. 13. πᾶσαν οἰκίαν μεγάλην ἐνέπρησεν (2 *a*)
Ba. 1. 4. ἐν ὠσὶ παντὸς τοῦ λαοῦ ἀπὸ μικροῦ ἕως μεγάλου
2. 2. **A R** τοῦ ἀγαγεῖν ἐφ' ἡμᾶς κακὰ μεγάλα
— 11. ἐν δυνάμει μεγάλῃ καὶ ἐν βραχίονι ὑψηλῷ
— 27. κατὰ πάντα οἰκτιρμόν σου τὸν μ.
— 29. ἡ βόμβησις ἡ μ. ἡ πολλὴ αὕτη ἀποστρέψει εἰς μικράν [**A** μακ.]
3. 24. ὡς μ. ὁ οἶκος τοῦ θεοῦ
— 25. μέγας καὶ οὐκ ἔχει τελευτήν
4. 9. ἐπήγαγέ μοι ὁ θεὸς πένθος μέγα
— 24. ἣ ἐπελεύσεται ὑμῖν μετὰ δόξης μεγάλης
Ez. 1. 4. νεφέλη μεγάλη ἐν αὐτῷ (2 *a*)
3. 12. ἤκουσα κατόπισθέν μου φωνὴν σεισμοῦ μεγάλου (2 *a*)
8. 6. ἀνομίας μεγάλας ποιοῦσιν ὧδε τοῦ ἀπέχεσθαι ἀπὸ τῶν ἁγίων μου καὶ ἔτι ὄψει ἀνομίας μείζονας [**A** *al.*] (2 *a*, 21 *b*)
— 13. ἔτι ὄψει ἀνομίας μείζονας (21 *b*)
— 15. ἔτι ὄψει ἐπιτηδεύματα μείζονα τούτων (21 *b*)
9. 1. ἀνέκραγεν εἰς τὰ ὦτά μου φωνῇ μεγάλῃ (2 *a*)
11. 13. ἀνεβόησα φωνῇ μεγάλῃ (2 *a*)
17. 3. ἀετὸς ὁ μ. ὁ μεγαλοπτέρυγος (2 *a*)
— 6. **A** ἐγένετο εἰς ἄμπελον μεγάλην [**B** *om.*] –
— 7. ἐγένετο ἀετὸς ἕτερος μ. (2 *a*)
— 8. τοῦ εἶναι εἰς ἄμπελον μεγάλην (1 *b*)
— 9. οὐκ ἐν βραχίονι μεγάλῳ (2 *a*)
— 17. οὐκ ἐν δυνάμει μεγάλῃ (2 *a*)

Ez. 17. 23. ἔσται εἰς κέδρον μεγάλην (1 a)
21. 14 (19). ῥομφαία τραυματιῶν ἡ μ. (2 a)
25. 17. ποιήσω ἐν αὐτοῖς ἐκδικήσεις μ. (2 a)
29. 3. AR ἐγὼ ἐπὶ [B add. σὲ] Φαραὼ τὸν δράκοντα τὸν μ. (2 a)
— 18. κατεδουλώσατο τὴν δύναμιν αὐτοῦ δουλείᾳ μεγάλῃ (2 a)
31. 10. ἐγένου μ. τῷ μεγέθει (16 a)
36. 23. ἁγιάσω τὸ ὄνομά μου τὸ μ. [A ἅγιον] (2 a)
37. 10. A συναγωγὴ μεγάλη [B πολλὴ] σφόδρα (2 a)
38. 15. συναγωγὴ μεγάλη καὶ δύναμις πολλή (2 a)
— 19. ἔσται σεισμὸς μ. ἐπὶ γῆς Ἰσραήλ (2 a)
39. 17. ἣν τέθυκα ὑμῖν θυσίαν μεγάλην (2 a)
43. 14. πρὸς τὸ ἱλαστήριον τὸ μ. τοῦτο . . . ἀπὸ τοῦ ἱλαστηρίου τοῦ μικροῦ ἐπὶ τὸ ἱλαστήριον τὸ μ. πήχεις τέσσαρες (†, 2 a)
47. 10. ὡς [A om.] οἱ ἰχθύες τῆς θαλάσσης τῆς μ. [A al.] (2 a)
— 15. ἀπὸ θαλάσσης τῆς μ. τῆς καταβαινούσης (2 a)
— 19. παρεκτεῖνον ἐπὶ τὴν θάλασσαν τὴν μ. (2 a)
— 20. τοῦτο τὸ μέρος τῆς θαλάσσης τῆς μ. (2 a)
48. 28. ἕως τῆς θαλάσσης τῆς μ. (2 a)
Da. LXX. 2. 20. ἔστω τὸ ὄνομα τοῦ κ. τοῦ μ. εὐλογημένον –
— 31. ἦν ἡ εἰκὼν ἐκείνη μ. σφόδρα (15)
— 35. ὁ λίθος . . . ἐγένετο ὄρος μ. (12 a)
— 45. ὁ θεὸς ὁ μ. ἐσήμανε τῷ βασ. (12 a)
— 48. δοὺς δωρεὰς μ. καὶ πολλάς (12 b)
3. 3. συνήχθησαν . . . τύραννοι μ. ἐπ' ἐξουσιῶν –
— 33 (100). τὰ σημεῖα . . . ὡς μεγάλα καὶ ἰσχυρά (12 b)
— 33 (100). ὡς μ. καὶ ἰσχυρὰ ἡ βασ. αὐτοῦ (12 b?)
4. 8. καὶ ἡ ὅρασις αὐ. μ. (13 c?)
— 9. καὶ ἡ ὅρασις αὐ. μ. –
— 17. οὗ ἡ ὅρασις μ. (13 c)
— 20. ἡ κρίσις τοῦ θεοῦ τοῦ μ. ἥξει ἐπὶ σέ –
— 27. αὕτη ἐστὶ Βαβ. ἡ μ. (12 a)
— 31. τοῦ θεοῦ τῶν θεῶν τοῦ μ. ἐδεήθην –
— 32. ἐδεήθην . . . . τοῦ θεοῦ τῶν θεῶν τοῦ μ. –
— 34. ποιῆσαι . . . θαυμάσια μ. καὶ φοβερά –
— 34. ἠλλοίωσεν ἐπ' ἐμοὶ μ. πράγματα –
— 34. ἃς ἐποίησε μετ' ἐμοῦ ὁ θεὸς ὁ μ. –
— 34. καὶ τὰ θαυμάσια αὐτοῦ μ. –
5. 1. ἐποίησε δοχὴν μ. (12 a)
— 1. ἐποίησεν ἑστιατορίαν μ. (12 a?)
— 7. ὁ βασ. ἐφώνησε φωνῇ μ. †
— 10. ὑπέδειξεν αὐτῇ ὡς μέγα ἐστί –
6. 3 (4). Δ. ἦν . . . μ. καὶ ἔνδοξος –
— 20 (21). ἐκάλεσε τὸν Δαν. φωνῇ μ. (7)
— 21 (22). Δαν. ἐπήκουσε φωνῇ μ. –
7. 2. ἐνέπεσον εἰς τὴν θάλασσαν τὴν μ. (12 a)
— 7. ἔχον ὀδόντας σιδηροῦς μ. (12 b)
— 8. καὶ στόμα λαλοῦν μεγάλα (12 b)
— 11. τὴν φωνὴν τῶν λόγων τῶν μ. (12 b)
— 17. ταῦτα τὰ θηρία τὰ μ. (12 b)
— 20. καὶ στόμα λαλοῦν μεγάλα (12 b)
8. 3. εἶδον κριὸν ἕνα μ. –
— 8. συνετρίβη αὐτοῦ τὸ κέρας τὸ μ. (2 a)
— 21. τὸ κέρας τὸ μ. τὸ ἀνὰ μέσον τῶν ὀφθ. αὐ. (2 a)
9. 4. σὺ εἶ ὁ θεὸς ὁ μ. (2 a)
— 12. ἐπαγαγεῖν ἐφ' ἡμᾶς κακὰ μ. (2 a)
10. 4. ἤμην ἐπὶ τοῦ χείλους τοῦ ποταμοῦ τοῦ μ. (2 a)
— 7. εἶδον ἐγὼ Δ. τὴν ὅρασιν τὴν μ. ταύτην –
— 8. εἶδον τὴν ὅρασιν τὴν μ. ταύτην (2 a)
11. 2. πλουτήσει πλοῦτον μ. (2 a)
— 5. δυναστεία μ. ἡ δυναστεία αὐ. (12 a)
— 13. συνάξει πόλεως συναγωγὴν μείζονα παρὰ τὴν πρώτην (21 e)
12. 1. παρελεύσεται Μ. ὁ ἄγγελος ὁ μ. (2 a)
Bel 17. μ. ἐστὶν ὁ Βήλ –
— 40. μ. ἐστὶ κ. ὁ θεός –
Da. TH. Su. 24. ἀνεβόησε φωνῇ μ. Σωσ.
— 42. ἀνεβόησε δὲ φωνῇ μ. Σωσ.
— 46. ἐβόησε φωνῇ μ.
— 60. ἀνεβόησε πᾶσα ἡ συν. φωνῇ μ.
— 64. Δ. ἐγένετο μέγας ἐνώπιον τοῦ λαοῦ
2. 10. πᾶς βασιλεὺς μ. (12 a)
— 31. μ. ἡ εἰκὼν ἐκείνη (15)
— 35. ὁ λίθος . . . ἐγενήθη ὄρος μέγα (12 a)
— 45. ὁ θεὸς ὁ μ. ἐγνώρισε τῷ βασ. (12 a)
— 48. δόματα [A add. πολλὰ καὶ] μ. . . . ἔδωκεν αὐτῷ (12 b)
3. 3. συνήχθησαν . . . τύραννοι μ. οἱ ἐπ' ἐξουσιῶν –
— 33 (100). τὰ σημεῖα . . . ὡς μεγάλα καὶ ἰσχυρά (12 b)
4. 27. οὐχ αὕτη ἐστὶ Βαβ. ἡ μ. (12 a)

Da. TH. Su. 5. 1. ἐποίησε δεῖπνον μ. [A om.] (12 a)
6. 20 (21). A ἐβόησε φωνῇ μ. [B ἰσχυρᾷ] (7)
7. 2. προσέβαλλον εἰς τὴν θάλασσαν τὴν μ. (12 a)
— 3. τέσσαρα θηρία μ. ἀνέβαινον (12 b)
— 7. A οἱ ὀδόντες αὐ. σιδηροῖ μ. [B om.] (12 b)
— 8. καὶ στόμα λαλοῦν μεγάλα (12 b)
— 11. ἀπὸ φωνῆς τῶν λόγων τῶν μ. [A om. τ. μ.] (12 b)
— 17. A ταῦτα τὰ θηρία τὰ μ. [B om. τὰ μ.] (12 b)
— 20. καὶ στόμα λαλοῦν μεγάλα (12 b)
— 20. καὶ ἡ ὅρασις αὐ. μείζων [A -ω] τῶν λοιπῶν (21 e)
8. 8. συνετρίβη τὸ κέρας αὐτοῦ τὸ μ. (2 a)
— 21. καὶ τὸ κέρας τὸ μ. (2 a)
9. 4. κύριε ὁ θεὸς ὁ μ. (2 a)
— 12. ἐπαγαγεῖν ἐφ' ἡμᾶς κακὰ μ. (2 a)
10. 1. δύναμις μ. καὶ σύνεσις ἐδόθη αὐτῷ (2 a)
— 4. ἤμην ἐχόμενα τοῦ ποταμοῦ τοῦ μ. (2 a)
— 7. ἔκστασις μ. ἐπέπεσεν ἐπ' αὐτούς (2 a)
— 8. ἴδον τὴν ὀπτασίαν τὴν μ. ταύτην (2 a)
11. 2. πλουτήσει πλοῦτον μ. (2 a)
— 13. ἐπελεύσεται εἰσοδίᾳ ἐν δυνάμει μ. (2 a)
— 25. ἐξεγερθήσεται . . . ἐν δυνάμει μ. (2 a)
— 25. συνάψει πόλεμον ἐν δυνάμει μ. (2 a)
12. 1. Μιχαὴλ ὁ ἄρχων ὁ μ. (2 a)
Bel 18. ἐβόησε φωνῇ μ.
— 18. μέγας εἶ, Βήλ
— 23. ἦν δράκων μ.
— 41. ἀναβοήσας φωνῇ μ.
— 41. μέγας εἶ, κύριε
I Ma. 1. 17. εἰσῆλθεν . . . ἐν στόλῳ μ.
— 24. ἐλάλησεν ὑπερηφανίαν μ.
— 25. ἐγένετο πένθος μ.
— 30. ἐπάταξεν αὐτὴν πληγὴν μ.
— 33. ᾠκοδόμησαν τὴν πόλιν Δ. τείχει μ.
— 35. ἐγένετο εἰς μ. παγίδα
— 64. ἐγένετο ὀργὴ μ. ἐπὶ Ἰ. σφόδρα
2. 17. ἄρχων καὶ ἔνδοξος καὶ μέγας εἶ
— 19. εἶπε φωνῇ μ.
— 27. ἀνέκραξε Μ. . . . φωνῇ μ.
— 51. δέξασθε δόξαν μ.
— 70. ἐκόψαντο αὐτὸν πᾶς Ἰ. κοπετὸν μ.
3. 10. συνήγαγεν . . . δύναμιν μ.
— 54. ἐβόησαν φωνῇ μ.
4. 23. ἔλαβον . . . πλοῦτον μ.
— 25. ἐγενήθη σωτηρία μ. τῷ Ἰ.
— 39. ἐκόψαντο κοπετὸν μ.
— 58. ἐγενήθη εὐφροσύνη μ.
5. 3. ἐπάταξεν αὐτοὺς πληγὴν μ.
— 16. ἐπισυνήχθη ἐκκλησία μ.
— 23. ἤγαγεν . . . μετ' εὐφροσύνης μ.
— 26. πᾶσαι αἱ πόλεις αὗται ὀχυραὶ καὶ μ.
— 31. AS ἡ κραυγὴ . . . ἀνέβη . . . κραυγῇ [R φωνῇ] μ.
— 34. SR ἐπάταξεν αὐτοὺς πληγὴν μ. [A πληγῇ μ.]
— 45. ἀπὸ μικροῦ ἕως μεγάλου
— 45. συνήγαγεν . . . παρεμβολὴν μ. σφόδρα
— 46. αὕτη ἡ πόλις μ. ἐπὶ τῆς εἰσόδου
— 52. διέβησαν τὸν Ἰ. εἰς τὸ πεδίον τὸ μ.
— 61. ἐγενήθη τροπὴ μ.
6. 4. ἀπῆρεν ἐκεῖθεν μετὰ λύπης μ.
— 9. ἀνεκαινίσθη ἐπ' αὐτὸν λύπη μ.
— 11. ἕως τίνος θλίψεως ἦλθον καὶ κλύδωνος μ.
— 13. ἀπόλλυμαι λύπῃ μ.
— 27. μείζονα τούτων ποιήσουσι
— 41. ἦν γὰρ ἡ παρεμβολὴ μ. σφόδρα
7. 8. ἐπέλεξεν ὁ βασ. τὸν Β. . . . μέγαν ἐν τῇ βασ.
— 19. ἔθυσεν αὐτοὺς εἰς τὸ φρέαρ τὸ μ.
— 22. ἐποίησαν πληγὴν μ. ἐν Ἰ.
— 35. SR ἐξῆλθε μετὰ θυμοῦ μ. [A om.]
— 48. S²R ἡμέραν εὐφροσύνης μεγάλης [AS¹ -ην]
8. 4. ἐπάταξαν ἐν αὐτοῖς πληγὴν μ.
— 6. καὶ Ἀντίοχον τὸν μ. βασιλέα
— 7. διδόναι αὐτὸν . . . φόρον μέγαν [S¹ μεγάλην]
9. 20. ἐκόψαντο αὐτὸν . . . κοπετὸν μ.
— 24. SR ἐγενήθη λιμὸς μέγας [A μεγάλη] σφόδρα
— 27. ἐγένετο θλῖψις μ. ἐν τῷ Ἰ.
— 37. ποιοῦσι γάμον μ.
— 37. ἄγουσι . . . θυγατέρα ἑνὸς τῶν μ. μεγιστάνων Χ. μετὰ παραπομπῆς μ.
— 56. AR ἀπέθανεν Ἄ. . . . μετὰ βασάνου μεγάλης [S -ου]
10. 8. ἐφοβήθησαν φόβον μ.
— 37. A R ἐν τοῖς ὀχυρώμασι τοῦ βασ. τοῖς μ. [S al.]

I Ma. 10. 46. ἐπεμνήσθησαν τῆς κακίας τῆς μ.
— 48. AR συνήγαγεν . . . δυνάμεις μ. [S al.]
— 58. ἐποίησε τὸν γάμον αὐ. . . . ἐν δόξῃ μ.
— 69. συνήγαγε δύναμιν μ.
— 86. ἐξῆλθον . . . ἐν δόξῃ μ.
12. 20. Ὀ. βασιλεὺς Σπαρτ. Ὀνίᾳ ἱερεῖ μ. χαίρειν
— 36. ὑψῶσαι ὕψος μ.
— 49. εἰς τὴν Γαλ. καὶ τὸ πεδίον τὸ μ.
— 52. ἐπένθησε πᾶς Ἰσρ. πένθος μ.
13. 8. καὶ ἀπεκρίθησαν φωνῇ μ.
— 17. μή ποτε ἔχθραν ἄρῃ μεγάλην
— 26. ἐκόψαντο αὐτὸν πᾶς Ἰ. κοπετὸν μ.
— 29. περιθεὶς στύλους μ.
— 32. ἐποίησε πληγὴν μ.
— 33. καὶ περιετείχισε . . . τείχεσι μ.
— 37. τοῦ ποιεῖν ὑμῖν εἰρήνην μ.
— 42. ἐπὶ Σίμωνος ἀρχιερέως μ.
— 44. ἐγένετο κίνημα μ. ἐν τῇ πόλει
— 45. ἐβόησαν φωνῇ μ.
— 51. συνετρίβη ἐχθρὸς μ. ἐξ Ἰ.
14. 11. εὐφράνθη Ἰ. εὐφροσύνην μ.
— 20. Σπαρτιατῶν ἄρχοντες . . . Σίμωνι ἱερεῖ μ.
— 24. ἔχοντα ἀσπίδα χρυσῆν μ.
— 27. AR ἐπὶ Σίμωνος τοῦ ἀρχιερέως [S add. μεγάλου]
— 28. ἐπὶ συναγωγῆς μ. ἱερέων
— 29. δόξῃ μ. ἐδόξασαν τὸ ἔθνος αὐ.
— 36. ἐποίουν πληγὴν μ.
— 39. ἐδόξασεν αὐτὸν δόξῃ μ.
15. 2. βασιλεὺς Ἀντίοχος Σίμωνι ἱερεῖ μ.
— 9. δοξάσομέν σε . . . δόξῃ μ.
— 29. ἐποιήσατε πληγὴν μ. ἐπὶ τῆς γῆς
— 35. ἐποίουν ἐν τῷ λαῷ πληγὴν μ.
— 36. AR ὠργίσθη ὁ βασ. ὀργὴν μ. [S ὀργῇ μ.]
16. 15. SR ἐποίησεν αὐτοῖς πότον μέγαν [A -α]
— 17. ἐποίησεν ἀθεσίαν μ.
II Ma. 1. 3. ποιεῖν αὐ. τὰ θελήμ. καρδίᾳ μ.
— 11. ἐκ μ. κινδύνων ὑπὸ τοῦ θ. σεσωσμένοι
— 22. ἀνήφθη πυρὰ μ.
— 31. R ἐκέλευσε λίθους μείζονας κατασχεῖν [A -αχεῖν]
2. 18. ἐξείλατο γὰρ ἡμᾶς ἐκ μ. κακῶν
— 19. R καὶ τὸν τοῦ ἱεροῦ τοῦ μ. [A μεγίστου] καθαρισμόν
3. 24. ἐπιφάνειαν μ. ἐποίησεν
— 35. εὐχὰς μεγίστας εὐξάμενος
— 36. ἔργα τοῦ μεγίστου θεοῦ
4. 50. μ. τῶν πολιτῶν ἐπίβουλος καθεστώς
5. 6. δυσημερίαν εἶναι τὴν μεγίστην
— 20. ἐν τῇ τοῦ μ. δεσπότου καταλλαγῇ
6. 13. μ. εὐεργεσίας σημεῖόν ἐστιν
9. 20. R εὔχομαι μὲν τῷ θ. τὴν μεγίστην χάριν
12. 15. ἐπικαλεσάμενοι τὸν μ. τοῦ κόσμου δυνάστην
14. 13. καταστῆσαι δὲ Ἄ. ἀρχιερέα τοῦ μεγίστου ἱεροῦ
— 31. παραγενόμενος ἐπὶ τὸ μέγιστον . . . ἱερόν
15. 18. μέγιστος δὲ καὶ πρῶτος ὁ . . . φόβος
III Ma. 1. 9. R θύσας τῷ μεγίστῳ [A πιστῷ] θεῷ
— 16. καὶ δεομένων τοῦ μεγίστου θεοῦ
2. 6. ἐγνώρισας τὸ μ. σου κράτος
— 9. πρὸς δόξαν τοῦ μ. . . . ὀνόματός σου
— 12. R ἐρρύσω αὐτοὺς ἐκ μ. κινδύνων [A κακῶν]
— 13. διὰ τὰς . . . μ. ἡμῶν ἁμαρτίας
— 31. ὡς μεγάλης τινὸς κοινωνήσοντες εὐκλείας
3. 7. μέγα τι τοῖς πράγμασιν ἐναντιουμένους
— 11. οὐ καθορῶν τὸ τοῦ μεγίστου θεοῦ κράτος
4. 16. R εἰς δὲ τὸν μέγιστον θεὸν τὰ μὴ καθήκοντα λαλῶν [A al.]
5. 23. ἐν τῷ μ. περιστύλῳ διεκίνει
— 25. ἐδέοντο τοῦ μεγίστου θεοῦ
— 51. ἀνεβόησαν φωνῇ μ.
6. 17. μέγα εἰς οὐρανὸν ἀνέκραξαν
7. 2. κατευθύνοντος ἡμῖν τοῦ μ. θεοῦ τὰ πράγματα
— 22. μετὰ φόβου μεγίστου ἀποδοῦναι αὐτοῖς
— 22. R τὰ μεγαλεῖα τοῦ μεγίστου [A μεγάλου] θεοῦ ποιήσαντος
IV Ma. 1. 2. τῆς μεγίστης ἀρετῆς . . . περιέχει ἔπαινον
5. 21. AR τὸ γὰρ ἐν [S ἐπὶ] μικροῖς καὶ ἐν [S om.] μεγάλοις παρανομεῖν
7. 10. καὶ παθῶν μέγιστε βασιλεῦ Ἐλ.
11. 23. μέγαν σοι προσβάλλων καὶ αὐτὸς ἀλάστορα
● 13. 15. μέγας γὰρ ψυχῆς ἀγὼν
15. 9. R μείζω τὴν [A -ων τὴν, S -ον] ἐν αὐτοῖς ἔσχε φιλοστοργίαν
16. 2. γυνὴ τῶν μεγίστων βασάνων ὑπερεφρόνησε

● = correction on page xxvi

[**Aq.** GE. 1. 16, 21 : 10. 21 : 39. 9 : 45. 7 : EX. 18. 22 : DT. 2. 21 : 7. 23 : JD. 5. 16 : II KI. 5. 10 : IV KI. 18. 19 : 23. 4 : 25. 9 : JB. 1. 19 : PS. 39 (40). 11 : 94 (95). 3 : 103 (104). 25 : EC. 10. 6 : IS. 8. 1 : 56. 12 : JE. 6. 22 : 10. 6 *bis* : 14. 17 : 16. 10 : 25. 14 : 44 (51). 15 : EZ. 3. 13 : 37. 10 : 43. 14 : DA. 10. 1.]
[**Sm.** GE. 1. 16, 21 : 41. 40 : EX. 18. 22 : DT. 7. 23 : I KI. 6. 18 : 14. 38 : II KI. 7. 22 : IV KI. 18. 19 : 23. 4 : JB. 1. 3 : PS. 15 (16). 3 : 77 (78). 25 : 94 (95). 3 : 103 (104). 1, 25 : 125 (126). 2 : EC. 2. 4 : 9. 13 : 10. 4, 6 : IS. 8. 1 : 30. 25 : JE. 6. 22 : 14. 3, 17 : 16. 10 : 25. 14 : 32 (39). 19 : 51 (28). 55 : EZ. 3. 13 : 37. 10 : AM. 6. 2 : JN. 1. 4.]
[**Th.** GE. 1. 16, 21 : EX. 18. 22 : DT. 7. 23 : IV KI. 18. 19 : 25. 9 : JB. 37. 22 : PS. 39 (40). 11 : 94 (95). 3 : 103 (104). 25 : IS. 8. 1 : 56. 12 : JE. 6. 22 : 8. 10 : 10. 6 *bis* : 16. 6, 10 : 25. 14 : EZ. 3. 13 : 8. 18 : 30. 22 : 37. 10 : DA. 2. 10, 31 : 7. 7†, 17† : 10. 1.]
[**Al.** GE. 21. 8 : EX. 11. 8 : LE. 19. 15 : NU. 24. 13 : III KI. 1. 40 : IV KI. 3. 27 : II CH. 16. 14 : JB. 1. 3 : 37. 5 : PS. 8. 2 : 134 (135). 5 : EZ. 8. 18 : HB. 3. 5, 10.]
[**Sam.** DT. 34. 1.]
[**Quint.** IV KI. 18. 19 : 23. 4.]

μέγεθος. (1) גֹּבַהּ (2) גֹּדֶל (3) קוֹמָה

Ex. 15. 16. *μεγέθει βραχίονός σου ἀπολιθωθήτωσαν* (2)
I Ki. 16. 7. *μηδὲ εἰς τὴν ἕξιν μεγέθους αὐτοῦ* (3)
III Ki. 6. 23. *δέκα πήχεων μέγεθος ἐσταθμωμένον* (3)
7. 35. *ἥμισυ τοῦ πήχεος μέγεθος αὐτῆς* (3)
IV Ki. 19. 23. *ἔκοψα τὸ μ. τῆς κέδρου αὐ.* (3)
Ca. 7. 7 (8). *τοῦτο μέγεθός σου* (3)
Wi. 6. 7. *οὐδὲ ἐντραπήσεται μέγεθος*
13. 5. **A R** *ἐκ γὰρ μεγέθους καλλονῆς* [**B S**[1] *κ. καί*, **S**[2] *καὶ κ.*] *κτισμάτων*
Ba. 2. 18. *ἡ ψυχὴ ἡ λυπουμένη ἐπὶ τὸ μ.*
Ez. 17. 6. **A** *εἰς ἄμπελον . . . μικρὰν τῷ μ.* [**B** *om. τ. μ.*] (3)
19. 11. *ὑψώθη* [**A** *add. ἐν*] *τῷ μ. αὐ. ἐν μέσῳ στελεχῶν καὶ εἶδε τὸ μ. αὐ.* (3, 1)
31. 3. *Ἀσσοὺρ . . . ὑψηλὸς τῷ μ.* (3)
— 5. *ὑψώθη τὸ μ. αὐτοῦ παρὰ πάντα τὰ ξύλα τοῦ πεδίου* (3)
— 10. *ἐγένου μέγας τῷ μ.* (3)
— 14. *μὴ ὑψωθῶσιν ἐν τῷ μ. αὐτῶν πάντα τὰ ξύλα* (3)
II Ma. 15. 24. *μεγέθει βραχίονός σου καταπλαγείησαν*
[**Sm.** EC. 2. 9 : IS. 37. 24.]
[**Th.** IS. 37. 24.]
[**Al.** PR. 18. 10.]

μεγεθύνειν.

[**Aq.** NU. 6. 5.]
[**Sext.** CA. 6. 9 (10).]

μεγιστάν. (1) אַדִּיר (2) גָּדוֹל (3) הַדָּבָר (4) רַבְרְבָן (5) שַׂר

II Ch. 36. 18. *καὶ πάντας τοὺς θησαυροὺς . . . μεγιστάνων* (5)
I Es. 1. 38. *ἔδησεν Ἰ. τοὺς μ.*
3. 1. *ἐποίησε δοχὴν μεγ. . . . πᾶσι τοῖς μ. τῆς Μ.*
— 9. *ὃν ἂν κρίνῃ ὁ βασ. καὶ οἱ τρεῖς μ. τῆς Π.*
— 14. *ἐκάλεσε πάντας τοὺς μ. τῆς Π.*
4. 33. *οἱ μ. ἔβλεπον εἰς τὸν ἕτερον* [**A** *al.*]
8. 26. *ἐμὲ ἐτίμησεν ἔναντι . . . μεγιστάνων αὐτοῦ*
— 55. **A R** *καὶ οἱ* [**B** *om.*] *μ. καὶ πᾶς Ἰσρ.*
— 70. *μετεῖχον . . . οἱ μ. τῆς ἀνομίας ταύτης*
Ju. 2. 2. *συνεκάλεσε . . . πάντας τοὺς μ. αὐ.*
5. 22. *εἶπαν οἱ μ. Ὀλ.*
Es. 8. 14. **S**[2] *καὶ ἐπιβάται τῶν πορίων οἱ μ.* †
Pr. 8. 16. *δι' ἐμοῦ μεγιστᾶνες μεγαλύνονται* (5)
Si. 4. 7. *μεγιστᾶνι* [**S**[2] *πρεσβυτέρῳ*] *ταπεινοῦ τὴν κεφαλήν σου*
8. 8. *μαθήσῃ . . . λειτουργῆσαι μεγιστᾶσι*
10. 24. *μεγιστὰν καὶ κριτὴς καὶ δυνάστης δοξασθήσεται*
11. 1. *ἐν μέσῳ μεγιστάνων καθίσει αὐτόν*
20. 27. *ἄνθρωπος φρόνιμος ἀρέσει μεγιστᾶσιν*
— 28. *ὁ ἀρέσκων μεγιστᾶσιν ἐξιλάσεται ἀδικίαν*
23. 14. *ἀνὰ μέσον γὰρ μεγιστάνων συνεδρεύεις*
28. 14. *οἰκίας μεγιστάνων κατέστρεψε*
30. 27 (33. 18). *ἀκούσατέ μου, μεγιστᾶνες λαοῦ*
Si. 35 (32). 9. *ἐν μέσῳ μεγιστάνων μὴ ἐξισάζου* [**S** *ἐξουσιάζου*]
38. 3. *ἔναντι μεγιστάνων θαυμασθήσεται*
39. 4. *ἀνὰ μέσον μεγιστάνων ὑπηρετήσει*
Jn. 3. 7. *παρὰ τοῦ βασ. καὶ παρὰ τῶν μ. αὐ.* (2)
Na. 2. 5 (6). *καὶ μνησθήσονται οἱ μ. αὐτῶν* (1)
3. 10. *πάντες οἱ μ. αὐτῆς δεθήσονται χειροπέδαις* (2)
Za. 11. 2. *ὅτι μεγάλως μεγιστᾶνες ἐταλαιπώρησαν* (1)
Is. 34. 12. **B**[1] **R** *οἱ μ. αὐτῆς ἔσονται εἰς ἀπώλειαν* [**A B**[2] **S** *al.*] (5)
Je. 14. 3. *οἱ μ. αὐτῆς ἀπέστειλαν* [**S**[1] *-τησαν*] *τοὺς νεωτέρους αὐτῶν ἐφ' ὕδωρ* (1)
24. 8. *παραδώσω τὸν Σεδ. . . . καὶ τοὺς μ. αὐ.* (5)
25. 17 (49. 38). *ἐξαποστελῶ ἐκεῖθεν βασιλέα καὶ μεγιστᾶνας* (5)
27 (50). 35. *ἐπὶ τοὺς κατοικοῦντας Βαβυλῶνα καὶ ἐπὶ τοὺς μ. αὐτῆς* (5)
32. 5 (25. 19). *τὸν Φαραὼ . . . καὶ τοὺς μ. αὐτοῦ* (5)
41 (34). 10. *ἐπεστράφησαν πάντες οἱ μ.* (5)
Ez. 30. 13. *ἀπολῶ* [**A** *add. βδελύγματα καὶ καταπαύσω*] *μεγιστᾶνας ἀπὸ Μέμφεως* †
Da. LXX. 1. 3. *ἐκ τῶν υἱῶν τῶν μ. τοῦ Ἰσρ.* –
5. 23. *σὺ καὶ οἱ μ. σου* (4)
6. 17 (18). *καὶ ἐν τοῖς δακτυλίοις τῶν μ. αὐ.* (4)
Da. TH. 3. 24 (91). *εἶπε τοῖς μ. αὐ.* (3)
4. 33. *οἱ μ. μου ἐζήτουν με* (4)
5. 1. *ἐποίησε δεῖπνον μέγα τοῖς μ. αὐ. χιλίοις* (4)
— 2, 3. *ὁ βασ. καὶ οἱ μ. αὐτοῦ* (4)
— 9. *οἱ μ. αὐ. συνεταράσσοντο* [**A** *-ον αὐτόν*] (4)
— 23. *σὺ καὶ οἱ μ. σου* (4)
6. 17 (18). *καὶ ἐν τῷ δακτυλίῳ τῶν μ. αὐτοῦ* (4)
I Ma. 9. 37. *θυγατέρα ἑνὸς τῶν μεγάλων μ.*
[**Aq.** IS. 32. 5 : DA. 3. 24 (91).]
[**Sm.** LA. 1. 15.]
[**Th.** JE. 39 (46). 13 : DA. 3. 24 (91) : 5. 10.]
[**Al.** JE. 39 (46). 3.]

μεθαρμόζειν.

Wi. 19. 18. *δι' ἑαυτῶν γὰρ τὰ στοιχεῖα μεθαρμοζόμενα*

μεθαχαβεῖν. (1) מִתְחַבְּאִים

I Ch. 21. 20. *τέσσαρας υἱοὺς αὐ. μ.* [**A** *κρυβόμενοι*] (1)

μεθερμηνεύειν.

Si. *prol.* 23. *τοῦ μεθερμηνεῦσαι τήνδε τὴν βίβλον*

μέθη. (1) עָסִיס (2) *a.* שֵׁכָר *b.* שָׁכָר *c.* שִׁכָּרוֹן (3) **μεθύσκειν μέθῃ** שִׁכֵּר hi.

To. 4. 15. **A B** *οἶνον εἰς μέθην μὴ πίῃς*
— 15. **A B** *μὴ πορευθήτω μετὰ σοῦ μέθη ἐν τῇ ὁδῷ σου*
Ju. 13. 15. *ἐν ᾧ κατέκειτο ἐν ταῖς μ. αὐ.*
Pr. 20. 1. *ἀκόλαστον οἶνος καὶ ὑβριστικὸν μέθη* (2 *a*)
24. 74 (31. 6). *δίδοτε μέθην τοῖς ἐν λύπαις* (2 *a*)
Si. 28. 8. **S**[2] *ἀπόλιπε ἀπὸ μέθης* [**A B S**[1] *al.*]
34 (31). 30. *πληθύνει μέθη θυμὸν ἄφρονος εἰς πρόσκομμα*
Jl. 1. 5. *θρηνήσατε πάντες οἱ πίνοντες οἶνον εἰς μέθην* (1)
Hg. 1. 6. *ἐπίετε καὶ οὐκ εἰς μέθην* (2 *b*)
Is. 28. 7. *ἐσείσθησαν ἀπὸ τῆς μ.* [**A S** *add. τοῦ σίκερα*] (2 *a*)
Je. 28 (51). 57. *μεθύσει μέθη τοὺς ἡγεμόνας αὐτῆς* (3)
Ez. 23. 33. *τοῦ συντελέσαι μέθην* (2 *c*)
39. 19. *πίεσθε αἷμα εἰς μέθην ἀπὸ τῆς θυσίας μου* (2 *c*)
[**Sm.** EZ. 23. 33.]
[**Th.** IS. 28. 7 : 56. 12.]

μεθιστᾶν, μεθιστάναι, μεθιστάνειν. (1) מוּט (2) מוּשׁ (3) מָסָה hi. (4) סוּר *a.* qal. *b.* hi. (5) עָדָה aph. (6) פָּנָה

De. 17. 17. **B**[2] *οὐδὲ μεταστήσεται* [**A R** *ἵνα μὴ μεταστῇ*] *αὐ. ἡ καρδία* (4 *a*)
30. 17. *ἐὰν μεταστῇ ἡ καρδία σου* (6)
Jo. 14. 8. *μετέστησαν τὴν καρδίαν* [**A** *διάνοιαν*] *τοῦ λαοῦ* (3)
Jd. 7. 5. **A** *μεταστήσεις αὐτὸν καθ' αὐτόν* –
9. 29. *μεταστήσω τὸν Ἀβ.* (4 *b*)
10. 16. **A** *μετέστησαν* [**B** *ἐξέκλιναν*] *τοὺς θεοὺς τοὺς ἀλλοτρίους* (4 *b*)
I Ki. 6. 12. *οὐ μεθίσταντο δεξιά* (4 *a*)
III Ki. 15. 13. *τὴν Ἀ. τὴν μητέρα αὐ. μετέστησε* (4 *b*)
III Ki. 18. 29. *μετάστητε ἀπὸ τοῦ νῦν* –
— 29. *μετέστησαν καὶ ἀπῆλθον* –
IV Ki. 3. 2. **B** *μετέστησε τὰς στήλας τοῦ Β.* (4 *b*)
12. 3 (4). *πλὴν τῶν ὑψηλῶν οὐ μετεστάθησαν* (4 *a*)
17. 23. *μετέστησε κύριος τὸν Ἰσρ. ἀπὸ προσώπου αὐ.* (4 *b*)
23. 33. *μετέστησεν αὐτὸν Φ. Ν.* †
II Ch. 15. 16. *τὴν Μ. τὴν μητέρα αὐ. μετέστησε* (4 *b*)
Am. 5. 23. *μετάστησον ἀπ' ἐμοῦ ἦχον ᾠδῶν σου* (4 *b*)
Is. 54. 10. *μηδὲ ἐν ἀπειλῇ σου τὰ ὄρη* [**S** *ὅρια*] *μεταστήσεσθαι* [**A S** *-ήσασ.*] . . . *οὐδὲ ἡ διαθήκη τῆς εἰρήνης σου οὐ μὴ μεταστῇ* (2, 1)
59. 15. *μετέστησαν τὴν διάνοιαν τοῦ συνιέναι* (4 *a*)
Da. LXX. Su. 56. *τοῦτον μεταστήσας*
2. 21. *μεθιστῶν βασιλεῖς καὶ καθιστῶν* (5)
Da. TH. Su. 56. *καὶ μεταστήσας αὐτόν*
2. 21. *καθιστᾷ βασιλεῖς καὶ μεθιστᾷ* (5)
7. 12. *ἡ ἀρχὴ μετεστάθη* (5)
— 26. *τὴν ἀρχὴν μεταστήσουσι* (5)
11. 31. *μεταστήσουσι τὸν ἐνδελεχισμόν* (4 *b*)
I Ma. 8. 13. *οὓς δ' ἂν βούλωνται μεθιστῶσι*
11. 63. *βουλόμενοι μεταστῆσαι αὐτὸν τῆς χρείας*
II Ma. 4. 10. **A** *τοὺς ὁμοφύλους μετέστησε* [**R** *μετῆγε*]
11. 23. *τοῦ πατρὸς ἡμῶν εἰς θεοὺς μεταστάντος*
III Ma. 2. 28. *τοὺς δὲ ἀντιλέγοντας . . . τοῦ ζῆν μεταστῆσαι*
3. 1. *χειρίστῳ μόρῳ τοῦ ζῆν μεταστῆσαι*
6. 12. **R** *τοὺς . . . ἐκ τοῦ ζῆν μεθισταμενομ.* [**A** *-σταμ.*]
— 24. *ἐπιχειρεῖτε . . . τοῦ πνεύματος μεθιστᾶν*
[**Sm.** EX. 14. 25 : II KI. 7. 10.]
[**Th.** JB. 12. 24 : IS. 17. 1.]

μεθλά.

Jd. 20. 48. *ἀπὸ πόλεως μ.* [**A** *al.*] †

μεθοδεύειν. (1) רָגַל pi.

II Ki. 19. 27 (28). **A B**[1] *μεθώδευσεν ὁ δοῦλός σου πρὸς τὸν κ. μου* [**B**[2] **R** *al.*] (1)
[**Aq.** EX. 21. 13.]

μέθοδος.

Es. 8. 13. *πολυπλόκοις μεθόδων παραλογισμοῖς*
II Ma. 13. 18. *κατεπείρασε διὰ μεθόδων τοὺς τόπους*
[**Sext.** PS. 24 (25). 4.]

μεθόριον.

Jo. 19. 27. **A** *πορεύεται τὸ μ.* –
[**Sm.** EZ. 47. 8.]

μεθύειν, μεθύσκειν. (1) הָלַם (2) רָוָה *a.* qal. *b.* pi. *c.* hi. *d.* רְוָיָה *e.* רָוֶה (3) שׁוּק pil. (4) שָׁכַר *a.* qal. *b.* pi. *c.* hi. *d.* hithpa. *e.* שִׁכֹּר, שִׁכּוֹר (5) שָׁתָה (6) **μεθύσκειν μέθῃ** שִׁכֵּר hi.

Ge. 9. 21. *καὶ ἐμεθύσθη* (4 *a*)
43. 34. *ἐμεθύσθησαν μετ' αὐτοῦ* (4 *a*)
De. 32. 42. *μεθύσω τὰ βέλη μου ἀφ' αἵματος* (4 *c*)
I Ki. 1. 13. *ἐλογίσατο αὐτὴν Ἡ. εἰς μεθύουσαν* (4 *e*)
— 14. *ἕως πότε μεθυσθήσῃ* (4 *d*)
25. 36. *καὶ αὐτὸς μεθύων ἕως σφόδρα* (4 *e*)
II Ki. 11. 13. *καὶ ἐμέθυσεν αὐτόν* (4 *b*)
III Ki. 16. 9. *αὐτὸς ἦν ἐν Θ. πίνων μεθύων* (4 *e*)
21 (20). 16. *υἱὸς Ἀ. πίνων μεθύων* (4 *e*)
Ju. 6. 4. *τὰ ὄρη αὐ. μεθυσθήσεται* [**A** *-σονται*]
Jb. 12. 25. *πλανηθείησαν δὲ ὥσπερ ὁ μεθύων* (4 *e*)
Ps. 22 (23). 5. *τὸ ποτήριόν σου μεθύσκον ὡς* [**S**[2] *με ὡσεὶ*] *κράτιστον* (2 *d*)
35 (36). 8. *μεθυσθήσονται ἀπὸ πιότητος οἴκου* (2 *a*)
64 (65). 9. *καὶ ἐμέθυσας αὐτήν* (3)
— 10. *τοὺς αὔλακας αὐτῆς μέθυσον* (2 *b*)
106 (107). 27. *ἐσαλεύθησαν ὡς ὁ μεθύων* (4 *e*)
Pr. 4. 17. *οἴνῳ δὲ παρανόμῳ μεθύσκονται* (5)
23. 30. *μὴ μεθύσκεσθε ἐν* [**A S** *om.*] *οἴνοις* [**A** *-ῳ*] –
Ca. 5. 1. *πίετε καὶ μεθύσθητε ἀδελφοί* (4 *a*)
Si. 1. 16. *μεθύσκει αὐτοὺς ἀπὸ τῶν καρπῶν αὐτῆς*
24. 31. *μεθύσω μου τὴν πρασιάν*
35 (32). 13. *εὐλόγησον τὸν . . . μεθύσκοντά σε ἀπὸ τῶν ἀγαθῶν αὐτοῦ*
39. 22. *ὡς κατακλυσμὸς ξηρὰν ἐμέθυσεν*
Ho. 14. 8. *ζήσονται καὶ μεθυσθήσονται σίτῳ* –
Jl. 1. 5. *ἐκνήψατε οἱ μεθύοντες ἐξ οἴνου αὐτῶν* (4 *e*)
Na. 3. 11. *καὶ σὺ μεθυσθήσῃ* (4 *a*)

Hb. 2. 15. μεθύσκων ὅπως ἐπιβλέπῃ ἐπὶ τὰ σπήλαια (4 *b*)
Is. 7. 20. **A S** τῷ ξυρῷ τῷ μεγάλῳ καὶ μεμεθυσμένῳ [B *al.*] †
19. 14. ὡς πλανᾶται ὁ μεθύων (4 *e*)
24. 20. ἔκλινεν ὡς ὁ μεθύων καὶ κραιπαλῶν (4 *e*)
28. 1. οἱ μεθύοντες ἄνευ οἴνου (1)
34. 5. ἐμεθύσθη ἡ μάχαιρά μου ἐν τῷ οὐρανῷ (2 *b*)
— 7. μεθυσθήσεται ἡ γῆ ἀπὸ τοῦ αἵματος (2 *b*)
36. 12. καὶ πίωσιν οὖρον μεθ' ὑμῶν [S^{1} -ὰν μεθύων] ἅμα †
49. 26. καὶ μεθυσθήσονται (4 *a*)
51. 21. ἄκουε τεταπεινωμένη καὶ μεθύουσα οὐκ ἀπὸ οἴνου (4 *a*)
55. 10. ἕως ἂν μεθύσῃ τὴν γῆν (2 *c*)
58. 11. ἔσται ὡς κῆπος μεθύων (2 *c*)
Je. 26 (46). 10. μεθυσθήσεται ἀπὸ τοῦ αἵματος αὐτῶν (2 *a*)
28 (51). 7. ποτήριον χρυσοῦν Βαβυλὼν . . . μεθύσκον πᾶσαν τὴν γῆν (4 *b*)
— 39. μεθύσω αὐτούς (4 *c*)
— 57. μεθύσει [S^{1} -ύει] μέθῃ τοὺς ἡγεμόνας αὐτῆς (6)
31 (48). 26. μεθύσατε αὐτόν (4 *c*)
32. 13 (25. 27). πίετε μεθύσθητε (4 *a*)
38 (31). 14. μεθύσω τὴν ψυχὴν τῶν ἱερέων (2 *b*)
— 25. ἐμέθυσα πᾶσαν ψυχὴν διψῶσαν (2 *c*)
La. 3. 15. ἐμέθυσέ με χολῆς (2 *c*)
4. 21. μεθυσθήσῃ καὶ ἀποχεεῖς (4 *a*)
I Ma. 16. 16. ὅτε ἐμεθύσθη Σ.
[**Aq.** Dt. 29. 19 (18): Pr. 5. 19: 7. 18: Is. 7. 20: 28. 1: Je. 31 (38). 12: Ez. 23. 42.]
[**Sm.** Dt. 29. 19 (18): Ps. 22 (23). 5: Pr. 7. 18: Is. 28. 1: 63. 6: Je. 31 (38). 12.]
[**Th.** Dt. 29. 19 (18): I Ki. 1. 14: Pr. 7. 18: Is. 24. 20: 28. 1, 3: 63. 6.]
[**Al.** I Ki. 1. 13.]
[**Quint.** Ps. 22 (23). 5: 64 (65). 11.]
[**Sext.** Ps. 22 (23). 5.]

μέθυσμα. (1) *a.* שֵׁכָר *b.* שִׁכָּרוֹן (2) תִּירוֹשׁ
Jd. 13. 4, 7. μὴ πίῃς . . . μέθυσμα [A σίκερα] (1 *a*)
— 14. σίκερα μέθυσμα [A *om.*] μὴ πιέτω (1 *a*)
I Ki. 1. 11. οἶνον καὶ μέθυσμα οὐ πίεται –
— 15. οἶνον καὶ μέθυσμα οὐ πέπωκα (1 *a*)
Ho. 4. 11. μέθυσμα ἐδέξατο καρδία λαοῦ (2)
Mi. 2. 11. ἐστάλαξέ σοι εἰς οἶνον καὶ μέθυσμα (1 *a*)
Je. 13. 13. πληρῶ . . . πάντας τοὺς κατοικοῦντας ἐν Ἰερ. μεθύσματι [S *al.*] (1 *b*)
[**Aq.** Dt. 14. 25 (26): 29. 6 (5): Ps. 68 (69). 13: Is. 5. 11: 28. 7 *bis*: 56. 12.]
[**Sm.** Ps. 68 (69). 13: Is. 5. 11: 28. 7.]
[**Th.** Is. 28. 7.]
[**Al.** Le. 10. 9.]

μέθυσος. (1) סָבָא (2) שִׁכּוֹר
Pr. 23. 21. πᾶς γὰρ μέθυσος καὶ πορνοκόπος πτωχεύσει (1)
26. 9. ἄκανθαι φύονται ἐν χειρὶ μεθύσου [A S τοῦ μ.] (2)
Si. 19. 1. ἐργάτης μέθυσος οὐ [S^{1} -σου] πλουτισθήσεται
26. 8. ὀργὴ μεγάλη γυνὴ μέθυσος
IV Ma. 2. 7. τίνα τρόπον . . . μέθυσος μεταπαιδεύεται
[**Sm.** Pr. 11. 25.]

μεθωσεείμ. (1) מִתְיַחְשִׂים
II Es. 2. 62. ἐζήτησαν γραφὴν αὐ. οἱ μ. (1)

μειάβ.
I Ki. 14. 15. **A** ὁ ἐν μ. [B οἱ ἐν μεσσὰφ] καὶ οἱ διαφθείροντες †

μειδηχέμ.
[**Heb.** Ma. 2. 13.]

μειδιᾶν (μηδ., μιδ.).
Si. 21. 20. ἀνὴρ δὲ πανοῦργος μόλις ἡσυχῇ μειδιάσει
[**Aq.** Am. 5. 9.]
[**Sm.** Ps. 38 (39). 14.]

μείζων, *vid. sub* **μέγας.**

μεινεί.
[**Aq., Th.** Is. 65. 11.]

μειοῦσθαι.
Si. 43. 7. φωστὴρ μειούμενος ἐπὶ συντελείᾳ [**A S^{1}** -ᾳ]

μειράκιον.
II Ma. 7. 25. γενέσθαι τοῦ μ. σύμβουλον
IV Ma. 8. 14. μειράκια, φοβήθητε
11. 24. ἓξ μειράκια κατελύσαμέν σου τὴν τυραννίδα
14. 4. οὐδεὶς ἐκ τῶν ἑπτὰ μ.

μειρακίσκος.
IV Ma. 7. 24. μειρακίσκοι . . . χαλεπωτέρων βασανιστηρίων ἐπεκράτησαν
11. 13. ὁ ἕκτος ἤγετο μ.

μεῖραξ.
IV Ma. 14. 6. οὕτως οἱ ἱεροὶ μ.
— 8. χορεύοντες οἱ μ. ἐκύκλουν

μεισώρ, μισώρ. (1) מִישׁוֹר, מִישֹׁר
De. 3. 10. πᾶσαι πόλεις μ. (1)
Jo. 13. 9. καὶ πᾶσαν τὴν μ. ἀπὸ Μ. (1)
— 16. καὶ πᾶσαν τὴν μ. (1)
— 17. καὶ πάσας τὰς πόλεις τὰς οὔσας ἐν τῇ μ. [A βι.] (1)
— 21. καὶ πάσας τὰς πόλεις τοῦ μ. (1)
[**Aq.** Je. 48 (31). 8.]
[**Al.** II Ch. 26. 10.]

μέλαθρον. (1) *a.* יָצוּעַ *b.* יָצִיעַ (2) כֹּתֶרֶת (3) שְׁקָפִים
III Ki. 6. 5. ἔδωκεν . . . μέλαθρα κυκλόθεν (1 *a**, 1 *b*)
7. 20. καὶ μέλαθρον ἐπ' ἀμφοτέρων τῶν στύλων (2)
— 20. ἐπίθεμα τὸ [A *om.*] μ. τῷ πάχει †
— 4. καὶ μ. τρία (3)
[**Th.** III Ki. 7. 20 (9).]

μελαθροῦσθαι. (1) שָׁקַף
III Ki. 7. 5. καὶ αἱ χῶραι τετράγωνοι μεμελαθρωμέναι (1)

μελαίνεσθαι.
[**Aq., Sm., Th.** Jb. 30. 30.]

μέλαν.
[**Heb.** Ez. 9. 2.]

μελάνθιον. (1) קֶצַח
Is. 28. 25. σπείρει μικρὸν μ. (1)
— 27. οὐ γὰρ μετὰ σκληρότητος καθαίρεται τὸ μ. (1)
— 27. ῥάβδῳ τινάσσεται [**A S** ἐκτ.] τὸ μ. (1)
[**Aq.** Is. 28. 25, 27.]

μελανία.
Si. 19. 26. ἔστι πονηρευόμενος συγκεκυφὼς μελανίᾳ

μελανοδοχεῖον.
[**Aq.** Ez. 9. 2, 11.]

μελανοῦσθαι. (1) *a.* שָׁחַר *b.* שְׁחַרְחֹר
Jb. 30. 30. **A** τὸ δὲ δέρμα μου μεμελάνωται [**BS** ἐσκότωται] μεγάλως (1 *a*)
Ca. 1. 6. ἐγώ εἰμι μεμελανωμένη (1 *b*)
Ep. Je. 21. οὐκ αἰσθάνονται μεμελανωμένοι τὸ πρόσωπον αὐτῶν

μέλας. (1) חַכְלִלוּת (2) שָׁחֹר, שָׁחוֹר
Le. 13. 37. καὶ θρὶξ μ. ἀνατείλῃ ἐν αὐτῷ (2)
Pr. 23. 29. **B^{3}R** τίνος πελιδνοὶ [**A B^{1}** πέλειοι, **B^{2}** μέλανες, **S^{1}** πελιοὶ] οἱ ὀφθ. (1)
Ca. 1. 5. μέλαινά εἰμι καὶ καλή (2)
5. 11. βόστρυχοι αὐτοῦ ἐλάται μέλανες ὡς κόραξ (2)
Za. 6. 2. ἐν τῷ ἅρματι τῷ δευτέρῳ ἵπποι μ. (2)
— 6. ἐν ᾧ ἦσαν οἱ ἵπποι οἱ μέλανες (2)

μέλειν. (1) חָפֵץ
To. 10. 5. οὐ μέλει μοι, τέκνον [S *al.*]
Jb. 22. 3. τί γὰρ μέλει τῷ κυρίῳ (1)
Wi. 12. 13. ᾧ μέλει περὶ πάντων
Is. 59. 5. ὁ μέλλων [S^{1} μέλων] τῶν ᾠῶν αὐ. φαγεῖν –
I Ma. 14. 42, 43. **AS** ὅπως μέλῃ [**R** -οι] αὐτῷ

μέλεος.
IV Ma. 16. 6. ὦ μελέα ἔγωγε

μελετᾶν. (1) בִּין (2) דָּבַר pi. (3) הָגָה *a.* qal. *b.* po. *c.* הֶגֶה (4) שִׂיחַ *a.* qal. *b.* pil. (5) שָׁעָה (6) שָׁעַע *a.* pilp. *b.* hithp.
Jo. 1. 8. μελετήσεις ἐν αὐτῇ (3 *a*)
Jb. 6. 30. ἢ ὁ λάρυγξ μου οὐχὶ σύνεσιν μελετᾷ (1)
Jb. 27. 4. οὐδὲ ἡ ψυχή μου μελετήσει ἄδικα (3 *a*)
Ps. 1. 2. ἐν τῷ νόμῳ αὐτοῦ μελετήσει (3 *a*)
2. 1. καὶ λαοὶ ἐμελέτησαν κενά (3 *a*)
34 (35). 28. ἡ γλῶσσά μου μελετήσει τὴν δικαιοσύνην σου (3 *a*)
36 (37). 30. **S^{1}** στόμα δικαίου μελετήσει σοφίαν καὶ ἡ γλῶσσα αὐτοῦ μελετήσει [**ABS^{2}** λαλήσει] κρίσιν (3 *a*, 2)
37 (38). 12. δολιότητας ὅλην τὴν ἡμέραν ἐμελέτησαν (3 *a*)
62 (63). 6. ἐν τοῖς ὄρθροις ἐμελέτων εἰς σέ (3 *a*)
70 (71). 24. ἡ γλῶσσά μου . . . μελετήσει τὴν δικαιοσύνην σου (3 *a*)
76 (77). 6. ἔτη αἰώνια ἐμνήσθην καὶ ἐμελέτησα †
— 12. μελετήσω ἐν πᾶσι τοῖς ἔργοις σου (3 *a*)
89 (90). 9. τὰ ἔτη ἡμῶν . . . ἐμελέτων (3 *c*)
118 (119). 16. ἐν τοῖς δικαιώμασί σου μελετήσω (6 *b*)
— 47. ἐμελέτων ἐν ταῖς ἐντολαῖς σου (6 *b*)
— 70. ἐγὼ δὲ τὸν νόμον σου ἐμελέτησα (6 *a*)
— 117. μελετήσω ἐν τοῖς δικαιώμασί σου (5)
— 148. τοῦ μελετᾶν τὰ λόγιά σου (4 *a*)
142 (143). 5. ἐμελέτησα ἐν πᾶσι τοῖς ἔργοις σου ἐν ποιήμασι τῶν χειρῶν σου ἐμελέτων (3 *a*, 4 *b*)
Pr. 8. 7. ἀλήθειαν μελετήσει ὁ φάρυγξ μου (3 *a*)
11. 2. στόμα δὲ ταπεινῶν μελετᾷ σοφίαν –
15. 28. καρδίαι [S^{1} -ᾳ] δικαίων μελετῶσι πίστεις (3 *a*)
19. 27. μελετήσει ῥήσεις κακάς †
24. 2. ψευδῆ γὰρ μελετᾷ ἡ καρδία αὐτῶν (3 *a*)
Si. 6. 37. ἐν ταῖς ἐντολαῖς αὐτοῦ μελέτα διὰ παντός
14. 20. **S^{2}** ὃς ἐν σοφίᾳ μελετήσει [**ABS^{1}** τελευτήσει]
Is. 16. 7. τοῖς κατοικοῦσι δὲ Σὲθ μελετήσεις (3 *a*)
27. 8. οὐ σὺ ἦσθα [**AS** *add.* ὁ] μελετῶν τῷ πνεύματι τῷ σκληρῷ (3 *a*)
33. 18. ἡ ψυχὴ ὑμῶν μελετήσει φόβον (3 *a*)
38. 14. **B^{2}R** ὡς περιστερὰ οὕτω μελετῶ [**A B^{1} S** -τήσω] (3 *a*)
59. 3. ἡ γλῶσσα ὑμῶν ἀδικίαν μελετᾷ (3 *a*)
— 13. ἐμελετήσαμεν ἀπὸ καρδίας ἡμῶν λόγους ἀδίκους (3 *b*)
[**Aq.** Ps. 142 (143). 5: Is. 16. 7.]
[**Sm.** Ps. 62 (63). 7: Is. 59. 11.]
[**Th.** Is. 27. 8: 59. 11: Je. 48 (31). 31.]

μελέτη. (1) *a.* הֶגֶה *b.* הִגָּיוֹן *c.* הָגוּת (2) הָגִיג (3) חִזָּיוֹן (4) לַהַג (5) שִׂיחָה (6) שַׁעֲשֻׁעִים
Jb. 33. 15. ἐνύπνιον ἢ [**A** ὡς φάσμα] ἐν μ. νυκτερινῇ (3)
37. 2. μελέτη ἐκ στόματος αὐτοῦ ἐξελεύσεται (1 *a*)
Ps. 18 (19). 14. ἡ μ. τῆς καρδίας μου ἐνώπιόν σου (1 *b*)
38 (39). 3. ἐν τῇ μ. μου ἐκκαυθήσεται πῦρ (2)
48 (49). 3. λαλήσει . . . ἡ μ. τῆς καρδίας μου σύνεσιν (1 *c*)
118 (119). 24. τὰ μαρτύριά σου μελέτη μού ἐστι (6)
— 77. ὁ νόμος σου μελέτη μού ἐστιν (6)
— 92. εἰ μὴ ὅτι ὁ νόμος σου μελέτη μού ἐστι (6)
— 97. ὅλην τὴν ἡμέραν μελέτη μού ἐστι (5)
— 99. τὰ μαρτύριά σου μελέτη μού ἐστιν (5)
— 143. αἱ ἐντολαί σου μελέτη μου (6)
— 174. ὁ νόμος σου μελέτη μού ἐστι (6)
Ec. 12. 12. μελέτη πολλὴ κόπωσις σαρκός (4)
La. 3. 62. ἤκουσας . . . μελέτας αὐτῶν κατ' ἐμοῦ (1 *b*)
[**Sm.** Is. 59. 11.]
[**Th.** Jb. 37. 2: Is. 59. 11.]

μελετητικός.
Ez. 7. 16. **A** ἔσονται ἐπὶ τῶν ὀρέων ὡς περιστεραὶ μ. [**B** *om.* ὡς π. μ.] †
[**Th.** Ez. 7. 16.]

μεληδόν.
[**Al.** Ex. 29. 17.]

μέλι. (1) דְּבַשׁ (2) נֹפֶת
Ge. 43. 11. δῶρα τῆς ῥητίνης καὶ τοῦ μ. (1)
Ex. 3. 8, 17. εἰς γῆν ῥέουσαν γάλα καὶ μ. (1)
13. 5. γῆν ῥέουσαν γάλα καὶ μ. (1)
16. 31. τὸ δὲ γεῦμα αὐτοῦ ὡς ἐγκρὶς ἐν μ. (1)
33. 3. εἰς γῆν ῥέουσαν γάλα καὶ μ. (1)
Le. 2. 11. πᾶσαν γὰρ ζύμην καὶ πᾶν μ. (1)
20. 24: Nu. 13. 28 (27). γῆν ῥέουσαν γάλα καὶ μ. (1)
Nu. 14. 8. γῆ ἥτις ἐστὶν ῥέουσα γάλα καὶ μ. (1)
16. 13, 14. εἰς γῆν ῥέουσαν γάλα καὶ μ. (1)

De. 6. 3. γῆν ῥέουσαν γάλα καὶ μέλι (1)
8. 8. γῆ ἐλαίας ἐλαίου καὶ μέλιτος (1)
11. 9 : 26. 9. γῆν ῥέουσαν γάλα καὶ μέλι (1)
26. 10. γῆν ῥέουσαν γάλα καὶ μέλι –
— 15 : 27. 3 : 31. 20. γῆν ῥέουσαν γάλα καὶ μέλι (1)
32. 13. ἐθήλασαν μέλι ἐκ πέτρας (1)
Jo. 5. 6. γῆν ῥέουσαν γάλα καὶ μέλι (1)
Jd. 14. 8. συναγωγὴ μελισσῶν . . . καὶ μέλι (1)
— 9. ἀπὸ τοῦ στόματος τοῦ λέοντος ἐξεῖλε τὸ μ. (1)
— 18. τί γλυκύτερον μέλιτος (1)
I Ki. 14. 27. ἔβαψεν αὐτὸ εἰς τὸ κηρίον τοῦ μ. (1)
— 29. ἐγευσάμην βραχὺ τοῦ μ. τούτου (1)
— 43. ἐγευσάμην . . . βραχὺ μ. (1)
II Ki. 17. 29. ἤνεγκαν . . μέλι (1)
III Ki. 12. 24. (*cf.* A 14. 3). B λάβε . . . στάμνον μέλιτος (1)
— 24. B ἔλαβεν . . . στάμνον μέλιτος –
— 24. B ἵνα τί μοι ἐνήνοχας . . . στάμνον μέλιτος –
14. 3. A λάβε . . . στάμνον μέλιτος (1)
IV Ki. 18. 32. γῆ ἐλαίας ἐλαίου καὶ μέλιτος (1)
II Ch. 31. 5. ἀπαρχὴν . . . ἐλαίου καὶ μέλιτος (1)
Jb. 20. 17. μὴ ἴδοι . . νομὰς μέλιτος καὶ βουτύρου (1)
Ps. 18 (19). 10. καὶ γλυκύτερα ὑπὲρ μέλι καὶ κηρίον (1)
80 (81). 16. ἐκ πέτρας μέλι ἐχόρτασεν αὐτούς (1)
118 (119). 103. AS²R ὑπὲρ μέλι [S¹ μ. καὶ κηρίον] τῷ στόματί μου (1)
Pr. 5. 3. μέλι γὰρ ἀποστάζει ἀπὸ χειλέων γυναικὸς πόρνης (2)
16. 24. κηρία μέλιτος λόγοι καλοί (1)
24. 13. φάγε μέλι, υἱέ, ἀγαθὸν γὰρ κηρίον (1)
25. 16. μέλι εὑρὼν φάγε τὸ ἱκανόν (1)
— 27. ἐσθίειν μέλι πολὺ οὐ καλόν (1)
Ca. 4. 11. μέλι καὶ γάλα ὑπὸ τὴν γλῶσσάν σου (1)
5. 1. ἔφαγον ἄρτον μου μετὰ μέλιτός μου (1)
Si. 24. 20. τὸ γὰρ μνημόσυνόν μου ὑπὲρ μέλι γλυκὺ [AS τὸ μ. τὸ γλ.] καὶ ἡ κληρονομία μου ὑπὲρ μέλιτος κηροῦ [A καὶ κηρίου]
39. 26. SR σεμίδαλις πυροῦ [AB πυρὸς] καὶ μέλι καὶ γάλα
46. 8. εἰς γῆν ῥέουσαν γάλα καὶ μέλι
49. 1. ἐν παντὶ στόματι ὡς μέλι γλυκανθήσεται
Is. 7. 15, 22. βούτυρον καὶ μ. φάγεται (1)
Je. 11. 5. τοῦ δοῦναι αὐτοῖς γῆν ῥέουσαν γάλα καὶ μ. (1)
39 (32). 22. γῆν ῥέουσαν γάλα καὶ μ. (1)
48 (41). 8. εἰσὶν ἡμῖν θησαυροὶ ἐν ἀγρῷ πυροὶ καὶ κριθαὶ μ. καὶ ἔλαιον (1)
Ba. 1. 20. δοῦναι ἡμῖν γῆν ῥέουσαν γάλα καὶ μ.
Ez. 3. 3. ἐγένετο ἐν τῷ στόματί μου ὡς μ. γλυκάζον (1)
16. 13. ἔλαιον καὶ μ. ἔφαγες (1)
— 19. ἔλαιον καὶ μ. ἐψώμισά σε (1)
20. 6, 15. γῆν ῥέουσαν γάλα καὶ μ. (1)
27. 17. πρῶτον μ. καὶ ἔλαιον καὶ ῥητίνην (1)
[Aq. III Ki. 14. 3 : Je. 41 (48). 8.]
[Sm. Ex. 16. 31 : Jb. 20. 17 : Ca. 4. 11 : Je. 41 (48). 8.]

μελίζειν. (1) נָתַח pi. (2) פָּרַשׁ

Le. 1. 6. μελιοῦσιν αὐτὸ κατὰ μέλη (1)
Jd. 19. 29. ἐμέλισεν αὐτήν (1)
20. 6. καὶ ἐμέλισα αὐτήν (1)
I Ki. 11. 7. καὶ ἐμέλισεν αὐτάς (1)
III Ki. 18. 23. μελισάτωσαν καὶ ἐπιθέτωσαν [A *om.* κ. ἐ.] (1)
— 33. ἐμέλισε τὸ ὁλοκαύτωμα (1)
Mi. 3. 3. τὰ ὀστέα αὐτῶν . . . ἐμέλισαν ὡς σάρκας (2)
[Aq., Sm., Th. Le. 8. 20.]
[Al. Ex. 29. 17 : Le. 1. 12.]

μελικήριον.

[Sm. Ex. 16. 31.]

μέλισσα. (1) דְּבוֹרָה

De. 1. 44. ὡσεὶ ποιήσαισαν αἱ μ. (1)
Jd. 14. 8. συναγωγὴ [A συστροφὴ] μελισσῶν ἐν τῷ στόματι τοῦ λέοντος (1)
Ps. 117 (118). 12. ἐκύκλωσάν με ὡσεὶ μέλισσαι κηρίον (1)
Pr. 6. 8. πορεύθητι πρὸς τὴν μ. –
Si. 5. 7. S² ὡς μέλισσαι ἐκτριβήσῃ
11. 3. μικρὰ ἐν πετεινοῖς μέλισσα [S ἡ μ.]
Is. 7. 18. συριεῖ . . . τῇ μ. ἥ ἐστιν ἐν χώρᾳ Ἀσσυρίων (1)
IV Ma. 14. 19. μέλισσαι . . . ἀπαμύνονται τοὺς προσιόντας
[Al. Ge. 35. 8.]

μελισσών. (1) דְּבַשׁ

I Ki. 14. 25. δρυμὸς ἦν μελισσῶνος (1)
— 26. εἰσῆλθεν ὁ λαὸς εἰς τὸν μ. †

μέλλειν. (1) *fut. verbi* (2) אַחֲרוֹן (3) עָתִיד
(4) ὁ μέλλων αἰών עַד

Ge. 43. 25. ἐκεῖ μέλλει ἀριστᾶν (1)
Ex. 4. 12. ὃ [A ἃ] μέλλεις λαλῆσαι (1)
To. 6. 17. S ὅταν μέλλῃς γίνεσθαι μετ' αὐτῆς [A B *al.*]
Ju. 10. 12. μέλλουσι δίδοσθαι ὑμῖν
Jb. 3. 8. ὁ μέλλων τὸ μέγα κῆτος χειρώσασθαι (3)
19. 25. ὁ ἐκλύειν με μέλλων ἐπὶ γῆς (2)
26. 2. τίνι μέλλεις βοηθεῖν –
Pr. 15. 18. μακρόθυμος δὲ καὶ τὴν μέλλουσαν καταπραΰνει –
Wi. 8. 8. οἶδε τὰ ἀρχαῖα καὶ τὰ μέλλοντα εἰκάζειν [A S² -ζει]
14. 1. ἄγρια μέλλων διοδεύειν κύματα
15. 9. ἔστιν αὐτῷ φροντὶς οὐχ ὅτι μέλλει κάμνειν
17. 21. εἰκὼν τοῦ μέλλοντος αὐτοὺς διαδέχεσθαι σκότους
18. 4. ἤμελλε τὸ ἄφθαρτον νόμου φῶς τῷ αἰῶνι δίδοσθαι
19. 2. προῄδει γὰρ αὐτῶν καὶ τὰ μέλλοντα
Is. 9. 6 (5). A S² πατὴρ τοῦ μέλλοντος αἰῶνος (4)
15. 7. μὴ καὶ οὕτως μέλλει σωθῆναι †
28. 24. A S² μὴ ὅλην τὴν ἡμέραν μέλλει [B ἀροτριάσει] ὁ ἀροτριῶν ἀροτριᾶν [B *om.*] (1)
47. 13. τί μέλλει ἐπὶ σὲ ἔρχεσθαι (1)
48. 6. ἃ μέλλει γίνεσθαι †
59. 5. ὁ μέλλων [S¹ μέλων] τῶν ᾠῶν αὐ. φαγεῖν –
Je. 36 (29). 10. ὅταν μέλλῃ πληροῦσθαι Βαβυλῶνι ἑβδομήκοντα ἔτη –
Ep. Je. 46. πῶς τε δὴ μέλλει τὰ ὑπ' αὐτῶν κατασκευασθέντα [A *add.* εἶναι]
I Ma. 13. 14. SR συνάπτειν αὐτῷ μέλλει [A *add.* εἰς] πόλεμον
II Ma. 1. 18. μέλλοντες οὖν ἄγειν . . . τὸν καθαρισμόν
2. 16. μέλλοντες οὖν ἄγειν τὸν καθαρισμόν
— 22. τοὺς μέλλοντας καταλύεσθαι νόμους
3. 18. R διὰ τὸ [A *add.* μὴ] μ. εἰς καταφρόνησιν ἔρχεσθαι
6. 29. μέλλων δὲ ταῖς πληγαῖς τελευτᾶν
7. 2. R τί [A *om.*] μέλλεις ἐρωτᾶν
— 18. μέλλων ἀποθνήσκειν ἔφη
8. 3. καὶ μέλλουσαν ἰσόπεδον γίνεσθαι
— 11. τὴν . . . μέλλουσαν παρακολουθήσειν . . . δίκην
13. 10. τοῖς τοῦ νόμου . . . στερεῖσθαι μέλλουσι
14. 41. τῶν δὲ πληθῶν μελλόντων τὸν πύργον καταλαβέσθαι
IV Ma. 1. 1. φιλοσοφώτατον λόγον ἐπιδείκνυσθαι μέλλων
6. 23. τί μέλλετε
— 26. καὶ μέλλων λιποθυμεῖν
8. 27. οἱ νεανίαι βασανίζεσθαι μέλλοντες
— 28. S ἦσαν γὰρ μέλλοντες [AR *om.*] περίφρονες τῶν παθῶν
9. 1. τί μέλλεις
10. 9. μέλλων δὲ ἀποθνήσκειν
11. 2. οὐ μέλλω . . . παραιτεῖσθαι
12. 16. ἀποθνήσκειν μέλλων ἔφη
17. 1. ἔμελλε καὶ αὐτὴ συλλαμβάνεσθαι
[Aq. Ge. 19. 16 : II Ki. 15. 28 : Ps. 36 (37). 37 : Hb. 2. 3.]
[Sm. Jb. 3. 8 : Ps. 36 (37). 37 : Ec. 1. 9.]
[Th. Ps. 36 (37). 37.]

μελοκοπία.

[Sm. Na. 3. 1.]

μέλος. (1) הָגֶה (2) נֵתַח

Ex. 29. 17. τὸν κριὸν διχοτομήσεις κατὰ μέλη (2)
Le. 1. 6. μελιοῦσιν αὐτὸ κατὰ μέλη (2)
— 12. διελοῦσιν αὐτὸ κατὰ μέλη (2)
8. 19 (20). τὸν κριὸν ἐκρεανόμησε κατὰ μέλη (2)
— 19 (20). τὴν κεφαλὴν καὶ τὰ μ. καὶ τὸ στέας (2)
9. 13. προσήνεγκαν αὐτὸ κατὰ μέλη (2)
Jd. 19. 29. ἐμέλισεν αὐτὴν εἰς δώδεκα μέλη [A *al.*] (2)
Jb. 9. 28. σείομαι πᾶσι τοῖς μέλεσιν †
31. 12. πῦρ γάρ ἐστι καιόμενον ἐπὶ πάντων τῶν μερῶν [S¹ λερῶν, ? μελῶν] †

Si. 35 (32). 6. μέλος μουσικῶν ἐφ' ἡδεῖ οἴνῳ
40. 21. αὐλὸς καὶ ψαλτήριον ἡδύνουσι μέλη
44. 5. ἐκζητοῦντες μέλη μουσικῶν
47. 9. ἐξ ἤχους αὐτῶν γλυκαίνειν μέλη
50. 12. ἐν δὲ τῷ δέχεσθαι μέλη ἐκ χειρῶν ἱερέων
— 18. ἐν πλείστῳ οἴκῳ [S² ἤχῳ] ἐγλυκάνθη [A S ἐμεγαλύνθη] μέλος
Mi. 2. 4. καὶ θρηνηθήσεται θρῆνος ἐν μέλει –
Ez. 2. 10. ἐγέγραπτο [A *add.* εἰς αὐτὴν] θρῆνος καὶ μ. καὶ οὐαί (1)
24. 6. κατὰ μ. αὐτῆς ἐξήνεγκεν (2)
II Ma. 1. 16. καὶ μέλη ποιήσαντες
7. 7. πρὸ τοῦ τιμωρηθῆναι κατὰ μέλος τὸ σῶμα
8. 24. τοῖς μ. ἀναπήρους . . . ἐποίησαν
9. 7. πάντα τὰ μ. τοῦ σώματος ἀποστρεβλοῦσθαι
III Ma. 2. 22. καὶ τοῖς μ. παραλελυμένον
5. 25. ἐν μ. γοεροῖς τείνοντες τὰς χεῖρας
6. 32. καταλήξαντες δὲ θρήνου πανόδυρτον μ.
IV Ma. 9. 14. κατὰ πᾶν μέλος κλώμενος
— 17. SR τέμνετέ μου τὰ [A *om.*] μ.
10. 20. τὰ τοῦ σώματος μ. ἀκρωτηριαζόμεθα
[Aq. Je. 9. 10 (9), 19 (18) : 48 (31). 31 : Ez. 24. 4 *bis*.]
[Sm. III Ki. 12. 10 : Ps. 9. 17 : 67 (68). 14 : Je. 9. 18 (17), 19 (18) : 48 (31). 31 : La. 4. 7 : Ez. 2. 10 : 17. 3 : 24. 4 *bis* : 27. 32 : Am. 5. 16.]
[Th. Ez. 2. 10 : 24. 4 *bis* : 27. 32 : 32. 18.]
[Al. Le. 1. 8 : 8. 20.]

μελύνειν (?).

Si. 50. 18. ἐγλυκάνθη [A S² ἐμεγαλύνθη, S¹ ἐμελύνθη] μέλος

μελχό. (1) מֹלֶךְ

III Ki. 11. 7. A καὶ τῷ μ. (1)

μελχόλ.

II Ki. 12. 30. ἔλαβε τὸν στέφανον μ. [A *om.*] τοῦ βασ. αὐ. †

μελχόμ.

[Aq., Sm. Am. 1. 15.]

μελῳδεῖν.

IV Ma. 18. 15. τὸν ὑμνογράφον ἐμελῴδει ὑμῖν Δ.
[Aq. Ps. 26 (27). 6 : 29 (30). 5 : 32 (33). 2 : 70 (71). 22 : 137 (138). 1 : 146 (147). 7.]
[Sm. Ps. 26 (27). 6 : 65 (66). 4 : 70 (71). 23 : 100 (101). 1 : 146 (147). 7.]
[Quint. Ps. 137 (138). 1.]

μελῴδημα.

[Aq. Ps. 4. 1 : 6. 1 : 8. 1 : 9. 1 : 11 (12). 1 : 18 (19). 1 : 19 (20). 1 : 21 (22). 1 : 22 (23). 1 : 23 (24). 1 : 28 (29). 1 : 29 (30). 1 : 38 (39). 1 : 40 (41). 1 : 45 (46). 1 : 46 (47). 1 : 48 (49). 1 : 61 (62). 1 : 76 (77). 1.]
[Al. Ps. 9. 17.]

μελῳδία.

IV Ma. 15. 21. AR οὐχ οὕτω σειρήνιοι μ. [S -δοί]
[Aq. Jb. 35. 10 : Ps. 80 (81). 3 : Is. 24. 16.]
[Sm. Jb. 30. 9 : Ps. 91 (92). 4.]

μελῳδός.

IV Ma. 10. 21. τὴν γὰρ τῶν θείων ὕμνων μ. γλῶτταν ἐκτέμνεις
15. 21. S οὐχ οὕτω σειρήνιοι μ. [AR -δίαι]
[Al. Ps. 67 (68). 26.]

μεμβραδέ.

III Ki. 4. 12. A ἕως μ. Ἰ. [B *al.*] †

μέμφεσθαι.

Si. 11. 7. πρὶν ἐξετάσῃς μὴ μέμψῃ
41. 7. πατρὶ ἀσεβεῖ μέμψεται τέκνα
II Ma. 2. 7. μεμψάμενος αὐτοῖς εἶπεν
[Heb. Jb. 1. 22.]

μέμψις. (1) תְּנוּאָה (2) תְּשֻׁאוֹת

Jb. 15. 15. A εἰ κατὰ ἁγίων οὐ πιστεύει μέμψις [B S *om.*] –
33. 10. μέμψιν δὲ κατ' ἐμοῦ εὗρεν (1)
— 23. ἀναγγείλῃ δὲ ἀνθρώπῳ τὴν ἑαυτοῦ μ. †
39. 7. μέμψιν δὲ φορολόγου οὐκ ἀκούων (2)
Wi. 13. 6. ἐπὶ [A ἔτι] τούτοις ἔστι μέμψις ὀλίγη
[Sm. Ec. 7. 15 (14).]

μέν. * μὲν οὖν.

Ge. 18. 12 : 27. 22† : 30. 42† : 38. 23 : 43. 4*, 14 : 44. 8, 26.
Ex. 1. 16 : 4. 23* : 9. 2* : 13. 21 : 32. 32.
Le. 3. 1 : 4. 3 : 7. 2 (12)† : 27. 7.
Nu. 5. 27† : 15. 3 : 22. 33.
De. 20. 11.
I Ki. 20. 14.
II Ki. 11. 25 : 15. 33†.
To. 3. 10† : 14. 10†.
Ju. 5. 20.
Es. 3. 11 : 5. 1 : 8. 13†, 14*.
Jb. 2. 10† : 8. 7 : 9. 19 : 12. 3, 11 : 26. 12† : 28. 2 : 32. 6† : 41. 18 (19), 19 (20)† *bis* : 42. 5, 14, 17 *bis*, 17†.
Ps. 34 (35). 20.
Pr. 6. 10 : 11. 31 : 23. 14 : 25. 9.
Wi. 5. 13 : 7. 1, 30 : 11. 6, 10 : 13. 1†, 3, 16*, 18 : 14. 2, 8, 19 : 15. 9, 17 : 16. 3, 4†, 9, 14† *bis*, 18, 21 : 17. 5, 15 : 18. 1†, 1*†, 3, 4, 7, 16, 17 : 19. 5, 10, 14.
Si. 14. 18 *bis* : 23. 23 : 48. 16.
Hg. 1. 4.
Za. 1. 15 : 11. 7†.
Is. 6. 2 : 41. 7.
Je. 1. 16†.
Ep. Je. 20†, 55, 60.
Da. LXX. 1. 7: 2. 24, 33, 41, 42 : 3. 15, 23*, (46) : 12. 2 : Bel 6.
Da. TH. Su. 39, 53 : 2. 33†, 41, 42 : Bel 7†.
II Ma. 2. 25, 26, 27†, 28, 30, 32 : 3. 8, 19, 22*, 26, 29, 40 : 4. 11, 14, 15, 20†, 25, 26, 27, 29, 41, 42, 47 : 5. 7, 11, 14, 21, 22 *bis* : 6. 4, 16, 27 *bis* : 7. 9, 14, 36, 42* : 8. 18 : 9. 14, 20†, 28* : 10. 1, 9, 22*, 28*† : 11. 2, 5, 16, 18*, 19* : 12. 1, 6, 18, 24 : 14. 8 *bis*, 13, 27 : 15. 6, 12, 24, 27, 38†.
III Ma. 1. 20, 24 : 2. 1*†, 15, 31*† : 3. 3, 6*, 8, 11*, 17, 30 : 4. 9, 15*, 16†, 18 : 5. 3, 9*, 12, 42 : 6. 29*.
IV Ma. 1. 7*, 10*, 15†, 22*, 26, 30, 32, 33† : 2. 18 : 3. 9* : 4. 4, 14 : 5. 26, 38 : 6. 2, 12, 15†, 19, 21, 22 : 7. 13† : 8. 2 : 9. 8, 31† : 10. 10 : 11. 22† : 12. 4 *bis*, 14 : 13. 5, 11 : 14. 15 : 15. 16† : 16. 9, 17 : 18. 9†, 18.
[**Sm.** Ex. 14. 20 : Jb. 42. 11 : Ps. 58 (59). 8 : 74 (75). 8 : 75 (76). 13 : Ec. 4. 14 : Ho. 7. 1 : Za. 11. 7.]
[**Th.** Da. 13. 53.]
[**Al.** I Ki. 21. 5 (6).]
[**Quint.** Ho. 7. 1.]

μένειν. (1) אָחַר pi. (2) אָרַךְ hi. (3) הָיָה (4) חָכָה pi. (5) יָחַל hi. (6) יָצָא (7) יָשַׁב (8) כּוּן ni. (9) כָּתַר pi. (10) לִין (11) עֲדָא c. neg. (12) עָמַד (13) c. neg. פָּרַר hi. (14) קָוָה pi. (15) *a.* קוּם *b.* קַיָּם (16) קָרָא ni.

Ge. 24. 55. μεινάτω ἡ παρθένος μεθ' ἡμῶν (7)
45. 9. καὶ μὴ μείνῃς (12)
Ex. 9. 28. οὐκέτι προστεθήσεσθε μένειν (12)
Le. 13. 5. ἰδοὺ ἡ ἁφὴ μένει ἐναντίον αὐτοῦ (12)
— 23. ἐὰν δὲ κατὰ χώραν μείνῃ τὸ τηλαύγημα (12)
— 28. ἐὰν δὲ κατὰ χώραν μείνῃ τὸ αὐγάζον (12)
— 37. ἐὰν δὲ ἐνώπιον μείνῃ ἐπὶ χώρας τὸ θραῦσμα (12)
Nu. 30. 5. πάντες οἱ ὁρισμοὶ . . . μενοῦσιν αὐτῇ (15 *a*)
— 9. οἱ ὁρισμοὶ αὐτῆς . . . οὐ μενοῦσι (13)
— 10. μενοῦσιν αὐτῇ (15 *a*)
— 13. οὐ μενεῖ αὐτῇ (15 *a*)
Jd. 16. 2. A μείνωμεν καὶ ἀποκτείνωμεν αὐτόν [B *al.*] –
19. 9. A καὶ μείνατε ὧδε (10)
I Ki. 20. 11. μένε εἰς ἀγρόν (6)
II Ki. 18. 14. B οὐχ οὕτως μενῶ (5)
III Ki. 8. 16. B μεῖναι [R εἶναι] τὸ ὄνομά μου ἐκεῖ (3)
IV Ki. 7. 9. μένομεν ἕως φωτὸς τοῦ πρωί (4)
9. 3. καὶ οὐ μενεῖς (4)
II Ch. 29. 19. ἃ ἐμίανεν [A^{1} ἔμεινεν] Ἄ. †
I Es. 4. 38. καὶ ἡ ἀλήθεια μένει
To. 2. 2. ἰδοὺ μένω [S προσμενῶ] σε
5. 7. S μεῖνόν [A B ὑπόμ.] με
6. 7. S οὐ μὴ μείνωσιν μετ' αὐτοῦ [A B *al.*]
8. 20. S αὐτοῦ μενεῖς ἔσθων
To. 10. 9. μεῖνον παρ' ἐμοί [S μεῖνον, παιδίον, μεῖνον μετ' ἐμοῦ]
14. 8. S μὴ μείνῃς ὧδε
Ju. 7. 5. ἔμενον φυλάσσοντες
— 20. ἔμεινε [A ἔμενον] κύκλῳ αὐτῶν πᾶσα παρεμβολὴ Ἄ.
8. 7. καὶ ἔμενεν [A S^{1} ἔμειναν] ἐπ' αὐτῶν
11. 17. καὶ νῦν μενῶ παρὰ σοί
15. 2. οὐκ ἦν ἄνθρ. μένων κατὰ πρόσωπον τοῦ πλησίον
Jb. 15. 23. μένει εἰς πτῶμα (8)
— 29. οὔτε μὴ μείνῃ αὐτοῦ τὰ ὑπάρχοντα (15 *a*)
21. 11. μένουσι δὲ ὡς πρόβατα αἰώνια †
36. 2. μεῖνόν με μικρὸν ἔτι (9)
Ps. 9. 7. ὁ κύριος εἰς τὸν αἰῶνα μένει (7)
32 (33). 11. ἡ δὲ βουλὴ τοῦ κυρίου εἰς τὸν αἰῶνα μένει (12)
88 (89). 36. τὸ σπέρμα αὐτοῦ εἰς τὸν αἰῶνα μενεῖ (3)
101 (102). 12. σὺ δέ, κύριε, εἰς τὸν αἰῶνα μένεις (7)
110 (111). 3. ἡ δικαιοσύνη αὐτοῦ μένει εἰς τὸν αἰῶνα τοῦ αἰ. (12)
— 10. ἡ αἴνεσις αὐτοῦ μένει εἰς τὸν αἰῶνα τοῦ αἰῶνος (12)
111 (112). 3, 9. ἡ δικαιοσύνη αὐτοῦ μένει εἰς τὸν αἰῶνα τοῦ αἰῶνος (12)
116 (117). 2. ἡ ἀλήθεια τοῦ κυρίου μένει εἰς τὸν αἰῶνα –
Pr. 15. 22. ἐν δὲ καρδίαις βουλευομένων μένει βουλή (15 *a*)
19. 21. ἡ δὲ βουλὴ τοῦ κυρίου εἰς τὸν αἰῶνα μένει (15 *a*)
Ec. 7. 16 (15). ἔστιν ἀσεβὴς μένων ἐν κακίᾳ αὐτοῦ (2)
Wi. 7. 27. μένουσα ἐν αὐτῇ τὰ πάντα καινίζει
11. 25. πῶς δὲ ἔμεινεν [S διέμ.] ἄν τι [S^{1} ἔναντι]
16. 5. οὐ μέχρι τέλους ἔμεινεν ἡ ὀργή σου
17. 17. τὴν δυσάλυκτον ἔμενεν ἀνάγκην
18. 20. οὐκ ἐπὶ πολὺ ἔμεινεν ἡ ὀργή
19. 18. τὰ στοιχεῖα . . . πάντοτε μένοντα ἤχῳ [S^{2} ἐν ᾗ.]
Si. 18. 22. μὴ μείνῃς ἕως θανάτου δικαιωθῆναι
22. 18. οὐ μὴ ὑπομείνωσιν [A -μενοῦσιν, S^{1} μείνωσιν]
37. 2. B^{2}S^{2} οὐχὶ λύπη μένει [A B^{1} S^{1} R ἔνι] ἕως θανάτου
42. 23. καὶ μένει εἰς τὸν αἰῶνα
44. 13. ἕως αἰῶνος μενεῖ [S^{2} διαμ.] σπέρμα αὐτῶν
Za. 14. 10. Ῥαμὰ δὲ ἐπὶ τόπου μενεῖ (7)
Is. 5. 2. ἔμεινα τοῦ ποιῆσαι σταφυλήν (14)
— 4. διότι ἔμεινα τοῦ ποιῆσαι σταφυλήν (14)
— 7. ἔμεινα τοῦ ποιῆσαι κρίσιν (14)
— 11. οὐαὶ . . . οἱ μένοντες τὸ ὀψέ (1)
7. 7. οὐ μὴ μείνῃ [A S ἐμμ.] ἡ βουλὴ αὕτη (15 *a*)
8. 17. μενῶ τὸν θεόν (4)
10. 32. παρακαλεῖτε σήμερον ἐν ὁδῷ τοῦ μεῖναι (12)
14. 20. οὐ μὴ μείνῃς εἰς τὸν αἰῶνα χρόνον (16)
— 24. ὃν τρόπον βεβούλευμαι οὕτως μενεῖ (15 *a*)
27. 9. οὐ μὴ μείνῃ τὰ δένδρα αὐτῶν (15 *a*)
30. 18. πάλιν μενεῖ ὁ θεὸς τοῦ οἰκτειρῆσαι ὑμᾶς (4)
32. 8. αὕτη ἡ βουλὴ μενεῖ (15 *a*)
40. 8. τὸ δὲ ῥῆμα τοῦ θεοῦ ἡμῶν μένει εἰς τὸν αἰῶνα (15 *a*)
46. 7. ἐὰν δὲ θῶσιν αὐτὸ ἐπὶ τοῦ τόπου αὐτοῦ μένει (12)
59. 9. μείναντες αὐγὴν ἐν ἀωρίᾳ περιεπάτησαν –
66. 22. ὁ οὐρανὸς καινὸς καὶ ἡ γῆ καινὴ ἃ ἐγὼ ποιῶ μένει ἐνώπιον ἐμοῦ (12)
Je. 26 (46). 15. ὁ μόσχος ὁ ἐκλεκτός σου οὐκ ἔμεινεν (12)
Ez. 48. 8. B ἀπὸ τῶν πρὸς ἀνατολὰς μενεῖ [A R *om.*] ἔσται [A *om.*] (3 ?)
Da. LXX. 6. 12 (13). μενεῖ ὁ ὁρισμός (11)
— 26 (27). αὐτὸς γάρ ἐστι θεὸς μένων (15 *b*)
8. 19. εἰς ὥρας καιροῦ συντελείας μενεῖ –
11. 6. καὶ μενεῖ εἰς ὥρας †
Bel 15. ἐπίδετε τὰς σφραγῖδας ὑ. εἰ μένουσιν
Da. TH. Su. 59. μένει γὰρ ὁ ἄγγελος τοῦ θ.
4. 23. ἡ βασιλεία σού σοι μένει (15 *b*)
6. 26 (27). θεὸς . . . μένων εἰς τοὺς αἰῶνας (15 *b*)
I Ma. 11. 40. ἔμεινεν ἐκεῖ ἡμέρας πολλάς
13. 11. ἔμεινεν ἐκεῖ ἐν αὐτῇ
15. 7. τὰ ὀχυρώματα . . . μενέτω σοι
II Ma. 4. 50. R ἔμενεν ἐπὶ τῆς ἀρχῆς [A τῇ ἀ.]
II Ma. 7. 30. τίνα μένετε
8. 1. τοὺς μεμενηκότας ἐν τῷ Ἰουδαϊσμῷ
IV Ma. 18. 8. ἔμεινα δὲ χρόνον ἀκμῆς
[**Sm.** Ge. 13. 12 : Ps. 88 (89). 38 : Is. 37. 37 : Je. 37 (44). 21 : 38 (45). 2, 13 : La. 1. 1 : Ho. 8. 10.]
[**Th.** Mi. 5. 7 (6).]
[**Al.** Dt. 1. 46 : Jd. 19. 4, 6.]

μενί.
[**Heb.** Ps. 43 (44). 19.]

μέντοι.
Le. 7. 2 (12)†.
Pr. 5. 4† : 16. 25, 27 : 22. 9 : 26. 12.
IV Ma. 6. 15†.
[**Sm.** III Ki. 15. 14 : Ps. 115. 1 (116. 10).]
[**Al.** I Ki. 21. 5 (6).]

μέντοιγε.
Ps. 38 (39). 6.
[**Sm.** Jb. 18. 5 : Je. 36 (43). 25.]

μεργάβ (?).
III Ki. 4. 34 (9. 16). B τὸν Χαν. τὸν κατοικοῦντα ἐν μ. [A *al.*] †

μεριδάρχης.
I Ma. 10. 65. ἔθετο αὐτὸν . . . μεριδάρχην

μεριδαρχία.
I Es. 1. 5. κατὰ τὴν μ. τὴν πατρικὴν ὑμῶν
— 11. κατὰ τὰς μ. τῶν πατέρων
5. 4. τῶν ἀναβαινόντων . . . ἐπὶ τὴν μ. αὐ.
8. 28. κατὰ . . . τὰς μ.

μερίζειν. (1) נָבַל (2) חָלַק *a.* qal. *b.* ni. *c.* pi. *d.* חֵלֶק *e.* חֲלֻקָּה *f.* מַחְלְקוֹת (3) חָצָה *a.* qal. *b.* ni. (4) כָּתַב (5) נָחַל *a.* qal. *b.* hi. *c.* נַחֲלָה

Ex. 15. 9. μεριῶ σκῦλα (2 *c*)
Nu. 26. 53. τούτοις μερισθήσεται ἡ γῆ (2 *b*)
— 55. διὰ κλήρων μερισθήσεται ἡ γῆ (2 *b*)
— 56. μεριεῖς τὴν κληρονομίαν αὐ. (2 *b*)
De. 18. 8. μερίδα μεμερισμένην φάγεται (2 *d*)
33. 21. ἐκεῖ ἐμερίσθη γῆ ἀρχόντων (2 *e*)
Jo. 13. 7. μέρισον τὴν γῆν ταύτην (2 *c*)
— 27. A ὁ Ἰορδ. μεριεῖ [B ὁριεῖ] (1)
14. 5. ἐμέρισαν [A -σαντο] τὴν γῆν (2 *a*)
18. 6. μερίσατε τὴν γῆν ἑπτὰ μερίδας (4)
I Ki. 23. 28. πέτρα ἡ μερισθεῖσα (2 *f*)
30. 24. κατὰ τὸ αὐτὸ μεριοῦνται (2 *a*)
III Ki. 16. 21. τότε μερίζεται ὁ λαὸς Ἰσρ. (2 *b*)
18. 6. ἐμέρισαν ἑαυτοῖς [A -σεν αὐ.] τὴν ὁδόν (2 *c*)
Ne. 9. 22. ἐμέρισας [A διεμ.] αὐτοῖς (2 *a*)
13. 13. μερίζειν τοῖς ἀδελφοῖς αὐ. (2 *a*)
To. 6. 17. S σοὶ γὰρ ἔστιν μεμερισμένη [A B *al.*]
Jb. 31. 2. R τί [B S^{4} ἔτι, A S^{1} *om.*] ἐμέρισεν [S^{1} διεμ., A ἐπεμ.] ὁ θεὸς ἄνωθεν [S^{2} ἀπάν.] (2 *d*)
39. 17. οὐκ [S^{1} *om.*] ἐμέρισεν αὐτῇ ἐν τῇ συνέσει (2 *a*)
40. 25 (30). μεριτεύονται [S^{2} μεριοῦνται] δὲ αὐτόν (3 *a*)
Pr. 8. 21. ἵνα μερίσω τοῖς ἐμὲ ἀγαπῶσιν ὕπαρξιν (5 *b*)
14. 18. μεριοῦνται ἄφρονες κακίαν (5 *a*)
19. 14. ὕπαρξιν μερίζουσι [A -ιοῦσιν] πατέρες παισί (5 *c*)
29. 24. ὃς μερίζεται [S^{1} ἐρίζ., S^{2} συμμερ.] κλέπτῃ (2 *a*)
Si. 41. 9. ἐὰν ἀποθάνητε εἰς κατάραν μερισθήσεσθε
44. 23. ἐν φυλαῖς ἐμέρισε δέκα δύο
45. 20. ἀπαρχὰς πρωτογεννημάτων ἐμέρισεν αὐτοῖς
Ho. 10. 2. ἐμέρισαν καρδίας αὐτῶν (2 *a*)
Is. 53. 12. τῶν ἰσχυρῶν μεριεῖ σκῦλα (2 *c*)
Je. 12. 14. ἧς ἐμέρισα τῷ λαῷ μου Ἰσραήλ (5 *b*)
28 (51). 34. ἐμερίσατό με †
Da. LXX. 11. 4. μερισθήσεται εἰς τοὺς τέσσαρας ἀνέμους τοῦ οὐρ. (3 *b*)
I Ma. 5. 20. ἐμερίσθησαν Σίμωνι ἄνδρες τρισχίλιοι
9. 11. ἐμερίσθη ἡ ἵππος εἰς δύο μέρη
II Ma. 8. 28. R ὀρφανοῖς μερίσαντες ἀπὸ τῶν σκύλων τὰ λοιπὰ . . . ἐμερίσαντο [A διεμ.]
— 30. λάφυρα πλεῖστα ἐμερίσαντο

IV Ma. 13. 19. ἅπερ ἡ . . . πρόνοια . . . τοῖς γεννωμ. ἐμέρισε
[Aq. Ge. 49. 27: Dt. 4. 19: 29. 26 (25): Jo. 11. 17: 12. 7: Ps. 67 (68). 13: Pr. 17. 2: Is. 33. 23: Je. 37 (44). 12: Ez. 5. 1.]
[Sm. Ge. 49. 27: Pr. 17. 2: Je. 37 (44). 12: Ez. 5. 1.]
[Th. Jb. 39. 17: Pr. 17. 2: Je. 37 (44). 12: Ez. 5. 1.]

μέριμνα. (1) יְהָב

Ju. 8. 29. οὐκ ἐν τῇ σήμερον [S¹ σῇ μερίμνῃ] ἡ σοφία σου πρόδηλός ἐστιν
Es. 1. 1. τὰς μ. αὐ. ἐξηρεύνησε
Jb. 11. 18. ἐκ δὲ μερίμνης καὶ φροντίδος ἀναφανεῖταί σοι εἰρήνη †
Ps. 54 (55). 22. ἐπίρριψον ἐπὶ κύριον τὴν μ. σου (1)
Pr. 17. 12. ἐμπεσεῖται μέριμνα ἀνδρὶ νοήμονι †
Si. 30. 24. πρὸ καιροῦ γῆρας [S² -ρους] ἄγει μέριμνα [S -αν]
34 (31). 1. ἡ μ. αὐτοῦ ἀφιστᾷ [A -ατο] ὕπνον
— 2. μέριμνα ἀγρυπνίας ἀπαιτήσει νυσταγμόν
38. 29. ἐν μερίμνῃ κεῖται διὰ παντὸς ἐπὶ τὸ ἔργον αὐτοῦ
42. 9. ἡ μ. αὐ. ἀφιστᾷ ὕπνον
Da. LXX. 11. 26. καταναλώσουσιν αὐτὸν μέριμναι αὐτοῦ †
I Ma. 6. 10. συμπέπτωκα τῇ καρδίᾳ ἀπὸ τῆς μ.
[Aq. Ps. 30 (31). 11: Ez. 4. 16: 12. 19.]
[Sm. Ps. 12 (13). 3.]
[Th. Pr. 12. 25: Ez. 12. 19.]
[Al. Ps. 54 (55). 3.]

μεριμνᾶν. (1) דָּאַג (2) כָּעַס (3) עָצַב (4) עָשָׂה (5) רָנַן (6) שָׁעָה

Ex. 5. 9. καὶ μεριμνάτωσαν [A -άσθωσαν] ταῦτα (4)
— 9. μὴ μεριμνάτωσαν [A -άσθωσαν] ἐν λόγοις κενοῖς (6)
II Ki. 7. 10. οὐ μεριμνήσει οὐκέτι (5)
I Ch. 17. 9. καὶ οὐ μεριμνήσει ἔτι (5)
Ps. 37 (38). 18. μεριμνήσω ὑπὲρ τῆς ἁμαρτίας μου (1)
Pr. 14. 23. ἐν παντὶ μεριμνῶντι ἔνεστι περισσόν (3)
Wi. 12. 22. ἵνα σου τὴν ἀγαθότητα μεριμνῶμεν κρίνοντες
Ba. 3. 18. οἱ τὸ ἀργύριον τεκταίνοντες καὶ μεριμνῶντες
Ez. 16. 42. οὐ μὴ μεριμνήσω οὐκέτι (2)
[Aq. Is. 57. 11: Je. 42 (49). 16.]
[Sm. Je. 42 (49). 16.]
[Th. Is. 57. 11.]
[Al. I Ki. 9. 20: Ps. 118 (119). 27.]

μερίς. (1) *a.* חֵלֶק *b.* חֶלְקָה *c.* חֲלֻקָּה *d.* מַחֲלֹקֶת *e.* חָלַק pi. *f.* חֵלֶק (2) *a.* מָנָה *b.* מְנָת (3) מַשְׂאֵת (4) נָא (5) נַחֲלָה (6) נֵתַח (7) פְּלֻגָּה (8) קְצָה

Ge. 14. 24. πλὴν . . . τῆς μ. τῶν ἀνδρῶν (1 *a*)
— 24. οὗτοι λήψονται μερίδα (1 *a*)
23. 9. R τὸ σπήλαιον . . . τὸ ὂν ἐν μέρει [A μερίδι] τοῦ ἀγροῦ (8)
31. 14. μὴ ἔστιν ἡμῖν ἔτι μ. (1 *a*)
33. 19. ἐκτήσατο τὴν μ. τοῦ ἀγροῦ (1 *b*)
43. 34. R ἦραν δὲ μερίδας [A -a] παρ' αὐτοῦ (3)
— 34. ἐμεγαλύνθη δὲ ἡ μερὶς B. παρὰ τὰς μ. πάντων (3, 3)
Ex. 29. 26. καὶ ἔσται σοι ἐν μερίδι (2 *a*)
Le. 6. 17 (10). μερίδα αὐτὴν ἔδωκα (1 *a*)
7. 23 (33). αὐτῷ ἔσται ὁ βραχίων . . . ἐν μερίδι (2 *a*)
8. 28 (29). καὶ ἐγένετο Μωυσῇ ἐν μερίδι (2 *a*)
Nu. 18. 20. μερὶς οὐκ ἔσται σοι ἐν αὐτοῖς (1 *a*)
— 20. ἐγὼ μερίς σου (1 *a*)
31. 36. ἡ μ. τῶν ἐκπεπορευμ. εἰς τὸν πόλεμον (1 *a*)
De. 9. 26. μὴ ἐξολεθρεύσῃς . . . τὴν μ. [A κληρονομίαν] σου (5)
10. 9. οὐκ ἔστι τοῖς Λευίταις μερίς (1 *a*)
12. 12: 14. 27, 29. οὐκ ἔστιν αὐτῷ μερίς (1 *a*)
18. 1. οὐκ ἔσται . . . μερὶς οὐδὲ κλῆρος (1 *a*)
— 8. μερίδα μεμερισμένην φάγεται (1 *a*)
32. 9. ἐγενήθη μερὶς κ. λαὸς αὐτοῦ 'I. (1 *a*)
Jo. 14. 4. οὐκ ἐδόθη μ. . . . τοῖς Λευίταις (1 *a*)
15. 13. ἔδωκε μερίδα ἐν μέσῳ υἱῶν 'I. (1 *a*)
18. 5. διεῖλεν αὐτοῖς ἑπτὰ μερίδας (1 *a*)
— 6. μερίσατε τὴν γῆν ἑπτὰ μερίδας (1 *a*)
— 7. οὐ γάρ ἐστι μ. τοῖς υἱοῖς Λ. (1 *a*)
Jo. 18. 7. ἱερατεία γὰρ κυρίου μερὶς αὐ. (5)
— 9. ἔγραψαν αὐτὴν κατὰ πόλεις ἑπτὰ μερίδας (1 *a*)
19. 9. ἐγενήθη ἡ [A om.] μ. υἱῶν 'I. μείζων τῆς αὐτῶν (1 *a*)
— 48. ἔθλιψαν ἀπ' αὐτῶν τὸ ὅριον τῆς μ. αὐτῶν –
21. 40. ἔδωκαν οἱ υἱοὶ 'Ισρ. μερίδα τῷ 'I. –
22. 25, 27. οὐκ ἔστιν ὑμῖν μερὶς κυρίου (1 *a*)
24. 32. κατώρυξαν . . . ἐν τῇ μ. τοῦ ἀγροῦ (1 *b*)
— 32. A B¹ R ἔδωκεν αὐτὴν 'I. ἐν μερίδι (5)
Jd. 5. 15. εἰς τὰς μ. 'P. [A *al.*] (7)
19. 29. A ἐμέλισεν αὐτὴν . . . εἰς δώδεκα μερίδας [B *al.*] (6)
Ru. 2. 3. περιέπεσε περιπτώματι τῇ μ. τοῦ ἀγροῦ B. (1 *b*)
3. 7. κοιμηθῆναι ἐν μερίδι τῆς στοιβῆς (8)
4. 3. τὴν μ. τοῦ ἀγροῦ ἥ ἐστι τοῦ ἀδ. ἡμῶν (1 *b*)
I Ki. 1. 4. ἔδωκε τῇ Φ. . . . μερίδας (2 *a*)
— 5. τῇ 'A. ἔδωκε μ. μίαν (2 *a*)
9. 23. δός μοι τὴν μ. (2 *a*)
30. 24. B κατὰ τὴν μ. τοῦ καταβαίνοντος . . . οὕτως ἔσται μερὶς [AR ἡ μ. τοῦ] καθημένου (1 *a*, 1 *a*)
II Ki. 2. 16. μερὶς τῶν ἐπιβούλων (1 *b*)
14. 30. ἡ [A εἰ] μ. ἐν ἀγρῷ τοῦ 'I. ἐχόμενά μου (1 *b*)
— 30. ἐνέπρησαν αὐτὰς οἱ παῖδες 'Aβ. τὴν μ. (1 *b*)
— 30. ἐνεπύρισαν οἱ δοῦλοι 'Aβ. τὴν μ. (1 *b*?)
— 31. ἵνα τί ἐνεπύρισαν οἱ παῖδές σου τὴν μ. τὴν ἐμήν (1 *b*)
20. 1. οὐκ ἔστιν ἡμῖν μ. ἐν Δ. (1 *a*)
23. 11. ἦν ἐκεῖ μερὶς τοῦ ἀγροῦ (1 *b*)
— 12. ἐστηλώθη ἐν μέσῳ τῆς μ. (1 *b*)
III Ki. 12. 16. τίς ἡμῖν μερὶς ἐν Δ. (1 *a*)
— 24. B οὐ μερὶς ἡμῖν ἐν Δ. –
IV Ki. 3. 19. πᾶσαν μ. ἀγαθὴν ἀχρειώσετε (1 *b*)
— 25. καὶ πᾶσαν μ. ἀγαθήν (1 *b*)
9. 10. καταφάγονται οἱ κύνες ἐν τῇ μ. τοῦ 'Ισρ. (1 *a*)
— 21. εὗρον αὐτὸν ἐν τῇ μ. Ναβ. (1 *b*)
— 25. ῥίψαι αὐτὸν ἐν τῇ μ. ἀγροῦ N. (1 *b*)
— 26. ἀνταποδώσω αὐτῷ ἐν τῇ μ. ταύτῃ (1 *b*)
— 26. ῥίψον αὐτὸν ἐν τῇ μ. (1 *b*)
— 36. ἐν τῇ μ. 'I. καταφάγονται (1 *a*)
— 37. ἔσται τὸ θνησιμαῖον . . . ἐν τῇ μ. 'I. (1 *a*)
I Ch. 11. 13. ἦν μερὶς τοῦ ἀγροῦ πλήρης κριθῶν (1 *b*)
— 14. ἔστη ἐν μέσῳ τῆς μ. (1 *b*)
II Ch. 10. 16. τίς ἡμῶν [A -ῖν] μερὶς ἐν Δ. (1 *a*)
31. 3. καὶ μερὶς τοῦ βασ. ἐκ τῶν ὑπαρχ. αὐτοῦ (2 *b*)
— 4. δοῦναι τὴν μ. τῶν ἱερέων (2 *b*)
— 19. δοῦναι μερίδα παντὶ ἀρσενικῷ (2 *a*)
35. 5. καὶ μερὶς οἴκου πατριᾶς τοῖς Λ. (1 *c*)
Ne. 2. 20. ὑμῖν οὐκ ἔστι μερίς (1 *a*)
8. 10. B ἀποστείλατε μερίδα [A S R -ας] τοῖς μὴ ἔχουσιν (2 *a*)
— 12. καὶ ἀποστέλλειν μερίδας (2 *a*)
11. 36. ἀπὸ τῶν Λ. μερίδες 'I. τῷ Βεν. (1 *d*)
12. 44. κατέστησαν . . . μερίδας [S² *add.* τοῦ νόμου] τοῖς ἱ. (2 *b*)
— 47. S¹ διδόντες μερίδας τῶν ᾀδόντων –
— 47. διδόντες μερίδας τῶν ᾀδόντων (2 *b*)
13. 10. μερίδες τῶν Λ. οὐκ ἐδόθησαν (2 *b*)
Es. 2. 9. ἔσπευσε δοῦναι αὐτῇ . . . τὴν μ. (2 *a*)
4. 17. μὴ ὑπερίδῃς τὴν μ. σου
9. 19. ἀποστέλλοντες μερίδας [S¹ -a] (2 *a*)
— 19. A B² S² ἐξαποστέλλοντες μερίδας [S¹ -a] –
— 22. ἐξαποστέλλοντας μερίδας τοῖς φίλοις (2 *a*)
Jb. 17. 5. A B S² τῇ μ. ἀναγγελεῖ κακίας (1 *a*)
20. 29. αὕτη ἡ μ. ἀνθρώπου ἀσεβοῦς παρὰ κυρίου (1 *a*)
24. 18. καταραθείη ἡ μ. αὐτῶν ἐπὶ γῆς (1 *b*)
27. 13. αὕτη ἡ μ. ἀνθρώπου ἀσεβοῦς παρὰ κυρίου (1 *a*)
30. 19. ἐν γῇ καὶ σποδῷ μου ἡ μ. †
Ps. 10 (11). 7. θεῖον καὶ πνεῦμα καταιγίδος ἡ μ. τοῦ ποτηρίου αὐτῶν (2 *b*)
15 (16). 5. A B S¹ κύριος ἡ [S² R om.] μ. τῆς κληρονομίας μου (2 *a*)
49 (50). 18. μετὰ μοιχῶν τὴν μ. σου ἐτίθεις (1 *a*)
62 (63). 10. μερίδες ἀλωπέκων ἔσονται (2 *b*)
72 (73). 26. ἡ μ. μου ὁ θεὸς εἰς τὸν αἰῶνα (1 *a*)
118 (119). 57. μερίς μου εἶ, κύριε (1 *a*)
141 (142). 5. μερίς μου ἐν γῇ ζώντων (1 *a*)
Pr. 15. 16. κρείσσων μικρὰ μερὶς μετὰ φόβου κυρίου –
20. 21. μερὶς ἐπισπουδαζομένη ἐν πρώτοις (5)
Ec. 2. 10. τοῦτο ἐγένετο μερίς μου ἀπὸ παντὸς μόχθου μου (1 *a*)
— 21. δώσει αὐτῷ [A -ὸν] μερίδα αὐτοῦ (1 *a*)
Ec. 3. 22: 5. 17. αὐτὸ μερὶς αὐτοῦ (1 *a*)
9. 6. καί γε μερὶς οὐκ ἔστιν αὐτοῖς ἔτι (1 *a*)
— 9. αὐτὸ [S -ὸς] μερίς σου ἐν τῇ ζωῇ σου (1 *a*)
11. 2. δὸς μερίδα τοῖς ἑπτά (1 *a*)
Wi. 1. 16. ἄξιοί εἰσι τῆς ἐκείνου μερίδος εἶναι
2. 9. αὕτη ἡ μ. ἡμῶν
— 24. οἱ τῆς ἐκείνου μερίδος ὄντες
Si. 7. 31. δὸς τὴν μ. αὐτῷ καθὼς ἐντέταλταί σοι
11. 18. αὕτη ἡ μ. τοῦ [S¹ ἀπὸ τοῦ] μισθοῦ αὐτοῦ
14. 9. πλεονέκτου ὀφθαλμὸς οὐκ ἐμπίπλαται μερίδι [A -δα]
— 14. μερὶς ἐπιθυμίας ἀγαθῆς μή σε παρελθάτω
16. 26. ἀπὸ ποιήσεως αὐτῶν διέστειλε μερίδας αὐ.
17. 17. μερὶς κυρίου 'Ισραὴλ ἐστιν
24. 12. ἐν μερίδι κυρίου κληρονομίας αὐτοῦ
26. 3. γυνὴ ἀγαθὴ μερὶς ἀγαθὴ ἐν μερίδι φοβουμένων κύριον δοθήσεται
41. 21. ἀπὸ ἀφαιρέσεως μερίδος καὶ δόσεως
44. 23. διέστειλε [A -έστησεν] μερίδας αὐτοῦ
45. 22. μερὶς οὐκ ἔστιν αὐτῷ ἐν λαῷ αὐτὸς γὰρ μερίς σου κληρονομία [A S² καὶ κλ.]
Am. 4. 7. μερὶς μία βραχήσεται καὶ μερὶς ἐφ' ἣν οὐ βρέξω ξηρανθήσεται (1 *b*, 1 *b*)
7. 4. καὶ κατέφαγε τὴν μερίδα κυρίου [A *om.*] (1 *a*)
Mi. 2. 4. μερὶς λαοῦ μου κατεμετρήθη ἐν σχοινίῳ (1 *a*)
Na. 3. 8. ἑτοίμασαι μερίδα [S³ *om.* ἑ. μ.] . . . ἑτοίμασαι [S³ *om.*] μερίδα [S² -ις] ([illegible], 4 ?)
Hb. 1. 16. ὅτι ἐν αὐτοῖς ἐλίπανε μερίδα αὐτοῦ (1 *a*)
Za. 2. 12 (16). A S R κατακληρονομήσει κ. τὸν 'I. τὴν μ. [B τῇ μ.] αὐ. (1 *a*)
Is. 17. 14. αὕτη ἡ μ. τῶν ὑμᾶς προνομευσάντων (1 *a*)
57. 6. ἐκείνη σου ἡ μ. (1 *a*)
Je. 10. 16. οὐκ ἔστι τοιαύτη μ. τῷ 'Ιακώβ (1 *a*)
12. 10. A B ἐμόλυναν τὴν μ. μου (1 *b*)
— 10. ἔδωκαν τὴν μ. την [AS ἔδ. μ.] ἐπιθυμητήν μου εἰς ἔρημον ἄβατον (1 *b*)
13. 25. οὗτος ὁ κλῆρός [S -ονόμος] σου καὶ μ. τοῦ ἀπειθεῖν ὑμᾶς ἐμοί (2 *a*)
28 (51). 19. οὐ τοιαύτη μ. τῷ 'Ιακώβ [A *al.*] (1 *a*)
La. 3. 24. R μ. μου κύριος (1 *a*)
4. 16. πρόσωπον κυρίου μ. αὐτῶν (1 *e*)
Ez. 45. 7. ὡς μία τῶν μ. ἀπὸ τῶν ὁρίων τῶν πρὸς θάλασσαν (1 *a*)
48. 8. καθὼς μία τῶν μ. (1 *a*)
— 21. ἐχόμενα τῶν μ. τοῦ ἀφηγουμένου (1 *a*)
Da. Th. 4. 12. μετὰ τῶν θηρίων ἡ μ. αὐ. (1 *f*)
— 20. μετὰ θηρίων ἀγρίων ἡ μ. αὐ. (1 *f*)
II Ma. 1. 26. διαφύλαξον τὴν μ. σου
14. 15. ἀντιλαμβανόμενον τῆς ἑαυτοῦ μ.
III Ma. 6. 3. μερίδος ἡγιασμένης σου λαόν
IV Ma. 18. 3. θείας μερίδος κατηξιώθησαν
[Aq. Je. 48 (31). 28: 51 (28). 19.]
[Sm. Jb. 17. 5: Ps. 16 (17). 14: Ec. 5. 18: Je. 51 (28). 19.]
[Th. Jb. 17. 5: Is. 57. 6 *bis*: 61. 7.]
[Sam. Ge. 49. 23.]
[Al. Ge. 47. 22: Le. 7. 34, 36: 10. 14: Nu. 36. 3: Is. 61. 7.]

μερισμός. (1) *a.* מַחֲלֹקֶת *b.* מַחֲלֻקָּה

Jo. 11. 23. ἔδωκεν αὐτοὺς . . . ἐν μερισμῷ (1 *a*)
II Es. 6. 18. ἔστησαν . . . τοὺς Λ. ἐν μερισμοῖς αὐ. (1 *b*)

μεριτεύεσθαι. (1) חָצָה

Jb. 40. 25 (30). μεριτεύονται [S² μεριοῦνται] δὲ αὐτὸν Φοινίκων ἔθνη (1)

μέρος. (1) בָּזָא (2) חֲלַק (3) חֵלֶק (4) יָד (5) יַרְכָּה (6) מוּל (7) כֵּן (8) מִקְצוֹעַ (9) נַחֲלָה (10) עֵבֶר (11) פֵּאָה (12) פֶּלֶךְ (13) פַּעַם (14) צַד (15) צֵלָע (16) *a.* קָצֶה *b.* קְצָת *c.* קֵין *d.* קָצָה (17) רֶבַע (18) רוּחַ (19) שְׁבַר, שְׁטַר (20) שָׂפָה (21) τὸ πέμπτον μ. חֲמִישִׁי (22) τρίτον μ. *a.* תְּלָת *b.* תַּלְתִּי

Ge. 23. 9. R τὸ ὂν ἐν μ. [A μερίδι] τοῦ ἀγροῦ (16 *a*)
47. 24. δώσετε τὸ πέμπτον μ. τῷ Φ. (21)
— 24. τὰ δὲ τέσσαρα μ. ἔσται ὑμῖν αὐτοῖς (4)
Ex. 16. 35. παρεγένοντο εἰς μ. τῆς Φοινίκης (16 *a*)
25. 25 (26). ἐπὶ τὰ τέσσαρα μ. τῶν ποδῶν αὐτῆς (11)

Ex. 26. 4. ἐκ τοῦ ἑνὸς μ. εἰς τὴν συμβολήν (16 d)
— 5. ἐκ τοῦ μ. τῆς αὐλαίας (16 a)
— 19. τῷ στύλῳ . . . εἰς ἀμφότερα τὰ μ. αὐτοῦ (4)
— 19. B^{2}R εἰς ἀμφότερα τὰ μ. αὐτοῦ (4)
— 21. τῷ στύλῳ τῷ ἑνὶ εἰς ἀμφότερα τὰ μ. αὐ. –
— 21. AR εἰς ἀμφότερα τὰ μ. αὐτοῦ –
— 22. κατὰ τὸ μ. τὸ πρὸς θάλασσαν (5)
— 25. τῷ ἑνὶ στύλῳ εἰς ἀμφότερα τὰ μ. αὐτοῦ –
— 26. τῷ ἑνὶ στύλῳ ἐκ τοῦ ἑνὸς μ. τῆς σκηνῆς (15)
— 35. ἐπὶ μέρους τῆς σκηνῆς τὸ πρὸς νότον (15)
— 35. ἐπὶ μέρους τῆς σκηνῆς τὸ πρὸς βορρᾶν (15)
28. 7. ἐπὶ τοῖς δυσὶ μέρεσιν ἐξηρτισμέναι (16 d)
32. 15. ἐξ ἀμφοτέρων τῶν μ. αὐτῶν (10)
36. 11 (39. 4). ἐπωμίδας συνεχούσας ἐξ ἀμφοτέρων τῶν μερῶν (16 b)
— 25 (39. 17). ἀμφοτέρων τῶν μ. τοῦ λογείου (16 b)
38 (37). 3. A ἐπὶ τὰ τέσσαρα μ. αὐτῆς (13)
— 14 (37. 17). ἐξ ἀμφοτέρων τῶν μ. αὐτῆς (14 ?)
— 24 (5). ἐκ τῶν τεσσάρων μ. (16 b)
Nu. 8. 2. ἐκ μέρους κατὰ πρόσωπον τῆς λυχνίας (6)
— 3. ἐκ τοῦ ἑνὸς μ. κατὰ πρόσ. τῆς λυχνίας (6)
11. 1. κατέφαγε μ. τι τῆς παρεμβολῆς (16 a)
20. 16. ἐκ μέρους τῶν ὁρίων σου (16 a)
22. 36. ὅ ἐστιν ἐκ μέρους τῶν ὁρίων (16 a)
— 41. ἔδειξεν αὐτῷ . . . μ. τι τοῦ λαοῦ (16 a)
23. 13. μ. τι αὐτοῦ ὄψῃ (16 a)
33. 6. ὅ ἐστι μέρος [A B^2 add. τι] τῆς ἐρήμου (16 a)
34. 3. ἀπὸ μέρους τῆς θαλάσσης τῆς ἁλυκῆς (16 a)
Jo. 2. 18. εἰσπορευόμεθα εἰς μέρος τῆς πόλεως †
3. 8. AR ἐπὶ μέρους [B μέσου] τοῦ ὕδατος τοῦ Ἰ. (16 a)
— 15. εἰς μέρος [A τὸ μ.] τοῦ ὕδατος τοῦ Ἰ. (16 a)
— 16. ἕως μέρους Κ. (14)
4. 19. κατὰ μέρος τὸ πρὸς ἡλίου ἀνατολάς (16 a)
12. 2. ἥ ἐστιν . . . κατὰ μέρος τῆς φάραγγος (20)
13. 27. ἕως μέρους τῆς θαλάσσης Χ. (16 a)
15. 2. ἕως μέρους θαλάσσης τῆς ἁλυκῆς (16 a)
— 5. τὰ ὅρια αὐ. . . . ἀπὸ τοῦ μ. τοῦ Ἰορδ. (16 a)
— 8. ἥ ἐστιν ἐκ μέρους γῆς Ῥ. (16 a)
18. 14. B^1 παρελεύσεται ἐπὶ τὸ ὄρος [A B^2 R μέρος] (11)
— 14. τοῦτό ἐστι τὸ μ. τὸ πρὸς θάλασσαν (11)
— 15. μέρος τὸ πρὸς λίβα ἀπὸ μέρους Κ. (11, 16 a)
— 16. καταβήσεται τὰ ὅρια ἐπὶ μέρους [A add. τοῦ ὄρους] (16 a)
— 16. ὅ ἐστιν ἐκ μέρους Ἐ. –
— 19. εἰς μέρος τοῦ Ἰορδ. ἀπὸ λιβός (16 a)
— 20. ὁ Ἰορδ. ὁριεῖ ἀπὸ μέρους ἀνατολῶν (11)
Jd. 7. 11. A κατέβη . . . εἰς μέρος [B πρὸς ἀρχὴν] τῶν πεντήκ. (16 a)
— 19. A ἐν μέρει [B ἀρχῇ] τῆς παρεμβολῆς (16 a)
18. 2. ἀπέστειλαν . . . πέντε ἄνδρας [A add. ἀπὸ μέρους αὐτῶν] (16 d)
I Ki. 6. 8. οὐ θήσετε . . . ἐκ μέρους αὐτῆς (14)
9. 27. αὐτῶν καταβαινόντων εἰς μέρος τῆς πόλεως (16 a)
23. 26. πορεύονται . . . ἐκ μέρους τοῦ ὄρους τούτου καὶ ἦν Δ. . . . ἐκ μέρους τοῦ ὄρους τούτου [A al.] (14, 14)
30. 14. ἐπεθέμεθα . . . ἐπὶ τὰ τῆς Ἰουδ. μ. †
II Ki. 13. 34. ἐκ μέρους τοῦ ὄρους (14)
III Ki. 3. 1 (B), 4. 24 (5. 4). ἦν αὐτῷ εἰρήνη ἐκ πάντων τῶν μ. †
6. 24. ἀπὸ μέρους πτερυγίου αὐτοῦ (16 d)
— 24. A καὶ ἕως μέρους πτερυγίου αὐ. [R al.] (16 d)
7. 30. καὶ τέσσαρα μ. αὐτῶν (13)
12. 31. ἐποίησεν ἱερεῖς μέρος τι ἐκ τοῦ λαοῦ (16 d)
13. 33. ἐποίησεν ἐκ μέρους τοῦ λαοῦ ἱερεῖς (16 d)
IV Ki. 7. 5. AB^1 εἰς μέσον [B^{2}R μέρος] παρεμβολῆς Σ. (16 a)
— 8. εἰσῆλθον . . . ἕως μέρους τῆς παρεμβ. (16 a)
19. 23. εἰς ὕψος ὀρέων μηροὺς [B^3 μέρος, A μέρους] τοῦ Λιβ. (5)
— 23. A εἰς μέρος τέλους αὐ. δρυμοῦ [B al.] (16 a*, 16 c)
II Ch. 36. 7. μέρος τῶν σκευῶν οἴκου κ. ἀπήνεγκεν (7)
II Es. 4. 20. μέρος δίδοται αὐτοῖς (2)
Ne. 3. 15. R ἄρχων μέρους τῆς Μ. (12)
7. 70. ἀπὸ μέρους ἀρχηγῶν τῶν πατριῶν (16 b)
11. 1. καὶ ἐννέα μέρη ἐν ταῖς πόλεσι (4)
To. 8. 3. S εἰς τὰ μ. [A B ἀνώτατα] Αἰγ.
Es. 8. 13. S^1 ὅσον ἐστὶ παρὰ μέρος ὑμῖν ἐκζητοῦν [A B S^2 al.]
Jb. 26. 14. ἰδοὺ ταῦτα μέρη ὁδοῦ [S^1 λόγου] αὐτοῦ (16 d)
30. 1. νῦν νουθετοῦσί με ἐν μέρει –
31. 12. πῦρ γάρ ἐστι καιόμενον ἐπὶ [A ἐκ] πάντων τῶν μ. †

Pr. 17. 2. ἐν δὲ ἀδελφοῖς διελεῖται μέρη (9)
29. 11. σοφὸς δὲ ταμιεύεται κατὰ μέρος †
Ec. 5. 18. λαβεῖν τὸ μ. αὐτοῦ (3)
Si. 23. 19. κατανοοῦντες εἰς [A om.] ἀπόκρυφα μέρη
37. 18. τέσσαρα μέρη ἀνατέλλει
Za. 13. 8. τὰ δύο μ. αὐτῆς ἐξολεθρευθήσεται –
Is. 7. 18. κυριεύσει μέρος [A S^2 -ους] ποταμοῦ Αἰγύπτου (16 a)
9. 1 (8. 23). Γαλιλαία τῶν ἐθνῶν [A B^2 S add. τὰ μ. τῆς Ἰουδαίας] –
18. 7. ὅ ἐστιν ἐν μέρει ποταμοῦ τῆς χώρας αὐτοῦ (1 ?)
37. 24. εἰσῆλθον εἰς ὕψος μέρους τοῦ δρυμοῦ (16 c)
Je. 30. 10 (49. 32). A ἐκ παντὸς μέρους [B πέραν] αὐτῶν οἴσω τὴν τροπὴν αὐτῶν †
32. 17 (25. 31). ἥκει ὄλεθρος ἐπὶ μ. [S^1 -ους] τῆς γῆς (16 a)
— 19 (25. 33). ἐκ μέρους τῆς γῆς καὶ ἕως εἰς μ. τῆς γῆς [S^1 om. καὶ . . . γῆς] (16 a, 16 a)
52. 23. ἦσαν αἱ ῥοαὶ ἐνενήκοντα ἓξ τὸ ἓν μ. (18)
Ez. 1. 8. ἐπὶ τὰ τέσσαρα μ. αὐτῶν (17)
— 17. ἐπὶ τὰ τέσσαρα μ. αὐτῶν ἐπορεύοντο (17)
10. 11. εἰς τὰ τέσσαρα μ. αὐτῶν ἐπορεύοντο (17)
40. 47. διεμέτρησε τὴν αὐλὴν . . . ἐπὶ τὰ τέσσαρα μ. αὐτῆς †
42. 20. τὰ τέσσαρα μέρη τοῦ αὐτοῦ καλάμου [A εἰς τ. τ. μ. τ. αὐ. μέτρου] (18)
43. 16. τετράγωνον ἐπὶ τὰ τέσσαρα μ. αὐτοῦ (17)
— 17. τὸ εὖρος ἐπὶ [A τετράγωνον ἐ. τὰ] τέσσαρα μέρη αὐτοῦ (17)
46. 21. περιήγαγέ με ἐπὶ τὰ τέσσαρα μ. τῆς αὐλῆς (8)
47. 19. τοῦτο τὸ μ. νότος καὶ λίψ (11)
— 20. τοῦτο τὸ μ. τῆς θαλάσσης τῆς μεγάλης ὁρίζει (11)
48. 1. κατὰ τὸ μ. [A μέτρον] τῆς καταβάσεως τοῦ περισχίζοντος . . . κατὰ μ. [A τὸ μ.] Ἡμὰθ αὐλῆς (4, 4)
Da. LXX. 1. 2. καὶ μέρος τι τῶν ἱερῶν σκευῶν τοῦ κ. (16 b)
2. 33. μέρος μέν τι σιδήρου μέρος δέ τι ὀστράκου (7, 7)
— 41. μέρος μέν τι ὀστράκου κεραμικοῦ (7)
— 41. μέρος δέ τι σιδήρου (7)
— 42. μέρος μέν τι σιδηροῦν (7)
— 42. μέρος δέ τι ὀστράκινον (7)
— 42. μέρος δέ τι τῆς βασ. ἔσται ἰσχυρόν (16 b)
— 42. μέρος τι ἔσται συντετριμμένον (7)
5. 7. ἐξουσία τοῦ τρίτου μ. τῆς βασ. (22 b)
— 16. ἐξουσίαν τοῦ τρίτου μ. τῆς βασ. μου (22 a)
— 29. ἔδωκεν ἐξουσίαν αὐτῷ τοῦ τρίτου μ. τῆς βασ. αὐ. (22 a)
Da. TH. 1. 2. ἀπὸ μέρους σκευῶν οἴκου τοῦ θ. (16 b)
2. 33. μέρος μέν τι σιδηροῦν (7)
— 33. καὶ μέρος δέ τι ὀστράκινον (7)
— 41. μέρος μέν τι ὀστράκινον (7)
— 41. μέρος δέ τι σιδηροῦν (7)
— 42. μέρος μέν τι σιδηροῦν (7)
— 42. μέρος δέ τι ὀστράκινον (7)
— 42. μέρος τι τῆς βασ. ἔσται ἰσχυρόν (16 b)
7. 5. εἰς μέρος ἓν ἐστάθη (19)
11. 45. ἥξει ἕως μέρους [A add. ὄρους] αὐτοῦ (16 c)
I Ma. 4. 19. ὤφθη μ. τι ἐκκύπτον ἐκ τοῦ ὄρους
6. 38. ἔστησεν ἐπὶ τὰ δύο μ. τῆς παρεμβ.
— 40. ἐξετάθη μ. τι τῆς παρεμβ. [S^1 al.]
9. 11. ἐμερίσθη ἡ ἵππος εἰς δύο μέρη
— 12. ἤγγισεν ἡ φάλαγξ ἐκ τῶν δύο μ.
— 15. S συνετρίβη τὸ δεξιὸν μ. [A R κέρας]
II Ma. 2. 30. R πολυπραγμονεῖν ἐν τοῖς [A ταῖς] κατὰ μέρος
3. 26. παραστάντες ἐξ ἑκατέρου μ.
8. 24. R ἀναπήρους τὸ πλεῖστον μ. τῆς τοῦ Ν. στρατιᾶς ἐποίησαν [A al.]
11. 20. R ὑπὲρ δὲ τῶν [A τούτων] κατὰ μέρος
15. 18. ἦν γὰρ . . . ἐν ἥττονι μ. κείμενος αὐτοῖς
— 20. τῶν θηρίων ἐπὶ μ. εὔκαιρον ἀποκατασταθέντων
— 21. A ἐπὶ μ. εὔκαιρον
— 33. R ἔφη κατὰ μέρος δώσειν τοῖς ὀρνέοις [A al.]
III Ma. 5. 11. ὕπνου μέρος ἀπέστειλε
— 17. εἰς εὐφροσύνην καταθέσθαι μέρος
[Aq. Ex. 25. 11 (12): 37 (38). 3: 37. 18: Ps. 16 (17). 14: Je. 49. 32 (30. 10).]
[Sm. Ex. 25. 11 (12): Jb. 32. 17: Is. 7. 18.]
[Th. Ex. 25. 11 (12): 37. 13 (38. 11): Jd. 7. 11: Is. 7. 18: Je. 52. 23: Da. 2. 42: 11. 45.]
[Al. IV Ki. 11. 7.]

μεσάβ. (1) a. מַצָּב b. מַצָּבָה
I Ki. 14. 11. A εἰσῆλθον ἀμφότεροι εἰς μ. [B μεσσὰφ] τῶν ἀλλοφ. (1 a)
— 12. A ἀπεκρίθησαν οἱ ἄνδρες τῆς μ. [B ἄ. μεσσάφ] (1 b)

μεσάζειν.
Wi. 18. 14. νυκτὸς ἐν ἰδίῳ τάχει μεσαζούσης [B^1 μ. τὰ πάντα]
[Aq. I Ki. 17. 4.]

μέσακλον. (1) מָנוֹר
I Ki. 17. 7. ὡσεὶ μέσακλον ὑφαινόντων [A -ος] (1)

μεσαναί, vid. μαασαναί.

μεσαρά.
I Ki. 23. 19. A οὐκ ἰδοὺ Δ. κέκρυπται . . . ἐν μ. [B μεσσ.] †

μεσαράς.
I Ki. 24. 23. A ἀνέβησαν εἰς τὴν μ. [B μεσσαρὰ] στενήν †

μεσημβρία. (1) אוֹר (2) נֶגֶב (3) צֹהַר
(4) כְּחֹם הַיּוֹם (5) עֵת צָהֳרַיִם
Ge. 18. 1. καθημένου αὐτοῦ . . . μεσημβρίας (4)
43. 16. φάγονται οἱ ἄνθρωποι ἄρτους τὴν μ. (3)
— 25. R ἕως τοῦ ἐλθεῖν Ἰωσὴφ μεσημβρίας [A -ίᾳ] (3)
De. 28. 29. ἔσῃ ψηλαφῶν μεσημβρίας (3)
Jd. 5. 10. ἐπιβεβηκότες ἐπὶ ὄνου θηλείας μεσημβρίας [A al.] †
II Ki. 4. 5. ἐκάθευδεν ἐν τῇ κοίτῃ τῆς μ. (3)
III Ki. 18. 26. ἐκ πρωΐθεν ἕως μεσημβρίας (3)
— 27. καὶ ἐγένετο μεσημβρία (3)
21 (20). 16. καὶ ἐξῆλθε μεσημβρίας (3)
IV Ki. 4. 20. ἐκοιμήθη . . . ἕως μεσημβρίας (3)
Jb. 11. 17. ἐκ δὲ μεσημβρίας ἀνατελεῖ σοι ζωή (3)
Ps. 36 (37). 6. καὶ τὸ κρίμα σου ὡς μεσημβρίαν (3)
54 (55). 17. ἑσπέρας καὶ πρωῒ καὶ μεσημβρίας (3)
Ca. 1. 7. ποῦ κοιτάζεις ἐν μεσημβρίᾳ (3)
Si. 31 (34). 16. καὶ σκέπη ἀπὸ μεσημβρίας
43. 3. ἐν μεσημβρίᾳ αὐτοῦ ἀναξηραίνει χώραν
Am. 8. 9. δύσεται ὁ ἥλιος μεσημβρίας (3)
Ze. 2. 4. καὶ Ἄζωτος μεσημβρίας ἐκριφήσεται (3)
Is. 18. 4. ὡς φῶς καύματος μεσημβρίας (1)
58. 10. τὸ σκότος σου ὡς μ. (3)
59. 10. πεσοῦνται ἐν μεσημβρίᾳ ὡς ἐν μεσονυκτίῳ (3)
Je. 6. 4. ἀναβῶμεν ἐπ' αὐτὴν μεσημβρίας (3)
15. 8. ἐπήγαγον ἐπὶ μητέρα νεανίσκους [S -ου] ταλαιπωρίαν ἐν μεσημβρίᾳ (3)
20. 16. ἀκουσάτω κραυγῆς τὸ πρωῒ καὶ ἀλαλαγμοῦ μεσημβρίας (5)
Da. LXX. 8. 4. εἶδον τὸν κριὸν κερατίζοντα πρὸς . . . μεσημβρίαν (2)
— 9. ἐπάταξεν ἐπὶ μεσημβρίαν (2)
[Aq. Ps. 90 (91). 6.]
[Sm. I Ki. 27. 10: 30. 1, 27: Ps. 90 (91). 6: Ez. 20. 47 (21. 3).]
[Th. Ez. 40. 2.]

μεσημβρινός. (1) צֹהַר
I Es. 9. 41. B ἕως μεσημβρινοῦ [A R al.]
Jb. 5. 14. τὸ δὲ μ. ψηλαφήσαισαν ἴσα νυκτί (1)
Ps. 90 (91). 6. ἀπὸ συμπτώματος καὶ δαιμονίου μεσημβρινοῦ (1)
Is. 16. 3. αὐτῇ διὰ παντὸς ἐν μ. σκοτίᾳ φεύγουσι (1)
[Aq. Ge. 6. 17 (16).]
[Sm. Ez. 20. 46 (21. 2).]

μεσθαάλ.
IV Ki. 10. 22. εἶπε τῷ ἐπὶ τοῦ οἴκου μ. [A al.] †

μεσίτης. (1) בַּיִן
Jb. 9. 33. εἴθε [A εἰ γὰρ] ἦν ὁ μ. ἡμῶν (1)

μεσόγειος.
II Ma. 8. 35. τὴν δοξικὴν ἀποθέμενος ἐσθῆτα διὰ τῆς μ.

μεσονύκτιον. (1) a. חֲצוֹת־הַלַּיְלָה b. חֲצִי הַלַּיְלָה
(2) נֶשֶׁף
Jd. 16. 3. ἐκοιμήθη Σ. ἕως μεσονυκτίου (1 b)
— 3. A ἀνέστη περὶ τὸ μ. [B al.] (1 b)

Ru. 3. 8. ἐγένετο δὲ ἐν τῷ μ. (1 *b*)
Ps. 118 (119). 62. μεσονύκτιον ἐξεγειρόμην (1 *a*)
Is. 59. 10. πεσοῦνται ἐν μεσημβρίᾳ ὡς ἐν μεσονυκτίῳ (2)

μεσοπορεῖν (-ωρεῖν), **μεσόπωρος** (?).

Si. 34 (31). 21. ἀνάστα μεσοπωρῶν [S^1 -ον, S^2 -ορῶν] καὶ ἀναπαύσῃ

μεσοπόρφυρος. (1) מַעֲטָפָה (2) χιτὼν μ. פְּתִיגִיל

Is. 3. 21. τὰ περιπόρφυρα καὶ τὰ μ. (1)
— 24. ἀντὶ τοῦ χιτῶνος τοῦ μ. περιζώσῃ σάκκον (2)

μέσος, *cf.* ἀνὰ μέσον *sub* ἀνά, ἐκ μέσου *sub* ἐκ, ἐν μέσῳ *sub* ἐν (1) *a.* בַּיִן *b.* εἰς μέσον בַּיִן (2) *a.* גֵּו *b.* גַּו (3) *a.* חֲצִי *b.* חֲצוֹת *c.* מַחֲצִית (4) *a.* קָצֶה *b.* קֵץ (5) קֶרֶב (6) *a.* תָּוֶךְ *b.* בְּתוֹךְ, בַּתָּוֶךְ *c.* תִּיכוֹן

Ge. 2. 9. A τὸ ξύλον ἐν μέσῳ τῷ παραδείσῳ [R τοῦ π.] (6 *a*)
15. 10. διεῖλεν αὐτὰ μέσα (6 *b*)
37. 7. δεσμεύειν δράγματα ἐν μ. τῷ πεδίῳ (6 *a*)
Ex. 11. 4. περὶ μέσας νύκτας ἐγὼ εἰσπορεύομαι (3 *b*)
— 4. εἰσπορεύομαι εἰς μέσον Αἰγύπτου (6 *a*)
14. 16. εἰς μέσον τῆς θαλάσσης (6 *a*)
— 22, 23. εἰσῆλθον . . . εἰς μέσον τῆς θαλάσσης (6 *a*)
— 27. ἐξετίναξε . . . μέσον τῆς θαλάσσης (6 *b*)
24. 18. εἰς τὸ [A *om.*] μ. τῆς νεφέλης (6 *a*)
26. 28. ὁ μοχλὸς ὁ μ. . . . διϊκνείσθω (6 *c*)
28. 28 (32). ἔσται τὸ περιστόμιον ἐξ αὐτοῦ μέσον (6 *b*)
36. 31 (39. 23). ἐν τῷ μ. διυφασμένον (6 *a*)
Nu. 2. 17. ἡ παρεμβ. τῶν Λ. μέσον [A ἀνὰ μ.] τῶν παρεμβ. (6 *b*)
19. 6. εἰς μέσον τοῦ κατακαύματος τῆς δαμάλεως (6 *a*)
33. 8. διέβησαν μέσον τῆς θαλάσσης (6 *b*)
35. 5. ἡ πόλις μέσον τούτου ἔσται ὑμῖν (6 *b*)
De. 3. 16. A B^2 R μέσον τοῦ χειμάρρου ὅριον (6 *a*)
Jo. 1. 11. κατὰ μέσον τῆς παρεμβολῆς τοῦ λαοῦ (5)
3. 8. B ἐπὶ μέσου [A R μέρους] τοῦ ὕδατος τοῦ 'I. (4 *a*)
4. 5. προσαγάγετε . . . εἰς μέσον τοῦ 'I. (6 *a*)
10. 13. ἔστη ὁ ἥλιος κατὰ μέσον τοῦ οὐρανοῦ (3 *a*)
Jd. 3. 19. A εἶπεν 'E. πᾶσιν ἐκ μέσου [B *al.*] †
7. 19. ἐν ἀρχῇ τῆς φυλακῆς μέσης [A *al.*] (6 *c*)
15. 4. ἀνὰ μέσον τῶν δύο κέρκων [A *add.* ἐν τῷ μ.] (6 *a*)
16. 29. A τοὺς δύο στύλους τοὺς μ. [B *al.*] (6 *a*)
I Ki. 5. 6. μέσον τῆς χώρας αὐ. ἀνεφύησαν μύες –
9. 14. αὐτῶν εἰσπορευομ. εἰς μέσον τῆς πόλεως (6 *a*)
— 18. προσήγαγε Σ. . . . εἰς μέσον τῆς πόλεως (6 *a*)
11. 11. εἰσπορεύονται μέσον τῆς παρεμβολῆς (6 *b*)
II Ki. 6. 17. ἀνέθηκαν αὐτὴν . . . εἰς μέσον τῆς σκηνῆς (6 *a*)
III Ki. 3. 20. ἀνέστη μέσης τῆς νυκτός (6 *b*)
6. 6. καὶ τὸ μ. ἕξ (6 *c*)
— 8. ἑλικτὴ ἀνάβασις εἰς τὸ μ. καὶ ἐκ τῆς μ. ἐπὶ τὰ τριώροφα (6 *c*, 6 *c*)
8. 64. ἡγίασεν ὁ βασ. τὸ μ. τῆς αὐλῆς (6 *a*)
14. 7. A ὕψωσά σε ἀπὸ μέσου λαοῦ (6 *a*)
IV Ki. 7. 5. A B^1 εἰς μέσον [B^2 R μέρος] παρεμβολῆς Σ. (4 *a*)
19. 23. εἰς μέσον [A μέρους, B^3 μέρος] δρυμοῦ †
20. 4. ἦν 'Ησ. ἐν τῇ αὐλῇ τῇ μ. (6 *c*)
II Ch. 7. 7. ἡγίασε Σ. τὸ μ. τῆς αὐλῆς (6 *a*)
23. 5. καὶ τὸ τρίτον ἐν τῇ πύλῃ τῇ μ. †
I Es. 9. 41. A ἕως μέσου [R -ης] ἡμέρας [B *al.*]
Ne. 4. 11 (5). ἕως ὅτου ἔλθωμεν εἰς μέσον αὐ. (6 *a*)
8. 3. B^1 S^1 R ἕως ἡμίσους [A μέσου, B^2 S^3 μεσούσης] τῆς ἡμ. (3 *c*)
To. 5. 6. S ἐν μέσῳ τῷ πεδίῳ
Ju. 11. 19. ἄξω σε διὰ μέσου τῆς 'I.
Es. 1. 1. οἰκῶν ἐν Σούσοις [A^1 μέσοις ?, A^2 μεσούσοις]
Jb. 29. 17. ἐκ μέσου [S -ων] τῶν ὀδόντων αὐτῶν –
Ps. 77 (78). 28. ἐπέπεσον εἰς μέσον τῆς παρεμβολῆς αὐτῶν (5)
81 (82). 1. ἐν μέσῳ δὲ θεοὺς διακρινεῖ (5)
100 (101). 2. ἐν μέσῳ τοῦ οἴκου [S^1 τῷ οἴκῳ] μου (5)
Ps. 135 (136). 14. καὶ διαγαγόντι τὸν 'Ισρ. διὰ μέσου [S^1 ἐν μέσῳ] αὐτῆς (6 *a*)
Pr. 27. 22. ἐν μέσῳ συνεδρίου [A -ῳ] ἀτιμάζων (6 *a*)
Wi. 12. 6. A S^2 ἐκ μέσου [B^2 μύσου] μύστας θιάσου [B^1 S^1 R *al.*]
18. 15. εἰς μέσον τῆς ὀλεθρίας ἥλατο γῆς
Si. 27. 12. εἰς μέσον ἀσυνέτων συντήρησον καιρὸν εἰς μέσον δὲ διανοουμένων ἐνδελέχιζε
48. 17. εἰσήγαγεν εἰς μέσον αὐτῶν τὸν Γώγ [A αὐτῆς ὕδωρ, S^2 ἀγωγόν]
Am. 5. 17. ἐλεύσομαι [A ἐπελ.] διὰ μέσου σου (5)
7. 8. ἐντάσσω ἀδάμαντα ἐν μέσῳ [A εἰς μέσον] λαοῦ (5)
Za. 5. 8. R ἔρριψεν αὐτὴν εἰς μέσον [A B S ἐν μέσῳ] τοῦ μέτρου (6 *a*)
Is. 51. 23. ἔθηκας ἴσα τῇ γῇ τὰ μ. [A S μετάφρενα] σου ἔξω (2 *a*)
57. 2. ἦρται ἐκ τοῦ μ. †
Je. 21. 4. εἰς τὸ μέσον τῆς πόλεως ταύτης (6 *a*)
28 (51). 63. ῥίψεις αὐτὸ εἰς μέσον [S τὸ μ.] τοῦ Εὐφράτου (6 *a*)
44 (37). 4. διῆλθε διὰ μέσου [A ἀνὰ μέσον] τῆς πόλεως (6 *a*)
46 (39). 3. ἐκάθισαν ἐν [A *add.* τῇ] πύλῃ τῇ μ. (6 *a*)
48 (41). 7. εἰσελθόντων αὐτῶν εἰς τὸ [S *om.*] μ. τῆς πόλεως (6 *a*)
Ep. Je. 55. ὥσπερ δοκοὶ μέσοι κατακαυθήσονται
Ez. 1. 4. ἐν τῷ μ. αὐτοῦ ὡς ὅρασις [A ὁμοίωμα] ἠλέκτρου ἐν μέσῳ τοῦ πυρός (6 *a*, 6 *a*)
— 5. ἐν τῷ μ. ὡς ὁμοίωμα τεσσάρων ζῴων (6 *a*)
5. 2. τὸ τέταρτον ἐν πυρὶ ἀνακαύσεις ἐν μέσῃ τῇ πόλει (6 *a*)
— 4. ῥίψεις αὐτοὺς εἰς μέσον τοῦ πυρός (6 *a*)
9. 4. δίελθε μέσην 'Ιερουσαλήμ (6 *b*)
10. 2. εἴσελθε εἰς τὸ μ. τῶν τροχῶν (1 *a*)
— 7. R ἐξέτεινε τὴν χεῖρα αὐ. εἰς μέσον τοῦ πυρὸς τοῦ ὄντος εἰς μέσον [A B ἐν μέσῳ] τῶν Χερ. (1 *a* ?, 1 *a*)
11. 23. ἀνέβη ἡ δόξα κυρίου ἐκ μέσης τῆς πόλεως (6 *a*)
22. 19. εἰσδέχομαι ὑμᾶς εἰς μέσον 'Ιερουσαλήμ (6 *a*)
— 20. καθὼς εἰσδέχεται . . . μόλιβος εἰς μέσον καμίνου (6 *a*)
26. 12. τὸν χοῦν σου εἰς μέσον τῆς θαλάσσης σου ἐμβαλεῖ (6 *a*)
31. 3. εἰς μέσον νεφελῶν ἐγένετο ἡ ἀρχὴ αὐτοῦ (1 *b*)
— 10. ἔδωκας τὴν ἀρχήν σου εἰς μέσον νεφελῶν (1 *a*)
— 14. ἔδωκαν [A οὐκ ἔ.] τὴν ἀρχὴν αὐτῶν εἰς μέσον νεφελῶν (1 *a*)
41. 7. A ἐκ τῶν μ. [B γεισῶν] ἐπὶ τὰ τριώροφα (6 *c*)
42. 6. ἐξείχοντο τῶν ὑποκάτωθεν καὶ τῶν μ. ἀπὸ τῆς γῆς (6 *c*)
Da. LXX. Su. 62. ἔρριψε πῦρ διὰ μέσου αὐτῶν
3. (25). ἐν μέσῳ τῷ πυρὶ ὑποκαιομένης τῆς καμίνου
— (50). ἐποίησε τὸ μ. τῆς καμίνου
— 24 (91). οὐχὶ ἄνδρας τρεῖς ἐβάλομεν εἰς μέσον τοῦ πυρός (2 *b*)
Da. TH. Su. 7. ἡνίκα ἀπέτρεχεν ὁ λαὸς μέσον ἡμέρας
— 34. ἀναστάντες δὲ . . . ἐν μέσῳ τῷ λαῷ [A τοῦ λ.]
— 55. σχίσει σε μέσον
— 59. πρῖσαί σε μέσον
3. 21. ἐβλήθησαν εἰς τὸ [A *om.*] μ. τῆς καμίνου (2 *b*)
— 23. ἔπεσον εἰς μέσον τῆς καμίνου (2 *b*)
— (50). ἐποίησε τὸ μ. τῆς καμίνου
— (88). ἐκ μέσου καμίνου [A ἐκ κ. μέσης] καιομένης φλογός
— 24 (91). εἰς μέσον τοῦ πυρός (2 *b*)
8. 5. κέρας [A *add.* θεωρητὸν ἀνὰ] μέσον τῶν ὀφθ. αὐ. (1 *a*)
I Ma. 5. 46. διὰ μέσου αὐτῆς πορεύεσθαι
6. 45. S R ἐπέδραμεν . . . εἰς μέσον τῆς φάλαγγος [A φάρ.]
10. 63. ἐξέλθατε . . . εἰς μέσον τῆς πόλεως
11. 45. ἐπισυνήχθησαν . . . εἰς μέσον τῆς πόλεως
II Ma. 10. 30. τὸν Μακκ. μέσον λαβόντες
14. 44. ἦλθε κατὰ μέσον τὸν κενεῶνα
IV Ma. 8. 4. περιέχοντας μέσην τὴν μητέρα
[**Aq.** Jd. 16. 29: III Ki. 14. 7: Je. 41 (48). 7: Da. 3. 23.]
[**Sm.** Jd. 16. 29: Ps. 81 (82). 1: 137 (138). 7: Ez. 10. 2.]
[**Th.** Jd. 16. 29: Is. 51. 23: Ez. 10. 2: Da. 3. 23.]
[**Quint.** Ca. 3. 10.]

μεσότης.

Wi. 7. 18. ἀρχὴν καὶ τέλος καὶ μεσότητα χρόνων

μεσοῦν. (1) *a.* חֲצִי *b.* מַחֲצִית (2) תִּיכוֹן (3) תְּקוּפָה

Ex. 12. 29. ἐγενήθη δὲ μεσούσης τῆς νυκτός (1 *a*)
34. 22. μεσοῦντος τοῦ ἐνιαυτοῦ (3)
Jd. 7. 19. A ἀρχομένης τῆς φυλακῆς τῆς μεσούσης [B *al.*] (2)
Ne. 8. 3. B^1 S^1 R ἕως ἡμίσους [B^2 S^3 μεσούσης, A μέσου] τῆς ἡμέρας (1 *l*)
Ju. 12. 5. μέχρι μεσούσης τῆς [A *om.*] νυκτός
Je. 15. 9. ἐπέδυ ὁ ἥλιος αὐτῇ ἔτι μεσούσης [S ἐπιμ.] τῆς ἡμέρας –
III Ma. 5. 14. μεσούσης δὲ ἤδη τῆς δεκάτης ὥρας σχεδόν

μεσσαάρ.

[**Heb.** Ps. 109 (110). 3.]

μεσσάβ. (1) מַצָּב

I Ki. 14. 1. B διαβῶμεν εἰς μ. τῶν ἀλλοφ. (1)

μεσσαέ.

[**Aq.** IV Ki. 11. 6.]

μεσσαρά.

I Ki. 23. 19. οὐκ ἰδοὺ Δ. κέκρυπται . . . ἐν μ. [A μεσαρά] †
24. 23. ἀνέβησαν εἰς τὴν μ. [A μεσαρὰς] στενήν †

μεσσάφ. (1) *a.* מַצָּב *b.* מַצָּבָה

I Ki. 14. 6. B διαβῶμεν εἰς μ. (1 *a*)
— 11. εἰσῆλθον ἀμφότεροι εἰς μ. [A μεσὰβ] τῶν ἀλλοφ. (1 *a*)
— 12. ἀπεκρίθησαν οἱ ἄνδρες μ. [A τῆς μεσάβ] (1 *b*)
— 15. οἱ ἐν μ. [A ὁ ἐν μεσὰβ] καὶ οἱ διαφθείροντες (1 *a*)

μεσσέ.

[**Th.** Ez. 16. 10.]

μεσσί.

[**Th.** Ez. 16. 13.]

μεστός. (1) מָלֵא

Es. 5. 2. τὸ πρόσωπόν σου χαρίτων μεστόν
Pr. 6. 34. A B μεστὸς γὰρ ζήλου θυμὸς ἀνδρὸς αὐτῆς –
Na. 1. 10. καὶ ὡς καλάμη ξηρασίας μεστή (1)
Ez. 37. 1. τοῦτο ἦν μεστὸν ὀστέων (1)
[**Sm.** Ps. 64 (65). 10.]

μεστοῦσθαι.

III Ma. 5. 1. βαρείᾳ μεμεστωμένος ὀργῇ
— 10. καὶ τοῦ λιβάνου μεμεστωμένους

μετά. I. *c. gen.* * ὁ μετά.

Ge. 3. 6, 12 : 6. 18†, 18, 19, 20 : 7. 7, 13, 23* : 8. 1, 16, 17 *bis*, 18† : 9. 8, 10 *bis*, 12 : 12. 4, 20† : 13. 1, 5 : 14. 2 *bis*, 2† *ter*, 5* †, 17*, 24 : 15. 14, 15† : 17. 4 : 18. 16, 23, 25 : 19. 30 *bis*, 32, 33, 34 *bis*, 35 : 20. 16* : 21. 9, 10, 20, 22, 23 *bis* : 22. 3, 5 : 23. 4 *bis* : 24. 3, 3†, 5, 8, 10, 12, 14†, 32*, 39, 40, 54*, 55, 58, 59*, 61 : 26. 3, 8, 10, 20, 24, 28 *bis*, 29 *bis*, 31 : 27. 35, 44 : 28. 15, 20, 21 : 29. 6, 9, 14, 19 : 30. 15, 16, 29 : 31. 3, 5†, 5, 13, 23, 24, 27 *bis*, 29, 38, 44, 50 : 32. 4 (5), 6 (7), 7 (8), 24 (25), 25 (26), 28 (29) *bis* : 33. 1, 15, 15* : 34. 2, 5, 7, 13, 21, 22, 23 : 35. 2*, 2* †, 3, 6, 13, 14, 15, 21 : 37. 2 *ter* : 39. 2, 3, 7, 10, 12, 14, 17, 21, 23 : 40. 7 : 41. 12 : 42. 4, 5, 13, 32, 33, 38 *bis* : 43. 3†, 4, 5 *bis*, 8, 12, 16, 22, 32 *bis*, 34 : 44. 17, 18, 23, 26 *bis*, 29, 30, 31 *bis*, 33, 34 : 45. 2 : 46. 4, 6, 7, 7†, 26, 27† : 47. 30 : 48. 1†, 21 : 49. 24, 29 : 50. 7, 9, 25.
Ex. 1. 14 : 3. 12, 19 : 10. 10, 24, 26 : 11. 8 : 12. 4, 11 : 13. 19 *bis* : 14. 6, 25 : 15. 20 : 17. 5† : 18. 6, 12, 18, 19†, 23 : 19. 24 : 21. 3, 3†, 22 : 22. 14 (13), 15 (14), 16 (15), 19 (18) : 23. 1, 2 *ter*, 5 : 24. 2, 14 : 28. 37 (41) : 29. 21 *bis* : 32. 12 : 33. 3, 12, 15†, 16† : 34. 3, 4†, 9 : 38. 22 (1).
Le. 5. 4 : 8. 29 (30)† *bis*, 30† : 10. 9, 14, 15 : 15. 18, 24, 33 : 18. 22 : 19. 20 : 20. 11, 12, 13, 18, 20 : 23. 18, 19, 20 *bis* : 25. 25*, 35* †, 35, 36, 41, 50, 53, 54 : 26. 5, 9, 13, 24, 28, 41.

Nu. 1. 4, 5 : 3. 4 : 5. 13, 13†, 19 : 10. 29, 31, 32 : 11. 16, 17 *bis* : 13. 32 (31) : 14. 23, 42 : 16. 10, 25, 32 : 18. 1†, 2, 7, 11, 19 : 22. 12, 13, 14, 21, 22, 35 *bis*, 39, 40* : 23. 6, 13, 17, 21 : 25. 13†, 14 : 26. 3† : 30. 11 : 32. 29, 30 : 34. 13.
De. 1. 30, 42 : 2. 7 : 3. 1† : 5. 31 (28) : 8. 9 : 11. 6* : 12. 10, 12, 23 : 14. 27, 29 : 17. 19, 20† : 18. 1 : 19. 5 : 20. 1, 4, 10 : 22. 2, 4, 6, 9, 22 *bis*, 23†, 25 *bis*, 28, 29 : 23. 4 (5), 16 (17) : 25. 11 : 27. 20, 21, 22, 23, 23† : 29. 15 (14) *bis* : 31. 6, 8†, 16, 23, 27 : 32. 12, 14 *bis*, 24, 25, 43 : 33. 2, 21.
Jo. 1. 5 *bis*, 9, 17 *bis* : 2. 14†, 19 : 3. 7 *bis* : 6. 26 (27) : 7. 12† : 8. 1, 5*, 11, 14*† : 9. 4 : 10. 7, 15†, 29*†, 31, 34, 36 : 11. 4 : 13. 8*† : 14. 8, 12 : 20. 4† : 22. 7, 8, 14, 30, 31 : 23. 12*† : 24. 31, 30.
Jd. 1. 3 *ter*, 16†, 16, 17, 19, 21, 22, 24 : 2. 1*, 7, 18 : 3. 19*† : 4. 6, 8, 8†, 8, 9 *bis*, 10, 13*† : 5. 12† *bis*, 15, 20 : 6. 12, 13, 16, 17 : 7. 1*†, 2*, 4 *bis*†, 4 *bis*, 18*†, 19*† : 8. 1†, 4*†, 5*†, 9, 10, 35 *bis* : 9. 16 *bis*, 19, 19†, 31†, 32*, 33*, 34*†, 35*, 44*, 48* *bis* : 11. 3, 4, 8†, 11, 13†, 20†, 25, 27 : 12. 1 : 13. 9 : 14. 11 : 15. 3 : 16. 13†, 14†, 15, 30 : 17. 10 : 18. 7†, 9†, 19, 22*†, 25, 28 : 19. 3, 4, 10 *bis*, 19† : 20. 14†, 18†, 20† *bis*, 23†, 28†, 38†.
Ru. 1. 7, 8 *ter*, 10, 11, 18, 22† : 2. 4, 6, 8, 11, 19, 20 *bis*, 21, 22 : 3. 1, 2.
I Ki. 1. 18, 22, 24 *bis*, 26† : 2. 8, 19, 26 *bis* : 3. 19 : 4. 4 : 5. 7 : 6. 15 : 9. 3, 5*, 7*, 7†, 19, 24 : 10. 6†, 7, 26 : 12. 24† : 13. 2† *bis*, 15†, 16†, 22*† *bis* : 14. 2†, 7†, 13, 17*, 20*, 21 *bis*, 21*, 22 (23) : 15. 6 *bis*, 25, 26, 30 : 16. 5, 12, 18 : 17. 19†, 23†, 26†, 32, 33†, 37, 42 : 18. 12†, 14, 28 : 20. 5†, 8 *bis*, 13 *bis*, 14, 35 : 21. 1 (2) : 22. 2, 4, 6*, 8, 17, 23 : 23. 5*, 6, 13*, 23 : 24. 3 : 25. 7, 13, 25†, 25 : 26. 1†, 2, 6 *bis* : 27. 2*†, 3, 5 : 28. 1†, 1, 8, 16, 19 *bis* : 29. 2, 3, 4, 6, 9, 10 : 30. 9, 21*, 22 *bis* : 31. 5.
II Ki. 1. 11*, 24 : 2. 3*, 6† *bis*, 32* : 3. 8, 12 *bis*, 16, 20, 20*, 21, 22 *bis*, 31* : 5. 10, 21* : 6. 2*†, 13, 15 *bis*, 22 : 7. 3, 9, 12 : 8. 11, 11† : 9. 1, 3, 7 : 10. 2 *bis*, 13†, 17, 19 : 11. 1, 4, 9, 11, 13, 17 : 12. 3 *bis*, 11, 24 : 13. 11, 14, 16, 20, 22, 24, 26 *bis*, 27 : 14. 17, 19 : 15. 11, 12, 14*, 19 *bis*, 20, 20†, 20 *bis*, 22, 22*, 24, 27, 30*, 31, 33, 35, 36 : 16. 14†, 15, 17 *bis*, 18, 21* : 17. 2*, 10*, 12*, 16*, 22*†, 24, 29* : 18. 1*, 2 : 19. 7 (8), 16 (17), 17 (18) *bis*, 17 (18)†, 25 (26), 26 (27), 31 (32), 33 (34), 33 (34)†, 34 (35), 36 (37), 37 (38), 38 (39), 40 (41) *bis*, 41 (42) : 20. 6†, 15*† : 21. 4 *bis*, 15 *ter*, 17, 18, 19 : 22. 26 *bis*, 27 *bis* : 23. 5, 9 : 24. 2*.
III Ki. 1. 2, 7 *bis*, 9†, 14, 21, 22, 33, 37 *bis*, 44 : 2. 8, 10 : 3. 1, 6 *bis*, 18† : 5. 6 (20) : 8. 9, 21, 27, 57 *bis*, 62†, 65 : 9. 27 : 10. 22, 26 : 11 4 (3), 10†, 11, 17, 18, 21, 22, 38, 43, 44† : 12. 8 *bis*, 10, 24, 24† *quinquiens* : 13. 7, 8, 15, 16, 31 : 14. 20†, 31 *bis* : 15. 3, 8, 8†, 14, 24†, 24 : 16. 6, 17, 28, 28 (22. 44 [45])†, 28 (22. 50 [51])† *bis* : 17. 20 *bis* : 20 (21). 8 : 21 (20). 1, 12*†, 16† : 22. 4, 29, 40, 45, 50†, 51.
IV Ki. 1. 15 *bis* : 2. 16 : 3. 7, 26 : 4. 28 : 5. 26† : 6. 3, 4, 16* *bis*, 32, 33 : 8. 21*†, 24, 24†, 28 *bis*, 29 : 9. 15 *bis*, 16, 28†, 32 : 10. 2 *bis*, 15 *bis*, 16, 23, 35 : 11. 3, 8, 9† : 12. 21 (22) : 13. 9, 9†, 12, 13, 13†, 13, 23* : 14. 10, 15, 16 *bis*, 20, 22, 29 *bis* : 15. 7, 7†, 19†, 22, 25 *ter*, 38, 38† : 16. 20, 20† : 17. 35†, 38 : 18. 7, 26†, 27, 31 : 19. 9 : 20. 21 : 21. 18 : 23. 2, 2†, 18, 35 : 24. 6 : 25. 6, 25 *bis*, 28, 28*.
I Ch. 4. 10, 23 : 5. 19 : 6. 15 (5. 41) : 7. 4† : 8. 32 : 9. 1, 20, 25, 38† : 11. 9†, 9, 10 *bis*, 13 : 12. 27, 32, 34 : 13. 1, 2 : 15. 18 : 16. 41, 42 : 17. 2, 8, 11 : 18. 11 : 19. 2 *bis*, 14*, 19 : 20. 4, 5 : 21. 20, 20† : 22. 11, 15, 16, 18 : 25. 6, 7† : 27. 32 : 28. 20, 21 : 29. 22.
II Ch. 1. 1, 3†, 8, 14 : 2. 3 (2), 7 (6), 7 (6)*, 8 (7), 14 (13) : 5. 10, 12 : 6. 18 : 7. 8 : 8. 8†, 18 : 9. 21, 25 : 10. 8 *bis*, 10 : 12. 1, 3, 16 : 13. 8, 12 : 14. 1 (13. 23) : 15. 2 *bis*, 9 *bis*, 19 : 16. 9, 13 : 17. 3, 8, 8*, 9, 14, 15, 16, 17, 18 : 18. 2*, 2, 3 *bis*, 30* : 19. 6, 7, 11 : 20. 1, 17 *bis*, 21 : 21. 1, 3, 9 *bis*, 15, 19 : 22. 5, 7, 12 : 23. 1, 3, 7 : 24. 16 *ter*, 22, 24 : 25. 7 *bis*, 13, 19, 28 : 26. 2, 13, 17, 23 *bis*, 23† : 27. 9 : 28. 10, 27 : 32. 3, 7*, 7 *bis*, 8†, 8, 9, 21, 33 : 33. 20 : 35. 21*, 24 : 36. 8 *bis*, 10, 23.
I Es. 1. 12, 27 *bis*, 56† : 2. 5, 7, 30 : 3. 2*† : 4. 21, 36, 47*, 48, 63 : 5. 2 *ter*, 3, 8, 59, 64 : 6. 22 : 7. 4 : 8. 16, 28, 30, 31, 32 *bis*, 33, 34†, 35, 36, 37, 38, 39, 40, 52, 54, 63 *bis*, 70†, 77, 95.
II Es. 1. 3, 4, 11† : 2. 2 : 3. 12 : 4. 2 : 5. 2 : 6. 8 : 7. 13, 16, 28 : 8. 1, 3, 4, 5†, 6, 7, 8, 9, 10, 11, 12, 13†, 14, 24, 33 *bis* : 10. 4, 14, 15.
Ne. 2. 9, 12 *ter* : 3. 20†, 28† : 4. 13 (7), 22 (16)† : 7. 7 : 9. 17 : 10. 38 (39) : 12. 1, 40† : 13. 25.
To. 1. 3 : 2. 2†, 5†, 14 . 3. 1, 6, 6†, 8, 9, 10 : 4. 15† : 5. 3† *bis*, 4†, 5†, 6†, 7†, 8, 9†, 11†, 13†, 14†, 15†, 16, 16† *bis* : 6. 1† *ter*, 4†, 7†, 12†, 14, 17†, 17 : 8. 9†, 16, 17, 21† : 9. 2, 2† : 10. 6†, 9† : 11. 6, 19† : 12. 1†, 2†, 3†, 6, 8, 8†, 8 *bis*, 8†, 18† *bis* : 13. 6, 10 : 14. 7†, 10, 12, 12† *bis*.
Ju. 1. 16 : 2. 2, 5 : 3. 7 : 5. 17 *bis* : 6. 8 : 7. 11†, 17, 24 : 8. 3, 26, 33 : 10. 9, 10† : 11. 6, 16† : 12. 3† *bis*, 4†, 11†, 13†, 16†, 17† : 13. 11, 16 : 14. 14, 16 : 15. 8, 10, 11†, 12*, 13*, 13 : 16. 20.
Es. 1. 1 *bis*, 12*† : 2. 20† : 3. 13 : 5. 12, 12† : 6. 13, 14† : 7. 8† : 8. 13†, 13 *quinquiens* : 9. 17, 18, 19 : 10. 3.
Jb. 1. 4, 6 : 2. 9 : 3. 14, 15 : 5. 23† : 9. 3† : 11. 5 : 12. 2 : 17. 16 : 20. 11 : 21. 21† : 26. 10 : 28. 14 : 29. 20 : 31. 5 : 33. 29, 31† : 34. 8 *bis* : 36. 7 : 37. 18 : 39. 32 (40. 2) : 40. 23 (28) : 42. 17.
Ps. 9. 6, 29 (10. 8) : 15 (16). 11 : 17 (18). 23, 25 *bis*, 26 *bis* : 20 (21). 6 : 22 (23). 4 : 25 (26). 4 *bis*, 5, 9 *bis* : 27 (28). 3 *ter* : 37 (38). 10 : 45 (46). 7, 11 : 46 (47). 9 : 49 (50). 11, 18 : 65 (66). 15 *bis* : 68 (69). 28, 30 : 72 (73). 5, 23, 24 : 76 (77). 6 : 77 (78). 8, 33, 37 : 80 (81). 2 : 82 (83). 7, 8 : 85 (86). 17 : 87 (88). 4 : 88 (89). 13, 24 : 90 (91). 15 : 91 (92). 3 : 100 (101). 6 : 101 (102). 9 : 103 (104). 25 : 105 (106). 5, 6 : 108 (109). 21 : 109 (110). 3 : 112 (113). 8 *bis* : 113. 21 (115. 13) : 118 (119). 65, 124 : 119 (120). 5, 6 : 124 (125). 5 : 125 (126). 2, 3 : 138 (139). 18 : 140 (141). 4 : 142 (143). 2 : 148. 12.
Pr. 1. 11, 15 : 2. 18 : 5. 5, 18, 23 : 6. 22 : 8. 8 : 9. 3 : 10. 7, 10 *bis* : 13. 10, 11 *bis*, 16 : 14. 17 : 15. 12, 16 *bis*, 17†, 17, 29 (16. 8) *bis* : 16. 5, 5 (4), 12, 19 *bis* : 17. 1 *bis* : 19. 10 : 20. 11 : 21. 9, 9†, 19 : 23. 7, 11, 35 : 24. 1, 3 *bis*, 4, 6 *bis*, 67 (30. 32), 71 (31. 3) *bis* : 25. 24, 28 : 26. 23 : 28. 8 : 31. 23.
Ec. 1. 11 : 2. 8†, 16 *bis* : 3. 22† : 4. 15 : 6. 10 : 7. 12 (11) : 9. 9.
Ca. 1. 11 : 4. 13 *bis*, 14 *bis* : 5. 1 *ter*, 17 (6. 1).
Wi. 4. 1 : 5. 8 : 7. 11 : 9. 9, 16 : 11. 9† : 12. 18, 20, 21 : 19. 2, 16.
Si. *prol.* 13 : 1. 1, 10, 14, 15 *bis* : 2. 9† : 4. 17 : 7. 34 : 8. 1, 2, 3, 14, 15, 16 *bis*, 17 : 9. 4, 9 *bis*, 10†, 14, 15 : 12. 15 : 13. 11, 13, 26 : 14. 19 : 16. 2 : 17. 12, 22 : 20. 26 : 22. 13, 23 : 24. 7 : 25. 16 : 27. 17 : 28. 16 : 29. 3 : 34 (31). 20 *bis* : 35 (32). 18 : 37. 10, 11 *octiens*, 12 : 40. 8, 23 : 41. 6 : 42. 10 : 44. 11, 20 : 47. 12†, 23 : 50. 22, 24 : 51. 20.
Ho. 2. 18 (20) *bis*, 18 (20)† : 3. 1 : 4. 5, 14 *ter* : 5. 5, 6 : 7. 5 : 9. 8 : 12. 1 (2), 4 (5) : 14. 3.
Am. 1. 14 : 2. 2 *bis*, 3 : 4. 2*, 10 : 5. 14 : 8. 10.
Mi. 2. 7 : 3. 11 *ter* : 6. 2, 8, 10 : 7. 13†.
Jl. 2. 26.
Jn. 1. 3† : 2. 10.
Na. 1. 2.
Hb. 3. 1.
Ze. 1. 12.
Hg. 1. 13 : 2. 5 (4).
Za. 8. 23 *bis* : 10. 5 : 14. 5.
Ma. 2. 5, 6 : 3. 8.
Is. 1. 27 *bis* : 3. 8, 14, 14† : 4. 2 : 5. 12 : 7. 24 : 8. 8, 10 : 9. 5 (4) : 10. 33 : 11. 6 : 12. 3 : 14. 7, 19 : 15. 3 : 16. 5 *bis* : 23. 3*† : 28. 15 *bis*, 21, 27, 28 : 29. 6 : 30. 27, 29, 30, 32 : 32. 1, 10, 18 : 33. 17 : 34. 5, 7, 15 : 35. 10 : 36. 2, 12† : 38. 3, 20 : 40. 10 *ter* : 41. 10 : 42. 13 : 43. 2, 5 : 45. 13 *ter* : 48. 1 *bis* : 51. 11 : 52. 3, 12 : 54. 7 : 57. 8, 9 : 58. 10† : 59. 19 : 60. 9 : 62. 5† : 63. 1, 3 : 65. 23 : 66. 20 *ter*.
Je. 1. 8, 16, 17, 19 : 3. 15 : 4. 2 : 6. 11 : 7. 21 : 8. 8, 18 : 14. 21*† : 15. 20 : 16. 8 : 17. 11 : 19. 10 : 20. 11 : 21. 5 : 22. 13 : 26 (46). 28 : 28 (51). 40 : 33 (26). 24 : 38 (31). 2, 4 : 41 (34). 3† : 47 (40). 4, 5 : 48 (41). 1, 2, 3, 11*, 13*†, 13*, 16* : 49 (42). 11 : 50 (43). 6 : 52. 9, 14*†, 32*.
Ba. 1. 7 : 3. 11, 34 : 4. 11 *bis*, 23 *bis*, 24, 29 : 5. 6, 9.
Ep. Je. 3, 7, 43†, 48.
Ez. 3. 10 : 7. 7 *bis*, 11 *bis* : 8. 18 : 10. 17 : 12. 18 *bis*, 19 *bis* : 13. 13, 14 : 16. 8, 34, 60*, 62 : 17. 16, 21† : 18. 13 : 21. 22 (27) : 22. 29 : 23. 8, 23, 24, 25 : 26. 7, 20 : 27. 7, 20, 22 : 28. 14, 17 : 31. 16, 17, 17†, 18 *bis* ; 32. 19†, 19, 20, 24, 27, 28, 29 *bis*, 30 *bis*, 32, 32† : 34. 16 : 36. 5 : 37. 26 : 38. 6, 7, 9, 15, 22*, 22 : 39. 4*† : 44. 5 : 46. 10, 10† : 47. 22, 23*.
Da. LXX. Su. 37 : 2. 11, 13*, 18* : 3. (42), 32 (99) : 4. 12, 26, 29, 31, 34 *bis* : 6. 3 (4), 19 (20), 20 (21) : 8. 18 : 9. 22, 26†, 26 : 10. 7, 11, 13, 15, 17, 19, 20, 21 : 11. 6, 8 *bis*, 11, 15, 17, 23 *bis*, 39.
Da. TH. Su. 15, 20, 21, 36, 37, 50, 63 : 1. 13, 19 : 2. 11, 18, 22, 43, 43† : 3. (42), 32 (99) : 4. 12, 20, 22, 29 : 5. 21 *bis* : 7. 13, 21 : 8. 18 : 9. 22 : 10. 7*, 13, 15, 17, 19, 20, 21 : 11. 6, 8 *bis*, 11, 17, 39, 40, 40† : Bel 10, 16.
I Ma. 1. 11 : 3. 2, 13, 15, 39 : 4. 8*, 13*†, 18, 56, 59 : 5. 18, 23, 58* : 6. 4, 49, 56†, 56, 58†, 58 : 7. 10 *bis*, 11, 15, 19*†, 20, 23*, 25*, 27, 28, 30, 35 *bis* : 8. 12, 20, 28 : 9. 1, 5, 9†, 16*, 24, 33*, 37, 39, 48*, 56, 60, 60*†, 62*, 67* : 10. 4 *bis*, 27, 60, 63 *bis*, 66, 71† : 11. 6, 7, 49, 54, 63, 73 : 12. 4, 24, 35, 42, 45 *bis*, 47, 48†, 50*, 51, 52* : 13. 11, 12 *bis*, 31, 51, 52† : 14. 5, 8 : 15. 32, 36 : 16. 3, 10, 15, 16*†.
II Ma. 1. 7*, 15 : 2. 22 : 3. 1, 22, 28 : 4. 22, 34, 39 : 5. 20, 24, 27* : 6. 4, 7, 16, 19* *bis* : 7. 1, 23, 37 : 10. 4, 6, 8, 28, 38 : 11. 6, 31 : 12. 24, 28, 33, 37*, 39, 45 : 13. 3, 12, 15 : 14. 1, 15, 32, 38 : 15. 1, 2, 6, 7, 17, 24, 25, 26, 28, 36.
III Ma. 1. 4, 16 : 2. 24 : 3. 20, 21, 23†, 25 : 4. 1 *bis*, 2, 4, 7, 8, 15, 20 : 5. 6, 7, 8, 18, 21, 24, 27, 31, 37, 44, 51 : 6. 14, 15, 23, 27, 28, 34, 35 : 7. 5, 12, 13, 14, 15, 16, 19, 21, 22.
IV Ma. 1. 10, 15 : 3. 7 : 4. 5, 8, 9, 10, 11, 25 : 5. 1, 22 : 8. 3, 11, 26 : 11. 22 : 15. 21 : 16. 15.

[**Aq.** Ge. 16. 6 : 26. 31 : 32. 24 (25), 28 (29) : 44. 31 : Ex. 38. 23 (37. 21) : Dt. 31. 27 : 32. 25 : Jo. 2. 12, 14 : Jd. 2. 7 : II Ki. 1. 24 : III Ki. 14. 20 : 15. 14, 24 : 22. 50 : IV Ki. 9. 28 : Jb. 9. 14 : 10. 12 : 13. 20 : 23. 6 : 30. 1 : 31. 13 : 40. 10 (15) : Ps. 17 (18) 26 : 25 (26). 9 : 27 (28). 1, 3 *ter* : 32 (33). 3 : 38 (39). 8 : 41 (42). 9 : 72 (73). 25 : 80 (81). 3 : 86 (87). 4 : 88 (89). 14, 39 : 109 (110). 3 : 125 (126). 2 : 142 (143). 7 : Pr. 8. 18 : 29. 24 : Ec. 1. 16 : Is. 8. 10 : 34. 7 : 38. 11 : Je. 12. 3 : 31 (38). 2 : 34 (41). 8 : 50 (27). 39 : 51 (28). 59 : Ez. 23. 36 : 30. 11 : 34. 30 : Ho. 4. 14 : Mi. 2. 7.]

[**Sm.** Ge. 26. 31 : 32. 24 (25) : Ex. 38. 23 (37. 21) : Jo. 2. 14 : Jd. 2. 7 : 5. 14 *bis* : 18. 7 : I Ki. 1. 24 : II Ki. 1. 24 : IV Ki. 9. 28 : Jb. 29. 18 : 30. 1 : 31. 5 : 36. 11 : Ps. 9. 31 (10. 10) : 17 (18). 14, 26 : 25 (26). 7, 9 *bis* : 26 (27). 6 : 27 (28). 3 *bis* : 32 (33). 3, 4 : 37 (38). 11 : 41 (42). 5 : 42 (43). 4 : 43 (44). 14 : 52 (53). 2 : 54 (55). 4 : 58 (59). 13 : 67 (68). 24, 31 : 68 (69). 11 : 72 (73). 5, 25 : 79 (80). 6 : 80 (81). 3 : 86 (87). 4 : 87 (88) 5 : 88 (89). 14 : 99 (100). 2 : 111 (112). 5 : 119 (120). 4 : 138 (139). 18 : Pr. 16. 8 : 21. 9 : Ec. 1. 16 : 4. 6 : 9. 7, 12 : 10. 17 : Ca. 1. 11 : 6. 9 (10) : Is. 8. 10 : 34. 7 : 38. 11 : 40. 14 : 53. 12 : 62. 11 : 65. 23 : 66. 10 : Je. 6. 14 : 12. 3*, 5 : 25. 26 (32. 12) : 31 (38). 4, 9 : 38 (45). 10 : 46 (26). 22 : 50 (27). 39 : Ez. 4. 16, 17 : 12. 18, 19 *bis* : 28. 14 : 30. 11 : 31. 17 : 34. 4 : Ho. 4. 14 : Ze. 1. 18.]

[**Th.** Ge. 3. 18 (17) : 26. 31 : 32. 28 (29) : Ex. 28. 1 : Le. 26. 39 : Nu. 8. 26 : Jo. 2. 12, 14 : Jd. 2. 7 : 3. 19* : III Ki. 15. 14, 24 : IV Ki. 11. 9 : Jb. 9. 14 : 10. 12 : 13. 20 : 29. 20 : 30. 1 : 31. 5 : 33. 26, 29 : 34. 9 : 36. 4 : 39. 32 (40. 2) : Ps. 17 (18). 26 : 56 (57). 5 : 125 (126). 2 : Pr. 8. 18 : 11. 2 : 21. 9 : Is. 8. 10 : 16. 5 : 34. 7 : 38. 11 : 45. 9 : 54. 17 : 62. 11 : 65. 23 : Je. 21. 2 : 26 (33). 22 : 29 (36). 16 : 30 (37). 11 : 33 (40). 21 : 39 (46). 5, 12 : Ez. 2. 6 : 12. 18 : 25. 6* : 30. 11 : 32. 19 : 34. 30 : Da. 3. (42) : 10. 13 : 11. 6 : Mi. 6. 8.]

[**Al.** Ge. 31. 27 : Ex. 11. 8 : 14. 25 : Le. 20. 20 : Nu. 14. 43 : Jo. 2. 12 : 23. 12 : Jd. 5. 8 : I Ki. 28. 19 *bis* : IV Ki. 1. 14 : Jb. 5. 23 : Ps. 9. 29 (10. 8) : 148. 12 : Pr. 5. 5 : 16. 19 : Ez. 21. 22 (27) : Hb. 3. 12 *bis*, 14.]

[**Sam.** Le. 20. 11, 20.]

[**Quint.** IV Ki. 9. 28 : 11. 9 : Ps. 17 (18). 26 : 25 (26). 9 : 27 (28). 3 *bis* : 56 (57). 5 : 109 (110). 3.]

[**Sext.** Ps. 27 (28). 3 *bis* : Ca. 1. 11.]

μετά. II. *c. dat.* (?).
Si. 9. 10†.

μετά. III. *c. acc.* * **μετὰ τοῦτο** ** **μετὰ ταῦτα** ‡ **ὁ μετά**

Ge. 4. 3: 5. 4, 7, 10, 13, 16, 19, 22, 26, 30: 6. 4 (μετ' ἐκεῖνο): 7. 10: 8. 3, 6: 9. 9, 28: 10. 1, 18*, 32: 11. 10, 11, 13 *bis*, 15, 17, 19, 21, 23, 25: 13. 14: 14. 17†: 15. 1, 14**: 16. 3: 17. 7 *bis*, 8, 9, 10, 19: 18. 5*, 19†: 22. 1, 6, 20: 23. 19**: 24. 36, 55**: 25. 11, 26*: 26. 18: 27. 1, 30: 28. 4: 30. 21*: 32. 20 (21)*: 33. 7**: 35. 12: 38. 24, 30*†: 39. 5, 7: 40. 1: 41. 1, 3, 6, 30**, 31**: 45. 15**: 48. 1, 4, 6**.
Ex. 2. 23: 3. 20**: 4. 18: 5. 1**: 7. 25: 10. 14**†: 11. 1**, 8**: 12. 41: 13. 14**: 18. 2, 13: 28. 39 (43): 29. 29: 30. 21: 32. 30: 34. 32**.
Le. 5. 3*: 13. 7, 34, 35, 55, 56: 14. 8**, 19*, 36**, 43 *ter*, 48: 15. 25, 28**: 16. 1, 26**, 28**, 32: 25. 15, 46, 48, 54**†: 26. 21**: 27. 18.
Nu. 4. 15**: 5. 26**: 6. 19, 20**: 7. 88 *bis*: 8. 15**, 22**: 9. 17**: 12. 14**: 13. 1 (12. 16)**, 26 (25): 18. 8, 19: 19. 7**: 25. 13†: 26. 1 (25. 19): 30. 16†: 31. 24**: 32. 22**: 35. 28.
De. 1. 4, 8: 4. 37, 40: 10. 15: 11. 9: 12. 25, 30: 14. 28: 21. 13**: 24. 4: 29. 22 (21): 31. 10.
Jo. 1. 1: 2. 16**: 3. 2: 5. 11 (12): 6. 12 (13)**: 9. 2 (8. 34)**, 16 *bis*: 22. 27: 23. 1 *bis*: 24. 6**, 29 (μετ' ἐκεῖνα), 33**.
Jd. 1. 1, 9**: 2. 10: 3. 31: 7. 10*†, 10**†: 10. 1, 3: 11. 4 (μεθ' ἡμέρας)†, 39†: 12. 8, 11, 13: 14. 8 (μεθ' ἡμέρας): 15. 1 (μεθ' ἡμέρας): 16. 4*†, 4**†: 19. 5*, 23.
Ru. 2. 11: 4. 4.
I Ki. 1. 9, 9†: 5. 9: 6. 9†: 9. 13**: 10. 5**: 11. 1, 5, 11: 24. 6**: 30. 23.
II Ki. 1. 1, 10: 2. 1**: 3. 28**: 5. 13: 7. 12: 8. 1**: 10. 1**: 13. 1**: 15. 1**: 17. 21: 19. 30 (31): 21. 14**, 18**: 23. 9, 11: 24. 10.
III Ki. 1. 13, 17, 20, 27, 30: 3. 1, 1**, 1 (2. 39), 12: 8. 1†: 10. 22 (B) [9. 21 (A)]†: 13. 23, 31, 33: 15. 4: 16. 22: 17. 7 (μεθ' ἡμέρας), 17**†: 18. 1: 19. 11, 12 *bis*: 20 (21). 1†, 16**: 21 (20). 15**.
IV Ki. 1. 1: 3. 5: 6. 24**: 8. 3: 9. 19†: 14. 17, 22: 18. 5: 23. 25.
I Ch. 2. 21**, 24: 8. 8: 11. 12: 17. 11: 18. 1**: 19. 1**: 20. 4**: 25. 3, 7†: 26. 16, 18: 27. 34: 28. 8†.
II Ch. 1. 12: 2. 17 (16): 8. 1, 8†: 11. 20**: 17. 15, 16, 18: 20. 1**, 35**: 21. 18**: 22. 4: 24. 4**, 17, 23, 25: 25. 14, 25: 26. 2: 32. 1, 9**, 23**: 33. 14**: 35. 14, 19 *bis*: 36. 5, 22.
I Es. 1. 13**, 25, 40†, 45: 3. 22 (μετ' οὐ πολύ): 5. 1**, 52**.
II Es. 3. 5*: 7. 1: 9. 10*, 13.
Ne. 3. 18, 20†, 21, 22, 23 *bis*, 24, 25, 27, 29 *bis*, 30 *bis*, 31: 4. 2 (3. 34)†: 13. 6.
To. 1. 9†, 21†: 11. 1**†, 4†: 14. 2† *bis*, 5**.
Ju. 2. 4: 8. 9, 33: 13. 9 (μετ' ὀλίγον): 16. 21, 25.
Es. 1. 1, 4**, 4†: 2. 1: 3. 1**: 8. 13‡, 13**.
Jb. 3. 1*†, 1**†: 10. 8**: 21. 21†: 38. 1: 42. 7, 16, 17 *ter*.
Ps. 15 (16). 4**: 48 (49). 13**: 95 (96). *tit.*: 126 (127). 2.
Pr. 20. 25.
Ec. 2. 18: 3. 22†.
Wi. 2. 2*: 4. 18*: 5. 11*: 8. 13‡: 15. 8 (μετ' ὀλίγον).
Si. 3. 31‡**: 13. 7**: 16. 29**: 17. 23**: 23. 20: 30. 4: 35 (32). 18: 41. 22: 44. 9, 12†: 46. 20: 47. 1*†, 12†, 23: 48. 8.
Ho. 3. 5**: 6. 3 (2).
Jl. 2. 2, 28 (3. 1)**.
Ze. 3. 1 (2. 15).
Is. 1. 26**: 6. 12**: 23. 15, 17: 27. 11: 43. 10: 44. 6**.
Je. 3. 7: 5. 31**†: 12. 15: 13. 6, 13†: 16. 16**: 21. 7**: 24. 1: 35 (28). 12: 38 (31). 33: 39 (32). 16, 18, 39: 41 (34). 8: 43 (36). 27: 47 (40). 1: 49 (42). 7.
Ba. 1. 9: 3. 37*.
La. 1. 1.
Ep. Je. 3*, 50**.
Ez. 3. 16†: 16. 20 (19)**†, 23: 20. 39**: 29. 13: 39. 14: 40. 1: 43. 23: 44. 26: 46. 12.
Da. LXX. 1. 15, 18: 2. 39: 4. 26, 31: 7. 5, 6**, 7**, 24: 8. 1, 4**: 9. 26, 27: Bel 39**.
Da. TH. 1. 5**, 15, 18: 2. 29**, 45**: 4. 26, 31: 8. 1: 9. 26: 11. 2, 6.
I Ma. 1. 1, 5**, 9, 20, 29: 3. 55*: 4. 13*†, 18**: 5. 37: 7. 33: 8. 7, 30: 9. 23, 37: 10. 34: 11. 10† (?), 54**: 13. 20**: 14. 24**: 16. 24.
II Ma. 2. 12†: 4. 14, 23: 6. 1 (μετ' οὐ πολὺν δὲ χρόνον): 7. 10, 18: 8. 28: 10. 3: 11. 1: 12. 4†, 27, 32: 14. 1: 15. 33†.
III Ma. 4. 17.
IV Ma. 1. 22, 23: 5. 6: 12. 7 (μετὰ μικρὸν ὕστερον).
[**Aq.** Ge. 18. 12: Dt. 31. 29: III Ki. 15. 4: 21 (20). 1: Ec. 10. 14‡: Je. 31 (38). 19 *bis*: 42 (49). 7: 49 (30). 6**: Da. 9. 26.]
[**Sm.** Ge. 14. 17: 18. 12: III Ki. 9. 10: 15. 4: IV Ki. 18. 10: Jb. 21. 3: Ps. 48 (49). 14‡: 118 (119). 109: Ec. 1. 11**: 3. 22**: 10. 14‡: 12. 2: Is. 18. 2: Je. 13. 27**: Ez. 20. 39: Da. 9. 26.]
[**Th.** Ex. 38. 23 (37. 21)**: Jd. 11. 39: III Ki. 15. 4: Jb. 21. 21: Pr. 20. 17*: Ec. 10. 14‡: Je. 34 (41). 8: 46 (26). 26**: 49 (30). 6**: Da. 1. 15: 2. 29**: 9. 26: 11. 2.]
[**Heb.** Ge. 5. 26: III Ki. 9. 10.]
[**Sam.** Ge. 5. 26.]
[**Al.** Ex. 18. 2: Le. 23. 11‡: Jo. 3. 2.]
[**Quint.** Ho. 7. 4 (μ. μικρόν).]

μεταβαίνειν.
Wi. 7. 27. κατὰ γενεὰς εἰς ψυχὰς ὁσίας μεταβαίνουσα
19. 19. νηκτὰ μετέβαινεν ἐπὶ γῆς [S^1 εἰς γῆν]
II Ma. 6. 1. A μεταβαίνειν ἀπὸ τῶν πατρίων νόμων [R *al.*]
— 9. τοὺς δὲ μὴ προαιρουμ. μεταβαίνειν ἐπὶ τὰ Ἑλληνικά
— 24. R Ἐλεάζαρον . . . μεταβεβηκέναι [A -βῆναι] εἰς ἀλλοφυλισμόν

μεταβάλλειν. (1) הָפַךְ *a.* qal. *b.* ni. (2) חָוַר (3) חָלַף (4) פָּשָׂה (5) שׁוּב
Ex. 7. 17. μεταβαλεῖ εἰς αἷμα (1 *b*)
— 20. μετέβαλε πᾶν τὸ ὕδωρ . . . εἰς αἷμα (1 *b*)
10. 19. μετέβαλε κύριος ἄνεμον (1 *a*)
Le. 13. 3. καὶ ἡ θρὶξ ἐν τῇ ἀφῇ μεταβάλῃ λευκή (1 *a*)
— 4. ἡ θρὶξ αὐτοῦ οὐ μετέβαλε τρίχα λευκήν (1 *a*)
— 7. μεταβαλοῦσα μεταπέσῃ ἡ σημασία (4)
— 10. καὶ αὕτη μετέβαλε τρίχα λευκήν (1 *a*)
— 13. ὅτι πᾶν μετέβαλε λευκόν (1 *a*)
— 16. ἐὰν δὲ . . . μεταβάλῃ λευκή (1 *b*)
— 17. μετέβαλεν ἡ ἀφὴ εἰς τὸ λευκόν (1 *b*)
— 20. ἡ θρὶξ αὐτῆς μετέβαλεν εἰς λευκήν (1 *a*)
— 25. μετέβαλε θρὶξ λευκὴ εἰς τὸ αὐγάζον (1 *b*)
— 55. καὶ ἤδε μὴ μετέβαλεν ἡ ἀφὴ τὴν ὄψιν (1 *a*)
Jo. 7. 8. μετέβαλεν Ἰσρ. αὐχένα (1 *a*)
8. 21. B μεταβαλόμενοι [AR -βαλλ.] ἐπάταξαν τοὺς ἄνδρας (5)
Ju. 10. 7. ὡς δὲ εἶδον . . . τὴν στολὴν μεταβεβληκυῖαν
Es. 5. 1. μετέβαλε [S -ετο] τὸ χρῶμα αὐ.
— 1. μετέβαλεν [S^1 -έλαβεν] ὁ θ. τὸ πνεῦμα
Jb. 10. 8. μετὰ ταῦτα μεταβαλών με ἔπαισας †
— 16. πάλιν γὰρ μεταβαλὼν δεινῶς με ὀλέκεις –
11. 19. μεταβαλόμενοι [S^1 -βαλλ., A -ου] δὲ πολλοί σου δεηθήσονται –
Wi. 19. 19. χερσαῖα γὰρ εἰς ἔνυδρα μετεβάλλετο
Si. 18. 26. ἀπὸ πρωΐθεν ἕως ἑσπέρας μεταβάλλει καιρός
Hb. 1. 11. τότε μεταβαλεῖ [S^1 -βάλλει] τὸ πνεῦμα (3)
Is. 13. 8. τὸ πρόσωπον αὐτῶν ὡς φλὸξ μεταβαλοῦσιν †
29. 22. οὐδὲ νῦν τὸ πρόσωπον μεταβαλεῖ [A S *add.* Ἰσραήλ] (2)
60. 5. μεταβαλεῖ εἰς [S ἐπὶ] σὲ πλοῦτος θαλάσσης (1 *b*)
II Ma. 6. 29. R τὴν μικρῷ πρότερον εὐμένειαν . . . μεταβαλόντων [A *om.*]
III Ma. 1. 3. ὕστερον δὲ μεταβαλὼν τὰ νόμιμα
IV Ma. 6. 18. εἰ νῦν μεταβαλοίμεθα
— 24. S R καὶ μηδὲ πρὸς τὸν οἰκτιρμὸν αὐ. μεταβαλλόμενον [A -οι]
IV Ma. 15. 14. A R οὐ μετεβάλετο [S -βάλλ.] διὰ τὴν εὐσέβειαν
[**Sm.** I Ki. 21. 13 (14): Ps. 29 (30). 12: 65 (66). 6: 77 (78). 44: Je. 13. 23.]
[**Al.** Le. 13. 6.]

μεταβολή. (1) סָחַר (2) תְּנוּפָה
Es. 4. 17. ἀφ' ἡμέρας μεταβολῆς μου
8. 13. χρώμενοι [A S^2 οὐ χρ.] ταῖς μ.
Wi. 7. 18. τροπῶν ἀλλαγὰς καὶ μεταβολὰς καιρῶν
Si. 37. 11. S μετὰ ἐμπόρου περὶ μεταβολῆς [A B -λίας]
Is. 30. 32. πολεμήσουσιν αὐτὸν ἐκ μεταβολῆς (2 ?)
47. 15. ἐκοπίασας ἐν τῇ μ. [A S *add.* σου] ἐκ νεότητος (1)
III Ma. 5. 40. R ἐκ μεταβολῆς ἀναλύων τὰ σοὶ δεδογμένα [A *al.*]
— 42. τὰς γινομ. . . . ἐν αὐτῷ μ. τῆς ψυχῆς
[**Al.** Hb. 3. 3.]

μεταβολία.
Si. 37. 11. μετὰ ἐμπόρου περὶ μεταβολίας [S -λῆς]

μεταβόλος. (1) *a.* סֹחֵר *b.* סַחַר
Is. 23. 2. μεταβόλοι Φοινίκης (1 *a*)
— 3. σπέρμα μεταβόλων †
— 3. οἱ μ. τῶν ἐθνῶν (1 *b*)
[**Sm.** Jb. 40. 25 (30).]
[**Th.** Ez. 17. 4: Ze. 1. 11.]
[**Al.** Ho. 12. 7 (8).]

μεταβούλευμα.
[**Sm.** Jb. 21. 2.]

μετάγειν. (1) סוּר hi. (2) שָׁבָה *a.* qal. *b.* ni.
III Ki. 8. 47. οὗ μετήχθησαν ἐκεῖ (2 *b*)
— 48. οὗ μετήγαγες αὐτούς (2 *a*)
II Ch. 6. 37. οὗ μετήχθησαν ἐκεῖ (2 *b*)
36. 3. μετήγαγεν αὐτὸν ὁ βασ. εἰς Αἴγ. (1)
I Es. 1. 45. μετήγαγεν αὐτὸν εἰς Βαβ.
2. 10. B ἃ μετήγαγεν [AR -ήνεγκε] Ναβ.
5. 69. ὃς μετήγαγεν ἡμᾶς ἐνταῦθα
Es. 8. 17. τὴν τῶν Π. ἐπικράτησιν εἰς τοὺς Μ. μετάξαι
Si. *prol.* 16. ὅταν μεταχθῇ εἰς ἑτέραν γλῶσσαν
10. 8. βασιλεία . . . μετάγεται διὰ ἀδικίας
II Ma. 1. 33. οὗ τὸ πῦρ ἀπέκρυψαν οἱ μεταχθέντες ἱερεῖς
4. 10. R τοὺς ὁμοφύλους μετῆγε [A μετέστησε]
[**Aq.** Ps. 32 (33). 10: 90 (91). 10.]
[**Sm.** Ec. 2. 3.]

μεταγενής.
I Es. 8. 1. μεταγενέστερος τούτων ἐστί
[**Sm.** Ps. 47 (48). 14.]

μεταγίνεσθαι.
II Ma. 2. 1. R τοῦ πυρὸς λαβεῖν τοὺς μεταγινομ. [A -γεν.]
— 2. ὡς ἐνετείλατο τοῖς μεταγενομ.

μεταγινώσκειν.
Es. 8. 13. A μεταγνοῦσα μετὰ τῶν ἀθῴων [B S *al.*]

μεταδιαιτᾶν.
IV Ma. 8. 8. μεταδιαιτηθέντες ἐντρυφήσατε

μεταδιδόναι. (1) שָׁבַר hi.
To. 7. 9. μετέδωκε τὸν λόγον τῷ Ῥαγουήλ [S *al.*]
Jb. 31. 17. οὐχὶ ὀρφανῷ μετέδωκα †
Pr. 11. 26. εὐλογία δὲ εἰς κεφαλὴν τοῦ μεταδιδόντος (1)
Wi. 7. 13. ἀφθόνως τε μεταδίδωμι
Ep. Je. 28. οὔτε πτωχῷ οὔτε ἀδυνάτῳ μὴ [A *om.*] μεταδῶσι [A -διδόασιν]
II Ma. 1. 35. πολλὰ διάφορα ἐλάμβανε καὶ μετεδίδου
8. 12. μεταδόντος αὐτοῦ . . . τὴν παρουσίαν τοῦ στρατοπέδου

μεταδιώκειν.
II Ma. 2. 31. τὸ δὲ σύντομον τῆς λέξεως μεταδιώκειν

μετάθεσις.
II Ma. 11. 24. τῇ τοῦ πατρὸς ἐπὶ τὰ Ἑλληνικὰ μ.

μεταίρειν. (1) גָּלָה hi. (2) נָסַע hi. (3) סוּג hi. (4) סוּר hi.

IV Ki. 16. 17. *μετῆρεν ἀπ' αὐτῶν τὸν λουτῆρα* (4)
25. 11. *τὸ λοιπὸν τοῦ στηρίγματος μετῆρε Ναβ.* (1)
Ps. 79 (80). 8. *ἄμπελον ἐξ Αἰγύπτου μετῆρας* (2)
Pr. 22. 28. *μὴ μέταιρε ὅρια αἰώνια* (3)
[**Aq.** Ge. 12. 8 : Ps. 6. 8 : Pr. 25. 1.]
[**Sm.** Ps. 23 (24). 7.]
[**Al.** Pr. 23. 10.]

μεταίχμιον.

[**Sm.** Jd. 5. 16.]

μετακαλεῖν. (1) קָרָא

I Es. 1. 50. *ἀπέστειλεν . . . μετακαλέσαι αὐτούς*
Ho. 11. 1. *καὶ ἐξ Αἰ. μετεκάλεσα τὰ τέκνα αὐτοῦ* (1)
— 2. *καθὼς μετεκάλεσα* [A *-ατο*] *αὐτούς* (1)
[**Sm.** Jb. 33. 30.]

μετακινεῖν. (1) מוֹט (2) נָדָה (3) נוּס hi. (4) נוּעַ *a.* qal. *b.* hi. (5) סוּג hi.

De. 19. 14. *οὐ μετακινήσεις ὅρια τοῦ πλησίον* (5)
32. 30. *δύο μετακινήσουσι μυριάδας* (3)
II Ki. 15. 20. B *μετακινήσω σε μεθ' ἡμῶν* (4 *a**, 4 *b*)
II Es. 9. 11. *γῆ μετακινουμένη ἐστίν* (2)
Is. 54. 10. *οὐδ' οἱ βουνοί σου μετακινηθήσονται* (1)
IV Ma. 14. 20. *οὐχὶ τὴν . . . μητέρα μετεκίνησε*
[**Sm.** Pr. 23. 10 : 27. 8.]
[**Th.** I Ki. 20. 30 : Is. 22. 3.]
[**Al.** II Ki. 7. 10.]
[**Quint.** Ps. 10 (11). 1.]

μετακίνημα.

[**Al.** Ps. 43 (44). 15.]

μετακίνησις. (1) חַטָּאת (2) נִדָּה

II Es. 9. 11. *ἐν μετακινήσει λαῶν τῶν ἐθνῶν* (2)
Za. 13. 1. *ἔσται πᾶς τόπος διανοιγόμενος . . . εἰς τὴν μ.* (1)
[**Aq.** Za. 13. 1.]
[**Al.** Le. 15. 19 : Ps. 54 (55). 23 : 65 (66). 9.]

μετακιρνᾶσθαι.

Wi. 16. 21. *πρὸς ὅ τις ἐβούλετο μετεκιρνᾶτο* [S² *μετεκρίνατο*]

μετακλᾶν.

[**Sm.** Ps. 74 (75). 11.]

μετακλίνειν.

[**Sm.** I Ki. 8. 3 : Ps. 43 (44). 19.]

μετακρίνεσθαι.

Wi. 16. 21. S² *πρὸς ὅ τις ἐβούλετο μετεκρίνατο* [A B S¹ *-κιρνᾶτο*]

μεταλαμβάνειν.

Es. 5. 1. *μετέβαλεν* [S¹ *-έλαβεν*] *ὁ θ. τὸ πνεῦμα*
Wi. 18. 9. *τῶν αὐτῶν . . . κινδύνων μεταλήψεσθαι τοὺς ἁγίους*
II Ma. 4. 21. *μεταλαβὼν Ἀντίοχος ἀλλότριον αὐτὸν*
11. 6. *ὡς δὲ μετέλαβον . . . αὐτόν*
12. 5. *μεταλαβὼν δὲ ὁ Ἰ. τὴν γεγονυῖαν . . . ὠμότητα*
— 8. *μεταλαβὼν δὲ καὶ τοὺς ἐν Ἰ.*
— 21. *τὴν δὲ ἔφοδον μεταλαβών*
13. 10. *μεταλαβὼν δὲ Ἰ. ταῦτα*
— 23. *μετέλαβεν ἀπονενοῆσθαι τὸν Φίλ.*
15. 1. *μεταλαβὼν τοὺς περὶ τὸν Ἰ. ὄντας*
III Ma. 3. 1. *ἃ καὶ μεταλαμβάνων ὁ δυσσεβής*
4. 6. *ἀντὶ τέρψεως μεταλαβοῦσαι γόους*
IV Ma. 8. 8. A R *μεταλαβόντες* [S *λαβ.*] *Ἑλληνικοῦ βίου*
16. 18. *τοῦ κόσμου μετελάβετε*
[**Sm.** II Ki. 3. 35.]

μεταλλάσσειν. (1) מוּת

I Es. 1. 31. *μετήλλαξε τὸν βίον αὐ.*
Es. 2. 7. *ἐν δὲ τῷ μεταλλάξαι αὐτῆς τοὺς γονεῖς* (1)
— 20. *οὐ μετήλλαξε* [A *οὐκ ἤλλ.*] *τὴν ἀγωγὴν αὐ.* †
II Ma. 4. 7. *μεταλλάξαντος δὲ τὸν βίον Σελεύκου*
— 37. *διὰ τὴν τοῦ μετηλλαχότος σωφροσύνην*
5. 5. *ὡς μετηλλαχότος Ἀντιόχου τὸν βίον*
6. 31. *τοῦτον τὸν τρόπον μετήλλαξεν*
7. 7. *μεταλλάξαντος δὲ τοῦ πρώτου*
— 13. *καὶ τούτου δὲ μεταλλάξαντος*
— 14. R *μεταλλάσσοντα ὑπ' ἀνθρώπων* [A *al.*]
II Ma. 7. 40. R *τὸν βίον* [A *om. τ. β.*] *μετήλλαξε*
14. 46. *τόνδε τὸν τρόπον μετήλλαξεν*

μεταλλεύειν. (1) חָצַב

De. 8. 9. *ἐκ τῶν ὀρέων αὐτῆς μεταλλεύσεις χαλκόν* (1)
Wi. 4. 12. *ῥεμβασμὸς ἐπιθυμίας μεταλλεύει νοῦν ἄκακον*
16. 25. *εἰς πάντα* [S *om. εἰς π.*] *μεταλλευομένη*

μέταλλον.

I Ma. 8. 3. *τοῦ κατακρατῆσαι τῶν μ. τοῦ ἀργυρίου*

μεταμανθάνειν.

[**Sm.** Jb. 39. 35 (40. 5).]

μεταμέλεια. (1) נִחוּמִים

Ho. 11. 8. *συνεταράχθη ἡ μεταμέλειά μου* (1)
[**Th.** Pr. 31. 3.]

μεταμέλειν.

[**Sm.** Ps. 109 (110). 4.]

μεταμελεῖν. (1) אָשַׁם (2) נָהַם (3) נָחַם ni.

Ex. 13. 17. *μή ποτε μεταμελήσῃ τῷ λαῷ* (3)
I Ki. 15. 35. *καὶ κύριος μετεμελήθη* (3)
I Ch. 21. 15. *μετεμελήθη ἐπὶ τῇ κακίᾳ* (3)
Ps. 105 (106). 45. *μετεμελήθη κατὰ τὸ πλῆθος τοῦ ἐλέους αὐτοῦ* (3)
109 (110). 4. *ὤμοσε κύριος καὶ οὐ μεταμεληθήσεται* (3)
Pr. 5. 11. *μεταμεληθήσῃ* [A *μὴ μ.*] *ἐπ' ἐσχάτων* (2)
25. 8. *ἵνα μὴ μεταμεληθῇς ἐπ' ἐσχάτων* †
Wi. 19. 2. *προπέμψαντες αὐτοὺς διώξουσι μεταμεληθέντες*
Si. 30. 28 (33. 19). *ἵνα μὴ μεταμεληθεὶς δέῃ περὶ αὐτῶν*
35 (32). 19. *ἐν τῷ ποιῆσαί σε μὴ μεταμελοῦ*
Za. 11. 5. *καὶ οὐ μετεμέλοντο* (1)
Je. 20. 16. *οὐ μετεμελήθη* (3)
Ez. 14. 22. A B² R *μεταμεληθήσεσθε ἐπὶ τὰ κακά* (3)
I Ma. 11. 10. *μεταμεμέλημαι γάρ* [S¹ *al.*]
[**Aq.** Ge. 6. 7 (6), 8 (7) : I Ki. 15. 29 *bis.*]
[**Sm.** I Ki. 15. 11 : Ho. 14. 1.]
[**Th.** II Ki. 24. 16.]
[**Al.** Dt. 32. 36 : IV Ki. 13. 4.]

μετάμελος. (1) קֶצֶף

IV Ki. 3. 27. *ἐγένετο μ. μέγας ἐπὶ Ἰσρ.* (1)
Pr. 11. 3. *ἀποθανὼν δίκαιος ἔλιπε μετάμελον* †
III Ma. 2. 24. *οὐδαμῶς εἰς μετάμελον ἦλθεν*

μεταμορφοῦν.

[**Sm.** Ps. 33 (34). 1.]

μετανάστατος.

[**Th.** Is. 58. 7.]

μεταναστεύειν. (1) מוֹט ni. (2) נוּד (3) נָסַח

Ps. 10 (11). 2. *μεταναστεύου ἐπὶ τὰ ὄρη ὡς στρουθίον* (2)
51 (52). 5. *μεταναστεύσαι σε ἀπὸ σκηνώματος* (3)
61 (62). 6. *οὐ μὴ* [S¹ *om.*] *μεταναστεύσω* (1)
[**Aq.** Ps. 30 (31). 12 : Is. 16. 2.]
[**Th.** Is. 16. 3.]

μετανάστης.

[**Aq.**, **Th.** Je. 49 (30). 5.]

μεταναστρέφειν.

[**Sm.** Ze. 3. 9.]

μετανιστάναι. (1) נוּעַ

II Ki. 15. 20. B *μεταναστήσεις τὸν τύπον σου* –
Ps. 108 (109). 10. *σαλευόμενοι μεταναστήτωσαν οἱ υἱοὶ αὐτοῦ* (1)

μετανοεῖν. (1) נָחַם ni. (2) שׁוּב hi.

I Ki. 15. 29. *οὐδὲ μετανοήσει* (1)
— 29. *οὐχ ὡς ἄνθρωπός ἐστι τοῦ μετανοῆσαι αὐτός* (1)
Pr. 20. 25. *μετὰ γὰρ τὸ εὔξασθαι μετανοεῖν γίνεται* †
24. 24 (29. 27). *δεξάμενος αὐτοὺς μετανόει* –
— 47 (32). *ὕστερον ἐγὼ μετενόησα* –
Wi. 5. 3. S *ἐροῦσιν ἑαυτοῖς* [A B S² *ἐν ἑ.*] *μετανοοῦντες*
Si. 17. 24. *πλὴν μετανοοῦσιν ἔδωκεν ἐπάνοδον*
Si. 48. 15. *ἐν πᾶσι τούτοις οὐ μετενόησεν ὁ λαός*
Am. 7. 3, 6. *μετανόησον κύριε ἐπὶ τούτῳ* (1)
Jl. 2. 13. *πολυέλεος καὶ μετανοῶν ἐπὶ ταῖς κακίαις* (1)
— 14. *τίς οἶδεν εἰ ἐπιστρέψει καὶ μετανοήσει* (1)
Jn. 3. 9. *τίς οἶδεν εἰ μετανοήσει ὁ θεός* (1)
— 10. *μετενόησεν ὁ θεὸς ἐπὶ τῇ κακίᾳ* [A *τὰ κακά*] (1)
4. 2. *πολυέλεος καὶ μετανοῶν ἐπὶ ταῖς κακίαις* (1)
Za. 8. 14. *καὶ οὐ μετενόησα* (1)
Is. 46. 8. *μετανοήσατε οἱ πεπλανημένοι* (2?)
— 9. S¹ *μετανοήσατε* [A B S² *om.*] *μνήσθητε τὰ πρότερα* –
Je. 4. 28. *ἐλάλησα καὶ οὐ μετανοήσω* (1)
8. 6. *οὐκ ἔστιν ἄνθρωπος μετανοῶν ἀπὸ τῆς κακίας αὐτοῦ* (1)
18. 8. *μετανοήσω περὶ τῶν κακῶν* (1)
— 10. *μετανοήσω περὶ τῶν ἀγαθῶν* (1)
38 (31). 19. *ὕστερον αἰχμαλωσίας μου μετενόησα* (1)
[**Sm.** Jb. 36. 10 : Is. 31. 6 : 55. 7 : Je. 18. 8 : Ez. 33. 12.]
[**Al.** Le. 5. 5 : 26. 40 : Nu. 23. 19.]
[**Quint.** Ho. 7. 10.]

μετάνοια.

Pr. 14. 15. *πανοῦργος δὲ ἔρχεται εἰς μετάνοιαν* †
Wi. 11. 23. *παρορᾷς ἁμαρτήματα ἀνθρώπων εἰς μετάνοιαν*
12. 10. *ἐδίδους τόπον μετανοίας*
— 19. *δίδως ἐπὶ ἁμαρτήμασι μετάνοιαν*
Si. 44. 16. *Ἐνὼχ . . . μετετέθη ὑπόδειγμα μετανοίας ταῖς γενεαῖς*
[**Sm.** Is. 30. 15.]

μεταξύ.

Ge. 31. 50† *bis.*
Jd. 5. 27†.
III Ki. 15. 6† *bis*, 32† *bis.*
Wi. 4. 10 : 16. 19 : 18. 23.
[**Aq.** Ge. 1. 4 *bis*, 6, 14 *bis* : 49. 10 (*ἀπὸ μ.*) : I Ki. 20. 3 : III Ki. 15. 6 *bis*, 32 *bis* : Jb. 40. 25 (30).]
[**Sm.** I Ki. 20. 3 : Jb. 30. 7 : 40. 25 (30) : Ps. 56 (57). 5 : 67 (68). 14 : Je. 52. 7 : Ez. 8. 16 : Da. 11. 45.]
[**Al.** Ge. 31. 51 *bis.*]

μεταπαιδεύειν.

IV Ma. 2. 7. *τίνα τρόπον . . . μέθυσος μεταπαιδεύεται*

μεταπείθειν.

IV Ma. 11. 25. *μεταπεῖσαι τὸν λογισμὸν ἡμῶν*

μεταπέμπεσθαι. (1) לָקַח (2) נָחָה hi.

Ge. 27. 45. *ἀποστείλασα μεταπέμψομαί σε ἐκεῖθεν* (1)
Nu. 23. 7. *ἐκ Μεσ. μετεπέμψατό με Β.* (2)
II Ma. 15. 31. *μετεπέμψατο τοὺς ἐκ τῆς ἄκρας*
III Ma. 5. 18. R *τὸν Ἕρμωνα μεταπεμψάμενος ὁ βασ.* [A *al.*]
IV Ma. 12. 3. *πλησιέστερον αὐτὸν μετεπέμψατο*
— 6. *τὴν μητέρα τοῦ παιδὸς μετεπέμψατο*
[**Sm.** Je. 16. 16.]

μεταπίπτειν. (1) פָּשָׂה

Le. 13. 5, 6. *οὐ μετέπεσεν ἡ ἁφὴ ἐν τῷ δέρματι* (1)
— 7. *μεταβαλοῦσα μεταπέσῃ ἡ σημασία* (1)
— 8. *μετέπεσεν ἡ σημασία ἐν τῷ δέρματι* (1)
III Ma. 3. 8. *μεταπεσεῖσθαι ταῦτα ὑπελάμβανον*

μέταρσις.

[**Aq.** I Ki. 2. 3 : Ps. 30 (31). 19 : Is. 23. 18.]

μετασκευάζειν.

Am. 5. 8. *ὁ ποιῶν πάντα καὶ μετασκευάζων* †

μεταστενάζειν. (1) סָפַק

Je. 38 (31). 19. *ὕστερον τοῦ γνῶναί με ἐστέναξα* [S¹ *γν. μετεστ.*] (1)

μεταστέφειν (?).

Je. 21. 4. S¹ *μεταστέφω* [A B S² *-στρέφω*] *τὰ ὅπλα τὰ πολεμικά* †

μεταστρέφειν. (1) הָפַךְ *a.* qal. *b.* ni. (2) סָבַב *a.* ni. *b.* hi.

Ex. 14. 5. *μετεστράφη ἡ καρδία Φ.* (1 *b*)
De. 23. 5 (6). *μετέστρεψε κ. ὁ θ. σου τὰς κατάρας εἰς εὐλογίαν* (1 *a*)

Jd. 5. 28. A ἐπιβλέπουσα ἐπὶ τοὺς μεταστρέφοντας Σ. [B *al.*] –
I Ki. 10. 9. μετέστρεψεν αὐτῷ ὁ θ. καρδίαν ἄλλην (1 *a*)
II Ch. 36. 4. μετέστρεψε τὸ ὄνομα αὐ. Ἰ. (2 *b*)
I Es. 3. 20. πᾶσαν διάνοιαν μεταστρέφει
7. 15. μετέστρεψε τὴν βουλὴν τοῦ βασ. Ἀσσ.
Ps. 65 (66). 6. ὁ μεταστρέφων τὴν θάλασσαν εἰς ξηράν (1 *a*)
77 (78). 44. μετέστρεψεν εἰς αἷμα τοὺς ποταμοὺς αὐτῶν (1 *a*)
— 57. μετεστράφησαν εἰς τόξον στρεβλόν (1 *b*)
104 (105). 25. μετέστρεψε τὴν καρδίαν αὐ. (1 *a*)
— 29. μετέστρεψε τὰ ὕδατα αὐτῶν εἰς αἷμα (1 *a*)
Si. 11. 31. τὰ γὰρ ἀγαθὰ εἰς κακὰ μεταστρέφων ἐνεδρεύει
39. 23. ὡς μετέστρεψεν ὕδατα εἰς ἅλμην
Ho. 7. 8. Ἐ. ἐγένετο ἐγκρυφίας οὐ μεταστρεφόμενος (1 *a*)
11. 8. μετεστράφη ἡ καρδία μου ἐν τῷ αὐτῷ (1 *b*)
Am. 8. 10. μεταστρέψω τὰς ἑορτὰς ὑμῶν εἰς πένθος (1 *a*)
Jl. 2. 31 (3. 4). ὁ ἥλιος μεταστραφήσεται εἰς σκότος (1 *b*)
Ze. 3. 9. τότε μεταστρέψω ἐπὶ λαοὺς γλῶσσαν (1 *a*)
Je. 6. 12. μεταστραφήσονται αἱ οἰκίαι αὐτῶν εἰς ἑτέρους (2 *a*)
21. 4. μεταστρέφω [S¹ -στέφω] τὰ ὅπλα τὰ πολεμικά (2 *b*)
La. 5. 2. κληρονομία ἡμῶν μετεστράφη ἀλλοτρίοις (1 *b*)
Da. TH. 10. 8. ἡ δόξα [A ἕξις] μου μετεστράφη (1 *b*)
I Ma. 9. 41. μετεστράφη ὁ γάμος εἰς πένθος
III Ma. 5. 7. τὴν κατ' αὐτῶν μεταστρέψαι βουλὴν ἀνοσίαν
6. 22. μετεστράφη τοῦ βασ. ἡ ὀργὴ εἰς οἶκτον
[**Aq.** Ex. 28. 11 : Ps. 59 (60). 3.]
[**Sm.** I Ki. 22. 18 : Jb. 8. 3 *bis* : Ps. 31 (32). 4 : Ze. 3. 9.]

μεταστροφή. (1) *a.* סַבָּה *b.* נְסִבָּה

III Ki. 12. 15. ἦν μεταστροφὴ παρὰ κυρίου (1 *a*)
II Ch. 10. 15. ἦν μεταστροφὴ παρὰ τοῦ θεοῦ (1 *b*)
[**Aq.** Jb. 37. 12.]

μετασχηματίζειν.

IV Ma. 9. 22. μετασχηματιζόμενος εἰς ἀφθαρσίαν
[**Sm.** I Ki. 28. 8.]

μετατιθέναι. (1) לָקַח (2) מוּט (3) סוּג hi. (4) סוּת hi. (5) פָּלָא hi. (6) שׁוּב

Ge. 5. 24. μετέθηκεν αὐτὸν ὁ θεός (1)
De. 27. 17. ἐπικατάρατος ὁ μετατιθεὶς ὅρια (3)
III Ki. 20 (21). 25. μετέθηκεν αὐτὸν Ἰεζ. (4)
Es. 4. 17. μετάθες τὴν καρδίαν αὐ.
Ps. 45 (46). 2. ἐν τῷ . . . μετατίθεσθαι ὄρη ἐν καρδίαις θαλάσσης (2)
Pr. 23. 10. μὴ μεταθῇς ὅρια αἰώνια (3)
Wi. 4. 10. ζῶν μεταξὺ ἁμαρτωλῶν μετετέθη
Si. 6. 9. B S² ἔστι φίλος μετατιθέμενος εἰς ἔχθραν [A -όν]
44. 16. μετετέθη ὑπόδειγμα μετανοίας ταῖς γενεαῖς
49. 14. A καὶ αὐτὸς μετετέθη [B S ἀνελήφθη] ἀπὸ τῆς γῆς
Ho. 5. 10. ἐγένοντο . . . ὡς μετατιθέντες ὅρια (3)
Is. 29. 14. προσθήσω τοῦ μεταθεῖναι τὸν λαὸν τοῦτον καὶ μεταθήσω αὐτούς (5, 5)
— 17. μετατεθήσεται ὁ Λίβανος ὡς τὸ ὄρος τὸ Χέρμελ (6)
II Ma. 4. 46. ὡς ἀναψύξοντα τὸν βασ. μετέθηκε
7. 24. μεταθέμενον ἀπὸ τῶν πατρίων νόμων
III Ma. 1. 16. τὴν ὁρμὴν τοῦ κακῶς ἐπιβαλλομ. μεταθεῖναι
IV Ma. 2. 18. τὰ μὲν αὐτῶν μεταθεῖναι
[**Aq.** Ec. 10. 9.]
[**Sm.** IV Ki. 16. 14 : Je. 18. 8.]

μετατρέπειν.

IV Ma. 6. 5. κατ' οὐδένα τρόπον μετετρέπετο
7. 3. A R κατ' οὐδένα τρόπον μετέτρεψε [S ἔτρ.] τοὺς τῆς εὐσεβείας οἴακας
— 12. οὐ μετετράπη τὸν λογισμόν
15. 11. τὸν λογισμὸν αὐ. . . . ἴσχυσαν μετατρέψαι
— 18. οὐ μετέτρεψέ σε πρωτότοκος ἀποπνέων
[**Aq.** Ez. 1. 9.]
[**Sm.** Ez. 1. 9 : 10. 11.]

μεταφέρειν. (1) סָבַב hi.

I Ch. 13. 3. μετενέγκωμεν τὴν κιβωτὸν τοῦ θ. ἡμῶν (1)
I Es. 2. 10. A R ἃ μετήνεγκε [B -ήγαγεν] Ναβ.
4. 48. μεταφέρειν ξύλα κέδρινα

μεταφορά.

[**Th.** Ho. 8. 13.]

μετάφρασις.

II Ma. 2. 31. τῷ τὴν μ. ποιουμένῳ συγχωρητέον

μετάφρενον. (1) אֶבְרָה (2) גֵּו

De. 32. 11. ἀνέλαβεν αὐτοὺς ἐπὶ τῶν μ. αὐ. (1)
Ps. 67 (68). 13. τὰ μ. αὐτῆς ἐν χλωρότητι χρυσίου (1)
90 (91). 4. ἐν τοῖς μ. αὐτοῦ ἐπισκιάσει σοι (1)
Is. 51. 23. A S ἔθηκας ἴσα τῇ γῇ τὰ μ. [B μέσα] σου ἔξω (2)
[**Aq.** Ez. 17. 3.]
[**Heb.** Ge. 49. 8.]

μεταφρονεῖν.

To. 4. 18. A μὴ μεταφρονήσῃς [B καταφρ.] ἐπὶ πάσης συμβουλίας

μεταφυτεύειν.

[**Aq.** Ps. 1. 3 : 91 (92). 14.]
[**Sm., Th.** Ps. 91 (92). 14.]

μεταχεῖν.

IV Ma. 1. 29. A S καὶ πάντα τρόπον μεταχέων [R μετοχετεύων]

μεταχρωννύναι.

[**Sm.** Le. 13. 13.]

μετέπειτα.

Ju. 9. 5. καὶ τὰ [A *om.*] μ. . . . διενοήθης
Es. 3. 13. εἰς τὸν μ. χρόνον
III Ma. 3. 24. αἰφνιδίου μ. ταραχῆς ἐνστάσης ἡμῖν

μετέρχεσθαι. (1) סָבַב *a.* qal. *b.* hi.

I Ki. 5. 8. μετελθέτω κιβωτὸς τοῦ θεοῦ (1 *a*)
— 8. μετῆλθε κιβωτὸς τοῦ θεοῦ Ἰσρ. (1 *b*)
— 9. μετὰ τὸ μετελθεῖν αὐτήν (1 *b*)
Wi. 14. 30. ἀμφότερα δὲ αὐτοὺς μετελεύσεται τὰ δίκαια [A¹ ἄδικα]
I Ma. 15. 4. ὅπως μετέλθω τοὺς κατεφθαρκότας
IV Ma. 10. 21. σὲ δὲ ταχέως μετελεύσεται ὁ θεός
18. 22. ἡ θεία δίκη μετῆλθε καὶ μετελεύσεται τὸν ἀλάστορα

μετέχειν. (1) אֵת

I Es. 5. 40. μὴ μετέχειν τῶν ἁγίων [A *add.* αὐτούς]
8. 70. καὶ μετεῖχον οἱ προηγούμενοι
Pr. 1. 18. αὐτοὶ γὰρ οἱ φόνου μετέχοντες θησαυρίζουσιν ἑαυτοῖς κακά †
5. 17. μηδεὶς ἀλλότριος μετασχέτω σοι (1)
Wi. 16. 3. καὶ ξένης μετάσχωσι γεύσεως
19. 16. τοὺς ἤδη τῶν αὐτῶν [S *om.* τῶν αὐ.] μετεσχηκότας δικαίων
Si. 51. 28. A S² R μετάσχετε παιδείας [B S¹ -αν]
II Ma. 4. 14. ἔσπευδον μετέχειν τῆς . . . χορηγίας
5. 10. R οὔτε πατρῴου τάφου [A νόμου] μετέσχε
— 27. πρὸς τὸ μὴ μετασχεῖν τοῦ μολυσμοῦ
[**Aq.** Ps. 93 (94). 20.]
[**Sm.** Ex. 22. 11 (10).]
[**Al.** Ex. 22. 8 (7).]

μετεωρεῖν.

[**Sm.** Ec. 10. 9.]

μετεωρίζειν. (1) גָּבַהּ hi. (2) נָשָׂא ni. (3) רוּם *a.* qal. *b.* ni.

Ps. 130 (131). 1. οὐδὲ ἐμετεωρίσθησαν οἱ ὀφθαλμοί μου (3 *a*)
Mi. 4. 1. καὶ μετεωρισθήσεται ὑπεράνω τῶν βουνῶν (2)
Ob. 1. 4. ἐὰν μετεωρισθῇς ὡς ἀετός (1)
Ez. 10. 16. τοῦ μετεωρίζεσθαι ἀπὸ τῆς γῆς (3 *a*)
— 17. ἐν τῷ μετεωρίζεσθαι αὐτὰ ἐμετεωρίζοντο μετ' αὐτῶν (3 *a*, 3 *b*)
— 19. ἐμετεωρίσθησαν ἀπὸ τῆς γῆς (3 *b*)
II Ma. 5. 17. ἐμετεωρίζετο τὴν διάνοιαν ὁ Ἀντ.
7. 34. μὴ μάτην μετεωρίζου
III Ma. 6. 5. καὶ μετεωρισθέντα ἐπὶ τὴν ἁγίαν σου πόλιν
[**Aq.** Is. 7. 11 : 52. 13 : 55. 9.]
[**Sm., Th.** Is. 52. 13.]

μετεωρισμός. (1) מִשְׁבָּר

Ps. 41 (42). 7. πάντες οἱ μ. σου καὶ τὰ κύματά σου ἐπ' ἐμὲ διῆλθον (1)
87 (88). 7. πάντας τοὺς μ. σου ἐπήγαγες ἐπ' ἐμέ (1)
92 (93). 4. θαυμαστοὶ οἱ μ. τῆς θαλάσσης (1)
Si. 23. 4. μετεωρισμὸν ὀφθαλμῶν μὴ δῷς μοι
26. 9. πορνεία γυναικὸς ἐν μετεωρισμοῖς ὀφθαλμῶν
Jn. 2. 4. πάντες οἱ μ. σου . . . ἐπ' ἐμὲ διῆλθον (1)
II Ma. 5. 21. διὰ τὸν μ. τῆς καρδίας
[**Aq.** Ps. 9. 25 (10. 4).]

μετέωρος. (1) אָמִיר (2) גָּבֹהַּ (3) מַד (4) מָשַׁךְ pu. (5) נָטָה (6) נָשָׂא ni. (7) עִלִּי (8) *a.* רוּם *b.* רָאמוֹת *c.* מָרוֹם (9) תֵּל (10) εἰς τὸ μ. כִּלְמַעְלָה

Jd. 1. 15. ἔδωκεν αὐτῇ . . . λύτρωσιν μετεώρων (7)
II Ki. 22. 28. ὀφθαλμοὺς ἐπὶ μετεώρων ταπεινώσεις (8 *a*)
Jb. 28. 18. μετέωρα καὶ γαβὶς οὐ μνησθήσεται (8 *b*)
Si. 22. 18. χάρακες [A χάλικες] ἐπὶ μετεώρου κείμενοι
37. 14. ἑπτὰ σκοποὶ ἐπὶ μετεώρου καθήμενοι ἐπὶ σκοπῆς
Is. 2. 12. ἡμέρα κυρίου . . . ἐπὶ πάντα ὑψηλὸν καὶ μετέωρον (6)
— 13. ἐπὶ πᾶσαν κέδρον τοῦ Λιβάνου τῶν ὑψηλῶν καὶ μ. (6)
5. 15. οἱ ὀφθαλμοὶ οἱ μ. ταπεινωθήσονται (2)
17. 6. ὡς ῥῶγες ἐλαίας δύο ἢ τρεῖς ἐπ' ἄκρου μετεώρου (1 ?)
18. 2. πορεύσονται γὰρ ἄγγελοι κοῦφοι πρὸς ἔθνος μετέωρον (4)
30. 25. ἐπὶ παντὸς βουνοῦ μετεώρου (6)
57. 7. ἐπ' ὄρος ὑψηλὸν καὶ μετέωρον (6)
Je. 38 (31). 37. ἐὰν ὑψωθῇ ὁ οὐρανὸς εἰς τὸ μετέωρον (10)
39 (32). 17. τῷ βραχίονί σου τῷ ὑψηλῷ καὶ τῷ μ. [S *om.* κ. τ. μ.] (5)
Ez. 3. 14. A ἐπορεύθην μ. [B *om.*] (3 ?)
— 15. εἰσῆλθον εἰς τὴν αἰχμαλωσίαν μ. (9 ?)
17. 23. κρεμάσω αὐτὸν ἐν ὄρει μετεώρῳ Ἰσραήλ (8 *c*)
[**Aq., Sm.** Is. 10. 33.]
[**Th.** Jb. 28. 18 : Is. 10. 33 : Ez. 6. 13.]
[**Al.** Ps. 137 (138). 6.]

μετεωρότης.

[**Aq.** I Ki. 16. 7 : Jb. 11. 8 : 40. 5 (10) : Ez. 1. 18.]
[**Th.** I Ki. 16. 7.]

μετοικεῖν. (1) גָּלָה

II Ki. 15. 19. μετῴκηκας σὺ ἐκ τοῦ τόπου σου (1)

μετοικεσία. (1) *a.* יוֹם גְּלוֹת *b.* גּוֹלָה, גָּלָה *c.* גָּלֻת, גָּלוּת (2) מֹשָׁבָת

Jd. 18. 30. A ἕως τῆς μ. τοῦ Δάν [B *al.*] (1 *a*)
IV Ki. 24. 16. ἤγαγεν αὐτοὺς . . . μετοικεσίαν εἰς Βαβ. (1 *b*)
25. 27. A ἐν τῷ τριακοστῷ . . . ἔτει τῆς μ. [B ἀποικίας] (1 *c*)
I Ch. 5. 22. κατῴκησαν ἀντ' αὐτῶν ἕως τῆς μ. (1 *b*)
Ob. 1. 20. καὶ τῆς μ. ἡ ἀρχὴ αὕτη τοῖς υἱοῖς Ἰσ. (1 *c*)
— 20. καὶ ἡ μ. Ἱερ. ἕως Ἐφ. (1 *c*)
Na. 3. 10. αὐτὴ εἰς μετοικεσίαν πορεύσεται αἰχμάλωτος (1 *b*)
Je. 50 (43). 5. S τοὺς ἀποστρέψαντας εἰς μετοικεσίαν [AB ἀ. κατοικεῖν] ἐν τῇ γῇ †
La. 1. 7. A² ἐγέλασαν ἐπὶ μετοικεσίας [A¹ -κίᾳ, B S κατοικεσίᾳ] αὐτῆς (2)
Ez. 12. 11. ἐν μετοικεσίᾳ . . . πορεύσονται (1 *b*)
[**Aq.** Ez. 3. 11 : 12. 3.]

μετοικία. (1) גַּל (2) גָּלָה hi. (3) מָגוֹר (4) שְׁבָה

III Ki. 8. 47. ἐν γῇ μετοικίας αὐτῶν (4)
I Ch. 6. 15 (5. 41). ἐπορεύθη ἐν τῇ μ. (2)
Je. 9. 11 (10). δώσω τὴν Ἱερουσαλὴμ εἰς μετοικίαν (1)
20. 4. δίδωμί σε εἰς μετοικίαν (3)

μετοικίζειν. (1) גָּלָה *a.* qal. *b.* hi. (2) גֵּרַשׁ pi.
Jd. 2. 3. A οὐ προσθήσω τοῦ μετοικίσαι τὸν λαόν [B *al.*] (2)
I Ch. 5. 6. ὃν μετῴκισε Θ. (1 *b*)
— 26. μετῴκισε τὸν Ῥ. (1 *b*)
8. 6. μετῴκισαν αὐτοὺς εἰς M. (1 *b*)
I Es. 5. 7. οὓς μετῴκισε Ναβ.
Ju. 11. 14. τοὺς μετοικίσαντας αὐτοῖς τὴν ἄφεσιν
Ho. 10. 5. ὅτι μετῳκίσθη ἀπ' αὐτοῦ (1 *a*)
Am. 5. 27. καὶ μετοικιῶ ὑμᾶς ἐπέκεινα Δαμασκοῦ (1 *b*)
Je. 20. 4. μετοικιοῦσιν αὐτούς (1 *b*)
22. 12. ἐν τῷ τόπῳ οὗ μετῴκισα αὐτόν (1 *b*)
La. 1. 3. μετῳκίσθη Ἰουδαία ἀπὸ ταπεινώσεως αὐτῆς (1 *a*)

μέτοικος. (1) מָגוֹר
Je. 20. 3. οὐχὶ Πασχὼρ ἐκάλεσε κύριος τὸ ὄνομά σου ἀλλ' ἢ Μέτοικον (1)
[**Th.** Je. 20. 3.]

μετουσία.
IV Ma. 2. 1. πρὸς τὴν τοῦ κάλλους μ. ἀκυροῦνται

μετοχετεύειν.
IV Ma. 1. 29. R καὶ πάντα τρόπον μετοχετεύων [AS μεταχέων]

μετοχή. (1) חָבַר pu.
Ps. 121 (122). 3. SR ὡς πόλις ἧς ἡ μ. [A οἱ μέτοχοι] αὐτῆς ἐπὶ τὸ αὐτό (1)

μέτοχος. (1) *a.* חָבֵר *b.* חָבַר qal. *c.* pu. (2) μ. εἶναι בָּחַר (3) αἱμάτων μ. דָּמִים
I Ki. 20. 30. μέτοχος εἶ σὺ τῷ υἱῷ Ἰ. (2 ?)
Es. 8. 13. μετόχους αἱμάτων ἀθῴων καταστήσασα [AS *al.*]
Ps. 44 (45). 7. ἔχρισέ σε ὁ θεὸς . . . παρὰ τοὺς μ. σου (1 *a*)
118 (119). 63. μέτοχος ἐγώ εἰμι πάντων τῶν φοβουμένων σε (1 *a*)
121 (122). 3. A ὡς πόλις ἧς οἱ μ. [SR ἡ μετοχὴ] αὐτῆς ἐπὶ τὸ αὐτό (1 *c*)
Pr. 29. 10. ἄνδρες αἱμάτων μέτοχοι μισοῦσιν ὅσιον [AS *al.*] (3)
Ec. 4. 10. ὁ εἷς ἐγερεῖ τὸν μ. αὐτοῦ (1 *a*)
Ho. 4. 17. μέτοχος εἰδώλων Ἐφ. ἔθηκεν ἑαυτῷ σκάνδαλα (1 *b*)
III Ma. 3. 21. μετόχους τῶν ἀεὶ ἱερέων καταστῆσαι
[**Aq.**, **Sm.**, **Th.** Pr. 28. 24.]

μετρεῖν. (1) מָדַד (2) מְנָה
Ex. 16. 18. R καὶ μετρήσαντες γομόρ [B τῷ γ., A^{2} τὸ γ.] (1)
Nu. 35. 5. μετρήσεις . . . τὸ κλίτος τὸ πρὸς ἀνατολάς (1)
Ru. 3. 15. ἐμέτρησεν ἓξ κριθῶν (1)
Wi. 4. 8. οὐδὲ ἀριθμῷ ἐτῶν μεμέτρηται
Is. 40. 12. τίς ἐμέτρησε τῇ χειρὶ τὸ ὕδωρ (1)
Da. TH. 5. 26. ἐμέτρησεν ὁ θ. τὴν βασ. σου (2)
[**Aq.** Is. 40. 12 : Je. 31 (38). 37 : Ez. 42 20.]
[**Sm.** II Ki. 8. 2 : Is. 40. 12.]
[**Th.** Is. 40. 12.]

μέτρησις.
III Ki. 7. 38. τὸν χυτρόκαυλον τὸν ἕνα μετρήσει [A *al.*] –

μετρητής. (1) בַּת (2) סְאָה (3) פּוּרָה
III Ki. 18. 32. χωροῦσαν δύο μετρητὰς σπέρματος (2)
II Ch. 4. 5. χωροῦσαν [A -σα] μ. τρισχιλίους (1)
I Es. 8. 20. ἕως . . . οἴνου μετρητῶν ἑκατόν
Hg. 2. 17 (16). ἐξαντλῆσαι πεντήκοντα μετρητάς (3 ?)
Da. LXX. Bel 2. καὶ ἐλαίου μετρηταὶ [*cod.* -ὰς] ἕξ
Da. TH. Bel 3. καὶ οἴνου μετρηταὶ ἕξ
[**Aq.** Ez. 45. 14 *bis.*]
[**Th.** Da. 14. 2.]

μετριάζειν. (1) חָלָה
Ne. 2. 2. καὶ οὐκ εἶ μετριάζων (1)

μέτριος.
Si. 34 (31). 20. ὕπνος ὑγιείας ἐπὶ ἐντέρῳ μετρίῳ

μετρίως.
II Ma. 15. 38. εἰ δὲ εὐτελῶς καὶ μ.

μέτρον (-ος). (1) אֵיפָה, אֵפָה (2) אַמָּה (3) בַּת (4) יָד (5) *a.* מִדָּה *b.* מֵמַד *c.* מָדַד (6) מְשׂוּרָה (7) סְאָה (8) *a.* קָו *b.* קָוֶה (9) שָׁלִישׁ (10) τρία μ. אֵיפָה
Ge. 18. 6. φύρασον τρία μ. σεμιδάλεως (7)
Ex. 16. 36. τὸ δὲ γόμορ τὸ δέκατον τῶν τριῶν μ. ἦν (10)
26. 2. μ. τὸ αὐτὸ ἔσται πάσαις ταῖς αὐλαίαις (5 *a*)
— 8. τὸ αὐτὸ μ. [A *om.*] ἔσται ταῖς ἕνδεκα δέρρεσι (5 *a*)
Le. 19. 35. οὐ ποιήσετε ἄδικον . . . ἐν μέτροις (5 *a*)
De. 2. 6. ὕδωρ μέτρῳ λήψεσθε –
25. 14. οὐκ ἔσται ἐν τῇ οἰκίᾳ σου μ. καὶ μ. (1, 1)
— 15. AB^{2}R μ. ἀληθινὸν καὶ δίκαιον ἔσται σοι (1)
III Ki. 6. 25. ἐν μ. ἑνὶ συντέλεια μία (5 *a*)
7. 37. μέτρον ἐν πάσαις (5 *a*)
— 9. A ἐκ λίθων τιμίων μέτρον ἀπελεκήτων [B *om.* μ. ἀ.] (5 *a*)
— 11. κατὰ τὸ μ. ἀπελεκήτων (5 *a*)
IV Ki. 7. 1, 16, 18. μέτρον σεμιδάλεως σίκλου (7)
21. 13. ἐκτενῶ ἐπὶ Ἱερ. τὸ μ. Σαμ. (8 *a*)
I Ch. 23. 29. καὶ εἰς πᾶν μ. (6 + 5 *a*)
II Ch. 2. 10 (9). AB^{2}R καὶ οἴνου μέτρων εἴκοσι χιλιάδας καὶ ἐλαίου μέτρων [A κάδων, B^{1} *om.* εἴ. . . . μ.] εἴκοσι χιλιάδας (3, 3)
Ne. 3. 19. μ. δεύτερον πύργου ἀναβάσεως (5 *a*)
— 20. μ. δεύτερον ἀπὸ τῆς γωνίας (5 *a*)
— 21. μ. [A -ος] δεύτερον ἀπὸ θύρας B. (5 *a*)
— 24. μ. δεύτερον ἀπὸ B. (5 *a*)
— 27. μ. δεύτερον ἐξ ἐναντίας τοῦ πύργου (5 *a*)
— 30. ἐκράτησεν Ἀν. . . . μ. δεύτερον (5 *a*)
Ju. 7. 21. ἐν μέτρῳ ἐδίδοσαν αὐτοῖς πιεῖν
Jb. 11. 9. ἢ μακρότερα μέτρου γῆς [A μέτρων γῆς ἐπίστασαι] (5 *a*)
28. 25. ὕδατος μέτρα ὅτε ἐποίησεν (5 *a*)
38. 5. τίς ἔθετο τὰ μ. αὐτῆς εἰ οἶδας (5 *b*)
Ps. 79 (80). 5. ποτιεῖς ἡμᾶς ἐν δάκρυσιν ἐν μέτρῳ (9)
Pr. 20. 10. στάθμιον μέγα καὶ μικρὸν καὶ μέτρα δισσά (1)
Wi. 11. 20. πάντα μέτρῳ . . . διέταξας
Si. 34 (31). 27. ἐὰν πίνῃς αὐτὸν μέτρῳ [S^{2} ἐν μ.] αὐτοῦ
Am. 8. 5. τοῦ ποιῆσαι μικρὸν μέτρον (1)
Za. 1. 16. μέτρον ἐκταθήσεται [A ἐκτεθ.] ἐπὶ Ἱερ. (8 *a*, 8 *b**)
5. 6. τοῦτο τὸ μ. τὸ ἐκπορευόμενον (1)
— 7. ἐκάθητο ἐν μέσῳ τοῦ μ. [A ταλάντου] (1)
— 8. ἔρριψεν αὐτὴν ἐν μέσῳ τοῦ μ. (1)
— 9. καὶ ἀνέλαβον τὸ μ. ἀνὰ μέσον τῆς γῆς (1)
— 10. ποῦ αὗται ἀποφέρουσι τὸ μ. (1)
Is. 5. 10. ὁ σπείρων ἀρτάβας ἓξ ποιήσει μέτρα τρία (10)
44. 13. ἔστησεν αὐτὸ ἐν μέτρῳ (8 *a* ?)
La. 2. 8. ἐξέτεινε μ. (8 *a*)
Ez. 4. 11. ὕδωρ ἐν μέτρῳ πίεσαι (6)
— 16. ὕδωρ ἐν μέτρῳ καὶ ἐν ἀφανισμῷ πίονται (6)
40. 3. ἦν σπαρτίον οἰκοδόμων καὶ κάλαμος μ. [A *add.* ἐν τῇ χειρὶ αὐτοῦ] (5 *a*)
— 5. κάλαμος τὸ μ. πηχῶν ἓξ ἐν πήχει (5 *a*)
— 10. μ. ἓν τοῖς τρισί· μ. ἓν τοῖς [A τῷ] αἰλὰμ ἔνθεν καὶ ἔνθεν (5 *a*, 5 *a*)
— 21. ἐγένετο κατὰ τὰ μ. τῆς πύλης (5 *a*)
— 24. διεμέτρησεν αὐτὴν . . . κατὰ τὰ μ. ταῦτα (5 *a*)
— 28. διεμέτρησε τὴν πύλην κατὰ τὰ μ. ταῦτα (5 *a*)
— 30 (29). τὰ αἰλαμμὼν κατὰ τὰ μ. ταῦτα (5 *a*)
— 32. διεμέτρησεν αὐτὴν κατὰ τὰ μ. ταῦτα (5 *a*)
— 33. τὰ αἰλαμμὼν κατὰ τὰ μ. ταῦτα (5 *a*)
— 35. διεμέτρησε κατὰ τὰ μ. ταῦτα (5 *a*)
41. 17. A ἐν τῷ ἔσωθεν καὶ ἐν τῷ ἔξωθεν μέτρα [B *om.*] (5 *a*)
42. 11. κατὰ τὰ μ. ἐξεδρῶν τῶν πρὸς βορρᾶν †
— 16. διεμέτρησε πεντακοσίους ἐν τῷ καλάμῳ τοῦ μ. (5 *a*)
— 17. πήχεις πεντακοσίους ἐν τῷ καλάμῳ τοῦ μ. (5 *a*)
— 18, 19. πεντακοσίους ἐν τῷ καλάμῳ τοῦ μ. (5 *a*)
— 20. A τὰ τέσσαρα μέρη τοῦ αὐτοῦ μ. [B καλάμου] (5 *c*)
43. 13. ταῦτα τὰ μ. τοῦ θυσιαστηρίου (5 *a*)
45. 10. μ. δίκαιον καὶ χοῖνιξ δικαία ἔσται [B -τω] ὑμῖν τοῦ μ. (1, 1)
— 11. A τὸ μ. πρὸς τὸ γομὸρ ἔσται ἴσον [B *al.*] (1)
— 13. AR ἕκτον [A ἑκατὸν τοῦ] μέτρου [B -ον] ἀπὸ τοῦ γομὸρ τοῦ πυροῦ (1)
46. 14. τὸ πρωῒ ἕκτον τοῦ μ. (1)
— 22. μ. ἐν ταῖς τέσσαρσι (5 *a*)
Ez. 47. 3. μ. ἐν τῇ χειρὶ αὐτοῦ καὶ διεμέτρησε χιλίους ἐν τῷ μ. (8 *a*, 2)
— 4. A καὶ διεμέτρησεν ἐν τῷ μ. [B *om.* ἐν τ. μ.] χιλίους –
48. 1. A κατὰ τὸ μ. [B μέρος] τῆς καταβάσεως τοῦ περισχίζοντος (4)
— 16. ταῦτα τὰ μ. αὐτῆς (5 *a*)
— 30. αὗται αἱ διεκβολαὶ τῆς πόλεως αἱ πρὸς βορρᾶν τετρακισχίλιοι καὶ πεντακόσιοι μέτρῳ (5 *a*)
— 33. τὰ πρὸς νότον τετρακισχίλιοι καὶ πεντακόσιοι μέτρῳ (5 *a*)
— 34. τὰ πρὸς θάλασσαν τετρακισχίλιοι καὶ πεντακόσιοι μέτρῳ –
[**Aq.** Is. 9. 6 (5), 7 (6) : 28. 17 : 34. 11, 17.]
[**Sm.** Jb. 28. 25 : 38. 5 : Ps. 79 (80). 6 : Is. 34. 11, 17.]
[**Th.** Is. 27. 8 *bis* : 28. 17 : 34. 11, 17.]
[**Al.** Jo. 3. 4.]

μέτωπον. (1) מֵצַח
Ex. 28. 34 (38) *bis.* ἔσται ἐπὶ τοῦ μ. Ἀαρών (1)
I Ki. 17. 49. ἐπάταξε τὸν ἀλλόφ. ἐπὶ τὸ μ. αὐτοῦ (1)
— 49. διέδυ ὁ λίθος . . . εἰς [A ἐπὶ] τὰ μ. αὐ. (1)
II Ch. 26. 19. ἡ λέπρα ἀνέτειλεν ἐν τῷ μ. αὐ. (1)
— 20. αὐτὸς λεπρὸς ἐν τῷ μ. (1)
Is. 48. 4. τὸ μ. σου χαλκοῦν (1)
Ez. 9. 4. δὸς σημεῖον ἐπὶ τὰ μ. τῶν ἀνδρῶν (1)
[**Aq.** Ez. 3. 7.]
[**Sm.** Je. 9. 26 (25) : Ez. 3. 7.]
[**Th.** Ex. 28. 25 : Ez. 3. 8 *bis*, 9.]

μεχονώθ.
[**Aq.** Je. 52. 17.]

μέχρι, μέχρις. * **μέχρις οὗ.**
Jo. 4. 23*.
I Es. 1. 57*† : 2. 30 : 3. 2 : 4. 51 : 6. 6*†, 20, 28 : 8. 77.
To. 2. 2†, 4†, 10† : 5. 7 (μέχρι ὅτου)† : 11. 1*† : 14. 4.
Ju. 5. 10* : 12. 5, 9*.
Es. 3. 13† : 4. 17 (μ. νῦν) : 5. 1*.
Jb. 2. 7†, 9 : 4. 20† : 8. 2 : 18. 2 : 26. 10 : 32. 11†, 12† : 38. 11.
Ps. 45 (46). 9 : 49 (50). 1 : 70 (71). 17 (μ. νῦν†) : 103 (104). 23 : 104 (105). 19 : 112 (113). 3 : 129 (130). 6.
Ec. 3. 11.
Wi. 16. 5 : 19. 1.
Si. 47. 10.
Da. TH. 11. 36*†.
I Ma. 4. 46 : 9. 13†.
II Ma. 6. 14 : 11. 30 : 13. 14.
III Ma. 1. 1 : 3. 27 *bis* : 4. 7, 15 : 5. 40 : 6. 6, 28, 40 : 7. 4, 16.
IV Ma. 5. 37 : 6. 18, 21, 26, 30 : 7. 8, 16 : 9. 28 : 13. 1, 27 : 15. 10, 15 : 16. 1 : 17. 7†, 10.
[**Sm.** Jb. 27. 3* : 32. 12 : Ps. 35 (36). 6 : 73 (74). 23.]
[**Th.** Jb. 32. 12.]
[**Al.** Nu. 21. 15.]

μεχωνώθ. (1) כְּתֹנֶת, כָּתְנוֹת (2) *a.* מְכוֹנָה, מְכֹנָה *b.* מְכֹנוֹת
III Ki. 7. 27. ἐποίησε δέκα μ. [A τὰς μ. δ.] χαλκᾶς (2 *b*)
— 27. πέντε πήχεις μῆκος τῆς μ. τῆς μιᾶς (2 *a*)
— 28. τοῦτο τὸ ἔργον τῶν μ. (2 *a*)
— 30. τέσσαρες τροχοὶ χαλκοῖ τῇ μ. τῇ μιᾷ (2 *a*)
— 32. χεῖρες ἐν τοῖς τροχοῖς ἐν τῷ μ. (2 *a*)
— 34. B ἐπὶ τῶν τεσσάρων γωνιῶν τῆς μ. τῇ μιᾷ [AR τῆς μιᾶς] ἐκ τῆς μ. οἱ ὦμοι αὐ. (2 *a*, 2 *a*)
— 35 *bis.* ἐπὶ τῆς κεφαλῆς τῆς μ. (2 *a*)
— 37. ἐποίησε πάσας τὰς δέκα μ. (2 *b*)
— 38. ἐπὶ τῇ μ. τῇ μιᾷ [A τῆς μ. τῆς μιᾶς] ταῖς δέκα μ. (2 *a*, 2 *b*)
— 39. ἔθετο τὰς πέντε μ. (2 *b*)
— 42. τὰ στρεπτὰ τῆς μ. †
— 43. καὶ τὰς μ. δέκα καὶ τοὺς χυτροκαύλους δέκα ἐπὶ τῶν μ. [A τῆς μ.] (2 *b*, 2 *b*)
IV Ki. 16. 17. τὰ συγκλείσματα τῶν μ. (2 *b*)
25. 13. τοὺς μ. . . . συνέτριψαν οἱ X. (2 *b*)
— 16. καὶ τὰ μ. ἃ ἐποίησε Σαλ. (2 *b*)

II Ch. 4. 14. τὰς μ. ἐποίησε δέκα καὶ τοὺς λουτῆρας ἐποίησεν ἐπὶ τῶν μ. (2 b, 2 b)
Ne. 7. 70. BS¹ ἔδωκαν . . . μ. [AS² χοθωνώθ, R χωθ.] (1)
— 72. B S¹ καὶ μ. [A S² χοθωνὼθ, R χωθ.] τῶν ἱερέων (1)
[Th. Je. 27 (34). 19.]

μή. ἐὰν μή *vid. sub* ἐάν εἰ δὲ μή *vid. sub* εἰ εἰ μή *vid. sub* εἰ ἵνα μή *vid. sub* ἵνα ὅπως μή *vid. sub* ὅπως ὅταν μή *vid. sub* ὅταν οὐ μή *vid. sub* οὐ οὐδὲ μή *vid. sub* οὐδέ οὐδ' οὐ μή *vid. sub* οὐδέ οὐκέτι μή, οὐκέτι οὐ μή *vid. sub* οὐκέτι οὔτε μή, οὔτε οὐ μή *vid. sub* οὔτε ὥστε μή *vid. sub* ὥστε * μή *interrog.*

Ge. 3. 11, 17 : 4. 9*, 15 : 7. 2, 3, 8 *bis* : 13. 8 : 15. 1 : 16. 2 : 18. 3, 14*, 17*†, 23 : 19. 7, 8, 9*, 17, 19†, 21 : 20. 6 : 21. 12, 17, 23 : 22. 12 : 23. 5 : 24. 6, 8, 56 : 26. 2, 24, 29 : 27. 38* : 28. 13 : 30. 2*, 15* : 31. 14*, 20, 35 : 37. 8*, 22 *bis*, 27 : 38. 9, 22 : 41. 38* : 42. 22 : 43. 7*, 22 : 44. 7, 17, 18, 26, 31, 34 : 45. 5, 9, 20, 24 : 46. 3 : 47. 29 : 49. 4, 6 *bis* : 50. 19, 21.
Ex. 2. 14*† : 3. 5 : 5. 5, 9 : 7. 14 : 8. 29 (25) *bis* : 9. 17, 21 (ὃς δὲ μὴ προσέσχε) : 10. 10*, 11 : 14. 5, 11 : 19. 15, 24 : 20. 19, 19† : 21. 22 : 22. 8 (7)†, 11 (10) : 23. 21 : 32. 22 : 33. 5, 15 : 34. 3.
Le. 6. 40 (7. 10) : 10. 19* : 11. 47 : 13. 55 (ἥδε μὴ μετέβαλεν)† : 14. 32 : 16. 2 : 18. 24 : 19. 26, 30† : 20. 4 : 21. 3 : 23. 29 (ἥτις μὴ ταπεινωθήσεται) : 25. 14, 17, 23†.
Nu. 4. 18 : 5. 13† : 9. 7 : 10. 31 : 11. 12*, 22*, 29* : 12. 2*, 12 : 14. 9 *ter*, 16, 42† : 16. 9*, 13*, 15, 26 *bis* : 20. 10* : 21. 34, 35 : 22. 16, 30* : 23. 8 *bis* : 27. 3 (4) : 32. 5, 7.
De. 1. 21, 29 : 2. 5, 9 *bis*, 19, 19† : 3. 2, 3, 26 : 4. 9 *bis*, 16, 19, 23 : 5. 25 (22) : 6. 12, 15 : 7. 25 : 8. 11, 11†, 12, 17 : 9. 4, 7, 26, 27, 28 : 11. 16 : 12. 13, 19, 23, 30 : 15. 9 : 17. 12† : 20. 3 *bis*, 5, 6, 7, 19* : 22. 1, 1†, 4 : 23. 4 (5) : 25. 5 : 28. 13, 55, 61 : 29. 15 (14) : 31. 6, 8 : 32. 27 : 33. 6, 11.
Jo. 1. 9, 18 (ὅστις μὴ ἀκούσῃ†) : 2. 16 : 3. 4 : 5. 6 : 6. 9 (10), 9 (10)† : 7. 3 *bis*, 19 : 8. 1, 4, 22 : 9. 7 : 10. 6, 8, 19 *bis*, 25, 33 : 11. 6, 8 : 22. 17*, 19, 19†, 20*†, 22, 29 : 24. 16.
Jd. 2. 23 : 3. 1 : 4. 18 : 6. 18, 23, 27†, 31*, 39 (μὴ δή†) : 8. 1, 6*, 15* : 9. 9*†, 11*†, 13*, 41 : 11. 25* *bis* : 12. 5* : 13. 4 *bis*, 7 *bis*, 14 *bis* : 15. 12† : 16. 7, 8 : 18. 7†, 9, 19, 25 : 19. 23†, 23 *bis*, 24† : 21. 5† *bis*, 7.
Ru. 1. 11*, 12, 13*, 13, 13 (μὴ δή), 16, 20 (μὴ δή†) : 2. 8, 9, 15 : 3. 3, 10, 11, 14, 17.
I Ki. 1. 6, 16 : 2. 3 *ter*, 10 *ter*, 24 *ter* : 3. 17 (μὴ δή†) : 4. 20 : 6. 3 (μὴ δή) : 7. 8 *bis* : 8. 7 : 9. 5, 20 : 12. 20† *bis*, 21† : 13. 6†, 19† : 14. 36 : 15. 6, 23, 26 : 16. 1, 7 : 17. 32 (μὴ δή) : 18. 17† : 19. 4 : 20. 3, 26, 38 : 21. 2 (3)†, 15 (16)*† : 22. 5, 15, 23 : 23. 17, 28 : 25. 25 (μὴ δή), 26, 33 : 26. 9, 19, 20 : 27. 11 : 28. 13 : 29. 4 *bis*, 10 : 30. 15 *bis* : 31. 4.
II Ki. 1. 20†, 20, 21, 21† : 2. 26* : 3. 8*, 29 : 6. 22† : 9. 7 ; 10. 3* : 11. 25 : 12. 23* : 13. 12 *ter*, 20*, 20, 25 (μὴ δή), 25, 28, 32, 33 : 14. 2, 13, 18 (μὴ δή), 19*, 24 : 17. 16 : 18. 13, 16 : 19. 19 (20) (μὴ δή†), 19 (20), 21 (22)*, 35 (36)*†, 42 (43)* : 21. 5.
III Ki. 2. 15 (16), 20, 27 : 3. 1, 26, 27 : 8. 35, 57, 64 : 9. 20 : 10. 22 (9. 19) : 11. 2, 10 : 12. 24† *ter* : 13. 9 *ter*, 17†, 17 *bis*, 22†, 22 : 15. 13†, 17 : 18. 23, 25, 44 : 20. 3 : 21 (20). 8 *bis*, 11, 19 : 22. 8, 31.
IV Ki. 1. 3, 6, 15, 16† : 2. 18 : 3. 13* : 4. 3, 16 *bis*, 24, 28* : 5. 20 : 6. 9, 16, 27, 27*, 32*† : 7. 2* : 9. 15† : 10. 19, 25 : 12. 7 (8), 8 (9) *bis* : 17. 15 : 18. 25*, 27*, 29, 30, 31, 32, 33*, 34† : 19. 6, 10, 12* : 23. 18, 33 : 25. 24.
I Ch. 4. 10† : 10. 4 : 16. 22 *bis*, 30 : 19. 3* : 21. 17 : 22. 13 : 26. 27 : 28. 20.
II Ch. 6. 26, 42 : 11. 4, 14 : 13. 9, 12† : 14. 11 (10) : 15. 7, 16† : 16. 1, 7 : 18. 7, 30 : 20. 15, 17 : 23. 6, 14 : 25. 13, 16*, 16 : 29. 11 : 30. 7, 8, 17 : 32. 4, 7, 13*, 14*, 15 *ter* : 35. 21 : 36. 2, 13.
I Es. 1. 27, 35† : 2. 20 : 4. 49† : 5. 39, 40 : 8. 21, 23, 24†, 84 *bis*, 88 : 9. 51, 52, 53, 54.
II Es. 2. 63 : 6. 8 : 7. 24, 25, 26 : 9. 12 *bis*, 14†, 14.
Ne. 1. 5 (μὴ δή)†, 11 (μὴ δή), 11† : 4. 3 (3. 35)*, 6 (3. 38), 14 (8)† : 8. 9, 10†, 10, 11 : 9. 32 : 10. 30 (31) : 13. 14, 27.
To. 1. 11 : 2. 13*† : 3. 3, 6, 6†, 9, 10†, 13 : 4. 3 *bis*, 5 *bis*, 7† *bis*, 8†, 12†, 13†, 14†, 15† *bis*, 16†, 17†, 18†, 19, 21 : 5. 8, 13, 15†, 18, 20, 20† *bis* : 6. 14, 14†, 15†, 17 : 7. 11† : 8. 20† : 9. 3† : 10. 6, 6†, 7, 13 : 12. 6, 17 : 14. 8†, 10†.
Ju. 4. 12 : 5. 4 : 6. 2, 9 : 7. 11, 13 : 8. 14, 16 : 10. 16 : 11. 1, 10, 12 : 12. 7, 13.
Es. 1. 19† : 2. 10 : 3. 4†, 13†, 13 *bis* : 4. 13, 16, 17 *septiens* : 6. 10 : 8. 13 *bis*.
Jb. 1. 9*, 12 : 3. 4, 6, 7, 9, 9† *bis* : 4. 2*, 11, 17*, 20, 21 : 5. 17 : 6. 5*, 9, 10†, 12*, 29 : 8. 3*, 11* : 9. 7†, 16†, 17*, 34 : 10. 2 : 11. 3, 4, 7*†, 14 : 12. 2*†, 25† : 13. 15†, 21 : 14. 15 : 15. 6, 7*, 22, 31 : 16. 3*, 19 : 18. 21 : 20. 4*, 17, 26† : 21. 3†, 4*, 20 : 22. 12†, 15* : 24. 8, 23 : 25. 6† : 26. 5* : 27. 4†, 5, 9*†, 10* : 31. 34 : 33. 18, 24, 28 : 34. 9, 10, 33*, 36 : 36. 12, 19, 20, 21 : 37. 20* : 39. 32 (40. 2)* : 40. 2 (7), 3 (8)† : 41. 17 (18) (οὐδὲν μὴ ποιήσουσιν).
Ps. 4. 4 : 6. 1 : 7. 2, 11 : 9. 19, 32 (10. 11), 33 (10. 12) : 21 (22). 11, 19 : 24 (25). 2, 7, 20 : 25 (26). 9 : 26 (27). 9 *quater*, 12 : 27 (28). 1, 3 *bis* : 29 (30). 9* : 30 (31). 1, 17 : 31 (32). 9 *bis* : 33 (34). 13 : 34 (35). 19, 22 *bis*, 24, 25 : 35 (36). 11 *bis* : 36 (37). 1, 7, 8 : 37 (38). 1, 21 *bis* : 38 (39). 1 : 39 (40). 11, 17 : 40 (41). 2, 8* : 43 (44). 23 : 48 (49). 16 : 49 (50). 13*, 22† : 50 (51). 11 *bis* : 54 (55). 1 : 56 (57). *tit.* : 57 (58). *tit.* : 58 (59). *tit.*, 5, 11 : 61 (62). 10 *ter* : 65 (66). 7, 9, 18 : 67 (68). 30† : 68 (69). 6 *bis*, 15, 17†, 23, 25, 27, 28 : 70 (71). 1, 9 *bis*, 12, 18 : 73 (74). 19 *bis*, 21, 23 : 74 (75). *tit.*, 4 *bis*, 5 *bis* : 76 (77). 7*, 9*† *bis* : 77 (78). 7, 19*, 20* : 78 (79). 6†, 8 : 82 (83). 1 : 84 (85). 5*† : 87 (88). 10*, 11*, 12* : 88 (89). 47* : 89 (90). 3 : 93 (94). 20*† : 94 (95). 8 : 101 (102). 2, 24 : 102 (103). 2 : 104 (105). 15 *bis* : 105 (106). 23†, 23 : 108 (109). 1, 12, 14 : 113. 9 (115. 1) *bis* : 118 (119). 8, 10, 19, 31, 36, 37, 43, 116, 121, 122, 133† : 120 (121). 3 : 131 (132). 10 : 137 (138). 8 : 139 (140). 8 *bis* : 140 (141). 4, 5, 8 : 142 (143). 2, 7 : 145 (146). 3.
Pr. 1. 8, 10, 15 : 2. 16 : 3. 1, 3, 5, 6†, 7, 11, 21, 27, 28, 29, 30, 31 : 4. 2, 5, 6† *bis*, 13, 14, 15, 27 : 5. 2, 7, 9, 11†, 16†, 20 *bis* : 6. 3, 4, 7, 20, 25 : 7. 2, 25, 25† : 8. 10, 33† : 9. 8, 18 *bis* : 10. 3 : 11. 14 (οἷς μὴ ὑπάρχει), 29 : 14. 4 (οὗ μὴ εἰσί) : 15. 22 : 18. 9 : 19. 18 : 20. 22, 13 : 21. 13 : 22. 22 *bis*, 24 *bis*, 26, 28, 29 : 23. 3, 4, 6, 10 *bis*, 13, 17, 20, 22, 30 : 24. 1, 11, 15, 17 *bis*, 19, 23 (29. 27)†, 29 (30. 6), 30 (30. 7), 31 (30. 8), 33 (30. 10), 43 (28), 44 (29), 60 (30. 25) (οἷς μὴ ἔστιν), 71 (31. 3), 72 (31. 4), 75 (31. 7) : 25. 6, 8, 9 *bis* : 26. 4, 25 : 27. 1, 2 *bis*, 10 *bis* : 28. 9, 24.
Ec. 5. 1 *bis*, 3, 4, 4†, 5 *bis*, 7 : 7. 10 (9), 11 (10), 17 (16), 17 (16)†, 18 (17) *bis*, 19 (18), 22 (21) : 8. 2, 3 : 9. 2, 8 : 10. 4, 20 *bis* : 11. 6, 9† : 12. 1, 2, 6†.
Ca. 1. 6 : 3. 3* : 7. 2 (3).
Wi. 1. 2 *bis*, 8, 12 : 2. 7, 10 : 3. 14 : 4. 11, 15 : 9. 4 : 10. 8 : 11. 25 : 12. 15, 26 : 14. 5, 17 : 16. 27† : 17. 6†.
Si. 1. 27 *bis*, 29, 30 : 2. 2, 3, 7 : 3. 10, 12, 13, 21 *bis*, 23 : 4. 1 *bis*, 2 *bis*, 3 *bis*, 4 *bis*, 5 *bis*, 9, 20, 22 *bis*, 23, 25, 26 *bis*, 27 *bis*, 29, 30, 31 : 5. 1 *bis*, 2†, 3†, 4, 5, 6, 7 *bis*, 8, 9 *bis*, 14 *bis*, 15 : 6. 1, 2, 7, 23, 25, 27, 35 : 7. 1, 3, 4, 5 *bis*, 6, 7 *bis*, 8, 9, 10 *bis*, 11, 12, 13, 14 *bis*, 15, 16, 18, 19, 20, 21, 24, 25†, 26, 27, 30, 33, 34, 35 : 8. 1, 2, 3 *bis*, 4, 5, 6, 7, 8, 9, 10 *bis*, 11, 12, 13, 14, 15, 16 *bis*, 17, 18, 19 *bis* : 9. 1, 2, 3, 4, 5, 6, 7 *bis*, 8, 9 *bis*, 10, 11, 12, 13 : 10. 6 *bis*, 26 *bis* : 11. 2 *bis*, 4 *bis*, 7, 8 *bis*, 9 *bis*, 10, 21, 23, 24, 28, 29 : 12. 3†, 3, 4, 5 *bis*, 7, 10, 12 *ter*, 12† : 13. 2 *bis*, 8, 8†, 10 *bis*, 11 *bis*, 12, 24 (ᾧ μὴ ἔστιν) : 14. 14 *bis* : 15. 11, 12 : 16. 1 *bis*, 2, 3 *bis*, 17, 17*† : 18. 15, 22 *bis*, 23, 30, 30†, 32, 32†, 33 : 19. 8 *bis*, 15 : 21. 1 : 22. 13 *bis*, 21, 22 : 23. 1 *bis*, 4, 6 *bis*, 9 *bis*, 12, 13, 14† : 25. 13 *bis*, 14 *bis*, 21 *bis*, 25 : 26. 11 : 27. 7, 20 : 28. 7, 26 : 29. 8†, 9, 10, 15, 20, 23† : 30. 10, 11, 11†, 21 *bis*, 28 (33. 19) *bis*, 29 (33. 20), 31 (33. 22), 38 (33. 28) (κἂν μή), 38 (33. 29) *bis* : 31 (34). 6, 14†, 14 : 32 (35). 4, 8, 12 *bis* : 33 (36). 9† : 34 (31). 12, 12†, 14 *bis*, 16 *bis*, 17, 18, 22, 25, 31 *quater* : 35 (32). 1, 3, 4 *bis*, 9 *bis*, 11 *bis*, 12, 19, 20 *bis*, 21 : 36. 31 (28) : 37. 6 *bis*, 10, 11, 27, 29 *bis* : 38. 9, 11, 12, 16, 20, 21 : 40. 28 : 41. 3, 22 *bis* : 42. 1 *bis*, 12 *bis* : 43. 30 : 51. 10, 29.
Ho. 2. 9 (11) : 4. 6†, 15 *quater* : 9. 1.
Am. 5. 5 *ter*, 14, 25* : 6. 11 (10), 15 (14) : 7. 16.
Mi. 1. 10 *bis* : 2. 6 : 4. 9* : 6. 10* : 7. 5 *bis*, 8.
Jl. 2. 13, 17 : 3 (4). 4*.
Ob. 1. 12 *ter*, 13†.
Jn. 1. 14† *bis* : 3. 7.
Hb. 1. 13 : 2. 5 : 3. 8.*
Ze. 1. 6 *bis* : 3. 6, 16.
Za. 1. 4, 5* : 7. 5*, 10 *bis*, 11, 12 : 8. 6*, 12*†, 17, *bis* : 9. 8.
Ma. 2. 15 : 3. 5, 18 : 4. 6 (3. 24).
Is. 1. 30 : 5. 6, 8*†, 13, 14 : 6. 11 *bis* : 7. 4, 13* : 8. 6, 12†, 16† : 10. 4, 15*, 24 : 13. 2† : 14. 29 : 15. 7* : 16. 1*, 3 : 21. 3 *bis* : 22. 4 : 23. 8* : 24. 10 : 25. 2† : 27. 7* : 28. 18, 22, 24* : 29. 12, 16* : 30. 10 *bis*, 33* : 35. 4 : 36. 5*, 10*, 11, 12*, 14, 15 *bis*, 18, 18*, 19* : 37. 6, 10, 12* : 40. 9, 19*, 27, 29 : 41. 10 *bis*, 14 : 42. 14* : 43. 1, 5, 6, 18†, 18 : 44. 2, 8, 21 : 45. 9* *bis*, 9*† : 48. 5† *bis* : 49. 15*, 15, 24* : 50. 2* : 51. 7†, 7 : 52. 11 : 54. 2, 4, 9 : 55. 1 (ὅσοι μὴ ἔχετε) : 56. 2 *bis*, 3 *bis*, 6 : 58. 1, 2, 11 (ἣν μὴ ἐξέλιπεν), 13 : 59. 1*, 2 : 63. 17 : 64. 9 (8) *bis* : 65. 1 *bis*, 5, 8.
Je. 1. 7, 8, 17 : 2. 14*, 15, 31*, 32* : 3. 1*, 5*, 12† : 4. 3, 4, 6, 7 : 5. 9*, 10†, 22*, 22*†, 29* : 6. 8 *bis*, 25 *bis* : 7. 4, 6 *ter*, 10, 11*, 16 *bis*, 16† *bis*, 19*, 32 : 8. 4*, 19*, 22* : 9. 4 (3), 9 (8)*†, 10 (9), 11 (10), 12 (11), 23 (22) *ter* : 10. 2 *bis*, 5, 24, 25 : 11. 12 (οἱ μὴ σώσουσιν)†, 14 *bis*, 15* : 12. 6, 9* : 13. 10, 12*, 15 : 14. 9*†, 9, 12, 17, 19*, 21 *bis*, 22* : 15. 15 : 16. 1, 5 *bis*, 5†, 12 : 17. 13†, 17, 18 *bis*, 21†, 21, 21†, 22†, 23, 23†, 24 *bis*, 27, 27† : 18. 10, 14*†, 14*, 23 *bis* : 19. 15 : 20. 14 : 22. 3 *ter*, 6, 10, 15*, 16, 18† : 23. 14, 16, 36 : 25. 6 : 26 (46). 6 *bis*, 19, 27, 28 : 27 (50). 2, 7, 15, 26, 29 : 28 (51). 3, 6, 29, 50, 62 : 30 (49). 1* : 33 (26). 2, 19*, 24 *bis* : 34 (27). 9, 16 : 36 (29). 6, 8 *ter* : 38 (31). 2 : 39 (32). 27*, 40 : 40 (33). 10, 12 : 41 (34). 9, 18† : 42 (35). 8, 9, 14 : 43 (36). 19, 25† : 44 (37). 9 : 45 (38). 14 (μὴ δή†), 19, 24, 25 (μὴ δή†), 26 : 47 (40). 9, 15†, 16 : 48 (41). 8 : 49 (42). 11 *bis*, 13, 19 : 50 (43). 2 : 51 (44). 4†, 5, 7, 9*, 19* : 51. 35 (45. 5)†.
Ba. 1. 19 : 2. 5 : 3. 5, 28 : 4. 3.
La. 1. 4, 6†, 10 : 2. 18 *bis* : 3. 49, 56†, 57† : 4. 14, 15, 18.
Ep. Je. 5, 16, 23, 27† *ter*, 29, 41†, 45†, 65, 67†
Ez. 2. 6 *ter*, 8 : 3. 9, 21 : 4. 8† : 7. 12 *bis* : 8. 15*†, 17* : 9. 5 *bis*, 6 : 13. 3, 22 : 15. 4*, 5*, 5*† : 17. 10*, 14, 18* : 18. 23*†, 25*, 29* : 20. 7, 15, 18 *quater* : 21. 30 (35) : 22. 30 : 24. 8 : 26. 19 : 28. 3*, 4*, 9* : 29. 15 : 33. 4, 8*, 15, 28 : 34. 2†, 5, 8, 10 : 36. 31 : 44. 2 : 46. 20.
Da. LXX. Su. 9, 23, 51 : 2. 24 : 3. 6, 11, 15, (34) *bis*, (35), (42) : 9. 11, 19 : 10. 12, 19 : Bel 8, 23*, 37.
Da. TH. Su. 9, 23, 43 : 2. 24 : 3. 6, 11, (34) *bis*, (35), (42) : 4. 16† : 5. 10 *bis* : 9. 11, 19 : 10. 12, 19 : Bel 7, 19, 24*†.
I Ma. 1. 50, 62 : 2. 62 : 3. 22 : 4. 8 *bis*, 17 : 5. 19, 42 : 6. 15† : 7. 3, 28, 38 : 9. 10 *bis*, 71 : 10. 16*, 38 : 11. 22 : 12. 10, 44 : 13. 5, 16, 46 : 15. 25†.
II Ma. 1. 5, 20 : 2. 3†, 11 : 3. 5, 6, 18† : 4. 19, 19† : 6. 1, 4, 9, 12 *bis*, 13 : 7. 16, 18, 19, 29, 34 : 8. 16 : 9. 12 : 10. 4 : 11. 24 : 12. 14 (ἃ μὴ θέμις) : 13. 11 : 14. 32, 43 : 15. 8, 17.
III Ma. 1. 11, 15, 27, 29 : 2. 17, 23, 28 : 3. 9*, 15 : 4. 13, 16 *bis* : 6. 6, 11, 24.
IV Ma. 2. 6, 10, 13, 19 : 3. 2, 4 : 4. 3, 13 : 5. 8, 18 (εἰ καὶ μή†), 19, 37 : 6. 7, 17, 21 : 8. 1, 5, 17†, 24 : 9. 3, 7, 23 : 10. 13 : 11. 16, 25 : 13. 10, 14, 18 : 14. 1, 11 : 16. 22, 23 : 17. 20.
[Aq. Ge. 3. 2 (1)*, 2 (1) : 18. 30 (μὴ δή) : 49. 4, 6 : 50. 19* : Ex. 23. 21 : Jo. 10. 19 : I Ki. 15. 6 : 16. 11* : 19. 24 : 25. 26, 33 : II Ki. 2. 20* :

● = correction on page xxvi

IV Ki. 1. 16 : Jb. 3. 8 : 4. 11 : 6. 29 : 10. 2 : 11. 14 : 13. 20 : 16. 3* : 20. 26 : 27. 9, 20 : 38. 18* : 40. 27 (32) : Ps. 4. 5 : 6. 2 *bis* : 18 (19). 4 : 24 (25). 2, 7, 20 : 25 (26). 9 : 26 (27). 9 *ter* : 27 (28). 1, 3 : 36 (37). 1 : 38 (39). 9, 13 : 50 (51). 13 : 61 (62). 11 : 71 (72). 7 : 76 (77). 10* : 82 (83). 2 : 93 (94). 20* : 108 (109). 1 : 118 (119). 10, 121 : 120 (121). 3 : 131 (132). 10 : 140 (141). 8 : Pr. 3. 1, 30 : 5. 7, 16 : 6. 25, 27* : 14. 4 : 19. 18 : 23. 4 : 24. 17, 19, 28 : 25. 6 : 30. 7 : Is. 28. 22, 24* : 40. 19* : 41. 14 : 57. 6* : 62. 6 : 64. 9 (8) : Je. 2. 2 : 7. 16 : 8. 18 : 9. 11 (10) : 13. 23* : 14. 21, 22* : 15. 12* : 18. 23 *bis* : 19. 11 : 27 (34). 17 : 31 (38). 36 : 32 (39). 40 : 34 (41). 9 : 36 (43). 19 : 37 (44). 9, 20 : 38 (45). 24 : 40 (47). 9 : 44 (51). 22 : 49. 7 (29. 8)* : 51 (28). 29, 37 : Ez. 13. 22 : 17. 14, 15* : 18. 18 : 20. 9 : Ho. 4. 15 : Mi. 1. 10 : 2. 6 : Ma. 2. 13 : 3. 8*.]

[**Sm.** Ge. 18. 25 : 45. 24 : 50. 19* : Ex. 21. 8 : 23. 21 : 28. 28 : Jo. 10. 19 : Jd. 16. 7 : I Ki. 10. 11* : 15. 22* : 18. 23*, 26 : 22. 15 : 25. 25, 33 : II Ki. 2. 20* : Jb. 3. 4, 9 : 6. 5*, 6 : 7. 6 : 8. 3* : 10. 2 : 11. 2*, 14 : 13. 10* : 15. 8* : 21. 22* : 22. 3* : 23. 6 : 25. 3* : 26. 5* : 27. 9, 20 : 36. 20 : 38. 4*, 18* : 39. 35 (40. 5) : 40. 24 (29)*, 26 (31)* : Ps. 4. 5 : 6. 2 : 14 (15). 4 : 24 (25). 7 : 25 (26). 9 : 26 (27). 9 *bis*, 12 : 27 (28). 1 *bis*, 3 : 29 (30). 4, 10* : 34 (35). 8 (ὃ μὴ οἶδεν), 22, 25 : 36 (37). 1 : 38 (39). 2, 3, 9, 13, 14 : 43 (44). 24 : 50 (51). 13 : 58 (59). 5 : 61 (62). 11 *bis* : 62 (63). 2 : 65 (66). 7, 9, 18 : 68 (69). 7 *bis*, 26 : 70 (71). 9 : 72 (73). 22 : 73 (74). 23 : 74 (75). 5 *bis*, 6 : 77 (78). 38 : 80 (81). 10 : 82 (83). 2, 5 : 87 (88). 9 : 93 (94). 20* : 108 (109). 1 : 118 (119). 136 : 120 (121). 3 : 131 (132). 10 : 137 (138). 8 : 139 (140). 9 *bis* : 140 (141). 4, 8 : Pr. 1. 8 : 3. 1, 5, 11 *bis* : 4. 12, 21 : 6. 25, 27* : 14. 4 : 22. 22, 24 : 23. 10 : 24. 15, 17, 19, 28 : 25. 6, 8 : 26. 20 : 30. 7, 10 : Ec. 1. 15 : 5. 1 : 7. 15 (14) : 8. 3 *bis*, 11 : 10. 4, 20 : 11. 5 (ἐπεὶ μὴ οἶδας), 6, 8 : Is. 2. 9 : 5. 8 : 8. 11 : 16. 3 : 28. 20, 24* : 30. 10 : 33. 1, 21 (ὅπου μή) : 38. 17 : 40. 28* : 41. 14 : 43. 18 : 49. 24* : 54. 9 *bis* : 57. 1, 6* : 62. 6 : 64. 12 (11)* : 66. 9* : Je. 6. 14 : 7. 6 : 14. 21 *bis* : 15. 12* : 20. 9 : 22. 15* : 27 (34). 17 : 34 (41). 9 : 35 (42). 13 : 37 (44). 9, 20 : 40 (47). 9 : 44 (51). 4 (μὴ δή) : 49. 11 (29. 13) : 50 (27). 33 : 51 (28). 6 : La. 3. 49 : Ez. 3. 18, 20 (ἐπειδὴ μὴ προεφύλαξας) : 13. 7, 22 : 18. 18 : 20. 39 : 22. 14*, 24 : 26. 18 : Da. 4. 16 : Ho. 4. 15 : 7. 16 : Mi. 1. 10 : 2. 6 : Ma. 2. 13 : 3. 8*.]

[**Th.** Ge. 4. 7 : 49. 4 : Jo. 10. 19 : Jd. 11. 25* : 16. 7 : 19. 20 : I Ki. 23. 12* : 25. 33 : II Ki. 1. 21 : 14. 13 : Jb. 3. 16 : 11. 14 : 13. 20 : 20. 4*, 26 : 22. 4*, 15* : 26. 5* : 27. 9, 20 : 36. 20 : 38. 18* : 39. 11, 32* : 40. 23 (28)* : Ps. 36 (37). 1 : 38 (39). 2, 13 : 50 (51). 13 : 61 (62). 11 : 108 (109). 1 : 120 (121). 3 : 131 (132). 10 : 140 (141). 8 : Pr. 3. 1, 5, 11 : 4. 21 : 5. 23 : 6. 25, 27* : 7. 25 : 15. 22 : 17. 12 : 20. 19 : 23. 23 : 24. 17, 19, 28 : 25. 6 : 30. 7, 10 : Is. 5. 8 : 7. 13* : 10. 4 : 16. 3 : 28. 20, 22, 24* : 30. 6 : 41. 14 : 44. 8 : 49. 15 : 54. 9 *ter* : 57. 1, 6* : 58. 13 : 62. 6, 7 : Je. 2. 2 : 14. 19* : 19. 11 : 27 (34). 17, 18 : 29 (36). 16 : 30 (37). 10 : 33 (40). 20, 21, 24, 26 : 39 (46). 12 : 44 (51). 22 : 51 (28). 37 : Ez. 17. 14, 15* : 18. 18 : 22. 14* : 24. 14 : Da. 4. 16† : Ho. 4. 15 : Ma. 2. 13.]

[**Al.** Ge. 45. 24 : Le. 19. 31 : 25. 14 : 26. 13 : Nu. 12. 12 : 14. 9 : 16. 15 : 22. 30* : 27. 8 : Dt. 2. 5 : I Ki. 9. 20 : 22. 15 : II Ki. 3. 33* : I Ch. 4. 10 : Ps. 9. 20 : 139 (140). 9 : 140 (141). 4 : 142 (143). 7 : Pr. 1. 15 : 3. 11 : 22. 24 : 24. 21 : Ca. 2. 7 : Je. 10. 1 : 12. 9*.]

[**Sam.** Ge. 50. 19.]

[**Heb.** Ge. 17. 14 : 49. 5 *bis*.]

[**Quint.** Ps. 26 (27). 9 : 36 (37). 1 : 38 (39). 9 : 55 (56). 8 : 93 (94). 20* : 137 (138). 8 : Ho. 4. 15.]

μὴ οὐ, μὴ οὐχί.

Nu. 11. 23.
Jd. 6. 13† : 9. 38† : 10. 11† : 14. 3 : 15. 2†.
I Ki. 6. 3 : 20. 3.
IV Ki. 19. 25† : 20. 19†.
Jb. 22. 12†.
Ec. 6. 6.
Si. 7. 6.
Am. 2. 11.
Is. 50. 2 : 59. 1.
Je. 23. 24.
I Ma. 3. 30.

[**Aq.** IV Ki. 19. 25 : Ps. 13 (14). 4.]

[**Sm.** Dt. 32. 34 : Jd. 10. 11 : Jb. 13. 11 : Ps. 13 (14). 4 : 55 (56). 9 : Is. 7. 13 : Je. 22. 15 : Am. 9. 7.]

μή ποτε. * μή ποτε οὐ ** *interrog.*

Ge. 3. 22 : 19. 17, 19† : 20. 2 : 24. 5*, 39 (*ind. fut.*†)* : 26. 7, 9 : 27. 12, 45 : 31. 24, 29, 31 : 32. 11 (12) : 38. 11, 23 : 42. 4 : 43. 12 : 47. 18** : 50. 15.
Ex. 1. 10 : 5. 3 (*ind. fut.*†) : 13. 17 : 19. 21, 22, 24 : 20. 19† : 32. 12 : 34. 12, 12†, 15.
Nu. 16. 34.
De. 9. 28†.
Jo. 6. 17 (18).
Jd. 3. 24** : 7. 2 : 9. 54 : 14. 15 : 15. 12 : 18. 25.
Ru. 4. 6.
I Ki. 4. 9† : 23. 22.
II Ki. 1. 20 *bis* : 17. 16 : 20. 6.
III Ki. 18. 27 *bis*.
IV Ki. 2. 16.
II Es. 4. 22 : 6. 8 : 7. 23.
Ne. 6. 3.
To. 2. 13† : 3. 10† : 8. 10**† : 10. 2** *bis*.
Ju. 5. 21.
Jb. 1. 5.
Ps. 2. 12 : 7. 2 : 12 (13). 3, 4 : 27 (28). 1 : 37 (38). 16 : 49 (50). 22 : 58 (59). 11 : 78 (79). 10 : 90 (91). 12 : 113. 10 (115. 2) : 139 (140). 8.
Pr. 22. 25 : 23. 9 : 24. 33 (30. 10) : 25. 16, 17 (*ind. fut.*†).
Ec. 7. 17 (16).
Ca. 1. 7.
Si. 7. 6 : 8. 1, 2 : 9. 3, 4, 5, 9 : 11. 33 : 12. 12 : 19. 7†, 13*, 13*†, 14*† : 23. 14 : 30. 12 (*ind. fut.*†) : 34 (31). 17 : 37. 8. : 42. 9 *bis*, 10 *ter*, 11.
Is. 6. 10 : 8. 12†.
Je. 47 (40). 15†.
Ep. Je. 27† *ter*.
Da. TH. 1. 10.
I Ma. 4. 45, 60 (*ind. fut.*†) : 12. 40 *bis* : 13. 17.
II Ma. 3. 32 : 14. 22.
III Ma. 3. 24 : 7. 4†.
IV Ma. 4. 13.

[**Aq.** Ex. 19. 22 : I Ki. 20. 3 : Ps. 2. 11 : 27 (28). 1 : 90 (91). 12 : Je. 1. 17 : 51 (28). 6 : Ho. 7. 2.]

[**Sm.** Ps. 2. 11 : 58 (59). 12 : 139 (140). 11 : Pr. 5. 9 : Je. 1. 17 : 6. 8.]

[**Th.** Je. 1. 17.]

[**Al.** Dt. 7. 25 : Ps. 139 (140). 9, 11.]

μή πως.

Si. 28. 26 (*ind.*†).

[**Sm.** Is. 6. 10.]

μή τις, μή τι. * μή τι οὐ.

Ge. 18. 30, 32 : 20. 9.
De. 29. 18 (17) *bis*.
II Es. 7. 23†.
Jb. 6. 22 : 25. 3.
Pr. 3. 30.
Ma. 3. 8†.
Da. LXX. Bel 15.

[**Aq.** Ex. 2. 14 : Jd. 4. 14* : Jb. 4. 2 : 7. 1* : 10. 3 : 11. 7 : 14. 14 : 15. 2, 8 : 23. 6 : 26. 5 : 38. 28 : 40. 26 (31) : Pr. 14. 22* : 24. 12* : Is. 7. 13 : 66. 8, 9 : Ez. 13. 7, 12* : Am. 9. 7* *bis* : Mi. 2. 7* : Za. 3. 2*.]

[**Sm.** Ex. 2. 14 : Jb. 6. 6 : 40. 3 (8) : Am. 9. 7*.]

[**Th.** Jb. 14. 14.]

[**Al.** I Ki. 22. 7 : Jb. 10. 3 : 13. 9.]

μηά (?). **(1)** מֵאָה

Ne. 12. 39. **S**² ἀπὸ πύργου τοῦ μ. (1)

μηδαμόθεν.

Wi. 17. 10. τὸν μηδαμόθεν φευκτὸν ἀέρα προσιδεῖν ἀρνούμενοι

μηδαμῶς. **(1)** אֲהָהּ **(2)** *a.* אַל *b.* אַל־נָא **(3)** אָנָּה **(4)** *a.* חָלִילָה חָלִלָה *b.* חָלִלָה מ׳ (חָלִילָה)

Ge. 18. 25. μ. σὺ ποιήσεις ὡς τὸ ῥῆμα τοῦτο (4 *b*)
— 25. καὶ ἔσται ὁ δίκαιος ὡς ὁ ἀσεβὴς μ. (4 *a*)
Ge. 19. 7. μ., ἀδελφοί, μὴ πονηρεύσησθε (2 *b*)
Jd. 19. 23. **A** μ. [**B** μή], ἀδελφοί, μὴ κακοποιήσητε (2 *a*)
I Ki. 2. 30. μ. ἐμοί (4 *a*)
12. 23. **B** καὶ ἐμοὶ μ. τοῦ ἁμαρτεῖν τῷ κ. (4 *b*)
20. 2, 9. μ. σοι [**A** σύ] (4 *a*)
22. 15. μ. μὴ δότω ὁ βασ. (4 *a*)
24. 7. μ. μοι παρὰ κυρίου [**A** -ῳ] (4 *a*)
26. 11. μ. μοι [**A** *om.*] παρὰ κυρίου (4 *a*)
To. 10. 10. **S** εἶπεν αὐτῷ, Μ.
Ju. 8. 14. μ., ἀδελφοί, μὴ παροργίζετε
Jn. 1. 14. ἀνεβόησαν . . . καὶ εἶπαν, Μ., κύριε (3)
Ez. 4. 14. εἶπα, Μ., κύριε (1)
20. 49 (21. 5). μ., κύριε (1)
Da. LXX. Bel 6. μ. μηδείς σε παραλογιζέσθω
II Ma. 7. 25. τοῦ δὲ νεανίου μ. προσέχοντος
15. 2. μ. οὕτως ἀγρίως . . . ἀπολέσῃς
— 36. μ. ἐᾶσαι ἀπαρασήμαντον τήνδε τὴν ἡμέραν

[**Sm.** Ge. 3. 23 (22) : Ez. 4. 14.]

[**Th.** I Ki. 1. 15.]

μηδέ.

Ge. 19. 17 : 21. 23 *bis* : 22. 12 : 31. 52† : 45. 5.
Ex. 4. 1, 8, 9 : 34. 3†.
Le. 25. 20 : 26. 14.
De. 1. 21, 29 : 2. 19† : 20. 3 *bis* : 22. 2 : 31. 6 *bis*, 8.
Jo. 1. 9 : 6. 9 (10)† : 8. 1 : 10. 25 : 22. 19†.
I Ki. 16. 7.
II Ki. 1. 21† : 17. 13.
III Ki. 8. 57.
I Ch. 22. 13 : 28. 20.
II Ch. 20. 15, 17 : 32. 7†.
I Es. 8. 22.
Ne. 8. 9.
To. 3. 9†.
Es. 1. 19 : 4. 16.
Jb. 3. 4, 6, 7, 9† : 16. 19 (18) : 20. 17 : 40. 3 (8)†.
Ps. 6. 1 : 7. 2 : 24 (25). 2 : 34 (35). 25 : 36 (37). 1 : 37 (38). 1 : 68 (69). 15 *bis* : 82 (83). 1 : 108 (109). 12 : 120 (121). 3.
Pr. 1. 10 : 3. 11, 31 : 4. 5, 6† *bis*, 14, 27 : 5. 20 : 6. 4, 7 *bis*, 25 *bis* : 9. 18 : 23. 6, 7, 20 : 24. 1, 15, 19, 43 (28) : 25. 6.
Ec. 7. 17 (16)†.
Wi. 1. 12 : 2. 10 : 3. 14 : 4. 15 : 10. 8 : 13. 18.
Si. 7. 4, 12, 18, 20 : 9. 1 : 16. 1† : 17. 28 : 18. 32† : 25. 25.
Ho. 9. 1.
Mi. 2. 6 : 5. 7 (6).
Ob. 1. 13 *bis*, 13†, 14 *bis*.
Jn. 3. 7 *bis*.
Ze. 3. 6.
Za. 9. 8 : 14. 18.
Is. 1. 20 : 7. 4 : 28. 22 : 44. 8† : 54. 4, 9.
Je. 1. 17 : 22. 10 : 26 (46). 27.
Ez. 2. 6 : 3. 9 : 26. 20.
Da. LXX. Su. 9 : 3. 28 (95) : 6. 12 (13) *bis* : Bel 30.
Da. TH. Su. 9 : 3. 28 (95)†.
II Ma. 8. 16 : 9. 12, 15 : 13. 7.
III Ma. 1. 11 *bis* : 2. 17 *bis*, 22 : 4. 11, 11† : 7. 11.
IV Ma. 2. 13† : 6. 24, 35† : 8. 24 : 9. 23 : 13. 18.

[**Aq.** Pr. 4. 14 : Is. 62. 7 : Je. 7. 16 *bis*.]

[**Sm.** Jb. 3. 6 : 35. 15 : Ps. 24 (25). 2 : 26 (27). 9 : 68 (69). 16 : 80 (81). 10 : 140 (141). 4 : Ec. 7. 22 (21) : Is. 54. 9 : 62. 7 : Je. 7. 16 : Ez. 3. 9, 18.]

[**Th.** Pr. 4. 14 : Is. 44. 8 : 58. 13 *bis* : 62. 7 : Je. 30 (37). 10.]

[**Al.** Pr. 3. 31 : 6. 25 : Ca. 2. 7.]

μηδέποτε.

Si. 19. 7†.
III Ma. 3. 16 : 7. 4†, 11.

μηδείς, μηθείς. **(1)** אָוֶן **(2)** *a.* אַיִן *b.* אַיִן c. ptcp. **(3)** אִישׁ c. neg. **(4)** אַל **(5)** דָּבָר **(6)** כֹּל c. neg. **(7)** לֹא **(8)** מְאוּמָה **(9)** מְעַט **(10)** τὰ μηδὲν ὄντα תֹּהוּ **(11)** μηδὲν πιστόν תַּהְפֻּכוֹת

Ge. 19. 8. **A** μὴ ποιήσητε μηδὲν [**R** *om.*] ἄδικον (5)
22. 12. μηδὲ ποιήσῃς αὐτῷ μηδέν (8)
Ex. 16. 19. μ. καταλειπέτω ἀπ' αὐτοῦ εἰς τὸ πρωΐ (3)

Ex. 16. 29. μ. ἐκπορευέσθω [A μ. ὑμῶν ἐκπ. ἕκαστος] (3)
22. 10 (9). ἐὰν . . . μ. γνῷ (2 b)
34. 3. καὶ μ. ἀναβήτω μετὰ σοῦ (3)
— 3. μηδὲ [A καὶ μηδεὶς] ὀφθήτω (3)
Nu. 16. 40 (17. 5). ὅπως ἂν μὴ προσέλθῃ μ. ἀλλογενὴς (3)
De. 28. 55. A διὰ τὸ μὴ καταλελεῖφθαι αὐτῷ μηθέν [B οὐδέν] (6)
Jo. 6. 9 (10). μηδὲ ἀκουσάτω μηθεὶς ὑμῶν τὴν φωνήν -
I Ki. 12. 21. B μὴ παραβῆτε ὀπίσω τῶν μηθὲν ὄντων (10)
21. 2 (3). μηδεὶς γνώτω [A μὴ γν. μ.] τὸ ῥῆμα (3)
III Ki. 18. 40. μηθεὶς σωθήτω ἐξ αὐτῶν (3)
IV Ki. 10. 21. B μηδεὶς ἀπολειπέσθω -
I Es. 2. 28. B ὅπως μηθὲν [AR μηδὲν] παρὰ ταῦτα γένηται
8. 7. εἰς τὸ μηδὲν παραλείπειν τῶν ἐκ τοῦ νόμου
— 22. ὅπως . . . μ. φορολογία . . . γίνηται
— 22. μηδένα ἔχειν ἐξουσίαν ἐπιβαλεῖν τι τούτοις
To. 4. 15. AB ὃ μισεῖς μηδενὶ ποιήσῃς
6. 15. τοῦ δαιμονίου μηδένα λόγον ἔχε [S al.]
8. 12. ἵνα . . . μηδεὶς γνῷ [A S al.]
11. 16. S καὶ ὑπὸ μηδενὸς χειραγωγούμενον
14. 4. S[1] οὐ μηθὲν [S[2] οὐ μὴ οὐθὲν] ἐλαττονωθῇ
Es. 4. 1. αἴρεται ἔθνος μηδὲν ἠδικηκὸς
Jb. 12. 5. μηδεὶς [S -θεὶς] πεποιθέτω πονηρὸς ὢν ἀθῷος ἔσεσθαι -
39. 34 (40. 4). A μηδὲν ὢν ἐγὼ [BS al.] -
Ps. 55 (56). 7. ὑπὲρ τοῦ μηθενὸς σώσεις αὐτούς (1)
80 (81). 14. ἐν τῷ μηδενὶ ἂν τοὺς ἐχθροὺς αὐτῶν ἐταπείνωσα (9)
Pr. 2. 12. ἀπὸ ἀνδρὸς λαλοῦντος μηδὲν πιστόν (11)
5. 17. μηδεὶς ἀλλότριος μετασχέτω σοι (2 a)
13. 7. εἰσὶν οἱ πλουτίζοντες ἑαυτοὺς μηδὲν ἔχοντες (6)
23. 9. εἰς ὦτα ἄφρονος μηδὲν λέγε (4)
24. 23 (29. 27). μηδὲν ψεῦδος ἀπὸ γλώσσης βασιλεῖ λεγέσθω -
28. 1. φεύγει ἀσεβὴς μηδενὸς διώκοντος (2 b)
Ec. 7. 15 (14). AS ἵνα μὴ εὕρῃ ἄνθρωπος ὀπίσω αὐτοῦ μηδέν [B οὐδέν] (8)
Wi. 2. 9. μηδεὶς ἡμῶν ἄμοιρος ἔστω τῆς ἡμετέρας ἀγερωχίας
17. 9. εἰ μηδὲν αὐτοὺς ταραχῶδες [S[2] τερατῶδες] ἐφόβει
Si. 4. 25. S[2] μὴ ἀντίλεγε τῇ ἀληθείᾳ κατὰ μηδέν [ABS[1] om. κατὰ μ.]
10. 6. μὴ πράσσε μηδὲν ἐν ἔργοις ὕβρεως
11. 28. πρὸ τελευτῆς μὴ μακάριζε μηδένα
30. 38 (33. 29). ἄνευ κρίσεως μὴ ποιήσῃς μηδέν
35 (32). 19. ἄνευ βουλῆς μηθὲν [A μηδὲν] ποιήσῃς
Ho. 4. 4. ὅπως μ. μήτε δικάζηται μήτε ἐλέγχῃ μ. (3, 3)
Mi. 5. 7 (6). ὅπως μὴ συναχθῇ μηδεὶς (3 ?)
Jn. 3. 7. BS μὴ γευσάσθωσαν μηδὲν [A -θέν, R om.] μηδὲ νεμέσθωσαν [S[1] add. μηδὲν] (8, -)
Ze. 3. 6. παρὰ [A S[3] διὰ] τὸ μηδένα ὑπάρχειν (3)
Is. 36. 21. διὰ τὸ προστάξαι τὸν βασιλέα μηδένα [S[1] -ἐν] ἀποκριθῆναι (7)
Je. 47 (40). 15. μ. γνώτω (3)
51 (44). 7. πρὸς τὸ μὴ καταλειφθῆναι ὑμῶν μηδένα †
Ba. 4. 12. μ. ἐπιχαιρέτω μοι τῇ χήρᾳ
Da. LXX. 2. 35. ὥστε μηδὲν καταλειφθῆναι ἐξ αὐτῶν (6 ?)
Bel 6. μηδείς σε παραλογιζέσθω
Da. TH. Su. 43. ἀποθνήσκω μὴ ποιήσασα μηδὲν
I Ma. 10. 63. τοῦ μηδένα ἐντυγχάνειν . . . περὶ μ. πράγματος καὶ μηδεὶς αὐτῷ παρενοχλείτω
II Ma. 12. 3. ὡς μηδεμιᾶς ἐνεστώσης πρὸς αὐτοὺς δυσμενείας
— 4. καὶ μηδὲν ὕποπτον ἐχόντων
14. 28. μηδὲν τἀνδρὸς ἠδικηκότος
III Ma. 2. 28. μηδένα . . . εἰς τὰ ἱερὰ αὐ. εἰσιέναι
3. 9. R παροραθήσεται . . . μηδὲν ἠγνοηκὼς [A al.]
4. 13. μὴ λειπομένοις κατὰ μ. τρόπον τῆς ἐκείνων τιμωρίας
7. 8. μηθενὸς αὐτοὺς τὸ σύνολον καταβλάπτοντος
— 21. ὑπὸ μηδενὸς διασεισθέντες τῶν ὑπαρχόντων
IV Ma. 4. 24. κατὰ μηδ. τρόπον ἴσχυε καταλῦσαι
6. 35. S καὶ μηδὲν [AR μηδὲ] αὐταῖς ὑπείκειν
9. 12. μηδὲν ἀνύοντες
10. 7. κατὰ μηδένα τρόπον ἰσχύοντες αὐτὸν ἄγξαι
[Sm. Jd. 18. 7 bis: IV Ki. 23. 10: Ca. 8. 1: Je. 38 (45). 24: Ez. 13. 3: 33. 28.]
[Aq. Je. 39 (46). 12.]

μηδέποτε, *vid. sub* **μηδέ**.

μηδέτερος, μηθέτερος.

Pr. 24. 21. μηθετέρῳ [A μηδ.] αὐτῶν ἀπειθήσῃς †

μηελωείμ.

[Heb. Ps. 8. 6.]

μηήν.

[Heb. Ma. 2. 13.]

μηθείς, *vid.* **μηδείς**.

μηθέτερος, *vid.* **μηδέτερος**.

μηκέτι. (1) *a.* אַל *b.* עוֹד...אַל (2) לֹא (3) מִן

Ex. 36. 6. ἀνὴρ καὶ γυνὴ μ. ἐργαζέσθωσαν (1 b)
Jo. 22. 33. εἶπαν μ. ἀναβῆναι πρὸς αὐτούς (2)
II Ch. 16. 5. τοῦ μ. οἰκοδομεῖν τὴν Ῥ. (3)
To. 3. 10. S ὅπως . . . μ. ὀνειδισμοὺς ἀκούσω
— 13. μὴ ἀκοῦσαί με μ. ὀνειδισμόν
— 15. R μ. ἐλεῆσαί με [ABS al.]
5. 9. S οἱ μ. θεωροῦντες τὸ φῶς
6. 7. R μ. [A οὐκέτι οὐ μή, B οὐ μ.] ὀχληθῇ [S al.]
14. 10. μ. αὐλισθῆτε εἰς Νινευὴ [S al.]
Jb. 40. 27 (32). AS[c]R καὶ μ. γινέσθω (1 a)
Si. 21. 1. τέκνον, ἥμαρτες μὴ προσθῇς μ.
I Ma. 13. 39. μ. τελωνείσθω
II Ma. 4. 14. ὥστε μ. . . προθύμους εἶναι τοὺς ἱερεῖς
10. 4. μ. περιπεσεῖν τοιούτοις κακοῖς
III Ma. 4. 17. μ. ἰσχύειν τὴν τῶν Ἰ. ἀπογραφὴν ποιεῖσθαι
[Sm. Ez. 32. 13.]

μῆκος. (1) *a.* אֹרֶךְ *b.* אֲרוּכָה

Ge. 6. 15. τριακοσίων πήχεων τὸ μῆκος (1 a)
12. 6. R διώδευσεν . . . τὴν γῆν [A om. τ. γ.] εἰς τὸ μ. αὐτῆς -
13. 17. διόδευσον τὴν γῆν εἴς τε τὸ μῆκος αὐ. (1 a)
Ex. 25. 9 (10), 16 (17). δύο πήχεων καὶ ἡμίσους τὸ μ. (1 a)
— 22 (23). ποιήσεις τράπεζαν . . . δύο πήχεων τὸ μ. (1 a)
26. 2. μ. τῆς αὐλαίας . . . ὀκτὼ . . . πήχεων (1 a)
— 8. τὸ μ. τῆς δέρρεως . . . τριάκοντα πήχεων (1 a)
— 13. B ἐκ τοῦ μ. τῶν δέρρεων (1 a)
27. 1. πέντε πήχεων τὸ [A om.] μ. (1 a)
— 9. μ. ἑκατὸν πήχεων τῷ ἑνὶ κλίτει (1 a)
— 11. ἱστία ἑκατὸν πήχεων μ. (1 a)
— 18. τὸ δὲ μ. τῆς ἄλλης ἑκατὸν ἐφ' ἑκατόν (1 a)
28. 16. διπλοῦν σπιθαμῆς τὸ μ. αὐτοῦ [A om.] (1 a)
30. 2. ποιήσεις αὐτὸ πήχεως τὸ μ. (1 a)
36. 16 (39. 9). σπιθαμῆς τὸ μ. [A add. αὐτοῦ] (1 a)
37. 2 (36. 9). εἴκοσι πήχεων μ. τῆς αὐλαίας (1 a)
— 16 (38. 18). εἴκοσι πήχεων τὸ μ. (1 a)
38 (37). 1. A δύο πήχεων καὶ ἡμίσους τὸ μ. αὐ. (1 a)
De. 3. 11. ἐννέα πήχεων τὸ μ. αὐτῆς (1 a)
Jd. 3. 16. σπιθαμῆς τὸ μ. αὐτῆς [A om.] (1 a)
III Ki. 6. 2. B[1] τεσσαράκοντα [B[2] add. πήχεις] μῆκος αὐ. [A al.] (1 a)
— 3. εἴκοσιν ἐν πήχει μῆκος αὐ. (1 a)
— 20. εἴκοσι πήχεις μῆκος (1 a)
7. 27. πέντε πήχεις μῆκος τῆς μεχ. τῆς μιᾶς (1 a)
— 2. ἑκατὸν πήχεις [A add. τὸ] μῆκος αὐ. (1 a)
— 6. τὸ αἰλὰμ τῶν στύλων πεντήκ. μῆκος [A al.] (1 a)
II Ch. 3. 3. μῆκος πήχεων ἡ διαμέτρησις ἡ πρώτη (1 a)
— 4. μῆκος . . . πήχεων εἴκοσι (1 a)
— 8. μῆκος αὐτοῦ ἐπὶ πρόσωπον (1 a)
— 8. καὶ τὸ μ. [A εὖρος] πήχεων εἴκοσι †
— 11. τὸ μ. πήχεων εἴκοσι (1 a)
4. 1. εἴκοσι πήχεων μῆκος (1 a)
6. 13. πέντε πήχεων τὸ μ. αὐτῆς (1 a)
24. 13. ἀνέβη μῆκος τῶν ἔργων (1 b)
Ju. 1. 2. εἰς μῆκος πηχῶν ἕξ
— 2. A ἐποίησε τὸ μ. [BS ὕψος] τοῦ τείχους
7. 3. παρέτειναν . . . εἰς μῆκος
Pr. 3. 2. μῆκος γὰρ βίου . . . προσθήσουσί σοι (1 a)
— 16. μῆκος γὰρ βίου . . . ἐν τῇ δεξιᾷ αὐ. (1 a)
16. 17. μῆκος δὲ βίου ὁδοὶ δικαιοσύνης -
Za. 2. 2 (6). τοῦ ἰδεῖν . . . πηλίκον τὸ μῆκος (1 a)
5. 2. ὁρῶ δρέπανον . . . μήκους [A μῆκος] πήχεων εἴκοσι (1 a)
Je. 52. 22. πέντε πήχεων τὸ μ. †
Ez. 40. 7. τὸ θεὲ ἴσον τῷ καλάμῳ τὸ μ. (1 a)
Ez. 40. 7. B καὶ ἴσον τῷ καλάμῳ μ. -
— 8. τὸ θεὲ τὸ τρίτον ἴσον τῷ καλάμῳ μ. [A τὸ μ.] -
— 18. κατὰ τὸ μ. τῶν πυλῶν τὸ περίστυλον (1 a)
— 20. διεμέτρησεν αὐτὴν τό τε μ. αὐτῆς (1 a)
— 21, 25. πηχῶν πεντήκοντα τὸ μ. αὐτῆς (1 a)
— 30 (29). πήχεις πεντήκοντα τὸ μ. αὐτῆς (1 a)
— 30. αἰλαμμὼθ κύκλῳ μ. πέντε καὶ εἴκοσι πήχεων (1 a)
— 33. πήχεις πεντήκοντα μ. αὐτῆς (1 a)
— 36. πήχεις πεντήκοντα [A add. τὸ] μ. αὐτῆς (1 a)
— 42. πήχεων δύο ἡμίσους τὸ μ. (1 a)
— 47. διεμέτρησε τὴν αὐλὴν μ. πήχεων ἑκατόν (1 a)
— 49. τὸ μ. τοῦ αἰλὰμ πηχῶν εἴκοσι (1 a)
41. 2. διεμέτρησε τὸ μ. αὐ. πηχῶν [A -χεις] τεσσαράκοντα (1 a)
— 4. διεμέτρησε τὸ μ. τῶν θυρῶν πηχῶν τεσσαράκοντα [A al.] (1 a)
— 12. μ. αὐτοῦ πήχεων ἐνενήκοντα (1 a)
— 13. διεμέτρησε κατέναντι τοῦ οἴκου μ. πηχῶν ἑκατὸν . . . οἱ τοῖχοι αὐτῶν μ. πηχῶν ἑκατόν (1 a, 1 a)
— 15. διεμέτρησε μ. [A τὸν τοῖχον] τοῦ διορίζοντος . . . τὰ ἀπόλοιπα ἔνθεν καὶ ἔνθεν πηχῶν ἑκατὸν τὸ μ. (1 a, -)
— 22. τὸ μ. πηχῶν δύο (1 a)
42. 2. ἐπὶ πήχεις ἑκατὸν μ. πρὸς βορρᾶν (1 a)
— 4. ἐπὶ πήχεις ἑκατὸν τὸ μ. †
— 7. μ. πήχεων πεντήκοντα (1 a)
— 8. τὸ μ. τῶν ἐξεδρῶν . . . ἦν πηχῶν πεντήκοντα (1 a)
— 11. κατὰ τὸ μ. αὐτῶν καὶ κατὰ τὸ εὖρος αὐτῶν (1 a)
43. 16. τὸ ἀριὴλ πηχῶν δώδεκα μήκους (1 a)
— 17. τὸ ἱλαστήριον πηχῶν δέκα τεσσάρων τὸ μ. (1 a)
45. 1. ἀφοριεῖτε ἀπαρχὴν . . . πέντε καὶ εἴκοσι χιλιάδας μ. (1 a)
— 3. διαμετρήσεις μ. πέντε καὶ εἴκοσι χιλιάδας (1 a)
— 5. εἴκοσι καὶ πέντε χιλιάδας μ. (1 a)
— 6. μ. πέντε καὶ εἴκοσι χιλιάδας (1 a)
— 7. τὸ μ. ὡς μία τῶν μερίδων . . . καὶ τὸ μ. ἐπὶ τὰ ὅρια τὰ πρὸς ἀνατολὰς τῆς γῆς (1 a, -)
46. 22. αὐλὴ μικρὰ μήκους πηχῶν τεσσαράκοντα (1 a)
48. 8. μ. καθὼς μία τῶν μερίδων (1 a)
— 9. μ. [A om.] πέντε καὶ εἴκοσι χιλιάδες (1 a)
— 10. A πρὸς νότον μ. [B om.] εἴκοσι καὶ πέντε χιλιάδες (1 a)
— 13. μ. πέντε καὶ εἴκοσι χιλιάδες . . . πᾶν τὸ μ. πέντε καὶ εἴκοσι χιλιάδες (1 a, 1 a)
— 18. τὸ περισσὸν τοῦ μ. τὸ ἐχόμενον τῶν ἀπαρχῶν τῶν ἁγίων (1 a)
— 21. ἐπὶ πέντε καὶ εἴκοσι χιλιάδας μ. †
Da. LXX. 4. 9. οἱ κλάδοι αὐ. τῷ μ. ὡς σταδίων τριάκοντα -
9. 27. ἀνοικοδομηθήσεται εἰς πλάτος καὶ μῆκος -
[Aq. III Ki. 6. 20: Ez. 42. 20.]
[Sm. I Ki. 28. 20: III Ki. 6. 20: Ps. 22 (23). 6.]
[Th. Ex. 37 (38). 1: 37. 10 (38. 11): III Ki. 6. 20.]
[Heb. Ez. 32. 23.]

μηκύνειν. (1) גָּדַל pi. (2) מָשַׁךְ ni.

Is. 44. 14. ὑετὸς ἐμήκυνεν (1)
Ez. 12. 25. οὐ μὴ μηκύνῳ ἔτι (2)
— 28. οὐ μὴ μηκύνωσιν οὐκέτι πάντες οἱ λόγοι μου (2)
[Aq. Ps. 128 (129). 3: Is. 57. 4.]
[Sm. Is. 57. 4.]

μηλέα.

[Sm. Ca. 8. 5.]

μῆλον. (1) רַקָּה (2) תַּפּוּחַ (3) **μῆλα μανδραγορῶν** (-ου) דּוּדָאִים

Ge. 30. 14. R εὗρε μῆλα μανδραγορῶν [A -ου] (3)
Pr. 25. 11. μῆλον χρυσοῦν ἐν ὁρμίσκῳ σαρδίου (2)
Ca. 2. 3. ὡς μῆλον ἐν τοῖς ξύλοις τοῦ δρυμοῦ (2)
— 5. στοιβάσατέ με [A om.] ἐν μήλοις (2)
4. 3. ὡς λέπυρον ῥοᾶς μῆλόν σου (1)
6. 6 (7). ὡς λέπυρον τῆς ῥοᾶς μῆλόν σου (1)
7. 8 (9). ὀσμὴ ῥινός σου ὡς μῆλα (2)
8. 5. ὑπὸ μῆλον ἐξήγειρά σε (2)
Jl. 1. 12. ῥοὰ καὶ φοῖνιξ καὶ μῆλον . . . ἐξηράνθησαν (2)
[Aq. Ca. 4. 3: 8. 5.]
[Sm. Ca. 2. 5.]

μηλωτή. (1) אַדֶּרֶת
III Ki. 19. 13. ἐπεκάλυψε τὸ πρόσωπον αὐ. ἐν τῇ μ. ἑαυ. (1)
— 19. ἐπέρριψε τὴν μ. αὐ. ἐπ' αὐτόν (1)
IV Ki. 2. 8. ἔλαβεν Ἠλ. τὴν μ. αὐτοῦ (1)
— 13. ὕψωσε τὴν μ. Ἠλ. (1)
— 14. ἔλαβε τὴν μ. Ἠλ. (1)

μήν (*certe*). **εἰ μήν** *vid. sub* **εἰ** **ἦ μήν** *vid. sub* **ἦ** ***οὐ μὴν δὲ ἀλλά.**
Es. 9. 27.
Jb. 2. 5* : 5. 8* : 12. 5* : 13. 3*, 15*†: 14. 12†: 17. 10*: 21. 17* : 27. 3, 6†, 7*, 8†: 28. 13†: 32. 21 : 33. 1* : 34. 36* : 39. 22†.
Wi. 1. 8† : 6. 23.
Si. 9. 13†.
Is. 59. 6†.
III Ma. 5. 50*.
IV Ma. 15. 9*.
[**Aq.** Is. 26. 10.]
[**Sm.** Ec. 10. 3 : Mi. 3. 8.]
[**Th.** Jb. 6. 21.]

μήν (*mensis*). (1) חֹדֶשׁ (2) *a.* יֶרַח *b.* יְרַח
Ge. 7. 11. τοῦ δευτέρου μ. ἑβδόμῃ καὶ εἰκάδι τοῦ μηνός (1, 1)
8. 3 (4). ἐκάθισεν ἡ κιβωτὸς ἐν μ. τῷ ἑβδόμῳ (1)
— 3 (4). ἑβδόμῃ καὶ εἰκάδι τοῦ μ. (1)
— 4 (5). ἠλαττονοῦτο ἕως τοῦ δεκάτου μ. (1)
— 5. καὶ ἐν τῷ δεκάτῳ [**A** ἐν δὲ τῷ ἑνδεκ.] μ. –
— 5. τῇ πρώτῃ τοῦ μ. (1)
— 13. **R** ἐγένετο . . . τοῦ πρώτου μ. [**A** τοῦ μ. τοῦ πρ.] –
— 13. μιᾷ τοῦ μ. ἐξέλιπε τὸ ὕδωρ (1)
— 14. ἐν δὲ τῷ δευτέρῳ μ. [**A** τῷ μ. τῷ δ.] (1)
— 14. ἑβδόμῃ καὶ εἰκάδι τοῦ μ. (1)
29. 14. ἦν μετ' αὐτοῦ μῆνα ἡμερῶν (1)
Ex. 2. 2. ἐσκέπασαν αὐτὸ μῆνας τρεῖς (2 *a*)
12. 2. ὁ μ. οὗτος ὑμῖν ἀρχὴ μηνῶν (1, 1)
— 2. πρῶτος . . . ἐν τοῖς μ. τοῦ ἐνιαυτοῦ (1)
— 3. τῇ δεκάτῃ τοῦ μ. τούτου λαβέτωσαν (1)
— 6. τῆς τεσσαρεσκαιδεκάτης τοῦ μ. τούτου (1)
— 18. τῇ . . . ἡμέρᾳ τοῦ μ. τοῦ πρώτου (1)
— 18. ἕως ἡμέρας μιᾶς καὶ εἰκάδος τοῦ μ. (1)
13. 4. ἐκπορεύεσθε ἐν μηνὶ τῶν νέων (1)
— 5. ποιήσεις . . . ἐν τῷ μ. τούτῳ (1)
16. 1. τῇ δὲ . . . ἡμέρᾳ τῷ μ. τῷ δευτέρῳ (1)
19. 1. τοῦ δὲ μ. τοῦ τρίτου τῆς ἐξόδου (1)
23. 15. κατὰ τὸν καιρὸν τοῦ μ. τῶν νέων (1)
34. 18. εἰς τὸν καιρὸν ἐν μηνὶ τῶν νέων (1)
— 18. ἐν γὰρ [**A** *add.* τῷ] μηνὶ τῶν νέων (1)
40. 2. ἐν ἡμέρᾳ μιᾷ [**A** *om.*] τοῦ μ. τοῦ πρώτου (1)
— 17. ἐγένετο ἐν τῷ μηνὶ τῷ πρώτῳ (1)
Le. 16. 29. **B**^{2}**R** ἐν τῷ μ. τῷ ἑβδόμῳ δεκάτῃ τοῦ μ. [**A B**^{1} *om.* δ. τ. μ.] ταπεινώσετε (1, 1)
23. 5. ἐν τῷ πρώτῳ μ. ἐν τῇ τεσσαρεσκαιδεκ. ἡμ. τοῦ μ. (1, 1)
— 6. ἐν τῇ πεντεκαιδεκ. ἡμ. τοῦ μ. τούτου (1)
— 24. τοῦ μ. τοῦ ἑβδ. μιᾷ τοῦ μ. (1, 1)
— 27. τῇ δεκάτῃ τοῦ μ. τοῦ ἑβδ. τούτου (1)
— 32. ἀπὸ ἐνάτης τοῦ μ. (1)
— 34. τῇ πεντεκαιδεκ. τοῦ μ. τοῦ ἑβδ. τούτου (1)
— 39. ἐν τῇ πεντεκαιδεκ. ἡμ. τοῦ μ. τοῦ ἑβδ. τ. (1)
— 41. ἐν τῷ μ. τῷ ἑβδ. ἑορτάσετε αὐτήν (1)
25. 9. ἐν [**A** *om.*] τῷ μ. τῷ ἑβδ. τῇ δεκάτῃ τοῦ μ. (1, 1)
Nu. 1. 1, 18. ἐν μιᾷ τοῦ μ. τοῦ δευτέρου ἔτους (1)
9. 1. ἐν τῷ μ. τῷ πρώτῳ (1)
— 3. τῇ τεσσαρεσκαιδεκ. ἡμ. τοῦ μ. τοῦ πρώτου (1)
— 5. τῇ τεσσαρεσκαιδεκ. ἡμ. τοῦ μ. (1)
— 11. ἐν τῷ μ. τῷ δευτέρῳ (1)
— 22. μηνὸς ἡμέρας πλεοναζούσης τῆς νεφ. (1)
10. 11. ἐν τῷ μ. τῷ δευτέρῳ εἰκάδι τοῦ μ. (1, 1)
11. 20. ἕως μηνὸς ἡμερῶν φάγεσθε (1)
— 21. φάγονται μῆνα ἡμερῶν (1)
20. 1. ἐν τῷ μ. τῷ πρώτῳ [**B**^{1} τρίτῳ] (1)
28. 14. μῆνα ἐκ μηνὸς εἰς τοὺς μ. τοῦ ἐνιαυτοῦ (1 *ter*)
— 16. ἐν τῷ μ. τῷ πρώτῳ τεσσαρεσκαιδεκ. ἡμέρᾳ τοῦ μ. (1, 1)
— 17. **B** καὶ τῇ πεντεκαιδεκ. ἡμ. τοῦ μ. (1)
29. 1. καὶ τῷ μ. τῷ ἑβδόμῳ μιᾷ τοῦ μ. (1, 1)
— 7. τῇ δεκάτῃ τοῦ μ. τούτου (1)
— 12. τῇ πεντεκαιδεκ. ἡμ. τοῦ μ. τοῦ ἑβδ. τ. (1)
33. 3. τῷ μ. τῷ πρώτῳ τῇ πεντεκαιδεκ. ἡμ. τοῦ μ. τοῦ πρώτου (1, 1)
Nu. 33. 38. τῷ μ. τῷ πέμπτῳ μιᾷ τοῦ μ. (1, 1)
De. 1. 3. ἐν τῷ ἑνδεκ. μ. μιᾷ τοῦ μ. (1, 1)
16. 1. φύλαξαι τὸν μ. τῶν νέων (1)
— 1. ἐν τῷ μ. τῶν νέων ἐξῆλθες (1)
21. 13. κλαύσεται τὸν πατέρα . . . μηνὸς ἡμέρας (2 *a*)
33. 14. καὶ ἀπὸ συνόδων μηνῶν (2 *a*)
Jo. 4. 19. δεκάτῃ τοῦ μ. τοῦ πρώτου (1)
5. 9 (10). τῇ τεσσαρεσκαιδεκάτῃ ἡμέρᾳ τοῦ μ. (1)
Jd. 11. 37. ἔασόν με δύο μῆνας (1)
— 38. ἀπέστειλεν αὐτὴν δύο μῆνας (1)
— 39. ἐν τέλει [**A** μετὰ τέλος] τῶν δύο μηνῶν (1)
19. 2. ἦν ἐκεῖ ἡμέρας μηνῶν τεσσάρων [**A** *al.*] (1)
20. 47. ἐκάθισαν . . . τέσσαρας μ. [**A** *al.*] (1)
I Ki. 6. 1. ἦν ἡ κιβ. ἐν ἀγρῷ τῶν ἀλλοφ. ἑπτὰ μῆνας (1)
11. 1 (10. 27). ὡς μετὰ μῆνα †
20. 24. παραγίνεται ὁ μ. (1)
— 27. τῇ ἐπαύριον τοῦ μ. (1)
— 34. ἐν [**A** *add.* ἡμέρᾳ] τῇ δευτέρᾳ τοῦ μ. (1)
27. 7. ἐγενήθη ὁ ἀριθμὸς τῶν ἡμ. . . . τέσσαρας μ. (1)
II Ki. 2. 11. **AR** ἑπτὰ ἔτη καὶ μῆνας ἕξ (1)
5. 5. ἑπτὰ ἔτη καὶ μῆνας ἓξ ἐβασίλευσεν (1)
6. 11. ἐκάθισεν . . . μῆνας τρεῖς (1)
24. 8. ἀπὸ τέλους ἐννέα μηνῶν (1)
— 13. ἢ τρεῖς μῆνας φεύγειν σε (1)
III Ki. 4. 7. μῆνα ἐν τῷ [**A** *om.* ἐν τῷ] ἐνιαυτῷ ἐγίνετο (1)
— 27 (5. 7). ἕκαστος μῆνα αὐτοῦ (1)
5. 14 (28). δέκα χιλιάδες ἐν τῷ μ. (1)
— 14 (28). μῆνα ἦσαν ἐν τῷ Λιβάνῳ καὶ δύο μῆνας ἐν οἴκῳ αὐ. (1, 1)
6. 1. ἐν μ. τῷ δευτέρῳ βασιλεύοντος τοῦ βασ. (1)
— 1 (37). ἐν μηνὶ Ν. [**A** Ζ.] καὶ τῷ δευτέρῳ [**B**^{1} *om.*] μ. (2 *a*, –)
— 1 (38). ἐν μηνὶ Β. οὗτος ὁ μ. ὁ ὄγδοος (2 *a*, 1)
8. 2. ἐν μηνὶ Ἀθ. (2 *a*)
— 2. **A** αὐτὸς ὁ μ. ἑβδομηκοστὸς ἕβδομος (1)
11. 16. ἓξ μῆνας ἐνεκάθητο ἐκεῖ Ἰ. (1)
12. 32. ἐν τῷ μ. τῷ ὀγδόῳ ἐν τῇ πεντεκαιδεκάτῃ ἡμέρᾳ τοῦ μ. (1, 1)
— 33. ἐν τῷ μ. τῷ ὀγδόῳ (1)
IV Ki. 15. 13. **R** ἐβασίλευσε Σ. μῆνα ἡμερῶν [**A B** *al.*] (2 *a*)
22. 3. ἐν τῷ μ. τῷ ὀγδόῳ [**A** ἑβδόμῳ] –
23. 31. **A** τρεῖς μῆνας [**B** τρίμηνον] ἐβασίλευσεν (1)
25. 1. ἐν τῷ μ. τῷ δεκάτῳ [**A** δευτέρῳ τεσσαρεσκαιδεκάτῃ τοῦ μ.] (1, 1)
— 2 (3). ἐνάτῃ τοῦ μ. (1)
— 8. ἐν τῷ μ. τῷ πέμπτῳ ἑβδόμῃ τοῦ μ. (1, 1)
— 25. ἐν [**A** *om.*] τῷ ἑβδόμῳ μ. (1)
— 27. ἐν τῷ δωδεκάτῳ μ. ἑβδόμῃ καὶ εἰκάδι τοῦ μ. (1, 1)
I Ch. 12. 15. ἐν τῷ μ. τῷ πρώτῳ (1)
13. 14. ἐκάθισεν ἡ κιβωτὸς . . . τρεῖς μῆνας [**A** ἡμέρας] (1)
21. 12. ἢ τρεῖς μῆνας φεύγειν σε (1)
27. 1. μῆνα ἐκ μηνὸς εἰς πάντας τοὺς μ. τοῦ ἐνιαυτοῦ (1 *ter*)
— 2. ἐπὶ τῆς διαιρέσεως τῆς πρώτης τοῦ μ. τοῦ πρώτου (1)
— 3. ἄρχων πάντων τῶν ἀρχόντων . . . τοῦ μ. τοῦ πρώτου (1)
— 4. ἐπὶ τῆς διαιρέσεως τοῦ μ. τοῦ δευτ. (1)
— 5. ὁ τρίτος τὸν μ. τὸν τρίτον (1)
— 7. ὁ τέταρτος εἰς τὸν μ. τὸν τέταρτον (1)
— 8. ὁ πέμπτος τῷ μ. τῷ πέμπτῳ (1)
— 9. ὁ ἕκτος τῷ [**A** *om.*] μ. τῷ ἕκτῳ (1)
— 10. ὁ ἕβδομος τῷ μ. τῷ ἑβδόμῳ (1)
— 11. ὁ ὄγδοος τῷ μ. τῷ ὀγδόῳ (1)
— 12. ὁ ἔνατος τῷ μ. τῷ ἐνάτῳ (1)
— 13. ὁ δέκατος τῷ μ. τῷ δεκάτῳ (1)
— 14. ὁ ἑνδέκατος τῷ μ. τῷ ἑνδεκάτῳ (1)
— 15. ὁ δωδέκατος εἰς τὸν μ. τὸν δωδέκατον (1)
II Ch. 3. 2. ἐν τῷ μ. τῷ δευτέρῳ (1)
5. 3. οὗτος ὁ μ. ἕβδομος (1)
7. 10. ἐν τῇ τρίτῃ καὶ εἰκοστῇ [**A** εἰκάδι] τοῦ μ. τοῦ ἑβδόμου (1)
8. 13. ἐν τοῖς μ. καὶ ἐν ταῖς ἑορταῖς (1)
15. 10. ἐν τῷ μ. τῷ τρίτῳ (1)
29. 3. ἐν τῷ πρώτῳ μ. (1)
— 17. νουμηνίᾳ τοῦ μ. τοῦ πρώτου (1)
— 17. τῇ ἡμέρᾳ τῇ ὀγδόῃ τοῦ μ. (1)
— 17. τῇ ἡμέρᾳ τῇ τρισκαιδεκ. τοῦ μ. τοῦ πρώτου [**A** *al.*] (1)
II Ch. 30. 2. ποιῆσαι τὸ φασὲκ τῷ μ. τῷ δευτέρῳ (1)
— 13. ἐν τῷ μ. τῷ δευτέρῳ (1)
— 15. τῇ τεσσαρεσκαιδεκ. τοῦ μ. τοῦ δευτέρου (1)
31. 7. ἐν τῷ μ. τῷ τρίτῳ (1)
— 7. ἐν τῷ ἑβδόμῳ μ. (1)
35. 1. τῇ τεσσαρεσκαιδεκ. τοῦ μ. τοῦ πρώτου (1)
I Es. 1. 1. τῇ τεσσαρεσκαιδεκ. ἡμ. τοῦ μ. τοῦ πρώτου
— 35. ἐβασίλευσεν . . . μῆνας τρεῖς
— 44. βασιλεύει δὲ μῆνας τρεῖς
5. 6. μηνὶ Νισὰν τοῦ πρώτου μ.
— 47. ἐνστάντος δὲ τοῦ ἑβδόμου μ.
— 53. **B** ἀπὸ τῆς νουμηνίας τοῦ πρώτου [**AR** ἑβδ.] μ.
— 56. παραγενόμενος . . . εἰς Ἰ. μ. δευτέρου
— 57. τῇ νουμηνίᾳ τοῦ δευτέρου μ.
7. 5. ἕως τρίτης καὶ εἰκάδος μ. Ἀ.
— 10. ἐν τῇ τεσσαρεσκαιδεκ. τοῦ πρώτου μ.
8. 6. ἐν τῷ πέμπτῳ μ.
— 6. τῇ νουμηνίᾳ τοῦ πρώτου μ.
— 6. **A** ἐν τῇ νουμηνίᾳ τοῦ πέμπτου μ.
— 61. τῇ δωδεκάτῃ τοῦ πρώτου [**A** *om.*] μ.
9. 5. οὗτος ὁ μ. ἔνατος τῇ εἰκάδι τοῦ μ.
— 16. τῇ νουμηνίᾳ τοῦ μ. τοῦ δεκάτου
— 17. ἕως τῆς νουμηνίας τοῦ πρώτου μ.
— 37. **B** τῇ νουμηνίᾳ τοῦ ἑβδόμου μ. [**AR** μ. τοῦ ἑ.]
— 40. νουμηνίᾳ τοῦ ἑβδόμου μ.
II Es. 3. 1. ἔφθασεν ὁ μ. ὁ ἕβδομος (1)
— 6. ἐν ἡμέρᾳ μιᾷ τοῦ μ. τοῦ ἑβδ. (1)
— 8. ἐν μ. τῷ δευτέρῳ (1)
6. 15. ἕως ἡμέρας τρίτης μηνὸς Ἀ. (2 *b*)
— 19. τῇ τεσσαρεσκαιδεκ. τοῦ μ. τοῦ πρώτου (1)
7. 8. τῷ μ. τῷ πέμπτῳ (1)
— 9. ἐν μιᾷ τοῦ μ. τοῦ πέμπτου (1)
— 9. **R** ἐν δὲ τῇ πρώτῃ τοῦ μ. τοῦ πέμπτου (1)
8. 31. ἐν τῇ δωδεκ. τοῦ μ. τοῦ πρώτου (1)
10. 9. **A S R** οὗτος ὁ [**B** *om.*] μ. ὁ ἔνατος (1)
— 9. ἐν εἰκάδι τοῦ μ. (1)
— 16. **A S R** ἐν ἡμέρᾳ μιᾷ τοῦ μ. [**B** *om.*] τοῦ δεκάτου [**S**^{2} δωδεκ.] (1)
— 17. **A B S**^{2} ἕως ἡμέρας μιᾶς τοῦ μ. τοῦ πρώτου (1)
Ne. 1. 1. ἐν μηνὶ Χ. (1)
2. 1. ἐγένετο ἐν μηνὶ Ν. (1)
6. 15. **S R** πέμπτῃ καὶ εἰκάδι τοῦ Ἐ. μηνός [**A B** *al.*] –
8. 1 (7. 73). ἔφθασεν ὁ μ. ὁ ἕβδομος (1)
— 1. **S**^{1} ἔφθασεν ὁ μ. ὁ ἕβδομος –
— 2. ἐν ἡμέρᾳ μιᾷ τοῦ μ. τοῦ ἑβδόμου (1)
— 14. ἐν ἑορτῇ ἐν μ. τῷ ἑβδόμῳ (1)
9. 1. ἐν ἡμέρᾳ εἰκοστῇ καὶ τετάρτῃ τοῦ μ. τούτου (1)
Ju. 2. 1. δευτέρᾳ καὶ εἰκάδι τοῦ πρώτου μ.
3. 10. ἦν ἐκεῖ μῆνα ἡμερῶν
8. 4. ἔτη τρία καὶ μῆνας τέσσαρας
16. 20. ἦν ὁ λαὸς εὐφραινόμ. . . . ἐπὶ μῆνας τρεῖς
Es. 2. 12. ὅταν ἀναπληρώσῃ μῆνας δέκα δύο [**A** *al.*] (1)
— 12. μῆνας ἓξ ἀλειφόμεναι (1)
— 12. καὶ μῆνας ἓξ ἐν τοῖς ἀρώμασι (1)
— 16. τῷ δωδεκ. [**S**^{2} δεκάτῳ] μ. (1)
3. 7. **S**^{2} ἐν τῷ μ. τῷ πρώτῳ αὐτὸς ὁ μ. Νισάν (1, 1)
— 7. ἔβαλε κλήρους . . μῆνα ἐκ μηνός (1, 1)
— 7. εἰς τὴν τεσσαρεσκαιδεκάτην τοῦ μ. (1)
— 12. ἐκλήθησαν . . . μηνὶ πρώτῳ [**S**^{2} *add.* αὐτὸς ὁ μ. Νισάν] (1, –)
— 13. ἐν ἡμέρᾳ μιᾷ μηνὸς δωδεκάτου (1)
— 13. τῇ τεσσαρεσκαιδεκάτῃ τοῦ δωδεκ. [**S**^{1} *om.*] μ. Ἀ.
8. 9. ἐν τῷ πρώτῳ [**S**^{2} τρίτῳ] μ. (1)
— 9. **A** τρίτῃ καὶ εἰκάδι τοῦ αὐτοῦ [**S**^{1} δευτέρου] μ. [**B S** ἔτους] †
— 12. τῇ τρισκαιδεκ. τοῦ δωδεκάτου [**A S**^{1} *om.*] μ. (1)
— 13. τῇ τρισκαιδεκ. τοῦ δωδεκάτου μ. Ἀ.
9. 1. ἐν γὰρ τῷ δωδεκ. μ. τρισκαιδεκ. [**S**^{1} τεσσαρεσκαιδ.] τοῦ μ. (1, 1)
— 15. τῇ τεσσαρεσκαιδεκ. [**S**^{2} τρισκαιδ.] τοῦ Ἀ. [**S**^{1} μηνός, **S**^{2} Ἀ. μ.] (1)
— 16. **A** τῇ τεσσαρεσκαιδεκάτῃ τοῦ Ἀ. [**B S** *al.*] –
— 17. τῇ τεσσαρεσκαιδεκ. τοῦ αὐτοῦ [**S** αὐ. τοῦ] μ. (1)
— 17. **A** τῇ τεσσαρεσκαιδεκ. τοῦ αὐτοῦ μ. †
— 19. τὴν τεσσαρεσκαιδεκ. τοῦ Ἀ. [**S**^{1} μηνός, **S**^{2} μ. Ἀδάρ] (1)
— 21. ἄγειν τε τὴν τεσσαρεσκαιδεκ. [**S**^{2} *add.* τοῦ μ. Ἀ.] (1)
— 22. καὶ τὸν μ. . . . ἄγειν (1)
10. 3. ἔσονται αὐτοῖς . . . ἐν μηνὶ Ἀ.

Es. 10. 3. τῇ τεσσαρεσκαιδεκ. . . . τοῦ αὐτοῦ μ.
Jb. 3. 6. μηδὲ ἀριθμηθείη εἰς ἡμέρας μηνῶν (2 a)
7. 3. οὕτως κἀγὼ ὑπέμεινα μῆνας κενούς (2 a)
14. 5. ἀριθμητοὶ δὲ μῆνες αὐ. παρ' αὐτοῦ (1)
21. 21. ἀριθμοὶ μηνῶν αὐτοῦ διῃρέθησαν (1)
29. 2. A τίς ἄν με θείη μῆνα [B S om.] κατὰ μῆνα ἡμερῶν τῶν [B S om. ἡ. τ.] ἔμπροσθεν ἡμερῶν (–, 2 a)
39. 2. ἠρίθμησας δὲ μῆνας αὐ. πλήρεις τοκετοῦ (2 a)
Si. 43. 8. μὴν κατὰ τὸ ὄνομα αὐτῆς ἐστιν
Am. 4. 7. πρὸ τριῶν μηνῶν τοῦ τρυγητοῦ (1)
8. 5. πότε διελεύσεται ὁ μ. (1)
Hg. 1. 1. ἐν τῷ μηνὶ τῷ ἕκτῳ μιᾷ τοῦ μηνός (1, 1)
2. 1 (1. 15). A R τῇ τετράδι καὶ εἰκάδι τοῦ [B S om.] μ. τοῦ ἕκτου (1)
— 2 (1). τῷ μ. τῷ ἑβδόμῳ [A τῷ ἑ. μ.] μιᾷ καὶ εἰκάδι τοῦ μ. (–, 1)
— 11 (10). τετράδι καὶ εἰκάδι τοῦ ἐνάτου μ. [A μηνὶ τῷ ἐνάτῳ] –
— 19 (18). ἀπὸ τῆς τετράδος καὶ εἰκάδος τοῦ ἐνάτου μ. –
— 21 (20). τετράδι καὶ εἰκάδι τοῦ μ. (1)
Za. 1. 1. ἐν τῷ ὀγδόῳ μηνὶ ἔτους δευτέρου (1)
— 7. τῷ ἑνδεκάτῳ μ. οὗτός ἐστιν ὁ μ. Σ. (1, 1)
7. 1. τετράδι τοῦ μ. τοῦ ἐνάτου [A al.] (1)
— 3. ἐν τῷ μ. τῷ πέμπτῳ (1)
11. 8. ἐξαρῶ τοὺς τρεῖς ποιμένας ἐν μηνὶ ἑνί (2 a)
Is. 66. 23. ἔσται μῆνα ἐκ μηνὸς . . . ἥξει πᾶσα σάρξ (1, 1)
Je. 1. 3. ἕως τῆς αἰχμαλωσίας Ἰερουσαλὴμ ἐν τῷ πέμπτῳ μ. (1)
35 (28). 1. ἐν μηνὶ τῷ πέμπτῳ (1)
— 17. ἀπέθανεν ἐν [S om.] τῷ μ. τῷ ἑβδόμῳ [A τῷ ἑ. μ.] (1)
36 (29). 28. B διὰ τοῦ μ. τούτου –
43 (36). 9. A R ἐν [B S om.] τῷ μ. τῷ ἐνάτῳ (1)
46 (39). 1. ἐγένετο τῷ [A S ἐν τῷ] μ. [A ἔτει] τῷ ἐνάτῳ τοῦ Σεδ. βασ. Ἰ. [A add. ἐν τῷ μ. τῷ δεκάτῳ] (†, 1)
— 2. ἐν τῷ μ. τῷ τετάρτῳ ἐνάτῃ τοῦ μ. (1, 1)
48 (41). 1. ἐγένετο τῷ μ. τῷ ἑβδόμῳ (1)
52. 4. ἐν μηνὶ τῷ ἐνάτῳ [A ἐ. τῷ μ. τ. ἑβδόμῳ] δεκάτῃ τοῦ μ. (1, 1)
— 6. ἐν τῇ [A om. ἐν τῇ] ἐνάτῃ τοῦ μ. (1)
— 12. ἐν μηνὶ πέμπτῳ δεκάτῃ τοῦ μ. (1, 1)
— 31. ἐν τῷ δωδεκάτῳ μ. ἐν τῇ τετράδι καὶ εἰκάδι τοῦ μ. (1, 1)
Ba. 1. 2. ἐν [A om.] ἑβδόμῃ τοῦ μ.
La. 3. 22 (23). R μῆνας εἰς τὰς πρωΐας ἐλέησον (1)
Ez. 1. 1. ἐν τῷ [B¹ om. ἐν τῷ] τετάρτῳ μηνὶ πέμπτῃ τοῦ μ. (–, 1)
— 2. ἰδὸν ὁράσεις θεοῦ πέμπτῃ τοῦ μ. (1)
8. 1. ἐν τῷ πέμπτῳ μ. πέμπτῃ τοῦ μ. (–, 1)
20. 1. τῇ πεντεκαιδεκάτῃ [A ἐν τῷ πέμπτῳ μ. δεκάτῃ] τοῦ μ. (–, 1)
24. 1. ἐν τῷ μ. τῷ δεκάτῳ δεκάτῃ τοῦ μ. (1, 1)
26. 1. μιᾷ τοῦ μ. [A add. τοῦ πρώτου] (1)
29. 1. ἐν τῷ δεκάτῳ [A ἐνδ.] μ. μιᾷ τοῦ μ. (–, 1)
— 17. μιᾷ τοῦ μ. τοῦ πρώτου (1)
30. 20. ἐν τῷ πρώτῳ μ. ἑβδόμῃ τοῦ μ. (–, 1)
31. 1. ἐν τῷ τρίτῳ μ. μιᾷ τοῦ μ. (–, 1)
32. 1. ἐν τῷ δεκάτῳ [A¹ δωδ.] μηνὶ μιᾷ τοῦ μ. (1, 1)
— 17. ἐν τῷ δωδεκάτῳ ἔτει τοῦ πρώτου μ. [A ἐν τῷ πρώτῳ μ.] πεντεκαιδεκάτῃ τοῦ μ. (–, 1)
33. 21. ἐν τῷ δωδεκάτῳ μ. πέμπτῃ τοῦ μ. (–, 1)
40. 1. ἐν τῷ πρώτῳ μ. δεκάτῃ τοῦ μ. (†, 1)
45. 18. ἐν τῷ πρώτῳ μ. μιᾷ τοῦ μ. (–, 1)
— 20. A R οὕτως ποιήσεις ἐν τῷ μ. τῷ ἑβδόμῳ [B ἑ. μ.] μιᾷ τοῦ μ. λήψῃ [B om.] παρ' ἑκάστου ἀπόμοιραν [A ἀγνοοῦντος] (1, –)
— 21. ἐν τῷ πρώτῳ [A add. μ.] τεσσαρεσκαιδεκάτῃ τοῦ μ. ἔσται ὑμῖν τὸ πάσχα ἑορτή (–, 1)
— 25. A R ἐν τῷ ἑβδόμῳ μ. [B om.] πεντεκαιδεκάτῃ [A add. ἡμέρᾳ] τοῦ μ. (–, 1)
Da. LXX. 4. 26. μετὰ μῆνας δώδεκα (2 b)
10. 4. τῇ ἡμέρᾳ τῇ τετάρτῃ καὶ εἰκάδι τοῦ μ. τοῦ πρώτου (1)
Da. TH. 10. 4. ἐν ἡμέρᾳ εἰκοστῇ καὶ τετάρτῃ τοῦ μ. τοῦ πρώτου (1)
I Ma. 1. 58. τοῖς εὑρισκομ. ἐν παντὶ μ. καὶ μηνί
— 59. τῇ πέμπτῃ καὶ εἰκάδι τοῦ μ.
4. 52. A R τῇ πέμπτῃ καὶ εἰκάδι τοῦ μ. τοῦ ἐνάτου [S om. τ. ἐ.] οὗτος ὁ μ. Χασ.
— 59. ἀπὸ τῆς πέμπτης καὶ εἰκάδος τοῦ μ. Χασ.
I Ma. 7. 43. τῇ τρισκαιδεκάτῃ τοῦ μ. Ἀδαρ
9. 3. τοῦ μ. τοῦ πρώτου ἔτους τοῦ δευτέρου
— 54. τῷ μ. τῷ δευτέρῳ ἐπέταξεν Ἄ.
10. 21. τῷ ἑβδόμῳ μ. ἔτους ἑξηκοστοῦ
13. 51. A R τῇ τρίτῃ καὶ εἰκάδι τοῦ δευτέρου μ. [S τοῦ μ.]
16. 14. ἐν μ. ἑνδεκάτῳ οὗτος ὁ μ. Σ.
II Ma. 1. 9. τὰς ἡμέρας τῆς σκηνοπηγίας τοῦ Χασ. μηνός
6. 7. εἰς τὴν κατὰ μῆνα τοῦ βασ. γενέθλιον ἡμέραν
7. 27. τὴν ἐν γαστρὶ περιενέγκασάν σε μῆνας ἐννέα
10. 5. τῇ πέμπτῃ καὶ εἰκάδι τοῦ αὐτοῦ μ.
15. 36. τὴν τρισκαιδεκάτην τοῦ δωδεκάτου μ.
[Aq. Ex. 40. 2: IV Ki. 25. 1: Jb. 29. 2.]
[Sm. III Ki. 8. 2: Jb. 29. 2: Ez. 40. 1.]
[Th. Ex. 40. 2: Jb. 21. 21.]
[Al. Ez. 47. 12.]

μήνη.
[Sm. Ps. 88 (89). 38.]

μηνιαῖος. (1) בֶּן־חֹדֶשׁ
Le. 27. 6. ἀπὸ δὲ μηνιαίου ἕως πενταετοῦς (1)
Nu. 3. 15, 22, 28, 34, 39, 40, 43. ἀπὸ μηνιαίου καὶ ἐπάνω (1)
18. 16. ἡ λύτρωσις αὐ. ἀπὸ μηνιαίου (1)
26. 62. ἀπὸ μηνιαίου καὶ ἐπάνω (1)
[Sm. Ps. 80 (81). 4.]

μηνίαμα.
Si. 40. 5. φόβος θανάτου καὶ μηνίαμα [A S μήνιμα]

μηνιᾶν.
Si. 10. 6. ἐπὶ παντὶ ἀδικήματι μὴ μηνιάσῃς [A S -ίσῃς] τῷ πλησίον

μηνίειν. (1) נָטַר
Le. 19. 18. οὐ μηνιεῖς [A¹ -οῖς] τοῖς υἱοῖς τοῦ λαοῦ σου (1)
Ps. 102 (103). 9. οὐδὲ εἰς τὸν αἰῶνα μηνιεῖ (1)
Si. 10. 6. A S ἐπὶ παντὶ ἀδικήματι μὴ μηνίσῃς [B -ιάσῃς] τῷ πλησίον
28. 7. μὴ μηνίσῃς τῷ πλησίον
Je. 3. 12. οὐ μηνιῶ ὑμῖν εἰς τὸν αἰῶνα (1)

μήνιμα.
Si. 40. 5. A S φόβος θανάτου καὶ μήνιμα [B -ίαμα]

μῆνις. (1) אֵיבָה (2) עֶבְרָה
Ge. 49. 7. ἐπικατάρατος . . . ἡ μ. αὐτῶν (2)
Nu. 35. 21. ἢ διὰ μῆνιν ἐπάταξεν αὐτόν (1)
Si. 27. 30. μῆνις καὶ ὀργὴ καὶ [S om.] ταῦτά ἐστι βδελύγματα
28. 5. αὐτὸς σὰρξ ὢν διατηρεῖ μῆνιν
[Aq. Je. 48 (31). 30.]
[Sm. Ez. 25. 12, 15: Am. 1. 11.]
[Th. Is. 13. 9: 16. 6.]

μηνίσκος. (1) שַׂהֲרֹנִים
Jd. 8. 21. ἔλαβε τοὺς μ. (1)
— 26. παρὲξ τῶν μ. καὶ τῶν στραγγαλίδων [A al.] (1)
Is. 3. 18. ἀφελεῖ κύριος . . . τοὺς μ. (1)
[Aq. Jd. 8. 26.]

μηνύειν.
II Ma. 3. 7. περὶ τῶν μηνυθέντων αὐτῷ χρημάτων
6. 11. μηνυθέντες τῷ Φ. συνεφλογίσθησαν
14. 37. ἐμηνύθη τῷ N.
III Ma. 3. 28. μηνύειν δὲ τὸν βουλόμενον
IV Ma. 4. 3. R μηνύσων [A S -ύων] πολλὰς . . . μυριάδας . . . τεθησαυρίσθαι
[Sm. Jb. 12. 8.]

μὴ οὐ, *vid. sub* μή.

μή ποτε, *vid. sub* μή.

μή πως, *vid. sub* μή.

μηρέμ.
[Heb. Ps. 109 (110). 3.]

μηρίον. (1) כֶּסֶל
Le. 3. 4, 10, 15. τὸ στέαρ τὸ ἐπ' αὐτῶν τὸ ἐπὶ τῶν μ. (1)
4. 9. τὸ ἐπ' αὐτῶν ὅ ἐστιν [A τὸ] ἐπὶ τῶν μ. (1)
6. 34 (7. 4). τὸ στέαρ τὸ ἐπ' αὐτῶν τὸ ἐπὶ τῶν μ. (1)
Jb. 15. 27. ἐποίησε περιστόμιον ἐπὶ τῶν μ. [A S μηρῶν] (1)
[Th. Jb. 15. 27.]

μηρός. (1) בֶּרֶךְ (2) a. יָרֵךְ b. יַרְכָה c. יַרְכָה (3) כֶּסֶל (4) בֵּין רַגְלַיִם
Ge. 24. 2. θὲς τὴν χεῖρά σου ὑπὸ τὸν μ. μου (2 a)
— 9. ἔθηκεν . . . τὴν χεῖρα αὐ. ὑπὸ τὸν μ. Ἀβ. (2 a)
32. 25 (26). ἥψατο τοῦ πλάτους τοῦ μ. αὐτοῦ (2 a)
— 25 (26). ἐνάρκησε τὸ πλάτος τοῦ μ. Ἰακώβ (2 a)
— 31 (32). ἐπέσκαζε τῷ μ. αὐτοῦ (2 a)
— 32 (33). ἐπὶ τοῦ πλάτους τοῦ μ. [A² add. Ἰακώβ] (2 a)
— 32 (33). ἥψατο τοῦ πλάτους τοῦ μ. Ἰακώβ (2 a)
46. 26. οἱ ἐξελθόντες ἐκ τῶν μ. αὐτοῦ (2 a)
47. 29. ὑπόθες τὴν χεῖρά σου ὑπὸ τὸν μ. μου (2 a)
49. 10. οὐκ ἐκλείψει . . . ἡγούμενος ἐκ τῶν μ. αὐ. (4)
50. 23. ἐτέχθησαν ἐπὶ μηρῶν Ἰωσήφ (1)
Ex. 28. 38 (42). ἀπὸ ὀσφύος ἕως μηρῶν ἔσται (2 a)
32. 27. θέσθε ἕκαστος τὴν ἑαυ. ῥομφαίαν ἐπὶ τὸν μ. (2 a)
Nu. 5. 21. ἐν τῷ δοῦναι κύριον τὸν μ. σου διαπεπτωκότα (2 a)
— 22. καὶ διαπεσεῖν μηρόν σου (2 a)
— 27. διαπεσεῖται ὁ μ. αὐτῆς (2 a)
De. 28. 57. τὸ ἐξελθὸν διὰ τῶν μ. αὐτῆς (4)
Jd. 3. 16. περιεζώσατο αὐτὴν . . . ἐπὶ τὸν μ. τὸν δεξιόν (2 a)
— 21. ἐπάνωθεν τοῦ μ. αὐτοῦ τοῦ δεξιοῦ (2 a)
8. 30. υἱοὶ ἑβδομήκ. ἐκπεπορευμένοι ἐκ μηρῶν αὐ. (2 a)
15. 8. ἐπάταξεν αὐτοὺς κνήμην ἐπὶ μηρόν (2 a)
19. 1. παροικῶν ἐν μηροῖς ὄρους Ἐφρ. (2 b)
— 18. ἕως μηρῶν [A add. ἕως] ὄρους Ἐφρ. (2 b)
IV Ki. 16. 14. ἔδειξεν αὐτὸ ἐπὶ μηρὸν τοῦ θυσιαστηρίου (2 a)
19. 23. εἰς ὕψος ὀρέων μηροὺς [B³ μέρος, A μέρους] τοῦ Λιβ. (2 b)
Ju. 9. 2. ἐγύμνωσαν μηρὸν εἰς αἰσχύνην [B¹ al.]
Jb. 15. 27. A S ἐποίησε περιστόμιον ἐπὶ τῶν μ. [B μηρίων] (3)
Ps. 44 (45). 3. περίζωσαι τὴν ῥομφαίαν σου ἐπὶ τὸν μ. σου (2 a)
Ca. 3. 8. ῥομφαία αὐτοῦ ἐπὶ μηρὸν αὐτοῦ (2 a)
7. 1 (2). ῥυθμοὶ μηρῶν σου ὅμοιοι ὁρμίσκοις (2 a)
Si. 19. 12. βέλος πεπηγὸς ἐν μηρῷ σαρκός
Ez. 7. 17: 21. 7 (12). πάντες μηροὶ μολυνθήσονται ὑγρασίᾳ (1)
32. 23. A ἔδωκαν τὰς ταφὰς αὐτῆς ἐν μηροῖς λάκκου (2 b)
47. 4. διῆλθεν ἐν τῷ ὕδατι ὕδωρ ἕως τῶν μ. (1)
Da. LXX., TH. 2. 32. ἡ κοιλία καὶ οἱ μ. χαλκοῖ (2 c)
[Aq. Ge. 49. 13: Ex. 25. 30 (31): Le. 1. 11: Ps. 47 (48). 3: 127 (128). 3: Is. 14. 15: Je. 31 (38). 19: Ez. 24. 4.]
[Sm. Ex. 25. 30 (31): Ps. 44 (45). 4: 47 (48). 3: Je. 31 (38). 19: Ez. 24. 4.]
[Th. Ge. 49. 10: Ex. 1. 5: 25. 30 (31): Is. 14. 15: 37. 24: Ez. 24. 4: 32. 23.]
[Al. Ps. 44 (45). 4.]
[Quint. Ps. 47 (48). 3.]

μηρύεσθαι. (1) דָּרַשׁ
Pr. 31. 13. μηρυομένη ἔρια καὶ λίνον (1)

μηρυκᾶσθαι (μαρ.). (1) עָלָה hi.
Le. 11. 26. μηρυκισμὸν οὐ μηρυκᾶται [A al.] (1)

μηρυκισμός. (1) גֵּרָה
Le. 11. 3. ἀνάγον μηρυκισμὸν ἐν τοῖς κτήνεσι (1)
— 4. ἀπὸ τῶν ἀναγόντων μηρυκισμόν (1)
— 4, 5, 6. ὅτι ἀνάγει μηρυκισμὸν τοῦτο (1)
— 7. καὶ τοῦτο οὐκ ἀνάγει μηρυκισμόν (1)
— 26. μηρυκισμὸν οὐ μηρυκᾶται [A al.] (1)
De. 14. 6. πᾶν κτῆνος . . . ἀνάγον μηρυκισμόν (1)
— 7. ἀπὸ τῶν ἀναγόντων μηρυκισμόν (1)
— 7. ὅτι ἀνάγουσι μηρυκισμόν (1)
— 8. μηρυκισμὸν οὐ μαρυκᾶται [A οὐκ ἀναμ.] (1)

μήτε.
Ge. 31. 52†.
III Ki. 3. 26 *bis*.
II Es. 7. 23†.
Ho. 4. 4 *bis*.
Ep. Je. 27† *bis*.
I Ma. 12. 36† *bis*.
II Ma. 10. 13.

III Ma. 3. 7 *bis* : 7. 8.
IV Ma. 2. 9 *bis*, 13† : 11. 25.
[Th. II Ki. 1. 21 : Ps. 6. 2.]

μήτηρ. (1) אֵם (2) בֶּן־אִשָּׁה (3) אִשָּׁה (4) יֶלֶד

Ge. 2. 24. τὸν πατέρα αὐτοῦ καὶ τὴν μ. αὐτοῦ (1)
3. 20. αὕτη μ. πάντων (1)
20. 12. ἀδελφὴ . . . ἐκ πατρὸς ἀλλ' οὐκ ἐκ μητρός (1)
21. 21. ἔλαβεν αὐτῷ ἡ μ. γυναῖκα (1)
24. 28. εἰς τὸν οἶκον τῆς μ. αὐτῆς (1)
— 53. δῶρα ἔδωκε . . . τῇ μ. αὐτῆς (1)
— 55. εἶπαν δὲ οἱ ἀδελφοὶ αὐτῆς καὶ ἡ μ. (1)
— 67. εἰς τὸν οἶκον τῆς μ. αὐτοῦ (1)
— 67. περὶ Σάρρας τῆς μ. αὐτοῦ (1)
27. 11. πρὸς Ῥεβέκκαν τὴν μ. αὐτοῦ (1)
— 13. εἶπε δὲ αὐτῷ ἡ μ. (1)
— 14. ἔλαβε καὶ ἤνεγκε τῇ μ. (1)
— 14. ἐποίησεν ἡ μ. αὐτοῦ ἐδέσματα (1)
28. 2. Βαθουὴλ τοῦ πατρὸς τῆς μ. σου (1)
— 2. Λάβαν τοῦ ἀδελφοῦ τῆς μ. σου (1)
— 5. Ῥεβέκκας τῆς μ. Ἰακὼβ καὶ Ἠσαῦ (1)
— 7. τοῦ πατρὸς καὶ τῆς μ. αὐτοῦ (1)
29. 1. Ῥεβέκκας μητρὸς Ἰακὼβ καὶ Ἠσαῦ –
— 10. Λάβαν ἀδελφοῦ τῆς μ. αὐτοῦ (1)
— 10. R τοῦ ἀδελφοῦ τῆς μ. αὐτοῦ (1)
— 10. Λάβαν τοῦ ἀδελφοῦ τῆς μ. αὐτοῦ (1)
30. 14. ἤνεγκεν αὐτὰ πρὸς Λείαν τὴν μ. αὐ. (1)
32. 11 (12). πατάξῃ με καὶ μητέρα ἐπὶ τέκνοις (1)
37. 10. ἐγώ τε καὶ ἡ μ. σου καὶ οἱ ἀδελφοί (1)
44. 20. ὑπελείφθη τῇ μ. [A τῷ πατρὶ] αὐτοῦ (1)
48. 7. ἀπέθανε Ῥαχὴλ ἡ μ. σου ἐν γῇ Χαναάν –
49. 26. εὐλογίας πατρός σου καὶ μητρός σου –
Ex. 2. 3. ἔλαβεν αὐτῷ ἡ μ. αὐτοῦ [A ἡ μ. αὐτῷ] –
— 8. ἐκάλεσε τὴν μ. τοῦ παιδίου (1)
20. 12. τὸν πατέρα σου καὶ τὴν μ. σου (1)
21. 15. τύπτει πατέρα [B¹ μητέρα] αὐ. ἢ μητέρα αὐ. (†, 1)
— 16 (17). πατέρα αὐτοῦ ἢ μητέρα αὐτοῦ (1)
22. 30 (29). ἔσται ὑπὸ τὴν μ. (1)
23. 19 : 34. 26. ἐν γαλακτὶ μητρὸς αὐτοῦ (1)
Le. 18. 7. ἀσχημοσύνην μητρός σου (1)
— 7. μ. γάρ σού ἐστιν (1)
— 9. τῆς ἀδελφῆς σου . . . ἐκ μητρός σου (1)
— 13. B ἀσχημοσύνην ἀδελφῆς μητρός σου (1)
— 13. οἰκεία [A *om.*] γὰρ μητρός σού ἐστιν (1)
19. 3. πατέρα αὐ. καὶ μητέρα αὐ. [A *om.* κ. μ. αὐ.] (1)
20. 9. ὃς ἂν κακῶς εἴπῃ . . . τὴν μ. αὐτοῦ (1)
— 9. μητέρα αὐτοῦ κακῶς εἶπεν (1)
— 14. ὃς ἐὰν λάβῃ γυναῖκα καὶ τὴν μ. αὐτῆς (1)
— 17. ἐκ πατρὸς αὐτοῦ ἢ ἐκ μητρὸς αὐτοῦ (1)
— 19. ἀσχημοσύνην . . . ἀδελφῆς μητρός σου (1)
21. 2. ἐπὶ πατρὶ καὶ [A *add.* ἐπὶ] μητρί (1)
— 11. ἐπὶ πατρὶ αὐτοῦ οὐδὲ ἐπὶ μητρὶ αὐτοῦ (1)
22. 27. ἔσται ἑπτὰ ἡμέρας ὑπὸ τὴν μ. (1)
24. 11. τὸ ὄνομα τῆς μ. αὐ. Σαλ. (1)
Nu. 6. 7. AB¹ ἐπὶ πατρὶ καὶ ἐπὶ [B²R *om.*] μητρί (1)
12. 12. ἔκτρωμα ἐκπορευόμ. ἐκ μήτρας μητρός (1)
De. 5. 16. τίμα . . . τὴν μ. σου (1)
13. 6 (7). ἐκ πατρός σου ἢ ἐκ μητρός σου (1)
14. 21. ἐν γαλακτὶ μητρὸς αὐτοῦ (1)
21. 13. κλαύσεται . . . τὴν μ. (1)
— 18. οὐχ ὑπακούων . . . φωνὴν μητρός (1)
— 19. συλλαβόντες αὐτὸν ὁ πατὴρ αὐ. καὶ ἡ μ. αὐ. (1)
22. 6. καὶ ἡ μ. θάλπῃ ἐπὶ τῶν νοσσῶν (1)
— 6. οὐ λήψῃ τὴν μ. μετὰ τῶν τέκνων (1)
— 7. ἀποστελεῖς τὴν μ. (1)
— 15. ὁ πατὴρ τῆς παιδὸς καὶ ἡ μ. (1)
27. 16. ἐπικατάρατος ὁ ἀτιμάζων . . . μητέρα αὐ. (1)
— 22. ὁ κοιμώμ. μετὰ ἀδελφῆς . . . μητρὸς [A ἐκ μ.] αὐ. (1)
33. 9. ὁ λέγων . . . τῇ μ. (1)
Jo. 2. 13. ζωγρήσατε . . . τὴν μ. μου (1)
— 18. τὴν μ. σου . . . συνάξεις (1)
6. 22 (23). ἐξηγάγοσαν . . . τὴν μ. αὐτῆς (1)
Jd. 5. 7. B ἕως οὗ ἀναστῇ μήτηρ ἐν Ἰσρ. [AR *al.*] (1)
— 28. παρέκυψε μήτηρ Σισάρα [A *al.*] (1)
8. 19. υἱοὶ τῆς μ. μου ἦσαν [A εἰσιν] (1)
9. 1. ἐπορεύθη Ἀβ. . . . πρὸς ἀδελφοὺς [A τοὺς ἀ. τῆς] μητρὸς αὐ. (1)
— 1. πρὸς πᾶσαν συγγένειαν οἴκου πατρὸς [A *om.*] μητρὸς αὐτοῦ (1)
— 3. ἐλάλησαν . . . οἱ ἀδελφοὶ τῆς μ. αὐτοῦ (1)

Jd. 14. 2. ἀπήγγειλε . . . τῇ μ. αὐτοῦ (1)
— 3. εἶπεν αὐτῷ . . . ἡ μ. αὐτοῦ (1)
— 4. ὁ πατὴρ αὐ. καὶ ἡ μ. αὐ. οὐκ ἔγνωσαν (1)
— 5. κατέβη . . . ἡ μ. αὐτοῦ (1)
— 6. οὐκ ἀπήγγειλε . . . τῇ μ. αὐτοῦ (1)
— 9. ἐπορεύθη . . . πρὸς τὴν μ. αὐτοῦ (1)
— 16. εἰ . . . τῇ μ. μου οὐκ ἀπήγγελκα (1)
16. 17. ἀπὸ κοιλίας μητρός μου (1)
17. 2. εἶπε τῇ μ. αὐτοῦ (1)
— 2. εἶπεν ἡ μ. αὐτοῦ (1)
— 3. ἀπέδωκε τοὺς χιλίους . . . τῇ μ. αὐτοῦ (1)
— 3. εἶπεν ἡ μ. αὐτοῦ (1)
— 4. ἀπέδωκε τὸ ἀργύριον τῇ μ. αὐτοῦ (1)
— 4. ἔλαβεν ἡ μ. αὐ. διακοσίους ἀργυρίου (1)
Ru. 1. 8. εἰς οἶκον μητρὸς αὐτῆς [A *al.*] (1)
2. 11. πῶς κατέλιπες . . . τὴν μ. σου (1)
I Ki. 1. 25. προσήγαγεν Ἄ. ἡ μ. τοῦ παιδαρίου [A τὸ π.] –
2. 19. διπλοΐδα μικρὰν ἐποίησεν αὐτῷ ἡ μ. αὐ. (1)
15. 33. οὕτως ἀτεκνωθήσεται . . . ἡ μ. σου (1)
20. 30. εἰς αἰσχύνην ἀποκαλύψεως μητρός σου (1)
22. 3. ὁ πατήρ μου καὶ ἡ μ. μου (1)
II Ki. 17. 25. Ἀβ. θυγατέρα Ν. ἀδελφοῦ Σ. μητρὸς Ἰ. (1)
19. 37 (38). παρὰ τῷ τάφῳ . . . τῆς μ. μου (1)
III Ki. 1. 11. εἶπε Ν. πρὸς Β. μητέρα Σαλ. (1)
2. 13. εἰσῆλθεν Ἀδ. πρὸς Β. μητέρα Σαλ. (1)
— 19. ἐτέθη θρόνος τῇ μ. τοῦ βασ. (1)
— 20. B αἴτησαι, μήτηρ [A R -ερ] ἐμή (1)
— 22. εἶπε τῇ μ. αὐτοῦ (1)
3. 27. αὕτη ἡ μ. αὐτοῦ (1)
11. 26. A καὶ ὄνομα τῆς μ. αὐ. Σ. [B *al.*] (1)
12. 24. B καὶ ὄνομα τῆς μ. αὐ. Ν. –
— 24. B καὶ ὄνομα τῆς μ. αὐ. Σ. –
14. 21. καὶ τὸ ὄνομα τῆς μ. αὐ. Ν. (1)
— 31. A καὶ ὄνομα τῆς μ. αὐ. Ν. (1)
15. 2. καὶ ὄνομα τῆς μ. αὐ. Μ. (1)
— 10. καὶ ὄνομα τῆς μ. αὐ. Ἀ. (1)
— 13. τὴν Ἀ. τὴν μ. αὐ. μετέστησε (1)
16. 28 (22. 42). B καὶ ὄνομα τῆς μ. αὐ. Γ. (1)
17. 23. B ἔδωκεν αὐτὸν [A R -ὁ] τῇ μ. αὐ. (1)
22. 42. καὶ ὄνομα τῇ μ. αὐ. Ἀζ. (1)
— 53. ἐν ὁδῷ Ἰεζ. τῆς μ. αὐτοῦ (1)
IV Ki. 1. 18 (3. 2). οὐδὲ ὡς ἡ μ. αὐτοῦ (1)
3. 2. B καὶ οὐχ ὡς ἡ μ. αὐτοῦ (1)
— 13. A καὶ πρὸς τοὺς προφήτας τῆς μ. σου (1)
4. 19. ἆρον αὐτὸν πρὸς τὴν μ. αὐ. (1)
— 20. R ἦρεν αὐτὸν πρὸς τὴν μ. αὐ. (1)
— 30. εἶπεν ἡ μ. τοῦ παιδαρίου (1)
8. 26. καὶ ὄνομα τῆς μ. αὐτοῦ Γ. (1)
9. 22. αἱ πορνεῖαι Ἰεζ. τῆς μ. σου (1)
11. 1. Γοθ. ἡ μ. Ὀχ. εἶδεν (1)
12. 1 (2). καὶ ὄνομα τῆς μ. αὐ. Ἀβιά (1)
14. 2. καὶ ὄνομα τῆς μ. [A τῇ μ.] αὐ. Ἰ. (1)
15. 2. καὶ ὄνομα τῇ [A *om.*] μ. αὐ. Χ. (1)
— 33. καὶ ὄνομα τῆς μ. αὐ. Ἰ. (1)
18. 2. καὶ ὄνομα τῇ μ. αὐ. Ἀβ. (1)
21. 1. καὶ ὄνομα τῇ μ. αὐ. Ὀ. (1)
— 19. καὶ ὄνομα τῇ μ. αὐ. Μ. (1)
22. 1. καὶ ὄνομα τῇ μ. αὐ. Ἰ. (1)
— 14. πρὸς Ὄλδαν τὴν προφῆτιν μητέρα Σ. (3)
23. 31. καὶ ὄνομα τῇ μ. αὐ. Ἀμ. (1)
— 36. καὶ ὄνομα τῇ μ. αὐ. Ἰ. (1)
24. 8. καὶ ὄνομα τῇ μ. αὐ. Ν. (1)
— 12. οἱ παῖδες αὐ. καὶ ἡ μ. αὐ. (1)
— 15. ἀπῴκισε . . . τὴν μ. τοῦ βασ. (1)
— 18. καὶ ὄνομα τῇ μ. αὐ. Μ. (1)
I Ch. 2. 26. αὕτη ἐστὶ μ. Ὀζόμ (1)
4. 9. ἡ μ. ἐκάλεσε τὸ ὄνομα αὐ. Ἰ. (1)
II Ch. 2. 14 (13). ἡ μ. αὐ. ἀπὸ θυγατέρων Δάν (2)
12. 13. ὄνομα τῆς μ. αὐ. Ν. (1)
13. 2. ὄνομα τῇ μ. αὐ. Μ. (1)
15. 16. τὴν Μ. τὴν μ. αὐ. μετέστησε (1)
20. 31. καὶ ὄνομα τῇ μ. αὐ. Ἀζ. (1)
22. 2. καὶ ὄνομα τῇ μ. αὐ. Γοθ. (1)
— 3. μήτηρ αὐ. ἦν σύμβουλος τοῦ ἁμαρτάνειν (1)
— 10. Γοθολία ἡ μ. Ὀχ. (1)
24. 1. καὶ ὄνομα τῇ μ. αὐ. Ἀ. (1)
25. 1. καὶ ὄνομα τῇ μ. αὐ. Ἰ. (1)
26. 3. καὶ ὄνομα τῇ μ. αὐ. Ἰ. (1)
27. 1. καὶ ὄνομα τῆς μ. αὐ. Ἰ. (1)
29. 1. καὶ ὄνομα τῇ μ. αὐ. Ἀ. (1)
36. 2. καὶ ὄνομα τῆς μ. αὐ. Ἀ. –
— 5. καὶ ὄνομα τῆς μ. αὐ. Ζ. –
I Es. 4. 21. οὔτε τὸν πατ. μέμνηται οὔτε τὴν μ.

I Es. 4. 25. πλεῖον ἀγαπᾷ ἄνθρ. τὴν ἰδίαν γυν. μᾶλλον ἢ . . . τὴν μ.
To. 1. 8. ἐνετείλατο Δεββωρὰ ἡ μ. τοῦ πατρός μου
4. 3. μὴ ὑπερίδῃς τὴν μ. σου [S *al.*]
— 13. A B ἡ γὰρ ἀχρειότης μήτηρ ἐστὶ τοῦ λιμοῦ
5. 16. S ἐφίλησεν . . . τὴν μ.
— 17. ἔκλαυσε δὲ Ἄννα ἡ μ. αὐτοῦ
6. 14. μὴ . . . κατάξω τὴν ζωὴν . . . τῆς μητρός μου
7. 14. S ἐκάλεσεν τὴν μ. αὐ. [A B *al.*]
8. 21. S ἐγώ σου ὁ πατὴρ καὶ Ἔ. ἡ μ. σου
9. 6. S δῴη σοι κ. εὐλογίαν . . . καὶ τῇ μ. τῆς γυναικός σου
10. 8. ὁ πατήρ μου καὶ ἡ μ. μου οὐκέτι ἐλπίζουσιν [S *al.*]
— 13. S ἀπὸ τοῦ νῦν ἐγώ σου μήτηρ
11. 17. καὶ ὁ πατήρ σου καὶ ἡ μ. σου [S *al.*]
14. 10. θάψον . . . τὴν μ. σου μετ' ἐμοῦ [S *al.*]
— 12. S ὅτε ἀπέθανεν ἡ μ. αὐ. [A B *al.*]
Ju. 8. 26. τὰ πρόβατα Λ. τοῦ ἀδ. τῆς μ. αὐ.
Jb. 1. 21. αὐτὸς γυμνὸς ἐξῆλθον ἐκ κοιλίας μητρός μου (1)
3. 10. ὅτι οὐ συνέκλεισε πύλας γαστρὸς μητρός μου –
— 12. A ἵνα τί δὲ μαστοὺς ἐθήλασα μητρός μου [B S *om.* μ. μου] –
— 16. ὥσπερ ἔκτρωμα ἐκπορευόμενον ἐκ μήτρας μητρός –
17. 14. μητέρα δέ μου καὶ ἀδελφὴν σαπρίαν (1)
31. 18. ἐκ γαστρὸς μητρός μου ὡδήγησα (1)
38. 8. ἐκ κοιλίας μητρὸς αὐτῆς ἐκπορευομένη –
42. 18. ἦν δὲ αὐτὸς πατρὸς μὲν . . . μητρὸς δὲ Βοσόρρας –
Ps. 21 (22). 9. ἡ ἐλπίς μου ἀπὸ μαστῶν τῆς μ. μου (1)
— 10. ἐκ κοιλίας [S² ἀπὸ γαστρὸς] μητρός μου θεός μου εἶ σύ (1)
26 (27). 10. ὅτι ὁ πατήρ μου καὶ ἡ μ. μου ἐγκατέλιπόν με (1)
49 (50). 20. κατὰ τοῦ υἱοῦ τῆς μ. σου ἐτίθεις σκάνδαλον (1)
50 (51). 5. ἐν ἁμαρτίαις ἐκίσσησέ με ἡ μ. μου (1)
68 (69). 8. καὶ ξένος τοῖς υἱοῖς τῆς μ. μου (1)
70 (71). 6. ἐκ κοιλίας μητρός μου σύ μου εἶ σκεπαστής (1)
86 (87). 5. μήτηρ Σιὼν ἐρεῖ ἄνθρωπος –
108 (109). 14. ἡ ἁμαρτία τῆς μ. αὐτοῦ μὴ ἐξαλειφθείη (1)
112 (113). 9. A R ὁ κατοικίζων . . . μητέρα ἐπὶ τέκνοις [S¹ μ. τέκνων] εὐφραινομένην [S¹ -ων, S² -η] (1)
130 (131). 2. ὡς τὸ ἀπογεγαλακτισμένον ἐπὶ τὴν μ. αὐτοῦ (1)
138 (139). 13. ἀντελάβου μου ἐκ γαστρὸς μητρός μου (1)
Pr. 1. 8. μὴ ἀπώσῃ θεσμοὺς μητρός σου (1)
4. 3. ἀγαπώμενος ἐν προσώπῳ μητρός (1)
6. 20. μὴ ἀπώσῃ θεσμοὺς μητρός σου (1)
10. 1. υἱὸς δὲ ἄφρων λύπη τῇ [S *om.*] μ. (1)
13. 1. S¹ υἱὸς πανοῦργος ὑπήκοος μητρί [ABS² πατρί] †
15. 20. υἱὸς δὲ ἄφρων μυκτηρίζει μητέρα αὐτοῦ (1)
17. 21. υἱὸς δὲ φρόνιμος εὐφραίνει μητέρα αὐτοῦ –
19. 26. ὁ . . . ἀπωθούμενος μητέρα αὐτοῦ καταισχυνθήσεται (1)
20. 20. κακολογοῦντος πατέρα ἢ μητέρα (1)
23. 22. μὴ καταφρόνει ὅτι γεγήρακέ σου ἡ μ. (1)
— 25. εὐφραινέσθω ὁ πατὴρ καὶ ἡ μ. ἐπὶ σοί (1)
24. 34 (30. 11). τὴν δὲ μ. οὐκ εὐλογεῖ (1)
— 52 (30. 17). ὀφθαλμὸν . . . ἀτιμάζοντα γῆρας μητρός (1)
— 69 (31. 1). ὃν ἐπαίδευσεν ἡ μ. αὐτοῦ (1)
28. 24. ὃς ἀποβάλλεται [A -βιάζεται] πατέρα ἢ μητέρα (1)
Ec. 5. 14. καθὼς ἐξῆλθεν ἀπὸ γαστρὸς μητρὸς αὐτοῦ γυμνός (1)
Ca. 1. 6. υἱοὶ μητρός μου ἐμαχέσαντο ἐν ἐμοί (1)
3. 4. εἰσήγαγον αὐτὸν εἰς οἶκον μητρός μου (1)
— 11. ἐστεφάνωσεν αὐτὸν ἡ μ. αὐτοῦ (1)
6. 8 (9). μία ἐστὶ τῇ μ. αὐτῆς (1)
8. 1. τίς δῴη σε . . . θηλάζοντα μαστοὺς μητρός μου (1)
— 2. εἰσάξω σε εἰς οἶκον μητρός μου (1)
— 5. ἐκεῖ ὠδίνησέ σε ἡ μ. σου (1)
Wi. 7. 2. ἐν κοιλίᾳ μητρὸς ἐγλύφην σάρξ
Si. 3. 2. κρίσιν μητρὸς ἐστερέωσεν ἐφ' υἱοῖς
— 4. ὡς ὁ ἀποθησαυρίζων ὁ δοξάζων μητέρα αὐτοῦ

Si. 3. 6. ὁ εἰσακούων κυρίου ἀναπαύσει μητέρα αὐτοῦ
— 9. κατάρα δὲ μητρὸς ἐκριζοῖ θεμέλια
— 11. ὄνειδος τέκνοις μήτηρ ἐν ἀδοξίᾳ
— 16. ὁ παροργίζων μητέρα αὐτοῦ
4. 10. γίνου . . . ἀντὶ ἀνδρὸς τῇ μ. αὐτῶν
— 10. ἀγαπήσει σε μᾶλλον ἢ μήτηρ σου
7. 27. μητρὸς ὠδῖνας μὴ ἐπιλάθῃ
15. 2. ὑπαντήσεται αὐτῷ ὡς μήτηρ
23. 14. μνήσθητι πατρὸς καὶ μητρός σου
40. 1. ἀφ' ἡμέρας ἐξόδου ἐκ γαστρὸς μητρὸς αὐτῶν ἕως ἡμέρας ἐπὶ ταφῇ εἰς μητέρα πάντων [A S al.]
41. 17. αἰσχύνεσθε ἀπὸ πατρὸς καὶ μητρός
Ho. 2. 2 (4). κρίθητε πρὸς τὴν μητέρα ὑμῶν (1)
— 5 (7). ὅτι ἐξεπόρνευσεν ἡ μ. αὐτῶν (1)
4. 5. νυκτὶ ὡμοίωσα τὴν μ. σου (1)
10. 14. μητέρα ἐπὶ τέκνοις ἠδάφισαν (1)
Am. 1. 11. ἐλυμήνατο μητέρα [A μήτραν] ἐπὶ γῆς †
Mi. 7. 6. θυγάτηρ ἐπαναστήσεται ἐπὶ τὴν μ. αὐτῆς (1)
Za. 13. 3. ἐρεῖ πρὸς αὐτὸν . . . ἡ μ. αὐτοῦ (1)
— 3. συμποδιοῦσιν αὐτὸν ὁ πατὴρ αὐ. καὶ ἡ μ. αὐτοῦ (1)
Is. 8. 4. πρὶν ἢ γνῶναι τὸ παιδίον καλεῖν πατέρα ἢ μητέρα (1)
45. 10. ὁ λέγων . . . τῇ μ. (3)
49. 1. ἐκ κοιλίας μητρός μου ἐκάλεσε τὸ ὄνομά μου (1)
— 15. A μὴ ἐπιλήσεται μ. [B S γυνὴ] τοῦ παιδίου αὐτῆς (3)
50. 1. ποῖον τὸ βιβλίον τοῦ ἀποστασίου τῆς μ. ὑμῶν . . . ταῖς ἀνομίαις ὑμῶν ἐξαπέστειλα τὴν μ. ὑμῶν (1, 1)
66. 13. ὡς εἴ τινα μ. παρακαλέσει (1)
Je. 15. 8. ἐπήγαγον ἐπὶ μητέρα νεανίσκους [S -ου] ταλαιπωρίαν (1)
— 10. οἴμοι ἐγώ, μῆτερ (1)
16. 3. περὶ τῶν μ. αὐτῶν τῶν τετοκυιῶν αὐτούς (1)
— 7. οὐ ποτιοῦσιν αὐτὸν ποτήριον εἰς παράκλησιν ἐπὶ πατρὶ καὶ μητρὶ αὐτοῦ (1)
20. 14. ἐν [S om.] ᾗ ἔτεκέν με ἡ μ. μου (1)
— 17. οὐκ ἀπέκτεινέ με ἐν μήτρᾳ [A add. μητρὸς] καὶ ἐγένετό μοι ἡ μ. μου τάφος μου (–, 1)
— 18. S[1] ἵνα τί τοῦτο ἐξῆλθον ἐκ μητρός [A B S[2] -ας] †
•22. 26. ἀπορρίψω [A παραδώσω] σε καὶ τὴν μ. σου (1)
27 (50). 12. ᾐσχύνθη ἡ μ. ὑμῶν σφόδρα ἐντράπη ἡ τεκοῦσα ὑμᾶς [B S om. ἐ. ἡ τ. ὑ.] μ. ἐπ' ἀγαθά (1, 4)
52. 1. A S R ὄνομα τῇ μ. [B -ιᾷ] αὐ. Ἀμειτάαλ (1)
La. 2. 12. ταῖς μ. αὐτῶν εἶπαν (1)
— 12. ἐν τῷ ἐκχεῖσθαι ψυχὰς αὐτῶν εἰς κόλπον μητέρων αὐτῶν (1)
5. 3. μητέρες ἡμῶν ὡς αἱ χῆραι (1)
Ez. 16. 3. ἡ μ. σου Χετταία (1)
— 44. A R καθὼς ἡ μ. καὶ ἡ θυγάτηρ [B add. θυγάτηρ] τῆς μ. (1)
— 45. ἡ μ. ὑμῶν Χετταία (1)
19. 2. τί ἡ μ. σου σκύμνος ἐν μέσῳ λεόντων (1)
— 10. ἡ μ. σου ὡς ἄμπελος (1)
22. 7. πατέρα καὶ μητέρα ἐκακολόγουν ἐν σοί (1)
23. 2. δύο γυναῖκες ἦσαν θυγατέρες μητρὸς μιᾶς (1)
44. 25. ἐπὶ πατρὶ καὶ ἐπὶ μητρὶ . . . μιανθήσεται (1)
Da. LXX. Su. 30. σὺν τῷ πατρὶ ἑαυτῆς καὶ τῇ μ.
I Ma. 13. 28. μίαν κατέναντι τῆς μιᾶς . . . τῇ μ.
II Ma. 7. 1. ἑπτὰ ἀδελφοὺς μετὰ τῆς μ. συλληφθέντας
— 4. τῶν λοιπῶν ἀδ. καὶ τῆς μ. συνορώντων
— 5. σὺν τῇ μ. γενναίως τελευτᾶν
— 20. ὑπεραγόντως δὲ ἡ μ. θαυμαστή
— 25. προσκαλεσάμενος ὁ βασ. τὴν μ.
— 41. ἐσχάτη δὲ τῶν υἱῶν ἡ μ. ἐτελεύτησε
III Ma. 1. 20. αἵ τε πρὸς τούτοις μητέρες
5. 49. γονεῖς παισὶ καὶ μητέρες νεάνισιν
IV Ma 1. 8. καὶ ἑπτὰ ἀδελφῶν καὶ τῆς τούτων μ.
— 10. τοὺς . . . ἀποθανόντας μετὰ τῆς μ. ἄνδρας
8. 3. ἀγόμενοι μετὰ γεραιᾶς μ. ἑπτὰ ἀδελφοί
— 4. περιέχοντας μέσην τὴν μ. [S[1] al.]
— 20. κατοικτειρήσωμεν τὸ τῆς μ. γῆρας
10. 2. καὶ ἡ αὐτὴ μ. ἐγέννησε
12. 6. τὴν μ. τοῦ παιδὸς μετεπέμψατο
— 7. ὁ δὲ τῆς μ. . . . προτρεψαμένης αὐτόν
14. 12. ἡ μ. γὰρ τῶν ἑπτὰ νεανίσκων
IV Ma. 14. 20. τὴν Ἀβρ. ὁμόψυχον τῶν νεανίων μ. [S al.]
15. 1. εὐσέβεια μητρὶ τέκνων ποθεινοτέρα
— 2. μήτηρ . . . τὴν εὐσέβειαν μᾶλλον ἠγάπησε
— 4. τὰς μ. τῶν πατέρων [S παθῶν, A om. τ. π.] καθεστάναι συμπαθεστέρας
— 5. S R πολυγονώτεραι ὑπάρχουσιν αἱ [A om.] μ.
— 6. A S[1] R πασῶν δὲ τῶν μ. ἐγένετο ἡ τῶν ἑπτὰ μ. φιλοτεκνοτέρα
— 11. εἰς συμπάθειαν ἑλκόντων τὴν μ.
— 12. ἡ μ. ἐπὶ τὸν . . . προετρέπετο θάνατον
— 13. καὶ μητέρων ἀδάμαστα πάθη
— 14. καθ' ἕνα στρεβλούμενον . . . ὁρῶσα μήτηρ
— 16. ὦ πικροτέρων μὲν νῦν μήτηρ πόνων πειρασθεῖσα
— 21. τέκνων φωναὶ μετὰ βασάνων μητέρα φωνούντων
— 22. πηλίκαις καὶ πόσαις τότε ἡ μ. . . . ἐβασανίζετο βασάνοις
— 24. S R ἃς πάσας ἡ γενναία μ. ἐξέλυσε [A al.]
— 26. δύο ψήφους κρατοῦσα μήτηρ
— 29. ὦ μήτηρ ἔθνους
16. 1. καὶ ἑπτὰ παίδων μήτηρ
— 4. κατέσβεσε . . . τηλικαῦτα πάθη ἡ μ.
— 5. καίπερ μήτηρ οὖσα
— 6. οὐδενὸς μήτηρ γεγένημαι
— 11. ἡ ἱερὰ καὶ θεοσεβὴς μ.
● — 14. S ὦ μήτηρ [A R πατὴρ] . . . στρατιῶτι
17. 2. ὦ μήτηρ σὺν ἑπτὰ παισί
— 4. ὦ μήτηρ ἱερόψυχε
— 7. A[2] R οὐκ ἂν ἔφριττον οἱ θεωροῦντες [S add. ὁρῶντες] μητέρα
— 13. ἡ δὲ μ. τῶν ἑπτὰ παίδων ἐνήθλει
18. 6. ἔλεγε δὲ ἡ μ. τῶν ἑπτὰ παίδων
— 23. σὺν τῇ ἀθλοφόρῳ μ. . . . συναγελάζονται [S[1] al.]
[**Aq.** Ge. 24. 67: III Ki. 11. 26: IV Ki. 3. 13.]
[**Sm.** Ex. 23. 19: IV Ki. 3. 13: Ps. 50 (51). 7: 70 (71). 6: 130 (131). 2: Ca. 7. 13 (14): Je. 15. 10.]
[**Th.** Nu. 12. 12: IV Ki. 3. 13: Ca. 1. 6.]
[**Al.** Ge. 43. 29: Pr. 29. 15.]
[**Sam.** Le. 20. 20.]

μή τις, *vid. sub* **μή.**

μήτρα. (1) קֵבָה (2) רֶחֶם, רַחַם (3) שֶׁגֶר
(4) **τὰ περὶ τὴν μ.** רַחַם

Ge. 20. 18. συνέκλεισε κύριος ἔξωθεν πᾶσαν μ. (2)
29. 31. ἤνοιξε τὴν μ. αὐτῆς (2)
30. 22. καὶ ἀνέῳξεν αὐτῆς τὴν μ. (2)
49. 25. εὐλογίας μαστῶν καὶ [A om.] μήτρας (2)
Ex. 13. 2. διανοῖγον πᾶσαν μ. ἐν τοῖς υἱοῖς Ἰσ. (2)
— 12. ἀφελεῖς πᾶν διανοῖγον μήτραν (2)
— 12. πᾶν διανοῖγον μήτραν ἐκ βουκολίων (3)
— 13. πᾶν διανοῖγον μήτραν ὄνου –
— 15: 34. 19. πᾶν διανοῖγον μήτραν (2)
Nu. 3. 12. ἀντὶ παντὸς πρωτοτόκου διανοίγοντος μήτραν (2)
8. 16. ἀντὶ τῶν διανοιγόντων πᾶσαν μ. (2)
12. 12. ἔκτρωμα ἐκπορευόμ. ἐκ μήτρας μητρός (2)
18. 15. πᾶν διανοῖγον [A add. πᾶσαν] μήτραν (2)
25. 8. καὶ τὴν γυναῖκα διὰ τῆς μ. αὐ. (1)
I Ki. 1. 5. ἀπέκλεισε τὰ περὶ τὴν μ. αὐ. (4)
— 6. συνέκλεισε κ. τὰ περὶ τὴν μ. αὐ. (2)
III Ki. 3. 26. ἐταράχθη ἡ μ. αὐτῆς (2)
Ju. 9. 2. οἳ ἔλυσαν μήτραν παρθένου
— 2. ἐγύμνωσαν [B[1] add. μήτραν παρθένου εἰς μίασμα] μηρόν
— 2. ἐβεβήλωσαν μήτραν εἰς ὄνειδος
Jb. 3. 16. ὥσπερ ἔκτρωμα ἐκπορευόμενον ἐκ μήτρας μητρός –
Ps. 21 (22). 10. ἐπὶ σὲ ἐπερρίφην ἐκ μήτρας (2)
57 (58). 3. ἀπηλλοτριώθησαν οἱ ἁμαρτωλοὶ ἀπὸ μήτρας (2)
Si. 1. 14. μετὰ πιστῶν ἐν μήτρᾳ συνεκτίσθη αὐτοῖς
49. 7. αὐτὸς ἐν μήτρᾳ ἡγιάσθη προφήτης
50. 22. τὸν ὑψοῦντα ἡμέρας ἡμῶν ἐκ μήτρας
Ho. 9. 14. μήτραν ἀτεκνοῦσαν (2)
Am. 1. 11. ἐλυμήνατο μητέρα [A μήτραν] ἐπὶ γῆς (2)
Je. 1. 5. πρὸ τοῦ σε ἐξελθεῖν ἐκ μήτρας [B[1] om. ἐκ μ.] (2)
20. 17. οὐκ ἀπέκτεινέ με ἐν μήτρᾳ [A add. μητρὸς] . . . ἡ μ. συλλήψεως αἰωνίας (2, 2)
— 18. ἵνα τί τοῦτο ἐξῆλθον ἐκ μήτρας [S[1] -ός] (2)
Ez. 20. 26. ἐν τῷ διαπορεύεσθαί με πᾶν διανοῖγον μήτραν (2)
[**Aq.** Ps. 109 (110). 3: Pr. 30. 16: Je. 20. 17: Ez. 20. 26.]
[**Sm.** Pr. 30. 16.]
[**Th.** Nu. 12. 12: Ps. 109 (110). 3.]
[**Al.** Jd. 5. 30: I Ki. 1. 6.]
[**Quint.** Ps. 109 (110). 3.]

μητριά (?). (1) אֵם
Je. 52. 1. B καὶ ὄνομα τῇ μ. [A S R μητρὶ] αὐ. Ἀμ. (1)

μητρόπολις. (1) אָב (2) אֵם (3) בִּירָה (4) עִיר הַמַּמְלָכָה (5) עִיר הַפְּרָזוֹת (6) קִרְיָה
Jo. 10. 2. ὡσεὶ μία τῶν μ. (4)
14. 15. μητρόπολις τῶν Ἐν. αὕτη †
15. 13. ἔδωκεν αὐτῷ Ἰ. τὴν πόλιν Ἀ. μητρόπολιν Ἐ. (1)
21. 11. ἔδωκεν αὐτοῖς τὴν Κ. μητρόπολιν τῶν Ἐ. (1)
II Ki. 20. 19. θανατῶσαι . . . μητρόπολιν ἐν Ἰσρ. (2)
Ne. 1. 1. S[1] τοῖς Σούσοις μητροπόλει (3 ?)
Es. 9. 19. A B[2] S οἱ δὲ κατοικοῦντες ἐν ταῖς μ. (5 ?)
Is. 1. 26. μ. πιστὴ Σιών (6)
[**Aq., Th.** Je. 49. 25 (30. 14).]
[**Sm.** Ps. 47 (48). 3: Je. 49. 25 (30. 14).]

μητρῷος.
IV Ma. 13. 19. διὰ τῆς μ. φυτεύσασα γαστρός

μηχανᾶσθαι.
Es. 8. 13. τοῖς ἑαυ. εὐεργέταις ἐπιχειροῦσι μηχανᾶσθαι
III Ma. 5. 5. τήν τε λοιπὴν ἐμηχανῶντο περὶ αὐτοὺς ἀσφάλειαν
— 22. ὡς εἰς τὸ παντοίους μηχανᾶσθαι . . . ἐμπαιγμούς
— 28. τῶν πρὶν αὐτῷ μεμηχανημ. λήθην . . . ἐντεθεικότος
6. 22. R ὑπὲρ τῶν ἔμπροσθεν αὐτῷ μεμηχανημ. [A -νευμ.]
— 24. λάθρα μηχανώμενοι τὰ μὴ συμφέροντα

μηχανεύειν. (1) מַחֲשֶׁבֶת
II Ch. 26. 15. μηχανὰς μεμηχανευμένας λογιστοῦ (1)
III Ma. 6. 22. A ὑπὲρ τῶν ἔμπροσθεν αὐτῷ μεμηχανευμ. [R -νημ.]

μηχανή. (1) חִשָּׁבוֹן
II Ch. 26. 15. ἐποίησεν . . . μ. μεμηχανευμένας (1)
I Ma. 5. 30. αἴροντες κλίμακας καὶ μηχανάς
6. 20. ἐποίησεν . . . μηχανάς
— 31. ἐποίησαν μηχανάς
— 37. ἐζωσμένοι ἐπ' αὐτοῦ μηχαναῖς
— 51. ἔστησεν ἐκεῖ . . . μηχανάς
— 52. ἐποίησαν καὶ αὐτοὶ μηχανὰς πρὸς τὰς μ. αὐ.
9. 64. καὶ ἐποίησε μηχανάς
— 67. ἐνεπύρισαν τὰς μ.
11. 20. ἐποίησεν . . . μ. πολλάς
15. 25. καὶ μηχανὰς ποιούμενος
II Ma. 12. 15. τὸν ἄτερ . . . μ. ὀργανικῶν κατακρημνίσαντα
III Ma. 4. 19. εἰς μηχανὴν τῆς ἐκφυγῆς
[**Sm.** Ps. 9. 12.]

μηχάνημα.
I Ma. 13. 29. A R ταύταις [S ταῦτα] ἐποίησε μηχανήματα
IV Ma. 7. 4. πολλοῖς καὶ ποικίλοις μ. ἀντέσχε
[**Sm.** Ps. 65 (66). 5: 76 (77). 13.]
[**Al.** Ps. 9. 12.]

μηχάνωμα.
[**Sm.** Le. 8. 7.]
[**Th.** Ex. 28. 27, 28: Le. 8. 7.]

μιαίνειν. (1) זָנָה hi. (2) חָטָא hi. (3) חָלַל *a.* ni. *b.* pi. (4) חָנֵף *a.* qal. *b.* hi. (5) טָמֵא *a.* qal. *b.* ni. *c.* pi. *d.* pu. *e.* hithp. *f.* hothp. *g.* טֻמְאָה *h.* טָמֵא
Ge. 34. 5. ἐμίανεν ὁ υἱὸς Ἐμμὼρ Δεῖναν (5 *c*)
— 13, 27. ἐμίαναν Δεῖναν τὴν ἀδελφὴν αὐ. (5 *c*)
49. 4. ἐμίανας τὴν στρωμνήν (3 *b*)
Ex. 20. 25. καὶ μεμίανται (3 *b*)
Le. 5. 3. ἧς ἂν ἁψάμενος μιανθῇ (5 *a*)
11. 24. καὶ ἐν τούτοις μιανθήσεσθε (5 *c*)
— 43. οὐ μιανθήσεσθε ἐν τούτοις (5 *c*)
— 44. οὐ μιανεῖτε τὰς ψυχὰς ὑμῶν (5 *c*)

● = correction on page xxvi

Le. 13. 3. καὶ μιανεῖ αὐτόν (5 *c*)
— 8. καὶ μιανεῖ αὐτὸν ὁ ἱερεύς (5 *c*)
— 11. μιανεῖ αὐτὸν ὁ ἱερεύς (5 *c*)
— 14. ᾗ ἂν ἡμέρᾳ ὀφθῇ . . . μιανθήσεται (5 *a*)
— 15. καὶ μιανεῖ αὐτὸν ὁ χρὼς ὁ ὑγιής (5 *c*)
— 20, 22, 25 (A^{2}B), 27, 30. καὶ μιανεῖ αὐτὸν ὁ ἱερεύς (5 *c*)
— 44. μιανεῖ αὐτὸν ὁ ἱερεύς (5 *c*)
— 59. εἰς τὸ καθαρίσαι αὐτὸ ἢ μιᾶναι αὐτό (5 *c*)
15. 31. ἐν τῷ μιαίνειν αὐτοὺς τὴν σκηνήν μου (5 *c*)
— 32. ὥστε μιανθῆναι ἐν αὐτῇ (5 *a*)
18. 24. μὴ μιαίνεσθε ἐν πᾶσι τούτοις (5 *e*)
— 24. ἐν πᾶσι γὰρ τούτοις ἐμιάνθησαν (5 *b*)
— 25. R καὶ ἐξεμιάνθη [AB ἐμιάνθη] ἡ γῆ (5 *a*)
— 27. ἐμιάνθη ἡ γῆ (5 *a*)
— 28. ἐν τῷ μιαίνειν ὑμᾶς αὐτήν (5 *c*)
— 30. καὶ οὐ μιανθήσεσθε ἐν αὐτοῖς (5 *e*)
20. 3. ἵνα μιάνῃ τὰ ἅγιά μου (5 *c*)
21. 1. οὐ μιανθήσονται [A -σεσθε] ἐν τῷ ἔθνει αὐτῶν (5 *e*)
— 3. B^{2}R ἐπὶ τούτοις μιανθήσεται [AB^1 -σεσθαι] (5 *e*)
— 4. B^{2}R οὐ μιανθήσεται [AB^1 *om.* οὐ μ.] ἐξάπινα (5 *e*)
— 11. ἐπὶ πατρὶ αὐτοῦ . . . οὐ μιανθήσεται (5 *e*)
22. 5. ὃ μιανεῖ αὐτόν (5 *a*)
— 5. ἐν ᾧ μιανεῖ αὐτόν (5 *a*)
— 8. μιανθῆναι αὐτὸν ἐν αὐτοῖς (5 *a*)
Nu. 5. 3. οὐ μὴ [A *om.*] μιανοῦσι τὰς παρεμβ. αὐ. (5 *c*)
— 13. αὐτὴ δὲ ᾖ [A μὴ ᾖ] μεμιαμμένη (5 *b*)
— 14. αὐτὴ δὲ μεμίανται (5 *b*)
— 14. αὐτὴ δὲ μὴ ᾖ μεμιαμμένη (5 *b*)
— 19. εἰ μὴ παραβέβηκας μιανθῆναι (5 *g*)
— 20. εἰ δὲ σὺ . . . μεμίανσαι (5 *b*)
— 27. ἐὰν ᾖ μεμιαμμένη (5 *b*)
— 28. ἐὰν δὲ μὴ μιανθῇ ἡ γυνή (5 *b*)
— 29. καὶ μιανθῇ (5 *b*)
6. 7. οὐ μιανθήσεται ἐπ' αὐτοῖς (5 *e*)
— 9. μιανθήσεται ἡ κεφαλὴ εὐχῆς αὐτοῦ (5 *c*)
— 12. ἐμιάνθη κεφαλὴ εὐχῆς αὐτοῦ (5 *h*)
19. 13. τὴν σκηνὴν κυρίου ἐμίανεν (5 *c*)
— 20. ἄνθρωπος ὃς ἂν μιανθῇ (5 *a*)
— 20. τὰ ἅγια κυρίου ἐμίανεν (5 *c*)
35. 34. οὐ μιανεῖτε τὴν γῆν (5 *c*)
De. 21. 23. B οὐ [AR οὐ μὴ] μιανεῖτε τὴν γῆν (5 *c*)
24. 4. μετὰ τὸ μιανθῆναι αὐτήν (5 *f*)
— 4. οὐ μιανεῖτε τὴν γῆν (2)
IV Ki. 23. 8. ἐμίανε [A -αν] τὰ ὑψηλά (5 *c*)
— 10. B^1 μιανεῖτε [A -νεῖ τις, B^3 ἐμίαναν, R ἐμίανε] τὸν ταφέθ (5 *c*)
— 13. τὸν οἶκον . . . ἐμίανεν ὁ βασ. (5 *c*)
— 16. καὶ ἐμίανεν αὐτό (5 *c*)
II Ch. 29. 19. ἃ ἐμίανεν [A^1 ἔμεινεν] Ἄ. (1)
36. 14. ἐμίαναν τὸν οἶκον κυρίου (5 *c*)
I Es. 1. 49. ἐμίαναν τὸ ἱερὸν τοῦ κυρίου
To. 2. 9. ἐκοιμήθην μεμιαμμένος [S *om.*] παρὰ τὸν τοῖχον
Ju. 9. 8. ἐβουλεύσαντο . . . μιᾶναι τὸ σκήνωμα
Jb. 31. 11. τὸ μιᾶναι ἀνδρὸς γυναῖκα –
Ps. 78 (79). 1. ἐμίαναν τὸν ναὸν τὸν ἅγ. σου (5 *c*)
105 (106). 39. SR ἐμιάνθη ἐν τοῖς ἔργοις αὐτῶν (5 *a*)
Ec. 7. 19 (18). ἀπὸ τούτου μὴ μιάνῃς τὴν χεῖρά σου †
Wi. 7. 25. οὐδὲν μεμιαμμένον εἰς αὐτὴν παρεμπίπτει
Ho. 5. 3: 6. 11 (10). ἐμιάνθη Ἰσραήλ (5 *b*)
9. 4. οἱ ἔσθοντες αὐτὰ μιανθήσονται (5 *e*)
Hg. 2. 14 (13). SR ἐὰν ἅψηται μεμιασμένος [AB μεμιαμμένος] ἀκάθαρτος [A ἡ ἀκάθ. ψυχῇ] ἐπὶ ψυχῇ ἐπὶ [A ἀπὸ] παντὸς τούτων εἰ μιανθήσεται (5 *h*, 5 *a*)
— 14 (13). καὶ εἶπαν, Μιανθήσεται (5 *a*)
— 15 (14). μιανθήσεται ἕνεκεν τῶν λημμάτων αὐτῶν (5 *h*)
Is. 30. 22. μιανεῖς [AS^3 ἐξαρεῖς] τὰ εἴδωλα τὰ περιηργυρωμένα (5 *c*)
43. 28. ἐμίαναν οἱ ἄρχοντες τὰ ἁγιά μου (3 *b*)
47. 6. ἐμίανας τὴν κληρονομίαν μου (3 *b*)
Je. 2. 7. ἐμιάνατε τὴν γῆν μου (5 *c*)
— 23. πῶς ἐρεῖς, Οὐκ ἐμιάνθην (5 *b*)
— 33. ἐπονηρεύσω τοῦ μιᾶναι τὰς ὁδούς σου †
3. 1. οὐ μιαινομένη μιανθήσεται ἡ γυνὴ ἐκείνη (4 *a*, 4 *a*)
— 2. ἐμίανας τὴν γῆν ἐν ταῖς πορνείαις σου (4 *b*)
7. 30. τοῦ μιᾶναι αὐτόν (5 *c*)
Ez. 4. 14. εἰ ἡ ψυχή μου οὐ μεμίανται (5 *d*)
5. 11. τὰ ἅγιά μου ἐμίανας (5 *c*)

Ez. 7. 22. μιανοῦσι τὴν ἐπισκοπήν μου (3 *b*)
— 24. μιανθήσεται τὰ ἅγια αὐτῶν (3 *a*)
9. 7. μιάνατε τὸν οἶκον (5 *c*)
14. 11. ἵνα μὴ μιαίνωνται ἔτι (5 *e*)
18. 6. τὴν γυν. τοῦ πλησίον αὐ. οὐ μὴ μιάνῃ (5 *c*)
— 11. τὴν γυναῖκα τοῦ πλησίον αὐτοῦ ἐμίανε (5 *c*)
— 15. τὴν γυν. τοῦ πλησίον αὐ. οὐκ ἐμίανε (5 *c*)
20. 7. ἐν τοῖς ἐπιτηδεύμασιν Αἰγ. μὴ μιαίνεσθε (5 *e*)
— 18. μὴ μιαίνεσθε (5 *e*)
— 26. R μιανῶ αὐτοὺς ἐν τοῖς δόγμασιν [AB δόμ.] αὐτῶν (5 *c*)
— 30. ἐν ταῖς ἀνομίαις τῶν πατέρων ὑμῶν ὑμεῖς μιαίνεσθε (5 *b*)
— 31. οἷς [A *om.*] ὑμεῖς μιαίνεσθε (5 *b*)
— 43. ἐν οἷς ἐμιαίνεσθε ἐν αὐτοῖς (5 *b*)
22. 3. τοῦ μ. αὐτὴν ἐν τοῖς αἵμασιν αὐτῶν (5 *a*)
— 4. ἐν τοῖς ἐνθυμήμασί σου οἷς ἐποίεις ἐμιαίνου (5 *a*)
— 11. τὴν νύμφην αὐτοῦ ἐμίαινεν [A *al.*] (5 *c*)
23. 7. ἐν πᾶσι τοῖς ἐνθυμήμασιν αὐτοῖς [A -ῆς] ἐμιαίνετο (5 *b*)
— 13. μεμίανται ὁδὸς μία τῶν δύο (5 *b*)
— 17. ἐμίαινον αὐτὴν ἐν τῇ πορνείᾳ αὐτῆς καὶ ἐμιάνθη ἐν αὐτοῖς (5 *c*, 5 *a*)
— 30. ἐμιαίνου ἐν τοῖς ἐνθυμήμασιν [A ἐπιθ.] αὐτῶν (5 *b*)
— 38. τὰ ἅγιά μου ἐμίαινον (5 *c*)
24. 13. ἀνθ' ὧν ἐμιαίνου [A^1 -άνης ?, A^2 -άνθης] σύ (5 *g*)
33. 26. A ἀνὴρ τὸν πλησίον αὐτοῦ ἐμιάνατε (5 *c*)
36. 17. ἐμίαναν αὐτὴν ἐν τῇ ὁδῷ αὐτῶν (5 *c*)
— 18. A ἐν τοῖς εἰδώλοις αὐτῶν ἐμίαναν αὐτήν (5 *c*)
37. 23. ἵνα μὴ μιαίνωνται ἔτι ἐν τοῖς εἰδώλοις αὐ. (5 *e*)
44. 25. ἐπὶ ψυχὴν ἀνθρώπου οὐκ εἰσελεύσονται τοῦ μιανθῆναι ἀλλ' ἢ ἐπὶ πατρὶ . . . μιανθήσεται (5 *a*, 5 *e*)
Da. LXX. 7. 26. καὶ βουλεύσονται μιᾶναι †
11. 31. μιανοῦσι τὸ ἅγιον τοῦ φόβου (3 *b*)
— 32. μιανοῦσιν ἐν σκληρῷ λαῷ (4 *b*)
I Ma. 1. 46. μιᾶναι ἁγίασμα καὶ ἁγίους
— 63. ἵνα μὴ μιανθῶσι τοῖς βρώμασι
4. 45. ἐμίαναν τὰ ἔθνη αὐτό
7. 34. ἐμίανεν αὐτούς
14. 36. καὶ ἐμίαινον κύκλῳ τῶν ἁγίων
III Ma. 7. 14. τὸν ἐμπεσόντα τῶν μεμιαμμένων ὁμοεθνῆ
IV Ma. 5. 36. AS^{2}R οὐδὲ μιανεῖς [S^1 -εῖ] μου τὸ σεμνὸν γῆρως στόμα
7. 6. οὐκ ἐμίανας τοὺς ἱεροὺς ὀδόντας
[**Aq.** Jb. 14. 4: Is. 30. 22: 52. 1: Ez. 20. 26: 36. 18: Ho. 9. 3.]
[**Sm.** Is. 30. 22: Ez. 7. 21: Da. 1. 8.]
[**Th.** Is. 30. 22: Ez. 18. 6: 33. 26: 36. 18.]
[**Al.** Le. 14. 36: 15. 9: Nu. 5. 2: 19. 7.]

μιαιφονία.

IV Ma. 9. 9. SR διὰ τὴν ἡμῶν μ. [A μιαροφ.] αὐτάρκη
10. 11. διὰ τὴν ἀσέβειαν καὶ μ.

μιαιφόνος.

II Ma. 4. 38. τὸν μ. ἀπεκόσμησε
12. 6. παρεγένετο ἐπὶ τοὺς μ. τῶν ἀδελφῶν
[**Sm.** Ps. 25 (26). 9: 54 (55). 24: 138 (139). 19.]

μίανσις. (1) טִמֵּא pi.

Le. 13. 44. μιάνσει [AB^1 *om.*] μιανεῖ αὐτὸν ὁ ἱερεύς (1)

μιαρός (-ερ.).

II Ma. 4. 19. ἀπέστειλεν Ἰ. ὁ μ. θεωρούς
5. 16. ταῖς μ. χερσὶ τὰ ἱερὰ σκεύη λαμβάνων
7. 34. ὦ . . . πάντων ἀνθρώπων μιαρώτατε
9. 13. ηὔχετο δὲ ὁ μ.
15. 32. τὴν τοῦ μ. Νικάνορος κεφαλήν
IV Ma. 4. 26. μιαρῶν ἀπογευομένους τροφῶν
9. 15. τύραννε μιαρώτατε
— 17. ὦ μιαροὶ διάκονοι
— 32. μιαρώτατε τύραννε
10. 10. ὦ μιαρώτατε τύραννε
11. 4. S ὦ μιαρώτατε [AR μισάρετε] καὶ μισάνθρωπε

μιαροφαγεῖν (-ερ.).

IV Ma. 5. 3. εἰ δέ τινες μὴ θέλοιεν μιαροφαγῆσαι
— 19. εἰ μιαροφαγήσαιμεν
— 25. οὐ μιαροφαγοῦμεν
— 27. S^1 ἀναγκάζειν ἡμᾶς μ. [AS^{2}R παρανομεῖν]
8. 1. ἀναγκάσαι γέροντα μιαροφαγῆσαι
— 2. εἰ μὲν μιαροφαγήσαιεν

IV Ma. 8. 12. ὅπως . . . πείσειεν αὐτοὺς μιαροφαγῆσαι
— 29. συμβουλεύοντα αὐτοῖς μιαροφαγῆσαι
11. 16. AR βασανίζειν μὴ μιαροφαγοῦντας [S -α]
13. 2. εἰ . . . ἐμιαροφάγησαν

μιαροφαγία (-ερ.) (-εία).

IV Ma. 5. 27. ὅπως τῇ ἐχθίστῃ ἡμῶν μ. ταύτῃ ἐπεγγελάσῃς
6. 19. ἵνα παράδειγμα γενώμεθα τῆς μ.
7. 6. SR ἐκοίνωσας [A -νώνησας] μιαροφαγίᾳ
11. 25. μήτε βιάσασθαι πρὸς τὴν μ.

μιαροφονία (-ερ.).

IV Ma. 9. 9. A διὰ τὴν ὑ. μ. [SR μιαιφ.] αὐτάρκη

μίασμα. (1) בֶּצַע (2) פִּגּוּל (3) שִׁקּוּץ

Le. 7. 8 (18). μ. ἐστιν (2)
Ju. 9. 2. οἳ ἔλυσαν μήτραν παρθένου εἰς μίασμα
— 2. καὶ ἐγύμνωσαν [B^1 *add.* μήτραν παρθένου εἰς μίασμα] μηρόν
— 4. ἐβδελύξαντο μίασμα αἵματος αὐτῶν
13. 16. εἰς μίασμα καὶ αἰσχύνην
Je. 39 (32). 34. ἔθηκαν τὰ μ. αὐτῶν ἐν τῷ οἴκῳ (3)
Ez. 33. 31. ὀπίσω τῶν μ. ἡ καρδία αὐτῶν (1)
I Ma. 13. 50. ἐκαθάρισε τὴν ἄκραν ἀπὸ τῶν μ.
[**Al.** Le. 14. 14: 16. 16: 18. 19: 20. 21.]

μιασμός.

Wi. 14. 26. ψυχῶν μιασμὸς γενέσεως ἐναλλαγή
I Ma. 4. 43. ἦραν τοὺς λίθους τοῦ μ.
[**Aq.** Dt. 26. 14.]
[**Sm.** II Ki. 11. 4.]

μίγμα.

Si. 38. 8. μυρεψὸς ἐν τούτοις ποιήσει μίγμα

μιγνύναι. (1) מָלַח pu. (2) עָרַב hithpa. (3) שִׁית

Ge. 30. 40. οὐκ ἔμιξεν αὐτὰ εἰς τὰ πρόβατα (3)
Ex. 30. 35. μυρεψικὸν ἔργον μυρεψοῦ μεμιγμένον (1)
IV Ki. 18. 23. μίχθητε δὴ τῷ κυρίῳ μου (2)
Ps. 105 (106). 35. ἐμίγησαν ἐν τοῖς ἔθνεσι (2)
Pr. 14. 16. ὁ δὲ ἄφρων ἑαυτῷ πεποιθὼς μίγνυται ἀνόμῳ †
Is. 36. 8. μίχθητε τῷ κυρίῳ μου (2)

μικρολόγος.

Si. 14. 3. ἀνδρὶ μικρολόγῳ οὐ καλὸς ὁ πλοῦτος

μικρός (*incl.* σμικρότατος). (1) *a.* זְעֵיר *b.* מִזְעָר (2) מִיכָל (3) מְעַט, מְעָט (4) *a.* מִצְעָר *b.* צָעִיר *c.* צָעַר (5) קָטָן, קָטֹן (6) קָלַל ni. (7) שִׁפְלַת קוֹמָה (8) שֶׁצֶף (9) μικροῦ כִּמְעַט (10) μικρότερος *a.* צָעִיר *b.* קָטֹן (11) κατὰ μικρόν מְעַט (12) μικρότατος קָטֹן (13) μ. δάκτυλος קֹטֶן (14) μ. μερίς מְעַט (15) στάθμιον μέγα καὶ μ. אֶבֶן וָאֶבֶן (16) ποιεῖν μικρόν קָטַן hi. (17) κατὰ μικρὸν μικρόν מְעַט מְעַט (18) μικρὸν ὅσον ὅσον כִּמְעַט־רֶגַע

Ge. 19. 11. τοὺς δὲ ἄνδρας . . . ἀπὸ μικροῦ ἕως μεγ. (5)
— 20. ἰδοὺ ἡ πόλις αὕτη . . . ἥ ἐστι μ. (4 *a*)
— 20. οὐ μικρά ἐστι (4 *a*)
24. 17. πότισόν με μικρὸν ὕδωρ ἐκ τῆς ὑδρίας (3)
— 43. πότισόν με ἐκ τῆς ὑδρίας σου μικρὸν ὕδωρ (3)
26. 10. μικροῦ ἐκοιμήθη τις (9)
30. 30. μικρὰ γὰρ ἦν ὅσα σοι (3)
42. 2. πρίασθε ἡμῖν μικρὰ βρώματα –
— 32. R ὁ δὲ μ. [A μικρότερος] μετὰ τοῦ πατρός (5 [10 *b*])
43. 2. πρίασθε ἡμῖν μικρὰ βρώματα (3)
44. 25. ἀγοράσατε ἡμῖν μικρὰ βρώματα (3)
47. 9. μικραὶ καὶ πονηραὶ γεγόνασιν αἱ ἡμέραι (3)
Ex. 17. 4. ἔτι μικρὸν καὶ λιθοβολήσουσί με (3)
23. 30. κατὰ μικρὸν [A μικρὸν μικρὸν] ἐκβαλῶ (11 *bis* [17])
Nu. 16. 9. μὴ μικρόν ἐστι τοῦτο ὑμῖν (3)
— 13. μὴ μικρὸν τοῦτο (3)
22. 18. ποιῆσαι αὐτὸ μικρὸν ἢ μέγα (5)
De. 1. 17. κατὰ τὸν μ. καὶ κατὰ τὸν μέγαν κρινεῖς (5)

De. 7. 22. κατὰ μικρὸν μικρόν (17)
25. 13. στάθμιον καὶ στάθμιον μέγα ἢ μ. (5)
— 14. μέτρον καὶ μέτρον μέγα ἢ μ. (5)
Jo. 22. 17. μὴ μικρὸν ἡμῖν τὸ ἁμάρτημα Φ. (3)
— 19. εἰ μ. ἡ γῆ ὑμῶν τῆς κατασχέσεως †
Jd. 4. 19. πότισόν με δὴ μ. ὕδωρ (3)
6. 15. ἐγώ εἰμι ὁ μικρότερος [A εἰ. μικρός] (10 a [4 b])
Ru. 2. 7. οὐ κατέπαυσεν ἐν τῷ ἀγρῷ μικρόν (3)
I Ki. 2. 19. διπλοΐδα μ. ἐποίησεν αὐτῷ (5)
5. 9. ἀπὸ μικροῦ ἕως μεγάλου (5)
9. 21. οὐχὶ . . . υἱὸς . . . τοῦ μ. [A -οτέρου] σκήπτρου φυλῆς Ἰσρ. (5 [10 b])
15. 17. οὐχὶ μικρὸς σὺ εἶ ἐνώπιον αὐτοῦ (5)
16. 11. ἔτι ὁ μ. (5)
17. 28. A ἐπὶ τίνα ἀφῆκας τὰ μ. πρόβατα ἐκεῖνα (3)
20. 2. B οὐ μὴ ποιήσῃ ὁ πατήρ μου ῥῆμα μ. [A R al.] (5)
— 35. καὶ παιδάριον μ. μετ' αὐτοῦ (5)
22. 15: 25. 36. ῥῆμα μ. ἢ μέγα (5)
30. 2, 19. ἀπὸ μικροῦ ἕως μεγάλου (5)
II Ki. 7. 19. κατεσμικρύνθην [A -η] μικρόν –
9. 12. τῷ Μεμφ. υἱὸς μ. (5)
12. 3. οὐδὲν ἀλλ' ἢ ἀμνὰς μία μ. (5)
— 8. εἰ μικρόν ἐστιν (3)
17. 20. παρῆλθαν μικρὸν τοῦ ὕδατος (2)
24. 25. μικρὸν ἦν ἐν πρώτοις –
III Ki. 2. 20. αἴτησιν μίαν μικρὰν ἐγὼ αἰτοῦμαι (5)
3. 7. ἐγώ εἰμι παιδάριον μ. (5)
8. 64. τὸ θυσιαστήριον . . . μικρὸν τοῦ μὴ δύνασθαι (5)
11. 17. καὶ Ἀδὲρ παιδάριον μ. (5)
17. 13. ποίησον ἐμοὶ ἐκεῖθεν ἐγκρυφίαν μ. (5)
18. 44. νεφέλη μ. ὡς ἴχνος ἀνδρός (5)
22. 31. μὴ πολεμεῖτε μικρὸν καὶ μέγαν (5)
IV Ki. 2. 23. παιδάρια μ. ἐξῆλθον (5)
4. 10. ποιήσωμεν δὴ αὐτῷ ὑπερῷον τόπον μ. (5)
5. 2. ᾐχμαλώτευσαν . . . νεάνιδα μ. (5)
— 14. ὡς σὰρξ παιδαρίου μ. (5)
23. 2: 25. 26. ἀπὸ μικροῦ καὶ ἕως μεγάλου (5)
I Ch. 12. 14. εἷς τοῖς ἑκατὸν μικρός (5)
25. 8: 26. 13. κατὰ τὸν μ. καὶ κατὰ τὸν μέγαν (5)
II Ch. 10. 10. ὁ μ. δάκτυλός μου παχύτερος (13)
12. 7. δώσω αὐτοὺς ὡς μικρὸν εἰς σωτηρίαν (3)
18. 30. μὴ πολεμεῖτε τὸν μ. (5)
21. 17. Ὀχ. ὁ μικρότατος τῶν υἱῶν αὐ. (12)
22. 1. τὸν Ὀχ. τὸν υἱὸν αὐ. τὸν μ. (5)
31. 15. κατὰ τὸν μέγαν καὶ [A add. κατὰ] τὸν μ. (5)
34. 30. πᾶς ὁ λαὸς ἀπὸ μεγάλου ἕως μικροῦ (5)
36. 18. πάντα τὰ σκεύη οἴκου θεοῦ . . . τὰ μ. (5)
I Es. 1. 54. πάντα τὰ ἱερὰ σκεύη τοῦ κ. . . . τὰ μ.
II Es. 9. 8. καὶ δοῦναι ζωοποίησιν μ. (3)
Ju. 13. 4, 13. ἀπὸ μικροῦ ἕως μεγάλου
16. 16. μικρὸν πᾶσα θυσία εἰς ὀσμὴν εὐωδίας
Es. 1. 1. ἀπὸ μ. πηγῆς ποταμὸς μέγας
— 5. S[2] ἀπὸ μεγάλου καὶ ἕως μικροῦ (5)
10. 3. ἡ μ. πηγὴ ἣ ἐγένετο ποταμός
Jb. 2. 9. ἰδοὺ ἀναμένω [S[1] om.] χρόνον ἔτι μικρόν –
3. 19. μικρὸς καὶ μέγας ἐκεῖ ἐστι (5)
10. 20. ἔασόν με ἀναπαύσασθαι μικρόν [S ὀλίγον] (3)
36. 2. μεῖνόν με μικρὸν ἔτι (1 a)
Ps. 41 (42). 6. καὶ Ἑρμωνιεὶμ ἀπὸ ὄρους μικροῦ (4 a)
72 (73). 2. ἐμοῦ δὲ παρὰ μικρὸν ἐσαλεύθησαν οἱ πόδες (3)
103 (104). 25. ζῷα μικρὰ μετὰ μεγάλων (5)
113. 21 (115. 13). εὐλόγησε . . . τοὺς μ. μετὰ τῶν μεγάλων (5)
151. 1. μικρὸς ἤμην ἐν τοῖς ἀδελφοῖς μου
Pr. 6. 10. μικρὸν δὲ νυστάζεις (3)
15. 16. κρείσσων μικρὰ μερὶς μετὰ φόβου κυρίου (14)
20. 10. στάθμιον μέγα καὶ μικρόν (15)
Ec. 9. 14. πόλις μ. καὶ ἄνδρες ἐν αὐτῇ ὀλίγοι (5)
Ca. 2. 15. πιάσατε ἡμῖν ἀλώπεκας μικρούς (5)
3. 4. ὡς μικρὸν ὅτε παρῆλθον ἀπ' αὐτῶν (3)
8. 8. ἀδελφὴ ἡμῶν μικρά (5)
Wi. 6. 7. μικρὸν καὶ μέγαν αὐτὸς ἐποίησεν
15. 8. πρὸ μικροῦ ἐκ γῆς γεννηθείς
Si. *prol.* 18. τὰ λοιπὰ τῶν βιβλίων οὐ μικρὰν ἔχει τὴν διαφοράν
— 21. εὗρον οὐ μικρᾶς παιδείας ἀφόμοιον
5. 15. ἐν μεγάλῳ καὶ ἐν μικρῷ μὴ ἀγνόει
11. 3. μικρὰ ἐν πετεινοῖς μέλισσα
Si. 19. 1. ὁ ἐξουθενῶν τὰ ὀλίγα κατὰ μικρὸν πεσεῖται
25. 18. ἀνεστέναξε πικρά [S[1] μικρά]
— 19. μικρὰ πᾶσα κακία πρὸς κακίαν γυναικός
29. 23. ἐπὶ μικρῷ καὶ μεγάλῳ εὐδοκίαν ἔχε
Ho. 1. 4. ἔτι μικρὸν καὶ ἐκδικήσω τὸ αἷμα τοῦ Ἰ. (3)
8. 10. κοπάσουσι [A[1] κοπιάσουσιν] μικρὸν [A *om.*] τοῦ χρίειν βασιλέα (3)
Am. 6. 12 (11). πατάξει . . . τὸν οἶκον τὸν μ. ῥάγμασιν [A ῥήγ.] (5)
8. 5. τοῦ ποιῆσαι μικρὸν μέτρον (16)
Jn. 3. 5. ἀπὸ μεγάλου αὐτῶν ἕως μικροῦ αὐ. [A S[3] *al.*] (5)
Za. 4. 10. διότι τίς ἐξουδένωσεν εἰς ἡμέρας μικράς (5)
13. 7. ἐπάξω τὴν χεῖρά μου ἐπὶ τοὺς μικρούς [A ποιμένας, S[2] ποιμένας τοὺς μικρούς] (4 c)
Is. 7. 13. μὴ μικρὸν ὑμῖν ἀγῶνα παρέχειν ἀνθρώποις (3)
9. 14 (13). ἀφεῖλε κύριος . . . μέγαν καὶ μικρόν †
10. 25. ἔτι γὰρ μικρὸν καὶ παύσεται ἡ ὀργή (3+1 b)
11. 6. παιδίον μικρὸν ἄξει αὐτούς (5)
18. 5. ἀφελεῖ τὰ βοτρύδια τὰ μ. τοῖς δρεπάνοις –
22. 5. ἀπὸ μικροῦ ἕως μεγάλου –
— 24. ἀπὸ μικροῦ ἕως μεγάλου (5?)
26. 16. ἐν θλίψει μικρᾷ ἡ παιδεία σου ἡμῖν –
— 20. ἀποκρύβηθι μικρὸν ὅσον ὅσον (18)
28. 10. ἔτι μικρὸν ἔτι μικρὸν διὰ φαυλισμὸν χειλέων (1, 1)
— 13. ἔτι μικρὸν ἔτι μικρόν (1, 1)
— 25. σπείρει μικρὸν μελάνθιον –
29. 17. οὐκέτι μικρὸν καὶ μετατεθήσεται ὁ Λίβανος (3+1 b)
30. 14. ἐν ᾧ πῦρ ἀρεῖς καὶ ἐν ᾧ ἀποσυριεῖς ὕδωρ [S[1] *om.* ἀρ. κ. ἐν ᾧ ἀ. ὕ.] μικρόν †
33. 4. συναχθήσεται τὰ σκῦλα ὑμῶν [A *add.* ἀπὸ] μικροῦ καὶ μεγάλου †
— 19. μικρὸν καὶ μέγαν λαόν –
54. 7. ASR χρόνον μικρὸν κατέλιπόν [B ἐγκ.] σε (5)
— 8. ἐν θυμῷ μικρῷ ἀπέστρεψα τὸ πρόσωπόν μου ἀπὸ σοῦ (8)
63. 18. ἵνα μικρὸν [S[1] *add.* τι] κληρονομήσωμεν τοῦ ὄρους τοῦ ἁγίου σου (4 a)
Je. 6. 13. ἀπὸ μικροῦ αὐτῶν καὶ ἕως [A *om.*] μεγάλου (5)
28 (51). 33. ἔτι μικρὸν καὶ ἥξει ὁ ἀμητὸς αὐτῆς (3)
29 (49). 15. μικρὸν ἔδωκά σε ἐν ἔθνεσιν (5)
38 (31). 34. ἀπὸ μικροῦ αὐτῶν ἕως μεγάλου αὐτῶν (5)
49 (42). 1, 8. ἀπὸ μικροῦ καὶ ἕως μεγάλου (5)
51 (44). 12. ἀπὸ μικροῦ ἕως μεγάλου (5)
Ba. 1. 4. ἀπὸ μικροῦ ἕως μεγάλου
2. 29. ἡ βόμβησις ἡ μεγάλη ἡ πολλὴ αὕτη ἀποστρέψει εἰς μικράν [A μακ.]
La. 4. 18. ἐθηρεύσαμεν μικροὺς ἡμῶν †
Ez. 8. 15. A μὴ μικρὰ τῷ οἴκῳ Ἰούδα τοῦ ποιεῖν τὰς ἀνομίας –
— 17. μὴ μικρὰ τῷ οἴκῳ Ἰούδα [A Ἰσραὴλ] τοῦ ποιεῖν τὰς ἀνομίας (6)
11. 16. ἔσομαι αὐτοῖς εἰς ἁγίασμα μικρόν (3)
16. 20. ὡς μικρὰ ἐξεπόρνευσας (3)
— 47. κατὰ τὰς ἀνομίας αὐτῶν ἐποίησας παρὰ μικρὸν καὶ ὑπέρκεισαι αὐτὰς [A *add.* παρὰ πικρόν, ? μικρὸν] ἐν πάσαις ταῖς ὁ. σου (3, -)
17. 6. ἐγένετο εἰς ἄμπελον ἀσθενοῦσαν [A εὐθην.] καὶ μικράν [A *add.* τῷ μεγέθει] (7)
43. 14. ἀπὸ τοῦ ἱλαστηρίου τοῦ μ. (5)
46. 22. αὐλὴ μικρὰ μήκους πηχῶν τεσσαράκοντα †
Da. LXX. Su. 56. ἡ μ. ἐπιθυμία
7. 8. ἄλλο ἓν κέρας ἀνεφύη . . . μικρόν (1 a)
Da. TH. 7. 8. κέρας ἕτερον μ. ἀνέβη (1 a)
11. 34. βοηθήσονται βοήθειαν μ. (3)
I Ma. 5. 45. ἀπὸ μικροῦ ἕως μεγάλου
II Ma. 3. 14. ἦν δὲ οὐ μικρὰ . . . ἀγωνία
— 30. τὸ μικρῷ πρότερον δέους . . . γέμον ἱερόν
6. 25. διὰ τὸ μικρὸν καὶ ἀκαριαῖον ζῆν
— 29. R τὴν μικρῷ πρότερον εὐμένειαν . . . μεταβαλόντων [A *al.*]
8. 8. κατὰ μικρὸν εἰς προκοπὴν ἐρχόμενον
9. 10. τὸν μικρῷ πρότερον . . . ἅπτεσθαι δοκοῦντα
10. 6. ὡς πρὸ μ. χρόνου . . . ἦσαν νεμόμενοι
IV Ma. 5. 19. μὴ μικρὰν οὖν εἶναι νομίσῃς ταύτην . . . ἁμαρτίαν
— 20. AR τὸ γὰρ ἐν [S ἐπὶ] μικροῖς καὶ ἐν [S *om.*] μεγάλοις παρανομεῖν
12. 7. ὡς ἐροῦμεν μετὰ μικρὸν ὕστερον
IV Ma. 15. 4. S R εἰς μικρὸν παιδὸς χαρακτῆρα [A παιδοχ.]
[**Aq.** Ge. 1. 16: Ca. 2. 15: Je. 31 (38). 34: 42 (49). 8: 48 (31). 4: Ez. 43. 14.]
[**Sm.** I Ki. 2. 19: III Ki. 12. 10: Ps. 41 (42). 7: 67 (68). 28: Is. 36. 9: Je. 50 (27). 45: Ez. 20. 43: Za. 13. 7.]
[**Th.** Ge. 1. 16: I Ki. 2. 19: Pr. 10. 20: Is. 7. 13: 22. 24: Je. 8. 10: 16. 6.]
[**Al.** Nu. 24. 13.]
[**Quint.** Ca. 8. 8: Ho. 7. 4.]

μικρότης. (1) קֹטֶן
III Ki. 12. 10. ἡ μ. μου παχυτέρα τῆς ὀσφύος τοῦ πατρός μου [A *al.*] (1)
— 24. B ἡ μ. μου παχυτέρα ὑπὲρ τὴν ὀσφύν –

μικρόψυχος.
[**Al.** Pr. 14. 29.]

μικρύνειν (σμ.). (1) אָמַל pul. (2) מָעַט *a.* qal. *b.* hi. *c.* מְעַט (3) קָטֹן (4) קָצַר hi.
I Ch. 16. 19. ὡς [A ἕως] ἐσμικρύνθησαν (2 c)
17. 17. ἐσμικρύνθη ταῦτα ἐνώπιόν σου (3)
Ps. 88 (89). 45. ἐσμίκρυνας τὰς ἡμέρας (4)
106 (107). 38. τὰ κτήνη αὐ. οὐκ ἐσμίκρυνε (2 b)
Si. 17. 25. σμίκρυνον πρόσκομμα
32 (35). 8. A B S[1] μὴ μικρύνῃς [S[2] R σμικρ.] ἀπαρχὴν χειρῶν σου
Ho. 4. 3. A R πενθήσει ἡ γῆ καὶ σμικρυνθήσεται [B μικρ.] (1)
Je. 36 (29). 6. καὶ μὴ σμικρυνθῆτε (2 a)
Ba. 2. 34. οὐ μὴ σμικρυνθῶσι [B[1] μικρ.]
Da. LXX., TH. 3. (37). ἐσμικρύνθημεν παρὰ πάντα τὰ ἔθνη
[**Aq.** Ge. 32. 10 (11): Jd. 16. 16.]
[**Th.** Je. 30 (37). 19: Ho. 4. 3.]

μικρῶς.
II Ma. 14. 8. τὸ σύμπαν ἡμῶν γένος οὐ μ. ἀκληρεῖ

μῖλαξ (μιλάς), *vid. sub* **σμῖλαξ.**

μίλτος. (1) שָׁשַׁר
Wi. 13. 14. καταχρίσας μίλτῳ
Je. 22. 14. ὑπερῷα . . . κεχρισμένα ἐν μίλτῳ (1)

μιμεῖσθαι (μιμεῖν ?).
Ps. 30 (31). 6. ἐμίσησας [B[1] ἐμιμ.] τοὺς διαφυλάσσοντας ματαιότητας †
Wi. 4. 2. παροῦσάν τε μιμοῦνται [A τιμῶσιν] αὐτήν
15. 9. χαλκοπλάστας τε μιμεῖται
IV Ma. 9. 23. μιμήσασθέ με, ἀδελφοί
13. 9. μιμησώμεθα τοὺς τρεῖς . . . νεανίσκους
[**Aq.** Ez. 16. 61.]

μίμημα.
Wi. 9. 8. μίμημα σκηνῆς ἁγίας ἣν προητοίμασας
[**Aq.** Ez. 23. 14.]

μιμνήσκεσθαι. (1) זָכַר *a.* qal. *b.* ni. *c.* hi. (2) נָשָׂא (3) c. neg. סָלַח (4) עוּר hithp. (5) פָּקַד
Ge. 8. 1. A ἐμνήσθη [R ἀνεμν.] ὁ θ. τοῦ Νῶε (1 a)
9. 15. καὶ μνησθήσομαι τῆς διαθήκης μου (1 a)
— 16. καὶ ὄψομαι τοῦ μνησθῆναι διαθήκην (1 a)
19. 29. ἐμνήσθη ὁ θεὸς τοῦ Ἀβραάμ (1 a)
30. 22. ἐμνήσθη δὲ ὁ θεὸς Ῥαχήλ (1 a)
40. 13. μνησθήσεται Φαραὼ τῆς ἀρχῆς σου (2)
— 14. ἀλλὰ μνήσθητί μου διὰ σεαυτοῦ (1 a)
— 14. μνησθήσῃ περὶ ἐμοῦ (1 c)
— 20. ἐμνήσθη τῆς ἀρχῆς τοῦ οἰνοχόου (2)
— 23. καὶ οὐκ ἐμνήσθη . . . τοῦ Ἰ. (1 a)
42. 9. ἐμνήσθη Ἰωσὴφ τῶν ἐνυπνίων (1 a)
Ex. 2. 24. ἐμνήσθη ὁ θεὸς τῆς διαθήκης αὐτοῦ (1 a)
6. 5. καὶ ἐμνήσθην τῆς διαθήκης ὑμῶν (1 a)
20. 8. μνήσθητι τὴν ἡμέραν (1 a)
32. 13. μνησθεὶς . . . τῶν σῶν οἰκετῶν (1 a)
Le. 26. 42. μνησθήσομαι τῆς διαθήκης Ἰ. (1 a)
— 42. τῆς διαθήκης Ἀβρ. μνησθήσομαι (1 a)
— 43 (42). τῆς γῆς μνησθήσομαι (1 a)
— 45. μνησθήσομαι αὐτῶν τῆς διαθήκης (1 a)
Nu. 11. 5. ἐμνήσθημεν τοὺς ἰχθύας (1 a)
15. 39. μνησθήσεσθε πασῶν τῶν ἐντολῶν κυρίου (1 a)
— 40. ὅπως ἂν μνησθῆτε (1 a)
De. 5. 15. μνησθήσῃ ὅτι οἰκέτης ἦσθα (1 a)

De. 7. 18. μνησθήσῃ ὅσα ἐποίησε κ. (1 a)
8. 2. μνησθήσῃ πᾶσαν τὴν ὁδόν (1 a)
— 18. μνησθήσῃ κ. τοῦ θεοῦ σου (1 a)
9. 7. μνήσθητι μὴ ἐπιλάθῃ (1 a)
— 27. μνήσθητι Ἀβραάμ (1 a)
15. 15. μνησθήσῃ ὅτι οἰκέτης ἦσθα (1 a)
16. 3. ἵνα [A^{2} om.] μνησθῆτε τὴν ἡμέραν τῆς ἐξοδίας ὑ. (1 a)
— 12. μνησθήσῃ ὅτι οἰκέτης ἐγένου (1 a)
24. 9. μνήσθητι ὅσα ἐποίησε κύριος (1 a)
— 18. B^{1} ὅτι [A B^{2}R μνησθήσῃ ὅτι] οἰκέτης ἦσθα (1 a)
— 20. μνησθήσῃ ὅτι οἰκέτης ἦσθα –
— 22. μνησθήσῃ ὅτι οἰκέτης ἦσθα (1 a)
25. 17. μνήσθητι ὅσα ἐποίησέ σοι Ἀμ. (1 a)
32. 7. μνήσθητε ἡμέρας αἰῶνος (1 a)
Jo. 1. 13. μνήσθητε τὸ ῥῆμα (1 a)
Jd. 8. 34. οὐκ ἐμνήσθησαν . . . κ. τοῦ θεοῦ (1 a)
9. 2. μνήσθητε ὅτι ὀστοῦν ὑμῶν . . . εἰμι (1 a)
16. 28. μνήσθητι δή μου (1 a)
I Ki. 1. 11. ἐὰν . . . μνησθῇς μου (1 a)
— 19. ἐμνήσθη αὐτῆς κύριος (1 a)
4. 18. ὡς ἐμνήσθη τῆς κιβωτοῦ τοῦ θεοῦ (1 c)
25. 31. μνησθήσῃ τῆς δούλης σου (1 a)
II Ki. 19. 19 (20). μὴ μνησθῇς ὅσα ἠδίκησεν (1 a)
IV Ki. 20. 3. μνήσθητι δὴ ὅσα περιεπάτησα (1 a)
II Ch. 6. 42. μνήσθητι τὰ ἐλέη Δ. (1 a)
24. 22. οὐκ ἐμνήσθη Ἰ. τοῦ ἐλέους (1 a)
I Es. 3. 20. οὐ μέμνηται πᾶσαν λύπην
— 21. οὐ μέμνηται βασιλέα
— 22. οὐ μέμνηται ὅταν πίνωσι
— 23. B οὐ μέμνηται [A R -ηνται] ἃ ἔπραξαν
4. 21. οὔτε τὸν πατέρα μέμνηται
— 43. μνήσθητι τὴν εὐχήν
Ne. 1. 8. μνήσθητι δὴ τὸν λόγον (1 a)
4. 14 (8). μνήσθητε τοῦ θεοῦ ἡμῶν (1 a)
5. 19. μνήσθητί μου ὁ θ. εἰς ἀγαθὸν πάντα (1 a)
6. 14. μνήσθητι ὁ θ. T. (1 a)
9. 17. A S^{2}R οὐκ ἐμνήσθησαν [B S^{1} ἀνεμν.] τῶν θαυμασίων σου (1 a)
13. 14, 22. μνήσθητί μου ὁ θεός (1 a)
— 29. μνήσθητι αὐτοῖς ὁ θεός (1 a)
— 31. μνήσθητί μου ὁ θεὸς ἡμῶν (1 a)
To. 1. 12. ἐμεμνήμην τοῦ θεοῦ ἐν ὅλῃ τῇ ψυχῇ μου
2. 2. ὃς μέμνηται τοῦ κυρίου [A S al.]
— 6. ἐμνήσθην τῆς προφητείας Ἀμὼς [S al.]
3. 3. μνήσθητί μου
4. 1. ἐμνήσθη Τωβὶτ περὶ [S om.] τοῦ ἀργυρίου
— 4. μνήσθητι [S add. αὐτῆς] παιδίον
— 12. A B Νῶε . . . μνήσθητι, παιδίον
6. 15. οὐ μέμνησαι τῶν λόγων [S τὰς ἐντολάς]
8. 2. ἐμνήσθη τῶν λόγων Ῥαφαήλ
14. 7. S ἵνα ὦσιν μεμνημένοι τοῦ θ.
Ju. 8. 26. μνήσθητε ὅσα ἐποίησε
Es. 2. 1. οὐκέτι ἐμνήσθη τῆς Ἀ. [A al.] (1 a)
4. 8. μνησθεῖσα [S^{1} -εὶς ἀφ'] ἡμερῶν ταπεινώσεώς σου –
— 17. μνήσθητι, κύριε
10. 3. ἐμνήσθην γὰρ περὶ τοῦ ἐνυπνίου
— 3. ἐμνήσθη ὁ θ. τοῦ λαοῦ αὐτοῦ
Jb. 4. 7. μνήσθητι οὖν τίς [A οὖν ὅτι οὐδεὶς] καθαρὸς ὢν ἀπώλετο (1 a)
7. 7. μνήσθητι οὖν ὅτι πνεῦμά μου ἡ ζωή (1 a)
10. 9. μνήσθητι ὅτι πηλόν με ἔπλασας (1 a)
21. 6. ἐάν τε γὰρ μνησθῶ ἐσπούδακα (1 a)
24. 20. A εἶτα ἐμνήσθη αὐτῶν [B S ἀνεμνήσθη αὐτοῦ] ἡ ἁμαρτία (1 b ?)
28. 18. μετέωρα καὶ γαβὶς οὐ μνησθήσεται (1 b)
36. 24. μνήσθητι ὅτι μεγάλα ἐστὶν αὐτοῦ τὰ ἔργα (1 a)
40. 27 (32). μνησθεὶς πόλεμον τὸν γινόμενον [A -μον τοῦ γιγνομένου] (1 a)
Ps. 8. 4. ὅτι μιμνήσκῃ αὐτοῦ (1 a)
9. 12. ἐκζητῶν τὰ αἵματα αὐτῶν ἐμνήσθη (1 a)
15 (16). 4. οὐδὲ μὴ μνησθῶ τῶν ὀνομ. αὐ. (2)
19 (20). 3. μνησθείη πάσης θυσίας σου (1 a)
21 (22). 27. μνησθήσονται . . . πάντα τὰ πέρατα τῆς γῆς (1 a)
24 (25). 6. μνήσθητι τῶν οἰκτιρμῶν σου (1 a)
— 7. ἀγνοίας μου μὴ μνησθῇς (1 a)
— 7. κατὰ τὸ ἔλεός σου μνήσθητί μου (1 a)
41 (42). 4. ταῦτα ἐμνήσθην (1 a)
— 6. μνησθήσομαί σου ἐκ γῆς Ἰορδάνου (1 a)
44 (45). 17. μνησθήσονται [S^{2} -σομαι] τοῦ ὀνόματός σου (1 c)
Ps. 70 (71). 16. μνησθήσομαι τῆς δικαιοσύνης σου μόνου (1 c)
73 (74). 2. μνήσθητι τῆς συναγωγῆς σου (1 a)
— 18. μνήσθητι ταύτης τῆς κτίσεώς σου [S om. τῆς κτ. σου] (1 a)
— 22. μνήσθητι τῶν ὀνειδισμῶν [S^{2} τοῦ ὀ.] σου (1 a)
76 (77). 3. ἐμνήσθην τοῦ θεοῦ (1 a)
— 6. ἔτη αἰώνια ἐμνήσθην (1 a)
— 11. ἐμνήσθην τῶν ἔργων κυρίου ὅτι μνησθήσομαι ἀπὸ τῆς ἀρχῆς τῶν θαυμασίων σου (1 a, 1 c*, 1 a)
77 (78). 35. ἐμνήσθησαν ὅτι ὁ θεὸς βοηθὸς αὐτῶν ἐστι (1 a)
— 39. ἐμνήσθη ὅτι σάρξ εἰσι (1 a)
— 42. οὐκ ἐμνήσθησαν τῆς χειρὸς αὐτοῦ ἡμέρας (1 a)
78 (79). 8. μὴ μνησθῇς ἡμῶν ἀνομιῶν ἀρχαίων (1 a)
82 (83). 4. οὐ μὴ μνησθῇ τὸ ὄνομα Ἰσραὴλ ἔτι (1 b)
86 (87). 4. μνησθήσομαι Ῥαὰβ καὶ Βαβυλῶνος (1 c)
87 (88). 5. ὧν οὐκ ἐμνήσθης ἔτι (1 a)
88 (89). 47. μνήσθητι τίς μου ἡ ὑπόστασις (1 a)
— 50. μνήσθητι, κύριε, τοῦ ὀνειδισμοῦ τῶν δούλων σου (1 a)
97 (98). 3. ἐμνήσθη τοῦ ἐλέους αὐτοῦ (1 a)
102 (103). 14. μνήσθητι [A S^{2} ἐμνήσθη] ὅτι χοῦς ἐσμεν (1 a)
— 18. τοῖς . . . μεμνημένοις τῶν ἐντολῶν αὐτοῦ (1 a)
104 (105). 5. μνήσθητε τῶν θαυμασίων αὐτοῦ (1 a)
— 8. ἐμνήσθη εἰς τὸν αἰῶνα διαθήκης αὐτοῦ (1 a)
— 42. ἐμνήσθη τοῦ λόγου τοῦ ἁγίου αὐτοῦ (1 a)
105 (106). 4. μνήσθητι ἡμῶν, κύριε (1 a)
— 7. οὐκ ἐμνήσθησαν τοῦ πλήθους τοῦ ἐλέους σου (1 a)
— 45. ἐμνήσθη τῆς διαθήκης αὐτοῦ (1 a)
108 (109). 16. οὐκ ἐμνήσθη τοῦ ποιῆσαι ἔλεος (1 a)
110 (111). 5. μνησθήσεται εἰς τὸν αἰῶνα διαθήκης αὐτοῦ (1 a)
113. 20 (115. 12). κύριος μνησθεὶς ἡμῶν [S^{1} ἐμνήσθη ἡ. καὶ] εὐλόγητεν ἡμᾶς (1 a)
118 (119). 49. A S^{1} μνήσθητι τὸν λόγον [S^{2}R τῶν λ.] σου (1 a)
— 52. ἐμνήσθην τῶν κριμάτων σου ἀπ' αἰῶνος (1 a)
— 55. ἐμνήσθην ἐν νυκτὶ τοῦ ὀνόματός [S^{1} τὸ ὄ.] σου (1 a)
131 (132). 1. μνήσθητι, κύριε, τοῦ Δαυίδ (1 a)
135 (136). 23. A S^{2}R ἐμνήσθη ἡμῶν ὁ κύριος (1 a)
136 (137). 1. ἐν τῷ μνησθῆναι ἡμᾶς τῆς Σιών (1 a)
— 6. ἐὰν μή σου μνησθῶ (1 a)
— 7. μνήσθητι, κύριε, τῶν υἱῶν Ἐδὼμ τὴν ἡμέραν Ἰερουσαλήμ (1 a)
142 (143). 5. ἐμνήσθην ἡμερῶν ἀρχαίων (1 a)
Pr. 24. 75 (31. 7). ἵνα . . . τῶν πόνων μὴ μνησθῶσιν ἔτι (1 a)
Ec. 5. 19. B^{2}R οὐ πολλὰ [A S -ὰς, B^{1} οὐκ ἀλλὰ] μνησθήσεται τὰς ἡμέρας τῆς ζωῆς αὐτοῦ (1 a)
9. 15. ἄνθρωπος οὐκ ἐμνήσθη σὺν τοῦ ἀνδρὸς τοῦ πένητος ἐκείνου (1 a)
11. 8. μνησθήσεται τὰς ἡμέρας τοῦ σκότους (1 a)
12. 1. μνήσθητι τοῦ κτίσαντός σε (1 a)
Wi. 19. 10. ἐμέμνηντο γὰρ ἔτι τῶν ἐν τῇ παροικίᾳ αὐ.
Si. 3. 31. μέμνηται εἰς τὰ μετὰ ταῦτα
7. 16. μνήσθητι ὅτι ὀργὴ οὐ χρονιεῖ
— 28. μνήσθητι ὅτι δι' αὐτῶν ἐγενήθης [A S ἐγενν.]
— 36. ἐν πᾶσι τοῖς λόγοις σου μιμνήσκου τὰ ἔσχατά σου
8. 5. μνήσθητι ὅτι πάντες ἐσμὲν ἐν ἐπιτίμοις
— 7. μνήσθητι ὅτι πάντες τελευτῶμεν
9. 12. μνήσθητι ὅτι ἕως ᾅδου οὐ μὴ δικαιωθῶσι
11. 25. ἐν ἡμέρᾳ κακῶν οὐ μνησθήσεται ἀγαθῶν
14. 12. μνήσθητι ὅτι θάνατος οὐ χρονιεῖ
15. 8. ἄνδρες ψεῦσται οὐ μὴ μνησθήσονται [S^{1} -σωνται] αὐτῆς
16. 17. μὴ [A S καὶ] ἐξ ὕψους τίς μου [S^{1} ὑψίστου] μνησθήσεται
— 17. ἐν λαῷ πλείονι οὐ μὴ μνησθῶ [A S γνωσθῶ]
18. 24. μνήσθητι θυμοῦ [S^{1} θεοῦ] ἐν ἡμέραις τελευτῆς
— 25. μνήσθητι καιρὸν [A κατὰ κ.] λιμοῦ
23. 14. μνήσθητι πατρὸς καὶ μητρός σου
— 18. τῶν ἁμαρτιῶν μου οὐ μὴ μνησθήσεται ὁ ὕψιστος
28. 6. μνήσθητι τὰ ἔσχατα
— 7. μνήσθητι ἐντολῶν
33 (36). 8. μνήσθητι ὁρκισμοῦ [S ὁρισμοῦ]
34 (31). 13. μνήσθητι ὅτι κακὸν ὀφθαλμὸς πονηρός
Si. 38. 20. ἀπόστησον αὐτὴν μνησθεὶς τὰ ἔσχατα
— 22. μνήσθητι τὸ κρίμα αὐτοῦ
41. 3. μνήσθητι προτέρων σου καὶ ἐσχάτων
42. 15. μνησθήσομαι δὴ τὰ ἔργα κυρίου
49. 9. ἐμνήσθη τῶν ἐχθρῶν ἐν ὄμβρῳ
51. 8. ἐμνήσθην τοῦ ἐλέους σου, κύριε
Ho. 2. 17 (19). οὐ μὴ μνησθῶσιν οὐκέτι [A ἔτι] τὰ ὀνόμ. αὐτῶν (1 b)
7. 2. πάσας τὰς κακίας αὐτῶν ἐμνήσθην (1 a)
8. 13. νῦν μνησθήσεται τὰς ἀδικίας αὐτῶν (1 a)
9. 9. μνησθήσεται ἀδικίας αὐ. (1 a)
Am. 1. 9. οὐκ ἐμνήσθησαν διαθήκης ἀδελφῶν (1 a)
Mi. 6. 5. λαός μου μνήσθητι δὴ τί ἐβουλεύσατο (1 a)
Jn. 2. 8. τοῦ κυρίου ἐμνήσθην (1 a)
Na. 2. 5 (6). μνησθήσονται οἱ μεγιστᾶνες αὐ. (1 a)
Hb. 3. 2. ἐν ὀργῇ ἐλέους μνησθήσῃ (1 a)
Za. 10. 9. καὶ οἱ μακρὰν μνησθήσονταί μου (1 a)
Ma. 4. 4 (3. 22). μνήσθητε νόμου Μωσῆ τοῦ δούλου μου (1 a)
Is. 12. 4. μιμνήσκεσθε ὅτι ὑψώθη τὸ ὄν. αὐ. (1 c)
17. 10. κυρίου τοῦ βοηθοῦ σου οὐκ ἐμνήσθης (1 a)
26. 16. ἐν θλίψει ἐμνήσθην σου (5)
38. 3. μνήσθητι, κύριε, ὡς ἐπορεύθην ἐνώπιόν σου (1 a)
43. 25. οὐ μὴ μνησθήσομαι [A add. τὰς ἀδικίας σου] (1 a)
— 26. σὺ δὲ μνήσθητι (1 c)
44. 21. μνήσθητι ταῦτα Ἰακώβ (1 a)
46. 8. μνήσθητε ταῦτα καὶ στενάξατε (1 a)
— 9. μνήσθητε τὰ πρότερα ἀπὸ τοῦ αἰῶνος (1 a)
47. 7. οὐδὲ ἐμνήσθης τὰ ἔσχατα (1 a)
48. 1. μιμνησκόμενοι οὐ μετὰ ἀληθείας (1 c)
54. 4. ὄνειδος τῆς χηρείας σου οὐ μὴ μνησθήσῃ (1 a)
57. 11. οὐκ ἐμνήσθης οὐδὲ ἔλαβές με εἰς τὴν διάνοιαν (1 a)
62. 6. οὐ σιωπήσονται μιμνησκόμενοι κυρίου (1 c)
63. 7. τὸν ἔλεον κυρίου ἐμνήσθην (1 c)
— 11. ἐμνήσθη ἡμερῶν αἰωνίων (1 a)
64. 5 (4). τῶν ὁδῶν σου μνησθήσονται (1 a)
— 7 (6). οὐκ ἔστιν . . . ὁ μνησθεὶς ἀντιλαβέσθαι [S -τελάβετό] σου (4)
— 9 (8). μὴ ἐν καιρῷ μνησθῇς ἁμαρτιῶν ἡμῶν (1 a)
65. 17. οὐ μὴ μνησθῶσι τῶν προτέρων (1 b)
66. 9. οὐκ ἐμνήσθης μου †
Je. 2. 2. ἐμνήσθην ἐλέους νεότητός σου (1 a)
11. 19. τὸ ὄνομα αὐ. οὐ μὴ μνησθῇ οὐκέτι (1 b)
14. 10. νῦν μνησθήσεται τῆς ἀδικίας [A S τῶν ἀ.] αὐτῶν (1 a)
— 21. μνήσθητι μὴ διασκεδάσῃς τὴν διαθήκην σου (1 a)
15. 15. μνήσθητί μου καὶ ἐπίσκεψαί με (1 a)
18. 20. μνήσθητι ἑστηκότος μου κατὰ πρόσωπόν σου (1 a)
28 (51). 50. μνήσθητε τοῦ κυρίου (1 a)
38 (31). 20. μνείᾳ [S^{1} -αν] μνησθήσομαι αὐτοῦ (1 a)
— 34. τῶν ἁμαρτιῶν αὐτῶν οὐ μὴ μνησθῶ ἔτι (1 a)
40 (33). 8. οὐ μὴ μνησθήσομαι [S -θῶ] ἁμαρτιῶν αὐτῶν (3)
51 (44). 21. οὐχὶ τοῦ θυμιάματος . . . ἐμνήσθη κύριος (1 a)
Ba. 2. 32. μνησθήσονται τοῦ ὀνόματός μου
— 33. μνησθήσονται τῆς ὁδοῦ πατέρων αὐτῶν
3. 5. μὴ μνησθῇς ἀδικιῶν πατέρων ἡμῶν ἀλλὰ μνήσθητι χειρός σου
— 23. οὐδὲ ἐμνήσθησαν τὰς τρίβους αὐτῆς
4. 14. μνήσθητε τὴν αἰχμαλωσίαν τῶν υἱῶν μου
La. 1. 7. ἐμνήσθη Ἰερ. ἡμερῶν ταπεινώσεως αὐτῆς (1 a)
— 9. οὐκ ἐμνήσθη ἔσχατα [A -ων] αὐτῆς (1 a)
2. 1. οὐκ ἐμνήσθη ὑποποδίου ποδῶν αὐτοῦ (1 a)
3. 19. ἐμνήσθην ἀπὸ πτωχείας μου (1 a)
— 20. χολή μου μνησθήσεται (1 a)
5. 1. μνήσθητι, κύριε (1 a)
Ez. 3. 20. οὐ μὴ μνησθῶσιν αἱ δικαιοσύναι αὐτοῦ (1 b)
6. 9. μνησθήσονταί μου οἱ ἀνασῳζόμενοι ἐξ ὑμῶν (1 a)
16. 22. οὐκ ἐμνήσθης [A -θη τὰς ἡμέρας] τῆς νηπιότητός σου (1 a)
— 43. οὐκ ἐμνήσθης [A add. τὴν ἡμέραν] τῆς νηπιότητός σου (1 a)
— 60. μνησθήσομαι ἐγὼ τῆς διαθήκης μου (1 a)
— 61. μνησθήσῃ τὴν ὁδόν σου (1 a)
— 63. ὅπως μνησθῇς καὶ αἰσχυνθῇς (1 a)
18. 22. R πάντα τὰ παραπτώματα . . . οὐ μνησθήσονται [B -σεται, A al.] (1 b)
— 24. πᾶσαι αἱ δικαιοσύναι αὐτοῦ ἃς ἐποίησεν οὐ μὴ μνησθῶσιν (1 b)

Ez. 20. 43. μνησθήσεσθε ἐκεῖ τὰς ὁδοὺς ὑμῶν (1 a)
21. 23 (28). αὐτὸς ἀναμιμνήσκων ἀδικίας αὐτοῦ μνησθῆναι †
23. 27. Αἰγύπτου οὐ μὴ μνησθῇς οὐκέτι (1 a)
33. 13. A αἱ δικαιοσύναι αὐ. ἃς ἐποίησεν οὐ μὴ μνησθῶσιν [B αὐ. οὐ μὴ ἀναμν.] (1 b)
— 16. A αἱ ἁμαρτίαι αὐτοῦ ἃς ἐποίησεν οὐ μὴ μνησθῶσιν ἔτι [B al.] (1 b)
36. 31. μνησθήσεσθε τὰς ὁδοὺς ὑμῶν τὰς πονηράς (1 a)
Da. LXX. 5. 11. ἐμνήσθη πρὸς αὐτὸν περὶ τοῦ Δ. –
Bel 37. ἐμνήσθη γάρ μου κ. ὁ θεός
— 38. ὁ δὲ κ. ὁ θεὸς ἐμνήσθη τοῦ Δ.
Da. TH. Bel 38. ἐμνήσθης γάρ μου
I Ma. 2. 51. μνήσθητε τῶν πατέρων ἡμῶν
4. 9. μνήσθητε ὡς ἐσώθησαν
— 10. καὶ μνησθήσεται διαθήκης πατέρων
5. 4. ἐμνήσθη τῆς κακίας υἱῶν B.
6. 12. R νῦν δὲ μιμνήσκομαι [A S μνήσκ.]
7. 38. μνήσθητι τῶν δυσφημιῶν αὐ.
9. 38. ἐμνήσθησαν Ἰωάννου [S¹ τοῦ αἵματος Ἰ.]
10. 5. μνησθήσεται γὰρ πάντων τῶν κακῶν
— 46. S ἐμνήσθησαν [A R ἐπεμν.] τῆς κακίας τῆς μεγ.
12. 11. A R μιμνησκόμεθα [S μνησκ.] ὑμῶν
II Ma. 1. 2. R μνησθείη [A -θῆναι] τῆς διαθήκης αὐ.
8. 4. μνησθῆναι δὲ καὶ τῆς . . . ἀπωλείας
9. 26. μεμνημένους τῶν εὐεργεσιῶν
IV Ma. 13. 12. A R μνήσθητε [S¹ om.] πόθεν ἐστέ
15. 28. τῆς θεοσεβοῦς Ἀβρ. καρτερίας ἡ θυγάτηρ ἐμνήσθη
[Aq. Jb. 40. 27 (32): Ps. 24 (25). 7: 87 (88). 6: 118 (119). 49: Ec. 11. 8. Ho. 7. 2.]
[Sm. Jb. 28. 18.]
[Th. Jb. 28. 18: Ps. 102 (103). 14: Ez. 18. 22.]
[Al. Dt. 5. 12: Es. 2. 1.]

μινυρίζειν.
[Al. Ps. 48 (49). 4.]

μίξις.
Wi. 14. 25. S¹ πάντα δὲ ἐπὶ μίξιν [? ἐπίμιξιν, A B ἐπιμίξ, S² ἐπιμιξίαν] ἔχει [S² om.] αἷμα

μισάνθρωπος.
IV Ma. 11. 4. A R ὦ μισάρετε [S μιαρώτατε] καὶ μισάνθρωπε

μισάρετος.
IV Ma. 11. 4. A R ὦ μισάρετε [S μιαρώτατε] καὶ μισάνθρωπε

μίσγειν. (1) מָהַל (2) נָגַע
Ho. 4. 2. αἵματα ἐφ᾽ αἵμασι μίσγουσι (2)
Is. 1. 22. μίσγουσι τὸν οἶνον ὕδατι (1)

μισεῖν. (1) זָעַם (2) מָאַס a. qal. b. ni. (3) צָרַר (4) קוּם (5) שָׂנֵא a. qal. b. ni. c. pi. d. שִׂנְאָה e. שָׂנִיא f. שְׂנֵא (6) שָׁאַף
Ge. 26. 27. ὑμεῖς δὲ ἐμισήσατέ με (5 a)
29. 31. ἐμισεῖτο [A μισεῖται] Λεία (5 a)
— 33. ἤκουσε κύριος ὅτι μισοῦμαι (5 a)
37. 4. ἐμίσησαν αὐτόν (5 a)
— 8. προσέθεντο ἔτι μισεῖν αὐτόν (5 a)
Ex. 18. 21. ἄνδρας δικαίους μισοῦντας ὑπερηφανίαν (5 a)
20. 5. ἀποδιδοὺς . . . τοῖς μισοῦσί με (5 a)
Le. 19. 17. οὐ μισήσεις τὸν ἀδελφόν σου (5 a)
26. 17. διώξονται ὑμᾶς οἱ μισοῦντες ὑμᾶς (5 a)
Nu. 10. 35. φυγέτωσαν πάντες οἱ μισοῦντές σε (5 c)
De. 1. 27. διὰ τὸ μισεῖν κύριον ἡμᾶς (5 d)
4. 42. καὶ οὗτος οὐ μισῶν αὐτόν (5 a)
5. 9. ἐπὶ τρίτην . . . γενεὰν τοῖς μισοῦσί με (5 a)
7. 10. καὶ ἀποδιδοὺς τοῖς μισοῦσι (5 a)
— 10. οὐχὶ βραδυνεῖ τοῖς μισοῦσι (5 a)
— 15. ἐπὶ πάντας τοὺς μισοῦντάς σε (5 a)
9. 28. παρὰ τὸ μισῆσαι [A add. κύριον] αὐτούς (5 d)
12. 31. ἃ ἐμίσησεν (5 a)
16. 22. ἃ ἐμίσησε κ. ὁ θεός σου (5 a)
19. 4. καὶ οὗτος οὐ μισῶν αὐτόν (5 a)
— 6. οὐ μισῶν ἦν αὐτόν (5 a)
— 11. ἄνθρωπος μισῶν τὸν πλησίον (5 a)
21. 15. καὶ μία αὐτῶν μισουμένη (5 a)
— 15. ἡ ἠγαπημένη καὶ ἡ μισουμένη (5 a)
— 15. καὶ γένηται υἱὸς πρωτότοκος τῆς μισουμ. (5 e)
De. 21. 16. τὸν υἱὸν τῆς μισουμ. τὸν πρωτότοκον (5 a)
— 17. τὸν πρωτότοκον υἱὸν τῆς μισουμ. (5 a)
22. 13. καὶ μισήσῃ αὐτήν (5 a)
— 16. μισήσας αὐτὴν νῦν οὗτος (5 a)
24. 3. καὶ μισήσῃ αὐτὴν ὁ ἀνὴρ ὁ ἔσχατος (5 a)
30. 7. καὶ ἐπὶ τοὺς μισοῦντάς σε (5 a)
32. 41. B καὶ τοῖς μισοῦσιν [A R add. με] ἀνταποδώσω (5 c)
— 43. καὶ τοῖς μισοῦσιν ἀνταποδώσει –
33. 11. οἱ μισοῦντες αὐτὸν μὴ ἀναστήτωσαν (5 c)
Jo. 20. 5. A οὐ μισῶν αὐτὸς αὐτόν (5 a)
Jd. 11. 7. οὐχὶ ὑμεῖς ἐμισήσατέ με (5 a)
14. 16. μεμίσηκάς με (5 a)
15. 2. μισῶν ἐμίσησας [A -σα] αὐτήν (5 a, 5 a)
II Ki. 5. 8. ἁπτέσθω . . . τοὺς μισοῦντας τὴν ψυχὴν Δ. (5 a)
13. 15. ἐμίσησεν αὐτὴν Ἀ. μῖσος μέγα σφόδρα (5 a)
— 15. μέγα τὸ μῖσος ὃ ἐμίσησεν αὐτήν (5 a)
— 22. ἐμίσει Ἀβ. τὸν Ἀ. (5 a)
18. 28. B ἀπέκλεισε τοὺς ἄνδρας τοὺς μισοῦντας τὴν χεῖρα αὐ. [A R al.] †
19. 6 (7). τοῦ ἀγαπᾶν τοὺς μισοῦντάς σε καὶ μισεῖν τοὺς ἀγαπῶντάς σε (5 a, 5 a)
22. 18. ἐρρύσατό με . . . ἐκ τῶν μισούντων με (5 a)
— 41. ἔδωκάς μοι νῶτον τοὺς μισοῦντάς με (5 c)
III Ki. 22. 8. καὶ ἐγὼ μεμίσηκα αὐτόν (5 a)
II Ch. 18. 7. ἐγὼ ἐμίσησα αὐτόν (5 a)
19. 2. ἢ μισουμένῳ ὑπὸ κυρίου φιλιάζεις (5 a)
To. 4. 15. A B ὃ μισεῖς μηδενὶ ποιήσῃς
13. 12. ἐπικατάρατοι πάντες οἱ μισοῦντές σε [S al.]
Ju. 5. 17. θεὸς μισῶν ἀδικίαν
Es. 4. 17. ἐμίσησα δόξαν ἀνόμων
Jb. 34. 17. ἴδε σὺ [A εἰ δέ σοι οὐκ οἶει] τὸν μισοῦντα ἄνομα (5 a)
Ps. 5. 5. ἐμίσησας, κύριε, πάντας τοὺς ἐργαζομένους τὴν ἀνομίαν (5 a)
10 (11). 6. μισεῖ τὴν ἑαυτοῦ ψυχήν (5 a)
17 (18). 17. ῥύσεταί με . . . ἐκ τῶν μισούντων με (5 a)
— 20. A B καὶ ἐκ τῶν μισούντων με –
— 40. τοὺς μισοῦντάς με ἐξωλέθρευσας (5 c)
20 (21). 8. ἡ δεξιά σου εὕροι πάντας τοὺς μισοῦντάς σε (5 a)
24 (25). 19. μῖσος ἄδικον ἐμίσησάν με (5 a)
25 (26). 5. ἐμίσησα ἐκκλησίαν πονηρευομένων (5 a)
30 (31). 6. A B S ἐμίσησας [B¹ ἐμίμ.] τοὺς φυλάσσοντας [A R διαφ.] ματαιότητας (5 a)
33 (34). 21. οἱ μισοῦντες τὸν δίκαιον πλημμελήσουσι (5 a)
34 (35). 19. οἱ μισοῦντές με [A om.] δωρεάν (5 a)
35 (36). 2. τοῦ εὑρεῖν τὴν ἀνομίαν αὐτοῦ καὶ μισῆσαι (5 a)
37 (38). 19. ἐπληθύνθησαν οἱ μισοῦντές με [A om.] ἀδίκως (5 a)
43 (44). 7. A B³ S R τοὺς μισοῦντας ἡμᾶς κατῄσχυνας (5 c)
— 10. οἱ μισοῦντες ἡμᾶς διήρπαζον ἑαυτοῖς (5 c)
44 (45). 7. ἐμίσησας ἀνομίαν [A ἀδικίαν] (5 a)
49 (50). 17. σὺ δὲ ἐμίσησας παιδείαν (5 a)
54 (55). 12. εἰ ὁ μισῶν ἐπ᾽ ἐμὲ ἐμεγαλορρημόνησεν (5 c)
67 (68). 1. φυγέτωσαν οἱ μισοῦντες αὐτόν (5 c)
68 (69). 4. ἐπληθύνθησαν . . . οἱ μισοῦντές με δωρεάν (5 a)
— 14. ῥυσθείην ἐκ τῶν μισούντων με (5 a)
73 (74). 4. ἐνεκαυχήσαντο οἱ μισοῦντές σε (3)
— 23. ἡ ὑπερηφανία τῶν μισούντων σε ἀναβαίη [S² ἀνέβη] (4)
82 (83). 2. οἱ μισοῦντές σε ἦραν κεφαλήν (5 c)
85 (86). 17. ἰδέτωσαν οἱ μισοῦντές με [B² σε] (5 a)
88 (89). 23. τοὺς μισοῦντας αὐτὸν τροπώσομαι (5 c)
96 (97). 10. μισεῖτε πονηρόν (5 a)
100 (101). 3. ποιοῦντας παραβάσεις ἐμίσησα [S¹ al.] (5 a)
104 (105). 25. τοῦ μισῆσαι τὸν λαὸν αὐτοῦ (5 a)
105 (106). 10. ἔσωσεν αὐτοὺς ἐκ χειρὸς μισούντων [A S² -ος] (5 a)
— 41. ἐκυρίευσαν αὐτῶν οἱ μισοῦντες αὐτούς (5 a)
118 (119). 104. ἐμίσησα πᾶσαν ὁδὸν ἀδικίας (5 a)
— 113. παρανόμους ἐμίσησα (5 a)
— 128. πᾶσαν ὁδὸν ἄδικον ἐμίσησα (5 a)
— 163. ἀδικίαν ἐμίσησα καὶ ἐβδελυξάμην (5 a)
119 (120). 6. μετὰ τῶν μισούντων τὴν εἰρήνην ἤμην εἰρηνικός (5 a)
Ps. 128 (129). 5. ἀποστραφήτωσαν εἰς τὰ ὀπίσω πάντες οἱ μισοῦντες Σιών (5 a)
138 (139). 21. οὐχὶ τοὺς μισοῦντάς σε, κύριε, ἐμίσησα (5 c, 5 a)
— 22. τέλειον μῖσος ἐμίσουν αὐτούς (5 a)
Pr. 1. 22. ἀσεβεῖς γενόμενοι ἐμίσησαν αἴσθησιν (5 a)
— 29. ἐμίσησαν γὰρ σοφίαν (5 a)
5. 12. πῶς ἐμίσησα παιδείαν (5 a)
6. 16. χαίρει πᾶσιν οἷς μισεῖ ὁ θεός (5 a)
8. 13. φόβος κυρίου μισεῖ ἀδικίαν (5 a)
— 13. μεμίσηκα δὲ ἐγὼ διεστραμμένας ὁδοὺς κακῶν (5 a)
— 36. οἱ μισοῦντές με [S¹ om.] ἀγαπῶσι θάνατον (5 c)
9. 8. ἵνα μὴ μισῶσί σε (5 a)
— 8. A S² ἄσοφον καὶ μισήσει σε –
11. 15. μισεῖ δὲ ἦχον ἀσφαλείας (5 a)
— 16. θρόνος δὲ ἀτιμίας γυνὴ μισοῦσα δίκαια –
12. 1. ὁ δὲ μισῶν ἐλέγχους ἄφρων (5 a)
13. 5. λόγον ἄδικον μισεῖ δίκαιος (5 a)
— 24. μισεῖ τὸν υἱὸν αὐ. (5 a)
14. 20. φίλοι μισήσουσι [A -σωσιν] φίλους πτωχούς (5 b)
15. 10. οἱ δὲ μισοῦντες ἐλέγχους τελευτῶσιν αἰσχρῶς (5 a)
— 27. ὁ δὲ μισῶν δώρων λήψεις σώζεται (5 a)
16. 3 (15. 32). ὃς ἀπωθεῖται παιδείαν μισεῖ ἑαυτόν (2 a)
17. 9. ὃς δὲ μισεῖ κρύπτειν διΐστησι φίλους †
19. 7. πᾶς ὃς ἀδελφὸν πτωχὸν μισεῖ [S¹ ποιεῖ] (5 a)
22. 14. ὁ δὲ μισηθεὶς ὑπὸ κυρίου ἐμπεσεῖται εἰς αὐτόν (1)
25. 17. μή ποτε πλησθείς σου μισήσῃ [A -σει] σε (5 a)
26. 28. γλῶσσα ψευδὴς μισεῖ ἀλήθειαν (5 a)
28. 16. ὁ δὲ μισῶν ἀδικίαν μακρὸν χρόνον ζήσεται (5 a)
29. 10. ἄνδρες αἱμάτων μέτοχοι μισοῦσιν [S -σήσουσιν, A ζητήσουσιν] ὅσιον (5 a)
— 24. μισεῖ τὴν ἑαυτοῦ ψυχήν (5 a)
Ec. 2. 17. ἐμίσησα σὺν τὴν ζωήν (5 a)
— 18. ἐμίσησα ἐγὼ σύμπαντα μόχθον μου (5 a)
3. 8. καιρὸς τοῦ μισῆσαι (5 a)
8. 1. ἀναιδὴς προσώπῳ αὐτοῦ μισηθήσεται †
Wi. 11. 24. οὐδὲ γὰρ ἂν μισῶν τι κατεσκεύασας
12. 3. τοὺς παλαιοὺς οἰκήτορας τῆς ἁγίας σου γῆς μισήσας
Si. 7. 15. μὴ μισήσῃς ἐπίπονον ἐργασίαν
— 25. S¹ μισουμένῳ [S² μισούσῃ σε] μὴ ἐμπιστεύσῃς σεαυτόν
9. 18. ὁ προπετὴς ἐν λόγῳ αὐτοῦ μισηθήσεται
12. 6. ὁ ὕψιστος ἐμίσησεν ἁμαρτωλούς
15. 11. ἃ γὰρ ἐμίσησεν οὐ ποιήσεις
— 13. πᾶν βδέλυγμα ἐμίσησε κύριος
17. 26. σφόδρα μίσησον βδέλυγμα
19. 5. ὁ μισῶν λαλιὰν ἐλαττονοῦται κακίᾳ [A καρδίᾳ]
— 9. ἐν καιρῷ μισήσει [A μασ.] σε
20. 8. ὁ ἐνεξουσιαζόμενος [A ἐξ.] μισηθήσεται
21. 6. μισῶν ἐλεγμὸν [A ἔλεγχον] ἐν ἴχνει ἁμαρτωλοῦ
— 28. ἐν παροικήσει μισηθήσεται
25. 2. τρία δὲ εἴδη ἐμίσησεν ἡ ψυχή μου
— 14. πᾶσαν ἐπαγωγὴν καὶ μὴ ἐπαγωγὴν μισούντων
27. 24. πολλὰ ἐμίσησα καὶ οὐχ ὡμοίωσα αὐτῷ
— 24. ὁ κύριος μισήσει [A ἐμίσει, S¹ μισεῖ] αὐτόν
34 (31). 16. μὴ διαμισῶ μὴ μισηθῇς
36 (33). 2. ἀνὴρ σοφὸς οὐ μισήσει νόμον
42. 9. συνῳκηκυῖα [S² σ. ἀνδρὶ] μή ποτε μισηθῇ
Ho. 9. 15. ὅτι ἐκεῖ αὐτοὺς ἐμίσησα (5 a)
Am. 5. 10. ἐμίσησαν ἐν πύλαις ἐλέγχοντα (5 a)
— 15. μεμισήκαμεν τὰ πονηρά (5 a)
— 21. μεμίσηκα ἀπῶσμαι ἑορτὰς ὑμῶν (5 a)
6. 8. καὶ τὰς χώρας αὐ. μεμίσηκα (5 a)
Mi. 3. 2. μισοῦντες [A οἱ μ.] τὰ καλά (5 a)
Hg. 2. 15 (14). ἐμισεῖτε ἐν πύλαις ἐλέγχοντας –
Za. 8. 17. διότι ταῦτα πάντα ἐμίσησα (5 a)
Ma. 1. 3. τὸν δὲ Ἠ. ἐμίσησα (5 a)
2. 13. καὶ ταῦτα ἃ ἐμίσουν ἐποιεῖτε †
— 16. ἀλλὰ ἐὰν μισήσας ἐξαποστείλῃς (5 a)
Is. 1. 14. τὰς ἑορτὰς ὑμῶν μισεῖ ἡ ψυχή μου (5 a)
33. 15. μισῶν ἀνομίαν καὶ ἀδικίαν (2 a)
54. 6. οὐδ᾽ ὡς γυναῖκα ἐκ νεότητος μεμισημένην (2 b)
60. 15. διὰ τὸ γεγενῆσθαί σε . . . μεμισημένην (5 a)
61. 8. ἐγὼ γάρ εἰμι κύριος . . . μισῶν ἁρπάγματα ἐξ ἀδικίας (5 a)

Is. 66. 5. εἴπατε ἀδελφοὶ ἡμῶν τοῖς μισοῦσιν ἡμᾶς (5 a)
Je. 12. 8. διὰ τοῦτο ἐμίσησα αὐτήν (5 a)
51 (44). 4. μὴ ποιήσητε τὸ πρᾶγμα τῆς μολύνσεως ταύτης ἧς ἐμίσησα (5 a)
Ez. 16. 27. παραδώσω [A *add.* σε] εἰς ψυχὰς μισούντων σε (5 a)
— 37. σὺν πᾶσιν οἷς ἐμίσεις (5 a)
23. 28. παραδίδωμί σε εἰς χεῖρας ὧν μισεῖς (5 a)
— 38. A ἃ ἐμίσουν ἐποίησαν –
35. 11. A ἐκ τοῦ μεμισηκέναι σε ἐν αὐτοῖς (5 d)
36. 3. ἀντὶ τοῦ ἀτιμασθῆναι ὑμᾶς καὶ μισηθῆναι ὑμᾶς (6 ?)
Da. LXX. 4. 16. τὸ ἐνύπνιον τοῦτο τοῖς μισοῦσί σε (5 f)
Da. TH. 4. 16. τὸ ἐνύπνιον ἔστω τοῖς μισοῦσί σε (5 f)
I Ma. 7. 26. Νικάνορα . . . μισοῦντα καὶ ἐχθραίνοντα τῷ Ἰ.
11. 21. ἐπορεύθησάν τινες μισοῦντες τὸ ἔθνος αὐ.
IV Ma. 9. 3. μὴ ἡμᾶς μισῶν ὑπὲρ αὐτοὺς ἡμᾶς ἐλέα
[**Aq.** Dt. 21. 16 : Jb. 34. 17 : Ps. 10 (11). 5 : 44 (45). 9 : 118 (119). 163 : Pr. 26. 24 : Is. 66. 5 : Je. 44 (51). 4.]
[**Sm.** Jb. 34. 17 : Ps. 20 (21). 9 : 35 (36). 3 : 40 (41). 8 : 43 (44). 11 : 68 (69). 5 : 82 (83). 3 : 88 (89). 24 : 118 (119). 163 : Pr. 1. 22, 29 : 8. 13 : 11. 15 : 26. 24 : 30. 23 : Is. 66. 5 : Ez. 35. 6.]
[**Th.** Pr. 1. 29 : 8. 13 : 11. 15 : 14. 17 : 26. 24 : Is. 66. 5 : Ez. 35. 6, 11.]
[**Sam.** Ge. 49. 23.]
[**Al.** Pr. 8. 13.]

μισητός. (1) זָעַם (2) μισητὸν ποιεῖν עָכַר (3) μ. γυνή שְׂנוּאָה

Ge. 34. 30. μισητόν με πεποιήκατε (2)
Pr. 24. 39 (24). ἐπικατάρατος λαοῖς ἔσται καὶ μισητὸς εἰς ἔθνη (1)
— 58 (30. 23). μισητὴ γυνὴ ἐὰν τύχῃ ἀνδρὸς ἀγαθοῦ (3)
26. 11. ὥσπερ κύων ὅταν . . . μισητὸς γένηται †
Wi. 14. 9. ἐν ἴσῳ γὰρ μισητὰ θεῷ καὶ ὁ ἀσεβῶν καὶ ἡ ἀσέβεια αὐ.
Si. 10. 7. μισητὴ ἔναντι κυρίου καὶ ἀνθρώπων ὑπερηφανία
20. 5. ἔστι μισητὸς ἀπὸ πολλῆς λαλιᾶς
— 15. μισητὸς ἄνθρωπος ὁ τοιοῦτος
37. 20. ἔστι σοφιζόμενος ἐν λόγοις μισητός

μισθααλ.

IV Ki. 10. 22. A εἶπεν Ἰ. τοῖς ἐπὶ τοῦ μ. [B *al.*] †

μισθαρνεῖν.

[**Sm.** I Ki. 2. 36.]
[**Al.** I Ki. 2. 5.]

μίσθιος. (1) שָׂכִיר

Le. 19. 13. A ὁ μισθὸς τοῦ μ. [B -θωτοῦ] (1)
25. 50. ἔσται τὸ ἀργ. τῆς πράσεως αὐ. ὡς μισθίου (1)
To. 5. 11. πατριὰν σὺ ζητεῖς ἢ μίσθιον [S *al.*]
Jb. 7. 1. καὶ ὥσπερ μισθίου [A -θοῦ] αὐθημερινοῦ ἡ ζωὴ αὐτοῦ (1)
Si. 7. 20. μηδὲ μίσθιον διδόντα ψυχὴν αὐτοῦ
31 (34). 22. ἐκχέων αἷμα ὁ ἀποστερῶν μισθὸν μισθίου
37. 11. S¹R μετὰ μισθίου ἐφεστίου [B ἀφ., A S² ἐπαιτίου] περὶ συντελείας
[**Al.** Le. 25. 50.]

μισθός. (1) אֶשְׂכָּר (2) אֶתְנַן (3) מְחִיר (4) עִזָּבוֹן (5) *a.* פֹּעַל *b.* פְּעֻלָּה (6) *a.* שָׂכָר *b.* מַשְׂכֹּרֶת *c.* שָׂכִיר *d.* שֶׂכֶר (7) τοὺς μ. συνάγειν שָׂכַר hithp.

Ge. 15. 1. ὁ μ. σου πολὺς ἔσται σφόδρα (6 a)
29. 15. τίς ὁ μ. σου ἐστι (6 b)
30. 18. δέδωκέ μοι ὁ θεὸς τὸν μ. μου (6 a)
— 18. Ἰσσάχαρ ὅ ἐστι μισθός †
— 28. διάστειλον τὸν μ. σου πρὸς μέ (6 a)
— 32. πᾶν διάλευκον . . . ἔσται μοι μ. (6 a)
— 33. ἐστὶν ὁ μ. μου ἐνώπιόν σου (6 a)
31. 7. ἤλλαξε τὸν μ. μου (6 b)
— 8. τὰ ποικίλα ἔσται σου μ. (6 a)
— 8. τὰ λευκὰ ἔσται σου μ. (6 a)
— 41. παρελογίσω τὸν μ. μου (6 b)
Ex. 2. 9. ἐγὼ δὲ δώσω σοι τὸν μ. (6 a)
22. 15 (14). ἔσται αὐτῷ ἀντὶ τοῦ μ. αὐτοῦ (6 a)
Le. 19. 13. οὐ μὴ κοιμηθήσεται ὁ μ. τοῦ μισθωτοῦ (5 b)
Nu. 18. 31. μισθὸς οὗτος ὑμῖν ἐστιν (6 a)
De. 15. 18. AB ἐφέτιον [R ἐπέτειον] μ. τοῦ μισθωτοῦ (6 a)
24. 14. οὐκ ἀπαδικήσεις μισθὸν πένητος (6 c)
— 15. ἀποδώσεις τὸν μ. αὐτοῦ (6 a)
Ru. 2. 12. γένοιτο ὁ μ. σου πλήρης (6 b)
III Ki. 5. 6 (20). A μισθὸν δουλείας σοι δουλεύσω [B *al.*] (6 a)
II Ch. 15. 7. ἔστι μισθὸς τῇ ἐργασίᾳ ὑμῶν (6 a)
To. 2. 12. ἀπέδωκαν αὐτῇ καὶ αὐτοὶ τὸν μ. [S *al.*]
— 14. δῶρον δέδοταί μοι ἐπὶ τῷ μ. [S *al.*]
4. 14. AB μισθὸς παντὸς ἀνθρώπου . . . μὴ αὐλισθήτω
5. 3. δώσω [S -σομεν] αὐτῷ μισθόν
— 7, 9. S δώσω σοι τὸν μ. σου
— 14. τίνα σοι ἔσομαι μ. διδόναι [S *al.*]
— 15. ἔτι προσθήσω σοι ἐπὶ τὸν μ. [S *al.*]
12. 1. ὅρα, τέκνον, μισθὸν [S *al.*]
— 1. S προσθεῖναι αὐτῷ εἰς τὸν μ. [AB *al.*]
— 2. S πόσον αὐτῷ δώσω τὸν μ.
— 3. S πόσον αὐτῷ ἔτι δῶ μισθόν
— 5. S ὧν ἔχων ἦλθες εἰς τὸν μ. σου [A B *al.*]
Jb. 7. 1. A ὥσπερ μισθοῦ [BS -ίου] αὐθημερινοῦ ἡ ζωὴ αὐ. (6 c)
— 2. ἢ ὥσπερ μισθωτὸς ἀναμένων τὸν μ. αὐτοῦ (5 a)
Ps. 126 (127). 3. ὁ μ. τοῦ καρποῦ τῆς γαστρός (6 a)
Pr. 11. 18. σπέρμα δὲ δικαίων μισθὸς ἀληθείας (6 d)
— 21. ὁ δὲ σπείρων δικαιοσύνην λήψεται μισθὸν πιστόν [A -ῶν] †
17. 8. μισθὸς χαρίτων παιδεία τοῖς χρωμένοις †
Ec. 4. 9. ἐστὶν αὐτοῖς μ. ἀγαθὸς ἐν μόχθῳ αὐτῶν (6 a)
9. 5. οὐκ ἔστιν αὐτοῖς ἔτι μισθός (6 a)
— 6. A καί γε μισθὸς [BS μῖσος] αὐτῶν . . . ἤδη ἀπώλετο †
Wi. 2. 22. οὐδὲ μισθὸν ἤλπισαν ὁσιότητος
5. 15. ἐν κυρίῳ ὁ μ. αὐτῶν
10. 17. ἀπέδωκεν ὁσίοις μισθὸν κόπων αὐτῶν
Si. 2. 8. οὐ μὴ πταίσῃ ὁ μ. ὑμῶν
11. 18. αὕτη ἡ μερὶς τοῦ [S¹ ἀπὸ τοῦ] μ. αὐτοῦ
— 22. εὐλογία κυρίου ἐν μισθῷ [A ἐμμέσῳ] εὐσεβοῦς
31 (34). 22. ἐκχέων αἷμα ὁ [A καὶ] ἀποστερῶν μισθὸν μισθίου
36. 21 (18). δὸς μισθὸν τοῖς ὑπομένουσί σε
51. 22. ἔδωκε κύριος γλῶσσάν μοι [AS μου] μισθόν μου [S μοι]
— 30. δώσει τὸν μ. ὑμῶν ἐν καιρῷ αὐτοῦ
Mi. 3. 11. οἱ ἱερεῖς αὐτῆς μετὰ μισθοῦ ἀπεκρίνοντο (3)
Hg. 1. 6. ὁ τοὺς μ. συνάγων συνήγαγεν (7)
Za. 8. 10. πρὸ τῶν ἡμ. ἐκ. ὁ μ. τῶν ἀνθρ. οὐκ ἔσται εἰς ὄνησιν καὶ ὁ μ. τῶν κτηνῶν οὐχ ὑπάρξει (6 a, 6 a)
11. 12. δότε [A δότε στήσαντες] τὸν μ. μου (6 a)
— 12. ἔστησαν τὸν μ. μου τριάκοντα ἀργυροῦς (6 a)
Ma. 3. 5. ἐπὶ τοὺς ἀποστεροῦντας μισθὸν μισθωτοῦ (6 a)
Is. 23. 18. ἔσται αὐτῆς ἡ ἐμπορία καὶ ὁ μ. ἅγιον κυρίῳ (2)
40. 10. ἰδοὺ ὁ μ. αὐτοῦ μετ' αὐτοῦ (6 a)
62. 11. παραγέγονεν ἔχων τὸν ἑαυτοῦ μ. (6 a)
Je. 22. 13. τὸν μ. αὐτοῦ οὐ μὴ ἀποδώσει αὐτῷ (5 a)
38 (31). 16. ἔστι μ. τοῖς σοῖς ἔργοις (6 a)
Ez. 27. 15. τοῖς εἰσαγομ. ἀντεδίδους τοὺς μ. σου (1)
— 27. ὁ μ. σου καὶ τῶν συμμίκτων [A ἐν τῷ σ.] σου (4)
— 33. πόσον τινὰ [A καὶ τίνα] εὗρες μισθὸν ἀπὸ τῆς θαλάσσης (4)
29. 18. μ. οὐκ ἐγενήθη αὐτῷ (6 a)
— 19. ἔσται μ. τῇ δυνάμει αὐτοῦ (6 a)
II Ma. 8. 33. ἄξιον τῆς δυσσεβείας ἐκομίσαντο μισθόν
[**Aq.** Za. 11. 12.]
[**Sm.** Ge. 31. 7 : Za. 11. 12.]
[**Al.** Le. 25. 50 : Ps. 126 (127). 3.]

μισθοῦσθαι. (1) כָּרָה (2) סָכַר (3) *a.* שָׂכַר *b.* הָיָה שֹׂכֵר *c.* שְׂכִירָה

Ge. 30. 16. μεμίσθωμαι γάρ σε (3 a)
De. 23. 4 (5). ἐμισθώσαντο ἐπὶ σὲ τὸν Β. (3 a)
Jd. 9. 4. ἐμισθώσατο . . . ἄνδρας κενούς (3 a)
18. 4. ἐμισθώσατό με (3 a)
II Ki. 10. 6. ἐμισθώσαντο τὴν Συρίαν (3 a)
IV Ki. 7. 6. ἐμισθώσατο . . . τοὺς βασ. τῶν Χ. (3 a)
I Ch. 19. 6. τοῦ μισθώσασθαι ἑαυτοῖς . . . ἅρματα (3 a)
— 7. BS ἐμισθώσαντο ἑαυτοῖς ἅρματα [A *om.*] (3 a)
II Ch. 24. 12. ἐμισθοῦντο λατόμους (3 b)
25. 6. ἐμισθώσατο ἀπὸ Ἰσρ. ἑκατὸν χιλιάδας (3 a)
II Es. 4. 5. μισθούμενοι ἐπ' αὐτούς (2)
Ne. 6. 12. ἐμισθώσαντο ἐπ' ἐμὲ ὄχλον (3 a)
13. 2. ἐμισθώσαντο ἐπ' αὐτὸν τὸν Β. (3 a)
Ho. 3. 2. καὶ ἐμισθωσάμην ἐμαυτῷ πέντε καὶ δέκα ἀργ. (1)
Is. 7. 20. ἐν τῷ ξυρῷ τῷ μεμισθωμένῳ [AS *al.*] (3 c)
46. 6. μισθωσάμενοι χρυσοχόον (3 a)
I Ma. 5. 39. AS Ἄραβες μεμίσθωνται [R *al.*]
[**Sm., Th.** Is. 7. 20.]
[**Quint.** Ho. 8. 10.]

μισθοφορία.

[**Sm.** I Ki. 17. 18.]

μίσθωμα. (1) אֶתְנָה (2) אֶתְנַן, אֶתְנָן (3) נֵדֶה (4) נָדָן

De. 23. 18 (19). οὐ προσοίσεις μίσθωμα πόρνης (2)
Pr. 19. 13. οὐχ ἁγναὶ εὐχαὶ ἀπὸ μισθώματος ἑταίρας †
Ho. 2. 12 (14). μισθώματά μου ταῦτά ἐστιν (1)
Mi. 1. 7. πάντα τὰ μ. αὐτῆς ἐμπρήσουσιν ἐν πυρί (2)
— 7. ἐκ μισθωμάτων πορνείας συνήγαγε (2)
— 7. ἐκ μισθωμάτων πορνείας συνέστρεψεν (2)
Ez. 16. 31. ὡς πόρνη συνάγουσα μισθώματα (2)
— 32. παρὰ τοῦ ἀνδρὸς αὐτῆς λαμβάνουσα μισθώματα †
— 33. πᾶσι τοῖς ἐκπορνεύσασιν αὐτὴν προσεδίδου μισθώματα καὶ σὺ δέδωκας μισθώματα [A *om.* κ. σ. δ. μ.] πᾶσι τοῖς ἐρασταῖς σου (3, 4)
— 34. ἐν τῷ προσδιδόναι σε μισθώματα καὶ σοὶ μισθώματα οὐκ ἐδόθη (2, 2)
— 41. μισθώματα οὐ μὴ δῷς οὐκέτι (2)
[**Aq.** Is. 23. 18.]
[**Sm.** Ez. 16. 33.]

μίσθωσις.

[**Aq.** Ge. 31. 7.]

μισθωτής.

I Ma. 6. 29. ἦλθον πρὸς αὐτὸν δυνάμεις [S¹ -ει] μισθωταί
[**Aq., Sm., Th.** Is. 16. 14.]

μισθωτός. (1) שָׂכִיר

Ex. 12. 45. πάροικος ἢ [A καὶ] μ. οὐκ ἔδεται (1)
22. 15 (14). ἐὰν δὲ μ. ᾖ (1)
Le. 19. 13. ὁ μισθὸς τοῦ μ. [A -θίου] (1)
22. 10. πάροικος ἱερέως ἢ μισθωτός (1)
25. 6. καὶ τῷ μ. σου (1)
— 40. ὡς μισθωτὸς [A ὁ μ.] ἢ πάροικος ἔσται σοι (1)
— 53. ἀποδώσει τὰ λύτρα αὐ. ὡς μισθωτός †
De. 15. 18. AB ἐφέτιον [R ἐπέτειον] μισθὸν τοῦ μ. (1)
Ju. 4. 10. καὶ πᾶς πάροικος ἢ μ.
6. 2. καὶ οἱ μ. τοῦ Ἐφρ.
— 5. σὺ δὲ Ἀχ. μισθωτὲ τοῦ Ἀ.
Jb. 7. 2. ἢ ὥσπερ μισθωτὸς ἀναμένων τὸν μισθὸν αὐτοῦ (1)
14. 6. καὶ εὐδοκήσῃ τὸν βίον ὥσπερ ὁ μ. [A *al.*] (1)
Ma. 3. 5. ἐπὶ τοὺς ἀποστεροῦντας μισθὸν μισθωτοῦ (1)
Is. 16. 14. ἐν τρισὶν ἔτεσιν ἐτῶν μισθωτοῦ (1)
21. 16. ἔτι ἐνιαυτὸς ὡς ἐνιαυτὸς μισθωτοῦ (1)
28. 1. οἱ μ. Ἐφραίμ †
— 3. καταπατηθήσεται ὁ στέφανος τῆς ὕβρεως οἱ μ. τοῦ Ἐφραίμ †
Je. 26 (46). 21. οἱ μ. αὐτῆς ἐν αὐτῇ (1)
I Ma. 6. 29. ἦλθον πρὸς αὐτὸν δυνάμεις [S¹ -μει] μ.
[**Aq., Th.** Dt. 24. 16 (14).]
[**Sm.** Dt. 24. 16 (14) : Je. 46 (26). 21.]

μισοξενία.

Wi. 19. 13. χαλεπωτέραν μ. ἐπετήδευσαν

μισοποιεῖν.

[**Aq.** Ps. 80 (81). 16 : 82 (83). 3.]

μισοποιός.

[**Sm.** Ps. 80 (81). 16.]

μισοπονηρεῖν (-ρεύειν).

II Ma. 4. 49. R μισοπονηρήσαντες [A -ρεύσ.] τὰ πρὸς τὴν κηδείαν αὐ.
8. 4. καὶ μισοπονηρῆσαι

μισοπονηρία.

II Ma. 3. 1. διὰ τὴν Ὀνίου . . . μ.

μισοπόνηρος.

Es. 8. 13. μισοπόνηρον ὑπολαμβάνουσιν ἐκφεύξεσθαι δίκην [S[1] *om.*]

μῖσος. (1) שִׂנְאָה (2) שְׂנִינָה

II Ki. 13. 15. ἐμίσησεν αὐτὴν Ἀ. μ. μέγα σφόδρα (1)
— 15. μέγα τὸ μ. ὃ ἐμίσησεν αὐτήν (1)
Es. 4. 17. εἰς μῖσος τοῦ πολεμοῦντος ἡμᾶς
Ps. 24 (25). 19. μῖσος ἄδικον ἐμίσησάν με (1)
108 (109). 3. λόγοις μίσους ἐκύκλωσάν με (1)
— 5. ἔθεντο . . . μῖσος ἀντὶ τῆς ἀγαπήσεώς μου (1)
138 (139). 22. τέλειον μῖσος ἐμίσουν αὐτούς (1)
Pr. 10. 12. μῖσος ἐγείρει νεῖκος (1)
Ec. 9. 1. καί γε μῖσος οὐκ ἔστιν εἰδὼς ὁ ἄνθρωπος (1)
— 6. καί γε μῖσος [A μισθὸς] αὐτῶν . . . ἤδη ἀπώλετο (1)
Je. 24. 9. εἰς παραβολὴν καὶ εἰς μ. (2)
Ez. 23. 29. ποιήσουσιν ἐν σοὶ ἐν μίσει (1)
[Sm. Ps. 54 (55). 13 : Pr. 26. 26.]

μίσυβρις (-σόυβ.).

III Ma. 6. 9. καὶ νῦν μίσυβρι

μισώρ, *vid.* **μεισώρ.**

μίτρα. (1) מִצְנֶפֶת (2) פְּאֵר

Ex. 28. 33 (37). καὶ ἔσται ἐπὶ τῆς μ. (1)
— 33 (37). κατὰ πρόσωπον τῆς μ. ἔσται (1)
29. 6. ἐπιθήσεις τὴν μ. ἐπὶ τὴν κεφαλήν (1)
— 6. ἐπιθήσεις τὸ πέταλον . . . ἐπὶ τὴν μ. (1)
36. 36 (39. 28). ἐποίησαν . . . μίτραν ἐκ βύσσου (1)
— 40 (39. 31). ἐπίκεισθαι ἐπὶ τὴν μ. (1)
Le. 8. 9. ἐπέθηκε τὴν μ. ἐπὶ τὴν κεφαλήν (1)
— 9. ἐπέθηκεν ἐπὶ τὴν μ. (1)
Ju. 10. 3. ἐπέθετο μίτραν ἐπ' αὐτῆς
16. 8. ἐδήσατο τὰς τρίχας αὐ. ἐν μίτρᾳ
Is. 61. 10. ὡς νυμφίῳ περιέθηκέ μοι μίτραν (2)
Ba. 5. 2. ἐπίθου τὴν μ. ἐπὶ τὴν κεφαλήν σου τῆς δόξης τοῦ αἰωνίου [A ἁγίου]
Ez. 26. 16. ἀφελοῦνται [A[2] ἐλοῦσιν] τὰς μ. ἀπὸ τῶν κεφαλῶν αὐτῶν †
[Aq. Ex. 28. 39.]
[Sam. Ex. 28. 4†.]
[Al. Le. 16. 4.]

μνᾶ. (1) דַּרְכְּמוֹן (2) מָנֶה

III Ki. 10. 17. τρεῖς μναῖ ἐνῆσαν χρυσοῦ [A -ίου] (2)
I Es. 5. 45. δοῦναι . . . χρυσίου μνᾶς χιλίας καὶ ἀργυρίου μνᾶς πεντακισχιλίας
II Es. 2. 69. μναῖ ἐξ μυριάδες καὶ χίλιαι καὶ ἀργυρίου μναῖ πεντακισχίλιαι [A *al.*] (1, 2)
Ne. 7. 71. καὶ ἀργυρίου [A *add.* μυρίας] μνᾶς δισχ. τριακοσ. (2)
— 72. S[1]R καὶ ἀργυρίου μνᾶς [S[2] *al.*] (2)
Ez. 45. 12. δέκα καὶ πεντήκοντα σίκλοι ἡ μνᾶ ἔσται ὑμῖν (2)
Da. LXX. Bel 26. λαβὼν ὁ Δ. πίσσης μνᾶς τριάκοντα
I Ma. 14. 24. S[2]R ἀσπίδα . . . ὁλκῆς [AS[1] -ὴν] μνῶν χιλίων
15. 18. SR ἀσπίδα χρυσῆν ἀπὸ μνῶν χιλίων [A *al.*]
III Ma. 1. 4. δώσειν νικήσασιν ἑκάστῳ δύο μνᾶς χρυσίου

μνεία. (1) *a.* זֵכֶר *b.* זֵכֶר (2) **μνείαν ποιεῖν** זָכַר (3) **ἐστὶ μνεία** זָכַר ni. (4) **μνεία γίγνεται** זָכַר ni.

De. 7. 18. μνείᾳ μνησθήσῃ ὅσα ἐποίησε κ. (1 *a*)
Jb. 14. 13. ἐν ᾧ μνείαν μου ποιήσῃ (2)
Ps. 110 (111). 4. μνείαν ἐποιήσατο τῶν θαυμασίων αὐτοῦ (1 *b*)
Wi. 5. 14. ὡς μνεία [S[1] -αν] καταλύτου μονοημέρου παρώδευσε
Ho. 9. 7. ἐπληθύνθη μανία [A μνεία] σου †
Za. 13. 2. καὶ οὐκέτι ἔσται αὐτῶν μνεία (3)
Is. 23. 16. ἵνα σου μν. [A ἡ μν.] γένηται (4)
26. 8. ἠλπίσαμεν . . . ἐπὶ τῇ μν. (1 *b*)
32. 10. ἡμέρας ἐνιαυτοῦ μνείαν ποιήσασθε †
Je. 38 (31). 20. μνείᾳ [S[1] -αν] μνησθήσομαι αὐτοῦ (1 *a*)
Ba. 4. 27. ἔσται γὰρ ὑμῶν ὑπὸ τοῦ ἐπάγοντος μν.
5. 5. χαίροντας τῇ τοῦ θεοῦ μν.
Ez. 21. 32 (37). οὐ μὴ γένηταί σου μν. (4)
25. 10. ὅπως μὴ μν. γένηται τῶν υἱῶν Ἀμμών (4)
IV Ma. 17. 8. καὶ ταῦτα . . . εἰς μνείαν λεγόμενα

μνῆμα. (1) *a.* קֶבֶר *b.* קְבוּרָה

Ex. 14. 11. παρὰ τὸ μὴ ὑπάρχειν μνήματα ἐν γῇ Αἰγύπτῳ (1 *a*)
Nu. 11. 34. μνήματα τῆς ἐπιθυμίας (1 *a*)
— 35. ἀπὸ Μνημάτων ἐπιθυμίας ἐξῆρεν (1 *a*)
19. 16. ὃς ἂν ἅψηται . . . μνήματος (1 *a*)
— 18. ἐπὶ τὸν ἡμμένον . . . τοῦ μν. (1 *a*)
33. 16. παρενέβαλον ἐν Μνήμασι τῆς ἐπιθυμίας (1 *a*)
— 17. ἀπῆραν ἐκ Μνημάτων ἐπιθυμίας (1 *a*)
De. 9. 22. ἐν τοῖς Μν. τῆς ἐπιθυμίας (1 *a*)
Jo. 24. 30. ἔθηκαν μετ' αὐτοῦ εἰς τὸ μν. [A μνημεῖον] –
II Ch. 16. 14. ἔθαψαν αὐτὸν ἐν τῷ μν. (1 *a*)
34. 4. ἐπὶ πρόσωπον τῶν μν. τῶν θυσιαζόντων αὐτοῖς (1 *a*)
— 28. προστεθήσῃ πρὸς τὰ μν. σου (1 *a*)
Jb. 10. 19. διὰ τί γὰρ ἐκ γαστρὸς εἰς μνῆμα οὐκ ἀπηλλάγην [A ἀπῆλθον] (1 *a*)
Is. 65. 4. ἐν τοῖς μν. καὶ ἐν τοῖς σπηλαίοις κοιμῶνται διὰ ἐνύπνια (1 *a*)
Je. 33 (26). 23. ἔρριψεν αὐτὸν εἰς τὸ μν. [A μνημεῖον] υἱῶν λαοῦ αὐτοῦ (1 *a*)
Ez. 32. 23. περικύκλῳ τοῦ μν. αὐτοῦ πάντες οἱ τραυματίαι (1 *b*)
— 24. πᾶσα ἡ δύναμις αὐ. περικύκλῳ τοῦ μν. αὐ. (1 *b*)
— 26. περικύκλῳ τοῦ μν. αὐτοῦ πάντες τραυματίαι αὐτοῦ (1 *a*)
37. 12. ἀνοίγω τὰ μν. ὑμῶν καὶ ἀνάξω ὑμᾶς ἐκ τῶν μν. ὑμῶν (1 *a*, 1 *a*)

μνημεῖον. (1) *a.* קֶבֶר *b.* קְבוּרָה

Ge. 23. 6. ἐν τοῖς ἐκλεκτοῖς μνημείοις ἡμῶν (1 *a*)
— 6. οὐδεὶς . . . κωλύσει τὸ μν. αὐτοῦ (1 *a*)
— 9. εἰς κτῆσιν μνημείου (1 *a*)
35. 20. ἔστησεν Ἰ. στήλην ἐπὶ τοῦ μν. αὐτῆς (1 *b*)
— 20. R ἡ στήλη ἐπὶ τοῦ [A *om.* ἐ. τ.] μν. Ῥ. (1 *b*)
49. 30. ἐκτήσατο . . . ἐν κτήσει μνημείου (1 *a*)
50. 5. ἐν τῷ μν. ᾧ ὤρυξα ἐμαυτῷ (1 *a*)
— 13. ὃ ἐκτήσατο . . . ἐν κτήσει μνημείου (1 *a*)
Jo. 24. 30. A ἔθηκαν μετ' αὐτοῦ εἰς τὸ μν. [B μνῆμα] †
Ne. 2. 3. οἶκος μνημείων πατέρων μου (1 *a*)
— 5. εἰς πόλιν μνημείων πατέρων μου (1 *a*)
Wi. 10. 7. ἀπιστούσης ψυχῆς μνημεῖον ἑστηκυῖα στήλη ἁλός
Is. 22. 16. ἐλατόμησας σεαυτῷ ὧδε μν. καὶ ἐποίησας σεαυτῷ ἐν ὑψηλῷ μνημεῖον (1 *a*, 1 *a*)
26. 19. ἐγερθήσονται οἱ ἐν τοῖς μν. †
Je. 33 (26). 23. A ἔρριψεν αὐτὸν εἰς τὸ μν. [BS μνῆμα] υἱῶν λαοῦ αὐτοῦ (1 *a*)
Ez. 39. 11. δώσω τῷ Γὼγ τόπον ὀνομαστὸν μν. ἐν Ἰσραήλ [A[1] *om.* ἐν Ἰ.] (1 *a*)

μνήμη. (1) *a.* זֵכֶר, זֶכֶר *b.* זִכָּרוֹן

Ps. 29 (30). 4 : 96 (97). 12. ἐξομολογεῖσθε τῇ μν. τῆς ἁγιωσύνης αὐτοῦ (1 *a*)
144 (145). 7. μνήμην τοῦ πλήθους τῆς χρηστότητός σου ἐξερεύξονται (1 *a*)
Pr. 1. 12. ἄρωμεν αὐτοῦ τὴν μν. ἐκ γῆς †
10. 7. μνήμη δικαίων μετ' ἐγκωμίων (1 *a*)
Ec. 1. 11. οὐκ ἔστι μν. τοῖς πρώτοις καί γε τοῖς ἐσχάτοις γενομένοις οὐκ ἔσται αὐτῶν μνήμη (1 *b*, 1 *b*)
2. 16. ABS[2] οὐκ ἔστιν μνήμη [S[1] R ἡ μν.] τοῦ σοφοῦ μετὰ τοῦ ἄφρονος (1 *b*)
9. 5. ἐπελήσθη [AS ἐπλήσθη] ἡ μν. αὐτῶν (1 *a*)
Wi. 4. 1. ἀθανασία γάρ ἐστιν ἐν μνήμῃ αὐτῆς
— 19. ἡ μν. αὐτῶν ἀπολεῖται
8. 13. μνήμην αἰώνιον τοῖς μετ' ἐμὲ ἀπολείψω
10. 8. S[1] τῆς ἀφροσύνης ἀπέλιπον τῷ βίῳ μνήμην [ABS[2] μνημόσυνον]
11. 12. στεναγμὸς μνημῶν τῶν παρελθουσῶν [AS -θόντων]
II Ma. 2. 25. εἰς τὸ διὰ μνήμης ἀναλαβεῖν εὐκοπίαν
7. 20. καὶ μν. ἀγαθῆς ἀξία
[Aq. Ps. 6. 6.]
[Sm. II Ki. 8. 16 : Is. 26. 14.]

μνημονεύειν. (1) *a.* זָכַר *b.* זָכַר

Ex. 13. 3. μνημονεύετε τὴν ἡμέραν ταύτην (1 *a*)
II Ki. 14. 11. μνημονευσάτω δὴ ὁ βασ. τὸν κ. θεὸν αὐ. (1 *a*)
IV Ki. 9. 25. ὅτι μνημονεύω (1 *a*)
I Ch. 16. 12. μνημονεύετε [A -σατε] τὰ θαυμάσια αὐ. (1 *a*)
— 15. μνημονεύομεν [A -εύων] εἰς αἰῶνα διαθήκης αὐ. (1 *a*)
To. 4. 5. κυρίου τοῦ θεοῦ ἡμῶν μνημόνευε
— 19. μνημόνευε τῶν ἐντολῶν μου [S τὰς ἐντ. ταύτας]
14. 7. S μνημονεύοντες τοῦ θ. ἐν ἀληθείᾳ
Ju. 13. 19. ἀπὸ καρδίας ἀνθρώπων μνημονευόντων ἰσχὺν θεοῦ
Es. 2. 1. μνημονεύων οἷα ἐλάλησεν [A *al.*] (1 *a*)
4. 17. μνημονεύων πάντα τὰ ἔργα κυρίου
Ps. 6. 5. οὐκ ἔστιν ἐν τῷ θανάτῳ ὁ μνημονεύων σου (1 *b*)
62 (63). 6. εἰ ἐμνημόνευόν σου ἐπὶ τῆς στρωμνῆς μου (1 *a*)
Pr. 8. 21. μνημονεύσω τὰ ἐξ αἰῶνος ἀριθμῆσαι –
Wi. 2. 4. οὐθεὶς μνημονεύσει [S[1] -εύει] τῶν ἔργων ἡμῶν
Si. 37. 6. S[1] μὴ μνημονεύσῃς [A B S[2] ἀμνημονήσῃς] αὐτοῦ
Is. 43. 18. μὴ [A *om.*] μνημονεύετε τὰ πρῶτα (1 *a*)
Da. LXX., TH. Su. 9. μηδὲ μνημονεύειν κριμάτων δικαίων
I Ma. 12. 11. ὡς δέον ἐστὶ . . . μνημονεύειν ἀδελφῶν
II Ma. 9. 21. τὴν εὔνοιαν ἐμνημόνευον
10. 6. μνημονεύοντες ὡς . . . ἦσαν νεμόμενοι
[Sm. Ps. 24 (25). 7 *bis* : 73 (74). 22 : 87 (88). 6 : 96 (97). 12 : 102 (103). 14 : 110 (111). 5 : 118 (119). 49 : Je. 15. 15 : Ez. 21. 24 (29).]
[Quint. Ps. 8. 5.]

μνημόσυνον. (1) *a.* זֵכֶר *b.* זִכָּרוֹן *c.* אַזְכָּרָה *d.* זָכַר ni. (2) **διδόναι εἰς μν.** זָכַר hi.

Ex. 3. 15. μν. γενεῶν [A *om.*] γενεαῖς (1 *a*)
12. 14. καὶ ἔσται ἡ ἡμέρα ὑμῖν αὕτη μν. (1 *b*)
13. 9. ἔσται σοι . . . μν. πρὸ ὀφθαλμῶν σου (1 *b*)
17. 14. κατάγραψον τοῦτο εἰς μν. εἰς βιβλίον (1 *b*)
— 14. ἐξαλείψω τὸ [A τὸν] μν. [A *om.*] Ἀμαλήκ (1 *a*)
28. 12. λίθοι μνημοσύνου εἰσὶ τοῖς υἱοῖς Ἰσ. (1 *b*)
— 12. μν. [A *add.* ἔναντι κυρίου] περὶ αὐτῶν (1 *b*)
— 23 (29). εἰσιόντι εἰς τὸ ἅγιον μν. (1 *b*)
30. 16. ἔσται τοῖς υἱοῖς Ἰσ. μν. ἔναντι κυρίου (1 *b*)
36. 14 (39. 7). λίθους μνημοσύνου τῶν υἱῶν Ἰσρ. (1 *b*)
Le. 2. 2. ἐπιθήσει ὁ ἱερεὺς τὸ μν. αὐτῆς (1 *c*)
— 9. ἀφελεῖ . . . ἀπὸ τῆς θυσίας τὸ μν. αὐτῆς (1 *c*)
— 16. ἀνοίσει . . . τὸ μν. αὐτῆς ἀπὸ τῶν χίδρων (1 *c*)
5. 12. τὸ μν. αὐτῆς ἐπιθήσει (1 *c*)
6. 15 (8). ὀσμὴν εὐωδίας τὸ μν. αὐτῆς τῷ κυρίῳ (1 *c*)
23. 24. μνημόσυνον σαλπίγγων (1 *b*)
Nu. 5. 15. θυσία μνημοσύνου ἀναμιμνήσκουσα ἁμαρτίαν (1 *b*)
— 18. δώσει . . . τὴν θυσίαν τοῦ μν. [B[1] *om.* τ. μν.] (1 *b*)
— 26. δράξεται . . . τὸ μν. αὐ. (1 *c*)
16. 40 (17. 5). μνημόσυνον τοῖς υἱοῖς Ἰσρ. (1 *b*)
31. 54. μνημόσυνον τῶν υἱῶν Ἰσρ. (1 *b*)
De. 32. 26. παύσω . . . τὸ μν. αὐτῶν (1 *a*)
Jo. 4. 7. ἔσονται οἱ λίθοι οὗτοι ὑμῖν μνημόσυνον (1 *b*)
Ne. 2. 20. ὑμῖν οὐκ ἔστι . . . μνημόσυνον ἐν Ἰ. (1 *b*)
To. 12. 12. προσήγαγον τὸ μν. τῆς προσευχῆς ὑμῶν
Es. 1. 1. ἔγραψεν ὁ βασ. τοὺς λόγους τούτους εἰς μνημόσυνον
2. 23. καταχωρίσαι εἰς μνημόσυνον –
8. 13. μνημόσυνον τῆς ἀπωλείας
9. 27 (28). αἱ δὲ ἡμ. αὗται μνημόσυνον ἐπιτελούμενον [A *al.*] (1 *d*)
— 28. τὸ μν. αὐ. οὐ μὴ ἐκλίπῃ (1 *a*)
— 32. ἐγράφη εἰς μνημόσυνον
10. 2. γέγραπται . . . εἰς μνημόσυνον †
Jb. 2. 9. ἠφάνισται σου τὸ μν. ἀπὸ τῆς γῆς –
18. 17. τὸ μν. αὐτοῦ ἀπόλοιτο ἐκ γῆς (1 *a*)
Ps. 9. 6. ἀπώλετο τὸ μν. αὐτῶν μετ' ἤχους (1 *a*)
33 (34). 16 τοῦ ἐξολεθρεῦσαι ἐκ γῆς τὸ μν. αὐτῶν (1 *a*)
101 (102). 12. καὶ τὸ μν. σου εἰς γενεὰν καὶ γενεάν (1 *a*)

Ps. 108 (109). 15. ἐξολεθρευθείη ἐκ γῆς τὸ μν. αὐ. (1 a)
111 (112). 6. εἰς μνημόσυνον αἰώνιον ἔσται δίκαιος (1 a)
134 (135). 13. τὸ μν. σου εἰς γενεὰν καὶ γενεάν (1 a)
Wi. 10. 8. τῆς ἀφροσύνης ἀπέλιπον τῷ βίῳ μνημόσυνον [S^1 μνήμην]
Si. 10. 17. κατέπαυσεν ἀπὸ [S ἐκ] γῆς τὸ μν. αὐτῶν
23. 26. καταλείψει [A -ψις] εἰς κατάραν τὸ μν. αὐτῆς
24. 20. τὸ γὰρ μν. μου ὑπὲρ μέλι γλυκύ
32 (35). 7. τὸ μν. αὐτῆς οὐκ ἐπιλησθήσεται
38. 11. δὸς εὐωδίαν καὶ μνημόσυνον σεμιδάλεως
— 23. ἐν ἀναπαύσει νεκροῦ κατάπαυσον τὸ μν. αὐτοῦ
39. 9. οὐκ ἀποστήσεται τὸ μν. αὐτοῦ
41. 1. ὦ πικρόν σου τὸ μν. ἐστιν ἀνθρώπῳ
44. 9. εἰσὶν ὧν οὐκ ἔστι μνημόσυνον
45. 1. οὗ τὸ μν. ἐν εὐλογίαις
— 9. εἰς μνημόσυνον υἱοῖς λαοῦ αὐτοῦ
— 11. εἰς μνημόσυνον ἐν γραφῇ κεκολαμμένῃ κατ' ἀριθμὸν φυλῶν Ἰσραήλ
— 16. θυμίαμα καὶ εὐωδίαν εἰς μνημόσυνον
46. 11. εἴη τὸ μν. αὐτῶν ἐν εὐλογίαις
49. 1. μνημόσυνον Ἰωσίου εἰς σύνθεσιν θυμιάματος
— 13. A S^2 R Νεεμίου [B S^1 νέμουσιν] ἐπὶ πολὺ τὸ μν.
50. 16. ἀκουστὴν ἐποίησαν φωνὴν μεγάλην εἰς μνημόσυνον ἔναντι ὑψίστου
Ho. 12. 5 (6). ὁ δὲ κ. ὁ θ. . . . ἔσται μνημόσυνον αὐτοῦ (1 a)
14. 8. ἐξανθήσει ὡς ἄμπελος μνημόσυνον [A τὸ μν.] αὐτοῦ (1 a)
Ma. 3. 16. ἔγραψε βιβλίον μνημοσύνου ἐνώπιον αὐτοῦ (1 b)
Is. 23. 18. εἰς συμβολὴν μν. ἔναντι κυρίου †
57. 8. ὀπίσω τῶν σταθμῶν τῆς θύρας σου ἔθηκας μνημόσυνά [S^1 -όν] σου (1 b)
66. 3. ὁ διδοὺς λίβανον εἰς μν. ὡς βλάσφημος (2)
Ba. 4. 5. θαρσεῖτε λαός μου μν. Ἰσραήλ
I Ma. 3. 7. ἕως τοῦ αἰῶνος τὸ μν. αὐ. εἰς εὐλογίαν
— 35. καὶ ἆραι τὸ μν. αὐ.
8. 22. εἶναι παρ' αὐτοῖς ἐκεῖ μνημόσυνον εἰρήνης
12. 53. ἐξάρωμεν ἐξ ἀνθρώπων τὸ μν. αὐ.
14. 23. τοῦ μνημόσυνον ἔχειν τὸν δῆμον
II Ma. 6. 31. τὸν ἑαυ. θάνατον . . . μνημόσυνον ἀρετῆς καταλείπων
[**Aq.** Jb. 13. 12 : Ps. 29 (30). 5 : Is. 26. 14.]
[**Sm.** Jb. 13. 12.]
[**Th.** Jb. 13. 12 : Is. 26. 14.]

μνημόσυνος. (1) a. זִכָּרוֹן b. זָכַר ni.
Es. 6. 1. εἰσφέρειν γράμματα μνημόσυνα (1 a)
9. 27 (28). A αἱ δὲ ἡμ. αὗται μνημόσυναι ἐπιτελούμεναι [B S al.] (1 b)

μνησικακεῖν (1) אָשַׁם (2) נָטַל (3) חָשַׁב (4) שָׂטַם
Ge. 50. 15. μή ποτε μνησικακήσῃ ἡμῖν Ἰωσήφ (4)
Pr. 21. 24. ὃς δὲ μνησικακεῖ παράνομος †
Jl. 3 (4). 4. ἢ μνησικακεῖτε ὑμεῖς ἐπ' ἐμοὶ ὀξέως (2)
Za. 7. 10. κακίαν . . . μὴ μνησικακείτω ἐν ταῖς καρδίαις ὑμ. (3)
Ez. 25. 12. ἐμνησικάκησαν καὶ ἐξεδίκησαν δίκην (1)

μνησίκακος.
Pr. 12. 28. ὁδοὶ δὲ μνησικάκων εἰς θάνατον –

μνήσκεσθαι.
I Ma. 6. 12. A S νῦν δὲ μνήσκομαι [R μιμν.]
12. 11. S μνησκόμεθα [A R μιμν.] ὑμῶν

μνηστεύεσθαι. (1) אָרַשׂ a. pi. b. pu.
De. 20. 7. ὅστις μεμνήστευται γυναῖκα (1 a)
22. 23. παῖς παρθένος μεμνηστευμ. [A ἐμν.] ἀνδρί (1 b)
— 25. ἐὰν δὲ . . . εὕρῃ ἄνθρ. τὴν παῖδα τὴν μεμνηστευμ. (1 b)
— 27. ἐβόησεν ἡ νεᾶνις ἡ μεμνηστευμένη (1 b)
— 28. ἥτις οὐ μεμνήστευται (1 b)
To. 6. 12. S μνηστευσόμεθά σοι αὐτήν
Ho. 2. 19 (21). καὶ μνηστεύσομαί σε ἐμαυτῷ εἰς τὸν αἰῶνα (1 a)
— 19 (21). καὶ μνηστεύσομαί σε ἐμαυτῷ ἐν δικαιοσύνῃ (1 a)
— 20 (22). καὶ μνηστεύσομαί σε ἐμαυτῷ ἐν πίστει (1 a)
I Ma. 3. 56. εἶπεν τοῖς . . . μνηστευομένοις γυναῖκας
[**Aq.** II Ki. 3. 14.]

μογίλαλος (μογγ.). (1) אִלֵּם
Is. 35. 6. τρανὴ δὲ ἔσται γλῶσσα μογιλάλων (1)
[**Aq.** Ex. 4. 11 : Is. 56. 10.]
[**Sm., Th.** Ex. 4. 11.]
[**Quint.** Ps. 55 (56). 1.]

μόγις, *cf.* **μόλις.**
Wi. 9. 16. A S μ. [B μόλις] εἰκάζομεν τὰ ἐπὶ γῆς
III Ma. 7. 6. μ. τὸ ζῆν αὐτοῖς χαρισάμενοι

μοιχαλίς. (1) נָאַף a. qal. b. pi.
Pr. 18. 22. ὁ δὲ κατέχων μοιχαλίδα ἄφρων καὶ ἀσεβής –
24. 55 (30. 20). τοιαύτη ὁδὸς γυναικὸς μοιχαλίδος (1 b)
Ho. 3. 1. ἀγάπησον γυναῖκα . . . μοιχαλίν (1 b)
Ma. 3. 5. ἔσομαι μάρτυς ταχὺς . . . ἐπὶ τὰς μ. (1 b)
Ez. 16. 38. ἐκδικήσω σε ἐκδικήσει μοιχαλίδος (1 a)
23. 45. ἐκδικήσουσιν αὐτὰς ἐκδικήσει μοιχαλίδος καὶ ἐκδικήσει αἵματος ὅτι μοιχαλίδες εἰσί (1 a, 1 a)

μοιχᾶσθαι. (1) נָאַף a. qal. b. pi. c. נַאֲפִים
Je. 3. 8. ἐν οἷς ἐμοιχᾶτο ἡ κατοικία τοῦ Ἰσραήλ (1 b)
5. 7. ἐμοιχῶντο καὶ ἐν οἴκοις πορνῶν κατέλυον (1 a)
7. 9. φονεύετε καὶ μοιχᾶσθε (1 a)
9. 2 (1). πάντες μοιχῶνται (1 b)
23. 14. ἑώρακα φρικτὰ μοιχωμένους (1 a)
36 (29). 23. ἐμοιχῶντο τὰς γυναῖκας τῶν πολιτῶν αὐτῶν (1 b)
Ez. 16. 32. ἡ γυνὴ ἡ [A ὡς γ.] μοιχωμένη ὁμοία σοι (1 b)
23. 37. ἐμοιχῶντο . . . τὰ ἐνθυμήματα αὐτῶν ἐμοιχῶντο (1 b, 1 b)
— 43. A οὐκ ἐν τούτοις μοιχῶνται [B -χεύουσι] (1 c)

μοιχεία (-χία). (1) a. נַאֲפוּפִים b. נָאַף c. נִאֻפִים
Wi. 14. 26. γάμων ἀταξία μοιχεία καὶ ἀσέλγεια
Ho. 2. 2 (4). ἐξαρῶ . . . τὴν μοιχείαν αὐτῆς (1 a)
4. 2. κλοπὴ καὶ μοιχεία κέχυται ἐπὶ τῆς γῆς (1 b)
Je. 13. 27. ὀφθήσεται ἡ ἀτιμία σου καὶ ἡ μ. [A αἱ μ.] σου (1 c)
[**Aq., Sm., Th.** Ez. 23. 43.]

μοιχεύειν. (1) נָאַף a. qal. b. pi. c. נִאֻפִים
Ex. 20. 13. οὐ μοιχεύσεις (1 a)
Le. 20. 10. ὃς ἂν μοιχεύσηται γυναῖκα ἀνδρός (1 a)
— 10. ὃς ἂν μοιχεύσηται γυναῖκα τοῦ πλησίον (1 a)
— 10. θανάτῳ θανατούσθωσαν ὁ μοιχεύων καὶ ἡ μοιχευομένη (1 a, 1 a)
De. 5. 18 (17). οὐ μοιχεύσεις (1 a)
Si. 23. 23. καὶ τὸ τρίτον ἐν πορνείᾳ ἐμοιχεύθη
Ho. 4. 13. καὶ αἱ νύμφαι ὑμῶν μοιχεύσουσι (1 b)
— 14. τὰς νύμφας ὑμῶν ὅταν μοιχεύωσιν (1 b)
7. 4. πάντες μοιχεύοντες ὡς κλίβανος καιόμενος (1 b)
Je. 3. 9. ἐμοίχευσε τὸ ξύλον καὶ τὸν λίθον (1 a)
Ez. 23. 43. οὐκ ἐν τούτοις μοιχεύουσι [A -χῶνται] (1 c)
[**Quint.** Ho. 7. 4.]

μοιχός. (1) נָאַף a. qal. b. pi.
Jb. 24. 15. ὀφθαλμὸς μοιχοῦ ἐφύλαξε σκότος (1 a)
Ps. 49 (50). 18. μετὰ μοιχῶν τὴν μερίδα σου ἐτίθεις (1 b)
Pr. 6. 32. ὁ δὲ μ. . . . ἀπώλειαν τῇ ψυχῇ αὐτοῦ περιποιεῖται (1 a)
Wi. 3. 16. τέκνα δὲ μοιχῶν ἀτέλεστα ἔσται
17. 4. ὁ κατέχων αὐτοὺς μυχός [A μῦθος, S^1 μοιχός]
Si. 25. 2. γέροντα μοιχὸν [S^2 μωρὸν καὶ μ. καὶ] ἐλαττούμενον συνέσει
Is. 57. 3. σπέρμα μοιχῶν καὶ πόρνης (1 b)
[**Aq., Th.** Je. 23. 10.]

μόλιβος, μόλυβος (μόλιβδος, μόλυβδος). (1) בְּדִיל (2) עֹפֶרֶת
Ex. 15. 10. ἔδυσαν ὡσεὶ μ. ἐν ὕδατι σφοδρῷ (2)
Nu. 31. 22. πλὴν . . . μολίβου καὶ κασσιτέρου (1)
Jb. 19. 24. ἐν γραφείῳ σιδηρῷ καὶ [A ἢ] μολίβῳ (2)
Si. 22. 14. A B S ὑπὲρ μόλιβον [R μόλυβδον] τί βαρυνθήσεται
47. 18. A B S ὡς μόλιβον [R -βδον] ἐπλήθυνας ἀργύριον
Za. 5. 7. R καὶ ἰδοὺ τάλαντον μολίβδου [A B -λίβου, S -λύβου] ἐξαιρόμενον (2)
Za. 5. 8. ἔρριψε τὸν λίθον τοῦ μολίβου εἰς τὸ στόμα αὐ. (2)
Je. 6. 29. ἐξέλιπε μ. (2)
Ez. 22. 18. ἀναμεμιγμένοι πάντες χαλκῷ . . . καὶ μολίβῳ [A -βδῳ] (2)
— 20. εἰσδέχεται . . . μ. [A -βδος] εἰς μέσον καμίνου [A *add.* πυρός] (1)
27. 12. S R κασσίτερον καὶ μόλιβον [A -βδον, B μόλυβον] ἔδωκαν τὴν ἀγοράν σου (2)

μόλις, *cf.* **μόγις.**
Pr. 11. 31. εἰ ὁ μὲν δίκαιος μ. σώζεται –
Wi. 9. 16. μ. [A S μόγις] εἰκάζομεν τὰ ἐπὶ γῆς
Si. 21. 20. ἀνὴρ δὲ πανοῦργος μ. ἡσυχῇ μειδιάσει
26. 29. μ. ἐξελεῖται ἔμπορος ἀπὸ πλημμελείας
29. 6. μ. κομίσεται τὸ ἥμισυ
35 (32). 7. λάλησον, νεανίσκε, εἰ χρεία σου μ. δὶς ἐὰν ἐπερωτηθῇς
III Ma. 1. 23. μ. τε ὑπό τε τῶν γεραιῶν . . . ἀποτραπέντες
5. 15. καὶ μ. διεγείρας

μολόχη.
Jb. 24. 24. ἐμαράνθη δὲ ὥσπερ μολόχη [A χλόη] ἐν καύματι †

μόλυβδος, μόλυβος, *cf.* **μόλιβος.**

μολύνειν. (1) בּוֹס pil. (2) גָּאַל ni. (3) הָלַךְ (4) חָנֵף (5) טָבַל (6) טָנַף pi. (7) פִּגּוּל (8) שָׁגַל ni. (9) שָׁכַב ni.
Ge. 37. 31. καὶ ἐμόλυναν τὸν χιτῶνα τῷ αἵματι (5)
I Es. 8. 83. γῆ μεμολυσμένη [A -λυμμ.] μολυσμῷ
To. 3. 15. οὐκ ἐμόλυνα τὸ ὄνομά μου
Ca. 5. 3. πῶς μολυνῶ αὐτούς (6)
Si. 13. 1. ὁ ἁπτόμενος πίσσης μολυνθήσεται [S^1 οὐ μ.]
21. 28. μολύνει τὴν ἑαυτοῦ ψυχὴν ὁ ψιθυρίζων
22. 13. οὐ μὴ μολυνθῇς ἐν τῷ ἐντιναγμῷ αὐτοῦ
Za. 14. 2. αἱ γυναῖκες μολυνθήσονται (8*, 9)
Is. 59. 3. αἱ γὰρ χεῖρες ὑμῶν μεμολυσμέναι [A S -υμμέναι] αἵματι (2)
65. 4. μεμολυμμένα πάντα τὰ σκεύη αὐτῶν (7)
Je. 12. 10. A B ἐμόλυναν τὴν μερίδα μου (1)
23. 11. ἱερεὺς καὶ προφήτης ἐμολύνθησαν (4)
La. 4. 14. ἐμολύνθησαν ἐν αἵματι (2)
Ez. 7. 17 : 21. 7 (12). πάντες μηροὶ μολυνθήσονται ὑγρασίᾳ (3)
I Ma. 1. 37. ἐμόλυναν τὸ ἁγίασμα [A^1 σάββατον]
II Ma. 6. 2. μολῦναι δὲ καὶ τὸν ἐν Ἱερ. νεών
14. 3. ἑκουσίως δὲ μεμολυμμένος
IV Ma. 9. 20. ἐμολύνετο δὲ πάντοθεν αἵματι ὁ τροχός
[**Aq.** Jb. 3. 5 : Je. 13. 22 : Ma. 1. 7.]
[**Sm., Th.** IV Ki. 23. 10 : Is. 63. 3 : Ma. 1. 7.]

μόλυνσις. (1) תּוֹעֵבָה
Je. 51 (44). 4. μὴ ποιήσητε τὸ πρᾶγμα τῆς μ. ταύτης (1)

μολυσμός. (1) חֲנֻפָּה
I Es. 8. 83. γῆ μεμολυσμένη μολυσμῷ τῶν ἀλλογ.
Je. 23. 15. ἀπὸ τῶν προφητῶν Ἱερ. ἐξῆλθε μ. (1)
II Ma. 5. 27. πρὸς τὸ μὴ μετασχεῖν τοῦ μ.

μολχόλ (B), **μολχόμ** (A). (1) מַלְכָּם
I Ch. 20. 2. ἔλαβε Δ. τὸν στέφανον μ. βασιλέως αὐ. (1)
[**Aq.** Am. 5. 26 (μολχόμ).]

μονάζειν. (1) בָּדַד
Ps. 101 (102). 7. ὡσεὶ στρουθίον μονάζον [A -ων] ἐπὶ δώματι (1)
[**Aq., Sm., Th., Quint.** Ho. 8. 9.]

μόναρχος.
III Ma. 2. 2. ἅγιε ἐν ἁγίοις μόναρχε

μοναχός.
[**Aq.** Ge. 22. 2 : Ps. 21 (22). 21 : 24 (25). 16 : 34 (35). 17.]
[**Sm.** Ge. 2. 18 : Ps. 67 (68). 7.]
[**Th.** Ps. 67 (68). 7.]

μοναχοῦν.
[**Aq.** Ps. 85 (86). 11.]

μονή.
I Ma. 7. 38. μὴ δῷς αὐτοῖς μονήν

μονήμερος.

Wi. 5. 14. S ὡς μνεία καταλύτου μονημέρου [A B μονοημ.]

μόνιμος. (1) עַד (2) תִּקְוָה

Ge. 49. 26. ὑπὲρ εὐλογίας ὀρέων μονίμων [A *al.*] (1)
Je. 38 (31). 17. μόνιμον τοῖς σοῖς τέκνοις (2)

μονιός. (1) זִיז

Ps. 79 (80). 13. A B^2 R μονιὸς [B^1 S ὄνος] ἄγριος κατενεμήσατο αὐτήν (1)
[**Sm.** Ps. 79 (80). 14.]

μονογενής. (1) *a.* יָחִיד *b.* רַק יָחִיד

Jd. 11. 34. αὕτη ἦν μονογενής (1 *b*)
To. 3. 15. μονογενής εἰμι τῷ πατρί μου
6. 10. A ἔστιν αὐτῷ θυγάτηρ μ. [B S *om.*]
— 14. S μονογενὴς [A B μόνος] εἰμι τῷ πατρί
8. 17. ἠλέησας δύο μονογενεῖς
Ps. 21 (22). 20. καὶ ἐκ χειρὸς κυνὸς τὴν μονογενῆ [A -ῆν] μου (1 *a*)
24 (25). 16. μονογενὴς καὶ πτωχός εἰμι ἐγώ (1 *a*)
34 (35). 17. ἀπὸ λεόντων τὴν μονογενῆ [A S^2 -ῆν] μου (1 *a*)
Wi. 7. 22. ἔστι γὰρ ἐν [A *om.*] αὐτῇ πνεῦμα . . . μονογενές
Ba. 4. 16. A ἀπὸ τῶν θυγατέρων τὴν μονογενῆν [R -ῆ, B S μόνην] ἠρήμωσαν
[**Aq.** Ge. 22. 2: Ps. 67 (68). 7: Pr. 4. 3: Je. 6. 26.]
[**Sm.** Ge. 22. 12: Pr. 4. 3: Je. 6. 26.]
[**Th.** Pr. 4. 3.]

μονόζωνος. (1) גְּדוּד

II Ki. 22. 30. ἐν σοὶ δραμοῦμαι μονόζωνος (1)
IV Ki. 5. 2. Συρία ἐξῆλθον μονόζωνοι (1)
6. 23. οὐ προσέθεντο ἔτι μονόζωνοι Σ. τοῦ ἐλθεῖν (1)
13. 20. μονόζωνοι Μωὰβ ἦλθον (1)
— 21. εἶδον τὸν μ. (1)
24. 2. ἀπέστειλε κ. αὐτῷ τοὺς μ. τῶν Χ. καὶ τοὺς μ. [A *om.* τ. Χ. κ. τ. μ.] Σ. καὶ τοὺς μ. Μ. καὶ τοὺς μ. υἱῶν Ἀ. (1 *quater*)
Jb. 29. 25. κατεσκήνουν ὡσεὶ βασιλεὺς ἐν μονοζώνοις (1)
[**Aq.** II Ki. 3. 22.]
[**Th.** Jb. 19. 12: 29. 25.]
[**Quint.** Ps. 67 (68). 7.]

μονόζωος.

[**Quint.** Ps. 67 (68). 7.]

μονοήμερος.

Wi. 5. 14. ὡς μνεία καταλύτου μονοημέρου [S μονημ.]

μονόκερως. (1) רֵים, רְאֵם, רְאֵים

Nu. 23. 22: 24. 8. ὡς δόξα μονοκέρωτος αὐτῷ (1)
De. 33. 17. κέρατα μονοκέρωτος τὰ κέρατα αὐ. (1)
Jb. 39. 9. βουλήσεται δέ σοι μονόκερως [A ἀτράπελος μ.] δουλεῦσαι (1)
Ps. 21 (22). 21. σῶσον . . . ἀπὸ κεράτων μονοκερώτων τὴν ταπείνωσίν μου (1)
28 (29). 6. ὁ ἠγαπημένος ὡς υἱὸς μονοκερώτων (1)
77 (78). 69. ᾠκοδόμησεν ὡς μονοκερώτων τὸ ἁγίασμα αὐτοῦ †
91 (92). 10. ὑψωθήσεται ὡς μονοκέρωτος τὸ κέρας μου (1)
[**Sm.** Ps. 28 (29). 6: Is. 34. 7.]

μονομαχεῖν. (1) לָחַם ni.

I Ki. 17. 10. μονομαχήσομεν [A -ωμεν] ἀμφότεροι (1)
Ps. 151. *tit.* ὅτε ἐμονομάχησε τῷ [A πρὸς τὸν] Γ.
[**Sm.** I Ki. 17. 8.]

μόνον. (1) אַךְ (2) לְבַד c. suff. (3) רַק

Ge. 19. 8. μ. εἰς τοὺς ἄνδρας τ. μὴ ποιήσητε (3)
24. 8. μ. τὸν υἱόν μου μὴ ἀποστρέψῃς (3)
27. 13. μ. ὑπάκουσόν μου (1)
34. 15. R μ. [A *om.*] ἐν τούτῳ ὁμοιωθησόμεθα (1)
— 22. μ. ἐν τούτῳ ὁμοιωθήσονται (1)
— 23. μ. ἐν τούτῳ ὁμοιωθῶμεν (1)
47. 22. χωρὶς τῆς γῆς τῶν ἱερέων μ. (3 ?)
— 26. R χωρὶς τῆς γῆς τῶν ἱερέων μ. [A -ων] (2)
Ex. 12. 16. τοῦτο μ. ποιηθήσεται ὑμῖν (2)
De. 22. 25. ἀποκτενεῖτε τὸν κοιμώμ. μετ' αὐτῆς μ. (2)
Jd. 6. 37. ἐὰν δρόσος γένηται ἐπὶ τὸν πόκον μ. (2)
— 39. γενέσθω ἡ ξηρασία ἐπὶ τὸν πόκον μ. (2)
— 40. ἐγένετο ξηρασία ἐπὶ τὸν πόκον μ. (2)
II Ki. 20. 21. δότε αὐτόν μοι μόνον (2)
II Ch. 18. 30. ἀλλ' ἢ τὸν βασ. Ἰσρ. μ. (2)
To. 5. 8. S μόνον [A B καὶ] μὴ χρονίσῃς
Ju. 11. 7. οὐ μόνον ἄνθρωποι διὰ σὲ δουλεύουσιν
Es. 1. 16. οὐ τὸν βασ. μόνον ἠδίκησεν Ἀ. (2)
8. 13. οὐ μόνον τοὺς ὑποτεταγμ. ἡμῖν ζητοῦσι κακοποιεῖν
— 13. οὐ μόνον ἐκ τῶν ἀνθρ. ἀνταναιροῦντες
— 13. οὐ μόνον ἀνθρώποις ἄβατος
Jb. 2. 6. μόνον τὴν ψυχὴν αὐ. διαφύλαξον (1)
19. 2. γνῶτε μόνον –
Wi. 10. 8. οὐ μ. ἐβλάβησαν τοῦ μὴ γνῶναι τὰ καλά
11. 19. ὧν οὐ μ. ἡ βλάβη ἠδύνατο συνεκτρῖψαι αὐτούς
16. 4. τούτοις δὲ μ. δειχθῆναι
17. 6. διεφαίνετο δ' αὐτοῖς μ. αὐτομάτη πυρά
19. 15. καὶ οὐ μ. ἀλλ' ἥτις ἐπισκοπὴ ἔσται
Si. *prol.* 4. οὐ μ. αὐτοὺς τοὺς ἀναγινώσκοντας δέον ἐστὶν ἐπιστήμονας γίνεσθαι
— 17. οὐ μ. δὲ ταῦτα
37. 1. ἔστι φίλος ὀνόματι μ. φίλος
45. 13. πλὴν τῶν υἱῶν αὐτοῦ μ.
I Ma. 6. 25. οὐκ ἐφ' ἡμᾶς μόνον ἐξέτειναν χεῖρα
11. 42. οὐ μόνον ταῦτα ποιήσω σοι
II Ma. 4. 55. οὐ μόνον Ἰουδαῖοι . . . ἐδείναζον
6. 31. οὐ μόνον τοῖς νέοις . . . ὑπόδειγμα . . . καταλείπων
7. 24. οὐ μόνον διὰ λόγων ἐποιεῖτο τὴν παράκλησιν
11. 9. οὐ μόνον ἀνθρώπους . . . τιτρώσκειν ὄντες ἕτοιμοι
III Ma. 1. 29. μὴ μόνον τοὺς ἀνθρώπους . . . ἠχεῖν
2. 26. οὐ μόνον ταῖς ἀναριθμήτοις ἀσελγείαις διηρκέσθη
3. 1. ὥστε οὐ μόνον . . . διοργίζεσθαι
— 23. οὐ μόνον ἀπεστρέψαντο τὴν ἀτίμητον πολιτείαν
IV Ma. 1. 11. οὐ μόνον ὑπὸ πάντων ἀνθρώπων
2. 4. οὐ μόνον δὲ τὴν . . . οἰστρηλασίαν
4. 20. ὥστε μὴ μόνον ἐπ' αὐτῇ τῇ ἄκρᾳ
5. 27. οὐ μόνον ἀναγκάζειν ἡμᾶς
6. 35. οὐ μόνον τῶν ἀλγηδόνων
8. 5. οὐ μόνον συμβουλεύω
— 15. οὐ μόνον οὐκ ἐφοβήθησαν
9. 10. οὐ μόνον ὡς κατὰ ἀπειθούντων
14. 1. ὡς μὴ μόνον τῶν ἀλγηδόνων
— 9. οἱ δὲ οὐ μόνον ὁρῶντες ἀλλ' οὐδὲ μόνον ἀκούοντες
16. 2. οὐ μόνον τῶν παθῶν
17. 20. οὐ μόνον οὖν ταύτῃ τῇ τιμῇ
18. 2. οὐ μόνον τῶν ἔνδοθεν
— 3. οὐ μόνον ὑπὸ τῶν ἀνθρώπων ἐθαυμάσθησαν
[**Aq.** Ec. 7. 30 (29).]
[**Sm.** Jb. 23. 6: Ps. 38 (39). 6: Ec. 5. 10: 7. 30 (29): Is. 28. 19: 45. 14.]
[**Th.** I Ki. 1. 13.]

μόνορχις. (1) מְרוֹחַ אֶשֶׁךְ

Le. 21. 20. ἢ λιχὴν ἢ μόνορχις (1)

μόνος, *cf.* **μόνον.** (1) אַךְ (2) בְּגַף c. suff. (3) *a.* לְבַד c. suff. *b.* לְבָדָד *c.* בָּדָד (4) **κατὰ μόνας** *a.* לְבַד c. suff. *b.* לְבַד *c.* יַחַד *d.* בָּדָד *e.* לְבָדָד (5) רַק (6) **μονώτατος** לְבַד c. suff.

Ge. 2. 18. οὐ καλὸν εἶναι τὸν ἄνθρωπον μόνον (3 *a*)
3. 11, 17. τούτου μ. μὴ φαγεῖν –
7. 23. καὶ κατελείφθη μ. Νῶε (1)
21. 28. ἔστησεν Ἀβ. ἑπτὰ ἀμνάδας . . . μόνας (3 *a*)
— 29. ἃς ἔστησας μόνας (3 *a*)
32. 16 (17). ἔδωκεν αὐτὰ . . . ποίμνιον κατὰ μόνας (4 *a*)
— 24 (25). ὑπελείφθη δὲ Ἰακὼβ μ. (3 *a*)
42. 38. καὶ αὐτὸς μ. καταλέλειπται (3 *a*)
43. 32. καὶ παρέθηκαν αὐτῷ μόνῳ (3 *a*)
44. 20. αὐτὸς δὲ μόνος ὑπελείφθη (3 *a*)
47. 26. χωρὶς τῆς γῆς τῶν ἱερέων μόνον [A -ων] (3 *a*)
Ex. 18. 14. διὰ τί σὺ κάθησαι μ. (3 *a*)
— 18. B οὐ δυνήσῃ ποιεῖν σὺ μ. (3 *a*)
21. 3. ἐὰν αὐτὸς μ. εἰσέλθῃ (2)
— 3. καὶ μ. ἐξελεύσεται (2)
— 4. αὐτὸς δὲ μ. ἐξελεύσεται (2)
Ex. 22. 20 (19). ὁ θυσιάζων θεοῖς . . . πλὴν κυρίῳ μ. (3 *a*)
— 27 (26). ἔστι γὰρ . . . μόνον τοῦτο τὸ ἱμάτιον (3 *a*)
24. 2. ἐγγιεῖ Μωυσῆς μ. πρὸς τὸν θεόν (3 *a*)
Le. 16. 11. A B τὸν . . . τοῦ οἴκου αὐ. μόνον [R *al.*] –
Nu. 3. 9. A δεδομένοι δόμα οὗτοι μ. [B μοί] εἰσιν †
11. 14. οὐ δυνήσομαι ἐγὼ μόνος φέρειν (3 *a*)
— 17. οὐκ οἴσεις αὐτοὺς σὺ μόνος (3 *a*)
12. 2. μὴ Μωυσῇ μόνῳ λελάληκε κ. (5)
23. 9. λαὸς μ. κατοικήσει (3 *b*)
De. 1. 9. οὐ δυνήσομαι μόνος φέρειν ὑμᾶς (3 *a*)
— 12. πῶς δυνήσομαι μόνος φέρειν τὸν κόπον ὑμῶν (3 *a*)
6. 13. A καὶ αὐτῷ μόνῳ [B *om.*] λατρεύσῃς –
8. 3. οὐκ ἐπ' ἄρτῳ μόνῳ ζήσεται ὁ ἄνθρ. (3 *a*)
10. 20. A καὶ αὐτῷ μόνῳ [B *om.*] λατρεύσεις –
29. 14 (13). οὐχ ὑμῖν μόνοις ἐγὼ διατίθεμαι (3 *a*)
32. 12. κύριος μόνος ἦγεν αὐτούς (3 *c*)
33. 28. κατασκηνώσει Ἰσρ. πεποιθὼς μόνος (3 *c*)
Jo. 11. 13. Ἀσὼρ μόνην ἐνέπρησεν Ἰσρ. (3 *a*)
22. 20. B οὗτος εἷς μ. αὐτὸς ἀπέθανεν [A R *al.*] –
Jd. 3. 20. αὐτὸς ἐκάθητο . . . μονώτατος (6)
7. 5. στήσεις αὐτὸν κατὰ μόνας (4 *b*)
10. 16. ἐδούλευσαν τῷ κυρίῳ μόνῳ [A *al.*] –
17. 3. A ἡγίακα . . . κατὰ μόνας [B τῷ υἱῷ μου] †
I Ki. 7. 3. δουλεύσατε αὐτῷ μόνῳ (3 *a*)
— 4. ἐδούλευσαν κυρίῳ μόνῳ (3 *a*)
21. 1 (2). τί ὅτι σὺ μόνος (3 *a*)
II Ki. 10. 8. παρετάξαντο πόλεμον . . . μόνοι ἐν ἀγρῷ (3 *a*)
13. 32, 33. Ἀμνὼν μονώτατος ἀπέθανεν (6)
17. 2. πατάξω τὸν βασιλέα μονώτατον (6)
18. 24. ἀνὴρ τρέχων μόνος ἐνώπιον αὐτοῦ (3 *a*)
— 25. εἰ μόνος ἐστίν (3 *a*)
— 26. ἰδοὺ ἀνὴρ ἕτερος τρέχων μόνος (3 *a*)
III Ki. 8. 39. σὺ μονώτατος οἶδας τὴν καρδίαν (6)
11. 29. R ἀμφότεροι μόνοι [A B *om.*] ἐν τῷ πεδίῳ (3 *a*)
12. 20. παρὲξ σκήπτρου Ἰ. καὶ Βεν. μόνοι (3 *a*)
14. 13. A οὗτος μόνος εἰσελεύσεται τῷ Ἰερ. (3 *a*)
18. 6. Ἀβδ. ἐπορεύθη ἐν ὁδῷ ἄλλῃ μόνος (3 *a*)
— 7. ἦν Ἀβδ. ἐν τῇ ὁδῷ μόνος [A *om.*] –
— 7. ἦλθεν Ἠ. εἰς συνάντησιν αὐ. μόνος –
— 22. ὑπολέλειμμαι προφήτης τοῦ κ. μονώτατος (6)
— 37. A σὺ εἶ κ. ὁ θεὸς μόνος [B *om.*] –
19. 10, 14. ὑπολέλειμμαι ἐγὼ μονώτατος (6)
22. 31. ἀλλ' ἢ τὸν βασ. Ἰσρ. μονώτατον (6)
IV Ki. 10. 23. ὅτι ἀλλ' ἢ οἱ δοῦλοι τοῦ Β. μονώτατοι (6)
17. 18. οὐχ ὑπελείφθη πλὴν φυλὴ Ἰ. μονωτάτη (6)
19. 15. σὺ εἶ ὁ θεὸς μ. (3 *a*)
— 19. σὺ κύριος ὁ θεὸς μόνος (3 *a*)
II Ch. 6. 30. μόνος [A μονώτατος] γινώσκεις τὴν καρδίαν (3 *a* [6])
I Es. 4. 7. B^1 αὐτὸς εἰ [A B^2 R εἷς] μόνος ἐστίν
5. 71. ἡμεῖς γὰρ μόνοι οἰκοδομήσομεν
8. 25. εὐλογητὸς μ. ὁ κύριος
Ne. 9. 6. σὺ εἶ αὐτὸς κύριος μόνος (3 *a*)
To. 1. 6. κἀγὼ μόνος [S μονώτατος] ἐπορευόμην
6. 11. S πλὴν Σάρρας μόνης
— 11. σὺ μόνος εἶ τοῦ γένους αὐτῆς [S *al.*]
— 14. μόνος [S μονογενής] εἰμὶ τῷ πατρί
8. 6. οὐ καλὸν εἶναι τὸν ἄνθρωπον μ.
Ju. 3. 8. ὅπως αὐτῷ μόνῳ [S *om.*] τῷ Ναβ. λατρεύσωσι
11. 8. σὺ μόνος ἀγαθὸς ἐν πάσῃ βασ.
12. 10. ἐποίησεν Ὀλ. πότον τοῖς δούλοις αὐ. μόνοις
13. 2. ὑπελείφθη δὲ Ἰ. μόνη
Es. 3. 13. διειληφότες οὖν τόδε τὸ ἔθνος μονώτατον
4. 13. σωθήσῃ μόνη ἐν τῇ βασ.
— 17. σὺ εἶ μόνος
— 17 *bis*. βοήθησόν μοι τῇ μ.
Jb. 1. 15, 16. σωθεὶς δὲ [A καὶ ἐσώθην] ἐγὼ μόνος (5 + 3 *a*)
— 17, 19. ἐσώθην δὲ ἐγὼ μόνος (5 + 3 *a*)
9. 8. ὁ τανύσας τὸν οὐρανὸν μόνος (3 *a*)
12. 2. A μὴ [B S εἶτα] ὑμεῖς ἐστε ἄνθρωποι μόνοι [B S *om.*] –
15. 19. αὐτοῖς μόνοις ἐδόθη ἡ γῆ (3 *a*)
31. 17. εἰ δὲ καὶ τὸν ψωμόν μου ἔφαγον μόνος (3 *a*)
— 39. εἰ δὲ καὶ τὴν ἰσχὺν αὐτῆς ἔφαγον μόνος [S *om.*] ἄνευ τιμῆς –

Ps. 4. 8. σὺ, κύριε, κατὰ μόνας ἐπ' ἐλπίδι κατῴκισάς με (4 e)
32 (33). 15. ὁ πλάσας κατὰ μόνας τὰς καρδίας αὐτῶν (4 c)
50 (51). 4. σοὶ μόνῳ ἥμαρτον (3 a)
70 (71). 16. μνησθήσομαι τῆς δικαιοσύνης σου μόνου (3 a)
71 (72). 18. ὁ ποιῶν θαυμάσια μόνος (3 a)
76 (77). 14. ὁ ποιῶν θαυμάσια [S² *add.* μόνος] –
82 (83). 18. σὺ μόνος ὕψιστος ἐπὶ πᾶσαν τὴν γῆν (3 a)
85 (86). 10. σὺ εἶ ὁ θεὸς μόνος (3 a)
135 (136). 4. τῷ ποιήσαντι θαυμάσια μεγάλα μόνῳ (3 a)
— 7. τῷ ποιήσαντι φῶτα μεγάλα μόνῳ –
140 (141). 10. κατὰ μόνας εἰμὶ ἐγώ (4 c)
148. 13. ὑψώθη τὸ ὄνομα αὐτοῦ μόνου (3 a)
Pr. 5. 17. **A S R** ἔστω σοι μόνῳ [**B** μόνα] ὑπάρχοντα (3 a)
9. 12. μόνος ἂν ἀντλήσεις κακά (3 a)
Wi. 10. 1. πατέρα κόσμου μόνον κτισθέντα διεφύλαξε
17. 21. **R** μόνοις δὲ ἐκείνοις ἐπετέτατο [**A B** ἐπέτατο, **S** ἐπέκειτο] βαρεῖα νύξ
18. 25. ἦν γὰρ μόνη ἡ πεῖρα τῆς ὀργῆς ἱκανή
Si. 18. 2. κύριος μόνος δικαιωθήσεται
24. 5. γῦρον οὐρανοῦ ἐκύκλωσα μόνη
— 34 : 30. 26 (33. 17). οὐκ ἐμοὶ μόνῳ ἐκοπίασα
45. 25. κληρονομία βασιλέως υἱοῦ ἐξ υἱοῦ μόνου
Is. 2. 11, 17. ὑψωθήσεται κύριος μόνος (3 a)
3. 26. καταλειφθήσῃ μόνη †
5. 8. μὴ οἰκήσετε μόνοι ἐπὶ τῆς γῆς (3 a)
10. 8. σὺ μ. εἶ ἄρχων †
37. 16. σὺ εἶ ὁ θεὸς μ. πάσης βασιλείας τῆς οἰκουμένης (3 a)
— 20. σὺ εἶ ὁ θεὸς μ. (3 a)
44. 24. ἐξέτεινα τὸν οὐρανὸν μόνος (3 a)
49. 21. κατελείφθην μόνη (3 a)
Je. 15. 17. κατὰ μόνας ἐκαθήμην (4 d)
30. 9 (49. 31). μόνοι καταλύουσι (3 c)
39 (32). 30. οἱ υἱοὶ Ἰούδα μόνοι ποιοῦντες τὸ πονηρόν (1)
Ba. 4. 16. ἀπὸ τῶν θυγατέρων τὴν μ. [**A** μονογενῆν] ἠρήμωσαν
La. 1. 1. πῶς ἐκάθισε μόνη ἡ πόλις (3 c)
3. 28. καθήσεται κατὰ μόνας καὶ σιωπήσεται (4 d)
Ez. 14. 16, 18. αὐτοὶ μόνοι σωθήσονται (3 a)
Da. LXX. 2. 47. ὁ ἐκφαίνων μυστήρια κρυπτὰ μόνος –
3. (45). σὺ εἶ μ. κύριος ὁ θεός
10. 8. ἐγὼ κατελείφθην μόνος (3 a)
11. 27. δύο βασιλεῖς μ. δειπνήσουσιν †
Da. TH. Su. 14. ὅτε αὐτὴν δυνήσονται εὑρεῖν μόνην
— 15. εἰσῆλθε . . . μετὰ δύο μόνων κορασίων
— 36. περιπατούντων ἡμῶν ἐν τῷ παραδείσῳ μόνων
3. (45). σὺ εἶ κύριος θεὸς μ.
10. 7. ἴδον ἐγὼ Δ. μόνος τὴν ὀπτασίαν (3 a)
— 8. **B** μόνος [**AR** *om.*] ὑπελείφθην μόνος (–, 3 a)
Bel 14. ἐνώπιον τοῦ βασ. μόνου
I Ma. 10. 70. σὺ μονώτατος ἐπαίρῃ ἐφ' ἡμᾶς
12. 36. ἵνα ᾖ αὕτη κατὰ μόνας
13. 4. κατελείφθην ἐγὼ μόνος
II Ma. 1. 24. ὁ μ. βασιλεὺς καὶ χρηστὸς ὁ μ. χορηγός
— 25. ὁ μ. δίκαιος καὶ παντοκράτωρ καὶ αἰώνιος
7. 37. μόνος αὐτὸς θεός ἐστιν
15. 39. οἶνον κατὰ μόνας πίνειν
III Ma. 1. 2. ὡς μόνος κτεῖναι αὐτόν
— 11. ἀλλ' ἢ μόνῳ τῷ προηγουμ. πάντων ἀρχιερεῖ
3. 19. ὡς μονώτατοι . . . ὑψαυχενοῦντες
IV Ma. 5. 24. ὥστε μόνον τὸν ὄντα θεὸν σέβειν
7. 18. οὗτοι μόνοι δύνανται κρατεῖν
— 23. μόνος γὰρ ὁ σοφὸς . . . ἐστι τῶν παθῶν κύριος
9. 18. μόνοι παῖδες Ἑβραίων . . . εἰσὶν ἀνίκητοι
15. 17. ὦ μ. γυνὴ τὴν εὐσέβειαν . . . ἀποκυήσασα
16. 10. γυνὴ χήρα καὶ μόνη πολύθρηνος
[**Aq.** III Ki. 14. 13 : Ez. 10. 2.]
[**Sm.** Ge. 22. 2 : Jd. 3. 20 (κατὰ μόνας) : Ps. 24 (25). 16 : 32 (33). 15 (κατὰ μόνας) : Pr. 9. 12 : Ec. 8. 15 : Is. 5. 8 : 6. 13 : 27. 10 : 63. 3 : Je. 32 (39). 30.]
[**Th.** Pr. 9. 12 : Je. 32 (39). 30 : Da. 14. 13.]
[**Al.** Le. 13. 46 (κατὰ μόνας) : Dt. 3. 11 : 33. 28 (κατὰ μόνας).]

μονότης.
[**Sm.** Ps. 21 (22). 21 : 34 (35). 17.]

μονότροπος. (1) יָחִיד
Ps. 67 (68). 6. κατοικίζει μονοτρόπους ἐν οἴκῳ (1)

μονοῦσθαι.
[**Aq.** Ge. 49. 6.]
[**Heb.** Jb. 3. 7.]
[**Al.** Jb. 30. 3.]

μονοφαγία.
IV Ma. 1. 27. **SR** λαιμαργία καὶ μονοφαγία [**A** νομοφ.]

μονοφάγος.
IV Ma. 2. 7. μονοφάγος τις ὢν τὸ ἦθος

μόριον.
[**Sm.** Jb. 38. 31.]

μόρον.
I Ma. 6. 34. ἔδειξαν αἷμα σταφυλῆς καὶ μόρων

μόρος.
II Ma. 9. 28. οἰκτίστῳ μ. κατέστρεψε τὸν βίον
13. 7. τοιούτῳ μ. τὸν παράνομον συνέβη θανεῖν
III Ma. 3. 1. χειρίστῳ μ. τοῦ ζῆν μεταστῆσαι
5. 2. πρὸς συνάντησιν τοῦ μ. τῶν 'I.
— 8. ἐκ τοῦ παρὰ πόδας ἐν ἑτοίμῳ μόρου
6. 10. ἀπόλεσον ἡμᾶς μόρῳ
— 31. ἀντὶ πικροῦ καὶ δυσαιάκτου μ.

μορφή. (1) זִיו (2) צֶלֶם (3) תֹּאַר (4) תַּבְנִית (5) תְּמוּנָה
Jd. 8. 18. **A** ὡς εἶδος μορφὴ υἱῶν βασιλέων [**B** *al.*] (3)
To. 1. 13. ἔδωκεν ὁ ὕψιστος χάριν καὶ μορφήν
Jb. 4. 16. οὐκ ἦν μορφὴ πρὸ ὀφθαλμῶν μου (5)
Wi. 18. 1. μορφὴν δὲ οὐχ ὁρῶντες
Is. 44. 13. ἐποίησεν αὐτὸ ὡς μορφὴν ἀνδρός (4)
Da. LXX. 3. 19. ἡ μ. τοῦ προσώπου αὐ. ἠλλοιώθη (2)
Da. TH. 4. 33. ἡ μ. μου ἐπέστρεψεν ἐπ' ἐμέ (1)
5. 6. τοῦ βασ. ἡ μ. ἠλλοιώθη (1)
— 9. ἡ μ. αὐ. ἠλλοιώθη ἐν αὐτῷ (1)
— 10. ἡ μ. σου μὴ ἀλλοιούσθω (1)
7. 28. ἡ μ. μου ἠλλοιώθη (1)
IV Ma. 15. 4. ψυχῆς τε καὶ μορφῆς ὁμοιότητα
[**Aq.** Is. 52. 14.]
[**Sm.** Dt. 4. 12.]
[**Th.** Da. 5. 6 : 7. 28.]

μορφοῦν.
[**Aq.** Is. 44. 13.]

μόρφωμα.
[**Aq.** Ge. 31. 19 : Jd. 17. 5 : I Ki. 15. 23 : 19. 13 : Ho. 3. 4.]

μοσθάθ, μοσοάθ, μοσόθ. (1) מִשְׁחִית
IV Ki. 23. 13. **B** τὸν ἐκ δεξιῶν τοῦ ὄρους τοῦ μ. [**A** -οθ, **R** μοσθάθ] †

μοσφαιθάμ. (1) מִשְׁפְּתַיִם
Jd. 5. 16. **A** ἵνα τί μοι κάθησαι ἀνὰ μέσον τῶν μ. [**B** *al.*] (1)

μοσχάριον. (1) בֶּן־בָּקָר (2) עֵגֶל (3) פַּר, פָּר
Ge. 18. 7. ἔλαβον ἁπαλὸν μ. καὶ καλόν (1)
— 8. ἔλαβε δὲ βούτυρον . . . καὶ τὸ μ. (1)
Ex. 24. 5 ἔθυσαν θυσίαν . . . τῷ θεῷ μοσχάρια (3)
29. 1. λήψῃ δὲ μ. ἐκ βοῶν ἕν (3)
— 3. προσοίσεις αὐτὰ . . . καὶ τὸ μ. (3)
— 36. τὸ μ. [**A** *add.* τὸ] τῆς ἁμαρτίας ποιήσεις (3)
Le. 9. 2. λάβε . . . μ. ἐκ βοῶν περὶ ἁμαρτίας (2)
— 3. λάβετε . . . μ. καὶ ἀμνὸν ἐνιαύσιον (2)
— 8. τὸ μ. τὸ περὶ τῆς ἁμαρτίας (2)
Am. 6. 4. μοσχάρια ἐκ μέσου [**A** *om.*] βουκολίων γαλαθηνά (2)
Ma. 4. 2 (3. 20). σκιρτήσετε ὡς μοσχάρια ἐκ δεσμῶν ἀνειμένα (2)
Is. 11. 6. μοσχάριον καὶ ταῦρος καὶ λέων ἅμα βοσκηθήσονται (2)
[**Th.** II Ki. 17. 29.]
[**Heb.** Je. 2. 23.]

μόσχευμα.
Wi. 4. 3. ἐκ νόθων μ. οὐ δώσει ῥίζαν εἰς βάθος

μόσχος. (1) *a.* בָּקָר *b.* בֶּן הַבָּקָר (2) *a.* עֵגֶל *b.* עֶגְלָה (3) פַּר, פָּר (4) *a.* שׁוֹר *b.* תּוֹר (5) μ. ἐκ βοῶν שׁוֹר (6) μόσχος βοῶν בָּקָר
Ge. 12. 16. πρόβατα καὶ μόσχοι καὶ ὄνοι (1 a)
20. 14. ἔλαβε . . . πρόβατα καὶ μόσχους (1 a)
21. 27. ἔλαβεν Ἀβραὰμ πρόβατα καὶ μόσχους (1 a)
24. 35. ἔδωκεν αὐτῷ πρόβατα καὶ μόσχους (1 a)
Ex. 20. 24. τὰ πρόβατα καὶ τοὺς μ. ὑμῶν (1 a)
21. 33. καὶ ἐμπέσῃ ἐκεῖ μ. (4 a)
22. 1 (21. 37). ἐὰν δέ τις κλέψῃ μόσχον (4 a)
— 1 (21. 37). πέντε μόσχους ἀποτίσει ἀντὶ τοῦ μ. (1 a, 4 a)
— 9 (8). ἀδίκημα περί τε μόσχου καὶ ὑποζυγίου (4 a)
— 10 (9). ἐὰν δέ τις δῷ τῷ πλησίον ὑποζύγιον ἢ μόσχον (4 a)
— 30 (29). οὕτω ποιήσεις τὸν μ. σου (4 a)
29. 10. προσάξεις τὸν μ. ἐπὶ τὰς θύρας (3)
— 10. ἐπιθήσουσιν . . . ἐπὶ τὴν κεφαλὴν τοῦ μ. (3)
— 11. **B** καὶ σφάξεις τὸν μ. ἔναντι κυρίῳ (3)
— 12. λήψῃ ἀπὸ τοῦ αἵματος τοῦ μ. [**A**[1] *al.*] (3)
— 14. τὰ δὲ κρέα τοῦ μ. (3)
32. 4. ἐποίησεν αὐτὰ μόσχον χωνευτόν (2 a)
— 8. ἐποίησαν ἑαυτοῖς μόσχον (2 a)
— 19. ὁρᾷ τὸν μ. καὶ τοὺς χορούς (2 a)
— 20. καὶ λαβὼν τὸν μ. . . . κατέκαυσεν (2 a)
— 24. καὶ ἐξῆλθεν ὁ μ. οὗτος (2 a)
— 35. περὶ τῆς ποιήσεως τοῦ μ. οὗ ἐποίησεν (2 a)
34. 19. πᾶν [**A** *om.*] πρωτότοκον μόσχου (4 a)
Le. 1. 5. καὶ σφάξουσι τὸν μ. ἔναντι κυρίου (1 b)
4. 3. προσάξει . . . μόσχον ἐκ βοῶν (3)
— 4. προσάξει τὸν μ. παρὰ τὴν θύραν (3)
— 4. ἐπιθήσει . . . ἐπὶ τὴν κεφαλὴν τοῦ μ. (3)
— 4. σφάξει τὸν μ. ἐνώπιον κυρίου (3)
— 5. λαβὼν . . . ἀπὸ τοῦ αἵματος τοῦ μ. (3)
— 7. ἐπιθήσει . . . ἀπὸ τοῦ αἵματος τοῦ μ. –
— 7. καὶ πᾶν τὸ αἷμα τοῦ μ. ἐκχεεῖ (3)
— 8. τὸ στέαρ τοῦ μ. τοῦ τῆς ἁμαρτίας (3)
— 10. τοῦ μ. τοῦ τῆς θυσίας τοῦ σωτηρίου (4 a)
— 11. τὸ δέρμα τοῦ μ. καὶ . . . τὴν σάρκα (3)
— 12. ἐξοίσουσιν ὅλον τὸν μ. (3)
— 14. προσάξει ἡ συναγωγὴ μόσχον ἐκ βοῶν (3)
— 15. ἐπὶ τὴν κεφαλὴν τοῦ μ. (3)
— 15. **A B**[2] **R** σφάξουσι τὸν μ. ἔναντι κυρίου (3)
— 16. εἰσοίσει ἀπὸ τοῦ αἵματος τοῦ μ. (3)
— 17. βάψει . . . ἀπὸ τοῦ αἵματος τοῦ μ. –
— 20. καὶ ποιήσει τὸν μ. (3)
— 20. ἐποίησε τὸν μ. τὸν τῆς ἁμαρτίας (3)
— 21. **B**[2]**R** ἐξοίσουσι τὸν μ. ὅλον [**AB**[1] *om.*] ἔξω (3)
— 21. κατακαύσουσι τὸν μ. †
— 21. κατέκαυσαν τὸν μ. τὸν πρότερον (3)
8. 2, 14. τὸν μ. τὸν περὶ τῆς ἁμαρτίας (3)
— 14. τοῦ μ. τοῦ τῆς ἁμαρτίας (3)
— 17. τὸν μ. . . . κατέκαυσεν (3)
9. 4. καὶ μόσχον καὶ κριὸν εἰς θυσίαν (4 a)
— 18. ἔσφαξε τὸν μ. καὶ τὸν κριόν (4 a)
— 19. καὶ τὸ στέαρ τὸ ἀπὸ τοῦ μ. (4 a)
16. 3. ἐν μόσχῳ ἐκ βοῶν περὶ ἁμαρτίας (3)
— 6. τὸν μ. τὸν περὶ τῆς ἁμαρτίας αὐτοῦ (3)
— 11 *bis.* τὸν μ. τὸν περὶ τῆς ἁμαρτίας (3)
— 14. λήψεται ἀπὸ τοῦ αἵματος τοῦ μ. (3)
— 15. ὃν τρόπον ἐποίησε τὸ αἷμα τοῦ μ. (3)
— 18. λήψεται ἀπὸ τοῦ αἵματος τοῦ μ. (3)
— 27. τὸν μ. τὸν περὶ τῆς ἁμαρτίας (3)
17. 3. μόσχον ἢ πρόβατον ἢ αἶγα (4 a)
22. 23. **A**[2]**B** καὶ μόσχον ἢ πρόβατον ὠτότμητον (4 a)
— 27. μόσχον ἢ πρόβατον ἢ αἶγα (4 a)
— 28. καὶ μόσχον ἢ πρόβατον (4 a)
23. 18. καὶ μόσχον ἕνα ἐκ βουκολίου (3)
25. 43. οὐ κατατενεῖς αὐτὸν ἐν τῷ μόχθῳ [**B**[1] μόσχῳ] †
27. 26. ἐάν τε μόσχον ἐάν τε πρόβατον (4 a)
Nu. 7. 3. καὶ μόσχον παρὰ ἑκάστου (4 a)
— 15, 21, 27, 33, 39, 45, 51, 57, 63, 69, 75, 81. μόσχον ἕνα ἐκ βοῶν (3)
— 87. πᾶσαι αἱ βόες . . . μόσχοι δώδεκα (3)
8. 8. λήψονται μ. ἕνα ἐκ βοῶν (3)
— 8. μ. ἐνιαύσιον ἐκ βοῶν λήψῃ (3)
— 12. ἐπὶ τὰς κεφαλὰς τῶν μ. (3)
15. 9. προσοίσει ἐπὶ τοῦ μ. θυσίαν (1 b)
— 11. οὕτω ποιήσεις τῷ μ. τῷ ἑνί (4 a)
— 24. καὶ ποιήσει πᾶσα ἡ συναγ. μ. ἕνα (3)
18. 17. πρωτότοκα μόσχων . . . οὐ λυτρώσῃ (4 a)
22. 4. ὡσεὶ ἐκλείξαι ὁ μ. τὰ χλωρά (4 a)

Nu. 22. 40. καὶ ἔθυσε Β. . . . μόσχους (1 *a*)
23. 1. ἑτοίμασόν μοι ἐνταῦθα ἑπτὰ μόσχους (3)
— 2. ἀνήνεγκε μόσχον . . . ἐπὶ τὸν βωμόν (3)
— 4. ἀνεβίβασα μόσχον . . . ἐπὶ τὸν βωμόν (3)
— 14. ἀνεβίβασε μόσχον . . . ἐπὶ τὸν βωμόν (3)
— 29. ἑτοίμασόν μοι ὧδε ἑπτὰ μόσχους (3)
— 30. ἀνήνεγκε μόσχον . . . ἐπὶ τὸν βωμόν (3)
28. 11. προσάξετε . . . μόσχους ἐκ βοῶν δύο (3)
— 12. τρία δέκατα σεμιδάλεως . . . τῷ μ. τῷ ἑνί (3)
— 14. τὸ ἥμισυ τοῦ εἶν ἔσται τῷ μ. τῷ ἑνί [B[1] *om.* τ. μ. τ. ἑ.] (3)
— 19. προσάξετε . . . μόσχους ἐκ βοῶν δύο (3)
— 20. τρία δέκατα τῷ μ. τῷ ἑνί (3)
— 27. μόσχους ἐκ βοῶν δύο (3)
— 28. τρία δέκατα τῷ μ. τῷ ἑνί (3)
29. 2. ποιήσετε . . . μ. ἕνα ἐκ βοῶν (3)
— 3. τρία δέκατα τῷ μ. τῷ ἑνί (3)
— 8. προσοίσετε . . . μ. ἐκ βοῶν ἕνα (3)
— 9. τρία δέκατα τῷ μ. τῷ ἑνί (3)
— 13. προσάξετε . . . μόσχους ἐκ βοῶν (3)
— 14. τρία δέκατα τῷ μ. τῷ ἑνὶ τοῖς τρισκαίδεκα μ. (3, 3)
— 17. τῇ ἡμ. τῇ δευτ. μόσχους δώδεκα (3)
— 18. ἡ σπονδὴ αὐτῶν τοῖς μ. (3)
— 20. τῇ ἡμ. τῇ τρίτῃ μόσχους ἕνδεκα (3)
— 21. ἡ θυσία αὐ. . . . τοῖς μ. (3)
— 23. τῇ ἡμ. τῇ τετάρτῃ μόσχους δέκα (3)
— 24. αἱ σπονδαὶ αὐτῶν τοῖς μ. (3)
— 26. τῇ ἡμ. τῇ πέμπτῃ μόσχους ἐννέα (3)
— 27. αἱ σπονδαὶ αὐτῶν τοῖς μ. (3)
— 29. τῇ ἡμ. τῇ ἕκτῃ μόσχους ὀκτώ (3)
— 30. αἱ σπονδαὶ αὐτῶν τοῖς μ. (3)
— 32. τῇ ἡμ. τῇ ἑβδ. μόσχους ἑπτά (3)
— 33. αἱ σπονδαὶ αὐτῶν τοῖς μ. (3)
— 36. μόσχον ἕνα κριὸν ἕνα (3)
— 37. αἱ σπονδαὶ αὐτῶν τῷ μ. (3)
De. 9. 16. Α ἐποιήσατε ὑμῖν αὐτοῖς μ. [B *om.*] χωνευτόν (2 *a*)
— 21. τὴν ἁμαρτ. ὑμῶν ἣν ἐποιήσατε τὸν μ. (2 *a*)
14. 4. μόσχον ἐκ βοῶν (5)
15. 19. οὐκ ἐργᾷ ἐν τῷ πρωτοτόκῳ μ. σου (4 *a*)
17. 1. οὐ θύσεις κ. τῷ θεῷ σου μόσχον (4 *a*)
18. 3. ἐάν τε μόσχον ἐάν τε πρόβατον (4 *a*)
22. 1. ἰδὼν τὸν μ. τοῦ ἀδελφοῦ σου (4 *a*)
— 4. οὐκ ὄψῃ [A[2] ὑπερόψῃ] . . . τὸν μ. αὐτοῦ (4 *a*)
— 10. ἐν μόσχῳ καὶ ὄνῳ ἐπὶ τὸ αὐτό (4 *a*)
28. 31. ὁ μ. σου ἐσφαγμένος ἐναντίον σου (4 *a*)
Jo. 6. 20 (21). καὶ ἕως μόσχου καὶ ὑποζυγίου (4 *a*)
7. 24. ἀνήγαγεν . . . τοὺς μ. αὐτοῦ (4 *a*)
Jd. 3. 31. Α ἐν τῷ ἀροτρόποδι ἐκτὸς μόσχων βοῶν [B ἀ. τῶν β.] (6)
6. 4. Α οὐχ ὑπελείποντο . . . μόσχον [B *al.*] (4 *a*)
— 25. λάβε τὸν μ. τὸν ταῦρον [A σιτευτὸν] . . . καὶ μ. δεύτερον ἑπταετῆ (3, 3)
— 26. λήψῃ τὸν μ. τὸν δεύτερον (3)
— 28. εἶδαν τὸν μ. τὸν δεύτερον [A ὁ μ. ὁ σιτευτός] (3)
I Ki. 1. 24. ἀνέβη . . . ἐν μ. τριετίζοντι (3)
— 25. ἔσφαξε τὸν μ. (3)
12. 3. μόσχον τίνος εἴληφα (4 *a*)
14. 34. προσαγαγεῖν ἐνταῦθα ἕκαστος τὸν μ. αὐ. (4 *a*)
15. 3. ἀπὸ μόσχου ἕως προβάτου (4 *a*)
22. 19. ἀπὸ . . . μόσχου καὶ ὄνου (4 *a*)
II Ki. 6. 6. περιέσπασεν αὐτὸν ὁ μ. (1 *a*)
— 13. καὶ θῦμα μόσχος (4 *a*)
III Ki. 1. 9. ἐθυσίασεν Ἀδ. . . . μόσχους [A βόας] (1 *a*)
— 19. ἐθυσίασε μόσχους (4 *a*)
— 25. ἐθυσίασε [A ἐθυμίασεν] μόσχους (4 *a*)
3. 1 (*cf.* 4. 23 [5. 3]). Β δέκα μ. ἐκλεκτοί (1 *a*)
4. 23 (5. 3). δέκα μ. ἐκλεκτοί (1 *a*)
10. 19. καὶ προτομαὶ μόσχων τῷ θρόνῳ †
18. 25. ἐκλέξασθε ἑαυτοῖς τὸν μ. τὸν ἕνα (3)
— 26. ἔλαβον τὸν μ. (3)
I Ch. 12. 40. ἔφερον . . . ἐπὶ τῶν μ. βρώματα . . . μόσχους καὶ πρόβατα (1 *a*, 1 *a*)
13. 9. ἐξέκλινεν αὐτὴν ὁ μ. (1 *a*)
15. 26. ἔθυσαν ἀν' [AS *om.*] ἑπτὰ μόσχους (3)
21. 23. δέδωκα τοὺς μ. εἰς ὁλοκαύτωσιν (1 *a*)
29. 21. ἀνήνεγκεν . . . μ. χιλίους (3)
II Ch. 4. 3. ὁμοίωμα μόσχων ὑποκάτω αὐτῆς (1 *a*)
— 3. AR ἐχώνευσαν τοὺς μ. [B μοχλούς] (1 *a*)
— 4. ἐποίησαν αὐτοὺς δώδεκα μόσχους (1 *a*)
— 15. καὶ τοὺς μ. τοὺς δώδεκα ὑποκάτω αὐτῆς (1 *a*)
5. 6. θύοντες μόσχους καὶ πρόβατα (1 *a*)
7. 5. μόσχων εἴκοσι καὶ δύο χιλιάδας (1 *a*)
11. 15. κατέστησεν αὐτῷ ἱερεῖς . . . τοῖς μ. (2 *a*)
13. 8. μεθ' ὑμῶν μ. χρυσοῖ [A[2] πολλοί] (2 *a*)
II Ch. 13. 9. Β πληρῶσαι τὰς χεῖρας ἐκ μόσχων [A ἐξ μόσχοις, R ἐν μόσχῳ] (3)
15. 11. ἔθυσε . . . μ. ἑπτακοσίους [A *al.*] (1 *a*)
18. 2. ἔθυσεν αὐτῷ Ἀχ. . . . μ. πολλούς (1 *a*)
29. 21. ἀνήνεγκε μόσχους ἑπτά (3)
— 22. ἔθυσαν τοὺς μ. (1 *a*)
— 32. μόσχοι ἑβδομήκοντα (1 *a*)
— 33. καὶ οἱ ἡγιασμ. μ. ἑξακόσιοι (1 *a*)
30. 24. ἀπήρξατο τῷ Ἰ. τῇ ἐκκλησίᾳ χιλίους μ. (3)
— 24. ἀπήρξαντο τῷ λαῷ μ. χιλίους (3)
31. 6. ἤνεγκαν ἐπιδέκατα μόσχων (1 *a*)
35. 7. καὶ μόσχων τρεῖς χιλιάδας (1 *a*)
— 8. ἔδωκαν . . . μ. τριακοσίους (1 *a*)
— 9. ἀπήρξαντο . . . μ. πεντακοσίους (1 *a*)
I Es. 1. 7. ἐδωρήσατο Ἰ. τῷ λαῷ . . . μ. τρισχιλίους
— 8. ἔδωκε . . . μ. τριακοσίους
— 9. ἔδωκαν . . . μ. ἑπτακοσίους
II Es. 6. 17. προσήνεγκαν . . . μόσχους ἑκατόν (4 *b*)
7. 17. μόσχους κριοὺς ἀμνούς (4 *b*)
8. 35. προσήνεγκαν . . . μόσχους δώδεκα (3)
Ne. 5. 18. ἦν γινόμενον εἰς ἡμέραν μίαν μ. εἷς (4 *a*)
9. 18. ἐποίησαν ἑαυτοῖς μ. χωνευτόν (2 *a*)
To. 1. 5. S ἐθυσίαζον ἐκεῖνοι τῷ μ.
Jb. 1. 5. μόσχον ἕνα περὶ ἁμαρτίας –
42. 8. λάβετε ἑπτὰ μόσχους καὶ ἑπτὰ κριούς (3)
Ps. 21 (22). 12. περιεκύκλωσάν με μόσχοι πολλοί (3)
28 (29). 6. λεπτυνεῖ αὐτὰς ὡς τὸν μ. τὸν Λ. (2 *a*)
49 (50). 9. οὐ δέξομαι ἐκ τοῦ οἴκου σου μόσχους (3)
50 (51). 19. τότε ἀνοίσουσιν ἐπὶ τὸ θυσιαστήριόν σου μόσχους (3)
68 (69). 31. ἀρέσει τῷ θεῷ ὑπὲρ μόσχον νέον κέρατα ἐκφέροντα (4 *a* + 3)
105 (106). 19. ἐποίησαν μόσχον ἐν Χωρὴβ (2 *a*)
— 20. ἐν ὁμοιώματι μόσχου ἔσθοντος χόρτον (4 *a*)
Pr. 15. 17. παράθεσις μόσχων μετὰ ἔχθρας (4 *a*)
Ho. 5. 6. μετὰ προβάτων καὶ μόσχων πορεύσονται (1 *a*)
8. 5. ἀπότριψαι τὸν μόσχον σου (2 *a*)
— 6. διότι πλανῶν ἦν ὁ μ. σου (2 *a*)
10. 5. τῷ μ. τοῦ οἴκου Ὢν παροικήσουσιν (2 *b*)
13. 2. μόσχοι γὰρ ἐκλελοίπασι (2 *a*)
Mi. 6. 6. ἐν ὁλοκαυτώμασιν ἐν μόσχοις ἐνιαυσίοις (2 *a*)
Is. 22. 13. ἐποιήσαντο εὐφροσύνην καὶ ἀγαλλίαμα σφάζοντες μόσχους (1 *a*)
66. 3. ὁ θύων μοι μόσχον ὡς ὁ ἀποκτέννων κύνα (4 *a*)
Je. 3. 24. κατηνάλωσε . . . τὰ πρόβατα αὐτῶν καὶ τοὺς μ. [A μόχθους] αὐτῶν (1 *a*)
5. 17. κατέδονται . . . τοὺς μ. ὑμῶν [A *om.*] (1 *a*)
26 (46). 15. ὁ μ. ὁ ἐκλεκτός σου οὐκ ἔμεινεν –
— 21. ὥσπερ μ. σιτευτοὶ τρεφόμενοι ἐν αὐτῇ (2 *a*)
38 (31). 18. ὥσπερ μ. οὐκ ἐδιδάχθην (2 *a*)
41 (34). 18. τὸν μ. ὃν ἐποίησαν (2 *a*)
52. 20. οἱ μ. δώδεκα χαλκοῖ ὑποκάτω τῆς θαλ. (1 *a*)
Ez. 1. 10. πρόσωπον μόσχου ἐξ ἀριστερῶν τοῖς τέσσαρσι (4 *a*)
27. 21. Α καμήλους καὶ κριοὺς καὶ μόσχους [B ἀμνούς] †
39. 18. κριοὺς καὶ μόσχους καὶ τράγους καὶ οἱ μ. ἐστεατωμένοι πάντες (†, 3)
43. 19. τοῦ λειτουργεῖν μοι μόσχον ἐκ βοῶν περὶ ἁμαρτίας (3)
— 21. λήψονται τὸν μ. τὸν περὶ [A ὑπὲρ] ἁμαρτίας (3)
— 22. καθότι ἐξιλάσαντο ἐν τῷ μ. (3)
— 23. προσοίσουσι μόσχον ἐκ βοῶν ἄμωμον (3)
— 25. ποιήσεις . . . μόσχον ἐκ βοῶν (3)
45. 18. λήψεσθε μόσχον ἐκ βοῶν ἄμωμον (3)
— 19. Α λήψεται ὁ ἱερεὺς ἀπὸ τοῦ αἵματος τοῦ μ. [B *om.* τ. μ.] τοῦ ἐξιλασμοῦ –
— 22. ποιήσει ὁ ἀφηγούμενος . . . μόσχον ὑπὲρ ἁμαρτίας (3)
— 23. ποιήσει [A -εις] ὁλοκαυτώματα τῷ κυρίῳ ἑπτὰ μόσχους (3)
— 24. πέμμα τῷ μ. καὶ πέμμα τῷ κριῷ ποιήσεις (3)
46. 6. ἐν τῇ ἡμέρᾳ τῆς νουμηνίας μόσχον [A *add.* υἱὸν βουκολίου] ἄμωμον (3)
— 7. πέμμα τῷ μ. ἔσται μαναά (3)
— 11. ἔσται τὸ μαναὰ πέμμα τῷ μ. (3)
[**Aq.** Ps. 28 (29). 6 : Is. 66. 3 : Je. 31 (38). 18 : 34 (41). 18, 19 : 50 (27). 11 : Ho. 8. 5 : 13. 2.]
[**Sm.** Ps. 28 (29). 6 : Pr. 14. 4 : Is. 27. 10 : 34. 7 : 66. 3 : Je. 31 (38). 18 : 46 (26). 21 : Ez. 1. 7.]
[**Th.** Ex. 22. 4 (3) : Le. 27. 26 : Ps. 28 (29). 6 : Is. 66. 3 : Ez. 43. 19 : Ho. 10. 5 : 13. 2.]
[**Quint.** Ps. 28 (29). 6 : Ho. 8. 5.]
[**Sext.** Ps. 28 (29). 6.]

μοσχόταυρος.
[**Al.** Le. 4. 3.]

μοτοῦν (μωτ.). (1) חָבַשׁ
Ho. 6. 2 (1). πατάξει καὶ μοτώσει ἡμᾶς (1)
[**Aq.** Jb. 5. 18 : Is. 30. 26 : 61. 1 : Ez. 30. 21.]

μότωσις.
[**Aq.** Is. 1. 6.]

μουσικός. (1) זְמָר (2) שִׁיר
Ge. 31. 27. μετὰ μουσικῶν καὶ τυμπάνων (2)
I Es. 4. 63. ἐκωθωνίζοντο μετὰ μουσικῶν
5. 2. μετὰ μουσικῶν τυμπάνων καὶ αὐλῶν
— 59. ἔστησαν . . . μετὰ μουσικῶν
Si. 22. 6. μουσικὰ ἐν πένθει ἄκαιρος διήγησις
35 (32). 3. μὴ ἐμποδίσῃς μουσικά
— 5. σύγκριμα μουσικῶν ἐν συμποσίῳ [A -ᾳ] οἴνου
— 6. μέλος μουσικῶν ἐφ' ἡδεῖ οἴνῳ
40. 20. οἶνος καὶ μουσικὰ εὐφραίνουσι καρδίαν
44. 5. ἐκζητοῦντες μέλη μουσικῶν
49. 1. ὡς μουσικὰ ἐν συμποσίῳ οἴνου
Ez. 26. 13. καταλύσει τὸ πλῆθος τῶν μ. σου (2)
Da. LXX. 3. 5. συμφωνίας καὶ παντὸς γένους μουσικῶν (1)
— 7, 10, 15. καὶ παντὸς ἤχου μουσικῶν (1)
Da. TH. 3. 5, 7, 10, 15 (B). καὶ παντὸς γένους μουσικῶν (1)
I Ma. 9. 39. ἐξῆλθε . . . μετὰ τυμπάνων καὶ μουσικῶν
— 41. μετεστράφη . . . φωνὴ μουσικῶν αὐ. εἰς θρῆνον

μουών. (1) מָעוֹן
I Ki. 2. 32. Α ἐπιβλέψῃ κραταίωμα μ. (1)

μοχθεῖν. (1) יָגַע (2) *a.* עָמַל *b.* עָמֵל (3) תְּלָאָה
I Es. 4. 22. οὐχὶ πονεῖτε καὶ μοχθεῖτε
Ec. 1. 3. ᾧ μοχθεῖ ὑπὸ τὸν ἥλιον (2 *a*)
2. 11. ᾧ ἐμόχθησα τοῦ ποιεῖν (2 *a*)
— 18. AS ὃν ἐγὼ μοχθῶ [B κοπιῶ] ὑπὸ τὸν ἥλιον (2 *b*)
— 19. ἐν παντὶ μόχθῳ μου ᾧ ἐμόχθησα (2 *a*)
— 20. ᾧ ἐμόχθησα ὑπὸ τὸν ἥλιον (2 *a*)
— 21. ᾧ [A *om.*, S[2] ὃς] οὐκ ἐμόχθησεν ἐν αὐτῷ (2 *a*)
— 22. ᾧ [S[1] *om.*] αὐτὸς μοχθεῖ ὑπὸ τὸν ἥλιον (2 *b*)
3. 9. ἐν οἷς αὐτὸς μοχθεῖ (2 *b*)
4. 8. τίνι ἐγὼ μοχθῶ (2 *b*)
5. 15. ᾗ μοχθεῖ εἰς ἄνεμον (2 *a*)
— 17. ᾧ ἐὰν μοχθῇ [AS -ήσῃ] ὑπὸ τὸν ἥλιον (2 *a*)
8. 17. ὅσα ἂν μοχθήσῃ [A ποιήσῃ] ἄνθρωπος (2 *a*)
9. 9. ᾧ σὺ μοχθεῖς ὑπὸ τὸν ἥλιον (2 *b*)
Is. 62. 8. ἐφ' ᾧ ἐμόχθησας (1)
La. 3. 5. ἐκύκλωσε κεφαλήν μου καὶ ἐμόχθησεν (3)
[**Aq.** Ps. 67 (68). 10 : Pr. 26. 15.]
[**Sm.** Jb. 4. 2 : Ec. 2. 19 : 5. 15.]
[**Th.** Pr. 26. 15.]
[**Al.** Je. 12. 5.]

μοχθηρός.
Si. 26. 5. καταψευσμὸν ὑπὲρ θάνατον πάντα μοχθηρά
27. 15. ἡ διαλοιδόρησις αὐτῶν ἀκοὴ μοχθηρά [S[2] πονηρά]

μοχθηροῦσθαι.
[**Aq.** Jb. 6. 25.]

μόχθος. (1) אָוֶן (2) יָגוֹן (3) יְגִיעַ (4) עָמָל (5) פְּעֻלָּה (6) פֶּרֶךְ (7) תְּלָאָה
Ex. 18. 8. πάντα τὸν μ. τὸν γενόμενον αὐτοῖς (7)
Le. 25. 43. οὐ κατατενεῖς αὐτὸν ἐν τῷ μ. [B[1] μόσχῳ] (6)
— 46. οὐ κατατενεῖ αὐτὸν ἐν τοῖς μ. (6)
— 53. οὐ κατατενεῖς [A -τενίσῃς] αὐτὸν ἐν τῷ μ. (6)
Nu. 20. 14. σὺ ἐπίστῃ πάντα τὸν μ. (7)
23. 21. οὐκ ἔσται μ. ἐν Ἰ. (1)
De. 26. 7. Β τὴν ταπείνωσιν ἡμῶν [AR *add.* καὶ τὸν μ. ἡ.] (4)
Ne. 9. 32. μὴ ὀλιγωθήτω . . . πᾶς ὁ μ. (7)
Jb. 2. 9. οὓς εἰς τὸ κενὸν ἐκοπίασα μετὰ μόχθων –
— 9. ἵνα ἀναπαύσωμαι τῶν μ. μου –
Ec. 1. 3. τίς περισσεία τῷ ἀνθρώπῳ ἐν παντὶ μ. αὐτοῦ (4)
2. 10. καρδία μου εὐφράνθη ἐν παντὶ μ. μου καὶ τοῦτο ἐγένετο μερίς μου ἀπὸ παντὸς μ. μου (4, 4)

Ec. 2. 11. ἐπέβλεψα . . . ἐν μόχθῳ [A μ. μου] (4)
— 18. ἐμίσησα ἐγὼ σύμπαντα μ. [S τὸν μ.] μου (4)
— 19. εἰ ἐξουσιάζεται ἐν παντὶ μ. μου (4)
— 20. τοῦ ἀποτάξασθαι τὴν καρδίαν [AS τῇ κ.] μου ἐν παντὶ μ. μου [A ἐπὶ π. τῷ μ.] (4)
— 21. ἐστὶν ἄνθρωπος ὅτι μόχθος αὐτοῦ ἐν σοφίᾳ (4)
— 22. γίνεται ἐν τῷ ἀνθρώπῳ ἐν παντὶ μ. αὐτοῦ (4)
— 24. ὃ δείξει τῇ ψυχῇ αὐτοῦ ἀγαθὸν ἐν μόχθῳ αὐτοῦ (4)
3. 13. καὶ ἴδῃ ἀγαθὸν ἐν παντὶ μόχθῳ αὐτοῦ (4)
4. 4. εἶδον ἐγὼ σύμπαντα [S σὺν πάντα] τὸν μ. (4)
— 6. πληρώματα δύο δρακῶν μόχθου (4)
— 8. οὐκ ἔστι περασμὸς τῷ παντὶ μ. αὐτοῦ (4)
— 9. ἐστὶν αὐτοῖς μισθὸς ἀγαθὸς ἐν μόχθῳ αὐτῶν (4)
5. 14. οὐδὲν οὐ [A om.] λήψεται ἐν μόχθῳ αὐτοῦ (4)
— 17. τοῦ ἰδεῖν ἀγαθωσύνην ἐν παντὶ μ. αὐτοῦ (4)
— 18. τοῦ εὐφρανθῆναι ἐν μόχθῳ αὐτοῦ (4)
6. 7. πᾶς μ. ἀνθρώπου εἰς στόμα αὐτοῦ (4)
8. 15. αὐτὸ συμπρόσεσται αὐτῷ ἐν μόχθῳ αὐτοῦ (4)
9. 9. αὐτὸ μερίς σου . . . ἐν [S om.] τῷ μ. σου (4)
10. 15. μόχθος τῶν ἀφρόνων [AS τοῦ ἄ.] κακώσει [A σκοτώσει, S κοπώσει] αὐτούς (4)
Wi. 10. 10. εὐπόρησεν αὐτὸν ἐν μόχθοις
17. 17. τῶν κατ' ἐρημίαν [S -ας] ἐργάτης μόχθων
Is. 55. 2. ἵνα τί τιμᾶσθε ἀργυρίου καὶ τὸν μ. ὑμῶν οὐκ εἰς πλησμονήν (3)
61. 8. δώσω τὸν μ. αὐτῶν δικαίοις (5)
Je. 3. 24. ἡ δὲ αἰσχύνη κατηνάλωσε τοὺς μ. τῶν πατέρων ἡμῶν (3)
— 24. A τὰ πρόβατα αὐ. καὶ τοὺς μ. [BS μόσχους] αὐ. †
20. 18. S^1 τοῦ βλέπειν κόπους καὶ μόχθους [ABS^2 πόνους] (2)
28 (51). 35. ἔξωσάν με οἱ μ. [S ἐχθροί] μου †
La. 3. 65. ἀποδώσεις αὐτοῖς ὑπερασπισμὸν καρδίας μόχθον †
Ez. 23. 29. λήψονται . . . τοὺς μ. σου (3)
34. 4. τὸ ἰσχυρὸν κατειργάσασθε μόχθῳ (6)
[**Aq.** Ps. 72 (73). 16.]
[**Sm.** Ps. 9. 35 (10. 14) : 72 (73). 16 : 139 (140). 10 : Hb. 1. 13.]
[**Th.** Ge. 3. 18 (17) : Ps. 72 (73). 16.]

μοχθοῦν.
[**Aq.** Is. 7. 13 *bis*.]

μοχλός. (1) בְּרִיחַ
Ex. 26. 26. καὶ ποιήσεις μοχλοὺς ἐκ ξύλων (1)
— 27. καὶ πέντε μοχλοὺς τῷ στύλῳ τῷ ἑνί (1)
— 27. καὶ πέντε μοχλοὺς τῷ στύλῳ τῷ ὀπισθίῳ (1)
— 28. καὶ ὁ μ. ὁ μέσος ἀνὰ μέσον τῶν στύλων (1)
— 29. εἰς οὓς εἰσάξεις τοὺς μ. (1)
— 29. καὶ καταχρυσώσεις τοὺς μ. χρυσίῳ (1)
35. 11. καὶ τοὺς μ. καὶ τοὺς στύλους (1)
38. 18 (36. 34). ἐχρύσωσε τοὺς μ. χρυσίῳ (1)
— 24 (7). δακτυλίους . . . εὑρεῖς τοῖς μ. –
39. 14 (33). τὴν σκηνὴν . . . καὶ τοὺς μ. αὐτῆς (1)
40. 18. διενέβαλε τοὺς μ. (1)
Nu. 3. 36. καὶ τοὺς μ. αὐ. καὶ τοὺς στύλους αὐ. (1)
4. 31. καὶ τοὺς μ. καὶ τοὺς στύλους αὐ. (1)
De. 3. 5. τείχη ὑψηλὰ πύλαι καὶ μοχλοί (1)
Jd. 16. 3. ἀνεβάσταζεν αὐτὰς σὺν τῷ μ. (1)
I Ki. 23. 7. εἰς πόλιν θυρῶν καὶ μοχλῶν (1)
III Ki. 4. 13. καὶ μοχλοὶ χαλκοῖ (1)
II Ch. 4. 3. B ἐχώνευσαν τοὺς μ. [AR μόσχους] †
8. 5. τείχη πύλαι καὶ μοχλοί (1)
14. 7 (6). ποιήσωμεν . . . πύλας καὶ μοχλούς (1)
Ne. 3. 3. ἐστέγασαν [A ἔστησαν] . . . μοχλοὺς αὐ. (1)
— 6. ἔστησαν . . . μοχλοὺς αὐ. [A *om.* μ. αὐ.] (1)
— 13. ἔστησαν . . . μοχλοὺς [S -οῦ] αὐ. (1)
— 14. ἔστησαν . . . μοχλοὺς [A^1 -οῦ] αὐ. (1)
— 15. R ἔστησε τὰς θύρας αὐ. καὶ μοχλοὺς αὐ. (1)
Ps. 106 (107). 16. AR μοχλοὺς σιδηροῦς συνέθλασεν [S -έκλασεν] (1)
147. 2 (13). ἐνίσχυσε τοὺς μ. τῶν πυλῶν σου (1)
Si. 28. 25. τῷ στόματί σου ποίησον θύραν καὶ μοχλόν
49. 13. τοῦ . . . στήσαντος πύλας καὶ μοχλούς
Am. 1. 5. καὶ συντρίψω μοχλοὺς Δαμασκοῦ (1)
Jn. 2. 7. ἧς οἱ μοχλοὶ αὐτῆς κάτοχοι αἰώνιοι (1)
Na. 3. 13. καταφάγεται πῦρ τοὺς μ. σου (1)
Is. 45. 2. μοχλοὺς σιδηροῦς συγκλάσω (1)
Je. 28 (51). 30. συνετρίβησαν οἱ μ. αὐτῆς (1)
30. 9 (49. 31). οὐ βάλανοι οὐ μοχλοί (1)
La. 2. 9. συνέτριψε μοχλοὺς αὐτῆς (1)
Ep. Je. 18. τοὺς οἴκους αὐτῶν ὀχυροῦσιν οἱ ἱερεῖς . . . μοχλοῖς

Ez. 38. 11. ἐν ᾗ [A αἷς] οὐχ ὑπάρχει τεῖχος οὐδὲ μοχλοί (1)
I Ma. 9. 50. ἐν τείχεσιν ὑψηλοῖς . . . καὶ μοχλοῖς
12. 38. AR ὠχύρωσε . . . μοχλούς [S *al.*]
13. 33. καὶ περιετείχισε . . . μοχλοῖς
[**Aq.** Pr. 18. 19 : Is. 27. 1 : Am. 1. 5.]
[**Sm.** Ps. 73 (74). 6 : 147. 2 (13) : Je. 29 (36). 26 : Am. 1. 5.]
[**Th.** Am. 1. 5.]

μυγάλη. (1) אֲנָקָה
Le. 11. 30. μ. καὶ χαμαιλέων καὶ χαλαβώτης (1)

μυεῖσθαι.
III Ma. 2. 30. ἐν τοῖς κατὰ τὰς τελετὰς μεμυημένοις ἀναστρέφεσθαι
[**Sm.** Nu. 25. 5.]

μύειν.
[**Sm.** Is. 6. 10.]

μυελός. (1) חֵלֶב (2) מֹחַ
Ge. 45. 18. καὶ φάγεσθε τὸν μ. τῆς γῆς (1)
Jb. 21. 24. μυελὸς δὲ [A ὁ δὲ μ.] αὐ. διαχεῖται (2)
33. 24. τὰ δὲ ὀστᾶ αὐτοῦ ἐμπλήσει μυελοῦ –
[**Sm.** Jb. 21. 24.]

μυελοῦν (-αλ.). (1) מֵחַ
Ps. 65 (66). 15. ὁλοκαυτώματα μεμυελωμένα ἀνοίσω σοι (1)
[**Sm.** Ps. 118 (119). 70.]

μυζᾶν.
[**Aq., Sm., Th.** Jb. 20. 16.]

μυζήτης.
[**Sm.** Ps. 77 (78). 46.]

μυθολόγος.
Ba. 3. 23. οἱ μ. καὶ οἱ ἐκζητηταὶ τῆς συνέσεως

μῦθος.
Wi. 17. 4. A οὐδὲ γὰρ ὁ κατέχων αὐτοὺς μῦθος ἀφόβους διεφύλαττεν [B S *al.*]
Si. 20. 19. μῦθος ἄκαιρος ἐν στόματι ἀπαιδεύτων ἐνδελεχισθήσεται

μυῖα. (1) זְבוּב
IV Ki. 1. 2. ἐπιζητήσατε ἐν τῷ Β. μυῖαν θεὸν Ἀκκ. [A *al.*] (1)
— 3. ἐπιζητῆσαι ἐν τῷ Β. μυῖαν θεὸν Ἀκκ. (1)
— 6. ζητῆσαι ἐν τῇ Β. μυῖαν θεὸν Ἀκκ. (1)
— 16. B ζητῆσαι ἐν τῇ Β. μυῖαν θεὸν Ἀκκ. [A *al.*] (1)
Ec. 10. 1. AS^{2}R μυῖαι θανατοῦσαι σαπριοῦσι σκευασίαν ἐλαίου [BS^1-ον] ἡδύσματος (1)
Wi. 16. 9. οὓς μὲν γὰρ ἀκρίδων καὶ μυιῶν ἀπέκτεινε δήγματα
Is. 7. 18. συριεῖ κύριος μυίαις (1)
[**Sm.** Ec. 10. 1.]

μυκᾶσθαι.
[**Sm.** Jb. 6. 5.]
[**Al.** I Ki. 6. 12.]

μυκτήρ. (1) אַף (2) נְחִירַיִם
Nu. 11. 20. ἕως ἂν ἐξέλθῃ ἐκ τῶν μ. ὑμῶν (1)
IV Ki. 19. 28. θήσω τὰ ἄγκιστρά μου ἐν τοῖς μ. σου (1)
Jb. 40. 21 (26). ἢ δήσεις κρίκον [A εἰλήσεις κλοιὸν] ἐν τῷ μ. αὐτοῦ (1)
41. 11 (12). ἐκ μυκτηρῶν αὐτοῦ ἐκπορεύεται καπνός (2)
Pr. 24. 68 (30. 33). ἐὰν δὲ ἐκπιέζῃς μυκτῆρας [S -α] (1)
Ca. 7. 4 (5). μυκτήρ σου ὡς πύργος τοῦ Λιβάνου (1)
Ez. 16. 12. ἔδωκα ἐνώπιον περὶ [A ἐπὶ] τὸν μ. σου (1)
23. 25. AR μυκτῆρά [B -ας] σου καὶ ὦτά σου ἀφελοῦσι (1)
IV Ma. 6. 25. δυσώδεις χυλοὺς εἰς τοὺς μ. αὐ. κατέχεον
15. 19. καὶ τοὺς μ. προσημειουμένους αὐτῶν τὸν θάνατον
[**Aq.** Ge. 2. 7 : 24. 47 : Is. 2. 22 : La. 4. 20 : Ez. 8. 17 : Am. 4. 10.]
[**Sm.** Ge. 2. 7 : Is. 2. 22 : 37. 29 : La. 4. 20 : Ez. 8. 17 : 16. 12 : Am. 4. 10.]
[**Th.** Ge. 2. 7 : Jb. 40. 21 (26) : Is. 2. 22 : Ez. 8. 17 : Am. 4. 10.]

μυκτηρίζειν. (1) אַף (2) *a.* בּוּז *b.* pass. הָיָה לָבוּז *c.* בָּזָה (3) הָתַל pi. (4) לָעַב hi. (5) לָעַג (6) נָאַץ
III Ki. 18. 27. καὶ ἐμυκτήρισεν αὐτοὺς Ἠ. (3)
IV Ki. 19. 21. ἐμυκτήρισέ σε παρθένος θυγάτηρ Σ. (5)
II Ch. 36. 16. ἦσαν μυκτηρίζοντες τοὺς ἀγγέλους αὐ. (4)
I Es. 1. 51. ἐμυκτήρισαν ἐν τοῖς ἀγγέλοις αὐ. [A *al.*]
Jb. 22. 19. ἄμεμπτος δὲ ἐμυκτήρισεν [AS^2 ἐμ. αὐτούς] (5)
Ps. 43 (44). 13. A^2 οἱ ἐχθροὶ ἡμῶν ἐμυκτήρισαν ἡμᾶς –
79 (80). 6. οἱ ἐχθροὶ ἡμῶν ἐμυκτήρισαν [S^2 -ιζον] ἡμᾶς (5)
Pr. 1. 30. ἐμυκτήριζον δὲ ἐμοὺς ἐλέγχους (6)
11. 12. μυκτηρίζει πολίτας ἐνδεὴς φρενῶν (2 *a*)
12. 8. νωθροκάρδιος δὲ μυκτηρίζεται (2 *b*)
15. 5. ἄφρων μυκτηρίζει παιδείαν πατρός (6)
— 20. υἱὸς δὲ ἄφρων μυκτηρίζει μητέρα αὐτοῦ (2 *c*)
23. 9. μή ποτε μυκτηρίσῃ τοὺς συνετοὺς λόγους σου (2 *a*)
Is. 37. 22. ἐμυκτήρισέ σε παρθένος θυγάτηρ Σιών (5)
Je. 20. 7. πᾶσαν ἡμέραν διετέλεσα μυκτηριζόμενος (5)
Ez. 8. 17. αὐτοὶ [A *add.* ἐκτείνουσιν τὸ κλῆμα] ὡς μυκτηρίζοντες (1)
I Ma. 7. 34. ἐμυκτήρισεν αὐτούς
[**Aq.** Pr. 1. 26.]
[**Sm.** Ps. 72 (73). 14 : Pr. 1. 26.]
[**Th.** Pr. 1. 26 : 2. 15.]
[**Quint.** Ca. 8. 1.]

μυκτηρισμός. (1) *a.* בּוּזָה *b.* בִּזָּה (2) לַעַג (3) מָעוֹג
Ne. 4. 4 (3. 36). ἐγενήθημεν εἰς μυκτηρισμόν (1 *a*)
— 4 (3. 36). δὸς αὐτοὺς εἰς μυκτηρισμόν [S^2 ὀνειδισμόν] (1 *b*)
Jb. 34. 7. πίνων μυκτηρισμὸν ὥσπερ ὕδωρ (2)
Ps. 34 (35). 16. ἐξεμυκτήρισάν με μυκτηρισμόν (3 ?)
43 (44). 13. B μυκτηρισμὸν καὶ καταγέλωτα [AS^2 χλευασμὸν] τοῖς κύκλῳ ἡμῶν (2)
78 (79). 4. ἐγενήθημεν . . . μυκτηρισμὸς καὶ χλευασμὸς τοῖς κύκλῳ ἡμῶν (2)
Ez. 23. 32. A ἔσται . . . εἰς μυκτηρισμόν (2)
II Ma. 7. 39. πικρῶς φέρων ἐπὶ τῷ μ.
[**Th.** Ez. 23. 32.]

μύλη. (1) מַלְתָּעוֹת (2) מְתַלְּעוֹת
Jb. 29. 17. συνέτριψα δὲ μύλας ἀδίκων (2)
Ps. 57 (58). 6. τὰς μ. τῶν λεόντων συνέθλασεν (1)
Pr. 24. 37 (30. 14). AS μάχαιρας τοὺς ὀδόντας ἔχει καὶ τὰς μ. στομίδας [B τομ.] (2)
Jl. 1. 6. καὶ αἱ μύλαι αὐτοῦ σκύμνου (2)
[**Sm.** Jd. 15. 19 : Ec. 12. 3.]

μύλος. (1) רֵחֶה (2) κλάσμα μύλου פֶּלַח רֶכֶב
Ex. 11. 5. τῆς θεραπαίνης τῆς παρὰ τὸν μ. (1)
Nu. 11. 8. ἤληθον αὐτὸ ἐν τῷ μ. (1)
De. 24. 6. οὐκ ἐνεχυράσεις μύλον (1)
Jd. 9. 53. A ἔρριψε γυνὴ μία κλάσμα μύλου [B *al.*] (2)
II Ki. 11. 21. οὐχὶ γυνὴ ἔρριψε κλάσμα μύλου ἐπ' αὐτόν (2)
— 22. οὐχὶ γυνὴ ἔρριψεν ἐπ' αὐτὸν κλάσμα μύλου –
Is. 47. 2. λάβε μ. (1)
[**Aq., Sm., Th.** Jd. 9. 53.]

μυλών. (1) פְּקֻדָּה
Je. 52. 11. ἔδωκεν αὐτὸν εἰς οἰκίαν μυλῶνος (1 ?)

μυξωτήρ. (1) צַנְתָּרֶת
Za. 4. 12. ἐν ταῖς χερσὶ τῶν δύο μ. τῶν χρυσῶν (1)

μυρεψητήριον.
[**Aq.** Jb. 41. 23.]

μυρεψικός. (1) רָכַל (2) *a.* רֹקַח *b.* מִרְקַחַת *c.* מִרְקָח *d.* רֶקַח
Ex. 30. 25. μύρον μ. τέχνῃ μυρεψοῦ (2 *b*)
— 35. θυμίαμα μυρεψικὸν ἔργον μυρεψοῦ μεμιγμένον (2 *a*)
Ca. 3. 6. S^1 ἀπὸ πάντων κονιορτῶν μυρεψικοῦ [ABS^2 -ψοῦ] (1)
5. 13. ὡς φιάλαι τοῦ ἀρώματος φύουσαι μυρεψικά (2 *c*)
8. 2. ποτιῶ σε ἀπὸ οἴνου τοῦ μ. (2 *d*)

μυρέψιον.
[Sm. Is. 57. 9.]

μυρεψός. (1) רָכַל (2) *a.* רֹקֵחַ *b.* רַקָּח *c.* מִרְקַחַת

Ex. 30. 25. μύρον μυρεψικὸν τέχνῃ μυρεψοῦ (2 *a*)
— 35. θυμίαμα μυρεψικὸν ἔργον μυρεψοῦ μεμιγμένον (2 *a*)
38. 25 (37. 29). καθαρὸν ἔργον μυρεψοῦ (2 *a*)
I Ki. 8. 13. τὰς θυγ. ὑ. λήψεται εἰς μυρεψούς (2 *b*)
I Ch. 9. 30. ἦσαν μυρεψοὶ τοῦ μύρου (2 *a*)
II Ch. 16. 14. καὶ γένη μύρων μυρεψῶν (2 *c*)
Ca. 3. 6. ἀπὸ πάντων κονιορτῶν μυρεψοῦ [S[1] -ψικοῦ] (1)
Si. 38. 8. μυρεψὸς ἐν τούτοις ποιήσει μίγμα
49. 1. ἐσκευασμένον [S -ον] ἔργῳ [A -ον] μυρεψοῦ [A -μοῦ]
[Sm. Ec. 10. 1.]
[Th. Is. 57. 9.]

μυριάς. (1) *a.* רְבָבָה *b.* רִבּוֹא *c.* רִבּוֹ
(2) ἑξήκοντα μυριάδες שֵׁשׁ־מֵאוֹת אֶלֶף

Ge. 24. 60. γίνου εἰς χιλιάδας μυριάδων (1 *a*)
Ex. 39. 3 (38. 26). εἰς τὰς ἑξήκοντα μ. (2)
Le. 26. 8. ἑκατὸν ὑμῶν διώξονται μυριάδας (1 *a*)
Nu. 10. 36. ἐπίστρεφε κύριε χιλιάδας μυριάδας ἐν τῷ Ἰσρ. (1 *a*)
De. 32. 30. δύο μετακινήσουσι μυριάδας (1 *a*)
33. 2. κατέσπευσεν . . . σὺν μυριάσι Κ. (1 *a*)
— 17. αὗται μυριάδες Ἐφρ. (1 *a*)
Jd. 5. 12. A ἐξεγείρου μυριάδας μετὰ λαοῦ –
I Ki. 18. 7. ἐπάταξε . . . Δ. ἐν μυριάσιν αὐτοῦ (1 *a*)
— 8. τῷ Δ. ἔδωκαν τὰς μ. (1 *a*)
21. 11 (12): 29. 5. ἐπάταξε . . . Δ. ἐν μυριάσιν αὐτοῦ (1 *a*)
II Ch. 9. 25. A τέσσαρες μ. θήλειαι ἵππων [B *al.*] †
I Es. 5. 41. μυριάδες τέσσαρες δισχίλιοι τριακόσιοι ἑξήκοντα [A *al.*]
II Es. 2. 64. ὡσεὶ τέσσαρες μ. δισχίλιοι τριακόσιοι ἑξήκοντα (1 *b*)
— 69. μναῖ ἓξ μ. καὶ χίλιαι [A *al.*] (1 *b*)
Ne. 7. 66. ὡσεὶ τέσσαρες μ. δισχ. τριακόσ. ἑξήκ. [A *al.*] (1 *b*)
— 71. χρυσίου δύο μυριάδας (1 *b*)
— 72. S[1] χρυσίου ἑβδομήκοντα μυριάδας [S[2] R *al.*] (1 *b*)
Ju. 2. 5. B[1] καὶ πλῆθος ἵππων . . . μυριάδας [R -ων, A B[2] S χιλιάδας] δέκα δύο
— 15. εἰς μυριάδας δέκα δύο
16. 4. B ἦλθεν ἐν μυριάσι δυνάμεων [A S R -ως] αὐ.
Ps. 3. 6. οὐ φοβηθήσομαι ἀπὸ μυριάδων λαοῦ (1 *a*)
90 (91). 7. πεσεῖται . . . μυριὰς ἐκ δεξιῶν σου (1 *a*)
Ca. 5. 10. ἐκλελοχισμένος ἀπὸ [S[1] ἐκ] μυριάδων (1 *a*)
Si. 47. 6. ἐν μυριάσιν ἐδόξασεν αὐτόν
Mi. 6. 7. εἰ προσδέξεται κ. . . . ἐν μυριάσι χιμάρων [A ἀρνῶν] (1 *a*)
Jn. 4. 11. πλείους ἢ δώδεκα μ. ἀνθρώπων (1 *c*)
Da. LXX. 3. (40). ὡς ἐν μυριάσιν ἀρνῶν πιόνων
7. 10. μύριαι μ. παρειστήκεισαν αὐτῷ (1 *c*)
Da. TH. 3. (40). ἐν μυριάσιν ἀρνῶν πιόνων
7. 10. μύριαι μ. παρειστήκεισαν αὐτῷ (1 *c*)
11. 12. καταβαλεῖ μυριάδας (1 *b*)
I Ma. 11. 45. εἰς ἀνδρῶν δώδεκα μυριάδας
— 47. ἀπέκτειναν . . . εἰς μυριάδας δέκα
15. 13. καὶ σὺν αὐτῷ δώδεκα μ. ἀνδρῶν
II Ma. 5. 14. ὀκτὼ δὲ μυριάδες . . . κατεφθάρησαν
8. 20. τὰς δώδεκα μ. [A[1] χιλιάδας] ἀπώλεσαν
10. 20. R ἑπτάκις δὲ μυριάδας [A μυρίας] δραχμὰς λαβόντες
11. 2. συναθροίσας περὶ τὰς ὀκτὼ μ.
— 4. πεφρενωμένος δὲ ταῖς μυριάσι
12. 20. ἔχοντα περὶ αὐτὸν μυριάδας δώδεκα πεζῶν
— 23. διέφθειρε δὲ εἰς μ. τρεῖς ἀνδρῶν
— 26. κατέσφαξε μυριάδας σωμάτων δύο
— 28. κατέστρωσαν δὲ τῶν ἔνδον εἰς μυριάδας δύο
13. 2. ἕκαστον ἔχοντα δύναμιν Ἑλλ. πεζῶν μυριάδας ἕνδεκα
15. 27. κατέστρωσαν οὐδὲν ἧττον μυριάδων τριῶν
IV Ma. 4. 3. πολλὰς ἰδιωτικῶν χρημάτων μ. . . . τεθησαυρίσθαι
[Aq. Dt. 33. 2 : Ca. 5. 10.]
[Sm. Ps. 67 (68). 18 : Ca. 5. 10.]
[Th., Quint. Ca. 5. 10.]
[Al. Nu. 10. 36 (35).]

μυρίκη.
[Aq. Je. 48 (31). 6.]

μύριοι.
Jd. 20. 10.
I Ch. 29. 7 *bis*.
Ne. 7. 71†.
Ju. 2. 15.
Es. 3. 9 : 4. 7 : 9. 16.
Jb. 42. 12.
Si. 16. 3†.
Da. LXX., TH. 7. 10.
II Ma. 10. 20† : 11. 11 : 12. 19.
III Ma. 3. 21.

μυριοπλάσιος. (1) רִבּוֹא
Ps. 67 (68). 17. τὸ ἅρμα τοῦ θεοῦ μυριοπλάσιον (1)

μυριοπλασίως.
Si. 23. 19. ὀφθαλμοὶ κυρίου μ. ἡλίου φωτεινότεροι

μυριότης.
Wi. 12. 22. τοὺς ἐχθροὺς ἡμῶν ἐν μυριότητι μαστιγοῖς

μυρισμός.
Ju. 16. 8. ἠλείψατο τὸ πρόσωπον αὐ. ἐν μυρισμῷ [A[1] *al.*]

μυρμηκιᾶν. (1) יַבֶּלֶת
Le. 22. 22. A[2] B ἢ γλωσσότμητον ἢ μυρμηκιῶντα (1)

μυρμηκολέων. (1) לַיִשׁ
Jb. 4. 11. μυρμηκολέων ὤλετο παρὰ τὸ μὴ ἔχειν βοράν (1)

μύρμηξ. (1) נְמָלָה
Pr. 6. 6. ἴθι πρὸς τὸν μ., ὦ ὀκνηρέ (1)
24. 60 (30. 25). οἱ μ. οἷς μὴ ἔστιν ἰσχύς (1)

μυροβραχής (-βρεχής).
III Ma. 4. 6. τὴν μ. πεφυρμέναι κόμην

μύρον. (1) בֶּשֶׂם (2) *a.* רֹקַח *b.* מִרְקַחַת *c.* רָקַח pu. (3) *a.* שֶׁמֶן *b.* שֶׁמֶן הַטּוֹב

Ex. 30. 25. μ. μυρεψικὸν τέχνῃ μυρεψοῦ (2 *a*)
I Ch. 9. 30. ἦσαν μυρεψοὶ τοῦ μ. (2 *b*)
II Ch. 16. 14. καὶ γένη μύρων μυρεψῶν (2 *c*)
Ju. 10. 3. καὶ ἐχρίσατο μύρῳ παχεῖ
Ps. 132 (133). 2. ὡς μύρον ἐπὶ κεφαλῆς (3 *b*)
Pr. 27. 9. μύροις καὶ οἴνοις καὶ θυμιάμασι τέρπεται καρδία (3 *a*)
Ca. 1. 3. ὀσμὴ μύρων σου ὑπὲρ πάντα τὰ ἀρώματα (3 *a*)
— 3. μύρον ἐκκενωθὲν ὄνομά σου [A σοι] (3 *a*)
— 4. ὀπίσω σου εἰς ὀσμὴν μύρων σου δραμοῦμεν –
2. 5. στηρίσατέ με ἐν μύροις †
4. 10. S ὀσμὴ μύρων [A B ἱματίων] σου ὑπὲρ πάντα ἀρώματα (3 *a*)
— 14. σμύρνα ἀλὼθ μετὰ πάντων πρώτων μ. (1)
Wi. 2. 7. οἴνου πολυτελοῦς καὶ μύρων πλησθῶμεν
Am. 6. 6. καὶ τὰ πρῶτα μύρα χριόμενοι (3 *a*)
Is. 25. 7. χρίσονται μ. ἐν τῷ ὄρει τούτῳ †
39. 2. ἔδειξεν αὐτοῖς τὸν οἶκον τοῦ νεχωθᾶ . . . καὶ τοῦ μ. (3 *b*)
Je. 25. 10. ἀπολῶ . . . ὀσμὴν μύρου †
Ez. 27. 17. ἐν σίτου πράσει καὶ μύρων καὶ κασίας †
[Aq. Ec. 10. 1.]
[Sm. Ps. 132 (133). 2 : Ec. 7. 2 (1) : Am. 6. 6.]

μυρσινεών.
[Aq., Sm. Za. 1. 8.]

μυρσίνη. (1) הֲדַס
Ne. 8. 15. ἐνέγκατε . . . φύλλα μυρσίνης (1)
Is. 41. 19. θήσω εἰς τὴν ἄνυδρον γῆν κέδρον καὶ πύξον μυρσίνην καὶ κυπάρισσον (1)
55. 13. ἀντὶ τῆς κονύζης ἀναβήσεται μ. (1)
[Sm. Is. 55. 13.]

μυρσινών.
Jd. 1. 35. A κατοικεῖν ἐν τῷ ὄρει τοῦ μ. [B *al.*] †
— 35. B ἐν τῷ μ. καὶ ἐν Θ. –

μῦς. (1) עַכְבָּר
Le. 11. 29. ἡ γαλῆ καὶ ὁ μ. καὶ ὁ κροκόδειλος (1)
I Ki. 5. 6. ἀνεφύησαν μύες –
6. 1. ἐξέζεσεν ἡ γῆ αὐτῶν μύας –
— 5 (4). A καὶ πέντε μύας χρυσοῦς [B *al.*] (1)
— 5. καὶ μῦς χρυσοῦς ὁμοίωμα τῶν μ. ὑμῶν τῶν χρυσῶν [A *al.*] (–, 1)
— 11. ἔθεντο . . . ἐπὶ τὴν ἅμαξαν . . . τοὺς μ. τοὺς χρυσοῦς (1)
— 18. καὶ μῦς οἱ χρυσοῖ [A *om.*] κατ᾿ ἀριθμόν (1)
Is. 66. 17. ἔσθοντες . . . καὶ τὸν μ. (1)

μυσάζειν.
[Aq. I Ki. 25. 26.]

μυσαρία.
[Sm. Ez. 16. 58 : 23. 27, 29.]

μυσαρός (-σερ.). (1) תֶּבֶל
Le. 18. 23. μυσαρὸν γάρ ἐστι (1)
[Al. Le. 26. 30.]

μυσάρχης.
II Ma. 5. 24. ἔπεμψε δὲ τὸν μ. Ἀπ.

μύσος.
Wi. 12. 6. B[2] ἐκ μύσου μυσταθείας σου [A B[1] S *al.*]
II Ma. 6. 19. τὸν . . . θάνατον μᾶλλον ἢ τὸν μετὰ μύσους βίον
— 25. καὶ μύσος . . . κατακτήσωμαι
[Aq. Ps. 25 (26). 10.]
[Sm. Le. 18. 17 : Ps. 25 (26). 10 : Ez. 22. 9 : 23. 21, 48.]

μυσοῦν.
[Aq., Sm., Th. I Ki. 25. 33.]

μυστάθεια.
Wi. 12. 6. R θοίναν καὶ αἵματος ἐκ μέσου [B[2] μύσου] μυσταθείας [B[1] S[1] -ᾳ] [A B[2] S[2] μύστας θιάσου] σου

μύσταξ. (1) שָׂפָם
II Ki. 19. 24 (25). οὐδὲ ἐποίησε τὸν μ. αὐτοῦ (1)

μυστήριον. (1) רָז
To. 12. 7. μυστήριον βασιλέως καλὸν κρύψαι
— 11. μυστήριον βασιλέως κρύψαι καλόν
Ju. 2. 2. ἔθετο μετ᾿ αὐτῶν τὸ μ. τῆς βουλῆς αὐ.
Wi. 2. 22. οὐκ ἔγνωσαν μυστήρια θεοῦ [B[1] αὐτοῦ]
6. 22. οὐκ ἀποκρύψω ὑμῖν μυστήρια
14. 15. παρέδωκε τοῖς ὑποχειρίοις μυστήρια
— 23. κρύφια μυστήρια . . . ἄγοντες
Si. 3. 18. S[2] πράεσιν ἀποκαλύπτει τὰ μ. αὐτοῦ
22. 22. πλὴν ὀνειδισμοῦ . . . καὶ μυστηρίου ἀποκαλύψεως
27. 16. ὁ ἀποκαλύπτων μυστήρια ἀπώλεσε πίστιν
— 17. ἐὰν δὲ ἀποκαλύψῃς τὰ μ. αὐτοῦ
— 21. ὁ δὲ ἀποκαλύψας μυστήρια [S -ον] ἀπήλπισε
Da. LXX. 2. 18. ζητῆσαι . . . περὶ τοῦ μ. τούτου (1)
— 19. τὸ μ. τοῦ βασ. ἐξεφάνη (1)
— 27. τὸ μ. ὃ ἑώρακεν ὁ βασ. (1)
— 28. ἔστι θεὸς ἐν οὐρανῷ ἀνακαλύπτων μυστήρια (1)
— 29. ἀνακαλύπτων μυστήρια ἐδήλωσέ σοι (1)
— 30. τὸ μ. τοῦτο ἐξεφάνθη (1)
— 47. ὁ ἐκφαίνων μυστήρια κρυπτὰ μόνος (1)
— 47. ἐδυνάσθης δηλῶσαι τὸ μ. τοῦτο (1)
Da. TH. 2. 18. οἰκτιρμοὺς ἐζήτουν . . . ὑπὲρ τοῦ μ. τούτου (1)
— 19. τῷ Δ. . . . τὸ μ. ἀπεκαλύφθη (1)
— 27. τὸ μ. . . . οὐκ ἔστι σοφῶν μάγων (1)
— 28. ἔστι θεὸς ἐν οὐρ. ἀποκαλύπτων μυστήρια (1)
— 29. ὁ ἀποκαλύπτων μυστήρια ἐγνώρισέ σοι (1)
— 30. τὸ μ. τοῦτο [A *om.*] ἀπεκαλύφθη (1)
— 47. ὁ ἀποκαλύπτων μυστήρια (1)
— 47. ἀποκαλύψαι τὸ μ. τοῦτο (1)
4. 6. πᾶν μ. οὐκ ἀδυνατεῖ σε (1)
II Ma. 13. 21. προσήγγειλε δὲ τὰ μ. τοῖς πολεμίοις
[Sm. Jb. 15. 8 : Pr. 11. 13 : Is. 24. 16 *bis*.]
[Th. Jb. 15. 8 : Ps. 24 (25). 14 : Pr. 20. 19 : Is. 24. 16 *bis*.]
[Quint. Ps. 24 (25). 14.]

μύστης.
Wi. 12. 6. A B^2 S^2 *θοίναν καὶ αἵματος ἐκ μέσου* [B^2 *μύσου*] *μύστας θιάσου* [B^1 S^1 *μυσταθείᾳ*, R *μυσταθείας*] *σου*

μυστικός.
[Sm. Is. 8. 3.]

μυστικῶς.
III Ma. 3. 10. *μ. τινας ἐπισπώμενοι*

μύστις.
Wi. 8. 4. *μύστις γάρ ἐστι τῆς τοῦ θεοῦ ἐπιστήμης*

μυχθίζειν.
[Aq. Ps. 2. 4.]

μυχθισμός.
[Aq. Ps. 122 (123). 4: Ho. 7. 16.]

μυχός.
Wi. 17. 4. *οὐδὲ γὰρ ὁ κατέχων αὐτοὺς μυχὸς ἀφόβως διεφύλασσεν* [A S^1 *al.*]
— 14. *ἐξ ἀδυνάτου ᾅδου μυχῶν ἐπελθοῦσαν*

μωήδ. (1) מוֹעֵד
Je. 26 (46). 17. R *σαὼν ἐσβειὲ μ.* [A B S *al.*] (1)

μωκᾶσθαι. (1) תַּעְתֻּעִים
Si. 31 (34). 18. *θυσιάζων ἐξ ἀδίκου προσφορὰ μεμωκημένη* [A *μεμωμ.*]
Je. 28 (51). 18. *μάταιά ἐστιν ἔργα μεμωκημένα* (1)
[Aq. Je. 10. 15.]

μώκημα.
Si. 31 (34). 18. *οὐκ εἰς εὐδοκίαν μωκήματα* [A S^2 *μωμήματα*] *ἀνόμων*

μῶκος.
Si. 36 (33). 6. *ἵππος εἰς ὀχείαν ὡς φίλος μῶκος* [S^2 *μωρός*]

μωκώρ.
[Heb. Ps. 35 (36). 10.]

μωλωπίζειν.
[Aq. Ca. 5. 7.]

μώλωψ. (1) חַבּוּרָה, חֲבֻרָה
Ge. 4. 23. *ἀπέκτεινα . . . νεανίσκον εἰς μ. ἐμοί* (1)
Ex. 21. 25. *δώσει . . . μώλωπα ἀντὶ μώλωπος* (1, 1)
Ju. 9. 13. *εἰς τραῦμα καὶ μώλωπα αὐτῶν*
Ps. 37 (38). 5. *ἐσάπησαν οἱ μ. μου* (1)
Si. 23. 10. *ὥσπερ γὰρ οἰκέτης . . . ἀπὸ μώλωπος οὐκ ἐλαττωθήσεται*
28. 17. *πληγὴ μάστιγος ποιεῖ μώλωπας* [A S *-πα*]
Is. 1. 6. *οὔτε τραῦμα οὔτε μ.* (1)
53. 5. *τῷ μώλωπι αὐτοῦ ἡμεῖς ἰάθημεν* (1)
[Aq., Th. Pr. 20. 30.]
[Sm. Is. 1. 6.]

μωμᾶσθαι. (1) מוּם
Pr. 9. 7. *ἐλέγχων δὲ τὸν ἀσεβῆ μωμήσεται ἑαυτόν* (1)
Wi. 10. 14. *ψευδεῖς τε ἔδειξε τοὺς μωμησαμένους αὐτόν*
Si. 31 (34). 18. A *θυσιάζων ἐξ ἀδίκου προσφορὰ μεμωμημένη* [B S *μεμωκημ.*]

μώμημα.
Si. 31 (34). 18. A S^2 *οὐκ εἰς εὐδοκίαν μωμήματα* [B S^1 *μωκήματα*] *ἀνόμων*

μωμητός. (1) מוּם
De. 32. 5. *ἡμάρτοσαν οὐκ αὐτῷ τέκνα μωμητά* (1)

μῶμος. (1) מאוּם, מוּם
Le. 21. 17. *τίνι ἐὰν ᾖ ἐν αὐτῷ μῶμος* (1)
— 18. *ᾧ ἂν ᾖ ἐν αὐτῷ μῶμος* (1)
— 21. *ᾧ* [A *ὃς*] *ἐστιν ἐν αὐτῷ μῶμος* (1)
— 21. *ὅτι μῶμος ἐν αὐτῷ* (1)
— 23. *ὅτι μῶμον ἔχει* (1)
22. 20. *ὅσα ἂν ἔχῃ μῶμον ἐν αὐτῷ* (1)
— 21. *πᾶς μ. οὐκ ἔσται ἐν αὐτῷ* (1)
— 25. B *μῶμος ἐν αὐτοῖς* (1)
24. 19. *ἐάν τις δῷ μῶμον τῷ πλησίον* (1)
— 20. *καθότι ἂν δῷ μῶμον τῷ ἀνθρ.* (1)
Nu. 19. 2. *ἥτις οὐκ ἔχει ἐν αὐτῇ μῶμον* (1)
De. 15. 21. *ἐὰν* [B^1 *add. μὴ*] *ᾖ ἐν αὐτῷ μῶμος . . . μ. πονηρόν* [A *ἢ καὶ πᾶς μ. πονηρός*] (1, 1)
17. 1. *ἐν ᾧ ἐστιν ἐν αὐτῷ μῶμος* (1)
19. 21. A B^2 *καθότι ἂν δῷ μῶμον τῷ πλησίον* –
II Ki. 14. 25. *οὐκ ἦν ἐν αὐτῷ μῶμος* (1)
Ca. 4. 7. *μῶμος οὐκ ἔστιν ἐν σοί* (1)
Si. 11. 31. *ἐν τοῖς αἱρετοῖς* [A *ἑτέροις*] *ἐπιθήσει μῶμον*
— 33. *μή ποτε μῶμον εἰς τὸν αἰῶνα δῷ σοι*
18. 15. *ἐν ἀγαθοῖς μὴ δῷς μῶμον*
20. 24. *μῶμος πονηρὸς ἐν ἀνθρώπῳ ψεῦδος*
30. 31 (33. 22). *μὴ δῷς μῶμον ἐν τῇ δόξῃ σου*
47. 20. *ἔδωκας μῶμον ἐν* [S *om.*] *τῇ δόξῃ σου*
Da. Th. 1. 4. *οἷς οὐκ ἔστιν ἐν* [B^1 *om.*] *αὐτοῖς μ.* (1)

μωραίνειν. (1) בָּעַר ni. (2) סָכַל *a.* ni. *b.* pi.
II Ki. 24. 10. *ἐμωράνθην σφόδρα* (2 *a*)
Si. 23. 14. *καὶ τῷ ἐθισμῷ σου μωρανθῇς*
Is. 19. 11. *ἡ βουλὴ αὐτῶν μωρανθήσεται* (1)
44. 25. R *τὴν βουλὴν αὐτῶν μωραίνων* [A B S *-ρεύων*] (2 *b*)
Je. 10. 14. *ἐμωράνθη πᾶς ἄνθρωπος ἀπὸ γνώσεως* (1)
28 (51). 17. A *ἐμωράνθη* [B S *ἐματαιώθη*] *πᾶς ἄνθρωπος ἀπὸ γνώσεως* (1)
[Aq. Je. 51 (28). 17.]
[Sm. Jb. 38. 36.]

μωρεύειν. (1) סָכַל pi.
Is. 44. 25. A B S *τὴν βουλὴν αὐτῶν μωρεύων* [R *-ραίνων*] (1)

μωρία.
Si. 20. 31: 41. 15. *κρείσσων ἄνθρωπος ἀποκρύπτων τὴν μ. αὐ.*
[Sm. Jb. 24. 12.]

μωρός. (1) אֱוִיל (2) *a.* נָבָל *b.* נְבָלָה (3) סָכָל (4) שָׂכַל hi.
De. 32. 6. *λαὸς μ. καὶ οὐχὶ σοφός* (2 *a*)
Jb. 16. 8. *νῦν δὲ κατακοπόν με πεποίηκε μωρὸν σεσηπότα* †
Ps. 93 (94). 8. *καὶ μωροί, ποτὲ φρονήσατε* (4)
Si. 4. 27. *μὴ ὑποστρώσῃς σεαυτὸν ἀνθρώπῳ μωρῷ*
8. 17. *μετὰ μωροῦ μὴ συμβουλεύου*
16. 23. *ἀνὴρ ἄφρων καὶ πλανώμενος διανοεῖται μωρά*
18. 18. *μωρὸς ἀχαρίστως ὀνειδιεῖ*
19. 11. *ἀπὸ προσώπου λόγου ὠδινήσει μωρός*
— 12. *οὕτως λόγος ἐν κοιλίᾳ μωροῦ*
20. 13. *χάριτες δὲ μωρῶν ἐκχυθήσονται*
— 16. *μωρὸς ἐρεῖ, Οὐχ ὑπάρχει μοι φίλος*
— 20. *ἀπὸ στόματος μωροῦ ἀποδοκιμασθήσεται παραβολή*
21. 14. *ἔγκατα μωροῦ ὡς ἀγγεῖον συντετριμμένον*
— 16. *ἐξήγησις μωροῦ ὡς ἐν ὁδῷ φορτίον*
— 18. *ὡς οἶκος ἠφανισμένος οὕτως μωρῷ σοφία*
— 20. *μωρὸς ἐν γέλωτι ἀνυψοῖ φωνὴν αὐτοῦ*
— 22. *ποὺς μωροῦ ταχὺς εἰς οἰκίαν*
— 26. *ἐν στόματι μωρῶν ἡ καρδία αὐτῶν*
22. 7. *συγκολλῶν ὄστρακον* [S *-ων*] *ὁ διδάσκων μωρόν*
— 8. *διηγούμενος νυστάζοντι ὁ διηγούμενος μωρῷ*
— 11. *ἐπὶ μωρῷ κλαῦσον*
— 11. *τοῦ δὲ μ. ὑπὲρ θάνατον ἡ ζωὴ πονηρά*
— 12. *μωροῦ δὲ καὶ ἀσεβοῦς πᾶσαι αἱ ἡμέραι τῆς ζωῆς*
— 14. *τί αὐτῷ ὄνομα ἀλλ' ἢ μωρός*
— 18. *καρδία δειλὴ ἐπὶ διανοήματος μωροῦ*
25. 2. S^2 *γέροντα μωρὸν καὶ μοιχὸν καὶ* [A B S^1 *γ. μοιχὸν*] *ἐλαττούμενον συνέσει*
27. 13. *διήγησις μωρῶν προσόχθισμα*
36 (33). 5. *τροχὸς ἁμάξης σπλάγχνα μωροῦ*
— 6. S^2 *ἵππος εἰς ὀχείαν ὡς φίλος μωρός* [A B S^1 *μῶκος*]
42. 8. *περὶ παιδείας ἀνοήτου καὶ μωροῦ*
50. 26. *ὁ λαὸς μωρὸς* [A S *ὁ μ.*] *ὁ κατοικῶν ἐν Σικίμοις*
Is. 19. 11. *μωροὶ ἔσονται οἱ ἄρχοντες Τάνεως* (1)
32. 5. *οὐκέτι μὴ εἴπωσι τῷ μ. ἄρχειν* (2 *a*)
— 6. *ὁ γὰρ μ. μωρὰ λαλήσει* (2 *a*, 2 *b*)
Je. 5. 21. *ἀκούσατε δὴ ταῦτα λαὸς μ. καὶ ἀκάρδιος* (3)
Da. LXX. Su. 48. *οὕτως μ. υἱοὶ Ἰσρ.*
Da. Th. Su. 48. *οὕτως μ. οἱ υἱοὶ Ἰσρ.*
[Sm. Pr. 17. 21: Je. 10. 8.]

μωφεέθ.
[Sm. Je. 48 (31). 28.]

N

ναάλ. (1) נַחֲלֵי
II Ki. 23. 30. A *Ἀ. ἐκ ν. Ἐάς* (1)

ναβαί.
Jo. 10. 40. B *ἐπάταξεν Ἰ. . . . τὴν ν.* [A R *ναγέβ*] †

νάβαλ. (1) נֵבֶל (2) נָבָל (3) נְפוֹל
I Ki. 10. 5. B *καὶ ἔμπροσθεν αὐτῶν ν.* [A R *νάβλα*] (1)
II Ki. 3. 33. *εἰ κατὰ τὸν θάνατον ν. ἀποθανεῖται Ἀβ.* (2)
— 34. *οὐ προσήγαγεν ὡς ν.* [A *ναφά*] (3)
[Heb. Je. 17. 11.]

νάβλα. (1) נֵבֶל
I Ki. 10. 5. A R *καὶ ἔμπροσθεν αὐτῶν ν.* [B *νάβαλ*] (1)
II Ki. 6. 5. *παίζοντες . . . ἐν νάβλαις* (1)
III Ki. 10. 12. *ἐποίησεν . . . νάβλας καὶ κινύρας* (1)
I Ch. 13. 8. *καὶ ἐν κινύραις καὶ ἐν νάβλαις* (1)
15. 16. *ἐν ὀργάνοις νάβλαις κινύραις* (1)
— 20. *ἐν νάβλαις ἐπὶ ἀλ.* (1)
— 28. *ἀναφωνοῦντες νάβλαις* (1)
16. 5. *ἐν ὀργάνοις νάβλαις κινύραις* (1)
25. 1. *ἐν κινύραις καὶ ἐν νάβλαις* (1)
— 6: II Ch. 5. 12. *ἐν κυμβάλοις καὶ ἐν νάβλαις* (1)
II Ch. 9. 11. *ἐποίησεν . . . νάβλας τοῖς ᾠδοῖς* (1)
20. 28. *εἰσῆλθον . . . ἐν νάβλαις* (1)
29. 25. *ἐν κυμβάλοις καὶ ἐν νάβλαις* (1)
I Ma. 13. 51. *εἰσῆλθεν . . . ἐν νάβλαις*
[Aq. Ps. 80 (81). 3: Am. 5. 23.]
[Sm. Ps. 80 (81). 3.]
[Al. Is. 5. 12.]

ναβρά.
IV Ki. 8. 15. A *ἔλαβε τὸ ν.* [? *τὸν ἀβρά*, B *al.*] †

ναγέβ. (1) נֶגֶב (2) *ὁ ἐν ν.* הַנֶּגֶב (3) *ἡ γῆ ἡ ν.* נֶגֶב
Jo. 10. 40. A R *ἐπάταξεν Ἰ. . . . τὴν ν.* [B *ναβαί*] (1)
11. 16. A *ἔλαβεν Ἰ. . . . πᾶσαν τὴν γῆν τὴν ν.* [R *γ. ν.*, B *al.*] (3)
12. 8. *ἐν τῇ ἐρήμῳ καὶ ν.* [A *ἐν Ἀγέβ*] (1)
15. 19. *εἰς γῆν ν. δέδωκάς με* (1)
Ob. 1. 19. *κατακληρονομήσουσιν οἱ ἐν ναγὲβ* [S^1 *ἀ.*] *τὸ ὄρος* (2)
— 20. *κληρονομήσουσι τὰς πόλεις τοῦ ναγέβ* (1)
Je. 39 (32). 44: 40 (33). 13. *ἐν πόλεσι τῆς ν.* (1)

Ez. 20. 46 (21. 2.) προφήτευσον ἐπὶ δρυμὸν ἡγούμενον ν. (1)
— 47 (21. 3). ἐρεῖς τῷ δρυμῷ ν. (1)

ναδάβ. (1) נָדִיב
Ca. 7. 1 (2). ἐν ὑποδήμασι, θύγατερ ναδάβ [A Ἀμιναδάβ] (1)

ναζαραῖος.
[**Al.** Le. 25. 5.]

ναζείρ (ναζίρ). (1) נָזִיר
Jd. 13. 5. ν. θεοῦ ἔσται τὸ παιδάριον [A *al.*] (1)

ναζέφ.
[**Th.** Le. 21. 12.]

ναζηραῖος.
[**Sm.** Nu. 6. 18, 19.]

ναζιραῖος (-ειρ.). (1) נָזִיר
Jd. 13. 5. A ἡγιασμένον ναζιραῖον ἔσται τῷ θ. [B *al.*] (1)
— 7. A ναζειραῖον [B ἅγιον] θεοῦ ἐστιν (1)
16. 17. A ναζειραῖος [B ἅγιος] θεοῦ ἐγώ εἰμι (1)
[**Al.** Le. 25. 5, 11.]

ναθουρείμ.
Ne. 3. 11. B S καὶ ἕως πύργου τῶν ν. [A R *al.*] †

ναί. (1) אֲבָל (2) ν. δή וְאַף (3) הִנֵּה
(4) ναὶ μήν כִּי
Ge. 17. 19. εἶπε δὲ ὁ Θ. πρὸς Ἀβ., Ναί (1)
42. 21. ναί, ἐν ἁμαρτίαις γάρ ἐσμεν (1)
To. 5. 6. S εἶπεν αὐτῷ, Ναί [A B *al.*]
Ju. 9. 12. ναὶ ναὶ ὁ θεὸς τοῦ πατρός μου
Jb. 19. 4. ναὶ δὴ ἐπ' ἀληθείας ἐγὼ ἐπλανήθην (2)
27. 8. A ναὶ μὴν τίς [B S καὶ τίς] γάρ ἐστιν ἐλπὶς ἀσεβεῖ (4)
Is. 48. 7. ν. γινώσκω αὐτά (3)

ναίειν.
Jb. 22. 12. μὴ οὐχὶ ὁ τὰ ὑψηλὰ ναίων ἐφορᾷ †

ναιώς, *cf.* **ναός, νεώς.**
II Ma. 4. 14. A τοὺς μὲν ναιῷ καταφρονοῦντας [R *al.*]
10. 3. A τὸν ναιὼ [R νεὼν] καθαρίσαντες

νακτά.
[**Aq.** Ex. 13. 16: Dt. 6. 8.]

νᾶμα. (1) עָסִיס
Ca. 8. 2. ἀπὸ νάματος ῥοῶν μου [B¹ σου] (1)

νᾶνος.
[**Al.** Le. 21. 20.]

ναός, *cf.* **ναιώς, νεώς.** (1) אוּלָם (2) בַּיִת
(3) דְּבִיר (4) *a.* הֵיכָל *b.* הֵיכַל
I Ki. 1. 9. ἐπὶ τῶν φλιῶν ναοῦ κυρίου (4 *a*)
3. 3. ἐκάθευδεν ἐν τῷ ν. [A οἴκῳ κυρίου] (4 *a*)
II Ki. 22. 7. ἐπακούσεται ἐκ ναοῦ αὐ. φωνῆς μου (4 *a*)
III Ki. 6. 3. τὸ αἰλὰμ κατὰ πρόσωπον τοῦ ν. (4 *a*)
— 5. ἔδωκεν . . . μέλαθρα κυκλόθεν τῷ ν. (4 *a*)
— 17. τεσσαράκ. πηχῶν ἦν ὁ ν. [A οἶκος οὗτος ὁ ν. ὁ ἐσώτατος] (2 [4 *a*])
— 33. A οὕτως ἐποίησεν τῷ πυλῶνι τοῦ ν. [A¹ *om.* τ. ν.] (4 *a*)
— 36. B τοῦ οἴκου τοῦ κατὰ πρόσωπον τοῦ ν. −
7. 21. ἔστησε τοὺς στύλους τοῦ αἰλὰμ τοῦ ν. (4 *a*)
— 50. καὶ τὰς θύρας [A *add.* τοῦ οἴκου] τοῦ ν. (2 + 4 *a* [4 *a*])
— 12. A τοῦ οἴκου τοῦ κατὰ πρόσωπον τοῦ ν. [B *al.*] −
IV Ki. 18. 16. συνέκοψεν Ἐζ. τὰς θύρας ναοῦ (4 *a*)
23. 4. ἐξαγαγεῖν ἐκ τοῦ ν. κυρίου πάντα τὰ σκεύη (4 *a*)
24. 13. ἃ ἐποίησε Σαλ. . . . ἐν τῷ ν. κυρίου (4 *a*)
I Ch. 28. 11. ἔδωκε . . . τὸ παράδειγμα τοῦ ν. (1)
— 20. τὸ παράδειγμα τοῦ ν. −
II Ch. 3. 17. ἔστησε τοὺς στύλους κατὰ πρόσωπον τοῦ ν. (4 *a*)
4. 7, 8. ἔθηκεν ἐν τῷ ν. (4 *a*)
— 22. εἰς τὰς θύρας τοῦ οἴκου τοῦ ν. χρυσᾶς (4 *a*)
8. 12. ὃ ᾠκοδόμησεν ἀπέναντι τοῦ ν. (1)
15. 8. ὃ ἦν ἔμπροσθεν τοῦ ν. κυρίου (1)

II Ch. 26. 16. εἰσῆλθεν εἰς τὸν ν. κυρίου (4 *a*)
— 19. τοῦ θυμιᾶσαι ἐν τῷ ν. −
27. 2. οὐκ εἰσῆλθεν εἰς τὸν ν. κυρίου (4 *a*)
29. 7. ἀπέκλεισαν τὰς θύρας τοῦ ν. (1)
— 17. εἰσῆλθαν εἰς τὸν ν. κυρίου (1)
36. 7. ἔθηκεν αὐτὰ ἐν τῷ ν. αὐ. (4 *a*)
I Es. 1. 41. ἀπηρείσατο ἐν τῷ ν. αὐ.
2. 18. καὶ ναὸν ὑποβάλλονται
— 20. ἐνεργεῖται τὰ κατὰ τὸν ν.
4. 45. οἰκοδομῆσαι τὸν ν.
5. 53. ὁ ν. τοῦ θεοῦ οὔπω ᾠκοδόμητο
— 57. ἐθεμελίωσαν τὸν ν. [A οἶκον]
— 58. ᾠκοδόμησαν οἱ οἰκοδόμοι τὸν ν. τοῦ κ.
— 67. οἰκοδομοῦσι τὸν ν. τῷ κυρίῳ
6. 18. ἀπηρείσατο αὐτὰ ἐν τῷ αὐτοῦ ναῷ
— 18. ἐξήνεγκεν αὐτὰ . . . ἐκ τοῦ ν. τοῦ ἐν Βαβ.
— 19. ἀποθεῖναι ἐν τῷ ν. τῷ ἐν Ἱερ.
— 19. τὸν ν. τοῦ κ. [A *add.* τοῦτον] οἰκοδομηθῆναι
II Es. 5. 14. ἀπήνεγκεν αὐτὰ εἰς ναὸν τοῦ βασ. (4 *b*)
— 14. A R ἐξήνεγκεν αὐτὰ . . . ἀπὸ τοῦ [A *om.*] ν. (4 *b*)
6. 5. A R ἀπελθάτω εἰς τὸν ν. τὸν ἐν Ἱερ. (4 *b*)
To. 1. 4. ἡγιάσθη ὁ ν. τῆς κατασκηνώσεως
Ju. 4. 2. περὶ . . . τοῦ ν. κυρίου θεοῦ αὐ. ἐταράχθησαν
— 11. κατὰ πρόσωπον τοῦ ν.
5. 18. ὁ ν. τοῦ θεοῦ αὐ. ἐγενήθη εἰς ἔδαφος
Ps. 5. 7. προσκυνήσω πρὸς ναὸν ἅγιόν σου (4 *a*)
10 (11). 5. κύριος ἐν ναῷ ἁγίῳ αὐτοῦ (4 *a*)
17 (18). 6. ἤκουσεν ἐκ ν. ἁγίου αὐτοῦ φωνῆς μου (4 *a*)
26 (27). 4. ἐπισκέπτεσθαι τὸν ν. [S¹ λαὸν] αὐ. (4 *a*)
27 (28). 2. ἐν τῷ αἴρειν με χεῖράς μου εἰς [A S² πρὸς] ναὸν ἅγιόν σου (3)
28 (29). 9. ἐν τῷ ν. αὐτοῦ πᾶς τις λέγει δόξαν (4 *a*)
44 (45). 15. ἀχθήσονται εἰς ναὸν βασιλέως (4 *a*)
64 (65). 4. ἅγιος ὁ ν. σου (4 *a*)
67 (68). 29. ἀπὸ τοῦ ν. σου ἐπὶ Ἱερουσαλὴμ σοὶ οἴσουσι βασιλεῖς δῶρα (4 *a*)
78 (79). 1. ἐμίαναν τὸν ν. τὸν ἅγιόν σου (4 *a*)
137 (138). 2. προσκυνήσω πρὸς ναὸν ἅγιόν σου (4 *a*)
143 (144). 12. περικεκοσμημέναι ὡς ὁμοίωμα ναοῦ (4 *a*)
Wi. 3. 14. κλῆρος ἐν ναῷ κυρίου θυμηρέστερος
9. 8. οἰκοδομῆσαι ναὸν ἐν ὄρει ἁγίῳ σου
Si. 45. 9. ἀκουστὸν ποιῆσαι ἦχον ἐν ναῷ
49. 12. A ἀνύψωσαν ναὸν [B S λαὸν] ἅγιον κυρίῳ
50. 1. ἐν ἡμέραις αὐτοῦ ἐστερέωσε τὸν ν.
— 7. ὡς ἥλιος ἐκλάμπων ἐπὶ ναὸν ὑψίστου
51. 14. ἔναντι ναοῦ ἠξίουν περὶ αὐτῆς
Am. 8. 3. ὀλολύξει τὰ φατνώματα τοῦ ναοῦ (4 *a*)
Jl. 3 (4). 5. εἰσηνέγκατε εἰς τοὺς ν. [A θησαυροὺς] ὑμῶν (4 *a*)
Jn. 2. 5. ἐπιβλέψαι πρὸς ναὸν [B¹ λαὸν] τὸν ἅγιόν σου (4 *a*)
— 8. ἔλθοι . . . ἡ προσευχή μου εἰς ναὸν ἅγιον (4 *a*)
Hb. 2. 20. ὁ δὲ κύριος ἐν ναῷ ἁγίῳ αὐτοῦ (4 *a*)
Hg. 2. 10 (9). τοῦ ἀναστῆσαι τὸν ν. τοῦτον −
— 16 (15). πρὸ τοῦ θεῖναι λίθον ἐπὶ λίθον ἐν τῷ ν. κυρίου (4 *a*)
— 19 (18). ἧς τεθεμελίωται ὁ ν. κ. (4 *a*)
Za. 8. 9. καὶ ὁ ν. ἀφ' οὗ ᾠκοδόμηται (4 *a*)
Ma. 3. 1. ἥξει εἰς τὸν ν. ἑαυτοῦ κύριος (4 *a*)
Is. 66. 6. φωνὴ ἐκ ναοῦ (4 *a*)
Je. 7. 4. ν. κυρίου ν. κυρίου ἐστίν (4 *a*, 4 *a*)
24. 1. κατὰ πρόσωπον ναοῦ κυρίου (4 *a*)
Ba. 1. 8. τὰ σκεύη οἴκου κυρίου τὰ ἐξενεχθέντα ἐκ τοῦ ν.
Ez. 8. 16. ἐπὶ τῶν προθύρων τοῦ [A *om.*] ν. κυρίου . . . τὰ ὀπίσθια αὐτῶν [A *add.* δεδωκότες] πρὸς τὸν ν. τοῦ κυρίου (4 *a*, 4 *a*)
41. 1. εἰσήγαγέ με εἰς τὸν ν. (4 *a*)
— 4. κατὰ πρόσωπον τοῦ ν. (4 *a*)
— 15. ὁ ν. καὶ αἱ γωνίαι (4 *a*)
— 21. τὸ ἅγιον καὶ ὁ ν. ἀναπτυσσόμενος [A -να] τετράγωνα (4 *a*)
— 23. δύο θυρώματα τῷ ν. (4 *a*)
— 25. ἐπὶ τὰ θυρώματα τοῦ ν. Χερ. (4 *a*)
42. 19. διεμέτρησε κατέναντι τοῦ νότου [B² ναοῦ] −
Da. LXX. 3. (53). εὐλογημένος εἶ ἐν τῷ ν. τῆς ἁγίας δόξης σου
Bel 12. ἐπισφραγίσεις τὰς κλεῖδας τοῦ ν.
— 13. ἐκβαλόντας πάντας ἐκ τοῦ ν.
— 13. καταστῆσαι ὅλον τὸν ν. σποδῷ
— 13. σφραγισάμενος τὸν ν.

Da. Th. 3. (53). εὐλογημένος εἶ ἐν τῷ ν. τῆς ἁγ. δόξης σου
4. 26. ἐπὶ τῷ ν. τῆς βασ. αὐ. . . . περιπατῶν (4 *b*)
5. 2. ἃ ἐξήνεγκε . . . ἐκ τοῦ ν. τοῦ ἐν Ἱερ. (4 *b*)
— 3. ἃ ἐξήνεγκεν ἐκ τοῦ ν. τοῦ θεοῦ (4 *b*)
Bel 14. κατέσεισαν ὅλον τὸν ν.
I Ma. 1. 22. τὸν κόσμον . . . τὸν κατὰ πρόσωπον τοῦ ν.
2. 8. ἐγένετο ὁ ν. αὐ. ὡς ἀνὴρ ἔνδοξος
4. 49. εἰσήνεγκαν τὴν λυχνίαν . . . εἰς τὸν ν.
— 50. ἐφαίνοσαν ἐν τῷ ν.
— 57. κατεκόσμησαν τὸ κατὰ πρόσωπον τοῦ ν.
7. 36. ἔστησαν κατὰ πρόσωπον . . . τοῦ ν.
10. 80. ἐξετίναξαν τὰς σχίζας εἰς τὸν λαόν [S¹ ναόν]
II Ma. 4. 14. R τοῦ μὲν ν. καταφρονοῦντες [A *al.*]
8. 2. οἰκτεῖραι δὲ καὶ τὸν ν.
10. 5. τὸν καθαρισμὸν γενέσθαι τοῦ ν.
14. 35. ηὐδόκησας ναὸν . . . ἐν ἡμῖν γενέσθαι
15. 18. ὁ περὶ τοῦ καθηγιασμ. ν. φόβος
— 33. τὰ δὲ ἐπίχειρα . . . κατέναντι τοῦ ν. κρεμάσαι
III Ma. 1. 10. εἰς τὸν ν. εἰσελθεῖν
2. 1. R ἐξ ἐναντίας τοῦ ν. κάμψας τὰ γόνατα
3. 17. εἰσελθεῖν εἰς τὸν ν. αὐ.
5. 43. καὶ τὸν ἄβατον αὐ. ἡμῖν ναὸν πυρὶ πρηνέα
IV Ma. 8. 25. A οὐδὲ αὐτὸς ὁ ν. [S R νόμος] . . . ἡμᾶς θανατοῖ
[**Aq.** III Ki. 6. 17: Ps. 5. 8: 44 (45). 9: 47 (48). 10: Pr. 30. 28: Je. 50 (27). 28: Ez. 9. 6.]
[**Sm.** III Ki. 6. 17: Ps. 5. 8: 26 (27). 4: 44 (45). 9: 47 (48). 10: 67 (68). 30: Pr. 30. 28: Is. 6. 1: 44. 28: Je. 50 (27). 28: Jn. 2. 5.]
[**Th.** III Ki. 6. 17: Ps. 47 (48). 10: Pr. 30. 28: Is. 6. 1: Je. 50 (27). 28: Ez. 9. 6: Da. 14. 13: Jn. 2. 5.]
[**Quint., Sext.** Ps. 47 (48). 10.]
[**Al.** Is. 13. 22.]

νάπη. (1) אָפִיק (2) גִּבְעָה (3) גַּי ,גַּיְא
(4) חָרְבָּה (5) נַחַל (6) שְׁפִי
Nu. 21. 19 (20). A ἀπὸ Βαμὼθ εἰς νάπην [B Ἰανήν] (3)
24. 6. ὡσεὶ νάπαι σκιάζουσαι (5)
De. 3. 29. ἐνεκαθήμεθα ἐν νάπῃ (3)
Jo. 18. 16. κατὰ πρόσωπον νάπης Σ. (3)
Is. 40. 12. τίς ἔστησε . . . τὰς ν. ζυγῷ (2)
Je. 14. 6. ὄνοι ἄγριοι [S ὄναγροι] ἔστησαν ἐπὶ νάπας (6)
Ez. 6. 3. τάδε λέγει κύριος . . . ταῖς φάραγξι καὶ ταῖς ν. [A² ν. κ. ταῖς φ.] (2 [1])
36. 4. A τάδε λέγει κύριος . . . ταῖς ν. ταῖς ἠρημωμέναις [B *al.*] (4)
— 6. εἰπὸν . . . ταῖς φάραγξι καὶ ταῖς ν. (3)
[**Sm.** II Ki. 2. 24: Ca. 4. 6.]
[**Al.** Hb. 3. 6.]

νάρδος. (1) נֵרְדְּ
Ca. 1. 12. νάρδος μου ἔδωκεν ὀσμὴν αὐτοῦ (1)
4. 13. κύπροι μετὰ νάρδων (1)
— 14. νάρδος καὶ κρόκος (1)
[**Aq.** Ca. 1. 12.]

ναρκᾶν. (1) יָקַע
Ge. 32. 25 (26). ἐνάρκησε τὸ πλάτος τοῦ μηροῦ (1)
— 32 (33). τὸ νεῦρον ὃ ἐνάρκησεν †
— 32 (33). τοῦ νεύρου ὃ [A καὶ] ἐνάρκησεν †
Jb. 33. 19. πλῆθος ὀστῶν αὐτοῦ ἐνάρκησε †
Da. LXX. 11. 6. ὁ βραχίων αὐ. ναρκήσει †
[**Th.** Jb. 33. 19.]

νασείβ (-ίβ). (1) *a.* נְצִיב *b.* נְצִבֵי *c.* נְצַב
I Ki. 1. 1. ἐν ν. Ἐφρ. [A *al.*] †
10. 5. ἐκεῖ ν. ὁ ἀλλόφυλος (1 *b*)
13. 3. B ἐπάταξεν Ἰ. τὸν ν. τὸν ἀλλόφυλον (1 *a*)
— 4. B πέπαικε Σ. τὸν ν. τὸν ἀλλόφυλον (1 *a*)
III Ki. 16. 28 (22. 47 [48]). B ν. ὁ βασιλεύς (1 *c*)
[**Al.** III Ki. 22. 48.]

νασέφ, νασίφ. (1) נְצִיב
III Ki. 4. 19. ν. [A² -ιφ] εἷς [A *om.*] ἐν γῇ Ἰ. (1)

ναῦλα.
[**Aq.** Ps. 32 (33). 2.]
[**Sm.** Ps. 91 (92). 4: 150. 3.]

ναῦλον. (1) שָׂכָר
Jn. 1. 3. ABS^{2} ἔδωκε τὸ ναῦλον αὐτοῦ (1)

ναῦλος.
[Aq. Ps. 150. 3.]

ναῦς. (1) *a.* אֳנִי *b.* אֳנִיָּה (2) טְחוֹרִים (3) עֹפֶל
I Ki. 5. 6. ἐξέζεσεν αὐτοῖς εἰς τὰς ν. [A ἕδρας] (2, 3*)
III Ki. 9. 26. ναῦν . . . τὴν οὖσαν ἐχομένην Αἰ. (1 *a*)
— 27. ἀπέστειλε Χ. ἐν τῇ ν. (1 *a*)
10. 11. ἡ ν. Χ. ἡ αἴρουσα τὸ χρυσίον (1 *a*)
— 22. ναῦς Θ. τῷ βασ. ἐν τῇ θαλ. μετὰ τῶν νηῶν Χ. μία . . . ἤρχετο τῷ βασ. ναῦς (1 *a ter*)
16. 28 (22. 48 [49]). B ἐποίησε ναῦν εἰς Θ. (1 *b*)
— 28 (22. 48 [49]). B συνετρίβη ἡ ν. ἐν Γ. (1 *b*)
— 28 (22. 49 [50]). B ἐξαποστελῶ τοὺς παῖδάς σου . . . ἐν τῇ ν. (1 *b*)
22. 49. A ἐποίησεν νῆας τοῦ πορευθῆναι Ὠ. (1 *b*)
— 49. A συνετρίβησαν νῆες ἐν Ἀ. (1 *b*)
— 50. A πορευθήτωσαν δοῦλοί σου . . . ταῖς ν. (1 *b*)
II Ch. 9. 21. ναῦς τῷ βασ. ἐπορεύετο (1 *b*)
Jb. 9. 26. ἢ καί ἐστι ναυσὶν ἴχνος ὁδοῦ (1 *b*)
Pr. 24. 54 (30. 19). καὶ τρίβους νηὸς [S^{2} -ως] ποντοπορούσης (1 *b*)
31. 14. ἐγένετο ὡσεὶ ναῦς ἐμπορευομένη μακρόθεν (1 *b*)
Wi. 5. 10. ὡς ναῦς διερχομένη κυμαινόμενον ὕδωρ
Da. TH. 11. 40. συναχθήσεται . . . ἐν ν. πολλαῖς (1 *b*)
IV Ma. 7. 1. πηδαλιουχῶν τὴν τῆς εὐσεβείας ν.
[Aq. III Ki. 22. 49 *bis*, 50: Ps. 47 (48). 8: Is. 33. 21.]
[Sm. Jb. 9. 26: Ps. 47 (48). 8.]
[Al. III Ki. 22. 49 *bis*, 50: Is. 43. 14.]

ναύτης.
[Aq. Ez. 27. 9.]
[Sm. Ez. 27. 29.]

ναυτικός. (1) אֳנִיָּה (2) מַלָּח
III Ki. 9. 27. ἀπέστειλε Χ. . . . ἄνδρας ν. (1)
Jn. 1. 5. καὶ ἐφοβήθησαν οἱ ναυτικοί (2)

ναφά. (1) נְפוֹל
II Ki. 3. 34. A οὐ προσήγαγεν ὡς ν. [B νάβαλ] (1)

νάφθα.
Da. LXX. 3. (46). ὑπέκαιον ὑποκάτωθεν αὐτῶν νάφθαν
Da. TH. 3. (46). καίοντες τὴν κάμινον νάφθαν

ναχάλ. (1) נַחַל
Je. 38 (31). 40. πάντες ἀσαρημὼθ ἕως ν. [A ἕ. χειμάρρου ν.] Κέδρων (1)

ναχαλεί (BS), **ναχαλή** (A). (1) נַחֲלֵי
I Ch. 11. 32. Οὐρεὶ ἐκ ν. Γάας (1)

νεάζειν.
IV Ma. 5. 31. ὥστε . . . μὴ ν. τὸν λογισμόν

νεανίας. (1) *a.* בָּחוּר *b.* בָּחַר (2) יֶלֶד (3) *a.* נַעַר *b.* נֹעַר
Jd. 16. 26. εἶπε Σ. πρὸς τὸν ν. [A τὸ παιδάριον] (3 *a*)
17. 7. ἐγενήθη ν. ἐκ Β. [A *al.*] (3 *a*)
— 11. ἐγενήθη ὁ ν. παρ' αὐτῷ [A *al.*] (3 *a*)
19. 3. B^{2}R νεανίας [B^{1} -νις, A τὸ παιδάριον] αὐτοῦ μετ' αὐτοῦ (3 *a*)
— 9. αὐτὸς . . . καὶ ὁ ν. [A τὸ παιδάριον] αὐτοῦ (3 *a*)
— 11. εἶπεν ὁ ν. [A τὸ παιδάριον] πρὸς τὸν κύριον αὐ. (3 *a*)
— 13. εἶπε τῷ ν. [A παιδαρίῳ] αὐτοῦ (3 *a*)
Ru. 3. 10. τὸ μὴ πορευθῆναί σε ὀπίσω νεανιῶν (1 *a*)
I Ki. 20. 31. λάβε τὸν ν. †
— 37 (38). ὀπίσω τοῦ ν. (3 *a*)
II Ki. 6. 1. συνήγαγεν ἔτι Δ. πάντα ν. (1 *a*)
10. 9. A ἐπέλεξεν ἐκ πάντων ν. [B τῶν νεανίσκων] Ἰσρ. (1 *b*)
III Ki. 12. 21. ἑκατὸν καὶ εἴκοσι χιλιάδες νεανιῶν (1 *a*)
I Ch. 19. 10. ἐξελέξατο ἐκ παντὸς ν. ἐξ Ἰσρ. (1 *a*)
I Es. 8. 91. AR ἄνδρες καὶ γυναῖκες καὶ [B *om.*] νεανίαι
Pr. 7. 7. ὃν ἂν ἴδῃ τῶν ἀφρόνων τέκνων νεανίαν ἐνδεῆ φρενῶν (3 *a*)
20. 29. κόσμος νεανίαις σοφία (1 *a*)
Ca. 2. 15. S ταῖς ν. ὁ νυμφίος τάδε -
Za. 2. 4 (8). λάλησον πρὸς τὸν ν. [S νεανίσκον] ἐκεῖνον (3 *a*)
Da. LXX. 1. 10. παρὰ τοὺς συντρεφομ. ὑμῖν ν. τῶν ἀλλογενῶν (2)
II Ma. 3. 26. ἕτεροι δὲ δύο προεφάνησαν αὐτῷ νεανίαι
— 33. οἱ αὐτοὶ ν. πάλιν ἐφάνησαν τῷ Ἡ.
7. 25. τοῦ δὲ ν. μηδαμῶς προσέχοντος
— 30. ὁ ν. εἶπε
10. 35. R εἴκοσι νεανίαι . . . πυρωθέντες [A *al.*]
12. 27. νεανίαι δὲ πρὸ τῶν τειχῶν καθεστῶτες
IV Ma. 8. 5. ὦ νεανίαι
— 27. οἱ ν. βασανίζεσθαι μέλλοντες
9. 13. περὶ ὃν κατατεινόμενος ὁ εὐγενὴς ν.
— 21. ὁ μεγαλόφρων καὶ Ἀβραμιαῖος ν.
— 25. ὁ ἱεροπρεπὴς ν. ἀπέρρηξε τὴν ψυχήν
14. 9. τὴν θλῖψιν τῶν ν. ἐκείνων φρίττομεν
— 20. AR τὴν Ἀβρ. ὁμόψυχον τῶν ν. [S -ίσκων] μητέρα
[Sm. Is. 9. 6 (5).]

νεανικός. (1) בָּחוּר
Je. 30. 15 (49. 26). S^{1} πεσοῦνται νεανικοὶ [ABS^{2} -ίσκοι] ἐν πλατείαις σου (1)
III Ma. 4. 8. μετὰ ἀκμαίας καὶ ν. ἡλικίας

νεανικότης.
[Sext. Ps. 9. 1: 109 (110). 3.]

νεανιότης.
[Aq. Ps. 9. 1: 45 (46). 1.]

νεᾶνις. (1) *a.* נַעַר *b.* נַעֲרָה (2) עַלְמָה
Ex. 2. 8. ἐλθοῦσα δὲ ἡ ν. ἐκάλεσε (2)
De. 22. 19. δώσουσι τῷ πατρὶ τῆς ν. (1 *b*)
— 20. καὶ μὴ εὑρεθῇ παρθένια τῇ ν. (1 *a**, 1 *b*)
— 21. ἐξάξουσι τὴν ν. (1 *a**, 1 *b*)
— 24. τὴν ν. ὅτι οὐκ ἐβόησεν (1 *a**, 1 *b*)
— 26. AB^{2} τῇ δὲ ν. οὐ ποιήσετε οὐδέν [B^{1}R *al.*] (1 *a**, 1 *b*)
— 26. AB^{2} οὐκ ἔστιν τῇ ν. ἁμάρτημα θανάτου [B^{1}R *al.*] (1 *a**, 1 *b*)
— 27. ἐβόησεν ἡ ν. ἡ μεμνηστευμένη (1 *a**, 1 *b*)
— 29. δώσει . . . τῷ πατρὶ τῆς ν. (1 *a**, 1 *b*)
Jd. 5. 8. A σκέπη νεανίδων σιρομαστῶν †
19. 3. B^{2}R νεανίας [B^{1} νεᾶνις, A τὸ παιδάριον] αὐτοῦ μετ' αὐτοῦ (1 *a*)
— 3. εἶδεν αὐτὸν ὁ πατὴρ τῆς ν. (1 *b*)
— 4. ὁ γαμβρὸς αὐ. ὁ πατὴρ τῆς ν. (1 *b*)
— 5, 6, 8. εἶπεν ὁ πατὴρ τῆς ν. (1 *b*)
— 9. ὁ γαμβρὸς αὐ. ὁ πατὴρ τῆς ν. (1 *b*)
21. 12. εὗρον . . . τετρακοσίας ν. παρθένους (1 *b*)
Ru. 2. 5. τίνος ἡ ν. αὕτη (1 *b*)
III Ki. 1. 2. ζητησάτωσαν . . . παρθένον ν. (1 *b*)
— 3. ἐζήτησαν ν. καλήν (1 *b*)
— 4. ἡ ν. καλὴ ἕως σφόδρα (1 *b*)
IV Ki. 5. 2. ᾐχμαλώτευσαν . . . ν. μικράν (1 *b*)
— 4. οὕτως καὶ οὕτως ἐλάλησεν ἡ ν. (1 *b*)
Ps. 67 (68). 25. ἐν μέσῳ νεανίδων τυμπανιστριῶν (2)
Ca. 1. 3. διὰ τοῦτο νεάνιδες ἠγάπησάν σε (2)
— 4. S ταῖς ν. ἡ νύμφη διηγεῖται -
— 4. S τῆς νύμφης διηγησαμένης ταῖς ν. -
— 4. S αἱ ν. τῷ νυμφίῳ βοῶσιν -
— 10. S αἱ νεάνιδες πρὸς τὴν νύμφην -
2. 4. S ταῖς ν. ἡ νύμφη φησίν -
— 7. S ταῖς ν. ἡ νύμφη -
— 9. S ἡ νύμφη πρὸς τὰς ν. -
3. 5. S τὰς ν. ὁρκίζει ἡ νύμφη -
6. 7 (8). νεάνιδες ὧν οὐκ ἔστιν ἀριθμός (2)
Si. 20. 4. ἐπιθυμία εὐνούχου ἀποπαρθενῶσαι νεάνιδα
Da. TH. 11. 6. καὶ ἡ ν. καὶ ὁ κατισχύων αὐτήν †
III Ma. 4. 6. αἱ δὲ . . . γαμικὸν ὑπεληλυθυῖαι παστὸν ν.
5. 49. γονεῖς παισὶ καὶ μητέρες νεάνισιν
[Aq. Dt. 22. 28: Is. 7. 14.]
[Sm. Ex. 21. 9: Pr. 30. 19: Is. 7. 14.]
[Th. Jd. 5. 8: Pr. 9. 3: Is. 7. 14.]
[Al. I Ki. 9. 11.]

νεανίσκος. (1) אֱנוֹשׁ (2) *a.* בָּחוּר *b.* בָּחַר (3) יֶלֶד (4) נַעַר (5) עֶלֶם
Ge. 4. 23. ἀπέκτεινα . . . νεανίσκον εἰς μώλωπα (3)
14. 24. πλὴν ὧν ἔφαγον οἱ ν. (4)
19. 4. ἀπὸ ν. ἕως πρεσβυτέρου (4)
25. 27. ηὐξήθησαν δὲ οἱ ν. (4)
34. 19. οὐκ ἐχρόνισεν ὁ ν. τοῦ ποιῆσαι (4)
41. 12. ἦν δὲ ἐκεῖ μεθ' ἡμῶν ν. παῖς Ἑβραῖος (4)
Ex. 10. 9. τοῖς ν. [A *add.* ἡμῶν] καὶ πρεσβυτέροις (4)
24. 5. ἐξαπέστειλε τοὺς ν. τῶν υἱῶν Ἰσραήλ (4)
Nu. 11. 27. προσδραμὼν ὁ ν. (4)
De. 32. 25. νεανίσκος σὺν παρθένῳ (2 *a*)
Jo. 2. 1. ἀπέστειλεν Ἰ. . . . δύο νεανίσκους (1)
— 1. πορευθέντες οἱ δύο ν. εἰσήλθοσαν -
— 23. ὑπέστρεψαν οἱ δύο ν. (1)
6. 20 (21). ἀπὸ νεανίσκου καὶ ἕως πρεσβύτου (4)
— 21 (22). τοῖς δυσὶ ν. . . . εἶπεν Ἰ. (1)
— 22 (23). εἰσῆλθον οἱ δύο ν. (4)
Jd. 14. 10. οὕτως ποιοῦσιν οἱ ν. (2 *a*)
18. 3. ἐπέγνωσαν τὴν φωνὴν τοῦ ν. [A *al.*] (4)
— 15. εἰς τὸν οἶκον τοῦ ν. [A παιδαρίου] (4)
19. 19. οἶνός ἐστιν . . . τῷ ν. [A *al.*] (4)
20. 16. A ἐκλεκτοὶ ν. [B *al.*] (2 *a*)
I Ki. 9. 27. εἰπὸν τῷ ν. (4)
17. 55. A υἱὸς τίνος ὁ ν. οὗτος (4)
— 56. A υἱὸς τίνος ὁ ν. οὗτος (5)
20. 22. ἐὰν τάδε εἴπω τῷ ν. (5)
II Ki. 10. 9. B ἐπέλεξεν ἐκ πάντων τῶν ν. [AR π. νεανιῶν] Ἰσρ. (2 *b*)
II Ch. 11. 1. B ἑκατὸν ὀγδοήκ. χιλιάδες [AR -ας] νεανίσκων (2 *a*)
36. 17. ἀπέκτεινε τοὺς ν. αὐτῶν (2 *a*)
I Es. 1. 53. ἀπέκτειναν τοὺς ν. αὐτῶν
— 53. οὐκ ἐφείσαντο νεανίσκου
3. 4. οἱ τρεῖς ν. . . . εἶπαν
— 16. καλέσατε τοὺς ν.
4. 58. ὅτε ἐξῆλθεν ὁ ν.
8. 50. εὐξάμην ἐκεῖ νηστείαν τοῖς ν.
II Es. 10. 1. ἄνδρες καὶ γυναῖκες καὶ νεανίσκοι (3)
Ne. 4. 22 (16). R ἕκαστος μετὰ τοῦ ν. αὐ. αὐλίσθητε (4)
To. 5. 5. S πόθεν εἶ, νεανίσκε
— 7. S μεινόν με, νεανίσκε [AB *al.*]
— 9. S νεανίσκε, ὁ πατὴρ καλεῖ σε
7. 2. ὡς ὅμοιος ὁ ν. Τωβ.
8. 1. S ἀπήγαγον τὸν ν.
Ju. 2. 27. ἐπάταξε πάντας τοὺς ν. αὐτῶν
6. 16. πᾶς ν. αὐ. καὶ αἱ γυναῖκες
7. 22. οἱ ν. ἐξέλιπον ἀπὸ τῆς δίψης
— 23. ἐπισυνήχθησαν . . . οἱ ν.
10. 9. συνέταξαν τοῖς ν.
16. 5. καὶ τοὺς ν. μου ἀνελεῖν ἐν ῥομφαίᾳ
— 7. οὐ γὰρ ὑπέπεσεν ὁ δυνατὸς αὐ. ὑπὸ νεανίσκων
Es. 3. 13. S^{2} ἀπὸ νεανίσκου (4)
Jb. 29. 8. ἰδόντες με νεανίσκοι ἐκρύβησαν (4)
Ps. 77 (78). 63. τοὺς ν. αὐτῶν κατέφαγε πῦρ (2 *a*)
148. 12. νεανίσκοι καὶ παρθένοι . . . αἰνεσάτωσαν τὸ ὄνομα κυρίου (2 *a*)
Pr. 20. 11. συμποδισθήσεται νεανίσκος μετὰ ὁσίου (4)
Ec. 4. 15. εἶδον σύμπαντας τοὺς ζῶντας . . . μετὰ τοῦ ν. τοῦ δευτέρου (3)
11. 9. εὐφραίνου, νεανίσκε, ἐν νεότητί σου (2 *a*)
Si. 35 (32). 7. λάλησον, νεανίσκε, εἰ χρεία σου
Am. 2. 11. ἔλαβον . . . ἐκ τῶν ν. ὑμῶν εἰς ἁγιασμόν (2 *a*)
4. 10. καὶ ἀπέκτεινα ἐν ῥομφαίᾳ τοὺς ν. ὑμῶν (2 *a*)
8. 13. ἐκλείψουσιν . . . οἱ νεανίσκοι ἐν δίψει (2 *a*)
Jl. 2. 28 (3. 1). καὶ οἱ ν. ὑμῶν ὁράσεις ὄψονται (2 *a*)
Za. 2. 4 (8). λάλησον πρὸς τὸν νεανίαν [S -νίσκον] ἐκ. (4)
9. 17. σῖτος νεανίσκοις καὶ οἶνος εὐωδιάζων (2 *a*)
Is. 3. 4. ἐπιστήσω νεανίσκους ἄρχοντας αὐτῶν (4)
9. 17 (16). ἐπὶ τοὺς ν. αὐτῶν οὐκ εὐφρανθήσεται ὁ κύριος (2 *a*)
13. 18. τοξεύματα νεανίσκων συντρίψουσι (4)
20. 4. ἄξει βασιλεὺς Ἀσσυρίων . . . νεανίσκους καὶ πρεσβύτας (4)
23. 4. οὐδὲ ἐξέθρεψα νεανίσκους (2 *a*)
31. 9 (8). οἱ δὲ ν. ἔσονται εἰς ἥττημα (2 *a*)
40. 30. κοπιάσουσι νεανίσκοι (2 *a* ?)
62. 5. ὡς συνοικῶν ν. παρθένῳ (2 *a*)
Je. 6. 11. ἐκχεῶ . . . ἐπὶ συναγωγὴν νεανίσκων ἅμα (2 *a*)
9. 21 (20). τοῦ ἐκτρῖψαι . . . νεανίσκους ἀπὸ τῶν πλατειῶν (2 *a*)
11. 22. οἱ ν. αὐτῶν ἐν μαχαίρᾳ ἀποθανοῦνται [A πεσοῦνται] (2 *a*)
15. 8. ἐπήγαγον ἐπὶ μητέρα νεανίσκους [S -ου] ταλαιπωρίαν (2 *a*)
18. 21. οἱ ν. αὐτῶν πεπτωκότες μαχαίρᾳ (2 *a*)
27 (50). 30. πεσοῦνται οἱ ν. αὐτῆς ἐν ταῖς πλατείαις αὐτῆς (2 *a*)

Je. 27 (50). 44. πάντα νεανίσκον ἐπ' αὐτὴν ἐπιστήσω (2 a)
28 (51). 3. μὴ φείσησθε ἐπὶ νεανίσκους αὐτῆς (2 a)
— 22. διασκορπιῶ ἐν σοὶ νεανίσκον καὶ παρθένον (4)
29 (49). 19. τοὺς ν. ἐπ' αὐτὴν ἐπιστήσατε (2 a)
30. 15 (49. 26). πεσοῦνται νεανίσκοι [S¹ -ικοί] ἐν πλατείαις σου (2 a)
31 (48). 15. ἐκλεκτοὶ νεανίσκοι αὐτοῦ κατέβησαν εἰς σφαγήν (2 a)
38 (31). 13. χαρήσονται παρθένοι ἐν συναγωγῇ νεανίσκων (2 a)
La. 1. 18. νεανίσκοι [S οἱ ν.] μου ἐπορεύθησαν ἐν αἰχμαλωσίᾳ (2 a)
2. 21. νεανίσκοι μου ἐπορεύθησαν ἐν αἰχμαλωσίᾳ (2 a)
5. 13. νεανίσκοι ἐν ξύλῳ ἠσθένησαν (4)
Ez. 9. 6. πρεσβύτερον καὶ νεανίσκον . . . ἀποκτείνατε (2 a)
23. 6. νεανίσκοι καὶ ἐπίλεκτοι [A ν. ἐπιλέκτους] (2 a)
— 12. νεανίσκοι ἐπίλεκτοι πάντες (2 a)
— 23. ἐπάξω . . . νεανίσκους ἐπιλέκτους (2 a)
30. 17. νεανίσκοι Ἡλίου πόλεως καὶ Βουβάστου ἐν μαχαίρᾳ πεσοῦνται (2 a)
Da. LXX. Su. 39. ὁ δὲ ν. ἔφυγε συγκεκαλυμμένος
1. 4. ἀγαγεῖν αὐτῷ . . . ν. ἀμώμους (3)
— 13. παρὰ τοὺς ἄλλους ν. τοὺς ἐσθίοντας (3)
— 15. κρείσσων τῶν ἄλλων ν. (3)
— 17. τοῖς ν. ἔδωκεν ὁ κ. ἐπιστήμην (3)
6. 4 (5). γνώμην ἐβουλεύσαντο ἐν ἑαυτοῖς οἱ δύο ν. –
Da. TH. Su. 21. ἦν μετὰ σοῦ νεανίσκος
— 37. ἦλθε πρὸς αὐτὴν νεανίσκος
— 40. ἐπηρωτῶμεν τίς ἦν ὁ ν.
1. 4. εἰσαγαγεῖν . . . νεανίσκους (3)
I Ma. 1. 26. παρθένοι καὶ νεανίσκοι ἠσθένησαν
2. 9. οἱ ν. αὐ. ἐν ῥομφαίᾳ ἐχθροῦ
14. 9. οἱ ν. ἐνεδύσαντο δόξας
II Ma. 7. 12. ἐκπλήσσεσθαι τὴν τοῦ ν. ψυχήν
13. 15. μετὰ ν. ἀρίστων κεκριμένων ἐπιβαλών
IV Ma. 3. 12. δύο νεανίσκοι στρατιῶται καρτεροί
13. 7. ἡ ἑπτάπυργος τῶν ν. εὐλογιστία
— 9. μιμησώμεθα τοὺς τρεῖς . . . ν.
14. 12. S² R ἡ μήτηρ γὰρ τῶν ἑπτὰ ν. ἐκ. [A S¹ om.]
— 20. S τὴν Ἀβρ. ὁμόψυχον τῶν ν. [A R -νιῶν] μητέρα
16. 17. S ὑμᾶς δὲ τοὺς ν. [A R νεωτέρους] καταπλαγῆναι
[Aq. Je. 31 (38). 13.]
[Sm. II Ki. 1. 6: Jb. 24. 5: Ps. 77 (78). 31: Ca. 5. 15: Je. 6. 11.]
[Th. Da. 13. 40.]

νεαρός.
[Al. Ex. 13. 4.]

νέβελ. (1) נֵבֶל
I Ki. 1. 24. ἀνέβη . . . ἐν . . . ν. οἴνου (1)
II Ki. 16. 1. καὶ ἐπ' αὐτοῖς . . . ν. οἴνου (1)
Ho. 3. 2. γομὸρ κριθῶν καὶ νέβελ οἴνου †
[Aq. Je. 13. 12: 48 (31). 12.]
[Sm. I Ki. 1. 24: 10. 3.]
[Th. I Ki. 25. 18: Ho. 3. 2.]

νέβλ.
[Heb. Ps. 91 (92). 4.]

νεβρός. (1) עֹפֶר
Ca. 2. 9. ὅμοιός ἐστιν ἀδελφιδός μου . . . νεβρῷ ἐλάφων (1)
— 17. ὁμοιώθητι σὺ . . . νεβρῷ ἐλάφων (1)
4. 5: 7. 3 (4). ὡς δύο νεβροὶ δίδυμοι δορκάδος (1)
8. 14. ὁμοιώθητι . . . τῷ [A om.] ν. τῶν ἐλάφων (1)
[Sm. I Ki. 10. 3.]
[Th. Jb. 39. 1.]

νεγβαί.
[Th. Ez. 20. 46 (21. 2).]

νεδδά.
[Al. Le. 20. 21.]

νεέλασσα (-ασα). (1) נֶעֱלָסָה
Jb. 39. 13. A S² R πτέρυξ τερπομένων νεέλασσα [B S¹ om.] (1)

νέεσσα, *vid.* νέσσα.

νεεσσαράν (νεσσ.) (1) נֶעְצָר
I Ki. 21. 7 (8). συνεχόμενος ν. [A νεσσ.] ἐνώπιον κυρίου (1)

νεζέρ. (1) נֵזֶר
IV Ki. 11. 12. R ἔδωκεν ἐπ' αὐτὸν ν. [A B al.] (1)
[Th., Quint. IV Ki. 11. 12.]

νεῖκος, *vid.* νῖκος. (1) הדּוּשׁ (2) a. מָדוֹן b. מְדָן
Pr. 10. 12. μῖσος ἐγείρει νεῖκος (2 b)
22. 10. συνεξελεύσεται αὐτῷ νεῖκος (2 a)
29. 22. ἀνὴρ θυμώδης ἐγείρει [A S ὀρύσσει] νεῖκος (2 a)
Ho. 10. 11. Ἐφ. δάμαλις δεδιδαγμένη ἀγαπᾶν νεῖκος (1)
Ze. 3. 5. B² R καὶ οὐκ εἰς νεῖκος [A B¹ S νῖκος] ἀδικίαν –
Ez. 3. 8. A B τὸ ν. [R νῖκος] σου κατισχύσω κατέναντι τοῦ ν. [R νίκους] σου †, †
— 9. A δέδωκα τὸ ν. σου †

νεκριμαῖος. (1) נְבֵלָה
III Ki. 13. 30. A ἀνέπαυσε τὸ ν. αὐτοῦ (1)
[Aq. Dt. 14. 8.]

νεκρός. (1) הָרַג (2) חָלָל (3) מוּת (4) נְבֵלָה (5) פֶּגֶר
Ge. 23. 3. ἀνέστη Ἀβ. ἀπὸ τοῦ ν. αὐτοῦ (3)
— 4. θάψω τὸν νεκρόν μου ἐκεῖ ἀπ' ἐμοῦ (3)
— 6. θάψον τὸν ν. σου (3)
— 6. τοῦ θάψαι τὸν ν. σου ἐκεῖ (3)
— 8. ὥστε θάψαι τὸν ν. μου ἀπὸ προσώπου μου (3)
— 11. θάψον τὸν ν. σου (3)
— 13. καὶ θάψω τὸν ν. μου ἐκεῖ (3)
— 15. σὺ δὲ τὸν ν. σου θάψον (3)
Le. 21. 5. φαλάκρωμα δὲ ξυρηθήσεσθε τὴν κεφ. ἐπὶ νεκρῷ –
Nu. 19. 16. ὃς ἐὰν ἅψηται . . . νεκροῦ (3)
De. 14. 1. οὐκ ἐπιθήσετε . . . ἐπὶ νεκρῷ (3)
18. 11. ἐπερωτῶν τοὺς ν. (3)
28. 26. ἔσονται οἱ ν. ὑμῶν κατάβρωμα (4)
Jd. 4. 22. Σεισάρα ἐρριμμένος [A πεπτωκὼς] νεκρός (3)
19. 28. ὅτι ἦν νεκρά [A al.] –
I Ki. 31. 8. ἔρχονται οἱ ἀλλόφ. ἐκδιδύσκειν τοὺς ν. (2)
II Ki. 19. 6 (7). πάντες ἡμεῖς σήμερον νεκροί (3)
III Ki. 3. 22. A ὁ υἱός σού ἐστιν ὁ ν. (3)
IV Ki. 19. 35. καὶ ἰδοὺ πάντες σώματα νεκρά. (3)
23. 30. ἐπεβίβασαν αὐτὸν οἱ παῖδες αὐ. νεκρόν (3)
II Ch. 20. 24. πάντες ν. πεπτωκότες ἐπὶ τῆς γῆς (5)
To. 2. 8. ἰδοὺ πάλιν θάπτει τοὺς ν.
5. 9. S ὥσπερ οἱ ν. οἱ μηκέτι θεωροῦντες τὸ φῶς
— 9. S ζῶν ἐγὼ ἐν νεκροῖς εἰμι
12. 12. ὅτε ἔθαπτες τοὺς ν.
— 13. ὅπως ἀπελθὼν περιστείλῃς τὸν ν. [S al.]
Ju. 2. 8. ποταμὸς ἐπικλύζων τοῖς ν. αὐ. πληρωθήσεται
6. 4. τὰ πεδία αὐ. πληρωθήσεται [A add. τῶν] νεκρῶν αὐ.
14. 15. εὗρεν αὐτὸν . . . ἐρριμμένον νεκρόν
Ps. 30 (31). 12. ἐπελήσθην ὡσεὶ νεκρὸς ἀπὸ καρδίας (3)
87 (88). 5. ὡς ἄνθρωπος ἀβοήθητος ἐν νεκροῖς ἐλεύθερος (3)
— 10. μὴ τοῖς ν. ποιήσεις θαυμάσια (3)
105 (106). 28. ἔφαγον θυσίας νεκρῶν (3)
113. 25 (115. 17). οὐχ οἱ ν. αἰνέσουσί σε (3)
142 (143). 3. ἐκάθισέ με ἐν σκοτεινοῖς ὡς νεκροὺς αἰῶνος (3)
Ec. 9. 3. περιφέρεια . . . ὀπίσω αὐτῶν πρὸς τοὺς ν. (3)
— 4. ὁ κύων ὁ ζῶν αὐτὸς ἀγαθὸς ὑπὲρ τὸν λέοντα τὸν ν. (3)
— 5. οἱ ν. οὐκ εἰσὶ γινώσκοντες οὐδέν (3)
Wi. 4. 18. ἔσονται . . . εἰς ὕβριν ἐν νεκροῖς δι' [A om.] αἰῶνος
13. 10. ταλαίπωροι δὲ καὶ ἐν νεκροῖς αἱ ἐλπίδες αὐτῶν
— 18. R περὶ δὲ ζωῆς τὸν [A B S τὸ] ν. ἀξιοῖ
14. 15. εἰκόνα ποιήσας τὸν τότε [A ποτὲ] ν. ἄνθρωπον
15. 5. ποθεῖ τε νεκρᾶς εἰκόνος εἶδος ἄπνουν [A ἄγνουν]
Wi. 15. 17. θνητὸς δὲ ὢν νεκρὸν ἐργάζεται χερσὶν ἀνόμοις
18. 12. ἐν [S² om.] ἑνὶ ὀνόματι θανάτου νεκροὺς εἶχον ἀναριθμήτους
— 23. σωρηδὸν γὰρ ἤδη πεπτωκότων ἐπ' ἀλλήλων νεκρῶν
19. 3. προσοδυρόμενοι τάφοις νεκρῶν
Si. 7. 33. ἐπὶ νεκρῷ μὴ ἀποκωλύσῃς χάριν
8. 7. μὴ ἐπίχαιρε ἐπὶ νεκρῷ
17. 28. ἀπὸ νεκροῦ ὡς μηδὲ ὄντος ἀπόλλυται ἐξομολόγησις
22. 11. ἐπὶ νεκρῷ κλαῦσον
— 11. κλαῦσον ἐπὶ νεκρῷ
— 12. πένθος νεκροῦ ἑπτὰ ἡμέραι
31 (34). 25. βαπτιζόμενος ἀπὸ νεκροῦ καὶ πάλιν ἁπτόμενος αὐτοῦ
38. 16. ἐπὶ νεκρῷ κατάγαγε δάκρυα
— 23. ἐν ἀναπαύσει νεκροῦ κατάπαυσον τὸ μνημόσυνον
48. 5. ὁ ἐγείρας νεκρὸν ἐκ θανάτου
Is. 5. 13. πλῆθος ἐγενήθη νεκρῶν διὰ λιμόν †
8. 19. τί ἐκζητοῦσι περὶ τῶν ζώντων τοὺς ν. (3)
14. 19. ῥιφήσῃ ἐν τοῖς ὄρεσιν ὡς ν. ἐβδελυγμένος †
22. 2. οὐδὲ οἱ ν. σου νεκροὶ πολέμων (–, 3)
26. 14. οἱ δὲ ν. ζωὴν οὐ μὴ ἴδωσιν (3)
— 19. ἀναστήσονται οἱ ν. (3)
34. 3. οἱ δὲ τραυματίαι αὐ. ῥιφήσονται καὶ οἱ ν. (5)
37. 36. εὗρον πάντα τὰ σώματα νεκρά (3)
Je. 7. 33. ἔσονται οἱ ν. τοῦ λαοῦ τούτου εἰς βρῶσιν [A κατάβρωμα] (4)
9. 22 (21). ἔσονται οἱ ν. τῶν ἀνθρώπων εἰς παράδειγμα (4)
19. 7. δώσω τοὺς ν. αὐτῶν εἰς βρῶσιν (4)
40 (33). 5. πληρῶσαι αὐτὴν τῶν [A om.] ν. τῶν ἀνθρώπων (5)
Ba. 3. 10. συνεμιάνθης τοῖς ν.
La. 3. 6. ἐν σκοτεινοῖς ἐκάθισέ με ὡς νεκροὺς [A με ἐν σκοτεινοῖς] αἰῶνος (3)
Ep. Je. 27. ὥσπερ νεκροῖς τὰ δῶρα αὐτοῖς παρατίθεται
— 32. ὥσπερ τινὲς ἐν παραδείπνῳ νεκροῦ
— 71. νεκρῷ ἐρριμμένῳ ἐν σκότει ἀφωμοίωνται οἱ θεοὶ αὐτῶν
Ez. 9. 7. πλήσατε [A -ηρώσ.] τὰς ὁδοὺς νεκρῶν (2)
11. 6. ἐπληθύνατε νεκροὺς ὑμῶν ἐν τῇ πόλει ταύτῃ (2)
— 7. τοὺς ν. ὑμῶν οὓς ἐπατάξατε [A ἐφονεύσατε] (2)
32. 18. καταβιβάσουσιν αὐτῆς τὰς θυγατέρας τὰ ἔθνη νεκράς †
37. 9. ἐμφύσησον εἰς τοὺς ν. τούτους (1)
II Ma. 12. 44. ὑπὲρ νεκρῶν εὔχεσθαι
IV Ma. 15. 20. καὶ ἐπὶ νεκροῖς [S¹ -οὺς] νεκροὺς πίπτοντας
[Sm. Ps. 16 (17). 14: 87 (88). 6, 11: Ec. 9. 3: Is. 26. 19.]
[Th. Is. 26. 14, 19: 41. 14.]
[Al. Le. 21. 11: Nu. 9. 6: 12. 12.]
[Heb. Ez. 44. 25.]

νέμειν. (1) חָלַק (2) עָמַד (3) רָבַץ (4) רָעָה
Ge. 36. 24. ὅτε ἔνεμε τὰ ὑποζύγια Σεβ. (4)
41. 3. ἐνέμοντο αἱ βόες παρὰ τὰς βόας (2)
— 18. καὶ ἐνέμοντο ἐν τῷ ἄχει (4)
— 19. A καὶ ἐνέμοντο ἐν τῷ ἄχει –
Ex. 34. 3. μὴ νεμέσθωσαν πλησίον τοῦ ὄρους (4)
Nu. 14. 33. ἔσονται νεμόμενοι ἐν τῇ ἐρήμῳ (4)
I Ki. 21. 7 (8). νέμων τὰς ἡμιόνους Σ. (4)
Ca. 4. 5. δύο νεβροὶ . . . οἱ νεμόμενοι ἐν κρίνοις (4)
Wi. 19. 9. ὡς γὰρ ἵπποι ἐνεμήθησαν
Si. 49. 13. B S¹ νέμουσιν [A S² R Νεεμίου] ἐπὶ πολὺ τὸ μνημόσυνον
Ho. 4. 16. νῦν νεμήσει αὐτοὺς κύριος (4)
Mi. 7. 14. νεμήσονται τὴν Β. καὶ τὴν Γ. (4)
Jn. 3. 7. μηδὲ νεμέσθωσαν (4)
Ze. 2. 7. νεμήσονται ἐν τοῖς οἴκοις (4)
— 14. καὶ νεμήσονται ἐν μέσῳ αὐτῆς ποίμνια (3)
3. 13. αὐτοὶ νεμήσονται καὶ κοιτασθήσονται (4)
Je. 27 (50). 19. νεμήσεται ἐν τῷ Καρμήλῳ (4)
Ez. 19. 7. ἐνέμετο [A add. ἐν] τῷ θράσει αὐτοῦ †
34. 18. τὴν καλὴν νομὴν ἐνέμεσθε (4)
— 19. τὰ πρόβατά μου τὰ πατήματα τῶν ποδῶν ὑμῶν ἐνέμοντο (4)
Da. LXX. 4. 12. ὅπως . . . χόρτον ὡς βοῦς νέμηται (1?)

II Ma. 10. 6. ὡς . . . τὴν τῶν σκηνῶν ἑορτὴν . . . ἦσαν νεμόμενοι
[**Aq.** Ps. 27 (28). 9: 36 (37). 3: Pr. 28. 7: 29. 3: Ca. 6. 1 (2): Is. 11. 7: 61. 5.]
[**Sm.** Jb. 39. 17: Ps. 48 (49). 15: Ca. 4. 5: 5. 1: 6. 1 (2): Is. 5. 17: 27. 10: Je. 6. 3.]
[**Th.** Ge. 36. 24: Pr. 28. 7: Is. 11. 7.]
[**Sext.** Ps. 36 (37). 3: Ca. 2. 16: 6. 1 (2), 2 (3).]
[**Al.** Ca. 2. 16.]

νεογνός.
III Ma. 1. 20. τὰ δὲ ν. τῶν τέκνων
5. 49. νεογνὰ πρὸς μαστοὺς ἔχουσαι βρέφη

νεόκτιστος.
Wi. 11. 18. ἢ νεοκτίστους [A -ου] θυμοῦ [S -οὺς] πλήρεις θῆρας ἀγνώστους [S¹ θρασυγν.]

νεομηνία, *vid.* νουμηνία.

νέος. (1) אָבִיב (2) בִּכּוּרִים (3) חָדָשׁ (4) נַעַר (5) οἶνος ν. עָסִיס (6) παῖς ν. נַעַר (7) νεώτερος *a.* יֶלֶד *b.* נַעַר *c.* צָעִיר *d.* קָטֹן, קָטָן *e.* צָעוֹר

Ge. 9. 24. ὁ υἱὸς αὐτοῦ ὁ νεώτερος (7 *d*)
19. 31. ἡ πρεσβυτέρα πρὸς τὴν νεωτέραν (7 *c*)
— 34. εἶπεν ἡ πρεσβυτέρα πρὸς τὴν νεωτέραν (7 *c*)
— 35. εἰσελθοῦσα ἡ νεωτέρα ἐκοιμήθη (7 *c*)
— 39 (38). ἔτεκε δὲ καὶ ἡ νεωτέρα υἱόν (7 *c*)
27. 15, 42. τὸν υἱὸν αὐτῆς τὸν νεώτερον (7 *d*)
29. 16. ὄνομα τῇ νεωτέρᾳ Ῥαχήλ (7 *d*)
— 18. τῆς θυγατρός σου τῆς νεωτέρας (7 *d*)
— 26. δοῦναι τὴν νεωτέραν (7 *c*)
37. 2. ἑπτὰ ἐτῶν ἦν . . . ὢν νέος (4)
42. 13. ὁ νεώτερος μετὰ τοῦ πατρὸς ἡμῶν (7 *d*)
— 15. ὁ ἀδελφὸς ὑμῶν ὁ νεώτερος (7 *d*)
— 20, 34. τὸν ἀδελφὸν ὑμῶν τὸν νεώτερον (7 *d*)
43. 3, 5. ὁ ἀδελφὸς ὑμῶν ὁ νεώτερος –
— 29. οὗτος ὁ ἀδελφὸς ὑμῶν ὁ νεώτερος (7 *d*)
— 33. καὶ ὁ νεώτερος κατὰ τὴν νεότητα αὐτοῦ (7 *c*)
44. 2. εἰς τὸν μάρσιππον τοῦ νεωτέρου (7 *d*)
— 12. ἕως ἦλθεν ἐπὶ τὸν νεώτερον (7 *d*)
— 20. παιδίον νεώτερον γήρως αὐτοῦ (7 *d*)
— 23. ὁ ἀδελφὸς ὑμῶν ὁ νεώτερος (7 *d*)
— 26. ὁ ἀδελφὸς ἡμῶν ὁ νεώτερος (7 *d*)
— 26. τοῦ ἀδελφοῦ τοῦ νεωτέρου (7 *d*)
48. 14. οὗτος δὲ ἦν ὁ νεώτερος (7 *c*)
— 19. ὁ ἀδελφὸς αὐτοῦ ὁ νεώτερος (7 *d*)
49. 22. υἱός μου νεώτατος †
Ex. 13. 4. ἐκπορεύεσθε ἐν μηνὶ τῶν ν. (1)
23. 15. κατὰ τὸν καιρὸν τοῦ μηνὸς τῶν ν. (1)
33. 11. Ἰησοῦς υἱὸς Ναυὴ νέος (4)
34. 18. εἰς τὸν καιρὸν ἐν μηνὶ τῶν ν. (1)
— 18. ἐν γὰρ [A *add.* τῷ] μηνὶ τῶν ν. ἐξῆλθες (1)
Le. 2. 14. νέα [AB¹ ἁπαλὸν ν.] πεφρυγμένα χίδρα (1)
23. 14. καὶ πεφρυγμένα χίδρα νέα †
— 16. προσοίσετε θυσίαν ν. τῷ κ. (3)
26. 10. παλαιὰ ἐκ προσώπου νέων ἐξοίσετε (3)
Nu. 14. 23. πᾶς νεώτερος ἄπειρος –
28. 26. τῇ ἡμέρᾳ τῶν ν. (2)
— 26. ὅταν προσφέρητε θυσίαν νέαν (3)
De. 1. 39. καὶ πᾶν παιδίον ν. ὅστις οὐκ οἶδε –
16. 1. φύλαξαι τὸν μῆνα τῶν ν. (1)
— 1. ἐν τῷ μηνὶ τῶν ν. ἐξῆλθες (1)
28. 50. νέον οὐκ ἐλεήσει (4)
Jo. 5. 10 (11). ἐφάγοσαν . . . ἄζυμα καὶ νέα †
15. 17. Γ. υἱὸς Κ. ἀδελφοῦ Χ. [A *add.* ὁ νεώτερος] –
Jd. 1. 13. Γ. υἱὸς Κ. ἀδελφοῦ Χ. ὁ νεώτερος [A *add.* ὑπὲρ αὐτόν] (7 *d*)
3. 9. τὸν Γ. υἱὸν Κ. ἀδελφοῦ Χ. τὸν νεώτερον ὑπὲρ αὐτόν [A ν. αὐτοῦ] (7 *d*)
8. 20. ὅτι ἔτι [A *om.*] νεώτερος ἦν (7 *b*)
9. 5. κατελείφθη Ἰ. υἱὸς Ἰ. ὁ νεώτερος (7 *d*)
15. 2. B μὴ οὐχὶ ἡ ἀδελφὴ αὐ. ἡ νεωτέρα αὐτῆς [AR *om.*] ἀγαθωτέρα (7 *d*)
18. 3. A ἐπέγνωσαν τὴν φωνὴν τοῦ παιδαρίου τοῦ νεωτέρου [B *al.*] (4?)
I Ki. 17. 14. A αὐτός ἐστιν ὁ νεώτερος (7 *d*)
III Ki. 16. 34. τῷ Σ. τῷ νεωτέρῳ αὐ. ἐπέστησε θύρας αὐ. (7 *c*)
I Ch. 12. 28. καὶ Σ. νέος δυνατὸς ἰσχύϊ (4)
I Ch. 24. 31. καθὼς οἱ ἀδελφοὶ αὐ. οἱ νεώτεροι (7 *d*)
29. 1. Σαλ. ὁ υἱός μου . . . ν. καὶ ἁπαλός (4)
II Ch. 10. 14. κατὰ τὴν βουλὴν τῶν νεωτέρων (7 *a*)
13. 7. καὶ Ῥ. ἦν νεώτερος (7 *b*)
15. 13. ἀπὸ νεωτέρου ἕως πρεσβυτέρου (7 *d*)
I Es. 1. 53. οὐκ ἐφείσαντο . . . νεωτέρου
To. 1. 4. νεωτέρου μου ὄντος [S ὅτε ἤμην νέος]
Jb. 13. 2. A καί γε νεώτερος ὑμῶν οὔκ εἰμι [BS καὶ οὐκ] ἀσυνετώτερός εἰμι ὑμῶν –
24. 5. ἡδύνθη αὐτῷ ἄρτος εἰς νεωτέρους (7 *b*)
32. 6. νεώτερος μέν εἰμι τῷ χρόνῳ (7 *c*)
Ps. 36 (37). 25. νεώτερος ἐγενόμην (7 *b*)
67 (68). 27. ἐκεῖ Βενιαμὶν νεώτερος ἐν ἐκστάσει (7 *c*)
68 (69). 31. ὑπὲρ μόσχον νέον κέρατα ἐκφέροντα καὶ ὁπλάς –
118 (119). 9. ἐν τίνι κατορθώσει νεώτερος [S¹ ὁ ν.] τὴν ὁδὸν αὐτοῦ (7 *b*)
— 141. νεώτερος ἐγώ εἰμι καὶ ἐξουδενωμένος (7 *c*)
148. 12. πρεσβῦται [S -τεροι] μετὰ νεωτέρων (7 *b*)
151. 1. καὶ νεώτερος ἐν τῷ οἴκῳ τοῦ πατρός μου
Pr. 1. 4. παιδὶ δὲ νέῳ αἴσθησίν τε καὶ ἔννοιαν (6)
7. 10. ἣ ποιεῖ νέων ἐξίπτασθαι καρδίας †
22. 15. ἄνοια ἐξῆπται καρδίας νέου (4)
Ec. 10. 16. οὐαί σοι, πόλις, ἧς ὁ βασιλεὺς σου νεώτερος (7 *b*)
Ca. 7. 13 (14). πάντα ἀκρόδρυα νέα πρὸς παλαιά (3)
Wi. 8. 10. τιμὴν παρὰ πρεσβυτέροις ὁ ν.
19. 11. εἶδον καὶ νέαν γένεσιν ὀρνέων
Si. 9. 10. οἶνος νέος φίλος νέος ἐὰν παλαιωθῇ
24. 25. ὡς Τίγρις ἐν ἡμέραις νέων
42. 8. περὶ παιδείας . . . ἐσχατογήρου κρινομένου πρὸς νέους
50. 8. ὡς ἄνθος ῥόδων ἐν ἡμέραις νέων
— 23. ἐν ἡμέραις [S¹ *add.* νέων] ἡμῶν
51. 13. ἔτι ὢν νεώτερος πρὶν ἢ πλανηθῆναί με
Za. 9. 9. ἐπιβεβηκὼς ἐπὶ ὑποζύγιον καὶ πῶλον νέον †
Is. 40. 30. πεινάσουσι γὰρ νεώτεροι (7 *b*)
49. 26. πίονται ὡς οἶνον νέον τὸ αἷμα αὐτῶν (5)
65. 20. ἔσται γὰρ ὁ ν. ἑκατὸν ἐτῶν (4)
Je. 1. 6. νεώτερος ἐγώ εἰμι (7 *b*)
— 7. μὴ λέγε ὅτι νεώτερος ἐγώ εἰμι (7 *b*)
14. 3. ἀπέστειλαν [S¹ -τησαν] τοὺς νεωτέρους αὐ. ἐφ᾽ ὕδωρ (7 *e**, 7 *c*)
Ba. 3. 20. νεώτεροι εἶδον φῶς
Ez. 16. 46. ἡ ἀδελφή σου ἡ νεωτέρα σου . . . Σόδομα (7 *d*)
— 61. ἐν τῷ ἀναλαβεῖν σε τὰς ἀδελφάς σου τὰς πρεσβυτέρας σου σὺν ταῖς νεωτέραις σου (7 *d*)
Da. LXX. Su. 42. ἔδωκεν . . . πνεῦμα συνέσεως νεωτέρῳ ὄντι Δ.
— 52. προσήγαγον τὸν πρεσβύτερον τῷ νεωτέρῳ
— 55. εἶπε δὲ ὁ νεώτερος
— 60. πᾶσα ἡ συν. ἀνεβόησεν ἐπὶ τῷ νεωτέρῳ
— 63. οἱ νεώτεροι ἀγαπητοὶ Ἰακώβ
— 64. φυλασσώμεθα εἰς υἱοὺς δυνατοὺς νεωτέρους
— 64. εὐσεβοῦσι γὰρ νεώτεροι
Da. TH. Su. 45. ἐξήγειρεν ὁ θ. τὸ πνεῦμα τὸ ἅγ. παιδαρίου νεωτέρου
I Ma. 6. 17. ὃν ἐξέθρεψε νεώτερον
11. 54. καὶ Ἀντ. μετ᾽ αὐτοῦ παιδάριον νεώτερον
— 57. ἔγραψεν Ἀντ. ὁ νεώτερος τῷ Ἰ.
13. 31. ἐπορεύετο δόλῳ μετὰ Ἀ. τοῦ βασ. τοῦ νεωτέρου
II Ma. 5. 13. ἐγίνετο δὲ νέων . . . ἀναίρεσις
— 24. τὰς δὲ γυναῖκας καὶ τοὺς νεωτέρους πωλεῖν
6. 24. R πολλοὶ [A -οῖς] τῶν νέων ὑπολαβόντες Ἐλ.
— 28. τοῖς δὲ ν. ὑπόδειγμα γενναῖον καταλελοιπὼς
— 31. οὐ μόνον τοῖς ν. . . . ὑπόδειγμα . . . καταλείπων
7. 24. ἔτι τοῦ νεωτέρου περιόντος
15. 17. ψυχὰς νέων ἐπανδρῶσαι
IV Ma. 2. 3. νέος γὰρ ὢν
6. 19. γενοίμεθα τοῖς ν. ἀσεβείας τύπος
9. 6. ἀποθάνοιμεν ἂν δικαιότερον ἡμεῖς οἱ ν.
11. 14. τῶν ἀδελφῶν μού εἰμι νεώτερος
12. 1. ὁ ἕβδομος παρεγίνετο πάντων νεώτερος
16. 17. AR ὑμᾶς δὲ τοὺς νεωτέρους [S νεανίσκους] καταπλαγῆναι
[**Sm.** Jb. 29. 8: 32. 19: Ps. 36 (37). 25: 118 (119). 9: Pr. 20. 11: 29. 15: Is. 60. 22: Je. 48 (31). 4.]
[**Th.** Jb. 24. 5: 29. 8: 30. 1: Pr. 22. 6: Is. 65. 20: Za. 13. 7.]
[**Quint.**, **Sext.** Ps. 1. 1.]
[**Al.** Ps. 97 (98). 1: 148. 12.]

νεοσσιά, *vid.* νοσσιά.

νεοσσός, *vid.* νοσσός, νεοττός.

νεότης. (1) בְּחוּרוֹת (2) יַלְדוּת (3) *a.* נֹעַר *b.* נְעוּרִים *c.* נְעוּרוֹת (4) עוֹד (5) *a.* עֲלוּמִים *b.* עַלְמָה (6) צְעִירָה

Ge. 8. 21. R ἐκ νεότητος αὐτοῦ [A *om.*] (3 *b*)
43. 33. καὶ ὁ νεώτερος κατὰ τὴν ν. αὐ. (6)
48. 15. ὁ τρέφων με ἐκ νεότητος (4)
Le. 22. 13. κατὰ τὴν ν. αὐτῆς (3 *b*)
Nu. 22. 30. ἀπὸ [A ἐκ] νεότητός σου (4)
30. 4. ἐν τῇ νεότητι αὐτῆς (3 *b*)
— 17. ἀνὰ μέσον . . . θυγατρὸς ἐν νεότητι (3 *b*)
I Ki. 12. 2. διελήλυθα ἐνώπιον ὑμῶν ἐκ νεότητος [A *add.* μου] (3 *b*)
17. 33. αὐτὸς ἀνὴρ πολεμιστὴς ἐκ νεότητος αὐ. (3 *b*)
II Ki. 19. 7 (8). τὸ ἐπελθόν σοι ἐκ νεότητός σου (3 *b*)
III Ki. 18. 12. φοβούμενος τὸν κ. ἐκ νεότητος αὐ. (3 *b*)
Jb. 13. 26. περιέθηκας δέ μοι νεότητος ἁμαρτίας (3 *b*)
20. 11. ὀστᾶ αὐ. ἐνεπλήσθησαν νεότητος αὐ. (5 *a*)
31. 18. ἐκ νεότητός μου ἐξέτρεφον ὡς πατήρ (3 *b*)
36. 14. ἀποθάνοι τοίνυν ἐν νεότητι ἡ ψυχὴ αὐτῶν (3 *a*)
Ps. 24 (25). 7. ἁμαρτίας νεότητός μου . . . μὴ μνησθῇς (3 *b*)
42 (43). 4. πρὸς τὸν Θεὸν τὸν εὐφραίνοντα τὴν ν. μου †
70 (71). 5. κύριος ἡ ἐλπίς μου ἐκ νεότητός μου (3 *b*)
— 17. ἐδίδαξάς με, ὁ θεός, ἐκ νεότητός μου (3 *b*)
87 (88). 15. πτωχός εἰμι ἐγὼ . . . ἐκ νεότητός μου (3 *a*)
102 (103). 5. ἀνακαινισθήσεται ὡς ἀετοῦ ἡ ν. σου (3 *b*)
128 (129). 1, 2. πλεονάκις ἐπολέμησάν με ἐκ νεότητός μου (3 *b*)
143 (144). 12. ὧν οἱ υἱοὶ ὡς νεόφυτα ἱδρυμένα ἐν τῇ ν. αὐτῶν (3 *b*)
Pr. 2. 17. ἡ ἀπολιποῦσα διδασκαλίαν νεότητος (3 *b*)
5. 18. συνευφραίνου μετὰ γυναικὸς τῆς ἐκ νεότητός σου (3 *b*)
24. 54 (30. 19). καὶ ὁδοὺς ἀνδρὸς ἐν νεότητι (5 *b*?)
Ec. 11. 9. εὐφραίνου, νεανίσκε, ἐν νεότητί σου καὶ ἀγαθυνάτω σε ἡ καρδία σου ἐν ἡμέραις νεότητός σου (2, 1)
— 10. ἡ ν. καὶ ἡ ἄνοια ματαιότης (2)
12. 1. μνήσθητι τοῦ κτίσαντός σε ἐν ἡμέραις νεότητός σου (1)
Wi. 2. 6. χρησώμεθα τῇ κτίσει ὡς νεότητι [AS¹ -τητος] σπουδαίως
4. 16. νεότης [A -τητος] τελεσθεῖσα ταχέως [S¹ *om.*] . . . γῆρας ἀδίκου
8. 2. ἐξεζήτησα ἐκ νεότητός μου
Si. 6. 18. ἐκ νεότητός σου [S *om.*] ἐπίλεξαι παιδείαν
7. 23. κάμψον ἐκ νεότητος τὸν τράχηλον αὐτῶν
25. 3. ἐν [A ἃ ἐν] νεότητι οὐ συναγήοχας
30. 11. μὴ δῷς αὐτῷ ἐξουσίαν ἐν νεότητι
— 12. R κάμψον τὸν τράχηλον αὐτοῦ ἐν νεότητι
42. 9. ἐν νεότητι αὐτῆς μή ποτε παρακμάσῃ
47. 4. ἐν νεότητι αὐτοῦ οὐχὶ ἀπέκτεινε γίγαντα
— 14. ὡς ἐσοφίσθης ἐν νεότητί σου
51. 15. ἐκ νεότητός μου ἴχνευον αὐτήν
Za. 13. 5. ἄνθρωπος ἐγέννησέ με ἐκ νεότητός μου (3 *b*)
Ma. 2. 14. ἀνὰ μέσον γυναικὸς νεότητός σου (3 *b*)
— 15. γυναῖκα νεότητός σου μὴ ἐγκαταλίπῃς (3 *b*)
Is. 47. 12. ἃ ἐμάνθανες ἐκ νεότητός σου (3 *b*)
— 15. ἐκοπίασας ἐν τῇ μεταβολῇ ἐκ νεότητος (3 *b*)
54. 6. οὐδ᾽ ὡς γυναῖκα ἐκ νεότητος μεμισημένην (3 *b*)
Je. 2. 2. ἐμνήσθην ἐλέους νεότητός σου (3 *b*)
3. 24. κατηνάλωσε τοὺς μόχθους τῶν πατέρων ἡμῶν ἀπὸ νεότητος ἡμῶν [AS αὐτῶν] (3 *b*)
— 25. ἡμάρτομεν . . . ἀπὸ νεότητος ἡμῶν (3 *b*)
22. 21. BS αὕτη ἡ ὁδός σου ἐκ νεότητός σου (3 *b*)
38 (31). 19. ἔλαβον ὀνειδισμὸν ἐκ νεότητός μου (3 *b*)
39 (32). 30. ποιοῦντες τὸ πονηρὸν κατ᾽ ὀφθαλμούς μου ἐκ νεότητος αὐτῶν (3 *c*)
La. 3. 27. ὅταν ἄρῃ ζυγὸν ἐν νεότητι αὐτοῦ (3 *b*)
Ez. 23. 3. ἐξεπόρνευσαν ἐν Αἰγύπτῳ ἐν τῇ ν. αὐτῶν (3 *b*)
— 8. μετ᾽ αὐτῆς ἐκοιμῶντο ἐν νεότητι [A τῇ ν.] αὐ. (3 *b*)
— 19. τοῦ ἀναμνῆσαι ἡμέραν [A -ας] νεότητός σου (3 *b*)
— 21. ἐπεσκέψω τὴν ἀνομίαν νεότητός σου . . . οὗ οἱ μαστοὶ [A *add.* ἔπεσαν] νεότητός σου (3 *b*, 3 *b*)

I Ma. 1. 6. **R** τοὺς συντρόφους [**AS** συνεκτρ.] αὐ. ἀπὸ [**S** ἐκ] νεότητος
2. 66. **AR** ἰσχυρὸς δυνάμει ἐκ νεότητος αὐ. [**S** *al.*]
16. 2. ἀπὸ νεότητος ἕως τῆς σήμερον ἡμέρας
IV Ma. 8. 8. ἐντρυφήσατε ταῖς ν. ὑμῶν
[**Aq.** Jb. 33. 25: Ps. 88 (89). 46: Is. 47. 15: Je. 31 (38). 19: 48 (31). 11: Ez. 16. 60.]
[**Sm.** Jb. 29. 4: Ps. 87 (88). 16: 88 (89). 46: 109 (110). 3: 126 (127). 4: Is. 47. 15: 54. 4, 6: Je. 48 (31). 11: Ez. 16. 60: 23. 21: Ho. 2. 15 (17).]
[**Th.** Jb. 31. 18: 33. 25: Ps. 109 (110). 3: 126 (127). 4: Is. 47. 15: 54. 4: Ez. 16. 60: Ho. 2. 15 (17).]
[**Quint.** Ps. 109 (110). 3.]
[**Heb.** Ge. 6. 6 (5).]

νεοττός.

IV Ma. 14. 15. προασπίζει τῶν ν.

νεοττοτροφία.

[**Al.** Jb. 39. 16.]

νεοῦν. (1) נִיר

Je. 4. 3. νεώσατε ἑαυτοῖς νεώματα (1)

νεόφυτος. (1) *a.* נֶטַע *b.* נְטִעִים (2) שָׁתִיל

Jb. 14. 9. ποιήσει δὲ θερισμὸν ὥσπερ νεόφυτον (1 *a*)
Ps. 127 (128). 3. οἱ υἱοί σου ὡς νεόφυτα ἐλαιῶν (2)
143 (144). 12. ὧν οἱ υἱοὶ ὡς νεόφυτα ἱδρυμένα ἐν τῇ νεότητι αὐτῶν (1 *b*)
Is. 5. 7. ἄνθρωπος τοῦ Ἰούδα νεόφυτον ἠγαπημένον (1 *a*)

νέρ.

[**Heb.** Ho. 11. 1.]

νέσσα (**νέεσσα**). (1) נֹצָה

Jb. 39. 13. ἐὰν συλλάβῃ ἀσίδα καὶ νέσσα [**A** νέεσσα] (1)
[**Th.** Jb. 39. 13.]

νεσσαράν, *vid.* **νεεσσαράν.**

νεύειν.

Pr. 4. 25. τὰ δὲ βλέφαρά σου νευέτω δίκαια †
21. 1. οὗ ἐὰν θέλων νεῦσαι [**AS**^{2} -σῃ] ἐκεῖ ἔκλινεν αὐτήν –
[**Aq.** Ex. 16. 10: Dt. 1. 40: I Ki. 13. 18: Ps. 45 (46). 6: Is. 13. 14: 53. 6: La. 4. 15: Ez. 10. 11: Ma. 2. 13.]
[**Sm.** Ma. 2. 13.]

νεῦμα. (1) שָׂקַר pi.

Is. 3. 16. ἐπορεύθησαν ὑψηλῷ τραχήλῳ καὶ ἐν [**AS** *om.*] νεύμασιν ὀφθαλμῶν (1)
II Ma. 8. 18. **R** τὸν ὅλον κόσμον ἐν [**A** *om.*] ἑνὶ ν. καταβαλεῖν

νευρά, **νευρέα.** (1) יֶתֶר

Jd. 16. 7. **B** ἐὰν δήσωσί με ἐν ἑπτὰ νευρέαις [**AR** -ραῖς] (1)
— 8. ἀνήνεγκαν . . . ἑπτὰ νευρὰς ὑγράς (1)
— 9. **B** διέσπασε τὰς νευρέας [**AR** -ράς] (1)
II Ma. 7. 1. μάστιξι καὶ νευραῖς αἰκιζομένους
[**Aq.**, **Sm.** Ps. 10 (11). 2.]

νευροκοπεῖν. (1) עָקַר pi. (2) עָרַף

Ge. 49. 6. ἐνευροκόπησαν ταῦρον (1)
De. 21. 4. νευροκοπήσουσι τὴν δάμαλιν (2)
— 6. τῆς δαμάλεως τῆς νενευροκοπημένης (2)
Jo. 11. 6. τοὺς ἵππους αὐ. νευροκοπήσεις (1)
— 9. τοὺς ἵππους αὐ. ἐνευροκόπησε (1)
[**Sm.** II Ki. 8. 4.]

νεῦρον. (1) גִּיד (2) עָרָק

Ge. 32. 32 (33). οὐ μὴ φάγωσιν . . . τὸ ν. (1)
— 32 (33). **R** ἥψατο . . . τοῦ ν. ὃ [**A**^{2} καὶ] ἐνάρκησεν (1)
49. 24. ἐξελύθη τὰ ν. βραχιόνων χειρὸς αὐτῶν –
Jb. 10. 11. ὀστέοις δὲ καὶ νεύροις με ἔνειρας (1)
30. 17. τὰ δὲ ν. μου διαλέλυται (2)
40. 12 (17). τὰ δὲ ν. αὐτοῦ [**A** αὐ. ὥσπερ σχοίνια] συμπέπλεκται (1)
Pr. 24. 23 (29. 27). σὺν νεύροις ἀνθρώπους [**A** -ου] ἀναλίσκει –
Is. 48. 4. ν. σιδηροῦν ὁ τράχηλός σου (1)
Ez. 37. 6. δώσω ἐφ' ὑμᾶς νεῦρα (1)
— 8. ἐπ' αὐτὰ νεῦρα καὶ σάρκες ἐφύοντο (1)
IV Ma. 7. 13. κεκμηκότων δὲ καὶ τῶν ν.

νεφέλη. (1) אֵד (2) מַאֲפֵל (3) נָשִׂיא (4) עָב (5) עֲבֹת (6) *a.* עָנָן *b.* עֲנָן (7) שַׁחַק

Ge. 9. 13. τὸ τόξον μου τίθημι ἐν τῇ ν. (6 *a*)
— 14. ἐν τῷ συννεφεῖν με νεφέλας (6 *a*)
— 14. ὀφθήσεται τὸ τόξον μου ἐν τῇ ν. (6 *a*)
— 16. καὶ ἔσται τὸ τόξον μου ἐν τῇ ν. (6 *a*)
Ex. 13. 21. ἡγεῖτο αὐτῶν . . . ἐν στύλῳ νεφέλης (6 *a*)
— 22. οὐκ ἐξέλιπε δὲ ὁ στῦλος τῆς ν. (6 *a*)
14. 19. ἐξῆρε δὲ καὶ ὁ στῦλος τῆς ν. (6 *a*)
— 24. ἐν στύλῳ πυρὸς καὶ νέφελης (6 *a*)
16. 10. ἡ δόξα κυρίου ὤφθη ἐν νεφέλῃ (6 *a*)
19. 9. παραγίνομαι . . . ἐν στύλῳ νεφέλης (6 *a*)
— 13. ὅταν . . . ἡ ν. ἀπέλθῃ –
— 16. ἐγένοντο φωναὶ . . . καὶ ν. γνοφώδης (6 *a*)
24. 15. καὶ ἐκάλυψεν ἡ ν. τὸ ὄρος (6 *a*)
— 16. καὶ ἐκάλυψεν αὐτὸ ἡ ν. ἓξ ἡμέρας (6 *a*)
— 16. ἐκάλεσε κ. τὸν Μωυσῆν . . . ἐκ μέσου τῆς ν. (6 *a*)
— 18. εἰσῆλθε Μ. εἰς τὸ μέσον τῆς ν. (6 *a*)
33. 9. κατέβαινεν ὁ στῦλος τῆς ν. (6 *a*)
— 10. ἑώρα . . . τὸν στῦλον τῆς ν. ἑστῶτα (6 *a*)
34. 5. καὶ κατέβη κύριος ἐν νεφέλῃ (6 *a*)
40. 34. ἐκάλυψεν ἡ ν. τὴν σκηνήν (6 *a*)
— 35. ἐπεσκίαζεν ἐπ' αὐτὴν ἡ ν. (6 *a*)
— 36. ἡνίκα δ' ἂν ἀνέβῃ ἡ ν. (6 *a*)
— 37. εἰ δὲ μὴ ἀνέβῃ ἡ ν. (6 *a*)
— 37. ἕως ἡμέρας ἧς ἀνέβῃ ἡ ν. –
— 38. ν. γὰρ ἦν ἐπὶ τῆς σκηνῆς ἡμέρας (6 *a*)
Le. 16. 2. ἐν γὰρ νεφέλῃ ὀφθήσομαι (6 *a*)
Nu. 9. 15. ἐκάλυψεν ἡ ν. τὴν σκηνήν (6 *a*)
— 16. ἡ ν. ἐκάλυπτεν αὐτὴν ἡμέρας (6 *a*)
— 17. ἡνίκα ἀνέβη ἡ ν. (6 *a*)
— 17. οὗ ἂν ἔστη ἡ ν. (6 *a*)
— 18. ἐν αἷς σκιάζει ἡ ν. (6 *a*)
— 19. ὅταν ἐφέλκηται ἡ ν. (6 *a*)
— 20. ὅταν σκεπάσῃ ἡ ν. (6 *a*)
— 21. ὅταν γένηται ἡ ν. ἀφ' ἑσπέρας ἕως πρωῒ καὶ ἀναβῇ ἡ ν. τὸ πρωΐ (6 *a*, 6 *a*)
— 21. **A** καὶ ἀναβῇ ἡ ν. (6 *a*)
— 22. πλεοναζούσης τῆς ν. [**A** *om.* τ. ν.] (6 *a*)
10. 11. ἀνέβη ἡ ν. (6 *a*)
— 12. ἔστη ἡ ν. ἐν τῇ ἐρήμῳ τοῦ Φ. (6 *a*)
— 34. ἡ ν. ἐγένετο σκιάζουσα ἐπ' αὐτοῖς (6 *a*)
11. 25. κατέβη κύριος ἐν νεφέλῃ (6 *a*)
12. 5. κατέβη κύριος ἐν στύλῳ νεφέλης (6 *a*)
— 10. ἡ ν. ἀπέστη ἀπὸ τῆς σκηνῆς (6 *a*)
14. 10. ἡ δόξα κυρίου ὤφθη ἐν νεφέλῃ †
— 14. ἡ ν. σου ἐφέστηκεν ἐπ' αὐτῶν (6 *a*)
— 14. ἐν στύλῳ νεφέλης σὺ πορεύῃ (6 *a*)
16. 42 (17. 7). ἐκάλυψεν αὐτὴν ἡ ν. (6 *a*)
De. 1. 33. καὶ ἐν νεφέλῃ ἡμέρας (6 *a*)
31. 15. κατέβη κύριος ἐν νεφέλῃ [**A** στύλῳ νεφέλης] (6 *a*)
— 15. ἔστη ὁ στῦλος τῆς ν. (6 *a*)
Jo. 24. 7. ἔδωκε νεφέλην καὶ γνόφον (2)
Jd. 5. 4. αἱ [**A** *om.*] ν. ἔσταξαν ὕδωρ (4)
II Ki. 22. 12. ἐπάχυνεν ἐν νεφέλαις ἀέρος [**A** -ων] (4)
III Ki. 8. 10. ἡ ν. ἔπλησε τὸν οἶκον (6 *a*)
— 11. ἀπὸ προσώπου τῆς ν. (6 *a*)
18. 44. ν. μικρὰ ὡς ἴχνος ἀνδρός (4)
— 45. ὁ οὐρανὸς συνεσκότασε νεφέλαις (4)
II Ch. 5. 13. ὁ οἶκος ἐνεπλήσθη νεφέλης δόξης κυρίου (6 *a*)
— 14. **A**^{2}**B** ἀπὸ προσώπου τῆς ν. [**A**^{1} *om.* τ. ν.] (6 *a*)
Ne. 9. 12. ἐν στύλῳ νεφέλης ὡδήγησας αὐτούς (6 *a*)
— 19. τὸν στῦλον τῆς ν. οὐκ ἐξέκλινας (6 *a*)
Jb. 22. 14. **ASR** νεφέλη [**S** νέφη] ἀποκρυφὴ [**B** -ῆς] αὐτοῦ (4)
26. 8. δεσμεύων ὕδωρ ἐν νεφέλαις αὐτοῦ (4)
35. 4 (5). κατάμαθε δὲ [**A** τὰ] νέφη [**S**^{1} δὲ νεφέλη] (7)
36. 27. ἐπιχυθήσονται ὑετῷ εἰς νεφέλην (1)
— 29. ἐὰν συνῇ [**AS**^{2} -ῇς] ἀπέκτασις [**AS**^{2} ἐπέκτασιν] νεφέλης (4)
37. 11. ἐκλεκτὸν καταπλάσσει [**AS**^{2} -ήσσει] νεφέλη (4)
Ps. 17 (18). 11. σκοτεινὸν ὕδωρ ἐν νεφέλαις ἀέρων (4)
— 12. ἀπὸ τῆς τηλαυγήσεως ἐνώπιον αὐτοῦ αἱ ν. διῆλθον (4)
35 (36). 5. καὶ ἡ ἀλήθειά σου ἕως τῶν ν. (7)
56 (57). 10. ἕως τῶν ν. ἡ ἀλήθειά σου (7)
67 (68). 34. ἡ δύναμις αὐτοῦ ἐν ταῖς ν. (7)
76 (77). 17. φωνὴν ἔδωκαν αἱ ν. (7)
77 (78). 14. ὡδήγησεν αὐτοὺς ἐν νεφέλῃ ἡμέρας (6 *a*)
— 23. ἐνετείλατο νεφέλαις ὑπεράνωθεν (7)
88 (89). 6. τίς ἐν νεφέλαις ἰσωθήσεται τῷ κυρίῳ (7)
96 (97). 2. νεφέλη καὶ γνόφος κύκλῳ αὐτοῦ (6 *a*)
98 (99). 7. ἐν στύλῳ νεφέλης ἐλάλει πρὸς αὐτούς (6 *a*)
103 (104). 3. ὁ τιθεὶς νέφη τὴν [**S**^{1} νεφέλην] ἐπίβασιν αὐ. (4)
104 (105). 39. διεπέτασε νεφέλην [**S**^{1} -η] εἰς σκέπην αὐτοῖς (6 *a*)
107 (108). 4. ἕως τῶν ν. ἡ ἀλήθειά σου (7)
134 (135). 7. ἀνάγων νεφέλας ἐξ ἐσχάτου τῆς γῆς (3)
146 (147). 8. τῷ περιβάλλοντι τὸν οὐρανὸν ἐν νεφέλαις (4)
Ec. 11. 4. βλέπων ἐν ταῖς ν. οὐ θερίσει (4)
Wi. 2. 4. παρελεύσεται ὁ βίος ἡμῶν ὡς ἴχνη νεφέλης
5. 21. **S** ὡς ἀπὸ εὐκύκλου τόξου τῶν ν. [**AB** νεφῶν]
19. 7. ἡ τὴν παρεμβολὴν σκιάζουσα ν. [**A** τῇ . . . σκιαζούσῃ ν.]
Si. 13. 23. τὸν λόγον αὐτοῦ ἀνύψωσαν ἕως τῶν ν.
24. 4. ὁ θρόνος μου ἐν στύλῳ νεφέλης
32 (35). 16. ἡ δέησις αὐτοῦ ἕως νεφελῶν συνάψει
— 17. προσευχὴ ταπεινοῦ νεφέλας διῆλθε
— 20. ὡς νεφέλαι ὑετοῦ ἐν καιρῷ ἀβροχίας
43. 14. ἐξέπτησαν νεφέλαι ὡς πετεινά
— 15. ἐν μεγαλείῳ αὐτοῦ ἴσχυσε νεφέλας [**A** -αις]
50. 6. ὡς ἀστὴρ ἑωθινὸς ἐν μέσῳ νεφέλης [**S** -ῶν]
— 7. ὡς τόξον φωτίζον [**S** -ων] ἐν νεφέλαις δόξης
— 10. ὡς κυπάρισσος ὑψουμένη ἐν νεφέλαις
Ho. 6. 5 (4). τὸ δὲ ἔλεος ὑμῶν ὡς νεφέλη πρωϊνή (6 *a*)
13. 3. διὰ τοῦτο ἔσονται ὡς νεφέλη πρωϊνή (6 *a*)
Jl. 2. 2. ἡμέρα νεφέλης καὶ ὁμίχλης (6 *a*)
Na. 1. 3. καὶ νεφέλαι κονιορτὸς ποδῶν αὐτοῦ (6 *a*)
Ze. 1. 15. ἡμέρα νεφέλης καὶ ὁμίχλης (6 *a*)
Za. 2. 13 (17). ἐξεγήγερται ἐκ νεφελῶν ἁγίων αὐτοῦ †
Is. 4. 5. πάντα τὰ περικύκλῳ αὐτῆς σκιάσει ν. ἡμέρας (6 *a*)
5. 6. ταῖς ν. ἐντελοῦμαι τοῦ μὴ βρέξαι εἰς αὐτὸν ὑετόν (4)
14. 14. **AS** ἀναβήσομαι ἐπάνω τῶν ν. [**B** νεφῶν] (4)
18. 4. ὡς ν. δρόσου ἡμέρας ἀμητοῦ ἔσται πρὸ τοῦ θερισμοῦ (4)
19. 1. ἰδοὺ κύριος κάθηται ἐπὶ νεφέλης κούφης (4)
44. 22. ἀπήλειψα ὡς νεφέλην τὰς ἀνομίας σου (4)
45. 8. αἱ [**S**^{1} *om.*] ν. ῥανάτωσαν δικαιοσύνην (7)
60. 8. τίνες οἵδε ὡς νεφέλαι πέτανται (4)
Je. 4. 13. ὡς ν. ἀναβήσεται (6 *a*)
10. 13. ἀνήγαγε νεφέλας ἐξ ἐσχάτου τῆς γῆς (3)
28 (51). 16. ἀνήγαγε νεφέλας ἀπ' ἐσχάτου τῆς γῆς (3)
Ba. 3. 29. κατεβίβασεν αὐτὴν ἐκ τῶν ν.
La. 3. 44. ἐπεσκέπασας νεφέλην σεαυτῷ (6 *a*)
Ep. Je. 62. νεφέλαις [**A** -λῃ] ὅταν ἐπιταγῇ ὑπὸ τοῦ θεοῦ ἐπιπορεύεσθαι ἐφ' ὅλην τὴν οἰκουμένην
Ez. 1. 4. ν. μεγάλη ἐν αὐτῷ (6 *a*)
— 20. οὗ ἂν ἦν ἡ ν. ἐκεῖ τὸ πνεῦμα τοῦ πορεύεσθαι –
— 28. **A**^{2}**B** ὡς ὅρασις τόξου ὅταν ᾖ ἐν τῇ ν. (6 *a*)
10. 3. ἡ ν. ἔπλησε τὴν αὐλὴν τὴν ἐσωτέραν (6 *a*)
— 4. ἔπλησε [**B**^{1} ἐνέπλ.] τὸν οἶκον ἡ ν. (6 *a*)
30. 3. **AR** ἐγγὺς ἡμέρα τοῦ κυρίου ἡμέρα νεφέλης [**B** *om.*] (6 *a*)
— 18. ταύτην νεφέλη καλύψει (6 *a*)
31. 3. εἰς μέσον νεφελῶν [**A** τῶν ν.] ἐγένετο ἡ ἀρχὴ αὐτοῦ (5)
— 10. ἔδωκας τὴν ἀρχήν σου εἰς μέσον νεφελῶν [**A** τῶν ν.] (5)
— 14. ἔδωκαν [**A** οὐκ ἔ.] τὴν ἀρχὴν αὐτῶν εἰς μέσον νεφελῶν (5)
32. 7. ἥλιον ἐν νεφέλῃ καλύψω (6 *a*)
34. 12. ἐν ἡμέρᾳ ὅταν ᾖ γνόφος καὶ ν. [**A** ἡ. γνόφου κ. νεφέλης] . . . ἐν ἡμέρᾳ νεφέλης καὶ γνόφου (–, 6 *a*)
38. 9. ἥξεις ὡς νεφέλη κατακαλύψαι γῆν (6 *a*)
— 16. ἀναβήσῃ ἐπὶ τὸν λαόν μου Ἰσραὴλ ὡς ν. (6 *a*)
Da. LXX. 3. (73). εὐλογεῖτε . . . νεφέλαι τὸν κύριον
4. 9. καὶ τὸ κύτος αὐ. ἕως τῶν ν. –
— 19. καὶ τὸ κύτος αὐ. ἅψασθαι τῶν ν. –
7. 13. ἐπὶ τῶν ν. τοῦ οὐρανοῦ (6 *b*)
Da. TH. 3. (73). εὐλογεῖτε . . . νεφέλαι τὸν κύριον

Da. TH. 7. 13. μετὰ τῶν ν. τοῦ οὐρανοῦ (6 b)
II Ma. 2. 8. ὀφθήσεται . . . ἡ ν.
[Aq. Ex. 14. 20: Dt. 4. 11: Je. 51 (28). 9: Ez. 8. 11: 30. 3.]
[Sm. Ex. 14. 20: Dt. 4. 11: Jb. 7. 9: 36. 29: 37. 11: 38. 9: Ec. 12. 2: Je. 51 (28). 9: Ez. 30. 3.]
[Th. Dt. 4. 11: Jb. 36. 27, 29: 37. 11: Ez. 8. 11: 10. 4: 30. 3.]
[Al. Ge. 9. 14: Le. 16. 13.]

νεφθά. (1) נֶפֶת
III Ki. 4. 11. B υἱοῦ Ἀμ. πᾶσα ν. Δώρ [A B al.] (1)

νέφος. (1) נָשִׂיא (2) עָב (3) עָנָן (4) שַׁחַק
(5) νέφη χρυσαυγοῦντα זָהָב
Jb. 7. 9. ὥσπερ νέφος ἀποκαθαρθὲν ἀπ᾽ οὐρανοῦ (3)
20. 6. ἡ δὲ θυσία αὐτοῦ νεφῶν ἅψηται (2)
22. 14. S νέφη [A B νεφέλη] ἀποκρυφὴ [B -ῆς] αὐτοῦ (2)
26. 8. οὐκ ἐρράγη νέφος ὑποκάτω αὐτοῦ (3)
— 9. ἐκπετάζων [A σκέπων] ἐπ᾽ αὐτὸν νέφος αὐτοῦ (3)
30. 15. ὥσπερ νέφος ἡ σωτηρία μου [A μ. παρῆλθεν] (2)
35. 4 (5). κατάμαθε δὲ [A τὰ] νέφη [S^1 -φέλη] (4)
36. 28. ἐσκίασε δὲ νέφη (4)
37. 11. διασκορπιεῖ νέφος φῶς αὐτοῦ (3)
— 16. ἐπίσταται [A -ασαι] δὲ διάκρισιν [S -θεσιν] νεφῶν (2)
— 21. ὥσπερ τὸ παρ᾽ αὐτοῦ ἐπὶ νεφῶν [A ν. ἐξῆλθεν] (4 ?)
— 22. ἀπὸ βορρᾶ νέφη χρυσαυγοῦντα (5)
38. 1. εἶπεν ὁ κύριος τῷ Ἰὼβ διὰ λαίλαπος καὶ νεφῶν [A -ους] –
— 9. ἐθέμην δὲ αὐτῇ νέφος ἀμφίασιν (3)
— 34. καλέσεις δὲ νέφος φωνῇ (2)
— 37. τίς δὲ ὁ ἀριθμῶν νέφη σοφίᾳ [S^1 al.] (4)
40. 1 (6). εἶπε τῷ Ἰὼβ ἐκ [A διὰ] τοῦ ν. †
Ps. 103 (104). 3. ὁ τιθεὶς νέφη τὴν [S^1 νεφέλην] ἐπίβασιν αὐτοῦ (2)
Pr. 3. 20. νέφη δὲ ἐρρύησαν δρόσους [S^2 -φ] (4)
8. 28. ἰσχυρὰ ἐποίει τὰ ἄνω νέφη (4)
16. 15. οἱ δὲ προσδεκτοὶ αὐτῷ ὥσπερ νέφος ὄψιμον [S^1 -οι] (2)
25. 14. ὥσπερ ἄνεμοι καὶ νέφη καὶ ὑετοὶ ἐπιφανέστατα (1 ?)
— 23. ἄνεμος βορέας ἐξεγείρει νέφη †
Ec. 11. 3. ἐὰν πλησθῶσι [A S πληρωθῶσιν] τὰ ν. ὑετοῦ (2)
12. 2. ἐπιστρέψουσι τὰ ν. ὀπίσω τοῦ ὑετοῦ (2)
Wi. 5. 21. ὡς ἀπὸ εὐκύκλου τόξου τῶν ν. [S νεφελῶν]
Is. 14. 14. ἀναβήσομαι ἐπάνω τῶν ν. [A S -φελῶν] (2)
[Th. Jb. 26. 9: Is. 25. 5.]
[Sam. Ex. 14. 20.]

νεφρός. (1) כִּלְיָה
Ex. 29. 13. λήψῃ . . . τοὺς δύο νεφρούς (1)
— 22. τὸν λοβὸν τοῦ ἥπατος καὶ τοὺς δύο ν. (1)
Le. 3. 4. καὶ τοὺς δύο ν. καὶ τὸ στέαρ (1)
— 4. τὸν λοβὸν τὸν ἐπὶ τοῦ ἥπατος σὺν τοῖς ν. (1)
— 10. ἀμφοτέρους τοὺς ν. καὶ τὸ στέαρ (1)
— 10. τὸν λοβὸν τὸν ἐπὶ τοῦ ἥπατος σὺν τοῖς ν. (1)
— 15. ἀμφοτέρους τοὺς ν. καὶ πᾶν τὸ στέαρ (1)
— 15. τὸν λοβὸν τοῦ ἥπατος σὺν τοῖς ν. (1)
4. 9. τοὺς δύο ν. καὶ τὸ στέαρ τὸ ἐπ᾽ αὐτῶν (1)
— 9. καὶ τὸν λοβὸν . . . σὺν τοῖς ν. (1)
6. 34 (7. 4). τοὺς δύο ν. καὶ τὸ στέαρ (1)
— 34 (7. 4). τὸν λοβὸν τὸν ἐπὶ τοῦ ἥπατος σὺν τοῖς ν. (1)
8. 16. τὸν λοβὸν . . . καὶ ἀμφοτέρους τοὺς ν. (1)
— 24 (25). καὶ τοὺς δύο ν. καὶ τὸ στέαρ (1)
9. 10. καὶ τὸ στέαρ καὶ τοὺς ν. (1)
— 19. τοὺς δύο νεφροὺς καὶ τὸ στέαρ (1)
De. 32. 14. μετὰ στέατος νεφρῶν πυροῦ (1)
Jb. 16. 14 (13). ἐκύκλωσάν με λόγχαις βάλλοντες εἰς νεφρούς μου (1)
Ps. 7. 9. ἐτάζων καρδίας καὶ νεφροὺς ὁ θεός (1)
15 (16). 7. ἕως νυκτὸς ἐπαίδευσάν με οἱ ν. μου (1)
25 (26). 2. πύρωσον τοὺς ν. μου (1)
72 (73). 21. οἱ ν. μου ἠλλοιώθησαν (1)
138 (139). 13. σὺ ἐκτήσω τοὺς ν. μου (1)
Wi. 1. 6. τῶν ν. αὐτοῦ μάρτυς ὁ θεός
Je. 11. 20. δοκιμάζων νεφροὺς καὶ καρδίας (1)
12. 2. πόρρω ἀπὸ τῶν ν. αὐτῶν (1)
17. 10. ἐτάζων καρδίας καὶ δοκιμάζων νεφρούς (1)
Je. 20. 12. κύριε . . . συνίων νεφροὺς καὶ καρδίας (1)
La. 3. 13. εἰσήγαγεν τοῖς ν. μου ἰοὺς φαρέτρας αὐτοῦ (1)
I Ma. 2. 24. ἐτρόμησαν οἱ ν. αὐ.
[Aq. Is. 34. 6.]
[Sm. Ps. 72 (73). 21: Pr. 23. 16: Is. 34. 6.]
[Th. Jb. 19. 27: Ps. 7. 10: Is. 34. 6.]

νεφώδης.
[Al. Is. 13. 2.]

νέφωσις.
[Aq. Jb. 3. 5.]

νεχωθά. (1) a. נְכֹתֹה b. נְכֹתוֹ
IV Ki. 20. 13. ἔδειξεν αὐτοῖς ὅλον τὸν οἶκον τοῦ ν. (1 a*, 1 b)
Is. 39. 2. ἔδειξεν αὐτοῖς τὸν οἶκον τοῦ ν. (1 a)

νεχωτά. (1) נְכֹתֹה
Is. 39. 2. ἔδειξεν αὐτοῖς τὸν οἶκον τοῦ νεχωθᾶ [S^1 -τᾶ] (1)

νέωμα. (1) נִיר
Je. 4. 3. νεώσατε ἑαυτοῖς νεώματα (1)

νεώς.
II Ma. 6. 2. A μολῦναι δὲ καὶ τὸν ἐν Ἱερ. νεὼ [R -ών]
9. 16. A ὃν δὲ πρότερον ἐσκύλευσεν ἅγιον νεὼ [R -ών]
10. 3. R τὸν νεὼν [A ναὸν] καθαρίσαντες
— 5. ἐν ᾗ δὲ ἡμ. ὁ ν. . . . ἐβεβηλώθη
13. 23. ἐτίμησε τὸν νεώ
14. 33. R προτείνας τὴν δεξιὰν εἰς [A ἐπὶ] τὸν νεώ

νεωστί (-εί).
Ju. 4. 3. ν. πᾶς ὁ λαὸς συνελέλεκτο

νεωτερίζειν.
IV Ma. 3. 21. πρὸς τὴν κοινὴν νεωτερίσαντες ὁμόνοιαν

νεωτερικός.
III Ma. 4. 8. ἀντὶ εὐωχίας καὶ ν. ῥᾳθυμίας

νή. (1) νὴ τὴν ὑγίειαν חֵי
Ge. 42. 15, 16. νὴ τὴν ὑγίειαν Φαραώ (1)
[Sm. I Ki. 1. 26: II Ki. 15. 21.]

νήθειν. (1) a. טָוָה b. מַטְוֶה (2) שָׁזַר hoph.
Ex. 26. 31. ὑακίνθου . . . καὶ βύσσου νενησμένης (2)
35. 25. σοφὴ τῇ διανοίᾳ ταῖς χερσὶ νήθειν (1 a)
— 25. ἤνεγκαν νενησμένα (1 b)
— 26. αἱ γυναῖκες . . . ἔνησαν τὰς τρίχας (1 a)
36. 9 (39. 2). κοκκίνου νενησμένου –
— 32 (39. 24). κοκκίνου νενησμένου (2)
— 37 (39. 29). κοκκίνου νενησμένου –
37. 3 (36. 35). καὶ κοκκίνου νενησμένου –
— 5 (36. 37). κοκκίνου νενησμένου καὶ βύσσου –
— 16 (38. 18). ἔργον . . . κοκκίνου νενησμένου –
[Sm., Th. Ex. 39. 1 (13).]

νηκτός.
Wi. 19. 19. νηκτὰ μετέβαινεν ἐπὶ γῆς

νῆμα.
[Sm. Ge. 14. 23.]
[Al. Ca. 6. 5 (6).]

νηπιοκτόνος.
Wi. 11. 7. εἰς ἔλεγχον νηπιοκτόνου διατάγματος

νήπιος. (1) טַף (2) παιδίον ν. יָנַק (3) a. נַעַר b. נַעַר (4) עוֹלֵל, עוֹלָל (5) פֶּתִי
I Ki. 15. 3: 22. 19. ἀπὸ νηπίου ἕως θηλάζοντος (4)
IV Ki. 8. 12. τὰ ν. αὐτῶν ἐνσείσεις (4)
Ju. 4. 10. καὶ τὰ ν. αὐ. καὶ τὰ κτήνη αὐ.
— 12. τοῦ μὴ δοῦναι εἰς διαρπαγὴν τὰ ν. αὐ.
7. 22. ἠθύμησεν τὰ ν. αὐτῶν
— 27. οὐκ ὀψόμεθα τὸν θάνατον τῶν ν. ἡμῶν
16. 5. καὶ τὰ ν. μου δώσειν εἰς προνομήν
Es. 8. 11. S^2 τοὺς θλίβοντας αὐτοὺς νήπια καὶ γυναῖκας (1)
Jb. 3. 16. ὥσπερ νήπιοι οἳ οὐκ εἶδον φῶς (4)
24. 12. ψυχὴ δὲ νηπίων ἐστέναξε μέγα †
31. 10. τὰ δὲ ν. μου ταπεινωθείη †
Jb. 33. 25. ἁπαλυνεῖ δὲ αὐτοῦ τὰς σάρκας ὥσπερ νηπίου (3 a)
Ps. 8. 2. ἐκ στόματος νηπίων καὶ θηλαζόντων κατηρτίσω αἶνον (4)
16 (17). 14. ἀφῆκαν τὰ κατάλοιπα τοῖς ν. αὐτῶν (4)
18 (19). 7. ἡ μαρτυρία κυρίου πιστή σοφίζουσα νήπια (5)
63 (64). 7. βέλος νηπίων ἐγενήθησαν αἱ πληγαὶ αὐτῶν †
114 (116). 6. φυλάσσων τὰ ν. ὁ κύριος (5)
118 (119). 130. ἡ δήλωσις τῶν λόγων σου . . . συνετιεῖ νηπίους (5)
136 (137). 9. ἐδαφιεῖ τὰ ν. σου πρὸς τὴν πέτραν (4)
Pr. 1. 32. ἀνθ᾽ ὧν γὰρ ἠδίκουν νηπίους (5)
23. 13. μὴ ἀπόσχῃ νήπιον παιδεύειν [A -ων] (3 b)
Wi. 10. 21. γλώσσας νηπίων ἔθηκε τρανάς
12. 24. νηπίων δίκην ἀφρόνων ψευσθέντες
15. 14. τάλανες ὑπὲρ ψυχὴν [A -ὰς] νηπίου [A -ων]
18. 5. βουλευσαμένους δ᾽ αὐτοὺς τὰ τῶν ὁσίων ἀποκτεῖναι ν.
Si. 30. 12. θλάσον τὰς πλευρὰς αὐτοῦ ὡς [A ἕως] ἔστι νήπιος
Ho. 11. 1. ὅτι νήπιος Ἰσ. (3 b)
Jl. 2. 16. συναγάγετε νήπια θηλάζοντα μαστούς (4)
Na. 3. 10. καὶ τὰ ν. αὐτῆς ἐδαφιοῦσιν (4)
Is. 11. 8. παιδίον νήπιον ἐπὶ τρωγλῶν [A S -ην] ἀσπίδων (2)
Je. 6. 11. ἐκχεῶ ἐπὶ νήπια ἔξωθεν (4)
9. 21 (20). τοῦ ἐκτρῖψαι νήπια ἔξωθεν (4)
50 (43). 6. A R τὰς γυναῖκας καὶ τὰ ν. [B S om. τ. ν., A add. καὶ] τὰ λοιπά (1)
51 (44). 7. ἐκκόψαι [A -ψω ἀφ᾽] ὑμῶν . . . νήπιον καὶ θηλάζοντα (4)
La. 1. 5. τὰ ν. αὐτῆς ἐπορεύθησαν ἐν αἰχμαλωσίᾳ (4)
2. 11. ἐν τῷ ἐκλείπειν νήπιον καὶ θηλάζοντα (4)
— 19. ἆρον πρὸς αὐτὸν χεῖράς σου περὶ ψυχῆς νηπίων σου (4)
— 20. φονευθήσονται νήπια θηλάζοντα μαστούς (4?)
4. 4. νήπια ᾔτησαν ἄρτον (4)
Ez. 9. 6. νήπια καὶ γυναῖκας ἀποκτείνατε (1)
45. 20. A παρ᾽ ἑκάστου ἀγνοοῦντος καὶ ἀπὸ νηπίου [B ἑ. ἀπόμοιραν] (5)
I Ma. 2. 9. ἀπεκτάνθη τὰ ν. αὐ.
II Ma. 5. 13. παρθένων τε καὶ νηπίων σφαγαί
8. 4. τῆς τῶν ἀναμαρτήτων ν. παρανόμου ἀπωλείας
9. 15. οἰωνοβρώτους δὲ σὺν τοῖς ν. ἐκρίψειν θηρίοις
III Ma. 3. 27. ἀπὸ γεραιοῦ μέχρι νηπίου
5. 50. τὰ ν. χωρίσαντες τῶν μαστῶν
6. 14. ἱκετεύει σε τὸ πᾶν πλῆθος τῶν ν.
[Aq. Ge. 43. 8: 47. 12: Ex. 10. 10: 12. 37: Nu. 31. 17, 18: Dt. 20. 14: Pr. 1. 22: Je. 6. 11.]
[Sm. Ge. 43. 8: Nu. 31. 17: Jb. 5. 2: Ps. 16 (17). 14: 18 (19). 8: Pr. 1. 4, 32: 9. 4: 14. 15: 21. 11: Is. 65. 20: Je. 6. 11: Ez. 45. 20: Ho. 14. 1.]
[Th. Le. 2. 14 (ap. Sw.): Ez. 45. 20: Ho. 11. 1.]
[Sam. Nu. 31. 18.]

νηπιότης. (1) נְעוּרִים
Ho. 2. 15 (17). κατὰ τὰς ἡμέρας νηπιότητος αὐτῆς (1)
Ez. 16. 22. οὐκ ἐμνήσθης [A add. τὰς ἡμέρας] τῆς ν. σου (1)
— 43. οὐκ ἐμνήσθης [A add. τὴν ἡμέραν] τῆς ν. σου (1)
— 60. ἐν ἡμέραις νηπιότητός σου (1)
[Aq. Pr. 1. 22.]

νῆσος. (1) אִי
Ge. 10. 5. ἀφωρίσθησαν νῆσοι τῶν ἐθνῶν (1)
— 32. ἀπὸ τούτων διεσπάρησαν νῆσοι τῶν ἐθνῶν –
Ps. 71 (72). 10. αἱ ν. δῶρα προσοίσουσι (1)
96 (97). 1. εὐφρανθήτωσαν νῆσοι πολλαί (1)
Si. 43. 23. ἐφύτευσεν αὐτὴν Ἰησοῦς [? ἐν αὐτῇ νήσους]
47. 16. εἰς νήσους πόρρω ἀφίκετο τὸ ὄνομά σου
Ze. 2. 11. προσκυνήσουσιν αὐτῷ . . . πᾶσαι αἱ ν. τῶν ἐθνῶν (1)
Is. 20. 6. ἐροῦσιν οἱ κατοικοῦντες ἐν τῇ ν. ταύτῃ (1)
23. 2. οἱ ἐνοικοῦντες ἐν τῇ ν. (1)
— 6. ὀλολύξατε οἱ κατοικοῦντες [A S ἐνοικ.] ἐν τῇ ν. ταύτῃ (1)
24. 15. ἡ δόξα κυρίου ἐν ταῖς ν. ἔσται τῆς θαλάσσης (1)
41. 1. ἐγκαινίζεσθε πρὸς μὲ νῆσοι (1)
42. 10. αἱ ν. καὶ οἱ κατοικοῦντες αὐτάς (1)
— 12. τὰς ἀρετὰς αὐτοῦ ἐν ταῖς ν. ἀναγγελοῦσι (1)

Is. 42. 15. θήσω ποταμοὺς εἰς νήσους (1)
45. 16. ἐγκαινίζεσθε πρός με νῆσοι †
49. 1. ἀκούσατέ μου [S *add.* αἱ] νῆσοι (1)
— 22. εἰς τὰς ν. ἀρῶ σύσσημόν μου †
51. 5. ἐμὲ νῆσοι ὑπομενοῦσι (1)
60. 9. ἐμὲ αἱ [A S³ *om.*] ν. ὑπέμειναν (1)
66. 19. ἐξαποστελῶ ἐξ αὐτῶν σεσωσμένους . . . εἰς τὰς ν. τὰς πόρρω (1)
Je. 2. 10. ἔλθετε [S διέλθατε] εἰς νήσους Χ. (1)
27 (50). 38. ἐν ταῖς [S¹ τοῖς] ν. οὗ [A *om.*, S σου] κατεκαυχῶντο †
— 39. κατοικήσουσιν ἰνδάλματα ἐν ταῖς ν. (1)
29 (47). 4. ἐξολεθρεύσει κύριος τοὺς [A τὰς] καταλοίπους τῶν ν. (1)
38 (31). 10. R ἀναγγείλατε εἰς νήσους τὰς μακρόθεν [A -ράν, B S -ρότερον] (1)
Ez. 26. 15. σεισθήσονται αἱ ν. (1)
— 18. φοβηθήσονται αἱ ν. ἀπὸ ἡμέρας πτώσεώς σου [A *add.* καὶ ταραχθήσονται νῆσοι] (1, 1)
27. 3. τῷ ἐμπορίῳ τῶν λαῶν ἀπὸ νήσων πολλῶν (1)
— 6. ἐποίησαν . . . οἴκους ἀλσώδεις ἀπὸ νήσων τῶν Χ. (1)
— 7. περιβαλεῖν σε . . . πορφύραν ἐκ τῶν ν. Ἐ. (1)
— 15. ἀπὸ νήσων ἐπλήθυναν τὴν ἐμπορίαν σου ὀδόντας (1)
— 35. οἱ κατοικοῦντες τὰς ν. ἐστύγνασαν ἐπὶ σέ (1)
39. 6. κατοικηθήσονται αἱ ν. ἐπ' εἰρήνης (1)
Da. TH. 11. 18. ἐπιστρέψει τὸ πρόσωπον αὐ. εἰς τὰς ν. (1)
I Ma. 6. 29. ἀπὸ νήσων θαλασσῶν ἦλθον
8. 11. τὰς ν. . . . κατέφθειραν
11. 38. ὧν ἐξενολόγησεν ἀπὸ τῶν ν.
14. 5. ἐποίησεν εἴσοδον ταῖς ν. [S¹ νόσοις] τῆς θαλ.
15. 1. ἀπέστειλεν . . . ἐπιστολὰς ἀπὸ τῶν ν. τῆς θαλ.
[**Aq.** Is. 23. 2 : 40. 15 : 41. 1 : 42. 4 : 59. 18 : JE. 25. 22 (32. 8) : Ez. 27. 3.]
[**Sm.** Is. 23. 2 : 40. 15 : 41. 1 : 42. 4 : 49. 1 : 59. 18.]
[**Th.** Is. 40. 15 : 41. 1 : 42. 4 : 59. 18 : JE. 25. 20 (32. 6), 22 (32. 8) : Ez. 26. 18 : 27. 3.]
[**Heb.** Is. 42. 4.]

νηστεία. (1) צוֹם

II Ki. 12. 16. ἐνήστευσε Δ. νηστείαν (1)
III Ki. 20 (21). 9. νηστεύσατε νηστείαν (1)
— 12. A R ἐκάλεσεν νηστείαν (1)
II Ch. 20. 3. ἐκήρυξαν νηστείαν (1)
I Es. 8. 50. εὐξάμην ἐκεῖ νηστείαν
— 73. ἐξεγερθεὶς ἐκ τῆς ν.
II Es. 8. 21. ἐκάλεσα ἐκεῖ νηστείαν (1)
Ne. 9. 1. συνήχθησαν οἱ υἱοὶ Ἰσρ. ἐν νηστείᾳ (1)
To. 12. 8. ἀγαθὸν προσευχὴ μετὰ νηστείας [S ἀληθείας]
Ju. 4. 9. ἐταπεινοῦσαν τὰς ψυχὰς αὐ. [S² *add.* νηστείᾳ μεγάλῃ]
Ps. 34 (35). 13. ἐταπείνουν ἐν νηστείᾳ τὴν ψυχήν μου (1)
68 (69). 10. B S¹ συνέκαμψα [S² -εκάλυψα] ἐν νηστείᾳ τὴν ψυχήν μου (1)
108 (109). 24. τὰ γόνατά μου ἠσθένησαν ἀπὸ νηστείας (1)
Jl. 1. 14. ἁγιάσατε νηστείαν (1)
2. 12. ἐν νηστείᾳ καὶ ἐν κλαυθμῷ καὶ ἐν κοπετῷ (1)
— 15. ἁγιάσατε νηστείαν (1)
Jn. 3. 5. καὶ ἐκήρυξαν νηστείαν (1)
Za. 7. 5. μὴ νηστείαν νενηστεύκατέ μοι (1)
8. 19. νηστεία ἡ τετρὰς καὶ νηστεία ἡ πέμπτη καὶ ν. ἡ ἑβδόμη καὶ ν. ἡ δεκάτη ἔσονται (1 *quater*)
Is. 1. 14. νηστείαν καὶ ἀργίαν . . . μισεῖ ἡ ψυχή μου –
58. 3. ἐν ταῖς ἡμέραις τῶν ν. ὑμῶν εὑρίσκετε τὰ θελήματα ὑμῶν (1)
— 5. οὐ ταύτην τὴν ν. ἐξελεξάμην . . . οὐδ' οὕτω καλέσετε νηστείαν δεκτήν (1, 1)
— 6. οὐχὶ τοιαύτην νηστείαν ἐγὼ ἐξελεξάμην (1)
Je. 43 (36). 6. ἐν ἡμέρᾳ νηστείας (1)
— 9. ἐξεκκλησίασαν νηστείαν (1)
Da. LXX. 2. 18. παρήγγειλε νηστείαν –
9. 3. εὑρεῖν . . . ἔλεος ἐν νηστείαις (1)
Da. TH. 9. 3. τοῦ ἐκζητῆσαι προσευχὴν . . . ἐν νηστείαις (1)
II Ma. 13. 12. καὶ καταξιωσάντων . . . μετὰ . . . νηστειῶν
[**Aq., Sm.** Ps. 68 (69). 11 : ZA. 8. 19.]
[**Th.** ZA. 8. 19.]

νηστεύειν. (1) צוֹם (2) קָרָא

Ex. 38. 26 (8). κατόπτρων τῶν νηστευσασῶν αἳ ἐνήστευσαν παρὰ τὰς θύρας †, †
Jd. 20. 26 : I Ki. 7. 6. ἐνήστευσαν ἐν τῇ ἡμέρᾳ ἐκείνῃ (1)
I Ki. 31. 13. νηστεύουσιν ἑπτὰ ἡμέρας (1)
II Ki. 1. 12. ἐκόψαντο καὶ ἐνήστευσαν (1)
12. 16. ἐνήστευσε Δ. νηστείαν (1)
— 21. ἔτι ζῶντος ἐνήστευες [A *al.*] (1)
— 22. ἐνήστευσα καὶ ἔκλαυσα (1)
— 23. ἵνα τί τοῦτο ἐγὼ νηστεύω (1)
III Ki. 20 (21). 9. νηστεύσατε νηστείαν (2)
— 27. B καὶ ἐνήστευσε (1)
I Ch. 10. 12. ἐνήστευσαν ἑπτὰ ἡμέρας (1)
II Es. 8. 23. ἐνηστεύσαμεν καὶ ἐζητήσαμεν (1)
Ne. 1. 4. καὶ ἤμην νηστεύων (1)
Ju. 4. 13. ἦν ὁ λαὸς νηστεύων
8. 6. ἐνήστευε πάσας τὰς ἡμέρας τῆς χηρεύσεως αὐ.
Es. 4. 16. νηστεύσατε ἐπ' ἐμοί (1)
Si. 31 (34). 26. οὕτως ἄνθρωπος νηστεύων ἐπὶ τῶν ἁμαρτιῶν αὐτοῦ
Za. 7. 5. ἐὰν νηστεύσητε ἢ κόψησθε ἐν ταῖς πέμπταις (1)
— 5. μὴ νηστείαν νενηστεύκατέ μοι (1)
Is. 58. 3. τί ὅτι ἐνηστεύσαμεν (1)
— 4. εἰς κρίσεις καὶ μάχας νηστεύετε . . . ἵνα τί μοι νηστεύετε ὡς σήμερον (1, 1)
Je. 14. 12. ἐὰν νηστεύσωσιν [A -σουσιν] (1)
Ba. 1. 5. ἔκλαιον καὶ ἐνήστευον
I Ma. 3. 47. ἐνήστευσαν τῇ ἡμέρᾳ ἐκείνῃ
[**Aq., Sm., Th.** Is. 58. 4.]
[**Al.** LE. 23. 29.]

νήστης, νῆστις. (1) טְוָת

Da. LXX. 6. 18 (19). ηὐλίσθη νήστης [*cod.* νῆστις] (1)

νηστός.

Ex. 31. 4. καὶ τὸ κόκκινον τὸ ν. –

νήχεσθαι.

Jb. 11. 12. ἄνθρωπος δὲ ἄλλως νήχεται λόγοις [A¹ ἀλόγοις] †

νικᾶν. (1) זָכָה (2) חָמַר (3) נָצַח pi.

I Es. 3. 12. ὑπὲρ δὲ πάντα νικᾷ ἡ ἀλήθεια
4. 5. ἐὰν δὲ νικήσωσι
Ps. 50 (51). 4. ὅπως ἂν . . . νικήσῃς ἐν τῷ κρίνεσθαί σε (1)
Pr. 6. 25. μή σε νικήσῃ κάλλους ἐπιθυμία (2)
Wi. 4. 2. τὸν τῶν ἀμιάντων ἄθλων ἀγῶνα νικήσασα
16. 10. τοὺς δὲ υἱούς σου οὐδὲ ἰοβόλων δρακόντων ἐνίκησαν ὀδόντες
18. 22. ἐνίκησε δὲ τὸν ὄχλον οὐκ ἰσχύϊ τοῦ σώματος
Hb. 3. 19. τοῦ νικῆσαι [A S² *add.* με] ἐν τῇ ᾠδῇ [S¹ ὁδῷ] αὐ. (3)
II Ma. 3. 5. νικῆσαι τὸν Ὀ. μὴ δυνάμενος
8. 6. R οὐκ ὀλίγους τῶν πολεμίων ἐνίκα [A *om.*]
III Ma. 1. 4. δώσειν νικήσασιν ἑκάστῳ δύο μνᾶς χρυσίου
IV Ma. 1. 11. νικήσαντες τὸν τύραννον τῇ ὑπομονῇ
3. 17. νικῆσαι τὰς τῶν παθῶν ἀνάγκας
6. 10. ἐνίκα τοὺς βασανίζοντας
— 33. τοῦ λογισμοῦ τὰ πάθη νικήσαντος
7. 4. ἐνίκησε τοὺς πολιορκοῦντας
— 11. τὸν ἐμπυριστὴν ἐνίκησεν ἄγγελον [S¹ *al.*]
8. 1. ἐνικήθη περιφανῶς ὁ τύραννος
9. 6. ὡς καὶ ὁ παιδευτὴς ἡμῶν γέρων ἐνίκησε
— 30. ὁρῶν σου νικώμενον τὸν . . . λογισμόν
11. 20. οὐκ ἐνικήθημεν
13. 2. ἐλέγομεν ἂν αὐτοὺς τούτοις νενικῆσθαι
— 7. A R τὴν τῶν παθῶν ἐνίκησεν ἀκολασίαν [S κόλασιν]
16. 14. διὰ καρτερίαν καὶ τύραννον ἐνίκησα
17. 15. θεοσέβεια δὲ ἐνίκα
— 24. ἐνίκησε πάντας τοὺς πολεμίους
[**Sm., Th., Al.** Ps. 50 (51). 6.]

νίκη. (1) נֵצַח

I Ch. 29. 11. B σὺ [A R σοί], κύριε, . . . ἡ ν. (1)
I Es. 4. 59. παρὰ σοῦ [A *add.* ἡ] νίκη
Pr. 22. 9. νίκην καὶ τιμὴν περιποιεῖται ὁ δῶρα δοὺς –
I Ma. 3. 19. οὐκ ἐν πλήθει δυνάμεως νίκη πολέμου ἐστίν
II Ma. 10. 28. ἔγγυον ἔχοντες εὐημερίας καὶ νίκης
13. 15. A ἀναδοὺς δὲ . . . σύνθημα θεοῦ νίκην [R *al.*]
II Ma. 15. 8. προσδοκᾶν τὴν . . . ἐσομ. αὐτοῖς νίκην
— 21 R οὐκ ἔστι δι' ὅπλων ἡ ν. [A *om.* ἡ ν.]
— 21. τοῖς ἀξίοις περιποιεῖται τὴν ν.
III Ma. 3. 20. μετὰ νίκης διακομισθέντες
IV Ma. 7. 3. ἐπὶ τὸν τῆς ἀθανάτου ν. λιμένα

νίκημα.

I Es. 3. 9. A αὐτῷ δοθήσεται τὸ ν. [B νῖκος]

νικοποιός.

[**Aq.** Ps. 4. 1 : 5. 1 : 6. 1 : 8. 1 : 9. 1 : 10 (11). 1 : 11 (12). 1 : 12 (13). 1 : 13 (14). 1 : 17 (18). 1 : 18 (19). 1 : 19 (20). 1 : 21 (22). 1 : 30 (31). 1 : 35 (36). 1 : 38 (39). 1 : 39 (40). 1 : 40 (41). 1 : 41 (42). 1 : 43 (44). 1 : 44 (45). 1 : 45 (46). 1 : 46 (47). 1 : 48 (49). 1 : 52 (53). 1 : 53 (54). 1 : 54 (55). 1 : 55 (56). 1 : 59 (60). 1 : 61 (62). 1 : 76 (77). 1 : 108 (109). 1.]
[**Th.** Ps. 9. 1 : 10 (11). 1.]
[**Quint.** Ps. 9. 1 : 30 (31). 1 : 55 (56). 1.]
[**Sext.** Ps. 30 (31). 1.]

νῖκος, *cf.* **νεῖκος.** (1) נֵצַח

II Ki. 2. 26. μὴ εἰς νῖκος καταφάγεται ἡ ῥομφ. (1)
I Es. 3. 9. αὐτῷ δοθήσεται τὸ ν. [A νίκημα]
Jb. 36. 7. καθιεῖ αὐτοὺς εἰς [A καὶ εἰς] νῖκος (1)
Am. 1. 11. τὸ ὅρμημα αὐ. ἐφύλαξεν εἰς νῖκος (1)
8. 7. εἰ ἐπιλησθήσεται εἰς νῖκος (1)
Ze. 3. 5. A B¹ S καὶ οὐκ εἰς νῖκος [B² R νεῖκος] ἀδικίαν –
Je. 3. 5. φυλαχθήσεται [A S διαφ.] εἰς νῖκος (1)
La. 3. 18. ἀπώλετο νῖκός μου καὶ ἡ ἐλπίς μου ἀπὸ κυρίου (1)
5. 20. ἵνα τί εἰς νῖκος ἐπιλήσῃ ἡμῶν (1)
Ez. 3. 8. R τὸ ν. [A B νεῖκος] σου κατισχύσω κατέναντι τοῦ ν. [A B νείκους] αὐτῶν †, †
II Ma. 10. 38. τῷ κυρίῳ . . . τὸ ν. αὐτοῖς διδόντι
IV Ma. 17. 12. R τὸ ν. ἀφθαρσία ἐν ζωῇ πολυχρονίῳ [A S *al.*]
[**Aq.** Ps. 48 (49). 10 : 73 (74). 1 : 88 (89). 47 : PR. 21. 28 : Is. 25. 8 : 33. 20 : 34. 10 *bis* : 57. 16 : 63. 6 : JE. 15. 18 : Ez. 3. 9.]
[**Sm.** Ps. 73 (74). 3 : PR. 21. 28 : Is. 63. 6.]
[**Th.** Ps. 4. 1 : 6. 1 : 8. 1 : 12 (13). 1 : 18 (19). 1 : 19 (20). 1 : 38 (39). 1 : 40 (41). 1 : 44 (45). 1 : 48 (49). 1 : 52 (53). 1 : 55 (56). 1 : PR. 21. 28 : Is. 25. 8 : 33. 20 : 63. 6.]
[**Quint.** Ps. 48 (49). 10.]

νίπτειν. (1) מָטַר hi. (2) רָחַץ (3) שָׁטַף

a. qal. *b.* ni.

Ge. 18. 4. R καὶ νιψάτωσαν [A -άτω] τοὺς πόδας ὑμῶν (2)
19. 2. R καὶ νίψασθε [A νίψατε] τοὺς πόδας (2)
24. 32. R ἔδωκεν . . . ὕδωρ νίψασθαι [A *om.*] τοῖς ποσίν (2)
43. 24. ἤνεγκεν ὕδωρ νίψαι τοὺς πόδας αὐτῶν (2)
— 31. νιψάμενος τὸ πρόσωπον (2)
Ex. 30. 18. ποίησον λουτῆρα . . . ὥστε νίπτεσθαι (2)
— 19. νίψεται Ἀαρὼν . . . τὰς χεῖρας (2)
— 20. νίψονται ὕδατι (2)
— 21. νίψονται τὰς χεῖρας . . . ὕδατι (2)
— 21. νίψονται ὕδατι –
38. 27 (40. 31). ἵνα νίπτωνται . . . τὰς χεῖρας (2)
— 27 (40. 32). ἐνίπτοντο ἐξ αὐτοῦ (2)
Le. 15. 11. τὰς χεῖρας οὐ νένιπται (3 *a*)
— 12. σκεῦος ξύλινον νιφήσεται ὕδατι (3 *b*)
De. 21. 6. νίψονται τὰς χεῖρας (2)
Jd. 19. 21. ἐνίψαντο [A ἔνιψεν] τοὺς πόδας αὐτῶν (2)
I Ki. 25. 41. νίψαι πόδας τῶν παίδων σου (2)
II Ki. 11. 8. νίψαι τοὺς πόδας σου (2)
II Ch. 4. 6. εἰς τὸ νίπτεσθαι τοὺς ἱερεῖς ἐν αὐτῇ (2)
To. 7. 8. S ὅτε . . . ἐνίψαντο
Jb. 20. 23. νίψαι [A S² ῥίψαι] ἐπ' αὐτὸν ὀδύνας (1)
Ps. 25 (26). 6. νίψομαι ἐν ἀθῴοις τὰς χεῖράς μου (2)
57 (58). 10. τὰς χεῖρας αὐτοῦ νίψεται ἐν τῷ αἵματι τοῦ ἁμαρτωλοῦ (2)
72 (73). 13. ἐνιψάμην ἐν ἀθῴοις τὰς χεῖράς μου (2)
Ca. 5. 3. ἐνιψάμην τοὺς πόδας μου (2)
[**Sm.** Ps. 57 (58). 11 : 72 (73). 13.]

νίτρον. (1) נֶתֶר

Je. 2. 22. ἐὰν ἀποπλύνῃ [B¹ S¹ -ῃς] ἐν νίτρῳ (1)
[**Sm.** PR. 25. 20.]

νιφετός. (1) רְבִיבִים

De. 32. 2. ὡσεὶ νιφετὸς ἐπὶ χόρτον (1)
Da. LXX. 3. (68). εὐλογεῖτε . . . νιφετοὶ τὸν κύριον
Da. TH. 3. (68). **A** εὐλογεῖτε . . . νιφετοὶ τὸν κύριον
[**Sm.**, **Th.** Mi. 5. 7 (6).]

νοεῖν. (1) בִּין *a.* qal. *b.* hi. *c.* hithpal. (2) עָשָׂה (3) שׂוּם (4) שָׂכַל hi. (5) שָׁחַת hi. (6) שִׁית (7) **ἀδύνατος νοῆσαι** פָּלָא ni.

I Ki. 4. 20. οὐκ ἐνόησεν ἡ καρδία αὐ. (6)
II Ki. 12. 19. ἐνόησε Δ. (1 *a*)
20. 15. ἐνοοῦσαν καταβαλεῖν τὸ τεῖχος (5)
Jb. 15. 9. **A** τί σὺ νοήσεις [**B S** τί συνίεις σύ] (1 *a*)
33. 3. σύνεσις δὲ χειλέων μου καθαρὰ νοήσει [**A** *al.*] †
— 23. ἐὰν νοήσῃ τῇ καρδίᾳ –
Pr. 1. 2. νοῆσαί τε λόγους φρονήσεως (1 *b*)
— 3. νοῆσαί τε δικαιοσύνην ἀληθῆ (4)
— 6. νοήσει τε παραβολὴν καὶ σκοτεινὸν λόγον (1 *b*)
8. 5. νοήσατε ἄκακοι πανουργίαν (1 *b*)
16. 23. καρδία σοφοῦ νοήσει τὰ ἀπὸ τοῦ ἰδίου στόματος (4)
19. 25. νοήσει αἴσθησιν (1 *a*)
20. 24. θνητὸς δὲ πῶς ἂν νοήσαι τὰς ὁδοὺς αὐτοῦ (1 *a*)
23. 1. νοητῶς νόει τὰ παρατιθέμενά σοι (1 *a*)
24. 53 (30. 18). τρία δέ ἐστιν ἀδύνατά μοι νοῆσαι (7)
28. 5. **B**^{2} **S** ἄνδρες κακοὶ οὐ νοήσουσιν [**A B**^{1} **R** συνήσουσι] κρίμα (1 *a*)
29. 7. ὁ δὲ ἀσεβὴς οὐ νοεῖ [**A S**^{2} συνήσει] γνῶσιν (1 *a*)
— 19. ἐὰν γὰρ καὶ νοήσῃ (1 *a*)
Wi. 4. 14. οἱ δὲ λαοὶ [**A**^{1} ἄλλοι] ἰδόντες καὶ μὴ νοήσαντες
— 17. οὐ νοήσουσι τί ἐβουλεύσατο περὶ αὐτοῦ
13. 4. νοησάτωσαν ἀπ' αὐτῶν
Si. 11. 7. νόησον πρῶτον καὶ τότε ἐπιτίμα
14. 21. ἐν τοῖς ἀποκρύφοις αὐτῆς νοηθήσεται [**A S** ἐννοηθ.]
34 (31). 15. νόει τὰ τοῦ πλησίον ἐκ σεαυτοῦ
Is. 20. 4. **S** νοήσουσιν [**A B** *om.*] ὅτι οὕτως ἄξει . . . τὴν αἰχμαλωσίαν –
32. 6. ἡ καρδία αὐ. μάταια νοήσει (2)
44. 18. τοῦ νοῆσαι τῇ καρδίᾳ αὐτῶν (4)
47. 7. οὐκ ἐνόησας ταῦτα ἐν τῇ καρδίᾳ σου (3)
Je. 2. 10. νοήσατε σφόδρα (1 *c*)
10. 21. οὐκ ἐνόησε [**S**^{1} ἠνόμησεν] πᾶσα ἡ νομή (4)
20. 11. νοῆσαι οὐκ ἠδύναντο . . . οὐκ ἐνόησαν ἀτιμίας αὐτῶν (†, 4)
23. 20. ἐπ' ἐσχάτου [**A** -ων] τῶν ἡμερῶν νοήσουσιν αὐτό (1 *c*)
Ep. Je. 42. οὐ δύνανται αὐτοὶ νοήσαντες καταλιπεῖν αὐτά
Da. TH. 12. 10. **A** οὐ νοήσουσιν [**B** συνήσ.] πάντες ἄνομοι (1 *a*)
II Ma. 14. 30. νοήσας οὐκ ἀπὸ τοῦ βελτίστου τὴν αὐστηρίαν εἶναι
IV Ma. 4. 7. **S** πάνδεινον εἶναι νοήσαντες [**A R** νομίσ.]
[**Aq.** Ec. 2. 3.]
[**Sm.** Jb. 31. 1 : Pr. 8. 5 : Ec. 2. 3.]
[**Al.** Ps. 49 (50). 22.]

νοερός.

Wi. 7. 22. ἔστι γὰρ ἐν [**A** *om.*] αὐτῇ πνεῦμα νοερόν
— 23. διὰ πάντων χωροῦν πνευμάτων νοερῶν καθαρῶν

νόημα.

Si. 21. 11. κατακρατεῖ τοῦ ἐννοήματος αὐ. [**S**^{1} *om.* τ. ἐ. αὐ., **S**^{2} τοῦ ν. αὐ.]
Ba. 2. 8. τοῦ ἀποστρέψαι ἕκαστον ἀπὸ τῶν ν. τῆς καρδίας αὐτῶν τῆς πονηρᾶς
III Ma. 5. 30. **R** διὰ τὸ . . . διεσκεδάσθαι πᾶν αὐ. τὸ [**A** *om.*] ν.

νοήμων. (1) בִּין *a.* ni. *b.* hi. (2) שָׂכַל hi.

Pr. 1. 5. ὁ δὲ ν. κυβέρνησιν κτήσεται (1 *a*)
10. 5. διεσώθη ἀπὸ καύματος υἱὸς νοήμων (2)
— 19. φειδόμενος δὲ χειλέων νοήμων ἔσῃ (2)
14. 35. δεκτὸς βασιλεῖ ὑπηρέτης νοήμων (2)
17. 2. οἰκέτης νοήμων κρατήσει δεσποτῶν ἀφρόνων (2)
17. 12. ἐμπεσεῖται μέριμνα ἀνδρὶ νοήμονι †
28. 11. πένης δὲ νοήμων καταγνώσεται αὐτοῦ (1 *b*)
Si. 19. 29. **S**^{1} ἀπὸ ὁράσεως ἐπιγνωσθήσεται νοήμων [**A B S**^{2} ἀνὴρ] καὶ ἀπὸ ἀπαντήσεως προσώπου ἐπιγνωσθήσεται νοήμων
21. 7. ὁ δὲ ν. οἶδεν ἐν τῷ ὀλισθάνειν αὐτόν
Da. TH. 12. 10. οἱ ν. συνήσουσι (2)
[**Th.** Da. 12. 10.]

νόησις.

[**Th.** Je. 23. 20.]

νοητῶς. (1) בִּין

Pr. 23. 1. ν. νόει τὰ παρατιθέμενά σοι (1)

νοθεύειν.

Wi. 14. 24. ἢ νοθεύων ὀδυνᾷ

νόθος.

Wi. 4. 3. ἐκ νόθων μοσχευμάτων οὐ δώσει ῥίζαν

νόθως.

III Ma. 3. 17. τῷ δὲ πράγματι ν.

νομάς. (1) מַרְבֵּק (2) צֹאן (3) *a.* רְעִי *b.* רָעָה

I Ki. 28. 24. ἦν δάμαλις νομὰς ἐν τῇ οἰκίᾳ (1)
III Ki. 3. 1 (4. 23 [5. 3]). **B** εἴκοσι βόες νομάδες (3 *a*)
— 1 (4. 23 [5. 3]). [**A R** *al.*] **B** ἐκτὸς . . . ὀρνίθων ἐκλεκτῶν ν. –
4. 23 (5. 3). εἴκοσι βόες νομάδες (3 *a*)
I Ch. 27. 29. ἐπὶ τῶν βοῶν τῶν ν. τῶν ἐν τῷ Σ. (3 *b*)
Jb. 1. 3. ὄνοι θήλειαι νομάδες πεντακόσιαι [**A** -οι] –
20. 17. μὴ ἴδοι ἀμέλξιν νομάδων –
30. 1. οὓς οὐχ ἡγησάμην ἀξίους κυνῶν τῶν ἐμῶν ν. (2)
42. 12. ὄνοι θήλειαι νομάδες χίλιαι –
II Ma. 12. 11. ἐλαττωθέντες οἱ ν. Ἄραβες

νομεύς.

[**Aq.** Is. 56. 11 : 63. 11 : Am. 1. 2 : Mi. 5. 5 (4).]
[**Sm.** I Ki. 21. 7 (8).]

νομή. (1) מַרְבֵּץ (2) *a.* מִרְעֶה *b.* מַרְעִית (3) *a.* נָאָה *b.* נָוֶה *c.* נָוָה

Ge. 47. 4. οὐ γάρ ἐστι ν. τοῖς κτήνεσι (2 *a*)
I Ch. 4. 39. τοῦ ζητῆσαι νομὰς τοῖς κτήνεσιν αὐ. (2 *a*)
— 40. **B**^{1} εὗρον ν. πίονας [**A B**^{2} **R** πλείονας] καὶ ἀγαθάς (2 *a*)
— 41. νομαὶ τοῖς κτήνεσιν αὐτῶν ἐκεῖ (2 *a*)
Jb. 20. 17. μὴ ἴδοι . . . νομὰς μέλιτος καὶ βουτύρου †
— 27. **S**^{1} ἀνακαλύψαι δὲ αὐτοῦ ὁ οὐρανὸς τὰς ν. [**A B S**^{2} ἀνομίας] †
39. 8. κατασκέψεται ὄρη νομὴν αὐτοῦ (2 *a*)
Ps. 73 (74). 1. ὠργίσθη ὁ θυμός σου ἐπὶ πρόβατα νομῆς σου (2 *b*)
78 (79). 13. **B S**^{1} ἡμεῖς γὰρ λαός σου καὶ πρόβατα τῆς [**S**^{2} **R** *om.*] ν. σου (2 *b*)
94 (95). 7. ἡμεῖς λαὸς νομῆς αὐτοῦ (2 *b*)
99 (100). 3. λαὸς αὐτοῦ καὶ πρόβατα τῆς [**A S**^{2} *om.*] ν. αὐτοῦ (2 *b*)
Pr. 24. 15. **A S R** μὴ προσαγάγῃς ἀσεβῆ νομῇ [**B** -ὴν] δικαίων (3 *b*)
Si. 13. 19. οὕτως νομαὶ πλουσίων πτωχοί
Ho. 13. 6. ἐν γῇ ἀοικήτῳ κατὰ τὰς ν. αὐτῶν (2 *b*)
Am. 1. 2. καὶ ἐπένθησαν αἱ ν. τῶν ποιμένων (3 *a*)
Jl. 1. 18. ὅτι οὐχ ὑπῆρχε νομὴ αὐτοῖς (2 *a*)
Na. 2. 11 (12). καὶ ἡ [**S**^{1} *om.*] νομὴ ἡ οὖσα τοῖς [**A** ἐν τοῖς] σκύμνοις (2 *a*)
Ze. 2. 6. καὶ ἔσται Κρήτη νομὴ ποιμνίων (3 *c*)
3. 1 (2. 15). νομὴ θηρίων (1)
Is. 49. 9. ἐν πάσαις ταῖς τρίβοις ἡ ν. αὐτῶν (2 *b*)
Je. 10. 21. οὐκ ἐνόησε [**S**^{1} ἠνόμησεν] πᾶσα ἡ ν. (2 *b*)
— 25. τὴν ν. [**S**^{1} τὸν νόμον] αὐτοῦ ἠρήμωσαν (3 *b*)
23. 1. διασκορπίζοντες τὰ πρόβατα τῆς ν. αὐτῶν [**A S** *al.*] (2 *b*)
— 3. καταστήσω αὐτοὺς εἰς τὴν ν. αὐτῶν (3 *b*)
— 10. ἐξηράνθησαν αἱ ν. τῆς ἐρήμου (3 *a*)
27 (50). 7. ν. δικαιοσύνης τῷ συναγαγόντι τοὺς πατέρας αὐτῶν (3 *b*)
— 19. ἀποκαταστήσω τὸν Ἰσ. εἰς τὴν ν. αὐ. (3 *b*)
— 45. ἐὰν μὴ ἀφανισθῇ ν. ἀπ' αὐτῶν (3 *b*)
La. 1. 6. ὡς κριοὶ οὐχ εὑρίσκοντες νομήν (2 *a*)
Ez. 25. 5. δώσω τὴν πόλιν τοῦ Ἀμμὼν εἰς νομὰς καμήλων καὶ τοὺς υἱοὺς Ἀμμὼν εἰς νομὴν [**A** προν.] προβάτων (3 *b*, 1)
34. 14. ἐν [**A** *om.*] νομῇ ἀγαθῇ βοσκήσω αὐτοὺς . . . ἐν νομῇ πίονι βοσκηθήσονται [**A**^{1} *om.* ἐν . . . β.] (2 *a*, 2 *a*)
— 18. τὴν καλὴν ν. ἐνέμεσθε καὶ τὰ κατάλοιπα τῆς ν. ὑμῶν κατεπατεῖτε (2 *a*, 2 *a*)
Da. LXX. 4. 29. ἀπὸ τῆς χλόης τῆς γῆς ἔσται ἡ ν. σου –
II Ma. 5. 14. **R** τέσσαρες μὲν ἐν χειρῶν νομαῖς [**A** -οῖς]
[**Aq.** Ec. 1. 14, 17 : 2. 11 : 6. 9 : Is. 32. 14 : Je. 10. 21.]
[**Sm.** II Ki. 7. 8 : Ps. 64 (65). 13 : Ec. 1. 17 : Je. 10. 21 : Ho. 13. 6 : Jl. 2. 22.]
[**Th.** Ec. 1. 14 : 2. 11 : 6. 9.]

νομίζειν.

Wi. 13. 2. ἢ φωστῆρας οὐρανοῦ πρυτάνεις κόσμου θεοὺς ἐνόμισαν
17. 3. λανθάνειν γὰρ νομίζοντες ἐπὶ κρυφαίοις ἁμαρτήμασιν
Si. 29. 4. πολλοὶ ὡς εὕρεμα ἐνόμισαν δάνος
II Ma. 4. 32. νομίσας δὲ ὁ Μεν.
7. 19. μὴ νομίσῃς ἀθῷος ἔσεσθαι
8. 35. ὑπὸ τῶν κατ' αὐτὸν νομιζομ. ἐλαχίστων εἶναι
14. 4. **R** πρὸς δὲ τούτοις τῶν νομιζομ. [**A** τοῖς νομ.] θαλλῶν τοῦ ἱεροῦ
IV Ma. 2. 13. μὴ νομίσητε παράδοξον εἶναι
4. 7. **A R** πάνδεινον εἶναι νομίσαντες [**S** νοήσ.]
— 13. μή ποτε νομίσειεν ὁ βασ. Σ.
5. 16. οὐδεμίαν ἀνάγκην βιαιοτέραν νομίζομεν
— 18. **S R** ἐνομίζομεν [**A** νομ.] αὐτὸν εἶναι θεόν
— 19. μὴ μικρὰν οὖν εἶναι νομίσῃς ταύτην . . . ἁμαρτίαν
9. 4. χαλεπώτερον γὰρ αὐτοῦ τοῦ θανάτου νομίζομεν εἶναι
— 7. μὴ νομίσῃς ἡμᾶς βλάπτειν βασανίζων
[**Sm.** Jb. 13. 5 : Ps. 49 (50). 21.]

νομικός.

IV Ma. 5. 4. τὴν ἐπιστήμην νομικός

νόμιμος. (1) דָּת (2) *a.* חֹק *b.* חֻקָּה (3) תּוֹרָה

Ge. 26. 5. τὰ δικαιώματά μου καὶ τὰ ν. μου (3)
Ex. 12. 14. νόμιμον αἰώνιον [**A** *om.* ν. αἰ.] ἑορτάσετε αὐτήν (2 *b*)
— 17. ποιήσετε τὴν ἡμέραν . . . ν. αἰώνιον (2 *b*)
— 24. τὸ ῥῆμα τοῦτο ν. [**A** *add.* αἰώνιον] σεαυτῷ (2 *a*)
27. 21. νόμιμον αἰώνιον εἰς τὰς γενεὰς ὑμῶν (2 *b*)
28. 39 (43). νόμιμον αἰώνιον αὐτῷ καὶ τῷ σπέρματι (2 *b*)
29. 28. ἔσται . . . τοῖς υἱοῖς αὐ. νόμιμον αἰώνιον (2 *a*)
30. 21. ἔσται αὐτοῖς νόμιμον αἰώνιον (2 *a*)
Le. 3. 17. νόμιμον εἰς τὸν αἰῶνα εἰς τὰς γενεάς (2 *b*)
6. 18 (11). νόμιμον αἰώνιον εἰς τὰς γενεὰς ὑμῶν (2 *a*)
— 22 (15). **B**^{1} νόμιμος [**B**^{2} **R** νόμος] αἰώνιος (2 *a*)
7. 24 (34). νόμιμον αἰώνιον παρὰ τῶν υἱῶν (2 *a*)
— 26 (36). νόμιμον αἰώνιον εἰς τὰς γενεὰς αὐ. (2 *b*)
10. 9. νόμιμον αἰώνιον εἰς τὰς γενεὰς ὑμῶν (2 *b*)
— 11. συμβιβάσεις . . . ἅπαντα τὰ ν. (2 *a*)
— 13. **A R** νόμιμον [**B** *add.* αἰώνιον] γάρ σοί ἐστι (2 *a*)
— 13. καὶ νόμιμον τοῖς υἱοῖς σου τοῦτο (2 *a*)
— 14. νόμιμον γάρ σοι (2 *a*)
— 14. καὶ νόμιμον τοῖς υἱοῖς σου ἐδόθη (2 *a*)
— 15. καὶ ἔσται σοι . . . νόμιμον αἰώνιον (2 *a*)
16. 29. ἔσται τοῦτο ὑμῖν νόμιμον αἰώνιον (2 *b*)
— 31. ταπεινώσετε τὰς ψυχὰς ὑ. νόμιμον αἰώνιον (2 *b*)
— 34. ἔσται τοῦτο ὑμῖν νόμιμον αἰώνιον (2 *b*)
17. 7. νόμιμον αἰώνιον ἔσται ὑμῖν (2 *b*)
18. 3. τοῖς [**A** ἐν τ.] ν. αὐτῶν οὐ πορεύσεσθε (2 *b*)
— 26. φυλάξεσθε πάντα τὰ ν. μου (2 *b*)
— 30. τῶν ν. [**A** ἀνόμων] τῶν ἐβδελυγμένων (2 *b*)
20. 23. οὐχὶ πορεύεσθε τοῖς ν. τῶν ἐθνῶν (2 *b*)
23. 14, 21, 31, 41 : 24. 3. νόμιμον αἰώνιον εἰς τὰς γενεὰς ὑμῶν (2 *b*)
24. 9. νόμιμον αἰώνιον (2 *a*)
Nu. 10. 8. ἔσται ὑμῖν νόμιμον αἰώνιον (2 *b*)
18. 8, 11, 19. νόμιμον αἰώνιον (2 *a*)
— 23. νόμιμον αἰώνιον εἰς τὰς γενεὰς αὐ. (2 *b*)
19. 10. ἔσται . . . νόμιμον αἰώνιον (2 *b*)

Nu. 19. 21. ἔσται ὑμῖν νόμιμον αἰώνιον (2 *b*)
I Es. 1. 48. παρέβη τὰ ν. κυρίου θεοῦ Ἰσρ.
Es. 8. 13. χρῆσθαι τοῖς ἑαυ. ν. [A S νόμοις]
Pr. 3. 1. υἱέ, ἐμῶν νομίμων μὴ ἐπιλανθάνου (3)
Ho. 8. 12. τὰ ν. αὐ. εἰς ἀλλότρια ἐλογίσθησαν (3)
Mi. 6. 15. καὶ ἀφανισθήσεται νόμιμα λαοῦ μου –
7. 11. ἀποτρίψεται νόμιμά σου ἡ ἡμ. ἐκ. [A *al.*] (2 *a*)
Za. 1. 6. τοὺς λόγους μου καὶ τὰ ν. μου δέχεσθε (2 *a*)
Ma. 3. 7. ἐξεκλίνατε νόμιμά μου (2 *a*)
Je. 10. 3. τὰ ν. τῶν ἐθνῶν μάταια (2 *b*)
33 (26). 4. τοῦ πορεύεσθαι ἐν τοῖς ν. [A νόμοις] μου (3)
Ez. 5. 6. τὰ ν. μου [A *add.* ἐκ] τῶν χωρῶν τῶν κύκλῳ αὐτῆς . . . ἐν τοῖς ν. μου οὐκ ἐπορεύθησαν (2 *b*, 2 *b*)
— 7. ἐν τοῖς ν. μου οὐκ ἐπορεύθητε (2 *b*)
16. 27. ἐξαρῶ τὰ ν. σου (2 *a*)
18. 19. πάντα τὰ ν. μου συνετήρησε (2 *b*)
20. 18. ἐν τοῖς ν. τῶν πατέρων ὑμῶν μὴ πορεύεσθε (2 *a*)
43. 11. πάντα τὰ ν. αὐτοῦ γνωριεῖς αὐτοῖς (3)
44. 5. κατὰ πάντα τὰ ν. αὐ. (3)
— 24. τὰ ν. μου καὶ τὰ προστάγματά μου . . . φυλάξονται (3)
Da. TH. 6. 5 (6). εἰ μὴ ἐν νομίμοις [A νόμοις] θεοῦ αὐτοῦ (1)
I Ma. 1. 14. κατὰ τὰ [S^{1} *om.*] ν. τῶν ἐθνῶν
— 41. ἐγκαταλιπεῖν ἕκαστον τὰ ν. αὐ.
— 44. πορευθῆναι ὀπίσω νομίμων ἀλλοτρίων
3. 21. πολεμοῦμεν περὶ . . . τῶν ν. ἡμῶν
— 29. τοῦ ἆραι τὰ ν.
6. 59. τοῦ πορεύεσθαι τοῖς ν. αὐ.
— 59. χάριν γὰρ τῶν ν. αὐ. . . . ὠργίσθησαν
II Ma. 4. 11. R τὰς μὲν νομίμους [A -ας] καταλύων πολιτείας
11. 24. συγχωρηθῆναι αὐτοῖς τὰ ν.
III Ma. 1. 3. ὕστερον δὲ μεταβαλὼν τὰ ν.
3. 2. ὡς ἂν ἀπὸ τῶν ν. αὐτοὺς κωλυόντων
IV Ma. 5. 36. οὐδὲ νομίμου βίου ἡλικίαν
7. 6. R καθαρισμὸν ν. [A S *om.*] χωρήσασαν γαστέρα
— 15. ὦ . . . βίου νομίμου
15. 10. μέχρι θανάτου τὰ ν. φυλάσσοντας
[Th. Le. 23. 41: 24. 9.]

νομίμως.
IV Ma. 6. 18. τὴν ἐπ' αὐτῷ δόξαν ν. φυλάσσοντες

νόμισμα. (1) דַּרְכְּמוֹן (2) דָּת
II Es. 8. 36. ἔδωκαν τὸ ν. τοῦ βασ. (2)
Ne. 7. 71. R χρυσοῦ νομίσματος δύο μυριάδας [A B S *al.*] (1)
— 72. S^{3} χρυσοῦς ἐν νομίσμασιν δύο μυριάδας [S^{1} R *al.*] (1)
I Ma. 15. 6. ποιῆσαι κόμμα ἴδιον ν. [S^{2} *om.*]
[Sm. Nu. 3. 47: Jb. 42. 11.]

νομιστέον.
Ep. Je. 40. πῶς οὖν νομιστέον ἢ κλητέον αὐτοὺς ὑπάρχειν θεούς
— 44. πῶς οὖν νομιστέον ἢ κλητέον ὡς θεοὺς αὐτοὺς ὑπάρχειν
— 56. πῶς οὖν ἐκδεκτέον [A δ.] ἢ νομιστέον ὅτι εἰσὶ θεοί
— 64. οὔτε νομιστέον οὔτε κλητέον [A ἐκδεκτ.] ὑπάρχειν αὐτοὺς θεούς

νομοδότης.
[Sm. Ps. 75 (76). 12.]

νομοθεσία.
II Ma. 6. 23. μᾶλλον δὲ τῆς ἁγίας καὶ θεοκτίστου ν.
IV Ma. 5. 35. καὶ νομοθεσίας ἐπιστήμη
17. 16. S R τοὺς τῆς θείας [A ἀληθείας] ν. [S^{1} -ᾳ] ἀθλητάς

νομόθεσμος. (1) תּוֹרָה
Pr. 31. 27 (26). ἀνοίγει σοφῶς καὶ [B S^{1} -φοῖς] νομοθέσμως [S^{1} -ους] (1)

νομοθέσμως. (1) תּוֹרָה
Pr. 31. 27 (26). τὸ στόμα δὲ ἀνοίγει σοφῶς καὶ [B S^{1} -φοῖς] ν. [S^{1} -ους] (1)

νομοθετεῖν. (1) יָרָה hi.
Ex. 24. 12. ἃς ἔγραψα νομοθετῆσαι αὐτοῖς (1)
De. 17. 10. ὅσα ἂν νομοθετηθῇ σοι (1)
Ps. 24 (25). 8. διὰ τοῦτο νομοθετήσει ἁμαρτάνοντας ἐν ὁδῷ (1)
— 12. νομοθετήσει αὐτῷ ἐν ὁδῷ ᾗ ᾑρετίσατο (1)
26 (27). 11. νομοθέτησόν με, κύριε (1)
83 (84). 6. εὐλογίας δώσει ὁ νομοθετῶν (1)
118 (119). 33. νομοθέτησόν με, κύριε, τὴν ὁδὸν τῶν δικαιωμάτων σου (1)
— 102. A R σὺ ἐνομοθέτησάς με [S μοι] (1)
— 104. A S^{1} σὺ ἐνομοθέτησάς με –
II Ma. 3. 15. ἐπεκαλοῦντο . . . τὸν περὶ παραθήκης νομοθετήσαντα
IV Ma. 5. 25. συμπαθεῖ νομοθετῶν ὁ τοῦ κόσμου κτίστης

νομοθέτης.
Ps. 9. 20. κατάστησον, κύριε, νομοθέτην ἐπ' αὐτούς †

νόμος. (1) דָּבָר (2) דָּת (3) *a.* חֹק *b.* חֻקָּה (4) מִצְוָה (5) מִשְׁפָּט (6) פִּתְגָם (7) תּוֹרָה
Ex. 12. 43. οὗτος ὁ ν. τοῦ πάσχα (3 *b*)
— 49. ν. εἷς ἔσται τῷ ἐγχωρίῳ (7)
13. 9. γένηται ὁ ν. κυρίου ἐν τῷ στόματι (7)
— 10. φυλάξασθε τὸν ν. τοῦτον (3 *b*)
16. 4. εἰ πορεύσονται τῷ ν. [A ὀνόματί] μου (7)
— 28. τὰς ἐντολάς μου καὶ τὸν ν. μου (7)
18. 16, 20. τὰ προστάγματα τοῦ θεοῦ καὶ τὸν ν. αὐ. (7)
24. 12. τὸν ν. καὶ τὰς ἐντολὰς ἃς ἔγραψα (7)
Le. 6. 9 (2). οὗτος ὁ ν. τῆς ὁλοκαυτώσεως (7)
— 14 (7). οὗτος ὁ ν. τῆς θυσίας (7)
— 22 (15). B^{2}R ν. [B^{1} νόμιμος] αἰώνιος ἅπαν ἐπιτελεσθήσεται (3 *a*)
— 25 (18). οὗτος ὁ ν. τῆς ἁμαρτίας (7)
— 31 (7. 1). οὗτος ὁ ν. τοῦ κριοῦ (7)
— 37 (7. 7). ν. εἷς αὐτῶν (7)
7. 1 (11). οὗτος ὁ ν. θυσίας σωτηρίου (7)
— 27 (37). οὗτος ὁ ν. τῶν ὁλοκαυτωμάτων (7)
11. 46. οὗτος ὁ ν. περὶ τῶν κτηνῶν (7)
12. 7. οὗτος ὁ ν. τῆς τικτούσης ἄρσεν (7)
13. 59. οὗτος ὁ ν. ἁφῆς [A ἀφῇ] λέπρας (7)
14. 2. οὗτος ὁ ν. τοῦ λεπροῦ (7)
— 32. οὗτος ὁ ν. ἐν ᾧ ἐστὶν ἡ ἁφή (7)
— 54. οὗτος ὁ ν. κατὰ πᾶσαν ἁφὴν λέπρας (7)
— 57. οὗτος ὁ ν. τῆς λ. (7)
15. 3. οὗτος ὁ ν. τῆς ἀκαθαρσίας αὐτοῦ –
— 32. οὗτος ὁ ν. τοῦ γονορρυοῦς (7)
19. 19. τὸν ν. μου φυλάξεσθε (3 *b*)
— 37. φυλάξεσθε πάντα τὸν ν. μου (3 *b*)
26. 46. ὁ ν. ὃν ἔδωκε κύριος (7)
Nu. 5. 29. οὗτος ὁ ν. τῆς ζηλοτυπίας (7)
— 30. ποιήσει αὐτῇ ὁ ἱ. πάντα τὸν ν. τοῦτον (7)
6. 13, 21. οὗτος ὁ ν. τοῦ εὐξαμένου (7)
— 21. ἣν ἂν εὔξηται κατὰ νόμον [A τὸν ν.] ἁγνείας (7)
9. 3. κατὰ τὸν ν. αὐτοῦ . . . ποιήσεις (3 *b*)
— 12, 14. κατὰ τὸν ν. τοῦ πάσχα (3 *b*)
— 14: 15. 15. ν. εἷς ἔσται ὑμῖν (3 *b*)
15. 15. ν. αἰώνιος εἰς τὰς γενεὰς ὑμῶν (3 *b*)
— 16. ν. εἷς ἔσται (7)
— 29. ν. εἷς ἔσται αὐτοῖς (7)
19. 2. αὕτη ἡ διαστολὴ τοῦ ν. (7)
— 14. καὶ οὗτος ὁ ν. (7)
31. 21. τοῦτο τὸ δικαίωμα τοῦ ν. (7)
De. 1. 5. διασαφῆσαι τὸν ν. τοῦτον (7)
4. 8. κατὰ πάντα τὸν ν. τοῦτον (7)
— 44. οὗτος ὁ ν. ὃν παρέθετο M. (7)
17. 11. κατὰ τὸν ν. καὶ κατὰ τὴν κρίσιν (7)
24. 8. κατὰ πάντα τὸν ν. –
27. 3. πάντας τοὺς λόγους τοῦ ν. τούτου (7)
— 8. γράψεις . . . πάντα τὸν ν. τοῦτον (7)
— 26. ἐν πᾶσι τοῖς λόγοις τοῦ ν. τούτου (7)
28. 58. πάντα τὰ ῥήματα τοῦ ν. τούτου (7)
— 61. ἐν τῷ βιβλίῳ τοῦ ν. τούτου (7)
29. 20 (19). A ἐν τῷ βιβλίῳ τοῦ ν. τούτου [B β. τούτῳ] –
— 21 (20). ἐν τῷ βιβλίῳ τοῦ ν. τούτου (7)
— 27 (26). ἐν τῷ βιβλίῳ τοῦ ν. τούτου –
— 29 (28). ποιεῖν πάντα τὰ ῥήματα τοῦ ν. τούτου (7)
30. 10. ἐν τῷ βιβλίῳ τοῦ ν. τούτου (7)
31. 9. ἔγραψε M. τὰ ῥήματα τοῦ ν. τούτου (7)
— 11. ἀναγνώσεσθε τὸν ν. τοῦτον (7)
— 12. ποιεῖν πάντας τοὺς λόγους τοῦ ν. τούτου (7)
— 24. γράφων πάντας τοὺς λόγους τοῦ ν. τούτου (7)
— 26. λαβόντες τὸ βιβλίον τοῦ ν. τούτου (7)
32. 44. ἐλάλησε πάντας τοὺς λόγους τοῦ ν. τούτου †
De. 32. 45. ἐξετέλεσε M. λαλῶν [A *add.* τοὺς ν. τούτους] (1)
— 46. ποιεῖν πάντας τοὺς λόγους τοῦ ν. τούτου (7)
33. 4. νόμον ὃν ἐνετείλατο ἡμῖν M. (7)
— 10. δηλώσουσι . . . τὸν ν. σου τῷ Ἰσρ. (7)
Jo. 1. 8. ἡ βίβλος τοῦ ν. τούτου (7)
9. 2 (8. 31). καθὰ γέγραπται ἐν τῷ ν. M. (7)
— 2 (8. 32). ἔγραψεν Ἰ. . . . νόμον Μωυσῆ (7)
— 2 (8. 34). πάντα τὰ ῥήματα τοῦ ν. τούτου (7)
— 2 (8. 34). κατὰ πάντα τὰ γεγραμμ. ἐν τῷ ν. M. (7)
22. 5. φυλάξασθε σφόδρα ποιεῖν . . . τὸν ν. (7)
23. 6. πάντα τὰ γεγραμμ. ἐν τῷ βιβλίῳ τοῦ ν. (7)
24. 25. ἔδωκεν αὐτῷ νόμον (3 *a*)
— 26. ἔγραψε . . . νόμον τοῦ θεοῦ (7)
II Ki. 7. 19. οὗτος δὲ ὁ ν. τοῦ ἀνθρώπου (7)
III Ki. 2. 3. B τὰ γεγραμμένα ἐν [A R *add.* τῷ] νόμῳ M. (7)
IV Ki. 10. 31. πορεύεσθαι ἐν νόμῳ κυρίου (7)
14. 6. ἐν βιβλίῳ νόμων [A βίβλῳ νόμῳ] M. (7)
17. 13. φυλάξατε . . . πάντα τὸν ν. (7)
— 34. κατὰ τὸν ν. καὶ κατὰ τὴν ἐντολήν (7)
— 37. τὸν ν. . . . φυλάσσεσθε (7)
22. 8. βιβλίον τοῦ ν. εὗρον (7)
— 11. τοὺς λόγους βιβλίου τοῦ ν. (7)
23. 24. ἵνα στήσῃ τοὺς λόγους τοῦ ν. (7)
— 25. κατὰ πάντα τὸν ν. Μωυσῆ (7)
I Ch. 16. 40. κατὰ πάντα τὰ γεγραμμ. ἐν νόμῳ κυρίου (7)
22. 12. τοῦ ποιεῖν τὸν ν. κ. τοῦ θεοῦ σου (7)
II Ch. 6. 16. A R τοῦ πορεύεσθαι ἐν τῷ ν. [B ὀνόματί] μου (7)
14. 4 (3). καὶ ποιῆσαι τὸν ν. (7)
15. 3. καὶ ἐν οὐ νόμῳ (7)
17. 9. βίβλος νόμου κυρίου (7)
23. 18. A^{2}B καθὼς γέγραπται ἐν νόμῳ M. (7)
25. 4. κατὰ τὴν διαθήκην τοῦ [A *om.*] ν. κυρίου (7)
31. 3. τὰς ἑορτὰς τὰς γεγραμμ. ἐν τῷ ν. κυρίου (7)
— 21. ἐν τῷ ν. καὶ ἐν τοῖς προστάγμασιν (7)
33. 8. κατὰ πάντα τὸν ν. (7)
34. 14. εὗρε X. ὁ ἱερεὺς βιβλίον νόμου κυρίου (7)
— 15. βιβλίον νόμου εὗρον (7)
— 18. A βιβλίον νόμου [B *om.*] ὃ [A B^{2} *om.*] ἔδωκέ μοι –
— 19. B ὡς ἤκουσεν ὁ βασ. [A R *add.* τοὺς λόγους] τοῦ ν. (7)
35. 12. A ἐν βιβλίῳ νόμῳ [B *om.*] M. –
— 19. ἵνα στήσῃ τοὺς λόγους τοῦ ν. –
— 19. κατὰ πάντα τὸν ν. M. –
— 26. γεγραμμένα ἐν νόμῳ κυρίου (7)
I Es. 1. 33. ἐν τῷ ν. κυρίου
5. 51. ὡς ἐπιτέτακται ἐν τῷ ν.
8. 3. ὡς γραμματεὺς εὐφυὴς ὢν ἐν τῷ M. ν.
— 7. εἰς τὸ μηδὲν παραλείπειν τῶν ἐκ τοῦ ν. κυρίου
— 8. ἀναγνώστην τοῦ ν. κυρίου
— 9. ἀναγνώστῃ τοῦ ν. κυρίου
— 12. B ἀκολούθως ᾧ ἔχει νόμῳ κυρίου [A R *al.*]
— 19. ἀναγνώστης τοῦ ν. τοῦ θ. τοῦ ὑψίστου
— 21. κατὰ τὸν τοῦ θεοῦ ν.
— 23. πάντας τοὺς ἐπισταμ. τὸν ν. τοῦ θ. σου
— 24. ὅσοι ἐὰν παραβαίνωσι τὸν ν. τοῦ θ. σου
— 87. παραβῆναι τὸν ν. σου
— 94. ὅσοι πειθαρχοῦσι τοῦ ν. [A τῷ ν.] κυρίου
9. 39. κομίσαι τὸν ν. M.
— 40. A R ἐκόμισεν [B ἐδοκίμασεν] . . . τὸν ν.
— 40. B ἀκοῦσαι τὸν ν. [A R τοῦ ν.]
— 41. A R ἐπέδωκαν πᾶν τὸ πλῆθος τὸν νοῦν εἰς τὸν ν. [B *al.*]
— 42. ἀναγνώστης τοῦ ν.
— 45. A ἀναλαβὼν Ἔ. τὸ βιβλίον τοῦ ν. [B *om.* τ. ν.]
— 46. ἐν τῷ λῦσαι τὸν ν.
— 48. ἐδίδασκον τὸν ν. κυρίου
— 48. B ἀνεγίνωσκον τὸν ν. τοῦ κυρίου
— 50. B ἐν τῷ ἀκοῦσαι τὸν ν. [A R τοῦ ν.]
II Es. 3. 2. κατὰ τὰ γεγραμμ. ἐν νόμῳ M. (7)
7. 6. αὐτὸς γραμματεὺς ταχὺς ἐν νόμῳ M. (7)
— 10. ζητῆσαι τὸν ν. (7)
— 12. Ἔσδρᾳ γραμματεῖ νόμου κυρίου (2)
— 14. A R ἀπεστάλη . . . νόμῳ [B -ου] θεοῦ αὐτῶν (2)
— 21. Ἔ. . . . γραμματεὺς τοῦ ν. τοῦ θεοῦ (2)
— 25. πᾶσι τοῖς εἰδόσι νόμον τοῦ θεοῦ (2)
— 26. ὃς ἂν μὴ ᾖ ποιῶν [A *add.* τὸν] νόμον τοῦ θ. καὶ νόμον τοῦ βασ. ἑτοίμως (2, 2)
10. 3. ὡς ὁ ν. γενηθήτω [S^{2} *al.*] (7)
Ne. 8. 1. ἐνέγκαι τὸ βιβλίον νόμου M. (7)
— 2. ἤνεγκεν . . . τὸν νόμον [A *om.* τ. ν.] (7)

Ne. 8. 3. καὶ ὦτα παντὸς τοῦ λαοῦ εἰς τὸ βιβλίον τοῦ ν. (7)
— 7. συνετίζοντες τὸν λαὸν εἰς τὸν ν. (7)
— 8. ἀνέγνωσαν ἐν βιβλίῳ νόμου τοῦ θ. (7)
— 9. ὡς ἤκουσαν τοὺς λόγους τοῦ ν. (7)
— 13. ἐπιστῆσαι πρὸς πάντας τοὺς λόγους τοῦ ν. (7)
— 14. εὕροσαν γεγραμμένον ἐν τῷ ν. (7)
— 18. ἀνέγνω ἐν βιβλίῳ νόμου [S -ῳ] τοῦ θ. (7)
9. 3. ἀνέγνωσαν ἐν βιβλίῳ νόμου θεοῦ αὐ. (7)
— 13. ἔδωκας αὐτοῖς . . . νόμους ἀληθείας (7)
— 14. νόμον [S[2] *add.* ὃν] ἐνετείλω αὐτοῖς (7)
— 26. ἔρριψαν τὸν ν. σου ὀπίσω σώματος αὐ. (7)
— 29. ἐπιστρέψαι αὐτοὺς εἰς τὸν ν. σου (7)
— 34. οὐκ ἐποίησαν τὸν ν. σου (7)
10. 28 (29). πᾶς ὁ προσπορευόμ. . . . πρὸς [A *add.* τὸν] νόμον τοῦ θ. (7)
— 29 (30). τοῦ πορεύεσθαι ἐν νόμῳ τοῦ θ. (7)
— 34 (35). **A S R** ὡς γέγραπται ἐν τῷ ν. [B ἐν βιβλίῳ] (7)
— 36 (37). ὡς γέγραπται ἐν τῷ ν. (7)
12. 44. κατέστησαν . . . μερίδας [S[2] *add.* τοῦ ν.] τοῖς ἱ. (7)
13. 3. ὡς ἤκουσαν τὸν ν. (7)
To. 1. 8. S ἐν τῷ ν. M.
6. 12. κατὰ τὸν ν. Μωυσῆ [S *al.*]
7. 13. κατὰ τὸν ν. Μωυσέως [S *al.*]
— 14. S κατὰ τὴν κρίσιν τοῦ M. νόμου
14. 9. **A B** τήρησον τὸν ν.
Ju. 11. 12. διεστείλατο αὐτοῖς ὁ θ. τοῖς ν. αὐτοῦ
Es. 1. 8. οὐ [S[1] *om.*] κατὰ προκείμενον ν. ἐγένετο (2)
— 13. ποιήσατε οὖν περὶ τούτου νόμον (2)
— 15. ἀπήγγειλαν αὐτῷ κατὰ τοὺς ν. (2)
— 19. γραφήτω κατὰ τοὺς ν. Μήδων καὶ Π. (2)
— 20. ἀκουσθήτω ὁ ν. [A S[2] λόγος] (6)
3. 8. οἱ δὲ ν. αὐ. ἔξαλλοι (2)
— 8. τῶν δὲ ν. τοῦ βασ. παρακούουσιν (2)
— 13. τοῖς ν. ἀντίθετον [A S ἀντίτυπον] πρὸς πᾶν ἔθνος
— 13. διαγωγὴν νόμων ξενίζουσαν παραλλάσσον [A S[1] *al.*]
4. 16. εἰσελεύσομαι . . . παρὰ τὸν ν. (2)
8. 11. χρῆσθαι τοῖς ν. αὐτῶν –
— 13. δικαιοτάτοις δὲ πολιτευομένους νόμοις [S[1] *al.*]
— 13. **A S** χρῆσθαι τοῖς ἑαυ. ν. [B νομίμοις]
Jb. 34 27. ἐξέκλιναν ἐκ νόμου θεοῦ †
Ps. 1. 2. ἐν τῷ ν. κυρίου τὸ θέλημα αὐτοῦ (7)
— 2. ἐν τῷ ν. αὐτοῦ μελετήσει ἡμέρας καὶ νυκτός (7)
18 (19). 7. ὁ ν. τοῦ κυρίου ἄμωμος (7)
36 (37). 31. ὁ ν. τοῦ θεοῦ αὐτοῦ ἐν καρδίᾳ αὐτοῦ (7)
39 (40). 8. τοῦ ποιῆσαι . . . τὸν ν. σου (7)
58 (59). 11. μή ποτε ἐπιλάθωνται τοῦ ν. [S[2] ὀνόματός] σου †
77 (78). 1. προσέχετε λαός μου τὸν ν. μου (7)
— 5. νόμον ἔθετο ἐν Ἰσραήλ (7)
— 10. ἐν τῷ ν. αὐτοῦ οὐκ ἤθελον πορεύεσθαι (7)
88 (89). 30. ἐὰν ἐγκαταλίπωσιν οἱ υἱοὶ αὐτοῦ τὸν ν. μου (7)
93 (94). 12. καὶ ἐκ τοῦ ν. σου διδάξῃς αὐτόν (7)
104 (105). 45. καὶ τὸν ν. αὐτοῦ ἐκζητήσωσιν (7)
118 (119). 1. οἱ πορευόμενοι ἐν νόμῳ κυρίου (7)
— 18. κατανοήσω τὰ θαυμάσια ἐκ τοῦ ν. σου (7)
— 29. τῷ ν. σου ἐλέησόν με (7)
— 34. ἐξερευνήσω [S[1] ἐκζητήσω] τὸν ν. σου (7)
— 44. φυλάξω τὸν ν. σου διὰ παντός (7)
— 51. **A R** ἀπὸ δὲ τοῦ ν. σου οὐκ ἐξέκλινα (7)
— 53. ἀπὸ ἁμαρτωλῶν τῶν ἐγκαταλιμπανόντων τὸν ν. σου (7)
— 55. ἐφύλαξα τὸν ν. σου (7)
— 57. εἶπα τοῦ φυλάξασθαι τὸν ν. [S[1] τὰς ἐντολάς] σου (1)
— 61. τοῦ ν. σου οὐκ ἐπελαθόμην (7)
— 70. ἐγὼ δὲ τὸν ν. σου ἐμελέτησα (7)
— 72. **A S[1]** ἀγαθόν [S[2] R -ός] μοι ὁ ν. τοῦ στόματός σου (7)
— 77. ὁ ν. σου μελέτη μού ἐστιν (7)
— 85. ἀλλ' οὐχ ὡς ὁ ν. σου, κύριε (7)
— 92. εἰ μὴ ὅτι ὁ ν. σου μελέτη μού ἐστι (7)
— 97. ὡς ἠγάπησα τὸν ν. σου (7)
— 105. λύχνος τοῖς ποσί μου ὁ ν. σου (1)
— 109. τοῦ ν. [S[1] τὸν ν.] σου οὐκ ἐπελαθόμην (7)
— 113. τὸν δὲ ν. σου ἠγάπησα (7)
— 126. διεσκέδασαν τὸν ν. σου (7)
— 136. οὐκ ἐφύλαξα τὸν ν. σου (7)
— 142. ὁ ν. [S[1] λόγος] σου ἀλήθεια (7)
— 150. ἀπὸ δὲ τοῦ ν. σου οὐκ ἐμακρύνθησαν (7)

Ps. 118 (119). 153. τοῦ ν. [S[1] τὸν ν.] σου οὐκ ἐπελαθόμην (7)
— 163. τὸν δὲ ν. σου ἠγάπησα (7)
— 165. **S R** εἰρήνη πολλὴ τοῖς ἀγαπῶσι τὸν ν. [A τὸ ὄνομά] σου (7)
— 174. ὁ ν. σου μελέτη μού ἐστι (7)
129 (130). 5. S[1] ὑπέμεινεν ἡ ψυχή μου εἰς τὸν ν. [A S[2] R λόγον] (1)
Pr. 1. 8. **A S** ἄκουε, υἱέ, νόμους [B παιδείαν] πατρός σου †
3. 16. νόμον δὲ καὶ ἔλεον ἐπὶ γλώσσης φορεῖ †
4. 2. τὸν ἐμὸν ν. μὴ ἐγκαταλίπητε (7)
6. 20. φύλασσε νόμους πατρός σου (4)
— 23. λύχνος ἐντολὴ νόμου καὶ φῶς (7)
9. 10. τὸ γὰρ γνῶναι νόμον διανοίας ἐστὶν ἀγαθῆς †
13. 14. νόμος σοφοῦ πηγὴ ζωῆς (7)
— 15. τὸ δὲ γνῶναι νόμον διανοίας ἐστὶν ἀγαθῆς (2)
28. 4. οἱ ἐγκαταλείποντες τὸν ν. ἐγκωμιάζουσιν ἀσέβειαν (7)
— 4. οἱ δὲ ἀγαπῶντες τὸν ν. περιβάλλουσιν ἑαυτοῖς τεῖχος (7)
— 7. φυλάσσει νόμον [S[1] -ους] υἱὸς συνετός (7)
— 9. ὁ ἐκκλίνων τὸ οὖς αὐτοῦ μὴ εἰσακοῦσαι νόμου (7)
29. 18. ὁ δὲ φυλάσσων τὸν ν. μακαριστός (7)
Wi. 2. 11. ἔστω δὲ ἡμῶν ἡ ἰσχὺς νόμος τῆς δικαιοσύνης
— 12. ὀνειδίζει ἡμῖν ἁμαρτήματα νόμου
6. 4. οὐδὲ ἐφυλάξατε νόμον
— 18. ἀγάπη δὲ τήρησις νόμων αὐτῆς προσοχὴ δὲ νόμων βεβαίωσις ἀφθαρσίας
7. 20. φύσεις ζῴων καὶ νόμους καὶ [A B S[2] ζ. κ. θυμοὺς] θηρίων
9. 5. ἐλάσσων ἐν συνέσει κρίσεως καὶ νόμων
14. 16. τὸ ἀσεβὲς ἔθος [S[1] ἔθνος] ὡς νόμος [S[1] -ον] ἐφυλάχθη
16. 6. εἰς ἀνάμνησιν ἐντολῆς νόμου [A -ον] σου [S *om.*]
18. 4. ἤμελλε τὸ ἄφθαρτον νόμου φῶς [S[1] φωτὸς] τῷ αἰῶνι δίδοσθαι
— 9. τὸν τῆς θειότητος [S ὁσιότητος] ν. ἐν ὁμονοίᾳ διέθεντο
Si. *prol.* 1. πολλῶν καὶ μεγάλων ἡμῖν διὰ τοῦ ν. . . . δεδομένων
— 8. ἐπὶ πλεῖον ἑαυτὸν δοὺς εἴς τε τὴν τοῦ [A *om.*] ν. . . . ἀνάγνωσιν
— 12. S[1] διὰ τῆς ἐκ νόμου [A B S[2] ἐννόμου] βιώσεως
— 17. αὐτὸς ὁ ν. . . . οὐ μικρὰν ἔχει τὴν διαφοράν
— 27. **A B S[2]** προκατασκευαζομένους [S[1] R -οις] τὰ ἤθη ἐν νόμῳ [A ἐννόμως] βιοτεύειν
2. 16. οἱ ἀγαπῶντες αὐτὸν ἐμπλησθήσονται τοῦ [S *om.*] ν.
9. 15. πᾶσα διήγησίς σου ἐν νόμῳ ὑψίστου
15. 1. ὁ ἐγκρατὴς τοῦ ν. καταλήψεται αὐτήν [A -όν]
17. 11. νόμον ζωῆς ἐκληροδότησεν αὐτοῖς [A S[2] -ούς]
19. 17. δὸς τόπον νόμῳ ὑψίστου
— 20. ἐν πάσῃ σοφίᾳ ποίησις νόμου
— 24. περισσεύων ἐν φρονήσει [A συνέσει] καὶ παραβαίνων νόμον
21. 11. ὁ φυλάσσων νόμον
23. 23. πρῶτον μὲν γὰρ ἐν νόμῳ ὑψίστου [A -ῳ] ἠπείθησε
24. 23. νόμον ὃν ἐνετείλατο Μωυσῆς
31 (34). 8. ἄνευ ψεύδους συντελεσθήσεται νόμος
32 (35). 1. **A B[1] S R** ὁ συντηρῶν νόμον πλεονάζει προσφοράς [B[2] συμφοράς]
35 (32). 15. ὁ ζητῶν νόμον ἐμπλησθήσεται [S[1] ἐπιλησθ.] αὐτοῦ
— 24. ὁ πιστεύων νόμῳ προσέχει ἐντολαῖς
36 (33). 2. ἀνὴρ σοφὸς οὐ μισήσει νόμον
— 3. ἄνθρωπος συνετὸς ἐμπιστεύσει νόμῳ καὶ ὁ ν. αὐτῷ πιστός
38. 34. πλὴν τοῦ . . . διανοουμένου [A -ῳ] ἐν νόμῳ ὑψίστου
39. 8. ἐν νόμῳ διαθήκης κυρίου καυχήσεται
41. 8. οἵτινες ἐγκατελίπετε νόμον θεοῦ [S *om.*] ὑψίστου
42. 2. περὶ νόμου ὑψίστου καὶ διαθήκης
44. 19. ὃς συνετήρησε νόμον ὑψίστου
45. 5. ἔδωκεν αὐτῷ . . . νόμον ζωῆς καὶ ἐπιστήμης
— 17. **A R** ἐν νόμῳ αὐτοῦ φωτίσαι [B S φωνῆσαι] Ἰσραήλ
46. 14. ἐν νόμῳ κυρίου ἔκρινε συναγωγήν
49. 4. κατέλιπον γὰρ τὸν ν. τοῦ ὑψίστου
Ho. 4. 6. καὶ ἐπελάθου νόμον [A νόμου] θεοῦ σου (7)
8. 1. κατὰ τοῦ ν. μου ἠσέβησαν [B[1] *om.*] (7)

Am. 2. 4. ἕνεκα τοῦ ἀπώσασθαι αὐτοὺς τὸν ν. τοῦ κ. (7)
4. 5. καὶ ἀνέγνωσαν ἔξω νόμον †
Mi. 4. 2. ἐκ Σ. ἐξελεύσεται νόμος (7)
Hb. 1. 4. διὰ τοῦτο διεσκέδασται νόμος (7)
Ze. 3. 4. ἱερεῖς αὐτῆς . . . ἀσεβοῦσι νόμον [S[1] *al.*] (7)
Hg. 2. 12 (11). ἐπερώτησον τοὺς ἱερεῖς νόμον (7)
Za. 7. 12. τοῦ μὴ εἰσακούειν τοῦ ν. μου (7)
Ma. 2. 6. νόμος ἀληθείας ἦν ἐν τῷ στόματι αὐτοῦ (7)
— 7. νόμον ἐκζητήσουσιν ἐκ στόματος αὐτοῦ (7)
— 8. καὶ ἠσθενήσατε πολλοὺς ἐν νόμῳ (7)
— 9. ἀλλὰ ἐλαμβάνετε πρόσωπα ἐν νόμῳ (7)
4. 4 (3. 22). μνήσθητε νόμου M. τοῦ δούλου μου (7)
Is. 1. 10. προσέχετε νόμον θεοῦ (7)
2. 3. ἐκ γὰρ Σιὼν ἐξελεύσεται ν. (7)
5. 24. οὐ γὰρ ἠθέλησαν τὸν ν. κυρίου σαβαώθ (7)
8. 16. φανεροὶ ἔσονται οἱ σφραγιζόμενοι τὸν ν. (7)
— 20. νόμον γὰρ εἰς βοήθειαν ἔδωκεν (7)
24. 5. παρήλθοσαν [A παρέβησαν] τὸν ν. (7 *a*)
— 17. οἱ ἀθετοῦντες τὸν ν. –
30. 9. οὐκ ἠβούλοντο ἀκούειν τὸν ν. τοῦ θεοῦ (7)
33. 6. ἐν νόμῳ παραδοθήσονται †
42. 24. οὐδὲ ἀκούειν τοῦ ν. αὐτοῦ [S *al.*] (7)
51. 4. ν. παρ' ἐμοῦ ἐξελεύσεται (7)
— 7. λαὸς οὗ ὁ ν. μου ἐν τῇ καρδίᾳ ὑμῶν (7)
Je. 2. 8. οἱ ἀντεχόμενοι τοῦ ν. [A S *add.* μου] οὐκ ἠπίσταντό με (7)
6. 19. τὸν ν. μου ἀπώσαντο (7)
8. 8. ν. κυρίου ἐστὶν μεθ' ἡμῶν (7)
— 9. τὸν ν. [A S λόγον] κυρίου ἀπεδοκίμασαν (1)
9. 13 (12). διὰ τὸ ἐγκαταλιπεῖν αὐτοὺς τὸν ν. μου (7)
13. 25. A ὡς ἐπελάθου νόμου [B S *om.*] μου –
16. 11. τὸν ν. μου οὐκ ἐφυλάξαντο (7)
18. 18. οὐκ ἀπολεῖται ν. ἀπὸ ἱερέως (7)
23. 27. τοῦ ἐπιλαθέσθαι τοῦ ν. μου ἐν τοῖς ἐνυπνίοις αὐτῶν †
29 (49). 12. οἷς οὐκ ἦν ν. πιεῖν τὸ ποτήριον (5)
33 (26). 4. A τοῦ πορεύεσθαι ἐν τοῖς ν. [B S νομίμοις] μου (7)
34 (27). 18. S[1] εἰ ἔστι ν. [A B S[2] λόγος] κυρίου ἐν αὐτοῖς (1)
38 (31). 33. διδοὺς δώσω νόμους μου εἰς τὴν διάνοιαν αὐ. [S[1] *al.*] (7)
— 36. ἐὰν παύσωνται οἱ ν. οὗτοι ἀπὸ προσώπου μου (3 *a*)
51 (44). 23. ἐν τῷ ν. . . . οὐκ ἐπορεύθητε (3 *b*)
Ba. 2. 2. κατὰ τὰ γεγραμμένα ἐν τῷ ν. Μωυσῆ
— 28. γράψαι τὸν ν. σου ἐναντίον υἱῶν Ἰσ.
4. 1. ὁ ν. ὁ ὑπάρχων εἰς τὸν αἰῶνα
— 13. ἐξέκλιναν ἐκ νόμου θεοῦ
La. 2. 9. οὐκ ἔστι ν. (7)
Ez. 7. 26. ν. ἀπολεῖται ἐξ ἱερέως (7)
22. 26. οἱ ἱερεῖς αὐτῆς ἠθέτησαν νόμον [A τὸν ν.] μου (7)
43. 12. A οὗτος ὁ ν. τοῦ οἴκου (7)
Da. LXX. Su. 3. κατὰ τὸν ν. M.
— 61. ὡς ὁ ν. διαγορεύει
3. (30). τῶν ἐντολῶν τοῦ ν. σου οὐχ ὑπηκούσαμεν
7. 25. ἀλλοιῶσαι καιροὺς καὶ νόμον (2)
9. 10. κατακολουθῆσαι τῷ ν. σου (7)
— 11. πᾶς Ἰσρ. ἐγκατέλιπε τὸν ν. σου (7)
— 11. ὁ ὅρκος ὁ γεγραμμ. ἐν τῷ ν. M. (7)
Da. TH. Su. 3, 62. κατὰ τὸν ν. M.
6. 5 (6). A εἰ μὴ ἐν νόμοις [B νομίμοις] θεοῦ αὐτοῦ (2)
7. 25. τοῦ ἀλλοιῶσαι καιροὺς καὶ νόμον (2)
9. 10. πορεύεσθαι ἐν [A *om.*] τοῖς ν. αὐ. (7)
— 11. πᾶς Ἰσρ. παρέβησαν τὸν ν. σου (7)
— 11. ὁ ὅρκος ὁ γεγραμμ. ἐν νόμῳ M. (7)
— 13. καθὼς γέγραπται ἐν τῷ [A *om.*] ν. M. (7)
I Ma. 1. 49. ὥστε ἐπιλαθέσθαι τοῦ ν.
— 52. πᾶς ὁ ἐγκαταλιπὼν τὸν ν.
— 56. τὰ βιβλία τοῦ ν. . . . ἐνεπύρισαν
— 57. εἴ τις συνευδόκει τῷ ν.
2. 21. ἵλεως ἡμῖν καταλιπεῖν νόμον
— 22. A τὸν ν. [S λόγον, R τῶν λ.] τοῦ βασ. οὐκ ἀκουσόμεθα
— 26. ἐζήλωσε [S[1] ἔδωκαν] τῷ ν.
— 27. πᾶς ὁ ζηλῶν τῷ ν.
— 42. πᾶς ὁ ἑκουσιαζόμενος τῷ ν.
— 48. ἀντελάβοντο τοῦ ν.
— 50. ζηλώσατε τῷ ν.
— 58. **A R** ἐν τῷ ζηλῶσαι ζῆλον νόμου [S νόμον ζήλους]
— 64. ἀνδρίζεσθε ἐν τῷ ν.
— 67. προσάξετε πρὸς ὑμᾶς πάντας τοὺς ποιητὰς τοῦ ν.

I Ma. 2. 68. προσέχετε εἰς τὰ προστάγματα τοῦ ν.
3. 48. ἐξεπέτασαν τὸ βιβλίον τοῦ ν.
— 56. ἀποστρέφειν ἕκαστον . . . κατὰ τὸν ν.
4. 42. ἐπέλεξεν ἱερεῖς ἀμώμους θελητὰς νόμου
— 47. ἔλαβον λίθους ὁλοκλήρους κατὰ τὸν ν.
— 53. ἀνήνεγκαν θυσίαν κατὰ τὸν ν.
10. 14. τινὲς τῶν καταλιπόντων τὸν ν.
— 37. πορευέσθωσαν τοῖς ν.
13. 3. A R ὅσα . . . ἐποιήσαμεν περὶ τῶν ν. [S *al.*]
— 48. οἵτινες τὸν ν. ποιοῦσι
14. 14. τὸν ν. ἐξεζήτησε
— 29. ὅπως σταθῇ . . . ὁ ν.
15. 21. ὅπως ἐκδικήσῃ . . . κατὰ τὸν ν. αὐ.
II Ma. 1. 4. διανοίξαι τὴν καρδίαν ὑμῶν ἐν τῷ ν. αὐ.
2. 2. A^{2}R δοὺς αὐτοῖς τὸν ν.
— 3. A^{2}R μὴ ἀποστῆναι τὸν ν. ἀπὸ τῆς καρδίας αὐ.
— 18. καθὼς ἐπηγγείλατο διὰ τοῦ ν.
— 22. τοὺς μέλλοντας καταλύεσθαι νόμους
3. 1. R τῶν ν. ἔτι [A ὅτι] κάλλιστα συντηρουμένων
4. 2. τὸν . . . ζηλωτὴν τῶν ν.
— 17. ἀσεβεῖν γὰρ εἰς τοὺς θείους ν.
5. 8. στυγούμενος ὡς τῶν ν. ἀποστάτης
— 10. A οὔτε πατρῴου ν. [R τάφου] μετέσχε
— 15. τὸν καὶ τῶν ν. καὶ τῆς πατρίδος προδότην
6. 1. A μεταβαίνειν ἀπὸ τῶν πατρίων ν. καὶ τοῖς τοῦ θεοῦ νόμου μὴ πολιτεύεσθαι [R *al.*]
— 5. τοῖς ἀποδιεσταλμ. ἀπὸ τῶν ν. ἀθεμίτοις
— 28. εἰς τὸ . . . γενναίως ὑπὲρ τῶν . . . ἁγίων ν. ἀπευθανατίζειν
7. 2. R παραβαίνειν τοὺς πατρίους ν. [A *al.*]
— 9. ἀποθανόντας ἡμᾶς ὑπὲρ τῶν αὐτοῦ ν.
— 11. διὰ τοὺς αὐτοῦ ν. ὑπερορῶ ταῦτα
— 23. ὑπερορᾶτε ἑαυτοὺς διὰ τοὺς αὐτοῦ νόμους
— 24. R μεταθέμενον ἀπὸ τῶν πατρίων ν. [A *om.*]
— 30. τοῦ δὲ προστάγματος ἀκούω τοῦ ν.
— 37. σῶμα . . . προδίδωμι περὶ τῶν πατρίων ν.
8. 21. ἑτοίμους ὑπὲρ τῶν ν. . . . ἀποθνήσκειν
— 36. διὰ τὸ ἀκολουθεῖν τοῖς ὑπ' αὐτοῦ προτεταγμ. νόμοις
10. 26. καθὼς καὶ ὁ ν. διασαφεῖ
11. 31. χρῆσθαι τοὺς 'I. τοῖς ἑαυτῶν . . . ν.
12. 40. ἀφ' ὧν ὁ ν. ἀπείργει τοὺς 'I.
13. 10. τοῖς τοῦ ν. . . . στερεῖσθαι μέλλουσι
— 14. A ἀγωνίσασθαι μέχρι θανάτου περὶ νόμων ἱεροῦ [R *al.*]
15. 9. παραμυθούμενος αὐτοὺς ἐκ τοῦ ν.
III Ma. 1. 12. R τοῦ τε ν. παραναγνωσθέντος [A παραγν.]
— 23. θαρραλέως ὑπὲρ τοῦ πατρῴου ν. τελευτᾶν
3. 4. τῷ τούτου νόμῳ πολιτευόμενοι
5. 36. R κατὰ δὲ τούτους τοὺς [A τοὺς αὐτοὺς] ν.
7. 5. νόμου Σκυθῶν ἀγριοτέραν ἐμπεπορπημένοι ὠμότητα
— 10. παραβεβηκότας τοῦ θεοῦ τὸν ν.
— 12. τοὺς παραβεβηκότας τοῦ θεοῦ τὸν ν.
IV Ma. 1. 17. αὕτη δὴ τοίνυν ἐστὶν ἡ τοῦ ν. παιδεία
— 34. AS^{2}R τῶν ἀπηγορευμ. ἡμῖν κατὰ [S^1 διὰ] τὸν ν.
2. 5. λέγει γοῦν ὁ ν.
— 6. ὅτε μὴ ἐπιθυμεῖν εἴρηκεν ἡμᾶς ὁ ν.
— 8. τῷ ν. πολιτευόμενος
— 9. ὑπὸ τοῦ ν. κρατεῖται
— 10. ὁ γὰρ ν. καὶ τῆς πρὸς γονεῖς εὐνοίας κρατεῖ
— 13. ἐπικρατεῖν δύναται διὰ τὸν ν.
— 23. καὶ τούτῳ νόμον ἔδωκε
4. 23. τῷ πατρίῳ πολιτευόμενοι ν.
5. 16. θείῳ πεπεισμένοι νόμῳ πολιτεύεσθαι
— 16. τῆς πρὸς τὸν ν. ἡμῶν εὐπειθείας
— 18. εἰ καὶ κατὰ ἀλήθειαν μὴ ἦν ὁ ν. ἡμῶν
— 21. ὡς ὁμοίως ὁ ν. ὑπερηφανεῖται
— 25. πιστεύοντες γὰρ θεοῦ καθεστάναι τὸν ν.
— 29. περὶ τοῦ φυλάξαι τὸν ν.
— 33. τὸν πάτριον καταλῦσαι ν.
— 34. οὐ ψεύσομαί σε, παιδευτὰ νόμε
6. 21. τὸν δὲ θεῖον ἡμῶν ν. . . . μὴ προασπίσαιμεν
— 27. ἀποθνήσκω διὰ τὸν ν.
— 30. ἀντέστη τῷ λογισμῷ διὰ τὸν ν.
7. 7. ὦ σύμφωνε νόμου
— 8. R τοὺς ἱερουργοῦντας [AS δημιουργ.] τὸν ν.
8. 25. SR οὐδὲ αὐτὸς ὁ ν. [A ναὸς] . . . ἡμᾶς θανατοῖ
9. 2. εἰ μὴ τῇ τοῦ ν. εὐπειθείᾳ
— 15. θείου ν. προασπίζοντα
10. 20. ὑπὲρ τοῦ ν. τοῦ θ. . . . ἀκρωτηριαζόμεθα
11. 5. κατὰ τὸν ἐνάρετον αὐ. ζῶμεν ν.
— 12. παρέχων τὴν εἰς τὸν ν. ἡμῶν καρτερίαν
— 27. θείου ν. προεστήκασιν ἡμῶν οἱ δορυφόροι
IV Ma. 13. 9. ἀποθάνωμεν ἀδελφοὶ περὶ τοῦ ν.
— 13. χρήσωμεν τῇ περὶ τὸν ν. φυλακῇ τὰ σώματα
— 22. καὶ τῆς ἡμετέρας ἐν νόμῳ θεοῦ ἀσκήσεως
— 24. νόμῳ γὰρ τῷ αὐτῷ παιδευθέντες
15. 9. καὶ τὴν πρὸς τὸν ν. αὐ. εὐπείθειαν
— 29. ἔκδικε τοῦ ν.
16. 16. AR ἐναγωνίσασθε . . . ὑπὲρ τοῦ πατρίου [S πατρῴου] ν.
18. 1. πείθεσθε τῷ ν. τούτῳ
— 10. ὃς ἐδίδασκεν ὑμᾶς . . . τὸν ν.
[Aq. Ge. 26. 5: Le. 26. 46: Jo. 1. 7: Jb. 22. 22: Ps. 1. 2 *bis*: 39 (40). 9: 118 (119). 109, 126: Pr. 6. 23: Is. 1. 10: 8. 16: 42. 4: Je. 31 (38). 33: Ho. 8. 12.]
[Sm. Ge. 26. 5: Le. 26. 46: Dt. 33. 2: Jo. 1. 7: Ps. 1. 2 *bis*: 9. 21: 39 (40). 9: 118 (119). 105, 126, 136: 129 (130). 4: Pr. 6. 23: 31. 26: Is. 1. 10: 8. 16: 42. 4, 21: Je. 31 (38). 33: Ho. 8. 12: Ma. 2. 9.]
[Th. Ge. 26. 5: Le. 26. 46: Jo. 1. 7: Ps. 39 (40). 9: 118 (119). 165: 129 (130). 4: Pr. 6. 23: 31. 26: Is. 1. 10: 42. 4: Je. 31 (38). 33: 44 (51). 10.]
[Al. Jo. 8. 34 (9. 7).]
[Quint., Sext. Ps. 1. 2 *bis*.]
[Heb. Is. 42. 4.]

νομός. (1) מַמְלָכָה (2) נָוֶה
Is. 19. 2. καὶ νομὸς ἐπὶ νομόν (1, 1)
Je. 10. 25. τὴν νομὴν [S^1 τὸν ν.] αὐ. ἠρήμωσαν (2)
I Ma. 10. 30. καὶ ἀπὸ τῶν τριῶν ν. τῶν προστιθεμ. αὐτῇ
— 38. τοὺς τρεῖς ν. τοὺς προστεθέντας τῇ 'I.
11. 34. ἐστάκαμεν οὖν αὐτοῖς . . . τοὺς τρεῖς ν.
— 57. καθίστημί σε ἐπὶ τῶν τεσσάρων ν.
II Ma. 5. 14. A τέσσαρες μὲν ἐν χειρῶν νομοῖς [R -αῖς]
III Ma. 4. 3. τίς ν. ἢ πόλις

νομοφαγία.
IV Ma. 1. 36. A λιμαργίᾳ καὶ νομοφαγίᾳ [S R μονοφ.]

νομοφύλαξ.
IV Ma. 15. 32. οὕτως σύ, ἡ ν.

νοσεῖν.
Wi. 17. 8. ταραχὰς ἀπελαύνειν ψυχῆς νοσούσης [S^1 *al.*]
— 8. οὗτοι καταγέλαστον εὐλάβειαν ἐνόσουν
[Sm. Ge. 48. 1: I Ki. 30. 13.]

νοσερός. (1) תַּחֲלוּא
Je. 14. 15. ἐν θανάτῳ νοσερῷ ἀποθανοῦνται †
16. 4. ἐν θανάτῳ νοσερῷ ἀποθανοῦνται (1)

νόσος. (1) *a.* חֳלִי *b.* מַחֲלָה *c.* מַחֲלֶה (2) מַדְוֶה (3) מַכָּה (4) תַּחֲלוּא
Ex. 15. 26. πᾶσαν ν. . . . οὐκ ἐπάξω ἐπὶ σέ (1 *b*)
De. 7. 15. καὶ π. νόσους . . . οὐκ ἐπιθήσει (2)
28. 59. AB^{2}R καὶ ν. πονηρὰς καὶ πιστάς (3)
29. 22 (21). ὄψονται . . . τὰς ν. αὐτῆς (4)
II Ch. 21. 15. ἐν μαλακίᾳ πονηρᾷ ἐν νόσῳ κοιλίας (1 *c*)
— 19. ἐξῆλθεν ἡ κοιλία αὐ. μετὰ τῆς ν. (1 *a*)
Jb. 24. 23. ἀλλὰ πεσεῖται νόσῳ †
Ps. 102 (103). 3. τὸν ἰώμενον πάσας τὰς ν. σου (4)
Si. 2. 5. S^2 ἐν νόσοις καὶ πενίᾳ ἐπ' αὐτῷ πεποιθὼς γίνου
37. 30. AS ἐν πολλοῖς γὰρ βρώμασιν ἔσται νόσος [B πόνος]
Ho. 5. 13. καὶ εἶδεν 'Εφ. τὴν ν. αὐτοῦ (1 *a*)
Da. LXX. Su. 57. τὴν ν. ὑμῶν ἐν ἀνομίᾳ ὑπενεγκεῖν
I Ma. 14. 5. εἴσοδον ταῖς νήσοις [S^1 νόσοις] τῆς θαλ.
[Aq. Is. 53. 4.]
[Sm. Ec. 5. 12: Is. 1. 5: 53. 3: Je. 6. 7.]

νοσσεύειν. (1) דּוּר (2) קָנַן pi. (3) שָׁכַן
Si. 1. 15. μετὰ ἀνθρώπων θεμέλιον αἰῶνος ἐνόσσευσε
Is. 34. 15. ἐκεῖ ἐνόσσευσεν ἐχῖνος (2)
Je. 31 (48). 28. ὥσπερ περιστεραὶ νοσσεύουσαι [A αἱ ν. ?] ἐν πέτραις (1)
Ez. 31. 6. ἐν ταῖς παραφυάσιν αὐτοῦ ἐνόσσευσαν πάντα τὰ πετεινά (2)
Da. LXX. 4. 9. ἐν αὐτῷ τὰ πετεινὰ τοῦ οὐρανοῦ ἐνόσσευον (1)
— 18. πάντα τὰ πετεινὰ τοῦ οὐρ. τὰ νοσσεύοντα ἐν αὐτῷ (3)
[Aq. Ps. 103 (104). 17.]

νοσσιά, νεοσσιά (-εία). (1) חֹר (2) קֵן
Ge. 6. 14. νοσσιὰς ποιήσεις τὴν κιβωτόν (2)
Nu. 24. 21. ἐὰν θῇς ἐν πέτρᾳ τὴν ν. σου (2)
Nu. 24. 22. B^1 ἐὰν γένηται τῷ B. νεοσσιὰ [A B^2 R νοσσ.] πανουργίας †
De. 22. 6. ἐὰν δὲ συναντήσῃς νοσσιᾷ ὀρνέων (2)
32. 11. ὡς ἀετὸς σκεπάσαι νοσσιὰν αὐ. (2)
Jb. 39. 27. γὺψ δὲ ἐπὶ νοσσιᾶς αὐτοῦ καθεσθεὶς αὐλίζεται (2)
Ps. 83 (84). 3. εὗρεν . . . τρυγὼν νοσσιὰν ἑαυτῇ (2)
Pr. 16. 16. νοσσιαὶ σοφίας αἱρετώτεραι χρυσίου νοσσιαὶ δὲ φρονήσεως αἱρετώτεραι ὑπὲρ ἀργύριον †, †
27. 8. ὥσπερ ὅταν ὄρνεον καταπετασθῇ ἐκ τῆς ἰδίας ν. (2)
Si. 36. 31 (28). οὕτως ἀνθρώπῳ μὴ ἔχοντι νοσσιάν
Ob. 1. 4. ἐὰν ἀνὰ μέσον τῶν ἄστρων θῇς νοσσιάν σου (2)
Na. 2. 12 (13). καὶ ἔπλησε θήρας νοσσιὰν αὐτοῦ (1)
Hb. 2. 9. τοῦ τάξαι εἰς ὕψος [S^1 οἶκον] νοσσιὰν αὐτοῦ (2)
Is. 10. 14. τὴν οἰκουμένην ὅλην καταλήψομαι τῇ χειρὶ ὡς νοσσιάν (2)
Je. 29 (49). 16. ὕψωσεν [A ἐὰν ὑψώσεις] ὥσπερ ἀετὸς νοσσιὰν αὐτοῦ (2)
IV Ma. 14. 19. πλήσσουσι τοὺς προσιόντας τῇ ν. αὐτῶν
[Aq. Ps. 83 (84). 4: Is. 16. 2.]
[Sm. Jb. 29. 18.]

νοσσίον. (1) אֶפְרֹחַ
Ps. 83 (84). 3. οὗ θήσει τὰ ν. ἑαυτῆς (1)

νοσσοποιεῖν.
Is. 13. 22. νοσσοποιήσουσιν ἐχῖνοι ἐν τοῖς οἴκοις αὐτῶν †
IV Ma. 14. 16. τὰ δὲ κατὰ τὰς κορυφὰς ὀρέων . . . νοττοποιησάμενα [S^1 ἐννοσσοποιησόμενα, S^2 ἐννοσσοποιούμ.]

νοσσός, νεοσσός. (1) אֶפְרֹחַ (2) בֵּן (3) גּוֹזָל (4) יֶלֶד (5) קֵן
Le. 5. 7, 11. δύο νοσσοὺς [A νεοσσοὺς] περιστερῶν (2)
12. 8: 14. 22. ἢ δύο νοσσοὺς [A νεοσσοὺς] περιστερῶν (2)
14. 30. τῶν νοσσῶν [A^1 νεοσσῶν] τῶν περιστερῶν (2)
15. 14, 29. δύο νοσσοὺς [A νεοσσοὺς] περιστερῶν (2)
Nu. 6. 10. οἴσει . . . δύο νοσσοὺς [A νεοσσοὺς] περιστερῶν (2)
De. 22. 6. ἐὰν δὲ συναντήσῃς . . . νοσσοῖς (1)
— 6. καὶ ἡ μήτηρ θάλπῃ ἐπὶ τῶν ν. (1)
32. 11. ἐπὶ τοῖς ν. αὐ. ἐπεπόθησεν (3)
Jb. 5. 7. νεοσσοὶ δὲ γυπὸς τὰ ὑψηλὰ πέτονται (2)
38. 41. νεοσσοὶ γὰρ αὐτοῦ πρὸς κύριον κεκράγασι (4)
39. 30. νεοσσοὶ δὲ αὐτοῦ φύρονται ἐν αἵματι (1)
Ps. 146 (147). 9. καὶ τοῖς ν. τῶν κοράκων τοῖς ἐπικαλουμένοις αὐτόν (2)
Pr. 24. 23 (29. 27). ὥστε ἄβρωτα εἶναι νεοσσοῖς ἀετῶν -
— 52 (30. 17). καταφάγοισαν αὐτὸν νεοσσοὶ ἀετῶν (2)
Is. 16. 2. ἔσῃ γὰρ ὡς πετεινοῦ ἀνιπταμένου ν. ἀφῃρημένος (5)
60. 8. ὡς περιστεραὶ σὺν νοσσοῖς [A νεοσσοῖς] ἐπ' ἐμέ [AS^1 *om.* ἐ. ἐ.] †
[Aq. Ps. 83 (84). 4.]
[Sm. Le. 1. 14.]
[Th. Ge. 15. 9.]

νοσφίζεσθαι. (1) לָקַח
Jo. 7. 1. ἐνοσφίσαντο ἀπὸ τοῦ ἀναθέματος (1 ?)
II Ma. 4. 32. εὐφυῆ χρυσώματά τινα τῶν τοῦ ἱεροῦ νοσφισάμενος

νότιον.
[Aq. I Ki. 20. 41.]
[Th. Hb. 3. 3.]

νότονδε.
[Aq. Ge. 12. 9.]

νότος. (1) דָּרוֹם (2) כָּתֵף (3) נֶגֶב (4) קָדִים (5) תֵּימָן
Ex. 10. 13. ἐπήγαγεν ἄνεμον [A *om.*] νότον (4)
— 13. ὁ ἄνεμος ὁ ν. ἀνέλαβε τὴν ἀκρίδα (4)
14. 21. ἐν ἀνέμῳ νότῳ βιαίῳ (4)

Ex. 26. 20. τὸ κλίτος τὸ δεύτερον τὸ πρὸς νότον †
— 35. ἐπὶ μέρους τῆς σκηνῆς τὸ πρὸς νότον (5)
27. 13. τὸ πρὸς νότον [A ἀνατολάς] †
37. 7 (38. 9). ἐποίησαν τὴν αὐλὴν τὰ πρὸς λίβα [A[1] νότον] (3)
— 9 (38. 11). B τὸ κλίτος τὸ πρὸς νότον –
40. 24. τὸ κλίτος τῆς σκηνῆς τὸ πρὸς νότον (3)
Nu. 2. 3. B οἱ παρεμβάλλοντες κατὰ νότον [A R π. πρῶτοι] †
3. 29. παρεμβαλοῦσιν . . . κατὰ λίβα [A[1] νότον] (5)
10. 6. A αἱ παρεμβ. αἱ παρεμβάλλουσαι νότον [B λίβα] (5)
13. 30 (29). ἐν τῇ γῇ τῇ πρὸς νότον (3)
34. 15. ἀπὸ νότου κατ' ἀνατολάς †
De. 3. 27. A κατὰ θάλασσαν . . . καὶ νότον [B λίβα] (5)
Jo. 15. 1. A ἕως Κάδης πρὸς νότον [B λίβα] (3)
— 2. A ἐγενήθη αὐ. τὰ ὅρια ἀπὸ νότου [B λιβὸς] . . . ἀπὸ τῆς λοφιᾶς τῆς φερούσης ἐπὶ νότον [B λίβα] (3, 3)
— 3. ἀναβαίνει ἐπὶ [A B[2] R ἀπὸ] λιβός [A νότου] (3)
— 4. A ταῦτά ἐστιν αὐ. τὰ ὅρια ἀπὸ νότου [B al.] (3)
— 7. A ἥ ἐστι κατὰ νότον [B λίβα] φάραγγι (3)
— 8. B ἐπὶ νότου [A R νώτου] τοῦ Ἰεβοὺς (2)
— 10. A παρελεύσεται ἐπὶ νότον [B λίβα] †
18. 13. A διελεύσεται . . . ἐπὶ νότου [B νώτου] (2)
— 16. B καταβήσεται Γ. ἐπὶ νότου [A R νῶτον] Ἰ. (2)
19. 34. A B συνάψει τῷ Ζ. ἀπὸ νότου [R νώτου] (3)
Jd. 1. 9. τὸν Χαν. τὸν κατοικοῦντα . . . τὸν ν. (3)
— 14. εἰς γῆν νότου ἐκδέδοσαί με –
— 15. εἰς γῆν νότου ἐκδέδοσαί με (3)
— 16. τὴν ἔρημον τὴν οὖσαν ἐν τῷ ν. Ἰ. (3 ?)
21. 19. καὶ ἀπὸ νότου τῆς Λ. (3)
I Ki. 13. 5. R ἐξ ἐναντίας β. κατὰ νότου [B νώτου] –
14. 5. B ἡ ὁδὸς ἡ ἄλλη ἀπὸ νότου (3)
27. 10. κατὰ νότον τῆς Ἰουδ. καὶ κατὰ νότον Ἰεσμ. καὶ κατὰ νότον τοῦ Κεν. (3 ter)
30. 1. Ἀμ. ἐπέθετο ἐπὶ τὸν ν. (3)
— 14. A R ἐπεθέμεθα ἐπὶ νότον τοῦ Χ. . . καὶ ἐπὶ νότον Χ. [B ἐ. τὸν Γ.] (3, 3)
— 27. καὶ τοῖς ἐν Ῥ. νότου (3)
II Ki. 24. 7. ἦλθαν κατὰ νότον Ἰούδα [A κ. τὸν Ἰορδ.] (3)
III Ki. 7. 25. οἱ τρεῖς ἐπιβλέποντες νότον (3)
— 39. ἀπὸ τοῦ κλίτους τοῦ ν. (3)
I Ch. 9. 24. κατὰ ἀνατολὰς θάλασσαν βορρᾶν νότον (3)
26. 15. τῷ Ἀ. νότον (3)
— 17. B νότον τῆς ἡμέρας τέσσαρες (3)
— 18. καὶ τῷ ν. τέσσαρες –
II Ch. 4. 4. καὶ οἱ τρεῖς [A add. βλέποντες] νότον (3)
33. 14. B[1] ἀπὸ λιβὸς κατὰ Γ. [A B[2] R νότον] †
Ju. 2. 23. πρὸς νότον τῆς Χ.
— 25. ἦλθεν ἕως ὁρίων Ἰ. τὰ [S τοῦ] πρὸς νότον
7. 18. ἀπέστειλαν ἐξ αὐτῶν πρὸς νότον
Jb. 9. 9. ὁ ποιῶν . . . ταμεῖα νότου (5)
37. 17. S[2] ἀπὸ νότου [? νώτου] (1)
38. 24. ἢ διασκεδάννυται νότος εἰς τὴν ὑπ' οὐρανόν (4)
39. 26. ἱέραξ . . . καθορῶν τὰ πρὸς νότον (5)
Ps. 77 (78). 26. ἀπῆρε νότον ἐξ οὐρανοῦ (4)
125 (126). 4. ὡς χειμάρρους ἐν τῷ ν. (3)
Ec. 1. 6. πορεύεται πρὸς νότον (1)
11. 3. ἐὰν πέσῃ ξύλον ἐν τῷ ν. (1)
Ca. 4. 16. ἐξεγέρθητι, βορρᾶ, καὶ ἔρχου, νότε (5)
Si. 43. 16. ἐν θελήματι πνεύσεται νότος
Za. 6. 6. ἐξεπορεύοντο ἐπὶ γῆν νότου (5)
— 7. οἱ ψαροὶ ἐξεπορεύοντο [S[3] add. ἐπὶ γῆν νότου] –
14. 4. καὶ τὸ ἥμισυ αὐ. πρὸς νότον (3)
— 10. ἀπὸ Γ. ἕως Ῥ. κατὰ νότον Ἱερ. (3)
Je. 13. 19. πόλεις αἱ πρὸς νότον συνεκλείσθησαν (3)
17. 26. ἐκ τοῦ ὄρους καὶ ἐκ τῆς πρὸς νότον (3)
Ez. 27. 26. τὸ πνεῦμα τοῦ ν. συνέτριψέ σε (4)
40. 24. ἤγαγέ [A εἰσήγ.] με κατὰ νότον καὶ ἰδοὺ πύλη βλέπουσα πρὸς νότον (1, 1)
— 27. πύλη κατέναντι τῆς πύλης τῆς αὐλῆς τῆς ἐσωτέρας πρὸς νότον . . . πήχεις ἑκατὸν τὸ εὖρος πρὸς νότον (1, 1)
— 28. εἰσήγαγέ με εἰς τὴν αὐλὴν τὴν ἐσωτέραν τῆς πύλης τῆς πρὸς νότον (1)
— 44. μία . . . φέρουσα πρὸς νότον καὶ μία κατὰ νώτου τῆς πύλης τῆς πρὸς νότον (1, 4)
— 45. ἡ ἐξέδρα αὕτη ἡ βλέπουσα πρὸς νότον (1)
41. 11. ἡ θύρα ἡ μία πρὸς νότον (1)
42. 10. τὰ πρὸς νότον κατὰ πρόσωπον τοῦ ν. (4, –)
Ez. 42. 12. τῶν ἐξεδρῶν τῶν πρὸς νότον (1)
— 13. αἱ ἐξέδραι αἱ πρὸς νότον οὖσαι (1)
— 19. ἐπέστρεψε πρὸς νότον καὶ διεμέτρησε κατέναντι τοῦ ν. [B[2] ναοῦ] †, †
46. 9 bis. κατὰ τὴν ὁδὸν τῆς πύλης τῆς πρὸς νότον (3)
47. 1. ἀπὸ νότου ἐπὶ τὸ θυσιαστήριον (3)
— 19. τὰ πρὸς νότον καὶ λίβα ἀπὸ Θαιμάν (3)
— 19. τοῦτο τὸ μέρος ν. καὶ λίψ (5)
48. 10. πρὸς νότον [A add. μῆκος] εἴκοσι καὶ πέντε χιλιάδες (4+3)
— 16. ἀπὸ τῶν πρὸς νότον πεντακόσιοι καὶ τέσσαρες χιλιάδες (3)
— 17. B πρὸς νότον διακόσιοι καὶ πεντήκοντα (3)
— 33. τὰ πρὸς νότον τετρακισχίλιοι καὶ πεντακόσιοι μέτρῳ (3)
Da. LXX. 8. 9. ἐπάταξεν . . . ἐπὶ νότον [cod.[1] om. ἐ. ν.] (3 ?)
Da. TH. 8. 4. τὸν κριὸν κερατίζοντα κατὰ . . . νότον (3)
— 9. ἐμεγαλύνθη περισσῶς πρὸς τὸν ν. (3)
11. 5. ἐνισχύσει ὁ βασιλεὺς τοῦ ν. (3)
— 6. θυγάτηρ βασιλέως τοῦ ν. (3)
— 9. εἰς τὴν βασιλείαν τοῦ βασ. τοῦ ν. (3)
— 11. ἀγριανθήσεται βασιλεὺς τοῦ ν. (3)
— 14. ἐπαναστήσονται ἐπὶ βασιλέα τοῦ ν. (3)
— 15. οἱ βραχίονες τοῦ βασ. τοῦ ν. (3)
— 25. ἐξεγερθήσεται . . . ἐπὶ βασιλέα τοῦ ν. (3)
— 25. ὁ βασ. τοῦ ν. συνάψει πόλεμον (3)
— 29. ἥξει ἐν τῷ ν. (3)
— 40. συγκερατισθήσεται μετὰ τοῦ βασ. τοῦ ν. (3)
I Ma. 3. 57. παρενέβαλε κατὰ νότον Ἐ.
5. 65. S[1] R ἐν τῇ γῇ [A S[2] add. τῇ] πρὸς νότον
[**Aq.** Nu. 34. 3: Dt. 3. 27: Jo. 10. 40: I Ki. 20. 41: 27. 10: Ps. 88 (89). 13: Je. 13. 19: 17. 26: 32 (39). 44: Ez. 20. 46 (21. 2) ter, 47 (21. 3): Am. 1. 12: Ob. 19.]
[**Sm.** Ge. 12. 9: 13. 1, 3: Nu. 34. 3: Dt. 3. 27: Jo. 10. 40: Ps. 77 (78). 26: 88 (89). 13: Is. 30. 6: Je. 32 (39). 44: Ez. 20. 46 (21. 2): 40. 2: Am. 1. 12: Ob. 19.]
[**Th.** Nu. 34. 3: Dt. 3. 27: Jb. 37. 17: Ps. 88 (89). 13: Is. 30. 6: Ez. 20. 47 (21. 3): Da. 8. 9: 11. 5, 9: Am. 1. 12: Ob. 19: Hb. 3. 3.]
[**Al.** Nu. 2. 10: 3. 29: 10. 6: 21. 1: 35. 5: Dt. 1. 7: 33. 23: 34. 3: Jo. 15. 21: I Ki. 20. 41: Za. 14. 10.]
[**Heb.** Jb. 9. 9.]
[**Quint.** Ps. 88 (89). 13.]

νουά.

Jd. 20. 43. ἐδίωξαν αὐτὸν ἀπὸ ν. [A al.] †

νουθεσία.

Wi. 16. 6. εἰς νουθεσίαν δὲ πρὸς ὀλίγον ἐταράχθησαν

νουθετεῖν. (1) *a.* בִּין hithpal. *b.* בִּינָה (2) יָסַר pi. (3) כָּהָה pi.

I Ki. 3. 13. οὐκ ἐνουθέτει αὐτούς (3)
Jb. 4. 3. εἰ γὰρ σὺ ἐνουθέτησας πολλούς (2)
23. 14. νουθετούμενος δὲ ἐφρόντισα αὐτοῦ †
30. 1. ἐλάχιστοι νῦν νουθετοῦσί με ἐν μέρει –
34. 16. εἰ δὲ μὴ νουθετῇ (1 b)
36. 12. διότι νουθετούμενοι ἀνήκοοι ἦσαν †
37. 14. στῆθι νουθετούμενος [A S -τοῦ] δύναμιν κυρίου (1 a)
38. 18. νενουθέτησαι δὲ τὸ εὖρος τῆς ὑπ' οὐρανόν (1 a)
39. 34 (40. 4). τί ἔτι ἐγὼ κρίνομαι νουθετούμενος –
Wi. 11. 10. τούτους μὲν γὰρ ὡς πατὴρ νουθετῶν ἐδοκίμασας
12. 2. ἐν οἷς ἁμαρτάνουσιν ὑπομιμνήσκων νουθετεῖς
— 26. οἱ δὲ παιγνίοις ἐπιτιμήσεως μὴ νουθετηθέντες

νουθέτημα. (1) מוּסָר

Jb. 5. 17. νουθέτημα δὲ παντοκράτορος μὴ ἀπαναίνου (1)

νουθέτησις. (1) תְּבוּנָה

Ju. 8. 27. εἰς νουθέτησιν μαστιγοῖ κύριος
Pr. 2. 2. παραβαλεῖς δὲ αὐτὴν ἐπὶ νουθέτησιν τῷ υἱῷ σου (1 ?)

νουμηνία (νεομ.). (1) חֹדֶשׁ (2) אֶחָד לַחֹדֶשׁ (3) רֹאשׁ חֹדֶשׁ (4) νουμηνία τοῦ μηνός אֶחָד לַחֹדֶשׁ

Ex. 40. 2. ἐν ἡμέρᾳ μιᾷ . . . νουμηνίᾳ στήσεις (2)
— 17. νουμηνίᾳ ἐστάθη ἡ σκηνή (2)
Nu. 10. 10. ἐν ταῖς ν. ὑμῶν (3)
28. 11. A ἐν ταῖς ν. [B νεομ.] προσάξετε ὁλοκαυτώματα (3)
— 31. A πλὴν τοῦ ὁλοκαυτώματος τῆς ν. [B om. τ. ν.] –
29. 6. πλὴν τῶν ὁλοκαυτωμ. τῆς ν. (1)
I Ki. 20. 5. ἰδοὺ δὴ νεομηνία αὔριον (1)
— 18. B αὔριον νουμηνία [A R νεομ.] (1)
IV Ki. 4. 23. οὐ νεομηνία οὐδὲ σάββατον (1)
I Ch. 23. 31: II Ch. 2. 4 (3). ἐν ταῖς ν. καὶ ἐν ταῖς ἑορταῖς (1)
II Ch. 29. 17. νουμηνίᾳ τοῦ μηνὸς τοῦ πρώτου (4)
31. 3. εἰς τὰς ν. καὶ εἰς τὰς ἑορτάς (1)
I Es. 5. 52. θυσίας σαββάτων καὶ νουμηνιῶν
— 53. B ἀπὸ τῆς ν. τοῦ πρώτου [A R ἑβδ.] μηνός
— 57. τῇ ν. τοῦ δευτέρου μηνός
8. 6. τῇ ν. τοῦ πρώτου μηνός
— 6. A ἐν τῇ ν. τοῦ πέμπτου μηνός
9. 16. τῇ ν. τοῦ μηνὸς τοῦ δεκάτου
— 17. ἕως τῆς ν. τοῦ πρώτου μηνός
— 37. τῇ ν. τοῦ μηνὸς τοῦ ἑβδόμου
— 40. νουμηνίᾳ τοῦ ἑβδόμου μηνός
II Es. 3. 5. εἰς τὰς ν. καὶ εἰς πάσας ἑορτάς (1)
Ne. 10. 33 (34). εἰς ὁλοκαύτωμα . . . τῶν ν. (1)
Ju. 8. 6. χωρὶς . . . προνουμηνιῶν καὶ νουμηνιῶν [A[2] B[1] om. κ. ν.]
Ps. 80 (81). 3. σαλπίσατε ἐν νεομηνίᾳ σάλπιγγι (1)
Ho. 2. 11 (13). καὶ ἀποστρέψω . . . τὰς ν. αὐ. (1)
Is. 1. 13. τὰς ν. ὑμῶν . . . οὐκ ἀνέχομαι (1)
— 14. τὰς ν. ὑμῶν [S om. τ. ν. ὑ.] καὶ τὰς ἑορτὰς ὑμῶν μισεῖ ἡ ψυχή μου (1)
Ez. 23. 34. τὰς ἑορτὰς καὶ τὰς ν. αὐτῆς ἀποστρέψω †
45. 17. αἱ θυσίαι καὶ αἱ σπονδαὶ [A add. ἔσονται] . . . ἐν ταῖς ν. (1)
46. 1. ἐν τῇ ἡ. τῆς ν. ἀνοιχθήσεται (1)
— 3. προσκυνήσει . . . ἐν ταῖς ν. (1)
— 6. ἐν τῇ ἡ. τῆς ν. μόσχον ἄμωμον (1)
I Ma. 10. 34. καὶ νουμηνίαι [S[1] -ία] καὶ ἡμέραι ἀποδεδειγμ.
[**Aq.** Je. 2. 24.]

νοῦς. (1) אֹזֶן (2) לֵב, לֵבָב (3) רוּחַ (4) ν. ἐπιγνώμων דַּעַת

Ex. 7. 23. οὐκ ἐπέστησε τὸν νοῦν αὐτοῦ (2)
Jo. 14. 7. ἀπεκρίθην αὐτῷ λόγον κατὰ τὸν ν. αὐ. (2)
I Es. 2. 9. ὧν ὁ ν. ἠγέρθη
9. 41. A R ἐπέδωκαν πᾶν τὸ πλῆθος τὸν ν. [B al.]
Ju. 8. 14. τὸν ν. αὐτοῦ ἐπιγνώσεσθε
Jb. 7. 17. ἢ ὅτι προσέχεις τὸν ν. εἰς αὐτόν (2)
— 20. ὁ ἐπιστάμενος τὸν ν. τῶν ἀνθρώπων †
12. 11. A B S νοῦς [R οὖς] μὲν γὰρ ῥήματα διακρίνει (1)
33. 16. τότε ἀνακαλύπτει νοῦν ἀνθρώπων (1)
34. 3. A νοῦς [B S οὖς] λόγους δοκιμάζει (1)
36. 19. μή σε ἐκκλινάτω [A -νῃ] ἑκὼν ὁ ν. δεήσεως †
Pr. 24. 71 (31. 3). καὶ τὸν σὸν νοῦν καὶ βίον εἰς ὑστεροβουλίαν †
29. 7. πτωχῷ οὐχ ὑπάρχει νοῦς [S[1] γνοὺς] ἐπιγνώμων (4 ?)
Wi. 4. 12. ῥεμβασμὸς ἐπιθυμίας μεταλλεύει νοῦν ἄκακον
9. 15. βρίθει τὸ γεῶδες σκῆνος νοῦν πολυφροντίδα
Is. 10. 7. ἀπαλλάξει ὁ ν. αὐτοῦ (2)
— 12. R ἐπισκέψομαι [A B S ἐπάξει] ἐπὶ τὸν ν. τὸν μέγαν (2)
40. 13. τίς ἔγνω νοῦν κυρίου (3)
41. 22. ἐπιστήσομεν τὸν ν. (2)
Da. LXX. Su. 9. διέστρεψαν τὸν ν. αὐ.
Da. TH. Su. 9. διέστρεψαν τὸν ἑαυτῶν ν.
II Ma. 15. 8. ἔχοντας δὲ κατὰ νοῦν τὰ προγεγονότα αὐτοῖς . . . βοηθήματα
III Ma. 1. 25. τὸν ἀγέρωχον αὐ. ν. ἐξιστάνειν
IV Ma. 1. 15. λογισμὸς . . . ἐστὶ νοῦς
— 35. ὑπὸ τοῦ σώφρονος νοὸς ἀνακαμπτόμενα
2. 16. ὁ σώφρων νοῦς ἀπωθεῖται
— 18. A R δυνατὸς [S ἱκανὸς] γὰρ ὁ σώφρων νοῦς
— 22. τὸν ἱερὸν ἡγεμόνα νοῦν . . . ἐνεθρόνισε
3. 17. δυνατὸς γὰρ ὁ σώφρων . . νοῦς νικῆσαι
5. 11. ἄξιον τῆς ἡλικίας ἀναλαβὼν νοῦν
14. 11. γυναικὸς νοῦς πολυτροπωτέρων ὑπερεφρόνησεν ἀλγηδόνων
16. 13. ὥσπερ ἀδαμάντινον ἔχουσα τὸν νοῦν

νυκτερεύειν.

[**Sm.** Ps. 90 (91). 1.]

νυκτερινός. (1) לַיִל

Jb. 4. 13. φόβῳ δὲ καὶ ἤχῳ νυκτερινῇ [**A** φόβοι καὶ ἠχὼ νυκτερινή] (1)
20. 8. ἔπτη δὲ ὥσπερ φάσμα [**A** φάντασμα, **S**[1] θαῦμα] νυκτερινόν (1)
33. 15. ἢ [**A** ὡς φάσμα] ἐν μελέτῃ ν. (1)
35. 10. ὁ κατατάσσων φυλακὰς νυκτερινάς (1)
Ps. 90 (91). 5. οὐ φοβηθήσῃ ἀπὸ φόβου ν. (1)
Pr. 7. 9. ἡνίκα ἂν ἡσυχία νυκτερινὴ [**A S** ν. ᾖ] (1)
[**Aq.** Ca. 5. 2.]
[**Sm.** Jb. 4. 13: Ps. 89 (90). 4: Ca. 3. 8: 5. 2.]

νυκτερίς. (1) עֲטַלֵּף

Le. 11. 19. καὶ ἔποπα καὶ νυκτερίδα (1)
De. 14. 18. πορφυρίωνα καὶ νυκτερίδα (1)
Is. 2. 20. ἐκβαλεῖ ἄνθρωπος τὰ βδελύγματα αὐτοῦ . . . ταῖς ν. (1)
Ep. Je. 22. ἐπὶ τὴν κεφαλὴν αὐτῶν ἐφίπτανται νυκτερίδες χελιδόνες [**A** χ. καὶ ν.]

νυκτικόραξ. (1) כּוֹס (2) קֹרֵא (3) שָׁלָךְ

Le. 11. 17. καὶ νυκτικόρακα καὶ καταράκτην (1)
De. 14. 16 (17). ὕποπα . . . καὶ νυκτικόρακα (3)
I Ki. 26. 20. καθὼς καταδιώκει ὁ ν. ἐν τοῖς ὄρεσιν (2)
Ps. 101 (102). 6. ἐγενήθην ὡσεὶ νυκτικόραξ ἐν οἰκοπέδῳ (1)
[**Aq.**, **Th.**, **Quint.** Ps. 101 (102). 7.]

νυκτοπότιον.

[**Sm.** I Ki. 26. 11.]

νύκτωρ.

Si. 38. 27. ὅστις ν. ὡς ἡμέρᾳ [**A S** -ας] διάγει
II Ma. 12. 6. τὸν μὲν λιμένα ν. ἐνέπρησε
13. 15. ἐπιβαλὼν ν. ἐπὶ τὴν βασιλικὴν αὐλήν
III Ma. 1. 2. τὰ κράτιστα διεκομίσθη ν.

νυμφαγωγός. (1) מֵרֵעַ

Ge. 21. 22. Ἀβιμέλεχ καὶ Ὀχοζὰθ ὁ ν. αὐτοῦ –
— 32. Ἀβιμ. καὶ Ὀχοζ. ὁ ν. αὐτοῦ –
26. 26. Ὀχοζὰθ ὁ ν. αὐτοῦ (1)
Jd. 14. 20. **A** συνῴκησεν ἡ γυνὴ Σ. τῷ ν. αὐτοῦ [**B** *al.*] (1)

νυμφεύειν.

[**Aq.** I Ki. 18. 21.]

νύμφευσις. (1) חֲתֻנָּה

Ca. 3. 11. ἐν ἡμέρᾳ νυμφεύσεως αὐτοῦ (1)

νυμφευτής.

[**Aq.** Ex. 3. 1: 18. 1, 5.]

νύμφη. (1) בְּתוּלָה (2) כַּלָּה

Ge. 11. 31. ἔλαβε . . . τὴν Σ. τὴν ν. αὐ. (2)
38. 11. εἶπε δὲ Ἰούδας Θάμαρ τῇ ν. αὐτοῦ (2)
— 13. καὶ ἀπηγγέλη Θάμαρ τῇ ν. αὐτοῦ –
— 16. οὐ γὰρ ἔγνω ὅτι νύμφη αὐτοῦ (2)
— 24. ἐκπεπόρνευκε Θάμαρ ἡ ν. σου (2)
Le. 18. 15. ἀσχημοσύνην νύμφης σου (2)
20. 12. ἐάν τις κοιμηθῇ μετὰ νύμφης αὐτοῦ (2)
De. 27. 23. ὁ κοιμώμ. μετὰ νύμφης [**A** πενθερᾶς] αὐ. †
Ru. 1. 6. ἀνέστη αὕτη καὶ αἱ δύο ν. αὐ. (2)
— 7. καὶ αἱ δύο ν. αὐτῆς μετ' αὐτῆς (2)
— 8. **B** εἶπε Ν. ταῖς [**A R** *add.* δυσὶ] ν. αὐτῆς (2)
— 22. καὶ Ῥοὺθ ἡ Μ. ἡ ν. αὐτῆς (2)
2. 20. εἶπε Ν. τῇ ν. αὐτῆς (2)
— 22. εἶπε Ν. πρὸς Ῥοὺθ τὴν ν. αὐτῆς (2)
3. 1. **A** εἶπε δὲ Ν. τῇ ν. αὐ. [**B** *al.*] †
4. 15. ἡ ν. ἡ ἀγαπήσασά σε ἔτεκεν αὐτόν (2)
I Ki. 4. 19. νύμφη αὐ. γυνὴ Φ. συνειληφυῖα (2)
II Ki. 17. 3. ὃν τρόπον ἐπιστρέφει ἡ ν. πρὸς τὸν ἄνδρα αὐ. †
I Ch. 2. 4. καὶ Θ. ἡ ν. αὐ. ἔτεκεν αὐτῷ τὸν Φ. (2)
To. 6. 12. **S** λημψόμεθά σοι αὐτὴν νύμφην
11. 16. ἐξῆλθε Τ. εἰς συνάντησιν τῇ ν. αὐ. [**S** *al.*]
— 17. ὡς ἤγγισε Τωβὶτ Σάρρᾳ τῇ ν. αὐτοῦ [**S** *al.*]
12. 12. σὺ καὶ ἡ ν. σου Σάρρα [**S** *al.*]
— 14. ἰάσασθαί σε καὶ τὴν ν. σου Σ.
Ca. 1. 2. **A S** ἡ ν. –
— 4. **S** ἡ ν. διηγεῖται –
— 4. **S** τῆς ν. διηγησαμένης ταῖς νεάνισιν –
— 4. **S** βοῶσιν τὸ ὄνομα τῆς ν. –
Ca. 1. 5. **A S** ἡ ν. –
— 8. **S** ὁ νυμφίος πρὸς τὴν ν. –
— 10. **S** αἱ νεάνιδες πρὸς τὴν ν. –
— 12. **S** ἡ ν. πρὸς ἑαυτήν –
— 15. **S** ὁ νυμφίος πρὸς τὴν ν. –
— 16. **S** ἡ ν. πρὸς τὸν νυμφίον [**A** ἡ ν.] –
2. 2. **S** καὶ πρὸς τὴν ν. –
— 3. **S** ἡ ν. πρὸς τὸν νυμφίον –
— 4. **S** ταῖς νεάνισιν ἡ ν. φησίν –
— 6. **S** πρὸς τὸν νυμφίον ἡ ν. –
— 7. **S** ταῖς νεάνισιν ἡ ν. –
— 8. **S** ἀκήκοεν τοῦ νυμφίου ἡ ν. –
— 9. **S** ἡ ν. πρὸς τὰς νεάνιδας –
— 16. **S** ἡ ν. τάδε –
— 17. **A** ἡ ν. –
3. 3. **S** ἡ ν. τοῖς φύλαξιν εἶπεν –
— 5. **S** τὰς νεάνιδας ὁρκίζει ἡ ν. –
— 6. **S** ὁ νυμφίος πρὸς τὴν ν. [**A** *al.*] –
4. 8. δεῦρο ἀπὸ Λιβάνου, νύμφη (2)
— 9. ἐκαρδίωσας ἡμᾶς, ἀδελφή μου νύμφη (2)
— 10. τί ἐκαλλιώθησαν μαστοί σου, ἀδελφή μου νύμφη [**B**[1] *om.* ἀ. μ. ν.] (2)
— 11. κηρίον ἀποστάζουσι χείλη σου, νύμφη (2)
— 12. κῆπος κεκλεισμένος ἀδελφή μου, νύμφη (2)
— 16. **A** ἡ ν. –
5. 1. **S** ἡ ν. αἰτεῖται τὸν πατέρα –
— 1. **S** ὁ νυμφίος πρὸς τὴν ν. –
— 1. εἰσῆλθον εἰς κῆπόν μου, ἀδελφή μου νύμφη (2)
— 2. **S** ἡ ν. αἴσθεται τὸν νυμφίον –
— 2. **S**[1] ἡ ν. τάδε [**S**[2] ὁ νυμφίος] –
— 3. **S** ἡ ν. τάδε [**A** ἡ ν.] –
— 9. **S** πυνθάνονται τῆς ν. –
— 10. **S** ἡ ν. σημαίνει τὸν ἀδελφιδόν –
— 17. **S** πυνθάνονται τῆς ν. –
6. 1 (2). **S** ἡ δὲ ν. ἀποκρίνεται –
— 3 (4). **S** ὁ νυμφίος πρὸς τὴν ν. [**A** *al.*] –
— 9 (10). **S** εἶδον τὴν ν. [**A** ἡ ν.] –
— 10 (11). **S** ὁ νυμφίος πρὸς τὴν ν. –
— 11 (12). **S** ἡ ν. τάδε πρὸς τὸν νυμφίον –
— 12 (13). **S** ὁ νυμφίος πρὸς τὴν ν. –
7. 9 (10). **S** ἡ ν. –
8. 5. **S** ὁ νυμφίος τάδε πρὸς τὴν ν. –
— 10. **S** ἡ ν. παρρησιάζεται –
— 13. **S** ἡ ν. –
Wi. 8. 2. ἐζήτησα νύμφην ἀγαγέσθαι ἐμαυτῷ
Ho. 4. 13. καὶ αἱ νύμφαι ὑμῶν μοιχεύσουσι (2)
— 14. οὐ μὴ ἐπισκέψωμαι . . . ἐπὶ τὰς ν. ὑμῶν (2)
Mi. 7. 6. ἐπαναστήσεται . . . νύμφη ἐπὶ τὴν πενθερὰν αὐτῆς (2)
Jl. 1. 8. θρήνησον πρὸς μὲ ὑπὲρ νύμφην (1)
2. 16. ἐξελθάτω . . . νύμφη ἐκ τοῦ παστοῦ αὐτῆς (2)
Is. 49. 18. **B** περιθήσεις αὐτοὺς ὡς κόσμον ὡς νύμφη [**A S** -ης] (2)
61. 10. ὡς νύμφην κατεκόσμησέ με κόσμῳ (2)
62. 5. εὐφρανθήσεται νυμφίος ἐπὶ νύμφῃ [**S** -ην] (2)
Je. 2. 32. μὴ ἐπιλήσεται ν. τὸν κόσμον αὐτῆς (1)
7. 34: 16. 9: 25. 10. φωνὴν νυμφίου καὶ φωνὴν νύμφης (2)
40 (33). 11. φωνὴ νυμφίου καὶ φωνὴ νύμφης (2)
Ba. 2. 23. φωνὴν νυμφίου καὶ φωνὴν νύμφης
Ez. 22. 11. ἕκαστος τὴν ν. [**A** ἀδελφὴν] αὐτοῦ ἐμίαινεν [**A** -ον] (2)
I Ma. 9. 37. ἄγουσι τὴν ν. ἀπὸ Ν.
[**Aq.**, **Sm.** Is. 61. 10.]

νυμφίος. (1) חָתָן

Jd. 15. 6. Σ. ὁ ν. [**A** γαμβρὸς] τοῦ Θ. (1)
19. 5. εἶπεν . . . πρὸς τὸν ν. [**A** γαμβρὸν] αὐ. (1)
Ne. 13. 28. ἀπὸ υἱῶν Ἰ. τοῦ Ἐλ. τοῦ ἱ. τοῦ μεγάλου ν. τοῦ Σ. (1)
Ps. 18 (19). 5. αὐτὸς ὡς νυμφίος ἐκπορευόμενος ἐκ παστοῦ αὐτοῦ (1)
Ca. 1. 3. **A** ὁ ν. –
— 4. **S** διηγεῖται τὰ περὶ τοῦ ν. –
— 4. **S** αἱ νεάνιδες τῷ ν. βοῶσιν –
— 7. **S** πρὸς τὸν ν. χριστόν –
— 8. **S** ὁ ν. πρὸς τὴν νύμφην –
— 12. **S** ἡ νύμφη . . . πρὸς τὸν ν. [**A** ὁ ν.] –
— 15. **S** ὁ ν. πρὸς τὴν νύμφην –
— 16. **S** ἡ νύμφη πρὸς τὸν ν. [**A** *al.*] –
2. 1. **S** ὁ ν. πρὸς ἑαυτόν –
— 3. **S** ἡ νύμφη πρὸς τὸν ν. –
— 6. **S** πρὸς τὸν ν. ἡ νύμφη –
— 8. **S** ἀκήκοεν τοῦ ν. ἡ νύμφη –
— 9. **S** σημαίνουσα αὐταῖς τὸν ν. –
— 10. **A** ὁ ν. –
Ca. 2. 15. **S** τοῖς νεανίαις ὁ ν. τάδε –
3. 4. **S** εὑροῦσα τὸν ν. –
— 6. **A** ὁ ν. [**S** *add.* πρὸς τὴν νύμφην] –
5. 1. **S** ἵνα καταβῇ ὁ ν. –
— 1. **S** ὁ ν. πρὸς τὴν νύμφην [**A** ὁ ν.] –
— 1. **S** τοῖς πλησίον ὁ ν. –
— 2. **S** ἡ νύμφη αἴσθεται τὸν ν. –
— 2. **S**[2] ὁ ν. [**S**[1] ἡ νύμφη τάδε] –
6. 3 (4). **S** ὁ ν. πρὸς τὴν νύμφην [**A** ὁ ν.] –
— 10 (11). **S** ὁ ν. πρὸς τὴν νύμφην –
— 11 (12). **S** ἡ νύμφη τάδε πρὸς τὸν ν. –
— 12 (13). **S** ὁ ν. πρὸς τὴν νύμφην –
7. 1. **S** ταῖς θυγατράσιν ὁ ν. τάδε –
8. 5. **S** οἱ τοῦ ν. εἶπαν –
— 5. **S** ὁ ν. τάδε πρὸς τὴν νύμφην [**A** ὁ ν.] –
Jl. 2. 16. ἐξελθάτω νυμφίος ἐκ τοῦ κοιτῶνος αὐτοῦ (1)
Is. 61. 10. ὡς νυμφίῳ περιέθηκέ μοι μίτραν (1)
62. 5. εὐφρανθήσεται ν. ἐπὶ νύμφῃ [**S** -ην] (1)
Je. 7. 34: 16. 9: 25. 10. φωνὴν νυμφίου καὶ φωνὴν νύμφης (1)
40 (33). 11. φωνὴ νυμφίου καὶ φωνὴ νύμφης (1)
Ba. 2. 23. φωνὴν νυμφίου καὶ φωνὴν νύμφης
I Ma. 1. 27. πᾶς ν. ἀνέλαβε θρῆνον
9. 39. καὶ ὁ ν. ἐξῆλθε
[**Aq.**, **Sm.** Ex. 4. 25, 26: I Ki. 22. 14: Is. 61. 10.]
[**Th.** Ex. 4. 25, 26.]
[**Heb.** Ex. 4. 25.]

νυμφών.

To. 6. 13. πάντας ἐν τῷ ν. ἀπολωλότας [**S** *al.*]
— 16. ἐὰν εἰσέλθῃς εἰς τὸν ν.

νῦν, νυνί. (1) אַךְ (2) אֵפוֹא (3) *a.* הִנֵּה *b.* הִנֵּה־נָא *c.* וְהִנֵּה (4) הֵנָּה (5) *a.* יוֹם לָהֵן *b.* הַיָּמִים הָהֵם הַזֶּה (6) כְּעַן (7) ν. οὖν כִּי עַתָּה (8) נָא (9) *a.* עַתָּה *b.* וְעַתָּה *c.* כִּי עַתָּה (10) הַפַּעַם (11) καὶ νῦν *a.* אַף *b.* אַף כִּי *c.* עַתָּה *d.* וְגַם עַתָּה *e.* כְּעַן (12) νῦν δέ, νυνὶ δέ *a.* אַף *b.* כִּי *c.* עַתָּה *d.* אַךְ־עַתָּה *e.* כִּי־עַתָּה *f.* וְ *g.* אַךְ (13) νῦν οὖν *a.* הֲלוֹא *b.* כְּעַן *c.* עַתָּה *d.* וְעַתָּה *e.* כִּי עַתָּה *f.* וְ (14) νῦν ἔτι τοῦτο הַפַּעַם (15) τὸ νῦν *a.* הֵנָּה *b.* הַפַּעַם *c.* כְּעַן *d.* עַתָּה (16) ἀπὸ τοῦ νῦν הַפַּעַם (17) ἕως τοῦ νῦν עֲדֶנָּה (18) ἐν τῷ νῦν καιρῷ *a.* הַפַּעַם *b.* בַּפַּעַם הַזֹּאת *c.* עַתָּה הַפַּעַם

Ge. 2. 23. τοῦτο ν. ὀστοῦν ἐκ τῶν ὀστέων μου (10)
3. 22. καὶ ν. μή ποτε ἐκτείνῃ τὴν χεῖρα (9 *a*)
4. 11. καὶ ν. ἐπικατάρατος σύ (9 *a*)
11. 6. καὶ ν. οὐκ ἐκλείψει ἀπ' αὐτῶν πάντα (9 *a*)
12. 19. καὶ ν. ἰδοὺ ἡ γυνή σου ἔναντί σου (9 *a*)
13. 14. οὐ ν. σὺ εἶ –
15. 16. **R** οὔπω γὰρ . . . ἕως τοῦ ν. (15 *a*)
18. 12. οὔπω μέν μοι γέγονεν ἕως τοῦ ν. †
— 27. νῦν ἠρξάμην λαλῆσαι πρὸς τὸν κ. (3 *b*)
19. 9. ν. οὖν σε κακώσωμεν (13 *c*)
20. 7. νῦν δὲ ἀπόδος τὴν γυναῖκα τῷ ἀνθρώπῳ (9 *a*)
21. 23. νῦν οὖν ὄμοσόν μοι τὸν θεόν (13 *d*)
22. 12. ν. γὰρ ἔγνων (9 *a*)
24. 42. ἐν ᾗ νῦν ἐγὼ πορεύομαι –
26. 22. νῦν ἐπλάτυνε κύριος ἡμῖν (9 *a*)
— 29. καὶ ν. εὐλογημένος σὺ ὑπὸ κυρίου (11 *c*)
27. 3. ν. οὖν λάβε τὸ σκεῦός σου (13 *d*)
— 8. ν. οὖν, υἱέ μου, ἄκουσον (13 *d*)
— 36. καὶ ν. ἔλαβε τὴν εὐλογίαν (3 *a* + 9 *a*)
— 43. ν. οὖν, τέκνον, ἄκουσόν μου (13 *d*)
29. 32. **R** ν. οὖν [**A** *om.*] ἀγαπήσει με ὁ ἀνήρ μου (13 *c* [9 *a*])
— 34. ἐν τῷ ν. καιρῷ . . . ἔσται ὁ ἀνήρ μου (18 *c*)
— 35. ν. ἔτι τοῦτο ἐξομολογήσομαι κυρίῳ (14)
30. 20. δεδώρηται ὁ θεός . . . ἐν τῷ ν. καιρῷ (18 *a*)
— 30. ν. οὖν πότε ποιήσω κἀγὼ . . . οἶκον (13 *d*)
31. 13. ν. οὖν ἀνάστηθι (13 *c*)
— 16. ν. οὖν ὅσα σοι εἴρηκεν ὁ θ. ποίει (13 *d*)
— 28. ν. δὲ ἀφρόνως ἔπραξας (12 *c*)
— 29. καὶ ν. ἰσχύει ἡ χείρ μου †
— 30. ν. οὖν πεπόρευσαι (13 *d*)

Ge. 31. 42. ν. ἂν . . . ἐξαπέστειλας (9 c)
— 44. ν. οὖν δεῦρο διαθῶμαι (13 d)
32. 4 (5). ἐχρόνισα ἕως τοῦ ν. (15 d)
— 10 (11). νυνὶ δὲ γέγονα εἰς δύο παρεμβολάς (9 a)
37. 20. ν. οὖν δεῦτε ἀποκτείνωμεν αὐτόν (13 d)
41. 33. ν. οὖν σκέψαι ἄνθρωπον φρόνιμον (13 d)
43. 21. τὸ ἀργύριον . . . ἀπεστρέψαμεν ν. –
44. 10. καὶ ν. ὡς λέγετε οὕτως ἔσται (9 a)
— 28. οὐκ ἴδον αὐτὸν ἄχρι [A ἔτι] ν. [A *om.*] (4)
— 30. ν. οὖν ἐὰν εἰσπορεύωμαι (13 d)
— 33. ν. οὖν παραμενῶ σοι παῖς (13 d)
45. 5. ν. οὖν μὴ λυπεῖσθε (13 d)
— 8. ν. οὖν οὐχ ὑμεῖς με ἀπεστάλκατε (13 d)
46. 30. ἀποθανοῦμαι ἀπὸ τοῦ ν. (16)
— 34. κτηνοτρόφοι . . . ἐκ παιδὸς ἕως τοῦ ν. (15 d)
47. 3. A ἐκ παιδιόθεν ἕως τοῦ ν. –
— 4. ν. οὖν κατοικήσομεν (13 d)
48. 5. ν. οὖν οἱ δύο υἱοί σου . . . ἐμοί εἰσιν (13 d)
50. 5. ν. οὖν ἀναβὰς θάψω τὸν πατέρα μου (13 d)
— 17. καὶ ν. δέξαι τὴν ἀδικίαν (9 a)
Ex. 3. 9. καὶ ν. ἰδοὺ κραυγὴ τῶν υἱῶν . . . ἥκει (9 a)
— 10. καὶ ν. δεῦρο ἀποστείλω σε (9 a)
4. 12. καὶ ν. πορεύου (9 a)
5. 5. ἰδοὺ ν. πολυπληθεῖ ὁ λαός (9 a)
— 18. νῦν οὖν πορευθέντες ἐργάζεσθε (13 d)
9. 14. ἐν τῷ γὰρ ν. καιρῷ ἐγὼ ἐξαποστέλλω (18 b)
— 15. ν. γὰρ ἀποστείλας τὴν χεῖρα πατάξω (9 a)
— 19. ν. οὖν κατάσπευσον συναγαγεῖν (13 d)
— 27. ἡμάρτηκα τὸ ν. (15 b)
10. 17. προσδέξασθε . . . τὴν ἁμαρτίαν ἔτι ν. (10)
18. 11. ν. ἔγνων ὅτι μέγας κύριος (9 a)
— 19. B ν. οὖν ἄκουσόν μου (13 c)
19. 5. καὶ ν. ἐὰν ἀκοῇ ἀκούσητε (9 a)
32. 10. καὶ ν. ἔασόν με (9 a)
— 30. καὶ ν. ἀναβήσομαι πρὸς τὸν θεόν (9 a)
— 32. καὶ ν. εἰ μὲν ἀφεῖς . . . ἄφες (9 a)
— 34. νυνὶ [B^1 σὺ] δὲ βάδιζε (9 a)
33. 5. ν. οὖν ἀφέλεσθε τὰς στολάς (13 d)
Nu. 11. 6. νυνὶ δὲ ἡ ψυχὴ ἡμῶν κατάξηρος (9 a)
14. 3. νῦν οὖν βέλτιον ἡμῖν ἐστιν (13 a)
— 17. καὶ νῦν ὑψωθήτω ἡ ἰσχύς σου (9 a)
— 19. ἀπ' Αἰγύπτου ἕως τοῦ νῦν (15 a)
20. 16. καὶ νῦν ἐσμὲν ἐν Κάδης (3 a)
22. 4. νῦν ἐκλείξει ἡ συναγ. αὕτη πάντας (9 a)
— 6. καὶ νῦν δεῦρο ἄρασαί μοι τὸν λαὸν τ. (9 a)
— 11. καὶ νῦν δεῦρο ἄρασαί μοι αὐτόν (11 c)
— 19. καὶ νῦν ὑπομείνατε αὐτοῦ (9 a)
— 33. νῦν οὖν [A *om.*] σὲ μὲν ἀπέκτεινα (13 e [9 c])
— 34. καὶ νῦν εἰ μή σοι ἀρέσκει (9 a)
— 38. ἥκω πρὸς σὲ νῦν (9 a)
24. 11. νῦν οὖν φεῦγε εἰς τὸν τόπον σου (13 d)
— 11. καὶ νῦν ἐστέρησέ σε κύριος (3 a)
— 14. καὶ νῦν ἰδοὺ ἀποτρέχω (9 a)
— 17. δείξω αὐτῷ καὶ οὐχὶ νῦν (9 a)
31. 17. καὶ νῦν ἀποκτείνατε πᾶν ἀρσενικόν (9 a)
De. 2. 13. νῦν οὖν ἀνάστητε (13 c)
— 24. νῦν οὖν [A *om.*] ἀνάστητε –
4. 1. καὶ νῦν Ἰσραὴλ ἄκουε (9 a)
5. 25 (22). καὶ νῦν μὴ ἀποθάνωμεν (9 a)
9. 14. καὶ νῦν [A *om.* κ. ν.] ἔασόν με –
10. 12. καὶ νῦν, Ἰσραήλ (9 a)
— 22. νυνὶ δὲ ἐποίησέ σε κ. ὁ θεός σου (9 a)
12. 9. οὐ γὰρ ἥκατε ἕως τοῦ νῦν (15 d)
22. 17. νῦν οὗτος [A αὐτὸς νῦν] ἐπιτίθησιν αὐτῇ (3 c)
26. 10. καὶ νῦν ἰδοὺ ἐνήνοχα (9 a)
29. 28 (27). ἐξέβαλεν αὐτοὺς εἰς γῆν ἑτ. ὡσεὶ νῦν (5 a)
31. 19. A R καὶ νῦν [B *om.*] γράψατε (9 a)
Jo. 1. 2. νῦν οὖν ἀναστάς (13 d)
2. 12. καὶ νῦν ὀμόσατέ μοι (9 a)
3. 8. καὶ νῦν ἔντειλαι τοῖς ἱερεῦσι †
5. 13 (14). νυνὶ [A νῦν] παραγέγονα (9 a)
— 15. ἐφ' ᾧ νῦν [A σὺ] ἕστηκας †
9. 6, 11. καὶ νῦν διάθεσθε ἡμῖν διαθήκην (9 a)
— 12. νῦν δὲ ἐξηράνθησαν (9 a + 3 a)
— 19. καὶ νῦν οὐ δυνησόμεθα ἅψασθαι αὐτῶν (9 a)
— 23. καὶ νῦν ἐπικατάρατοί ἐστε (9 a)
— 25. καὶ νῦν ἰδοὺ ἡμεῖς ὑποχείριοι ὑμῖν (9 a)
13. 7. καὶ νῦν μέρισον τὴν γῆν ταύτην (9 a)
14. 10. καὶ νῦν διέθρεψέ με κύριος (9 a + 3 a)
— 10. καὶ νῦν ἰδοὺ ἐγώ (9 a)
— 11. ἰσχύω νῦν εἰσελθεῖν (9 a)
— 12. καὶ νῦν αἰτοῦμαί σε (9 a)
— 12. νυνὶ δὲ οἱ Ἐν. ἐκεῖ εἰσίν (12 b)
22. 4. νῦν [A νυνὶ] δὲ κατέπαυσε κύριος (9 a)
Jo. 22. 4. νῦν οὖν ἀποστραφέντες (13 d)
— 19. καὶ νῦν εἰ μικρὰ ἡ γῆ (1)
24. 14. καὶ νῦν φοβήθητε κύριον (9 a)
— 23. καὶ νῦν περιέλεσθε τοὺς θεοὺς τοὺς ἀλλοτρ. (9 a)
Jd. 6. 13. καὶ νῦν ἐξέρριψεν ἡμᾶς (9 a)
— 31. μὴ ὑμεῖς νῦν δικάζεσθε –
7. 3, καὶ νῦν λάλησον δή [A *al.*] (9 a)
8. 2. τί ἐποίησα νῦν (9 a)
— 6, 15. μὴ χεὶρ Ζ. καὶ Σ. νῦν (9 a)
9. 16. καὶ νῦν εἰ ἐν ἀληθείᾳ . . . ἐποιήσατε (9 a)
— 32. καὶ νῦν ἀνάστηθι νυκτός (9 a)
— 38. A ποῦ ἐστι νῦν [B *om.*] τὸ στόμα σου (2)
— 38. ἔξελθε δὴ νῦν (9 a)
11. 7. διὰ τί ἤλθατε πρὸς μὲ νῦν [A *al.*] (9 a)
— 8. διὰ τοῦτο νῦν ἐπεστρέψαμεν [A *al.*] (9 a)
— 13. καὶ νῦν ἐπίστρεψον αὐτάς (9 a)
— 23. καὶ νῦν κ. ὁ θεὸς Ἰσρ. ἐξῆρε τὸν Ἀ. (9 a)
— 25. καὶ νῦν μὴ ἐν ἀγαθῷ ἀγαθώτερος σύ (9 a)
— 27. καὶ νῦν [A *om.*] ἐγώ εἰμι οὐχ ἥμαρτόν σοι –
13. 4. καὶ νῦν φύλαξαι δή (9 a)
— 7. καὶ νῦν μὴ πίῃς οἶνον (9 a)
— 12. νῦν ἐλεύσεται ὁ λόγος (9 a)
14. 2. καὶ νῦν λάβετε αὐτήν μοι (9 a)
15. 18. καὶ νῦν ἀποθανοῦμαι (9 a)
16. 10. νῦν οὖν [A *om.*] ἀνάγγειλόν μοι (13 c [9 a])
— 13. A ὡς νῦν [B ἰδοὺ] παρελογίσω με (4)
— 28. B μνήσθητι δή μου νῦν [A R *om.*] –
17. 3. καὶ νῦν [A *om.*] ἀποδώσω σοι αὐτό (9 a)
— 13. νῦν ἔγνων ὅτι ἀγαθυνεῖ μοι κύριος (9 a)
18. 14. καὶ νῦν γνῶτε ὅ τι ποιήσετε (9 a)
20. 9. καὶ νῦν τοῦτο τὸ ῥῆμα (9 a)
— 13. καὶ νῦν δότε τοὺς ἄνδρας (9 a)
Ru. 3. 2. καὶ νῦν οὐχὶ Βοος γνώριμος ἡμῶν (9 a)
— 11. καὶ νῦν, θύγατερ (9 a)
— 12. R καὶ ν. ὁ [A B καὶ ὅτι] ἀληθῶς ἀγχιστεὺς ἐγώ εἰμι (9 a)
I Ki. 1. 16. ἐκτέτακα ἕως νῦν (4)
2. 16. ὅτι [A τί] νῦν δώσεις (9 a)
— 30. καὶ νῦν φησὶ κύριος (9 a)
6. 7. καὶ νῦν λάβετε . . . ἅμαξαν καινήν (9 a)
8. 5. καὶ νῦν κατάστησον ἐφ' ἡμᾶς βασιλέα (11 c)
— 9. καὶ νῦν ἄκουε τῆς φωνῆς αὐ. (9 a)
9. 6. καὶ νῦν πορευθῶμεν (11 c)
— 12. νῦν διὰ τὴν ἡμέραν ἥκει (9 a)
— 13. καὶ νῦν ἀνάβητε (9 a)
10. 19. καὶ νῦν κατάστητε ἐνώπιον κυρίου (9 a)
12. 2. καὶ νῦν ἰδοὺ ὁ βασ. διαπορεύεται (9 a)
— 7. καὶ νῦν κατάστητε (9 a)
— 10. καὶ νῦν ἐξελοῦ ἡμᾶς (9 a)
— 13. καὶ νῦν ἰδοὺ ὁ βασιλεύς (9 a)
— 16. καὶ νῦν κατάστητε (9 a)
13. 12. B νῦν καταβήσονται οἱ ἀλλόφυλοι (9 a)
— 13. B νῦν ἡτοίμασε κ. τὴν βασιλείαν σου (9 a)
— 14. B καὶ νῦν ἡ βασιλεία σου οὐ στήσεται (9 a)
14. 30. B^1 νῦν ἂν μείζων [A B^2 R *add.* ἦν] ἡ πληγή (9 a)
15. 1. καὶ νῦν ἄκουε τῆς φωνῆς (9 a)
— 2. νῦν ἐκδικήσω ἃ ἐποίησεν Ἀμ. –
— 3. καὶ νῦν πορεύου (11 c)
— 25. καὶ νῦν ἆρον δὴ τὸ ἁμάρτημά μου (9 a)
17. 29. A τί ἐποίησα νῦν (9 a)
20. 29. καὶ νῦν εἰ [A νυνὶ] εὕρηκα χάριν (9 a)
— 31. νῦν οὖν ἀποστείλας (13 d)
21. 3 (4). B καὶ νῦν [A R *add.* εἰ] εἰσὶν ὑπὸ τὴν χεῖρά σου (9 a)
23. 11. καὶ νῦν εἰ καταβήσεται Σ. –
— 20. καὶ νῦν πᾶν τὸ πρὸς ψυχὴν τοῦ βασ. (9 a)
24. 15. καὶ νῦν ὀπίσω τίνος σὺ ἐκπορεύῃ –
— 21. καὶ νῦν ἰδοὺ ἐγὼ γινώσκω (9 a)
— 22. καὶ νῦν ὄμοσόν μοι (9 a)
25. 7. καὶ νῦν ἰδοὺ ἀκήκοα ὅτι κείρουσί σοι νῦν οἱ ποιμένες σου (9 a, 9 a)
— 17. καὶ νῦν γνῶθι (9 a)
— 26. καὶ νῦν, κύριε, ζῇ κύριος (9 a)
— 26. καὶ νῦν γένοιντο ὡς Ν. (9 a)
— 27. καὶ νῦν λάβε τὴν εὐλογίαν (9 a)
26. 8. καὶ νῦν πατάξω αὐτόν (9 a)
— 11. καὶ νῦν λάβε δὴ τὸ δόρυ (9 a)
— 16. καὶ νῦν ἴδε δὴ τὸ δόρυ τοῦ βασ. (9 a)
— 19. καὶ νῦν ἀκουσάτω ὁ κύριός μου (9 a)
— 20. καὶ νῦν μὴ πέσοι τὸ αἷμά μου (9 a)
27. 1. νῦν προστεθήσομαι . . . εἰς χεῖρας Σ. (9 a)
28. 2. οὕτω νῦν γνώσῃ †
— 15. καὶ νῦν κέκληκά σε –
— 22. καὶ νῦν ἄκουσον δὴ φωνῆς (9 a)
29. 7. καὶ νῦν ἀνάστρεφε (9 a)
I Ki. 29. 10. καὶ νῦν ὄρθρισον τὸ πρωΐ (9 a)
II Ki. 2. 6. A R καὶ νῦν ποιήσαι κ. μεθ' ὑμῶν ἔλεος (9 a)
— 7. A R καὶ νῦν κραταιούσθωσαν αἱ χεῖρες ὑμῶν (9 a)
3. 18. καὶ νῦν ποιήσατε (9 a)
4. 11. καὶ νῦν ἄνδρες πονηροὶ ἀπεκτάγκασιν ἄνδρα δίκαιον (11 b)
— 11. καὶ νῦν ἐκζητήσω τὸ αἷμα αὐτοῦ (9 a)
7. 8. καὶ νῦν τάδε ἐρεῖς (9 a)
— 20. καὶ νῦν σὺ οἶδας τὸν δοῦλόν σου †
— 25. καὶ νῦν, κύριέ μου (9 a)
— 25. A καὶ νῦν [A ποίησον] καθὼς ἐλάλησας †
— 27. A καὶ νῦν καθὼς ἐλάλησας –
— 28. καὶ νῦν, κύριέ μου (9 a)
— 29. καὶ νῦν ἄρξαι (9 a)
12. 10. καὶ νῦν οὐκ ἀποστήσεται ῥομφαία (9 a)
— 23. καὶ νῦν τέθνηκεν (9 a)
— 28. καὶ νῦν συνάγαγε τὸ κατάλοιπον τοῦ λαοῦ (9 a)
13. 13. καὶ νῦν λάλησον δὴ πρὸς τὸν βασ. (9 a)
— 20. καὶ νῦν, ἀδελφή μου, κώφευσον (9 a)
— 33. καὶ νῦν μὴ θέσθω ὁ κύριός μου (9 a)
14. 15. καὶ νῦν ὃ ἦλθον λαλῆσαι (9 a)
— 32. καὶ νῦν ἰδοὺ τὸ πρόσωπον τοῦ βασ. οὐκ εἶδον (9 a)
15. 34. καὶ νῦν παῖς σού εἰμι –
— 34. καὶ νῦν ἐγὼ δοῦλος σός (9 a)
16. 11. καὶ προσέτι νῦν ὁ υἱὸς τοῦ Ἰ. (9 c)
17. 9. νῦν κέκρυπται ἐν ἑνὶ τῶν βουνῶν (9 a)
— 16. καὶ νῦν ἀποστείλατε ταχύ (9 a)
18. 3. καὶ νῦν ἀγαθὸν ὅτι ἔσῃ ἡμῖν (9 a)
19. 7 (8). καὶ νῦν ἀναστὰς ἔξελθε (9 a)
— 7 (8). ἐκ νεότητός σου ἕως τοῦ νῦν (15 d)
— 9 (10). καὶ νῦν πέφευγεν ἀπὸ τῆς γῆς (9 a)
— 10 (11). καὶ νῦν ἵνα τί ὑμεῖς κωφεύετε (9 a)
— 13 (14). καὶ νῦν τάδε ποιήσαι μοι ὁ θ. –
20. 6. νῦν κακοποιήσει ἡμᾶς Σ. (9 a)
— 6. καὶ νῦν σὺ λάβε . . . τοὺς παῖδας –
24. 10. νῦν, κύριε, παραβίβασον δὴ τὴν ἀνομίαν (9 b)
— 13. νῦν οὖν γνῶθι (13 c)
— 16. πολὺ νῦν [A πολὺν] ἄνες τὴν χεῖρά σου (9 a)
III Ki. 1. 12. καὶ νῦν δεῦρο συμβουλεύσω σοι (9 a)
— 18. καὶ νῦν ἰδοὺ Ἀδ. ἐβασίλευσε (9 a)
2. 15 (16). καὶ νῦν αἴτησιν μίαν ἐγὼ αἰτοῦμαι (9 a)
— 24. καὶ νῦν ζῇ κύριος (9 a)
3. 1. καὶ νῦν μὴ ἀθῳώσῃς αὐτόν –
— 2. οὐκ ᾠκοδομήθη . . . ἕως νῦν [A *al.*] (5 b)
— 7. καὶ νῦν, κύριε ὁ θεός μου (9 a)
5. 4 (18). καὶ νῦν ἀνέπαυσε κ. ὁ θ. μου ἐμοί (9 a)
— 6 (20). καὶ νῦν ἔντειλαι (9 a)
8. 25, 26. καὶ νῦν, κύριε ὁ θ. Ἰσρ. (9 a)
12. 4. καὶ σὺ νῦν κούφισον (9 a)
— 10. καὶ σὺ νῦν κούφισον –
— 11. καὶ νῦν ὁ πατήρ μου ἐπεσάσσετο ὑμᾶς (9 a)
— 16. νῦν βόσκε τὸν οἶκόν σου (9 a)
— 24. B καὶ νυνὶ κουφιεῖς σὺ ἐφ' ἡμᾶς [R *al.*] –
— 26. νῦν ἐπιστρέψει ἡ βασιλεία (9 a)
14. 14. καὶ τί καὶ νῦν (9 a)
18. 11. καὶ νῦν σὺ λέγεις (9 a)
— 14. καὶ νῦν σὺ λέγεις μοι (9 a)
— 19. καὶ νῦν ἀπόστειλον (9 a)
— 29. μετάστητε ἀπὸ τοῦ νῦν –
19. 4. ἱκανούσθω νῦν (9 a)
20 (21). 7. σὺ νῦν οὕτως ποιεῖς βασιλέα ἐπὶ Ἰσρ. (9 a)
22. 23. καὶ νῦν ἰδοὺ ἔδωκε κύριος (9 a)
IV Ki. 1. 14. καὶ νῦν ἐντιμωθήτω δή (9 a)
3. 15. καὶ νῦν λάβε [A ἴδε] μοι ψάλλοντα (9 a)
— 23. καὶ νῦν ἐπὶ τὰ σκῦλα, Μωάβ (9 a)
4. 26. νῦν δράμε εἰς ἀπαντὴν αὐ. (9 a)
5. 6. καὶ νῦν ὡς ἂν ἔλθῃ τὸ βιβλίον (9 a)
— 15. καὶ νῦν λάβε τὴν εὐλογίαν (9 a)
— 22. ἰδοὺ νῦν ἦλθον πρὸς μέ [A *al.*] (9 a)
— 26. καὶ νῦν ἔλαβες τὸ ἀργύριον –
— 26. καὶ νῦν ἔλαβες τὰ ἱμάτια –
7. 4. καὶ νῦν δεῦτε (9 a)
— 6. νῦν ἐμισθώσατο ἐφ' ἡμᾶς (3 a)
— 9. καὶ νῦν δεῦρο (9 a)
8. 6. ἀπὸ τῆς ἡμέρας . . . ἕως τοῦ νῦν (15 d)
9. 26. καὶ νῦν ἆρας δή (9 a)
10. 2. καὶ νῦν ὡς ἂν ἔλθῃ (9 a)
— 19. καὶ νῦν πάντες οἱ προφῆται (9 a)
— 21. B καὶ νῦν πάντες οἱ δοῦλοι αὐ. –
12. 7 (8). καὶ νῦν μὴ λάβητε ἀργύριον (9 a)

IV Ki. 13. 19. καὶ νῦν τρὶς πατάξεις τὴν Σ. (9 *a*)
18. 20. νῦν οὖν [A καὶ νῦν] τίνι πεποιθὼς (13 *c* [11 *c*])
— 21. νῦν ἰδοὺ πέποιθας σαυτῷ (9 *a*)
— 23. καὶ νῦν μίχθητε δὴ τῷ κυρίῳ μου (9 *a*)
— 25. καὶ νῦν [A νῦν οὖν] μὴ ἄνευ κυρίου ἀνέβημεν (11 *c* [13 *c*])
19. 19. καὶ νῦν, κύριε ὁ θεὸς ἡμῶν (9 *a*)
I Ch. 17. 7. καὶ νῦν οὕτως ἐρεῖς (9 *a*)
— 23. καὶ νῦν, κύριε, ὁ λόγος σου (9 *a*)
— 26. καὶ νῦν, κύριε, σὺ εἶ αὐτὸς θεός (9 *a*)
— 27. καὶ νῦν ἤρξαι τοῦ εὐλογῆσαι (9 *a*)
21. 8. καὶ νῦν περίελε δὴ τὴν κακίαν (9 *a*)
— 12. καὶ νῦν ἴδε τί ἀποκριθῶ (9 *a*)
22. 11. καὶ νῦν, υἱέ μου, ἔσται μετὰ σοῦ κύριος (11 *c*)
— 19. νῦν δότε καρδίας ὑμῶν (9 *a*)
28. 8. καὶ νῦν κατὰ πρόσωπον πάσης ἐκκλ. (9 *a*)
— 9. καὶ νῦν, Σαλωμὼν υἱέ, γνῶθι †
— 10. A R ἴδε νῦν [B τοίνυν] (9 *a*)
29. 13. καὶ νῦν, κύριε, ἐξομολογούμεθά σοι (9 *a*)
— 17. καὶ νῦν τὸν λαόν σου . . . εἶδον (9 *a*)
II Ch. 1. 9. καὶ νῦν, κύριε ὁ θεός (11 *c*)
— 10. νῦν σοφίαν καὶ σύνεσιν δός μοι (9 *a*)
2. 7 (6). καὶ νῦν ἀπόστειλόν μοι ἄνδρα (9 *a*)
— 13 (12). καὶ νῦν ἀπέσταλκά σοι (9 *a*)
— 15 (14). καὶ νῦν τὸν σῖτον καὶ τὴν κριθήν (9 *a*)
6. 16, 17. καὶ νῦν, κύριε ὁ θεὸς Ἰσρ. (9 *a*)
— 40. νῦν, κύριε, ἔστωσαν δὴ οἱ ὀφθ. σου (9 *a*)
— 41. καὶ νῦν ἀνάστηθι (9 *a*)
7. 15. νῦν οἱ ὀφθ. μου ἔσονται ἀνεῳγμ. (9 *a*)
— 16. καὶ νῦν ἐξελεξάμην (9 *a*)
10. 4. καὶ νῦν ἄφες ἀπὸ τῆς δουλείας (9 *a*)
— 11. καὶ νῦν ὁ πατήρ μου ἐπαίδευσεν ὑμᾶς (9 *a*)
— 16. νῦν βλέπε τὸν οἶκόν σου (9 *a*)
13. 8. καὶ νῦν λέγετε ὑμεῖς (9 *a*)
16. 9. A καὶ νῦν [B *om*. κ. ν.] ἠγνόηκας –
— 9. ἀπὸ τοῦ νῦν ἔσται μετὰ σοῦ πόλεμος (15 *d*)
18. 22. καὶ νῦν ἰδοὺ ἔδωκε κύριος (9 *a*)
19. 7. καὶ νῦν γενέσθω φόβος κυρίου ἐφ' ὑμᾶς (9 *a*)
20. 10. καὶ νῦν ἰδοὺ υἱοὶ Ἀ. (9 *a*)
— 11. καὶ νῦν ἰδοὺ αὐτοὶ ἐπιχειροῦσιν –
23. 4. νῦν ὁ λόγος οὗτος ὃν ποιήσετε –
25. 19. νῦν κάθησο ἐν οἴκῳ σου (9 *a*)
28. 10. καὶ νῦν υἱοὺς Ἰ. . . . λέγετε (9 *a*)
— 11. καὶ [A *om*.] νῦν ἀκούσατέ μου (9 *a* [9 *b*])
29. 5. νῦν ἁγνίσθητε (9 *a*)
— 9. ὁ καὶ νῦν ἐστιν †
— 10. νῦν ἐστιν ἐπὶ καρδίας (9 *a*)
— 11. καὶ νῦν μὴ διαλίπητε (11 *c*)
— 31. νῦν ἐπληρώσατε τὰς χεῖρας ὑμῶν (9 *a*)
30. 8. καὶ νῦν μὴ σκληρύνητε (11 *c*)
32. 15. R ν. οὖν [AB *om*.] μὴ ἀπατάτω ὑμᾶς Ἐζ. (13 *d* [9 *b*])
35. 3. νῦν οὖν λειτουργήσατε (13 *c*)
I Es. 1. 4. καὶ νῦν λατρεύετε
— 27. καὶ νῦν κύριος μετ' ἐμοῦ ἐστι
— 33. τὰ νῦν ἱστόρηται
2. 18. καὶ νῦν γνωστὸν ἔστω
— 24. νῦν οὖν ὑποδεικνυόμεν σοι
— 28. νῦν οὖν [A *om*.] ἐπέταξα
4. 28. καὶ νῦν οὐ πιστεύετέ μοι
— 46. καὶ νῦν τοῦτό ἐστιν
6. 20. ἀπ' ἐκείνου μέχρι τοῦ νῦν
— 21. B νῦν οὖν [A R *add*. εἰ] κρίνεται
8. 78. καὶ νῦν κατὰ πόσον τι ἐγενήθη ἡμῖν
— 82. καὶ νῦν τί ἐροῦμεν
— 84. καὶ νῦν τὰς θυγ. ὑ. μὴ συνοικίσητε
— 90. A R ἰδοὺ νῦν [B *om*.] ἐσμεν ἐνώπιόν σου
— 92. καὶ νῦν ἐστιν ἐπάνω πᾶς Ἰσρ.
9. 8. καὶ νῦν δότε ὁμολογίαν
II Es. 4. 13. νῦν οὖν γνωστὸν ἔστω (13 *b*)
— 21. B νῦν [A R καὶ νῦν] θέτε γνώμην (6 [11 *c*])
5. 16. ἀπὸ τότε ἕως τοῦ [A *om*.] νῦν (15 *c* [6])
— 17. καὶ νῦν εἰ ἐπὶ τὸν βασ. ἀγαθόν (6)
6. 6. νῦν δώσετε (6)
— 7. A R νῦν [B *om*.] ἄφετε τὸ ἔργον –
9. 3. A οὕτως δεῖ καὶ ν. –
— 8. καὶ νῦν ἐπεσκευάσατο ἡμῖν ὁ θ. ἡ. (9 *a*)
— 10. τί [S² καὶ νῦν τί] εἴπωμεν (9 *a*)
— 12. καὶ νῦν τὰς θυγ. ὑμῶν μὴ δῶτε (9 *a*)
10. 2. καὶ νῦν ἐστὶν ὑπομονή (9 *a*)
— 3. καὶ νῦν διαθώμεθα (9 *a*)
— 11. καὶ νῦν δότε αἴνεσιν (9 *a*)
Ne. 5. 5. AR καὶ [BS *om*.] νῦν ὡς σὰρξ ἀδελφῶν ἡ. σὰρξ ἡμῶν (9 *a* [9 *b*])
6. 7. καὶ νῦν ἀπαγγελήσονται (9 *a*)
— 7. καὶ νῦν δεῦρο βουλευσώμεθα (9 *a*)

Ne. 6. 9. καὶ νῦν [S² *om*.] ἐκραταίωσα τὰς χεῖράς μου (9 *a*)
9. 32. καὶ νῦν ὁ θεὸς ἡμῶν (9 *a*)
To. 2. 3. S αὐτόθι νῦν ἐστραγγάληται [A B *al*.]
3. 3. S καὶ νῦν σύ, κύριε
— 5. καὶ νῦν πολλαὶ αἱ κρίσεις σου
— 6. καὶ νῦν κατὰ τὸ ἀρεστόν
— 12. καὶ νῦν, κύριε [S *al*.]
— 15. S νῦν εἰσάκουσον ὀνειδισμόν μου [A B *al*.]
4. 13. A B καὶ νῦν, παιδίον, ἀγάπα
— 19. καὶ νῦν, παιδίον, μνημόνευε
— 20. καὶ νῦν ὑποδεικνύω σοι [S *al*.]
5. 3. S καὶ νῦν ἰδοὺ ἔτη εἴκοσι
— 3. S καὶ νῦν παιδίον
6. 12. καὶ νῦν [S *om*.] ἄκουσόν μου
— 12. S καὶ νῦν ἄκουσόν μου
— 14. καὶ νῦν ἐγὼ μόνος εἰμί [S *al*.]
— 14. καὶ νῦν ἐγὼ φοβοῦμαι
— 15. καὶ νῦν ἄκουσόν μου
7. 11. τὸ νῦν ἔχον ἡδέως γίνου [S *al*.]
— 12. κομίζου αὐτὴν ἀπὸ τοῦ νῦν [S *al*.]
8. 7. καὶ νῦν, κύριε [S *al*.]
— 21. S παρὰ σοῦ νῦν ἐσμεν ἡμεῖς
— 21. S ἀπὸ τοῦ νῦν εἰς τὸν αἰῶνα
10. 8. S καὶ νῦν ἀξιῶ σε
— 13. αὐτοὶ νῦν γονεῖς σού εἰσιν [S *al*.]
— 13. S ἀπὸ τοῦ νῦν ἐγώ σου μήτηρ
11. 9. ἀπὸ τοῦ νῦν ἀποθανοῦμαι
12. 12. καὶ νῦν ὅτε προσηύξω
— 14. καὶ νῦν ἀπέστειλέ με ὁ θ. [S *al*.]
— 20. καὶ νῦν ἐξομολογεῖσθε τῷ θεῷ [S *al*.]
13. 6. S καὶ νῦν [A B *om*.] θεάσασθε
14. 7. S καὶ νῦν, παιδία
— 8. καὶ νῦν, τέκνον
— 11. καὶ νῦν, παιδία
Ju. 5. 19. καὶ νῦν ἐπιστρέψαντες
— 20. καὶ νῦν, δέσποτα κύριε
7. 4. νῦν ἐκλείξουσιν οὗτοι
— 11. καὶ νῦν, δέσποτα
— 25. καὶ νῦν οὐκ ἔστι βοηθὸς ἡμῶν
— 26. καὶ νῦν ἐπικαλέσασθε αὐτούς
8. 12. καὶ νῦν τίνες ἐστὲ ὑμεῖς
— 13. καὶ νῦν κύριον παντοκράτορα ἐξετάζετε
— 24. καὶ νῦν, ἀδελφοί
— 31. καὶ νῦν δεήθητι
9. 5. καὶ τὰ νῦν . . . διενοήθης
10. 15. καὶ νῦν πρόσελθε ἐπὶ τὴν σκηνὴν αὐ.
11. 2. καὶ νῦν ὁ λαός σου
— 3. καὶ νῦν λέγε μοι
— 9. καὶ ν. ὁ λόγος ὃν ἐλάλησεν Ἀχ.
— 11. καὶ νῦν ἵνα μὴ γένηται
— 17. καὶ νῦν μενῶ παρὰ σοί
— 23. καὶ νῦν ἀστεία εἶ σύ
13. 5. ὅτι νῦν καιρὸς ἀντιλαβέσθαι
14. 8. καὶ νῦν ἀνάγγειλόν μοι
Es. 3. 13. οἱ πάλαι καὶ νῦν δυσμενεῖς
4. 17. καὶ νῦν, κύριε
— 17. καὶ νῦν ἡμάρτομεν [A *al*.]
— 17. καὶ νῦν οὐχ ἱκανώθησαν
— 17. ἀφ' ἡμέρας μεταβολῆς μου μέχρι νῦν
8. 13. καὶ νῦν καὶ μετὰ ταῦτα
Jb. 2. 9. αἵ με νῦν συνέχουσιν –
3. 13. νῦν ἂν κοιμηθεὶς ἡσύχασα (9 *c*)
4. 5. νῦν [A νυνὶ] δὲ ἥκει ἐπὶ σὲ πόνος (12 *e*)
6. 16. νῦν ἐπιπεπτώκασί μοι ὥσπερ χιών –
— 28. νυνὶ δὲ εἰσβλέψας εἰς πρόσωπα ὑμῶν (9 *a*)
— 29. S² νῦν ἄρξασθαι –
7. 21. νυνὶ [S¹ νῦν] δὲ εἰς γῆν ἀπελεύσομαι (12 *e*)
13. 19. νῦν κωφεύσω καὶ ἐκλείψω (9 *a*)
16. 8 (7). νῦν δὲ κατάκοπόν με πεποίηκε μωρὸν σεσηπότα (12 *d*)
— 20 (19). A B S² νῦν ἰδοὺ ἐν οὐρανοῖς ὁ μάρτυς μου (9 *a*)
30. 1. νυνὶ δὲ κατεγέλασάν μου ἐλάχιστοι νῦν νουθετοῦσί με (9 *a*, –)
— 9. νυνὶ δὲ κιθάρα ἐγώ εἰμι αὐτῶν (9 *a*)
— 16. νῦν ἐπ' ἐμὲ ἐκχυθήσεται [S² ἐκλυθ.] ἡ ψυχή μου (9 *a*)
35. 15. καὶ νῦν ὅτι οὐκ ἔστιν ἐπισκεπτόμενος ὀργὴν αὐτοῦ (9 *a*)
42. 5. νυνὶ δὲ ὁ ὀφθαλμός μου ἑώρακέ σε (9 *a*)
— 8. νῦν δὲ λάβετε ἑπτὰ μόσχους (9 *a*)
Ps. 2. 10. καὶ νῦν, βασιλεῖς, σύνετε (9 *a*)
11 (12). 5. νῦν ἀναστήσομαι, λέγει κύριος (9 *a*)
16 (17). 11. ἐκβαλόντες με νυνὶ περιεκύκλωσάν με (9 *a*)

Ps. 19 (20). 6. νῦν ἔγνων ὅτι ἔσωσε κύριος τὸν χριστὸν αὐτοῦ (9 *a*)
26 (27). 6. καὶ νῦν ἰδοὺ ὕψωσε τὴν κεφ. μου (9 *a*)
38 (39). 7. καὶ νῦν τίς ἡ ὑπομονή μου (9 *a*)
43 (44). 9. νυνὶ δὲ ἀπώσω καὶ κατῄσχυνας ἡμᾶς (12 *a*)
70 (71). 17. μέχρι νῦν [S² τοῦ νῦν] ἀπαγγελῶ τὰ θαυμάσιά σου (4 [15 *a*])
76 (77). 10. καὶ εἶπα, Νῦν ἠρξάμην –
112 (113). 2. εἴη τὸ ὄνομα κυρίου εὐλογημένον ἀπὸ τοῦ νῦν (15 *d*)
113. 26 (115. 18). εὐλογήσωμεν τὸν κύριον ἀπὸ τοῦ νῦν (15 *d*)
120 (121). 8. κύριος φυλάξει τὴν εἴσοδόν σου . . . ἀπὸ τοῦ νῦν (15 *d*)
124 (125). 2. κύριος κύκλῳ τοῦ λαοῦ αὐτοῦ ἀπὸ τοῦ νῦν (15 *d*)
130 (131). 3. ἐλπισάτω Ἰσραὴλ ἐπὶ τὸν κύριον ἀπὸ τοῦ νῦν (15 *d*)
Pr. 5. 7 : 7. 24 : 8. 32. νῦν οὖν, υἱέ, ἄκουέ μου (13 *d*)
Ec. 4. 2. ὅσοι αὐτοὶ ζῶσιν ἕως τοῦ νῦν (17)
Wi. 14. 15. τὸν τότε [A ποτὲ] νεκρὸν ἄνθρωπον νῦν ὡς θεὸν ἐτίμησε
— 20. τὸν . . . τιμηθέντα ἄνθρωπον νῦν σέβασμα ἐλογίσαντο
Si. 11. 19. νῦν φάγομαι ἐκ τῶν ἀγαθῶν μου
— 23. τίνα ἀπὸ τοῦ νῦν ἔσται μου τὰ ἀγαθά
— 24. τί ἀπὸ τοῦ νῦν κακωθήσομαι
39. 35. καὶ νῦν ἐν πάσῃ καρδίᾳ καὶ στόματι ὑμνήσατε
50. 22. καὶ νῦν εὐλογήσατε τῷ θεῷ
Ho. 2. 7 (9). καλῶς μοι ἦν τότε ἢ ν. (9 *a*)
— 10 (12). καὶ ν. ἀποκαλύψω τὴν ἀκαθαρσίαν αὐ. (9 *a*)
4. 16. νῦν νεμήσει αὐτοὺς κύριος (9 *a*)
5. 3. ν. ἐξεπόρνευσεν Ἐφρ. (9 *a*)
— 7. ν. καταφάγεται αὐτοὺς ἡ ἐρυσίβη (9 *a*)
7. 2. ν. ἐκύκλωσαν αὐτοὺς τὰ διαβούλια αὐ. (9 *a*)
8. 8. ν. ἐγένετο ἐν τοῖς ἔθνεσιν (9 *a*)
— 10. ν. εἰσδέξομαι αὐτούς (9 *a*)
— 13. ν. μνησθήσεται τὰς ἀδικίας αὐ. (9 *a*)
10. 2. ν. ἀφανισθήσονται (9 *a*)
— 3. διότι ν. ἐροῦσιν (9 *a*)
11. 12 (12. 1). ν. ἔγνω αὐτοὺς ὁ θεός †
13. 2. R καὶ νῦν [A B *om*.] προσέθεντο τοῦ ἁμαρτάνειν (9 *a*)
Am. 6. 7. ν. αἰχμάλωτοι ἔσονται (9 *a*)
7. 16. καὶ ν. ἄκουε λόγον κυρίου (9 *a*)
Mi. 4. 7. βασιλεύσει κ. . . . ἀπὸ τοῦ νῦν ἕως εἰς τὸν αἰ. (15 *d*)
— 9. καὶ ν. ἵνα τί ἔγνως κακά (11 *c*)
— 10. ν. ἐξελεύσῃ ἐκ πόλεως (9 *a*)
— 11. καὶ νῦν ἐπισυνήχθη ἐπὶ σὲ ἔθνη (9 *a*)
5. 1 (4. 14). νῦν ἐμφραχθήσεται θυγάτηρ (9 *a*)
— 4 (3). ν. μεγαλυνθήσονται (9 *a*)
7. 4. ν. ἔσονται κλαυθμοὶ αὐτῶν (9 *a*)
— 10. ν. ἔσται εἰς καταπάτημα (9 *a*)
Jl. 2. 12. καὶ ν. λέγει κ. ὁ θεὸς ὑμῶν (11 *d*)
Jn. 4. 3. καὶ νῦν, δέσποτα κύριε (9 *a*)
Na. 1. 13. καὶ ν. συντρίψω τὴν ῥάβδον αὐ. (9 *a*)
Hg. 1. 5. καὶ ν. τάδε λέγει κύριος παντοκρ. (9 *a*)
2. 4 (3). πῶς ὑμεῖς βλέπετε αὐτὸν ν. (9 *a*)
— 5 (4). καὶ ν. κατίσχυε (9 *a*)
— 16 (15). καὶ ν. θέσθε δὴ εἰς τὰς καρδίας ὑμῶν (9 *a*)
Za. 8. 11. καὶ ν. οὐ κατὰ τὰς ἡμ. τὰς ἔμπροσθεν ἐγὼ ποιῶ (9 *a*)
9. 8. διότι νῦν ἑώρακα ἐν τοῖς ὀφθαλμοῖς μου (9 *a*)
Ma. 1. 9. καὶ ν. ἐξιλάσκεσθε τὸ πρόσωπον τοῦ θεοῦ ὑ. (9 *a*)
2. 1. καὶ νῦν ἡ ἐντολὴ αὕτη πρὸς ὑμᾶς (9 *a*)
3. 15. καὶ νῦν ἡμεῖς μακαρίζομεν ἀλλοτρίους (9 *a*)
Is. 1. 21. νῦν δὲ φονευταί (9 *a*)
2. 5. καὶ νῦν, ὁ οἶκος Ἰ. –
— 10. καὶ νῦν, εἰσέλθετε –
3. 9 (8). διότι νῦν ἐταπεινώθη ἡ δόξα αὐ. –
— 13. ἀλλὰ νῦν καταστήσεται εἰς κρίσιν –
5. 3. καὶ νῦν, οἱ ἐνοικοῦντες ἐν Ἰερ. (9 *a*)
— 5. νῦν δὲ ἀναγγελῶ ὑμῖν (9 *a*)
9. 7 (6). ἀπὸ τοῦ νῦν καὶ εἰς τὸν αἰῶνα [S ἕως τοῦ αἰ.] (15 *d*)
14. 15. νῦν δὲ εἰς ᾅδην καταβήσῃ (12 *g*)
16. 14. καὶ νῦν λέγω (9 *a*)
18. 2. A ἔθνος ἀνέλπιστον καὶ καταπεπατημένον νῦν [B S *om*.] †
— 2. νῦν οἱ ποταμοὶ τῆς γῆς –
— 7. ἀπὸ τοῦ νῦν καὶ εἰς τὸν αἰῶνα χρόνον †

Is. 19. 12. ποῦ εἰσι νῦν οἱ σοφοί σου (2)
21. 2. νῦν στενάξω -
22. 1. τί ἐγένετό σοι ὅτι νῦν [A σοι ν. ὅτι] ἀνέβητε (2)
26. 11. καὶ νῦν πῦρ τοὺς ὑπεναντίους ἔδεται (11 a)
29. 22. οὐ νῦν αἰσχυνθήσεται Ἰ. (9 a)
— 22. οὐδὲ νῦν τὸ πρόσωπον μεταβαλεῖ (9 a)
— 23. S[1] ἀλλὰ τὰ νῦν δώσει [A B S[2] al.] †
30. 8. νῦν οὖν καθίσας γράψον (13 c)
33. 4. νῦν δὲ συναχθήσεται τὰ σκῦλα ὑμῶν (12 f)
— 10. νῦν ἀναστήσομαι . . . νῦν δοξασθήσομαι νῦν ὑψωθήσομαι (9 a ter)
— 11. νῦν ὄψεσθε νῦν αἰσθηθήσεσθε -, -
36. 5. καὶ νῦν ἐπὶ τίνα πέποιθας (11 c)
— 8. νῦν μίχθητε τῷ κυρίῳ μου (9 b)
— 10. καὶ νῦν μὴ ἄνευ κυρίου ἀνέβημεν (9 a)
37. 20. νῦν [A S σὺ] δὲ, κύριε ὁ θεὸς ἡμῶν (9 a)
— 26. νῦν δὲ ἐπέδειξα ἐξερημῶσαι ἔθνη (12 c)
— 28. νῦν δὲ τὴν ἀνάπαυσίν σου . . . ἐπίσταμαι (12 f)
40. 25. νῦν οὖν τίνι με ὡμοιώσατε (13 f)
— 28. καὶ νῦν οὐκ ἔγνως -
43. 1. καὶ νῦν οὕτως λέγει (9 a)
— 19. ἃ νῦν ἀνατελεῖ (9 a)
— 22. οὐ νῦν ἐκάλεσά σε -
44. 1. νῦν δὲ ἄκουσον (9 a)
47. 8. νῦν δὲ ἄκουε ταῦτα (9 a)
— 9. νῦν δὲ ἥξει ἐπὶ σέ (12 f)
— 12. στῆθι νῦν ἐν ταῖς ἐπαοιδαῖς σου (8)
48. 6. ἀκουστά σοι ἐποίησα τὰ καινὰ ἀπὸ τοῦ νῦν (15 d)
— 7. νῦν γίνεται καὶ οὐ πάλαι (9 a)
— 16. καὶ νῦν κύριος κύριος ἀπέστειλέ με (9 a)
— 19. οὐδὲ νῦν οὐ μὴ ἐξολεθρευθῇς -
49. 5. καὶ νῦν οὕτω λέγει κύριος (9 a)
— 19. νῦν στενοχωρήσει (9 a)
51. 3. καὶ σὲ νῦν παρακαλέσω †
— 13. καὶ νῦν ποῦ ὁ θυμὸς τοῦ θλίβοντός σε -
52. 5. καὶ νῦν τί ὧδέ ἐστε -
58. 2. αἰτοῦσί με νῦν κρίσιν δικαίαν -
59. 21. ἀπὸ τοῦ νῦν καὶ εἰς τὸν αἰῶνα (15 d)
64. 8 (7). καὶ νῦν, κύριε (9 a)
— 9 (8). καὶ νῦν ἐπίβλεψον (8)
Je. 2. 18. καὶ νῦν τί σοι (9 a)
4. 12. νῦν δὲ ἐγὼ λαλῶ κρίματα (12 c)
7. 13. καὶ νῦν ἀνθ᾽ ὧν ἐποιήσατε (9 a)
14. 10. νῦν μνησθήσεται τῆς ἀδικίας αὐ. (9 a)
18. 11. καὶ νῦν εἰπὸν πρὸς ἄνδρας Ἰ. (9 a)
33 (26). 13. καὶ νῦν βελτίους ποιήσατε τὰς ὁδοὺς ὑμῶν (9 a)
36 (29). 27. καὶ νῦν διὰ τί συνελοιδορήσατε Ἰερ. (9 a)
39 (32). 36. καὶ νῦν οὕτως εἶπε κ. ὁ θεὸς Ἰσρ. (9 a)
44 (37). 20. καὶ νῦν, κύριε βασιλεῦ (9 a)
49 (42). 19. καὶ νῦν γνόντες γνώσεσθε -
— 22. καὶ νῦν ἐν ῥομφαίᾳ . . . ἐκλείψετε (9 a)
51 (44). 7. καὶ νῦν οὕτως εἶπε κύριος παντοκρ. (9 a)
Ba. 2. 11. καὶ νῦν [A om. κ. ν.], κύριε ὁ θεὸς Ἰσρ.
4. 24. ὥσπερ γὰρ νῦν ἑωράκασιν οἱ πάροικοι Σ.
— 28. A οὕτω νῦν [B om. οὔ. ν.] δεκαπλασιάσατε
Ep. Je. 4. νυνὶ δὲ ὄψεσθε ἐν Βαβ.
Ez. 4. 14. ἀπὸ γενέσεώς μου ἕως τοῦ νῦν (15 d)
7. 8. νῦν ἐγγύθεν ἐκχεῶ (9 a)
— 7. νῦν τὸ πέρας πρὸς σέ -
16. 57. ὃν τρόπον νῦν ὄνειδος εἶ †
19. 13. καὶ νῦν πεφύτευκαν αὐτήν (9 a)
26. 18. A καὶ νῦν [B om.] φοβηθήσονται (11 c)
27. 34. νῦν συνετρίβης ἐν θαλάσσῃ †
39. 25. νῦν ἀποστρέψω [A ἀναστρ. τὴν] αἰχμαλωσίαν (9 a)
43. 9. καὶ νῦν ἀπωσάσθωσαν (11 c)
Da. LXX. Su. 51. καὶ νῦν διαχωρίσατέ μοι αὐτούς
— 51. νῦν μὴ βλέψητε
— 52. νῦν ἥκασί σου αἱ ἁμαρτίαι
— 54. νῦν οὖν ὑπὸ τί δένδρον
— 58. νῦν οὖν λέγε μοι
— 59. νῦν ὁ ἄγγελος κυρίου
2. 9. νῦν οὖν ἐὰν τὸ ῥῆμα εἴπητέ μοι (7)
— 23. καὶ νῦν ἐσήμανάς μοι (6)
3. 15. καὶ νῦν εἰ μὲν ἔχετε ἑτοίμως (11 e)
— (31). καὶ νῦν πάντα ὅσα ἡμῖν ἐπήγαγες
— (33). καὶ νῦν οὐκ ἔστιν ἡμῖν ἀνοῖξαι
— (41). καὶ νῦν ἐξακολουθοῦμεν
— 29 (96). καὶ νῦν ἐγὼ κρίνω -
4. 34. ἀπὸ τοῦ νῦν αὐτῷ λατρεύσω -
— 34. καὶ νῦν ὑποδείξω ὑμῖν

Da. LXX. 8. 26. καὶ νῦν πεφραγμένον τὸ ὅραμα †
9. 15. καὶ νῦν, δέσποτα κύριε (9 a)
— 17. καὶ νῦν ἐπάκουσον (9 a)
10. 20. καὶ νῦν ἐπιστρέψω (9 a)
11. 2. καὶ νῦν ἦλθον (9 a)
Da. TH. Su. 52. νῦν ἥκασιν αἱ ἁμαρτίαι σου
— 54. νῦν οὖν ταύτην εἴπερ εἶδες
— 58. νῦν οὖν λέγε μοι
2. 23. A καὶ νῦν [B om.] ἐγνώρισάς μοι (6)
3. 15. νῦν οὖν εἰ ἔχετε ἑτοίμως (11 f)
— (33). καὶ νῦν οὐκ ἔστιν ἡμῖν
— (41). καὶ νῦν ἐξακολουθοῦμεν
4. 34. νῦν οὖν ἐγὼ Ναβ. (13 b)
5. 12. νῦν οὖν κληθήτω (13 b)
— 15. καὶ νῦν εἰσῆλθον (6)
— 16. νῦν οὖν ἐὰν δυνηθῇς (13 b)
6. 8 (9). νῦν οὖν, βασιλεῦ (13 b)
9. 15. καὶ νῦν, κύριε ὁ θ. ἡμῶν (9 a)
— 17. καὶ νῦν εἰσάκουσον (9 a)
— 22. νῦν ἐξῆλθον συμβιβάσαι σε (9 a)
10. 11. νῦν ἀπεστάλην πρὸς σέ (9 a)
— 17. ἀπὸ τοῦ νῦν οὐ στήσεται ἐν ἐμοὶ ἰσχύς (15 d)
— 20. καὶ νῦν ἐπιστρέψω (9 a)
11. 2. καὶ νῦν ἀλήθειαν ἀναγγελῶ σοι (9 a)
I Ma. 2. 18. AS νῦν [R add. οὖν] πρόσελθε πρῶτος
— 33. R ἕως τοῦ νῦν ἱκανόν [AS om.]
— 40. νῦν τάχιον ἡμᾶς ὀλεθρεύσουσιν
— 49. νῦν ἐστηρίχθη ὑπερηφανία
— 50. AR καὶ [S om.] νῦν, τέκνα
4. 10. καὶ νῦν βοήσωμεν
— 18. ἀλλὰ στῆτε νῦν
5. 12. νῦν οὖν ἐλθὼν ἐξελοῦ ἡμᾶς
6. 11. ἐν ᾧ νῦν εἰμι
— 12. νῦν δὲ μιμνήσκομαι
— 58. νῦν οὖν δῶμεν δεξιάν
7. 7. νῦν οὖν ἀπόστειλον ἄνδρα
— 35. ἐὰν μὴ παραδοθῇ Ἰ. . . . τὸ νῦν
9. 9. σώζωμεν τὰς ἑαυτῶν ψυχὰς τὸ νῦν
— 30. νῦν οὖν σε ᾑρετισάμεθα
— 44. AR ἀναστῶμεν νῦν [S δή]
— 46. νῦν οὖν κεκράξατε
— 58. νῦν οὖν ἄξομεν τὸν Β.
10. 16. καὶ νῦν ποιήσομεν αὐτὸν φίλον
— 20. καὶ νῦν καθεστάκαμέν σε
— 27. AR καὶ [S om.] νῦν ἐμμείνατε
— 29. καὶ νῦν ἀπολύω ὑμᾶς
— 41. ἀπὸ τοῦ νῦν δώσουσιν
— 54. SR καὶ νῦν στήσωμεν [A al.]
— 54. AR καὶ νῦν [S om.] δός μοι
— 56. καὶ νῦν ποιήσω σοι
— 71. νῦν οὖν εἰ πέποιθας
— 73. καὶ νῦν οὐ δυνήσῃ
11. 35. τὰ ἀνήκοντα ἡμῖν ἀπὸ τοῦ νῦν
— 36. S[2]R ἀπὸ τοῦ νῦν καὶ εἰς τὸν ἅπαντα χρόνον [AS[1] al.]
— 37. νῦν οὖν ἐπιμέλεσθε
— 43. νῦν οὖν ὀρθῶς ποιήσεις
12. 18. καὶ νῦν καλῶς ποιήσετε
— 22. καὶ νῦν ἀφ᾽ οὗ ἔγνωμεν ταῦτα
— 45. καὶ νῦν ἀπόστειλον αὐτούς
— 53. νῦν οὖν πολεμήσωμεν αὐτούς
13. 5. καὶ νῦν μή μοι γένοιτο
— 16. καὶ νῦν ἀπόστειλον
— 20. ἦλθε Τρύφων [S[1] add. νῦν]
15. 5. νῦν οὖν ἵστημί σοι
— 8. ἀπὸ τοῦ νῦν καὶ εἰς τὸν ἅπαντα χρόνον
— 30. νῦν οὖν παράδοτε
16. 3. AR νῦν [S νυνὶ] δὲ γεγήρακα
II Ma. 1. 6. καὶ νῦν ὧδέ ἐσμεν
— 9. καὶ νῦν ἵνα ἄγητε
6. 27. ἀνδρείως μὲν νῦν διαλλάξας τὸν βίον
7. 23. ὡς νῦν ὑπερορᾶτε ἑαυτούς
— 36. οἱ μὲν γὰρ νῦν ἡμέτεροι ἀδελφοί
10. 10. νυνὶ δὲ . . . δηλώσομεν
13. 10. εἴποτε ἄλλοτε καὶ νῦν
14. 7. R δεῦρο [A δεύτερον] νῦν ἐλήλυθα
— 36. καὶ νῦν, ἅγιε . . . κύριε
15. 8. καὶ τὰ νῦν προσδοκᾶν τὴν . . . νίκην
— 23. καὶ νῦν, δυνάστα τῶν οὐρανῶν
III Ma. 1. 19. A πρὸς ἅπαν νῦν διατεταγμένην [R al.]
2. 13. ἰδοὺ δὴ νῦν, ἅγιε βασιλεῦ
4. 1. A μετὰ παρρησίας νῦν ἐκφαινομένης [R π. συνεκφ.] ἀπεχθείας
5. 38. τοὺς ἐλέφ. ἔτι καὶ νῦν καθόπλισον
6. 9. καὶ νῦν, μισύβρι
— 12. νῦν ἔπιδε

III Ma. 6. 28. ἀφ᾽ ἡμετέρων μέχρι τοῦ νῦν προγόνων
IV Ma. 1. 12. νῦν αὐτίκα δὴ λέγειν ἔξεσται
6. 18. εἰ νῦν μεταβαλοίμεθα
— 33. νυνὶ δὲ τοῦ λογισμοῦ . . . νικήσαντος
9. 30. AR πλεῖον ἐμοῦ σε νῦν [S om.] βασανίζεσθαι
11. 8. AR νυνὶ δὲ ἀλλότριος ὤν
12. 19. σὲ δὲ καὶ ἐν τῷ νῦν βίῳ . . . τιμωρήσεται
13. 3. νυνὶ δὲ οὐχ οὕτως
14. 9. νῦν ἡμεῖς ἀκούοντες
15. 16. ὦ πικροτέρων μὲν νῦν μήτηρ πειρασθεῖσα
17. 18. τῷ θείῳ νῦν παρεστήκασι θρόνῳ

[**Aq.** Nu. 24. 17 : II Ki. 16. 11 : 18. 3 : III Ki. 14. 14 : Jb. 6. 21 : 42. 5 : Ps. 2. 10 : 26 (27). 6 : Is. 52. 5 : Je. 27 (34). 6, 16 : 37 (44). 20 : 40 (47). 4 (Sw.) : 42 (49). 15 : Ez. 23. 43.]
[**Sm.** Ge. 3. 23 (22) : I Ki. 12. 7 : II Ki. 16. 11 : IV Ki. 2. 14 : 10. 10 : Jb. 9. 24 : 24. 25 : 42. 5 : Ps. 26 (27). 6 : 38 (39). 8 : 73 (74). 6 : Is. 16. 14 : 52. 5 : Je. 27 (34). 16 : 42 (49). 15.]
[**Th.** Jd. 13. 12 : II Ki. 12. 10 : 18. 3 : Jb. 13. 19 : 30. 16 : 35. 15 : 42. 5 : Is. 16. 14 : 29. 22 : 52. 5 : Je. 27 (34). 6, 16 : 37 (44). 20 : 40 (47). 4 (Sw.) : 42 (49). 15 : Da. 6. 8.]
[**Al.** Ex. 9. 27.]
[**Quint.** IV Ki. 5. 22 : Ps. 26 (27). 6.]

νύξ. (1) *a.* ליל *b.* ליליא (2) נשף

Ge. 1. 5. τὸ σκότος ἐκάλεσε νύκτα (1 a)
— 14. A καὶ ἄρχειν τῆς ἡμέρας καὶ τῆς ν. -
— 14. ἀνὰ μέσον τῆς ἡμ. καὶ ἀνὰ μέσον τῆς ν. (1 a)
— 16. τὸν φωστῆρα . . . εἰς ἀρχὰς τῆς ν. (1 a)
— 18. καὶ ἄρχειν τῆς ἡμέρας καὶ τῆς ν. (1 a)
7. 4, 12. τεσσαράκοντα ἡμέρας καὶ τεσσαράκοντα νύκτας (1 a)
— 17. τεσσαράκοντα ἡμέρας καὶ τεσσαράκ. νύκτας -
8. 22. ἡμέραν καὶ νύκτα οὐ καταπαύσουσι (1 a)
14. 15. ἐπέπεσεν ἐπ᾽ αὐτοὺς τὴν ν. (1 a)
19. 5. οἱ εἰσελθόντες πρὸς σὲ τὴν ν. (1 a)
— 33. R ἐπότισαν . . . ἐν τῇ ν. ἐκείνῃ [A ταύτῃ] (1 a)
— 33. R ἐν τῇ ν. ἐκείνῃ [A τὴν ν. ἐκείνην] -
— 34. R ἐν τῇ ν. ταύτῃ [A τὴν ν. ταύτην] (1 a)
— 35. ἐπότισαν δὲ καὶ ἐν τῇ ν. ἐκείνῃ (1 a)
20. 3. εἰσῆλθεν . . . πρὸς Ἀβ. ἐν ὕπνῳ τὴν ν. (1 a)
26. 24. ὤφθη αὐτῷ κύριος ἐν τῇ ν. ἐκείνῃ (1 a)
30. 15. κοιμηθήτω μετὰ σοῦ τὴν ν. ταύτην (1 a)
— 16. ἐκοιμήθη μετ᾽ αὐτῆς τὴν ν. ἐκείνην (1 a)
31. 24. ἦλθε . . . ὁ θεὸς . . . καθ᾽ ὕπνον τὴν ν. (1 a)
— 39. καὶ κλέμματα [A add. τῆς] νυκτός (1 a)
— 40. τῆς ἡμέρας . . . καὶ . . . τῆς ν. (1 a)
32. 13 (14). ἐκοιμήθη ἐκεῖ τὴν ν. ἐκείνην (1 a)
— 21 (22). ἐκοιμήθη τὴν ν. ἐκείνην (1 a)
— 22 (23). ἀναστὰς δὲ τὴν ν. ἐκείνην (1 a)
40. 5. εἶδον . . . ἐνύπνιον ἐν μιᾷ ν. (1 a)
41. 11. εἴδομεν ἐνύπνιον . . . ἐν ν. μιᾷ (1 a)
46. 2. εἶπε δὲ ὁ θεὸς . . . ἐν ὁράματι τῆς ν. (1 a)
Ex. 10. 13. ἐπήγαγεν . . . νότον . . . ὅλην τὴν ν. (1 a)
11. 4. περὶ μέσας ν. ἐγὼ εἰσπορεύομαι (1 a)
12. 8. φάγονται τὰ κρέα τῇ ν. ταύτῃ ὀπτά (1 a)
— 12. διελεύσομαι ἐν γῇ . . . ἐν τῇ ν. ταύτῃ (1 a)
— 29. ἐγενήθη δὲ μεσούσης τῆς ν. (1 a)
— 30. καὶ ἀναστὰς [A ἀνέστη] Φαραὼ νυκτός (1 a)
— 31. ἐκάλεσε Φαραὼ Μωυσῆν . . . νυκτός (1 a)
— 41. ἐξῆλθε πᾶσα ἡ δύναμις κυρίου . . . νυκτός [A[1] om.] -
— 42. ἐκείνη ἡ ν. αὕτη προφυλακὴ κυρίῳ (1 a)
13. 21. τὴν δὲ ν. ἐν στύλῳ πυρός (1 a)
— 22. οὐκ ἐξέλιπε δὲ ὁ στῦλος . . . νυκτός (1 a)
14. 20. καὶ διῆλθεν ἡ ν. (1 a)
— 20. οὐ συνέμιξαν ἀλλήλοις ὅλην τὴν ν. (1 a)
— 21. ὑπήγαγε κ. τὴν θάλασσαν . . . ὅλην τὴν ν. (1 a)
24. 18. τεσσαράκοντα ἡμέρας καὶ τεσσαράκοντα ν. (1 a)
34. 28. ἦν ἐκεῖ . . . τεσσαράκοντα νύκτας (1 a)
40. 38. πῦρ ἦν ἐπ᾽ αὐτῆς νυκτός (1 a)
Le. 6. 9 (2). ἐπὶ τῆς καύσεως . . . ὅλην τὴν ν. (1 a)
8. 35. ἡμέραν [A -as] καὶ νύκτα [A -as] (1 a)
Nu. 9. 16. καὶ εἶδος πυρὸς τὴν ν. (1 a)
— 21. ἡμέρας ἢ νυκτός (1 a)
11. 9. ὅταν κατέβη ἡ δρόσος . . . νυκτός (1 a)
— 32. ὅλην τὴν ἡμέραν καὶ ὅλην τὴν ν. (1 a)
14. 1. ὅλην τὴν ν. ἐκείνην (1 a)
— 14. καὶ ἐν στύλῳ πυρὸς τὴν ν. (1 a)
22. 8. καταλύσατε αὐτοῦ τὴν ν. (1 a)
— 19. ὑπομείνατε αὐτοῦ . . . τὴν ν. ταύτην (1 a)
— 20. B[1] ἦλθεν ὁ θεὸς πρὸς Β. [AB[2]R add. νυκτός] (1 a)
De. 1. 33. ὁδηγῶν ὑμᾶς ἐν πυρὶ νυκτός (1 a)

De. 9. 9. τεσσαράκοντα ἡμέρας καὶ τεσσαράκ. νύκτας (1 a)
— 11. διὰ τεσσαράκ. ἡμερῶν καὶ διὰ τεσσαράκ. νυκτῶν (1 a)
— 18, 25: 10. 10. τεσσαράκ. ἡμέρας καὶ τεσσαράκ. νύκτας (1 a)
16. 1. ἐξῆλθες ἐξ Αἰγύπτου νυκτός (1 a)
— 3. ἐξήλθετε ἐξ Αἰγύπτου [A^{2} *add.* νυκτός] –
23. 10 (11). ἐκ ῥύσεως αὐτοῦ νυκτός (1 a)
28. 66. φοβηθήσῃ ἡμέρας καὶ νυκτός (1 a)
Jo. 1. 8. ἡμέρας καὶ νυκτός (1 a)
2. 3. τοὺς εἰσπεπορευμ. εἰς τὴν οἰκ. σου τὴν ν. –
4. 3. οὗ ἐὰν παρεμβάλητε ἐκεῖ τὴν ν. (1 a)
8. 3. ἀπέστειλεν αὐτοὺς νυκτός (1 a)
10. 9. ὅλην τὴν ν. εἰσεπορεύθη (1 a)
Jd. 6. 25. καὶ ἐγένετο ἐν [A *om.*] τῇ ν. ἐκείνῃ (1 a)
— 27. καὶ ἐποίησε νυκτός (1 a)
— 40. ἐποίησεν ὁ θ. οὕτως ἐν τῇ ν. ἐκ. (1 a)
7. 9. ἐγενήθη ἐν τῇ ν. ἐκείνῃ (1 a)
9. 32. καὶ νῦν ἀνάστηθι νυκτός (1 a)
— 34. ἀνέστη Ἀβ. . . . νυκτός (1 a)
16. 2. ἐνήδρευσαν . . . ὅλην τὴν ν. (1 a)
— 2. ἐκώφευσαν ὅλην τὴν ν. (1 a)
— 3. ἀνέστη ἐν ἡμίσει τῆς ν. [A *al.*] (1 a)
— 16. A ἐξέθλιψεν αὐτὸν . . . ὅλην τὴν ν. [B *al.*] †
19. 25. ὅλην τὴν ν. ἕως πρωΐ (1 a)
20. 5. ἐκύκλωσαν ἐπ' ἐμὲ . . . νυκτός (1 a)
Ru. 3. 2. λικμᾷ τὸν ἅλωνα τῶν κριθῶν ταύτῃ τῇ ν. (1 a)
— 13. αὐλίσθητι τὴν ν. (1 a)
I Ki. 14. 34. προσῆγεν . . . τὸ ἐν τῇ χειρὶ αὐ. [A *add.* τὴν ν.] (1 a)
— 36. καταβῶμεν ὀπίσω τῶν ἀλλοφ. τὴν ν. (1 a)
15. 11. ἐβόησε πρὸς κύριον ὅλην τὴν ν. (1 a)
— 16. ἃ ἐλάλησε κύριος πρὸς μὲ τὴν ν. (1 a)
19. 10. καὶ ἐγενήθη ἐν τῇ ν. ἐκείνῃ (1 a)
— 11. ἐὰν μὴ σὺ σώσῃς τὴν ψυχὴν σαυτοῦ τὴν ν. ταύτην (1 a)
— 24. ἔπεσε γυμνὸς . . . ὅλην τὴν ν. (1 a)
25. 16. ὡς τεῖχος ἦσαν περὶ ἡμᾶς καὶ τὴν ν. (1 a)
26. 7. εἰσπορεύεται Δ. . . . εἰς τὸν λαὸν τὴν ν. (1 a)
28. 8. ἔρχονται πρὸς τὴν γυναῖκα νυκτός (1 a)
— 20. οὐ γὰρ ἔφαγεν ἄρτον . . . ὅλην τὴν ν. ἐκείνην [A *om.*] (1 a)
— 25. ἀπῆλθον τὴν ν. ἐκείνην (1 a)
30. 12. τρεῖς ἡμέρας καὶ τρεῖς ν. (1 a)
31. 12. ἐπορεύθησαν ὅλην τὴν ν. (1 a)
II Ki. 2. 29. ὅλην τὴν ν. ἐκείνην (1 a)
— 32. ἐπορεύθη Ἰ. . . . ὅλην τὴν ν. (1 a)
4. 7. ἀπῆλθον . . . ὅλην τὴν ν. (1 a)
7. 4. καὶ ἐγένετο [A *add.* ἐν] τῇ ν. ἐκείνῃ (1 a)
17. 1. καταδιώξω ὀπίσω Δ. τὴν ν. (1 a)
— 16. μὴ αὐλισθῇς τὴν ν. (1 a)
19. 7 (8). εἰ αὐλισθήσεται ἀνὴρ μετὰ σοῦ τὴν ν. ταύτην (1 a)
21. 10. καὶ τὰ θηρία τοῦ ἀγροῦ νυκτός (1 a)
III Ki. 3. 5. ὤφθη κύριος τῷ Σαλ. . . . τὴν ν. (1 a)
— 19. ἀπέθανεν ὁ υἱὸς . . . τὴν ν. (1 a)
— 20. ἀνέστη μέσης τῆς ν. (1 a)
8. 29. τοῦ εἶναι ὀφθαλμούς σου ἠνεῳγμ. . . . νυκτός (1 a)
— 29. ἧς προσεύχεται ὁ δοῦλός σου . . . νυκτός –
— 59. ἐγγίζοντες πρὸς κ. θεὸν ἡμῶν . . . νυκτός (1 a)
19. 8. τεσσαράκοντα ἡμέρας καὶ τεσσαράκ. νύκτας (1 a)
IV Ki. 6. 14. καὶ ἦλθον νυκτός (1 a)
7. 12. B ἔστη [A R ἀνέστη] ὁ βασ. νυκτός (1 a)
8. 21. A αὐτοῦ ἀναστάντος νυκτός [B *om.*] (1 a)
19. 35. καὶ ἐγένετο [A *add.* ἕως] νυκτός (1 a)
25. 4. ἐξῆλθον νυκτὸς ὁδὸν πύλης (1 a)
I Ch. 9. 33. ἡμέρα καὶ νὺξ ἐπ' αὐτοῖς (1 a)
17. 3: II Ch. 1. 7. ἐν τῇ ν. ἐκείνῃ (1 a)
II Ch. 6. 20. τοῦ εἶναι ὀφθαλμούς σου ἀνεῳγμένους . . . ἡμέρας καὶ νυκτός (1 a)
7. 12. ὤφθη ὁ θ. τῷ Σαλ. τὴν ν. (1 a)
21. 9. ἠγέρθη νυκτός (1 a)
35. 14. ἐν τῷ ἀναφέρειν . . . τὰ ὁλοκαυτώμ. ἕως νυκτός (1 a)
Ne. 1. 6. ἣν ἐγὼ προσεύχομαι . . . ἡμέραν καὶ νύκτα (1 a)
2. 12. καὶ ἀνέστην νυκτός (1 a)
— 13. ἐξῆλθον ἐν πύλῃ τοῦ γ. [S^{2} *add.* νυκτός] (1 a)
— 15. ἤμην ἀναβαίνων . . . νυκτός (1 a)
4. 9 (3). ἐστήσαμεν προφύλακας . . . ἡμέρας καὶ νυκτός (1 a)
— 22 (16). ἔστω ὑμῖν ἡ ν. προφυλακή (1 a)
6. 10. ἔρχονται νυκτὸς φονεῦσαί σε (1 a)

Ne. 9. 12. καὶ ἐν στύλῳ πυρὸς τὴν ν. (1 a)
— 19. καὶ τὸν στῦλον τοῦ πυρὸς τὴν ν. (1 a)
To. 2. 9. ἐν αὐτῇ τῇ ν. [S *al.*]
6. 1. S ἔτυχεν αὐτοῖς νὺξ μία
— 10. S τὴν ν. ταύτην δεῖ ἡμᾶς αὐλισθῆναι [A B *al.*]
— 12. S λαλήσω . . . τὴν ν. ταύτην [A B *al.*]
— 12. S λαλήσωμεν . . . τὴν ν. ταύτην
— 13. S τὴν ν. ὁπότε εἰσεπορεύοντο
— 15. τὴν ν. ταύτην δοθήσεταί σοι
7. 9. S ἡδέως γενοῦ τὴν ν. ταύτην [A B *al.*]
— 11. ἀπέθνησκον ὑπὸ τὴν ν. [S *al.*]
— 12. S εὐοδώσει ὑμᾶς . . . τὴν ν. ταύτην [A B *al.*]
8. 9. ἐκοιμήθησαν ἀμφότεροι τὴν ν.
10. 7. τὰς δὲ ν. [A *add.* ὅλας] οὐ διελίμπανε θρηνοῦσα [S *al.*]
Ju. 6. 21. ἐπεκαλέσαντο τὸν θ. . . . ὅλην τὴν ν. ἐκείνην
7. 5. ἔμενον φυλάσσοντες ὅλην [S^{1} *om.*] τὴν ν. ἐκ. [S *om.*]
8. 33. στήσεσθε ἐπὶ τῆς πύλης τὴν ν. ταυτην
11. 3. ἐν τῇ ν. ταύτῃ ζήσῃ
— 5. οὐκ ἀναγγελῶ ψεῦδος . . . ἐν τῇ ν. ταύτῃ
— 17. θεραπεύουσα νυκτὸς καὶ ἡμέρας
— 17. ἐξελεύσεται ἡ δούλη σου κατὰ νύκτα
12. 5. μέχρι μεσούσης τῆς [A *om.*] ν.
— 7. ἐξεπορεύετο κατὰ νύκτα
13. 14. ἔθραυσε τοὺς ἐχθροὺς ἡμῶν . . . ἐν τῇ ν. ταύτῃ
Es. 1. 1. ἤθελεν ἐπιγνῶναι αὐτὸ ἕως τῆς [A *om.*] ν.
4. 16. ἐπὶ ἡμέρας τρεῖς νύκτα καὶ ἡμέραν (1 a)
6. 1. ἀπέστησε τὸν ὕπνον . . . τὴν ν. ἐκείνην (1 a)
Jb. 2. 13. ἑπτὰ ἡμέρας καὶ ἑπτὰ νύκτας (1 a)
3. 3. ἡ [S^{1} σὴ] ν. ἐκείνη [A S ἐν] ᾗ εἶπαν (1 a)
— 4. ἡ ν. [A ἡμέρα] ἐκείνη εἴη σκότος †
— 6. A B S^{2} καταραθείη ἡ ἡμέρα καὶ ἡ ν. ἐκείνη (1 a)
— 7. ἡ ν. ἐκείνη εἴη ὀδύνη [A -ηρά] (1 a)
— 9. σκοτωθείη τὰ ἄστρα τῆς ν. ἐκείνης (2)
5. 14. τὸ δὲ μεσημβρινὸν ψηλαφήσαισαν ἴσα νυκτί (1 a)
7. 3. νύκτες δὲ ὀδυνῶν δεδομέναι μοί εἰσιν (1 a)
17. 12. A B S^{2} νύκτα εἰς ἡμέραν ἔθηκα (1 a)
18. 15. κατασκηνώσει ἐν τῇ σκηνῇ αὐτοῦ ἐν νυκτὶ [A καὶ ἐν σώματι] αὐτοῦ †
24. 14. νυκτὸς ἔσται ὡς κλέπτης (1 a)
27. 20. νυκτὶ δὲ ὑφείλατο αὐτὸν γνόφος [S λαῖλαψ] (1 a)
30. 17. νυκτὶ [A νύκτες] δέ μου τὰ ὀστᾶ συγκέχυται [A συνέθλασαν] (1 a)
34. 25. στρέψει νύκτα καὶ ταπεινωθήσονται (1 a)
36. 20. μὴ ἐξελκύσῃς τὴν ν. (1 a)
Ps. 1. 2. ἐν τῷ νόμῳ αὐτοῦ μελετήσει ἡμέρας καὶ νυκτός (1 a)
6. 6. λούσω καθ' ἑκάστην νύκτα τὴν κλίνην μου (1 a)
12 (13). 2. ὀδύνας ἐν καρδίᾳ μου ἡμέρας [A S^{2} *add.* καὶ νυκτός] –
15 (16). 7. ἔτι δὲ καὶ ἕως νυκτὸς ἐπαίδευσάν με οἱ νεφροί μου (1 a)
16 (17). 3. ἐπεσκέψω νυκτός (1 a)
18 (19). 2. νὺξ νυκτὶ ἀναγγέλλει γνῶσιν (1 a, 1 a)
21 (22). 2. καὶ νυκτὸς καὶ οὐκ εἰς ἄνοιαν ἐμοί (1 a)
31 (32). 4. ἡμέρας καὶ νυκτὸς ἐβαρύνθη ἐπ' ἐμὲ ἡ χείρ σου (1 a)
41 (42). 3. ἐγενήθη τὰ δάκρυά μου ἐμοὶ ἄρτος ἡμέρας καὶ νυκτός (1 a)
— 8. καὶ νυκτὸς δηλώσει [A ᾠδὴ αὐτοῦ, S^{2} ᾠδὴ αὐτῷ] (1 a)
54 (55). 10. ἡμέρας καὶ νυκτὸς κυκλώσει αὐτήν (1 a)
73 (74). 16. σή ἐστιν ἡ ν. (1 a)
76 (77). 2. ταῖς χερσί μου νυκτὸς ἐναντίον αὐτοῦ (1 a)
— 6. νυκτὸς μετὰ τῆς καρδίας μου ἠδολέσχουν (1 a)
77 (78). 14. ὅλην τὴν ν. ἐν φωτισμῷ πυρός [S^{1} φωτός] (1 a)
87 (88). 1. ἡμέρας ἐκέκραξα καὶ ἐν νυκτὶ ἐναντίον σου (1 a)
89 (90). 4. καὶ φυλακὴ ἐν νυκτί (1 a)
91 (92). 2. καὶ τὴν ἀλήθειάν σου κατὰ νύκτα (1 a)
103 (104). 20. ἔθου σκότος καὶ ἐγένετο νύξ (1 a)
104 (105). 39. καὶ πῦρ τοῦ φωτίσαι αὐτοῖς τὴν ν. (1 a)
118 (119). 55. ἐμνήσθην ἐν νυκτὶ τοῦ ὀνόμ. σου (1 a)
120 (121). 6. οὐδὲ ἡ σελήνη τὴν ν. (1 a)
129 (130). 6. ἀπὸ φυλακῆς πρωΐας μέχρι νυκτός †
133 (134). 1. ἐν ταῖς ν. ἐπάρατε τὰς χεῖρας ὑμῶν (1 a)
135 (136). 9. τὴν σελήνην . . . εἰς ἐξουσίαν τῆς ν. (1 a)
138 (139). 11. νὺξ φωτισμὸς ἐν τῇ τρυφῇ μου (1 a)
— 12. B^{2} S R νὺξ ὡς ἡμέρα φωτισθήσεται (1 a)
Pr. 31. 15. ἀνίσταται ἐκ νυκτῶν (1 a)
— 18. οὐκ ἀποσβέννυται ὁ λύχνος αὐτῆς ὅλην τὴν ν. (1 a)

Ec. 2. 23. ἐν νυκτὶ οὐ κοιμᾶται ἡ καρδία αὐτοῦ (1 a)
8. 16. καὶ ἐν ἡμέρᾳ καὶ ἐν νυκτί (1 a)
Ca. 3. 1. ἐν νυξὶν ἐζήτησα ὃν ἠγάπησεν ἡ ψυχή μου (1 a)
— 8. ἀπὸ θάμβους ἐν νυξί (1 a)
5. 2. οἱ βόστρυχοί μου ψεκάδων νυκτός (1 a)
Wi. 7. 30. τοῦτο μὲν γὰρ διαδέχεται νύξ
10. 17. ἐγένετο αὐτοῖς . . . εἰς φλόγα ἄστρων τὴν ν.
17. 2. μακρᾶς πεδῆται νυκτὸς κατακλεισθέντες ὀρόφοις
— 5. οὔτε . . . ὑπέμενον τὴν στυγνὴν ἐκείνην νύκτα
— 14. τὴν ἀδύνατον ὄντως ν. καὶ ἐξ . . . ᾅδου μυχῶν ἐπελθοῦσαν
— 21. R μόνοις δὲ ἐκείνοις ἐπετέτατο [A B ἐπέτατο, S ἐπέκειτο] βαρεῖα νύξ
18. 6. ἐκείνη ἡ ν. προεγνώσθη πατράσιν ἡμῶν
— 14. νυκτὸς ἐν ἰδίῳ τάχει μεσαζούσης
Si. 40. 5. ὕπνος νυκτὸς [S^{1} καὶ νὺξ] ἀλλοιοῖ γνῶσιν αὐτοῦ
Ho. 4. 5. νυκτὶ ὡμοίωσα τὴν μητέρα σου (1 a)
— 6. ὡμοιώθη [A νυκτὶ ὡμ.] ὁ λαός μου –
7. 6. ἐν τῷ καταράσσειν αὐτοὺς ὅλην τὴν ν. (1 a)
Am. 5. 8. καὶ ἡμέραν εἰς νύκτα συσκοτάζων (1 a)
Mi. 3. 6. διὰ τοῦτο νὺξ ὑμῖν ἔσται ἐξ ὁράσεως (1 a)
Ob. 1. 5. εἰ κλέπται εἰσῆλθον . . . ἢ λῃσταὶ νυκτός (1 a)
Jn. 2. 1. ἦν Ἰ. ἐν τῇ κοιλίᾳ . . . τρεῖς ἡμέρας καὶ τρεῖς νύκτας (1 a)
4. 10. ἐγενήθη ὑπὸ νύκτα καὶ ὑπὸ νύκτα ἀπώλετο (1 a, 1 a)
Za. 1. 8. ἑώρακα τὴν νύκτα (1 a)
14. 7. οὐχ ἡμέρα καὶ οὐ νύξ (1 a)
Is. 4. 5. ὡς καπνοῦ καὶ φωτὸς πυρὸς καιομένου νυκτός (1 a)
15. 1. νυκτὸς ἀπολεῖται ἡ Μωαβῖτις νυκτὸς γὰρ ἀπολεῖται τὸ τεῖχος τῆς M. (1 a, 1 a)
21. 8. ἔστην ὅλην τὴν ν. (1 a)
— 12. φυλάσσω τὸ πρωῒ καὶ τὴν ν. (1 a)
26. 9. ἐκ νυκτὸς ὀρθρίζει τὸ πνεῦμά μου (1 a)
27. 3. ἁλώσεται γὰρ νυκτός (1 a)
28. 19. ἐν νυκτὶ ἔσται ἐλπὶς πονηρά (1 a)
29. 7. ὡς ἐνυπνιαζόμενος καθ' ὕπνους [A ἐ. ἐνύπνιον, S ἐ. ἐν ὕπνῳ] νυκτός [A S *om.*] (1 a)
34. 10. ἔσται ἡ γῆ αὐτῆς ὡς πίσσα καιομένη νυκτὸς καὶ ἡμέρας (1 a)
38. 13. ἀπὸ γὰρ τῆς ἡμέρας ἕως νυκτὸς [A S τῆς ν.] παρεδόθην (1 a)
60. 11. ἡμέρας καὶ νυκτὸς οὐ κλεισθήσονται (1 a)
— 19. οὐδὲ ἀνατολὴ σελήνης φωτιεῖ σου τὴν ν. –
62. 6. κατέστησα φύλακας . . . ὅλην τὴν ν. (1 a)
Je. 6. 5. ἀναβῶμεν ἐπ' αὐτὴν [A διαβ. ἐν τῇ, S ἀ. ἐπ' αὐ. ἐν τῇ] νυκτί (1 a)
9. 1 (8. 23). κλαύσομαι τὸν λαόν μου τοῦτον ἡμέρας καὶ νυκτός (1 a)
14. 17. καταγάγετε ἐπ' ὀφθαλμοὺς ὑμῶν δάκρυα ἡμέρας καὶ νυκτός (1 a)
29 (49). 9. ὡς κλέπται ἐν νυκτί (1 a)
38 (31). 35. εἰς φῶς τῆς ν. (1 a)
43 (36). 30. καὶ ἐν τῷ παγετῷ τῆς ν. (1 a)
52. 7. οἱ πολεμισταὶ ἐξῆλθον νυκτός (1 a)
Ba. 2. 25. καὶ τῷ παγετῷ τῆς ν.
La. 1. 2. ἔκλαυσεν [A ἐδάκρυσεν] ἐν νυκτί (1 a)
2. 18. καταγάγετε ὡς χειμάρρους δάκρυα ἡμέρας καὶ νυκτός (1 a)
— 19. ἀγαλλίασαι ἐν [S *om.*] νυκτί (1 a)
Da. LXX. 2. 9. ὃ τὴν ν. ἑώρακα –
— 19. ἐν αὐτῇ τῇ ν. (1 b)
3. (71). εὐλογεῖτε νύκτες . . . τὸν κύριον
5. 1. ἐν αὐτῇ τῇ ν. –
7. 2. ἐθεώρουν καθ' ὕπνους νυκτός (1 b)
— 7, 13. ἐθεώρουν ἐν ὁράματι τῆς ν. (1 b)
— 15. ἐν τῷ ὁράματι τῆς ν. †
Da. TH. 2. 19. ἐν ὁράματι τῆς ν. (1 b)
3. (71). εὐλογεῖτε νύκτες . . . τὸν κύριον
4. 10. ἐν ὁράματι τῆς ν. †
5. 30. ἐν αὐτῇ τῇ ν. ἀνῃρέθη B. (1 b)
7. 2. A ἐν ὁράματι τῆς ν. (1 b)
— 13. ἐθεώρουν ἐν ὁράματι τῆς ν. (1 b)
Bel 15. ἦλθον τὴν ν.
I Ma. 4. 1. ἀπῆρεν ἡ παρεμβολὴ νυκτός
— 5. ἦλθε Γ. εἰς τὴν παρεμβολὴν Ἰ. νυκτός
5. 29. ἀπῆρεν ἐκεῖθεν νυκτός
— 50. ὅλην τὴν ἡμέραν ἐκ. καὶ ὅλην τὴν ν.
9. 58. συλλήψεται αὐτοὺς πάντας ἐν ν. μιᾷ
12. 26. ἐπιπεσεῖν ἐπ' αὐτοὺς τὴν ν.
— 27. ἑτοιμάζεσθαι εἰς πόλεμον δι' ὅλης τῆς ν.
13. 22. A ἐν τῇ ν. ἐκείνῃ ἦν χιὼν πολλή [R *al.*]

II Ma. 8. 7. τὰς ν. . . . συνεργοὺς ἐλάμβανε
12. 9. τοῖς Ἰαμνίταις νυκτὸς ἐπιβαλὼν
13. 10. δι' ἡμέρας καὶ νυκτὸς ἐπικαλεῖσθαι τὸν κ.
III Ma. 5. 11. ἐν νυκτὶ καὶ ἡμέρᾳ ἐπιβαλλόμενον
— 19. νυκτὸς τὸ προσταγὲν ἐπὶ τέλος ἠγηοχέναι
— 22. κατεχρήσαντο τὸν χρόνον τῆς ν.
[**Aq**. Ge. 1. 5, 16 : 8. 22 : Ex. 14. 20 : Jo. 2. 2 : IV Ki. 8. 21 : Jb. 4. 13 : 17. 12 : 27. 20 : 33. 15 : Ps. 1. 2 : 21 (22). 3 : 31 (32). 4 : 41 (42). 9 : 138 (139). 11 : Pr. 31. 15 : Ca. 3. 8 : Is. 29. 7 : 30. 29 : 38. 12 : Je. 14. 17 : 16. 13.]
[**Sm**. Ge. 1. 5, 16 : 8. 22 : Ex. 13. 21 : Jo. 2. 2 : Jb. 3. 3 : 27. 20 : 35. 10 : 36. 20 : Ps. 1. 2 : 21 (22). 3 : 31 (32). 4 : 41 (42). 9 : 54 (55). 11 : 76 (77). 3, 7 : 138 (139). 11, 12 : Pr. 31. 15 : Is. 28. 19 : 30. 29 : 38. 12 : Je. 14. 17 : 16. 13 : Za. 14. 7.]
[**Th**. Ge. 1. 5, 16 : Ex. 13. 21 : Jo. 2. 2 : Jb. 17. 12 : 18. 15 : 24. 14 : 27. 20 : 34. 25 : 35. 10 : 36. 20 : Ps. 21 (22). 3 : Pr. 31. 15 : Is. 30. 29 : 38. 12 : Je. 16. 13 : 33 (40). 20 *bis*, 25 : 39 (46). 4 : Da. 5. 30 : 7. 2†, 7†.]
[**Sam**. Ex. 14. 20.]
[**Al**. I Ki. 14. 34 : Jb. 30. 17 : Ps. 135 (136). 9.]
[**Quint**. IV Ki. 8. 21 : Ps. 1. 2.]
[**Sext**. Ps. 1. 2.]
[**Heb**. Jb. 3. 3.]

νύσσειν.

Si. 22. 19. **AS^{2}R** ὁ νύσσων ὀφθαλμὸν κατάξει δάκρυα καὶ ὁ [**BS^{1}** *om.*] νύσσων καρδίαν ἐκφαίνει αἴσθησιν
III Ma. 5. 14. ἀθρόους τοὺς κλητοὺς ἰδὼν ἔνυξε

νύσταγμα. (1) תְּנוּמָה

Jb. 33. 15. ἐπὶ νυσταγμάτων ἐπὶ κοίτης (1)

νυσταγμός. (1) תְּנוּמָה

Ps. 131 (132). 4. εἰ δώσω . . . τοῖς βλεφάροις μου νυσταγμόν (1)
Si. 34 (31). 2. μέριμνα ἀγρυπνίας ἀπαιτήσει νυσταγμόν
Je. 23. 31. **A S R** πρὸς τοὺς προφήτας τοὺς . . . νυστάζοντας νυσταγμὸν αὐτῶν †
Da. LXX. 4. 32. νυσταγμὸς ἐπέπεσέ μοι –
[**Aq**. **Sm**. Pr. 6. 4.]
[**Th**. Ps. 131 (132). 4 : Pr. 6. 4.]

νυστάζειν. (1) דָּלַף (2) נוּם (3) רָדַם ni. (4) שֵׁנָה

II Ki. 4. 6. ἐνύσταξε καὶ ἐκάθευδεν †
Ps. 75 (76). 6. ἐνύσταξαν οἱ ἐπιβεβηκότες τοὺς ἵππους [**B^{2} S^{2}** τοῖς ἵπποις] (3)
118 (119). 28. ἐνύσταξεν ἡ ψυχή μου ἀπὸ ἀκηδίας (1)
120 (121). 3. μηδὲ νυστάξει ὁ φυλάσσων σε (2)
— 4. οὐ νυστάξει . . . ὁ φυλάσσων τὸν Ἰσραήλ (2)
Pr. 6. 10. μικρὸν δὲ νυστάζεις (4 ?)
24. 48 (33). ὀλίγον νυστάζω (4)
Si. 22. 8. διηγούμενος νυστάζοντι ὁ διηγούμενος μωρῷ
Na. 3. 18. ἐνύσταξαν οἱ ποιμένες σου (2)
Is. 5. 27. οὐδὲ νυστάξουσιν οὐδὲ κοιμηθήσονται (2)
56. 10. κύνες ἐνεοὶ . . . φιλοῦντες νυστάξαι (2)
Je. 23. 31. **A S R** πρὸς τοὺς προφήτας τοὺς . . . νυστάζοντας νυσταγμὸν αὐτῶν †
[**Aq**., **Sm**. Is. 56. 10.]

νωθρεύειν.

[**Aq**. Jd. 19. 8.]

νωθροκάρδιος. (1) נַעֲוֵה־לֵב

Pr. 12. 8. νωθροκάρδιος δὲ μυκτηρίζεται (1)

νωθρός. (1) ἀνὴρ νωθρός חָשֹׁךְ

Pr. 22. 29. καὶ μὴ παρεστάναι ἀνδράσι νωθροῖς (1)
Si. 4. 29. μὴ γίνου . . . νωθρὸς καὶ παρειμένος
11. 12. ἔστι νωθρὸς καὶ προσδεόμενος ἀντιλήψεως

νωθρότης.

III Ma. 4. 5. τὴν ἐκ τοῦ γήρως νωθρότητα

νωκεδείμ.

[**Th**. Am. 1. 1.]

νωκήδ (**R**), **νωκήθ** (**AB**). (1) נֹקֵד

IV Ki. 3. 4. M. βασιλεὺς Μωὰβ ἦν ν. (1)

νωτοκοπεῖν.

[**Th**. Ex. 13. 13 : Is. 66. 3.]

νῶτον, νῶτος. (1) גַּב (2) גֵּו (3) כָּתֵף (4) מַפְרֶקֶת (5) מָתְנַיִם (6) עֹרֶף (7) שְׁכֶם

Ge. 9. 23. ἐπέθεντο ἐπὶ τὰ δύο νῶτα (7)
49. 8. αἱ χεῖρές σου ἐπὶ νώτου τῶν ἐχθρῶν σου (6)
Ex. 37. 12 (38. 14). πηχῶν τὸ κατὰ νώτου (3)
— 13 (38. 15). ἐπὶ τοῦ ν. τοῦ δευτέρου (3)
Nu. 34. 11. ἐπὶ νώτου θαλάσσης X. (3)
Jo. 15. 8. **AR** ἐπὶ νώτου [**B** νότου] τοῦ Ἰεβούς (3)
— 10. παρελεύσεται . . . ἐπὶ νώτου πόλιν Ἰ. (3)
— 11. διεκβάλλει τὸ ὅριον κατὰ νώτου Ἀ. (3)
18. 12. προσαναβήσεται τὰ ὅρια κατὰ νώτου Ἱερ. (3)
— 13. διελεύσεται . . . ἐπὶ νώτου [**A** νότου] Λ. (3)
— 16. **AR** καταβήσεται Γ. ἐπὶ νῶτον [**B** νότον] Ἰ. (3)
— 18. διελεύσεται κατὰ νώτου Β. (3)
— 18 (19). ἐπὶ νῶτον [**A** -ου] θάλασσαν ἀπὸ βορρᾶ (3 ?)
19. 34. **R** συνάψει τῷ Ζ. ἀπὸ νώτου [**AB** νότου] †
I Ki. 4. 18. συνετρίβη ὁ ν. αὐ. (4)
13. 5. **B** ἐξ ἐναντίας Β. κατὰ νώτου [**R** νότου] –
II Ki. 22. 41. τοὺς ἐχθρούς μου ἔδωκάς μοι νῶτον (6)
III Ki. 7. 33. οἱ ν. αὐτῶν καὶ ἡ πραγματεία αὐ. (1)
IV Ki. 17. 14. ἐσκλήρυναν τὸν ν. αὐτῶν ὑπὲρ τὸν ν. τῶν πατέρων αὐ. (6, 6)
Ne. 9. 29. ἔδωκαν ν. ἀπειθοῦντα (3)
Jb. 15. 26. ἐν πάχει νώτου [**A** πανεχίνῳ τῆς] ἀσπίδος αὐτοῦ (1)
Jb. 37. 17. **S^{2}** ἀπὸ νώτου [? νότου] †
Ps. 17 (18). 40. τοὺς ἐχθρούς μου ἔδωκάς μοι νῶτον (6)
20 (21). 12. θήσεις αὐτοὺς νῶτον (7)
65 (66). 11. **S^{2}R** ἔθου θλίψεις ἐπὶ τὸν ν. [**BS^{1}** ἐνώπιον] ἡμῶν (5)
68 (69). 23. τὸν ν. αὐτῶν διὰ παντὸς σύγκαμψον (5)
80 (81). 6. ἀπέστησεν ἀπὸ ἄρσεων τὸν ν. αὐτοῦ (7)
128 (129). 3. **AS** ἐπὶ τοῦ ν. [**R** τὸν ν.] μου ἐτέκταινον οἱ ἁμαρτωλοί (1)
Si. 21. 15. ἀπέστρεψεν αὐτὸν ὀπίσω τοῦ ν. [**A** τῶν ὤτων] αὐτοῦ
Za. 7. 11. καὶ ἔδωκαν νῶτον παραφρονοῦντα (3)
Is. 17. 12. ν. ἐθνῶν πολλῶν ὡς ὕδωρ ἠχήσει †
50. 6. τὸν ν. μου ἔδωκα εἰς μάστιγας (2)
Je. 2. 27. ἔστρεψαν [**S** ἐπέστρ.] ἐπ' ἐμὲ νῶτα (6)
31 (48). 39. πῶς ἔστρεψε νῶτον Μωάβ (6)
39 (32). 33. ἀπέστρεψαν [**S** ἐπ.] πρὸς μὲ νῶτον (6)
Ba. 2. 33. ἀποστρέψουσιν [**A** ἐπιστρ.] ἀπὸ τοῦ ν. αὐτῶν τοῦ σκληροῦ
Ez. 1. 18. οὐκ ἐπέστρεφον ἐν τῷ πορεύεσθαι αὐτὰ οὐδ' οἱ ν. αὐτῶν . . . καὶ οἱ ν. αὐτῶν πλήρεις ὀφθαλμῶν (1, 1)
10. 12. οἱ ν. αὐτῶν . . . πλήρεις ὀφθαλμῶν (1)
40. 18. αἱ στοαὶ κατὰ νώτου τῶν πυλῶν (3)
— 40. κατὰ νώτου τοῦ ῥόακος τῶν ὁλοκαυτωμάτων . . . πρὸς ἀνατολὰς κατὰ νώτου τῆς δευτέρας (3, 3)
— 41. τέσσαρες ἔνθεν καὶ τέσσαρες ἔνθεν κατὰ νώτου τῆς πύλης (3)
— 44. μία κατὰ νώτου τῆς πύλης τῆς βλεπούσης πρὸς βορρᾶν φέρουσα πρὸς νότον καὶ μία κατὰ νώτου τῆς πύλης τῆς πρὸς νότον (3, 3)
42. 16. ἔστη κατὰ νώτου τῆς πύλης τῆς βλεπούσης κατὰ ἀνατολάς –
46. 19. εἰς τὴν εἴσοδον τῆς κατὰ νώτου τῆς πύλης (3)
III Ma. 3. 24. τοὺς δυσσεβεῖς τούτους κατὰ νώτου προδότας
IV Ma. 11. 19. τοῖς ν. προσέφερον
[**Aq**. Dt. 33. 11 : Jb. 40. 11 (16) : Ps. 65 (66). 11 : 68 (69). 24 : Pr. 30. 31 : 31. 17 : Je. 7. 26 : 18. 17 : Ez. 1. 27 : 9. 11.]
[**Sm**. Is. 51. 23.]
[**Th**. Jb. 15. 26 : Pr. 10. 13 : 19. 29 : 30. 31 : 31. 17.]
[**Quint**. Ho. 5. 8.]

νωτοφόρος. (1) סַבָּל

II Ch. 2. 2 (1). ἑβδομήκ. χιλιάδας ἀνδρῶν [**A^{3}R** *add.* νωτοφόρων] (1)
— 18 (17). ἑβδομήκ. χιλιάδας νωτοφόρων (1)
34. 13. καὶ ἐπὶ τῶν ν. (1)

νωχελεύεσθαι.

[**Aq**. Pr. 18. 9 : 24. 10 : Hb. 2. 4.]

ξανθίζειν. (1) צָהֹב (2) שָׁחֹר

Le. 13. 30. ἐν αὐτῇ δὲ θρὶξ ξανθίζουσα λεπτή (1)
— 31. καὶ θρὶξ ξανθίζουσα οὐκ ἔστιν ἐν αὐτῇ (2)
— 32. καὶ θρὶξ ξανθίζουσα οὐκ ἔστιν ἐν αὐτῇ (1)

ξανθός. (1) צָהֹב

Le. 13. 36. περὶ τῆς τριχὸς τῆς ξ. (1)
[**Aq**. Le. 13. 36 : Za. 1. 8.]
[**Th**. Le. 13. 36.]

ξέειν.

Jb. 7. 5. **A** τήκω δὲ βώλακας γῆς ἀπὸ ἰχῶρος ξέων [**BS** ξύων] †

ξενητία.

Wi. 18. 3. **AB^{1}** ἥλιον δὲ ἀβλαβῆ φιλοτίμου ξενητίας [**S^{1}** φιλοτιμίας, **B^{2}S^{2}R** ξενιτείας] παρέσχες

ξενία.

Si. 29. 27. **B^{1}** ἐπεξένωταί μοι ὁ ἀδελφὸς χρεία τῆς ξ. [**AB^{2}SR** οἰκίας]

ξενίζειν.

Es. 3. 13. διαγωγὴν νόμων ξενίζουσαν παραλλάσσον [**AS^{1}** *al.*]
Si. 29. 25. ξενιεῖς καὶ ποτιεῖς εἰς [**AS^{1}** *om.*] ἀχάριστα
II Ma. 9. 6. τὸν . . . ξενιζούσαις συμφοραῖς ἑτέρων σπλάγχνα βασανίσαντα
III Ma. 7. 3. **R** κολάσασθαι ξενιζούσαις ἀποστατῶν τιμωρίαις [**A** *al.*]

ξένιον. (1) מִגְדָּרוֹת (2) מִנְחָה

Ki. 8. 2, 6. εἰς δούλους φέροντας ξένια (2)
Es. 1. 6. ἐνίσχυσαν [**A** ἴσχ.] . . . ἐν ξενίοις (1)
Si. 20. 29. ξένια καὶ δῶρα ἀποτυφλοῖ ὀφθαλμοὺς σοφῶν
Ho. 10. 6. ἀπήνεγκαν ξένια τῷ βασιλεῖ Ἰαρείμ (2)
I Ma. 10. 36. δοθήσεται αὐτοῖς ξένια
11. 24. **SR** λαβὼν . . . ἕτερα ξ. [**A** *al.*]
III Ma. 1. 8. καὶ ξένια κομιοῦντας

ξένιος.

II Ma. 6. 2. **R** καὶ τὸν ἐν Γ. . . . Διὸς ξ. [**A** *al.*]

ξενισμός. (1) אֲרֻחָה

Pr. 15. 17. κρείσσων ξενισμὸς μετὰ [**A** *om.*] λαχάνων (1)

ξενιτεία.

Wi. 18. 3. **B^{2}R** ἥλιον δὲ ἀβλαβῆ φιλοτίμου ξενιτείας [**A B^{1}** ξενητίας, **S^{1}** φιλοτιμίας] παρέσχες

ξενολογεῖν.

I Ma. 4. 35. ἀπῆρεν εἰς Ἀντ. καὶ ἐξενολόγει
11. 38. ὧν ἐξενολόγησεν
15. 3. ἐξενολόγησα δὲ [S¹ καὶ ἐξενολόγησαν] πλῆθος

ξένος. (1) אָרַח (2) גֵּר (3) נָכְרִי (4) קָרָא

Ru. 2. 10. καὶ ἐγώ εἰμι ξένη (3)
I Ki. 9. 13. ἐσθίουσιν οἱ ξ. (4)
II Ki. 12. 4. τοῦ ποιῆσαι τῷ ξ. ὁδοιπόρῳ [A *om.*] (1)
15. 19. ξένος εἶ σύ (3)
Jb. 31. 32. ἔξω δὲ οὐκ ηὐλίζετο ξένος (2)
Ps. 68 (69). 8. καὶ ξένος τοῖς υἱοῖς τῆς μητρός μου (3)
Ec. 6. 2. ἀνὴρ ξ. φάγεται [S¹ καταφ.] αὐτόν [A S² -ά] (3)
Wi. 16. 2. εἰς ἐπιθυμίαν ὀρέξεως ξένην γεῦσιν
— 3. καὶ ξένης μετάσχωσι γεύσεως
— 16. ξένοις ὑετοῖς . . . διωκόμενοι
— 22. πῦρ . . . ἐν τοῖς [S² ξένοις] ὑετοῖς διαστράπτον
19. 5. ἐκεῖνοι δὲ ξένον εὕρωσι θάνατον
— 14. εὐεργέτας ξένους ἐδουλοῦντο
Si. 46. 12. καὶ τὸ ὄνομα αὐ. ἀντικαταλλασσόμενον [S¹ -αξοι ξένον]
Is. 18. 2. πορεύσονται γὰρ ἄγγελοι κοῦφοι πρὸς . . . ξένον λαὸν καὶ χαλεπόν †
La. 5. 2. οἱ οἶκοι ἡμῶν ξένοις (3)
I Ma. 11. 38. S πλὴν τῶν ξένων δυναμένων [A R -μεων]
II Ma. 5. 9. ἐπὶ ξένης ἀπώλετο
9. 28. ἐπὶ ξένης . . . κατέστρεψε τὸν βίον
10. 24. συναγαγὼν ξένας δυνάμεις παμπληθεῖς
III Ma. 6. 3. λαὸν ἐν ξένῃ γῇ ξένον ἀδίκως ἀπολλύμενον

[**Aq.** Ex. 2. 22: Dt. 14. 20 (21): Jb. 19. 15: Pr. 27. 2, 13: Is. 28. 21.]
[**Sm.** II Ki. 12. 4: Ps. 80 (81). 10: Pr. 2. 16: 6. 24: 27. 2: Is. 61. 5.]
[**Th.** Jb. 19. 15: Pr. 6. 24: 20. 16: 23. 27: 27. 13.]

ξενοτροφεῖν.

II Ma. 10. 14. Γ. δὲ . . . ἐξενοτρόφει

ξέστης.

[**Al.** Le. 14. 10.]

ξεστός. (1) גָּזִית

Si. 22. 17. S² ὡς κόσμος ψαμμωτὸς τοίχου ξεστοῦ [A B S¹ ξυστοῦ]
Am. 5. 11. οἴκους ξεστοὺς ᾠκοδομήσατε [A ξυστοὺς οἰκοδομήσετε] (1)
I Ma. 13. 27. S R ὕψωσεν αὐτὸν . . . λίθῳ ξ. [A ξυστῷ]

ξηραίνειν. (1) חָרֵב (2) יָבֵשׁ *a.* qal. *b.* pi. *c.* hi. (3) נָשַׁת (4) שָׁאַף (5) שָׁמַד hi.

Ge. 8. 7. ἕως τοῦ ξηρανθῆναι τὸ ὕδωρ (2 *a*)
— 14. ἐξηράνθη ἡ γῆ (2 *a*)
Jo. 9. 12. νῦν δὲ ἐξηράνθησαν (2 *a*)
III Ki. 13. 4. ἐξηράνθη ἡ χεὶρ αὐτοῦ (2 *a*)
17. 7. ἐξηράνθη ὁ χειμάρρους (2 *a*)
Jb. 4. 21. καὶ ἐξηράνθησαν [A *al.*] †
8. 12. πρὸ τοῦ πιεῖν πᾶσα βοτάνη οὐχὶ ξηραίνεται [A *al.*] (2 *a*)
12. 15. ξηρανεῖ τὴν γῆν (2 *a*)
14. 11. ποταμὸς δὲ ἐρημωθεὶς ἐξηράνθη [A *al.*] (2 *a*)
18. 16. ὑποκάτωθεν αἱ ῥίζαι αὐτοῦ ξηρανθήσονται (2 *a*)
Ps. 21 (22). 15. ἐξηράνθη ὡσεὶ ὄστρακον ἡ ἰσχύς μου (2 *a*)
73 (74). 15. R σὺ ἐξήρανας ποταμοὺς ἠθάμ (2 *c*)
89 (90). 6. σκληρυνθείη καὶ ξηρανθείη (2 *a*)
101 (102). 4. ἐξηράνθη ἡ καρδία μου (2 *a*)
— 11. κἀγὼ ὡσεὶ χόρτος ἐξηράνθην (2 *a*)
105 (106). 9. ἐπετίμησε τῇ ἐρυθρᾷ θαλάσσῃ καὶ ἐξηράνθη [S¹ -ησαν] (1)
128 (129). 6. ὃς πρὸ τοῦ ἐκσπασθῆναι ἐξηράνθη (2 *a*)
Pr. 17. 22. ἀνδρὸς δὲ λυπηροῦ ξηραίνεται τὰ ὀστᾶ (2 *b*)
Si. 10. 17. ἐξήρανεν ἐξ αὐτῶν [A S *al.*]
40. 13. χρήματα ἀδίκων ὡς ποταμὸς ξηρανθήσεται
Ho. 9. 16. τὰς ῥίζας αὐτοῦ ἐξηράνθη (2 *a*)
Am. 1. 2. καὶ ἐξηράνθη ἡ κορυφὴ τοῦ Καρμήλου (2 *a*)
2. 9. καὶ ἐξήρανα τὸν καρπὸν αὐτοῦ (5)
Am. 4. 7. μερὶς ἐφ' ἣν οὐ βρέξω ξηρανθήσεται (2 *a*)
Jl. 1. 10. ἐξηράνθη οἶνος (2 *c*)
— 11. ἐξηράνθησαν [S² κατῃσχύνθησαν] γεωργοί (2 *c* ?)
— 12. ἡ ἄμπελος ἐξηράνθη (2 *c*)
— 12. πάντα τὰ ξύλα τοῦ ἀγροῦ ἐξηράνθησαν [S³ -η] (2 *a*)
— 16. S² ἐξηράνθη [? -ήρθη, A B S¹ -ωλεθρεύθη] . . . εὐφροσύνη
— 17. ἐξηράνθη σῖτος (2 *c*)
— 20. ἐξηράνθησαν ἀφέσεις ὑδάτων (2 *a*)
Na. 1. 4. ἀπειλῶν θαλάσσῃ καὶ ξηραίνων αὐτήν (2 *b*)
Za. 10. 2. ἐξηράνθησαν [S³ -ήρθ.] ὡς πρόβατα †
— 11. ξηρανθήσεται [A -σονται] πάντα τὰ βάθη ποταμῶν (2 *c*)
11. 17. ὁ βραχίων αὐ. ξηραινόμενος ξηρανθήσεται (2 *a*, 2 *a*)
Is. 19. 5. ὁ δὲ ποταμὸς ἐκλείψει καὶ ξηρανθήσεται (2 *a*)
— 6. ξηρανθήσεται πᾶσα συναγωγὴ ὕδατος (1)
— 7. πᾶν τὸ σπειρόμενον διὰ τοῦ ποταμοῦ ξηρανθήσεται ἀνεμόφθορον (2 *a*)
27. 11. οὐκ ἔσται ἐν αὐτῇ πᾶν χλωρὸν διὰ τὸ ξηρανθῆναι (2 *a*)
37. 27. ἀνῆκα τὰς χεῖρας καὶ ἐξηράνθησαν †
40. 8. ἐξηράνθη ὁ χόρτος (2 *a*)
— 24. ἔπνευσεν ἐπ' αὐτοὺς καὶ ἐξηράνθησαν (2 *a*)
41. 17. ἡ γλῶσσα αὐτῶν ἀπὸ τῆς δίψης ἐξηράνθη [S¹ ξηρανθήσεται] (3)
42. 14. ἐκστήσω καὶ ξηρανῶ ἅμα (4)
— 15. B πάντα χόρτον αὐτῶν ξηρανῶ (2 *c*)
— 15. καὶ ἕλη ξηρανῶ (2 *c*)
44. 11. πάντες ὅθεν ἐγένοντο ἐξηράνθησαν †
— 27. τοὺς ποταμούς σου ξηρανῶ (2 *c*)
50. 2. ξηρανθήσονται οἱ ἰχθύες αὐτῶν ἀπὸ τοῦ μὴ εἶναι ὕδωρ †
51. 12. ὡσεὶ χόρτος ἐξηράνθησαν †
Je. 12. 4. πᾶς ὁ χόρτος τοῦ ἀγροῦ ξηρανθήσεται (2 *a*)
23. 10. ἐξηράνθησαν αἱ νομαὶ τῆς ἐρήμου (2 *a*)
28 (51). 36. ξηρανῶ [S ἐξαρῶ] τὴν πηγὴν [A S γῆν] αὐτῆς (2 *c*)
La. 4. 8. ἐξηράνθησαν ἐγενήθησαν ὥσπερ ξύλον (2 *a*)
Ez. 17. 9. ξηρανθήσεται πάντα τὰ προανατέλλοντα αὐτῆς (2 *a*)
— 10. οὐχὶ ἅμα τῷ ἅψασθαι αὐτῆς ἄνεμον τὸν καύσωνα ξηρανθήσεται [A *add.* ξηρασίᾳ] (2 *a*)
— 10. σὺν τῷ βώλῳ ἀνατολῆς αὐτῆς ξηρανθήσεται [A *om.*] (2 *a*)
— 24. ἐγὼ κύριος ὁ . . . ξηραίνων ξύλον χλωρόν (2 *c*)
19. 12. ἐξήρανε τὰ ἐκλεκτὰ αὐτῆς (2 *c*)
— 12. ἐξηράνθη ἡ ῥάβδος ἰσχύος αὐτῆς (2 *a*)
Da. LXX. 7. 8. ἐξηράνθησαν δι' αὐτοῦ †

[**Aq.** Ps. 128 (129). 6: Is. 40. 8: 51. 10.]
[**Sm.** Jd. 16. 7: Ps. 73 (74). 15: Is. 27. 11: 40. 8: 42. 15: 50. 2.]
[**Th.** Jb. 18. 16: Is. 40. 8: 42. 15.]
[**Al.** Is. 51. 10.]

ξηρασία. (1) חֹרֶב (2) *a.* יָבֵשׁ adj. *b.* יַבָּשָׁה *c.* יָבֵשׁ verb.

Jd. 6. 37. καὶ ἐπὶ πᾶσαν τὴν γῆν ξηρασία (1)
— 39. γενέσθω ἡ [A *om.*] ξ. ἐπὶ τὸν πόκον (1)
— 40. ἐγένετο ξ. ἐπὶ τὸν πόκον μόνον (1)
Ne. 9. 11. παρήλθοσαν . . . ἐν ξηρασίᾳ (2 *b*)
Na. 1. 10. καὶ ὡς καλάμη ξηρασίας μεστή (2 *a*)
Ez. 17. 10. A ξηρανθήσεται ξηρασίᾳ [B *om.*] (2 *c*)
40. 43. τοῦ καλύπτεσθαι ἀπὸ τοῦ ὑετοῦ καὶ ἀπὸ τῆς ξ. †

[**Aq., Sm., Th.** Hg. 1. 11.]

ξηρός (*incl.* ἡ ξηρά). (1) חָרָבָה (2) *a.* יַבָּשָׁה *b.* יַבֶּשֶׁת *c.* יָבֵשׁ (3) צִיָּה (4) צָמַק (5) ξ. γίγνεσθαι יָבֵשׁ

Ge. 1. 9. καὶ ὀφθήτω ἡ ξ. (2 *a*)
— 9. καὶ ὤφθη ἡ ξ. –
— 10. καὶ ἐκάλεσεν ὁ θεὸς τὴν ξ. Γῆν (2 *a*)
7. 22. R πᾶν ὃ [A πᾶς ὃς] ἦν ἐπὶ τῆς ξ. (1)
Ex. 4. 9. καὶ ἐκχεεῖς ἐπὶ τὸ ξ. (2 *a*)
— 9. ἔσται τὸ ὕδωρ . . . αἷμα ἐπὶ τοῦ ξ. (2 *b*)
14. 16. εἰς μέσον τῆς θαλάσσης κατὰ τὸ ξ. (2 *a*)
— 21. καὶ ἐποίησε τὴν θάλασσαν ξηράν (1)
— 22. εἰς μέσον τῆς θαλάσσης κατὰ τὸ ξ. (2 *a*)
— 29. ἐπορεύθησαν διὰ ξηρᾶς (2 *a*)
Ex. 15. 19. διὰ ξηρᾶς ἐν μέσῳ τῆς θαλάσσης (2 *a*)
Jo. 3. 17. ἔστησαν οἱ ἱερεῖς . . . ἐπὶ ξηρᾶς (1)
— 17. διέβαινον διὰ ξηρᾶς (1)
4. 18. A ἔθηκαν τοὺς πόδας ἐπὶ τῆς ξ. [B γῆς] (1)
— 22. ἐπὶ ξηρᾶς διέβη Ἰσρ. [A¹ *om.*] (2 *a*)
9. 5. ὁ ἄρτος αὐτῶν τοῦ ἐπισιτισμοῦ ξηρὸς [A *al.*] (2 *c*)
Jb. 24. 19. ἀναφανείη δὲ τὰ φυτὰ αὐτῶν ἐπὶ γῆς ξηρά (3 ?)
Ps. 65 (66). 6. ὁ μεταστρέφων τὴν θάλασσαν εἰς ξηράν (2 *a*)
94 (95). 5. τὴν ξ. αἱ χεῖρες αὐτοῦ ἔπλασαν (2 *b*)
Wi. 19. 7. ξηρᾶς ἀνάδυσις γῆς ἐθεωρήθη
Si. 6. 3. ἀφήσεις σεαυτὸν ὡς ξύλον [A φύλλον] ξηρόν
37. 3. πόθεν ἐνεκυλίσθης καλύψαι τὴν ξ. ἐν δολιότητι
39. 22. ὡς κατακλυσμὸς ξηρὰν ἐμέθυσεν
Ho. 9. 14. μήτραν ἀτεκνοῦσαν καὶ μαστοὺς ξηρούς (4)
Jn. 1. 9. ἐποίησε τὴν θάλασσαν καὶ τὴν ξηράν (2 *a*)
2. 11. ἐξέβαλε τὸν Ἰ. ἐπὶ τὴν ξηράν (2 *a*)
Hg. 2. 7 (6). σείσω . . . τὴν θάλασσαν καὶ τὴν ξηράν (1)
— 22 (21). σείω . . . τὴν θάλασσαν καὶ τὴν ξηράν –
Is. 9. 18 (17). ὡς ἄγρωστις ξηρὰ βρωθήσεται ὑπὸ πυρὸς †
37. 27. ἐγένοντο ὡς χόρτος ξ. [A χλωρὸς] ἐπὶ δωμάτων †
56. 3. ἐγώ εἰμι ξύλον ξηρόν (2 *c*)
Ez. 17. 24. ἀναθάλλων ξύλον ξηρόν [B¹ ξυρ.] (2 *c*)
20. 47 (21. 3). καταφάγεται ἐν σοὶ πᾶν ξύλον χλωρὸν καὶ πᾶν ξύλον ξηρόν (2 *c*)
37. 2. πολλὰ σφόδρα ἐπὶ προσώπου τοῦ πεδίου [A *add.* καὶ ἰδοὺ] ξηρὰ σφόδρα (2 *c*)
— 4. ἐρεῖς αὐτοῖς, Τὰ ὀστᾶ τὰ ξ. (2 *c*)
— 11. ξηρὰ γέγονε τὰ ὀστᾶ ἡμῶν (5)
Da. TH. 2. 10. οὐκ ἔστιν ἄνθρωπος ἐπὶ τῆς ξ. (2 *b*)
I Ma. 8. 23. ἐν τῇ θαλάσσῃ καὶ ἐπὶ τῆς ξ.
— 32. διὰ τῆς θαλάσσης καὶ διὰ τῆς ξηρᾶς
IV Ma. 18. 17. εἰ ζήσεται τὰ ὀστᾶ τὰ ξ. ταῦτα

[**Aq., Th.** Ge. 1. 10: Jo. 9. 5 (11).]
[**Sm.** Ge. 1. 10: Ex. 14. 16, 21: Jo. 9. 5 (11): Ps. 65 (66). 6.]
[**Al.** Le. 7. 10.]

ξηρότης.

[**Sm.** Ps. 67 (68). 7: Je. 17. 6.]

ξιφηφόρος.

IV Ma. 16. 20. τὴν πατρῴαν χεῖρα ξ.

ξίφος. (1) חֶרֶב

Jo. 10. 28. B¹ ἐν στόματι μαχαίρας [A B² R ξίφους] (1)
— 30. ἐν στόματι ξίφους [B² μαχαίρας] (1)
— 32. ἐν στόματι ξίφους (1)
— 33. ἐν στόματι ξίφους –
— 35, 37, 39. ἐν στόματι ξίφους (1)
11. 11. ἀπέκτειναν . . . ἐν ξίφει [A στόματι ξίφους] (1)
— 12, 14. ἐν στόματι ξίφους (1)
Jb. 3. 14. οἱ ἠγαυριῶντο ἐπὶ ξίφεσιν †
Wi. 18. 16. ξίφος ὀξὺ τὴν . . . ἐπιταγήν [A ὑποτ.] σου φέρων
Ez. 16. 40. κατασφάξουσί σε ἐν τοῖς ξ. αὐτῶν (1)
23. 47. κατακεντεῖ αὐτὰς ἐν τοῖς ξ. αὐτῶν (1)
II Ma. 12. 22. ταῖς τῶν ξ. ἀκμαῖς ἀναπειρέσθαι
14. 41. A ὑπέθηκεν ἑαυτῷ τὸ [R *om.*] ξ.

ξόανον.

[**Aq.** Ez. 6. 4.]

ξύειν. (1) גָּרַד hithp.

Jb. 2. 8. ἵνα τὸν ἰχῶρα ξύῃ [A ἀποξέῃ] (1)
7. 5. τήκω δὲ βώλακας γῆς ἀπὸ ἰχῶρος ξύων [A ξέων] –

ξυλάριον, ξυλήριον. (1) עֵץ

III Ki. 17. 12. συλλέγω δύο ξυλάρια [A ξυλήρια] (1)

ξύλινος. (1) *a.* עֵץ *b.* אָע (2) τὸ ξύλινον χειροποίητον חַמָּן

Le. 11. 32. ἀπὸ παντὸς σκεύους ξ. ἢ ἱματίου (1 *a*)
15. 12. σκεῦος ξύλινον νιφήσεται ὕδατι (1 *a*)
26. 30. ἐξολεθρεύσω τὰ ξ. χειροποίητα ὑμῶν (2)
27. 30. ἀπὸ . . . τοῦ καρποῦ τοῦ ξ. (1 *a*)
Nu. 31. 20. πᾶν σκεῦος ξ. ἀφαγνιεῖτε (1 *a*)

Nu. 35. 18. ἐὰν δὲ ἐν σκεύει ξ. . . . πατάξῃ αὐτόν (1 *a*)
De. 10. 1. ποιήσεις σεαυτῷ κιβωτὸν ξ. [**A** λιθίνην] (1 *a*)
28. 42. πάντα τὰ ξ. σου . . . ἐξαναλώσει ἡ ἐρισύβη (1 *a*)
III Ki. 6. 31. **B** ἐποίησε θύρας [**A** *add.* ἐκ] ξυλίνων [**A R** ξύλων] ἀρκευθίνων (1 *a*)
I Es. 6. 25. διὰ . . . δόμου ξ. ἐγχωρίου καινοῦ ἑνός
9. 42. ἔστη . . . ἐπὶ τοῦ ξ. βήματος
II Es. 6. 4. καὶ δόμος ξ. εἷς (1 *b*)
Ne. 8. 4. ἔστη Ἔ. . . . ἐπὶ βήματος ξ. (1 *a*)
Si. 22. 16. ἱμάντωσις ξυλίνη ἐνδεδεμένη [A^1 *om.*] εἰς οἰκοδομήν
Je. 35 (28). 13. κλοιοὺς ξυλίνους συνέτριψας (1 *a*)
Ep. Je. 4. ὄψεσθε ἐν Βαβ. θεοὺς . . . ξ.
— 11. κοσμοῦσι . . . θεοὺς χρυσοῦς καὶ ξυλίνους
— 30. παρατιθέασι θεοῖς ἀργυροῖς . . . καὶ ξ.
— 39. τοῖς ἀπὸ τοῦ ὄρους λίθοις ὡμοιωμένοι εἰσὶ τὰ ξ.
— 50. ὑπάρχοντα γὰρ ξύλινα . . . γνωσθήσεται
— 55. ὅταν ἐμπέσῃ εἰς οἰκίαν θεῶν ξυλίνων
— 57. **R** οὐ μὴ διασωθῶσι [**A** -σώσουσιν, **B** διαθ.] θεοὶ ξύλινοι
— 59. ξ. στῦλος ἐν βασιλείοις
— 70. οἱ θεοὶ αὐτῶν εἰσι ξύλινοι
— 71. νεκρῷ ἐρριμμένῳ ἐν σκότει ἀφωμοίωνται οἱ θεοὶ αὐτῶν ξύλινοι
Ez. 41. 22. ὡς ὄψις θυσιαστηρίου ξυλίνου . . . οἱ τοῖχοι αὐτοῦ ξύλινοι (1 *a*, 1 *a*)
Da. TH. 5. 4. ᾔνεσαν τοὺς θεοὺς τοὺς . . . ξ. (1 *b*)
— 23. τοὺς θεοὺς τοὺς . . . ξ. . . . ᾔνεσας (1 *b*)
I Ma. 6. 37. πύργοι ξ. ἐπ' αὐτούς [**S** *al.*]
10. 30. ἀντὶ τοῦ ἡμίσους τοῦ καρποῦ τοῦ ξ.
[**Sm.** Ps. 73 (74). 5: Hb. 2. 11.]

ξυλοκόπος. (1) חֹטֵב עֵץ

De. 29. 11 (10). ἀπὸ ξυλοκόπου ὑμῶν (1)
Jo. 9. 21. ἔσονται ξυλοκόποι (1)
— 23. οὐ μὴ ἐκλείπῃ ἐξ ὑμῶν . . . ξυλοκόπος (1)
— 27. κατέστησεν αὐτοὺς . . . ξυλοκόπους (1)
— 27. **B** ἐγένοντο οἱ κατοικοῦντες Γ. ξυλοκόποι –

ξύλον. (1) נַהֲלֹל (2) סַד (3) *a.* עֵץ *b.* אָע (4) צֵלָע

Ge. 1. 11, 12. καὶ ξ. κάρπιμον ποιοῦν καρπόν (3 *a*)
— 29. πᾶν ξ. ὃ ἔχει ἐν ἑαυτῷ καρπόν (3 *a*)
2. 9. πᾶν ξ. ὡραῖον εἰς ὅρασιν (3 *a*)
— 9. καὶ τὸ ξ. τῆς ζωῆς (3 *a*)
— 9. τὸ ξ. τοῦ εἰδέναι γνωστὸν καλοῦ (3 *a*)
— 16. ἀπὸ παντὸς ξ. τοῦ ἐν τῷ παραδείσῳ (3 *a*)
— 17. ἀπὸ δὲ τοῦ ξ. τοῦ γινώσκειν καλόν (3 *a*)
3. 1. οὐ μὴ φάγητε ἀπὸ παντὸς ξ. (3 *a*)
— 2. **R** ἀπὸ καρποῦ τοῦ ξ. [**A** ἀπὸ παντὸς ξ.] (3 *a*)
— 3. τοῦ ξ. ὅ ἐστιν ἐν μέσῳ τοῦ παραδείσου (3 *a*)
— 6. καλὸν τὸ ξ. εἰς βρῶσιν (3 *a*)
— 8. ἐν μέσῳ τοῦ ξ. τοῦ παραδείσου (3 *a*)
— 11. εἰ μὴ ἀπὸ τοῦ ξ. . . . ἀπ' αὐτοῦ ἔφαγες (3 *a*)
— 12. αὕτη μοι ἔδωκεν ἀπὸ τοῦ ξ. (3 *a*)
— 17. καὶ ἔφαγες ἀπὸ τοῦ ξ. (3 *a*)
— 22. **R** καὶ λάβῃ ἀπὸ [**A** *om.*] τοῦ ξ. τῆς ζωῆς (3 *a*)
— 24. φυλάσσειν τὴν ὁδὸν τοῦ ξ. τῆς ζωῆς (3 *a*)
6. 14. κιβωτὸν ἐκ ξύλων τετραγώνων (3 *a*)
22. 3. καὶ σχίσας ξύλα εἰς ὁλοκάρπωσιν (3 *a*)
— 6. ἔλαβε δὲ Ἀβ. τὰ ξ. τῆς ὁλοκαρπώσεως (3 *a*)
— 7. ἰδοὺ τὸ πῦρ καὶ τὰ ξ. (3 *a*)
— 9. καὶ ἐπέθηκε τὰ ξ. (3 *a*)
— 9. ἐπέθηκεν αὐτὸν . . . ἐπάνω τῶν ξ. (3 *a*)
40. 19. καὶ κρεμάσει σε ἐπὶ ξύλου (3 *a*)
Ex. 7. 19. ἐγένετο αἷμα . . . ἔν τε τοῖς ξ. (3 *a*)
9. 25. καὶ πάντα τὰ ξ. τὰ ἐν τοῖς πεδίοις (3 *a*)
10. 5. πᾶν ξ. [**A** τὸ ξ.] τὸ φυόμ. ὑμῖν ἐπὶ τῆς γῆς (3 *a*)
— 12. πάντα τὸν καρπὸν τῶν ξ. –
— 15. κατέφαγε . . . πάντα τὸν καρπὸν τῶν ξ. (3 *a*)
— 15. χλωρὸν οὐδὲν ἐν τοῖς ξ. (3 *a*)
15. 25. καὶ ἔδειξεν αὐτῷ κύριος ξ. (3 *a*)
25. 5. δέρματα ὑακίνθινα καὶ ξύλα ἄσηπτα (3 *a*)
— 9 (10). ποιήσεις . . . ἐκ ξύλων ἀσήπτων (3 *a*)
— 12 (13). ξύλα ἄσηπτα [**A** ἐκ ξύλων ἀσήπτων] (3 *a*)
— 27 (28). ποιήσεις . . . ἐκ ξύλων ἀσήπτων (3 *a*)
26. 15. ποιήσεις στύλους . . . ἐκ ξύλων ἀσήπτων (3 *a*)
— 26. ποιήσεις μοχλοὺς ἐκ ξύλων ἀσήπτων (3 *a*)
27. 1. ποιήσεις θυσιαστήριον ἐκ ξ. ἀσήπτων (3 *a*)
Ex. 27. 6. ποιήσεις . . . ἀναφορεῖς ἐκ ξύλων ἀσήπτων (3 *a*)
30. 1. ποιήσεις . . . ἐκ ξύλων ἀσήπτων (3 *a*)
— 5. ποιήσεις σκυτάλας ἐκ ξύλων ἀσήπτων (3 *a*)
31. 5. τὰ ἔργα [**A** *add.* καὶ] τὰ τεκτονικὰ τῶν ξ. (3 *a*)
35. 7. δέρματα ὑακίνθινα καὶ ξύλα ἄσηπτα (3 *a*)
— 24. παρ' οἷς εὑρέθη ξύλα ἄσηπτα (3 *a*)
— 33. καὶ κατεργάζεσθαι τὰ ξύλα (3 *a*)
Le. 1. 7. ἐπιστοιβάσουσι ξύλα ἐπὶ τὸ πῦρ (3 *a*)
— 8. ἐπιστοιβάσουσιν . . . ἐπὶ [**A** καὶ] τὰ ξ. (3 *a*)
— 12. ἐπιστοιβάσουσιν . . . αὐτὰ ἐπὶ τὰ ξ. (3 *a*)
— 17. ἐπιθήσει αὐτὸ . . . ἐπὶ τὰ ξ. (3 *a*)
3. 5. ἐπὶ τὰ ξ. τὰ ἐπὶ τοῦ πυρός (3 *a*)
4. 12. κατακαύσουσιν αὐτὸν ἐπὶ ξύλων (3 *a*)
6. 12 (5). καύσει ὁ ἱερεὺς ἐπ' αὐτὸ ξύλα (3 *a*)
14. 4. ξ. κέδρινον καὶ κεκλωσμένον κόκκινον (3 *a*)
— 6. τὸ ξ. τὸ κέδρινον καὶ τὸ . . . κόκκινον (3 *a*)
— 45. καθελοῦσι τὴν οἰκίαν καὶ τὰ ξ. αὐτῆς (3 *a*)
— 49. δύο ὀρνίθια . . . καὶ ξ. κέδρινον (3 *a*)
— 51. καὶ λήψεται τὸ ξ. τὸ κέδρινον (3 *a*)
— 52. ἀφαγνιεῖ . . . ἐν τῷ ξ. τῷ κεδρίνῳ (3 *a*)
19. 23. καταφυτεύσετε πᾶν ξ. βρώσιμον (3 *a*)
23. 40. καρπὸν ξύλου ὡραῖον . . . καὶ κλάδους ξύλου [**A** -ων] δασεῖς (3 *a*, 3 *a*)
26. 4. τὰ ξ. τῶν πεδίων ἀποδώσει τὸν καρπὸν αὐ. (3 *a*)
— 20. τὸ ξ. τοῦ ἀγροῦ ὑ. οὐ δώσει τὸν καρπὸν αὐ. (3 *a*)
Nu. 15. 32. εὗρον ἄνδρα συλλέγοντα ξύλα (3 *a*)
— 33. οἱ εὑρόντες [**A** *add.* αὐτὸν] συλλέγοντα ξύλα [**A** τὰ ξ.] (3 *a*)
19. 6. λήψεται ὁ ἱ. ξ. κέδρινον (3 *a*)
De. 4. 28. λατρεύσετε ἐκεῖ . . . ξύλοις (3 *a*)
10. 3. ἐποίησα κιβωτὸν ἐκ ξ. ἀσήπτων (3 *a*)
16. 21. πᾶν ξ. . . . οὐ ποιήσεις σεαυτῷ (3 *a*)
19. 5. ὃς ἂν εἰσέλθῃ . . . συναγαγεῖν ξύλα (3 *a*)
— 5. τῇ ἀξίνῃ κόπτοντος τὸ ξ. (3 *a*)
— 5. ἐκπεσὸν τὸ σιδήριον ἀπὸ τοῦ ξ. (3 *a*)
20. 19. μὴ ἄνθρωπος τὸ ξ. τὸ ἐν τῷ ἀγρῷ (3 *a*)
— 20. ξύλον [**A** τὸ ξ.] ὃ ἐπίστασαι (3 *a*)
21. 22. καὶ κρεμάσητε αὐτὸν ἐπὶ ξύλου (3 *a*)
— 23. οὐ κοιμηθήσεται τὸ σῶμα αὐ. ἐπὶ τοῦ ξ. (3 *a*)
— 23. πᾶς κρεμάμενος ἐπὶ ξύλου –
28. 36. λατρεύσεις ἐκεῖ . . . ξύλοις (3 *a*)
— 64. δουλεύσεις ἐκεῖ . . . ξύλοις (3 *a*)
29. 17 (16). τὰ εἴδωλα αὐτῶν ξύλον καὶ λίθον (3 *a*)
Jo. 8. 29. τὸν βασ. τῆς Γ. ἐκρέμασεν ἐπὶ ξ. διδύμου (3 *a*)
— 29. ἦν ἐπὶ τοῦ ξ. –
— 29. καθείλοσαν τὸ σῶμα αὐτοῦ ἀπὸ τοῦ ξ. (3 *a*)
10. 26. ἐκρέμασεν αὐτοὺς ἐπὶ πέντε ξύλων (3 *a*)
— 26. ἦσαν κρεμάμενοι ἐπὶ τῶν ξ. (3 *a*)
— 27. καθεῖλον αὐτοὺς ἀπὸ τῶν ξ. (3 *a*)
Jd. 6. 26. ἀνοίσεις ὁλοκαύτωμα ἐν τοῖς ξ. τοῦ ἄλσους (3 *a*)
9. 8. ἐπορεύθη τὰ ξ. τοῦ χρῖσαι (3 *a*)
— 9. μὴ . . . πορεύσομαι κινεῖσθαι ἐπὶ τῶν ξ. [**A** *al.*] (3 *a*)
— 10. εἶπον τὰ ξ. τῇ συκῇ (3 *a*)
— 11. μὴ . . . πορεύσομαι κινεῖσθαι ἐπὶ τῶν ξ. [**A** *al.*] (3 *a*)
— 12. εἶπαν τὰ ξ. πρὸς τὴν ἄμπελον (3 *a*)
— 13. μὴ . . . πορεύσομαι κινεῖσθαι ἐπὶ τῶν ξ. [**A** *al.*] (3 *a*)
— 14. εἶπαν πάντα τὰ ξ. τῇ ῥάμνῳ (3 *a*)
— 15. εἶπεν ἡ ῥάμνος πρὸς τὰ ξ. (3 *a*)
— 48. ἔκοψε κλάδον ξύλου [**A** φορτίον ξύλων] (3 *a*)
I Ki. 6. 14. σχίζουσι τὰ ξ. τῆς ἁμάξης (3 *a*)
II Ki. 5. 11. ἀπέστειλε Χ. . . . ξ. κέδρινα καὶ τέκτονας ξύλων (3 *a*, 3 *a*)
21. 19. τὸ ξ. τοῦ δόρατος αὐ. ὡς ἀντίον (3 *a*)
23. 7. πλῆρες σιδήρου καὶ ξύλον δόρατος (3 *a*)
— 21. **B** δόρυ ὡς ξύλον διαβάθρας –
24. 22. τὰ σκεύη τῶν βοῶν εἰς ξύλα (3 *a*)
III Ki. 4. 33 (5. 13). ἐλάλησεν ὑπὲρ [**A** περὶ] τῶν ξ. (3 *a*)
5. 6 (20). κοψάτωσάν μοι ξύλα †
— 6 (20). ξύλα κόπτειν καθὼς οἱ Σιδ. (3 *a*)
— 8 (22). ξύλα κέδρινα καὶ πεύκινα (3 *a*)
— 17 (32). ἡτοίμασαν . . . τὰ ξ. (3 *a*)
6. 10. συνέσχε τὸν σύνδεσμον [**A** ἔνδ.] ἐν ξ. κεδρίνοις (3 *a*)
— 15. ᾠκοδόμησε . . . διὰ ξ. κεδρίνων (4)
— 15. ἐκοιλοστάθμησε συνεχόμενα ξύλοις (3 *a*)
— 23. **A** ἐποίησεν . . . δύο χερ. ξ. κυπαρισσίνων [**B** *om.* ξ. κ.] (3 *a*)
III Ki. 6. 31. **A R** ἐποίησε θύρας ἐκ [**R** *om.*] ξύλων [**B** θ. ξυλίνων] ἀρκευθίνων (3 *a*)
— 32. **A** καὶ δύο θύρας ξύλων πευκίνων (3 *a*)
— 33. **A** φλιαὶ ξύλων ἀρκεύθου (3 *a*)
— 34. ἐν ἀμφοτέραις ταῖς θύραις ξ. πεύκινα (3 *a*)
9. 11. ἀντελάβετο τοῦ Σαλ. ἐν ξ. κεδρίνοις (3 *a*)
— 11. **B** καὶ ἐν ξ. πευκίνοις (3 *a*)
10. 11. ἤνεγκε ξ. πελεκητὰ πολλὰ σφόδρα (3 *a*)
— 12. ἐποίησεν ὁ βασ. τὰ ξ. τὰ πελεκητά (3 *a*)
— 12. οὐκ ἐληλύθει τοιαῦτα ξ. πελεκητά [**A** *om.*] (3 *a*)
14. 23. καὶ ὑποκάτω παντὸς ξ. συσκίου (3 *a*)
15. 22. αἴρουσι . . . τὰ ξ. αὐτῆς (3 *a*)
17. 10. γυνὴ χήρα συνέλεγε ξύλα (3 *a*)
18. 23. **B** ἐπιθέτωσαν ἐπὶ τῶν ξ. (3 *a*)
— 23. **A** δώσω ἐπὶ τὰ ξ. (3 *a*)
IV Ki. 3. 19. πᾶν ξ. ἀγαθὸν καταβαλεῖτε (3 *a*)
— 25. πᾶν ξ. ἀγαθὸν κατέβαλον (3 *a*)
6. 4. ἔτεμνον τὰ ξ. (3 *a*)
— 6. ἀπέκνισε ξύλον (3 *a*)
12. 11 (12). ἐξέδοσαν τοῖς τέκτοσι τῶν ξ. (3 *a*)
— 12 (13). τοῦ κτήσασθαι ξύλα (3 *a*)
16. 4: 17. 10. ὑποκάτω παντὸς ξ. ἀλσώδους (3 *a*)
19. 18. οὐ θεοί εἰσιν ἀλλ' ἢ . . . ξύλα (3 *a*)
22. 6. τοῦ κτήσασθαι ξύλα (3 *a*)
I Ch. 14. 1. ἀπέστειλε Χ. . . . ξ. κέδρινα . . . καὶ τέκτονας ξύλων (3 *a*, 3 *a*)
16. 32. ξύλον ἀγροῦ καὶ πάντα τὰ ἐν αὐτῷ †
— 33. εὐφρανθήσεται τὰ ξ. τοῦ δρυμοῦ (3 *a*)
20. 5. ξύλον [**A** τὸ ξ.] δόρατος αὐ. ὡς ἀντίον ὑφαινόντων (3 *a*)
21. 23. δέδωκα . . . τὸ ἄροτρον εἰς ξύλα (3 *a*)
22. 4. ξ. κέδρινα οὐκ ἦν ἀριθμός (3 *a*)
— 4. ξ. κέδρινα εἰς πλῆθος (3 *a*)
— 14. ξύλα καὶ λίθους ἡτοίμασα (3 *a*)
— 15. οἰκοδόμοι λίθων καὶ τέκτονες ξύλων (3 *a*)
29. 2. ἡτοίμακα . . . ξύλα (3 *a*)
II Ch. 2. 8 (7). ἀπόστειλόν μοι ξ. κέδρινα (3 *a*)
— 8 (7). οἴδασι κόπτειν ξύλα (3 *a*)
— 9 (8). ἑτοιμάσαι μοι ξύλα (3 *a*)
— 10 (9). τοῖς ἐργαζομένοις τοῖς κόπτουσι ξύλα (3 *a*)
— 14 (13). εἰδότα ποιῆσαι . . . ἐν λίθοις καὶ ξύλοις (3 *a*)
— 16 (15). κόψομεν ξύλα ἐκ τοῦ Λιβάνου (3 *a*)
3. 5. τὸν οἶκον τὸν μέγαν ἐξύλωσε ξ. κεδρίνοις (3 *a*)
— 10. ἔργον ἐκ ξύλων †
7. 13. καταφαγεῖν τὸ ξ. †
9. 10. ἔφερον . . . ξ. πεύκινα (3 *a*)
— 11. ἐποίησεν ὁ βασ. τὰ ξ. τὰ πεύκινα ἀναβάσεις (3 *a*)
16. 6. ἔλαβε . . . τὰ ξ. αὐτῆς (3 *a*)
28. 4. καὶ ὑποκάτω παντὸς ξ. ἀλσώδους (3 *a*)
34. 11. ἀγοράσαι . . . ξύλα εἰς δοκούς (3 *a*)
I Es. 4. 48. μεταφέρειν ξ. κέδρινα
5. 55. εἰς τὸ παράγειν αὐτοὺς . . . ξ. κέδρινα
6. 9. **B** διὰ . . . ξ. τιθεμένων ἐν τοῖς οἴκοις [**A R** τοίχοις]
— 32. ληφθῆναι ξύλον ἐκ τῶν ἰδίων αὐ.
II Es. 3. 7. ἐνέγκαι ξ. κέδρινα (3 *a*)
5. 8. ξύλα ἐντίθεται ἐν τοῖς τοίχοις (3 *b*)
6. 11. καθαιρεθήσεται ξύλον ἐκ τῆς οἰκίας αὐ. (3 *b*)
Ne. 2. 8. ὥστε δοῦναί μοι ξύλα (3 *a*)
8. 15. ἐνέγκατε . . . φύλλα ξ. κυπαρισσίνων . . . καὶ φύλλα ξ. δασέος (3 *a*, 3 *a*)
9. 25. καὶ πᾶν ξ. βρώσιμον εἰς πλῆθος (3 *a*)
10. 35 (36). πρωτογενήματα καρποῦ παντὸς ξ. (3 *a*)
— 37 (38). καὶ τὸν καρπὸν παντὸς ξ. (3 *a*)
Es. 5. 14. κοπήτω σοι ξύλον (3 *a*)
— 14. κρεμασθήτω Μαρδ. ἐπὶ τοῦ ξ. †
— 14. ἡτοιμάσθη τὸ ξ. (3 *a*)
6. 4. κρεμάσαι τὸν Μαρδ. ἐπὶ τῷ ξ. (3 *a*)
7. 9. ξύλον [**A** S^2 τὸ ξ. ὃ] ἡτοίμασεν Ἀ. (3 *a*)
— 9. ὤρθωται ἐν τοῖς Ἀ. [S^2 *add.* ὑψηλὸν] ξύλον [**A** *om.*] –
— 10. ἐκρεμάσθη Ἀ. ἐπὶ τοῦ ξ. (3 *a*)
8. 7. αὐτὸν ἐκρέμασα ἐπὶ [**A** *add.* τοῦ] ξύλου (3 *a*)
9. 13. S^2 κρεμασθῆναι ἐπὶ ξύλου [**A B** S^1 *al.*] (3 *a*)
— 25. ἐκρεμάσθη αὐτὸς καὶ τὰ τέκνα αὐ. [S^3 *add.* ἐπὶ τοῖς ξ., **A** S^4 *add.* ἐπὶ τῶν ξ.] (3 *a*)
Jb. 24. 20. συντριβείη δὲ πᾶς ἄδικος ἴσα ξύλῳ ἀνιάτῳ (3 *a*)
30. 4. **A** B^2 **S** ῥίζας ξύλων ἐμασῶντο †
33. 11. ἔθετο δὲ ἐν ξύλῳ [**A** κυκλώματι] τὸν πόδα μου (2)

Jb. 41. 18 (19). χαλκὸν δὲ ὥσπερ ξύλον σαθρόν (3 a)
Ps. 1. 3. ὡς τὸ ξ. τὸ πεφυτευμένον παρὰ τὰς διεξόδους τῶν ὑδάτων (3 a)
73 (74). 5. ὡς ἐν δρυμῷ ξύλων ἀξίναις ἐξέκοψαν [S[1] διέκ.] (3 a)
95 (96). 12. ἀγαλλιάσονται πάντα τὰ ξ. τοῦ δρυμοῦ (3 a)
103 (104). 16. χορτασθήσεται τὰ ξ. τοῦ πεδίου [S[1] κυρίου] (3 a)
104 (105). 33. συνέτριψε πᾶν ξύλον ὁρίου αὐ. (3 a)
148. 9. ξύλα καρποφόρα καὶ πᾶσαι κέδροι (3 a)
Pr. 3. 18. ξύλον ζωῆς ἐστι πᾶσι τοῖς ἀντεχομένοις αὐτῆς (3 a)
12. 4. ὥσπερ δὲ ἐν ξύλῳ σκώληξ –
25. 20. ὥσπερ σὴς ἐν ἱματίῳ καὶ σκώληξ ξύλῳ †
26. 20. ἐν πολλοῖς ξύλοις θάλλει πῦρ (3 a)
— 21. ἐσχάρα ἄνθραξι καὶ ξύλα πυρί (3 a)
Ec. 2. 5. ἐφύτευσα ἐν αὐτοῖς ξύλον πᾶν καρποῦ (3 a)
— 6. **A S R** δρυμὸν βλαστῶντα ξύλα [**B** *om.*] (3 a)
10. 9. σχίζων ξύλα κινδυνεύσει ἐν αὐτοῖς (3 a)
11. 3. ἐὰν πέσῃ ξύλον ἐν τῷ νότῳ (3 a)
— 3. οὗ πεσεῖται τὸ ξ. (3 a)
Ca. 2. 3. ὡς μῆλον ἐν τοῖς ξ. τοῦ δρυμοῦ (3 a)
3. 9. φορεῖον ἐποίησεν . . . ἀπὸ ξύλων [**S** -ου] τοῦ Λιβ. (3 a)
4. 14. κινναμώμου μετὰ πάντων ξ. τοῦ Λιβ. (3 a)
Wi. 10. 4. δι' εὐτελοῦς ξύλου τὸν δίκαιον κυβερνήσασα
13. 13. ξύλον σκολιὸν καὶ ὄζοις συμπεφυκὸς λαβὼν
14. 1. **A** τοῦ φέροντος αὐτὸν ξύλου [**B S** πλοίου] σαθρότερον ξύλον ἐπιβοᾶται
— 5. ἐλαχίστῳ ξύλῳ πιστεύουσιν ἄνθρωποι ψυχάς
— 7. εὐλόγηται γὰρ ξύλον
— 21. τὸ ἀκοινώνητον ὄνομα λίθοις καὶ ξύλοις περιέθεσαν
Si. 6. 3. ἀφήσεις σεαυτὸν ὡς ξύλον [**A** φύλλον] ξηρόν
8. 3. μὴ ἐπιστοιβάσῃς ἐπὶ τὸ πῦρ αὐτοῦ ξύλα
27. 6. γεώργιον ξύλου ἐκφαίνει ὁ καρπὸς αὐτοῦ
34 (31). 7. ξύλον προσκόμματός [S[1] οὐδὲ προστάγματός] ἐστι τοῖς ἐνθυσιάζουσιν αὐτῷ
38. 5. οὐκ ἀπὸ ξύλου ἐγλυκάνθη ὕδωρ
Jl. 1. 12. πάντα τὰ ξ. τοῦ ἀγροῦ ἐξηράνθησαν [B[1] S[3] *al.*] (3 a)
— 19. φλὸξ ἀνῆψε πάντα τὰ ξ. τοῦ ἀγροῦ (3 a)
2. 22. ὅτι ξύλον ἤνεγκε τὸν καρπὸν αὐτοῦ (3 a)
Hb. 2. 11. καὶ κάνθαρος ἐκ ξύλου φθέγξεται αὐτά (3 a)
— 19. οὐαὶ ὁ λέγων τῷ ξύλῳ (3 a)
Hg. 1. 8. καὶ κόψατε ξύλα (3 a)
2. 20 (19). ἡ ῥοὰ καὶ τὰ ξ. [S[1] φύλλα] τῆς ἐλαίας (3 a)
Za. 5. 4. συντελέσει αὐτὸν καὶ τὰ ξύλα αὐτοῦ (3 a)
12. 6. ὡς δαλὸν πυρὸς ἐν ξύλοις [S[1] *om.*] (3 a)
Is. 7. 2. ὃν τρόπον ἐν δρυμῷ ξ. ὑπὸ πνεύματος σαλευθῇ (3 a)
— 4. μηδὲ ἡ ψυχή σου ἀσθενείτω ἀπὸ τῶν δύο ξύλων †
— 19. **A S** καὶ ἐν παντὶ ξύλῳ (1)
10. 15. ὡς ἄν τις ἄρῃ ῥάβδον ἢ ξ. (3 a)
14. 8. τὰ ξ. τοῦ Λιβάνου [S[1] δρυμοῦ] εὐφράνθησαν ἐπὶ σοί †
30. 33. ξύλα κείμενα πῦρ καὶ ξύλα πολλά (†, 3 a)
34. 13. ἀναφυήσει εἰς τὰς πόλεις αὐτῶν ἀκάνθινα [**A** -θα καὶ] ξύλα †
37. 19. ἔργα χειρῶν ἀνθρώπων ξύλα καὶ λίθοι (3 a)
40. 20. ξ. γὰρ ἄσηπτον ἐκλέγεται τέκτων (3 a)
44. 13. ἐκλεξάμενος τέκτων ξ. (3 a)
— 14. ἔκοψε ξ. ἐκ τοῦ δρυμοῦ (3 a)
— 23. οἱ βουνοὶ καὶ πάντα τὰ ξ. τὰ ἐν αὐτοῖς (3 a)
45. 20. οὐκ ἔγνωσαν οἱ αἴροντες τὸ ξ. [S[1] αἱ. ξύλα] γλύμμα αὐτῶν (3 a)
55. 12. πάντα τὰ ξ. τοῦ ἀγροῦ ἐπικροτήσει τοῖς κλάδοις (3 a)
56. 3. ἐγώ εἰμι ξ. ξηρόν (3 a)
60. 17. ἀντὶ δὲ ξύλων [**A** -ου] οἴσω σοι χαλκόν (3 a)
65. 22. κατὰ γὰρ τὰς ἡμέρας τοῦ ξ. τῆς ζωῆς (3 a)
Je. 2. 20. ὑποκάτω παντὸς ξύλου κατασκίου (3 a)
— 27. τῷ ξ. εἶπαν (3 a)
3. 6. ὑποκάτω παντὸς ξ. ἀλσώδους (3 a)
— 9. ἐμοίχευσε τὸ ξύλον καὶ τὸν λίθον (3 a)
— 13. ὑποκάτω παντὸς ξ. ἀλσώδους (3 a)
5. 14. δέδωκα . . . τὸν λαὸν τοῦτον ξύλα (3 a)
6. 6. ἔκκοψον τὰ ξύλα αὐτῆς (3 a)
7. 18. οἱ υἱοὶ αὐτῶν συλλέγουσι ξύλα (3 a)
— 20. καὶ ἐπὶ πᾶν ξ. τοῦ ἀγροῦ αὐτῶν (3 a)
10. 3. ξ. ἐστὶν ἐκ τοῦ δρυμοῦ ἐκκεκομμένον (3 a)
Je. 11. 19. ἐμβάλωμεν ξ. εἰς τὸν ἄρτον [A[1] τράχηλον, A[2] *add.* τράχηλον] αὐτοῦ (3 a)
17. 8. ἔσται ὡς ξ. εὐθηνοῦν παρ' ὕδατα (3 a)
26 (46). 22. ὡς κόπτοντες ξύλα ἐκκόψουσι τὸν δρυμὸν αὐτῆς (3 a)
38 (31). 12. ἔσται ἡ ψυχὴ αὐτῶν ὥσπερ ξ. ἔγκαρπον †
Ba. 5. 8. οἱ δρυμοὶ καὶ πᾶν ξ. εὐωδίας
La. 4. 8. ἐγενήθησαν ὥσπερ ξ. (3 a)
5. 4. ξύλα ἡμῶν ἐν ἀλλάγματι ἦλθεν ἐπὶ τὸν τράχηλον ἡμῶν (3 a)
— 13. νεανίσκοι ἐν ξύλῳ ἠσθένησαν (3 a)
Ez. 15. 2. τί ἂν γένοιτο τὸ ξ. τῆς ἀμπέλου ἐκ πάντων τῶν ξ. τῶν κλημάτων τῶν ὄντων ἐν τοῖς ξ. τοῦ δρυμοῦ (3 a *ter*)
— 3. εἰ λήψονται ἐξ αὐτῆς ξ. (3 a)
— 6. ὃν τρόπον τὸ ξ. τῆς ἀμπέλου ἐν τοῖς ξ. τοῦ δρυμοῦ (3 a, 3 a)
17. 24. γνώσονται πάντα τὰ ξ. τοῦ πεδίου [**A** ἀγροῦ] διότι ἐγὼ κύριος ὁ ταπεινῶν ξ. ὑψηλὸν καὶ ὑψῶν ξ. ταπεινὸν καὶ ξηραίνων ξ. χλωρὸν καὶ ἀναθάλλων ξ. ξηρόν (3 a *quinquiens*)
20. 28. ἴδον . . . πᾶν ξ. κατάσκιον (3 a)
— 32. τοῦ λατρεύειν ξύλοις καὶ λίθοις (3 a)
— 47 (21. 3). καταφάγεται ἐν σοὶ πᾶν ξ. χλωρὸν καὶ πᾶν ξ. ξηρόν (3 a, 3 a)
21. 10 (15). **R** ἀπόθου [**A B** ἀπωθοῦ] πᾶν ξ. (3 a)
24. 10. πληθυνῶ τὰ ξ. (3 a)
26. 12. τὰ ξ. σου καὶ τὸν χοῦν σου εἰς μέσον τῆς θαλάσσης σου ἐμβαλεῖ (3 a)
31. 4. τὰ συστήματα αὐτῆς ἐξαπέστειλεν εἰς πάντα τὰ ξ. τοῦ πεδίου (3 a)
— 5. ὑψώθη τὸ μέγεθος αὐτοῦ παρὰ πάντα τὰ ξ. τοῦ πεδίου (3 a)
— 8. πᾶν ξ. ἐν τῷ παραδείσῳ τοῦ θεοῦ οὐχ ὡμοιώθη αὐτῷ (3 a)
— 9. ἐζήλωσαν αὐτὸν τὰ ξ. τοῦ παραδείσου (3 a)
— 14. ὅπως μὴ ὑψωθῶσιν ἐν τῷ μεγέθει αὐτῶν πάντα τὰ ξ. τὰ ἐν τῷ ὕδατι (3 a)
— 15. πάντα τὰ ξ. τοῦ πεδίου ἐπ' αὐτῷ ἐξελύθησαν (3 a)
— 16. παρεκάλουν αὐτὸν ἐν γῇ [**A** *add.* κάτω] πάντα τὰ ξ. τῆς τρυφῆς (3 a)
— 18. καταβιβάσθητι μετὰ τῶν ξ. τῆς τρυφῆς (3 a)
34. 27. τὰ ξ. τὰ ἐν τῷ πεδίῳ δώσει [**A** ξ. τοῦ π. ἀποδ.] τὸν καρπὸν αὐτῶν [**A** -οῖς] (3 a)
36. 30. πληθυνῶ τὸν καρπὸν τοῦ ξ. (3 a)
39. 10. οὐ μὴ λάβωσι ξύλα ἐκ τοῦ πεδίου (3 a)
41. 25. σπουδαῖα ξύλα κατὰ πρόσωπον τοῦ αἰλὰμ ἔξωθεν (3 a)
47. 12. ἀναβήσεται ἐπὶ τοῦ χείλους αὐ. ἔνθεν καὶ ἔνθεν πᾶν ξ. βρώσιμον (3 a)
I Ma. 14. 8. καὶ τὰ ξ. τῶν πεδίων τὸν καρπὸν αὐ.
II Ma. 1. 21. ἐπιρρᾶναι τῷ ὕδατι τά τε ξ.
4. 41. οἱ δὲ ξύλων πάχη
IV Ma. 18. 16. ξύλον ζωῆς ἐστι

[**Aq.** Ge. 3. 2 (1): III Ki. 10. 11: 18. 23: Ps. 1. 3: 95 (96). 12: 103 (104). 16: Pr. 11. 30: Is. 7. 2: 57. 5: Je. 10. 8: 11. 19.]
[**Sm.** Ge. 1. 29 *bis*: 2. 17: Ex. 35. 7: Jd. 9. 13: II Ki. 6. 5: III Ki. 10. 11: Jb. 13. 27: 30. 4: Ps. 103 (104). 16: Pr. 11. 30: 26. 20: Is. 10. 19: 41. 19 *bis*: 57. 5: Je. 11. 19.]
[**Th.** Ge. 1. 29 *bis*: Ex. 25. 22 (23): 37 (38). 1, 4: 37. 10 (38. 11), 15 (38. 11): Jo. 2. 6: Jd. 9. 11: Ps. 103 (104). 16: Pr. 11. 30: Is. 57. 5: Je. 10. 8: 17. 2 (Sw.): Ez. 31. 18: Hb. 2. 11.]
[**Al.** Ge. 6. 15 (14): Nu. 19. 6: Is. 7. 19.]
[**Heb.** Ps. 103 (104). 16.]
[**Quint.** Hb. 2. 11.]

ξυλοπέδη.

[**Aq.** Jb. 13. 27: 33. 11.]

ξυλοῦν. (1) חָפָה pi. (2) סָפַן (3) עָב (4) שְׂחִיף עֵץ (שָׂחִיף)

II Ch. 3. 5. τὸν οἶκον τὸν μέγαν ἐξύλωσε ξύλοις κεδρίνοις (1)
Je. 22. 14. ὑπερῷα . . . ἐξυλωμένα ἐν κέδρῳ (2)
Ez. 41. 16. ὁ οἶκος καὶ τὰ πλησίον ἐξυλωμένα κύκλῳ (4)
— 26. **A** τὰ πλευρὰ τοῦ οἴκου ἐξυλωμένα [**B** ἐζυγωμ.] (3)

ξυλοφορία. (1) קָרְבַּן הָעֵצִים

Ne. 10. 34 (35). περὶ κλήρου ξυλοφορίας (1)

ξυλοφόρος. (1) עֵץ

Ne. 13. 31. καὶ τὸ δῶρον τῶν ξ. (1)

[**Al.** Dt. 29. 11 (10).]

ξυνωρίς. (1) צֶמֶד פָּרָשִׁים

Is. 21. 9. αὐτὸς ἔρχεται ἀναβάτης ξυνωρίδος (1)

ξυρᾶν. (1) גָּלַח *a.* pi. *b.* pu. *c.* hithp. (2) פָּרַע (3) קָרַח *a.* qal. *b.* ni. *c.* קָרְחָה

Ge. 41. 14. ἐξύρησαν αὐτόν (1 a)
Le. 13. 33. καὶ ξυρηθήσεται τὸ δέρμα (1 c)
— 33. τὸ δὲ θραῦσμα οὐ ξυρηθήσεται (1 a)
— 34. μετὰ τὸ ξυρηθῆναι αὐτόν –
14. 8. ξυρηθήσεται αὐτοῦ πᾶσαν τὴν τρίχα (1 a)
— 9. ξυρηθήσεται πᾶσαν τὴν τρίχα αὐτοῦ (1 a)
— 9. πᾶσαν τὴν τρίχα αὐτοῦ ξυρηθήσεται (1 a)
21. 5. φαλάκρωμα οὐ ξυρηθήσεσθε [**A** -ήσεται] τὴν κεφ. (3 a)
— 5. τὴν ὄψιν τοῦ πώγωνος οὐ ξυρήσονται (1 a)
Nu. 6. 9. ξυρήσεται τὴν κεφαλὴν αὐτοῦ (1 a)
— 9. τῇ ἡμέρᾳ τῇ ἑβδ. ξυρηθήσεται (1 a)
— 18. ξυρήσεται ὁ ηὐγμένος . . . τὴν κεφ. (1 a)
— 19. μετὰ τὸ ξυρήσασθαι αὐτὸν τὴν εὐχὴν [**A** κεφαλὴν] αὐ. (1 c)
De. 21. 12. ξυρήσεις τὴν κεφαλὴν αὐτῆς (1 a)
Jd. 16. 17. ἐὰν οὖν ξυρήσωμαι [**A** -σομαι] (1 b)
— 19. ἐξύρησε τὰς ἑπτὰ σειρὰς τῆς κεφ. αὐ. [**A** *al.*] (1 a)
— 22. καθὼς ἐξυρήσατο [**A** ἡνίκα ἐξυρήθη] (1 b)
II Ki. 10. 4. ἐξύρησε τοὺς πώγωνας αὐ. (1 a)
I Ch. 19. 4. ἐξύρησεν αὐτούς (1 a)
Mi. 1. 16. ξύρησαι καὶ κεῖραι ἐπὶ τὰ τέκνα (3 a)
Is. 7. 20. ξυρήσει κύριος ἐν [**A S** *om.*] τῷ ξυρῷ . . . τὴν κεφαλήν (1 a)
Je. 16. 6. οὐ ξυρηθήσονται (3 b)
31 (48). 37. πᾶσαν κεφαλὴν ἐν παντὶ τόπῳ ξυρηθήσονται [**A S** ξυρήσ.] καὶ πᾶς πώγων ξυρηθήσεται (3 c, 2)
48 (41). 5. ἦλθοσαν . . . ὀγδοήκοντα ἄνδρες ἐξυρημένοι πώγωνας (1 b)
Ep. Je. 31. τοὺς πώγωνας ἐξυρημένους [**A** -οι]
Ez. 44. 20. τὰς κεφαλὰς αὐτῶν οὐ ξυρήσονται (1 a)

[**Sm.** Je. 48 (31). 37.]
[**Al.** Nu. 6. 19.]

ξύρησις. (1) קָרְחָה

Is. 22. 12. ἐκάλεσε κύριος . . . ξύρησιν (1)

ξυρόν. (1) מוֹרָה (2) תַּעַר

Nu. 6. 5. ξ. οὐκ ἐπελεύσεται ἐπὶ τὴν κεφ. αὐ. (2)
8. 7. ἐπελεύσεται ξυρὸν ἐπὶ πᾶν τὸ σῶμα αὐ. (2)
Jd. 16. 17. **A** ξυρὸν οὐκ ἀναβήσεται [**B** *al.*] (1)
Ps. 51 (52). 2. **B**[1]**S**[1] ὡσεὶ ξυρὸν ἐξηκονημένον [**B**[a]**S**[2]**R** ἠκ.] ἐποίησας δόλον (2)
Is. 7. 20. ξυρήσει κύριος ἐν [**A S** *om.*] τῷ ξ. τῷ μεμισθωμένῳ [**A S** μεγάλῳ καὶ μεμεθυσμένῳ] . . . τὴν κεφαλήν (2)
Je. 43 (36). 23. ἀπέτεμεν αὐτὰς τῷ ξ. τοῦ γραμματέως (2)
Ez. 5. 1. λάβε σεαυτῷ ῥομφαίαν ὀξεῖαν ὑπὲρ ξ. κουρέως (2)

[**Th.** Jd. 16. 17.]

ξυρός (?).

Ez. 17. 24. **B**[1] ἀναθάλλων ξύλον ξυρόν [**AB**[2]**R** ξηρ.] †

ξυστός. (1) גָּזִית

I Ch. 22. 2. λατομῆσαι λίθους ξ. (1)
I Es. 6. 9. διὰ λίθων ξ. πολυτελῶν
— 25. διὰ δόμων λιθίνων ξ. τριῶν
Si. 22. 17. ὡς κόσμος ψαμμωτὸς τοίχου ξυστοῦ [**S**[2] ξεστοῦ]
Am. 5. 11. **A** οἴκους ξυστοὺς οἰκοδομήσετε [**B** ξεστοὺς ᾠκοδομήσατε] (1)
I Ma. 13. 27. **A** ὕψωσεν αὐτὸν . . . λίθῳ ξ. [**S R** ξεστῷ]

ξυστρωτός.

[**Aq.**, **Th.** III Ki. 6. 18.]

O

ὁ, ἡ, τό, *passim*.

ὀβελίσκος. (1) חֲדוּדִים

Jb. 41. 21 (22). *ἡ στρωμνὴ αὐτοῦ ὀβελίσκοι ὀξεῖς* (1)
IV Ma. 11. 19. *ὀβελίσκους ὀξεῖς πυρώσαντες*

ὀβολός. (1) אֲגוֹרָה (2) גֵּרָה

Ex. 30. 13. *εἴκοσι ὀβολοὶ τὸ δίδραχμον* (2)
Le. 27. 25. *εἴκοσι ὀβολοὶ ἔσται τὸ δίδραχμον* (2)
Nu. 3. 47. *εἴκοσι ὀβολοὺς τοῦ σίκλου* [**A** *-οὶ ὁ σ.*] (2)
18. 16. *εἴκοσι ὀβολοί εἰσι* (2)
I Ki. 2. 36. *προσκυνεῖν αὐτῷ ὀβολοῦ ἀργυρίου* (1)
Pr. 17. 6 (**A** 4). *τοῦ δὲ ἀπίστου οὐδὲ ὀβολός* –
Ez. 45. 12. *τὰ στάθμια εἴκοσι ὀβολοί* (2)
[**Aq.**, **Th.** Nu. 3. 47.]

ὀγδοήκοντα.

Ge. 5. 25†, 26†, 28 : 16. 16 : 35. 28.
Ex. 7. 7 *bis*.
Nu. 2. 9 : 4. 48†.
Jo. 14. 10.
Jd. 3. 30.
II Ki. 19. 32 (33), 35 (36).
III Ki. 3. 1 (5. 29)† : 5. 15 (29) : 12. 21†.
IV Ki. 10. 24† : 19. 35.
I Ch. 7. 5 : 15. 9 : 21. 5† : 25. 7.
II Ch. 2. 2 (1), 18 (17) : 11. 1 : 14. 8 (7)† : 17. 15, 18 : 26. 17.
II Es. 8. 8, 14†.
Ne. 11. 18.
To. 14. 2†.
Es. 1. 4.
Ps. 89 (90). 10.
Ca. 6. 7 (8).
Is. 37. 36.
Je. 48 (41). 5.
I Ma. 7. 41.
II Ma. 4. 8 : 8. 19 : 11. 4 : 15. 22.
[**Aq.**, **Sm.**, **Th.** Ge. 5. 25, 26 : I Ki. 22. 18.]
[**Heb.**, **Sam.** Ge. 5. 25, 26.]

ὀγδοηκοστός.

II Ma. 1. 10. **R** *ἔτους ἑκατοστοῦ* [**A** *om.*] *ὀ. καὶ ὀγδόου*
[**Aq.**, **Sm.** III Ki. 6. 1.]

ὄγδοος. (1) *a.* שְׁמִינִי *b.* שְׁמֹנַת *c.* שְׁמֹנֶה *d.* שְׁמֹנָה

Ge. 17. 14. *τῇ ἡμέρᾳ τῇ ὀ.* –
21. 4. *τῇ ἡμέρᾳ τῇ ὀ.* (1 *b*)
Ex. 22. 30 (29). *τῇ δὲ ὀγδόῃ ἡμέρᾳ* [**A** *ἡ. τῇ ὀ.*] *ἀποδώσεις μοι* (1 *a*)
Le. 9. 1. *καὶ ἐγενήθη τῇ ἡμέρᾳ τῇ ὀ.* (1 *a*)
12. 3. *καὶ τῇ ἡμέρᾳ τῇ ὀ. περιτεμεῖ* (1 *a*)
14. 10. *τῇ ἡμέρᾳ τῇ ὀ. λήψεται δύο ἀμνούς* (1 *a*)
— 23. *προσοίσει αὐτὰ τῇ ἡμέρᾳ τῇ ὀ.* (1 *a*)
15. 14. *τῇ ἡμέρᾳ τῇ ὀ. λήψεται ἑαυτῷ* (1 *a*)
— 29. *τῇ ἡμέρᾳ τῇ ὀ. λήψεται* (1 *a*)
22. 27. *τῇ δὲ ἡμέρᾳ τῇ ὀ.* (1 *a*)
23. 36. *ἡ ἡμέρα ἡ ὀ. κλητὴ ἁγία ἔσται* (1 *a*)
— 39. *τῇ ἡμέρᾳ τῇ ὀ. ἀνάπαυσις* (1 *a*)
25. 22. *σπερεῖτε τὸ ἔτος τὸ ὄ.* (1 *a*)
Nu. 6. 10. *τῇ ἡμέρᾳ τῇ ὀ. οἴσει δύο τρυγόνας* (1 *a*)
7. 54. *τῇ ἡμ. τῇ ὀ. ἄρχων τῶν υἱῶν Μαν.* (1 *a*)
29. 35. *τῇ ἡμ. τῇ ὀ. ἐξόδιον ἔσται ὑμῖν* (1 *a*)
III Ki. 6. 1 (38). *οὗτος ὁ μὴν ὁ ὄ.* (1 *a*)
8. 66. *ἐν τῇ ἡμέρᾳ τῇ ὀ.* (1 *a*)
12. 32, 33. *ἐν τῷ μηνὶ τῷ ὀ.* (1 *a*)
16. 29. **A** *ἐν ἔτει τριακοστῷ καὶ ὀ. τοῦ Ἀσά* [**B** *al.*] (1 *c*)
IV Ki. 15. 8. *ἐν ἔτει τριακοστῷ καὶ ὀ. τῷ Ἀζ.* (1 *c*)
22. 3. *ἐν τῷ μηνὶ τῷ ὀ.* [**A** *ἑβδόμῳ*] –
24. 12. *ἐν ἔτει ὀ. τῆς βασιλείας αὐ.* (1 *c*)
I Ch. 12. 12. *Ἰωανὰν ὁ ὄ.* (1 *a*)
24. 10. *τῷ Ἀβ. ὁ ὄ.* (1 *a*)
25. 15. *ὁ ὄ. Ἰωσ.* (1 *a*)
26. 4. **R** *Ἀβδεδὸμ ὁ ὄγδοος* –
— 5. **A R** *Φ. ὁ ὄ.* [**B** *om. ὁ ὄ.*] (1 *a*)
27. 11. *ὁ ὄ. τῷ μηνὶ τῷ ὀ.* (1 *a*, 1 *a*)
II Ch. 7. 9. *ἐν τῇ ἡμέρᾳ τῇ ὀ.* (1 *a*)
16. 1. *ἐν τῷ ὀ. καὶ τριακοστῷ ἔτει τῆς βασ. Ἀ.* †
23. 1. *ἐν τῷ ἔτει τῷ ὀ.* [**A** *ἑβδόμῳ*] †
29. 17. *τῇ ἡμέρᾳ τῇ ὀ. τοῦ μηνός* (1 *d*)
34. 3. *ἐν τῷ ὀ. ἔτει τῆς βασ. αὐτοῦ* (1 *c*)
Ne. 8. 18. *καὶ* [**S**[1] *add. ἐν*] *τῇ ἡμέρᾳ τῇ ὀ. ἐξόδιον* (1 *a*)
Ps. 6. *tit.* *ὑπὲρ τῆς ὀγδόης ψαλμὸς τῷ Δαυίδ* (1 *a*)
11 (12). *tit.* *εἰς τὸ τέλος ὑπὲρ τῆς ὀγδόης ψαλμὸς τῷ Δαυίδ* (1 *a*)
Si. *prol.* 19. *ἐν γὰρ τῷ ὀ. καὶ τριακοστῷ ἔτει ἐπὶ τοῦ Εὐεργέτου βασιλέως*
Za. 1. 1. *ἐν τῷ ὀ. μηνὶ ἔτους δευτέρου* (1 *a*)
Je. 43 (36). 9. *ἐγενήθη ἐν τῷ ἔτει τῷ ὀγδόῳ* [**A** *πέμπτῳ*] †
Ez. 43. 27. *ἀπὸ τῆς ἡμέρας τῆς ὀ. καὶ ἐπέκεινα* (1 *a*)
I Ma. 4. 52. *τοῦ* [**S**[2] *ἔτους*] *ὀ. καὶ τεσσαρακοστοῦ καὶ ἑκατοστοῦ ἔτους*
II Ma. 1. 10. **R** *ἔτους ἑκατοστοῦ* [**A** *om.*] *ὀγδοηκοστοῦ καὶ ὀγδόου*
11. 21, 33, 38. *ἔτους ἑκατοστοῦ τεσσαρακοστοῦ ὀ.*
[**Aq.**, **Th.** Ps. 11 (12). 1.]

ὅδε. (1) אֵלֶּה (2) הָא (3) הִנֵּה (4) *a.* כֹּה *b.* כָּכָה (5) *a.* **τάδε** כִּדְנָה *b.* נְאֻם (6) **κατὰ τάδε** כֹּה (7) **τάδε εἶπεν** נְאֻם (8) **τάδε λέγει** נְאֻם

Ge. 25. 24 : 38. 27. *καὶ τῇδε ἦν δίδυμα* (3)
43. 21. *καὶ τόδε τὸ ἀργύριον ἑκάστου* (3)
45. 9. *τάδε λέγει ὁ υἱός σου Ἰ.* (4 *a*)
50. 18. *οἵδε ἡμεῖς σοὶ οἰκέται* (3)
Ex. 4. 22. *τάδε λέγει κύριος* (4 *a*)
5. 1. *τάδε λέγει κ. ὁ θεὸς Ἰσρ.* (4 *a*)
— 10. *τάδε λέγει Φ.* (4 *a*)
7. 17 : 8. 1 (7. 26), 20 (16). *τάδε λέγει κύριος* (4 *a*)
8. 29 (25). *ὅδε ἐγὼ ἐξελεύσομαι ἀπὸ σοῦ* (3)
9. 1, 13 : 10. 3. *τάδε λέγει κ. ὁ θεὸς τῶν Ἑβρ.* (4 *a*)
11. 4. *τάδε λέγει κύριος* (4 *a*)
14. 10. **A** *καὶ οἵδε* [**B** *om.*] *οἱ Αἰγ. ἐστρατοπέδευσαν* (3)
17. 6. *ὅδε ἐγὼ ἕστηκα* (3)
19. 3 : 20. 22. *τάδε ἐρεῖς τῷ οἴκῳ Ἰ.* (4 *a*)
32. 27. *τάδε λέγει κ. ὁ θεὸς Ἰσρ.* (4 *a*)
Le. 10. 16. *καὶ ὅδε ἐνεπεπύριστο* (3)
13. 55. *καὶ ἥδε μὴ μετέβαλεν ἡ ἁφὴ τὴν ὄψιν* (3)
Nu. 14. 40. *οἵδε ἡμεῖς ἀναβησόμεθα* (3)
16. 42 (17. 7). *καὶ τήνδε ἐκάλυψεν αὐτὴν ἡ νεφ.* (3)
20. 14. *τάδε λέγει ὁ ἀδελφός σου Ἰσρ.* (4 *a*)
22. 16. *τάδε λέγει Β.* (4 *a*)
23. 6. *ὅδε ἐφειστήκει ἐπὶ τῶν ὁλοκαυτωμ.* (3)
— 16. *καὶ τάδε λαλήσεις* (4 *a*)
— 17. **A B**[2] *καὶ ὅδε ἐφειστήκει* [**B**[1] **R** *al.*] (3)
Jo. 7. 13. *τάδε λέγει κ. ὁ θεὸς Ἰσρ.* (4 *a*)
22. 16. *τάδε λέγει πᾶσα ἡ συναγωγὴ κυρίου* (4 *a*)
24. 2. *τάδε λέγει κ. ὁ θεὸς Ἰσρ.* (4 *a*)
Jd. 2. 1. *τάδε λέγει κύριος* [**A** *al.*] –
6. 8. *τάδε λέγει κ. ὁ θεὸς Ἰσρ.* (4 *a*)
9. 31. **A** *οἵδε πολιορκοῦσιν* [**B** *al.*] (3)
11. 15. **A** *τάδε* [**B** *οὕτω*] *λέγει Ἰ.* (4 *a*)
— 37. *ἥδε* [**A** *om.*] *εἶπε πρὸς τὸν πατέρα αὐ.* –
19. 3. *ἥδε εἰσήνεγκεν αὐτόν* [**A** *al.*] –
— 30. **A** *τάδε ἐρεῖτε πρὸς πάντα ἄνδρα Ἰσρ.* –
Ru. 1. 17. *τάδε ποιήσαι μοι κύριος καὶ τάδε προσθείη* (4 *a*, 4 *a*)
I Ki. 2. 14. *κατὰ τάδε* [**A** *ταῦτα δὲ*] *ἐποίουν* (4 *b*)
— 27. *τάδε λέγει κύριος* (4 *a*)
— 30. *τάδε εἶπεν κ. ὁ θεὸς Ἰσρ.* (7)
3. 17. *τάδε ποιήσαι σοι ὁ θεός* (4 *a*)
— 17. **A R** *καὶ τάδε προσθείη* (4 *a*)
9. 9. *τάδε ἔλεγεν ἕκαστος* (4 *a*)
10. 18. *τάδε εἶπε κ. ὁ θεὸς Ἰσρ.* (4 *a*)
11. 7. *κατὰ τάδε ποιήσουσι τοῖς βουσὶν αὐ.* (6)
— 9. *τάδε ἐρεῖτε τοῖς ἀνδράσιν Ἰ.* (4 *a*)
14. 9 (**B**), 10. *ἐὰν τάδε εἴπωσι πρὸς ἡμᾶς* (4 *a*)
— 41. *ἐὰν τάδε εἴπῃ* [**A** *-ῃς*] –
— 44. *τάδε ποιήσαι μοι ὁ θεὸς καὶ τάδε προσθείη* (4 *a*, 4 *a*)
15. 2. *τάδε εἶπε κύριος σαβ.* (4 *a*)
18. 25. *τάδε ἐρεῖτε τῷ Δαυίδ* (4 *a*)
20. 7. *ἐὰν τάδε εἴπῃ* [**A** *-ῃς*] (4 *a*)
— 13. *τάδε ποιήσαι ὁ θεὸς τῷ Ἰων. καὶ τάδε προσθείη* (4 *a*, 4 *a*)
— 22. *ἐὰν τάδε εἴπω τῷ νεανίσκῳ* (4 *a*)
25. 6. *καὶ ἐρεῖτε τάδε* (4 *a*)
— 22. *τάδε ποιήσαι ὁ θ. τῷ Δ. καὶ τάδε προσθείη* (4 *a*, 4 *a*)
27. 11. *τάδε Δ. ποιεῖ* (4 *a*)
— 11. *τόδε* [**A** *τάδε*] *τὸ δικαίωμα αὐ.* (4 *a*)
II Ki. 3. 9. *τάδε ποιήσαι ὁ θ. τῷ Ἀβ. καὶ τάδε προσθείη αὐτῷ* (4 *a*, 4 *a*)
— 35. *τάδε ποιήσαι μοι ὁ θ. καὶ τάδε προσθείη* (4 *a*, 4 *a*)
7. 5. *τάδε λέγει κύριος* (4 *a*)
— 8. *τάδε ἐρεῖς τῷ δούλῳ μου Δ.* (4 *a*)
— 8. *τάδε λέγει κύριος παντοκράτωρ* (4 *a*)
11. 25. *τάδε ἐρεῖς πρὸς Ἰ.* (4 *a*)
12. 7. *τάδε λέγει κ. ὁ θ. Ἰσρ.* (4 *a*)
— 11. *τάδε λέγει κύριος* (4 *a*)
19. 13 (14). *τάδε ποιήσαι μοι ὁ θ. καὶ τάδε προσθείη* (4 *a*, 4 *a*)
24. 12. **B** *τάδε λέγει κύριος* (4 *a*)
III Ki. 2. 23. *τάδε ποιήσαι μοι ὁ θ. καὶ τάδε προσθείη* (4 *a*, 4 *a*)
— 30. *τάδε λέγει ὁ βασ.* (4 *a*)
— 30. *τάδε λελάληκεν Ἰ. καὶ τάδε ἀποκέκριταί μοι* (4 *a*, 4 *a*)
11. 31. *τάδε λέγει κ. ὁ θ. Ἰσρ.* (4 *a*)
12. 10. *τάδε λαλήσεις τῷ λαῷ τούτῳ* (4 *a*)
— 10. *τάδε λαλήσεις πρὸς αὐτούς* (4 *a*)
— 24. *τάδε λέγει κύριος* (4 *a*)
— 24 *sexiens*. **B** *τάδε λέγει κύριος* –
13. 2, 21. *τάδε λέγει κύριος* (4 *a*)
14. 7. **A** *τάδε λέγει κ. ὁ θεὸς Ἰσρ.* (4 *a*)
17. 14. *τάδε λέγει κύριος* (4 *a*)
19. 2. *τάδε ποιήσαι μοι ὁ θ. καὶ τάδε προσθείη* [**A** *al.*] (4 *a*, 4 *a*)
20 (21). 19 *bis*. *τάδε λέγει κύριος* (4 *a*)
21 (20). 3, 5. *τάδε λέγει υἱὸς Ἀδέρ* (4 *a*)
— 10. *τάδε ποιήσαι μοι ὁ θ. καὶ τάδε προσθείη* [**A** *al.*] (4 *a*, 4 *a*)
— 13, 14, 28, 42 : 22. 11. *τάδε λέγει κύριος* (4 *a*)
22. 27. **A** *τάδε λέγει ὁ βασ.* (4 *a*)
IV Ki. 1. 4, 6. *τάδε λέγει κύριος* (4 *a*)
— 11. *τάδε λέγει ὁ βασ.* (4 *a*)
— 16 : 2. 21 : 3. 16, 17 : 4. 43. *τάδε λέγει κύριος* (4 *a*)
6. 8. *εἰς τὸν τόπον τ. τινὰ ἐλμωνὶ παρεμβαλῶ* –
— 31. *τάδε ποιήσαι μοι ὁ θεὸς καὶ τάδε προσθείη* (4 *a*, 4 *a*)
7. 1 : 9. 3. *τάδε λέγει κύριος* (4 *a*)
9. 6. *τάδε λέγει κύριος ὁ θ. Ἰσρ.* (4 *a*)
— 12. *τάδε λέγει κύριος* (4 *a*)
— 18, 19 : 18. 19, 29. *τάδε λέγει ὁ βασ.* (4 *a*)
18. 31. *τάδε λέγει ὁ βασ. Ἀσσ.* (4 *a*)
19. 3. *τάδε λέγει Ἐζ.* (4 *a*)
— 6. *τάδε ἐρεῖτε πρὸς τὸν κύριον ὑμῶν* (4 *a*)
— 6. *τάδε λέγει κύριος* (4 *a*)
— 10. **A** *τάδε ἐρεῖτε πρὸς Ἐζ.* (4 *a*)
— 20. *τάδε λέγει κ. ὁ θεὸς τῶν δυνάμεων* (4 *a*)
— 32 : 20. 1. *τάδε λέγει κύριος* (4 *a*)
20. 5. *τάδε λέγει κ. ὁ θεὸς Δ.* (4 *a*)
21. 12 : 22. 15. *τάδε λέγει κ. ὁ θεὸς Ἰσρ.* (4 *a*)
22. 16. *τάδε λέγει κύριος* (4 *a*)
— 18. *τάδε ἐρεῖτε πρὸς αὐτόν* (4 *a*)
— 18. *τάδε λέγει κ. ὁ θεὸς Ἰσρ.* (4 *a*)

I Ch. 17. 7. τάδε λέγει κύριος παντοκράτωρ (4 a)
II Ch. 11. 4 : 18. 10. τάδε λέγει κύριος (4 a)
20. 15. τάδε λέγει κύριος ὑμῖν αὐτοῖς (4 a)
21. 12. τάδε λέγει κ. θεὸς Δ. (4 a)
24. 20. τάδε λέγει κύριος (4 a)
36. 23. τάδε λέγει Κῦρος (4 a)
I Es. 2. 3. τάδε λέγει ὁ βασ. Περσῶν
6. 23. ἐν ᾧ ὑπομνημάτιστο τάδε
8. 10. καὶ τῶνδε ἐν τῇ ἡμετέρᾳ βασιλείᾳ [A al.]
II Es. 4. 9. τάδε ἔκρινε Ῥ. β. †
5. 7. τάδε γέγραπται ἐν αὐτῷ (5 a)
Ju. 2. 5. τάδε λέγει ὁ βασιλεὺς ὁ μέγας
3. 2. ἰδοὺ [S¹ οἴδε] ἡμεῖς οἱ παῖδες Ναβ.
Es. 3. 13. τῆς δὲ ἐπιστολῆς ἐστὶ τὸ ἀντίγραφον τόδε
— 13. βασιλεὺς μέγας Ἀρτ. . . . τάδε γράφει
— 13. διειληφότες οὖν τόδε τὸ [A om.] ἔθνος
Jb. 30. 11. A ἀνοίξας γὰρ ὅδε [B S om.] φαρέτραν αὐ. –
33. 22. B¹ ἥδε ἡ ζωὴ αὐ. ἐν ᾅδῃ [AB³SR al.] –
Pr. 4. 17. οἵδε γὰρ σιτοῦνται σῖτα ἀσεβείας –
24. 24 (30. 1). τάδε [S¹ τί δὲ] λέγει ὁ ἀνήρ (5 b)
Ca. 1. 4. S αἵδε εἶπαν –
2. 15. S τοῖς νεανίαις ὁ νυμφίος τάδε –
— 16 : 5. 2, 3. S ἡ νύμφη τάδε –
6. 11 (12). S ἡ νύμφη τάδε πρὸς τὸν νυμφίον –
7. 1. S ταῖς θυγατράσιν ὁ νυμφίος τάδε –
8. 5. S ὁ νυμφίος τάδε πρὸς τὴν νύμφην –
Si. *prol.* 23. τοῦ μεθερμηνεῦσαι τήνδε [A om.] τὴν βίβλον
Am. 1. 6, 9, 11, 13 : 2. 1, 4, 6. τάδε λέγει κύριος (4 a)
3. 11. τάδε λέγει κ. ὁ θεός (4 a)
— 12. τάδε λέγει κύριος (4 a)
5. 3. τάδε λέγει κύριος κύριος (4 a)
— 4. τάδε λέγει κύριος (4 a)
— 16. τάδε λέγει κ. ὁ θεὸς ὁ παντοκρ. (4 a)
7. 11. τάδε λέγει Ἀ. (4 a)
— 17 : Mi. 3. 5. τάδε λέγει κύριος (4 a)
Ob. 1. 1. τάδε λέγει κ. ὁ θεός (4 a)
Na. 1. 12. τάδε λέγει κύριος (4 a)
Hg. 1. 2, 5. τάδε λέγει κύριος παντοκράτωρ (4 a)
— 6. A τάδε λέγει κύριος παντοκρ. –
— 7. τάδε λέγει κύριος παντοκράτωρ (4 a)
— 9. τάδε λέγει κύριος παντοκρ. (8)
2. 7 (6). AR τάδε [BS om.] λέγει κύριος παντοκράτωρ (4 a)
— 12 (11) : Za. 1. 3, 4, 14. τάδε λέγει κύριος παντοκράτωρ (4 a)
Za. 1. 16. τάδε λέγει κύριος (4 a)
— 17 : 2. 8 (12) : 3. 8 (7) : 6. 12 : 7. 9 : 8. 2. τάδε λέγει κύριος παντοκράτωρ (4 a)
8. 3. τάδε λέγει κύριος (4 a)
— 4, 6, 7, 9, 14. τάδε λέγει κύριος παντοκράτωρ (4 a)
— 19. AS²R τάδε [BS¹ om.] λέγει κύριος παντοκράτωρ (4 a)
— 20, 23 : 11. 4 : Ma. 1. 4. τάδε λέγει κύριος παντοκράτωρ (4 a)
Is. 1. 24. τάδε λέγει κύριος ὁ δεσπότης σαβ. (8)
3. 16 (15). τάδε λέγει κύριος (8)
7. 7 : 10. 24. τάδε λέγει κύριος σαβ. (4 a)
14. 22. τάδε λέγει κύριος (8)
— 24 (23) : 17. 3. τάδε λέγει κύριος σαβ. (8)
17. 6. τάδε λέγει κ. ὁ θεὸς Ἰσρ. (8)
19. 4. τάδε λέγει κύριος σαβ. (8)
22. 15. τάδε λέγει κύριος σαβ. (4 a)
— 25. τάδε λέγει κύριος σαβ. (8)
29. 22. τάδε λέγει κύριος (4 a)
30. 1. AS τάδε [B om.] λέγει κύριος (8)
— 12. τάδε λέγει ὁ ἅγιος τοῦ Ἰσρ. [AS al.] (4 a)
31. 9. τάδε λέγει κύριος (8)
36. 4, 14, 16. τάδε λέγει ὁ βασ. (4 a)
37. 3. τάδε λέγει Ἐζ. (4 a)
— 6. τάδε λέγει κύριος (4 a)
— 21. τάδε λέγει κ. ὁ θεὸς Ἰσρ. (4 a)
— 34. τάδε λέγει κύριος (8)
38. 1. τάδε λέγει κύριος (4 a)
— 5. τάδε λέγει κ. ὁ θεὸς Δ. (4 a)
52. 3. τάδε λέγει κύριος (4 a)
— 5 *bis*. τάδε λέγει κύριος (8)
56. 1, 4. τάδε λέγει κύριος (4 a)
57. 15. τάδε λέγει ὁ [AS³ κύριος ὁ] ὕψιστος (4 a)
60. 8. τίνες οἵδε ὡς νεφέλαι πέτανται (1)
65. 13 : 66. 12 : Je. 2. 1, 5. τάδε λέγει κύριος (4 a)
Je. 2. 31. τάδε λέγει κύριος –
4. 3. BS² τάδε λέγει κύριος [S¹ al.] (4 a)

Je. 4. 27. τάδε λέγει κύριος (4 a)
5. 14. τάδε λέγει κύριος παντοκράτωρ (4 a)
6. 6, 9, 16, 21, 22. τάδε λέγει κύριος (4 a)
7. 3. τάδε λέγει κ. ὁ θεὸς Ἰσρ. (4 a)
— 20, 21 : 8. 4 : 9. 7 (6). τάδε λέγει κύριος (4 a)
9. 15 (14). τάδε λέγει κ. ὁ θεὸς Ἰσρ. (4 a)
— 17 (16), 23 (22) : 10. 2, 18. τάδε λέγει κύριος (4 a)
11. 3. τάδε λέγει κ. ὁ θεὸς Ἰσρ. (4 a)
— 11, 21 : 12. 14 : 13. 1, 9, 13 : 14. 15 : 15. 2, 19 : 16. 3, 5. τάδε λέγει κύριος (4 a)
16. 9. τάδε λέγει κ. ὁ θεὸς Ἰσρ. (4 a)
17. 19, 21 : 18. 13. τάδε λέγει κύριος (4 a)
19. 3. τάδε λέγει κ. ὁ θεὸς Ἰσρ. (4 a)
— 11, 15 : 20. 4 : 21. 4, 8, 12 : 22. 1, 3, 6, 11, 18 : 23. 2, 15. τάδε λέγει κύριος (4 a)
23. 38. τάδε λέγει κ. ὁ θεὸς ἡμῶν (4 a)
24. 5. τάδε λέγει κ. ὁ θεὸς Ἰσρ. (4 a)
— 8 : 25. 8, 15 (49. 35) : 27 (50). 18, 33 : 28 (51). 1, 33, 36. τάδε λέγει κύριος (4 a)
28 (51). 52. S τάδε [AB om.] λέγει κύριος (8)
— 58 : 29 (47). 2 : 29 (49). 7. τάδε λέγει κύριος (4 a)
29 (49). 12. τάδε εἶπε [A λέγει] κύριος (4 a)
31 (48). 33. οὐκ ἐποίησαν αἵδε †
32 (25). 30. οἵδε ὥσπερ τρυγῶντες ἀποκριθήσονται †
Ez. 2. 4 : 3. 11, 27. τάδε λέγει κύριος [A *add.* κύριος] (4 a)
4. 13. τάδε λέγει κ. ὁ θ. τοῦ Ἰσρ. –
5. 5, 7, 8 : 6. 3, 11 : 7. 2. τάδε λέγει κύριος [A ἀδ. κ.] (4 a)
7. 5 : 11. 5. τάδε λέγει κύριος (4 a)
11. 7, 16, 17. τάδε λέγει κύριος [A ἀδ. κ.] (4 a)
12. 10. τάδε λέγει κύριος κύριος (4 a)
— 19, 23, 28 : 13. 3. τάδε λέγει κύριος [A ἀδ. κ.] (4 a)
13. 6. A² τάδε [A¹B om.] λ. κύριος (8)
— 8, 13, 18. τάδε λέγει κύριος [A ἀδ. κ.] (4 a)
— 20. τάδε λέγει κύριος κύριος (4 a)
14. 4. τάδε λέγει κύριος [A ἀδ. κ.] (4 a)
— 6. τάδε λέγει κύριος κύριος [A *add.* ὁ θεός] (4 a)
— 21 : 15. 6. τάδε λέγει κύριος [A ἀδ. κ.] (4 a)
16. 3. τάδε λέγει κύριος (4 a)
— 36, 59. τάδε λέγει κύριος [A ἀδ. κ.] (4 a)
17. 3, 9, 19, 22 : 20. 3, 5. τάδε λέγει κύριος (4 a)
20. 27. τάδε λέγει κύριος [A² ἀδ. κ.] (4 a)
— 30. τάδε λέγει κύριος [A *add.* κύριος ὁ θεός] (4 a)
— 39. τάδε λέγει κύριος κύριος (4 a)
— 47 (21. 3). τάδε λέγει κύριος κύριος [A ὁ θεὸς Ἰσρ.] (4 a)
21. 3 (8). B²R τάδε λέγει κύριος [A *add.* ὁ θεός] (4 a)
— 9 (14). τάδε λέγει κύριος [A² ἀδ. κ.] (4 a)
— 24 (29), 26 (31). τάδε λέγει κύριος [A *add.* κ. ὁ θεός] (4 a)
— 28 (33). τάδε λέγει κύριος [A *add.* ὁ θεός] (4 a)
22. 3. τάδε λέγει κύριος κύριος [A *add.* ὁ θεός] (4 a)
— 19. B τάδε λέγει κύριος [A *add.* κ. ὁ θεός, R *add.* κύριος] (4 a)
— 28. τάδε λέγει κύριος (4 a)
23. 22. τάδε λέγει κύριος [A *add.* κύριος ὁ θεός] (4 a)
— 28. τάδε λέγει κ. κύριος [A *add.* ὁ θεός] (4 a)
— 32. τάδε λέγει κύριος [A ἀδ. κ. κ. ὁ θεός] (4 a)
— 35. τάδε λέγει κύριος [A ἀδ. κ.] (4 a)
— 46. τάδε λέγει κύριος [A ἀδ.] κύριος (4 a)
24. 3, 6, 9. τάδε λέγει κύριος [A ἀδ. κ.] (4 a)
— 20. A² τάδε λέγει ἀδ. κύριος [B al.] †
— 21. τάδε λέγει κύριος [A *add.* κύριος ὁ θεός] (4 a)
25. 3. τάδε λέγει κύριος [A ἀδ. κύριος] (4 a)
— 6. τάδε λέγει κύριος [A *add.* ὁ θεός] (4 a)
— 8, 12, 13, 15, 16 : 26. 3, 7. τάδε λέγει κύριος [A ἀδ. κ.] (4 a)
26. 15. τάδε λέγει [A *add.* ἀδ.] κύριος κύριος (4 a)
— 19. τάδε λέγει κύριος κύριος (4 a)
27. 3 : 28. 2. τάδε λέγει κύριος (4 a)
28. 6. τάδε λέγει κύριος [A *add.* κ. ὁ θεός] (4 a)
— 12. τάδε λέγει κύριος κύριος [A om.] (4 a)
— 22. τάδε λέγει κύριος (4 a)
— 25. τάδε λέγει κύριος κύριος [A *add.* ὁ θεός] (4 a)
29. 3, 8. τάδε λέγει κύριος [A *add.* ὁ θεός] (4 a)
— 13. τάδε λέγει κύριος [A *add.* κύριος] (4 a)
— 19. τάδε λέγει κύριος [A ἀδ.] κύριος (4 a)
— 20. τάδε λέγει κύριος [A ἀδ.] κύριος (8)
30. 2. τάδε λέγει κύριος (4 a)
— 10, 13. τάδε λέγει κύριος [A ἀδ.] κύριος (4 a)
— 22. τάδε λέγει κύριος κύριος (4 a)

Ez. 31. 10. τάδε λέγει κύριος [A ἀδ. κ.] (4 a)
— 15. τάδε λέγει κύριος [A ἀδ.] κύριος (4 a)
32. 3. τάδε λέγει κύριος [A ἀδ. κ.] (4 a)
— 11. τάδε λέγει κύριος [A ἀδ., B¹ om.] κύριος (4 a)
33. 11. τάδε λέγει κύριος [A al.] (8)
— 27 : 34. 2. τάδε λέγει κύριος κύριος (4 a)
34. 10. τάδε λέγει κύριος [A ἀδ.] κύριος (4 a)
— 11. τάδε λέγει κύριος κύριος [B¹ om., A *add.* ὁ θεός] (4 a)
— 15. τάδε λέγει κύριος κύριος (8)
— 17. τάδε λέγει κύριος κύριος (4 a)
— 20. τάδε λέγει κύριος κύριος [A *add.* ὁ θεός] (4 a)
35. 3. τάδε λέγει κύριος κύριος [A om.] (4 a)
— 14. τάδε λέγει κύριος (4 a)
36. 2. τάδε λέγει κύριος κύριος (4 a)
— 3. τάδε λέγει κύριος κύριος [A *add.* ὁ θεός] (4 a)
— 4. τάδε λέγει κύριος (4 a)
— 5. τάδε λέγει κύριος κύριος [A om.] (4 a)
— 6. τάδε λέγει κύριος [A ἀδ. κ.] (4 a)
— 13. τάδε λέγει κύριος [A ἀδ.] κύριος (4 a)
— 22. τάδε λέγει κύριος [A ἀδ. κ.] (4 a)
— 33. τάδε λέγει ἀδ. κύριος [A λ. κ. ὁ θεός] (4 a)
— 37. τάδε λέγει ἀδ. κύριος [A λ. κ. κύριος ὁ θεός] (4 a)
37. 5, 9. τάδε λέγει κύριος [A *add.* κύριος] (4 a)
— 12, 19. τάδε λέγει κύριος [A ἀδ. κ.] (4 a)
— 21. τάδε λέγει κύριος κύριος [A λ. ἀδ. κ. κ. ὁ θεός] (4 a)
38. 3. τάδε λέγει κύριος [A ἀδ.] κύριος (4 a)
— 10. τάδε λέγει κύριος κύριος [A *add.* ὁ θεός] (4 a)
— 14. τάδε λέγει κύριος [A *add.* κύριος ὁ θεός] (4 a)
— 17. τάδε λέγει κύριος κύριος [A λ. ἀδ. κ. ὁ θεός] (4 a)
39. 1. τάδε λέγει κύριος [A *add.* κύριος] (4 a)
— 17. τάδε λέγει κύριος (4 a)
— 25. τάδε λέγει κύριος κύριος [A *add.* ὁ θεός] (4 a)
43. 18. τάδε λέγει κ. ὁ θεὸς Ἰσρ. (4 a)
44. 6, 9. τάδε λέγει κ. ὁ θεός (4 a)
45. 9, 18 : 46. 1. τάδε λέγει κύριος θεός [A ὁ θ.] (4 a)
46. 16. τάδε λέγει κύριος [A ἀδ. κ.] θεός (4 a)
47. 13. τάδε λέγει κύριος θεός [A ὁ θεός] (4 a)
Da. LXX. Bel 33. τάδε λέγει σοι κ. ὁ θεός
Da. TH. 3. 25 (92). ὅδε [? ὁ δὲ, A ἰδοὺ] ἐγὼ ὁρῶ (2)
I Ma. 15. 15. AR ἐν αἷς ἐγέγραπτο τάδε [S ταῦτα]
II Ma. 6. 12. τοὺς ἐντυγχάνοντας τῇδε τῇ βίβλῳ
10. 8. R ἄγειν τάσδε τὰς ἡμέρας [A al.]
12. 40. διὰ τήνδε τὴν αἰτίαν τούσδε πεπτωκέναι
14. 33. τόνδε τὸν τοῦ θ. σηκὸν εἰς πεδίον ποιήσω
— 36. διατήρησον . . . ἀμίαντον τόνδε τὸν . . . οἶκον
— 46. τόνδε τὸν τρόπον μετήλλαξεν
15. 15. διδόντα δὲ προσφωνῆσαι τάδε
— 22. ἔλεγε δὲ . . . τόνδε τὸν τρόπον
— 36. μηδαμῶς ἐᾶσαι ἀπαρασήμαντον τήνδε τὴν ἡμέραν
III Ma. 3. 11. ἔγραψε κατ' αὐτῶν ἐπιστολὴν τ.
— 25. ἅμα τῷ προσπεσεῖν τὴν ἐπιστολὴν τ.
5. 3. ὁ μὲν τάδε προστάσσων
— 31. τήνδε . . . ἐσκεύασαν ἂν δαψιλῆ θοῖναν
— 35. τῆσδε τῆς βοηθείας αὐ. τετευχότες
— 39. προεφέροντο τάδε
6. 1. προσηύξατο τάδε
IV Ma. 5. 7. τὴν τοῦδε τοῦ ζῴου σαρκοφαγίαν
— 13. τίς ἐστι τῆσδε τῆς θρησκείας ἐποπτικὴ δύναμις
8. 2. A τόδε [S R τότε] δὴ . . . ἐκέλευσεν
9. 8. διὰ τῆσδε τῆς κακοπαθείας καὶ ὑπομονῆς

[Aq. I Ki. 21. 2 (3) : III Ki. 14. 7 : IV Ki. 6. 8 : 19. 10 : Is. 30. 12 (Sw.) : Je. 13. 12 : 14. 10 : 22. 30 : 30 (37). 12 : 31 (38). 7, 37 : Ez. 28. 25 (P.) : 30. 6.]
[Sm. Ru. 4. 1 : Is. 30. 12 (Sw.) : Je. 11. 22 : 13. 12 : 22. 30 : 31 (38). 7, 37 : Ez. 28. 25 (P.) : 30. 6.]
[Th. I Ki. 21. 2 (3) : Is. 30. 12 (Sw.) : Je. 9. 22 (21) : 11. 22 : 13. 12 : 17. 5 (Sw.) : 22. 30 : 27 (34). 19, 21, 22 : 29 (36). 16, 17, 25 : 33 (40). 17, 20, 25 : Ez. 21. 3 (8) (Sw.) : 28. 25 (P.) : 30. 6 : 33. 27.]

ὁδεύειν. (1) הָלַךְ

III Ki. 6. 12. A ἐὰν ὁδεύῃς τοῖς προστάγμασίν μου (1)

To. 6. 5. ὥδευον ἀμφότεροι [S *al.*]
Wi. 5. 7. **A** ὡδεύσαμεν [**BS** διωδ.] ἐρήμους ἀβάτους
[**Sm.** Ex. 13. 21: Jb. 29. 25: Ps. 25 (26). 1, 11: 31 (32). 8: 49 (50). 23: 55 (56). 14: 80 (81). 13: 83 (84). 8, 12: 85 (86). 11: 90 (91). 6: Ec. 6. 9: Ez. 5. 17.]
[**Th.** Ex. 13. 21: Ps. 25 (26). 11.]
[**Al.** Je. 9. 13 (12).]

ὁδηγεῖν. (1) דָּרַךְ hi. (2) הָלַךְ *a.* qal. *b.* hi. (3) יָצָא hi. (4) יָרָה hi. (5) נָהַג (6) נָחָה *a.* qal. *b.* hi.

Ex. 13. 17. οὐχ ὡδήγησεν αὐτοὺς . . . ὁδὸν γῆς (6 *a*)
15. 13. ὡδήγησας τῇ δικαιοσύνῃ σου τὸν λαόν (6 *a*)
32. 34. ὁδήγησον τὸν λαὸν τοῦτον (6 *a*)
Nu. 24. 8. θεὸς ὡδήγησεν αὐτὸν ἐξ Αἰγ. (3)
De. 1. 33. ὁδηγῶν ὑμᾶς ἐν πυρὶ νυκτός †
Jo. 24. 3. ὡδήγησα αὐτὸν ἐν πάσῃ τῇ γῇ (2 *b*)
II Ki. 7. 23: I Ch. 17. 21. ὡς ὡδήγησεν αὐτὸν ὁ θ. (2 *a*)
Ne. 9. 12. ἐν στύλῳ νεφέλης ὡδήγησας αὐτοὺς ἡμέρας καὶ ἐν στύλῳ πυρὸς [S[1] *add.* ὡδήγησας] τὴν νύκτα (6 *b*, –)
— 19. ὁδηγῆσαι αὐτοὺς ἐν τῇ ὁδῷ (6 *b*)
Jb. 31. 18. ἐκ γαστρὸς μητρός μου ὡδήγησα (6 *b*)
Ps. 5. 8. ὁδήγησόν με ἐν τῇ δικαιοσύνῃ σου (6 *a*)
22 (23). 3. ὡδήγησέν με ἐπὶ τρίβους δικαιοσύνης (6 *b*)
24 (25). 5. ὁδήγησόν με ἐπὶ τὴν ἀλήθειάν σου [**A** S[1] *al.*] (1)
— 9. ὁδηγήσει πραεῖς ἐν κρίσει (1)
26 (27). 11. ὁδήγησόν με ἐν τρίβῳ εὐθείᾳ (6 *a*)
30 (31). 3. ἕνεκεν τοῦ ὀνόματός σου ὁδηγήσεις με (6 *b*)
42 (43). 3. αὐτά με ὡδήγησαν (6 *b*)
44 (45). 4. ὁδηγήσει σε θαυμαστῶς ἡ δεξιά σου (4)
59 (60). 9. τίς ὁδηγήσει με ἕως τῆς Ἰδουμαίας (6 *a*)
60 (61). 2. ὡδήγησάς με (6 *b*)
66 (67). 4. ἔθνη ἐν τῇ γῇ ὁδηγήσεις [S -σει] (6 *b*)
72 (73). 24. ἐν τῇ βουλῇ σου ὡδήγησάς με (6 *b*)
76 (77). 20. ὡδήγησας ὡς πρόβατα τὸν λαόν σου (6 *a*)
77 (78). 14. ὡδήγησεν αὐτοὺς ἐν νεφέλῃ ἡμέρας (6 *b*)
— 53. ὡδήγησεν αὐτοὺς ἐν ἐλπίδι (6 *b*)
— 72. ἐν τῇ συνέσει τῶν χειρῶν αὐτοῦ ὡδήγησεν αὐτούς (6 *b*)
79 (80). 1. ὁ ὁδηγῶν ὡσεὶ πρόβατα τὸν Ἰωσήφ (5)
85 (86). 11. ὁδήγησόν με, κύριε, τῇ ὁδῷ σου (4)
89 (90). 16. ὁδήγησον τοὺς υἱοὺς αὐτῶν †
105 (106). 9. ὡδήγησεν αὐτοὺς ἐν ἀβύσσῳ (2 *b*)
106 (107). 7. ὡδήγησεν αὐτοὺς εἰς ὁδὸν εὐθεῖαν (1)
— 30. ὡδήγησεν αὐτοὺς ἐπὶ λιμένα [S[1] ἐπιμελείᾳ] θελήματος αὐ. (6 *b*)
107 (108). 10. τίς ὁδηγήσει με ἕως τῆς Ἰδ. (6 *a*)
118 (119). 35. ὁδήγησόν με ἐν τῇ τρίβῳ τῶν ἐντολῶν σου (1)
138 (139). 10. ἐκεῖ ἡ χείρ σου ὁδηγήσει με (6 *b*)
— 24. ὁδήγησόν με ἐν ὁδῷ αἰωνίᾳ (6 *a*)
142 (143). 10. τὸ πνεῦμά σου τὸ ἀγαθὸν ὁδηγήσει με ἐν τῇ εὐθείᾳ (6 *b*)
Pr. 11. 3. **A** τελειότης εὐθείων ὁδηγήσει αὐτούς (6 *b*)
Ec. 2. 3. καρδία μου ὡδήγησεν [S[2] ὡδ. με] ἐν σοφίᾳ (5)
Wi. 9. 11. ὁδηγήσει με ἐν ταῖς πράξεσί μου σωφρόνως
10. 10. δίκαιον ὡδήγησεν ἐν τρίβοις εὐθείαις
— 17. ὡδήγησεν αὐτοὺς ἐν ὁδῷ θαυμαστῇ
Is. 63. 14. ὡδήγησεν αὐτούς †
[**Aq.** Ps. 42 (43). 3: Pr. 4. 11: 6. 22.]
[**Sm.** Jb. 29. 25: Ps. 42 (43). 3: 60 (61). 3: 72 (73). 24: 77 (78). 53, 72: 138 (139). 10: Pr. 6. 22: Is. 55. 12.]
[**Th.** Jb. 31. 18: Ps. 42 (43). 3: 77 (78). 72: Pr. 6. 22: 11. 3: Is. 55. 12.]
[**Quint.** Ps. 42 (43). 3.]
[**Al.** Am. 2. 10.]

ὁδηγός.

II Es. 8. 1. οἱ ὁ. ἀναβαίνοντες μετ' ἐμοῦ †
Wi. 7. 15. αὐτὸς καὶ τῆς σοφίας ὁδηγός ἐστι
18. 3. στῦλον ὁδηγὸν [S[1] ὀλίγον] μὲν ἀγνώστου ὁδοιπορίας
I Ma. 4. 2. οἱ υἱοὶ τῆς ἄκρας ἦσαν αὐτῷ ὁδηγοί
II Ma. 5. 15. ὁδηγὸν ἔχων τὸν Μεν.
[**Th.** Da. 3. 24 (91) (Sw.).]

ὁδοιπορία (-εία).

Wi. 13. 18. περὶ δὲ ὁδοιπορίας [S[1] πορείας] τὸ μηδὲ βάσει χρῆσθαι δυνάμενον
18. 3. στῦλον ὁδηγὸν μὲν ἀγνώστου ὁδοιπορίας
19. 5. καὶ ὁ μὲν λαός σου παράδοξον ὁδοιπορίαν περάσῃ
I Ma. 6. 41. πάντες οἱ ἀκούοντες . . . ὁδοιπορίας τοῦ πλήθους
[**Al.** Jb. 6. 19.]

ὁδοιπόρος. (1) *a.* אֹרַח *b.* אֹרְחָה (2) הָלַךְ pi.

Ge. 37. 25. ὁδοιπόροι Ἰσμαηλῖται ἤρχοντο (1 *b*)
Jd. 19. 17. εἶδε τὸν ὁ. ἄνδρα [**A** ἄ. τ. ὁ.] (1 *a*)
II Ki. 12. 4. τοῦ ποιῆσαι τῷ ξένῳ ὁ. [**A** *om.*] (1 *a*)
Pr. 6. 11. ἐμπαραγίνεταί σοι ὥσπερ κακὸς ὁδοιπόρος ἡ πενία (2)
Si. 26. 12. ὡς διψῶν ὁδοιπόρος τὸ στόμα ἀνοίγει
42. 3. περὶ λόγου κοινωνοῦ καὶ ὁδοιπόρων
[**Aq.** Jb. 31. 32: Je. 9. 2 (1): 14. 8.]
[**Sm.** Je. 9. 2 (1).]
[**Th.** Jd. 19. 17: II Ki. 12. 4: Je. 14. 8.]

ὁδοποιεῖν. (1) סָלַל (2) פִּלֵּס pi. (3) *a.* פָּנָה pi. *b.* פִּנָּה דֶרֶךְ

Jb. 30. 12. ὡδοποίησαν [S[2] -εν] ἐπ' ἐμὲ τρίβους ἀπωλείας αὐ. (1)
Ps. 67 (68). 4. ὁδοποιήσατε τῷ ἐπιβεβηκότι ἐπὶ δυσμῶν (1)
77 (78). 50. ὡδοποίησε τρίβον τῇ ὀργῇ αὐτοῦ (2)
79 (80). 9. ὡδοποίησας ἔμπροσθεν αὐτῆς (3 *a*)
Wi. 5. 17. S[1] ὁδοποιήσει [**A B** S[2] ὁπλοπ.] τὴν κτίσιν εἰς ἄμυναν ἐχθρῶν
Is. 62. 10. ὁδοποιήσατε τῷ λαῷ μου (3 *b*)
[**Aq.** Ps. 77 (78). 50: Pr. 4. 26.]
[**Sm.** Is. 57. 14.]

ὁδός. (1) *a.* אֹרַח *b.* אָרַח (2) אֶרֶץ (3) *a.* דֶּרֶךְ *b.* דָּרַךְ (4) *a.* הָלִיךְ *b.* מַהֲלָךְ (5) חוּץ (6) יוֹם (7) מָבוֹא (8) מוֹעֵצָה (9) מוֹרָד (10) מְסִלָּה (11) מַסְלוּל (12) מַעְגָּל (13) מִצְוָה (14) מָקוֹם (15) נְתִיבָה (16) רְחֹב, רְחוֹב (17) שָׂדֶה (18) ἡ ὁ. ἡ πονηρά רָעָה

Ge. 3. 24. φυλάσσειν τὴν ὁ. τοῦ ξύλου τῆς ζωῆς (3 *a*)
6. 12. κατέφθειρε πᾶσα σὰρξ τὴν ὁ. αὐτοῦ (3 *a*)
16. 7. **R** ἐπὶ τῆς πηγῆς ἐν τῇ ὁ. Σ. (3 *a*)
18. 5. παρελεύσεσθε εἰς τὴν ὁδὸν ὑμῶν –
— 19. φυλάξουσι τὰς ὁ. κυρίου (3 *a*)
19. 2. ἀπελεύσεσθε εἰς τὴν ὁ. ὑμῶν (3 *a*)
24. 21. εἰ εὐώδωκε κ. τὴν ὁ. αὐτοῦ ἢ οὔ (3 *a*)
— 40. κύριος ὁ θεὸς . . . εὐοδώσει τὴν ὁ. σου (3 *a*)
— 42. εἰ σὺ εὐοδοῖς τὴν ὁ. μου (3 *a*)
— 48. εὐώδωσέ με [**A** μοι] ἐν ὁδῷ ἀληθείας (3 *a*)
— 56. εὐώδωσε τὴν ὁ. μου (3 *a*)
28. 15. ἐν τῇ ὁ. πάσῃ οὗ ἂν πορευθῇς –
— 20. ἐν τῇ ὁ. ταύτῃ ᾗ ἐγὼ πορεύομαι (3 *a*)
30. 36. ἀπέστησεν ὁδὸν τριῶν ἡμερῶν (3 *a*)
31. 23. ἐδίωξεν . . . ὁδὸν ἡμερῶν ἑπτά (3 *a*)
32. 1 (2). ἀπῆλθεν εἰς τὴν ὁ. ἑαυτοῦ (3 *a*)
33. 14. ἐνισχύσω ἐν τῇ ὁ. κατὰ σχολήν –
— 16. ἀπέστρεψε . . . εἰς τὴν ὁ. αὐτοῦ (3 *a*)
35. 3. διέσωσέ με ἐν τῇ ὁ. ᾗ ἐπορεύθην (3 *a*)
— 19. **R** ἐν τῇ ὁ. τοῦ ἱπποδρόμου [**A** *om.* τ. ἱ.] (3 *a*)
38. 16. ἐξέκλινε δὲ πρὸς αὐτὴν τὴν ὁ. (3 *a*)
— 21. ἡ γενομένη ἐν Αἰνὰν ἐπὶ τῆς ὁ. (3 *a*)
42. 25. δοῦναι αὐτοῖς ἐπισιτισμὸν εἰς τὴν ὁ. (3 *a*)
— 38. ἐν τῇ ὁ. ᾗ ἐὰν πορεύησθε (3 *a*)
44. 29. καὶ συμβῇ αὐτῷ μαλακία ἐν τῇ ὁ. –
45. 21. ἔδωκεν αὐτοῖς ἐπισιτισμὸν εἰς τὴν ὁ. (3 *a*)
— 23. αἰρούσας ἄρτους τῷ πατρὶ αὐ. εἰς ὁδόν (3 *a*)
— 24. μὴ ὀργίζεσθε ἐν τῇ ὁ. (3 *a*)
48. 7. κατώρυξα . . . ἐν τῇ ὁ. τοῦ ἱπποδρόμου (3 *a*)
49. 17. ὄφις ἐφ' ὁδοῦ ἐγκαθήμενος ἐπὶ τρίβου (3 *a*)
Ex. 3. 18. πορευσόμεθα . . . ὁδὸν τριῶν ἡμερῶν (3 *a*)
4. 24. ἐγένετο δὲ ἐν τῇ ὁ. ἐν τῷ καταλύματι (3 *a*)
5. 3. πορευσόμεθα οὖν ὁδὸν τριῶν ἡμερῶν (3 *a*)
8. 27 (23). ὁδὸν τριῶν ἡμερῶν πορευσόμεθα (3 *a*)
12. 39. οὐδὲ ἐπισιτισμὸν ἐποίησαν . . . εἰς τὴν ὁ. –
13. 17. οὐχ ὡδήγησεν αὐτοὺς . . . ὁδὸν γῆς (3 *a*)
13. 18. ἐκύκλωσεν . . . ὁδὸν τὴν εἰς τὴν ἔρημον (3 *a*)
— 21. δεῖξαι αὐτοῖς τὴν ὁ. (3 *a*)
18. 8. μόχθον τὸν γενόμενον . . . ἐν τῇ ὁ. (3 *a*)
— 20. σημανεῖς αὐτοῖς τὰς ὁ. (3 *a*)
23. 20. ἵνα φυλάξῃ σε ἐν τῇ ὁ. (3 *a*)
32. 8. παρέβησαν ταχὺ ἐκ τῆς ὁ. (3 *a*)
33. 3. ἵνα μὴ ἐξαναλώσω σε ἐν τῇ ὁ. (3 *a*)
Le. 26. 22. ἐρημωθήσονται αἱ ὁ. ὑμῶν (3 *a*)
Nu. 9. 10. ἢ ἐν ὁδῷ μακρὰν ὑμῖν (3 *a*)
— 13. **B** ἐν ὁδῷ μακρᾷ [**A R** μακρὰν] οὐκ ἔστι (3 *a*)
10. 33. ἐξῆραν . . . ὁδὸν τριῶν ἡμερῶν (3 *a*)
— 33. προεπορεύετο . . . ὁδὸν τριῶν ἡμερῶν (3 *a*)
11. 31. ὁδὸν ἡμέρας ἐντεῦθεν (3 *a*)
— 31. **A B**[2] **R** καὶ ὁδὸν ἡμέρας ἐντεῦθεν (3 *a*)
14. 25. ὁδὸν θάλασσαν ἐρυθράν (3 *a*)
20. 17. ὁδῷ βασιλικῇ πορευσόμεθα (3 *a*)
21. 1. ἦλθε γὰρ Ἰσρ. ὁδὸν Ἀθ. (3 *a*)
— 4. ὁδὸν ἐπὶ θάλασσαν ἐρυθράν (3 *a*)
— 4. ὠλιγοψύχησεν ὁ λαὸς ἐν τῇ ὁ. (3 *a*)
— 21 (22). τῇ [**A** *om.*] ὁ. πορευσόμεθα –
— 22. ὁ. βασιλικῇ πορευσόμεθα (3 *a*)
— 33. ἀνέβησαν ὁδὸν τὴν εἰς Β. (3 *a*)
22. 23. τὸν ἄγγελον τοῦ θ. ἀνθεστηκότα ἐν τῇ ὁ. (3 *a*)
— 23. ἐξέκλινεν ἡ ὄνος ἐκ τῆς ὁ. (3 *a*)
— 23. τοῦ εὐθῦναι αὐτὴν ἐν τῇ ὁ. (3 *a*)
— 31. τὸν ἄγγ. κυρίου ἀνθεστηκότα ἐν τῇ ὁ. (3 *a*)
— 32. ὅτι οὐκ ἀστεία ἡ ὁ. σου (3 *a*)
— 34. σύ μοι ἀνθέστηκας ἐν τῇ ὁ. (3 *a*)
33. 8. ἐπορεύθησαν ὁδὸν τριῶν ἡμερῶν (3 *a*)
De. 1. 2. ἕνδεκα ἡμερῶν ἐκ Χ. ὁδός (3 *a*)
— 19. ὁδὸν ὄρους τοῦ Ἀμορραίου (3 *a*)
— 22. τὴν ὁ. δι' ἧς ἀναβησόμεθα (3 *a*)
— 31. **B** ὁδὸν ὄρους τοῦ Ἀμ. –
— 31. κατὰ πᾶσαν τὴν ὁ. εἰς ἣν ἐπορεύθητε (3 *a*)
— 33. ὃς προπορεύεται πρότερος ὑμῶν ἐν τῇ ὁ. (3 *a*)
— 33. δεικνύων ὑμῖν τὴν ὁ. (3 *a*)
— 40. ὁδὸν τὴν ἐπὶ τῆς ἐρυθρᾶς θαλ. (3 *a*)
2. 1. ὁδὸν θάλασσαν ἐρυθράν (3 *a*)
— 8. παρὰ τὴν ὁ. τὴν Ἄραβα (3 *a*)
— 8. παρήλθομεν ὁδὸν ἔρημον Μ. (3 *a*)
— 27. ἐν τῇ ὁ. πορεύσομαι (3 *a*)
3. 1. ἀνέβημεν ὁδὸν τὴν εἰς Β. (3 *a*)
5. 33 (30). κατὰ πᾶσαν τὴν ὁ. ἣν ἐνετείλατό σοι (3 *a*)
6. 7. πορευόμενος ἐν ὁδῷ (3 *a*)
8. 2. μνησθήσῃ πᾶσαν τὴν ὁ. (3 *a*)
— 6. **B**[1] πορεύεσθαι [**A B**[2] **R** *add.* ἐν] ταῖς ὁ. αὐ. (3 *a*)
9. 12. παρέβησαν ταχὺ ἐκ τῆς ὁ. (3 *a*)
— 16. παρέβητε ἀπὸ τῆς ὁ. (3 *a*)
10. 12. πορεύεσθαι ἐν πάσαις ταῖς ὁ. αὐ. (3 *a*)
11. 19. πορευομένου σου ἐν ὁδῷ (3 *a*)
— 22. πορεύεσθαι ἐν πάσαις ταῖς ὁ. αὐ. (3 *a*)
— 28. καὶ πλανηθῆτε ἀπὸ τῆς ὁ. (3 *a*)
— 30. ὁδὸν δυσμῶν ἡλίου (3 *a*)
13. 5 (6). ἐξῶσαί σε ἀπὸ [**A** ἐκ] τῆς ὁ. (3 *a*)
14. 24. ἐὰν δὲ μακρὰν γένηται ἡ ὁ. ἀπὸ σοῦ (3 *a*)
17. 16. ἀποστρέψαι τῇ ὁ. ταύτῃ (3 *a*)
19. 3. στόχασαί σοι τὴν ὁ. (3 *a*)
— 6. ἐὰν μακροτέρα ᾖ ἡ ὁ. (3 *a*)
— 9. πορεύεσθαι ἐν πάσαις ταῖς ὁ. αὐτοῦ (3 *a*)
22. 1. πλανώμενα ἐν τῇ ὁ. –
— 4. πεπτωκότας ἐν τῇ ὁ. (3 *a*)
— 6. ἐὰν δὲ συναντήσῃς . . . ἐν τῇ ὁ. (3 *a*)
23. 4 (5). παρὰ τὸ μὴ συναντῆσαι αὐτοὺς ὑμῖν . . . ἐν τῇ ὁ. (3 *a*)
24. 9. ὅσα ἐποίησε κ. ὁ θεός . . . ἐν τῇ ὁ. (3 *a*)
25. 17. ὅσα ἐποίησέ σοι Ἀμ. ἐν τῇ ὁ. (3 *a*)
— 18. πῶς ἀντέστη σοι ἐν τῇ ὁ. (3 *a*)
26. 17. πορεύεσθαι ἐν πάσαις ταῖς ὁ. αὐτοῦ (3 *a*)
27. 18. ὁ πλανῶν τυφλὸν ἐν ὁδῷ (3 *a*)
28. 7. ὁδῷ [**A** ἐν ὁ.] μιᾷ ἐξελεύσονται (3 *a*)
— 7. ἐν ἑπτὰ ὁδοῖς φεύξονται (3 *a*)
— 9. ἐὰν . . . πορευθῇς ἐν πάσαις ταῖς ὁ. αὐ. (3 *a*)
— 25. ἐν ὁ. μιᾷ ἐξελεύσῃ πρὸς αὐτούς (3 *a*)
— 25. ἐν ἑπτὰ ὁδοῖς φεύξῃ (3 *a*)
— 29. οὐκ εὐοδώσει τὰς ὁ. σου (3 *a*)
— 68. ἐν τῇ ὁ. ᾗ εἶπα (3 *a*)
30. 16. πορεύεσθαι ἐν πάσαις ταῖς ὁ. αὐτοῦ (3 *a*)
31. 29. **B** ἐκκλινεῖτε ἀπὸ [**A R** ἐκ] τῆς ὁ. (3 *a*)
32. 4. πᾶσαι αἱ ὁ. αὐτοῦ κρίσεις (3 *a*)
Jo. 1. 8. **B** εὐοδώσει [**A R** -εις] τὰς ὁ. σου (3 *a*)
2. 7. κατεδίωξαν . . . ὁδὸν τὴν ἐπὶ τοῦ Ἰ. (3 *a*)
— 16. ἀπελεύσεσθε εἰς τὴν ὁ. ὑμῶν (3 *a*)
— 22. ἐξεζήτησαν . . . πάσας τὰς ὁ. (3 *a*)
3. 4. ἵνα ἐπίστησθε τὴν ὁ. (3 *a*)

Jo. 3. 4. οὐ γὰρ πεπόρευσθε τὴν ὁ. (3 a)
5. 4. ὅσοι ποτὲ ἐγένοντο ἐν τῇ ὁ. (3 a)
— 7. διὰ τὸ αὐτοὺς γεγεννῆσθαι κατὰ τὴν ὁ. ἀπεριτμήτους (3 a)
9. 11. λάβετε ἑαυτοῖς ἐπισιτισμὸν εἰς τὴν ὁ. (3 a)
— 13. πεπαλαίωται ἀπὸ τῆς πολλῆς ὁ. (3 a)
10. 10. κατεδίωξαν αὐτοὺς ὁδὸν ἀναβάσεως Ὠ. (3 a)
12. 3. ὁδὸν τὴν κατὰ Ἀσ. (3 a)
21. 40. τοὺς γενομένους ἐν τῇ ὁ. –
22. 5. πορεύεσθαι [A *add.* ἐν] πάσαις ταῖς ὁ. αὐτοῦ (3 a)
23. 14. ἐγὼ δὲ ἀποτρέχω τὴν ὁ. (3 a)
24. 17. διεφύλαξεν ἡμᾶς ἐν πάσῃ τῇ ὁ. (3 a)
Jd. 2. 17. ἐξέκλιναν ταχὺ ἐκ τῆς ὁ. (3 a)
— 19. οὐκ ἀπέρριψαν . . . τὰς ὁ. αὐ. [A *al.*] (3 a)
— 22. εἰ φυλάσσονται τὴν ὁ. κυρίου (3 a)
4. 9. οὐκ ἔσται τὸ προτέρημά σου ἐπὶ [A εἰς] τὴν ὁ. (3 a)
5. 6. ἐξέλιπον ὁδοὺς [A βασιλεῖς] (1 a)
— 6. ἐπορεύθησαν ὁ. διεστραμμένας (1 a)
— 10. B πορευόμενοι ἐπὶ ὁδοὺς συνέδρων ἐφ' ὁδῷ (3 a, –)
8. 11. ἀνέβη Γ. ὁδὸν τῶν σκηνούντων (3 a)
9. 21. A ἐπορεύθη ἐν ὁδῷ [B *al.*] –
— 25. ὃς παρεπορεύετο ἐπ' αὐτοὺς ἐν τῇ ὁ. (3 a)
— 37. ἀρχὴ ἑτέρα ἔρχεται δι' ὁδοῦ Ἠ. [A *al.*] (3 a)
15. 15. A σιαγόνα ὄνου ἐρριμμένην ἐν τῇ ὁ. [B *al.*] –
17. 8. τοῦ ποιῆσαι [A *add.* τὴν] ὁδὸν αὐτοῦ (3 a)
18. 5. εἰ εὐοδωθήσεται ἡ ὁ. ἡμῶν (3 a)
— 6. ἐνώπιον κυρίου ἡ ὁ. ὑμῶν (3 a)
— 26. ἐπορεύθησαν . . . εἰς [A *add.* τὴν] ὁδὸν αὐτῶν (3 a)
19. 9. ὀρθριεῖτε αὔριον εἰς [A *add.* τὴν] ὁδὸν ὑμῶν (3 a)
— 27. τοῦ πορευθῆναι τὴν ὁ. αὐτοῦ (3 a)
20. 31. πατάσσειν . . . τραυματίας . . . ἐν ταῖς ὁ. (10)
— 32. ἐκκενώσωμεν αὐτοὺς . . . εἰς τὰς ὁ. (10)
— 42. B ἐπέβλεψαν . . . εἰς [A R *add.* τὴν] ὁδὸν τῆς ἐρήμου (3 a)
— 45. A ἐκαλαμήσαντο . . . ἐν ταῖς ὁ. [B *al.*] (10)
21. 19. ἐπὶ τῆς ὁ. τῆς ἀναβαινούσης [A ἐν τῇ ὁ. τῇ ἀ.] (10)
Ru. 1. 7. ἐπορεύοντο ἐν τῇ ὁ. (3 a)
I Ki. 1. 18. ἐπορεύθη ἡ γυνὴ εἰς τὴν ὁ. αὐτῆς (3 a)
— 19. πορεύονται [A *add.* καὶ ἦλθον] τὴν ὁ. αὐτῶν –
3. 21. πονηρὰ ἡ ὁ. αὐ. ἐνώπιον κυρίου –
4. 13. σκοπεύων τὴν ὁ. (3 a)
6. 9. εἰ εἰς ὁδὸν ὁρίων αὐτῆς πορεύσεται (3 a)
— 12. κατεύθυναν αἱ βόες ἐν τῇ ὁ. εἰς ὁδὸν Βαιθσ. (3 a, 3 a)
8. 3. οὐκ ἐπορεύθησαν οἱ υἱοὶ αὐ. ἐν ὁδῷ αὐτοῦ (3 a)
— 5. οὐ πορεύονται ἐν τῇ ὁ. σου (3 a)
9. 6. ὅπως ἀπαγγείλῃ ἡμῖν τὴν ὁ. ἡμῶν (3 a)
— 8. ἀπαγγελεῖ ἡμῖν τὴν ὁ. ἡμῶν (3 a)
12. 23. B δείξω ὑμῖν τὴν ὁ. τὴν ἀγαθὴν (3 a)
13. 15. B ἀπῆλθεν ἐκ Γ. εἰς ὁδὸν αὐτοῦ [R *om.* εἰς ὁ. αὐ.] –
— 17. B ἐπιβλέπουσα ὁδὸν Γ. (3 a)
— 18. B ἐπιβλέπουσα ὁδὸν Β. (3 a)
— 18. B ἐπιβλέπουσα ὁδὸν Γ. (3 a)
14. 5. B ἡ ὁ. ἡ μία ἀπὸ βορρᾶ . . . καὶ ἡ ὁ. ἡ ἄλλη ἀπὸ νότου †, †
15. 2. ὡς ἀπήντησεν αὐτῷ ἐν τῇ ὁ. (3 a)
— 18. ἀπέστειλέ σε κύριος ἐν ὁδῷ (3 a)
— 20. ἐπορεύθην [A *add.* ἐν] τῇ ὁ. (3 a)
17. 52. ἔπεσον τραυματίαι . . . ἐν τῇ ὁ. τῶν πυλῶν (3 a)
18. 14. ἦν Δ. ἐν πάσαις ταῖς ὁ. αὐ. συνίων (3 a)
21. 5 (6). ἐν τῷ ἐξελθεῖν με εἰς ὁδόν –
— 5 (6). αὐτὴ ἡ ὁ. βέβηλος (3 a)
24. 4. εἰς τὰς ἀγέλας τῶν ποιμνίων τὰς ἐπὶ τῆς ὁ. (3 a)
— 8. κατέβη [A *add.* εἰς] τὴν ὁ. (3 a)
— 20. καὶ ἐκπέμψοι αὐτὸν ἐν ὁ. ἀγαθῇ (3 a)
25. 12. ἀπεστράφησαν . . . εἰς ὁδὸν αὐτῶν (3 a)
26. 3. παρενέβαλε Σ. . . . ἐπὶ τῆς ὁ. (3 a)
— 13. καὶ πολλὴ ἡ ὁ. ἀνὰ μέσον αὐτῶν (14)
— 25. A R ἀπῆλθε Δ. εἰς τὴν ὁ. [B τὸν τόπον] αὐ. (3 a)
27. 7. A B ὧν ἐκάθισε Δ. ἐν ὁδῷ [R ἀγρῷ] τῶν ἀλλοφ. (17)
28. 22. ὅτι πορεύῃ ἐν ὁδῷ (3 a)
29. 10. ὀρθρίσατε [A διορθρ.] ἐν τῇ ὁ. †

I Ki. 30. 2. ἀπῆλθον εἰς τὴν ὁ. αὐτῶν (3 a)
II Ki. 2. 24. ὁδὸν ἔρημον Γαβαών (3 a)
4. 7. ἀπῆλθον ὁδὸν τὴν κατὰ δυσμάς (3 a)
11. 10. οὐχὶ ἐξ ὁδοῦ σὺ ἔρχῃ (3 a)
13. 30. αὐτῶν ὄντων ἐν τῇ ὁ. (3 a)
— 34. λαὸς πολὺς πορευόμενος ἐν τῇ ὁ. (3 a)
— 34. ἄνδρας ἑώρακα ἐκ τῆς ὁ. –
15. 2. ἔστη ἀνὰ χεῖρα τῆς ὁ. τῆς πύλης (3 a)
— 23. παρεπορεύοντο ἐπὶ πρόσωπον ὁδοῦ τὴν ἔρημον (3 a)
16. 13. ἐπορεύθη Δ. . . . ἐν τῇ ὁ. (3 a)
18. 23. ἔδραμεν Ἀχ. ὁδὸν τὴν τοῦ Κ. (3 a)
22. 22. ἐφύλαξα ὁδοὺς κυρίου (3 a)
— 31. ἄμωμος ἡ ὁ. αὐτοῦ (3 a)
— 33. ἐξετίναξεν ἄμωμον τὴν ὁ. μου (3 a)
— 43. ὡς πηλὸν ἐξόδων [B^3 ἐξ ὁδῶν] ἐλέπτυνα αὐτούς (5)
III Ki. 1. 49. ἦλθον [A ἀπῆλθεν] ἀνὴρ εἰς τὴν ὁ. αὐ. (3 a)
2. 2. πορεύομαι ἐν ὁδῷ πάσης τῆς γῆς (3 a)
— 3. τοῦ πορεύεσθαι ἐν ταῖς ὁ. αὐτοῦ (3 a)
— 4. ἐὰν φυλάξωσιν οἱ υἱοί σου τὴν ὁ. αὐ. (3 a)
3. 14. ἐὰν πορευθῇς ἐν τῇ ὁ. μου (3 a)
8. 25. ἐὰν φυλάξωνται τὰ τέκνα σου τὰς ὁ. αὐ. (3 a)
— 32. δοῦναι τὴν ὁ. αὐτοῦ (3 a)
— 36. δηλώσεις αὐτοῖς τὴν ὁ. τὴν ἀγαθὴν (3 a)
— 39. δώσεις ἀνδρὶ κατὰ [A *add.* πάσας] τὰς ὁ. αὐ. (3 a)
— 44. ἐν ὁδῷ ᾗ ἐπιστρέψεις αὐτούς (3 a)
— 44. προσεύξονται . . . ὁδὸν [A -ὸς] τῆς πόλεως (3 a)
— 48. προσεύξονται πρὸς σὲ ὁδὸν γῆς αὐτῶν (3 a)
— 58. τοῦ πορεύεσθαι ἐν πάσαις ὁ. αὐτοῦ (3 a)
11. 29. εὗρεν αὐτὸν Ἀχ. . . . ἐν τῇ ὁ. (3 a)
— 29. ἀπέστησεν αὐτὸν ἐκ τῆς ὁ. –
— 33. οὐκ ἐπορεύθη ἐν ταῖς ὁ. μου (3 a)
— 38. ἐὰν . . . πορευθῇς ἐν ταῖς ὁ. μου (3 a)
12. 24. B οὐκ ἐπορεύθη ἐν ὁδῷ Δ. –
13. 9. μὴ ἐπιστρέψῃς ἐν [B^1 *om.*] τῇ ὁ. (3 a)
— 10. ἀπῆλθεν ἐν ὁ. ἄλλῃ (3 a)
— 10. οὐκ ἀνέστρεψεν ἐν τῇ ὁ. (3 a)
— 12. ποίᾳ ὁδῷ πεπόρευται (3 a)
— 12. δεικνύουσιν αὐτῷ οἱ υἱοὶ αὐ. τὴν ὁ. (3 a)
— 17. μὴ ἐπιστρέψῃς ἐκεῖ ἐν τῇ ὁ. (3 a)
— 24. εὗρεν αὐτὸν λέων ἐν τῇ ὁ. (3 a)
— 24. ἦν τὸ σῶμα αὐ. ἐρριμμ. ἐν τῇ ὁ. (3 a)
— 25. εἶδον τὸ θνησιμαῖον ἐρριμμ. ἐν τῇ ὁ. (3 a)
— 26. ὁ ἐπιστρέψας αὐτὸν ἐκ τῆς ὁ. (3 a)
— 28. εὗρε τὸ σῶμα αὐ. ἐρριμμ. ἐν τῇ ὁ. (3 a)
15. 26. ἐπορεύθη ἐν ὁδῷ τοῦ πατρὸς αὐ. (3 a)
— 34. ἐπορεύθη ἐν ὁδῷ Ἱερ. (3 a)
16. 2. ἐπορεύθης ἐν τῇ ὁ. Ἱερ. (3 a)
— 19. πορευθῆναι ἐν ὁδῷ Ἱερ. (3 a)
— 26. ἐπορεύθη ἐν πάσῃ [A *add.* τῇ] ὁ. Ἱερ. (3 a)
— 28 (22. 43). B ἐπορεύθη ἐν τῇ ὁ. Ἀσά (3 a)
18. 6. ἐμέρισαν ἑαυτοῖς τὴν ὁ. (2)
— 6. Ἀχ. ἐπορεύθη ἐν ὁ. μιᾷ [A ἄλλῃ μόνος] καὶ Ἀβδ. ἐπορεύθη ἐν ὁ. ἄλλῃ (3 a, 3 a)
— 7. ἦν Ἀβδ. ἐν τῇ ὁ. (3 a)
— 43. ἐπίβλεψον ὁδὸν τῆς θαλάσσης (3 a)
19. 4. ἐπορεύθη . . . ὁδὸν ἡμέρας (3 a)
— 7. πολλὴ ἀπὸ σοῦ ἡ ὁ. (3 a)
— 15. ἀνάστρεφε εἰς τὴν ὁ. σου (3 a)
— 15. ἥξεις εἰς τὴν ὁ. ἐρήμου Δαμ. –
21 (20). 38. ἔστη τῷ βασ. Ἰσρ. ἐπὶ τῆς ὁ. (3 a)
22. 43. ἐπορεύθη ἐν πάσῃ ὁ. Ἀσά (3 a)
— 53. ἐπορεύθη ἐν ὁδῷ Ἀχ. τοῦ πατρὸς αὐ. καὶ ἐν ὁδῷ Ἰεζ. (3 a, 3 a)
IV Ki. 2. 23. ἀναβαίνοντος αὐτοῦ ἐν τῇ ὁ. (3 a)
3. 8. ποίᾳ ὁ. ἀναβῶ (3 a)
— 8. ὁδὸν ἔρημον Ἐδώμ (3 a)
— 9. ἐκύκλωσαν ὁδὸν ἑπτὰ ἡμερῶν (3 a)
— 20. ὕδατα ἤρχοντο ἐξ ὁδοῦ Ἐδώμ (3 a)
6. 19. οὐχὶ . . . αὕτη ἡ ὁ. (3 a)
7. 15. πᾶσα ἡ ὁ. πλήρης ἱματίων (3 a)
8. 18. ἐπορεύθη ἐν ὁδῷ βασιλέων Ἰσρ. (3 a)
— 27. ἐπορεύθη ἐν ὁδῷ οἴκου Ἀχ. (3 a)
9. 27. ἔφυγεν ὁδὸν Β. (3 a)
10. 12. αὐτὸς ἐν Β. τῶν ποιμένων ἐν τῇ ὁ. (3 a)
11. 6. καὶ τὸ τρίτον ἐν τῇ πύλῃ τῶν ὁ. †
— 16. εἰσῆλθον ὁδὸν εἰσόδου τῶν ἵππων (3 a)
— 19. εἰσῆλθεν ὁδὸν πύλης τῶν παρατρεχόντων (3 a)
16. 3. ἐπορεύθη ἐν ὁδῷ βασιλέως Ἰσρ. (3 a)
17. 13. ἀποστράφητε ἀπὸ τῶν ὁ. ὑ. τῶν πον. (3 a)
18. 17. ἥ ἐστιν ἐν τῇ ὁ. τοῦ ἀγροῦ τοῦ γναφέως (10)

IV Ki. 19. 28. ἀποστρέψω σε ἐν τῇ ὁ. (3 a)
— 33. τῇ ὁ. ᾗ ἦλθεν (3 a)
21. 21. ἐπορεύθη ἐν πάσῃ ὁ. (3 a)
— 22. οὐκ ἐπορεύθη ἐν ὁδῷ κυρίου (3 a)
22. 2. ἐπορεύθη ἐν πάσῃ ὁ. Δ. (3 a)
25. 4. ἐξῆλθον νυκτὸς ὁδὸν πύλης (3 a)
— 4. ἐπορεύθη ὁδὸν τὴν Ἄραβα (3 a)
II Ch. 6. 16. ἐὰν φυλάξωσιν οἱ υἱοί σου τὴν ὁ. αὐ. (3 a)
— 23. ἀποδοῦναι ὁδοὺς αὐ. εἰς κεφαλὴν αὐ. (3 a)
— 27. δηλώσεις αὐτοῖς τὴν ὁ. τὴν ἀγαθήν (3 a)
— 30. δώσεις ἀνδρὶ κατὰ τὰς ὁ. αὐ. (3 a)
— 31. ὅπως φοβῶνται πάσας [A τὰς] ὁ. σου (3 a)
— 34. ἐν ὁδῷ ᾗ ἀποστελεῖς αὐτούς (3 a)
— 34. κατὰ τὴν ὁ. τῆς πόλεως ταύτης (3 a)
— 38. καὶ προσεύξωνται ὁδὸν γῆς αὐ. (3 a)
7. 14. καὶ ἀποστρέψωσιν ἀπὸ τῶν ὁ. αὐ. τῶν πον. (3 a)
11. 17. ἐπορεύθη ἐν [A *om.*] ταῖς ὁ. Δ. (3 a)
17. 3. ἐπορεύθη ἐν ὁδοῖς τοῦ πατρός (3 a)
— 6. ὑψώθη καρδία αὐ. ἐν ὁδῷ κυρίου (3 a)
18. 23. B ποίᾳ τῇ ὁ. πνεῦμα [A R *al.*] (3 a)
20. 32. ἐπορεύθη ἐν [A *om.*] ταῖς ὁ. τοῦ πατρὸς αὐ. (3 a)
21. 6. ἐπορεύθη ἐν ὁδῷ βασιλέων Ἰ. (3 a)
— 12. B οὐκ ἐπορεύθης ἐν ὁδῷ Ἰωσ. (3 a)
— 12. καὶ ἐν ὁδοῖς Ἀσά (3 a)
— 13. ἐπορεύθης ἐν ὁδοῖς βασιλέων Ἰσρ. (3 a)
22. 3. ἐπορεύθη ἐν ὁδῷ οἴκου Ἀχ. (3 a)
27. 6. ἡτοίμασε τὰς ὁ. αὐτοῦ (3 a)
28. 2. κατὰ τὰς ὁ. βασιλέων Ἰσρ. (3 a)
34. 2. ἐπορεύθη ἐν ὁδοῖς Δ. (3 a)
II Es. 8. 21. ζητῆσαι παρ' αὐτοῦ ὁ. εὐθεῖαν ἡμῖν (3 a)
— 22. σῶσαι ἡμᾶς ἀπὸ ἐχθροῦ ἐν τῇ ὁ. (3 a)
— 27. χρυσοῖ εἴκοσι εἰς τὴν ὁ. †
— 31. ἀπὸ χειρὸς ἐχθροῦ . . . ἐν τῇ ὁ. (3 a)
Ne. 9. 12. τοῦ φωτίσαι αὐτοῖς τὴν ὁ. (3 a)
— 19. ὁδηγῆσαι αὐτοὺς ἐν τῇ ὁ. (3 a)
— 19. φωτίζειν αὐτοῖς τὴν ὁ. (3 a)
To. 1. 3. ἐγὼ Τωβὶτ ὁδοῖς ἀληθείας ἐπορευόμην
— 15. αἱ ὁ. αὐτοῦ ἠκαταστάθησαν [S *al.*]
2. 6. S καὶ πᾶσαι αἱ ὁ. ὑμῶν εἰς θρῆνος [A B *al.*]
3. 2. πᾶσαι αἱ ὁ. σου ἐλεημοσύναι
— 5. S^2 ἀληθιναὶ αἱ ὁ. σου [A B S^1 *om.* αἱ ὁ. σου]
4. 5. μὴ πορευθῇς ταῖς ὁ. τῆς ἀδικίας
— 15. A B μὴ πορευθήτω μετὰ σοῦ μέθη ἐν τῇ ὁ. σου
— 19. A B ὅπως αἱ ὁ. σου εὐθεῖαι γένωνται
5. 2. S τὰς ὁ. τὰς εἰς Μηδείαν οὐ γινώσκω
— 4. S ὃς ἐμπειρεῖ τῆς ὁ.
— 5. S ἐπίστῃ τὴν ὁ. [A B *al.*]
— 6. τῆς ὁ. ἐμπειρῶ [S *al.*]
— 6. S ἀπέχει ὁδὸν ἡμερῶν δύο τεταγμένων
— 9. S ἐπίσταμαι ἐγὼ τὰς ὁ. πάσας
— 9. S πάσας τὰς ὁ. αὐτῆς ἐγὼ γινώσκω
— 15. S ἡ ὁ. ἀσφαλής
— 16. ἕτοιμος γίνου πρὸς τὴν ὁ. [S *al.*]
— 16. A B ἡτοίμασεν ὁ υἱὸς αὐτοῦ τὰ πρὸς τὴν ὁ.
— 16. εὐοδώσει τὴν ὁ. ὑμῶν [S *al.*]
— 16. S πορευθῆναι τὴν ὁ. αὐ. [A B *al.*]
— 21. εὐοδωθήσεται ἡ ὁ. αὐτοῦ
6. 1. οἱ δὲ πορευόμενοι τὴν ὁ. [S *al.*]
10. 7. S περιεβλέπετο τὴν ὁ.
— 7. ἐπορεύετο καθ' ἡμέραν εἰς τὴν ὁ. [S *al.*]
— 13. S εὐώδωκεν τὴν ὁ. αὐ.
11. 1. A B εὐώδωσε τὴν ὁ. αὐτοῦ
— 5. περιβλεπομένη εἰς [S *om.*] τὴν ὁ.
— 15. S εὐωδώθη ἡ ὁ. αὐ.
Ju. 2. 21. ἀπῆλθον . . . ὁδὸν τριῶν ἡμερῶν
4. 7. S δι' αὐτῶν ἦν ὁδὸς [A B ἡ εἴσ.] εἰς τὴν Ἰ.
5. 8. ἐξέβησαν ἐξ [S ἐκ τῆς] ὁδοῦ τῶν γονέων αὐ.
— 14. ἤγαγεν αὐτοὺς εἰς ὁδὸν τοῦ Σ.
— 18. ὅτε δὲ ἀπέστησαν ἀπὸ τῆς ὁ.
7. 22. S καὶ ἐν ταῖς διόδοις τῶν ὁ. [A B πυλῶν]
9. 6. πᾶσαι γὰρ αἱ ὁ. σου ἕτοιμοι
10. 13. δεῖξαι πρὸ προσώπου αὐτοῦ ὁδὸν
12. 8. κατευθῦναι τὴν ὁ. αὐ.
13. 16. ὃς διεφύλαξέ με ἐν τῇ ὁ. μου
14. 4. καταστρώσατε αὐτοὺς ἐν ταῖς ὁ. αὐ.
15. 2. ἔφευγον ἐπὶ πᾶσαν ὁ. τοῦ πεδίου
Jb. 3. 23. A οὗ ἡ ὁ. ἀπεκρύβη (3 a)
4. 6. ἡ ἐλπίς σου καὶ ἡ κακία τῆς ὁ. σου (3 a)
6. 19. ἴδετε ὁδοὺς Θαιμανῶν (1 a)
8. 14. A καὶ ἡ ὁ. αὐτοῦ –
9. 26. ἢ καί ἐστι ναυσὶν ἴχνος ὁδοῦ –
12. 24. ἐπλάνησε δὲ αὐτοὺς ἐν [A S *om.*] ὁδῷ (3 a)

Jb. 13. 9. A εἰ γὰρ . . . προστεθήσεσθε ὁδῷ [BS *om.*] αὐτοῦ [BS -ῷ] –
16. 23 (22). ABS[2] ὁδῷ δὲ ᾗ οὐκ ἐπαναστραφήσομαι πορεύσομαι (1 *a*)
17. 9. ABS[2] σχοίῃ δὲ πιστὸς τὴν ἑαυτοῦ ὁ. (3 *a*)
19. 12. ταῖς ὁ. μου ἐκύκλωσαν ἐγκάθετοι (3 *a*)
21. 14. ὁδούς [A τὰς ὁ.] σου εἰδέναι οὐ βούλομαι (3 *a*)
— 29. ἐρωτήσατε παραπορευομένους ὁδόν (3 *a*)
— 31. τίς ἀπαγγελεῖ ἐπὶ προσώπου αὐ. τὴν ὁ. αὐ. (3 *a*)
22. 3. ἢ ὠφέλεια ὅτι ἁπλώσῃς τὴν ὁ. σου (3 *a*)
— 28. ἐπὶ δὲ ὁδοῖς [S[1] -ούς] σου [A σοι] ἔσται φέγγος (3 *a*)
23. 10. οἶδε γὰρ ἤδη ὁδόν μου (3 *a*)
— 11. ὁδοὺς γὰρ αὐτοῦ ἐφύλαξα (3 *a*)
24. 4. ἐξέκλιναν ἀδυνάτους ἐξ ὁδοῦ δικαίας [S[1] -ων] (3 *a*)
— 11. ὁδὸν δὲ δικαίαν [AB[1] -ων] οὐκ ᾔδεισαν (3 *b*?)
— 13. ὁδὸν δὲ δικαιοσύνης οὐκ ᾔδεισαν (3 *a*)
26. 14. ἰδοὺ ταῦτα μέρη ὁδοῦ [S[1] λόγου] αὐτοῦ (3 *a*)
28. 4. οἱ δὲ ἐπιλανθανόμενοι ὁδὸν δικαίαν [A ὁδοὺς δικαιοσύνης] ἠσθένησαν †
— 13. οὐκ οἶδε βροτὸς ὁδὸν αὐτῆς †
— 23. εὖ συνέστησεν αὐτῆς τὴν ὁ. (3 *a*)
— 26. καὶ ὁδὸν ἐν τινάγματι φωνάς [A[1] -ῆς] (3 *a*)
29. 4. ὅτε ἤμην ἐπιβρίθων [S[1] -τρίβων] ὁδούς [AS[2] -οῖς] †
— 6. ὅτε ἐχέοντο αἱ ὁ. μου βουτύρῳ (4 *a*)
— 25. ἐξελεξάμην ὁδὸν αὐτῶν (3 *a*)
31. 4. οὐχὶ αὐτὸς ὄψεται ὁδόν μου (3 *a*)
— 7. εἰ ἐξέκλινεν ὁ πούς μου ἐκ [A ἀπὸ] τῆς ὁ. (3 *a*)
33. 11. ἐφύλαξε δέ μου πάσας τὰς ὁ. (1 *a*)
— 29. ταῦτα πάντα ἐργᾶται ὁ ἰσχυρὸς ὁδοὺς τρεῖς μετὰ ἀνδρός †
— 31. A ταῦτα πάντα ἐργᾶται ὁ ἰσχυρὸς ὁδοὺς τρεῖς μετὰ ἀνδρός –
34. 8. A ἢ οὐδὲ κοινωνήσας ὁδοῦ μετὰ τῶν ποιούντων τὰ ἄνομα [BS *al.*] (1 *b*?)
38. 25. τίς δὲ ἡτοίμασεν ὑετῷ λάβρῳ ῥύσιν ὁδὸν δὲ κυδοιμῶν (3 *a*)
Ps. 1. 1. ἐν ὁδῷ ἁμαρτωλῶν οὐκ ἔστη (3 *a*)
— 6. γινώσκει κύριος ὁδὸν δικαίων καὶ ὁδὸς ἀσεβῶν ἀπολεῖται (3 *a*, 3 *a*)
2. 12. ἀπολεῖσθε ἐξ ὁδοῦ δικαίας (3 *a*)
5. 8. κατεύθυνον ἐνώπιόν σου τὴν ὁ. μου (3 *a*)
9. 26 (10. 5). βεβηλοῦνται αἱ ὁ. αὐτοῦ ἐν παντὶ καιρῷ (3 *a*)
13 (14). 3. BS σύντριμμα καὶ ταλαιπωρία ἐν ταῖς ὁ. αὐτῶν καὶ ὁδὸν εἰρήνης οὐκ ἔγνωσαν –, –
15 (16). 11. ἐγνώρισάς μοι ὁδοὺς ζωῆς (1 *a*)
16 (17). 4. ἐγὼ ἐφύλαξα ὁδοὺς σκληράς (1 *a*)
17 (18). 21. ἐφύλαξα τὰς ὁ. κυρίου (3 *a*)
— 30. ὁ θεός μου, ἄμωμος ἡ ὁ. αὐτοῦ (3 *a*)
— 32. ἔθετο ἄμωμον τὴν ὁ. μου (3 *a*)
18 (19). 5. ἀγαλλιάσεται ὡς γίγας δραμεῖν ὁδὸν αὐτοῦ (1 *a*)
24 (25). 4. τὰς ὁ. σου, κύριε, γνώρισόν μοι (3 *a*)
— 8. νομοθετήσει ἁμαρτάνοντας ἐν ὁδῷ (3 *a*)
— 9. AB[2]SR διδάξει πραεῖς ὁδοὺς αὐτοῦ (3 *a*)
— 10. πᾶσαι αἱ ὁ. κυρίου ἔλεος καὶ ἀλήθεια (1 *a*)
— 12. νομοθετήσει αὐτῷ ἐν ὁδῷ (3 *a*)
26 (27). 11. ABS[1] νομοθέτησόν με, κύριε, τῇ [S[2]R ἐν τῇ] ὁ. σου (3 *a*)
31 (32). 8. συμβιβῶ σε ἐν ὁδῷ ταύτῃ (3 *a*)
34 (35). 6. γενηθήτω ἡ ὁ. αὐτῶν σκότος (3 *a*)
35 (36). 4. παρέστη πάσῃ ὁδῷ οὐκ ἀγαθῇ (3 *a*)
36 (37). 5. ἀποκάλυψον πρὸς κύριον τὴν ὁ. σου (3 *a*)
— 7. AS[2]R μὴ παραζήλου ἐν τῷ κατευοδουμένῳ ἐν τῇ ὁ. [BS[1] ζωῇ] αὐ. (3 *a*)
— 18. γινώσκει κύριος τὰς ὁ. τῶν ἀμώμων (6)
— 23. τὴν ὁ. αὐτοῦ θελήσει [A θ. σφόδρα] (3 *a*)
— 34. φύλαξον τὴν ὁ. αὐτοῦ (3 *a*)
38 (39). 1. εἶπα, Φυλάξω τὰς ὁ. μου (3 *a*)
43 (44). 18. ἐξέκλινας τὰς τρίβους ἡμῶν ἀπὸ τῆς ὁ. σου (1 *a*)
48 (49). 13. αὕτη ἡ ὁ. αὐτῶν σκάνδαλον αὐτοῖς (3 *a*)
49 (50). 23. ἐκεῖ ὁδὸς ᾗ [S[2] ἣν] δείξω αὐτῷ τὸ σωτήριον θεοῦ (3 *a*)
50 (51). 13. διδάξω ἀνόμους τὰς ὁ. σου (3 *a*)
66 (67). 2. τοῦ γνῶναι ἐν τῇ γῇ τὴν ὁ. σου (3 *a*)
73 (74). 5. S[1] ὡς εἰς τὴν ὁ. [B εἴσοδον, S[2] ἔξοδον] ὑπεράνω †
76 (77). 13. ὁ θ., ἐν τῷ ἁγίῳ ἡ ὁ. σου (3 *a*)
— 19. ἐν τῇ θαλάσσῃ ἡ ὁ. σου (3 *a*)

Ps. 79 (80). 12. τρυγῶσιν αὐτὴν πάντες οἱ παραπορευόμενοι τὴν ὁ. (3 *a*)
80 (81). 13. Ἰσραὴλ ταῖς ὁ. μου εἰ ἐπορεύθη (3 *a*)
84 (85). 13. θήσει εἰς ὁδὸν τὰ διαβήματα αὐτοῦ (3 *a*)
85 (86). 11. ὁδήγησόν με, κύριε, τῇ ὁ. σου (3 *a*)
88 (89). 41. πάντες οἱ διοδεύοντες [A παραπορευόμενοι τὴν] ὁδόν (3 *a*)
90 (91). 11. AR τοῦ διαφυλάξαι σε ἐν πάσαις [BS *om.*] ταῖς ὁ. σου (3 *a*)
94 (95). 10. αὐτοὶ οὐκ ἔγνωσαν τὰς ὁ. μου (3 *a*)
100 (101). 2. ASR συνήσω ἐν ὁδῷ [B ᾠδῇ] ἀμώμῳ (3 *a*)
— 6. πορευόμενος ἐν ὁδῷ ἀμώμῳ (3 *a*)
101 (102). 23. ἀπεκρίθη αὐτῷ ἐν ὁδῷ ἰσχύος αὐτοῦ (3 *a*)
102 (103). 7. ἐγνώρισε τὰς ὁ. αὐτοῦ τῷ Μωυσῇ (3 *a*)
106 (107). 4. ὁδὸν πόλεως κατοικητηρίου οὐχ εὗρον (3 *a*)
— 7. ὡδήγησεν αὐτοὺς εἰς ὁδὸν εὐθεῖαν (3 *a*)
— 17. ἀντελάβετο αὐτῶν ἐξ ὁδοῦ ἀνομίας αὐτῶν (3 *a*)
— 40. ἐπλάνησεν αὐτοὺς ἐν ἀβάτῳ καὶ οὐχ ὁδῷ (3 *a*)
109 (110). 7. SR ἐκ χειμάρρου ἐν ὁδῷ πίεται [A π. ὕδωρ] (3 *a*)
118 (119). 1. μακάριοι ἄμωμοι ἐν ὁδῷ (3 *a*)
— 3. οὐ γὰρ οἱ ἐργαζόμενοι τὴν ἀνομίαν ἐν ταῖς ὁ. αὐτοῦ ἐπορεύθησαν (3 *a*)
— 5. ὄφελον κατευθυνθείησαν αἱ ὁ. μου (3 *a*)
— 9. ἐν τίνι κατορθώσει νεώτερος τὴν ὁ. αὐτοῦ (1 *a*)
— 14. ἐν τῇ ὁ. τῶν μαρτυρίων σου ἐτέρφθην (3 *a*)
— 15. κατανοήσω [S[1] ἐκζητήσω] τὰς ὁ. σου (1 *a*)
— 26. τὰς ὁ. σου ἐξήγγειλα (3 *a*)
— 27. ὁδὸν δικαιωμάτων σου συνέτισόν με (3 *a*)
— 29. ὁδὸν ἀδικίας ἀπόστησον ἀπ' ἐμοῦ (3 *a*)
— 30. ὁδὸν ἀληθείας ᾑρετισάμην (3 *a*)
— 32. ὁδὸν ἐντολῶν σου ἔδραμον (3 *a*)
— 33. νομοθέτησόν με, κύριε, τὴν ὁ. τῶν δικαιωμάτων σου (3 *a*)
— 37. ἐν τῇ ὁ. σου ζῆσόν με (3 *a*)
— 59. AS[1] διελογισάμην κατὰ [S[2]R *om.*] τὰς ὁ. σου (3 *a*)
— 101. ἐκ πάσης ὁδοῦ πονηρᾶς ἐκώλυσα τοὺς πόδας μου (1 *a*)
— 104. ἐμίσησα πᾶσαν ὁδὸν ἀδικίας (1 *a*)
— 128. πᾶσαν ὁδὸν ἄδικον ἐμίσησα (1 *a*)
— 151. πᾶσαι αἱ ὁ. σου ἀλήθεια (13)
— 168. πᾶσαι αἱ ὁ. μου ἐναντίον σου (3 *a*)
127 (128). 1. οἱ πορευόμενοι ἐν ταῖς ὁ. αὐτοῦ (3 *a*)
137 (138). 5. ᾀσάτωσαν ἐν ταῖς ὁ. κυρίου (3 *a*)
138 (139). 3. πάσας τὰς ὁ. μου προεῖδες (3 *a*)
— 24. ἴδε εἰ ὁδὸς [A ἢ εἶδες ὁδὸν, B[2]S[1] ἢ εἶδες] ἀνομίας ἐν ἐμοί (3 *a*)
— 24. καὶ ὁδήγησόν με ἐν ὁδῷ αἰωνίᾳ (3 *a*)
141 (142). 3. ἐν ὁδῷ ταύτῃ ᾗ ἐπορευόμην (1 *a*)
142 (143). 8. γνώρισόν μοι, κύριε, ὁδόν (3 *a*)
144 (145). 17. δίκαιος κύριος ἐν πάσαις ταῖς ὁ. αὐτοῦ (3 *a*)
145 (146). 9. ὁδὸν ἁμαρτωλῶν ἀφανιεῖ (3 *a*)
Pr. 1. 15. μὴ πορευθῇς ἐν ὁδῷ [A π. ὁδοὺς] μετ' αὐτῶν (3 *a*)
— 19. αὗται αἱ ὁ. εἰσι πάντων τῶν συντελούντων τὰ ἄνομα (1 *a*)
— 31. ἔδονται τῆς ἑαυτῶν ὁ. τοὺς καρπούς (3 *a*)
2. 8. τοῦ φυλάξαι ὁδοὺς [A -ὸν] δικαιωμάτων καὶ ὁδὸν εὐλαβουμένων αὐτὸν διαφυλάξει (1 *a*, 3 *a*)
— 12. ἵνα ῥύσηταί σε ἀπὸ ὁδοῦ κακῆς (3 *a*)
— 13. ὦ οἱ ἐγκαταλείποντες ὁδοὺς εὐθείας τοῦ πορεύεσθαι ἐν ὁδοῖς σκότους (1 *a*, 3 *a*)
— 16. τοῦ μακράν σε ποιῆσαι ἀπὸ ὁδοῦ εὐθείας †
— 22. ὁδοὶ ἀσεβῶν ἐκ γῆς ὀλοῦνται –
3. 6. πάσαις [A ἐν π.] ὁδοῖς σου γνώριζε αὐτὴν ἵνα ὀρθοτομῇ τὰς ὁ. σου (3 *a*, 1 *a*)
— 17. αἱ ὁ. αὐτῆς ὁδοὶ καλαί (3 *a*, 3 *a*)
— 23. ἵνα πορεύῃ πεποιθὼς ἐν εἰρήνῃ πάσας τὰς ὁ. σου (3 *a*)
— 26. ὁ γὰρ κύριος ἔσται ἐπὶ πασῶν ὁδῶν σου †
— 31. μηδὲ ζηλώσῃς τὰς ὁ. αὐτῶν (3 *a*)
4. 10. ἵνα σοι γένωνται πολλαὶ ὁδοὶ βίου †
— 11. ὁδοὺς γὰρ σοφίας διδάσκω σε (3 *a*)
— 14. ὁδοὺς ἀσεβῶν μὴ ἐπέλθῃς μηδὲ ζηλώσῃς ὁδοὺς παρανόμων (1 *a*, 3 *a*)
— 18. αἱ δὲ ὁ. τῶν δικαίων ὁμοίως φωτὶ λάμπουσι (1 *a*)
— 19. αἱ δὲ ὁ. τῶν ἀσεβῶν σκοτειναί (3 *a*)
— 26. τὰς ὁ. σου κατεύθυνε (3 *a*)
— 27. ἀπόστρεψον δὲ σὸν πόδα ἀπὸ ὁδοῦ κακῆς †

Pr. 4. 27. ὁδοὺς γὰρ τὰς ἐκ δεξιῶν οἶδεν ὁ θεός –
5. 6. ὁδοὺς γὰρ ζωῆς οὐκ ἐπέρχεται (1 *a*)
— 8. μακρὰν ποίησον ἀπ' αὐτῆς σὴν ὁδόν (3 *a*)
— 21. ἐνώπιον γάρ εἰσι τῶν τοῦ θεοῦ ὀφθαλμῶν ὁδοὶ ἀνδρός (3 *a*)
6. 6. ζήλωσον ἰδὼν τὰς ὁ. αὐτοῦ (3 *a*)
— 12. ἀνὴρ ἄφρων καὶ παράνομος πορεύεται ὁδοὺς οὐκ ἀγαθάς †
— 23. λύχνος ἐντολὴ νόμου καὶ φῶς ὁδὸς [AS[2] καὶ ὁ.] ζωῆς (3 *a*)
7. 19. πεπόρευται δὲ ὁδὸν μακράν (3 *a*)
— 25. μὴ ἐκκλινάτω εἰς τὰς ὁ. [S[1] *om.* εἰς τὰς ὁ.] αὐτῆς ἡ καρδία σου (3 *a*)
— 27. ὁδοὶ ᾅδου ὁ οἶκος αὐτῆς (3 *a*)
8. 13. ὕβριν τε καὶ ὑπερηφανίαν καὶ ὁδοὺς πονηρῶν (3 *a*)
— 13. μεμίσηκα δὲ ἐγὼ διεστραμμένας ὁδοὺς κακῶν –
— 20. S[1] ἐν ὁδοῖς δικαιοσύνης περιπατῶ καὶ ἀνὰ μέσον ὁδῶν [ABS[2] τρίβων] δικαιώματος [AS[2] δικαιοσύνης] ἀναστρέφομαι (1 *a*, 15)
— 22. κύριος ἔκτισέ με ἀρχὴν ὁδῶν αὐτοῦ (3 *a*)
— 32. AS[2] μακάριοι οἳ ὁδούς μου φυλάσσοντες (3 *a*)
— 33. ἄνθρωπος ὃς τὰς ἐμὰς ὁ. φυλάξει –
9. 12. ἀπέλιπε γὰρ ὁδοὺς τοῦ ἑαυτοῦ ἀμπελῶνος –
— 15. A προσκαλουμένη τοὺς παριόντας ὁδὸν [BS *om.*] καὶ κατευθύνοντας ἐν ταῖς ὁ. αὐτῶν (3 *a*, 1 *a*)
10. 9. ὁ δὲ διαστρέφων τὰς ὁ. αὐτοῦ γνωσθήσεται (3 *a*)
— 17. ὁδοὺς δικαίας [AS[2] *om.*] ζωῆς φυλάσσει παιδεία (1 *a*)
11. 5. AS δικαιοσύνη ἀμώμου [B -ους] ὀρθοτομεῖ ὁδούς (3 *a*)
— 20. βδέλυγμα κυρίῳ διεστραμμέναι ὁδοὶ προσδεκτοὶ δὲ αὐτῷ πάντες ἄμωμοι ἐν ταῖς ὁ. αὐτῶν (†, 3 *a*)
12. 15. ὁδοὶ ἀφρόνων ὀρθαὶ ἐνώπιον αὐτῶν (3 *a*)
— 26. ἡ δὲ ὁ. τῶν ἀσεβῶν πλανήσει αὐτούς (3 *a*)
— 28. ἐν ὁδοῖς δικαιοσύνης ζωὴ ὁδοὶ δὲ μνησικάκων εἰς θάνατον (1 *a*, 3 *a*)
13. 6. A δικαιοσύνη φυλάσσει ἀκάκους ὁδῷ (3 *a*)
— 13. κατευθυνθήσεται ἡ ὁ. αὐτοῦ –
— 15. ὁδοὶ δὲ καταφρονούντων ἐν ἀπωλείᾳ (3 *a*)
14. 2. ὁ δὲ σκολιάζων ταῖς ὁ. αὐτοῦ ἀτιμασθήσεται (3 *a*)
— 8. σοφία πανούργων ἐπιγνώσεται τὰς ὁ. αὐ. (3 *a*)
— 12. ἔστιν ὁδὸς ἣ δοκεῖ παρὰ ἀνθρώποις ὀρθὴ εἶναι (3 *a*)
— 14. τῶν ἑαυτοῦ ὁ. πλησθήσεται θρασυκάρδιος (3 *a*)
15. 9. βδέλυγμα κυρίῳ ὁδοὶ ἀσεβοῦς (3 *a*)
— 19. ὁδοὶ ἀεργῶν ἐστρωμέναι ἀκάνθαις (3 *a*)
— 24. ὁδοὶ ζωῆς διανοήματα συνετοῦ (1 *a*)
— 28 (16. 7). δεκταὶ παρὰ κυρίῳ ὁδοὶ ἀνθρώπων δικαίων (3 *a*)
16. 5. ἀρχὴ ὁδοῦ ἀγαθῆς τὸ ποιεῖν τὰ δίκαια –
— 17. μῆκος δὲ βίου ὁδοὶ δικαιοσύνης –
— 17. ὃς φυλάσσει τὰς ἑαυτοῦ ὁ. τηρεῖ τὴν ἑαυτοῦ ψυχήν (3 *a*)
— 25. εἰσὶν ὁδοὶ δοκοῦσαι εἶναι ὀρθαὶ ἀνδρί (3 *a*)
— 29. ἀπάγει αὐτοὺς ὁδοὺς οὐκ ἀγαθάς (3 *a*)
— 31. ἐν δὲ ὁδοῖς δικαιοσύνης εὑρίσκεται (3 *a*)
17. 23. λαμβάνοντος δῶρα ἐν κόλποις [A -ῳ] ἀδίκως οὐ κατευοδοῦνται ὁδοὶ ἀσεβὴς δὲ ἐκκλίνει ὁδοὺς δικαιοσύνης (–, 1 *a*)
18. 22 (19. 3). ἀφροσύνη ἀνδρὸς λυμαίνεται τὰς ὁ. αὐτοῦ (3 *a*)
19. 16. ὁ δὲ καταφρονῶν τῶν ἑαυτοῦ ὁ. ἀπολεῖται (3 *a*)
20. 11. εὐθεῖα ἡ ὁ. αὐτοῦ †
— 24. θνητὸς δὲ πῶς ἂν νοήσαι τὰς ὁ. αὐτοῦ (3 *a*)
21. 8. πρὸς τοὺς σκολιοὺς σκολιὰς ὁδοὺς ἀποστέλλει ὁ θεός (3 *a*)
— 16. ἀνὴρ πλανώμενος ἐξ ὁδοῦ δικαιοσύνης (3 *a*)
— 21. ὁδὸς δικαιοσύνης καὶ ἐλεημοσύνης εὑρήσει ζωήν †
— 29. ὁ δὲ εὐθὴς αὐτὸς συνίει τὰς ὁ. αὐτοῦ (3 *a*)
22. 5. τρίβολοι καὶ παγίδες ἐν ὁδοῖς σκολιαῖς (3 *a*)
— 13. λέων ἐν ταῖς ὁ. (5)
— 14. εἰσὶν ὁδοὶ κακαὶ ἐνώπιον ἀνδρός –
— 14. ἀποστρέφειν δὲ δεῖ ἀπὸ ὁδοῦ σκολιᾶς καὶ κακῆς –
— 19. ἵνα . . . γνωρίσῃ σοι τὴν ὁ. σου †
— 25. μή ποτε μάθῃς τῶν ὁ. αὐτοῦ (1 *a*)
23. 26. οἱ δὲ σοὶ ὀφθαλμοὶ ἐμὰς ὁ. τηρείτωσαν (3 *a*)

Pr. 24. 54 (30. 19). ὁδοὺς ὄφεως ἐπὶ πέτρας . . . καὶ ὁδοὺς ἀνδρὸς ἐν νεότητι (3 *a*, 3 *a*)
— 55 (30. 20). τοιαύτη ὁδὸς γυναικὸς μοιχαλίδος (3 *a*)
25. 10. φύλαξον τὰς ὁ. σου εὐσυναλλάκτως –
— 19. ὁδὸς [A ὁδοὺς] κακοῦ καὶ ποὺς παρανόμου ὀλεῖται †
26. 6. ἐκ τῶν ἑαυτοῦ ὁ. ὄνειδος ποιεῖται †
— 13. λέγει ὀκνηρὸς ἀποστελλόμενος εἰς ὁδόν, Λέων ἐν ταῖς ὁ. (–, 3 *a*)
28. 10. ὃς πλανᾷ εὐθεῖς ἐν ὁδῷ κακῇ (3 *a*)
— 18. ὁ δὲ σκολιαῖς ὁδοῖς πορευόμενος ἐμπλακήσεται (3 *a*)
— 23. ὁ ἐλέγχων ἀνθρώπου ὁδοὺς †
29. 27. βδέλυγμα δὲ ἀνόμῳ κατευθύνουσα ὁδός (3 *a*)
Ec. 10. 3. ἐν ὁδῷ ὅταν ἄφρων [S ἄφνω] πορεύηται (3 *a*)
11. 5. οὐκ ἔστι γινώσκων τίς ἡ ὁ. τοῦ πνεύματος (3 *a*)
— 9. ASR περιπάτει ἐν ὁδοῖς καρδίας σου [B *om.* κ. σου] ἄμωμος (3 *a*)
12. 5. θάμβοι ἐν τῇ ὁ. (3 *a*)
Wi. 2. 16. ἀπέχεται τῶν ὁ. ἡμῶν ὡς ἀπὸ ἀκαθαρσιῶν
5. 6. ἄρα ἐπλανήθημεν ἀπὸ ὁδοῦ ἀληθείας
— 7. τὴν δὲ ὁ. κυρίου οὐκ ἔγνωμεν [S ἐπέγν.]
— 12. S[1] ὡς ἀγνοῆσαι τὴν ὁδὸν [A B S[2] δίοδον] αὐ.
10. 17. ὡδήγησεν αὐτοὺς ἐν ὁδῷ θαυμαστῇ
12. 24. τῶν πλάνης ὁ. μακρότερον ἐπλανήθησαν
14. 3. ἔδωκας καὶ ἐν θαλάσσῃ ὁδόν
18. 23. διέσχισε [S[2] διέκοψεν] τὴν πρὸς τοὺς ζῶντας ὁ.
19. 7. ἐξ ἐρυθρᾶς θαλάσσης ὁδὸς ἀνεμπόδιστος
Si. 2. 6. εὔθυνον τὰς ὁ. σου
— 15. οἱ ἀγαπῶντες αὐτὸν συντηρήσουσι τὰς ὁ. [S[2] ἐντολὰς] αὐτοῦ
6. 26. συντήρησον [AS τήρ.] τὰς ὁ. αὐτῆς
8. 15. μετὰ τολμηροῦ μὴ πορεύου ἐν ὁδῷ
11. 26. ἀποδοῦναι ἀνθρώπῳ κατὰ τὰς ὁ. αὐτοῦ
14. 21. ὁ διανοούμενος τὰς ὁ. αὐτῆς ἐν καρδίᾳ αὐτοῦ
— 22. AS ἐν ταῖς ὁ. [B εἰσόδοις] αὐτῆς ἐνέδρευε
16. 20. τὰς ὁ. αὐτοῦ τίς ἐνθυμηθήσεται
17. 15. αἱ ὁ. αὐ. ἐναντίον αὐτοῦ διὰ παντός
— 19. οἱ ὀφθαλμοὶ αὐ. ἐνδελεχεῖς ἐπὶ τὰς ὁ. αὐτῶν
21. 10. ὁδὸς ἁμαρτωλῶν ὡμαλισμένη ἐκ λίθων
— 16. ἐξήγησις μωροῦ ὡς ἐν ὁδῷ φορτίον
23. 19. ἐπιβλέποντες πάσας [S[2] ἐπὶ π.] ὁδοὺς ἀνθρώπων
30. 40 (33. 31). ἐν ποίᾳ ὁδῷ ζητήσεις αὐτόν
35 (32). 20. ἐν ὁδῷ ἀντιπτώματος μὴ πορεύου
— 21. μὴ πιστεύσῃς ἐν ὁδῷ ἀπροσκόπῳ
36 (33). 11. ἠλλοίωσε τὰς ὁ. αὐτῶν
— 13. πᾶσαι αἱ ὁ. αὐτοῦ κατὰ τὴν εὐδοκίαν αὐτοῦ
37. 9. καλὴ ἡ ὁ. σου
— 15. ἵνα εὐθύνῃ ἐν ἀληθείᾳ τὴν ὁ. σου
39. 24. αἱ ὁ. αὐτοῦ τοῖς ὁσίοις εὐθεῖαι
47. 23. ἔδωκε τῷ Ἐφραὶμ ὁδὸν ἁμαρτίας
48. 22. ἐνίσχυσεν ἐν ὁδοῖς Δαυὶδ τοῦ πατρὸς αὐτοῦ
49. 3. A κατεύθυνε πρὸς κύριον τὴν ὁ. [B S καρδίαν] αὐτοῦ
— 6. ἠρήμωσαν τὰς ὁ. αὐτῆς ἐν χειρὶ Ἰερεμίου
— 9. ἀγαθῶσαι τοὺς εὐθύνοντας ὁδοὺς [S[1] τὰς ὁ.]
Ho. 2. 6 (8). ἐγὼ φράσσω τὴν ὁ. αὐτῆς ἐν σκόλοψι (3 *a*)
— 6 (8). καὶ ἀνοικοδομήσω τὰς ὁδούς †
4. 9. ἐκδικήσω ἐπ' αὐτὸν τὰς ὁδοὺς αὐτοῦ (3 *a*)
6. 10 (9). ἔκρυψαν ἱερεῖς ὁδόν [A ὁδὸν κυρίου] (3 *a*)
7. 1. ἐκδιδύσκων λῃστὴς ἐν τῇ ὁ. αὐτοῦ (5)
9. 8. προφήτης παγὶς σκολιὰ ἐπὶ πάσας τὰς ὁ. αὐτοῦ (3 *a*)
12. 2 (3). κατὰ τὰς ὁ. αὐτοῦ . . . ἀποδώσει [A ἀνταποδ.] αὐτῷ (3 *a*)
13. 7. κατὰ τὴν ὁ. Ἀ. (3 *a*)
14. 10. εὐθεῖαι αἱ ὁ. τοῦ κυρίου (3 *a*)
Am. 2. 7. καὶ ὁδὸν ταπεινῶν ἐξέκλιναν (3 *a*)
4. 10. ἐξαπέστειλα εἰς ὑμᾶς θάνατον ἐν ὁδῷ Αἰ. (3 *a*)
5. 16. καὶ ἐν πάσαις ταῖς [A *om.*] ὁ. ῥηθήσεται (5)
— 17. καὶ ἐν πάσαις ὁ. κοπετός †
Mi. 4. 2. καὶ δείξουσιν ἡμῖν τὴν ὁ. αὐτοῦ (3 *a*)
— 5. οἱ λαοὶ πορεύσονται ἕκαστος τὴν ὁ. αὐτοῦ †
6. 16. καὶ ἐπορεύθητε ἐν ταῖς ὁ. [A βουλαῖς] αὐτῶν (8)
7. 10. ἔσται εἰς καταπάτημα ὡς πηλὸς ἐν ταῖς ὁ. (5)
Jl. 2. 7. ἕκαστος ἐν τῇ ὁ. αὐτοῦ πορεύσεται (3 *a*)
Jn. 3. 3. ὡσεὶ πορείας ὁδοῦ ἡμερῶν τριῶν (4 *b* ?)
— 4. A ὡσεὶ πορείας ὁδοῦ ἡμέρας μιᾶς [B S *al.*] (4 *b* ?)
3. 8. ἀπέστρεψαν ἕκαστος ἀπὸ τῆς ὁ. αὐτοῦ (3 *a*)
Jn. 3. 10. ἀπέστρεψαν ἀπὸ τῶν ὁ. αὐτῶν (3 *a*)
Na. 1. 3. ἐν συσσεισμῷ ἡ ὁ. αὐτοῦ (3 *a*)
2. 1 (2). σκόπευσον ὁδὸν κράτησον ὀσφύος (3 *a*)
— 4 (5). οἱ ἱππεῖς θορυβηθήσονται ἐν ταῖς ὁ. (5)
3. 10. ἐδαφιοῦσιν ἐπ' ἀρχὰς πασῶν τῶν ὁ. [S[1] ὀρέων] αὐτῆς (5)
Hb. 3. 19. S[1] τοῦ νικῆσαι ἐν τῇ ὁδῷ [A B S[2] ᾠδῇ] αὐ. †
Ze. 3. 6. ἐξερημώσω τὰς ὁ. αὐτῶν (5)
Hg. 1. 5. τάξατε δὴ τὰς καρδίας ὑμῶν εἰς τὰς ὁ. ὑμῶν (3 *a*)
— 7. θέσθε τὰς καρδίας ὑμῶν εἰς τὰς [S[1] *om.*] ὁ. (3 *a*)
Za. 1. 4. ἀποστρέψατε ἀπὸ τῶν ὁ. ὑμῶν τῶν πονηρῶν (3 *a*)
— 6. τοῦ ποιῆσαι ὑμῖν κατὰ τὰς ὁ. ἡμῶν (3 *a*)
3. 8 (7). ἐὰν ταῖς ὁ. μου πορεύῃ (3 *a*)
9. 3. χρυσίον ὡς πηλὸν ὁδῶν (5)
— 7. S[1] ἐκ μέσου ὁδῶν [A B S[2] ὀδόντων] αὐ. †
10. 5. πατοῦντες πηλὸν ἐν ταῖς ὁ. ἐν πολέμῳ (5)
Ma. 2. 8. ὑμεῖς δὲ ἐξεκλίνατε ἐκ τῆς ὁδοῦ (3 *a*)
— 9. ὑμεῖς οὐκ ἐφυλάξασθε τὰς ὁ. μου (3 *a*)
3. 1. καὶ ἐπιβλέψεται ὁδὸν πρὸ προσώπου μου (3 *a*)
Is. 2. 3. ἀναγγελεῖ ἡμῖν τὴν ὁ. αὐτοῦ (3 *a*)
5. 25. ἐγενήθη τὰ θνησιμαῖα αὐτῶν ὡς κοπρία ἐν μέσῳ ὁδοῦ (5)
7. 3. πρὸς τὴν κολυμβήθραν τῆς ἄνω ὁ. ἀγροῦ τοῦ γναφέως (10)
8. 11. ἀπειθοῦσι τῇ πορείᾳ τῆς ὁ. τοῦ λαοῦ τούτου (3 *a*)
9. 1 (8. 23). AS[2]R ἡ γῆ Νεφθαλὶμ ὁδὸν θαλάσσης [BS[1] *om.* ὁ. θ.] (3 *a*)
10. 24. τοῦ ἰδεῖν ὁδὸν Αἰγύπτου (3 *a*)
— 26. ὁ θυμὸς αὐτοῦ τῇ ὁ. τῇ κατὰ θάλασσαν εἰς τὴν ὁ. τὴν κατ' Αἴγυπτον (–, 3 *a*)
— 32. παρακαλεῖτε σήμερον ἐν ὁδῷ [A τῇ ὁ.] τοῦ μεῖναι †
11. 16. A ἔσται ὁ. [BS δίοδος] τῷ καταλειφθέντι μου λαῷ (10)
15. 5. κλαίοντες ἀναβήσονται τῇ ὁ. Ἀρωνιείμ (3 *a*)
19. 23. ἔσται ἡ [AS *om.*] ὁ. Αἰγύπτου πρὸς Ἀσσυρίους (10)
21. 13. ἐν τῇ ὁ. Δαιδάν (1 *a*)
26. 7. ὁ. εὐσεβῶν εὐθεῖα ἐγένετο ἡ ὁ. τῶν εὐσεβῶν καὶ παρεσκευασμένη (1 *a*, –)
— 8. ἡ γὰρ ὁ. κυρίου κρίσις (1 *a*)
30. 11. ἀποστρέψατε ἡμᾶς ἀπὸ τῆς ὁ. ταύτης (3 *a*)
— 21. αὕτη ἡ ὁ. πορευθῶμεν ἐν αὐτῇ (3 *a*)
33. 8. ἐρημωθήσονται γὰρ αἱ τούτων ὁδοί (10)
— 15. λαλῶν εὐθεῖαν ὁδόν †
— 21. οὐ πορεύσῃ ταύτην τὴν ὁ. †
35. 8. ἔσται ἐκεῖ ὁ. καθαρὰ καὶ ὁ. ἁγία κληθήσεται . . . οὐδὲ ἔσται ἐκεῖ ὁ. ἀκάθαρτος (11+3 *a*, 3 *a*, †)
36. 2. ἐν τῇ ὁ. τοῦ ἀγροῦ τοῦ γναφέως (10)
37. 29. ἀποστρέψω σε τῇ ὁ. ᾗ ἦλθες ἐν αὐτῇ (3 *a*)
— 34. τῇ ὁ. ᾗ ἦλθεν ἐν αὐτῇ ἀποστραφήσεται (3 *a*)
40. 3. ἑτοιμάσατε τὴν ὁ. κυρίου (3 *a*)
— 4. AS[2] ἡ τραχεῖα εἰς ὁδοὺς λείας [BS[1] εἰς πεδία] †
— 14. ὁδὸν συνέσεως τίς ἔδειξεν αὐτῷ (3 *a*)
— 27. ἀπεκρύβη ἡ ὁ. μου ἀπὸ τοῦ θεοῦ (3 *a*)
41. 3. διελεύσεται ἐν εἰρήνῃ ἡ ὁ. τῶν ποδῶν αὐ. (1 *a*)
— 27. Ἰερουσαλὴμ παρακαλέσω εἰς ὁδόν [A ἐν ὁδῷ] †
42. 16. ἄξω τυφλοὺς ἐν ὁδῷ ᾗ οὐκ ἔγνωσαν (3 *a*)
— 24. οὐκ ἠβούλοντο ἐν ταῖς ὁ. αὐτοῦ πορεύεσθαι (3 *a*)
43. 16. κύριος ὁ διδοὺς ἐν θαλάσσῃ ὁδόν (3 *a*)
— 19. ποιήσω ἐν τῇ ἐρήμῳ ὁδόν (3 *a*)
45. 13. πᾶσαι αἱ ὁ. αὐτοῦ εὐθεῖαι (3 *a*)
46. 11. εὐώδωσα τὴν ὁ. αὐτοῦ †
48. 15. εὐώδωσα τὴν ὁ. αὐτοῦ (3 *a*)
— 17. A[2]BS δέδειχά σοι τοῦ εὑρεῖν σε τὴν ὁ. (3 *a*)
49. 9. ἐν πάσαις ταῖς ὁ. βοσκηθήσονται (3 *a*)
— 11. θήσω πᾶν ὄρος εἰς ὁδόν (3 *a*)
51. 10. ἡ θεῖσα τὰ βάθη τῆς θαλάσσης ὁδὸν διαβάσεως ῥυομένοις (3 *a*)
53. 6. ἄνθρωπος τῇ ὁ. αὐτοῦ ἐπλανήθη (3 *a*)
55. 3. ἐπακολουθήσατε ταῖς ὁ. μου –
— 7. ἀπολιπέτω ὁ ἀσεβὴς τὰς ὁ. αὐτοῦ (3 *a*)
— 8. οὐδ' ὥσπερ αἱ ὁ. ὑμῶν αἱ ὁ. μου (3 *a*, 3 *a*)
— 9. ἀπέχει ἡ ὁ. μου ἀπὸ τῶν ὁ. ὑμῶν (3 *a*, 3 *a*)
— 11. εὐοδώσω τὰς ὁ. σου †
56. 11. πάντες [A S[3] *add.* ἐν] ταῖς ὁ. αὐτῶν ἐξηκολούθησαν (3 *a*)
Is. 57. 14. καθαρίσατε ἀπὸ προσώπου αὐτοῦ ὁδοὺς καὶ ἄρατε σκῶλα ἀπὸ τῆς ὁ. τοῦ λαοῦ μου (3 *a*, 3 *a*)
— 17. ἐπορεύθη στυγνὸς ἐν ταῖς ὁ. αὐ. [S[2] *al.*] (3 *a*)
— 18. τὰς ὁ. αὐτοῦ ἑώρακα (3 *a*)
58. 2. γνῶναί μου τὰς ὁ. ἐπιθυμοῦσιν (3 *a*)
59. 7. σύντριμμα καὶ ταλαιπωρία ἐν ταῖς ὁ. αὐτῶν (10)
— 8. ὁδὸν εἰρήνης οὐκ οἴδασι [A ἔγνωσαν] καὶ οὐκ ἔστι κρίσις ἐν ταῖς ὁ. αὐτῶν (3 *a*, 12)
— 14. κατηναλώθη ἐν ταῖς ὁ. αὐτῶν ἡ ἀλήθεια (16)
62. 10. τοὺς λίθους ἐκ τῆς ὁ. διαρρίψατε (10)
63. 17. τί ἐπλάνησας ἡμᾶς, κύριε, ἀπὸ τῆς ὁ. σου (3 *a*)
64. 5 (4). τῶν ὁ. σου μνησθήσονται (3 *a*)
65. 2. τοῖς πορευομένοις ὁδῷ οὐ καλῇ [AS *al.*] (3 *a*)
66. 3. ἐξελέξαντο τὰς ὁ. αὐτῶν (3 *a*)
Je. 2. 18. τί σοι καὶ τῇ ὁ. [A κ. γῇ] Αἰγύπτου (3 *a*)
— 18. καὶ τί σοι καὶ τῇ ὁ. [A γῇ] Ἀσσυρίων (3 *a*)
— 23. ἴδε τὰς ὁ. σου ἐν τῷ πολυανδρίῳ (3 *a*)
— 23. τὰς ὁ. αὐτῆς ἐπλάτυνεν ἐφ' ὕδατα ἐρήμου (3 *a*)
— 25. ἀπόστρεψον τὸν πόδα σου ἀπὸ ὁδοῦ τραχείας †
— 33. τί ἔτι καλὸν ἐπιτηδεύσεις ἐν ταῖς ὁ. σου (3 *a*)
— 33. ἐπονηρεύσω τοῦ μιᾶναι τὰς ὁ. σου (3 *a*)
— 36. τοῦ δευτερῶσαι τὰς ὁ. σου (3 *a*)
3. 2. ἐπὶ ταῖς ὁ. [A *add.* αἷς] ἐκάθισας αὐτοῖς ὡσεὶ κορώνη (3 *a*)
— 13. διέχεας τὰς ὁ. σου εἰς ἀλλοτρίους (3 *a*)
— 21. ἠδίκησαν ἐν ταῖς ὁ. αὐτῶν (3 *a*)
4. 11. ὁδὸς τῆς θυγατρὸς τοῦ λαοῦ μου οὐκ εἰς καθαρόν (3 *a*)
— 18. αἱ ὁ. σου καὶ τὰ ἐπιτηδεύματά σου ἐποίησαν ταῦτά σοι (3 *a*)
5. 1. περιδράμετε ἐν ταῖς ὁ. Ἱερουσαλήμ (5)
— 4. οὐκ ἔγνωσαν ὁδὸν κυρίου καὶ κρίσιν θεοῦ (3 *a*)
— 5. ἐπέγνωσαν ὁδὸν κυρίου καὶ κρίσιν θεοῦ (3 *a*)
6. 16. στῆτε ἐπὶ ταῖς ὁ. (3 *a*)
— 16. ποία ἐστὶν ἡ ὁ. ἡ ἀγαθή (3 *a*)
— 25. ἐν ταῖς ὁ. μὴ βαδίζετε (3 *a*)
— 27. ἐν τῷ δοκιμάσαι με τὴν ὁ. αὐτῶν (3 *a*)
7. 3. διορθώσατε τὰς ὁ. ὑμῶν (3 *a*)
— 5. ἐὰν διορθοῦντες διορθώσητε τὰς ὁ. ὑμῶν (3 *a*)
— 17. τί αὐτοὶ ποιοῦσιν . . . ἐν ταῖς ὁ. Ἱερ. (5)
— 23. πορεύεσθε ἐν πάσαις [S *om.*] ταῖς ὁ. μου (3 *a*)
10. 2. κατὰ τὰς ὁ. τῶν ἐθνῶν μὴ μανθάνετε [A πορεύεσθε] (3 *a*)
— 23. οὐχὶ τοῦ ἀνθρώπου ἡ ὁ. αὐτοῦ (3 *a*)
12. 1. τί ὅτι ὁδὸς ἀσεβῶν εὐοδοῦται (3 *a*)
— 4. οὐκ ὄψεται ὁ θεὸς ὁδοὺς ἡμῶν †
— 16. ἐὰν μαθόντες μάθωσι τὴν ὁ. τοῦ λαοῦ μου [A *al.*] (3 *a*)
14. 16. ἔσονται ἐρριμμένοι ἐν ταῖς ὁ. [A διόδοις] Ἱερουσαλήμ (5)
— 18. A ἐπορεύθησαν ὁδὸν [BS εἰς γῆν] ἣν οὐκ ᾔδεισαν (2)
16. 17. οἱ ὀφθαλμοί μου ἐπὶ πάσας τὰς ὁ. αὐ. (3 *a*)
17. 10. τοῦ δοῦναι ἑκάστῳ κατὰ τὰς ὁ. αὐτοῦ (3 *a*)
18. 11. ἀποστραφήτω δὴ ἕκαστος ἀπὸ ὁδοῦ αὐ. (3 *a*)
— 15. ἀσθενήσουσιν ἐν ταῖς ὁ. αὐτῶν σχοίνους αἰωνίους τοῦ ἐπιβῆναι τρίβους οὐκ ἔχοντας ὁδὸν εἰς πορείαν [A ὁ. πορείας] (3 *a*, 3 *a*)
21. 8. δέδωκα πρὸ προσώπου ὑμῶν τὴν ὁ. τῆς ζωῆς καὶ τὴν ὁ. τοῦ θανάτου (3 *a*, 3 *a*)
22. 21. BS αὕτη ἡ ὁ. σου ἐκ νεότητός σου (3 *a*)
23. 12. γενέσθω ἡ ὁ. αὐτῶν αὐτοῖς εἰς ὀλίσθημα (3 *a*)
— 14. τοῦ μὴ ἀποστραφῆναι ἕκαστον ἀπὸ τῆς ὁ. αὐτοῦ τῆς πονηρᾶς (18)
25. 5. ἀποστράφητε ἕκαστος ἀπὸ τῆς ὁ. αὐτοῦ τῆς πονηρᾶς (3 *a*)
27 (50). 5. ἕως [AS *add.* εἰς] Σιὼν ἐρωτήσουσι τὴν ὁ. (3 *a*)
31 (48). 5. ἀναβήσεται κλαίων ἐν ὁδῷ Ὡρωναΐμ (9)
— 19. ἐφ' ὁδοῦ στῆθι (3 *a*)
33 (26). 3. ἀποστραφήσονται ἕκαστος ἀπὸ τῆς [A *om.*] ὁ. αὐ. τῆς πονηρᾶς (3 *a*)
— 13. βελτίους ποιήσατε τὰς ὁ. ὑμῶν (3 *a*)
35 (28). 11. ᾤχετο Ἰερεμίας εἰς τὴν ὁ. αὐτοῦ (3 *a*)
38 (31). 9. αὐλίζων ἐπὶ διώρυγας ὑδάτων ἐν ὁδῷ ὀρθῇ (3 *a*)
— 21. ὁδὸν ᾗ ἐπορεύθης ἀποστράφηθι (3 *a*)
39 (32). 19. οἱ ὀφθαλμοί σου εἰς τὰς ὁ. τῶν υἱῶν τῶν ἀνθρώπων δοῦναι ἑκάστῳ κατὰ τὴν ὁ. [S τὰς ὁ.] αὐ. (3 *a*, 3 *a*)
— 39. δώσω αὐτοῖς ὁδὸν ἑτέραν (3 *a*)
42 (35). 4. S[2] τοῦ φυλάσσοντος τὴν ὁδὸν [ABS[1] αὐλήν] †

Je. 42 (35). 15. ἀποστράφητε ἕκαστος ἀπὸ τῆς [S *om.*] ὁ. αὐτοῦ τῆς πονηρᾶς (3 *a*)
43 (36). 3. ἵνα ἀποστρέψωσιν ἀπὸ ὁδοῦ αὐτῶν τῆς πονηρᾶς (3 *a*)
— 7. ἀποστρέψουσιν ἐκ [A ἀπὸ] τῆς ὁ. αὐτῶν τῆς πονηρᾶς (3 *a*)
49 (42). 3. ἀναγγειλάτω ἡμῖν κύριος ὁ θεός σου τὴν ὁ. (3 *a*)
52. 7. ἐξῆλθον νυκτὸς κατὰ τὴν ὁ. τῆς πύλης . . . ἐπορεύθησαν [A ᾤχοντο] ὁδὸν τὴν εἰς Ἄραβα (3 *a*, 3 *a*)
— 24. τοὺς τρεῖς τοὺς φυλάττοντας τὴν ὁ. †
Ba. 2. 33. μνησθήσονται τῆς ὁ. πατέρων αὐτῶν
3. 13. τῇ ὁ. τοῦ θεοῦ εἰ ἐπορεύθης
— 20. ὁδὸν δὲ ἐπιστήμης οὐκ ἔγνωσαν
— 21. οἱ υἱοὶ αὐ. ἀπὸ τῆς ὁ. αὐ. πόρρω ἐγενήθησαν
— 23. ὁδὸν δὲ [A τῆς] σοφίας οὐκ ἔγνωσαν
— 27. οὐδὲ ὁδὸν ἐπιστήμης ἔδωκεν αὐτοῖς
— 31. οὐκ ἔστιν ὁ γινώσκων τὴν ὁ. αὐτῆς
— 36. ἐξεῦρε πᾶσαν ὁδὸν ἐπιστήμης
4. 13. οὐδὲ ἐπορεύθησαν ὁδοῖς ἐντολῶν θεοῦ
— 26. οἱ τρυφεροί μου ἐπορεύθησαν ὁδοὺς τραχείας
La. 1. 4. ὁδοὶ Σιὼν πενθοῦσι (3 *a*)
— 12. οἱ πρὸς ὑμᾶς πάντες παραπορευόμενοι ὁδόν (3 *a*)
2. 15. πάντες οἱ παραπορευόμενοι ὁδόν (3 *a*)
3. 9. ἀνῳκοδόμησεν ὁδούς μου (3 *a*)
— 40. ἐξηρευνήθη ἡ ὁ. ἡμῶν (3 *a*)
Ep. Je. 43. ἐν ταῖς ὁ. ἐγκάθηνται θυμιῶσαι τὰ πίτυρα
Ez. 3. 18. ἀποστρέψαι ἀπὸ τῶν ὁ. αὐτοῦ (3 *a*)
— 19. μὴ ἀποστρέψῃ ἀπὸ . . . τῆς ὁ. αὐ. (3 *a*)
7. 8. κρινῶ σε ἐν ταῖς ὁ. σου (3 *a*)
— 9. τὰς ὁ. σου ἐπὶ σὲ δώσω (3 *a*)
— 7 (3). ἐκδικήσω ἐν ταῖς ὁ. σου (3 *a*)
— 4. τὴν ὁ. σου ἐπὶ σὲ δώσω (3 *a*)
— 27. κατὰ τὰς ὁ. αὐτῶν ποιήσω αὐτοῖς (3 *a*)
9. 2. ἤρχοντο ἀπὸ τῆς ὁ. τῆς πύλης τῆς ὑψηλῆς (3 *a*)
— 7. πλήσατε [A -ηρώσ.] τὰς ὁ. νεκρῶν †
— 10. τὰς ὁ. αὐτῶν εἰς κεφαλὰς αὐτῶν δέδωκα (3 *a*)
11. 6. ἐνεπλήσατε τὰς ὁ. αὐ. τραυματιῶν (5)
— 21. τὰς ὁ. αὐ. εἰς τὰς κεφαλὰς αὐ. δέδωκα (3 *a*)
13. 22. τὸ καθόλου μὴ ἀποστρέψαι [A *add.* τὸν] ἀπὸ τῆς ὁ. αὐτοῦ τῆς πονηρᾶς (3 *a*)
14. 22, 23 (AB^2R). ὄψεσθε τὰς ὁ. αὐτῶν (3 *a*)
16. 25. ἐπ' ἀρχῆς πάσης ὁδοῦ [A -ὴν πασῶν ἐξόδων] ᾠκοδόμησας τὰ πορνεῖά σου (3 *a*)
— 27. θυγατέρας ἀλλοφύλων τὰς ἐκκλινούσας σε ἐκ τῆς ὁ. σου (3 *a*)
— 31. τὸ πορνεῖον ᾠκοδόμησας ἐν πάσῃ ἀρχῇ [A ἐπὶ πάσης ἀρχῆς] ὁδοῦ (3 *a*)
— 43. τὰς ὁ. σου εἰς κεφαλήν σου δέδωκα (3 *a*)
— 47. οὐδ' ὡς ἐν ταῖς ὁ. αὐ. ἐπορεύθης . . . ὑπέρκεισαι αὐτὰς ἐν πάσαις ταῖς ὁ. σου (3 *a*, 3 *a*)
— 61. μνησθήσῃ τὴν ὁ. σου (3 *a*)
18. 11. ἐν τῇ ὁ. τοῦ πατρὸς αὐτοῦ τοῦ δικαίου οὐκ ἐπορεύθη †
— 23. ὡς τὸ ἀποστρέψαι αὐτὸν ἐκ τῆς ὁ. [A *add.* αὐτοῦ] τῆς πονηρᾶς (3 *a*)
— 25. οὐ κατευθύνει [A κατορθοῖ] ἡ ὁ. κυρίου (3 *a*)
— 25. μὴ ἡ ὁ. μου οὐ κατευθύνει (3 *a*)
— 25. οὐχὶ ἡ ὁ. ὑμῶν οὐ κατευθύνει (3 *a*)
— 29. οὐ κατορθοῖ ἡ ὁ. κυρίου· μὴ ἡ ὁ. μου οὐ κατορθοῖ (3 *a*, 3 *a*)
— 29. οὐχὶ ἡ ὁ. ὑμῶν οὐ κατορθοῖ (3 *a*)
— 30. ἕκαστον κατὰ τὴν ὁ. αὐτοῦ κρινῶ ὑμᾶς (3 *a*)
20. 43. μνησθήσεσθε ἐκεῖ τὰς ὁ. ὑμῶν (3 *a*)
— 44. ὅπως τὸ ὄνομά μου μὴ βεβηλωθῇ κατὰ τὰς ὁ. ὑμῶν τὰς κακάς (3 *a*)
21. 19 (24). διάταξον σεαυτῷ δύο ὁδοὺς . . . χεὶρ ἐν ἀρχῇ [A χεῖρα ἑτοιμάσουσιν ἐπ' ἀρχῆς] ὁδοῦ πόλεως (3 *a*, 3 *a*)
— 20 (25). ἐπ' ἀρχῆς ὁδοῦ διατάξεις (3 *a*)
— 21 (26). στήσεται βασιλεὺς Βαβ. ἐπὶ τὴν ἀρχαίαν ὁ. ἐπ' ἀρχῆς τῶν δύο ὁ. (3 *a*, 3 *a*)
22. 31. τὰς ὁ. αὐτῶν εἰς κεφαλὰς αὐτῶν δέδωκα (3 *a*)
23. 13. μεμίανται ὁ. μία τῶν δύο (3 *a*)
— 31. ἐν τῇ ὁ. τῆς ἀδελφῆς σου ἐπορεύθης (3 *a*)
24. 14. κατὰ τὰς ὁ. σου . . . κρινῶ σε (3 *a*)
27. 3. A ἐρεῖς τῇ Σὸρ τῇ κατοικούσῃ ἐπὶ τῆς ὁ. [B εἰσόδου] τῆς θαλάσσης (7)
33. 8. τοῦ φυλάξασθαι τὸν ἀσεβῆ [A ἀποστῆναι τὸν ἄνομον] ἀπὸ τῆς ὁ. αὐτοῦ (3 *a*)
— 9. ἐὰν προαπαγγείλῃς ᾧ ἀσεβεῖ τὴν ὁ. αὐτοῦ (3 *a*)
— 9. καὶ μὴ ἀποστρέψῃ ἀπὸ τῆς ὁ. αὐτοῦ (3 *a*)
Ez. 33. 11. ὡς [A *add.* τὸ] ἀποστρέψαι τὸν ἀσεβῆ ἀπὸ τῆς ὁ. αὐτοῦ (3 *a*)
— 11. ἀποστρέψατε ἀπὸ τῆς ὁ. ὑμῶν [A τῶν ὁ. ὑ. τῶν πονηρῶν] (3 *a*)
— 17. οὐκ εὐθεῖα ἡ ὁ. τοῦ κυρίου· καὶ αὕτη ἡ ὁ. αὐτῶν οὐκ εὐθεῖα (3 *a*, 3 *a*)
— 20. οὐκ εὐθεῖα ἡ ὁ. κυρίου· ἕκαστον ἐν ταῖς ὁ. αὐτοῦ [A κατὰ τὰς ὁ. ὑμῶν] κρινῶ ὑμᾶς (3 *a*, 3 *a*)
36. 17. ἐμίαναν αὐτὴν ἐν τῇ ὁ. αὐτῶν (3 *a*)
— 17. κατὰ τὴν ἀκαθαρσίαν τῆς ἀποκαθημένης [A ἀφέδρου] ἐγενήθη ἡ ὁ. αὐτῶν πρὸ προσώπου μου (3 *a*)
— 19. κατὰ τὴν ὁ. [A τὰς ὁ.] αὐ. . . . ἔκρινα αὐτούς (3 *a*)
— 31. μνησθήσεσθε τὰς ὁ. ὑμῶν τὰς πονηράς (3 *a*)
— 32. ἐντράπητε ἐκ τῶν ὁ. ὑμῶν (3 *a*)
42. 15. ἐξήγαγέ με καθ' ὁδὸν τῆς πύλης τῆς βλεπούσης πρὸς [AB^2 κατ'] ἀνατολάς (3 *a*)
43. 2. δόξα θεοῦ Ἰσραὴλ ἤρχετο κατὰ τὴν ὁ. τὴν [A τῆς πύλης τῆς βλεπούσης] πρὸς ἀνατολάς (3 *a*)
— 4. κατὰ τὴν ὁ. τῆς πύλης τῆς βλεπούσης κατὰ ἀνατολάς (3 *a*)
44. 1. ἐπέστρεψέ με κατὰ τὴν ὁ. τῆς πύλης τῶν ἁγίων (3 *a*)
— 3. κατὰ τὴν ὁ. αἰλὰμ τῆς πύλης εἰσελεύσεται (3 *a*)
— 3. καὶ κατὰ τὴν ὁ. αὐτοῦ ἐξελεύσεται (3 *a*)
— 4. εἰσήγαγέ με κατὰ τὴν ὁ. τῆς πύλης τῆς πρὸς βορρᾶν (3 *a*)
46. 2. εἰσελεύσεται ὁ ἀφηγούμενος κατὰ τὴν ὁ. τοῦ αἰλάμ (3 *a*)
— 8. κατὰ τὴν ὁ. τοῦ αἰλὰμ τῆς πύλης εἰσελεύσεται (3 *a*)
— 8. κατὰ τὴν ὁ. τῆς πύλης ἐξελεύσεται (3 *a*)
— 9. ὁ εἰσπορευόμενος κατὰ τὴν ὁ. τῆς πύλης τῆς βλεπούσης [A *om.*] πρὸς βορρᾶν προσκυνεῖν ἐξελεύσεται κατὰ τὴν ὁ. τῆς πύλης τῆς πρὸς νότον καὶ ὁ εἰσπορευόμενος κατὰ τὴν ὁ. τῆς πύλης τῆς πρὸς νότον ἐξελεύσεται κατὰ τὴν ὁ. τῆς πύλης τῆς πρὸς βορρᾶν (3 *a quater*)
47. 2. ἐξήγαγέ με κατὰ τὴν ὁ. τῆς πύλης τῆς πρὸς βορρᾶν καὶ περιήγαγέ με τὴν ὁ. ἔξωθεν (3 *a*, 3 *a*)
Da. LXX. 3. (27). καὶ αἱ ὁ. σου εὐθεῖαι
Da. TH. 3. (27). καὶ εὐθεῖαι αἱ ὁ. σου
5. 23. καὶ πᾶσαι αἱ ὁ. σου (1 *a*)
I Ma. 5. 4. ἐν τῷ ἐνεδρεύειν αὐτοὺς ἐν ταῖς ὁ.
— 24. ἐπορεύθησαν ὁδὸν τριῶν ἡμερῶν
— 28. ἀπέστρεψεν . . . ὁδὸν εἰς τὴν ἔρημον
— 46. S αὕτη ἡ πόλις μεγάλη ἐπὶ τῆς ὁ. [AR εἰσόδου]
— 53. παρακαλῶν τὸν λαὸν κατὰ πᾶσαν τὴν ὁ.
6. 33. AR κατὰ τὴν ὁ. [S *add.* αὐτῆς] B.
7. 45. ὁδὸν ἡμέρας μιᾶς ἀπὸ Ἀ.
8. 19. καὶ ἡ ὁ. πολλὴ σφόδρα
9. 2. ἐπορεύθησαν ὁδὸν τὴν εἰς Γ.
11. 4. ἐποίησαν γὰρ θημωνίας αὐτῶν ἐν τῇ ὁ. αὐ.
13. 20. ἐκύκλωσεν ὁδὸν τὴν εἰς Ἄ.
15. 41. ὅπως . . . ἐξοδεύωσι τὰς ὁ. τῆς Ἰ.
II Ma. 2. 6. ὥστε ἐπισημάνασθαι τὴν ὁ.
3. 19. κατὰ τὰς ὁ. ἐπλήθυον
III Ma. 7. 14. R κατὰ τὴν ὁ. ἐκολάζοντο [A *al.*]
IV Ma. 14. 5. ὥσπερ ἐπ' ἀθανασίας ὁδὸν τρέχοντες

[**Aq.** Ge. 19. 31 : 35. 16 : Nu. 21. 1 : 22. 23 : Dt. 11. 19 : Jd. 9. 37 : I Ki. 13. 18 : Jb. 4. 6 : 38. 25 : 40. 14 (19) : Ps. 5. 9 : 18 (19). 6 : 24 (25). 8, 9, 10, 12 : 26 (27). 11 : 31 (32). 8 : 48 (49). 14 : 85 (86). 11 : 90 (91). 11 : 118 (119). 29, 59 : 138 (139). 3 : Pr. 4. 14 : 9. 6 : 10. 29 : 14. 12 : 23. 19 : 30. 19 *bis* : Ec. 12. 5 : Is. 9. 1 (8. 23) : 15. 5 : 40. 14 : 56. 11 : 65. 2 : Je. 6. 16 : 7. 23 : 18. 11, 15 : Ez. 20. 46 (21. 2) : 28. 15 : 33. 9, 20.]
[**Sm.** Nu. 21. 1 : Dt. 11. 19 : Jd. 5. 6 : I Ki. 13. 18 : II Ki. 24. 6 : Jb. 22. 3 : 24. 4, 23 : 34. 11 : 40. 14 (19) : Ps. 5. 9 : 16 (17). 4 : 18 (19). 6 : 24 (25). 8, 9, 12 : 26 (27). 11 : 31 (32). 8 : 36 (37). 23 : 38 (39). 2 : 43 (44). 19 : 48 (49). 14 : 67 (68). 5 : 76 (77). 14 : 84. (85). 14 : 85 (86). 11 : 90 (91). 11 : 100 (101). 2 : 101 (102). 24 : 118 (119). 9, 29, 59 : 138 (139). 3 *bis* : Pr. 2. 18 : 8. 22 : 9. 6 : 10. 29 : 14. 12 : 15. 19 : 23. 19 : 30. 19 : Ec. 10. 3 : Is. 8. 11 : 9. 1 (8. 23) : 10. 24 : 30. 11 : 40. 3, 14 : 45. 13 : 62. 10 : 65. 2 : Je. 7. 23 : 12. 16 : 18. 11 : 52. 7 : Ez. 3. 18 : 7. 3 : 20. 46 (21. 2) : 28. 15 : 33. 9, 11, 20 : 40. 10 : 44. 4.]
[**Th.** Dt. 11. 19 : I Ki. 13. 18 : Jb. 3. 23 : 17. 9 : 19. 12 : 22. 3 : 29. 25 : 33. 29 : 40. 14 (19) : Ps. 18 (19). 6 : 26 (27). 11 : 118 (119). 59 : 138 (139). 3 : Pr. 4. 14 : 8. 22 : 10. 29 : 14. 12 : 16. 17 : 22. 6 : 23. 19 : 30. 19 *bis* : Is. 9. 1 (8. 23) : 40. 14 : 58. 13 : 62. 10 : 65. 2 : Je. 39 (46). 4 *bis* : Ez. 7. 3 : 28. 15 : 33. 9, 20 : 42. 4.]
[**Heb.** Ps. 118 (119). 59.]
[**Al.** Dt. 6. 7 : Jd. 9. 21 : I Ki. 21. 5 (6) : II Ki. 13. 34 : Jb. 6. 19 : 36. 26 : Ps. 137 (138). 5 : Pr. 1. 15 : 2. 20 : 10. 17 : 15. 10 : 16. 2 : Hb. 3. 6.]
[**Quint.** Ps. 24 (25). 10 : 26 (27). 11 : 43 (44). 19 : 138 (139). 3.]
[**Sext.** Ps. 26 (27). 11 : 138 (139). 3.]

ὀδούς. (1) שֵׁן (2) ὀ. ἐλεφάντινοι *a.* שֵׁן *b.* שֶׁנְהַבִּים

Ge. 49. 12. λευκοὶ οἱ ὀ. αὐτοῦ ἢ γάλα (1)
Ex. 21. 24. ὀδόντα ἀντὶ ὀδόντος (1, 1)
— 27. ἐὰν δὲ τὸν ὀ. τοῦ οἰκέτου ἢ τὸν ὀ. τῆς θεραπαίνης αὐτοῦ ἐκκόψῃ (1, 1)
— 27. ἐξαποστελεῖ αὐτοὺς ἀντὶ τοῦ ὀ. αὐτῶν (1)
Le. 24. 20. ὀδόντα ἀντὶ ὀδόντος (1, 1)
Nu. 11. 33. τὰ κρέα ἔτι ἦν ἐν τοῖς ὀ. αὐτῶν (1)
De. 19. 21. ὀδόντα ἀντὶ ὀδόντος (1, 1)
32. 24. ὀδόντας θηρίων ἀποστελῶ εἰς αὐτούς (1)
I Ki. 13. 21. B τρεῖς σίκλοι εἰς τὸν ὀ. –
14. 4. AR ὀδοὺς πέτρας ἐκ τούτου [B *al.*] (1)
— 4. καὶ ὀδοὺς πέτρας ἐκ τούτου (1)
III Ki. 10. 22. A ναῦς . . . ὀ. ἐλεφαντίνων [B *al.*] (2 *b*)
II Ch. 9. 17. θρόνον ἐλεφάντινον ὀδόντων μέγαν (1 ?)
— 21. πλοῖα [A -ον] . . . γέμοντα [A -ον] . . . ὀδόντων ἐλεφαντίνων (2 *b*)
II Es. 8. 17. B τοῦ ἐνέγκαι ἡμῖν ὀδόντας [AR ᾄδοντας] †
Jb. 13. 14. ἀναλαβὼν τὰς σάρκας μου τοῖς ὀ. (1)
16. 10 (9). ἔβρυξεν ἐπ' ἐμὲ [S ἐμοὶ] τοὺς ὀ. (1)
19. 20. τὰ δὲ ὀστᾶ μου ἐν ὀδοῦσιν [A ὀδύναις] ἔχεται (1)
9. 17. ἐκ μέσου [S -ων] τῶν [A *om.*] ὀ. αὐ. ἅρπαγμα ἐξήρπασα [A -έσπασα] (1)
41. 5 (6). κύκλῳ ὀδόντων αὐτοῦ φόβος (1)
Ps. 3. 7. ὀδόντας ἁμαρτωλῶν συνέτριψας (1)
34 (35). 16. ἔβρυξαν ἐπ' ἐμὲ τοὺς ὀ. αὐτῶν (1)
36 (37). 12. βρύξει ἐπ' αὐτὸν τοὺς ὀ. αὐτοῦ (1)
56 (57). 4. οἱ ὀ. αὐτῶν ὅπλον [S^2 ὅπλα] καὶ βέλη (1)
57 (58). 6. ὁ θεὸς συνέτριψε τοὺς ὀ. αὐτῶν (1)
111 (112). 10. τοὺς ὀ. αὐτοῦ βρύξει (1)
123 (124). 6. ὃς οὐκ ἔδωκεν ἡμᾶς εἰς θήραν τοῖς ὀ. αὐτῶν (1)
Pr. 10. 26. ὥσπερ ὄμφαξ ὀδοῦσι βλαβερόν (1)
24. 37 (30. 14). ἔκγονον κακὸν μαχαίρας τοὺς ὀ. ἔχει (1)
25. 19. A ὀδοὺς [B S ὁδὸς] κακοῦ καὶ ποὺς παρανόμου ὀλεῖται (1)
Ca. 4. 2 : 6. 5 (6). ὀδόντες σου ὡς ἀγέλαι τῶν κεκαρμένων (1)
7. 9 (10). ἱκανούμενος χείλεσί [A ἐν χ.] μου καὶ ὀδοῦσιν †
Wi. 16. 10. τοὺς δὲ υἱούς σου οὐδὲ ἰοβόλων δρακόντων ἐνίκησαν ὀδόντες
18. 2. S^1 καὶ τοῦ διενεχθῆναι χάριν ὀδόντων [ABS^2 ἐδέοντο]
Si. 19. 30. στολισμὸς ἀνδρὸς καὶ γέλως ὀδόντων
21. 2. ὀδόντες λέοντος οἱ ὀ. αὐτῆς
30. 10. ἐπ' ἐσχάτῳ [A -ων] γομφιάσεις τοὺς ὀ. σου
39. 30. θηρίων ὀδόντες καὶ σκορπίοι καὶ ἔχεις
Am. 4. 6. ἐγὼ δώσω ὑμῖν γομφιασμὸν ὀδόντων (1)
Mi. 3. 5. τοὺς δάκνοντας ἐν τοῖς ὀδοῦσιν αὐτῶν (1)
Jl. 1. 6. οἱ ὀ. αὐτοῦ ὀδόντες λέοντος (1, 1)
Za. 9. 7. ἐξαρῶ . . . τὰ βδελύγματα αὐ. ἐκ μέσου ὀδόντων [S^1 ὁδῶν] αὐ. (1)
Je. 38 (31). 29. οἱ ὀ. τῶν τέκνων ᾑμωδίασαν (1)
— 30. τοῦ φαγόντος τὸν ὄμφακα αἱμωδιάσουσιν οἱ ὀ. αὐτοῦ (1)
La. 2. 16. ἔβρυξαν ὀδόντας (1)
3. 16. ἐξέβαλε ψήφῳ ὀδόντας [A τοὺς ὀ.] μου (1)
Ez. 18. 2. οἱ ὀ. τῶν τέκνων ἐγομφίασαν (1)
— 4. A τοῦ φαγόντος τὸν ὄμφακα αἱμωδιάσουσιν οἱ ὀ. αὐτοῦ –

Ez. 27. 15. ἐπλήθυναν τὴν ἐμπορίαν σου ὀδόντας ἐλεφαντίνους (2 *a*)
Da. LXX. 7. 5. ἐν μέσῳ ὀδόντων αὐτῆς (1)
— 7. ἔχον ὀδόντας σιδηροῦς μεγάλους (1)
— 19. οἱ ὀ. αὐτοῦ σιδηροῖ (1)
Da. TH. 7. 5. ἀνὰ μέσον τῶν ὀ. αὐτῆς (1)
— 7, 19. οἱ ὀ. αὐ. σιδηροῖ (1)
IV Ma. 7. 6. οὐκ ἐμίανας τοὺς ἱεροὺς ὀ.

[**Aq.** Ps. 44 (45). 9: Pr. 25. 19: Ca. 6. 5 (6): 7. 9 (10).]
[**Sm.** Jb. 19. 20: Ps. 34 (35). 16: 36 (37). 12: 77 (78). 30: Pr. 25. 19: Ca. 6. 5 (6).]
[**Th.** Jb. 41. 6: Pr. 25. 19: Da. 7. 5.]
[**Al.** I Ki. 14. 5.]
[**Heb.** Pr. 25. 19.]

ὀδυνᾶν. (1) דָּוֶה (2) חִיל (3) מָרַר hi.

To. 9. 4. ὀδυνηθήσεται λίαν [S *al.*]
Pr. 29. 21. ἔσχατον δὲ ὀδυνηθήσεται ἐφ' ἑαυτῷ †
Wi. 14. 24. ἕτερος δ' ἕτερον . . . νοθεύων ὀδυνᾷ
Hg. 2. 15 (14). ὀδυνηθήσονται ἀπὸ προσώπου πόνων [S[2] πονηρίων] αὐτῶν –
Za. 9. 5. καὶ ὀδυνηθήσεται [S[1] -σονται] σφόδρα (2)
12. 10. ὀδυνηθήσονται ὀδύνην [S -ῃ] (3)
Is. 21. 10. οἱ [A *om.*] ὀδυνώμενοι ἀκούσατε †
40. 29. διδοὺς . . . τοῖς μὴ ὀδυνωμένοις λύπην †
53. 4. περὶ ἡμῶν ὀδυνᾶται †
La. 1. 13. ἔδωκέ με . . . ὅλην τὴν ἡμέραν ὀδυνωμένην [A ὀδυρωμ.] (1)
IV Ma. 18. 9. τὸν τῆς ἀτεκνίας οὐκ ὠδυνήθη καιρόν

[**Aq.** Jb. 19. 2.]
[**Sm.** Ge. 34. 7: I Ki. 20. 34: Is. 29. 2: Ez. 18. 7.]

ὀδύνη. (1) אֵבֶל (2) אָוֶן (3) בַּלָּהָה (4) *a.* דָּוֶה *b.* דְּוַי (5) *a.* הַוָּה *b.* הַיָּה (6) חֵבֶל (7) חִיל (8) יָגוֹן (9) לַעֲנָה (10) מַדְוֶה (11) מָזוֹר (12) מַחַץ (13) *a.* מַכְאֹב *b.* כָּאַב hi. (14) *a.* מַר *b.* מֶמֶר *c.* מָרַר hi. *d.* מְרִירוּת (15) מְרִי (16) נֶגַע (17) נְדֻדִים (18) סוּפָה (19) עָמָל (20) עֳנִי (21) *a.* עֶצֶב *b.* עֹצֶב (22) פַּלָּצוּת (23) רַעַשׁ (24) שַׂרְעַפִּים (25) תּוּגָה (26) **μνείαν ποιεῖσθαι ἐν ὀδύνῃ** רָנֵן (27) **ὀδύνη λαμβάνει** חִיל (28) **ὁ ἐν ὀδύνῃ** מַר נֶפֶשׁ

Ge. 35. 18. υἱὸς ὀδύνης μου (2)
44. 31. R μετὰ λύπης [A μετ' ὀδύνης] εἰς ᾅδου (8)
Ex. 3. 8 (7). οἶδα γὰρ τὴν ὀ. αὐτῶν (13 *a*)
De. 26. 14. οὐκ ἔφαγον ἐν ὀδύνῃ ἀπ' αὐτῶν (2)
28. 60. ἐπιστρέψει πᾶσαν τὴν ὀ. Αἰγ. (10)
I Ki. 15. 23. ὀδύνη καὶ πόνος θεραπείαν [A θεραφεὶν] ἐπάγουσιν (15)
To. 3. 1. προσευξάμην μετ' ὀδύνης [S *al.*]
— 10. τὸ γῆρας αὐτοῦ κατάξω μετ' ὀδύνης εἰς ᾅδου [S *al.*]
6. 14. μὴ . . . κατάξω τὴν ζωὴν . . . μετ' ὀδύνης
Es. 9. 22. B ἀπὸ οδυνης εἰς ἀγαθὴν ἡμέραν [A εἰς χαράν] (1)
Jb. 2. 9. ἵνα ἀναπαύσωμαι . . . τῶν [A τῶν περιεχουσῶν με] ὀ. –
3. 7. ἡ νὺξ ἐκείνη εἴη ὀδύνη [A -ηρά] †
— 20. ζωὴ δὲ ταῖς ἐν ὀδύναις ψυχαῖς (14 *a*)
4. 8. οἱ δὲ σπείροντες αὐτὰ ὀδύνας θεριοῦσιν ἑαυτοῖς (19)
6. 2. τὰς δὲ ὀ. μου ἆραι ἐν ζυγῷ ὁμοθυμαδόν (5 *b**, 5 *a*)
7. 3. νύκτες δὲ ὀδυνῶν δεδομέναι μοί εἰσιν (19)
— 4. πλήρης δὲ γίνομαι ὀδυνῶν (17)
— 19. A B S ἕως ἂν καταπίω τὸν πτύελόν μου ἐν ὀδύνῃ [R *om.* ἐν ὀ.] –
15. 35. ἐν γαστρὶ δὲ λήψεται ὀδύνας (19)
18. 11. κύκλῳ [A κυκλόθεν] ὀλέσαισαν αὐτὸν ὀδύναι (3)
19. 20. A τὰ δὲ ὀστᾶ μου ἐν ὀδύναις [B S ὀδοῦσιν] ἔχεται †
20. 10. αἱ δὲ χεῖρες αὐτοῦ πυρσεύσαισαν [A ψηλαφήσουσιν] ὀδύνας [B[1] S[1] -αις] (2)
— 23. νίψαι [A ῥίψαι δὲ] ἐπ' αὐτὸν ὀδύνας †
21. 6. ἔχουσι δέ μου τὰς σάρκας ὀδύναι (22)

Jb. 27. 20. συνήντησαν [A κοιμηθέντι συναντήσονται] αὐτῷ ὥσπερ ὕδωρ [S[1] σῆτες] αἱ [A *om.*] ὀ. (3)
30. 14. ἐν ὀδύναις πέφυρμαι †
— 15. ἐπιστρέφονταί μου αἱ ὀ. (3)
— 16. ἔχουσι δέ με ἡμέραι ὀδυνῶν (20)
— 22. ἔταξας δέ με ἐν ὀδύναις †
37. 9. ἐκ ταμιείων ἐπέρχονται [A ἐξέρχ.] ὀδύναι (18)
Ps. 12 (13). 2. ὀδύνας ἐν καρδίᾳ μου ἡμέρας (8)
30 (31). 10. ἐξέλιπεν ἐν ὀδύνῃ ἡ ζωή μου (8)
40 (41). 3. βοηθήσαι αὐτῷ ἐπὶ κλίνης ὀδύνης αὐτοῦ (4 *b*)
93 (94). 19. κατὰ τὸ πλῆθος τῶν ὀ. μου ἐν τῇ καρδίᾳ μου (24)
106 (107). 39. ἐκακώθησαν ἀπὸ θλίψεως κακῶν καὶ ὀδύνης (8)
114 (116). 3. θλῖψιν καὶ ὀδύνην εὗρον (8)
126 (127). 2. οἱ ἐσθίοντες ἄρτον ὀδύνης (21 *a*)
Pr. 6. 33. ὀδύνας τε καὶ ἀτιμίας ὑποφέρει (16)
17. 21. καρδία δὲ ἄφρονος ὀδύνη τῷ κεκτημένῳ αὐτήν (25)
— 25. καὶ ὀδύνη τῇ τεκούσῃ αὐτόν (14 *b*)
19. 13. A καὶ ὀδύνη τῇ τεκούσῃ αὐτοῦ –
24. 74 (31. 6). καὶ οἶνον πίνειν τοῖς ἐν ὀδύναις (28)
Wi. 4. 19. ἔσονται ἐν ὀδύνῃ
8. 16. οὐδὲ ὀδύνην ἡ συμβίωσις αὐτῆς
Si. 27. 29. ὀδύνη καταναλώσει αὐτοὺς πρὸ τοῦ θανάτου αὐτῶν
Ho. 5. 13. εἶδεν . . . Ἰούδας τὴν ὀ. αὐτοῦ (11)
— 13. καὶ οὐ μὴ διαπαύσῃ ἐξ ὑμῶν ὀδύνη (11)
Am. 8. 10. θήσομαι . . . τοὺς μετ' αὐτοῦ ὡς ἡμέραν ὀδύνης (14 *a*)
Mi. 1. 11. λήψεται ἐξ ὑμῶν πληγὴν ὀδύνης †
— 12. τίς ἤρξατο εἰς ἀγαθὰ κατοικούσῃ ὀδύνας (14 *a*?)
Hb. 1. 13. ἐπιβλέπειν ἐπὶ πόνους ὀδύνης [A S[3] οὐ δυνήσῃ] †
Za. 12. 10. ὀδυνηθήσονται ὀδύνην [S ὀδύνῃ] (14 *c*)
Is. 14. 3. ἀναπαύσει σε κύριος ἀπὸ [A S[2] ἐκ] τῆς ὀ. καὶ τοῦ θυμοῦ σου (21 *b*)
19. 10. ἔσονται οἱ ἐργαζόμενοι [A διαλογιζ.] αὐτὰ ἐν ὀδύνῃ †
23. 5. λήψεται αὐτοὺς ὀ. περὶ Τύρου (27)
30. 26. τὴν ὀ. τῆς πληγῆς σου ἰάσεται (12)
32. 10. ἡμέρας ἐνιαυτοῦ μνείαν ποιήσασθε ἐν ὀδύνῃ μετ' ἐλπίδος (26)
35. 10. ἀπέδρα ὀ. καὶ λύπη καὶ στεναγμός (8)
38. 14 (15). ἀφείλατό μου τὴν ὀ. τῆς ψυχῆς (14 *a*)
51. 11. ἀπέδρα ὀ. καὶ λύπη καὶ στεναγμός (8)
Je. 8. 18. δήξονται ὑμᾶς ἀνίατα μετ' ὀδύνης καρδίας ὑμῶν ἀπορουμένης (8)
22. 23. ἐν τῷ ἐλθεῖν σοι ὀδύνας [A ὠδῖνας] (6+7)
23. 15. ψωμιῶ αὐτοὺς ὀδύνην [A -ας] (9)
La. 1. 14. ἔδωκε κύριος ἐν χερσί μου ὀδύνας –
5. 17. ἐγενήθη ὀ. [A *om.*] ὀδυνηρὰ ἡ καρδία ἡμῶν (4 *a*?)
Ez. 12. 18. τὸν ἄρτον σου μετ' ὀδύνης φάγεσαι (23)
21. 6 (11). ἐν ὀδύναις στενάξεις (14 *d*)
28. 24. οὐκ ἔσονται . . . σκόλοψ πικρίας καὶ ἄκανθα ὀδύνης (13 *b*)
Da. LXX. Su. 14. ἐξωμολογήσαντο πρὸς ἀλλήλους ἑκάτερος τὴν ὀ. αὐ.
Da. TH. Su. 10. οὐκ ἀνήγγειλαν ἀλλήλοις τὴν ὀ. ἑαυτῶν
II Ma. 9. 9. ζῶντος ἐν ὀδύναις
IV Ma. 14. 9. καὶ τοῦτο ταῖς διὰ πυρὸς ὀ.

[**Aq.** Jb. 15. 20.]
[**Sm.** Jb. 5. 6: Ps. 30 (31). 11: 54 (55). 11: Pr. 19. 13: Is. 50. 11: Je. 8. 18.]
[**Th.** Le. 12. 2.]
[**Al.** Le. 12. 5: Pr. 5. 5.]
[**Quint., Sext.** Ps. 93 (94). 23.]

ὀδυνηρός. (1) דָּוֶה (2) חָלָה ni. (3) מָרַץ ni.

III Ki. 2. 8: 3. 1 (2. 8). κατηράσατό με κατάραν ὀ. (3)
Jb. 3. 7. A ἡ νὺξ ἐκείνη εἴη ὀδυνηρά [B S ὀδύνη] †
Je. 14. 17. πληγὴ ὀδυνηρὰ σφόδρα (2)
37 (30). 17. ἀπὸ πληγῆς ὀδυνηρᾶς ἰατρεύσω σε –
La. 5. 17. ἐγενήθη ὀδύνη [A *om.*] ὀδυνηρὰ ἡ καρδία ἡμῶν (1)

[**Aq.** Je. 8. 18: 30 (37). 17.]
[**Th.** Is. 30. 22.]
[**Al.** Le. 15. 33.]

ὀδύρεσθαι. (1) דָּוֶה (2) נוּד hithp.

Je. 38 (31). 18. ἀκοὴν ἤκουσα Ἐφρ. ὀδυρομένου (2)

La. 1. 13. A ἔδωκέ με . . . ὅλην τὴν ἡμέραν ὀδυρωμένην [B S ὀδυνωμ.] (1)

[**Sm.** Ps. 31 (32). 3.]

ὀδυρμός. (1) תַּמְרוּרִים

Je. 38 (31). 15. φωνὴ ἐν Ῥαμᾷ [A S[1] τῇ ὑψηλῇ] ἠκούσθη θρήνου καὶ κλαυθμοῦ καὶ ὀδυρμοῦ (1)
II Ma. 11. 6. μετ' ὀδυρμῶν καὶ δακρύων ἱκέτευον

[**Sm.** Ps. 21 (22). 2.]

ὄζειν. (1) בָּאַשׁ

Ex. 8. 14 (10). καὶ ὤζεσεν ἡ γῆ (1)

ὄζος.

Wi. 13. 13. ξύλον σκολιὸν καὶ ὄζοις συμπεφυκός

ὅθεν. * ὅθεν ἄν, ὅθεν ἐάν.

Ge. 10. 14: 13. 3: 24. 5.
Ex. 5. 11*: 30. 36.
De. 9. 28: 11. 10.
Jo. 20. 6†.
Ru. 2. 9*.
IV Ki. 17. 33.
I Ch. 1. 12†.
To. 12. 18†.
Ju. 8. 20: 11. 16.
Jb. 10. 21: 28. 1: 34. 15.
Ps. 120 (121). 1†.
Wi. 12. 23: 15. 12.
Is. 30. 32: 44. 11.
Je. 7. 8.
Ep. Je. 16, 23, 64.
Ez. 29. 14.
Da. LXX. 2. 11: Bel 38.
I Ma. 8. 26† (?).
II Ma. 4. 21, 34, 46: 5. 11: 10. 13: 12. 45: 14. 7.
III Ma. 2. 23: 5. 42.
IV Ma. 3. 12, 16: 4. 2: 6. 12: 9. 11: 12. 16.

[**Aq.** Jb. 28. 1.]
[**Sm.** Jb. 28. 1: Ps. 44 (45). 9: Is. 51. 1 *bis.*]
[**Th.** Jb. 28. 1: Is. 51. 1: Je. 29 (36). 14.]

ὀθόνιον. (1) סָדִין (2) פֵּשֶׁת

Jd. 14. 13. δώσετε . . . τριάκοντα ὀθόνια [A σινδόνας] (1)
Ho. 2. 5 (7). τῶν διδόντων μοι . . . τὰ ὀθ. μου (2)
— 9 (11). ἀφελοῦμαι . . . τὰ ὀθ. μου (2)

οἴ.

[**Aq.** Ze. 3. 18.]

οἰακίζειν.

Jb. 37. 10. οἰακίζει δὲ τὸ ὕδωρ ὡς ἐὰν βούληται [A *al.*] †

οἰάκωσις.

[**Aq.** Jb. 37. 12.]

οἴαξ.

IV Ma. 7. 3. μετέτρεψε τοὺς τῆς εὐσεβείας οἴ.

οἴεσθαι. (1) הִנֵּה

Ge. 37. 7. ᾤμην ὑμᾶς δεσμεύειν δράγματα (1)
40. 16. ᾤμην τρία κανᾶ χονδριτῶν αἴρειν (1)
41. 1. ᾤετο ἑστάναι ἐπὶ τοῦ ποταμοῦ (1)
— 17. ἐν τῷ ὕπνῳ μου ᾤμην ἑστάναι (1)
Es. 8. 13. ᾠήθη λαβὼν [A S[2] -εῖν] ἡμᾶς ἐρήμους –
9. 12. πῶς οἴει [S[1] αἰεὶ] ἐχρήσαντο –
Jb. 11. 2. ἢ καὶ ὁ εὔλαλος οἴεται εἶναι δίκαιος –
34. 12. οἴῃ δὲ τὸν κύριον ἄτοπα ποιήσειν –
— 17. A εἰ δὲ σοὶ οὐκ οἴει [B S ἴδε σὺ] τὸν μισοῦντα τὰ ἄνομα –
37. 23. οὐκ οἴει ἐπακούειν αὐτόν [A *al.*] –
38. 2. ἐμὲ δὲ οἴεται κρύπτειν –
40. 3 (8). οἴει [S -ῃ] δέ [A μηδὲ οἴου] με ἄλλως σοι κεχρηματικέναι –
42. 3. καὶ σὲ οἴεται κρύπτειν –
Is. 57. 8. ᾤου [S ὡς] ὅτι ἐὰν ἀπ' ἐμοῦ ἀποστῇς πλεῖόν τι ἕξεις –
Da. LXX. 2. 11. καθάπερ οἴει –
I Ma. 5. 61. οἰόμενοι ἀνδραγαθῆσαι
6. 43. S ᾠήθη [A R ὤφθη] ὅτι ἐν αὐτῷ ἐστιν ὁ βασ.
II Ma. 5. 21. οἰόμενος . . . τὸ πέλαγος πορευτὸν θέσθαι
7. 24. ὁ δὲ Ἀντ. οἰόμενος καταφρονεῖσθαι

II Ma. 9. 4. ᾤετο καὶ τὴν . . . κακίαν . . . ἐναπερείσασθαι
— 8. τὰ τῶν ὀρέων οἰόμενος ὕψη στήσειν
13. 3. οἰόμενος δὲ ἐπὶ τῆς ἀρχῆς κατασταθήσεσθαι
IV Ma. 1. 33. ἐγὼ μὲν οἶμαι

οἰκεῖν (*incl.* ἡ οἰκουμένη). (1) אֱנוֹשׁ (2) גּוּר (3) דּוּר (4) יָשַׁב *a.* qal. *b.* ni. *c.* ho. *d.* יְתַב *e.* שִׁיבָה (5) נָתַן (6) שָׁכֵן (7) ἡ οἰκουμένη *a.* אֶרֶץ *b.* חֶלֶד *c.* יָשַׁב *d.* תֵּבֵל

Ge. 4. 16. ᾤκησεν ἐν γῇ Ναΐδ (4 *a*)
— 20. ἦν πατὴρ οἰκούντων ἐν σκηναῖς (4 *a*)
16. 3. τοῦ οἰκῆσαι Ἅβραμ ἐν γῇ Χανάαν (4 *a*)
19. 30. A ᾤκησεν [R κατῴκ.] ἐν τῷ σπηλαίῳ (4 *a*)
20. 1. καὶ ᾤκησεν ἀνὰ μέσον Κάδης (4 *a*)
24. 3. R μεθ' ὧν ἐγὼ οἰκῶ ἐν αὐτοῖς [A μετ' αὐτῶν, S^{1} *om.* ἐν αὐ.] (4 *a*)
— 13. θυγατέρες τῶν οἰκούντων τὴν πόλιν (1)
25. 27. ἄνθρωπος ἄπλαστος οἰκῶν οἰκίαν (4 *a*)
27. 44. οἴκησον μετ' αὐτοῦ ἡμέρας τινάς (4 *a*)
29. 19. οἴκησον μετ' ἐμοῦ (4 *a*)
34. 16. R καὶ οἰκήσομεν [A -σωμεν] παρ' ὑμῖν (4 *a*)
— 21. οἰκείτωσαν ἐπὶ τῆς γῆς (4 *a*)
— 23. καὶ οἰκήσουσι μεθ' ἡμῶν (4 *a*)
35. 1. καὶ οἴκει ἐκεῖ (4 *a*)
36. 7. ἦν . . . πολλὰ τοῦ οἰκεῖν ἅμα (4 *a*)
— 8. R κατῴκησε [A ᾤκησεν] δὲ Ἡ. ἐν τῷ ὄρει (4 *a*)
Ex. 2. 15. καὶ ᾤκησεν [A κατῴκ.] ἐν γῇ Μαδ. (4 *a*)
16. 35. ἦλθον εἰς τὴν [A γῆν] οἰκουμένην (4 *b*)
De. 28. 30. οὐκ οἰκήσεις ἐν αὐτῇ (4 *a*)
Jo. 21. 40. ᾤκησεν ἐν αὐτῇ –
Jd. 9. 21. ᾤκησεν [A κατῴκ.] ἐκεῖ (4 *a*)
— 41. μὴ οἰκεῖν ἐν Σ. (4 *a*)
10. 1. ᾤκει [A κατῴκει] ἐν Σ. (4 *a*)
11. 3. ᾤκησεν [A κατῴκ.] ἐν γῇ Τώβ (4 *a*)
— 8. B πᾶσι τοῖς οἰκοῦσιν [A R κατοικ.] Γ. (4 *a*)
— 26. ἐν τῷ οἰκῆσαι [A οἴκῳ Ἰσρ.] ἐν Ἐσ. (4 *a*)
20. 15. ἐκτὸς τῶν οἰκούντων τὴν Γ. [A *al.*] (4 *a*)
21. 9. ἀπὸ [A *add.* τῶν] οἰκούντων Ἰαβεὶς Γ. (4 *a*)
— 10. πατάξατε τοὺς οἰκοῦντας Ἰ. [A *al.*] (4 *a*)
— 12. ἀπὸ οἰκούντων [A τῶν κατοικ.] Ἰ. (4 *a*)
— 21. αἱ θυγατέρες τῶν οἰκούντων [A κατοικ.] Σ. –
II Ki. 15. 8. ἐν τῷ οἰ. με ἐν Γ. (4 *a*)
— 19. οἴκει μετὰ τοῦ βασιλέως (4 *a*)
19. 32 (33). ἐν τῷ οἰ. αὐτὸν ἐν Μ. (4 *e*)
22. 16. ἀπεκαλύφθη θεμέλια τῆς οἰκουμένης (7 *d*)
III Ki. 3. 17. A R ᾠκοῦμεν [B οἰκ.] ἐν οἴκῳ ἐνί (4 *a*)
IV Ki. 4. 13. ἐν μέσῳ τοῦ λαοῦ ἐγὼ εἰμι οἰκῶ (4 *a*)
6. 1. ἐν ᾧ ἡμεῖς οἰκοῦμεν (4 *a*)
— 2. ποιήσωμεν ἑαυτοῖς ἐκεῖ τοῦ οἰ. ἐκεῖ (4 *a*)
19. 36. ᾤκησεν ἐν Νιν. (4 *a*)
I Ch. 4. 41. ᾤκησαν ἀντ' αὐτῶν (4 *a*)
II Ch. 34. 9. ἀπὸ . . . οἰκούντων ἐν Ἱερ. (4 *a**, †)
I Es. 2. 3. ἐμὲ ἀνέδειξε βασιλέα τῆς οἰκουμ.
— 6. ὅσοι οὖν κατὰ τοὺς τόπους οἰκοῦσι
— 16. οἰκοῦντες [A οἱ οἰ.] δὲ ἐν Σαμ.
— 18. B^{1} τὴν πόλιν τὴν ἀποστάτιν . . . οἰκοῦσιν [A B^{2} R οἰκοδομοῦσι]
— 25. τοῖς . . . οἰκοῦσιν ἐν τῇ Σαμ.
II Es. 4. 6. ἔγραψαν . . . ἐπὶ οἰκοῦντας Ἰ. (4 *a*)
— 17. τοὺς οἰκοῦντας ἐν Σαμ. (4 *d*)
Ne. 3. 26. οἱ Ν. ἦσαν οἰκοῦντες ἐν τῷ Ὠ. (4 *a*)
4. 12 (6). οἱ Ἰ. οἱ [S^{1} *om.*] οἰκοῦντες ἐχόμενα αὐτῶν (4 *a*)
7. 3. στῆσον προφύλακας οἰκούντων ἐν Ἰ. (4 *a*)
13. 4. Ἐλ. ὁ ἱερεὺς οἰκῶν ἐν γαζοφυλακίῳ (5)
To. 5. 6. S τῷ ἀδ. ἡμῶν τῷ οἰκοῦντι ἐν Ἐκβ. [A B *al.*]
— 16. ὁ δὲ ἐν τῷ οὐρανῷ οἰκῶν [A κατοικῶν] θεός [S *al.*]
14. 7. S οἰκήσουσιν . . . ἐν τῇ γῇ Ἀβρ.
— 12. S ᾤκησεν ἐν Ἐκβ. [A B *al.*]
Ju. 5. 5. ὃς κατοικεῖ τὴν ὀρεινὴν τ. πλησίον σοῦ οἰκοῦντος
— 15. ᾤκησαν ἐν γῇ [S γῆν] Ἀμορραίων
Es. 1. 1. ἄνθρωπος Ἰ. οἰκῶν ἐν Σούσοις
3. 13. B S καὶ πάσης ἐπικρατήσας [A^{2} *add.* τῆς] οἰκουμένης
— 13. ἐν πάσαις ταῖς κατὰ τὴν οἰκουμένην φυλαῖς
9. 19. S^{2} οἱ διεσπαρμ. οἰκοῦντες [A B S^{1} *om.*] ἐν πάσῃ χώρᾳ (4 *a*)
Ps. 9. 8. κρινεῖ τὴν οἰκουμένην ἐν δικαιοσύνῃ (7 *d*)
16 (17). 12. ὡσεὶ σκύμνος οἰκῶν ἐν ἀποκρύφοις (4 *a*)

Ps. 17 (18). 15. ἀνεκαλύφθη τὰ θεμέλια τῆς οἰκουμ. (7 *d*)
18 (19). 4. εἰς τὰ πέρατα τῆς οἰκουμένης (7 *d*)
23 (24). 1. ἡ οἰκουμένη καὶ πάντες οἱ κατοικοῦντες ἐν αὐτῇ (7 *d*)
32 (33). 8. πάντες οἱ κατοικοῦντες τὴν οἰκουμ. (7 *d*)
48 (49). 1. πάντες οἱ κατοικοῦντες τὴν οἰκουμ. (7 *b*)
49 (50). 12. ἐμὴ γάρ ἐστιν ἡ οἰκουμένη (7 *d*)
66 (67). 4. S^{1} κρινεῖ τὴν οἰκουμ. ἐν δικαιοσύνῃ –
71 (72). 8. ἕως περάτων τῆς οἰκουμένης (7 *a*)
76 (77). 18. B^{2} S R ἔφαναν αἱ ἀστραπαί σου τῇ οἰκουμένῃ (7 *d*)
83 (84). 10. A B S^{1} μᾶλλον ἢ οἰκεῖν [S^{2} R οἰκ. με] ἐπὶ [A S^{2} ἐν] σκηνώμασιν ἁμαρτωλῶν (3)
88 (89). 11. τὴν οἰκουμ. καὶ τὸ πλήρωμα αὐ. (7 *d*)
89 (90). 2. καὶ πλασθῆναι τὴν γῆν καὶ τὴν [A^{1} *om.* κ. τ.] οἰκουμένην (7 *d*)
92 (93). 1. ἐστερέωσε τὴν οἰκουμένην (7 *d*)
95 (96). 10. κατώρθωσε τὴν οἰκουμένην (7 *d*)
— 13. κρινεῖ τὴν οἰκουμένην ἐν δικαιοσύνῃ (7 *d*)
96 (97). 4. ἔφαναν αἱ ἀστραπαὶ αὐ. τῇ οἰκουμ. (7 *d*)
97 (98). 7. ἡ οἰκουμ. καὶ οἱ κατοικοῦντες αὐτήν (7 *d*)
— 9. κρινεῖ τὴν οἰκουμένην ἐν δικαιοσύνῃ (7 *d*)
Pr. 8. 26. καὶ ἄκρα οἰκούμενα τῆς ὑπ' οὐρανὸν [A S -όν] †
— 31. ὅτε ἐνευφραίνετο [A ηὐφρ.] τὴν οἰκουμένην συντελέσας (7 *d* + 7 *a*)
10. 30. ἀσεβεῖς δὲ οὐκ οἰκήσουσι [B^{1} ἤκουσιν] γῆν (6)
21. 9. κρεῖσσον οἰκεῖν ἐπὶ γωνίας ὑπαίθρου (4 *a*)
— 19. κρεῖσσον οἰκεῖν ἐν γῇ ἐρήμῳ (4 *a*)
25. 24. κρεῖσσον οἰκεῖν ἐπὶ γωνίας δώματος (4 *a*)
27. 10. κρείσσων φίλος ἐγγὺς ἢ ἀδελφὸς μακρὰν οἰκῶν –
Wi. 1. 7. πνεῦμα κυρίου πεπλήρωκε τὴν οἰκουμένην
14. 17. μὴ δυνάμενοι τιμᾶν ἄνθρωποι διὰ τὸ μακρὰν οἰκεῖν
Si. 38. 32. A S^{2} ἄνευ αὐτῶν οὐκ οἰκήσεται [S^{1} -ηθήσεται, B -ισθήσεται] πόλις
Ho. 10. 14. τὰ τετειχισμένα σου οἰχήσεται [A οἰκήσεται] †
Hg. 1. 4. εἰ καιρὸς μὲν ὑμῖν ἐστι τοῦ οἰκεῖν ἐν οἴκοις ὑμῶν (4 *a*)
Is. 5. 8. μὴ οἰκήσετε [S -σητε] μόνοι ἐπὶ τῆς γῆς (4 *c*)
6. 5. ἐν μέσῳ λαοῦ ἀκάθαρτα χείλη ἔχοντος ἐγὼ οἰκῶ (4 *a*)
10. 14 (15). τὴν οἰκουμένην ὅλην καταλήψομαι τῇ χειρί (7 *c*?)
— 23. λόγον συντετμημένον ποιήσει κ. ἐν τῇ οἰκουμένῃ ὅλῃ (7 *a*)
13. 5. καταφθεῖραι πᾶσαν τὴν οἰκουμ. [A S τ. οἰ. ὅλην] (7 *a*)
— 9. θεῖναι τὴν οἰκουμ. ἔρημον (7 *a*)
— 11. ἐντελοῦμαι τῇ οἰκουμ. ὅλῃ κακά (7 *d*)
14. 17. ὁ θεὶς τὴν οἰκουμ. ὅλην ἔρημον (7 *d*)
— 26. A S ἣν βεβούλευται κ. ἐπὶ τὴν οἰκουμ. ὅλην καὶ αὕτη ἡ χεὶρ ἡ ὑψηλὴ ἐπὶ πάντα τὰ ἔθνη τῆς οἰκουμ. [B *om.* τ. οἰ.] (7 *a*, †)
21. 12. παρ' ἐμοὶ οἴκει [S ᾤκει] †
23. 17. ἔσται ἐμπόριον πάσαις ταῖς βασιλείαις τῆς [B^{1} *om.*] οἰκουμ. (7 *a*)
24. 1. κύριος καταφθείρει τὴν οἰκουμ. (7 *a*)
— 4. ἐφθάρη ἡ οἰκουμ. (7 *d*)
27. 6. ἐμπλησθήσεται ἡ οἰκουμ. τοῦ καρποῦ αὐ. (7 *d*)
30. 19. λαὸς ἅγιος ἐν Σ. οἰκήσει (4 *a*)
32. 18. B οἰκήσει [A S R κατοικ.] ὁ λαὸς αὐ. ἐν πόλει εἰρήνης (4 *a*)
33. 16. οἰκήσει [S -σῃ] ἐν ὑψηλῷ σπηλαίῳ (6)
34. 1. ἡ [S^{2} *om.*] οἰκουμ. [S^{1} οἱ οἰκοῦντες] καὶ ὁ λαὸς ὁ ἐν αὐτῇ (7 *d*)
— 11. ὀνοκένταυροι οἰκήσουσιν ἐν αὐτῇ –
37. 16. σὺ εἶ ὁ θεὸς μόνος πάσης βασιλείας τῆς οἰκουμ. (7 *a*)
— 18. ἠρήμωσαν βασιλεῖς Ἀσσυρίων τὴν οἰκουμ. ὅλην (7 *a*)
— 26 (27). καὶ οἰκοῦντας [A S ἐνοικ.] ἐν πόλεσιν ὀχυραῖς (4 *a*)
— 37. ᾤκησεν ἐν Νιν. (4 *a*)
62. 4. καὶ τῇ γῇ σου Οἰκουμένη †
Je. 5. 7. B ἐν τοῖς οἰκοῦσιν [A S R οὐκ οὖσι θεοῖς] †
10. 12. ὁ ἀνορθώσας τὴν οἰκουμ. ἐν τῇ σοφίᾳ αὐ. (7 *d*)
28 (51). 15. ἑτοιμάζων οἰκουμένην ἐν τῇ σοφίᾳ αὐ. (7 *d*)

Je. 31 (48). 28. A ᾤκησαν ἐν πέτραις οἰκοῦντες [B S π. οἱ κατοικ.] Μωάβ (6, 4 *a*)
42 (35). 4. A ὅς ἐστιν ἐγγὺς οἰκούντων [B S τοῦ οἴκου τῶν] ἀρχόντων †
— 7. ἐν σκηναῖς οἰκήσετε [A κατοικ.] (4 *a*)
— 9. A^{1} πρὸς τὸ μὴ οἰκεῖν [A^{2} B S οἰκοδομεῖν] οἰκίας †
— 10. ᾠκήσαμεν ἐν σκηναῖς (4 *a*)
— 11. ᾠκοῦμεν [A -κήσαμεν, S οἰκοῦμεν] ἐκεῖ (4 *a*)
— 15. οἰκήσετε ἐπὶ τῆς γῆς (4 *a*)
47 (40). 5. οἴκησον μετ' αὐτοῦ (4 *a*)
— 10. οἰκήσατε [A -σετε] ἐν ταῖς πόλεσιν (4 *a*)
49 (42). 14. ἐκεῖ οἰκήσομεν [S -σωμεν] (4 *a*)
50 (43). 2. μὴ εἰσέλθητε εἰς Αἴγυπτον οἰκεῖν [A κατοικ.] ἐκεῖ (2)
La. 4. 12. πάντες οἱ κατοικοῦντες τὴν οἰκουμ. (7 *d*)
Ep. Je. 62. ἐπιπορεύεσθαι ἐφ' ὅλην τὴν οἰκουμ.
Ez. 38. 11. ἥξω ἐπὶ . . . οἰκοῦντας [A κατοικ.] ἐπ' εἰρήνης (4 *a*)
Da. LXX. Su. 1. ἦν ἀνὴρ οἰκῶν ἐν Βαβ.
2. 37. τὴν δόξαν ἔδωκεν ἐν πάσῃ τῇ οἰκουμ. –
3. 2. καὶ κυριεύων τῆς οἰκουμ. ὅλης –
— 2. καὶ πάντας τοὺς κατὰ τὴν οἰκουμ. –
— (45). καὶ ἔνδοξος ἐφ' ὅλην τὴν οἰκουμ.
— 31 (98). τοῖς οἰκοῦσιν ἐν πάσῃ τῇ γῇ (2)
4. 9. ἐν αὐτῷ ᾤκουν –
— 34. γλώσσαις πάσαις ταῖς οἰκούσαις ἐν πάσαις ταῖς χώραις –
— 34. καὶ πᾶσι τοῖς οἰκοῦσιν ἐν αὐταῖς –
6. 25 (26). τοῖς οἰκοῦσιν ἐν πάσῃ τῇ γῇ αὐ. (2)
Da. TH. Su. 1. ἦν ἀνὴρ οἰκῶν ἐν Βαβ.
3. (45). καὶ ἔνδοξος ἐφ' ὅλην τὴν οἰκουμ.
— 31 (98) : 6. 25 (26). τοῖς οἰκοῦσιν ἐν πάσῃ τῇ γῇ (2)
I Ma. 9. 73. ᾤκησεν Ἰ. ἐν Μ.
10. 10. S R ᾤκησεν [A ἤκουσεν] Ἰ. ἐν Ἱερ.
13. 52. καὶ ᾤκει ἐκεῖ
— 53. καὶ ᾤκει ἐν Γ.
14. 34. S R ἐν ᾗ ᾤκουν [A -ουσαν] οἱ πολέμιοι
II Ma. 2. 22. τὸ περιβόητον καθ' ὅλην τὴν οἰκουμ. ἱερόν
5. 17. διὰ τὰς ἁμαρτίας τῶν τὴν πόλιν οἰκούντων
6. 2. καθὼς ἐτύγχανον οἱ τὸν τόπον οἰκοῦντες
12. 3. παρακαλέσαντες τοὺς σὺν αὐτοῖς οἰκοῦντας Ἰ.
[**Aq.** Ps. 32 (33). 8 : 89 (90). 2 : Is. 14. 21 : Je. 35 (42). 7 : 44 (51). 1 : Hb. 3. 3.]
[**Sm.** Ex. 2. 21 : IV Ki. 15. 5 : Ps. 32 (33). 8 : 60 (61). 8 : 67 (68). 7 : 89 (90). 2 : 95 (96). 10 : 97 (98). 7 *bis* : 124 (125). 1 : 126 (127). 2 : Is. 6. 5 : 8. 14 : 14. 21 : 58. 12 : Je. 35 (42). 7 : 44 (51). 1, 14 : 49. 8 (29. 9).]
[**Th.** Is. 14. 21 : 58. 12 : Hb. 3. 3.]
[**Al.** Le. 13. 46 : Dt. 1. 7 : 3. 29 : II Ch. 36. 23 : Jb. 22. 12 : Hb. 3. 3, 6.]

οἰκεῖος. (1) אַלּוּף (2) אֱנוֹשׁ (3) בַּיִת (4) דּוֹד (5) *a.* שְׁאֵר *b.* שַׁאֲרָה

Le. 18. 6. πρὸς πάντα οἰκεῖα σαρκὸς αὐτοῦ (5 *a*)
— 12. B οἰκεία γὰρ πατρός σού ἐστιν (5 *a*)
— 13. οἰκεία γὰρ μητρός σού ἐστιν (5 *a*)
— 17. οἰκεῖαι γάρ σού εἰσιν (5 *b*)
21. 2. ἀλλ' ἢ ἐν τῷ οἰ. τῷ ἔγγιστα αὐτῶν (5 *a*)
25. 49. ἢ ἀπὸ τῶν οἰ. τῶν σαρκῶν αὐ. (5 *a*)
Nu. 25. 5. ἀποκτείνατε ἕκαστος τὸν οἰ. αὐτοῦ (2)
27. 11. δώσετε τὴν κληρονομίαν τῷ οἰ. (5 *a*)
I Ki. 10. 14. εἶπεν ὁ οἰ. αὐ. πρὸς αὐτόν (4)
— 15. εἶπεν ὁ οἰ. πρὸς Σ. (4)
— 16. εἶπε Σ. πρὸς τὸν οἰ. αὐτοῦ (4)
14. 50. Ἀβ. υἱὸς Νηρεὶ υἱοῦ οἰκείου Σ. (4)
I Ch. 4. 21. R γενέσεις οἰκείων [A B οἰκιῶν] ἐφρ. (3)
Jb. 19. 15. A γείτονες οἰκεῖοι θεράποντες [B S γ. οἰκίας] (3)
37. 10. A οἰκεία δὲ τὸ ὕδωρ [B S *al.*] †
Pr. 17. 9. διΐστησι φίλους καὶ οἰκείους (1)
Am. 6. 10. καὶ λήψονται οἱ οἰ. αὐτῶν (4)
Is. 3. 6. ἐπιλήψεται ἄνθρωπος . . . τοῦ οἰ. τοῦ πατρὸς αὐ. (3)
31. 9. ἔχει . . . οἰκείους ἐν Ἱερουσαλήμ †
58. 7. ἀπὸ τῶν οἰ. [S οἰκιῶν] τοῦ σπέρματός σου οὐχ ὑπερόψῃ †
I Ma. 1. 61. A ἐκρέμασαν τοὺς οἰ. [S R οἴκους] αὐ. [S R *al.*]
II Ma. 3. 18. A οἱ δὲ ἐκ τῶν οἰ. [R -κιῶν] . . . ἐξεπήδων
8. 33. A εἰς ἓν οἰ. [? οἰκίον] πεφευγότα [R *al.*]

II Ma. 15. 12. R ἐκμεμελετηκότα πάντα τὰ τῆς ἀρετῆς οἰ. [A ἴδια]
III Ma. 6. 8. ἀπήμαντον πᾶσιν οἰ. ἀνέδειξας

οἰκειότης. (1) שְׁאֵר
Le. 20. 19. τὴν γὰρ οἰ. ἀπεκάλυψεν [A -ας] (1)

οἰκειοῦν.
IV Ma. 5. 26. τὰ μὲν οἰκειωθησόμ. . . . ἐσθίειν

οἰκεσία.
IV Ki. 19. 25. ἐγενήθη εἰς ἐπάρσεις ἀπὸ οἰκεσιῶν μαχίμων †

οἰκέτης. (1) עֶבֶד
Ge. 9. 25. οἰκέτης ἔσται τοῖς ἀδελφοῖς αὐτοῦ (1)
— 26. R καὶ ἔσται Χαναὰν παῖς οἰκέτης [A om.] αὐτοῦ (1)
27. 37. τοὺς ἀδ. αὐ. πεποίηκα αὐτοῦ οἰκέτας (1)
44. 16. ἰδού ἐσμεν οἰκέται τῷ κυρίῳ ἡμῶν (1)
— 33. παῖς ἀντὶ τοῦ παιδίου οἰκέτης τοῦ κυρίου (1)
50. 18. οἵδε ἡμεῖς σοι οἰκέται (1)
Ex. 5. 15. σὺ [A om.] οὕτως ποιεῖς τοῖς σοῖς οἰ. (1)
— 16. ἄχυρον οὐ δίδοται τοῖς οἰ. σου (1)
12. 44. πάντα οἰκέτην [A add. τινός] (1)
21. 26. τὸν ὀφθαλμὸν τοῦ οἰ. αὐτοῦ (1)
— 27. ἐὰν δὲ τὸν ὀδόντα τοῦ οἰ. . . . ἐκκόψῃ (1)
32. 13. Ἰσαὰκ καὶ Ἰακὼβ τῶν σῶν οἰ. (1)
Le. 25. 39. οὐ δουλεύσει σοι δουλείαν οἰκέτου (1)
— 42. οἰκέται μού εἰσιν οὗτοι (1)
— 42. οὐ πραθήσεται ἐν πράσει οἰκέτου (1)
— 55. ἐμοὶ οἱ υἱοὶ Ἰσρ. οἰκέται εἰσίν (1)
Nu. 32. 5. δοθήτω ἡ γῆ αὕτη τοῖς οἰ. [A παισί] σου (1)
De. 5. 15. οἰκέτης ἦσθα ἐν γῇ Αἰγύπτῳ (1)
6. 21. οἰκέται ἦμεν τῷ Φ. (1)
15. 15. οἰκέτης ἦσθα ἐν γῇ Αἰγύπτου (1)
— 17. ἔσται σοι [A σου] οἰκέτης (1)
16. 12. μνησθήσῃ ὅτι οἰκέτης ἐγένου (1)
24. 18. οἰκέτης ἦσθα ἐν γῇ Αἰγύπτῳ (1)
— 20. οἰκέτης ἦσθα ἐν γῇ Αἰγύπτῳ –
— 22. οἰκέτης ἦσθα ἐν γῇ Αἰγύπτῳ (1)
34. 5. B^{2}R ἐτελεύτησε Μ. ὁ [A B^{1} om.] οἰ. κυρίου (1)
Jo. 5. 14. τί προστάσσεις τῷ σῷ οἰ. (1)
9. 8, 11. οἰκέται σού ἐσμεν (1)
I Es. 3. 19. τήν τε τοῦ οἰ. καὶ τὴν τοῦ ἐλευθέρου
4. 59. καὶ ἐγὼ σὸς οἰ.
To. 8. 9. S ἐκάλεσεν τοὺς οἰ.
— 18. ἐκέλευσε δὲ τοῖς οἰ. [S al.]
9. 2. S παράλαβε μετὰ σεαυτοῦ τέσσαρας οἰ. [A B al.]
— 5. S ἐπορεύθη Ῥ. καὶ οἱ τέσσαρες οἰ. [A B om. κ. οἱ τ. οἰ.]
Pr. 13. 13. οἰκέτῃ δὲ σοφῷ εὔοδοι ἔσονται πράξεις –
17. 2. οἰκέτης νοήμων κρατήσει δεσποτῶν ἀφρόνων (1)
19. 10. ἐὰν οἰκέτης ἄρξηται μεθ' ὕβρεως δυναστεύειν (1)
22. 7. οἰκέται ἰδίοις δεσπόταις δανειοῦσιν (1)
24. 33 (30. 10). μὴ παραδῷς οἰκέτην εἰς χεῖρας δεσπότου (1)
— 57 (30. 22). ἐὰν οἰκέτης βασιλεύσῃ (1)
— 58 (30. 23). S^{2} καὶ οἰκέτης [A B S^{1} -ις] ἐὰν ἐκβάλῃ τὴν ἑαυ. κυρίαν †
29. 19. λόγοις οὐ παιδευθήσεται οἰκέτης σκληρός [S^{1} σκληροτράχηλος] (1)
— 21. ὃς κατασπαταλᾷ ἐκ παιδὸς οἰκέτης ἔσται (1)
Si. 4. 30. μὴ ἴσθι . . . φαντασιοκοπῶν ἐν τοῖς οἰ. σου
6. 11. ἐπὶ τοὺς οἰ. σου παρρησιάσεται
7. 20. μὴ κακώσῃς οἰκέτην ἐργαζόμενον ἐν ἀληθείᾳ
— 21. A S R οἰκέτην συνετὸν [B ἀγαθὸν] ἀγαπάτω σου ἡ ψυχή
10. 25. οἰκέτῃ σοφῷ [S^{1} συνετῷ] ἐλεύθεροι λειτουργήσουσι
23. 10. ὥσπερ γὰρ οἰκέτης ἐξεταζόμενος ἐνδελεχῶς
30. 33 (33. 24). ἄρτος καὶ παιδεία καὶ ἔργον οἰκέτῃ
— 35 (33. 26). οἰκέτῃ κακούργῳ στρέβλαι καὶ βάσανοι
— 39 (33. 30), 39 (33. 31). εἰ ἔστι σοι οἰκέτης
36. 22 (19). A S εἰσάκουσον, κύριε, δεήσεως τῶν οἰ. [B ἱκετῶν] σου
37. 11. οἰκέτῃ ἀργῷ περὶ πολλῆς ἐργασίας
42. 5. οἰκέτῃ πονηρῷ πλευρὰν αἱμάξαι
Is. 36. 9. οἰκέται εἰσὶν οἱ πεποιθότες ἐπ' Αἰγ. (1)

οἰκετία.
[Sm. Jb. 1. 3.]

οἰκετικός.
III Ma. 2. 28. εἰς λαογραφίαν καὶ οἰ. διάθεσιν ἀχθῆναι

οἰκέτις. (1) אָמָה (2) שִׁפְחָה
Ex. 21. 7. ἀποδῶται τὴν ἑαυ. θυγατέρα οἰκέτιν (1)
Le. 19. 20. καὶ αὕτη οἰ. διαπεφυλαγμένη (2)
Pr. 24. 58 (30. 23). οἰκέτις [S^{2} -ης] ἐὰν ἐκβάλῃ τὴν ἑαυτῆς κυρίαν (2)
[Aq. Ex. 21. 7.]
[Al. Ex. 2. 5.]

οἴκημα. (1) גַּב
To. 2. 4. ἀνειλόμην εἴς τι οἴ. [S al.]
Wi. 13. 15. ποιήσας αὐτῷ αὐτοῦ [S om.] ἄξιον οἴκημα
Ez. 16. 24. ᾠκοδόμησας σεαυτῇ οἴ. πορνικόν (1)

οἴκησις. (1) בִּירָנִית
II Ch. 17. 12. ᾠκοδόμησεν οἰκήσεις (1)
27. 4. ᾠκοδόμησεν . . . οἰκήσεις (1)
To. 13. 12. S καὶ ἐμπυρίζοντες τὰς οἰ. σου
Ju. 7. 14. ἐν ταῖς πλατείαις τῆς οἰ. αὐ.
I Ma. 13. 48. ᾠκοδόμησεν ἑαυτῷ ἐν αὐτῇ οἴκησιν
[Sm. I Ki. 19. 22: Jb. 38. 20: Ps. 48 (49). 15: 90 (91). 9: 103 (104). 17.]
[Th. Je. 9. 21 (20): Am. 2. 5.]

οἰκητήριον.
II Ma. 11. 2. τὴν μὲν πόλιν Ἕλλησιν οἰκητήριον ποιήσειν
III Ma. 2. 15. R τὸ μὲν γὰρ οἰ. [A κατοικ.] σου οὐρανὸς . . . ἐστίν
[Aq. Ps. 67 (68). 6: 90 (91). 9.]
[Sm., Th. Ps. 90 (91). 9.]
[Al. Je. 25. 30 (32. 16).]

οἰκητός. (1) מוֹשָׁב
Le. 25. 29. ἐὰν δέ τις ἀποδῶται οἰκίαν οἰ. (1)
II Ma. 9. 17. πάντα τόπον οἰ. ἐπελεύσεσθαι
III Ma. 4. 3. R τίς τὸ σύνολον οἰ. [A οἴκτιστος] τόπος

οἰκήτωρ. (1) אֹהֶל (2) εἶναι οἰ. שָׁכַן
I Ch. 4. 41. A ἐπάταξαν τοὺς οἰ. [B οἴκους] αὐ. (1)
Pr. 2. 21. A S χρηστοὶ ἔσονται οἰκήτορες γῆς (2)
Wi. 12. 3. τοὺς παλαιοὺς [S πάλαι] οἰ. τῆς ἁγίας σου γῆς μισήσας

οἰκία. (1) אֹהֶל (2) בַּיִת (3) חָצֵר (4) טַף (5) מָבוֹא (6) מוֹשָׁב
Ge. 17. 12. A ὁ οἰκογενὴς τῆς οἰ. σου [R al.] (2)
— 13. ὁ οἰκογενὴς τῆς οἰ. σου (2)
19. 3. A εἰσῆλθον εἰς τὴν οἰ. [R τὸν οἶκον] αὐ. (2)
— 4. περιεκύκλωσαν τὴν οἰ. (2)
24. 2. τῷ πρεσβυτέρῳ τῆς οἰ. αὐτοῦ (2)
— 31. ἐγὼ δὲ ἡτοίμασα τὴν οἰκίαν (2)
— 32. εἰσῆλθε δὲ ὁ ἄνθρωπος εἰς τὴν οἰ. (2)
25. 27. ἄνθρωπος ἄπλαστος οἰκῶν οἰκίαν (1)
31. 41. ἐγώ εἰμι ἐν τῇ οἰ. σου (2)
33. 17. ἐποίησεν ἑαυτῷ ἐκεῖ οἰκίας (2)
34. 29. καὶ ὅσα ἦν ἐν ταῖς οἰ. (2)
39. 9. R οὐχ ὑπερέχει ἐν τῇ οἰ. ταύτῃ [A αὐτοῦ] (2)
— 11. εἰσῆλθεν Ἰωσὴφ εἰς τὴν οἰ. (2)
— 11. R οὐθεὶς ἦν τῶν [A om.] ἐν τῇ οἰ. ἔσω (2)
— 14. καὶ ἐκάλεσε τοὺς ὄντας ἐν τῇ οἰ. (2)
43. 16. R εἶπε [A ἐνετείλατο] τῷ ἐπὶ τῆς οἰ. αὐ. (2)
— 16. εἰσάγαγε τοὺς ἀνθρώπους εἰς τὴν οἰ. (2)
— 17. A εἰσήγαγε τοὺς ἀνθρ. εἰς τὴν οἰ. [R τὸν οἶκον] Ἰ. (2)
— 26. εἰσῆλθε δὲ Ἰωσὴφ εἰς τὴν οἰ. (2)
44. 1. τῷ ὄντι ἐπὶ τῆς οἰ. αὐτοῦ (2)
— 4. εἶπε τῷ ἐπὶ τῆς οἰ. αὐτοῦ (2)
50. 8. καὶ πᾶσα ἡ οἰ. ἡ πατρικὴ αὐτοῦ (2)
— 21. διαθρέψω ὑμᾶς καὶ τὰς οἰ. ὑμῶν (4)
Ex. 1. 21. ἐποίησαν ἑαυταῖς οἰκίας (2)
8. 9 (5). ἀφανίσαι τοὺς βατρ. . . . ἐκ τῶν οἰ. ὑμῶν (2)
— 11 (7). ἀπὸ [A ἐκ] τῶν οἰ. ὑμῶν (2)
— 13 (9). ἐτελεύτησαν οἱ βάτραχοι ἐκ τῶν οἰ. (2)
— 21 (17). πλησθήσονται αἱ οἰ. τῶν Αἰγυπτίων (2)
9. 19. ὅσα ἐὰν . . . μὴ εἰσέλθῃ εἰς οἰκίαν (2)
10. 6. καὶ πλησθήσονταί σου αἱ οἰ. (2)
— 6. καὶ αἱ οἰ. τῶν θεραπόντων σου (2)
— 6. καὶ πᾶσαι αἱ οἰ. ἐν πάσῃ γῇ (2)
12. 3. λαβέτωσαν . . . πρόβατον κατ' οἰκίαν (2)
— 4. ἐὰν δὲ ὀλιγοστοὶ ὦσιν οἱ ἐν τῇ οἰ. (2)
— 13. τὸ αἷμα ὑμῖν ἐν σημείῳ ἐπὶ τῶν οἰ. (2)
— 15. ἀφανιεῖτε ζύμην ἐκ τῶν οἰ. ὑμῶν (2)
Ex. 12. 19. ζύμη οὐχ εὑρεθήσεται ἐν ταῖς οἰ. ὑμῶν (2)
— 23. εἰσελθεῖν εἰς τὰς οἰ. ὑμῶν (2)
— 30. οὐ γὰρ ἦν οἰ. ἐν ᾗ οὐκ ἦν . . . τεθνηκώς (2)
— 46. ἐν οἰ. μιᾷ βρωθήσεται (2)
— 46. καὶ οὐκ ἐξοίσετε ἐκ τῆς οἰ. τῶν κρεῶν (2)
20. 17. οὐκ ἐπιθυμήσεις τὴν οἰ. τοῦ πλησίον (2)
22. 7 (6). καὶ κλαπῇ ἐκ τῆς οἰ. τοῦ ἀνθρώπου (2)
— 8 (7). προσελεύσεται ὁ κύριος τῆς οἰ. (2)
Le. 14. 34. δώσω ἀφὴν λέπρας ἐν ταῖς οἰ. τῆς γῆς (2)
— 35. καὶ ἥξει τίνος αὐτοῦ ἡ οἰ. (2)
— 35. ὥσπερ ἀφὴ ἑώραταί μου ἐν τῇ οἰ. (2)
— 36. προστάξει ὁ ἱερεὺς ἀποσκευάσαι τὴν οἰ. (2)
— 36. A B πρὸ τοῦ εἰσελθόντα τὸν ἱ. ἰδεῖν τὴν οἰ. [R ἀφήν] †
— 36. ὅσα ἐὰν ᾖ ἐν τῇ οἰ. (2)
— 36. εἰσελεύσεται ὁ ἱερεὺς καταμαθεῖν τὴν οἰ. (2)
— 37. ἐν τοῖς τοίχοις τῆς οἰ. (2)
— 38. ἐξελθὼν ὁ ἱερεὺς ἐκ τῆς οἰ. ἐπὶ τὴν θύραν τῆς οἰκίας (2, 2)
— 38. καὶ ἀφοριεῖ ὁ ἱερεὺς τὴν οἰ. (2)
— 39. καὶ ὄψεται τὴν οἰ. –
— 39. ἐν τοῖς τοίχοις τῆς οἰ. (2)
— 41. τὴν οἰ. ἀποξύσουσιν ἔσωθεν κύκλῳ (2)
— 42. καὶ ἐξαλείψουσι τὴν οἰ. (2)
— 43. καὶ ἀνατείλῃ ἐν τῇ οἰ. (2)
— 43. καὶ μετὰ τὸ ἀποξυσθῆναι τὴν οἰ. (2)
— 44. εἰ διακέχυται ἡ ἀφὴ ἐν τῇ οἰ. (2)
— 44. λέπρα ἔμμονός ἐστιν ἐν τῇ οἰ. (2)
— 45. καὶ καθελοῦσι τὴν οἰ. (2)
— 46. ὁ εἰσπορευόμενος εἰς τὴν οἰ. (2)
— 47. ὁ κοιμώμενος ἐν τῇ οἰ. (2)
— 47. καὶ ὁ ἔσθων ἐν τῇ οἰ. (2)
— 48. οὐ διαχεῖται ἡ ἀφὴ ἐν τῇ οἰ. (2)
— 48. μετὰ τὸ ἐξαλειφθῆναι τὴν οἰ. (2)
— 48. καὶ καθαριεῖ ὁ ἱερεὺς τὴν οἰ. (2)
— 49. λήψεται ἀφαγνίσαι τὴν οἰ. δύο ὀρνίθια (2)
— 51. περιρρανεῖ ἐν αὐτοῖς ἐπὶ τὴν οἰ. (2)
— 52. ἀφαγνιεῖ τὴν οἰ. ἐν τῷ αἵματι (2)
— 53. καὶ ἐξιλάσεται περὶ τῆς οἰ. (2)
— 55. καὶ τῆς λέπρας ἱματίου καὶ οἰκίας (2)
25. 29. ἐὰν δέ τις ἀποδῶται οἰ. οἰκητήν (2)
— 30. κυρωθήσεται ἡ οἰ. ἡ οὖσα ἐν πόλει (2)
— 31. αἱ δὲ οἰ. αἱ ἐν ἐπαύλεσιν (2)
— 32. οἰκίαι τῶν πόλεων κατασχέσεως αὐ. (2)
— 33. ἡ διάπρασις αὐ. οἰκιῶν πόλεως κατασχ. (2)
— 33. οἰκίαι τῶν πόλεων τῶν Λ. κατάσχεσις αὐ. (2)
27. 14. ὃς ἂν ἁγιάσῃ τὴν οἰ. αὐ. ἁγίαν τῷ κ. (2)
— 15. ἐὰν δὲ . . . λυτρῶται τὴν οἰ. αὐτοῦ (2)
Nu. 19. 14. B^{1} ἐὰν ἀποθάνῃ ἐν τῇ [A B^{2} R om.] οἰ. (1)
— 14. πᾶς ὁ εἰσπορευόμ. εἰς τὴν οἰ. (1)
— 14. ὅσα ἐστὶν ἐν τῇ οἰ. (1)
31. 10. B πάσας τὰς πόλεις αὐ. τὰς ἐν ταῖς οἰ. [A R κατοικ.] αὐ. (6)
32. 18. οὐ μὴ ἀποστραφῶμεν εἰς τὰς οἰ. ἡμῶν (2)
De. 5. 21 (18). οὐκ ἐπιθυμήσεις τὴν οἰ. τοῦ πλησίον σου (2)
6. 9. ἐπὶ τὰς φλιὰς τῶν οἰ. ὑμῶν (2)
— 11. οἰκίας πλήρεις πάντων ἀγαθῶν (2)
8. 12. οἰ. καλὰς οἰκοδομήσας (2)
11. 20. ἐπὶ τὰς φλιὰς τῶν οἰ. [A οἴκων] ὑμῶν (2)
15. 16. ἠγάπηκέ σε καὶ τὴν οἰ. σου (2)
20. 5. ὁ οἰκοδομήσας οἰ. καινήν (2)
— 5, 6, 7, 8. ἀποστραφήτω εἰς τὴν οἰ. αὐτοῦ (2)
21. 12. εἰσάξεις αὐτὴν ἔνδον εἰς τὴν οἰ. σου (2)
— 13. B καθίεται [A R -ιεῖται] ἐν τῇ οἰ. σου (2)
22. 2. συνάξεις αὐτὸν ἔνδον εἰς τὴν οἰ. σου (2)
— 8. ἐὰν οἰκοδομήσῃς οἰ. καινήν (2)
— 8. οὐ ποιήσεις φόνον ἐν τῇ οἰ. σου (2)
24. 1 (A^{2} B), 3. ἐξαποστελεῖ αὐτὴν ἐκ τῆς οἰ. αὐ. (2)
— 5. ἀθῷος ἔσται ἐν τῇ οἰ. αὐ. (2)
— 10. εἰσελεύσῃ εἰς τὴν οἰ. αὐ. (2)
25. 14. οὐκ ἔσται ἐν τῇ οἰ. σου μέτρον καὶ μέτρον (2)
26. 11. καὶ ἡ οἰ. [A^{1} τῇ οἰ.] σου καὶ ὁ Λ. (2)
— 13. ἐξεκάθαρα τὰ ἅγια ἐκ τῆς οἰ. μου (2)
28. 30. οἰκίαν οἰκοδομήσεις (2)
Jo. 2. 1. εἰσήλθοσαν εἰς οἰκίαν [A τὴν οἰ.] γυναικός (2)
— 3. τοὺς εἰσπεπορευμ. εἰς τὴν οἰ. σου (2)
— 18. συνάξεις . . . εἰς τὴν οἰ. σου (2)
— 19. ὃς ἂν ἐξέλθῃ τὴν θύραν τῆς οἰ. [A τὴν οἰ.] σου ἔξω (2)
— 19. ὅσοι ἐὰν γένωνται μετὰ σοῦ ἐν τῇ οἰ. σου (2)
6. 21 (22). εἰσέλθατε εἰς τὴν οἰ. τῆς γυναικός (2)
— 22 (23). εἰσῆλθον . . . εἰς τὴν οἰ. τῆς γυναικός –
24. 15. ἐγὼ δὲ καὶ ἡ οἰ. [A ὁ οἶκος] μου (2)
Jd. 15. 6. A ἐνέπρησαν τὴν οἰ. τοῦ πατρὸς αὐ. καὶ αὐτήν [B al.] †

Jd. 18. 22. οἱ ἄνδρες οἱ ἐν ταῖς οἰ. [A *al.*] (2)
19. 15. συνάγων αὐτοὺς εἰς οἰκίαν [A τὸν οἶκον] (2)
— 18. συνάγων με εἰς τὴν οἰ. (2)
— 21. A εἰσήγαγεν αὐτὸν εἰς τὴν οἰ. αὐ. [B *al.*] (2)
— 22. ἐκύκλωσαν τὴν οἰ. (2)
— 22. A τὸν ἄνδρα τὸν κύριον τῆς οἰ. [B τοῦ οἴκου] (2)
— 22. ὃς εἰσῆλθεν [A τὸν ἐλθόντα] εἰς τὴν οἰ. σου (2)
— 23. A ὁ ἀνὴρ ὁ κύριος τῆς οἰ. [B τοῦ οἴκου] (2)
— 23. μετὰ τὸ εἰσελθεῖν τὸν ἄνδρα τ. εἰς τὴν οἰ. μου (2)
20. 5. ἐκύκλωσαν ἐπ' ἐμὲ ἐπὶ τὴν οἰ. [A *al.*] (2)
I Ki. 21. 15 (16). οὗτος οὐκ εἰσελεύσεται εἰς οἰκίαν (2)
28. 24. ἦν δάμαλις νομὰς ἐν τῇ οἰ. (2)
II Ki. 16. 2. τὰ ὑποζύγια τῇ οἰ. τοῦ βασ. (2)
17. 18. εἰσῆλθον εἰς οἰκίαν ἀνδρός (2)
— 20. ἦλθον οἱ παῖδες Ἀβ. . . . εἰς τὴν οἰ. (2)
III Ki. 13. 15. A δεῦρο μετ' ἐμοῦ εἰς τὴν οἰ. [B *om.* εἰς τ. οἰ.] (2)
IV Ki. 4. 35. ἐπορεύθη ἐν τῇ οἰ. (2)
I Ch. 4. 21. γενέσεις οἰκιῶν ἐφρὰθ ἀβάκ [A *al.*] (2)
12. 28. καὶ τῆς πατρικῆς οἰ. αὐ. ἄρχοντες (2)
15. 1. ἐποίησεν αὐτῷ οἰκίας (2)
II Es. 6. 11. καθαιρεθήσεται ξύλον ἐκ τῆς οἰ. αὐ. (2)
Ne. 3. 10. καὶ κατέναντι οἰκίας [A -α] αὐτοῦ (2)
4. 14 (8). S παρατάξασθε περὶ . . . οἰκιῶν [A B οἴκων] ὑ. (2)
5. 3. καὶ οἰκίαι ἡμῶν ἡμεῖς διεγγυῶμεν (2)
— 4. καὶ ἀμπελῶνες ἡμῶν καὶ οἰκίαι ἡμῶν –
— 11. ἐπιστρέψατε δὴ . . . οἰκίας αὐτῶν (2)
7. 3. ἀνὴρ ἀπέναντι οἰκίας αὐ. (2)
— 4. οὐκ ἦσαν οἰ. ᾠκοδομημέναι (2)
9. 25. ἐκληρονόμησαν οἰκίας πλήρεις πάντων ἀγαθῶν (2)
To. 7. 1. A B παρεγένετο εἰς τὴν οἰ. Ῥαγουήλ
— 1. εἰσήγαγεν αὐτοὺς εἰς τὴν οἰ. [S *al.*]
8. 11. ἦλθε Ῥ. εἰς τὴν οἰ. [S τὸν οἶκον]
11. 3. ἑτοιμάσωμεν τὴν οἰ.
— 17. S εἴσελθε εἰς τὴν οἰ. σου
13. 18. S πᾶσαι αἱ οἰ. αὐ. ἐροῦσιν [A B *al.*]
14. 13. S ἐκληρονόμησεν τὴν οἰ. Ῥ. [A B *al.*]
Es. 1. 22. ὥστε εἶναι φόβον αὐτοῖς ἐν ταῖς οἰ. αὐ. (2)
7. 8. βιάζῃ ἐν τῇ οἰ. μου (2)
Jb. 1. 10. οὐ σὺ περιέφραξας . . . τὰ ἔσω τῆς οἰ. αὐτοῦ (2)
— 13. ἔπινον οἶνον ἐν τῇ οἰ. τοῦ ἀδελφοῦ αὐτῶν (2)
— 19. ἥψατο τῶν τεσσάρων γωνιῶν τῆς οἰ. καὶ ἔπεσεν ἡ οἰ. ἐπὶ τὰ παιδιά σου (2, –)
2. 9. κἀγὼ πλανωμένη [A S^2 πλανῆτις] . . . οἰκίαν ἐξ οἰκίας [S^2 *add.* περιερχομένη] –, –
4. 19. τοὺς δὲ κατοικοῦντας οἰκίας πηλίνας (2)
8. 15. ἐὰν ὑπερείσῃ τὴν οἰ. αὐτοῦ (2)
19. 15. γείτονες οἰκίας [A οἰκεῖοι θεράποντες] (2)
20. 15. ἐξ οἰκίας αὐτοῦ ἐξελκύσει αὐτὸν ἄγγελος †
24. 12. A ἐξ οἰκιῶν ἰδίων ἐξέβαλον αὐτούς [B S *al.*] –
— 16. διώρυξεν ἐν σκότει οἰκίας (2)
30. 23. οἰκία γὰρ παντὶ θνητῷ γῆ (2)
Ps. 48 (49). 11. οἱ τάφοι αὐτῶν οἰκίαι αὐτῶν εἰς τὸν αἰῶνα (2)
83 (84). 3. στρουθίον εὗρεν ἑαυτῷ οἰκίαν (2)
100 (101). 7. οὐ κατῴκει ἐν μέσῳ τῆς οἰ. μου (2)
103 (104). 17. τοῦ ἐρωδιοῦ ἡ οἰ. ἡγεῖται αὐτῶν (2)
127 (128). 3. ὡς ἄμπελος εὐθηνοῦσα ἐν ταῖς κλίτεσι τῆς οἰ. σου (2)
Pr. 14. 9. οἰκίαι παρανόμων [A ἀφρόνων] ὀφειλήσουσι καθαρισμὸν οἰκίαι δὲ δικαίων δεκταί †, †
— 11. οἰκίαι ἀσεβῶν ἀφανισθήσονται (2)
25. 24. μετὰ γυναικὸς λοιδόρου ἐν οἰκίᾳ κοινῇ (2)
Ec. 10. 18. ἐν ἀργείᾳ χειρῶν στάξει [A στενάξει] ἡ οἰ. (2)
12. 3. ἐὰν σαλευθῶσι φύλακες τῆς οἰ. (2)
Si. 4. 30. S μὴ ἴσθι ὡς λέων ἐν τῇ οἰ. [A B τῷ οἴκῳ] σου
21. 8. ὁ οἰκοδομῶν τὴν οἰ. αὐτοῦ ἐν χρήμασιν ἀλλοτρίοις
— 22. ποὺς μωροῦ ταχὺς εἰς οἰκίαν
— 23. ἄφρων ἀπὸ θύρας παρακύπτει εἰς οἰκίαν
26. 16. κάλλος ἀγαθῆς γυναικὸς ἐν κόσμῳ οἰκίας αὐ.
28. 14. οἰκίας μεγιστάνων κατέστρεψε
29. 23. S^2 ὀνειδισμὸν οἰκίας σου μὴ ἀκούσῃς
— 24. ζωὴ πονηρὰ ἐξ οἰκίας εἰς οἰκίαν

Si. 29. 27. ἐπεξένωταί μοι ὁ ἀδελφὸς χρεία τῆς οἰ. [B^1 ξενίας]
— 28. ἐπιτίμησις οἰκίας καὶ ὀνειδισμὸς δανειστοῦ
Am. 6. 9. A R ἐὰν ὑπολειφθῶσι δέκα ἄνδρες [B *om.* ἄν.] ἐν οἰκίᾳ μιᾷ (2)
— 10. ἐρεῖ τοῖς προεστηκόσι τῆς οἰ. (2)
Mi. 2. 9. ἀπορριφήσονται ἐκ τῶν οἰ. τρυφῆς αὐτῶν (2)
Jl. 2. 9. ἐπὶ ταῖς οἰ. [A τὰς οἰ.] ἀναβήσονται (2)
Ze. 1. 13. οἰκοδομήσουσιν οἰκίας (2)
Za. 5. 11. οἰκοδομῆσαι αὐτῷ οἰκίαν ἐν γῇ B. (2)
14. 2. καὶ διαρπαγήσονται αἱ οἰ. (2)
Is. 3. 22. τὰ ἐπιβλήματα τὰ κατὰ τὴν οἰ. †
5. 8. οὐαὶ οἱ συνάπτοντες οἰκίαν πρὸς οἰκίαν (2, 2)
— 9. ἐὰν γὰρ γένωνται οἰκίαι πολλαί (2)
13. 16. τὰς οἰ. αὐτῶν προνομεύσουσι [S^1 *al.*] (2)
— 21. ἐμπλησθήσονται αἱ οἰ. [A πλ. οἰ.] ἤχου (2)
24. 10. κλείσει οἰκίαν (2)
32. 13. ἐκ πάσης οἰκίας εὐφροσύνη ἀρθήσεται (2)
58. 7. S ἀπὸ τῶν οἰ. [A B οἰκείων] τοῦ σπέρματός σου †
65. 21. οἰκοδομήσουσιν οἰκίας (2)
Je. 5. 6. λύκος ἕως τῶν οἰ. ὠλέθρευσεν αὐτούς †
6. 12. μεταστραφήσονται αἱ οἰ. αὐτῶν εἰς ἑτέρους (2)
16. 8. εἰς οἰκίαν πότου οὐκ εἰσελεύσῃ (2)
17. 22. B S^2 μὴ ἐκφέρετε βαστάγματα ἐξ οἰκιῶν [A -κων] ὑμῶν (2)
18. 22. γενηθήτω κραυγὴ ἐν ταῖς οἰ. αὐτῶν (2)
19. 13. ἐν πάσαις ταῖς οἰ. ἐν αἷς ἐθυμίασαν (2)
22. 13. ὁ οἰκοδομῶν οἰκίαν αὐτοῦ οὐ μετὰ δικαιοσύνης (2)
36 (29). 5. A S^1 οἰκοδομήσατε οἰκίαν [S^2 -ας, B -κους] (2)
— 28. οἰκοδομήσατε οἰκίας (2)
39 (32). 15. κτισθήσονται [A κτήσ.] ἀγροὶ καὶ οἰκίαι (2)
— 29. κατακαύσουσι [A καύσωσιν] τὰς οἰ. [S^1 τὴν οἰ.] (2)
40 (33). 4. A S^2 περὶ οἰκίας [B S^1 οἴκων] τῆς πόλεως ταύτης [S^1 *al.*] (2)
42 (35). 2. S βάδισον εἰς οἰκίαν [A B -κον] Ἀρχαβείν (2)
— 3. ἐξήγαγον [A ἤγ.] . . . πᾶσαν τὴν οἰ. Ἀρχαβείν (2)
— 7. A R οἰκίας [B S -αν] οὐ μὴ οἰκοδομήσητε (2)
— 9. πρὸς τὸ μὴ οἰκοδομεῖν οἰκίας (2)
43 (36). 12. κατέβη εἰς οἰκίαν [A S -κον] τοῦ βασιλέως (2)
44 (37). 4. S οὐκ ἔδωκαν αὐτὸν εἰς οἰκίαν [A B οἶκον] τῆς φυλακῆς (2)
— 15. ἀπέστειλαν αὐτὸν εἰς τὴν οἰ. Ἰωνάθαν τοῦ γραμματέως ὅτι ταύτην ἐποίησαν εἰς οἰκίαν [A -κον] φυλακῆς (2, 2)
— 16. ἦλθεν Ἱερεμίας εἰς οἰκίαν τοῦ λάκκου (2)
— 18. δίδως με εἰς οἰκίαν φυλακῆς (2)
— 20. τί ἀποστρέφεις με εἰς οἰκίαν Ἰωνάθαν (2)
— 21. ἐνεβάλοσαν αὐτὸν εἰς οἰκίαν τῆς φυλακῆς (3)
45 (38). 7. αὐτὸς ἐν οἰκίᾳ τοῦ βασιλέως (2)
— 11. εἰσῆλθεν εἰς τὴν οἰ. τοῦ βασιλέως τὴν ὑπόγαιον (2)
— 14. ἐκάλεσεν αὐτὸν πρὸς ἑαυτὸν εἰς οἰκίαν ἀσελεισήλ (5)
— 17. ζήσῃ σὺ καὶ ἡ οἰ. σου (2)
— 22. αἱ καταλειφθεῖσαι ἐν οἰκίᾳ βασιλέως (2)
— 26. πρὸς τὸ μὴ ἀποστρέψαι [A S ἐπιστρ.] με εἰς οἰκίαν Ἰωνάθαν (2)
50 (43). 9. ἐν πύλῃ τῆς οἰ. Φαραώ [A *om.*] (2)
— 12. καύσει πῦρ ἐν οἰκίαις τῶν θεῶν αὐτῶν (2)
— 13. τὰς οἰ. αὐτῶν κατακαύσει ἐν πυρί (2)
52. 11. ἔδωκεν αὐτὸν εἰς οἰκίαν μυλῶνος (2)
— 13. ἐνέπρησε . . . πάσας τὰς οἰ. τῆς πόλεως καὶ πᾶσαν οἰκίαν μεγάλην ἐνέπρησεν (2,2)
— 31. ἐξήγαγεν αὐτὸν ἐξ οἰκίας (2)
Ep. Je. 13. ἐκμάσσονται τὸ πρόσωπον αὐτῶν διὰ τὸν ἐκ τῆς οἰ. κονιορτόν
— 20. ἔστι μὲν ὥσπερ δοκὸς τῶν ἐκ τῆς οἰ.
— 21. μεμελανωμένοι τὸ πρόσωπον αὐτῶν ἀπὸ τοῦ καπνοῦ τοῦ ἐκ τῆς οἰ. [A γῆς καιομένου]
— 55. ὅταν ἐμπέσῃ εἰς οἰκίαν θεῶν ξυλίνων
— 59. σκεῦος ἐν οἰκίᾳ χρήσιμον . . . θύρα ἐν οἰκίᾳ διασῴζουσα τὰ ἐν αὐτῇ ὄντα
Ez. 11. 3. οὐχὶ προσφάτως ᾠκοδόμηνται αἱ οἰ. (2)
28. 26. οἰκοδομήσουσιν οἰκίας (2)
33. 30. ἐν τοῖς πυλῶσι τῶν οἰ. (2)
Da. LXX. 3. 29 (96). ἡ οἰ. αὐ. δημευθήσεται (2)
Da. TH. Su. 6. προσεκαρτέρουν ἐν τῇ οἰ. Ἰ.

Da. TH. Su. 26. ὡς δὲ ἤκουσαν . . . οἱ ἐκ [A ἀπὸ] τῆς οἰ.
5. 17. τὴν δωρεὰν τῆς οἰ. σου ἑτέρῳ δός –
I Ma. 1. 55. S R ἐπὶ τῶν θυρῶν [A -ρίδων] τῶν οἰ. . . . ἐθυμίων
3. 56. S R εἶπεν τοῖς οἰκοδομοῦσιν οἰκίας [A -αν]
11. 46. S κατελάβοντο οἱ ἐκ τῆς οἰ. [A R πόλεως]
13. 24. S^1 ἀπῆλθεν εἰς τὴν αὐ. οἰ. [A S^2 R τὴν γῆν αὐ.]
— 47. ἐκαθάρισε τὰς οἰ.
II Ma. 2. 29. τῆς καινῆς οἰ. ἀρχιτέκτονι
3. 18. R οἱ δὲ ἐκ τῶν οἰ. [A -κείων] . . . ἐξεπήδων
5. 12. R τοὺς εἰς τὰς οἰ. [A ἐν ταῖς οἰ.] ἀναβαίνοντας
13. 15. R σὺν τῷ κατ' οἰκίαν ὄχλῳ [A ὄντι]
III Ma. 4. 18. τῶν μὲν κατὰ τὰς οἰ. ἔτι συνεστηκότων
5. 40. A ἀναλύων τὰς οἰ. [R *al.*]
6. 25. τῆς οἰ. ἀποστήσας ἕκαστον
7. 18. R ἕως εἰς [A ἐπὶ] τὴν ἰδίαν οἰ.
IV Ma. 14. 15. τὰ μὲν ἥμερα κατὰ τὰς οἰ. ὀροφοιτῶντα
[Aq. Ge. 15. 2 : Jo. 2. 19 : Je. 39 (46). 14.]
[Sm. Jo. 2. 19 : III Ki. 5. 11 (25) : 13. 15 : Jb. 4. 19 : 20. 19 : 21. 21 : Ps. 48 (49). 12 : 67 (68). 7 : Je. 37 (44). 16.]
[Th. Ge. 15. 2 : Jo. 2. 19 : III Ki. 13. 15 : Je. 37 (44). 16.]
[Al. Le. 14. 36 : Dt. 6. 7 : Je. 32 (39). 29 : 37 (44). 16, 17.]

οἰκιάζειν (?).
Jb. 37. 10. S^1 οἰκιάζει [A B S^2 οἰακίζει] δὲ τὸ ὕδωρ ὡς ἐὰν βούληται [A *al.*] †

οἰκίδιον.
To. 2. 4. S εἰς ἓν τῶν οἰ. ἔθηκα [A B *al.*]
II Ma. 8. 33. R εἰς ἓν οἰ. [A οἰκεῖον, ?οἰκίον] πεφευγότας

οἰκίζειν.
Jb. 22. 8. ᾤκισας [A ἐκόμισας] δὲ τοὺς [A S^2 πτωχοὺς] ἐπὶ τῆς γῆς †
Si. 10. 3. πόλις οἰκισθήσεται ἐν συνέσει δυναστῶν
38. 32. ἄνευ αὐτῶν οὐκ οἰκισθήσεται [A S^2 -κήσεται, S^1 -κηθήσεται] πόλις

οἰκίον (?).
II Ma. 8. 33. A εἰς ἓν οἰ. πεφευγότα [R *al.*]

οἰκογενής. (1) בַּיִת (2) בֵּן (3) יָלִיד (4) *a.* בֶּן־בַּיִת *b.* יְלִיד בַּיִת
Ge. 14. 14. ἠρίθμησε τοὺς ἰδίους οἰ. αὐτοῦ (4 *b*)
15. 2. R ὁ δὲ υἱὸς Μασὲκ τῆς οἰ. μου (1)
— 3. R ὁ δὲ οἰ. μου κληρονομήσει με (4 *a*)
17. 12. καὶ οἰ. [A ὁ οἰ. τῆς οἰκίας σου] (4 *a* [2])
— 13. περιτομῇ περιτμηθήσεται ὁ οἰ. τῆς οἰκίας σου (3)
— 23. ἔλαβεν . . . πάντας τοὺς οἰ. αὐτοῦ (4 *b*)
— 27. περιετμήθη . . . καὶ οἱ οἰ. αὐτοῦ [A *om.*] (4 *b*)
Le. 22. 11. B^1 καὶ οἰκογενεῖς [A B^2 R οἱ οἰ.] αὐτοῦ (4 *b*)
I Es. 3. 1. ἐποίησε δοχὴν μεγ. . . . πᾶσι τοῖς οἰ. αὐ.
Ec. 2. 7. οἰκογενεῖς ἐγένοντό μοι (4 *a*)
Je. 2. 14. μὴ δοῦλός ἐστιν Ἰσραὴλ ἢ οἰ. ἐστι (4 *b*)

οἰκοδομεῖν. (1) בָּנָה *a.* qal. *b.* ni. *c.* בְּנָה, בְּנָא pe. *d.* ithp. (2) כּוּן hithp. (3) עָשָׂה
Ge. 2. 22. ᾠκοδόμησεν . . . τὴν πλευράν (1 *a*)
4. 17. καὶ ἦν οἰκοδομῶν πόλιν (1 *a*)
8. 20. ᾠκοδόμησε Νῶε θυσιαστήριον τῷ κυρίῳ (1 *a*)
10. 11. καὶ ᾠκοδόμησε τὴν Νινευί (1 *a*)
11. 4. δεῦτε οἰκοδομήσωμεν ἑαυτοῖς πόλιν (1 *a*)
— 5. τὸν πύργον ὃν ᾠκοδόμησαν οἱ υἱοί (1 *a*)
— 8. καὶ ἐπαύσαντο οἰκοδομοῦντες τὴν πόλιν (1 *a*)
12. 7. ᾠκοδόμησεν . . . θυσιαστήριον κυρίῳ (1 *a*)
— 8 : 13. 18. ᾠκοδόμησεν . . . θυσιαστήριον τῷ κυρίῳ (1 *a*)
22. 9. ᾠκοδόμησεν ἐκεῖ Ἀβ. τὸ θυσιαστ. (1 *a*)
26. 25 : 35. 7. ᾠκοδόμησεν ἐκεῖ θυσιαστήριον (1 *a*)
Ex. 1. 11. ᾠκοδόμησαν πόλεις ὀχυρὰς τῷ Φ. (1 *a*)
17. 15. ᾠκοδόμησε Μ. θυσιαστήριον κυρίῳ (1 *a*)
20. 25. οὐκ οἰκοδομήσεις αὐτοὺς τμητούς (1 *a*)
24. 4. ᾠκοδόμησε θυσιαστήριον ὑπὸ τὸ ὄρος (1 *a*)
32. 5. ᾠκοδόμησε θυσιαστήριον (1 *a*)
Nu. 13. 23 (22). X. ἑπτὰ ἔτεσιν ᾠκοδομήθη πρὸ τοῦ Τάνιν (1 *b*)

Nu. 21. 27. ἵνα οἰκοδομηθῇ . . . πόλις Σ. (1 *b*)
23. 1. οἰκοδόμησόν μοι ἐνταῦθα ἑπτὰ βωμούς (1 *a*)
— 14. ᾠκοδόμησεν ἐκεῖ ἑπτὰ βωμούς (1 *a*)
— 29. οἰκοδόμησόν μοι ὧδε ἑπτὰ βωμούς (1 *a*)
32. 16. A B^1 ἐπαύλεις προβάτων οἰκοδομήσωμεν [B^2 R -σομεν] (1 *a*)
— 24. B^1 καὶ οἰκοδομήσητε [A B^2 R -ετε] ὑμῖν αὐτοῖς πόλεις (1 *a*)
— 34. ᾠκοδόμησαν οἱ υἱοὶ Γὰδ τὴν Δ. (1 *a*)
— 37. ᾠκοδόμησαν τὴν Ἐσ. (1 *a*)
— 38. ἃς ᾠκοδόμησαν (1 *a*)
De. 6. 10. ἃς οὐκ ᾠκοδόμησας (1 *a*)
8. 12. οἰκίας καλὰς οἰκοδομήσας [A ᾠκ.] (1 *a*)
20. 5. τίς ὁ ἄνθρ. ὁ οἰκοδομήσας οἰκίαν καινήν (1 *a*)
— 20. οἰκοδομήσεις χαράκωσιν ἐπὶ τὴν πόλιν (1 *a*)
22. 8. ἐὰν οἰκοδομήσῃς οἰκίαν καινήν (1 *a*)
25. 9. ὃς οὐκ οἰκοδομήσει τὸν οἶκον (1 *a*)
27. 5. οἰκοδομήσεις ἐκεῖ θυσιαστήριον (1 *a*)
— 6. λίθους ὁλοκλήρους οἰκοδομήσεις (1 *a*)
28. 30. οἰκίαν οἰκοδομήσεις (1 *a*)
Jo. 6. 25 (26). ὃς οἰκοδομήσει τὴν πόλιν ἐκείνην (1 *a*)
9. 2 (8. 30). ᾠκοδόμησεν Ἰ. θυσιαστήριον (1 *a*)
19. 50. ᾠκοδόμησε τὴν πόλιν (1 *a*)
21. 40. ᾠκοδόμησεν Ἰ. τὴν πόλιν –
22. 10. ᾠκοδόμησαν . . . ἐκεῖ βωμόν (1 *a*)
— 11. ᾠκοδόμησαν . . . βωμόν (1 *a*)
— 16. οἰκοδομήσαντες ὑμῖν ἑαυτοῖς βωμόν (1 *a*)
— 19. διὰ τὸ οἰκοδομῆσαι ὑμᾶς βωμόν (1 *a*)
— 23. εἰ ᾠκοδομήσαμεν ἑαυτοῖς βωμόν (1 *a*)
— 26. τοῦ οἰκοδομῆσαι τὸν βωμὸν τοῦτον (1 *a*)
— 29. ὥστε οἰκοδομῆσαι ἡμᾶς θυσιαστήριον (1 *a*)
24. 13. ἃς οὐκ [A *om.*] ᾠκοδομήκατε [A -σατε] (1 *a*)
Jd. 1. 26. ᾠκοδόμησεν ἐκεῖ πόλιν (1 *a*)
6. 24. ᾠκοδόμησεν ἐκεῖ Γ. θυσιαστήριον (1 *a*)
— 26. οἰκοδομήσεις θυσιαστήριον τῷ κ. (1 *a*)
— 28. ἐπὶ τὸ θυσιαστήριον τὸ ᾠκοδομημ. [A *al.*] (1 *a*)
18. 28. ᾠκοδόμησαν τὴν πόλιν (1 *a*)
21. 4. ᾠκοδόμησαν [A -εν] ἐκεῖ θυσιαστήριον (1 *a*)
— 23. ᾠκοδόμησαν τὰς [A ἑαυτοῖς] πόλεις (1 *a*)
Ru. 4. 11. αἳ ᾠκοδόμησαν ἀμφότεραι τὸν οἶκον τοῦ Ἰσρ. (1 *a*)
I Ki. 2. 35. οἰκοδομήσω αὐτῷ οἶκον πιστόν (1 *a*)
7. 17. ᾠκοδόμησεν ἐκεῖ θυσιαστήριον (1 *a*)
14. 35. ᾠκοδόμησεν ἐκεῖ Σ. θυσιαστήριον (1 *a*)
— 35. τοῦτο ἤρξατο Σ. οἰκοδομῆσαι θυσιαστήριον (1 *a*)
II Ki. 5. 9. ᾠκοδόμησεν αὐτὴν πόλιν (1 *a*)
— 11. ᾠκοδόμησαν οἶκον τῷ Δ. (1 *a*)
7. 5. οὐ σὺ οἰκοδομήσεις μοι οἶκον (1 *a*)
— 7. οὐκ ᾠκοδομήκατέ μοι οἶκον κέδρινον (1 *a*)
— 11. οἶκον οἰκοδομήσεις αὐτῷ (3)
— 13. οἰκοδομήσει μοι οἶκον τῷ ὀνόματί μου (1 *a*)
— 27. οἶκον οἰκοδομήσω σοι (1 *a*)
24. 21. τοῦ οἰκοδομῆσαι θυσιαστήριον τῷ κ. (1 *a*)
— 25. ᾠκοδόμησεν ἐκεῖ Δ. θυσιαστήριον (1 *a*)
III Ki. 3. 1. R οἰκοδομῆσαι [A B *om.*] τὸν οἶκον αὐ. [B *om.* τ. οἶ. αὐ.] (1 *a*)
— 1. ᾠκοδόμησε τὴν ἄκραν ἔπαλξιν ἐπ᾽ αὐτῆς –
— 1 (*cf.* A 9. 24). ὃν ᾠκοδόμησεν αὐτῇ (1 *a*)
— 1 (*cf.* A 9. 24). τότε ᾠκοδόμησε τὴν ἄκραν (1 *a*)
— 1 (*cf.* A 9. 25). ὃ ᾠκοδόμησε τῷ κυρίῳ (1 *a*)
— 1. ᾠκοδόμησε τὴν Ἀ. –
— 1. μετὰ τὸ οἰκοδομῆσαι αὐτὸν τὸν οἶκον τοῦ κ. –
— 1. ᾠκοδόμησε τὰς πόλεις ταύτας –
— 1 (2. 36). οἰκοδόμησον σεαυτῷ οἶκον (1 *a*)
— 1. A ἕως οὗ συνετέλεσεν οἰκοδομῶν τὸν οἶκον ἑ. (1 *a*)
— 1. B ᾠκοδόμησε τὴν Θ. –
— 2. οὐκ ᾠκοδομήθη οἶκος (1 *b*)
4. 34 (9. 17). B Σαλ. ᾠκοδόμησε τὴν Γ. (1 *a*)
5. 3 (17). οὐκ ἠδύνατο οἰκοδομῆσαι οἶκον (1 *a*)
— 5 (19). οἰκοδομήσω οἶκον (1 *a*)
— 5 (19). οἰκοδομήσει τὸν οἶκον τῷ ὀνόματί μου (1 *a*)
6. 1. A ᾠκοδόμει τὸν οἶκον τῷ κυρίῳ (1 *a*)
— 1 (38). A ᾠκοδόμησεν αὐτὸν ἐν ἑπτὰ ἔτεσιν (1 *a*)
— 2. ὃν ᾠκοδόμησεν ὁ βασ. (1 *a*)
— 3 (14). ᾠκοδόμησε τὸν οἶκον (1 *a*)
— 7. ἐν τῷ οἰκοδομεῖσθαι αὐτὸν λίθοις ἀκροτόμοις ἀργοῖς ᾠκοδομήθη (1 *b*, 1 *b*)
— 7. ἐν τῷ οἰκοδομεῖσθαι αὐτόν (1 *b*)
— 9. ᾠκοδόμησε τὸν οἶκον (1 *a*)
— 10. ᾠκοδόμησε τοὺς ἐνδέσμους (1 *a*)
— 12. A ὁ οἶκος οὗτος ὃν σὺ οἰκοδομεῖς (1 *a*)
— 14. A ᾠκοδόμησεν Σαλ. τὸν οἶκον (1 *a*)
— 15. ᾠκοδόμησε τοὺς τοίχους (1 *a*)
— 16. ᾠκοδόμησε τοὺς εἴκοσι πήχεις (1 *a*)

III Ki. 6. 36. ᾠκοδόμησε τὴν αὐλὴν τὴν ἐσωτάτην (1 *a*)
— 36. B ᾠκοδόμησε καταπέτασμα τῆς αὐλῆς –
7. 1. τὸν οἶκον ἑαυτῷ ᾠκοδόμησε Σαλ. (1 *a*)
— 2. ᾠκοδόμησε τὸν οἶκον δρυμῷ [A -οῦ] (1 *a*)
— 12. A ᾠκοδόμησεν αὐλὴν οἴκου κυρίου –
8. 1. B τοῦ οἰκοδομῆσαι τὸν οἶκον κυρίου –
— 13. A ᾠκοδόμησα οἶκον κατοικητηρίου (1 *a*)
— 16. τοῦ οἰκοδομῆσαι οἶκον (1 *a*)
— 17. οἰκοδομῆσαι οἶκον τῷ ὀνόματι κυρίου (1 *a*)
— 18. τοῦ [A *om.*] οἰκοδομῆσαι οἶκον τῷ ὀνόμ. μου (1 *a*)
— 19. σὺ οὐκ οἰκοδομήσεις τὸν οἶκον (1 *a*)
— 19. οὗτος οἰκοδομήσει τὸν οἶκον (1 *a*)
— 20. ᾠκοδόμησα τὸν οἶκον (1 *a*)
— 27. ὁ οἶκος οὗτος ὃν ᾠκοδόμησα (1 *a*)
— 43. ὃν ᾠκοδόμησα (1 *a*)
— 44. οὗ ᾠκοδόμησα τῷ ὀνόματί σου (1 *a*)
— 48. καὶ τοῦ οἴκου οὗ ᾠκοδόμηκα [A -σα] (1 *a*)
— 53. ὡς συνετέλεσε τοῦ οἰκοδομῆσαι αὐτόν –
— 53. οἰκοδόμησον οἶκόν μου –
— 65. ἐν τῷ οἴκῳ ᾧ ᾠκοδόμησεν –
9. 1. B^1 R οἰκοδομεῖν [A B^2 -μῶν] τὸν οἶκον κυρίου (1 *a*)
— 3. ὃν ᾠκοδόμησας (1 *a*)
— 9. ὃν ᾠκοδόμησεν ἑαυτῷ –
— 10. ἐν οἷς ᾠκοδόμησε Σ. τοὺς δύο οἴκους (1 *a*)
— 11. A ᾠκοδόμησεν [B ἔδωκεν] ὁ βασ. Σ. τῷ Χ. εἴκοσι πόλεις †
— 24 (3. 1). A ὃν ᾠκοδόμησεν σὺν τὴν Μ. (1 *a*)
— 25 (3. 1). A ὃν ᾠκοδόμησεν τῷ κυρίῳ (1 *a*)
10. 4. καὶ τὸν οἶκον ὃν ᾠκοδόμησε (1 *a*)
— 22 (B), 9. 15 (A). οἰκοδομῆσαι τὸν οἶκον κ. (1 *a*)
— 22 (B), 9. 17 (A). A ᾠκοδόμησεν Σαλ. τὴν Γ. (1 *a*)
— 22 (B), 9. 19 (A). οἰκοδομῆσαι ἐν Ἱερ. (1 *a*)
11. 7 (5). ᾠκοδόμησε Σ. ὑψηλὸν τῷ Χ. (1 *a*)
— 27. ᾠκοδόμησε τὴν ἄκραν (1 *a*)
— 38. οἰκοδομήσω σοὶ οἶκον πιστὸν καθὼς ᾠκοδόμησα τῷ Δ. (1 *a*, 1 *a*)
12. 24. B ᾠκοδόμησε Σαλ. τὴν Σ. –
— 24. B ᾠκοδόμησε τὴν ἄκραν –
— 24. B ᾠκοδόμησεν Ἱερ. ἐκεῖ χάρακα –
— 25. ᾠκοδόμησεν Ἱερ. τὴν Σίκ. (1 *a*)
— 25. ᾠκοδόμησε τὴν Φ. (1 *a*)
14. 23. ᾠκοδόμησαν ἑαυτοῖς ὑψηλά (1 *a*)
15. 17. ᾠκοδόμησε τὴν Ῥ. (1 *a*)
— 21. τοῦ οἰκοδομεῖν τὴν Ῥ. (1 *a*)
— 22. ἃ ᾠκοδόμησε Β. (1 *a*)
— 22. ᾠκοδόμησεν . . . πᾶν βουνὸν Βεν. (1 *a*)
— 23. A R ἃς ᾠκοδόμησεν (1 *a*)
16. 24. ᾠκοδόμησε τὸ ὄρος (1 *a*)
— 24. B οὗ ᾠκοδόμησαν [A R -σεν] (1 *a*)
— 32. ὃν [A ὧν] ᾠκοδόμησεν ἐν Σαμ. (1 *a*)
— 34. ᾠκοδόμησεν Ἀχ. . . . τὴν Ἱερ. (1 *a*)
18. 32. ᾠκοδόμησε τοὺς λίθους (1 *a*)
21 (20). 12. οἰκοδομήσατε χάρακα –
22. 39. ὃν ᾠκοδόμησε (1 *a*)
IV Ki. 14. 22. ᾠκοδόμησε τὴν Αἰ. (1 *a*)
15. 35. ᾠκοδόμησε τὴν πύλην οἴκου κυρίου (1 *a*)
16. 11. ᾠκοδόμησεν Οὐ. . . . τὸ θυσιαστήριον (1 *a*)
— 18. τὸν θεμέλιον τῆς καθέδρας ᾠκοδόμησεν (1 *a*)
17. 9. ὧν ᾠκοδόμησαν ἑαυτοῖς ὑψηλά (1 *a*)
21. 3. ᾠκοδόμησε τὰ ὑψηλά (1 *a*)
— 4. ᾠκοδόμησε θυσιαστήριον ἐν οἴκῳ κυρίου (1 *a*)
— 5. ᾠκοδόμησε θυσιαστήριον (1 *a*)
23. 13. ὃν ᾠκοδόμησε Σαλ. (1 *a*)
25. 1. ᾠκοδόμησεν ἐπ᾽ αὐτὴν περίτειχος (1 *a*)
I Ch. 6. 10 (5. 36). ἐν τῷ οἴκῳ ᾧ ᾠκοδόμησε Σαλ. (1 *a*)
— 32 (17). ἕως οὗ ᾠκοδόμησε Σ. τὸν οἶκον (1 *a*)
7. 24. ᾠκοδόμησε Βαιθ. τὴν κάτω (1 *a*)
8. 12. ᾠκοδόμησε τὴν Ὠ. (1 *a*)
11. 8. ᾠκοδόμησε τὴν πόλιν κύκλῳ (1 *a*)
14. 1. τοῦ οἰκοδομῆσαι αὐτῷ οἶκον (1 *a*)
17. 4. οὐ σὺ οἰκοδομήσεις μοι οἶκον (1 *a*)
— 6. οὐκ ᾠκοδομήκατέ μοι οἶκον κέδρινον (1 *a*)
— 10. οἰκοδομήσει σε [A σοι] κύριος (1 *a*)
— 12. αὐτὸς οἰκοδομήσει μοι οἶκον (1 *a*)
— 25. τοῦ [A *om.*] οἰκοδομῆσαι αὐτῷ οἶκον (1 *a*)
21. 22. οἰκοδομήσω ἐπ᾽ αὐτῷ θυσιαστήριον (1 *a*)
— 26. ᾠκοδόμησε Δ. ἐκεῖ θυσιαστήριον (1 *a*)
22. 2. τοῦ οἰκοδομῆσαι οἶκον τῷ θεῷ (1 *a*)
— 5. ὁ οἶκος τοῦ οἰκοδομῆσαι τῷ κυρίῳ (1 *a*)
— 6. τοῦ οἰκοδομῆσαι τὸν οἶκον (1 *a*)
— 7. τοῦ οἰκοδομῆσαι οἶκον (1 *a*)
— 8. οὐκ οἰκοδομήσεις οἶκον (1 *a*)
— 10. οὗτος οἰκοδομήσει οἶκον (1 *a*)
— 11. οἰκοδομήσεις οἶκον τῷ κ. θεῷ σου (1 *a*)

I Ch. 22. 19. οἰκοδομήσατε ἁγίασμα τῷ θεῷ ὑμῶν (1 *a*)
— 19. εἰς οἶκον τὸν οἰκοδομούμ. τῷ ὀνόμ. κ. (1 *b*)
28. 2. οἰκοδομῆσαι οἶκον ἀναπαύσεως (1 *a*)
— 3. οὐκ οἰκοδομήσεις ἐμοὶ οἶκον (1 *a*)
— 6. A R οἰκοδομήσει [B κληρονομήσει] τὸν οἶκόν μου (1 *a*)
— 10. οἰκοδομῆσαι αὐτῷ οἶκον (1 *a*)
29. 16. οἰκοδομηθῆναι οἶκον τῷ ὀνόμ. τῷ ἁγ. σου (1 *a*)
II Ch. 2. 1 (1. 18). τοῦ οἰκοδομῆσαι οἶκον (1 *a*)
— 3 (2). τοῦ οἰκοδομῆσαι ἑαυτῷ οἶκον (1 *a*)
— 4 (3). οἰκοδομῶ οἶκον (1 *a*)
— 5 (4). ὁ οἶκος ὃν ἐγὼ οἰκοδομῶ μέγας (1 *a*)
— 6 (5). τίς ἰσχύσει οἰκοδομῆσαι αὐτῷ οἶκον (1 *a*)
— 6 (5). τίς ἐγὼ οἰκοδομῶν αὐτῷ οἶκον (1 *a*)
— 9 (8). ὁ οἶκος ὃν ἐγὼ οἰκοδομῶ μέγας (1 *a*)
— 12 (11). ὃς οἰκοδομήσει οἶκον τῷ κυρίῳ (1 *a*)
3. 1. τοῦ οἰκοδομεῖν τὸν οἶκον κυρίου (1 *a*)
— 2. A B^2 R ἤρξατο οἰκοδομῆσαι [B^1 -μή] (1 *a*)
— 3. τοῦ οἰκοδομῆσαι τὸν οἶκον τοῦ θεοῦ (1 *a*)
6. 2. ᾠκοδόμηκα οἶκον τῷ ὀνόματί σου (1 *a*)
— 5, 7, 8. τοῦ οἰκοδομῆσαι οἶκον (1 *a*)
— 9. οὐκ οἰκοδομήσεις τὸν οἶκον (1 *a*)
— 9. οἰκοδομήσει τὸν οἶκον τῷ ὀνόματί μου (1 *a*)
— 10. ᾠκοδόμησα τὸν οἶκον (1 *a*)
— 18. τίς ὁ οἶκος οὗτος ὃν ᾠκοδόμησα (1 *a*)
— 33. ὃν ᾠκοδόμησα (1 *a*)
— 34. οὗ ᾠκοδόμηκα [A -σα] τῷ ὀνόματί σου (1 *a*)
— 38. οὗ ᾠκοδόμησα τῷ ὀνόματί σου (1 *a*)
8. 1. ἐν οἷς ᾠκοδόμησε Σ. τὸν οἶκον κυρίου (1 *a*)
— 2. B ᾠκοδόμησεν αὐτὰς Σαλ. (1 *a*)
— 4. ᾠκοδόμησε τὴν Θ. (1 *a*)
— 4. B πάσας τὰς πόλεις τὰς ὀχ. [A R *add.* ἃς] ᾠκοδόμησεν (1 *a*)
— 5. ᾠκοδόμησε τὴν Β. τὴν ἄνω (1 *a*)
— 6. κατὰ τὴν ἐπιθυμίαν τοῦ οἰκοδομῆσαι (1 *a*)
— 11. ὃν ᾠκοδόμησεν αὐτῇ (1 *a*)
— 12. ὃ ᾠκοδόμησεν ἀπέναντι τοῦ ναοῦ (1 *a*)
9. 3. τὸν οἶκον ὃν ᾠκοδόμησε (1 *a*)
11. 5. ᾠκοδόμησε πόλεις τειχήρεις (1 *a*)
— 6. ᾠκοδόμησε τὴν Β. (1 *a*)
14. 6 (5). R καὶ ᾠκοδόμησε (1 *a*)
— 7 (6). οἰκοδομήσωμεν τὰς πόλεις ταύτας (1 *a*)
16. 1. ᾠκοδόμησε τὴν Ῥ. (1 *a*)
— 5. τοῦ μηκέτι οἰκοδομεῖν τὴν Ῥ. (1 *a*)
— 6. ἃ ᾠκοδόμησε Β. (1 *a*)
— 6. ᾠκοδόμησεν ἐν αὐτοῖς τὴν Γ. (1 *a*)
17. 12. ᾠκοδόμησεν οἰκήσεις (1 *a*)
20. 8. ᾠκοδόμησαν [B^1 *om.*] ἐν αὐτῇ ἁγίασμα (1 *a*)
26. 2. ᾠκοδόμησε τὴν Αἰ. (1 *a*)
— 6. ᾠκοδόμησε πόλεις Ἀζώτου (1 *a*)
— 9. ᾠκοδόμησεν Ὀ. πύργους (1 *a*)
— 10. ᾠκοδόμησε πύργους ἐν τῇ ἐρήμῳ (1 *a*)
27. 3. ᾠκοδόμησε τὴν πύλην οἴκου κυρίου (1 *a*)
— 3. ᾠκοδόμησε πολλά (1 *a*)
— 4. A B πόλεις ᾠκοδόμησεν (1 *a*)
32. 5. ᾠκοδόμησε πᾶν τὸ τεῖχος (1 *a*)
— 29. πόλεις ἃς ᾠκοδόμησεν αὐτῷ [A ἑαυ.] (3)
33. 3. ᾠκοδόμησε τὰ ὑψηλά (1 *a*)
— 4, 5. καὶ ᾠκοδόμησε θυσιαστήρια (1 *a*)
— 14. μετὰ ταῦτα ᾠκοδόμησε τεῖχος (1 *a*)
— 15. ἃ ᾠκοδόμησεν ἐν ὄρει οἴκου κυρίου (1 *a*)
— 19. ἐφ᾽ οἷς ᾠκοδόμησε τὰ ὑψηλά (1 *a*)
35. 3. ὃν ᾠκοδόμησε Σαλ. (1 *a*)
36. 23. οἰκοδομῆσαι οἶκον αὐτῷ (1 *a*)
I Es. 1. 3. ἐν τῷ οἴκῳ ᾧ ᾠκοδόμησε Σ.
2. 4. οἰκοδομῆσαι αὐτῷ [A ἑαυ.] οἶκον
— 5. οἰκοδομείτω τὸν οἶκον
— 8. οἰκοδομῆσαι οἶκον τῷ κυρίῳ
— 18. A B^2 R τὴν πόλιν τὴν ἀποστάτιν . . . οἰκοδομοῦσι [B^1 οἰκοῦσιν]
— 19. ἐὰν οὖν ἡ πόλις αὕτη οἰκοδομηθῇ
— 24. ἐὰν ἡ πόλις αὕτη οἰκοδομηθῇ
— 28. τοῦ οἰκοδομῆσαι τὴν πόλιν
— 30. ἤρξαντο κωλύειν τοὺς οἰκοδομοῦντας
4. 8. εἶπεν οἰκοδομῆσαι οἰκοδομοῦσιν
— 43. οἰκοδομῆσαι τὴν Ἱερ.
— 45. οἰκοδομῆσαι τὸν ναόν
— 47. οἰκοδομῆσαι τὴν Ἱερ.
— 48. ὅπως οἰκοδομήσωσι μετ᾽ αὐτοῦ τὴν πόλιν
— 51. μέχρι τοῦ οἰκοδομηθῆναι
— 55. καὶ Ἱερ. οἰκοδομηθῆναι
— 63. καὶ οἰκοδομῆσαι Ἱερ.
5. 53. ὁ ναὸς τοῦ θεοῦ οὔπω ᾠκοδόμητο
— 58. ᾠκοδόμησαν οἱ οἰκοδόμοι τὸν ναόν
— 67. οἰκοδομοῦσι τὸν ναὸν τῷ κυρίῳ
— 70. τοῦ οἰκοδομῆσαι τὸν οἶκον κυρίῳ

I Es. 5. 71. ἡμεῖς γὰρ μόνοι οἰκοδομήσομεν
— 72. εἴργον τοῦ οἰκοδομεῖν
6. 2. ἤρξαντο οἰκοδομεῖν τὸν οἶκον τοῦ κ.
— 4. τὸν οἶκον τοῦτον οἰκοδομεῖτε
— 9. οἰκοδομοῦντας οἶκον τῷ κ. μέγαν
— 11. οἰκοδομεῖτε τὸν οἶκον τοῦτον
— 14. ᾠκοδομεῖτο οἶκος
— 17. τὸν οἶκον τοῦτον οἰκοδομῆσαι [A -ηθῆναι]
— 19. τὸν ναὸν τοῦ κυρίου οἰκοδομηθῆναι
— 20. οἰκοδομούμενος [A -ον] οὐκ ἔλαβε συντέλειαν
— 24. τὸν οἶκον τοῦ κυρίου . . . οἰκοδομῆσαι
— 27. τὸν οἶκον τοῦ κυρίου ἐκ. οἰκοδομεῖν
— 28. ἐπέταξα ὁλοσχερῶς οἰκοδομῆσαι
II Es. 1. 2. AR τοῦ [B *om.*] οἰκοδομῆσαι αὐτῷ οἶκον (1 *a*)
— 3. AR οἰκοδομησάτω τὸν οἶκον θεοῦ Ἰ. (1 *a*)
— 5. οἰκοδομῆσαι τὸν οἶκον (1 *a*)
3. 2. ᾠκοδόμησαν τὸ θυσιαστ. θεοῦ Ἰσρ. (1 *a*)
— 10. τοῦ οἰκοδομῆσαι τὸν οἶκον κυρίου (1 *a*)
4. 1. οἰκοδομοῦσιν οἶκον τῷ κυρίῳ (1 *a*)
— 2. οἰκοδομήσομεν μεθ' ὑμῶν (1 *a*)
— 3. τοῦ οἰκοδομῆσαι οἶκον τῷ θεῷ ἡ. (1 *a*)
— 3. οἰκοδομήσομεν τῷ κ. θεῷ ἡμῶν (1 *a*)
— 4. ἐνεπόδιζον αὐτοὺς [A -οῖς τοῦ] οἰκοδομεῖν (1 *a*)
— 12. AR ἣν [B *om.*] οἰκοδομοῦσι (1 *c*)
— 13. B ἐὰν ἡ πόλις ἐκ. οἰκοδομηθῇ [AR ἀνοικ.] (1 *d*)
— 16. ἐὰν ἡ πόλις ἐκ. οἰκοδομηθῇ (1 *d*)
— 21. ἡ πόλις ἐκ. οὐκ οἰκοδομηθήσεται (1 *d*)
5. 2. ἤρξαντο οἰκοδομῆσαι [A -μεῖν] τὸν οἶκον (1 *c*)
— 3. τοῦ οἰκοδομῆσαι τὸν οἶκον (1 *c*)
— 4. τῶν ἀνδρῶν τῶν οἰκοδομούντων τὴν πόλιν τ. (1 *c*)
— 8. οἰκοδομεῖται λίθοις ἐκλεκτοῖς (1 *d*)
— 9. AR τὸν οἶκον τοῦτον οἰκοδομῆσαι [B *al.*] (1 *c*)
— 11. οἰκοδομοῦμεν τὸν οἶκον ὃς ἦν ᾠκοδομημ. (1 *c*, 1 *c*)
— 11. βασιλεὺς τοῦ Ἰ. μέγας ᾠκοδόμησεν αὐτόν (1 *c*)
— 13. τὸν οἶκον τοῦ θ. τοῦτον οἰκοδομηθῆναι (1 *c*)
— 16. ἀπὸ τότε ἕως τοῦ νῦν ᾠκοδομήθη (1 *d*)
— 17. οἰκοδομῆσαι τὸν οἶκον τοῦ θ. ἐκεῖνον (1 *c*)
6. 3. AR οἶκος οἰκοδομηθήτω (1 *d*)
— 7. οἶκον τοῦ θ. ἐκεῖνον οἰκοδομείτωσαν (1 *c*)
— 8. AB τοῦ οἰκοδομῆσαι [R -ηθῆναι] οἶκον τοῦ θ. ἐκεῖνον (1 *c*)
— 14. AR οἱ πρεσβύτεροι τῶν Ἰ. ᾠκοδομοῦσαν [B οἰκοδομοῦσιν] (1 *c*)
— 14. B καὶ ᾠκοδόμησαν [AR ἀνῳκ.] (1 *c*)
Ne. 2. 18. ἀναστῶμεν καὶ οἰκοδομήσωμεν (1 *a*)
— 20. ASR καὶ οἰκοδομήσομεν [B -ωμεν] (1 *a*)
3. 1. ᾠκοδόμησαν τὴν πύλην τὴν προβατ. (1 *a*)
— 3. τὴν πύλην τὴν ἰχθ. ᾠκοδόμησαν (1 *a*)
— 13. αὐτοὶ ᾠκοδόμησαν αὐτήν (1 *a*)
4. 1 (3. 33). οἰκοδομοῦμεν τὸ τεῖχος (1 *a*)
— 2 (3. 34). οἰκοδομοῦσι τὴν ἑαυτῶν πόλιν †
— 10 (4). οὐ δυνησόμεθα οἰ. ἐν τῷ τείχει (1 *a*)
— 17 (11). ὀπίσω . . . τῶν οἰκοδομούντων ἐν τῷ τείχει (1 *a*)
— 18 (12). καὶ ᾠκοδομοῦσαν (1 *a*)
6. 1. BS^{1} ᾠκοδομήθη [AS^{2}R -μησα] τὸ τεῖχος (1 *a*)
— 6. οἰκοδομεῖς τὸ τεῖχος (1 *a*)
7. 1. ἡνίκα ᾠκοδομήθη τὸ τεῖχος (1 *b*)
— 4. οὐκ ἦσαν οἰκίαι ᾠκοδομημέναι (1 *a*)
12. 29. ἐπαύλεις ᾠκοδόμησαν ἑαυτοῖς (1 *a*)
To. 1. 4. ᾠκοδομήθη εἰς πάσας τὰς γενεὰς τοῦ αἰῶνος
13. 10. ἡ σκηνὴ αὐτοῦ οἰκοδομηθῇ σοι μετὰ χαρᾶς [S *al.*]
— 16. οἰκοδομηθήσεται Ἰερουσαλήμ
— 16. S αἱ θύραι Ἰερ. . . . οἰκοδομηθήσονται
— 16. S οἱ πύργοι Ἰερ. χρυσίῳ οἰκοδομηθήσονται [AB *al.*]
14. 5. οἰκοδομήσουσι τὸν οἶκον
— 5. οἰκοδομήσουσιν Ἰερουσαλὴμ ἐντίμως
— 5. ὁ οἶκος τοῦ θεοῦ ἐν αὐτῇ οἰκοδομηθήσεται
Ju. 1. 2. ᾠκοδόμησεν ἐπ' Ἐκβατάνων [S^{1} -α]
16. 14. καὶ ᾠκοδόμησε [S -ήθησαν]
Jb. 12. 14. ἐὰν καταβάλῃ τίς οἰκοδομήσει (1 *b*)
Ps. 27 (28). 5. οὐ μὴ οἰκοδομήσεις αὐτούς (1 *a*)
50 (51). 18. οἰκοδομηθήτω τὰ τείχη Ἰερουσαλήμ (1 *a*)
68 (69). 35. οἰκοδομηθήσονται αἱ πόλεις τῆς Ἰουδαίας (1 *a*)
77 (78). 69. ᾠκοδόμησεν ὡς μονοκερώτων τὸ ἁγίασμα αὐτοῦ (1 *a*)
88 (89). 2. εἰς τὸν αἰῶνα ἔλεος οἰκοδομηθήσεται (1 *b*)
— 4. οἰκοδομήσω εἰς γενεὰν καὶ γενεὰν τὸν θρόνον σου (1 *a*)

Ps. 95 (96). *tit.* AB^{2}S ὅτε ὁ οἶκος ᾠκοδομεῖτο [R -μηται, B^{1} οἰκοδομεῖται] –
101 (102). 16. οἰκοδομήσει κύριος τὴν Σιών (1 *a*)
117 (118). 22. ὃν ἀπεδοκίμασαν οἱ οἰκοδομοῦντες (1 *a*)
121 (122). 3. Ἰερ. οἰκοδομουμένη ὡς πόλις (1 *a*)
126 (127). 1. AS^{1} ἐὰν μὴ κύριος οἰκοδομήσῃ [A -σει] οἶκον εἰς μάτην ἐκοπίασαν οἱ οἰκοδομοῦντες αὐτόν [S^{2}R *om.*] (1 *a*, 1 *a*)
146 (147). 2. οἰκοδομῶν Ἰερουσαλὴμ ὁ κύριος (1 *a*)
Pr. 9. 1. ἡ σοφία ᾠκοδόμησεν ἑαυτῇ οἶκον (1 *a*)
14. 1. σοφαὶ γυναῖκες ᾠκοδόμησαν οἴκους (1 *a*)
24. 3. μετὰ σοφίας οἰκοδομεῖται οἶκος (1 *b*)
Ec. 2. 4. ᾠκοδόμησά μοι οἴκους (1 *a*)
3. 3. καιρὸς τοῦ οἰκοδομεῖν [AS -ῆσαι] (1 *a*)
9. 14. καὶ οἰκοδομήσῃ [S -σει] ἐπ' αὐτὴν χάρακας μεγάλους (1 *a*)
Ca. 4. 4. ὡς πύργος Δαυὶδ . . . ὁ ᾠκοδομημένος εἰς θαλπιώθ (1 *a*)
8. 9. οἰκοδομήσωμεν ἐπ' αὐτὴν ἐπάλξεις ἀργυρᾶς (1 *a*)
Wi. 9. 8. οἰκοδομῆσαι ναὸν ἐν ὄρει ἁγίῳ σου
Si. 21. 8. ὁ οἰκοδομῶν τὴν οἰκίαν αὐτοῦ ἐν χρήμασιν ἀλλοτρίοις
31 (34). 23. εἷς οἰκοδομῶν καὶ εἷς καθαιρῶν
48. 17. ᾠκοδόμησε κρήνας εἰς ὕδατα
49. 7. ἡγιάσθη προφήτης . . . οἰκοδομεῖν
— 12. ἐν ἡμέραις αὐτῶν ᾠκοδόμησαν οἶκον [AB^{1} πύργον]
Ho. 8. 14. καὶ ᾠκοδόμησαν τεμένη (1 *a*)
10. 1. ᾠκοδόμησε στήλας †
Am. 5. 11. οἴκους ξεστοὺς ᾠκοδομήσατε [A ξυστοὺς οἰκοδομήσετε] (1 *a*)
9. 6. ὁ οἰκοδομῶν εἰς τὸν οὐρανὸν ἀνάβασιν (1 *a*)
— 14. οἰκοδομήσουσι πόλεις τὰς ἠφανισμένας (1 *a*)
Mi. 3. 10. οἱ οἰκοδομοῦντες Σιὼν [A *om.*] ἐν αἵμασι (1 *a*)
Hb. 2. 12. οὐαὶ ὁ οἰκοδομῶν πόλιν ἐν αἵμασι (1 *a*)
Ze. 1. 13. καὶ οἰκοδομήσουσιν οἰκίας (1 *a*)
Hg. 1. 2. ὁ καιρὸς τοῦ οἰκοδομῆσαι τὸν οἶκον κυρίου (1 *b*)
— 8. οἰκοδομήσατε τὸν οἶκον (1 *a*)
Za. 5. 11. οἰκοδομῆσαι αὐτῷ οἰκίαν ἐν γῇ B. (1 *a*)
6. 12. καὶ οἰκοδομήσει τὸν οἶκον κυρίου (1 *a*)
— 15. καὶ οἰκοδομήσουσιν ἐν τῷ οἴκῳ κυρίου (1 *a*)
8. 9. ὁ ναὸς ἀφ' οὗ ᾠκοδόμηται [S^{1} -ήθη] (1 *b*)
9. 3. καὶ ᾠκοδόμησε Τ. ὀχυρώματα αὐτῇ (1 *a*)
Ma. 1. 4. αὐτοὶ οἰκοδομήσουσι (1 *a*)
Is. 5. 2. ᾠκοδόμησα πύργον ἐν μέσῳ αὐτοῦ (1 *a*)
9. 10 (9). οἰκοδομήσωμεν ἑαυτοῖς πύργον (1 *a*)
10. 9. οὗ ὁ πύργος ᾠκοδομήθη –
25. 2. τῶν ἀσεβῶν πόλις τὸν αἰῶνα οὐ μὴ οἰκοδομηθῇ (1 *b*)
44. 26. ὁ λέγων . . . ταῖς πόλεσι τῆς Ἰ. Οἰκοδομηθήσεσθε (1 *b*)
— 28. ὁ λέγων Ἰερουσαλήμ, Οἰκοδομηθήσῃ (1 *b*)
45. 13. οἰκοδομήσει τὴν πόλιν μου (1 *a*)
49. 17. ταχὺ οἰκοδομηθήσῃ ὑφ' ὧν καθῃρέθης †
54. 14. ἐν δικαιοσύνῃ οἰκοδομηθήσῃ (2)
58. 12. οἰκοδομηθήσονταί σου αἱ ἔρημοι αἰώνιοι (1 *a*)
60. 10. οἰκοδομήσουσιν ἀλλογενεῖς τὰ τείχη σου (1 *a*)
61. 4. οἰκοδομήσουσιν ἐρήμους αἰωνίας (1 *a*)
65. 21. οἰκοδομήσουσιν οἰκίας (1 *a*)
— 22. οὐ μὴ οἰκοδομήσουσι καὶ ἄλλοι ἐνοικήσουσι (1 *a*)
66. 1. ποῖον οἶκον οἰκοδομήσετέ μοι (1 *a*)
Je. 7. 31. ᾠκοδόμησαν τὸν βωμὸν τοῦ Ταφέθ (1 *a*)
12. 16. οἰκοδομηθήσεται [A -σονται] ἐν μέσῳ τοῦ λαοῦ μου (1 *b*)
19. 5. ᾠκοδόμησαν ὑψηλὰ τῇ Βάαλ (1 *a*)
22. 13. ὁ οἰκοδομῶν οἰκίαν αὐτοῦ (1 *a*)
— 14. ᾠκοδόμησας σεαυτῷ οἶκον σύμμετρον (1 *a*)
36 (29). 5. οἰκοδομήσατε οἴκους (1 *a*)
— 28. οἰκοδομήσατε οἰκίας (1 *a*)
37 (30). 18. οἰκοδομηθήσεται πόλις ἐπὶ τὸ ὕψος [A ἐ. τεῖχος] αὐτῆς (1 *b*)
38 (31). 4. οἰκοδομήσω σε καὶ οἰκοδομηθήσῃ (1 *a*, 1 *b*)
— 28. γρηγορήσω ἐπ' αὐτοὺς τοῦ οἰ.
— 38. οἰκοδομηθήσεται [AS^{1} -μήσεται] πόλις τῷ κυρίῳ [S^{1} λαῷ] (1 *b*)
39 (32). 31. ἀφ' ἧς ἡμέρας ᾠκοδόμησαν αὐτήν (1 *b*)
— 35. ᾠκοδόμησαν τοὺς βωμοὺς τῇ Βάαλ (1 *a*)
40 (33). 7. οἰκοδομήσω αὐτοὺς καθὼς καὶ τὸ πρότερον (1 *a*)
42 (35). 7. οἰκίας οὐ μὴ οἰκοδομήσητε (1 *a*)
— 9. πρὸς τὸ μὴ οἰ. [A^{1} οἰκεῖν] οἰκίας (1 *a*)

Je. 49 (42). 10. οἰκοδομήσω ὑμᾶς καὶ οὐ μὴ καθελῶ (1 *a*)
51. 34 (45. 4). οὓς ἐγὼ ᾠκοδόμησα ἐγὼ καθαιρῶ (1 *a*)
Ez. 4. 2. οἰκοδομήσεις ἐπ' αὐτὴν προμαχῶνας (1 *a*)
11. 3. οὐχὶ προσφάτως ᾠκοδόμηνται αἱ οἰκίαι (1 *a*)
13. 10. οὗτος οἰκοδομεῖ τοῖχον (1 *a*)
16. 24. ᾠκοδόμησας σεαυτῇ οἴκημα πορνικόν (1 *a*)
— 25. ᾠκοδόμησας τὰ πορνεῖά σου (1 *a*)
— 31. τὸ πορνεῖον ᾠκοδόμησας –
21. 22 (27). οἰκοδομῆσαι βελοστάσεις (1 *a*)
26. 14. οὐ μὴ οἰκοδομηθῇς ἔτι (1 *b*)
27. 5. κέδρος ἐκ Σενεὶρ ᾠκοδομήθη σοι (1 *a*)
28. 26. οἰκοδομήσουσιν οἰκίας (1 *a*)
36. 10. ἡ ἠρημωμένη οἰκοδομηθήσεται [A *al.*] (1 *b*)
— 33. οἰκοδομηθήσονται ἔρημοι (1 *b*)
— 36. ᾠκοδόμησα τὰς καθῃρημένας (1 *a*)
39. 15. οἰκοδομήσει παρ' αὐτὸ σημεῖον (1 *a*)
Da. LXX. 4. 27. ἣν ἐγὼ ᾠκοδόμησα (1 *c*)
9. 25. οἰκοδομήσεις Ἰερ. πόλιν κυρίῳ (1 *a*)
Da. TH. 4. 27. ἣν ἐγὼ ᾠκοδόμησα (1 *c*)
9. 25. καὶ τοῦ οἰκοδομῆσαι Ἰερ. (1 *a*)
— 25. οἰκοδομηθήσεται πλατεῖα (1 *b*)
I Ma. 1. 14. ᾠκοδόμησαν γυμνάσιον ἐν Ἰερ.
— 33. ᾠκοδόμησαν τὴν πόλιν Δ.
— 47. οἰκοδομῆσαι βωμούς
— 54. ᾠκοδόμησαν [S^{1} -σεν] βδέλυγμα ἐρημώσεως
— 54. ᾠκοδόμησαν βωμούς
3. 56. εἶπεν τοῖς οἰκοδομοῦσιν οἰκίας
4. 47. S^{2}R ᾠκοδόμησαν [AS^{1} -σεν] τὸ θυσιαστήριον
— 48. ᾠκοδόμησαν τὰ ἅγια
— 60. ᾠκοδόμησαν . . . τὸ ὄρος Σιών
5. 1. ᾠκοδομήθη τὸ [S^{1} -μητο] θυσιαστήριον
6. 7. AR ὃ ᾠκοδόμησεν [S καὶ ᾠκοδόμουν] ἐπὶ τὸ θυσιαστ.
9. 50. S^{2}R ᾠκοδόμησε [AS^{1} -σαν] πόλεις ὀχυράς
— 62. ᾠκοδόμησε τὰ καθῃρημένα αὐ.
10. 10. καὶ ἤρξατο οἰκοδομεῖν
— 11. οἰκοδομεῖν τὰ τείχη
— 12. οἷς ᾠκοδόμησε B.
— 44. τοῦ οἰκοδομηθῆναι . . . τὰ ἔργα τῶν ἁγίων
— 45. τοῦ οἰκοδομηθῆναι τὰ τείχη Ἰερ.
— 45. AS τοῦ οἰκοδομῆσαι [R -μηθῆναι] τὰ τείχη
12. 35. τοῦ οἰκοδομῆσαι ὀχυρώματα
— 37. AS^{2}R τοῦ [S^{1} τῷ] οἰκοδομεῖν τὴν πόλιν [A *om.* τ. π.]
— 38. ᾠκοδόμησε τὴν Ἀ.
13. 27. ᾠκοδόμησε Σ. ἐπὶ τὸν τάφον
— 33. SR ᾠκοδόμησε Σ. τὰ ὀχυρώματα [A τὸ ὀ.]
— 38. SR ἃ ᾠκοδομήκατε [A -ήσατε]
— 48. ᾠκοδόμησεν ἑαυτῷ ἐν αὐτῇ οἴκησιν
15. 7. ἃ ᾠκοδόμησας
— 39. S οἰκοδομῆσαι Κ. καὶ οἰκοδομῆσαι [AR ὀχυρῶσαι] τὰς πύλας
— 41. καὶ ᾠκοδόμησε τὴν Κ.
16. 9. ἣν ᾠκοδόμησε
— 15. ὃ ᾠκοδόμησε
— 23. ὧν ᾠκοδόμησε
II Ma. 1. 18. A ὁ [R *om.*] οἰκοδομήσας τό τε ἱερόν
9. 14. καὶ πολυάνδριον οἰκοδομῆσαι
III Ma. 3. 2. A τούτων δὲ οἰκοδομουμένων [R οἰκονομουμ.]
IV Ma. 18. 7. R ἐφύλασσον δὲ τὴν ᾠκοδομημ. [AS -μουμ.] πλευράν

[**Aq.** Ge. 16. 2 : III Ki. 5. 18 (32) : 6. 10, 16 : 8. 13 *bis* : 9. 24 *bis*, 25 : Ps. 77 (78). 69 : 121 (122). 3 : Je. 45. 4 (51. 34) : 52. 4.]
[**Sm.** III Ki. 6. 10, 16 : Jb. 3. 14 : Ps. 77 (78). 69 : 88 (89). 5 : 121 (122). 3 : 146 (147). 2 : Is. 45. 13 : Ez. 22. 30 : 27. 4.]
[**Th.** III Ki. 15. 23 : Ez. 13. 5 : 22. 30 : Da. 9. 25.]

οἰκοδομή. (1) בִּירָה (2) *a.* בָּנָה *b.* מִבְנֶה

I Ch. 26. 27. τοῦ μὴ καθυστερῆσαι τὴν οἰ. τοῦ οἴκου –
29. 1. A οὐκ ἀνθρώπῳ ἡ οἰ. [B *om.* ἡ οἰ.] (1)
II Ch. 3. 2. B^{1} ἤρξατο οἰκοδομή [AB^{2}R -μῆσαι] (2 *a*)
I Es. 2. 30. ἤργει ἡ οἰ. τοῦ ἱεροῦ
4. 51. εἰς τὴν οἰ. τοῦ ἱεροῦ δοθῆναι
5. 64. ἦλθοσαν . . . πρὸς τὴν τούτου οἰ.
— 73. τοῦ ἀποτελεσθῆναι [A ἐπιτ.] τὴν οἰ.
— 73. εἴρχθησαν τῆς οἰ.
6. 6. οὐκ ἐκωλύθησαν τῆς οἰ.
— 22. γενομένην τὴν οἰ. τοῦ οἴκου κυρίου
To. 14. 5. AB^{2} οἰκοδομηθήσεται εἰς πάσας τὰς γενεὰς τοῦ αἰῶνος οἰκοδομῇ [B^{1} S R *al.*]
Si. 22. 16. ἱμάντωσις ξυλίνη ἐνδεδεμένη [A^{1} *om.*] εἰς οἰκοδομήν

Si. 40. 19. τέκνα καὶ οἰκοδομὴ πόλεως στηρίζουσιν ὄνομα
Ez. 16. 61. δώσω αὐτάς σοι εἰς οἰκοδομήν †
17. 17. ἐν οἰκοδομῇ βελοστάσεων (2 *a*)
40. 2. ἐπ' αὐτῷ [A -οῦ] ὡσεὶ οἰ. πόλεως ἀπέναντι (2 *b*)
I Ma. 16. 23. τὰ λοιπὰ . . . τῆς οἰ. τῶν τειχέων
[**Aq.** Ez. 40. 5.]
[**Sm.** Ez. 40. 5: Hb. 2. 11.]
[**Th.** Ez. 11. 1 (P.).]

οἰκοδόμημα.

[**Aq.** Am. 9. 1.]

οἰκοδόμος. (1) בָּנָה (2) גָּדֵר (3) חָרָשׁ

IV Ki. 12. 11 (12). ἐξέδοσαν . . . τοῖς οἰ. (1)
22. 6. τοῖς τέκτοσι καὶ τοῖς οἰ. (1)
I Ch. 14. 1. ἀπέστειλε Χ. . . . οἰκοδόμους [A *add.* τοίχων] (3)
22. 15. τεχνῖται καὶ οἰκοδόμοι λίθων (3)
29. 6. καὶ οἱ οἰ. [A -νόμοι] τοῦ βασ. –
II Ch. 34. 11. ἔδωκαν . . . τοῖς οἰ. (1)
I Es. 5. 58. ᾠκοδόμησαν οἱ οἰ. τὸν ναὸν τοῦ κ.
6. 4. τίνες εἰσὶν οἱ οἰ.
Ne. 4. 18 (12). A S R καὶ οἱ [B *om.*] οἰ. ἀνὴρ ῥομφαίαν αὐ. ἐζωσμένος (1)
Is. 58. 12. κληθήσῃ οἰ. φραγμῶν (2)
Ez. 40. 3. ἐν τῇ χειρὶ αὐτοῦ ἦν σπαρτίον οἰκοδόμων †
[**Th.** Is. 58. 12.]

οἴκονδε.

[**Aq.** Ex. 28. 26: Ps. 67 (68). 7.]

οἰκονομεῖν. (1) כּוּל pilp.

Ps. 111 (112). 5. οἰκονομήσει τοὺς λόγους αὐτοῦ ἐν κρίσει (1)
II Ma. 3. 14. τὴν περὶ τούτων ἐπίσκεψιν οἰκονομήσων
III Ma. 3. 2. R τούτων δὲ οἰκονομουμένων [A οἰκοδ.]
[**Sm.** Ps. 111 (112). 5.]

οἰκονομία. (1) מֶמְשָׁלָה (2) מַצָּב

Is. 22. 19. ἀφαιρεθήσῃ ἐκ τῆς οἰ. σου (2)
— 21. τὴν οἰ. σου δώσω εἰς τὰς χεῖρας αὐτοῦ (1)

οἰκονόμος. (1) עַל־הַבַּיִת (2) רַב בַּיִת (3) פֶּחָה

III Ki. 4. 6. Ἀχ. ἦν οἰκονόμος καὶ Ἐλ. ὁ οἰ. (1, –)
16. 9. ἐν τῷ οἴκῳ Ὠ. τοῦ οἰ. ἐν Θ. (1)
18. 3. ἐκάλεσεν Ἀχ. τὸν Ἀβδ. τὸν οἰ. (
IV Ki. 18. 18, 37. Ἐλ. υἱὸς Χελ. ὁ οἰ. (1)
19. 2. ἀπέστειλεν Ἐλ. τὸν οἰ. (1)
I Ch. 29. 6. A καὶ οἱ οἰ. [B -δόμοι] τοῦ βασ. –
I Es. 4. 47. B ἔγραψεν . . . πρὸς πάντας [A R *add.* τοὺς] οἰ.
— 49. πάντα . . . οἰ. μὴ [A[1] καὶ] ἐπελεύσεσθαι
8. 67. ἀπέδωκαν τὰ προστάγμ. . . . τοῖς βασιλικοῖς οἰ.
Es. 1. 8. καὶ ἐπέταξε τοῖς οἰ. (2)
8. 9. ὅσα ἐνετείλατο τοῖς οἰ. (3)
Is. 36. 3. Ἐλιακεὶμ ὁ τοῦ Χελκίου ὁ οἰ. (1)
— 11. S[1] εἶπε πρὸς αὐτὸν Ἐλιακεὶμ ὁ τοῦ Χ. ὁ οἰ. [A B S[2] *om.* ὁ τ. Χ. ὁ οἰ.] –
— 22. εἰσῆλθεν Ἐλιακεὶμ ὁ τοῦ Χελκίου ὁ οἰ. (1)
37. 2. ἀπέστειλεν Ἐλιακεὶμ τὸν οἰ. (1)

οἰκόπεδον. (1) חָרְבָּה

Ps. 101 (102). 6. ἐγενήθην ὡσεὶ νυκτικόραξ ἐν οἰκοπέδῳ (1)
108 (109). 10. ἐκβληθήτωσαν ἐκ τῶν οἰ. αὐτῶν (1)
Si. 49. 13. ἀνεγείραντος τὰ οἰ. ἡμῶν

οἶκος. (1) אֹהֶל (2) אַרְמוֹן (3) אֶרֶץ
(4) בִּירָה (5) בַּיִת (6) בִּיתָן (7) בֵּן
(8) *a.* הֵיכָל *b.* הֵיכַל (9) זְבוּל (10) לִשְׁכָּה
(11) מַחֲנֶה (12) מָעוֹן (13) מָקוֹם
(14) *a.* מִשְׁכָּן *b.* שָׁכַן (15) נָאָה (16) נַחֲלָה
(17) עֶבֶד (18) קֹדֶשׁ (19) קָהָל (20) תַּחַת
(21) **οἶ. πατριᾶς (πατριῶν)** מִשְׁפָּחָה

Ge. 7. 1. εἴσελθε σὺ καὶ πᾶς ὁ οἶ. σου (5)
9. 21. ἐγυμνώθη ἐν τῷ οἴ. αὐ. (1)
— 27. κατοικησάτω ἐν τοῖς οἴ. τοῦ Σήμ (1)
12. 1. ἔξελθε . . . ἐκ τοῦ οἴ. τοῦ πατρός σου (5)
— 15. R εἰσήγαγον αὐτὴν εἰς τὸν οἶ. Φ. [A *al.*] (5)
— 17. τὸν Φαραὼ καὶ τὸν οἶ. αὐτοῦ (5)
17. 23. τῶν ἀνδρῶν τῶν ἐν τῷ οἴ. Ἀβραάμ (5)
Ge. 17. 27. καὶ πάντες οἱ ἄνδρες τοῦ οἴ. αὐτοῦ (5)
18. 19. τοῖς υἱοῖς αὐτοῦ καὶ τῷ οἴ. αὐτοῦ (5)
19. 2. R ἐκκλίνατε εἰς [A πρὸς] τὸν οἶ. τοῦ παιδ. (5)
— 3. R εἰσῆλθον εἰς τὸν οἶ. [A τὴν οἰκίαν] αὐτοῦ (5)
— 10. εἰσεσπάσαντο τὸν Λ. . . . εἰς τὸν οἶ. (5)
— 10. καὶ τὴν θύραν τοῦ οἴ. ἀπέκλεισαν –
— 11. τοὺς ὄντας ἐπὶ τῆς θύρας τοῦ οἴ. (5)
20. 13. ἐξήγαγέ με ὁ θ. ἐκ τοῦ οἴ. τοῦ πατρός (5)
— 18. μήτραν ἐν τῷ οἴ. [A *add.* τοῦ] Ἀβιμέλεχ (5)
24. 7. ἔλαβέ με ἐκ τοῦ οἴ. τοῦ πατρός μου (5)
— 27. εὐώδωκε κ. εἰς οἶ. τοῦ ἀδελφοῦ (5)
— 28. ἀνήγγειλεν εἰς τὸν οἶ. τῆς μητρός (5)
— 38. εἰς τὸν οἶ. τοῦ πατρός μου πορεύσῃ (5)
— 40. καὶ ἐκ τοῦ οἴ. τοῦ πατρός (5)
— 67. εἰς τὸν οἶ. τῆς μητρὸς αὐτοῦ (1)
27. 15. ἣ ἦν παρ' αὐτῇ ἐν τῷ οἴ. (5)
28. 2. ἀπόδραθι . . . εἰς τὸν οἶ. Βαθουήλ (5)
— 17. οὐκ ἔστι τοῦτο ἀλλ' ἢ οἶ. θεοῦ (5)
— 19. τὸ ὄνομα τοῦ τόπου, Οἶκος θεοῦ (5)
— 21. εἰς τὸν οἶ. τοῦ πατρός μου (5)
— 22. ὁ λίθος οὗτος . . . ἔσται μοι οἶ. θεοῦ (5)
29. 13. εἰσήγαγεν αὐτὸν εἰς τὸν οἶ. αὐτοῦ (5)
30. 30. πότε ποιήσω κἀγὼ ἐμαυτῷ οἶκον (5)
31. 14. κληρονομία ἐν τῷ οἴ. τοῦ πατρὸς ἡμῶν (5)
— 30. εἰς τὸν οἶ. τοῦ πατρός σου ἀπελθεῖν (5)
— 33. ἠρεύνησεν εἰς τὸν οἶ. Λείας (1)
— 33. R ἐξῆλθεν [A ἐξελθὼν] ἐκ τοῦ οἴ. Λείας (1)
— 33. R ἠρεύνησε [A *add.* εἰς] τὸν οἶ. Ἰακὼβ καὶ ἐν τῷ οἴ. τῶν δύο παιδισκῶν (1, 1)
— 33. εἰσῆλθε δὲ . . . εἰς τὸν οἶ. Ῥαχήλ (1)
— 35. ἠρεύνησε Λάβαν ἐν ὅλῳ τῷ οἴ. –
— 37. πάντα τὰ σκεύη τοῦ οἴ. μου –
— 37. ἀπὸ πάντων τῶν σκευῶν τοῦ οἴ. μου (5)
34. 19. πάντων τῶν ἐν τῷ οἴ. τοῦ πατρὸς αὐ. (5)
— 26. ἔλαβον τὴν Δ. ἐκ τοῦ οἴ. τοῦ Συχέμ (5)
— 30. ἐκτριβήσομαι ἐγὼ καὶ ὁ οἶ. μου (5)
35. 2. εἶπε δὲ Ἰ. τῷ οἴ. αὐτοῦ (5)
36. 6. πάντα τὰ σώματα τοῦ οἴ. αὐτοῦ (5)
38. 11. κάθου χήρα ἐν τῷ οἴ. τοῦ πατρός σου (5)
— 11. ἐκάθητο ἐν τῷ οἴ. τοῦ πατρὸς αὐτῆς (5)
39. 2. ἐγένετο ἐν τῷ οἴ. παρὰ τῷ κυρίῳ (5)
— 4. κατέστησεν αὐτὸν ἐπὶ τοῦ οἴ. αὐτοῦ (5)
— 5. μετὰ τὸ καταστῆναι αὐτὸν ἐπὶ τοῦ οἴ. αὐ. (5)
— 5. ηὐλόγησε κύριος τὸν οἶ. τοῦ Αἰγυπτίου (5)
— 5. ἐν τῷ οἴ. καὶ ἐν τῷ ἀγρῷ αὐτοῦ (5)
— 8. οὐ γινώσκει . . . οὐδὲν ἐν τῷ οἴ. αὐτοῦ (5)
— 16. ἦλθεν ὁ κύριος εἰς τὸν οἶ. αὐτοῦ (5)
41. 10. ἐν φυλακῇ ἐν τῷ οἴ. τοῦ ἀρχιμαγείρου (5)
— 40. σὺ ἔσῃ ἐπὶ τῷ οἴ. μου (5)
42. 33. R τῆς σιτοδοσίας τοῦ οἴ. [A *om.* τ. οἴ.] ὑμῶν (5)
43. 17. R εἰς τὸν οἶ. [A τὴν οἰκίαν] Ἰωσήφ (5)
— 18. εἰσήχθησαν εἰς τὸν οἶ. τοῦ Ἰωσήφ (5)
— 19. τὸν ἐπὶ τοῦ οἴ. τοῦ Ἰωσήφ (5)
— 19. ἐν τῷ πυλῶνι τοῦ οἴ. (5)
— 26. προσήνεγκαν . . . τὰ δῶρα . . . εἰς τὸν οἶ. (5)
44. 8. πῶς ἂν κλέψαιμεν ἐκ τοῦ οἴ. τοῦ κυρίου σου (5)
45. 2. ἀκουστὸν ἐγένετο εἰς τὸν οἶ. Φαραώ (5)
— 8. καὶ κύριον παντὸς τοῦ οἴ. αὐτοῦ (5)
— 16. διεβοήθη ἡ φωνὴ εἰς τὸν οἶ. Φαραώ (5)
46. 27. πᾶσαι ψυχαὶ οἴκου Ἰακὼβ αἱ εἰσελθοῦσαι (5)
— 31. οἱ ἀδελφοί μου καὶ ὁ οἶ. τοῦ πατρός (5)
47. 12. τοῖς ἀδελφοῖς καὶ παντὶ τῷ οἴ. τοῦ πατρός (5)
— 14. εἰσήνεγκεν . . . εἰς τὸν οἶ. Φαραώ (5)
— 24. A R καὶ πᾶσι τοῖς ἐν τοῖς [B *om.* ἐν τ.] οἴ. ὑμῶν (5)
50. 7. οἱ πρεσβύτεροι τοῦ οἴ. αὐτοῦ (5)
Ex. 6. 14. ἀρχηγοὶ οἴκων πατριῶν αὐτῶν (5)
— 17. υἱοὶ Γεδσὼν . . . οἶκοι πατριᾶς αὐτῶν (21)
— 19. οὗτοι οἱ [A *om.*] οἶ. πατριῶν Λευί (21)
7. 23. εἰσῆλθεν εἰς τὸν οἶ. αὐτοῦ (5)
8. 3 (7. 28). εἰσελεύσονται εἰς τοὺς οἴ. σου (5)
— 3 (7. 28). ἐπὶ [A εἰς] τοὺς οἴ. τῶν θεραπόντων (5)
— 21 (17). ἐξαποστέλλω . . . ἐπὶ τοὺς οἴ. ὑμῶν (5)
— 24 (20). παρεγένετο . . . εἰς τοὺς οἴ. Φαραώ (5)
— 24 (20). καὶ εἰς τοὺς οἴ. τῶν θεραπόντων (5)
9. 20. συνήγαγε τὰ κτήνη αὐτοῦ εἰς τοὺς οἴ. (5)
12. 3. κατ' οἴκους πατριῶν (5)
— 7. θήσουσιν . . . ἐπὶ τὴν φλιὰν ἐν τοῖς οἴ. (5)
— 22. οὐκ ἐξελεύσεσθε . . . τὴν θύραν τοῦ οἴ. αὐ. (5)
— 27. ἐσκέπασε τοὺς οἴ. τῶν υἱῶν Ἰσραήλ (5)
— 27. τοὺς δὲ οἴ. ἡμῶν ἐρρύσατο (5)
13. 3. ἐξήλθατε ἐκ γῆς Αἰγ. ἐξ οἴκου δουλείας (5)
— 14. ἐξήγαγε κ. ἡμᾶς . . . ἐξ οἴκου δουλείας (5)
Ex. 16. 29. καθήσεσθε ἕκαστος εἰς τοὺς οἴ. ὑμῶν (20)
— 29. A ἐκπορευέσθω ἕκ. ἐκ τοῦ οἴ. [B τόπου] αὐτοῦ (13)
19. 3. τάδε ἐρεῖς τῷ οἴ. Ἰακώβ (5)
20. 2. ἐκ γῆς Αἰγύπτου ἐξ οἴκου δουλείας (5)
— 22. τάδε ἐρεῖς τῷ οἴ. Ἰακώβ –
23. 19. εἰσοίσεις εἰς τὸν οἶ. κυρίου τοῦ θεοῦ (5)
34. 26. θήσεις [A εἰσοίσεις] εἰς τὸν οἶ. κυρίου (5)
Le. 9. 7. ἐξίλασαι περὶ σεαυτοῦ καὶ τοῦ οἴ. σου †
10. 6. οἱ δὲ ἀδ. ὑμῶν πᾶς ὁ [A *om.*] οἶ. Ἰσραήλ (5)
— 14. σὺ καὶ οἱ υἱοί σου καὶ ὁ οἶ. σου †
14. 8. διατρίψει ἔξω τοῦ οἴ. αὐτοῦ (1)
16. 6. περὶ αὐτοῦ καὶ τοῦ οἴ. αὐτοῦ (5)
— 11. A B αὐτοῦ καὶ τοῦ οἴ. αὐτοῦ [R *al.*] –
— 11, 17. περὶ αὐτοῦ καὶ τοῦ οἴ. αὐτοῦ (5)
— 24. περὶ αὐτοῦ καὶ περὶ τοῦ οἴ. αὐτοῦ –
22. 13. ἐπαναστρέψει ἐπὶ τὸν οἶ. τὸν πατρικόν (5)
26. 45. ὅτε ἐξήγαγον αὐτοὺς . . . ἐξ οἴκου δουλείας –
Nu. 1. 2. κατ' οἴκους πατριῶν (5)
— 4. κατ' οἴκους πατριῶν ἔσονται (5)
— 20, 22, 26, 28, 30, 32, 34, 36, 24, 38, 40, 42. κατ' οἴκους πατριῶν αὐτῶν (5)
— 44. κατὰ φυλὴν οἴκων πατριᾶς ἦσαν (5)
2. 2, 32, 34: 3. 15, 20. κατ' οἴκους πατριῶν αὐτῶν (5)
3. 24. ὁ ἄρχων οἴκου πατριᾶς τοῦ δήμου τοῦ Γ. (5)
— 30. ὁ ἄρχων οἴκου πατριῶν τῶν δημῶν τοῦ Κ. (5)
— 35. ὁ ἄρχων οἴκου πατριῶν τοῦ δήμου τοῦ Μ. (5)
4. 2. κατ' οἴκους πατριῶν αὐτῶν (5)
— 4. A κατ' οἴκους πατριῶν αὐτῶν –
— 22, 29, 34, 38, 40, 42. κατ' οἴκους πατριῶν αὐτῶν (5)
— 44. κατ' οἴκους πατριῶν αὐτῶν –
— 46. κατ' οἴκους πατριῶν (5)
7. 2. ἄρχοντες οἴκων πατριῶν αὐτῶν (5)
9. 15. ἐκάλυψεν ἡ νεφ. . . . τὸν οἶ. τοῦ μαρτυρίου (1)
12. 7. ἐν ὅλῳ τῷ οἴ. μου πιστός ἐστι (5)
14. 12. ποιήσω . . . τὸν οἶ. τοῦ πατρός σου εἰς ἔθνος μέγα –
16. 30. καταπίεται . . . τοὺς οἴ. αὐτῶν –
— 32. κατέπιεν . . . τοὺς οἴ. αὐτῶν (5)
17. 2 (17). ῥάβδον κατ' οἴκους πατριῶν (5)
— 2 (17). κατ' οἴκους πατριῶν αὐτῶν (5)
— 3 (18). κατὰ φυλὴν οἴκου πατριῶν αὐτῶν (5)
— 6 (21). κατ' οἴκους πατριῶν αὐτῶν (5)
— 8 (23). ἐβλάστησεν ἡ ῥάβδος Ἀ. εἰς οἶκον Λ. (5)
18. 1. B οἱ υἱοί σου καὶ ὁ οἶ. πατριᾶς [A R τοῦ πατρός] σου (5)
— 11, 13. πᾶς καθαρὸς ἐν τῷ οἴ. σου ἔδεται αὐτά (5)
— 31. ὑμεῖς καὶ οἱ οἶ. ὑμῶν (5)
19. 18. περιρρανεῖ ἐπὶ τὸν οἶ. (1)
20. 29. ἔκλαυσαν τὸν Ἀ. . . . πᾶς οἶ. Ἰσρ. (5)
22. 18. ἐὰν δῷ μοι Β. πλήρη τὸν οἶ. αὐ. ἀργυρίου (5)
24. 5. ὡς καλοὶ οἱ [A *om.*] οἶ. σου (1)
— 13. ἐάν μοι δῷ Β. πλήρη τὸν οἶ. αὐ. ἀργυρίου (5)
25. 14. ἄρχων οἴκου πατριᾶς τῶν Σ. (5)
— 15. οἴκου πατριᾶς ἐστι τῶν Μ. (5)
26. 2. κατ' οἴκους πατριῶν αὐτῶν (5)
30. 4. ἐν τῷ οἴ. τοῦ πατρὸς αὐτῆς (5)
— 11. ἐν τῷ οἴ. τοῦ ἀνδρὸς αὐτῆς (5)
— 17. ἐν οἴκῳ πατρός (5)
34. 14. κατ' οἴκους πατριῶν αὐτῶν (5)
36. 1. ἔναντι τῶν ἀρχόντων οἴκων πατριῶν †
De. 3. 29. ἐνεκαθήμεθα . . . σύνεγγυς οἴκου Φ. (5)
4. 46. ἐν φάραγγι ἐγγὺς οἴκου Φ. (5)
5. 6. ἐξ οἴκου δουλείας (5)
— 30 (27). ἀποστράφητε ὑμεῖς εἰς τοὺς οἴ. ὑμῶν (1)
6. 7. καθήμενος ἐν οἴκῳ (5)
— 12. ἐξ οἴκου δουλείας (5)
— 22. ἐν Φαραῷ καὶ ἐν τῷ οἴ. αὐτοῦ (5)
7. 8. ἐξ οἴκου δουλείας (5)
— 26. οὐκ εἰσοίσεις βδέλυγμα εἰς τὸν οἶ. σου (5)
8. 14. ἐξ οἴκου δουλείας (5)
11. 6. κατέπιεν . . . τοὺς οἴ. αὐτῶν (5)
— 19. καθημένου σου ἐν οἴκῳ (5)
— 20. A ἐπὶ τὰς φλιὰς τῶν οἴ. [B -κιῶν] ὑμῶν (5)
12. 7. ὑμεῖς καὶ οἱ οἶ. ὑμῶν (5)
13. 10 (11). ἐξ οἴκου δουλείας (5)
14. 26. A R σὺ καὶ ὁ οἶ. [B υἱός] σου (5)
15. 20. σὺ καὶ ὁ οἶ. σου (5)
16. 7. ἐλεύσῃ εἰς τοὺς οἴ. σου (1)

De. 19. 1. καὶ κατοικήσητε . . . ἐν τοῖς οἶ. αὐτῶν (5)
22. 21. A ἐπὶ τὰς θύρας οἴκου [B *om.*] τοῦ πατρὸς αὐ. (5)
— 21. ἐκπορνεῦσαι τὸν οἶ. τοῦ πατρὸς αὐ. (5)
23. 1 (2). A[2] οὐκ εἰσελεύσεται . . . εἰς οἶκον [B ἐκκλησίαν] κ. (19)
— 18 (19). οὐ προσοίσεις . . . εἰς τὸν οἶ. κυρίου (5)
25. 9. ὃς οὐκ οἰκοδομήσει τὸν οἶ. τοῦ ἀδ. αὐ. (5)
— 10. οἶκος τοῦ ὑπολυθέντος τὸ ὑπόδημα (5)
26. 15. κάτιδε ἐκ τοῦ οἶ. τοῦ ἁγίου σου (12)
34. 6. ἔθαψαν αὐτὸν . . . ἐγγὺς οἴκου Φ. (5)
Jo. 2. 12. ἐν τῷ οἶ. τοῦ πατρός μου (5)
— 13. ζωγρήσατε τὸν οἶ. τοῦ πατρός μου –
— 13. B καὶ πάντα τὸν οἶ. μου –
— 18. πάντα τὸν οἶ. τοῦ πατρός σου συνάξεις (5)
6. 16 (17). ὅσα ἐστὶν ἐν τῷ οἶ. αὐτῆς (5)
— 24 (25). πάντα [A *om.*] τὸν οἶ. τὸν πατρικὸν αὐ. ἐζώγρησεν (5)
7. 14. προσάξετε κατ' οἶκον [A οἴκους] (5)
— 14. τὸν οἶ. . . . προσάξετε κατ' ἄνδρα (5)
13. 17. καὶ οἴκου [A -ους] M. (5)
20. 6. A ἐλεύσεται . . . πρὸς τὸν οἶ. αὐτοῦ (5)
22. 4. ἀπέλθατε εἰς τοὺς οἶ. ὑμῶν (1)
— 6. ἐπορεύθησαν εἰς τοὺς οἶ. αὐτῶν (1)
— 7. ἐξαπέστειλεν αὐτοὺς 'I. εἰς τοὺς οἶ. αὐ. (1)
— 8. ἀπήλθοσαν εἰς τοὺς οἶ. αὐτῶν (1)
— 14. ἄρχων εἷς ἀπὸ οἴκου πατριᾶς (1)
— 14. ἄρχοντες οἴκων πατριῶν εἰσι (5)
24. 15. A ἐγὼ δὲ καὶ ὁ οἶ. [B ἡ οἰκία] μου (5)
Jd. 1. 23. A παρενέβαλον οἶκος 'Ισρ. κατὰ B. [B *al.*] (5)
— 35. ἐβαρύνθη χεὶρ οἴκου 'I. ἐπὶ τὸν 'Αμ. (5)
2. 1. ἀνέβη . . . ἐπὶ τὸν οἶ. 'Ισρ. –
— 6. A ἀπῆλθαν . . . ἕκαστος εἰς τὸν οἶ. αὐ. [B *al.*] (16)
4. 17. εἰρήνη ἦν . . . ἀνὰ μέσον οἴκου X. (5)
6. 8. B ἐξήγαγον ὑμᾶς ἐξ οἴκου δουλείας ὑμῶν (5)
— 15. ἐν οἴκῳ πατρός μου [A *al.*] (5)
— 27. ἐφοβήθη τὸν οἶ. τοῦ πατρὸς αὐ. (5)
8. 27. ἐγένετο . . . τῷ οἶ. αὐτοῦ εἰς σκῶλον (5)
— 29. ἐκάθισεν ἐν οἴκῳ [A τῷ οἶ.] αὐτοῦ (5)
— 35. οὐκ ἐποίησαν ἔλεος μετὰ τοῦ οἶ. 'I. (5)
9. 1. ἐλάλησε . . . πρὸς πᾶσαν συγγένειαν [A τὴν σ. τοῦ] οἴκου πατρὸς μητρὸς αὐτοῦ (5)
— 4. ἔδωκαν αὐτῷ . . . ἐξ [A ἐκ τοῦ] οἴκου B. (5)
— 5. εἰσῆλθεν εἰς τὸν οἶ. τοῦ πατρὸς αὐ. (5)
— 6. καὶ πᾶς [A *add.* ὁ] οἶ. B. (5)
— 16. εἰ ἀγαθωσύνην ἐποιήσατε . . . μετὰ τοῦ οἶ. αὐ. (5)
— 18. ἐπανέστητε ἐπὶ τὸν οἶ. τοῦ πατρός μου (5)
— 19. εἰ ἐν ἀληθείᾳ . . . ἐποιήσατε . . . μετὰ τοῦ οἶ. αὐ. (5)
— 20. καὶ καταφάγοι . . . τὸν οἶ. B. (5)
— 20. ἐξέλθοι πῦρ . . . ἐκ [A ἀπὸ] τοῦ οἶ. B. (5)
— 23. ἠθέτησαν ἄνδρες Σ. ἐν τῷ οἶ. 'Αβ. –
— 27. εἰσήνεγκαν εἰς οἶκον θεοῦ αὐτῶν (5)
— 46. A εἰσῆλθον εἰς τὸ ὀχύρωμα οἴκου τοῦ B. [B *al.*] (5)
10. 9. A ἐκπολεμῆσαι . . . ἐν τῷ οἶ. 'Εφρ. [B *al.*] (5)
11. 2. οὐ κληρονομήσεις ἐν τῷ οἶ. τοῦ πατρὸς ἡ. (5)
— 7. ἐξεβάλετέ με ἐκ τοῦ οἶ. τοῦ πατρός μου (5)
— 26. A ἐν τῷ οἶ. 'Ισρ. [B οἰκῆσαι] ἐν 'Εσ. †
— 31. ὃς ἂν ἐξέλθῃ ἀπὸ τῆς θύρας τοῦ οἶ. μου (5)
— 34. ἦλθεν 'I. . . . εἰς τὸν οἶ. αὐτοῦ (5)
12. 1. τὸν οἶ. σου ἐμπρήσομεν (5)
14. 15. μή ποτε κατακαύσωμεν . . . τὸν οἶ. τοῦ πατρός σου (5)
— 19. ἀνέβη εἰς τὸν οἶ. τοῦ πατρὸς αὐ. (5)
15. 6. R ἐνέπρησαν . . . τὸν οἶ. τοῦ πατρὸς αὐ. [A B *al.*] –
16. 21. ἦν ἀλήθων ἐν οἴκῳ τοῦ δεσμωτηρίου [A *al.*] (5)
— 25. καλέσατε τὸν Σ. ἐξ οἴκου φυλακῆς –
— 25. ἐκάλεσαν τὸν Σ. ἀπὸ οἴκου δεσμωτηρίου [A ἐξ οἶ. τῆς φυλακῆς] (5)
— 26. ἐφ' οἷς ὁ οἶ. στήκει ἐπ' αὐτούς [A *al.*] (5)
— 27. ὁ οἶ. πλήρης τῶν ἀνδρῶν (5)
— 29. περιέλαβε Σ. τοὺς δύο κίονας τοῦ οἶ. ἐφ' οὓς ὁ οἶ. εἱστήκει [A *al.*] (†, 5)
— 30. ἔπεσεν ὁ οἶ. (5)
— 31. κατέβησαν . . . ὁ [A πᾶς ὁ] οἶ. τοῦ πατρὸς αὐ. (5)
17. 4. ἐγενήθη ἐν οἴκῳ [A τῷ οἶ.] M. (5)
— 5. ὁ οἶ. [A ἀνὴρ] M. αὐτῷ οἶκος θεοῦ (†, 5)

Jd. 17. 8. καὶ ἕως οἴκου M. (5)
— 12. B ἐγένετο ἐν [A R ἐν τῷ] οἴκῳ M. (5)
18. 2. ἦλθον . . . ἕως οἴκου M. (5)
— 3. ηὐλίσθησαν . . . ἐν οἴκῳ M. [A *al.*] (5)
— 13. ἦλθον ἕως οἴκου M. (5)
— 14. ἔστιν ἐν τῷ οἶ. τούτῳ [A τοῖς οἶ. τ.] ἐφώδ (5)
— 15. B[1] εἰσῆλθον εἰς τὸν οἶ. τοῦ νεανίσκου τοῦ Λ. [A R *add.* εἰς τὸν, B[2] *add.* εἰς] οἶκον M. (5, 5)
— 17 (18). εἰσῆλθον ἐκεῖ [A *om.*] εἰς οἶκον M. (5)
— 19. εἶναί σε ἱερέα οἴκου ἀνδρὸς ἑνός (5)
— 19. ἱερέα . . . οἴκου εἰς δῆμον 'Ισρ. [A *al.*] –
— 22. αὐτοὶ ἐμάκρυναν ἀπὸ οἴκου M. [A *al.*] (5)
— 22. A οἱ ἄνδρες ὁ λαὸς οἱ ὄντες ἐν τοῖς οἶ. οἱ σὺν τῷ οἶ. μετὰ M. [B *al.*] (5, 5)
— 25. προσθήσουσι . . . τὴν ψυχὴν τοῦ οἶ. σου (5)
— 26. ἐπέστρεψεν εἰς τὸν οἶ. αὐτοῦ (5)
— 28. ἐν τῇ κοιλάδι τοῦ οἶ. 'P. [A *al.*] (5)
— 31. ἃς ἦν ὁ οἶ. τοῦ θεοῦ ἐν Σ. (5)
19. 2. ἀπῆλθε . . . εἰς οἶκον [A τὸν οἶ. τοῦ] πατρὸς αὐ. (5)
— 3. εἰσήνεγκεν αὐτὸν εἰς οἶκον [A ἕως οἴκου] πατρὸς αὐ. (5)
— 15. A ὁ συνάγων αὐτοὺς εἰς τὸν οἶ. [B εἰς οἰκίαν] (5)
— 18. εἰς τὸν οἶ. μου ἐγὼ πορεύομαι [A ἀποτρέχω] (5)
— 21. εἰσήνεγκεν αὐτὸν εἰς τὸν οἶ. [A τὴν οἰκίαν] (5)
— 22. τὸν ἄνδρα τὸν κύριον τοῦ οἶ. [A τῆς οἰκίας] (5)
— 23. ὁ ἀνὴρ ὁ κύριος τοῦ οἶ. [A τῆς οἰκίας] (5)
— 26. παρὰ τὴν θύραν [A *add.* τοῦ πυλῶνος] τοῦ οἶ. (5)
— 27. ἤνοιξε τὰς θύρας τοῦ οἶ. (5)
— 27. παρὰ τὰς θύρας τοῦ οἶ. [A *al.*] (5)
— 29. A ἦλθεν εἰς τὸν οἶ. αὐτοῦ (13)
20. 8. B οὐκ ἐπιστρέψομεν ἀνὴρ εἰς [AR *add.* τὸν] οἶκον αὐ. (5)
Ru. 1. 8. εἰς οἶκον μητρὸς [A τὸν οἶ. τοῦ πατρὸς] αὐ. (5)
— 9. ἑκάστη ἐν οἴκῳ ἀνδρὸς αὐτῆς (5)
4. 11. τὴν γυν. σου τὴν εἰσπορευομ. εἰς τὸν οἶ. σου (5)
— 11. ᾠκοδόμησαν ἀμφότεραι τὸν οἶ. τοῦ 'Ισρ. (5)
— 12. γένοιτο ὁ οἶ. σου ὡς ὁ οἶ. Φ. (5, 5)
I Ki. 1. 7. ἐν τῷ ἀναβαίνειν αὐτὴν εἰς οἶκον κυρίου (5)
— 19. εἰσῆλθον 'E. εἰς τὸν οἶ. αὐτοῦ (5)
— 21. ἀνέβη . . . πᾶς ὁ οἶ. αὐτοῦ (5)
— 24. εἰσῆλθεν εἰς [A *add.* τὸν] οἶκον κυρίου (5)
2. 11. A ἀπῆλθεν εἰς 'Αρμ. εἰς τὸν οἶ. αὐ. [B *om.* εἰς τ. οἶ. αὐ.] (5)
— 27. ἀπεκαλύφθην πρὸς οἶκον πατρός σου (5)
— 27. ὄντων αὐτῶν . . . δούλων τῷ οἶ. Φ. (5)
— 28. ἐξελεξάμην τὸν οἶ. τοῦ πατρός σου †
— 28. ἔδωκα τῷ οἶ. τοῦ πατρός σου (5)
— 30. ὁ οἶ. σου καὶ ὁ οἶ. τοῦ πατρός σου (5, 5)
— 31. ἐξολεθρεύσω . . . τὸ σπέρμα οἴκου πατρός σου (5)
— 32. οὐκ ἔσται σου πρεσβύτης ἐν οἴκῳ μου (5)
— 32. A οὐκ ἔσται πρεσβύτης ἐν τῷ οἶ. σου (5 ?)
— 33. πᾶς περισσεύων οἴκου σου (5)
— 35. οἰκοδομήσω αὐτῷ οἶ. πιστόν (5)
— 36. ὁ περισσεύων ἐν οἴκῳ [A *add.* σου] (5)
3. 3. A ἐκάθευδεν ἐν τῷ οἶ. κυρίου [B ναῷ] (8 *a*)
— 12. ὅσα ἐλάλησα εἰς τὸν οἶ. αὐ. (5)
— 13. ἐκδικῶ ἐγὼ τὸν οἶ. αὐ. (5)
— 14. ὤμοσα τῷ οἶ. 'H. (5)
— 14. εἰ ἐξιλασθήσεται ἀδικία οἴκου 'H. (5)
— 15. ἤνοιξε τὰς θύρας οἴκου κυρίου (5)
5. 2. εἰσήνεγκαν αὐτὴν εἰς οἶκον Δ. (5)
— 3. εἰσῆλθον εἰς οἶκον Δ. –
— 5. οὐκ ἐπιβαίνουσιν . . . πᾶς ὁ εἰσπορευόμ. εἰς οἶκον Δ. ἐπὶ βαθμὸν οἴκου Δ. (5, –)
6. 7. ἀπαγάγετε τὰ τέκνα . . . εἰς οἶκον (5)
— 10. τὰ τέκνα αὐ. ἀπεκώλυσαν εἰς οἶκον (5)
7. 1. εἰσάγουσιν αὐτὴν εἰς οἶκον 'Αμ. (5)
— 2. ἐπέβλεψε πᾶς [A *add.* ὁ] οἶ. 'Ισρ. ὀπίσω κυρίου (5)
— 3. εἶπε Σαμ. πρὸς πάντα οἶ. 'Ισρ. (5)
— 17. ἐκεῖ ἦν ὁ οἶ. αὐτοῦ (5)
9. 18. ποῖος ὁ [A *om.*] οἶ. τοῦ βλέποντος (5)
— 20. οὐ σοὶ καὶ [A *add.* παντὶ] τῷ οἶ. τοῦ πατρός σου (5)
10. 26. Σ. ἀπῆλθεν εἰς τὸν οἶ. αὐ. (5)
15. 34. Σ. ἀνέβη εἰς τὸν [A *om.*] οἶ. αὐ. (5)

I Ki. 17. 25. A τὸν οἶ. τοῦ πατρὸς αὐ. ποιήσει ἐλεύθερον (5)
18. 2. A ἐπιστρέψαι ἐν τῷ οἶ. τοῦ πατρὸς αὐ. (5)
— 10. A προεφήτευσεν ἐν μέσῳ οἴκου αὐ. (5)
19. 9. καὶ αὐτὸς ἐν οἴκῳ καθεύδων (5)
— 11. ἀπέστειλε Σ. ἀγγέλους εἰς οἶκον Δ. (5)
20. 15. οὐκ ἐξαρεῖς ἔλεός σου ἀπὸ τοῦ οἶ. μου (5)
— 15 (16). εὑρεθῆναι [A ἐξαρθ.] τὸ ὄν. τοῦ 'Ιων. ἀπὸ τοῦ οἶ. Δ. (5)
22. 1. οἱ ἀδ. αὐ. καὶ [A *add.* πᾶς] ὁ οἶ. τοῦ πατρὸς αὐ. (5)
— 14. καὶ ἔνδοξος ἐν τῷ οἶ. σου (5)
— 15. καὶ ἐφ' ὅλον τὸν οἶ. τοῦ πατρός μου (5)
— 16. σὺ καὶ πᾶς ὁ οἶ. τοῦ πατρός σου (5)
— 22. αἴτιος τῶν ψυχῶν οἴκου τοῦ πατρός σου (5)
23. 18. 'Ιων. ἀπῆλθεν εἰς οἶκον αὐτοῦ (5)
24. 22. οὐκ ἀφανιεῖς τὸ ὄν. μου ἐκ τοῦ οἶ. τοῦ πατρός μου (5)
25. 1. θάπτουσιν αὐτὸν ἐν οἴκῳ αὐτοῦ (5)
— 6. ὁ οἶ. σου καὶ πάντα τὰ σὰ ὑγιαίνοντα (5)
— 17. συντετέλεσται . . . εἰς [A *add.* πάντα] τὸν οἶ. αὐ. (5)
— 28. ποιήσει . . . οἶ. πιστόν [A *om.*] (5)
— 35. ἀνάβηθι . . . εἰς οἶκόν σου (5)
— 36. B[1] R καὶ ἰδοὺ αὐτῷ πότος [B[2] *add.* ἐν οἴκῳ αὐ., A *add.* ἐν τῷ οἶ. αὐ.] (5)
27. 3. οἱ ἄνδρες αὐ. ἕκαστος καὶ ὁ οἶ. αὐ. (5)
II Ki. 1. 12. ἔκλαυσαν . . . ἐπὶ τὸν οἶ. 'Ισρ. (5)
2. 3. ἕκαστος καὶ ὁ οἶ. αὐτοῦ (5)
— 4. τοῦ βασιλεύειν ἐπὶ τὸν οἶ. 'Ιούδα (5)
— 7. ἐμὲ κέχρικεν ὁ οἶ. 'Ιούδα (5)
— 10. A πλὴν τοῦ οἶ. 'I. οἳ ἦσαν ὀπίσω Δ. (5)
— 11. A ἃς Δ. ἐβασίλευσεν . . . ἐπὶ τὸν οἶ. 'I. (5)
3. 1. ἀνὰ μέσον τοῦ οἶ. Σ. καὶ ἀνὰ μέσον τοῦ οἶ. Δ. (5, 5)
— 1. ὁ οἶ. Δ. ἐπορεύετο –
— 1. ὁ οἶ. Σ. ἐπορεύετο (5)
— 6. ἀνὰ μέσον τοῦ [A *om.*] οἶ. Σ. καὶ ἀνὰ μέσον τοῦ [A *om.*] οἶ. Δ. (5, 5)
— 6. A[2] B 'Αβ. ἦν κρατῶν τοῦ οἶ. Σ. (5)
— 8. ἐποίησα σήμ. ἔλεος μετὰ τοῦ οἶ. Σ. (5)
— 8. οὐκ ηὐτομόλησα εἰς τὸν οἶ. Δ. †
— 10. περιελεῖν τὴν βασιλείαν ἀπὸ τοῦ οἶ. Σ. (5)
— 12. ἐπιστρέψαι πρὸς σὲ πάντα τὸν οἶ. 'Ισρ. –
— 19. ὅσα ἤρεσεν . . . ἐν ὀφθαλμοῖς παντὸς οἶ. B. (5)
— 29. καταντησάτωσαν . . . ἐπὶ πάντα τὸν οἶ. τοῦ πατρὸς αὐ. (5)
— 29. μὴ ἐκλίποι ἐκ τοῦ οἶ. 'I. γονορρυής (5)
4. 5. εἰσῆλθον . . . εἰς οἶκον 'Ιεβ. (5)
— 6. ἡ θυρωρὸς τοῦ οἶ. ἐκάθαιρε πυρούς †
— 7. εἰσῆλθον εἰς τὸν οἶ. (5)
— 11. ἀπεκτάγκασιν ἄνδρα δίκαιον ἐν τῷ οἶ. αὐ. (5)
5. 9 (8). οὐκ εἰσελεύσονται εἰς οἶκον κυρίου (5)
— 9. ᾠκοδόμησεν . . . τὸν οἶ. αὐτοῦ (5)
— 11. ᾠκοδόμησαν οἶκον τῷ Δ. (5)
6. 3. AB ἦρεν αὐτὴν εἰς οἶκον [R ἐξ οἴκου] 'Αμ. (5)
— 4. A ἦραν αὐτὴν ἀπὸ οἴκου 'Αμ. (5)
— 10. ἀπέκλινεν αὐτὴν Δ. εἰς οἶκον 'Αβ. (5)
— 11. ἐκάθισεν ἡ κιβ. τοῦ κ. εἰς οἶκον 'Αβ. [A *al.*] (5)
— 11. εὐλόγησε κύριος ὅλον τὸν οἶ. 'Αβ. [A *al.*] (5)
— 12. εὐλόγησε κύριος τὸν οἶ. 'Αβ. (5)
— 12. ἀνήγαγε τὴν κιβ. τοῦ κ. ἐκ τοῦ οἶ. 'Αβ. (5)
— 15. Δ. καὶ πᾶς ὁ οἶ. 'Ισρ. ἀνήγαγον τὴν κιβ. κυρίου (5)
— 19. ἀπῆλθε πᾶς ὁ λαὸς ἕκαστος εἰς τὸν οἶ. αὐ. (5)
— 20. ἐπέστρεψε Δ. εὐλογῆσαι τὸν οἶ. αὐτοῦ (5)
— 21. ὃς ἐξελέξατό με . . . ὑπὲρ πάντα τὸν οἶ. αὐ. (5)
7. 1. ἐκάθισεν . . . ἐν τῷ οἶ. αὐτοῦ (5)
— 2. κατοικῶ ἐν οἶ. κεδρίνῳ (5)
— 5. οὐ σὺ οἰκοδομήσεις μοι οἶκον (5)
— 6. οὐ κατῴκηκα ἐν οἴκῳ (5)
— 7. οὐκ ᾠκοδομήκατέ μοι οἶ. κέδρινον (5)
— 11. οἶκον οἰκοδομήσεις αὐτῷ (5)
— 13. οἰκοδομήσει μοι οἶκον τῷ ὀνόματί μου (5)
— 16. πιστωθήσεται ὁ οἶ. αὐτοῦ (5)
— 18. τίς ὁ οἶ. μου (5)
— 19. ἐλάλησας ὑπὲρ τοῦ οἶ. τοῦ δούλου σου (5)
— 25. ὃ ἐλάλησας περὶ . . . τοῦ οἶ. αὐτοῦ (5)
— 26. A ὁ οἶ. τοῦ δούλου σου Δ. ἔσται ἀνωρθωμένος (5)
— 27. οἶκον οἰκοδομήσω σοι (5)
— 29. εὐλόγησον τὸν οἶ. τοῦ δούλου σου (5)
— 29. εὐλογηθήσεται ὁ οἶ. τοῦ δούλου σου (5)
9. 1. εἰ ἔστιν ἔτι ὑπολελειμμένος τῷ οἶ. Σ. (5)
— 2. ἐκ τοῦ οἶ. Σ. παῖς ἦν (5)

II Ki. 9. 3. εἰ ὑπολέλειπται ἐκ τοῦ οἴ. [A τῷ οἴ.] Σ. ἔτι ἀνήρ (5)
— 4. ἰδοὺ ἐν οἴκῳ Μ. (5)
— 5. ἔλαβεν αὐτὸν ἐκ τοῦ οἴ. Μ. (5)
— 9. A ὅσα ἐστὶ . . . ὅλῳ τῷ οἴ. αὐ. δέδωκα τῷ οἴ. τῷ κυρίῳ [B τῷ υἱῷ τοῦ κ.] σου (5,7 ?)
— 12. πᾶσα ἡ κατοίκησις αὐ. οἴκου Σ. (5)
11. 2. περιεπάτει ἐπὶ τοῦ δώματος τοῦ οἴ. τοῦ βασ. (5)
— 4. ἀπέστρεψεν [A *add.* αὐτὴν] εἰς τὸν οἴ. αὐ. (5)
— 8. κατάβηθι εἰς τὸν οἴ. σου (5)
— 8. ἐξῆλθεν Οὐ. ἐξ οἴκου τοῦ βασ. (5)
— 9. A παρὰ τῇ θύρᾳ οἴκου [B *om.*] τοῦ βασ. (5)
— 9. οὐ κατέβη εἰς τὸν οἴ. αὐτοῦ (5)
— 10. οὐ κατέβη Οὐ. εἰς τὸν οἴ. αὐτοῦ (5)
— 10. τί ὅτι οὐ κατέβης εἰς τὸν οἴ. σου (5)
— 11. εἰσελεύσομαι εἰς τὸν οἴ. μου (5)
— 13. εἰς τὸν οἴ. αὐ. οὐ κατέβη (5)
— 27. συνήγαγεν αὐτὴν εἰς τὸν οἴ. αὐτοῦ (5)
12. 8. ἔδωκά σοι τὸν οἴ. τοῦ κυρίου σου (5)
— 8. ἔδωκά σοι τὸν οἴ. Ἰσρ. (5)
— 10. οὐκ ἀποστήσεται ῥομφαία ἐκ τοῦ οἴ. σου (5)
— 11. ἐξεγείρω ἐπὶ σὲ κακὰ ἐκ τοῦ οἴ. σου (5)
— 15. ἀπῆλθε Ν. εἰς τὸν οἴ. αὐ. (5)
— 17. ἀνέστησαν ἐπ' αὐτὸν οἱ πρεσβύτ. τοῦ οἴ. (5)
— 20. εἰσῆλθεν εἰς τὸν οἴ. τοῦ θεοῦ (5)
— 20. εἰσῆλθεν εἰς τὸν οἴ. αὐτοῦ (5)
13. 7. ἀπέστειλε Δ. . . . εἰς τὸν οἴ. (5)
— 7. πορεύθητι δὴ εἰς τὸν οἴ. (5)
— 8. ἐπορεύθη Θ. εἰς τὸν οἴ. (5)
— 17. τὸ παιδάριον αὐ. τὸν προεστηκότα τοῦ οἴ. †
— 20. ἐκάθισε Θ. χηρεύουσα ἐν οἴκῳ Ἀβ. (5)
14. 8. ὑγιαίνουσα βάδιζε εἰς τὸν οἴ. σου (5)
— 9. καὶ ἐπὶ τὸν οἴ. τοῦ πατρός μου (5)
— 24. ἀποστραφήτω εἰς τὸν οἴ. αὐτοῦ (5)
— 24. ἀπέστρεψεν [A ἐπ.] Ἀβ. εἰς τὸν οἴ. αὐ. (5)
— 31. ἦλθε πρὸς Ἀβ. εἰς τὸν οἴ. (5)
15. 16. ἐξῆλθεν ὁ βασ. καὶ πᾶς ὁ οἴ. αὐτοῦ (5)
— 16. φυλάσσειν τὸν οἴ. (5)
— 17. ἔστησαν ἐν οἴκῳ τῷ μακράν (5)
— 35. ὃ ἐὰν ἀκούσῃς ἐξ οἴκου τοῦ βασ. (5)
16. 3. ἐπιστρέψουσί μοι [A *add.* ὁ] οἶκος Ἰσρ. τὴν βασ. (5)
— 5. ἐκ συγγενείας οἴκου Σαούλ (5)
— 8. ἐπέστρεψεν ἐπὶ σὲ κ. πάντα τὰ αἵματα τοῦ οἴ. Σ. (5)
— 21. φυλάσσειν τὸν οἴ. (5)
17. 23. ἀπῆλθεν εἰς τὸν οἴ. αὐτοῦ (5)
— 23. ἐνετείλατο τῷ οἴ. αὐτοῦ (5)
— 23. A ἐτάφη ἐν τῷ οἴ. [B τάφῳ] τοῦ πατρὸς αὐ. †
19. 5 (6). εἰσῆλθεν Ἰ. . . . εἰς τὸν οἴ. (5)
— 11 (12). τοῦ ἐπιστρέψαι πρὸς τὸν βασ. εἰς τὸν οἴ. αὐτοῦ (5)
— 11 (12). R ἦλθε πρὸς τὸν βασ. εἰς τὸν οἴ. αὐ. [A B *om.* εἰς τὸν οἴ. αὐ.] (5)
— 12 (13). τοῦ ἐπιστρέψαι τὸν βασ. εἰς τὸν οἴ. αὐ. –
— 17 (18). καὶ Σ. τὸ παιδάριον τοῦ οἴ. Σ. (5)
— 18 (19). B ἐξεγεῖραι [A R τοῦ ἐξ.] τὸν οἴ. τοῦ βασ. (5)
— 20 (21). πρότερος παντὸς οἴ. Ἰ. (5)
— 28 (29). οὐκ ἦν πᾶς ὁ οἴ. [A πάροικος] τοῦ πατρός μου (5)
— 30 (31). μετὰ τὸ παραγενέσθαι τὸν κ. μου . . . εἰς τὸν οἴ. αὐ. (5)
— 33 (34). A διαθρέψω τὸν οἴ. [B τὸ γῆράς] σου †
— 41 (42). διεβίβασαν . . . τὸν οἴ. αὐ. τὸν Ἰορδ. (5)
20. 3. εἰσῆλθε Δ. εἰς τὸν οἴ. αὐτοῦ (5)
— 3. ἃς ἀφῆκε φυλάσσειν τὸν οἴ. (5)
— 3. ἔδωκεν αὐτὰς ἐν οἴκῳ φυλακῆς (5)
21. 1. ἐπὶ Σ. καὶ ἐπὶ τὸν οἴ. αὐ. ἀδικία (5)
— 4. μετὰ Σ. καὶ μετὰ τοῦ οἴ. αὐ. (5)
— 22. ἐν Γέθ τῷ Ῥ. οἶκος [A *om.*] –
23. 5. οὐ γὰρ οὗτος ὁ οἴ. μου μετὰ ἰσχυροῦ (5)
24. 17. γενέσθω δὴ ἡ χείρ σου . . . ἐν τῷ οἴ. τοῦ πατρός μου (5)
III Ki. 1. 53. δεῦρο εἰς τὸν οἴ. σου (5)
2. 24. ἐποίησέ μοι οἶκον (5)
— 27. ὃ ἐλάλησεν ἐπὶ τὸν οἴ. Ἡ. (5)
— 31. ἀπ' ἐμοῦ καὶ ἀπὸ τοῦ οἴ. τοῦ πατρός μου (5)
— 33. τῷ οἴ. αὐτοῦ . . . γένοιτο εἰρήνη (5)
— 34. ἔθαψεν αὐτὸν ἐν τῷ οἴ. αὐτοῦ (5)
3. 1. ἕως συντελέσαι αὐτὸν [A *add.* τὸν οἴ. αὐ. καὶ] τὸν οἴ. κυρίου [R *al.*] (5, 5)
— 1 (*cf.* A 9. 24). θυγάτηρ Φ. ἀνέβαινεν . . . εἰς τὸν οἴ. αὐ. (5)
— 1 (*cf.* A 9. 25). συνετέλεσε τὸν οἴ. (5)

III Ki. 3. 1. μετὰ τὸ οἰκοδομῆσαι αὐτὸν τὸν οἴ. τοῦ κ. –
— 1 (2. 36). οἰκοδόμησον σεαυτῷ οἶκον (5)
— 1. A ἕως οὗ συνετέλεσεν οἰκοδομῶν τὸν οἴ. ἑαυ. καὶ τὸν οἴ. κυρίου (5, 5)
— 1. B ἔδραμεν ἐπὶ τὸν οἴ. αὐτοῦ –
— 2. οὐκ ᾠκοδομήθη οἶκος (5)
— 17. ᾠκοῦμεν ἐν οἴ. ἑνί (5)
— 17. ἐτέκομεν ἐν τῷ οἴ. (5)
— 18. A οὐκ ἔστιν οὐθεὶς ἐν τῷ οἴ. [B μεθ' ἡμῶν] παρὲξ ἀμφοτέρων ἡμῶν ἐν τῷ οἴ. (5, 5)
4. 7. χορηγεῖν . . . τῷ οἴ. αὐτοῦ (5)
— 12. καὶ πᾶς ὁ οἴ. Δάν (5)
— 34 (3. 1). B ἕως συντελέσαι αὐτὸν τὸν οἴ. κυρίου καὶ τὸν οἴ. ἑαυτοῦ (5, 5)
5. 3 (17). οὐκ ἠδύνατο οἰκοδομῆσαι οἶκον (5)
— 5 (19). οἰκοδομῆσω οἶκον (5)
— 5 (19). οἰκοδομήσει τὸν οἴ. (5)
— 9 (23). τοῦ δοῦναι ἄρτους τῷ οἴ. μου (5)
— 11 (25). Σαλ. ἔδωκε . . . μαχ. τῷ οἴ. αὐ. (5)
— 14 (28). καὶ δύο μῆνας ἐν οἴκῳ αὐτῶν (5)
6. 1. A ᾠκοδόμει τὸν οἴ. τῷ κυρίῳ (5)
— 1 (5. 17 [31]). εἰς τὸν θεμέλιον τοῦ οἴ. (5)
— 1 (A 37). ἐθεμελίωσε τὸν οἴ. κυρίου (5)
— 1 (A 38). συνετελέσθη ὁ οἴ. (5)
— 2. ὁ οἴ. ὃν ᾠκοδόμησεν ὁ βασ. (5)
— 3. A κατὰ πρόσωπον τοῦ ναοῦ τοῦ οἴ. [B *om.* τ. οἴ.] (5)
— 3. εἰς τὸ πλάτος τοῦ οἴ. κατὰ πρόσωπον τοῦ οἴ. [A *al.*] (5, 5)
— 3. ᾠκοδόμησε τὸν οἴ. –
— 4. ἐποίησε τῷ οἴ. θυρίδας (5)
— 5. B ἔδωκεν ἐπ' αὐτὸν [A R ἐπὶ τὸν] τοῖχον τοῦ οἴ. (5)
— 5. A σὺν τοίχοις τοῦ οἴ. (5)
— 6. διάστημα ἔδωκε τῷ οἴ. κυκλόθεν ἔξωθεν τοῦ οἴ. ὅπως μὴ ἐπιλαμβάνωνται τῶν τοίχων τοῦ οἴ. (5, –, 5)
— 7. ὁ οἴ. ἐν τῷ οἰκοδομεῖσθαι αὐτόν (5)
— 7. οὐκ ἠκούσθη ἐν τῷ οἴ. [A *al.*] (5)
— 8. ὑπὸ τὴν ὠμίαν τοῦ οἴ. τὴν δεξιάν (5)
— 9. ᾠκοδόμησε τὸν οἴ. (5)
— 9. ἐκοιλοστάθμησε τὸν οἴ. κέδροις (5)
— 10. ᾠκοδόμησε τοὺς ἐνδέσμους δι' ὅλου τοῦ οἴ. (5)
— 12. A ὁ οἴ. οὗτος ὃν σὺ οἰκοδομεῖς (5)
— 14. A ᾠκοδόμησε Σαλ. τὸν οἴ. (5)
— 15. ᾠκοδόμησε τοὺς τοίχους τοῦ οἴ. . . . ἀπὸ τοῦ ἐδάφους τοῦ οἴ. (5, 5)
— 15. περιέσχε τὸ ἔσω τοῦ οἴ. (5)
— 16. A ἀπὸ τοῦ ἐδάφους τοῦ οἴ. [B *om.* τ. οἴ.] –
— 17. A τεσσαράκ. πηχῶν ἦν ὁ οἴ. οὗτος ὁ ναὸς ὁ ἐσώτατος [B *al.*] (5)
— 18. A διὰ κέδρου πρὸς τὸν οἴ. ἔσω πλοκήν (5)
— 19. ἐν μέσῳ τοῦ οἴ. ἔσωθεν (5)
— 21. A περιεπίλησε Σαλ. τὸν οἴ. ἔνδοθεν (5)
— 21 (22). ὅλον τὸν οἴ. περιέσχε χρυσίῳ [A *al.*] (5)
— 21 (22). ἕως συντελείας παντὸς τοῦ οἴ. (5)
— 27. ἐν μέσῳ τοῦ οἴ. τοῦ ἐσωτάτου (5)
— 27. αἱ πτέρυγες αὐ. αἱ ἐν μέσῳ τοῦ οἴ. (5)
— 29. πάντας τοὺς τοίχους τοῦ οἴ. (5)
— 30. τὸ ἔδαφος τοῦ οἴ. περιέσχε χρυσίῳ (5)
— 36. B καταπέτασμα τῆς αὐλῆς τοῦ αἰλὰμ τοῦ οἴ. –
7. 15. B ἐχώνευσε τὸ αἰλὰμ τοῦ οἴ. [A R *al.*] –
— 25. πάντα τὰ ὀπίσθια εἰς τὸν οἴ. (5)
— 39. ἀπὸ τῆς ὠμίας τοῦ οἴ. (5)
— 39. A πέντε ἐπ' ὠμίαν τοῦ οἴ. [R *al.*] (5)
— 39. ἀπὸ τῆς ὠμίας [A ὠμίδος] τοῦ οἴ. (5)
— 40. ἃ ἐποίησε . . . ἐν οἴκῳ κυρίου (5)
— 45. ἃ ἐποίησε Χ. . . . τῷ οἴ. κυρίου (5)
— 45. οἱ στῦλοι . . . τοῦ οἴ. τοῦ βασ. καὶ τοῦ οἴ. κυρίου –, –
— 48. ἃ ἐποίησεν ἐν οἴκῳ [A *al.*] (5)
— 50. καὶ τὰ θυρώματα τῶν θυρῶν τοῦ οἴ. (5)
— 50. A καὶ τὰς θύρας τοῦ οἴ. [B *om.* τ. οἴ.] τοῦ ναοῦ (5)
— 51. ὃ ἐποίησε Σ. οἴκου κυρίου (5)
— 51. τὸ χρυσίον ἔδωκεν εἰς τοὺς θησαυροὺς οἴκου κυρίου (5)
— 1. τὸν οἴ. ἑαυτῷ ᾠκοδόμησε Σαλ. (5)
— 1. A συνετέλεσεν ὅλον τὸν οἴ. αὐτοῦ (5)
— 2. ᾠκοδόμησε τὸν οἴ. δρυμῷ [A -οῦ] τοῦ Λ. (5)
— 3. ἐφάτνωσε τὸν οἴ. †
— 8. ὁ οἴ. αὐτῶν ἐν οἴκῳ [A οἴ. αὐτῷ ἐν ᾧ] καθήσεται ἐκεῖ (5, †)
— 8. καὶ οἶκον τῇ θυγατρὶ Φ. (5)

III Ki. 7. 12 (1). συνετέλεσε Σ. ὅλον τὸν οἴ. αὐ. [A ᾠκοδόμησεν αὐλὴν οἴκου κυρίου τὴν ἐσωτάτην τῶν αἰλὰμ τοῦ οἴ.] (5 [5, 5])
8. 1. B τοῦ οἰκοδομῆσαι τὸν οἴ. κυρίου καὶ τὸν οἴ. ἑαυτοῦ –, –
— 6. εἰς τὸ δαβὶρ τοῦ οἴ. [B² *al.*] (5)
— 10. ἡ νεφέλη ἔπλησε τὸν οἴ. (5)
— 11. ἔπλησε δόξα κυρίου τὸν οἴ. (5)
— 13. A ᾠκοδόμησα οἶκον κατοικητηρίου σοι (5)
— 16. τοῦ οἰκοδομῆσαι οἶκον (5)
— 17. οἰκοδομῆσαι οἶκον τῷ ὀνόματι κυρίου (5)
— 18. τοῦ [A *om.*] οἰκοδομῆσαι οἶκον τῷ ὀνόμ. μου (5)
— 19. σὺ οὐκ οἰκοδομήσεις τὸν οἴ. (5)
— 19. οὗτος οἰκοδομήσει τὸν οἴ. (5)
— 20. ᾠκοδόμησα τὸν οἴ. (5)
— 27. πλὴν καὶ ὁ οἴ. οὗτος (5)
— 29. τοῦ εἶναι ὀφθαλμούς σου ἠνεῳγμ. εἰς τὸν οἴ. τοῦτον (5)
— 31. καὶ ἐξαγορεύσῃ . . . ἐν τῷ οἴ. τούτῳ (5)
— 33. δεηθήσονται ἐν τῷ οἴ. τούτῳ (5)
— 38. καὶ διαπετάσῃ τὰς χεῖρας αὐ. εἰς τὸν οἴ. τοῦτον (5)
— 43. τὸ ὄν. σου ἐπικέκληται ἐπὶ τὸν οἴ. [B¹ τόπον] (5)
— 44. καὶ τοῦ οἴ. οὗ ᾠκοδόμησα (5)
— 48. καὶ τοῦ οἴ. οὗ ᾠκοδόμηκα (5)
— 53. ἐλάλησε Σαλ. ὑπὲρ τοῦ οἴ. –
— 53. B οἰκοδόμησον οἶκόν μου οἶκον ἐκπρεπῆ [A R εὐπρ.] σαυτῷ –, –
— 63. ἐνεκαίνισε τὸν οἴ. κυρίου ὁ βασ. (5)
— 64. τὸ μέσον τῆς αὐλῆς τὸ κατὰ πρόσωπον τοῦ οἴ. κυρίου (5)
— 65. ἐν τῷ οἴ. ᾧ ᾠκοδόμησεν –
9. 1. οἰκοδομεῖν [A B² -ῶν] τὸν οἴ. κυρίου καὶ τὸν οἴ. τοῦ βασ. (5, 5)
— 3. ἡγίακα τὸν οἴ. τοῦτον (5)
— 7. τὸν οἴ. τοῦτον . . . ἀπορρίψω ἐκ προσώπου μου (5)
— 8. ὁ οἴ. οὗτος ἔσται ὁ ὑψηλός (5)
— 8. ἕνεκα τίνος ἐποίησε κ. οὕτως . . . τῷ οἴ. τούτῳ (5)
— 9. ἐξ οἴκου δουλείας –
— 9. ἀνήγαγε Σ. τὴν θυγ. Φ. . . . εἰς [A *add.* τὸν] οἴ. αὐ. –
— 10. ἐν οἷς ᾠκοδόμησε Σαλ. τοὺς δύο οἴ. τὸν οἴ. κυρίου καὶ τὸν οἴ. τοῦ βασ. (5 *ter*)
— 24 A θυγατὴρ Φ. ἀνέβη . . . πρὸς οἶκον αὐτῆς –
— 25. A ἀπήρτισε σὺν τὸν οἴ. –
10. 4. εἶδε βασίλισσα Σ. . . . τὸν οἴ. (5)
— 5. ἣν ἀνέφερεν ἐν οἴκῳ κυρίου (5)
— 12. B ὑποστηρίγματα οἴκου [A R τοῦ οἴ.] κυρίου καὶ τοῦ οἴ. τοῦ βασ. (5, 5)
— 17. ἔδωκεν αὐτὰ εἰς οἶκον δρυμοῦ τοῦ Λ. (5)
— 21. πάντα τὰ σκεύη δρυμοῦ οἴκου [A οἴ. τοῦ δρ.] τοῦ Λ. (5)
— 22 (B): 9. 15 (A). οἰκοδομῆσαι τὸν οἴ. κυρίου καὶ τὸν οἴ. τοῦ βασ. (5, 5)
11. 18. ἔδωκεν αὐτῷ οἶκον (5)
— 28. ἐπὶ τὰς ἄρσεις οἴκου Ἰ. (5)
— 38. οἰκοδομήσω σοὶ οἴ. πιστόν (5)
12. 16. βόσκε τὸν οἴ. σου (5)
— 19. ἠθέτησεν Ἰσρ. εἰς τὸν οἴ. Δ. (5)
— 20. A R οὐκ ἦν ὀπίσω τοῦ οἴ. [B *om.* τ. οἴ.] Δ. (5)
— 21. τοῦ πολεμεῖν πρὸς οἶκον Ἰσρ. (5)
— 23. εἰπὸν . . . πρὸς πάντα οἴ. Ἰ. (5)
— 24. ἀποστρεφέτω ἕκαστος εἰς τὸν οἴ. ἑαυ. (5)
— 24. B ἐπὶ ἄρσεις οἴκου Ἰ. –
— 24. B ἐν ταῖς ἄρσεσιν οἴκου Ἐφρ. –
— 24. B εἰπὸν . . . πρὸς πάντα οἶκον Ἰ. –
— 24. B ἀναστρέφετε ἕκαστος εἰς τὸν οἴ. αὐ. –
— 26. B ἐπιστρέψει ἡ βασ. ἐν οἴκῳ [A R εἰς τὸν οἴ.] Δ. (5)
— 27. ἀναφέρειν θυσίαν ἐν οἴκῳ κυρίου (5)
— 30. R εἴασαν τὸν οἴ. κυρίου –
— 31. ἐποίησεν οἴκους ἐφ' ὑψηλῶν (5)
13. 2. υἱὸς τίκτεται τῷ οἴ. Δ. (5)
— 7. εἴσελθε μετ' ἐμοῦ εἰς οἶκον (5)
— 8. ἐὰν δῷς μοι τὸ ἥμισυ τοῦ οἴ. σου (5)
— 18. ἐπίστρεψον αὐτὸν . . . εἰς τὸν [A *om.* εἰς τὸν] οἴ. σου (5)
— 19. ἔφαγεν ἄρτον ἐν τῷ οἴ. αὐ. (5)
— 32. ὃ ἐλάλησεν . . . ἐπὶ τοὺς οἴ. τοὺς ὑψηλούς (5)
— 34. ἐγένετο . . . εἰς ἁμαρτίαν τῷ οἴ. Ἱερ. (5)
14. 4. A εἰσῆλθεν ἐν οἴκῳ Ἀχ. (5)
— 8. A ἔρρηξα σὺν τὸ βασίλειον ἀπὸ τοῦ οἴ. Δ. (5)

III Ki. 14. 10. A ἄγω κακίαν πρὸς σὲ εἰς οἶκον Ἰερ. (5)
— 10. A ἐπιλέξω οἴκου Ἰερ. (5)
— 12. A πορεύθητι εἰς τὸν οἶ. σου (5)
— 13. A εὑρέθη ἐν αὐτῷ ῥῆμα καλὸν . . . ἐν οἴκῳ Ἰερ. (5)
— 14. A πλήξει τὸν οἶ. Ἰερ. (5)
— 17. A ὡς εἰσῆλθεν ἐν τῷ προθύρῳ τοῦ οἶ. (5)
— 26. πάντας τοὺς θησαυροὺς οἴκου κυρίου καὶ τοὺς θησαυροὺς οἴκου τοῦ βασ. (5, 5)
— 27. οἱ φυλάσσοντες τὸν πυλῶνα οἴκου βασιλέως (5)
— 28. ὅτε εἰσεπορεύετο ὁ βασ. εἰς οἶκον κυρίου (5)
15. 15. τοὺς κίονας αὐ. εἰσήνεγκεν εἰς τὸν οἶ. κυρίου (5)
— 18. A τὸ εὑρεθὲν ἐν τοῖς θησαυροῖς τοῦ οἶ. κυρίου καὶ ἐν τοῖς θησαυροῖς οἴκου τοῦ βασ. [B *al.*] (5, 5)
— 20. AR καὶ τὴν Ἀβὲλ οἴκου M. [B *al.*] (5)
— 27. περιεκάθισεν αὐτὸν . . . ἐπὶ τὸν οἶ. B. (5)
— 29. B ἐπάταξε τὸν οἶ. Ἰερ. [AR *al.*] (5)
16. 3. ὀπίσω B. καὶ ὄπισθεν τοῦ οἶ. αὐ. (5)
— 3. B δώσω τὸν οἶ. αὐ. [AR σου] ὡς τὸν οἶ. Ἰερ. (5, 5)
— 7. B καὶ ἐπὶ τὸν οἶ. αὐ. (5)
— 7. τοῦ εἶναι κατὰ τὸν οἶ. [A καθὼς ὁ οἶ.] Ἰερ. (5)
— 9. πίνων μεθύων ἐν τῷ οἶ. Ὠ. (5)
— 12 (11). ἐπάταξεν ὅλον τὸν οἶ. B. (5)
— 12 (11). A ἐξέτριψε Z. ὅλον τὸν οἶ. B. (5)
— 12. ὃ ἐλάλησε κύριος ἐπὶ τὸν οἶ. B. [A *al.*] –
— 18. εἰς ἄντρον τοῦ οἶ. τοῦ βασ. (5)
— 18. ἐνεπύρισεν ἐπ' αὐτὸν τὸν οἶ. τοῦ βασ. (5)
— 32. ἐν οἴκῳ [A ἐνώπιον] τῶν προσοχθισμάτων αὐ. (5)
17. 17. ὁ υἱὸς τῆς γυναικὸς τῆς κυρίας τοῦ οἶ. (5)
— 23. κατήγαγεν αὐτὸν . . . εἰς τὸν οἶ. (5)
18. 18. σὺ καὶ ὁ οἶ. τοῦ πατρός σου (5)
20 (21). 2. ἐγγίων οὗτος τῷ οἶ. μου (5)
— 4. A ἦλθεν Ἀχ. πρὸς οἶκον αὐ. (5)
— 22. δώσω τὸν οἶ. σου ὡς τὸν οἶ. Ἰερ. . . . καὶ ὡς τὸν οἶ. B. (5 *ter*)
— 29. A ἐπάξω τὴν κακίαν ἐπὶ τὸν οἶ. αὐ. [B *om.* ἐ. τ. οἶ. αὐ.] (5)
21 (20). 6. ἐρευνήσουσι τὸν οἶ. σου καὶ τοὺς οἶ. τῶν παίδων σου (5, 5)
— 30. εἰσῆλθεν εἰς τὸν οἶ. τοῦ κοιτῶνος †
— 31. A βασιλεῖς οἴκου [B *om.*] Ἰσρ. (5)
— 43. A ἀπῆλθεν ὁ βασ. Ἰσρ. πρὸς οἶκον αὐ. [B *om.* πρὸς οἶ. αὐ.] (5)
22. 17. ἕκαστος εἰς τὸν οἶ. αὐ. . . . ἀναστρεφέτω (5)
— 39. καὶ οἶ. ἐλεφάντινον ὃν ᾠκοδόμησε (5)
— 53. ἐν ταῖς ἁμαρτίαις οἴκου [A *om.*] Ἰερ. –
IV Ki. 1. 18 (3. 3). ἐν ταῖς ἁμαρτίαις οἴκου Ἰερ. –
— 18 (3. 3). ἐθυμώθη ὀργῇ κ. εἰς τὸν οἶ. Ἀχ. –
4. 2. τί ἐστί σοι ἐν τῷ οἶ. (5)
— 2. AR οὐκ ἔστι τῇ δούλῃ σου οὐδὲν ἐν τῷ οἶ. [B *om.* ἐν τ. οἶ.] (5)
— 32. εἰσῆλθεν Ἐλ. εἰς τὸν οἶ. (5)
— 33. εἰσῆλθεν Ἐλ. εἰς τὸν οἶ. –
5. 9. ἔστη ἐπὶ θύρας [A τῆς θ. τοῦ] οἴκου Ἐλ. (5)
— 18. ἐν τῷ εἰσπορεύεσθαι τὸν κ. μου εἰς οἶκον Ῥ. (5)
— 18. προσκυνήσω ἐν οἴκῳ Ῥ. (5)
— 18. B ἐν τῷ προσκυνεῖν αὐτὸν ἐν οἴκῳ Ῥ. (5)
— 24. παρέθετο ἐν οἴκῳ (5)
6. 32. ἐκάθητο ἐν τῷ οἶ. αὐτοῦ (5)
7. 9. ἀναγγείλωμεν εἰς τὸν οἶ. τοῦ βασ. (5)
— 11. ἀνήγγειλαν εἰς τὸν οἶ. τοῦ βασ. (5)
8. 1. δεῦρο σὺ καὶ ὁ οἶ. σου (5)
— 2. ἐπορεύθη αὐτὴ καὶ ὁ οἶ. αὐ. (5)
— 3. βοῆσαι πρὸς τὸν βασ. περὶ τοῦ οἶ. ἑαυ. (5)
— 5. βοῶσα πρὸς τὸν βασ. περὶ τοῦ οἶ. ἑαυ. (5)
— 18. καθὼς ἐποίησεν οἶκος Ἀχ. (5)
— 27. ἐπορεύθη ἐν ὁδῷ οἴκου Ἀχ. (5)
— 27. καθὼς ὁ οἶ. Ἀχ. (5)
— 27. A γαμβρὸς γὰρ οἴκου Ἀχ. ἐστιν (5)
9. 6. εἰσῆλθεν εἰς τὸν οἶ. (5)
— 7. ἐξολεθρεύσεις τὸν οἶ. Ἀχ. (5)
— 8. καὶ ἐκ χειρὸς ὅλου τοῦ οἶ. Ἀχ. (5)
— 8. ἐξολεθρεύσεις τῷ οἶ. [A τοῦ οἶ.] Ἀχ. –
— 9. δώσω τὸν οἶ. Ἀχ. ὡς τὸν οἶ. Ἰερ. . . . καὶ ὡς τὸν οἶ. B. [A *al.*] (5 *ter*)
10. 3. πολεμεῖτε ὑπὲρ τοῦ οἶ. τοῦ κυρίου ὑμῶν (5)
— 5. ἀπέστειλαν οἱ ἐπὶ [A ἀπὸ] τοῦ οἶ. (5)
— 10. ἐλάλησε κύριος ἐπὶ τὸν οἶ. Ἀχ. (5)
— 11. ἐπάταξεν Ἰοὺ πάντας τοὺς ἐν τῷ οἶ. Ἀχ. καταλειφθέντας (5)
— 21. εἰσῆλθον εἰς τὸν οἶ. τοῦ B. (5)

IV Ki. 10. 21. ἐπλήσθη ὁ οἶ. τοῦ B. (5)
— 22. εἶπε τῷ ἐπὶ τοῦ οἶ. μεσθαάλ [A *al.*] –
— 23. εἰσῆλθεν . . . εἰς οἶκον τοῦ B. (5)
— 26 (25). ἐπορεύθησαν ἕως πόλεως οἴκου τοῦ B. (5)
— 26. A ἐξήνεγκαν τὴν στολὴν οἴκου [B *om.*] τοῦ B. (5)
— 27. A καθεῖλον τὸν οἶ. τοῦ B. (5)
— 30. ὅσα ἐν τῇ καρδίᾳ μου ἐποίησας τῷ οἶ. Ἀχ. (5)
11. 3. B ἦν μετ' αὐτῆς κρυβόμενος ἐν οἴκῳ [AR *add.* κυρίου] (5)
— 4. ἀπήγαγεν αὐτοὺς . . . εἰς οἶκον κυρίου (5)
— 6 (5). φυλάξετε φυλακὴν οἴκου τοῦ βασ. (5)
— 6. φυλάξετε τὴν φυλακὴν τοῦ οἶ. (5)
— 7. φυλάξουσι τὴν φυλακὴν οἴκου κυρίου (5)
— 10. τοὺς τρισσοὺς τοῦ βασ. Δ. τοὺς ἐν οἴκῳ κ. (5)
— 11. ἀπὸ τῆς ὠμίας τοῦ οἶ. τῆς δεξιᾶς ἕως τῆς ὠμίας τοῦ οἶ. [A *om.* τ. δ. ἕ. τ. ὠ. τ. οἶ.] τῆς εὐωνύμου τοῦ θυσιαστηρίου καὶ τοῦ οἶ. (5 *ter*)
— 13. εἰσῆλθε . . . εἰς οἶκον κυρίου (5)
— 15. μὴ [A εἰ μὴ] ἀποθάνῃ ἐν οἴκῳ κυρίου (5)
— 16. ὁδὸν εἰσόδου τῶν ἵππων οἴκου τοῦ βασ. (5)
— 18. εἰσῆλθε πᾶς ὁ λαὸς . . . εἰς οἶκον τοῦ B. (5)
— 18. ἔθηκεν ὁ ἱ. ἐπισκόπους εἰς τὸν οἶ. κυρίου (5)
— 19. κατήγαγον τὸν βασ. ἐξ οἴκου κυρίου (5)
— 19. ὁδὸν πύλης τῶν παρατρεχόντων οἴκου τοῦ βασ. (5)
— 20. τὴν Γοθ. ἐθανάτωσαν . . . ἐν οἴκῳ τοῦ βασ. (5)
12. 4 (5). τὸ εἰσοδιαζόμενον ἐν τῷ [A *om.*] οἶ. κυρίου (5)
— 4 (5). ὃ ἐὰν λάβῃ . . . ἐνεγκεῖν ἐν οἴκῳ κυρίου (5)
— 5 (6). κρατήσουσι τὸ [A τοῦ] βεδὲκ τοῦ οἶ. (5)
— 6 (7). οὐκ ἐκραταίωσαν οἱ ἱ. τὸ βεδὲκ τοῦ οἶ. (5)
— 7 (8). τί ὅτι οὐκ ἐκραταιοῦτε τὸ βεδὲκ τοῦ οἶ. (5)
— 7 (8). εἰς τὸ βεδὲκ τοῦ οἶ. δώσετε αὐτό (5)
— 8 (9). B τοῦ μὴ ἐνισχῦσαι τὸ βδέλυγμα [AR βεδὲκ] τοῦ οἶ. (5)
— 9 (10). B ἔδωκεν αὐτὴν . . . ἐν τῷ οἶ. ἀνδρὸς οἴκῳ [AR -ου] κυρίου (†, 5)
— 9 (10). πᾶν τὸ ἀργύριον τὸ εὑρεθὲν ἐν οἴκῳ κυρίου (5)
— 10 (11). τὸ ἀργύριον τὸ εὑρεθὲν ἐν οἴκῳ κυρίου (5)
— 11 (12). τὰ ἔργα τῶν ἐπισκόπων οἴκου κυρίου [A *al.*] (5)
— 11 (12). τοῖς οἰκοδόμοις τοῖς ποιοῦσιν ἐν οἴκῳ κυρίου (5)
— 12 (13). τοῦ κατασχεῖν τὸ βεδὲκ οἴκου κυρίου (5)
— 12 (13). ὅσα ἐξωδιάσθη ἐπὶ τὸν οἶ. (5)
— 13 (14). οὐ ποιηθήσεται οἴκῳ [A -ου] κυρίου (5)
— 13 (14). τοῦ ἀργ. τοῦ εἰσενεχθέντος ἐν οἴκῳ κυρίου (5)
— 14 (15). ἐκραταίωσαν . . . τὸν οἶ. κυρίου (5)
— 16 (17). ὅ τι [A *add.* οὐκ] εἰσηνέχθη ἐν οἴκῳ κ. (5)
— 18 (19). ἐν θησαυροῖς οἴκου κυρίου καὶ οἴκου τοῦ βασ. (5, 5)
— 20 (21). ἐπάταξαν τὸν Ἰ. ἐν οἴκῳ M. (5)
13. 6. οὐκ ἀπέστησαν ἀπὸ ἁμαρτιῶν οἴκου Ἰ. (5)
14. 10. ἐνδοξάσθητι καθήμενος ἐν τῷ οἶ. σου (5)
— 14. τὰ εὑρεθέντα ἐν οἴκῳ κυρίου καὶ ἐν θησαυροῖς οἴκου τοῦ βασ. (5, 5)
15. 5. ἐβασίλευσεν ἐν οἴκῳ ἀφφουσώθ (5)
— 5. Ἰ. υἱὸς τοῦ βασ. ἐπὶ τῷ οἶ. (5)
— 25. ἐπάταξεν αὐτὸν . . . ἐναντίον οἴκου τοῦ βασ. (2 + 5)
— 35. ᾠκοδόμησε τὴν πύλην οἴκου κυρίου (5)
16. 8. τὸ εὑρεθὲν ἐν θησαυροῖς οἴκου κυρίου καὶ οἴκου τοῦ βασ. (5, 5)
— 14. προσήγαγε τὸ πρόσωπον τοῦ οἶ. κυρίου (5)
— 14. ἀπὸ τοῦ ἀνὰ μέσον τοῦ οἶ. κυρίου (5)
— 18. ᾠκοδόμησεν ἐν οἴκῳ κυρίου (5)
— 18. B ἐπέστρεψεν [AR *add.* ἐν] οἴκῳ κυρίου (5)
17. 4. ἔδησεν αὐτὸν ἐν οἴκῳ φυλακῆς (5)
— 21. πλὴν Ἰσρ. ἐπάνωθεν οἴκου Δ. (5)
— 29. ἔθηκαν ἐν οἴκῳ τῶν ὑψηλῶν (5)
— 32. κατῴκισαν τὰ βδελύγμ. αὐ. ἐν τοῖς οἶ. τῶν ὑψηλῶν –
— 32. ἐποίησαν ἑαυτοῖς ἐν οἴκῳ τῶν ὑψηλῶν (5)
18. 15. τὸ εὑρεθὲν ἐν οἴκῳ κυρίου καὶ ἐν θησαυροῖς οἴκου τοῦ βασ. (5, 5)
19. 1. εἰσῆλθεν εἰς οἶκον κυρίου (5)
— 14. ἀνέβη εἰς οἶκον κυρίου (5)
— 30. τὸν [A τὸ] διασεσωσμένον οἴκου Ἰ. (5)
— 37. αὐτοῦ προσκυνοῦντος ἐν οἴκῳ Ἐ. (5)

IV Ki. 20. 1. ἔντειλαι τῷ οἶ. σου (5)
— 5. ἀναβήσῃ εἰς [A -σεται εἰς τὸν] οἶκον κυρίου (5)
— 8. ἀναβήσομαι εἰς οἶκον [A τὸν οἶ.] κυρίου (5)
— 13. ἔδειξεν αὐτοῖς ὅλον τὸν οἶ. τοῦ νεχωθὰ . . . καὶ τὸν οἶ. τῶν σκευῶν (5, 5)
— 13. ὃν οὐκ ἔδειξεν αὐτοῖς Ἐζ. ἐν τῷ οἶ. αὐ. (5)
— 15. τί εἶδον ἐν τῷ οἶ. σου (5)
— 15. ὅσα ἐν τῷ οἶ. μου (5)
— 15. οὐκ ἦν ἐν τῷ οἶ. μου –
— 17. λη(μ)φθήσεται πάντα τὰ ἐν τῷ οἶ. σου (5)
— 18. ἔσονται εὐνοῦχοι ἐν τῷ οἶ. τοῦ βασ. B. (8 *a*)
21. 4. ᾠκοδόμησε θυσιαστήριον ἐν οἴκῳ κυρίου (5)
— 5. ἐν ταῖς δυσὶν [A πάσαις] αὐλαῖς οἴκου κυρίου (5)
— 7. ἔθηκε τὸ γλυπτὸν τοῦ ἄλσους ἐν τῷ οἶ. [A κρυπτὸν τοῦ οἶ. ἐν τῷ ἄλσει] (5 [†])
— 7. ἐν τῷ οἶ. τούτῳ ἐν Ἰερ. ἐξελεξάμην (5)
— 13. καὶ τὸ στάθμιον οἴκου Ἀχ. (5)
— 18. ἐτάφη ἐν τῷ κήπῳ τοῦ οἶ. αὐτοῦ (5)
— 23. ἐθανάτωσαν τὸν βασιλέα ἐν τῷ οἶ. αὐ. (5)
22. 3. τὸν γραμματέα οἴκου [A τοῦ οἶ.] κυρίου (5)
— 4. τὸ εἰσενεχθὲν ἐν οἴκῳ [A εἰς οἶκον] κυρίου (5)
— 5. τῶν καθεσταμένων ἐν οἴκῳ κυρίου (5)
— 5. τοῖς ποιοῦσι τὰ ἔργα τοῖς [A *om.*] ἐν οἴκῳ κυρίου (5)
— 5. τοῦ κατισχῦσαι τὸ βεδὲκ τοῦ οἶ. (5)
— 6. τοῦ κραταιῶσαι τὸ βεδὲκ τοῦ οἶ. (5)
— 8. βιβλίον τοῦ νόμου εὗρον ἐν οἴκῳ κυρίου (5)
— 9. εἰσῆλθεν ἐν οἴκῳ [A εἰς οἶκον] κυρίου –
— 9. τὸ εὑρεθὲν ἐν τῷ οἶ. κυρίου (5)
— 9. καθεσταμένων ἐν οἴκῳ κυρίου (5)
23. 2. ἀνέβη ὁ βασ. εἰς οἶκον κυρίου (5)
— 2. τοῦ εὑρεθέντος ἐν οἴκῳ κυρίου (5)
— 6. ἐξήνεγκε τὸ ἄλσος ἐξ οἴκου κυρίου (5)
— 7. καθεῖλε τὸν οἶ. τῶν καδ. τῶν ἐν τῷ οἶ. κυρίου (5, 5)
— 8. καθεῖλε τὸν οἶ. τῶν πυλῶν †
— 11. ἐν τῇ εἰσόδῳ οἴκου κυρίου (5)
— 12. ἐν ταῖς δυσὶν αὐλαῖς οἴκου κυρίου (5)
— 13. τὸν οἶ. τὸν ἐπὶ πρόσωπον Ἰερ. †
— 19. πάντας τοὺς οἶ. τῶν ὑψηλῶν (5)
— 24. οὗ εὗρε X. ὁ ἱερεὺς ἐν οἴκῳ κυρίου (5)
— 27. καὶ τὸν οἶ. οὗ εἶπον (5)
24. 13. παντὰς τοὺς θησαυροὺς οἴκου κυρίου καὶ τοὺς θησαυροὺς οἴκου τοῦ βασ. (5, 5)
25. 9. ἐνέπρησε τὸν οἶ. κυρίου καὶ τὸν οἶ. τοῦ βασ. καὶ πάντας τοὺς οἶ. Ἰερ. καὶ πᾶν οἶ. ἐνέπρησεν (5 *quater*)
— 13. τοὺς στύλους τοὺς χαλκοῦς τοὺς ἐν οἴκῳ κυρίου . . . καὶ τὴν θάλ. τὴν χαλκῆν τὴν ἐν οἴκῳ κυρίου (5, 5)
— 16. ἃ ἐποίησε Σαλ. τῷ οἶ. κυρίου (5)
— 27. ἐξήγαγεν αὐτὸν ἐξ οἴκου φυλακῆς αὐ. (5)
— 30. ἐδόθη αὐτῷ ἐξ οἴκου τοῦ βασ. –
I Ch. 2. 10. ἄρχοντα τοῦ οἶ. Ἰ. (7)
— 54. Ἀταρὼθ οἴκου Ἰωάβ (5)
— 55. ἐκ M. πατρὸς οἴκου Ῥ. (5)
4. 21. γενέσεις οἰκιῶν . . . τῷ οἶ. Ἐ. (5)
— 31. καὶ οἶκον Βαρουμ. (5)
— 38. ἐν οἴκοις πατριῶν αὐτῶν (5)
— 41. ἐπάταξαν τοὺς οἶ. [A οἰκήτορας] αὐ. (1)
5. 13. κατ' οἴκους πατριῶν αὐτῶν (5)
— 15. ἄρχων οἴκου πατριῶν (5)
— 24. οὗτοι ἀρχηγοὶ οἴκου πατριῶν αὐ. (5)
— 24. ἄρχοντες τῶν οἶ. πατριῶν αὐτῶν (5)
6. 10 (5. 36). ἱεράτευσεν ἐν τῷ οἶ. (5)
— 31 (16). οὓς κατέστησε Δ. . . . ἐν οἴκῳ κυρίου (5)
— 32 (17). ἐναντίον τῆς σκηνῆς οἴκου μαρτυρίου (1)
— 32 (17). ἕως οὗ ᾠκοδόμησε Σ. τὸν οἶ. (5)
— 48 (33). ἀδελφοὶ αὐ. κατ' οἴκους πατριῶν αὐ. –
— 48 (33). εἰς πᾶσαν ἐργασίαν λειτουργίας σκηνῆς οἴκου τοῦ θεοῦ (5)
7. 2. ἄρχοντες οἴκων [A κατ' οἶκον] πατριῶν αὐ. (5)
— 4. κατ' οἴκους πατρικοὺς αὐ. (5)
— 7. ἄρχοντες οἴκων πατρικῶν (5)
— 9. ἄρχοντες οἴκων πατριῶν αὐ. (5)
— 23. ἐν κακοῖς ἐγένετο ἐν οἴκῳ μου (5)
9. 9. κατ' οἴκους πατριῶν αὐτῶν (5)
— 11. ἡγούμενος οἴκου τοῦ θεοῦ (5)
— 13. ἄρχοντες οἴκων πατριῶν (5)
— 13. εἰς ἐργασίαν λειτουργίας οἴκου τοῦ θεοῦ (5)
— 19. εἰς οἶκον πατρὸς αὐτοῦ (5)
— 23. ἐπὶ τῶν πυλῶν ἐν οἴκῳ κυρίου ἐν οἴκῳ τῆς σκηνῆς (5, 5)
— 26. ἐπὶ τῶν θησαυρῶν οἴκου τοῦ θ. (5)
10. 6. πᾶς ὁ οἶ. αὐ. ἐπὶ τὸ αὐτὸ ἀπέθανεν (5)

I Ch. 10. 10. ἐν οἴκῳ θεοῦ αὐτῶν (5)
— 10. τὴν κεφαλὴν αὐ. ἔθηκαν ἐν οἴκῳ Δ. (5)
12. 29. τὴν φυλακὴν [A φυλὴν] οἴκου Σ. (5)
— 30. κατ᾽ οἴκους [S κατοικοῦντες] πατριῶν αὐ. (5)
13. 7. ἐξ οἴκου Ἀμιναδάβ (5)
— 13. ἐξέκλινεν αὐτὴν εἰς οἶκον Ἀβ. (5)
— 14. ἐκάθισεν ἡ κιβωτὸς τοῦ θ. ἐν οἴκῳ Ἀβ. (5)
14. 1. τοῦ οἰκοδομῆσαι αὐτῷ οἶκον (5)
15. 25. τοῦ ἀναγαγεῖν τὴν κιβωτὸν . . . ἐξ οἴκου Ἀ. (5)
16. 43. ἐπορεύθη . . . ἕκαστος εἰς τὸν οἶ. αὐ. (5)
— 43. τοῦ εὐλογῆσαι τὸν οἶ. αὐ. (5)
17. 1. ὡς κατῴκησε Δ. ἐν οἴκῳ αὐ. (5)
— 1. κατοικῶ ἐν οἶ. κεδρίνῳ (5)
— 4. οὐ σὺ οἰκοδομήσεις μοι οἶκον (5)
— 5. οὐ κατῴκησα ἐν οἴκῳ (5)
— 6. οὐκ ᾠκοδομήκατέ μοι οἶ. κέδρινον (5)
— 10. R οἶκον [A B S om.] οἰκοδομήσει σοι κύριος (5)
— 12. αὐτὸς οἰκοδομήσει μοι οἶκον (5)
— 14. πιστώσω αὐτὸν ἐν οἴκῳ μου (5)
— 16. τίς ὁ οἶ. μου (5)
— 17. ἐλάλησας ἐπὶ τὸν οἶ. τοῦ παιδός σου (5)
— 23. ὃν ἐλάλησας . . . ἐπὶ τὸν οἶ. αὐ. (5)
— 24. B S οἶκος [A R ὁ οἶ.] Δ. παιδός σου ἀνωρθωμένος (5)
— 25. τοῦ οἰκοδομῆσαι αὐτῷ οἶκον (5)
— 27. εὐλογῆσαι τὸν οἶ. τοῦ παιδός σου (5)
21. 17. γενηθήτω ἡ χείρ σου . . . ἐν τῷ οἶ. τοῦ πατρός μου (5)
22. 1. οὗτός ἐστιν ὁ οἶ. κ. τοῦ θεοῦ (5)
— 2. τοῦ οἰκοδομῆσαι οἶκον τῷ θεῷ (5)
— 5. ὁ οἶ. τοῦ οἰκοδομῆσαι τῷ κυρίῳ (5)
— 6. τοῦ οἰκοδομῆσαι τὸν οἶ. (5)
— 7. τοῦ οἰκοδομῆσαι οἶκον (5)
— 8. οὐκ οἰκοδομήσεις οἶκον (5)
— 10. οὗτος οἰκοδομήσει οἶκον (5)
— 11. οἰκοδομήσεις οἶκον τῷ κ. θεῷ σου (5)
— 14. ἡτοίμασα εἰς οἶκον κυρίου (5)
— 19. τοῦ εἰσενέγκαι τὴν κιβωτὸν . . . εἰς οἶκον (5)
23. 4. ἀπὸ τῶν ἐργοδιωκτῶν ἐπὶ τὰ ἔργα οἴκου (5)
— 11. ἐγένοντο εἰς οἶκον πατριᾶς (5)
— 24. κατ᾽ οἴκους πατριῶν αὐ. (5)
— 24. ποιοῦντες τὰ ἔργα λειτουργίας οἴκου κ. (5)
— 28. τοῦ λειτουργεῖν ἐν οἴκῳ κυρίου (5)
— 28. A R ἐπὶ τὰ ἔργα λειτουργίας οἴκου [B om.] τοῦ θεοῦ (5)
— 32. τοῦ λειτουργεῖν ἐν οἴκῳ κυρίου (5)
24. 3. κατ᾽ οἴκους πατριῶν αὐ. –
— 4. εἰς οἴκους πατριῶν (5)
— 4. κατ᾽ οἴκους πατριῶν (5)
— 6. οἴκου πατριᾶς εἷς εἷς τῷ Ἐλ. (5)
— 19. τοῦ εἰσπορεύεσθαι εἰς οἶκον κυρίου (5)
— 30. κατ᾽ οἴκους πατριῶν αὐτῶν (5)
25. 6. ὑμνῳδοῦντες ἐν οἴκῳ θεοῦ [A κυρίου] (5)
— 6. R εἰς τὴν δουλείαν οἴκου τοῦ θεοῦ (5)
26. 6. εἰς τὸν οἶ. τὸν πατρικὸν αὐ. (5)
— 12. λειτουργεῖν ἐν οἴκῳ κυρίου (5)
— 13. κατ᾽ οἴκους πατριῶν αὐ. (5)
— 15. κατέναντι οἴκου ἐσ. (5)
— 20, 22. ἐπὶ τῶν θησαυρῶν οἴκου κυρίου (5)
— 27. τοῦ μὴ καθυστερῆσαι τὴν οἰκοδομὴν τοῦ οἶ. (5)
28. 2. οἰκοδομῆσαι οἶκον ἀναπαύσεως (5)
— 3. οὐκ οἰκοδομήσεις ἐμοὶ οἶκον (5)
— 4. ἀπὸ παντὸς οἶ. πατρός μου (5)
— 4. καὶ ἐξ οἴκου Ἰ. τὸν οἶ. τοῦ πατρός μου (5, 5)
— 6. B κληρονομήσει [A R οἰκοδομήσει] τὸν οἶ. μου (5)
— 10. οἰκοδομῆται αὐτῷ οἶκον (5)
— 11. τὸ παράδειγμα τοῦ ναοῦ καὶ τῶν οἶ. αὐ. . . . καὶ τοῦ οἶ. τοῦ ἐξιλασμοῦ (5, 5)
— 12. A R τὸ παράδειγμα . . . τῶν αὐλῶν οἴκου κ. καὶ . . . τῶν εἰς τὰς ἀποθήκας οἴκου [B om.] κ. (5, 5)
— 13. εἰς πᾶσαν ἐργασίαν λειτουργίας οἴκου κ. (5)
— 13. A R τῆς λατρείας οἴκου κυρίου (5)
— 20. πᾶσαν ἐργασίαν λειτουργίας οἴκου κ. (5)
— 20. τὸ παράδειγμα . . . τοῦ οἶ. αὐ. . . . καὶ τὸν οἶ. τοῦ ἱλασμοῦ καὶ τὸ παράδειγμα οἴκου κυρίου – ter
— 21. εἰς πᾶσαν λειτουργίαν οἴκου κ. (5)
29. 2. ἡτοίμακα εἰς οἶκον θεοῦ μου (5)
— 3. ἐν τῷ εὐδοκῆσαί με ἐν οἴκῳ θεοῦ μου (5)
— 3. δέδωκα εἰς οἶκον θεοῦ μου (5)
— 3. ἐκτὸς ὧν ἡτοίμακα εἰς τὸν [A om.] οἶ. τῶν ἁγ. (5)
I Ch. 29. 7. B ἔδωκαν εἰς τὰ ἔργα οἴκου [A R τοῦ οἶ.] κ. (5)
— 8. ἔδωκαν εἰς τὰς ἀποθήκας οἴκου κ. (5)
— 16. οἰκοδομηθῆναι οἶκον τῷ ὀνόμ. τῷ ἁγ. σου (5)
— 19. τὴν κατασκευὴν τοῦ οἶ. σου (4)
II Ch. 2. 1 (1. 18). τοῦ οἰκοδομῆσαι οἶκον τῷ ὀνόμ. κυρίου καὶ οἶκον τῇ βασ. αὐτοῦ (5, 5)
— 3 (2). τοῦ οἰκοδομῆσαι ἑαυτῷ οἶκον (5)
— 4 (3). οἰκοδομῶ οἶκον (5)
— 5 (4). ὁ οἶ. ὃν ἐγὼ οἰκοδομῶ μέγας (5)
— 6 (5). τίς ἰσχύσει οἰκοδομῆσαι αὐτῷ οἶκον (5)
— 6 (5). τίς ἐγὼ οἰκοδομῶν αὐτῷ οἶκον (5)
— 9 (8). ὁ οἶ. ὃν ἐγὼ οἰκοδομῶ μέγας (5)
— 12 (11). ὃς οἰκοδομήσει οἶκον τῷ κ. καὶ οἶκον τῇ βασ. αὐτοῦ (5, 5)
3. 1. τοῦ οἰκοδομεῖν τὸν οἶ. κυρίου (5)
— 3. τοῦ οἰκοδομῆσαι τὸν οἶ. τοῦ θεοῦ (5)
— 4. αἰλὰμ κατὰ πρόσωπον τοῦ οἶ. †
— 4. B ἐπὶ πρόσωπον πλάτος [A R -ους] τοῦ οἶ. (5)
— 5. τὸν οἶ. τὸν μέγαν ἐξύλωσε (5)
— 6. ἐκόσμησε τὸν οἶ. λίθοις τιμίοις (5)
— 7. ἐχρύσωσε τὸν οἶ. (5)
— 8. ἐποίησε τὸν οἶ. τοῦ ἁγίου τῶν ἁγίων (5)
— 8. R πλάτος τοῦ οἴκου [A B om. τοῦ οἶ.] πήχεων εἴκοσι (5)
— 10. ἐποίησεν ἐν τῷ οἶ. τῷ ἁγίῳ τῶν ἁγίων χερ. δύο (5)
— 11. A R ἁπτομένη [B -αι] τοῦ τοίχου τοῦ οἶ. (5)
— 12. A ἁπτομένη τοῦ τοίχου τοῦ οἶ. (5)
— 13. τὰ πρόσωπα αὐτῶν εἰς τὸν οἶ. (5)
— 15. R ἐποίησεν ἔμπροσθεν τοῦ οἶ. [A B τοίχου] στύλους δύο (5)
4. 10. ἀπὸ γωνίας τοῦ οἶ. ἐκ δεξιῶν –
— 11. ἣν ἐποίησε . . . ἐν οἴκῳ τοῦ θεοῦ (5)
— 16. ἀνήνεγκε τῷ βασ. Σαλ. ἐν οἴκῳ κυρίου (5)
— 17. ἐχώνευσεν αὐτὰ . . . ἐν οἴκῳ Σ. †
— 19. ἐποίησε Σ. πάντα τὰ σκεύη οἴκου κυρίου (5)
— 22. καὶ ἡ θύρα τοῦ οἶ. ἡ ἐσωτέρα (5)
— 22. εἰς τὰς θύρας τοῦ οἶ. τοῦ ναοῦ χρυσᾶς (5)
— 22 (5. 1). ἣν ἐποίησε Σ. ἐν οἴκῳ κυρίου (5)
5. 1. A R ἔδωκεν εἰς θησαυρὸν οἴκου [B om.] κυρίου (5)
— 7. εἰς τὸ δαβεὶρ τοῦ οἶ. (5)
— 13. ὁ οἶ. ἐνεπλήσθη νεφέλης δόξης κυρίου (5)
— 14. A^2 B ἐνέπλησε δόξα κυρίου τὸν οἶ. τοῦ θεοῦ (5)
6. 2. ᾠκοδόμηκα οἶκον τῷ ὀνόματί σου (5 + 9)
— 5, 7, 8. τοῦ οἰκοδομῆσαι οἶκον (5)
— 9. οὐκ οἰκοδομήσεις τὸν οἶ. (5)
— 9. οἰκοδομήσει τὸν οἶ. τῷ ὀνόματί μου (5)
— 10. ᾠκοδόμησα τὸν οἶ. (5)
— 18. τίς ὁ οἶ. οὗτος ὃν ᾠκοδόμησα (5)
— 20. τοῦ εἶναι ὀφθαλμούς σου ἀνεῳγμένους ἐπὶ τὸν οἶ. τοῦτον (5)
— 22. ἐὰν . . . ἀράσηται . . . ἐν τῷ οἶ. τούτῳ (5)
— 24. καὶ δεηθῶσιν ἐναντίον σου ἐν τῷ οἶ. τ. (5)
— 29. καὶ διαπετάσῃ τὰς χεῖρας αὐ. εἰς τὸν οἶ. τ. (5)
— 33. ἐπικέκληται τὸ ὄνομά σου ἐπὶ τὸν οἶ. τ. (5)
— 34. κατὰ τὴν ὁδὸν . . . οἴκου (5)
— 38. καὶ τοῦ οἶ. οὗ ᾠκοδόμησα (5)
7. 1. δόξα κυρίου ἔπλησε τὸν οἶ. (5)
— 2. εἰσελθεῖν εἰς τὸν οἶ. κυρίου (5)
— 2. ἔπλησε δόξα κυρίου τὸν οἶ. (5)
— 3. ἡ δόξα κυρίου ἐπὶ τὸν οἶ. (5)
— 5. ἐνεκαίνισε τὸν οἶ. τοῦ θεοῦ ὁ βασ. (5)
— 7. τὸ μέσον τῆς αὐλῆς τῆς ἐν οἴκῳ κυρίου (5)
— 11. συνετέλεσε Σ. τὸν οἶ. κυρίου καὶ τὸν οἶ. τοῦ βασ. (5, 5)
— 11. τοῦ ποιῆσαι ἐν οἴκῳ κυρίου (5)
— 11. ἐν οἴκῳ αὐτοῦ εὐωδώθη (5)
— 12. ἐξελεξάμην . . . εἰς οἶκον θυσίας (5)
— 16. ἡγίακα τὸν οἶ. τοῦτον (5)
— 20. τὸν οἶ. τοῦτον . . . ἀποστρέψω (5)
— 21. ὁ οἶ. οὗτος ὁ ὑψηλός (5)
— 21. χάριν τίνος ἐποίησε κύριος . . . τῷ οἶ. τούτῳ (5)
8. 1. ἐν οἷς ᾠκοδόμησε Σ. τὸν οἶ. κυρίου καὶ τὸν οἶ. αὐτοῦ (5, 5)
— 11. ἀνήγαγεν . . . εἰς τὸν οἶ. (5)
— 16. ἕως οὗ ἐτελείωσε Σ. τὸν οἶ. κυρίου (5)
9. 3. εἶδε . . . τὸν οἶ. ὃν ᾠκοδόμησε (5)
— 4. ἃ ἀνέφερεν ἐν οἴκῳ κυρίου (5)
— 11. ἀναβάσεις τῷ οἶ. κυρίου καὶ τῷ οἶ. τοῦ βασ. (5, 5)
— 16. ἔδωκεν αὐτὰς ὁ βασ. ἐν οἴκῳ δρυμοῦ (5)
— 20. πάντα τὰ σκεύη οἴκου δρυμοῦ (5)
II Ch. 10. 16. νῦν βλέπε τὸν οἶ. σου (5)
— 19. ἠθέτησεν Ἰσρ. ἐν τῷ οἶ. Δ. (5)
11. 4. ἀποστρέφετε ἕκαστος εἰς τὸν οἶ. αὐ. (5)
12. 9. τοὺς θησαυροὺς τοὺς ἐν οἴκῳ κυρίου καὶ τοὺς θησαυροὺς τοὺς ἐν οἴκῳ τοῦ βασ. (5, 5)
— 11. ἐν τῷ εἰσελθεῖν τὸν βασ. εἰς οἶκον κυρίου (5)
15. 18. A B εἰσήνεγκε . . . τὰ ἅγια οἴκου κυρίου [R om.] (5)
16. 2. ἐκ θησαυρῶν οἴκου κυρίου καὶ οἴκου τοῦ βασ. (5, 5)
17. 14. κατ᾽ οἴκους πατριῶν αὐτῶν (5)
18. 1. ἐπεγαμβρεύσατο ἐν οἴκῳ Ἀχ. –
— 16. A^2B ἀναστρεφέτωσαν ἕκαστος εἰς τὸν οἶ. αὐ. (5)
— 26. ἀπόθεσθε τοῦτον εἰς οἶκον φυλακῆς (5)
19. 1. B^1 ἀπέστρεψεν [A B^2 ἐπ.] Ἰ. . . . εἰς τὸν οἶ. αὐ. (5)
— 11. ὁ ἡγούμενος εἰς οἶκον Ἰ. (5)
20. 5. ἀνέστη . . . ἐν οἴκῳ κυρίου (5)
— 9. στησόμεθα ἐναντίον τοῦ οἶ. (5)
— 9. τὸ ὄνομά σου ἐπὶ τῷ οἶ. τούτῳ (5)
— 28. εἰσῆλθον . . . εἰς οἶκον κυρίου (5)
21. 6. ὡς ἐποίησεν οἶκος Ἀχ. (5)
— 7. οὐκ ἐβούλετο κ. ἐξολεθρεῦσαι τὸν οἶ. Δ. (5)
— 13. ὡς ἐξεπόρνευσεν [A add. ὁ] οἶκος Ἀχ. (5)
— 17. ἣν εὗρον ἐν οἴκῳ τοῦ βασ. (5)
22. 3. ἐπορεύθη ἐν ὁδῷ οἴκου Ἀχ. (5)
— 4. ἐποίησε τὸ πον. . . . ὡς [A add. ὁ] οἶκος Ἀχ. (5)
— 7. B ἐξῆλθε . . . πρὸς υἱὸν Ν. . . . τὸν [R εἰς τὸν] οἶ. Ἀχ. [A om. τ. οἶ. Ἀ.] (5)
— 8. ὡς ἐξεδίκησεν Ἰ. τὸν οἶ. Ἀχ. (5)
— 9. οὐκ ἦν ἐν οἴκῳ Ὀχ. (5)
— 10. πᾶν τὸ σπέρμα τῆς βασ. ἐν οἴκῳ Ἰ. (5)
— 12. ἦν μετ᾽ αὐτοῦ ἐν οἴκῳ τοῦ θ. κατακεκρυμμένος (5)
23. 1. B ἔλαβε τοὺς ἑκατοντάρχους . . . εἰς οἶκον [A R add. κυρίου] †
— 3. A^2B διέθεντο . . . διαθήκην ἐν οἴκῳ τοῦ θ. (5)
— 3. βασιλευσάτω . . . ἐπὶ τὸν οἶ. Δ. (7)
— 5. A^2R καὶ τὸ τρίτον ἐν οἴκῳ τοῦ βασ. (5)
— 5. πᾶς ὁ λαὸς ἐν αὐλαῖς οἴκου κυρίου (5)
— 6. μὴ εἰσελθέτω εἰς οἶκον κυρίου (5)
— 7. ὁ εἰσπορευόμ. εἰς τὸν οἶ. ἀποθανεῖται (5)
— 9. ἔδωκε τὰς μαχαίρας . . . ἐν οἴκῳ τοῦ θεοῦ (5)
— 10. ἀπὸ τῆς ὠμίας τοῦ οἶ. τῆς δεξιᾶς (5)
— 10. ἕως τῆς ὠμίας . . . τοῦ οἶ. (5)
— 12. εἰσῆλθε πρὸς τὸν βασ. εἰς οἶκον κυρίου (5)
— 14. ἐκβάλετε αὐτὴν ἐκτὸς τοῦ οἶ. (5 ?)
— 14. μὴ ἀποθανέτω ἐν οἴκῳ κυρίου (5)
— 15. διὰ τῆς πύλης τῶν ἱππέων τοῦ οἶ. τοῦ βασ. (5)
— 17. εἰσῆλθε πᾶς ὁ λαὸς τῆς γῆς εἰς οἶκον B. (5)
— 18. A B^1 ἐνεχείρησεν [B R -ισεν] . . . τὰ ἔργα οἴκου κυρίου (5)
— 18. B ἃς [A^2 om.] διέστειλε Δ. ἐπὶ τὸν οἶ. κυρίου (5)
— 19. ἐπὶ τὰς πύλας οἴκου κυρίου (5)
— 20. ἐπεβίβασαν [A ἀνεβ.] τὸν βασ. εἰς οἶκον κυρίου (5)
— 20. εἰσῆλθε . . . εἰς τὸν οἶ. τοῦ βασιλέως (5)
24. 4. ἐπισκευάσαι τὸν οἶ. κυρίου (5)
— 5. κατισχῦσαι τὸν οἶ. κυρίου (5)
— 7. κατέσπασαν τὸν οἶ. τοῦ θεοῦ (5)
— 7. τὰ ἅγια οἴκου κυρίου ἐποίησαν ταῖς B. (5)
— 8. τεθήτω ἐν πύλῃ οἴκου κυρίου (5)
— 12. εἰς τὴν ἐργασίαν οἴκου κυρίου (5)
— 12. ἐπισκευάσαι τὸν οἶ. κυρίου (5)
— 12. B ἐπισκευάσαι τὸν οἶ. κυρίου (5)
— 13. ἀνέστησαν τὸν οἶ. κυρίου (5)
— 14. ἐποίησαν σκεύη εἰς οἶκον κυρίου (5)
— 14. ἀνήνεγκαν ὁλοκαυτώσεις ἐν οἴκῳ κυρίου (5)
— 16. μετὰ τοῦ θεοῦ καὶ τοῦ οἶ. αὐτοῦ (5)
— 18. R ἐγκατέλιπον τὸν οἶ. κυρίου θεοῦ [A B al.] (5)
— 21. ἐν αὐλῇ οἴκου κυρίου (5)
25. 5. συνήγαγεν Ἀμ. τὸν οἶ. Ἰούδα –
— 5. κατ᾽ οἴκους πατριῶν αὐτῶν (5)
— 19. νῦν κάθησο ἐν οἴκῳ σου (5)
— 24. τὰ εὑρεθέντα ἐν οἴκῳ κυρίου (5)
— 24. καὶ τοὺς θησαυροὺς οἴκου τοῦ βασ. (5)
26. 19. ἡ λέπρα ἀνέτειλεν . . . ἐν οἴκῳ κυρίου (5)
— 21. ἐν οἴκῳ ἀφφ. ἐκάθητο λεπρός (5)
— 21. ἀπεσχίσθη ἀπὸ οἴκου κυρίου (5)
27. 3. τὴν πύλην οἴκου κυρίου [A add. καὶ] τὴν ὑψ. (5)

II Ch. 28. 7. καὶ τὸν Ἐ. ἡγούμενον τοῦ οἴ. αὐ. (5)
— 18. B ἐν οἴκῳ κυρίου καὶ τὰ ἐν οἴκῳ τοῦ βασ. –, –
— 21. ἔλαβεν Ἄ. τὰ ἐν οἴκῳ κυρίου καὶ τὰ ἐν οἴκῳ τοῦ βασ. (5, 5)
— 24. ἀπέστησεν Ἄ. τὰ σκεύη οἴκου κυρίου (5)
— 24. ἔκλεισε τὰς θύρας οἴκου κυρίου (5)
29. 3. ἀνέῳξε τὰς θύρας οἴκου κυρίου (5)
— 5. ἁγνίσατε τὸν οἶ. κυρίου (5)
— 15. A R καθαρίσαι τὸν οἶ. κυρίου (5)
— 16. εἰσῆλθον . . . ἕως εἰς τὸν οἶ. κυρίου (5)
— 16. τὴν εὑρεθεῖσαν ἐν τῷ οἴ. κυρίου καὶ εἰς τὴν αὐλὴν οἴκου κυρίου (8 *a*, 5)
— 17. ἥγνισαν τὸν οἶ. κυρίου (5)
— 18. ἡγνίσαμεν πάντα τὰ ἐν οἴκῳ κυρίου (5)
— 20. ἀνέβη εἰς οἶκον κυρίου (5)
— 25. ἔστησε τοὺς Λ. ἐν οἴκῳ κυρίου (5)
— 31. φέρετε θυσίας . . . εἰς οἶκον κυρίου (5)
— 31. B ἀνήνεγκεν . . . θυσίας . . . εἰς οἶκον κυρίου –
— 35. κατωρθώθη τὸ ἔργον ἐν οἴκῳ κυρίου (5)
30. 1. ἐλθεῖν εἰς οἶκον κυρίου (5)
— 15. εἰσήνεγκαν ὁλοκαυτώματα ἐν οἴκῳ κυρίου (5)
31. 2. ἐν ταῖς αὐλαῖς οἴκου κυρίου (11)
— 4. ἐν τῇ λειτουργίᾳ οἴκου κυρίου –
— 10. Ἀζ. ὁ ἱερεὺς ὁ ἄρχων εἰς οἶκον Σ. (5)
— 10. ἐξ οὗ ἦρκται ἡ ἀπαρχὴ φέρεσθαι εἰς οἶκον κυρίου (5)
— 11. ἑτοιμάσαι παστοφόρια εἰς οἶκον κυρίου (5)
— 13. Ἀζ. ὁ ἡγούμενος οἴκου κυρίου (5)
— 16. παντὶ τῷ εἰσπορευομ. εἰς οἶκον κυρίου (5)
— 17. κατ᾿ οἴκους πατριῶν (5)
— 21. ᾧ [A ἐν ᾧ] ἤρξατο . . . ἐν οἴκῳ κυρίου (5)
32. 21. ἦλθεν εἰς οἶκον θεοῦ αὐτοῦ [A *al.*] (5)
33. 4. ᾠκοδόμησε θυσιαστήρια ἐν οἴκῳ κυρίου (5)
— 5. ἐν ταῖς δυσὶν αὐλαῖς οἴκου κυρίου (5)
— 7. ἔθηκε τὸ γλυπτὸν . . . ἐν οἴκῳ θεοῦ (5)
— 7. ἐν τῷ οἴ. τούτῳ . . . θήσω [A σωθήτω] τὸ ὄν. μου (5)
— 15. περιεῖλε . . . τὸ γλυπτὸν ἐξ οἴκου κυρίου (5)
— 15. ἃ ᾠκοδόμησεν ἐν ὄρει οἴκου κυρίου (5)
— 20. ἐν παραδείσῳ οἴκου αὐτοῦ (5)
— 24. ἐπάταξαν αὐτὸν ἐν οἴκῳ αὐτοῦ (5)
34. 8. τοῦ καθαρίσαι τὴν γῆν καὶ τὸν οἶ. (5)
— 8. κραταιῶσαι τὸν οἶ. κ. τοῦ θεοῦ αὐ. (5)
— 9. τὸ ἀργύριον τὸ εἰσενεχθὲν εἰς οἶκον θεοῦ (5)
— 10. οἱ καθεσταμένοι ἐν οἴκῳ κυρίου (5)
— 10. οἳ ἐποίουν ἐν οἴκῳ κυρίου (5)
— 10. κατισχῦσαι τὸν οἶ. (5)
— 11. στεγάσαι τοὺς οἴ. (5)
— 14. τὸ εἰσοδιασθὲν εἰς οἶκον κυρίου (5)
— 15. βιβλίον νόμου εὗρον ἐν οἴκῳ κυρίου (5)
— 17. τὸ εὑρεθὲν ἐν οἴκῳ κυρίου (5)
— 30. ἀνέβη ὁ βασ. εἰς οἶκον κυρίου (5)
— 30. τοὺς εὑρεθέντας [A τοῦ εὑρ.] ἐν οἴκῳ κυρίου (5)
— 32. ἐποίησαν διαθήκην . . . ἐν οἴκῳ κυρίου –
35. 2. εἰς τὰ ἔργα οἴκου κυρίου (5)
— 3. ἔθηκαν τὴν κιβωτὸν τὴν ἁγ. εἰς τὸν οἶ. (5)
— 4. κατ᾿ οἴκους πατριῶν ὑμῶν (5)
— 5. στῆτε ἐν τῷ οἴ. κατὰ τὰς διαιρέσεις οἴκων πατριῶν ὑμῶν (18, 5)
— 5. καὶ μερὶς οἴκου πατριᾶς τοῖς Λ. (5)
— 8. οἱ ἄρχοντες οἴκου θεοῦ (5)
— 12. κατ᾿ οἴκους πατριῶν (5)
— 19. ἃ ἔδρασεν Ἰ. ἐν τῷ οἴ. –
— 19. οὗ εὗρε Χ. ὁ ἱ. ἐν τῷ οἴ. κυρίου –
— 19. ἀπωσάμην . . . τὸν οἶ. –
36. 7. μέρος τῶν σκευῶν οἴκου κυρίου (5)
— 10. μετὰ τῶν σκευῶν τῶν ἐπιθυμητῶν οἴκου κυρίου (5)
— 14. ἐμίαναν τὸν οἶ. κυρίου (5)
— 17. ἐν οἴκῳ ἁγιάσματος αὐ. (5)
— 18. πάντα τὰ σκεύη οἴκου θεοῦ (5)
— 18. R καὶ τοὺς θησαυροὺς οἴκου κυρίου [A B *om.* οἴ. κ.] (5)
— 19. ἐνέπρησε τὸν οἶ. κυρίου (5)
— 23. οἰκοδομῆσαι οἶκον αὐτῷ (5)
I Es. 1. 3. ἐν τῷ οἴ. ᾧ ᾠκοδόμησε Σ.
— 55. ἐνεπύρισαν τὸν οἶ. τοῦ κυρίου
2. 4. οἰκοδομῆσαι αὐτῷ οἶκον
— 5. οἰκοδομείτω τὸν οἶ. τοῦ κυρίου
— 8. οἰκοδομῆσαι οἶκον τῷ κυρίῳ
4. 55. R ἧς [A R *om.*] ἐπιτελεσθῇ ὁ οἶ.
5. 1. ἀρχηγοὶ οἴκου [A -ων] πατριῶν
— 5. καὶ Ἰ. . . . ἐκ τοῦ οἴ. τοῦ Δ.
I Es. 5. 44. ἐγεῖραι τὸν οἶ. ἐπὶ τοῦ τόπου αὐ.
— 57. A ἐθεμελίωσαν τὸν οἶ. [B ναόν]
— 58. ποιοῦντες . . . ἐν τῷ οἴ. τοῦ κυρίου
— 62. ἐπὶ τῇ ἐγέρσει τοῦ οἴ. κυρίου
— 63. ἑωρακότες [A οἱ προεωρ.] τὸν πρὸ τούτου οἶκον
— 70. τοῦ οἰκοδομῆσαι τὸν οἶ. κυρίῳ
6. 2. ἤρξαντο οἰκοδομεῖν τὸν οἶ. τοῦ κυρίου
— 4. τὸν οἶ. τοῦτον οἰκοδομεῖτε
— 9. οἰκοδομοῦντας οἶκον τῷ κυρίῳ μέγαν
— 9. A ξύλων τιθεμένων ἐν τοῖς οἴ. [A R τοίχοις]
— 11. οἰκοδομεῖτε τὸν οἶ. τοῦτον
— 14. B ᾠκοδομεῖτο ὁ [A R *om.*] οἶ.
— 16. τόν τε οἶ. καθελόντες ἐνεπύρισαν
— 17. τὸν οἶ. τοῦτον οἰκοδομῆσαι [A *al.*]
— 18. ἃ ἐξήνεγκε Ναβ. ἐκ τοῦ οἴ. τοῦ ἐν Ἱερ.
— 20. τοὺς θεμελίους τοῦ οἴ. κυρίου
— 22. A B^{2}R γενομένην τὴν οἰκοδομὴν τοῦ οἴκου [B^1 *om.*] κυρίου
— 24. τὸν οἶ. τοῦ κυρίου . . . οἰκοδομῆσαι
— 25. τὸ δαπάνημα δοθῆναι ἐκ τοῦ οἴ. Κύρου
— 26. καὶ τὰ ἱερὰ σκεύη τοῦ οἴ. κυρίου
— 26. ἐξήνεγκε Ναβ. ἐκ τοῦ οἴ. τοῦ ἐν Ἱερ.
— 26. ἀποκατασταθῆναι εἰς τὸν οἶ. τὸν ἐν Ἱερ.
— 27. τὸν οἶ. τοῦ κυρίου ἐκεῖνον οἰκοδομεῖν
— 28. μέχρι τοῦ ἐπιτελεσθῆναι τὸν οἶ. τοῦ κυρίου
— 33. κακοποιῆσαι τὸν οἶ. κυρίου ἐκεῖνον
7. 5. B συνετελέσθη ὁ οἶ. [A R *add.* ὁ ἅγιος]
8. 25. δοξάσαι τὸν οἶ. αὐτοῦ
— 46. τοὺς ἱερατεύσοντας ἐν τῷ οἴ. τοῦ κ. ἡμῶν [A *al.*]
— 55. τὰ ἱερὰ σκεύη τοῦ οἴ. τοῦ κ. ἡμῶν
— 59. ἐν τοῖς παστοφορίοις τοῦ οἴ. τοῦ κ. ἡ.
— 62. τὸ χρυσίον παρεδόθη ἐν τῷ οἴ. κυρίου
— 79. ἐν τῷ οἴ. κυρίου
II Es. 1. 2. οἰκοδομῆσαι αὐτῷ οἶκον (5)
— 3. A R οἰκοδομησάτω τὸν οἶ. θεοῦ Ἰ. (5)
— 4. λήψονται αὐτὸν . . . εἰς οἶκον τοῦ θεοῦ (5)
— 5. οἰκοδομῆσαι τὸν οἶ. (5)
— 7. ἐξήνεγκε τὰ σκεύη οἴκου (5)
— 7. ἔδωκεν αὐτὰ ἐν οἴκῳ θεοῦ αὐ. (5)
2. 36. οἱ ἱερεῖς υἱοὶ Ἰ. τῷ οἴ. Ἰ. (5)
— 59. ἀναγγεῖλαι οἶκον πατριᾶς αὐ. (5)
— 68. ἐν τῷ ἐλθεῖν αὐτοὺς εἰς οἶκον κυρίου (5)
— 68. ἠκουσιάσαντο εἰς οἶκον τοῦ θ. (5)
3. 6. ὁ οἶ. κυρίου οὐκ ἐθεμελιώθη (8 *a*)
— 8. τοῦ ἐλθεῖν αὐτοὺς εἰς οἶκον τοῦ θεοῦ (5)
— 8. A R ἐπὶ τοὺς ποιοῦντας τὰ ἔργα ἐν οἴκῳ κυρίου [B *al.*] (5)
— 9. τοὺς ποιοῦντας τὰ ἔργα ἐν οἴκῳ τοῦ θ. (5)
— 10. τοῦ οἰκοδομῆσαι τὸν οἶ. κυρίου (8 *a*)
— 11. ἐπὶ τῇ θεμελιώσει οἴκου κυρίου (5)
— 12. οἳ εἴδοσαν τὸν οἶ. τὸν πρῶτον . . . καὶ τοῦτον τὸν οἶ. ἐν ὀφθαλμοῖς αὐ. (5, 5)
4. 1. οἰκοδομοῦσιν οἶκον τῷ κυρίῳ (8 *a*)
— 3. τοῦ οἰκοδομῆσαι οἶκον τῷ θ. ἡμῶν (5)
— 24. ἤργησε τὸ ἔργον οἴκου [A *om.*] τοῦ θεοῦ (5)
5. 2. ἤρξαντο οἰκοδομῆσαι τὸν οἶ. τοῦ θεοῦ (5)
— 3. B τοῦ οἰκοδομῆσαι τὸν οἶ. [A R *add.* τοῦτον] (5)
— 8. ἐπορεύθημεν . . . εἰς οἶκον τοῦ θ. τοῦ μεγ. (5)
— 9. A R τὸν οἶ. τοῦτον οἰκοδομῆσαι [B *al.*] (5)
— 11. οἰκοδομοῦμεν τὸν οἶ. (5)
— 12. B τὸν οἶ. ἔλυσεν τοῦτον [A R *al.*] (5)
— 13. τὸν οἶ. τοῦ θ. τοῦτον οἰκοδομηθῆναι (5)
— 14. A R τὰ σκεύη τοῦ οἴ. [B *om.* τοῦ οἴ.] τοῦ θ. (5)
— 14. ἃ Ναβ. ἐξήνεγκεν ἀπὸ οἴκου (8 *b*)
— 15. θὲς αὐτὰ ἐν οἴκῳ (8 *b*)
— 16. ἔδωκε θεμελίους τοῦ οἴ. τοῦ θεοῦ (5)
— 17. ἐπισκεπήτω ἐν οἴκῳ τῆς γάζης (5)
— 17. οἰκοδομῆσαι τὸν οἶ. τοῦ θ. ἐκεῖνον (5)
6. 3. ἔθηκε γνώμην περὶ οἴκου (5)
— 3. A R οἶκος οἰκοδομηθήτω (5)
— 4. ἡ δαπάνη ἐξ οἴκου τοῦ βασ. δοθήσεται (5)
— 5. τὰ σκεύη οἴκου τοῦ θ. . . . ἃ Ναβ. ἐξήνεγκεν ἀπὸ οἴκου τοῦ ἐν Ἱερ. (5, 8 *b*)
— 5. ἐτέθη ἐν οἴκῳ τοῦ θ. (5)
— 7. ἄφετε τὸ ἔργον οἴκου [A *om.*] τοῦ θ. (5)
— 7. οἶκον τοῦ θ. ἐκεῖνον οἰκοδομείτωσαν (5)
— 8. τοῦ οἰκοδομῆσαι οἶκον τοῦ θ. ἐκεῖνον (5)
— 11. ὁ οἶ. αὐ. τὸ κατ᾿ ἐμὲ ποιηθήσεται (5)
— 12. A R ἀφανίσαι τὸν οἶ. τοῦ θεοῦ [B *al.*] (5)
— 15. ἐτέλεσαν τὸν οἶ. τοῦτον (5)
— 16. ἐποίησαν . . . ἐγκαίνια τοῦ οἴ. τοῦ θ. (5)
— 17. προσήνεγκαν εἰς τὰ ἐγκαίνια τοῦ οἴ. [A *om.* τ. οἴ.] (5)
II Es. 6. 22. ἐν ἔργοις οἴκου τοῦ θ. Ἰσρ. (5)
7. 15. εἰς οἶκον κυρίου ἀργύριον †
— 16. τῶν ἑκουσιαζομ. εἰς οἶκον θεοῦ (5)
— 17. ἐπὶ θυσιαστηρίου τοῦ οἴ. τοῦ θ. ὑ. (5)
— 19. εἰς λειτουργίαν οἴκου θεοῦ (5)
— 20. κατάλοιπον χρείας οἴκου θεοῦ (5)
— 20. δώσεις ἀπὸ οἴκων γάζης βασιλέως (5)
— 23. εἰς οἶκον θεοῦ τοῦ οὐρανοῦ (5)
— 24. ἐν . . . λειτουργοῖς οἴκου θεοῦ (5)
— 27. A R τοῦ δοξάσαι τὸν οἶ. κυρίου [B *al.*] (5)
8. 17. εἰς οἶκον θεοῦ ἡμῶν (5)
— 25. τὰ σκεύη ἀπαρχῆς οἴκου θεοῦ ἡ. (5)
— 29. εἰς σκηνὰς οἴκου κυρίου (5)
— 30. ἐνεγκεῖν εἰς Ἱερ. εἰς οἶκον θεοῦ ἡμῶν (5)
— 33. ἐστήσαμεν τὸ ἀργύριον . . . ἐν οἴκῳ θεοῦ ἡ. (5)
— 36. ἐδόξασαν . . . τὸν οἶ. τοῦ θ. (5)
9. 9. τοῦ ὑψῶσαι αὐτοὺς τὸν οἶ. (5)
10. 1. προσευχόμενος ἐνώπιον [S *add.* τοῦ] οἴκου τοῦ θ. (5)
— 6. ἀπὸ προσώπου οἴκου τοῦ θ. (5)
— 9. ἐν πλατείᾳ οἴκου τοῦ θ. (5)
— 16. ἄνδρες ἄρχοντες πατριῶν τῷ οἴ. [A S^1 τῶν οἴ.] (5)
Ne. 1. 6. ἐγὼ καὶ ὁ οἶ. πατρός μου ἡμάρτομεν (5)
2. 3. οἶκος μνημείων πατέρων μου (5)
— 8. S^2 στεγάσαι τὰς πύλας τῆς βάρεως τοῦ οἴ. [A B S^1 *om.* τ. β. τ. οἴ.] (5)
— 8. δοῦναί μοι ξύλα . . . εἰς [S *add.* τὸν] οἶκον (5)
3. 23. κατέναντι οἴκου αὐτῶν (5)
— 23. ἐχόμενα οἴκου αὐτοῦ (5)
— 25. ὁ πύργος ὁ ἐξέχων ἐκ τοῦ οἴ. τοῦ βασ. (5)
— 28. ἀνὴρ ἐξ ἐναντίας οἴκου ἑαυ. [A μετ᾿ αὐ.] (5)
— 29. ἐξ ἐναντίας οἴκου ἑαυ. (5)
— 29. B ὁ φύλαξ οἴκου τῆς ἀνατολῆς [A S R *al.*] †
4. 14 (8). παρατάξασθε περὶ . . . οἴκων [S οἰκιῶν] ὑ. (5)
— 16 (10). ὀπίσω παντὸς οἴ. Ἰ. (5)
5. 13. οὕτως ἐκτινάξαι . . . ἐκ τοῦ οἴ. αὐ. (5)
6. 10. εἰσῆλθον εἰς οἶκον Σ. (5)
— 10. συναχθῶμεν εἰς οἶκον τοῦ θ. (5)
— 11. ὃς εἰσελεύσεται εἰς τὸν οἶ. (8 *a*)
7. 39. οἱ ἱερεῖς υἱοὶ Ἰ. εἰς οἶκον Ἰ. (5)
— 61. ἀπαγγεῖλαι οἴκους πατριῶν αὐ. (5)
8. 16. ἐν ταῖς αὐλαῖς οἴκου τοῦ θ. (5)
— 16. A καὶ ἕως οἴκου [B S πύλης] Ἐφρ. †
10. 32 (33). εἰς δουλείαν οἴκου τοῦ θεοῦ ἡμῶν (5)
— 33 (34). εἰς ἔργα οἴκου τοῦ θεοῦ ἡμῶν (5)
— 34 (35). ἐνέγκαι εἰς οἶκον θεοῦ ἡμῶν εἰς οἶκον [A S οἴκους] πατριῶν ἡμῶν (5, 5)
— 35 (36). καὶ ἐνέγκαι . . . εἰς οἶκον (5)
— 36 (37). ἐνέγκαι εἰς οἶκον θεοῦ ἡμῶν (5)
— 36 (37). ἐν οἴκῳ θεοῦ ἡμῶν (5)
— 37 (38). εἰς τὸ γαζοφυλάκιον οἴκου τοῦ θεοῦ [A *al.*] (5)
— 38 (39). ἀνοίσουσι . . . εἰς οἶκον θεοῦ ἡμῶν . . . εἰς οἶκον τοῦ θεοῦ [S^2 θησαυροῦ] (5, 5)
— 39 (40). οὐκ ἐγκαταλείψομεν τὸν οἶ. τοῦ θ. ἡμῶν (5)
11. 11. ἀπέναντι οἴκου τοῦ θεοῦ (5)
— 12. ποιοῦντες τὸ ἔργον τοῦ οἴ. (5)
— 16. S^2 ἐπὶ τοῦ ἔργου τοῦ ἐξωτάτου οἴκου τοῦ θ. (5)
— 22. ἀπέναντι ἔργου οἴκου [S^1 οἴ. ἔ.] τοῦ θ. (5)
12. 37. ἐπάνωθεν τοῦ οἴ. Δ. (5)
— 40. S^2 ἔστησαν . . . ἐν οἴκῳ τοῦ θ. (5)
13. 4. ἐν γαζοφυλακίῳ οἴκου θεοῦ ἡμῶν (5)
— 7. ἐν αὐλῇ οἴκου τοῦ θεοῦ (5)
— 8. ἔρριψα πάντα τὰ σκεύη οἴκου Τ. (5)
— 9. ἐπέστρεψα ἐκεῖ σκεύη οἴκου τοῦ θ. (5)
— 11. διὰ τί ἐγκατελείφθη ὁ οἶ. τοῦ θ. (5)
— 14. ὃ ἐποίησα ἐν οἴκῳ κ. τοῦ θεοῦ (5)
To. 1. 4. ἀπέστη ἀπὸ τοῦ οἴ. Ἱεροσολύμων [S *al.*]
— 5. ὁ οἶ. Νεφθ. τοῦ πατρός μου
2. 1. κατῆλθον εἰς τὸν οἶ. μου
3. 17. εἰσῆλθεν εἰς τὸν οἶ. αὐτοῦ [S *al.*]
6. 12. S ἀπάξωμεν αὐτὴν . . . εἰς τὸν οἶ. σου
— 15. S λαβεῖν γυναῖκα ἐκ τοῦ οἴ. τοῦ πατρός σου [A B *al.*]
— 17. S ἐκ τοῦ σπέρματος τοῦ οἴ. τοῦ πατρὸς αὐ.
7. 1. S ἀπήγαγεν αὐτὸν εἰς τὸν οἶ. Ῥ. [A B *al.*]
— 1. S ἤγαγεν αὐτοὺς εἰς τὸν οἶ. αὐ. [A B *al.*]
8. 11. S ἦλθε Ῥ. εἰς τὸν οἶ. [A B τὴν οἰκίαν]
13. 16. S Ἱερ. οἰκοδομηθήσεται . . . οἶκος αὐ. [A B *al.*]
14. 4. ὁ οἶ. τοῦ θεοῦ ἐν αὐτῇ κατακαήσεται [S *al.*]

To. 14. 5. οἰκοδομήσουσι τὸν οἶ.
— 5. ὁ οἶ. τοῦ θεοῦ ἐν αὐτῇ οἰκοδομηθήσεται
Ju. 2. 1. ἐγένετο λόγος ἐν οἴκῳ Ναβ.
— 18. A B S^2 ἐξ οἴκου βασιλέως πολὺ σφόδρα
4. 3. καὶ ὁ οἶ. ἐκ τῆς βεβηλώσεως
— 15. A B εἰς ἀγαθὸν ἐπισκέψασθαι πάντα οἶ. Ἰ.
6. 17. ὅσα ἐμεγαλορρημόνησεν Ὀλ. εἰς τὸν οἶ. Ἰ.
— 21. παρέλαβεν αὐτὸν . . . εἰς οἶκον αὐ.
7. 32. τὰ τέκνα εἰς τοὺς οἶ. αὐ. ἀπέστειλεν
8. 4. ἦν Ἰ. ἐν τῷ οἶ. αὐ.
— 5. ἐπὶ τοῦ δώματος τοῦ οἶ. αὐ.
— 6. χωρὶς . . . χαρμοσυνῶν οἴκου Ἰ.
— 24. ὁ οἶ. . . . ἐπεστήρισται ἐφ' ἡμῖν
9. 1. ἦν ἄρτι προσφερόμενον . . . εἰς τὸν οἶ. τοῦ θ.
— 13. κατὰ τῆς διαθήκης σου καὶ οἶ. ἡγιασμένου σου . . . καὶ οἴκου κατασχέσεως υἱῶν σου
10. 2. κατέβη εἰς τὸν οἶ.
11. 7. Ναβ. καὶ πάντα τὸν οἶ. αὐ.
— 23. A B ἐν οἴκῳ βασιλέως Ναβ. καθήσῃ
12. 13. A B αἳ παρεστήκασιν ἐν οἴκῳ Ναβ.
13. 14. οὐκ ἀπέστησε τὸ ἔλεος αὐ. ἀπὸ τοῦ οἶ. Ἰ.
14. 5. τὸν ἐκφαυλίσαντα τὸν οἶ. τοῦ Ἰσρ.
— 6. ἐκάλεσαν τὸν Ἀ. ἐκ τοῦ οἶ. Ὀ.
— 10. προσετέθη πρὸς [A S εἰς] τὸν οἶ. Ἰσρ.
— 18. ἐποίησεν αἰσχύνην . . . εἰς τὸν οἶ. τοῦ βασ.
16. 21. S Ἰ. ἀπῆλθεν εἰς τὸν οἶ. αὐ. [A B *al.*]
— 23. ἐγήρασεν ἐν [A *om.*] τῷ οἶ. τοῦ ἀνδρὸς αὐ.
— 24. ἐπένθησεν [A -αν] αὐτὴν [S *add.* ὁ] οἶκος Ἰσρ.
Es. 1. 5. ἐν αὐλῇ [A S *add.* τοῦ] οἴκου τοῦ βασ. (6)
4. 14. σὺ δὲ καὶ ὁ οἶ. τοῦ πατρός σου (5)
— 17. σβέσαι δόξαν οἴκου σου
6. 4. S^2 ἐν τῇ αὐλῇ οἴκου τοῦ βασ. [A B S^1 *al.*] (5)
7. 8. S^2 εἰς τὸν οἶ. τοῦ πότου τοῦ οἴνου (5)
Jb. 3. 15. οἳ ἔπλησαν τοὺς οἴκους αὐτῶν ἀργυρίου (5)
5. 24. εἰρηνεύσει σου ὁ οἶκος [A *al.*] (1)
7. 10. οὐδ' οὐ μὴ ἐπιστρέψῃ εἰς τὸν ἴδιον οἶκον (5)
8. 14. ἀοίκητος γὰρ αὐτοῦ ἔσται ὁ οἶκος (5)
12. 5 (6). οἴκους τε αὐτοῦ [A μου] ἐκπορθεῖσθαι ὑπὸ ἀνόμων (1)
15. 28. εἰσέλθοι δὲ εἰς οἴκους ἀοικήτους (5)
— 34. πῦρ δὲ καύσει [A κατακ.] οἴκους δωροδεκτῶν (1)
17. 13. ᾅδης μου ὁ οἶκος (5)
18. 19. οὐδὲ σεσωσμένος ἐν τῇ ὑπ' οὐρανὸν ὁ οἶ. αὐ. –
— 21. οὗτοί εἰσιν οἱ [A *om.*] οἶκοι ἀδίκων (14 *a*)
20. 19. πολλῶν γὰρ δυνατῶν [A S^2 ἀδ.] οἴκους ἔθλασε (5)
— 26. κακῶσαι δὲ αὐτοῦ ἐπήλυτος τὸν οἶκον (1)
— 28. ἑλκύσαι [S^1 ἐκλύσαι] τὸν οἶκον αὐτοῦ (5)
21. 9. οἱ οἶκοι αὐτῶν εὐθηνοῦσι (5)
— 21. τὸ θέλημα αὐτοῦ ἐν οἴκῳ αὐτοῦ (5)
— 28. ποῦ ἔστιν οἶκος ἄρχοντος [A ἀρχαῖος] (5)
22. 18. ἐνέπλησε τοὺς οἴκους αὐτῶν ἀγαθῶν (5)
24. 12. οἱ ἐκ πόλεως καὶ οἴκων ἰδίων †
27. 18. ἀπέβη δὲ ὁ οἶ. αὐ. ὥσπερ σῆτες [A -ός] (5)
29. 4. ὅτε ὁ θεὸς ἐπισκοπὴν ἐποιεῖτο τοῦ οἶ. μου (1)
30. 6. ὧν οἱ οἶκοι αὐτῶν ἦσαν τρῶγλαι πετρῶν (14 *b*)
Ps. 5. 7. εἰσελεύσομαι εἰς τὸν οἶκόν σου (5)
22 (23). 6. τὸ κατοικεῖν με ἐν οἴκῳ κυρίου (5)
25 (26). 8. ἠγάπησα εὐπρέπειαν οἴκου σου (5)
26 (27). 4. τοῦ [A S^1 τὸ] κατοικεῖν με ἐν οἴκῳ κυρίου (5)
29 (30). *tit.* ψαλμὸς ᾠδῆς τοῦ ἐγκαινισμοῦ τοῦ οἴκου (5)
30 (31). 2. εἰς οἶκον καταφυγῆς τοῦ σῶσαί με (5)
35 (36). 8. A R μεθυσθήσονται ἀπὸ πιότητος οἴκου [B S τοῦ οἴκου] σου (5)
41 (42). 4. διελεύσομαι . . . ἕως τοῦ οἶ. τοῦ θ. (5)
44 (45). 10. ἐπιλάθου . . . τοῦ οἴκου τοῦ πατρός σου (5)
48 (49). 16. ὅταν πληθυνθῇ ἡ δόξα τοῦ οἴκου αὐτοῦ (5)
— 17. S^2 οὐδὲ συγκαταβήσεται αὐτῷ ἡ δόξα τοῦ οἶ. [A B *om.* τοῦ οἶ.] αὐτοῦ –
49 (50). 9. οὐ δέξομαι ἐκ τοῦ οἴκου σου μόσχους (5)
51 (52). *tit.* ἦλθε Δαυὶδ εἰς τὸν οἶκον Ἀβιμέλεχ (5)
— 8. ἐγὼ δὲ ὡσεὶ ἐλαία κατάκαρπος ἐν τῷ οἶ. τοῦ θεοῦ (5)
54 (55). 14. ἐν τῷ οἶ. τοῦ θεοῦ ἐπορεύθημεν (5)
58 (59). *tit.* ἐφύλαξε τὸν οἶκον αὐ. (5)
64 (65). 4. πλησθησόμεθα ἐν τοῖς ἀγαθοῖς τοῦ οἴκου σου (5)
65 (66). 13. εἰσελεύσομαι εἰς τὸν οἶκόν σου (5)
67 (68). 6. ὁ θεὸς κατοικίζει μονοτρόπους ἐν οἴκῳ (5)

Ps. 67 (68). 12. καὶ ὡραιότητι τοῦ οἴκου διελέσθαι σκῦλα (5)
68 (69). 9. ὁ ζῆλος τοῦ οἶ. σου κατέφαγέ με (5)
73 (74). 20. ἐπληρώθησαν οἱ ἐσκοτωμένοι τῆς γῆς οἴκων ἀνομιῶν (15)
83 (84). 4. μακάριοι οἱ κατοικοῦντες ἐν τῷ οἴκῳ σου (5)
— 10. ἐξελεξάμην παραριπτεῖσθαι ἐν τῷ οἴκῳ τοῦ θεοῦ (5)
91 (92). 13. πεφυτευμένοι ἐν τῷ οἴκῳ κυρίου (5)
92 (93). 5. τῷ οἴκῳ σου πρέπει ἁγίασμα (5)
95 (96). *tit.* ὅτε ὁ οἶκος ᾠκοδόμηται –
97 (98). 3. ἐμνήσθη . . . τῆς ἀληθείας αὐτοῦ τῷ οἴκῳ Ἰσραήλ (5)
100 (101). 2. διεπορευόμην . . . ἐν μέσῳ τοῦ οἴκου [S^1 τῷ οἴκῳ] μου (5)
104 (105). 21. κατέστησεν αὐτὸν κύριον τοῦ οἴκου αὐτοῦ (5)
111 (112). 3. δόξα καὶ πλοῦτος ἐν τῷ οἴκῳ αὐτοῦ (5)
112 (113). 9. ὁ κατοικίζων στεῖραν ἐν οἴκῳ (5)
113 (114). 1. A R οἴκου [S οἶκοι] Ἰακὼβ ἐκ λαοῦ βαρβάρου (5)
113. 17 (115. 9). οἶκος Ἰσραὴλ ἤλπισεν ἐπὶ κύριον –
— 18 (115. 10). οἶκος Ἀαρὼν ἤλπισεν ἐπὶ κύριον (5)
— 20 (115. 12). εὐλόγησε τὸν οἶ. Ἰσρ. εὐλόγησε τὸν οἶ. Ἀ. (5, 5)
115. 10 (116. 19). ἐν αὐλαῖς οἴκου κυρίου (5)
117 (118). 2. εἰπάτω δὴ οἶκος Ἰσραὴλ ὅτι ἀγαθός –
— 3. εἰπάτω δὴ οἶκος Ἀαρὼν ὅτι ἀγαθός (5)
— 26. εὐλογήκαμεν ὑμᾶς ἐξ οἴκου κυρίου (5)
118 (119). 139. A S^1 ἐξέτηξέ με ὁ ζῆλος τοῦ οἴκου [S^2 R *om.* τοῦ οἴκου] σου –
121 (122). 1. εἰς οἶκον κυρίου πορευσόμεθα (5)
— 5. θρόνοι ἐπὶ οἶκον Δαυίδ (5)
— 9. ἕνεκα τοῦ οἴκου κυρίου τοῦ θεοῦ ἡμῶν (5)
126 (127). 1. ἐὰν μὴ κύριος οἰκοδομήσῃ οἶκον (5)
131 (132). 3. εἰ εἰσελεύσομαι εἰς σκήνωμα οἴκου μου (5)
133 (134). 1. οἱ ἑστῶτες ἐν οἴκῳ κυρίου [S^1 *om.* ἐν οἶ. κ.] ἐν αὐλαῖς οἴκου θεοῦ ἡμῶν (5, –)
134 (135). 2. οἱ ἑστῶτες ἐν οἴκῳ κυρίου ἐν αὐλαῖς οἴκου θεοῦ ἡμῶν (5, 5)
— 19. οἶκος Ἰσρ. εὐλογήσατε τὸν κύριον οἶκος Ἀ. εὐλογήσατε τὸν κύριον (5, 5)
— 20. οἶκος Λευὶ εὐλογήσατε τὸν κύριον (5)
151. 1. καὶ νεώτερος ἐν τῷ οἴκῳ τοῦ πατρός μου
Pr. 1. 13. πλήσωμεν δὲ οἴκους ἡμετέρους [S -ων] σκύλων (5)
2. 18. ἔθετο γὰρ παρὰ τῷ θανάτῳ τὸν οἶκον αὐτῆς (5)
3. 33. κατάρα θεοῦ ἐν οἴκοις ἀσεβῶν (5)
5. 8. μὴ ἐγγίσῃς πρὸς θύραις οἴκων αὐτῆς (5)
— 10. οἱ δὲ σοὶ πόνοι εἰς οἴκους ἀλλοτρίων ἔλθωσι [A εἰσέλθωσιν] (5)
7. 6. ἀπὸ γὰρ θυρίδος ἐκ τοῦ οἴκου αὐτῆς εἰς τὰς πλατείας παρακύπτουσα (5)
— 8. παραπορευόμενον παρὰ γωνίαν ἐν διόδοις οἴκων αὐτῆς (5)
— 11. ἐν οἴκῳ δὲ οὐχ ἡσυχάζουσιν οἱ πόδες αὐτῆς (5)
— 17. τὸν δὲ οἶκόν μου κινναμώμῳ †
— 19. οὐ γὰρ πάρεστιν ὁ ἀνὴρ μου ἐν οἴκῳ (5)
— 20. δι' ἡμερῶν πολλῶν ἐπανήξει εἰς τὸν οἶκον αὐτοῦ (5)
— 27. ὁδοὶ ᾅδου ὁ οἶκος αὐτῆς (5)
9. 1. ἡ σοφία ᾠκοδόμησεν ἑαυτῇ οἶκον (5)
— 14. ἐκάθισεν ἐπὶ θύραις τοῦ ἑαυτῆς οἴκου (5)
11. 29. ὁ μὴ συμπεριφερόμενος τῷ ἑαυτοῦ οἴκῳ (5)
12. 7. οἶκοι δὲ δικαίων παραμένουσι (5)
14. 1. σοφαὶ γυναῖκες ᾠκοδόμησαν οἴκους (5)
15. 6. A B S^2 οἴκοις δικαίω ἰσχὺς πολλή (5)
— 25. οἴκους ὑβριστῶν κατασπᾷ κύριος (5)
17. 1. A S οἶκος πλήρης [B *om.*] πολλῶν ἀγαθῶν (5)
— 13. οὐ κινηθήσεται κακὰ ἐκ τοῦ οἴκου [A εἰς τοὺς οἴκους] αὐτοῦ (5)
— 16 (19). ὃς ὑψηλὸν ποιεῖ τὸν ἑαυτοῦ οἶκον ζητεῖ συντριβήν †
19. 14. οἶκον καὶ ὕπαρξιν μερίζουσι πατέρες παισί (5)
21. 9. ἐν κεκονιαμένοις μετὰ ἀδικίας καὶ ἐν οἴκῳ κοινῷ (5)
23. 5. ὑποστρέφει εἰς τὸν οἶκον τοῦ προεστηκότος αὐτοῦ †
— 27. πίθος γὰρ τετρημένος ἐστὶν ἀλλότριος οἶκος –
24. 3. μετὰ σοφίας οἰκοδομεῖται οἶκος (5)
— 42 (27). ἀνοικοδομήσεις τὸν οἶκόν σου (5)

Pr. 24. 61 (30. 26). οἱ ἐποιήσαντο ἐν πέτραις τοὺς ἑαυτῶν οἴκους (5)
27. 10. εἰς δὲ τὸν οἶκον τοῦ ἀδελφοῦ σου μὴ εἰσέλθῃς ἀτυχῶν (5)
— 15. σταγόνες ἐκβάλλουσιν ἄνθρωπον . . . ἐκ τοῦ οἴκου αὐτοῦ –
— 15. ὡσαύτως καὶ γυνὴ λοίδορος ἐκ [S ἀπὸ] τοῦ ἰδίου οἴκου –
31. 15. ἔδωκε βρώματα τῷ οἴκῳ (5)
— 21. οὐ φροντίζει τῶν ἐν οἴκῳ ὁ ἀνὴρ αὐτῆς (5)
— 26 (27). στεγναὶ διατριβαὶ οἴκων αὐτῆς (5)
Ec. 2. 4. ᾠκοδόμησά μοι οἴκους (5)
4. 14. ἐξ οἴκου τῶν δεσμίων [A S -ῶν] ἐξελεύσεται (5)
— 17. ἐν ᾧ ἐὰν πορεύῃ εἰς οἶκον [A τὸν οἶ.] τοῦ θεοῦ (5)
7. 3 (2). ἀγαθὸν πορευθῆναι εἰς οἶκον πένθους ἢ ὅτι πορευθῆναι εἰς οἶκον πότου (5, 5)
— 5 (4). καρδία σοφῶν ἐν οἴκῳ πένθους (5)
— 5 (4). καρδία ἀφρόνων ἐν οἴκῳ εὐφροσύνης (5)
12. 5. ἐπορεύθη ὁ ἄνθρωπος εἰς οἶκον αἰῶνος αὐ. (5)
Ca. 1. 17. δοκοὶ οἴκων [S^1 *om.*] ἡμῶν κέδροι (5)
2. 4. εἰσαγάγετέ με εἰς οἶκον τοῦ οἴνου (5)
3. 4. εἰσήγαγον αὐτὸν εἰς οἶκον μητρός μου (5)
8. 2. εἰσάξω σε [S^1 *om.* εἰσ. σε] εἰς οἶκον μητρός μου (5)
Wi. 8. 16. εἰσελθὼν εἰς τὸν οἶ. μου
Si. 1. 17. πάντα τὸν οἶκον αὐτῆς ἐμπλήσει ἐπιθυμημάτων
3. 9. εὐλογία γὰρ πατρὸς στηρίζει οἴκους τέκνων
4. 30. μὴ ἴσθι ὡς λέων ἐν τῷ οἴκῳ [S τῇ οἰκίᾳ] σου
11. 29. μὴ πάντα ἄνθρωπον εἴσαγε εἰς τὸν οἶκόν σου
14. 24. ὁ καταλύων σύνεγγυς τοῦ οἴκου αὐτῆς
— 24. S^1 πήξει πάσσαλον ἐν τοῖς οἴκοις [A B S^2 τοίχοις] αὐ.
21. 4. οὕτως οἶκος ὑπερηφάνου [A S^2 -ων] ἐρημωθήσεται
— 18. ὡς οἶκος ἠφανισμένος οὕτως μωρῷ σοφία
23. 11. οὐκ ἀποστήσεται ἀπὸ τοῦ οἴκου αὐτοῦ μάστιξ
— 11. πλησθήσεται γὰρ ἐπαγωγῶν ὁ οἶκος αὐτοῦ
27. 3. ἐν τάχει καταστραφήσεται αὐτοῦ ὁ οἶκος
29. 21. οἶκος καλύπτων ἀσχημοσύνην
35 (32). 11. ἀπότρεχε εἰς οἶκον
47. 13. ἵνα στήσῃ οἶκον ἐπ' ὀνόματι αὐτοῦ
48. 15. ἄρχων τῷ [A S ἐν τῷ] οἴκῳ Δαυίδ
49. 12. ἐν ἡμέραις αὐτῶν ᾠκοδόμησαν οἶκον [A πύργον]
50. 1. ἐν ζωῇ αὐτοῦ ὑπέρραψεν [S^2 -έγραψεν] οἶκον
— 5. ἐν ἐξόδῳ οἴκου καταπετάσματος
— 18. ἐν πλείστῳ οἴκῳ [S^2 ἤχῳ] ἐγλυκάνθη [A S^2 ἐμεγαλύνθη] μέλος
51. 23. αὐλίσθητε ἐν οἴκῳ παιδείας
Ho. 1. 4. ἐκδικήσω τὸ αἷμα τοῦ Ἰ. ἐπὶ τὸν οἶ. Ἰ. (5)
— 4. καὶ καταπαύσω βασιλείαν οἴκου Ἰσ. (5)
— 6. οὐ μὴ προσθήσω ἔτι ἐλεῆσαι τὸν οἶ. Ἰσ. (5)
4. 15. μὴ ἀναβαίνετε εἰς τὸν οἶκον Ὢν [A B^2 τῆς ἀδικίας] (5)
5. 1. καὶ προσέχετε οἶκος Ἰσραήλ (5)
— 1. καὶ ὁ [A *om.*] οἶκος τοῦ βασιλέως ἐνωτίζεσθε (5)
— 8. κηρύξατε ἐν τῷ οἴκῳ Ὢν (5)
— 12. καὶ ὡς κέντρον τῷ οἶ. Ἰούδα (5)
— 14. καὶ ὡς λέων τῷ οἶ. Ἰούδα (5)
6. 11 (10). ἀνομίαν ἐποίησαν ἐν τῷ οἶ. τοῦ Ἰσραήλ (5)
8. 1. ὡς ἀετὸς ἐπ' οἶκον κυρίου (5)
9. 4. οὐκ εἰσελεύσονται εἰς τὸν [A *om.*] οἶ. κυρίου (5)
— 8. μανίαν ἐν οἴκῳ θεοῦ κατέπηξαν (5)
— 15. ἐκ τοῦ οἶ. μου ἐκβαλῶ αὐτούς (5)
10. 5. τῷ μόσχῳ τοῦ οἶ. Ὢν παροικήσουσιν (5)
— 14. ὡς ἄρχων Σ. ἐκ τοῦ οἶ. Ἱερ. (5)
— 15. οὕτως ποιήσω ὑμῖν, οἶκος τοῦ Ἰ. (5)
11. 11. ἀποκαταστήσω αὐτοὺς εἰς τοὺς οἶ. αὐτῶν (5)
— 12 (12. 1). ἐκύκλωσέ με . . . ἐν ἀσεβείαις οἶκος [A οἴκου] Ἰσραήλ (5)
12. 4 (5). ἐν τῷ οἶ. Ὢν [A μου] εὕροσάν με (5)
Am. 1. 4. ἐξαποστελῶ πῦρ εἰς τὸν οἶ. Ἀζ. (5)
2. 8. οἶνον . . . ἔπινον ἐν τῷ οἶ. τοῦ θεοῦ αὐτῶν (5)
3. 1. ἀκούσατε τὸν λόγον τοῦτον . . . οἶκος Ἰσραήλ (7)
— 13. καὶ ἐπιμαρτύρασθε τῷ οἶ. Ἰ. (5)
— 15. συγχεῶ καὶ πατάξω τὸν οἶ. τὸν περίπτερον ἐπὶ τὸν οἶ. τὸν θερινὸν καὶ ἀπολοῦνται οἶκοι ἐλεφάντινοι καὶ προστεθήσονται ἕτεροι οἶκοι πολλοί (5 *quater*)

Am. 5. 1. οἶκος Ἰσραὴλ ἔπεσεν (5)
— 3. ὑπολειφθήσονται δέκα τῷ οἶ. Ἰσραήλ (5)
— 4. τάδε λέγει κύριος πρὸς τὸν οἶ. Ἰσραήλ (5)
— 6. ὅπως μὴ ἀναλάμψῃ ὡς πῦρ ὁ οἶκος Ἰωσήφ (5)
— 6. καὶ οὐκ ἔσται ὁ σβέσων τῷ οἴκῳ Ἰσραήλ (5)
— 11. οἴκους ξεστοὺς ᾠκοδομήσατε [A ξυστοὺς οἰκοδομήσετε] (5)
— 19. καὶ εἰσπηδήσῃ εἰς τὸν οἶ. αὐτοῦ (5)
— 25. μὴ . . . θυσίας προσηνέγκατέ μοι, οἶκος Ἰσ. (5)
6. 1. οἶκος τοῦ Ἰσ., διάβητε πάντες καὶ ἴδετε (5)
— 10. ἐξενέγκαι τὰ ὀστᾶ αὐτῶν ἐκ τοῦ οἴκου (5)
— 12 (11). καὶ πατάξει τὸν οἶ. τὸν μέγαν θλάσμασι (5)
— 12 (11). καὶ τὸν οἶ. τὸν μικρὸν ῥάγμασιν [A ῥήγμασιν] (5)
— 15 (14). ἐγὼ ἐπεγείρω ἐφ' ὑμᾶς, οἶκος Ἰσραήλ (5)
7. 9. ἀναστήσομαι ἐπὶ τὸν οἶκον Ἰ. ἐν ῥομφαίᾳ (5)
— 10. συστροφὰς ποιεῖται κατὰ σοῦ Ἀ. ἐν μέσῳ οἴκου Ἰ. (5)
— 13. καὶ οἶκος βασιλείας ἐστί (5)
— 16. οὐ μὴ ὀχλαγωγήσῃς ἐπὶ τὸν οἶ. Ἰακώβ (5?)
9. 8. οὐκ εἰς τέλος ἐξαρῶ τὸν οἶ. Ἰ. (5)
— 9. λικμήσω ἐν πᾶσι τοῖς ἔθνεσι τὸν οἶ. Ἰ. (5)
Mi. 1. 2. κύριος ἐξ οἴκου ἁγίου αὐτοῦ (8 *a*)
— 5. καὶ διὰ ἁμαρτίαν οἴκου Ἰσραήλ (5)
— 5. **A** τίς ἡ ἀσέβεια οἴκου [**B** τοῦ] Ἰακώβ –
— 5. καὶ τίς ἡ ἁμαρτία οἴκου Ἰούδα †
— 10. μὴ ἀνοικοδομεῖτε ἐξ οἴκου κατὰ γέλωτα (5)
— 11. κόψασθαι οἶκον ἐχόμενον αὐτῆς (5)
— 14. διὰ τοῦτο δώσει . . . οἴκους ματαίους (5)
2. 2. καὶ οἴκους κατεδυνάστευον (5)
— 2. διήρπαζον ἄνδρα καὶ τὸν οἶ. αὐτοῦ (5)
— 7. οἶκος Ἰ. παρώργισε πνεῦμα κ. (5)
3. 1. ἀκούσατε δὴ ταῦτα αἱ ἀρχαὶ οἴκου Ἰ. καὶ οἱ κατάλοιποι οἴκου Ἰσ. (–, 5)
— 9. ἀκούσατε δὴ ταῦτα οἱ ἡγούμενοι οἴκου Ἰ. καὶ οἱ κατάλοιποι οἴκου Ἰσ. (5, 5)
— 12. τὸ ὄρος τοῦ οἶ. εἰς [A ὡς] ἄλσος δρυμοῦ (5)
4. 2. ἀναβῶμεν . . . εἰς τὸν οἶ. τοῦ θεοῦ Ἰακώβ (5)
5. 2 (1). σὺ Βηθ. οικος Ἐφραθὰ ὀλιγοστὸς εἶ –
6. 4. ἐξ οἴκου δουλείας ἐλυτρωσάμην σε (5)
— 10. μὴ πῦρ καὶ οἶκος ἀνόμου θησαυρίζων θησαυρούς (5)
— 16. ἐφύλαξας . . . πάντα τὰ ἔργα οἴκου Ἀχαάβ (5)
7. 6. ἐχθροὶ πάντες ἀνδρὸς [A οἱ ἄνδρες] οἱ ἐν τῷ οἶ. αὐτοῦ (5)
Jl. 1. 9. ἐξῆρται . . . σπονδὴ ἐξ οἴκου κυρίου (5)
— 13. ἀπέσχηκεν ἐξ οἴκου θεοῦ ὑμῶν θυσία (5)
— 14. πάντας κατοικοῦντας γῆν εἰς οἶκον θεοῦ (5)
— 16. ἐξωλεθρεύθη ἐξ οἴκου θεοῦ ὑμῶν εὐφροσύνη (5)
3 (4). 18. πηγὴ ἐξ οἴκου κυρίου ἐξελεύσεται (5)
Ob. 1. 17. κατακληρονομήσουσιν ὁ οἶ. Ἰακώβ (5)
— 18. ἔσται ὁ οἶ. Ἰ. πῦρ ὁ δὲ οἶ. Ἰωσ. φλόξ (5, 5)
— 18. ὁ δὲ οἶ. Ἡσ. εἰς καλάμην (5)
— 18. οὐκ ἔσται πυροφόρος τῷ οἶ. Ἡσ. (5)
Na. 1. 14. ἐξ οἴκου θεοῦ σου ἐξολεθρεύσω τὰ γλυπτά (5)
Hb. 2. 9. ὦ ὁ πλεονεκτῶν πλεονεξίαν κακὴν τῷ οἶ. αὐ. (5)
— 9. S^1 τοῦ τάξαι εἰς οἶκον [**A B** S^2 ὕψος] νοσσιὰν αὐ. †
— 10. ἐβουλεύσω αἰσχύνην τῷ οἶ. σου (5)
Ze. 1. 8. ἐκδικήσω . . . ἐπὶ τὸν οἶκον τοῦ βασιλέως (7)
— 9. τοὺς πληροῦντας τὸν οἶ. κυρίου θεοῦ (5)
— 13. καὶ οἱ οἶκοι αὐτῶν εἰς ἀφανισμόν (5)
2. 7. τοῖς καταλοίποις οἴκου Ἰούδα (5)
— 7. ἐπ' αὐτοὺς [**A** S^2 αὐτοῦ] νεμήσονται ἐν τοῖς οἶ. Ἀ. (5)
Hg. 1. 2. ὁ καιρὸς τοῦ οἰκοδομῆσαι τὸν οἶ. κυ. (5)
— 4. καιρὸς . . . τοῦ οἰκεῖν ἐν οἴκοις ὑμῶν κοιλοστάθμοις ὁ δὲ οἶ. ἡμῶν ἐξηρήμωται (5, 5)
— 8. καὶ οἰκοδομήσατε τὸν οἶ. (5)
— 9. καὶ εἰσηνέχθη εἰς τὸν οἶ. (5)
— 9. ἀνθ' ὧν ὁ οἶ. μού ἐστιν ἔρημος (5)
— 9. ὑμεῖς δὲ διώκετε ἕκαστος εἰς τὸν οἶ. αὐτοῦ (5)
— 14. ἐποίουν ἔργα ἐν τῷ οἶ. (5)
2. 4 (3). ὃς εἶδε [A οἶδεν] τὸν οἶ. τοῦτον (5)
— 8 (7). πλήσω [A πληρώσω] τὸν οἶ. τοῦτον δόξης (5)
— 10 (9). μεγάλη ἔσται ἡ δόξα τοῦ οἶ. τούτου (5)
Za. 1. 16. ὁ οἶ. μου ἀνοικοδομηθήσεται ἐν αὐτῇ (5)
3. 8 (7). σὺ διακρινεῖς τὸν οἶ. μου (5)
4. 9. αἱ χεῖρες Ζ. ἐθεμελίωσαν τὸν οἶ. τοῦτον (5)
5. 4. εἰσελεύσεται [A -σομαι] εἰς τὸν οἶ. τοῦ κλέπτου καὶ εἰς τὸν οἶκον τοῦ ὀμνύοντος (5, 5)
Za. 5. 4. καὶ καταλύσει ἐν μέσῳ τοῦ οἶ. αὐτοῦ (5)
6. 10. εἰσελεύσῃ σὺ . . . εἰς τὸν οἶκον Ἰωσ. (5)
— 12. οἰκοδομήσει τὸν οἶ. κυρίου (8 *a*)
— 14. καὶ εἰς ψαλμὸν ἐν οἴκῳ κυρίου (8 *a*)
— 15. οἰκοδομήσουσιν ἐν τῷ οἴκῳ κυρίου (8 *a*)
7. 3. λέγων πρὸς τοὺς ἱερεῖς τοὺς ἐν τῷ οἶ. κ. (5)
8. 9. ἀφ' ἧς ἡμέρας τεθεμελίωται ὁ οἶ. κ. (5)
— 13. ἦτε ἐν κατάρᾳ . . . οἶκος Ἰ. καὶ οἶκος [A ὁ οἶ.] Ἰσ. (5, 5)
— 15. καλῶς ποιῆσαι τὴν Ἱερ. καὶ τὸν οἶ. Ἰ. (5)
— 19. ἔσονται τῷ οἶ. Ἰ. εἰς χαράν (5)
9. 8. ὑποστήσομαι τῷ οἶ. μου ἀνάστημα (5)
10. 3. ἐπισκέψεται . . . τὸ ποίμνιον αὐτοῦ τὸν οἶ. Ἰ. (5)
— 6. κατισχύσω τὸν οἶ. Ἰ. καὶ τὸν οἶ. Ἰ. σώσω (5, 5)
11. 13. ἐνέβαλον αὐτοὺς εἰς τὸν [A *om.*] οἶ. κ. (5)
12. 4. ἐπὶ δὲ τὸν οἶ. Ἰ. διανοίξω τοὺς ὀφθαλμούς μου (5)
— 7. ὅπως μὴ μεγαλύνηται καύχημα οἴκου Δ. (5)
— 8. ὁ δὲ [A *om.* ὁ δὲ] οἶ. Δ. ὡς οἶκος θεοῦ (5, –)
— 10. ἐκχεῶ ἐπὶ τὸν οἶ. Δαυὶδ . . . πνεῦμα χάριτος (5)
— 12. φυλὴ οἴκου Δ. καθ' ἑαυτήν (5)
— 12. φυλὴ οἴκου Ν. καθ' ἑαυτήν (5)
— 13. φυλὴ οἴκου Λ. καθ' ἑαυτήν (5)
13. 1. πᾶς τόπος διανοιγόμενος τῷ [A ἐν τῷ] οἶ. Δ. (5)
— 6. ἃς ἐπλήγην ἐν τῷ οἶ. τῷ ἀγαπητῷ [A τοῦ ἀγ.] μου (5)
14. 20. ἔσονται οἱ λέβητες ἐν τῷ οἶ. κυρίου (5)
— 21. οὐκ ἔσται Χαν. ἔτι ἐν τῷ οἶ. κυρίου (5)
Ma. 3. 10. καὶ ἔσται ἡ διαρπαγὴ αὐ. ἐν τῷ οἶ. αὐτοῦ [S^2 τοῖς οἶ. ὑμῶν] (5)
Is. 2. 2. ὁ οἶ. τοῦ θεοῦ ἐπ' ἄκρου [**A S** -ων] τῶν ὀρέων (5)
— 3. ἀναβῶμεν . . . εἰς τὸν οἶ. τοῦ θεοῦ Ἰακώβ (5)
— 5. καὶ νῦν ὁ [S *om.*] οἶ. Ἰ. (5)
— 6. ἀνῆκε γὰρ τὸν λαὸν αὐ. τὸν οἶ. τοῦ Ἰ. (5)
3. 7. οὐ γὰρ ἔστιν ἐν τῷ οἶ. μου ἄρτος –
— 14. ἡ ἁρπαγὴ τοῦ πτωχοῦ ἐν τοῖς οἶ. ὑμῶν (5)
5. 5. A^1 καθελῶ τὸν οἶκον [A^2 **B S** τοῖχον] αὐ. †
— 7. ὁ γὰρ ἀμπελὼν κυρίου σαβαὼθ οἶ. τοῦ Ἰσρ. (5)
6. 1. πλήρης ὁ οἶ. τῆς δόξης αὐτοῦ (8 *a*)
— 4. ὁ οἶ. ἐνεπλήσθη [**A S** ἐπλ.] καπνοῦ (5)
— 11. οἶκοι παρὰ τὸ μὴ εἶναι ἀνθρώπους (5)
7. 2. ἀνηγγέλη εἰς τὸν οἶ. Δαυίδ (5)
— 13. ἀκούσατε δή, οἶ. Δαυίδ (5)
— 17. ἐπάξει . . . ἐπὶ τὸν οἶ. τοῦ πατρός σου ἡμέρας (5)
8. 14. οἱ δὲ οἶ. [**A S** ὁ δὲ οἶ.] Ἰακὼβ ἐν παγίδι (5)
— 17. μενῶ τὸν θεὸν τὸν ἀποστρέψαντα τὸ πρόσωπον αὐτοῦ ἀπὸ τοῦ οἶ. Ἰακώβ (5)
— 18. ἔσται [**A S** *add.* εἰς] σημεῖα καὶ τέρατα ἐν τῷ οἶ. [A *om.*] Ἰσραήλ –
13. 10. S^1 ὁ Ὠρίων καὶ πᾶς ὁ οἶ. [**A B** S^2 κόσμος] τοῦ οὐρανοῦ τὸ φῶς οὐ δώσουσι –
— 22. νοσσοποιήσουσιν ἐχῖνοι ἐν τοῖς οἶ. αὐτῶν (8 *a*)
14. 1. προστεθήσεται πρὸς [A ἐπὶ] τὸν οἶ. Ἰακώβ (5)
— 2. S πληθυνθήσονται οἶκος Ἰσρ. [**A B** *om.* οἶ. Ἰ.] (5)
— 18. ἐκοιμήθησαν ἐν τιμῇ ἄνθρωπος [A ἕκαστος] ἐν τῷ οἶ. αὐτοῦ (5)
22. 8. ἐμβλέψονται . . . εἰς τοὺς ἐκλεκτοὺς οἶ. τῆς πόλεως (5)
— 9. ἀνακαλύψουσι τὰ κρυπτὰ τῶν οἶ. τῆς ἄκρας Δαυίδ (5)
— 10. καθεῖλοσαν τοὺς οἶ. Ἱερουσαλὴμ εἰς ὀχυρώματα (5)
— 18. **A S R** θήσει . . . τὸν οἶ. τοῦ ἄρχοντός σου εἰς καταπάτημα [B *om.* εἰς κ.] (5)
— 22. **A S R** τὴν κλεῖδα οἴκου Δαυίδ (5)
— 23. ἔσται εἰς θρόνον δόξης τοῦ οἶ. τοῦ πατρὸς αὐτοῦ (5)
— 24. ἔσται πεποιθὼς ἐπ' αὐτὸν πᾶς ἔνδοξος ἐν τῷ οἶ. τοῦ πατρὸς αὐτοῦ (5)
24. 12. οἶκοι ἐγκαταλελειμμένοι ἀπολοῦνται †
29. 22. τάδε λέγει κύριος ἐπὶ τὸν οἶ. Ἰακώβ (5)
30. 29. A εἰσελθεῖν μετὰ αὐλοῦ εἰς τὸν οἶ. [**B S** τὸ ὄρος] τοῦ κυρίου †
31. 2. ἐπαναστήσεται ἐπ' οἴκους ἀνθρώπων πονηρῶν (5)
32. 14. οἶκοι ἐγκαταλελειμμένοι πλοῦτον πόλεως ἀφήσουσιν οἴκους ἐπιθυμήματος [**A** S^2 π. καὶ οἶ. ἐπιθυμητοὺς ἀ.] (2, †)
37. 1. ἀνέβη εἰς τὸν οἶ. κυρίου (5)
Is. 37. 14. **B S** ἀνέβη εἰς οἶκον κυρίου (5)
— 38. ἐν τῷ αὐτὸν προσκυνεῖν ἐν τῷ [A *om.*] οἶ. Ν. (5)
38. 1. τάξαι περὶ τοῦ οἶ. σου (5)
— 8. κατέβη τοὺς δέκα ἀναβαθμοὺς τοῦ οἶ. τοῦ πατρός σου –
— 20. οὐ παύσομαι εὐλογῶν σε . . . κατέναντι τοῦ οἶ. τοῦ θεοῦ (5)
— 22. ἀναβήσομαι εἰς τὸν οἶ. τοῦ θεοῦ (5)
39. 2. ἔδειξεν αὐτοῖς τὸν οἶ. τοῦ νεχωθᾶ . . . καὶ πάντας τοὺς οἶ. τῶν σκευῶν τῆς γάζης (5, 5)
— 2. ὃ οὐκ ἔδειξεν Ἐζεκίας ἐν τῷ οἶ. αὐ. (5)
— 4. τί εἴδοσαν [A ἴδον] ἐν τῷ οἶ. σου (5)
— 4. πάντα τὰ ἐν τῷ οἶ. μου εἴδοσαν (5)
— 4. καὶ οὐκ ἔστιν [A *add.* πρᾶγμα] ἐν τῷ οἶ. μου –
— 6. λήψονται πάντα τὰ ἐν τῷ οἶ. σου (5)
— 7. ποιήσουσι σπάδοντας ἐν τῷ οἶ. τοῦ βασιλέως τῶν Βαβ. (8 *a*)
42. 7. ἐξαγαγεῖν . . . ἐξ οἴκου φυλακῆς (5)
— 22. ἐν οἴκοις [S^1 τοῖς οἶ.] ἅμα ὅπου ἔκρυψαν αὐτούς (5)
44. 13. στῆσαι αὐτὸ ἐν οἴκῳ [S^1 *om.* ἐν οἶ.] (5)
— 28. τὸν οἶ. τὸν ἅγιόν μου θεμελιώσω (8 *a*)
46. 3. ἀκούετέ μου, οἶκος [S ὁ οἶ.] τοῦ Ἰακώβ (5)
48. 1. ἀκούσατε ταῦτα, οἶκος Ἰακώβ (5)
56. 5. δώσω αὐτοῖς ἐν τῷ οἶ. μου . . . τόπον ὀνομαστόν (5)
— 7. εὐφρανῶ αὐτοὺς ἐν τῷ οἶ. τῆς προσευχῆς μου . . . ὁ γὰρ οἶ. μου οἶ. προσευχῆς κληθήσεται (5 *ter*)
58. 1. ἀνάγγειλον . . . τῷ οἶ. Ἰ. τὰς ἀνομίας [S τὰ ἀνομήματα] αὐτῶν (5)
— 7. πτωχοὺς ἀστέγους εἴσαγε εἰς τὸν οἶ. σου (5)
60. 7. ὁ οἶ. τῆς προσευχῆς μου δοξασθήσεται (5)
62. 7. S^1 οὐκ ἔστι γὰρ ὑμῖν ὁ οἶ. [**A B** S^2 ὑ. ὅμοιος] †
63. 7. κύριος κριτὴς ἀγαθὸς τῷ οἶ. Ἰσραήλ (5)
— 15. ἴδε ἐκ τοῦ οἶ. τοῦ ἁγίου σου (9)
64. 11 (10). ὁ οἶ. τὸ ἅγιον ἡμῶν . . . ἐγενήθη πυρίκαυστος (5)
66. 1. ποῖον οἶκον [A^1 *om.*] οἰκοδομήσετέ μοι (5)
— 20. ἀνενέγκαισαν . . . τὰς θυσίας αὐ. . . . εἰς τὸν οἶ. κυρίου (5)
Je. 2. 4. οἶκος Ἰ. καὶ πᾶσα πατριὰ οἴκου Ἰσρ. (5, 5)
3. 4. οὐχ ὡς οἶκόν με ἐκάλεσας †
— 18. συνελεύσονται οἶκος Ἰ. ἐπὶ τὸν οἶ. τοῦ Ἰ. (5, 5)
— 20. ἠθέτησεν εἰς ἐμὲ οἶ. Ἰσραήλ (5)
5. 7. ἐν οἴκοις πορνῶν κατέλυον (5)
— 11. οἶκος [S ὁ οἶ.] Ἰσρ. καὶ οἶκος [S ὁ οἶ.] Ἰ. ἐψεύσατο τῷ κυρίῳ αὐτῶν (5, 5)
— 15. οἶκος Ἰσραήλ (5)
— 20. ἀναγγείλατε ταῦτα εἰς τὸν οἶ. Ἰακώβ (5)
— 20. **R** ἀκουσθήτω ἐν τῷ οἶ. [**A B S** *om.*] Ἰούδα –
— 27. οἱ οἶ. αὐτῶν πλήρεις δόλου (5)
7. 10. ἔστητε ἐνώπιον ἐμοῦ ἐν τῷ οἶ. (5)
— 11. μὴ σπήλαιον λῃστῶν ὁ οἶ. μου (5)
— 14. ποιήσω τῷ οἶ. [A τόπῳ τούτῳ] (5)
— 30. ἔταξαν τὰ βδελύγματα αὐτῶν ἐν τῷ οἶ. (5)
9. 26 (25). πᾶς οἶ. [S ὁ οἶ.] Ἰσραὴλ ἀπερίτμητοι [**A S** -ος] καρδίας αὐτῶν (5)
10. 1. ἀκούσατε . . . οἶκος Ἰσραήλ (5)
11. 10. διεσκέδασεν οἶκος Ἰσραὴλ καὶ οἶκος Ἰούδα τὴν διαθήκην μου (5, 5)
— 15. τί ἡ ἠγαπημένη ἐν τῷ οἶ. μου ἐποίησε βδέλυγμα (5)
— 17. ἐλάλησεν ἐπὶ σὲ κακὰ ἀντὶ τῆς κακίας οἴκου Ἰσραὴλ καὶ οἴκου Ἰούδα (5, 5)
12. 6. ὁ οἶ. τοῦ πατρός σου καὶ οὗτοι [A *om.* κ. οὗ.] ἠθέτησάν σε (5)
— 7. ἐγκαταλέλοιπα τὸν οἶ. μου (5)
13. 11. **A** S^2 **R** ἐκόλλησα πρὸς ἐμαυτὸν τὸν οἶ. τοῦ Ἰσραὴλ καὶ πάντα [**B** S^1 πᾶν] οἶκον Ἰούδα (5, 5)
16. 15. ἀνήγαγε τὸν οἶ. Ἰσραὴλ ἀπὸ γῆς βορρᾶ (7)
17. 22. **A** μὴ ἐκφέρετε βαστάγματα ἐξ οἴκων [**B** S^2 -ιῶν] ὑμῶν (5)
— 26. φέροντες αἴνεσιν εἰς οἶκον κυρίου (5)
18. 2. κατάβηθι εἰς οἶκον τοῦ κεραμέως (5)
— 3. **A R** κατέβην εἰς τὸν [**B S** *om.*] οἶ. τοῦ κεραμέως (5)
— 6. οἶκος Ἰσραήλ (5)
19. 13. οἶκοι [S οἱ οἶ.] Ἱερ. καὶ οἶκοι [S^2 οἱ οἶ.] βασιλέων Ἰούδα ἔσονται καθὼς ὁ τόπος ὁ διαπίπτων (5, 5)
— 14. ἔστη ἐν τῇ αὐλῇ οἴκου κυρίου (5)
20. 1. ἦν καθεσταμένος ἡγούμενος οἴκου κυρίου (5)

Je. 20. 2. ἣν ἐν πύλῃ οἴκου ἀποτεταγμένου [S^1 -ῃ] τοῦ ὑπερῴου ὃς ἦν ἐν οἴκῳ κυρίου (†, 5)
— 6. πάντες οἱ κατοικοῦντες ἐν τῷ οἴ. σου πορεύσεσθε (5)
21. 11. ὁ οἴ. βασιλέως Ἰούδα (5)
— 12. οἶκος Δαυίδ (5)
22. 1. κατάβηθι εἰς τὸν [S^1 ἐπ', S^2 om. τ.] οἴ. τοῦ βασιλέως Ἰούδα (5)
— 2. σὺ καὶ ὁ οἴ. σου καὶ ὁ λαός σου (17)
— 4. εἰσελεύσονται ἐν ταῖς πύλαις τοῦ οἴ. τούτου βασιλεῖς (5)
— 5. εἰς ἐρήμωσιν ἔσται ὁ οἴ. οὗτος (5)
— 6. τάδε λέγει κύριος κατὰ τοῦ οἴ. βασιλέως Ἰούδα (5)
— 14. ᾠκοδόμησας σεαυτῷ οἶκον σύμμετρον (5)
— 30. A ἄρχων ἔτι ἐν τῷ οἴ. [BS om.] Ἰούδα –
23. 11. ἐν τῷ οἴ. μου εἶδον πονηρίας αὐτῶν (5)
— 34. ἐκδικήσω . . . τὸν οἴ. αὐτοῦ (5)
— 7. ἀνήγαγε τὸν οἴ. [S λαὸν] Ἰσραὴλ ἐκ γῆς Αἰγύπτου (7)
27 (50). 16. A ἕκαστος εἰς τὸν οἴ. [BS τὴν γῆν] αὐτοῦ φεύξεται (3)
28 (51). 33. οἶκοι βασιλέως Βαβυλῶνος ὡς ἅλων ὥριμος ἀλοηθήσονται †
— 51. εἰσῆλθον ἀλλογενεῖς εἰς τὰ ἅγια ἡμῶν εἰς οἶκον κυρίου (5)
31 (48). 13. κατῃσχύνθη οἴ. [A ὁ οἴ.] Ἰσρ. ἀπὸ Β. (5)
— 22. ἐπ' οἶκον Δαιβλαθαίμ (5)
— 23. ἐπ' οἶκον Γαιμὼλ καὶ ἐπ' οἶκον Μαών [S^1 al.] (5, 5)
33 (26). 2. στῆθι ἐν αὐλῇ οἴκου κυρίου . . . προσκυνεῖν ἐν οἴκῳ κυρίου (5, 5)
— 6. δώσω τὸν οἴ. τοῦτον ὥσπερ Σηλώ (5)
— 7. λαλοῦντος τοὺς λόγους τούτους ἐν οἴκῳ κυρίου (5)
— 9. ὥσπερ Σηλὼ ἔσται ὁ οἴ. οὗτος . . . ἐξεκκλησιάσθη πᾶς ὁ λαὸς ἐπὶ Ἱερεμίαν ἐν οἴκῳ κυρίου (5, 5)
— 10. ἀνέβησαν ἐξ οἴκου τοῦ βασιλέως εἰς [S^1 add. οἶκον τοῦ βασ. εἰς] οἶκον κυρίου (5, –, 5)
— 12. προφητεῦσαι ἐπὶ τὸν οἴ. τοῦτον (5)
— 18. τὸ ὄρος τοῦ οἴ. εἰς [A ὡς] ἄλσος δρυμοῦ (5)
34 (27). 16. σκεύη οἴκου κυρίου ἐπιστρέψει ἐκ Βαβυλῶνος (5)
35 (28). 1. ἐν οἴκῳ κυρίου (5)
— 3. ἀποστρέψω εἰς τὸν τόπον τοῦτον τὰ σκεύη οἴκου κυρίου (5)
— 5. κατ' ὀφθαλμοὺς τῶν ἱερέων τῶν ἑστηκότων ἐν οἴκῳ κυρίου (5)
— 6. τοῦ ἐπιστρέψαι τὰ σκεύη οἴκου κυρίου (5)
36 (29). 5. οἰκοδομήσατε οἴκους [AS^2 -ίας, S^1 -ίαν] (5)
— 26. γενέσθαι ἐπιστάτην ἐν τῷ οἴ. κυρίου (5)
38 (31). 31. διαθήσομαι τῷ οἴ. Ἰσραὴλ καὶ τῷ οἴ. Ἰούδα διαθήκην καινήν (5, 5)
— 33. ἣν διαθήσομαι τῷ οἴ. Ἰσραήλ (5)
39 (32). 2. ABS^2 ἣ ἔστιν ἐν οἴκῳ βασιλέως (5)
— 34. ἔθηκαν τὰ μιάσματα αὐτῶν ἐν τῷ οἴ. (5)
40 (33). 4. περὶ οἴκων [A S^2 -ίας] τῆς πόλεως τ. καὶ περὶ οἴκων βασιλέως Ἰ. [S^1 al.] (5,5)
— 11. εἰσοίσουσι δῶρα [A add. αἰνέσεως] εἰς οἶκον κυρίου (5)
41 (34). 13. ἐξειλάμην αὐτοὺς ἐκ γῆς Αἰγύπτου ἐξ οἴκου δουλείας (5)
— 15. συνετέλεσαν διαθήκην κατὰ πρόσωπόν μου ἐν τῷ οἴ. (5)
42 (35). 2. βάδισον εἰς οἶκον [S -ίαν] Ἀρχαβεὶν . . . καὶ ἄξεις αὐτοὺς εἰς οἶκον κυρίου (5, 5)
— 4. εἰσήγαγον αὐτοὺς εἰς οἶκον κυρίου . . . ὅς ἐστιν ἐγγὺς τοῦ οἴ. τῶν [A ἐ. οἰκούντων] ἀρχόντων τῶν ἐπάνω τοῦ οἴ. Μαασαίου (5, 10, 10)
43 (36). 3. ἀκούσεται ὁ [A om.] οἴ. Ἰούδα πάντα τὰ κακά (5)
— 5. οὐ μὴ δύνωμαι εἰσελθεῖν εἰς οἶκον κυρίου (5)
— 6. ἐν οἴκῳ κυρίου ἐν ἡμέρᾳ νηστείας (5)
— 8. τοῦ ἀναγνῶναι ἐν τῷ βιβλίῳ τοὺς λόγους κυρίου ἐν οἴκῳ κυρίου (5)
— 9. πᾶς ὁ λαὸς ἐν [A εἰς] Ἱερουσαλὴμ καὶ οἶκος [A ὁ οἴ.] Ἰούδα †
— 10. ἐν οἴκῳ κυρίου ἐν οἴκῳ Γαμαρίου . . . ἐν προθύροις πύλης τοῦ [A om. π. τ.] οἴ. κυρίου τῆς καινῆς (5, 10, 5)

Je. 43 (36). 12. AS κατέβη εἰς οἶκον [B -ίαν] τοῦ βασ. εἰς τὸν οἶκον τοῦ γραμματέως (5, 10)
— 20. τὸ χαρτίον [A βιβλίον] ἔδωκαν φυλάσσειν ἐν οἴκῳ Ἐλισαμά (10)
— 21. ἔλαβεν αὐτὸ ἐξ οἴκου Ἐλισαμά (10)
— 22. ὁ βασιλεὺς ἐκάθητο ἐν οἴκῳ χειμερινῷ (5)
44 (37). 4. οὐκ ἔδωκαν αὐτὸν εἰς οἶκον [S^1 -ίαν] τῆς φυλακῆς (5)
— 15. A ταύτην ἐποίησαν εἰς οἶκον [BS -ίαν] φυλακῆς (5)
45 (38). 14. εἰς οἰκίαν ἀσελεισὴλ τὴν ἐν οἴκῳ κυρίου (5)
48 (41). 5. τοῦ εἰσενεγκεῖν εἰς οἶκον [S ἐν τῷ οἴ.] κυρίου (5)
52. 13. ἐνέπρησε τὸν οἴ. κυρίου καὶ τὸν οἴ. τοῦ βασιλέως (5, 5)
— 17. τοὺς στύλους τοὺς χαλκοῦς τοὺς ἐν οἴκῳ κυρίου καὶ τὰς βάσεις καὶ τὴν θάλασσαν τὴν χαλκῆν τὴν ἐν οἴκῳ κυρίου [A om. καὶ τὰς . . . κυρίου] συνέτριψαν (5, 5)
— 20. ἃ ἐποίησεν ὁ βασ. Σαλ. εἰς οἶκον κυρίου (5)
Ba. 1. 8. ἐν τῷ λαβεῖν αὐτὸν τὰ σκεύη οἴκου κυρίου
— 14. ἐξαγορεῦσαι ἐν οἴκῳ κυρίου
2. 16. κάτιδε ἐκ τοῦ οἴ. τοῦ ἁγίου σου
— 26. ἔθηκας τὸν οἴ. . . . ὡς ἡ ἡμέρα αὕτη διὰ πονηρίαν οἴκου Ἰσραὴλ καὶ οἴκου Ἰούδα
3. 24. ὡς μέγας ὁ οἴ. τοῦ θεοῦ
La. 1. 20. ὥσπερ θάνατος ἐν οἴκῳ (5)
2. 7. AR φωνὴν ἔδωκαν ἐν οἴκῳ κυρίου [BS om.] (5)
5. 2. οἱ οἴ. ἡμῶν ξένοις (5)
Ep. Je. 17. καθιδρυμένων αὐτῶν ἐν τοῖς οἴ. [A κήποις]
— 18. τοὺς οἴ. αὐτῶν ὀχυροῦσιν οἱ ἱερεῖς
— 31. ἐν τοῖς οἴ. αὐτῶν οἱ ἱερεῖς διφρεύουσιν [A διαφθείρουσιν]
Ez. 2. 3. ἐξαποστέλλω ἐγὼ σε πρὸς τὸν οἴ. τοῦ Ἰσραήλ (7)
— 5, 6. οἶκος παραπικραίνων ἐστί (5)
— 7. οἶκος παραπικραίνων ἐστί –
— 8. καθὼς ὁ οἴ. ὁ παραπικραίνων (5)
3. 4. εἴσελθε πρὸς τὸν οἴ. τοῦ Ἰσραήλ (5)
— 5. ἐξαποστέλλῃ πρὸς τὸν οἴ. τοῦ Ἰσραήλ (5)
— 7. ὁ δὲ οἴ. τοῦ Ἰσραὴλ οὐ μὴ θελήσουσιν εἰσακοῦσαί σου . . . πᾶς ὁ οἴ. Ἰσραὴλ φιλόνεικοί εἰσι (5, 5)
— 9. οἴ. παραπικραίνων ἐστί (5)
— 17. σκοπὸν δέδωκά σε τῷ οἴ. Ἰσραήλ (5)
— 24. ἐγκλείσθητι ἐν μέσῳ τοῦ οἴ. σου (5)
— 26, 27. οἴ. παραπικραίνων ἐστί (5)
4. 4. θήσεις τὰς ἀδικίας τοῦ οἴ. Ἰσραὴλ ἐπ' αὐτοῦ (5)
— 5. λήψῃ τὰς ἀδικίας τοῦ οἴ. Ἰσραήλ (5)
— 6. λήψῃ τὰς ἀδικίας τοῦ οἴ. Ἰούδα (5)
5. 4. ἐρεῖς παντὶ οἴκῳ Ἰσραήλ (5)
6. 11. εὖγε ἐπὶ πᾶσι τοῖς βδελύγμασιν οἴκου Ἰσραήλ (5)
7. 24. A κληρονομήσουσιν τοὺς οἴ. αὐτῶν (5)
8. 1. ἐκαθήμην ἐν τῷ οἴ. (5)
— 6. A ἃς ὁ οἴ. Ἰσραὴλ [B om. ἃς ὁ οἴ. Ἰ.] ποιοῦσιν (5)
— 10. πάντα τὰ εἴδωλα οἴκου Ἰσραὴλ διαγεγραμμένα (5)
— 11. ἑβδομήκοντα ἄνδρες ἐκ τῶν πρεσβυτέρων οἴκου Ἰσραήλ (5)
— 12. AR ἃ οἱ πρεσβύτεροι οἴκου [B τοῦ οἴ.] Ἰσρ. ποιοῦσιν (5)
— 14. ἐπὶ τὰ πρόθυρα τῆς πύλης οἴκου κυρίου (5)
— 15. A μὴ μικρὰ τῷ οἴ. Ἰούδα –
— 16. εἰσήγαγέ με εἰς τὴν αὐλὴν οἴκου κυρίου τὴν ἐσωτέραν (5)
— 17. μὴ μικρὰ τῷ οἴ. Ἰούδα [A Ἰσραήλ] (5)
9. 3. εἰς τὸ αἴθριον τοῦ οἴ. (5)
— 6. οἳ ἦσαν ἔσω ἐν τῷ οἴ. (5)
— 7. μιάνατε τὸν οἴ. (5)
— 9. ἀδικία τοῦ οἴ. Ἰσρ. καὶ Ἰ. μεμεγάλυνται (5)
10. 3. τὰ Χερουβὶμ εἱστήκει ἐκ δεξιῶν τοῦ οἴ. (5)
— 4. ἀπῆρεν ἡ δόξα κυρίου . . . εἰς τὸ αἴθριον τοῦ οἴ. καὶ ἔπλησε τὸν οἴ. ἡ νεφέλη (5, 5)
— 18. ἐξῆλθε δόξα κυρίου ἀπὸ [A add. τοῦ αἰθρίου] τοῦ οἴ. (5)
— 19. ἔστησαν ἐπὶ τὰ πρόθυρα τῆς πύλης οἴκου κυρίου (5)
11. 1. ἤγαγέ με ἐπὶ τὴν πύλην τοῦ οἴ. κυρίου τὴν κατέναντι (5)
— 5. οὕτως εἴπατε, οἶκος [A ὁ οἴ.] Ἰσραήλ (5)
— 15. πᾶς ὁ οἴ. τοῦ Ἰσραὴλ συντετέλεσται (5)
12. 2. οἴ. παραπικραίνων ἐστί (5)

Ez. 12. 3. A αἰχμαλωτευθήσῃ ἐκ τοῦ οἴ. [B τόπου] σου (13)
— 3. οἴ. παραπικραίνων ἐστί (5)
— 6. τέρας δέδωκά σε τῷ οἴ. Ἰσραήλ (5)
— 9. οὐκ εἶπαν πρὸς σὲ ὁ οἴ. τοῦ Ἰσραήλ, Οἶκος [A om.] ὁ παραπικραίνων (5, 5)
— 10. παντὶ οἴκῳ Ἰσραὴλ . . . εἰπόν (5)
— 23. οὐκέτι μὴ εἴπωσι τὴν παραβολὴν ταύτην οἶκος τοῦ Ἰσραήλ –
— 25. ἐν ταῖς ἡμέραις ὑμῶν οἴ. ὁ παραπικραίνων (5)
— 27. AR ὁ [B om.] οἴ. Ἰσραὴλ ὁ παραπικραίνων (5)
13. 5. συνήγαγον ποίμνια [A add. καὶ] ἐπὶ τὸν οἴ. Ἰσραήλ (5)
— 9. ἐν γραφῇ οἴκου Ἰσραὴλ οὐ γραφήσονται (5)
14. 4. ἄνθρωπος ἄνθρωπος ἐκ τοῦ οἴ. Ἰσραήλ (5)
— 5. ὅπως πλαγιάσῃ [A μὴ διαστρέψωσιν] τὸν οἴ. τοῦ Ἰσραήλ (5)
— 6. εἰπὸν εἰς [A πρὸς] τὸν οἴ. τοῦ Ἰσραήλ (5)
— 7. ἄνθρωπος ἄνθρωπος ἐκ τοῦ οἴ. Ἰσραήλ (5)
— 11. ὅπως μὴ πλανᾶται ἔτι ὁ οἴ. τοῦ Ἰσραὴλ ἀπ' ἐμοῦ (5)
16. 41. ἐμπρήσουσι τοὺς οἴ. σου [A add. ἐν] πυρί (5)
17. 2. εἰπὸν παραβολὴν πρὸς τὸν οἴ. τοῦ Ἰσραήλ (5)
— 12. εἰπὸν δὴ πρὸς τὸν οἴ. [A add. Ἰσραὴλ] τὸν παραπικραίνοντα (5)
18. 6. πρὸς [A ἐπὶ] τὰ ἐνθυμήματα οἴκου Ἰσραήλ (5)
— 15. εἰς τὰ ἐνθυμήματα οἴκου Ἰσραήλ (5)
— 25. AR πᾶς [B om.] οἴ. Ἰσραήλ (5)
— 29. λέγουσιν ὁ οἴ. τοῦ Ἰσραὴλ . . . οἶκος Ἰσραήλ (5, 5)
— 30. κρινῶ ὑμᾶς, οἶκος Ἰσραήλ (5)
— 31. ἵνα τί ἀποθνήσκετε, οἶκος Ἰσραήλ (5)
20. 1. ἦλθον ἄνδρες ἐκ τῶν πρεσβυτέρων οἴκου [A τοῦ οἴ.] Ἰσραήλ –
— 3. AR λάλησον πρὸς τοὺς πρεσβυτέρους τοῦ οἴ. [B om.] Ἰσραήλ –
— 5. ᾑρέτισα τὸν οἴ. Ἰσραὴλ καὶ ἐγνωρίσθην τῷ σπέρματι οἴκου [A τοῦ οἴ.] Ἰ. (–, 5)
— 13. εἶπα πρὸς τὸν οἴ. τοῦ Ἰσραήλ (5 ?)
— 13. A παρεπίκρανάν με ὁ οἴ. Ἰσραήλ (5)
— 27. λάλησον πρὸς τὸν οἴ. τοῦ Ἰσραήλ (5)
— 30. εἰπὸν πρὸς τὸν οἴ. τοῦ Ἰσραήλ (5)
— 31. ἀποκριθῶ ὑμῖν, οἶκος τοῦ Ἰσραήλ (5)
— 39. ὑμεῖς, οἶκος Ἰσραήλ (5)
— 40. ἐκεῖ δουλεύσουσί μοι πᾶς οἴ. Ἰσραήλ (5)
22. 6. οἱ ἀφηγούμενοι οἴκου Ἰσραὴλ . . . συνεφύροντο –
— 18. γεγόνασί μοι ὁ οἴ. Ἰσραὴλ ἀναμεμιγμένοι (5)
23. 40 (39). οὕτως ἐποίουν ἐν μέσῳ τοῦ οἴ. μου (5)
— 47. τοὺς οἴ. αὐτῶν ἐμπρήσουσι [A -πυριοῦσιν] (5)
24. 3. εἰπὸν ἐπὶ τὸν οἴ. τὸν παραπικραίνοντα παραβολήν (5)
— 21. εἰπὸν πρὸς τὸν οἴ. τοῦ Ἰσραήλ (5)
25. 3. ἐπεχάρητε . . . ἐπὶ τὸν οἴ. τοῦ Ἰούδα (5)
— 8. ὃν τρόπον πάντα τὰ ἔθνη οἶκος Ἰσραὴλ καὶ Ἰούδα (5)
— 9. παραλίω . . . ἐκλεκτὴν γῆν οἴκου Βεθ. (5)
— 12. ἐν τῷ [A τοῦ] ἐκδικῆσαι αὐτοὺς ἐκδίκησιν εἰς τὸν οἴ. Ἰούδα (5)
26. 12. τοὺς οἴ. σου τοὺς ἐπιθυμητοὺς καθελεῖ (5)
27. 6. ἐποίησαν . . . οἴκους ἀλσώδεις ἀπὸ νήσων τῶν Χ. †
— 14. ἐξ οἴκου Θ. ἵπποι [A ἵππους] καὶ ἱππεῖς [A add. καὶ ἡμιόνους] ἔδωκαν ἀγοράν σου (5)
28. 24. οὐκ ἔσονται οὐκέτι ἐν [A om.] τῷ οἴ. τοῦ Ἰσραὴλ σκόλοψ (5)
29. 6. ἐγενήθης ῥάβδος καλαμίνη τῷ οἴ. Ἰσραήλ (5)
— 16. οὐκέτι ἔσονται τῷ οἴ. Ἰσραὴλ εἰς ἐλπίδα (5)
— 21. ἀνατελεῖ κέρας παντὶ τῷ οἴ. Ἰσραήλ (5)
33. 7. σκοπὸν δέδωκά σε τῷ οἴ. Ἰσραήλ (5)
— 10. εἰπὸν τῷ οἴ. Ἰσραήλ (5)
— 11. ἵνα τί ἀποθνήσκετε, οἶκος Ἰσραήλ (5)
— 20. κρινῶ ὑμᾶς, οἶκος Ἰσραήλ (5)
34. 30. οἶκος Ἰσραήλ (5)
35. 5. ἐνεκάθισας τῷ οἴ. Ἰσραὴλ δόλῳ (7)
36. 10. πᾶν οἶκον Ἰσραὴλ εἰς τέλος (5)
— 17. οἴ. Ἰσραὴλ κατῴκησεν ἐπὶ τῆς γῆς αὐτῶν (5)
— 21. ὃ ἐβεβήλωσαν οἶκος Ἰσραὴλ ἐν τοῖς ἔθνεσιν (5)
— 22. εἰπὸν τῷ οἴ. Ἰσραὴλ . . . Οὐχ ὑμῖν ἐγὼ ποιῶ, οἶκος Ἰσραήλ (5, 5)
— 32. ἐντράπητε ἐκ τῶν ὁδῶν ὑμῶν, οἶκος Ἰσραήλ (5)
— 37. ἔτι τοῦτο ζητηθήσομαι [A ζήτημα θήσ.] τῷ οἴ. Ἰσραήλ (5)

Ez. 37. 11. τὰ ὀστᾶ ταῦτα πᾶς οἶ. Ἰσραήλ ἐστι (5)
— 21. λαμβάνω πάντα οἶκον Ἰσραὴλ ἐκ μέσου τῶν ἐθνῶν (7)
38. 6. οἶκος τοῦ Θ. ἀπ' ἐσχάτου βορρᾶ (5)
39. 12. κατορύξουσιν αὐτοὺς οἶκος Ἰσραήλ (5)
— 22. γνώσονται οἶκος Ἰσραὴλ ὅτι ἐγώ εἰμι κύριος (5)
— 23. διὰ τὰς ἁμαρτίας αὐτῶν ᾐχμαλωτεύθησαν οἶκος Ἰσραήλ (5)
— 25. ἐλεήσω τὸν οἶ. Ἰσραήλ (5)
— 29. ἐξέχεα τὸν θυμόν μου ἐπὶ τὸν οἶ. Ἰσραήλ (5)
40. 4. δείξεις πάντα ὅσα σὺ ὁρᾷς τῷ οἴ. τοῦ Ἰσραήλ (5)
— 5. περίβολος ἔξωθεν τοῦ οἴ. κύκλῳ (5)
— 45. τοῖς ἱερεῦσι τοῖς φυλάσσουσι τὴν φυλακὴν τοῦ οἴ. (5)
— 47. τὸ θυσιαστήριον ἀπέναντι τοῦ οἴ. (5)
— 48. εἰσήγαγέ με εἰς τὸ αἰλὰμ τοῦ οἴ. (5)
41. 5. διεμέτρησε τὸν τοῖχον τοῦ οἴ. (5)
— 6. A διάστημα ἐν τῷ τοίχῳ τοῦ οἴ. ἐν τοῖς πλευροῖς τοῦ οἴ. [B om. τ. οἴ.] κύκλῳ . . . μὴ ἅπτωνται τῶν τοίχων τοῦ οἴ. (5, –, 5)
— 7. A κατὰ τὸ πρόσθεμα ἐκ τοῦ οἴκου [B τοίχου] πρὸς τὴν ἀνωτέραν κύκλῳ τοῦ οἴ. (5, 5)
— 8. τὸ θραὲλ τοῦ οἴ. ὕψος κύκλῳ (5)
— 9. τὰ ἀπόλοιπα τὰ ἀνὰ μέσον τῶν πλευρῶν τοῦ οἴ. (5)
— 10. τὸ περιφερὲς τῷ οἴ. [A τοῦ οἴ.] κύκλῳ (5)
— 13. διεμέτρησε κατέναντι τοῦ οἴ. μῆκος πηχῶν ἑκατόν (5)
— 14. τὸ εὖρος κατὰ πρόσωπον τοῦ οἴ. (5)
— 15. κατὰ πρόσωπον τοῦ ἀπολοίπου τῶν κατόπισθεν τοῦ οἴ. ἐκείνου –
— 16. ὁ οἶ. καὶ τὰ πλησίον ἐξυλωμένα κύκλῳ †
— 17. A ἐφ' ὅλον τὸν οἶ. [B τοῖχον] κυκλόθεν [B -λῳ] †
— 19. διαγεγλυμμένος [A add. ὅλος] ὁ οἶ. κυκλόθεν (5)
— 26. τὰ πλευρὰ τοῦ οἴ. ἐζυγωμένα [A ἐξυλωμ.] (5)
42. 15. συνετελέσθη ἡ διαμέτρησις τοῦ οἴ. ἔσωθεν . . . διεμέτρησε τὸ ὑπόδειγμα τοῦ οἴ. κυκλόθεν (5, –)
— 20. ἀνὰ μέσον τοῦ προτειχίσματος τοῦ ἐν διατάξει τοῦ οἴ. –
43. 4. δόξα κυρίου εἰσῆλθεν εἰς τὸν οἶ. (5)
— 5. πλήρης δόξης κυρίου ὁ οἶκος (5)
— 6. φωνὴ ἐκ τοῦ οἴ. λαλοῦντος πρὸς μέ (5)
— 7. κατασκηνώσει τὸ ὄνομά μου ἐν μέσῳ [A add. τοῦ] οἴκου Ἰσρ. (7)
— 7. καὶ οὐ βεβηλώσουσιν οὐκέτι οἶκος [A ὁ οἶ.] Ἰσραὴλ τὸ ὄνομα τὸ ἅγιόν μου (5)
— 10. δεῖξον τῷ οἴ. Ἰσραὴλ τὸν οἶ. (5, 5)
— 11. διαγράψεις τὸν οἶ. (5)
— 12. τὴν διαγραφὴν τοῦ οἴ. ἐπὶ τῆς κορυφῆς τοῦ ὄρους (5)
— 12. A οὗτος ὁ νόμος τοῦ οἴ. (5)
— 21. κατακαυθήσεται ἐν τῷ ἀποκεχωρισμένῳ τοῦ οἴ. (5)
44. 4. κατέναντι τοῦ οἴ. . . . πλήρης δόξης ὁ οἶ. τοῦ κυρίου (5, 5)
— 5. κατὰ πάντα τὰ προστάγματα οἴκου κυρίου (5)
— 5. τάξεις τὴν καρδίαν σου εἰς τὴν εἴσοδον τοῦ οἴ. (5)
— 6. ἐρεῖς πρὸς τὸν οἶ. τὸν παραπικραίνοντα πρὸς τὸν οἶ. τοῦ Ἰσραὴλ . . . οἶκος Ἰσραήλ (–, 5, 5)
— 9. ἐν πᾶσιν υἱοῖς ἀλλογενῶν τῶν ὄντων ἐν μέσῳ οἴκου Ἰσραήλ (7)
— 11. θυρωροὶ ἐπὶ τῶν πυλῶν τοῦ οἴ. καὶ λειτουργοῦντες τῷ οἴ. [A add. κυρίου] (5, 5)
— 12. ἐγένετο τῷ οἴ. [A om.] Ἰσραὴλ εἰς κόλασιν ἀδικίας (5)
— 14. φυλάσσειν φυλακὰς τοῦ οἴ. (5)
— 15. ἐν τῷ πλανᾶσθαι οἶκον [A τὸν οἶ.] Ἰσρ. ἀπ' ἐμοῦ (7)
— 30. τοῦ θεῖναι εὐλογίας ὑμῶν ἐπὶ τοὺς οἴ. ὑμῶν (5)
45. 4. ἔσται αὐτοῖς τόπος εἰς οἴκους ἀφωρισμένους τῷ ἁγιασμῷ αὐτῶν (5)
— 5. τοῖς Λευίταις τοῖς λειτουργοῦσι τῷ οἴ. (5)
— 6. ὃν τρόπον ἡ ἀπαρχὴ τῶν ἁγίων παντὶ οἴκῳ Ἰσραὴλ ἔσονται (5)
— 8. τὴν γῆν κατακληρονομήσουσιν οἶκος Ἰσραήλ (5)
— 9. A τὴν γῆν κατακληρονομήσουσιν οἶκος τοῦ Ἰσρ. –
Ez. 45. 17. ἐν πάσαις ταῖς ἑορταῖς οἴκου Ἰσρ. . . . τοῦ ἐξιλάσκεσθαι ὑπὲρ τοῦ οἴ. Ἰσρ. (5, 5)
— 19. δώσει ἐπὶ τὰς φλιὰς τοῦ οἴ. (5)
— 20. ἐξιλάσεσθε τὸν οἶ. (5)
— 22. ποιήσει ὁ ἀφηγούμενος . . . ὑπὲρ αὐτοῦ καὶ τοῦ οἴ. –
46. 24. οὗτοι οἱ οἶ. τῶν μαγείρων οὗ ἑψήσουσιν ἐκεῖ οἱ λειτουργοῦντες τῷ οἴ. τὰ θύματα τοῦ λαοῦ (5, 5)
47. 1. A εἰσήγαγέ με ἐπὶ τὰ πρόθυρα τοῦ οἴ. καὶ ἰδοὺ ὕδωρ ἐξεπορεύετο ὑποκάτω τοῦ αἰθρίου τοῦ οἴ. [B om. τ. οἴ.] κατ' ἀνατολὰς ὅτι τὸ πρόσωπον τοῦ οἴ. ἐπέβλεπεν κατ' ἀνατολάς (5 *ter*)
48. 11. τοῖς φυλάσσουσι τὰς φυλακὰς τοῦ οἴ. –
— 21. τὸ ἁγίασμα τοῦ οἴ. ἐν μέσῳ αὐτῆς (5)
Da. LXX. Su. 4. παράδεισος γειτνιῶν τῷ οἴ. αὐ.
1. 2. εἰς οἶκον τοῦ θεοῦ αὐτοῦ (5)
— 4. ὥστε εἶναι ἐν τῷ οἴ. τοῦ βασ. (8 *a*)
— 5. δίδοσθαι αὐτοῖς ἔκθεσιν ἐκ τοῦ οἴ. βασιλέως –
2. 17. ἀπελθὼν Δ. εἰς τὸν οἶ. αὐ. (5)
4. 1. εἰρηνεύων ἤμην ἐν τῷ οἴ. μου (5)
— 19. ἐξηρήμωσας τὸν οἶ. τοῦ θεοῦ τοῦ ζῶντος –
— 27. καὶ οἶκος βασιλείας μου (5)
— 28. ἐξουθενημένῳ ἀνθρώπῳ ἐν τῷ οἴ. σου –
— 29. εὐφρανθήσεται ἐν τῷ οἴ. σου –
— 29. τὸν οἶ. τῆς τρυφῆς σου . . . ἕτερος ἕξει –
5. 1. ἐπέγραψαν ἐπὶ τοῦ τοίχου οἴκου αὐτοῦ –
— 2. ἐνέγκαι τὰ σκεύη . . . τοῦ οἴ. τοῦ θεοῦ (8 *b*)
— 5. ἔγραψαν ἐπὶ τοῦ τοίχου τοῦ οἴ. αὐ. (8 *b*)
— 23. τὰ σκεύη τοῦ οἴ. τοῦ θεοῦ τοῦ ζῶντος (5)
Bel 20. ἐπῆλθεν ἐπὶ τὸν οἶ.
Da. TH. Su. 4. παράδεισος γειτνιῶν τῷ οἴ. αὐ.
— 13. πορευθῶμεν δὴ εἰς οἶκον
1. 2. ἀπὸ μέρους τῶν σκευῶν οἴκου τοῦ θ. (5)
— 2. εἰς γῆν Σ. οἴκου [A -ον] τοῦ θεοῦ αὐ. (5)
— 2. εἰς τὸν οἶ. θησαυροῦ [A om.] τοῦ θεοῦ αὐ. (5)
— 4. ἑστάναι ἐν τῷ οἴ. [A om. ἐν τῷ οἴ.] (8 *a*)
2. 5. οἱ οἶ. ὑμῶν διαρπαγήσονται (5)
— 17. εἰσῆλθε Δ. εἰς τὸν οἶ. αὐ. (5)
3. 29 (96). καὶ οἱ οἶ. αὐ. εἰς διαρπαγήν [A *al.*] (5)
4. 1. εὐθηνῶν ἤμην ἐν τῷ οἴ. μου (5)
— 27. ᾠκοδόμησα εἰς οἶκον βασιλείας (5)
5. 5. ἐπὶ τὸ κονίαμα τοῦ τοίχου τοῦ [B^{1} καὶ] οἴ. τοῦ βασ. (8 *b*)
— 10. εἰσῆλθεν ἡ βασίλισσα εἰς τὸν οἶ. τοῦ πότου (5)
— 23. τὰ σκεύη τοῦ οἴ. αὐ. ἤνεγκαν (5)
6. 10 (11). εἰσῆλθεν εἰς τὸν οἶ. αὐτοῦ (5)
— 18 (19). ἀπῆλθεν ὁ βασ. εἰς τὸν οἶ. αὐ. (8 *b*)
Bel 10. ἦλθεν ὁ βασ. . . . εἰς τὸν οἶ. τοῦ Βήλ
— 29. ἀποκτενοῦμέν σε καὶ τὸν οἶ. σου
I Ma. 1. 28. **AR** πᾶς ὁ [**S** om.] οἶ. Ἰ. ἐνεδύσατο αἰσχύνην
— 31. καθεῖλε τοὺς οἴ. αὐ.
— 61. **SR** τοὺς οἴ. [A οἰκείους] αὐ. προενόμευσαν [**AS**^{1} om.]
2. 18. **AR** καὶ ὁ οἶ. [**S**^{2} οἱ υἱοί] σου τῶν φίλων τοῦ βασ.
— 19. πάντα τὰ ἔθνη τὰ ἐν οἴκῳ τῆς βασ. τοῦ βασ.
3. 56. ἀποστρέφειν ἕκαστον εἰς τὸν οἶ. αὐ.
4. 46. ἀπέθεντο τοὺς λίθους ἐν τῷ ὄρει τοῦ οἴ.
— 48. ᾠκοδόμησαν . . . τὰ ἐντὸς τοῦ οἴ.
7. 2. ὡς εἰσεπορεύετο εἰς οἶκον βασιλείας
— 35. ἐμπυριῶ τὸν οἶ. τοῦτον
— 37. ἐξελέξω τὸν οἶ. τοῦτον . . . εἶναι οἶκον προσευχῆς
9. 55. ἐντείλασθαι περὶ τοῦ οἴ. αὐ.
10. 41. δώσουσιν εἰς τὰ ἔργα τοῦ οἴ.
12. 45. ἀπόστειλον αὐτοὺς εἰς τοὺς οἴ. αὐ.
13. 3. **SR** ἐγὼ . . . καὶ ὁ [A om.] οἶ. τοῦ πατρός μου
14. 26. αὐτὸς . . . καὶ ὁ οἶ. τοῦ πατρὸς αὐ.
16. 2. ἐγὼ . . . καὶ ὁ οἶ. τοῦ πατρός μου
II Ma. 2. 5. εὗρεν οἶκον ἀντρώδη
14. 36. διατήρησον . . . ἀμίαντον τόνδε τὸν . . . οἶ.
15. 32. ἐπὶ τὸν ἅγιον τοῦ παντοκράτορος οἶ.
III Ma. 1. 20. αἱ μὲν κατ' οἴκους . . . ἠθροίζοντο
2. 10. ἀγαπῶν τὸν οἶ. τοῦ Ἰ.
— 18. κατεπατήσαμεν τὸν οἶ. τοῦ ἁγιασμοῦ
— 18. ὡς καταπατοῦνται οἱ οἶ. τῶν προσοχθισμάτων
5. 21. εἰς τὸν ἴδιον οἶ. ἕκαστος ἀνέλυσε
IV Ma. 18. 7. οὐχ ὑπερέβην πατρικὸν οἶ.

[**Aq.** Ge. 24. 4: 39. 20: Ex. 1. 21: Nu. 1. 45: Dt. 11. 19: 22. 21: Jo. 2. 12, 15: 7. 2: Jd. 7. 22: I Ki. 31. 10: III Ki. 3. 18: 5. 11 (25), 18 (32): 6. 10, 17, 18, 19: 8. 13: 9. 24, 25: 11. 20: 14. 4, 8. 10 *bis*, 12, 13, 14, 17: 15. 18: 20 (21). 31, 43: IV Ki. 8. 1: 10. 12: 11. 4: 12. 5 (6): 15. 5: 21. 7: 23. 7 *ter*: Jb. 39. 6: Ps. 30 (31). 3: 41 (42). 5: 67 (68). 13: 83 (84). 4: 103 (104). 17: Pr. 11. 29: 15. 27: 27. 27: Ca. 8. 7: Is. 2. 2: 7. 13: 8. 14. 17: 22. 22: 37. 2: 38. 1: 39. 2: Je. 6. 1: 7. 2: 12. 14: 16. 5: 31 (38). 27 *bis*: 37 (44). 4, 15 *bis*, 16, 17: 38 (45). 17: 43 (50). 13 *bis*: 51 (28). 51: 52. 31: Ez. 8. 6: 10. 18: 20. 44: 28. 25 (Sw.): 44. 4 (P.): Ho. 4. 15: 5. 8: 10. 5: Za. 11. 13.]

[**Sm.** Ge. 15. 2: Ex. 1. 21: Nu. 1. 45: Dt. 11. 19: Jo. 2. 15: 7. 2: I Ki. 2. 32: 25. 17: III Ki. 6. 17, 18, 19: 20 (21). 31: IV Ki. 8. 1: 10. 12: 12. 5 (6): 20. 1: 21. 7: 23. 7 *ter*: Jb. 8. 15: 39. 6: Ps. 25 (26). 8 *bis*: 41 (42). 5: 51 (52). 10: 54 (55). 15: 67 (68). 13: Pr. 11. 17, 29: 15. 27: 21. 9: 25. 17: 27. 27: Is. 2. 2: 7. 13: 8. 14, 17: 22. 9, 10, 22 (Sw.): 37. 14: 38. 20: 39. 2: Je. 7. 2: 12. 14: 16. 5: 18. 6: 31 (38. 27 *bis*: 35 (42). 2, 3, 5: 37 (44). 15 *bis*: 38 (45). 7, 17: 43 (50). 13 *bis*: 49. 8 (29. 9): 51 (28). 51: 52. 31: Ez. 8. 6: 10. 18: 20. 44: 28. 25 (Sw.): 44. 4 (P.): Ho. 4. 15: Am. 3. 14, 15 *bis*: Za. 11. 13.]

[**Th.** Nu. 1. 45: Dt. 11. 19: Jo. 2. 12, 15: 7. 2: Jd. 9. 4: 10. 9: 19. 16: I Ki. 2. 32: II Ki. 12. 10: III Ki. 6. 5, 17, 18, 19: IV Ki 8. 1: 11. 4: 12. 5 (6): Jb. 21. 21: 39. 6: Ps. 67 (68). 7: Pr. 11. 29: 15. 27: 21. 9: 27. 27: Is. 2. 2: 7. 13: 8. 14: 22. 22: 37. 2, 14: 38. 1: Je. 7. 2: 12. 14: 27 (34). 18 *bis*, 21 *bis*: 33 (40). 14 *bis*, 17: 35 (42). 18: 37 (44). 15: 39 (46). 7 (Sw.), 8 *bis*: 51 (28). 51: Ez. 6. 11 (P.): 7. 24: 8. 6: 9. 3: 10. 4: 11. 1 (P.): 13. 5: 20. 44: 28. 25 (Sw.): 35. 15: 43. 12 (Sw.): 44. 4 (P.): Da. 1. 2, 4: Ho. 4. 15: 10. 5.]

[**Al.** Le. 18. 9: Nu. 2 34: Dt. 13. 5 (6): Jd. 1. 23: I Ki. 10. 25: IV Ki. 11. 6: Ps. 121 (122). 1, 5: Pr. 2. 18: 15. 27: Je. 37 (44). 16: Ez. 20. 13: 41. 8.]

[**Quint.** Ps. 67 (68). 7.]

οἰκτείρειν. (1) חָנַן (2) יָדַע (3) נָתַן (4) רָחַם pi. (5) שׁוּב pil.

Ex. 33. 19. καὶ οἰκτειρήσω ὃν ἂν οἰκτείρω (4, 4)
Jd. 5. 30. οἰκτίρμων οἰκτειρήσει εἰς κεφ. ἀνδρός [A *al.*] †
III Ki. 8. 50. οἰκτειρήσουσιν εἰς [A om.] αὐτούς (4)
IV Ki. 13. 23. καὶ οἰκτείρησεν αὐτούς (4)
Ps. 4. 1. οἰκτείρησόν με (1)
36 (37). 21. ὁ δὲ δίκαιος οἰκτείρει καὶ διδοῖ (1)
58 (59). 5. μὴ οἰκτειρήσῃς πάντας τοὺς ἐργαζομένους τὴν ἀνομίαν (1)
59 (60). 1. ὠργίσθης καὶ ᾠκτείρησας ἡμᾶς (5)
66 (67). 1. ὁ θεὸς οἰκτειρήσαι ἡμᾶς (1)
76 (77). 9. ἢ ἐπιλήσεται τοῦ οἰκτειρῆσαι ὁ θεός (1)
101 (102). 13. σὺ ἀναστὰς οἰκτειρήσεις τὴν Σιὼν ὅτι καιρὸς τοῦ οἰκτειρῆσαι αὐτήν (4, 1)
— 14. τὸν χοῦν αὐτῆς οἰκτειρήσουσι (1)
102 (103). 13. καθὼς οἰκτείρει πατὴρ υἱοὺς ᾠκτείρησε κύριος τοὺς φοβουμένους αὐτόν (4, 4)
111 (112). 5. χρηστὸς ἀνὴρ ὁ οἰκτείρων [**S** οἰκτίρμων] (1)
122 (123). 2. ἕως οὗ οἰκτειρήσαι ἡμᾶς (1)
134 (135). 14. **S**^{1} οἰκτείρει [**A S**^{2} **R** ὅτι κρινεῖ] κύριος τὸν λαὸν αὐ. †
Pr. 12. 10. δίκαιος οἰκτείρει ψυχὰς κτηνῶν αὐτοῦ (2)
13. 9. δίκαιοι δὲ οἰκτείρουσι –
— 11. δίκαιος οἰκτείρει καὶ κιχρᾷ –
21. 26. ὁ δὲ δίκαιος ἐλεᾷ καὶ οἰκτείρει ἀφειδῶς (3 ?)
Si. 36. 18 (15). οἰκτείρησον πόλιν ἁγιάσματός σου Ἱερ.
Mi. 7. 19. καὶ οἰκτειρήσει ἡμᾶς (4)
Is. 27. 11. οὐ μὴ οἰκτειρήσῃ ὁ ποιήσας αὐτούς (4)
30. 18. μενεῖ ὁ θεὸς τοῦ οἰκτειρῆσαι ὑμᾶς (1)
Je. 13. 14. οὐκ οἰκτειρήσω ἀπὸ διαφθορᾶς [**S**^{1} διασπ.] αὐτῶν (4)
21. 7. οὐ μὴ οἰκτειρήσω αὐτούς (4)
La. 3. 32. ὁ ταπεινώσας οἰκτειρήσει (4)
II Ma. 8. 2. οἰκτεῖραι δὲ καὶ τὸν ναόν
III Ma. 5. 51. οἰκτεῖραι . . . αὐτοὺς ἤδη πρὸς πύλαις ᾅδου καθεστῶτας
IV Ma. 5. 12. οἰκτειρήσεις τὸ σεαυτοῦ γῆρας

IV Ma. 5. 33. **A R** οὐχ οὕτως οἰκτειρήσω [**S** -ρομαι] τὸ ἐμαυτοῦ γῆρας
8. 10. οὓς . . . τῆς εὐμορφίας οἰκτείρομαι
[**Aq.** Is. 54. 10 : 60. 10 : Je. 30 (37). 18 : 50 (27). 42.]
[**Sm.** Ps. 30 (31). 10 : 40 (41). 5, 11 : 50 (51). 3 : Is. 33. 2 : 49. 15 : 54. 10 : 60. 10 : Je. 50 (27). 42.]
[**Th.** Is. 49. 15 : 54. 10 : 60. 10 : Je. 33 (40). 26.]
[**Al.** IV Ki. 13. 4.]

οἰκτείρημα, οἰκτειρμα (?). (1) חֶסֶד
Je. 38 (31). 3. εἵλκυσά σε εἰς οἰ. [S[1] -τειρμα] (1)

οἰκτιρμός (-ειρ.). (1) *a.* חֵן *b.* תַּחֲנוּן
(2) *a.* רַחַם *b.* רַחֲמִין

II Ki. 24. 14. πολλοὶ οἱ οἰ. αὐτοῦ σφόδρα (2 *a*)
III Ki. 8. 50. δώσεις αὐτοὺς εἰς οἰκτιρμούς (2 *a*)
I Ch. 21. 13. πολλοὶ οἱ οἰ. αὐτοῦ (2 *a*)
II Ch. 30. 9. τὰ τέκνα ὑμῶν ἔσονται ἐν οἰκτιρμοῖς (2 *a*)
Ne. 1. 11. δὸς αὐτὸν εἰς οἰκτιρμούς (2 *a*)
9. 19. σὺ ἐν [S σὺν] οἰκτιρμοῖς σου τοῖς πολλοῖς (2 *a*)
— 27. ἐν οἰ. σου τοῖς μεγάλοις ἔδωκας αὐτοῖς (2 *a*)
— 28. ἐρρύσω αὐτοὺς ἐν οἰ. σου πολλοῖς (2 *a*)
— 31. ἐν οἰ. σου τοῖς πολλοῖς (2 *a*)
Ps. 24 (25). 6. μνήσθητι τῶν οἰ. σου (2 *a*)
39 (40). 11. μὴ μακρύνῃς τοὺς οἰ. σου ἀπ' ἐμοῦ (2 *a*)
50 (51). 1. κατὰ τὸ πλῆθος τῶν οἰ. σου ἐξάλειψον τὸ ἀνόμημά μου (2 *a*)
68 (69). 16. κατὰ τὸ πλῆθος τῶν οἰ. σου (2 *a*)
76 (77). 9. ἢ συνέξει ἐν τῇ ὀργῇ αὐ. τοὺς οἰ. αὐ. (2 *a*)
78 (79). 8. ταχὺ προκαταλαβέτωσαν ἡμᾶς οἱ οἰ. σου (2 *a*)
102 (103). 4. τὸν στεφανοῦντά σε ἐν ἐλέει καὶ οἰκτιρμοῖς [S[1] -ῷ] (2 *a*)
105 (106). 46. ἔδωκεν αὐτοὺς εἰς οἰκτιρμούς (2 *a*)
118 (119). 77. ἐλθέτωσάν μοι οἱ οἰ. σου (2 *a*)
— 156. οἱ οἰ. σου πολλοί (2 *a*)
144 (145). 9. οἱ οἰ. αὐ. ἐπὶ πάντα τὰ ἔργα αὐ. (2 *a*)
Si. 5. 6. μὴ εἴπῃς, Ὁ οἰκτιρμὸς αὐτοῦ πολύς
Ho. 2. 19 (21). μνηστεύσομαί σε ἐμαυτῷ . . . ἐν οἰκτιρμοῖς (2 *a*)
Za. 1. 16. ἐπιστρέψω ἐπὶ Ἰ. ἐν [B[1] ἐπ'] οἰκτιρμῷ (2 *a*)
7. 9. ἔλεος καὶ οἰκτιρμὸν ποιεῖτε ἕκαστος (2 *a*)
12. 10. πνεῦμα χάριτος καὶ οἰκτιρμοῦ (1 *b*)
Is. 63. 15. ποῦ ἐστι τὸ πλῆθος τοῦ ἐλέους σου καὶ οἰκτιρμῶν [A S[3] τῶν οἰ., S[1] -οί, S[2] οἱ οἰ.] σου (2 *a*)
Ba. 2. 27. κατὰ πάντα οἰκτιρμόν σου τὸν μέγαν
La. 3. 22. **R** οὐ συνετελέσθησαν οἱ οἰ. αὐτοῦ –
— 22. **R** οὐ συνετελέσθησαν οἱ οἰ. αὐ. (2 *a*)
Da. Th. 1. 9. ἔδωκεν ὁ θ. τὸν Δ. εἰς . . . οἰκτιρμόν (2 *a*)
2. 18. οἰκτιρμοὺς ἐζήτουν παρὰ τοῦ θεοῦ (2 *b*)
4. 24. καὶ τὰς ἀδικίας ἐν οἰκτιρμοῖς πενήτων (1 *a*)
9. 9. τῷ κυρίῳ θεῷ ἡμῶν οἱ οἰ. (2 *a*)
— 18. ῥιπτοῦμεν τὸν οἰ. ἡμῶν ἐνώπιόν σου (1 *b*)
— 18. ἀλλ' ἐπὶ τοὺς οἰ. σου τοὺς πολλούς (2 *a*)
I Ma. 3. 44. αἰτῆσαι ἔλεον καὶ οἰκτιρμούς
III Ma. 2. 20. ταχὺ προκαταλαβέτωσαν ἡμᾶς οἱ οἰ. σου
6. 2. τὴν πᾶσαν διακυβερνῶν ἐν οἰκτιρμοῖς κτίσιν
IV Ma. 6. 24. καὶ μηδὲ πρὸς τὸν οἰ. αὐ. μεταβαλλόμενον
[**Aq.** Ps. 102 (103). 4 : Pr. 12. 10 : Je. 31 (38). 9.]
[**Sm.** Ps. 102 (103). 4 : Je. 31 (38). 9 : Da. 2. 18 (Sw.).]
[**Th.** Ps. 102 (103). 4 : Is. 63. 15 (Sw.) : Je. 16. 5 : Da. 2. 18.]
[**Heb.** Je. 31 (38). 2.]
[**Quint.** Ho. 6. 4.]

οἰκτίρμων (-είρ.). (1) *a.* חַנּוּן *b.* חַנּוּן
(2) *a.* רַחוּם *b.* רַחֲמָנִי

Ex. 34. 6. κύριος ὁ θεὸς οἰ. καὶ ἐλεήμων (2 *a*)
De. 4. 31. θεὸς οἰ. κ. ὁ θεός σου (2 *a*)
Jd. 5. 30. οἰκτίρμων οἰκτειρήσει εἰς κεφ. ἀνδρός [A *al.*] †
II Ch. 30. 9. ἐλεήμων καὶ οἰ. κ. ὁ θεὸς ἡμῶν (2 *a*)
Ne. 9. 17. καὶ σύ, ὁ θεός, ἐλεήμων καὶ οἰ. (2 *a*)
— 31. ἐλεήμων καὶ οἰκτίρμων [S[2] *add.* εἶ] (2 *a*)
Ps. 77 (78). 38. αὐτὸς δέ ἐστιν οἰκτίρμων (2 *a*)
Ps. 85 (86). 15. σύ, κύριε ὁ θεός, οἰκτίρμων καὶ ἐλεήμων (2 *a*)
102 (103). 8. οἰκτίρμων καὶ ἐλεήμων ὁ κύριος (2 *a*)
108 (109). 12. μηδὲ γενηθήτω οἰκτίρμων τοῖς ὀρφανοῖς αὐτοῦ (1 *a*)
110 (111). 4. ἐλεήμων καὶ οἰκτίρμων ὁ κύριος (2 *a*)
111 (112). 4. ἐλεήμων καὶ οἰκτίρμων καὶ δίκαιος (2 *a*)
— 5. **S** χρηστὸς ἀνὴρ ὁ οἰ. [A R οἰκτείρων] (1 *a*)
144 (145). 8. οἰκτίρμων καὶ ἐλεήμων ὁ κύριος (1 *b*)
Si. 2. 11. οἰκτίρμων καὶ ἐλεήμων ὁ κύριος
Jl. 2. 13. ὅτι ἐλεήμων καὶ οἰκτίρμων ἐστί (2 *a*)
Jn. 4. 2. ἔγνων ὅτι σὺ ἐλεήμων καὶ οἰκτίρμων (2 *a*)
La. 4. 10. χεῖρες γυναικῶν οἰκτιρμόνων ἥψησαν τὰ παιδία αὐτῶν (2 *b*)

οἴκτιστος.
II Ma. 9. 28. οἰκτίστῳ μόρῳ κατέστρεψε τὸν βίον
III Ma. 4. 3. A τίς τὸ σύνολον οἴκτιστος [R οἰκητὸς] τόπος

οἶκτος (οἰκτρός). (1) נְהִי
Es. 3. 13. ἄνευ παντὸς οἰ. [S[1] οἰκτροῦ] καὶ φειδοῦς
Je. 9. 19 (18). φωνὴ οἰκτροῦ [S[2] οἴκτου] ἠκούσθη ἐν Σ. (1)
— 20 (19). διδάξατε τὰς θυγατέρας ὑμῶν οἶκτον [A -τρόν] (1)
III Ma. 1. 4. **R** μετὰ οἴκτου . . . τοὺς πλοκάμους [A πολέμους] λελυμένη
5. 49. εἰς οἶκτον καὶ γόους τραπέντες
6. 22. μετεστράφη τοῦ βασ. ἡ ὀργὴ εἰς οἶκτον

οἰκτρός, *cf.* **οἴκτιστος, οἶκτος.** (1) תַּמְרוּרִים
Wi. 18. 10. οἰκτρὰ διεφέρετο [A -φένετο] θρηνουμένων [A S φωνὴ θρ.] παίδων
Je. 6. 26. πένθος ἀγαπητοῦ ποίησαι σεαυτῇ κοπετὸν οἰκτρόν (1)
III Ma. 5. 24. συνήθροιστο πρὸς τὴν οἰκτροτάτην θεωρίαν
IV Ma. 15. 18. οὐδὲ δεύτερος εἰς σὲ οἰκτρὸν βλέπων ἐν βασάνοις

οἴμη.
[**Th.** Je. 45. 3 (51. 33)†.]

οἴμμοι, οἴμοι. (1) אֲהָהּ (2) *a.* אוֹיָה־לִּי *b.* אוֹי־נָא *c.* אוֹי *d.* אוֹי־נָא לִי (3) אַלְלַי לִי
(4) הוֹי

Jd. 11. 35. A οἴμμοι [B ἆ ἆ] θύγατέρ μου (1)
III Ki. 17. 20. οἴμοι [B[1] οἴμμοι] κύριε –
Jb. 10. 15. ἐάν τε γὰρ ἀσεβήσω, οἴμμοι (3)
Ps. 119 (120). 5. οἴμμοι ὅτι ἡ παροικία μου ἐμακρύνθη (2 *a*)
Jl. 1. 15. οἴμοι οἴμοι οἴμοι εἰς ἡμέραν (1, –, –)
Mi. 7. 1. οἴμοι ὅτι ἐγενήθην . . . οἴμμοι ψυχή (3, †)
Je. 4. 31. οἰ. ἐγώ (2 *b*)
15. 10. οἰ. ἐγώ, μῆτερ (2 *c*)
22. 18. **B S** οἰ. κύριε (4)
51. 33 (45. 3). οἰ. οἰ. ὅτι προσέθηκε κύριος κόπον (2 *d*, –)
La. 1. 21. A καὶ ἐγένετο οἰ. οἰ. [B S *al.*] †, †
Ez. 9. 8. οἰ. [A *add.* Ἀδωναΐ] κύριε (1)
11. 13. οἰ. οἰ. [A *add.* Ἀδωναΐ] κύριε (1, –)
I Ma. 2. 7. οἰ. ἵνα τί τοῦτο ἐγεννήθην ἰδεῖν
[**Aq** Je. 10. 19.]
[**Sm.** Ps. 119 (120). 5 : Is. 6. 5 : 24. 16 : Je. 10. 19.]
[**Th.** Jd. 6. 22† : Je. 45. 3 (51. 33).]

οἰμωγή.
III Ma. 6. 17. **R** ὥστε . . . ἀκατάσχετον οἰ. [A πτοὴν] ποιῆσαι
— 32. οἰ. τε πᾶσαν . . . ἀπωσάμενοι
[**Aq.** Ex. 2. 24 : Ps. 11 (12). 6 : Ma. 2. 13.]
[**Sm.** Ex. 2. 24 : Ps. 11 (12). 6 : 87 (88). 14 : 101 (102). 2.]

οἰμώζειν, οἰμώσσειν.
IV Ma. 12. 15. κακῶς οἰμώξεις
[**Sm.** Ps. 71 (72). 12 : Je. 51 (28). 52 : Ma. 2. 13.]

οἰνάνθη.
[**Sm.** Ca. 2. 5, 13.]

οἰνία.
[**Aq.** Is. 62. 8 : Za. 9. 17.]

οἰνόβρωτος (?).
III Ma. 6. 34. A οἰνοβρώτους [R οἰωνοβρ.] αὐτοὺς ἔσεσθαι τιθέμενοι

οἰνοδόχος.
To. 1. 22. A Ἀχ. δὲ ἦν ὁ οἰ. [B S *al.*]

οἰνοποτεῖν.
Pr. 24. 71 (31. 3). μετὰ βουλῆς οἰνοπότει –

οἰνοπότης. (1) סֹבְאֵי־יַיִן
Pr. 23. 20. μὴ ἴσθι οἰνοπότης (1)

οἶνος. (1) *a.* חֶמֶר *b.* חֲמַר (2) יַיִן (3) יֶקֶב
(4) סֹבֶא (5) שֵׁכָר (6) שֶׁמֶר (7) תִּירוֹשׁ, תִּירשׁ (8) οἰ. νέος עָסִיס

Ge. 9. 21. καὶ ἔπιεν ἐκ τοῦ οἴνου (2)
— 24. ἐξένηψε δὲ Νῶε ἀπὸ τοῦ οἴνου (2)
14. 18. ἐξήνεγκεν ἄρτους καὶ οἶνον (2)
19. 32. ποτίσωμεν τὸν πατέρα ἡμῶν οἶνον (2)
— 33. ἐπότισαν δὲ τὸν πατέρα αὐτῶν οἶνον (2)
— 34. ποτίσωμεν αὐτὸν οἶνον (2)
— 35. ἐπότισαν δὲ . . . τὸν πατέρα αὐτῶν οἶνον (2)
27. 25. εἰσήνεγκεν αὐτῷ οἶνον (2)
— 28. καὶ πλῆθος σίτου καὶ οἴνου (7)
— 37. σίτῳ καὶ οἴνῳ ἐστήριξα αὐτόν (7)
49. 11. πλυνεῖ ἐν οἴνῳ τὴν στολὴν αὐτοῦ (2)
— 12. χαροποιοὶ . . . ὑπὲρ οἶνον [A ἀπὸ οἰ.] (2)
Ex. 23. 25. εὐλογήσω . . . τὸν οἰ. σου [A[1] *om.* τ. οἰ. σ.] –
29. 40. τὸ τέταρτον τοῦ εἶν οἴνου (2)
32. 18. φωνὴν ἐξαρχόντων οἴνου –
Le. 10. 9. οἶνον καὶ σίκερα οὐ πίεσθε (2)
23. 13. τὸ τέταρτον τοῦ ἶν οἴνου (2)
Nu. 6. 3. ἀπὸ οἴνου καὶ σίκερα (2)
— 3. ἁγνισθήσεται ἀπὸ οἴνου –
— 3. ὄξος ἐξ οἴνου . . . οὐ πίεται (2)
— 4. οἶνον ἀπὸ στεμφύλλων . . . οὐ φάγεται (2)
— 20. πίεται ὁ ηὐγμένος οἶνον (2)
15. 5, 7, 10 (A B[2]). καὶ οἶνον εἰς σπονδήν (2)
18. 12. καὶ πᾶσα ἀπαρχὴ οἴνου (7)
28. 14. τὸ τέταρτον τοῦ ἶν ἔσται τῷ ἀμνῷ τῷ ἑνὶ οἴνου (2)
De. 7. 13. εὐλογήσει . . . τὸν οἰ. σου (7)
11. 14. εἰσοίσεις . . . τὸν οἰ. σου (7)
12. 17. τὸ ἐπιδέκατον . . . τοῦ οἰ. σου (7)
14. 23. οἴσετε τὰ ἐπιδέκατα . . . τοῦ οἰ. σου (7)
— 26. **A R** ἐπὶ οἴνῳ ἢ ἐπὶ σίκερα (2)
15. 14. ἐφοδιάσεις αὐτὸν . . . ἀπὸ τοῦ οἰ. [A τῆς ληνοῦ] σου (3)
18. 4. καὶ τὰς ἀπαρχὰς . . . τοῦ οἰ. σου (7)
28. 31. A ὁ οἰ. [B ὄνος] σου ἡρπασμένος ἀπὸ σοῦ †
— 39. οἶνον οὐ πίεσαι (2)
— 51. ὥστε μὴ καταλιπεῖν σοι . . . οἶνον (7)
29. 6 (5). οἶνον καὶ σίκερα οὐκ ἐπίετε (2)
32. 14. αἷμα σταφυλῆς ἔπιεν οἶνον (1 *a*)
— 33. θυμὸς δρακόντων ὁ οἰ. αὐτῶν (2)
— 38. ἐπίνετε τὸν οἰ. τῶν σπονδῶν αὐ. (2)
33. 28. ἐπὶ σίτῳ καὶ οἴνῳ [A σίτου κ. οἴνου] (7)
Jo. 9. 4. λαβόντες . . . ἀσκοὺς οἴνου παλαιούς (2)
— 13. οὗτοι οἱ ἀσκοὶ τοῦ οἰ. (2)
Jd. 9. 13. μὴ ἀπολείψασα τὸν οἰ. μου (7)
13. 4, 7. μὴ πίῃς οἶνον (2)
— 14. ὃ [A ὅσα] ἐκπορεύεται ἐξ ἀμπέλου τοῦ [A *om.*] οἰ. (2)
— 14. οἶνον . . . μὴ πιέτω (2)
19. 19. οἶνός ἐστιν ἐμοί (2)
I Ki. 1. 11. οἶνον καὶ μέθυσμα οὐ πίεται –
— 14. περιελοῦ τὸν οἰ. σου (2)
— 15. οἶνον καὶ μέθυσμα οὐ πέπωκα (2)
— 24. ἀνέβη . . . ἐν . . . νέβελ οἴνου (2)
10. 3. ἕνα αἴροντα ἀσκὸν οἴνου (2)
16. 20. ἔλαβεν Ἰ. . . . ἀσκὸν οἴνου (2)
25. 11. λήψομαι . . . τὸν οἰ. μου †
— 18. ἔλαβε . . . δύο ἀγγεῖα οἴνου (2)
— 37. ἐξένηψεν ἀπὸ τοῦ οἰ. Ν. (2)
II Ki. 13. 28. ὡς ἂν ἀγαθυνθῇ ἡ καρδία Ἀ. ἐν τῷ οἰ. (2)
16. 1. καὶ ἐπ' αὐτοῖς . . . νέβελ οἴνου (2)
— 2. καὶ ὁ οἰ. πιεῖν τοῖς ἐκλελυμένοις (2)
IV Ki. 18. 32. σίτου καὶ οἴνου καὶ ἄρτου (7)
I Ch. 9. 29. καὶ ἐπὶ τῆς σεμιδάλεως τοῦ οἰ. τοῦ ἐλαίου (2)
12. 40. ἔφερον . . . οἶνον καὶ ἔλαιον (2)
27. 27. τῶν ἐν τοῖς χωρίοις τοῦ οἰ. (2)

II Ch. 2. 10 (9). καὶ οἴνου μέτρων εἴκοσι χιλιάδας (2)
— 15 (14). καὶ τὸ ἔλαιον καὶ τὸν οἶ. (2)
11. 11. ἔδωκεν ἐν [A *om.*] αὐτοῖς . . . οἶνον (2)
31. 5. ἀπαρχὴν σίτου καὶ οἴνου (7)
32. 28. εἰς τὰ γεννήματα . . . ἐλαίου καὶ οἴνου (7)
I Es. 3. 10. ὑπερισχύει ὁ οἶ.
— 17. ὁ εἴπας περὶ τῆς ἰσχύος τοῦ οἶ.
— 18. πῶς ὑπερισχύει ὁ οἶ.
— 23. ὅταν ἀπὸ τοῦ οἶ. ἐγερθῶσιν [A γενηθ.]
— 24. οὐχ ὑπερισχύει ὁ οἶ.
4. 14. καὶ ὁ οἶ. ἰσχύει
— 16. ἐξ ὧν ὁ οἶ. γίνεται
— 37. ἄδικος ὁ οἶ.
6. 30. ὁμοίως δὲ καὶ . . . οἶνον καὶ ἔλαιον
8. 20. ἕως . . . οἴνου μετρητῶν ἑκατόν
II Es. 6. 9. πυροὺς ἅλας οἶνον (1 *b*)
7. 22. B ἕως οἴνου ἀποθηκῶν ἑκατόν [A R *al.*] (1 *b*)
Ne. 2. 1. **A S^2 R** ἦν ὁ [B S^1 *om.*] οἶ. ἐνώπιον ἐμοῦ (2)
— 1. ἔλαβον τὸν οἶ. (2)
5. 11. ἐπιστρέψατε δὴ . . . τὸν οἶ. (7)
— 15. ἐν ἄρτοις καὶ ἐν οἴνῳ [S^1 *al.*] (2)
— 18. ἐν πᾶσιν οἶνος τῷ πλήθει (2)
10. 37 (38). τὸν καρπὸν παντὸς ξύλου οἴνου καὶ ἐλαίου (7)
— 39 (40). τὰς ἀπαρχὰς . . . τοῦ οἶ. (7)
13. 5. **A B^2 S^2 R** διδόντες . . . τὴν δεκάτην τοῦ οἶ. [S^1 *om.* τ. οἶ.] (7)
— 12. ἤνεγκαν δεκάτην . . . τοῦ οἶ. (7)
— 15. ἐπιγεμίζοντας ἐπὶ τοὺς ὄνους καὶ οἶνον (2)
To. 1. 7. **S** ἐδίδουν . . . τὴν δεκάτην τοῦ οἶ. [A B *al.*]
4. 15. **A B** οἶνον εἰς μέθην μὴ πίῃς
Ju. 10. 5. ἔδωκε . . . ἀσκοπυτίνην [S ἀσκὸν] οἴνου
11. 13. καὶ τὰς δεκάτας τοῦ οἶ.
12. 1. καὶ τοῦ οἶ. αὐ. πίνειν
— 13. πίεσαι μεθ' ἡμῶν εἰς εὐφροσύνην οἶνον
— 20. ἔπιεν οἶ. πολὺν σφόδρα
13. 2. ἦν γὰρ περικεχυμένος αὐτῷ ὁ οἶ.
Es. 1. 7. οἶνος πολὺς καὶ ἡδύς (2)
4. 17. οὐδὲ ἔπιον οἶνον σπονδῶν
5. 6. **S^2** ἐν δὲ τῷ πότῳ τοῦ οἶ. [ABS^1 *om.* τ. οἶ.] (2)
7. 2. **S^2** ἐν τῷ πότῳ τοῦ οἶ. [A B S^1 *om.* τ. οἶ.] (2)
— 8. **S^2** εἰς τὸν οἶκον τοῦ πότου τοῦ οἶ. (2)
Jb. 1. 13. ἔπινον οἶνον (2)
Ps. 4. 7. ἀπὸ καρποῦ σίτου καὶ οἴνου . . . ἐπληθύνθησαν (7)
59 (60). 3. ἐπότισας ἡμᾶς οἶνον κατανύξεως (2)
68 (69). 12. εἰς ἐμὲ ἔψαλλον οἱ πίνοντες τὸν [S^2 *om.*] οἶνον (5)
74 (75). 8. οἴνου ἀκράτου πλῆρες κεράσματος (2)
77 (78). 65. ὡς δυνατὸς κεκραιπαληκὼς ἐξ οἴνου (2)
103 (104). 15. οἶνος εὐφραίνει καρδίαν ἀνθρώπου (2)
Pr. 3. 10. οἴνῳ δὲ αἱ ληνοί σου ἐκβλύζωσιν (7)
4. 17. οἴνῳ δὲ παρανόμῳ μεθύσκονται (2)
9. 2. ἐκέρασεν εἰς κρατῆρα τὸν ἑαυτῆς οἶνον (2)
— 5. πίετε οἶνον ὃν ἐκέρασα ὑμῖν (2)
12. 11. ὅς ἐστιν ἡδὺς ἐν οἴνων διατριβαῖς –
20. 1. ἀκόλαστον οἶνος καὶ ὑβριστικὸν μέθη (2)
21. 17. φιλῶν οἶνον καὶ ἔλαιον εἰς πλοῦτον (2)
23. 30. οὐ τῶν ἐγχρονιζόντων ἐν οἴνοις (2)
— 30. μὴ μεθύσκεσθε ἐν [A S *om.*] οἴνοις [A οἴνῳ] –
24. 72 (31. 4). οἶνον δὲ μὴ πινέτωσαν (2 + 5)
— 74 (31. 6). καὶ οἶνον πίνειν τοῖς ἐν ὀδύναις (2)
27. 9. μύροις καὶ οἴνοις καὶ θυμιάμασι τέρπεται καρδία –
Ec. 2. 3. εἰ ἡ καρδία μου ἑλκύσει ὡς οἶνον τὴν σάρκα μου (2)
9. 7. πίε ἐν καρδίᾳ ἀγαθῇ οἶνόν σου (2)
10. 19. οἶνον καὶ ἔλαιον τοῦ εὐφρανθῆναι [A S οἶνος εὐφραίνει] ζῶντας (2)
Ca. 1. 2. ἀγαθοὶ μαστοί σου ὑπὲρ οἶνον (2)
— 4. ἀγαπήσομεν μαστούς σου ὑπὲρ οἶνον (2)
2. 4. εἰσαγάγετέ με εἰς οἶκον τοῦ οἴνου (2)
4. 10. τί ἐκαλλιώθησαν μαστοί σου ἀπὸ οἴνου (2)
5. 1. ἔπιον οἶνόν μου μετὰ γάλακτός μου (2)
7. 9 (10). ὁ λάρυγξ σου ὡς οἶνος ὁ ἀγαθός (2)
8. 2. ποτιῶ σε ἀπὸ οἴνου τοῦ μυρεψικοῦ (2)
Wi. 2. 7. οἴνου πολυτελοῦς καὶ μύρων πλησθῶμεν
Si. 9. 9. μὴ συμβολοκοπήσῃς μετ' αὐτῆς ἐν οἴνῳ
— 10. οἶνος νέος φίλος νέος ἐὰν παλαιωθῇ
19. 2. οἶνος καὶ γυναῖκες ἀποστήσουσι συνετούς
34 (31). 25. ἐν οἴνῳ μὴ ἀνδρίζου πολλοὺς γὰρ ἀπώλεσεν ὁ οἶνος
— 26. οὕτως οἶνος καρδίας ἐν μάχῃ ὑπερηφάνων

Si. 34 (31). 27. ἔπισον ζωῆς οἶνος ἀνθρώπῳ
— 27. τίς ζωὴ ἐλασσουμένῳ οἴνῳ [A -ου, S^2 ἐν οἴνῳ]
— 28. οἶνος πινόμενος ἐν καιρῷ αὐτάρκης
— 29. πικρία ψυχῆς οἶνος πινόμενος [A γιν.] πολύς
— 31. ἐν συμποσίῳ οἴνου μὴ ἐλέγξῃς τὸν πλησίον
35 (32). 5. σύγκριμα μουσικῶν ἐν συμποσίῳ [A -ίᾳ] οἴνου
— 6. μέλος μουσικῶν ἐφ' ἡδεῖ οἴνῳ
40. 20. οἶνος καὶ μουσικὰ εὐφραίνουσι καρδίαν
49. 1. ὡς μουσικὰ ἐν συμποσίῳ οἴνου
Ho. 2. 8 (10). ἔδωκα αὐτῇ . . . τὸν οἶνον (7)
— 9 (11). κομιοῦμαι . . . τὸν οἶνόν μου (7)
— 22 (24). ἡ γῆ ἐπακούσεται . . . τὸν οἶ. (7)
3. 2. γομὸρ κριθῶν καὶ νέβελ οἴνου †
4. 11. οἶνον . . . ἐδέξατο καρδία λαοῦ μου (2)
7. 5. ἤρξαντο οἱ ἄρχοντες θυμοῦσθαι ἐξ οἴνου (2)
— 14. ἐπὶ σίτῳ καὶ οἴνῳ κατετέμνοντο (7)
9. 2. καὶ ὁ [A^1 *om.*] οἶνος ἐψεύσατο αὐτούς (7)
— 4. οὐκ ἔσπεισαν τῷ κυρίῳ οἶνον (2)
14. 8. ἐξανθήσει . . . ὡς οἶνος Λιβ. τῷ Ἐφ. (2)
Am. 2. 8. οἶνον ἐκ συκοφαντιῶν ἔπινον (2)
— 12. καὶ ἐποτίζετε τοὺς ἡγιασμένους οἶνον (2)
5. 11. **A R** οὐ μὴ πίητε τὸν οἶ. αὐτῶν [B ἐξ αὐτῶν] (2)
6. 6. οἱ πίνοντες τὸν διυλισμένον οἶνον (2)
9. 14. καὶ πίονται τὸν οἶνον αὐτῶν (2)
Mi. 2. 11. ἐστάλαξέ σοι εἰς οἶνον καὶ μέθυσμα (2)
6. 15. πιέσεις . . . οἶνον καὶ οὐ μὴ πίητε (7)
Jl. 1. 5. ἐκνήψατε οἱ μεθύοντες ἐξ οἴνου αὐτῶν –
— 5. θρηνήσατε πάντες οἱ πίνοντες οἶνον εἰς μέθην (2)
— 10. ἐξηράνθη οἶνος ὠλιγώθη ἔλαιον (7)
2. 19. ἐξαποστέλλω . . . τὸν σῖτον καὶ τὸν οἶ. (7)
— 24. ὑπερχυθήσονται αἱ ληνοὶ οἴνου (7)
3 (4). 3. τὰ κοράσια ἐπώλουν ἀντὶ οἴνου (2)
Ob. 1. 16. **A S^2 R** πίονται πάντα τὰ ἔθνη οἶνον †
Ze. 1. 13. οὐ μὴ πίωσι τὸν οἶ. αὐτῶν (2)
Hg. 1. 11. ἐπάξω ῥομφαίαν . . . ἐπὶ τὸν οἶ. (7)
2. 13 (12). ἐὰν . . . ἅψηται . . . οἴνου (2)
Za. 9. 15. ἐκπίονται αὐτοὺς ὡς [A S^2 τὸ αἷμα αὐτῶν ὡς] οἶνον (2)
— 17. οἶνος εὐωδιάζων εἰς παρθένους (7)
10. 7. καὶ χαρήσεται ἡ καρδία αὐτῶν ὡς ἐν οἴνῳ (2)
Is. 1. 22. μίσγουσι τὸν οἶ. ὕδατι (4)
5. 11. ὁ γὰρ οἶ. αὐτοὺς συγκαύσει (2)
— 12. μετὰ γὰρ κιθάρας . . . τὸν οἶ. πίνουσι (2)
— 22. οὐαὶ οἱ ἰσχύοντες ὑμῶν οἱ πίνοντες τὸν οἶ. (2)
16. 10. οὐ μὴ πατήσουσιν οἶνον εἰς τὰ ὑπολήνια (2)
22. 13. ὥστε φαγεῖν κρέα καὶ πιεῖν οἶνον (2)
24. 7. πενθήσει οἶνος (7)
— 9. οὐκ ἔπιον οἶνον (2)
— 11. ὀλολύζεται περὶ τοῦ οἶ. πανταχῇ (2)
25. 6. πίονται οἶνον (6)
28. 1. οἱ μεθύοντες ἄνευ οἴνου (2)
— 7. οὗτοι γὰρ οἴνῳ πεπλημμεληκότες . . . κατεπόθησαν διὰ τὸν οἶ. [A S *al.*] (2, 2)
29. 9. κραιπαλήσατε οὐκ ἀπὸ σίκερα οὐδὲ ἀπὸ οἴνου (2)
36. 17. γῆ σίτου καὶ οἴνου καὶ ἄρτων (7)
49. 26. πίονται ὡς οἶνον νέον τὸ αἷμα αὐτῶν (8)
51. 21. μεθύουσα οὐκ ἀπὸ οἴνου (2)
55. 1. **R** φάγετε [A S πίετε] ἄνευ ἀργυρίου καὶ τιμῆς οἶνον [A B S -ου] καὶ στέαρ (2)
62. 8. εἰ ἔτι πίονται υἱοὶ ἀλλότριοι τὸν οἶ. σου (7)
Je. 13. 12 *bis*. πᾶς ἀσκὸς πληρωθήσεται οἴνου (2)
23. 9. ὡς ἄνθρωπος συνεχόμενος ἀπὸ οἴνου (2)
28 (51). 7. ἀπὸ τοῦ οἶ. αὐτῆς ἐπίοσαν ἔθνη (2)
31 (48). 33. οἶνος ἦν ἐπὶ ληνοῖς σου (2)
32. 1 (25. 15). λάβε τὸ ποτήριον τοῦ οἶ. τοῦ ἀκράτου (2)
38 (31). 12. ἐπὶ γῆν σίτου καὶ οἴνου (7)
42 (35). 2. ποτιεῖς αὐτοὺς οἶνον (2)
— 5. ἔδωκα κατὰ πρόσωπον αὐτῶν κεράμιον οἴνου καὶ ποτήρια καὶ εἶπα, Πίετε οἶνον (2, 2)
— 6. οὐ μὴ πίωμεν οἶνον . . . οὐ μὴ πίητε οἶνον (2, 2)
— 8, 14. πρὸς τὸ μὴ πιεῖν οἶνον (2)
47 (40). 10. συναγάγετε οἶνον καὶ ὀπώραν (2)
— 12. συνήγαγον οἶνον (2)
La. 2. 12. ποῦ σῖτος καὶ οἶνος (2)
Ez. 16. 49. **A** ἐν εὐθηνίᾳ οἴνου [B *om.*] ἐσπατάλων –
27. 18. οἶνος [A -ον] ἐκ Χελβών (2)
— 18 (19). οἶνον εἰς τὴν ἀγοράν σου ἔδωκαν †
44. 21. οἶνον οὐ μὴ πίωσι πᾶς ἱερεύς (2)

Da. LXX. 1. 5. δίδοσθαι αὐτοῖς . . . ἀπὸ τοῦ οἶ. (2)
— 8. ἐν ᾧ πίνει οἴνῳ (2)
— 16. ἦν Ἀβ. ἀναιρούμενος . . . τὸν οἶ. αὐ. (2)
5. 1. Βαλτ. ἐνυψούμενος ἀπὸ τοῦ οἶ. –
— 2 (1). ἔπινεν οἶνον (1 *b* ?)
— 23. καὶ ἔπινες οἶνον (1 *b*)
10. 3. οἶνος οὐκ εἰσῆλθεν εἰς τὸ στόμα μου (2)
Bel 10. οἶνος κερασθεὶς εἰσηνέχθη
— 14. ἐξέπιον τὸν οἶ.
— 20. καὶ εὗρε . . . τὸν οἶ.
— 32. καὶ στάμνον οἶ. κεκερασμένου
Da. TH. 1. 5. καὶ ἀπὸ τοῦ οἶ. τοῦ πότου αὐ. (2)
— 8. οὐ μὴ ἀλισγηθῇ . . . ἐν τῷ οἶ. (2)
— 16. καὶ τὸν οἶ. τοῦ πόματος αὐ. (2)
5. 1. κατέναντι τῶν χιλίων ὁ οἶ. (1 *b*)
— 2. εἶπεν ἐν τῇ γεύσει τοῦ οἶ. (1 *b*)
— 4. ἔπινον οἶνον (1 *b*)
— 23. οἶνον ἐπίνετε ἐν αὐτοῖς (1 *b*)
10. 3. οἶνος οὐκ εἰσῆλθεν εἰς τὸ στόμα μου (2)
Bel 3. καὶ οἴνου μετρηταὶ ἕξ
— 11. καὶ τὸν οἶ. κεράσας θές
II Ma. 15. 39. οἶνον κατὰ μόνας πίνειν
— 39. οἶνος ὕδατι συγκερασθείς
III Ma. 5. 2. οἶ. πλείονι ἀκράτῳ ἄπ. τοὺς ἐλέφ. ποτίσαι
— 10. πεπληρωμένους τῆς τοῦ οἶ. πολλῆς χορηγίας
— 45. **R** εὐωδεστάτοις πόμασιν οἴνου λελιβανωμένου [A *al.*]
6. 30. ἐκέλευσεν οἴνους . . . χορηγεῖν
[**Aq.** I Ki. 1. 24 : Jb. 1. 18 : Ps. 59 (60). 5 : 77 (78). 65 : Pr. 4. 17 : 20. 1 : Is. 5. 12 (Sw.) : 28. 1 : 55. 1 : 56. 12 : Je. 48 (31). 33 : Ez. 27. 18.]
[**Sm.** I Ki. 1. 24 : Jb. 32. 19 : Ps. 59 (60). 5 : 74 (75). 9 : 77 (78). 65 : 103 (104). 15 : Pr. 4. 17 : 20. 1 : Ca. 4. 10 : Is. 28. 1 : 55. 1 : 65. 8 : Je. 48 (31). 33 : Ez. 27. 18 : Ho. 3. 2 : Am. 5. 11 (P.).]
[**Th.** Pr. 20. 1 : Is. 28. 1 : 55. 1 : 56. 12 : 65. 8 : Da. 5. 1 : 14. 2 : Ho. 3. 2.]
[**Al.** Pr. 20. 1 : Is. 5. 12.]
[**Quint.** Ho. 7. 14.]

οἰνοῦσθαι. (1) סָבָא
Ez. 23. 42. **A** πρὸς ἄνδρας ἐκ πλήθους ἀνθρώπων ἥκοντας οἰνωμένους [B *om.*] ἐκ τῆς ἐρήμου (1)
[**Sm.** Je. 25. 38 (32. 24) : 46 (26). 16 : 50 (27). 16.]
[**Th.** Ez. 23. 42 (Sw.).]

οἰνοφλυγεῖν (-φρύγειν ?). (1) סָבָא
De. 21. 20. συμβολοκοπῶν οἰνοφλυγεῖ [B^1 -φρύγει] (1)
[**Aq., Th.** Is. 56. 12.]

οἰνοφλυγίζειν.
[**Th.** Is. 56. 12 (Sw.).]

οἰνοχοεῖν. (1) מַשְׁקֶה (2) שָׁתָה
Ge. 40. 13. ὡς ἦσθα οἰνοχοῶν (1)
Da. LXX. 5. 2. καὶ οἰνοχοῆσαι ἐν αὐτοῖς τοῖς ἑταίροις αὐ. (2)

οἰνοχόη. (1) שִׁדָּה
Ec. 2. 8. ἐποίησά μοι . . . οἰνοχόον [A S^2 -ους] καὶ οἰνοχόας (1 ?)

οἰνοχόος. (1) מַשְׁקֶה (2) שַׂר הַמַּשְׁקִים (3) שִׁדָּה
Ge. 40. 20. τῆς ἀρχῆς τοῦ οἶ. [A ἀρχιοιν.] (2)
III Ki. 10. 5. τὸν ἱματισμὸν αὐ. καὶ τοὺς οἶ. αὐ. (1)
II Ch. 9. 4. **B** ἱματισμὸν αὐ. καὶ οἰνοχόων [A R -ους] αὐτοῦ (1)
Ne. 1. 11. **A S^1 R** ἤμην οἰνοχόος [B S^2 εὐνοῦχος] τῷ βασ. (1)
To. 1. 22. Ἀχιάχαρος δὲ ἦν ὁ οἶ. [A S *al.*]
Ec. 2. 8. ἐποίησά μοι . . . οἰνοχόον [A S^2 -ους] καὶ οἰνοχόας (3 ?)

οἰνών.
[**Sm.** Ca. 2. 4.]

οἷος. (1) אֲשֶׁר (2) כָּמֹנִי (3) **οἷος ἐγώ**
a. כָּמֹנִי *b.* אֲשֶׁר כָּמֹנִי
Ge. 41. 19. αἰσχρὰς . . . οἵας οὐκ εἶδον τοιαύτας –
44. 15. **R** ὁ [A *om.*] ἄνθρωπος οἶ. ἐγώ (3 *a*)
III Ki. 18. 13. οὐκ ἀπηγγέλη . . . οἷα πεποίηκα (1)

I Es. 1. 21. οἷον ἤγαγεν Ἰωσ.
Ne. 6. 11. A τίς ἐστιν ὁ ἀνὴρ οἷος ἐγὼ φεύ-
ξεται ἢ τίς οἷος ὁ ἀνὴρ [S² οἷ. ἐγώ,
B S¹ al.] (3 b, 2 [3 b])
To. 10. 7. τὴν ὁδὸν ἔξω οἵας ἀπῆλθεν [S al.]
14. 5. οὐχ οἷος ὁ πρότερος [S al.]
Es. 2. 1. μνημονεύων οἷα ἐλάλησεν [A al.] (1)
Jb. 33. 27. οἷα συνετέλουν [A -ούμην] †
Si. 49. 14. οὐδὲ εἷς ἐκτίσθη οἷος Ἐνώχ
Da. LXX. 9. 12. οἷα οὐκ ἐγενήθη ὑπὸ τὸν οὐ-
ρανόν (1)
12. 1. οἷα οὐκ ἐγενήθη (1)
Da. TH. 9. 12. οἷα [A ἃ] οὐ γέγονεν (1)
12. 1. οἷα οὐ γέγονεν [B¹ om.] (1)
I Ma. 4. 27. A R οὐχ οἷα ἤθελε . . . καὶ οὐχ [S om.]
οἷα ἐνετείλατο αὐτῷ
5. 56. οἷα ἐποίησαν
IV Ma. 1. 4. οἷον κακοηθείας
3. 2. οἷον, ἐπιθυμίαν τις ὑμῶν οὐ δύναται ἐκκόψαι
4. 7. ὡς οἷόν τε ἦν
[Sm. Jb. 33. 6.]

οἰστρηλασία.
IV Ma. 2. 4. τὴν τῆς ἡδυπαθείας οἰ. ἐπικρατεῖν ὁ λο-
γισμὸς φαίνεται

οἶστρος.
IV Ma. 2. 3. ἠκύρωσε . . . τὸν τῶν παθῶν οἶ.
3. 18. σβέσαι τὰς τῶν οἶ. φλεγμονάς

οἰφί (-εί). (1) אֵיפָה ,אֵפָה (2) סְאָה
Le. 5. 11. δέκατον τοῦ οἰφὶ σεμιδάλεως [A
-λιν] (1)
6. 20 (13). τὸ δέκατον τοῦ οἰ. σεμιδάλεως (1)
Nu. 5. 15. προσοίσει . . . τὸ δέκατον τοῦ οἰ. (1)
15. 4. προσοίσει . . . δέκατον τοῦ οἰ. –
28. 5. ποιήσεις τὸ δέκατον τοῦ οἰ. (1)
Jd. 6. 19. ἐποίησεν . . . οἰ. ἀλεύρου (1)
Ru. 2. 17. ἐγενήθη ὡς οἰφὶ κριθῶν (1)
I Ki. 1. 24. ἀνέβη . . . ἐν . . . οἰ. σεμιδάλεως (1)
17. 17. A λάβε δὴ τοῖς ἀδ. σου οἰ. τούτου (1)
25. 18. ἔλαβε . . . πέντε οἰ. ἀλφίτου (2)
Ez. 45. 13. τὸ ἕκτον αὐτοῦ τοῦ οἰ. (1)
[Aq. Ex. 16. 36 (P.).]
[Sm. Za. 5. 6.]
[Al. Ex. 16. 36: Le. 19. 36.]

οἴχεσθαι. (1) בּוֹא (2) הָלַךְ (3) חָלַשׁ
(4) סָרַח ni. (5) עָבַר (6) שָׁדַד a. pu.
b. hoph.
Ge. 12. 4. καὶ ᾤχετο μετ' αὐτοῦ Λώτ (2)
25. 34. καὶ ἀναστὰς ᾤχετο (2)
31. 19. Λάβαν δὲ ᾤχετο κεῖραι τὰ πρόβατα (2)
II Ch. 8. 17. ᾤχετο Σ. εἰς Γ. (2)
— 18. B ᾤχετο [A R -οντο] μετὰ τῶν παί-
δων Σ. (1)
21. 9. ᾤχετο Ἰ. μετὰ τῶν ἀρχόντων (5)
I Es. 9. 54. ᾤχοντο πάντες φαγεῖν
To. 2. 7. ὅτε ἔδυ ὁ ἥλιος ᾠχόμην
5. 9. S πολλάκις ᾠχόμην εἰς Μηδείαν
8. 9. S καὶ ᾤχοντο
10. 7. S τὴν ὁδὸν ᾗ ᾤχετο ὁ υἱὸς αὐ. [A B al.]
12. 13. S καὶ ᾤχου [A B al.]
Jb. 14. 10. ἀνὴρ δὲ τελευτήσας ᾤχετο (3)
— 20. ὦσας αὐτὸν εἰς τέλος καὶ ᾤχετο (2)
19. 10. διέσπασέ με κύκλῳ καὶ ᾠχόμην (2)
30. 15. ᾤχετό μου ἡ ἐλπὶς ὥσπερ πνεῦμα †
Ho. 10. 14. τὰ περιτετειχισμένα σου οἰχήσεται
[A οἰκήσεται] (6 b)
Je. 9. 10 (9). ἐξέστησαν ᾤχοντο (2)
10. 20. S¹ ἡ σκηνή σου ἐταλαιπώρησεν ᾤχετο
[A B S² ὤλετο] (6 a)
16. 11. ᾤχοντο ὀπίσω θεῶν ἀλλοτρίων (2)
27 (50). 6. ἐξ ὄρους ἐπὶ βουνὸν ᾤχοντο (2)
29 (49). 7. ᾤχετο σοφία αὐτῶν (4)
31 (48). 11. εἰς ἀποικισμὸν οὐκ ᾤχετο (2)
35 (28). 11. ᾤχετο Ἰερεμίας εἰς τὴν ὁδὸν αὐτοῦ (2)
48 (41). 10. ᾤχετο εἰς τὸ πέραν υἱῶν Ἀμμών (2)
— 12. ᾤχοντο πολεμεῖν αὐτόν (2)
— 15. ᾤχετο πρὸς τοὺς υἱοὺς Ἀμμών (2)
— 17. ᾤχοντο καὶ ἐκάθισαν ἐν Γαβηρωχαμάα (2)
52. 7. A ᾤχοντο [B ἐπορεύθησαν] ὁδὸν τὴν εἰς
Ἄραβα (2)
Ba. 1. 22. ᾠχόμεθα ἕκαστος ἐν διανοίᾳ καρδίας αὐτοῦ
[A ἡμῶν]
IV Ma. 4. 1. φυγὰς ᾤχετο τὴν πατρίδα προδώσων
— 14. ὁ μὲν παραδόξως διασωθεὶς ᾤχετο
[Aq. Jb. 4. 15.]

οἰωνίζεσθαι. (1) נָחַשׁ pi.
Ge. 30. 27. εἰ εὗρον χάριν . . . οἰωνισάμην ἄν (1)
44. 5. οἰωνισμῷ οἰωνίζεται ἐν αὐτῷ (1)
— 15. οἰωνισμῷ οἰωνιεῖται ὁ ἄνθρωπος (1)
Le. 19. 26. οὐκ οἰωνιεῖσθε (1)
De. 18. 10. οὐχ εὑρεθήσεται . . . οἰωνιζόμενος (1)
III Ki. 21 (20). 33. οἱ ἄνδρες οἰωνίσαντο (1)
IV Ki. 17. 17. B καὶ οἰωνίζοντο (1)
21. 6: II Ch. 33. 6. καὶ οἰωνίζετο (1)

οἰώνισμα. (1) a. אֱלוּל b. אֱלִיל (2) עָנַן po.
(3) קֶסֶם
I Ki. 15. 23. ἁμαρτία οἰώνισμά ἐστιν (3)
Je. 14. 14. οἰωνίσματα καὶ προαιρέσεις καρδίας
αὐτῶν αὐτοὶ προφητεύουσιν ὑμῖν
(1 a*, 1 b)
34 (27). 9. μὴ ἀκούετε . . . τῶν οἰ. ὑμῶν (2)

οἰωνισμός. (1) a. נָחַשׁ pi. b. נַחַשׁ
Ge. 44. 5. οἰωνισμῷ οἰωνίζεται ἐν αὐτῷ (1 a)
— 15. οἰωνισμῷ οἰωνιεῖται ὁ ἄνθρωπος (1 a)
Nu. 23. 23. οὐ γάρ ἐστιν οἰ. ἐν Ἰ. (1 b)
Si. 31 (34). 5. μαντεῖαι καὶ οἰωνισμοὶ . . . μάταιά
ἐστι

οἰωνόβρωτος.
II Ma. 9. 15. οἰωνοβρώτους δὲ . . . ἐκρίψειν θηρίοις
III Ma. 6. 34. R οἰωνοβρώτους [A οἰνοβρ.] αὐτοὺς
ἔσεσθαι τιθέμενοι

οἰωνός. (1) נַחַשׁ
Nu. 24. 1. εἰς συνάντησιν τοῖς οἰ. (1)
[Sm. Ps. 77 (78). 48.]

ὀκλάζειν. (1) כָּרַע
III Ki. 8. 54. ὀκλακὼς ἐπὶ τὰ γόνατα αὐ. (1)
19. 18. ἃ οὐκ ὤκλασαν γόνυ [A om.] τῷ B. (1)
[Aq. Ps. 82 (83). 3.]
[Sm. Ge. 49. 9: Jd. 11. 35: I Ki. 4. 19: 24.
9: Ps. 16 (17). 13: 21 (22). 30: 71 (72). 9:
77 (78). 31.]

ὀκνεῖν. (1) מָנַע ni. (2) עָצַל ni.
Nu. 22. 16. μὴ ὀκνήσῃς ἐλθεῖν πρός με (1)
Jd. 18. 9. μὴ ὀκνήσητε τοῦ πορευθῆναι (2)
To. 12. 6. μὴ ὀκνεῖτε ἐξομολογεῖσθαι αὐτῷ
— 13. ὅτε οὐκ ὤκνησας ἀναστῆναι
Ju. 12. 13. μὴ ὀκνησάτω δὴ ἡ παιδίσκη ἡ καλὴ αὕτη
Si. 7. 35. μὴ ὄκνει ἐπισκέπτεσθαι ἄρρωστον
IV Ma. 14. 4. οὐδὲ πρὸς τὸν θάνατον ὤκνησεν

ὀκνηρεύειν.
[Al. Nu. 32. 9.]

ὀκνηρία. (1) עַצְלָה
Ec. 10. 18. ἐν ὀκνηρίαις ταπεινωθήσεται ἡ δόκωσις (1)
[Sm. Pr. 19. 15: Ec. 10. 18.]
[Th. Pr. 19. 15.]
[Al. Pr. 31. 27.]

ὀκνηρός. (1) a. עָצֵל b. עַצְלוּת
Pr. 6. 6. ἴθι πρὸς τὸν μύρμηκα, ὦ ὀκνηρέ (1 a)
— 9. ἕως τίνος, ὀκνηρέ, κατάκεισαι (1 a)
11. 16. πλούτου ὀκνηροὶ ἐνδεεῖς γίνονται –
18. 8. ὀκνηροὺς καταβάλλει φόβος †
20. 4. ὀνειδιζόμενος ὀκνηρὸς οὐκ αἰσχύνεται (1 a)
21. 25. ἐπιθυμίαι ὀκνηρὸν ἀποκτείνουσιν (1 a)
22. 13. προφασίζεται καὶ λέγει ὀκνηρός (1 a)
26. 13. λέγει ὀκνηρὸς ἀποστελλόμενος εἰς ὁδόν (1 a)
— 14. οὕτως ὀκνηρὸς ἐπὶ τῆς κλίνης αὐτοῦ (1 a)
— 15. κρύψας ὀκνηρὸς τὴν χεῖρα ἐν τῷ κόλπῳ
αὐτοῦ (1 a)
— 16. σοφώτερος ἑαυτῷ ὀκνηρὸς φαίνεται (1 a)
31. 26 (27). σῖτα δὲ ὀκνηρὰ οὐκ ἔφαγε (1 b)
Si. 22. 1. λίθῳ ἠρδαλωμένῳ συνεβλήθη [S² ἐλιθο-
βολήθη] ὀκνηρός
— 2. βολβίτῳ κοπρίων συνεβλήθη ὀκνηρός
37. 11. μετὰ ὀκνηροῦ περὶ παντὸς ἔργου
[Aq. Pr. 15. 19.]
[Sm. Pr. 13. 4: 15. 19: 20. 4: 21. 25.]
[Th. Pr. 15. 19: 21. 25.]

ὀκτακισχίλιοι.
Nu. 2. 24: 3. 28: 4. 48.
I Ch. 29. 7.
I Ma. 5. 20, 34†: 10. 85: 15. 13†.
II Ma. 8. 20, 20†.

ὀκτακισχίλιος.
I Ma. 15. 13. A R καὶ ὀκτακισχιλία ἵππος [S al.]

ὀκτακόσιοι.
Ge. 5. 17, 19, 26†.
II Ki. 23. 8†: 24. 9.
I Ch. 12. 24, 30, 35.
II Ch. 13. 3.
I Es. 5. 11, 24†.
II Es. 2. 6.
Ne. 7. 11†, 12†, 13†, 14†: 11. 12†.
I Ma. 3. 24: 9. 6.
II Ma. 5. 21.
[Aq., Sm. Ge. 5. 4.]
[Th. Ge. 5. 4: Je. 52. 29.]

ὀκτάπηχυς. (1) שְׁמֹנֶה אַמּוֹת
III Ki. 7. 10. λίθοις δεκαπήχεσι καὶ τοῖς ὀ. (1)

ὀκτώ.
Ge. 5. 28: 14. 14: 17. 12: 22. 23: 46. 22.
Ex. 26. 2, 25: 37. 2 (36. 9).
Nu. 7. 8: 29. 29: 35. 7.
De. 2. 14.
Jo. 21. 39: 24. 33.
Jd. 3. 8, 14: 10. 8: 12. 13 (14): 20. 25, 44.
I Ki. 4. 15†: 17. 12†.
II Ki. 8. 13.
III Ki. 7. 15, 45.
IV Ki. 8. 17†: 10. 24†, 36: 15. 13†: 22. 1: 24. 8:
25. 17.
I Ch. 5. 13†: 12. 31, 35: 16. 38: 18. 12: 23. 3:
24. 4†: 25. 7: 26. 9.
II Ch. 11. 21 bis: 21. 5, 20†: 29. 17: 34. 1: 36. 9.
I Es. 1. 43: 5. 12, 18, 27: 8. 37, 47†.
II Es. 2. 16†, 23, 41: 8. 9, 11, 18.
Ne. 7. 11, 15, 16, 17†, 21, 22, 27†, 44, 45, 66†:
11. 6, 8, 13†, 14.
To. 14. 2† bis, 11†.
Ju. 7. 2†.
Jb. 42. 16†.
Ec. 11. 2.
Mi. 5. 5 (4).
Je. 48 (41). 15: 52. 22.
Ez. 10. 21: 40. 9, 15†, 31, 34, 37, 40†, 41: 43. 35.
I Ma. 4. 56, 59.
II Ma. 2. 12: 5. 14: 10. 6: 11. 2.
[Aq., Th. Mi. 5. 5 (4).]
[Sm. Je. 52. 21: Ez. 40. 49: Mi. 5. 5 (4).]

ὀκτωκαίδεκα, *vid. sub* **ὀκτώ** *et* **δέκα**.

ὀκτωκαιδέκατος. (1) a. שְׁמֹנֶה עָשָׂר, שְׁמֹנֶה
עֶשְׂרֵה
III Ki. 15. 1. ἐν τῷ ὀ. ἔτει βασιλεύοντος Ἰ. (1)
IV Ki. 1. 18 (3. 1). ἐν ἔτει ὀ. Ἰωσ. (1)
3. 1. B ἐν ἔτει ὀ. Ἰωσ. (1)
22. 3. ἐν τῷ ὀ. ἔτει τῷ βασ. Ἰ. (1)
23. 23. τῷ ὀ. ἔτει τοῦ βασ. Ἰωσ. (1)
I Ch. 24. 15. τῷ Ἀ. ὁ ὀ. (1)
25. 25. ὁ ὀ. Ἀνανίας (1)
II Ch. 13. 1. ἐν τῷ ὀ. ἔτει τῆς βασ. Ἰερ. (1)
34. 8. ἐν τῷ ὀ. ἔτει τοῦ βασ. αὐτοῦ (1)
35. 19. τῷ ὀ. ἔτει τῆς βασ. Ἰ. (1)
I Es. 1. 22. ὀ. ἔτει βασιλεύοντος Ἰωσ.
Ju. 2. 1. ἐν τῷ ἔτει τῷ ὀ.
Je. 39 (32). 1. οὗτος ἐνιαυτὸς ὀ. τῷ βασιλεῖ
Ναβουχοδονόσορ (1)
Da. LXX. 3. 1. ἔτους ὀ. Ναβ. βασιλεύς –
4. 1. ἔτους ὀ. τῆς βασ. Ναβ. –
Da. TH. 3. 1. ἔτους ὀ. Ναβ. ὁ βασ. –
I Ma. 14. 27. A R ὀκτωκαιδεκάτῃ [S² -ῳ] Ἐλοὺλ
[S om.]
[Th. Je. 52. 29.]

ὄλβος.
Si. 30. 15. σῶμα εὔρωστον ἢ ὄλβος ἀμέτρητος

ὀλδ.
[Heb. Ps. 48 (49). 2.]

ὀλεθρεύειν (ὀλοθρ.). (1) יָרַשׁ hi. (2) כָּרַת *a*. qal. *b*. pu. *c*. hi. (3) עָכַר (4) שָׁדַד (5) שָׁחַת hi. (6) שָׁמַד hi. (7) θανάτῳ ὀλεθρεύεσθαι הָרַם hoph.

Ex. 12. 23. οὐκ ἀφήσει τὸν ὀλεθρεύοντα (5)
22. 20 (19). B ὁ θυσιάζων θεοῖς θανάτῳ ὀλεθρευθήσεται [A R *al.*] (7)
Nu. 4. 18. μὴ ὀλεθρεύσητε [A ἐξολ.] τῆς φυλῆς τὸν δῆμον (2 *c*)
De. 20. 20. τοῦτο ὀλέθρευσεις [A ἐξολ.] (5)
Jo. 3. 10. ὀλεθρεύων ὀλεθρεύσει . . . τὸν Χαν. (1)
7. 25. τί ὠλέθρευσας ἡμᾶς (3)
Jd. 6. 25. τὸ ἄλσος τὸ ἐπ' αὐτὸ ὀλεθρεύσεις [A *al.*] (2 *a*)
— 28. τὸ ἄλσος τὸ ἐπ' αὐτῷ ὠλέθρευτο [A *al.*] (2 *b*)
— 30. ὠλέθρευσε [A ἔκοψε] τὸ ἄλσος (2 *a*)
Ju. 2. 3. ὀλεθρεῦσαι πᾶσαν σάρκα
8. 15. ἢ καὶ ὀλεθρεῦσαι ἡμᾶς
Wi. 18. 25. τούτοις εἶξεν ὁ ὀλεθρεύων
Hg. 2. 23 (22). B ὀλεθρεύσω [A S² ἐξολ.] δύναμιν βασιλέων (6)
Je. 2. 30. μάχαιρα κατέφαγε τοὺς προφήτας ὑμῶν ὡς λέων [B¹ *om.*] ὀλεθρεύων (5)
5. 6. λύκος ἕως τῶν οἰκιῶν ὠλέθρευσεν αὐτούς (4)
22. 7. ἐπάξω ἐπὶ σὲ ἄνδρα ὀλεθρεύοντα (5)
32. 22 (25. 36). ὠλέθρευσε κύριος τὰ βοσκήματα αὐτῶν (4)
I Ma. 2. 40. A S νῦν τάχιον ἡμᾶς ὀλεθρεύσουσιν [R ἐξολ.]
III Ma. 6. 21. κατεπάτουν αὐτὰς καὶ ὠλέθρευον
[**Aq.** Ge. 41. 36 : Is. 9. 14 (13) : 56. 5.]
[**Sm.** Ze. 2. 5.]

ὀλέθρευσις. (1) יָרַשׁ hi.

Jo. 17. 13. A ὀλεθρεύσει [B ἐξολεθρεῦσαι] δὲ αὐτοὺς οὐκ ἐξωλέθρευσαν (1)

ὀλεθρία (-εία).

Es. 8. 13. ἀντ' ὀλεθρίας τοῦ ἐκλεκτοῦ γένους
III Ma. 4. 2. ὀλοφυρομένων τὴν ἀπροσδόκητον . . . ὀ.
5. 5. λήψεσθαι τὸ φῦλον πέρας τῆς ὀ.
[**Th.** Ze. 2. 5.]

ὀλέθριος. (1) חֵרֶם

III Ki. 21 (20). 42. ἐξήνεγκας σὺ ἄνδρα ὀ. ἐκ χειρός σου (1)
Wi. 18. 15. ὁ . . . λόγος . . . εἰς μέσον τῆς ὀλεθρίας ἥλατο γῆς
[**Aq.**, **Quint.** Ze. 2. 5.]
[**Sm.** Ez. 25. 16.]

ὄλεθρος. (1) אֵיד (2) כָּחַד hi. (3) *a*. מְשַׁמָּה *b*. שְׁמָמָה (4) פַּחַד (5) (קִמּוֹשׂ) קִימוֹשׁ (6) *a*. שֹׁד *b*. שָׁדַד

III Ki. 13. 34. ἐγένετο τὸ ῥῆμα τοῦτο . . . εἰς ὄλεθρον (2)
Ju. 11. 15. δοθήσονταί σοι εἰς ὄλεθρον
Pr. 1. 26. ἡνίκα ἂν ἔρχηται ὑμῖν ὄλεθρος (4)
— 27. ὅταν ἔρχηται ὑμῖν ὄλεθρος –
21. 7. ὄλεθρος ἀσεβέσιν ἐπιξενωθήσεται (6 *a*)
Wi. 1. 12. μηδὲ ἐπισπᾶσθε ὄλεθρον ἔργοις [A ἐν ἔρ.] χειρῶν ὑμῶν
— 14. οὐκ ἔστιν ἐν αὐταῖς φάρμακον ὀλέθρου
18. 13. ἐπὶ τῷ τῶν πρωτοτόκων ὀ. ὡμολόγησαν θεοῦ υἱὸν λαὸν εἶναι
Si. 39. 30. ῥομφαία ἐκδικοῦσα [S² -διώκουσα] εἰς ὄλεθρον ἀσεβεῖς
Ho. 9. 6. τὸ ἀργύριον αὐ. ὄλεθρος κληρονομήσει αὐτό [A *om.*] (5 ?)
Ob. 1. 13. ἐν ἡμέρᾳ ὀλέθρου αὐ. (1)
Je. 28 (51). 55. ἔδωκεν εἰς ὄλεθρον φωνὴν αὐτῆς †
31 (48). 3. ὄλεθρον καὶ σύντριμμα μέγα (6 *a*)
— 8. ἥξει ὄ. ἐπὶ πᾶσαν πόλιν (6 *b*)
— 32. ἐπὶ τρυγηταῖς σου ὄ. ἐπέπεσε (6 *b*)
32. 17 (25. 31). ἐπὶ καθημένους τὴν γῆν ἥκει ὄ. †
Ez. 6. 14. εἰς ἀφανισμὸν καὶ εἰς ὄλεθρον (3 *a*)
14. 16. ἡ δὲ γῆ ἔσται εἰς ὄλεθρον (3 *b*)
II Ma. 6. 12. τὰς τιμωρίας μὴ πρὸς ὄλεθρον . . . εἶναι
13. 6. ἅπαντες προσωθοῦσιν εἰς ὄλεθρον
III Ma. 6. 30. ἐν ᾧ τόπῳ ἔδοξαν τὸν ὀ. ἀναλαμβάνειν
— 34. οἵ τε πρὶν εἰς ὄλεθρον
IV Ma. 10. 15. S¹ μὰ . . . τὸν αἰώνιον τοῦ τυράννου ὄ. καὶ τὸν ὄ. [A S² R *om.*] ἀΐδιον

ὀλεθροφόρος.

IV Ma. 8. 19. φευξόμεθα τὴν . . . ὀ. ἀλαζονείαν

ὀλέκειν. (1) חָבַל pu. (2) צוּק hi.

Jb. 10. 16. πάλιν γὰρ μεταβαλὼν δεινῶς με ὀλέκεις †
17. 1. A B S² ὀλέκομαι πνεύματι φερόμενος (1)
32. 18. A B S ὀλέκει γάρ με τὸ πνεῦμα τῆς γαστρός (2)

ὀλιγόβιος. (1) קְצַר יָמִים

Jb. 11. 2. εὐλογημένος γεννητὸς γυναικὸς ὀλιγόβιος –
14. 1. βροτὸς γὰρ γεννητὸς γυναικὸς ὀλιγόβιος (1)

ὀλιγοποιεῖν.

Si. 48. 2. τῷ ζήλῳ αὐτοῦ ὠλιγοποίησεν αὐτούς

ὀλίγος. (1) אֶחָד (2) אֶפֶס (3) מִזְעָר (4) מְעַט (5) מִצְעָר (6) מַת (7) ὁ τὸ ὀ. הַמְּמְעִיט (8) ὀ. γίγνεσθαι צָעַר (9) ὀ. εἶναι מָעַט (10) ὀλίγον ποιεῖν מָעַט hi. (11) παρ' ὀλίγον כְּאַיִן

Ge. 29. 20. R ἦσαν ἐναντίον αὐτοῦ ὡς ἡμέραι ὀ. (1)
Ex. 16. 18. A² ὁ τὸ ὀλίγον [B ἔλαττον] (7)
Le. 25. 52. ἐὰν δὲ ὀλίγον καταλειφθῇ (4)
Nu. 11. 32. ὁ τὸ ὀ. συνήγαγε δέκα κόρους (7)
13. 19 (18). ἢ ὀλίγοι εἰσὶν ἢ πολλοί (4)
26. 56. ἀνὰ μέσον πολλῶν καὶ ὀλίγων (4)
De. 4. 27. καταλειφθήσεσθε ὀλίγοι [A -φ] ἀριθμῷ (6)
28. 38. καὶ ὀλίγα εἰσοίσεις (4)
Jo. 7. 3. ὀλίγοι γάρ εἰσι (4)
I Ki. 14. 6. B σώζειν ἐν πολλοῖς ἢ ἐν ὀλίγοις (4)
III Ki. 17. 10. λάβε δή μοι ὀ. ὕδωρ (4)
— 12. καὶ ὀ. ἔλαιον ἐν τῷ καψάκῃ (4)
IV Ki. 10. 18. Ἀχ. ἐδούλευσε τῷ Βάαλ ὀλίγα (4)
14. 26. B εἶδε . . . ὀλίγους τοὺς συγκεχυμ. [A R *al.*] (2 ?)
II Ch. 14. 11 (10). σώζειν ἐν πολλοῖς καὶ ἐν ὀλίγοις †
24. 24. ἐν ὀ. ἀνδράσι παρεγένετο δύναμις Σ. (5)
29. 34. οἱ ἱερεῖς ὀ. ἦσαν (4)
Ne. 2. 12. καὶ ἄνδρες ὀ. μετ' ἐμοῦ (4)
7. 4. καὶ ὁ λαὸς ὀ. ἐν αὐτῇ (4)
To. 4. 8. A B ἐὰν ὀλίγον σοι ὑπάρχῃ
— 8. A B κατὰ τὸ ὀ. μὴ φοβοῦ ποιεῖν ἐλεημοσύνην
12. 8. ἀγαθὸν τὸ ὀ. μετὰ δικαιοσύνης [S *al.*]
Ju. 13. 9. μετ' ὀλίγον ἐξῆλθε
Jb. 8. 7. ἔσται οὖν τὰ μὲν πρῶτά σου ὀλίγα (5)
10. 20. ἢ οὐκ ὀλίγος ἐστὶν ὁ βίος τοῦ χρόνου [A χρόνος τοῦ βίου] μου (4)
— 20. S ἐασόν με ἀναπαύσασθαι ὀλίγον [A B μικρόν] (4)
14. 21. ἐὰν δὲ ὀλίγοι γένωνται (8)
15. 11. ὀλίγα ὧν ἡμάρτηκας μεμαστίγωσαι (4)
Ps. 16 (17). 14. A B² S κύριε ἀπὸ ὀλίγων [B¹ R ἀπολύων] ἀπὸ γῆς (6)
36 (37). 10. ἔτι ὀλίγον καὶ οὐ μὴ ὑπάρξῃ (4)
— 16. κρεῖσσον ὀλίγον τῷ δικαίῳ (4)
72 (73). 2. παρ' ὀλίγον ἐξεχύθη τὰ διαβήματά μου (11)
108 (109). 8. γενηθήτωσαν αἱ ἡμέραι αὐτοῦ ὀλίγαι (4)
Pr. 5. 14. παρ' ὀλίγον ἐγενόμην ἐν παντὶ κακῷ (4)
6. 10. ὀλίγον μὲν ὑπνοῖς ὀλίγον δὲ κάθησαι (4, 4)
— 10. ὀλίγον δὲ ἐναγκαλίζῃ χερσὶ στήθη (4)
15. 29 (16. 8). κρείσσων ὀλίγη λῆψις μετὰ δικαιοσύνης (4)
24. 48 (33). ὀλίγον νυστάζω ὀλίγον δὲ καθυπνῶ ὀλίγον δὲ ἐναγκαλίζομαι χερσὶ στήθη (4 *ter*)
Ec. 5. 1. ἔστωσαν οἱ λόγοι σου ὀ. (4)
— 11. εἰ ὀλίγον καὶ εἰ πολὺ φάγεται (4)
6. 11. S εἰσὶν ὀλίγοι [A B λόγοι] πολλοὶ πληθύνοντες ματαιότητα †
9. 14. πόλις μικρὰ καὶ ἄνδρες ἐν αὐτῇ ὀ. (4)
10. 1. τίμιον ὀλίγον [B¹ ὁ λόγος] σοφίας (4)
Wi. 2. 1. ὀλίγος ἐστὶ καὶ λυπηρὸς ὁ βίος ἡμῶν
3. 5. ὀλίγα παιδευθέντες μεγάλα εὐεργετηθήσονται
4. 13. τελειωθεὶς ἐν ὀλίγῳ ἐπλήρωσε χρόνους μακρούς
7. 9. ὁ πᾶς χρυσὸς ἐν ὄψει αὐτῆς ψάμμος ὀλίγη
12. 2. τοὺς παραπίπτοντας κατ' ὀλίγον ἐλέγχεις
13. 6. ἐπὶ [A ἔτι] τούτοις ἔστι μέμψις ὀλίγη
14. 20. τὸν πρὸ ὀλίγου τιμηθέντα ἄνθρωπον
Wi. 15. 8. μετ' ὀλίγον πορεύεται ἐξ ἧς ἐλήφθη
16. 3. αὐτοὶ δὲ ἐπ' ὀλίγον ἐνδεεῖς γενόμενοι
— 6. εἰς νουθεσίαν δὲ πρὸς ὀλίγον ἐταράχθησαν
18. 3. S¹ ὀλίγον [A B S² ὁδηγὸν] μὲν ἀγνώστου ὁδοιπορίας
Si. 6. 19. ἐν γὰρ τῇ ἐργασίᾳ αὐτῆς ὀλίγον κοπιάσεις
18. 10. οὕτως ὀλίγα ἔτη ἐν [S¹ *om.*] ἡμέρᾳ αἰῶνος
19. 1. ὁ ἐξουθενῶν τὰ ὀ. κατὰ μικρὸν πεσεῖται
20. 12. ἔστιν ἀγοράζων πολλὰ ὀλίγου
— 15. ὀλίγα δώσει καὶ πολλὰ ὀνειδίσει
31 (34). 10. ὃς οὐκ ἐπειράθη ὀλίγα οἶδεν
34 (31). 19. ὡς ἱκανὸν ἀνθρώπῳ πεπαιδευμένῳ τὸ ὀ.
35 (32). 8. κεφαλαίωσον λόγον [S *om.*] ἐν ὀλίγοις πολλά
40. 6. ὀλίγον ὡς οὐδὲν ἐν ἀναπαύσει
42. 4. περὶ κτήσεως πολλῶν καὶ ὀλίγων
43. 32. ὀλίγα γὰρ ἑωράκαμεν τῶν ἔργων αὐτοῦ
51. 16. ἔκλινα ὀλίγον τὸ οὖς μου
— 27. ἴδετε ἐν ὀφθαλμοῖς ὑμῶν ὅτι ὀλίγον ἐκοπίασα
Hg. 1. 6. ἐσπείρατε πολλὰ καὶ εἰσηνέγκατε ὀλίγα (4)
— 9. ἐπεβλέψατε εἰς πολλὰ καὶ ἐγένετο ὀλίγα (4)
Za. 1. 15. ἀνθ' ὧν μὲν ἐγὼ ὠργίσθην ὀλίγα (4)
Is. 10. 7. τοῦ ἔθνη ἐξολεθρεῦσαι οὐκ ὀλίγα (4)
21. 17. τὸ κατάλοιπον [S λ.] τῶν τοξευμάτων τῶν ἰσχυρῶν υἱῶν Κηδὰρ ἔσται ὀλίγον (9)
24. 6. καταλειφθήσονται ἄνθρωποι ὀλίγοι (3)
Je. 10. 24. ἵνα μὴ ὀλίγους ἡμᾶς ποιήσῃς (10)
49 (42). 2. κατελείφθημεν ὀλίγοι ἀπὸ πολλῶν (4)
51 (44). 28. ἐπιστρέψουσιν εἰς γῆν Ἰούδα ὀλίγοι ἀριθμῷ [A -μοί] (6)
Ba. 2. 13. κατελείφθημεν ὀλίγοι ἐν τοῖς ἔθνεσιν
Ez. 5. 3. λήψῃ ἐκεῖθεν ὀλίγους ἐν ἀριθμῷ (4)
Da. Th. 11. 23. ὑπερισχύσει αὐτοῖς ἐν ὀ. ἔθνει (4)
I Ma. 3. 18. συγκλεισθῆναι πολλοὺς ἐν χερσὶν ὀλίγων
— 18. σώζειν ἐν πολλοῖς ἢ ἐν ὀλίγοις
— 29. A S οἱ φόροι [R φορολόγοι] τῆς χώρας ὀλίγοι
6. 54. ὑπελείφθησαν ἐν τοῖς ἁγίοις ἄνδρες ὀ.
— 57. ἡ τροφὴ ἡμῖν ὀλίγη
7. 1. ἀνέβη σὺν [S¹ ἐν] ἀνδράσιν [S¹ *add.* ἐν] ὀ.
— 28. ἥξω ἐν ἀνδράσιν ὀ.
— 50. ἡσύχασεν ἡ γῆ Ἰ. ἡμέρας ὀ.
9. 9. ἡμεῖς δὲ ὀλίγοι
12. 45. ἐπίλεξαι δὲ σεαυτῷ ἄνδρας ὀ.
15. 10. ὥστε ὀλίγους εἶναι τοὺς καταλειφθέντας
II Ma. 1. 15. κἀκείνου προσελθόντος μετ' ὀλίγων
2. 21. ὥστε τὴν ὅλην χώραν ὀλίγους ὄντας λεηλατεῖν
6. 17. δι' ὀλίγων δὲ ἐλευστέον ἐπὶ τὴν διήγησιν
8. 6. οὐκ ὀλίγους τῶν πολεμίων ἐνίκα
10. 24. τοὺς τῆς Ἀ. γενομ. ἵππους συναθροίσας οὐκ ὀλίγους
11. 1. R μετ' ὀ. δὲ παντελῶς χρόνον [A χρονίσκον]
12. 34. συνέβη πεσεῖν ὀλίγους τῶν Ἰουδ.
13. 19. A φρούριον ὀ. [R ὀχυρὸν] τῶν Ἰ. προσῆγεν
14. 30. συστρέψας οὐκ ὀλίγους τῶν περὶ ἑαυτόν
III Ma. 3. 23. τοὺς ἐν αὐτοῖς ὀλίγους πρὸς ἡμᾶς γνησίως διακειμένους
IV Ma. 6. 20. εἰ ἐπιβιώσομεν ὀ. χρόνον
15. 27. τὴν σώζουσαν ἑπτὰ υἱοὺς πρὸς ὀ. χρόνον σωτηρίαν
[**Aq.** II Ki. 12. 8 : 16. 1 : Ps. 8. 6 (P.) : Pr. 5. 14 : 10. 20 : Is. 7. 13 : Ho. 8. 10.]
[**Sm.** II Ki. 12. 8 : 16. 1 : Jb. 20. 5 : Ps. 106 (107). 38 : Is. 24. 6 : Da. 11. 23 (Sw.).]
[**Th.** II Ki. 12. 8 : Jb. 15. 20 (P.) : Is. 24. 6 : 34. 12 : 54. 8 : Da. 11. 23.]
[**Al.** Ge. 44. 25 : Ez. 34. 29.]
[**Quint.** Ho. 7. 4.]

ὀλιγοστός. (1) אֶפֶס (2) מִזְעָר (3) מְעַט (4) מַת (5) צָעִיר (6) קָטֹן (7) ὀ. εἶναι מָעַט (8) ὀλιγοστὸν ποιεῖν מָעַט hi.

Ge. 34. 30. ἐγὼ δὲ ὀ. εἰμι ἐν ἀριθμῷ (4)
Ex. 12. 4. ἐὰν δὲ ὀλιγοστοὶ ὦσιν οἱ ἐν τῇ οἰκίᾳ (7)
Le. 26. 22. ὀλιγοστοὺς ποιήσω [A³ -ει] ὑμᾶς (8)
De. 7. 7. ὑμεῖς γάρ ἐστε ὀ. (3)
IV Ki. 14. 26. A R εἶδε . . . ὀλιγοστοὺς συγκεχυμ. [B *al.*] (1 ?)
I Ch. 16. 19. ἐν τῷ γενέσθαι [A λέγεσθαι] αὐτοὺς ὀ. ἀριθμῷ (4)
Ps. 104 (105). 12. ἐν τῷ εἶναι αὐτοὺς . . . ὀλιγοστούς (3)
Si. 48. 15. κατελείφθη ὁ λαὸς ὀλιγοστός
Am. 7. 2, 5. τίς ἀναστήσει τὸν Ἰ. ὅτι ὀλιγοστός ἐστι (6)

Mi. 5. 2 (1). σὺ Βηθ. οἶκος Ἐφραθὰ ὀλιγοστὸς εἶ τοῦ εἶναι (5)
Ob. 1. 2. ὀλιγοστὸν δέδωκά σε ἐν τοῖς ἔθνεσιν (6)
Is. 16. 14. καταλειφθήσεται ὀ. καὶ οὐκ ἔντιμος (3 + 2)
41. 14. μὴ φοβοῦ, Ἰακὼβ ὀλιγοστὸς Ἰσραήλ (4)
60. 22. ὁ ὀ. ἔσται εἰς χιλιάδας (6)
Ez. 29. 15. ὀλιγοστοὺς αὐτοὺς ποιήσω (8)
Da. LXX. 11. 23. καὶ ἐπὶ ἔθνος ἰσχυρὸν ἐν ὀ. ἔθνει (3)
I Ma. 3. 16. ἐξῆλθεν Ἰούδας . . . ὀλιγοστός
— 17. πῶς δυνησόμεθα ὀλιγοστοὶ ὄντες πολεμῆσαι
[**Aq.** Je. 10. 24.]
[**Sm.** Ps. 29 (30). 6 : 80 (81). 15.]
[**Al.** I Ki. 9. 21.]

ὀλιγότης. (1) קֹצֶר pi.

Ps. 101 (102). 23. τὴν ὀ. τῶν ἡμερῶν μου ἀνάγγειλόν μοι (1)

ὀλιγοῦν. (1) אֻמַל pul. (2) מָעַט *a.* qal. *b.* pi. *c.* hi. (3) פָּסַס (4) קָצַר

Jd. 10. 16. ὠλιγώθη ἡ ψυχὴ αὐτοῦ [**A** *al.*] (4)
IV Ki. 4. 3. μὴ ὀλιγώσῃς (2 *c*)
Ne. 9. 32. μὴ ὀλιγωθήτω . . . πᾶς ὁ μόχθος (2 *a*)
Ps. 11 (12). 1. ὠλιγώθησαν αἱ ἀλήθειαι ἀπὸ τῶν υἱῶν τῶν ἀνθρ. (3)
106 (107). 39. ὠλιγώθησαν καὶ ἐκακώθησαν ἀπὸ θλίψεως κακῶν (2 *a*)
Pr. 10. 27. ἔτη δὲ ἀσεβῶν ὀλιγωθήσεται (4)
Ec. 12. 3. ἤργησαν αἱ ἀλήθουσαι ὅτι ὠλιγώθησαν (2 *b*)
Jl. 1. 10. ἐξηράνθη οἶνος ὠλιγώθη ἔλαιον (1)
— 12. καὶ αἱ συκαῖ ὠλιγώθησαν (1)
Na. 1. 4. ὠλιγώθη ἡ Β. καὶ ὁ Κ. (1)
Hb. 3. 12. ἐν ἀπειλῇ ὀλιγώσεις γῆν †
[**Aq.**, Ps. 106 (107). 38.]
[**Sm.** Ps. 106 (107). 39.]

ὀλιγοχρόνιος.

Wi. 9. 5. ἄνθρωπος ἀσθενὴς καὶ ὀ.

ὀλιγοψυχεῖν. (1) יָעֵף (2) עָיֵף (3) עָטַף hithp. (4) עָלַף hithp. (5) קָצַר נֶפֶשׁ

Nu. 21. 4. ὠλιγοψύχησεν ὁ λαός (5)
Jd. 8. 4. **A** ὀλιγοψυχοῦντες καὶ πεινῶντες [**B** *al.*] (2)
10. 16. **A** ὠλιγοψύχησεν ἐν τῷ κόπῳ Ἰσρ. [**B** *al.*] (5)
16. 16. ὠλιγοψύχησεν ἕως τοῦ ἀποθανεῖν [**A** *al.*] (5)
Ju. 7. 19. ὠλιγοψύχησε τὸ πνεῦμα αὐ.
8. 9. ὠλιγοψύχησαν [**A** -εν] ἐπὶ [**A S** ἐν] τῇ σπάνει τῶν ὑδάτων
Ps. 76 (77). 3. ὠλιγοψύχησε τὸ πνεῦμά μου (3)
Si. 4. 9. μὴ ὀλιγοψυχήσῃς ἐν τῷ κρίνειν [**S** -εσθαί] σε
7. 10. μὴ ὀλιγοψυχήσῃς ἐν τῇ προσευχῇ σου
Jn. 4. 8. ὠλιγοψύχησε καὶ ἀπελέγετο τὴν ψυχήν (4)
Hb. 2. 13. καὶ ἔθνη πολλὰ ὠλιγοψύχησαν (1)
[**Sm.**, **Th.** Za. 11. 8.]

ὀλιγοψυχία. (1) קֹצֶר רוּחַ

Ex. 6. 9. οὐκ εἰσήκουσαν Μωυσῆ ἀπὸ τῆς ὀ. (1)
Ps. 54 (55). 8. προσεδεχόμην τὸν σώζοντά με ἀπὸ ὀλιγοψυχίας †

ὀλιγόψυχος. (1) מָהַר ni. (2) עֲצוּבַת רוּחַ (3) קְצַר־רוּחַ (4) ὀ. ἀνήρ רוּחַ נְכֵאָה (5) דַּכָּא וּשְׁפַל־רוּחַ

Pr. 14. 29. ὁ δὲ ὀ. ἰσχυρῶς ἄφρων (3)
18. 14. ὀλιγόψυχον δὲ ἄνδρα τίς ὑποίσει (4)
Is. 25. 5. ὡς ἄνθρωποι ὀλιγόψυχοι διψῶντες ἐν Σιών †
35. 4. παρακαλέσατε οἱ ὀ. τῇ διανοίᾳ (1)
54. 6. ὡς γυναῖκα καταλελειμμένην καὶ ὀλιγόψυχον [A^1 *om.* κ. ὀ.] (2)
57. 15. ὀλιγοψύχοις διδοὺς μακροθυμίαν (5)

ὀλιγωρεῖν. (1) מָאַס

Pr. 3. 11. μὴ ὀλιγώρει παιδείας κυρίου (1)

ὀλίγως.

[**Aq.** Is. 10. 7.]

ὀλιοῦν (?).

[**Aq.** Je. 14. 2.]

ὀλισθαίνειν, ὀλισθάνειν. (1) שָׁחַח

Pr. 14. 19. ὀλισθήσουσι κακοὶ ἔναντι ἀγαθῶν (1)
Si. 3. 24. ὑπόνοια πονηρὰ ὠλίσθησε διανοίας [A^1 -θη ἐν διανοίᾳ] αὐτῶν
9. 9. μή ποτε . . . τῷ πνεύματί σου ὀλισθήσῃς [**A** B^2 -σῃ, **S** -ῇς] εἰς ἀπώλειαν
14. 1. ὃς οὐκ ὠλίσθησεν ἐν στόματι αὐτοῦ
19. 16. **A B** S^1 ἔστιν ὀλισθάνων [S^2 **R** -αίνων] καὶ οὐκ ἀπὸ ψυχῆς
21. 7. **A B** S^1 ὁ δὲ νοήμων οἶδεν ἐν τῷ ὀλισθάνειν [S^2 **R** -αίνειν] αὐτόν
25. 8. ὃς ἐν γλώσσῃ οὐκ ὠλίσθησε
28. 26. πρόσεχε μή πως ὀλισθήσῃς [**A** S^1 -θῇς, S^2 -σεις] ἐν αὐτῇ

ὀλίσθημα (-θρημα). (1) דְּחִי (2) *a.* חֲלַקּוֹת *b.* חֲלַקְלַקּוֹת

Ps. 34 (35). 6. γενηθήτω ἡ ὁδὸς αὐτῶν σκότος καὶ ὀλίσθημα (2 *b*)
55 (56). 13. ἐρρύσω . . . τοὺς πόδας μου ἐξ [S^2 ἀπὸ] ὀλισθήματος (1)
114 (116). 8. ἐξείλατο . . . τοὺς πόδας μου ἀπὸ ὀλισθήματος (1)
Si. 20. 18. ὀλίσθημα ἀπὸ ἐδάφους μᾶλλον ἢ ἀπὸ γλώσσης
Je. 23. 12. γενέσθω ἡ ὁδὸς αὐτῶν αὐτοῖς εἰς ὀλίσθημα (2 *b*)
45 (38). 22. καταλύσουσιν ἐν ὀλισθήμασι πόδα σου †
Da. Th. 11. 21. **A R** κατισχύσει βασιλείας ἐν ὀλισθήμασι [**B** -θρήμ.] (2 *b*)
— 32. **A R** διαθήκην ἐξάξουσιν ἐν ὀλισθήμασι [**B** -θρήμ.] (2 *a*)
— 34. **A R** προστεθήσονται . . . πολλοὶ ἐν ὀλισθήμασι [**B** -θρήμ.] (2 *b*)
[**Sm.** Pr. 26. 28.]
[**Th.** Is. 30. 10.]

ὀλισθηρός.

[**Aq.** Is. 30. 10.]
[**Sm.** Pr. 2. 16 : Ez. 12. 24.]
[**Th.** Pr. 7. 5.]

ὄλισθος.

[**Sm.** Ps. 72 (73). 18.]

ὀλίσθρημα, *vid.* **ὀλίσθημα.**

ὁλκή. (1) מִשְׁקָל

Ge. 24. 22. **R** ἐνώτια χρυσᾶ ἀνὰ δραχμὴν [**A** -ῆς] ὁλκῆς (1)
— 22. δύο ψέλλια . . . δέκα χρυσῶν ὁ. αὐτῶν (1)
Nu. 7. 13, 19, 25, 31, 37, 43, 49, 55, 61, 67, 73, 79. τριάκοντα καὶ ἑκατὸν ὁλκὴ αὐτοῦ (1)
II Ki. 21. 16. ὁ σταθμὸς . . . τριακοσίων σίκλων ὁλκῇ [**A** -ῆς] χαλκοῦ (1)
I Ch. 21. 25. σίκλους χρυσίου ὁλκῆς ἑξακοσίους (1)
28. 14. καὶ τὸν σταθμὸν τῆς ὁ. αὐτῶν (1)
— 15. λυχνιῶν τὴν ὁ. ἔδωκεν αὐτῷ (1)
II Ch. 3. 9. ὁλκὴ τῶν ἥλων ὁλκὴ τοῦ ἑνός (1, –)
4. 18. οὐκ ἐξέλιπεν ὁλκὴ τοῦ χαλκοῦ (1)
I Es. 8. 63. πρὸς ἀριθμὸν καὶ ὁλκὴν πάντα
— 64. ἐγράφη πᾶσα ἡ ὁ.
Si. 8. 2. μή ποτε ἀντιστήσῃ σου τὴν ὁ.
29. 13. A^2 **S** ὑπὲρ δόρυ ὁλκῆς [A^1 **B** ἀλκῆς] . . . πολεμήσει ὑπὲρ σοῦ
I Ma. 14. 24. S^2 **R** ἀσπίδα χρυσῆν μεγάλην ὁλκῆς [**A** S^1 -ὴν] μνῶν χιλίων
II Ma. 12. 28. **A** τὸν . . . συντρίβοντα τὰς τῶν πολεμίων ὁ. [**R** ἀλκάς]

ὁλκίον (**ὁλκεῖον**).

Ju. 15. 11. ἔδωκαν τῇ Ἰ. . . . τὰ ὁ.

ὀλλύναι. (1) אָבַד *a.* qal. *b.* pi. (2) בָּעַת pi. (3) כָּרַת ni. (4) רָצָה pi. (5) שָׁדַד *a.* qal. *b.* pu.

Jb. 4. 11. μυρμηκολέων ὤλετο παρὰ τὸ μὴ ἔχειν βοράν (1 *a*)
8. 13. **A** ἐλπὶς γὰρ ἀσεβοῦς ὀλεῖται [**BS** ἀπολ.] (1 *a*)
18. 11. B^3 **SR** ὀλέσαισαν [**A** -σειαν, B^1 -σαιαν, B^2 -σαιεν] αὐτὸν ὀδύναι (2)
20. 10. τοὺς υἱοὺς αὐτοῦ ὀλέσαισαν [**A** θλάσειαν] ἥττονες (4 ?)
34. 17. τὸν ὀλλύντα τοὺς πονηρούς †
Pr. 1. 32. ἐξετασμὸς ἀσεβεῖς ὀλεῖ (1 *b*)
2. 22. ὁδοὶ ἀσεβῶν ἐκ γῆς ὀλοῦνται (3)
9. 18. γηγενεῖς παρ' αὐτῇ ὄλλυνται [S^2 ὀλοῦνται] –
10. 28. **A S** ἐλπὶς δὲ ἀσεβῶν ὄλλυται [**B** ἀπολεῖται] (1 *a*)
11. 7. τελευτήσαντος ἀνδρὸς δικαίου οὐκ ὄλλυται ἐλπὶς τὸ δὲ καύχημα τῶν ἀσεβῶν ὄλλυται (1 *a*, 1 *a*)
13. 2. ψυχαὶ δὲ παρανόμων ὀλοῦνται [**S** ὄλλυνται] ἄωροι †
15. 5 (6). **A** S^2 οἱ δὲ ἀσεβεῖς ὁλόριζοι ἐκ γῆς ὀλοῦνται [**B** S^1 ἀπολ.] †
16. 33 (2). οἱ δὲ ἀσεβεῖς ἐν ἡμέρᾳ κακῇ ὀλοῦνται –
25. 19. ποὺς παρανόμου ὀλεῖται ἐν ἡμέρᾳ κακῇ †
Je. 10. 20. ἡ σκηνή σου ἐταλαιπώρησεν ὤλετο [S^1 ᾤχ.] (5 *b*)
29 (49). 10. ὤλοντο διὰ χεῖρα ἀδελφοῦ αὐτοῦ (5 *b*)
30 (49). 3. ὅτι ὤλετο (5 *b*)
31 (48). 1. οὐαὶ ἐπὶ Ναβαῦ ὅτι ὤλετο (5 *b*)
— 15. ὤλετο Μωὰβ πόλις αὐτοῦ (5 *b*)
— 18. ὤλετο Μωάβ (5 *a*)
— 20. ὤλετο Μωάβ (5 *b*)
38 (31). 2. εὗρον θερμὸν ἐν ἐρήμῳ μετὰ ὀλωλότων ἐν μαχαίρᾳ †
— 2. βαδίσατε καὶ μὴ ὀλέσητε τὸν Ἰσραήλ †
[**Aq.** Jb. 4. 11.]

ὅλμος.

[**Aq.** Jd. 15. 19 : Pr. 27. 22 : Ze. 1. 11.]
[**Sm.** Jd. 15. 19 : Ze. 1. 11.]
[**Th.** Jd. 15. 19 : Pr. 27. 22.]

ὀλοθρεύειν, *vid.* **ὀλεθρεύειν.**

ὁλοκαρποῦν.

Si. 45. 14. **A S R** θυσίαι [**B** -ίαν] αὐ. ὁλοκαρπωθήσονται
IV Ma. 18. 11. καὶ τὸν ὁλοκαρπούμενον Ἰσαάκ

ὁλοκάρπωμα. (1) עֹלָה

Le. 5. 10. B^2 **R** τὸ δεύτερον ποιήσει ὁ. [**A** B^1 -καύτωμα] (1)
16. 24. **A B** ποιήσει . . . τὸ ὁ. [**R** ὁλοκαύτωμα] αὐ. καὶ τὸ ὁ. τοῦ λαοῦ (1, 1)
Nu. 15. 3. ποιήσεις . . . ὁλοκάρπωμα [**A** -καυτώματα] (1)
Ju. 16. 16. **S** ἐλάχιστον πᾶν στέαρ εἰς ὁλοκάρπωμά [**A B** -καύτωμά] σοι
Wi. 3. 6. ὡς ὁλοκάρπωμα θυσίας προσεδέξατο αὐτούς
[**Al.** Le. 8. 18 : Nu. 29. 8.]

ὁλοκάρπωσις. (1) עוֹלָה, עֹלָה

Ge. 8. 20. **R** ἀνήνεγκεν εἰς [**A** *om.*] ὁλοκάρπωσιν (1)
22. 2. ἀνένεγκε αὐτὸν ἐκεῖ εἰς ὁλοκάρπωσιν (1)
— 3. καὶ σχίσας ξύλα εἰς ὁλοκάρπωσιν (1)
— 6. ἔλαβε . . . τὰ ξύλα τῆς ὁλοκαρπώσεως (1)
— 7. ποῦ ἐστι τὸ πρόβατον τὸ εἰς ὁλοκάρπωσιν (1)
— 8. ὁ θ. ὄψεται ἑαυτῷ πρόβατον εἰς ὁλοκάρπωσιν (1)
— 13. ἀνήνεγκεν αὐτὸν εἰς ὁλοκάρπωσιν (1)
Le. 4. 34. B^2 **R** τοῦ θυσιαστηρίου τῆς ὁ. [**A** B^1 ὁλοκαυτώσεως] (1)
9. 3. λάβετε . . . ἀμνὸν . . . εἰς ὁλοκάρπωσιν (1)
I Ki. 6. 14. **A** τὰς βόας ἀνήνεγκαν ὁλοκάρπωσιν [**B** *al.*] (1)
Is. 40. 16. πάντα τὰ τετράποδα οὐχ ἱκανὰ εἰς ὁλοκάρπωσιν (1)
43. 23. **R** οὐκ ἤνεγκάς μοι [**A B S** οὐκ ἐμοὶ] πρόβατά σου τῆς ὁ. σου (1)

ὁλόκαυτος. (1) כָּלִיל

Le. 6. 23 (16). **B** πᾶσα θυσία ἱερέως ὁλόκαυτος ἔσται (1)

ὁλοκαύτωμα. (1) אִשֶּׁה (2) זֶבַח (3) כָּלִיל (4) מִנְחָה (5) עוֹלָה, עֹלָה

Ex. 10. 25. **B** δώσεις ἡμῖν ὁλοκαυτώματα καὶ θυσίας (2)
18. 12. ἔλαβεν Ἰ. . . . ὁλοκαυτώματα (5)
20. 24. θύσετε ἐπ' αὐτοῦ τὰ ὁ. ὑμῶν [**A** *om.*] (5)
24. 5. ἀνήνεγκαν ὁλοκαυτώματα (5)
29. 18. ἀνοίσεις ὅλον τὸν κριὸν . . . ὁλοκαύτωμα τῷ κ. (5)
30. 20. ἀναφέρειν τὰ ὁ. κυρίῳ (1)
— 28. τὸ θυσιαστήριον τῶν ὁ. (5)
32. 6. ἀνεβίβασεν ὁλοκαυτώματα (5)
Le. 1. 3. ἐὰν ὁλοκαύτωμα τὸ δῶρον αὐτοῦ (5)
— 6. ἐκδείραντες τὸ ὁ. μελιοῦσιν αὐτό (5)
— 10. τῶν ἐρίφων εἰς ὁλοκαύτωμα (5)
3. 2. ἐπὶ τὸ θυσιαστήριον τῶν ὁ. κύκλῳ –
— 5. ἐπὶ τὸ θυσιαστήριον ἐπὶ τὰ ὁ. (5)
4. 7. τὴν βάσιν τοῦ θυσιαστηρίου τῶν ὁ. (5)
— 24. οὗ σφάζουσι τὰ ὁ. (5)

Le. 4. 25. ἐπὶ τὰ κέρατα τοῦ θυσιαστηρίου τῶν ὁ. (5)
— 25. τὴν βάσιν τοῦ θυσιαστηρίου τῶν ὁ. (5)
— 29. οὗ σφάζουσι τὰ ὁ. (5)
— 30. ἐπὶ τὰ κέρατα τοῦ θυσιαστηρίου τῶν ὁ. (5)
— 33. οὗ σφάζουσι τὰ ὁ. (5)
— 35. ἐπιθήσει . . . ἐπὶ τὸ ὁ. κυρίῳ (1)
5. 7. οἴσει . . . ἕνα εἰς ὁλοκαύτωμα (5)
— 10. A B[1] τὸ δεύτερον ποιήσει ὁλοκαύτωμα [B[2] R -κάρπ.] (5)
— 12. τὸ θυσιαστήριον τῶν ὁ. (1)
6. 25 (18), 32 (7. 2). οὗ σφάζουσι τὸ ὁ. (5)
— 38 (7. 8). ὁ ἱερεὺς ὁ προσάγων ὁλοκαύτωμα ἀνθρώπου (5)
7. 27 (37). οὗτος ὁ νόμος τῶν ὁ. (5)
8. 18. τὸν κριὸν τὸν εἰς ὁλοκαύτωμα (5)
— 20 (21). ὁλοκαύτωμα ὅ ἐστιν εἰς ὀσμὴν εὐωδίας (5)
— 27 (28). ἐπὶ τὸ ὁ. τῆς τελειώσεως (5)
9. 2. λάβε . . . κριὸν εἰς ὁλοκαύτωμα (5)
— 7. ποίησον . . . τὸ ὁ. σου (5)
— 12. καὶ ἔσφαξε τὸ ὁ. (5)
— 13. καὶ τὸ ὁ. προσήνεγκαν αὐτό (5)
— 14. ἐπέθηκεν ἐπὶ τὸ ὁ. ἐπὶ τὸ θυσιαστήριον (5)
— 16. προσήνεγκε τὸ ὁ. (5)
— 17. χωρὶς τοῦ ὁ. τοῦ πρωϊνοῦ (5)
— 22. τὰ ὁ. καὶ τὰ [A om. κ. τ.] τοῦ σωτηρίου (5)
— 24. κατέφαγε . . . τά τε ὁ. καὶ τὰ στέατα (5)
10. 19. τὰ περὶ τῆς ἁμαρτίας αὐ. καὶ τὰ ὁ. αὐτῶν (5)
12. 6. προσοίσει ἀμνὸν . . . εἰς ὁλοκαύτωμα (5)
— 8. λήψεται δύο τρυγόνας . . . μίαν εἰς ὁλοκαύτωμα (5)
14. 13. οὗ σφάζουσι τὰ ὁ. (5)
— 19. σφάξει ὁ ἱερεὺς τὸ ὁ. (5)
— 20. ἀνοίσει [A[2] οἴσει] ὁ ἱερεὺς τὸ ὁ. (5)
— 22. ἔσται . . . ἡ μία εἰς ὁ. (5)
— 31. καὶ τὴν μίαν εἰς ὁλοκαύτωμα (5)
15. 15. ποιήσει . . . μίαν εἰς ὁλοκαύτωμα (5)
— 30. ποιήσει . . . τὴν μίαν εἰς ὁλοκαύτωμα (5)
16. 3. καὶ κριὸν εἰς ὁλοκαύτωμα (5)
— 5. λήψεται . . . κριὸν ἕνα εἰς ὁλοκαύτωμα (5)
— 24. R καὶ ἐξελθὼν ποιήσει τὸ ὁ. [A B -κάρπ.] αὐ. (5)
17. 4. ποιῆσαι αὐτὸ εἰς ὁλοκαύτωμα –
— 8. ὃς ἂν ποιήσῃ ὁλοκαύτωμα (5)
22. 18. ὅσα ἂν προσενέγκωσι . . . εἰς ὁλοκαύτωμα (5)
23. 8. προσάξετε ὁλοκαυτώματα τῷ κ. (1)
— 12. εἰς ὁλοκαύτωμα τῷ κ. (5)
— 18. ἔσονται ὁλοκαύτωμα τῷ κ. (5)
— 25. προσάξετε ὁλοκαύτωμα κυρίῳ (1)
— 27. προσάξετε ὁλοκαύτωμα τῷ κ. (1)
— 36. προσάξετε ὁλοκαυτώματα [A -μα] τῷ κ. (1)
— 36. προσάξετε ὁλοκαυτώματα [A -μα] κυρίῳ (1)
— 37. ὁλοκαυτώματα καὶ θυσίας αὐτῶν (5)
Nu. 6. 11. καὶ μίαν εἰς ὁλοκαύτωμα (5)
— 14. A ἀμνὸν . . . ἕνα εἰς ὁλοκαύτωμα [B -ωσιν] (5)
— 16. ποιήσει . . . τὸ ὁ. αὐτοῦ (5)
7. 15. ἀμνὸν . . . εἰς ὁλοκαύτωμα (5)
— 21, 27. ἀμνὸν ἕνα ἐνιαύσιον εἰς ὁλοκαύτωμα (5)
— 33. ἀμνὸν ἕνα [A om.] . . . εἰς ὁλοκαύτωμα (5)
— 39. ἀμνὸν ἕνα ἐνιαύσιον εἰς ὁλοκαύτωμα (5)
— 45, 51, 57, 63. ἀμνὸν ἕνα [A om.] . . . εἰς ὁλοκαύτωμα (5)
— 69. ἀμνὸν ἕνα . . . εἰς ὁλοκαύτωμα (5)
— 75. ἀμνὸν ἐνιαύσιον ἕνα [A om.] εἰς ὁλοκαύτωμα (5)
— 81. ἀμνὸν ἕνα [A[1] om.] . . . εἰς ὁλοκαύτωμα (5)
— 87. B[1] πᾶσαι αἱ βόες αἱ εἰς ὁλοκαύτωμα [A B[2] R -ωσιν] (5)
8. 12. καὶ τὸν ἕνα εἰς ὁλοκαύτωμα (5)
10. 10. σαλπιεῖτε . . . ἐπὶ τοῖς ὁ. (5)
15. 3. ποιήσεις ὁλοκαυτώματα [A κάρπωμα] κυρίῳ ὁλοκάρπωμα [A -καυτώματα] (1, 5)
— 6. εἰς ὁλοκαύτωμα ἢ εἰς θυσίαν –
— 8. ἐὰν δὲ . . . ποιῆτε εἰς ὁλοκαύτωμα (5)
— 24. μόσχον ἕνα . . . εἰς ὁλοκαύτωμα (5)
23. 6. ἐφειστήκει ἐπὶ τῶν ὁ. αὐτοῦ (5)
28. 6. ὁλοκαύτωμα ἐνδελεχισμοῦ (5)
— 10. ὁλοκαύτωμα [A -ματος] σαββάτων (5)
— 11. προσάξετε ὁλοκαυτώματα τῷ κ. (5)
— 14. B τοῦτο ὁλοκαύτωμα [A R τὸ ὁ.] μῆνα ἐκ μηνός (5)
— 19. προσάξετε ὁλοκαυτώματα [A -μα] (1)
— 23. ὅ ἐστιν ὁλοκαύτωμα ἐνδελεχισμοῦ (5)
— 24. ἐπὶ τοῦ ὁ. τοῦ διὰ παντός (5)
— 27. καὶ προσάξετε ὁλοκαυτώματα (5)
— 30 (31). πλὴν τοῦ ὁ. τοῦ [A add. τῆς νουμηνίας . . . καὶ τὸ ὁ. τὸ] διὰ παντός (5, –)

Nu. 29. 2. καὶ ποιήσετε ὁλοκαυτώματα (5)
— 6. πλὴν τῶν ὁ. τῆς νουμηνίας (5)
— 6. B[1] καὶ τὰ ὁ. [A B[2] R τὸ ὁ. τὸ] διὰ παντός (5)
— 8. καὶ προσοίσετε ὁλοκαυτώματα [A -μα] (5)
— 13, 36. καὶ προσάξετε ὁλοκαυτώματα (5)
— 39. καὶ τὰ ὁ. ὑμῶν (5)
De. 12. 6. οἴσετε ἐκεῖ τὰ ὁ. ὑμῶν (5)
— 11. οἴσετε . . . τὰ ὁ. ὑμῶν (5)
— 13. μὴ ἀνενέγκῃς τὰ ὁ. σου (5)
— 14. ἐκεῖ ἀνοίσετε τὰ ὁ. ὑμῶν (5)
— 27. ποιήσεις τὰ ὁ. σου (5)
27. 6. B ἀνοίσεις ἐπ' αὐτὸ τὰ [A R om.] ὁ. (5)
Jo. 9. 2 (8. 31). ἀνεβίβασεν ἐκεῖ ὁλοκαυτώματα κυρίῳ (5)
22. 23. ὥστε ἀναβιβάσαι . . . θυσίαν ὁλοκαυτωμάτων (4)
Jd. 6. 26. ἀνοίσεις ὁλοκαύτωμα (5)
— 28. A ἀνηνεγμένος εἰς ὁλοκαύτωμα [B al.] –
11. 31. ἀνοίσω αὐτὸν ὁλοκαύτωμα (5)
13. 16. ἐὰν ποιήσῃς ὁλοκαύτωμα (5)
— 23. οὐκ ἂν ἔλαβεν . . . ὁλοκαύτωμα (5)
20. 26. A ἀνήνεγκαν ὁλοκαυτώματα σωτηρίου [B al.] (5)
21. 4. A ἀνήνεγκεν ὁλοκαυτώματα σωτηρίου [B al.] (5)
I Ki. 15. 22. εἰ θελητὸν τῷ κ. ὁλοκαυτώματα [A -μα] (5)
II Ki. 6. 17. B ἀνήνεγκεν αὐτῇ ὁλοκαυτώματα [A R al.] (5)
24. 22. οἱ βόες εἰς ὁλοκαύτωμα [A -ματα] (5)
— 24. οὐκ ἀνοίσω . . . ὁλοκαύτωμα δωρεάν (5)
III Ki. 9. 25. A ἀνεβίβασε Σ. . . . ὁλοκαύτωμα (5)
18. 29. ποιήσω τὸ ὁ. μου –
— 33. ἐμέλισε τὸ ὁ. †
— 33 (34). ἐπιχέετε ἐπὶ τὸ ὁ. (5)
— 38. κατέφαγε τὰ ὁ. (5)
IV Ki. 3. 27. ἀνήνεγκεν αὐτὸν ὁλοκαύτωμα (5)
5. 17. οὐ ποιήσει ἔτι . . . ὁλοκαύτωμα . . . θεοῖς ἑτ. (5)
10. 24. τοῦ ποιῆσαι . . . τὰ ὁ. (5)
I Ch. 6. 49 (34). θυμιῶντες ἐπὶ τὸ θυσιαστήριον τῶν ὁ. (5)
16. 1. προσήνεγκαν ὁλοκαυτώματα (5)
— 2. συνετέλεσε Δ. ἀναφέρων ὁλοκαυτώματα (5)
— 40. τοῦ ἀναφέρειν ὁλοκαυτώματα τῷ κ. ἐπὶ τοῦ θυσιαστηρίου τῶν ὁ. (5, 5)
21. 26. ἀνήνεγκεν ὁλοκαυτώματα (5)
— 29. θυσιαστήριον τῶν ὁ. . . . ἐν B. (5)
23. 31. ἐπὶ πάντων τῶν ἀναφερομ. ὁ. τῷ κυρίῳ (5)
29. 21. ἀνήνεγκεν ὁλοκαυτώματα τῷ θεῷ (5)
II Ch. 2. 4 (3). καὶ τοῦ ἀναφέρειν ὁλοκαυτώματα (5)
4. 6. τοῦ πλύνειν ἐν αὐτοῖς τὰ ἔργα τῶν ὁ. (5)
7. 1. κατέφαγε τὰ ὁ. (5)
— 7. ἐποίησεν ἐκεῖ τὰ ὁ. (5)
— 7. δέξασθαι τὰ ὁ. (5)
8. 12. ἀνήνεγκε Σ. ὁλοκαυτώματα (5)
9. 4. καὶ τὰ ὁ. ἃ ἀνέφερεν †
13. 11. θυμιῶσι τῷ κυρίῳ ὁλοκαύτωμα [A -ματα] (5)
23. 18. ἀνένεγκαι ὁλοκαυτώματα κυρίῳ [A[2] al.] (5)
24. 14. σκεύη λειτουργικὰ ὁλοκαυτωμάτων †
29. 7. ὁλοκαυτώματα οὐ προσήνεγκαν (5)
30. 15. εἰσήνεγκαν ὁλοκαυτώματα (5)
35. 14. ἐν τῷ ἀναφέρειν . . . τὰ ὁ. (5)
— 16. ἐνεγκεῖν τὰ ὁ. ἐπὶ τὸ θυσιαστ. κυρίου (5)
I Es. 4. 52. ὁλοκαυτώματα καρποῦσθαι
5. 50. ἀνέφερον . . . ὁλοκαυτώματα κυρίῳ
II Es. 8. 35. B τὰ πάντα ὁλοκαυτωμάτων [A R -τα τῷ κ.] (5)
Ne. 10. 33 (34). καὶ εἰς ὁλοκαύτωμα τοῦ ἐνδελεχισμοῦ (5)
Ju. 16. 16. ἐλάχιστον πᾶν στέαρ εἰς ὁλοκαύτωμά [S -κάρπωμά] σοι
— 18. ἀνήνεγκαν τὰ ὁ. αὐ.
Ps. 19 (20). 3. τὸ ὁ. σου πιανάτω (5)
39 (40). 6. ὁλοκαύτωμα [A -ματα] καὶ περὶ ἁμαρτίας (5)
49 (50). 8. τὰ δὲ ὁ. σου ἐνώπιόν μού ἐστι διὰ παντός (5)
50 (51). 16. ὁλοκαυτώματα οὐκ εὐδοκήσεις (5)
— 19. εὐδοκήσεις . . . ἀναφορὰν καὶ ὁλοκαυτώματα (3)
65 (66). 13. εἰσελεύσομαι εἰς τὸν οἶκόν σου ἐν ὁλοκαυτώμασιν (5)
— 15. ὁλοκαυτώματα μεμυελωμένα ἀνοίσω σοι (5)
Ho. 6. 7 (6). θέλω . . . ἐπίγνωσιν θεοῦ ἢ ὁλοκαυτώματα (5)
Am. 5. 22. ἐὰν ἐνέγκητέ μοι ὁλοκαυτώματα [A τὰ ὁ.] (5)

Mi. 6. 6. εἰ καταλήψομαι αὐτὸν ἐν ὁλοκαυτώμασιν (5)
Is. 1. 11. πλήρης εἰμὶ ὁλοκαυτωμάτων κριῶν (5)
56. 7. τὰ ὁ. αὐτῶν καὶ αἱ θυσίαι αὐτῶν (5)
Je. 6. 20. τὰ ὁ. ὑμῶν οὐκ εἰσὶ δεκτά (5)
7. 21. τὰ ὁ. ὑμῶν συναγάγετε (5)
— 22. οὐκ ἐνετειλάμην αὐτοῖς . . . περὶ ὁλοκαυτωμάτων καὶ θυσίας [A -ιῶν] (5)
14. 12. ἐὰν προσενέγκωσιν ὁλοκαυτώματα (5)
17. 26. φέροντες ὁλοκαυτώματα καὶ θυσίαν (5)
Ba. 1. 10. ἀγοράσατε τοῦ ἀργυρίου ὁλοκαυτώματα
Ez. 40. 40. κατὰ νώτου τοῦ ῥόακος τῶν ὁ. †
— 42. τέσσαρες τράπεζαι τῶν ὁ. λίθιναι . . . σφάζουσιν ἐκεῖ τὰ ὁ. (5, 5)
43. 18. τοῦ ἀναφέρειν ἐπ' αὐτοῦ ὁλοκαυτώματα [A τὰ ὁ.] (5)
— 24. ἀνοίσουσιν αὐτὰ ὁλοκαυτώματα τῷ κ. (5)
— 27. ποιήσουσιν οἱ ἱερεῖς ἐπὶ τὸ θυσιαστήριον τὰ ὁ. ὑμῶν (5)
44. 11. σφάξουσι τὰ ὁ. καὶ τὰς θυσίας τῷ λαῷ (5)
45. 15. εἰς θυσίας καὶ εἰς ὁλοκαυτώματα (5)
— 17. διὰ τοῦ ἀφηγουμένου ἔσται τὰ ὁ. . . . ποιήσει . . . τὴν θυσίαν καὶ τὰ ὁ. (5, 5)
— 23. ποιήσει [A -εις] ὁλοκαυτώματα τῷ κ. (5)
— 25. καθὼς τὰ ὁ. καὶ καθὼς τὸ μαναά (5)
46. 2. ποιήσουσιν οἱ ἱερεῖς τὰ ὁ. αὐτοῦ (5)
— 4. τὰ ὁ. [A τὸ ὁ.] προσοίσει ὁ ἀφηγούμ. τῷ κ. (5)
— 12. ἐὰν δὲ ποιήσῃ ὁ ἀφηγούμενος ὁμολογίαν ὁλοκαύτωμα σωτηρίου τῷ κ. . . . καὶ ποιήσει τὸ ὁ. αὐτοῦ (5, 5)
— 13. ἀμνὸν ἐνιαύσιον ἄμωμον ποιήσει εἰς [A om.] ὁλοκαύτωμα (5)
— 15. ὁλοκαύτωμα διὰ παντός (5)
Da. LXX. 3. (40). ὡς ἐν ὁλοκαυτώμασι κριῶν
Da. TH. 3. (40). A ὡς ἐν ὁλοκαυτώμασιν [B -ώσει] κριῶν
I Ma. 1. 45. A R κωλῦσαι [S κυκλῶσαι] ὁλοκαυτώματα
4. 49. A S καὶ τὸ θυσιαστήριον τῶν ὁ. καὶ [R om. ὁ. κ.] θυμιαμάτων
— 53. ἐπὶ τὸ θυσιαστήριον τῶν ὁ. τὸ καινόν
— 56. προσήνεγκαν ὁλοκαυτώματα
5. 54. προσήγαγον ὁλοκαυτώματα
II Ma. 2. 10. ἀνήλωσε τὰ ὁ.

[**Aq.** III Ki. 9. 25 : Jb. 42. 8.]
[**Sm.** Ps. 50 (51). 21 : Je. 19. 5.]
[**Th.** Je. 33 (40). 18 : Ma. 2. 13.]
[**Al.** Le. 1. 4 : 8. 18 : Jo. 22. 23.]

ὁλοκαύτωσις. (1) *a.* עֹלָה *b.* עֲלָה

Ex. 29. 25. ἀνοίσεις ἐπὶ τὸ θυσιαστήριον τῆς ὁ. (1 *a*)
Le. 4. 34. A B[1] θυσιαστηρίου τῆς ὁλοκαυτώσεως [B[2] R -καρπ.] (1 *a*)
— 34. τὴν βάσιν τοῦ θυσιαστηρίου τῆς ὁ. –
6. 9 (2). οὗτος ὁ νόμος τῆς ὁ. (1 *a*)
— 9 (2). αὕτη ἡ ὁ. ἐπὶ τῆς καύσεως αὐτῆς (1 *a*)
— 10 (3). ἀφελεῖ . . . τὴν ὁ. ἀπὸ τοῦ θυσιαστηρίου (1 *a*)
— 12 (5). στοιβάσει ἐπ' αὐτοῦ τὴν ὁ. (1 *a*)
— 38 (7. 8). τὸ δέρμα τῆς ὁ. ἧς προσφέρει (1 *a*)
Nu. 6. 14. ἀμνὸν . . . ἕνα εἰς ὁλοκαύτωσιν [A -ωμα] (1 *a*)
7. 87. πᾶσαι αἱ βόες αἱ εἰς ὁλοκαύτωσιν [B[1] -ωμα] (1 *a*)
15. 5. ποιήσετε ἐπὶ τῆς ὁ. (1 *a*)
— 8. R εἰς ὁλοκαύτωσιν [A B -ωμα] (1 *a*)
23. 17. ἐφειστήκει ἐπὶ τῆς ὁ. αὐτοῦ (1 *a*)
28. 3. εἰς ὁλοκαύτωσιν ἐνδελεχῶς (1 *a*)
— 10, 15. ἐπὶ τῆς ὁ. τῆς διὰ παντός (1 *a*)
— 23. πλὴν τῆς [A om.] ὁ. τῆς διὰ παντός (1 *a*)
29. 11. καὶ ἡ ὁ. ἡ διὰ παντός (1 *a*)
— 16, 19, 22, 25, 28, 31, 34, 38. πλὴν τῆς ὁ. τῆς διὰ παντός (1 *a*)
Jd. 20. 26 : 21. 4. ἀνήνεγκαν ὁλοκαυτώσεις [A al.] (1 *a*)
I Ki. 6. 14. τὰς βόας ἀνήνεγκαν εἰς ὁλοκαύτωσιν [A -κάρπωσιν] (1 *a*)
— 15. ἀνήνεγκαν ὁλοκαυτώσεις (1 *a*)
7. 9. ἀνήνεγκεν αὐτὸν ὁλοκαύτωσιν (1 *a*)
— 10. ἦν Σαμ. ἀναφέρων τὴν ὁ. (1 *a*)
10. 8. ἀνενεγκεῖν ὁλοκαύτωσιν (1 *a*)
13. 9. B ὅπως ποιήσω ὁλοκαύτωσιν (1 *a*)
— 9. B ἀνήνεγκε τὴν ὁ. (1 *a*)
— 10. B ὡς συνετέλεσεν ἀναφέρων τὴν ὁ. (1 *a*)
— 12. B ἀνήνεγκα τὴν ὁ. (1 *a*)
15. 12. ἀνέφερεν ὁλοκαύτωσιν τῷ κ. –

II Ki. 6. 18. συνετέλεσε Δ. συναναφέρων τὰς ὁ. (1 *a*)
24. 25. ἀνήνεγκεν ὁλοκαυτώσεις (1 *a*)
III Ki. 3. 1 (*cf.* A 9. 25). ἀνέφερε τρεῖς . . . ὁλοκαυτώσεις (1 *a*)
— 4. χιλίαν [A λίαν] ὁ. ἀνήνεγκε Σαλ. (1 *a*)
— 15. ἀνήγαγεν ὁλοκαυτώσεις (1 *a*)
8. 64. ἐποίησεν ἐκεῖ τὴν ὁ. (1 *a*)
— 64. τοῦ μὴ δύνασθαι τὴν ὁ. . . . ὑπενεγκεῖν [A *om.*] (1 *a*)
10. 5. καὶ τὴν ὁ. αὐ. ἣν ἀνέφερεν (1 *a*)
IV Ki. 10. 25. ὡς συνετέλεσε ποιῶν τὴν ὁ. (1 *a*)
16. 13. ἐθυμίασε τὴν ὁ. αὐ. (1 *a*)
— 15. πρόσφερε τὴν ὁ. τὴν πρωϊνὴν . . . καὶ τὴν ὁ. τοῦ βασ. . . . καὶ τὴν ὁ. παντὸς τοῦ λαοῦ . . . καὶ πᾶν αἷμα ὁλοκαυτώσεως (1 *a quater*)
I Ch. 21. 23. δέδωκα τοὺς μόσχους εἰς ὁλοκαύτωσιν (1 *a*)
— 24. τοῦ ἀνενέγκαι [A *add.* εἰς] ὁλοκαύτωσιν (1 *a*)
— 26. ἐπὶ τὸ θυσιαστήριον τῆς ὁ. (1 *a*)
— 26. κατανάλωσε τὴν ὁ. –
22. 1. τοῦτο τὸ θυσιαστήριον εἰς ὁλοκαύτωσιν (1 *a*)
II Ch. 1. 6. ἤνεγκεν ἐπ' αὐτὸ ὁ. χιλίαν (1 *a*)
24. 14. ἀνήνεγκαν ὁλοκαυτώσεις [A *al.*] (1 *a*)
29. 18. ἡγνίσαμεν . . . τὸ θυσιαστήριον τῆς ὁ. (1 *a*)
— 24. A²B περὶ παντὸς Ἰσραὴλ . . . ἡ ὁ. [A¹R *al.*] (1 *a*)
— 27. ἀνενέγκαι τὴν ὁ. (1 *a*)
— 27. ἀναφέρειν τὴν ὁ. (1 *a*)
— 28. ἕως οὗ συνετελέσθη [A¹ -λεσεν] ἡ ὁ. (1 *a*)
— 31. καὶ πᾶς πρόθυμος τῇ καρδ. ὁλοκαυτώσεις (1 *a*)
— 32. ἐγένετο ὁ ἀριθμὸς τῆς ὁ. (1 *a*)
— 32. εἰς ὁλοκαύτωσιν κυρίῳ πάντα ταῦτα (1 *a*)
— 34. ἐκδεῖραι [A δ.] τὴν ὁ. (1 *a*)
— 35. ἡ ὁ. πολλὴ ἐν τοῖς στέασι . . . τῶν σπονδῶν τῆς ὁ. (1 *a*, 1 *a*)
31. 2. εἰς τὴν ὁ. καὶ εἰς τὴν θυσίαν τοῦ σωτ. (1 *a*)
— 3. εἰς τὰς ὁ. τὴν πρωϊνὴν καὶ τὴν δειλινὴν καὶ ὁλοκαυτώσεις εἰς σάββατα [A¹ *al.*] (1 *a*, 1 *a*)
35. 12. ἡτοίμασαν τὴν ὁ. (1 *a*)
I Es. 5. 49. προσενέγκαι ἐπ' αὐτοῦ ὁλοκαυτώσεις
II Es. 3. 2. τοῦ ἀνενέγκαι ἐπ' αὐτὸ ὁλοκαυτώσεις (1 *a*)
— 3. ἀνέβη ἐπ' αὐτὸ ὁλοκαύτωσις (1 *a*)
— 4. ἐποίησαν . . . ὁλοκαυτώσεις (1 *a*)
— 5. ὁλοκαυτώσεις [B² -σις] ἐνδελεχισμοῦ (1 *a*)
— 6. ἀναφέρειν ὁλοκαυτώσεις τῷ κ. (1 *a*)
6. 9. καὶ ἀμνοὺς εἰς ὁλοκαυτώσεις (1 *b*)
8. 35. προσήνεγκαν ὁλοκαυτώσεις τῷ θ. Ἰ. (1 *a*)
Ju. 4. 14. προσέφερον τὴν ὁ. τοῦ ἐνδελεχισμοῦ
Ez. 40. 38. A ἐκεῖ πλυνοῦσιν τὴν ὁ. (1 *a*)
— 39. A ὅπως σφάζωσιν τὴν ὁ. καὶ [B σφ. ἐν αὐτῇ] τὰ ὑπὲρ ἁμαρτίας (1 *a*)
Da. LXX. 3. (38). οὐδὲ ὁλοκαύτωσις οὐδὲ θυσία
Da. TH. 3. (38). οὐδὲ ὁλοκαύτωσις οὐδὲ θυσία
— (40). ὡς ἐν ὁλοκαυτώσει [A -ώμασιν] κριῶν
I Ma. 4. 44. ἐβουλεύσαντο περὶ τοῦ θυσιαστ. τῆς ὁ.
7. 33. δεῖξαι αὐτῷ τὴν ὁ.
[Aq. Ex. 31. 9: Jb. 42. 8: Je. 19. 5.]
[Sm. Ex. 31. 9: 35. 16: I Ki. 13. 12.]
[Th. Ex. 31. 9: 35. 16: Jb. 42. 8: Ez. 40. 39 (Sw.).]

ὁλοκληρία. (1) מְתֹם
Is. 1. 6. R οὐκ ἔστιν ἐν αὐτῷ ὁ. (1)
[Aq. Is. 1. 6.]

ὁλόκληρος. (1) נָצַב ni. (2) שָׁלֵם (3) תָּמִים
Le. 23. 15. ἑπτὰ ἑβδομάδας ὁ. (3)
De. 16. 9. A ἑπτὰ ἑβδομάδας ὁ. [B *om.*] –
27. 6. λίθους ὁ. οἰκοδομήσεις (2)
Jo. 9. 2 (8. 31). θυσιαστήριον λίθων ὁλοκλήρων (2)
I Ch. 24. 7: 25. 9. A ἐξῆλθεν ὁλόκληρος [B ὁ κλ.] ὁ πρῶτος †
Wi. 15. 3. τὸ γὰρ ἐπίστασθαί σε ὁλόκληρος δικαιοσύνη
Za. 11. 16. καὶ τὸ ὁλόκληρον οὐ μὴ κατευθύνῃ (1)
Ez. 15. 5. ἔτι αὐτοῦ ὄντος ὁλοκλήρου οὐκ ἔσται εἰς ἐργασίαν (3)
I Ma. 4. 47. ἔλαβον λίθους ὁ.
IV Ma. 15. 17. τὴν εὐσέβειαν ὁλόκληρον ἀποκυήσασα
[Sm. Le. 3. 9: Ps. 89 (90). 10: Ca. 4. 2: Je. 13. 19.]

ὀλολυγμός. (1) יְלָלָה
Ze. 1. 10. ἔσται . . . ὀλολυγμὸς ἀπὸ τῆς δευτέρας (1)
Is. 15. 8. ὀλολυγμὸς αὐ. ἕως τοῦ φρέατος τοῦ Αἰ. (1)
[Aq. Dt. 32. 10.]

ὀλολύζειν. (1) יָלַל hi. (2) צְוָחָה
Ho. 7. 14. ἀλλ' ἢ ὠλόλυζον ἐν ταῖς κοίταις αὐτῶν (1)
Am. 8. 3. καὶ ὀλολύξει τὰ φατνώματα τοῦ ναοῦ (1)
Za. 11. 2. ὀλολυξάτω πίτυς (1)
— 2. ὀλολύξατε, δρύες τῆς Β. (1)
Is. 10. 10. ὀλολύξατε τὰ γλυπτὰ ἐν Ἱερουσαλὴμ †
13. 6. ὀλολύζετε (1)
14. 31. ὀλολύξατε [A S -ζετε] πύλαι πόλεων (1)
15. 2. ὀλολύξατε [A S -ζετε] (1)
— 3. πάντες ὀλολύζετε μετὰ κλαυθμοῦ (1)
16. 7. ὀλολύξει Μωὰβ ἐν γὰρ τῇ Μωαβίτιδι πάντες ὀλολύξουσι (1, 1)
23. 1. ὀλολύξατε [A S -ζετε] πλοῖα Καρχηδόνος (1)
— 6. ὀλολύξατε [A -ζετε] οἱ κατοικοῦντες [A S ἐνοικ.] ἐν τῇ νήσῳ ταύτῃ (1)
— 14. ὀλολύξατε [A S¹ -ζετε], πλοῖα Καρχηδόνος (1)
24. 11. ὀλολύζετε περὶ τοῦ οἴνου πανταχῇ (2)
52. 5. θαυμάζετε καὶ ὀλολύζετε (1)
65. 14. ἀπὸ συντριβῆς πνεύματος ὑμῶν ὀλολύξετε [S¹ -ύζ.] (1)
Je. 2. 23. ὀψὲ φωνὴ αὐτῆς ὠλόλυξε [S¹ -υζεν] †
31 (48). 20. ὀλόλυξον καὶ κέκραξον (1)
— 31. ἐπὶ Μωὰβ ὀλολύζετε πάντοθεν (1)
Ez. 21. 12 (17). ἀνάκραγε καὶ ὀλόλυξον (1)
[Aq. Je. 47 (29). 2: 49 (30). 3: 51 (28). 8.]
[Sm. Is. 52. 5: Je. 48 (31). 39 (Sw.): 51 (28). 8: Ez. 30. 2: Am. 8. 3.]
[Th. Is. 52. 5: Je. 48 (31). 39 (Sw.): Ez. 30. 2.]

ὁλόξηρος.
[Sm. Ps. 57 (58). 10.]

ὁλοπόρφυρος. (1) אַרְגָּמָן (2) תְּכֵלֶת
Nu. 4. 7. ἐπιβαλοῦσιν . . . ἱμάτιον ὁ. (2)
— 13. ἐπικαλύψουσιν . . . ἱμάτιον ὁ. (1)

ὁλορριζί (-ορι.).
Es. 3. 13. πάντας . . . ἀπολέσαι ὁ.

ὁλόρριζος (-όρι.).
Jb. 4. 7. πότε ἀληθινοὶ ὁλόριζοι ἀπώλοντο –
Pr. 15. 5. οἱ δὲ ἀσεβεῖς ὁλόριζοι ἐκ γῆς ἀπολοῦνται [A S² ὀλ.] –

ὅλος, *cf.* καθόλου. (1) *a.* כֹּל *b.* כָּלִיל (2) תָּמִים (3) δι' ὅλου תָּמִיד
Ge. 18. 26. R ὅλην τὴν πόλιν (1 *a*)
25. 25. ὅλος ὡσεὶ δορὰ δασύς (1 *a*)
31. 35. ἠρεύνησε Λάβαν ἐν ὅλῳ τῷ οἴ. –
41. 19. τοιαύτας ἐν ὅ. γῇ [A *om.*] Αἰγύπτου (1 *a*)
— 30. R ἐν ὅλῃ [A *add.* τῇ γῇ] Αἰγύπτῳ –
— 43. ἐφ' ὅλης [A *add.* τῆς] γῆς Αἰγύπτου (1 *a*)
Ex. 5. 12. διεσπάρη ὁ λαὸς ἐν ὅ. γῇ [A *om.*] Αἰγύπτῳ (1 *a*)
10. 13. ὅλην τὴν ἡμέραν ἐκείνην καὶ ὅλην τὴν νύκτα (1 *a*, 1 *a*)
14. 20. οὐ συνέμιξαν . . . ὅλην τὴν νύκτα (1 *a*)
— 21. ὑπήγαγε . . . ὅλην τὴν νύκτα (1 *a*)
19. 18. τὸ ὄρος τὸ Σινὰ ἐκαπνίζετο ὅλον (1 *a*)
22. 8 (7). ἐφ' ὅλης τῆς παρακαταθήκης –
— 11 (10). A μὴ . . . ἐφ' ὅλης [B καθόλου] τῆς παρακαταθήκης –
25. 35 (36). ὅλη τορευτὴ ἐξ ἑνὸς χρυσίου καθαροῦ (1 *a*)
— 39 (40). B¹ ὅλα [A B² R ὅρα] ποιήσεις †
28. 27 (31). ὑποδύτην ποδήρη ὅλον ὑακίνθινον (1 *b*)
29. 18. ἀνοίσεις ὅλον τὸν κριόν (1 *a*)
36. 30 (39. 22). ἔργον ὑφαντὸν ὅ. ὑακίνθινον (1 *b*)
38. 16 (37. 19). στερεὸν ὅλον χρυσοῦν –
Le. 4. 12. ἐξοίσουσιν ὅλον τὸν μόσχον ἔξω (1 *a*)
— 21. B²R ἐξοίσουσι τὸν μόσχον ὅ. [A B¹ *om.*] –
6. 9 (2). ὅλην τὴν νύκτα ἕως τὸ πρωΐ (1 *a*)
8. 20 (21). ἀνήνεγκε Μωυσῆς ὅλον τὸν κριόν (1 *a*)
13. 12. καθ' ὅλην τὴν ὅρασιν τοῦ ἱερέως (1 *a*)
25. 30. ἕως ἂν πληρωθῇ αὐτῆς ἐνιαυτὸς ὅ. (2)
Nu. 4. 6. ἱμάτιον ὅλον ὑακίνθινον (1 *b*)
— 16. ἡ ἐπισκοπὴ ὅλης τῆς σκηνῆς (1 *a*)
8. 4. στερεὰ ὅλη –
11. 32. ὅ. τὴν ἡμέραν καὶ ὅ. τὴν νύκτα καὶ ὅ. τὴν ἡμέραν τὴν [A τῇ] ἐπαύριον (1 *a ter*)
12. 7. ἐν ὅ. τῷ οἴκῳ μου πιστός ἐστι (1 *a*)
Nu. 14. 1. ὅ. τὴν νύκτα ἐκείνην –
32. 15. ἀνομήσετε εἰς ὅ. τὴν συναγωγὴν τ. (1 *a*)
De. 4. 29. ἐξ ὅ. τῆς καρδίας σου καὶ ἐξ ὅ. τῆς ψυχῆς σου (1 *a*, 1 *a*)
6. 5. ἐξ ὅ. τῆς διανοίας [A καρδίας] σου καὶ ἐξ ὅ. τῆς ψυχῆς σου καὶ ἐξ ὅ. τῆς δυνάμεώς σου (1 *a ter*)
10. 12: 11. 13. ἐξ ὅ. τῆς καρδίας σου καὶ ἐξ ὅ. τῆς ψυχῆς σου (1 *a*, 1 *a*)
13. 3 (4). ἐξ ὅ. τῆς καρδίας ὑμῶν καὶ ἐξ ὅ. τῆς ψυχῆς ὑμῶν (1 *a*, 1 *a*)
18. 1. τοῖς ἱερεῦσι τοῖς Λ. ὅλῃ φυλῇ Λ. (1 *a*)
26. 16. ἐξ ὅ. τῆς καρδίας ὑμῶν καὶ ἐξ ὅ. τῆς ψυχῆς ὑμῶν (1 *a*, 1 *a*)
30. 2, 6, 10. ἐξ ὅ. τῆς καρδίας σου καὶ ἐξ ὅ. τῆς ψυχῆς σου (1 *a*, 1 *a*)
Jo. 3. 15. καθ' ὅλην τὴν κρηπῖδα αὐτοῦ (1 *a*)
4. 18. ἐπορεύετο . . . δι' ὅ. τῆς κρηπῖδος (1 *a*)
10. 9. ὅ. τὴν νύκτα εἰσεπορεύθη (1 *a*)
22. 5. ἐξ ὅ. τῆς διανοίας [A καρδίας] ὑμῶν καὶ ἐξ ὅ. τῆς ψυχῆς ὑμῶν (1 *a*, 1 *a*)
Jd. 7. 18. κύκλῳ ὅ. τῆς παρεμβολῆς (1 *a*)
— 22. A ἐν ὅ. [B πάσῃ] τῇ παρεμβολῇ (1 *a*)
9. 45. ὅ. τὴν ἡμέραν ἐκείνην (1 *a*)
16. 2. ἐνήδρευσαν . . . ὅ. τὴν νύκτα (1 *a*)
— 2. ἐκώφευσαν ὅ. τὴν νύκτα (1 *a*)
— 16. A κατειργάσατο αὐτὸν . . . ὅ. τὴν νύκτα [B *al.*] (1 *a*)
19. 25. ὅ. τὴν νύκτα ἕως πρωΐ (1 *a*)
20. 37. A ἐπάταξαν ὅ. [B *om.*] τὴν πόλιν (1 *a*)
Ru. 2. 21. ἕως ἂν τελέσωσιν ὅ. τὸν ἀμητόν (1 *a*)
I Ki. 5. 12 (11). ἐγενήθη σύγχυσις ἐν ὅ. τῇ πόλει (1 *a*)
7. 3. εἰ ἐν ὅ. καρδίᾳ ὑμῶν ὑμεῖς ἐπιστρέφετε (1 *a*)
9. 21. καὶ τῆς φυλῆς τῆς ἐλαχίστης ἐξ ὅ. σκήπτρου Βεν. (1 *a*)
12. 20. B δουλεύσατε τῷ κ. ἐν ὅ. καρδίᾳ ὑμῶν (1 *a*)
— 24. B δουλεύσατε αὐτῷ . . . ἐν ὅ. καρδίᾳ ὑμῶν (1 *a*)
14. 23. ἦν ὁ πόλεμος διεσπαρμένος εἰς ὅ. πόλιν –
15. 11. ἐβόησε πρὸς κύριον ὅ. τὴν νύκτα (1 *a*)
19. 24. ὅ. τὴν ἡμ. ἐκείνην καὶ ὅ. τὴν νύκτα (1 *a*, 1 *a*)
20. 6. θυσία τῶν ἡμερῶν ἐκεῖ ὅ. τῇ φυλῇ (1 *a*)
22. 15. καὶ ἐφ' ὅλον τὸν οἶκον τοῦ πατρός μου (1 *a*)
28. 20. ὅ. τὴν ἡμ. [A *add.* ἐκείνην] καὶ ὅ. τὴν νύκτα ἐκείνην [A *om.*] (1 *a*, 1 *a*)
31. 12. ἐπορεύθησαν ὅ. τὴν νύκτα (1 *a*)
II Ki. 2. 29. ἀπῆλθον . . . ὅ. τὴν νύκτα ἐκείνην (1 *a*)
— 29. ἐπορεύθησαν ὅ. τὴν παρατείνουσαν (1 *a*)
— 32. ἐπορεύθη Ἰ. . . . ὅλην τὴν νύκτα (1 *a*)
4. 7. ἀπῆλθον . . . ὅ. τὴν νύκτα (1 *a*)
6. 11. εὐλόγησε κύριος ὅ. τὸν οἶκον Ἀβ. [A *al.*] (1 *a*)
9. 9. ὅσα ἐστὶ . . . ὅ. τῷ οἴκῳ αὐ. (1 *a*)
14. 7. ἐπανέστη ὅ. ἡ πατριὰ πρὸς τὴν δούλην σου (1 *a*)
III Ki. 2. 4. πορεύεσθαι . . . ἐν ὅ. καρδίᾳ αὐτῶν (1 *a*)
— 4. A καὶ ἐν ὅ. ψυχῇ αὐτῶν (1 *a*)
6. 10. ᾠκοδόμησε τοὺς ἐνδέσμους δι' ὅ. τοῦ οἴκου (1 *a*)
— 21 (22). ὅ. τὸν οἶκον περιέσχε χρυσίῳ (1 *a*)
— 22. A καὶ ὅ. τὸ ἔσω τοῦ δαβείρ (1 *a*)
7. 1. A συνετέλεσεν ὅ. τὸν οἶκον αὐτοῦ (1 *a*)
— 12 (1). συνετέλεσε Σ. ὅ. τὸν οἶκον αὐ. [A *al.*] (1 *a*)
8. 23. τῷ πορευομ. ἐνώπιόν σου ἐν ὅ. τῇ [A *om.*] καρδίᾳ αὐ. (1 *a*)
— 48. ἐν ὅ. καρδίᾳ αὐ. καὶ ἐν ὅ. ψυχῇ αὐτῶν (1 *a*, 1 *a*)
— 54. προσευχόμενος . . . ὅ. τὴν προσευχήν (1 *a*)
10. 8. οἱ παρεστηκότες ἐνώπιόν σου δι' ὅλου (3)
11. 13. ὅ. τὴν βασιλείαν [A *add.* ὅλην] οὐ μὴ λάβω (1 *a*, –)
— 34. οὐ μὴ λάβω ὅ. τὴν βασιλείαν (1 *a*)
15. 29. R ἐπάταξεν ὅ. τὸν οἶκον Ἱερ. [A B *al.*] (1 *a*)
16. 12 (11). ἐπάταξεν ὅ. τὸν οἶκον Β. (1 *a*)
— 12. A ἐξέτριψε Ζ. ὅ. τὸν οἶκον Β. (1 *a*)
IV Ki. 9. 8. καὶ ἐκ χειρὸς ὅλου τοῦ οἴκου Ἀχ. (1 *a*)
10. 31. πορεύεσθαι . . . ἐν ὅ. καρδίᾳ αὐ. (1 *a*)
20. 13. ἔδειξεν αὐτοῖς ὅ. τὸν οἶκον τοῦ νεχ. (1 *a*)
23. 25. ἐν ὅ. καρδίᾳ αὐ. καὶ ἐν ὅ. ψυχῇ αὐ. καὶ ἐν ὅ. ἰσχύϊ αὐ. (1 *a ter*)
II Ch. 1. 5. A Σαλ. καὶ ἡ ἐκκλησία ὅ. [B *om.*] –
6. 14. τοῖς πορευομ. ἐναντίον σου ἐν ὅ. καρδίᾳ (1 *a*)
— 38. ἐν ὅ. [A¹ *om.* ἐν ὅ.] καρδίᾳ καὶ ἐν ὅ. ψυχῇ αὐ. (1 *a*, 1 *a*)
15. 12. ἐξ ὅ. τῆς καρδίας καὶ ἐξ ὅ. τῆς ψυχῆς (1 *a*, 1 *a*)
— 15. ἐξ ὅ. τῆς ψυχῆς ὤμοσαν (1 *a*)

II Ch. 22. 9. ἐν ὅ. τῇ [A *om.*] καρδίᾳ αὐ. (1 *a*)
31. 21. ἐξ ὅ. ψυχῆς [A τῆς ψ.] αὐτοῦ (1 *a*)
34. 31. ἐν ὅ. καρδίᾳ καὶ ἐν ὅ. ψυχῇ (1 *a*, 1 *a*)
35. 19. ἐν ὅ. καρδίᾳ αὐ. καὶ ἐν ὅ. ψυχῇ αὐ. καὶ ἐν ὅ. τῇ [A *om.*] ἰσχύϊ αὐ. (– *ter*)
I Es. 1. 32. ἐν ὅ. τῇ Ἰ. ἐπένθησαν τὸν Ἰ.
2. 2. B ἐκήρυξεν [A R *add.* ἐν] ὅ. τῇ βασ. αὐ.
8. 23. ὅπως δικάζωσιν ἐν ὅ. Συρίᾳ
9. 3. ἐγένετο κήρυγμα ἐν ὅ. τῇ Ἰουδ.
II Es. 4. 20. A B ἐπικρατοῦντες ὅ. τῆς ἑσπέρας [R πέραν] τοῦ ποτ. (1 *a*)
To. 1. 12. ἐμεμνήμην τοῦ θεοῦ ἐν ὅ. τῇ [S *om.*] ψυχῇ μου
2. 2. S ὃς μέμνηται ἐν ὅ. καρδίᾳ αὐ. [A B *al.*]
10. 7. A τὰς δὲ νύκτας ὅ. [B *om.*] οὐ διελίμπανε θρηνοῦσα Τ. [S *al.*]
11. 15. S εὐλογῶν τὸν θ. ἐν ὅ. τῷ σώματι αὐ.
13. 6. ASR ἐν ὅ. τῇ [B *om.*] καρδίᾳ ὑμῶν καὶ ἐν ὅ. τῇ ψυχῇ ὑμῶν
— 6. A S R ἐν ὅ. τῷ στόματι [B σώματι] ὑμῶν
14. 6. S πάντα τὰ ἔθνη τὰ ἐν ὅ. τῇ γῇ [A B *al.*]
— 7. S ἐν ἀληθείᾳ καὶ ὅ. τῇ ἰσχύϊ αὐ.
Ju. 6. 21. ἐπεκαλέσαντο τὸν θ. . . . ὅ. τὴν νύκτα ἐκείνην
7. 5. ἔμενον φυλάσσοντες ὅ. [S¹ *om.*] τὴν νύκτα ἐκ.
Es. 5. 1. ὅλος διὰ χρυσοῦ καὶ λίθων πολυτελῶν
9. 22. τὸν μῆνα . . . ἄγειν ὅλον [A *om.*] –
Jb. 21. 23. ὅλος δὲ εὐπαθῶν καὶ εὐθηνῶν (1 *a*)
Ps. 9. 1. ἐξομολογήσομαί σοι, κύριε, ἐν ὅλῃ καρδίᾳ μου (1 *a*)
24 (25). 5. σὲ ὑπέμεινα ὅλην τὴν ἡμέραν (1 *a*)
31 (32). 3. ἀπὸ τοῦ κράζειν με ὅλην τὴν ἡμέραν (1 *a*)
34 (35). 28. ὅλην τὴν ἡμέραν τὸν ἔπαινόν σου (1 *a*)
36 (37). 26. ὅλην τὴν ἡμέραν ἐλεεῖ (1 *a*)
37 (38). 6. ὅλην τὴν ἡμέραν σκυθρωπάζων ἐπορευόμην (1 *a*)
— 12. δολιότητας ὅλην τὴν ἡμέραν ἐμελέτησαν (1 *a*)
40 (41). 3. ὅλην τὴν κοίτην αὐτοῦ ἔστρεψας (1 *a*)
43 (44). 8. ἐν τῷ θεῷ ἐπαινεθησόμεθα ὅλην τὴν ἡμέραν (1 *a*)
— 15. ὅλην τὴν ἡμέραν ἡ ἐντροπή μου (1 *a*)
— 22. ἕνεκέν σου θανατούμεθα ὅλην τὴν ἡμέραν (1 *a*)
51 (52). 1. ὅλην τὴν ἡμέραν ἀδικίαν ἐλογίσατο ἡ γλῶσσά σου (1 *a*)
55 (56). 1. ὅλην τὴν ἡμέραν πολεμῶν ἔθλιψέ με (1 *a*)
— 2. κατεπάτησάν με οἱ ἐχθροί μου ὅλην τὴν ἡμέραν (1 *a*)
— 3. B ἐπαινέσω τοὺς λόγους μου ὅλην τὴν ἡμέραν [S *om.* ὅ. τὴν ἡ.] –
— 5. ὅλην τὴν ἡμέραν τοὺς λόγους μου ἐβδελύσσοντο (1 *a*)
70 (71). 8. ὅλην τὴν ἡμέραν τὴν μεγαλοπρέπειάν σου (1 *a*)
— 15. ὅλην τὴν ἡμέραν τὴν σωτηρίαν σου (1 *a*)
— 24. ἡ γλῶσσά μου ὅλην τὴν ἡμέραν μελετήσει τὴν δικαιοσύνην σου (1 *a*)
71 (72). 15. ὅλην τὴν ἡμέραν εὐλογήσουσιν αὐτόν (1 *a*)
72 (73). 14. ἐγενόμην μεμαστιγωμένος ὅλην τὴν ἡμέραν (1 *a*)
73 (74). 22. τῶν ὀνειδισμῶν σου τῶν ὑπὸ ἄφρονος ὅλην τὴν ἡμέραν (1 *a*)
77 (78). 14. ὅ. τὴν νύκτα ἐν φωτισμῷ πυρός (1 *a*)
85 (86). 3. πρὸς σὲ κεκράξομαι ὅ. τὴν ἡμέραν (1 *a*)
— 12. ἐξομολογήσομαί σοι . . . ἐν ὅ. καρδίᾳ [S² τῇ κ.] μου (1 *a*)
87 (88). 9. ἐκέκραξα πρὸς σέ, κύριε, ὅλην τὴν ἡμέραν (1 *a*)
— 17. ἐκύκλωσάν με ὡς ὕδωρ ὅλην τὴν ἡμέραν (1 *a*)
88 (89). 16. ἀγαλλιάσονται ὅλην τὴν ἡμέραν (1 *a*)
101 (102). 8. ὅλην τὴν ἡμέραν ὠνείδιζόν με (1 *a*)
110 (111). 1. ἐξομολογήσομαί σοι, κύριε, ἐν ὅλῃ καρδίᾳ μου (1 *a*)
118 (119). 2. ἐν ὅλῃ καρδίᾳ ἐκζητήσουσιν αὐτόν (1 *a*)
— 10. ἐν ὅλῃ καρδίᾳ μου ἐξεζήτησά σε (1 *a*)
— 34. φυλάξω αὐτὸν ἐν ὅλῃ καρδίᾳ μου (1 *a*)
— 58. ἐδεήθην τοῦ προσώπου σου ἐν ὅλῃ καρδίᾳ μου (1 *a*)
— 69. ἐγὼ δὲ ἐν ὅλῃ καρδίᾳ μου ἐξερευνήσω τὰς ἐντολάς σου (1 *a*)
— 97. ὅλην τὴν ἡμέραν μελέτη μού ἐστιν (1 *a*)
— 145. ἐκέκραξα ἐν ὅλῃ καρδίᾳ μου (1 *a*)
137 (138). 1. ἐξομολογήσομαί σοι, κύριε, ἐν ὅλῃ καρδίᾳ μου (1 *a*)
139 (140). 2. ὅλην τὴν ἡμέραν παρετάσσοντο πολέμους (1 *a*)

Pr. 3. 5. ἴσθι πεποιθὼς ἐν ὅλῃ τῇ [A S² *om.*] καρδίᾳ ἐπὶ θεῷ (1 *a*)
17. 6 (A 4). τοῦ πιστοῦ ὅλος ὁ κόσμος τῶν χρημάτων –
21. 26. ἀσεβὴς ἐπιθυμεῖ ὅλην τὴν ἡμέραν ἐπιθυμίας κακάς (1 *a*)
23. 17. ἐν φόβῳ κυρίου ἴσθι ὅλην τὴν ἡμέραν (1 *a*)
24. 46 (31). καὶ χορτομανήσει ὅλος (1 *a*)
29. 11. ὅλον τὸν θυμὸν αὐτοῦ ἐκφέρει ἄφρων (1 *a*)
31. 18. οὐκ ἀποσβέννυται ὁ λύχνος αὐτῆς ὅλην τὴν νύκτα –
Ca. 4. 7. ὅλη καλὴ εἶ, πλησίον μου (1 *a*)
5. 16. φάρυγξ αὐτοῦ γλυκασμοὶ καὶ ὅλος ἐπιθυμία (1 *a*)
Wi. 8. 20. εἶπον ἐξ ὅλης τῆς καρδίας μου
11. 22. ὡς ῥοπὴ ἐκ πλαστίγγων ὅλος ὁ κόσμος ἐναντίον σου
17. 20. ὅλος γὰρ ὁ κόσμος λαμπρῷ κατελάμπετο φωτί
18. 24. ἐπὶ γὰρ ποδήρους ἐνδύματος ἦν ὅ. ὁ κόσμος
19. 6. ὅλη γὰρ ἡ κτίσις . . . πάλιν ἄνωθεν διετυποῦτο
Si. 6. 26. ἐν ὅ. δυνάμει σου συντήρησον τὰς ὁδοὺς αὐ.
7. 27. ἐν ὅλῃ καρδίᾳ [A δυνάμει σου] δόξασον τὸν πατέρα σου
— 29. ἐν ὅλῃ ψυχῇ σου εὐλαβοῦ τὸν κύριον
— 30. ἐν ὅλῃ δυνάμει ἀγάπησον τὸν ποιήσαντά σε
Ho. 7. 6. ἐν τῷ καταράσσειν αὐτοὺς ὅλην τὴν νύκτα (1 *a*)
12. 1 (2). ἐδίωξε καύσωνα ὅλην τὴν ἡμέραν (1 *a*)
Jl. 2. 12. ἐπιστράφητε πρὸς μὲ ἐξ ὅλης τῆς καρδίας ὑ. (1 *a*)
Na. 3. 1. ὦ πόλις αἱμάτων ὅλη ψευδὴς ἀδικίας πλήρης (1 *a*)
Ze. 3. 14. κατατέρπου ἐξ ὅλης τῆς καρδίας σου (1 *a*)
Za. 4. 2. ἑώρακα καὶ ἰδοὺ λυχνία χρυσῆ ὅλη (1 *a*)
Is. 9. 12 (11). τοὺς κατεσθίοντας τὸν Ἰσραὴλ ὅλῳ τῷ στόματι (1 *a*)
— 19 (18). διὰ θυμὸν ὀργῆς κυρίου συγκέκαυται ἡ γῆ ὅ. –
10. 14. τὴν οἰκουμένην ὅλην καταλήψομαι (1 *a*)
— 23. λόγον συντετμημένον ποιήσει κύριος ἐν τῇ οἰκουμένῃ ὅλῃ (1 *a*)
13. 5. A S καταφθεῖραι τὴν οἰκουμένην ὅλην [B κ. πᾶσαν τ. οἰ.] (1 *a*)
— 9. S θεῖναι τὴν οἰκουμένην ὅλην [A B *om.*] ἔρημον –
— 11. ἐντελοῦμαι τῇ οἰκουμένῃ ὅλῃ κακά –
14. 17. ὁ θεὶς τὴν οἰκουμένην ὅλην ἔρημον –
— 26. ἣν βεβούλευται κύριος ἐπὶ τὴν οἰκουμένην ὅλην (1 *a*)
21. 8. ἐπὶ τῆς παρεμβολῆς ἐγὼ ἕστην ὅλην τὴν νύκτα (1 *a*)
24. 10. S ἠρημώθη ὅλη ἡ γῆ [A B *om.* ὅ. ἡ γ.] πᾶσα πόλις –
28. 24. μὴ ὅλην τὴν ἡμέραν ἀροτριάσει [A S *al.*] (1 *a*)
37. 18. ἠρήμωσαν βασιλεῖς Ἀσσυρίων τὴν οἰκουμένην ὅλην (1 *a*)
45. 9. μὴ . . . ἀροτριάσει τὴν γῆν ὅλην τὴν ἡμέραν [A S² *om.* ὅ. τ. ἡ.] –
62. 6. κατέστησα φύλακας ὅλην τὴν ἡμέραν καὶ ὅλην τὴν νύκτα (1 *a*, 1 *a*)
65. 2. ἐξεπέτασα τὰς χεῖράς μου ὅλην τὴν ἡμέραν (1 *a*)
Je. 3. 10. οὐκ ἐπεστράφη . . . ἐξ ὅλης τῆς καρδίας αὐτῆς (1 *a*)
6. 6. ὅλη καταδυναστεία ἐν αὐτῇ (1 *a*)
24. 7. ἐπιστραφήσονται ἐπ᾽ ἐμὲ ἐξ ὅλης τῆς καρδίας αὐτῶν (1 *a*)
36 (29). 13. ζητήσετέ με ἐν ὅλῃ καρδίᾳ ὑμῶν [A *al.*] (1 *a*)
La. 1. 13. ἔδωκέ με . . . ὅλην τὴν ἡμέραν ὀδυνωμένην (1 *a*)
3. 3. ἐν ἐμοὶ ἐπέστρεψε χεῖρα αὐτοῦ ὅλην τὴν ἡμέραν (1 *a*)
— 14. ψαλμὸς αὐτῶν ὅλην τὴν ἡμέραν (1 *a*)
— 62. μελέτας αὐτῶν κατ᾽ ἐμοῦ ὅλην τὴν ἡμέραν (1 *a*)
Ep. Je. 62. ἐπιπορεύεσθαι ἐφ᾽ ὅλην τὴν οἰκουμένην
Ez. 29. 2. προφήτευσον . . . ἐπ᾽ Αἴγυπτον ὅλην (1 *a*)
38. 8. ἡ ἐγενήθη ἔρημος δι᾽ ὅλου (3)
41. 17. ἐφ᾽ ὅλον τὸν τοῖχον κύκλῳ [A *al.*] (1 *a*)
— 19. A διαγεγλυμμένος ὅ. [B *om.*] ὁ οἶκος κυκλόθεν (1 *a*)
Da. LXX. 3. 2. καὶ κυριεύων τῆς οἰκουμένης ὅλης –
— (41). ἐξακολουθοῦμεν ἐν ὅ. καρδίᾳ ἡμῶν

Da. LXX. 3. (45). καὶ ἔνδοξος ἐφ᾽ ὅ. τὴν οἰκουμένην
— 30 (97). ἐξουσίαν δοὺς ἐφ᾽ ὅ. τῆς χώρας –
Bel 13. καταστῆσαι ὅ. τὸν ναὸν σποδῷ
Da. TH. 3. (41). ἐξακολουθοῦμεν ἐν ὅ. καρδίᾳ
— (45). καὶ ἔνδοξος ἐφ᾽ ὅ. τὴν οἰκουμένην
6. 1 (2). τοῦ εἶναι αὐτοὺς ἐν ὅ. [A πάσῃ] τῇ βασ. αὐ. (1 *a*)
— 3 (4). κατέστησεν αὐτὸν ἐφ᾽ ὅ. τῆς βασ. αὐ. (1 *a*)
Bel 13. εἰσεπορεύοντο δι᾽ ὅλου
— 14. κατέσεισαν ὅ. τὸν ναόν
I Ma. 5. 50. ὅ. τὴν ἡμέραν ἐκείνην καὶ ὅ. τὴν νύκτα
6. 18. ζητοῦντες κακὰ δι᾽ ὅλου
12. 27. ἑτοιμάζεσθαι εἰς πόλεμον δι᾽ ὅ. τῆς νυκτός
II Ma. 2. 21. ὥστε τὴν ὅ. χώραν ὀλίγους ὄντας λεηλατεῖν
— 22. τὸ περιβόητον καθ᾽ ὅ. τὴν οἰκουμ. ἱερόν
— 29. τῆς ὅ. καταβολῆς φροντιστέον
3. 14. ἦν δὲ οὐ μικρὰ καθ᾽ ὅ. τὴν πόλιν ἀγωνία
4. 38. περιαγαγὼν καθ᾽ ὅ. τὴν πόλιν
— 47. τὸν μὲν τῆς ὅ. κακίας αἴτιον Μ.
5. 2. καθ᾽ ὅ. τὴν πόλιν . . . φαίνεσθαι . . . ἱππεῖς
6. 3. A χαλεπὴ δὲ καὶ τοῖς ὅ. [R ὄχλοις] ἦν
7. 5. R ἄχρηστον δὲ αὐτὸν τοῖς ὅ. [A λοιποῖς] γενόμενον
8. 18. δυναμένῳ . . . τὸν ὅ. κόσμον . . . καταβαλεῖν
14. 35. τῶν ὅ. ἀπροσδεὴς ὑπάρχων
III Ma. 2. 3. καὶ τῶν ὅ. ἐπικρατῶν
6. 9. τῶν ὅ. σκεπαστά
— 39. R ὁ τῶν ὅ. [A πάντων] δυνάστης
IV Ma. 3. 7. δι᾽ ὅ. ἡμέρας προσβαλὼν τοῖς ἀλλοφ.
7. 18. προνοοῦσιν ἐξ ὅ. καρδίας
— 21. πρὸς ὅ. τὸν τῆς φιλοσοφίας κανόνα
11. 10. ὅλος . . . ἀνακλώμενος ἐξεμελίζετο
12. 12. αἱ εἰς ὅ. τὸν αἰῶνα οὐκ ἀνήσουσί σε
13. 13. ἑαυτοὺς . . . ἀφιερώσωμεν ἐξ ὅ. τῆς καρδίας
17. 17. ὅ. τὸ συνέδριον αὐ. ἐξεθαύμασαν
[**Aq.** Ps. 31 (32). 3: 36 (37). 26: 43 (44). 23: Is. 28. 24: Je. 6. 6: 35 (42). 3 (Sw.): 52. 14: Ez. 25. 6.]
[**Sm.** Dt. 4. 19: I Ki. 28. 20: Ps. 24 (25). 5: 43 (44). 16: 77 (78). 38: Pr. 22. 16: Ec. 12. 13: Is. 28. 24: 52. 5: Je. 20. 7: 32 (39). 30, 41 *bis*: 52. 14: Ez. 8. 10: 25. 15.]
[**Th.** Jb. 21. 23: Ps. 43 (44). 23: Is. 28. 24: Je. 35 (42). 3 (Sw.): Da. 3. (41): 14. 13.]
[**Al.** Dt. 20. 15: Ps. 9. 25 (10. 4): Ec. 12. 13.]

ὁλοσφύρητος.

Si. 50. 9. ὡς σκεῦος χρυσίου ὁλοσφύρητον [S¹ ὁλοφ.]

ὁλοσχερής.

Ez. 22. 30. A ἑστῶτα πρὸ προσώπου μου τὸ ὅ. [B μ. ὁλοσχερῶς] †
III Ma. 5. 31. ἀποδεδειγμένων ὁλοσχερῆ βεβαίαν πίστιν

ὁλοσχερῶς.

I Es. 6. 28. ἐπέταξα ὁ. οἰκοδομῆσαι
Ez. 22. 30. ἑστῶτα πρὸ προσώπου μου ὁ. [A τὸ ὁλοσχερές] †

ὁλοτελῶς.

[**Aq.** Dt. 13. 16 (17).]

ὀλοφύρεσθαι.

III Ma. 4. 2. ὀλοφυρομένων τὴν ἀπροσδόκητον . . . ὀλεθρίαν
IV Ma. 16. 5. ὠλοφύρετο ἂν ἐπ᾽ αὐτοῖς
— 11. οὐδένα ὠλοφύρετο ἡ ἱερὰ . . . μήτηρ

ὄλυνθος. (1) פַּגָּה

Ca. 2. 13. ἡ συκῆ ἐξήνεγκεν ὀλύνθους αὐτῆς (1)

ὀλύρα. (1) כֻּסֶּמֶת

Ex. 9. 32. ὁ δὲ πυρὸς καὶ ἡ ὀ. οὐκ ἐπλήγησαν (1)
Ez. 4. 9. λάβε σεαυτῷ πυροὺς . . . καὶ ὀλύραν (1)
[**Th.** Ez. 4. 9.]

ὀλυρίτης (-εί.).

III Ki. 19. 6. πρὸς κεφαλῆς αὐ. ἐγκρυφίας ὀ. †

ὅλως.

Jb. 34. 8. S² οὐδ᾽ ὅλως κοινωνήσας [A B S¹ *al.*] –

ὁμαλίζειν. (1) יָשַׁר *a.* pi. *b.* hi. (2) שָׁוָה pi.

Si. 21. 10. ὁδὸς ἁμαρτωλῶν ὡμαλισμένη ἐκ λίθων
Is. 28. 25. ὅταν ὁμαλίσῃ τὸ πρόσωπον αὐτῆς (2)
45. 2. ὄρη ὁμαλιῶ (1 *a*, 1 *b**)
[**Sm.** Jb. 39. 10: Ps. 5. 9: Is. 40. 3.]

ὁμαλισμός.

Mi. 7. 12. καὶ αἱ πόλεις σου ἥξουσιν εἰς ὁμαλισμόν †
Ba. 5. 7. φάραγγας πληροῦσθαι εἰς ὁμαλισμὸν τῆς γῆς

ὁμαλός.

[Aq. Nu. 31. 12: Dt. 1. 1, 7: 34. 1: Jo. 13. 9: I Ki. 23. 24: II Ki. 2. 29: 4. 7: Jb. 39. 6: Ps. 25 (26). 12 (P.): Is. 35. 6: 41. 19: 51. 3: Am. 6. 14.]
[Sm. Dt. 1. 1: 3. 10: Jo. 13. 9: Ps. 25 (26). 12: 142 (143). 10.]
[Th. II Ki. 2. 29: Ps. 25 (26). 12 (P.).]

ὀμβρεῖν.

[Aq. Ps. 77 (78). 2.]

ὄμβρημα. (1) נָזַל

Ps. 77 (78). 44. καὶ τὰ ὄ. αὐτῶν ὅπως μὴ πίωσιν (1)

ὄμβρος. (1) שָׂעִיר

De. 32. 2. ὡσεὶ ὄμβρος ἐπ' ἄγρωστιν (1)
Wi. 16. 16. ὄμβροις διωκόμενοι ἀπαραιτήτοις [A -ως]
Si. 49. 9. ἐμνήσθη τῶν ἐχθρῶν ἐν ὄμβρῳ
Da. LXX. 3. (64). εὐλογεῖτε, πᾶς ὄ. καὶ δρόσος, τὸν κύριον
— (77). εὐλογεῖτε, ὄμβροι . . . τὸν κύριον
Da. Th. 3. (64). εὐλογεῖτω πᾶς ὄ. . . . τὸν κύριον
[Aq. Ge. 7. 12: Ps. 67 (68). 10: Pr. 25. 23.]
[Sm. Jb. 28. 27: 37. 6.]
[Th. Da. 3. (77).]
[Al. Hb. 3. 10.]

ὁμείρεσθαι. (1) חָכָה pi.

Jb. 3. 21. A B^{1} S οἳ ὁμείρονται [B^{2} R ἱμ.] τοῦ θανάτου (1)
[Sm. Ps. 62 (63). 2.]

ὅμηρος. (1) צִיר

Is. 18. 2. ὁ ἀποστέλλων ἐν θαλάσσῃ ὅμηρα (1?)
I Ma. 1. 10. ὃς ἦν ὅμηρα ἐν τῇ Ῥώμῃ
8. 7. A R διδόναι ὅμηρα [S -ον]
9. 53. ἔλαβε τοὺς υἱοὺς τῶν ἡγουμ. . . . ὅμηρα
10. 6. τὰ ὅ. τὰ ἐν τῇ ἄκρᾳ εἶπε παραδοῦναι αὐτῷ
— 9. παρέδωκαν . . . τὰ ὅ.
11. 62. ἔλαβε τοὺς υἱοὺς τῶν ἀρχόντων αὐ. εἰς ὅμηρα
13. 16. καὶ δύο τῶν υἱῶν αὐ. ὅμηρα
[Aq. IV Ki. 14. 14: Pr. 13. 17.]
[Sm. Is. 57. 9.]
[Th. Is. 18. 2.]

ὁμιλεῖν. (1) דָּבַר pi. (2) הָלַךְ (3) רָעָה pi.

Ju. 12. 12. οὐχ ὁμιλήσαντες αὐτῇ
Pr. 5. 19. ἔλαφος φιλίας καὶ πῶλος σῶν χαρίτων ὁμιλείτω σοι (3)
15. 12. μετὰ δὲ σοφῶν οὐχ ὁμιλήσει (2)
23. 30. ὁμιλεῖτε ἀνθρώποις δικαίοις καὶ ὁμιλεῖτε ἐν περιπάτοις −, −
Si. 11. 20. στῆθι ἐν διαθήκῃ σου καὶ ὁμίλει ἐν αὐτῇ
Da. LXX. Su. 37. ἐθεωροῦμεν αὐτοὺς ὁμιλοῦντας ἀλλήλοις
— 57. ἐκεῖναι φοβούμεναι ὡμίλουσαν ὑμῖν
— 58. κατέλαβες αὐτοὺς ὁμιλοῦντας ἀλλήλοις
1. 19. ὡμίλησεν αὐτοῖς ὁ βασ. (1)
Da. Th. Su. 54. εἶδες αὐτοὺς ὁμιλοῦντας ἀλλήλοις
— 57. ἐκεῖναι φοβούμεναι ὡμίλουν ὑμῖν
— 58. κατέλαβες αὐτοὺς ὁμιλοῦντας ἀλλήλοις
[Aq. Ge. 24. 63: Jd. 5. 10: Ps. 68 (69). 13: 118 (119). 23.]
[Sm. III Ki. 18. 27: Jb. 12. 8: 15. 4: Ps. 82 (83). 4.]

ὁμιλία. (1) לֶקַח (2) עֹנָה

Ex. 21. 10. τὴν ὁ. αὐτῆς οὐκ ἀποστερήσει (2)
Pr. 7. 21. ἀπεπλάνησε δὲ αὐτὸν πολλῇ ὁμιλίᾳ (1)
23. 29. S^{6} τίνος φλυαρίαι ὁμιλίαι [A B S^{1} al.] †
Wi. 8. 18. ἐν συγγυμνασίᾳ ὁμιλίας [A -ίᾳ] αὐτῆς φρόνησις
III Ma. 5. 18. R ἐπὶ πλεῖον δὲ προβαινούσης τῆς ὁ. [A al.]
[Aq. III Ki. 18. 27: Ps. 54 (55). 3: 103 (104). 34: Am. 4. 13.]
[Sm. Jb. 15. 8: Ps. 24 (25). 14: 54 (55). 15: 88 (89). 8: Is. 3. 3: 50. 4: Je. 23. 18: Ez. 13. 9.]

ὅμιλος.

[Aq. I Ki. 19. 20.]

ὁμίχλη. (1) חֹשֶׁךְ (2) כְּפוֹר (3) עֵיפָה (4) עֲרָפֶל

Jb. 24. 20. ὥσπερ δὲ ὁμίχλη δρόσου ἀφανὴς ἐγένετο †
38. 9. ὁμίχλῃ δὲ αὐτὴν ἐσπαργάνωσα (4)
Ps. 147. 5 (16). τοῦ . . . ὁμίχλην [S^{1} -η] ὡσεὶ σποδὸν πάσσοντος (2?)
Wi. 2. 4. ὡς ὁμίχλη διασκεδασθήσεται
Si. 24. 3. ὡς ὁμίχλη [A -ην] κατεκάλυψα γῆν
43. 22. ἴασις πάντων [S^{2} πάγων] κατὰ σπουδὴν ὁμίχλη
Am. 4. 13. ποιῶν ὄρθρον καὶ ὁμίχλην (3)
Jl. 2. 2: Ze. 1. 15. ἡμέρα νεφέλης καὶ ὁμίχλης (4)
Is. 29. 18. ἀκούσονται . . . οἱ ἐν τῇ ὁ. (1)
[Aq. Dt. 4. 11: Jb. 3. 5.]
[Sm. Ex. 20. 21: Ps. 96 (97). 2.]

ὁμιχλοῦν.

[Sm. Ps. 64 (65). 13.]

ὄμμα. (1) עַיִן

Pr. 6. 4. μὴ δῷς ὕπνον σοῖς ὄμμασι (1)
7. 2. τοὺς δὲ ἐμοὺς λόγους ὥσπερ κόρας ὀμμάτων (1)
9. 18. A B μηδὲ ἐπιστήσῃς τὸ σὸν ὄμμα [S R ὄνομα] πρὸς αὐτήν −
10. 26. ὥσπερ ὄμφαξ ὀδοῦσι βλαβερὸν καὶ καπνὸς ὄμμασιν (1)
23. 5. ἐὰν ἐπιστήσῃς τὸ σὸν ὄμμα πρὸς αὐτόν (1)
Wi. 11. 18. ἢ δεινοὺς ἀπ' ὀμμάτων σπινθῆρας ἀστράπτοντας
15. 15. οὔτε ὀμμάτων χρῆσις εἰς ὅρασιν
IV Ma. 5. 30. οὐδ' ἂν ἐκκόψῃς μου τὰ ὄ.
6. 26. ἀνέτεινε τὰ ὄ. πρὸς τὸν θεόν
18. 21. καὶ τὰς τῶν ὀ. κόρας ἐπήρωσε

ὀμνύειν, ὀμνύναι. (1) אָמַר (2) שָׁבַע *a.* ni. *b.* hi. (3) תָּפַשׂ

Ge. 21. 23. ὀμόσόν μοι τὸν θεὸν μὴ ἀδικήσειν (2 *a*)
— 24. καὶ εἶπεν Ἀβραάμ, Ἐγὼ ὀμοῦμαι (2 *a*)
— 31. ὅτι ἐκεῖ ὤμοσαν ἀμφότεροι (2 *a*)
22. 16. κατ' ἐμαυτοῦ ὤμοσα (2 *a*)
24. 7. καὶ ὤμοσέ μοι (2 *a*)
— 9. καὶ ὤμοσεν αὐτῷ περὶ τοῦ ῥήματος τ. (2 *a*)
25. 33. ὀμόσόν μοι σήμερον (2 *a*)
— 33. καὶ ὤμοσεν αὐτῷ (2 *a*)
26. 3. τὸν ὅρκον μου ὃν ὤμοσα τῷ Ἀβραάμ (2 *a*)
— 31. ὤμοσεν ἕκαστος [A ὤμοσαν ἄνθρωπος] τῷ πλησίον αὐ. (2 *a*)
31. 53. ὤμοσεν Ἰ. κατὰ τοῦ φόβου τοῦ πατρὸς (2 *a*)
47. 31. ὄμοσόν μοι καὶ ὤμοσεν αὐτῷ (2 *a*, 2 *a*)
50. 24. ἣν ὤμοσεν ὁ θ. τοῖς πατράσιν ἡμῶν (2 *a*)
Ex. 13. 5. ἣν ὤμοσε τοῖς πατράσι σου δοῦναι (2 *a*)
— 11. ὃν τρόπον ὤμοσε τοῖς πατράσι σου (2 *a*)
22. 8 (7). ὀμεῖται ἢ μὴν μὴ [A *om.*] αὐτὸν πεπονηρεῦσθαι −
32. 13. οἷς ὤμοσας [A *add.* αὐτοῖς] κατὰ σεαυτοῦ (2 *a*)
33. 1. τὴν γῆν ἣν ὤμοσα τῷ Ἀβραάμ (2 *a*)
Le. 6. 3 (5. 22). καὶ ὀμόσῃ ἀδίκως περὶ ἑνός (2 *a*)
— 4 (5. 24). οὗ ὤμοσε περὶ αὐτοῦ ἀδίκως (2 *a*)
19. 12. οὐκ ὀμεῖσθε τῷ ὀνόματί μου ἐπ' ἀδίκῳ (2 *a*)
Nu. 11. 12. ἣν ὤμοσας τοῖς πατράσιν αὐτῶν (2 *a*)
14. 16. ἣν ὤμοσεν αὐτοῖς (2 *a*)
— 23. ἣν ὤμοσα τοῖς πατράσιν αὐτῶν (2 *a*)
30. 3. ἢ ὀμόσῃ ὅρκον (2 *a*)
32. 10. καὶ ὤμοσε λέγων (2 *a*)
— 11. B ἣν ὤμοσε [A R -σα] τῷ Ἀβρ. (2 *a*)
De. 1. 8. ἣν ὤμοσα τοῖς πατράσιν ὑμῶν (2 *a*)
— 34. παροξυνθεὶς ὤμοσε λέγων (2 *a*)
— 35. ἣν ὤμοσα τοῖς πατράσιν αὐ. (2 *a*)
2. 14. καθότι ὤμοσε κ. ὁ θεὸς αὐτοῖς (2 *a*)
4. 21. ὤμοσεν ἵνα μὴ διαβῶ (2 *a*)
— 31. ἣν ὤμοσεν αὐτοῖς (2 *a*)
6. 10. ἣν ὤμοσε τοῖς πατράσι σου (2 *a*)
— 13. B^{1} τῷ [A B^{2} R ἐπὶ τῷ] ὀνόματι αὐ. ὀμῇ (2 *a*)
— 18. ἣν ὤμοσε κύριος τοῖς πατράσιν ὑμῶν (2 *a*)
— 23. ἣν ὤμοσε δοῦναι (2 *a*)
7. 8. ὃν ὤμοσε τοῖς πατράσιν ὑμῶν (2 *a*)
— 12. ὃ ὤμοσε τοῖς πατράσιν ὑμῶν (2 *a*)
— 13. ἣν ὤμοσε κ. τοῖς πατράσι σου (2 *a*)
8. 1. ἣν ὤμοσε . . . τοῖς πατράσιν ὑμῶν (2 *a*)
— 18. ἣν ὤμοσε κύριος τοῖς πατράσι σου (2 *a*)
9. 5. ἣν ὤμοσε κύριος τοῖς πατράσιν ἡμῶν (2 *a*)
— 27. οἷς ὤμοσας κατὰ σεαυτοῦ −
De. 10. 11. ἣν ὤμοσα τοῖς πατράσιν αὐτῶν (2 *a*)
— 20. B τῷ [A R ἐπὶ τῷ] ὀνόματι αὐτοῦ ὀμῇ (2 *a*)
11. 9, 21. ἧς ὤμοσε κ. τοῖς πατράσιν ὑμῶν (2 *a*)
13. 17 (18): 19. 8. ὃν τρόπον ὤμοσε τοῖς πατράσι σου (2 *a*)
26. 3. ἣν ὤμοσε κύριος τοῖς πατράσιν ἡμῶν (2 *a*)
— 15. καθὰ ὤμοσας τοῖς πατράσιν ἡμῶν (2 *a*)
28. 9. ὃν τρόπον ὤμοσε τοῖς πατράσι σου (2 *a*)
— 11. ἧς ὤμοσε κύριος τοῖς πατράσι σου (2 *a*)
29. 13 (12). ὃν τρόπον ὤμοσε τοῖς πατράσι σου (2 *a*)
30. 20. ἧς ὤμοσε κ. τοῖς πατράσι σου (2 *a*)
31. 7. ἣν ὤμοσε κ. τοῖς πατράσιν ὑμῶν (2 *a*)
— 20, 21. ἣν ὤμοσα τοῖς πατράσιν αὐτῶν (2 *a*)
— 23. ἣν ὤμοσε κύριος αὐτοῖς (2 *a*)
32. 40. ὀμοῦμαι τὴν δεξιάν μου −
34. 4. ἣν ὤμοσα Ἀβραάμ (2 *a*)
Jo. 1. 6. ἣν ὤμοσα τοῖς πατράσιν ὑμῶν (2 *a*)
2. 12. καὶ νῦν ὀμόσατέ μοι (2 *a*)
5. 6. ἣν ὤμοσε κ. τοῖς πατράσιν αὐ. (2 *a*)
9. 15. ὤμοσαν αὐτοῖς οἱ ἄρχοντες τῆς συναγ. (2 *a*)
— 18. ὤμοσαν αὐτοῖς . . . κ. τὸν θεὸν Ἰσρ. (2 *a*)
— 19. ὠμόσαμεν αὐτοῖς κ. τὸν θεὸν Ἰσρ. (2 *a*)
— 20. ὃν ὠμόσαμεν αὐτοῖς (2 *a*)
14. 9. ὤμοσε Μ. ἐν ἐκείνῃ τῇ ἡμ. (2 *a*)
21. 41. ἣν ὤμοσε δοῦναι τοῖς πατράσιν αὐ. (2 *a*)
— 42. καθότι ὤμοσε τοῖς πατράσιν αὐ. (2 *a*)
Jd. 2. 1. ἣν ὤμοσα [A -σεν] τοῖς πατράσιν ὑμῶν (2 *a*)
— 15. καθὼς ὤμοσε κύριος αὐτοῖς (2 *a*)
8. 19. A καὶ ὤμοσεν αὐτοῖς −
15. 12. ὀμόσατέ μοι (2 *a*)
— 13. A ὤμοσαν [B εἶπον] αὐτῷ (1)
21. 1. ὤμοσαν [A -εν] ἐν Μ. (2 *a*)
— 7. ὠμόσαμεν ἐν κυρίῳ (2 *a*)
— 18. ὠμόσαμεν ἐν υἱοῖς [A οἱ υἱ.] Ἰσρ. (2 *a*)
I Ki. 3. 14. ὤμοσα τῷ οἴκῳ Ἡ. (2 *a*)
19. 6. καὶ ὤμοσε Σαοὺλ (2 *a*)
20. 17. προσέθετο ἔτι Ἰων. ὀμόσαι τῷ Δ. (2 *b*)
— 42. ὡς ὀμωμόκαμεν ἡμεῖς ἀμφότεροι (2 *a*)
24. 22. ὄμοσόν μοι ἐν κυρίῳ (2 *a*)
— 23. ὤμοσε Δ. τῷ Σ. (2 *a*)
28. 10. ὤμοσεν αὐτῇ Σ. (2 *a*)
30. 15. ὄμοσον δή μοι κατὰ τοῦ θεοῦ (2 *a*)
II Ki. 3. 9. καθὼς ὤμοσε κύριος τῷ Δ. (2 *a*)
— 35. ὤμοσε Δ. λέγων (2 *a*)
19. 7 (8). ἐν κυρίῳ ὤμοσα (2 *a*)
— 23 (24). ὤμοσεν αὐτῷ ὁ βασ. (2 *a*)
21. 2. οἱ υἱοὶ Ἰσρ. ὤμοσαν αὐτοῖς (2 *a*)
— 17. ὤμοσαν οἱ ἄνδρες Δ. (2 *a*)
III Ki. 1. 13. οὐχὶ σὺ . . . ὤμοσας τῇ δούλῃ σου (2 *a*)
— 17. σὺ ὤμοσας ἐν κ. τῷ θ. σου τῇ δούλῃ σου (2 *a*)
— 29. ὤμοσεν ὁ βασιλεύς (2 *a*)
— 30. καθὼς ὤμοσά σοι (2 *a*)
— 51. ὀμοσάτω μοι σήμερον Σαλ. (2 *a*)
2. 8. ὤμοσα αὐτῷ ἐν κυρίῳ (2 *a*)
— 23. ὤμοσεν ὁ βασ. Σαλ. (2 *a*)
3. 1 (2. 8). ὤμοσα αὐτῷ . . . λέγων (2 *a*)
IV Ki. 25. 24. ὤμοσε Γοδ. αὐτοῖς (2 *a*)
II Ch. 15. 14. ὤμοσαν [A -εν] ἐν κυρίῳ (2 *a*)
— 15. ἐξ ὅλης τῆς ψυχῆς ὤμοσαν (2 *a*)
I Es. 8. 96. καὶ ὤμοσαν
II Es. 10. 5. καὶ ὤμοσαν (2 *b*)
To. 9. 3. A B ὀμώμοκε Ῥ. μὴ ἐξελθεῖν με [S *al.*]
10. 7. ὤμοσε Ῥαγουὴλ ποιῆσαι
Ju. 1. 12. ὤμοσε κατὰ τοῦ θρόνου
8. 9. ὡς ὤμοσεν αὐτοῖς παραδώσειν τὴν πόλιν
Ps. 14 (15). 4. ὁ ὀμνύων τῷ πλησίον αὐτοῦ (2 *a*)
23 (24). 4. οὐκ ὤμοσεν ἐπὶ δόλῳ τῷ πλησίον αὐτοῦ (2 *a*)
62 (63). 11. ἐπαινεθήσεται πᾶς ὁ ὀμνύων ἐν αὐτῷ (2 *a*)
88 (89). 3. ὤμοσα Δαυὶδ τῷ δούλῳ μου (2 *a*)
— 35. ἅπαξ ὤμοσα ἐν τῷ ἁγίῳ μου (2 *a*)
— 49. ἃ ὤμοσας τῷ Δαυὶδ ἐν τῇ ἀληθείᾳ σου (2 *a*)
94 (95). 11. ὡς ὤμοσα ἐν τῇ ὀργῇ μου (2 *a*)
101 (102). 8. οἱ ἐπαινοῦντές με κατ' ἐμοῦ ὤμνυον (2 *a*)
109 (110). 4. ὤμοσε κύριος (2 *a*)
118 (119). 106. A R ὤμοσα [S ὀμώμοκα] καὶ ἔστησα (2 *a*)
131 (132). 2. ὡς ὤμοσε τῷ κυρίῳ (2 *a*)
— 11. ὤμοσε κύριος τῷ Δαυὶδ ἀλήθειαν (2 *a*)
Pr. 24. 32 (30. 9). καὶ ὀμόσω τὸ ὄνομα τοῦ θεοῦ (3)
Ec. 9. 2. ὡς ὁ ὀμνύων καθὼς ὁ τὸν ὅρκον φοβούμενος (2 *a*)
Wi. 14. 29. κακῶς ὀμόσαντες ἀδικηθῆναι οὐ προσδέχονται

Wi. 14. 30. ἀδίκως ὤμοσαν ἐν δόλῳ καταφρονήσαντες ὁσιότητος
— 31. ἡ τῶν ὀμνυμένων δύναμις
Si. 23. 10. ὁ ὀμνύων καὶ ὀνομάζων
— 11. εἰ διὰ κενῆς ὤμοσεν οὐ δικαιωθήσεται
Ho. 4. 15. μὴ ὀμνύετε ζῶντα κύριον (2 *a*)
Am. 4. 2. ὀμνύει κύριος κατὰ τῶν ἁγίων αὐτοῦ (2 *a*)
6. 8. ὤμοσε κύριος καθ' ἑαυτοῦ (2 *a*)
8. 7. ὀμνύει κύριος κατὰ τῆς ὑπερηφανίας Ἰ. (2 *a*)
— 14. οἱ ὀμνύοντες κατὰ τοῦ ἱλασμοῦ Σ. (2 *a*)
Mi. 7. 20. καθότι ὤμοσας τοῖς πατράσιν ἡμῶν (2 *a*)
Ze. 1. 5. **B S** τοὺς ὀμνύοντας κατὰ τοῦ κ. (2 *a*)
— 5. τοὺς ὀμνύοντας κατὰ τοῦ βασιλέως (2 *a*)
Za. 5. 4. τὸν οἶκον τοῦ ὀμνύοντος τῷ ὀνόματί μου ἐπὶ ψεύδει (2 *a*)
Ma. 3. 5. ἐπὶ τοὺς ὀμνύοντας τῷ ὀνόματί μου ἐπὶ ψεύδει (2 *a*)
Is. 19. 17. **S**^{1} πᾶς ὃς ἐὰν ὀμόσῃ [**ABS**^{2} ὀνομάσῃ] αὐτὴν αὐτοῖς †
— 18. ὀμνῦντες [**S**^{1} -ύοντες, **AS**^{3} -ύουσαι] τῷ ὀνόματι κυρίου (2 *a*)
45. 23. **A**^{2} **B S**^{2} κατ' ἐμαυτοῦ ὀμνύω [**S**^{1} -ων] (2 *a*)
— 24 (23). ὀμεῖται πᾶσα γλῶσσα τὸν θεόν [**A S**^{3} *al.*] (2 *a*)
48. 1. οἱ ὀμνύοντες τῷ ὀνόματι κυρίου (2 *a*)
54. 9. ὤμοσα αὐτῷ ἐν τῷ χρόνῳ ἐκείνῳ (2 *a*)
62. 8. ὤμοσε κύριος κατὰ τῆς δόξης [**B**^{2} δεξιᾶς] αὐτοῦ (2 *a*)
65. 16. οἱ ὀμνύοντες [**S**^{3} ὀμοῦντες] ἐπὶ τῆς γῆς ὀμοῦνται τὸν θεὸν τὸν ἀληθινόν (2 *a*, 2 *a*)
Je. 4. 2. ἀπὸ τοῦ προσώπου μου εὐλαβηθῇ καὶ ὀμόσῃ (2 *a*)
5. 2. οὐκ ἐν [**A** ἐπὶ] ψεύδεσιν ὀμνύουσι (2 *a*)
— 7. ὤμνυον ἐν τοῖς οὐκ οὖσι θεοῖς (2 *a*)
7. 9. κλέπτετε καὶ ὀμνύετε ἐπ' ἀδίκῳ (2 *a*)
11. 5. ὃν ὤμοσα τοῖς πατράσιν ὑμῶν (2 *a*)
12. 16. τοῦ ὀμνύειν τῷ ὀνόματί μου (2 *a*)
— 16. ἐδίδαξαν τὸν λαόν μου ὀμνύειν τῇ Βάαλ (2 *a*)
22. 5. κατ' ἐμαυτοῦ ὤμοσα (2 *a*)
28 (51). 14. ὤμοσε κύριος κατὰ τοῦ βραχίονος αὐτοῦ (2 *a*)
29 (49). 13. κατ' ἐμαυτοῦ ὤμοσα (2 *a*)
39 (32). 22. ἣν ὤμοσας τοῖς πατράσιν αὐτῶν (2 *a*)
45 (38). 16. ὤμοσεν αὐτῷ ὁ βασιλεύς (2 *a*)
47 (40). 9. ὤμοσεν αὐτοῖς Γοδολίας (2 *a*)
51 (44). 26. ὤμοσα τῷ ὀνόματί μου τῷ μεγάλῳ (2 *a*)
Ba. 2. 34. ἣν ὤμοσα τοῖς πατράσιν αὐτῶν
Ez. 6. 9. ὀμώμοκα [**A** -ώμεχα] τῇ καρδίᾳ αὐτῶν †
16. 8. ὤμοσά [**B**^{2} ὡμολόγησά] σοι (2 *a*)
20. 6. **A** ἣν ὤμοσα [**B** ἡτοίμασα] αὐτοῖς †
Da. LXX. 12. 7. ὤμοσε τὸν ζῶντα εἰς τὸν αἰῶνα θεόν (2 *a*)
Bel 6. ὀμνύω δέ σοι κ. τὸν θεὸν τῶν θεῶν
Da. TH. 12. 7. ὤμοσεν ἐν τῷ ζῶντι (2 *a*)
I Ma. 6. 61. ὤμοσεν [**S**^{1} ὡμολόγησεν] αὐτοῖς ὁ βασ.
— 62. ὃν ὤμοσε
7. 15. καὶ ὤμοσεν αὐτοῖς
— 18. τὸν ὅρκον ὃν ὤμοσαν
— 35. ὤμοσε μετὰ θυμοῦ
9. 71. καὶ ὤμοσεν [**S**^{1} -αν] αὐτῷ
II Ma. 13. 23. ὤμοσεν ἐπὶ πᾶσι τοῖς δικαίοις
14. 33. ὤμοσε ταῦτα

[**Aq.** Ps. 62 (63). 12 : 118 (119). 106 : Is. 19. 18 : 54. 9 *bis.*]
[**Sm.** II KI. 21. 2 : Ps. 14 (15). 4 : 118 (119). 106 : Is. 19. 18 : 54. 9 *bis* : JE. 49. 13 (29. 14).]
[**Th.** Ps. 118 (119). 106 : Is. 19. 18 : 54. 9 *bis.*]
[**Al.** DT. 28. 9.]

ὁμογνώμων.

[**Sm.** Ps. 118 (119). 24.]

ὁμοεθνής.

II Ma. 4. 2. τὸν κηδεμόνα τῶν ὁ.
5. 6. πολεμίων καὶ οὐχ ὁμοεθνῶν τρόπαια καταβάλλεσθαι
12. 5. τὴν γεγονυῖαν εἰς τοὺς ὁ. ὠμότητα
15. 30. ὁ τὴν τῆς ἡλικίας εὔνοιαν εἰς ὁμοεθνεῖς διαφυλάξας
— 31. συγκαλέσας τοὺς ὁ.
III Ma. 4. 12. τοὺς ἐκ τῆς πόλεως ὁμοεθνεῖς κρυβῇ ἐκπορευομένους
7. 14. τὸν ἐμπεσόντα τῶν μεμιασμ. ὁμοεθνῆ

ὁμοζηλία.

IV Ma. 13. 25. ἡ γὰρ ὁ. τῆς καλοκἀγαθίας

ὁμοθυμαδόν. (1) *a.* יַחַד *b.* יַחְדָּו, יַחְדָּיו

Ex. 19. 8. ἀπεκρίθη δὲ πᾶς ὁ λαὸς ὁ. (1 *b*)
Nu. 24. 24. αὐτοὶ ὁ. ἀπολοῦνται †
27. 21. αὐτὸς καὶ οἱ υἱοὶ Ἰσρ. ὁ. –
I Es. 5. 47. συνήχθησαν ὁ. εἰς τὸ εὐρύχωρον
— 58. πάντες οἱ Λ. ὁ. ἐργοδιῶκται
9. 38. συνήχθη πᾶν τὸ πλῆθος ὁ.
Ju. 4. 12. ἐβόησαν πρὸς τὸν θεὸν Ἰ. ὁ.
7. 29. ἐν μέσῳ τῆς ἐκκλησίας πάντων ὁ.
13. 17. καὶ εἶπαν ὁ.
15. 2. ἐκχυθέντες ὁ. ἔφυγον
— 5. πάντες ὁ. ἐπέπεσον ἐπ' αὐτούς
— 9. εὐλόγησαν αὐτὴν πάντες ὁ.
Jb. 2. 11. παρεγένοντο πρὸς αὐτὸν ὁ. (1 *b*)
3. 18. ὁ. δὲ οἱ αἰώνιοι [**A S** δι' αἰῶνος] οὐκ ἤκουσαν φωνὴν φορολόγου (1 *a*)
6. 2. τὰς δὲ ὀδύνας μου ἄραι ἐν ζυγῷ ὁ. (1 *a*)
9. 32. ἵνα ἔλθωμεν ὁ. εἰς κρίσιν (1 *b*)
16. 11 (10). ὁ. δὲ κατέδραμον ἐπ' ἐμοί (1 *a*)
17. 16. ἢ ὁ. ἐπὶ χώματος καταβησόμεθα (1 *a*)
19. 12. ὁ. δὲ ἦλθον τὰ πειρατήρια αὐτοῦ ἐπ' ἐμοί (1 *a*)
21. 26. ὁ. δὲ ἐπὶ γῆς κοιμῶνται (1 *a*)
24. 4. ὁ. δὲ ἐκρύβησαν πραεῖς γῆς (1 *a*)
— 17. ὁ. αὐτοῖς τὸ πρωῒ σκιὰ θανάτου [**A** πρ. διεσκέδασεν] (1 *b*)
31. 38. εἰ δὲ καὶ οἱ αὔλακες αὐτῆς ἔκλαυσαν ὁ. (1 *a*)
34. 15. τελευτήσει πᾶσα σὰρξ ὁ. (1 *a*)
38. 33. τὰ ὑπ' οὐρανὸν ὁ. γινόμενα †
40. 8 (13). κρύψον δὲ εἰς γῆν ὁ. (1 *a*)
Wi. 10. 20. τήν τε ὑπέρμαχόν σου χεῖρα ᾔνεσαν ὁ.
18. 5. ὁ. ἀπώλεσας ἐν ὕδατι σφοδρῷ
— 12. ὁ. δὲ πάντες ἐν ἑνὶ ὀνόματι θανάτου
Je. 5. 5. ὁ. συνέτριψαν ζυγόν (1 *b*)
26 (46). 21. ἔφυγον ὁ. (1 *b*)
La. 2. 8. τεῖχος ὁ. ἠσθένησε (1 *b*)
III Ma. 4. 4. ὁ. ἐξαπεστέλλοντο
— 6. θρῆνον ἀνθ' ὑμεναίων ὁ. ἐξῆρχον
5. 50. πρηνεῖς ὁ. ῥίψαντες ἑαυτούς
6. 39. ἀπταίστους αὐτοὺς ἐρρύσατο ὁ.

[**Aq.** Ps. 33 (34). 4 : JE. 6. 11.]
[**Sm.** Ps. 2. 2 : 40 (41). 8 : Is. 11. 7.]
[**Th.** JB. 24. 4, 17 : Is. 11. 7 (Sw.) : 22. 3.]
[**Al.** I KI. 11. 7.]

ὁμοιοπαθής.

Wi. 7. 3. ἐπὶ τὴν ὁμοιοπαθῆ κατέπεσον γῆν
IV Ma. 12. 13. τοὺς ὁ. . . . γλωττοτομῆσαι

ὅμοιος. (1) *a.* דְּמוּת *b.* דָּמָה *c.* דִּמָּה (2) כְּ' (3) כְּמוֹ, כָּמוֹ (4) כֵּן (5) כְּנֶגֶד (6) מָשַׁל (7) **καὶ τὰ ὅ. αὐτῷ** לְמִינָהּ, לְמִינֵהוּ (8) **καὶ τὰ ὅ. αὐτῶν** לְמִינוֹ, לְמִינָהּ (9) **ὅ. γίγνεσθαι** שָׁוָה (10) **ὅ. εἶναι** *a.* דָּמָה qal. *b.* pi. *c.* hithp. *d.* כֵּן

Ge. 2. 20. οὐχ εὑρέθη βοηθὸς ὅ. αὐτῷ (5)
Ex. 15. 11. τίς ὅ. σοι ἐν θεοῖς (3)
— 11. τίς ὅ. σοι (3)
Le. 11. 14. καὶ τὸν ἰκτῖνα καὶ τὰ ὅ. αὐτῷ [**A** -ῶν] (7 [8])
— 15. καὶ λάρον καὶ τὰ ὅ. αὐτῷ [**A** αὐτῶν] (7 [8])
— 16 (**R**), 14 (**B**^{2}). κόρακα καὶ τὰ ὅ. αὐτῷ (7)
— 16. **B** καὶ ἱέρακα καὶ τὰ ὅ. αὐτῷ (7)
— 19. ἐρωδιὸν καὶ χαραδριὸν καὶ τὰ ὅ. αὐτῷ [**A** -ῶν] (7 [8])
— 22. τὸν βροῦχον καὶ τὰ ὅ. αὐτῷ (7)
— 22. καὶ τὸν ἀττάκην καὶ τὰ ὅ. αὐτῷ (7)
— 22. καὶ ὀφιομάχην καὶ τὰ ὅ. αὐτῷ (7)
— 22. καὶ τὴν ἀκρίδα καὶ τὰ ὅ. αὐτῇ (7)
De. 14. 13. τὸν ἰκτῖνα καὶ τὰ ὅ. αὐτῷ (7)
— 14. **A**^{2} πάντα κόρακα καὶ τὰ ὅ. αὐτῷ (7)
— 14 (**A**), 16 (**B**). ἱέρακα καὶ τὰ ὅ. αὐτῷ (7)
— 18. χαραδριὸν καὶ τὰ ὅ. αὐτῷ (7)
33. 29. τίς ὅμοιός σοι [**A** *om.*] λαός (3)
Jd. 8. 18. **A** ὅμοιός σοι ὅμοιος αὐτῶν [**B** *al.*] (3, 3)
I Ki. 10. 24. οὐκ ἔστιν ὅμοιος αὐτῷ (3)
II Ki. 9. 8. ἐπὶ τὸν κύνα τὸν τεθνηκότα τὸν ὅ. ἐμοί (3)
III Ki. 3. 12. μετὰ σὲ οὐκ ἀναστήσεται ὅμοιός σοι (3)
— 13. ὡς οὐ γέγονεν ἀνὴρ ὅ. σοι (3)
IV Ki. 3. 7. ὅμοιός μοι ὅμοιός σοι (3, 3)
18. 5. οὐκ ἐγενήθη ὅμοιος αὐτῷ (3)
23. 25. ὅμοιος αὐτῷ οὐκ ἐγενήθη (3)
— 25. μετ' αὐτὸν οὐκ ἀνέστη ὅμοιος αὐτῷ (3)
I Ch. 17. 20. οὐκ ἔστιν ὅμοιός σοι (3)
II Ch. 1. 12. ὡς [**A** *add.* σὺ] οὐκ ἐγενήθη ὅμοιός σοι (4)
6. 14. οὐκ ἔστιν ὅμοιός σοι θεός (3)
35. 18. οὐκ ἐγένετο φασὲκ ὅμοιον αὐτῷ (3)
— 19. ὅμοιος [**A**^{1} -ως] αὐτῷ οὐκ ἐγενήθη –
— 19. μετ' αὐτὸν οὐκ ἀνέστη ὅμοιος [**A** *add.* αὐτῷ] –
Ne. 13. 26. οὐκ ἦν βασιλεὺς ὅ. αὐτῷ (3)
To. 7. 2. ὡς ὅ. ὁ νεανίσκος Τωβ.
8. 6. ποιήσωμεν αὐτῷ βοηθὸν ὅ. [**A**^{1} *om.*] αὐτῷ
9. 6. **S** εἶδον Τ. τὸν ἀνεψιόν μου ὅ. αὐτῷ
Ju. 12. 3. δοῦναι [**A** *add.* τὰ] ὅμοια αὐτοῖς
Jb. 1. 8. **A** οὐκ ἔστιν ἄνθρωπος ὅμοιος αὐτῷ [**BS** ἔστι κατ' αὐτόν] (3)
2. 3. **A** οὐκ ἔστι κατ' αὐτὸν τῶν ἐπὶ τῆς γῆς ἄνθρωπος ὅμοιος αὐτῷ [**BS** ἄνθρ. ἄκακος] (3)
34. 29. **S**^{1} καὶ κατὰ ἀνθρώπου ὁμοίου [**A B S**^{2} ὁμοῦ] †
35. 8. ἀνδρὶ τῷ ὁ. σου ἡ ἀσέβειά σου (3)
37. 23. οὐχ εὑρίσκομεν ἄλλον ὅμοιον [**A** *add.* αὐτῷ] –
41. 24 (25). οὐκ ἔστιν οὐδὲν ἐπὶ τῆς γῆς ὅμοιον αὐτῷ (6)
Ps. 34 (35). 10. τίς ὅμοιός σοι (3)
49 (50). 21. ἔσομαί σοι ὅμοιος (3)
70 (71). 19. τίς ὅμοιός σοι (3)
85 (86). 8. οὐκ ἔστιν ὅμοιός σοι ἐν θεοῖς (3)
88 (89). 8. τίς ὅμοιός σοι (3)
113. 16 (115. 8). **S R** ὅμοιοι αὐτοῖς [**A** -ῶν] γένοιντο οἱ ποιοῦντες αὐτά (3)
134 (135). 18. ὅμοιοι αὐτοῖς γένοιντο οἱ ποιοῦντες αὐτά (3)
Pr. 19. 12. βασιλέως ἀπειλὴ ὁμοία βρυγμῷ λέοντος (2)
26. 4. ἵνα μὴ ὅμοιος γένῃ αὐτῷ (9)
— 8. ὅμοιός ἐστι τῷ διδόντι ἄφρονι δόξαν (10 *d*)
27. 19. **S**^{1} ὥσπερ οὐχ ὅμοια πρόσωπα προσώποις οὕτως οὐδὲ αἱ διάνοιαι [**AS**^{2} καρδίαι] ὅμοιαι [**A B S**^{2} *om.*] τῶν ἀνθρ. †, –
Ca. 2. 9. ὅμοιός ἐστιν ἀδελφιδός μου τῇ δορκάδι (10 *a*)
7. 1 (2). ῥυθμοὶ μηρῶν σου ὅμοιοι ὁρμίσκοις (3)
Wi. 7. 3. πρώτην φωνὴν τὴν ὁμοίαν πᾶσιν ἴσα [**S** ἅπασι] κλαίων
11. 14. οὐχ ὅμοια δικαίοις διψήσαντες
15. 16. οὐδεὶς γὰρ αὐτῷ ὅμοιον ἄνθρωπος ἰσχύει πλάσαι θεόν [**A S** *al.*]
16. 1. δι' ὁμοίων ἐκολάσθησαν ἀξίως
18. 11. ὁμοίᾳ δὲ δίκῃ δοῦλος ἅμα δεσπότῃ κολασθείς
Si. 7. 12. μηδὲ φίλῳ [**S**^{2} ἐπὶ φ.] τὸ ὅ. ποίει
13. 15. πᾶν ζῷον ἀγαπᾷ τὸ ὅ. αὐτῷ
— 16. τῷ ὁ. αὐτοῦ προσκολληθήσεται ἀνήρ
27. 9. πετεινὰ πρὸς τὰ ὅ. αὐτοῖς [**A** -ῶν] καταλύσει
28. 4. ἐπ' ἄνθρωπον ὅμοιον [**S**^{1} τὸν ὅ.] αὐτῷ οὐκ ἔχει ἔλεος
30. 4. ὅμοιον γὰρ αὐτῷ κατέλιπε μετ' αὐτόν
44. 19. οὐχ εὑρέθη ὅμοιος [**A** ὅ. αὐτῷ] ἐν τῇ δόξῃ
45. 6. Ἀαρὼν ὕψωσεν ἅγιον ὅμοιον αὐτῷ
48. 4. τίς ὅμοιός σοι καυχᾶσθαι [**AS** -χήσεται]
Jl. 2. 2. ὅμοιος αὐτῷ [**A** αὐτοῦ] οὐ γέγονεν (3)
Is. 13. 4. φωνὴ ἐθνῶν πολλῶν ἐπὶ τῶν ὀρέων ὁμοία ἐθνῶν πολλῶν [**S** *al.*] (1 *a*)
14. 14. ἔσομαι ὅμοιος τῷ ὑψίστῳ (10 *c*)
23. 2. τίνι ὅμοιοι γεγόνασιν οἱ ἐνοικοῦντες ἐν τῇ νήσῳ †
62. 7. οὐκ ἔστι γὰρ ὑμῖν ὅ. [**S**^{1} ὁ οἶκος] †
La. 1. 21. ἐγένοντο ὅμοιοι ἐμοί [**A** *al.*] (3)
Ez. 5. 9. ἃ οὐ ποιήσω ὅμοια αὐτοῖς ἔτι (3)
16. 32. ἡ γυνὴ ἡ [**A** ὡς γ.] μοιχωμένη ὁμοία σοι –
31. 8. αἱ πίτυες οὐχ ὅμοιαι ταῖς παραφυάσιν αὐ. καὶ ἐλάται οὐκ ἐγένοντο ὅμοιαι [**A** -οι] τοῖς κλάδοις αὐ. (1 *b*, 2)
Da. LXX. 1. 19. οὐχ εὑρέθη ἐν τοῖς σοφοῖς ὅμοιος τῷ Δ. (2)
4. 8. οὐκ ἦν ἄλλο ὅμοιον αὐτῷ –
Da. TH. 1. 19. οὐχ εὑρέθησαν . . . ὅμοιοι Δαν. (2)
3. 25 (92). ἡ ὅρασις τοῦ τετάρτου ὁμοία υἱῷ θεοῦ (1 *c*)
7. 5. θηρίον δεύτερον ὅμοιον ἄρκῳ (1 *c*)
I Ma. 9. 29. ἀνὴρ ὅ. αὐτῷ οὐκ ἔστιν
III Ma. 5. 20. κατὰ τὸ ὅ. ἑτοίμασον τοὺς ἐλέφαντας
IV Ma. 14. 14. ὁμοίαν τὴν πρὸς τὰ ἐξ αὐτῶν γεννώμ. συμπάθειαν

[**Aq.** DT. 4. 32 II KI. 18. 3 : Ps. 49 (50). 21 : JE. 10. 6, 7 : 49. 19 (29. 20).]
[**Sm.** GE. 44. 15 : DT. 4. 32 : JB. 31. 15 : Ps. 91 (92). 8 : 138 (139). 12 : EC. 3. 19 : 9. 2 : JE. 49. 19 (29. 20) : LA. 1. 21 (Sw.) : EZ. 18. 14.]
[**Th.** DT. 4. 32 : JD. 8. 18 *bis* : DA. 3. 25 (92).]
[**Al.** NU. 23. 10 : Ps. 147. 9 (20).]
[**Quint.** HO. 5. 10.]

ὁμοιότης. (1) מִין

Ge. 1. 11. κατὰ γένος καὶ καθ' ὁμοιότητα –
— 11. A κατὰ γένος εἰς ὁμοιότητα [R *al.*] –
— 12. κατὰ γένος καὶ καθ' ὁμοιότητα (1)
Wi. 14. 19. ἐξεβιάσατο . . . τὴν ὁ. ἐπὶ τὸ κάλλιον
IV Ma. 15. 4. ψυχῆς τε καὶ μορφῆς ὁμοιότητα

ὁμοιοῦν. (1) אוֹת ni. (2) דָּמָה *a.* qal. *b.* ni. *c.* pi. (3) מָשַׁל ni. (4) עָרַךְ

Ge. 34. 15. ἐν τούτῳ ὁμοιωθησόμεθα ὑμῖν (1)
— 22. ἐν τούτῳ μόνον ὁμοιωθήσονται ἡμῖν (1)
— 23. ἐν τούτῳ ὁμοιωθῶμεν αὐτοῖς (1)
Ps. 27 (28). 1. ὁμοιωθήσομαι τοῖς καταβαίνουσιν εἰς λάκκον (3)
39 (40). 5. ABS οὐκ ἔστι τίς ὁμοιωθήσεται (4)
48 (49). 12, 20. καὶ ὡμοιώθη αὐτοῖς (2 *b*)
82 (83). 1. ὁ θεός, τίς ὁμοιωθήσεταί σοι †
88 (89). 6. τίς [A S² *om.*] ὁμοιωθήσεται τῷ κ. (2 *a*)
101 (102). 6. ὡμοιώθην πελεκᾶνι ἐρημικῷ (2 *a*)
142 (143). 7. ὁμοιωθήσομαι τοῖς καταβαίνουσιν εἰς λάκκον (3)
143 (144). 4. ἄνθρωπος ματαιότητι ὡμοιώθη (2 *a*)
Ca. 1. 9. τῇ ἵππῳ μου . . . ὡμοίωσά σε (2 *c*)
2. 17. ὁμοιώθητι σὺ . . . τῷ δόρκωνι (2 *a*)
7. 7 (8). ὡμοιώθης [A -θη, S ὁμοιώθητι] τῷ φοίνικι (2 *a*)
8. 14. ὁμοιώθητι τῇ δορκάδι (2 *a*)
Wi. 7. 9. οὐδὲ ὡμοίωσα αὐτῇ [A -ὴν] λίθον ἀτίμητον
13. 14. ζῴῳ τινὶ εὐτελεῖ ὡμοίωσεν [S ἀφωμ.] αὐτό
Si. 13. 1. ὁ κοινωνῶν ὑπερηφάνῳ ὁμοιωθήσεται αὐτῷ
25. 11. ὁ κρατῶν αὐτοῦ τίνι ὁμοιωθήσεται
27. 24. καὶ οὐχ ὡμοίωσα αὐτῷ [A -οῖς]
36. 17 (14). ὃν πρωτογόνῳ [S² -τόκῳ] ὡμοίωσας
38. 27. καρδίαν αὐτοῦ δώσει εἰς ὁμοιῶσαι ζωγραφίαν
45. 2. ὡμοίωσεν αὐτὸν δόξῃ [A S ἐν δ.] ἁγίων
Ho. 4. 5. νυκτὶ ὡμοίωσα τὴν μητέρα σου (2 *a*)
— 6. ὡμοιώθη [A νυκτὶ ὡμ.] ὁ λαός μου (2 *b*)
12. 10 (11). καὶ ἐν χερσὶ προφητῶν ὡμοιώθην (2 *c*)
Ze. 1. 11. ὅτι ὡμοιώθη πᾶς ὁ λαὸς X. (2 *b*)
Is. 1. 9. ὡς Γόμορρα ἂν ὡμοιώθημεν (2 *a*)
40. 18. τίνι ὡμοιώσατε κύριον καὶ τίνι ὁμοιώματι ὡμοιώσατε αὐτόν (2 *c*, 4)
— 25; 46. 5. τίνι με ὡμοιώσατε (2 *c*)
La. 2. 13. τί ὁμοιώσω σοι (2 *c*)
Ep. Je. 39. τοῖς ἀπὸ τοῦ ὄρους λίθοις ὡμοιωμένοι εἰσί
Ez. 31. 2. τίνι ὡμοίωσας σεαυτὸν ἐν τῷ ὕψει σου (2 *a*)
— 8. πᾶν ξύλον . . . οὐχ ὡμοιώθη αὐτῷ (2 *a*)
— 18. τίνι ὡμοιώθης (2 *a*)
32. 2. λέοντι ἐθνῶν ὡμοιώθης σύ (2 *b*)
I Ma. 3. 4. ὡμοιώθη λέοντι
[**Sm.** Ex. 15. 11 : Ps. 27 (28). 1 : 130 (131). 2.]
[**Th.** Ps. 143 (144). 4 : Ez. 31. 8.]

ὁμοιόψηφος.

II Ma. 14. 20. A φανείσης ὁμοιοψήφου [R ὁμοψ.] γνώμης

ὁμοίωμα. (1) *a.* דְּמוּת *b.* דָּמָה (2) מַרְאֶה (3) עַיִן (4) צֶלֶם (5) תֹּאַר (6) תַּבְנִית (7) תְּמוּנָה

Ex. 20. 4. οὐδὲ παντὸς ὁμοίωμα (7)
De. 4. 12. ὁμοίωμα οὐκ εἴδετε (7)
— 15. οὐκ εἴδετε ὁμοίωμα (7)
— 16. γλυπτὸν ὁ. . . . ὁμοίωμα ἀρσενικοῦ (7, 6)
— 17. ὁμοίωμα παντὸς κτήνους (6)
— 17. ὁμοίωμα παντὸς ὀρνέου πτερωτοῦ (6)
— 18. ὁμοίωμα παντὸς ἑρπετοῦ (6)
— 18. ὁμοίωμα παντὸς ἰχθύος (6)
— 23. καὶ ποιήσητε . . . γλυπτὸν ὁ. πάντων (7)
— 25. καὶ ποιήσητε γλυπτὸν ὁ. παντός (7)
5. 8. οὐ ποιήσεις . . . παντὸς ὁμοίωμα (7)
Jo. 22. 28. ἴδετε ὁμοίωμα τοῦ θυσιαστηρίου κ. (6)
Jd. 8. 18. εἰς ὁμοίωμα υἱοῦ βασιλέως [A *al.*] (5)
I Ki. 6. 5. A ποιήσετε ὁμοίωμα τῶν ἑδρῶν ὑμῶν [B *al.*] (4)
— 5. ὁμοίωμα τῶν μυῶν ὑμῶν (4)
IV Ki. 16. 10. ἀπέστειλεν . . . τὸ ὁ. τοῦ θυσιαστηρίου (1 *a*)
II Ch. 4. 3. ὁμοίωμα μόσχων ὑποκάτω αὐτῆς (1 *a*)
Ps. 105 (106). 20. ἐν ὁμοιώματι μόσχου ἔσθοντος χόρτον (6)
143 (144). 12. περικεκοσμημέναι ὡς ὁμοίωμα ναοῦ (6)
Ca. 1. 11. ὁμοιώματα [S¹ -μα] χρυσίου ποιήσομέν σοι †
Si. 31 (34). 3. κατέναντι προσώπου ὁμοίωμα προσώπου
38. 28. κατέναντι ὁμοιώματος σκεύους οἱ ὀφθ. αὐ.
Is. 40. 18. τίνι ὁμοιώματι ὡμοιώσατε αὐτόν (1 *a*)
— 19. ὁμοίωμα κατεσκεύασεν αὐτόν †
Ez. 1. 4. A ὡς ὁμοίωμα [B ὅρασις] ἠλέκτρου (3)
— 5. ὡς ὁμοίωμα τεσσάρων ζῴων . . . ὁμοίωμα ἀνθρώπου ἐπ' αὐτοῖς (1 *a*, 1 *a*)
— 16. A² B ὁμοίωμα ἐν τοῖς τέσσαρσι (1 *a*)
— 22. ὁμοίωμα ὑπὲρ κεφαλῆς αὐ. τῶν ζῴων (1 *a*)
— 26. ὁμοίωμα θρόνου ἐπ' αὐτοῦ καὶ ἐπὶ τοῦ ὁ. τοῦ θρόνου ὁμοίωμα (1 *a ter*)
2. 1 (1. 28). αὕτη ἡ ὅρασις ὁμοιώματος [A -μα τῆς] δόξης κυρίου (1 *a*)
8. 2. ἰδοὺ ὁμοίωμα ἀνδρός (1 *a* + 2)
— 3. ἐξέτεινεν ὁμοίωμα χειρός (6)
10. 1. ὁμοίωμα θρόνου ἐπ' αὐτῶν (2 + 1 *a*)
— 8. ἴδον τὰ Χερουβὶμ ὁμοίωμα χειρῶν ἀνθρώπων (6)
— 10. ἡ ὄψις αὐτῶν ὁμοίωμα ἐν τοῖς τέσσαρσιν (1 *a*)
— 21. ὁμοίωμα χειρῶν ἀνθρώπου ὑποκάτωθεν τῶν πτερύγων αὐτῶν (1 *a*)
— 22. A ὁμοίωμα [B ὁμοίωσις] τῶν προσώπων αὐτῶν (1 *a*)
23. 15. ὁμοίωμα υἱῶν Χαλδαίων (1 *a*)
Da. LXX. 3. 25 (92). ἡ ὅρασις τοῦ τετάρτου ὁμοίωμα ἀγγέλου θεοῦ (1 *b*)
I Ma. 3. 48. ἐξηρεύνων τὰ ἔθνη τὰ ὁ. τῶν εἰδώλων αὐ.
[**Aq.** Ge. 5. 1 : Is. 40. 18.]
[**Sm.** Is. 40. 18 : Ez. 10. 1 : 28. 12.]
[**Th.** Is. 40. 18 : Ez. 10. 1.]
[**Al.** Le. 13. 10 : Ez. 1. 4.]

ὁμοίως. (1) כְּ

I Ch. 28. 16. ἔδωκεν αὐτῷ ὁ. τὸν σταθμόν †
II Ch. 35. 19. A¹ ὁ. [A² B -ος] αὐτῷ οὐκ ἐγενήθη –
I Es. 5. 69. ὁ. γὰρ ὑμῖν ἀκούομεν
6. 30. ὁ. δὲ καὶ πυρὸν καὶ ἅλα
8. 20. ὁ. δὲ καὶ ἕως πυροῦ κόρων ἑκατόν
To. 5. 14. S τὰ δέοντά σοι ὁ. [A B ὡς καὶ] τῷ υἱῷ μου
12. 3. σὲ ὁ. [S *al.*] ἐθεράπευσε
Es. 1. 18. τολμήσουσιν ὁ. ἀτιμάσαι τοὺς ἄνδρας αὐ. †
Jb. 1. 16. τοὺς ποιμένας κατέφαγεν ὁ. –
Ps. 67 (68). 6. ὁ. τοὺς παραπικραίνοντας τοὺς κατοικοῦντας ἐν τάφοις †
Pr. 1. 27. ἡ δὲ καταστροφὴ ὁ. καταιγίδι παρῇ (1)
4. 18. αἱ δὲ ὁδοὶ τῶν δικαίων ὁ. φωτὶ λάμπουσι (1)
19. 29. καὶ τιμωρίαι ὁ. ἄφροσιν †
Wi. 6. 7. ὁ. τε προνοεῖ περὶ πάντων
11. 11. καὶ ἀπόντες δὲ καὶ παρόντες ὁ. ἐτρύχοντο
15. 7. τά τε ἐναντία πάνθ' ὁμοίως
18. 9. τῶν αὐτῶν ὁ. καὶ ἀγαθῶν καὶ κινδύνων
Si. 24. 11. ἐν πόλει ἠγαπημένῃ ὁ. με κατέπαυσε
Ez. 14. 10. κατὰ τὸ ἀδίκημα ὁ. τῷ προφήτῃ ἔσται –
45. 11. ἡ χοῖνιξ ὁ. μία ἔσται τοῦ λαμβάνειν †
II Ma. 10. 36. ἕτεροι δὲ ὁ. προσαναβάντες
IV Ma. 5. 21. ὡς ὁ. ὁ νόμος ὑπερηφανεῖται
11. 15. ἀποθνήσκειν ὀφείλομεν ὁ.
13. 27. A ἀλλ' ὁ. [S R ὅμως] καίπερ
[**Aq.** Ps. 28 (29). 6 *bis* : 57 (58). 9 : 77 (78). 69 : 87 (88). 6 : 140 (141). 7 : Is. 30. 22 : Je. 52. 22 : Ho. 8. 12.]
[**Sm.** Jb. 9. 26 : 13. 28 : Ec. 2. 14 : Je. 52. 22.]
[**Sext.** Ps. 28 (29). 6.]

ὁμοίωσις. (1) *a.* דְּמוּת *b.* דָּמָה (2) תַּבְנִית (3) תָּכְנִית

Ge. 1. 26. κατ' εἰκόνα ἡμετέραν καὶ καθ' ὁμοίωσιν (1 *a*)
Ps. 57 (58). 4. θυμὸς αὐτοῖς κατὰ τὴν ὁ. τοῦ ὄφεως (1 *a*)
Ez. 1. 10. ὁμοίωσις [A ἡ ὁ.] τῶν προσώπων αὐτῶν πρόσωπον ἀνθρώπου (1 *a*)
8. 10. A πᾶσα ὁ. ἑρπετοῦ καὶ κτήνους (2)
10. 22. ὁμοίωσις [A -ωμα] τῶν προσώπων αὐτῶν (1 *a*)
28. 12. σὺ [A *add.* εἶ] ἀποσφράγισμα ὁμοιώσεως (3)
Da. LXX. 7. 5. ἄλλο θηρίον ὁμοίωσιν ἔχον ἄρκου (1 *b*)
10. 16. ὡς ὁμοίωσις χειρὸς ἀνθρώπου (1 *a*)
Da. TH. 10. 16. ὡς ὁμοίωσις υἱοῦ ἀνθρώπου (1 *a*)
[**Aq.** Ge. 1. 26 : Ps. 16 (17). 15 : Ca. 3. 6 : Ez. 1. 13.]
[**Sm.** Ge. 1. 26 : 5. 1 : Ps. 16 (17). 15 : Ez. 1. 5.]
[**Th.** Ge. 1. 26 : Ez. 8. 10.]

ὁμολογεῖν. (1) יָדָה hi. (2) נָדַר (3) שָׁבַע ni.

I Es. 4. 60. καὶ σοὶ ὁμολογῶ
5. 61. A ὁμολογοῦντες [B εὐλογ.] τῷ κυρίῳ
Es. 1. 1. ὁμολογήσαντες ἀπήχθησαν
Jb. 40. 9 (14). ὁμολογήσω ὅτι δύναται ἡ δεξιά σου σῶσαι (1)
Wi. 18. 13. ὡμολόγησαν θεοῦ υἱὸν λαὸν εἶναι
Si. 4. 26. μὴ αἰσχυνθῇς ὁμολογῆσαι ἐφ' ἁμαρτίαις σου
Je. 51 (44). 25. ἃς ὡμολογήκαμεν [A S² -σαμεν, S¹ ὁμολογήσωμεν] (2)
Ez. 16. 8. B² καὶ ὡμολόγησά [A B¹ R ὤμοσά] σοι (3)
Da. TH. Su. 14. ὡμολόγησαν τὴν ἐπιθυμίαν αὐ.
I Ma. 6. 61. S¹ ὡμολόγησεν [A S² R ὤμοσεν] αὐτοῖς ὁ βασ.
II Ma. 6. 6. οὔτε ἁπλῶς Ἰουδαῖον ὁμολογεῖν εἶναι
IV Ma. 6. 34. ὁμολογεῖν ἡμᾶς τὸ κράτος εἶναι τοῦ λογισμοῦ
9. 16. ὁμολόγησον φαγεῖν
13. 5. τὴν τῆς εὐλογιστίας παθοκράτειαν ὁμολογεῖν
[**Aq.**, **Th.** Pr. 28. 13.]
[**Sm.** Ps. 98 (99). 3.]

ὁμολογία. (1) נְדָבָה (2) נֶדֶר

Le. 22. 18. κατὰ πᾶσαν ὁ. αὐτῶν (2)
De. 12. 6. οἴσετε . . . τὰς ὁ. ὑμῶν (1)
— 17. φαγεῖν . . . τὰς ὁ. ὑμῶν (1)
I Es. 9. 8. δότε ὁμολογίαν δόξαν τῷ κυρίῳ
Am. 4. 5. καὶ ἐπεκαλέσαντο ὁμολογίας (1)
Je. 51 (44). 25. ποιήσομεν τὰς ὁ. ἡμῶν . . . ἐνεμείνατε ταῖς ὁ. [B² τὰς ὁ.] ὑμῶν (2, 2)
Ez. 46. 12. ἐὰν δὲ ποιήσῃ ὁ ἀφηγούμ. ὁμολογίαν (1)

ὁμόλογος.

Da. LXX. Su. 60. ὁμολόγους αὐτοὺς κατέστησεν ἀμφοτέρους ψευδομάρτυρας

ὁμολογουμένως.

IV Ma. 6. 31. ὁ. οὖν δεσπότης ἐστὶ τῶν παθῶν
7. 16. ὁ. ἡγεμών ἐστι τῶν παθῶν
16. 1. ὁ. αὐτοκράτωρ ἐστὶ τῶν παθῶν ὁ εὐσεβὴς λογισμός

ὁμολόγως. (1) נְדָבָה

Ho. 14. 5. ἀγαπήσω αὐτοὺς ὁμολόγως (1)

ὁμομήτριος. (1) בֶּן־אִמּוֹ

Ge. 43. 16. τὸν ἀδελφὸν αὐτοῦ τὸν ὁ. –
— 29. τὸν ἀδελφὸν αὐτοῦ τὸν ὁ. (1)
[**Sm.** Ps. 34 (35). 14.]
[**Al.** Le. 18. 11.]

ὁμονοεῖν. (1) דָּבַק

Le. 20. 5. καὶ πάντας τοὺς ὁμονοοῦντας αὐτῷ †
Es. 4. 17. εἰς συντέλειαν . . . τῶν ὁμονοούντων αὐτῷ
Da. LXX. 2. 43. οὐκ ἔσονται δὲ ὁμονοοῦντες (1)
[**Aq.** Dt. 1. 41.]

ὁμόνοια. (1) רֶגֶשׁ (2) ἐν ὁμονοίᾳ לֵב

Ps. 54 (55). 14. ἐν τῷ οἴκῳ τοῦ θεοῦ ἐπορεύθημεν ἐν ὁμονοίᾳ (1)
82 (83). 5. ἐβουλεύσαντο ἐν ὁμονοίᾳ ἐπὶ τὸ αὐτό (2)
Wi. 10. 5. ἐν ὁμονοίᾳ πονηρίας ἐθνῶν συγχυθέντων
18. 9. τὸν τῆς θειότητος [S ὁσιότητος] νόμον ἐν ὁμονοίᾳ διέθεντο
Si. 25. 1. ὁμόνοια ἀδελφῶν καὶ φιλία τῶν πλησίον
IV Ma. 3. 21. πρὸς τὴν κοινὴν νεωτερίσαντες ὁ.
13. 23. ἔσχον τὴν πρὸς ἀλλήλους ὁ.
— 25. ἐπέτεινεν αὐτῶν τὴν πρὸς ἀλλήλους ὁ.
[**Sm.** Da. 11. 6 (Sw.).]

ὁμοπάτριος. (1) מוֹלֶדֶת אָבִיךָ

Le. 18. 11. ὁμοπατρία ἀδελφή σού ἐστιν (1)

ὁμορεῖν, ὁμοροεῖν (A) (-ορρ.). (1) קָרוֹב (2) שָׁכֵן

I Ch. 12. 40. καὶ οἱ ὁμοροῦντες αὐτοῖς (1)
Je. 27 (50). 40. κατέστρεψεν ὁ θεὸς Σόδομα καὶ Γόμορρα καὶ τὰς ὁμοροούσας αὐταῖς (2)
Ez. 16. 26. ἐξεπόρνευσας ἐπὶ τοὺς υἱοὺς Αἰγύπτου τοὺς ὁμοροῦντάς σοι (2)
[**Sm.** Za. 9. 2.]

ὅμορος. (1) אֲשֶׁר עַל־יַד (2) מִגְרָשׁ

Nu. 35. 5. καὶ τὰ ὅ. τῶν πόλεων (2)
II Ch. 21. 16. ἐπήγειρε . . . τοὺς ὁ. τῶν Αἰθιόπων (1)
[**Sm.** Ez. 27. 4.]

ὁμόσπονδος.

III Ma. 3. 7. μήτε ταῖς δυνάμεσιν ὁμοσπόνδους τοὺς ἀνθρ. γενέσθαι

ὁμότροπος.

[Sm. Ps. 54 (55). 14.]

ὁμοῦ. (1) יַחַד (2) כְּאֶחָד

II Es. 2. 64. A R πᾶσα δὲ ἡ ἐκκλησία ὁ. [B om.] (2)
Jb. 34. 29. καὶ κατὰ ἔθνους καὶ κατὰ ἀνθρώπου ὁμοῦ [S¹ ὁμοίου] (1)
Wi. 7. 11. ἦλθε δέ μοι τὰ ἀγαθὰ ὁ. πάντα μετ' αὐτῆς
Si. 22. 23. ἵνα ἐν τοῖς ἀγαθοῖς αὐτοῦ ὁμοῦ πλησθῇς [A αὐ. εὐφρανθῇς σύ, S αὐ. εὐφρανθῇς]
II Ma. 8. 14. ὁ. δὲ τὸν κύριον ἠξίουν
10. 15. ὁ. δὲ τούτῳ καὶ οἱ Ἰουδαῖοι
11. 7. ὁ. δὲ καὶ προθύμως ἐξώρμησαν
— 9. ὁ. δὲ πάντες εὐλόγησαν
13. 12. πάντων δὲ τὸ αὐτὸ ποιησάντων ὁ.
III Ma. 3. 26. τούτων γὰρ ὁ. κολασθέντων
4. 13. τούτοις ὁ. τὸν αὐτὸν τρόπον . . . ποιῆσαι
5. 5. ἔννυχον δόξαντες ὁ. λήψεσθαι τὸ φῦλον πέρας τῆς ὀλεθρίας
— 21. πάντες μετὰ χαρᾶς οἱ παρόντες ὁ. συναινέσαντες
IV Ma. 8. 29. πάντες διὰ μιᾶς φωνῆς ὁ.
13. 13. ἀλλήλους ὁ. πάντες ἐφορῶντες
15. 12. καθ' ἕνα παῖδα καὶ ὁ. πάντας

[Aq. Dt. 15. 22 : 22. 10 : I Ki. 17. 10 : 31. 6 : II Ki. 2. 13, 16 : Ps. 54 (55). 15 : Is. 11. 7 : 41. 19 : 60. 13.]
[Sm. Ge. 3. 23 (22) : II Ki. 2. 13, 16 : Jb. 2. 11 : 3. 18 : 24. 4 : Ps. 36 (37). 38 : 47 (48). 5 : 48 (49). 3, 11 : 61 (62). 10 : 73 (74). 6 : 121 (122). 3 : 140 (141). 10 : Is. 52. 9 : 60. 13 : Je. 6. 11 : 10. 8 : 46 (26). 12.]
[Th. Is. 11. 7.]
[Al. I Ki. 11. 11.]
[Quint. Ps. 32 (33). 15 (P.).]

ὁμόφυλος.

II Ma. 4. 10. τοὺς ὁ. μετῆγε
III Ma. 3. 21. πρὸς τοὺς ὁ. αὐ. ἀμνησικακίαν ἅπασι γνωρίζοντες

ὁμόψηφος.

II Ma. 14. 20. R φανείσης ὁμοψήφου [A ὁμοιοψ.] γνώμης

ὁμόψυχος.

IV Ma. 14. 20. τὴν Ἀβρ. ὁμόψυχον τῶν νεανιῶν μητέρα

ὀμφακίζειν.

Is. 18. 5. ὄμφαξ ἀνθήσει ἄνθος ὀμφακίζουσα †

ὀμφαλός. (1) טַבּוּר (2) *a.* שֹׁר *b.* שָׁרִיר

Jd. 9. 37. καταβαίνων . . . ἀπὸ τοῦ ἐχόμενα ὁ. [A τοῦ ὁ.] τῆς γῆς (1)
Jb. 40. 11 (16). ἡ δὲ δύναμις αὐτοῦ ἐπ' ὀμφαλοῦ γαστρός (2 *b*)
Ca. 7. 2 (3). ὀμφαλός σου κρατὴρ τορευτός (2 *a*)
Ez. 38. 12. κατοικοῦντας ἐπὶ τὸν ὁ. τῆς γῆς (1)

[Al. Ez. 16. 4.]

ὄμφαξ. (1) בֹּסֶר (2) ὄ. πρὸ ὥρας גֶּפֶן בִּסְרוֹ (3) חֹמֶץ

Jb. 15. 33. τρυγηθείη δὲ ὡς ὄμφαξ πρὸ ὥρας (2)
Pr. 10. 26. ὥσπερ ὄμφαξ ὀδοῦσι βλαβερόν (3)
Is. 18. 5. ὄμφαξ ἀνθήσει ἄνθος ὀμφακίζουσα (1)
Je. 38 (31). 29. οἱ πατέρες ἔφαγον ὄμφακα (1)
— 30. τοῦ φαγόντος τὸν ὄ. αἱμωδιάσουσιν οἱ ὀδόντες αὐτοῦ (1)
Ez. 18. 2. οἱ πατέρες ἔφαγον ὄμφακα (1)
— 4. A τοῦ φαγόντος τὸν ὄ. αἱμωδιάσουσιν οἱ ὀδόντες αὐτοῦ –

[Sm. Je. 31 (38). 30.]

ὅμως.

Wi. 13. 6. ἀλλ' ὅμως ἐπὶ τούτοις ἐστὶ μέμψις ὀλίγη
II Ma. 2. 27. ὅ. διὰ τὴν τῶν πολλῶν εὐχαριστίαν
14. 18. ὅ. δὲ ἀκούων ὁ N.
15. 5. ὅ. οὐ κατέσχεν ἐπιτελέσαι
IV Ma. 13. 27. S R ἀλλ' ὅ. [A ὁμοίως] καίπερ
15. 11. S R ἀλλ' ὅ. καίπερ τοσούτων ὄντων [A *al.*]

[Al. I Ki. 21. 5 (6) : Ps. 61 (62). 5.]

ὄναγρος. (1) עָרֹד (2) פֶּרֶא

Ps. 103 (104). 11. προσδέξονται ὄναγροι εἰς δίψαν αὐτῶν (2)
Si. 13. 19. κυνήγια λεόντων ὄναγροι ἐν ἐρήμῳ
Je. 14. 6. S ὄναγροι [A B ὄνοι ἄγριοι] ἔστησαν ἐπὶ νάπας (2)
Da. Th. 5. 21. μετὰ ὀνάγρων ἡ κατοικία αὐ. (1)

[Aq., Th. Ho. 8. 9.]
[Sm. Jb. 6. 5 : Ps. 103 (104). 11 : Ho. 8. 9.]
[Quint. Ps. 79 (80). 14 : Ho. 8. 9.]

ὀνάς.

[Aq. Nu. 22. 23 : Za. 9. 9.]
[Sm. Jd. 5. 10 : Za. 9. 9.]
[Al. Ge. 45. 23.]

ὀνειδίζειν. (1) חָסֵד *a.* qal. *b.* hi. (2) חָרַף *a.* qal. *b.* pi. (3) יָכַח hi. (4) כָּלַם hi. (5) נָדַף ni.

Jd. 5. 18. Z. λαὸς ὠνείδισε [A ὀνειδίσας] ψυχήν (2 *b*)
8. 15. ἐν οἷς [A δι' οὓς] ὠνειδίσατέ με (2 *b*)
I Ki. 17. 10. ὠνείδισα τὴν παράταξιν Ἰσρ. (2 *b*)
— 25. A ὠνείδισεν τὸν Ἰσρ. (2 *b*)
— 26. A ὠνείδισεν παράταξιν θεοῦ ζῶντος (2 *b*)
— 36. ὃς ὠνείδισε παράταξιν θεοῦ ζῶντος (2 *b*)
— 45. ἣν ὠνείδισας σήμερον (2 *b*)
II Ki. 21. 21. ὠνείδισε τὸν Ἰσρ. (2 *b*)
23. 9. ἐν τῷ ὀνειδίσαι αὐτὸν ἐν τοῖς ἀλλοφ. (2 *b*)
IV Ki. 19. 4, 16. ὀνειδίζειν θεὸν ζῶντα (2 *b*)
— 22. τίνα ὠνείδισας (2 *b*)
— 23. ὠνείδισας κύριον (2 *b*)
I Ch. 20. 7. ὠνείδισε τὸν Ἰσρ. (2 *b*)
II Ch. 32. 17. ὀνειδίζειν τὸν κ. θεὸν Ἰσρ. (2 *b*)
Ne. 6. 13. ὅπως ὀνειδίσωσί με (2 *b*)
To. 3. 7. ταύτην ὀνειδισθῆναι ὑπὸ [A ἀπὸ] παιδισκῶν πατρὸς αὐ. [S *al.*]
— 10. S μή ποτε ὀνειδίσωσιν τὸν πατέρα μου [A B *al.*]
Ps. 34 (35). 7. μάτην ὠνείδισαν τὴν ψυχήν μου (1 *a*)
41 (42). 10. ὠνείδισάν [A S² -ιζόν] με οἱ θλίβοντές με [A S² ἐχθροί μου] (2 *b*)
43 (44). 16. ἀπὸ φωνῆς ὀνειδίζοντος (2 *b*)
54 (55). 12. εἰ ἐχθρὸς ὠνείδισέ με (2 *b*)
68 (69). 9. οἱ ὀνειδισμοὶ τῶν ὀνειδιζόντων σε (2 *a*)
73 (74). 10. ἕως πότε, ὁ θεὸς, ὀνειδιεῖ ὁ ἐχθρός (2 *b*)
— 18. ἐχθρὸς ὠνείδισε τὸν κύριον (2 *b*)
78 (79). 12. ὃν ὠνείδισάν σε (2 *b*)
88 (89). 51. οὗ ὠνείδισαν οἱ ἐχθροί σου, κύριε, οὗ ὠνείδισαν τὸ ἀντάλλαγμα τοῦ χριστοῦ σου (2 *b*, 2 *b*)
101 (102). 8. ὠνείδιζόν με οἱ ἐχθροί μου (2 *b*)
118 (119). 42. A S¹ τοῖς ὀνειδίζουσί με [S² R μοι] λόγον (2 *a*)
Pr. 20. 4. ὀνειδιζόμενος ὀκνηρὸς οὐκ αἰσχύνεται †
25. 8. ἡνίκα ἄν σε ὀνειδίσῃ ὁ σὸς φίλος (4)
— 9. μή σε ὀνειδίσῃ μὲν ὁ φίλος †
Wi. 2. 12. ὀνειδίζει ἡμῖν ἁμαρτήματα νόμου
Si. 8. 5. μὴ ὀνείδιζε ἄνθρωπον ἀποστρέφοντα ἀπὸ ἁμαρτίας
18. 18. μωρὸς ἀχαρίστως ὀνειδιεῖ
20. 15. ὀλίγα δώσει καὶ πολλὰ ὀνειδίσει
22. 20. ὁ ὀνειδίζων φίλον διαλύσει φιλίαν
41. 7. δι' αὐτὸν ὀνειδισθήσονται
— 22. μετὰ τὸ δοῦναι μὴ ὀνείδιζε
43. 17. B S φωνὴ βροντῆς αὐ. ὠνείδισεν [A R ὠδίνησε] γῆν
Ze. 2. 8. ἐν οἷς ὠνείδιζον τὸν λαόν μου (2 *b*)
— 10. διότι ὠνείδισαν (2 *b*)
Is. 27. 8. μαχόμενος καὶ ὀνειδίζων ἐξαποστελεῖ αὐτούς †
37. 4. ὀ. θεὸν ζῶντα καὶ ὀ. λόγους (2 *b*, 3)
— 6. οὓς ὠνείδισάν με οἱ πρέσβεις βασιλέως Ἀσσυρίων (5)
— 17. οὓς ἀπέστειλεν ὀ. θεὸν ζῶντα (2 *b*)
— 23. τίνα ὠνείδισας (2 *b*)
— 24. δι' ἀγγέλων ὠνείδισας κύριον (2 *b*)
43. 12. ὠνείδισα καὶ οὐκ ἦν ἐν ὑμῖν ἀλλότριος †
54. 4. μηδὲ ἐντραπῇς ὅτι ὠνειδίσθης (1 *b*)
65. 7. ἐπὶ τῶν βουνῶν ὠνείδισάν με (2 *b*)
Je. 15. 9. κατῃσχύνθη καὶ ὠνειδίσθη (1 *a*)
Ep. Je. 43. τὴν πλησίον ὀνειδίζει
II Ma. 7. 24. τὴν ὀνειδίζουσαν ὑφορώμενος φωνήν
III Ma. 7. 8. R μήτε ὀνειδίζειν περὶ τῶν γεγενημ. παρὰ λόγον [A *al.*]

[Aq. Pr. 14. 31 : 17. 5.]
[Sm. Jb. 16. 10 (P.) : Ps. 41 (42). 11 : 43 (44). 17 : 88 (89). 52 : Pr. 14. 31 : 17. 5 : 27. 11.]
[Th. Jd. 5. 18 : Ps. 88 (89). 52 : Pr. 17. 5.]

ὀνείδισμα. (1) דִּבָּה

Ez. 36. 3. καὶ εἰς ὀνείδισμα ἔθνεσιν (1)

ὀνειδισμός. (1) בּוּזָה (2) גִּדּוּף (3) חֶרְפָּה (4) כְּלִמָּה (5) תּוֹכֵחָה

Jo. 5. 8 (9). ἀφεῖλον τὸν ὀ. Αἰγύπτου (3)
I Ki. 17. 26. A ἀφελεῖ ὀνειδισμὸν ἀπὸ Ἰσρ. (3)
25. 39. ἔκρινε τὴν κρίσιν τοῦ ὀ. μου (3)
Ne. 1. 3. ἐν πονηρίᾳ μεγ. καὶ ἐν ὀνειδισμῷ (3)
4. 4 (3. 36). ἐπίστρεψον ὀνειδισμὸν αὐ. εἰς κεφ. αὐ. (3)
— 4 (3. 36). S² δὸς αὐτοὺς εἰς ὀνειδισμὸν [A B S¹ μυκτηρισμόν] (1)
5. 9. οὐχ οὕτως . . . ἀπελεύσεσθε [S ἐπ.] ἀπὸ ὀνειδισμοῦ τῶν ἐχθρῶν ἡμῶν (3)
To. 3. 4. ἔδωκας ἡμᾶς εἰς . . . παραβολὴν ὀνειδισμοῦ [S *al.*]
— 6. ὀ. ψευδεῖς ἤκουσα
— 6. S καὶ μὴ ἀκούειν ὀνειδισμούς
— 7. S αὐτὴν ἀκοῦσαι ὀνειδισμοὺς ὑπὸ μιᾶς τῶν παιδισκῶν [A B *al.*]
— 10. S ὅπως . . . μηκέτι ὀνειδισμοὺς ἀκούσω
— 13. μὴ ἀκοῦσαί με μηκέτι ὀνειδισμόν [S -ούς]
— 15. ἀκοῦσαί με ὀνειδισμόν [S *al.*]
8. 10. S μή ποτε . . . γενώμεθα . . . ὀνειδισμός [A B *al.*]
Ju. 4. 12. καὶ τὰ ἅγια εἰς . . . ὀνειδισμόν
5. 21. ἐσόμεθα εἰς ὀνειδισμόν [A S ὄνειδος]
Ps. 14 (15). 3. ὀνειδισμὸν οὐκ ἔλαβεν ἐπὶ τοὺς ἔγγιστα αὐτοῦ (3)
68 (69). 7. ἕνεκά σου ὑπήνεγκα ὀνειδισμόν (3)
— 9. οἱ ὀ. τῶν ὀνειδιζόντων σε (3)
— 10. S² R ἐγενήθη εἰς ὀνειδισμοὺς [B S¹ -όν] ἐμοί (3)
— 19. σὺ γὰρ γινώσκεις τὸν ὀ. μου (3)
— 20. ὀνειδισμὸν προσεδόκησεν ἡ ψυχή μου (3)
73 (74). 22. μνήσθητι τῶν ὀ. [S² τοῦ ὀ.] σου (3)
78 (79). 12. ἀπόδος . . . εἰς τὸν κόλπον αὐτῶν τὸν ὀ. αὐτῶν (3)
88 (89). 50. μνήσθητι, κύριε, τοῦ ὀ. τῶν δούλων σου (3)
118 (119). 39. περίελε τὸν ὀ. [S¹ τὸ ὄνειδός] μου (3)
Wi. 5. 3. ὃν ἔσχομεν . . . εἰς παραβολὴν ὀνειδισμοῦ
Si. 6. 9. A B S² μάχην ὀνειδισμοῦ σου ἀποκαλύψει
22. 22. πλὴν ὀνειδισμοῦ καὶ ὑπερηφανίας
23. 15. ἄνθρωπος συνεθιζόμενος λόγοις ὀνειδισμοῦ
27. 28. ἐμπαιγμὸς καὶ ὀνειδισμὸς [S -δος] ὑπερηφάνων
29. 23. S² ὀνειδισμὸν οἰκίας σου μὴ ἀκούσῃς
— 28. ἐπιτίμησις οἰκίας καὶ ὀνειδισμὸς [S¹ -οῦ] δανειστοῦ
34 (31). 31. λόγον ὀνειδισμοῦ μὴ εἴπῃς αὐτῷ
41. 22. ἀπὸ φίλων περὶ λόγων [A S -ου] ὀνειδισμοῦ
42. 14. γυνὴ καταισχύνουσα εἰς ὀνειδισμόν
47. 4. ἐξῆρεν ὀνειδισμὸν ἐκ λαοῦ
Ho. 12. 14 (15). τὸν ὀ. αὐ. ἀνταποδώσει αὐτῷ κ. (3)
Jl. 2. 19. οὐ δώσω ὑμᾶς οὐκέτι εἰς ὀνειδισμόν (3)
Ze. 2. 8. ἤκουσα ὀνειδισμοὺς M. (3)
3. 18. τίς ἔλαβεν ἐπ' αὐτὴν ὀνειδισμόν (3)
Is. 4. 1. ἄφελε τὸν ὀ. ἡμῶν (3)
37. 3. ἡμέρα θλίψεως καὶ ὀνειδισμοῦ καὶ ἐλεγμοῦ καὶ ὀργῆς (5)
43. 28. ἔδωκα . . . Ἰσ. [A Ἱερ.] εἰς ὀνειδισμόν (2)
47. 3. φανήσονται οἱ ὀ. σου (3)
51. 7. μὴ [S¹ καὶ] φοβεῖσθε ὀνειδισμὸν ἀνθρώπων (3)
Je. 6. 10. τὸ ῥῆμα κυρίου ἐγένετο αὐτοῖς εἰς ὀνειδισμόν (3)
12. 13. αἰσχύνθητε . . . ἀπὸ ὀνειδισμοῦ ἔναντι κυρίου †
15. 15. ἔλαβον περὶ σοῦ ὀνειδισμόν (3)
20. 8. ἐγενήθη λόγος κυρίου εἰς ὀνειδισμὸν ἐμοί (3)
23. 40. δώσω ἐφ' ὑμᾶς ὀνειδισμὸν αἰώνιον (3)
24. 9. A R ἔσονται [B S om.] εἰς ὀνειδισμόν (3)
25. 9. δώσω αὐτοὺς . . . εἰς ὀνειδισμὸν αἰώνιον †
28 (51). 51. ἠκούσαμεν ὀνειδισμὸν ἡμῶν (3)
29 (49). 13. εἰς ὀνειδισμὸν . . . ἔσῃ (3)

Je. 38 (31). 19. ἔλαβον ὀνειδισμὸν ἐκ νεότητός μου (3)
49 (42). 18. ἔσεσθε . . . εἰς ὀνειδισμόν (3)
51 (44). 8. ἵνα γένησθε . . . εἰς ὀνειδισμόν (3)
— 12. ἔσονται εἰς ὀνειδισμόν (3)
Ba. 2. 4. εἰς ὀνειδισμὸν καὶ ἄβατον
3. 8. διέσπειρας ἡμᾶς ἐκεῖ εἰς ὀνειδισμόν
La. 3. 30. χορτασθήσεται ὀνειδισμῶν (3)
— 61. ἤκουσας τὸν ὀ. αὐτῶν (3)
5. 1. ἴδε τὸν ὀ. ἡμῶν (3)
Ep. Je. 73. ἔσται γὰρ μακρὰν ἀπὸ ὀνειδισμοῦ
Ez. 21. 28 (33). τάδε λέγει κύριος . . . πρὸς τὸν ὀ. αὐτῶν (3)
22. 4. R δέδωκά σε εἰς ὀνειδισμὸν [A B -δος] τοῖς ἔθνεσι (3)
34. 29. ὀνειδισμὸν ἐθνῶν οὐ μὴ ἐνέγκωσιν ἔτι (4)
36. 6. ἀντὶ τοῦ ὀνειδισμοὺς ἐθνῶν ἐνέγκαι ὑμᾶς (4)
— 15. ὀνειδισμοὺς λαῶν [A -ὸν ἐθνῶν] οὐ μὴ ἀνενέγκητε (3)
— 30. ὅπως ἂν μὴ λάβητε ὀνειδισμὸν λιμοῦ [A λ. ἔτι ὀ. λαοῦ] (3)
Da. LXX. 9. 2. εἰς ἀναπλήρωσιν ὀνειδισμοῦ Ἱερ. †
— 16. ὁ δῆμός σου, κύριε, εἰς ὀνειδισμόν (3)
11. 18. ἐπιστρέψει ὀργὴν ὀνειδισμοῦ αὐτῶν ἐν ὅρκῳ κατὰ τὸν ὀ. αὐ. (3, 3)
12. 2. οἱ δὲ εἰς ὀνειδισμόν (3)
Da. TH. 9. 16. ὁ λαός σου εἰς ὀνειδισμὸν ἐγένετο (3)
11. 18. ἄρχοντας ὀνειδισμοῦ αὐτῶν (3)
— 18. ὀνειδισμὸς [A ὁ ὀ.] αὐ. ἐπιστρέψει αὐτῷ (3)
12. 2. καὶ οὗτοι εἰς ὀνειδισμόν (3)
I Ma. 1. 39. τὰ σάββατα αὐτῆς εἰς ὀνειδισμόν [S¹ om. εἰς ὀ.]
4. 58. S ἀπεστράφη ὀνειδισμὸς [A R -δος] ἐθνῶν
10. 70. ἐγὼ δὲ ἐγενήθην . . . εἰς ὀνειδισμόν
[Aq. Jb. 19. 5: Ps. 68 (69). 11, 21: Je. 31 (38). 19.]
[Sm. Ps. 68 (69). 21.]
[Th. Jb. 19. 5: Da. 9. 16.]

ὄνειδος. (1) חֶסֶד (2) חֶרְפָּה (3) כְּלִמָּה (4) לַעַג (5) חָמָס (6) διδόναι εἰς ὄ. חָרַף pi.

Ge. 30. 23. ἀφεῖλεν ὁ θεός μου τὸ ὄ. (2)
34. 14. ἔστι γὰρ ὄ. ἡμῖν (2)
Le. 20. 17. ὄνειδός ἐστιν (1)
I Ki. 11. 2. θήσομαι ὄνειδος ἐπὶ Ἰσρ. (2)
17. 36. ἀφελῶ σήμερον ὄνειδος ἐξ Ἰσρ. –
II Ki. 13. 13. ποῦ ἀποίσω τὸ ὄ. μου (2)
Ne. 2. 17. οὐκ ἐσόμεθα ἔτι ὄνειδος (2)
To. 3. 10. ὄνειδος αὐτῷ ἔσται [S al.]
Ju. 1. 14. ἔθηκεν εἰς ὄνειδος αὐτῆς
5. 21. A S ἐσόμεθα εἰς ὄνειδος [B -δισμόν]
8. 22. ἐσόμεθα . . . εἰς ὄνειδος
9. 2. ἐβεβήλωσαν μήτραν εἰς ὄνειδος
Jb. 19. 5. ἐνάλλεσθέ μοι ὀνείδει (2)
— 7. ἰδοὺ γελῶ [A S² λαλῶ] ὀνείδει [A B² -δη] (5)
Ps. 21 (22). 6. ὄνειδος ἀνθρώπων καὶ ἐξουθένημα λαοῦ (2)
30 (31). 11. παρὰ πάντας τοὺς ἐχθρούς μου ἐγενήθην ὄνειδος (2)
38 (39). 8. ὄνειδος ἄφρονι ἔδωκάς με (2)
43 (44). 13. ἔθου ἡμᾶς ὄνειδος [A εἰς ὄ.] τοῖς γείτοσιν ἡμῶν (2)
56 (57). 3. ἔδωκεν εἰς ὄνειδος τοὺς καταπατοῦντάς με (5)
77 (78). 66. ὄνειδος αἰώνιον ἔδωκεν αὐτοῖς (2)
78 (79). 4. ἐγενήθημεν εἰς ὄνειδος τοῖς γείτοσιν ἡμῶν (2)
88 (89). 41. ἐγενήθη ὄνειδος τοῖς γείτοσιν αὐτοῦ (2)
108 (109). 25. ἐγενήθην ὄνειδος αὐτοῖς (2)
118 (119). 22. περίελε ἀπ' ἐμοῦ ὄνειδος (2)
— 39. S¹ περίελε τὸ ὄ. [A S² R τὸν ὀνειδισμόν] μου (2)
122 (123). 4. τὸ ὄ. τοῖς εὐθηνοῦσι (4)
151. 7. ἦρα ὄνειδος ἐξ υἱῶν Ἰσραήλ
Pr. 3. 31. μὴ κτήσῃ κακῶν ἀνδρῶν ὀνείδη (5)
6. 33. τὸ δὲ ὄ. αὐτοῦ οὐκ ἐξαλειφθήσεται (2)
18. 3. ἐπέρχεται δὲ αὐτῷ ἀτιμία καὶ ὄνειδος (2)
— 13. ἀφροσύνη αὐτῷ ἐστι καὶ ὄνειδος (3)
19. 6. πᾶς δὲ ὁ κακὸς γίνεται ὄνειδος ἀνδρί [A al.] †
26. 6. ἐκ τῶν ἑαυτοῦ ὁδῶν ὄνειδος ποιεῖται (5)
Ca. 1. 4. S βοῶσιν τὸ ὄ. τῆς νύμφης –
Wi. 15. 5. ὧν ὄψις ἄφροσιν εἰς ὄνειδος [A S ὄρεξιν] ἔρχεται
Si. 3. 11. ὄνειδος τέκνοις μήτηρ ἐν ἀδοξίᾳ
6. 1. ὄνομα γὰρ πονηρὸν . . . ὄνειδος κληρονομήσει
Si. 23. 26. τὸ ὄ. αὐτῆς οὐκ ἐξαλειφθήσεται
27. 28. S ἐμπαιγμὸς καὶ ὄνειδος [A B -δισμὸς] ὑπερηφάνων
41. 6. μετὰ τοῦ σπέρματος αὐτῶν ἐνδελεχιεῖ ὄνειδος
Mi. 2. 6. οὐ γὰρ ἀπώσεται ὀνείδη (3)
6. 16. καὶ ὀνείδη λαῶν λήψεσθε (2)
Jl. 2. 17. μὴ δῷς τὴν κληρονομίαν σου εἰς ὄνειδος (2)
Is. 25. 8. τὸ ὄ. τοῦ λαοῦ ἀφεῖλεν (2)
30. 3. τοῖς πεποιθόσιν ἐπ' Αἴγυπτον ὄνειδος (3)
— 5. ἀλλὰ εἰς αἰσχύνην καὶ ὄνειδος (2)
— 6. A S ἀλλὰ εἰς αἰσχύνην καὶ ὄνειδος –
54. 4. ὄνειδος τῆς χηρείας σου οὐ μὴ μνησθήσῃ (2)
59. 18. ὡς ἀνταποδώσων ἀνταπόδοσιν ὄ. τοῖς ὑπεναντίοις †
Ep. Je. 47. κατέλιπον γὰρ ψεύδη καὶ ὄνειδος τοῖς ἐπιγινομένοις
— 72. ἔσται ὄνειδος ἐν τῇ χώρᾳ
Ez. 16. 57. νῦν ὄνειδος εἶ θυγατέρων Συρίας (2)
22. 4. δέδωκά σε εἰς ὄνειδος τοῖς ἔθνεσι (2)
Da. LXX. 3. (33). ὄνειδος ἐγενήθη τῶν δούλων σου
Da. TH. 3. (33). ὄνειδος ἐγενήθη τοῖς δούλοις σου
I Ma. 4. 45. μή ποτε γένηται αὐτοῖς εἰς ὄνειδος
— 58. A R ἀπεστράφη ὄνειδος [S -δισμὸς] ἐθνῶν
IV Ma. 5. 8. τῶν χωρὶς ὀνείδους ἡδέων
[Aq. Ps. 38 (39). 9: Ez. 5. 14.]
[Sm. Ps. 68 (69). 11: 73 (74). 22: Pr. 14. 34: Is. 25. 8: 64. 11 (10): Ez. 5. 14.]
[Th. Je. 29 (36). 18: Ez. 5. 14.]
[Al. Le. 19. 20.]
[Sam. Nu. 13. 33 (32).]
[Quint. Ps. 38 (39). 9.]

ὄνειρος.

Wi. 18. 17. φαντασίαι μὲν ὀνείρων δεινῶς [A S -ῶν] ἐξετάραξαν αὐτούς
— 19. οἱ γὰρ ὄ. θορυβήσαντες αὐτούς
II Ma. 15. 11. προσεξηγησάμενος ὄνειρον ἀξιόπιστον
IV Ma. 6. 5. ὥσπερ ἐν ὀνείρῳ βασανιζόμενος
[Sm. Ps. 72 (73). 20: Ec. 5. 2, 6.]

ὄνησις.

Za. 8. 10. ὁ μισθὸς τῶν ἀνθρ. οὐκ ἔσται εἰς ὄνησιν –

ὀνινάναι.

To. 3. 8. A B¹ ἑνὸς αὐτῶν οὐκ ὠνάσθης [B² S R ὠνομάσθης]
Si. 30. 2. ὁ παιδεύων τὸν υἱὸν αὐτοῦ ὀνήσεται [S² αἰνέθησ.] ἐπ' αὐτῷ

ὀνοκένταυρος. (1) אִי (2) לִילִית

Is. 13. 22. ὀνοκένταυροι ἐκεῖ κατοικήσουσι (1)
34. 11. ὀνοκένταυροι οἰκήσουσιν ἐν αὐτῇ †
— 14. συναντήσουσι δαιμόνια ὀνοκενταύροις . . . ἐκεῖ ἀναπαύσονται ὀνοκένταυροι (1, 2)

ὄνομα. (1) זֵכֶר (2) נֶכֶד (3) a. שֵׁם b. שֻׁם (4) a. שֵׁמַע b. שֹׁמַע (5) ὄ. καλόν שֵׁם

Ge. 2. 11. ὄ. τῷ ἑνὶ Φισών (3 a)
— 13. καὶ ὄ. τῷ ποταμῷ τῷ δευτέρῳ Γεών (3 a)
— 19. R τοῦτο ὄ. αὐτῷ [A -οῦ] (3 a)
— 20. ἐκάλεσεν Ἀ. ὀνόματα πᾶσι τοῖς κτήνεσι (3 a)
3. 20. ἐκάλεσεν Ἀ. τὸ ὄ. τῆς γυναικὸς αὐτοῦ (3 a)
4. 17. ἐπωνόμασε . . . ἐπὶ τῷ ὀ. τοῦ υἱοῦ (3 a)
— 19. ὄ. τῇ μιᾷ Ἀδά (3 a)
— 19. καὶ ὄ. τῇ δευτέρᾳ Σελλά (3 a)
— 21. καὶ ὄ. τῷ ἀδελφῷ αὐτοῦ Ἰουβάλ (3 a)
— 25. ἐπωνόμασε τὸ ὄ. αὐτοῦ Σήθ (3 a)
— 26. ἐπωνόμασε δὲ τὸ ὄ. αὐτοῦ Ἐνώς (3 a)
— 26. ἤλπισεν ἐπικαλεῖσθαι τὸ ὄ. κυρίου (3 a)
5. 2. ἐπωνόμασε τὸ ὄ. αὐ. Ἀδάμ (3 a)
— 3. ἐπωνόμασε τὸ ὄ. αὐτοῦ Σήθ (3 a)
— 29. καὶ ἐπωνόμασε τὸ ὄ. αὐτοῦ Νῶε (3 a)
10. 25. ὄ. τῷ ἑνὶ Φαλέκ (3 a)
— 25. καὶ ὄ. τῷ ἀδελφῷ αὐτοῦ Ἰεκτάν (3 a)
11. 4. R ποιήσωμεν ἑαυτοῖς [A ἑαυτῶν] ὄνομα (3 a)
— 9. ἐκλήθη τὸ ὄ. αὐ. Σύγχυσις (3 a)
— 29. ὄ. τῇ γυναικὶ Ἄβραμ Σάρα (3 a)
— 29. καὶ ὄ. τῇ γυναικὶ Ναχὼρ Μελχά (3 a)
12. 2. καὶ μεγαλυνῶ τὸ ὄ. σου (3 a)
— 8. ἐπεκαλέσατο ἐπὶ τῷ ὀ. κυρίου (3 a)
13. 4. ἐπεκαλέσατο . . . τὸ ὄ. τοῦ κυρίου (3 a)
16. 1. παιδίσκη Αἰγυπτία ᾗ ὄ. Ἄγαρ (3 a)
— 11. καὶ καλέσεις τὸ ὄ. αὐτοῦ Ἰσμαήλ (3 a)
— 13. ἐκάλεσε τὸ ὄ. κυρίου (3 a)
— 15. ἐκάλεσεν Ἄ. τὸ ὄ. τοῦ υἱοῦ . . . Ἰσμαήλ (3 a)
Ge. 17. 5. οὐ κληθήσεται ἔτι τὸ ὄ. σου Ἄβραμ (3 a)
— 5. ἀλλ' ἔσται τὸ ὄ. σου Ἀβραάμ (3 a)
— 15. οὐ κληθήσεται τὸ ὄ. αὐτῆς Σάρα (3 a)
— 15. Σάρρα ἔσται τὸ ὄ. αὐτῆς (3 a)
— 19. καὶ καλέσεις τὸ ὄ. αὐτοῦ Ἰσαάκ (3 a)
19. 22. A ἐπωνόμασεν τὸ ὄ. τῆς πόλεως ἐκ. Σηγώρ [R al.] (3 a)
— 37. ἐκάλεσε τὸ ὄ. αὐτοῦ Μωάβ (3 a)
— 39 (38). καὶ ἐκάλεσε τὸ ὄ. Ἀμμάν (3 a)
21. 3. ἐκάλεσεν Ἀβρ. τὸ ὄ. τοῦ υἱοῦ . . . Ἰσαάκ (3 a)
— 23. μὴ ἀδικήσειν με . . . μηδὲ τὸ ὄ. μου (2)
— 31. ἐπωνόμασε τὸ ὄ. τοῦ τόπου ἐκ. –
— 33. ἐπεκαλέσατο ἐκεῖ τὸ ὄ. κυρίου (3 a)
22. 14. ἐκάλεσεν Ἀβρ. τὸ ὄ. τοῦ τόπου ἐκ. (3 a)
— 24. ἡ παλλακὴ αὐτοῦ ᾗ ὄνομα Ῥεῦμα (3 a)
24. 29. ἀδελφὸς ἦν ᾧ ὄνομα Λάβαν (3 a)
25. 1. γυναῖκα ᾗ ὄνομα Χεττούρα (3 a)
— 13. ταῦτα τὰ ὀ. τῶν υἱῶν Ἰσμαήλ (3 a)
— 13. R κατ' ὀνόματα [A ὄνομα] τῶν γεν (3 a)
— 16. ταῦτα τὰ ὀ. αὐτῶν ἐν ταῖς σκηναῖς αὐ. (3 a)
— 25. ἐπωνόμασε δὲ τὸ ὄ. αὐτοῦ Ἠσαῦ (3 a)
— 26. ἐκάλεσε τὸ ὄ. αὐτοῦ Ἰακώβ (3 a)
— 30. ἐκλήθη τὸ ὄ. αὐτοῦ Ἐδώμ (3 a)
26. 18. ἐπωνόμασεν αὐτοῖς ὀνόματα (3 a)
— 18. κατὰ τὰ ὀ. ἃ ὠνόμασεν ὁ πατήρ (3 a)
— 20. R ἐκάλεσαν [A -εν] τὸ ὄ. τοῦ φρέατος (3 a)
— 21. καὶ ἐπωνόμασε τὸ ὄ. αὐτοῦ Ἐχθρία (3 a)
— 22. ἐπωνόμασε τὸ ὄ. αὐτοῦ Εὐρυχωρία (3 a)
— 25. καὶ ἐπεκαλέσατο τὸ ὄ. κυρίου (3 a)
— 33. A ἐκάλεσεν τὸ ὄ. αὐτοῦ [R ἐκ. αὐτό] †
— 33. R ἐκάλεσεν [A add. τὸ] ὄ. τῇ πόλει ἐκ. (3 a)
27. 36. δικαίως ἐκλήθη τὸ ὄ. αὐτοῦ Ἰακώβ (3 a)
28. 19. ἐκάλεσε τὸ ὄ. τοῦ τόπου ἐκ. (3 a)
— 19. Οὐλαμλοὺζ ἦν ὄνομα τῇ πόλει (3 a)
29. 13. ὡς ἤκουσε Λάβαν τὸ ὄ. Ἰακώβ (4 a)
— 16. ὄνομα τῇ μείζονι Λεία (3 a)
— 16. καὶ ὄνομα τῇ νεωτέρᾳ Ῥαχήλ (3 a)
— 32. ἐκάλεσε δὲ τὸ ὄ. αὐτοῦ Ῥουβήν (3 a)
— 33. καὶ ἐκάλεσε τὸ ὄ. αὐτοῦ Συμεών (3 a)
— 34. R ἐκάλεσε [A ἐκλήθη] τὸ ὄ. αὐτοῦ Λευεί (3 a)
— 35. ἐκάλεσε τὸ ὄ. αὐτοῦ Ἰούδαν (3 a)
30. 6. ἐκάλεσε τὸ ὄ. αὐτοῦ Δάν (3 a)
— 8. ἐκάλεσε τὸ ὄ. αὐτοῦ Νεφθαλεί (3 a)
— 11. ἐπωνόμασε τὸ ὄ. αὐτοῦ Γάδ (3 a)
— 13. ἐκάλεσε τὸ ὄ. αὐτοῦ Ἀσήρ (3 a)
— 18. ἐκάλεσε τὸ ὄ. αὐτοῦ Ἰσσάχαρ (3 a)
— 20. ἐκάλεσε τὸ ὄ. αὐτοῦ Ζαβουλών (3 a)
— 21. ἐκάλεσε τὸ ὄ. αὐτῆς Δεῖνα (3 a)
— 24. ἐκάλεσε τὸ ὄ. αὐτοῦ Ἰωσήφ (3 a)
31. 48. R ἐκλήθη τὸ ὄ. [A add. αὐτοῦ] Βουνός (3 a)
32. 2 (3). ἐκάλεσε τὸ ὄ. τοῦ τόπου ἐκ. (3 a)
— 27 (28). τί τὸ ὄ. σού ἐστιν (3 a)
— 28 (29). οὐ κληθήσεται ἔτι τὸ ὄ. σου Ἰακώβ (3 a)
— 28 (29). ἀλλ' ἔσται τὸ ὄ. σου Ἰσραήλ –
— 29 (30). ἀνάγγειλόν μοι τὸ ὄ. σου (3 a)
— 29 (30). R ἵνα τί τοῦτο [A om.] σὺ ἐρωτᾷς τὸ ὄ. μου (3 a)
— 30 (31). ἐκάλεσεν Ἰ. τὸ ὄ. τοῦ τόπου ἐκ. (3 a)
33. 17. ἐκάλεσε τὸ ὄ. τοῦ τόπου ἐκ. Σκηναί (3 a)
35. 7. ἐκάλεσε τὸ ὄ. τοῦ τόπου Βαιθήλ –
— 8. ἐκάλεσεν Ἰ. τὸ ὄ. αὐτῆς Βάλανος (3 a)
— 10. τὸ ὄ. σου οὐ κληθήσεται ἔτι Ἰακώβ (3 a)
— 10. ἀλλ' Ἰσραὴλ ἔσται τὸ ὄ. σου (3 a)
— 10. R καὶ ἐκάλεσε τὸ ὄ. αὐτοῦ Ἰσραήλ (3 a)
— 15. ἐκάλεσεν Ἰ. τὸ ὄ. τοῦ τόπου (3 a)
— 18. ἐκάλεσε τὸ ὄ. αὐτοῦ Υἱὸς ὀδύνης μου (3 a)
— 18. ἐκάλεσε τὸ ὄ. αὐτοῦ [A ἐκαλ. αὐτόν] †
36. 10. ταῦτα τὰ ὀ. τῶν υἱῶν Ἠσαῦ †
— 32. ὄνομα τῇ πόλει αὐτοῦ Δενναβά (3 a)
— 35. καὶ ὄνομα τῇ πόλει αὐτοῦ Γεθθαίμ (3 a)
— 39. καὶ ὄνομα τῇ πόλει αὐτοῦ Φογώρ (3 a)
— 39. ὄνομα δὲ τῇ γυναικὶ αὐτοῦ Μετεβεήλ (3 a)
— 40. ταῦτα τὰ ὀ. τῶν ἡγεμόνων Ἠσαῦ (3 a)
38. 1. ἄνθρωπόν τινα Ὀδ. ᾧ ὄνομα Εἰράς (3 a)
— 2. θυγατέρα ἀνθρώπου Χαναναίου ᾗ ὄνομα Σαυά (3 a)
— 3. καὶ ἐκάλεσε τὸ ὄ. αὐτοῦ Ἤρ (3 a)
— 4. καὶ ἐκάλεσε τὸ ὄ. αὐτοῦ Αὐνάν (3 a)
— 5. καὶ ἐκάλεσε τὸ ὄ. αὐτοῦ Σηλώμ (3 a)
— 6. γυναῖκα . . . ᾗ ὄνομα Θάμαρ (3 a)
— 29. ἐκάλεσε τὸ ὄ. αὐτοῦ Φαρές (3 a)
— 30. καὶ ἐκάλεσε τὸ ὄ. αὐτοῦ Ζαρά (3 a)
41. 45. ἐκάλεσε Φ. τὸ ὄ. Ἰωσὴφ Ψονθομφανήχ (3 a)
— 51. ἐκάλεσε δὲ Ἰ. τὸ ὄ. . . . Μανασσῆ (3 a)
— 52. τὸ δὲ ὄ. τοῦ δευτέρου ἐκάλεσεν Ἐφρ. (3 a)
46. 8. ταῦτα δὲ τὰ ὀ. τῶν υἱῶν Ἰσραήλ (3 a)

Ge. 48. 6. ἔσονται ἐπὶ τῷ ὀ. τῶν ἀδελφῶν αὐτῶν (3 *a*)
— 16. καὶ ἐπικληθήσεται τὸ ὄ. μου ἐν αὐτοῖς (3 *a*)
— 16. καὶ τὸ ὄ. τῶν πατέρων μου (3 *a*)
50. 11. τὸ ὄ. αὐτοῦ [A τοῦ τόπου ἐκείνου] (3 *a*)
Ex. 1. 1. ταῦτα τὰ ὀ. τῶν υἱῶν Ἰσραὴλ (3 *a*)
— 15. τῇ μιᾷ αὐτῶν ᾗ ὄνομα Σ. (3 *a*)
— 15. καὶ τὸ ὄ. τῆς δευτέρας Φουά (3 *a*)
2. 10. ἐπωνόμασε δὲ τὸ ὄ. αὐτοῦ Μωυσῆν (3 *a*)
— 22. ἐπωνόμασε Μ. τὸ ὄ. αὐτοῦ Γηρσάμ (3 *a*)
3. 13. τί ὄ. αὐτῷ (3 *a*)
— 15. τοῦτό μού ἐστιν ὄ. αἰώνιον (3 *a*)
5. 23. λαλῆσαι ἐπὶ τῷ σῷ ὀ. (3 *a*)
6. 3. τὸ ὄ. μου κύριος οὐκ ἐδήλωσα αὐτοῖς (3 *a*)
— 16. ταῦτα τὰ ὀ. τῶν υἱῶν Λευί (3 *a*)
9. 16. ὅπως διαγγελῇ τὸ ὄ. μου (3 *a*)
15. 3. κύριος ὄ. αὐτῷ (3 *a*)
— 23. ἐπωνόμασε [A -μάσθη] τὸ ὄ. τοῦ τόπου (3 *a*)
16. 4. A εἰ πορεύσονται τῷ ὀ. [B νόμῳ] μου †
— 31. ἐπωνόμασαν αὐτὸ . . . τὸ ὄ. αὐτοῦ (3 *a*)
17. 7. ἐπωνόμασε τὸ ὄ. τοῦ τόπου ἐκ. (3 *a*)
— 15. ἐπωνόμασε τὸ ὄ. αὐτοῦ [A τοῦ τόπου] (3 *a*)
18. 3. ὄνομα τῷ ἑνὶ αὐ. Γηρσάμ (3 *a*)
— 4. καὶ τὸ ὄ. τοῦ δευτέρου Ἐλίεζερ (3 *a*)
20. 7. οὐ λήψῃ τὸ ὄ. κυρίου . . . ἐπὶ ματαίῳ (3 *a*)
— 7. λαμβάνοντα τὸ ὄ. αὐτοῦ ἐπὶ ματαίῳ (3 *a*)
— 24. οὗ ἐὰν ἐπονομάσω τὸ ὄ. μου ἐκεῖ (3 *a*)
23. 13. ὄνομα θεῶν ἑτέρων οὐκ ἀναμνησθήσεσθε (3 *a*)
— 21. τὸ γὰρ ὄ. μού ἐστιν ἐπ' αὐτῷ (3 *a*)
28. 9. γλύψεις . . . τὰ ὀ. τῶν υἱῶν Ἰσραήλ (3 *a*)
— 10. ἓξ ὀνόματα ἐπὶ τὸν λίθον τὸν ἕνα (3 *a*)
— 10. καὶ τὰ ἓξ ὀ. τὰ λοιπὰ ἐπὶ τὸν λίθον (3 *a*)
— 11. A R ἐπὶ τοῖς ὀ. τῶν υἱῶν Ἰσρ. (3 *a*)
— 12. ἀναλήψεται Ἀ. τὰ ὀ. τῶν υἱῶν Ἰσραὴλ (3 *a*)
— 21. οἱ λίθοι ἔστωσαν ἐκ τῶν ὀ. τῶν υἱῶν (3 *a*)
— 21. λίθοι . . . δέκα δύο κατὰ τὰ ὀ. αὐτῶν (3 *a*)
— 21. γλυφαὶ σφραγίδων ἕκαστος [A -ου] κατὰ τὸ ὄ. (3 *a*)
— 23 (29). λήψεται Ἀ. τὰ ὀ. τῶν υἱῶν Ἰσρ. (3 *a*)
31. 2. ἀνακέκλημαι ἐξ ὀνόματος τὸν Βεσελεὴλ (3 *a*)
33. 19. A R καλέσω [B λαλήσω ἐπὶ] τῷ ὀ. μου [A κυρίου] κύριος (3 *a*)
34. 5. καὶ ἐκάλεσε τῷ ὀ. κυρίου (3 *a*)
— 14. ὁ γὰρ κύριος ὁ θεὸς ζηλωτὸν ὄ. (3 *a*)
35. 30. ἀνακέκληκεν . . . ἐξ ὀνόματος τὸν Β. (3 *a*)
36. 13 (39. 6), 21 (39. 14). ἐκ τῶν ὀ. τῶν υἱῶν Ἰσρ. (3 *a*)
— 21 (39. 14). ἐκ τῶν ὀ. [A κατὰ τὰ ὀ.] αὐτῶν (3 *a*)
— 21 (39. 14). ἕκαστος ἐκ τοῦ ἑαυτοῦ ὀ. (3 *a*)
Le. 18. 21. οὐ βεβηλώσεις τὸ ὄ. τὸ ἅγιον (3 *a*)
19. 12. οὐκ ὀμεῖσθε τῷ ὀ. μου ἐπ' ἀδίκῳ (3 *a*)
— 12. οὐ βεβηλώσετε τὸ ὄ. τοῦ θ. (3 *a*)
20. 3. ἵνα . . . βεβηλώσῃ τὸ ὄ. τῶν ἡγιασμ. μοι (3 *a*)
21. 6. οὐ βεβηλώσουσι τὸ ὄ. τοῦ θεοῦ αὐτῶν (3 *a*)
— 9. τὸ ὄ. τοῦ πατρὸς αὐτῆς αὐτὴ βεβηλοῖ –
22. 2. οὐ βεβηλώσουσι τὸ ὄ. τὸ ἅγιόν μου (3 *a*)
— 32. οὐ βεβηλώσετε τὸ ὄ. τοῦ ἁγίου (3 *a*)
24. 11. ἐπονομάσας . . . τὸ ὄ. κατηράσατο (3 *a*)
— 11. τὸ ὄ. τῆς μητρὸς αὐ. Σαλ. (3 *a*)
— 16. ὀνομάζων δὲ τὸ ὄ. κυρίου (3 *a*)
— 16. ἐν τῷ ὀνομάσαι αὐτὸν τὸ ὄ. κυρίου (3 *a*)
Nu. 1. 2. κατὰ ἀριθμὸν ἐξ ὀνόματος (3 *a*)
— 5. ταῦτα τὰ ὀ. τῶν ἀνδρῶν (3 *a*)
— 17. τοὺς ἀνακληθέντας ἐξ ὀνόματος (3 *a*)
— 18, 20, 22, 26, 28, 30, 32, 34 (A B²R), 36, 24, 38, 40, 42. κατὰ ἀριθμὸν ὀνομάτων αὐτῶν (3 *a*)
3. 2, 3. ταῦτα τὰ ὀ. τῶν υἱῶν Ἀ. (3 *a*)
— 17. ἦσαν οὗτοι οἱ υἱοὶ Λ. ἐξ ὀνομάτων αὐ. (3 *a*)
— 18. ταῦτα τὰ ὀ. τῶν υἱῶν Γ. (3 *a*)
— 40. λάβετε τὸν ἀριθμὸν ἐξ ὀνόματος (3 *a*)
— 43. κατὰ ἀριθμὸν ἐξ ὀνόματος (3 *a*)
4. 27. ἐπισκέψῃ αὐτοὺς ἐξ ὀνομάτων †
— 32. ἐξ ὀνομάτων ἐπισκέψασθε αὐτούς (3 *a*)
6. 27. ἐπιθήσουσι τὸ ὄ. μου ἐπὶ τοὺς υἱοὺς Ἰσρ. (3 *a*)
11. 3. ἐκλήθη τὸ ὄ. τοῦ τόπου ἐκ. (3 *a*)
— 26. ὄνομα τῷ ἑνὶ Ἐλδὰδ καὶ ὄνομα τῷ δευτέρῳ Μωδάδ (3 *a*, 3 *a*)
— 34. ἐκλήθη τὸ ὄ. τοῦ τόπου ἐκείνου (3 *a*)
13. 5 (4). ταῦτα τὰ ὀ. αὐτῶν (3 *a*)
— 17 (16). ταῦτα τὰ ὀ. τῶν ἀνδρῶν (3 *a*)
14. 15. ὅσοι ἀκηκόασι τὸ ὄ. σου (4 *a*)
— 21. ζῶν τὸ ὄ. μου –
17. 2 (17). ἑκάστου τὸ ὄ. αὐτοῦ ἐπίγραψον (3 *a*)
— 3 (18). τὸ ὄ. Ἀ. ἐπίγραψον ἐπὶ τῆς ῥάβδου Λ. (3 *a*)
21. 3. ἐπεκάλεσαν τὸ ὄ. τοῦ τόπου ἐκ. (3 *a*)
25. 14. τὸ δὲ ὄ. τοῦ ἀνθρώπου (3 *a*)

Nu. 25. 15. καὶ ὄνομα τῇ γυναικί (3 *a*)
26. 46. καὶ τὸ ὄ. θυγατρὸς Ἀ. (3 *a*)
— 33. ταῦτα τὰ ὀ. τῶν θυγατέρων Σ. (3 *a*)
— 53. κληρονομεῖν ἐξ ἀριθμοῦ ὀνομάτων (3 *a*)
— 55. μερισθήσεται ἡ γῆ τοῖς ὀ. (3 *a*)
— 59. τὸ δὲ ὄ. τῆς γυναικὸς αὐ. (3 *a*)
27. 1. καὶ ταῦτα τὰ ὀ. αὐτῶν (3 *a*)
— 3 (4). μὴ ἐξαλειφθήτω τὸ ὄ. τοῦ πατρὸς ἡμῶν (3 *a*)
32. 38. ἐπωνόμασαν κατὰ τὰ ὀ. αὐ. τὰ ὀ. τῶν πόλεων (3 *a*, 3 *a*)
— 42. ἐπωνόμασεν αὐτὰς Ν. ἐκ τοῦ ὀ. αὐ. (3 *a*)
33. 54. εἰς ὃ ἂν ἐξέλθῃ τὸ ὄ. αὐ. ἐκεῖ †
34. 17, 19. ταῦτα τὰ ὀ. τῶν ἀνδρῶν (3 *a*)
De. 2. 25. ἀκούσαντες τὸ ὄ. σου (4 *a*)
3. 14. ἐπωνόμασεν αὐτὰς ἐπὶ τῷ ὀ. αὐ. (3 *a*)
5. 11. οὐ λήψῃ τὸ ὄ. κυρίου . . . ἐπὶ ματαίῳ (3 *a*)
— 11. τὸν λαμβάνοντα τὸ ὄ. αὐ. ἐπὶ ματαίῳ (3 *a*)
6. 13. B¹ τῷ [A B² R ἐπὶ τῷ] ὀ. αὐτοῦ ὀμῇ (3 *a*)
7. 24. A B ἀπολεῖται [R -τε] τὸ ὄ. αὐτῶν (3 *a*)
9. 14. ἐξαλείψω τὸ ὄ. αὐτῶν (3 *a*)
10. 8. ἐπεύχεσθαι ἐπὶ τῷ ὀ. αὐτοῦ (3 *a*)
— 20. B τῷ [A R ἐπὶ τῷ] ὀ. αὐτοῦ ὀμῇ (3 *a*)
12. 3. ἀπολεῖται τὸ ὄ. αὐτῶν (3 *a*)
— 5. ἐπονομάσαι τὸ ὄ. αὐτοῦ (3 *a*)
— 11. ἐπικληθῆναι τὸ ὄ. αὐτοῦ ἐκεῖ (3 *a*)
— 21. ἐπικληθῆναι τὸ ὄ. αὐτοῦ (3 *a*)
— 26. ἐπικληθῆναι τὸ ὄ. αὐ. ἐκεῖ –
14. 23, 24: 16. 2, 6, 11. ἐπικληθῆναι τὸ ὄ. αὐτοῦ ἐκεῖ (3 *a*)
16. 15: 17. 8, 10. A ἐπικληθῆναι τὸ ὄ. αὐτοῦ –
17. 12. λειτουργεῖν ἐπὶ τῷ ὀ. κ. τοῦ θεοῦ σου †
18. 5. εὐλογεῖν ἐπὶ τῷ ὀ. αὐτοῦ (3 *a*)
— 7. λειτουργήσει τῷ ὀ. κυρίου (3 *a*)
— 19. ὅσα ἐὰν λαλήσῃ . . . ἐπὶ τῷ ὀ. μου (3 *a*)
— 20. λαλῆσαι ἐπὶ τῷ ὀ. μου ῥῆμα (3 *a*)
— 20. ὃς ἂν λαλήσῃ ἐν ὀνόματι θεῶν ἑτέρων (3 *a*)
— 22. ὅσα ἐὰν λαλήσῃ . . . τῷ [A ἐπὶ τῷ] ὀ. κυρίου (3 *a*)
21. 5. εὐλογεῖν ἐπὶ τῷ ὀ. αὐτοῦ (3 *a*)
— 5. A ἐπὶ τῷ ὀ. [B στόματι] αὐτῶν ἔσται †
22. 14. καὶ κατενέγκῃ αὐτῆς ὄ. πονηρόν (3 *a*)
— 19. ἐξήνεγκεν ὄ. πονηρόν (3 *a*)
25. 6. κατασταθήσεται ἐκ τοῦ ὀ. τοῦ τετελευτηκ. (3 *a*)
— 6. οὐκ ἐξαλειφθήσεται τὸ ὄ. αὐ. ἐξ Ἰσρ. (3 *a*)
— 7. ἀναστῆσαι τὸ ὄ. τοῦ ἀδ. αὐτοῦ (3 *a*)
— 10. κληθήσεται τὸ ὄ. αὐτοῦ ἐν Ἰσρ. (3 *a*)
— 19. ἐξαλείψεις τὸ ὄ. Ἀμ. (1)
26. 2. ἐπικληθῆναι τὸ ὄ. αὐ. ἐκεῖ (3 *a*)
28. 10. τὸ ὄ. κυρίου ἐπικέκληταί σοι (3 *a*)
— 58. φοβεῖσθαι τὸ ὄ. τὸ ἔντιμον . . . τοῦτο (3 *a*)
29. 20 (19). ἐξαλείψει κύριος τὸ ὄ. αὐτοῦ (3 *a*)
32. 3. τὸ [A om.] ὄ. κυρίου ἐκάλεσα (3 *a*)
Jo. 2. 1. ᾗ ὄνομα Ῥαάβ (3 *a*)
5. 8 (9). ἐκάλεσε τὸ ὄ. τοῦ τόπου ἐκ. (3 *a*)
6. 26 (27). ἦν τὸ ὄ. αὐτοῦ κατὰ πᾶσαν τὴν γῆν (4 *b*)
7. 9. τί ποιήσεις τὸ ὄ. σου τὸ μέγα (3 *a*)
9. 9. ἥκασιν . . . ἐν ὀνόματι κ. τοῦ θεοῦ σου (3 *a*)
— 9. ἀκηκόαμεν γὰρ τὸ ὄ. αὐτοῦ (4 *b*)
14. 15. τὸ δὲ ὄ. τῆς Χ. ἦν τὸ πρότερον πόλις Ἀ. (3 *a*)
15. 15. B τὸ δὲ ὄ. Δ. (3 *a*)
17. 3. ταῦτα τὰ ὀ. τῶν θυγατέρων Σ. (3 *a*)
19. 47. ἐκάλεσαν τὸ ὄ. αὐτῆς Λ. –
23. 7. τὰ ὀ. τῶν θεῶν αὐ. οὐκ ὀνομασθήσεται (3 *a*)
Jd. 1. 10. καὶ τὸ ὄ. ἦν Χ. τὸ πρότερον Κ. [A al.] (3 *a*)
— 11. τὸ δὲ ὄ. τῆς Δ. ἦν ἔμπροσθεν Κ. (3 *a*)
— 17. ἐκάλεσε τὸ ὄ. τῆς πόλεως Ἀνάθεμα (3 *a*)
— 23. τὸ δὲ ὄ. τῆς πόλεως ἦν ἔμπροσθεν Λ. (3 *a*)
— 26. ἔκαλεσε τὸ ὄ. αὐτῆς Λ. (3 *a*)
— 26. B τοῦτο τὸ [A R om.] ὄ. αὐτῆς (3 *a*)
2. 5. ἐπωνόμασαν τὸ ὄ. τοῦ τόπου ἐκ. [A al.] (3 *a*)
8. 14. B ἔγραψε . . . τὰ [A R om.] ὀ. τῶν ἀρχόντων –
— 31. ἔθηκε τὸ ὄ. αὐ. Ἀβ. (3 *a*)
13. 2. καὶ ὄνομα αὐτῷ Μανωέ (3 *a*)
— 6. τὸ ὄ. αὐτοῦ οὐκ ἀπήγγειλέ μοι (3 *a*)
— 17. τί τὸ [A om.] ὄ. σοι (3 *a*)
— 18. εἰς τί τοῦτο ἐρωτᾷς τὸ ὄ. μου (3 *a*)
— 24. ἐκάλεσε τὸ ὄ. αὐτοῦ Σ. (3 *a*)
15. 19. ἐκλήθη τὸ ὄ. αὐτῆς (3 *a*)
16. 4. καὶ ὄνομα αὐτῇ Δαλ. (3 *a*)
17. 1. καὶ ὄνομα αὐτῷ Μειχαίας (3 *a*)
18. 29. ἐκάλεσαν τὸ ὄ. τῆς πόλεως Δὰν ἐν ὀνόματι Δὰν [A κατὰ τὸ ὄ.] πατρὸς αὐτῶν (3 *a*, 3 *a*)
— 29. B Οὐλ. τὸ [A R om.] ὄ. τῆς πόλεως (3 *a*)

Ru. 1. 2. A R ὄνομα τῷ ἀνδρὶ Ἀβ. καὶ ὄνομα τῇ γυναικὶ αὐ. Ν. [B om. καὶ . . . Ν.] καὶ ὄνομα τοῖς δυσὶν υἱοῖς αὐ. Μ. κ. Κ. (3 *a ter*)
— 4. ὄνομα τῇ μιᾷ Ὀρφὰ καὶ ὄνομα τῇ δευτέρᾳ Ῥούθ (3 *a*, 3 *a*)
2. 1. καὶ ὄνομα αὐτῷ Β. (3 *a*)
— 19. τὸ ὄ. τοῦ ἀνδρὸς . . . Β. (3 *a*)
4. 5. ὥστε ἀναστῆσαι τὸ ὄ. τοῦ τεθνηκότος (3 *a*)
— 10. τοῦ ἀναστῆσαι τὸ ὄ. τοῦ τεθνηκότος (3 *a*)
— 10. οὐκ ἐξολεθρευθήσεται τὸ ὄ. τοῦ τεθνηκ. (3 *a*)
— 11. ἔσται ὄνομα ἐν Β. (3 *a*)
— 14. καλέσαι τὸ ὄ. σου ἐν Ἰσρ. (3 *a*)
— 17. ἐκάλεσαν αὐ. αἱ γείτονες ὄνομα (3 *a*)
— 17. ἐκάλεσαν τὸ ὄ. αὐ. Ὠβήδ (3 *a*)
I Ki. 1. 1. καὶ ὄνομα αὐτῷ Ἑλκανά (3 *a*)
— 2. ὄνομα τῇ μιᾷ Ἄννα καὶ ὄνομα τῇ δευτέρᾳ Φεννάνα (3 *a*, 3 *a*)
— 20. ἐκάλεσε τὸ ὄ. αὐτοῦ Σαμ. (3 *a*)
7. 12. ἐκάλεσε τὸ ὄ. αὐ. Ἀβ. (3 *a*)
8. 2. ταῦτα τὰ ὀ. τῶν υἱῶν αὐτοῦ (3 *a* ?)
— 2. καὶ ὄνομα τοῦ δευτέρου Ἀβιά (3 *a*)
9. 1. καὶ ὄνομα αὐτῷ Κείς (3 *a*)
— 2. καὶ ὄνομα αὐτῷ Σαούλ (3 *a*)
12. 22. B διὰ τὸ ὄ. αὐτοῦ τὸ μέγα (3 *a*)
14. 4. B ὄνομα τῷ ἑνὶ Β. καὶ ὄνομα τῷ ἄλλῳ Σ. (3 *a*, 3 *a*)
— 49. ὀνόματα τῶν δύο θυγατέρων αὐ. ὄνομα τῇ πρωτοτόκῳ Μερὸβ καὶ ὄνομα τῇ δευτέρᾳ [A om. Μ. κ. ὄ. τ. δ.] Μελχόλ (3 *a ter*)
— 50. ὄνομα τῇ γυναικὶ αὐ. Ἀχ. (3 *a*)
— 50. ὄνομα τῷ ἀρχιστρατήγῳ Ἀβ. (3 *a*)
17. 4. Γολιὰθ ὄνομα αὐτῷ (3 *a*)
— 12. A καὶ ὄνομα αὐτῷ Ἰ. (3 *a*)
— 13. A καὶ ὄνομα τῶν υἱῶν αὐτοῦ (3 *a*)
— 23. A Γολιὰθ ὁ Φ. ὄνομα αὐτῷ (3 *a*)
— 45. πορεύομαι πρὸς σὲ ἐν ὀνόματι κυρίου (3 *a*)
18. 30. A ἐτιμήθη τὸ ὄ. αὐ. σφόδρα (3 *a*)
20. 16. εὑρεθῆναι τὸ ὄ. τοῦ Ἰων. [A al.] –
— 42. ὡς ὀμωμόκαμεν . . . ἐν ὀνόματι κυρίου (3 *a*)
21. 7 (8). καὶ ὄνομα αὐτῷ Δ. (3 *a*)
22. 20. καὶ ὄνομα αὐτῷ Ἀβ. (3 *a*)
24. 22. οὐκ ἀφανιεῖς τὸ ὄ. μου (3 *a*)
25. 3. καὶ ὄνομα τῷ ἀνθρ. Νάβαλ καὶ ὄνομα τῇ γυναικὶ αὐτοῦ Ἀβ. (3 *a*, 3 *a*)
— 5. ἐρωτήσατε αὐτὸν ἐπὶ τῷ ὀ. μου (3 *a*)
— 9. λαλοῦσι . . . ἐν τῷ ὀ. Δ. (3 *a*)
— 25. κατὰ τὸ ὄ. αὐ. οὗτός ἐστι Νάβαλ ὄνομα [A al.] (3 *a*, 3 *a*)
II Ki. 2. 16. ἐκλήθη τὸ ὄ. τοῦ τόπου ἐκείνου –
4. 2. ὄνομα τῷ ἑνὶ Β. καὶ ὄνομα τῷ δευτέρῳ Ῥ. (3 *a*, 3 *a*)
— 4. καὶ ὄνομα αὐτῷ Μεμφ. (3 *a*)
5. 14. ταῦτα τὰ ὀ. τῶν γεννηθέντων αὐτῷ (3 *a*)
— 20. ἐκλήθη τὸ ὄ. τοῦ τόπου ἐκείνου (3 *a*)
6. 2. ἐφ' ἣν ἐπεκλήθη τὸ ὄ. τοῦ κυρίου (3 *a*)
— 18. εὐλόγησε τὸν λαὸν ἐν ὀνόματι κυρίου (3 *a*)
7. 9. κατὰ τὸ ὄ. τῶν μεγάλων (3 *a*)
— 13. οἰκοδομήσει μοι οἶκον τῷ ὀ. μου (3 *a*)
— 23. τοῦ θέσθαι σε ὄνομα (3 *a*)
— 26. μεγαλυνθείη τὸ ὄ. σου (3 *a*)
— 27. A μεγαλυνθείη τὸ ὄ. σου –
8. 13. ἐποίησε Δ. ὄνομα (3 *a*)
9. 2. καὶ ὄνομα αὐτῷ Σ. (3 *a*)
— 12. καὶ ὄνομα αὐτῷ Μ. (3 *a*)
12. 24. ἐκάλεσε τὸ ὄ. αὐτοῦ Σαλ. (3 *a*)
— 25. ἐκάλεσε τὸ ὄ. αὐτοῦ Ἰ. (3 *a*)
— 28. ἵνα μὴ . . . κληθῇ τὸ ὄ. μου ἐπ' αὐτήν (3 *a*)
13. 1. καὶ ὄνομα αὐτῇ Θ. (3 *a*)
— 3. καὶ ὄνομα αὐτῷ Ἰων. (3 *a*)
14. 7. ὥστε μὴ θέσθαι . . . κατάλειμμα καὶ ὄνομα [A ὀ. κ. λῆμμα] (3 *a*)
— 27. καὶ ὄνομα αὐτῇ Θ. (3 *a*)
16. 5. καὶ ὄνομα αὐτῷ Σ. (3 *a*)
17. 25. καὶ ὄνομα αὐτῷ Ἰ. (3 *a*)
18. 18. ἕνεκεν τοῦ ἀναμνῆσαι τὸ ὄ. αὐτοῦ [A μου] (3 *a*)
— 18. A ἐκάλεσε τὴν στήλην ἐπὶ τῷ ὀ. αὐ. (3 *a*)
20. 1. καὶ ὄνομα αὐτῷ Σ. (3 *a*)
— 21. Σ. υἱὸς Β. ὄνομα αὐτοῦ (3 *a*)
22. 50. ἐν τῷ ὀ. σου ψαλῶ (3 *a*)
23. 8. ταῦτα τὰ ὀ. τῶν δυνατῶν Δ. (3 *a*)
— 18. καὶ αὐτῷ ὄνομα ἐν τοῖς τρισίν (3 *a*)
— 22. καὶ αὐτῷ ὄνομα ἐν τοῖς τρισὶ τοῖς δυνατοῖς (3 *a*)

II Ki. 23. 23. ταῦτα τὰ ὀ. τῶν δυνατῶν Δ. –
III Ki. 1. 47. ἀγαθύναι ὁ θεὸς τὸ ὄ. Σαλ. ὑπὲρ τὸ ὄ. σου (3 *a*, 3 *a*)
3. 2. A οὐκ ᾠκοδομήθη οἶκος τῷ ὀ. κυρίου [B τῷ κ.] (3 *a*)
4. 8. ταῦτα τὰ ὀ. αὐτῶν (3 *a*)
5. 3 (17). οἰκοδομῆσαι οἶκον τῷ ὀ. κυρίου (3 *a*)
— 5 (19). οἰκοδομήσω οἶκον τῷ ὀ. κυρίου (3 *a*)
— 5 (19). οἰκοδομήσει τὸν οἶκον τῷ ὀ. μου (3 *a*)
7. 21. ἐπεκάλεσε τὸ ὄ. αὐτοῦ Ἰ. (3 *a*)
— 21. ἐπεκάλεσε τὸ ὄ. αὐτοῦ B. (3 *a*)
8. 16. τοῦ εἶναι τὸ ὄ. μου ἐκεῖ (3 *a*)
— 16. B μεῖναι [R εἶναι] τὸ ὄ. μου ἐκεῖ –
— 17. οἰκοδομῆσαι οἶκον τῷ ὀ. κυρίου (3 *a*)
— 18. τοῦ οἰκοδομῆσαι οἶκον τῷ ὀ. μου (3 *a*)
— 19. οἰκοδομήσει τὸν οἶκον τῷ ὀ. μου (3 *a*)
— 20. ᾠκοδόμησα τὸν οἶκον τῷ ὀ. κυρίου (3 *a*)
— 27. ὃν ᾠκοδόμησα τῷ ὀ. σου [A *om.* τ. ὀ. σ.] –
— 29. ἔσται τὸ ὄ. μου ἐκεῖ (3 *a*)
— 33, 35. ἐξομολογήσονται τῷ ὀ. σου (3 *a*)
— 41. A καὶ ἔλθῃ . . . ἕνεκα ὀνόματός σου (3 *a*)
— 42. A ἀκούσουσιν τὸ ὄ. σου τὸ μέγα (3 *a*)
— 43. ὅπως γνῶσι πάντες οἱ λαοὶ τὸ ὄ. σου (3 *a*)
— 43. τὸ ὄ. σου ἐπικέκληται ἐπὶ τὸν οἶκον (3 *a*)
— 44. προσεύξονται ἐν ὀνόματι κυρίου –
— 44. οὗ ᾠκοδόμησα τῷ ὀ. σου (3 *a*)
— 48. οὗ ᾠκοδόμηκα τῷ ὀ. σου (3 *a*)
9. 3. τοῦ θέσθαι τὸ ὄ. μου ἐκεῖ (3 *a*)
— 7. ὃν ἡγίασα τῷ ὀ. μου (3 *a*)
10. 1. ἤκουσε τὸ ὄ. Σαλ. καὶ τὸ ὄ. κυρίου (4 *a*, 3 *a*)
11. 26. A καὶ ὄνομα τῆς μητρὸς αὐ. Σ. [B *al.*] (3 *a*)
— 36. B τοῦ θέσθαι ὄνομά [AR τὸ ὄ.] μου ἐκεῖ (3 *a*)
12. 24 (*cf.* 14. 21). B καὶ ὄνομα τῆς μητρὸς αὐ. N. –
— 24. B καὶ ὄνομα αὐτῷ Ἰερ. –
— 24. B καὶ ὄνομα τῆς μητρὸς αὐ. Σ. –
— 24. B καὶ ὄνομα αὐτῷ Ἀχ. –
13. 2. Ἰωσίας ὄνομα αὐτῷ (3 *a*)
14. 21. θέσθαι τὸ ὄ. αὐ. ἐκεῖ (3 *a*)
— 21. καὶ τὸ ὄ. τῆς μητρὸς αὐ. N. (3 *a*)
— 31. A καὶ ὄνομα τῆς μητρὸς αὐ. N. (3 *a*)
15. 2. καὶ ὄνομα τῆς μητρὸς αὐ. M. (3 *a*)
— 10. καὶ ὄνομα τῆς μητρὸς αὐ. Ἀ. (3 *a*)
16. 24. ἐπεκάλεσαν τὸ ὄ. τοῦ ὄρους . . . ἐπὶ τῷ ὀ. Σεμήρ (3 *a*, 3 *a*)
— 28 (22. 42). B καὶ ὄνομα τῆς μητρὸς αὐ. Γ. (3 *a*)
18. 24. βοᾶτε ἐν ὀνόματι θεῶν [A -οῦ] ὑμῶν (3 *a*)
— 24. ἐπικαλέσομαι ἐν ὀνόματι κ. τοῦ θ. μου (3 *a*)
— 25. ἐπικαλέσασθε ἐν ὀνόματι θεοῦ ὑμῶν (3 *a*)
— 26. ἐπεκαλοῦντο ἐν ὀνόματι τοῦ B. (3 *a*)
— 31. Ἰσρ. ἔσται τὸ ὄ. σου (3 *a*)
— 32. ᾠκοδόμησε τοὺς λίθους ἐν ὀνόματι κυρίου (3 *a*)
20 (21). 8. ἔγραψε βιβλίον ἐπὶ τῷ ὀ. Ἀχ. (3 *a*)
22. 16. ὅπως λαλήσῃς πρός με ἀλήθειαν ἐν ὀνόματι κυρίου (3 *a*)
— 42. καὶ ὄνομα τῇ μητρὶ αὐ. Ἀζ. (3 *a*)
IV Ki. 2. 24. κατηράσατο αὐτοῖς ἐν ὀνόματι κυρίου (3 *a*)
5. 11. ἐπικαλέσεται ἐν ὀνόματι θεοῦ αὐ. (3 *a*)
8. 26. καὶ ὄνομα τῆς μητρὸς αὐ. Γ. (3 *a*)
12. 1 (2). καὶ ὄνομα τῆς μητρὸς αὐ. Ἀβιά (3 *a*)
14. 2. καὶ ὄνομα τῆς μητρὸς [A τῇ μ.] αὐ. Ἰ. (3 *a*)
— 7. ἐκάλεσε τὸ ὄ. αὐ. Ἰ. (3 *a*)
15. 2. καὶ ὄνομα τῇ μητρὶ αὐ. Ἰ. (3 *a*)
— 33. καὶ ὄνομα τῆς μητρὸς αὐ. Ἰ. (3 *a*)
17. 34. οὗ ἔθηκε τὸ ὄ. αὐτοῦ Ἰσρ. (3 *a*)
18. 2. καὶ ὄνομα τῇ μητρὶ αὐ. Ἄβ. (3 *a*)
21. 1. καὶ ὄνομα τῇ μητρὶ αὐ. Ὀ. (3 *a*)
— 4. ἐν Ἰερ. θήσω τὸ ὄ. [A τὸν θρόνον] μου (3 *a*)
— 7. θήσω τὸ ὄ. μου εἰς τὸν αἰῶνα (3 *a*)
— 19. καὶ ὄνομα τῇ μητρὶ αὐ. M. (3 *a*)
22. 1. καὶ ὄνομα τῇ μητρὶ αὐ. Ἰ. (3 *a*)
23. 27. ἔσται τὸ ὄ. μου ἐκεῖ (3 *a*)
— 31. καὶ ὄνομα τῇ μητρὶ αὐ. Ἀμ. (3 *a*)
— 34. ἐπέστρεψε τὸ ὄ. αὐ. Ἰ. (3 *a*)
— 36. καὶ ὄνομα τῇ μητρὶ αὐ. Ἰ. (3 *a*)
24. 8. καὶ ὄνομα τῇ μητρὶ αὐ. N. (3 *a*)
— 17. ἐπέθηκε τὸ ὄ. αὐ. Σεδ. (3 *a*)
— 18. καὶ ὄνομα τῇ μητρὶ αὐ. Ἀ. (3 *a*)
I Ch. 1. 19. A ὄνομα τῷ ἑνὶ Φαλέκ (3 *a*)
— 19. A καὶ ὄνομα τῷ ἀδελφῷ αὐ. Ἰ. (3 *a*)
— 43. καὶ ὄνομα τῇ πόλει αὐ. Δ. (3 *a*)
— 46. καὶ ὄνομα τῇ πόλει αὐ. Γ. (3 *a*)
— 50. καὶ ὄνομα τῇ πόλει αὐ. Φ. (3 *a*)
— 50. A καὶ ὄνομα τῇ γυναικὶ αὐ. M. (3 *a*)
2. 1. ταῦτα τὰ ὀ. τῶν υἱῶν Ἰσρ. –
— 26. καὶ ὄνομα αὐτῇ Ἀ. (3 *a*)

I Ch. 2. 29. καὶ ὄνομα τῆς γυναικὸς Ἀβ. (3 *a*)
— 34. καὶ ὄνομα αὐτῷ Ἰ. (3 *a*)
4. 3. καὶ ὄνομα ἀδελφῆς αὐτῶν Ἐσ. (3 *a*)
— 9. ἡ μήτηρ ἐκάλεσε τὸ ὄ. αὐ. Ἰ. (3 *a*)
— 38. ἐν ὀνόμασιν ἀρχόντων (3 *a*)
— 41. ἤλθοσαν οὗτοι γεγραμμ. ἐπ' ὀνόματος (3 *a*)
6. 17 (2). ταῦτα τὰ ὀ. τῶν υἱῶν Γ. (3 *a*)
— 65 (50). A B^2 R ἃς ἐκάλεσεν αὐτὰς ἐπ' ὀνόματος [B^1 *om.* ἐ. ὀ.] (3 *a*)
7. 15. ὄνομα ἀδελφῆς αὐ. M. (3 *a*)
— 15. B ὄνομα τῇ δευτέρᾳ [A R τῷ δ.] Σ. (3 *a*)
— 16. A R ἐκάλεσε τὸ ὄ. αὐ. Φ. καὶ ὄνομα ἀδελφοῦ αὐ. [B *om.* Φ. . . . αὐ.] Σοῦρος (3 *a*, 3 *a*)
— 23. ἐκάλεσε τὸ ὄ. αὐ. B. (3 *a*)
8. 29. καὶ ὄνομα γυναικὶ αὐ. M. (3 *a*)
— 38. καὶ ταῦτα τὰ ὀ. αὐτῶν (3 *a*)
9. 35. καὶ ὄνομα γυναικὸς αὐ. M. (3 *a*)
— 44. καὶ ταῦτα τὰ ὀ. αὐτῶν (3 *a*)
11. 24. καὶ τούτῳ [S -ο] ὄνομα ἐν τοῖς τρισὶ τοῖς δυνατοῖς (3 *a*)
12. 23. ταῦτα τὰ ὀ. τῶν ἀρχόντων τῆς στρατιᾶς †
— 31. ὠνομάσθησαν ἐν ὀνόματι (3 *a*)
13. 6. οὗ ἐπεκλήθη ὄνομα αὐτοῦ (3 *a*)
14. 4. ταῦτα τὰ ὀ. αὐτῶν (3 *a*)
— 11. ἐκάλεσε τὸ ὄ. τοῦ τόπου ἐκ. (3 *a*)
— 17. ἐγένετο ὄνομα [A τὸ ὄ.] Δ. ἐν πάσῃ τῇ γῇ (3 *a*)
16. 2. εὐλόγησε τὸν λαὸν ἐν ὀνόματι κυρίου (3 *a*)
— 8. ἐπικαλεῖσθε αὐτὸν ἐν ὀνόματι αὐτοῦ (3 *a*)
— 10. αἰνεῖτε [S^1 *om.*] ἐν ὀνόματι ἁγίῳ αὐ. (3 *a*)
— 29. A δότε τῷ κ. δόξαν ὀνόματος [R -τι] αὐ. (3 *a*)
— 35. τοῦ αἰνεῖν τὸ ὄ. τὸ ἅγιόν σου (3 *a*)
— 41. ἐκλεγέντες ἐπ' ὀνόματος (3 *a*)
17. 8. ἐποίησά σοι ὄνομα κατὰ τὸ ὄ. τῶν μεγάλων (3 *a*, 3 *a*)
— 21. τοῦ θέσθαι αὐτῷ ὄ. μέγα (3 *a*)
— 24. R μεγαλυνθήτω τὸ ὄ. σου (3 *a*)
21. 19. ὃν ἐλάλησεν ἐν ὀνόματι κυρίου (3 *a*)
22. 5. εἰς ὄνομα . . . ἑτοιμάσω αὐτῷ (3 *a*)
— 6. A τοῦ οἰκοδομῆσαι . . . τῷ ὀ. κυρίου [B *al.*] –
— 7. τοῦ οἰκοδομῆσαι οἶκον τῷ ὀ. κυρίου θεοῦ (3 *a*)
— 8. οὐκ οἰκοδομήσεις οἶκον τῷ ὀ. μου (3 *a*)
— 9. Σαλ. ὄνομα αὐτῷ (3 *a*)
— 10. οἰκοδομήσει οἶκον τῷ ὀ. μου (3 *a*)
— 19. τὸν οἰκοδομούμενον τῷ ὀ. κυρίου (3 *a*)
23. 13. ἐπεύχεσθαι ἐπὶ τῷ ὀ. αὐ. (3 *a*)
— 24. κατὰ τὸν ἀριθμὸν ὀνομάτων αὐ. (3 *a*)
28. 3. τοῦ ἐπονομάσαι τὸ ὄ. μου (3 *a*)
29. 13. αἰνοῦμεν τὸ ὄ. τῆς καυχήσεώς σου (3 *a*)
— 16. οἰκοδομηθῆναι οἶκον τῷ ὀ. τῷ ἁγίῳ σου (3 *a*)
II Ch. 1. 9. πιστωθήτω τὸ ὄ. σου †
2. 1 (1. 18). τοῦ οἰκοδομῆσαι οἶκον τῷ ὀ. κυρίου (3 *a*)
— 4 (3). οἰκοδομῶ οἶκον τῷ ὀ. κυρίου (3 *a*)
3. 17. ἐκάλεσε τὸ ὄ. τοῦ ἐκ δεξιῶν Κατόρθωσις καὶ τὸ ὄ. τοῦ ἐξ ἀριστερῶν Ἰσχύς (3 *a*, 3 *a*)
6. 2. ᾠκοδόμηκα οἶκον τῷ ὀ. σου –
— 5. τοῦ εἶναι ὄνομά μου ἐκεῖ (3 *a*)
— 6. A τοῦ εἶναι [R γενέσθαι] τὸ ὄ. μου ἐκεῖ (3 *a*)
— 7. τοῦ οἰκοδομῆσαι οἶκον τῷ ὀ. κυρίου (3 *a*)
— 8. τοῦ οἰκοδομῆσαι οἶκον τῷ ὀ. μου (3 *a*)
— 9. οἰκοδομήσει τὸν οἶκον τῷ ὀ. μου (3 *a*)
— 10. ᾠκοδόμησα τὸν οἶκον τῷ ὀ. κυρίου (3 *a*)
— 16. B τοῦ πορεύεσθαι ἐν τῷ ὀ. [A R νόμῳ] μου †
— 20. ἐπικληθῆναι τὸ ὄ. σου ἐκεῖ (3 *a*)
— 24. καὶ ἐξομολογήσονται τῷ ὀ. σου (3 *a*)
— 26. καὶ αἰνέσουσι τὸ ὄ. σου (3 *a*)
— 32. καὶ ἔλθῃ . . . διὰ τὸ ὄ. σου τὸ μέγα (3 *a*)
— 33. ὅπως γνῶσι . . . τὸ ὄ. σου (3 *a*)
— 33. ἐπικέκληται τὸ ὄ. σου ἐπὶ τὸν οἶκον τ. (3 *a*)
— 34. οὗ ᾠκοδόμηκα τῷ ὀ. σου (3 *a*)
— 38. οὗ ᾠκοδόμησα τῷ ὀ. σου (3 *a*)
7. 14. ἐφ' οὓς τὸ ὄ. μου ἐπικέκληται ἐπ' αὐτούς (3 *a*)
— 16. τοῦ εἶναι ὄνομά μου ἐκεῖ (3 *a*)
— 20. ὃν ἡγίασα τῷ ὀ. μου (3 *a*)
9. 1. ἤκουσε τὸ ὄ. Σαλ. (4 *a*)
12. 13. ἐπονομάσαι τὸ ὄ. αὐτοῦ ἐκεῖ (3 *a*)
— 13. ὄνομα τῆς μητρὸς αὐ. N. (3 *a*)
13. 2. ὄνομα τῇ μητρὶ αὐ. M. (3 *a*)
14. 11 (10). ἐπὶ τῷ ὀ. σου ἤλθομεν (3 *a*)
18. 15. πλὴν τὴν ἀλήθειαν ἐν ὀνόματι κυρίου (3 *a*)
20. 8. ᾠκοδόμησαν . . . ἁγίασμα τῷ ὀ. σου (3 *a*)
— 9. τὸ ὄ. σου ἐπὶ τῷ οἴκῳ τούτῳ (3 *a*)
— 26. ἐκάλεσαν τὸ ὄ. τοῦ τόπου ἐκείνου (3 *a*)
— 31. καὶ ὄνομα τῇ μητρὶ αὐ. Ἀζ. (3 *a*)

II Ch. 22. 2. καὶ ὄνομα τῇ μητρὶ αὐ. Γοθ. (3 *a*)
24. 1. καὶ ὄνομα τῇ μητρὶ αὐ. Ἀ. (3 *a*)
25. 1. καὶ ὄνομα τῇ μητρὶ αὐ. Ἰ. (3 *a*)
26. 3. καὶ ὄνομα τῇ μητρὶ αὐ. Ἰ. (3 *a*)
— 8. ἦν τὸ ὄ. αὐ. ἕως εἰσόδου Αἰγ. (3 *a*)
27. 1. καὶ ὄνομα τῆς μητρὸς αὐ. Ἰ. (3 *a*)
28. 9. Ὠδὴδ ὄνομα αὐτῷ (3 *a*)
— 15. οἱ ἐπεκλήθησαν ἐν ὀνόματι (3 *a*)
29. 1. καὶ ὄνομα τῇ μητρὶ αὐ. Ἀ. (3 *a*)
31. 19. οἱ ὠνομάσθησαν ἐν ὀνόματι (3 *a*)
33. 4. ἐν Ἰερ. ἔσται τὸ ὄ. μου (3 *a*)
— 7. θήσω τὸ ὄ. μου εἰς τὸν αἰῶνα (3 *a*)
— 18. λαλούντων πρὸς αὐτὸν ἐπ' ὀνόματι θεοῦ Ἰσρ. (3 *a*)
35. 19. ἔσται τὸ ὄ. μου ἐκεῖ –
36. 2. καὶ ὄνομα τῆς μητρὸς αὐ. Ἀ. –
— 4. μετέστρεψε τὸ ὄ. αὐ. Ἰ. (3 *a*)
— 5. καὶ ὄνομα τῆς μητρὸς αὐ. Z. –
I Es. 1. 48. ὁρκισθεὶς . . . τῷ ὀ. τοῦ κυρίου
4. 63. οὗ ὠνομάσθη τὸ ὄ. αὐ. ἐπ' αὐτῷ
5. 4. καὶ ταῦτα τὰ ὀ. τῶν ἀνδρῶν
— 38. καὶ ἐκλήθη ἐπὶ τῷ ὀ. αὐτοῦ
6. 1. ἐπροφήτευσεν . . . ἐπὶ τῷ ὀ. κυρίου
— 33. οὗ τὸ ὄ. αὐ. ἐπικέκληται ἐκεῖ
8. 39. καὶ ταῦτα τὰ ὀ. αὐτῶν
— 78. καταλειφθῆναι ἡμῖν . . . ὄνομα
— 88. ἕως τοῦ μὴ καταλιπεῖν . . . ὄνομα ἡμῶν
9. 16. ἐπελέξατο . . . πάντας κατ' ὄνομα
II Es. 2. 61. B ἐκλήθη ἐν [A R ἐπὶ τῷ] ὀνόματι αὐ. (3 *a*)
5. 1. ἐπροφήτευσεν . . . ἐν ὀνόματι θεοῦ (3 *b*)
— 4. τίνα ἐστὶ τὰ ὀ. τῶν ἀνδρῶν (3 *b*)
— 10. τὰ ὀ. αὐτῶν ἠρωτήσαμεν αὐτούς (3 *b*)
— 10. ὥστε γράψαι σοι τὰ ὀ. τῶν ἀνδρῶν (3 *b*)
6. 12. οὗ κατασκηνοῖ τὸ ὄ. ἐκεῖ (3 *b*)
8. 13. καὶ ταῦτα τὰ ὀ. αὐτῶν (3 *a*)
— 20. συνήχθησαν ἐν ὀνόμασι (3 *a*)
10. 16. καὶ πάντες ἐν [A S^2 ἐπ'] ὀνόμασιν (3 *a*)
Ne. 1. 9. κατασκηνῶσαι τὸ ὄ. μου ἐκεῖ (3 *a*)
— 11. τῶν θελόντων φοβεῖσθαι τὸ ὄ. σου (3 *a*)
6. 13. ὅπως . . . γένωμαι αὐτοῖς εἰς ὄ. πονηρόν (3 *a*)
7. 63. ἐκλήθη ἐπ' [A τῷ] ὀνόματι αὐτῶν (3 *a*)
9. 5. εὐλογήσουσιν ὄνομα δόξης σου (3 *a*)
— 7. ἐπέθηκας αὐτῷ ὄνομα Ἀβρ. (3 *a*)
— 10. ἐποίησας σεαυτῷ ὄνομα (3 *a*)
To. 1. 9. S ἐκάλεσα τὸ ὄ. αὐ. T.
3. 11. εὐλογητὸν τὸ ὄ. σου
— 15. οὐκ ἐμόλυνα τὸ ὄ. μου οὐδὲ τὸ ὄ. τοῦ πατρός μου
5. 11. βούλομαι . . . ἐπιγνῶναι . . . τὸ ὄ. [S *al.*]
6. 10. ἐστὶν αὐτῷ θυγάτηρ ὀνόματι Σάρρα [S *al.*]
8. 5. εὐλογητὸν τὸ ὄ. σου
11. 14. εὐλογητὸν τὸ ὄ. σου εἰς τοὺς αἰῶνας [S *al.*]
— 14. S γένοιτο τὸ ὄ. τὸ μέγα αὐ. ἐφ' ἡμᾶς
12. 6. ὑψοῦν [S ὑμνεῖν] τὸ ὄ. αὐτοῦ
13. 11. πρὸς τὸ ὄ. κ. τοῦ θεοῦ [S *al.*]
— 11. S καὶ ὄνομα τῆς ἐκλεκτῆς εἰς τὰς γενεάς
— 18. S εὐλογήσουσιν τὸ ὄ. τὸ ἅγιον
14. 7. S ἵνα . . . εὐλογῶσιν τὸ ὄ. αὐτοῦ
Ju. 9. 8. κύριος ὄνομά σοι
— 8. τὸ σκήνωμα τῆς καταπαύσεως τοῦ ὀ. τῆς δόξης σου
14. 7. οἵτινες ἀκούσαντες τὸ ὄ. σου
16. 2. ἐπικαλεῖσθε τὸ ὄ. αὐ.
Es. 2. 5. καὶ ὄνομα αὐτῷ Μαρδοχαῖος (3 *a*)
— 7. καὶ ὄνομα αὐτῇ [A S τὸ ὄ. αὐτῆς] Ἐ. –
— 14. ἐὰν μὴ κληθῇ ὀνόματι [A -αστί] (3 *a*)
4. 17. ἵνα ζῶντες ὑμνῶμέν σου τὸ ὄ.
8. 8. γράψατε καὶ ὑμεῖς ἐκ τοῦ ὀ. μου
10. 3. ἀπολέσαι τὸ ὄ. τῶν Ἰ.
Jb. 1. 1. ᾧ ὄνομα Ἰώβ (3 *a*)
— 21. εἴη τὸ ὄ. κυρίου εὐλογημένον
18. 17. ὑπάρχει ὄνομα αὐτῷ (3 *a*)
19. 14. οἱ εἰδότες [A ἰδόντες] μου τὸ ὄ. –
30. 8. ἀφρόνων υἱοὶ καὶ ἀτίμων ὄνομα †
42. 18. προϋπῆρχε δὲ αὐτῷ ὄνομα Ἰωβάβ –
— 18. γεννᾷ υἱὸν ᾧ ὄνομα Ἐννών –
— 18. ὄνομα τῇ πόλει αὐτοῦ Δενναβά –
— 18. ὄνομα τῇ πόλει αὐτοῦ Γεθθαίμ –
— 18. A προϋπῆρχεν δὲ τὸ ὄ. αὐτοῦ Ἰωβάβ –
Ps. 5. 11. πάντες οἱ ἀγαπῶντες τὸ ὄ. σου (3 *a*)
7. 17. ψαλῶ τῷ ὀ. κυρίου τοῦ ὑψίστου (3 *a*)
8. 1, 9. ὡς θαυμαστὸν τὸ ὄ. σου ἐν πάσῃ τῇ γῇ (3 *a*)
9. 2. ψαλῶ τῷ ὀ. σου, ὕψιστε (3 *a*)
— 5. τὸ ὄ. αὐ. [A σου] ἐξήλειψας (3 *a*)
— 10. οἱ γινώσκοντες τὸ ὄ. σου (3 *a*)

Ps. 12 (13). 6. ψαλῶ τῷ ὀ. κυρίου τοῦ ὑψίστου –
15 (16). 4. οὐδὲ μὴ μνησθῶ τῶν ὀ. αὐτῶν (3 a)
17 (18). 49. τῷ ὀ. σου ψαλῶ (3 a)
19 (20). 1. ὑπερασπίσαι σου τὸ ὄ. τοῦ θεοῦ Ἰακώβ (3 a)
— 5. ἐν ὀνόματι θεοῦ ἡμῶν μεγαλυνθησόμεθα (3 a)
— 7. ἐν ὀνόματι κυρίου θεοῦ ἡμῶν (3 a)
21 (22). 22. διηγήσομαι τὸ ὄ. σου τοῖς ἀδελφοῖς μου (3 a)
22 (23). 3. ὡδήγησέν με . . . ἕνεκεν τοῦ ὀ. αὐτοῦ (3 a)
24 (25). 11. ἕνεκα τοῦ ὀ. σου, κύριε (3 a)
— 14. A B^1 καὶ τὸ ὄ. κυρίου τῶν φοβουμένων [A ἐπικαλεσαμένων] αὐτόν –
28 (29). 2. ἐνέγκατε τῷ κυρίῳ δόξαν ὀνόματι αὐτοῦ (3 a)
30 (31). 3. ἕνεκεν τοῦ ὀ. σου ὁδηγήσεις με (3 a)
32 (33). 21. ἐν τῷ ὀ. τῷ ἁγίῳ αὐτοῦ ἠλπίσαμεν (3 a)
33 (34). 3. ὑψώσωμεν τὸ ὄ. αὐ. ἐπὶ τὸ αὐτό (3 a)
39 (40). 4. οὗ ἐστι τὸ ὄ. κυρίου ἐλπὶς αὐτοῦ †
40 (41). 5. καὶ ἀπολεῖται τὸ ὄ. αὐτοῦ (3 a)
43 (44). 5. ἐν τῷ ὀ. σου ἐξουδενώσομεν τοὺς ἐπανισταμένους ἡμῖν (3 a)
— 8. ἐν τῷ ὀ. σου ἐξομολογησόμεθα (3 a)
— 20. εἰ ἐπελαθόμεθα τοῦ ὀ. [A om. τοῦ ὀ.] τοῦ θεοῦ ἡμῶν (3 a)
— 26. λύτρωσαι ἡμᾶς ἕνεκεν τοῦ ὀ. σου †
44 (45). 17. μνησθήσονται [S^2 -σομαι] τοῦ ὀ. σου (3 a)
47 (48). 10. κατὰ τὸ ὄ. σου, ὁ θεός (3 a)
48 (49). 11. ἐπεκαλέσαντο τὰ ὀ. αὐτῶν ἐπὶ τῶν γαιῶν αὐτῶν (3 a)
51 (52). 9. ὑπομενῶ τὸ ὄ. σου (3 a)
53 (54). 1. ἐν τῷ ὀ. σου σῶσόν με (3 a)
— 6. ἐξομολογήσομαι τῷ ὀ. σου (3 a)
58 (59). 11. S^2 μή ποτε ἐπιλάθωνται τοῦ ὀ. [B S^1 νόμου] σου †
60 (61). 5. ἔδωκας κληρονομίαν τοῖς φοβουμένοις τὸ ὄ. σου (3 a)
— 8. οὕτως ψαλῶ τῷ ὀ. σου (3 a)
62 (63). 4. ἐν τῷ ὀ. σου ἀρῶ τὰς χεῖράς μου (3 a)
— 5. χείλη ἀγαλλιάσεως αἰνέσει τὸ ὄ. σου [S^2 στόμα μου] †
65 (66). 2. ψάλατε δὴ τῷ ὀ. αὐτοῦ (3 a)
— 4. ψαλάτωσαν τῷ ὀ. σου (3 a)
67 (68). 4. ψάλατε τῷ ὀ. αὐτοῦ (3 a)
— 4. κύριος ὄνομα αὐτῷ (3 a)
68 (69). 30. αἰνέσω τὸ ὄ. τοῦ θεοῦ μου (3 a)
— 36. B οἱ ἀγαπῶντες τὸ ὄ. αὐτοῦ [S σου] (3 a)
71 (72). 14. ἔντιμον τὸ ὄ. αὐ. ἐνώπιον αὐ. †
— 17. ἔστω τὸ ὄ. αὐτοῦ εὐλογημένον (3 a)
— 17. πρὸ τοῦ ἡλίου διαμενεῖ τὸ ὄ. αὐ. (3 a)
— 19. εὐλογητὸν τὸ ὄ. τῆς δόξης αὐτοῦ (3 a)
73 (74). 7. ἐβεβήλωσαν τὸ σκήνωμα τοῦ ὀ. σου (3 a)
— 10. παροξυνεῖ ὁ ὑπεναντίος τὸ ὄ. σου (3 a)
— 18. S R λαὸς ἄφρων παρώξυνε τὸ ὄ. σου [B αὐ.] (3 a)
— 21. πτωχὸς καὶ πένης αἰνέσουσι τὸ ὄ. σου (3 a)
74 (75). 1. ἐπικαλεσόμεθα τὸ ὄ. σου (3 a)
75 (76). 1. ἐν τῷ Ἰσραὴλ μέγα τὸ ὄ. αὐτοῦ (3 a)
78 (79). 6. αἳ τὸ ὄ. σου οὐκ ἐπεκαλέσαντο (3 a)
— 9. ἕνεκα τῆς δόξης τοῦ ὀ. σου (3 a)
— 9. ἱλάσθητι ταῖς ἁμαρτίαις ἡμῶν ἕνεκα τοῦ ὀ. σου (3 a)
79 (80). 18. τὸ ὄ. σου ἐπικαλεσόμεθα (3 a)
82 (83). 4. οὐ μὴ μνησθῇ τὸ ὄ. Ἰσραὴλ ἔτι (3 a)
— 16. ζητήσουσι τὸ ὄ. [A πρόσωπόν] σου (3 a)
— 18. γνώτωσαν ὅτι ὄνομά σοι κύριος (3 a)
85 (86). 9. δοξάσουσι τὸ ὄ. σου (3 a)
— 11. τοῦ φοβεῖσθαι τὸ ὄ. σου (3 a)
— 12. δοξάσω τὸ ὄ. σου εἰς τὸν αἰῶνα (3 a)
88 (89). 12. τῷ ὀνόματί σου ἀγαλλιάσονται (3 a)
— 16. ἐν τῷ ὀ. σου ἀγαλλιάσονται (3 a)
— 24. ἐν τῷ ὀ. μου ὑψωθήσεται τὸ κέρας αὐτοῦ (3 a)
90 (91). 14. ἔγνω τὸ ὄ. μου (3 a)
91 (92). 1. ἀγαθὸν . . . ψάλλειν τῷ ὀ. σου (3 a)
95 (96). 2. εὐλογήσατε τὸ ὄ. αὐτοῦ (3 a)
— 8. ἐνέγκατε τῷ κυρίῳ δόξαν ὀνόματι αὐτοῦ (3 a)
98 (99). 3. ἐξομολογησάσθωσαν τῷ ὀ. σου τῷ μεγάλῳ (3 a)
— 6. Σαμουὴλ ἐν τοῖς ἐπικαλουμ. τὸ ὄ. αὐ. (3 a)
99 (100). 4. αἰνεῖτε τὸ ὄ. αὐτοῦ (3 a)
101 (102). 15. φοβηθήσονται τὰ ἔθνη τὸ ὄ. σου (3 a)
— 21. τοῦ ἀναγγεῖλαι ἐν Σιὼν τὸ ὄ. κυρίου (3 a)
102 (103). 1. καὶ πάντα τὰ ἐντός μου τὸ ὄ. τὸ ἅγιον αὐτοῦ (3 a)

Ps. 104 (105). 1. ἐπικαλεῖσθε τὸ ὄ. αὐτοῦ (3 a)
— 3. ἐπαινεῖσθε ἐν τῷ ὀ. τῷ ἁγίῳ αὐτοῦ (3 a)
105 (106). 8. ἔσωσεν αὐτοὺς ἕνεκεν τοῦ ὀ. αὐτοῦ (3 a)
— 47. τοῦ ἐξομολογήσασθαι τῷ ὀ. σου τῷ ἁγίῳ (3 a)
108 (109). 13. ἐν γενεᾷ μιᾷ ἐξαλειφθείη τὸ ὄ. αὐτοῦ (3 a)
— 21. A S^1 ποίησον μετ' ἐμοῦ ἔλεος [S^2 R om.] ἕνεκεν τοῦ ὀ. σου (3 a)
110 (111). 9. ἅγιον καὶ φοβερὸν τὸ ὄ. αὐτοῦ (3 a)
112 (113). 1. αἰνεῖτε τὸ ὄ. κυρίου (3 a)
— 2. εἴη τὸ ὄ. κυρίου εὐλογημένον (3 a)
— 3. αἰνετὸν [S^1 αἰνεῖται] τὸ ὄ. κυρίου (3 a)
113. 9 (115. 1). τῷ ὀ. σου δὸς δόξαν (3 a)
114 (116). 4. τὸ ὄ. κυρίου ἐπεκαλεσάμην (3 a)
115. 4 (116. 13). τὸ ὄ. κυρίου ἐπικαλέσομαι (3 a)
— 8 (116. 17). A S^2 R ἐν ὀνόματι κυρίου ἐπικαλέσομαι (3 a)
117 (118). 10, 11, 12. τῷ ὀ. κυρίου ἠμυνάμην αὐτούς (3 a)
— 26. εὐλογημένος ὁ ἐρχόμ. ἐν ὀνόματι κ. (3 a)
118 (119). 55. ἐμνήσθην ἐν νυκτὶ τοῦ ὀ. [S^1 τὸ ὄ.] σου (3 a)
— 132. κατὰ τὸ κρίμα τῶν ἀγαπώντων τὸ ὄ. σου (3 a)
— 165. A εἰρήνη πολλὴ τοῖς ἀγαπῶσι τὸ ὄ. [S R τὸν νόμον] σου †
121 (122). 4. τοῦ ἐξομολογήσασθαι τῷ ὀ. κυρίου (3 a)
123 (124). 8. ἡ βοήθεια ἡμῶν ἐν ὀνόματι κυρίου (3 a)
128 (129). 8. εὐλογήκαμεν [S^1 -σομεν] ὑμᾶς ἐν ὀνόματι κυρίου (3 a)
129 (130). 4. ἕνεκεν τοῦ ὀ. σου ὑπέμεινά σε †
134 (135). 1. αἰνεῖτε τὸ ὄ. κυρίου (3 a)
— 3. ψάλατε τῷ ὀ. αὐτοῦ (3 a)
— 13. κύριε, τὸ ὄ. σου εἰς τὸν αἰῶνα (3 a)
137 (138). 2. ἐξομολογήσομαι τῷ ὀ. σου (3 a)
— 2. ἐμεγάλυνας ἐπὶ πᾶν τὸ [S^1 om.] ὄ. τὸ ἅγιόν σου (3 a)
139 (140). 13. δίκαιοι ἐξομολογήσονται τῷ ὀ. σου (3 a)
141 (142). 7. τοῦ ἐξομολογήσασθαι τῷ ὀ. σου (3 a)
142 (143). 11. ἕνεκα τοῦ ὀ. σου, κύριε, ζήσεις με (3 a)
144 (145). 1. εὐλογήσω τὸ ὄ. σου (3 a)
— 2. αἰνέσω τὸ ὄ. σου (3 a)
— 21. εὐλογείτω πᾶσα σὰρξ τὸ ὄ. τὸ ἅγιον αὐτοῦ (3 a)
146 (147). 4. καὶ πᾶσιν αὐτοῖς ὀνόματα καλῶν (3 a)
148. 5, 13. αἰνεσάτωσαν τὸ ὄ. κυρίου (3 a)
— 13. ὑψώθη τὸ ὄ. αὐτοῦ μόνου (3 a)
149. 3. αἰνεσάτωσαν τὸ ὄ. αὐτοῦ ἐν χορῷ (3 a)
Pr. 9. 18. S R μηδὲ ἐπιστήσῃς τὸ σὸν ὄ. [A B ὄμμα] πρὸς αὐτήν –
10. 7. ὄνομα δὲ ἀσεβοῦς σβέννυται (3 a)
18. 10. ἐκ μεγαλωσύνης ἰσχύος ὄνομα κυρίου (3 a)
22. 1. αἱρετώτερον ὄνομα καλὸν ἢ πλοῦτος πολύς (5)
24. 27 (30. 4). τί ὄνομα αὐτῷ ἢ τί ὄνομα τοῖς τέκνοις αὐτοῦ [A al.] (3 a, 3 a)
— 32 (30. 9). καὶ ὀμόσω τὸ ὄ. τοῦ θεοῦ (3 a)
27. 16. ὀνόματι δὲ ἐπιδέξιος καλεῖται †
Ec. 6. 4. ἐν σκότει ὄνομα αὐτοῦ καλυφθήσεται (3 a)
— 10. κέκληται [A -ηκεν] ὄνομα [S^2 τὸ ὄ.] αὐτοῦ (3 a)
7. 2 (1). ἀγαθὸν ὄνομα ὑπὲρ ἔλαιον ἀγαθόν (3 a)
Ca. 1. 3. μύρον ἐκκενωθὲν ὄνομά σου [A σοι] (3 a)
Wi. 2. 4. τὸ ὄ. ἡμῶν ἐπιλησθήσεται ἐν χρόνῳ
10. 20. ὕμνησαν, κύριε, τὸ ὄ. τὸ ἅγιόν σου
14. 21. τὸ ἀκοινώνητον ὄ. λίθοις καὶ ξύλοις περιέθεσαν
18. 12. ἐν [S^2 om.] ἑνὶ ὀ. θανάτου νεκροὺς εἶχον ἀναριθμήτους
19. 18. φθόγγοι τοῦ ῥυθμοῦ τὸ ὄ. διαλλάσσουσι
Si. 6. 1. ὄνομα γὰρ πονηρὸν . . . ὄνειδος κληρονομήσει
— 22. σοφία γὰρ κατὰ τὸ ὄ. αὐτῆς ἐστι
15. 6. ὄνομα αἰώνιον [AS αἰῶνος] κατακληρονομήσει
17. 10. ὄνομα ἁγιασμοῦ αἰνέσουσιν
22. 14. τί αὐτῷ ὄνομα ἀλλ' ἢ μωρός
23. 10. A S^2 ὁ ὀνομάζων διὰ παντὸς τὸ ὄ. κυρίου [B S^1 al.]
36. 17 (14). ἐλέησον λαὸν . . . κεκλημένον ἐπ' ὀνόματί σου
— 20 (17). ἔγειρον προφητείας τὰς ἐπ' ὀνόματί σου
37. 1. ἔστι φίλος ὀνόματι μόνον φίλος
— 26. τὸ ὄ. αὐτοῦ ζήσεται εἰς τὸν αἰῶνα
39. 9. ὄνομα [AS τὸ ὄ.] αὐτοῦ ζήσεται [A ζητήσ.] εἰς γενεὰς γενεῶν
— 11. ἐὰν ἐμμείνῃ ὄνομα καταλείψει ἢ χίλιοι
— 15. δότε τῷ ὀ. αὐτοῦ μεγαλωσύνην
— 35. εὐλογήσατε τὸ ὄ. κυρίου

Si. 40. 19. τέκνα καὶ οἰκοδομὴ πόλεως στηρίζουσιν ὄνομα
41. 11. ὄνομα δὲ ἁμαρτωλῶν οὐκ ἀγαθὸν [S^2 ἀ. οὐκ] ἐξαλειφθήσεται
— 12. φρόντισον περὶ ὀνόματος [S^2 ὀ. καλοῦ]
— 13. ἀγαθὸν ὄνομα εἰς αἰῶνα διαμένει
43. 8. μὴν κατὰ τὸ ὄ. αὐτῆς ἐστιν
44. 8. κατέλιπον ὄνομα τοῦ ἐκδιηγήσασθαι ἐπαίνους
— 14. τὸ ὄ. αὐτῶν ζῇ εἰς γενεάς
45. 15. εὐλογεῖν τὸν λαὸν αὐτοῦ ἐν τῷ ὀ.
46. 1. ἐγένετο κατὰ τὸ ὄ. αὐτοῦ μέγας
— 11. A R οἱ κριταὶ ἕκαστος [B S -φ] τῷ αὐτοῦ ὀ.
— 12. τὸ ὄ. αὐτῶν ἀντικαταλλασσόμενον ἐφ' υἱοῖς δεδοξασμένων αὐτῶν
47. 10. ἐν τῷ αἰνεῖν αὐτοὺς τὸ ἅγιον ὄ. αὐτοῦ
— 13. ἵνα στήσῃ οἶκον ἐπ' ὀνόματι αὐτοῦ
— 16. εἰς νήσους πόρρω ἀφίκετο τὸ ὄ. σου
— 18. ἐν ὀνόματι κυρίου τοῦ θεοῦ
50. 20. ἐν ὀνόματι αὐτοῦ καυχᾶσθαι
51. 2. ἐξομολογοῦμαι τῷ ὀ. σου
— 3. ἐλυτρώσω με κατὰ τὸ πλῆθος ἐλέους καὶ ὀνόματός σου
— 11. αἰνέσω τὸ ὄ. σου ἐνδελεχῶς
— 12. εὐλογήσω τῷ ὀ. κυρίου
Ho. 1. 4. κάλεσον τὸ ὄ. αὐτοῦ Ἰεζραέλ (3 a)
— 6. κάλεσον τὸ ὄ. αὐτῆς Οὐκ ἠλεημένη (3 a)
— 9. κάλεσον τὸ ὄ. αὐτοῦ Οὐ λαός μου (3 a)
2. 17 (19). ἐξαρῶ τὰ ὀ. τῶν Β. ἐκ στόματος αὐτῆς (3 a)
— 17 (19). οὐ μὴ μνησθῶσιν οὐκέτι τὰ ὀ. αὐ. (3 a)
Am. 2. 7. ὅπως βεβηλῶσι τὸ ὄ. τοῦ θεοῦ αὐ. (3 a)
4. 13. κ. ὁ θ. ὁ παντοκράτωρ ὄνομα αὐτῷ (3 a)
5. 8. κύριος ὄνομα αὐτῷ (3 a)
— 27. κ. ὁ θεὸς ὁ παντοκράτωρ ὄνομα αὐτῷ (3 a)
6. 11 (10). ἕνεκα τοῦ μὴ ὀνομάσαι τὸ ὄ. κ. (3 a)
9. 6. κ. παντοκράτωρ ὄνομα αὐτῷ (3 a)
— 12. ἐφ' οὓς ἐπικέκληται τὸ ὄ. μου ἐπ' αὐτούς (3 a)
Mi. 4. 5. ἡμεῖς δὲ πορευσόμεθα ἐν ὀνόματι κ. θεοῦ (3 a)
5. 4 (3). ἐν τῇ δόξῃ ὀνόματος [A τοῦ ὀ.] κ. θεοῦ (3 a)
6. 9. σώσει φοβουμένους τὸ ὄ. αὐτοῦ (3 a)
Jl. 2. 26. αἰνέσετε τὸ ὄ. κυρίου τοῦ θεοῦ ὑμῶν (3 a)
— 32 (3. 5). πᾶς ὃς ἂν ἐπικαλέσηται τὸ ὄ. κ. σωθήσεται (3 a)
Na. 1. 14. οὐ σπαρήσεται ἐκ τοῦ [S^3 ἐξ] ὀ. σου ἔτι (3 a)
Ze. 1. 4. ἐξαρῶ . . . τὰ ὀ. τῆς Β. καὶ τὰ ὀ. τῶν ἱερέων (†, 3 a)
3. 9. τοῦ ἐπικαλεῖσθαι πάντας τὸ ὄ. κυρίου (3 a)
— 12. εὐλαβηθήσονται ἀπὸ τοῦ ὀ. κυρίου (3 a)
Za. 5. 4. τοῦ ὀμνύοντος τῷ ὀ. μου ἐπὶ ψεύδει (3 a)
6. 12. Ἀνατολὴ ὄνομα αὐτῷ (3 a)
10. 12. ἐν τῷ ὀ. αὐτοῦ κατακαυχήσονται (3 a)
13. 2. ἐξολεθρεύσω τὰ ὀ. τῶν εἰδώλων (3 a)
— 3. ψευδῆ ἐλάλησας ἐπ' [A ἐν] ὀνόματι κυρίου (3 a)
— 9. αὐτὸς ἐπικαλέσεται τὸ ὄ. μου (3 a)
14. 9. ἔσται . . . τὸ ὄνομα αὐτοῦ ἕν (3 a)
Ma. 1. 6. ὑμεῖς οἱ ἱερεῖς οἱ φαυλίζοντες τὸ ὄ. μου (3 a)
— 6. ἐν τίνι ἐφαυλίσαμεν τὸ ὄ. σου (3 a)
— 11. τὸ ὄ. μου δεδόξασται ἐν τοῖς ἔθνεσι (3 a)
— 11. θυμίαμα προσάγεται τῷ [A -αγάγετε ἐπὶ τῷ] ὀ. μου (3 a)
— 11. διότι μέγα τὸ ὄ. μου ἐν τοῖς ἔθνεσι (3 a)
— 14. τὸ ὄ. μου ἐπιφανὲς ἐν τοῖς ἔθνεσι (3 a)
2. 2. τοῦ δοῦναι δόξαν τῷ ὀ. μου (3 a)
— 5. ἀπὸ προσώπου ὀνόματός [A τοῦ ὀ.] μου (3 a)
3. 5. ἐπὶ τοὺς ὀμνύοντας τῷ ὀ. μου –
— 16. καὶ εὐλαβουμένοις τὸ ὄ. αὐτοῦ (3 a)
4. 2 (3. 20). ἀνατελεῖ ὑμῖν τοῖς φοβουμένοις τὸ ὄ. μου (3 a)
Is. 4. 1. τὸ ὄ. τὸ σὸν κεκλήσθω ἐφ' ἡμᾶς (3 a)
7. 14. καλέσεις [S -σει] τὸ ὄ. αὐτοῦ Ἐμμανουήλ (3 a)
8. 3. κάλεσον τὸ ὄ. αὐτοῦ Ταχέως σκύλευσον (3 a)
9. 6 (5). καλεῖται [A -έσει] τὸ ὄ. αὐτοῦ (3 a)
12. 4. βοᾶτε τὸ ὄ. αὐτοῦ . . . ὑψώθη τὸ ὄ. αὐτοῦ (3 a, 3 a)
— 5. ὑμνήσατε τὸ ὄ. κυρίου –
14. 22. ἀπολῶ αὐτῶν ὄνομα (3 a)
18. 7. οὗ τὸ ὄ. κυρίου σαβαώθ (3 a)
19. 18. ὀμνύντες [AS^3 -ύουσαι] τῷ ὀ. κυρίου –
24. 15. τὸ ὄ. κυρίου ἔνδοξον ἔσται (3 a)
25. 1. ὑμνήσω τὸ ὄ. σου (3 a)
26. 8. ἠλπίσαμεν ἐπὶ τῷ ὀ. σου (3 a)
— 13. τὸ ὄ. σου ὀνομάζομεν (3 a)
29. 23. δι' ἐμὲ ἁγιάσουσι τὸ ὄ. μου (3 a)
30. 27. τὸ ὄ. κυρίου ἔρχεται (3 a)

Is. 33. 21. τὸ ὄ. κυρίου μέγα ὑμῖν [A ἔστιν] †
40. 26. πάντας [A -α] ἐπ' ὀνόματι καλέσει (3 a)
41. 25. τὸν ἀφ' ἡλίου ἀνατολῶν κληθήσονται [A κλήσ.] τῷ ὀ. μου (3 a)
42. 4. ἐπὶ τῷ ὀ. αὐτοῦ ἔθνη ἐλπιοῦσιν †
— 8. τοῦτό μού ἐστι τὸ [S om.] ὄ. (3 a)
— 10. ABS² δοξάζετε τὸ ὄ. αὐτοῦ -
— 24. S² οὐδὲ ἀκούειν τὸ ὄ. αὐ. [ABS¹ al.] †
43. 1. ἐκάλεσά σε τὸ ὄ. σου (3 a)
— 7. ὅσοι ἐπικέκληνται τῷ ὀ. μου (3 a)
44. 5. βοήσεται [A ἐρεῖ] ἐπὶ τῷ ὀ. Ἰακὼβ ... ἐπὶ τῷ ὀ. Ἰσραὴλ βοήσεται [AS³ om.] (3 a, 3 a)
45. 3. ὁ καλῶν τὸ ὄ. σου θεὸς Ἰσραήλ (3 a)
— 4. S¹R καλέσω σε τῷ ὀ. σου [ABS³ μου] (3 a)
47. 4. ὄνομα αὐτῷ ἅγιος Ἰσραήλ (3 a)
48. 1. οἱ κεκλημένοι ἐπὶ [AS² om.] τῷ ὀ. Ἰσραὴλ ... οἱ ὀμνύοντες τῷ ὀ. κ. θεοῦ Ἰσρ. (3 a, 3 a)
— 2. ἀντεχόμενοι τῷ ὀ. τῆς πόλεως τῆς ἁγίας †
— 2. κύριος σαβαὼθ ὄνομα αὐτῷ (3 a)
— 9. ἕνεκεν τοῦ ἐμοῦ ὀ. δείξω σοι τὸν θυμόν μου (3 a)
— 11. τὸ ἐμὸν ὄ. βεβηλοῦται †
— 19. οὐδὲ ἀπολεῖται τὸ ὄ. σου ἐνώπιον ἐμοῦ (3 a)
49. 1. ἐκ κοιλίας μητρός μου ἐκάλεσε τὸ ὄ. μου (3 a)
50. 10. πεποίθατε ἐπὶ τῷ ὀ. κυρίου (3 a)
51. 15. κύριος σαβαὼθ ὄνομά μοι (3 a)
52. 5. τὸ ὄ. μου βλασφημεῖται ἐν τοῖς ἔθνεσι (3 a)
— 6. γνώσεται ὁ λαός μου τὸ ὄ. μου (3 a)
54. 5. κύριος σαβαὼθ ὄνομα αὐτῷ (3 a)
— 9. S¹ τοῦτό μοί ἐστιν ὄνομα [ABS² om.] -
55. 13. ἔσται κύριος εἰς ὄνομα (3 a)
56. 5. ὄ. αἰώνιον δώσω αὐτοῖς (3 a)
— 6. ἀγαπᾶν τὸ ὄ. κυρίου (3 a)
57. 15. ἅγιος ἐν ἁγίοις ὄνομα αὐτῷ (3 a)
59. 19. φοβηθήσονται οἱ ἀπὸ δυσμῶν τὸ ὄ. κυρίου καὶ οἱ ἀπ' ἀνατολῶν ἡλίου τὸ ὄ. τὸ ἔνδοξον (3 a, -)
60. 9. ASR διὰ [B om.] τὸ ὄ. κυρίου τὸ ἅγιον (3 a)
62. 2. καλέσει σε τὸ ὄ. [AS add. σου] τὸ καινόν (3 a)
63. 12. ποιῆσαι ἑαυτῷ ὄ. αἰώνιον (3 a)
— 14. ποιῆσαι σεαυτῷ ὄνομα δόξης (3 a)
— 16. ἀπ' ἀρχῆς τὸ ὄ. σου ἐφ' ἡμᾶς ἐστι [A σοῦ ἐστιν ἐφ' ἡμῖν] (3 a)
— 19. οὐδὲ ἐκλήθη τὸ ὄ. σου ἐφ' ἡμᾶς (3 a)
64. 2 (1). φανερὸν ἔσται τὸ ὄ. σου [AS κυρίου] ἐν τοῖς ὑπεναντίοις (3 a)
— 7 (6). οὐκ ἔστιν ὁ ἐπικαλούμενος τὸ ὄ. σου (3 a)
65. 1. οἱ οὐκ ἐκάλεσάν μου τὸ ὄ. (3 a)
— 15. καταλείψετε γὰρ τὸ ὄ. ὑμῶν εἰς πλησμονὴν τοῖς ἐκλεκτοῖς μου (3 a)
— 15. τοῖς δὲ δουλεύουσί μοι κληθήσεται ὄ. καινόν (3 a)
66. 5. ἵνα τὸ ὄ. κυρίου δοξασθῇ (3 a)
— 19. οὐκ ἀκηκόασί μου τὸ ὄ. (4 a)
— 22. στήσεται τὸ σπέρμα ὑμῶν καὶ τὸ ὄ. ὑμῶν (3 a)
Je. 7. 10, 11. οὗ ἐπικέκληται τὸ ὄ. μου ἐπ' αὐτῷ (3 a)
— 12. οὗ κατεσκήνωσα τὸ ὄ. μου ἐκεῖ ἔμπροσθεν (3 a)
— 14. ᾧ ἐπικέκληται τὸ ὄ. μου ἐπ' αὐτῷ (3 a)
— 30. οὗ ἐπικέκληται τὸ ὄ. μου ἐπ' αὐτόν (3 a)
10. 16. κύριος ὄνομα αὐτῷ [A -οῦ] (3 a)
— 25. αἳ τὸ ὄ. σου οὐκ ἐπεκαλέσαντο (3 a)
11. 16. ἐλαίαν ὡραίαν εὔσκιον τῷ εἴδει ἐκάλεσε [S add. σε] κύριος τὸ ὄ. σου (3 a)
— 19. τὸ [A om.] ὄ. αὐ. οὐ μὴ μνησθῇ οὐκέτι (3 a)
— 21. οὐ μὴ προφητεύσεις ἐπὶ τῷ ὀ. κυρίου (3 a)
12. 16. τοῦ ὀμνύειν τῷ ὀ. μου (3 a)
14. 9. τὸ ὄ. σου ἐπικέκληται ἐφ' ἡμᾶς (3 a)
— 14. ψευδῆ οἱ προφῆται προφητεύουσιν ἐπὶ τῷ ὀ. μου (3 a)
— 15. περὶ τῶν προφητῶν τῶν προφητευόντων ἐπὶ [A om.] τῷ ὀ. μου ψευδῆ (3 a)
— 21. κόπασον διὰ τὸ ὄ. σου (3 a)
15. 16. ἐπικέκληται τὸ ὄ. σου ἐπ' ἐμοί (3 a)
16. 21. ὄνομά μοι κύριος [S³ om. ὄ. μ. κ.] (3 a)
20. 3. οὐχὶ Πασχὼρ ἐκάλεσε κ. τὸ ὄ. σου (3 a)
— 9. οὐ μὴ ὀνομάσω τὸ ὄ. κ. καὶ οὐ μὴ λαλήσω ἔτι ἐπὶ τῷ ὀ. αὐ. [A τούτῳ] (-, 3 a)
23. 6. τοῦτο τὸ ὄ. αὐ. ὃ καλέσει αὐτὸν κ. Ἰ. (3 a)
— 13. A ἐπροφήτευσαν ἐπ' ὀνόματί μου [BS om. ἐ. ὀ. μ.] -
— 25. AR ἃ [BS om.] προφητεύουσιν ἐπὶ τῷ ὀ. μου (3 a)
— 27. ἐπελάθοντο οἱ πατέρες αὐ. τοῦ ὀ. μου (3 a)
26 (46). 17. καλέσατε τὸ ὄ. Φαραὼ †
27 (50). 34. κύριος παντοκράτωρ ὄνομα αὐτῷ (3 a)
Je. 28 (51). 19. κύριος ὄνομα αὐτῷ (3 a)
— 57. κύριος παντοκράτωρ ὄνομα αὐτῷ (3 a)
31 (48). 17. πάντες ἔκδοτε ὄνομα αὐτοῦ (3 a)
32. 15 (25. 29). ὠνομάσθη τὸ ὄ. μου (3 a)
33 (26). 9. ἐπροφήτευσας [S add. ἐπὶ] τῷ ὀ. κυρίου (3 a)
— 16. ἐπὶ τῷ ὀ. κ. τοῦ θ. ἡμῶν ἐλάλησε (3 a)
— 20. ἄνθρωπος ἦν προφητεύων [A add. ἐπὶ] τῷ ὀ. κυρίου (3 a)
34 (27). 14. προφητεύουσι [A add. ἐπὶ] τῷ ὀ. μου ἐπ' ἀδίκῳ -
36 (29). 9. ἄδικα αὐτοὶ προφητεύουσιν ὑμῖν ἐπὶ τῷ ὀ. μου (3 a)
— 23. λόγον ἐχρημάτισαν ἐν τῷ ὀ. μου (3 a)
— 25. οὐκ ἀπέστειλά σε τῷ ὀ. μου (3 a?)
38 (31). 35. κύριος παντοκράτωρ ὄνομα αὐτῷ (3 a)
39 (32). 20. ἐποίησας σεαυτῷ ὄνομα (3 a)
— 34. οὗ [A ᾧ] ἐπεκλήθη τὸ ὄ. μου ἐπ' αὐτῷ (3 a)
40 (33). 2. κύριος ὄνομα αὐτῷ (3 a)
41 (34). 15. οὗ ἐπεκλήθη τὸ ὄ. μου ἐπ' αὐτῷ (3 a)
— 16. ἐβεβηλώσατε τὸ ὄ. [A τὴν διαθήκην] μου (3 a)
51 (44). 16. ὃν ἐλάλησας πρὸς ἡμᾶς τῷ [S ἐν] ὀ. κυρίου (3 a)
— 26. ὤμοσα τῷ ὀ. μου τῷ μεγάλῳ ... ἐὰν γένηται ἔτι ὄ. μου ἐν τῷ στόματι (3 a, 3 a)
52. 1. ὄνομα τῇ μητρὶ αὐτοῦ Ἀμειτάαλ (3 a)
Ba. 2. 11. ἐποίησας σεαυτῷ ὄνομα
— 14. A ἐξελοῦ ἡμᾶς ἕνεκεν τοῦ ὀ. [B om. τ. ὀ.] σου
— 15. τὸ ὄ. σου ἐπεκλήθη ἐπὶ Ἰσραὴλ
— 26. οὗ ἐπεκλήθη τὸ ὄ. σου
— 32. μνησθήσονται τοῦ ὀ. μου
3. 5. μνήσθητι χειρός σου καὶ ὀνόματός σου
— 7. ἐπικαλεῖσθαι τὸ ὄ. σου
5. 4. κληθήσεται γάρ σου τὸ ὄ. παρὰ τοῦ θεοῦ
La. 3. 55. B ἐπεκαλεσάμην τὸ ὄ. σου (3 a)
Ez. 16. 14. ἐξῆλθέ σου ὄ. ἐν τοῖς ἔθνεσιν (3 a)
— 15. ἐπόρνευσας ἐπὶ τῷ ὀ. σου (3 a)
20. 9, 14, 22. ὅπως τὸ ὄ. μου τὸ παράπαν μὴ βεβηλωθῇ (3 a)
— 29. ἐπεκάλεσαν τὸ ὄ. αὐτοῦ Ἀβαμά (3 a)
— 39. τὸ ὄ. μου τὸ ἅγιον οὐ βεβηλώσετε οὐκέτι (3 a)
— 44. ὅπως τὸ ὄ. μου μὴ βεβηλωθῇ (3 a)
23. 4. τὰ ὀ. αὐτῶν ἦν Ὀ. ἡ πρεσβυτέρα καὶ Ὀ. (3 a)
— 4. τὰ ὀ. αὐ. Σαμάρεια ἦν Ὀ. (3 a)
36. 20. ἐβεβήλωσαν τὸ ὄ. μου τὸ ἅγιον (3 a)
— 21. ἐφεισάμην αὐτῶν διὰ τὸ ὄ. μου τὸ ἅγιον (3 a)
— 22. ἀλλ' ἢ διὰ τὸ ὄ. μου τὸ ἅγιον (3 a)
— 23. ἁγιάσω τὸ ὄ. μου τὸ μέγα [A ἅγιον] (3 a)
39. 7. τὸ ὄ. μου τὸ ἅγιον γνωσθήσεται ἐν μέσῳ λαοῦ μου Ἰσ. καὶ οὐ βεβηλωθήσεται τὸ ὄ. μου τὸ ἅγιον οὐκέτι (3 a, 3 a)
— 16. τὸ ὄ. τῆς πόλεως Πολυάνδριον (3 a)
— 25. ζηλώσω διὰ τὸ ὄ. τὸ ἅγιόν μου (3 a)
43. 7. ἐν οἷς κατασκηνώσει τὸ ὄ. μου †
— 7. οὐ βεβηλώσουσιν οὐκέτι οἶκος Ἰσραὴλ τὸ ὄ. τὸ ἅγιόν μου (3 a)
— 8. ἐβεβήλωσαν τὸ ὄ. τὸ ἅγιόν μου (3 a)
48. 1. ταῦτα τὰ ὀ. τῶν φυλῶν (3 a)
— 31. αἱ πύλαι τῆς πόλεως ἐπ' ὀνόμασι φυλῶν τοῦ Ἰσραήλ (3 a)
— 35. τὸ ὄ. τῆς πόλεως ... ἔσται τὸ ὄ. αὐ. (3 a, †)
Da. LXX. Su. 1. καὶ ὄνομα αὐτῷ Ἰ.
— 2. ᾗ ὄνομα Σουσ.
— 7. γυναῖκα ἀδελφοῦ αὐ. ... ὄνομα Σουσάνναν
1. 7. ἐπέθηκεν αὐτοῖς ὁ ἀρχιευν. ὀνόματα (3 a)
2. 20. ἔστω τὸ ὄ. τοῦ κ. τοῦ μεγάλου εὐλογημένον (3 b)
3. (26). δεδοξασμένον τὸ ὄ. σου εἰς τοὺς αἰῶνας
— (34). μὴ παραδῷς ἡμᾶς εἰς τέλος διὰ τὸ ὄ. σου
— (43). δὸς δόξαν τῷ ὀ. σου
— (52). εὐλογημένον τὸ ὄ. τῆς δόξης σου
— 26 (93). ἐκάλεσεν αὐτοὺς ἐξ ὀνόματος -
9. 6. οἳ ἐλάλησαν ἐπὶ τῷ ὀ. σου (3 a)
— 15. ἐποίησας σεαυτῷ ὄνομα (3 a)
— 18. ἐφ' ἧς ἐπεκλήθη τὸ ὄ. σου ἐπ' αὐτῆς (3 a)
— 19. τὸ ὄ. σου ἐπεκλήθη ἐπὶ τὴν πόλιν σου Σ. (3 a)
10. 1. ὃς ἐπεκλήθη τὸ ὄ. B. (3 a)
Bel 1. ᾧ ὄνομα Δαν.
Da. TH. Su. 1. καὶ ὄνομα αὐτῷ Ἰ.
— 2. ᾗ ὄνομα Σουσάννα
— 45. ᾧ ὄνομα Δαν.
1. 7. ἐπέθηκεν αὐτοῖς ὁ ἀρχιευν. ὀνόματα (3 a)
2. 20. εἴη τὸ ὄ. τοῦ θ. εὐλογημένον (3 b)
— 26. οὗ τὸ ὄ. Βαλτ. (3 b)
3. (26). δεδοξασμένον τὸ ὄ. σου εἰς τοὺς αἰῶνας
Da. TH. Su. 3. (34). διὰ τὸ ὄ. σου
— (43). δὸς δόξαν τῷ ὀ. σου
— (52). εὐλογημένον τὸ ὄ. τῆς δόξης σου
4. 5. οὗ τὸ ὄ. Βαλτ. κατὰ τὸ ὄ. τοῦ θεοῦ μου (3 b, 3 b)
— 16. οὗ τὸ ὄ. Βαλτ. (3 b)
5. 12. ὁ βασ. ἐπέθηκεν αὐτῷ ὄνομα (3 b)
9. 6. οἳ ἐλάλουν ἐν τῷ ὀ. σου (3 a)
— 15. καὶ ἐποίησας σεαυτῷ ὄνομα (3 a)
— 18. ἐφ' ἧς ἐπικέκληται τὸ ὄ. σου ἐπ' αὐτῆς (3 a)
— 19. τὸ ὄ. σου ἐπικέκληται ἐπὶ τὴν πόλιν σου (3 a)
10. 1. οὗ τὸ ὄ. ἐπεκλήθη B. (3 a)
Bel 3. ᾧ ὄνομα Βήλ
I Ma. 2. 51. SR δέξασθε ... ὄνομα [A δόξαν] αἰώνιον
3. 14. ποιήσω ἐμαυτῷ ὄνομα
— 26. ἤγγισεν ἕως τοῦ βασ. τὸ ὄ. αὐ.
— 41. ἤκουσαν ... τὸ ὄ. αὐτῶν
4. 33. πάντες οἱ εἰδότες τὸ ὄ. σου
5. 57. ποιήσωμεν καὶ αὐτοὶ ἑαυτοῖς ὄνομα
— 63. οὗ ἠκούετο τὸ ὄ. αὐ.
6. 17. ἐκάλεσε τὸ ὄ. αὐ. Εὐπάτωρ
— 44. περιποιῆσαι ἑαυτῷ ὄ. αἰώνιον
7. 37. ἐπικληθῆναι τὸ ὄ. σου
8. 1. ἤκουσεν Ἰ. τὸ ὄ. τῶν Ῥωμαίων
— 12. ὅσοι ἤκουον τὸ ὄ. αὐτῶν
13. 29. ἐποίησεν ... πανοπλίας εἰς ὄ. αἰώνιον
14. 10. ὠνομάσθη τὸ ὄ. τῆς δόξης αὐ.
— 43. ὅπως γράφωνται ἐπὶ τῷ ὀ. αὐ.
II Ma. 8. 4. περὶ τῶν γενομ. εἰς τὸ ὄ. αὐ. βλασφημιῶν
— 15. τῆς ... ἐπικλήσεως τοῦ σεμνοῦ ... ὀ. αὐ.
12. 13. ὄνομα δὲ Κάσπιν
III Ma. 2. 9. R ἁγιάσας τὸν τόπον τ. εἰς ὄνομά σοι [A al.]
— 9. πρὸς δόξαν τοῦ μεγ. καὶ ἐντίμου ὀ. σου
— 14. τὸν ... ἀναδεδειγμένον τῷ ὀ. τῆς δόξης σου ἅγιον τόπον
4. 14. ἀπογραφῆναι δὲ πᾶν τὸ φῦλον ἐξ ὀνόματος
IV Ma. 5. 4. εἷς πρῶτος ... ὀνόματι Ἐλ.

[Aq. Ge. 4. 26 : 28. 19 : 36. 40 : Ex. 32. 25 : II Ki. 3. 7 : 12. 25 : 23. 18 : III Ki. 11. 26 : Ps. 24 (25). 11 : 28 (29). 2 : 30 (31). 4 : 32 (33). 21 : 44 (45). 18 : 48 (49). 12 : 71 (72). 17 : 82 (83). 19 : 85 (86). 11 : 88 (89). 13 : 95 (96). 8 : 112 (113). 1 : 117 (118). 26 : Pr. 30. 4 *bis* : Is. 7. 14 : 9. 6 (5) : 52. 5 : 56. 5 *bis* : 60. 9 : 64. 2 (1) : 65. 15 : 66. 5 : Je. 3. 17 (Sw.) : 10. 6 : 33 (40). 9 : Ez. 20. 9, 44 : 24. 2 : Am. 6. 10.]
[Sm. Jd. 2. 5 : II Ki. 3. 7 : 6. 18 : 12. 25 : 23. 18 : Jb. 18. 17 : Ps. 9. 3 : 24 (25). 11 : 28 (29). 2 : 32 (33). 21 : 40 (41). 6 : 44 (45). 18 : 51 (52). 11 : 65 (66). 4 : 71 (72). 17 : 79 (80). 19 : 82 (83). 19 : 85 (86). 11 : 88 (89). 13 : 95 (96). 8 : 112 (113). 1 : 117 (118). 26 : 137 (138). 2 : 141 (142). 8 : Is. 7. 14 : 9. 6 (5) : 29. 23 : 52. 5 : 56. 5 *bis* : 60. 9 : 62. 2 : 63. 19 : 64. 2 (1) : 65. 15 : 66. 5 : Je. 33 (40). 9 : Ez. 24. 2 : Am. 6. 10.]
[Th. Jd. 18. 29 : II Ki. 3. 7 : 12. 25 : Jb. 1. 1 : 18. 17 : Ps. 28 (29). 2 : 44 (45). 18 : 48 (49). 12 : 71 (72). 14, 17 : 82 (83). 19 : 95 (96). 8 : 117 (118). 26 : Pr. 30. 4 *bis* : Is. 56. 5 *bis* : 60. 9 : 64. 2 (1) : 66. 5 : Je. 3. 17 (Sw.) : 10. 6 : 29 (36). 21, 25 : 32 (39). 18 : 33 (40). 16 : Ez. 20. 44 : 24. 2 : Am. 6. 10.]
[Al. Ps. 8. 2 : 104 (105). 1 : 146 (147). 4.]
[Quint. Ps. 67 (68). 5 : 117 (118). 26.]
[Sext. Ps. 117 (118). 26.]
[Heb. Ge. 4. 26.]

ὀνομάζειν. (1) זָכַר *a.* qal. *b.* hi. (2) נָקַב *a.* qal. *b.* ni. (3) קָרָא *a.* qal. *b.* ni.

Ge. 26. 18. κατὰ τὰ ὀνόματα ἃ ὠνόμασεν (3 a)
Le. 24. 16. ὀνομάζων δὲ τὸ ὄνομα κυρίου (2 a)
— 16. ἐν τῷ ὀνομάσαι αὐτὸν τὸ ὄνομα κυρίου (2 a)
De. 2. 20. B¹ ὀνομάζουσιν [AB²R ἐπον.] αὐτοὺς Ζοχ. (3 a)
Jo. 23. 7. τὰ ὀνόματα τῶν θεῶν αὐ. οὐκ ὀνομασθήσεται (1 b)
I Ch. 12. 31 : II Ch. 31. 19. οἳ ὠνομάσθησαν ἐν ὀνόματι (2 b)
I Es. 4. 63. οὗ ὠνομάσθη τὸ ὄνομα αὐ. ἐπ' αὐτῷ
8. 49. A πάντων ὠνομάσθη ἡ [B ἐσημάνθη] ὀνοματογραφία
To. 3. 8. B²SR ἑνὸς αὐτῶν οὐκ ὠνομάσθης [AB¹ ὠνάσθης]
Es. 9. 4. ὀνομασθῆναι ἐν πάσῃ τῇ βασ. †
Wi. 2. 13. παῖδα κυρίου ἑαυτὸν ὀνομάζει

Wi. 14. 8. τὸ δὲ φθαρτὸν θεὸς ὠνομάσθη
Si. 23. 10. καὶ [A S καὶ ὁ] ὀνομάζων διὰ παντὸς [A S² δ. π. τὸ ὄνομα κυρίου]
Am. 6. 11 (10). ἕνεκα τοῦ μὴ ὀνομάσαι τὸ ὄνομα κυρίου (1 *b*)
Is. 19. 17. ὃς ἐὰν ὀνομάσῃ [S¹ ἐμόσῃ] αὐτὴν αὐτοῖς φοβηθήσονται (1 *b*)
26. 13. τὸ ὄνομά σου ὀνομάζομεν (1 *b*)
62. 2. ὃ ὁ κύριος ὀνομάσει αὐτό (2 *a*)
Je. 3. 16. οὐκ ὀνομασθήσεται οὐδὲ ἐπισκεφθήσεται (1 *a*)
20. 9. οὐ μὴ ὀνομάσω τὸ ὄνομα κυρίου (1 *a*)
23. 36. λῆμμα κυρίου μὴ ὀνομάζετε (1 *a*)
32. 15 (25. 29). ὠνομάσθη τὸ ὄνομά μου ἐπ' αὐτήν [A -ῆς] (3 *b*)
Ba. 4. 30. παρακαλέσει σε ὁ ὀνομάσας σε
I Ma. 3. 9. ὠνομάσθη ἕως ἐσχάτου τῆς γῆς
11. 51. S¹ ὠνομάσθησαν ἐν τῇ βασιλείᾳ αὐ.
14. 10. ὠνομάσθη τὸ ὄνομα τῆς δόξης αὐ.
III Ma. 7. 17. εἰς Πτ. τὴν ὀνομαζομ. . . . ῥοδοφόρον
[**Aq.** Jb. 3. 8.]
[**Sm.** Dt. 3. 9 : Ps. 48 (49). 12.]

ὀνομασία.

Si. 23. 9. ὀνομασίᾳ τοῦ ἁγίου [A S² ὑψίστου] μὴ συνεθισθῇς
[**Aq.** Ps. 67 (68). 5.]
[**Sm.** Ps. 48 (49). 12 : 67 (68). 5.]
[**Quint.** Ps. 67 (68). 5 (P.).]

ὀνομαστί. (1) בְּשֵׁם

Es. 2. 14. A ἐὰν μὴ κληθῇ ὀ. [B S -ατι] (1)
[**Sm.**, **Al.** Ps. 146 (147). 4.]

ὀνομαστός. (1) קָרָא (2) *a.* שֵׁם *b.* לְשֵׁם *c.* שֵׁם גָּדוֹל (3) ὁ ὀ. הַשֵּׁם

Ge. 6. 4. οἱ δὲ γίγαντες . . . οἱ ἄνθρωποι οἱ ὀ. (3)
Nu. 16. 2. σύγκλητοι βουλῆς καὶ ἄνδρες ὀ. (2 *a*)
De. 26. 19. ὡς ἐποίησέ σε ὀνομαστόν (2 *b*)
II Ki. 7. 9. ἐποίησά σε ὀνομαστόν (2 *c*)
III Ki. 4. 31 (5. 11). A ἦν ὀνομαστὸς ἐν πᾶσιν τοῖς ἔθνεσιν (2 *a*)
I Ch. 5. 24. οὗτοι ἀρχηγοὶ . . . ἄνδρες ὀ. (2 *a*)
11. 20. οὗτος ἦν ὀ. ἐν τοῖς τρισίν (2 *a*)
12. 30. δυνατοὶ ἰσχύϊ ἄνδρες ὀ. (2 *a*)
Ju. 11. 23. καὶ ἔσῃ ὀνομαστὴ παρὰ πᾶσαν τὴν γῆν
Si. 39. 2. διηγήσεις [A S -σιν] ἀνδρῶν ὀνομαστῶν συντηρήσει
44. 3. ἄνδρες ὀνομαστοὶ ἐν δυνάμει
Ze. 3. 19. A S² R θήσομαι [B S¹ *om.*] αὐτοὺς . . . ὀνομαστοὺς ἐν πάσῃ τῇ γῇ (2 *b*)
— 20. διότι δώσω ὑμᾶς ὀνομαστοὺς (2 *b*)
Is. 56. 5. δώσω αὐτοῖς . . . τόπον ὀνομαστόν (2 *a*)
Je. 13. 11. τοῦ γενέσθαι μοι εἰς λαὸν ὀνομαστόν (2 *b*)
52. 25. ἑπτὰ ἄνδρας ὀνομαστούς –
Ba. 3. 26. ἐκεῖ ἐγεννήθησαν οἱ γίγαντες οἱ ὀ.
Ez. 22. 5. ἐμπαίξονται ἐν σοὶ ἀκάθαρτος ἡ ὀνομαστή (3)
23. 23. ἐπάξω . . . πάντας τρισσοὺς καὶ ὀ. (1)
24. 14. ἡ ὀνομαστὴ καὶ πολλὴ τοῦ παραπικραίνειν –
39. 11. δώσω τῷ Γὼγ τόπον ὀνομαστόν †
— 13. ἔσται αὐτοῖς [A *add.* εἰς] ὀνομαστόν (2 *b* [2 *a*])
[**Aq.**, **Th.** Je. 3. 19.]
[**Sm.** Ez. 23. 10.]

ὀνοματογραφία.

I Es. 6. 12. τὴν ὀ. ᾐτοῦμεν αὐτούς
8. 49. B πάντων ἐσημάνθη ὀνοματογραφία [A R *al.*]

ὄνος. (1) אָתוֹן (2) חֲמוֹר, חָמֹר (3) *a.* עֲיָרִים *b.* עַיִר (4) פֶּרֶא (5) ὄ. ἄγριος פֶּרֶא (6) ὄ. ἐρημίτης עַיִר פֶּרֶא (7) ὄ. θήλεια אָתוֹן

Ge. 12. 16. πρόβατα καὶ μόσχοι καὶ ὄνοι (2)
22. 3. ἐπέσαξε τὴν ὀ. αὐτοῦ (2)
— 5. καθίσατε αὐτοῦ μετὰ τῆς ὄ. (2)
24. 35. ἔδωκεν αὐτῷ . . . καμήλους καὶ ὄνους (2)
30. 43. παιδίσκαι καὶ κάμηλοι καὶ ὄνοι (2)
32. 5 (6). βόες καὶ ὄνοι καὶ πρόβατα (2)
— 15 (16). ταύρους δέκα ὄνους εἴκοσι (1)
34. 28. τοὺς βόας αὐ. καὶ τοὺς ὄνους αὐτῶν (2)
42. 26. ἐπιθέντες τὸν σῖτον ἐπὶ τοὺς ὄ. αὐ. (2)
— 27. δοῦναι χορτάσματα τοῖς ὄ. αὐτοῦ (2)
43. 18. τοῦ λαβεῖν ἡμᾶς . . . καὶ τοὺς ὄ. ἡμῶν (2)
— 24. ἔδωκε χορτάσματα τοῖς ὄ. αὐτῶν (2)
44. 3. ἀπεστάλησαν αὐτοὶ καὶ οἱ ὄ. αὐτῶν (2)
Ge. 44. 13. τὸν μάρσιππον αὐτοῦ ἐπὶ τὸν ὄ. αὐτοῦ (2)
45. 23. δέκα ὄνους αἴροντας ἀπὸ πάντων (2)
47. 17. ἀντὶ τῶν ἵππων . . . καὶ ἀντὶ τῶν ὄ. (2)
49. 11. δεσμεύων . . . τὸν πῶλον τῆς ὄ. αὐτοῦ (1)
Ex. 13. 13. πᾶν διανοῖγον μήτραν ὄνου (2)
21. 33. καὶ ἐμπέσῃ ἐκεῖ μόσχος ἢ ὄ. (2)
22. 4 (3). τὸ κλέμμα ἀπό τε [A *om.*] ὄνου (2)
Le. 15. 9. πᾶν ἐπίσαγμα ὄνου ἐφ' ὃ ἂν ἐπιβῇ –
Nu. 22. 21. ἐπέσαξε τὴν ὄ. αὐτοῦ (1)
— 22. αὐτὸς ἐπιβεβήκει ἐπὶ τῆς ὄ. αὐ. (1)
— 23. ἰδοῦσα ἡ ὄ. τὸν ἄγγελον τοῦ θεοῦ (1)
— 23. ἐξέκλινεν ἡ ὄ. ἐκ τῆς ὁδοῦ (1)
— 23. ἐπάταξε τὴν ὄ. ἐν τῇ ῥάβδῳ (1)
— 25, 27. ἰδοῦσα ἡ ὄ. τὸν ἄγγελον τοῦ θ. (1)
— 27. ἔτυπτε τὴν ὄ. τῇ ῥάβδῳ (1)
— 28. ἤνοιξεν ὁ θ. τὸ στόμα τῆς ὄ. (1)
— 29. εἶπε Βαλαὰμ τῇ ὄ. (1)
— 30. λέγει ἡ ὄ. τῷ Β. (1)
— 30. οὐκ ἐγὼ ἡ ὄ. σου (1)
— 32. διὰ τί ἐπάταξας τὴν ὄ. σου (1)
— 32 (33). καὶ ἰδοῦσά με ἡ ὄ. (1)
31. 28. A R ἀπὸ τῶν προβάτων καὶ ἀπὸ τῶν ὄ. [B αἰγῶν] (2)
— 30. ἀπὸ τῶν προβάτων καὶ ἀπὸ τῶν ὄ. (2)
— 34. ὄνοι [A ὄνων] μία καὶ ἑξήκ. χιλιάδες (2)
— 39, 45. ὄνοι τριάκοντα χιλιάδες καὶ πεντακόσιοι (2)
De. 22. 3. οὕτω ποιήσεις τὸν ὄ. αὐτοῦ (2)
— 4. οὐκ ὄψῃ [A² ὑπερόψῃ] τὸν ὄ. τοῦ ἀδ. σου (2)
— 10. ἐν μόσχῳ καὶ ὄνῳ ἐπὶ τὸ αὐτό (2)
28. 31. ὁ ὄ. [A οἶνός] σου ἡρπασμένος ἀπὸ σοῦ (2)
Jo. 9. 4. A λαβόντες σάκκους παλαιοὺς ἐπὶ τῶν ὄ. [B ὤμων] αὐτῶν (2)
15. 18. ἐβόησεν ἐκ [A ἀπὸ] τοῦ ὄ. (2)
Jd. 5. 10. ἐπιβεβηκότες ἐπὶ ὄ. θηλείας [A *al.*] (1)
6. 4. B οὐ κατέλιπον . . . ὄνον [A R *al.*] (2)
15. 15. εὗρε σιαγόνα ὄνου (2)
— 16. ἐν σιαγόνι ὄνου (2)
— 16. ἐν τῇ σιαγόνι τοῦ ὄ. [A ἐν σ. ὄ.] (2)
19. 3. καὶ ζεῦγος ὄνων [A ὑποζυγίων] (2)
— 10. μετ' αὐτοῦ ζεῦγος ὄνων [A ὑποζυγίων] (2)
— 19. χορτάσματά ἐστι τοῖς ὄ. ἡμῶν (2)
— 21. τόπον ἐποίησε τοῖς ὄ. [A *al.*] (2)
— 28. ἔλαβεν αὐτὴν ἐπὶ τὸν ὄ. [A *al.*] (2)
I Ki. 8. 16. τοὺς ὄ. ὑμῶν λήψεται (2)
9. 3. ἀπώλοντο αἱ [A οἱ] ὄ. Κείς (1)
— 3. ζητήσατε τὰς ὄ. (1)
— 5. μὴ ἀνεὶς ὁ πατήρ μου τὰς ὄ. (1)
— 20. περὶ τῶν ὄ. σου τῶν ἀπολωλυιῶν (1)
10. 2. εὕρηνται αἱ ὄ. (1)
— 2. ἀποτετίνακται τὸ ῥῆμα τῶν ὄ. (1)
— 14. ζητεῖν τὰς ὄ. (1)
— 16. εὕρηνται αἱ ὄ. (1)
12. 3. ὄνον τίνος εἴληφα (2)
15. 3. ἀπὸ καμήλου ἕως ὄνου (2)
22. 19. ἀπὸ . . . μόσχου καὶ ὄνου (2)
25. 18. καὶ ἔθετο ἐπὶ τοὺς [A τὰς] ὄ. (2)
— 20. αὐτῆς ἐπιβεβηκυίης ἐπὶ τὴν ὄ. (2)
— 23. κατεπήδησεν ἀπὸ τῆς ὄ. (2)
— 42. ἐπέβη ἐπὶ τὴν ὄ. (2)
27. 9. ἐλάμβανεν . . . ὄνους (2)
II Ki. 16. 1. καὶ ζεῦγος ὄνων ἐπισεσαγμένων (2)
17. 23. ἐπέσαξε τὴν ὄ. αὐ. (2)
19. 26 (27). ἐπίσαξόν μοι τὴν ὄ. (2)
III Ki. 3. 1 (2. 40). ἐπέσαξε τὴν ὄ. αὐτοῦ (2)
13. 13. ἐπισάξατέ μοι τὸν [A τὴν] ὄ. (2)
— 13. ἐπέσαξαν αὐτῷ τὸν [A τὴν] ὄ. (2)
— 23. ἐπέσαξεν αὐτῷ τὸν [A τὴν] ὄ. (2)
— 24. ὁ ὄ. εἱστήκει παρ' αὐτό (2)
— 27. A ἐπισάξατέ μοι τὴν ὄ. (2)
— 28. ὁ [A *om.*] ὄ. καὶ ὁ λέων εἱστήκεισαν (2)
— 28. B οὐ συνέτριψε τὸν ὄ. (2)
— 29. ἐπέθηκεν αὐτὸ ἐπὶ τὸν ὄ. (2)
IV Ki. 4. 22. ἀπόστειλον δή μοι . . . μίαν τῶν ὄ. (1)
— 24. ἐπέσαξε τὴν ὄ. (1)
6. 25. ἐγενήθη κεφαλὴ ὄνου πεντήκοντα ἀργυρίου (2)
7. 7. ἐγκατέλιπον . . . τοὺς ὄ. αὐτῶν (2)
— 10. A ἵππος δεδεμένος καὶ ὄνος δεδεμένος [B *om.*] (2)
I Ch. 5. 21. ᾐχμαλώτευσαν . . . ὄ. δισχιλίους (2)
12. 40. ἐπὶ τῶν καμήλων καὶ τῶν ὄ. (2)
27. 30. ἐπὶ δὲ τῶν ὄ. Ἰαδίας (1)
II Es. 2. 67. ὄνοι αὐτῶν ἑξακισχ. ἑπτακόσιοι εἴκοσι (2)
Ne. 7. 69. ὄνοι δισχίλιοι ἑπτακόσιοι [A S *al.*] (2)
13. 15. ἐπιγεμίζοντας ἐπὶ τοὺς ὄ. (2)
To. 10. 11. S παρέδωκεν Τ. . . . ὄνους καὶ καμήλους [A B *al.*]
Ju. 2. 17. ἔλαβε καμήλους καὶ ὄνους
Jb. 1. 3. ὄνοι θήλειαι νομάδες πεντακόσιαι [A -ιοι] (7)
— 14. αἱ θήλειαι ὄ. ἐβόσκοντο ἐχόμεναι αὐτῶν (7)
6. 5. μὴ διὰ κενῆς κεκράξεται ὄνος ἄγριος (5)
11. 12. βροτὸς δὲ γεννητὸς γυναικὸς ἴσα [A *om.*] ὄνῳ ἐρημίτῃ (6)
24. 5. ἀπέβησαν δὲ ὥσπερ ὄνοι ἐν ἀγρῷ (4)
39. 5. τίς δέ ἐστιν ὁ ἀφεὶς ὄνον ἄγριον ἐλεύθερον (5)
42. 12. ἦν δὲ τὰ κτήνη αὐτοῦ . . . ὄνοι θήλειαι νομάδες χίλιαι (7)
Ps. 79 (80). 13. B¹ S¹ ὄνος [A B² S² R μονιὸς] ἄγριος κατενεμήσατο αὐτήν †
Pr. 26. 3. ὥσπερ μάστιξ ἵππῳ καὶ κέντρον ὄνῳ (2)
Si. 30. 33 (33. 24). ῥάβδος καὶ φορτία ὄνῳ
Za. 14. 15. αὕτη ἔσται ἡ πτῶσις . . . τῶν ὄ. (2)
Is. 1. 3. ὄνος τὴν φάτνην τοῦ κυρίου αὐτοῦ (2)
21. 7. εἶδον . . . ἀναβάτην ὄνου (2)
30. 6. ἔφερον ἐπὶ ὄνων καὶ καμήλων τὸν πλοῦτον αὐτῶν (3 *a**, 3 *b*)
32. 14. εὐφροσύνη ὄνων ἀγρίων (5)
— 20. οὗ βοῦς καὶ ὄνος πατεῖ (2)
Je. 14. 6. ὄνοι ἄγριοι [S ὄναγροι] ἔστησαν ἐπὶ νάπας (5)
22. 19. ταφὴν ὄνου [S οὐ] ταφήσεται (2)
31 (48). 6. ἔσεσθε ὥσπερ ὄ. ἄγριος ἐν ἐρήμῳ †
Ez. 23. 20. ὧν [A *add.* ἦσαν] ὡς ὄνων αἱ σάρκες αὐτῶν (2)
[**Aq.** Ge. 36. 24 : 49. 14 : Nu. 16. 15 : Dt. 5. 14 : III Ki. 13. 27 : Jb. 24. 3 : Za. 9. 9.]
[**Sm.** Jb. 24. 3 : Za. 9. 9.]
[**Th.** Nu. 16. 15 : III Ki. 13. 27 : Jb. 24. 3 : Za. 9. 9 *bis*.]
[**Al.** Jb. 24. 3.]
[**Quint.** Za. 9. 9.]

ὄντως. (1) אַךְ (2) אָכֵן (3) אֻמְנָם

Nu. 22. 37. ὄ. οὐ δυνήσομαι τιμῆσαί σε (3)
III Ki. 12. 24. B ὄντως ἐξαπόστειλόν με –
Wi. 17. 14. τὴν ἀδύνατον ὄντως νύκτα
Je. 3. 23. ὄ. εἰς ψεῦδος ἦσαν οἱ βουνοί (2)
10. 19. ὄ. τοῦτο τὸ τραῦμά σου [A *om.*] (1)
[**Aq.** Is. 37. 18 : 53. 4.]
[**Sm.** Ge. 28. 16 : 42. 21 : Jb. 32. 8 : 36. 4 : Ps. 72 (73). 1, 18 : Is. 45. 15 : 53. 4 : Je. 44 (51). 29.]
[**Heb.** IV Ki. 4. 14.]
[**Sext.** Ps. 30 (31). 23.]

ὄνυξ. (1) צִפֹּרֶן (2) שֹׁהַם (3) שְׁחֵלֶת (4) שֶׁסַע

Ex. 30. 34. στακτὴν ὄνυχα [A *add.* καὶ] χαλβάνην (3)
Le. 11. 7. καὶ ὀνυχίζει ὄνυχας ὁπλῆς (4)
De. 14. 8. A ὀνυχίζει ὄνυχας [B -χιστῆρας] ὁπλῆς –
Jb. 28. 16. ἐν ὄνυχι τιμίῳ καὶ σαπφείρῳ (2)
Si. 24. 15. ὡς χαλβάνη καὶ ὄνυξ καὶ στακτή
Ez. 17. 3. ἀετὸς ὁ μέγας . . . πλήρης ὀνύχων †
— 7. ἐγένετο ἀετὸς ἕτερος μέγας μεγαλοπτέρυγος πολὺς ὄνυξι †
Da. LXX. 4. 31. οἱ ὄ. μου ὡσεὶ λέοντος –
7. 19. οἱ ὄ. αὐτοῦ χαλκοῖ (1)
Da. Th. 4. 30. καὶ οἱ ὄ. αὐ. ὡς ὀρνέων (1)
7. 19. οἱ ὄ. αὐτοῦ χαλκοῖ (1)
IV Ma. 9. 26. σιδηρᾶς ἐναρμοσάμενοι χεῖρας ὀξέσι τοῖς ὄ.
[**Aq.**, **Sm.** Ge. 2. 12 : Ex. 25. 6 (7) : 28. 9 : 35. 9 : 39. 6 (13) : Je. 17. 1.]
[**Th.** Ge. 2. 12 : Ex. 25. 6 (7) : 28. 9 : 35. 9 : 39. 6 (13) : Jb. 28. 16 : Je. 17. 1.]

ὀνυχίζειν. (1) שָׁסַע

Le. 11. 3. καὶ ὀνυχιστῆρας ὀνυχίζον δύο χηλῶν (1)
— 4. καὶ ὀνυχιζόντων ὀνυχιστῆρας –
— 7. καὶ ὀνυχίζει ὄνυχας ὁπλῆς (1)
— 26. καὶ ὀνυχιστῆρας ὀνυχίζει (1)
De. 14. 6. πᾶν κτῆνος . . . ὀνυχιστῆρας ὀνυχίζον [A -ων] (1)
— 7. καὶ ὀνυχιζόντων ὀνυχιστῆρας –
— 8. ὀνυχίζει ὀνυχιστῆρας [A -χας] ὁπλῆς –
II Ki. 19. 24 (25). οὐδὲ ὠνυχίσατο –

ὀνύχιον. (1) יָשְׁפֵה

Ex. 28. 20. χρυσόλιθος καὶ βηρύλλιον καὶ ὀ. (1)
36. 20 (39. 13). βηρύλλιον καὶ ὀ. (1)
Ez. 28. 13. ἐνδέδεσαι . . . βηρύλλιον καὶ ὀ. (1?)

ὀνυχιστήρ. (1) a. שֶׁסַע b. שָׁסַע

Le. 11. 3. καὶ ὀνυχιστῆρας ὀνυχίζον δύο χηλῶν (1 a)
— 4. καὶ ὀνυχιζόντων ὀνυχιστῆρας –
— 26. καὶ ὀνυχιστῆρας ὀνυχίζει (1 a)
De. 14. 6. πᾶν κτῆνος . . . ὀνυχιστῆρας ὀνυχίζον (1 a)
— 7. καὶ ὀνυχιζόντων ὀνυχιστῆρας (1 b)
— 8. ὀνυχίζει ὀνυχιστῆρας [A -χας] ὁπλῆς –

ὀξέως. (1) חוּשׁ (2) מַהֵר pi. (3) קַל

Wi. 3. 18. ἐάν τε ὀ. τελευτήσωσιν
16. 11. ὀξέως διεσῴζοντο
Jl. 3 (4). 4. ἢ μνησικακεῖτε ὑμεῖς ἐπ' ἐμοὶ ὀξέως (3)
Is. 8. 1. τοῦ ὀ. προνομὴν ποιῆσαι σκύλων (2)
— 3. ταχέως σκύλευσον ὀ. προνόμευσον (1)

ὄξος. (1) חֹמֶץ

Nu. 6. 3. ὄξος ἐξ οἴνου καὶ ὄξος ἐκ σίκερα οὐ πίεται (1, 1)
Ru. 2. 14. B[1] βάψεις τὸν ψωμόν σου [A B[2] R add. ἐν] τῷ ὄ. (1)
Ps. 68 (69). 21. ἐπότισάν με ὄξος (1)
Pr. 25. 20. ὥσπερ ὄξος ἕλκει ἀσύμφορον (1)
[Sm. Ps. 68 (69). 22: Pr. 25. 20.]

ὀξυγράφος. (1) מָהִיר

Ps. 44 (45). 1. ἡ γλῶσσά μου κάλαμος γραμματέως ὀξυγράφου (1)

ὀξύθυμος. (1) קְצַר־אַפַּיִם

Pr. 14. 17. ὀξύθυμος πράσσει μετὰ ἀβουλίας (1)
26. 20. A S[2] ὅπου δὲ οὐκ ἔστι ὀξύθυμος [B S[1] δίθυμος] †

ὀξύνειν. (1) חָדַד a. qal. b. hoph.

Pr. 24. 23 (29. 27). ἐὰν γὰρ ὀξυνθῇ ὁ θυμὸς αὐτοῦ –
27. 17. σίδηρος σίδηρον ὀξύνει (1 a)
Wi. 5. 20. ὀξυνεῖ δὲ ἀπότομον ὀργὴν εἰς ῥομφαίαν
Za. 1. 21 (2. 4). τοῦ ὀξῦναι αὐτὰ εἰς χεῖρας αὐτῶν τὰ τέσσαρα κέρατα †
Is. 44. 12. ὤξυνε τέκτων σίδηρον –
Ez. 21. 9 (14). ὀξύνου καὶ θυμώθητι (1 b)
— 10 (15). ὀξύνου ὅπως γένῃ εἰς στίλβωσιν (1 b)
— 16 (21). ὀξύνου ἐκ δεξιῶν καὶ ἐξ εὐωνύμων †
[Sm. Jb. 16. 9.]

ὀξυντήρ.

[Aq. Jb. 41. 22.]

ὀξύς. (1) a. חַד b. חָדַד (2) חָרֵשׁ (3) מָהִיר (4) קַל (5) שָׁטַף (6) שָׁנַן

Jb. 16. 11 (10). ὀξεῖ ἔπαισέ με εἰς [A ἐπὶ] τὰ γόνατα †
41. 21 (22). ἡ στρωμνὴ αὐτοῦ ὀβελίσκοι ὀξεῖς (2)
Ps. 13 (14). 3. B S ὀξεῖς οἱ πόδες αὐτῶν ἐκχέαι αἷμα –
56 (57). 4. ἡ γλῶσσα αὐτῶν μάχαιρα ὀξεῖα (1 a)
Pr. 22. 29. ὁρατικὸν ἄνδρα καὶ ὀξὺν ἐν τοῖς ἔργοις αὐτοῦ (3)
27. 4. ἀνελεήμων θυμὸς καὶ ὀξεῖα ὀργή (5)
Wi. 7. 22. ἔστι γὰρ ἐν [A om.] αὐτῇ πνεῦμα . . . ὀξύ
8. 11. ὀξὺς εὑρεθήσομαι ἐν κρίσει
18. 16. ξίφος ὀξὺ τὴν ἀνυπόκριτον ἐπιταγήν [A ὑποτ.] σου φέρων
Am. 2. 15. A[2] B ὁ ὀξὺς τοῖς ποσὶν αὐτοῦ οὐ μὴ διασωθῇ (4)
Hb. 1. 8. ὀξύτεροι ὑπὲρ τοὺς λύκους τῆς 'A. (1 b)
Is. 5. 28. ὧν τὰ βέλη ὀξέα ἐστί (6)
49. 2. ἔθηκε τὸ στόμα μου ὡς μάχαιραν ὀξεῖαν (1 a)
Ez. 5. 1. λάβε σεαυτῷ ῥομφαίαν ὀξεῖαν ὑπὲρ ξυρὸν κουρέως (1 a)
III Ma. 2. 23. ὀξεῖαν ἰδόντες τὴν καταλαβοῦσαν αὐτὸν εὔθυναν
4. 5. πρὸς ὀξεῖαν καταχρωμένων πορείαν
IV Ma. 9. 26. σιδηρᾶς ἐναρμοσάμενοι χεῖρας ὀξέσι τοῖς ὄνυξι
11. 19. ὀβελίσκους ὀ. πυρώσαντες
14. 10. ὀξεῖα γὰρ . . . ἡ τοῦ πυρὸς οὖσα δύναμις
[Sm. Ez. 21. 15 (20).]

ὀξυσθενής. (1) לַהַב

Jb. 39. 23. A ἐπ' αὐτῷ γαυριᾷ τόξον καὶ ὀξυσθενὴς [B S om.] μάχαιρα (1)

ὀξύτης. (1) φωνὴ ὀξύτητος נַחֲרָה

Je. 8. 16. ἐκ Δὰν ἀκουσόμεθα [A -μαι] φωνὴν ὀξύτητος ἵππων αὐτοῦ (1)

ὀπέλ. (1) עֹפֶל

II Ch. 33. 14. R καὶ εἰς ὀ. [A B al.] (1)

ὀπή. (1) אֲרֻבָּה (2) חָגוּ (3) חוֹר, חֹר (4) נִקְרָה (5) סְעִיף

Ex. 33. 22. θήσω σε εἰς ὀπὴν τῆς πέτρας (4)
Jd. 15. 11. A ἐπὶ τὴν ὀ. τῆς πέτρας 'H. [B al.] (5)
Ec. 12. 3. σκοτάσουσιν αἱ βλέπουσαι ἐν ταῖς ὀ. (1)
Ca. 5. 4. ἀδελφιδός μου ἀπέστειλε χεῖρα αὐτοῦ ἀπὸ τῆς ὀ. (3)
Ob. 1. 3. κατασκηνοῦντα ἐν ταῖς ὀ. τῶν πετρῶν (2)
Za. 14. 12. οἱ ὀφθαλμοὶ αὐ. ῥυήσονται ἐκ [A ἀπὸ] τῶν ὀ. αὐτῶν (3)
Ez. 8. 7. A ὀ. μία ἐν τῷ τοίχῳ (3)
IV Ma. 14. 16. τὰ δὲ κατὰ τὰς . . . δένδρων ὀ. . . . νοσσοποιησάμενα
[Aq. Je. 49. 16 (29. 17).]
[Sm. Ec. 12. 3: Je. 49. 16 (29. 17).]
[Th. Is. 51. 1: Ez. 8. 7.]

ὁπηνίκα. * ὁ. ἄν, ὁ. ἐάν.

Ju. 11. 11*.
IV Ma. 2. 21.

ὀπήτιον. (1) מַרְצֵעַ

Ex. 21. 6. τρυπήσει ὁ κύριος αὐ. τὸ οὖς τῷ ὀ. (1)
De. 15. 17. λήψῃ τὸ ὀ. (1)

ὄπισθε, ὄπισθεν. (1) a. אַחַר, אַחֲרֵי b. מֵאַחַר, מֵאַחֲרֵי (2) אֶל מִבֵּית לְ׳ (3) τὸ ὄ., τὰ ὄ. אָחוֹר (4) τὰ ὄ. אַחֲרֵי (5) ἐκ τῶν ὄ. אָחוֹר

Ge. 18. 10. Σ. δὲ ἤκουσε . . . οὖσα ὄ. αὐτοῦ (1 a)
Ex. 14. 19. ἐπορεύθη ἐκ τῶν ὄ. (4)
Jo. 6. 12 (13). καὶ ὁ λοιπὸς ὄχλος ὄ. τῆς κιβωτοῦ (1 a)
Ru. 1. 16. ἢ ἀποστρέψαι ὄ. σου (1 b)
2. 3. A συνέλεξεν . . . ὄ. [B κατόπ.] τῶν θεριζόντων (1 a)
— 7. συνάξω . . . ὄ. τῶν θεριζόντων (1 a)
I Ki. 6. 7. ἀπαγάγετε τὰ τέκνα ἀπὸ [A om.] ὄ. αὐτῶν (1 a [1 b])
12. 20. B μὴ ἐκκλίνητε ἀπὸ ὄ. κυρίου (1 a)
14. 46. ἀνέβη Σ. ἀπὸ ὄ. τῶν ἀλλοφύλων (1 a)
15. 11. ἀπέστρεψεν ἀπὸ ὄ. μου (1 a)
24. 2. ὡς ἀνέστρεψε Σ. ἀπὸ ὄ. τῶν ἀλλοφύλων (1 a)
II Ki. 2. 21. ἐκκλῖναι ἐκ τῶν ὄ. αὐτοῦ (4)
— 26. ἀναστρέφειν ἀπὸ ὄ. τῶν ἀδελφῶν ἡμῶν (1 a)
— 30. ἀνέστρεψεν ὄ. ἀπὸ [A ἀπὸ ὀπίσω] τοῦ 'Αβ. (1 a)
7. 8. A ἔλαβόν σε . . . ἀπὸ ὄ. τῶν προβάτων [B al.] (1 a)
10. 9. ἐκ τοῦ κατὰ πρόσωπον ἐξ ἐναντίας καὶ ἐκ τοῦ ὄ. (3)
11. 15. ἀποστραφήσεσθε ἀπὸ ὄ. αὐτοῦ (1 a)
13. 34. λαὸς πολὺς πορευόμενος . . . ὄ. αὐτοῦ (1 a)
20. 2. ἀνέβη πᾶς ἀνὴρ 'Ισρ. ἀπὸ ὄ. Δ. (1 a)
III Ki. 16. 3. ἐξεγείρω . . . ὄ. τοῦ οἴκου αὐ. (1 a)
IV Ki. 10. 29. A οὐκ ἀπέστη 'I. ὄ. [R ἀπὸ ὄ., B ἔμπροσθεν] αὐτοῦ (1 b [1 a])
11. 15. B[2] ἐξαγάγετε αὐτὴν ὄ. τῶν ἀδ. [AB[1]R al.] (2)
18. 6. οὐκ ἀπέστη ὄ. αὐτοῦ (1 b)
II Ch. 13. 13. ἀπέστρεψε τὸ ἔνεδρον ἐλθεῖν αὐτῷ ἐκ τῶν ὄ. (4)
— 13. καὶ τὸ ἔνεδρον ἐκ τῶν ὄ. (4)
— 14. αὐτοῖς ὁ πόλεμος . . . ἐκ τῶν ὄ. (5)
34. 33. οὐκ ἐξέκλινεν ἀπὸ ὄ. κ. θεοῦ πατέρων αὐ. (1 a)
To. 11. 4. συνῆλθεν ὁ κύων ὄ. αὐτῶν [S al.]
Ho. 1. 2. ἐκπορνεύσει ἡ γῆ ἀπὸ ὄ. τοῦ κυρίου (1 a)
Jl. 2. 3. A τὰ ὄ. [B S ὀπίσω] αὐτοῦ ἀναπτομένη φλόξ (4)
— 3. τὰ ὄ. [S[2] ὀπίσω] αὐτοῦ πεδίον ἀφανισμοῦ (4)
Is. 59. 13. ἀπέστημεν [A S add. ἀπὸ] ὄ. τοῦ θεοῦ ἡμῶν (1 b [1 a])
Je. 7. 24. ἐγενήθησαν εἰς τὰ ὄ. (3)
31 (48). 2. ὄ. [S ὀπίσω] σου βαδιεῖται μάχαιρα (1 a)
39 (32). 40. ἣν οὐ μὴ ἀποστρέψω ὄ. αὐτῶν (1 b)
Ep. Je. 5. ἰδόντας ὄχλον . . . ὄ. αὐτῶν [A om.]
Ez. 2. 10. A ἐν αὐτῇ γεγραμμένα ἦν τὰ ὄ. καὶ τὰ ἔμπροσθεν [B τὰ ἔ. καὶ τὰ ὀπίσω] (3)
Da. LXX. 3. (40). ἐξιλάσαι ὄ. σου
— (40). τελειῶσαι ὄ. σου
Da. TH. 3. (40). ἐκτελέσαι ὄ. σου
I Ma. 4. 16. ἀπὸ τοῦ διώκειν ὄ. αὐτῶν
5. 43. S R καὶ πᾶς ὁ λαὸς ὄ. [A ἔμπροσθεν] αὐτοῦ
9. 16. καὶ ἐπέστρεψαν . . . ἐκ τῶν ὄ.
I Ma. 13. 27. A R ἐκ τῶν ὄπισθεν καὶ ἐκ τῶν [S om. ἐκ τῶν] ἔμπροσθεν
[Aq. I Ki. 15. 11 (ἀπὸ ὄ.): II Ki. 7. 8 (ἀπὸ ὄ.): Ps. 77 (78). 71 (ἀπὸ ὄ.): Is. 59. 13 (ἀπ' ὄ.).]
[Sm. Is. 37. 22: Je. 17. 16.]
[Quint. Ca. 1. 8.]

ὀπίσθιος. (1) אָחוֹר (2) יַרְכָּה (3) שׁוּל

Ex. 26. 23. ἐπὶ τῶν γωνιῶν τῆς σκηνῆς ἐκ τῶν ὀ. (2)
— 27. πέντε μοχλοὺς τῷ στύλῳ τῷ ὀ. (2 ?)
36. 27 (39. 19). τὸ ἄκρον τοῦ ὀ. τῆς ἐπωμίδος †
III Ki. 7. 25. πάντα τὰ ὀ. εἰς τὸν οἶκον (1)
II Ch. 4. 4. ἦσαν τὰ ὀ. αὐτῶν ἔσω (1)
Je. 13. 22. ἀπεκαλύφθη τὰ ὀπίσθιά σου (3)
— 26. A ἀποκαλύψω τὰ ὀ. [B S ὀπίσω] σου (3)
Ez. 8. 16. τὰ ὀ. αὐτῶν [A add. δεδωκότες] πρὸς τὸν ναὸν τοῦ κυρίου (1)

ὀπισθίως. (1) אֲחֹרַנִּית

I Ki. 4. 18. ἔπεσεν ἀπὸ τοῦ δίφρου ὀ. (1)

ὀπισθότονος. (1) קֶטֶב

De. 32. 24. καὶ ὀπισθότονος ἀνίατος (1 ?)

ὀπισθοφανής. (1) אֲחֹרַנִּית

Ge. 9. 23. A τὸ πρόσωπον αὐτῶν ὀπισθοφανές [B -νῶς] (1)

ὀπισθοφανῶς. (1) אֲחֹרַנִּית

Ge. 9. 23. ἐπορεύθησαν ὀπισθοφανῶς (1)
— 23. R τὸ πρόσωπον αὐτῶν ὀπισθοφανῶς [A -νές] (1)

ὀπίσω. (1) a. אַחַר, אַחֲרֵי b. מֵאַחֲרֵי c. עַל אַחֲרֵי d. עַד אַחַר e. אָחוֹר f. אַחֲרוֹן g. אֲחֹרַנִּית (2) מֵאֵת (3) אֶל (4) בְּאַחַר (5) עִם (6) לִפְנֵי (7) תַּחַת (8) ὀ. αὐτοῦ אַחֲרֵי־כֵן (9) ὁ ὀ., τὸ ὀ., τὰ ὀ. a. אָחוֹר b. אַחֲרֵי c. מֵאַחֲרֵי d. יַרְכְּתֵי e. סוֹף f. שׁוּל (10) εἰς τὸ ὀ., εἰς τὰ ὀ. a. אָחוֹר b. אַחֲרֵי c. מֵאַחֲרֵי d. אֲחֹרַנִּית (11) ἐκ τῶν ὀ. אַחֲרֵי (12) ἐπὶ τὰ ὀ. אַחֲרֵי

Ge. 8. 8. ἀπέστειλε τὴν περιστερὰν ὀ. αὐτοῦ (2)
14. 14. R κατεδίωξεν ὀ. αὐτῶν ἕως Δάν –
19. 6. τὴν δὲ θύραν προσέῳξεν ὀ. αὐτοῦ (1 a)
— 17. R μὴ περιβλέψῃ [A -ης] εἰς τὰ ὀ. (10 b)
— 26. ἐπέβλεψεν ἡ γυνὴ αὐτοῦ εἰς τὰ ὀ. (10 c)
24. 5. πορευθῆναι μετ' ἐμοῦ ὀ. εἰς τὴν γῆν (1 a)
31. 23. ἐδίωξεν ὀ. αὐτοῦ ὁδὸν ἡμερῶν ἑπτά (1 a)
— 36. ἐδίωξας ὀ. μου (1 a)
32. 18 (19). καὶ ἰδοὺ αὐτὸς ὀ. ἡμῶν (1 a)
— 19 (20). τοῖς προπορευομ. ὀ. τῶν ποιμνίων (1 a)
— 20 (21). ὁ παῖς σου 'I. παραγίνεται ὀ. ἡμῶν (1 a)
33. 2. ἔθετο [A ἐποίησεν] . . . Λείαν . . . ὀ. (1 f)
35. 5. οὐ κατεδίωξαν ὀ. τῶν υἱῶν 'Ισραήλ (1 a)
41. 19. βόες ἕτεραι ἀνέβαινον ὀ. αὐτῶν (1 a)
— 27. αἱ ἀναβαίνουσαι ὀ. αὐτῶν (1 a)
44. 4. ἀναστὰς ἐπιδίωξον ὀ. τῶν ἀνθρώπων (1 a)
49. 17. καὶ πεσεῖται ὁ ἱππεὺς εἰς τὰ ὀ. (10 a)
Ex. 14. 4. καὶ καταδιώξεται ὀ. αὐτῶν (1 a)
— 8. κατεδίωξεν ὀ. τῶν υἱῶν 'Ισρ. (1 a)
— 9. κατεδίωξαν οἱ Αἰγύπτιοι ὀ. αὐτῶν (1 a)
— 10. ἐστρατοπέδευσαν ὀ. αὐτῶν (1 a)
— 17. εἰσελεύσονται ὀ. αὐτῶν (1 a)
— 19. ἔστη ἐκ τῶν ὀ. αὐτῶν (9 b)
— 23. εἰσῆλθον ὀ. αὐτῶν (1 a)
— 28. τοὺς εἰσπεπορευμένους ὀ. αὐτῶν (1 a)
15. 20. ἐξήλθοσαν πᾶσαι αἱ γυναῖκες ὀ. αὐτῆς (1 a)
26. 12. ὑποκαλύψεις ὀ. τῆς σκηνῆς (1 c)
— 22. καὶ ἐκ τῶν ὀ. τῆς σκηνῆς (9 d)
33. 23. ὄψῃ τὰ ὀ. μου (9 a)
34. 15. μή ποτε . . . ἐκπορνεύσωσιν ὀ. τῶν θεῶν αὐ. (1 a)
— 16. καὶ ἐκπορνεύσωσιν αἱ θυγ. σου ὀ. τῶν θεῶν αὐ. (1 a)
— 16. B καὶ ἐκπορνεύσωσιν οἱ υἱοί σου ὀ. τῶν θεῶν αὐ. (1 a)
Le. 17. 7. οἷς αὐτοὶ ἐκπορνεύουσιν ὀ. αὐτῶν (1 a)
20. 6. ὥστε ἐκπορνεῦσαι ὀ. αὐτῶν (1 a)
Nu. 3. 23. καὶ οἱ υἱοὶ Γ. ὀ. τῆς σκηνῆς (1 a)
15. 39. A οὐ διαστραφήσεσθε ὀ. τῶν διανοιῶν ὑμῶν καὶ ὀ. [B om.] τῶν ὀφθαλμῶν (1 a, 1 a)

Nu. 15. 39. ἐν οἷς ὑμεῖς ἐκπορνεύετε ὀ. αὐτῶν (1 *a*)
16. 3. B^1 συνέστησαν ὀ. Μ. [A B^2 R *al.*] †
25. 8. εἰσῆλθεν ὀ. τοῦ ἀνθρώπου τοῦ Ἰσρ. (1 *a*)
32. 11. οὐ γὰρ συνεπηκολούθησαν ὀ. μου (1 *a*)
— 12. συνεπηκολούθησαν ὀ. κυρίου (1 *a*)
De. 4. 3. ὅστις ἐπορεύθη ὀ. Βεελφ. (1 *a*)
6. 14. οὐ πορεύσεσθε ὀ. θεῶν ἑτέρων (1 *a*)
8. 19. ἐὰν . . . πορευθῇς ὀ. θεῶν ἑτέρων (1 *a*)
11. 4. καταδιωκόντων αὐτῶν ἐκ τῶν ὀ. ὑμῶν (11)
— 30. οὐκ ἰδοὺ ταῦτα πέραν τοῦ Ἰορδ. ὀ. (1 *a*)
13. 4 (5). ὀ. κ. τοῦ θεοῦ ὑμῶν πορεύεσθε (1 *a*)
19. 6. ἵνα μὴ διώξας . . . ὀ. τοῦ φονεύσαντος (1 *a*)
24. 20. καλαμήσασθαι τὰ ὀ. σου (9 *b*)
— 21. οὐκ ἐπανατρυγήσεις αὐτὸν τὰ ὀ. σου (9 *b*)
25. 18. τοὺς κοπιῶντας ὀ. σου (1 *a*)
28. 14. πορεύεσθαι ὀ. θεῶν ἑτέρων (1 *a*)
31. 16. ἐκπορνεύσει ὀ. θεῶν ἀλλοτρίων (1 *a*)
Jo. 2. 5. καταδιώξατε ὀ. αὐτῶν (1 *a*)
— 7. κατεδίωξαν ὀ. αὐτῶν (1 *a*)
— 8 (7). ὡς ἐξήλθοσαν οἱ διώκοντες ὀ. αὐτῶν (1 *a*)
— 16. οἱ καταδιώκοντες ὀ. αὐτῶν –
3. 3. πορεύσεσθε ὀ. αὐτῆς (1 *a*)
6. 8 (9). οἱ οὐραγοῦντες ὀ. τῆς κιβωτοῦ (1 *a*)
8. 2. κατάστησον δὲ σεαυτῷ ἔνεδρα τῇ πόλει εἰς τὰ ὀ. (10 *c*)
— 4. ἐνεδρεύσατε ὀ. τῆς πόλεως (1 *b*)
— 6. ὡς ἂν ἐξέλθωσιν ὀ. ἡμῶν (1 *a*)
— 14. ἔνεδρα αὐτῷ ἐστιν ὀ. τῆς πόλεως [A ἀπὸ τῆς π. ὀ.] (1 *b* [1 *a* ?])
— 16. κατεδίωξαν ὀ. τῶν υἱῶν Ἰσρ. (1 *a*)
— 17. ὃς οὐ κατεδίωξεν ὀ. Ἰσρ. (1 *a*)
— 17. B κατεδίωξαν ὀ. Ἰσρ. (1 *a*)
— 20. περιβλέψαντες οἱ κάτοικοι Γαὶ εἰς τὰ ὀ. αὐτῶν (10 *b*)
10. 19. καταδιώκοντες ὀ. τῶν ἐχθρῶν ὑμῶν (1 *a*)
14. 9. ἐπακολουθῆσαι ὀ. κ. τοῦ θεοῦ ἡμῶν [A *al.*] (1 *a*)
20. 5. A διώξεται ὁ ἀγχιστεύων τὸ αἷμα ὀ. αὐτοῦ (1 *a*)
24. 6. κατεδίωξαν οἱ Αἰγ. ὀ. τῶν πατέρων ἡμῶν (1 *a*)
Jd. 1. 6. κατέδραμον ὀ. αὐτοῦ (1 *a*)
2. 12. ἐπορεύθησαν ὀ. θεῶν ἑτέρων (1 *a*)
— 17. ἐξεπόρνευσαν ὀ. θεῶν ἑτέρων (1 *a*)
— 19. πορεύεσθαι ὀ. θεῶν ἑτέρων (1 *a*)
3. 22. ἐπεισήνεγκε καί γε τὴν λαβὴν ὀ. τῆς φλογός (1 *a*)
— 28. κατάβητε ὀ. μου (1 *a*)
— 28. κατέβησαν ὀ. αὐτοῦ (1 *a*)
4. 14. καὶ δέκα χιλιάδες ἀνδρῶν ὀ. αὐτοῦ (1 *a*)
— 16. καὶ Β. διώκων ὀ. τῶν ἁρμάτων καὶ ὀ. τῆς παρεμβολῆς (1 *a*, 1 *a*)
5. 14. ὀ. σου, Βενιαμίν [A *al.*] (1 *a*)
6. 34. B ἐφοβήθη [A R ἐβόησεν] Ἀβ. ὀ. αὐτοῦ (1 *a*)
— 35. A ἐβόησεν καὶ αὐτὸς ὀ. αὐτοῦ (1 *a*)
7. 23. ἐδίωξαν ὀ. Μαδ. (1 *a*)
8. 5. ἐγὼ εἰμι διώκων ὀ. τοῦ Ζ. (1 *a*)
— 12. ἐδίωξεν ὀ. αὐτῶν (1 *a*)
— 27. ἐξεπόρνευσε πᾶς Ἰσρ. ὀ. αὐτοῦ ἐκεῖ (1 *a*)
— 33. ἐξεπόρνευσαν ὀ. τῶν Β. (1 *a*)
9. 3. ἔκλινεν ἡ καρδία αὐ. ὀ. Ἀβ. (1 *a*)
— 4. ἐπορεύθησαν ὀ. αὐτοῦ (1 *a*)
— 49. ἐπορεύθησαν ὀ. Ἀβ. [A *al.*] (1 *a*)
13. 11. ἐπορεύθη Μ. ὀ. τῆς γυναικὸς (1 *a*)
18. 12. ἰδοὺ ὀ. [A κατόπισθεν] Καρ. (1 *a*)
19. 3. ἐπορεύθη ὀ. [A κατόπισθεν] αὐτῆς (1 *a*)
20. 40. ἐπέβλεψε Βεν. ὀ. αὐτοῦ (1 *a*)
— 45. κατέβησαν ὀ. αὐτῶν (1 *a*)
Ru. 1. 15. ἐπιστράφητι δὴ καὶ σὺ ὀ. τῆς συννύμφου σου (1 *a*)
3. 10. τὸ μὴ πορευθῆναί σε ὀ. νεανιῶν (1 *a*)
I Ki. 6. 12. ἐπορεύοντο ὀ. αὐτῆς (1 *a*)
7. 2. ἐπέβλεψε πᾶς οἶκος Ἰσρ. ὀ. κυρίου (1 *a*)
8. 3. ἐξέκλιναν ὀ. τῆς συντελείας (1 *a*)
11. 7. ὃς οὐκ ἔστιν ἐκπορευόμενος ὀ. Σ. καὶ ὀ. Σαμ. (1 *a*, 1 *a*)
12. 14. καὶ ἦτε . . . ὀπίσω κυρίου πορευόμενοι (1 *a*)
— 21. B μὴ παραβῆτε ὀ. τῶν μηθὲν αὐτῶν (1 *a*)
13. 4. B ἀνέβησαν οἱ υἱ. Ἰσρ. ὀ. Σαούλ (1 *a*)
— 7. B πᾶς ὁ λαὸς ἐξέστη ὀ. αὐτοῦ (1 *a*)
— 15. B ἀνέβη ὀ. Σ. εἰς ἀπάντησιν ὀ. τοῦ λαοῦ –, –
14. 12. ἀνάβηθι ὀ. μου (1 *a*)
— 13. ἐπεδίδου ὀ. αὐτοῦ (1 *a*)
— 22. συνάπτουσι καὶ αὐτοὶ ὀ. αὐτῶν (1 *a*)
— 36. καταβῶμεν ὀ. τῶν ἀλλοφύλων (1 *a*)
— 37. εἰ καταβῶ ὀ. τῶν ἀλλοφύλων (1 *a*)
15. 31. ἀνέστρεψε Σαμ. ὀ. Σαούλ (1 *a*)
17. 13, 14. A ἐπορεύθησαν ὀ. Σαούλ (1 *a*)

I Ki. 17. 31. A ἀνηγγέλησαν ὀ. Σ. (6)
— 35. ἐξεπορευόμην ὀ. αὐτοῦ (1 *a*)
— 52. κατεδίωξαν ὀ. αὐτῶν †
— 53. ἐκκλίνοντες ὀ. τῶν ἀλλοφύλων (1 *a*)
20. 37. ἀνεβόησεν Ἰ. ὀ. τοῦ νεανίου [A *al.*] (1 *a*)
— 38. ἀνεβόησεν Ἰ. ὀ. τοῦ παιδαρίου αὐ. (1 *a*)
21. 9 (10). A ὀ. τῆς ἐπωμίδος (1 *a*)
22. 20. ἔφυγεν ὀ. Δαυίδ (1 *a*)
23. 25. κατεδίωξεν ὀ. Δαυίδ (1 *a*)
— 28. ἀνέστρεψε Σ. μὴ καταδιώκειν ὀ. Δαυίδ (1 *a*)
24. 9. ἀνέστη Δ. ὀ. αὐτοῦ (8)
— 9. ἐβόησε Δ. ὀπίσω Σ. (1 *a*)
— 9. ἐπέβλεψε Σ. εἰς τὰ [A *om.* εἰς τὰ] ὀ. αὐτοῦ (10 *b* [1 *a*])
— 15. ὀ. τίνος σὺ ἐκπορεύῃ (1 *a*)
— 15. ὀ. τίνος καταδιώκεις σύ (1 *a*)
— 15. ὀ. κυνὸς τεθνηκότος καὶ ὀ. ψύλλου ἑνός (1 *a*, 1 *a*)
— 22. οὐκ ἐξολεθρεύσεις τὸ σπέρμα μου ὀ. μου (1 *a*)
25. 13. ἀνέβησαν ὀ. Δαυίδ (1 *a*)
— 19. ὀ. ὑμῶν παραγίνομαι (1 *a*)
— 42. ἐπορεύθη ὀ. τῶν παίδων Δαυίδ (1 *a*)
26. 3. ἥκει Σ. ὀ. αὐτοῦ εἰς τὴν ἔρημον (1 *a*)
— 18. ἵνα τί τοῦτο καταδιώκει ὁ κ. ὀ. τοῦ δούλου αὐ. (1 *a*)
30. 8. εἰ καταδιώξω ὀ. τοῦ γεδδοὺρ τούτου (1 *a*)
— 21. τοῦ πορεύεσθαι ὀ. Δαυίδ (1 *a*)
II Ki. 1. 7. ἐπέβλεψεν ἐπὶ τὰ ὀ. αὐτοῦ (12)
— 22. οὐκ ἀπεστράφη κενὸν εἰς τὰ ὀ. (10 *a*)
2. 10. A R οἱ ἦσαν ὀ. Δαυίδ (1 *a*)
— 19. κατεδίωξεν Ἀσ. ὀ. Ἀβ. (1 *a*)
— 20. ἐπέβλεψεν Ἀβ. εἰς τὰ ὀ. αὐτοῦ (10 *b*)
— 23. τύπτει αὐτὸν Ἀβ. ἐν τῷ ὀ. τοῦ δόρατος (9 *b*)
— 23. διεξῆλθεν τὸ δόρυ ἐκ τῶν ὀ. αὐτοῦ (9 *b*)
— 24. κατεδίωξεν Ἰ. καὶ Ἀβ. ὀ. Ἀβεννήρ (1 *a*)
— 25. συναθροίζονται υἱοὶ Βεν. οἱ ὀ. Ἀβ. (9 *b*)
— 28. οὐ κατεδίωξαν ὀ. τοῦ Ἰσρ. (1 *a*)
— 30. A ἀπέστρεψεν ἀπὸ ὀ. τοῦ Ἀβ. [B *al.*] (1 *a*)
3. 16. κλαίων ὀ. αὐτῆς ἕως Βαρ. (1 *a*)
— 26. ἀπέστειλεν ἀγγέλους ὀ. Ἀβ. (1 *a*)
— 31. ἐπορεύετο ὀ. τῆς κλίνης (1 *a*)
11. 8. ἐξῆλθεν ὀ. αὐτοῦ ἄρσις τοῦ βασ. (1 *a*)
13. 17. ἀπόκλεισον τὴν θύραν ὀ. αὐτῆς (1 *a*)
— 18. ἀπέκλεισε τὴν θύραν ὀ. αὐτῆς (1 *a*)
15. 13. ἐγενήθη ἡ καρδία ἀνδρῶν Ἰσρ. ὀ. Ἀβ. (1 *a*)
17. 1. καταδιώξω ὀ. Δαυὶδ τὴν νύκτα (1 *a*)
— 9. ἐν τῷ λαῷ τῷ ὀ. Ἀβ. (1 *a*)
18. 16. τοῦ μὴ διώκειν ὀ. Ἰσρ. (1 *a*)
— 22. δράμω καί γε ἐγὼ ὀ. τοῦ Χουσεί (1 *a*)
20. 2. ἀνέβη πᾶς ἀνὴρ Ἰσρ. ἀπὸ ὄπισθεν Δ. ὀ. Σαβεέ (1 *a*)
— 6. καταδίωξον ὀ. αὐτοῦ (1 *a*)
— 7. ἐξῆλθεν ὀ. αὐτοῦ Ἀβ. (1 *a*)
— 7. διῶξαι ὀ. Σαβεέ (1 *a*)
— 10. ἐδίωξεν ὀπίσω Σαβεέ (1 *a*)
— 11. τίς τοῦ Δ. ὀ. Ἰ. (1 *a*)
— 13. παρῆλθε πᾶς ἀνὴρ Ἰσρ. ὀ. Ἰ. τοῦ διῶξαι ὀ. Σαβεέ (1 *a*, 1 *a*)
23. 10. ὁ λαὸς ἐκάθητο ὀ. αὐτοῦ (1 *a*)
III Ki. 1. 6. αὐτὸν ἔτεκεν ὀ. Ἀβ. (1 *a*)
— 7. ἐβοήθουν ὀ. Ἀδ. (1 *a*)
— 8. οὐκ ἦσαν ὀ. Ἀδ. (5)
— 14. B ἐγὼ εἰσελεύσομαι ὀ. [A R *add.* σου] (1 *a*)
— 24. Ἀδ. βασιλεύσει ὀ. μου (1 *a*)
— 35. A ἀναβήσεσθε ὀ. αὐτοῦ (1 *a*)
— 40. ἀνέβη πᾶς ὁ λαὸς ὀ. αὐτοῦ (1 *a*)
2. 28. Ἰ. ἦν κεκλικὼς ὀ. Ἀδ. (1 *a*)
— 28. ὀ. Ἀβ. οὐκ ἔκλινε (1 *a*)
10. 19. προτομαὶ μόσχων τῷ θρόνῳ ἐκ τῶν ὀ. αὐ. (9 *b*)
11. 2. μὴ ἐκκλίνωσι τὰς καρδίας ὑμῶν ὀ. εἰδώλων αὐτῶν (1 *a*)
— 3. ἐξέκλιναν . . . τὴν καρδίαν αὐ. ὀ. θεῶν αὐτῶν –
— 5. A ἐπορεύθη Σαλ. ὀ. τῆς Ἀστ. . . . καὶ ὀ. τῶν βασ. αὐ. (1 *a*, 1 *a*)
— 6. οὐκ ἐπορεύθη ὀ. κυρίου (1 *a*)
— 10. μὴ πορευθῆναι ὀ. θεῶν ἑτέρων (1 *a*)
12. 20. οὐκ ἦν ὀ. οἴκου Δ. παρὲξ σκήπτρου Ἰ. (1 *a*)
— 24. B πορεύονται ὀ. αὐτοῦ –
14. 8. A ὃς ἐπορεύθη ὀ. μου (1 *a*)
— 9. A καὶ ἐμὲ ἔρριψας ὀ. σώματός σου (1 *a*)
16. 3. ἐξεγείρω ὀ. Β. (1 *a*)
— 21. ἥμισυ τοῦ λαοῦ γίνεται ὀ. Θ. (1 *a*)
— 21. τὸ ἥμισυ τοῦ λαοῦ γίνεται ὀ. Ζ. (1 *a*)
— 22. ὁ λαὸς ὁ ὢν ὀ. Θ. (1 *a*)
— 22. R ὑπερεκράτησε τὸν λαὸν τὸν ὀ. Θ. [A B *al.*] (1 *a*)

III Ki. 17. 10, 11. ἐβόησεν ὀ. αὐτῆς Ἠλ. (3)
18. 18. ἐπορεύθης ὀ. τῶν Β. (1 *a*)
— 21 *bis*. πορεύεσθε ὀ. αὐτοῦ (1 *a*)
— 37. ἔστρεψας τὴν καρδίαν τοῦ λαοῦ τούτου ὀ. (1 *g*)
19. 20. κατέδραμεν ὀ. Ἠλ. (1 *a*)
— 20. ἀκολουθήσω ὀ. σου (1 *a*)
— 21. ἐπορεύθη ὀ. Ἠλ. (1 *a*)
20 (21). 21. ἐκκαύσω ὀ. σου (1 *a*)
— 26. πορεύεσθαι ὀ. τῶν βδελυγμάτων (1 *a*)
21 (20). 19. καὶ ἡ δύναμις ὀ. αὐτῶν (1 *a*)
IV Ki. 2. 24. ἐξένευσεν ὀ. αὐτῶν (1 *a*)
4. 30. ἐπορεύθη ὀ. αὐτῆς (1 *a*)
5. 20. δραμοῦμαι ὀ. αὐτοῦ (1 *a*)
— 21. ἐδίωξε Γ. ὀ. τοῦ Ν. (1 *a*)
— 21. εἶδεν αὐτὸν Ν. τρέχοντα ὀ. αὐτοῦ (1 *a*)
6. 19. δεῦτε ὀ. μου (1 *a*)
7. 14. ἀπέστειλεν . . . ὀ. τοῦ βασιλέως Συρίας (1 *a*)
— 15. ἐπορεύθησαν ὀ. αὐτῶν (1 *a*)
9. 18. ἐπίστρεφε εἰς τὰ [A πρὸς τὸ] ὀ. μου (9 *b*)
— 19. B ἐπιστρέφου εἰς τὰ ὀ. μου (9 *b*)
— 25. ἐπιβεβηκότες ἐπὶ ζεύγη ὀ. Ἀχ. (1 *a*)
— 27. ἐδίωξεν ὀ. αὐτοῦ Ἰ. (1 *a*)
11. 6. καὶ τὸ τρίτον τῆς πύλης ὀ. τῶν παρατρεχόντων (1 *a*)
— 15. ὁ εἰσπορευόμενος ὀ. αὐτῆς (1 *a*)
13. 2. ἐπορεύθη ὀ. ἁμαρτιῶν Ἱερ. (1 *a*)
14. 19. ἀπέστειλαν ὀ. αὐτοῦ εἰς Λ. (1 *a*)
17. 15. ἐπορεύθησαν ὀ. τῶν ματαίων [A *om.* ὀ. τ. μ.] (1 *a*)
— 15. ἐπορεύθησαν . . . ὀ. τῶν ἐθνῶν [A *al.*] (1 *a*)
20. 10. ἐπιστραφήτω ἡ σκιὰ . . . εἰς τὰ ὀ. (10 *d*)
— 11. ἐπέστρεψεν ἡ σκιὰ . . . εἰς τὰ ὀ. (10 *d*)
23. 3. τοῦ πορεύεσθαι ὀ. κυρίου (1 *a*)
25. 5. ἐδίωξεν ἡ δύναμις τῶν Χ. ὀ. τοῦ βασ. (1 *a*)
I Ch. 5. 25. ἐπόρνευσαν ὀ. θεῶν τῶν λαῶν τῆς γῆς (1 *a*)
10. 2. κατεδίωξαν ἀλλόφυλοι ὀ. Σ. καὶ ὀ. υἱῶν αὐ. (1 *a*, 1 *a*)
14. 14. οὐ πορεύσῃ ὀ. αὐτῶν (1 *a*)
II Ch. 13. 19. κατεδίωξεν Ἀβ. ὀ. Ἱερ. (1 *a*)
23. 14. εἰσέλθατε ὀ. αὐτῆς (1 *a*)
26. 17. εἰσῆλθεν ὀ. αὐτοῦ Ἀζ. (1 *a*)
Ne. 3. 16. ὀ. αὐτοῦ ἐκράτησε Ν. (1 *a*)
— 17. ὀ. αὐτοῦ ἐκράτησαν οἱ Λ. (1 *a*)
4. 16 (10). καὶ οἱ ἄρχοντες ὀ. παντὸς οἴκου Ἰ. (1 *a*)
— 23 (17). καὶ οἱ ἄνδρες τῆς προφυλακῆς ὀ. [S^2 οἱ ὀ.] μου (1 *a*)
9. 26. ἔρριψαν τὸν νόμον σου ὀ. σώματος αὐτῶν (1 *a*)
11. 8. καὶ ὀ. αὐτοῦ Γ. (1 *a*)
12. 32. ἐπορεύθη ὀ. αὐτῶν Ὡσ. (1 *a*)
— 38. S^2 καὶ ἐγὼ ὀ. αὐτῆς (1 *a*)
13. 19. A B S^1 ὥστε μὴ ἀνοιγῆναι αὐτὰς ὀ. [S^2 R ἕως ὀ.] τοῦ σαββάτου (1 *d* [1 *a*])
To. 1. 2. S ὀ. δυσμῶν ἡλίου
— 17. ἐρριμμένον ὀ. τοῦ τείχους Ν. [A *al.*]
11. 4. S συνῆλθεν αὐτοῖς ὁ κύριος ἐκ τῶν ὀ. αὐτοῦ [A B *al.*]
Jb. 21. 33. ὀ. αὐτοῦ πᾶς ἄνθρωπος ἀπελεύσεται (1 *a*)
37. 4. ὀ. αὐτοῦ βοήσεται φωνῇ (1 *a*)
39. 8. ὀ. παντὸς χλωροῦ ζητεῖ (1 *a*)
Ps. 6. 10. A S ἀποστραφείησαν εἰς τὰ ὀ. [B *al.*] –
9. 3. ἐν τῷ ἀποστραφῆναι τὸν ἐχθρόν μου εἰς τὰ ὀ. (10 *a*)
34 (35). 4: 39 (40). 14. ἀποστραφείησαν εἰς τὰ ὀ. (10 *a*)
43 (44). 10. ἀπέστρεψας ἡμᾶς εἰς τὰ ὀ. (10 *a*)
— 18. οὐκ ἀπέστη εἰς τὰ ὀ. ἡ καρδία ἡμῶν (10 *a*)
44 (45). 14. ἀπενεχθήσονται τῷ βασ. παρθένοι ὀ. αὐτῆς [A -οῦ] (1 *a*)
49 (50). 17. ἐξέβαλλες τοὺς λόγους μου εἰς τὰ ὀ. (10 *b*)
55 (56). 9. ἐπιστρέψουσιν οἱ ἐχθροί μου εἰς τὰ ὀ. (10 *a*)
62 (63). 8. ἐκολλήθη ἡ ψυχή μου ὀ. σου (1 *a*)
69 (70). 2. ἀποστραφείησαν εἰς τὰ ὀ. (10 *a*)
77 (78). 66. ἐπάταξε τοὺς ἐχθροὺς αὐ. εἰς τὰ ὀ. (10 *a*)
113 (114). 3. ὁ Ἰορδ. ἐστράφη εἰς τὰ ὀ. (9 *a*)
— 5. ἐστράφης εἰς τὰ ὀ. [S^1 *al.*] (9 *a*)
128 (129). 5. ἀποστραφήτωσαν εἰς τὰ ὀ. (10 *a*)
Pr. 25. 9. ἀναχώρει εἰς τὰ ὀ. –
Ec. 2. 12. ἐπελεύσεται ὀ. τῆς βουλῆς (1 *a*)
7. 1 (6. 12). τί ἔσται ὀ. αὐτοῦ ὑπὸ τὸν ἥλιον (1 *a*)
— 15 (14). ἵνα μὴ εὕρῃ ἄνθρωπος ὀ. αὐτοῦ οὐδέν (1 *a*)
9. 3. περιφέρεια . . . ὀ. αὐτῶν πρὸς τοὺς νεκρούς (1 *a*)
10. 14. ὀ. αὐτοῦ τίς ἀναγγελεῖ αὐτῷ (1 *b*)

Ec. 12. 2. ἐπιστρέψουσι τὰ νέφη ὀ. τοῦ ὑετοῦ (1 a)
Ca. 1. 4. ὀ. σου εἰς ὀσμὴν μύρων σου δραμοῦμεν (1 a)
2. 9. οὗτος ὀ. [A ἕστηκεν ὀ.] τοῦ τοίχου ἡμῶν (1 a)
Si. 14. 22. ἔξελθε ὀ. αὐτῆς ὡς ἰχνευτής
18. 30. ὀ. τῶν ἐπιθυμιῶν σου μὴ πορεύου
21. 15. ἀπέστρεψεν αὐτὸν ὀ. τοῦ νώτου [A τῶν ὤτων] αὐ.
26. 11. ὀ. ἀναιδοῦς ὀφθαλμοῦ φύλαξαι
27. 17. οὐ [A S² om.] μὴ καταδιώξῃς ὀ. αὐτοῦ
30. 25 (33. 16). ὡς καλαμώμενος ὀ. τρυγητῶν
34 (31). 8. ὃς ὀ. χρυσίου οὐκ ἐπορεύθη
46. 6. ἐπηκολούθησεν ὀ. δυνάστου
— 10. καλὸν τὸ πορεύεσθαι ὀ. κυρίου
Ho. 2. 5 (7). πορεύσομαι [A ἀκολουθήσω] ὀ. τῶν ἐραστῶν (1 a)
— 13 (15). ἐπορεύετο ὀ. τῶν ἐραστῶν αὐ. (1 a)
5. 11. ἤρξατο πορεύεσθαι ὀπίσω τῶν ματαίων (1 a)
11. 10. ὀπίσω κυρίου πορεύσομαι (1 a)
13. 4. τοῦ πορεύεσθαι ὀπίσω αὐτῶν –
Am. 2. 4. ἐξηκολούθησαν οἱ πατέρες αὐ. ὀ. αὐτῶν (1 a)
Jl. 2. 3. καὶ τὰ ὀπίσω [A ὄπισθεν] αὐτοῦ ἀναπτομένη φλόξ (9 b)
— 3. S² τὰ ὀ. [A B S¹ ὄπισθεν] αὐτοῦ πεδίον ἀφανισμοῦ (9 b)
— 14. ὑπολείψεται ὀ. αὐτοῦ εὐλογίαν (1 a)
— 20. A²BS καὶ τὰ ὀ. αὐτοῦ εἰς τὴν θάλασσαν (9 e)
Na. 3. 5. ἀποκαλύψω τὰ ὀ. σου ἐπὶ τὸ πρόσωπόν σου (9 f)
Za. 1. 8. καὶ ὀ. αὐτοῦ ἵπποι πυρροί (1 a)
2. 8 (12). ὀ. δόξης ἀπέσταλκέ με (1 a)
Is. 28. 13. ἵνα πονεύσωσι [AS πορευθῶσιν] καὶ πέσωσιν [A S add. εἰς τὰ] ὀ. (1 e [10 a])
30. 21. ἀκούσονται τοὺς λόγους τῶν ὀ. σε πλανησάντων (9 c)
38. 17. ἀπέρριψας ὀ. μου πάσας τὰς ἁμαρτίας (1 a)
42. 17. ἀπεστράφησαν εἰς τὰ ὀ. (10 a)
44. 25. ἀποστρέφων φρονίμους εἰς τὰ ὀ. (10 a)
45. 14. ὀ. σου ἀπολουθήσουσι (1 a)
57. 8. ὀ. τῶν σταθμῶν τῆς θύρας σου (1 a)
59. 14. ἀπεστήσαμεν ὀ. τὴν κρίσιν (1 e)
65. 2. ἀλλ' ὀ. τῶν ἁμαρτιῶν αὐτῶν (1 a)
Je. 2. 5. ἐπορεύθησαν ὀ. τῶν ματαίων (1 a)
— 8. ὀ. ἀνωφελοῦς ἐπορεύθησαν (1 a)
— 23. ὀ. τῆς Βάαλ οὐκ ἐπορεύθην (1 a)
— 25. ὀ. αὐτῶν ἐπορεύετο (1 a)
3. 17. οὐ πορεύσονται ἔτι ὀ. τῶν ἐνθυμημάτων τῆς καρδίας αὐτῶν τῆς πονηρᾶς (1 a)
7. 6. ὀ. θεῶν ἀλλοτρίων μὴ πορεύησθε (1 a)
— 9. ἐπορεύεσθε ὀ. θεῶν ἀλλοτρίων (1 a)
8. 2. ὧν ἐπορεύθησαν ὀ. αὐτῶν (1 a)
9. 14 (13). ἐπορεύθησαν ὀ. τῶν ἀρεστῶν [A ἐρασ.] τῆς καρδίας αὐτῶν τῆς κακῆς καὶ ὀ. τῶν εἰδώλων (1 a, 1 a)
— 22 (21). ὡς χόρτος ὀ. θερίζοντος [S al.] (1 b)
11. 10. πορεύονται [A S βαδίζουσιν] ὀ. θεῶν ἀλλοτρίων (1 a)
12. 6. ἐκ τῶν ὀ. σου ἐπισυνήχθησαν (11)
13. 10. πορευθέντας ὀ. θεῶν ἀλλοτρίων (1 a)
— 26. ἀποκαλύψω τὰ ὀ. [A ὀπίσθιά] σου (9 f)
— 27. οὐκ ἐκαθαρίσθης ὀ. μου ἕως τίνος ἔτι (1 a)
15. 6. ὀ. [A add. μου] πορεύσῃ (1 e)
16. 11. ᾤχοντο ὀ. θεῶν ἀλλοτρίων (1 a)
— 12. πορεύεσθε ἕκαστος ὀ. τῶν ἀρεστῶν [A ἐρασ.] τῆς καρδίας ὑμῶν (1 a)
17. 16. οὐκ ἐκοπίασα ἀκολουθῶν ὀ. σου (1 a)
18. 12. ὀ. τῶν ἀποστροφῶν ἡμῶν πορευσόμεθα (1 a)
25. 6. μὴ πορεύεσθε ὀ. θεῶν ἀλλοτρίων (1 a)
— 16 (49. 37). ἐπαποστελῶ ὀ. αὐτῶν τὴν μάχαιράν μου (1 a)
26 (46). 5. ἀποχωροῦσιν εἰς τὸ [A S om. εἰς τὸ] ὀ. (10 a [1 e])
31 (48). 2. S ὀ. [AB ὄπισθέν] σου βαδιεῖται μάχαιρα (1 a)
42 (35). 15. οὐ πορεύεσθε ὀ. θεῶν ἑτέρων [A S ἀλλοτρίων] (1 a)
49 (42). 16. ὁ λιμὸς . . . καταλήψεται ὑμᾶς ὀ. ὑμῶν (1 a)
52. 8. κατεδίωξεν ἡ δύναμις τῶν Χαλδαίων ὀ. τοῦ βασιλέως (1 a)
La. 1. 8. ἀπεστράφη [A add. εἰς τὰ] ὀ. (1 e [10 a])
— 13. ἀπέστρεψέ με εἰς τὰ ὀ. (10 a)
2. 3. ἀπέστρεψεν [A add. εἰς τὰ] ὀ. δεξιὰν αὐτοῦ (1 e [10 a])
Ez. 2. 10. ἐν αὐτῇ γεγραμμένα ἦν τὰ ἔμπροσθεν καὶ τὰ ὀ. [A al.] (9 a)
Ez. 5. 2, 12. μάχαιραν ἐκκενώσω ὀ. αὐτῶν (1 a)
6. 9. τοῖς ὀφθαλμοῖς αὐτῶν τοῖς ἐκπορνεύουσιν ὀ. τῶν ἐπιτηδευμάτων αὐτῶν (1 a)
9. 5. πορεύεσθε ὀ. αὐτοῦ εἰς τὴν πόλιν (1 a)
12. 14. ῥομφαίαν ἐκκενώσω [A ἐκχεῶ] ὀ. αὐτῶν (1 a)
20. 16. ὀ. τῶν ἐνθυμημάτων καρδίας αὐτῶν ἐπορεύοντο (1 a)
— 24. ὀ. τῶν ἐνθυμημάτων τῶν πατέρων αὐτῶν ἦσαν οἱ ὀφθαλμοὶ αὐτῶν (1 a)
— 30. ὀ. τῶν βδελυγμάτων αὐ. ὑμεῖς ἐκπορνεύετε (1 a)
23. 30. ἐν τῷ ἐκπορνεῦσαί σε ὀ. ἐθνῶν (1 a)
— 35. ἀπέρριψάς με ὀ. τοῦ σώματός σου (1 a)
29. 16. ἐν τῷ αὐτοὺς ἀκολουθῆσαι ὀ. [A add. τῶν καρδιῶν] αὐτῶν (1 a)
33. 31. ὀ. τῶν μιασμάτων ἡ καρδία αὐτῶν (1 a)
Da. LXX. 8. 4. οὐκ ἔστησαν ὀ. αὐτοῦ (6)
— 22. καὶ ἀναβάντα ὀ. αὐτοῦ (7)
Da. TH. 2. 39. ὀ. σου ἀναστήσεται ἑτέρα βασιλεία (4)
7. 6, 7. ὀ. τούτου ἐθεώρουν (4)
— 24. ὀ. αὐτῶν ἀναστήσεται (1 a)
I Ma. 1. 9. καὶ οἱ υἱοὶ αὐ. ὀ. αὐτῶν
— 44. πορευθῆναι ὀ. νομίμων ἀλλοτρίων τῆς γῆς
2. 27. ἐξελθέτω ὀ. μου
— 32. ἔδραμον ὀ. αὐτῶν πολλοί
7. 45. ἐσάλπισαν ὀ. αὐτῶν
9. 15. ἐδίωκεν ὀ. αὐτῶν
— 47. ἐξέκλινεν ἀπ' αὐτοῦ εἰς τὰ ὀ.
10. 78. κατεδίωξεν ὀ. αὐτοῦ
— 78. συνῆψαν αἱ παρεμβολαὶ ὀ. αὐτοῦ
12. 30. κατεδίωξαν 'Ι. ὀ. αὐτῶν
[Aq. Jo. 10. 19: I Ki. 8. 3: III Ki. 14. 8, 9, 10: Jb. 23. 8: Ps. 48 (49). 18: 77 (78). 66: 93 (94). 15: Is. 1. 4: 37. 22: 57. 8: Je. 17. 16: Ez. 5. 2: 10. 11: 20. 16: 33. 31: Ho. 5. 8: Am. 7. 1.]
[Sm. Ps. 9. 4: 43 (44). 19: 55 (56). 10: 77 (78). 66: 93 (94). 15: Is. 1. 4: 37. 22: 66. 17: Je. 16. 12: Ez. 5. 2: 10. 11 (Sw.): 33. 31: Ho. 5. 8.]
[Th. Jo. 10. 19: I Ki. 8. 3: 21. 9 (10): III Ki. 1. 35: IV Ki. 9. 18: Ps. 15 (16). 4: 31 (32). 4: 77 (78). 66: 93 (94). 15: Is. 1. 4: 37. 22: Je. 29 (36). 18: 50 (27). 21: Ez. 5. 2: 10. 11: 13. 3: 20. 16: 33. 31: Ho. 5. 8.]
[Al. Le. 20. 5 *bis*: II Ch. 11. 16: Ps. 43 (44). 19: 128 (129). 5.]
[Quint. IV Ki. 9. 18.]

ὀπλά. (1) עֹפֶל

II Ch. 33. 14. B καὶ εἰς αὐτὸν ὀ. [A R al.] (1)

ὁπλή. (1) *a.* פַּרְסָה *b.* ἐκφέρειν ὁπλάς פָּרַס hi.

Ex. 10. 26. καὶ οὐχ ὑπολειψόμεθα ὁπλήν (1 a)
Le. 11. 3. πᾶν κτῆνος διχηλοῦν ὁπλήν (1 a)
— 4. καὶ ἀπὸ τῶν διχηλούντων τὰς ὁ. (1 a)
— 4. ὁπλὴν δὲ οὐ διχηλεῖ (1 a)
— 5, 6. καὶ ὁπλὴν οὐ διχηλεῖ (1 a)
— 7. ὅτι διχηλεῖ ὁπλὴν τοῦτο (1 a)
— 7. καὶ ὀνυχίζει ὄνυχας ὁπλῆς (1 a)
— 26. ὅ ἐστι διχηλοῦν ὁπλήν (1 a)
De. 14. 6. πᾶν κτῆνος διχηλοῦν ὁπλήν (1 a)
— 7. ἀπὸ τῶν διχηλούντων τὰς ὁ. (1 a)
— 7. ὁπλὴν οὐ διχηλοῦσιν (1 a)
— 8. ὅτι διχηλεῖ ὁπλὴν [A om.] τοῦτο (1 a)
— 8. ὀνυχίζει ὀνυχιστῆρας [A -χας] ὁπλῆς (1 a ?)
Ps. 68 (69). 31. μόσχον νέον κέρατα ἐκφέροντα καὶ ὁπλάς (1 b)
Mi. 4. 13. καὶ τὰς ὁπλάς σου θήσομαι χαλκᾶς (1 a)
Je. 29 (47). 3. ἀπὸ τῶν ὁ. τῶν ποδῶν αὐ. (1 a)
Ez. 26. 11. ἐν ταῖς ὁ. τῶν ἵππων αὐτοῦ (1 a)
II Ma. 3. 25. ἐνέσεισε τῷ 'Η. τὰς ἐμπροσθίους ὁ.
[Aq. Dt. 14. 6: Is. 5. 28.]
[Sm. Is. 5. 28: 28. 28.]
[Th. Is. 5. 28: 28. 28: Je. 47 (29). 3.]

ὁπλίζειν.

[Sm. Je. 52. 25.]

ὁπλιστής. (1) חָלוּץ

Nu. 32. 21. A παρελεύσεται ὑμῶν πᾶς ὁ. [B -ίτης] (1)

ὁπλίτης. (1) חָלוּץ

Nu. 32. 21. παρελεύσεται ὑμῶν πᾶς ὁ. [A -ιστής] (1)
[Sm. Ex. 13. 18.]

ὁπλοδοτεῖν.

I Ma. 14. 32. ὡπλοδότησε τοὺς ἄνδρας τῆς δυνάμεως

ὁπλοθήκη. (1) מָגֵן

II Ch. 32. 27. θησαυροὺς ἐποίησεν . . . καὶ ὁπλοθήκας (1)

ὁπλολογεῖν.

II Ma. 8. 27, 31. ὁπλολογήσαντες δὲ αὐτούς

ὁπλομάχος. (1) מִלְחָמָה (2) כְּלֵי זַעַם

Is. 13. 4. κύριος σαβαὼθ ἐντέταλται ἔθνει ὁ. (1)
— 5. κύριος καὶ οἱ ὁπλομάχοι αὐτοῦ (2)

ὅπλον. (1) חֲנִית (2) כְּלִי (3) מָגֵן (4) נֶשֶׁק (5) סִרְיוֹן (6) צִנָּה (7) שֶׁלַח (8) שֶׁלֶט

I Ki. 17. 7. ὁ αἴρων τὰ ὅ. αὐτοῦ (6)
III Ki. 10. 17. καὶ τριακόσια ὅ. χρυσᾶ ἐλατά (3)
— 17. τρεῖς μναῖ ἐνῆσαν χρυσοῦ εἰς τὸ ὅ. τὸ ἕν (3)
14. 26. ἔλαβεν ὅ. τὰ χρυσᾶ (3)
— 27. ἐποίησε 'Ρ. ὁ βασ. ὅ. χαλκᾶ (3)
IV Ki. 10. 2. μεθ' ὑμῶν . . . τὰ ὅ. (4)
II Ch. 21. 3. ἔδωκεν αὐτοῖς ὁ πατὴρ αὐ. . . . ὅπλα †
23. 9. ἔδωκεν . . . τὰ ὅ. . . . ἐν οἴκῳ τοῦ θ. (8)
— 10. ἕκαστον ἐν τοῖς ὅ. αὐτοῦ (7)
32. 5. κατεσκεύασεν ὅ. πολλά (7 + 3)
Ne. 4. 17 (11). οἱ αἴροντες ἐν τοῖς ἀρτῆρσιν ἐν ὅπλοις †
Ju. 6. 12. ἀνέλαβον τὰ ὅ. αὐτῶν
14. 11. ἀνέλαβε πᾶς ἀνὴρ 'Ισρ. τὰ ὅ. αὐ.
Ps. 5. 12. ὡς ὅπλῳ εὐδοκίας ἐστεφάνωσας ἡμᾶς (6)
34 (35). 2. ἐπιλαβοῦ ὅπλου καὶ θυρεοῦ (3)
45 (46). 9. τόξον συντρίψει καὶ συγκλάσει ὅπλον (1)
56 (57). 4. B S¹ οἱ ὀδόντες αὐτῶν ὅπλον [S² ὅπλα] καὶ βέλη (1)
75 (76). 3. ἐκεῖ συνέτριψε . . . ὅπλον καὶ ῥομφαίαν (3)
90 (91). 4. ὅπλῳ κυκλώσει σε ἡ ἀλήθεια αὐτοῦ (6)
Pr. 14. 7. ὅπλα δὲ αἰσθήσεως χείλη σοφά †
Wi. 18. 21. τὸ τῆς ἰδίας λειτουργίας ὅ. προσευχὴν [S² -ῆς]
— 22. ἐνίκησε δὲ τὸν ὄχλον . . . οὐχ ὅπλων ἐνεργείᾳ
Am. 4. 2. καὶ λήψονται ὑμᾶς ἐν ὅπλοις (6)
Jl. 2. 8. καταβαρυνόμενοι ἐν τοῖς ὅπλοις αὐτῶν †
Na. 2. 3 (4). ὅπλα δυναστείας αὐτῶν ἐξ ἀνθρώπων (3)
3. 3. φωνὴ . . . ἐξαστραπτόντων ὅπλων (1)
Hb. 3. 11. εἰς φέγγος ἀστραπῆς ὅπλων [S¹ -ον] σου (1)
Je. 21. 4. μεταστρέφω τὰ ὅ. τὰ πολεμικά (2)
26 (46). 3. ἀναλάβετε ὅπλα καὶ ἀσπίδας (3)
— 9. Λίβυες καθωπλισμένοι ὅπλοις (3)
28 (51). 3. περιθέσθω ᾧ ἐστιν ὅπλα αὐτοῦ (5)
— 12. ἑτοιμάσατε ὅπλα †
50 (43). 10. ἀρεῖ τὰ ὅ. ἐπ' αὐτούς †
Ez. 26. 8. ποιήσει ἐπὶ σὲ . . . περίστασιν [A βελοστάσεις] ὅπλων (6 ?)
32. 27. κατέβησαν εἰς ᾅδου ἐν ὅπλοις πολεμικοῖς (2)
39. 9. καύσουσιν ἐν τοῖς ὅ. (4)
— 10. τὰ ὅ. κατακαύσουσι πυρί (4)
I Ma. 1. 35. παρέθεντο ὅπλα
5. 43. S R ἔρριψαν [A add. πάντα] τὰ ὅ. αὐ.
6. 2. A R καὶ ἐκεῖ [S ἔχει] . . . ὅπλα
— 6. A R ἐπίσχυσαν [S ἐνίσχ.] ὅπλοις
— 41. πάντες οἱ ἀκούοντες . . . συγκρουσμοῦ τῶν ὅ.
7. 44. AR ῥίψαντες τὰ ὅ. αὐ. [S om.] ἔφυγον
8. 26. οὐδὲ ἐπαρκέσουσι . . . ὅπλα
— 28. οὐ δοθήσεται σῖτος ὅπλα
9. 39. ἐξῆλθε . . . μετὰ . . . ὅ. πολλῶν
10. 6. καὶ κατασκευάζειν ὅπλα
— 21. κατεσκεύασεν ὅ. πολλά
11. 51. ἔρριψαν τὰ ὅ.
12. 27. εἶναι ἐπὶ τοῖς ὅ.
14. 33. οὗ ἦν τὰ ὅ. τῶν πολεμίων
— 42. καθιστάναι . . . ἐπὶ τῶν ὅ.
15. 7. πάντα τὰ ὅ. . . . μενέτω σοι
16. 16. ἐλάβοσαν τὰ ὅ. αὐ.
II Ma. 3. 28. A ἀβοήθητον αὐτὸν τοῖς ὅ. [*cod.* χύλοις, ? ὅλοις] καθεστῶτα [R *al.*]
5. 26. εἰς τὴν πόλιν σὺν τοῖς ὅ. εἰσδραμών
8. 18. οἱ μὲν γὰρ ὅπλοις πεποίθασιν
9. 2. ἐπὶ τὴν τῶν ὅ. βοήθειαν ἐτράπησαν
10. 23. τοῖς δὲ ὅ. . . . ἀπώλεσεν
— 27. ἀναλαβόντες τὰ ὅ.
11. 7. ἀναλαβὼν τὰ ὅ.
15. 5. A ὁ προστάσσων αἴρειν τὰ [R om.] ὅ.
— 21. καὶ τῶν ὅ. τὴν ποικίλην παρασκευήν
— 21. οὐκ ἔστι δι' ὅπλων ἡ νίκη

III Ma. 1. 2. A²R παραλαβὼν τῶν προϋποτεταγμ. αὐτῷ ὅ. [A¹ τόπων] Πτ. τὰ κράτιστα
— 23. τὴν ὁρμὴν ἐπὶ τὰ ὅ. ποιήσασθαι
IV Ma. 4. 10. περιαστράπτοντες τοῖς ὅ.
[**Aq.** Jb. 39. 21 : Ho. 11. 8.]
[**Sm.** Ge. 15. 1 : I Ki. 17. 54 : 31. 9 : Am. 4. 2.]
[**Th.** Jb. 39. 21 : Ps. 75 (76). 4.]
[**Quint., Sext.** Ps. 75 (76). 4.]

ὁπλοποιεῖν.

Wi. 5. 17. ὁπλοποιήσει [S¹ ὁδοπ.] τὴν κτίσιν εἰς ἄμυναν ἐχθρῶν

ὁπλοφόρος. (1) נשׂא צִנָּה

II Ch. 14. 8 (7). ἐγένετο τῷ Ἀ. δύναμις ὁπλοφόρων (1)
[**Sm.** I Ki. 14. 13 : 16. 21 : 31. 4.]

ὁποῖος.

Ca. 5. 10. S σημαίνει τὸν ἀδελφὸν ὁποῖός ἐστιν –
II Ma. 11. 37. ὁποίας ἐστὲ γνώμης

ὁπόταν.

Jb. 29. 22 (*ind.*)†.

ὁπότε. * ὁπότε ἐάν.

To. 6. 13† : 7. 11 (*ind.*)*.
Jb. 26. 14† : 29. 22†.
Ps. 3. *tit.* : 33 (34). *tit.* : 55 (56). *tit.* : 58 (59). *tit.* : 59 (60). *tit.*
Is. 16. 13.
[**Sm.** Ge. 30. 42 : Jd. 10. 12 : Jb. 29. 4 : 37. 17 : Ps. 30 (31). 14 : 33 (34). 1 : 59 (60). 2 : 67 (68). 15 : Ec. 8. 10 : Ez. 23. 21.]
[**Al.** Nu. 9. 19.]
[**Quint.** Ps. 55 (56). 1.]

ὅπου. * ὅπου ἐάν, ὅπου ἄν. ** ὅπου γε καί.

Jd. 18. 10† : 20. 22†.
Ru. 1. 16* : 3. 4†.
I Ki. 23. 23†.
II Ch. 6. 38†.
I Es. 6. 24.
II Es. 6. 1.
Ne. 4. 13 (7)†.
To. 13. 5*†.
Es. 1. 9 (*sine verbo*).
Pr. 26. 20.
Ec. 9. 10.
Si. 8. 16 : 19. 22†, 27 : 35 (32). 4 (*sine verbo*) : 42. 6 (*sine verbo*).
Is. 42. 22.
Da. Th. 2. 38.
I Ma. 1. 57 : 10. 73.
III Ma. 1. 1 : 4. 1.
IV Ma. 2. 13 : 6. 34** : 14. 11**, 14**, 19**.
[**Aq.** Ez. 20. 34.]
[**Sm.** III Ki. 7. 7 (44) : 14. 28 (*sine verbo*) : IV Ki. 12. 5 (6)* : 23. 7 : Jb. 26. 14 : 28. 1 (*subj.*), 4 (*sine verbo*) : 39. 30 : Ps. 35 (36). 13 : 67 (68). 28 : 103 (104). 17 : Ca. 8. 5 : Is. 33. 21 (*subj.*) : Je. 40 (47). 5 : Ez. 1. 12 (*subj.*) : 11. 17 : 20. 34.]
[**Al.** Jb. 6. 17.]

ὁπουδήποτε.

[**Sm.** I Ki. 23. 13.]

ὀπτάζεσθαι. (1) רָאָה ni.

Nu. 14. 14. ὅστις ὀφθαλμοῖς κατ' ὀφθαλμοὺς ὀπτάζῃ (1)

ὀπτᾶν. (1) בִּשֵּׁל pi. (2) צָלָה (3) שָׂרַף

Ge. 11. 3. καὶ ὀπτήσωμεν αὐτὰς πυρί (3)
De. 16. 7. ἑψήσεις καὶ ὀπτήσεις (1)
I Ki. 2. 15. δὸς κρέας ὀπτῆσαι τῷ ἱερεῖ (2)
II Ch. 35. 13. ὤπτησαν τὸ φ. (1)
I Es. 1. 12. ὤπτησαν τὸ πάσχα
— 12. A τὰς θυσίας ὤπτησαν [B ἥψησαν]
To. 6. 5. τὸν δὲ ἰχθὺν ὀπτήσαντες ἔφαγον [S *al.*]
Is. 44. 16. ἐπ' αὐτοῦ κρέας ὀπτήσας ἔφαγε (2)
— 19. ὀπτήσας κρέα [AS -ας] ἔφαγε (2)
[**Aq., Sm., Th.** Is. 44. 16.]
[**Al.** Ex. 12. 39 : Le. 23. 17.]

ὀπτάνειν. (1) רָאָה ni.

III Ki. 8. 8. οὐκ ὠπτάνοντο ἔξω (1)
To. 12. 19. πάσας τὰς ἡμέρας ὠπτανόμην ὑμῖν [S *al.*]

ὀπτάνιον.

[**Quint.** Ho. 7. 4.]

ὀπτασία. (1) *a.* רָאָה ni. *b.* מַרְאָה *c.* מַרְאֶה

Es. 4. 17. ἐν ἡμέραις ὀπτασίας μου
Si. 43. 2. ἥλιος ἐν ὀπτασίᾳ διαγγέλλων ἐν ἐξόδῳ
— 16. ἐν ὀπτασίαις [AS -ίᾳ] αὐτοῦ σαλευθήσεται ὄρη
Ma. 3. 2. ἢ τίς ὑποστήσεται ἐν τῇ ὀ. αὐτοῦ (1 *a*)
Da. Th. 9. 23. σύνες ἐν τῇ ὀ. (1 *b*)
10. 1. σύνεσις ἐδόθη αὐτῷ ἐν τῇ ὀ. (1 *b*)
— 7. ἴδον ἐγὼ Δ. μόνος τὴν ὀ. (1 *c*)
— 7. οὐκ ἴδον τὴν ὀ. (1 *c*)
— 8. ἴδον τὴν ὀ. τὴν μεγάλην ταύτην (1 *c*)
— 16. ἐν τῇ ὀ. σου ἐστράφη τὰ ἐντός μου (1 *c*)
[**Aq.** Ez. 1. 1.]
[**Sm.** Ge. 22. 2 : Ez. 1. 1, 5.]
[**Th.** Ez. 1. 1 : Da. 9. 23 : 10. 1, 16.]

ὄπτεσθαι, *vid. sub* **ὁρᾶν.**

ὀπτός. (1) צָלִי

Ex. 12. 8. φάγονται τὰ κρέα . . . ὀπτὰ πυρί (1)
— 9. οὐκ ἔδεσθε . . . ὠμὸν . . . ἀλλ' ἢ ὀπτὰ πυρί (1)
[**Aq., Sm., Th.** Is. 44. 16.]

ὀπώρα. (1) קַיִץ

Je. 31 (48). 32. ἐπὶ ὀπώραν σου . . . ὄλεθρος ἐπέπεσε [A ἔπ., S ἐνέπ.] (1)
47 (40). 10. συναγάγετε οἶνον καὶ ὀπώραν (1)
— 12. συνήγαγον οἶνον καὶ ὀπώραν πολλὴν σφόδρα (1)
[**Aq.** Ca. 5. 1 (4. 16) : Am. 8. 1.]
[**Sm.** Dt. 33. 13, 15 : Ca. 4. 13 : 5. 1 (4. 16) : 6. 10 (11).]
[**Th., Quint.** Ps. 31 (32). 4.]

ὀπωρισμός.

[**Aq.** Dt. 7. 13 : Is. 24. 7 : 62. 8 : 65. 8.]

ὀπωροφυλάκιον. (1) מְלוּנָה (2) עִי

Ps. 78 (79). 1. ἔθεντο Ἱερ. εἰς ὀπωροφυλάκιον (2)
Mi. 1. 6. θήσομαι Σ. εἰς [A ὡς] ὀπωροφυλάκιον ἀγροῦ (2)
3. 12. καὶ Ἱ. ὡς [A εἰς] ὀπωροφυλάκιον ἔσται (2)
Is. 1. 8. ὡς ὀ. ἐν σικυηράτῳ (1)
24. 20. σεισθήσεται ὡς ὀ. ἡ γῆ (1)
Je. 33 (26). 18. A Ἱερουσαλὴμ ὡς ὀ. [BS εἰς ἄβατον] ἔσται (2)
[**Th.** Is. 24. 20.]

ὅπως. * ὅπως ἄν †† ὅπως μή.

Ge. 12. 13* : 18. 19* : 27. 4, 10, 19, 25†, 31 (*ind.*†) : 29. 21 : 37. 22 : 50. 20*.
Ex. 2. 20 : 5. 3 : 9. 16 : 10. 2, 7 : 11. 7 : 13. 9* : 14. 12 : 16. 4 : 20. 20*, 26*††† : 23. 20 : 33. 13*†.
Le. 17. 5* (*ind.*†) : 18. 30†† : 23. 43.
Nu. 15. 40* : 16. 40 (17. 5)*†† : 27. 20* : 32. 9††.
De. 4. 10, 40 : 5. 33 (30) : 6. 3† : 8. 2*† : 17. 16††, 20*.
Jo. 4. 24 : 11. 20†† : 23. 7††.
I Ki. 4. 9††† : 6. 5 (*ind.*†) : 9. 6 : 13. 9† : 15. 15.
II Ki. 10. 3 (ὅ. οὐχί) † : 13. 5 : 17. 13††, 14*.
III Ki. 6. 6†† : 8. 40, 43, 60 : 11. 36 : 12. 15 : 22. 16 (*ind.*†).
IV Ki. 17. 28† : 22. 17.
I Ch. 19. 3†.
II Ch. 1. 11 : 6. 31 (*ind.*†), 33 : 31. 4 (*ind.*) : 32. 18.
I Es. 2. 21, 28†† : 4. 31, 48 : 6. 26, 31 : 8. 12, 22, 23.
II Es. 4. 21† : 5. 17 : 9. 12.
Ne. 6. 13 *bis* : 8. 14, 15† : 13. 1†††.
To. 3. 6, 6†, 10† : 4. 19† : 5. 8† : 7. 8† : 8. 4†, 5†, 12*†, 12† : 10. 8†, 10† : 12. 13†.
Ju. 3. 8.
Es. 3. 13 (*ind.*†) : 5. 5† (*ind.*†) : 8. 13, 13 (*sine verbo*) : 9. 24 (*ind.*)†.
Ps. 9. 14* : 16 (17). 3*†† : 29 (30). 12* : 47 (48). 13* (*ind.*†) : 50 (51). 4* : 59 (60). 5* : 67 (68). 23* : 70 (71). 8† : 77 (78). 6*, 44†† : 91 (92). 7* : 104 (105). 45* : 107 (108). 6* : 118 (119). 11*††, 71*, 80*††, 101* : 124 (125). 3*††.
Pr. 4. 21††.
Ec. 3. 11†† : 7. 22 (21)†† : 8. 12.
Wi. 8. 18 : 16. 28 (*ind.*†).
Si. *prol.* 11 (*ind.*†) : 23. 3†† : 46. 1, 10.
Ho. 2. 3 (5)* : 4. 4 : 7. 2 (*ind.*†) : 8. 4 : 14. 3††.
Am. 1. 13 (*ind.*†) : 2. 7 : 4. 1 : 5. 6††, 14, 15 (*ind.*†) : 9. 12*†.
Mi. 5. 7 (6)†† : 6. 5, 16.
Jl. 2. 17†† : 3 (4). 6.
Ob. 1. 9.
Jn. 1. 6†.
Hb. 2. 2, 15.
Ze. 2. 3.
Za. 12. 7††.
Is. 9. 16 (15).
Je. 7. 19, 23*† : 10. 18 : 11. 5 : 21. 12†† : 25. 6†† : 27 (50). 34 : 28 (51). 39 : 42 (35). 7* (*ind.*†).
Ep. Je. 18††.
Ez. 4. 17 : 6. 6 : 11. 20 : 12. 3, 12††, 16, 19 : 14. 5†††, 11†† : 16. 54, 63†† : 19. 9†† : 20. 9††, 14††, 22††, 26, 44†† : 21. 10 (15) *bis*, 15 (20)††† (*ind.*†), 29 (34) : 22. 6, 9, 12, 27 : 23. 33† : 24. 10, 11, 11† : 25. 10†† : 26. 20†† : 31. 14†† : 36. 30*††† : 40. 39 : 41. 6††, 7 : 42. 14†† : 46. 18††.
Da. LXX. 1. 8†† : 2. 18†† : 4. 12, 29 : 6. 17 (18)††.
Da. Th. Su. 17, 32, 59 (*ind.*†) : 2. 16, 18*††† : 3. 28 (95)†† : 4. 3 : 6. 2 (3)††, 7 (8) (*ind.*), 8 (9)††, 12 (13) (*ind.*), 17 (18)††.
I Ma. 1. 16 : 9. 46, 60 : 10. 24, 32*, 56 : 11. 31, 40†, 40 : 12. 4, 23, 34, 36† : 13. 16†† (*ind.*†) : 14. 1, 29, 42, 43, 43 (*ind.*†) *bis*, 43, 49 : 15. 3, 4, 19††, 21 (*ind.*†), 39, 41 (*ind.*†) : 16. 18, 19.
II Ma. 7. 22 (*ind.*) : 9. 24†† : 11. 26, 37.
III Ma. 4. 10 : 7. 12.
IV Ma. 1. 1 : 4. 6 (*opt.*), 11, 23 (*opt.*) : 5. 6 (*opt.*), 27 : 6. 8 (*ind.*†, *opt.*†) : 8. 12 (*opt.*) : 9. 16 : 10. 1 (*opt.*) : 11. 3 : 12. 6 (*opt.*), 18.
[**Aq.** Jb. 19. 29 : Ps. 29 (30). 13 : Je. 10. 18 : 25. 7 (Sw.) : 44 (51). 29 : Am. 1. 13.]
[**Sm.** Ge. 30. 38 : Jb. 19. 29 : Ps. 67 (68). 24.]
[**Th.** Jb. 19. 29 : Je. 25. 7 (Sw.) : 44 (51). 29 : Da. 6. 8††, 8*††† : Am. 1. 13.]
[**Al.** Jb. 11. 5*.]
[**Quint.** Ps. 129 (130). 4.]

ὅραμα. (1) *a.* חָזוֹן *b.* חָזוּת *c.* חִזָּיוֹן *d.* מַחֲזֶה *e.* חֵזוּ (2) *a.* חֲלוֹם *b.* חֵלֶם (3) מוֹרָא, מֹרָא (4) *a.* מַרְאָה *b.* מַרְאֶה (5) מַשָּׂא

Ge. 15. 1. ἐγενήθη ῥῆμα κ. πρὸς Ἅβρ. ἐν ὁράματι (1 *d*)
46. 2. εἶπε δὲ ὁ θεὸς . . . ἐν ὁ. τῆς νυκτός (4 *a*)
Ex. 3. 3. ὄψομαι τὸ ὅ. τὸ μέγα τοῦτο (4 *b*)
Nu. 12. 6. ἐν ὁράματι αὐτῷ γνωσθήσομαι (4 *a*)
De. 4. 34. AB²R καὶ ἐν ὁράμασι μεγάλοις (3)
26. 8. ἐξήγαγεν ἡμᾶς . . . ἐν ὁ. μεγάλοις (3)
28. 34. διὰ τὰ ὁ. τῶν ὀφθαλμῶν σου (4 *b*)
— 67. ἀπὸ τῶν ὁ. τῶν ὀφθαλμῶν σου (4 *b*)
Jb. 7. 14. ἐν ὁράμασί με καταπλήσσεις (1 *c*)
Ec. 6. 9. ἀγαθὸν ὁ. ὀφθαλμῶν ὑπὲρ πορευόμενον ψυχῇ (4 *b*)
Si. 43. 1. εἶδος οὐρανοῦ ἐν ὁράματι δόξης
Is. 15. 1. A τὸ ὅ. [BS ῥῆμα] τὸ κατὰ τῆς Μωαβίτιδος (5)
21. 1. τὸ ὅ. τῆς ἐρήμου (5)
— 2. φοβερὸν τὸ ὅ. καὶ σκληρὸν ἀνηγγέλη μοι (1 *b*)
— 11. τὸ ὅ. τῆς Ἰδουμαίας (5)
22. 1. A τὸ ὅ. [BS ῥῆμα] τῆς φάραγγος Σιών (5)
23. 1. AS τὸ ὅ. [B ῥῆμα] Τύρου (5)
30. 10. οἱ λέγοντες . . . τοῖς τὰ ὁ. ὁρῶσι –
Je. 39 (32). 21. ἐν βραχίονι ὑψηλῷ καὶ ἐν ὁράμασι μεγάλοις (3)
Da. LXX. 1. 17. ἐν παντὶ ῥήματι καὶ ὁ. (1 *a*)
2. 1. εἰς ὁράματα . . . ἐμπεσεῖν τὸν βασ. (2 *a* ?)
— 7. τὸ ὅ. εἰπόν (2 *b*)
— 19. ἐν ὁράματι . . . τὸ μυστήριον τοῦ βασ. ἐξεφάνθη (1 *e*)
— 26. δυνήσῃ δηλῶσαί μοι τὸ ὅ. (2 *b*)
— 36. τοῦτο τὸ ὅ. καὶ τὴν κρίσιν δὲ ἐροῦμεν (2 *b*)
— 45. καὶ ἀκριβὲς τὸ ὅ. (2 *b*)
4. 25. ὡς ἤκουσε τὴν κρίσιν τοῦ ὁ. –
7. 1. Δαν. ὅραμα εἶδε (2 *b* + 1 *e*)
— 1. Δαν. τὸ ὅ. ὃ εἶδεν ἔγραψεν (2 *b*)
— 7, 13. ἐθεώρουν ἐν ὁράματι τῆς νυκτός (1 *e*)
— 15. ἐν τῷ ὁ. τῆς νυκτός (1 *e*)
8. 1 (2). εἶδον ἐν τῷ ὁ. τοῦ ἐνυπνίου μου (1 *a*)
— 2. καὶ εἶδον ἐν ὁράματι (1 *a*)
— 13. ἕως τίνος τὸ ὅ. στήσεται (1 *a*)
— 15. τὸ ὅ. ἐζήτουν διανοηθῆναι (1 *a*)
— 17. εἰς ὥραν καιροῦ τοῦτο τὸ ὅ. (1 *a*)
— 26. τὸ ὅ. τὸ ἑσπέρας καὶ πρωΐ (4 *b*)
— 26. καὶ νῦν πεφραγμένον τὸ ὅ. (1 *a*)

Da. LXX. 8. 27. ἐξελυόμην ἐπὶ τῷ ὁ. (4 b)
9. 24. καὶ διανοηθῆναι τὸ ὅ. –
— 24. καὶ συντελεσθῆναι τὰ ὁ. (1 a)
10. 1. καὶ ἀληθὲς τὸ ὅ. –
— 1. διενοήθην αὐτὸ ἐν ὁράματι (4 b)
Da. TH. 2. 19. ἐν ὁράματι τῆς νυκτός (1 e)
— 23. τὸ ὅ. τοῦ βασ. ἐγνώρισάς μοι †
4. 10: 7. 2 (A), 13. ἐν ὁράματι τῆς νυκτός (1 e)
8. 2. A ἴδον ἐν ὁράματι (1 a)
[**Aq.** Is. 30. 6: Da. 10. 1.]
[**Sm.** Ex. 24. 10: Jb. 4. 13.]
[**Th.** Da. 7. 2†, 7†: 8. 2†.]
[**Sam.** Ex. 38. 8 (26).]

ὁραματίζεσθαι.

[**Aq.** Ps. 10 (11). 4: 26 (27). 4: 57 (58). 9: Ca. 6. 12 (7. 1): 7. 1 (2): Is. 30. 10: 33. 20.]
[**Th.** Is. 30. 10.]

ὁραματισμός.

[**Aq.** Jb. 4. 13: 33. 15: Pr. 29. 18: Is. 22. 1: 29. 7: Ez. 13. 16: Da. 9. 24: Hb. 2. 2.]

ὁραματιστής.

[**Sm.** Is. 56. 10.]

ὁρᾶν (*incl.* **ὅπτεσθαι**), *cf.* **ἰδεῖν.** (1) אַף (2) בּוֹא (3) גָּלָה ni. (4) הִנֵּה (5) *a.* חָזָה *b.* חֲזָה *c.* חָזֵה חֲזָה (6) חָלַם (7) פָּנָה (8) רָאָה *a.* qal. *b.* ni. *c.* hi. *d.* hithp. *e.* רְאוּת *f.* רְאִית (9) שׁוּר (10) שָׁכַן

Ge. 1. 9. καὶ ὀφθήτω ἡ ξηρά (8 b)
— 9. καὶ ὤφθη ἡ ξηρά –
8. 5. ὤφθησαν αἱ κεφαλαὶ τῶν ὀρέων (8 b)
9. 14. ὀφθήσεται τὸ τόξον (8 b)
— 16. καὶ ὄψομαι τοῦ μνησθῆναι διαθήκην (8 a)
12. 7. καὶ ὤφθη κύριος τῷ Ἄβραμ (8 b)
— 7. κυρίῳ τῷ ὀφθέντι αὐτῷ (8 b)
13. 15. πᾶσαν τὴν γῆν ἣν σὺ ὁρᾷς (8 a)
16. 13. καὶ γὰρ ἐνώπιον εἶδον ὀφθέντα μοι (8 a)
17. 1. καὶ ὤφθη κύριος τῷ Ἄβραμ (8 b)
18. 1. ὤφθη δὲ αὐτῷ ὁ θεὸς πρὸς τῇ δρυΐ (8 b)
— 21. καταβὰς οὖν ὄψομαι (8 a)
22. 8. ὁ θεὸς ὄψεται ἑαυτῷ πρόβατον (8 a)
— 14. ἐν τῷ ὄρει κύριος ὤφθη (8 b)
26. 2. ὤφθη δὲ αὐτῷ κύριος (8 b)
— 24. καὶ ὤφθη αὐτῷ κύριος (8 b)
— 28. ἰδόντες ἑωράκαμεν ὅτι ἦν κύριος (8 a)
27. 1. ἠμβλύνθησαν οἱ ὀφθαλμοὶ αὐ. τοῦ ὁρᾶν (8 a)
29. 2. καὶ ὁρᾷ καὶ ἰδοὺ φρέαρ (8 a)
31. 5. ὁρῶ ἐγὼ τὸ πρόσωπον τοῦ πατρός (8 a)
— 12. ἑώρακα γὰρ ὅσα σοι Λάβαν ποιεῖ (8 a)
— 13. ὁ θεὸς ὁ ὀφθείς σοι ἐν τόπῳ θεοῦ –
— 43. καὶ πάντα ὅσα σὺ ὁρᾷς ἐμά ἐστι (8 a)
— 50. ὅρα οὐθεὶς μεθ' ἡμῶν ἐστιν ὁρῶν [A *om.*] (–, 8 a)
32. 20 (21). ὄψομαι τὸ πρόσωπον αὐτοῦ (8 a)
35. 1. τῷ θεῷ τῷ ὀφθέντι σοι (8 b)
— 9. ὤφθη δὲ ὁ θεὸς τῷ Ἰακώβ (8 b)
37. 20. καὶ ὀψόμεθα τί ἔσται τὰ ἐνύπνια (8 a)
— 29. καὶ οὐχ ὁρᾷ τὸν Ἰωσὴφ ἐν τῷ λάκκῳ (4)
41. 15. ἐνύπνιον ἑώρακα (6)
43. 3. οὐκ ὄψεσθε τὸ πρόσωπόν μου (8 a)
— 5. οὐκ ὄψεσθέ μου τὸ πρόσωπον (8 a)
45. 28. πορευθεὶς ὄψομαι αὐτόν (8 a)
46. 29. καὶ ὀφθεὶς αὐτῷ ἐπέπεσεν (8 a)
— 30. ἐπεὶ ἑώρακα τὸ πρόσωπόν σου (8 a)
48. 3. ὁ θεός μου ὤφθη μοι ἐν Λουζᾷ (8 b)
Ex. 2. 6. ὁρᾷ παιδίον κλαῖον ἐν τῇ θίβει (8 a)
— 11. ὁρᾷ ἄνθρωπον Αἰγύπτιον τύπτοντα (8 a)
— 12. περιβλεψάμενος δὲ ... οὐχ ὁρᾷ οὐδένα (8 a)
— 13. ὁρᾷ δύο ἄνδρας Ἑβρ. διαπληκτιζομένους (4)
3. 2. ὤφθη δὲ αὐτῷ ἄγγελος κυρίου ἐν πυρί (8 b)
— 2. καὶ ὁρᾷ ὅτι ὁ βάτος καίεται πυρί (8 a)
— 3. ὄψομαι τὸ ὅραμα ... τοῦτο (8 a)
— 9. κἀγὼ ἑώρακα τὸν θλιμμόν (8 a)
— 16. κύριος ὁ θεὸς ... ὦπταί μοι (8 b)
4. 1. οὐκ ὦπταί σοι ὁ θεός (8 b)
— 5. ὅτι ὦπταί σοι ὁ θεός (8 b)
— 18. καὶ ὄψομαι εἰ ἔτι ζῶσι (8 a)
— 21. ὅρα πάντα τὰ τέρατα ... ποιήσεις αὐτά (8 a)
— 23. ὅρα οὖν ἐγὼ ἀποκτενῶ τὸν υἱόν σου (4)
5. 19. ἑώρων δὲ ... ἑαυτοὺς ἐν κακοῖς (8 a)

Ex. 6. 1. ἤδη ὄψει [A ὄψῃ] ἃ ποιήσω τῷ Φ. (8 a)
— 3. ὤφθην πρὸς Ἀβραάμ (8 b)
10. 6. ἃ οὐδέποτε ἑωράκασιν οἱ πατέρες (8 a)
— 28. ᾗ δ' ἂν ἡμέρᾳ ὀφθῇς μοι (8 a)
— 29. οὐκέτι ὀφθήσομαί σοι εἰς πρόσωπον (8 a)
12. 13. καὶ ὄψομαι τὸ αἷμα (8 a)
— 23. καὶ ὄψεται τὸ αἷμα ἐπὶ τῆς φλιᾶς (8 a)
13. 7. οὐκ ὀφθήσεταί σοι ζυμωτόν (8 b)
14. 10. ἀναβλέψαντες ... ὁρῶσι (4)
— 13. στῆτε καὶ ὁρᾶτε τὴν σωτηρίαν (8 a)
— 13. ὃν τρόπον γὰρ ἑωράκατε τοὺς Αἰγ. (8 a)
16. 7. πρωῒ ὄψεσθε τὴν δόξαν κυρίου (8 a)
— 10. ἡ δόξα κυρίου ὤφθη ἐν νεφέλῃ (8 b)
19. 4. αὐτοὶ ἑωράκατε ὅσα πεποίηκα (8 a)
20. 18. πᾶς ὁ λαὸς ἑώρα τὴν φωνήν (8 a)
— 22. ἑωράκατε ὅτι ... λελάληκα (8 a)
23. 15. οὐκ ὀφθήσῃ ἐνώπιόν μου κενός (8 b)
— 17. ὀφθήσεται πᾶν ἀρσενικόν σου [A *om.*] (8 b)
24. 11. καὶ ὤφθησαν ἐν τῷ τόπῳ τοῦ θεοῦ (5 a)
25. 7 (8). καὶ ὀφθήσομαι ἐν ὑμῖν (10)
— 39 (40). ὅρα ποιήσεις κατὰ τὸν τύπον (8 a)
31. 13. ὁρᾶτε καὶ τὰ σάββατά μου φυλάξεσθε (1)
32. 19. ὁρᾷ τὸν μόσχον καὶ τοὺς χορούς (8 a)
33. 5. ὁρᾶτε μὴ πληγὴν ἄλλην ἐπάξω –
— 10. ἑώρα ... τὸν στῦλον ... ἑστῶτα (8 a)
— 23. τότε ὄψῃ τὰ ὀπίσω μου (8 a)
— 23. τὸ δὲ πρόσωπόν μου οὐκ ὀφθήσεταί σοι (8 b)
34. 3. μηδὲ ὀφθήτω ἐν παντὶ τῷ ὄρει (8 b)
— 10. καὶ ὄψεται πᾶς ὁ λαὸς ... τὰ ἔργα (8 a)
— 20. οὐκ ὀφθήσῃ ἐνώπιόν μου κενός (8 b)
— 23. ὀφθήσεται πᾶν ἀρσενικόν σου (8 b)
— 24. ὀφθῆναι ἐναντίον κυρίου (8 b)
Le. 5. 1. καὶ οὗτος μάρτυς ἢ ἑώρακεν (8 a)
9. 4. σήμερον κύριος ὀφθήσεται ἐν ὑμῖν (8 b)
— 6. ὀφθήσεται ἐν ὑμῖν δόξα κυρίου (8 b)
— 23. ὤφθη ἡ δόξα κυρίου παντὶ τῷ λ. (8 b)
13. 3. ὄψεται ὁ ἱερεὺς τὴν ἁφὴν ἐν δέρματι (8 a)
— 3. καὶ ὄψεται ὁ ἱερεὺς καὶ μιανεῖ αὐτόν (8 a)
— 5. καὶ ὄψεται ὁ ἱερεὺς τὴν ἁφήν (8 a)
— 6. καὶ ὄψεται ὁ ἱερεὺς αὐτόν (8 a)
— 7. καὶ ὀφθήσεται τὸ δεύτερον τῷ ἱερεῖ (8 a)
— 8. καὶ ὄψεται αὐτὸν ὁ ἱερεύς (8 a)
— 10, 13. καὶ ὄψεται ὁ ἱερεύς (8 a)
— 14. καὶ ᾗ ἂν ἡμέρᾳ ὀφθῇ ἐν αὐτῷ χρὼς ζῶν (8 b)
— 15. καὶ ὄψεται ὁ ἱερεὺς τὸν χρῶτα τὸν ὑγιῆ (8 a)
— 17. A²B ὄψεται ὁ ἱερεύς (8 a)
— 19. καὶ ὀφθήσεται τῷ ἱερεῖ (8 b)
— 20. καὶ ὄψεται ὁ ἱερεύς (8 a)
— 25, 27. καὶ ὄψεται αὐτὸν ὁ ἱερεύς (8 a)
— 30, 32. καὶ ὄψεται ὁ ἱερεὺς τὴν ἁφήν (8 a)
— 34. καὶ ὄψεται ὁ ἱερεὺς τὸ θραῦσμα (8 a)
— 36, 39. καὶ ὄψεται ὁ ἱερεύς (8 a)
— 43. καὶ ὄψεται αὐτὸν ὁ ἱερεύς (8 a)
— 50, 51. καὶ ὄψεται ὁ ἱερεὺς τὴν ἁφήν (8 a)
— 55. καὶ ὄψεται ὁ ἱερεύς (8 a)
— 57. ἐὰν δὲ ὀφθῇ ἔτι [A ὀφθήσεται] (8 b)
14. 3. καὶ ὄψεται ὁ ἱερεύς (8 a)
— 35. ὥσπερ ἁφὴ ἑώραταί μου (8 b)
— 37. ὄψεται τὴν ἁφήν (8 a)
— 39. καὶ ὄψεται τὴν οἰκίαν (8 a)
— 44. καὶ εἰσελεύσεται ὁ ἱερεὺς καὶ ὄψεται (8 a)
16. 2. ἐν γὰρ νεφέλῃ ὀφθήσομαι (8 b)
Nu. 1. 49. ὅρα τὴν φυλὴν Λ. οὐ συνεπισκέψῃ (1)
13. 19 (18). ὄψεσθε τὴν γῆν (8 a)
— 29 (28). τὴν γενεὰν Ἐ. ἑωράκαμεν ἐκεῖ (8 a)
— 33 (32). πᾶς ὁ λαὸς ὃν ἑωράκαμεν ἐν αὐτῇ (8 a)
— 34 (33). ἐκεῖ ἑωράκαμεν τοὺς γίγαντας (8 a)
14. 10. ἡ δόξα κυρίου ὤφθη ἐν νεφέλῃ (8 b)
— 22. οἱ ἄνδρες οἱ ὁρῶντες τὴν δόξαν μου (8 a)
— 23. εἰ μὴν οὐκ ὄψονται τὴν γῆν (8 a)
— 23. οὐκ ὄψονται αὐτήν (8 a)
15. 39. καὶ ὄψεσθε αὐτά (8 a)
16. 19. ὤφθη ἡ δόξα κυρίου πάσῃ τῇ συναγ. (8 b)
— 42 (17. 7). ὤφθη ἡ δόξα κυρίου (8 b)
20. 6. ὤφθη ἡ δόξα κυρίου πρὸς αὐτούς (8 b)
22. 31. ὁρᾷ τὸν ἄγγελον κυρίου (8 a)
23. 9. ἀπὸ κορυφῆς ὀρέων ὄψομαι αὐτόν (8 a)
— 13. οὐκ ὄψῃ αὐτὸν ἐκεῖθεν (8 a)
— 13. μέρος τι αὐτοῦ ὄψῃ (8 a)
— 21. οὐδὲ ὀφθήσεται πόνος ἐν Ἰσρ. (8 a)
24. 3, 15. ὁ ἄνθρωπος ὁ ἀληθινῶς ὁρῶν †
27. 13. καὶ ὄψῃ [B² -ει] αὐτήν (8 a)
32. 11. εἰ ὄψονται ... τὴν γῆν (8 a)
De. 1. 28. υἱοὺς γιγάντων ἑωράκαμεν ἐκεῖ (8 a)
— 35. εἰ ὄψεταί τις ... τὴν ἀγαθὴν ταύτην γῆν (8 a)

De. 1. 36. οὗτος ὄψεται αὐτήν (8 a)
3. 21. οἱ ὀφθαλμοὶ ὑμῶν ἑωράκασι πάντα (8 a)
— 25. ὄψομαι τὴν γῆν τὴν ἀγαθὴν ταύτην (8 a)
— 28. τὴν γῆν ἣν ἑώρακας (8 a)
4. 3. οἱ ὀφθαλμοὶ ὑμῶν ἑωράκασι πάντα (8 a)
— 9. οὓς ἑωράκασιν οἱ ὀφθαλμοί σου (8 a)
— 28. οἳ οὐκ ὄψονται (8 a)
7. 15. ἃς ἑώρακας –
— 19. B² οὓς ἑωράκασιν [A B¹ ἴδοσαν] οἱ ὀφθαλμοί σου (8 a)
9. 13. ἑώρακα τὸν λαὸν τοῦτον (8 a)
11. 7. ἑώρακαν [A -ρων] πάντα τὰ ἔργα κυρίου (8 a)
16. 4. οὐκ ὀφθήσεταί σοι ζύμη (8 b)
— 16. ὀφθήσεται πᾶν ἀρσενικόν σου (8 b)
— 16. οὐκ ὀφθήσῃ ἐνώπιον κ. τοῦ θεοῦ σου κενός (8 b)
18. 16. τὸ πῦρ τὸ μέγα τοῦτο οὐκ ὀψόμεθα ἔτι (8 a)
21. 7. οἱ ὀφθαλμοὶ ἡμῶν οὐχ ἑωράκασιν (8 a)
22. 4. οὐκ ὄψῃ [A² ὑπερόψῃ] τὸν ὄνον τοῦ ἀδ. σου (8 a)
23. 14 (15). οὐκ ὀφθήσεται ἐν σοὶ ἀσχημοσύνη (8 a)
28. 10. ὄψονταί σε πάντα τὰ ἔθνη τῆς γῆς (8 a)
— 67. ὧν ὄψῃ (8 a)
29. 2 (1). ὑμεῖς ἑωράκατε πάντα (8 a)
— 3 (2). οὓς ἑωράκασιν [A εἶδον] οἱ ὀφθαλμοί σου (8 a)
— 22 (21). ὄψονται τὰς πληγὰς τῆς γῆς ἐκ. (8 a)
31. 11. ὀφθῆναι ἐνώπιον κ. τοῦ θεοῦ ὑμῶν (8 b)
32. 52. ἀπέναντι ὄψῃ τὴν γῆν (8 a)
33. 9. οὐχ ἑώρακά σε (8 a)
— 16. τὰ δεκτὰ τῷ ὀφθέντι ἐν τῷ βάτῳ (10)
Jo. 8. 20. A ἑώρων ἀναβαίνοντα τὸν καπνόν [B *al.*] (8 a + 4)
9. 7. ὅρα μὴ ἐν ἐμοὶ κατοικεῖς †
23. 3. ἑωράκατε ὅσα ἐποίησε κύριος (8 a)
Jd. 5. 8. θυρεὸς ἐὰν ὀφθῇ [A *al.*] (8 b)
6. 12. ὤφθη αὐτῷ ὁ ἄγγελος κυρίου [A *al.*] (8 b)
— 26. A τῷ κυρίῳ τῷ θεῷ σου τῷ ὀφθέντι σοι [B *al.*] –
7. 17. ἀπ' ἐμοῦ ὄψεσθε (8 a)
9. 36. A τὴν σκιὰν τῶν ὀρέων σὺ ὁρᾷς [B βλέπεις] (8 a)
13. 3. ὤφθη ἄγγελος κυρίου (8 b)
— 10. ὦπται πρὸς μὲ [A ὦ. μοι] ὁ ἀνήρ (8 b)
— 21. οὐ προσέθηκεν ἔτι ... ὀφθῆναι πρὸς Μ. (8 b)
— 22. A θεὸν ἑωράκαμεν [B εἴδομεν] (8 a)
14. 2. γυναῖκα ἑώρακα ἐν Θ. (8 a)
19. 30. A πᾶς ὁ ὁρῶν [B βλέπων] ἔλεγεν (8 a)
— 30. καὶ οὐχ ἑώραται ὡς αὕτη [A *al.*] (8 b)
21. 21. καὶ ὄψεσθε (8 a)
I Ki. 1. 22. ὀφθήσεται τῷ προσώπῳ κυρίου (8 b)
6. 9. καὶ ὄψεσθε (8 a)
— 16. οἱ πέντε σατράπαι τῶν ἀλλοφ. ἑώρων (8 a)
10. 24. εἰ ἑωράκατε ὃν ἐκλέλεκται (8 a)
16. 1. ἑώρακα ἐν τοῖς υἱοῖς αὐ. ἐμοὶ βασιλεύειν (8 a)
— 7. οὐχ ὡς ἐμβλέψεται ἄνθρ. ὄψεται ὁ θεός –
— 7. ἄνθρωπος ὄψεται εἰς πρόσωπον ὁ δὲ θεὸς ὄψεται εἰς καρδίαν (8 a, 8 a)
— 18. ἑώρακα υἱὸν τῷ Ἰ. (8 a)
17. 25. A εἰ ἑωράκατε τὸν ἄνδρα (8 a)
19. 3. ὄψομαι ὅ τι ἐὰν ᾖ (8 a)
20. 29. ὄψομαι τοὺς ἀδελφούς μου (8 a)
22. 9. ἑώρακα τὸν υἱὸν Ἰ. (8 a)
24. 11. ἑωράκασιν οἱ ὀφθαλμοί σου (8 a)
28. 13. εἰπὸν τίνα ἑώρακας (8 a)
— 13. θεοὺς ἑώρακα ἀναβαίνοντας ἐκ τῆς γῆς (8 a)
II Ki. 3. 13. οὐκ ὄψει [A -ῃ] τὸ πρόσωπόν μου (8 a)
13. 34. ἄνδρας ἑώρακα ἐκ τῆς ὁδοῦ –
14. 15. ὄψεταί με ὁ λαός (8 b)
17. 17. οὐκ ἐδύναντο ὀφθῆναι (8 b)
18. 10. ἑώρακα τὸν Ἀβ. κρεμάμενον (8 a)
— 11. καὶ ἰδοὺ ἑώρακας (8 a)
— 27. ὁρῶ τὸν δρόμον τοῦ πρώτου (8 a)
22. 11. ὤφθη ἐπὶ πτερύγων ἀνέμου (8 b)
— 16. ὤφθησαν ἀφέσεις θαλάσσης (8 b)
24. 3. καὶ ὀφθαλμοὶ τοῦ κ. μου τοῦ βασ. ὁρῶντες (8 a)
— 11. πρὸς Γὰδ τὸν προφήτην τὸν ὁρῶντα Δ. (5 a)
III Ki. 3. 5. ὤφθη κύριος τῷ Σ. (8 b)
— 16. ὤφθησαν δύο γυναῖκες πόρναι (2)
9. 2. ὤφθη κύριος τῷ Σαλ. δεύτερον καθὼς ὤφθη [A *add.* αὐτῷ] ἐν Γ. (8 b, 8 b)
10. 7. ἑωράκασιν οἱ ὀφθαλμοί μου (8 a)
— 12. B οὐδὲ ὤφθησαν (8 b)
11. 9. ἀπὸ κυρίου θεοῦ Ἰσρ. τοῦ ὀφθέντος αὐτῷ δίς (8 b)
18. 1. ὄφθητι τῷ Ἀχ. (8 b)

III Ki. 18. 2. ἐπορεύθη Ἠ. τοῦ [A τῷ] ὀφθῆναι τῷ Ἀχ. (8 b)

— 15. σήμερον ὀφθήσομαι αὐτῷ (8 b)

20 (21). 29. ἑώρακας ὡς κατενύγη Ἀχ. (8 a)

21 (20). 13. εἰ ἑώρακας τὸν ὄχλον τὸν μέγαν τοῦτον (8 a)

22. 17. ἑώρακα πάντα τὸν Ἰσρ. (8 a)

— 25. ὄψῃ [B^2 -ει] τῇ ἡμέρᾳ ἐκείνῃ (8 a)

IV Ki. 2. 12. καὶ Ἐλ. ἑώρα (8 a)

3. 17. B οὐκ ὄψεσθε πνεῦμα (8 a)

— 17. οὐκ ὄψεσθε ὑετόν (8 a)

7. 2. ὄψῃ [B^2 -ει] τοῖς ὀφθαλμοῖς (8 a)

— 13. ἀποστελοῦμεν ἐκεῖ καὶ ὀψόμεθα (8 a)

— 19. ὄψῃ [B^2 -ει] τοῖς ὀφθαλμοῖς σου (8 a)

9. 2. ὄψῃ [B^2 -ει] ἐκεῖ Ἰ. υἱὸν Ἰωσ. (8 a)

10. 3. ὄψεσθε τὸν ἀγαθόν (8 a)

14. 8. ὀφθῶμεν προσώποις (8 d)

— 11. B ὤφθη [A R -ησαν] προσώποις (8 d)

17. 13. ἐν χειρὶ πάντων τῶν προφητῶν αὐ. παντὸς ὁρῶντος (5 a)

22. 20. οὐκ ὀφθήσεται ἐν τοῖς ὀφθαλμοῖς σου (8 a)

23. 17. ὃ ἐγὼ ὁρῶ (8 a)

25. 19. πέντε ἄνδρας τῶν ὁρώντων τὸ πρόσωπον τοῦ βασ. (8 a)

I Ch. 21. 9. ἐλάλησε κ. πρὸς Γ. ὁρῶντα [A *add.* Δ.] (5 a)

II Ch. 1. 7. ὤφθη ὁ θ. τῷ Σαλ. (8 b)

3. 1. οὗ ὤφθη κύριος τῷ Δ. (8 b)

7. 3. ἑώρων καταβαῖνον τὸ πῦρ (8 a)

— 12. ὤφθη ὁ θεὸς τῷ Σαλ. (8 b)

9. 11. οὐκ ὤφθησαν τοιαῦτα ἔμπροσθεν (8 b)

— 29. ἐν ταῖς ὁράσεσιν Ἰ. τοῦ ὁρῶντος (5 a)

12. 15. ἐν τοῖς λόγοις . . . Ἀ. τοῦ ὁρῶντο (5 a)

18. 24. ὄψῃ ἐν τῇ ἡμέρᾳ ἐκείνῃ (8 a)

25. 17. A R ὀφθῶμεν προσώποις (8 d)

— 21. καὶ ὤφθησαν ἀλλήλοις (8 d)

29. 8. ὡς ὑμεῖς ὁρᾶτε τοῖς ὀφθαλμοῖς ὑμῶν (8 a)

— 25. A R κατὰ τὴν ἐντολὴν . . . Γ. τοῦ ὁρῶντος τῷ βασ. [B *al.*] (5 a)

30. 7. καθὼς ὑμεῖς ὁρᾶτε (8 a)

33. 18. καὶ λόγοι τῶν ὁρώντων (5 a)

— 19. γέγραπται ἐπὶ τῶν λόγων τῶν ὁρώντων (5 a)

34. 28. οὐκ ὄψονται οἱ ὀφθαλμοί σου (8 a)

I Es. 5. 63. ἑωρακότες [A προεωρ.] τὸν πρὸ τούτου οἶκον

Ne. 4. 11 (5). οὐκ ὄψονται ἕως ὅτου ἔλθωμεν (8 a)

To. 4. 4. πολλοὺς κινδύνους ἑώρακεν ἐπὶ σοί

5. 20. οἱ ὀφθαλμοί σου ὄψονται αὐτόν [S *om.*]

10. 8. οὐκέτι ἐλπίζουσιν ὄψεσθαί με [S *al.*]

11. 8. καὶ ὄψεταί σε [S τὸ φῶς]

12. 1. ὅρα, τέκνον, μισθόν [S *al.*]

— 22. ὡς ὤφθη αὐτοῖς ὁ ἄγγελος κυρίου

13. 14. S ὄψονται πᾶσαν τὴν χαράν σου [A B *al.*]

14. 10. S ὁρῶ γὰρ ὅτι πολλὴ ἀδικία ἐν αὐτῇ

Ju. 6. 5. οὐκ ὄψῃ ἔτι τὸ πρόσωπόν μου

7. 27. οὐκ ὀψόμεθα τὸν θάνατον τῶν νηπίων ἡ.

Es. 1. 1. A S R M. ὁ [B *om.*] ἑωρακὼς τὸ ἐνύπνιον τοῦτο

7. 7. ἑώρα γὰρ ἑαυτὸν ἐν κακοῖς ὄντα (8 a)

Jb. 2. 13. ἑώρων γὰρ τὴν πληγὴν δεινὴν οὖσαν (8 a)

5. 1. ἢ εἴ τινα ἀγγέλων ἁγίων ὄψῃ (7)

— 3. ἐγὼ δὲ ἑώρακα ἄφρονας ῥίζαν βάλλοντας (8 a)

6. 7. βρόμον γὰρ ὁρῶ τὰ σῖτά μου †

— 20. A αἰσχύνην οἱ ὁρῶντες [B S *om.* οἱ ὁ.] ὀφειλήσουσιν †

7. 8. οὐ περιβλέψεταί με [A οὐκ ἀτενοῖ μοι] ὀφθαλμὸς ὁρῶντός με (8 a)

8. 18. οὐχ ἑώρακας [S ἑόρας] τοιαῦτα (8 a)

10. 4. ἢ ὥσπερ βροτὸς ὁρᾷ καθορᾷς (8 a)

— 4. ἢ καθὼς ὁρᾷ ἄνθρωπος βλέψῃ (8 a ?)

— 21. οὗ οὐκ ἔστι φέγγος οὐδὲ ὁρᾶν ζωὴν βροτῶν †

13. 1. ἰδοὺ ταῦτα ἑώρακέ μου ὁ ὀφθαλμός (8 a)

15. 17. ἃ δὴ ἑώρακα ἀναγγελῶ σοι (5 a)

17. 15. ἢ τὰ ἀγαθά μου ὄψομαι [A ὄ. ἔτι] (9)

19. 27. ἃ ὁ [S *om.*] ὀφθαλμός μου ἑώρακε [A *al.*] (8 a)

22. 14. καὶ οὐχ ὁραθήσεται (8 a)

23. 9. περιβαλεῖ δεξιὰ καὶ οὐκ ὄψομαι (8 a)

27. 12. A πάντες ὑμεῖς ἑωράκατε [B S *al.*] (5 a)

31. 4. οὐχὶ αὐτὸς ὄψεται ὁδόν μου (8 a)

— 26. ἢ οὐχ ὁρῶμεν ἥλιον τὸν ἐπιφαύσκοντα ἐκλείποντα (8 a)

33. 28. ἡ ζωή μου φῶς ὄψεται (8 a)

34. 29. καὶ τίς ὄψεται αὐτόν (9)

— 32. ἄνευ ἐμαυτοῦ ὄψομαι [S^1 *om.*] (5 a)

Jb. 38. 22. θησαυροὺς δὲ χαλάζης [S^1 θαλάσσης] ἑώρακας (8 a)

41. 1. A S^2 R οὐχ ἑώρακας αὐτόν –

— 25 (26). πᾶν ὑψηλὸν ὁρᾷ (8 a)

42. 5. νυνὶ δὲ ὁ ὀφθαλμός μου ἑώρακέ σε (8 a)

Ps. 8. 3. ὄψομαι τοὺς οὐρανοὺς ἔργα τῶν δακτύλων σου (8 a)

16 (17). 15. ἐγὼ δὲ ἐν δικαιοσύνῃ ὀφθήσομαι τῷ προσώπῳ σου χορτασθήσομαι ἐν τῷ ὀφθῆναι τὴν [A S^2 μοι τὴν] δόξαν σου (5 a, †)

17 (18). 15. ὤφθησαν αἱ πηγαὶ τῶν ὑδάτων (8 b)

35 (36). 9. ἐν τῷ φωτί σου ὀψόμεθα φῶς (8 a)

36 (37). 34. A B^1 S ἐν τῷ ἐξολεθρεύεσθαι ἁμαρτωλοὺς ὄψῃ [B^2 R ὄψει] (8 a)

39 (40). 3. ὄψονται πολλοὶ καὶ φοβηθήσονται (8 a)

41 (42). 2. πότε ἥξω καὶ ὀφθήσομαι τῷ προσώπῳ τοῦ θεοῦ (8 b)

48 (49). 9. οὐκ ὄψεται καταφθοράν (8 a)

— 19. ἕως αἰῶνος οὐκ ὄψεται φῶς (8 a)

51 (52). 6. ὄψονται δίκαιοι καὶ φοβηθήσονται (8 a)

62 (63). 2. οὕτως ἐν τῷ ἁγίῳ ὤφθην σοι (5 a)

63 (64). 5. τίς ὄψεται αὐτούς (8 a)

83 (84). 7. ὀφθήσεται ὁ θεὸς τῶν θεῶν ἐν Σιών (8 b)

88 (89). 48. ὃς ζήσεται καὶ οὐκ ὄψεται θάνατον (8 a)

90 (91). 8. A B^1 S ἀνταπόδοσιν ἁμαρτωλῶν ὄψῃ [B^2 R ὄψει] (8 a)

93 (94). 7. οὐκ ὄψεται κύριος (8 a)

101 (102). 16. ὀφθήσεται ἐν τῇ δόξῃ αὐτοῦ (8 b)

106 (107). 42. ὄψονται εὐθεῖς καὶ εὐφρανθήσονται (8 a)

111 (112). 10. ἁμαρτωλὸς ὄψεται καὶ ὀργισθήσεται (8 a)

113. 13 (115. 5). ὀφθαλμοὺς ἔχουσι καὶ οὐκ ὄψονται (8 a)

118 (119). 74. οἱ φοβούμενοί σε ὄψονταί με (8 a)

134 (135). 16. ὀφθαλμοὺς ἔχουσι καὶ οὐκ ὄψονται (8 a)

Pr. 20. 20. αἱ δὲ κόραι τῶν ὀφθ. αὐ. ὄψονται [S ἔσονται] σκότος –

— 12. οὓς ἀκούει καὶ ὀφθαλμὸς ὁρᾷ (8 a)

24. 18. ὄψεται κύριος καὶ οὐκ ἀρέσει αὐτῷ (8 a)

— 32 (30. 9). τίς με ὁρᾷ –

26. 19. ὅταν δὲ ὁραθῶσι [A S^2 φωραθῶσιν] †

Ec. 1. 8. οὐ πλησθήσεται ὀφθαλμὸς τοῦ ὁρᾶν (8 a)

5. 10. ἀρχὴ [S^2 ἀλλ' ἢ] τοῦ ὁρᾶν ὀφθαλμοῖς [B^1 ὂν] αὐτοῦ (8 e, 8 f*)

12. 5. καὶ εἰς τὸ ὕψος [A S καί γε ἀπὸ ὕψους] ὄψονται †

Ca. 2. 12. τὰ ἄνθη ὤφθη ἐν τῇ γῇ (8 b)

6. 12 (7. 1). A καὶ ὀψόμεθα ἐν σοί (5 a)

7. 1. τί ὄψεσθε ἐν τῇ Σουναμίτιδι (5 a)

Wi. 4. 17. ὄψονται γὰρ τελευτὴν σοφοῦ

— 18. ὄψονται [S^1 *add.* αὐτὸν] καὶ ἐξουθενήσουσιν

13. 1. ἐκ τῶν ὁρωμένων ἀγαθῶν οὐκ ἴσχυσαν εἰδέναι τὸν ὄντα

18. 1. μορφὴν δὲ οὐχ ὁρῶντες

Si. 13. 7. μετὰ ταῦτα ὄψεταί σε

16. 5. πολλὰ τοιαῦτα ἑώρακα ἐν ὀφθαλμοῖς μου [S *al.*]

— 20. S^2 καθὸ ποιεῖ ἄνθρωπος ὄψεται ὁ ὀφθαλμὸς αὐτοῦ

— 21. ἣν οὐκ ὄψεται ἄνθρωπος [S^1 πᾶς ἄ.]

23. 18. τίς με ὁρᾷ

— 18. οὐθείς με ὁρᾷ

31 (34). 11. πολλὰ ἑώρακα ἐν τῃ ἀποπλανήσει μου

32 (35). 4. μὴ ὀφθῇς ἐν προσώπῳ κυρίου κενός

37. 24. μακαριοῦσιν αὐτὸν πάντες οἱ ὁρῶντες

38. 25. A τίς ὀφθήσεται [B S τί σοφισθήσεται] ὁ κρατῶν ἀρότρου

39. 4. ἔναντι ἡγουμένου ὀφθήσεται

42. 15. ἃ ἑώρακα ἐκδιηγήσομαι

— 25. τίς πλησθήσεται ὁρῶν δόξαν αὐτοῦ

43. 31. τίς ἑώρακεν αὐτὸν καὶ ἐκδιηγήσεται

— 32. ὀλίγα γὰρ ἑωράκαμεν τῶν ἔργων αὐτοῦ

Am. 7. 8. τί σὺ ὁρᾷς, Ἀμώς (8 a)

— 12. ὁ ὁρῶν βάδιζε (5 a)

8. 2. A τί σὺ ὁρᾷς [B βλέπεις] (8 a)

Mi. 3. 7. καταισχυνθήσονται οἱ ὁρῶντες τὰ ἐνύπνια (5 a)

5. 4 (3). καὶ στήσεται καὶ ὄψεται †

7. 9. ὄψομαι τὴν δικαιοσύνην αὐτοῦ (8 a)

— 10. καὶ ὄψεται ἡ ἐχθρά μου (8 a)

— 15. κατὰ τὰς ἡμέρας ἐξοδίας σου . . . ὄψεσθε θαυμαστά (8 c)

— 16. ὄψονται ἔθνη καὶ καταισχυνθήσονται (8 a)

Jl. 2. 28 (3. 1). οἱ νεανίσκοι ὑμῶν ὁράσεις ὄψονται (8 a)

Na. 3. 7. πᾶς ὁ ὁρῶν σε καταβήσεται ἀπὸ σοῦ (8 a)

Hb. 1. 13. καθαρὸς ὁ ὀφθαλμὸς τοῦ μὴ ὁρᾶν πονηρά (8 a)

3. 10. ὄψονταί σε καὶ ὠδινήσουσι λαοί (8 a)

Ze. 3. 15. οὐκ ὄψῃ κακὰ οὐκέτι (8 a)

Za. 1. 8. ἑώρακα τὴν νύκτα (8 a)

4. 2. ἑώρακα καὶ ἰδοὺ λυχνία χρυσῆ ὅλη (8 a)

— 10. ὄψονται τὸν λίθον τὸν κασσιτέρινον (8 a)

5. 2. ἐγὼ ὁρῶ δρέπανον πετόμενον (8 a)

9. 5. ὄψεται Ἀ. καὶ φοβηθήσεται (8 a)

— 8. διότι νῦν ἑώρακα ἐν τοῖς ὀφθαλμοῖς μου (8 a)

10. 7. τὰ τέκνα αὐτῶν ὄψονται [A -εται] (8 a)

12. 10. S^1 ὄψονται [A B S^2 κόψ.] ἐπ' αὐτὸν κοπετόν †

Ma. 1. 5. οἱ ὀφθαλμοὶ ὑμῶν ὄψονται (8 a)

3. 18. ὄψεσθε ἀνὰ μέσον δικαίου (8 a)

Is. 1. 12. οὐδ' ἂν ἔρχησθε ὀφθῆναί μοι (8 b)

17. 8. οὐκ ὄψονται τὰ δένδρα [A ἄλση, S^1 δ. ἐπὶ τὰ ἄ.] (8 a)

29. 10. οἱ ὁρῶντες τὰ κρυπτά (5 a)

— 15. τίς ἑώρακεν ἡμᾶς (8 a)

— 18. ὀφθαλμοὶ τυφλῶν ὄψονται [A S^3 βλέψ.] (8 a)

30. 10. οἱ λέγοντες . . . τοῖς τὰ ὁράματα ὁρῶσι (5 a)

— 20. οἱ ὀφθαλμοί σου ὄψονται τοὺς πλανῶντάς σε (8 a)

33. 11. νῦν ὄψεσθε –

— 17. βασιλέα μετὰ δόξης ὄψεσθε οἱ ὀφθαλμοὶ ὑμῶν ὄψονται γῆν πόρρωθεν (5 a, 8 a)

— 20. οἱ ὀφθαλμοί σου ὄψονται Ἱερουσαλήμ (8 a)

35. 2. ὁ λαός μου ὄψεται τὴν δόξαν κυρίου (8 a)

40. 5. ὀφθήσεται ἡ δόξα κυρίου καὶ ὄψεται πᾶσα σὰρξ τὸ σωτήριον τοῦ θεοῦ (3, 8 a)

41. 23. B S καὶ ὀψόμεθα ἅμα (8 a)

47. 13. οἱ ὁρῶντες τοὺς ἀστέρας ἀναγγειλάτωσάν σοι (5 a)

49. 7. βασιλεῖς ὄψονται αὐτόν (8 a)

52. 8. ὀφθαλμοὶ πρὸς ὀφθαλμοὺς ὄψονται (8 a)

— 10. ὄψονται πάντα ἄκρα τῆς γῆς τὴν σωτηρίαν (8 a)

— 15. οἷς οὐκ ἀνηγγέλη περὶ αὐτοῦ ὄψονται (8 a)

53. 10. ἡ ψυχὴ ἡμῶν ὄψεται σπέρμα μακρόβιον (8 a)

57. 18. τὰς ὁδοὺς αὐτοῦ ἑώρακα (8 a)

60. 2. ἡ δόξα αὐτοῦ ἐπὶ σὲ ὀφθήσεται (8 b)

— 5. τότε ὄψῃ καὶ φοβηθήσῃ (8 a)

61. 9. πᾶς ὁ ὁρῶν αὐτοὺς ἐπιγνώσεται αὐτούς (8 a)

62. 2. ὄψονται ἔθνη τὴν δικαιοσύνην σου (8 a)

66. 5. ἵνα . . . ὀφθῇ ἐν τῇ εὐφροσύνῃ αὐτῶν (8 a)

— 8. τίς ἑώρακεν οὕτως (8 a)

— 14. ὄψεσθε [A -εται] καὶ χαρήσεται ἡ καρδία ὑμῶν (8 a)

— 18. ὄψονται τὴν δόξαν μου (8 a)

— 19. οὔτε ἑωράκασί μου τὴν δόξαν (8 a)

— 24. ὄψονται τὰ κῶλα τῶν ἀνθρώπων (8 a)

Je. 1. 11. τί σὺ ὁρᾷς (8 a)

— 12. A B S^2 καλῶς ἑώρακας (8 a)

— 13. A B S^2 τί σὺ ὁρᾷς (8 a)

4. 21. ἕως πότε ὄψομαι φεύγοντας (8 a)

5. 12. μάχαιραν καὶ λιμὸν οὐκ ὀψόμεθα (8 a)

7. 11. ἐγὼ ἑώρακα (8 a)

— 17. οὐχ ὁρᾷς τί αὐτοὶ ποιοῦσιν (8 a)

12. 4. οὐκ ὄψεται ὁ θεὸς ὁδοὺς ἡμῶν (8 a)

13. 26. ὀφθήσεται ἡ ἀτιμία σου (8 b)

— 27. ἑώρακα τὰ βδελύγματά σου (8 a)

14. 13. οὐκ ὄψεσθε [S^1 -όμεθα] μάχαιραν (8 a)

17. 6. οὐκ ὄψεται ὅταν ἔλθῃ τὰ ἀγαθά (8 a)

20. 4. οἱ ὀφθαλμοί σου ὄψονται (8 a)

22. 10. οὐδὲ ὄψεται [S καὶ οὐ μὴ ἴδῃ] τὴν γῆν πατρίδος αὐτοῦ (8 a)

— 12. τὴν γῆν ταύτην οὐκ ὄψεται ἔτι (8 a)

23. 14. ἑώρακα φρικτὰ μοιχωμένους (8 a)

— 24. ἐγὼ οὐκ ὄψομαι αὐτόν (8 a)

24. 3. τί σὺ ὁρᾷς, Ἱερεμία (8 a)

28 (51). 61. ὄψῃ καὶ ἀναγνώσῃ πάντας τοὺς λόγους τούτους (8 a)

29 (49). 22. ὥσπερ ἀετὸς ὄψεται †

36 (29). 32. οὐκ ὄψονται (8 a ?)

37 (30). 6. ἑώρακα πάντα ἄνθρωπον (8 a)

38 (31). 3. κύριος πόρρωθεν ὤφθη [A S ὀφθήσεται] αὐτῷ (8 b)

— 33 A S^1 ὄψομαι αὐτούς –

39 (32). 4. οἱ ὀφθαλμοὶ αὐτοῦ τοὺς [S πρὸς] ὀφθαλμοὺς αὐτοῦ ὄψονται (8 a)

41 (34). 3. ὀφθαλμοί σου τοὺς ὀφθαλμοὺς αὐτοῦ ὄψονται (8 a)

51 (44). 2. ἑωράκατε πάντα τὰ κακά (8 a)

Ba. 3. 22. οὐδὲ ὤφθη ἐν Θαιμάν
— 37. μετὰ τοῦτο ἐπὶ τῆς γῆς ὤφθη
4. 24. ὥσπερ γὰρ νῦν ἑωράκασιν αἱ πάροικοι Σιὼν τὴν ὑμετέραν αἰχμαλωσίαν οὕτως ὄψονται ἐν τάχει τὴν παρὰ τοῦ θεοῦ ὑμῶν σωτηρίαν
— 25. ὄψει αὐτοῦ τὴν ἀπώλειαν ἐν τάχει
Ep. Je. 4. ὄψεσθε ἐν Βαβυλῶνι θεοὺς ἀργυροῦς
Ez. 8. 6. ἑώρακας τί οὗτοι ποιοῦσιν (8 *a*)
— 6. **AB**^{3}**R** ὄψει [**B**^{1} -ῃ] ἀνομίας [**A** ἁμαρτίας] μείζονας (8 *a*)
— 12. ἑώρακας, υἱὲ ἀνθρώπου, ἃ οἱ πρεσβύτεροι οἴκου Ἰσραὴλ ποιοῦσιν (8 *a*)
— 12. οὐχ ὁρᾷ ὁ κύριος [**A** *al.*] (8 *a*)
— 13. ἔτι ὄψει [**A** -ῃ] ἀνομίας μείζονας (8 *a*)
— 15. ἑώρακας . . . ὄψει [**A** ὄψῃ] ἐπιτηδεύματα μείζονα τούτων (8 *a*, 8 *a*)
— 17. ἑώρακας, υἱὲ ἀνθρώπου (8 *a*)
12. 2. **A** ἔχουσιν ὀφθαλμοὺς τοῦ ὁ. [**B** βλέπειν] (8 *a*)
— 12. ὅπως μὴ ὁραθῇ ὀφθαλμῷ καὶ αὐτὸς τὴν γῆν οὐκ ὄψεται (8 *a*, –)
— 13. αὐτὴν οὐκ ὄψεται (8 *a*)
— 27. ἡ ὅρασις ἣν οὗτος ὁρᾷ εἰς ἡμέρας πολλάς (5 *a*)
13. 7. οὐχὶ ὅρασιν ψευδῆ ἑωράκατε (5 *a*)
— 9. ἐπὶ τοὺς προφήτας τοὺς ὁρῶντας ψευδῆ (5 *a*)
— 16. οἱ [**A** *om.*] ὁρῶντες αὐτῇ [**A**^{2} -ήν] εἰρήνην (5 *a*)
14. 22, 23 (**AB**^{2}). ὄψεσθε τὰς ὁδοὺς αὐτῶν (8 *a*)
16. 37. ὄψονται πᾶσαν τὴν αἰσχύνην σου (8 *a*)
20. 43. **A**^{2} ὄψεσθε [**A**^{1}**B** κόψεσθε] τὰ πρόσωπα ὑμῶν †
21. 24 (29). τοῦ ὁραθῆναι ἁμαρτίας ὑμῶν (8 *b*)
22. 28. οἱ προφῆται αὐτῆς . . . πεσοῦνται ὁρῶντες [**A** οἱ ὁ.] μάταια (5 *a*)
28. 18. ἐναντίον πάντων τῶν ὁρώντων σε (8 *a*)
32. 31. ἐκείνους ὄψεται βασιλεὺς Φαραώ (8 *a*)
39. 21. ὄψονται πάντα τὰ ἔθνη τὴν κρίσιν μου (8 *a*)
40. 4. ὃν [**A** *om.*] ἑώρακας (8 *a*)
— 4. δείξεις πάντα ὅσα σὺ ὁρᾷς (8 *a*)
41. 6. τοῦ εἶναι τοῖς ἐπιλαμβανομένοις ὁρᾶν –
43. 7. ἑώρακας, υἱὲ ἀνθρώπου, τὸν τόπον τοῦ θρόνου μου –
47. 6. ἑώρακας, υἱὲ ἀνθρώπου (8 *a*)
Da. LXX. Su. 54. ποταπῷ τοῦ παραδείσου τόπῳ ἑώρακας αὐτούς
2. 3. ἐνύπνιον ἑώρακα (6)
— 8. ἑωράκατε ὅτι ἀπέστη ἀπ' ἐμοῦ τὸ πρᾶγμα (5 *b*)
— 9. ὃ τὴν νύκτα ἑώρακα –
— 10. εἰπεῖν τῷ βασ. ὃ ἑώρακε –
— 27. τὸ μυστήριον ὃ ἑώρακεν ὁ βασ. –
— 31. σὺ βασιλεῦ ἑώρακας (5 *c*)
— 34. ἑώρακας ἕως ὅτου ἐτμήθη λίθος (5 *c*)
— 41. ὡς ἑώρακας τοὺς πόδας αὐτῆς (5 *b*)
— 45. ἑώρακας ἐξ ὄρους τμηθῆναι λίθον (5 *b*)
3. 25 (92). ὁρῶ ἄνδρας τέσσαρας λελυμένους (5 *b*)
4. 19. τὰ ἔργα σου ὤφθη †
— 29. καὶ οὐ μὴ ὀφθῇς –
5. 6. ἑώρα τὴν γραφὴν ἐκείνην –
Bel 5. οὐχ ὁρᾷς ὅσα εἰς αὐτὸν δαπανᾶται
— 11. σὺ αὐτὸς ὁρᾷς ὅτι κεῖται ταῦτα
— 34. οὐχ ἑώρακα τὴν Βαβ.
— 39. ὁρᾷ αὐτὸν καθήμενον
Da. TH. Su. 12. παρετηροῦσαν . . . ὁρᾶν αὐτήν
1. 13. ὀφθήτωσαν ἐνώπιόν σου αἱ ἰδέαι ἡμῶν (8 *b*)
— 15. ὡράθησαν αἱ ἰδέαι αὐ. (8 *b*)
3. 25 (92). ὁρῶ ἄνδρας τέσσαρας λελυμένους (5 *b*)
8. 1. ὅρασις ὤφθη πρὸς μὲ . . . μετὰ τὴν ὀφθεῖσάν μοι τὴν ἀρχήν (8 *b*, 8 *b*)
Bel 6. οὐχ ὁρᾷς ὅσα ἐσθίει
— 20. ὁρῶ τὰ ἴχνη ἀνδρῶν
— 35. Βαβυλῶνα οὐχ ἑώρακα
I Ma. 4. 6. ὤφθη Ἰ. ἐν τῷ πεδίῳ
— 19. ὤφθη μέρος τι ἐκκύπτον ἐκ τοῦ ὄρους
6. 43. **A R** ὤφθη [**S** ᾤηθη] ὅτι ἐν αὐτῷ ἐστιν ὁ βασ.
9. 27. οὐκ ὤφθη προφήτης αὐτοῖς
II Ma. 2. 8. ὀφθήσεται ἡ δόξα τοῦ κυρίου
3. 16. ἦν δὲ ὁρῶντα τὴν τοῦ ἀρχιερέως ἰδέαν
— 25. ὤφθη γάρ τις ἵππος αὐτοῖς
4. 6. ἑώρα γὰρ . . . ἀδύνατον εἶναι
6. 9. παρῆν οὖν ὁρᾶν τὴν ἐνεστῶσαν ταλαιπωρίαν
12. 42. ὑπ' ὄψιν ἑωρακότας [**A**^{1} -ες] τὰ γεγονότα
III Ma. 4. 8. παρὰ πόδας ἤδη τὸν ᾅδην ὁρῶντες κείμενον
IV Ma. 4. 24. τιμωρίας ἑώρα καταλυομένας
8. 15. καὶ ὁρῶντες δεινά
9. 30. ὁρῶν σου νικώμενον τὸν . . . λογισμόν
IV Ma. 10. 8. ἑώρα τὰς ἑαυτοῦ σάρκας περιλακιζομένας
12. 3. ὁρῶν ἤδη τὰ δεσμὰ περικείμενον
— 4. τὸ τέλος ὁρᾷς
13. 27. τοὺς καταικιζομ. ὁρῶντες . . . βασανιζομένους
14. 9. οἱ δὲ οὐ μόνον ὁρῶντες
15. 14. καθ' ἕνα στρεβλούμενον . . . ὁρῶσα μήτηρ
— 15. τὰς σάρκας τῶν τέκνων ἑώρα
— 19. τοὺς ὀφθ. . . . ταυρηδὸν ἐπὶ τῶν βασάνων ὁρῶντας
— 20. **A S**^{2}**R** ὁρῶσα [**S**^{1} ἑώρακας] σάρκας τέκνων ἀποκαιομένας
— 20. πολυάνδριον ὁρῶσα τῶν τέκνων τὸ χορεῖον
— 24. καίπερ ἑπτὰ τέκνων ὁρῶσα ἀπώλειαν
— 25. δεινοὺς ὁρῶσα συμβούλους
16. 1. τὰς μέχρι θανάτου βασάνους ὁρῶσα
— 3. **S R** ὁρῶσαν αὐτῆς τοὺς ἑπτὰ υἱούς [**A** *al.*]
— 9. οὐκ ὄψομαι ὑμῶν τέκνα
— 15. τὸν Ἐλ. ὁρῶσα βασανιζόμενον
— 20. **A R** τὴν πατρῴαν χεῖρα . . . καταφερομ. ἐπ' αὐτὸν ὁρῶν [**S** *om.*]
17. 7. **S** οὐκ ἂν ἔφριττον οἱ θεωροῦντες ὁρῶντες [**A**^{2}**R** *om.*] μητέρα
[**Aq.** Ex. 3. 9 : 6. 3 : Nu. 14. 14 : 24. 17 : Jd. 5. 8 : 1 Ki. 3. 21 : Jb. 7. 8 : 42. 5 : Ps. 30 (31). 12 : 34 (35). 17 : 48 (49). 20 : 83 (84). 8 : Is. 18. 3 : 21. 6, 7 : 29. 10 : 30. 10 : 33. 7 : 35. 2 : 38. 11 : 53. 11 : 66. 5 : Je. 1. 11, 13 : 32 (39). 24 : Ez. 10. 1 : 21. 29 (34).]
[**Sm.** Ge. 19. 21 : Ex. 3. 9 : 32. 9 : Nu. 24. 17 : Jd. 4. 14 : 1 Ki. 2. 32 : 3. 21 : 9. 9 *bis* : IV Ki. 6. 32 : Jb. 4. 18 : 37. 18 : 42. 5 : Ps. 9. 35 (10. 14) : 26 (27). 4 : 30 (31). 12 : 32 (33). 13 : 34 (35). 17 : 36 (37). 37 : 48 (49). 10 : Is. 18. 3 : 22. 9 : 30. 10 *ter* : 32. 3 : 33. 7, 19 : 35. 2 : 38. 11 : 52. 8 : 53. 11 : 66. 5 : Je. 1. 11 (Sw.) : 31 (38). 3 : 32 (39). 24 : Ez. 10. 1 : 21. 29 (34) : 24. 25 : Hb. 1. 13 : Za. 3. 2.]
[**Th.** Ge. 20. 10 : Ex. 32. 9 : Jd. 13. 22 : 18. 9 : 1 Ki. 3. 21 : 9. 9 : Jb. 7. 8 : 10. 4 : 23. 9 : 42. 5 : Ps. 16 (17). 15 : 34 (35). 17 : 48 (49). 20 : Is. 18. 3 : 21. 7 : 33. 7 : 35. 2 : 38. 11 : 44. 9 : 52. 8 : 53. 11 : 66. 5 : Je. 1. 11, 13 : 32 (39). 24 : Ez. 10. 1.]
[**Al.** Ex. 1. 16 : Dt. 7. 19 : 1 Ki. 9. 9, 18 : Ps. 10 (11). 7 : 127 (128). 5 : Is. 66. 24 : Ez. 12. 2.]
[**Quint.** Ps. 48 (49). 20.]
[**Sext.** Ps. 8. 4 : 48 (49). 20.]

ὅρασις. (1) זִיו (2) *a.* חָזוֹן *b.* מַחֲזֶה *c.* חִזָּיוֹן *d.* חֲזוּת *e.* חָזָה *f.* חֵזוּ (3) מִצְפָּה (4) *a.* מַרְאֶה *b.* רָאָה *c.* מַרְאֵה עֵינֵי *d.* מַרְאָה *e.* רְאִי *f.* רָאִי (5) מַשָּׂא (6) עַיִן (7) רֵו (8) תּוֹר

Ge. 2. 9. πᾶν ξύλον ὡραῖον εἰς ὅρασιν (4 *a*)
24. 62. διεπορεύετο . . . κατὰ τὸ φρέαρ τῆς ὁ. (4 *b*)
25. 11. παρὰ τὸ φρέαρ τῆς ὁ. (4 *b*)
31. 49. καὶ ἡ ὅ. ἣν εἶπεν (3)
40. 5. **R** ἡ δὲ [**A** *om.* ἡ δὲ] ὅ. τοῦ ἐνυπνίου †
Le. 13. 12. καθ' ὅλην τὴν ὅ. τοῦ ἱερέως (4 *c*)
Nu. 24. 4. ὅστις ὅρασιν θεοῦ εἶδεν (2 *b*)
— 16. ὅρασιν θεοῦ ἰδών (2 *b*)
Jd. 13. 6. **A** ἡ ὅ. αὐτοῦ ὡς ὅρασις ἀγγέλου [**B** *al.*] (4 *a*, 4 *a*)
I Ki. 3. 1. οὐκ ἦν ὅρασις διαστέλλουσα (2 *a*)
— 15. ἐφοβήθη ἀπαγγεῖλαι τὴν ὅ. (4 *d*)
16. 12. καὶ ἀγαθὸς ὁράσει κυρίῳ (4 *f*)
II Ki. 7. 17. κατὰ πᾶσαν τὴν ὅ. ταύτην (2 *c*)
I Ch. 17. 15. κατὰ πᾶσαν τὴν ὅ. ταύτην (2 *a*)
— 17. ἐπειδές με ὡς ὅρασις ἀνθρώπου (8)
II Ch. 9. 29. γεγραμμένοι . . . ἐν ταῖς ὁ. Ἰ. (2 *d*)
To. 12. 19. ὅρασιν ὑμεῖς ἐθεωρεῖτε [**S** *al.*]
Jb. 37. 18. ἰσχυραὶ ὡς ὅρασις [**A** -σεις] ἐπιχύσεως (4 *e*)
Ps. 88 (89). 19. ἐλάλησας ἐν ὁράσει τοῖς υἱοῖς σου (2 *a*)
Ec. 11. 9. καὶ μὴ [**AS**^{2} *om.*] ἐν ὁράσει ὀφθαλμῶν σου (4 *a*)
Wi. 15. 15. οὔτε ὀμμάτων χρῆσις εἰς ὅρασιν
Si. 11. 2. μὴ βδελύξῃ ἄνθρωπον ἐν ὁράσει αὐτοῦ [**S** *al.*]
19. 29. ἀπὸ ὁράσεως ἐπιγνωσθήσεται ἀνήρ [**S**^{1} νοήμων]
25. 17. πονηρία γυναικὸς ἀλλοιοῖ τὴν ὅ. αὐτῆς
31 (34). 3. τοῦτο κατὰ τούτου [**S** τοῦτο] ὅρασις ἐνυπνίων
Si. 40. 6. τεθορυβημένος ἐν ὁράσει [**B**^{2} θράσει] καρδίας αὐ.
41. 20. ἀπὸ ὁράσεως γυναικὸς ἑταίρας [**A S** ἑτέρας]
46. 15. ἐγνώσθη ἐν πίστει [**A S** ῥήμασιν] αὐτοῦ πιστὸς ὁράσεως
48. 22. ὁ μέγας καὶ πιστὸς ἐν ὁράσει αὐτοῦ
49. 8. ὃς εἶδεν ὅρασιν δόξης
Ho. 12. 10 (11). καὶ ἐγὼ ὁράσεις ἐπλήθυνα (2 *a*)
Mi. 3. 6. διὰ τοῦτο νὺξ ὑμῖν ἔσται ἐξ ὁράσεως (2 *a*)
Jl. 2. 4. ὡς ὅρασις ἵππων ἡ ὅ. [**A** ὄψις] αὐτῶν (4 *a*, 4 *a*)
— 28 (3. 1). οἱ νεανίσκοι ὑμῶν ὁράσεις ὄψονται (2 *c*)
Ob. 1. 1. ὅρασις Ἀβδίου (2 *a*)
Na. 1. 1. βιβλίον ὁράσεως Ν. τοῦ Ἐ. (2 *a*)
2. 4 (5). ἡ ὅ. αὐτῶν ὡς λαμπάδες πυρός (4 *a*)
Hb. 2. 2. γράψον ὅρασιν καὶ σαφῶς (2 *a*)
— 3. διότι ἔτι ὅρασις [**A** -σεις] εἰς καιρόν (2 *a*)
Za. 10. 2. ἐλάλησαν . . . οἱ μάντεις ὁράσεις ψευδεῖς (2 *e*)
13. 4. καταισχυνθήσονται . . . ἕκαστος ἐκ τῆς ὁ. αὐτοῦ (2 *c*)
Is. 1. 1. ὅρασις ἣν εἶδεν Ἡσαΐας (2 *a*)
13. 1. ὅρασις ἣν εἶδεν Ἡσαΐας (5)
19. 1. ὅρασις Αἰγύπτου (5)
30. 6. ἡ [**S** *om.*] ὅ. τῶν τετραπόδων τῶν ἐν τῇ ἐρήμῳ (5)
66. 24. ἔσονται εἰς ὅρασιν πάσῃ σαρκί †
Je. 14. 14. ὁράσεις ψευδεῖς καὶ μαντείας . . . προφητεύουσιν ὑμῖν (2 *a*)
23. 16. ματαιοῦσιν ἑαυτοῖς ὅρασιν [**A** -σεις] (2 *a*)
La. 2. 9. προφῆται αὐτῆς οὐκ εἶδον ὅρασιν παρὰ κυρίου (2 *a*)
Ep. Je. 37. ἄνθρωπον τυφλὸν εἰς ὅρασιν οὐ μὴ περιστήσωσιν [**A** παραστ.]
Ez. 1. 1. ἴδον ὁράσεις θεοῦ (4 *d*)
— 4. ὡς ὅρασις [**A** ὁμοίωμα] ἠλέκτρου (6)
— 5. αὕτη ἡ ὅ. αὐτῶν (4 *a*)
— 13. ὅρασις ὡς [**A** *om.*] ἀνθράκων πυρὸς καιομένων (4 *a*)
— 22. ὡς ὅρασις κρυστάλλου (6)
— 26. ὡς ὅρασις λίθου σαπφείρου (4 *a*)
— 27. **A** ἴδον ὡς ὄψιν ἠλέκτρου ὡς ὅρασις πυρὸς ἔσωθεν αὐτοῦ κύκλῳ [**B** *al.*] (4 *a*)
— 27. **A**^{2}**B** ἀπὸ ὁράσεως ὀσφύος καὶ ἐπάνω καὶ ἀπὸ ὁράσεως ὀσφύος καὶ ἕως κάτω ἴδον ὡς ὅρασιν πυρός (4 *a ter*)
— 28. **A**^{2} **B** ὡς ὅρασις τόξου (4 *a*)
2. 1 (1. 28). **B** αὕτη ἡ ὅ. ὁμοιώματος [**A**^{2} -ματης] δόξης κυρίου (4 *a*)
3. 23. καθὼς ἡ ὅ. καὶ καθὼς ἡ δόξα κυρίου –
7. 13. **A** ὅρασις εἰς πᾶν τὸ πλῆθος αὐτῆς οὐκ ἀνακάμψει (2 *a*)
— 26. ζητηθήσεται ὅρασις ἐκ προφήτου (2 *a*)
8. 2. ὡς ὅρασις [**A** *add.* αὔρας ὡς εἶδος] ἠλέκτρου (6 [4 *a*])
— 3. ἤγαγέ με εἰς Ἱερουσαλὴμ ἐν ὁράσει θεοῦ (4 *d*)
— 4. κατὰ τὴν ὅ. ἣν ἴδον (4 *a*)
10. 22. **A** ἴδον . . . ἐπὶ τοῦ ποταμοῦ τοῦ Χοβὰρ τὴν ὅ. αὐ. [**B** *om.* τ. ὅ. αὐ.] (4 *a*)
11. 24. ἐν ὁράσει ἐν πνεύματι θεοῦ καὶ ἀνέβην ἀπὸ τῆς ὁ. (4 *a*, 4 *a*)
12. 22. ἀπόλωλεν ὅρασις (2 *a*)
— 23. λόγος πάσης ὁράσεως (2 *a*)
— 24. οὐκ ἔσται ἔτι πᾶσα ὅ. ψευδής (2 *a*)
— 27. ἡ ὅ. ἣν οὗτος ὁρᾷ εἰς ἡμέρας πολλάς (2 *a*)
13. 7. οὐχὶ ὅρασιν ψευδῆ ἑωράκατε (2 *b*)
21. 29 (34). ὅπως στίλβῃς ἐν τῇ ὅ. σου τῇ ματαίᾳ (2 *e*)
23. 16. ἐπέθετο ἐπ' αὐτοὺς τῇ [**A** ἐν] ὁ. ὀφθαλμῶν αὐτῆς (4 *a*)
40. 2. ἤγαγέ με ἐν ὁράσει θεοῦ (4 *d*)
— 3. ἡ ὅ. αὐτοῦ ἦν ὡσεὶ ὅρασις χαλκοῦ στίλβοντος (4 *a*, 4 *a*)
41. 21. ὅρασις ὡς ὄψις θυσιαστηρίου ξυλίνου (4 *a*)
43. 3. ἡ ὅ. ἣν ἴδον κατὰ τὴν ὅ. ἣν ἴδον . . . ἡ ὅ. τοῦ ἅρματος οὗ ἴδον κατὰ τὴν ὅ. ἣν [**A** οὗ] ἴδον (4 *a*, 4 *a*, 4 *d*, 4 *a*)
— 10. τὴν ὅ. αὐτοῦ καὶ τὴν διάταξιν αὐτοῦ †
Da. LXX. 3. 25 (92). ἡ ὅ. τοῦ τετάρτου ὁμοίωμα ἀγγέλου θεοῦ (7)
4. 8. καὶ ἡ ὅ. αὐ. μεγάλη (2 *d*)
— 9. καὶ ἡ ὅ. αὐ. μεγάλη –
— 16. ἀλλοιωθείσης τῆς ὁ. αὐ. –
— 17. οὗ ἡ ὅ. μεγάλη (2 *d*)
— 20. καὶ ἡ ὅ. ἣν εἶδες –
5. 6. ἡ ὅ. αὐ. ἠλλοιώθη (1)
8. 1. ὅρασις ἣν εἶδον ἐγὼ Δαν. (2 *a*)

Da. LXX. 8. 15. ἔστη κατεναντίον μου ὡς ὅρασις ἀνθρώπου (4 a)
— 16. συνέτισον ἐκεῖνον τὴν ὅ. (4 a)
— 16. ἐπὶ τὸ πρόσταγμα ἐκεῖνο ἡ ὅ. –
10. 6. τὸ πρόσωπον αὐ. ὡσεὶ ὅρασις ἀστραπῆς (4 a)
— 7. εἶδον ἐγὼ Δ. τὴν ὅ. τὴν μεγάλην ταύτην (4 d)
— 7. οὐκ εἴδοσαν τὴν ὅ. ταύτην (4 d)
— 8. εἶδον τὴν ὅ. τὴν μεγάλην ταύτην (4 d)
— 14. R ἔτι γὰρ ὅρασις [cod. ὥρα] εἰς ἡμέρας (2 a)
— 16. ὡς ὅρασις ἀπεστράφη (4 d v. 4 a)
— 18. ἥψατό μου ὡς ὅρασις ἀνθρώπου (4 a)
Da. TH. Su. 64. A ὅρασις α
1. 1. A ὅρασις β –
— 17. Δανιὴλ συνῆκεν ἐν πάσῃ ὁ. (2 a)
— 21. A ὅρασις β –
2. 1. A ὅρασις γ –
— 28. καὶ αἱ ὁ. τῆς κεφαλῆς σου (2 f)
— 31. καὶ ἡ ὅ. αὐτῆς φοβερά (7)
— 49. A ὅρασις γ –
3. 1. A ὅρασις δ –
— 25 (92). ἡ ὅ. τοῦ τετάρτου ὁμοία υἱῷ θεοῦ (7)
— 30 (97). A ὅρασις δ –
— 31 (98). A ὅρασις ε –
4. 2. αἱ ὁ. τῆς κεφ. μου συνετάραξάν με (2 f)
— 6. ἄκουσον τὴν ὅ. τοῦ ἐνυπνίου (2 f)
— 34. A ὅρασις ε –
5. 1. A ὅρασις ϛ –
— 29. A ὅρασις ϛ –
— 30. A ὅρασις ζ –
6. 28 (29). A ὅρασις ζ –
7. 1. A ὅρασις η
— 1. καὶ αἱ ὁ. τῆς κεφ. αὐ. ἐπὶ τῆς κοίτης αὐ. (2 f)
— 15. αἱ ὁ. τῆς κεφαλῆς μου ἐτάρασσόν με (2 f)
— 20. καὶ ἡ ὅ. αὐ. μείζων τῶν λοιπῶν (2 f)
— 28. A ὅρασις η –
8. 1. A ὅρασις θ –
— 1. ὅρασις ὤφθη πρὸς μέ (2 a)
— 13. ἕως πότε ἡ ὅ. στήσεται (2 a)
— 15. ἐν τῷ ἰδεῖν με . . . τὴν ὅ. (2 a)
— 15. ἔστη ἐνώπιον ἐμοῦ ὡς ὅρασις ἀνδρός (4 a)
— 16. συνέτισον ἐκεῖνον τὴν ὅ. (4 a)
— 17. ἔτι γὰρ εἰς καιροῦ πέρας ἡ ὅ. (2 a)
— 19. ἔτι γὰρ εἰς καιροῦ πέρας ἡ ὅ. –
— 26. καὶ ἡ ὅ. τῆς ἑσπέρας (4 a)
— 26. σφράγισον τὴν ὅ. (2 a)
— 27. ἐθαύμαζον τὴν ὅ. (4 a)
— 27. A ὅρασις θ –
9. 1. A ὅρασις ι –
— 21. ὃν ἴδον ἐν τῇ ὁ. (2 a)
— 24. A τοῦ σφραγίσαι ὅρασιν [B om.] ἁμαρτίας –
— 24. τοῦ σφραγίσαι ὅρασιν (2 a)
— 27. A ὅρασις ι –
10. 1. A ὅρασις ια –
— 6. B ὡσεὶ [A ὡς, R ὡς ἡ] ὅρασις ἀστραπῆς (4 a)
— 6. ὡς ὅρασις χαλκοῦ στίλβοντος (6)
— 14. ἔτι ἡ [A om. ἔ. ἡ] ὅ. εἰς ἡμέρας (2 a)
— 18. ἥψατό μου ὡς ὅρασις ἀνθρώπου (4 a)
11. 14. τοῦ στῆσαι ὅρασιν (2 a)
12. 13. A ὅρασις ια –
Bel 1. A ὅρασις ιβ –
I Ma. 13. 27. ὕψωσεν αὐτὸν τῇ ὁ.
III Ma. 5. 33. καὶ τῇ ὁ. . . . συνεστάλη
[Aq. Jb. 37. 18: Ps. 88 (89). 20: Is. 52. 14: Ez. 1. 27, 28: 8. 2: 10. 1, 10: 23. 15.]
[Sm. II Ch. 26. 5: Ps. 88 (89). 20: Ec. 12. 3: Is. 11. 3: 22. 1: 28. 7: Ez. 1. 16: 8. 2: 11. 24: 13. 16: Da. 10. 16 (Sw.).]
[Th. Jd. 13. 6 bis: Jb. 37. 18: Is. 22. 1: Ez. 1. 13, 16, 27, 28: 7. 13: 10. 10, 22: 13. 16: Da. 2. 28: 3. 25 (92): 4. 7†: 7. 2†: 8. 2†, 16, 26: 9. 24: 10. 14: Am. 5. 26.]
[Heb. Ez. 1. 4.]

ὁρατής. (1) מַרְאֶה (2) ὁ. εἶναι עֵינָיו עַל־ (3) ὁ. εἶναι שׁוּר

II Ki. 23. 21. A ἐπάταξε . . . ἄνδρα ὁ. [B -όν] (1)
Jb. 34. 21. αὐτὸς γὰρ ὁρατής ἐστιν ἔργων ἀνθρώπων (2)
35. 13. ὁρατής ἐστι τῶν συντελούντων τὰ ἄνομα (3?)

ὁρατικός. (1) חָזָה

Pr. 22. 29. ὁρατικὸν ἄνδρα καὶ ὀξὺν ἐν τοῖς ἔργοις αὐτοῦ (1)

ὁρατός. (1) a. מַרְאֶה b. רָאָה

II Ki. 23. 21. ἐπάταξε . . . ἄνδρα ὁ. [A -ήν] (1 a)
I Ch. 11. 23. ἐπάταξε . . . ἄνδρα ὁ. πεντάπηχυν †
Jb. 34. 26. ὁρατοὶ δὲ ἐναντίον αὐτοῦ [A al.] (1 b?)
37. 21. πᾶσι δὲ οὐχ ὁρατὸν τὸ φῶς (1 b)

ὅραξ.

[Heb. Ps. 43 (44). 19.]

ὀργανικός.

II Ma. 12. 15. τὸν ἄτερ . . . μηχανῶν ὁ. κατακρημνίσαντα

ὄργανον. (1) a. כְּלִי b. כְּלִי עֹז (2) כִּנּוֹר (3) נֶבֶל (4) עֻגָב (5) a. שִׁיר b. כְּלִי־שִׁיר

II Ki. 6. 5. παίζοντες . . . ἐν ὁ. ἡρμοσμένοις †
— 14. ἀνεκρούετο ἐν ὁ. ἡρμοσμένοις †
I Ch. 6. 32 (17). ἦσαν λειτουργοῦντες . . . ἐν ὀργάνοις (5 a)
15. 16. στήσατε . . . τοὺς ψαλτῳδοὺς ἐν ὀργάνοις [A ὁ. ᾠδῶν] (5 b [1 a])
16. 5. ἐν ὀργάνοις νάβλαις κινύραις (1 a)
— 42. καὶ ὄργανα τῶν ᾠδῶν τοῦ θεοῦ (1 a)
23. 5. αἰνοῦντες τῷ κυρίῳ ἐν τοῖς ὁ. (1 a)
II Ch. 5. 13. καὶ ἐν ὀργάνοις τῶν ᾠδῶν (1 a)
7. 6. ἐν ὀργάνοις ᾠδῶν κυρίου (1 a)
23. 13. καὶ οἱ ᾄδοντες ἐν τοῖς ὁ. (1 a)
29. 26. ἔστησαν οἱ Λ. ἐν ὀργάνοις Δ. (1 a)
— 27. καὶ σάλπιγγες πρὸς τὰ ὄ. Δ. (1 a)
30. 21. καὶ οἱ Λ. ἐν ὀργάνοις τῷ κ. (1 b)
34. 12. συνίων ἐν ὀργάνοις ᾠδῶν (1 a)
Ps. 136 (137). 2. ἐκρεμάσαμεν τὰ ὄ. ἡμῶν (2)
150. 4. αἰνεῖτε αὐτὸν ἐν . . . ὀργάνῳ [A -οις] (4)
151. 2. αἱ χεῖρές μου ἐποίησαν ὄργανον
Am. 5. 23. καὶ ψαλμὸν ὀργάνων σου οὐκ ἀκούσομαι (3)
6. 5. οἱ ἐπικροτοῦντες πρὸς τὴν φωνὴν τῶν ὀ. (3)
II Ma. 12. 27. ὀργάνων . . . πολλαὶ παραθέσεις ὑπῆρχον
13. 5. A ὄργανον δὲ εἶχε περιφερές [R al.]
IV Ma. 6. 25. διὰ κακοτέχνων ὁ. καταφλέγοντες αὐτόν
9. 20. περὶ τοὺς ἄξονας τοῦ ὁ.
— 26. AR τοῖς ὁ. [S ὀργάνῳ] . . . προσέδησαν αὐτόν
10. 5. ἀρθρεμβόλοις ὁ. τὰς χεῖρας αὐ. . . . ἐξήρθρουν
— 7. S[1] περιλύσαντες τὰ ὄ. [A S[2] R al.]
— 18. κἂν ἀφέλῃς τὸ τῆς φωνῆς ὄ.
[Aq. Jb. 21. 12: Ps. 150. 4.]
[Sm. Jb. 38. 37: Je. 18. 3.]
[Th. Jb. 38. 37: Je. 18. 3: Ez. 26. 13.]
[Al. Le. 14. 5.]

ὀργή. (1) אַף (2) זַעַם (3) זַעַף (4) a. חֵמָה b. חֵמָא (5) a. חָרוֹן b. חָרָה c. חֳרִי (6) כַּעַס (7) כַּעַשׂ (8) נֶאָצָה (9) סוּפָה (10) סַעַר (11) סְעָרָה (12) עֶבְרָה (13) a. קֶצֶף b. קְצַף c. קָצַף (14) רֹגֶז (15) ἐστὶν ἡ ὀ. קֶצֶף (16) θυμὸς ὀργῆς a. רֹגֶז b. חֵמָה c. עֶבְרָה (17) ἡ ὀ. τοῦ θυμοῦ אַף (18) ὀργὴν ἐπάγειν זָעַם (19) ὀργὴ θυμοῦ a. אַף b. חֵמָה

Ge. 27. 44. τοῦ ἀποστρέψαι . . . τὴν ὀ. τοῦ ἀδελφοῦ (4 a)
39. 19. καὶ ἐθυμώθη ὀργῇ (1)
Ex. 4. 14. θυμωθεὶς ὀργῇ κύριος ἐπὶ Μωυσῆν (1)
15. 7. ἀπέστειλας τὴν ὀ. σου (5 a)
32. 10. θυμωθεὶς ὀργῇ εἰς αὐτοὺς ἐκτρίψω (1)
— 11. ἵνα τί . . . θυμοῖ ὀργῇ εἰς τὸν λαόν (1)
— 12. παῦσαι τῆς ὀ. τοῦ θυμοῦ σου (5 a)
Nu. 11. 1. ἐθυμώθη ὀργῇ (1)
— 10. ἐθυμώθη ὀργῇ κύριος σφόδρα (1)
— 11. A ἐπιθεῖναι τὴν ὀ. [B ὁρμήν] τοῦ λαοῦ τ. ἐπ' ἐμέ †
12. 9. ὀργὴ θυμοῦ κυρίου ἐπ' αὐτοῖς (5 b)
14. 34. γνώσεσθε τὸν θυμὸν τῆς ὀ. μου †
16. 22. ἐπὶ πᾶσαν τὴν συναγ. ὀργὴ [A ἡ ὀ.] κυρίου (13 a)
— 46 (17. 11). ἐξῆλθε γὰρ ὀργὴ [A[1] om.] ἀπὸ προσώπου κυρίου (13 b)
25. 4. B[1] ἀποστραφήσεται ὀργὴ [AB[2]R add. θυμοῦ] κυρίου (5 a+1 [5 a])
Nu. 32. 14. προσθεῖναι ἔτι ἐπὶ τὸν θυμὸν τῆς ὀ. (1)
De. 9. 19. ἔκφοβός εἰμι διὰ τὴν ὀ. (1)
11. 17. καὶ θυμωθεὶς ὀργῇ [A -γισθῇ] κύριος (1)
13. 17 (18). ἀπὸ θυμοῦ τῆς ὀ. αὐτοῦ (1)
29. 20 (19). ἐκκαυθήσεται ὀργὴ κυρίου (1)
— 23 (22). ἃς κατέστρεψε κ. ἐν θυμῷ καὶ ὀργῇ (4 a)
— 24 (23). τίς ὁ θυμὸς τῆς ὀ. ὁ μέγας οὗτος (1)
— 28 (27). ἐξῆρεν αὐτοὺς . . . ἐν θυμῷ καὶ ὀργῇ (4 a)
32. 19. παρωξύνθη δι' ὀργὴν υἱῶν αὐτοῦ (6)
— 27. εἰ μὴ δι' ὀργὴν ἐχθρῶν (6)
33. 10. ἐπιθήσουσι θυμίαμα ἐν ὀργῇ [A[3] ἑορτῇ] σου (1)
Jo. 7. 1. ἐθυμώθη κύριος ὀργῇ (1)
— 26. ἐπαύσατο κ. τοῦ θυμοῦ τῆς ὀ. (1)
9. 20. οὐκ ἔσται καθ' ἡμῶν ὀργή (13 b)
22. 18. ἐπὶ πάντα Ἰσρ. ἔσται ἡ [A om.] ὀ. (15)
— 20. ἐπὶ πᾶσαν συναγ. Ἰσρ. ἐγενήθη ὀ. (13 b)
Jd. 9. 30. A ἐθυμώθη ὀργῇ [B ὠργίσθη θυμῷ] (1)
14. 19. A ἐθυμώθη ὀργῇ [B ὠργίσθη θυμῷ] Σ. (1)
I Ki. 11. 6. ἐθυμώθη ἐπ' αὐτοὺς ὀργὴ αὐ. σφόδρα (1)
19. 22. ἐθυμώθη ὀργῇ Σαούλ –
20. 30. ἐθυμώθη ὀργῇ Σ. ἐπὶ Ἰων. σφόδρα (1)
— 34. ἀνεπήδησεν Ἰων. . . . ἐν ὀργῇ θυμοῦ [A -ῷ] (5 c)
28. 18. οὐκ ἐποίησας θυμὸν ὀργῆς αὐ. (1)
II Ki. 6. 7. R ἐθυμώθη ὀργῇ [A B om.] κύριος τῷ Ὀ. (1)
12. 5. ἐθυμώθη ὀργῇ Δ. σφόδρα τῷ ἀνδρί (1)
22. 9. ἀνέβη καπνὸς ἐν τῇ ὀ. αὐτοῦ (1)
24. 1. B[1]R προσέθετο ὀργὴν κύριος [A B[2] ὀργὴ κυρίου] ἐκκαῆναι (1)
IV Ki. 1. 18 (3. 3). ἐθυμώθη ὀργῇ κύριος –
22. 13. μεγάλη ἡ ὀ. κυρίου ἡ ἐκκεχυμένη (4 a)
23. 26. B ἀπὸ θυμοῦ τῆς ὀ. αὐ. τοῦ μεγάλου [A R τῆς μ.] οὗ ἐθυμώθη [A add. ἐν τῇ] ὀργῇ αὐ. (1, 1)
I Ch. 13. 10. ἐθυμώθη [S add. ὀργῇ] κύριος [A add. ὀργῇ] (1)
27. 24. ἐγένετο ἐν τούτοις ὀργή (13 b)
II Ch. 12. 12. ἀπεστράφη ἀπ' αὐτοῦ [A add. ἡ] ὀργὴ κυρίου (1)
19. 2. ἐγένετο ἐπὶ σὲ ὀργὴ παρὰ κυρίου (13 b)
— 10. οὐκ ἔσται ἐφ' ὑμᾶς ὀργή (13 b)
24. 18. ἐγένετο ὀργὴ ἐπὶ Ἰούδαν (13 b)
25. 10. ἐπέστρεψαν . . . ἐν ὀργῇ θυμοῦ [A al.] (5 c)
— 15. ἐγένετο ὀργὴ κυρίου ἐπὶ Ἀμ. (1)
28. 9. ὀργὴ κυρίου . . . ἐπὶ τὸν Ἰ. (4 a)
— 9. ἀπεκτείνατε ἐν αὐτοῖς ἐν ὀργῇ (3)
— 11. B ὀργὴ [A R add. θυμοῦ] κυρίου ἐφ' ὑμῖν (5 a+1 [5 a])
— 13. B ὅτι πολλὴ . . . ὀργὴ [A R add. θυμοῦ] κ. θεοῦ (5 a+1 [5 a])
29. 8. ὠργίσθη ὀργῇ [A θυμῷ] κύριος (13 b)
— 10. ἀποστρέψει τὴν ὀ. τοῦ θυμοῦ αὐ. [A al.] (5 a)
30. 8. ἀποστρέψει ἀφ' ὑμῶν θυμὸν ὀργῆς (1)
32. 25. ἐγένετο ἐπ' αὐτὸν ὀργή (13 b)
— 26. οὐκ ἐπῆλθεν ἐπ' αὐτοὺς ὀργὴ κυρίου (13 b)
35. 19. οὐκ ἀπεστράφη κ. ἀπὸ ὀργῆς θυμοῦ αὐ. –
I Es. 8. 21. ἕνεκα τοῦ μὴ γενέσθαι ὀργήν
9. 13. ἕως τοῦ λῦσαι τὴν ὀ. κυρίου ἀφ' ἡμῶν
II Es. 7. 23. μή ποτε γένηται ὀργή (13 c)
10. 14. τοῦ ἀποστρέψαι ὀργὴν θυμοῦ [A om.] θεοῦ ἡ. (5 a [5 a+1])
Ne. 13. 18. προστίθετε ὀργὴν ἐπὶ Ἰσρ. (5 a)
Ju. 9. 9. ἀπόστειλον τὴν ὀ. σου
Es. 7. 7. S[2] ὁ δὲ βασ. ἐξανέστη ἐν ὀργῇ αὐ. [A B S[1] al.] (4 a)
8. 13. καταναλωθήσεται μετ' ὀργῆς
Jb. 3. 17. ἐξέκαυσαν [A ἔπαυσαν] θυμὸν ὀργῆς (16 a)
— 26. ἦλθε δέ μοι ὀργή (14)
4. 9. ἀπὸ δὲ πνεύματος ὀργῆς αὐτοῦ ἀφανισθήσονται (1)
5. 2. ἄφρονα ἀναιρεῖ ὀργή (7)
6. 2. εἰ [A τί] γάρ τις ἱστῶν στήσαι μου τὴν ὀ. (7)
— 7. οὐ δύναται γὰρ παύσασθαί μου ἡ ὀ. [AS[2] ψυχή] †
9. 5. ὁ καταστρέφων αὐτὰ ὀργῇ [A ἐν ὀ.] (1)
— 13. αὐτὸς γὰρ ἀπέστραπται ὀργήν [A -ῇ] (1)
— 22. μέγαν καὶ δυνάστην ἀπολλύει ὀργή –
10. 17. ὀργῇ δὲ μεγάλῃ μοι ἐχρήσω (7)
14. 1. βροτὸς γὰρ γεννητὸς γυναικὸς . . . πλήρης ὀργῆς (14)
— 13. ἕως ἂν παύσηταί σου ἡ ὀ. (1)
16. 10 (9). ὀργῇ χρησάμενος κατέβαλέ με (1)

Jb. 17. 7. A B S² πεπώρωνται γὰρ ἀπὸ ὀργῆς οἱ ὀφθ. μου (7)
18. 4. κέχρηταί σοι ὀργή [A κέχρησαι δὲ ὀργῇ] (1)
19. 11. δεινῶς δέ μοι ὀργῇ ἐχρήσατο (1)
20. 23. ἐπαποστεῖλαι ἐπ' αὐτὸν θυμὸν ὀργῆς (1)
— 28. ἡμέρα ὀργῆς ἐπέλθοι αὐτῷ (1)
21. 17. ὠδῖνες δὲ αὐτοὺς ἕξουσιν ἀπὸ ὀργῆς (1)
— 30. εἰς ἡμέραν ὀργῆς αὐ. ἀπαχθήσονται (12)
27. 13. A S² ὀργὴ [B S¹ κτῆμα] δὲ δυναστῶν ἐλεύσεται †
31. 11. θυμὸς γὰρ ὀργῆς ἀκατάσχετος –
32. 5. ἐθυμώθη ὀργῇ αὐτοῦ (1)
35. 15. οὐκ ἔστιν ἐπισκεπτόμενος ὀργὴν αὐτοῦ (1)
37. 2. ἄκουε ἀκοὴν ἐν [S¹ om.] ὀργῇ θυμοῦ κυρίου (14)
39. 24. ὀργῇ ἀφανιεῖ τὴν γῆν (14)
40. 6 (11). ἀπόστειλον δὲ ἀγγέλους ὀργῇ [A ἐν ὀ. σου] (1)

Ps. 2. 5. λαλήσει πρὸς αὐτοὺς ἐν ὀργῇ αὐτοῦ (1)
6. 1. μηδὲ τῇ ὀ. σου παιδεύσῃς με (4 a)
7. 6. ἀνάστηθι, κύριε, ἐν ὀργῇ σου (1)
— 11. μὴ ὀργὴν ἐπάγων καθ' ἑκάστην ἡμέραν (18)
9. 25 (10. 4). κατὰ τὸ πλῆθος τῆς ὀ. αὐτοῦ (1)
17 (18). 8. ἀνέβη καπνὸς ἐν ὀργῇ αὐτοῦ (1)
— 15. ἀπὸ ἐμπνεύσεως πνεύματος ὀργῆς σου (1)
20 (21). 9. A B S¹ κύριε, ἐν ὀργῇ αὐτοῦ συνταράξεις αὐτούς [S² R al.] (1)
26 (27). 9. μὴ ἐκκλίνῃς ἐν ὀργῇ ἀπὸ τοῦ δούλου σου (1)
29 (30). 5. ὀργὴ ἐν τῷ θυμῷ αὐτοῦ †
34 (35). 20. A S ἐπ' ὀργὴν [B -ῇ] δόλους διελογίζοντο †
36 (37). 8. παῦσαι ἀπὸ ὀργῆς (1)
37 (38). 1. μηδὲ τῇ ὀ. σου παιδεύσῃς με (4 a)
— 3. οὐκ ἔστιν ἴασις . . . ἀπὸ προσώπου τῆς ὀ. σου (2)
54 (55). 3. ἐν ὀργῇ ἐνεκότουν μοι (1)
— 21. διεμερίσθησαν ἀπὸ ὀργῆς τοῦ προσώπου αὐτοῦ †
55 (56). 7. ἐν ὀργῇ λαοὺς κατάξεις (1)
57 (58). 9. B ὡσεὶ ζῶντας ὡσεὶ ἐν ὀργῇ καταπίεται ὑμᾶς [S αὐτούς] (5 a)
58 (59). 13. ἐν ὀργῇ συντελείας (4 a)
68 (69). 24. ἔκχεον ἐπ' αὐτοὺς τὴν ὀ. σου καὶ ὁ θυμὸς τῆς ὀ. [S¹ om. τῆς ὀ.] σου καταλάβοι [S¹ λάβοι] αὐτούς (2, 1)
73 (74). 4. S¹ ἐν μέσῳ τῆς ὀ. [B S² ἑορτῆς] σου †
75 (76). 7. B τίς ἀντιστήσεταί σοι ἀπὸ τῆς ὀ. [S ἀπὸ τότε ἡ ὀ.] σου (1)
76 (77). 9. ἢ συνέξει ἐν τῇ ὀ. αὐτοῦ τοὺς οἰκτιρμοὺς αὐτοῦ (1)
77 (78). 21. ὀργὴ ἀνέβη ἐπὶ τὸν Ἰσραήλ (1)
— 31. ὀργὴ τοῦ θεοῦ ἀνέβη ἐπ' αὐτούς (1)
— 38. οὐχὶ ἐκκαύσει πᾶσαν τὴν ὀ. αὐτοῦ (4 a)
49. ἐξαπέστειλεν εἰς αὐτοὺς ὀργὴν θυμοῦ αὐτοῦ θυμὸν καὶ ὀργήν (5 a, 2)
— 50. ὡδοποίησε τρίβον τῇ ὀ. αὐτοῦ (1)
78 (79). 6. B S² ἔκχεον τὴν ὀ. σου ἐπὶ ἔθνη (4 a)
82 (83). 15. ἐν τῇ ὀ. σου ταράξεις αὐτούς (9)
84 (85). 3. κατέπαυσας πᾶσαν τὴν ὀ. σου ἀπέστρεψας ἀπὸ ὀργῆς θυμοῦ σου (12, 5 a)
— 5. ἢ διατενεῖς τὴν ὀ. σου (1)
87 (88). 16. ἐπ' ἐμὲ διῆλθον αἱ ὀ. σου (5 a)
88 (89). 46. ἐκκαυθήσεται ὡς πῦρ ἡ ὀ. σου (4 a)
89 (90). 7. ἐξελίπομεν ἐν τῇ ὀ. σου (1)
— 9. ἐν τῇ ὀ. σου ἐξελίπομεν (12)
— 11. τίς γινώσκει τὸ κράτος τῆς ὀ. σου (1)
94 (95). 11. ὡς ὤμοσα ἐν τῇ ὀ. μου (1)
101 (102). 10. ἀπὸ προσώπου τῆς ὀ. σου (2)
105 (106). 23. τοῦ [S¹ τοῦ μὴ] ἀποστρέψαι ἀπὸ θυμοῦ ὀργῆς [S¹ ἀποστρ. τὴν ὀ., A S² ἀποστρ. τὸν θυμὸν] αὐτοῦ (16 b [4 a])
109 (110). 5. συνέθλασεν ἐν ἡμέρᾳ ὀργῆς αὐτοῦ βασιλεῖς (1)
137 (138). 7. ἐπ' ὀργὴν ἐχθρῶν μου ἐξέτεινας χεῖράς σου (1)

Pr. 12. 16. ἄφρων αὐθημερὸν ἐξαγγέλλει ὀργὴν αὐτοῦ (6)
15. 1. ὀργὴ ἀπόλλυσι καὶ φρονίμους –
— 1. λόγος δὲ λυπηρὸς ἐγείρει ὀργάς (1)
16. 32. ὁ δὲ κρατῶν ὀργῆς κρείσσων καταλαμβανομένου πόλιν †
17. 25. ὀργὴ πατρὶ υἱὸς ἄφρων (6)
21. 14. δόσις λάθριος ἀνατρέπει ὀργάς (1)
27. 3. ὀργὴ δὲ ἄφρονος βαρυτέρα ἀμφοτέρων (6)
— 4. ἀνελεήμων θυμὸς καὶ ὀξεῖα ὀργή (1)

Pr. 29. 8. σοφοὶ δὲ ἀπέστρεψαν [S -έκρυψαν] ὀργήν (1)

Wi. 5. 20. ὀξυνεῖ δὲ ἀπότομον ὀργὴν εἰς ῥομφαίαν (1)
10. 3. ἀποστὰς δὲ ἀπ' αὐτῆς ἄδικος ἐν ὀργῇ αὐτοῦ (1)
— 10. φυγάδα ὀργῆς ἀδελφοῦ δίκαιον ὡδήγησεν (1)
11. 9. ἐν ὀργῇ [S μετ' ὀργῆς] κρινόμενοι ἀσεβεῖς ἐβασανίζοντο (1)
16. 5. οὐ μέχρι τέλους ἔμεινεν ἡ ὀ. σου (1)
18. 20. οὐκ ἐπὶ πολὺ ἔμεινεν ἡ ὀ. [S¹ ὀ. σου] (1)
— 23. μεταξὺ στὰς ἀνέκοψε τὴν ὀ. (1)
— 25. ἦν γὰρ μόνη ἡ πεῖρα τῆς ὀ. [S ὀ. σου] ἱκανή (1)

Si. 1. 21. S¹ ἡ γὰρ ὀ. [A B S² ῥοπὴ] τοῦ θυμοῦ πτῶσις αὐτῷ (1)
5. 6. ἔλεος γὰρ καὶ ὀργὴ παρ' αὐτοῦ [A S -ῷ] (1)
— 7. ἐξάπινα γὰρ ἐξελεύσεται ὀργὴ [S ἡ ὀ.] κυρίου [S¹ αὐτοῦ] (1)
7. 16. μνήσθητι ὅτι ὀργὴ οὐ χρονιεῖ (1)
10. 18. οὐδὲ ὀργὴ θυμοῦ γεννήμασι γυναικῶν (1)
16. 6. ἐν ἔθνει ἀπειθεῖ ἐξεκαύθη ὀργή (1)
— 11. ἔλεος γὰρ καὶ ὀργὴ παρ' αὐτοῦ [A S¹ παρ' αὐτῷ, S² παρὰ κυρίου] δυνάστης [A -ῶν] ἐξιλασμῶν καὶ ἐκχέων ὀργήν (1)
23. 16. τὸ τρίτον ἐπάξει ὀργήν (1)
25. 22. ὀργὴ καὶ ἀναίδεια καὶ αἰσχύνη (1)
26. 8. ὀργὴ μεγάλη γυνὴ μέθυσος (1)
27. 30. μῆνις καὶ ὀργὴ καὶ [S om.] ταῦτά ἐστι βδελύγματα (1)
28. 3. ἄνθρωπος ἀνθρώπῳ συντηρεῖ ὀργήν (1)
— 10. κατὰ τὸν πλοῦτον ἀνυψώσει ὀργὴν αὐτοῦ (1)
33 (36). 7. ἔγειρον θυμὸν καὶ ἔκχεον ὀργήν (1)
— 9. ἐν ὀργῇ πυρὸς καταβρωθήτω (1)
39. 23. οὕτως ὀργὴν [S² -ῇ] αὐτοῦ ἔθνη κληρονομήσει (1)
44. 17. ἐν καιρῷ ὀργῆς ἐγένετο ἀντάλλαγμα (1)
45. 18. ἡ συναγωγὴ Κορὲ ἐν θυμῷ καὶ ὀργῇ (1)
— 19. συνετελέσθησαν ἐν θυμῷ ὀργῆς (1)
47. 20. ἐπαγαγεῖν ὀργὴν ἐπὶ τὰ τέκνα σου (1)
48. 10. κοπάσαι ὀργὴν πρὸ θυμοῦ (1)

Ho. 11. 9. οὐ μὴ ποιήσω κατὰ τὴν ὀ. τοῦ θυμοῦ μου (5 a)
13. 11. ἔδωκά σοι βασιλέα ἐν ὀργῇ μου (1)
14. 5. ἀπέστρεψε τὴν ὀ. μου ἀπ' αὐ. (1)

Am. 4. 10. ἀνήγαγον ἐν πυρὶ τὰς παρεμβολὰς ὑμῶν ἐν τῇ ὀ. (1)

Mi. 5. 15 (14). ποιήσω ἐν ὀργῇ καὶ ἐν θυμῷ [A θ. κ. ἐν ὀ.] ἐκδίκησιν (1 [4 a])
7. 9. ὀργὴν κυρίου ὑποίσω ὅτι ἥμαρτον αὐτῷ (3)
— 18. οὐ συνέσχεν εἰς μαρτύριον ὀργὴν αὐτοῦ (1)

Jn. 3. 9. καὶ ἀποστρέψει ἐξ ὀργῆς θυμοῦ αὐτοῦ (5 a)

Na. 1. 6. ἀπὸ προσώπου ὀργῆς αὐτοῦ τίς ὑποστήσεται (2)
— 6. τίς ἀντιστήσεται ἐν ὀργῇ θυμοῦ αὐτοῦ (5 a)

Hb. 3. 2. ἐν ὀργῇ ἐλέους μνησθήσῃ (14)

Ze. 1. 15. δυνατὴ ἡμέρα ὀργῆς ἡ ἡμέρα ἐκείνη (12)
— 18. ἐξελέσθαι αὐτοὺς ἐν ἡμέρᾳ ὀργῆς κυρίου (12)
2. 2. πρὸ τοῦ ἐπελθεῖν ἐφ' ὑμᾶς ὀργὴν κυρίου [S³ om. πρὸ . . . κ.] (5 a + 1)
— 3. ὅπως σκεπασθῆτε ἐν ἡμέρᾳ ὀργῆς κυρίου (1)
3. 8. τοῦ ἐκχέαι ἐπ' αὐτοὺς πᾶσαν ὀργὴν θυμοῦ μου [S³ τὴν ὀ. μου πᾶσαν ὀ. θυμοῦ μου] (5 a [2, 5 a])

Za. 1. 2. ὠργίσθη κ. ἐπὶ τοὺς πατέρας ὑμῶν ὀργὴν μεγ. (13 b)
— 15. καὶ ὀργὴν μεγάλην ἐγὼ ὀργίζομαι (13 b)
7. 12. ἐγένετο ὀργὴ [A ὁρμὴ] μεγάλη παρὰ κυρίου (13 b)

Is. 5. 25. ἐθυμώθη ὀργῇ [S ὠργίσθη θυμῷ] κύριος σαβαώθ (1)
7. 4. ὅταν γὰρ ὀ. τοῦ θυμοῦ μου γένηται (5 c)
9. 19 (18). διὰ θυμὸν ὀργῆς κυρίου (16 c)
10. 4. οὐκ ἀπεστράφη ἡ ὀ. [A S ὁ θυμός] (1)
— 5. ἡ ῥάβδος τοῦ θυμοῦ μου καὶ ἡ ὀ. [A S -ῆς] ἐστιν ἐν ταῖς χερσὶν αὐτῶν †
— 6 (5). τὴν ὀ. μου εἰς ἔθνος ἄνομον ἀποστελῶ (2)
— 25. ἔτι γὰρ μικρὸν καὶ παύσεται ἡ [S¹ om.] ὀ. (2)
13. 9. ἡμέρα κυρίου ἔρχεται ἀνίατος θυμοῦ καὶ ὀργῆς (5 a + 1)
— 13. διὰ θυμὸν ὀργῆς κυρίου σαβαώθ (16 c)
26. 20. ἕως ἂν παρέλθῃ ἡ ὀ. κυρίου (2)
— 21. ἐπάγει τὴν ὀ. ἐπὶ τοὺς ἐνοικοῦντας ἐπὶ τῆς γῆς †
30. 27. τὸ λόγιον ὀργῆς πλῆρες καὶ ἡ ὀ. τοῦ θυμοῦ ὡς πῦρ ἔδεται (–, 2)
— 30. μετὰ θυμοῦ καὶ ὀργῆς (1)
34. 2. ὀργὴ ἐπὶ τὸν ἀριθμὸν αὐτῶν (4 a)
37. 3. ἡμέρα θλίψεως . . . καὶ ὀργῆς ἡ σήμερον ἡμέρα (8)

Is. 42. 25. ἐπήγαγεν ἐπ' αὐτοὺς ὀργὴν θυμοῦ αὐτοῦ (4 a)
58. 13. οὐδὲ λαλήσεις λόγον ἐν ὀργῇ ἐκ τοῦ στόματός σου –
59. 19. ἥξει γὰρ ὡς ποταμὸς βίαιος ἡ ὀ. παρὰ κυρίου †
60. 10. διὰ γὰρ ὀργήν μου ἐπάταξά σε (13 b)
63. 6. κατεπάτησα αὐτοὺς τῇ ὀ. μου (1 + 4 a)

Je. 4. 26. ἀπὸ προσώπου ὀργῆς θυμοῦ αὐ. (5 a)
7. 20. ὀ. καὶ θυμός μου χεῖται [A ἐκχ.] (1)
10. 25. A ἔκχεον τὴν ὀ. [B S τὸν θυμόν] σου (4 a)
21. 5. μετὰ θυμοῦ καὶ ὀργῆς μεγάλης [A καὶ παροργισμοῦ μεγάλου] (13 b [4 a])
— 12. ὅπως μὴ ἀναφθῇ ὡς πῦρ ἡ ὀ. μου (4 a)
23. 19. ὀργὴ ἐκπορεύεται εἰς συσσεισμόν (4 a)
25. 16 (49. 37). κατὰ τὴν ὀ. τοῦ θυμοῦ μου (5 a)
27 (50). 13. ἔρημος ἀπὸ ὀργῆς κυρίου οὐ κατοικηθήσεται (13 b)
— 25. ἐξήνεγκε τὰ σκεύη ὀργῆς αὐτοῦ (2)
28 (51). 11. εἰς Βαβυλῶνα ἡ ὀ. αὐτοῦ †
32. 23 (25. 37). ἀπὸ προσώπου ὀργῆς θυμοῦ μου (5 a)
37 (30). 23. ὀργὴ κυρίου ἐξῆλθε θυμώδης ἐξῆλθεν [S ἐπῆλ.] ὀ. στρεφομένη (11, 10)
— 24. οὐ μὴ ἀποστραφῇ ὀ. θυμοῦ [S¹ om.] κυρίου (5 a [5 a + 1])
39 (32). 31. ἐπὶ τὴν ὀ. μου . . . ἦν ἡ πόλις αὕτη (1)
— 37. οὗ διέσπειρα αὐτοὺς ἐκεῖ ἐν ὀργῇ μου (1)
40 (33). 5. οὓς ἐπάταξα ἐν ὀργῇ [A -ξεν ὀργή] μου (1)
43 (36). 7. μέγας ὁ θυμὸς καὶ ἡ ὀ. κυρίου (4 a)
51 (44). 6. ἔσταξεν ἡ ὀ. μου καὶ ὁ θυμός [A ὁ θ. μ. κ. ἡ ὀ.] μου (4 a [1])

Ba. 1. 13. οὐκ ἀπέστρεψεν . . . ἡ ὀ. αὐτοῦ
2. 20. ἐνῆκας τὸν θυμόν σου καὶ τὴν ὀ. σου
4. 9. εἶδε γὰρ τὴν ἐπελθοῦσαν ὑμῖν ὀργήν
— 25. μακροθυμήσατε τὴν παρὰ τοῦ θεοῦ ἐπελθοῦσαν ὑμῖν ὀ.

La. 1. 12. ἐν ἡμέρᾳ ὀργῆς θυμοῦ [S θ. ὀ.] αὐτοῦ (5 a [1])
2. 1. ἐγνόφωσεν ἐν [B² om.] ὀργῇ αὐτοῦ κύριος τὴν θυγατέρα Σιών (1)
— 2 (1). ἐν ἡμέρᾳ ὀργῆς [A add. θυμοῦ] αὐ. (1 [19 a])
— 3. συνέκλασεν ἐν ὀργῇ θυμοῦ αὐτοῦ πᾶν κέρας Ἰσραήλ (5 c)
— 6. παρώξυνεν ἐμβριμήματι ὀργῆς αὐτοῦ βασιλέα (1)
— 21. ἐν ἡμέρᾳ ὀργῆς σου ἐμαγείρευσας (1)
— 22. οὐκ ἐγένοντο ἐν ἡμέρᾳ ὀργῆς κυρίου ἀνασῳζόμενος (1)
3. 66. αὐτοὺς καταδιώξεις [A κατάξ.] ἐν ὀργῇ (1)
4. 11. ἐξέχεε θυμὸν ὀργῆς [A ὀργὴν θυμοῦ] αὐτοῦ (1 [5 a])

Ez. 5. 13. συντελεσθήσεται . . . ἡ ὀ. μου ἐπ' αὐτούς . . . ἐν τῷ συντελέσαι με τὴν ὀ. μου ἐπ' αὐτούς (4 a, 4 a)
— 15. A ἐν τῷ ποιῆσαί με ἐν σοὶ κρίματα ἐν ὀργῇ [B om. ἐ. ὀ.] (1)
6. 12. συντελέσω τὴν ὀ. μου ἐπ' αὐτούς (4 a)
7. 8. ἐκχεῶ τὴν ὀ. μου ἐπὶ σέ (4 a)
— 12. A ὀργὴ εἰς πᾶν τὸ πλῆθος αὐτῆς (5 a)
— 14. A ἡ ὀ. μου εἰς πᾶν τὸ πλῆθος αὐτῆς (5 a)
— 19. A ἐν ἡμέρᾳ ὀργῆς κυρίου (12)
13. 13. ὑετὸς κατακλύζων ἐν ὀργῇ μου ἔσται (1)
20. 8. τοῦ συντελέσαι ὀργήν [A τὴν ὀ.] μου ἐν αὐτοῖς (1)
— 21. B τοῦ συντελέσαι τὴν ὀ. μου (1)
21. 31 (36). ἐκχεῶ ἐπὶ σὲ [A σοὶ] ὀργήν μου ἐν πυρὶ ὀργῆς μου ἐμφυσήσω ἐπὶ σέ (2, 12)
22. 20. εἰσδέξομαι [A add. ὑμᾶς] ἐν ὀργῇ μου (1 + 4 a)
— 21. ἐκφυσήσω ἐφ' ὑμᾶς [A εἰς ὑ. ἐκφύσημα] ἐν πυρὶ ὀργῆς μου (12)
— 24. οὐδὲ ὑετὸς ἐγένετο ἐπὶ σὲ ἐν ἡμέρᾳ ὀργῆς [A al.] (2)
— 30. A R ἐν καιρῷ τῆς ὀ. [B γῆς] †
— 31. ἐξέχεα ἐπ' αὐτὴν θυμόν μου ἐν πυρὶ ὀργῆς μου (12)
23. 25. ποιήσουσι μετὰ σοῦ ἐν ὀργῇ θυμοῦ (19 b)
25. 14. ποιήσουσιν ἐν τῇ Ἰδ. κατὰ τὴν ὀ. [A add. τοῦ θυμοῦ] μου (1 [17])
38. 19. ἐν πυρὶ τῆς ὀ. μου (12)

Da. LXX. 3. 13. Ναβ. θυμωθεὶς ὀργῇ (4 b)
8. 6. ἔδραμε πρὸς αὐτὸν ἐν θυμῷ ὀργῆς †
— 19. ἃ ἔσται ἐπ' ἐσχάτου τῆς ὀ. (2)
9. 16. ἀποστραφήτω . . . ἡ ὀ. σου (4 a)
— 26. ἥξει ἡ συντέλεια αὐ. μετ' ὀργῆς †

Da. LXX. 11. 18. ἐπιστρέψει ὀργὴν ὀνειδισμοῦ αὐτῶν †
— 20. καὶ οὐκ ἐν ὀργῇ οὐδὲ ἐν πολέμῳ (1)
— 36. ἕως ἂν συντελεσθῇ ἡ ὀ. (2)
Da. TH. 2. 12. ἐν θυμῷ καὶ ὀργῇ [B² *add.* πολλῇ] (13 *c*)
3. 13. ἐν θυμῷ καὶ ὀργῇ (4 *b*)
8. 19. B ἐπ' ἐσχάτων [B -ῳ, A -ου] τῆς ὀργῆς (2)
9. 16. ἀποστραφήτω . . . ἡ ὀ. σου (4 *a*)
11. 36. μέχρις οὗ συντελεσθῇ ἡ ὀ. (2 *b*)
I Ma. 1. 64. ἐγένετο ὀ. μεγάλη ἐπὶ Ἰ. σφόδρα
2. 44. ἐπάταξαν ἁμαρτωλοὺς ἐν ὀργῇ αὐ.
— 49. νῦν ἐστηρίχθη . . . ὀργὴ θυμοῦ
3. 8. ἀπέστρεψεν ὀργὴν ἀπὸ Ἰσρ.
15. 36. A R ὠργίσθη ὁ βασ. ὀ. μεγάλην [S ὀργῇ μ.]
II Ma. 4. 25. θηρὸς βαρβάρου ὀργὰς ἔχων
— 40. καὶ ταῖς ὀ. διεμπιμπλαμένων
5. 20. ἐν τῇ τοῦ παντοκράτορος ὀ.
7. 38. στῆναι τὴν τοῦ παντοκράτορος ὀ.
8. 5. τῆς ὀ. τοῦ κ. εἰς ἔλεον τραπείσης
III Ma. 5. 1. βαρείᾳ μεμεστωμένος ὀργῇ
— 47. ὁ δὲ ὀ. βαρείᾳ γεμίσας δυσσεβῆ φρένα
6. 22. μετεστράφη τοῦ βασ. ἡ ὀ. εἰς οἶκτον
— 23. μετ' ὀργῆς τοῖς φίλοις διηπειλεῖτο
IV Ma. 9. 32. οὐκ ἐκφεύξῃ δὲ . . . τὰς τῆς θείας ὀ. δίκας
[**Aq.** Ps. 55 (56). 8: 87 (88). 17: Is. 63. 3: Je. 25. 38 (32. 24) *bis*: 32 (39). 31: 42 (49). 18: Ez. 5. 13.]
[**Sm.** Jb. 6. 2: 9. 13: 36. 13: 39. 24: Ps. 6. 2: 29 (30). 6: 54 (55). 4: 55 (56). 8: 77 (78). 31, 38, 50: 87 (88). 17: 89 (90). 7, 11: Pr. 21. 14, 24: 24. 18: 26. 10: Ec. 7. 10 (9): Is. 13. 5: 16. 6: 54. 8: 63. 3: 66. 15: Je. 25. 38 (32. 24) *bis*: 42 (49). 18: 47 (29). 3 (Sw.): La. 1. 12 (Sw.): Ez. 5. 13: Am. 1. 11.]
[**Th.** Jd. 9. 30: 10. 7: II Ki. 24. 1: Jb. 3. 17: 5. 2: 32. 5: 37. 2: 42. 7: Ps. 77 (78). 21: Is. 13. 9: 63. 3: 66. 15: Je. 10. 10: 25. 38 (32. 24) *bis*: 42 (49). 18: Ez. 5. 12 (P.), 13, 15: 7. 12, 14, 19: 38. 18: Am. 1. 11.]
[**Al** I Ki. 28. 18: Hb. 3. 8, 12.]
[**Quint.** Ps. 77 (78). 21: Hb. 2. 15.]
[**Sext.** Am. 1. 11.]

ὀργιᾶν. (1) שְׁאָגָה
Is. 5. 29. ὀργιῶσιν [A S ὁρμῶσιν] ὡς λέοντες (1)

ὀργίζειν. (1) אָנַף *a.* qal. *b.* hithp. (2) אַף (3) זָעַם (4) בְּזַעַף (5) *a.* חָרָה *b.* חָרָה אַף (6) כָּעַס (7) מָרַר hithpalp. (8) עָשֵׁן (9) קָצַף (10) רָגַז *a.* qal. *b.* hi. *c.* hithp. (11) רִיב (12) חֵמָה בָּעֲרָה
Ge. 31. 36. ὠργίσθη δὲ Ἰακώβ (5 *a*)
40. 2. ὠργίσθη Φαραὼ ἐπὶ τοῖς δυσὶν εὐν. (9)
41. 10. Φαραὼ ὠργίσθη τοῖς παισὶν αὐτοῦ (9)
45. 24. μὴ ὀργίζεσθε ἐν τῇ ὁδῷ (10 *a*)
Ex. 15. 14. καὶ ὠργίσθησαν [A ἐφοβήθησαν] (10 *a*)
22. 24 (23). καὶ ὀργισθήσομαι θυμῷ (5 *a*)
32. 19. ὀργισθεὶς θυμῷ Μωυσῆς (5 *a*)
— 22. μὴ ὀργίζου, κύριε (5 *b*)
Nu. 22. 22. ὠργίσθη θυμῷ ὁ θεός (5 *a*)
25. 3. ὠργίσθη θυμῷ κύριος τῷ Ἰσρ. (5 *a*)
31. 14. ὠργίσθη M. ἐπὶ τοῖς ἐπισκόποις (9)
32. 10, 13. ὠργίσθη θυμῷ κύριος (5 *a*)
De. 6. 15. μὴ ὀργισθεὶς θυμῷ κύριος (5 *a*)
7. 4. ὀργισθήσεται θυμῷ κ. εἰς ὑμᾶς (5 *a*)
11. 17. A καὶ θυμωθεὶς ὀργισθῇ [B -γῇ] κύριος (2)
29. 27 (26). ὠργίσθη θυμῷ κύριος (5 *a*)
31. 17. ὀργισθήσομαι θυμῷ (5 *a*)
Jd. 2. 14. ὠργίσθη θυμῷ κ. (5 *a*)
— 20: 3. 8. ὠργίσθη θυμῷ κ. ἐν τῷ Ἰσρ. (5 *a*)
6. 39. μὴ δὴ ὀργισθήτω ὁ θυμός σου (5 *a*)
9. 30. ὠργίσθη θυμῷ [A ἐθυμώθη ὀργῇ] (5 *a*)
10. 7. ὠργίσθη θυμῷ [A ἐθυμώθη] κ. ἐν Ἰσρ. (5 *a*)
14. 19. ὠργίσθη θυμῷ [A ἐθυμώθη ὀργῇ] Σ. (5 *a*)
19. 2. A ὠργίσθη αὐτῷ ἡ παλλακὴ αὐ. [B *al.*] †
I Ki. 17. 28. A ὠργίσθη θυμῷ Ἐλ. (5 *a*)
III Ki. 11. 9. ὠργίσθη κύριος ἐπὶ Σ. (1 *b*)
IV Ki. 13. 3. ὠργίσθη θυμῷ κύριος ἐν τῷ Ἰσρ. (5 *a*)
19. 28. διὰ τὸ ὀργισθῆναί σε ἐπ' ἐμέ (10 *c*)
II Ch. 16. 10. A B² ὅτι ὠργίσθη [B¹ *om.* ὅ. ὠ.] ἐπὶ τούτῳ (4)
29. 8. ὠργίσθη ὀργῇ [A θυμῷ] κύριος †
35. 19. οὐ ὠργίσθη θυμῷ κύριος –
I Es. 8. 88. οὐχὶ ὠργίσθης ἡμῖν
Ne. 4. 1 (3. 33). ὠργίσθη ἐπὶ πολύ (6)
To. 5. 13. μή μοι ὀργισθῇς [S πικρανθῇς]
Ju. 5. 2. ὠργίσθη θυμῷ σφόδρα
Es. 1. 12. ἐλυπήθη [S ὠργίσθη] ὁ βασ. καὶ ὠργίσθη [S ἐλυπήθη] ([9], 12)
Jb. 12. 6. A ὅσοι γὰρ ὀργίζουσιν [B S ὅσοι παροργ.] τὸν κ. (10 *b*)
32. 2. ὠργίσθη δὲ Ἐλιοὺς ὁ τοῦ Βαραχιὴλ . . . ὠργίσθη δὲ τῷ Ἰὼβ σφόδρα (5 *b*, 5 *b*)
— 3. καὶ κατὰ τῶν τριῶν δὲ φίλων ὠργίσθη σφόδρα (5 *b*)
Ps. 2. 12. μή ποτε ὀργισθῇ κύριος (1 *a*)
4. 4. ὀργίζεσθε καὶ μὴ ἁμαρτάνετε (10 *a*)
17 (18). 7. ὠργίσθη αὐτοῖς ὁ θεός (5 *a*)
59 (60). 1. ὠργίσθης καὶ ᾠκτείρησας ἡμᾶς (1 *a*)
73 (74). 1. ὠργίσθη ὁ θυμός σου ἐπὶ πρόβατα νομῆς σου (8)
78 (79). 5. ἕως πότε, κύριε, ὀργισθήσῃ εἰς τέλος (1 *a*)
79 (80). 4. ἕως πότε ὀργίζῃ ἐπὶ τὴν προσευχὴν τοῦ δούλου [S² τῶν δ.] σου (8)
84 (85). 5. A S² R μὴ εἰς τὸν αἰῶνα ὀργισθῇς [B S¹ -θήσῃ] ἡμῖν (1 *a*)
98 (99). 1. ὀργιζέσθωσαν λαοί (10 *a*)
102 (103). 9. οὐκ εἰς τέλος ὀργισθήσεται (11)
105 (106). 40. ὠργίσθη θυμῷ κύριος ἐπὶ τὸν λαὸν αὐτοῦ (5 *a*)
111 (112). 10. ἁμαρτωλὸς ὄψεται καὶ ὀργισθήσεται (6)
123 (124). 3. ἐν τῷ ὀργισθῆναι τὸν θυμὸν αὐ. (5 *a*)
Pr. 16. 30. A ὀργίζει [B S ὁρίζει] δὲ τοῖς χείλεσιν αὐτοῦ πάντα τὰ κακά †
29. 9. ἀνὴρ δὲ φαῦλος ὀργιζόμενος καταγελᾶται (10 *a*)
Ec. 5. 5. ἵνα μὴ ὀργισθῇ ὁ θεὸς ἐπὶ φωνῇ σου (9)
Hb. 3. 8. μὴ ἐν ποταμοῖς ὠργίσθης [A ὀργ.] (5 *a*)
Za. 1. 2. ὠργίσθη κ. ἐπὶ τοὺς πατέρας ὑμῶν ὀργὴν μεγ. (10)
— 15. καὶ ὀργὴν μεγάλην ἐγὼ ὀργίζομαι [S³ -ίσομαι] (9)
— 15. ἀνθ' ὧν μὲν ἐγὼ ὠργίσθην ὀλίγα (9)
Is. 5. 25. S ὠργίσθη θυμῷ [A B ἐθυμώθη ὀργῇ] κύριος σαβαώθ (5 *a*)
12. 1. ὠργίσθης μοι (1 *a*)
28. 28. οὐ γὰρ εἰς τὸν αἰῶνα ἐγὼ ὑμῖν ὀργισθήσομαι †
57. 6. ἐπὶ τούτοις οὖν οὐκ ὀργισθήσομαι †
— 16. οὐδὲ διὰ παντὸς ὀργισθήσομαι ὑμῖν (9)
64. 5 (4). ἰδοὺ σὺ ὠργίσθης (9)
— 9 (8). μὴ ὀργίζου ἡμῖν σφόδρα (9)
La. 5. 22. ὠργίσθης ἐφ' ἡμᾶς ἕως σφόδρα (9)
Da. LXX. 11. 11. ὀργισθήσεται βασιλεὺς Αἰγ. (7)
— 30. R ὀργισθήσεται [*cod.* -σονται] ἐπὶ τὴν διαθήκην τοῦ ἁγίου (3)
Da. TH. Bel 20. ὀργισθεὶς ὁ βασιλεύς
I Ma. 3. 27. ὠργίσθη θυμῷ
5. 1. S R ὠργίσθησαν [A -η] σφόδρα
— 2. ἐβουλεύσαντο [S¹ ὠργίσθησαν] τοῦ ἆραι τὸ γένος Ἰ.
6. 28. ὠργίσθη ὁ βασιλεύς
— 59. χάριν γὰρ τῶν νομίμων αὐ. . . . ὠργίσθησαν
9. 69. S²R ὠργίσθη [A S¹ -ησαν] θυμῷ [S² ἐν θ.]
11. 22. καὶ ἀκούσας ὠργίσθη
15. 36. A R ὠργίσθη ὁ βασ. ὀργὴν μεγ. [S ὀργῇ μεγ.]
III Ma. 3. 1. A ὥστε οὐ μόνον τοῖς κατὰ Ἀλ. ὀργίζεσθαι [R διοργ.]
IV Ma. 9. 10. κατὰ ἀχαρίστων ὠργίσθη
[**Aq.** Ps. 2. 11: Is. 57. 17.]
[**Sm.** Ge. 4. 5, 6: I Ki. 29. 4: Jb. 42. 7: Ps. 2. 11: 4. 5: 59 (60). 3: Pr. 19. 3: Is. 54. 9: 57. 17.]
[**Th.** I Ki. 20. 7 *bis*: Is. 54. 9: 57. 17.]
[**Al.** Le. 20. 23: 26. 16: Nu. 16. 15: I Ki. 18. 8.]

ὀργίλος. (1) אַף (2) חֵמָה (3) כַּעַס
Ps. 17 (18). 48. ὁ ῥύστης μου ἐξ ἐχθρῶν ὀργίλων (1)
Pr. 21. 19. μετὰ γυναικὸς μαχίμου καὶ γλωσσώδους καὶ ὀργίλου (3)
22. 24. φίλῳ δὲ ὀργίλῳ μὴ συναυλίζου (2)
29. 22. ἀνὴρ δὲ ὀ. ἐξώρυξεν ἁμαρτίαν (2)
[**Aq.** Ge. 4. 5: 18. 30: 34. 7: I Ki. 15. 11.]
[**Sm.** Ge. 34. 7: I Ki. 15. 11: II Ki. 6. 8.]
[**Th.** I Ki. 15. 11.]

ὀργίλως.
IV Ma. 8. 9. ἐὰν ὀ. με διαθῆσθε

ὀρέγειν.
[**Sm.** Jb. 8. 20: Ez. 16. 49.]

ὀρεινός (ὀριν.). (1) ἡ ὀ. הַר (2) ὁ ἐν τῇ ὀ. הָהָר
Ge. 14. 10. εἰς τὴν ὀ. ἔφυγον (1)
Nu. 13. 30 (29). ὁ Ἀμ. κατοικεῖ ἐν τῇ ὀ. (1)
De. 2. 37. καὶ τὰς πόλεις τὰς ἐν τῇ ὀ. (2)
11. 11. γῆ ὀ. καὶ πεδινή (1)
Jo. 2. 16. εἰς τὴν ὀ. ἀπέλθετε (1)
— 22. ἤλθοσαν εἰς τὴν ὀ. (1)
9. 1. οἱ ἐν τῇ ὀ. καὶ οἱ ἐν τῇ πεδινῇ (1)
10. 6. οἱ κατοικοῦντες τὴν ὀ. (1)
— 40. ἐπάταξεν Ἰ. πᾶσαν τὴν γῆν τῆς ὀ. (1)
11. 2. ἀπέστειλε . . . εἰς τὴν ὀ. (1)
— 7. ἐπέπεσαν ἐπ' αὐτοὺς ἐν τῇ ὀ. –
— 16. ἔλαβεν Ἰ. πᾶσαν τὴν γῆν τὴν ὀ. (1)
— 21. ἐξωλέθρευσε τοὺς Ἐν. ἐκ τῆς ὀ. (1)
13. 6. πᾶς ὁ κατοικῶν τὴν ὀ. (1)
15. 48. καὶ ἐν τῇ ὀ. Σαμίρ (1)
16. 1. ἀναβήσεται ἀπὸ Ἰ. εἰς τὴν ὀ. (1)
18. 13. καταβήσεται τὰ ὅρια Μ. Ὀ. ἐπὶ τὴν ὀ. (1)
Jd. 1. 9. τὸν Χαν. τὸν κατοικοῦντα τὴν ὀ. (1)
II Ch. 26. 10. καὶ ἀμπελουργοὶ ἐν τῇ ὀ. (1)
Ju. 1. 6. πάντες οἱ κατοικοῦντες τὴν ὀ. [S¹ *om.* τ. ὀ.]
2. 22. ἀπῆλθεν ἐκεῖθεν εἰς τὴν ὀ.
4. 7. διακατασχεῖν τὰς ἀναβάσεις τῆς ὀ.
5. 1. τὰς διόδους τῆς ὀ. συνέκλεισαν
— 3. τίς ὁ λαὸς οὗτος ὁ καθήμενος ἐν τῇ ὀ.
— 5. ὃς κατοικεῖ τὴν ὀ. ταύτην
— 15. ἐκληρονόμησαν πᾶσαν τὴν ὀ.
— 19. κατῳκίσθησαν ἐν τῇ ὀ.
6. 7. ἀποκαταστήσουσί σε . . . εἰς τὴν ὀ.
— 11. ἀπῆραν . . . εἰς τὴν ὀ.
7. 1. ἀναζευγνύειν ἐπὶ . . . τὰς ἀναβάσεις τῆς ὀ.
— 18. παρενέβαλον ἐν τῇ ὀ.
10. 13. καὶ κυριεύσει πάσης τῆς ὀ.
11. 2. ὁ λαός σου ὁ κατοικῶν τὴν ὀ.
15. 2. ἐπὶ πᾶσαν ὁδὸν τοῦ πεδίου καὶ τῆς ὀ.
— 3. οἱ παρεμβεβληκότες ἐν τῇ ὀ.
— 5. καὶ ἐκ πάσης τῆς ὀ.
— 7. αἱ κῶμαι καὶ ἐπαύλεις [AS αἱ πόλεις] ἐν τῇ ὀ.
Pr. 27. 25. σύναγε χόρτον ὀρεινόν (1)
Za. 7. 7. καὶ ἡ ὀρεινὴ καὶ ἡ πεδινὴ κατῳκεῖτο †
Je. 40 (33). 13. ἐν πόλεσι τῆς ὀρεινῆς (1)

ὄρεξις.
Wi. 14. 2. ἐκεῖνο μὲν γὰρ ὄρεξις πορισμῶν ἐπενόησε
15. 5. A S ὧν ὄψις ἄφροσιν εἰς ὄρεξιν [B ὄνειδος] ἔρχεται
16. 2. εἰς ἐπιθυμίαν ὀρέξεως ξένην γεῦσιν [S¹ -σεως]
— 3. διὰ . . . τὴν ἀναγκαίαν ὄ. ἀποστρέφωνται
Si. 18. 30. ἀπὸ τῶν ὀ. σου κωλύου [A μὴ κ.]
23. 6. κοιλίας ὄρεξις καὶ συνουσιασμὸς μὴ καταλαβέτωσάν με
IV Ma. 1. 33. οὐχ ὅτι δύναται τῶν ὀ. ἐπικρατεῖν ὁ λογισμός
— 35. ἀνέχεται γὰρ τὰ τῶν ὀ. πάθη

ὀρή (?). (1) עָרֵי
IV Ki. 17. 6: 18. 11. καὶ ὀ. Μήδων (1)

ὄρθιος.
I Ki. 28. 14. ἄνδρα ὄ. [A ὄρθριον] ἀναβαίνοντα †
[**Sm.** Ge. 1. 27.]

ὀρθός (ὀρθρός). (1) בִּין ni. (2) *a.* יָשָׁר *b.* מֵישָׁרִים *c.* יֹשֶׁר (3) לְנֹכַח (4) ὀρθὸν ποιεῖν פִּלֵּס pi. (5) רוֹמָה (6) ἀνὴρ ὀ. יָשָׁר (7) στάχυς ὀ. קָמָה
Jd. 15. 5. καὶ ἕως σταχύων ὀ. [A *al.*] (7)
III Ki. 21 (20). 11. μὴ καυχάσθω ὁ κυρτὸς ὡς ὁ ὀ. †
I Es. 9. 46. πάντες ὀρθοὶ [A -ροὶ] ἔστησαν
Pr. 4. 11. ἐμβιβάζω δέ σε τροχιαῖς ὀρθαῖς (2 *a*)
— 25. οἱ ὀφθαλμοί σου ὀρθὰ βλεπέτωσαν (3)
— 26. ὀρθὰς τροχιὰς ποίει σοῖς ποσί (4)
— 27. αὐτὸς δὲ ὀρθὰς ποιήσει τὰς τροχιάς σου –
8. 6. ἀνοίσω [A -γω] ἀπὸ χειλέων ὀρθά (2 *b*)
— 9. πάντα . . . ὀρθὰ τοῖς εὑρίσκουσι γνῶσιν (2 *c*)
11. 6. A B S² δικαιοσύνη ἀνδρῶν ὀρθῶν ῥύεται αὐτούς (6)
12. 6. στόμα δὲ ὀρθῶν ῥύσεται αὐτούς (2 *c*)
— 15. ὁδοὶ ἀφρόνων ὀρθαὶ ἐνώπιον αὐτῶν (2 *c*)
14. 12. ἡ δοκεῖ παρὰ ἀνθρώποις ὀρθὴ εἶναι (2 *c*)

Pr. 15. 14. καρδία ὀρθὴ ζητεῖ αἴσθησιν (1)
16. 13. λόγους δὲ ὀρθοὺς ἀγαπᾷ (2 c)
— 25. εἰσὶν ὁδοὶ δοκοῦσαι εἶναι ὀρθαὶ ἀνδρί (2 c)
21. 8. ἁγνὰ γὰρ καὶ ὀρθὰ τὰ ἔργα αὐτοῦ (2 c)
23. 16. ἐνδιατρίψει λόγους τὰ σὰ χείλη πρὸς τὰ ἐμὰ χείλη ἐὰν ὀρθὰ ὦσι (2 b)
24. 73 (31. 5). ὀρθὰ κρῖναι οὐ μὴ δύνωνται τοὺς ἀσθενεῖς †
Mi. 2. 3. οὐ μὴ πορευθῆτε ὀρθοὶ [A ὀρθροὶ] ἐξαίφνης (5)
— 7. οὐχ οἱ λόγοι αὐτοῦ . . . ὀρθοὶ πεπόρευνται (2 c)
3. 9. πάντα τὰ ὀρθὰ διαστρέφοντες (2 c)
Je. 38 (31). 9. αὐλίζων ἐπὶ διώρυγας ὑδάτων ἐν ὁδῷ ὀρθῇ (2 c)
Ep. Je. 27. ἐάν τις αὐτὸ [A -ὸν] ὀρθὸν στήσῃ
Ez. 1. 7. τὰ σκέλη αὐτῶν ὀρθά (2 c)
IV Ma. 1. 15. νοῦς μετὰ ὀ. λόγου προτιμῶν
6. 7. ὀρθὸν εἶχε καὶ ἀκλινῆ τὸν λογισμόν
[**Aq.** GE. 42. 11.]
[**Sm.** Ps. 91 (92). 16 : Ez. 1. 23.]
[**Th.** PR. 24. 26.]

ὀρθότης.

[**Aq.** Is. 57. 2.]

ὀρθοτομεῖν. (1) יָשַׁר pi.

Pr. 3. 6. ἵνα ὀρθοτομῇ τὰς ὁδούς σου (1)
11. 5. A S δικαιοσύνη ἀμώμου [B -ους] ὀρθοτομεῖ ὁδούς (1)

ὀρθοτριχεῖν.

[**Sm.** Ps. 118 (119). 120: Ez. 27. 35.]
[**Th.** Is. 13. 21 : 34. 14.]

ὀρθοῦν. (1) זָקַף (2) כּוּן ni. (3) נָצַב ni. (4) עָמַד

Ge. 37. 7. ἀνέστη τὸ ἐμὸν δράγμα καὶ ὠρθώθη (3)
I Es. 1. 23. ὠρθώθη τὰ ἔργα Ἰωσ.
II Es. 6. 11. ὠρθωμένος πληγήσεται [A παγ.] ἐπ' αὐτοῦ (1)
Es. 7. 9. ὤρθωται ἐν τοῖς Ἀ. ξύλον [A *om.*] (4)
Si. 27. 14. λαλιὰ πολυόρκου ὀρθώσει [A ἀνορθ.] τρίχας
Je. 37 (30). 20. τὰ μαρτύρια αὐτῶν κατὰ πρόσωπόν μου ὀρθωθήσεται (2)
Ep. Je. 27. ἐὰν κλιθῇ οὐ μὴ ὀρθωθῇ

ὀρθρεύειν.

To. 9. 6. ὤρθρευσαν [A S -ισαν] κοινῶς

ὀρθρίζειν (ὀρθίζειν). (1) שָׁחַר pi. (2) שָׁכַם hi. (3) בְּשִׁפַּרְפָּרָא קוּם

Ge. 19. 2. καὶ ὀρθρίσαντες ἀπελεύσεσθε (2)
— 27. ὤρθρισε δὲ . . . τῷ πρωῒ εἰς τὸν τόπον (2)
20. 8. καὶ ὤρθρισεν Ἀβ. τῷ πρωΐ (2)
Ex. 8. 20 (16) : 9. 13. ὄρθρισον τὸ πρωΐ (2)
24. 4. ὀρθρίσας δὲ Μωυσῆς τὸ πρωΐ (2)
32. 6. ὀρθρίσας τῇ ἐπαύριον ἀνεβίβασεν (2)
34. 4. ὀρθρίσας Μωυσῆς ἀνέβη (2)
Nu. 14. 40. ὀρθρίσαντες [B² *add.* εἰς] τὸ πρωΐ (2)
Jo. 3. 1. ὤρθρισεν Ἰ. τὸ πρωΐ (2)
7. 16. καὶ ὤρθρισεν Ἰ. (2)
8. 10. ὀρθρίσας Ἰ. τὸ πρωΐ (2)
Jd. 6. 28. ὤρθρισαν οἱ ἄνδρες τῆς πόλεως (2)
— 38. ὤρθρισε [A *add.* Γ.] τῇ ἐπαύριον (2)
7. 1. καὶ ὤρθρισεν Ἰ. (2)
9. 33. ὀρθριεῖς [A -ίσεις] καὶ ἐκτενεῖς (2)
19. 5. ὤρθρισαν τὸ πρωΐ (2)
— 8. ὤρθρισε τὸ πρωΐ (2)
— 9. ὀρθριεῖτε αὔριον εἰς ὁδὸν ὑμῶν (2)
21. 4. ὤρθρισεν ὁ λαός (2)
I Ki. 1. 19. ὀρθρίζουσι τὸ πρωΐ (2)
3. 15. ὤρθρισε τὸ πρωΐ –
5. 3. ὤρθρισαν οἱ Ἀζώτιοι (2)
— 4. ὅτε ὤρθρισαν τὸ πρωΐ (2)
15. 12. καὶ ὤρθρισε Σαμ. (2)
17. 16. A προσῆγεν ὁ ἀλλόφυλος ὀρθρίζων (2)
— 20. A ὤρθρισεν Δ. τὸ πρωΐ (2)
29. 10. καὶ νῦν ὄρθρισον τὸ πρωΐ (2)
— 10. ὀρθρίσατε [A διορθρ.] ἐν τῇ ὁδῷ (2)
— 11. καὶ ὤρθρισε Δ. (2)
II Ki. 15. 2. καὶ ὤρθρισεν Ἀβ. (2)
IV Ki. 3. 22. ὤρθρισαν τὸ πρωΐ (2)
6. 15. ὤρθρισεν ὁ λειτουργός [A *al.*] (2)
19. 35. ὤρθρισαν τὸ πρωΐ (2)
II Ch. 20. 20. ὤρθρισαν πρωΐ (2)
29. 20. ὤρθρισεν Ἐζ. ὁ βασ. (2)

II Ch. 36. 15. ὀρθρίζων καὶ ἀποστέλλων τοὺς ἀγγέλους αὐ. (2)
To. 9. 6. A S ὤρθρισαν [B -ευσαν] κοινῶς
Jb. 7. 21. ὀρθρίζων δὲ οὐκέτι εἰμί (1)
8. 5. σὺ δὲ ὄρθριζε πρὸς κύριον παντοκράτορα δεόμενος (1)
Ps. 62 (63). 1. πρὸς σὲ ὀρθρίζω (1)
77 (78). 34. ὤρθριζον πρὸς τὸν θεόν (1)
126 (127). 2. A R εἰς μάτην ὑμῖν ἐστι τοῦ ὀρθρίζειν [S ὀρθίζειν] (2)
Ca. 7. 12 (13). ὀρθρίσωμεν εἰς ἀμπελῶνας (2)
Wi. 6. 14. ὁ ὀρθρίσας ἐπ' [A πρὸς] αὐτὴν οὐ κοπιάσει
Si. 4. 12. οἱ ὀρθρίζοντες πρὸς αὐτήν
6. 36. ὄρθριζε πρὸς αὐτόν
35 (32). 14. οἱ ὀρθρίζοντες εὑρήσουσιν εὐδοκίαν
39. 5. ὀρθρίσαι πρὸς κύριον
Ho. 6. 1 (5. 15). ἐν θλίψει αὐτῶν ὀρθριοῦσι πρὸς μέ (1)
Ze. 3. 7. ἑτοιμάζου ὄρθρισον (2)
Is. 26. 9. ἐκ νυκτὸς ὀρθρίζει τὸ πνεῦμά μου πρὸς σέ (1)
Je. 25. 3. ἐλάλησα πρὸς ὑμᾶς ὀρθρίζων (2)
Da. LXX. 6. 19 (20). ὁ βασ. Δ. ὤρθρισε πρωΐ (3)
Da. TH. Bel 16. ὤρθρισεν ὁ βασ. τὸ πρωΐ
I Ma. 4. 52. ὤρθρισαν τὸ πρωΐ
6. 33. ὤρθρισεν ὁ βασ. τὸ πρωΐ
11. 67. ὤρθρισαν τὸ πρωΐ
[**Aq.** JB. 24. 5 : Ps. 126 (127). 2 : JE. 7. 13, 25 : 35 (42). 14.]
[**Sm.** JE. 7. 13, 25 : 26 (33). 5.]
[**Th.** JE. 11. 7 : 29 (36). 19.]
[**Al.** PR. 13. 24.]

ὀρθρινός. (1) שָׁכַם hi.

Wi. 11. 22. ὡς ῥανὶς δρόσου ὀρθρινὴ κατελθοῦσα ἐπὶ γῆν [S² γῆς]
Ho. 6. 5 (4) : 13. 3. ὡς δρόσος ὀ. πορευομένη (1)
Hg. 2. 15 (14). ἕνεκεν τῶν λημμάτων αὐτῶν τῶν ὀ. –
[**Aq.** Ps. 21 (22). 1.]
[**Sm.** Ps. 21 (22). 1 : 89 (90). 14.]

ὄρθριος.

I Ki. 28. 14. A ἄνδρα ὄ. [B ὄρθιον] ἀναβαίνοντα †
Jb. 29. 7. ὅτε ἐξεπορευόμην ὄρθριος ἐν πόλει †
III Ma. 5. 10. ὄρθριος ἐπὶ τὴν αὐλὴν παρῆν
— 23. ἄρτι δὲ ἀλεκτρυὼν ἐκεκράγει ὄρθριος

ὀρθρισμός.

[**Aq.** PR. 11. 27.]

ὄρθρος (ὀρθός). (1) אַשְׁמֻרָה (2) בֹּקֶר (3) שַׁחַר (4) πρὸς ὄρθρον *a.* הַבֹּקֶר *b.* אַשְׁמֻרוֹת (5) ὄρθρου *a.* בַּעֲלוֹת הַשַּׁחַר *b.* בַּבֹּקֶר *c.* שַׁחַר *d.* בַּשַּׁחַר *e.* שָׁכַם hi. (6) κατ' ὄρθρον שַׁחַר (7) ὄρθρος ἐστι קִיץ hi.

Ge. 19. 15. ἡνίκα δὲ ὄρθρος ἐγένετο (3)
32. 26 (27). ἀνέβη γὰρ ὁ ὄ. (3)
Ex. 19. 16. γενηθέντος πρὸς ὄρθρον (4 a)
Jo. 6. 14 (15). ἀνέστησαν ὄρθρου (5 a)
Jd. 16. 2. ἕως διαφαύσῃ ὁ ὄ. [A *al.*] (2)
19. 25. A ἅμα τῷ ἀναβαίνειν τὸν ὄ. [B *al.*] (3)
— 26. ἦλθεν ἡ γυνὴ πρὸς τὸν ὄ. [A *al.*] (2)
I Ki. 9. 26. ὡς ἀνέβαινεν ὁ ὄ. (3)
I Es. 9. 41. A R ἐξ [B ἀπὸ] ὄρθρου ἕως μέσης ἡμέρας
Ne. 4. 21 (15). ἀπὸ ἀναβάσεως [B¹ *add.* ἕως] τοῦ ὄ. (3)
To. 8. 18. S πρὸ τοῦ ὄρθρον γενέσθαι
Ju. 14. 2. ἡνίκα ἐὰν διαφαύσῃ ὁ ὄ.
— 11. ἡνίκα δὲ ὁ [A *om.*] ὄ. ἀνέβη
Es. 5. 14. ὄρθρου δὲ εἰπὸν τῷ βασ. (5 b)
Ps. 56 (57). 8. ἐξεγερθήσομαι ὄρθρου (5 c)
62 (63). 6. ἐν τοῖς ὄ. [B¹ τῷ ὄ.] ἐμελέτων εἰς σέ (1)
107 (108). 2. ἐξεγερθήσομαι ὄρθρου (5 c)
118 (119). 148. προέφθασαν οἱ ὀφθαλμοί μου πρὸς ὄρθρον [S¹ *al.*] (4 b)
138 (139). 9. A ἐὰν ἀναλάβω τὰς πτέρυγάς μου κατ' ὄρθρον [B S ὀρθόν] (6)
Pr. 7. 18. ἀπολαύσωμεν φιλίας ἕως ὄρθρου [S -θοῦ] (2)
23. 35. πότε ὄρθρος [S -ὸς] ἔσται (7)
Ca. 6. 9 (10). τίς αὕτη ἡ ἐκκύπτουσα ὡσεὶ ὄρθρος (3)
Si. 24. 32. A S R ἔτι παιδείαν ὡς ὄρθρον [B ὀρθὸν] φωτιῶ

Ho. 6. 4 (3). ὡς ὄρθρον ἕτοιμον εὑρήσομεν αὐτόν (3)
11. 1 (10. 15). ὄρθρου [B¹ -θοῦ] ἀπερρίφησαν (5 d)
Am. 4. 13. ποιῶν ὄρθρον καὶ ὁμίχλην (3)
Jl. 2. 2. ὡς ὄρθρος [S ὁ ὄ.] χυθήσεται (3)
Je. 7. 25. ἐξαπέστειλα . . . τοὺς προφήτας ἡμέρας καὶ ὄρθρου (5 e)
25. 4. ὄρθρου [S¹ -θοῦ] ἀποστέλλων (5 e)
33 (26). 5. οὓς ἀποστέλλω πρὸς ὑμᾶς ὄρθρου [S¹ -θοῦ] (5 e)
39 (32). 33. ἐδίδαξα αὐτοὺς ὄρθρου [S¹ -θοῦ] (5 e)
42 (35). 14. ἐλάλησα πρὸς ὑμᾶς ὄρθρου [S¹ -θοῦ] (5 e)
51 (44). 4. ἀπέστειλα πρὸς ὑμᾶς τοὺς παῖδάς [A δούλους] μου τοὺς προφήτας ὄρθρου [S¹ -θοῦ] (5 e)
Da. LXX. Su. 12. ὡς ἐγένετο ὄρθρος
— 13. τί σὺ οὕτως ὄρθρου ἐξῆλθες
[**Aq.** JB. 38. 12 : Is. 58. 8 : Ho. 10. 15.]
[**Sm.** Ps. 29 (30). 6 : 45 (46). 6 : 58 (59). 17 : 64 (65). 9 : 72 (73). 14 : 87 (88). 14 : 109 (110). 3 : 126 (127). 2 : Ho. 10. 15.]
[**Th.** JB. 24. 17 : 38. 12 : Ho. 10. 15.]
[**Al.** Ps. 142 (143). 8.]
[**Quint.** Ps. 109 (110). 3 : Ho. 6. 3.]

ὀρθροῦν.

Ps. 118 (119). 148. S¹ προέφθασαν οἱ ὀφθ. μου πρὸς σὲ ὀρθροῦν [A S² R πρ. ὄρθρον] †

ὀρθῶς. (1) *a.* יָטַב hi. *b.* טוֹב (2) בְּיֹשֶׁר (3) כֵּן

Ge. 4. 7. ἐὰν ὀ. προσενέγκης ὀ. δὲ μὴ διέλῃς (1 a, 1 a)
40. 16. εἶδεν . . . ὅτι ὀ. συνέκρινε (1 b)
Ex. 18. 17. οὐκ ὀ. σὺ ποιεῖς τὸ ῥῆμα τοῦτο (1 b)
Nu. 27. 6 (7). ὀ. θυγατέρες Σ. λελαλήκασι (3)
De. 5. 28 (25) : 18. 17. ὀ. πάντα ὅσα ἐλάλησαν (1 a)
I Ki. 16. 17. ἴδετε δή μοι ἄνδρα ὀ. ψάλλοντα (1 a)
Pr. 14. 2. ὁ πορευόμενος ὀ. φοβεῖται τὸν κύριον (2)
16. 5. οἱ δὲ ὀ. ζητοῦντες αὐτὸν εὑρήσουσιν εἰρήνην –
Wi. 2. 1. εἶπον γὰρ ἐν ἑαυτοῖς λογισάμενοι οὐκ ὀ.
6. 4. οὐκ ἐκρίνατε ὀρθῶς
Ez. 22. 30. ἐζήτουν ἐξ αὐτῶν ἄνδρα ἀναστρεφόμενον ὀ. –
Da. LXX. Su. 55. ὀ. ἔψευσαι εἰς τὴν σεαυτοῦ ψυχήν
Da. TH. Su. 55. ὀ. ἔψευσαι εἰς τὴν σεαυτοῦ κεφαλήν
— 59. ὀρθῶς ἔψευσαι καὶ σύ
I Ma. 11. 43. νῦν οὖν ὀ. ποιήσεις
IV Ma. 1. 1. συμβουλεύσαιμ' ἂν ὑμῖν ὀ.
[**Aq.** EC. 12. 10.]
[**Sm.** JB. 42. 7 : EC. 12. 10 : Is. 30. 10.]
[**Al.** NU. 36. 5.]

ὀρίγανον.

[**Al.** NU. 19. 6.]

ὁρίζειν. (1) אָסַר (2) *a.* נְבוּל, נְבֻל *b.* נָבַל (3) פָּרַד hi. (4) קָרַץ (5) רָשַׁם

Nu. 30. 3. ἢ ὁρίσηται ὁρισμῷ περὶ τῆς ψυχῆς αὐ. [A *al.*] (1)
— 4. ἢ ὁρίσηται ὁρισμόν (1)
— 4 (5), 5, 6. οὓς ὡρίσατο κατὰ τῆς ψυχῆς αὐ. (1)
— 7. οὓς [A ὅσα] ὡρίσατο κατὰ τῆς ψυχῆς αὐ. (1)
— 8, 9, 12. οὓς ὡρίσατο κατὰ τῆς ψυχῆς αὐ. (1)
34. 6. ἡ θάλασσα ἡ μεγάλη ὁριεῖ (2 a)
Jo. 13. 8. ἡ θάλασσα ἡ μεγάλη ὁριεῖ –
— 27. καὶ ὁ Ἰορδ. ὁριεῖ [A μεριεῖ] (2 a)
15. 12. ἡ θάλασσα ἡ μεγάλη ὁριεῖ (2 a)
18. 20. ὁ Ἰορδ. ὁριεῖ ἀπὸ μέρους ἀνατολῶν (2 b)
23. 4. ἀπὸ τῆς θαλάσσης τῆς μεγάλης ὁριεῖ –
Pr. 16. 30. ὁρίζει [A ὀργίζει] δὲ τοῖς χείλεσιν αὐτοῦ πάντα τὰ κακά (4)
18. 18. ἐν δὲ δυναστείαις [A δυνάσταις] ὁρίζει (3)
Ez. 47. 20. τοῦτο τὸ μέρος τῆς θαλάσσης τῆς μεγάλης ὁρίζει [A διορ.] (2 a)
Da. LXX. 6. 12 (13). οὐχ ὁρισμὸν ὥρισω (5)
III Ma. 5. 42. ὁρισάμενος τούτους μὲν . . . πέμψειν εἰς ᾅδην
6. 36. κοινὸν ὁρισάμενοι περὶ τούτων θεσμόν
[**Sm.** GE. 30. 28 : PR. 2. 18.]
[**Th.** JB. 22. 28.]

ὀρινός, *vid.* **ὀρεινός.**

ὁριοθετεῖν.

[Aq. Ex. 19. 12: Dt. 19. 14: Za. 9. 2.]
[Sm., Th. Ex. 19. 12.]

ὅριον. (1) אֶרֶץ (2) בַּת (3) *a.* גְּבֻל, גְּבוּל *b.* גְּבוּלָה *c.* גָּבַל (4) גּוֹרָל (5) גְּלִילָה (6) חֹק (7) יָד (8) מוּל (9) פֵּאָה (10) קֵץ (11) שָׂדָה

Ge. 10. 19. τὰ ὅρια τῶν Χαναναίων (3 *a*)
23. 17. ὅ ἐστιν ἐν τοῖς ὁ. αὐτοῦ (3 *a*)
47. 21. ἀπ' ἄκρων ὁ. Αἰγύπτου (3 *a*)
Ex. 8. 2 (7. 27). τύπτω πάντα τὰ ὅ. σου τοῖς βατράχοις (3 *a*)
10. 4. ἐπάγω . . . ἐπὶ πάντα τὰ ὅ. σου (3 *a*)
— 14. κατέπαυσεν ἐπὶ πάντα τὰ ὅ. Αἰγύπτου (3 *a*)
13. 7. οὐδὲ ἔσται σοι ζύμη ἐν πᾶσι τοῖς ὁ. σου (3 *a*)
23. 18. καὶ ἐμπλατύνω τὰ ὅ. σου -
— 31. καὶ θήσω τὰ ὅ. σου (3 *a*)
34. 24. καὶ πλατύνω [A ἐμπλ.] τὰ ὅ. σου (3 *a*)
Nu. 20. 16. ἐκ μέρους τῶν ὁ. σου (3 *a*)
— 17. ἕως ἂν παρέλθωμεν τὰ ὅ. σου (3 *a*)
— 21. παρελθεῖν διὰ τῶν ὁ. αὐτοῦ (3 *a*)
— 23. ἐν Ὢρ τῷ ὄρει ἐπὶ τῶν ὁ. γῆς Ἐ. (3 *a*)
21. 13. τὸ ἐξέχον ἀπὸ τῶν ὁ. τῶν Ἀμ. (3 *a*)
— 13. ἔστι γὰρ Ἀ. ὅρια Μωάβ (3 *a*)
— 15. πρόσκειται τοῖς ὁ. Μ. (3 *a*)
— 22. ἕως παρέλθωμεν τὰ ὅ. σου (3 *a*)
— 23. παρελθεῖν διὰ τῶν ὁ. αὐτοῦ (3 *a*)
— 24. Ἰαζὴρ ὅρια υἱῶν Ἀ. ἐστι (3 *a*)
22. 36. ἥ ἐστιν ἐπὶ τῶν ὁ. Ἀρνῶν ἥ ἐστιν ἐκ μέρους τῶν ὁ. (3 *a*, 3 *a*)
32. 33. τὴν γῆν καὶ τὰς πόλεις σὺν τοῖς ὁ. αὐ. (3 *b*)
33. 44. ἐν τῷ πέραν ἐπὶ τῶν ὁ. Μ. (3 *a*)
34. 2. γῆ Χαν. σὺν τοῖς ὁ. αὐτῆς (3 *b*)
— 3. ἔσται ὑμῖν τὰ ὅ. πρὸς λίβα (3 *a*)
— 4. κυκλώσει ὑμᾶς τὰ ὅ. (3 *a*)
— 5. κυκλώσει τὰ ὅ. . . . χειμάρρουν Αἰγ. (3 *a*)
— 6. τὰ ὅ. τῆς θαλάσσης ἔσται ὑμῖν (3 *a*)
— 6. τοῦτο ἔσται ὑμῖν τὰ ὅ. [A τὸ ὅ.] τῆς θαλ. (3 *a*)
— 7. τοῦτο ἔσται ὑμῖν τὰ ὅ. (3 *a*)
— 8. ἔσται ἡ διέξοδος αὐ. τὰ ὅ. Σ. (3 *a*)
— 9. ἐξελεύσεται τὰ ὅ. Δ. (3 *a*)
— 9. τοῦτο ἔσται ὑμῖν ὅρια ἀπὸ βορρᾶ (3 *a*)
— 10. καταμετρήσετε . . . τὰ ὅ. ἀνατολῶν (3 *a*)
— 11. καταβήσεται τὰ ὅ. ἀπὸ Σ. (3 *a*)
— 11. καταβήσεται τὰ ὅ. Β. (3 *a*)
— 12. καταβήσεται τὰ ὅ. ἐπὶ τὸν Ἰ. (3 *a*)
— 12. καὶ τὰ ὅ. αὐτῆς κύκλῳ (3 *b*)
35. 26. ἐὰν δὲ ἐξόδῳ ἐξέλθῃ . . . τὰ ὅ. τῆς πόλεως (3 *a*)
— 27. ἔξω τῶν ὁ. τῆς πόλεως (3 *a*)
De. 2. 4. παραπορεύεσθε διὰ τῶν ὁ. (3 *a*)
— 18. παραπορεύσῃ σήμερον τὰ ὅ. Μ. (3 *a*)
3. 14. ἕως τῶν ὁ. Γ. (3 *a*)
— 16. A B^{2} R μέσον τοῦ χειμάρρου ὅριον (3 *a*)
— 16. ὁ χειμάρρους ὅριον τοῖς υἱοῖς Ἀ. (3 *a*)
— 17. ὅριον Μαχ. (3 *a*)
11. 24. ἔσται τὰ ὅ. σου (3 *a*)
12. 20. ἐὰν δὲ ἐμπλατύνῃ κ. ὁ θ. σου τὰ ὅ. σου (3 *a*)
16. 4. οὐκ ὀφθήσεταί σοι ζύμη ἐν πᾶσι τοῖς ὁ. σου (3 *a*)
19. 3. τριμεριεῖς τὰ ὅ. τῆς γῆς σου (3 *a*)
— 8. ἐὰν δὲ ἐμπλατύνῃ κ. ὁ θ. σου τὰ ὅ. σου (3 *a*)
— 14. οὐ μετακινήσεις ὅρια τοῦ πλησίον (3 *a*)
27. 17. ὁ μετατιθεὶς ὅρια τοῦ πλησίον (3 *a*)
28. 40. ἐλαῖαι ἔσονταί σοι ἐν πᾶσι τοῖς ὁ. σου (3 *a*)
32. 8. A^{2} B ἔστησεν ὅρια ἐθνῶν (3 *b*)
Jo. 1. 4. ἀφ' ἡλίου δυσμῶν ἔσται τὰ ὅ. ὑμῶν (3 *a*)
11. 16. A ἔλαβεν Ἰ. . . . τὸ ὅ. [B ὄρος] Ἰσρ. †
12. 2. ὅρια υἱῶν Ἀμμών (3 *a*)
— 5. ἕως ὁρίων Γεργεσεὶ . . . ὁρίων Σηών (3 *a*, 3 *a*)
13. 2. ὅρια Φυλιστιείμ (5)
— 3. ἕως τῶν ὁ. Ἀκκαρών (3 *a*)
— 4. ἕως τῶν ὁ. τῶν Ἀ. (3 *a*)
— 10. ἕως τῶν ὁ. υἱῶν Ἀ. (3 *a*)
— 11. καὶ τὰ ὅ. Γεσ. (3 *a*)
— 16. ἐγενήθη αὐτῶν τὰ ὅ. ἀπὸ Ἀ. (3 *a*)
— 23. ἐγένετο δὲ τὰ ὅ. Ῥ. Ἰορδ. ὅριον (3 *a*)
— 25. καὶ ἐγένετο τὰ ὅ. αὐ. Ἰ. (3 *a*)
— 26. ἕως τῶν [A *om.*] ὁ. Δ. (3 *a*)
— 30. ἐγένετο τὰ ὅ. αὐτῶν ἀπὸ Μ. (3 *a*)
— 31. A^{2} ἐγενήθησαν τὰ ὅ. -

Jo. 15. 1. A ἐγένετο τὰ ὅ. φυλῆς Ἰ. . . . ἀπὸ τῶν ὁ. τῆς Ἰδουμαίας ἀπὸ τῶν ὁ. [B τῆς ἐρήμου] Σ. (4, 3 *a*, †)
— 2. καὶ ἐγενήθη αὐτῶν τὰ ὅ. (3 *a*)
— 4. ἔσται αὐτοῦ ἡ διέξοδος τῶν ὁ. (3 *a*)
— 4. τοῦτό ἐστιν αὐ. ὅρια [A τὰ ὅ.] ἀπὸ λιβός (3 *a*)
— 5. καὶ τὰ ὅ. ἀπὸ ἀνατολῶν (3 *a*)
— 5. καὶ τὰ ὅ. αὐ. ἀπὸ βορρᾶ (3 *a*)
— 6. ἐπιβαίνει τὰ ὅ. ἐπὶ Β. (3 *a*)
— 6. προσαναβαίνει τὰ ὅ. ἐπὶ λίθον Β. (3 *a*)
— 7. προσαναβαίνει τὰ ὅ. (3 *a*)
— 8. ἀναβαίνει τὰ ὅ. εἰς φάραγγα Ἐ. (3 *a*)
— 8. διεκβάλλει τὰ ὅ. ἐπὶ κορυφὴν ὄρους (3 *a*)
— 9. διεκβάλλει τὸ ὅ. (3 *a*)
— 9. ἄξει τὸ ὅ. εἰς Β. (3 *a*)
— 10. περιελεύσεται ὅριον ἀπὸ Β. (3 *a*)
— 11. διεκβάλλει τὸ ὅ. κατὰ νώτου (3 *a*)
— 11. διεκβάλλει τὰ ὅ. εἰς Σ. (3 *a*)
— 11. παρελεύσεται ὅρια ἐπὶ λίβα [A *al.*] †
— 11. ἔσται ἡ διέξοδος τῶν ὁ. ἐπὶ θάλασσαν (3 *a*)
— 11 (12). καὶ τὰ ὅ. αὐ. ἀπὸ θαλάσσης (3 *a*)
— 12. ταῦτα τὰ ὅ. υἱῶν Ἰούδα (3 *a*)
— 21. ἐγενήθησαν δὲ . . . ἐφ' ὁρίων Ἐ. (3 *a*)
16. 1. ἐγένετο τὰ ὅ. υἱῶν Ἰ. ἀπὸ τοῦ Ἰ. (4)
— 2. παρελεύσεται ἐπὶ τὰ ὅ. τοῦ Ἀ. (3 *a*)
— 3. διελεύσεται . . . ἐπὶ τὰ ὅ. Ἀ. ἕως τῶν ὁ. Β. (3 *a*, 3 *a*)
— 5. ἐγενήθη ὅρια [A τὰ ὅ.] υἱῶν Ἐφ. (3 *a*)
— 5. ἐγενήθη τὰ ὅ. τῆς κληρονομίας αὐ. (3 *a*)
— 6. ἐλεύσεται τὰ ὅ. ἐπὶ τὴν θάλ. (3 *a*)
— 8. πορεύσεται τὰ [A *om.*] ὅ. ἐπὶ θάλασσαν (3 *a*)
17. 1. ἐγένετο τὰ ὅ. φυλῆς υἱῶν Μ. (4)
— 7. ἐγενήθη ὅρια υἱῶν Μ. Δ. (3 *a*)
— 7. πορεύεται ἐπὶ τὰ ὅ. ἐπὶ Ἰ. (3 *a*)
— 8. καὶ Θ. ἐπὶ τῶν ὁ. Μ. (3 *a*)
— 9. B καταβήσεται τὰ ὅ. (3 *a*)
— 9. καὶ ὅρια Μ. ἐπὶ τὸν βορρᾶν (3 *a*)
— 10. ἔσται ἡ θάλασσα ὅρια αὐτοῖς (3 *a*)
18. 5. Ἰ. στήσεται αὐτοῖς ὅριον ἀπὸ λιβός (3 *a*)
— 11. ἐξῆλθεν ὅρια τοῦ κλήρου αὐ. (3 *a*)
— 12. ἐγενήθη αὐ. τὰ ὅ. ἀπὸ βορρᾶ (3 *a*)
— 12. προσαναβήσεται τὰ ὅ. (3 *a*)
— 13. διελεύσεται ἐκεῖθεν τὰ ὅ. Λ. (3 *a*)
— 13. καταβήσεται τὰ ὅ. Μ. (3 *a*)
— 14. διελεύσεται τὰ ὅ. (3 *a*)
— 15. διελεύσεται ὅρια [A τὰ ὅ.] εἰς Γ. (3 *a*)
— 16. καταβήσεται τὰ ὅ. ἐπὶ μέρους (3 *a*)
— 18. καταβήσεται ἐπὶ τὰ ὅ. [A *om.* ἐ. τ. ὅ.] -
— 19. ἔσται ἡ διέξοδος τῶν ὁ. (3 *a*)
— 19. ταῦτα τὰ ὅ. ἐστιν ἀπὸ λιβός (3 *a*)
— 20. τὰ ὅ. αὐτῆς κύκλῳ κατὰ δήμους (3 *b*)
19. 10. ἔσται τὰ ὅ. τῆς κληρονομίας αὐ. Ἐ. (3 *a*)
— 11. ὅρια [A τὰ ὅ.] αὐτῶν ἡ θάλασσα (3 *a*)
— 12. ἀνέστρεψεν . . . ἐπὶ τὰ ὅ. Χ. (3 *a*)
— 12. A διελεύσεται ἐπὶ τὰ ὅ. [B *om.* τ. ὅ.] Δ. -
— 14. περιελεύσεται [A *add.* ἐπὶ τὰ] ὅρια (3 *a*)
— 18. ἐγενήθη τὰ ὅ. αὐτῶν Ἰ. (3 *a*)
— 22. συνάψει τὰ ὅ. ἐπὶ Γ. (3 *a*)
— 22. ἔσται αὐτοῦ ἡ διέξοδος τῶν ὁ. (3 *a*)
— 25. ἐγενήθη τὰ ὅ. αὐτῶν ἐξ Ἐλ. (3 *a*)
— 27. εἰσελεύσεται ὅρια [A τὰ ὅ.] Σ. -
— 29. ἀναστρέψει τὰ ὅ. εἰς Ῥ. (3 *a*)
— 29. ἀναστρέψει τὰ ὅ. ἐπὶ Ἰ. (3 *a*)
— 33. ἐγενήθη τὰ ὅ. αὐτῶν Μ. (3 *a*)
— 34. ἐπιστρέψει τὰ ὅ. ἐπὶ θάλασσαν (3 *a*)
— 41. ἐγενήθη τὰ ὅ. αὐτῶν Σ. (3 *a*)
— 46. ὅριον πλησίον Ἰόππης (3 *a*)
— 48. ἔθλιψαν ἀπ' αὐτῶν τὸ ὅ. τῆς μερίδος αὐ. -
— 49. ἐμβατεῦσαι τὴν γῆν κατὰ τὸ ὅ. αὐτῶν (3 *b*)
21. 20. A ἐγενήθη πόλις τῶν ὁ. [B ἱερέων] αὐ. (4)
— 38. ἐγενήθη τὰ ὅ. αἱ πόλεις δέκα δύο (4)
— 40. διαμερίσας τὴν γῆν ἐν τοῖς ὁ. αὐτῶν -
22. 11. B^{1} βωμὸν ἐπὶ τῶν ὁ. [A B^{2} R ἐφ' ὁρίων] γῆς Χ. (8)
— 25. ὅρια ἔθηκε κύριος (3 *a*)
24. 30. ἔθαψαν αὐτὸν πρὸς τοῖς ὁ. τοῦ κλήρου αὐ. (3 *a*)
Jd. 1. 18 *ter.* οὐδὲ τὰ ὅ. [A καὶ τὸ ὅ.] αὐτῆς (3 *a*)
— 36. καὶ τὸ ὅ. τοῦ Ἀμ. ἀπὸ τῆς ἀναβάσεως Ἀ. (3 *a*)
2. 9. ἔθαψαν αὐτὸν ἐν ὁρίῳ [A ὄρει] τῆς κληρον. (3 *a*)
7. 24. A B^{1} ἐν παντὶ ὁρίῳ [B^{2} R ὄρει] Ἐφρ. †
11. 18. οὐκ εἰσῆλθεν ἐν ὁρίοις [A εἰς τὸ ὅ.] Μ. (3 *a*)
— 18. Ἀρνῶν ὅριον Μωάβ (3 *a*)
— 20. παρελθεῖν ἐν ὁρίῳ αὐτοῦ [A *al.*] (3 *a*)
— 22. A ἐκληρονόμησεν πᾶν τὸ ὅ. τοῦ Ἀμ. (3 *a*)
— 26 *bis.* ἐν τοῖς ὁ. [A ταῖς θυγατράσιν] αὐτῆς (2)

Jd. 19. 29. ἀπέστειλεν αὐτὰ ἐν παντὶ ὁ. Ἰσρ. [A *al.*] (3 *a*)
20. 6. ἐν παντὶ ὁ. κληρονομίας υἱῶν Ἰσρ. (11)
I Ki. 5. 3. ἐπάταξεν . . . τὴν Ἄ. καὶ τὰ ὅ. [A τὸ ὅ.] αὐ. -
6. 9. B εἰ εἰς ὁδὸν ὅριον [A R -ων] αὐ. πορεύσεται (3 *a*)
— 12. ἐπορεύοντο . . . ἕως ὁρίων Βαιθσ. (3 *a*)
7. 13. προσελθεῖν εἰς ὅριον Ἰσρ. (3 *a*)
— 14. τὸ ὅ. Ἰσρ. ἀφείλαντο (3 *a*)
11. 3. ἀποστελοῦμεν ἀγγέλους εἰς πᾶν ὅ. Ἰσρ. (3 *a*)
— 7. ἀπέστειλεν εἰς πᾶν ὅ. Ἰσρ. (3 *a*)
27. 1. τοῦ ζητεῖν με εἰς πᾶν ὅ. Ἰσρ. (3 *a*)
II Ki. 21. 5. τοῦ μὴ ἑστάναι αὐτὸν ἐν παντὶ ὁ. Ἰσρ. (3 *a*)
III Ki. 1. 3. ἐζήτησαν νεάνιδα καλὴν ἐκ παντὸς ὁ. Ἰσρ. (3 *a*)
3. 1 (*cf.* 5. 1). B ἦν ἄρχων . . . ἕως ὁρίων Αἰγύπτου (3 *a*)
4. 21 (5. 1). A ἦν ἐξουσιάζων . . . ἕως ὁρίου Αἰγ. (3 *a*)
9. 13. ἐκάλεσεν αὐτὰς Ὅριον †
10. 26. ἦν ἡγούμενος . . . ἕως ὁρίων Αἰγ. -
IV Ki. 3. 21. ἔστησαν ἐπὶ τοῦ ὁ. (3 *a*)
10. 32. A συγκόπτειν ἐν παντὶ ὁ. [B ἐν τῷ] Ἰσρ. -
— 32. ἐπάταξεν . . . ἐν παντὶ ὁ. Ἰσρ. (3 *a*)
14. 25. ἀπέστησε τὸ ὅ. Ἰσρ. (3 *a*)
15. 16. ἐπάταξε . . . τὰ ὅ. αὐτῆς (3 *a*)
18. 8. ἕως Γ. καὶ ἕως ὁρίου αὐ. (3 *a*)
I Ch. 4. 10. ἐὰν . . . πληθύνῃς τὰ ὅ. μου (3 *a*)
6. 54 (39). ἐν ταῖς κώμαις αὐ. ἐν τοῖς ὁ. αὐ. (3 *a*)
— 66 (51). ἐγένοντο πόλεις τῶν ὁ. αὐ. (3 *a*)
7. 29. καὶ ἕως ὁρίων υἱῶν Μ. (7)
13. 5. ἀπὸ ὁρίων Αἰγ. καὶ ἕως εἰσόδου [A *om.*] Ἡ. †
21. 4. A διῆλθεν ἐν παντὶ ὁ. [R *om.*] Ἰσρ. -
II Ch. 9. 26. καὶ ἕως ὁρίων [A -ου] Αἰγύπτου (3 *a*)
11. 13. συνήχθησαν πρὸς αὐτὸν ἐκ πάντων τῶν ὁ. (3 *a*)
— 23. ἐν πᾶσι τοῖς ὁ. Ἰούδα (1)
To. 14. 10. S μὴ αὐλισθῇς ἐν τοῖς ὁ. αὐ. [A B *al.*]
Ju. 1. 5. A R ἐν [B S *om.*] τοῖς ὁ. [S *om.* τ. ὁ.] Ῥ.
— 10. ἕως τοῦ ἐλθεῖν ἐπὶ τὰ ὅ. τῆς Αἰθ.
— 12. πάντα τὰ ὅ. [A^{3} ὄρη] τῆς Κιλικίας
— 12. ἕως τοῦ ἐλθεῖν ἐπὶ τὰ δύο ὅ. τῶν δύο θαλ.
2. 10. προκαταλήψῃ μοι πᾶν ὅ. αὐ.
— 25. κατελάβετο τὰ ὅ. [S ὄρη] τῆς Κ.
— 25. ἦλθεν ἕως ὁρίων Ἰ.
3. 8. κατέσκαψε πάντα τὰ ὅ. αὐ.
4. 1. A ἐσκύλευσε πάντα τὰ ὅ. [B S ἱερὰ] αὐ.
— 4. ἀπέστειλαν εἰς πᾶν ὅ. Σαμ.
6. 4. B τὰ ὅ. [A S R ὄρη] αὐ. μεθυσθήσεται
14. 4. πάντες οἱ κατοικοῦντες πᾶν ὅ. Ἰσρ.
15. 4. ἀπέστειλεν . . . εἰς πᾶν ὅ. Ἰσρ.
— 5. ἕως οὗ παρῆλθον Δαμ. καὶ [S κατὰ] τὰ ὅ. αὐ.
16. 5. A S R εἶπεν ἐμπρήσειν τὰ ὅ. [B ὄρη] μου
Jb. 24. 2. ἀσεβεῖς δὲ ὅριον ὑπερέβησαν [A *al.*] (3 *b*)
38. 10. ἐθέμην δὲ αὐτῇ ὅρια (6)
— 20. εἰ ἀγάγοις με εἰς ὅρια αὐτῶν (3 *a*)
42. 18. ἐπὶ τοῖς ὁ. τῆς Ἰδουμαίας καὶ Ἀραβίας -
— 18. A ἐπὶ τῶν ὁ. τοῦ Εὐφράτου -
Ps. 73 (74). 17. σὺ ἐποίησας πάντα τὰ ὅ. τῆς γῆς (3 *b*)
103 (104). 9. ὅριον ἔθου ὃ οὐ παρελεύσονται (3 *a*)
104 (105). 31. καὶ σκνῖπες ἐν πᾶσι τοῖς ὁ. αὐ. (3 *a*)
— 33. συνέτριψε πᾶν ξύλον ὁρίου αὐτῶν (3 *a*)
147. 3 (14). ὁ τιθεὶς τὰ ὅ. σου εἰρήνην (3 *a*)
Pr. 15. 25. ἐστήρισε [S^{1} ἔστησεν] δὲ ὅριον χήρας (3 *a*)
22. 28. μὴ μέταιρε ὅρια αἰώνια (3 *a*)
23. 10. μὴ μεταθῇς ὅρια αἰώνια (3 *a*)
Ho. 5. 10. ἐγένοντο οἱ ἄρχοντες Ἰ. ὡς μετατιθέντες ὅρια (3 *a*)
Am. 1. 13. ὅπως ἐμπλατύνωσι τὰ ὅ. ἑαυτῶν (3 *a*)
6. 2. εἰ πλέονα τὰ ὅ. αὐ. ἐστι τῶν ὑμετέρων ὁ. (3 *a*, 3 *a*)
Mi. 5. 6 (5). ὅταν ἐπιβῇ ἐπὶ τὰ ὅ. ὑμῶν (3 *a*)
Jl. 3 (4). 6. ὅπως ἐξώσητε αὐτοὺς ἐκ τῶν ὅ. αὐ. (3 *a*)
Ob. 1. 7. ἕως τῶν ὅ. [A ὅ. σου] ἐξαπέστειλάν σε (3 *a*)
Ze. 2. 8. ἐμεγαλύνοντο ἐπὶ τὰ ὅ. μου (3 *a*)
Hg. 2. 23 (22). A καὶ καταβαλῶ τὰ ὅ. αὐτῶν -
Za. 9. 2. καὶ ἐν Ἡ. ἐν τοῖς ὅ. αὐτῆς Τ. καὶ Σ. (3 *c*)
Ma. 1. 3. ἔταξα τὰ ὅ. αὐτοῦ εἰς ἀφανισμόν †
— 4. καὶ ἐπικληθήσεται αὐτοῖς ὅρια ἀνομίας (3 *a*)
— 5. ἐμεγαλύνθη κ. ὑπεράνω τῶν ὁ. τοῦ Ἰσ. (3 *a*)
Is. 9. 7 (6). τῆς εἰρήνης αὐτοῦ οὐκ ἔστιν ὅ. (10)
10. 13. ἀφελῶ ὅρια ἐθνῶν (3 *b*)

Is. 14. 25. S² καὶ ἐπὶ [A S ἀπὸ] τῶν ὁ. [A B S¹ ὀρέων] μου †
15. 8. συνῆψε γὰρ ἡ βοὴ τὸ ὅ. [A ὄρος] τῆς Μωαβίτιδος (3 a)
19. 19. στήλη πρὸς τὸ ὅ. αὐτῆς τῷ κυρίῳ (3 a)
28. 25. σπείρει πυρὸν . . . ἐν τοῖς ὁ. σου (3 b)
54. 10. S μηδὲ ἐν ἀπειλῇ σου τὰ ὅ. μεταστήσεσθαι [A B al.] †
57. 9. ἀπέστειλας πρέσβεις ὑπὲρ τὰ ὅ. σου †
60. 18. οὐδὲ ταλαιπωρία ἐν τοῖς ὁ. σου (3 a)
Je. 5. 22. τὸν τάξαντα ἄμμον ὅριον τῇ θαλάσσῃ (3 a)
15. 13. καὶ ἐν πᾶσι τοῖς ὁ. σου (3 a)
Ez. 29. 10. καὶ ἕως ὁρίων Αἰθιόπων (3 a)
40. 12. A ὅριον [B om.] ἔνθεν καὶ ἔνθεν (3 a)
43. 12. πάντα τὰ ὅ. αὐ. κυκλόθεν ἅγια ἁγίων (3 a)
45. 1. ἅγιον ἔσται ἐν πᾶσι τοῖς ὁ. αὐ. κυκλόθεν (3 a)
— 7. ὡς μία τῶν μερίδων ἀπὸ τῶν ὁ. τῶν πρὸς θάλασσαν (3 a)
— 7. καὶ τὸ μῆκος ἐπὶ τὰ ὅ. τὰ πρὸς ἀνατολάς (3 a)
47. 13. A R ταῦτα τὰ [B om.] ὅ. κατακληρονομήσετε τῆς γῆς (3 a)
— 15. ταῦτα τὰ ὅ. τῆς γῆς τῆς πρὸς βορρᾶν (3 a)
— 16. ἀνὰ μέσον ὁρίων Δαμασκοῦ καὶ ἀνὰ μέσον ὁρίων Ἡμαθεὶ [A ἀ. μ. τῶν ὁ. Ἡμὰθ καὶ ἀ. μ. τῶν ὁ. Δ.] . . . ἐπάνω τῶν ὁ. Αὐρανίτιδος (3 a ter)
— 17. ταῦτα τὰ ὅ. ἀπὸ τῆς θαλάσσης ἀπὸ τῆς αὐλῆς τοῦ Αἰνὰν ὅρια Δαμασκοῦ (3 a, 3 a)
— 17. A τὸ ὅ. Αἰμὰθ τὸ ὅ. βορρᾶ (3 a, 9)
48. 1. ὅριον Δαμασκοῦ πρὸς βορρᾶν (3 a)
— 2. ἀπὸ τῶν ὁ. τοῦ Δὰν τὰ πρὸς ἀνατολάς (3 a)
— 3. ἀπὸ τῶν ὁ. Ἀσσήρ (3 a)
— 4. ἀπὸ τῶν ὁ. Νεφθαλίμ (3 a)
— 5. ἀπὸ τῶν ὁ. Μανασσῆ (3 a)
— 6. ἀπὸ τῶν ὁ. Ἐφραίμ (3 a)
— 7. ἀπὸ τῶν ὁ. Ῥουβήν (3 a)
— 8. ἀπὸ τῶν ὁ. Ἰούδα (3 a)
— 12. ἅγιον ἁγίων ἀπὸ τῶν ὁ. [A ἀπαρχῶν] τῶν Λευιτῶν (3 a)
— 13. τοῖς δὲ Λ. τὰ ἐχόμενα τῶν ὁ. τῶν ἱερέων (3 a)
— 21. ἕως τῶν ὁ. τῶν πρὸς ἀνατολὰς . . . ἕως τῶν ὁ. τῶν πρὸς θάλασσαν [A ἀνατολάς] (3 a, 3 a)
— 22. ἀνὰ μέσον τῶν ὁ. Ἰούδα καὶ ἀνὰ μέσον τῶν ὁ. Βενιαμίν (3 a, 3 a)
— 24. ἀπὸ τῶν ὁ. τῶν Βενιαμίν (3 a)
— 25. ἀπὸ τῶν ὁ. τῶν Συμεών (3 a)
— 26. ἀπὸ τῶν ὁ. τῶν Ἰσσάχαρ (3 a)
— 27. ἀπὸ τῶν ὁ. τῶν Ζαβουλών (3 a)
— 28. ἀπὸ τῶν ὁ. τῶν Γὰδ . . . ἔσται τὰ [A om.] ὅ. αὐτοῦ ἀπὸ Θαιμάν (3 a, 3 a)
I Ma. 2. 46. A R ὅσα εὗρον ἐν ὁρίοις [S υἱοῖς] Ἰσρ.
3. 32. ἀπὸ τοῦ ποταμοῦ Εὐφρ. ἕως τῶν ὁ. Αἰγ.
— 36. ἐν πᾶσι τοῖς ὁ. αὐτῶν
— 42. παρεμβάλλουσιν ἐν τοῖς ὁ. αὐ.
5. 9. τοὺς ὄντας ἐπὶ τοῖς ὁ. αὐ.
— 60. ἐδιώχθησαν ἕως τῶν ὁ. τῆς Ἰ.
6. 25. ἀλλὰ καὶ ἐπὶ πάντα τὰ ὅ. αὐ.
7. 24. ἐξῆλθεν εἰς πάντα τὰ ὅ. τῆς Ἰ.
9. 23. ἐξέκυψαν . . . ἐν πᾶσι τοῖς ὁ. Ἰ.
— 72. ἐλθεῖν εἰς τὰ ὅ. αὐ.
10. 31. Ἱερ. ἤτω ἁγία . . . καὶ τὰ ὅ. αὐ.
— 43. καὶ ἐν πᾶσι τοῖς ὁ. αὐ.
— 89. ἔδωκεν αὐτῷ . . . πάντα τὰ ὅ. αὐ.
11. 34. ἑστάκαμεν οὖν αὐτοῖς τά τε ὅ. τῆς Ἰ.
— 59. ἕως τῶν ὁ. Αἰγύπτου
14. 2. ἦλθε Δ. εἰς τὰ ὅ. αὐ.
— 6. ἐπλάτυνε τὰ ὅ.
— 33. τὴν Β. τὴν ἐπὶ τῶν ὁ. τῆς Ἰ.
— 34. καὶ τὴν Γ. τὴν ἐπὶ τῶν ὁ. Ἀζ.
15. 29. τὰ ὅ. αὐ. ἠρημώσατε
— 30. S R ὧν κατεκυριεύσατε ἐκτὸς [A om.] τῶν ὁ. [A add. τῶν ἐκ] τῆς Ἰ.

[Aq. III Ki. 1. 3: 4. 21 (5. 1): Is. 15. 8 (Sw.): Je. 31 (38). 17: Ez. 27. 4: 43. 13.]
[Sm. I Ki. 13. 18: III Ki. 1. 3: 4. 21 (5. 1): Is. 9. 1 (8. 23): 15. 8 (Sw.): Ez. 40. 12: Ho. 5. 1, 10.]
[Th. I Ki. 13. 18: III Ki. 1. 3: Is. 15. 8 (Sw.): Je. 17. 3 (Sw.): Ez. 40. 12 (Sw.): 43. 13: 47. 17 *bis*.]
[Al. Dt. 2. 30: I Ki. 5. 6: Is. 24. 1.]
[Quint. Ho. 5. 10.]

ὁρισμός. (1) אִסָּר, אֱסָר (2) דָּבָר (3) דָּת (4) כְּתָב

Ex. 8. 12 (8). ἐβόησε . . . περὶ τοῦ ὁ. τῶν βατράχων (2)
Nu. 30. 3. ἢ ὁρίσηται ὁρισμῷ (1)
— 4. ἢ ὁρίσηται ὁρισμόν (1)
— 4 (5). καὶ ἀκούσῃ . . . τοὺς ὁ. αὐτῆς (1)
— 5. πάντες οἱ ὁ. . . . μενοῦσιν αὐτῇ (1)
— 6. ἢ ἂν ἡμ. ἀκούσῃ . . . τοὺς ὁ. (1)
— 8. οἱ ὁ. αὐτῆς . . . στήσονται (1)
— 9. οἱ ὁ. αὐτῆς . . . οὐ μενοῦσιν †
— 11. ἢ ὁ ὁ. κατὰ τῆς ψυχῆς αὐ. (1)
— 12. πάντες οἱ ὁ. αὐ. . . . στήσονται (1)
— 13. κατὰ τοὺς ὁ. τοὺς κατὰ τῆς ψυχῆς αὐ. (1)
— 15. τοὺς ὁ. τοὺς ἐπ' αὐτῆς στήσει (1)
Es. 4. 17. ἐξᾶραι ὁρισμὸν στόματός σου
Si. 33 (36). 8. S σπεῦσον καιρὸν καὶ μνήσθητι ὁρισμοῦ [A B ὁρκισμοῦ]
Da. LXX. 6. 5 (6). στήσωμεν ὁρισμὸν καθ' ἑαυτῶν –
— 7 (8). ὁρισμὸν καὶ στάσιν ἐστήσαμεν (1 ?)
— 10 (11). ἐπιγνοὺς δὲ Δ. τὸν ὁ. (4)
— 12 (13). οὐχ ὁρισμὸν ὡρίσω (1)
— 12 (13). μενεῖ ὁ ὁ. (3 ?)
— 12 (13). ὃς οὐκ ἐνέμεινε τῷ ὁ. τούτῳ –
— 14 (15). κατὰ τὸν ὁ. ὃν ἔστησε κατ' αὐτοῦ –
Da. TH. 6. 7 (8). καὶ ἐνισχῦσαι ὁρισμόν (1)
— 8 (9). στῆσον τὸν [A om.] ὁ. (1)
— 12 (13). οὐχ ὁρισμὸν ἔταξας (1)
— 13 (14). A περὶ τοῦ ὁ. οὗ ἔταξας (1)
— 15 (16). τοῦ πᾶν ὁρισμὸν . . . οὐ δεῖ παραλλάξαι (1)
I Ma. 6. 62. S¹ ἠθέτησε τὸν ὁ. [A S² R ὁρκισμόν]
II Ma. 12. 25. πιστώσαντος δὲ αὐτοῦ . . . τὸν ὁ.

[Sm. Ps. 39 (40). 8.]
[Th. Da. 6. 8, 12†, 13†.]

ὁρκίζειν. (1) שָׁבַע hi.

Ge. 24. 37. καὶ ὥρκισέ με ὁ κύριός μου (1)
50. 5. ὥρκισέ με [A add. πρὸ τοῦ τελευτῆσαι] (1)
— 6. καθάπερ ὥρκισέ σε (1)
— 16. ὁ πατήρ σου ὥρκισε †
— 25. ὥρκισεν Ἰωσὴφ τοὺς υἱοὺς Ἰ. (1)
Ex. 13. 19. ὅρκῳ γὰρ ὥρκισε τοὺς υἱοὺς Ἰ. (1)
Nu. 5. 19. ὁρκιεῖ αὐτὴν ὁ ἱερεύς (1)
— 21. ὁρκιεῖ ὁ ἱερεὺς τὴν γυναῖκα (1)
Jo. 6. 25 (26). ὥρκισεν Ἰ. ἐν τῇ ἡμέρᾳ ἐκείνῃ (1)
I Ki. 14. 27. ἐν τῷ ὁ. τὸν πατέρα αὐ. τὸν λαόν (1)
— 28. ὁρκίσας ὥρκισε τὸν λαόν [A τῷ λ.] (1, 1)
III Ki. 3. 1 (2. 37). ὥρκισεν αὐτὸν ὁ βασ. –
— 1 (2. 42). οὐχὶ ὥρκισά σε (1)
22. 16. A R ὁρκίζω [B ἐξορ.] σε (1)
IV Ki. 11. 4. A καὶ ὥρκισεν αὐτούς [B -κωσε] (1)
II Ch. 18. 15. ποσάκις ὁρκίζω [A -ίσω] σε (1)
36. 13. ἃ ὥρκισεν αὐτὸν κατὰ τοῦ θεοῦ (1)
I Es. 1. 48. ὁρκισθεὶς ἀπὸ τοῦ βασ. Ναβ.
8. 96. ὥρκισε τοὺς φυλάρχους τῶν ἱ.
II Es. 10. 5. ὥρκισε τοὺς ἄρχ. [S om. τ. ἄ.] τοὺς Λ. (1)
Ne. 5. 12. ὥρκισα αὐτοὺς ποιῆσαι (1)
13. 25. ὥρκισα [A ἐνώρκ.] αὐτοὺς ἐν τῷ θεῷ (1)
Ca. 2. 7. ὥρκισα ὑμᾶς . . . ἐν δυνάμεσι . . . τοῦ ἀγροῦ (1)
3. 5. S ταῖς νεανίαις ὁρκίζει ἡ νύμφη –
— 5: 5. 8. ὥρκισα ὑμᾶς . . . ἐν ταῖς δυνάμεσι . . . τοῦ ἀγροῦ (1)
5. 9. οὕτως ὥρκισας ἡμᾶς (1)
8. 4. ὥρκισα ὑμᾶς . . . ἐν ταῖς ἰσχύσεσι τοῦ ἀγροῦ (1)
Da. LXX. 6. 12 (13). ὁρκιζομέν σε τοῖς Μ. καὶ Π. δόγμασιν –

[Aq. Jo. 2. 17: III Ki. 22. 16: Ca. 2. 7.]
[Sm. Ex. 2. 21: Jo. 2. 17: III Ki. 22. 16: Ca. 2. 7.]
[Th. Jo. 2. 17: I Ki. 20. 17.]
[Al. III Ki. 18. 10: Je. 5. 7.]
[Quint. Ca. 2. 7.]

ὁρκισμός. (1) אָלָה (2) שָׁבַע

Ge. 21. 31. ἐπωνόμασε τὸ ὄν. τοῦ τόπου ἐκ. Φρέαρ ὁρκισμοῦ (2)
— 32. R ἐν τῷ φρέατι τοῦ ὁ. [A ὅρκου] (2)
24. 41. καὶ ἔσῃ ἀθῷος ἀπὸ τοῦ ὁ. μου (1)
Le. 5. 1. ἐὰν . . . ἀκούσῃ φωνὴν ὁρκισμοῦ (1)
Si. 33 (36). 8. σπεῦσον καιρὸν καὶ μνήσθητι ὁρκισμοῦ [S ὁρισμοῦ]
I Ma. 6. 62. ἠθέτησε τὸν ὁ. [S¹ ὁρισμόν]

ὅρκος. (1) אָלָה (2) *a.* שְׁבֻעָה, שָׁבֻעַ *b.* שְׁבוּעָה, שְׁבֻעָה *c.* שָׁבַע hi. *d.* בַּעַל שְׁבוּעָה

Ge. 21. 14. κατὰ τὸ φρέαρ τοῦ ὅ. (2 a)
— 32. A τῷ φρέατι τοῦ ὅ. [R ὁρκισμοῦ] (2 a)
— 33. ἐπὶ τῷ φρέατι τοῦ ὅ. (2 a)
22. 19. ἐπορεύθησαν ἐπὶ τὸ φρέαρ τοῦ ὅ. (2 a)
— 19. R ἐπὶ τὸ φρέαρ [A τῷ φρέατι] τοῦ ὅ. (2 a)
24. 8. R καθαρὸς ἔσῃ ἀπὸ τοῦ ὅ. μου [A S τούτου] (2 b)
26. 3. καὶ στήσω τὸν ὅ. μου (2 b)
— 23. ἀνέβη . . . ἐπὶ τὸ φρέαρ τοῦ ὅ. (2 a)
— 33. ἐκάλεσεν αὐτὸ [A τὸ ὄνομα αὐτοῦ] Ὅρκος (2 a)
— 33. ἐκάλεσεν ὄνομα . . . φρέαρ ὅρκου (2 a)
28. 10. ἀπὸ τοῦ φρέατος τοῦ ὅ. (2 a)
46. 1. ἦλθεν ἐπὶ τὸ φρέαρ τοῦ ὅ. (2 a)
— 5. ἀνέστη δὲ Ἰ. ἀπὸ τοῦ φρέατος τοῦ ὅ. (2 a)
Ex. 13. 19. ὅρκῳ γὰρ ὥρκισε τοὺς υἱοὺς Ἰσραήλ (2 c)
22. 11 (10). ὅ. ἔσται τοῦ θεοῦ (2 b)
Le. 5. 4. ὅσα ἐὰν διαστείλῃ . . . μεθ' ὅρκου (2 b)
Nu. 5. 21. A R ὁρκιεῖ . . . ἐν τοῖς ὅ. [B λόγοις] τῆς ἀρᾶς τ. (2 b)
30. 3. ἢ ὀμόσῃ ὅρκον (2 b)
— 11. ἢ ὁ ὁρισμὸς κατὰ τῆς ψυχῆς αὐ. μεθ' ὅρκου (2 b)
— 14. πᾶς ὅ. δεσμοῦ κακῶσαι ψυχήν (2 b)
De. 7. 8. καὶ διατηρῶν τὸν ὅ. (2 b)
Jo. 2. 17. ἀθῷοί ἐσμεν τῷ ὅ. σου τούτῳ (2 b)
— 19. ἡμεῖς δὲ ἀθῷοι τῷ ὅ. σου τούτῳ –
— 20. ἐσόμεθα ἀθῷοι τῷ ὅ. σου τούτῳ (2 b)
9. 20. διὰ τὸν ὅ. ὃν ὠμόσαμεν (2 b)
Jd. 21. 5. ὁ [A om.] ὅ. μέγας ἦν (2 b)
I Ki. 14. 26. ἐφοβήθη ὁ λαὸς τὸν ὅ. κυρίου (2 b)
II Ki. 21. 7. διὰ τὸν ὅ. κυρίου τὸν ἀνὰ μέσον αὐτῶν (2 b)
III Ki. 3. 1 (2. 43). τί ὅτι οὐκ ἐφύλαξας τὸν ὅ. κυρίου (2 b)
I Ch. 16. 16. καὶ τὸν ὅ. αὐ. τῷ Ἰσαάκ (2 b)
II Ch. 15. 15. εὐφράνθησαν πᾶς Ἰ. περὶ τοῦ ὅ. (2 b)
Ne. 6. 18. B¹ πολλοὶ ἐν Ἰ. ὅ. [A B² S R ἔνορκοι] ἦσαν αὐτῷ (2 d)
10. 29 (30). εἰσήλθοσαν . . . ἐν ὅρκῳ (2 b)
To. 9. 3. S οὐ δύναμαι παραβῆναι τὸν ὅ. αὐ.
Ju. 8. 11. καὶ ἐστήσατε τὸν ὅ.
— 30. ἐπαγαγεῖν ὅρκον ἐφ' ἡμᾶς
Ps. 104 (105). 9. καὶ τοῦ ὅ. [A τῷ ὅ.] αὐτοῦ τῷ Ἰσαάκ (2 b)
Pr. 29. 24. ἐὰν δὲ ὅρκου προτεθέντος ἀκούσαντες μὴ ἀναγγείλωσι (1)
Ec. 8. 2. περὶ λόγου ὅρκου θεοῦ [A S om.] μὴ σπουδάσῃς (2 b)
9. 2. ὡς ὁ ὀμνύων καθὼς ὁ τὸν ὅ. φοβούμενος (2 b)
Wi. 12. 21. ὧν τοῖς πατράσιν ὅρκους . . . ἔδωκας ἀγαθῶν ὑποσχέσεων
18. 6. οἷς ἐπίστευσαν ὅρκοις
— 22. ὅρκους πατέρων καὶ διαθήκας ὑπομνήσας
Si. 23. 9. ὅρκῳ μὴ ἐθίσῃς τὸ στόμα σου
44. 21. ἐν ὅρκῳ ἔστησεν αὐτῷ
Am. 5. 5. ἐπὶ τὸ φρέαρ τοῦ ὅ. μὴ διαβαίνετε [A ἀναβ.] (2 a)
Za. 8. 17. καὶ ὅρκον ψευδῆ μὴ ἀγαπᾶτε (2 b)
Je. 11. 5. ὅπως στήσω τὸν ὅ. μου (2 b)
Da. LXX. 9. 11. ἐπῆλθεν ἐφ' ἡμᾶς . . . ὁ ὅ. (2 b)
11. 18. ἐπιστρέψει ὀργὴν ὀνειδισμοῦ αὐ. ἐν ὅρκῳ –
Da. TH. 9. 11. ἐπῆλθεν ἐφ' ἡμᾶς . . . ὁ ὅ. (2 b)
I Ma. 7. 18. παρέβησαν γὰρ . . . τὸν ὅ.
II Ma. 4. 34. δεξιὰς μεθ' ὅρκων δούς
7. 24. ἀλλὰ καὶ δι' ὅρκων ἐπίστου
14. 32. τῶν δὲ μεθ' ὅρκων φασκόντων
15. 10. παρεπιδεικνὺς . . . τὴν τῶν ὅ. παράβασιν
III Ma. 5. 42. ἀτελέστατον ἐβεβαίωσεν ὅρκον
IV Ma. 5. 29. S R μὰ τοὺς ἱεροὺς . . . ὅ. [A al.]

[Aq. Is. 65. 15.]
[Sm. I Ki. 20. 17: Ps. 101 (102). 9: Ec. 8. 2: Is. 65. 15: Ho. 10. 4.]
[Th. Is. 65. 15: Je. 29 (36). 18: 44 (51). 12: Ez. 16. 59.]
[Al. Le. 7. 16: 22. 21: Nu. 15. 3.]

ὁρκοῦν. (1) שָׁבַע hi.

IV Ki. 11. 4. καὶ ὥρκωσε [A

ὁρκωμοσία. (1) אָלָה

I Es. 9. 93. γινέσθω ἡμῖν ὁρκωμοσία
Ez. 17. 18. ἠτίμωσεν ὁρκωμοσίαν (1)
— 19. ἐὰν μὴ τὴν ὁ. μου . . . δώσω αὐτὴν εἰς κεφαλὴν αὐτοῦ (1)

ὁρμᾶν. (1) חוּשׁ hi. (2) פָּנָה (3) פָּשַׁט (4) שׂוּם אֶת־פָּנָיו (5) שׁוּב (6) ὁ. τοῦ θέσθαι עִיט

Ge. 31. 21. καὶ ὥρμησεν εἰς τὸ ὄρος (4)
Nu. 16. 42 (17. 7). ὥρμησαν ἐπὶ τὴν σκηνὴν τοῦ μαρτ. (2)
Jo. 4. 18. ὥρμησε τὸ ὕδωρ τοῦ Ἰ. κατὰ χώραν (5)
6. 5. εἰσελεύσεται πᾶς ὁ λαὸς ὁρμήσας –
Jd. 20. 37. A τὸ ἔνεδρον ὥρμησεν [B ἐκινήθη] (1)
I Ki. 15. 19. ὥρμησας τοῦ θέσθαι ἐπὶ τὰ σκῦλα (6)
Na. 3. 16. βροῦχος ὥρμησε καὶ ἐξεπετάσθη (3)
Hb. 1. 8. καὶ ὁρμήσουσι μακρόθεν †
Is. 5. 29. A S ὁρμῶσιν [B ὀργιῶσιν] ὡς λέοντες †
Je. 4. 28. ὥρμησα καὶ οὐκ ἀποστρέψω ἀπ' αὐτῆς –
II Ma. 9. 2. τῶν πληθῶν ὁρμησάντων ἐπὶ τὴν . . . βοήθειαν
10. 16. ἐπὶ τὰ τῶν Ἰ. ὀχυρώματα ὥρμησαν
12. 20. R ἐπὶ τὸν Τ. ὥρμησεν [A -αν]
— 22. R εἰς φυγὴν [A -γεῖν] ὥρμησαν
— 29. ὥρμησαν ἐπὶ Σκυθῶν πόλιν
— 32. ὥρμησαν ἐπὶ Γοργίαν
[Aq. Ps. 77 (78). 26 : Je. 6. 1.]
[Sm. I Ki. 16. 13 : Je. 8. 6 : Ez. 1. 20.]
[Th. Je. 48 (31). 40 : Ez. 23. 5.]

ὁρμή. (1) חֵמָה (2) מַשָּׂא (3) פֶּלֶג (4) קֶצֶף (5) שֹׁאָה (6) שְׂעָטָה

Nu. 11. 11. ἐπιθεῖναι τὴν ὁ. [A ὀργὴν] τοῦ λαοῦ τ. ἐπ' ἐμέ (2)
— 17. συναντιλήψονται . . . τὴν ὁ. τοῦ λαοῦ (2)
Pr. 3. 25. οὐδὲ ὁρμὰς ἀσεβῶν ἐπερχομένας (5)
21. 1. ὥσπερ ὁρμὴ ὕδατος (3)
Za. 7. 12. A ἐγένετο ὁ. [B S ὀργὴ] μεγάλη παρὰ κυρίου (4)
Je. 29 (47). 3. ἀπὸ φωνῆς ὁρμῆς αὐτοῦ (6)
Ez. 3. 14. ἐπορεύθην [A add. μετέωρος] ἐν ὁρμῇ τοῦ πνεύματός μου (1)
Da. TH. 8. 6. ἐν ὁρμῇ τῆς ἰσχύος αὐ. (1)
III Ma. 1. 16. τὴν ὁ. τοῦ κακῶς ἐπιβαλλομ. μεταθεῖναι
— 23. τὴν ὁ. ἐπὶ τὰ ὅπλα ποιήσασθαι
4. 5. ἀνατροπῆς ὁρμῇ βιαίας
[Aq. Jb. 38. 34 : Ez. 3. 14 (P.).]
[Sm. Ge. 3. 17 (16) : 4. 7 : Jb. 38. 34 : Ca. 8. 6 bis : Ez. 1. 12.]
[Th. Nu. 11. 11 : Jb. 38. 34 : Ez. 3. 14 (P.) : 23. 11.]

ὅρμημα. (1) דָּאָה (2) עֶבְרָה (3) פֶּלֶג

Ex. 32. 22. σὺ γὰρ οἶδας τὸ ὅ. τοῦ λαοῦ τούτου †
De. 28. 49. ὡσεὶ ὅρμημα ἀετοῦ (1)
Ps. 45 (46). 4. τοῦ ποταμοῦ τὰ ὁ. εὐφραίνουσι τὴν πόλιν τοῦ θεοῦ (3)
Ho. 5. 10. ἐπ' αὐτοὺς ἐκχεῶ ὡς ὕδωρ τὸ ὅ. μου (2)
Am. 1. 11. καὶ τὸ ὅ. αὐτοῦ ἐφύλαξεν εἰς νῖκος (2)
Hb. 3. 8. A B S^2 ἢ ἐν θαλάσσῃ τὸ ὅ. σου (2)
I Ma. 4. 8. τὸ ὅ. αὐ. μὴ δειλωθῆτε
— 30. ὁ συντρίψας τὸ ὅ. τοῦ δυνατοῦ
6. 33. ἀπῆρε τὴν παρεμβολὴν ἐν ὁρμήματι αὐ.
— 47. S R ἴδον . . . τὸ ὅ. [A τὰ ὁ.] τῶν δυνάμεων
[Aq. Ps. 86 (87). 4 : Is. 30. 7 : 51. 9.]
[Sm. Ez. 23. 20 : Ho. 5. 10.]

ὁρμίσκος. (1) חֲלִי (2) חֲרוּזִים (3) מַשְׂכִּית (4) נְטִיפוֹת (5) פָּתִיל

Ge. 38. 18. τὸν δακτύλιόν σου καὶ τὸν ὁ. (5)
— 25. ὁ δακτύλιος καὶ ὁ ὁ. καὶ ἡ ῥάβδος (5)
Jd. 8. 26. A πλὴν . . . τῶν ὁ. ἐνφὼθ [B al.] (4 ?)
Pr. 25. 11. μῆλον χρυσοῦν ἐν ὁρμίσκῳ σαρδίου (3)
Ca. 1. 10. τράχηλός σου ὡς ὁρμίσκοι [A -os] (2)
7. 1 (2). ῥυθμοὶ μηρῶν σου ὅμοιοι ὁρμίσκοις (1)
[Sm. Ca. 4. 9.]

ὅρμος. (1) חוֹמָה (2) חוֹף

Ge. 49. 13. κατοικήσει . . . παρ' ὅρμον πλοίων (2)
Ez. 27. 11. τὰς φαρέτρας αὐτῶν ἐκρέμασαν ἐπὶ τῶν ὅ. σου κύκλῳ (1)
IV Ma. 13. 6. τοῖς εἰσπλέουσι τὸν ὅ.

ὄρνεον. (1) עוֹף (2) עַיִט (3) a. צִפּוֹר b. צִפַּר (4) קָאַת

Ge. 6. 20. ἀπὸ πάντων τῶν ὀρνέων τῶν πετεινῶν (1)
7. 14. R καὶ πᾶν ὄρνεον [A om.] πετεινόν (1)
9. 2. R πάντα τὰ πετεινὰ [A ὄρνεα] τοῦ οὐρανοῦ (1)
Ge. 9. 10. καὶ πάσῃ ψυχῇ . . . μεθ' ὑμῶν ἀπὸ ὀρνέων (1)
15. 10. τὰ δὲ ὄρνεα οὐ διεῖλε (3 a)
— 11. κατέβη δὲ ὄρνεα ἐπὶ τὰ σώματα (2)
40. 19. φάγεται τὰ ὅ. τοῦ οὐρανοῦ (1)
De. 4. 17. ὁμοίωμα παντὸς ὁ. πτερωτοῦ (3 a)
14. 11. πᾶν ὅ. καθαρὸν φάγεσθε (3 a)
22. 6. ἐὰν δὲ συναντήσῃς νοσσιᾷ ὀρνέων (3 a)
32. 24. τηκόμενοι . . . βρώσει ὀρνέων †
Jb. 40. 24 (29). παίξῃ δὲ ἐν [A καὶ ἐμπαίξεις] αὐτῷ ὥσπερ ὀρνέῳ (3 a)
Pr. 6. 5. ὥσπερ ὄρνεον ἐκ παγίδος (3 a)
7. 23. σπεύδει δὲ ὥσπερ ὄρνεον εἰς παγίδα (3 a)
9. 12. A B ὁ δ' αὐτὸς διώξεται ὄρνεα πετόμενα –
26. 2. ὥσπερ ὄρνεα πέταται καὶ στρουθοί (3 a)
27. 8. ὥσπερ ὅταν ὄρνεον καταπετασθῇ ἐκ τῆς ἰδίας νοσσιᾶς (3 a)
Ec. 9. 12. ὡς ὄρνεα τὰ θηρευόμενα ἐν παγίδι (3 a)
Wi. 5. 11. ὡς ὀρνέου διϊπτάντος ἀέρα
17. 18. ἢ περὶ ἀμφιλαφεῖς κλάδους ὀρνέων [A ἢ ὀρ.] ἦχος εὐμελής
19. 11. εἶδον καὶ νέαν γένεσιν ὀρνέων
Ho. 9. 11. Ἐφραὶμ ὡς ὄρνεον ἐξεπετάσθη (1)
11. 11. B^2 R ἐκστήσονται [A B^1 ἐκπτήσ.] ὡς ὄρνεον ἐξ Αἰγ. (3 a)
Am. 3. 5. εἰ πεσεῖται ὄρνεον ἐπὶ τῆς γῆς ἄνευ ἰξευτοῦ (3 a)
Is. 31. 5. ὡς ὄρνεα πετόμενα (3 a)
34. 11. ὄρνεα καὶ ἐχῖνοι καὶ ἴβεις καὶ κόρακες (4)
35. 7. ἐκεῖ εὐφροσύνη ὀρνέων †
Ba. 3. 17. οἱ ἐν τοῖς ὁ. τοῦ οὐρανοῦ ἐμπαίζοντες
Ep. Je. 22. ἐφίπτανται . . . τὰ ὅ.
— 71. ἐφ' ἧς πᾶν ὅ. ἐπικάθηται
Ez. 17. 23. ἀναπαύσεται ὑποκάτω αὐτοῦ πᾶν ὅ. [A θηρίον] (3 a)
39. 4. δοθήσονται εἰς πλήθη ὀρνέων (3 a)
— 17. εἰπὸν παντὶ ὀρνέῳ πετεινῷ (3 a)
Da. TH. 4. 9. κατῴκουν τὰ ὅ. τοῦ οὐρανοῦ (3 b)
— 11. καὶ τὰ ὅ. ἀπὸ τῶν κλάδων αὐ. (3 b)
— 18. κατεσκήνουν [A -ῴκουν] τὰ ὅ. τοῦ οὐρ. (3 b)
— 30. καὶ οἱ ὄνυχες αὐ. ὡς ὀρνέων (3 b)
II Ma. 15. 33. ἔφη κατὰ μέρος δώσειν τοῖς ὁ.
IV Ma. 1. 34. ἐνύδρων ἐπιθυμοῦντες καὶ ὀρνέων
[Aq. Ps. 83 (84). 4 : 103 (104). 17 : Ez. 17. 23.]
[Sm., Th. Ez. 17. 23.]

ὀρνίζειν (?).

[Aq. Is. 38. 14.]

ὀρνίθιον. (1) צִפּוֹר

Le. 14. 4. λήψονται . . . δύο ὀρνίθια ζῶντα (1)
— 5. σφάξουσι τὸ ὁ. τὸ ἓν εἰς ἀγγεῖον (1)
— 6. καὶ τὸ ὁ. τὸ ζῶν λήψεται αὐτό (1)
— 6. βάψει αὐτὰ καὶ τὸ ὁ. τὸ ζῶν εἰς τὸ αἷμα τοῦ ὁ. τοῦ σφαγέντος (1, 1)
— 7. ἐξαποστελεῖ τὸ ὁ. τὸ ζῶν εἰς τὸ πεδίον (1)
— 49. δύο ὀρνίθια ζῶντα καθαρά (1)
— 50. σφάξει τὸ ὁ. τὸ ἓν εἰς σκεῦος (1)
— 51. λήψεται . . . τὸ ὁ. τὸ ζῶν (1)
— 51. εἰς τὸ αἷμα τοῦ ὁ. τοῦ ἐσφαγμένου (1)
— 52. ἐν τῷ αἵματι τοῦ ὁ. (1)
— 52. καὶ ἐν τῷ ὁ. τῷ ζῶντι (1)
— 53. ἐξαποστελεῖ τὸ ὁ. τὸ ζῶν ἔξω (1)

ὀρνιθοσκοπεῖν. (1) עָנַן po.

Le. 19. 26. οὐδὲ ὀρνιθοσκοπήσεσθε [A -πηθήσ.] (1)

ὄρνις. (1) ὅ. ἐκλεκταί בַּרְבֻּרִים

III Ki. 3. 1 (4. 23) (5. 3). B ἐκτὸς . . . ὁ. ἐκλεκτῶν νομάδων (1)
4. 23 (5. 3). ἐκτὸς . . . ὁ. ἐκλεκτῶν [A al.] (1)
[Aq., Sm., Th. Is. 46. 11.]

ὄρος. (1) גִּבְעָה (2) a. הוֹר b. הַר (3) טוּר (4) מָרוֹם (5) צוּר (6) שְׁפִי (7) הָדַר

Ge. 7. 19. ἐκάλυψε πάντα τὰ ὅ. τὰ ὑψηλά (2 b)
— 20. ἐπεκάλυψε πάντα τὰ ὅ. τὰ ὑψηλά (2 b)
8. 3 (4). ἐκάθισεν . . . ἐπὶ τὰ ὄρη τὰ Ἀρ. (2 b)
— 5. ὤφθησαν αἱ κεφαλαὶ τῶν ὀ. (2 b)
10. 30. εἰς Σαφηρὰ ὄρος ἀνατολῶν (2 b)
12. 8. ἀπέστη ἐκεῖθεν εἰς τὸ ὅ. (2 b)
14. 6. τοὺς Χορραίους τοὺς ἐν τοῖς ὅ. Σηείρ (2 b)
19. 17. εἰς τὸ ὅ. σῴζου (2 b)
— 19. οὐ δυνήσομαι διασωθῆναι εἰς τὸ ὅ. (2 b)
— 30. ἐκάθητο ἐν τῷ ὅ. (2 b)
22. 2. ἀνένεγκε αὐτὸν ἐκεῖ . . . ἐφ' ἓν τῶν ὀ. (2 b)
Ge. 22. 14. ἐν τῷ ὅ. κύριος ὤφθη (2 b)
31. 21. καὶ ὥρμησεν αὐτὸν εἰς τὸ ὅ. Γαλαάδ (2 b)
— 23. κατέλαβεν αὐτὸν ἐν τῷ ὅ. Γαλαάδ (2 b)
— 25. ἔπηξε τὴν σκηνὴν αὐτοῦ ἐν τῷ ὅ. (2 b)
— 25. ἔστησε τοὺς ἀδ. αὐ. ἐν τῷ ὅ. Γαλαάδ (2 b)
— 54. ἔθυσε θυσίαν ἐν τῷ ὅ. (2 b)
— 54. καὶ ἐκοιμήθησαν ἐν τῷ ὅ. (2 b)
36. 8. κατῴκησε δὲ Ἡσαῦ ἐν τῷ ὅ. Σηείρ (2 b)
— 9. αἱ γενέσεις Ἡσαῦ . . . ἐν τῷ ὅ. Σηείρ (2 b)
49. 26. R ὑπὲρ εὐλογίας ὀρέων μονίμων [A B al.] (2 a)
Ex. 3. 1. καὶ ἦλθεν εἰς τὸ ὅ. Χωρήβ (2 b)
— 12. λατρεύσετε τῷ θεῷ ἐν τῷ ὅ. τούτῳ (2 b)
4. 27. συνήντησεν αὐτῷ ἐν τῷ ὅ. τοῦ θεοῦ (2 b)
15. 17. εἰς ὄρος κληρονομίας σου (2 b)
18. 5. ἐπ' ὄρους [A εἰς τὸ ὄρος] τοῦ θεοῦ (2 b)
19. 2. παρενέβαλεν ἐκεῖ Ἰσρ. κατέναντι τοῦ ὅ. (2 b)
— 3. ἀνέβη εἰς τὸ ὅ. τοῦ θεοῦ –
— 3. ἐκάλεσεν αὐτὸν ὁ θεὸς ἐκ τοῦ ὅ. (2 b)
— 11. ἐπὶ τὸ ὅ. τὸ [A om.] Σινά (2 b)
— 12. τοῦ ἀναβῆναι εἰς τὸ ὅ. (2 b)
— 12. πᾶς ὁ ἁψάμενος τοῦ ὅ. (2 b)
— 13. ὅταν . . . ἡ νεφέλη ἀπέλθῃ ἀπὸ τοῦ ὅ. –
— 13. ἐκεῖνοι ἀναβήσονται ἐπὶ τὸ ὅ. (2 b)
— 14. κατέβη δὲ Μ. ἐκ [A ἀπὸ] τοῦ ὅ. (2 b)
— 16. καὶ ἐγένοντο φωναὶ . . . ἐπ' ὄρους Σινά (2 b)
— 17. παρέστησαν ὑπὸ τὸ ὅ. (2 b)
— 18. τὸ δὲ ὅ. τὸ [A om.] Σινὰ ἐκαπνίζετο (2 b)
— 20. κατέβη . . . ἐπὶ τὸ ὅ. τὸ [A om.] Σινά (2 b)
— 20. ἐπὶ τὴν κορυφὴν τοῦ ὅ. (2 b)
— 20. ἐκάλεσε . . . ἐπὶ τὴν κορυφὴν τοῦ ὅ. (2 b)
— 23. προσαναβῆναι πρὸς τὸ ὅ. τὸ Σινά (2 b)
— 23. ἀφόρισαι τὸ ὅ. (2 b)
20. 18. ἑώρα . . . τὸ ὅ. τὸ καπνίζον (2 b)
24. 4. ᾠκοδόμησε θυσιαστήριον ὑπὸ τὸ ὅ. (2 b)
— 12. ἀνάβηθι πρός με εἰς τὸ ὅ. (2 b)
— 13. ἀνέβησαν εἰς [A ἐπὶ] τὸ ὅ. (2 b)
— 15. ἀνέβη Μ. καὶ Ἰησοῦς εἰς τὸ ὅ. (2 b)
— 15. καὶ ἐκάλυψεν ἡ νεφέλη τὸ ὅ. (2 b)
— 16. κατέβη . . . ἐπὶ τὸ ὅ. τὸ [A om.] Σινά (2 b)
— 17. ἐπὶ τῆς κορυφῆς τοῦ ὅ. (2 b)
— 18. καὶ ἀνέβη εἰς τὸ ὅ. (2 b)
— 18. καὶ ἦν ἐκεῖ ἐν τῷ ὅ. (2 b)
25. 8 (9). κατὰ πάντα ὅσα σοι δεικνύω ἐν τῷ ὅ. –
— 39 (40). τὸν τύπον τὸν δεδειγμένον σοι ἐν τῷ ὅ. (2 b)
26. 30. τὸ εἶδος τὸ δεδειγμένον σοι ἐν τῷ ὅ. (2 b)
27. 8. κατὰ τὸ παραδειχθέν σοι ἐν τῷ ὄρει (2 b)
31. 18. λαλῶν αὐτῷ ἐν τῷ ὅ. τῷ Σινά (2 b)
32. 1. καταβῆναι ἐκ τοῦ ὅ. (2 b)
— 12. ἐξήγαγεν αὐτοὺς ἀποκτεῖναι ἐν τοῖς ὅ. (2 b)
— 15. κατέβη ἀπὸ τοῦ ὅ. (2 b)
— 19. συνέτριψεν αὐτὰς ὑπὸ τὸ ὅ. (2 b)
33. 6. ἀπὸ τοῦ ὅ. τοῦ [A om.] Χωρήβ (2 b)
34. 1. ἀνάβηθι πρός με εἰς τὸ ὅ. –
— 2. ἀναβήσῃ ἐπὶ [A εἰς] τὸ ὅ. τὸ Σινά (2 b)
— 2. στήσῃ μοι ἐκεῖ ἐπ' ἄκρου τοῦ ὅ. (2 b)
— 3. μηδὲ ὀφθήτω ἐν παντὶ τῷ ὅ. (2 b)
— 3. μὴ νεμέσθωσαν πλησίον τοῦ ὅ. ἐκείνου (2 b)
— 4. ἀνέβη εἰς τὸ ὅ. τὸ Σινά (2 b)
— 29. ἐκ [A ἀπὸ] τοῦ ὅ. [A add. Σινά] (2 b)
— 29. καταβαίνοντος δὲ αὐτοῦ ἐκ [A ἀπὸ] τοῦ ὅ. (2 b)
— 32. ἐνετείλατο . . . ἐν τῷ ὅ. Σ. (2 b)
Le. 7. 28 (38). ἐνετείλατο κ. . . . ἐν τῷ ὅ. Σ. (2 b)
19. 26. μὴ ἔσθετε ἐπὶ τῶν ὅ. †
25. 1. ἐλάλησε κύριος . . . ἐν τῷ ὅ. Σ. (2 b)
26. 46. ὃν ἔδωκε κύριος . . . ἐν τῷ ὅ. Σ. (2 b)
27. 34. ἃς ἐνετείλατο κύριος . . . ἐν τῷ ὅ. Σ. (2 b)
Nu. 3. 1. ἐλάλησε κύριος τῷ Μ. ἐν ὄρει [A τῷ ὅ.] Σ. (2 b)
10. 33. ἐξῆραν ἐκ τοῦ ὅ. κυρίου (2 b)
13. 19 (17). ἀναβήσεσθε εἰς τὸ ὅ. (2 b)
14. 40. εἰς [A ἐπὶ] τὴν κορυφὴν τοῦ ὅ. (2 b)
— 44. ἐπὶ τὴν κορυφὴν τοῦ ὅ. (2 b)
— 45. ὁ ἐγκαθήμενος ἐν τῷ ὅ. ἐκείνῳ (2 b)
20. 19 bis. παρὰ τὸ ὅ. παρελευσόμεθα †
— 22. παρεγένοντο εἰς *Ωρ τὸ ὅ. (2 b)
— 23. εἶπε κύριος . . . ἐν *Ωρ τῷ ὅ. (2 b)
— 25. ἀναβίβασον αὐτοὺς εἰς *Ωρ τὸ ὅ. (2 b)
— 27. ἀνεβίβασεν αὐτὸν εἰς *Ωρ τὸ ὅ. (2 b)
— 28. ἀπέθανεν Ἀ. ἐπὶ τῆς κορυφῆς τοῦ ὅ. (2 b)
— 28. κατέβη Μ. καὶ Ἐλ. ἐκ τοῦ ὅ. (2 b)
21. 4. ἀπάραντες ἐξ *Ωρ τοῦ ὅ. (2 b)
23. 7. μετεπέμψατό με . . . ἐξ ὀρέων (2 b)
— 9. ἀπὸ κορυφῆς ὀρέων ὄψομαι αὐτόν (5)

Nu. 27. 12. ἀνάβηθι εἰς τὸ ὄ. . . . τοῦτο τὸ [A B^{2} *om.*] ὄ. N. (2 *b*, –)
— 13. καθὰ προσετέθη Ἀ. . . . ἐν τῷ *Ωρ τῷ ὄ. –
28. 6. ἡ γενομένη ἐν τῷ ὄ. Σ. (2 *b*)
33. 32. παρενέβαλον εἰς τὸ [A *om.*] ὄ. Γ. †
— 33. ἀπῆραν ἐκ τοῦ ὄ. Γ. †
— 37. παρενέβαλον εἰς *Ωρ τὸ ὄ. (2 *b*)
— 38. A πλησίον τοῦ ὄ. (2 *b*)
— 39. ὅτε ἀπέθνησκεν ἐν *Ωρ τῷ ὄ. (2 *b*)
— 41. ἀπῆραν ἐξ *Ωρ. τοῦ ὄ. (2 *b*)
— 47. παρενέβαλον ἐπὶ τὰ ὄ. τὰ Ἀβ. (2 *b*)
— 48. ἀπῆραν ἀπὸ ὀρέων Ἀβ. (2 *b*)
34. 7. καταμετρήσετε . . . παρὰ τὸ ὄ. τὸ ὄ. [A *om.* τὸ ὄ.] (2 *a*, 2 *b*)
— 8. ἀπὸ τοῦ ὄ. τὸ ὄ. καταμετρήσετε αὐτοῖς (2 *a*, 2 *b*)
De. 1. 2. ὁδὸς ἐπ' ὄρος Σ. (2 *b*)
— 6. κατοικεῖν ἐν τῷ ὄ. τούτῳ (2 *b*)
— 7. εἰσπορεύεσθε εἰς ὄρος Ἀμορραίων . . . εἰς ὄρος καὶ πεδίον (2 *b*, 2 *b*)
— 19. ὁδὸν ὄρους τοῦ Ἀμορραίου (2 *b*)
— 20. ἤλθατε ἕως τοῦ [A *om.*] ὄ. τοῦ Ἀμορραίου (2 *b*)
— 24. ἀνέβησαν εἰς τὸ ὄ. (2 *b*)
— 31. B ὁδὸν ὄρους τοῦ Ἀμ. –
— 41. ἀνεβαίνετε εἰς τὸ ὄ. (2 *b*)
— 43. ἀνέβητε εἰς τὸ ὄ. (2 *b*)
— 44. ὁ κατοικῶν ἐν τῷ ὄ. ἐκείνῳ (2 *b*)
2. 1. ἐκυκλώσαμεν τὸ ὄ. τὸ [A *om.*] Σ. (2 *b*)
— 3. ἱκανούσθω ὑμῖν κυκλοῦν τὸ ὄ. τοῦτο (2 *b*)
— 5. δέδωκα . . . τὸ ὄ. τὸ Σηείρ (2 *b*)
— 36. καὶ ἕως ὄρους τοῦ Γ. –
3. 12. καὶ τὸ ἥμισυ τοῦ [B^{1} *om.*] ὄρους Γαλ. (2 *b*)
— 25. ὄψομαι . . . τὸ ὄ. τοῦτο [B^{1} *om.*] τὸ ἀγαθόν (2 *b*)
4. 11. ἔστητε ὑπὸ τὸ ὄ. (2 *b*)
— 11. τὸ ὄ. ἐκαίετο πυρί (2 *b*)
— 12. A B^{2} ἐλάλησε κ. πρὸς ὑμᾶς ἐν τῷ ὄ. [B^{1} R *om.* ἐν τ. ὄ.] –
— 15. ᾗ ἐλάλησε κ. . . . ἐν τῷ ὄ. –
— 48. ὅ ἐστιν . . . ἐπὶ τοῦ ὄ. τοῦ Σ. (2 *b*)
5. 4. ἐλάλησε κύριος . . . ἐν τῷ ὄ. [A *om.* ἐν τ. ὄ.] (2 *b*)
— 5. οὐκ ἀνέβητε εἰς τὸ ὄ. (2 *b*)
— 22 (19). ἐλάλησε κύριος . . . ἐν τῷ ὄ. (2 *b*)
— 23 (20). τὸ ὄ. ἐκαίετο πυρί (2 *b*)
8. 7. ἐκπορευόμεναι . . . διὰ τῶν ὀ. (2 *b*)
— 9. ἐκ τῶν ὀ. αὐτῆς μεταλλεύσεις χαλκόν (2 *b*)
9. 9. ἀναβαίνοντός μου εἰς τὸ ὄ. (2 *b*)
— 9. κατεγινόμην ἐν τῷ ὄ. (2 *b*)
— 10. οὓς ἐλάλησε κύριος . . . ἐν τῷ ὄ. (2 *b*)
— 15. κατέβην ἐκ τοῦ ὄ. (2 *b*)
— 15. τὸ ὄ. ἐκαίετο πυρί (2 *b*)
— 21. τὸν χειμάρρουν τὸν καταβαίνοντα ἐκ [A ἀπὸ] τοῦ ὄ. (2 *b*)
10. 1. ἀνάβηθι πρὸς μὲ εἰς τὸ ὄ. (2 *b*)
— 3. ἀνέβην εἰς τὸ ὄ. (2 *b*)
— 4. οὓς ἐλάλησε κύριος . . . ἐν τῷ ὄ. (2 *b*)
— 5. κατέβην ἐκ τοῦ ὄ. (2 *b*)
— 10. εἱστήκειν ἐν τῷ ὄ. (2 *b*)
11. 29. δώσεις εὐλογίαν ἐπ' ὄρος Γαρ. καὶ τὴν κατάραν ἐπ' ὄρος Γαιβάλ (2 *b*, 2 *b*)
12. 2. ἐπὶ τῶν ὀ. τῶν ὑψηλῶν (2 *b*)
27. 4. στήσετε τοὺς λίθους τούτους . . . ἐν ὄρει Γ. (2 *b*)
— 12. οὗτοι στήσονται . . . ἐν ὄρει Γαρ. (2 *b*)
— 13. οὗτοι στήσονται . . . ἐν ὄρει Γαιβάλ (2 *b*)
32. 22. φλέξει θεμέλια ὀρέων (2 *b*)
— 49. ἀνάβηθι εἰς τὸ ὄ. τὸ Ἀβ. τοῦτο ὄ. N. (2 *b*, 2 *b*)
— 50. τελεύτα ἐν τῷ ὄ. (2 *b*)
— 50. ἀπέθανεν Ἀ. . . . ἐν *Ωρ τῷ ὄ. (2 *b*)
33. 2. κατέσπευσεν ἐξ ὄρους Φ. (2 *b*)
— 13. A ἀπὸ ὀρέων [B ὡρῶν] οὐρανοῦ †
— 15. ἀπὸ κορυφῆς ὀρέων ἀρχῆς (2 *b*)
34. 1. ἀνέβη M. . . . ἐπὶ τὸ ὄ. N. (2 *b*)
Jo. 2. 23. κατέβησαν ἐκ τοῦ ὄ. (2 *b*)
8. 24. τοὺς ἐν τοῖς πεδίοις καὶ ἐν τῷ ὄ. †
9. 2 (8. 30). ᾠκοδόμησεν Ἰ. . . . ἐν ὄρει Γ. (2 *b*)
— 2 (8. 33). οἳ ἦσαν ἥμισυ πλησίον ὄρους Γαρ. (2 *b*)
— 2 (8. 33). οἳ ἦσαν ἥμισυ πλησίον ὄρους Γαιβ. (2 *b*)
11. 3. καὶ Ἰεβουσαίους τοὺς ἐν τῷ ὄ. (2 *b*)
— 16. ἔλαβεν Ἰ. . . . τὸ ὄ. [A ὅριον] Ἰσρ. (2 *b*)
— 17. τὰ πρὸς τῷ ὄ. ἀπὸ ὄρους [A *om.* ἀ. ὄ.] Ἀ. (–, 2 *b*)
— 17. τὰ πεδία τοῦ Λιβ. ὑπὸ τὸ ὄ. τὸ Ἀ. (2 *b*)
— 21. A ἐξωλέθρευσε . . . ἐκ παντὸς ὄ. [B γένους] Ἰσρ. καὶ ἐκ παντὸς ὄ. Ἰούδα (2 *b*, 2 *b*)

Jo. 12. 1. ἀπὸ φάραγγος Ἀρνῶν ἕως τοῦ ὄ. Ἀ. (2 *b*)
— 5. ἄρχων ἀπὸ ὄρους Ἀ. (2 *b*)
— 7. B ἕως τοῦ ὄ. [A R ἕ. ὄ. τ.] Χελχά (2 *b*)
— 8. ἐν τῷ ὄ. καὶ ἐν τῷ πεδίῳ (2 *b*)
13. 5. ἀπὸ Γ. ὑπὸ τὸ ὄ. τὸ Ἀ. (2 *b*)
— 11. πᾶν ὄ. Ἀερμών (2 *b*)
— 19. καὶ Σ. ἐν τῷ ὄ. Ἐνάβ (2 *b*)
14. 12. αἰτοῦμαί σε τὸ ὄ. τοῦτο (2 *b*)
15. 8. διεκβάλλει τὰ ὅρια ἐπὶ κορυφὴν ὄρους (2 *b*)
— 9. διεκβάλλει τὸ ὅριον ἀπὸ κορυφῆς τοῦ ὄ. (2 *b*)
— 9. διεκβάλλει εἰς τὸ ὄ. [A δ. ὄρους] Ἐ. (2 *b*)
— 10. παρελεύσεται εἰς ὄρος Ἀ. [A *al.*] (2 *b*)
— 11. A παρελεύσεται ὄρος γῆς B. [B *al.*] (2 *b*)
17. 15. εἰ στενοχωρεῖ σε τὸ ὄ. τὸ [A *om.*] Ἐφ. (2 *b*)
— 16. οὐκ ἀρέσκει ἡμῖν τὸ ὄ. (2 *b*)
18. 12. ἀναβήσεται ἐπὶ τὸ ὄ. (2 *b*)
— 14. B^{1} παρελεύσεται ἐπὶ τὸ ὄ. [A B^{2} R μέρος] †
— 14. ἀπὸ τοῦ ὄ. ἐπὶ πρόσωπον B. λίβα (2 *b*)
— 16. A καταβήσεται τὰ ὅρια ἐπὶ μέρους τοῦ ὄ. [B *om.* τ. ὄ.] (2 *b*)
19. 48. τὸν θλίβοντα αὐτοὺς ἐν τῷ ὄ. –
— 50. ἥ ἐστιν ἐν τῷ ὄ. Ἐφρ. (2 *b*)
20. 7. τὴν Κάδης . . . ἐν τῷ ὄ. τῷ Νεφθ. (2 *b*)
— 7. καὶ Συχὲμ ἐν τῷ ὄ. τῷ Ἐφρ. (2 *b*)
— 7. αὕτη ἐστὶ X. ἐν τῷ ὄ. τῷ Ἰ. (2 *b*)
21. 11. αὕτη ἐστὶ X. ἐν τῷ ὄ. Ἰ. [A τῷ Ἰ.] (2 *b*)
— 40. ἔδωκαν αὐτῷ ἐν τῷ ὄ. Ἐφρ. –
24. 4. ἔδωκα τῷ Ἡ. τὸ ὄ. τὸ Σηείρ (2 *b*)
— 30. ἔθαψαν αὐτὸν . . . ἐν τῷ ὄ. τῷ [A *om.*] Ἐφρ. ἀπὸ βορρᾶ τοῦ ὄ. τοῦ [A *om.*] Γ. (2 *b*, 2 *b*)
— 33. ἣν ἔδωκεν αὐτῷ ἐν τῷ ὄ. τῷ Ἐφρ. (2 *b*)
Jd. 1. 19. ἐκληρονόμησε τὸ ὄ. (2 *b*)
— 34. ἐξέθλιψεν ὁ Ἀμ. τοὺς υἱοὺς Δὰν εἰς τὸ ὄ. (2 *b*)
— 35. κατοικεῖν ἐν τῷ ὄ. τῷ ὀστρακώδει [A *al.*] (2 *b*)
2. 9. A ἔθαψαν αὐτὸν ἐν ὄρει [B ὁρίῳ] τῆς κληρον. αὐτοῦ . . . ἐν ὄρει Ἐφρ. ἀπὸ βορρᾶ τοῦ ὄ. Γ. (†, 2 *b*, 2 *b*)
3. 3. ἀπὸ τοῦ ὄ. τοῦ Ἀ. ἕως Λ. (2 *b*)
— 27. ἐσάλπισεν . . . ἐν τῷ ὄ. Ἐφρ. (2 *b*)
— 27. κατέβησαν . . . ἀπὸ τοῦ ὄ. (2 *b*)
4. 5. ἐκάθητο . . . ἐν τῷ [A *om.*] ὄ. Ἐφρ. (2 *b*)
— 6. ἀπελεύσῃ εἰς ὄρος Θ. (2 *b*)
— 12. ἀνέβη B. . . . εἰς ὄρος Θ. (2 *b*)
— 14. κατέβη B. κατὰ [A ἀπὸ] τοῦ ὄ. Θ. (2 *b*)
5. 5. ὄρη ἐσαλεύθησαν (2 *b*)
6. 2. τὰς τρυμαλιὰς τὰς ἐν τοῖς ὄ. [A *al.*] (2 *b*)
— 26. A ἐπὶ τῆς κορυφῆς τοῦ ὄ. M. [B *al.*] –
7. 3. ἐκχωρείτω ἀπὸ ὄρους Γ. [A *al.*] (2 *b*)
— 24. B^{2} R ἐν παντὶ ὄ. [A B^{1} ὁρίῳ] Ἐφρ. (2 *b*)
9. 7. ἔστη ἐπὶ κορυφὴν [A *add.* τοῦ] ὄρους Γ. (2 *b*)
— 25. ἐπὶ τὰς κεφαλὰς τῶν ὀ. (2 *b*)
— 36. λαὸς καταβαίνει ἀπὸ τῶν κεφαλῶν τῶν ὀ. [A *al.*] (2 *b*)
— 36. τὴν σκιὰν τῶν ὀ. σὺ βλέπεις [A ὁρᾷς] (2 *b*)
— 48. ἀνέβη Ἀβ. εἰς ὄρος Ἐ. (2 *b*)
10. 1. ᾤκει [A κατῴκει] . . . ἐν ὄρει Ἐφρ. (2 *b*)
11. 37. καταβήσομαι ἐπὶ τὰ ὄ. (2 *b*)
— 38. ἔκλαυσεν . . . ἐπὶ τὰ ὄ. (2 *b*)
12. 14 (15). ἐτάφη . . . ἐν ὄρει τοῦ Ἀμ. (2 *b*)
16. 3. ἀνέβη ἐπὶ τὴν κορυφὴν τοῦ ὄ. (2 *b*)
17. 1. ἐγένετο ἀνὴρ ἀπὸ [A ἐξ] ὄρους Ἐφρ. (2 *b*)
— 8. ἦλθεν ἕως ὄρους [A ἐγενήθη εἰς ὄρος] Ἐφρ. (2 *b*)
18. 2. ἦλθον ἕως ὄρους [A παρεγένοντο εἰς ὄρος] Ἐφρ. (2 *b*)
— 13. παρῆλθον ἐκεῖθεν ὄρος Ἐφρ. [A *al.*] (2 *b*)
19. 1. παροικῶν ἐν μηροῖς ὄρους Ἐφρ. (2 *b*)
— 16. ὁ ἀνὴρ ἦν ἐξ ὄρους Ἐφρ. (2 *b*)
— 18. ἕως μηρῶν [A *add.* ἕως] ὄρους Ἐφρ. (2 *b*)
I Ki. 1. 1. ἄνθρωπος ἦν . . . ἐξ ὄρους Ἐφρ. (2 *b*)
9. 4. διῆλθον δι' ὄρους Ἐφρ. (2 *b*)
10. 2. εὑρήσεις δύο ἄνδρας . . . ἐν τῷ ὄ. Βεν. †
13. 2. B ἦσαν . . . ἐν τῷ ὄ. B. (2 *b*)
14. 22. οἱ κρυπτόμενοι ἐν τῷ ὄ. Ἐφρ. (2 *b*)
— 23. B ἦν ὁ πόλεμος διεσπαρμένος . . . ἐν τῷ ὄ. τῷ [A R *om.*] Ἐφρ. –
17. 3. ἵστανται ἐπὶ τοῦ ὄ. ἐνταῦθα (2 *b*)
— 3. Ἰσρ. ἵσταται ἐπὶ τοῦ ὄ. ἐνταῦθα (2 *b*)
23. 14. A ἐκάθητο ἐν τῇ ἐρήμῳ ἐν τῷ ὄ. Z. εἰς ὄ. τὸ αὐχμῶδες [B *al.*] (–, 2 *b*)
— 15. καὶ Δ. ἐν τῷ ὄ. τῷ αὐχμώδει †
— 26. πορεύονται . . . ἐκ μέρους [A μέσου] τοῦ ὄ. ἐκ τούτου καὶ ἦν Δ. . . . ἐκ μέρους [A μέσου] τοῦ ὄ. [B^{2} *om.*] ἐκ τούτου (2 *b*, 2 *b*)

I Ki. 25. 20. καταβαινούσης ἐν σκέπῃ τοῦ ὄ. (2 *b*)
26. 13. ἔστη ἐπὶ τὴν κορυφὴν τοῦ ὄ. μακρόθεν (2 *b*)
— 20. καθὼς καταδιώκει ὁ νυκτικόραξ ἐν τοῖς ὄ. (2 *b*)
31. 1. πίπτουσι τραυματίαι ἐν τῷ ὄ. τῷ Γ. (2 *b*)
— 8. πεπτωκότας ἐπὶ τὰ ὄ. Γ. (2 *b*)
II Ki. 1. 6. περιέπεσαν ἐν τῷ ὄ. τῷ Γ. (2 *b*)
— 21. ὄρη τὰ ἐν Γ. (2 *b*)
13. 34. ἐκ πλευρᾶς τοῦ ὄ. ἐν τῇ καταβάσει (2 *b*)
— 34. ἐκ τῆς ὁδοῦ τῆς Ὠ. [A τῶν ὀρέων ἦν ?] ἐκ μέρους τοῦ ὄ. †, –
16. 13. ἐπορεύετο ἐκ πλευρᾶς τοῦ ὄ. (2 *b*)
20. 21. ἀνὴρ ἐξ ὄρους Ἐφρ. (2 *b*)
21. 9. ἐξηλίασαν αὐτοὺς ἐν τῷ ὄ. (2 *b*)
III Ki. 3. 1 (5. 29). ὀγδοήκ. χιλιάδες λατόμων [A *om.* ὀ. χ. λ.] ἐν τῷ ὄ. (2 *b*)
4. 8. B. υἱὸς *Ωρ ἐν ὄρει Ἐφρ. [A *al.*] (2 *b*)
5. 15 (29). ὀγδοήκ. χιλιάδες λατόμων ἐν τῷ ὄ. (2 *b*)
11. 7. A ἐν τῷ ὄ. ὃ ἐπὶ πρόσωπον Ἱερ. (2 *b*)
— 43. B εἰς τὴν γῆν Σ. τὴν ἐν ὄρει Ἐφρ. –
12. 24. B ἦν ἄνθρωπος ἐξ ὄρους Ἐφρ. –
— 24. B τὴν Σ. τὴν ἐν ὄρει Ἐφρ. –
— 24. B εἰς γῆν Σ. τὴν ἐν ὄρει Ἐφρ. –
— 24. B εἰς Σίκ. τὴν ἐν ὄρει Ἐφρ. –
— 25. τὴν Σίκ. τὴν ἐν ὄρει Ἐφρ. (2 *b*)
16. 24. ἐκτήσατο Z. τὸ ὄ. τὸ Σεμ. παρὰ Σ. τοῦ κυρίου τοῦ ὄ. (2 *b*, –)
— 24. ᾠκοδόμησε τὸ ὄ. (2 *b*)
— 24. ἐπεκάλεσαν τὸ ὄνομα τοῦ ὄ. †
— 24. ἐπὶ τῷ ὀνόματι Σ. τοῦ κυρίου τοῦ ὄ. (2 *b*)
18. 19. συνάθροισον . . . πάντα Ἰσρ. εἰς [A πρὸς τὸ] ὄ. τὸ Καρμ. (2 *b*)
— 20. ἐπισυνήγαγε . . . εἰς ὄ. τὸ Καρμ. (2 *b*)
19. 8. ἐπορεύθη . . . ἕως ὄρους [A *add.* τοῦ θεοῦ τοῦ] X. (2 *b*)
— 11. στήσῃ ἐνώπιον κυρίου ἐν τῷ ὄ. (2 *b*)
— 11. πνεῦμα μέγα κραταιὸν διαλῦον ὄρη (2 *b*)
21 (20). 23. θεὸς ὀρέων θεὸς Ἰσρ. (2 *b*)
— 28. θεὸς ὀρέων κ. ὁ θεὸς Ἰσρ. (2 *b*)
22. 17. διεσπαρμένον ἐν τοῖς ὄ. (2 *b*)
IV Ki. 1. 9. ἐκάθητο ἐπὶ τῆς κορυφῆς τοῦ ὄ. (2 *b*)
2. 16. ἔρριψεν αὐτὸν . . . ἐφ' ἓν τῶν ὀ. (2 *b*)
— 25. ἐπορεύθη ἐκεῖθεν εἰς τὸ ὄ. τὸ Καρμ. (2 *b*)
4. 24 (25). ἐλεύσῃ . . . εἰς τὸ ὄ. τὸ Καρμ. (2 *b*)
— 25. R ἦλθεν . . . εἰς τὸ ὄ. –
— 27. ἦλθε πρὸς Ἐλ. εἰς τὸ ὄ. (2 *b*)
5. 22. ἦλθον . . . δύο παιδάρια ἐξ ὄρους Ἐφρ. (2 *b*)
6. 17. καὶ ἰδοὺ τὸ ὄ. πλῆρες ἵππων (2 *b*)
19. 23. ἀναβήσομαι [A ἀνέβην] εἰς ὕψος ὀρέων (2 *b*)
— 31. καὶ ἀνασωζόμενος ἐξ ὄρους Σ. (2 *b*)
23. 13. τὸν ἐκ δεξιῶν τοῦ ὄ. τοῦ μ. (2 *b*)
I Ch. 4. 42. ἐπορεύθησαν εἰς ὄρος Σ. (2 *b*)
5. 23. κατῴκησαν . . . ὄρος Ἀ. (2 *b*)
6. 67 (52). τὴν Σ. . . . ἐν ὄρει Ἐφρ. (2 *b*)
10. 1. ἔπεσον τραυματίαι ἐν ὄρει Γ. (2 *b*)
— 8. πεπτωκότας ἐν τῷ ὄ. Γ. (2 *b*)
12. 8. ὡς δορκάδες ἐπὶ τῶν ὀ. τῷ τάχει (2 *b*)
II Ch. 2. 2 (1). ὀγδοήκ. χιλιάδας λατόμων ἐν τῷ ὄ. (2 *b*)
3. 1. τοῦ οἰκοδομεῖν τὸν οἶκον κ. . . . ἐν ὄρει τοῦ Ἀμ. (2 *b*)
13. 4. ἀνέστη Ἀ. ἀπὸ τοῦ ὄ. Σ. ὅ ἐστιν ἐν τῷ ὄ. Ἐφ. (2 *b*, 2 *b*)
15. 8. ὧν κατέσχεν ἐν ὄρει Ἐφρ. (2 *b*)
18. 16. διεσπαρμένους ἐν τοῖς ὄ. (2 *b*)
19. 4. ἀπὸ B. ἕως ὄρους Ἐφρ. (2 *b*)
20. 10. υἱοὶ Ἀ. καὶ M. καὶ ὄρος Σ. (2 *b*)
— 22. ἐπὶ Μωὰβ καὶ ὄρος Σηείρ (2 *b*)
— 23. A^{2} B ἐπὶ τοὺς κατοικοῦντας ὄρος Σ. (2 *b*)
27. 4. πόλεις ᾠκοδόμησεν ἐν ὄρει Ἰ. (2 *b*)
30. 10. διαπορευόμενοι . . . ἐν τῷ ὄ. Ἐφ. †
33. 15. ἃ ᾠκοδόμησεν ἐν ὄρει οἴκου κυρίου (2 *b*)
I Es. 4. 4. κατεργάζονται τὰ ὄ.
Ne. 8. 15. ἐξέλθετε εἰς τὸ ὄ. (2 *b*)
9. 13. ἐπὶ ὄρος Σ. κατέβης (2 *b*)
To. 1. 5. S ἐπὶ πάντων ὀ. τῆς Γαλ.
— 21. ἔφυγον εἰς τὰ ὄ. Ἀρ.
5. 6. S^{2} κεῖνται γὰρ ἐν τῷ ὄ.
— 9. S τὰ ὄ. καὶ πάσας τὰς ὁδοὺς αὐτῆς
Ju. 1. 12. A^{3} πάντα τὰ ὄρη [A^{1} B S ὅρια] τῆς Κιλ.
— 15. ἔλαβε τὸν Ἀρφ. ἐν τοῖς ὄ. Ῥ.
2. 21. πλησίον τοῦ ὄ. τοῦ ἐπ' ἀριστερᾷ
— 25. S προκατελάβετο τὰ ὄ. τῆς K. [A B *al.*]
4. 5. πάσας τὰς κορυφὰς τῶν ὀ. τῶν ὑψηλῶν
5. 1. ἐτείχισαν πᾶσαν κορυφὴν ὄ. ὑψηλοῦ
6. 4. A S R τὰ ὄ. [B ὅρια] αὐ. μεθυσθήσεται
— 12 *bis*. ἐπὶ τὴν κορυφὴν τοῦ ὄ.

Ju. 6. 13. ὑποδύσαντες ὑποκάτω τοῦ ὄ.
— 13. ἀφῆκαν ἐρριμμένον ὑπὸ τὴν ῥίζαν τοῦ ὄ.
7. 4. οὔτε τὰ ὄ. τὰ ὑψηλὰ . . . ὑποστήσονται
— 10. ἀλλ' ἐπὶ τοῖς ὕψεσι τῶν ὄ. αὐ.
— 10. προσβῆναι ταῖς κορυφαῖς τῶν ὄ. αὐ.
— 12. ἣ ἐκπορεύεται ἐκ τῆς ῥίζης τοῦ ὄ.
— 13. ἀναβησόμεθα ἐπὶ τὰς πλησίον κορυφὰς τῶν ὄ.
10. 10. ἕως οὗ κατέβη τὸ ὄ.
13. 10. προσανέβησαν τὸ ὄ. [S πρ. πρὸς] B.
14. 11. ἐπὶ τὰς ἀναβάσεις τοῦ ὄ. [B[1] om. τ. ὄ.]
16. 4. ἦλθεν Ἀ. ἐξ ὀρέων
— 5. B εἶπεν ἐμπρήσειν τὰ ὄ. [A S R ὅριά] μου
— 15. ὄρη γὰρ ἐκ θεμελίων . . . σαλευθήσεται
Jb. 5. 6. οὐδὲ ἐξ ὀρέων ἀναβλαστήσει πόνος †
9. 5. ὁ παλαιῶν ὄρη καὶ οὐκ οἴδασιν (2 b)
14. 18. καὶ πλὴν ὄρος πίπτον διαπεσεῖται (2 b)
18. 4. ἢ καταστραφήσεται ὄρη [A ἡ γῆ] ἐκ θεμελίων (5)
24. 8. ἀπὸ ψεκάδων ὀρέων ὑγραίνονται (2 b)
28. 9. κατέστρεψε δὲ ἐκ ῥιζῶν ὄρη (2 b)
29. 6. τὰ δὲ ὄ. μου ἐχέοντο γάλακτι (5)
39. 8. κατασκέψεται ὄρη νομὴν αὐτοῦ (2 b)
40. 15 (20). ἐπελθὼν δὲ ἐπ' ὄρος ἀκρότομον (2 b)
Ps. 2. 6. ἐπὶ Σιὼν ὄρος τὸ ἅγιον αὐτοῦ (2 b)
3. 4. ἐπήκουσέ μου ἐξ ὄρους ἁγίου αὐ. (2 b)
10 (11). 2. μεταναστεύου ἐπὶ τὰ ὄ. ὡς στρουθίον (2 b)
14 (15). 1. τίς κατασκηνώσει ἐν τῷ [A S[2] om.] ὄ. τῷ ἁγίῳ σου (2 b)
17 (18). 7. τὰ θεμέλια τῶν ὄ. ἐταράχθησαν (2 b)
23 (24). 3. τίς ἀναβήσεται εἰς τὸ ὄ. τοῦ κυρίου (2 b)
35 (36). 6. ἡ δικαιοσύνη σου ὡς ὄρη θεοῦ (2 b)
41 (42). 6. καὶ Ἑρμωνιεὶμ ἀπὸ ὄρους μικροῦ (2 b)
42 (43). 3. ἤγαγόν με εἰς ὄρος ἅγιόν σου (2 b)
45 (46). 2. ἐν τῷ . . . μετατίθεσθαι ὄρη ἐν καρδίαις θαλασσῶν (2 b)
— 3. ἐταράχθησαν τὰ ὄ. ἐν τῇ κραταιότητι αὐ. (2 b)
47 (48). 1. S[2]R μέγας κύριος . . . ἐν [ABS[1] om.] ὄρει ἁγίῳ αὐτοῦ (2 b)
— 2. ὄρη Σιὼν τὰ πλευρὰ τοῦ βορρᾶ (2 b)
— 11. εὐφρανθήτω τὸ ὄ. Σιών (2 b)
49 (50). 10. κτήνη ἐν τοῖς ὄ. καὶ βόες (2 b)
64 (65). 6. ἑτοιμάζων ὄρη ἐν τῇ ἰσχύϊ σου [S αὐτοῦ] (2 b)
— 12. πιανθήσεται τὰ ὄ. [S[2] ὡραῖα] τῆς ἐρήμου †
67 (68). 15. ὄρος τοῦ θεοῦ ὄρος πῖον ὄρος τετυρωμένον ὄρος πῖον (2 b quater)
— 16. ἵνα τί ὑπολαμβάνετε ὄρη τετυρωμένα (2 b)
— 16. τὸ ὄ. ὃ εὐδόκησεν ὁ θεὸς κατοικεῖν ἐν αὐτῷ (2 b)
71 (72). 3. ἀναλαβέτω τὰ ὄ. εἰρήνην τῷ λαῷ σου (2 b)
— 16. ἔσται στήριγμα ἐν τῇ γῇ ἐπ' ἄκρων τῶν ὄ. (2 b)
73 (74). 2. ὄρος Σιὼν τοῦτο ὃ κατεσκήνωσας ἐν αὐτῷ (2 b)
74 (75). 6. SR οὔτε ἀπὸ ἐρήμων ὀρέων [B om.] (2 b)
75 (76). 4. φωτίζεις σὺ θαυμαστῶς ἀπὸ ὀρέων αἰωνίων (2 b)
77 (78). 54. εἰσήγαγεν αὐτοὺς εἰς ὄρος ἁγιάσματος αὐτοῦ ὄρος τοῦτο ὃ ἐκτήσατο ἡ δεξιὰ αὐτοῦ (†, 2 b)
— 68. τὸ ὄ. τὸ Σιὼν ὃ ἠγάπησε (2 b)
79 (80). 10. ἐκάλυψεν ὄρη ἡ σκιὰ αὐτῆς (2 b)
82 (83). 14. ὡσεὶ φλὸξ κατακαύσαι ὄρη (2 b)
86 (87). 1. οἱ θεμέλιοι αὐτοῦ ἐν τοῖς ὄ. τοῖς ἁγίοις (2 b)
89 (90). 2. πρὸ τοῦ ὄρη γενηθῆναι [S[1] ἑδρασθῆναι] (2 b)
94 (95). 4. τὰ ὕψη τῶν ὄ. αὐτοῦ ἐστιν (2 b)
96 (97). 5. τὰ ὄ. ὡσεὶ κηρὸς ἐτάκησαν ἀπὸ προσώπου κυρίου (2 b)
97 (98). 8. τὰ ὄ. ἀγαλλιάσονται (2 b)
98 (99). 9. προσκυνεῖτε εἰς ὄρος ἅγιον αὐτοῦ (2 b)
103 (104). 6. ἐπὶ τῶν ὄ. στήσονται ὕδατα (2 b)
— 8. ἀναβαίνουσιν ὄρη (2 b)
— 10. ἀνὰ μέσον τῶν ὄ. διελεύσονται ὕδατα (2 b)
— 13. ποτίζων ὄρη ἐκ τῶν ὑπερῴων αὐτοῦ (2 b)
— 18. ὄρη τὰ ὑψηλὰ ταῖς ἐλάφοις (2 b)
— 32. ὁ ἁπτόμενος τῶν [S[2] om.] ὄ. καὶ καπνίζονται (2 b)
113 (114). 4. τὰ ὄ. ἐσκίρτησαν ὡσεὶ κριοί (2 b)
— 6. τὰ ὄ. ὅτι ἐσκιρτήσατε ὡσεὶ κριοί (2 b)
120 (121). 1. ἦρα τοὺς ὀφθαλμούς μου εἰς τὰ ὄρη (2 b)
124 (125). 1. οἱ πεποιθότες ἐπὶ κύριον ὡς ὄρος Σιών (2 b)
— 2. ὄρη κύκλῳ αὐτῆς (2 b)
132 (133). 3. ὡς δρόσος Ἀ. ἡ καταβαίνουσα ἐπὶ τὰ ὄ. Σιών (2 b)

Ps. 143 (144). 5. ἅψαι τῶν ὄ. καὶ καπνισθήσονται (2 b)
146 (147). 8. τῷ ἐξανατέλλοντι ἐν ὄρεσι χόρτον (2 b)
148. 9. τὰ ὄ. καὶ πάντες βουνοί (2 b)
Pr. 8. 25. πρὸ τοῦ ὄρη ἑδρασθῆναι (2 b)
Ca. 2. 8. οὗτος ἥκει πηδῶν ἐπὶ τὰ ὄρη (2 b)
— 9. ὅμοιός ἐστιν ἀδελφιδός μου . . . νεβρῷ ἐλάφων ἐπὶ τὰ [S om.] ὄρη Βαιθήλ –
— 17. ὁμοιώθητι σὺ . . . νεβρῷ ἐλάφων ἐπὶ ὄρη κοιλωμάτων (2 b)
4. 6. πορεύσομαι ἐμαυτῷ πρὸς τὸ ὄ. τῆς σμύρνης (2 b)
— 8. ἀπὸ ὀρέων παρδάλεων (2 b)
8. 14. B ὁμοιώθητι τῇ δορκάδι . . . ἐπὶ ὄρη [A S τὰ ὄ.] ἀρωμάτων (2 b)
Wi. 9. 8. οἰκοδομῆσαι ναὸν ἐν ὄρει ἁγίῳ σου
17. 19. ἡ ἀντανακλωμένη ἐκ κοιλότητος ὀρέων ἠχώ
Si. 16. 19. ἅμα τὰ ὄ. καὶ τὰ θεμέλια τῆς γῆς
24. 13. ὡς κυπάρισσος ἐν ὄρεσιν [A ὄρει] Ἀ.
43. 4. τριπλασίως [A -ιον] ἥλιος ἐκκαίων ὄρη
— 16. ἐν ὀπτασίαις αὐτοῦ σαλευθήσεται ὄρη [A S al.]
— 21. καταφάγεται ὄρη καὶ ἔρημον ἐκκαύσει
50. 12. S[1] ἐν δὲ τῷ δέχεσθαι μέλη ἐκ χειρῶν ὀρέων [A B S[2] ἱερέων]
— 26. οἱ καθήμενοι ἐν ὄρει Σαμαρείας
Ho. 4. 13. ἐπὶ τὰς κορυφὰς τῶν ὄ. ἐθυσίαζον (2 b)
10. 8. ἐροῦσι τοῖς ὄ. (2 b)
Am. 3. 9. συνάχθητε ἐπὶ τὸ ὄρος Σαμαρείας (2 b)
4. 1. δαμάλεις τῆς B. αἱ ἐν τῷ ὄ. τῆς Σ. (2 b)
— 3. ἀπορριφήσεσθε εἰς τὸ ὄ. τὸ Ῥ. †
6. 1. οὐαὶ . . . τοῖς πεποιθόσιν ἐπὶ τὸ ὄ. Σ. (2 b)
9. 13. καὶ ἀποσταλάξει τὰ ὄρη γλυκασμόν (2 b)
Mi. 1. 4. σαλευθήσεται τὰ ὄ. ὑποκάτωθεν αὐτοῦ (2 b)
2. 9. ἐγγίσατε ὄρεσιν αἰωνίοις †
3. 12. καὶ τὸ ὄ. τοῦ οἴκου εἰς [A ὡς] ἄλσος δρυμοῦ (2 b)
4. 1. ἔσται . . . ἐμφανὲς τὸ ὄρος τοῦ κ. (2 b)
— 1. ἕτοιμον ἐπὶ τὰς κορυφὰς τῶν ὀρέων (2 b)
— 2. δεῦτε ἀναβῶμεν εἰς τὸ ὄρος κυρίου (2 b)
— 7. βασιλεύσει κύριος ἐπ' αὐτοὺς ἐν ὄρει Σιών (2 b)
6. 1. ἀνάστηθι κρίθητι πρὸς τὰ ὄρη (2 b)
— 2. R ἀκούσατε ὄρη [A βουνοί, B λαοί] τὴν κρίσιν τοῦ κ. (2 b)
7. 12. καὶ ἀπὸ ὄρους [A τοῦ ὄ.] ἕως τοῦ [B[2] om.] ὄρους (2 b, 2 b)
Jl. 2. 1. κηρύξατε ἐν ὄρει ἁγίῳ μου (2 b)
— 2. χυθήσεται ἐπὶ τὰ ὄ. λαὸς πολύς (2 b)
— 5. ἐπὶ τὰς κορυφὰς τῶν ὄ. ἐξαλοῦνται (2 b)
— 32 (3. 5). ἐν τῷ ὄ. Σ. . . . ἔσται ἀνασῳζόμενος (2 b)
3 (4). 17. ὁ κατασκηνῶν ἐν Σ. ὄρει ἁγίῳ μου (2 b)
— 18. ἀποσταλάξει τὰ ὄ. γλυκασμόν (2 b)
Ob. 1. 8. ἀπολῶ . . . σύνεσιν ἐξ ὄρους Ἡσαῦ (2 b)
— 9. ὅπως ἐξαρθῇ ἄνθρωπος ἐξ ὄρους Ἡσαῦ (2 b)
— 16. ὃν τρόπον ἔπιες ἐπὶ τὸ ὄ. τὸ ἅγιόν μου (2 b)
— 17. ἐν δὲ τῷ ὄ. Σ. ἔσται σωτηρία (2 b)
— 19. κατακληρονομήσουσιν οἱ ἐν ναγὲβ τὸ ὄ. τοῦ Ἡ. (2 b)
— 19. κατακληρονομήσουσιν τὸ ὄ. Ἐφραίμ †
— 21. ἀναβήσονται ἀνασῳζόμενοι [A ἄνδρες σεσωσμένοι] ἐξ ὄρους Σ. τοῦ ἐκδικῆσαι τὸ ὄ. Ἡσαῦ (2 b, 2 b)
Jn. 2. 7. ἔδυ ἡ κεφαλή μου εἰς σχισμὰς ὀρέων (2 b)
Na. 1. 5. τὰ ὄ. ἐσείσθησαν (2 b)
— 15 (2. 1). ἰδοὺ ἐπὶ τὰ ὄ. οἱ πόδες εὐαγγελιζομένου (2 b)
3. 10. ἐπ' ἀρχὰς πασῶν τῶν ὁδῶν [S[1] ὀρέων] αὐ. †
— 18. ἀπῆρεν ὁ λαός σου ἐπὶ τὰ ὄ. (2 b)
Hb. 3. 3. ἥξει . . . ὁ ἅγιος ἐξ ὄρους Φ. (2 b)
— 6. διεθρύβη τὰ ὄ. βίᾳ (2 b)
Ze. 3. 11. τοῦ μεγαλαυχῆσαι ἐπὶ τὸ ὄ. τὸ ἅγιόν μου (2 b)
Hg. 1. 8. ἀνάβητε εἰς [AS[3] ἐπὶ] τὸ [S[1] om.] ὄ. (2 b)
— 11. ἐπάξω ῥομφαίαν . . . ἐπὶ τὰ ὄ. (2 b)
Za. 1. 8. οὗτος εἱστήκει ἀνὰ μέσον τῶν ὄ. [A τῶν δύο ὄ.] †
— 10. ὁ ἀνὴρ ὁ ἐφεστηκὼς ἀνὰ μέσον τῶν ὄ. †
— 11. τῷ ἐφεστῶτι ἀνὰ μέσον τῶν ὄ. †
4. 7. τίς εἶ σὺ τὸ ὄ. τὸ μέγα τὸ πρὸ προσώπου Z. (2 b)
6. 1. ἅρματα ἐκπορευόμενα ἐκ μέσου δύο ὀρέων (2 b)
— 1. καὶ τὰ ὄρη ἦν ὄρη χαλκᾶ (2 b, 2 b)
8. 3. τὸ ὄ. κυρίου παντοκράτορος ὄρος [S[1] om.] ἅγιον (2 b, 2 b)
14. 4. στήσονται οἱ πόδες αὐτοῦ . . . ἐπὶ τὸ ὄ. τῶν ἐλαιῶν (2 b)
— 4. B S καὶ σχισθήσεται τὸ ὄ. τῶν ἐλαιῶν (2 b)
— 4. καὶ κλινεῖ τὸ ἥμισυ τοῦ ὄ. πρὸς βορρᾶν (2 b)

Za. 14. 5. S[2] R φραχθήσεται ἡ φάραγξ τῶν [A B S[1] om.] ὀρέων μου (2 b)
— 5. καὶ ἐγκολληθήσεται φάραγξ ὀρέων ἕως Ἰ. (2 b)
Is. 2. 2. ἔσται ἐν ταῖς ἐσχάταις ἡμέραις ἐμφανὲς τὸ ὄ. κυρίου καὶ ὁ οἶκος τοῦ θεοῦ ἐπ' ἄκρου [A S -ων] τῶν ὄ. (2 b, 2 b)
— 3. ἀναβῶμεν εἰς τὸ ὄ. κυρίου (2 b)
— 14. S R ἐπὶ πᾶν ὑψηλὸν [A B om.] ὄ. (2 b)
4. 5. ἔσται πᾶς τόπος τοῦ ὄ. Σιών (2 b)
5. 25. παρωξύνθη τὰ ὄ. (2 b)
7. 25. πᾶν ὄ. ἀροτριωμένον ἀροτριαθήσεται (2 b)
8. 18. ὃς κατοικεῖ ἐν τῷ ὄ. Σιών (2 b)
9. 11 (10). ῥάξει ὁ θεὸς τοὺς ἐπανισταμένους ἐπὶ τὸ. [A ὄρους] Σιὼν ἐπ' αὐτόν †
10. 12. ὅταν συντελέσῃ κύριος πάντα ποιῶν ἐν τῷ ὄ. Σιών (2 b)
— 18. ἀποσβεσθήσεται τὰ ὄ. –
— 32. παρακαλεῖτε τὸ ὄ. τὴν θυγατέρα Σιών (2 b)
11. 9. οὐδὲ μὴ δύνωνται ἀπολέσαι οὐδένα ἐπὶ τὸ ὄ. τὸ ἅγιόν μου (2 b)
13. 2. ἐπ' ὄρους πεδινοῦ ἄρατε σημεῖον (2 b)
— 4. φωνὴ ἐθνῶν πολλῶν ἐπὶ τῶν ὄ. [S[1] om. ἐ. τ. ὄ.] (2 b)
14. 13. καθιῶ ἐν ὄρει ὑψηλῷ ἐπὶ τὰ ὄ. τὰ ὑψηλὰ τὰ πρὸς βορρᾶν (2 b, †)
— 19. ῥιφήσῃ ἐν τοῖς ὄ. –
— 25. τοῦ ἀπολέσαι τοὺς Ἀσσυρίους . . . ἐπὶ [AS ἀπὸ] τῶν ὄ. [S[2] ὁρίων] μου (2 b)
15. 8. A συνῆψε γὰρ ἡ βοὴ τὸ ὄ. [BS ὅριον] τῆς Μωαβίτιδος †
16. 1. μὴ πέτρα ἔρημός ἐστι τὸ ὄ. θυγατρὸς [A om.] Σιών (2 b)
18. 3. ἡ χώρα αὐτῶν ὡσεὶ σημεῖον ἀπὸ ὄρους ἀρθῇ [S -ήσεται] (2 b)
— 7. εἰς τὸν τόπον οὗ τὸ ὄνομα κυρίου σαβαὼθ [S add. ἐπεκλήθη] ὄ. Σιών (2 b)
22. 5. πλανῶνται ἐπὶ τὰ ὄ. (2 b)
25. 6. ἐπὶ τὸ ὄ. τοῦτο πίονται εὐφροσύνην (2 b)
— 7. χρίσονται μύρον ἐν τῷ ὄ. τούτῳ (2 b)
— 10. ἀνάπαυσιν δώσει ὁ θεὸς ἐπὶ τὸ ὄ. τοῦτο (2 b)
27. 13. προσκυνήσουσι τῷ κυρίῳ ἐπὶ τὸ ὄ. τὸ ἅγιον (2 b)
28. 1. ἐπὶ τῆς κορυφῆς τοῦ ὄ. τοῦ παχέως †
— 4. ἐπ' ἄκρου τοῦ ὄ. τοῦ ὑψηλοῦ †
— 21. ὥσπερ ὄρος ἀσεβῶν ἀναστήσεται (2 b)
29. 8. ὅσοι ἐπεστράτευσαν ἐπὶ τὸ ὄ. Σιών (2 b)
— 17. A S[3] μετατεθήσεται ὁ Λίβανος ὡς τὸ ὄ. τὸ Χέρμελ καὶ τὸ ὄ. [BS[1] om. τὸ ὄ.] τὸ Χέρμελ εἰς δρυμὸν λογισθήσεται –, –
30. 17. ἕως ἂν καταλειφθῆτε ὡς ἱστὸς ἐπ' ὄρους (2 b)
— 25. ἔσται ἐπὶ παντὸς ὄρους ὑψηλοῦ . . . ὕδωρ (2 b)
— 29. εἰσελθεῖν μετὰ αὐλοῦ εἰς τὸ ὄ. [A τὸν οἶκον τοῦ] κυρίου (2 b)
31. 4. ἕως ἂν ἐμπλησθῇ τὰ ὄ. τῆς φωνῆς αὐτοῦ . . . καταβήσεται κύριος σαβ. ἐπιστρατεῦσαι ἐπὶ τὸ ὄ. τὸ Σιὼν ἐπὶ τὰ ὄ. αὐτῆς (†, 2 b, 1)
34. 3. βραχήσεται τὰ ὄ. ἀπὸ τοῦ αἵματος αὐτῶν (2 b)
37. 24. ἀνέβην εἰς ὕψος ὀρέων [S[1] τῶν ὄ.] (2 b)
— 32. οἱ σῳζόμενοι ἐξ [A ἐπ'] ὄρους [S[1] ὄρου] Σιών (2 b)
40. 4. πᾶν ὄ. καὶ βουνὸς ταπεινωθήσεται (2 b)
— 9. ἐπ' ὄ. ὑψηλὸν ἀνάβηθι (2 b)
— 12. τίς ἔστησε τὰ ὄ. σταθμῷ (2 b)
41. 15. ἀλοήσεις ὄρη (2 b)
— 18. ἀνοίξω ἐπὶ τῶν ὄ. ποταμούς (6)
42. 11. ἀπ' ἄκρου [A S -ων] τῶν ὄ. βοήσουσι [A om.] (2 b)
— 15. B ἐρημώσω ὄρη (2 b)
44. 23. βοήσατε ὄρη εὐφροσύνην (2 b)
45. 2. ὄρη ὁμαλιῶ (7)
49. 11. θήσω πᾶν ὄ. εἰς ὁδόν (2 b)
— 13. ῥηξάτωσαν τὰ ὄ. εὐφροσύνην (2 b)
52. 7. πάρειμι ὡς ὥρα ἐπὶ τῶν ὄ. (2 b)
54. 10. μηδὲ ἐν ἀπειλῇ σου τὰ ὄ. [S ὅρια] μεταστήσεσθαι (2 b)
55. 12. τὰ γὰρ ὄ. καὶ οἱ βουνοὶ ἐξαλοῦνται (2 b)
56. 7. εἰσάξω αὐτοὺς εἰς τὸ ὄ. τὸ ἅγιόν μου (2 b)
57. 7. ἐπ' ὄ. ὑψηλὸν καὶ μετέωρον ἐκεῖ σου ἡ κοίτη (2 b)
— 13. κληρονομήσουσι τὸ ὄ. τὸ ἅγιόν μου (2 b)
63. 18. ἵνα μικρὸν κληρονομήσωμεν τοῦ ὄ. τοῦ ἁγίου σου †
64. 1 (63. 19), 3 (2). τρόμος λήψεται ἀπὸ σοῦ ὄρη (2 b)
65. 7. ἐθυμίασαν ἐπὶ τῶν ὄ. (2 b)

Is. 65. 9. κληρονομήσει τὸ ὄ. τὸ ἅγιόν μου (2 b)
— 11. ὑμεῖς δὲ οἱ . . . ἐπιλανθανόμενοι τὸ ὄ. τὸ ἅγιόν μου (2 b)
— 25. οὐδὲ λυμανοῦνται ἐπὶ τῷ ὄ. τῷ ἁγίῳ μου (2 b)
Je. 3. 6. ἐπορεύθησαν ἐπὶ πᾶν ὄ. ὑψηλὸν (2 b)
— 23. εἰς ψεῦδος ἦσαν οἱ βουνοὶ καὶ ἡ δύναμις τῶν ὀ. (2 b)
4. 15. ἀκουσθήσεται πόνος ἐξ ὄρους Ἐφραίμ (2 b)
— 24. εἶδον τὰ ὄ. καὶ ἦν τρέμοντα (2 b)
9. 10 (9). ἐπὶ τὰ ὄ. λάβετε κοπετόν (2 b)
13. 16. πρὸ τοῦ προσκόψαι πόδας ὑμῶν ἐπ᾽ ὄρη σκοτεινά (2 b)
16. 16. θηρεύσουσιν αὐτοὺς ἐπάνω παντὸς ὄρους (2 b)
17. 26. ἐκ τοῦ ὄ. καὶ ἐκ τῆς πρὸς νότον (2 b)
26 (46). 18. ὡς τὸ Ἰταβύριον ἐν τοῖς ὄ. (2 b)
27 (50). 6. ἐπὶ τὰ ὄ. ἀπεπλάνησαν αὐτοὺς ἐξ ὄρους ἐπὶ βουνὸν ᾤχοντο (2 b, 2 b)
— 19. νεμήσεται ἐν τῷ Κ. καὶ ἐν ὄρει Ἐφραὶμ (2 b)
28 (51). 25. ἐγὼ πρὸς σὲ τὸ ὄ. τὸ διεφθαρμ. . . . δώσω σε ὡς ὄ. ἐμπεπυρισμένον (2 b, 2 b)
33 (26). 18. τὸ ὄ. τοῦ οἴκου εἰς [A ὡς] ἄλσος δρυμοῦ (2 b)
38 (31). 5. ἐφυτεύσατε ἀμπελῶνας ἐν ὄρεσι Σαμαρείας (2 b)
— 6. ἔστιν ἡμέρα κλήσεως ἀπολογουμένων ἐν ὄρεσιν Ἐφραίμ (2 b)
— 6. A ἀνάβητε εἰς Σιὼν ἐν ὄρεσιν κυρίου θεοῦ ἡμῶν [B S *al.*] –
— 12. εὐφρανθήσονται ἐν τῷ ὄ. Σιών (4)
— 23. εὐλογημένος κύριος ἐπὶ δίκαιον ὄ. τὸ ἅγιον αὐτοῦ (2 b)
39 (32). 44. ἐν πόλεσι τοῦ ὄ. (2 b)
Ba. 5. 7. ταπεινοῦσθαι πᾶν ὄ. ὑψηλόν
La. 4. 19. A ἐπὶ τῶν ὀ. ἐξέπτησαν ἐξήφθησαν ἐπὶ τῶν ὀ. [B *al.*] (2 b, †)
5. 18. ἐπ᾽ ὄρος Σιὼν ὅτι ἠφανίσθη ἀλώπεκες διῆλθον (2 b)
Ep. Je. 39. τοῖς ἀπὸ τοῦ ὄ. λίθοις ὡμοιωμένοι εἰσί
— 63. τό τε πῦρ ἐξαποσταλὲν ἄνωθεν ἐξαναλῶσαι ὄρη
Ez. 6. 2. στήρισον τὸ πρόσωπόν σου ἐπὶ τὰ ὄ. Ἰσραήλ (2 b)
— 3. τὰ ὄ. Ἰσραὴλ ἀκούσατε λόγον κυρίου (2 b)
— 3. τάδε λέγει κύριος τοῖς ὄ. (2 b)
— 13. A ἐν πάσαις κορυφαῖς τῶν ὀ. (2 b)
7. 16. ἔσονται ἐπὶ τῶν ὀ. [A *add.* ὡς περιστεραὶ] (2 b)
11. 10, 11 (A). ἐπὶ τῶν ὀ. τοῦ Ἰσραὴλ κρινῶ ὑμᾶς †
— 23. ἔστη ἐπὶ τοῦ ὄ. ὃ ἦν ἀπέναντι τῆς πόλεως (2 b)
17. 22. καταφυτεύσω ἐγὼ ἐπ᾽ ὄ. ὑψηλόν (2 b)
— 23. ἐν ὄρει μετεώρῳ Ἰσραήλ (2 b)
18. 6. ἐπὶ τῶν ὀ. οὐ φάγεται (2 b)
— 11. ἐπὶ τῶν ὀ. ἔφαγε (2 b)
— 15. ἐπὶ τῶν ὀ. οὐ βέβρωκε [A οὐκ ἔφαγεν] (2 b)
19. 9. ὅπως μὴ ἀκουσθῇ ἡ φωνὴ αὐτοῦ ἐπὶ τὰ ὄ. τοῦ Ἰσραήλ (2 b)
20. 40. ἐπὶ τοῦ ὄ. τοῦ ἁγίου μου ἐπ᾽ ὄρους ὑψηλοῦ (2 b, 2 b)
● 22. 9. ἐπὶ τῶν ὀ. ἤσθιον ἐν σοι (2 b)
28. 14. ἔθηκά σε ἐν ὄρει ἁγίῳ θεοῦ (2 b)
— 16. ἐτραυματίσθης ἀπὸ ὄρους τοῦ θεοῦ (2 b)
31. 12. κατέβαλον αὐτὸν ἐπὶ τῶν ὀ. (2 b)
32. 5. δώσω τὰς σάρκας σου ἐπὶ τὰ ὄ. (2 b)
— 6. ἀπὸ τοῦ πλήθους σου ἐπὶ τῶν ὀ. (2 b)
33. 28. ἐρημωθήσεται τὰ ὄ. τοῦ Ἰσραήλ (2 b)
34. 6. διεσπάρη τὰ πρόβατά μου ἐν παντὶ ὄρει (2 b)
— 13. βοσκήσω αὐτοὺς ἐπὶ τὰ ὄ. Ἰσρ. (2 b)
— 14. A ἐν τῷ ὄ. τῷ ὑψηλῷ ἐν τῷ ὄ. [B *om.* ἐν τ. ὄ.] Ἰσρ. (2 b, –)
— 14. A^{2}B βοσκηθήσονται ἐπὶ τῶν ὀ. Ἰσραήλ (2 b)
— 26. δώσω αὐτοὺς περικύκλῳ [A ἔσονται κύκλῳ] τοῦ ὄ. μου (1)
35. 2. ἐπίστρεψον τὸ πρόσωπόν σου ἐπ᾽ ὄρος [A ἐπὶ τὸ ὄ.] Σηείρ (2 b)
— 3. ἐγὼ ἐπὶ σέ, ὄ. Σηείρ (2 b)
— 7. δώσω ὄρος [A τὸ ὄ.] Σηεὶρ εἰς ἔρημον (2 b)
— 12. τὰ ὄ. Ἰσραὴλ ἔρημα ἡμῖν δέδοται (2 b)
— 15. ἔρημον ἔσῃ, ὄρος Σηεὶρ (2 b)
36. 1. προφήτευσον ἐπὶ τὰ ὄ. Ἰσραὴλ καὶ εἰπὸν τοῖς ὄ. τοῦ Ἰσραήλ (2 b, 2 b)
— 4. ὄρη Ἰσραήλ, ἀκούσατε λόγον κυρίου (2 b)
— 4. τάδε λέγει κύριος τοῖς ὄ. (2 b)
— 6. εἰπὸν τοῖς ὄ. (2 b)
— 8. ὄρη Ἰσραήλ (2 b)
Ez. 37. 22. δώσω αὐτοὺς εἰς ἔθνος . . . ἐν τοῖς ὄ. Ἰ. (2 b)
38. 20. ῥαγήσεται τὰ ὄ. (2 b)
39. 2. ἀνάξω σε ἐπὶ τὰ ὄ. τοῦ Ἰσραήλ (2 b)
— 4. καταβαλῶ σε ἐπὶ τὰ ὄ. τὰ [A τοῦ] Ἰ. (2 b)
— 17. τέθεικα ὑμῖν θυσίαν μεγάλην ἐπὶ τὰ ὄ. Ἰσραήλ (2 b)
40. 2. ἔθηκέ με ἐπ᾽ ὄ. ὑψηλὸν [A ὄρους ὑψηλοῦ] σφόδρα (2 b)
43. 12. ἐπὶ τῆς κορυφῆς τοῦ ὄ. (2 b)
48. 10. τὸ ὄ. τῶν ἁγίων ἔσται ἐν μέσῳ αὐ. τοῖς ἱ. †
Da. LXX. 2. 34. ἐτμήθη λίθος ἐξ ὄρους –
— 35. ὁ λίθος . . . ἐγένετο ὄ. μέγα (3)
— 45. ἑώρακας ἐξ ὄρους τμηθῆναι λίθον (3)
3. (75). εὐλογεῖτε ὄρη . . . τὸν κύριον
4. 12. ὅπως . . . ἐν τοῖς ὄ. χόρτον ὡς βοῦς νέμηται †
8. 11. τὰ ὄ. τὰ ἀπ᾽ αἰῶνος ἐρράχθη (2 b*, †)
9. 16. ἀπὸ . . . ὄρους τοῦ ἁγίου σου (2 b)
— 17. ἐπιβλεψάτω τὸ πρόσωπόν σου ἐπὶ τὸ ὄ. τὸ ἅγιόν σου –
— 20. δεόμενος . . . ὑπὲρ τοῦ ὄ. τοῦ ἁγίου (2 b)
11. 45. ἀνὰ μέσον . . . τοῦ ὄ. τῆς θελήσεως τοῦ ἁγίου (2 b)
Da. TH. 2. 34. ἀπεσχίσθη [A ἐτμήθη] λίθος ἐξ ὄρους –
— 35. ὁ λίθος . . . ἐγενήθη ὄ. μέγα (3)
— 45. ἀπὸ ὄρους ἐτμήθη λίθος (3)
3. (75). εὐλογεῖτε ὄρη . . . τὸν κύριον
9. 16. ἀπὸ . . . ὄρους ἁγίου σου (2 b)
— 20. περὶ τοῦ ὄ. τοῦ ἁγίου [A θεοῦ μου] (2 b)
11. 45. εἰς ὄρος σαβ. ἅγιον (2 b)
— 45. A ἥξει ἕως μέρους ὄρους [B *om.*] αὐ. –
I Ma. 2. 28. ἔφυγον . . . εἰς τὰ ὄ.
4. 5. ἐζήτει αὐτοὺς ἐν τοῖς ὄ.
— 18. Γ. καὶ ἡ δύναμις ἐν τῷ ὄ. ἐγγὺς ἡμῶν
— 19. ὤφθη μέρος τι ἐκκύπτον ἐκ τοῦ ὄρους
— 37. ἀνέβησαν εἰς ὄρος Σιών
— 38. A R ἢ ὡς ἐν [S *om.*] ἑνὶ τῶν ὀ.
— 46. ἀπέθεντο τοὺς λίθους ἐν τῷ ὄ. τοῦ οἴκου
— 60. ᾠκοδόμησαν . . . τὸ ὄ. Σιών
5. 54. ἀνέβησαν εἰς τὸ [S^1 *om.*] ὄ. Σ.
6. 39. ἔστιλβε τὰ ὄ. ἀπ᾽ αὐτῶν
— 40. ἐξετάθη . . . ἐπὶ τὰ ὑψηλὰ ὄ. [S^1 *al.*]
— 48. παρενέβαλεν . . . εἰς τὸ ὄ. Σιών
— 62. A R εἰσῆλθεν ὁ βασ. εἰς τὸ [S *om.*] ὄ. Σιών
7. 33. A R ἀνέβη N. εἰς τὸ [S *om.*] ὄ. Σιών
9. 15. ἐδίωκεν ὀπίσω αὐτῶν ἕως Ἀζώτου ὄρους
— 38. ἐκρύβησαν ὑπὸ τὴν σκέπην τοῦ ὄ.
— 40. οἱ ἐπίλοιποι ἔφυγον εἰς τὸ ὄ.
— 42. A ἀπέστρεψαν εἰς τὸ ὄ. [S ἕλος] τοῦ Ἰ.
10. 11. οἰκοδομεῖν . . . τὸ [S^1 *om.*] ὄ. Σιών
— 70. διὰ τί σὺ ἐξουσιάζῃ ἐφ᾽ ἡμᾶς ἐν τοῖς ὄ.
11. 37. S R τεθήτω ἐν τῷ [A *om.*] ὄ. τῷ ἁγίῳ
— 68. ἐξέβαλον ἔνεδρον ἐπ᾽ αὐτὸν ἐν τοῖς ὄ.
13. 52. προσωχύρωσε τὸ ὄ. τοῦ ἱεροῦ
14. 27. ἔθετο ἐν στήλαις ἐν ὄρει Σιών
16. 20. καταλαβέσθαι . . . τὸ ὄ. τοῦ ἱεροῦ
II Ma. 2. 4. ὡς δὲ ἐξῆλθεν εἰς τὸ ὄ.
5. 27. ἐν τοῖς ὄ. διέζη
9. 8. τὰ τῶν ὀ. οἰόμενος ὕψη στήσειν
— 28. ἐν τοῖς ὄ. . . . κατέστρεψε τὸν βίον
10. 6. ὡς . . . τὴν . . . ἑορτὴν ἐν τοῖς ὄ. . . . ἦσαν νεμόμενοι
IV Ma. 14. 16. τὰ δὲ κατὰ τὰς κορυφὰς ὀρέων
[**Aq.** Nu. 33. 23: Jo. 15. 9: III Ki. 11. 7: Ps. 3. 5: 29 (30). 8: 35 (36). 7: 42 (43). 3: 67 (68). 17 *bis*: 75 (76). 5: 86 (87). 1: 89 (90). 2: Ca. 4. 6: Is. 2. 2: 8. 18: 25. 7: 28. 21: 40. 9: 49. 13: 52. 7: 54. 10: 64. 1 (63. 19): Je. 9. 10 (9): 13. 16: 31 (38). 6.]
[**Sm.** Nu. 33. 23: Jo. 15. 9: IV Ki. 23. 16: Jb. 9. 5: Ps. 3. 5: 41 (42). 7: 42 (43). 3: 45 (46). 4: 47 (48). 12: 64 (65). 7: 67 (68). 16 *quater*, 17 *bis*: 73 (74). 2: 74 (75). 7: 75 (76). 5: 77 (78). 54: 89 (90). 2: 109 (110). 3: 124 (125). 1: Ca. 2. 8: 4. 1: Is. 2. 2: 8. 18: 17. 13: 25. 7: 28. 21: 30. 17: 42. 15: 49. 13: 52. 7: 54. 10: 64. 1 (63. 19): Je. 31 (38). 6: Da. 11. 45: Za. 14. 5 *bis*.]
[**Th.** Nu. 33. 23: Jo. 15. 9: Jd. 6. 26: 8. 13: II Ki. 1. 21: Jb. 24. 8: Ps. 42 (43). 3: 47 (48). 12: 67 (68). 17: 75 (76). 5: Ca. 2. 17: Is. 2. 2: 8. 18: 17. 13: 25. 7: 28. 21: 42. 15: 54. 10: 64. 1 (63. 19): Je. 17. 3 (Sw.): Ez. 6. 13: Da. 11. 45: Am. 4. 3.]
[**Al.** Nu. 27. 12: Dt. 2. 8: Jd. 1. 9: Ps. 120 (121). 1: 143 (144). 5: Is. 13. 2: Hb. 3. 6, 10.]
[**Heb.** III Ki. 19. 11.]
[**Quint.** Ps. 42 (43). 3.]
[**Sext.** Ps. 29 (30). 8.]

ὅρος. (1) זְמָן (2) מוֹעֵד
Ex. 9. 5. καὶ ἔδωκεν ὁ θεὸς ὅρον (2)
Ne. 2. 6. ἔδωκα αὐτῷ ὅρον (1)
Is. 37. 32. S^1 καὶ οἱ σωζόμ. ἐξ ὅρου [A B S^2 ὄρους] Σ. †
[**Sm.** I Ki. 30. 25: Jb. 14. 5: 26. 10.]

ὀροφοιτᾶν, ὀροφοιτοῦν, ὀροφυτοῦν.
IV Ma. 14. 15. R τὰ μὲν ἥμερα κατὰ τὰς οἰκίας ὀροφοιτῶντα [A -οῦντα, S ὀροφυτοῦντα]

ὄροφος.
Wi. 17. 2. μακρᾶς πεδῆται νυκτὸς κατακλεισθέντες ὀρόφοις

ὀροφοῦν. (1) סָפַן
III Ki. 7. 7. A καὶ ὠρόφωσεν ἐν κέδρῳ (1)
[**Aq.** III Ki. 6. 9: 7. 7 (44): Hg. 1. 4.]

ὀρόφωμα. (1) כָּתֵף (2) קִיר
II Ch. 3. 7. ἐχρύσωσε . . . τὰ ὀ. (2)
Ez. 41. 26. διεμέτρησεν ἔνθεν καὶ ἔνθεν εἰς τὰ ὀ. τοῦ αἰλάμ (1)

ὀρτυγομήτρα. (1) *a.* שְׂלָו *b.* שְׂלָיו
Ex. 16. 13. ἀνέβη ὀ. (1 a*, 1 b)
Nu. 11. 31. ἐξεπέρασεν ὀρτυγομήτραν (1 a)
— 32. συνήγαγον τὴν ὀ. (1 a*, 1 b)
Ps. 104 (105). 40. ᾔτησαν καὶ ἦλθεν ὀρτυγομήτρα (1 a*, 1 b)
Wi. 16. 2. τροφὴν ἡτοίμασας ὀρτυγομήτραν
19. 12. ἀνέβη αὐτοῖς ἀπὸ [S ἐκ] θαλάσσης ὀρτυγομήτρα

ὄρυγμα.
[**Sm.** Pr. 23. 27.]

ὄρυζα.
[**Sam.** Ex. 16. 31.]

ὀρύκτης.
[**Aq.** Is. 2. 20.]

ὀρυκτός.
[**Aq.** Is. 2. 20.]

ὄρυξ. (1) תְּאוֹ
De. 14. 5. ὄρυγα καὶ καμηλοπάρδαλιν (1)
[**Aq.**, **Sm.**, **Th.** Is. 51. 20.]

ὀρύσσειν. (1) גָּרָה pi. (2) חָפַר (3) חָצֵב (4) חָתַר (5) כָּרָה *a.* qal. *b.* ni. (6) נָקַר pu. (7) פָּתַח pi.
Ge. 21. 30. ἐγὼ ὤρυξα τὸ φρέαρ τοῦτο (2)
26. 15. τὰ φρέατα ἃ ὤρυξαν οἱ παῖδες (2)
— 18. Ἰσαὰκ ὤρυξε τὰ φρέατα τοῦ ὕδατος ἃ ὤρυξαν οἱ παῖδες (2, 2)
— 19. καὶ ὤρυξαν οἱ παῖδες (2)
— 21, 22. ὤρυξε φρέαρ ἕτερον (2)
— 25. ὤρυξαν δὲ ἐκεῖ οἱ παῖδες Ἰ. φρέαρ (5 a)
— 32. περὶ τοῦ φρέατος οὗ ὤρυξαν (2)
50. 5. ἐν τῷ μνημείῳ ᾧ ὤρυξα ἐμαυτῷ ἐν γῇ (5 a)
Ex. 7. 24. ὤρυξαν δὲ . . . κύκλῳ τοῦ ποταμοῦ (2)
Nu. 21. 18. ὤρυξαν αὐτὸ ἄρχοντες (2)
De. 23. 13 (14). ὀρύξεις ἐν αὐτῷ (2)
II Ch. 16. 14. ᾧ ὤρυξεν ἑαυτῷ ἐν πόλει Δ. (5 a)
To. 2. 7. ὀρύξας ἔθαψα αὐτόν
8. 9. ὤρυξε [S -αν] τάφον
— 11. S ὅτε συνετέλεσαν ὀρύσσοντες τὸν τάφον
Ps. 7. 15. λάκκον ὤρυξε καὶ ἀνέσκαψεν αὐτόν (5 a)
21 (22). 16. ὤρυξαν χεῖράς μου καὶ πόδας †
56 (57). 6. ὤρυξαν πρὸ προσώπου μου βόθρον (5 a)
93 (94). 13. ἕως οὗ ὀρυγῇ τῷ ἁμαρτωλῷ βόθρος (5 b)
Pr. 16. 27. A ἀνὴρ ἄφρων ὀρύσσει ἑαυτῷ κακά ἐπὶ δὲ τῶν ἑαυτοῦ χειλέων ὀρύσσει [B S θησαυρίζει] πῦρ (5 a, †)
26. 27. ὁ ὀρύσσων βόθρον [S βόθυνον] τῷ πλησίον (5 a)
29. 22. A S ἀνὴρ θυμώδης ὀρύσσει [B ἐγείρει] νεῖκος (1)
Ec. 10. 8. ὁ ὀρύσσων βόθρον εἰς αὐτὸν [A S ἐν αὐτῷ] ἐμπεσεῖται (2)
Si. 27. 26. ὁ ὀρύσσων βόθρον εἰς αὐτὸν ἐμπεσεῖται
48. 17. ὤρυξε σιδήρῳ ἀκρότομον
Za. 3. 10 (9). ἰδοὺ ἐγὼ ὀρύσσω βόθρον (7)
Is. 5. 2. προλήνιον ὤρυξα ἐν αὐτῷ (3)

Is. 51. 1. τὸν βόθυνον τοῦ λάκκου ὃν ὠρύξατε (6)
Je. 2. 13. ὤρυξαν ἑαυτοῖς λάκκους συντετριμμ. (3)
13. 7. ὤρυξα καὶ ἔλαβον (2)
Ez. 8. 8. ὄρυξον [A *add.* δὴ ἐν τῷ τοίχῳ] καὶ ὤρυξα (4, 4)
12. 7. A ὤρυξα [B διώρ.] ἐμαυτῷ τὸν τοῖχον (4)
— 12. A ὀρύξει [B διορ.] τοῦ ἐξελθεῖν αὐτὸν δι' αὐτοῦ (4)
[**Aq.** Ex. 7. 24 : Jb. 18. 22 : Ez. 8. 8 (P.).]
[**Sm.** Ex. 7. 24: Ps. 34 (35). 7 (P.) : Is. 37. 25 : Je. 18. 20.]
[**Th.** Ex. 7. 24 : Is. 37. 25.]
[**Quint.** Ps. 118 (119). 85.]

ὀρφανία. (1) שְׁכוֹל
Is. 47. 8. οὐδὲ γνώσομαι ὀρφανίαν (1)

ὀρφανός. (1) יָתוֹם
Ex. 22. 22 (21). πᾶσαν χήραν καὶ ὀρφανόν (1)
— 24 (23). καὶ τὰ παιδία ὑμῶν ὀρφανά (1)
De. 10. 18. ποιῶν κρίσιν . . . ὀρφανῷ (1)
14. 29 : 16. 11, 14. καὶ ὁ ὀ. καὶ ἡ χήρα (1)
24. 17. οὐκ ἐκκλινεῖς κρίσιν . . . ὀρφανοῦ (1)
— 19, 20, 21. τῷ ὀ. καὶ τῇ χήρᾳ ἔσται (1)
26. 12. δώσεις . . . τῷ ὀ. καὶ τῇ χήρᾳ (1)
— 13. ἔδωκα αὐτὰ . . . τῷ ὀ. καὶ τῇ χήρᾳ (1)
27. 19. ὃς ἂν ἐκκλίνῃ κρίσιν . . . ὀρφανοῦ (1)
I Es. 3. 19. τοῦ ὀ. ποιεῖ τὴν διάνοιαν μίαν (1)
To. 1. 8. S ἐδίδουν αὐτὰ τοῖς ὀ. [A B *al.*]
— 8. ὀρφανὸς κατελείφθην ὑπὸ τοῦ πατρός μου [S *al.*]
Jb. 6. 27. ἐπ' [A *om.*] ὀρφανῷ ἐπιπίπτετε (1)
22. 9. ὀρφανοὺς δὲ ἐκάκωσας (1)
24. 3. ὑποζύγιον ὀρφανῶν ἀπήγαγον (1)
— 9. ἥρπασαν ὀρφανὸν [A -οὺς] ἀπὸ μαστοῦ (1)
— 19. ἀγκαλίδα γὰρ ὀρφανῶν [A -οῦ] ἥρπασαν †
29. 12. ὀρφανῷ . . . ἐβοήθησα (1)
31. 17. οὐχὶ ὀρφανῷ μετέδωκα (1)
— 21. εἰ ἐπῆρα ὀρφανῷ χεῖρα (1)
Ps. 9. 35 (10. 14). ὀρφανῷ σὺ ἦσθα βοηθός [AS[1] -θῶν] (1)
— 39 (10. 18). κρῖναι ὀρφανῷ καὶ ταπεινῷ (1)
67 (68). 5. τοῦ πατρὸς τῶν ὀ. καὶ κριτοῦ τῶν χηρῶν (1)
81 (82). 3. κρίνατε ὀρφανὸν [A S[2] -ῷ] (1)
93 (94). 6. χήραν καὶ ὀρφανὸν ἀπέκτειναν (1)
108 (109). 9. γενηθήτωσαν οἱ υἱοὶ αὐτοῦ ὀρφανοί (1)
— 12. μηδὲ γενηθήτω οἰκτίρμων τοῖς ὀ. αὐτοῦ (1)
145 (146). 9. ὀρφανὸν καὶ χήραν ἀναλήψεται (1)
Pr. 23. 10. εἰς δὲ κτῆμα ὀρφανῶν μὴ εἰσέλθῃς (1)
Si. 4. 10. γίνου ὀρφανοῖς ὡς πατήρ
32 (35). 14. οὐ μὴ ὑπερίδῃ [A παρίδῃ] ἱκετείαν ὀρφανοῦ
Ho. 14. 4. ὁ ἐν σοὶ ἐλεήσει ὀρφανόν (1)
Mi. 2. 2. καὶ διήρπαζον ὀρφανοὺς –
Za. 7. 10. ὀρφανὸν . . . μὴ καταδυναστεύετε (1)
Ma. 3. 5. τοὺς κονδυλίζοντας ὀρφανούς (1)
Is. 1. 17. κρίνατε ὀρφανῷ (1)
— 23. ὀρφανοῖς οὐ κρίνοντες (1)
9. 17 (16). τοὺς ὀ. αὐ. . . . οὐκ ἐλεήσει (1)
10. 2. ὥστε εἶναι αὐτοῖς . . . ὀρφανὸν εἰς προνομήν (1)
Je. 5. 28. οὐκ ἔκριναν κρίσιν ὀρφανοῦ (1)
7. 6. ὀρφανὸν καὶ χήραν μὴ καταδυναστεύσητε (1)
22. 3. ὀρφανὸν καὶ χήραν μὴ καταδυναστεύετε (1)
29 (49). 11. οὐκ ἔστιν ὑπολείπεσθαι ὀρφανόν σου (1)
La. 5. 3. ὀρφανοὶ ἐγενήθημεν (1)
Ep. Je. 38. οὔτε ὀρφανὸν εὖ ποιήσωσι
Ez. 22. 7. ὀρφανὸν καὶ χήραν κατεδυνάστευον (1)
II Ma. 3. 10. παραθήκας εἶναι χηρῶν τε καὶ ὀρφανῶν
8. 28. ὀρφανοῖς μερίσαντες ἀπὸ τῶν σκύλων
— 30. καὶ τοῖς ᾐκισμένοις καὶ ὀρφανοῖς
[**Aq.** Ps. 9. 39 (10. 18) : 81 (82). 3 : Is. 9. 17 (16).]
[**Sm.** Jb. 31. 21 : Ps. 81 (82). 3 : Is. 9. 17 (16) : Je. 49. 11 (29. 13).]
[**Th.** Ps. 81 (82). 3 : 93 (94). 6 : Is. 9. 17 (16) : Ho. 14. 4.]

ὀρχεῖσθαι. (1) כָּרַר pilp. (2) פָּזַז pi. (3) רָקַד *a.* qal. *b.* pi. (4) שָׂחַק pi.
II Ki. 6. 16. εἶδε τὸν βασ. Δ. ὀρχούμενον καὶ ἀνακρουόμενον [A ἀ. κ. ὀ.] (2 [1])
— 20. καθὼς ἀποκαλύπτεται . . . εἷς τῶν ὀρχουμ. †
— 21. ἐνώπιον κυρίου ὀρχήσομαι [A *om.*] –
— 21. καὶ ὀρχήσομαι ἐνώπιον κυρίου [A *om.* ἐ. κ.] (4)
I Ch. 15. 29. εἶδε τὸν βασ. Δ. ὀρχούμενον (3 *b*)
Ec. 3. 4. καιρὸς τοῦ ὀρχήσασθαι (3 *a*)
Is. 13. 21. δαιμόνια ἐκεῖ ὀρχήσονται [A -χηθήσ.] (3 *b*)
[**Aq.** II Ki. 6. 14 : Jb. 21. 11.]
[**Sm.** Jb. 21. 11 : Ps. 28 (29). 6.]
[**Quint.** Ps. 28 (29). 6.]

ὅς, *passim.* **ἀφ' οὗ** *vid. sub* **ἀπό** **ἕως οὗ** *vid. sub* **ἕως**

ὅσιος. (1) זַךְ (2) *a.* חֶסֶד *b.* חָסִיד (3) טָהוֹר (4) יָשָׁר (5) מִקְדָּשׁ (6) שָׁלוֹם (7) *a.* תֹּם *b.* תָּמִים *c.* תָּם (8) **ὅ. εἶναι** חָסַד hithp.
De. 29. 19 (18). ὅσιά μοι γένοιτο (6)
32. 4. δίκαιος καὶ ὅ. κύριος (4)
33. 8. καὶ ἀλήθειαν αὐτοῦ τῷ ἀνδρὶ τῷ ὁ. (2 *b*)
II Ki. 22. 26. μετὰ ὁσίου ὁσιωθήσῃ (2 *b*)
Ps. 4. 3. ἐθαυμάστωσε κύριος τὸν ὅ. αὐτοῦ (2 *b*)
11 (12). 1. σῶσόν με, κύριε, ὅτι ἐκλέλοιπεν ὅσιος (2 *b*)
15 (16). 10. οὐδὲ δώσεις τὸν ὅ. σου ἰδεῖν διαφθοράν (2 *b*)
17 (18). 25. S[2] μετὰ ὁσίου ὅσιος ἔσῃ [A B S[1] ὁσιωθήσῃ] (2 *b*, 8)
29 (30). 4. ψάλατε τῷ κυρίῳ οἱ ὅ. αὐτοῦ (2 *b*)
30 (31). 23. ἀγαπήσατε τὸν κ., πάντες οἱ ὅ. αὐ. (2 *b*)
31 (32). 6. προσεύξεται πρὸς σὲ πᾶς ὅσιος (2 *b*)
36 (37). 28. οὐκ ἐγκαταλείψει τοὺς ὁ. αὐτοῦ (2 *b*)
42 (43). 1. ἐξ ἔθνους οὐχ ὁσίου . . . ῥῦσαί με (2 *b*)
49 (50). 5. συναγάγετε αὐτῷ τοὺς ὁ. αὐτοῦ (2 *b*)
51 (52). 9. χρηστὸν ἐναντίον τῶν ὁ. σου (2 *b*)
67 (68). 35. θαυμαστὸς ὁ θεὸς ἐν τοῖς ὁ. [S ἁγίοις] αὐτοῦ (5)
78 (79). 2. τὰς σάρκας τῶν ὁ. σου τοῖς θηρίοις τῆς γῆς (2 *b*)
84 (85). 8. λαλήσει εἰρήνην . . . ἐπὶ τοὺς ὁ. αὐ. (2 *b*)
85 (86). 2. ὅτι ὅσιός εἰμι (2 *b*)
96 (97). 10. φυλάσσει κ. τὰς ψυχὰς τῶν ὁ. αὐ. (2 *b*)
115. 6 (116. 15). τίμιος ἐναντίον κυρίου ὁ θάνατος τῶν ὁ. αὐ. (2 *b*)
131 (132). 9. S R οἱ ὅ. σου ἀγαλλιάσονται [A ἀγαλλιάσει ἀγ.] (2 *b*)
— 16. AS οἱ ὅ. αὐτῆς ἀγαλλιάσει ἀγαλλιάσονται (2 *b*)
144 (145). 10. οἱ ὅ. σου εὐλογησάτωσάν σε (2 *b*)
— 13. καὶ ὅσιος ἐν πᾶσι τοῖς ἔργοις αὐτοῦ –
— 17. καὶ ὅσιος ἐν πᾶσι τοῖς ἔργοις αὐτοῦ (2 *b*)
148. 14. A B[2] S R ὕμνος πᾶσι τοῖς ὁ. αὐτοῦ (2 *b*)
149. 1. ἡ αἴνεσις αὐτοῦ ἐν ἐκκλησίᾳ ὁσίων (2 *b*)
— 5. καυχήσονται ὅσιοι ἐν δόξῃ (2 *b*)
— 9. δόξα αὕτη ἐστὶ πᾶσι τοῖς ὁ. αὐτοῦ (2 *b*)
Pr. 2. 11. ἔννοια δὲ ὁσία τηρήσει σε –
— 21. S[1] ὅσιοι [AS[2] ἄκακοι] δὲ ὑπολειφθήσονται ἐν αὐτῇ (7 *b*)
— 21. A B S[2] ὅσιοι ὑπολειφθήσονται ἐν αὐτῇ (7 *b*)
10. 29. ὀχύρωμα ὁσίου φόβος κυρίου (7 *a*)
17. 26. οὐδὲ ὅσιον ἐπιβουλεύειν δυνάσταις δικαίοις –
18. 5. οὐδὲ ὅσιον ἐκκλίνειν τὸ δίκαιον ἐν κρίσει –
20. 11. συμποδισθήσεται νεανίσκος μετὰ ὁσίου (1)
21. 15. ὅσιος δὲ ἀκάθαρτος παρὰ κακούργοις †
22. 11. ἀγαπᾷ κύριος ὁσίας καρδίας (3)
29. 10. ἄνδρες αἱμάτων μέτοχοι μισοῦσιν [A ζητήσουσιν] ὅσιον (7 *c*)
Wi. 3. 9. S χάρις καὶ ἔλεος τοῖς [A ἐν τοῖς] ὁ. [A B ἐκλεκτοῖς] αὐτοῦ
— 9. A ἐπισκοπὴ ἐν τοῖς ὁ. [S ἐκλεκτοῖς] αὐτοῦ
4. 15. A χάρις καὶ ἔλεος ἐν [S *om.*] τοῖς ὁ. [B S ἐκλεκτοῖς] αὐτοῦ
— 15. ἐπισκοπὴ ἐν τοῖς ὁ. [A ἐκλεκτοῖς] αὐτοῦ
6. 10. οἱ γὰρ φυλάξαντες ὁσίως τὰ ὅ. ὁσιωθήσονται
7. 27. κατὰ γενεὰς εἰς ψυχὰς ὁσίας μεταβαίνουσα
10. 15. αὕτη λαὸν ὅσιον . . . ἐρρύσατο
— 17. ἀπέδωκεν ὁσίοις μισθὸν κόπων αὐ.
18. 1. τοῖς δὲ ὁ. σου μέγιστον ἦν φῶς
— 5. βουλευσαμένους δ' αὐτοὺς τὰ τῶν ὁ. ἀποκτεῖναι νήπια
— 9. κρυφῇ γὰρ ἐθυσίαζον ὅσιοι [A *om.*] παῖδες ἀγαθῶν
Si. 39. 13. εἰσακούσατέ μου, υἱοὶ ὅσιοι
— 24. αἱ ὁδοὶ αὐτοῦ τοῖς ὁ. εὐθεῖαι
Am. 5. 10. καὶ λόγον ὅσιον ἐβδελύξαντο (7 *b*)
Is. 55. 3. διαθήσομαι ὑμῖν διαθήκην αἰώνιον τὰ ὅ. Δαυὶδ τὰ πιστά (2 *a*)
Da. LXX., TH. 3. (87). εὐλογεῖτε ὅσιοι . . . τὸν κύριον
I Ma. 7. 17. σάρκας ὁσίων σου . . . ἐξέχεαν
II Ma. 12. 45. ὁ. καὶ εὐσεβὴς ἡ ἐπίνοια
[**Aq.** Ps. 17 (18). 26 : 31 (32). 6 : 49 (50). 5 : 88 (89). 20.]
[**Sm.** Dt. 33. 8 : Ps. 17 (18). 26 : 31 (32). 6 : 49 (50). 5 : 51 (52). 11 : 88 (89). 20.]
[**Th.** Ps. 17 (18). 26 : 49 (50). 5 : 88 (89). 20 : Am. 5. 10.]
[**Al.** Ps. 4. 4 : 18 (19). 10.]
[**Quint.** Ps. 17 (18). 26 : 30 (31). 22.]
[**Heb.** Ps. 49 (50). 5.]

ὁσιότης. (1) יֹשֶׁר (2) *a.* תֹּם *b.* תָּמִים
De. 9. 5. οὐδὲ διὰ τὴν ὁ. τῆς καρδίας σου (1)
I Ki. 14. 41. δὸς δὴ ὁσιότητα (2 *b*)
III Ki. 9. 4. ἐν ὁσιότητι καρδίας καὶ ἐν εὐθύτητι (2 *a*)
Pr. 14. 32. ὁ δὲ πεποιθὼς τῇ ἑαυτοῦ ὁ. δίκαιος †
Wi. 2. 22. οὐδὲ μισθὸν ἤλπισαν ὁσιότητος
5. 19. λήψεται ἀσπίδα ἀκαταμάχητον ὁσιότητα
9. 3. καὶ διέπῃ τὸν κόσμον ἐν ὁσιότητι
14. 30. ἀδίκως ὤμοσαν ἐν δόλῳ καταφρονήσαντες ὁσιότητος
18. 9. S τὸν τῆς ὁ. [A B θειότητος] νόμον ἐν ὁμονοίᾳ διέθεντο

ὁσιοῦν. (1) חָסַד hithpa.
II Ki. 22. 26. μετὰ ὁσίου ὁσιωθήσῃ (1)
Ps. 17 (18). 25. μετὰ ὁσίου ὁσιωθήσῃ [S[2] ὅσιος ἔσῃ] (1)
Wi. 6. 10. οἱ γὰρ φυλάξαντες ὁσίως τὰ ὅσια ὁσιωθήσονται
[**Aq.**, **Th.**, **Quint.** Ps. 17 (18). 26.]

ὁσίως.
III Ki. 8. 61. καὶ ὁ. πορεύεσθαι ἐν τοῖς προστάγμασιν αὐ. –
Wi. 6. 10. οἱ γὰρ φυλάξαντες ὁ. τὰ ὅσια ὁσιωθήσονται
[**Sm.** Ps. 17 (18). 26.]

ὀσμή. (1) בְּאֹשׁ (2) בֹּשֶׂם (3) רֵיחַ
Ge. 8. 21. ὠσφράνθη κ. ὁ θεὸς ὀσμὴν εὐωδίας (3)
27. 27. ὠσφράνθη τὴν ὀ. τῶν ἱματίων (3)
— 27. ἰδοὺ ὀ. τοῦ υἱοῦ μου ὡς ὀ. ἀγροῦ (3, 3)
Ex. 5. 21. ἐβδελύξατε τὴν ὀ. ἡμῶν (3)
29. 18. ὁλοκαύτωμα τῷ κ. εἰς ὀσμὴν εὐωδίας (3)
— 25. ἀνοίσεις . . . εἰς ὀσμὴν εὐωδίας (3)
— 41. ποιήσεις ὀσμὴν εὐωδίας (3)
Le. 1. 9, 13, 17 : 2. 2. θυσία ὀσμὴ εὐωδίας τῷ κυρίῳ (3)
2. 9. κάρπωμα ὀσμὴ εὐωδίας κυρίῳ (3)
— 12. εἰς ὀσμὴν εὐωδίας κυρίῳ (3)
3. 5. κάρπωμα ὀσμὴ εὐωδίας κυρίῳ (3)
— 11. ὀσμὴ [A -ὴν] εὐωδίας κάρπωμα κυρίῳ –
— 16. κάρπωμα ὀσμὴ εὐωδίας τῷ κυρίῳ (3)
4. 31. ἀνοίσει . . . εἰς ὀσμὴν εὐωδίας κυρίῳ (3)
6. 15 (8). κάρπωμα ὀσμὴ εὐωδίας (3)
— 21 (14). B[2] R θυσίαν εἰς [B[1] *om.*] ὀσμὴν εὐωδίας κυρίῳ (3)
8. 20 (21). ὁλοκαύτωμα ὅ ἐστιν εἰς ὀσμὴν εὐωδίας (3)
— 27 (28). ὅ ἐστιν ὀσμὴ εὐωδίας (3)
17. 4. εἰς ὁλοκαύτωμα . . . εἰς ὀσμὴν εὐωδίας –
— 6. ἀνοίσει τὸ στέαρ εἰς ὀσμὴν εὐωδίας (3)
23. 13. ὀσμὴ εὐωδίας κυρίῳ (3)
— 18. θυσίαν ὀσμὴν εὐωδίας τῷ κ. (3)
26. 31. οὐ μὴ ὀσφρανθῶ τῆς ὀ. τῶν θυσιῶν ὑμῶν (3)
Nu. 15. 3. ποιῆσαι ὀσμὴν εὐωδίας κυρίῳ (3)
— 5. ποιήσεις . . . ὀσμὴν εὐωδίας τῷ κυρίῳ –
— 7. εἰς ὀσμὴν εὐωδίας κυρίῳ (3)
— 10. ὀσμὴν εὐωδίας κυρίῳ (3)
— 13. εἰς ὀσμὴν εὐωδίας κυρίῳ (3)
— 14. ποιήσει κάρπωμα ὀσμὴν εὐωδίας κυρίῳ (3)
— 24 : 18. 17. εἰς ὀσμὴν εὐωδίας κυρίῳ (3)
28. 2. εἰς ὀσμὴν εὐωδίας (3)
— 6. εἰς ὀσμὴν εὐωδίας κυρίῳ (3)
— 8. B[1] εἰς ὀσμὴν εὐωδίας κυρίου [A B[2] R -ῳ] (3)
— 13. θυσίαν ὀσμὴν εὐωδίας (3)
— 24. B[1] εἰς ὀσμὴν εὐωδίας κυρίου [A B[2] R -ίῳ] (3)
— 27 : 29. 2. εἰς ὀσμὴν εὐωδίας κυρίῳ (3)
29. 6. B[1] εἰς ὀσμὴν εὐωδίας κυρίου [A B[2] R -ῳ] (3)
— 8. εἰς ὀσμὴν εὐωδίας (3)
— 11. εἰς ὀσμὴν εὐωδίας –
— 13. B[1] εἰς ὀσμὴν εὐωδίας κυρίου [A B[2] R -ῳ] (3)
— 36. εἰς ὀσμὴν εὐωδίας (3)
To. 6. 16. S ἡ ὀ. πορεύσεται [A B *al.*]
8. 3. ὠσφράνθη τὸ δαιμόνιον τῆς ὀ. [S *al.*]
Ju. 16. 16. μικρὸν πᾶσα θυσία εἰς ὀσμὴν εὐωδίας

Jb. 6. 7. βρόμον γὰρ ὁρῶ τὰ σῖτά μου ὥσπερ ὀσμὴν [$\aleph^1$ -ή] λέοντος †
14. 9. ἀπὸ ὀσμῆς ὕδατος ἀνθήσει (3)
Ca. 1. 3. ὀσμὴ μύρων σου ὑπὲρ πάντα τὰ ἀρώματα (3)
— 4. εἰς ὀσμὴν μύρων σου δραμοῦμεν –
— 12. νάρδος μου ἔδωκεν ὀσμὴν αὐτοῦ (3)
2. 13. ἔδωκαν ὀσμήν (3)
4. 10. ὀσμὴ ἱματίων [ℵ μύρων] σου ὑπὲρ πάντα ἀρώματα (3)
— 11. ὀσμὴ ἱματίων σου ὡς ὀσμὴ λιβάνου (3, 3)
7. 8 (9). ὀσμὴ ῥινός σου ὡς μῆλα (3)
— 13 (14). οἱ μανδραγόραι ἔδωκαν ὀσμήν [ℵ ὀ. αὐτῶν] (3)
Si. 24. 15. ὡς κιννάμωμον ... δέδωκα ὀσμήν
39. 14. ὡς λίβανος εὐωδιάσατε ὀσμήν
— 14. διάδοτε ὀσμὴν καὶ αἰνέσατε ᾆσμα
50. 15. ἐξέχεεν ... ὀσμὴν εὐωδίας
Is. 3. 24. ἔσται ἀντὶ ὀσμῆς ἡδείας κονιορτός (2)
34. 3. ἀναβήσεται αὐτῶν ἡ ὀ. (1)
Je. 25. 10. ἀπολῶ ... ὀσμὴν μύρου †
31 (48). 11. ὀσμὴ αὐτοῦ οὐκ ἐξέλιπε (3)
Ez. 6. 13. ἔδωκαν ἐκεῖ ὀσμὴν εὐωδίας (3)
16. 19. ἔθηκας αὐτὰ πρὸ προσώπου αὐτῶν εἰς ὀσμὴν εὐωδίας (3)
20. 28. ἔταξαν ἐκεῖ ὀσμὴν εὐωδίας (3)
— 41. ἐν ὀσμῇ εὐωδίας προσδέξομαι ὑμᾶς (3)
Da. LXX. 3. 27 (94). οὐδὲ ὀσμὴ τοῦ πυρὸς ἦν ἐν αὐτοῖς (3)
4. 34. εἰς ὀσμὴν εὐωδίας τῷ κυρίῳ –
Da. TH. 3. 27 (94). ὀσμὴ πυρὸς οὐκ ἦν ἐν αὐτοῖς (3)
II Ma. 9. 9. ὑπὸ δὲ τῆς ὀ. αὐ. πᾶν τὸ στρατόπεδον βαρύνεσθαι
— 10. διὰ τὸ τῆς ὀ. ἀφόρητον βάρος
— 12. μηδὲ τῆς ὀ. αὐ. ἀνέχεσθαι δυνάμενος
[Aq. Ex. 29. 18: Ca. 1. 12.]
[Sm., Th. Ex. 29. 18.]

ὅσος. (1) אִם (2) *a.* אֲשֶׁר *b.* כֹּל אֲשֶׁר *c.* כֹּל (3) **πάντες ὅ., πάντα ὅ.** *a.* אֲשֶׁר *b.* כֹּל (4) **ὅσα συμβέβηκεν** הֶעָשׂוּי (5) בְּ׳ (6) דַּי (7) *a.* דִּי *b.* מִן־דִּי (8) הַ׳ (9) כְּ׳ (10) מָה (11) עַד (12) **τὰ ὅ.** אֲשֶׁר (13) **καθ' ὅσον ἐστίν** כְּ׳ (14) **μικρὸν ὅσον ὅσον** כִּמְעַט־רֶגַע (15) **ὅσα βεβούλευμαι** חָפֵץ (16) **ὅσον χρόνον** עַד מָתַי

Ge. 1. 31. εἶδεν ὁ θ. τὰ πάντα ὅσα ἐποίησε (2 *a*)
6. 17. καὶ ὅσα ἂν ᾖ ἐπὶ τῆς γῆς τελευτήσει (2 *b*)
— 22. ἐποίησε ... πάντα ὅ. ἐνετείλατο αὐτῷ (2 *a*)
7. 5. ἐποίησε Ν. πάντα ὅ. ἐνετείλατο αὐτῷ (2 *a*)
— 22. πάντα ὅ. ἔχει πνοὴν ζωῆς (2 *a*)
8. 1. ὅσα ἦν μετ' αὐτοῦ (2 *a*)
— 17. πάντα τὰ θηρία ὅ. ἐστὶ μετὰ σοῦ (2 *a*)
9. 10. ὅσα ἐστὶ [A *om.*] μεθ' ὑμῶν –
— 24. καὶ ἔγνω ὅσα ἐποίησεν αὐτῷ ὁ υἱός (2 *a*)
11. 6. πάντα ὅ. ἂν ἐπιθῶνται ποιεῖν [A ποιῆσαι] (2 *a*)
12. 5. ὅσα ἐκτήσαντο (2 *a*)
— 20. πάντα ὅ. ἦν αὐτῷ (2 *a*)
18. 19. πάντα ὅ. ἐλάλησε πρὸς [A ἐπ'] αὐτόν (3 *a*)
21. 12. πάντα ὅ. ἂν εἴπῃ σοι Σάρρα (2 *a*)
24. 36. καὶ ἔδωκεν αὐτῷ ὅσα ἦν αὐτῷ (2 *b*)
25. 7. τὰ ἔτη ... ὅσα ἔζησεν (2 *a*)
28. 15. πάντα ὅ. ἐλάλησά σοι (3 *a*)
30. 29. γινώσκεις ... ὅσα ἦν κτήνη σου (2 *a*)
— 30. μικρὰ γὰρ ἦν ὅσα σοι ἐναντίον ἐμοῦ (2 *a*)
31. 12. ἑώρακα γὰρ ὅσα σοι Λάβαν ποιεῖ (2 *b*)
— 16. ὅσα σοι εἴρηκεν ὁ θεὸς ποίει (2 *b*)
— 43. καὶ πάντα ὅ. σὺ ὁρᾷς ἐμά ἐστι (2 *a*)
34. 28. ὅσα τε ἦν ἐν τῇ πόλει (2 *a*)
— 28. καὶ ὅσα ἦν ἐν τῷ πεδίῳ ἔλαβον (2 *a*)
— 29. διήρπασαν ὅσα τε ἦν ἐν τῇ πόλει –
— 29. καὶ ὅσα ἦν ἐν ταῖς οἰκίαις (2 *b*)
36. 6. καὶ πάντα ὅ. ἐκτήσατο (3 *b*)
— 6. καὶ πάντα [A *om.*] ὅ. περιεποιήσατο (3 *b*)
39. 3. ὅσα ἐὰν ποιῇ κύριος εὐοδοῖ (2 *b*)
— 4. πάντα ὅσα ἦν αὐτῷ ἔδωκε (3 *b*)
— 5. καὶ ἐπὶ πάντα ὅσα ἦν αὐτῷ (2 *b*)
— 6. ἐπέτρεψε πάντα ὅσα ἦν αὐτῷ (2 *a*)
— 8. πάντα ὅσα ἐστὶν αὐτῷ ἔδωκεν (2 *a*)
— 19. τὰ ῥήματα ... ὅσα ἐλάλησε (2 *a*)
— 22. πάντας ... ὅσοι ἐν τῷ δεσμωτηρίῳ (2 *a*)
— 22. πάντα ὅ. ποιοῦσιν ... ἦν ποιῶν (2 *a*)

Ge. 39. 23. ὅσα αὐτὸς ἐποίει ὁ κύριος εὐώδου (2 *a*)
41. 25, 28. ὅσα ὁ θεὸς ποιεῖ ἔδειξε τῷ Φ. (2 *a*)
44. 1. βρωμάτων ὅσα ἐὰν δύνωνται ἆραι (2 *a*)
45. 10. οἱ βόες σου καὶ ὅσα σοί ἐστι [A ἐκεῖ] (2 *b*)
— 13. καὶ ὅσα ἴδετε (2 *b*)
— 27. πάντα τὰ ῥηθέντα ... ὅσα εἶπεν αὐτοῖς (2 *a*)
Ex. 3. 16. ἐπέσκεμμαι ὑμᾶς καὶ ὅσα συμβέβηκεν (4)
6. 29. λάλησον ... ὅσα [B^1 καὶ] ἐγὼ λέγω πρὸς σέ (2 *b*)
7. 2. λαλήσεις ... πάντα ὅ. σοι ἐντέλλομαι (2 *a*)
9. 19. ὅσα σοί ἐστιν [A εἰσιν] (2 *b*)
— 19. A^2R τὰ κτήνη ὅσα ἐὰν εὑρεθῇ [B *al.*] (2 *a*)
— 25. B^3 πάντα ὅσα ἦν ἐν τῷ πεδίῳ (2 *a*)
10. 2. ὅπως διηγήσησθε ... ὅσα ἐμπέπαιχα (2 *a*)
— 2. A τὰ σημεῖά μου ὅσα [B ἃ] ἐποίησα (2 *a*)
11. 7. ὅσα παραδοξάσει κύριος (2 *a*)
12. 16. πλὴν ὅσα ποιηθήσεται πάσῃ ψυχῇ (2 *a*)
13. 12. τοῖς κτήνεσί σου ὅσα ἐὰν γένηταί σοι (2 *a*)
16. 23. ὅσα ἐὰν πέσσητε πέσσετε (2 *a*)
— 23. καὶ ὅσα ἐὰν ἕψητε ἕψετε (2 *a*)
18. 1, 8. πάντα ὅσα ἐποίησε κύριος (2 *a*)
— 14. ἰδὼν Ἰ. πάντα ὅσα ποιεῖ τῷ λαῷ (2 *a*)
— 24. καὶ ἐποίησεν ὅσα εἶπεν αὐτῷ (2 *b*)
19. 4. ἑωράκατε ὅσα πεποίηκα (2 *a*)
— 8. πάντα ὅσα εἶπεν ὁ θεὸς ποιήσομεν (2 *a*)
20. 4. ὅσα ἐν τῷ οὐρανῷ ἄνω (2 *a*)
— 4. καὶ ὅσα ἐν τῇ γῇ κάτω (2 *a*)
— 4. καὶ ὅσα ἐν τοῖς ὕδασιν ὑποκάτω (2 *a*)
— 17. οὔτε ὅσα τῷ πλησίον σού ἐστι (2 *b*)
21. 30. ὅσα ἐὰν ἐπιβάλωσιν αὐτῷ (2 *b*)
22. 17 (16). καθ' ὅσον ἐστὶν ἡ φερνή (13)
23. 13. πάντα ὅσα εἴρηκα πρὸς ὑμᾶς (2 *a*)
— 22. πάντα ὅσα ἂν ἐντείλωμαί σοι [A *al.*] –
— 22. καὶ ποιήσητε πάντα ὅ. ἂν εἴπω σοι (2 *a*)
24. 7. πάντα ὅ. ἐλάλησε κύριος (2 *a*)
25. 8 (9). κατὰ πάντα ὅσα σοι δεικνύω (2 *a*)
— 21 (22). κατὰ πάντα ὅσα ἂν ἐντείλωμαι (2 *a*)
28. 34 (38). ὅσα ἂν ἁγιάσωσιν οἱ υἱοὶ Ἰ. (2 *a*)
29. 35. κατὰ πάντα ὅσα ἐνετειλάμην σοι (2 *a*)
— 38. A ταῦτά ἐστιν ὅσα [B ἃ] ποιήσεις (2 *a*)
30. 13. ὃ δώσουσιν ὅσοι ἂν παραπορεύωνται (2 *c*)
31. 6. ποιήσουσι πάντα ὅσα συνέταξά σοι (2 *a*)
— 11. κατὰ πάντα ὅσα ἐγὼ ἐνετειλάμην σοι (2 *a*)
33. 16. πάντα τὰ ἔθνη ὅσα ἐπὶ τῆς γῆς ἐστι (2 *a*)
34. 11. πρόσεχε σὺ πάντα ὅσα ἐγὼ ἐντέλλομαι (3 *a*)
— 32. πάντα ὅσα ἐνετείλατο κύριος πρὸς αὐτόν (2 *a*)
— 34. ὅσα ἐνετείλατο αὐτῷ κύριος (2 *a*)
35. 10. πάντα [A *om.*] ὅ. συνέταξε (2 *a* [2 *b*])
— 21. καὶ ὅσοις [A οἷς] ἔδοξε τῇ ψυχῇ αὐτῶν (2 *b*)
— 23 (22). καὶ πάντες ὅ. ἤνεγκαν ἀφαιρέματα (2 *a*)
— 29. πάντα τὰ ἔργα ὅ. συνέταξε κ. ποιῆσαι (2 *a*)
36. 1. κατὰ πάντα ὅ. συνέταξε κύριος (2 *a*)
— 5. τὰ ἔργα ὅ. συνέταξε κύριος ποιῆσαι (2 *a*)
39. 22 (42). A R ὅσα [B ὃ] συνέταξε κ. Μωυσῇ (2 *b*)
40. 16. ἐποίησε Μ. πάντα ὅ. ἐνετείλατο (2 *a*)
Le. 5. 4. ποιῆσαι κατὰ πάντα ὅ. ἐὰν διαστείλῃ (2 *a*)
7. 9 (19). κρέα ὅ. ἐὰν ἅψηται παντὸς ἀκαθάρτου [A *al.*] (2 *a*)
11. 9. B πάντα ὅ. ἐστὶν αὐτοῖς πτερύγια (2 *a*)
— 10, 12. πάντα ὅ. οὐκ ἔστιν αὐτοῖς πτερύγια (2 *a*)
— 33. ὅσα ἐὰν ἔνδον ᾖ ἀκάθαρτα ἔσται (2 *b*)
13. 46. πάσας τὰς ἡμέρας ὅσας ἂν ᾖ ἐπ' αὐτόν (2 *a*)
— 51. κατὰ πάντα ὅ. ἐὰν ποιηθῇ δέρματα (2 *a*)
14. 22. ὅσα εὗρεν ἡ χεὶρ αὐτοῦ (2 *a*)
— 36. ἀκάθαρτα γένηται ὅσα ἐὰν ᾖ ἐν τῇ οἰκίᾳ (2 *b*)
15. 10. ἁπτόμενος ὅσα ἐὰν ᾖ [A *al.*] (2 *b*)
— 11. καὶ ὅσων ἐὰν ἅψηται ὁ γονορρυής (2 *b*)
17. 5. τὰς θυσίας αὐ. ὅσας ἂν ... σφάξουσιν (2 *a*)
22. 2. ὅσα αὐτοὶ ἁγιάζουσί μοι (2 *a*)
— 3. ὅσα ἂν ἁγιάζωσιν οἱ υἱοὶ Ἰσρ. τῷ κ. (2 *a*)
— 18. B^2 ὅσα [A B^1 R ὃς ἂν] προσενέγκῃ τὰ δῶρα αὐ. (2 *a*)
— 18. ὅσα ἂν προσενέγκωσι τῷ θεῷ (2 *a*)
— 20. πάντα ὅσα ἂν ἔχῃ μῶμον ἐν αὐτῷ (2 *a*)
25. 44. ὅσοι ἂν γένωνταί σοι ἀπὸ τῶν ἐθνῶν ὅσοι κύκλῳ σού εἰσιν (2 *a*, 2 *a*)
— 45. ὅσοι ἂν γένωνται ἐν τῇ γῇ ὑμῶν (2 *a*)
27. 28. ἀπὸ πάντων ὅσα αὐτῷ ἐστιν (2 *a*)
Nu. 1. 50. ἐπὶ πάντα ὅσα ἐστὶν ἐν αὐτῇ (2 *a*)
— 54. A κατὰ πάντα ὅσα [B ἃ] ἐνετείλατο (2 *a*)
2. 34. πάντα ὅσα συνέταξε κ. τῷ Μ. [A *al.*] (2 *a*)
3. 31. ὅσα λειτουργοῦσιν ἐν αὐτοῖς (2 *a*)
4. 9. A ὅσοι [B οἷς] λειτουργοῦσιν ἐν αὐτοῖς (2 *a*)
— 12. ὅσα λειτουργοῦσιν ἐν αὐτοῖς (2 *a*)
— 14. ὅσοις [A -οι] λειτουργοῦσιν ἐπ' αὐτῷ (2 *a*)
— 16. καὶ ὅσα ἐστὶν ἐν αὐτῇ (2 *b*)

Nu. 4. 26. A B^2R ὅσα ἐπὶ τῆς σκηνῆς τοῦ μαρτ. (2 *a*)
— 26. ὅσα λειτουργοῦσιν ἐν αὐτοῖς (2 *b*)
5. 9. ὅσα ἐὰν προσφέρωσι τῷ κυρίῳ (2 *a*)
6. 3. ὅσα κατεργάζεται ἐκ σταφυλῆς (2 *c*)
— 4. ὅσα γίνεται ἐξ ἀμπέλου (2 *a*)
— 5. ὅσας [A ἃς] ηὔξατο κυρίῳ (2 *a*)
10. 32. ὅσα [A ἃ] ἂν ἀγαθοποιήσῃ κ. ἡμᾶς (2 *a*)
14. 15. ὅσοι ἀκηκόασι τὸ ὄνομά σου (2 *a*)
— 23. ὅσοι οὐκ οἴδασιν ἀγαθόν –
— 29. ὅσοι ἐγόγγυσαν ἐπ' ἐμοί (2 *a*)
— 34. ὅσας κατεσκέψασθε τὴν γῆν (2 *a*)
16. 26. A ὅσα [B ὧν] ἐστὶν αὐτοῖς (2 *a*)
— 30. καὶ πάντα ὅσα ἐστὶν αὐτοῖς (2 *a*)
— 33. ὅσα [A πάντα ὅ.] ἐστὶν αὐτῶν (2 *b* [2 *a*])
— 39 (17. 4). ὅσα προσήνεγκαν οἱ κατακεκαυμ. (2 *a*)
17. 5 (20). A ὅσα [B ἃ] αὐτοὶ γογγύζουσιν (2 *a*)
— 11 (26). A ὅσα [B καθὰ] συνέταξε κύριος τῷ Μ. (2 *a*)
18. 9. ὅσα ἀποδιδόασί μοι (2 *a*)
— 12. ὅσα ἂν δῶσι τῷ κυρίῳ (2 *a*)
— 13. ὅσα ἐν τῇ γῇ αὐτῶν (2 *a*)
— 13. ὅσα ἂν ἐνέγκωσι κυρίῳ (2 *a*)
— 15. A B^2 R ὅσα [B^1 ἃ] προσφέρουσι κυρίῳ (2 *a*)
— 19. ὅσα ἐὰν ἀφέλωσιν οἱ υἱοὶ Ἰσρ. κυρίῳ (2 *a*)
— 21. ὅσα αὐτοὶ λειτουργοῦσι λειτουργίαν (2 *a*)
— 24. ὅσα ἂν ἀφορίσωσι κυρίῳ (2 *a*)
— 28. ὅσα ἐὰν λάβητε παρὰ τῶν υἱῶν Ἰσρ. (2 *a*)
19. 2. ὅσα συνέταξε κύριος (2 *a*)
— 14. ὅσα ἐστὶν ἐν τῇ οἰκίᾳ (2 *b*)
— 15. ὅσα οὐχὶ δεσμὸν καταδέδεται (2 *a*)
— 18. ὅσαι ἐὰν ὦσιν ἐκεῖ (2 *a*)
22. 2. πάντα ὅσα ἐποίησεν Ἰσρ. τῷ Ἀμ. (2 *a*)
— 17. ὅσα [A πάντα ὅ., B^2 ὃ] ἐὰν εἴπῃς (2 *b* [2 *a*])
23. 12. ὅσα ἂν ἐμβάλῃ ὁ θ. εἰς τὸ στόμα μου (2 *a*)
24. 13. ὅσα ἐὰν εἴπῃ ὁ θ. (2 *a*)
25. 18. ὅσα δολιοῦσιν ὑμᾶς (2 *a*)
28. 3. ὅσα προσάξετε κυρίῳ (2 *a*)
30. 1. ὅσα [A ἃ] ἐνετείλατο κύριος τῷ Μ. (2 *a*)
— 3. ὅσα ἂν ἐξέλθῃ ἐκ τοῦ στόματος αὐ. (2 *c*)
— 7. A ὅσα [B οὓς] διωρίσατο κατὰ τῆς ψυχῆς αὐ. (2 *a*)
— 10. ὅσα ἂν εὔξηται κατὰ τῆς ψυχῆς αὐ. (2 *b*)
— 13. ὅσα ἐὰν ἐξέλθῃ ἐκ τῶν χειλέων αὐ. (2 *c*)
— 17. ὅσα ἐνετείλατο κύριος τῷ Μ. (2 *a*)
31. 23. ὅσα ἐὰν [A *om.*] μὴ διαπορεύηται διὰ πυρός (2 *a*)
32. 31. ὅσα ὁ κύριος λέγει τοῖς θεράπουσιν (2 *a*)
33. 4. A ὅσους [B οὓς] ἐπάταξε κύριος (2 *a*)
— 55. A ὅσους ἂν [B οὓς ἐὰν] καταλείπητε ἐξ αὐτῶν (2 *a*)
De. 1. 3. ὅσα ἐνετείλατο κύριος αὐτῷ (2 *a*)
— 30. ὅσα ἐποίησεν ὑμῖν (2 *a*)
— 41. ὅσα ἐνετείλατο κ. ὁ θ. ἡμῶν ἡμῖν (2 *a*)
— 46. ὅσας ποτὲ ἡμέρας ἐνεκάθησθε ἐκεῖ (9 + 2 *a*)
3. 21. ὅσα ἐποίησε κ. ὁ θεὸς ἡμῶν (2 *a*)
4. 1. ὅσα ἐγὼ διδάσκω ὑμᾶς (2 *a*)
— 2. ὅσα [B^2 ὅσας] ἐγὼ ἐντέλλομαι ὑμῖν (2 *a*)
— 3. ὅσα ἐποίησε κ. ὁ θεὸς ἡμῶν τῷ Β. (3 *a*)
— 6. ὅσοι ἂν ἀκούσωσι πάντα τὰ δικαιώμ. (2 *a*)
— 10. A B^2 ὅσας [B^1 R ἃς] αὐτοὶ ζῶσιν ἐπὶ τῆς γῆς (2 *a*)
— 18. A R ὅσα [B ἃ] ἐστὶν ἐν τοῖς ὕδασιν (2 *a*)
— 34. ὅσα ἐποίησε κ. ὁ θεὸς ἡμῶν (2 *a*)
— 40. ὅσας [B^2 ἃς] ἐγὼ ἐντέλλομαί σοι σήμερον (2 *a*)
— 45. ὅσα ἐλάλησε Μ. (2 *a*)
5. 1. ὅσα ἐγὼ λαλῶ (2 *a*)
— 8. ὅσα ἐν τῷ οὐρανῷ ἄνω καὶ ὅσα ἐν τῇ γῇ κάτω καὶ ὅσα ἐν τοῖς ὕδασιν (2 *a ter*)
— 21 (18). B^1 οὔτε ὅσα [A B^2R πάντα ὅ.] τῷ πλησίον σού ἐστιν (2 *b* [2 *a*])
— 27 (24). ὅσα ἐὰν εἴπῃ κύριος (2 *b*)
— 27 (24). A B^2R ὅσα ἂν λαλήσῃ κύριος (2 *a*)
— 28 (25). ὅσα ἐλάλησαν πρὸς σέ (2 *a*)
— 28 (25). ὀρθῶς πάντα ὅσα ἐλάλησαν (2 *a*)
— 31 (28). ὅσα διδάξεις αὐτούς (2 *a*)
6. 1. ὅσα ἐνετείλατο κ. ὁ θεὸς ἡμῶν (2 *a*)
— 2. B^1 ὅσας [A B^2R ἃς] ἐγὼ ἐντέλλομαί σοι (2 *a*)
— 4. ὅσα ἐνετείλατο κύριος τοῖς υἱοῖς Ἰ. –
— 6. ὅσα ἐγὼ ἐντέλλομαί σοι (2 *a*)
— 17. ὅσα ἐνετείλατό σοι (2 *a*)
— 20. ὅσα ἐνετείλατο κ. ὁ θεὸς ἡμῶν ἡμῖν (2 *a*)
7. 6. ὅσα ἐπὶ προσώπου τῆς γῆς (2 *a*)
— 11. ὅσα ἐγὼ ἐντέλλομαί σοι (2 *a*)
— 15. καὶ ὅσα ἔγνως (2 *a*)

De. 7. 18. ὅσα ἐποίησε κύριος . . . τῷ Φ. (2 *a*)
8. 11. ὅσα ἐγὼ ἐντέλλομαί σοι σήμερον (2 *a*)
— 13. πάντων ὅσων σοι ἔσται (2 *a*)
— 20. ὅσα κ. ὁ θεὸς ἀπολλύει (2 *a*)
9. 7. ὅσα παρώξυνας κ. τὸν θεόν σου (2 *a*)
— 25. ὅσας ἐδεήθην (2 *a*)
10. 2. A ὅσα [B ἃ] ἦν ἐν ταῖς πλαξί (2 *a*)
— 13. ὅσα ἐγὼ ἐντέλλομαί σοι σήμερον (2 *a*)
— 14. ὅσα ἐστὶν ἐν αὐτῇ (2 *a*)
11. 2. ὅσοι οὐκ οἴδασιν (2 *a*)
— 3. ὅσα ἐποίησεν ἐν μέσῳ Αἰγύπτου (2 *a*)
— 4. ὅσα ἐποίησε τὴν δύναμιν τῶν Αἰγ. (2 *a*)
— 5. ὅσα ἐποίησεν ὑμῖν ἐν τῇ ἐρήμῳ (2 *a*)
— 6. ὅσα ἐποίησε τῷ Δ. (2 *a*)
— 7. ὅσα ἐποίησεν ὑμῖν σήμερον (2 *a*)
— 8. ὅσας ἐγὼ ἐντέλλομαί σοι σήμερον (2 *a*)
— 13. A ὅσας [B ἃς] ἐγὼ ἐντέλλομαί σοι σήμ. (2 *a*)
— 22. B ὅσας [A R ἃς] ἐγὼ ἐντέλλομαί σοι σήμ. (2 *a*)
— 27. A R ὅσας [B ἃς] ἐγὼ ἐντέλλομαι ὑμῖν σήμ. (2 *a*)
— 28. ὅσα [A ὅσας] ἐγὼ ἐντέλλομαι ὑμῖν σήμ. –
— 32. ὅσας [A ἃς] ἐγὼ δίδωμι ἐνώπιον ὑμῶν (2 *a*)
12. 8. R ὅσα [A B ἃ] ἡμεῖς ποιοῦμεν (2 *a*)
— 11. ὅσα ἐγὼ ἐντέλλομαι ὑμῖν σήμερον (2 *a*)
— 11. ὅσα ἂν εὔξησθε κ. τῷ θεῷ (2 *a*)
— 14. ὅσα ἐγὼ ἐντέλλομαί σοι σήμερον (2 *a*)
— 17. ὅσας ἂν εὔξησθε (2 *a*)
— 19. πάντα τὸν χρόνον ὅσον ἐὰν ζῇς [A *al.*] –
13. 18 (19). ὅσας [A ἃς] ἐγὼ ἐντέλλομαί σοι σήμερον (2 *a*)
14. 9. ὅσα ἐστὶν ἐν αὐτοῖς πτερύγια (2 *a*)
— 10. ὅσα οὐκ ἔστιν αὐτοῖς πτερύγια (2 *a*)
15. 3. ὅσα ἐὰν ᾖ σοι παρ' αὐτῷ (2 *a*)
— 5. ὅσας [A ἃς] ἐγὼ ἐντέλλομαί σοι σήμερον (2 *a*)
— 8. ὅσον ἐπιδέεται [A *al.*] (6)
— 8. A καθ' ὅσον ὑστερεῖται [B *al.*] (2 *a*)
— 10. ὅσον ἐπιδέεται [A *al.*] –
16. 8. πλὴν ὅσα ποιηθήσεται ψυχῇ –
— 10. ὅσα ἂν δῷ κ. ὁ θεός σου (2 *a*)
17. 10. ὅσα ἂν νομοθετηθῇ σοι (2 *a*)
18. 16. ὅσα ᾐτήσω παρὰ κ. τοῦ θεοῦ σου (2 *a*)
— 17. πάντα ὅσα ἐλάλησαν πρὸς σέ (3 *a*)
— 19, 22. ὅσα ἐὰν λαλήσῃ ὁ προφήτης ἐκ. (2 *a*)
20. 14. B ὅσα [A R πάντα ὅ.] ἂν ὑπάρχῃ ἐν τῇ πόλει (2 *b* [2 *a*])
— 18. ὅσα ἐποίησαν τοῖς θεοῖς αὐτῶν (2 *a*)
22. 3. ὅσα ἐὰν ἀπόληται παρ' αὐτοῦ (2 *a*)
23. 24 (26). ὅσον ψυχήν σου ἐμπλησθῆναι [A *al.*] (9)
24. 9. ὅσα ἐποίησε κ. ὁ θ. σου τῇ Μ. (2 *a*)
25. 17. ὅσα ἐποίησέ σοι 'Αμ. (2 *a*)
27. 1. ὅσας ἐγὼ ἐντέλλομαι ὑμῖν σήμερον (2 *a*)
— 10: 28. 13. ὅσα ἐγὼ ἐντέλλομαί σοι σήμερον (2 *a*)
28. 15. ὅσας ἐγὼ ἐντέλλομαί σοι σήμερον (2 *a*)
— 20. A ὅσα ἐὰν ποιήσῃς (2 *a*)
— 45. ὅσα ἐνετείλατό σοι (2 *a*)
— 53. ὅσα ἔδωκέ σοι (2 *a*)
29. 2 (1). ὅσα ἐποίησε κύριος (2 *a*)
— 9 (8). ὅσα ποιήσετε (2 *a*)
— 12 (11). ὅσα κ. ὁ θεός σου διατίθεται (2 *a*)
30. 2. ὅσα ἐγὼ ἐντέλλομαί σοι σήμερον (2 *a*)
— 8. ὅσας ἐγὼ ἐντέλλομαί σοι σήμερον (2 *a*)
— 16. A ὅσας [B ἃς] ἐγὼ ἐντέλλομαί σοι σήμερον (2 *a*)
31. 13. ὅσας αὐτοὶ ζῶσιν (2 *a*)
— 21. ὅσα ποιοῦσιν ὧδε σήμερον (2 *a*)
Jo. 1. 16. ὅσα ἂν ἐντείλῃ ἡμῖν (2 *a*)
— 17. ὅσα ἠκούσαμεν Μωυσῇ (2 *a*)
2. 10. ὅσα ἐποίησε τοῖς δυσὶ βασ. (2 *a*)
— 13. ὅσα ἐστὶν αὐτοῖς (2 *a*)
— 19. ὅσοι ἐὰν γένωνται μετὰ σοῦ (2 *b*)
3. 4. ὅσον δισχιλίους πήχεις στήσεσθε (9)
4. 10. A ὅσα [B ἃ] ἐνετείλατο κύριος (2 *a*)
— 14. ὅσον χρόνον ἔζη (2 *c*)
5. 4. ὅσοι ποτὲ ἐγένοντο ἐν τῇ ὁδῷ –
— 4. ὅσοι ποτὲ ἀπερίτμητοι ἦσαν –
6. 16 (17). ὅσα ἐστὶν ἐν αὐτῇ (2 *a*)
— 16 (17). A R πάντα [B *om.*] ὅσα ἐστὶν ἐν τῷ οἴκῳ αὐτῆς (2 *a* [2 *b*])
— 20 (21). ὅσα ἦν ἐν τῇ πόλει (2 *b*)
— 21 (22). καὶ ὅσα [A πάντα ὅ.] ἐστὶν αὐτῇ (2 *b* [2 *a*])
— 22 (23). B ὅσα ἦν αὐτῆς [A R -ῇ] (2 *a*)
7. 15. ὅσα ἐστὶν αὐτῷ (2 *a*)

Jo. 9. 3. ὅσα ἐποίησε κύριος τῇ 'I. (3 *a*)
— 9. ὅσα ἐποίησεν ἐν Αἰγύπτῳ (2 *b*)
— 10. ὅσα ἐποίησε τοῖς βασ. τῶν 'Αμ. (2 *b*)
— 24. ὅσα συνέταξε κ. ὁ θεός σου Μ. (2 *a*)
10. 37 *bis*. ὅσα ἦν ἐν αὐτῇ (2 *a*)
15. 46. ὅσαι εἰσὶ πλησίον 'Ασ. (2 *a*)
22. 2. ὅσα ἐνετείλατο ὑμῖν Μ. (2 *a*)
— 2. ὅσα ἐνετείλατο ὑμῖν (2 *a*)
23. 3. ὅσα [A πάντα ὅσα] ἐποίησε κύριος (2 *b* [2 *a*])
24. 7. ὅσα ἐποίησε κύριος (2 *a*)
— 27. A ὅσα [B ὅ τι] ἐλάλησε πρὸς ὑμᾶς (2 *a*)
— 31. ὅσοι ἐφείλκυσαν τὸν χρόνον (2 *a*)
— 31. ὅσοι εἴδοσαν πάντα τὰ ἔργα κυρίου (2 *a*)
— 31. ὅσα ἐποίησε τῷ 'Ισρ. (2 *a*)
Jd. 2. 7. ὅσοι ἐμακροημέρευσαν μετὰ 'I. (2 *a*)
— 7. ὅσοι ἔγνωσαν πᾶν τὸ ἔργον κυρίου (2 *a*)
— 7. ὅσα [A ὃ] ἐποίησεν ἐν τῷ 'Ισρ. (2 *a*)
— 10. A ὅσοι [B οἳ] οὐκ ἔγνωσαν τὸν κύριον (2 *a*)
— 20. ὅσα ἐγκατέλιπον . . . τὴν διαθήκην μου (2 *a*)
6. 13. A ὅσα [B ἃ] διηγήσαντο ἡμῖν (2 *a*)
9. 33. ὅσα ἂν εὕρῃ ἡ χείρ σου [A *al.*] (2 *a*)
10. 15. A ὅσα ἂν ἀρέσκῃ ἐνώπιόν σου [B *al.*] (8)
11. 24. A ὅσα [B ἃ ἐὰν] κατεκληρονόμησέν σοι (2 *a*)
— 24. A ὅσα κατεκληρονόμησέν σοι [B *al.*] (2 *a*)
13. 14. A ὅσα [B ὃ] ἐκπορεύεται ἐξ ἀμπέλου (2 *a*)
— 14. ὅσα ἐνετειλάμην αὐτῷ (2 *a*)
18. 10. A ὅσα ἐν τῇ γῇ [B *al.*] (2 *a*)
— 27. A ὅσα [B ὃ] ἐποίησε Μ. (2 *a*)
— 31. A ὅσας [B ἃς] ἦν ὁ οἶκος τοῦ θ. ἐν Σ. –
Ru. 2. 11. ὅσα [A πάντα ὅ.] πεποίηκας μετὰ τῆς πενθερᾶς σου (2 *b* [2 *a*])
3. 5. ὅσα ἐὰν εἴπῃς (2 *a*)
— 6. ὅσα ἐνετείλατο αὐτῇ (2 *a*)
— 11. ὅσα ἐὰν εἴπῃς (2 *a*)
— 16. ὅσα ἐποίησεν αὐτῇ ὁ ἀνήρ (2 *a*)
4. 9. ὅσα ὑπάρχει τῷ Χ. (2 *a*)
I Ki. 3. 12. ὅσα ἐλάλησα εἰς τὸν οἶκον αὐ. (2 *a*)
10. 7. πάντα ὅσα ἐὰν εὕρῃ ἡ χείρ σου (3 *a*)
12. 1. ὅσα εἴπατέ μοι (2 *a*)
13. 14. R ὅσα [B ὅ τι] ἐνετείλατό σοι κύριος (2 *a*)
15. 13. ὅσα ἐλάλησε κύριος †
17. 18. A ὅσα ἂν χρῄζωσιν †
19. 18. ὅσα ἐποίησεν αὐτῷ Σ. (2 *a*)
25. 30. ὅσα ἐλάλησεν ἀγαθὰ ἐπὶ σέ (2 *a*)
28. 9. ὅσα ἐποίησε Σ. (2 *a*)
II Ki. 3. 19. ὅσα ἤρεσεν ἐν ὀφθαλμοῖς 'Ισρ. (2 *a*)
— 25. ὅσα σὺ ποιεῖς (2 *a*)
— 36. ὅσα ἐποίησεν ὁ βασιλεύς (2 *a*)
7. 3. ὅσα ἂν [A *om.*] ἐν τῇ καρδίᾳ σου . . . ποίει (2 *a*)
9. 9. ὅσα ἐστὶ τῷ Σ. (2 *a*)
— 11. ὅσα ἐντέταλται ὁ κ. μου . . . τῷ δούλῳ αὐ. (2 *a*)
11. 22. ὅσα ἀπήγγειλεν αὐτῷ 'I. (2 *a*)
15. 15. ὅσα αἱρεῖται [A ἐρ.] ὁ κ. ἡμῶν ὁ βασ. (2 *a*)
16. 4. ὅσα ἐστὶ Μεμφ. (2 *a*)
18. 21. ὅσα εἶδες (2 *a*)
— 32. ὅσοι ἐπανέστησαν ἐπ' αὐτόν (2 *a*)
19. 19 (20). ὅσα ἠδίκησεν ὁ παῖς σου (2 *a*)
— 38 (39). ὅσα ἐκλέξῃ [A -δέξηται] ἐπ' ἐμοί (2 *a*)
21. 11. ὅσα ἐποίησε 'Ρ. (2 *a*)
— 14. ὅσα ἐνετείλατο ὁ βασ. (2 *a*)
III Ki. 2. 3. ὅσα ἂν [A *om.*] ἐντείλωμαί σοι (2 *a*)
— 5. ὅσα ἐποίησέ μοι 'I. (2 *a*)
— 5. ὅσα ἐποίησε τοῖς δυσὶν ἄρχουσι (2 *a*)
4. 34 (5. 14). ὅσοι ἤκουον τῆς σοφίας αὐ. (2 *a*)
5. 6 (20). ὅσα ἂν εἴπῃς (2 *a*)
8. 24. A ὅσα ἐλάλησας αὐτῷ (2 *a*)
— 31. ὅσα ἂν ἁμάρτῃ ἕκαστος (2 *a*)
— 40. ὅσας [A *om.*] αὐτοὶ ζῶσιν (2 *a*)
— 43. ὅσα ἂν ἐπικαλέσηταί σε (2 *a*)
— 56. ὅσα [A ἃ] ἐλάλησεν (2 *a*)
9. 1. ὅσα ἠθέλησε ποιῆσαι (2 *a*)
10. 2. ὅσα ἦν ἐν τῇ καρδίᾳ αὐτῆς (2 *a*)
— 13. ὅσα ἠθέλησεν ὅσα ᾐτήσατο (–, 2 *a*)
11. 38. ὅσα ἂν ἐντείλωμαί σοι (2 *a*)
— 41. ὅσα ἐποίησε (2 *a*)
14. 7. A ἀνθ' οὗ ὅσον ὕψωσά σε (2 *a*)
— 9. A ὅσοι ἐγένοντο εἰς πρόσωπόν σου (2 *a*)
— 15. A ἀνθ' οὗ ὅσον ἐποίησαν τὰ ἄλση (2 *a*)
— 19. A ὅσα ἐπολέμησεν καὶ ὅσα ἐβασίλευσεν (2 *a*, 2 *a*)
— 26. A B^2 R ὅσα ἐποίησε Σαλ. (2 *a*)
— 29: 15. 7, 31. A ὅσα [B ἃ] ἐποίησεν (2 *a*)
16. 5. A πάντα ὅ. [B ἃ] ἐποίησεν (3 *a*)
17. 12. ἀλλ' ἢ ὅσον δρὰξ ἀλεύρου –

III Ki. 21 (20). 9. ὅσα ἀπέσταλκας πρὸς τὸν δοῦλόν σου (2 *a*)
22. 46. ὅσα ἐποίησεν (2 *a*)
— 46. A καὶ ὅσα ἐπολέμησεν (2 *a*)
IV Ki. 1. 18. A ὅσα [B ἃ] ἐποίησεν (2 *a*)
8. 12. ὅσα ποιήσεις τοῖς υἱοῖς 'Ισρ. (2 *a*)
— 23. ὅσα ἐποίησεν (2 *a*)
10. 5. ὅσα ἐὰν εἴπῃς πρὸς ἡμᾶς (2 *b*)
— 10. ὅσα ἐλάλησεν ἐν χειρὶ δούλου αὐ. 'Ηλ. (2 *a*)
— 30. ἀνθ' ὧν ὅσα ἠγάθυνας (2 *a*)
— 30. ὅσα ἐν τῇ καρδίᾳ μου (2 *a*)
— 34. ὅσα ἐποίησε (2 *a*)
11. 9. ὅσα ἐνετείλατο 'I. (2 *a*)
12. 12 (13). ὅσα ἐξωδιάσθη ἐπὶ τὸν οἶκον (2 *a*)
— 18 (19). ὅσα ἡγίασεν 'Ιωσ. (2 *a*)
— 19 (20): 13. 8, 12. ὅσα ἐποίησεν (2 *a*)
14. 3. ὅσα ἐποίησεν 'I. ὁ πατὴρ αὐ. (2 *a*)
— 15. ὅσα ἐποίησεν ἐν δυναστείᾳ αὐ. (2 *a*)
— 18. A R ὅσα [B ἃ] ἐποίησεν –
— 28. ὅσα ἐποίησε (2 *a*)
— 28. ὅσα ἐπολέμησε καὶ ὅσα ἐπέστρεψε τὴν Δαμ. (2 *a*, 2 *a*)
15. 3. ὅσα ἐποίησεν 'Αμ. (2 *a*)
— 6, 21, 26, 31. ὅσα ἐποίησεν (2 *a*)
— 34. ὅσα ἐποίησεν 'Αζ. (2 *a*)
— 36. ὅσα ἐποίησεν (2 *a*)
16. 11. ὅσα ἀπέστειλεν ὁ βασ. ῎Αχαζ (2 *a*)
— 16. ὅσα ἐνετείλατο αὐτῷ ὁ βασ. (2 *a*)
— 19. ὅσα ἐποίησεν (2 *a*)
17. 8. ὅσοι ἐποίησαν (2 *a*)
— 9. ὅσοι ἠμφιέσαντο οἱ υἱοὶ 'Ισρ. λόγους –
— 13. ὅσα ἀπέστειλα αὐτοῖς (2 *a*)
— 15. ὅσα διεμαρτύρατο αὐτοῖς (2 *a*)
18. 3. ὅσα ἐποίησε Δ. (2 *a*)
— 6. ὅσας ἐνετείλατο Μωυσῇ (2 *a*)
— 12. ὅσα ἐνετείλατο Μ. (2 *a*)
19. 11. πάντα ὅσα ἐποίησαν βασιλεῖς 'Ασσυρίων (3 *a*)
20. 3. ὅσα περιεπάτησα ἐνώπιόν σου (2 *a*)
— 13. ὅσα ηὑρέθη ἐν τοῖς θησαυροῖς αὐ. (2 *b*)
— 15. ὅσα ἐν τῷ οἴκῳ μου (2 *a*)
— 17. ὅσα ἐθησαύρισαν οἱ πατέρες σου (2 *a*)
— 20. ὅσα ἐποίησεν (2 *a*)
21. 8. ὅσα ἐνετειλάμην (2 *a*)
— 11. ἀνθ' ὧν ὅσα ἐποίησε Μ. (2 *a*)
— 15. ἀνθ' ὧν ὅσα [A *om.*] ἐποίησαν τὸ πονηρόν (2 *a*)
— 17, 25. ὅσα ἐποίησε (2 *a*)
22. 19. ὅσα ἐλάλησα ἐπὶ τὸν τόπον τοῦτον (2 *a*)
23. 28. ὅσα ἐποίησεν (2 *a*)
— 32, 37. ὅσα ἐποίησαν οἱ πατέρες αὐ. (2 *a*)
24. 3, 5. ὅσα ἐποίησε (2 *a*)
— 7. ὅσα ἦν τοῦ βασ. Αἰγύπτου (2 *a*)
— 9. ὅσα ἐποίησεν ὁ πατὴρ αὐτοῦ (2 *a*)
— 19. ὅσα ἐποίησεν 'I. (2 *a*)
I Ch. 4. 10. πάντα ὅσα ᾐτήσατο (3 *a*)
6. 49 (34). ὅσα ἐνετείλατο Μ. (2 *a*)
16. 40. ὅσα ἐνετείλατο [S^1 ἐγένετο] ἐφ' υἱοῖς 'Ισρ. (2 *a*)
17. 20. ὅσα ἠκούσαμεν ἐν ὠσὶν ἡμῶν (2 *a*)
II Ch. 2. 14 (13). ὅσα ἂν δῷς αὐτῷ (2 *a*)
6. 33. ὅσα ἂν ἐπικαλέσηταί σε (2 *a*)
7. 11. B ὅσα ἐποίησεν [A R ἠθέλησεν] (8)
8. 6. ὅσα ἐπεθύμησε Σ. (2 *c*)
9. 1. ὅσα ἐν τῇ ψυχῇ αὐτῆς (2 *a*)
23. 8. ὅσα ἐνετείλατο 'I. (2 *a*)
26. 4. ὅσα ἐποίησεν 'Αμ. (2 *a*)
27. 2. A ὅσα [B ἃ] ἐποίησεν 'Οζ. (2 *a*)
29. 2. ὅσα ἐποίησε Δ. (2 *a*)
36. 5. ὅσα ἐποίησαν οἱ πατέρες αὐ. –
I Es. 2. 6. ὅσοι οὖν κατὰ τοὺς τόπους οἰκοῦσι
4. 5. A ὅσα [B *om.*] ἐὰν προνομεύσωσι
— 6. ὅσοι οὐ στρατεύονται
— 46. B^1 ὅσα [A B^2 R ὅ σε] ἀξιῶ
— 57. ὅσα εἶπε Κῦρος ποιῆσαι
5. 53. ὅσοι ηὔξαντο εὐχὴν τῷ θ.
6. 32. ὅσοι ἐὰν παραβῶσί τι
8. 11. ὅσοι οὖν ἐνθυμοῦνται
— 16. ὅσα ἂν βούλῃ
— 17. ὅσα ἂν ὑποπίπτῃ σοι
— 19. ὅσα ἐὰν ἀποστείλῃ ῎Ε.
— 24. ὅσοι ἐὰν παραβαίνωσι
— 72. A ὅσοι ἦσαν ζηλωταί
— 72. ὅσοι ποτὲ ἐπεκινοῦντο
— 94. ὅσοι πειθαρχοῦσι τοῦ νόμου κυρίου
9. 4. ὅσοι ἂν μὴ ἀπαντήσωσιν
— 12. ὅσοι ἔχουσι γυναῖκας ἀλλογενεῖς

Ne. 5. 19. ὅσα ἐποίησα τῷ λαῷ τούτῳ (2 a)
9. 6. ὅσα ἐστὶν ἐν αὐτῇ (2 a)
To. 1. 20. S ὅσα ὑπῆρχέν μοι [A B al.]
2. 6. S ὅσα ἐλάλησεν Ἀμ. [A B al.]
— 10. S ὅσῳ ἐνεχρίοσάν με τὰ φάρμακα [A B al.]
5. 1. ὅσα ἐντέταλσαί μοι
8. 21. S ὅσα μοι ὑπάρχει [A B al.]
13. 14. ὅσοι [A οἳ] ἐλυπήθησαν ἐπὶ πάσαις ταῖς μάστιξί σου [S al.]
14. 4. ὅσα ἐλάλησεν Ἰ. [S al.]
— 4. S ὅσα ἐλάλησαν οἱ προφῆται τοῦ Ἰ.
— 10. S ὅσα N. ἐποίησεν Ἀχεικάρῳ [A B al.]
— 10. ὅσα ἀνταπέδωκεν αὐτῷ [S al.]
Ju. 2. 12. S² ὅσα [A B S¹ om.] λελάληκα καὶ ποιήσω
4. 1. ὅσα ἐποίησεν Ὀλ.
6. 17. ὅσα ἐλάλησεν
— 17. ὅσα ἐμεγαλορρημόνησεν Ὀλ.
8. 26. ὅσα ἐποίησε μετὰ Ἀβρ.
— 26. ὅσα ἐπείρασε τὸν Ἰ.
— 26. ὅσα ἐγένετο τῷ Ἰ.
— 28. πάντα ὅσα εἶπας
10. 4. ὅσοι ἂν ἴδωσιν αὐτήν
11. 9. ὅσα ἐξελάλησε [S ἐλ.] παρὰ σοί
— 12. ὅσα διεστείλατο αὐτοῖς ὁ θ.
— 16. ὅσοι ἐὰν ἀκούσωσιν αὐτά
12. 20. ὅσον οὐκ ἔπιε πώποτε [A om.]
14. 8. ὅσα ἐποίησας
— 8. ὅσα ἦν πεποιηκυῖα
— 10. ὅσα ἐποίησεν ὁ θεὸς τοῦ Ἰσρ.
16. 19. ὅσα ἔδωκεν ὁ λαὸς αὐτῇ
Es. 1. 17. A ὅσα [B S ὡς] ἀντεῖπε τῷ βασ. (5 ?)
2. 1. A ὅσα αὐτῇ κατεκρίθη [B S al.] (2 a)
4. 17. ὅσα ἐνετείλατο αὐτῷ Ἐ. (2 b)
— 17. ὅσα ἐλάλησας
5. 6. ὅσα ἀξιοῖς -
8. 1. ὅσα ὑπῆρχεν Ἀ. -
— 3. ὅσα ἐποίησε τοῖς Ἰουδαίοις (2 a)
— 5. A ὅσοι [B S οἱ] εἰσιν ἐν τῇ βασ. σου (2 a)
— 8. ὅσα γὰρ γράφεται (2 a)
— 9. ὅσα ἐνετείλατο τοῖς οἰκονόμοις (2 b)
— 13. ὅσα [S -ον] ἐστὶ . . . συντετελεσμένα
9. 20. ὅσοι ἦσαν [A S³ οἵ εἰσιν] ἐν τῇ Ἀρτ. βασ. (2 a)
— 25. ὅσα δὲ ἐπεχείρησεν ἐπάξαι . . . κακά (2 a)
— 26. καὶ ὅσα πεπόνθασι διὰ ταῦτα (10)
— 26. καὶ ὅσα αὐτοῖς ἐγένετο (10)
— 29. ὅσα ἐποίησαν [S -εν] (2 c)
— 30. S¹ ὅσα ἐποίησεν -
Jb. 1. 12. ὅσα ἐστὶν αὐτῷ (2 a)
2. 4. ὅσα [A S πάντα ὅ.] ὑπάρχει ἀνθρώπῳ (2 b [2 a])
12. 6. ὅσοι παροργίζουσι τὸν κύριον -
13. 2. οἶδα ὅσα καὶ ὑμεῖς ἐπίστασθε (9)
36. 25. ὅσοι τιτρωσκόμενοί εἰσι βροτοί †
37. 12. πάντα ὅσα ἂν ἐντείληται αὐτοῖς (2 a)
42. 10. διπλᾶ ὅσα ἦν ἔμπροσθεν Ἰώβ [A al.] (2 b)
— 11. πάντες ὅσοι ᾔδεισαν αὐτόν (3 b)
Ps. 1. 3. ὅσα ἂν ποιῇ (2 a)
65 (66). 16. ὅσα ἐποίησε τῇ ψυχῇ μου (2 a)
70 (71). 20. S² R ὅσας [B S¹ ὅτι] ἔδειξάς μοι θλίψεις πολλάς (2 a)
73 (74). 3. ὅσα [B² S¹ -ας] ἐπονηρεύσατο ὁ ἐχθρός (2 c)
77 (78). 3. ὅσα ἠκούσαμεν καὶ ἔγνωμεν αὐτά (2 a)
— 5. S² ὅσα [B S¹ ὃν] ἐνετείλατο τοῖς πατράσιν ἡμῶν (2 a)
85 (86). 9. πάντα τὰ ἔθνη ὅσα ἐποίησας ἥξουσι (2 a)
102 (103). 12. καθ᾽ ὅσον ἀπέχουσιν ἀνατολαὶ ἀπὸ δυσμῶν (9)
108 (109). 11. ὅσα ὑπάρχει αὐτῷ (2 a)
113. 11 (115. 3). ὅσα ἠθέλησεν (2 a)
134 (135). 6. ὅσα ἠθέλησεν ὁ κύριος (2 a)
Pr. 1. 22. ὅσον ἂν χρόνον ἄκακοι ἔχωνται τῆς δικαιοσύνης (16)
6. 26. τιμὴ γὰρ πόρνης ὅση καὶ ἑνὸς ἄρτου (11)
Ec. 2. 12. τὰ [S² σὺν] ὅσα ἐποίησεν αὐτήν [S -ῇ] (12 [2 a])
3. 14. ὅσα ἐποίησεν ὁ θεός (2 a)
— 15. ὅσα τοῦ γίνεσθαι ἤδη γέγονε (2 a)
4. 2. ὅσοι αὐτοὶ ζῶσιν ἕως τοῦ νῦν (2 a)
— 16. A ὅσοι [B οἳ, S ὅτι] ἐγένοντο [S -ετο] (2 a)
5. 3. ὅσα ἐὰν εὔξῃ ἀπόδος (2 a)
8. 9. τὰ [S² om.] ὅσα ἐξουσιάσατο ὁ ἄνθρωπος (12 [2 a])
— 15. ὅσας [A S ἃς] ἔδωκεν αὐτῷ (2 a)
— 17. ὅσα ἂν μοχθήσῃ [A ποιήσῃ] ἄνθρωπος (2 a)
— 17. ὅσα ἂν εἴπῃ σοφὸς τοῦ γνῶναι (1)
Ec. 9. 10. ὅσα ἂν εὕρῃ ἡ χείρ σου (2 a)
11. 5. ὅσα ποιήσει τὰ σύμπαντα (2 a)
Wi. 7. 21. ὅσα τέ ἐστι κρυπτὰ καὶ ἐμφανῆ ἔγνων
15. 19. οὐδ᾽ ὅσον ἐπιποθῆσαι ὡς ἐν ζῴων ὄψει καλὰ τυγχάνει
Si. 3. 18. ὅσῳ μέγας εἶ
20. 17. ποσάκις καὶ ὅσοι καταγελάσονται αὐτοῦ
40. 11. πάντα ὅσα ἀπὸ γῆς εἰς γῆν ἀναστρέφει
41. 10. πάντα ὅσα ἐκ γῆς εἰς γῆν ἀπελεύσεται
43. 30. καθ᾽ ὅσον ἂν δύνησθε
46. 11. ὅσων οὐκ ἐξεπόρνευσεν ἡ καρδία καὶ ὅσοι οὐκ ἀπεστράφησαν ἀπὸ κυρίου
Ho. 2. 5 (7). ὅσα μοι καθήκει +
— 12 (14). ὅσα εἶπε (2 a)
Mi. 6. 14. ὅσοι ἐὰν διασωθῶσιν (2 a)
Jn. 2. 10. ὅσα ηὐξάμην (2 a)
Ze. 3. 7. πάντα ὅσα ἐξεδίκησα ἐπ᾽ αὐτήν (2 a)
Hg. 1. 11. ὅσα ἐκφέρει ἡ γῆ (2 a)
Za. 1. 6. ὅσα ἐγὼ ἐντέλλομαι (2 a)
14. 12. A B S² ὅσοι ἐπεστράτευσαν ἐπὶ Ἱερ. (2 a)
— 16. ὅσοι ἐὰν καταλειφθῶσιν [A -λημφθῶσιν] (2 c + 8)
— 17. ὅσοι ἐὰν μὴ ἀναβῶσιν [A ἀναβ. ἐκεῖ] (2 a)
— 18. ὅσα ἐὰν μὴ ἀναβῇ (2 a)
— 19. A S ὅσα [B ὃς] ἐὰν μὴ ἀναβῇ (2 a)
Is. 13. 15. A ὅσοι [B S οἵτινες] συνηγμένοι εἰσί (2 c)
26. 20. ἀποκρύβηθι μικρὸν ὅσον ὅσον (14)
27. 4. πάντα ὅσα συνέταξε -
29. 7, 8. ὅσοι ἐπεστράτευσαν (8)
39. 2. ὅσα ἦν ἐν τοῖς θησαυροῖς αὐτοῦ (2 a)
— 6. ὅσα συνήγαγον οἱ πατέρες σου (2 a)
43. 7. ὅσοι ἐπικέκληνται (8)
46. 10. ὅσα βεβούλευμαι (15)
55. 1. ὅσοι μὴ ἔχετε ἀργύριον (2 a)
— 11. ὅσα ἠθέλησα (2 a)
56. 4. ὅσοι ἂν φυλάξωνται τὰ σάββατά [S¹ προστάγματά] μοι (2 a)
66. 10. πάντες ὅσοι πενθεῖτε (8)
Je. 1. 7. ὅσα ἐὰν ἐντείλωμαί σοι (2 a)
— 17. ὅσα ἂν ἐντείλωμαί σοι (2 a)
11. 4. ὅσα ἐὰν ἐντείλωμαι ὑμῖν (2 a)
15. 2. ὅσοι εἰς θάνατον . . . ὅσοι εἰς μάχαιραν . . . ὅσοι εἰς λιμὸν . . . ὅσοι εἰς αἰχμαλωσίαν (2 a quater)
27 (50). 21. ὅσα ἐντέλλομαί σοι (2 a)
— 29. ὅσα ἐποίησε (2 a)
32. 1 (25. 15 [13]). A ὅσα ἐπροφήτευσεν Ἱερ. (2 a)
33 (26). 8. A ὅσα [B S ἃ] συνέταξεν αὐτῷ κύριος (2 a)
34 (27). 8. ὅσοι ἐὰν μὴ ἐμβάλωσι τὸν τράχηλον (2 a)
— 11. A ὅσοι ἂν εἰσαγάγωσιν [B S ὃ ἐὰν εἰσαγάγῃ] τὸν τράχηλον (2 a)
39 (32). 20. A ὅσα [B S ὃς] ἐποίησας σημεῖα (2 a)
42 (35). 10. A ὅσα [B S ἃ] ἐνετείλατο ἡμῖν (2 a)
— 18. A ὅσα [B S καθότι] ἐνετείλατο αὐτοῖς (2 b)
49 (42). 20. S ὅσα [A B ἃ] ἐὰν λαλήσῃ σοι κύριος (2 a)
La. 1. 7. ὅσα ἦν ἐξ ἡμερῶν ἀρχαίων (2 a)
Ez. 12. 7. κατὰ πάντα ὅσα ἐνετείλατό μοι (3 a)
14. 23. ὅσα ἐποίησα ἐν αὐτῇ (2 a)
16. 44. ὅσα εἶπαν κατὰ σοῦ ἐν παραβολῇ (8)
— 63. κατὰ πάντα ὅσα ἐποίησας (2 a)
18. 22. ὅσα [A ἃς] ἐποίησεν (2 a)
20. 11. ὅσα ποιήσει αὐτὰ ἄνθρωπος (2 a)
24. 24. κατὰ πάντα ὅσα ἐποίησα ποιήσετε (2 a)
29. 20. A ὅσα ἐποίησάν μοι (2 a)
36. 36. ὅσα ἂν καταλειφθῶσι κύκλῳ ὑμῶν (2 a)
40. 4. ὅσα ἐγὼ δεικνύω σοι (2 a)
— 4. ὅσα σὺ ὁρᾷς (2 a)
44. 5. ἄκουε πάντα ὅσα ἐγὼ λαλῶ μετὰ σοῦ (2 a)
— 14. εἰς πάντα ὅσα ἂν ποιήσωσιν (2 a)
Da. LXX. Su. 33. ὅσοι αὐτὴν ᾔδεισαν πάντες
1. 20. ὅσα ἐζήτησε παρ᾽ αὐτῶν ὁ βασ. (2 a)
2. 23. ὅσα ἠξίωσα τοῦ δηλῶσαι (7 a)
3. (31). ὅσα ἡμῖν ἐπήγαγες
— (31). ὅσα ἐποίησας ἡμῖν
4. 14. ὅσα ἂν θέλῃ ποιεῖν ποιεῖ (7 b)
— 34. ὅσοι ἐλάλησαν εἰς τὸν θεὸν τοῦ οὐρ. -
— 34. ὅσοι ἂν καταληφθῶσι λαλοῦντές τι -
9. 12. ὅσα ἐλάλησεν ἐφ᾽ ἡμᾶς (2 a)
— 12. ὅσα ἔκρινας ἡμῖν (2 a)
— 14. ἐπὶ πάντα ὅσα ἂν ποιήσῃ (2 a)
11. 24. ὅσα οὐκ ἐποίησαν οἱ πατέρες αὐ. (2 a)
Bel 5. ὅσα εἰς αὐτὸν δαπανᾶται
Da. TH. 3. (31). B ὅσα ἐπήγαγες ἡμῖν
— (31). ὅσα ἐποίησας ἡμῖν
Da. TH. 10. 14. ὅσα ἀπαντήσεται τῷ λαῷ σου (2 a)
Bel 6. ὅσα ἐσθίει
I Ma. 2. 28. ὅσα εἶχον ἐν τῇ πόλει
— 46. A R ὅσα εὗρον ἐν ὁρίοις [S υἱοῖς] Ἰ.
3. 2. A R ὅσοι [S οἱ] ἐκολλήθησαν τῷ πατρὶ αὐ.
4. 26. ὅσοι δὲ τῶν ἀλλοφύλων διεσώθησαν
5. 23. καὶ πάντα ὅσα ἦν αὐτοῖς
6. 24. A S² R ὅσοι εὑρίσκοντο ἀφ᾽ ἡμῶν
8. 1. A ὅσοι ἐὰν προστεθῶσιν αὐτοῖς [S R al.]
— 1. ὅσοι ἂν προσέλθωσιν αὐτοῖς
— 3. ὅσα ἐποίησαν ἐν χώρᾳ Σπανίας
— 11. A R ὅσοι [S οἳ] ποτὲ ἀντέστησαν αὐτοῖς
— 12. ὅσοι ἤκουον τὸ ὄνομα αὐ.
— 13. R ὅσοις [A S οἷς] δ᾽ ἂν βούλωνται βοηθεῖν
9. 36. καὶ πάντα ὅσα εἶχε
10. 15. ὅσας ἀπέστειλε Δ. τῷ Ἰ.
— 42. S¹ ὅσα [A S² R οὓς] ἐλάμβανον ἀπὸ τῶν χρειῶν
— 43. ὅσοι ἐὰν φύγωσιν εἰς τὸ ἱερόν
— 43. ὅσα ἐστὶν αὐτοῖς
11. 27. ὅσα ἄλλα εἶχε τίμια
— 40. A R ὅσα συνετέλεσε Δ. [S al.]
— 53. πάντα ὅσα εἶπε
13. 3. ὅσα . . . ἐποιήσαμεν
— 9. ὅσα ἂν εἴπῃς ἡμῖν
— 38. ὅσα ἐστήσαμεν πρὸς ὑμᾶς
14. 34. ὅσα ἐπιτήδεια ἦν
15. 5. ὅσα ἄλλα δόματα ἀφῆκάν σοι
— 7. ὅσα κατεσκεύασας
— 27. ὅσα συνέθετο αὐτῷ
— 36. καὶ πάντα ὅσα εἶδε
II Ma. 11. 15. ὅσα γὰρ ὁ M. ἐπέδωκε τῷ Λ.
— 18. ὅσα μὲν οὖν ἔδει
III Ma. 5. 31. A ὅσοι [R εἴ σοι] γονεῖς παρῆσαν
IV Ma. 2. 5. οὐδὲ ὅσα τῷ πλησίον σού ἐστι
7. 18. ὅσοι τῆς εὐσεβείας προνοοῦσιν
15. 5. ὅσῳ γὰρ καὶ ἀσθενόψυχοι . . . ὑπάρχουσιν αἱ μητέρες
[Aq. Ge. 1. 31 : Dt. 7. 15 : 26. 2 : Jo. 4. 10 : I Ki. 20. 3 : III Ki. 14. 7, 9, 15, 19 *bis* : Ps. 45 (46). 9 : 68 (69). 5 : 70 (71). 20 : Is. 21. 6 : 65. 18 : Je. 19. 4 : 27 (34). 5 : 50 (27). 21 : Ez. 2. 8 : 5. 9 : 6. 11.]
[Sm. Ge. 1. 31 : Jo. 4. 10 : I Ki. 20. 3 : Jb. 2. 4 : 32. 11 *bis* : Ps. 60 (61). 7 : 71 (72). 5 : 88 (89). 30 : Ec. 9. 10 : Ca. 7. 13 (14) : Is. 55. 11 : 65. 18 : Je. 52. 19 *bis* : Ez. 2. 8.]
[Th. Dt. 26. 2 : Jo. 4. 10 : Jd. 11. 24 *bis* : Is. 55. 11 : 65. 18 : Je. 27 (34). 5 : 38 (45). 9 : Ez. 20. 21.]
[Al. Ge. 44. 1 : Le. 14. 36 : Es. 2. 1.]

ὅσπερ. (1) הַ
Le. 25. 27. A B¹ ὅπερ ἔχει [B² R ὁ ὑπερέχει] τῷ ἀνθρώπῳ (1)
Jo. 23. 4. B ὅπερ εἶπα [A R ἐπέρριφα] ὑμῖν -
II Ki. 6. 8. B¹ ὅπερ [A B² R ὑπὲρ] οὗ διέκοψε κύριος †
Jb. 6. 17. οὐκ ἐπεγνώσθη ὅπερ ἦν †
Wi. 19. 18. ὅπερ ἐστὶν εἰκάσαι
II Ma. 3. 36. ἅπερ ἦν ὑπ᾽ ὄψιν
IV Ma. 1. 12. ὅπερ εἴωθα ποιεῖν
13. 19. ἅπερ ἡ . . . πρόνοια . . . ἐμέρισε
[Aq., Th. Is. 19. 20.]
[Sm. Ps. 67 (68). 17 : Is. 19. 20.]

οὗπερ.
II Ma. 4. 38. οὗπερ εἰς τὸν Ὀ. ἠσέβησεν

ὄσπριον. (1) *a.* זֵרֹעִים *b.* זֵרְעֹנִים
Da. LXX. 1. 12. δοθήτω ἡμῖν ἀπὸ τῶν ὀ. τῆς γῆς (1 a)
— 16. ἀντεδίδου αὐτοῖς ἀπὸ τῶν ὀ. (1 b)

ὀστεΐνος.
[Aq. Ge. 18. 18 : Ps. 34 (35). 18.]

ὀστέον, ὀστοῦν. (1) גֶּרֶם (2) *a.* עֶצֶם *b.* עֹצֶם
Ge. 2. 23. τοῦτο νῦν ὀστοῦν [A¹ om.] ἐκ τῶν ὀστέων μου (2 a, 2 a)
29. 14. ἐκ τῶν ὀστῶν μου καὶ ἐκ τῆς σαρκός (2 a)
50. 25. συνοίσετε τὰ ὀ. μου ἐντεῦθεν (2 a)
Ex. 12. 10. ὀστοῦν οὐ συντρίψεται ἀπ᾽ αὐτοῦ -
— 46. ὀστοῦν οὐ συντρίψετε ἀπ᾽ αὐτοῦ (2 a)
13. 19. ἔλαβε Μωυσῆς τὰ ὀστᾶ Ἰωσήφ (2 a)
— 19. συνανοίσετέ μου τὰ ὀστᾶ ἐντεῦθεν (2 a)
Nu. 9. 12. ὀστοῦν οὐ συντρίψουσιν ἀπ᾽ αὐτοῦ (2 a)
19. 16. ὃς ἂν ἅψηται . . . ὀ. ἀνθρωπίνου (2 a)
— 18. ἐπὶ τὸν ἡμμένον τοῦ ὀ. τοῦ ἀνθρωπίνου (2 a)
Jo. 24. 32. τὰ ὀ. Ἰ. ἀνήγαγον (2 a)

Jd. 9. 2. ὀστοῦν ὑμῶν καὶ σὰρξ ὑμῶν εἰμι (2 *a*)
19. 29. A ἐμέλισεν αὐτὴν κατὰ τὰ ὀ. αὐτῆς [B *al.*] (2 *a*)
I Ki. 31. 13. λαμβάνουσι τὰ ὀ. αὐτῶν (2 *a*)
II Ki. 5. 1. ὀστᾶ σου καὶ σάρκες σου ἡμεῖς (2 *a*)
19. 12 (13). ὀστᾶ μου καὶ σάρκες μου ὑμεῖς (2 *a*)
— 13 (14). οὐχὶ ὀστοῦν μου καὶ σάρξ μου σύ (2 *a*)
21. 12. ἔλαβε τὰ ὀ. Σ. καὶ τὰ ὀ. Ἰων. (2 *a*, 2 *a*)
— 13. ἀνήνεγκεν ἐκεῖθεν τὰ Σ. καὶ τὰ ὀ. Ἰων. (2 *a*, 2 *a*)
— 13. συνήγαγε τὰ ὀ. τῶν ἐξηλιασμένων (2 *a*)
— 14. R ἔθαψαν τὰ ὀ. Σ. καὶ τὰ ὀ. Ἰων. . . . καὶ τὰ ὀστᾶ [A B *om.* τὰ ὀ.] τῶν ἡλιασθέντων (2 *a*, –, –)
III Ki. 13. 2. B ὀστᾶ ἀνθρώπων καύσει ἐπὶ σέ (2 *a*)
— 31. παρὰ τὰ ὀ. αὐ. θέτε με (2 *a*)
— 31. ἵνα σωθῶσι τὰ ὀ. μοῦ μετὰ τῶν ὀ. αὐ. (2 *a*, –)
IV Ki. 13. 21. ἥψατο τῶν ὀ. Ἐλ. (2 *a*)
23. 14. ἔπλησε τοὺς τόπους αὐ. ὀστέων ἀνθρώπων (2 *a*)
— 16. ἔλαβε τὰ ὀ. (2 *a*)
— 18. ἀνὴρ μὴ κινησάτωσαν τὰ ὀ. αὐτοῦ (2 *a*)
— 18. ἐρρύσθησαν [A εὑρέθ.] τὰ ὀ. αὐτοῦ μετὰ τῶν ὀ. τοῦ προφήτου (2 *a*, 2 *a*)
— 20. κατέκαυσε τὰ ὀ. τῶν ἀνθρώπων (2 *a*)
I Ch. 10. 12. ἔθαψαν τὰ ὀ. αὐ. ὑπὸ τὴν δρῦν (2 *a*)
11. 1. ὀστᾶ σου καὶ σάρκες σου ἡμεῖς (2 *a*)
II Ch. 34. 5. ὀστᾶ ἱερέων κατέκαυσεν (2 *a*)
Jb. 2. 5. ἅψαι τῶν ὀστῶν αὐτοῦ (2 *a*)
4. 14. μεγάλως μου τὰ ὀστᾶ διέσεισε [A^{1} συνέπεσεν, A^{2} S συνέσεισεν] (2 *a*)
7. 15. ἀπὸ δὲ θανάτου τὰ ὀστᾶ μου [A *al.*] (2 *a*)
10. 11. ὀστέοις δὲ καὶ νεύροις με ἔνειρας (2 *a*)
19. 20. τὰ δὲ ὀστᾶ μου ἐν ὀδοῦσιν [A ὀδύναις] ἔχεται (2 *a*)
20. 11. ὀστᾶ αὐτοῦ ἐνεπλήσθησαν νεότητος αὐτοῦ (2 *a*)
30. 17. νυκτὶ δέ μου τὰ ὀστᾶ συγκέχυται [A *al.*] (2 *a*)
— 30. τὰ δὲ ὀστᾶ μου ἀπὸ καύματος [A κ. συνεφρύγη] (2 *a*)
33. 19. πλῆθος ὀστῶν [A -έων] αὐ. ἐνάρκησε (2 *a*)
— 21. καὶ ἀποδείξῃ τὰ ὀστᾶ αὐτοῦ κενά (2 *a*)
— 24. τὰ δὲ ὀστᾶ αὐτοῦ ἐμπλήσει μυελοῦ –
Ps. 6. 2. ἐταράχθη τὰ ὀστᾶ μου (2 *a*)
21 (22). 14. διεσκορπίσθη πάντα τὰ ὀστᾶ [S^{1} διαβήματά] μου (2 *a*)
— 17. ἐξηρίθμησαν πάντα τὰ ὀστᾶ μου (2 *a*)
30 (31). 10. τὰ ὀστᾶ μου ἐταράχθησαν (2 *a*)
31 (32). 3. ἐπαλαιώθη τὰ ὀστᾶ μου (2 *a*)
33 (34). 20. φυλάσσει πάντα τὰ ὀστᾶ αὐτῶν (2 *a*)
34 (35). 10. πάντα τὰ ὀστᾶ μου ἐροῦσι (2 *a*)
37 (38). 3. οὐκ ἔστιν εἰρήνη τοῖς [A ἐν τοῖς] ὀστέοις μου (2 *a*)
41 (42). 10. ἐν τῷ καταθλάσαι τὰ ὀστᾶ μου (2 *a*)
50 (51). 8. ἀγαλλιάσονται ὀστᾶ [S^{2} -έα] τεταπεινωμένα (2 *a*)
52 (53). 5. διεσκόρπισεν ὀστᾶ ἀνθρωπαρέσκων (2 *a*)
101 (102). 3. τὰ ὀστᾶ μου ὡσεὶ φρύγιον συνεφρύγησαν (2 *a*)
— 5. ἐκολλήθη τὸ ὀστοῦν μου τῇ σαρκί μου (2 *a*)
108 (109). 18. καὶ ὡσεὶ ἔλαιον ἐν τοῖς ὀστέοις αὐτοῦ (2 *a*)
138 (139). 15. οὐκ ἐκρύβη τὸ ὀστοῦν μου ἀπὸ σοῦ (2 *b*)
140 (141). 7. διεσκορπίσθη τὰ ὀστᾶ ἡμῶν [A^{2} B^{2} S^{2} αὐτῶν] παρὰ τὸν ᾅδην (2 *a*)
Pr. 3. 8. καὶ ἐπιμέλεια τοῖς ὀστέοις σου (2 *a*)
— 22. καὶ ἐπιμέλεια τοῖς σοῖς ὀστέοις –
14. 30. σὴς δὲ ὀστέων καρδία αἰσθητική (2 *a*)
16. 2 (15. 30). φήμη δὲ ἀγαθὴ πιαίνει ὀστᾶ (2 *a*)
17. 22. ἀνδρὸς δὲ λυπηροῦ ξηραίνεται τὰ ὀστᾶ (1)
24. 23 (29. 27). ὀστᾶ ἀνθρώπων κατατρώγει –
25. 15. γλῶσσα δὲ μαλακὴ συντρίβει ὀστᾶ (1)
Ec. 11. 5. ὡς ὀστᾶ ἐν γαστρὶ κυοφορούσης (2 *a*)
Si. 26. 13. τὰ ὀστᾶ αὐτοῦ πιανεῖ ἡ ἐπιστήμη αὐτῆς
28. 17. πληγὴ δὲ γλώσσης συγκλάσει ὀστᾶ
46. 12. τὰ ὀστᾶ αὐτῶν ἀναθάλοι ἐκ τοῦ τόπου αὐτῶν
49. 10. τῶν δώδεκα προφητῶν τὰ ὀστᾶ ἀναθάλοι
— 15. τὰ ὀστᾶ αὐτοῦ ἐπεσκέπησαν
Am. 2. 1. ἀνθ' ὧν κατέκαυσαν τὰ ὀ. βασιλέως τῆς Ἰ. (2 *a*)
6. 10. τοῦ ἐξενέγκαι τὰ ὀ. αὐτῶν ἐκ τοῦ οἴκου (2 *a*)
Mi. 3. 2. ἁρπάζοντες . . . τὰς σάρκας αὐτῶν ἀπὸ τῶν ὀ. αὐτῶν (2 *a*)
— 3. τὰ δέρματα αὐτῶν ἀπ' αὐτῶν [A ἀπὸ τῶν ὀ. αὐτῶν] ἐξέδειραν †
— 3. καὶ τὰ ὀστέα [A -τᾶ] αὐτῶν συνέθλασαν (2 *a*)
Hb. 3. 16. εἰσῆλθε τρόμος εἰς τὰ ὀστᾶ μου (2 *a*)
Is. 38. 13. συνέτριψε πάντα [A S *om.*] τὰ ὀ. μου (2 *a*)
58. 11. τὰ ὀ. σου πιανθήσεται (2 *a*)
— 12. A S^{2} τὰ ὀ. σου ὡς βοτάνη ἀνατελεῖ –
66. 14. τὰ ὀ. ὑμῶν ὡς βοτάνη ἀνατελεῖ (2 *a*)
Je. 8. 1. ἐξοίσουσι τὰ ὀ. τῶν βασιλέων Ἰούδα καὶ τὰ ὀ. τῶν ἀρχόντων αὐτοῦ καὶ τὰ ὀ. τῶν ἱερέων καὶ τὰ ὀ. προφητῶν καὶ τὰ ὀ. τῶν κατοικούντων ἐν [A S *om.*] Ἱερ. (2 *a quinquiens*)
20. 9. ἐγένετο ὡς πῦρ καιόμενον φλέγον ἐν τοῖς ὀ. μου (2 *a*)
23. 9. ἐσαλεύθη πάντα τὰ ὀ. μου (2 *a*)
27 (50). 17. τὰ ὀ. αὐτοῦ βασιλεὺς Βαβυλῶνος (2 *a*)
Ba. 2. 24. τοῦ ἐξενεχθῆναι τὰ ὀ. βασιλέων [A τῶν β. ἡμῶν καὶ τὰ ὀ. τῶν ἀρχόντων] ἡμῶν καὶ τὰ ὀ. τῶν πατέρων ἡμῶν
La. 1. 13. ἐν τοῖς ὀ. μου κατήγαγεν αὐτό (2 *a*)
3. 4. ὀστέα [A -τᾶ] μου συνέτριψεν (2 *a*)
4. 8. ἐπάγη δέρμα αὐτῶν ἐπὶ τὰ ὀ. αὐτῶν (2 *a*)
Ez. 6. 5. διασκορπιῶ τὰ ὀ. ὑμῶν (2 *a*)
24. 4. σκέλος καὶ ὦμον ἐκσεσαρκισμένα ἀπὸ [A ἐκ] τῶν ὀ. (2 *a*)
— 5. ὑπόκαιε τὰ ὀ. ὑποκάτω αὐ. . . . ἥψηται [A -ήθη] τὰ ὀ. αὐ. ἐν μέσῳ αὐτῆς (2 *a*, 2 *a*)
— 10. A τὰ ὀ. συμφρυγήσονται (2 *a*)
32. 27. ἐγενήθησαν αἱ ἀνομίαι αὐτῶν ἐπὶ τῶν ὀστῶν αὐτῶν (2 *a*)
37. 1. τοῦτο ἦν μεστὸν ὀστέων ἀνθρωπίνων (2 *a*)
— 3. εἰ ζήσεται τὰ ὀστᾶ ταῦτα (2 *a*)
— 4. προφήτευσον ἐπὶ τὰ ὀστᾶ ταῦτα καὶ ἐρεῖς αὐτοῖς, Τὰ ὀ. τὰ ξηρά (2 *a*, 2 *a*)
— 5. τάδε λέγει κύριος τοῖς ὀ. τούτοις (2 *a*)
— 7. προσήγαγε τὰ ὀστᾶ ἑκάτερον πρὸς τὴν ἁρμονίαν αὐτοῦ (2 *a*)
— 11. τὰ ὀστᾶ ταῦτα πᾶς οἶκος Ἰσραήλ ἐστι καὶ αὐτοὶ λέγουσι, Ξηρὰ γέγονε τὰ ὀ. ἡμῶν (2 *a*, 2 *a*)
39. 15. ἰδὼν ὀστοῦν ἀνθρώπου (2 *a*)
Da. LXX. 6. 24 (25). ἔθλασαν τὰ ὀστᾶ αὐτῶν (1)
Da. TH. 6. 24 (25). πάντα τὰ ὀστᾶ αὐτῶν ἐλέπτυναν (1)
I Ma. 13. 25. ἔλαβε τὰ ὀστᾶ Ἰων.
IV Ma. 6. 26. S R μέχρι τῶν [A *om.*] ὀ. ἤδη κεκαυμένος
9. 21. περιτετηγμένον ἤδη ἔχων τὸ τῶν ὀ. πῆγμα
18. 17. εἰ ζήσεται τὰ ὀ. τὰ ξηρὰ ταῦτα
[**Aq.** Jb. 19. 20 : Ps. 30 (31). 11 : 31 (32). 3 : 41 (42). 11 : 52 (53). 6 : 101 (102). 4 : 138 (139). 15 : 140 (141). 7 : Ez. 23. 34 : 40. 1.]
[**Sm.** Ge. 2. 23 *bis* : Jb. 7. 15 : 21. 24 : Ps. 30 (31). 11 : 31 (32). 3 : 41 (42). 11 : 50 (51). 10 : 52 (53). 6 : 101 (102). 4 : 140 (141). 7 : Pr. 16. 24 : Ez. 23. 34 : 24. 5.]
[**Th.** Ge. 2. 23 *bis* : Jb. 33. 19 : Ps. 41 (42). 11 : Pr. 3. 22 : 16. 24 : Ez. 23. 34 : 24. 10 (Sw.).]
[**Al.** Ps. 138 (139). 15 : Hb. 3. 16.]
[**Quint.** Ps. 140 (141). 7.]

ὀστέωσις.
[Aq. Jb. 21. 23 : Is. 40. 29 : 41. 21.]

ὅστις. (1) אֲשֶׁר (2) דִּי (3) הַ' (4) כִּי
(5) כָּל־הַ' (6) מַה־, מָה, מֶה (7) רַק אִם
(8) שֶׁ' (9) c. neg. בַּל (10) ἕως ὅτου עַד

Ge. 38. 25. R ἐκ τοῦ ἀνθρώπου οὗτινος [A τίνος] ταῦτά ἐστιν (1)
Ex. 9. 18, 24 : 11. 6. ἥτις τοιαύτη οὐ γέγονεν (1)
20. 2. ὅστις ἐξήγαγόν [A ὁ ἐξαγαγών] σε (1)
22. 9 (8). ὅ τι οὖν ἂν [A οὐ ἐὰν] ᾖ (4 ?)
31. 14. A ὅστις [B ὃς] ποιήσει ἐν αὐτῷ ἔργον (3)
32. 4, 9 (8). οἵτινες ἀνεβίβασάν σε (1)
Le. 5. 2. ἥτις ἐὰν ἅψηται παντὸς πράγματος (1)
6. 4 (5. 23). ἥτις παρετέθη αὐτῷ (1)
— 37 (7. 7). ὅστις ἐξιλάσεται ἐν αὐτῷ (1)
— 39 (7. 9). ἥτις ποιηθήσεται ἐν τῷ κλιβάνῳ (1)
— 39 (7. 9). ἥτις ποιηθήσεται ἐπ' ἐσχάρας –
7. 8 (18). ἥτις ἐὰν φάγῃ ἀπ' αὐτοῦ (3)
— 10 (20). ἥτις ἐὰν φάγῃ ἀπὸ τῶν κρεῶν (1)
12. 2. ἥτις ἐὰν σπερματισθῇ (4)
15. 19. ἥτις ἐὰν ᾖ ῥέουσα αἵματι (4)
17. 15. ἥτις φάγεται θνησιμαῖον (1)
20. 16. ἥτις προσελεύσεται πρὸς πᾶν κτῆνος (1)
22. 5. ὅστις ἂν ἅψηται παντὸς ἑρπετοῦ ἀκαθάρτου (1)
— 6. ἥτις ἐὰν ἅψηται αὐτῶν (1)
Le. 23. 29. ἥτις μὴ ταπεινωθήσεται (1)
— 30. ἥτις ποιήσει ἔργον (1)
Nu. 1. 5. οἵτινες παραστήσονται μεθ' ὑμῶν (1)
5. 6. ὅστις ἐὰν ποιήσῃ ἀπὸ τῶν ἁμαρτιῶν (4)
14. 8. ἥτις ἐστὶ ῥέουσα γάλα καὶ μέλι (1)
— 14. ὅστις ὀφθαλμοῖς κατ' ὀφθαλμοὺς ὀπτάζῃ (1)
15. 30. ἥτις ποιήσει ἐν χειρὶ ὑπερηφανίας (1)
19. 2. ἥτις οὐκ ἔχει ἐν αὐτῇ μῶμον (1)
22. 36. B^{1} ἥτις [A B^{2} R ἥ ἐστιν] ἐπὶ τῶν ὁρίων Ἀ. (1)
24. 4. ὅστις ὅρασιν θεοῦ εἶδεν (1)
27. 17. ὅστις ἐξελεύσεται πρὸ προσώπου αὐτῶν (1)
— 17. ὅστις εἰσελεύσεται πρὸ προσώπου αὐτῶν (1)
— 17. ὅστις ἐξάξει αὐτούς (1)
— 17. ὅστις εἰσάξει αὐτούς (1)
31. 17. ἥτις ἔγνω κοίτην ἄρσενος –
— 18. ἥτις οὐκ οἶδε κοίτην ἄρσενος (1)
De. 1. 39. ὅστις οὐκ οἶδε σήμερον ἀγαθόν (1)
2. 25. οἵτινες ἀκούσαντες τὸ ὄνομά σου (1)
— 36. ἥτις διέφυγεν ἡμᾶς (1)
3. 24. ὅστις ποιήσει καθὰ ἐποίησας σύ (1)
4. 3. ὅστις ἐπορεύθη ὀπίσω B. (1)
5. 6. A ὅστις ἐξήγαγόν [B ὁ ἐξαγαγών] σε (1)
— 26 (23). τίς γὰρ σὰρξ ἥτις ἤκουσε (1)
10. 17. ὅστις οὐ θαυμάζει πρόσωπον (1)
— 21. ὅστις ἐποίησεν ἐν σοὶ τὰ μεγάλα (1)
17. 2. A ὅστις [B ὃς] ποιήσει τὸ πονηρόν (1)
— 5. A οἵτινες ἐποίησαν τὸ πρᾶγμα τὸ πον. τοῦτο (1)
20. 6. ὅστις ἐφύτευσεν ἀμπελῶνα (1)
— 7. ὅστις μεμνήστευται γυναῖκα (1)
— 20. ἥτις ποιεῖ πρὸς σὲ τὸν πόλεμον (1)
21. 3. ἥτις οὐκ εἴργασται καὶ ἥτις [A εἴ τις] οὐχ εἵλκυσε ζυγόν (1, 1)
— 4. ἥτις οὐκ εἴργασται (1)
22. 28. ἥτις οὐ μεμνήστευται (1)
27. 15. ὅστις ποιήσει γλυπτόν (1)
— 26. A ὅστις [B ὃς] οὐκ ἐμμένει ἐν πᾶσι τοῖς λόγοις (1)
28. 50. ὅστις οὐ θαυμάσει πρόσωπον πρεσβύτου (1)
Jo. 1. 18. ὅστις [A ὃς ἐὰν] μὴ ἀκούσῃ –
11. 19. A ἥτις οὐ παρέδωκεν τοῖς υἱοῖς Ἰσρ. [B *al.*] (1)
24. 27. ὅ τι [A ὅσα] ἐλάλησε πρὸς ὑμᾶς (1)
Jd. 6. 17. ὅ τι ἐλάλησας μετ' ἐμοῦ [A *al.*] (8)
10. 18. ὅστις ἂν ἄρξηται παρατάξασθαι [A *al.*] (1)
16. 24. A ὅστις [B καὶ ὃς] ἐπλήθυνε τοὺς τραυματίας ἡμῶν (1)
18. 14. γνῶτε ὅ [A *om.*] τι ποιήσετε (6)
21. 8. A ἥτις [B ὃς] οὐκ ἀνέβη πρὸς κύριον (1)
— 12. αἵτινες [A αἳ] οὐκ ἔγνωσαν ἄνδρα (1)
— 14. A αἵτινες ἦσαν ἐκ τῶν γυναικῶν Ἰ. [B *al.*] (1)
Ru. 2. 9. A B καὶ ὅ τι [R ὅτε] διψήσεις –
4. 3. A ἥτις [B ἣ] ἐστι τοῦ ἀδ. ἡμῶν (1)
I Ki. 13. 14. B ὅ τι [R ὅσα] ἐνετείλατό σοι κύριος (1)
19. 3. ὄψομαι ὅ τι ἐὰν ᾖ (6)
22. 3. A ἕως ὅτου γνῶ ὅ τι [A τί] ποιήσει μοι ὁ θεός (1, 6)
30. 4. ἕως ὅτου οὐκ ἦν ἐν αὐτοῖς ἰσχὺς ἔτι (1)
— 10. οἵτινες ἐκάθισαν πέραν τοῦ χειμάρρου (1)
II Ki. 19. 35 (36). A ἢ γεύσεται ὁ δοῦλός σου ὅ τι [B ἔτι ὃ] φάγομαι (1)
III Ki. 10. 7. ἕως ὅτου παρεγενόμην (1)
11. 16. ἕως ὅτου [A οὗ] ἐξωλέθρευσε πᾶν ἀρσενικόν (10)
IV Ki. 2. 17. A ἕως ὅτου [B οὗ] ᾐσχύνετο (10)
4. 24. ὅ τι ἐὰν εἴπω σοι (4)
8. 14. A B ὅ τι εἶπεν Ἐλ. [R *al.*] (6)
10. 10. A ὅ τι [B οὗ] ἐλάλησε κύριος (1)
12. 16 (17). ὅ τι [A *add.* οὐκ] εἰσηνέχθη ἐν οἴκῳ κυρίου † [–]
21. 8. οἵτινες φυλάξουσι [A *add.* τοῦ ποιεῖν] πάντα (7)
I Ch. 12. 32. A ὅ τι [B S τί] ποιῆσαι Ἰσρ. (6)
II Ch. 32. 13. ὅ τι [A τί] ἐποίησα ἐγώ (6)
II Es. 7. 16. ὅ τι ἐὰν εὕρῃς (2)
Ne. 4. 11 (5). ἕως ὅτου ἔλθωμεν εἰς μέσον αὐτῶν (1)
13. 14. A ὅ [S^{1} *om.*] τι [B S^{2} ὃ] ἐποίησα (1)
To. 5. 3. S ἕως ὅτου ἔλθῃς [A B *al.*]
— 7. S μέχρι ὅτου εἰσελθὼν ὑποδείξω [A B *al.*]
Ju. 11. 1. ὅστις ᾑρέτικε [A -σεν, S ἦκεν] δουλεύειν
14. 7. οἵτινες ἀκούσαντες τὸ ὄνομά σου
Es. 1. 18. αἱ τυραννίδες . . . ἀκούσασαι [S^{2} αἵτινες ἀκ.] (1)
7. 5. ὅστις [S ὃς] ἐτόλμησε ποιῆσαι (1)

Es. 8. 13. ἥτις κατὰ ταῦτα μὴ ποιήσῃ
10. 3. S[2] ἥτις [A S[1] *om.*, B ἣ] ἐγένετο ποταμός
Jb. 6. 16. οἵτινές με διευλαβοῦντο [A εὐλ.] (3)
23. 5. S[1] αἰσθοίμην δὲ ἅ τινά [A B S[2] τίνα] μοι ἀπαγγελεῖ (6)
30. 4. οἵτινες [A ὧν] ἅλιμα ἦν αὐτῶν τὰ σῖτα (3 ?)
38. 18. A ἀνάγγειλον δέ μοι πόση ἥτις ἐστίν [B S τίς ἐστι] †
Ps. 57 (58). 5. ἥτις οὐκ εἰσακούσεται φωνὴν ἐπᾳδόντων (1)
63 (64). 3. οἵτινες ἠκόνησαν ὡς ῥομφαίαν τὰς γλώσσας αὐτῶν (1)
77 (78). 8. ἥτις οὐ κατεύθυνεν ἐν τῇ καρδίᾳ αὐ. –
82 (83). 12. οἵτινες εἶπαν (1)
89 (90). 4. ἡ ἡμέρα ἡ ἐχθὲς ἥτις διῆλθε (4)
92 (93). 1 : 95 (96). 10. ἥτις οὐ σαλευθήσεται (9)
139 (140). 2. οἵτινες ἐλογίσαντο ἀδικίας ἐν καρδίᾳ (1)
— 4. οἵτινες ἐλογίσαντο ὑποσκελίσαι τὰ διαβήματά μου (1)
Pr. 27. 13. ὑβριστὴς ὅστις τὰ ἀλλότρια λυμαίνεται †
Ec. 4. 3. A B S[2] ὅστις οὔπω ἐγένετο (1)
7. 27 (26). τὴν γυναῖκα ἥτις ἐστὶ θήρευμα (1)
12. 1. ἕως ὅτου [A S οὗ] μὴ ἔλθωσιν αἱ ἡμέραι (1)
— 6. ἕως ὅτου μὴ [S *om.*] ἀνατραπῇ τὸ σχοινίον (1)
Wi. 3. 13. ἥτις οὐκ ἔγνω κοίτην ἐν παραπτώματι
13. 10. οἵτινες ἐκάλεσαν θεοὺς ἔργα χειρῶν ἀνθρώπων
19. 15. ἥτις [? ἤ τις] ἐπισκοπὴ ἔσται αὐτῶν
Si. 25. 23. ἥτις οὐ μακαριεῖ τὸν ἄνδρα αὐτῆς
38. 27. ὅστις νύκτωρ ὡς ἡμέρα [A S -ας] διάγει
41. 8. οἵτινες ἐγκατελίπετε νόμον θεοῦ ὑψίστου
Jn. 4. 11. οἵτινες οὐκ ἔγνωσαν δεξιὰν αὐ. (1)
Is. 13. 15. οἵτινες [A ὅσοι] συνηγμένοι εἰσί (5)
36. 20. ὅστις [A S *om.*] ἐρρύσατο τὴν γῆν αὐ. (1)
48. 4. B[1] γινώσκω ὅστις [A B[2] S ὅτι] σκληρὸς εἶ (4)
60. 12. οἵτινες οὐ δουλεύσουσί σοι (1)
65. 1. A οἵτινες [B S οἳ] οὐκ ἐκάλεσάν μου τὸ ὄνομα –
Je. 6. 8. ἥτις οὐ κατοικισθῇ –
17. 6. ἥτις οὐ κατοικεῖται –
23. 40. ἥτις [S ἥ, A εἴ τις] οὐκ ἐπιλησθήσεται (1)
40 (33). 9. οἵτινες ἀκούσουσι πάντα τὰ ἀγαθά (1)
La. 5. 1. μνήσθητι, κύριε, ὅ τι ἐγενήθη ἡμῖν (6)
Ez. 2. 3. οἵτινες παρεπίκρανάν με (1)
20. 29. ὅ τι [? ὅτι] ὑμεῖς εἰσπορεύεσθε ἐκεῖ (1)
26. 17. A ἥτις ἐγενήθη ἰσχυρὰ ἐν θαλάσσῃ (1)
39. 15. ἕως ὅτου θάψωσιν αὐτό (10)
44. 10. οἵτινες ἀφήλαντο ἀπ' ἐμοῦ (1)
— 15. οἵτινες ἐφυλάξαντο τὰς φυλακάς (1)
47. 22. οἵτινες ἐγέννησαν υἱούς (1)
48. 11. οἵτινες οὐκ ἐπλανήθησαν (1)
Da. LXX. Su. 29. ἥτις ἐστὶ γυνὴ Ἰ.
2. 34. ἕως ὅτου ἐτμήθη λίθος (2)
— 44. ἥτις ἔσται εἰς τοὺς αἰῶνας (2)
7. 4. ἕως ὅτου ἐτίλη τὰ πτερὰ αὐ. (2)
— 14. ἥτις οὐ μὴ ἀρθῇ (2)
— 14. ἥτις οὐ μὴ φθαρῇ (2)
— 23. ἥτις διοίσει παρὰ πᾶσαν τὴν γῆν (2)
8. 2. ἥτις ἐστὶν ἐν Ἐλυμαΐδι χώρᾳ (1)
Da. TH. 2. 10. ὅστις τὸ ῥῆμα τοῦ βασ. δυνήσεται γνωρίσαι (2)
— 25. ὅστις τὸ σύγκριμα τῷ βασ. ἀναγγελεῖ (2)
— 39. A ἥτις ἐστὶν ὁ ἄργυρος –
— 39. ἥτις [A ἣ] ἐστὶν ὁ χαλκός (2)
— 40. R βασ. τετάρτη ἥτις [A B *om.*] ἔσται ἰσχυρά –
— 44. ἥτις εἰς τοὺς αἰῶνας οὐ διαφθαρήσεται (2)
3. 29 (96). ὅστις δυνήσεται ῥύσασθαι οὕτως (2)
6. 27 (28). ὅστις ἐξείλατο τὸν Δαν. (2)
7. 9. ἕως ὅτου οἱ θρόνοι ἐτέθησαν (2)
— 14. ἥτις οὐ παρελεύσεται (2)
— 23. ἥτις ὑπερέξει πάσας τὰς βασιλείας (2)
9. 8. οἵτινες ἡμάρτομέν σοι (1)
I Ma. 2. 31. οἵτινες διεσκέδασαν τὴν ἐντολήν
9. 27. ἥτις οὐκ ἐγένετο
11. 34. R αἵτινες [A S *om.*] προσετέθησαν τῇ Ἰ.
12. 45. οἵτινες ἔσονται μετὰ σοῦ
13. 48. οἵτινες τὸν νόμον ποιοῦσι
14. 10. ἕως ὅτου ὠνομάσθη τὸ ὄνομα
II Ma. 4. 47. οἵτινες . . . ἀπελύθησαν ἂν ἀκατάγνωστοι
5. 10. A οὐδ' ἥστινος οὔτε πατρῴου νόμου μετέσχε [R *al.*]
7. 20. ἥτις ἀπολλυμένους υἱοὺς ἑπτὰ συνορῶσα
8. 33. R οἵτινες ἄξιον . . . ἐκομίσαντο μισθόν [A *al.*]

IV Ma. 15. 6. ἥτις . . . ὑπερεῖδε τὴν . . . σωτηρίαν
16. 6. ἥτις ἑπτὰ παῖδας τεκοῦσα
[Aq., Quint. Ps. 42 (43). 3.]
[Sm. Dt. 4. 19 : Jb. 36. 28 : Ps. 42 (43). 3 : 54 (55). 15 : 87 (88). 6 : 138 (139). 20 : Is. 6. 13 : 37. 27 : Za. 14. 7.]
[Th. Jd. 16. 24 : Jb. 9. 15 : Ps. 42 (43). 3 : Is. 39. 7 : Ez. 6. 11 : 26. 17 : Da. 2. 25.]
[Al. Jo. 11. 19 : I Ki. 11. 10 : Ps. 9. 28 (10. 7).]

ὁστισοῦν. (1) מְאוּמָה (2) ὁτιοῦν τι מְאוּמָה

De. 24. 10. ἐὰν ὀφείλημα ᾖ. . . . ὀφείλημα ὁτιοῦν [A ὁ. τι] (1 [2])
III Ki. 10. 21. A οὐκ ἦν λογιζόμενον . . . εἰς ὁτιοῦν [B *om.* εἰς ὁ.] (1)
II Ma. 5. 10. R οὐδ' ἡστινοσοῦν . . . τάφου μετέσχε [A *al.*]
14. 3. καθ' ὁντιναοῦν τρόπον οὐκ ἔστιν αὐτῷ σωτηρία
III Ma. 7. 7. πάσης καθ' ὁντινοῦν αἰτίας τρόπον
[Aq. I Ki. 29. 3 : III Ki. 10. 21.]

ὀστοΐνος.

[Aq. Ex. 1. 9 : Dt. 7. 1 : 9. 1.]

ὀστράκινος. (1) חֶסֶף (2) חֶרֶשׂ

Le. 6. 28 (21). σκεῦος ὀ. οὗ ἐὰν ἑψηθῇ ἐν αὐτῷ (2)
11. 33. πᾶν σκεῦος ὀ. εἰς ὃ ἐὰν πέσῃ (2)
14. 5. σφάξουσι . . . εἰς ἀγγεῖον ὀ. (2)
— 50. σφάξει τὸ ὀρνίθιον . . . εἰς σκεῦος ὀ. (2)
15. 12. σκεῦος ὀ. οὗ ἂν ἅψηται (2)
Nu. 5. 17. λήψεται ὁ ἱ. ὕδωρ. . . . ἐν ἀγγείῳ ὀ. (2)
Is. 30. 14. ἔσται ὡς σύντριμμα ἀγγείου ὀστρακίνου †
Je. 19. 1. κτῆσαι βικὸν πεπλασμένον ὀστράκινον [S[1] *om.*] (2)
— 11. συντρίβεται ἄγγος ὀστράκινον †
39 (32). 14. θήσεις αὐτὸ εἰς ἀγγεῖον ὀστράκινον (2)
La. 4. 2. πῶς ἐλογίσθησαν εἰς ἀγγεῖα ὀστράκινα (2)
Ez. 4. 9. ἐμβαλεῖς αὐτὰ εἰς ἄγγος ἓν ὀστράκινον –
Da. LXX. 2. 33. μέρος δέ τι ὀστράκινον [R -κου] (1)
— 34. ἐπὶ τοὺς πόδας τοὺς σιδηροῦς καὶ ὀ. (1)
— 42. μέρος δέ τι ὀστράκινον (1)
Da. TH. 2. 33. καὶ μέρος δέ τι ὀστράκινον (1)
— 34. ἐπὶ τοὺς πόδας τοὺς σιδηροῦς καὶ ὀ. (1)
— 41. μέρος μέν τι ὀστράκινον (1)
— 42. μέρος δέ τι ὀστράκινον (1)
[Aq. Je. 48 (31). 31.]
[Sm. Is. 16. 7, 11 : Je. 48 (31). 31.]
[Th. Je. 48 (31). 36.]

ὄστρακον. (1) חֶסֶף (2) חֶרֶשׂ

Jb. 2. 8. ἔλαβεν ὄστρακον (2)
Ps. 21 (22). 15. A S ἐξηράνθη ὡς [B ὡσεὶ] ὄστρακον ἡ ἰσχύς μου (2)
Pr. 26. 23. ἀργύριον διδόμενον μετὰ δόλου ὥσπερ ὄστρακον ἡγητέον (2)
Si. 22. 7. συγκολλῶν ὄστρακον [S -ων] ὁ διδάσκων μωρόν
Is. 30. 14. ὥστε μὴ εὑρεῖν ἐν αὐτοῖς ὄ. (2)
Da. LXX. 2. 33. R μέρος δέ τι ὀστράκου [*cod.* -κινον] (1)
— 35. λεπτὰ ἐγένετο ἅμα ὁ σίδηρος καὶ τὸ ὄ. (1)
— 41. μέρος μέν τι ὀστράκου κεραμικοῦ (1)
— 41, 43. ἀναμεμιγμένον ἅμα τῷ πηλίνῳ ὀ. (1)
— 43. ὥσπερ οὐδὲ ὁ σίδηρος δύναται συγκραθῆναι τῷ ὀ. (1)
— 45. συνηλόησε τὸ ὄ. τὸν σίδηρον (1)
Da. TH. 2. 35. ἐλεπτύνθησαν εἰσάπαξ τὸ ὄ. (1)
— 41, 43. τὸν σίδηρον ἀναμεμιγμένον τῷ ὀ. (1)
— 43. ὁ σίδηρος οὐκ ἀναμίγνυται μετὰ τοῦ ὀ. [A ἀ. τῷ ὀ.] (1)
— 45. ἐλέπτυνε τὸ ὄ. τὸν σίδηρον (1)
[Aq. Jb. 41. 22 : Is. 16. 7 : Ez. 23. 34.]
[Sm., Th. Ez. 23. 34.]

ὀστρακώδης. (1) חֶרֶס

Jd. 1. 35. κατοικεῖν ἐν τῷ ὄρει τῷ ὀ. [A *al.*] (1)

ὀστώδης.

[Aq. Ge. 49. 14 : IV Ki. 9. 13.]

ὀσφραίνεσθαι. (1) רוּחַ hi.

Ge. 8. 21. ὠσφράνθη κ. ὁ θεὸς ὀσμὴν εὐωδίας (1)
27. 27. ὠσφράνθη τὴν ὀσμὴν τῶν ἱματίων (1)
Ex. 30. 38. ὥστε ὀσφραίνεσθαι ἐν αὐτῷ (1)
Le. 26. 31. οὐ μὴ ὀσφρανθῶ τῆς ὀσμῆς τῶν θυσιῶν ὑ. (1)
De. 4. 28. οὐδὲ μὴ ὀσφρανθῶσι (1)
Jd. 15. 14. A ἡνίκα ἂν ὀσφρανθῇ πυρός [B *al.*] †

Jd. 16. 9. ἐν τῷ ὀσφρανθῆναι αὐτὸ πυρός (1)
I Ki. 26. 19. ὀσφρανθείη θυσία σου (1)
To. 6. 17. ὀσφρανθήσεται τὸ δαιμόνιον
8. 3. ὅτε δὲ ὠσφράνθη τὸ δαιμόνιον τῆς ὀσμῆς [S *al.*]
Jb. 39. 25. πόρρωθεν δὲ ὀσφραίνεται πολέμου (1)
Ps. 113. 14 (115. 6). καὶ οὐκ ὀσφρανθήσονται (1)
134 (135). 17. A καὶ οὐκ ὀσφρανθήσονται –
Si. 30. 19. οὔτε γὰρ ἔδεται οὔτε μὴ ὀσφρανθῇ
Am. 5. 21. οὐ μὴ ὀσφρανθῶ θυσίας (1)
[Th. Jd. 15. 14.]

ὀσφρασία. (1) רֵיחַ

Ho. 14. 7. ἔσται . . . ἡ ὀ. αὐτοῦ ὡς Λιβάνου (1)

ὀσφύς. (1) אַלְיָה (2) חָלָץ (3) חֶרֶץ (4) מָתְנַיִם

Ge. 35. 11. βασιλεῖς ἐκ τῆς ὀ. σου ἐξελεύσονται (2)
37. 34. ἐπέθετο σάκκον ἐπὶ τὴν ὀ. αὐτοῦ (4)
Ex. 12. 11. αἱ ὀ. ὑμῶν περιεζωσμέναι (4)
28. 38 (42). ἀπὸ ὀσφύος ἕως μηρῶν ἔσται (4)
Le. 3. 9. τὸ στέαρ καὶ τὴν ὀ. ἄμωμον (1)
6. 33 (7. 3). πᾶν τὸ στέαρ . . . καὶ τὴν ὀ. (1)
8. 25. τὴν ὀ. καὶ τὸ στέαρ τὸ ἐπὶ τῆς κοιλίας (1)
9. 19. καὶ τοῦ κριοῦ τὴν ὀ. (1)
De. 33. 11. κάταξον ὀσφὺν ἐχθρῶν (4)
II Ki. 20. 8. μάχαιραν ἐζευγμένην ἐπὶ τῆς ὀ. αὐτοῦ (4)
III Ki. 2. 5. ἐν τῇ ζώνῃ αὐ. τῇ ἐν τῇ ὀ. αὐτοῦ (4)
12. 10. παχυτέρα τῆς ὀ. [A ὑπὲρ τὴν ὀ.] τοῦ πατρός μου (4)
— 24. B παχυτέρα ὑπὲρ τὴν ὀ. τοῦ πατρός μου –
18. 46. συνέσφιγξε τὴν ὀ. αὐτοῦ (4)
21 (20). 31. ἐπιθώμεθα δὴ σάκκους ἐπὶ τὰς ὀ. ἡμῶν (4)
— 32. B περιεζώσαντο σάκκους περὶ [A R ἐπὶ] τὰς ὀ. αὐτῶν (4)
IV Ki. 1. 8. ζώνην δερματίνην περιεζωσμένος τὴν ὀ. αὐ. (4)
4. 29 : 9. 1. ζῶσαι τὴν ὀ. σου (4)
II Ch. 6. 9. ὃς ἐξελεύσεται ἐκ τῆς ὀ. σου (2)
10. 10. ὁ μικρὸς δάκτυλός μου παχύτερος τῆς ὀ. τοῦ πατρός μου (4)
Ne. 4. 18 (12). A R ἀνὴρ ῥομφαίαν αὐ. ἐζωσμένος ἐπὶ τὴν [B S *om.*] ὀ. [S -ύος] αὐ. (4)
Ju. 4. 10. ἐπέθεντο σάκκους ἐπὶ τὰς ὀ. αὐ.
— 14. σάκκους περιεζωσμένοι τὰς ὀ. αὐ.
8. 5. ἐπέθηκεν ἐπὶ τὴν ὀ. αὐ. σάκκον
Jb. 12. 18. περιέδησε ζώνῃ ὀσφύας αὐτῶν [A *al.*] (4)
38. 3 : 40. 2 (7). ζῶσαι ὥσπερ ἀνὴρ τὴν ὀ. σου (2)
40. 11 (16). ἡ ἰσχὺς αὐτοῦ ἐπ' ὀσφύϊ [A ἐπὶ ὀσφύος αὐτοῦ] (4)
Pr. 31. 17. ἀναζωσαμένη ἰσχυρῶς τὴν ὀ. αὐτῆς (4)
Si. 32 (35). 18. ἕως ἂν συντρίψῃ ὀσφὺν ἀνελεημόνων
Am. 8. 10. καὶ ἀναβιβῶ ἐπὶ πᾶσαν ὀσφὺν σάκκον (4)
Na. 2. 1 (2). σκόπευσον ὁδὸν κράτησον ὀσφύος (4)
— 10 (11). καὶ ὠδῖνες ἐπὶ πᾶσαν ὀσφύν (4)
Is. 5. 27. οὐδὲ λύσουσι τὰς ζώνας αὐτῶν ἀπὸ τῆς ὀ. αὐτῶν (2)
11. 5. ἔσται δικαιοσύνῃ ἐζωσμένος τὴν ὀ. αὐτοῦ (2)
15. 4. ἡ ὀ. τῆς Μωαβίτιδος βοᾷ †
20. 2. ἄφελε τὸν σάκκον ἀπὸ τῆς ὀ. σου (4)
21. 3. ἐνεπλήσθη ἡ ὀ. μου ἐκλύσεως (4)
32. 11. περιζώσασθε [A S *add.* σάκκους] τὰς ὀ. (2)
Je. 1. 17. περίζωσαι τὴν ὀ. σου (4)
13. 1. περίθου περὶ τὴν ὀ. σου (4)
— 2. περιέθηκα περὶ τὴν ὀ. μου (4)
— 4. λάβε τὸ περίζωμα τὸ περὶ τὴν ὀ. σου (4)
— 11. κολλᾶται τὸ περίζωμα περὶ τὴν ὀ. τοῦ ἀνθρώπου (4)
31 (48). 37. ἐπὶ πάσης ὀσφύος σάκκος (4)
37 (30). 6. ἐν ᾧ καθέξουσιν ὀσφὺν καὶ σωτηρίαν . . . αἱ χεῖρες αὐτοῦ ἐπὶ τῆς ὀ. αὐτοῦ (–, 4)
Ez. 1. 27 *bis*. A[2] B ἀπὸ ὁράσεως ὀσφύος (4)
8. 2. ἀπὸ τῆς ὀ. αὐτοῦ καὶ ἕως κάτω πῦρ καὶ ἀπὸ τῆς ὀ. αὐτοῦ ὑπεράνω αὐτοῦ (4, 4)
9. 2. ζώνη [A -ην] σαπφείρου ἐπὶ τῆς ὀ. αὐτοῦ (4)
— 3. ὃς εἶχεν ἐπὶ τῆς ὀ. αὐτοῦ τὴν ζώνην (4)
— 11. ἐζωσμένος τῇ ζώνῃ τὴν ὀ. αὐτοῦ (4)
21. 6 (11). καταστέναξον ἐν συντριβῇ ὀσφύος σου (4)
23. 15. ἐζωσμένους ποικίλματα ἐπὶ τὰς ὀ. αὐτῶν (4)
24. 17. ὀσφύος πένθους ἔσῃ [A ἔσται αὐτῇ] –
29. 7. συνέκλασας αὐτῶν πᾶσαν ὀσφύν (4)

Ez. 44. 18. περισκελῆ λινᾶ ἕξουσιν ἐπὶ τὰς ὀ. [A ταῖς ὀ.] αὐτῶν (4)
47. 4. διῆλθεν ὕδωρ ἕως ὀσφύος (4)
Da. LXX. 10. 5. τὴν ὀ. περιεζωσμένος βυσσίνῳ (4)
Da. TH. 5. 6. οἱ σύνδεσμοι τῆς ὀ. αὐ. διελύοντο (3)
10. 5. ἡ ὀ. αὐ. περιεζωσμένη ἐν χρυσίῳ Ὠ. (4)
II Ma. 10. 25. τὰς ὀ. σάκκοις ζώσαντες
IV Ma. 11. 10. τὴν ὀ. αὐτοῦ . . . κατέκαμψαν

[**Aq.** Is. 32. 11.]
[**Sm.** Ps. 65 (66). 11: 68 (69). 24: Pr. 30. 31: Is. 11. 5: Ez. 9. 2, 11.]
[**Al.** Le. 3. 10.]
[**Quint.** Pr. 30. 31.]
[**Hebr.** Ge. 24. 2: Ez. 9. 2.]

ὅταν. * ὅταν μή

Ge. 38. 9 (*ind.*): 40. 14.
Ex. 1. 16 (*ind.*): 3. 21: 11. 1: 12. 13: 16. 3 (*ind.*): 17. 11 (*ind.*) *bis*: 18. 16: 19. 13: 23. 18: 28. 26 (30), 39 (43)†, 39 (43): 30. 8 (*ind.*†), 8, 20 (*ind.*†), 20, 21: 34. 24: 38. 27 (40. 32).
Le. 12. 6: 19. 23: 23. 10, 22, 39: 25. 2†.
Nu. 4. 5: 8. 2: 9. 19, 20, 21: 10. 7: 11. 9 (*ind.*), 29: 15. 2, 6, 19, 22*: 18. 30: 21. 9 (*ind.*): 24. 23: 28. 26: 32. 23: 35. 19.
De. 4. 29 (*ind.*†): 6. 10, 20: 11. 10, 29: 15. 13†: 17. 18: 20. 2, 9: 23. 13 (14): 31. 21†: 32. 35.
Jo. 3. 3: 4. 6, 21: 17. 18.
Jd. 6. 3 (*ind.*)†: 13. 17†: 21. 22.
I Ki. 10. 7 (*ind.*): 17. 34 (*ind.*).
III Ki. 8. 35: 22. 25.
I Ch. 17. 11.
I Es. 3. 9, 22, 23: 4. 6, 24.
To. 4. 4: 6. 12, 12†, 16†, 17: 8. 21: 13. 6†.
Ju. 6. 6.
Es. 2. 12†, 12 (*ind.*†): 5. 13†.
Jb. 6. 4: 15. 21: 19. 18: 20. 7, 22: 33. 15: 36. 9†.
Ps. 2. 12: 36 (37). 24, 33†: 47 (48). 3 (*ind.*†): 48 (49). 10, 15, 16 (*ind.*†), 16, 18: 57 (58). 10: 70 (71). 23, 24: 74 (75). 2: 77 (78). 34 (*ind.*): 101 (102). *tit.*: 118 (119). 32 (*ind.*), 171: 119 (120). 7 (*ind.*): 126 (127). 2, 5.
Pr. 1. 27 *bis*, 28 (*ind.*†): 11. 15: 14. 10: 18. 3: 20. 8: 22. 10: 23. 33: 24. 55 (30. 20): 26. 11, 19: 27. 8 *bis*: 31. 21.
Ec. 4. 10*: 9. 12: 10. 3.
Wi. 12. 19.
Si. *prol.* 16: 2. 14: 18. 7 (*ind.*†), 7.
Ho. 4. 14 *bis*.
Am. 3. 12, 14: 5. 19†.
Mi. 5. 5 (4) *bis*, 6 (5) *bis*, 8 (7)*.
Jl. 3 (4). 1.
Ze. 3. 20, 20 (*ind.*†).
Za. 4. 1.
Is. 1. 15: 2. 10, 19, 21: 6. 13: 7. 2†, 4: 10. 12: 18. 5: 23. 5: 27. 9 *bis*: 28. 19, 25: 29. 23†: 30. 15, 25 *bis*, 26: 57. 13 (*ind.*†): 64. 3 (2).
Je. 2. 26: 5. 19: 13. 21: 16. 10: 17. 6, 8: 28 (51). 61†, 63†: 32. 14 (25. 28)*: 36 (29). 10, 13 (*sine verbo*)†: 38 (31). 23: 41 (34). 14.
La. 3. 27.
Ep. Je. 41, 43, 48 (*sine verbo*†), 55, 61, 62.
Ez. 1. 28†: 10. 10: 17. 12: 24. 24, 25: 26. 19: 28. 26: 30. 8: 32. 15 *bis*: 34. 12†: 37. 18: 42. 14: 46. 9.
Da. LXX. 3. 5: 11. 34.
Da. TH. 3. 7 (*ind.*).

[**Aq.** Ex. 21. 7: Le. 5. 15: II Ki. 6. 13 (*ind.*): Jb. 10. 3: 36. 9: 40. 18 (23): 41. 2: Ps. 74 (75). 3: 119 (120). 7 (*ind.*): Pr. 23. 22.]
[**Sm.** Ge. 27. 40: 30. 41 (*ind.*): Ex. 3. 12: I Ki. 29. 10: Ps. 9. 25 (10. 4): 11 (12). 9: 41 (42). 7: 48 (49). 11: 55 (56). 9: 60 (61). 3 (*ind.*): 70 (71). 23: 74 (75). 3: 118 (119). 126 (*ind.*): 119 (120). 7: 140 (141). 7: 141 (142). 8: Pr. 30. 23: Is. 8. 21: 29. 23: 33. 1 *bis*: 60. 5: Je. 10. 13: 13. 21: 51 (28). 16: Ez. 16. 63.]
[**Th.** Jb. 41. 2: Ps. 119 (120). 7 (*ind.*): Pr. 22. 6.]
[**Al.** Jb. 10. 3: Ps. 125 (126). 1: Pr. 6. 30.]
[**Quint.** Ho. 8. 10.]

ὅτε.

Ge. 2. 4: 4. 12†: 11. 10: 12. 4: 24. 30: 25. 20, 26: 33. 18: 34. 25: 35. 9: 36. 24: 41. 46: 42. 21.
Ex. 5. 13.
Le. 26. 45.
Nu. 6. 12†: 26. 10: 32. 8: 33. 39, 40.
De. 4. 10: 9. 23: 29. 25 (24): 32. 8†.
Jo. 2. 10: 8. 19: 14. 7, 11: 24. 30.
Jd. 1. 28: 2. 2†: 5. 8†, 22†: 8. 1: 14. 11†: 16. 16, 25.
Ru. 2. 9†.
I Ki. 1. 12: 5. 4: 6. 6: 25. 30†.
II Ki. 2. 10†: 7. 1: 19. 25 (26).
III Ki. 4. 34 (3. 1)†: 14. 28: 21 (20). 12†.
IV Ki. 5. 26: 14. 5: 17. 7†.
II Ch. 21. 20: 24. 6†: 34. 8†.
I Es. 1. 39, 43: 3. 3†, 13: 4. 44, 45, 58: 7. 10†: 8. 91.
II Es. 5. 12 (ἀφ' ὅτε).
To. 1. 4, 4†, 9, 10, 12†, 15, 18, 19†: 2. 1†, 7, 13: 6. 9†, 17†: 7. 1†, 8†: 8. 1, 3†, 11†: 10. 1†, 7† *bis*: 12. 1†, 12 *bis*, 13, 18†: 14. 2, 3†, 12.
Ju. 5. 18, 19†.
Es. 1. 2, 5: 2. 8: 10. 3†.
Jb. 22. 18†: 28. 26: 29. 3 *bis*, 4 *bis*, 5, 6, 7: 38. 4†, 7, 8.
Ps. 92 (93). *tit.*: 95 (96). *tit.*: 96 (97). *tit.*: 142 (143). *tit.*: 151. *tit.*
Pr. 8. 27, 31.
Ca. 3. 4.
Wi. 9. 9: 11. 9, 13: 16. 5: 19. 11†, 17.
Si. 38. 13 (*sine verbo*): 44. 17†.
Hg. 2. 17 (16)†.
Za. 7. 7†.
Is. 11. 16: 20. 1†: 30. 15: 63. 19.
Je. 21. 1†: 28 (51). 59†, 63†: 34 (27). 20†: 42 (35). 11: 44 (37). 11: 48 (41). 13: 51. 31 (45. 1).
Ep. Je. 10, 24.
Ez. 16. 22: 20. 36†: 29. 7†, 7 *bis*: 31. 16: 43. 3.
Da. LXX. 3. 7, (24), (46): 6. 3 (4): 7. 9 (ἕως ὅτε): 8. 8: 9. 2.
Da. TH. Su. 14: 3. 21†: 5. 20.
I Ma. 4. 9: 5. 1: 6. 28†: 7. 41: 10. 8: 12. 50†: 14. 2†: 16. 16.
II Ma. 1. 18, 19, 20, 22 (?).
IV Ma. 1. 24†: 2. 6: 16. 15: 17. 1†: 18. 20†.

[**Aq.** Ps. 33 (34). 1: Ca. 1. 12 (*sine verbo*): Je. 40 (47). 1.]
[**Sm.** II Ki. 8. 3: Jb. 31. 29: Ps. 39 (40). 8: 55 (56). 1: Ec. 8. 9: Ca. 1. 12: Is. 55. 6: Je. 27 (34). 20: 40 (47). 1.]
[**Th.** Ge. 36. 24: Je. 44 (51). 19.]
[**Quint.** Ps. 33 (34). 1.]
[**Heb.** Ez. 43. 3.]

ὅτι. * ἀλλ' ἢ ὅτι †† πλὴν ὅτι ** *sine verbo* ‡‡ ὅτι ἀλλ' ἤ

Ge. 1. 4, 8, 10, 12, 18, 21, 25: 2. 3, 23: 3. 1, 5, 6 *bis*, 7, 10, 11, 14, 17, 19, 20: 4. 12†, 23, 24: 5. 24†: 6. 2, 5, 6, 7 *bis*, 12, 13: 7. 1: 8. 9, 11, 13, 21: 9. 6: 10. 25: 11. 9: 12. 10, 11, 12, 13, 14, 18 *bis*, 19: 13. 6, 8, 10, 15, 17: 14. 14, 23: 15. 8, 13: 16. 4, 5, 11, 13: 17. 5, 14: 18. 13, 19, 28†: 19. 13 *bis*, 14: 20. 2 *bis*, 6, 7 *bis*, 9, 13, 18: 21. 7 *bis*, 12, 13, 30 *bis*, 31: 22. 12: 24. 14, 44: 25. 21, 28**, 30: 26. 7†, 7 *bis*, 9, 16, 28: 28. 6, 8, 15 (ὅτι οὐ μή), 16: 29. 12 *bis*, 15, 31, 33 *bis*: 30. 1, 9, 13, 15, 33: 31. 5, 6, 20, 22, 31†, 32, 35, 36, 37, 49: 32. 11 (12), 25 (26), 28 (29), 32 (33): 33. 11, 13, 15: 34. 5, 7, 13: 37. 3, 4, 27, 35: 38. 9, 10, 14, 16: 39. 3, 13, 15, 18: 40. 7**, 15, 16: 41. 21, 32, 51, 52: 42. 1, 2, 14, 21, 23, 33, 34 *bis*, 38: 43. 6†, 7†, 18, 25: 44. 14, 15, 18, 21†, 27, 28†: 45. 5, 12**, 26: 47. 4 (6): 48. 1, 17: 49. 6, 7**, 7, 15** *bis*: 50. 15, 17.
Ex. 1. 18: 2. 18†, 22†: 3. 2, 3, 4, 11 *bis*, 12 *bis*, 19: 4. 1, 5, 14, 31 *bis*: 5. 21: 6. 7**: 7. 5, 17**: 8. 10 (6), 15 (11), 22 (18)**†: 9. 7†, 14, 29**, 30, 34: 10. 2**†, 7, 10: 12. 33: 13. 14, 17: 14. 4, 5, 18: 15. 19: 16. 3, 6, 7, 12**, 26†: 17. 14, 16: 18. 8, 9, 10, 11**, 11†, 15: 20. 22: 21. 8, 36: 29. 46: 31. 13**, 14, 17: 32. 1, 21, 25: 33. 13**, 16: 34. 10, 29, 35: 36. 5: 40. 35.
Le. 5. 11: 9. 4: 10. 17: 11. 4, 5, 6, 7, 8†, 42, 44 *bis*, 45 *bis*: 13. 11, 13, 15, 20†, 36, 52: 14. 48: 17. 14: 18. 10, 29, 30**†: 19. 2**, 8, 20, 34: 20. 3, 7**†, 23, 26**†: 21. 7†, 8**, 12**, 21**, 23 *bis*: 22. 7, 16**, 20†, 25: 23. 43: 24. 22: 25. 12, 16, 33**, 34, 55**†: 26. 40 *bis*, 44.
Nu. 6. 7**, 12†: 7. 9: 8. 16, 17**: 9. 13, 23: 10. 29: 11. 3, 12, 13, 14, 16, 18 *bis*, 20, 34†: 12. 1: 13. 29 (28)***, 31 (30), 32 (31) (ὅτι οὐ μή), 32 (31): 14. 9, 13, 14, 22, 24, 40, 43**: 15. 25, 26**, 31: 16. 3**, 9, 11, 13 *bis*, 28, 28**, 30, 34**†, 37 (17. 2), 38 (17. 3): 18. 20**, 24, 31, 32 (ὅτι ἄν) (*subj.*): 19. 13, 20 *bis*: 20. 12; 13, 24 (ὅτι οὐ μή), 29: 21. 1†, 5, 7 *bis*, 24, 28, 34: 22. 3, 6 *bis*, 6†, 22, 29 *bis*, 32**, 34, 36: 23. 9: 24. 1: 25. 18: 26. 62, 63†, 65: 27. 3, 3 (4): 30. 6, 9, 15: 32. 12, 15, 19: 34. 14: 36. 7.
De. 1. 17, 38: 2. 5, 19, 28††, 30: 3. 2, 11, 19**, 22, 27, 28: 4. 3, 6**, 7**, 10†, 15, 24, 26, 31**, 35, 39**: 5. 5, 9†, 15, 24 (21), 25 (22): 6. 15**: 7. 6, 7, 9**, 16, 17**, 21**, 25, 26: 8. 3, 5, 18, 19: 9. 3, 6 *bis*, 12, 16, 19: 11. 2**, 7: 12. 12, 23**†, 31: 13. 3 (4), 10 (11): 14. 2, 7, 8, 21, 24**, 24, 27, 29: 15. 2†, 4 *bis*, 6, 10, 15, 16 *bis*, 18: 16. 1, 3, 12: 17. 1, 15: 18. 5: 19. 6 *bis*: 20. 1**, 4**, 20: 21. 5, 17, 23**: 22. 5†, 19, 21, 24 *bis*, 26†, 27: 23. 4 (5), 5 (6), 7 (8) *bis*, 14 (15), 18 (19), 21 (22): 24. 1†, 4, 6, 15, 18, 20, 22: 25. 16**†: 26. 3: 27. 20: 28. 10, 38, 39, 40, 45, 62 (ἀνθ' ὧν ὅτι), 62: 29. 6 (5)**, 16 (15), 19 (18), 25 (24): 30. 9, 11, 18, 20**: 31. 6**, 18, 27, 29 (*subj.*†), 29: 32. 3, 20, 22, 28†, 31, 35, 36, 39, 40, 41, 43, 47** *bis*, 51†, 52†: 33. 19, 21.
Jo. 1. 9**, 11: 2. 9, 10, 11**, 12, 24: 3. 5, 7†, 10: 4. 7, 22, 24: 5. 1: 7. 12†, 15: 8. 14, 18†, 21† *bis*: 9. 16 *bis*, 18: 10. 1 *bis*, 2**, 6, 14, 25, 42: 11. 6, 10†, 20: 13. 28†: 14. 4, 9, 12: 15. 19: 17. 1**, 6, 18, 18**†: 18. 7**†: 19. 9: 20. 5† *bis*: 21. 10: 22. 17, 31**, 31, 34 *bis*: 23. 3**, 4, 10, 13 (ὅτι οὐ μή): 24. 15, 19, 22, 27.
Jd. 1. 15, 19 *bis*, 32, 34: 2. 2†, 17, 18 *bis*: 3. 22, 28: 4. 3, 8, 9 *bis*, 12, 13†, 14**, 14†, 17**†, 19: 5. 7†, 23: 6. 5, 17†, 22 *bis*, 29†, 30 *bis*, 31, 32, 37: 7. 4†, 9, 15: 8. 5, 6†, 15, 20 *bis*, 21**, 22, 24**†, 24, 30: 9. 2, 3, 5, 18, 24†, 28, 28†, 38, 47, 55: 10. 10: 11. 2**, 7†, 12, 13†, 16†, 18**†: 12. 1†, 3, 4, 5†: 13. 5 *bis*, 6†, 7, 16, 16**†, 17 (*opt.*)†, 21**†, 22: 14. 3, 3**†, 4 *bis*, 9, 10, 16, 17: 15. 2, 3, 6, 7†, 11, 13‡‡†, 16: 16. 17, 18 *bis*, 20, 24†: 17. 13 *bis*: 18. 1, 7†, 9†, 9, 10, 14**†, 23, 24, 26, 28: 19. 28†: 20. 3, 6, 27†, 28, 34, 36 *bis*, 39†, 39, 41†, 41: 21. 5**†, 15, 16, 18†, 18, 22, 22†.
Ru. 1. 6 *bis*, 12 *bis*, 13 *bis*, 16, 17, 18, 20: 2. 10, 13 *bis*, 20, 21, 22: 3. 9, 10, 11, 12, 14, 17: 4. 4, 6, 9, 15.
I Ki. 1. 5, 5†††, 6 *bis*, 8, 16, 20, 22: 2. 1†, 2†, 3**, 5, 9**, 16†, 17, 24** *bis*, 25, 30‡‡: 3. 5, 6, 8 *bis*, 9, 10, 13 *bis*, 20**, 21: 4. 6, 8 (7), 13, 18**, 19 *ter*, 20, 22†: 5. 5, 7**, 7, 7**, 12: 6. 5 (4)**, 9, 19 *bis*: 7. 7, 17: 8. 7, 9††, 18, 19*†: 9. 7, 9, 12**, 13 (ὅτι οὐ μή), 13 *bis*, 16 *bis*, 20, 24: 10. 1, 7**, 14, 16, 19*†, 24: 11. 5, 12, 13: 12. 5, 10, 12, 12*†, 17**, 19†, 21†, 22† *bis*, 24†: 13. 6**†, 11†, 13†, 14†, 19†: 14. 3†, 6†, 10, 12, 18, 22, 26, 29, 30 *bis*, 33†, 39 *bis*, 41, 44, 45: 15. 11†, 11, 23 *bis*, 24 *bis*, 26, 29, 35 *bis*: 16. 1, 7 *ter*, 11 (ὅτι οὐ μή), 12, 22: 17. 25†, 26† *bis*, 28†, 33, 39, 42, 43, 46, 47 *bis*, 51: 18. 13†, 16, 18†, 28: 19. 4: 20. 1, 2, 3 *bis*, 6**, 7, 8, 9 *bis*, 12, 13, 17, 18, 22 *bis*, 26 *bis*, 27, 29, 30, 31, 31**, 33, 34†, 34: 21. 1 (2)**, 4 (5)‡‡†, 6 (7), 6 (7)‡‡, 8 (9) *bis*, 9 (10), 15 (16): 22. 6, 8 *bis*, 15, 17**, 17 *bis*, 21, 22**†, 22**, 22†, 23 *bis*: 23. 4, 7†, 7, 9, 10, 13, 15, 17 (ὅτι οὐ μή), 21, 27: 24. 2**, 6, 7, 11, 12, 18, 20 (ὅτι εἰ†), 21, 22: 25. 4, 7, 8, 17, 25, 28 *bis*, 30, 34††, 34, 39†: 26. 3, 4, 9, 10†, 12, 15, 16**, 18, 19, 20, 21: 27. 4: 28. 1, 14**, 21, 22: 29. 6**, 6, 8 (ὅτι οὐ μή), 9**, 10**: 30. 6, 6**, 8, 12, 13, 17‡‡, 22†, 22‡‡, 24: 31. 4, 5, 7 *bis*.
II Ki. 1. 4†, 5, 9, 9**, 10 *bis*, 12, 16 *bis*, 21: 2. 4, 5†, 6†, 7†, 10†, 26, 27: 3. 7, 9 *bis*, 18, 22, 25, 35 (ὅτι οὐ μή), 37, 38, 39: 4. 1, 2†, 10 *bis*: 5. 6 *bis*, 12 *bis*, 17, 19, 24: 6. 6: 7. 3**, 6, 7†, 11, 18, 22, 27†, 29: 8. 9, 10: 9. 7, 8, 13: 10. 3, 5, 6, 9, 14, 15, 19: 11. 10 *bis*, 16**, 20†, 20, 22, 23, 25, 26: 12. 5**, 6 (ἀνθ' ὧν ὅτι), 7†, 9†, 10 (ἀνθ' ὧν ὅτι), 12, 14††, 18 *ter*, 19 *bis*, 21†, 22: 13. 2, 4, 13, (ὅτι οὐ μή), 15**, 15**†, 18, 20, 21 *bis*, 22, 28, 32 *ter*, 33‡‡†, 39 *bis*: 14. 1**, 14, 15, 16, 17**, 19, 22 *bis*, 26: 15. 8, 14, 19 *bis*, 21 *bis*: 16. 3, 8, 8**, 10, 11, 21: 17. 8, 10, 10**,

11, 17, 21, 23, 29 : 18. 3, 3**, 3, 11, 12, 16, 18, 18†, 19, 22 (subj.), 31 : 19. 2 (3) bis, 6 (7) quater, 7 (8) bis, 20 (21) bis, 21 (22), 22 (23) bis, 25 (26), 26 (27), 26 (27)**, 28 (29), 28 (29)*, 32 (33), 34 (35), 41 (42) : 20. 12, 21 : 21. 2‡‡, 12 : 22. 5, 8, 18, 20, 22, 23**, 29**, 30 : 23. 5**, 5 (ὅτι οὐ μή), 6 : 24. 10†, 10, 14**, 21, 24, 25.

III Ki. 1. 11, 13 bis, 17, 25, 30 ter, 42 : 2. 7, 9, 14 (15) bis, 16 (17), 20†, 22**, 23, 24, 26 ter, 28, 29 ter, 30 : 3. 1** †, 1 (2. 37), 1 (2. 41), 1 (2. 42), 1 (2. 43), 1 (4. 24)†, 2, 4**, 9, 10, 26, 28, 28** : 4. 24 (5. 4) : 5. 1 (15)†, 1 (15), 3 (17), 6 (20) bis : 6. 6 : 8. 7**, 11, 18, 27, 33, 35, 36, 37, 39, 42†, 43, 44, 46 bis, 51**, 53†, 60**, 64, 64** : 10. 21, 22, 22 (B) [9. 22 (A)] : 11. 9, 16, 21 bis, 22, 28, 31 : 12. 1, 15, 16, 20, 24, 24† quater, 24** †, 24† : 13. 9, 17, 32 : 14. 2** †, 5†, 11†, 13† bis : 15. 4 : 16. 18, 28 (22. 48 [49])† : 17. 1 (ὅτι εἰ μή)**, 7, 14, 24** † : 18. 9, 10, 15, 18‡‡, 25**, 27 bis, 36**†, 37** †, 41** : 19. 2, 4, 7**, 10, 14, 20 : 20 (21). 2**, 6, 15†, 15 bis, 16, 18**, 18† : 21 (20). 6, 7 bis, 13**, 22, 28**, 31, 41** : 22. 3**, 6†, 8, 14, 18†, 33, 34, 37, 49†.

IV Ki. 1. 4 bis, 5, 6 bis, 16†, 16, 18 (3. 3)† : 2. 2, 3, 4, 5, 6 : 3. 10, 13, 14 (ὅτι εἰ μή), 17, 21, 26 : 4. 1, 2‡‡ †, 9, 23, 27**, 28, 29, 39, 43 : 5. 1, 7 ter, 8 bis, 11†, 13, 15, 15‡‡, 17, 20 (ὅτι εἰ μή), 20† : 6. 9, 12, 16**, 32 : 7. 10 (ὅτι εἰ μή), 12 bis : 8. 1, 10, 12, 12†, 13, 18, 29 : 9. 11, 16, 16**, 20, 25, 34 : 10. 10, 19**, 21†, 23‡‡ : 11. 1, 15 : 12. 7 (8) bis, 10 (11)**, 14 (15), 15 (16), 16 (17)† : 13. 4 bis, 7 bis : 14. 4†, 6‡‡, 26 : 15. 4†, 16, 35† : 17. 4, 7†, 21, 36‡‡, 39‡‡ † : 18. 4, 12 (ἀνθ' ὧν ὅτι†), 22, 26†, 29 (ὅτι οὐ μή), 31, 32, 34†, 35, 36** : 19. 3, 8 bis, 17, 18, 19** †, 31 : 20. 1†, 8, 9, 12 bis : 22. 7, 13**, 19 (ἀνθ' ὧν ὅτι) : 23. 9 (ὅτι εἰ μή), 22, 23‡‡ : 24. 7, 20 : 25. 23, 26.

I Ch. 1. 19† : 4. 14, 40**, 41** : 5. 1**, 2**, 9**, 20 bis, 22, 22** : 6. 54 (39) : 7. 4, 21, 23 : 9. 26, 27**, 28, 33** : 10. 4, 5, 7 bis, 13 : 11. 19 : 12. 18, 19, 21**, 22, 32† (?), 39, 40** : 13. 3, 4**, 9†, 11 : 14. 2 bis, 8, 14** †, 15 : 15. 2, 13 bis, 22 : 16. 25**, 26**, 33, 34** bis, 41** : 17. 2**, 5, 6, 16, 25, 27 : 18. 9, 10 : 19. 5, 6, 10, 15, 16, 19 : 21. 6, 8 bis, 13**, 24, 24 (ὅτι οὐ μή), 28, 30 : 22. 4, 8, 9**, 14, 18 : 23. 25, 27, 28 : 24. 5 : 26. 5, 6, 10 : 27. 23 : 28. 3, 5, 6, 9, 10†, 20** : 29. 1**, 9, 11, 14, 14**, 15, 17.

II Ch. 1. 4, 4†, 9, 10 : 2. 5 (4)**, 6 (5), 6 (5)‡‡, 8 (7), 9 (8)** : 4. 18 : 5. 11, 13** bis, 14† : 6. 8†, 9, 13, 18, 26 bis, 27, 30, 33, 36 bis : 7. 2, 3** bis, 6**, 7 bis, 9 : 8. 9**, 11 bis, 14** : 9. 21 : 10. 1, 15, 16 : 11. 4, 14 bis, 17, 21, 22 : 12. 2, 7, 8, 14 : 13. 5, 11, 12, 18 : 14. 6 (5) bis, 7 (6), 11 (10), 13 (12), 14 (13) bis : 15. 5**, 6, 7, 9, 9**, 15 : 16. 9, 10† : 17. 3 : 18. 7, 7**, 13, 17†, 32, 33 : 19. 3‡‡ †, 3, 6, 7 : 20. 9**, 10, 12, 15, 21**, 25, 27, 29 : 21. 3**, 6, 10 : 22. 1, 3, 4, 6, 9, 10 : 23. 6, 8, 14 : 24. 6†, 7, 11, 16, 20, 24 bis : 25. 7, 8 bis, 16 ter, 20 bis : 26. 8, 10 bis, 15, 18, 20, 21, 23 bis : 27. 6 : 28. 11**, 13, 13**, 17, 19 bis, 23†, 27 : 29. 6, 11, 24** †, 25**, 34, 36 : 30. 3, 5, 9, 9**, 17, 18, 24 : 31. 10, 18 : 32. 2, 7**, 14, 15 (ὅτι οὐ μή) bis, 29 : 33. 13, 23 : 34. 21 : 35. 14, 15, 23 : 36. 15.

I Es. 2. 18†, 22, 24†, 26 : 3. 9, 12†, 24† : 4. 12, 22, 32, 34, 62 : 5. 50, 61**, 67 : 6. 8 : 7. 10†, 11 bis, 15 : 8. 52, 83** : 9. 55.

II Es. 3. 3** †, 11** bis, 13 : 4. 1, 2, 3, 12, 13, 15**, 16, 19 : 5. 8, 17 : 6. 11, 20, 22 : 7. 6**, 9 bis, 10, 13**, 21 : 8. 22 bis : 9. 2, 6, 9, 10, 13, 13† bis, 14, 15†, 15 : 10. 1, 4** †, 6, 13, 16.

Ne. 2. 10, 16† : 4. 1 (3. 33), 2 (3. 34), 4 (3. 36), 7 (1) bis, 15 (9) : 5. 18** : 6. 1, 6†, 8, 9, 10, 12**, 16, 18 bis : 7. 2** †, 3†, 63 : 8. 5, 5†, 9, 10 bis, 11**, 12, 17 : 9. 8**, 10 bis, 31** †, 33 : 10. 39 (40) : 11. 23** : 12. 29, 43, 44**†, 46** : 13. 2, 6, 10, 13.

To. 1. 8†, 19, 19†, 19 : 2. 10 : 3. 5, 6, 8†, 9†, 14 : 4. 4, 12†, 20†, 21 : 5. 4†, 13, 15†, 17† : 6. 11†, 12 (ὅτι οὐ μή), 12, 13† bis, 14† bis, 15†, 15, 17†, 17, 17† : 7. 7† bis, 10†, 12† : 8. 6†, 14, 16, 17 : 9. 4†, 5† bis, 6† : 10. 5, 8, 8†, 13† bis : 11. 1†, 7, 15, 15† ter, 16†, 17, 17† : 12. 3†, 16†, 17†, 18** †, 19† : 13. 2, 3, 13, 14, 16 : 14. 4, 4† ter, 8†, 10† bis, 11†.

Ju. 1. 11 : 2. 6, 7, 12 : 3. 8† : 4. 3, 5, 7 : 5. 7, 17, 19†, 20 : 6. 2 bis, 9 : 7. 13†, 19 bis, 21, 24 : 8. 8, 9, 11**, 14, 15, 16**, 18, 20, 21, 23, 24, 27, 29, 31 : 9. 7, 14 : 10. 12, 19** † : 11. 1, 7, 8**, 9, 10, 14, 17, 19, 23 : 12. 4, 12, 14, 18 : 13. 5**, 13, 14†, 16, 19 : 14. 13, 18** : 16. 3**, 3, 14, 16**.

Es. 1. 1, 11, 15, 20** † : 2. 21 : 3. 4, 5 : 4. 11 bis, 13, 14, 17 quinquiens, 17* bis, 17, 17†, 17, 17† : 5. 1, 2 : 6. 13** : 8. 1, 7, 16† : 9. 26.

Jb. 1. 8 : 2. 3 : 3. 10 : 4. 7† : 5. 21†, 23** †, 24** †, 25** : 6. 11 bis, 27†† : 7. 7**, 12†, 13†, 17 bis : 8. 19** : 9. 2, 16, 19, 21†††, 23**, 28 : 10. 3, 6, 7, 9, 13 : 11. 4, 6 bis, 18 : 12. 9†, 9, 10** † : 13. 18, 19†, 26 : 15. 4†, 12†, 13, 14†, 23, 25, 27, 31 : 16. 3 : 17. 4† : 19. 2, 5, 6, 25, 29† : 21. 15 (subj.†) bis, 21**, 27, 30 : 22. 3 (subj.), 29 : 23. 2, 3 (opt.), 3 (opt.)†, 17 : 24. 17**, 17 : 25. 3 : 27. 8, 12† : 29. 11 : 30. 23 : 31. 18, 21, 28 : 32. 4, 5, 7, 16 : 33. 31† : 34. 3, 4** †, 5, 9, 23, 27, 31**, 33 (subj.†), 33 (subj.) : 35. 2†, 15 : 36. 5 (ὅτι οὐ μή), 9†, 10, 13, 24 : 37. 4 (ind.†), 15†, 23† : 38. 21 : 39. 11**, 12, 14, 15, 17 : 40. 9 (14), 18 (23) : 41. 1 (2) : 42. 2, 8 (ὅτι εἰ μή†).

Ps. 1. 6 : 3. 5, 7 : 4. 3, 8 : 5. 2, 4, 9, 10, 12 : 6. 2 bis, 5, 8 : 8. 1, 3, 4 bis : 9. 4, 10, 12, 18, 20, 24 (10. 3), 35 (10. 14) : 10 (11). 3, 4, 8** : 11 (12). 1 bis : 13 (14). 5**, 6† : 15 (16). 1, 2†, 8, 10 : 16 (17). 6 : 17 (18). 7, 17, 19, 21, 22**, 27, 28, 29, 31** : 19 (20). 6 : 20 (21). 3, 6, 7, 9†, 11, 12 : 21 (22). 8, 9, 11**, 11, 16, 24, 28** : 22 (23). 4 : 24 (25). 5, 6, 15, 16, 19, 20, 21 : 25 (26). 1, 3 : 26 (27). 5, 10, 12 : 27 (28). 5, 6 : 29 (30). 1, 5** : 30 (31). 3, 4, 7, 9, 10, 13, 17, 21, 23† : 31 (32). 3, 4 : 32 (33). 4**, 9, 20, 21 : 33 (34). 8**, 9, 15† : 34 (35). 7, 20 : 35 (36). 2, 9** : 36 (37). 2, 9, 13 bis, 17, 20, 22, 24, 28, 37, 40 : 37 (38). 2, 4, 7, 15†, 16, 17**, 18 : 38 (39). 9, 12 : 39 (40). 12 : 40 (41). 4, 11, 11 (ὅτι οὐ μή) : 41 (42). 4, 5, 11 : 42 (43). 2** †, 5 : 43 (44). 3, 19, 22, 25 : 44 (45). 11†, 11 : 45 (46). 10 : 46 (47). 2**, 7**, 9 : 47 (48). 4, 14 : 48 (49). 9†, 17†, 18 : 49 (50). 6, 7†, 10, 21 : 50 (51). 3, 16 : 51 (52). 9, 9** : 52 (53). 5 bis : 53 (54). 3, 6**, 7 : 54 (55). 3, 9, 12, 15**, 18 : 55 (56). 1, 2, 9, 13 : 56 (57). 1, 10 : 58 (59). 3, 7, 9** †, 13, 16, 17† : 59 (60). 2 : 60 (61). 3, 5 : 61 (62). 5**, 6**, 8**†, 11**, 12 : 62 (63). 3**, 7, 11 : 64 (65). 9** : 65 (66). 10 : 66 (67). 4, 4† : 68 (69). 1, 7, 9, 16**, 17, 26, 33, 35 : 70 (71). 3, 5, 10, 11, 15, 20† : 71 (72). 12 : 72 (73). 3, 4, 21, 27 : 73 (74). 20 : 74 (75). 6**, 7, 8** : 75 (76). 10 : 76 (77). 11 : 77 (78). 22, 35, 39 : 78 (79). 7, 8 : 80 (81). 4 : 81 (82). 8 : 82 (83). 2, 5†, 18** : 83 (84). 10**, 11 : 84 (85). 8 : 85 (86). 1, 2, 3, 4, 5**, 7, 10, 13**, 17 : 87 (88). 3 : 88 (89). 2, 6, 17, 18** : 89 (90). 4**, 7, 9, 10 : 90 (91). 3, 9**, 11, 14 bis : 91 (92). 4**, 9†, 9, 15** : 93 (94). 11, 14, 17 : 94 (95). 3**, 3†, 4**, 5, 7 : 95 (96). 4**, 5**, 10†, 13 bis : 96 (97). 9 : 97 (98). 1, 9†, 9 : 98 (99). 3, 5†, 7†, 9** : 99 (100). 3, 5**, 5** † : 101 (102). 3, 4, 9, 10, 13**, 13, 14, 16, 19 : 102 (103). 11, 14 bis, 15†, 16 : 104 (105). 28†, 38, 42 : 105 (106). 1** bis, 33 : 106 (107). 1** bis, 9, 11, 16, 30 : 107 (108). 4** : 108 (109). 1, 21**, 22, 27**, 31 : 111 (112). 6 : 113 (114). 5 bis, 6† : 114 (116). 1, 2, 7, 8 : 116 (117). 2 : 117 (118). 1** bis, 2** bis, 3** bis, 4** † bis, 21, 28, 29** bis : 118 (119). 22, 35, 39** †, 42, 43, 45, 50, 56†, 59†, 66, 71, 74, 75, 77, 78, 83, 91**, 92, 93, 94, 98, 99, 100, 102, 104†, 111, 118**, 131, 139, 152, 153, 155, 158, 159, 168**, 172** †, 173, 176 : 119 (120). 5 : 121 (122). 5 : 122 (123). 3 : 123 (124). 1, 2 : 124 (125). 3 : 129 (130). 4, 7** † : 131 (132). 13, 14 : 132 (133). 3 : 134 (135). 3** bis, 4, 5, 5**, 14 : 135 (136). 1** bis, 2**, 3**, 4**, 5**, 6**, 7**, 8**, 9**, 10**, 11**, 12**, 13**, 14**, 15**, 16**, 17**, 18**, 19**, 20**, 21**, 22**, 23†, 23** †, 24**, 25**, 26** : 136 (137). 3 : 137 (138). 1†, 2, 4, 5**, 6** : 138 (139). 4, 12†, 13, 14, 20** : 139 (140). 12 : 140 (141). 5**, 6, 8** : 141 (142). 4†, 6 bis : 142 (143). 2, 3†, 8 bis, 9†, 10, 12 : 143 (144). 3 bis : 146 (147). 1** : 147. 2 (13) : 148. 5, 13 : 149. 4.

Pr. 2. 6, 21 : 6. 16, 23** : 7. 23 : 8. 7 : 9. 18 : 22. 18 : 23. 2, 13 (ὅτι οὐ μή), 22 : 24. 12, 18 : 26. 19 : 27. 24** : 28. 22 : 29. 20 : 31. 18.

Ec. 1. 13, 17, 18** : 2. 10, 12**, 13, 14, 15**, 16, 17** bis, 18, 21, 21**, 22, 23**, 24, 25, 26, 26** : 3. 12, 14, 17**, 18 bis, 19**, 22, 22**, 22 : 4. 4**, 10, 14 bis, 16†, 16**, 17 : 5. 1**, 2, 3†, 5, 6**, 6, 7†, 10**, 17**, 19 bis : 6. 2, 2†, 3, 4, 8**, 11 : 7. 1 (6. 11)†, 1 (6. 12) bis, 3 (2)†, 4 (3), 7 (6)** †, 8 (7), 10 (9), 11 (10) bis, 13 (12)**, 14 (13), 19 (18), 21 (20), 23 (22) bis : 8. 3, 6, 6**, 7 bis, 10, 11, 12 bis, 14 ter, 14**†, 15†, 15 (ὅτι εἰ μή), 16, 17, 17 (9. 1) : 9. 1** †, 3**, 4**, 4**†, 5 ter, 7, 9**, 10, 11**, 11, 12† : 10. 4, 14†, 20 : 11. 1, 2, 6, 8 bis, 9, 10** : 12. 3, 5, 9 bis, 13**, 14.

Ca. 1. 2**, 6 bis : 2. 5**, 11, 14** : 4. 10† : 5. 2, 8** †, 9 : 6. 4 (5) : 8. 6**.

Wi. 1. 2, 4, 6**, 7, 10, 11** †, 13, 16 : 2. 2, 2**, 5, 9**, 12, 15**, 23 : 3. 5, 9**, 13** : 4. 1, 15**, 19 : 5. 14**, 16 : 6. 3, 4, 5, 7, 16, 23 : 7. 9**, 10**, 12, 15 : 8. 9, 17, 20 : 9. 5** : 10. 12, 21 : 11. 16, 22**, 23, 26 : 12. 10**, 10 (ὅτι οὐ μή)†, 13, 17†, 19 bis : 13. 7**, 16 : 14. 3, 4, 8†, 11, 21, 30 : 15. 2, 9 ter, 11, 13, 15 : 16. 8, 9, 18 (subj.†), 22, 26, 28 : 18. 1, 2, 21 : 19. 2, 11†.

Si. 1. 30 : 2. 5†, 9**†, 13 : 3. 20** : 4. 17 : 6. 17** : 7. 16, 17**, 28 : 8. 5, 7, 8, 9, 16** : 9. 12 (ὅτι οὐ μή), 13 : 10. 9, 13** : 11. 4**, 21**, 26** : 12. 6, 11 : 13. 13 : 14. 12, 16 : 15. 9, 11, 12†, 18** : 16. 17 : 17. 30** : 18. 12** : 22. 11 : 23. 19**, 27** : 24. 34 : 27. 20, 21 : 30. 26 (33. 17), 39 (33. 30), 39 (33. 31)** † : 31 (34). 14** : 32 (35). 11, 12 : 33 (36). 5 : 34 (31). 13** : 36. 22 (19) : 37. 21 : 38. 22** : 39. 16** : 41. 7 : 46. 6**, 10** : 50. 29** : 51. 2, 8, 24†, 27.

Ho. 1. 11 (2. 2)** : 2. 2 (4)**, 4 (6), 5 (7), 5 (7)†, 7 (9), 8 (10) : 4. 1** †, 6, 13**, 14†, 16† : 5. 1, 4, 6, 7 bis, 11 : 6. 1, 10 (9) : 7. 1, 13 bis : 8. 3, 7, 8, 11 : 9. 15, 17 : 10. 3, 5†, 5, 13 : 11. 1**, 3, 5, 10 : 14. 1, 5†, 10**†.

Am. 4. 2†, 5, 12††† : 5. 5, 12, 13 : 6. 8, 8†, 13 (12) : 7. 2, 5, 13 : 9. 8††.

Mi. 1. 9, 12, 13, 16 : 2. 3, 10 : 4. 2, 5, 9, 12, 13 : 6. 2** : 7. 1, 2, 8, 9, 18.

Jl. 1. 5, 6, 9, 10, 11, 12, 13, 15**, 17, 18, 19, 20† : 2. 1†, 1**, 11, 11**, 11** †, 13, 20†, 21, 22 bis, 23†, 27, 27†, 32 (3. 5) : 3 (4). 1†, 8, 10, 13 bis, 14**†, 17** †.

Ob. 1. 18†.

Jn. 1. 2, 10 bis, 11, 12†, 13, 14† : 3. 10 : 4. 2**, 3**.

Na. 1. 10†, 14**.

Hb. 1. 4, 6†, 16 : 2. 3** †, 3, 7, 14†, 18†, 18 : 3. 8.

Ze. 1. 7, 11, 14**, 17 : 2. 7, 9† : 3. 8†, 9, 11.

Hg. 2. 17 (16)†, 24 (23)†.

Za. 2. 9 (13)†, 10 (14)†, 11 (15), 13 (17)† : 7. 7† : 8. 23 : 9. 5, 17** : 10. 2†, 5** †, 6 : 11. 2 bis, 3 bis : 13. 3, 5†.

Ma. 2. 2, 7, 10, 11†, 14† : 3. 8, 14 : 4. 1 (3. 19)†.

Is. 1. 2 : 2. 2, 6 : 3. 6, 8, 9 (8)†, 9†, 10 : 4. 4 : 6. 5 bis : 7. 5, 24 : 8. 10** : 9. 5 (4), 6 (5), 17 (16)**, 20 (19), 21 (20) : 10. 23, 24 : 11. 9 : 12. 4, 5, 6 : 14. 31†, 32† : 15. 4 : 16. 4, 9†, 12† : 18. 4† : 19. 20 : 20. 4 : 21. 6†, 16†, 17† : 22. 1, 5**, 9 bis, 10, 14, 16, 25 : 23. 1, 13†, 14 : 24. 6, 18, 23 : 25. 1, 2, 5†, 10† : 26. 3 : 28. 11, 15, 17 (ὅτι οὐ μή†) : 29. 10, 21† : 30. 4, 7**, 8, 9, 12 bis, 20 : 31. 4, 7 : 33. 14, 21** †, 23 : 34. 6**, 16 : 35. 6 : 36. 5, 15, 16†, 20 : 37. 3, 8, 20** †, 24, 32 : 38. 1†, 7, 22 : 39. 1, 7 : 40. 2 bis, 5 : 41. 13**, 20, 23, 24, 26 : 43. 1, 3**, 5, 10, 20 : 44. 3, 12, 16, 17, 18, 19, 20** bis, 21†, 23 : 45. 3**, 5**, 6, 6†, 9, 11, 14, 24 : 46. 9 : 47. 1, 10†, 14 : 48. 4†, 5, 5†, 7†, 8, 11, 20† : 49. 7, 13, 14†, 18, 19, 19†, 23**, 25†, 26** : 50. 2†, 7 (ὅτι οὐ μή), 8 : 51. 2, 4, 6, 15** : 52. 3, 5, 6, 7, 8 bis, 9, 12, 15 : 53. 3, 8, 9 : 54. 1**, 4 ter, 5** : 55. 5, 7 : 56. 3, 8, 10 : 57. 8, 10 : 58. 3 : 59. 4, 14, 15 : 60. 5, 16** : 61. 9 : 62. 4† : 63. 15, 16 : 64. 7 (6), 9 (8)** : 65. 5, 8, 12, 18†, 23 : 66. 4, 8, 12, 13†.

Je. 1. 6, 7 bis, 8, 17, 19† : 2. 5, 13, 19**, 20, 25, 27, 28, 36, 37 bis : 3. 8**†, 12, 13, 19, 21, 22 : 4. 3†, 6, 13, 17, 18**, 18, 19, 20, 31 bis : 5. 4, 5, 6, 10, 11, 26 : 6. 1, 4 bis, 6, 9, 11, 12, 13, 15, 19, 25, 26, 30 : 7. 4, 5, 12†, 16, 22†, 29, 30, 34 : 8. 3, 4, 8, 9, 14 bis : 9. 2 (1), 3 (2), 4 (3), 7 (6), 10

(9), 19 (18) *bis*, 21 (20), 24 (23), 24 (23)**, 26 (25)**: 10. 2, 3**, 5, 5 (ὅτι οὐ μή) (*ind.*†), 14, 16**, 18, 21, 23**, 25: 11. 13, 14, 17, 20, 23†: 12. 1 *bis*, 4†, 6 *bis*, 11, 12, 14: 13. 11, 12, 15, 17, 18, 27: 14. 4, 5, 6, 7**, 7, 12 *bis*, 13, 14, 17, 18, 20, 22: 15. 14, 16, 17: 16. 3, 5, 17**, 21**: 17. 13, 14†: 18. 12, 15, 18, 20, 22: 19. 12†, 15: 20. 8 *bis*, 10†, 11, 12, 13, 17: 21. 1†, 2, 10†: 22. 5, 6, 10, 11†, 15, 20, 22, 28, 30 (ὅτι οὐ μή): 23. 10, 11, 15, 16, 18, 35†, 36, 37†: 24. 7 *bis*: 26 (46). 5 (*subj.*†), 10**, 12, 14, 15, 18, 19, 21, 22, 23 (ὅτι οὐ μή), 23, 28 *bis*: 27 (50). 3, 9, 11, 15, 20, 24, 25**, 26, 27, 29, 31, 33, 38, 44, 44**, 46: 28 (51). 5, 6, 9, 11**, 11, 12, 14, 17, 19, 26, 31, 38†, 51, 53 *bis*, 55, 56 *bis*, 59†, 62: 29 (47). 4: 29 (49). 8, 9, 10, 12, 13 *bis*, 16, 19, 19**, 21: 30 (49). 3 *bis*, 4†, 8 (49. 30), 12 (49. 23): 31 (48). 1, 3**, 5, 9, 18, 20 *bis*, 26, 27, 34†, 38, 40, 42, 44†: 32. 15 (25. 29) *bis*, 17 (25. 31)**, 20 (25. 34), 22 (25. 36), 24 (25. 38): 33 (26). 9, 11, 15, 15†, 15, 16, 19†, 19: 34 (27). 5, 10, 14 *bis*, 16, 19, 20†: 35 (28). 4, 14: 36 (29). 7**†, 8†, 9, 10, 10†, 13†, 15, 28† *bis*: 37 (30). 3, 7**†, 14, 17 *ter*, 21, 23: 38 (31). 4†, 5†, 6, 7, 9, 11, 15, 16, 18**, 19 *bis*, 20, 22, 23†, 25, 32, 33**, 34 *bis*: 39 (32). 4†, 7**, 8**, 8, 15, 29†, 30, 31, 42, 44: 40 (33). 4, 11** *bis*, 11, 12†: 41 (34). 5, 7: 42 (35). 6, 7: 43 (36). 7**: 44 (37). 9†, 9 (ὅτι οὐ μή), 10†, 15, 16†, 18, 19 (ὅτι οὐ μή): 45 (38). 3, 4 *bis*, 5, 7, 9, 23, 25, 27: 46 (39). 18 *bis*: 47 (40). 3, 7, 11 *bis*, 14, 16: 48 (41). 8, 18 *bis*: 49 (42). 2, 6, 10, 11**†, 14, 18, 18†, 20: 50 (43). 7: 51 (44). 15, 17, 19, 27, 29: 51. 32 (45. 2), 33 (45. 3), 35 (45. 5).

Ba. 1. 13: 2. 5, 9**, 13, 15**, 15, 17, 19, 20, 30, 30 (ὅτι οὐ μή), 30, 31**, 33: 3. 2†, 2, 3**, 6**, 7 *bis*, 10, 18: 4. 4, 15†.

La. 1. 5, 9, 11, 14, 16 *bis*, 18, 19, 20 *bis*, 21 *bis*, 22**: 2. 13: 3. 22† *quater*, 28, 31, 32: 4. 12, 15: 5. 1 (?), 16, 18, 22.

Ep. Je. 23, 29, 30, 43, 49, 50, 51, 52, 56, 65, 69, 72.

Ez. 1. 21**†: 2. 5, 7†: 3. 7, 20, 21: 6. 7**, 10†, 14**: 7. 4**†, 12**†, 13†, 14**†, 27**: 9. 9 *bis*: 10. 11, 20: 11. 10**, 16: 12. 11, 16**, 23, 24†, 25†, 28†: 13. 10†, 21**†, 23†, 23**: 14. 8**: 15. 5†, 7**: 16. 62**: 17. 18†: 18. 4, 19 *bis*, 23†: 19. 5: 20. 20**†, 26**†, 29, 42**†, 48 (21. 4): 21. 5 (10)†, 7 (12)†, 12 (17), 13 (18): 22. 12†, 16**†: 23. 8, 13, 37, 40, 40†, 45: 24. 7: 25. 3 *ter*: 26. 5, 6**†, 7†, 14, 19: 28. 10, 22, 23†, 24, 26: 29. 6, 7†, 9, 9†, 13†, 16, 21: 30. 3**, 8, 9, 13, 19, 25, 26: 31. 7: 32. 11, 15, 27, 32: 33. 5 *bis*, 16, 29, 31**, 33: 34. 15†, 18, 27, 30: 35. 4, 9, 12 *bis*, 15: 36. 5, 8, 9†, 11, 23, 34 (ἀνθ' ὧν ὅτι), 36, 36†, 38**†: 37. 6†, 13, 14**, 24, 28: 38. 23: 39. 5, 6, 7, 8, 22, 23, 28: 42. 5, 8**†: 44. 2, 28**: 45. 14: 47. 1, 5, 9, 12†: 48. 14**†.

Da. LXX. Su. 5, 22, 35, 38, 51: 2. 8 *bis*, 9 (*subj.*), 10, 20, 23, 25, 47: 3. 15, 18, (27), (29), (37), (40), (45), (88), (89)** *bis*, (90)**, 27 (94): 4. 20 *bis*, 29, 34 *quater*: 5. 10: 6. 5 (6) *bis*, 7 (8): 7. 23: 9. 8, 9, 11, 14**, 16**, 19, 23: 10. 12, 19: 11. 4, 6, 25, 37: 12. 7**, 9**: Bel 6, 8, 11, 23, 29.

Da. TH. Su. 5, 11 *bis*, 13, 15, 18, 21, 27, 35, 43, 50, 61, 63: 2. 8 *bis*, 9 *bis*, 11**, 20, 23, 41, 43, 45, 47: 3. 18, (27), (28), (29), (37), (40), (45), (88), (89)** *bis*, (90)**, 27 (94), 28 (95): 4. 6**†, 14, 15, 15**, 19, 20, 22, 23, 29, 31**, 34**: 5. 12**, 14**, 16, 21: 6. 3 (4)**†, 4 (5), 10 (11), 15 (16), 22 (23), 23 (24), 26 (27)**†: 7. 19: 8. 26**: 9. 9, 11, 14**, 16, 18, 19, 23: 10. 11, 12†, 14**, 19: 11. 4, 25, 27**, 35**, 37: 12. 7**, 9**: Bel 5, 9 *bis*, 13, 24†, 24, 25, 30.

I Ma. 1. 5, 11: 2. 30, 31, 37, 61, 62**, 63, 64, 65: 3. 13, 19, 29, 42, 46**†, 59**: 4. 5, 11, 17**, 20, 24**, 24**†, 27, 45: 5. 1, 3, 12, 26, 31, 34, 40, 54, 61: 6. 1, 3, 5, 8, 9 *bis*, 11, 13, 17, 24†, 28†, 43, 49 *bis*, 54, 55, 56: 7. 11, 18, 25 *bis*, 30, 31, 42, 44: 8. 1, 2 *bis*, 9, 18: 9. 1, 6, 7 *bis*, 14**, 16, 37, 57, 60, 68: 10. 8, 19**†, 23, 46, 47, 71, 72, 75**, 80: 11. 2, 14, 21, 38, 39, 43, 49, 63: 12. 1, 7, 21 *bis*, 24, 26, 28, 34, 42, 50†, 51: 13. 1, 2, 6, 14 *bis*, 17, 18, 34**†, 51, 53: 14. 2†, 16, 17, 40 *bis*, 41: 15. 12: 16. 21 *bis*, 22.

II Ma. 1. 27**†, 33: 2. 1, 7, 18: 3. 1 (ὅτι κάλλιστα)†: 5. 17: 6. 30: 7. 28: 9. 23: 14. 3, 31: 15. 21.

III Ma. 2. 10†: 5. 19**†, 27**†: 6. 15, 15†: 7. 9.

IV Ma. 1. 7, 9, 24†, 30, 33: 2. 2, 6, 7, 9: 4. 22 (*opt.*), 25 *bis*: 5. 25: 7. 17, 19, 22: 8. 11, 21: 9. 18: 10. 2, 16: 11. 5: 13. 1: 16. 2, 5, 18†, 25**†, 25: 17. 1**†: 18. 2, 7, 20†.

[**Aq**. Ge. 2. 17: 3. 2 (1): 4. 24: 6. 7 (6), 8 (7): 20. 10: 32. 28 (29): 47. 22: 50. 19: Ex. 2. 2: 4. 10, 25: 7. 24: 20. 25: 32. 1, 25**, 25: Le. 21. 8, 12**: 24. 9: Nu. 14. 14: Dt. 32. 31**: Jo. 1. 8: 2. 9, 15**: I Ki. 9. 24**: 15. 23**: 20. 3**: II Ki. 12. 5**, 14: 16. 11**: 18. 3**: 23. 19**: III Ki. 5. 1 (15) *ter*: 14. 2**, 5, 11, 13 *bis*: 15. 4: 18. 27: 22. 49: IV Ki. 9. 20: 10. 10: Jb. 3. 24: 6. 11, 21: 7. 16**: 15. 14, 34**: 19. 29**: 22. 2, 6: 27. 8: 33. 13: Ps. 3. 8: 9. 24 (10. 3), 35 (10. 14): 10 (11). 3: 11 (12). 2: 17 (18). 20: 20 (21). 13: 21 (22). 17, 32: 24 (25). 20: 26 (27). 5: 27 (28). 5, 6: 29 (30). 2, 6**: 30 (31). 10**, 11: 31 (32). 3, 4: 32 (33). 4**, 21: 36 (37). 20: 37 (38). 8: 41 (42). 5: 46 (47). 10: 52 (53). 6 *bis*: 54 (55). 16**: 55 (56). 3: 60 (61). 6: 61 (62). 12**: 68 (69). 18**: 70 (71). 3**, 24: 72 (73). 4: 73 (74). 20: 82 (83). 3, 19: 83 (84). 12**: 85 (86). 7: 88 (89). 3: 89 (90). 10: 90 (91). 9, 11: 105 (106). 1**: 117 (118). 10: 118 (119). 35, 56, 98**, 100, 118**: 119 (120). 5: 127 (128). 2: 134 (135). 3**: 138 (139). 20: 140 (141). 5**, 6: 141 (142). 4: Pr. 1. 9: 19. 19: 21. 27: 22. 23: 27. 13: Ec. 1. 17: 7. 19 (18), 23 (22): 9. 1: Ca. 1. 6: Is. 2. 22: 3. 24: 7. 13, 22: 8. 10**: 9. 6 (5): 15. 5 *bis*: 21. 17: 26. 3, 4**: 28. 8, 27: 30. 15, 31, 33**: 31. 3**: 34. 5: 37. 8: 39. 1: 43. 16, 19, 22: 44. 3: 49. 25: 51. 2: 52. 4, 12: 53. 12: 54. 6, 10: 55. 7: 56. 4: 57. 1, 8, 15: 59. 14, 19: 60. 1, 2: Je. 2. 35 (Sw.): 6. 11, 15, 25: 7. 29: 10. 7 *bis*, 16: 11. 15**, 15, 19: 12. 5: 14. 12, 13: 15. 10: 16. 5 *bis*: 18. 22: 22. 21, 24: 23. 10: 25. 14, 15 (14) (32. 1) (Sw.): 28 (35). 16: 29 (36). 11: 30 (37). 5, 12, 17: 31 (38). 7, 19 *bis*, 22, 32: 32 (39). 4, 31: 35 (42). 14: 37 (44). 16, 18: 38 (45). 27: 42 (49). 20: 43 (50). 3: 44 (51). 29: 46 (26). 22: 48 (31). 9, 37: 49. 8 (29. 9), 19 (29. 20), 19 (29. 20)**: 50 (27). 11, 14: 51 (28). 2, 9, 10, 12, 26, 56: Ez. 3. 20 (P.): 17. 24: 18. 11: 19. 5: 20. 16: 21. 13 (18): 24. 19: 29. 13: 30. 3**: 31. 14: 32. 25, 26: 45. 14**: Ho. 11. 1**: Mi. 2. 1**: Hb. 2. 3: Ma. 3. 8.]

[**Sm**. Ge. 2. 23: 4. 24: 20. 13: 32. 28 (29): 44. 15: Ex. 2. 2: 4. 25**, 26: 7. 24: 32. 1, 25: Le. 21. 8, 12**: 24. 9: Nu. 14. 14: Jo. 1. 8: 2. 9, 15**: Jd. 18. 7: I Ki. 9. 24: 15. 11, 23**: 19. 24: 20. 3**: II Ki. 12. 5**, 14††: 14. 16: III Ki. 5. 1 (15): 15. 4: 18. 27: IV Ki. 9. 20: 10. 10: Jb. 15. 12: 17. 4: 19. 29: 20. 5: 27. 3**, 8: 33. 14: 34. 31: 35. 3: 36. 4**, 9: Ps. 3. 8: 9. 24 (10. 3), 35 (10. 14): 10 (11). 3: 11 (12). 2: 15 (16). 1: 20 (21). 12, 13: 21 (22). 17: 24 (25). 5**, 20: 29 (30). 2, 6**: 30 (31). 8: 31 (32). 3: 32 (33). 21: 34 (35). 7: 35 (36). 3: 36 (37). 20, 37: 37 (38). 8: 40 (41). 12: 41 (42). 5, 6: 43 (44). 20: 46 (47). 10: 51 (52). 11**: 52 (53). 6: 54 (55). 4, 10, 16**: 55 (56). 3**, 10: 64 (65). 10: 68 (69). 2: 70 (71). 3, 24 *bis*: 71 (72). 12: 72 (73). 4: 73 (74). 20 (P.): 78 (79). 8: 82 (83). 19: 85 (86). 3, 7: 88 (89). 3. 18: 89 (90). 7: 90 (91). 11: 91 (92). 16**: 102 (103). 16: 105 (106). 1**: 115. 2 (116. 11): 118 (119). 56, 71, 100: 119 (120). 5: 122 (123). 3: 141 (142). 7: 143 (144). 3: 146 (147). 1**: Pr. 1. 32: 23. 27**: 27. 13: 28. 22: Ec. 1. 17: 2. 22: 7. 13 (12), 19 (18), 23 (22): 8. 7, 17: 9. 1, 4: 10. 4: 11. 9: Ca. 1. 6: 8. 6**: Is. 2. 22: 5. 4: 6. 5: 7. 13, 22: 9. 5 (4): 21. 17: 22. 9: 25. 8: 28. 8, 19: 30. 15: 31. 3**: 34. 5: 37. 8: 39. 1: 40. 2, 7: 43. 16, 19, 22: 44. 3: 49. 25: 52. 4: 55. 5: 56. 4: 57. 8, 15: 60. 2: 62. 4: Je. 2. 35 (Sw.): 6. 15: 7. 29: 9. 3 (2): 11. 19: 14. 12: 15. 10, 15: 16. 5 *bis*: 18. 22 *bis*: 20. 8, 17: 22. 15, 21, 22, 24: 30 (37). 5, 17: 31 (38). 7: 37 (44). 18: 38 (45). 27: 42 (49). 22 (Sw.): 44 (51). 29: 46 (26). 15, 22: 48 (31). 9, 37: 49. 8 (29. 9), 19 (29. 20)**: 50 (27). 11, 14: 51 (28). 2 (Sw.): Ez. 3. 20 (P.): 13. 11: 16. 56: 17. 16, 24: 19. 5: 20. 26 (Sw.)**, 31: 26. 2: 29. 13: 31. 14: 32. 25, 26: 33. 11, 20, 27: Da. 3. 28 (95) (Sw.): 9. 23 (Sw.): Ho. 11. 1**: Am. 7. 7: Mi. 2. 1: Ma. 3. 8.]

[**Th**. Ge. 4. 24: 20. 10: 32. 28 (29): Ex. 1. 19: 4. 25, 26: 7. 24: 20. 25: 32. 1, 25 *bis*: Le. 21. 8, 12**: Dt. 32. 31**: Jo. 1. 8: 2. 9, 15**: Jd. 12. 1: I Ki. 9. 24: 14. 18, 30††: II Ki. 1. 21: 12. 9, 10, 12, 14††: 14. 14: III Ki. 5. 1 (15): 15. 4: IV Ki. 1. 17: 9. 20: Jb. 12. 9: 13. 19: 15. 12, 14, 27, 34**: 16. 3: 17. 4: 19. 29: 21. 15 *bis*, 21**, 28: 22. 2, 3 (*subj.*), 29: 24. 17**, 17: 27. 8: 31. 18: 32. 4, 16: 34. 3, 4**, 9, 23, 31: 36. 4**, 9, 10: 37. 4: 39. 15: 40. 18 (23): 42. 8: Ps. 21 (22). 32: 30 (31). 22: 31 (32). 3: 46 (47). 10**: 82 (83). 19: 83 (84). 12: 88 (89). 3: 89 (90). 10: 105 (106). 1**: 118 (119). 35, 98**, 100, 118**: 127 (128). 2: 134 (135). 3**: 138 (139). 20: 140 (141). 6: Pr. 19. 19: 20. 16: Ec. 7. 19 (18): 8. 6**: Ca. 1. 6: Is. 2. 22: 5. 4: 7. 13, 22: 8. 10**: 21. 17: 22. 25: 28. 8, 20: 29. 23: 30. 15, 31, 33: 31. 3**: 34. 5: 37. 8: 40. 7: 43. 16, 19, 22: 44. 3 (Sw.): 49. 25: 50. 2: 51. 2: 52. 4, 8: 53. 8, 12: 54. 9: 56. 4: 57. 8, 15: 60. 2: 62. 4: Je. 2. 35 (Sw.): 8. 10, 12: 10. 7, 7**, 16: 11. 7, 19: 14. 5: 16. 5: 17. 4 (Sw.): 18. 22: 23. 10: 25. 14, 15 (14) (32. 1) (Sw.): 27 (34). 19, 21: 28 (35). 16: 29 (36). 11, 16, 19 (ἀνθ' ὧν ὅτι), 19, 25 (ἀνθ' ὧν ὅτι), 32: 30 (37). 5, 10, 11 *bis*: 31 (38). 22: 32 (39). 5: 33 (40). 17, 26: 35 (42). 14: 38 (45). 9: 39 (46). 12‡‡: 44 (51). 29: 46 (26). 22: 48 (31). 37, 45, 46: 49. 8 (29. 9): 50 (27). 14: Ez. 3. 20 (P.): 7. 12**, 13, 14**: 11. 12 (Sw.): 17. 24: 20. 16, 26 (Sw.)**: 29. 13: 30. 3**: 31. 14: 32. 25, 26: 35. 15: Da. 3. (90), 28 (95): 4. 15: 6. 3: 8. 22†, 26**: 9. 23: Ho. 11. 1**: 14. 4: Am. 6. 10**.]

[**Al**. Ex. 1. 19: 17. 16**: 22. 21 (20): Le. 17. 11: 20. 19: 21. 6: Nu. 22. 6: Dt. 21. 23**: 22. 24: I Ki. 1. 6: 12. 22: III Ki. 8. 37: 22. 49: I Ch. 21. 30: Jb. 5. 23**, 24**: 38. 40: Ps. 4. 4: 10 (11). 3: 43 (44). 8: 54 (55). 20**: 134 (135). 3**, 5**: 138 (139). 15: 140 (141). 5**, 6: 141 (142). 8: 146 (147). 1**: 148. 13: Pr. 30. 4: Je. 37 (44). 16: Na. 1. 14.]

[**Sam**. Ex. 10. 7.]

[**Hebr**. Ge. 22. 12: 49. 6: Dt. 32. 43.]

[**Quint**. Ps. 8. 5: 26 (27). 5: 29 (30). 2, 6**: 30 (31). 8, 10, 22: 34 (35). 20: 83 (84). 12**: 88 (89). 3: 90 (91). 9: 118 (119). 35, 56, 100, 118**: 138 (139). 20: Ho. 6. 3: Na. 1. 14.]

[**Sext**. Ps. 10 (11). 3: 29 (30). 2: 118 (119). 35.]

ὀτρύνειν.

III Ma. 5. 46. *ἐπὶ τὸ προκείμενον ὤτρυνε τὸν βασ.*

[**Aq**. I Ki. 25. 14.]

οὐ (ʹו).

[**Heb**. Ge. 34. 2.]

οὐ, **οὐκ**, **οὐχ**, **οὐχί** *passim*.

οὐ μή. οὐδὲ οὐ μή *vid. sub* οὐδέ. οὐκέτι οὐ μή *vid. sub* οὐκέτι. οὔτε οὐ μή *vid. sub* οὔτε.

Ge. 3. 1: 6. 3: 18. 17†, 28, 29, 30, 31, 32: 21. 10 (*ind.*), 16: 23. 6 (*ind.*)†: 24. 33: 28. 15: 32. 26 (27), 32 (33): 42. 15.

Ex. 4. 21: 20. 7: 22. 11 (10)†: 23. 21: 30. 20, 21†: 33. 3†, 20: 34. 14.

Le. 10. 9: 11. 43: 13. 55 (*ind.*)†: 14. 36: 19. 13 (*ind.*): 20. 22: 26. 26, 31.

Nu. 4. 19, 20: 5. 3 (*ind.*)†: 9. 19, 22: 13. 32 (31): 17. 10 (25): 20. 24: 23. 13, 20: 32. 18: 35. 12, 33, 33 (*ind.*)†.

De. 1. 17, 42: 2. 5†, 9, 19: 5. 11: 6. 14 (*ind.*)†: 7. 16 (*ind.*)†: 12. 30†: 15. 11, 19: 21. 23 (*ind.*)†: 23. 25 (26)†: 25. 19: 28. 30 (*ind.*)†: 29. 20 (19) (*ind.*†): 30. 18: 31. 6†, 21.

Jo. 7. 12: 9. 23: 23. 7 (*ind.*)†, 13: 24. 19.

Jd. 2. 3†: 6. 23†: 19. 12†, 20†: 21. 17†.

Ru. 3. 1, 18 (*ind.*†).

I Ki. 1. 11†: 2. 15: 5. 11: 9. 13: 12. 19†: 14. 9, 34: 16. 11: 17. 33, 39: 20. 2 *bis*, 12: 23. 17: 29. 7 (*ind.*†), 8.

II Ki. 2. 26: 3. 35: 12. 13†: 13. 13 (*ind.*†), 25:

14. 10 (*ind.*)†, 11 : 17. 8 : 18. 12 : 19. 23 (24) : 21. 17 : 23. 5 : 24. 14.
III Ki. 2. 9 : 11. 13, 34 : 13. 16, 17†, 22†, 22 : 18. 23.
IV Ki. 2. 10 : 7. 19 (*ind.*)†, 19† : 18. 29, 30, 32 : 19. 10, 32.
I Ch. 21. 13, 24 : 28. 20.
II Ch. 12. 7 : 23. 13 : 32. 15, 15 (*ind.*), 17.
I Es. 2. 19.
Ne. 2. 3.
To. 4. 7† : 6. 12 : 8. 20† : 12. 11 : 13. 6 (*ind.*†) : 14. 4 (οὐ μὴ οὐθέν)†, 4†.
Es. 5. 1 : 6. 13 : 9. 28.
Jb. 5. 6, 12 (*ind.*), 19†, 21†, 22†, 24 : 6. 10† : 7. 9† : 8. 12†, 15 *bis*, 20 (*ind.*†) : 9. 3, 11, 34† : 11. 15 (*ind.*†), 16 (*ind.*)† : 14. 2, 5, 7, 12, 12† *bis*, 16 : 15. 29†, 32 (*ind.*†) : 17. 4† : 19. 8 : 20. 8, 14, 24 : 23. 11, 12 : 24. 22 : 27. 4 (*ind.*)†, 6†, 19 (*ind.*)† : 28. 18 (*ind.*)† : 29. 24† : 32. 21 *bis* : 33. 20, 23 : 34. 32 (*ind.*†) : 35. 12 : 36. 5, 6 (*ind.*†) : 39. 4 (*ind.*), 22†, 24 (*ind.*†) : 40. 18 (23), 26 (31) : 41. 7 (8), 8 (9), 17 (18) (οὐδὲν οὐ μή)†, 19 (20).
Ps. 9. 27 (10. 6), 36 (10. 15) : 15 (16). 4 : 17 (18). 38 : 20 (21). 7, 11 : 22 (23). 1 (οὐδὲν οὐ μή)† : 24 (25). 3 : 25 (26). 1, 4, 5 : 27 (28). 5 (*ind.*) : 29 (30). 6, 12 : 31 (32). 2 : 33 (34). 5, 22 (*ind.*†) : 35 (36). 12 : 36 (37). 10 (*ind.*†), 10, 33 : 39 (40). 9 : 40 (41). 11 : 49 (50). 12, 22† : 54 (55). 23 : 58 (59). 13 (*ind.*†) : 61 (62). 2, 6† : 79 (80). 18 : 82 (83). 4 : 88 (89). 33, 34 : 111 (112). 8† : 118 (119). 6, 93 : 131 (132). 11 (*ind.*) : 138 (139). 6 : 139 (140). 10, 11 (*ind.*)† : 140 (141). 4.
Pr. 3. 23, 25 (*ind.*)† : 4. 16 : 10. 22 : 15. 23 (*ind.*†) : 16. 10 : 19. 24 : 23. 13 : 24. 20, 23 (29. 27) (οὐδὲν οὐ μή)†, 51 (30. 16) : 27. 22 : 28. 17 (*ind.*†) : 29. 18 (*ind.*†).
Wi. 3. 1 : 6. 22 : 12. 10.
Si. 2. 8 : 6. 8, 10† : 7. 1, 3 : 9. 12, 13 : 11. 10 *bis* : 12. 15 : 13. 12 : 14. 5 (*ind.*) : 15. 4 *bis*, 7 (*ind.*), 7, 8 (*ind.*†) : 16. 13 (*ind.*†), 17 : 19. 7 (οὐθὲν οἱ μή), 10 (*ind.*) : 20. 20 : 22. 13, 13 (*ind.*†), 18 (*ind.*†), 18, 25 : 23. 2, 7, 10, 15, 16 *bis*, 17, 18 (*ind.*) : 24. 9 : 26. 8 (*ind.*)† : 27. 16, 17†, 27 : 28. 16, 22 (*ind.*†), 22 (*ind.*)†, 23 : 31 (34). 14 (*ind.*)†, 14 (*ind.*†) : 32 (35). 14, 17 *bis*, 18 : 34 (31). 22 : 35 (32). 18 : 38. 8 : 43. 10, 27, 30 : 47. 22 *ter* : 51. 18, 20.
Ho. 1. 6 (*ind.*) : 2. 4 (6), 6 (8), 7 (9) *bis*, 10 (12) (οὐδεὶς οὐ μή), 17 (19) : 3. 3 : 4. 10, 10 (*ind.*†), 14 : 5. 6, 13 : 8. 5 : 9. 15 : 10. 9 : 11. 7, 9 *bis* : 13. 13 : 14. 4 (*ind.*†).
Am. 2. 12, 14†, 14 (*ind.*†)†, 14†, 15†, 15 (*ind.*†), 16 (*ind.*)† : 3. 6 (*ind.*)†, 7 (*ind.*†) : 4. 8 : 5. 11 *bis*, 21 : 7. 6, 10, 16 (*ind.*†) : 8. 12, 14 : 9. 1, 1†, 9, 10, 15.
Mi. 2. 3 *bis* : 3. 11 : 4. 3† : 6. 14 *bis*, 15 *ter*.
Jl. 2. 7 (*ind.*†), 8 (*ind.*†), 26, 27 : 3 (4). 21.
Jn. 1. 6† : 3. 9.
Na. 1. 15 (2. 1) : 2. 13 (14) (οὐ μὴ οὐκέτι†).
Hb. 1. 2 (*ind.*†), 5, 12 : 2. 3.
Ze. 1. 12 (*ind.*†), 13 (*ind.*), 13, 18 : 3. 5, 7, 11, 13.
Za. 1. 12 (*ind.*†) : 7. 13 : 9. 5, 8 : 10. 10 : 11. 6 (*ind.*†), 16 *quater* : 14. 2.
Ma. 2. 16 : 3. 11 (*ind.*†) *bis* : 4. 1 (3. 19).
Is. 2. 4 (*ind.*)†, 4, 9 : 6. 9 *bis* : 7. 7, 12, 25 : 8. 10, 12 : 9. 20 (19) : 11. 9 (*ind.*†) : 13. 18 (*ind.*†), 20 : 14. 20 : 16. 8, 10 (*ind.*) *bis*, 12 : 17. 8 : 24. 20 : 25. 2 : 26. 10, 10 (*ind.*†), 14, 14 (*ind.*†) : 27. 9, 11 : 28. 15, 16, 17†, 18 : 31. 2 : 33. 8 (*ind.*†), 20, 24 : 35. 8 *bis* : 36. 14 (*ind.*)†, 15 : 37. 10, 33, 34† : 39. 6 (οὐδὲν οὐ μή†) : 40. 24 (*ind.*†) : 41. 12, 28 : 43. 2, 25 (*ind.*)† : 44. 12 : 46. 2†, 7 *bis*, 7 (*ind.*†) : 47. 11 *bis*, 11†, 14 : 50. 7 : 51. 6 : 54. 4 (*ind.*)† : 55. 10†, 11 : 57. 20 (*ind.*)† : 59. 9, 21† : 63. 8 (*ind.*†) : 65. 6†, 8, 17, 20†, 22 (*ind.*), 22 (*ind.*†), 23 (*ind.*)†.
Je. 1. 19 : 4. 27 : 5. 10 (*ind.*)†, 18 : 6. 10 : 9. 5 (4) (*ind.*†) : 10. 5 (*ind.*†) : 11. 19 (οὐ μὴ οὐκέτι†), 21 (*ind.*†) : 13. 7, 10 (*ind.*†)† : 15. 20 : 16. 6 (*ind.*†)†, 7 : 20. 9 *bis* : 21. 7 : 22. 10 (*ind.*)†, 13 (*ind.*), 18 (*ind.*†), 21 (*ind.*)†, 27 (*ind.*†), 30 : 24. 6 (*ind.*), 6 : 26 (46). 23, 28 : 27 (50). 20, 39 (οὐ μὴ οὐκέτι), 40 (*ind.*†), 40 (*ind.*), 42 (*ind.*†) : 28 (51). 26, 39†, 44, 64 : 29 (47). 6 (*ind.*)† : 29 (49). 10, 12, 18 (*ind.*†), 18 (*ind.*) : 30. 11 (49. 33), 11 (49. 33) (*ind.*), 12 (49. 23) : 31 (48). 8 : 32. 27 (25. 13), 29 (25. 15), 33 (25. 19) : 34 (27). 9 : 37 (30). 14 (*ind.*†), 19, 24 : 38 (31). 9, 29, 34†, 34, 40 : 39 (32). 4†, 17, 40 : 40 (33). 8 (*ind.*†) : 41 (34). 3 : 42 (35). 6†, 6, 7 *bis*, 13, 19 : 43 (36). 5† : 44 (37). 9, 19, 20 : 45 (38). 15, 17, 18, 20 (*ind.*†), 23, 24, 25 : 46 (39). 17†, 18 : 49 (42). 4, 10 (*ind.*)†, 10, 13, 14, 14 (*ind.*†), 14†, 18 : 51 (44). 4†, 14 (*ind.*†).
Ba. 2. 30, 34.
La. 4. 15.
Ep. Je. 24, 27, 35 *bis*, 36, 37 *bis*, 38, 45 (οὐθὲν οὐ μή)†, 46, 53, 54, 56, 57 (*ind.*†), 67.
Ez. 3. 7 (*ind.*), 20, 25 : 4. 8† : 5. 9† : 7. 19 *bis* : 8. 18† : 11. 11† : 12. 6, 25, 28 : 13. 23 *bis* : 14. 18 (*ind.*†) : 16. 16, 41, 42 : 18. 6 *bis*, 7, 21, 22†, 24, 28 : 21. 32 (37) : 23. 27, 27 (οὐ μὴ οὐκέτι), 48 (*ind.*) : 24. 12, 17†, 17 *bis*, 19†, 22 (*ind.*)†, 22†, 23†, 27 : 26. 13, 14 : 29. 5, 5†, 11, 11†, 15 : 32. 7†, 13 *bis* : 33. 12 (*ind.*†), 12, 12 (*ind.*†), 13, 15 (*ind.*†), 16, 31 (*ind.*†), 32 (*ind.*) : 34. 10 (*ind.*)†, 22†, 29 : 35. 9 : 36. 12 (*ind.*†), 15 : 39. 10 : 43. 7 (*ind.*)† : 44. 19, 20 (*ind.*)† *bis*, 21, 22 (*ind.*)† : 46. 2, 18 : 47. 11, 12.
Da. LXX. Su. 51 (*ind.*) : 2. 44 : 4. 29 : 6. 5 (6) : 7. 14 *bis* : 11. 6 (*ind.*†), 12, 37 *bis* : 12. 10.
Da. TH. 1. 8 *bis* : 11. 17.
I Ma. 2. 41, 63 : 9. 9.
II Ma. 7. 31.
[**Aq.** Jb. 5. 24 (*ind.*) : Ps. 9. 25 (10. 4) : 15 (16). 2 (*sine verbo*), 4 : 20 (21). 12 (P.) : 29 (30). 7 : 31 (32). 9 : 57 (58). 9 : Pr. 10. 30 : 14. 7 : Is. 2. 9 : 26. 10, 14 *bis* : 32. 10 : 33. 21 : 37. 33 : Je. 7. 27 *bis* : 8. 2 : 10. 5 (*ind.*) : 11. 21 : 16. 2 : 25. 33 (32. 19) : 49. 12 (29. 13) : 51 (28). 57 : Ez. 33. 12 : Mi. 6. 14.]
[**Sm.** Ge. 2. 17 : II Ki. 14. 14 : Jb. 7. 21 : 9. 3† : 17. 4 : 39. 35 (40. 5) (*ind.*) (P.) : Ps. 20 (21). 12 (P.) : 24 (25). 3 : 31 (32). 2 (*ind.*) : Ec. 9. 8 (*imperat.*) : Is. 42. 20 (*ind.*) : Je. 35 (42). 13 : 39 (46). 17 : Ez. 24. 22 : Mi. 6. 14.]
[**Th.** Ex. 28. 28 : Jb. 9. 3† : 17. 4 : 35. 12 : 36. 6 : 39. 4 (*ind.*) : Ps. 20 (21). 12 (P.) : Pr. 14. 7 : Is. 2. 4 : 13. 22 : 26. 14, 14 (Sw.) : 31. 4 *bis* : 37. 34 : 46. 13 : 51. 14 : Je. 10. 5 (*ind.*), 7 (*ind.*) : 16. 6 : 25. 33 (32. 19) : 30 (37). 19 : 32 (39). 5 : 51 (28). 57 : Ez. 8. 18 : 18. 22 : Da. 1. 8 : Mi. 6. 14.]
[**Al.** Ge. 47. 18 : Le. 18. 28 : II Ki. 21. 17 : Ps. 139 (140). 11 (*opt.*) : Ez. 8. 18 : Hb. 3. 17 *bis*.]
[**Quint.** Ps. 61 (62). 3.]
[**Sext.** Ps. 25 (26). 1.]

οὗ (*ubi*). * **οὗ ἐάν, οὗ ἄν.** ** *sine verbo.*

Ge. 13. 3, 4, 14 : 19. 27 : 20. 13*, 15* : 21. 17 *bis* : 24. 4 : 28. 15* : 31. 4**, 13† : 33. 19 : 35. 13, 27 : 37. 1 : 40. 3 : 42. 27 : 49. 4.
Ex. 9. 26 : 18. 5 : 20. 21, 24* : 21. 13 : 24. 10.
Le. 4. 12, 24, 29†, 33 : 6. 25 (18)†, 28 (21)*, 32 (7. 2) : 14. 13† : 15. 22*, 23*.
Nu. 9. 17* : 20. 5 : 35. 25 : 36. 6.
De. 8. 7**, 15**, 15 : 11. 24* : 12. 7*, 13*, 18*†, 18* : 15. 10* : 16. 7*† : 18. 6 : 23. 16 (17)*† : 28. 8*, 20* : 30. 1*.
Jo. 1. 9*, 16* : 4. 3* : 8. 24 : 22. 19.
Jd. 1. 35**† : 5. 17† : 17. 8*†, 9*† : 18. 10† : 19. 26.
Ru. 1. 7, 16*, 17* : 2. 9* : 3. 4†.
I Ki. 3. 3** : 6. 18 : 9. 10 : 10. 5 : 14. 4†, 11, 47*† : 19. 3* : 20. 19 (*subj.*†), 37 : 22. 23* : 23. 13* (*ind.*), 22 *bis* : 26. 5 : 29. 4, 10.
II Ki. 2. 23 : 3. 12† : 11. 16 : 15. 20 (ἐφ' οὗ)*, 21*, 32 : 17. 12* : 23. 4†.
III Ki. 4. 28 (5. 8)* : 5. 9 (23)* : 7. 7 : 8. 47, 48 : 13. 25, 31 : 16. 24 : 18. 10.
IV Ki. 8. 1* (*ind.*†) : 12. 5 (6)* : 19. 12† : 23. 7, 8.
I Ch. 13. 6 : 15. 12.
II Ch. 1. 3 : 3. 1 : 6. 37 : 8. 11.
I Es. 4. 63 : 6. 26.
II Es. 1. 4 : 6. 3, 5†.
Ne. 4. 20 (14)*.
To. 6. 8† : 13. 5* †.
Ju. 5. 19**, 19 : 8. 22* : 12. 1† : 14. 17.
Es. 2. 14**† : 4. 3 : 8. 17*† *bis*.
Jb. 10. 21† : 31. 12* : 38. 26**, 26 : 39. 30*.
Ps. 13 (14). 5† : 52 (53). 5 : 77 (78). 60† : 83 (84). 3 : 131 (132). 7.
Pr. 11. 2* : 12. 7* : 14. 4, 4** : 17. 8* : 19. 23† : 21. 1***†.
Ec. 1. 7† : 11. 3.
Si. 4. 13 : 15. 16* : 23. 21† : 29. 24 : 34 (31). 14* : 36. 30 (27) *bis*, 31 (28)* : 41. 19.
Ho. 1. 10 (2. 1).
Jl. 3 (4). 7.
Na. 2. 11 (12)†.
Is. 5. 10 : 7. 23* : 10. 9 : 15. 2** : 32. 20.
Je. 7. 10, 11, 12, 14†, 30 : 8. 3*† : 13. 7 : 16. 15† : 19. 14 : 22. 12, 26† : 23. 3, 8† : 24. 9 : 26 (46). 28† : 27 (50). 38† : 39 (32). 34†, 37 : 41 (34). 15 : 44 (37). 21 : 49 (42). 22† : 51. 35 (45. 5)*.
Ba. 2. 4, 13, 26, 29 : 3. 8.
Ez. 1. 12* (*ind.*†), 20* : 6. 9, 13 : 8. 3 : 11. 16*, 17† : 12. 16 : 20. 34, 41† : 21. 16 (21)* : 23. 21**† : 28. 25 : 29. 13 : 34. 12 : 36. 20, 21, 22 : 37. 21, 25 : 46. 20, 24.
Da. LXX. Su. 28.
Da. TH. 9. 7.
I Ma. 5. 63 : 6. 36* (*ind.*†), 36* (*ind.*), 57 : 13. 20*† (*ind.*) : 14. 33.
● II Ma. 1. 33 : 2. 4.
III Ma. 3. 29*.
[**Aq.** III Ki. 7. 7 (44) : IV Ki. 8. 1 : 23. 7 : Ps. 83 (84). 4 : Je. 43 (50). 5 : 44 (51). 14 : Ez. 10. 11 (*subj.*) (Sw.).]
[**Sm.** IV Ki. 8. 1* : Ec. 11. 3 : Je. 7. 12 : Ez. 10. 11.]
[**Th.** IV Ki. 8. 1* (*ind.*) : Ps. 52 (53). 6 : Je. 29 (36). 14, 18 : 43 (50). 5 : Ez. 8. 5** (Sw.) : 10. 11* (*ind.*) : Da. 8. 22†.]

οὐαγίθ.

[**Heb.** Ps. 48 (49). 4.]

οὐαδοῦ.

[**Heb.** Ps. 45 (46). 11.]

οὐαθέτ.

[**Heb.** Ps. 43 (44). 19.]

οὐαί. **(1)** אוֹי **(2)** אִי **(3)** *a.* הוֹ *b.* הוֹי *c.* הִי *d.* הֹוָה

Nu. 21. 29. οὐαί σοι, Μωάβ (1)
I Ki. 4. 8 (7), 8. οὐαὶ ἡμῖν (1)
— 21. ἐκάλεσε τὸ παιδάριον Οὐ. βαρχαβώθ [A χαβ.] (2)
III Ki. 12. 24. B οὐαὶ κύριε –
13. 30. οὐαὶ ἀδελφέ (3 *b*)
To. 10. 5. S οὐαί μοι, τέκνον [A B *al.*]
Ju. 16. 17. οὐαὶ ἔθνεσιν ἐπανισταμένοις τῷ γένει μου
Jb. 31. 3. οὐαὶ ἀπώλεια τῷ ἀδίκῳ †
Pr. 23. 29. τίνι οὐαί; τίνι θόρυβος (1)
Ec. 4. 10. οὐαὶ αὐτῷ τῷ ἑνὶ ὅταν πέσῃ (2)
10. 16. οὐαί σοι, πόλις (2)
Si. 2. 12. οὐαὶ καρδίαις δειλαῖς καὶ χερσὶ παρειμέναις
— 13. οὐαὶ καρδίᾳ παρειμένῃ
— 14. οὐαὶ ὑμῖν τοῖς ἀπολωλεκόσι τὴν ὑπομονήν
41. 8. οὐαὶ ὑμῖν, ἄνδρες ἀσεβεῖς
Ho. 7. 13. οὐαὶ αὐτοῖς ὅτι ἀπεπήδησαν (1)
9. 12. οὐαὶ αὐτοῖς ἐστι (1)
Am. 5. 16. ῥηθήσεται, Οὐαὶ οὐαί (3 *a*, 3 *a*)
— 18. οὐαὶ οἱ ἐπιθυμοῦντες τὴν ἡμέραν κ. (3 *b*)
6. 1. οὐαὶ τοῖς ἐξουθενοῦσι Σ. (3 *b*)
Mi. 7. 4. οὐαὶ οὐαὶ αἱ ἐκδικήσεις σου ἥκασι –, –
Na. 3. 17. A οὐαὶ [B S *om.*] αὐτοῖς †, –
Hb. 2. 6. οὐαὶ ὁ πληθύνων ἑαυτῷ (3 *b*)
— 12. οὐαὶ ὁ οἰκοδομῶν πόλιν (3 *b*)
— 19. οὐαὶ ὁ λέγων τῷ ξύλῳ (3 *b*)
Ze. 2. 5. οὐαὶ οἱ κατοικοῦντες (3 *b*)
3. 18. οὐαὶ τίς ἔλαβεν ἐπ' αὐτὴν ὀνειδισμόν †
Is. 1. 4. οὐ. ἔθνος ἁμαρτωλόν (3 *b*)
— 24. οὐ. οἱ ἰσχύοντες Ἰσραήλ [A Ἱερουσαλήμ] (3 *b*)
3. 9. οὐ. τῇ ψυχῇ αὐτῶν (1)
— 11. οὐ. τῷ ἀνόμῳ (1)
5. 8. οὐ. οἱ συνάπτοντες οἰκίαν πρὸς οἰκίαν (3 *b*)
— 11. οὐ. οἱ ἐγειρόμενοι τὸ πρωΐ (3 *b*)
— 18. οὐ. οἱ ἐπισπώμενοι τὰς ἁμαρτίας (3 *b*)
— 20. οὐ. οἱ λέγοντες τὸ πονηρὸν καλόν (3 *b*)
— 21. οὐ. οἱ συνετοὶ ἐν ἑαυτοῖς (3 *b*)
— 22. οὐ. οἱ ἰσχύοντες ὑμῶν (3 *b*)
10. 1. οὐ. τοῖς γράφουσι πονηρίαν (3 *b*)
— 5. οὐ. Ἀσσυρίοις (3 *b*)
17. 12. οὐ. πλῆθος ἐθνῶν πολλῶν (3 *b*)
18. 1. οὐ. γῆς πλοίων πτέρυγες (3 *b*)
24. 16. οὐ. τοῖς ἀθετοῦσιν (1)
28. 1. οὐ. τῷ στεφάνῳ τῆς ὕβρεως (3 *b*)

● = correction on page xxvi

Is. 29. 1. οὐ. Ἀριήλ (3 b)
— 15. οὐ. οἱ βαθέως βουλὴν ποιοῦντες (3 b)
— 15. AB²SR οὐ. οἱ ἐν κρυφῇ βουλὴν ποιοῦντες –
30. 1. οὐ. τέκνα ἀποστάται (3 b)
31. 1. οὐ. οἱ καταβαίνοντες εἰς Αἴγυπτον (3 b)
33. 1. οὐ. τοῖς ταλαιπωροῦσιν ὑμᾶς (3 b)
Je. 4. 13. οὐ. ἡμῖν ὅτι ταλαιπωροῦμεν (1)
6. 4. οὐ. ἡμῖν ὅτι κέκλικεν ἡ ἡμέρα (1)
10. 19. οὐ. ἐπὶ συντρίμματί σου (1)
13. 27. οὐ. σοι Ἰερουσαλήμ (1)
22. 18. A οὐ. [B S καὶ] ἐπὶ τὸν ἄνδρα τοῦτον –
— 18. A οὐ. [B S ὦ] ἀδελφέ (3 b)
26 (46). 19. Μέμφις . . . κληθήσεται Οὐ. †
27 (50). 27. οὐ. αὐτοῖς (3 b)
28 (51). 2. οὐ. ἐπὶ Βαβυλῶνα †
31 (48). 1. οὐ. ἐπὶ Ναβαῦ (3 b)
41 (34). 5. R οὐ. [A B² ὦ] κύριε (3 b)
La. 5. 16. οὐ. δὲ ἡμῖν ὅτι ἡμάρτομεν (1)
Ez. 2. 10. ἐγέγραπτο [A *add.* εἰς αὐτὴν] θρῆνος καὶ μέλος καὶ οὐ. (3 c)
7. 26. οὐ. ἐπὶ οὐ. ἔσται (3 d, 3 d)
13. 3. οὐ. τοῖς προφητεύουσιν ἀπὸ καρδίας αὐτῶν (3 b)
— 18. οὐ. ταῖς συρραπτούσαις προσκεφάλαια (3 b)
16. 23. A οὐ. οὐ. σοι (1, 1)
21. 27 (32). οὐ. αὐτῇ [A *al.*] †
24. 9. A οὐ. πόλεις τῶν αἱμάτων (1)
[**Aq.** Is. 28. 1 : Je. 34 (41). 5 : 45. 3 (51. 33) : Ez. 16. 23 *bis* : 24. 9 : 34. 2 : Mi. 2. 1.]
[**Sm.** Is. 5. 18 : 18. 1 : 28. 1 : 33. 1 : 45. 9 : 55. 1 : Je. 45. 3 (51. 33) : Ez. 13. 18 : 16. 23 *bis* : Mi. 2. 1 : Hb. 2. 9.]
[**Th.** Is. 28. 1 : 45. 9 : 55. 1 : Je. 48 (31). 46 : Ez. 2. 10 : 16. 23 *bis* : 24. 9 : 34. 2 : Ze. 3. 1.]
[**Heb.** Ez. 13. 18.]
[**Al.** Hb. 2. 15.]

οὐαλάμ.

[**Heb.** Ge. 28. 19.]

οὐαλέ.

[**Heb.** Ps. 91 (92). 4.]

οὐαλέα.

[**Heb.** Ps. 7. 8.]

οὐανακά.

[**Heb.** Ma. 2. 13.]

οὐαρφοῦ.

[**Heb.** Ps. 45 (46). 11.]

οὐδαμοῦ. (1) אַיִן (2) אָנָה וְאָנָה

III Ki. 3. 1 (2. 36). οὐκ ἐξελεύσῃ ἐκεῖθεν οὐ. (2)
Jb. 19. 7. κεκράξομαι καὶ οὐδαμοῦ κρίμα (1)
— 29. A γνώσονται ὅτι οὐδαμοῦ αὐτῶν ἡ ἰσχύς ἐστιν [BS *al.*] –
21. 9. φόβος δὲ οὐδαμοῦ †
Pr. 23. 5. AS²R οὐδαμοῦ φανεῖται [BS¹ πεσεῖται] (1)

οὐδαμῶς.

II Ma. 9. 7. ὁ δ' οὐ. τῆς ἀγερωχίας ἔληγεν
— 18. οὐ. δὲ ληγόντων τῶν πόνων
11. 4. οὐ. ἐπιλογιζόμενος τὸ τοῦ θεοῦ κράτος
III Ma. 1. 11. R οὐ. ἠβούλετο πείθεσθαι [A *al.*]
— 12. R οὐ. ἀπέλιπε προφερόμενος ἑαυτόν [A *al.*]
2. 24. οὐ. εἰς μετάμελον ἦλθεν
3. 6. οἱ ἀλλόφυλοι οὐ. διηριθμήσαντο
IV Ma. 18. 5. ὡς γὰρ οὐδὲν οὐ. ἴσχυσεν

οὐδέ, *passim.*

οὐδὲ μή.

Ge. 3. 3.
Ex. 20. 5 (*ind.*†) : 22. 21 (20)† : 23. 9 (*ind.*)†, 13, 18, 24.
Le. 19. 15† : 25. 11†.
De. 1. 42 (*ind.*) : 4. 28† *ter*, 31 (*ind.*†) : 5. 9† : 7. 2, 3 : 17. 16 : 18. 16 : 22. 5 : 29. 23 (22) : 31. 8†.
Jo. 23. 7 (*ind.*†)† *bis.*
III Ki. 13. 8 *bis*, 16 (*ind.*)†.
To. 7. 11†.
Jb. 15. 29†, 30 : 28. 13†.
Ps. 15 (16). 4† : 36 (37). 33 (*opt.*†)† : 88 (89). 33†, 34.
Pr. 2. 19 : 6. 35 (*sine verbo*†) : 15. 23.
Wi. 1. 8 (*ind.*†)†.
Si. 32 (35). 18 (*ind.*†) : 38. 33 (*ind.*†) : 47. 22.
Ho. 3. 3.
Am. 9. 10†.
Ze. 1. 13 (*ind.*†)† : 3. 13 (*ind.*)†.
Is. 5. 6†, 27 (*ind.*)†, 27 : 7. 9, 12† : 8. 12† : 11. 9† : 13. 20† *bis* : 33. 20† : 35. 9 : 37. 33 *bis*, 33† : 40. 24 (*ind.*†), 24 : 45. 17 : 48. 19 (*ind.*)† : 49. 10 (*ind.*)† : 59. 6† : 65. 17†, 25 (*ind.*)†.
Je. 22. 18 (*ind.*)† : 28 (51). 43 (*ind.*†).
Ep. Je. 54.
Ez. 7. 9, 7 : 8. 18 : 9. 10 : 16. 16† : 24. 14 : 37. 22 : 39. 10 (*ind.*†) : 47. 12.
[**Aq.** Jb. 41. 2 : Is. 37. 33 : Je. 5. 15 (Sw.) : 23. 4 : Ez. 24. 14 (*ind.*).]
[**Sm.** Is. 37. 33 : Ez. 24. 14 (*ind.*).]
[**Th.** Jb. 41. 2 : Is. 37. 33 : Je. 5. 15 (Sw.) : Ez. 24. 14 (*ind.*).]

οὐδὲ οὐ μή.

De. 1. 37 : 10. 17† : 13. 8 (9)† : 15. 7 (*ind.*†)† : 28. 65† : 31. 6†, 8†.
Jd. 2. 2†.
Jb. 7. 10† *bis.*
Ps. 15 (16). 4† : 36 (37). 33† : 88 (89). 33†.
Am. 9. 10†.
Ze. 1. 12 (*ind.*)†.
Is. 5. 6† : 7. 12† : 8. 12† : 11. 9† : 13. 20† *bis*, 20 (*ind.*†) : 27. 11 (*ind.*†) : 33. 20†, 20 : 35. 9 : 37. 33† (*ind.*) : 48. 19 : 54. 10 : 65. 17†, 20†.
Je. 16. 6 (*ind.*)†.
Ez. 16. 16† : 24. 17† *bis* : 29. 5†.
Da. LXX. 4. 29.
[**Aq.** Is. 65. 17 (*ind.*) : Je. 16. 6 (*ind.*) : 25. 33 (32. 19) : Ez. 24. 16.]
[**Sm.** Jb. 9. 3† : Is. 37. 33 (*ind.*) : 65. 17 (*ind.*) : Ez. 24. 16.]
[**Th.** Jb. 9. 3† : Is. 7. 9 (*opt.*) : 37. 33 (*ind.*) : 65. 17 (*ind.*) : Je. 25. 33 (32. 19) : Ez. 24. 14 (Sw.), 16 *bis.*]

οὐδείς, οὐθείς. (1) *a.* אֶחָד c. neg. *b.* עַד־אֶחָד c. neg. (2) אַיִן (3) *a.* אִישׁ *b.* אִישׁ c. neg. (4) אַל (5) בְּלִימָה (6) דָּבָר c. neg. (7) הֶבֶל (8) כֹּל c. neg. (9) *a.* לֹא *b.* לָא *c.* לָה *d.* לָא אֱנָשׁ *e.* אַחֲרָן לָא (10) מְאוּמָה c. neg. (11) c. neg. מַה־ (12) מְזִמָּה c. neg. (13) מִי (14) תֹּהוּ (15) οὐδὲν μή, οὐδὲν οὐ μή בְּלִי (16) אֶפֶס (17) תֹּהוּ וָבֹהוּ

Ge. 19. 31. οὐδείς ἐστιν ἐπὶ τῆς γῆς (3 a+2)
20. 9. ὃ οὐδεὶς ποιήσει (9 a)
23. 6. R οὐδεὶς γὰρ ἡμῶν οὐ μὴ κωλύσει [A *al.*] (3 a [3 b])
30. 31. οὐ δώσεις μοι οὐθέν (10)
31. 32. οὐκ ἐπέγνω παρ' αὐτῷ οὐθέν –
— 44. οὐθεὶς μεθ' ἡμῶν ἐστιν –
— 50. οὐθεὶς μεθ' ἡμῶν ἐστιν (2+3 a)
37. 4. οὐκ ἠδύναντο λαλεῖν . . . οὐδὲν εἰρηνικόν –
39. 6. οὐκ ᾔδει τῶν καθ' αὐτὸν οὐδέν (10)
— 8. οὐ γινώσκει δι' ἐμὲ οὐδέν (11)
— 9. οὐχ ὑπερέχει . . . οὐδὲν ἐμοῦ †
— 9. οὐδὲ ὑπεξῄρηται ἀπ' ἐμοῦ οὐδέν (10)
— 11. οὐθεὶς ἦν τῶν ἐν τῇ οἰκίᾳ ἔσω (2+3 a)
— 23. οὐκ ἦν . . . γινώσκων δι' αὐτὸν οὐθέν †
40. 15. καὶ ὧδε οὐκ ἐποίησα οὐδέν (10)
41. 44. οὐκ ἐξαρεῖ οὐθεὶς τὴν χεῖρα αὐτοῦ (3 b)
45. 1. οὐ παρειστήκει οὐ. [A *add.* ἔτι] (3 b)
Ex. 2. 12. οὐχ ὁρᾷ οὐδένα (2+3 a)
5. 8. οὐκ ἀφελεῖς οὐδέν –
— 11. οὐ γὰρ ἀφαιρεῖται . . . οὐθέν (6)
8. 31 (27). καὶ οὐ κατελείφθη οὐδεμία (1 a)
9. 6. A²B οὐκ ἐτελεύτησεν οὐδέν (1 a)
— 7. A²B οὐκ ἐτελεύτησεν . . . οὐδέν (1 b)
10. 15. οὐχ ὑπελείφθη χλωρὸν οὐδέν (8)
— 23. καὶ οὐκ εἶδεν οὐδεὶς τὸν ἀδελφὸν αὐτοῦ (3 b)
— 23. καὶ οὐκ ἐξανέστη [A ἀνέστη] οὐ. (3 b)
34. 24. οὐκ ἐπιθυμήσει οὐδεὶς τῆς γῆς σου (3 b)
Le. 26. 17. οὐθενὸς διώκοντος ὑμᾶς (2)
— 36. πεσοῦνται οὐθενὸς διώκοντος (2)
— 37. οὐθενὸς κατατρέχοντος (2)
27. 26. οὐ καθαγιάσει αὐτὸ οὐθείς (3 b)
Nu. 11. 6. οὐδὲν [B¹ *om.*] πλὴν εἰς τὸ μάννα οἱ ὀφθ. ἡμῶν (2+8)
16. 15. οὐκ ἐπιθύμημα οὐδενὸς αὐτῶν εἴληφα (1 a)
— 15. οὐδὲ ἐκάκωσα οὐδένα αὐτῶν (1 a)
20. 19. τὸ πρᾶγμα οὐδέν ἐστι (2)
De. 7. 24. οὐκ ἀντιστήσεται οὐδείς (3 b)
8. 9. οὐκ ἐνδεηθήσῃ ἐπ' αὐτῆς οὐδέν (8)
11. 25. οὐκ ἀντιστήσεται οὐδείς (3 b)
13. 17 (18). οὐ προσκολληθήσεται οὐδέν (10)
16. 5. ἐν οὐδεμιᾷ τῶν πόλεών σου (1 a)
22. 26. B² οὐ ποιήσετε [A -ται] οὐδέν (6)
24. 5. οὐκ ἐπιβληθήσεται αὐτῷ οὐδὲν [A -θὲν] πρᾶγμα (8)
28. 55. διὰ τὸ μὴ καταλειφθῆναι αὐτῷ οὐδέν [A μηθέν] (8)
34. 6. οὐκ οἶδεν οὐδεὶς τὴν ταφὴν αὐ. (3 b)
Jo. 2. 11. οὐκ ἔστη ἔτι πνεῦμα ἐν οὐδενὶ ἡμῶν (3 b)
5. 1. οὐκ ἦν ἐν αὐτοῖς φρόνησις οὐ. –
6. 1. B οὐθεὶς [A R οὐδεὶς] ἐξεπορεύετο (2)
8. 17. οὐ κατελείφθη οὐθείς (3 b)
10. 8. οὐχ ὑπολειφθήσεται ἐξ αὐτῶν οὐθείς (3 b)
— 21. B οὐκ ἔγρυξεν οὐθεὶς [A R -δεὶς] τῶν υἱῶν Ἰσρ. (3 b)
— 28. οὐ κατελείφθη οὐδεὶς ἐν αὐτῇ –
— 39. οὐ κατέλιπον αὐτῇ οὐδένα διασεσωσμένον –
11. 14. R οὐ κατέλιπον ἐξ αὐτῶν οὐδὲν [A B οὐδὲ ἓν] ἐμπνέον (8)
— 15. οὐ παρέβη οὐδὲν [A -θέν] (6)
21. 42. οὐκ ἀνέστη οὐθεὶς [A -δείς] (3 b)
23. 9. B οὐθεὶς [A R -δεὶς] ἀντέστη κατενώπιον ἡμῶν (9 a+3 a)
Jd. 14. 6. οὐδὲν ἦν ἐν ταῖς χερσὶν αὐτοῦ (10+2)
I Ki. 11. 13. οὐκ ἀποθανεῖται οὐδείς (3 b)
12. 4. οὐκ εἴληφας ἐκ χειρὸς οὐδενὸς οὐδέν (3 b, 10)
— 5. B οὐχ εὑρήκατε ἐν χειρί μου οὐθέν [A R -δέν] (10)
— 21. B οἳ οὐ περανοῦσιν οὐθέν –
— 21. B ὅτι οὐθέν εἰσιν (14)
20. 26. A οὐκ ἐλάλησε Σ. οὐδέν [B *om.*] (10)
— 39. B οὐκ ἔγνω οὐθέν (10)
21. 1 (2). καὶ οὐθεὶς [A -δεὶς] μετὰ σοῦ (3 a+2)
25. 7. οὐκ ἐνετειλάμεθα αὐτοῖς οὐθέν (10)
— 15. AR οὐδὲ ἐνετείλαντο ἡμῖν οὐδέν [B *om.*] (10)
— 21. οὐκ ἐνετειλάμεθα λαβεῖν . . . οὐθέν (10)
29. 3. οὐχ εὕρηκα ἐν αὐτῷ οὐθέν [A -δέν] (10)
II Ki. 12. 3. καὶ τῷ πένητι οὐδέν (2+8)
III Ki. 3. 18. οὐκ ἔστιν οὐθεὶς μεθ' ἡμῶν †
18. 43. οὐκ ἔστιν οὐθέν (10)
IV Ki. 4. 2. B οὐκ ἔστι τῇ δούλῃ σου οὐθέν [AR -δέν] (8)
II Ch. 9. 20. οὐκ ἦν ἀργύριον λογιζόμενον . . . εἰς οὐθέν (10)
35. 3. B οὐκ ἔστιν ὑμῖν ἆραι ἐπ' ὤμων οὐθέν [A R -δέν] –
I Es. 4. 36. B οὐκ ἔστι μετ' αὐτοῦ ἄδικον οὐθέν [AR -δέν]
— 40. B οὐκ ἔστιν ἐν τῇ κρίσει αὐ. οὐθέν [AR -δὲν] ἄδικον
Ne. 9. 21. R οὐχ ὑστέρησας αὐτοῖς οὐδέν [ABS *al.*] –
To. 1. 20. οὐ κατελείφθη μοι οὐδέν
2. 13. S φαγεῖν οὐδὲν κλεψιμαῖον [A B *al.*]
6. 14. ὃ οὐκ ἀδικεῖ οὐδένα [S *al.*]
7. 11. οὐ γεύομαι οὐδὲν ὧδε [S *al.*]
8. 14. S οὐδὲν κακόν ἐστιν
10. 2. οὐδεὶς αὐτῷ δίδωσι τὸ ἀργύριον
— 7. S οὐκ ἐπείθετο οὐδενί
12. 19. S οὐκ ἔφαγον οὐθέν [A B *al.*]
13. 2. S οὐκ ἔστιν οὐδὲν ὃ ἐκφεύξεται [AB *al.*]
14. 4. S² οὐ μὴ οὐθὲν [S¹ μηθὲν] ἐλαττονωθῇ
Ju. 6. 9. οὐθὲν διαπεσεῖται τῶν ῥημάτων μου
8. 13. καὶ οὐθὲν ἐπιγνώσεσθε
11. 13. ἅψασθαι οὐδένα τῶν ἐκ τοῦ λαοῦ
12. 10. οὐκ ἐκάλεσεν . . . οὐδένα τῶν πρὸς ταῖς χρείαις
13. 4. οὐδεὶς κατελείφθη ἐν τῷ κοιτῶνι
14. 15. S R ὡς δὲ οὐδεὶς [A B -θεὶς] ἐπήκουσε
Es. 2. 15. οὐδὲν ἠθέτησεν ὧν ἐνετείλατο (6)
4. 17. οὐ προσκυνήσω οὐδένα [A -θένα]
5. 12. οὐ κέκληκεν . . . οὐδένα [A *al.*] –
6. 3. οὐκ ἐποίησας αὐτῷ οὐδέν [A -θέν] (6)
9. 2. οὐδεὶς γὰρ ἀντέστη (3 a+9 a)
— 15. οὐδὲν [A -θὲν] διήρπασαν †
— 16. S² οὐδὲν διήρπασαν †
— 16. B S¹ καὶ οὐδὲν διήρπασαν †
— 17. A καὶ οὐδὲν διήρπασαν †
10. 3. A οὐδὲν παρῆλθεν αὐτῶν λόγος [B S *al.*]
Jb. 1. 22. οὐδὲν ἥμαρτεν Ἰὼβ ἐναντίον τοῦ κυρίου [A *al.*] (9 a)
2. 10. οὐδὲν ἥμαρτεν Ἰὼβ τοῖς χείλεσιν [A *al.*] (9 a)
— 13. A B¹ οὐδεὶς αὐτῶν [B² -φ] ἐλάλησεν (2)

Jb. 4. 7. A οὐδεὶς [B S τίς] καθαρὸς ὢν ἀπώλετο (13)
— 12. οὐθὲν ἂν σοι τούτων κακὸν ἀπήντησε [A *al.*] +
10. 13. ἀδυνατεῖ δέ σοι οὐθέν [A -δέν] −
13. 10. οὐθὲν ἧττον ἐλέγξει ὑμᾶς +
14. 4. ἀλλ' οὐθεὶς ἐὰν καὶ μία ἡμέρα ὁ βίος αὐ. [A *al.*] (9 a+1 a)
— 16. οὐ μὴ παρέλθῃ σε οὐδὲν τῶν ἁμαρτιῶν μου −
15. 3. ἐν λόγοις οἷς οὐδὲν ὄφελος (9 a)
— 5. S οὐδὲν διέκρινας ῥήματα δυναστῶν [A B *al.*] −
16. 18. ἄδικον δὲ οὐδὲν ἦν ἐν χερσί μου (9 a)
21. 25. οὐ φαγὼν οὐδὲν [S¹ *om.*, S² -θὲν] ἀγαθόν −
— 34. τὸ δὲ ἐμὲ καταπαύσασθαι ἀφ' ὑμῶν οὐδέν [A *al.*] +
24. 25. καὶ θήσει εἰς οὐδὲν [A -θὲν] τὰ ῥήματά μου (4)
26. 7. ἐκτείνων βορέαν ἐπ' οὐδὲν κρεμάζων γῆν ἐπὶ οὐδενός (14, 5)
27. 15. A R χήρας δὲ αὐτῶν οὐδεὶς [B S οὐθ.] ἐλεήσει (9 a)
31. 37. οὐθὲν [A οὐδ.] λαβὼν παρὰ χρεωφειλέτου +
34. 21. λέληθε δὲ αὐτὸν οὐδὲν ὧν πράσσουσιν (8 ?)
39. 34 (40. 4). ἀκούων τοιαῦτα οὐθὲν ὢν [A *al.*] −
41. 17 (18). οὐδὲν [A S² οὐ. οὐ] μὴ ποιήσωσι δόρυ (15)
— 24 (25). οὐκ ἔστιν οὐδὲν ἐπὶ τῆς γῆς ὅμοιον αὐτῷ −
42. 2. A R ἀδυνατεῖ δέ σοι οὐδέν [B S -θέν] (12)
— 7. οὐ γὰρ ἐλαλήσατε ἐνώπιόν μου ἀληθὲς οὐδέν −
— 8. A οὐ γὰρ ἐλαλήσατε κατὰ τοῦ θεράποντός μου Ἰὼβ οὐδὲν ἀγαθόν [B S *al.*] −
Ps. 22 (23). 1. οὐδέν με ὑστερήσει [S οὐ μὴ ὑστερήσῃ] (9 a)
38 (39). 5. A S² R ἡ ὑπόστασίς μου ὡσεὶ οὐθὲν [B S¹ οὐδ.] ἐνώπιόν σου (2)
75 (76). 5. οὐχ εὗρον οὐδὲν πάντες οἱ ἄνδρες τοῦ πλούτου −
138 (139). 16. A R καὶ οὐθεὶς [B S οὐδ.] ἐν αὐτοῖς (9 a+1 a)
Pr. 3. 15. οὐκ ἀντιτάξεται αὐτῇ οὐδὲν πονηρόν −
6. 35. οὐκ ἀνταλλάξεται οὐδενὸς λύτρου τὴν ἔχθραν (8)
8. 8. οὐδὲν ἐν αὐτοῖς σκολιόν (2)
12. 21. οὐκ ἀρέσει τῷ δικαίῳ οὐδὲν ἄδικον (8)
13. 13. υἱῷ δολίῳ οὐδὲν ἔσται ἀγαθόν −
21. 10. ψυχὴ ἀσεβοῦς οὐκ ἐλεηθήσεται ὑπ' οὐδενὸς τῶν ἀνθρώπων +
24. 23 (29. 27). οὐδὲν ψεῦδος ἀπὸ γλώσσης αὐτοῦ οὐ μὴ ἐξέλθῃ −
— 55 (30. 20). οὐδέν φησι πεπραχέναι ἄτοπον (9 a)
26. 2. οὕτως ἀρὰ ματαία οὐκ ἐπελεύσεται οὐδενί −
27. 4. B S οὐδένα [A R οὐδὲν] ὑφίσταται ζῆλος (13)
— 14. καταρωμένου οὐδὲν διαφέρειν δόξει +
Ec. 3. 19. τί ἐπερίσσευσεν ὁ ἄνθρωπος παρὰ τὸ κτῆνος; οὐδέν [A¹ οἶδεν] (2)
5. 13. οὐκ ἔστιν ἐν χειρὶ αὐτοῦ οὐδέν (10)
— 14. οὐδὲν οὐ [A *om.*] λήψεται ἐν μόχθῳ αὐτοῦ (10 [10+9 a])
7. 15 (14). ἵνα μὴ εὕρῃ ἄνθρωπος ὀπίσω αὐτοῦ οὐδὲν [A S μηδέν] (10)
9. 5. οἱ νεκροὶ οὐκ εἰσὶ γινώσκοντες οὐδέν (10)
Wi. 1. 8. φθεγγόμενος ἄδικα οὐδεὶς μὴ λάθῃ
2. 4. οὐδεὶς μνημονεύσει τῶν ἔργων ἡμῶν
— 5. οὐδεὶς ἀναστρέφει
3. 17. εἰς οὐθὲν λογισθήσονται
4. 5. εἰς οὐθὲν ἐπιτήδειος
5. 11. οὐθὲν εὑρίσκεται τεκμήριον πορείας
— 13. ἀρετῆς μὲν σημεῖον οὐδὲν ἔσχομεν δεῖξαι
7. 5. οὐδεὶς γὰρ βασιλεὺς [A -λέων] ἑτέραν ἔσχε γενέσεως ἀρχήν
— 8. πλοῦτον οὐδὲν ἡγησάμην ἐν συγκρίσει αὐτῆς
— 25. οὐδὲν μεμιαμμένον εἰς αὐτὴν παρεμπίπτει
— 28. οὐθὲν [A S οὐδὲν] γὰρ ἀγαπᾷ ὁ θεὸς
8. 7. ὧν χρησιμώτερον οὐδέν ἐστιν ἐν βίῳ ἀνθρώποις
9. 6. εἰς [S¹ *om.*] οὐδὲν [A οὐθὲν] λογισθήσεται
11. 24. οὐδὲν [A -ένα] βδελύσσῃ ὧν ἐποίησας
13. 13. τὸ δὲ ἐξ αὐτῶν ἀπόβλημα εἰς οὐδὲν [A -θὲν] εὔχρηστον
15. 16. οὐδεὶς γὰρ αὐτῷ ὅμοιον ἄνθρωπος ἰσχύει πλάσαι θεόν [A S *al.*]
17. 5. πυρὸς μὲν οὐδεμία βία κατίσχυε φωτίζειν
— 12. οὐθὲν [A¹ S οὐδέν, A² οὐδὲ] γάρ ἐστι φόβος
Si. 5. 8. οὐδὲν γὰρ ὠφελήσεις [A S² -σει σε] ἐν ἡμέρᾳ ἐπαγωγῆς
Si. 8. 16. ὡς οὐδὲν ἐν ὀφθαλμοῖς αὐτοῦ αἷμα
15. 20. οὐκ ἐνετείλατο οὐδενὶ ἀσεβεῖν καὶ οὐκ ἔδωκεν ἄνεσιν οὐδενὶ ἁμαρτάνειν
18. 4. οὐθενὶ [A S² οὐδενὶ] ἐξεποίησεν ἐξαγγεῖλαι τὰ ἔργα αὐτοῦ
— 33. οὐθέν σοί ἐστιν ἐν μαρσυπείῳ
19. 7. οὐθέν σοι οὐ μὴ ἐλαττονωθῇ
23. 18. οὐθείς με ὁρᾷ
— 27. οὐθὲν κρεῖττον φόβου κυρίου καὶ οὐθὲν γλυκύτερον τοῦ προσέχειν ἐντολαῖς κυρίου
27. 22. οὐδεὶς αὐτὸν [A -ὰ] ἀποστήσει ἀπ' αὐ.
31 (34). 14. S ὁ φοβούμενος κύριον οὐδὲν [B οὐ μή, A πολλὰ] εὐλαβηθήσεται
39. 20. οὐθὲν [S¹ οὐκ, A S² οὐδέν] ἐστι θαυμάσιον ἐναντίον αὐτοῦ
40. 6. ὀλίγον ὡς οὐδὲν ἐν ἀναπαύσει
— 7. ἀποθαυμάζων εἰς οὐδένα φόβον
42. 21. A B S² καὶ οὐ [S¹ R οὐδὲ] προσεδεήθη οὐδενὸς συμβούλου [S¹ ἀνδρὸς σ.]
— 24. οὐκ ἐποίησεν οὐδὲν ἐκλεῖπον
48. 12. οὐ κατεδυνάστευσεν αὐτὸν οὐδείς
Ho. 2. 10 (12). οὐδεὶς οὐ μὴ ἐξέληται αὐτήν (3 b)
7. 16. ἀπεστράφησαν εἰς οὐθέν (9 a ?)
Am. 6. 6. οὐκ ἔπασχον οὐδὲν ἐπὶ τῇ συντριβῇ Ἰ. −
— 14 (13). οἱ εὐφραινόμενοι ἐπ' οὐδενὶ λόγῳ (9 a)
Mi. 2. 11. κατεδιώχθητε οὐδενὸς [A οὐθ.] διώκοντος +
Hb. 2. 5. A S² R ἀνὴρ ἀλαζὼν οὐθὲν [B S¹ -δὲν] μὴ περάνῃ (9 a)
Za. 1. 21 (2. 4). καὶ οὐδεὶς αὐτῶν ἦρε κεφαλήν (3 a+9 a)
11. 5. οὐκ ἔπασχον οὐδὲν ἐπ' αὐτοῖς −
Is. 11. 9. οὐδὲ μὴ δύνωνται ἀπολέσαι οὐδένα +
14. 23. ἔσται εἰς οὐδὲν [S -θέν] +
33. 1. ὑμᾶς δὲ οὐδεὶς ποιεῖ ταλαιπώρους −
36. 21. οὐδεὶς ἀπεκρίθη αὐτῷ λόγον (9 a)
39. 2. οὐκ ἦν οὐθὲν ὃ οὐκ ἔδειξεν Ἐζεκίας (6)
— 6. οὐδὲν [A *om.*] οὐ μὴ καταλείπωσιν (6)
40. 17. πάντα τὰ ἔθνη εἰς οὐδέν εἰσι καὶ εἰς οὐθὲν [S -δὲν] ἐλογίσθησαν (2, 16+14)
— 23. ὁ διδοὺς ἄρχοντας ὡς [A S εἰς] οὐδὲν ἄρχειν τὴν δὲ γῆν ὡς οὐδὲν ἐποίησεν (2, 14)
— 26. ἐν κράτει ἰσχύος αὐτοῦ [A S *om.*] οὐδέν σε ἔλαθε (3 a+9 a)
41. 28. ἀπὸ γὰρ τῶν ἐθνῶν ἰδοὺ οὐδείς [A S -θείς] (2+3 a)
44. 20. οὐδεὶς δύναται ἐξελέσθαι τὴν ψυχὴν αὐτοῦ (9 a)
47. 6. S¹ σὺ δὲ οὐκ ἔδωκας αὐτοῖς ἔλεος οὐδέν [A B S² *om.*] −
49. 4. εἰς μάταιον καὶ εἰς οὐδὲν [A S οὐθὲν] ἔδωκα τὴν ἰσχύν μου (7)
57. 1. οὐδεὶς ἐκδέχεται τῇ καρδίᾳ . . . οὐδεὶς κατανοεῖ (2+3 a, 2)
59. 4. οὐθεὶς [A S οὐδεὶς] λαλεῖ δίκαια (2)
63. 5. A S οὐδεὶς [B οὐκ ἦν] βοηθός (2)
— 5. οὐθεὶς [S οὐδεὶς] ἀντελαμβάνετο (2)
Je. 2. 6. A B¹ ἐν ᾗ οὐ διώδευσεν ἐν αὐτῇ οὐθὲν [B² ἀνήρ, S ἄνθρωπος, R ἀνὴρ οὐ.] (3 b)
3. 9. ἐγένετο εἰς οὐθὲν ἡ πορνεία αὐτῆς +
4. 23. ἐπέβλεψα ἐπὶ τὴν γῆν καὶ ἰδοὺ οὐθέν (17)
13. 7. οὐ μὴ χρησθῇ εἰς οὐθέν (8)
— 10. οὐ χρησθήσεται εἰς οὐθέν (8)
15. 10. οὔτε ὠφέλησέ με οὐδεὶς [S¹ οὐδὲ εἷς] −
27 (50). 32. R οὐδεὶς [A B S οὐκ] ἔσται ὁ ἀνιστῶν (2)
28 (51). 43. S οὐ κατοικήσει ἐν αὐτῇ οὐδεὶς [A B οὐδὲ εἷς] (8+3 b)
30 (49). 4. S¹ οὐδεὶς [A B S² τίς] εἰσελεύσεται ἐπ' ἐμέ (13)
39 (32). 17. οὐ μὴ ἀποκρυβῇ ἀπὸ σοῦ οὐθέν (8+6)
49 (42). 17. οὐκ ἔσται αὐτῶν οὐθεὶς σωζόμενος +
51 (44). 14. A R οὐκ ἔσται σεσωσμένος οὐδεὶς [B S -θεὶς] τῶν ἐπιλοίπων +
Ep. Je. 19. ὧν οὐδένα [A οὐ] δύνανται ἰδεῖν
— 45. οὐθὲν ἄλλο μὴ γένηται [A *al.*]
— 51. οὐδὲν θεοῦ [A οὖν] ἔργον ἐν αὐτοῖς ἐστι
— 69. κατ' οὐδένα οὖν τρόπον ἐστὶν ἡμῖν φανερόν
— 70. προβασκάνιον οὐδὲν φυλάσσον
Ez. 44. 2. οὐδεὶς μὴ διέλθῃ δι' αὐτῆς (3 b)
Da. LXX. 2. 10. οὐδεὶς τῶν ἐπὶ τῆς γῆς δυνήσεται (9 d)
— 11. οὐδείς ἐστιν ὃς δηλώσει (9 e)
3. 25 (92). φθορὰ οὐδεμία ἐγενήθη ἐν αὐτοῖς (9 b)
4. 30. οὐχ ὑστερήσει ἀπὸ πάντων τούτων οὐδέν −
Da. LXX. 5. 8. οὐκ ἠδύνατο οὐδεὶς τὸ σύγκριμα . . . ἀπαγγεῖλαι −
6. 5 (4). ἐπεὶ οὐδεμίαν ἁμαρτίαν . . . ηὕρισκον (8)
8. 27. οὐδεὶς ἦν ὁ διανοούμενος (2)
10. 21. οὐθεὶς ἦν ὁ βοηθῶν μετ' ἐμοῦ (2+1 a)
Bel 4. οὐδένα σέβομαι ἐγώ
— 6. οὐθὲν βέβρωκε πώποτε οὗτος
— 13. οὐθενὸς τῶν ἐκτὸς αὐτοῦ εἰδότος
Da. TH. Su. 16. οὐκ ἦν οὐδεὶς ἐκεῖ
— 20. οὐδεὶς θεωρεῖ ἡμᾶς
4. 32. ὡς οὐδὲν ἐλογίσθησαν (9 c)
I Ma. 4. 5. καὶ οὐδένα εὗρε
5. 48. οὐδεὶς κακοποιήσει ὑμᾶς
— 54. οὐκ ἔπεσεν ἐξ αὐτῶν οὐθείς
8. 14. A R οὐκ ἐπέθεντο οὐδεὶς αὐτῶν [S αὐ. οὐδὲ εἷς] διάδημα
— 26. S R οὐθὲν [A ὅθεν] λαβόντες
10. 35. οὐχ ἕξει ἐξουσίαν οὐδείς
11. 36. A οὐκ ἀθετήσεται οὐδὲν [S R οὐδὲ ἓν] τούτων
— 38. S R οὐθὲν [A -θὲν] αὐτῷ ἀνθειστήκει
14. 44. οὐκ ἐξέσται οὐδενὶ [S¹ οὐθὲν] τοῦ λαοῦ
15. 14. οὐκ εἴασεν οὐδένα ἐκπορεύεσθαι
II Ma. 4. 15. τὰς μὲν πατρῴους τιμὰς ἐν οὐδενὶ τιθέμενοι
— 25. τῆς μὲν ἀρχιερωσύνης οὐδὲν ἄξιον φέρων
— 27. τῶν δὲ . . . χρημάτων οὐδὲν εὐτάκτει
— 40. οὐδὲν δὲ ἧττον καὶ τὴν ἄνοιαν
7. 12. ὡς ἐν οὐδενὶ τὰς ἀλγηδόνας ἐτίθετο
9. 10. παρακομίζειν οὐδεὶς ἐδύνατο
11. 31. οὐδεὶς αὐτῶν κατ' οὐδένα τρόπον παρενοχληθήσεται
14. 23. ἔπραττεν οὐθὲν ἄτοπον
15. 27. κατέστρωσαν οὐδὲν ἧττον μυριάδων τριῶν
III Ma. 1. 13. οὐθεὶς ἐκώλυσε τῶν παρόντων
3. 8. οἱ δὲ κατὰ τὴν πόλιν Ἑλλ. οὐδὲν ἠδικημένοι
— 19. οὐδὲν γνήσιον βούλονται φέρειν
5. 42. τὰς . . . μεταβολὰς τῆς ψυχῆς παρ' οὐδὲν ἡγούμενος
IV Ma. 5. 16. οὐδεμίαν ἀνάγκην βιαιοτέραν εἶναι νομίζομεν
— 17. κατ' οὐδένα τρόπον παρανομεῖν ἀξιοῦμεν
6. 5. κατ' οὐδένα τρόπον μετετρέπετο
7. 3. κατ' οὐδένα τρόπον μετέτρεψε
— 20. οὐδὲν οὖν ἐναντιοῦται
8. 11. οὐδὲν ὑμῖν ἀπειθήσασι . . . ἀπόκειται
— 27. τούτων οὐδὲν εἶπον
14. 4. οὐδεὶς ἐκ τῶν ἑπτὰ μειρακίων
15. 11. ἐπ' οὐδενὸς αὐτῶν τὸν λογισμὸν αὐ. . . . μετατρέψαι
16. 6. οὐδενὸς [S οὐδὲ ἑνὸς] μήτηρ γεγένημαι
— 11. οὐδένα ὠλοφύρετο ἡ ἱερὰ . . . μήτηρ
18. 5. ὡς γὰρ οὐδὲν οὐδαμῶς ἴσχυσεν
[**Aq.** Ge. 1. 2: 41. 44: Is. 34. 11: 47. 15: Je. 4. 23: 34 (41). 9.]
[**Sm.** Le. 27. 26: I Ki. 20. 21: Jb. 15. 15: 26. 14: 35. 3: Ps. 38 (39). 6: 58 (59). 8: 72 (73). 2: 138 (139). 16: Ec. 7. 25 (24): Is. 47. 15: 52. 4: 63. 3: Je. 8. 6: 15. 13: 34 (41). 9: 38 (45). 5.]
[**Th.** Ge. 1. 2 *bis*: Jb. 24. 25: 26. 7: Ps. 118 (119). 119: 138 (139). 16: Is. 41. 29: 47. 15: Je. 15. 10: 39 (46). 10.]
[**Al.** Jo. 1. 5.]
[**Quint.** Ps. 118 (119). 119.]

οὐδένωσις.
[**Th.** Is. 34. 11.]

οὐδέποτε. (1) לֹא (2) מִיָּמָיו
Ex. 10. 6. ἃ οὐ. ἑωράκασιν οἱ πατέρες σου (1)
III Ki. 1. 6. οὐκ ἀπεκώλυσεν αὐτὸν . . . οὐ. (2)
Wi. 15. 17. αὐτὸς μὲν ἔζησεν ἐκεῖνα δὲ οὐδέποτε
Da. TH. Bel 7. οὐ βέβρωκεν οὐ. [A *al.*]
II Ma. 6. 16. οὐ. μὲν τὸν ἔλεον αὐ. ἀφ' ἡμῶν ἀφίστησι
[**Th.** Da. 14. 6.]

οὐδέπω. (1) טֶרֶם
Ex. 9. 30. ἐπίσταμαι ὅτι οὐ. πεφόβησθε τὸν κ. (1)

οὐδός.
[**Aq.** Ez. 9. 3: 10. 18.]
[**Sm.** Ez. 9. 3: 10. 18: 40. 5 (P.), 6 *bis*, 7.]
[**Al.** Ez. 47. 1.]

οὐεαβηού.
[**Heb.** Ho. 11. 1.]

οὐεσσάκη.
[Heb. Ge. 33. 4.]

οὐζώθ.
[Heb. Ma. 2. 13.]

οὐθασρηού.
[Heb. Ps. 8. 6.]

οὐθείς, *vid.* οὐδείς.

οὐϊαβώ.
[Heb. Is. 26. 2.]

οὐϊεγάρ.
[Heb. IV Ki. 4. 35.]

οὐϊκρά.
[Heb. Le. 1. 1.]

οὐκέτι. (1) אַיִן (2) אֶפֶס (3) יָסַף hi. (4) לֹא, לוֹא (5) מִ׳ (6) *a.* עוֹד *b.* עוֹד c. neg. (7) οὐ. εἶναι *a.* כָּתַת hoph. *b.* שָׁבַת ni.

Ge. 9. 11. *οὐκέτι ἔσται κατακλυσμὸς ὕδατος* (4+6 *a*)
Ex. 5. 7. *οὐκέτι προστεθήσεσθε διδόναι* (4)
— 10. *οὐκέτι δίδωμι ὑμῖν ἄχυρα* (1)
9. 28. *καὶ οὐ. προστεθήσεσθε μένειν* (4)
— 33. B *ὁ ὑετὸς οὐκ ἔσταξεν οὐκέτι* [A R *ἔτι*] –
10. 29. *οὐκέτι ὀφθήσομαί σοι* (4+3+6 *b*)
11. 6. *τοιαύτη οὐκέτι προστεθήσεται* (4)
Nu. 11. 25. *οὐ. προσέθεντο* (4)
32. 19. *οὐ. κληρονομήσωμεν ἐν αὐτοῖς* (4)
Jo. 5. 11 (12). *οὐ. ὑπῆρχε τοῖς υἱοῖς Ἰσρ. μάννα* (4+6 *a*)
8. 20. B *οὐ. εἶχον ποῦ φύγωσιν* (4)
II Ki. 7. 10. *οὐ μεριμνήσει οὐ.* (6 *b*)
— 10. B *οὐ προσθήσει οὐ.* [A *ἔτι*, R *om.*] *υἱὸς ἀδικίας* –
III Ki. 22. 7. A *οὐκ ἔστιν ὧδε προφήτης τοῦ κ. οὐ.* [B *om.*] (6 *b*)
I Es. 2. 24. B *ἔξοδός σοι οὐ. ἔσται* [A R *al.*]
To. 1. 15. *οὐ. ἠδυνάσθην φονευθῆναι*
2. 8. *οὐ. φοβεῖται φονευθῆναι* [S *al.*]
10. 4. S *οὐκέτι ὑπάρχει ἐν τοῖς ζῶσιν* [A B *al.*]
— 8. *οὐ. ἐλπίζουσιν ὄψεσθαί με* [S *al.*]
12. 21. A R *οὐ. εἶδον αὐτόν* [B S *al.*]
13. 6. S *οὐ μὴ κρύψῃ τὸ πρόσωπον αὐ. ἀφ' ὑμῶν οὐ.* [A B *om.*]
Ju. 10. 10. *οὐ. ἐθεώρουν αὐτήν*
Es. 2. 1. *οὐ. ἐμνήσθη τῆς Ἀ.* [A *al.*] –
— 14. *οὐ. εἰσπορεύεται πρὸς τὸν βασ.* (4+6 *a*)
Jb. 3. 18. A *οὐ. ἤκουσαν φωνὴν φορολόγου* [B S *al.*] (4)
4. 20. *ἀπὸ πρωΐθεν . . . οὐ. εἰσί* (7 *a*)
6. 17. A *οὐκέτι ἐγνώσθη* [B S *οὐκ ἐπεγνώσθη*] *ὅπερ ἦν* †
7. 7. *οὐ. ἐπανελεύσεται ὀφθαλμός μου* (4)
— 8. *καὶ οὐ.* [A *οὐκ*] *εἰμί* (1)
— 8. A *καὶ οὐ. εἰμί* –
— 21. *ὀρθρίζων δὲ οὐ. εἰμί* (1)
14. 10. *πεσὼν δὲ βροτὸς οὐ. ἐστί* †
20. 9. *οὐ.* [A *οὐ*] *προσνοήσει αὐτὸν ὁ τόπος αὐ.* [A *add. οὐκέτι*] (4+6 *a* [6 *b*])
23. 8. *οὐκέτι εἰμί* (1)
Ho. 2. 16 (18). A *οὐ καλέσει με οὐκέτι* [B *ἔτι*] *Βααλείμ* (6 *b*)
— 17 (19). *οὐ μὴ μνησθῶσιν οὐ.* [A *ἔτι*] *τὰ ὀνόμ. αὐ.* (6 *b*)
Am. 6. 11 (10). *καὶ ἐρεῖ, Οὐ.* (2)
7. 13. *οὐ. προσθήσεις τοῦ προφητεῦσαι* (4+6 *a*)
9. 15. *οὐ μὴ ἐκσπασθῶσιν οὐκέτι ἀπὸ τῆς γῆς* (6 *b*)
Jl. 2. 19. *οὐ δώσω ὑμᾶς οὐ. εἰς ὀνειδισμόν* (6 *b*)
— 27. A *οὐ μὴ καταισχυνθῇ οὐ.* [B S *al.*] –
3 (4). 17. *οὐ διελεύσονται δι' αὐτῆς οὐκέτι* (6 *b*)
Na. 2. 13 (14). *οὐ μὴ ἀκουσθῇ οὐκέτι* [S^2 *ἔτι*] *τὰ ἔργα σου* (6 *b*)
Ze. 3. 15. *οὐκ ὄψῃ κακὰ οὐ.* (6 *b*)
Za. 9. 8. *οὐ μὴ ἐπέλθῃ ἐπ' αὐτοὺς οὐκέτι ἐξελαύνων* (6 *b*)
11. 6. *οὐ φείσομαι οὐκέτι ἐπὶ τοὺς κατοικοῦντας* (6 *b*)
13. 2. *οὐ. ἔσται αὐτῶν μνεία* (6 *b*)
14. 21. A *οὐκ ἔσται Χαναναῖος οὐ.* [BS *ἔτι*] (6 *b*)
Is. 1. 14. *οὐ. ἀνήσω τὰς ἁμαρτίας ὑμῶν* †
10. 20. *οὐ. προστεθήσεται* (4+6 *a*)
Is. 17. 2. S *οὐκέτι* [AB *οὐκ*] *ἔσται ὁ διώκων* (1)
— 3. *οὐ. ἔσται ὀχυρὰ τοῦ καταφυγεῖν Ἐφραὶμ καὶ οὐ.* [A S *add. ἔσται*] *βασιλεία ἐν Δαμασκῷ* (7 *b*, –)
23. 1. *οὐ. ἔρχονται ἐκ γῆς Κιτιαίων* (5)
— 10. *πλοῖα οὐ. ἔρχεται ἐκ Καρχηδόνος* (1+6 *a*)
— 11. *ἡ δὲ χείρ σου οὐ. ἰσχύει κατὰ θάλασσαν* –
29. 17. *οὐ. μικρὸν καὶ μετατεθήσεται* (4+6 *a*)
32. 3. *οὐ. ἔσονται πεποιθότες ἐπ' ἀνθρώποις* (4)
40. 28. S *καὶ νῦν οὐ. γνώσει* [A B *al.*] (4)
47. 1. *οὐ. προστεθήσῃ κληθῆναι ἁπαλή* (4)
52. 1. *οὐ. προστεθήσεται διελθεῖν διὰ σοῦ ἀπερίτμητος* (4)
60. 18. S *οὐ. ἀκουσθήσεται ἀδικία* [A B *al.*] (4+6 *a*)
62. 4. *οὐ. κληθήσῃ Καταλελειμμένη* (4+6 *a*)
Je. 11. 19. *τὸ ὄνομα αὐτοῦ οὐ μὴ μνησθῇ οὐ.* [A *ἔτι*] (6 *b*)
15. 6. *οὐ. ἀνήσω αὐτούς* †
22. 11. A S *οὐκ ἀναστρέψει* [S *ἀνακάμψει*] *ἐκεῖ οὐ.* [B *ἔτι*] (6 *b*)
23. 20. *καὶ οὐ. ἀποστρέψει ὁ θυμὸς κυρίου* (4)
27 (50). 39. *οὐ μὴ κατοικηθῇ οὐ. εἰς τὸν αἰῶνα* (6 *b*)
49 (42). 18. *οὐ μὴ ἴδητε οὐ. τὸν τόπον τοῦτον* (6 *b*)
Ez. 12. 24. A *οὐ. ἔσται πᾶσα ὅρασις ψευδὴς* [B *al.*] (4+6 *a*)
— 28. *οὐ μὴ μηκύνωσιν οὐ. πάντες οἱ λόγοι μου* (6 *b*)
13. 21. *οὐ. ἔσονται ἐν χερσὶν ὑμῶν εἰς συστροφήν* (4+6 *a*)
16. 41. R *μισθώματα οὐ μὴ δώσω* [AB *δῷς*] *οὐ.* (6 *b*)
— 42. *οὐ μὴ μεριμνήσω οὐ.* (6 *b*)
20. 39. *τὸ ὄνομά μου τὸ ἅγιον οὐ βεβηλώσετε οὐ.* (6 *b*)
21. 5 (10). *οὐκ ἀποστρέψει οὐ.* (6 *b*)
23. 27. *Αἰγύπτου οὐ μὴ μνησθῇς οὐ.* (6 *b*)
24. 27. *οὐ μὴ ἀποκωφωθῇς οὐ.* (6 *b*)
26. 13. A *ἡ φωνὴ τῶν ψαλτηρίων σου οὐ μὴ ἀκουσθῇ ἐν σοὶ οὐ.* [B *ἀ. ἔτι*] (6 *b*)
27. 36. *οὐ. ἔσῃ εἰς τὸν αἰῶνα* (1)
28. 24. *καὶ οὐκ ἔσονται οὐ. ἐν* [A *κ. οὐ. ἔ.*] *τῷ οἴκῳ τοῦ Ἰσρ. σκόλοψ* (6 *b* [4+6 *a*])
29. 16. A R *οὐ. ἔσονται τῷ οἴκῳ Ἰσραὴλ εἰς ἐλπίδα* [B *al.*] (4+6 *a*)
30. 13. A *οὐκ ἔσονται οὐ.* [B *ἔτι*] (6 *b*)
34. 10. A *οὐ. ἔσονται αὐτοῖς εἰς κατάβρωμα* [B *al.*] (4)
— 22. A *οὐ. ἔσονται* [B *οὐ μὴ ὦσιν*] *ἔτι εἰς προνομήν* (4)
— 28. A *οὐ. ἔσονται* [B^2 *οὐκ ἔ. οὐ.*, B^1 R *οὐκ ἔ. ἔτι*] *ἐν προνομῇ* (4+6 *a* [6 *b*])
— 29. *οὐ. ἔσονται ἀπολλύμενοι λιμῷ* (4+6 *a*)
36. 14. *ἀνθρώπους οὐ. φάγεσαι καὶ τὸ ἔθνος σου οὐκ ἀτεκνώσει σε οὐ.* [B *al.*] (4+6 *a*, 6 *b*)
— 15. *οὐκ ἀκουσθήσεται οὐ. ἐφ' ὑμᾶς ἀτιμία ἐθνῶν* (6 *b*)
37. 22. A *οὐκ ἔσονται οὐ.* [B *ἔτι*] *εἰς δύο ἔθνη* (6 *b*)
— 22. *οὐδὲ μὴ διαιρεθῶσιν οὐ. εἰς δύο βασιλείας* (6 *b*)
39. 7. *οὐ βεβηλωθήσεται τὸ ὄνομά μου τὸ ἅγιον οὐ.* (6 *b*)
— 29. *οὐκ ἀποστρέψω οὐ. τὸ πρόσωπόν μου ἀπ' αὐτῶν* (6 *b*)
43. 7. *οὐ* [A *οὐ μὴ*] *βεβηλώσουσιν οὐ. οἶκος Ἰσραὴλ τὸ ὄνομα τὸ ἅγιόν μου* (6 *b*)
45. 8. *οὐ καταδυναστεύσουσιν οὐ. οἱ ἀφηγούμενοι τοῦ Ἰσραὴλ τὸν λαόν μου* (6 *b*)
Da. LXX. 8. 7. *οὐ. ἦν ἰσχὺς ἐν τῷ κριῷ* (4)
II Ma. 9. 13. *πρὸς τὸν οὐ. αὐτὸν ἐλεήσοντα δεσπότην*
[Aq., Th. Jb. 7. 8 : Ez. 26. 21.]
[Sm. Ge. 4. 12 : II Ki. 9. 3 : Ps. 40 (41). 9 : 87 (88). 6.]
[Sam. Ex. 32. 18 *bis.*]
[Quint. Ca. 8. 1.]
[Al. Ez. 34. 29.]

οὐκέτι μή. (1) אַיִן (2) *a.* בַּל *b.* בְּלִי (3) *a.* לֹא *b.* לֹא עוֹד *c.* לֹא הוֹסִיף

Le. 27. 20. *οὐ. μὴ λυτρώσηται αὐτόν* (3 *b*)
To. 6. 17. S *οὐ. μὴ φανῇ περὶ αὐτήν* [A B *al.*]
Jb. 7. 9. *οὐ. μὴ ἀναβῇ* [A *al.*] (3 *a*)
Ps. 38 (39). 13. *οὐ. μὴ* [A *οὐ. οὐ μὴ*] *ὑπάρξω* (1)
Ho. 9. 16. *καρπὸν οὐ. μὴ ἐνέγκῃ* (2 *b**, 2 *a*)
14. 4. *οὐ. μὴ εἴπωμεν* (3 *b*)
Am. 5. 1 (2). *οὐ. μὴ προσθήσει* [A *-θῇ*] *τοῦ ἀναστῆναι* (3 *a*)
7. 8. *οὐ. μὴ προσθῶ* [A *-θήσω*] (3 *b*)
— 13. A *οὐ. μὴ προσθῇς τοῦ προφητεῦσαι* [B *al.*] (3 *b*)
Am. 8. 2. A *οὐ. μὴ προσθῶ* [B *οὐ προσθήσω ἔτι*] *τοῦ παρελθεῖν* (3 *b*)
Mi. 4. 3. *οὐκέτι μὴ ἀντάρῃ* [A *οὐ. οὐ μὴ ἄρῃ*] *ἔθνος* (3 *a*)
— 3. *οὐκέτι* [A *οὐ*] *μὴ μάθωσι πολεμεῖν* (3 *b*)
5. 13 (12). A R *οὐ. μὴ προσκυνήσεις* [B *-σῃς*] (3 *b*)
Ze. 3. 11. *οὐ. μὴ προσθῇς τοῦ μεγαλαυχῆσαι* (3 *b*)
Is. 10. 20. *οὐ. μὴ πεποιθότες ὦσιν* –
23. 12. *οὐ. μὴ προστεθῆτε τοῦ ὑβρίζειν* (3 *b*)
30. 20. *οὐ.* [A *add. οὐ*] *μὴ ἐγγίσωσί σοι* (3 *b*)
32. 5. *οὐ.* [A *add. οὐ*] *μὴ εἴπωσι τῷ μωρῷ ἄρχειν* (3 *b*)
— 5. *οὐ.* [A *add. οὐ*] *μὴ εἴπωσιν οἱ ὑπηρέται σου* (3 *a*)
— 10. *οὐ. μὴ ἔλθῃ* (2 *b*)
38. 11. *οὐ. μὴ ἴδω τὸ σωτήριον τοῦ θεοῦ* [A S^2 *al.*] (3 *a*)
— 11. B *οὐ. μὴ ἴδω τὸ σωτήριον τοῦ Ἰσρ.* –
— 11. *οὐ. μὴ ἴδω ἄνθρωπον* [A S^2 *al.*] (3 *b*)
47. 3. *οὐ. μὴ παραδῷ* [S *add. σε*] *ἀνθρώποις* (3 *a*)
— 5. *οὐ. μὴ κληθήσῃ* [S *-θῇς*] *Ἰσχὺς βασιλείας* (3 *c*)
65. 19. *οὐ. μὴ ἀκουσθῇ ἐν αὐτῇ φωνὴ κλαυθμοῦ* (3 *b*)
— 20. S^1 *καὶ οὐ. μὴ γένηται* [A B S^2 *al.*] (3 *b*)
Ez. 7. 13. *πρὸς τὸν πωλοῦντα οὐ. μὴ ἐπιστρέψει* [A *al.*] (3 *a*)
12. 23. *οὐ. μὴ εἴπωσι τὴν παραβολὴν ταύτην* (3 *b*)
34. 28. *τὰ θηρία τῆς γῆς οὐ. μὴ φάγωσιν* [A *ποτήσει*] *αὐτούς* (3 *a*)

οὐκέτι οὐ μή. (1) אַיִן (2) לֹא (3) לֹא עוֹד

To. 6. 7. A *οὐ. οὐ μὴ ὀχληθῇ* [B S *al.*]
Ps. 38 (39). 13. A *οὐ. οὐ* [BS *om.*] *μὴ ὑπάρξω* (1)
Mi. 4. 3. A *οὐ. οὐ μὴ ἄρῃ ἔθνος ἐπ' ἔθνος ῥομφαίαν* [B *al.*] (2)
Is. 23. 12. R *οὐ. οὐ* [A B S *om.*] *μὴ προστεθῆτε τοῦ ὑβρίζειν* (3)
30. 20. A *οὐ. οὐ* [B S *om.*] *μὴ ἐγγίσωσί σοι* (3)
32. 5. A *οὐ. οὐ* [B S *om.*] *μὴ εἴπωσι τῷ μωρῷ* (3)
— 5. A *οὐ. οὐ* [B S *om.*] *μὴ εἴπωσιν οἱ ὑπηρέται σου* (3)
38. 11. A S^2 *οὐ. οὐ μὴ ἴδω τὸ σωτήριον τοῦ θεοῦ* [B S^1 *al.*] (2)
— 11. A S^2 *οὐ. οὐ μὴ ἴδω ἄνθρωπον* [B S^1 *al.*] (3)
Je. 38 (31). 40. *οὐ. οὐ μὴ ἐκλίπῃ* (2)
Ez. 7. 13. A *πρὸς τὸν πωλοῦντα οὐ. οὐ μὴ ἐπιστρέψῃ* [B *al.*] (2)

οὐκοῦν.
IV Ki. 5. 23. A *οὐκοῦν* [B *om.*] *λάβε διτάλαντον* †
— 23. A *οὐκοῦν λάβε διτάλαντον* –
[Sm. IV Ki. 5. 23.]

οὐλά.
[Heb. Ps. 91 (92). 7.]

οὐλακέθ.
[Heb. Ma. 2. 13.]

οὐλάμ. (1) אוּלָם

Ge. 28. 19. R *οὐλὰμ Λοὺζ* [A *Οὐλαμμαὺς*] *ἦν ὄνομα* (1)
Jd. 18. 29. *ἦν οὐλὰμ Ἀὶς ὄνομα τῆς πόλεως* [A *al.*] (1)
[Th. Jl. 2. 17.]
[Al. I Ch. 28. 11 : II Ch. 8. 12.]

οὐλέθχ.
[Heb. Ho. 3. 2.]

οὐλή. (1) צָרֶבֶת (2) שְׂאֵת

Le. 13. 2. *οὐ. σημασίας* [A *σημασία*] *τηλαυγής* (2)
— 10. *καὶ ἰδοὺ οὐ. λευκὴ ἐν τῷ δέρματι* (2)
— 10. *ἀπὸ τοῦ ὑγιοῦς τῆς σαρκὸς . . . ἐν τῇ οὐ.* (2)
— 19. *καὶ γένηται ἐν τῷ τόπῳ . . . οὐ. λευκή* (2)
— 23. *οὐ. τοῦ ἕλκους ἐστί* (1)
— 28. *οὐ. τοῦ κατακαύματός ἐστι* (2)
14. 56. *κατὰ πᾶσαν ἁφὴν λέπρας . . . καὶ οὐλῆς* (2)

οὐλοκόμος.
[Al. Le. 23. 40.]

οὖλος.
[Aq. Dt. 24. 21 (19).]

οὐμαλαμά.
[Heb. Ps. 75 (76). 4.]

οὐ μή, *vid. sub* οὐ.

οὖν. * νῦν οὖν.

Ge. 6. 14: 8. 21: 12. 12, 13: 16. 2: 18. 21: 19. 9*, 22, 32†: 21. 23*: 23. 4: 24. 49, 50†: 27. 3*, 8*, 33, 43*: 29. 27, 32*†: 30. 30*: 31. 13*, 16*, 30*, 44*: 33. 13: 34. 8: 37. 20*: 40. 8: 41. 24, 33*: 43. 4: 44. 29, 30*, 33*: 45. 5*, 8*, 9 *bis*, 13: 46. 33: 47. 4*, 19: 48. 5*: 50. 5*.
Ex. 1. 10†: 2. 20: 3. 16†, 18: 4. 1†, 4†, 23 *bis*: 5. 3, 5, 16, 18*: 8. 10 (6), 17 (13), 19 (15), 28 (24): 9. 2, 17, 19*, 28: 10. 17: 11. 2: 14. 6: 18. 19*: 22. 9 (8)†, 27 (26): 32. 26: 33. 5*, 13.
Nu. 9. 7: 14. 3*: 21. 7: 22. 33*†: 24. 11*.
De. 2. 3, 13*, 24*†: 3. 25.
Jo. 1. 2*, 7: 14. 12: 22. 4*, 29: 23. 6.
Jd. 1. 7: 13. 23†: 16. 10*†, 17†.
I Ki. 19. 2†: 20. 31*.
II Ki. 24. 13*.
III Ki. 21 (20). 31†.
IV Ki. 18. 20*†, 25*†.
II Ch. 32. 15*†: 35. 3*.
I Es. 2. 5, 6, 19, 24*, 26, 28*†: 4. 14, 46: 6. 12, 21*: 8. 11: 9. 51.
II Es. 4. 13*, 16†.
To. 2. 5†: 11. 7†.
Es. 1. 13, 17†, 19: 3. 9†, 13, 13†: 5. 4†: 8. 13, 13†, 14: 9. 12†, 19†.
Jb. 1. 5†: 2. 3: 4. 7, 12†: 7. 7†, 11†: 8. 7: 9. 19: 10. 18: 12. 9: 15. 17†: 17. 4†, 15: 19. 6†: 22. 25†: 35. 7†: 36. 24†.
Ps. 9. 35 (10. 14)†.
Pr. 5. 7*: 7. 24*: 8. 32*: 22. 21.
Ec. 5. 3.
Wi. 2. 6: 6. 1, 9, 11, 21: 12. 22, 27†: 13. 16: 17. 16: 18. 1†.
Si. *prol.* 13, 22†: 29. 7†.
Am. 2. 9†.
Is. 30. 8*: 40. 25*: 57. 6.
Ep. Je. 3, 5, 16, 23, 29, 40, 44, 46†, 49, 51†, 52, 56, 65, 69, 73.
Da. LXX. Su. 54*, 58*: 2. 3, 8, 9*: 3. 23, (24), 26 (93), 30 (97): 5. 6: 12. 6: Bel 5, 12.
Da. TH. Su. 54*, 58*: 2. 5†, 9: 3. 15*: 4. 34*: 5. 12*, 16*, 22†: 6. 8 (9)*.
I Ma. 2. 18*†: 5. 12*: 6. 13†, 58*: 7. 7*: 8. 32: 9. 30*, 46*, 58*: 10. 71*: 11. 34†, 37*, 43*: 12. 9, 11, 14, 16, 17, 23, 53*: 15. 5*, 19, 21, 30*.
II Ma. 1. 18†: 2. 15, 16 *bis*, 32: 3. 22: 4. 20, 31, 37, 48: 5. 8, 21†: 6. 9, 12, 31: 7. 40, 42: 9. 11, 26, 28: 10. 22, 28†: 11. 18, 19, 25, 26, 30: 12. 41: 15. 37.
III Ma. 1. 27: 2. 1†, 31†: 3. 6, 11: 4. 1†, 15: 5. 9: 6. 29.
IV Ma. 1. 5, 7, 10, 22, 28: 2. 24: 3. 9: 4. 26: 5. 19: 6. 31: 7. 20: 8. 7, 10: 9. 7: 13. 5: 16. 2, 22: 17. 20.
[**Aq.** Jb. 10. 9: 33. 13: Is. 5. 4.]
[**Sm.** Ge. 3. 23 (22)*: Ex. 18. 5: Dt. 23. 14 (15): III Ki. 5. 2 (16): IV Ki. 10. 10: Jb. 7. 11: 33. 13: Ps. 38 (39). 8*: 63 (64). 8: 70 (71). 22: 72 (73). 13: 77 (78). 31: 80 (81). 13: Ec. 5. 15, 17: 6. 8: Ez. 16. 53: Ho. 6. 3.]
[**Th.** III Ki. 5. 2 (16): Jb. 10. 9: Da. 6. 8*.]
[**Al.** I Ki. 3. 14.]
[**Quint.** Ho. 6. 3.]

οὐόμρ.

[**Heb.** Ho. 3. 2.]

οὗπου.

III Ma. 5. 26†.

οὔπω.

Ge. 15. 16†: 18. 12: 29. 7.
I Es. 5. 53.
Ec. 4. 3†.
Is. 7. 17.
II Ma. 7. 35.
III Ma. 5. 26†.
[**Aq.** Ex. 10. 7.]
[**Sm.** Ex. 10. 7: I Ki. 3. 3, 7.]

οὐρά. (1) זָנָב

De. 28. 13. εἰς κεφαλὴν καὶ μὴ εἰς οὐράν (1)
— 44. σὺ δὲ ἔσῃ οὐρά [A εἰς οὐράν] (1)
Jb. 40. 12 (17). ἔστησεν οὐρὰν ὡς κυπάρισσον (1)
Jb. 40. 26 (31). οὐ μὴ ἐνέγκωσι βύρσαν μίαν οὐρᾶς αὐτοῦ †
Is. 9. 14 (13). ἀφεῖλε κύριος ἀπὸ Ἰσραὴλ κεφαλὴν καὶ οὐράν (1)
— 15 (14). προφήτην διδάσκοντα ἄνομα οὗτος ἡ οὐ. (1)
19. 15. ποιήσει κεφαλὴν καὶ οὐράν (1)
36. 12. S^1 καὶ πίωσιν οὐράν [A B S^2 οὖρον] †
[**Al.** Ex. 4. 4.]

οὐραγεῖν. (1) אָסַף pi.

Jo. 6. 8 (9). οἱ ἱερεῖς οἱ οὐραγοῦντες ὀπίσω τῆς κιβ. (1)
Si. 35. 11. ἐν ὥρᾳ ἐξεγείρου καὶ μὴ οὐράγει

οὐραγία. (1) καταλαμβάνειν τὴν οὐ. זָנַב pi.
(2) κόπτειν τὴν οὐ. זָנַב pi.

De. 25. 18. ἔκοψέ σου τὴν οὐ. (2)
Jo. 10. 19. καταλάβετε τὴν οὐ. αὐ (1)

οὐράνιος. (1) *a.* שָׁמַיִם *b.* שְׁמַיָּא

De. 28. 12. A ἀνοῖξαι σοι κ. τὸν θησαυρὸν . . . τὸν οὐ. [B -νόν] (1 *a*)
I Es. 6. 15. ἥμαρτον εἰς τὸν κύριον τοῦ Ἰσρ. τὸν οὐ.
Da. TH. 4. 23. ἀφ' ἧς ἂν γνῷς τὴν ἐξουσίαν τὴν οὐ. [A ἐπουρ.] (1 *b*)
II Ma. 7. 34. A ἐπὶ τοὺς οὐ. παῖδας ἐπαράμενος χεῖρα [R *al.*]
9. 10. τὸν . . . τῶν οὐ. ἄστρων ἅπτεσθαι δοκοῦντα
III Ma. 6. 18. ἠνέῳξε τὰς οὐ. πύλας
IV Ma. 4. 11. S ὅπως . . . τὸν οὐ. [A R ἐπου.] ἐξευμενίσωνται στρατόν
9. 15. καὶ τῆς οὐ. δίκης ἐχθρέ
11. 3. A R ὅπως . . . ὀφειλήσῃς τῇ οὐ. [S ἐπου.] δίκῃ τιμωρίαν
[**Sm.** Ps. 77 (78). 24.]

οὐρανόθεν.

IV Ma. 4. 10. οὐ. ἔφιπποι προυφάνησαν ἄγγελοι

οὐρανός. (1) *a.* אֵל *b.* אֱלוֹהַּ (2) מָרוֹם (3) שַׁחַק (4) *a.* שָׁמַיִם *b.* שְׁמַיָּא (5) ἡ ὑπ' (ὑπὸ τὸν) οὐρανόν (-ῶν), τὰ ὑπ' οὐρανόν *a.* אֶרֶץ *b.* חוּצוֹת *c.* תֵּבֵל *d.* תְּהוֹם (6) רָקִיעַ

Ge. 1. 1. ἐποίησεν ὁ θεὸς τὸν οὐ. καὶ τὴν γῆν (4 *a*)
— 8. ἐκάλεσεν ὁ θεὸς τὸ στερέωμα οὐρανόν (4 *a*)
— 9. συναχθήτω τὸ ὕδωρ τὸ ὑποκάτω τοῦ οὐ. (4 *a*)
— 9. συνήχθη τὸ ὕδωρ τὸ ὑποκάτω τοῦ οὐ. –
— 14. φωστῆρες ἐν τῷ στερεώματι τοῦ οὐ. (4 *a*)
— 15, 17. ἐν τῷ στερεώματι τοῦ οὐ. (4 *a*)
— 20. κατὰ τὸ στερέωμα τοῦ οὐ. (4 *a*)
— 26. ἀρχέτωσαν . . . τῶν πετεινῶν τοῦ οὐ. (4 *a*)
— 28. ἄρχετε . . . τῶν πετεινῶν τοῦ οὐ. (4 *a*)
— 30. εἰς βρῶσιν . . . πᾶσι τοῖς πετεινοῖς τοῦ οὐ. (4 *a*)
2. 1. καὶ συνετελέσθησαν ὁ οὐ. καὶ ἡ γῆ (4 *a*)
— 4. αὕτη ἡ βίβλος γενέσεως οὐρανοῦ (4 *a*)
— 4. ᾗ ἡμέρᾳ ἐποίησε . . . τὸν οὐ. καὶ τὴν γῆν (4 *a*)
— 19. πάντα τὰ πετεινὰ τοῦ οὐ. (4 *a*)
— 20. καὶ πᾶσι τοῖς πετεινοῖς τοῦ οὐ. (4 *a*)
6. 7. ἕως τῶν πετεινῶν τοῦ οὐ. (4 *a*)
— 17. ἐν ᾧ . . . πνεῦμα ζωῆς ὑποκάτω τοῦ οὐ. (4 *a*)
7. 3. καὶ ἀπὸ τῶν πετεινῶν τοῦ οὐ. (4 *a*)
— 11. οἱ καταρράκται τοῦ οὐ. ἠνεῴχθησαν (4 *a*)
— 19. τὰ ὄρη . . . ἃ ἦν ὑποκάτω τοῦ οὐ. (4 *a*)
— 23. καὶ τῶν πετεινῶν τοῦ οὐ. (4 *a*)
8. 2. οἱ καταρράκται τοῦ οὐ. (4 *a*)
— 2. καὶ συνεσχέθη ὁ ὑετὸς ἀπὸ τοῦ οὐ. (4 *a*)
9. 2. R ἐπὶ πάντα τὰ πετεινὰ [A ὄρνεα] τοῦ οὐ. (4 *a*)
11. 4. οὗ ἔσται ἡ κεφαλὴ ἕως τοῦ οὐ. (4 *a*)
14. 19, 22. ὃς ἔκτισε τὸν οὐ. καὶ τὴν γῆν (4 *a*)
15. 5. R ἀνάβλεψον δὴ εἰς τὸν οὐ. (4 *a*)
19. 24. R ἔβρεξεν . . . ἐξ [A ἐκ τοῦ] οὐ. (4 *a*)
21. 17. ἐκάλεσεν . . . τὴν Ἄγαρ ἐκ τοῦ οὐ. (4 *a*)
22. 11. ἐκαλέσεν αὐτὸν . . . ἐκ τοῦ οὐ. (4 *a*)
— 15. ἐκάλεσεν . . . τὸν Ἀβ. . . . ἐκ τοῦ οὐ. (4 *a*)
— 17. ὡς τοὺς ἀστέρας τοῦ οὐ. (4 *a*)
24. 3. τὸν θεὸν τοῦ οὐ. καὶ . . . τῆς γῆς (4 *a*)
— 7. ὁ θεὸς τοῦ οὐ. καὶ ὁ θεὸς τῆς γῆς (4 *a*)
26. 4. ὡς τοὺς ἀστέρας τοῦ οὐ. (4 *a*)
27. 28. τῆς δρόσου τοῦ οὐ. (4 *a*)
— 39. ἀπὸ τῆς δρόσου τοῦ οὐ. ἄνωθεν (4 *a*)
28. 12. ἧς ἡ κεφαλὴ ἀφικνεῖτο εἰς τὸν οὐ. (4 *a*)
Ge. 28. 17. καὶ αὕτη ἡ πύλη τοῦ οὐ. (4 *a*)
40. 17. τὰ πετεινὰ τοῦ οὐ. κατήσθιεν αὐτά –
— 19. φάγεται τὰ ὄρνεα τοῦ οὐ. τὰς σάρκας –
49. 25. εὐλόγησέ σε εὐλογίαν οὐρανοῦ ἄνωθεν (4 *a*)
Ex. 9. 8. πασάτω Μωυσῆς εἰς τὸν οὐ. (4 *a*)
— 10. A^{2}B ἔπασεν αὐτὴν Μωυσῆς εἰς τὸν οὐ. (4 *a*)
— 22. ἔκτεινον τὴν χεῖρά σου εἰς τὸν οὐ. (4 *a*)
— 23. ἐξέτεινε δὲ Μ. τὴν χεῖρα εἰς τὸν οὐ. (4 *a*)
— 29. A πρὸς τὸν θεὸν εἰς τὸν οὐ. [B *al.*] –
10. 13. ἐπῆρε Μ. τὴν ῥάβδον εἰς τὸν οὐ. †
— 21. ἔκτεινον τὴν χεῖρά σου εἰς τὸν οὐ. (4 *a*)
— 22. ἐξέτεινε . . . τὴν χεῖρα εἰς τὸν οὐ. (4 *a*)
16. 4. ἐγὼ ὕω ὑμῖν ἄρτους ἐκ τοῦ οὐ. (4 *a*)
17. 14. ἐξαλείψω . . . ἐκ τῆς ὑπὸ τὸν οὐ. (4 *a*)
19. 3. B ἐκάλεσεν αὐτὸν ὁ θ. ἐκ τοῦ οὐ. [A R ὄρους] †
20. 4. ὅσα ἐν τῷ οὐ. ἄνω (4 *a*)
— 11. τὸν [A *add.* τε] οὐ. καὶ τὴν γῆν (4 *a*)
— 22. ἐκ τοῦ οὐ. λελάληκα πρὸς ὑμᾶς (4 *a*)
24. 10. ὥσπερ εἶδος στερεώματος τοῦ οὐ. (4 *a*)
31. 17. ἐποίησε κύριος τὸν [A B^2 *add.* τε] οὐ. (4 *a*)
32. 13. ὡσεὶ τὰ ἄστρα τοῦ οὐ. τῷ πλήθει (4 *a*)
Le. 26. 19. θήσω τὸν οὐ. ὑμῖν σιδηροῦν (4 *a*)
De. 1. 10. ὡσεὶ τὰ ἄστρα τοῦ οὐ. τῷ πλήθει (4 *a*)
— 28. τετειχισμέναι ἕως τοῦ οὐ. (4 *a*)
2. 25. πάντων τῶν ἐθνῶν τῶν ὑποκάτω τοῦ οὐ. (4 *a*)
3. 24. τίς γάρ ἐστι θεὸς ἐν τῷ οὐ. (4 *a*)
4. 11. τὸ ὄρος ἐκαίετο πυρὶ ἕως τοῦ οὐ. (4 *a*)
— 17. ὃ πέταται ὑπὸ τὸν οὐ. (4 *a*)
— 19. ἀναβλέψας εἰς τὸν οὐ. (4 *a*)
— 19. ἰδὼν . . . πάντα τὸν κόσμον τοῦ οὐ. (4 *a*)
— 19. πᾶσι τοῖς ἔθνεσι τοῖς ὑποκάτω τοῦ οὐ. (4 *a*)
— 26. διαμαρτύρομαι ὑμῖν σήμερον τόν τε οὐ. (4 *a*)
— 32. ἐπὶ τὸ ἄκρον τοῦ οὐ. ἕως ἄκρου [B^2 τοῦ ἄ.] τοῦ οὐ. (4 *a*, 4 *a*)
— 36. ἐκ τοῦ οὐ. ἀκουστὴ ἐγένετο ἡ φωνὴ αὐ. (4 *a*)
— 39. οὗτος θεὸς ἐν τῷ οὐ. ἄνω (4 *a*)
5. 8. ὅσα ἐν τῷ οὐ. ἄνω (4 *a*)
— 14. B^1 ἐποίησεν κύριος τόν τε οὐ. –
8. 19. A B^{2}R διαμαρτύρομαι ὑμῖν σήμ. τόν τε οὐ. [B^1 *al.*] –
9. 1. καὶ τειχήρεις ἕως τοῦ οὐ. (4 *a*)
— 14. ἐξαλείψω τὸ ὄν. αὐ. ὑποκάτωθεν τοῦ οὐ. (4 *a*)
— 15. ἐκαίετο πυρὶ ἕως τοῦ οὐ. [A *om.* ἕ. τ. οὐ.] –
10. 14. κ. τοῦ θεοῦ σου ὁ οὐ. καὶ ὁ οὐ. τοῦ οὐ. (4 *a ter*)
— 22. ὡσεὶ τὰ ἄστρα τοῦ οὐ. τῷ πλήθει (4 *a*)
11. 11. ἐκ τοῦ ὑετοῦ τοῦ οὐ. πίεται ὕδωρ (4 *a*)
— 17. καὶ συσχῇ τὸν οὐ. (4 *a*)
— 21. καθὼς αἱ ἡμ. τοῦ οὐ. ἐπὶ τῆς γῆς (4 *a*)
17. 3. ἢ παντὶ τῶν ἐκ τοῦ κόσμου τοῦ οὐ. [A *al.*] (4 *a*)
25. 19. ἐξαλείψεις τὸ ὄν. Ἀμ. ἐκ τῆς ὑπὸ τὸν οὐ. (4 *a*)
26. 15. ἐκ τοῦ οἴκου τοῦ ἁγίου σου ἐκ τοῦ οὐ. (4 *a*)
28. 12. ἀνοῖξαι σοι κύριος . . . τὸν οὐ. [A -άνιον] (4 *a*)
— 23. ἔσται σοι ὁ οὐ. . . . χαλκοῦς (4 *a*)
— 24. χοῦς ἐκ τοῦ οὐ. καταβήσεται (4 *a*)
— 26. κατάβρωμα τοῖς πετεινοῖς τοῦ οὐ. (4 *a*)
— 62. ὡσεὶ τὰ ἄστρα τοῦ οὐ. τῷ πλήθει (4 *a*)
29. 20 (19). ἐξαλείψει κύριος . . . ἐκ τῆς ὑπὸ τὸν οὐ. (4 *a*)
30. 4. ἀπ' ἄκρου τοῦ οὐ. ἕως ἄκρου τοῦ οὐ. (4 *a*, –)
— 12. οὐκ ἐν τῷ οὐ. ἄνω ἐστί (4 *a*)
— 12. τίς ἀναβήσεται ἡμῖν εἰς τὸν οὐ. (4 *a*)
— 19. διαμαρτύρομαι ὑμῖν . . . τόν τε οὐ. (4 *a*)
31. 28. διαμαρτύρομαι αὐτοῖς τόν τε οὐ. (4 *a*)
32. 1. πρόσεχε, οὐρανέ (4 *a*)
— 40. ἀρῶ εἰς τὸν οὐ. τὴν χεῖρά μου (4 *a*)
— 43. εὐφράνθητε οὐρανοὶ ἅμα αὐτῷ –
33. 13. ἀπὸ ὡρῶν [A ὀρέων] οὐρανοῦ (4 *a*)
— 26. ὁ ἐπιβαίνων ἐπὶ τὸν οὐ. βοηθός σου (4 *a*)
— 28. ὁ οὐ. σοι συννεφὴς δρόσῳ (4 *a*)
Jo. 2. 11. B ὃς [A R θεὸς] ἐν οὐρανῷ ἄνω (4 *a*)
8. 20. καπνὸν ἀναβαίνοντα . . . εἰς τὸν οὐ. (4 *a*)
— 21. B ἀνέβη ὁ καπνὸς . . . εἰς τὸν οὐ. –
10. 11. λίθους χαλάζης ἐκ τοῦ οὐ. (4 *a*)
— 13. ἔστη ὁ ἥλιος κατὰ μέσον τοῦ οὐ. (4 *a*)
Jd. 5. 4. ὁ οὐ. ἔσταξε δρόσους (4 *a*)
— 20. ἐξ οὐρανοῦ παρετάξαντο οἱ ἀστέρες [A *al.*] (4 *a*)
13. 20. ἐν τῷ ἀναβῆναι τὴν φλόγα . . . ἕως τοῦ οὐ. [A εἰς τὸν οὐ.] (4 *a*)
— 20. A ἀνέβη . . . ἐν τῇ φλογὶ τοῦ θυσιαστ. εἰς τὸν οὐ. [B *al.*] –
20. 40. ἀνέβη . . . ἕως οὐρανοῦ [A εἰς τὸν οὐ.] (4 *a*)

I Ki. 2. 10. κύριος ἀνέβη εἰς οὐρανούς (4 a)
5. 12. ἀνέβη ἡ κραυγὴ τῆς πόλ. εἰς τὸν οὐ. (4 a)
17. 44. δώσω τὰς σάρκας σου τοῖς πετεινοῖς τοῦ οὐ. (4 a)
— 46. δώσω τὰ κῶλά σου . . . τοῖς πετ. τοῦ οὐ. (4 a)
II Ki. 18. 9. ἐκρεμάσθη ἀνὰ μέσον τοῦ οὐ. (4 a)
21. 10. ἔσταξεν ἐπ' αὐτοὺς ὕδωρ ἐκ τοῦ οὐ. (4 a)
— 10. οὐκ ἔδωκε τὰ πετεινὰ τοῦ οὐ. καταπαῦσαι (4 a)
22. 8. τὰ θεμέλια τοῦ οὐ. συνεταράχθησαν (4 a)
— 10. ἔκλινεν οὐρανούς (4 a)
— 14. ἐβρόντησεν ἐξ οὐρανοῦ κύριος (4 a)
III Ki. 8. 22. διεπέτασε τὰς χεῖρας αὐ. εἰς τὸν οὐ. (4 a)
— 23. οὐκ ἔστιν ὡς σὺ θεὸς ἐν τῷ οὐ. ἄνω (4 a)
— 27. εἰ ὁ οὐ. καὶ ὁ [A *om.*] οὐ. τοῦ οὐ. οὐκ ἀρκέσουσί σοι (4 a *ter*)
— 30. εἰσακούσῃ . . . ἐν [A *add.* τῷ] οὐρανῷ (4 a)
— 32, 34. εἰσακούσῃ ἐκ τοῦ οὐ. (4 a)
— 35. ἐν τῷ συσχεθῆναι τὸν οὐ. (4 a)
— 36, 39, 43, 45, 49. εἰσακούσῃ ἐκ τοῦ οὐ. (4 a)
— 53. ἥλιον ἐγνώρισεν ἐν οὐρανῷ -
— 54. αἱ χεῖρες αὐ. διαπεπετασμ. εἰς τὸν οὐ. (4 a)
12. 24 (*cf.* A 14. 11). B τὸν τεθνηκ. ἐν τῷ ἀγρῷ καταφάγεται τὰ πετεινὰ τοῦ οὐ. -
14. 11. A τὸν τεθνηκ. ἐν τῷ ἀγρῷ καταφάγονται τὰ πετεινὰ τοῦ οὐ. (4 a)
16. 4. καταφάγονται αὐτὸν τὰ πετεινὰ τοῦ οὐ. (4 a)
18. 36. ἀνεβόησεν 'Η. εἰς τὸν οὐ. -
— 38. ἔπεσε πῦρ . . . ἐκ τοῦ οὐ. -
— 45. ὁ οὐ. συνεσκότασε νεφέλαις (4 a)
20 (21). 24. φάγονται [A καταφ.] τὰ πετεινὰ τοῦ οὐ. (4 a)
22. 19. πᾶσα ἡ στρατεία τοῦ οὐ. εἱστήκει περὶ αὐτόν (4 a)
IV Ki. 1. 10. καταβήσεται πῦρ ἐκ τοῦ οὐ. (4 a)
— 10. κατέβη πῦρ ἐκ τοῦ οὐ. (4 a)
— 12. καταβήσεται πῦρ ἐκ τοῦ οὐ. (4 a)
— 12, 14. κατέβη πῦρ ἐκ τοῦ οὐ. (4 a)
2. 1. ἐν τῷ ἀνάγειν κύριον . . . τὸν 'Η. ὡς [A *om.*] εἰς τὸν οὐ. (4 a)
— 11. ἀνελήφθη 'Ηλ. . . . ὡς [A^{1} *om.*] εἰς τὸν οὐ. (4 a)
7. 2. ἰδοὺ ποιήσει κύριος καταρράκτας ἐν οὐρανῷ (4 a)
— 19. ἰδοὺ κύριος ποιεῖ καταρράκτας ἐν τῷ οὐ. (4 a)
14. 27. ἐξαλεῖψαι τὸ σπέρμα 'Ισρ. ὑποκάτωθεν τοῦ οὐ. (4 a)
17. 16. προσεκύνησαν πάσῃ τῇ δυνάμει τοῦ οὐ. (4 a)
19. 15. σὺ ἐποίησας τὸν οὐ. (4 a)
21. 3. προσεκύνησε πάσῃ τῇ δυνάμει τοῦ οὐ. (4 a)
— 5. ᾠκοδόμησε θυσιαστ. πάσῃ τῇ δυνάμει τοῦ οὐ. (4 a)
23. 4. τὰ πεποιημένα . . . πάσῃ τῇ δυνάμει τοῦ οὐ. (4 a)
— 5. τοὺς θυμιῶντας . . . πάσῃ τῇ δυνάμει τοῦ οὐ. (4 a)
I Ch. 16. 26. ὁ θεὸς ἡμῶν οὐρανὸν ἐποίησε (4 a)
— 31. εὐφρανθήτω ὁ οὐ. (4 a)
21. 16. ἀνὰ μέσον τῆς γῆς καὶ [A *add.* ἀνὰ μέσον] τοῦ οὐ. (4 a)
— 26. ἐπήκουσεν αὐτῷ ἐν πυρὶ ἐκ τοῦ οὐ. (4 a)
27. 23. πληθῦναι τὸν 'Ισρ. ὡς τοὺς ἀστέρας τοῦ οὐ. (4 a)
29. 11. πάντων τῶν ἐν τῷ οὐ. . . . δεσπόζεις (4 a)
II Ch. 2. 6 (5). ὁ οὐ. καὶ ὁ οὐ. τοῦ οὐ. οὐ φέρουσιν αὐτοῦ τὴν δόξαν (4 a *ter*)
— 12 (11). ὃς ἐποίησε τὸν οὐ. (4 a)
6. 13. διεπέτασε τὰς χεῖρας αὐ. εἰς τὸν οὐ. (4 a)
— 14. οὐκ ἔστιν ὅμοιός σοι θεὸς ἐν οὐρανῷ (4 a)
— 18. εἰ ὁ οὐ. καὶ ὁ οὐ. τοῦ οὐ. οὐκ ἀρκέσουσί σοι (4 a *ter*)
— 21. εἰσακούσῃ . . . ἐκ τοῦ οὐ. (4 a)
— 23. B εἰσακούσῃ ἐκ τοῦ οὐ. τοῦ οὐ. [A R *om.* τ. οὐ.] (4 a, -)
— 25. εἰσακούσῃ ἐκ τοῦ οὐ. (4 a)
— 26. ἐν τῷ συσχεθῆναι τὸν οὐ. (4 a)
— 27, 30, 33. εἰσακούσῃ ἐκ τοῦ οὐ. (4 a)
— 35, 39. ἀκούσῃ ἐκ τοῦ οὐ. (4 a)
7. 1. τὸ πῦρ κατέβη ἐκ τοῦ οὐ. (4 a)
— 13. ἐὰν συσχῶ τὸν οὐ. (4 a)
— 14. εἰσακούσομαι ἐκ τοῦ οὐ. (4 a)
18. 18. πᾶσα δύναμις τοῦ οὐ. παρειστήκει (4 a)
20. 6. οὐχὶ σὺ εἶ θεὸς ἐν οὐρανῷ ἄνω (4 a)
28. 9. ἕως τῶν οὐ. ἔφθακε (4 a)
30. 27. ἦλθεν ἡ προσευχὴ αὐ. . . . εἰς τὸν οὐ. (4 a)
II Ch. 32. 20. ἐβόησαν εἰς τὸν οὐ. (4 a)
33. 3. προσεκύνησε πάσῃ τῇ στρατιᾷ τοῦ οὐ. (4 a)
— 5. ᾠκοδόμησε θυσιαστήρια πάσῃ τῇ στρατιᾷ τοῦ οὐ. (4 a)
36. 23. ἔδωκέ μοι κ. ὁ θεὸς τοῦ οὐ. (4 a)
I Es. 4. 34. μεγάλη ἡ γῆ καὶ ὑψηλὸς ὁ οὐ.
— 34. στρέφεται ἐν τῷ κύκλῳ τοῦ οὐ.
— 36. ὁ οὐ. αὐτὴν εὐλογεῖ
— 46. ἣν ηὔξω τῷ βασ. τοῦ οὐ.
— 58. ἄρας τὸ πρόσωπον εἰς τὸν οὐ.
— 58. εὐλόγησε τῷ βασ. τοῦ οὐ.
6. 13. τοῦ κυρίου τοῦ κτίσαντος τὸν οὐ.
8. 75. ὑπερήνεγκαν ἕως τοῦ οὐ.
II Es. 1. 2. ἔδωκέ μοι κ. ὁ θ. τοῦ οὐ. (4 a)
5. 11. ἡμεῖς ἐσμὲν δοῦλοι τοῦ θ. τοῦ οὐ. (4 b)
— 12. παρώργισαν . . . τὸν θεὸν τοῦ οὐ. (4 b)
6. 9. εἰς ὁλοκαυτώσεις τῷ θεῷ τοῦ οὐ. (4 b)
— 10. προσφέροντες εὐωδίας τῷ θεῷ τοῦ οὐ. (4 b)
7. 12. γραμματεῖ νόμου κυρίου τοῦ θ. τοῦ οὐ. (4 b)
— 21. γραμματεὺς τοῦ νόμου τοῦ θ. τοῦ οὐ. (4 b)
— 23. ἐν γνώμῃ θεοῦ τοῦ οὐ. (4 b)
— 23. εἰς τὸν οἶκον θεοῦ τοῦ οὐ. (4 b)
9. 6. ἐμεγαλύνθησαν ἕως εἰς οὐρανόν (4 a)
Ne. 1. 4. ἐνώπιον τοῦ θεοῦ τοῦ οὐ. (4 a)
— 5. κύριε ὁ θεὸς τοῦ οὐ. [S^{1} *om.* τ. οὐ.] (4 a)
— 9. S^{2} ἀπ' ἄκρου τοῦ οὐ. ἕως ἄκρου τοῦ οὐ. [A B S^{1} *al.*] (4 a, -)
2. 4. προσηυξάμην πρὸς τὸν θεὸν τοῦ οὐ. (4 a)
— 20. ὁ θεὸς τοῦ οὐ. αὐτὸς εὐοδώσει ἡμῖν (4 a)
9. 6. SR σὺ ἐποίησας τὸν οὐ. καὶ τὸν οὐ. [A B *om.* κ. τ. οὐ.] τοῦ οὐ. (4 a *ter*)
— 6. σοὶ προσκυνοῦσιν αἱ στρατιαὶ τῶν οὐ. (4 a)
— 13. ἐλάλησας πρὸς αὐτοὺς ἐξ οὐρανοῦ (4 a)
— 15. ἄρτον ἐξ οὐρανοῦ ἔδωκας αὐτοῖς (4 a)
— 23. ἐπλήθυνας ὡς τοὺς ἀστέρας τοῦ οὐ. (4 a)
— 27. καὶ σὺ ἐξ οὐρανοῦ σου ἤκουσας (4 a)
— 28. καὶ σὺ ἐξ οὐρανοῦ εἰσήκουσας (4 a)
To. 1. 18. S ἧς ἐποίησεν ἐξ αὐτοῦ ὁ βασ. τοῦ οὐ.
5. 9. S οὐ βλέπω τὸ φῶς τοῦ οὐ.
— 16. ὁ δὲ ἐν τῷ οὐ. οἰκῶν θεός [A S *al.*]
6. 17. S δεήθητε τοῦ κυρίου τοῦ οὐ. [A B *al.*]
7. 12. S ἐκ τοῦ οὐ. κέκριταί σοι δοθῆναι [A B *al.*]
— 12. S ὁ κύριος τοῦ οὐ. εὐοδώσει ὑμᾶς [A B *al.*]
— 13. S ὁ θεὸς τοῦ οὐ. εὐοδώσαι ὑμῖν εἰρήνην
— 18. ὁ κ. τοῦ οὐ. καὶ τῆς γῆς δῴη σοι χάριν [S *al.*]
8. 5. εὐλογησάτωσάν σε οἱ οὐ.
— 15. S εὐλόγησαν τὸν θεὸν τοῦ οὐ. [A B *al.*]
9. 6. S δῴη σοι κύριος εὐλογίαν οὐρανοῦ
10. 12. εὐοδώσει ὑμᾶς, τέκνα, ὁ θεὸς τοῦ οὐ. [S *al.*]
— 13. ἀποκαταστῆσαι σε ὁ κύριος τοῦ οὐ. [S *al.*]
11. 1. S εὐλογῶν τῷ κυρίῳ τοῦ οὐ. [A B *al.*]
13. 7. A B ἡ ψυχή μου τῷ βασιλεῖ τοῦ οὐ.
— 11. καὶ δῶρα τῷ βασιλεῖ τοῦ οὐ. [S *al.*]
— 16. S ἐξομολογήσασθαι τῷ βασ. τοῦ οὐ.
Ju. 5. 8. προσεκύνησαν τῷ θεῷ τοῦ οὐ.
6. 19. κύριε ὁ θεὸς τοῦ οὐ.
7. 28. μαρτυρόμεθα ὑμῖν τὸν οὐ.
9. 12. δέσποτα τῶν οὐ. καὶ τῆς γῆς
11. 7. τὰ πετεινὰ τοῦ οὐ. . . . ζήσονται
— 17. θεραπεύουσα . . . τὸν θεὸν τοῦ οὐ.
13. 18. ὃς ἔκτισε τοὺς οὐ.
Es. 4. 17. ἐποίησας τὸν οὐ. . . . καὶ πᾶν θαυμαζόμ. ἐν τῇ ὑπ' οὐρανόν
Jb. 1. 6. A ἐμπεριπατήσας τὴν ὑπ' οὐρανόν -
— 7. ἐμπεριπατήσας τὴν ὑπ' οὐρανὸν πάρειμι †
— 16. πῦρ ἔπεσεν ἐκ τοῦ οὐ. (4 a)
2. 2. διαπορευθεὶς τὴν ὑπ' οὐρανόν (5 a)
5. 10. ἀποστέλλοντα ὕδωρ ἐπὶ τὴν ὑπ' οὐρανόν (5 b)
7. 9. ὥσπερ νέφος ἀποκαθαρθὲν ἀπ' οὐρανοῦ †
9. 6. ὁ σείων τὴν ὑπ' οὐρανὸν ἐκ θεμελίων (5 a)
— 8. ὁ τανύσας τὸν οὐ. μόνος (4 a)
— 13. ὑπ' αὐτοῦ ἐκάμφθησαν κήτη τὰ ὑπ' οὐρανόν †
11. 8. ὑψηλὸς ὁ [S^{1} *om.*] οὐ. (4 a)
12. 7. πετεινὰ δὲ οὐρανοῦ ἐάν σοι ἀπαγγείλωσιν [A ἀναγγείλῃ] (4 a)
14. 12. ἕως ἂν ὁ οὐ. οὐ μὴ συρραφῇ [A οὐ. παλαιωθῇ] (4 a)
15. 15. οὐρανὸς [A ὁ οὐ.] δὲ οὐ καθαρὸς ἐναντίον αὐτοῦ (4 a)
16. 20 (19). A B ἐν οὐρανοῖς [S^{2} -ῷ] ὁ μάρτυς μου (4 a)
18. 4. ἀοίκητος [A ἀ. ἔσται] ἡ ὑπ' οὐρανόν [B^{2} *add.* ἔσται] (5 a)
— 19. οὐδὲ σεσωσμένος ἐν τῇ ὑπ' οὐρανὸν ὁ οἶκος αὐ. †
20. 6. ἐὰν ἀναβῇ εἰς οὐρανὸν αὐτοῦ τὰ δῶρα (4 a)
Jb. 20. 27. ἀνακαλύψαι δὲ αὐτοῦ ὁ οὐρανὸς τὰς ἀνομίας (4 a)
22. 14. γῦρον οὐρανοῦ διαπορεύεται (4 a)
— 26. ἀναβλέψας εἰς τὸν οὐ. ἱλαρῶς (1 b)
26. 11. στῦλοι οὐρανοῦ ἐπετάσθησαν [A ἐπεστάθησαν] (4 a)
— 13. κλεῖθρα δὲ οὐρανοῦ δεδοίκασιν αὐτόν (4 a)
28. 21. ἀπὸ πετεινῶν τοῦ οὐ. ἐκρύβη [A οὐκ ἐκρ.] (4 a)
— 24. αὐτὸς γὰρ τὴν ὑπ' οὐρανὸν πᾶσαν ἐφορᾷ (4 a)
34. 13. τίς δέ ἐστιν ὁ ποιῶν τὴν ὑπ' οὐρανόν (5 a)
35. 4 (5). ἀνάβλεψον εἰς τὸν οὐ. καὶ ἴδε (4 a)
— 11. ὁ διορίζων με ἀπὸ τετραπόδων γῆς ἀπὸ δὲ πετεινῶν οὐρανοῦ (4 a)
37. 3. B S ὑποκάτω παντὸς τοῦ οὐ. ἀρχὴ αὐ. (4 a)
38. 18. νενουθέτησαι δὲ τὸ εὖρος τῆς ὑπ' οὐρανόν (5 a)
— 24. ἢ διασκεδάννυται νότος εἰς τὴν ὑπ' οὐρανόν (5 a)
— 29. πάχνην δὲ ἐν οὐρανῷ τίς τέτοκεν (4 a)
— 33. ἐπίστασαι δὲ τροπὰς οὐρανοῦ ἢ τὰ ὑπ' οὐρανὸν ὁμοθυμαδὸν γινόμενα (4 a, 5 a)
— 37. οὐρανὸν [S -ὸς] δὲ εἰς γῆν ἔκλινε (4 a)
41. 2 (3). εἰ [A ἢ οὐχὶ] πᾶσα ἡ ὑπ' οὐρανὸν ἐμή ἐστιν (4 a)
42. 15. οὐχ εὑρέθησαν . . . βελτίους αὐτῶν ἐν τῇ [A *om.* ἐν τῇ] ὑπ' [S ὑπὸ τὸν] οὐ. (5 a)
Ps. 2. 4. ὁ κατοικῶν ἐν οὐρανοῖς ἐκγελάσεται [A ἐγγελ.] αὐτούς (4 a)
8. 1. ἐπήρθη ἡ μεγαλοπρέπειά σου ὑπεράνω τῶν οὐ. (4 a)
— 3. ὄψομαι τοὺς οὐ. ἔργα τῶν δακτύλων σου (4 a)
— 8. τὰ πετεινὰ τοῦ οὐ. καὶ τοὺς ἰχθύας τῆς θαλάσσης (4 a)
10 (11). 5. κύριος ἐν οὐρανῷ ὁ θρόνος αὐτοῦ (4 a)
13 (14). 2. A^{2}BS κύριος ἐκ τοῦ οὐ. διέκυψεν (4 a)
17 (18). 9. ἔκλινεν οὐρανὸν [S^{2} -ούς] καὶ κατέβη (4 a)
— 13. ἐβρόντησεν ἐξ οὐρανοῦ κύριος (4 a)
18 (19). 1. οἱ οὐ. διηγοῦνται δόξαν θεοῦ (4 a)
— 6. ἀπ' ἄκρου τοῦ οὐ. ἡ ἔξοδος αὐτοῦ καὶ τὸ κατάντημα αὐτοῦ ἕως ἄκρου τοῦ [S^{1} *om.*] οὐ. (4 a, †)
19 (20). 6. ἐπακούσεται αὐτοῦ ἐξ οὐρανοῦ ἁγίου αὐτοῦ (4 a)
32 (33). 6. τῷ λόγῳ τοῦ κ. οἱ οὐ. ἐστερεώθησαν (4 a)
— 13. ἐξ οὐρανοῦ ἐπέβλεψεν ὁ κύριος (4 a)
35 (36). 5. ἐν τῷ οὐ. τὸ ἔλεός σου (4 a)
49 (50). 4. προσκαλέσεται τὸν οὐ. ἄνω (4 a)
— 6. ἀναγγελοῦσιν οἱ οὐ. τὴν δικαιοσύνην αὐτοῦ (4 a)
— 11. ἔγνωκα πάντα τὰ πετεινὰ τοῦ οὐ. †
52 (53). 2. ὁ θεὸς ἐκ τοῦ οὐ. διέκυψεν (4 a)
56 (57). 3. ἐξαπέστειλεν ἐξ οὐρανοῦ (4 a)
— 5. ὑψώθητι ἐπὶ τοὺς οὐ. ὁ θεός (4 a)
— 10. ἐμεγαλύνθη ἕως τῶν οὐ. τὸ ἔλεός σου (4 a)
— 11. ὑψώθητι ἐπὶ τοὺς οὐ. ὁ θεός (4 a)
67 (68). 8. οἱ οὐ. ἔσταξαν ἀπὸ προσώπου τοῦ θεοῦ (4 a)
— 33. τῷ ἐπιβεβηκότι ἐπὶ τὸν οὐ. τοῦ οὐ. (4 a, 4 a)
68 (69). 34. αἰνεσάτωσαν αὐτὸν οἱ οὐ. καὶ ἡ γῆ (4 a)
72 (73). 9. ἔθεντο εἰς οὐρανὸν τὸ στόμα αὐτῶν (4 a)
— 25. τί γάρ μοι ὑπάρχει ἐν τῷ οὐ. (4 a)
75 (76). 8. ἐκ τοῦ οὐ. ἠκούτισας κρίσιν (4 a)
77 (78). 23. θύρας οὐρανοῦ ἀνέῳξε (4 a)
— 24. ἄρτον οὐρανοῦ ἔδωκεν αὐτοῖς (4 a)
— 26. ἀπῆρε νότον ἐξ οὐρανοῦ (4 a)
78 (79). 2. βρώματα τοῖς πετεινοῖς τοῦ οὐ. (4 a)
79 (80). 14. ἐπίβλεψον ἐξ οὐρανοῦ (4 a)
84 (85). 11. δικαιοσύνη ἐκ τοῦ οὐ. διέκυψε (4 a)
88 (89). 2. ἐν τοῖς οὐ. ἑτοιμασθήσεται ἡ ἀλήθειά σου (4 a)
— 5. ἐξομολογήσονται οἱ οὐ. τὰ θαυμάσιά σου (4 a)
— 11. σοί εἰσιν οἱ οὐ. (4 a)
— 29. τὸν θρόνον αὐ. ὡς τὰς ἡμέρας τοῦ οὐ. (4 a)
— 37. ὁ μάρτυς ἐν οὐρανῷ πιστός (3)
90 (91). 1. ἐν σκέπῃ τοῦ θεοῦ τοῦ οὐ. -
95 (96). 5. ὁ δὲ κύριος τοὺς οὐ. ἐποίησεν (4 a)
— 11. εὐφραινέσθωσαν οἱ οὐ. (4 a)
96 (97). 6. ἀνήγγειλαν οἱ οὐ. τὴν δικαιοσύνην αὐτοῦ (4 a)
101 (102). 19. κύριος ἐξ οὐρανοῦ ἐπὶ τὴν γῆν ἐπέβλεψε (4 a)
— 25. ἔργα τῶν χειρῶν σού εἰσιν οἱ οὐ. (4 a)
102 (103). 11. κατὰ τὸ ὕψος τοῦ οὐ. ἀπὸ τῆς γῆς (4 a)
— 19. κύριος ἐν τῷ οὐ. ἡτοίμασε τὸν θρόνον αὐτοῦ (4 a)
103 (104). 2. ἐκτείνων τὸν οὐ. ὡσεὶ δέρριν (4 a)

Ps. 103 (104). 12. ἐπ' αὐτὰ τὰ πετεινὰ τοῦ οὐ. κατασκηνώσει (4 a)
104 (105). 40. ἄρτον οὐρανοῦ ἐνέπλησεν αὐτούς (4 a)
106 (107). 26. ἀναβαίνουσιν ἕως τῶν οὐ. (4 a)
107 (108). 4. μέγα ἐπάνω τῶν οὐ. τὸ ἔλεός σου (4 a)
— 5. ὑψώθητι ἐπὶ τοὺς οὐ., ὁ θεός (4 a)
112 (113). 4. ἐπὶ τοὺς οὐ. ἡ δόξα αὐτοῦ (4 a)
— 6. καὶ τὰ ταπεινὰ ἐφορῶν ἐν τῷ οὐ. (4 a)
113. 11 (115. 3). S ὁ δὲ θεὸς ἡμῶν ἐν τῷ οὐ. ἄνω ἐν τοῖς οὐ. [A R *al.*] (4 a, –)
— 23 (115. 15). τῷ κυρίῳ τῷ ποιήσαντι τὸν οὐ. (4 a)
— 24 (115. 16). S R ὁ οὐ. τοῦ οὐ. [A τῷ οὐ.] τῷ κυρίῳ (4 a, 4 a)
118 (119). 89. ὁ λόγος σου διαμένει ἐν τῷ οὐ. (4 a)
120 (121). 2. παρὰ κυρίου τοῦ ποιήσαντος τὸν οὐ. (4 a)
122 (123). 1. πρὸς σὲ ἦρα τοὺς ὀφθαλμούς μου τὸν κατοικοῦντα ἐν τῷ οὐ. (4 a)
123 (124). 8. κυρίου τοῦ ποιήσαντος τὸν οὐ. (4 a)
133 (134). 3. κύριος ἐκ Σιὼν ὁ ποιήσας τὸν οὐ. (4 a)
134 (135). 6. πάντα . . . ἐποίησεν ἐν τῷ οὐ. καὶ ἐν τῇ γῇ (4 a)
135 (136). 5. τῷ ποιήσαντι τοὺς οὐ. ἐν συνέσει (4 a)
— 26. ἐξομολογεῖσθε τῷ θεῷ τοῦ οὐ. (4 a)
138 (139). 8. ἐὰν ἀναβῶ εἰς τὸν οὐ. (4 a)
143 (144). 5. κλῖνον οὐρανούς σου καὶ κατάβηθι (4 a)
145 (146). 6. τὸν ποιήσαντα τὸν οὐ. καὶ τὴν γῆν (4 a)
146 (147). 8. τῷ περιβάλλοντι τὸν οὐ. ἐν νεφέλαις (4 a)
148. 1. αἰνεῖτε τὸν κύριον ἐκ τῶν οὐ. (4 a)
— 4. αἰνεῖτε αὐτὸν οἱ οὐ. τῶν οὐ. καὶ τὸ ὕδωρ τὸ ὑπεράνω τῶν οὐ. (4 a *ter*)
— 13. ἡ ἐξομολόγησις αὐτοῦ ἐπὶ γῆς καὶ οὐρανοῦ (4 a)
Pr. 3. 19. ἡτοίμασε δὲ οὐρανοὺς φρονήσει (4 a)
8. 26. καὶ ἄκρα οἰκουμένα τῆς ὑπ' οὐρανῶν [A S² -όν, S¹ ὑπὸ τὸν οὐ.] (5 c)
— 27. ἡνίκα ἡτοίμαζε τὸν οὐ. συμπαρήμην αὐτῷ (4 a)
— 28. ὡς ἀσφαλεῖς ἐτίθει πηγὰς τῆς ὑπ' οὐρανόν (5 d)
24. 27 (30. 4). τίς ἀνέβη εἰς τὸν οὐ. καὶ κατέβη (4 a)
25. 3. οὐρανὸς ὑψηλὸς γῆ δὲ βαθεῖα (4 a)
Ec. 1. 13. περὶ πάντων τῶν γινομένων ὑπὸ τὸν οὐ. [S² ἥλιον] (4 a)
3. 1. καιρὸς τῷ παντὶ πράγματι [B¹ *add.* τῷ] ὑπὸ τὸν οὐρ. [S² ἥλιον] (4 a)
5. 1. ὁ θεὸς ἐν τῷ οὐ. ἄνω [A S *om.*] (4 a)
10. 20. πετεινὸν τοῦ οὐ. ἀποίσει τὴν φωνήν σου (4 a)
Wi. 9. 10. ἐξαπόστειλον αὐτὴν ἐξ ἁγίων οὐρανῶν
— 16. τὰ δὲ ἐν οὐρανοῖς τίς ἐξιχνίασε
13. 2. ἢ φωστῆρας οὐρανοῦ πρυτάνεις κόσμου θεοὺς ἐνόμισαν
16. 20. ἕτοιμον ἄρτον αὐτοῖς ἀπ' οὐρανοῦ ἔπεμψας [A S παρέσχες]
18. 15. ὁ παντοδύναμός σου λόγος ἀπ' οὐρανῶν . . . ἥλατο
— 16. οὐρανοῦ μὲν ἥπτετο
Si. 1. 3. ὕψος οὐρανοῦ . . . τίς ἐξιχνιάσει
16. 18. ἰδοὺ ὁ οὐ. καὶ ὁ οὐ. τοῦ οὐ. τοῦ θεοῦ [A S *om.* τ. θ.]
17. 32. δύναμιν ὕψους οὐρανοῦ αὐτὸς ἐπισκέπτεται
24. 5. γῦρον οὐρανοῦ ἐκύκλωσα μόνη
43. 1. εἶδος οὐρανοῦ [S¹ ἀνθρώπου] ἐν ὁράματι δόξης
— 8. ἐν στερεώματι οὐρανοῦ ἐκλάμπων
— 9. κάλλος οὐρανοῦ δόξα ἄστρων
— 12. ἐγύρωσεν οὐρανὸν ἐν κυκλώσει δόξης
45. 15. ἐν ἡμέραις οὐρανοῦ
46. 17. ἐβρόντησεν ἀπ' οὐρανοῦ κύριος
48. 3. ἐν λόγῳ κυρίου ἀνέσχεν οὐρανόν
— 20. ὁ ἅγιος ἐξ οὐρανοῦ ταχὺ ἐπήκουσεν αὐτῶν
Ho. 2. 12 (14). καταφάγεται . . . τὰ πετεινὰ τοῦ οὐρανοῦ –
— 18 (20). διαθήκην . . . μετὰ τῶν πετεινῶν τοῦ οὐ. (4 a)
— 21 (23). ἐπακούσομαι τῷ οὐ. (4 a)
— 21 (23). A ὁ οὐ. [B αὐτὸς] ἐπακούσεται τῇ γῇ †
4. 3. σὺν τοῖς πετεινοῖς τοῦ οὐ. (4 a)
7. 12. καθὼς τὰ πετεινὰ τοῦ οὐ. κατάξω αὐτούς (4 a)
13. 4. ὁ στερεῶν τὸν [A *om.*] οὐ. –
— 4. αἱ χεῖρες ἔκτισαν πᾶσαν τὴν στρατιὰν τοῦ οὐ. –
Am. 9. 2. ἐὰν ἀναβῶσιν εἰς τὸν οὐ. (4 a)
— 6. ὁ οἰκοδομῶν εἰς τὸν οὐ. ἀνάβασιν αὐτοῦ (4 a)
Jl. 2. 10. σεισθήσεται ὁ οὐ. (4 a)
— 30 (3. 3). δώσω τέρατα ἐν τῷ οὐ. (4 a)

Jl. 3 (4). 16. σεισθήσεται ὁ οὐ. καὶ ἡ γῆ [S³ *om.* σ. . . . γῆ] (4 a)
Jn. 1. 9. τὸν κ. θεὸν τοῦ οὐ. ἐγὼ σέβομαι (4 a)
Na. 3. 16. A B ὑπὲρ [S² ὡς, S³ ὥσπερ] τὰ ἄστρα τοῦ οὐ. (4 a)
Hb. 3. 3. ἐκάλυψεν οὐρανοὺς ἡ ἀρετὴ αὐτοῦ (4 a)
Ze. 1. 3. ἐκλιπέτω τὰ πετεινὰ τοῦ οὐ. (4 a)
— 5. τοὺς προσκυνοῦντας . . . τῇ στρατιᾷ τοῦ οὐ. (4 a)
Hg. 1. 10. ἀνέξει ὁ οὐ. ἀπὸ δρόσου (4 a)
2. 7 (6). σείσω τὸν οὐ. καὶ τὴν γῆν (4 a)
— 22 (21). σείω τὸν οὐ. καὶ τὴν γῆν (4 a)
Za. 2. 6 (10). ἐκ τῶν τεσσάρων ἀνέμων τοῦ οὐ. συνάξω ὑμᾶς (4 a)
5. 9. ἀνὰ μέσον τῆς γῆς καὶ ἀνὰ μέσον τοῦ οὐ. (4 a)
6. 5. ταῦτά ἐστιν οἱ τέσσαρες ἄνεμοι τοῦ οὐ. (4 a)
8. 12. καὶ ὁ [S¹ *om.*] οὐ. δώσει τὴν δρόσον αὐτοῦ (4 a)
12. 1. κύριος ἐκτείνων οὐρανόν (4 a)
Ma. 3. 10. ἐὰν μὴ ἀνοίξω ὑμῖν τοὺς καταρράκτας τοῦ οὐ. (4 a)
Is. 1. 2. ἄκουε, οὐρανέ (4 a)
5. 30. S ἐμβλέψονται εἰς τὸν οὐ. ἄνω καὶ [A B *om.* εἰς τ. οὐ. ἄ. κ.] εἰς τὴν γῆν –
8. 21. ἀναβλέψονται εἰς τὸν οὐ. ἄνω –
13. 5. ἀπ' ἄκρου θεμελίου [A¹ *om.*] τοῦ οὐ. (4 a)
— 10. οἱ γὰρ ἀστέρες τοῦ οὐ. καὶ ὁ Ὠρίων καὶ πᾶς ὁ κόσμος [S¹ οἶκος] τοῦ οὐ. τὸ φῶς οὐ δώσουσι (4 a, –)
— 13. ὁ γὰρ οὐ. θυμωθήσεται (4 a)
14. 12. πῶς ἐξέπεσεν ἐκ τοῦ οὐ. ὁ ἑωσφόρος (4 a)
— 13. εἰς τὸν οὐ. ἀναβήσομαι ἐπάνω τῶν ἀστέρων τοῦ οὐ. θήσω τὸν θρόνον μου (4 a, 1 a)
18. 6. καταλείψει ἅμα τοῖς πετεινοῖς τοῦ οὐ. . . . καὶ συναχθήσεται ἐπ' αὐτοὺς τὰ πετεινὰ τοῦ οὐ. †, –
24. 18. θυρίδες ἐκ τοῦ οὐ. ἀνεῴχθησαν (2)
— 21. ἐπάξει ὁ θεὸς ἐπὶ τὸν κόσμον τοῦ οὐ. τὴν χεῖρα (2)
34. 4. B τακήσονται πᾶσαι αἱ δυνάμεις τῶν οὐ. (4 a)
— 4. καὶ ἑλιγήσεται ὁ οὐ. ὡς βιβλίον (4 a)
— 5. ἐμεθύσθη ἡ μάχαιρά μου ἐν τῷ οὐ. (4 a)
37. 16. σὺ ἐποίησας τὸν οὐ. (4 a)
38. 14. τοῦ βλέπειν εἰς τὸ ὕψος τοῦ οὐ. πρὸς τὸν κύριον –
40. 12. τίς ἐμέτρησε . . . τὸν οὐ. σπιθαμῇ (4 a)
— 22. ὁ στήσας ὡς καμάραν τὸν οὐ. (4 a)
42. 5. κ. ὁ θεὸς ὁ ποιήσας τὸν οὐ. (4 a)
44. 23. εὐφράνθητε οὐρανοί (4 a)
— 24. ἐξέτεινα τὸν οὐ. μόνος (4 a)
45. 8. εὐφρανθήτω ὁ οὐ. ἄνωθεν (4 a)
— 12. τῇ χειρί μου ἐστερέωσα τὸν οὐ. (4 a)
— 18. οὕτως λέγει κύριος ὁ ποιήσας τὸν οὐ. (4 a)
47. 13. σωσάτωσάν σε οἱ ἀστρολόγοι τοῦ οὐ. (4 a)
48. 13. ἡ δεξιά μου ἐστερέωσε τὸν οὐ. (4 a)
49. 13. εὐφραίνεσθε οὐρανοί (4 a)
50. 3. ἐνδύσω τὸν οὐ. σκότος (4 a)
51. 6. ἄρατε εἰς τὸν οὐ. τοὺς ὀφθ. ὑμῶν . . . ὅτι ὁ οὐ. ὡς καπνὸς ἐστερεώθη (4 a, 4 a)
— 13. ἐπελάθου [B ἀπ.] θεὸν . . . τὸν ποιήσαντα τὸν οὐ. (4 a)
— 16. ἐν ᾗ ἔστησα τὸν οὐ. (4 a)
55. 9. ὡς ἀπέχει ὁ οὐ. ἀπὸ τῆς γῆς (4 a)
— 10. ὡς γὰρ ἂν καταβῇ ὁ ὑετὸς ἢ χιὼν ἐκ [A ἀπὸ] τοῦ οὐ. (4 a)
63. 15. ἐπίστρεψον ἐκ τοῦ οὐ. (4 a)
64. 1 (63. 19). ἐὰν ἀνοίξῃς τὸν οὐ. (4 a)
65. 17. ἔσται γὰρ ὁ οὐ. καινός (4 a)
66. 1. ὁ οὐ. μου [A S μοι] θρόνος (4 a)
— 22. ὃν τρόπον γὰρ ὁ οὐ. καινός . . . μένει ἐνώπιον ἐμοῦ (4 a)
Je. 2. 12. ἐξέστη ὁ οὐ. ἐπὶ τούτῳ (4 a)
4. 23. ἐπέβλεψα . . . εἰς τὸν οὐ. (4 a)
— 25. πάντα τὰ πετεινὰ τοῦ οὐ. ἐπτοεῖτο (4 a)
— 28. συσκοτασάτω ὁ οὐ. ἄνωθεν (4 a)
7. 18. τοῦ ποιῆσαι χαυῶνας τῇ στρατιᾷ τοῦ οὐ. (4 a)
— 33. εἰς βρῶσιν [A κατάβρωμα πᾶσιν] τοῖς πετεινοῖς τοῦ οὐ. (4 a)
8. 2. ψύξουσιν αὐτὰ . . . πρὸς πᾶσαν τὴν στρατιὰν τοῦ οὐ. (4 a)
— 7. ἡ ἀσίδα ἐν τῷ οὐ. ἔγνω τὸν καιρὸν αὐτῆς (4 a)
9. 10 (9). οὐκ ἤκουσαν φωνὴν ὑπάρξεως ἀπὸ πετεινῶν τοῦ οὐ. (4 a)
10. 2. ἀπὸ τῶν σημείων [S¹ θηρίων] τοῦ οὐ. μὴ φοβεῖσθε (4 a)

Je. 10. 11. θεοὶ οἳ τὸν οὐ. καὶ τὴν γῆν οὐκ ἐποίησαν ἀπολέσθωσαν ἀπὸ τῆς γῆς καὶ ὑποκάτωθεν τοῦ οὐ. τούτου (4 b, 4 b)
— 12. τῇ φρονήσει αὐτοῦ ἐξέτεινε τὸν οὐ. (4 a)
— 13. πλῆθος ὕδατος ἐν οὐρανῷ (4 a)
14. 22. εἰ ὁ οὐ. δώσει πλησμονὴν αὐτοῦ (4 a)
15. 3. ἐκδικήσω ἐπ' αὐτοὺς . . . τὰ πετεινὰ τοῦ οὐ. εἰς βρῶσιν (4 a)
16. 4. καὶ τοῖς πετεινοῖς τοῦ οὐ. (4 a)
19. 7. εἰς βρῶσιν τοῖς πετεινοῖς τοῦ οὐ. (4 a)
— 13. ἐθυμίασαν ἐπὶ τῶν δωμάτων αὐτῶν πάσῃ τῇ στρατιᾷ τοῦ οὐ. (4 a)
23. 24. μὴ οὐχὶ τὸν οὐ. καὶ τὴν γῆν ἐγὼ πληρῶ (4 a)
25. 15 (49. 36). ἐκ τῶν τεσσάρων ἄκρων τοῦ οὐ. (4 a)
28 (51). 9. ἤγγικεν εἰς οὐρανὸν τὸ κρίμα αὐτῆς (4 a)
— 15. ἐν τῇ συνέσει αὐτοῦ ἐξέτεινε τὸν οὐ. (4 a)
— 16. ἔθετο ἦχος ὕδατος ἐν τῷ οὐ. (4 a)
— 53. ἐὰν ἀναβῇ Βαβυλὼν ὡς ὁ οὐ. (4 a)
38 (31). 37. ἐὰν ὑψωθῇ ὁ οὐ. εἰς τὸ μετέωρον (4 a)
39 (32). 17. ἐποίησας τὸν οὐ. καὶ τὴν γῆν (4 a)
41 (34). 20. βρῶσις [A βρώματα] τοῖς πετεινοῖς τοῦ οὐ. (4 a)
51 (44). 17. θυμιᾶν τῇ βασιλίσσῃ τοῦ οὐ. (4 a)
— 18. διελίπομεν θυμιῶντες τῇ βασιλίσσῃ τοῦ οὐ. (4 a)
— 19. θυμιῶμεν τῇ βασιλίσσῃ τοῦ οὐ. (4 a)
— 25. θυμιᾶν τῇ βασιλίσσῃ τοῦ οὐ. [S τῇ Βάαλ] (4 a)
Ba. 1. 11. ὡς αἱ ἡμέραι τοῦ οὐ.
2. 2. ὑποκάτω παντὸς τοῦ οὐ.
3. 17. οἱ ἐν τοῖς ὀρνέοις τοῦ οὐ. ἐμπαίζοντες
— 29. τίς ἀνέβη εἰς τὸν οὐ.
5. 3. ὁ γὰρ θεὸς δείξει τῇ ὑπ' οὐρανὸν πάσῃ τὴν σὴν λαμπρότητα
La. 2. 1. κατέρριψεν ἐξ οὐρανοῦ εἰς γῆν δόξασμα Ἰσραήλ (4 a)
3. 41. ἀναλάβωμεν καρδίας ἡμῶν ἐπὶ χειρῶν πρὸς ὑψηλὸν ἐν οὐρανῷ (4 a)
— 50. ἴδῃ κύριος ἐξ οὐρανοῦ (4 a)
— 66. ἐξαναλώσεις αὐτοὺς ὑποκάτω τοῦ οὐ. (4 a)
4. 19. κοῦφοι ἐγένοντο οἱ διώκοντες ἡμᾶς ὑπὲρ ἀετοὺς οὐρανοῦ (4 a)
Ep. Je. 54. ἀνὰ μέσον τοῦ οὐ. καὶ τῆς γῆς
— 67. σημεῖά τε ἐν ἔθνεσιν ἐν οὐρανῷ [A σ. ἐν οὐ. καὶ ἐν ἔ.] οὐ μὴ δείξωσιν
Ez. 1. 1. ἠνοίχθησαν οἱ οὐ. (4 a)
8. 3. ἀνὰ μέσον τῆς γῆς καὶ ἀνὰ μέσον τοῦ οὐ. (4 a)
29. 5. τοῖς πετεινοῖς τοῦ οὐ. δέδωκά σε (4 a)
31. 6. ἐνόσσευσαν πάντα τὰ πετεινὰ τοῦ οὐ. (4 a)
— 13. ἀνεπαύσαντο πάντα τὰ πετεινὰ τοῦ οὐ. (4 a)
32. 4. A R ἐπικαθιῶ ἐπὶ σὲ πάντα τὰ πετεινὰ τοῦ οὐ. [B *om.* τ. οὐ.] (4 a)
— 7. A κατακαλύψω ἐν τῷ σβεσθῆναί σε οὐρανὸν καὶ συσκοτάσω τοὺς ἀστέρας τοῦ οὐ. [B *al.*] (4 a, †)
— 8. πάντα τὰ φαίνοντα φῶς ἐν τῷ οὐ. συσκοτάσουσιν ἐπὶ σέ (4 a)
34. 5. A εἰς κατάβρωμα . . . τοῖς πετεινοῖς τοῦ οὐ. [B *om.* τ. π. τ. οὐ.] –
37. 9. A ἐλθὲ ἐκ τῶν τεσσάρων ἀνέμων τοῦ οὐ. [B *al.*] –
38. 20. σεισθήσονται . . . τὰ πετεινὰ τοῦ οὐ. (4 a)
Da. LXX. Su. 9. τοῦ μὴ βλέπειν εἰς τὸν οὐ.
2. 28. ἔστι θεὸς ἐν οὐρανῷ ἀνακαλύπτων μυστήρια (4 b)
— 37. σοὶ ὁ κύριος τοῦ οὐ. τὴν ἀρχὴν . . . ἔδωκεν (4 b)
— 38. ἀπὸ ἀνθρώπων . . . καὶ πετεινῶν οὐρανοῦ (4 b)
— 44. στήσει ὁ θεὸς τοῦ οὐ. βασιλείαν ἄλλην (4 b)
3. 17. ἔστι γὰρ θεὸς ἐν οὐρανοῖς –
— (36). ὡς τὰ ἄστρα τοῦ οὐ. τῷ πλήθει
— (56). εὐλογητὸς εἶ ἐν τῷ στερεώματι τοῦ οὐ.
— (59). εὐλογεῖτε, οὐρανοί, τὸν κύριον
— (60). εὐλογεῖτε . . . πάντα τὰ ἐπάνω τοῦ οὐ.
— (63). εὐλογεῖτε, ἄστρα τοῦ οὐ., τὸν κύριον
— (80). εὐλογεῖτε, πάντα τὰ πετεινὰ τοῦ οὐ., τὸν κύριον
4. 9. ἐν αὐτῷ τὰ πετεινὰ τοῦ οὐ. ἐνόσσευον (4 b)
— 9. ἡ κορυφὴ αὐ. ἤγγισεν ἕως τοῦ οὐ. –
— 9. πληροῦν τὰ ὑποκάτω τοῦ οὐ. –
— 10. ἄγγελος ἀπεστάλη ἐν ἰσχύϊ ἐκ τοῦ οὐ. (4 b)
— 13. ἀπὸ τῆς δρόσου τοῦ οὐ. –
— 14. ἕως ἂν γνῷ τὸν κύριον τοῦ οὐ. ἐξουσίαν ἔχειν πάντων τῶν ἐν τῷ οὐ. –, –
— 18. πάντα τὰ πετεινὰ τοῦ οὐ. τὰ νοσσεύοντα ἐν αὐτῷ (4 b)
— 19. τὸ δὲ . . . ἐγγίσαι τῷ οὐ. (4 b)

Da. LXX. 4. 23. κύριος ζῇ ἐν οὐρανῷ (4 *b*)
— 28. φωνὴν ἐκ τοῦ οὐ. ἤκουσε (4 *b*)
— 29. ἐξουσίαν ἔχει ὁ θεὸς τοῦ οὐ. †
— 31. κατὰ πρόσωπον κ. τοῦ θεοῦ τοῦ οὐ. –
— 32. ἐπληρώθησαν ἐναντίον τοῦ θεοῦ τοῦ οὐ. –
— 32. ἄγγελος εἰς ἐκάλεσέ με ἐκ τοῦ οὐ. –
— 32. δούλευσον τῷ θεῷ τοῦ οὐ. τῷ ἁγίῳ –
— 34. τῷ κτίσαντι τὸν οὐ. καὶ τὴν γῆν (4 *b*)
— 34. καθὼς ἐποίησεν ἐν ἐμοὶ ὁ θεὸς τοῦ οὐ. –
— 34. ὅσοι ἐλάλησαν εἰς τὸν θεὸν τοῦ οὐ. –
— 34. κυρίῳ τῷ θεῷ τοῦ οὐ. αἰνεῖτε –
7. 2. τέσσαρες ἄνεμοι τοῦ οὐ. (4 *b*)
— 13. ἐπὶ τῶν νεφελῶν τοῦ οὐ. (4 *b*)
— 27. τὴν ἀρχὴν πασῶν τῶν ὑπὸ τὸν οὐ. [*cod.*[2] τῶν οὐ.] βασιλειῶν (4 *b*)
8. 8. εἰς τοὺς τέσσαρας ἀνέμους τοῦ οὐ. (4 *a*)
— 10. ὑψώθη ἕως τῶν ἀστέρων τοῦ οὐ. (4 *a*)
9. 12. οἷα οὐκ ἐγενήθη ὑπὸ τὸν οὐ. (4 *a*)
11. 4. εἰς τοὺς τέσσαρας ἀνέμους τοῦ οὐ. (4 *a*)
12. 3. ὡς φωστῆρες τοῦ οὐ. (6)
— 3. ὡσεὶ τὰ ἄστρα τοῦ οὐ. –
— 7. ὕψωσε τὴν δεξιὰν . . . εἰς τὸν οὐ. (4 *a*)
Bel 4. κ. τὸν θεὸν τὸν κτίσαντα τὸν οὐ.
Da. TH. Su. 9. τοῦ μὴ βλέπειν εἰς τὸν οὐ.
— 35. ἀνέβλεψεν εἰς τὸν οὐ.
2. 18. οἰκτιρμοὺς ἐζήτουν παρὰ τοῦ θεοῦ τοῦ οὐ. (4 *b*)
— 19. εὐλόγησε τὸν θεὸν τοῦ οὐ. –
— 28. ἔστι θεὸς ἐν οὐρανῷ (4 *b*)
— 37. ᾧ ὁ θεὸς τοῦ οὐ. βασιλείαν . . . ἔδωκεν (4 *b*)
— 38. θηρία τε ἀγροῦ καὶ πετεινὰ [A *add.* τοῦ] οὐρανοῦ (4 *b*)
— 44. ἀναστήσει ὁ θεὸς τοῦ οὐ. βασιλείαν (4 *b*)
3. 17. ἔστι γὰρ θεὸς ἡμῶν ἐν οὐρανοῖς [B[1] *om.* ἡ. ἐν οὐ.] –
— (36). ὡς τὰ ἄστρα τοῦ οὐ.
— (56). εὐλογητὸς εἶ ἐν τῷ στερεώματι τοῦ οὐ.
— (59). εὐλογεῖτε, οὐρανοί, τὸν κύριον
— (60). εὐλογεῖτε . . . πάντα τὰ ἐπάνω τοῦ οὐ.
— (63). εὐλογεῖτε, ἄστρα τοῦ οὐ., τὸν κύριον
— (80). εὐλογεῖτε, πάντα τὰ πετεινὰ τοῦ οὐ., τὸν κ.
4. 8. τὸ ὕψος αὐ. ἔφθασεν ἕως τοῦ οὐ. (4 *b*)
— 9. κατῴκουν τὰ ὄρνεα τοῦ οὐ. (4 *b*)
— 10. ἅγιος ἀπ' οὐρανοῦ κατέβη (4 *b*)
— 12. ἐν τῇ δρόσῳ τοῦ οὐ. κοιτασθήσεται (4 *b*)
— 17. οὗ τὸ ὕψος ἔφθανεν εἰς τὸν οὐ. (4 *b*)
— 18. κατεσκήνουν [A -ῴκουν] τὰ ὄρνεα τοῦ οὐ. (4 *b*)
— 19. ἔφθασεν εἰς τὸν οὐ. (4 *b*)
— 20. ἅγιον καταβαίνοντα ἀπὸ [A ἐκ] τοῦ οὐ. (4 *b*)
— 20. ἐν τῇ δρόσῳ τοῦ οὐ. αὐλισθήσεται (4 *b*)
— 22. ἀπὸ τῆς δρόσου τοῦ οὐ. αὐλισθήσῃ (4 *b*)
— 28. φωνὴ ἀπ' [A ἐκ τοῦ] οὐρανοῦ ἐγένετο (4 *b*)
— 30. ἀπὸ τῆς δρόσου τοῦ οὐ. τὸ σῶμα αὐ. ἐβάφη (4 *b*)
— 31. τοὺς ὀφθαλμούς μου εἰς τὸν οὐ. ἀνέλαβον (4 *b*)
— 32. ποιεῖ ἐν τῇ δυνάμει τοῦ οὐ. (4 *b*)
— 34. δοξάζω τὸν βασιλέα τοῦ οὐ. (4 *b*)
5. 21. ἀπὸ τῆς δρόσου τοῦ οὐ. τὸ σῶμα αὐ. ἐβάφη (4 *b*)
— 23. ἐπὶ τὸν κ. θεὸν τοῦ οὐ. ὑψώθης (4 *b*)
6. 27 (28). ποιεῖ σημεῖα . . . ἐν οὐρανῷ (4 *b*)
7. 2. οἱ τέσσαρες ἄνεμοι τοῦ οὐ. (4 *b*)
— 13. μετὰ τῶν νεφελῶν τοῦ οὐ. (4 *b*)
— 27. τῶν βασιλέων τῶν ὑποκάτω παντὸς τοῦ οὐ. (4 *b*)
8. 8. εἰς τοὺς τέσσαρας ἀνέμους τοῦ οὐ. (4 *a*)
— 10. ἕως τῆς δυνάμεως τοῦ οὐ. (4 *a*)
— 10. ἀπὸ τῆς δυνάμεως τοῦ οὐ. –
9. 3. A πρὸς κύριον τὸν θ. τοῦ οὐ. [B *om.* τ. οὐ.] –
— 4. A προσευξάμην πρὸς κύριον τοῦ οὐ. [B *al.*] –
— 12. οἷα οὐ γέγονεν ὑποκάτω παντὸς τοῦ οὐ. (4 *a*)
11. 4. εἰς τοὺς τέσσαρας ἀνέμους τοῦ οὐ. (4 *a*)
12. 7. ὕψωσε τὴν δεξιὰν αὐ. . . . εἰς τὸν οὐ. (4 *a*)
Bel 5. τὸν κτίσαντα τὸν οὐ.
I Ma. 2. 37. μαρτυρεῖ ἐφ' ἡμᾶς ὁ οὐ.
— 58. R ἀνελήφθη ἕως [A ὡς, S *om.*] εἰς τὸν οὐ.
3. 18. SR οὐκ ἔστι διαφορὰ ἐναντίον τοῦ θ. [A *om.* τ. θ.] τοῦ οὐ.
— 19. ἐκ τοῦ οὐ. ἡ ἰσχύς
— 50. ἐβόησαν φωνῇ εἰς τὸν οὐ.
— 60. ὡς δ' ἂν ᾖ θέλημα ἐν οὐρανῷ
4. 10. βοήσωμεν εἰς οὐρανόν
— 24. R εὐλόγουν εἰς οὐρανὸν τὸν κ. [AS *om.* τ. κ.]
— 40. ἐβόησαν εἰς οὐρανόν
— 55. εὐλόγησαν εἰς οὐρανὸν τὸν εὐοδώσαντα αὐτοῖς
5. 31. A[1]R ἀνέβη εἰς τὸν οὐ. [A[2] ἕως τοῦ οὐ., S ἕως οὐρανοῦ]

I Ma. 9. 46. AR κεκράξατε εἰς [S *add.* τὸν] οὐρανόν
12. 15. SR ἔχομεν γὰρ τὴν ἐξ οὐρανοῦ [A -ῶν] βοήθειαν
16. 3. ἡ δὲ ἐκ τοῦ οὐ. βοήθεια ἔστω μεθ' ὑμῶν
II Ma. 2. 10. κατέβη πῦρ ἐκ τοῦ οὐ.
— 18. ἐπισυνάξει ἐκ τῆς ὑπὸ τὸν οὐ.
— 21. τὰς ἐξ οὐρανοῦ γενομ. ἐπιφανείας
3. 15. ἐπεκαλοῦντο εἰς οὐρανὸν τὸν . . . νομοθετήσαντα
— 20. προτείνουσαι τὰς χεῖρας εἰς τὸν οὐ.
— 34. A σὺ δὲ ἐξ οὐρανοῦ μεμαστιγωμένος [R *al.*]
7. 11. A ἐξ οὐρανοῦ ταῦτα κέκληται [R κέκτημαι]
— 28. ἀναβλέψαντα εἰς τὸν οὐ.
8. 20. διὰ τὴν γενομ. αὐτοῖς ἀπ' οὐρανοῦ βοήθειαν
9. 4. τῆς ἐξ οὐρανοῦ δὴ κρίσεως συνούσης αὐτῷ
— 20. εἰς οὐρανὸν τὴν ἐλπίδα ἔχων
10. 29. ἐφάνησαν τοῖς ὑπεναντίοις ἐξ οὐρανοῦ
11. 10. τὸν ἀπ' οὐρανοῦ σύμμαχον ἔχοντες
14. 34. προτείναντες τὰς χεῖρας εἰς τὸν οὐ.
15. 3. εἰ ἔστιν ἐν οὐρανῷ ὁ δυνάστης
— 4. ἔστιν ὁ κ. ζῶν αὐτὸς ἐν οὐρανῷ
— 8. τὰ προγεγονότα αὐτοῖς ἀπ' οὐρανοῦ βοηθήματα
— 21. προτείνας τὰς χεῖρας εἰς τὸν οὐ.
— 23. δυνάστα τῶν οὐ.
— 34. οἱ δὲ πάντες εἰς τὸν οὐ. εὐλόγησαν
III Ma. 2. 2. κύριε κύριε βασιλεῦ τῶν οὐ.
— 15. οὐρανὸς τοῦ οὐ. ἀνέφικτος ἀνθρώποις ἐστίν
4. 21. τῆς τοῦ βοηθοῦντος τοῖς 'Ι. ἐξ οὐρανοῦ προνοίας ἀνικήτου
5. 9. A ἀνέβαινεν εἰς τὸν [R *om.*] οὐ.
— 25. τείνοντες τὰς χεῖρας εἰς τὸν οὐ.
— 50. τὰς ἔμπροσθεν αὐτῶν γεγενημ. ἀντιλήψεις ἐξ οὐρανοῦ
6. 17. μέγα εἰς οὐρανὸν ἀνέκραξαν
— 33. εἰς οὐρανὸν ἀνθωμολογεῖτο
IV Ma. 4. 11. τὰς χεῖρας ἐξέτεινεν εἰς τὸν οὐ.
6. 6. AR ὑψηλοὺς ἀνατείνας εἰς τὸν [S *om.*] οὐ. τοὺς ὀφθ.
17. 5. σελήνη κατ' οὐρανὸν . . . σεμνὴ καθέστηκεν
— 5. AR ἐστήρισαι ἐν οὐρανῷ [S -οῖς]

[**Aq.** GE. 1. 1, 8, 20, 26, 28: 2. 1: DT. 4. 19: III KI. 14. 11: JB. 11. 8: 37. 18: PS. 17 (18). 10: 32 (33). 6: 67 (68). 34 *bis*: 72 (73). 25: PR. 23. 5: IS. 13. 13: 34. 4: 40. 12, 22: 48. 13: 64. 1 (63. 19): 65. 17: JE. 7. 18: 31 (38). 37: 51 (28). 9, 53: HB. 3. 3.]

[**Sm.** GE. 1. 8, 20, 28, 30: 2. 1: DT. 4. 19: 7. 24: IV KI. 23. 4: JB. 14. 12: 15. 15: 38. 37: PS. 17 (18). 10: 32 (33). 13: 67 (68). 9, 34 *bis*: 72 (73). 9, 25: 77 (78). 26: 88 (89). 3, 30: PR. 23. 5: IS. 13. 13: 34. 4: 40. 12, 22: 48. 13: 64 1 (63. 19): 65. 17: JE. 7. 18: 44 (51). 18: 51 (28). 9, 53.]

[**Th.** GE. 1. 8, 20, 28, 30: DT. 4. 19: 7. 24: IV KI. 23. 4: JB. 2. 12: 14. 12: 22. 14: 38. 37: PS. 17 (18). 17: PR. 23. 5: IS. 13. 13: 34. 4: 40. 12, 22: 48. 13: 64. 1 (63. 19): 65. 17: JE. 7. 18: 33 (40). 22, 25: 51 (28). 9, 53: DA. 3. (36), (56): HB. 3. 3.]

[**Al.** GE. 28. 12: PS. 143 (144). 5: PR. 30. 19: HB. 3. 3.]

[**Sext.** PS. 8. 4.]

οὐρεῖν. (1) שָׁתַן hi.

I Ki. 25. 22. εἰ ὑπολείψομαι . . . οὐροῦντα πρὸς τοῖχον (1)
— 34. εἰ ὑπολειφθήσεται . . . οὐρῶν πρὸς τοῖχον (1)
III Ki. 12. 24 (*cf.* A 14. 10). B ἐξολεθρεύσω τοῦ 'Ιερ. οὐροῦντα πρὸς τοῖχον –
14. 10. A ἐξολεθρεύσω τοῦ 'Ιερ. οὐροῦντα πρὸς τοῖχον (1)
16. 12 (11). A οὐχ ὑπέλειπεν αὐτῷ οὐροῦντα πρὸς τοῖχον (1)
20 (21). 21. ἐξολεθρεύσω τοῦ 'Αχ. οὐροῦντα πρὸς τοῖχον (1)
IV Ki. 9. 8. ἐξολεθρεύσεις . . . οὐροῦντα πρὸς τοῖχον (1)

[**Aq.** III KI. 14. 10.]

οὔριος.

Is. 59. 5. ὁ μέλλων τῶν ᾠῶν αὐτῶν φαγεῖν συντρίψας οὔριον εὗρε –

οὖρον. (1) מֵימֵי רַגְלַיִם (2) שַׁיִן

IV Ki. 18. 27. καὶ πιεῖν τὸ οὐ. αὐτῶν (2*, 1)
Is. 36. 12. ἵνα . . . πίωσιν οὖρον μεθ' ὑμῶν ἅμα (2*, 1)

οὖς. (1) *a.* אֹזֶן *b.* אזן pi. (2) εἰς τὰ ὦ. נֶגֶד (3) ἐν τοῖς ὦ. אֶל

Ge. 20. 8. ἐλάλησε πάντα τὰ ῥήματα ταῦτα εἰς τὰ ὦ. αὐ. (1 *a*)
23. 13. εἶπε τῷ 'Ε. εἰς τὰ ὦ. (1 *a*)
— 16. ὃ ἐλάλησεν εἰς τὰ ὦ. τῶν υἱῶν Χέτ (1 *a*)
35. 4. καὶ τὰ ἐνώτια τὰ ἐν τοῖς ὦ. αὐ. (1 *a*)
50. 4. λαλήσατε περὶ ἐμοῦ εἰς τὰ ὦ. Φ. (1 *a*)
Ex. 10. 2. ὅπως διηγήσησθε εἰς τὰ ὦ. τῶν τέκνων ὑ. (1 *a*)
11. 2. λάλησον οὖν κρυφῇ εἰς τὰ ὦ. τοῦ λαοῦ (1 *a*)
17. 14. δὸς εἰς τὰ ὦ. 'Ιησοῖ (1 *a*)
21. 6. τρυπήσει . . . τὸ οὖς τῷ ὀπητίῳ (1 *a*)
24. 7. ἀνέγνω εἰς τὰ ὦ. τοῦ λαοῦ (1 *a*)
29. 20. ἐπὶ τὸν λοβὸν τοῦ ὦ. 'Α. (1 *a*)
— 20. ἐπὶ τοὺς λοβοὺς τῶν ὦ. τῶν υἱῶν αὐ. (1 *a*)
32. 2. τὰ ἐνώτια τὰ χρυσᾶ τὰ ἐν τοῖς ὦ. τῶν γυναικῶν ὑ. (1 *a*)
— 3. τὰ ἐνώτια τὰ χρυσᾶ τὰ ἐν τοῖς ὦ. αὐ. (1 *a*)
Le. 8. 22 (23). ἐπὶ τὸν λοβὸν τοῦ ὦ. 'Α. (1 *a*)
— 23 (24). ἐπὶ τοὺς λοβοὺς τῶν ὦ. τῶν δεξιῶν (1 *a*)
14. 14, 17, 25, 28. ἐπὶ τὸν λοβὸν τοῦ ὦ. (1 *a*)
Nu. 14. 28. ὃν τρόπον λελαλήκατε εἰς τὰ ὦτά μου [A *om.* εἰς τ. ὦ. μ.] (1 *a*)
De. 5. 1. ὅσα ἐγὼ λαλῶ ἐν τοῖς ὦ. ὑμῶν (1 *a*)
15. 17. A τρυπήσεις τὸ οὖς [B ὠτίον] αὐτοῦ (1 *a*)
29. 4 (3). οὐκ ἔδωκε . . . ὦτα [A τὰ ὦ.] ἀκούειν (1 *a*)
31. 11. ἀναγνώσεσθε . . . εἰς τὰ ὦ. αὐτῶν (1 *a*)
— 28. ἵνα λαλήσω εἰς τὰ ὦ. αὐτῶν (1 *a*)
— 30. ἐλάλησε Μ. εἰς τὰ ὦ. πάσης ἐκκλησίας (1 *a*)
32. 44. ἐλάλησε . . . εἰς τὰ ὦ. τοῦ λαοῦ (1 *a*)
Jo. 9. 2 (8. 35). ὃ οὐκ ἀνέγνω 'Ι. εἰς τὰ ὦ. πάσης ἐκκλησίας (2)
20. 4. A λαλήσει ἐν τοῖς ὦ. τῶν πρεσβυτ. (1 *a*)
Jd. 7. 3. λάλησον δὴ ἐν ὠσὶ [A εἰς τὰ ὦ.] τοῦ λαοῦ (1 *a*)
9. 2. λαλήσατε δὴ ἐν τοῖς [A *om.*] ὦ. πάντων (1 *a*)
— 3. ἐλάλησαν . . . ἐν τοῖς ὦ. πάντων (1 *a*)
17. 2. προσεῖπας ἐν ὠσί [A τοῖς ὦ.] μου (1 *a*)
Ru. 4. 4. ἀποκαλύψω τὸ οὖς σου (1 *a*)
I Ki. 3. 11. ἠχήσει ἀμφότερα τὰ ὦ. αὐ. (1 *a*)
— 17. τῶν λαληθέντων σοι ἐν τοῖς ὦ. σου (3)
8. 21. ἐλάλησεν αὐτοὺς εἰς τὰ ὦ. κυρίου (1 *a*)
11. 4. λαλοῦσι τοὺς λόγους εἰς τὰ ὦ. τοῦ λαοῦ (1 *a*)
15. 14. τίς ἡ φωνὴ . . . ἐν τοῖς ὦ. μου (1 *a*)
18. 23. ἐλάλησαν . . . εἰς τὰ ὦ. Δαυίδ (1 *a*)
25. 24. λαλησάτω δὴ ἡ δούλη σου εἰς τὰ ὦ. σου (1 *a*)
II Ki. 3. 19. ἐλάλησεν 'Αβ. [A *add.* καί γε] ἐν τοῖς ὦ. Β. (1 *a*)
— 19. τοῦ λαλῆσαι εἰς τὰ ὦ. τοῦ Δ. (1 *a*)
7. 22. οἷς ἠκούσαμεν ἐν τοῖς ὦ. ἡμῶν (1 *a*)
18. 12. ἐν τοῖς ὦ. ἡμῶν ἐνετείλατο ὁ βασ. (1 *a*)
22. 7. ἡ κραυγή μου ἐν τοῖς ὦ. αὐτοῦ (1 *a*)
III Ki. 8. 52. ἔστωσαν . . . τὰ ὦ. σου ἠνεῳγμένα –
12. 24. B ἐλάλησεν εἰς τὰ ὦ. Σ. –
— 24. B[3]R ἐλάλησε 'Ρ. εἰς τὰ ὦ. [B[1] *om.*] αὐ. –
IV Ki. 18. 26. ἐν τοῖς ὦ. τοῦ λαοῦ (1 *a*)
19. 16. κλῖνον, κύριε, τὸ οὖς σου (1 *a*)
— 28. τὸ στρῆνός σου ἀνέβη ἐν τοῖς ω. μου (1 *a*)
21. 12. ἠχήσει ἀμφότερα τὰ ὦ. αὐτοῦ (1 *a*)
23. 2. AR ἀνέγνω ἐν τοῖς ὦ. [B ἐνώπιον] αὐ. (1 *a*)
I Ch. 17. 20. ὅσα ἠκούσαμεν ἐν ὠσὶν ἡμῶν (1 *a*)
— 25. ἤνοιξας τὸ οὖς τοῦ παιδός [A[1] *om.* τ. π.] σου (1 *a*)
28. 8. AR ἐν ὠσὶ θεοῦ ἡμῶν φυλάσσεσθε (1 *a*)
II Ch. 6. 40. ἔστωσαν δὴ . . . τὰ ὦ. σου ἐπήκοα (1 *a*)
7. 15. καὶ τὰ ὦ. μου ἐπήκοα (1 *a*)
34. 30. ἀνέγνω ἐν ὠσὶν αὐτῶν (1 *a*)
Ne. 1. 6. ἔστω δὴ τὸ οὖς σου προσέχον (1 *a*)
— 11. ἔστω τὸ οὖς σου προσέχον (1 *a*)
8. 3. καὶ [S *add.* τὰ] ὦτα παντὸς τοῦ λαοῦ εἰς τὸ βιβλίον τοῦ νόμου (1 *a*)
13. 1. ἀνεγνώσθη . . . ἐν ὠσὶ τοῦ λαοῦ (1 *a*)
Jb. 4. 12. πότερον οὐ δέξεταί μου τὸ οὖς ἐξαίσια παρ' αὐτοῦ [A *al.*] (1 *a*)
12. 11. R οὖς [ABS νοῦς] μὲν γὰρ ῥήματα διακρίνει (1 *a*)
13. 1. ἰδοὺ ταῦτα . . . ἀκήκοέ μου τὸ οὖς (1 *a*)
15. 21. ὁ δὲ φόβος αὐτοῦ ἐν ὠσὶν αὐτοῦ (1 *a*)
29. 11. οὖς ἤκουσε καὶ ἐμακάρισέ με (1 *a*)
31. 30. ἀκούσαι ἄρα τὸ οὖς μου τὴν κατάραν μου –
33. 8. πλὴν εἶπας ἐν ὠσί μου (1 *a*)
34. 3. οὖς [A νοῦς] λόγους δοκιμάζει (1 *a*)
39. 14. AS ἀφήσει εἰς γῆν τὰ ὦτα [B ᾠὰ] αὐτῆς †

Jb. 42. 5. ἀκοὴν μὲν ὠτὸς [**A** ἕως μὲν ὠτὸς ἀκοῆς] ἤκουόν σου τὸ πρότερον (1 *a*)
Ps. 9. 38 (10. 17). τὴν ἑτοιμασίαν τῆς καρδίας αὐτῶν προσέσχε τὸ οὖς σου [**A** αὐτοῦ] (1 *a*)
16 (17). 6. κλῖνον τὸ οὖς σου ἐμοί (1 *a*)
17 (18). 6. ἡ κραυγή μου . . . εἰσελεύσεται εἰς τὰ ὦτα αὐτοῦ (1 *a*)
30 (31). 2. κλῖνον πρὸς μὲ τὸ οὖς σου (1 *a*)
33 (34). 15. καὶ ὦτα αὐτοῦ εἰς δέησιν αὐτῶν (1 *a*)
43 (44). 1. ἐν τοῖς ὠσὶν ἡμῶν ἠκούσαμεν (1 *a*)
44 (45). 10. κλῖνον τὸ οὖς σου (1 *a*)
48 (49). 4. κλινῶ εἰς παραβολὴν τὸ οὖς μου (1 *a*)
57 (58). 4. ὡσεὶ ἀσπίδος κωφῆς καὶ βυούσης τὰ ὦτα αὐτῆς (1 *a*)
70 (71). 2. κλῖνον πρὸς μὲ τὸ οὖς σου (1 *a*)
77 (78). 1. κλίνατε τὸ οὖς ὑμῶν εἰς τὰ ῥήματα τοῦ στόματός μου (1 *a*)
85 (86). 1. κλῖνον, κύριε, τὸ οὖς σου (1 *a*)
87 (88). 2. κλῖνον τὸ οὖς σου εἰς τὴν δέησίν μου (1 *a*)
91 (92). 11. **A S^{2} R** ἀκούσεται [**B S^{1}** εἰσακ.] τὸ οὖς μου (1 *a*)
93 (94). 9. ὁ φυτεύσας τὸ οὖς οὐχὶ ἀκούει (1 *a*)
101 (102). 2. κλῖνον πρὸς μὲ τὸ οὖς σου (1 *a*)
113. 14 (115. 6). ὦτα ἔχουσι καὶ οὐκ ἀκούσονται (1 *a*)
114 (116). 2. ἔκλινε τὸ οὖς αὐτοῦ ἐμοί (1 *a*)
129 (130). 2. γενηθήτω τὰ ὦτά σου προσέχοντα (1 *a*)
134 (135). 17. **S R** ὦτα ἔχουσι καὶ οὐκ ἐνωτισθήσονται [**A** ἀκούσονται] (1 *a*)
Pr. 2. 2. ὑπακούσεται σοφίας τὸ οὖς σου (1 *a*)
4. 20. τοῖς δὲ ἐμοῖς λόγοις παράβαλλε σὸν οὖς (1 *a*)
5. 1. ἐμοῖς δὲ λόγοις παράβαλλε σὸν οὖς (1 *a*)
— 13. οὐδὲ παρέβαλλον τὸ οὖς μου (1 *a*)
18. 15. ὦτα δὲ σοφῶν ζητεῖ ἔννοιαν (1 *a*)
20. 12. οὖς ἀκούει καὶ ὀφθαλμὸς ὁρᾷ (1 *a*)
21. 13. ὃς φράσσει τὰ ὦτα αὐτοῦ (1 *a*)
22. 17. λόγοις σοφῶν παράβαλλε σὸν οὖς (1 *a*)
23. 9. εἰς ὦτα ἄφρονος μηδὲν λέγε (1 *a*)
— 12. τὰ δὲ ὦτά σου ἑτοίμασον λόγοις αἰσθήσεως (1 *a*)
25. 12. λογὸς σοφὸς εἰς εὐήκοον οὖς (1 *a*)
28. 9. ὁ ἐκκλίνων τὸ οὖς αὐτοῦ μὴ εἰσακοῦσαι νόμου (1 *a*)
Ec. 1. 8. οὐ πληρωθήσεται [**S** οὐκ ἐμπλησθήσεται] οὖς ἀπὸ ἀκροάσεως (1 *a*)
12. 9. οὖς ἐξιχνιάσεται κόσμιον παραβολῶν [**S^{2}** *al.*] (1 *b*)
Wi. 1. 10. οὖς [**S^{1}** οὐ] ζηλώσεως ἀκροᾶται τὰ πάντα
15. 15. οὔτε ὦτα ἀκούειν
Si. 3. 29. οὖς ἀκροατοῦ ἐπιθυμία σοφοῦ
4. 8. κλῖνον πτωχῷ τὸ οὖς σου
6. 33. ἐὰν κλίνῃς [**S** ἐκκλ.] τὸ οὖς σου
16. 5. ἰσχυρότερα τούτων ἀκήκοε τὸ οὖς μου [**A** σου]
17. 6. ὦτα καὶ καρδίαν ἔδωκε
— 13. δόξαν φωνῆς αὐ. ἤκουσε τὸ οὖς αὐ.
21. 15. **A** ἀπέστρεψεν αὐτὸν ὀπίσω τῶν ὤτων [**B S** τοῦ νώτου] αὐτοῦ
25. 9. ὁ διηγούμενος εἰς ὦτα ἀκουόντων
38. 28. φωνὴ σφύρης καινιεῖ τὸ οὖς αὐτοῦ
51. 16. ἔκλινα ὀλίγον τὸ οὖς μου
Mi. 7. 16. τὰ ὦτα αὐτῶν ἀποκωφωθήσονται (1 *a*)
Za. 7. 11. τὰ ὦ. αὐτῶν ἐβάρυναν (1 *a*)
Is. 5. 9. ἠκούσθη γὰρ εἰς τὰ ὦ. κυρίου σαβαὼθ ταῦτα (1 *a*)
6. 10. τοῖς ὦ. αὐ. βαρέως ἤκουσαν . . . μή ποτε . . . τοῖς ὠ. ἀκούσωσι (1 *a*, 1 *a*)
22. 14. ἀνακεκαλυμμένα ταῦτά ἐστιν ἐν τοῖς [**S^{1}** *om.* ἐν τ.] ὠ. κυρίου σαβαώθ (1 *a*)
30. 21. τὰ ὦ. σου ἀκούσονται τοὺς λόγους τῶν ὀπίσω σε πλανησάντων (1 *a*)
32. 3. τὰ ὦ. ἀκούειν δώσουσι (1 *a*)
33. 15. βαρύνων τὰ ὦ. (1 *a*)
35. 5. ὦτα κωφῶν ἀκούσονται (1 *a*)
36. 11. ἵνα τί λαλεῖς εἰς τὰ ὦ. τῶν ἀνθρώπων [**A** ἀνδρῶν τῶν καθημένων] ἐπὶ τῷ τείχει (1 *a*)
37. 17. **B** κλῖνον, κύριε, τὸ οὖς σου (1 *a*)
42. 20. ἠνοιγμένα τὰ ὦ. (1 *a*)
43. 8. κωφοὶ τὰ [**A** *om.*] ὦ. ἔχοντες (1 *a*)
48. 8. οὔτε ἀπ᾽ ἀρχῆς ἤνοιξά σου τὰ ὦ. (1 *a*)
49. 20. ἐροῦσι γὰρ εἰς τὰ ὦ. σου οἱ υἱοί σου (1 *a*)
50. 5. ἀνοίγει μου τὰ ὦ. (1 *a*)
55. 3. προσέχετε τοῖς ὠ. [**A** ὠτίοις] ὑμῶν (1 *a*)
59. 1. ἢ ἐβάρυνε τὸ οὖς αὐτοῦ [**S** *om.*] (1 *a*)
Je. 5. 21. ὦτα αὐτοῖς καὶ οὐκ ἀκούουσι (1 *a*)
6. 10. ἀπερίτμητα τὰ ὦ. αὐτῶν [**A S** ὑμῶν] (1 *a*)
Je. 7. 24, 26. οὐ προσέσχε τὸ οὖς αὐτῶν (1 *a*)
9. 20 (19). δεξάσθω τὰ ὦ. ὑμῶν λόγους στόματος αὐτοῦ (1 *a*)
17. 23. οὐκ ἔκλιναν τὸ οὖς αὐτῶν (1 *a*)
19. 3. ἠχήσει τὰ ὦ. αὐτοῦ (1 *a*)
25. 4. οὐ προσέσχετε τοῖς ὠ. ὑμῶν (1 *a*)
33 (26). 11. καθὼς ἠκούσατε ἐν τοῖς ὠσὶν ὑμῶν (1 *a*)
— 15. λαλῆσαι εἰς τὰ ὦ. [**B^{1}** *om.*] ὑμῶν πάντας τοὺς λόγους τούτους (1 *a*)
35 (28). 7. ὃν λέγω εἰς τὰ ὦ. ὑμῶν καὶ εἰς τὰ ὦ. παντὸς τοῦ λαοῦ (1 *a*, 1 *a*)
36 (29). 29. ἀνέγνω Σοφονίας τὸ βιβλίον εἰς τὰ ὦ. Ἱερεμίου (1 *a*)
41 (34). 14. οὐκ ἔκλιναν τὸ οὖς αὐτῶν (1 *a*)
42 (35). 15. οὐκ ἐκλίνατε τὰ ὦ. ὑμῶν (1 *a*)
43 (36). 6. ἀναγνώσῃ . . . εἰς τὰ ὦ. τοῦ λαοῦ (1 *a*)
— 6. καὶ ἐν ὠσὶ παντὸς Ἰούδα [**A** τοῦ λαοῦ] . . . ἀναγνώσῃ αὐτοῖς (1 *a*)
— 10. ἐν ὠσὶ [**A** εἰς τὰ ὦ.] παντὸς τοῦ λαοῦ (1 *a*)
— 13. ἀναγινώσκοντος Βαροὺχ εἰς τὰ ὦ. τοῦ λαοῦ [**S^{1}** ὦ. κυρίου τοῦ θεοῦ] (1 *a*)
— 14. ἀναγινώσκεις ἐν αὐτῷ ἐν ὠσὶ τοῦ λαοῦ (1 *a*)
— 15. ἀνάγνωθι εἰς τὰ ὦ. ἡμῶν (1 *a*)
— 21. ἀνέγνω Ἰουδὶν εἰς τὰ ὦ. τοῦ βασιλέως καὶ εἰς τὰ ὦ. πάντων τῶν ἀρχόντων (1 *a*, 1 *a*)
51 (44). 5. οὐκ ἔκλιναν τὸ οὖς αὐτῶν (1 *a*)
Ba. 1. 3. ἀνέγνω Βαροὺχ . . . ἐν ὠσὶν Ἰεχονίου . . . καὶ ἐν ὠσὶ παντὸς τοῦ λαοῦ
— 4. ἐν ὠσὶ τῶν δυνατῶν . . . καὶ ἐν ὠσὶ τῶν πρεσβυτέρων καὶ ἐν ὠσὶ παντὸς τοῦ λαοῦ
2. 16. κλῖνον, κύριε, τὸ οὖς σου
— 31. δώσω αὐτοῖς καρδίαν καὶ ὦτα ἀκούοντα
La. 3. 56. **B** μὴ κρύψῃς τὰ ὦ. σου (1 *a*)
Ez. 3. 10. τοῖς ὠ. σου ἄκουε (1 *a*)
8. 18. **A** καλέσουσιν ἐν τοῖς ὠ. μου (1 *a*)
9. 1. ἀνέκραγεν εἰς τὰ ὦ. μου φωνῇ μεγάλῃ (1 *a*)
12. 2. ὦτα ἔχουσι τοῦ ἀκούειν (1 *a*)
16. 12. ἔδωκα . . . τροχίσκους ἐπὶ τὰ ὦ. σου (1 *a*)
23. 25. ὦτά σου ἀφελοῦσι (1 *a*)
24. 26. τοῦ ἀναγγεῖλαί σοι εἰς τὰ ὦ. (1 *a*)
40. 4. ἐν τοῖς ὠ. σου ἄκουε (1 *a*)
44. 5. τοῖς ὠ. σου ἄκουε πάντα (1 *a*)
Da. LXX. 9. 18. πρόσχες, κύριε, τὸ οὖς σου (1 *a*)
Da. TH. 9. 18. κλῖνον, ὁ θεός μου, τὸ οὖς σου (1 *a*)
I Ma. 10. 7. ἀνέγνω . . . εἰς τὰ ὦ. παντὸς τοῦ λαοῦ
[**Aq.** Jb. 33. 8 : 36. 10 : Ps. 9. 38 (10. 17) : Je. 6. 10 : 35 (42). 15 : 36 (43). 20.]
[**Sm.** Jb. 4. 12 : 36. 10 : Ps. 9. 38 (10. 17) : Is. 6. 10 *bis* : 11. 3 : 37. 29 : 42. 20 : 47. 2 : Je. 6. 10 : 35 (42). 15 : 36 (43). 15.]
[**Th.** Ex. 29. 20 : I Ki. 20. 12 : Jb. 33. 8 : 34. 3 : 36. 10 : Pr. 5. 1 : 26. 17 : Is. 37. 17 : Je. 2. 2 : 11. 8 : Ez. 8. 18.]
[**Al.** Ge. 44. 18 : Ps. 48 (49). 5 : Je. 7. 26 : Ez. 8. 18.]

οὐσία.

To. 14. 13. ἐκληρονόμησε τὴν οὐ. αὐτῶν [**S** *al.*]
III Ma. 3. 28. τὴν οὐ. τοῦ ἐμπίπτοντος ὑπὸ τὴν εὔθυναν λήψεται
[**Aq.** Ps. 105 (106). 9 (P.) : Ec. 2. 8.]
[**Sm.** Ps. 105 (106). 9 (P.) : Je. 41 (48). 5 (Sw.).]
[**Th.** Ps. 105 (106). 9 (P.).]

οὔτε.

Ex. 20. 17† *ter*, 17 *quater*.
Nu. 20. 5† *bis* : 21. 21 *bis* : 23. 25.
De. 2. 27† : 5. 21 (18)† *quinquiens*, 21 (18) *bis*.
Jd. 19. 30† *bis*.
I Es. 4. 21 *ter*.
To. 3. 15†.
Ju. 7. 4 *ter* : 8. 18 *quater*, 20†.
Jb. 3. 26 *ter*.
Ps. 58 (59). 3 *bis* : 74 (75). 6 *ter*.
Wi. 1. 14† : 6. 23 : 12. 13, 14 : 13. 1† : 14. 13 *bis*, 24 *bis* : 15. 4, 15 *quater* : 16. 12 *bis* : 17. 5.
Si. 16. 27 *bis*, 27† : 23. 7† : 30. 19 : 42. 21 *bis*.
Ho. 1. 7† *quinquiens* : 3. 4† *bis*.
Is. 1. 6 *quinquiens* : 30. 5† *bis* : 48. 8 *ter* : 53. 2† : 60. 19† : 66. 19†.
Je. 15. 10, 10†.
Ba. 3. 23†.
Ep. Je. 28, 28†, 34 *quater*, 35 *bis*, 38, 43†, 49 *bis*, 63† *bis*, 64 *quater*.
Da. LXX. 2. 43 : 3. 18 *bis* : 6. 22 (23) *bis*.
I Ma. 8. 16† : 15. 33 *bis*.
II Ma. 5. 10 : 6. 6 *ter*, 26 *bis*.
IV Ma. 5. 29†, 38 *bis*.
[**Aq.** Je. 15. 10.]
[**Sm.** Ex. 15. 11 *bis* : Ps. 138 (139). 12 : 143 (144). 14 *bis* : Is. 1. 6 *ter* : Je. 15. 10 : Ez. 21. 26 (31) *bis*.]
[**Th.** Je. 15. 10 : Ez. 7. 11.]

οὔτε μή.

Ex. 22. 21 (20) (*ind.*)†.
Nu. 23. 25.
De. 4. 28† *ter* : 31. 6† *bis*.
Jo. 23. 7† *bis*.
Jb. 15. 29 *bis*.
Si. 30. 19.
Ep. Je. 28† *bis*, 36†, 66 (*ind.*†), 67 (*ind.*)†.
Ez. 24. 23†, 23.

οὔτε οὐ μή.

Ep. Je. 36†, 53, 57 (*ind.*†) *bis*, 58†, 66 (*ind.*†), 67 (*ind.*)†.

οὗτοι.

Nu. 18. 32†(?).

οὗτος, *passim*.

οὕτω, οὕτως. (1) אָז (2) אַךְ (3) *a.* הָאֵלֶּה *b.* כָּאֵלֶּה *c.* עַל־אֵלֶּה *d.* כַּדְּבָרִים הָאֵלֶּה (4) כַּאֲשֶׁר (5) *a.* כִּדְנָה *b.* כָּל־קֳבֵל דְּנָה (6) ךָ, ךְ (7) *a.* זֶה *b.* זֶה אֲשֶׁר *c.* כָּזֶה *d.* כָּזֹה *e.* זֹאת *f.* בְּזֹאת *g.* כָּזֹאת *h.* מִזֹּאת (8) כָּ׳, כְּ׳ (9) *a.* כֹּה *b.* בְּכֹה (10) כִּי (11) כָּכָה (12) כְּמוֹ, כָּמוֹ (13) *a.* כֵּן *b.* לָכֵן (14) כְּנֵמָא (15) εἰ οὔ. אָכֵן (16) οὐδ᾽ οὔ. *a.* לָכֵן *b.* מִבִּלְתִּי (17) οὐχ οὔ. *a.* אָכֵן *b.* כֹּה *c.* לָכֵן (18) οὔ. οὖν בֵּאדַיִן

Ge. 1. 6. καὶ ἐγένετο οὕτως –
— 9, 11, 15. καὶ ἐγένετο οὕτως (13 *a*)
— 20. καὶ ἐγένετο οὕτως –
— 24, 30. καὶ ἐγένετο οὕτως (13 *a*)
4. 15. εἶπεν αὐτῷ κύριος ὁ θεὸς, Οὐχ οὕτω (17 *c*)
6. 15. καὶ οὕτω ποιήσεις τὴν κιβωτόν (7 *b*)
— 22. οὕ. ἐποίησε (13 *a*)
15. 5. **R** οὕτως ἔσται τὸ σπέρμα σου (9 *a*)
18. 5. οὕτω ποίησον καθὼς εἴρηκας (13 *a*)
24. 30. οὕτω λελάληκέ μοι ὁ ἄνθρωπος (9 *a*)
25. 22. εἰ οὕτω μοι μέλλει γίνεσθαι (13 *a*)
29. 26. οὐκ ἔστιν οὕ. ἐν τῷ τόπῳ ἡμῶν (13 *a*)
— 28. ἐποίησε δὲ Ἰακὼβ οὕ. (13 *a*)
30. 15. εἶπε δὲ Ῥαχὴλ, Οὐχ οὕτως (17 *c*)
31. 8. ἐὰν οὕτως εἴπῃ (9 *a*)
32. 4 (5). οὕτως ἐρεῖτε τῷ κυρίῳ μου Ἠσαῦ (9 *a*)
— 4 (5). οὕ. λέγει ὁ παῖς σου Ἰακώβ (9 *a*)
34. 7. καὶ οὐχ οὕτως ἔσται (13 *a*)
39. 19. οὕ. ἐποίησέ μοι ὁ παῖς σου (3 *d*)
41. 13. καθὼς συνέκρινεν . . . οὕτω καὶ συνέβη (13 *a*)
42. 20. ἐποίησαν δὲ οὕτως (13 *a*)
— 25. καὶ ἐγενήθη αὐτοῖς οὕτως (13 *a*)
43. 11. εἰ οὕ. ἐστὶ τοῦτο ποιήσατε (13 *a*)
44. 10. καὶ νῦν ὡς λέγετε οὕ. ἔσται (13 *a*)
45. 21. ἐποίησαν δὲ οὕ. οἱ υἱοὶ Ἰσραήλ (13 *a*)
48. 18. εἶπε δὲ Ἰωσὴφ . . . Οὐχ οὕ., πάτερ (13 *a*)
50. 3. οὕτω γὰρ καταριθμοῦνται αἱ ἡμέραι (13 *a*)
— 12. καὶ ἐποίησαν αὐτῷ οὕ. οἱ υἱοὶ αὐτοῦ (13 *a*)
— 17. οὕ. εἴπατε Ἰωσήφ (9 *a*)
Ex. 2. 14. καὶ εἶπεν, Εἰ οὕ. ἐμφανὲς γέγονε (15)
— 20. **A B^{2}** ἵνα τί οὕτως [**B^{1} R** *om.*] καταλελοίπατε τὸν ἄνθρ. (7 *a*)
3. 14, 15. οὕ. ἐρεῖς τοῖς υἱοῖς Ἰσραήλ (9 *a*)
5. 15. ἵνα τί οὕ. ποιεῖς (9 *a*)
6. 9. ἐλάλησε δὲ Μ. οὕ. τοῖς υἱοῖς Ἰσραήλ (13 *a*)
7. 6. καθάπερ ἐνετείλατο . . . οὕ. ἐποίησαν (13 *a*)
— 10. ἐποίησαν οὕ. καθάπερ ἐνετείλατο (13 *a*)
— 20. ἐποίησαν οὕ. . . . καθάπερ ἐνετείλατο (13 *a*)
8. 24 (20). ἐποίησε δὲ κύριος οὕ. (13 *a*)
— 26 (22). οὐ δυνατὸν γενέσθαι οὕ. (13 *a*)
10. 10. ἔστω οὕ. κύριος μεθ᾽ ὑμῶν (13 *a*)
— 11. μὴ οὕ. πορευέσθωσαν δέ (13 *a*)
— 14. καὶ μετὰ ταῦτα οὐκ ἔσται οὕ. (13 *a*)
12. 11. οὕτω δὲ φάγεσθε αὐτό (11)
— 28, 50. καθὰ ἐνετείλατο . . . οὕ. ἐποίησαν (13 *a*)

Ex. 14. 4. καὶ ἐποίησαν οὕ. (13 a)
16. 17. ἐποίησαν δὲ οὕ. οἱ υἱοὶ Ἰσραήλ (13 a)
17. 6. ἐποίησε δὲ Μωυσῆς οὕ. (13 a)
22. 11 (10). καὶ οὕ. προσδέξεται ὁ κύριος αὐτοῦ –
— 30 (29). οὕτω ποιήσεις τὸν μόσχον σου (13 a)
23. 11. οὕτω ποιήσεις τὸν ἀμπελῶνά σου (13 a)
25. 8 (9). οὕτω ποιήσεις (13 a)
— 32 (33). οὕτω τοῖς ἐξ καλαμίσκοις (13 a)
— 34 (35), 35 (36) (A). οὕ. τοῖς ἐξ καλαμίσκοις –
26. 4. καὶ οὕτω ποιήσεις ἐπὶ τοῦ χείλους (13 a)
— 17. οὕτω ποιήσεις πᾶσι τοῖς στύλοις (13 a)
— 24. οὕτω ποιήσεις ἀμφοτέραις ταῖς δυσὶ γωνίαις (13 a)
27. 8. οὕτω ποιήσεις αὐτό [A *om.*] (13 a)
— 11. οὕ. τῷ κλίτει . . . ἱστία (13 a)
29. 35. ποιήσεις . . . οὕ. κατὰ πάντα (11)
39. 11 (32), 22 (42), 23 (43). οὕ. ἐποίησαν (13 a)
40. 16. ὅσα ἐνετείλατο . . . κύριος οὕ. ἐποίησε (13 a)
Le. 4. 20. οὕ. ποιηθήσεται (13 a)
6. 37 (7. 7). οὕ. καὶ τὸ τῆς πλημμελείας (8)
8. 35. οὕτω γὰρ ἐνετείλατό μοι κύριος (13 a)
10. 13. οὕτω γὰρ ἐντέταλταί μοι (13 a)
16. 3. οὕ. εἰσελεύσεται Ἀ. εἰς τὸ ἅγιον (7 f)
— 16. καὶ οὕτω ποιήσει τῇ σκηνῇ (13 a)
24. 20. οὕτω δοθήσεται αὐτῷ (13 a)
25. 16. οὕτως ἀποδώσεταί σοι †
26. 16. ἐγὼ ποιήσω οὕτως ὑμῖν (7 e)
27. 12. οὕτω στήσεται (13 a)
— 14. οὕτω σταθήσεται (13 a)
Nu. 1. 54. οὕτως ἐποίησαν (13 a)
2. 17. οὕτω καὶ ἐξαροῦσιν (13 a)
— 34. οὕτω παρενέβαλον κατὰ τάγμα αὐ. (13 a)
— 34. καὶ οὕτως ἐξῆρον (13 a)
5. 4. ἐποίησαν οὕτως οἱ υἱοὶ Ἰσρ. (13 a)
— 4. οὕτως ἐποίησαν οἱ υἱοὶ Ἰσρ. (13 a)
6. 23. οὕτως εὐλογήσετε τοὺς υἱοὺς Ἰσρ. (9 a)
8. 3. ἐποίησεν οὕτως Ἀαρών (13 a)
— 4. οὕτως ἐποίησε τὴν λυχνίαν (13 a)
— 7. οὕτω ποιήσεις αὐτοῖς τὸν ἁγνισμὸν αὐ. (9 a)
— 20, 22. οὕτως ἐποίησαν αὐτοῖς (13 a)
— 26. οὕτως ποιήσεις τοῖς Λευίταις (11)
9. 5. οὕτως ἐποίησαν οἱ υἱοὶ Ἰσρ. (13 a)
— 14. A οὕτως [B *om.*] ποιήσει αὐτό (13 a)
— 16. οὕτως ἐγίνετο διὰ παντός (13 a)
11. 15. εἰ δ' οὕτω σὺ ποιεῖς μοι (11)
12. 7. οὐχ οὕτως [A *add.* ὡς] ὁ θεράπων μου M. (13 a)
13. 34 (33). οὕτως ἦμεν ἐνώπιον αὐτῶν (13 a)
14. 28. οὕτω ποιήσω ὑμῖν (13 a)
— 35. B[1] εἰ μὴ [A B[2] R μὴν] οὕτω ποιήσω (7 e)
15. 11. οὕτω ποιήσεις τῷ μόσχῳ τῷ ἑνί (11)
— 12. οὕτως ποιήσετε τῷ ἑνί (11)
— 13. ποιήσει οὕτως τοιαῦτα (11)
— 14. οὕτω ποιήσει ἡ συναγωγὴ κυρίῳ (13 a)
— 20. οὕτως ἀφελεῖτε αὐτόν (13 a)
16. 11. οὕτως σὺ καὶ πᾶσα ἡ συναγ. σου (13 b)
17. 11 (26). οὕτως ἐποίησαν (13 a)
18. 28. οὕτως ἀφελεῖτε αὐτούς (13 a)
22. 30. μὴ . . . ἐποίησά σοι οὕτως [A τοῦτο] (9 a)
23. 5. οὕτω λαλήσεις (9 a)
25. 12. οὕτως εἰπόν (13 b)
26. 42. A[1] οὕτω [A[2] B οὗτοι] δῆμοι Δάν †
30. 8. οὕτω στήσονται πᾶσαι αἱ εὐχαὶ αὐ. –
32. 8. οὐχ οὕτως ἐποίησαν οἱ πατέρες ὑμῶν (17 b)
— 23. ἐὰν δὲ μὴ ποιήσητε οὕτως (13 a)
— 31. οὕτω ποιήσομεν (13 a)
36. 5. οὕτως φυλὴ υἱῶν Ἰ. λέγουσιν (13 a)
— 10. οὕτως ἐποίησαν θυγατέρες Σ. (13 a)
De. 3. 21. οὕτως ποιήσει κ. ὁ θεὸς ἡμῶν (13 a)
4. 5. ποιῆσαι οὕτως ἐν τῇ γῇ (13 a)
5. 29 (26). τίς δώσει εἶναι οὕ. τὴν καρδίαν αὐ. (6+7 a)
— 31 (28). B[2]R ποιείτωσαν οὕτως [A B[1] *om.*] ἐν τῇ γῇ –
6. 1. διδάξαι ὑμᾶς ποιεῖν οὕτως –
7. 5. οὕτω ποιήσετε αὐτοῖς (9 a)
— 19. οὕτω ποιήσει . . . πᾶσι τοῖς ἔθνεσιν (13 a)
8. 5. οὕτω κ. ὁ θ. σου παιδεύσει σε –
— 20. οὕτως ἀπολεῖσθε (13 a)
12. 4. οὐ ποιήσετε οὕτω κ. τῷ θεῷ ὑμῶν (13 a)
— 22. οὕτω φάγῃ αὐτό (13 a)
— 31. οὐ ποιήσεις οὕτω τῷ θεῷ σου (13 a)
15. 2. οὕτω τὸ πρόσταγμα τῆς ἀφέσεως (7 a)
18. 14. σοὶ οὐχ οὕτως ἔδωκε κ. ὁ θεός σου (13 a)
19. 21. AB[2] οὕτως δοθήσεται αὐτῷ –
20. 15. οὕτω ποιήσεις πάσας τὰς πόλεις (13 a)
22. 3. οὕτω ποιήσεις τὸν ὄνον αὐ. (13 a)

De. 22. 3. A R οὕτω ποιήσεις τὸ ἱμάτιον αὐ. (13 a)
— 3. οὕτω ποιήσεις κατὰ πᾶσαν ἀπώλειαν (13 a)
— 26. οὕτω τὸ πρᾶγμα τοῦτο (13 a)
25. 9. οὕτω ποιήσουσι τῷ ἀνθρώπῳ (11)
28. 63. οὕτως εὐφρανθήσεται κ. ἐφ' ὑμῖν (13 a)
29. 24 (23). διὰ τί ἐποίησε κ. οὕτω (11)
32. 6. ταῦτα κυρίῳ ἀνταποδίδοτε οὕτω (7 e)
Jo. 1. 5. οὕτως ἔσομαι καὶ μετὰ σοῦ –
2. 21. A οὕτως ἔσται [B *al.*] (13 a)
3. 7. οὕτως ἔσομαι καὶ μετὰ σοῦ –
4. 8. ἐποίησαν οὕτως οἱ υἱοὶ Ἰσρ. (13 a)
6. 13 (14). οὕτως ἐποίει ἐπὶ ἓξ ἡμέρας (9 a)
— 25 (26). οὕτως ἐποίησεν Ὀζάν –
7. 20. οὕτως καὶ οὕτως ἐποίησα (7 g, 7 g)
9. 2 (8. 34). οὕτως [A *om.*] ἀνέγνω Ἰ. πάντα τὰ ῥήματα (13 a)
— 26. ἐποίησαν αὐτοῖς οὕτως (13 a)
10. 1. οὕτως ἐποίησαν καὶ τὴν Γαί (13 a)
— 25. οὕτω ποιήσει κύριος (11)
— 39. οὕτως ἐποίησαν τῇ Δ. (13 a)
11. 15. οὕτως ἐποίησεν Ἰ. (13 a)
14. 5. οὕτως ἐποίησαν οἱ υἱοὶ Ἰσρ. (13 a)
22. 26. εἴπαμεν ποιῆσαι οὕτω –
23. 15. οὕτως ἐπάξει κ. ὁ θεὸς ἐφ' ὑμᾶς (13 a)
Jd. 1. 7. οὕτως ἀνταπέδωκέ μοι ὁ θεός (13 a)
2. 17. οὐκ ἐποίησαν οὕτω (13 a)
5. 15. οὕτως B. ἐν κοιλάσιν [A *al.*] (13 a)
— 31. οὕτως ἀπόλοιντο πάντες οἱ ἐχθροί σου (13 a)
6. 20. καὶ ἐποίησεν οὕτως (13 a)
— 38. καὶ ἐγένετο οὕτως (13 a)
— 40. ἐποίησεν ὁ θεὸς οὕτως (13 a)
7. 17. καὶ οὕτω ποιήσετε (13 a)
— 17. οὕτω ποιήσετε (13 a)
8. 7. A οὐχ οὕτως [B διὰ τοῦτο] ἐν τῷ δοῦναι (17 c)
11. 8. A οὐχ οὕτως [B διὰ τοῦτο] νῦν ἤλθομεν (17 c)
— 10. κατὰ τὸ ῥῆμά σου οὕτω ποιήσομεν (13 a)
— 15. οὕτω [A τάδε] λέγει Ἰ. (9 a)
12. 6. οὐ κατεύθυνε τοῦ λαλῆσαι οὕτως [A *al.*] (13 a)
14. 10. οὕτως ποιοῦσιν οἱ νεανίσκοι (13 a)
15. 7. ἐὰν ποιήσητε οὕτως ταύτην [A *om.*] (7 g)
— 11. οὕτως ἐποίησα αὐτοῖς (13 a)
16. 26. A ὁ δὲ παῖς ἐποίησεν οὕτως –
18. 4. οὕτω καὶ οὕτως ἐποίησέ μοι M. (7 d, 7 c)
19. 30. A οὔτε ὤφθη οὕτως [B *al.*] (7 g)
20. 32 (B) : 21. 11. καὶ ἐποίησαν οὕτως –
21. 14. ἤρεσεν αὐτοῖς οὕτω (13 a)
— 23. ἐποίησαν οὕτως οἱ υἱοὶ B. (13 a)
I Ki. 1. 7. οὕτως ἐποίει ἐνιαυτὸν κατ' ἐνιαυτόν (13 a)
2. 24. μὴ ποιεῖτε οὕτως –
3. 14. καὶ οὐδ' οὕτως ὤμοσα (16 a)
5. 7. εἶδον . . . ὅτι οὕτως (13 a)
6. 10. ἐποίησαν οἱ ἀλλόφυλοι οὕτω (13 a)
8. 8. οὕτως αὐτοὶ ποιοῦσι καὶ σοί (13 a)
9. 13. οὕτως εὑρήσετε αὐτόν (13 a)
15. 32. εἰ οὕτω πικρὸς ὁ θάνατος (15)
— 33. οὕτως ἀτεκνωθήσεται . . . ἡ μήτηρ σου (13 a)
17. 27. A οὕτως ποιηθήσεται τῷ ἀνδρί (9 a)
19. 17. ἵνα τί οὕτως παρελογίσω με (11)
20. 8. ἵνα τί οὕτως εἰσάγεις με (7 a)
23. 17. Σ. ὁ πατήρ μου οἶδεν οὕτως (13 a)
26. 24. οὕτως μεγαλυνθείη ἡ ψυχή μου (13 a)
28. 2. οὕτω νῦν γνώσῃ (13 b)
— 2. οὕτως ἀρχισωματοφύλακα θήσομαί σε (13 b)
30. 23. οὐ ποιήσετε οὕτως (13 a)
— 24. οὕτως ἔσται ἡ μερὶς τοῦ καθημένου (8)
II Ki. 3. 9. οὕτως ποιήσω αὐτῷ (9 a)
6. 22. ἀποκαλυφθήσομαι [A *om.*] ἔτι οὕτως (7 h)
7. 17. οὕτως ἐλάλησε N. πρὸς Δ. (13 a)
9. 11. οὕτως ποιήσει ὁ δοῦλός σου (13 a)
11. 25. ποτὲ μὲν οὕτως καὶ ποτὲ οὕτως φάγεται ἡ μάχαιρα (7 d, 7 c)
12. 31. οὕτως ἐποίησε πάσαις ταῖς πόλεσιν (13 a)
13. 4. τί σοι ὅτι σὺ οὕτως ἀσθενής [A -εῖς] (11)
— 12. οὐ ποιηθήσεται οὕτως ἐν Ἰσρ. (13 a)
— 18. ὅτι οὕτως ἐνεδιδύσκοντο (13 a)
— 35. οὕτως ἐγένετο (13 a)
14. 17. οὕτως ὁ κ. μου ὁ βασ. τοῦ ἀκούειν (13 a)
15. 26. ἐὰν εἴπῃ οὕτως (9 a)
16. 7. οὕτως ἔλεγε Σ. (9 a)
— 10. οὕτως καταράσθω (10*, 9 a)
— 10. ὡς τί ἐποίησας οὕτως (13 a)
— 18. A οὕτως [B αὐτῷ] ἔσομαι †
— 19. οὕτως ἔσομαι ἐνώπιόν σου (13 a)
— 23. οὕτως πᾶσα ἡ βουλὴ τῷ Ἀχ. (13 a)
17. 11. οὕτως συμβουλεύων ἐγὼ συνεβούλευσα –

II Ki. 17. 15. οὕτως καὶ οὕτως συνεβούλευσεν Ἀχ. τῷ Ἀβ. (7 g, 7 g)
— 15. οὕτως καὶ οὕτως συνεβούλευσα ἐγώ (7 g, 7 g)
— 21. οὕτως ἐβουλεύσατο περὶ ὑμῶν Ἀχ. (11)
18. 14. B οὐχ οὕτως μενῶ (13 a)
— 33 (19. 1). οὕτως εἶπεν ἐν τῷ πορεύεσθαι αὐτόν (9 a)
19. 42 (43). ἵνα τί οὕτως [A τοῦτο] ἐθυμώθης (7 a)
20. 18. ἐπερωτήσουσιν ἕνα ἐν Ἀ. καὶ οὕ. (13 a)
— 21. R οὐχ οὕτως [AB οὗτος] ὁ λόγος (13 a)
23. 5. R οὐ γὰρ οὕτως [A B οὗτος] ὁ οἶκός μου (13 a)
III Ki. 1. 30. οὕτω ποιήσω τῇ ἡμέρᾳ ταύτῃ (13 a)
— 36. γένοιτο οὕτως (13 a)
— 37. οὕτως [A *om.*] εἴη μετὰ Σαλ. (13 a)
— 48. οὕτως εἶπεν ὁ βασ. (11)
2. 7. οὕτως ἤγγισάν μοι (13 a)
3. 1 (*cf.* A 9. 24). οὕτως θυγάτηρ Φ. ἀνέβαινεν (2)
— 1 (2. 38). οὕτω ποιήσει ὁ δοῦλός σου (13 a)
4. 15. B[1] οὕτως [A B[2] R οὗτος] ἔλαβε τὴν B. †
— 27 (5. 7). ἐχορήγουν οἱ καθεσταμένοι οὕτως (3 a)
6. 25. οὕτως τῷ χερ. τῷ δευτέρῳ –
— 26. καὶ οὕτω τῷ χερ. τῷ δευτέρῳ (13 a)
— 33. A οὕτως ἐποίησεν τῷ πυλῶνι (13 a)
7. 15. καὶ οὕτως ὁ στῦλος ὁ δεύτερος –
— 18. καὶ οὕτως ἐποίησε τῷ ἐπιθέματι τῷ δευτ. (13 a)
— 29. ἐπὶ τῶν ἐξεχομ. οὕτως καὶ ἐπάνωθεν (13 a)
— 31. A ποίημα οὕτως πήχεος (13 a)
9. 8. ἕνεκα τίνος ἐποίησε κύριος οὕτως (11)
10. 20. οὐ γέγονεν οὕτως πάσῃ βασιλείᾳ (13 a)
— 29. καὶ οὕτως πᾶσι τοῖς βασιλεῦσι (13 a)
11. 8. οὕτως ἐποίησε πάσαις ταῖς γυναιξὶν αὐ. (13 a)
12. 24. B οὕτως ἐλάλησε πρὸς σὲ ὁ λαός –
— 24. B οὕτως λαλήσεις πρὸς τὸν λαόν –
13. 9. οὕτως ἐνετείλατό μοι (13 a)
— 17. οὕτως ἐντέταλταί μοι –
14. 4. A ἐποίησεν οὕτως γυνὴ Ἱερ. (13 a)
17. 22. καὶ ἐγένετο οὕτως †
18. 33. B καὶ ἐποίησαν οὕτως –
20 (21). 7. σὺ νῦν οὕτω ποιεῖς βασιλέα ἐπὶ Ἰσρ. –
21 (20). 25. καὶ ἐποίησεν οὕτως (13 a)
22. 5 (4). καὶ σὺ οὕτως (12)
— 8. μὴ λεγέτω ὁ βασ. οὕτως (13 a)
— 12. πάντες οἱ προφῆται ἐπροφήτευον οὕτως (13 a)
— 17. καὶ εἶπεν, Οὐχ οὕτως –
— 19. καὶ εἶπε M., Οὐχ οὕτως (17 c)
— 19. ἄκουε ῥῆμα κυρίου· οὐχ οὕτως –
— 20. καὶ εἶπεν οὗτος οὕτως καὶ οὗτος οὕτως [A *om.* κ. οὗ. οὕ.] (9 b, 9 b)
— 22. καὶ ποίησον οὕτως (13 a)
IV Ki. 1. 3 (4). καὶ οὐχ οὕτως (17 c)
— 6, 16. οὐχ οὕτως (17 c)
2. 10. B καὶ ἔσται [A R *add.* σοι] οὕτως (13 a)
5. 4. οὕτως καὶ οὕτως ἐλάλησεν ἡ νεᾶνις (7 g, 7 g)
7. 9. οὐχ οὕτως ἡμεῖς ποιοῦμεν (13 a)
— 20. καὶ ἐγένετο [A *add.* αὐτῷ] οὕτως (13 a)
9. 12. οὕτως καὶ οὕτως ἐλάλησε πρός μέ (7 g, 7 g)
15. 12. καὶ ἐγένετο οὕτως (13 a)
16. 11. A οὕτως ἐποίησεν Οὐ. (13 a)
17. 9. ὅσοι ἠμφιέσαντο . . . λόγους οὐχ οὕτως (13 a)
18. 21. οὕτως Φ. . . . πᾶσι τοῖς πεποιθόσιν (13 a)
19. 32 : 21. 12 : 22. 20. οὐχ οὕτως (17 c)
I Ch. 13. 4. τοῦ ποιῆσαι οὕτως (13 a)
17. 4. οὕτως εἶπε κύριος (9 a)
— 7. οὕτως ἐρεῖς τῷ δούλῳ μου Δ. (13 a)
— 15. οὕτως ἐλάλησε N. πρὸς Δ. (13 a)
19. 3. A οὐχ οὕτως ἐραυνήσουσιν τὴν πόλιν [BS *al.*] †
20. 3. οὕτως ἐποίησε Δ. (13 a)
21. 10, 11. οὕτως λέγει κύριος (9 a)
23. 30. καὶ οὕτω τὸ ἑσπέρας (13 a)
II Ch. 1. 12. μετὰ σὲ οὐκ ἔσται οὕτως (13 a)
— 17. καὶ οὕτω πᾶσι τοῖς βασ. τῶν X. (13 a)
8. 14. ὅτι οὕτως ἐντολαὶ [A -ὴ] Δαυίδ (13 a)
9. 19. οὐκ ἐγενήθη οὕτως ἐν πάσῃ τῇ βασ. (13 a)
10. 10. οὕτως λαλήσεις τῷ λαῷ (9 a)
— 10. οὕτως ἐρεῖς (9 a)
12. 5. οὕτως εἶπε κύριος (9 a)
18. 3. ὡς ἐγὼ οὕτω καὶ σύ (12)
— 7. μὴ λαλείτω ὁ βασ. οὕτως (13 a)
— 11. ἐπροφήτευον οὕτω (13 a)
— 18. οὐχ οὕτως (17 c)
— 19. εἶπεν οὗτος [A *add.* εἶπεν] οὕτως καὶ οὗτος εἶπεν οὕτως (11, 11)
— 21. καὶ ποίησον οὕτω (13 a)
— 26. οὕτως εἶπεν ὁ βασ. (9 a)
19. 9. οὕτω ποιήσετε ἐν φόβῳ κυρίου (9 a)
— 10. οὕτω ποιήσετε (9 a)

II Ch. 24. 11. οὕτως ἐποίουν ἡμέραν ἐξ ἡμέρας (9 a)
31. 20. ἐποίησεν οὕτως Ἐζ. (7 g)
32. 10. οὕτως λέγει Σ. ὁ βασ. Ἀ. (9 a)
— 17. οὕτως οὐ μὴ ἐξέληται ὁ θεὸς Ἐζ. (13 a)
— 31. οὕτως τοῖς πρεσβύταις τῶν ἀρχόντων (13 a)
34. 23. οὕτως εἶπε κ. ὁ θεὸς Ἰσρ. (9 a)
— 24. οὕτω λέγει κύριος (9 a)
— 26. οὕτως ἐρεῖτε αὐτῷ (9 a)
— 26. οὕτω λέγει κ. ὁ θ. Ἰσρ. (9 a)
35. 12. καὶ οὕτως εἰς τὸ πρωΐ (13 a)
I Es. 1. 11. καὶ οὕτως τὸ πρωϊνόν
3. 18. καὶ ἔφη οὕτως
— 24. οὕτως ἀναγκάζει ποιεῖν
— 24. ἐσίγησεν οὕτως εἴπας
4. 12. οὕτως ἐπάκουστός ἐστι
— 32. οὕτως πράσσουσι
8. 55. A B οὕτως [R ἃ] ἐδωρήσατο ὁ βασ.
9. 10. οὕτως ὡς εἴρηκας ποιήσομεν
II Es. 1. 2. οὕτως εἶπε Κῦρος (9 a)
5. 9. οὕτως εἴπαμεν αὐτοῖς (14)
6. 13. οὕτως ἐποίησαν ἐπιμελῶς (14)
7. 27. ὃς ἔδωκεν οὕτως ἐν καρδίᾳ τοῦ βασ. (7 g)
9. 3. A οὕτως δεῖ καὶ νῦν –
10. 16. ἐποίησαν οὕτως υἱοὶ τῆς ἀποικίας (13 a)
Ne. 5. 9. οὐχ οὕτως . . . ἀπελεύσεσθε –
— 12. οὕτως ποιήσομεν (13 a)
— 13. οὕτως ἐκτινάξαι ὁ θεός (11)
— 13. ἔσται οὕτως ἐκτετιναγμένος (11)
— 15. οὐκ ἐποίησα οὕτως (13 a)
6. 13. ὅπως . . . ποιήσω οὕτως (13 a)
8. 17. οὐκ ἐποίησαν . . . οὕτως οἱ υἱοὶ Ἰσρ. (13 a)
13. 18. οὐχὶ οὕτως ἐποίησαν οἱ πατέρες ἡμῶν (9 a)
— 26. οὐχ οὕτως [S[1] om.] ἥμαρτε Σαλ. (3 c)
To. 5. 16. εὐδόκησαν οὕ. [S al.]
Ju. 8. 21. οὕτως καθήσεται πᾶσα ἡ Ἰ.
9. 2. οὐχ οὕτως ἔσται
10. 10. καὶ ἐποίησαν οὕτως
Es. 1. 8. οὕτως δὲ ἠθέλησεν ὁ βασ. (13 a)
— 18. οὕτω [A om.] σήμερον αἱ τυραννίδες –
— 20. οὕτω πᾶσαι αἱ γυναῖκες περιθήσουσι τιμήν –
2. 4. καὶ ἐποίησεν οὕτως (13 a)
— 12. οὕτως γὰρ ἀναπληροῦνται αἱ ἡμέραι (13 a)
— 20. οὕτως γὰρ ἐνετείλατο αὐτῇ Μαρδ. (4)
3. 2. οὕτως γὰρ προσέταξεν (13 a)
4. 16. S[2] ἀσιτήσομεν οὕτως [A B S[1] om.] (13 a)
6. 9. οὕτως ἔσται παντὶ ἀνθρώπῳ (11)
— 10. οὕτως ποίησον τῷ Μαρδ. (13 a)
— 11. οὕτως ἔσται παντὶ ἀνθρώπῳ (11)
8. 13. S[1] οὐ. οὐ τῶν [A B S[2] οὐ τοσοῦτον] ἐκ τῶν παλαιοτέρων . . . ἱστοριῶν
9. 14. B S ἐπέτρεψεν οὕτως γενέσθαι (13 a)
Jb. 1. 5. οὕτως οὖν [A om.] ἐποίει Ἰώβ [A om.] (11)
— 20. οὕτως ἀναστὰς Ἰ. [A al.] (6)
— 21. ὡς τῷ κυρίῳ ἔδοξεν οὕτως [A add. καὶ] ἐγένετο –
2. 10. A ἵνα τί ὥσπερ μία τῶν ἀφρόνων γυναικῶν οὕτως [B S om.] ἐλάλησας –
5. 27. ἰδοὺ ταῦτα οὕτως ἐξιχνιάσαμεν (13 a ?)
6. 18. οὕτω κἀγὼ κατελείφθην ὑπὸ πάντων †
7. 3. οὕτως κἀγὼ ὑπέμεινα μῆνας κενούς (13 a)
8. 13. οὕτως τοίνυν ἔσται τὰ ἔσχατα πάντων (13 a)
9. 2. ἐπ' ἀληθείας οἶδα ὅτι οὕτως ἐστί (13 a)
— 35. οὐ γὰρ οὕτω [S[1] αὐτῷ] συνεπίσταμαι [A S[2] al.] (13 a)
10. 2. διὰ τί με οὕτως ἔκρινας –
11. 15. οὕτως γὰρ ἀναλάμψει σου τὸ πρόσωπον (1)
19. 2. ὁ κύριος ἐποίησέ με οὕτως [S[1] om.] †
20. 2. οὐχ οὕτως ὑπελάμβανον (17 c)
23. 13. εἰ δὲ καὶ αὐτὸς ἔκρινεν οὕτως †
27. 2. ζῇ ὁ θεὸς ὃς οὕτω με κέκρικε †
28. 26. οὕτως ἰδὼν ἠρίθμησε †
29. 23. οὕτως οὗτοι τὴν ἐμὴν λαλιὰν [A λ. προσεδέχοντο] –
32. 8. A καὶ οὐχ οὕτως (17 a)
Ps. 1. 4. οὐχ οὕτως οἱ ἀσεβεῖς οὐχ οὕτως (13 a, –)
34 (35). 14. ὡς πλησίον ὡς ἀδελφὸν ἡμέτερον οὕτως εὐηρέστουν ὡς πενθῶν καὶ σκυθρωπάζων οὕτως ἐταπεινούμην –, –
41 (42). 1. οὕτως ἐπιποθεῖ ἡ ψυχή μου πρὸς σέ (13 a)
47 (48). 5. αὐτοὶ ἰδόντες οὕτως ἐθαύμασαν (13 a)
— 8. A B S[1] οὕτως [S[2] R οὐ. καὶ] εἴδομεν (13 a)
— 10. οὕτως καὶ ἡ αἴνεσίς σου (13 a)
60 (61). 8. οὕτως ψαλῶ τῷ ὀνόματί σου (13 a)
62 (63). 2. οὕτως ἐν τῷ ἁγίῳ ὤφθην σοι (13 a)
— 4. οὕτως εὐλογήσω σε ἐν τῇ ζωῇ μου (13 a)
64 (65). 9. ὅτι οὕτως ἡ ἑτοιμασία (13 a)

Ps. 67 (68). 2. οὕτως ἀπόλοιντο οἱ ἁμαρτωλοί –
72 (73). 15. διηγήσομαι οὕτως (12)
82 (83). 15. οὕτως καταδιώξεις αὐτούς (13 a)
89 (90). 12. A S[2] R τὴν δεξιάν σου οὕτως [B S[1] om.] γνώρισον (13 a)
102 (103). 15. ὡσεὶ ἄνθος τοῦ ἀγροῦ οὕτως ἐξανθήσει (13 a)
122 (123). 2. οὕτως οἱ ὀφθαλμοὶ ἡμῶν πρὸς κύριον τὸν θεὸν ἡμῶν (13 a)
126 (127). 4. οὕτως οἱ υἱοὶ τῶν ἐκτετιναγμένων (13 a)
127 (128). 4. οὕτως εὐλογηθήσεται ἄνθρωπος ὁ φοβούμενος τὸν κύριον (13 a)
138 (139). 12. ὡς τὸ σκότος αὐτῆς οὕτως καὶ τὸ φῶς αὐτῆς (8)
147. 9 (20). οὐκ ἐποίησεν οὕτως παντὶ ἔθνει (13 a)
Pr. 6. 29. οὕτως ὁ εἰσελθὼν πρὸς γυναῖκα ὕπανδρον οὐκ ἀθῳωθήσεται (13 a)
9. 18. οὕτως γὰρ διαβήσῃ ὕδωρ ἀλλότριον –
10. 26. οὕτως παρανομία τοῖς χρωμένοις αὐτῇ (13 a)
11. 22. οὕτως γυναικὶ κακόφρονι κάλλος –
12. 4. οὕτως ἄνδρα ἀπόλλυσι γυνὴ κακοποιός –
17. 3. οὕτως ἐκλεκταὶ καρδίαι [S[1] καρδία ἐκλέγεται] παρὰ κυρίῳ (6)
19. 12. ὥσπερ δὲ δρόσος ἐπὶ χόρτῳ οὕτως τὸ ἱλαρὸν αὐτοῦ –
— 18. οὕτως γὰρ ἔσται εὔελπις –
21. 1. οὕτως καρδία βασιλέως ἐν χειρὶ θεοῦ –
23. 7. οὕτως ἐσθίει καὶ πίνει (13 a)
— 28. A οὕτως [B S οὗτος] γὰρ συντόμως ἀπολεῖται †
24. 14. οὕτως αἰσθήσῃ σοφίαν τῇ σῇ ψυχῇ (13 a)
25. 11. οὕτως εἰπεῖν λόγον [S[2] λ. ἐπὶ ἁρμόζουσιν] –
— 13. οὕτως ἄγγελος πιστὸς τοὺς ἀποστείλαντας αὐτόν –
— 14. A B[2] S οὕτως οἱ καυχώμενοι [B[1] R ὁ κ.] ἐπὶ δόσει ψευδεῖ –
— 18. οὕτως καὶ ἀνὴρ ὁ καταμαρτυρῶν –
— 20. οὕτως προσπεσὸν πάθος ἐν σώματι –
— 20. οὕτως λύπη ἀνδρὸς βλάπτει καρδίαν –
— 25. οὕτως ἀγγελία ἀγαθὴ ἐκ γῆς μακρόθεν (6)
— 26. οὕτως ἄκοσμον δίκαιον πεπτωκέναι ἐνώπιον ἀσεβοῦς –
— 28. οὕτως ἀνὴρ ὃς οὐ μετὰ βουλῆς τι πράσσει –
26. 1. οὕτως οὐκ ἔστιν ἄφρονι τιμή (13 a)
— 2. οὕτως ἀρὰ ματαία οὐκ ἐπελεύσεται οὐδενί (13 a)
— 3. οὕτως ῥάβδος ἔθνει παρανόμῳ (6)
— 11. οὕτως ἄφρων . . . ἀναστρέψας ἐπὶ τὴν ἑαυτοῦ ἁμαρτίαν –
— 14. οὕτως ὀκνηρὸς ἐπὶ τῆς κλίνης αὐτοῦ (6)
— 17. οὕτως ὁ προεστὼς ἀλλοτρίας κρίσεως –
— 19. οὕτως πάντες οἱ ἐνεδρεύοντες τοὺς ἑαυτῶν φίλους (13 a)
27. 8. οὕτως ἄνθρωπος δουλοῦται (13 a)
— 19. οὕτως οὐδὲ αἱ διάνοιαι [A S[2] καρδίαι] τῶν ἀνθρώπων (13 a)
28. 4. οὕτως οἱ ἐγκαταλείποντες τὸν νόμον ἐγκωμιάζουσιν ἀσέβειαν –
Ec. 3. 19. S R οὕτως καὶ [A B om.] ὁ θάνατος τούτου (13 a)
5. 15. οὕτως καὶ ἀπελεύσεται (13 a)
7. 7 (6). οὕτως γέλως τῶν ἀφρόνων (13 a)
8. 10. ὅτι οὕτως ἐποίησαν (13 a)
9. 12. S[2] οὐ. κρατηθήσονται –
11. 5. οὕτως οὐ γνώσῃ τὰ ποιήματα τοῦ θεοῦ (11)
Ca. 2. 2. οὕτως ἡ πλησίον μου ἀνὰ μέσον τῶν θυγατέρων (13 a)
— 3. οὕτως ἀδελφιδός μου ἀνὰ μέσον τῶν υἱῶν (13 a)
5. 9. οὕτως ὥρκισας ἡμᾶς (11)
Wi. 5. 13. οὕτως καὶ ἡμεῖς γεννηθέντες ἐξελίπομεν
9. 18. οὕτως διωρθώθησαν αἱ τρίβοι τῶν ἐπὶ γῆς
17. 16. εἴθ' οὕτως . . . ἐφρουρεῖτο
Si. 2. 18. οὕτως καὶ [S[2] καὶ πολὺ] τὸ ἔλεος αὐτοῦ
3. 1. οὕτως ποιήσατε ἵνα σωθῆτε
— 15. οὕτως ἀναλυθήσονταί [S[1] ἀναφθήσονταί] σου αἱ ἁμαρτίαι
5. 9: 6. 1. οὕτως ὁ ἁμαρτωλὸς ὁ δίγλωσσος
6. 17. κατ' αὐτὸν οὕτως καὶ ὁ πλησίον αὐτοῦ
10. 2. οὕτως καὶ [A S[1] om.] οἱ λειτουργοὶ αὐτοῦ
11. 30. οὕτως καρδία ὑπερηφάνου
12. 10. ὡς γὰρ ὁ χαλκὸς ἰοῦται οὕτως ἡ πονηρία αὐτοῦ
— 14. οὕτως τὸν προσπορευόμενον ἀνδρὶ ἁμαρτωλῷ
13. 17. οὕτως ἁμαρτωλὸς πρὸς εὐσεβῆ
— 19. οὕτως νομαὶ πλουσίων πτωχοί
— 20. οὕτως βδέλυγμα πλουσίῳ πτωχός

Si. 14. 18. οὕτως γενεὰ [A S καὶ γ.] σαρκὸς καὶ αἵματος
16. 10. καὶ οὕτως ἑξακοσίας χιλιάδας πεζῶν
— 12. οὕτως καὶ πολὺς ὁ ἔλεγχος αὐτοῦ
18. 10. οὕτως ὀλίγα ἔτη ἐν [S[1] om.] ἡμέρᾳ αἰῶνος
— 16. οὕτως κρείσσων λόγος ἢ δόσις
19. 12. οὕτως λόγος ἐν κοιλίᾳ μωροῦ
20. 4. οὕτως ὁ ποιῶν ἐν [S[1] om.] βίᾳ κρίματα
— 18. οὕτως πτῶσις κακῶν κατὰ σπουδὴν ἥξει
21. 4. οὕτως οἶκος ὑπερηφάνου ἐρημωθήσεται
— 18. ὡς οἶκος ἠφανισμένος οὕτως μωρῷ σοφία
22. 16. οὕτως καρδία ἐστηριγμένη ἐπὶ διανοήματος βουλῆς
— 18. οὕτως καρδία δειλὴ ἐπὶ διανοήματος μωροῦ
— 24. οὕτως πρὸ αἱμάτων λοιδορίαι
23. 10. οὕτως καὶ ὁ ὀμνύων . . . ἀπὸ ἁμαρτίας οὐ μὴ καθαρισθῇ
— 20. οὕτως καὶ μετὰ τὸ συντελεσθῆναι [A τελ.]
— 22. οὕτως καὶ γυνὴ καταλιποῦσα τὸν ἄνδρα
24. 10. οὕτως ἐν Σιὼν ἐστηρίχθην
— 28. καὶ οὕτως ὁ ἔσχατος οὐκ ἐξιχνίασεν αὐτήν
25. 20. οὕτως γυνὴ γλωσσώδης ἀνδρὶ ἡσύχῳ
27. 4. οὕτως σκύβαλα ἀνθρώπου ἐν λογισμῷ αὐτοῦ
— 6. οὕτως λόγος ἐνθυμήματος καρδίας [A -ίᾳ] ἀνθρώπου
— 10. οὕτως ἁμαρτίαι [A S -ία] ἐργαζομένους ἄδικα [S[2] ἀδικίαν]
— 18. οὕτως ἀπώλεσας τὴν φιλίαν τοῦ πλησίον
— 19. οὕτως ἀφῆκας τὸν πλησίον
28. 10. κατὰ τὴν ὕλην πυρὸς οὕτως ἐκκαυθήσεται
— 10. S κατὰ τὴν στερέωσιν τῆς μάχης σου οὐ. [A B om. σ. οὐ.] ἐκκαυθήσεται
30. 19. οὕτως ὁ ἐκδιωκόμενος ὑπὸ κυρίου
— 20. B[2] οὕτως ὁ ποιῶν ἐν βίᾳ κρίματα
31 (34). 2. οὕτως ὁ ἐπέχων ἐνυπνίοις
— 26. οὕτως ἄνθρωπος νηστεύων ἐπὶ τῶν ἁμαρτιῶν αὐτοῦ
33 (36). 4. οὕτως ἐνώπιον ἡμῶν μεγαλυνθείης ἐν αὐτοῖς
34 (31). 26. οὕτως οἶνος καρδίας ἐν μάχῃ ὑπερηφάνων
35 (32). 1. φρόντισον αὐτῶν καὶ οὕτω κάθισον
36 (33). 4. S ἑτοίμασον λόγον καὶ οὕτως ἀκουσθήσῃ σύνδησον παιδείαν καὶ οὕτως [A B om.] ἀποκρίθητι
— 13. οὕτως ἄνθρωποι ἐν χειρὶ τοῦ ποιήσαντος αὐτούς
— 14. οὕτως ἀπέναντι εὐσεβοῦς ἁμαρτωλός
— 15. καὶ οὕτως ἔμβλεψον εἰς πάντα τὰ ἔργα τοῦ ὑψίστου
— 24 (21). οὕτως καρδία συνετὴ λόγους ψευδεῖς
— 31 (28). οὕτως ἀνθρώπῳ μὴ ἔχοντι νοσσιάν
38. 22. ὅτι οὕτω ὡς [A S om.] καὶ τὸ σόν
— 27. οὕτως πᾶς τέκτων καὶ ἀρχιτέκτων
— 28. οὕτως χαλκεὺς καθήμενος ἐγγὺς ἄκμονος
— 29. οὕτως κεραμεὺς καθήμενος ἐν ἔργῳ αὐτοῦ
39. 15. οὕτως ἐρεῖτε ἐν ἐξομολογήσει
— 23. οὕτως ὀργὴν αὐτοῦ ἔθνη κληρονομήσει
— 24. οὕτως τοῖς ἀνόμοις προσκόμματα
— 25. οὕτως τοῖς ἁμαρτωλοῖς κακά
— 27. οὕτως τοῖς ἁμαρτωλοῖς τραπήσεται εἰς κακά
40. 14. οὕτως οἱ παραβαίνοντες εἰς συντέλειαν ἐκλείψουσιν [A -θλίψουσιν]
41. 10. οὕτως ἀσεβεῖς ἀπὸ κατάρας εἰς ἀπώλειαν
44. 22. ἐν τῷ Ἰσαὰκ ἔστησεν οὕτως διὰ Ἀβραάμ
46. 3. τίς πρότερον [A S -ος] αὐτοῦ οὕτως ἔστη
47. 2. οὕτως Δαυὶδ ἀπὸ τῶν υἱῶν Ἰσραήλ
— 6. οὕτως ἐν μυριάσιν ἐδόξασεν αὐτόν
48. 3. κατήγαγεν οὕτως [S[2] om.] τρὶς πῦρ
49. 12. οὕτως [S οὗτος] Ἰησοῦς υἱὸς Ἰωσεδέκ
Ho. 4. 7. κατὰ τὸ πλῆθος αὐ. οὕτως ἥμαρτόν μοι (13 a)
— 9. ἔσται καθὼς ὁ λαὸς οὕτως καὶ ὁ ἱερεύς (8)
10. 15. οὕτως ποιήσω ὑμῖν (11)
11. 2. οὕτως ἀπῴχοντο ἐκ προσώπου μου (13 a)
Am. 3. 12. οὕτως ἐκσπασθήσονται οἱ υἱοὶ Ἰ. (13 a)
4. 12. διὰ τοῦτο οὕτως ποιήσω σοι, Ἰσραήλ (9 a)
— 12. πλὴν ὅτι οὕτως ποιήσω σοι ἑτοιμάζου (7 e)
5. 14. καὶ ἔσται οὕτως μεθ' ὑμῶν κ. ὁ θ. (13 a)
7. 1, 4, 7: 8. 1. οὕτως ἔδειξέ μοι κ. (9 a)
Mi. 3. 4. οὕτως κεκράξονται πρὸς κύριον (1)
Jl. 2. 4. οὕτως καταδιώξονται (13 a)
Ob. 1. 15. οὕτως ἔσται σοι –
Na. 1. 12. οὕτως διασταλήσονται (13 a)
Hb. 2. 5. S[1] οὕτως [A B S[2] οὗτος] ὡς θάνατος οὐκ ἐμπιπλάμενος †
Hg. 2. 15 (14). οὕτως ὁ λαὸς οὗτος καὶ οὕτως τὸ ἔθνος τοῦτο (13 a, 13 a)

Hg. 2. 15 (14). καὶ οὕτως πάντα τὰ ἔργα τῶν χειρῶν αὐτῶν (13 a)
Za. 1. 6. οὕτως ἐποίησεν ἡμῖν (13 a)
7. 13. οὕτως κεκράξονται (13 a)
8. 13. οὕτως διασώσω ὑμᾶς (13 a)
— 15. οὕτως παρατέταγμαι καὶ διανενόημαι (13 a)
14. 8. καὶ ἐν ἔαρι [A ἀέρι] ἔσται οὕτως –
Is. 8. 11. οὕ. λέγει κύριος (9 a)
10. 7. αὐτὸς δὲ οὐχ οὕ. ἐνεθυμήθη (13 a)
— 7. τῇ ψυχῇ οὐχ οὕ. λελόγισται (13 a)
— 11. οὕ. ποιήσω καὶ Ἱερ. (13 a)
— 16. καὶ οὐχ οὕ. (17 c)
14. 20. οὕ. οὐδὲ σὺ ἔσῃ καθαρός –
— 24. οὕ. ἔσται (13 a)
— 24. οὕ. μενεῖ †
15. 7. μὴ καὶ οὕ. μέλλει σωθῆναι (13 a)
16. 6. οὐχ οὕ. ἡ μαντεία σου (13 a)
— 7. οὐχ οὕ. (17 c)
17. 12. οὕ. ταραχθήσεσθε –
18. 4. οὕ. εἶπε κύριός μοι (9 a)
20. 2. καὶ ποίησον οὕ. (13 a)
— 4. οὕ. ἄξει βασιλεὺς Ἀσσ. τὴν αἰχμαλωσίαν (13 a)
21. 6. οὕ. εἶπε πρὸς μὲ κύριος (9 a)
— 16. οὕ. εἶπέ μοι κύριος (9 a)
24. 13. οὕ. καλαμήσονται αὐτούς (8)
26. 17. οὕ. ἐγενήθημεν τῷ ἀγαπητῷ σου (13 a)
27. 7. καὶ αὐτὸς οὕ. πληγήσεται –
— 7. οὕ. [S^1 οὗτος] ἀναιρεθήσεται –
28. 16. οὕ. λέγει κύριος (9 a)
29. 8. οὕ. ἔσται ὁ πλοῦτος πάντων τῶν ἐθνῶν (13 a)
30. 12. A S^3 οὕ. [B S^1 τάδε] λέγει κύριος (9 a)
— 15. οὕ. λέγει κύριος (9 a)
31. 4. οὕ. εἶπέ μοι κύριος (9 a)
— 4. οὕ. καταβήσεται κύριος σαβ. (13 a)
— 5. οὕ. ὑπερασπιεῖ κύριος σαβ. (13 a)
33. 1. οὕ. ἡττηθήσονται –
— 4. οὕ. ἐμπαίξουσιν ὑμῖν –
36. 6. οὕ. ἐστὶ Φαρ. (13 a)
37. 6. οὕ. ἐρεῖτε πρὸς τὸν κύριον ὑμῶν (9 a)
— 10. οὕ. ἐρεῖτε Ἐζεκίᾳ (9 a)
— 33. οὕ. λέγει κύριος (9 a)
38. 13. A B^2 S R οὕ. [B^1 *om.*] συνέτριψε πάντα τὰ ὀστᾶ μου (13 a)
— 14. οὕ. φωνήσω . . . οὕ. μελετῶ (13 a, –)
41. 25. οὕ. καταπατηθήσεσθε –
42. 5: 43. 1, 14. οὕ. λέγει κ. ὁ θεός (9 a)
43. 16. οὕ. λέγει κύριος (9 a)
44. 2. οὕ. λέγει κ. ὁ θεός (9 a)
— 6. οὕ. λέγει ὁ θ. ὁ βασ. Ἰσρ. (9 a)
— 24. οὕ. λέγει κύριος (9 a)
45. 1, 11. οὕ. λέγει κ. ὁ θεός (9 a)
— 14. οὕ. λέγει κύριος σαβ. (9 a)
— 18: 48. 17 (A^2 B S). οὕ. λέγει κύριος (9 a)
49. 5. οὕ. λέγει κύριος –
— 7, 8, 22, 25: 50. 1. οὕ. λέγει κύριος (9 a)
51. 22. οὕ. λέγει κ. ὁ θεός (9 a)
52. 4. οὕ. λέγει κύριος (9 a)
— 14. οὕ. ἀδοξήσει ἀπὸ ἀνθρώπων τὸ εἶδός σου (13 a)
— 15. οὕ. θαυμάσονται ἔθνη πολλά (13 a)
53. 7. οὕ. οὐκ ἀνοίγει τὸ στόμα αὐ. (6)
54. 6. S^1 οὕ. [A B S^4 οὐδ' ὡς] γυναῖκα . . . . μεμισημένην (6)
— 10. οὕ. οὐδὲ τὸ παρ' ἐμοῦ σοι ἔλεος ἐκλείψει (6)
55. 9. οὕ. ἀπέχει ἡ ὁδός μου (13 a)
— 11. οὕ. ἔσται τὸ ῥῆμά μου (13 a)
57. 20. A S οἱ δὲ ἄδικοι οὕ. [B *om.*] κλυδωνισθήσονται †
58. 5. οὐδ' οὕ. καλέσετε νηστείαν δεκτήν †
61. 7. οὕ. ἐκ δευτέρας κληρονομήσουσι τὴν γῆν (13 b)
— 11. οὕ. ἀνατελεῖ κ. κύριος δικαιοσύνην (13 a)
62. 5. οὕ. κατοικήσουσιν οἱ υἱοί σου –
— 5. οὕ. εὐφρανθήσεται κ. ἐπὶ σοί –
63. 1. οὕ. ὡραῖος ἐν στολῇ (7 a)
— 14. οὕ. ἤγαγες τὸν λαόν σου (13 a)
64. 6 (5). οὕ. ἄνεμος οἴσει ἡμᾶς (8)
65. 8. οὕ. λέγει κύριος (9 a)
— 8. οὕ. ποιήσω ἕνεκεν τοῦ δουλεύοντός μοι (13 a)
66. 1. A B S^2 οὕ. λέγει κύριος (9 a)
— 8. τίς ἑώρακεν οὕ. (3 b)
— 13. οὕ. κἀγὼ παρακαλέσω ὑμᾶς (13 a)
— 22. οὕ. στήσεται τὸ σπέρμα ὑμῶν (13 a)
Je. 2. 26. οὕ. αἰσχυνθήσονται οἱ υἱοὶ Ἰσρ. (13 a)
— 33. οὐχ οὕ. (17 c)
3. 20. οὕ. ἠθέτησεν εἰς ἐμὲ οἶκος Ἰσρ. (13 a)
Je. 4. 3. S^1 οὕ. [B S^2 ὅτι τάδε] λέγει κύριος (9 a)
5. 13. B S οὕ. ἔσται αὐτοῖς (9 a)
— 19. B S οὕ. δουλεύσετε ἀλλοτρίοις (13 a)
— 27. οὕ. οἱ οἶκοι αὐ. πλήρεις δόλου (13 a)
— 31. καὶ ὁ λαός μου ἠγάπησεν οὕ. (13 a)
6. 7. οὕ. ψύχει κακία αὐ. (13 a)
8. 6. οὐχ οὕ. λαλήσουσιν (13 a)
10. 11. οὕ. ἐρεῖτε αὐτοῖς (5 a)
13. 9. οὕ. φθερῶ τὴν ὕβριν Ἰ. (11)
— 11. οὕ. ἐκόλλησα πρὸς ἐμαυτὸν τὸν οἶκον τοῦ Ἰσρ. (13 a)
— 25. R οὕ. ὁ κλῆρός σου [A B S *al.*] (7 a)
14. 10. οὕ. λέγει κύριος τῷ λαῷ τούτῳ (9 a)
19. 11. οὕ. συντρίψω τὸν λαὸν τοῦτον (11)
— 12. οὕ. ποιήσω . . . τῷ τόπῳ τούτῳ (13 a)
21. 3. οὕ. ἐρεῖτε πρὸς Σεδ. (9 a)
— 7. οὕ. λέγει κύριος (13 a)
22. 8. διὰ τί ἐποίησε κύριος οὕ. (11)
23. 10. καὶ ἡ ἰσχὺς αὐ. οὕ. [A οὐχ οὕ.] (13 a)
— 16. A B οὕ. λέγει κύριος παντοκρ. (9 a)
— 28 (29). οὕ. οἱ λόγοι μου (9 a ?)
— 35. οὕ. ἐρεῖτε ἕκαστος πρὸς τὸν πλησίον αὐ. (9 a)
24. 5. οὕ. ἐπιγνώσομαι τοὺς ἀποικισθέντας Ἰουδαίους (13 a)
— 8. οὕ. παραδώσω τὸν Σεδ. (13 a)
28 (51). 64. οὕ. καταδύσεται Βαβ. (11)
30 (49). 1: 30. 6 (49. 28): 31 (48). 1. οὕ. εἶπε κύριος (9 a)
31 (48). 30. οὐχὶ τὸ ἱκανὸν αὐτῷ οὐχ οὕ. ἐποίησε (13 a)
— 40. οὕ. εἶπε κύριος (9 a)
32. 1 (25. 15). οὕ. εἶπε κ. ὁ θεὸς Ἰσρ. (9 a)
— 13 (25. 27). οὕ. εἶπε κύριος παντοκρ. (9 a)
— 14 (25. 28), 18 (25. 32): 33 (26). 2, 4, 18: 34 (27). 1 (2). οὕ. εἶπε κύριος (9 a)
34 (27). 4. οὕ. εἶπε κ. ὁ θεὸς Ἰσρ. (9 a)
— 4. οὕ. ἐρεῖτε πρὸς τοὺς κυρίους ὑμῶν (9 a)
— 16, 19: 35 (28). 2. οὕ. εἶπε κύριος (9 a)
35 (28). 6. ἀληθῶς οὕ. ποιῆσαι κύριος (13 a)
— 11. οὕ. εἶπε κύριος (9 a)
— 11. οὕ. συντρίψω τὸν ζυγόν (11)
— 13, 14, 16. οὕ. εἶπε κύριος (9 a)
36 (29). 4. οὕ. εἶπε κ. ὁ θεὸς Ἰσρ. (9 a)
— 8, 10, 21, 31, 32. οὕ. εἶπε κύριος (9 a)
37 (30). 2. οὕ. εἶπε κ. ὁ θεὸς Ἰσρ. (9 a)
— 5, 12, 18: 38 (31). 2. οὕ. εἶπε κύριος (9 a)
38 (31). 7. οὕ. εἶπε κύριος τῷ Ἰ. (9 a)
— 15, 16, 23. οὕ. εἶπε κύριος (9 a)
— 28. οὕ. γρηγορήσω ἐπ' αὐτούς (13 a)
— 35: 39 (32). 3 (A B S^2), 14, 15. οὕ. εἶπε κύριος (9 a)
39 (32). 24. οὕ. ἐγένετο †
— 28. οὕ. εἶπε κ. ὁ θεὸς Ἰσρ. (9 a)
— 36. οὕ. εἶπε κ. ὁ θεὸς Ἰσρ. (13 b + 9 a)
— 42. οὕ. εἶπε κύριος (9 a)
— 42. οὕ. ἐγὼ ἐπάξω ἐπ' αὐτοὺς πάντα τὰ ἀγαθά (13 a)
40 (33). 2, 4, 10. οὕ. εἶπε κύριος (9 a)
— 12. οὕ. εἶπε κύριος τῶν δυνάμεων (9 a)
41 (34). 2 *bis*. οὕ. εἶπε κύριος (9 a)
— 4. οὕ. λέγει κύριος (9 a)
— 13, 17. οὕ. εἶπε κύριος (9 a)
42 (35). 13. οὕ. λέγει κύριος (9 a)
— 17, 18 (B S): 43 (36). 29, 30: 44 (37). 7. οὕ. εἶπε κύριος (9 a)
44 (37). 7. οὕ. ἐρεῖς πρὸς βασιλέα Ἰούδα (9 a)
— 9: 45 (38). 2, 3. οὕ. εἶπε κύριος (9 a)
45 (38). 12. καὶ ἐποίησεν Ἱερ. οὕ. (13 a)
— 17. οὕ. εἶπε κύριος (9 a)
— 21. B οὕ. [A S R οὗτος] ὁ λόγος ὃν ἔδειξεν (7 a)
46 (39). 16. οὕ. εἶπε κ. ὁ θεὸς Ἰσρ. (9 a)
49 (42). 5. οὕ. [A οὐ] ποιήσομεν (13 a)
— 9, 15 (A B S^2), 18. οὕ. εἶπε κύριος (9 a)
— 18. οὕ. στάξει ὁ θυμός μου ἐφ' ὑμᾶς (13 a)
50 (43). 10. οὕ. εἶπε κύριος (9 a)
51 (44). 2. οὕ. εἶπε κ. ὁ θεὸς Ἰσρ. (9 a)
— 7, 11. οὕ. εἶπε κύριος (9 a)
— 25. οὕ. εἶπε κ. ὁ θεὸς Ἰσρ. (9 a)
— 30, 32 (45. 2). οὕ. εἶπε κύριος (9 a)
51. 34 (45. 4). οὕ. εἶπε κύριος [S εἰπὸν αὐτῷ] (9 a)
Ba. 2. 21. οὕ. εἶπε κύριος
4. 24. οὕ. ὄψονται . . . τὴν . . . σωτηρίαν
— 28. A οὕ. νῦν δεκαπλασιάσατε [B *al.*]
— 33. οὕ. λυπηθήσεται ἐπὶ τῇ ἑαυτῆς ἐρημίᾳ
La. 2. 20. τίνι ἐπεφύλλισας οὕ. (9 a)
3. 37. τίς οὕ. εἶπε (7 a)
Ep. Je. 70. οὕ. οἱ θεοὶ αὐ. εἰσι ξύλινοι
Ez. 1. 28. A^2 B οὕ. ἡ στάσις τοῦ φέγγους κυκλόθεν (13 a)
4. 13. οὕ. φάγονται οἱ υἱοὶ τοῦ Ἰσρ. ἀκάθαρτα (11)
11. 5. οὕ. εἴπατε (13 a)
12. 7. ἐποίησα οὕ. (13 a)
— 11. οὕ. ἔσται αὐτῷ (13 a)
15. 6. οὕ. δέδωκα τοὺς κατοικοῦντας Ἱερ. (13 a)
16. 28. καὶ οὐδ' οὕ. ἐνεπλήσθης (16 b)
— 43. οὕ. ἐποίησας τὴν ἀσέβειαν †
18. 4. οὕ. καὶ ἡ ψυχὴ τοῦ υἱοῦ (8)
20. 36. οὕ. [A κἀγὼ] κρινῶ ὑμᾶς (13 a)
— 44. ἐν τῷ ποιῆσαί με οὕ. ὑμῖν –
21. 4 (9). οὕ. ἐξελεύσεται τὸ ἐγχειρίδιόν μου (13 b)
22. 20. οὕ. εἰσδέξομαι ἐν ὀργῇ μου (13 a)
— 22. οὕ. χωνευθήσεσθε ἐν μέσῳ αὐτῆς (13 a)
23. 40 (39). ὅτι οὕ. ἐποίουν (9 a)
— 44. οὕ. εἰσεπορεύοντο πρὸς Ὀ. (13 a)
31. 18. οὕ. Φ. καὶ τὸ πλῆθος †
32. 14. οὕ. τότε ἡσυχάσει τὰ ὕδατα αὐ. (1 ?)
33. 10. οὕ. ἐλαλήσατε (13 a)
— 25. A οὕ. εἶπεν ἀδωναῒ κύριος (9 a)
— 27. A οὕ. διὰ τοῦτο εἰπὸν αὐτοῖς [B *al.*] (9 a)
34. 12. οὕ. ἐκζητήσω τὰ πρόβατά μου (13 a)
36. 38. οὕ. ἔσονται αἱ πόλεις (13 a)
42. 5. οὕ. περίστυλον καὶ διάστημα –
— 5. καὶ οὕ. στοαὶ δύο –
45. 20. καὶ οὕ. ποιήσεις (13 a)
Da. LXX. Su. 13. τί σὺ οὕτως ὄρθρου ἐξῆλθες
— 48. οὕτως μωροί, υἱοὶ Ἰσρ.
— 57. οὕτως ἐποιεῖτε θυγατράσιν Ἰσρ.
1. 13. οὕτω χρῆσαι τοῖς παισί σου –
2. 8. οὕτως ἔσται –
3. (24). οὕτως οὖν προσηύξατο Ἀν.
— (25). προσηύξατο οὕτως
— (40). οὕτω γενέσθω ἡμῶν ἡ θυσία
— 26 (93). οὕτως οὖν ἐξῆλθον (18)
— 29 (96). ὃς δυνήσεται ἐξελέσθαι οὕτως (5 a)
— 30 (97). οὕτως οὖν ὁ βασ. (18)
4. 12 (11). καὶ οὕτως εἶπε (13 a)
— 34. οὕτως ἐποίησε μετ' ἐμοῦ –
5. 17. οὕτως ἀπεκρίθη τῷ βασ. –
6. 9 (10). οὕτως ὁ βασ. Δ. ἔστησε (5 b)
— 12 (13). οὕτως ποιήσω καθὼς λέγετε –
7. 5. καὶ οὕτως εἶπεν (13 a)
Bel 8. γινέσθω οὕτως
— 13. καὶ ἐγένετο οὕτως
Da. TH. Su. 48. οὕτως μωροί, οἱ υἱοὶ Ἰσρ.
— 57. οὕτως ἐποιεῖτε θυγατράσιν Ἰσρ.
2. 40. οὕτως πάντα λεπτυνεῖ –
3. (24). προσηύξατο οὕτως
— (40) οὕτως γενέσθω θυσία ἡμῶν
— 29 (96). ὅστις δυνήσεται ῥύσασθαι οὕτως (5 a)
4. 11. καὶ οὕτως εἶπεν (13 a)
7. 5. οὕτως ἔλεγον αὐτῇ (13 a)
I Ma. 1. 58. ἐποίουν οὕ. [S^1 *om.*] τῷ Ἰσρ.
2. 61. καὶ οὕτως ἐννοήθητε
3. 60. οὕτως ποιήσει
7. 42. οὕτως σύντριψον τὴν παρεμβ. ταύτην
8. 29. A S οὕ. [R *om.*] ἔστησαν Ῥωμαῖοι
10. 11, 62. καὶ ἐποίησαν οὕτως
12. 26. οὕτως τάσσονται
13. 47. καὶ οὕ. εἰσῆλθεν εἰς αὐτήν
14. 22. ἀνεγράψαμεν . . . οὕ.
II Ma. 2. 10. R οὕτως καὶ [A *om.*] Σαλ. προσηύξατο
— 29. οὕ. δοκῶ καὶ ἐπὶ ἡμῖν
3. 9. εἰ . . . ταῦτα οὕτως ἔχοντα τυγχάνει
— 11. A οὐχ οὕ. [R ὥσπερ ἦν] διαβάλλων
— 40. τὰ μὲν κατὰ Ἡλ. . . . οὕ. ἐχώρησεν
4. 13. ἦν δ' οὕτως ἀκμή τις Ἑλληνισμοῦ
— 22. εἶθ' οὕ. εἰς τὴν Φ. κατεστρατοπέδευσε
6. 14. οὕτω καὶ ἐφ' ἡμῶν ἔκρινεν εἶναι
7. 2. R εἷς δὲ αὐτῶν . . . οὕτως ἔφη [A *al.*]
— 5. λέγοντες οὕτως
— 14. οὕτως ἔφη
— 27. οὕτως ἔφησε
— 28. τὸ τῶν ἀνθρώπων γένος οὕ. γίνεται
9. 4. οὕ. γὰρ ὑπερηφάνως εἶπε
— 13. οὕτω λέγων
— 18. περιέχουσαν δὲ οὕτως
10. 9. τὰ μὲν τῆς Ἀντ. . . . τελευτῆς οὕ. εἶχε
11. 22. ἡ δὲ τοῦ βασ. ἐπιστολὴ περιεῖχεν οὕ.
— 34. ἐπιστολὴν ἔχουσαν οὕτως
13. 26. οὕ. τὰ τῆς ἐφόδου τοῦ βασ. . . . ἐχώρησε
15. 2. μηδαμῶς οὕ. ἀγρίως . . . ἀπολέσῃς
— 13. εἶθ' οὕ. ἐπιφανῆναι ἄνδρα
— 37. τῶν οὖν κατὰ Νικάνορα χωρησάντων οὕ.

II Ma. 15. 39. οὔ. καὶ τὸ τῆς κατασκευῆς τοῦ λόγου
III Ma. 1. 5. καὶ οὔ. συνέβη
3. 9. μὴ γὰρ οὔ. παροραθήσεται τηλικοῦτο σύστημα
— 30. ὁ μὲν τῆς ἐπιστολῆς τύπος οὔ. ἐγέγραπτο
4. 4. οὔ. γὰρ . . . ἐξαπεστέλλοντο
5. 22. οὐχ οὔ. εἰς ὕπνον κατεχρήσαντο τὸν χρόνον τῆς νυκτός
— 33. οὕτως ὁ Ἕ. . . . ὑπήνεγκεν ἀπειλήν
6. 15. οὔ. ἐπιτέλεσον
— 26. τίς . . . οὔ. ἀθέσμοις περιέβαλεν αἰκίαις
IV Ma. 1. 12. καὶ οὕτως . . . τρέψομαι
2. 20. οὐκ ἂν εἶπεν οὕτως
5. 15. ἤρξατο δημηγορεῖν οὔ.
— 18. οὐδὲ οὔ. ἐξὸν ἡμῖν ἦν
— 31. οὐχ οὔ. εἰμὶ γέρων
— 33. οὐχ οὔ. οἰκτειρήσω τὸ ἐμαυτοῦ γῆρας
6. 17. μὴ οὔ. κακῶς φρονήσαιμεν
— 24. οὔ. μεγαλοφρονοῦντα αὐτὸν ἰδόντες
7. 4. οὐχ οὔ. πόλις . . . ἀντέσχε ποτέ
— 12. οὔ. ὁ Ἀαρωνίδης
8. 6. οὕτω καὶ εὐεργετεῖν
9. 17. οὐχ οὔ. ἰσχυρὸς ὑμῶν ἐστιν ὁ τροχός
10. 14. οὐχ οὔ. καυστικώτερον ἔχετε κατ' ἐμοῦ τὸ πῦρ
12. 20. καὶ οὔ. ἀπέδωκε τὴν ψυχήν
13. 3. νυνὶ δὲ οὐχ οὔ.
— 7. οὔ. ἡ ἑπτάπυργος . . . εὐλογιστία
— 17. οὔ. γὰρ παθόντας ἡμᾶς
— 23. οὔ. δὴ τοίνυν καθεστηκυίας τῆς φιλαδελφίας
14. 6. οὕτως οἱ ἱεροὶ μείρακες
— 8. οὕτω περὶ τὴν ἑβδομάδα χορεύοντες
15. 10. καὶ φιλομήτορες οὕτως
— 21. οὐχ οὔ. σειρήνιοι μελῳδίαι
— 32. οὕτω σύ, ἡ νομοφύλαξ
16. 3. οὐχ οὔ. οἱ περὶ Δ. λέοντες ἦσαν ἄγριοι
— 3. S ὁρῶσαν . . . οὔ. ποικίλως βασανιζομένους
— 5. A R καὶ ἴσως ἂν ταῦτα οὕτως [S om.] εἶπεν
17. 5. οὐχ οὕτω σελήνη . . . καθέστηκεν
[**Aq.** Ex. 7. 11 : 10. 29 : Jo. 1. 17 : 5. 15 (16) : III Ki. 14. 4 : IV Ki. 16. 11 : Is. 33. 23 : 54. 9 : Je. 14. 10 : 17. 19 : 18. 6 : 20. 11 : 30 (37). 5 : 34 (41). 5 : 48 (31). 30.]
[**Sm.** Ge. 4. 15 : Jo. 1. 17 : 5. 15 (16) : I Ki. 25. 21 : II Ki. 3. 9 : IV Ki. 16. 11 : Jb. 14. 19 : Ps. 47 (48). 6 : 64 (65). 10 : 81 (82). 7 : 88 (89). 11 (P.) : 130 (131). 2 : 140 (141). 7 : Pr. 26. 9 : Ec. 7. 30 (8. 1) : Is. 16. 6 : 24. 2 : 33. 23 : 54. 9 : Je. 16. 19 : 17. 19 : 18. 6 : 30 (37). 5 : Da. 3. 30 (97) (Sw.).]
[**Th.** Ge. 4. 15 : Ex. 10. 29 : Jo. 1. 17 : 5. 15 (16) : II Ki. 14. 13 : Ps. 126 (127). 4 : Is. 33. 23 : 54. 9 : Je. 14. 10 : 17. 19 : 18. 6 : 23. 37 : 30 (37). 5 : 33 (40). 22 : 39 (46). 12 : Ez. 33. 27 : 35. 15.]
[**Al.** Ex. 8. 7 (P.) : Nu. 16. 6 : 22. 30 : Pr. 15. 7.]
[**Quint.** IV Ki. 16. 11.]

οὐχί, *vid. sub* **οὐ**.

οὐχσίλ.

[**Heb.** Ps. 91 (92). 7.]

ὀφείλειν (-φίλ.). (1) אַחֲלַי (2) חוֹב (3) לוּ (4) *a.* נָשָׁא *b.* נָשָׁה qal. *c.* hi. (5) מִי־יִתֵּן (6) **αἰσχύνην ὀ.** בּוֹשׁ (7) **εἰ γὰρ ὄφελον** מִי יִתֵּן

Ex. 16. 3. ὄφελον ἀπεθάνομεν πληγέντες (5)
Nu. 14. 3 (2). ὄφελον ἀπεθάνομεν ἐν γῇ Αἰγ. (3)
20. 3. ὄφελον ἀπεθάνομεν ἐν τῇ ἀπωλείᾳ (3)
De. 15. 2. ὃ ὀφείλει σοι ὁ πλησίον (4 *c*)
IV Ki. 5. 3. ὄφελον ὁ κ. μου ἐνώπιον τοῦ προφήτου (1)
To. 6. 12. A R ὀφειλήσει [B -εσει, S -ησιν (? -ειν)] θάνατον
Jb. 6. 20. A αἰσχύνην οἱ ὁρῶντες [B S *om.* οἱ ὁ.] ὀφειλήσουσιν (6)
14. 13. εἰ γὰρ ὄφελον ἐν ᾅδῃ με ἐφύλαξας (7)
30. 24. εἰ γὰρ ὄφελον δυναίμην ἐμαυτὸν χειρώσασθαι –
Ps. 118 (119). 5. ὄφελον κατευθυνθείησαν αἱ ὁδοί μου (1)
Pr. 14. 9. οἰκίαι παρανόμων [A ἀφρόνων] ὀφειλήσουσι καθαρισμόν †
Wi. 12. 15. αὐτὸν τὸν μὴ ὀφείλοντα κολασθῆναι καταδικάσαι
— 20. εἰ γὰρ . . . ὀφειλομένους θανάτῳ μετὰ τοσαύτης ἐτιμώρησας προσοχῆς
Is. 24. 2. ὁ ὀφείλων ὡς ᾧ ὀφείλει (4 *b*, 4 *a*)
Ez. 18. 7. ἐνεχυρασμὸν ὀφείλοντος ἀποδώσει (2)
I Ma. 10. 43. R ὀφείλοντες [A S -λων] βασιλικά
13. 15. οὗ ὤφειλεν Ἰ.
— 39. τὸν στέφανον ὃν ὠφείλετε
III Ma. 7. 10. τυχεῖν . . . τῆς ὀφειλομ. κολάσεως
IV Ma. 11. 3. R ὅπως . . . ὀφειλήσῃς [A -σεις, S *om.*] . . . τιμωρίαν
— 15. ἀποθνήσκειν ὀφείλομεν ὁμοίως
16. 19. ὀφείλετε πάντα πόνον ὑπομένειν
[**Aq.** Nu. 14. 2 : Dt. 32. 29 : Jb. 16. 4.]
[**Sm.** Nu. 14. 2.]
[**Th.** Nu. 14. 2 : Je. 15. 10 *bis* : Ez. 3. 6.]

ὀφείλημα. (1) מַשָּׁאָה (2) **ὀ. ἐστι** נָשָׁה hi.

De. 24. 10. ἐὰν ὀφείλημα ᾖ ἐν τῷ πλησίον σου ὀφείλημα ὁτιοῦν (2, 1)
I Es. 3. 20. οὐ μέμνηται . . . πᾶν ὀ.
I Ma. 15. 8. πᾶν ὀ. βασιλικὸν . . . ἀφιέσθω σοι

ὀφείλησις (?).

To. 6. 12. A R ἢ ὀφειλήσει θάνατον [?, B S *al.*]

ὄφελος. (1) יָעַל hi.

Jb. 15. 3. ἐν λόγοις οἷς οὐδὲν ὄφελος (1)

ὀφθαλμός. (1) מַרְאֶה (2) עַיִן (3) עַפְעַפַּיִם (4) פָּנִים (5) **κόρη ὀφθαλμοῦ, αἱ κόραι τῶν ὀ.** אִישׁוֹן

Ge. 3. 5. διανοιχθήσονται ὑμῶν οἱ ὀ. (2)
— 6. ὅτι ἀρεστὸν τοῖς ὀφθαλμοῖς ἰδεῖν (2)
— 7. διηνοίχθησαν οἱ ὀφθαλμοὶ τῶν δύο (2)
13. 10. καὶ ἐπάρας Λὼτ τοὺς ὀ. αὐτοῦ ἐπεῖδε (2)
— 14. ἀνάβλεψον τοῖς ὀ. σου (2)
18. 2. ἀναβλέψας δὲ τοῖς ὀ. αὐτοῦ εἶδε (2)
21. 19. καὶ ἀνέῳξεν ὁ θεὸς τοὺς ὀ. αὐτῆς (2)
22. 4. R ἀναβλέψας Ἀβ. τοῖς ὀ. αὐτοῦ [A *om.*] (2)
— 13. ἀναβλέψας Ἀβ. τοῖς ὀ. αὐτοῦ εἶδε (2)
24. 63. R ἀναβλέψας τοῖς ὀ. αὐτοῦ [A *om.*] (2)
— 64. ἀναβλέψασα Ῥ. τοῖς ὀ. (2)
27. 1. ἠμβλύνθησαν οἱ ὀ. αὐτοῦ τοῦ ὁρᾶν (2)
29. 17. οἱ δὲ ὀ. Λείας ἀσθενεῖς (2)
31. 10. R εἶδον τοῖς [A ἐν τοῖς] ὀ. μου ἐν τῷ ὕπνῳ (2)
— 12. ἀνάβλεψον τοῖς ὀ. σου (2)
— 40. ἀφίστατο ὁ ὕπνος μου ἀπὸ τῶν ὀ. μου (2)
32. 1 (2). A ἀναβλέψας τοῖς ὀ. [R *om.* τ. ὀ.] εἶδε –
33. 1. ἀναβλέψας δὲ Ἰ. τοῖς ὀ. εἶδε (2)
— 8. A χάριν ἐν ὀφθαλμοῖς σου [R *al.*] (2)
37. 25. ἀναβλέψαντες τοῖς ὀ. εἶδον (2)
39. 7. ἐπέβαλεν . . . τοὺς ὀ. αὐτῆς ἐπὶ Ἰωσήφ (2)
43. 29. R ἀναβλέψας δὲ τοῖς ὀ. αὐτοῦ [A *om.*] (2)
45. 12. οἱ ὀ. ὑμῶν βλέπουσι καὶ οἱ ὀ. Βεν. (2, 2)
— 20. μὴ φείσησθε τοῖς ὀ. τῶν σκευῶν ὑμῶν (2)
46. 4. ἐπιβαλεῖ τὰς χεῖρας ἐπὶ τοὺς ὀ. σου (2)
48. 10. R οἱ ὀ. δὲ Ἰσρ. [A αὐτοῦ] ἐβαρυώπησαν (2)
49. 12. χαροποιοὶ οἱ ὀ. αὐτοῦ ὑπὲρ οἶνον (2)
Ex. 13. 9. μνημόσυνον πρὸ ὀφθαλμῶν σου (2)
— 16. εἰς . . . ἀσάλευτον πρὸ ὀφθαλμῶν σου (2)
14. 10. ἀναβλέψαντες . . . τοῖς ὀ. [A *om.* τ. ὀ.] ὁρῶσι (2)
21. 24. ὀφθαλμὸν ἀντὶ ὀφθαλμοῦ (2, 2)
— 26. τὸν [A *om.*] ὀ. τοῦ οἰκέτου αὐ. ἢ τὸν ὀ. τῆς θεραπαίνης αὐτοῦ (2, 2)
— 26. ἐλευθέρους . . . ἀντὶ τοῦ ὀ. αὐτῶν (2)
23. 8. τὰ γὰρ δῶρα ἐκτυφλοῖ ὀφθαλμοὺς βλεπόντων –
Le. 4. 13. καὶ λάθῃ ῥῆμα ἐξ ὀφθαλμῶν τῆς συναγωγῆς (2)
5. 4. καὶ λάθῃ αὐτὸν πρὸ ὀφθαλμῶν –
20. 4. ἐὰν δὲ . . . ὑπερίδωσιν . . . τοῖς ὀ. αὐτῶν (2)
21. 20. ἢ πτίλλος τοὺς ὀ. [A τοῖς ὀ.] (2)
24. 20. ὀφθαλμὸν ἀντὶ ὀφθαλμοῦ (2, 2)
26. 16. καὶ σφακελίζοντας τοὺς ὀ. ὑμῶν (2)
Nu. 5. 13. καὶ λάθῃ ἐξ ὀφθαλμῶν τοῦ ἀνδρὸς αὐ. (2)
11. 6. οὐδὲν πλὴν εἰς τὸ μάννα οἱ ὀ. ἡμῶν (2)
14. 14. ὅστις ὀφθαλμοῖς [A -οὺς] κατ' ὀφθαλμοὺς ὀπτάζῃ (2, 2)
15. 24. ἐξ ὀφθαλμῶν τῆς συναγωγῆς (2)
— 39. οὐ διαστραφήσεσθε ὀπίσω . . . τῶν ὀ. (2)
16. 14. τοὺς ὀ. τῶν ἀνθρ. ἐκ. ἂν ἐξέκοψας (2)
22. 31. ἀπεκάλυψε δὲ ὁ θ. τοὺς ὀ. Β. (2)
24. 2. ἐξάρας Β. τοὺς ὀ. αὐτοῦ (2)
— 4, 16. ἀποκεκαλυμμένοι οἱ ὀ. αὐτοῦ (2)
33. 55. σκόλοπες ἐν τοῖς ὀ. ὑμῶν (2)
De. 1. 30. A^2 ὅσα ἐποίησεν ἡμῖν ἐν γῇ Αἰγ. κατ' ὀφθαλμοὺς αὐ. [B *om.* κ. ὀ. αὐ.] (2)
3. 21. οἱ ὀ. ὑμῶν ἑωράκασι πάντα (2)
— 27. ἀναβλέψας τοῖς ὀ. (2)
De. 3. 27. ἴδε τοῖς ὀ. σου (2)
4. 3. οἱ ὀ. ὑμῶν ἑωράκασι πάντα (2)
— 9. οὓς ἑωράκασιν οἱ ὀ. σου (2)
6. 8. ἔσται ἀσάλευτον πρὸ ὀφθαλμῶν σου (2)
7. 16. οὐ φείσεται ὁ ὀ. σου ἐπ' αὐτοῖς (2)
— 19. οὓς ἴδοσαν οἱ ὀ. σου (2)
10. 21. ἃ ἴδοσαν οἱ ὀ. σου (2)
11. 7. οἱ ὀ. ὑμῶν ἑώρακαν πάντα τὰ ἔργα κ. (2)
— 12. οἱ ὀ. κ. τοῦ θεοῦ σου ἐπ' αὐτῆς (2)
— 18. ἔσται ἀσάλευτον πρὸ ὀφθαλμῶν ὑμῶν (2)
13. 8 (9). οὐ φείσεται ὁ ὀ. σου ἐπ' αὐτῷ (2)
14. 1. ἀνὰ μέσον τῶν ὀ. ὑμῶν (2)
15. 9. καὶ πονηρεύσηται ὁ ὀ. σου (2)
16. 19. ἀποτυφλοῖ ὀφθαλμοὺς σοφῶν (2)
19. 13, 21. οὐ φείσεται ὁ ὀ. σου ἐπ' αὐτῷ (2)
— 21. ὀφθαλμὸν ἀντὶ ὀφθαλμοῦ (2, 2)
21. 7. οἱ ὀ. ἡμῶν οὐχ ἑωράκασιν (2)
25. 12. οὐ φείσεται ὁ ὀ. σου ἐπ' αὐτῇ (2)
28. 32. οἱ ὀ. σου βλέψονται (2)
— 34. διὰ τὰ ὁράματα τῶν ὀ. σου (2)
— 54. βασκανεῖ τῷ ὀ. [A *add.* αὐτοῦ] τὸν ἀδ. (2)
— 56. βασκανεῖ τῷ ὀ. αὐ. τὸν ἄνδρα αὐ. (2)
— 65. δώσει σοι κ. . . . ἐκλείποντας ὀ. (2)
— 66. κρεμαμένη ἀπέναντι τῶν ὀ. σου –
— 67. ἀπὸ τῶν ὁραμάτων τῶν ὀ. σου (2)
29. 3 (2). οὓς ἑωράκασιν [A εἶδον] οἱ ὀ. σου (2)
— 4 (3). οὐκ ἔδωκε . . . ὀφθαλμοὺς βλέπειν (2)
32. 10. διεφύλαξεν αὐτὸν ὡς κόρην ὀφθαλμοῦ (2)
34. 4. ἔδειξα τοῖς ὀ. σου (2)
— 7. οὐκ ἠμαυρώθησαν οἱ ὀ. αὐτοῦ (2)
Jo. 5. 12 (13). ἀναβλέψας τοῖς ὀ. [A *add.* αὐτοῦ] (2)
23. 13. ἔσονται . . . εἰς βολίδας ἐν τοῖς ὀ. ὑμῶν (2)
24. 7. εἴδοσαν οἱ ὀ. ὑμῶν (2)
Jd. 6. 17. εἰ δὴ εὗρον ἔλεος ἐν ὀφθαλμοῖς σου (2)
— 21. ἐπορεύθη ἀπ' ὀφθαλμῶν αὐτοῦ [A *al.*] (2)
10. 15. κατὰ πᾶν τὸ ἀγαθὸν ἐν ὀφθαλμοῖς σου [A *al.*] (2)
11. 35. A εἰς σκῶλον ἐγένου ἐν ὀφθαλμοῖς μου [B *al.*] –
14. 3. αὕτη εὐθεῖα ἐν ὀφθαλμοῖς μου [A *al.*] (2)
— 7. ηὐθύνθη ἐν ὀφθαλμοῖς Σ. [A *al.*] (2)
16. 21. ἐξέκοψαν τοὺς ὀ. αὐτοῦ (2)
— 28. ἀνταποδόσιν μίαν περὶ τῶν δύο ὀ. μου (2)
17. 6. τὸ εὐθὲς [A ἀγαθὸν] ἐν ὀφθαλμοῖς αὐ. ἐποίει (2)
19. 17. ἦρε τοὺς ὀ. αὐ. [A ἀναβλέψας τοῖς ὀ.] (2)
— 24. τὸ ἀγαθὸν ἐν ὀφθαλμοῖς ὑμῶν (2)
21. 25. A τὸ εὐθὲς ἐν ὀφθαλμοῖς [B ἐνώπιον] αὐτοῦ (2)
Ru. 2. 2. οὗ ἐὰν εὕρω χάριν ἐν ὀφθαλμοῖς αὐτοῦ (2)
— 9. οἱ ὀ. σου εἰς τὸν ἀγρόν (2)
— 10. τί ὅτι εὗρον χάριν ἐν ὀφθαλμοῖς σου (2)
— 13. εὕροιμι χάριν ἐν ὀφθαλμοῖς σου (2)
I Ki. 1. 18. εὗρεν ἡ δούλη σου χάριν ἐν ὀφθαλμοῖς σου (2)
— 23. ποίει τὸ ἀγαθὸν ἐν ὀφθαλμοῖς σου (2)
2. 29. ἵνα τί ἐπέβλεψας . . . ἀναιδεῖ ὀ. †
— 33. ἐκλείπειν τοὺς ὀ. αὐτοῦ (2)
3. 2. οἱ ὀ. αὐ. ἤρξαντο βαρύνεσθαι (2)
4. 15. οἱ ὀ. αὐ. ἐπανέστησαν (2)
6. 13. ἦραν ὀφθαλμοὺς αὐτῶν (2)
8. 6. πονηρὸν τὸ ῥῆμα ἐν ὀφθαλμοῖς [A ἐνώπιον] Σ. (2)
11. 2. ἐν τῷ ἐξορύξαι ὑμῶν πάντα ὀ. δεξιόν (2)
12. 16. ὃ ὁ κύριος ποιήσει ἐν ὀφθαλμοῖς ὑμῶν (2)
14. 27. ἀνέβλεψαν οἱ ὀ. αὐτοῦ (2)
— 29. εἶδον οἱ ὀ. μου (2)
16. 12. οὗτος πυρράκης μετὰ κάλλους ὀφθαλμῶν (2)
— 22. εὗρε χάριν ἐν ὀφθαλμοῖς μου (2)
17. 42. αὐτὸς πυρράκης μετὰ κάλλους ὀφθαλμῶν (1)
18. 5. A ἤρεσεν ἐν ὀφθαλμοῖς παντὸς τοῦ λαοῦ καί γε ἐν ὀφθαλμοῖς δούλων Σαούλ (2, 2)
— 8. πονηρὸν ἐφάνη τὸ ῥῆμα ἐν ὀφθαλμοῖς Σ. (2)
— 20. ηὐθύνθη ἐν τοῖς [A *om.*] ὀ. αὐτοῦ (2)
— 23. εἰ κοῦφον ἐν ὀφθαλμοῖς ὑ. ἐπιγαμβρεῦσαι βασιλεῖ (2)
— 26. εὐθύνθη ὁ λόγος ἐν ὀφθαλμοῖς Δ. (2)
20. 3. εὕρηκα χάριν ἐν ὀφθαλμοῖς [A ἐνώπιόν] σου (2)
— 29. εἰ εὕρηκα χάριν ἐν ὀφθαλμοῖς σου (2)
24. 5. ὡς ἀγαθὸν ἐν ὀφθαλμοῖς σου (2)
— 11. ἑωράκασιν οἱ ὀ. σου (2)
25. 8. εὑρέτωσαν . . . χάριν ἐν ὀφθαλμοῖς σου (2)
26. 21. ἔντιμος ψυχή μου ἐν ὀφθαλμοῖς σου (2)
— 24. καθὼς ἐμεγαλύνθη . . . ἐν ὀφθαλμοῖς μου (2)
27. 5. εἰ δὴ εὕρηκεν . . . χάριν ἐν ὀφθαλμοῖς σου (2)

I Ki. 29. 6. εὐθὴς σὺ . . . ἐν ὀφθαλμοῖς μου (2)
— 6, 7. ἐν ὀφθαλμοῖς τῶν σατραπῶν (2)
— 9. ἀγαθὸς σὺ ἐν ὀφθαλμοῖς μου (2)
II Ki. 3. 19. ὅσα ἤρεσεν ἐν ὀφθαλμοῖς Ἰσρ. καὶ ἐν ὀφθαλμοῖς παντὸς οἴκου B. (2, 2)
6. 20. ὃς ἀπεκαλύφθη σήμ. ἐν ὀφθαλμοῖς παιδισκῶν (2)
— 22. ἔσομαι ἀχρεῖος ἐν ὀφθαλμοῖς σου (2)
10. 12. ποιήσει τὸ ἀγαθὸν ἐν ὀφθαλμοῖς αὐ. (2)
11. 25. μὴ πονηρὸν ἔστω ἐν ὀφθαλμοῖς σου (2)
— 27. πονηρὸν ἐφάνη . . . ἐν ὀφθαλμοῖς κυρίου (2)
12. 9. τοῦ ποιῆσαι τὸ πονηρὸν ἐν ὀφθαλμοῖς αὐ. (2)
— 11. λήψομαι τὰς γυν. σου κατ' ὀφθαλμούς σου (2)
13. 2. ὑπέρογκον ἐν ὀφθαλμοῖς Ἀμνών (2)
— 5. ποιησάτω κατ' ὀφθαλμούς μου βρῶμα (2)
— 6. κολλυρισάτω ἐν ὀφθαλμοῖς μου δύο κολλ. (2)
— 8. ἐκολλύρισε κατ' ὀφθαλμοὺς αὐτοῦ (2)
— 34. ἦρε τὸ παιδάριον ὁ σκοπὸς τοὺς ὀ. αὐτοῦ (2)
14. 22. εὗρον χάριν ἐν ὀφθαλμοῖς σου (2)
15. 25. ἐὰν εὕρω χάριν ἐν ὀφθαλμοῖς κυρίου (2)
— 26. κατὰ τὸ ἀγαθὸν ἐν ὀφθαλμοῖς αὐ. (2)
16. 4. εὕροιμι χάριν ἐν ὀφθαλμοῖς σου (2)
— 22. εἰσῆλθεν Ἀβ. . . . κατ' ὀφθαλμοὺς παντὸς Ἰσρ. (2)
17. 4. εὐθὴς ὁ λόγος ἐν ὀφθαλμοῖς Ἀβ. καὶ ἐν ὀφθαλμοῖς πάντων τῶν πρεσβυτ. Ἰσρ. (2, 2)
18. 4. ὃ ἐὰν ἀρέσῃ ἐν ὀφθαλμοῖς ὑμῶν (2)
— 24. ἐπῆρε τοὺς ὀ. αὐτοῦ (2)
19. 6 (7). τὸ εὐθὲς ἦν ἐν ὀφθαλμοῖς σου (2)
— 18 (19). τοῦ ποιῆσαι τὸ εὐθὲς ἐν ὀφθαλμοῖς αὐ. (2)
— 27 (28). ποίησον τὸ ἀγαθὸν ἐν ὀφθαλμοῖς σου (2)
— 37 (38). ποίησον αὐτῷ τὸ ἀγαθὸν ἐν ὀφθαλμοῖς σου (2)
— 38 (39). ποιήσω αὐτῷ τὸ ἀγαθὸν ἐν ὀφθαλμοῖς σου (2)
20. 6. σκιάσει τοὺς ὀ. ἡμῶν (2)
22. 25. ἐνώπιον [A ἐναντίον] τῶν ὀ. αὐτοῦ (2)
— 28. ὀφθαλμοὺς ἐπὶ μετεώρων ταπεινώσεις (2)
24. 3. καὶ ὀφθαλμοὶ [A οἱ ὀ.] τοῦ κ. μου τοῦ βασ. ὁρῶντες (2)
— 22. ἀνενεγκάτω . . . τὸ ἀγαθὸν ἐν ὀφθαλμοῖς αὐ. (2)
III Ki. 1. 20. οἱ ὀ. παντὸς Ἰσρ. πρὸς σέ (2)
— 48. οἱ ὀ. μου βλέπουσι (2)
8. 29. τοῦ εἶναι ὀφθαλμούς σου ἠνεῳγμένους (2)
— 52. ἔστωσαν οἱ ὀ. σου καὶ τὰ ὦτά σου ἠνεῳγμένα (2)
9. 3. ἔσονται οἱ ὀ. μου ἐκεῖ (2)
10. 7. ἑωράκασιν οἱ ὀ. μου (2)
12. 24 (*cf.* A 14. 4). B οἱ ὀ. αὐ. ἠμβλυώπουν τοῦ ἰδεῖν –
14. 4. A ἠμβλυώπουν οἱ ὀ. αὐτοῦ (2)
— 8. A ποιῆσαι ἕκαστος τὸ εὐθὲς ἐν ὀφθαλμοῖς μου (2)
21 (20). 6. τὰ ἐπιθυμήματα ὀφθαλμῶν αὐ. (2)
— 38. κατεδήσατο τελαμῶνι τοὺς ὀ. αὐ. (2)
— 41. ἀφεῖλε τὸν τελαμῶνα ἀπὸ τῶν ὀ. αὐ. (2)
22. 43. τοῦ ποιῆσαι τὸ εὐθὲς ἐν ὀφθαλμοῖς [A ἐνώπιον] κυρίου (2)
IV Ki. 1. 13. ἐντιμωθήτω ἡ ψυχή μου . . . ἐν ὀφθαλμοῖς σου (2)
— 14. ἐντιμωθήτω δὴ ἡ ψυχή μου ἐν ὀφθαλμοῖς σου (2)
3. 2. ἐποίησε τὸ πονηρὸν ἐν ὀφθαλμοῖς κυρίου (2)
— 18. B καὶ κοῦφος καὶ [A R -φη] αὕτη ἐν ὀφθαλμοῖς κυρίου (2)
4. 34. ἔθηκε . . . τοὺς ὀ. αὐ. ἐπὶ τοὺς ὀ. αὐ. (2, 2)
— 35. ἤνοιξε τὸ παιδάριον τοὺς ὀ. αὐ. (2)
6. 17. διάνοιξον δὴ τοὺς ὀ. τοῦ παιδαρίου (2)
— 17. διήνοιξε κύριος τοὺς ὀ. αὐτοῦ (2)
— 20. ἄνοιξον δή, κύριε, τοὺς ὀ. αὐτῶν (2)
— 20. διήνοιξε κ. τοὺς ὀ. αὐτῶν (2)
7. 2. ὄψῃ τοῖς ὀ. (2)
— 19. ὄψῃ τοῖς ὀ. σου (2)
9. 30. ἐστιμμίσατο τοὺς ὀ. αὐτῆς (2)
10. 5. τὸ ἀγαθὸν ἐν ὀφθαλμοῖς σου ποιήσομεν (2)
— 30. ποιῆσαι τὸ εὐθὲς ἐν ὀφθαλμοῖς μου (2)
13. 2, 11. ἐποίησε τὸ πονηρὸν ἐν ὀφθαλμοῖς κυρίου (2)
14. 3: 15. 3. ἐποίησε τὸ εὐθὲς ἐν ὀφθαλμοῖς κυρίου (2)

IV Ki. 15. 9, 18, 24, 28. ἐποίησε τὸ πονηρὸν ἐν ὀφθαλμοῖς κυρίου (2)
— 34. ἐποίησε τὸ εὐθὲς ἐν ὀφθαλμοῖς κυρίου (2)
16. 2. οὐκ ἐποίησε τὸ εὐθὲς ἐν ὀφθαλμοῖς κυρίου (2)
17. 2. ἐποίησε τὸ πονηρὸν ἐν ὀφθαλμοῖς κυρίου (2)
— 17. τοῦ ποιῆσαι τὸ πονηρὸν ἐν ὀφθαλμοῖς κυρίου (2)
18. 3. ἐποίησε τὸ εὐθὲς ἐν ὀφθαλμοῖς κυρίου (2)
19. 16. ἄνοιξον, κύριε, τοὺς ὀ. σου (2)
— 22. καὶ ἦρας εἰς ὕψος τοὺς ὀ. σου (2)
20. 3. τὸ ἀγαθὸν ἐν ὀφθαλμοῖς [A ἐνώπιόν] σου ἐποίησα (2)
21. 2. ἐποίησαν τὸ πονηρὸν ἐν ὀφθαλμοῖς κυρίου (2)
— 6. τοῦ ποιεῖν τὸ πονηρὸν ἐν ὀφθαλμοῖς κυρίου (2)
— 9. τοῦ ποιῆσαι τὸ πονηρὸν ἐν ὀφθαλμοῖς κυρίου –
— 15. ἐποίησαν τὸ πονηρὸν ἐν ὀφθαλμοῖς μου (2)
— 16. τοῦ ποιῆσαι τὸ πονηρὸν ἐν ὀφθαλμοῖς κυρίου (2)
— 20. ἐποίησε τὸ πονηρὸν ἐν ὀφθαλμοῖς κυρίου (2)
22. 2. ἐποίησε τὸ εὐθὲς ἐν ὀφθαλμοῖς κυρίου (2)
— 20. οὐκ ὀφθήσεται ἐν τοῖς ὀ. σου (2)
23. 16. ἦρε τοὺς ὀ. αὐτοῦ –
— 32. ἐποίησε τὸ πονηρὸν ἐν ὀφθαλμοῖς κυρίου (2)
— 37. ἐποίησε τὸ πον. ἐν ὀφθαλμοῖς [A ἐνώπιον] κυρίου (2)
24. 9. ἐποίησε τὸ πονηρὸν ἐν ὀφθαλμοῖς κυρίου (2)
— 19. A ἐποίησε τὸ πον. ἐν ὀφθαλμοῖς [B ἐνώπιον] κυρίου (2)
25. 7. τοὺς υἱοὺς Σ. ἔσφαξε κατ' ὀφθαλμοὺς αὐ. (2)
— 7. τοὺς ὀ. Σεδ. ἐξετύφλωσε (2)
I Ch. 13. 4. ἐν ὀφθαλμοῖς παντὸς τοῦ λ. (2)
19. 13. A R τὸ ἀγαθὸν ἐν ὀφθαλμοῖς αὐ. [B S *om.* ἐν ὀ. αὐ.] ποιήσει (2)
21. 3. καὶ οἱ ὀ. κυρίου μου τοῦ βασ. βλέποντες –
— 16. ἐπῆρε Δ. τοὺς ὀ. αὐτοῦ (2)
II Ch. 6. 20. τοῦ εἶναι ὀφθαλμούς σου [B¹ μου] ἀνεῳγμένους (2)
— 40. ἔστωσαν δὴ οἱ ὀ. σου ἀνεῳγμένοι (2)
7. 15. οἱ ὀ. μου ἔσονται ἀνεῳγμένοι (2)
— 16. ἔσονται οἱ ὀ. μου . . . ἐκεῖ (2)
9. 6. ἕως οὗ . . . εἶδον οἱ ὀ. μου (2)
16. 9. οἱ ὀ. κυρίου ἐπιβλέπουσιν (2)
20. 12. ἐπὶ σοὶ οἱ ὀ. ἡμῶν (2)
29. 8. ὡς ὑμεῖς ὁρᾶτε τοῖς ὀ. ὑμῶν (2)
32. 23. κατ' ὀφθαλμοὺς πάντων τῶν ἐθνῶν (2)
34. 28. οὐκ ὄψονται οἱ ὀ. σου (2)
II Es. 3. 12. οἱ εἴδοσαν . . . τοῦτον τὸν οἶκον ἐν ὀφθαλμοῖς αὐ. (2)
5. 5. οἱ ὀ. τοῦ θεοῦ ἐπὶ τὴν αἰχμαλωσίαν Ἰ. (2)
7. 28. ἐν ὀφθαλμοῖς τοῦ βασ. (4)
9. 8. τοῦ φωτίσαι ὀφθαλμοὺς ἡμῶν (2)
Ne. 1. 6. καὶ οἱ ὀ. σου ἀνεῳγμένοι (2)
6. 16. ἐν ὀφθαλμοῖς αὐτῶν (2)
To. 2. 10. A B τῶν ὀ. μου ἀνεῳγότων
— 10. ἀφώδευσαν τὰ στρουθία θερμὸν εἰς τοὺς ὀ. μου [S *al.*]
— 10. B ἐγενήθη λευκώματα εἰς τοὺς ὀ. μου [S R *al.*]
— 10. S ἐξετυφλοῦντο οἱ ὀ. μου
— 10. S ἤμην ἀδύνατος τοῖς ὀ.
3. 12. τοὺς ὀ. μου . . . εἰς σὲ δέδωκα [S *al.*]
— 17. S ἀπολῦσαι τὰ λ. ἀπὸ τῶν ὀ. αὐ. [A B *al.*]
— 17. S ἵνα ἴδῃ τοῖς ὀ. τὸ φῶς τοῦ θεοῦ
4. 7, 16. A B μὴ φθονεσάτω σου ὁ ὀ.
5. 9. S ἐγὼ ἄνθρωπος ἀδύνατος τοῖς ὀ.
— 20. οἱ ὀ. σου ὄψονται αὐτὸν [S *om.*]
6. 8. ἄνθρωπον ὃς ἔχει λευκώματα ἐν τοῖς ὀ. [S *al.*]
7. 7. ἀπώλεσε τοὺς ὀ. ἑαυτοῦ [S *al.*]
10. 5. ἀφῆκά σε τὸ φῶς τῶν ὀ. μου
11. 7. ἀνοίξει τοὺς ὀ. ὁ πατήρ σου [S *al.*]
— 7. ἔγχρισον τὴν χολὴν εἰς τοὺς ὀ. αὐτοῦ [S *al.*]
— 8. S ἀπολεπίσει τὰ λευκώμ. ἀπὸ τῶν ὀ. αὐ. [A B *al.*]
— 11. A B προσέπασε τὴν χολὴν ἐπὶ τοὺς ὀ. τοῦ πατρὸς αὐ.
— 11. S ἐνεφύσησεν εἰς τοὺς ὀ. αὐ.
— 12. A B διέτριψε τοὺς ὀ. αὐτοῦ
— 13. ἐλεπίσθη ἀπὸ τῶν κανθῶν τῶν ὀ. αὐ. τὰ λευκώμ. [S *al.*]
— 14. S εἶδόν σε, τέκνον, τὸ φῶς τῶν ὀ. μου
— 17. S ἤνοιξε τοὺς ὀ. αὐ.
14. 2. S ὅτε ἐγένετο ἀνάπειρος τοῖς ὀ. [A B *al.*]
Ju. 2. 11. οὐ φείσεται ὁ ὀ. σου
3. 4. ὡς ἔστιν ἀγαθὸν ἐν ὀφθαλμοῖς σου
7. 27. οὐκ ὀψόμεθα . . . ἐν ὀφθαλμοῖς ἡμῶν [A *om.* ἐν ὀ. ἡ.]

Ju. 10. 4. A S² R εἰς ἀπάρτησιν [B S¹ ἀπάντ.] ὀφθαλμῶν ἀνδρῶν
12. 14. A B ὃ ἔσται ἐν τοῖς ὀ. αὐ. ἀρεστόν
16. 9. τὸ σανδάλιον αὐ. ἥρπασεν ὀφθαλμὸν αὐ.
Es. 4. 17. θάνατος αὐτῶν ἐν ὀφθαλμοῖς αὐ.
8. 5. S² καὶ ἀγαθή εἰμι ἐν ὀφθαλμοῖς αὐ. (2)
Jb. 3. 10. ἀπήλλαξε γὰρ ἂν πόνον [A κόπον] ἀπὸ ὀφθαλμῶν μου (2)
4. 16. οὐκ ἦν μορφὴ πρὸ ὀφθαλμῶν μου (2)
7. 7. οὐκέτι ἐπανελεύσεται ὀφθαλμός [A S ὁ ὀ.] μου ἰδεῖν ἀγαθόν (2)
— 8. οὐ περιβλέψεταί με [A οὐκ ἀτενοῖ μοι] ὀφθαλμὸς [A ὁ ὀ.] ὁρῶντός με οἱ ὀ. σου ἐν ἐμοί (2, 2)
10. 18. ὀφθαλμὸς δέ με οὐκ εἶδε (2)
11. 20. ὀφθαλμοὶ δὲ ἀσεβῶν τακήσονται (2)
13. 1. ἰδοὺ ταῦτα ἑώρακέ μου ὁ ὀφθαλμός (2)
15. 12. τί ἐπήνεγκαν οἱ ὀ. σου (2)
16. 11 (10). ἀκίσιν ὀφθαλμῶν ἐνήλατο (2?)
— 21 (20). A B S² ἔναντι δὲ αὐτοῦ στάζοι μου ὁ ὀ. (2)
17. 5. A B S² ὀφθαλμοὶ δὲ ἐφ' υἱοῖς ἐτάκησαν (2)
— 7. A B S² πεπώρωνται γὰρ ἀπὸ ὀργῆς οἱ ὀ. μου (2)
19. 27. ἃ ὁ [S¹ *om.*] ὀφθαλμός μου ἑώρακε [A *al.*] (2)
20. 9. ὀφθαλμὸς παρέβλεψε (2)
21. 8. τὰ δὲ τέκνα αὐτῶν ἐν ὀφθαλμοῖς (2)
— 20. ἴδοισαν οἱ ὀ. αὐτοῦ τὴν ἑαυτοῦ σφαγήν (2)
22. 29. κύφοντα ὀφθαλμοῖς σώσει (2)
24. 15. A B S² ὀφθαλμὸς μοιχοῦ ἐφύλαξε σκότος λέγων, Οὐ προσνοήσει [S¹ προσθήσει, R προν.] με ὀφθαλμός [A ὁ ὀ.] (2, 2)
27. 19. ὀφθαλμοὺς [A -ὸς] αὐτοῦ διήνοιξε (2)
28. 7. οὐ παρέβλεψεν αὐτὴν ὀφθαλμὸς γυπός (2)
— 10. πᾶν δὲ ἔντιμον [A τίμιον] εἶδέ μου [A S² αὐτοῦ] ὁ ὀ. (2)
29. 11. ὀφθαλμὸς δὲ ἰδών με ἐξέκλινε (2)
— 15. ὀφθαλμὸς ἤμην τυφλῶν (2)
31. 1. διαθήκην ἐθέμην τοῖς ὀ. [S¹ ἀδελφοῖς] μου (2)
— 7. εἰ δὲ καὶ τῷ ὀ. ἐπηκολούθησεν ἡ καρδία μου (2)
— 16. χήρας δὲ τὸν ὀ. οὐκ ἐξέτηξα [A ἔτηξα] (2)
36. 7. οὐκ ἀφελεῖ ἀπὸ δικαίου ὀφθαλμοὺς [A -ὸν] αὐτοῦ (2)
39. 29. πόρρωθεν οἱ ὀ. αὐτοῦ σκοπεύουσι (2)
40. 19 (24). ἐν τῷ ὀ. αὐτοῦ δέξεται αὐτόν (2)
41. 9 (10). οἱ δὲ ὀ. αὐτοῦ εἶδος ἑωσφόρου (2)
42. 5. νυνὶ δὲ ὁ ὀ. μου ἑώρακέ σε (2)
Ps. 5. 5. οὐδὲ διαμενοῦσι παράνομοι κατέναντι τῶν ὀ. σου (2)
6. 7. ἐταράχθη ἀπὸ θυμοῦ ὁ ὀ. μου (2)
9. 29 (10. 8): 10 (11). 5. οἱ ὀ. αὐτοῦ εἰς τὸν πένητα ἀποβλέπουσιν (2)
12 (13). 3. φώτισον τοὺς ὀ. μου (2)
13 (14). 3. B S¹ οὐκ ἔστι φόβος θεοῦ ἀπέναντι τῶν ὀ. αὐτῶν –
16 (17). 2. A B S² οἱ ὀ. μου ἰδέτωσαν εὐθύτητας (2)
— 8. φύλαξόν με ὡς κόρην ὀφθαλμοῦ (5+2)
— 11. τοὺς ὀ. αὐτῶν ἔθεντο ἐκκλῖναι ἐν τῇ γῇ (2)
17 (18). 24. κατὰ τὴν καθαριότητα τῶν χειρῶν μου [A μου ἀνταποδώσει μοι] ἐνώπιον τῶν ὀ. αὐτοῦ (2)
— 27. ὀφθαλμοὺς ὑπερηφάνων ταπεινώσεις (2)
18 (19). 8. ἡ ἐντολὴ κυρίου τηλαυγὴς φωτίζουσα ὀφθαλμούς (2)
24 (25). 15. οἱ ὀ. μου διὰ παντὸς πρὸς τὸν κύριον (2)
25 (26). 3. τὸ ἔλεός σου κατέναντι τῶν ὀ. μού [A σοῦ] ἐστι (2)
30 (31). 9. ἐταράχθη ἐν θυμῷ ὁ ὀ. μου (2)
— 22. ἀπέρριμμαι ἀπὸ προσώπου [S¹ *om.*] τῶν ὀ. σου (2)
31 (32). 8. ἐπιστηριῶ ἐπὶ σὲ τοὺς ὀ. μου (2)
32 (33). 18. οἱ ὀ. κυρίου ἐπὶ τοὺς φοβουμένους αὐτόν (2)
33 (34). 15. ὀφθαλμοὶ κυρίου ἐπὶ δικαίους (2)
34 (35). 19. οἱ μισοῦντές με δωρεὰν καὶ διανεύοντες ὀφθαλμοῖς (2)
— 21. εὖγε εὖγε εἶδον οἱ ὀ. ἡμῶν (2)
35 (36). 1. οὐκ ἔστι φόβος θεοῦ ἀπέναντι τῶν ὀ. αὐτοῦ (2)
37 (38). 10. τὸ φῶς τῶν ὀ. μου οὐκ [A S¹ καὶ αὐτὸ οὐκ] ἔστι μετ' ἐμοῦ (2)
53 (54). 7. ἐν τοῖς ἐχθροῖς μου ἐπεῖδεν ὁ ὀ. μου (2)

Ps. 55 (56). 13. B^{2}S^2 τοὺς ὀ. μου ἀπὸ δακρύων –
65 (66). 7. οἱ ὀ. αὐτοῦ ἐπὶ τὰ ἔθνη ἐπιβλέπουσιν (2)
68 (69). 3. ἐξέλιπον οἱ ὀ. μου (2)
— 23. σκοτισθήτωσαν οἱ ὀ. αὐτῶν (2)
78 (79). 10. γνωσθήτω . . . ἐνώπιον τῶν ὀ. ἡμῶν ἡ ἐκδίκησις (2)
87 (88). 9. οἱ ὀ. μου ἠσθένησαν ἀπὸ πτωχείας (2)
89 (90). 4. χίλια ἔτη ἐν ὀφθαλμοῖς σου ὡς ἡ ἡμέρα ἡ ἐχθές (2)
90 (91). 8. τοῖς ὀ. σου κατανοήσεις (2)
91 (92). 11. ἐπεῖδεν ὁ ὀ. μου ἐν τοῖς [A^1 om. ἐν τοῖς] ἐχθροῖς μου (2)
93 (94). 9. A S^2 R ὁ πλάσας τὸν ὀ. [B S^1 πλ. ὀφθαλμοὺς] οὐχὶ κατανοεῖ (2)
100 (101). 3. οὐ προεθέμην πρὸ ὀφθαλμῶν μου πρᾶγμα παράνομον (2)
— 5. ὑπερηφάνῳ ὀφθαλμῷ . . . τούτῳ οὐ συνήσθιον (2)
— 6. οἱ ὀ. μου ἐπὶ τοὺς πιστοὺς τῆς γῆς (2)
— 7. οὐ κατεύθυνεν ἐναντίον τῶν ὀ. μου (2)
113. 13 (115. 5). ὀφθαλμοὺς ἔχουσι καὶ οὐκ ὄψονται (2)
114 (116). 8. ἐξείλατο . . . τοὺς ὀ. μου ἀπὸ δακρύων (2)
117 (118). 23. ἔστι θαυμαστὴ ἐν ὀφθαλμοῖς ἡμῶν (2)
118 (119). 18. ἀποκάλυψον τοὺς ὀ. μου (2)
— 37. ἀπόστρεψον τοὺς ὀ. μου (2)
— 82. ἐξέλιπον οἱ ὀ. μου εἰς τὸ λόγιόν σου (2)
— 123. οἱ ὀ. μου ἐξέλιπον εἰς τὸ σωτήριόν σου (2)
— 136. S R διεξόδους ὑδάτων κατέβησαν [A διέβ.] οἱ ὀ. μου (2)
— 148. προέφθασαν οἱ ὀ. μου πρὸς ὄρθρον (2)
120 (121). 1. ἦρα τοὺς ὀ. μου εἰς τὰ ὄρη (2)
122 (123). 1. πρὸς σὲ ἦρα τοὺς ὀ. μου (2)
— 2. ἰδοὺ ὡς ὀφθαλμοὶ δούλων εἰς χεῖρας τῶν κυρίων αὐτῶν ὡς ὀφθαλμοὶ παιδίσκης εἰς χεῖρας τῆς κυρίας αὐτῆς οὕτως οἱ ὀ. ἡμῶν πρὸς κύριον τὸν θεὸν ἡμῶν (2 *ter*)
130 (131). 1. οὐδὲ ἐμετεωρίσθησαν οἱ ὀ. μου (2)
131 (132). 4. εἰ δώσω ὕπνον τοῖς ὀ. μου (2)
134 (135). 16. ὀφθαλμοὺς ἔχουσι καὶ οὐκ ὄψονται (2)
138 (139). 16. A B S^1 τὸ ἀκατέργαστόν σου εἴδοσαν οἱ ὀ. μου [S^{2}R *al.*] (2)
140 (141). 8. πρὸς σέ, κύριε κύριε, οἱ ὀ. μου (2)
144 (145). 15. οἱ ὀ. πάντων εἰς σὲ ἐλπίζουσι (2)
Pr. 4. 25. οἱ ὀ. σου ὀρθὰ βλεπέτωσαν (2)
5. 21. ἐνώπιον γάρ εἰσι τῶν τοῦ θεοῦ ὀ. ὁδοὶ ἀνδρός (2)
6. 13. ὁ δ' αὐτὸς ἐννεύει ὀφθαλμῷ (2)
— 17. ὀφθαλμὸς ὑβριστοῦ γλῶσσα ἄδικος (2)
— 25. μηδὲ ἀγρευθῇς σοῖς ὀ. (3)
10. 10. ὁ ἐννεύων ὀφθαλμοῖς [S -ῷ] μετὰ δόλου (2)
15. 3. ἐν παντὶ τόπῳ ὀφθαλμοὶ κυρίου (2)
— 15. οἱ ὀ. τῶν κακῶν προσδέχονται κακά †
16. 2 (15. 30). θεωρῶν ὀφθαλμὸς καλὰ εὐφραίνει καρδίαν (2)
— 30. στηρίζων δὲ ὀφθαλμοὺς αὐτοῦ (2)
17. 24. οἱ δὲ ὀ. τοῦ ἄφρονος ἐπ' ἄκρα γῆς (2)
20. 8. οὐκ ἐναντιοῦται ἐν ὀφθαλμοῖς αὐτοῦ πᾶν πονηρόν (2)
— 20. αἱ δὲ κόραι τῶν ὀ. αὐτοῦ ὄψονται [S ἔσονται] σκότος (5)
— 12. οὖς ἀκούει καὶ ὀφθαλμὸς ὁρᾷ (2)
— 13. διάνοιξον τοὺς ὀ. σου (2)
22. 12. οἱ δὲ ὀ. κυρίου διατηροῦσιν αἴσθησιν (2)
23. 26. οἱ δὲ σοὶ ὀ. ἐμὰς ὁδοὺς τηρείτωσαν (2)
— 29. τίνος πελιδνοὶ οἱ [A S^1 πέλειοι] ὀ. (2)
— 31. ἐὰν γὰρ εἰς τὰς φιάλας . . . δῷς τοὺς ὀ. σου (2)
— 33. οἱ ὀ. σου ὅταν ἴδωσιν ἀλλοτρίαν (2)
24. 36 (30. 13). ἔκγονον κακὸν ὑψηλοὺς ὀφθαλμοὺς ἔχει (2)
— 52 (30. 17). ὀφθαλμὸν καταγελῶντα πατρός (2)
25. 7. ἃ εἶδον οἱ ὀ. σου λέγε (2)
27. 20. ὡσαύτως καὶ οἱ ὀ. τῶν ἀνθρώπων ἄπληστοι (2)
— 20. βδέλυγμα κυρίῳ στηρίζων ὀφθαλμόν –
28. 27. ὃς δὲ ἀποστρέφει τὸν ὀ. αὐτοῦ (2)
Ec. 1. 8. οὐ πλησθήσεται [A S οὐκ ἐμπλ.] ὀ. τοῦ ὁρᾶν (2)
2. 10. πᾶν ὃ ᾔτησαν οἱ ὀ. μου (2)
— 14. τοῦ σοφοῦ οἱ ὀ. αὐτοῦ ἐν κεφαλῇ αὐτοῦ (2)
4. 8. ὀφθαλμὸς [S ὁ ὀ.] αὐτοῦ [S^1 om.] οὐκ ἐμπίπλαται πλούτου (2)
5. 10. ἀρχὴ [S^2 ἀλλ' ἢ] τοῦ ὁρᾶν ὀφθαλμοῖς [B^1 -ὸν] αὐτοῦ (2)
6. 9. ἀγαθὸν ὅραμα ὀφθαλμῶν (2)
8. 16. ὕπνον ὀφθαλμοῖς [A S ἐν ὀ.] αὐτοῦ οὐκ ἔστι βλέπων [A -ειν] (2)
11. 7. ἀγαθὸν τοῖς ὀ. τοῦ βλέπειν σὺν τὸν ἥλιον (2)
Ec. 11. 9. καὶ μὴ [A S^2 om.] ἐν ὁράσει ὀφθαλμῶν σου (2)
Ca. 1. 15. ὀφθαλμοί [A -ός] σου περιστεραί (2)
4. 1. ὀφθαλμοί σου περιστεραί (2)
— 9. ἐκαρδίωσας ἡμᾶς ἑνὶ [A ἓν] ἀπὸ ὀφθαλμῶν σου (2)
5. 12. ὀφθαλμοὶ [A S οἱ ὀ.] αὐτοῦ ὡς περιστεραί (2)
6. 4 (5). ἀπόστρεψον ὀφθαλμούς σου ἀπεναντίον μου (2)
7. 4 (5). οἱ [A S om.] ὀ. σου ὡς λίμναι ἐν Ἐσεβών (2)
8. 10. ἤμην ἐν ὀφθαλμοῖς αὐ. ὡς εὑρίσκουσα εἰρήνην [S χάριν] (2)
Wi. 3. 2. ἔδοξαν ἐν ὀφθαλμοῖς ἀφρόνων τεθνάναι
9. 9. ἐπισταμένη τί ἀρεστὸν ἐν ὀφθαλμοῖς σου
Si. 4. 1. μὴ παρελκύσῃς ὀφθαλμοὺς ἐπιδεεῖς
— 5. ἀπὸ δεομένου [S^1 προσδ.] μὴ ἀποστρέψῃς ὀφθαλμόν
8. 16. ὡς οὐδὲν ἐν ὀφθαλμοῖς αὐτοῦ αἷμα
9. 8. ἀπόστρεψον ὀφθαλμὸν ἀπὸ γυναικὸς εὐμόρφου
10. 20. οἱ φοβούμενοι κύριον ἐν ὀφθαλμοῖς αὐτοῦ
11. 12. οἱ ὀ. [S^1 ὁ ὀ.] κυρίου ἐπέβλεψαν [S^1 -εν] αὐτῷ
— 21. κοῦφον ἐν ὀφθαλμοῖς κυρίου . . . πλουτίσαι πένητα
— 26. A κοῦφον ἐν ὀφθαλμοῖς [B S ἔναντι] κυρίου
12. 16. ἐν [S^1 om.] ὀφθαλμοῖς αὐτοῦ δακρύσει ὁ ἐχθρός
14. 8. πονηρὸς ὁ βασκαίνων ὀφθαλμῷ [A -ὸν ἑαυτοῦ]
— 9. πλεονέκτου ὀφθαλμὸς οὐκ ἐμπίπλαται μερίδι [A -δα]
— 10. ὀφθαλμὸς πονηρὸς φθονερὸς ἐπ' ἄρτῳ
15. 19. οἱ ὀ. αὐτοῦ ἐπὶ τοὺς φοβουμένους αὐτόν
16. 5. πολλὰ τοιαῦτα ἑώρακα ἐν ὀφθαλμοῖς [S ἑώρακεν ὁ ὀ.] μου
— 20. S^2 καθὸ ποιεῖ ἄνθρωπος ὄψεται ὁ ὀ. αὐτοῦ
17. 6. ὀφθαλμοὺς . . . ἔδωκε διανοεῖσθαι αὐτοῖς
— 8. ἔθηκε τὸν ὀ. αὐ. ἐπὶ τὰς καρδίας αὐ.
— 13. μεγαλεῖον δόξης εἶδον οἱ ὀ. αὐτῶν
— 15. οὐ κρυβήσονται ἀπὸ τῶν ὀ. αὐ.
— 19. οἱ ὀ. αὐ. ἐνδελεχεῖς ἐπὶ τὰς ὁδοὺς αὐ.
18. 18. δόσις βασκάνου ἐκτήκει ὀφθαλμούς
20. 14. οἱ γὰρ ὀ. αὐτοῦ ἀνθ' ἑνὸς πολλοί
— 29. ξένια καὶ δῶρα ἀποτυφλοῖ ὀφθαλμοὺς σοφῶν
22. 19. ὁ νύσσων ὀφθαλμὸν [A -οὺς] κατάξει δάκρυα
23. 4. μετεωρισμὸν ὀφθαλμῶν μὴ δῷς μοι
— 19. ὀφθαλμοὶ ἀνθρώπων ὁ φόβος αὐτοῦ
— 19. ὀφθαλμοὶ κυρίου μυριοπλασίως ἡλίου φωτεινότεροι
26. 9. πορνεία γυναικὸς ἐν μετεωρισμοῖς ὀφθαλμῶν
— 11. ὀπίσω ἀναιδοῦς ὀφθαλμοῦ [S^1 -ῶν] φύλαξαι
27. 1. ὁ ζητῶν πληθῦναι ἀποστρέψει ὀφθαλμόν
— 22. διανεύων [A καὶ ἐννεύων] ὀφθαλμῷ τεκταίνει κακά
— 23. ἀπέναντι τῶν ὀ. σου γλυκανεῖ στόμα σου
30. 20. βλέπων ἐν ὀφθαλμοῖς καὶ στενάζων
31 (34). 16. οἱ ὀ. κυρίου ἐπὶ τοὺς ἀγαπῶντας αὐτόν
— 17. ἀνυψῶν ψυχὴν καὶ φωτίζων ὀφθαλμούς
32 (35). 8. ἐν ἀγαθῷ ὀ. δόξασον τὸν κύριον
— 10. ἐν ἀγαθῷ ὀ. καθ' εὕρεμα [S αἵρεμα] χειρός
34 (31). 13. μνήσθητι ὅτι κακὸν ὀφθαλμὸς πονηρός
— 13. πονηρότερον ὀφθαλμοῦ τί ἔκτισται
38. 28. κατέναντι ὁμοιώματος σκεύους οἱ ὀ. αὐτοῦ
39. 19. οὐκ ἔστι κρυβῆναι ἀπὸ τῶν ὀ. αὐτοῦ
— 20. S^1 οὐθέν ἐστι θαυμάσιον ἐναντίον τῶν ὀ. [A B S^2 om. τῶν ὀ.] αὐτοῦ
40. 22. χάριν καὶ κάλλος ἐπιθυμήσει ὁ [A om.] ὀ. σου [A om.]
43. 4. ἐκλάμπων ἀκτῖνας ἀμαυροῖ ὀφθαλμούς
— 18. κάλλος λευκότητος αὐτῆς ἐκθαυμάσει ὀφθαλμός
44. 27. ἄνδρα ἐλέους εὑρίσκοντα χάριν ἐν ὀφθαλμοῖς πάσης σαρκός
45. 12. ἐπιθυμήματα ὀφθαλμῶν κοσμούμενα ὡραῖα
51. 27. ἴδετε ἐν ὀφθαλμοῖς ὑμῶν ὅτι ὀλίγον ἐκοπίασα
Ho. 13. 14. παράκλησις κέκρυπται ἀπὸ [A ἐξ] ὀφθαλμῶν μου (2)
Am. 9. 3. ἐὰν καταδύσωσιν ἐξ ὀφθαλμῶν μου (2)
— 4. στηριῶ τοὺς ὀ. [A τὸ πρόσωπόν] μου ἐπ' αὐτούς (2)
— 8. ἰδοὺ οἱ ὀ. κυρίου τοῦ θ. ἐπὶ τὴν βασιλείαν (2)
Mi. 4. 11. ἐπόψονται ἐπὶ Σιὼν οἱ ὀ. ἡμῶν (2)
7. 10. οἱ ὀ. μου ἐπόψονται αὐτήν (2)
Jl. 1. 16. κατέναντι τῶν ὀ. ὑμῶν βρώματα (2)
Jn. 2. 5. ἀπῶσμαι ἐξ ὀφθαλμῶν σου (2)
Hb. 1. 13. A R καθαρὸς ὁ [B S om.] ὀ. τοῦ μὴ ὁρᾶν πονηρά (2)
Ze. 3. 7. οὐ μὴ ἐξολεθρευθῆτε ἐξ ὀφθαλμῶν αὐτῆς †
Za. 1. 18 (2. 1) : 2. 1 (5). καὶ ἦρα τοὺς ὀ. μου (2)
2. 8 (12). ὡς ὁ ἁπτόμενος τῆς κόρης τοῦ ὀ. αὐτοῦ (2)
3. 10 (9). ἐπὶ τὸν λίθον τὸν ἕνα ἑπτὰ ὀφθαλμοί εἰσιν (2)
4. 10. ἑπτὰ οὗτοι ὀ. εἰσιν [A S *add.* κυρίου] (2)
5. 1. καὶ ἦρα τοὺς ὀ. μου καὶ ἴδον (2)
— 5. ἀνάβλεψον τοῖς ὀ. σου (2)
— 9 : 6. 1. καὶ ἦρα τοὺς ὀ. μου καὶ ἴδον (2)
9. 8. διότι νῦν ἑώρακα ἐν [A om.] τοῖς ὀ. μου (2)
11. 17. μάχαιρα . . . ἐπὶ τὸν ὀ. τὸν δεξιὸν αὐτοῦ (2)
— 17. A R καὶ ὁ [B S om.] ὀ. ὁ δεξιὸς αὐτοῦ ἐκτυφλούμενος (2)
12. 4. ἐπὶ δὲ τὸν οἶκον Ἰ. διανοίξω τοὺς ὀ. μου (2)
14. 12. καὶ οἱ ὀ. αὐτῶν ῥυήσονται ἐκ [A ἀπὸ] τῶν ὀπῶν (2)
Ma. 1. 5. A S R καὶ οἱ [B om.] ὀ. ὑμῶν ὄψονται (2)
Is. 1. 15. ἀποστρέψω τοὺς ὀ. μου ἀφ' ὑμῶν (2)
— 16. ἀφέλετε τὰς πονηρίας ἀπὸ τῶν ψυχῶν ὑμῶν ἀπέναντι τῶν ὀ. μου (2)
2. 11. οἱ γὰρ ὀ. κυρίου ὑψηλοί (2)
3. 16. ἐπορεύθησαν ὑψηλῷ τραχήλῳ καὶ ἐν [A S om.] νεύμασιν ὀφθαλμῶν (2)
5. 15. οἱ ὀ. οἱ μετέωροι ταπεινωθήσονται (2)
6. 5. τὸν βασ. κύριον σαβαὼθ εἶδον τοῖς ὀ. μου (2)
— 10. τοὺς ὀ. ἐκάμμυσαν μή ποτε ἴδωσι τοῖς ὀ. (2, 2)
10. 12. ἐπὶ τὸ ὕψος τῆς δόξης τῶν ὀ. αὐ. (2)
13. 18. οὐδὲ ἐπὶ τοῖς τέκνοις σου φείσονται οἱ ὀ. αὐτῶν (2)
17. 7. οἱ δὲ ὀ. αὐτοῦ εἰς τὸν ἅγιον τοῦ Ἰσραὴλ ἐμβλέψονται (2)
28. 22. S^1 μηδὲ ἰσχυσάτωσαν ὑμῶν οἱ δεσμοὶ οἱ ὀ. [A B S^2 om. οἱ ὀ.] –
29. 10. καμμύσει τοὺς ὀ. αὐτῶν (2)
— 18. ὀφθαλμοὶ τυφλῶν ὄψονται [A S^3 βλέψ.] (2)
30. 20. οἱ ὀ. σου ὄψονται τοὺς πλανῶντάς σε (2)
33. 15. καμμύων τοὺς ὀ. (2)
— 17. οἱ ὀ. ὑμῶν ὄψονται γῆν πόρρωθεν (2)
— 20. οἱ ὀ. σου ὄψονται Ἱερουσαλήμ (2)
35. 5. τότε ἀνοιχθήσονται ὀφθαλμοὶ τυφλῶν (2)
37. 17. B ἄνοιξον, κύριε, τοὺς ὀ. σου (2)
— 23. οὐκ ἦρας εἰς ὕψος τοὺς ὀ. σου (2)
38. 14. ἐξέλιπον γάρ μου οἱ ὀ. (2)
40. 26. ἀναβλέψατε εἰς ὕψος τοὺς ὀ. ὑμῶν (2)
42. 7. ἀνοῖξαι ὀφθαλμοὺς τυφλῶν (2)
43. 8. ὀφθαλμοί εἰσιν ὡσαύτως τυφλοί (2)
44. 18. ἀπημαυρώθησαν τοῦ βλέπειν τοῖς ὀ. αὐτῶν (2)
49. 18. ἆρον κύκλῳ τοὺς ὀ. σου (2)
51. 6. ἄρατε εἰς τὸν οὐρανὸν τοὺς ὀ. ὑμῶν (2)
52. 8. ὀφθαλμοὶ πρὸς ὀφθαλμοὺς ὄψονται (2, 2)
59. 10. ὡς οὐχ ὑπαρχόντων ὀφθαλμῶν ψηλαφήσουσι (2)
60. 4. ἆρον κύκλῳ τοὺς ὀ. σου (2)
64. 4 (3). οὐδὲ οἱ ὀ. ἡμῶν εἶδον θεὸν πλὴν σοῦ (2)
Je. 3. 2. ἆρον εἰς εὐθεῖαν τοὺς ὀ. σου (2)
4. 30. ἐὰν ἐγχρίσῃ στίβι τοὺς ὀ. σου (2)
5. 3. οἱ ὀ. σου εἰς πίστιν (2)
— 21. ὀφθαλμοὶ αὐτοῖς καὶ οὐ βλέπουσιν (2)
9. 1 (8. 23). τίς δώσει . . . ὀφθαλμοῖς μου πηγὴν δακρύων (2)
— 18 (17). καταγαγέτωσαν οἱ ὀ. ὑμῶν δάκρυα (2)
13. 17. κατάξουσιν οἱ ὀ. ὑμῶν δάκρυα (2)
— 20. ἀνάλαβε ὀφθαλμούς [A τοὺς ὀ.] σου (2)
14. 6. ἐξέλιπον οἱ ὀ. αὐτῶν (2)
— 17. καταγάγετε ἐπ' ὀφθαλμοὺς ὑμῶν δάκρυα (2)
16. 9. καταλύω . . . ἐνώπιον τῶν ὀ. ὑμῶν . . . φωνήν (2)
— 17. οἱ ὀ. μου ἐπὶ πάσας τὰς ὁδοὺς αὐ. (2)
— 17. καὶ οὐκ ἐκρύβη τὰ ἀδικήματα αὐ. ἀπέναντι τῶν ὀ. μου (2)
19. 10. συντρίψεις τὸν βικὸν κατ' ὀφθαλμοὺς τῶν ἀνδρῶν (2)
20. 4. οἱ ὀ. σου ὄψονται (2)
22. 17. οὐκ εἰσὶν οἱ ὀ. σου οὐδὲ ἡ καρδία σου καλή (2)
24. 6. στηριῶ τοὺς ὀ. μου ἐπ' αὐτούς (2)
28 (51). 24. ἃς ἐποίησαν ἐπὶ Σιὼν κατ' ὀφθαλμοὺς ὑμῶν (2)
34 (27). 5. ᾧ ἐὰν δόξῃ ἐν ὀφθαλμοῖς μου (2)
35 (28). 1. κατ' ὀφθαλμοὺς τῶν ἱερέων (2)
— 5. κατ' ὀφθαλμοὺς παντὸς τοῦ λαοῦ καὶ κατ' ὀφθαλμοὺς τῶν ἱερέων (2, 2)
— 10. ἐν ὀφθαλμοῖς παντὸς τοῦ λαοῦ –
— 11. κατ' ὀφθαλμοὺς παντὸς τοῦ λαοῦ (2)
36 (29). 21. πατάξει αὐτοὺς κατ' ὀφθαλμοὺς ὑμῶν (2)
38 (31). 16. καὶ οἱ ὀ. σου ἀπὸ δακρύων σου (2)

Je. 39 (32). 4. οἱ ὀ. αὐτοῦ τοὺς [S πρὸς] ὀ. αὐτοῦ ὄψονται (2, 2)
— 12 *ter*. κατ' ὀφθαλμούς (2)
— 13. συνέταξα τῷ Β. κατ' ὀφθαλμοὺς αὐ. (2)
— 19. οἱ ὀ. σου εἰς τὰς ὁδοὺς τῶν υἱῶν τῶν ἀνθρώπων (2)
— 30. ποιοῦντες τὸ πονηρὸν κατ' ὀφθαλμούς μου (2)
41 (34). 3. ὀφθαλμοί [A S οἱ ὀ.] σου τοὺς ὀ. αὐτοῦ ὄψονται (2, 2)
— 15. ποιῆσαι τὸ εὐθὲς πρὸ ὀφθαλμῶν [A ἐν ὀφθαλμοῖς] μου (2)
45 (38). 26. κατ' ὀφθαλμοὺς τοῦ βασιλέως (4)
47 (40). 4. θήσω τοὺς ὀ. μου ἐπὶ σέ (2)
— 5. εἰς ἅπαντα τὰ ἀγαθὰ ἐν ὀφθαλμοῖς σου (2)
49 (42). 2. καθὼς οἱ ὀ. σου βλέπουσι (2)
50 (43). 9. κατ' ὀφθαλμοὺς ἀνδρῶν Ἰούδα (2)
52. 10. ἔσφαξε βασιλεὺς Βαβυλῶνος τοὺς υἱοὺς Σεδεκία κατ' ὀφθαλμοὺς αὐτοῦ (2)
— 11. τοὺς ὀ. Σεδεκία ἐξετύφλωσε (2)
Ba. 1. 12. φωτίσει τοὺς ὀ. ἡμῶν
— 22. ποιῆσαι τὰ κακὰ κατ' ὀφθαλμοὺς κυρίου θεοῦ ἡμῶν
2. 17. ἄνοιξον [A *add.* κύριε, τοὺς] ὀφθαλμούς σου
— 18. οἱ ὀ. οἱ ἐκλείποντες
3. 14. ποῦ ἐστι φῶς ὀφθαλμῶν καὶ εἰρήνη
La. 1. 16. ὁ ὀ. μου κατήγαγεν ὕδωρ (2)
2. 4. AR πάντα τὰ ἐπιθυμήματα τῶν [B S *om.*] ὀ. μου (2)
— 11. ἐξέλιπον ἐν δάκρυσιν οἱ ὀ. μου (2)
— 18. A B S μὴ σιωπήσαιτο θυγάτηρ ὁ ὀ. σου [R *al.*] (2)
3. 48. ἀφέσεις ὑδάτων κατάξει ὁ ὀ. μου (2)
— 49. ὁ ὀ. μου κατεπόθη (2)
— 51. ὁ ὀ. μου ἐπιφυλλιεῖ ἐπὶ τὴν ψυχήν μου (2)
— 63. ἐπίβλεψον ἐπὶ ὀφθαλμοὺς [A τοὺς ὀ.] αὐ. †
4. 17. ἔτι ὄντων ἡμῶν ἐξέλιπον οἱ ὀ. ἡμῶν (2)
5. 17. ἐσκότασαν οἱ ὀ. ἡμῶν (2)
Ep. Je. 17. οἱ ὀ. αὐτῶν πλήρεις εἰσὶ κονιορτοῦ
Ez. 1. 18. οἱ νῶτοι αὐτῶν πλήρεις ὀφθαλμῶν κυκλόθεν (2)
4. 12. ἐγκρύψεις αὐτὰ κατ' ὀφθαλμοὺς αὐ. (2)
5. 11. οὐ φείσεταί μου ὁ ὀ. (2)
6. 9. τοῖς ὀ. αὐτῶν τοῖς ἐκπορνεύουσιν ὀπίσω τῶν ἐπιτηδευμάτων αὐτῶν (2)
7. 9, 4. οὐ φείσεται ὁ ὀ. μου (2)
— 13. ἄνθρωπος ἐν ὀφθαλμῷ ζωῆς αὐτοῦ οὐ κρατήσει †
8. 5. ἀνάβλεψον τοῖς ὀ. σου πρὸς βορρᾶν (2)
— 5. καὶ ἀνέβλεψα τοῖς ὀ. μου πρὸς βορρᾶν (2)
— 18. οὐ φείσεται ὁ ὀ. μου (2)
9. 5. μὴ φείδεσθε τοῖς ὀ. ὑμῶν (2)
— 10. οὐ φείσεται μου ὁ ὀ. (2)
10. 12. οἱ τροχοὶ πλήρεις ὀφθαλμῶν (2)
12. 2. ἔχουσιν ὀφθαλμοὺς τοῦ βλέπειν [A ὁρᾶν] (2)
— 4. ἐξοίσεις τὰ σκεύη σου . . . κατ' ὀφθαλμοὺς αὐ. (2)
— 12. ὅπως μὴ ὁραθῇ ὀφθαλμῷ (2)
16. 5. οὐδὲ ἐφείσατο ὁ ὀ. μου ἐπὶ σοί (2)
18. 6. τοὺς ὀ. αὐτοῦ οὐ μὴ ἐπάρῃ (2)
— 12. εἰς τὰ εἴδωλα ἔθετο τοὺς ὀ. αὐτοῦ (2)
— 15. τοὺς ὀ. αὐτοῦ οὐκ ἔθετο εἰς τὰ ἐνθυμήματα οἴκου Ἰσρ. (2)
20. 7. ἕκαστος βδελύγματα τῶν ὀ. αὐτοῦ ἀπορριψάτω (2)
— 8. τὰ βδελύγματα τῶν ὀ. αὐτῶν οὐκ ἀπέρριψαν (2)
— 14. ὧν ἐξήγαγον αὐτοὺς κατ' ὀφθαλμοὺς αὐτῶν (2)
— 17. ἐφείσατο ὁ ὀ. μου ἐπ' αὐτούς (2)
— 22. ἐξήγαγον αὐτοὺς κατ' ὀφθαλμοὺς αὐτῶν (2)
— 24. ὀπίσω τῶν ἐνθυμημάτων τῶν πατέρων αὐτῶν ἦσαν οἱ ὀ. αὐτῶν (2)
— 41. ἁγιασθήσομαι ἐν ὑμῖν κατ' ὀφθαλμοὺς τῶν λαῶν (2)
21. 6 (11). στενάξεις κατ' ὀφθαλμοὺς αὐτῶν (2)
22. 16. κατ' ὀφθαλμοὺς [A ἐνώπιον] τῶν ἐθνῶν (2)
— 26. ἀπὸ τῶν σαββάτων μου παρεκάλυπτον τοὺς ὀ. αὐτῶν (2)
23. 16. ἐπέθετο ἐπ' αὐτοὺς τῇ [A ἐν] ὁράσει ὀφθαλμῶν αὐτῆς (2)
— 27. οὐ μὴ ἄρῃς τοὺς ὀ. σου ἐπ' αὐτούς (2)
— 40. ἐστιβίζου τοὺς ὀ. σου (2)
24. 16. λαμβάνω ἐκ σοῦ τὰ ἐπιθυμήματα τῶν [A *om.*] ὀ. σου (2)
— 21. βεβηλῶ . . . ἐπιθυμήματα ὀφθαλμῶν ὑμῶν (2)
— 25. λαμβάνω . . . τὰ ἐπιθυμήματα ὀφθαλμῶν αὐτῶν (2)
Ez. 33. 25. A ὀφθαλμοὺς ὑμῶν λήψεσθε πρὸς εἴδωλα ὑμῶν (2)
36. 23. ἐν τῷ ἁγιασθῆναί με ἐν ὑμῖν κατ' ὀφθαλμοὺς αὐτῶν (2)
— 34. ἠφανισμένη ἐγενήθη κατ' ὀφθαλμοὺς παντὸς παροδεύοντος [A διοδ.] (2)
40. 4. ἐν τοῖς ὀ. σου ἴδε (2)
44. 5. ἴδε τοῖς ὀ. σου (2)
Da. LXX. Su. 9. ἐξέκλιναν τοὺς ὀ. αὐ.
4. 15. ὁ ὕπνος μου ἀπέστη ἀπὸ τῶν ὀ. μου –
7. 8. ὀφθαλμοὶ ὥσπερ ὀ. ἀνθρώπινοι ἐν τῷ κέρατι τ. (2, 2)
— 20. τὸ κέρας ἐκεῖνο εἶχεν ὀφθαλμούς (2)
8. 5. κέρας ἓν θεωρητὸν ἀνὰ μέσον τῶν ὀ. αὐ. (2)
— 21. τὸ κέρας τὸ μέγα τὸ ἀνὰ μέσον τῶν ὀ. αὐ. (2)
9. 18. ἄνοιξον τοὺς ὀ. σου (2)
10. 5. ἦρα τοὺς ὀ. μου (2)
— 6. οἱ ὀ. αὐ. ὡσεὶ λαμπάδες πυρός (2)
Da. TH. Su. 9. ἐξέκλιναν τοὺς ὀ. αὐτῶν
4. 31. τοὺς ὀ. μου εἰς τὸν οὐρανὸν ἀνέλαβον (2)
7. 8. ὀφθαλμοὶ ὡσεὶ ὀφθαλμοὶ ἀνθρώπου (2, 2)
— 20. ᾧ οἱ ὀ. καὶ στόμα λαλοῦν μεγάλα (2)
8. 3. ἦρα τοὺς ὀ. μου (2)
— 5. μέσον [A ἀνὰ μ.] τῶν ὀ. αὐτοῦ (2)
— 21. ὃ ἦν ἀνὰ μέσον τῶν ὀ. αὐτοῦ (2)
9. 18. ἄνοιξον τοὺς ὀ. σου (2)
10. 5. ἦρα τοὺς ὀ. μου (2)
— 6. οἱ ὀ. αὐ. ὡσεὶ λαμπάδες πυρός (2)
I Ma. 1. 12. ἠγαθύνθη ὁ λόγος ἐν ὀφθαλμοῖς αὐτῶν
2. 23. προσῆλθεν . . . ἐν ὀφθαλμοῖς πάντων
4. 12. ἦραν οἱ ἀλλόφυλοι τοὺς ὀ. αὐ.
5. 30. ἦραν τοὺς ὀ. αὐτῶν
6. 10. ἀφίσταται ὁ ὕπνος ἀπὸ τῶν ὀ. μου
9. 39. ἦραν τοὺς ὀ. αὐτῶν
II Ma. 8. 17. πρὸ ὀφθαλμῶν λαβόντας τὴν . . . ὕβριν
III Ma. 4. 4. λαμβάνοντας πρὸ τῶν ὀ. τὸν κοινὸν ἔλεον
— 10. ἐσκοτισμένοι τοὺς ὀ.
5. 47. κόραις ὀφθαλμῶν θεάσασθαι τὴν . . . καταστροφήν
IV Ma. 6. 6. ὑψηλοὺς ἀνατείνας εἰς τὸν οὐρ. τοὺς ὀ.
15. 19. τοὺς ὀ. ἑνὸς ἑκάστου θεωροῦσα
[**Aq.** Ge. 33. 1: 45. 16: Ex. 11. 3: 21. 8: Le. 21. 20: Nu. 14. 14 *bis*: Dt. 29. 2 (1): III Ki. 14. 4, 8: 20 (21). 38: Jb. 7. 8 *bis*: 42. 5: Ps. 30 (31). 10, 23: 31 (32). 8: 32 (33). 18: 68 (69). 4: 71 (72). 14: 72 (73). 7: 76 (77). 5: 117 (118). 23: 138 (139). 16: Pr. 3. 4: 15. 30: 16. 2: 29. 13: Ca. 8. 10: Is. 38. 14: 66. 4: Je. 9. 1 (8. 23): 13. 20: 14. 17: 26 (33). 14: 32 (39). 19: 34 (41). 15: 40 (47). 4: Ez. 1. 4, 16, 27: 8. 2: 10. 19.]
[**Sm.** Ge. 33. 1: Ex. 21. 8: Le. 21. 20: III Ki. 20 (21). 38: Jb. 16. 9: 17. 5: 42. 5: Ps. 16 (17). 11: 17 (18). 25: 30 (31). 10, 23: 31 (32). 8: 35 (36). 2: 65 (66). 7: 72 (73). 7: 76 (77). 5: 87 (88). 10: 91 (92). 12: 118 (119). 136: 138 (139). 16: Pr. 3. 4: 4. 21: 15. 30: 21. 10: 25. 7: 29. 13: Ec. 5. 10: Is. 6. 10 *bis*: 11. 3: 32. 3: Je. 9. 1 (8. 23): 14. 17: 39 (46). 12: La. 3. 49: Hb. 1. 13.]
[**Th.** Ex. 11. 3: 21. 8: Le. 21. 20: Jd. 19. 17: Jb. 7. 8 *bis*: 11. 20: 17. 5: 39. 29: 42. 5: Ps. 71 (72). 14: 76 (77). 5: 91 (92). 12: Pr. 3. 4: 4. 21: 29. 13: Is. 52. 8 *bis*: Je. 39 (46). 6, 7, 12: Ez. 33. 25.]
[**Al.** Ge. 44. 21: Le. 26. 16: I Ki. 12. 3: Jb. 15. 12: Ps. 120 (121). 1: Is. 64. 4 (3).]
[**Heb.** Ex. 21. 8: Ps. 35 (36). 3: 91 (92). 12.]
[**Quint.** Ps. 30 (31). 23.]

ὀφθαλμοφανῶς.

Es. 8. 13. ἐκτιθέσθωσαν ὀ.
[**Sm.** Is. 52. 8.]

ὀφιόδηκτος.

Si. 12. 13. τίς ἐλεήσει ἐπαοιδὸν ὀφιόδηκτον

ὀφιομάχης. (1) חַרְגֹּל

Le. 11. 22. καὶ τὸν ἀττάκην . . . καὶ τὸν ὀφιομάχην (1)

ὄφις. (1) אֶפְעֶה (2) נָחָשׁ (3) שָׂרָף

Ge. 3. 1. ὁ δὲ ὄφις ἦν φρονιμώτατος πάντων (2)
— 1. καὶ εἶπεν ὁ ὄφις τῇ γυναικί –
— 2. καὶ εἶπεν ἡ γυνὴ τῷ ὄφει (2)
— 4. καὶ εἶπεν ὁ ὄ. τῇ γυναικί (2)
— 13. ὁ ὄ. ἠπάτησέ με καὶ ἔφαγον (2)
— 14. καὶ εἶπε κύριος ὁ θεὸς τῷ ὄφει (2)
Ge. 49. 17. γενηθήτω [A ἐγενήθη τῷ] Δὰν ὄφις (2)
Ex. 4. 3. ἔρριψεν αὐτὴν . . . καὶ ἐγένετο ὄφις (2)
— 17. τὴν ῥάβδον τ. τὴν στραφεῖσαν εἰς ὄφιν –
7. 15. τὴν ῥάβδον τὴν στραφεῖσαν εἰς ὄφιν (2)
Nu. 21. 6. ἀπέστειλε κύριος εἰς τὸν λαὸν τοὺς ὄ. (2)
— 7. ἀφελέτω ἀφ' ἡμῶν τὸν ὄ. [B[1] *al.*] (2)
— 8. ποίησον σεαυτῷ ὄφιν (3)
— 8. ἐὰν δάκῃ ὄφις ἄνθρωπον –
— 9. ἐποίησε Μ. ὄφιν χαλκοῦν (2)
— 9. ὅταν ἔδακνεν ὄφις ἄνθρωπον (2)
— 9. ἐπέβλεψεν ἐπὶ τὸν ὄ. τὸν χαλκοῦν (2)
De. 8. 15. οὗ ὄφις δάκνων (2)
IV Ki. 18. 4. ἐξωλέθρευσε . . . τὸν ὄ. τὸν χαλκοῦν (2)
Jb. 20. 16. ἀνέλοι δὲ αὐτὸν γλῶσσα ὄφεως (1)
Ps. 57 (58). 4. θυμὸς αὐτοῖς κατὰ τὴν ὁμοίωσιν τοῦ ὄ. (2)
139 (140). 3. ἠκόνησαν γλῶσσαν αὐτῶν ὡσεὶ ὄφεως (2)
Pr. 23. 32. ὥσπερ ὑπὸ ὄφεως πεπληγὼς ἐκτείνεται (2)
24. 54 (30. 19). ὁδοὺς ὄφεως ἐπὶ πέτρας (2)
Ec. 10. 8. καθαιροῦντα φραγμὸν δήξεται αὐτὸν ὄφις (2)
— 11. ἐὰν δάκῃ ὄφις ἐν οὐ ψιθυρισμῷ (2)
Wi. 16. 5. δήγμασί τε σκολιῶν διεφθείροντο ὄφεων
Si. 21. 2. ὡς ἀπὸ προσώπου ὄφεως φεῦγε ἀπὸ ἁμαρτίας
25. 15. οὐκ ἔστι κεφαλὴ ὑπὲρ κεφαλὴν ὄφεως
Am. 5. 19. καὶ δάκῃ αὐτὸν ὄφις (2)
Mi. 7. 17. λείξουσι χοῦν ὡς ὄφις σύροντες γῆν (2)
Is. 14. 29. ἐκ γὰρ σπέρματος ὄφεως [A S[2] -ων] ἐξελεύσεται ἔκγονα ἀσπίδων καὶ τὰ ἔκγονα αὐτῶν ἐξελεύσονται ὄφεις πετάμενοι (2, 3)
27. 1. ἐπάξει ὁ θεὸς τὴν μάχαιραν . . . ἐπὶ τὸν δράκοντα ὄ. φεύγοντα ἐπὶ τὸν δράκοντα ὄ. σκολιόν (2, 2)
65. 25. ὄφις [S -εις] δὲ γῆν ὡς ἄρτον (2)
Je. 8. 17. ἐξαποστέλλω εἰς [A S ἐφ'] ὑμᾶς ὄφεις θανατοῦντας (2)
26 (46). 22. φωνὴ ὡς ὄφεως συρίζοντος (2)
IV Ma. 18. 8. οὐδὲ ἐλυμήνατο . . . λυμεὼν ἀπατηλὸς ὄ.
[**Aq.** Ge. 3. 2 (1): Is. 14. 29: 27. 1 *bis*.]
[**Sm.** Jb. 26. 13: Is. 14. 29: 27. 1 *bis*.]
[**Th.** Is. 14. 29: 27. 1 *bis*.]

ὀφλά. (1) עֹפֶל

II Ch. 33. 14. A καὶ εἰς αὐτὸ ὀ. [B R *al.*] (1)

ὄφλημα.

[**Aq.** Ps. 54 (55). 12.]
[**Al., Sext.** Ps. 31 (32). 1.]

ὄφλησις.

Ba. 3. 8. εἰς ὀνειδισμὸν καὶ εἰς ἀρὰν καὶ εἰς ὄφλησιν

ὀφλισκάνειν.

[**Al.** Le. 6. 5 (5. 24).]

ὀφρυοῦν.

[**Aq.** Ps. 67 (68). 17.]

ὀφρύς. (1) גַּב עַיִן

Le. 14. 9. τὸν πώγωνα καὶ τὰς ὀφρύας (1)

ὀχεία.

Si. 36 (33). 6. ἵππος εἰς ὀχείαν [A S[1] -εῖον] ὡς [S[2] *om.*] φίλος μωκὸς [S[2] μωρός]

ὀχεῖον.

Si. 36 (33). 6. A S[1] ἵππος εἰς ὀχεῖον [B S[2] -είαν] ὡς [S[2] *om.*] φίλος μωκὸς [S[2] μωρός]

ὀχετός.

[**Sm.** Jb. 22. 24: Ps. 64 (65). 10: 125 (126). 4: Ez. 34. 13.]

ὄχησις.

[**Sm.** Ps. 67 (68). 18.]

ὀχλαγωγεῖν. (1) נָטַף hi.

Am. 7. 16. A R οὐ μὴ ὀχλαγωγήσῃς [B -σεις] ἐπὶ τὸν οἶκον Ι. (1)

ὀχλάζειν.

[**Aq.** Ps. 58 (59). 7, 15: Pr. 7. 11: Je. 4. 19.]

ὀχλεῖν.

To. 6. 7. ἐάν τινα ὀχλῇ δαιμόνιον [S *al.*]
— 7. R μηκέτι ὀχληθῇ [A B S *al.*]
III Ma. 5. 41. ἡ πόλις διὰ τὴν προσδοκίαν ὀχλεῖ
[**Al.** Hb. 2. 15.]

ὀχληρία. (1) סִכְלוּת

Ec. 7. 26 (25). τοῦ γνῶναι ἀσεβοῦς ἀφροσύνην καὶ ὀχληρίαν (1)

ὄχλος. (1) הָמוֹן (2) חַיִל (3) טַף (4) עַם (5) קָהָל (6) רַבִּים (7) ὁ λοιπὸς ὄ. הַמְאַסֵּף

Nu. 20. 20. ἐξῆλθεν . . . ἐν ὄ. βαρεῖ (4)
Jo. 6. 12 (13). καὶ ὁ λοιπὸς ὄ. ὄπισθε τῆς κιβωτοῦ (7)
— 13 (14). καὶ ὁ λοιπὸς ὄ. ἅπας –
II Ki. 15. 22. παρῆλθε . . . πᾶς ὁ [A om.] ὄ. ὁ μετ' αὐτοῦ (3 ?)
III Ki. 21 (20). 13. εἰ ἑώρακας [A add. πάντα] τὸν ὄ. τὸν μέγαν τοῦτον (1)
II Ch. 20. 15. ἀπὸ προσώπου τοῦ ὄ. τοῦ πολλοῦ τ. (1)
I Es. 2. 30. μεθ' ἵππου καὶ ὄχλου παρατάξεως
5. 65. ὁ γὰρ ὄ. ἦν ὁ σαλπίζων μεγ.
8. 91. ἐπισυνήχθησαν . . . ὄ. πολὺς σφόδρα
II Es. 3. 12. καὶ ὄχλος ἐν σημασίᾳ (6)
Ne. 4. 10 (4). BS[1] καὶ ὄχλος [AS[2]R ὁ χοῦς] πολύς †
6. 13. ἐμισθώσαντο ἐπ' ἐμὲ ὄχλον †
Ju. 7. 18. κατεστρατοπέδευσαν ἐν ὄ. πολλῷ
Wi. 6. 2. γεγαυρωμένοι ἐπὶ ὄχλοις [S[1] -ους] ἐθνῶν
8. 10. ἕξω δι' αὐτὴν δόξαν ἐν ὄχλοις
18. 22. ἐνίκησε δὲ τὸν ὄ. οὐκ ἰσχύϊ τοῦ σώματος
Si. 7. 7. μὴ καταβάλῃς σεαυτὸν ἐν ὄχλῳ
26. 5. διαβολὴν πόλεως καὶ ἐκκλησίαν ὄχλου [A[1] om.]
Is. 43. 17. ὁ ἐξαγαγὼν . . . ὄχλον ἰσχυρόν (2)
Je. 31 (48). 42. ἀπολεῖται Μωὰβ ἀπὸ ὄχλου (4)
38 (31). 8. τεκνοποιήσει ὄχλον πολύν (5)
39 (32). 24. ὄ. ἥκει εἰς τὴν πόλιν †
45 (38). 1. S[1] οὓς Ἱερ. ἐλάλει ἐπὶ τὸν ὄ. [A B S[2] λαόν] (4)
Ep. Je. 5. ἰδόντας ὄχλον ἔμπροσθεν καὶ ὄπισθεν αὐτῶν
Ez. 16. 40. ἄξουσιν ἐπὶ σὲ ὄχλους (5)
17. 17. οὐδὲ ἐν ὄχλῳ πολλῷ ποιήσει πρὸς αὐτὸν Φαραὼ πόλεμον (5)
23. 24. τροχοὶ [A add. ἵπποι] μετ' ὄχλου λαῶν (5)
— 46. ἀνάγαγε ἐπ' αὐτὰς ὄχλον (5)
— 47. λιθοβόλησον ἐπ' [A om.] αὐτὰς λίθοις ὄχλων (5)
Da. LXX. Su. 48. διαστείλας δὲ Δ. τὸν ὄ.
3. 4. ὁ κῆρυξ ἐκήρυξε τοῖς ὄ. (2)
11. 8. καὶ τοὺς ὄ. αὐ. . . . ἀποίσουσιν –
— 10. συνάξει συναγωγὴν ὄχλου πολλοῦ (2)
— 11. στήσει ὄ. πολύν (1)
— 13. εἰσελεύσεται εἰς αὐτὴν ἐπ' αὐτὸν ἐν ὄ. πολλῷ (2)
— 25. ἐγερθήσεται ἡ ἰσχὺς αὐ. . . . ἐν ὄ. πολλῷ (2)
— 25. ὁ βασ. Αἰγ. ἐρεθισθήσεται . . . ἐν ὄ. ἰσχυρῷ (2)
— 43. ἔσονται ἐν τῷ ὄ. αὐ. †
Bel 29. ἐπισυνήχθη ὁ ὄ. τῆς χώρας ἐπ' αὐτόν
— 30. ἐνεβάλοσαν τὸν Δ. οἱ ὄ. εἰς ἐκ. τὸν λάκκον
Da. TH. 10. 6. ὡς φωνὴ ὄχλου (1)
11. 10. οἱ υἱοὶ αὐ. συνάξουσιν ὄχλον (1)
— 11. στήσει ὄ. πολύν (1)
— 11. AR παραδοθήσεται ὁ [B om.] ὄ. ἐν χειρὶ αὐ. (1)
— 12. λήψεται τὸν ὄ. (1)
— 13. ἄξει [A ἕξει] ὄ. πολύν (1)
I Ma. 1. 17. SR εἰσῆλθεν εἰς Αἰγ. ἐν [A om.] ὄ. βαρεῖ
— 20. ἀνέβη . . . ἐν ὄ. βαρεῖ
— 29. ἦλθεν εἰς Ἱερ. ἐν ὄ. βαρεῖ
9. 35. ἀπέστειλε τὸν ἀδ. αὐ. ἡγούμενον τοῦ ὄ.
II Ma. 4. 40. ἐπεγειρομένων δὲ τῶν ὄ.
6. 3. R χαλεπὴ δὲ καὶ τοῖς ὄ. [A ὅλοις] ἦν
11. 6. ἱκέτευον σὺν τοῖς ὄ.
13. 15. R σὺν τῷ κατ' οἰκίαν ὄ. [A ὄντι]
14. 23. τοὺς δὲ συναχθέντας ἀγελαίους ὄ. ἀπέλυσε
— 43. τῶν ὄ. ἔσω τῶν θυρωμάτων εἰσβαλλόντων
— 43. κατεκρήμνισεν ἑαυτὸν . . . εἰς τοὺς ὄ.
— 45. τοὺς ὄ. διελθὼν
— 46. ἐνέσεισε τοῖς ὄ.
III Ma. 1. 28. ἐκ δὲ τῆς . . . τῶν ὄ. συναγομένης κραυγῆς
2. 7. σὺν ἅρμασι καὶ ὄχλων πλήθει
[**Aq.** Ps. 41 (42). 5 : 64 (65). 8 : Is. 29. 7, 8 : 32. 14 : 33. 3 : Je. 41 (48). 16 : Ez. 32. 31.]
[**Sm.** Ge. 47. 12 : Ex. 10. 10 : 12. 37 : Nu. 31. 18 : Ca. 8. 11 : Je. 41 (48). 16 : Ez. 23. 42 : 32. 31.]
[**Th.** Nu. 31. 17, 18 : Je. 32 (39). 24 : 40 (47). 7 : Ez. 32. 31 : Da. 11. 11.]
[**Al.** Dt. 1. 39 : Je. 37 (44). 16.]

ὀχυράζειν (?).

I Ma. 6. 26. S τὴν B. ὠχύρασαν [A R -ωσαν]

ὀχυρός. (1) a. בָּצַר b. מִבְצָר (2) גִּבֹּר (3) מִסְכְּנוֹת (4) a. מָצוֹר b. מְצוּרָה (5) עֹז (6) a. שָׂגַב ni. b. מִשְׂגָּב

Ex. 1. 11. ᾠκοδόμησαν πόλεις ὀ. τῷ Φ. (3)
Nu. 13. 29 (28). καὶ πόλεις ὀ. τετειχισμέναι (1 a)
32. 36. πόλεις ὀχυρὰς καὶ ἐπαύλεις προβάτων (1 b)
De. 3. 5. πᾶσαι πόλεις ὀ. τείχη ὑψηλά (1 a)
28. 52. τὰ τείχη τὰ ὑψηλὰ καὶ τὰ ὀ. (1 a)
Jo. 10. 20. διεσώθησαν εἰς τὰς πόλεις τὰς ὀ. (1 b)
14. 12. πόλεις ὀ. καὶ μεγάλαι (1 b)
II Ki. 20. 6. μή ποτε ἑαυτῷ εὕρῃ πόλεις ὀ. (1 a)
IV Ki. 3. 19. πατάξετε πᾶσαν πόλιν ὀ. (1 b)
10. 2. μεθ' ὑμῶν . . . πόλεις ὀ. (1 b)
17. 9. ἀπὸ πύργου φυλασσόντων ἕως πόλεως ὀ. (1 b)
18. 8. ἀπὸ πύργου φυλασσόντων καὶ ἕως πόλεως ὀ. (1 b)
— 13. ἐπὶ τὰς πόλεις Ἰ. τὰς ὀ. (1 a)
19. 25. εἰς ἐπάρσεις ἀπὸ οἰκεσιῶν μαχίμων πόλεις ὀχυράς (1 a)
II Ch. 8. 4. πάσας τὰς πόλεις τὰς ὀ. ἃς ᾠκοδόμησεν (3)
— 5. ᾠκοδόμησε . . . πόλεις ὀ. (4 a)
— 6. καὶ πάσας τὰς πόλεις τὰς ὀ. αἳ ἦσαν τῷ Σ. [A[1] om. τ. ὀ. αἳ ἦ. τ. Σ.] (3)
11. 23. καὶ ἐν ταῖς πόλεσι ταῖς ὀ. (4 b)
12. 4. κατεκράτησεν τῶν πόλεων τῶν ὀ. (4 b)
17. 2. ἐν πάσαις ταῖς πόλεσιν Ἰ. ταῖς ὀ. (1 a)
— 12. ᾠκοδόμησεν . . . πόλεις ὀ. (3)
— 19. ἐν ταῖς πόλεσι ταῖς ὀ. (1 b)
19. 5. ἐν πάσαις ταῖς πόλεσιν Ἰ. ταῖς ὀ. (1 a)
Ps. 70 (71). 3. καὶ εἰς τόπον ὀ. τοῦ σῶσαί με †
Pr. 10. 15. κτῆσις πλουσίων πόλις ὀχυρά (5)
18. 11. ὕπαρξις πλουσίου ἀνδρὸς πόλις ὀχυρά (5)
— 19. ἀδελφὸς ὑπὸ ἀδελφοῦ βοηθούμενος ὡς πόλις ὀχυρά (5)
21. 22. πόλεις ὀχυρὰς ἐπέβη σοφός (2)
Si. 28. 14. πόλεις ὀχυρὰς καθεῖλε
Mi. 7. 12. αἱ πόλεις σου αἱ ὀ. εἰς διαμερισμόν (4 a)
Ze. 1. 16. ἐπὶ τὰς πόλεις τὰς ὀ. [A ἰσχυράς] (1 a)
Is. 17. 3. οὐκέτι ἔσται ὀχυρὰ τοῦ καταφυγεῖν Ἐφραΐμ (1 b)
25. 2. ἔθηκας . . . πόλεις ὀχυρὰς τοῦ μὴ [A S om.] πεσεῖν αὐτῶν τὰ θεμέλια (1 a)
26. 1. A S ἰδοὺ πόλις ὀχυρά [B ἰσχ.] (5)
— 5. πόλεις ὀχυρὰς καταβαλεῖς (6 a)
27. 3. ἐγὼ πόλις ὀχυρά [A S ἰσχ.] †
30. 13. ὡς τεῖχος πίπτον παραχρῆμα πόλεως ὀχυρᾶς [A om.] ἑαλωκυίας (6 a)
33. 16. A οἰκήσει ἐν ὑψηλῷ σπηλαίῳ πέτρας ὀχυρᾶς [B S ἰσχ.] (6 b)
36. 1. ἀνέβη Σ. . . . ἐπὶ τὰς πόλεις τῆς Ἰ. τὰς ὀ. (1 a)
37. 26. ἐξερημῶσαι ἔθνη ἐν ὀχυροῖς καὶ οἰκοῦντας ἐν πόλεσιν ὀχυραῖς (–, 1 a)
Je. 1. 18. ὡς πόλιν ὀχυρὰν καὶ ὡς τεῖχος χαλκοῦν ὀχυρὸν [B[1] -οῦν, S ἰσχ.] (1 b, –)
4. 5. A εἰσέλθατε εἰς τὰς πόλεις τὰς ὀ. [BS al.] (1 b)
5. 17. ἀλοήσουσι τὰς πόλεις τὰς ὀ. ὑμῶν (1 b)
8. 14. εἰσέλθωμεν εἰς τὰς πόλεις τὰς ὀ. (1 b)
15. 20. δώσω σε τῷ λαῷ τούτῳ ὡς τεῖχος ὀ. (1 a)
41 (34). 7. αὗται κατελείφθησαν ἐν πόλεσιν Ἰούδα πόλεις ὀχυραί (1 b)
Ez. 36. 35. αἱ πόλεις αἱ . . . κατεσκαμμέναι ὀχυραὶ ἐκάθισαν (1 a)
Da. LXX. 11. 15. λήψεται τὴν πόλιν τὴν ὀ. (1 b)
Da. TH. 11. 15. συλλήψεται πόλεις ὀ. (1 b)
I Ma. 1. 19. κατελάβοντο τὰς πόλεις τὰς ὀ.
— 33. A S ᾠκοδόμησαν . . . τείχει μεγάλῳ καὶ ὀ. [R ἰσχ.] πύργοις ὀ.
4. 60. R ᾠκοδόμησαν . . . πύργους ὀ. [A ἰσχ., S ὑψηλούς]
5. 26. πᾶσαι αἱ πόλεις αὗται ὀ.
— 46. S R αὕτη ἡ πόλις μεγάλη . . . ὀ. [S[1] -ᾶς, A ἰσχ.] σφόδρα
6. 37. A R πύργοι ξύλινοι ἐπ' αὐτοὺς ὀχυροὶ [S al.]
— 57. A R ὁ τόπος . . . ἐστιν ὀ. [S ἰσχ.]
9. 50. ᾠκοδόμησε πόλεις ὀ.
II Ma. 10. 18. συμφυγόντων δὲ . . . εἰς δύο πύργους ὀ.
12. 13. ἐπί τινα πόλιν γεφυροῦν ὀχυράν
— 18. καταλελοιπότα δὲ φρουρὰν . . . μάλα ὀ.
II Ma. 12. 27. ἐπεστράτευσεν . . . ἐπὶ Ἐ. πόλιν ὀ.
13. 19. R φρούριον ὀ. [A ὀλίγον] τῶν Ἰ. προσῆγεν
[**Aq.** I Ki. 6. 18 : Ez. 33. 27.]
[**Sm.** Ps. 60 (61). 4.]
[**Th.** I Ki. 23. 14.]

ὀχυροῦν. (1) בָּצַר pi. (2) חָזַק pi. (3) סָגַר pu.

Jo. 6. 1. καὶ Ἰεριχὼ . . . ὠχυρωμένη (3)
II Ch. 11. 11. ὠχύρωσεν αὐτὰς τειχήρεις [A τείχεσιν] (2)
Si. 48. 17. Ἐζεκίας ὠχύρωσε τὴν πόλιν αὐτοῦ
Je. 1. 18. B[1] ὡς τεῖχος χαλκοῦν ὀχυροῦν [A B[2] -όν, S ἰσχυρόν] –
28 (51). 53. B[1] R ἐὰν ὀχυρώσῃ τὰ τείχη ἰσχύϊ αὐτῆς [A B[2] S al.] (1)
Ep. Je. 18. τοὺς οἴκους αὐτῶν ὀχυροῦσιν οἱ ἱερεῖς
I Ma. 1. 62. ὠχυρώθησαν ἐν αὐτοῖς
4. 61. A R ὠχύρωσαν [S -εν] αὐτὸ τηρεῖν τὴν B.
6. 26. A R τὴν B. ὠχύρωσαν [S -ασαν]
9. 52. S R ὠχύρωσε [A -αν] τὴν πόλιν
10. 45. A R καὶ ὀχυρῶσαι [S ὠχύρωσεν] κυκλόθεν
12. 38. A R ὠχύρωσε θύρας [S al.]
13. 10. ὠχύρωσεν αὐτὴν κυκλόθεν
14. 33. ὠχύρωσε τὰς πόλεις τῆς Ἰ.
— 34. καὶ Ἰόππην ὠχύρωσε
— 37. καὶ ὠχύρωσεν αὐτήν
15. 39. A R καὶ ὀχυρῶσαι [S οἰκοδομῆσαι] τὰς πύλας
IV Ma. 13. 7. τὸν τῆς εὐσεβείας ὀχυρώσασα λιμένα
[**Sm.** Ps. 106 (107). 41 : Is. 27. 10.]
[**Th.** Ez. 21. 20 (25).]

ὀχύρωμα. (1) בּוֹר (2) a. בַּיִת b. בֵּית הַסֹּהַר (3) a. בָּצַר pi. b. בִּצָּרוֹן c. מִבְצָר d. בָּצְרָה (4) הֵיכָל (5) מַסְגֵּר (6) מַעֲשֶׂה (7) a. מְצָד b. מָצוֹד c. מְצוּדָה (8) מָצוֹר (9) a. עֹז b. מָעֹז (10) צָרִיחַ

Ge. 39. 20. ἐνέβαλεν αὐτὸν εἰς τὸ ὀ. (2 b)
— 20. ἐν ᾧ . . . κατέχονται ἐκεῖ ἐν τῷ ὀ. (2 b)
40. 14. ἐξάξεις με ἐκ τοῦ ὀ. τούτου (2 a)
41. 14. ἐξήγαγον αὐτὸν ἀπὸ τοῦ ὀ. (1)
Jo. 19. 29. A ἕως πόλεως ὀχυρώματος [B al.] (3 c)
Jd. 6. 2. A τὰς τρυμαλιὰς τὰς ἐν . . . τοῖς ὀ. [B al.] (7 a)
9. 46. A εἰσῆλθον εἰς τὸ ὀ. οἴκου τοῦ B. [B al.] (10)
— 49. A ἐπέθηκαν ἐπὶ τὸ ὀ. [B τὴν συνέλευσιν] (10)
— 49. A ἐνέπρησαν . . . τὸ ὀ. [B al.] (10)
II Ki. 22. 2. πέτρα μου καὶ ὀχύρωμά μου (7 c)
IV Ki. 8. 12. τὰ ὀ. αὐτῶν ἐξαποστελεῖς ἐν πυρί (3 c)
Jb. 19. 6. ὀχύρωμα δὲ αὐτοῦ ἐπ' ἐμὲ ὕψωσεν (7 b)
Ps. 88 (89). 40. ἔθου τὰ ὀ. αὐτοῦ δειλίαν (3 c)
Pr. 10. 29. ὀχύρωμα ὁσίου φόβος κυρίου (9 b)
12. 11. ἐν τοῖς ἑαυτοῦ ὀ. καταλείψει ἀτιμίαν –
— 12. αἱ δὲ ῥίζαι τῶν εὐσεβῶν ἐν ὀχυρώμασι †
21. 22. καθεῖλε τὸ ὀ. ἐφ' ᾧ ἐπεποίθεισαν (9 a)
24. 63 (30. 28). κατοικεῖ ἐν ὀχυρώμασι βασιλέων (4)
Am. 5. 9. καὶ ταλαιπωρίαν ἐπὶ ὀχύρωμα ἐπάγων (3 c)
Mi. 5. 11 (10). καὶ ἐξαρῶ πάντα τὰ ὀ. σου (3 c)
Na. 3. 12. πάντα τὰ ὀ. σου συκαῖ σκοποὺς [B[2] καρποὺς] ἔχουσαι (3 c)
— 14. καὶ κατακράτησον τῶν ὀ. σου (3 c)
Hb. 1. 10. εἰς πᾶν ὀχύρωμα ἐμπαίξεται (3 c)
Za. 9. 3. καὶ ᾠκοδόμησε T. ὀχυρώματα αὑτῇ (8)
— 12. καθήσεσθε ἐν ὀχυρώμασι [A al.] (3 b)
Is. 22. 10. καθεῖλοσαν τοὺς οἴκους Ἱερουσαλὴμ εἰς ὀχυρώματα τείχους τῇ πόλει (3 a)
23. 14. ἀπόλωλε τὸ ὀ. ὑμῶν (9 b)
24. 22. ἀποκλείσουσιν εἰς ὀχύρωμα [A al.] (5 [1 ?])
34. 13. ἀναφυήσει εἰς τὰς πόλεις αὐ. ἀκάνθινα ξύλα καὶ εἰς τὰ ὀ. αὐ. (3 c)
Je. 29 (49). 22. ἐκτενεῖ τὰς πτέρυγας ἐπ' ὀχυρώματα αὐτῆς (3 d)
31 (48). 7. ἐπεποίθεις ἐν ὀχυρώμασίν σου (6)
— 18. ἀνέβη εἰς σὲ λυμαινόμενος ὀχύρωμά [A -ατά] σου (3 c)
— 41. τὰ ὀ. συνελήφθη (7 a)
La. 2. 2. τὰ ὀ. τῆς θυγατρὸς Ἰούδα ἐκόλλησεν εἰς τὴν γῆν (3 c)
— 5. διέφθειρε τὰ ὀ. αὐ. (3 c)
Da. LXX. 11. 39. εἰς ὀ. ἰσχυρὸν ἥξει (3 c)
Da. TH. 11. 39. ποιήσει τοῖς ὀ. τῶν καταφυγῶν (3 c)
— 43. κυριεύσει . . . ἐν τοῖς ὀ. αὐτῶν †
I Ma. 1. 2. R ἐκράτησεν ὀ. πολλῶν [A S om.]
4. 61. τοῦ ἔχειν τὸν λαὸν ὀχύρωμα
5. 9. ἔφυγον εἰς Δ. τὸ ὀ.

I Ma. 5. 11. καὶ προκαταλαβέσθαι τὸ ὀ.
— 27. παρεμβάλλειν ἐπὶ τὰ ὀ.
— 29. ἐπορεύετο ἕως ἐπὶ τὸ ὀ.
— 30. καταλαβέσθαι τὸ ὀ.
— 65. A R καθεῖλε τὸ ὀ. [S τὰ ὀ.] αὐ.
6. 61. ἐξῆλθον ἐκ τοῦ ὀ.
— 62. εἶδε τὸ ὀ. τοῦ τόπου
8. 10. καθεῖλον τὰ ὀ. αὐ.
9. 50. ᾠκοδόμησε . . . τὸ ὀ. τὸ ἐν Ἰ.
10. 12. οἱ ἀλλογενεῖς οἱ ὄντες ἐν τοῖς ὀ.
— 37. A R κατασταθήσεται . . . ἐν τοῖς ὀ. τοῦ βασ.
11. 18. οἱ ὄντες ἐν τοῖς ὀ. αὐ. ἀπώλοντο ὑπὸ τῶν ἐν τοῖς ὀ.
— 41. ἵνα ἐκβάλῃ . . . τοὺς ἐν τοῖς ὀ.
12. 33. A S διώδευσεν . . . τὰ πλησίον ὀ. [R *al.*]
— 34. βούλονται τὸ ὀ. παραδοῦναι
— 35. τοῦ οἰκοδομῆσαι ὀχυρώματα
— 45. παραδώσω σοι . . . τὰ λοιπὰ ὀ.
13. 33. S R ᾠκοδόμησε Σ. τὰ ὀ. [A τὸ ὀ.] τῆς Ἰ.
— 33. ἔθετο βρώματα ἐν τοῖς ὀ.
— 38. τὰ ὀ. . . . ὑπαρχέτω ὑμῖν
14. 10. S[1] ἐν σκεύεσιν ὀχυρωμάτων [A S[2] R -ώσεως]
— 42. καθιστάναι . . . ἐπὶ τῶν ὀ.
15. 7. τὰ ὀ. . . . μενέτω σοι
16. 8. ἔφυγον εἰς τὸ ὀ.
II Ma. 8. 30. ὀ. ὑψηλῶν εὖ μάλα ἐγκρατεῖς ἐγένοντο
10. 15. ἐγκρατεῖς ἐπικαίρων ὀ. ὄντες
— 16. ἐπὶ τὰ τῶν Ἰ. ὀ. ὥρμησαν
— 23. ἀπώλεσεν ἐν τοῖς δυσὶν ὀ.
— 32. εἰς Γ. λεγόμενον ὀ.
11. 6. πολιορκοῦντα αὐτὸν τὰ ὀ.
12. 19. τοὺς ὑπὸ Τ. καταλειφθέντας ἐν τῷ ὀ.
III Ma. 6. 25. R τοὺς κρατήσαντας . . . τὰ τῆς χώρας ὀ. [A *al.*]
[**Aq.** I Ki. 22. 4: 23. 14, 19: 24. 1, 23: II Ki. 5. 7, 17: Jb. 39. 28: Ps. 30 (31). 3, 4: 65 (66). 11: 70 (71). 3: Is. 33. 16: Da. 11. 24 (Sw.).]
[**Sm.** I Ki. 23. 19: 24. 23: II Ki. 5. 7, 9, 17: 24. 7: Ps. 9. 10: 47 (48). 4: Is. 25. 12: 29. 1.]
[**Th.** Jb. 28. 10: Da. 11. 39.]

ὀχυρωμάτιον.
I Ma. 16. 15. ὑπεδέξατο αὐτοὺς . . . εἰς τὸ ὀ.

ὀχύρωσις.
I Ma. 10. 11. οἰκοδομεῖν τὰ τείχη . . . εἰς ὀχύρωσιν
14. 10. ἐν σκεύεσιν ὀχυρώσεως [S[1] -ωμάτων]

ὀψάριον.
To. 2. 2. S παρετέθη μοι ὀ. πλείονα [A B *al.*]

ὀψέ. (1) נֶשֶׁף (2) *a.* עֶרֶב *b.* בֵּין הָעַרְבַּיִם
Ge. 24. 11. ἐκοίμισε . . . τὸ πρὸς ὀ. (2 *a*)
Ex. 30. 8. ὅταν ἐξάπτῃ Ἀαρὼν τοὺς λύχνους ὀ. (2 *b*)
Is. 5. 11. οὐαὶ . . . οἱ μένοντες τὸ ὀ. (1)
Je. 2. 23. ὀ. φωνὴ αὐτῆς ὠλόλυξε †

ὀψία.
Ju. 13. 1. ὡς δὲ ὀψία ἐγένετο

ὀψίζειν. (1) עָרַב hi.
I Ki. 17. 16. A προῆγεν ὁ ἀλλόφυλος . . . ὀψίζων (1)
Si. 36. 31 (28). οὕτως ἀνθρώπῳ . . . καταλύοντι οὗ ἐὰν ὀψίσῃ

ὄψιμος. (1) אָפִיל (2) מַלְקוֹשׁ
Ex. 9. 32. οὐκ ἐπλήγησαν ὄψιμα γὰρ ἦν (1)
De. 11. 14. δώσει τὸν ὑετὸν . . . πρώϊμον καὶ ὄ. (2)
Pr. 16. 15. οἱ δὲ προσδεκτοὶ αὐτῷ ὥσπερ νέφος ὄψιμον [S[1] -οι] (2)
Ho. 6. 4 (3). ἥξει ὡς ὑετὸς ἡμῖν πρώϊμος καὶ ὄψιμος γῇ (2)
Jl. 2. 23. βρέξει ὑμῖν ὑετὸν πρώϊμον καὶ ὄψιμον (2)
Za. 10. 1. αἰτεῖσθε . . . ὑετὸν καθ' ὥραν πρώϊμον καὶ ὄψιμον (2)
Je. 5. 24. τὸν διδόντα ἡμῖν ὑετὸν πρώϊμον καὶ ὄψιμον (2)
[**Aq.** Am. 7. 1.]
[**Sm.** Ge. 30. 42 *bis*: Ec. 11. 6.]

ὄψις. (1) זִיו (2) מֵצַח (3) מַרְאֶה (4) עַיִן (5) פֵּאָה (6) צֶלֶם (7) שְׂאֵת (8) תֹּאַר
Ge. 24. 16. ἡ δὲ παρθένος ἦν καλὴ τῇ ὄ. σφόδρα (3)
26. 7. ὅτι ὡραία τῇ ὄ. ἦν (3)
29. 17. R καὶ ὡραία τῇ ὄψει σφόδρα [A *om.*] (3)
39. 6. ἦν Ἰωσὴφ . . . ὡραῖος τῇ ὀ. σφόδρα (3)
41. 21. καὶ αἱ ὄ. αὐτῶν αἰσχραί (3)
Ex. 10. 5. καὶ καλύψει τὴν ὄ. τῆς γῆς (4)
— 15. καὶ ἐκάλυψε τὴν ὄ. τῆς γῆς (4)
34. 29, 30. ἡ ὄ. τοῦ χρώματος [A χρωτός] –
Le. 13. 3. καὶ ἡ ὄ. τῆς ἁφῆς ταπεινὴ (3)
— 4. ἐὰν . . . ταπεινὴ μὴ ᾖ ἡ ὄ. αὐτῆς (3)
— 20. ἡ ὄ. ταπεινοτέρα τοῦ δέρματος (3)
— 25. ἡ ὄ. αὐτοῦ ταπεινὴ ἀπὸ τοῦ δέρματος (3)
— 30. ἡ ὄ. αὐτῆς ἐγκοιλοτέρα τοῦ δέρματος (3)
— 31. ἰδοὺ οὐχ ἡ ὄ. ἐγκοιλοτέρα τοῦ δέρματος (3)
— 32, 34. ἡ ὄ. τοῦ θραύσματος οὐκ ἔστι κοίλη (3)
— 43. ἡ ὄ. τῆς ἁφῆς λευκὴ ἢ πυρρίζουσα (7)
— 55. ἤδε μὴ μετέβαλεν ἡ ἁφὴ τὴν ὄ. (4)
14. 37. ἡ ὄ. αὐτῶν ταπεινοτέρα τῶν τοίχων (3)
19. 27. ὧδε φθερεῖτε τὴν ὄ. τοῦ πώγωνος ὑμῶν (5)
21. 5. τὴν ὄ. τοῦ πώγωνος οὐ ξυρήσονται (5)
Nu. 22. 5. κατεκάλυψε τὴν ὄ. τῆς γῆς (4)
— 11. κεκάλυφεν τὴν ὄ. τῆς γῆς (4)
I Ki. 16. 7. μὴ ἐπιβλέψῃς ἐπὶ τὴν ὄ. αὐ. [A *al.*] (3)
III Ki. 1. 6. ὡραῖος τῇ ὄ. [A *om.* τ. ὄ.] σφόδρα (8)
To. 14. 2. ὅτε ἀπώλεσε τὰς ὄ. [S *al.*]
Ju. 7. 10. A ἀλλ' ἐπὶ τοῖς ὄψεσι [?, B S ὕψεσι] τῶν ὀρέων αὐ.
8. 7. καὶ ἦν . . . ὡραία τῇ ὄ. σφόδρα
Es. 2. 7. S[2] καὶ ὡραῖον τῇ ὄ. σφόδρα (3)
8. 13. τὰ δὲ ὑπὸ τὴν ὄ. ἐρχόμενα –
Ca. 2. 14. δεῖξόν μοι τὴν ὄ. σου (3)
— 14. ἡ ὄ. σου ὡραία (3)
Wi. 3. 4. ἐν ὄψει ἀνθρώπων ἐὰν κολασθῶσιν
7. 9. ὁ πᾶς χρυσὸς ἐν ὄψει αὐτῆς ψάμμος ὀλίγη
8. 11. ἐν ὄψει δυναστῶν θαυμασθήσομαι
11. 19. ἠδύνατο . . . ἡ ὄ. ἐκφοβήσασα διολέσαι
13. 7. πείθονται τῇ ὄ.
14. 17. οὓς ἐν ὄψει μὴ δυνάμενοι τιμᾶν ἄνθρωποι
— 17. τὴν πόρρωθεν ὄ. ἀνατυπωσάμενοι
15. 5. ὧν ὄψις [S[2] ἡ ὄ.] ἄφροσιν εἰς ὄνειδος [A S ὄρεξιν] ἔρχεται
— 19. ὡς ἐν ζῴων ὄψει καλὰ τυγχάνει
17. 6. ἐκδειματούμενοι δὲ τῆς μὴ [A *om.*] θεωρουμένης ἐκείνης ὄ.
19. 18. ὅπερ ἐστὶν εἰκάσαι ἐκ τῆς τῶν γεγονότων ὄ.
Jl. 2. 4. A ὡς ὅρασις ἵππων ἡ ὄ. [B S ὅρασις] αὐτῶν (3)
Je. 3. 3. ὄ. πόρνης ἐγένετό σοι (2)
Ez. 1. 13. ὡς ὄψις λαμπάδων συστρεφομένων ἀνὰ μέσον τῶν ζῴων (3)
— 27. ἴδον ὡς ὄψιν ἠλέκτρου (4)
10. 9. A R ἡ [B *om.*] ὄ. τῶν τροχῶν ὡς ὄψις λίθου ἄνθρακος (3, 4)
— 10. ἡ ὄ. αὐτῶν ὁμοίωμα ἐν τοῖς τέσσαρσιν (3)
23. 15. ὄ. τρισσὴ πάντων (3)
41. 21. ὅρασις ὡς ὄψις θυσιαστηρίου ξυλίνου (3)
Da. LXX. 1. 13. ἐὰν φανῇ ἡ ὄ. ἡμῶν διατετραμμένη (3)
— 15. ἐφάνη ἡ ὄ. αὐ. καλή (3)
Da. TH. 1. 4. καὶ καλοὺς τῇ ὄ. (3)
2. 31. A καὶ ἡ ὄ. [B πρόσοψις] αὐτῆς ὑπερφερής (1)
3. 19. ἡ ὄ. τοῦ προσώπου αὐ. ἠλλοιώθη (6)
II Ma. 3. 16. ἡ γὰρ ὄ. . . . ἐνέφαινε τὴν . . . ἀγωνίαν
— 36. ἅπερ ἦν ὑπ' ὄψιν
12. 42. ὑπ' ὄψιν ἑωρακότας τὰ γεγονότα
[**Aq.** Ex. 33. 18.]
[**Th.** Ex. 34. 35.]
[**Al.** Ge. 44. 30: Nu. 24. 1.]

ὄψον.
To. 2. 2. ἐθεασάμην ὄ. πολλά [S *al.*]
7. 8. παρέθηκαν ὄ. πλείονα [S *al.*]

ὀψοποίημα.
Ju. 12. 1. καταστρῶσαι αὐτῇ ἀπὸ τῶν ὀ. αὐ.

ὄψος. (1) דָּג
Nu. 11. 22. ἢ πᾶν τὸ ὄ. τῆς θαλ. συναχθήσεται (1)

ὀψώνιον.
I Es. 4. 56. δοῦναι αὐτοῖς . . . ὀψώνια
I Ma. 3. 28. ἔδωκεν ὀψώνια ταῖς δυνάμεσιν αὐ.
14. 32. ἔδωκεν αὐτοῖς ὀψώνια

Π

παγγέωργος.
IV Ma. 1. 29. ὁ π. λογισμός

παγετός. (1) קֶרַח
Ge. 31. 40. R καὶ τῷ [A *om.*] π. τῆς νυκτός (1)
Si. 3. 15. ὡς εὐδία ἐπὶ [S[1] ἐν] παγετῷ
Je. 43 (36). 30. καὶ ἐν τῷ π. τῆς νυκτός (1)
Ba. 2. 25. καὶ τῷ π. τῆς νυκτός

παγιδεύειν, πακιδεύειν. (1) יָקֹשׁ pu. (2) נָקַשׁ hithp.
I Ki. 28. 9. ἵνα τί σὺ παγιδεύεις τὴν ψυχήν μου (2)
Ec. 9. 12. ὡς αὐτὰ παγιδεύονται οἱ υἱοὶ τοῦ ἀνθρώπου εἰς καιρὸν πονηρόν (1)
[**Aq.** Ez. 13. 20, 21.]
[**Sm.** Pr. 6. 1: Is. 8. 15.]
[**Th.** Pr. 11. 15.]

παγίδευμα.
[**Aq.** Ec. 7. 27 (26).]

παγίς, πακίς. (1) חַח (2) *a.* יָקֹשׁ ni. *b.* מוֹקֵשׁ *c.* יָקוּשׁ (3) כְּלוּב (4) מְצוּדָה (5) *a.* פַּח *b.* פָּחַח hi. (6) רֶשֶׁת (7) שׁוֹאָה (8) ἐμπίπτει εἰς παγίδας מוֹקֵשׁ
Jo. 23. 13. ἔσονται ὑμῖν εἰς παγίδας (5 *a*)
To. 14. 10. ἐσώθη ἐκ παγίδος θανάτου [S *al.*]
— 10. ἐνέπεσεν [S ἔπεσεν] εἰς τὴν π.
Jb. 18. 8. ἐμβέβληται [A -βληθείη] δὲ ὁ ποὺς αὐτοῦ ἐν παγίδι (6)
— 9. ἔλθοισαν δὲ ἐπ' αὐτὸν παγίδες (5 *a*)
22. 10. ἐκύκλωσάν σε παγίδες (5 *a*)
Ps. 9. 15. ἐν παγίδι ταύτῃ ᾗ ἔκρυψαν (6)
— 30 (10. 9). ἐν τῇ π. αὐτοῦ ταπεινώσει αὐτόν (6)
Ps. 10 (11). 7. ἐπιβρέξει ἐπὶ ἁμαρτωλοὺς παγίδας [A S[2] -δα] (5 *a*)
17 (18). 5. προέφθασάν με παγίδες θανάτου (2 *b*)
24 (25). 15. ἐκσπάσει ἐκ παγίδος τοὺς πόδας μου (6)
30 (31). 4. ἐξάξεις με ἐκ παγίδος ταύτης (6)
34 (35). 7. δωρεὰν ἔκρυψάν μοι διαφθορὰν παγίδος αὐτῶν (6)
— 8. ἐλθέτω αὐτοῖς [S[2] -ῷ] παγίς (7)
— 8. ἐν τῇ π. πεσοῦνται ἐν αὐτῇ (7)
56 (57). 6. B S[1] παγίδας [S[2] -α] ἡτοίμασαν τοῖς ποσί [S τὴν ψυχήν] μου (6)
63 (64). 5. διηγήσαντο τοῦ κρύψαι παγίδας [S[2] -α] (2 *b*)
65 (66). 11. εἰσήγαγες ἡμᾶς εἰς τὴν π. (4)
68 (69). 22. γενηθήτω ἡ τράπεζα αὐτῶν ἐνώπιον αὐτῶν εἰς παγίδα (5 *a*)
90 (91). 3. A S ῥύσεταί με [R σε, B *om.*] ἐκ παγίδος θηρευτῶν (5 *a*)

Ps. 118 (119). 110. ἔθεντο ἁμαρτωλοὶ παγίδα μοι (5 *a*)
123 (124). 7. ἐρρύσθη ἐκ τῆς π. τῶν θηρευόντων· ἡ π. συνετρίβη (5 *a*, 5 *a*)
139 (140). 5. ἔκρυψαν ὑπερήφανοι παγίδα μοι (5 *a*)
— 5. σχοινία διέτειναν παγίδας τοῖς ποσί μου (6)
140 (141). 9. φύλαξόν με ἀπὸ παγίδος (5 *a*)
141 (142). 3. ἔκρυψαν παγίδα μοι (5 *a*)
Pr. 6. 2. παγὶς γὰρ ἰσχυρὰ ἀνδρὶ τὰ ἴδια χείλη (2 *a*)
— 5. ὥσπερ ὄρνεον ἐκ παγίδος (2 *c*)
7. 23. σπεύδει δὲ ὥσπερ ὄρνεον εἰς παγίδα (5 *a*)
11. 9. ἐν στόματι ἀσεβῶν παγὶς πολίταις †
12. 13. ἐμπίπτει εἰς παγίδας ἁμαρτωλός (8)
13. 14. ὁ δὲ ἄνους ὑπὸ παγίδος θανεῖται (2 *b*)
14. 27. ποιεῖ δὲ ἐκκλίνειν ἐκ παγίδος θανάτου (2 *b*)
18. 7. τὰ δὲ χείλη αὐτοῦ παγὶς τῇ ψυχῇ αὐτοῦ (2 *b*)
20. 25. παγὶς ἀνδρὶ ταχύ τι τῶν ἰδίων ἁγιάσαι (2 *b*)
21. 6. μάταια διώκει ἐπὶ [A S² καὶ ἔρχεται ἐπὶ] παγίδας θανάτου †
22. 5. τρίβολοι καὶ παγίδες ἐν ὁδοῖς σκολιαῖς (5 *a*)
29. 6. ἁμαρτάνοντι ἀνδρὶ μεγάλη παγίς (2 *b*)
Ec. 9. 12. ὡς ὄρνεα τὰ θηρευόμενα ἐν παγίδι (5 *a*)
Wi. 14. 11. εἰς παγίδα ποσὶν ἀφρόνων
Si. 9. 3. μή ποτε ἐμπέσῃς εἰς τὰς π. αὐτῆς
— 13. ἐν μέσῳ παγίδων [A -ος] διαβαίνεις
27. 20. ἐξέφυγεν ὡς δορκὰς ἐκ παγίδος [S² βρόχων]
— 26. ὁ ἱστῶν παγίδα ἐν αὐτῇ ἁλώσεται
— 29. παγίδι ἁλώσονται οἱ εὐφραινόμενοι πτώσει εὐσεβῶν
51. 2. ἐλυτρώσω τὸ σῶμά μου . . . ἐκ παγίδος διαβολῆς γλώσσης
Ho. 5. 1. παγὶς ἐγενήθη τῇ σκοπιᾷ (5 *a*)
9. 8. προφήτης παγὶς σκολιά (5 *a*)
Am. 3. 5. εἰ σχασθήσεται παγὶς ἐπὶ τῆς γῆς (5 *a*)
Is. 8. 14. οἱ δὲ οἶκοι Ἰακὼβ ἐν παγίδι (5 *a*)
24. 17. παγὶς ἐφ' ὑμᾶς τοὺς ἐνοικοῦντας ἐπὶ τῆς γῆς (5 *a*)
— 18. ἁλώσεται ὑπὸ τῆς π. (5 *a*)
42. 22. ἡ γὰρ π. ἐν τοῖς ταμείοις πανταχοῦ (5 *b*)
Je. 5. 26. παγίδας ἔστησαν (2 *c*)
— 27. ὡς π. ἐφεσταμένη [S συνεστ.] πλήρης πετεινῶν (3)
18. 22. παγίδας ἔκρυψαν ἐπ' ἐμέ (5 *a*)
31 (48). 43. π. καὶ φόβος καὶ βόθυνος ἐπὶ σοί (5 *a*)
— 44. συλληφθήσεται ἐν τῇ π. (5 *a*)
Ez. 29. 4. δώσω παγίδας [A τὰς π.] εἰς τὰς σιαγόνας σου (1)
I Ma. 1. 35. ἐγένετο εἰς μεγάλην π.
5. 4. οἳ ἦσαν τῷ λαῷ εἰς παγίδα

[Aq. Ps. 68 (69). 23.]
[Sm. Ps. 63 (64). 6 : 68 (69). 23 : Is. 8. 14.]
[Th. Ps. 68 (69). 23 : Je. 48 (31). 45.]

παγκρατής.

II Ma. 3. 22. A ἐπεκαλοῦντο τὸν π. κύριον [R *al.*]

παγκτησία.

[Aq. Le. 25. 23.]

πάγος. (1) כְּפוֹר (2) קָרָה (3) קֶרַח

Ex. 16. 14. ὡσεὶ πάγος ἐπὶ τῆς γῆς (1)
Jb. 37. 10. ἀπὸ πνοῆς ἰσχυροῦ δώσει πάγος (3)
Si. 43. 22. S² ἴασις πάγων [A B S¹ πάντων] κατὰ σπουδὴν ὁμίχλη
Na. 3. 17. ἐν ἡμέρᾳ πάγους [A -αις πάγου] (2)
Za. 14. 6. πάγος ἔσται μίαν ἡμέραν †
Da. LXX. 3. (69). εὐλογεῖτε, πάγοι καὶ ψῦχος, τὸν κ.
Da. TH. 3. (69). A εὐλογεῖτε, πάγος καὶ ψῦχος [B ψ. κ. καῦμα], τὸν κ.

[Aq. Jb. 38. 29.]
[Sm. Jb. 37. 10 : Za. 14. 6.]
[Th. Jb. 37. 10 : 38. 29 : Da. 3. (69)†.]

παθεινός. (1) אֵבֶל

Jb. 29. 25. ὃν τρόπον παθεινοὺς [S² ποθ., A συνπαθεῖς] παρακαλῶν (1)

[Aq. Is. 61. 2.]
[Th. Jb. 29. 25 : Is. 57. 18 : 61. 2.]

παθμή (?), **πάθνη** (?). (1) אֵבוּס

Jb. 6. 5. S¹ βοῦς ἐπὶ παθμῆς [A B S² φάτνης] ἔχων τὰ βρώματα –
39. 9. S¹ κοιμηθῆναι ἐπὶ παθμῇ [A B φάτνης, S² φάτνῃ] σου (1)
Jl. 1. 17. ἐσκίρτησαν δαμάλεις ἐπὶ ταῖς φάτναις [S¹ πάθναις] αὐ. †

παθοκράτεια.

IV Ma. 13. 5. τὴν τῆς εὐλογιστίας π. ὁμολογεῖν
— 16. A R καθοπλισώμεθα . . . τῇ . . . π. [S τὴν . . . π.]

παθοκρατεῖσθαι.

IV Ma. 7. 20. τὸ φαίνεσθαί τινας παθοκρατεῖσθαι

πάθος. (1) אֵבֶל

Jb. 30. 31. B S ἀπέβη δὲ εἰς πάθος [A R πένθος] μου ἡ κιθάρα (1)
Pr. 25. 20. A S οὕτως προσπεσὸν πάθος σώματι [B ἐν σ.] καρδίαν λυπεῖ †
IV Ma. 1. 1. εἰ αὐτοδέσποτός ἐστι τῶν π. ὁ εὐσεβὴς λογισμός
— 3. τῶν σωφροσύνης κωλυτικῶν π.
— 4. τῶν τῆς δικαιοσύνης ἐμποδιστικῶν π.
— 4. τῶν τῆς ἀνδρείας ἐμποδιστικῶν π.
— 5. εἰ τῶν π. ὁ λογισμὸς κρατεῖ
— 6. οὐ γὰρ τῶν ἑαυτοῦ π. ὁ λογισμὸς κρατεῖ
— 7. αὐτοκράτωρ ἐστὶ τῶν π. ὁ εὐσεβὴς λογισμός
— 9. περικρατεῖ τῶν π. ὁ λογισμός
— 13. εἰ αὐτοκράτωρ ἐστὶ τῶν π. ὁ λογισμός
— 14. καὶ τί πάθος
— 14. καὶ πόσαι παθῶν ἰδέαι
— 19. A R τῶν [S *om.*] π. ὁ λογισμὸς ἐπικρατεῖ
— 20. παθῶν δὲ φύσεις εἰσὶν αἱ περιεκτικώταται δύο
— 21. A R πολλαὶ δὲ καὶ . . . παθῶν [S ἀγαθῶν] εἰσιν ἀκολουθίαι
— 24. θυμὸς δὲ κοινὸν π. ἐστίν
— 25. πολυτροπωτάτη πάντων τῶν π. οὖσα
— 28. A R πολλαὶ τούτων τῶν π. [S φυτῶν] εἰσι παραφυάδες
— 29. ἐξημεροῖ τὰς τῶν ἠθῶν καὶ π. ὕλας
— 30. τῶν δὲ π. αὐτοκράτωρ
— 30. αὐτοδέσποτός ἐστι τῶν π. ὁ λογισμός
— 35. ἀνέχεται γὰρ τὰ τῶν ὀρέξεων π.
2. 3. ἠκύρωσε . . . τὸν τῶν π. οἶστρον
— 6. S R τῶν κωλυτικῶν τῆς δικαιοσύνης π. [A πασῶν]
— 7. κύριός ἐστι τῶν π. ὁ λογισμός
— 9. τῶν π. ἐστιν ὁ λογισμὸς κρατῶν
— 15. S² R τῶν [A S¹ διὰ τῶν] βιαιοτέρων δὲ π.
— 16. A S² R πάντα γὰρ ταῦτα τὰ [S¹ *om.*] κακοήθη π.
— 18. κατὰ τῶν π. ἀριστεῦσαι
— 21. τὰ π. . . . περιεφύτευσεν
— 24. A R εἰ τῶν π. ὁ λογισμὸς κρατεῖ [S *al.*]
3. 1. οὐ γὰρ τῶν ἑαυτοῦ π. ὁ λογισμὸς ἐπικρατεῖν φαίνεται [S¹ *al.*]
— 5. οὐ γὰρ ἐκριζωτὴς τῶν π. ὁ λογισμός ἐστιν
— 17. νικῆσαι τὰς τῶν π. ἀνάγκας
— 18. πάσας τὰς τῶν π. ἐπικρατείας
6. 31. δεσπότης ἐστὶ τῶν π. ὁ εὐσεβὴς λογισμός
— 32. εἰ γὰρ τὰ π. τοῦ λογισμοῦ ἐκεκρατήκει
— 33. τοῦ λογισμοῦ τὰ π. νικήσαντος
7. 1. ἐν τῷ τῶν π. πελάγει
— 5. περιέκλασε τοὺς μαινομ. τῶν π. κλύδωνας
— 8. τοῖς μέχρι θανάτου π. ὑπερασπίζοντας
— 10. ὦ . . . παθῶν μέγιστε βασιλεῦ Ἐλ.
— 16. ἡγεμών ἐστι τῶν π. ὁ εὐσεβὴς λογισμός
— 17. τῶν π. οὐ πάντες περικρατοῦσιν
— 18. οὗτοι μόνοι δύνανται κρατεῖν τῶν τῆς σαρκὸς π.
— 22. τίς . . . οὐκ ἂν περικρατήσειε τῶν π.
— 23. A R μόνος γὰρ ὁ σοφὸς . . . ἐστι τῶν [S *om.*] π. κύριος
8. 28. ἦσαν γὰρ περίφρονες τῶν [S¹ τὰ τῶν] π.
13. 1. αὐτοδέσποτός ἐστι τῶν π. ὁ εὐσεβὴς λογισμός
— 2. τοῖς π. δουλωθέντες
— 3. περιεγένοντο τῶν π.
— 4. ἐπεκράτησαν γὰρ καὶ πάθους καὶ πόνων
— 7. A R τὴν τῶν π. ἐνίκησεν ἀκολασίαν [S κόλασιν]
14. 1. R τῶν [A S *om.*] τῆς τῶν ἀδ. φιλαδελφίας παθῶν κρατῆσαι
15. 1. παθῶν τύραννε
— 4. φιλότεκνα γονέων πάθη
— 4. S διὰ τὸ π. . . . τὰς μητέρας τῶν π. καθεστάναι συμπαθεστέρας [A R *al.*]
— 13. καὶ μητέρων ἀδάμαστα π.
— 23. ὁ εὐσεβὴς λογισμὸς ἐν αὐτοῖς τοῖς π. ἀνδρειώσας
— 32. ἐν τῷ τῶν π. περιαντλουμένη κατακλυσμῷ
16. 1. αὐτοκράτωρ ἐστὶ τῶν π. ὁ εὐσεβὴς λογισμός
— 2. οὐ μόνον τῶν π. ἄνδρες ἐπεκράτησαν
IV Ma. 16. 4. A R κατέσβεσε [S *add.* τὰ] τοσαῦτα καὶ τηλικαῦτα π.
18. 2. τῶν π. δεσπότης ἐστὶν ὁ εὐσεβὴς λογισμός

[Sm. Jb. 16. 4.]
[Th. Je. 16. 7.]

παιάν.

II Ma. 15. 25. μετὰ σαλπίγγων καὶ παιάνων προσῆγον

παιγνία. (1) שָׂחַק (2) תִּפְלֶצֶת

Jd. 16. 27. οἱ θεωροῦντες ἐν παιγνίαις Σ. [A *al.*] (1)
Je. 29 (49). 16. ἡ π. σου ἐνεχείρησέ σοι (2 ?)

[Sm. Je. 51 (28). 18.]

παίγνιον. (1) מִשְׂחָק

Wi. 12. 26. οἱ δὲ παιγνίοις ἐπιτιμήσεως μὴ νουθετηθέντες
15. 12. ἐλογίσαντο παίγνιον εἶναι τ[ὴ]ν ζωὴν ἡμῶν
Hb. 1. 10. τύραννοι παίγνια αὐτοῦ (1)

[Al. Ez. 34. 4.]

παιδάριον. (1) יֶלֶד (2) *a.* נַעַר *b.* נְעוּרִים *c.* אִישׁ־נַעַר (3) עֶבֶד

Ge. 22. 5. R ἐγὼ δὲ καὶ τὸ π. [A παιδίον] (2 *a*)
— 12. μὴ ἐπιβάλῃς τὴν χεῖρά σου ἐπὶ τὸ π. (2 *a*)
33. 14. κατὰ πόδα τῶν π. (1)
37. 30. τὸ π. οὐκ ἔστιν (1)
42. 22. μὴ ἀδικήσητε τὸ π. (1)
43. 8. ἀπόστειλον τὸ π. μετ' ἐμοῦ (2 *a*)
44. 30. A καὶ τὸ π. [R -δίον] μὴ ᾖ μεθ' ἡ. (2 *a*)
— 31. A μὴ ὂν τὸ π. [R -δίον] μεθ' ἡ. (2 *a*)
Jd. 7. 9 (10). καὶ Φ. τὸ π. σου (2 *a*)
— 11. καὶ Φ. τὸ π. αὐτοῦ (2 *a*)
8. 14. καὶ συνέλαβε παιδάριον (2 *a*)
— 20. οὐκ ἔσπασε τὸ π. τὴν ῥομφ. αὐ. [A *al.*] (2 *a*)
9. 54. ἐβόησε . . . πρὸς τὸ π. (2 *a*)
— 54. ἐξεκέντησεν αὐτὸν τὸ π. αὐτοῦ (2 *a*)
13. 5. ναζὶρ θεοῦ ἔσται τὸ π. [A *al.*] (2 *a*)
— 7. ἅγιον ἔσται τὸ π. [A *al.*] (2 *a*)
— 8. A τί ποιήσωμεν τῷ π. [B -δίῳ] (2 *a*)
— 12. A τί ἔσται τὸ κρίμα τοῦ π. [B *al.*] (2 *a*)
— 24. ἡδρύνθη [A ηὐξήθη] τὸ π. (2 *a*)
16. 26. A εἶπε Σ. πρὸς τὸ π. [B τὸν νεανίαν] (2 *a*)
17. 7. A καὶ ἐγένετο π. ἐκ B. [B *al.*] (2 *a*)
— 11, 12. A ἐγενήθη αὐτῷ τὸ π. [B *al.*] (2 *a*)
18. 3. A τὴν φωνὴν τοῦ π. τοῦ νεωτέρου [B *al.*] (2 *a*)
— 15. A εἰς τὸν οἶκον τοῦ π. [B νεανίσκου] (2 *a*)
19. 3. A καὶ τὸ π. [B καὶ νεανίας] αὐτοῦ μετ' αὐτοῦ (2 *a*)
— 9. A καὶ τὸ π. [B ὁ νεανίας] αὐτοῦ (2 *a*)
— 11. A καὶ εἶπεν τὸ π. [B ὁ νεανίας] (2 *a*)
— 13. A εἶπε τῷ π. [B νεανίᾳ] αὐ. (2 *a*)
— 19. A καὶ τῷ π. [B νεανίσκῳ] (2 *a*)
Ru. 2. 5. εἶπε B. τῷ π. (2 *a*)
— 6. καὶ ἀπεκρίθη τὸ π. (2 *a*)
— 9. ἐνετειλάμην τοῖς π. (2 *a*)
— 9. ὅθεν ἂν ὑδρεύωνται τὰ π. (2 *a*)
— 15. ἐνετείλατο B. τοῖς π. αὐτοῦ (2 *a*)
— 21. A B μετὰ τῶν π. [R κορασίων] τῶν ἐμῶν (2 *a*)
I Ki. 1. 14. εἶπεν αὐτῇ τὸ π. Ἡ. –
— 22. ἕως τοῦ ἀναβῆναι τὸ π. (2 *a*)
— 24. καὶ τὸ π. μετ' αὐτῶν (2 *a*)
— 25. προσήγαγε τὸ π. –
— 25. προσήγαγεν Ἅ. ἡ μήτηρ τοῦ π. [A τὸ π.] (2 *a*)
— 27. ὑπὲρ τοῦ π. τούτου προσηυξάμην (2 *a*)
2. 11. τὸ π. ἦν λειτουργῶν (2 *a*)
— 13, 15. ἤρχετο τὸ π. τοῦ ἱερέως (2 *a*)
— 17. ἦν ἡ ἁμαρτία . . . τῶν π. μεγάλη (2 *a*)
— 18. π. περιεζωσμένον ἐφούδ (2 *a*)
— 21. ἐμεγαλύνθη τὸ π. Σαμ. (2 *a*)
— 26. τὸ π. Σαμ. ἐπορεύετο (2 *a*)
3. 1. τὸ π. Σαμ. ἦν λειτουργῶν (2 *a*)
— 8. κύριος κέκληκε τὸ π. (2 *a*)
4. 17. ἀπεκρίθη τὸ π. †
— 21. ἐκάλεσε τὸ π. Οὐ. (2 *a*)
9. 3. λάβε . . . ἓν τῶν π. (2 *a*)
— 5. εἶπε τῷ π. αὐτοῦ τῷ μετ' αὐτοῦ (2 *a*)
— 6. εἶπεν αὐτῷ τὸ π. –
— 7. εἶπε Σ. τῷ π. αὐτοῦ τῷ μετ' αὐτοῦ (2 *a*)
— 8. προσέθετο τὸ π. ἀποκριθῆναι (2 *a*)
— 10. εἶπε Σ. πρὸς τὸ π. αὐτοῦ (2 *a*)
— 22. ἔλαβε Σαμ. τὸν Σ. καὶ τὸ π. αὐ. (2 *a*)
10. 14. εἶπεν . . . πρὸς τὸ π. αὐτοῦ (2 *a*)

I Ki. 14. 1. B εἶπεν Ἰ. . . . τῷ π. (2 a)
— 6. B εἶπεν Ἰ. πρὸς τὸ π. (2 a)
16. 11. ἐκλελοίπασι τὰ π. (2 a)
— 18. ἀπεκρίθη εἷς τῶν π. αὐτοῦ (2 a)
17. 33. παιδάριον [A -δίον] εἶ σύ (2 a)
— 42. αὐτὸς ἦν παιδάριον (2 a)
— 58. A υἱὸς τίνος εἶ παιδάριον (2 a)
20. 21. ἀποστέλλω τὸ π. (2 a)
— 22 (21). ἐὰν εἴπω λέγων τῷ π. (2 a)
— 35. καὶ π. μικρὸν μετ' αὐτοῦ (2 a)
— 36. εἶπε τῷ π. (2 a)
— 36. τὸ π. ἔδραμε (2 a)
— 37. ἦλθε τὸ π. (2 a)
— 38. ἀνεβόησεν Ἰ. ὀπίσω τοῦ π. αὐ. (2 a)
— 38. ἀνέλεξε τὸ π. Ἰ. τὰς σχίζας (2 a)
— 39. τὸ π. οὐκ ἔγνω οὐθέν [A al.] (2 a)
— 40. B ἔδωκε τὰ σκεύη αὐ. ἐπὶ τὸ π. αὐ. (2 a)
— 40. εἶπε τῷ π. αὐτοῦ †
— 41. ὡς εἰσῆλθε τὸ π. [A al.] (2 a)
21. 2 (3). τοῖς π. διαμεμαρτύρημαι (2 a)
— 4 (5). εἰ πεφυλαγμ. τὰ π. ἐστιν [A -δία εἰσίν] (2 a)
— 5 (6). A B γέγονε πάντα τὰ π. [R -δία] ἡγνισμ. (2 a)
— 7 (8). ἐκεῖ ἦν ἓν τῶν π. τοῦ Σ. (3)
25. 5. ἀπέστειλε Δ. δέκα π. (2 a)
— 5. εἶπε τοῖς π. (2 a)
— 8. ἐρώτησον τὰ π. σου (2 a)
— 8. εὑρέτωσαν τὰ π. σου χάριν (2 a)
— 9. ἔρχονται τὰ π. (2 a)
— 12. ἀπεστράφησαν τὰ π. Δ. (2 a)
— 14. ἀπήγγειλεν ἓν τῶν π. (2 a)
— 19. εἶπε τοῖς π. αὐτῆς (2 a)
— 25. οὐκ εἶδον τὰ π. σου (2 a)
— 27. δώσεις τοῖς π. (2 a)
26. 22. διελθέτω εἷς τῶν π. (2 a)
30. 13. εἶπε τὸ π. τὸ Αἰγύπτιον (2 a)
— 17. ὅτι ἀλλ' ἢ τετρακόσια π. (2 c)
II Ki. 1. 5. εἶπε Δ. τῷ π. [A om. τ. π.] (2 a)
— 6. καὶ εἶπε τὸ π. (2 a)
— 13. εἶπε Δ. τῷ π. (2 a)
— 15. ἐκάλεσε Δ. ἓν τῶν π. αὐτοῦ (2 a)
2. 14. ἀναστήτωσαν δὴ τὰ π. (2 a)
— 21. κατάσχε σεαυτῷ ἓν τῶν π. (2 a)
4. 12. ἐνετείλατο Δ. τοῖς π. αὐτοῦ (2 a)
9. 9. ἐκάλεσεν . . . τὸ π. Σαούλ (2 a)
12. 15. A ἔθραυσε κ. τὸ π. [B -δίον] (1)
— 16. ἐζήτησε Δ. τὸν θ. περὶ τοῦ π. (2 a)
— 18. ἀπέθανε τὸ π. (1)
— 18. τέθνηκε τὸ π. (1)
— 18. ἐν τῷ τὸ π. ἔτι ζῆν (1)
— 18, 19. τέθνηκε τὸ π. (1)
— 19. εἰ τέθνηκε τὸ π. (1)
— 21. ὃ ἐποίησας ἕνεκα τοῦ π. (1)
— 21. ἡνίκα ἀπέθανε τὸ π. (1)
— 22. ἐν τῷ τὸ π. ἔτι ζῆν (1)
— 22. καὶ ζήσεται τὸ π. (1)
— 23. A τέθνηκεν τὸ π. [B om. τὸ π.] –
13. 17. ἐκάλεσε τὸ π. αὐ. τὸν προεστηκότα (2 a)
— 28. ἐνετείλατο Ἀβ. τοῖς π. αὐτοῦ (2 a)
— 29. ἐποίησαν τὰ π. Ἀβ. τῷ Ἀ. (2 a)
— 32. πάντα τὰ π. [A -δία] τοὺς υἱ. τοῦ βασ. ἐθανάτωσεν (2 a)
— 34. ἦρε τὸ π. ὁ σκοπὸς τοὺς ὀφθ. αὐ. (2 a)
14. 21. ἐπίστρεψον τὸ π. (2 a)
16. 1. Σ. τὸ π. Μεμφιβ. (2 a)
— 2. εἰς βρῶσιν τοῖς π. (2 a)
17. 18. εἶδεν αὐτοὺς παιδάριον (2 a)
18. 5. φείσασθέ μου τοῦ π. (2 a)
— 12. φυλάξατέ μοι τὸ π. τὸν Ἀβ. (2 a)
— 15. ἐκύκλωσαν δέκα παιδάρια (2 a)
— 29. εἰρήνη τῷ π. (2 a)
— 32. εἰ εἰρήνη τῷ π. τῷ Ἀβ. (2 a)
— 32. γένοιντο ὡς τὸ π. οἱ ἐχθροί (2 a)
19. 17 (18). Σ. τὸ π. τοῦ οἴκου Σ. (2 a)
20. 11. ἀνὴρ . . . τῶν π. Ἰ. (2 a)
III Ki. 3. 7. ἐγώ εἰμι π. μικρόν (2 a)
11. 17. καὶ Ἅ. π. μικρόν (2 a)
— 28. εἶδε Σαλ. τὸ π. (2 a)
12. 8. συνεβουλεύσατο μετὰ τῶν π. (1)
— 10. ἐλάλησαν πρὸς αὐτὸν τὰ π. (1)
— 14. κατὰ τὴν βουλὴν τῶν π. (1)
— 24 (cf. A 14. 1). B ἠρρώστησε τὸ π. αὐ. –
— 24. B ἐπερωτῆσαι ὑπὲρ τοῦ π. –
— 24. B ἐπερώτησον τὸν θ. ὑπὲρ τοῦ π. –
— 24. B εἶπεν Ἀχ. τῷ π. αὐτοῦ –
III Ki. 12. 24. B τὸ π. τέθνηκεν –
— 24. B καὶ τὸ π. κόψεται –
— 24 (cf. A 14. 17). B τὸ π. ἀπέθανε (2 a)
— 24. B οἱ σύντροφοι αὐτοῦ τὰ π. –
14. 12. A ἀποθανεῖται τὸ π. (1)
— 17. A τὸ π. ἀπέθανεν (2 a)
16. 28 (22. 49 [50]). B ἐξαποστελῶ . . . τὰ π. μου (3)
17. 21. ἐνεφύσησε τῷ π. τρίς (1)
— 21. ἡ ψυχὴ τοῦ π. τούτου (1)
— 22. ἀνεβόησε τὸ π. [A al.] –
— 22. A ἀπεστράφη ἡ ψυχὴ τοῦ π. (1)
— 23. A ἔλαβεν Ἠ. τὸ π. (1)
18. 43. εἶπε τῷ π. αὐτοῦ (2 a)
— 43. ἐπέβλεψε τὸ π. –
— 44. ἐπέστρεψε τὸ π. ἑπτάκις –
19. 3. ἀφῆκε τὸ π. αὐτοῦ ἐκεῖ (2 a)
21 (20). 14. ἐν τοῖς π. τῶν ἀρχόντων (2 a)
— 15. ἐπεσκέψατο . . . τὰ π. τῶν χωρῶν [A al.] (2 a)
— 17. ἄρχοντες παιδάρια τῶν χωρῶν [A al.] (2 a)
— 19. ἄρχοντα τὰ π. τῶν χωρῶν [A al.] (2 a)
IV Ki. 2. 23. π. μικρὰ ἐξῆλθον ἐκ τῆς πόλεως (2 a)
4. 12. εἶπε πρὸς Γ. τὸ π. αὐτοῦ (2 a)
— 14. εἶπε Γ. τὸ π. αὐτοῦ –
— 18. ἡδρύνθη τὸ π. (1)
— 19. εἶπε τῷ π. (2 a)
— 22. ἀπόστειλον δή μοι ἓν τῶν π. (2 a)
— 24. εἶπε πρὸς τὸ π. αὐτῆς (2 a)
— 25. εἶπε πρὸς Γ. τὸ π. αὐτοῦ (2 a)
— 26. ἡ εἰρήνη τῷ π. (1)
— 29. ἐπιθήσεις . . . ἐπὶ πρόσωπον τοῦ π. (2 a)
— 30. εἶπεν ἡ μήτηρ τοῦ π. (2 a)
— 31. ἐπέθηκεν . . . ἐπὶ πρόσωπον τοῦ π. (2 a)
— 31. οὐκ ἠγέρθη τὸ π. (2 a)
— 32. ἰδοὺ τὸ π. τεθνηκός (2 a)
— 34. ἐκοιμήθη ἐπὶ τὸ π. (1)
— 34. διεθερμάνθη ἡ σὰρξ τοῦ π. (1)
— 35. συνέκαμψεν ἐπὶ τὸ π. (2 a ?)
— 35. ἤνοιξε τὸ π. τοὺς ὀφθ. αὐτοῦ (2 a)
— 38. εἶπεν Ἑλ. τῷ π. αὐτοῦ (2 a)
— 41. εἶπεν Ἑλ. πρὸς Γ. τὸ π. –
5. 14. ὡς σὰρξ π. μικροῦ (2 a)
— 20. εἶπε Γ. τὸ π. Ἑλ. (2 a)
— 22. ἦλθον πρὸς μὲ δύο παιδάρια (2 a)
— 23. ἔδωκεν ἐπὶ δύο παιδάρια αὐ. (2 a)
6. 15. εἶπε τὸ π. πρὸς αὐτόν (2 a)
— 17. διάνοιξον δὴ τοὺς ὀφθαλμοὺς τοῦ π. †
8. 4. ὁ βασ. ἐλάλει πρὸς Γ. τὸ π. Ἑλ. (2 a)
9. 4. ἐπορεύθη τὸ π. ὁ προφήτης (2 a)
19. 6. ὧν ἐβλασφήμησαν τὰ π. βασιλέως (2 a)
I Ch. 22. 5. Σαλ. ὁ υἱός μου π. ἁπαλόν (2 a)
II Ch. 10. 8. συνεβουλεύσατο μετὰ τῶν π. (1)
— 10. ἐλάλησαν αὐτῷ τὰ π. (1)
34. 3. καὶ αὐτὸς ἔτι παιδάριον (2 a)
Ne. 13. 19. S² R ἐκ τῶν π. μου (2 a)
To. 5. 16. A B καὶ ὁ κύων τοῦ π. μετ' αὐτῶν
6. 2. τὸ δὲ π. κατέβη [S al.]
— 2. καταπιεῖν τὸ π. [S τὸν πόδα τοῦ π.]
— 3. S τῷ π. εἶπεν [A B εἶπεν αὐτῷ]
— 3. ἐκράτησε τὸν ἰχθὺν [S τοῦ ἰ.] τὸ π.
— 5. ἐποίησε τὸ π. [S al.]
— 6. εἶπε τὸ π. τῷ ἀγγέλῳ [S al.]
— 10. εἶπεν ὁ ἄγγελος τῷ π. [S al.]
— 13. εἶπε τὸ π. τῷ ἀγγέλῳ [S al.]
7. 11. A¹ ἔδωκα τὸ π. μου [A² B S al.]
Jl. 3 (4). 3. ἔδωκαν τὰ π. πόρναις (1)
Za. 8. 5. πλησθήσονται παιδαρίων καὶ κορασίων (1)
Je. 31 (48). 11. ἀνεπαύσατο Μωὰβ ἐκ παιδαρίου (2 b)
La. 2. 21. ἐκοιμήθησαν εἰς τὴν ἔξοδον π. καὶ πρεσβύτης (2 a)
Da. TH. Su. 45. τὸ πνεῦμα τὸ ἅγιον παιδαρίου νεωτέρου
1. 10. παρὰ τὰ π. τὰ συνήλικα ὑμῶν (1)
— 13. καὶ αἱ ἰδέαι τῶν π. (1)
— 13. A ποίησον μετὰ τῶν π. [B -δων] σου (3)
— 15. ἰσχυραὶ ταῖς σαρξὶν ὑπὲρ τὰ π. (1)
— 17. A ἐδίδου αὐτοῖς σπέρματα τοῖς τέσσαρσιν π. [B al.] (1 ?)
— 17. B τὰ π. ταῦτα οἱ τέσσαρες αὐτοί (1)
Bel 14. ἐπέταξε Δαν. τοῖς π. αὐ.
I Ma. 2. 46. περιέτεμον τὰ π. τὰ ἀπερίτμητα
11. 39. τὸν Ἀντ. τὸ π. τὸ τοῦ Ἀλεξάνδρου
— 54. καὶ Ἀντίοχος μετ' αὐτοῦ π. νεώτερον
13. 17. A R πέμπει [S add. τοῦ λαβεῖν] . . . τὰ π.
— 18. οὐκ ἀπέστειλα αὐτῷ . . . τὰ π.
I Ma. 13. 19. A R ἀπέστειλε τὰ π.
16. 16. ἀπέκτειναν . . . τινας [S¹ -α] τῶν π. αὐ.

[**Aq.** Ex. 1. 17, 18 : Jd. 19. 13 : I Ki. 21. 5 (6) : III Ki. 14. 12, 17 : 17. 22, 23 : Is. 37. 6.]
[**Sm.** Jd. 19. 13 : III Ki. 20 (21). 14 : Is. 37. 6.]
[**Th.** Ex. 1. 17, 18 : Jd. 13. 12 : 17. 7 : 18. 15 : 19. 3, 13 : I Ki. 21. 5 (6) : Is. 10. 19 : 37. 6 : Da. 1. 10 : 14. 13.]
[**Al.** III Ki. 22. 50.]

παιδεία, παιδία. (1) בִּינָה (2) בַּר (3) דַּעַת (4) טַעַם (5) מוּסָר (6) עֲנָוָה (7) שֵׁבֶט (8) a. שְׁרֹשׁוּ b. שְׁרֹשִׁי (9) תּוֹכַחַת (10) לִמּוּד

De. 11. 2. οὐδὲ ἴδοσαν τὴν π. κυρίου (5)
II Es. 7. 26. ἐάν τε εἰς θάνατον ἐάν τε εἰς παιδείαν (8 a*, 8 b)
Jb. 20. 3. παιδείαν ἐντροπῆς μου [A S² σου] ἀκούσομαι (5)
37. 13. ἐάν τε εἰς παιδείαν ἐὰν [A S ἐάν τε] εἰς τὴν γῆν αὐτοῦ (7)
Ps. 2. 12. δράξασθε παιδείας (2)
17 (18). 35. ἡ π. σου ἀνώρθωσέ με εἰς τέλος [S¹ om. εἰς τ.] (6 ?)
— 35. A B S² ἡ π. σου αὐτή με διδάξει –
49 (50). 17. σὺ δὲ ἐμίσησας παιδείαν (5)
118 (119). 66. παιδείαν καὶ γνῶσιν δίδαξόν με (4)
Pr. 1. 2. γνῶναι σοφίαν καὶ παιδείαν (5)
— 7. παιδείαν ἀσεβεῖς ἐξουθενήσουσιν (5)
— 8. ἄκουε, υἱέ, παιδείαν [A S νόμους] πατρός σου (5)
— 29. A ἐμίσησαν γὰρ παιδείαν [B S σοφίαν] (3)
3. 11. μὴ ὀλιγώρει παιδείας κυρίου (5)
4. 1. ἀκούσατε παῖδες παιδείαν πατρός (5)
— 13. ἐπιλαβοῦ ἐμῆς παιδείας (5)
5. 12. πῶς ἐμίσησα παιδείαν (5)
6. 23. καὶ [A S om.] ἔλεγχος καὶ παιδεία (5)
8. 10. λάβετε παιδείαν καὶ μὴ ἀργύριον (5)
— 33. S² ἀκούσατε παιδείαν (5)
10. 17. ὁδοὺς δικαίας [A S² om.] ζωῆς φυλάσσει παιδεία παιδεία δὲ ἀνεξέλεγκτος πλανᾶται (5, 9 ?)
12. 1. ὁ ἀγαπῶν παιδείαν ἀγαπᾷ αἴσθησιν (5)
13. 18. πενίαν καὶ ἀτιμίαν ἀφαιρεῖται παιδεία (5)
15. 5. ἄφρων μυκτηρίζει παιδείαν πατρός (5)
— 10. παιδεία ἀκάκου γνωρίζεται ὑπὸ τῶν παριόντων (5)
16. 3 (15. 32). ὃς ἀπωθεῖται παιδείαν (5)
— 4 (15. 33). φόβος κυρίου παιδεία καὶ σοφία (5)
— 17. ὁ δεχόμενος παιδείαν ἐν ἀγαθοῖς ἔσται –
— 22. παιδεία δὲ ἀφρόνων κακή (5)
17. 8. B¹ R μισθὸς χαρίτων παιδεία [A B² S ἡ π.] τοῖς χρωμένοις †
19. 20. ἄκουε, υἱέ, παιδείαν πατρός σου (5)
— 27. υἱὸς ἀπολειπόμενος φυλάξαι παιδείαν πατρός (5)
22. 15. ῥάβδος δὲ καὶ παιδεία μακρὰν ἀπ' αὐτοῦ (5)
23. 12. δὸς εἰς παιδείαν τὴν καρδίαν σου (5)
24. 31 (30. 8). A πλοῦτον δὲ καὶ παιδείαν [B S πενίαν] μή μοι δῷς †
— 47 (32). ἐπέβλεψα τοῦ ἐκλέξασθαι παιδείαν (5)
25. 1. αὗται αἱ π. [A S² παροιμίαι] Σαλωμῶντος αἱ ἀδιάκριτοι †
Wi. 1. 5. ἅγιον γὰρ πνεῦμα παιδείας [A σοφίας] φεύξεται δόλον
2. 12. ἐπιφημίζει ἡμῖν ἁμαρτήματα παιδείας ἡμῶν
3. 11. παιδείαν ὁ ἐξουθενῶν ταλαίπωρος
6. 17. ἀρχὴ γὰρ αὐτῆς ἡ ἀληθεστάτη παιδείας ἐπιθυμία φροντὶς δὲ παιδείας ἀγάπη
7. 14. διὰ τὰς ἐκ παιδείας δωρεὰς συσταθέντες
Si. prol. 3. δέον ἐστὶν ἐπαινεῖν τὸν Ἰσραὴλ παιδείας
— 10. συγγράψαι τι [S περὶ] τῶν εἰς παιδείαν καὶ σοφίαν ἀνηκόντων
— 21. εὗρον οὐ μικρᾶς παιδείας ἀφόμοιον
1. 26. σοφία γὰρ καὶ παιδεία φόβος κυρίου
4. 17. βασανίσει αὐτὸν ἐν παιδείᾳ αὐτῆς
— 24. παιδεία ἐν ῥήματι γλώσσης [S¹ γλωσσώδους]
6. 18. ἐκ νεότητός σου [S om.] ἐπίλεξαι παιδείαν
8. 8. παρ' αὐτῶν μαθήσῃ παιδείαν [S σοφίαν]
9. 1. μηδὲ διδάξῃς ἐπὶ σεαυτὸν παιδείαν [S καρδίαν] πονηράν
16. 25. ἐκφαίνω [A S -ανῶ] ἐν σταθμῷ παιδείαν
18. 14. τοὺς ἐκδεχομένους παιδείαν ἐλεᾷ

Si. 21. 12. A² ἔστι πανουργία πληθύνουσα παιδείαν [A¹ B S πικρίαν]
— 19. πέδαι ἐν ποσὶν ἀνοήτοις παιδεία [S ἀνοήτου π., A ἀνομία τοῦ παιδίου]
— 21. ὡς κόσμος χρυσοῦς φρονίμῳ παιδεία
22. 6. μάστιγες καὶ παιδεία ἐν παντὶ καιρῷ σοφίας [S¹ -ία]
23. 2. τίς ἐπιστήσει . . . ἐπὶ τῆς καρδίας μου παιδείαν [A -ας] σοφίας
— 7. B παιδεία στόματος
— 7. παιδείαν στόματος ἀκούσατε, τέκνα
24. 27. ὁ ἐκφαίνων ὡς φῶς παιδείαν
— 32. ἔτι παιδείαν ὡς ὄρθρον φωτιῶ
30. 26 (33. 17). οὐκ ἐμοὶ μόνῳ ἐκοπίασα ἀλλὰ πᾶσι τοῖς ζητοῦσι παιδείαν
— 33 (33. 24). ἄρτος καὶ παιδεία καὶ ἔργον οἰκέτῃ
34 (31). 17. παῦσαι πρῶτος χάριν παιδείας
35 (32). 14. ὁ φοβούμενος κύριον ἐκδέξεται παιδείαν
36 (33). 4. σύνδησον παιδείαν
38. 33. A S οὐδὲ μὴ ἐκφανῶσι παιδείαν [B δικαιοσύνην]
39. 8. ἐκφαίνει παιδείαν διδασκαλίας αὐτοῦ
41. 14. παιδείαν ἐν εἰρήνῃ συντηρήσατε, τέκνα
42. 5. περὶ παιδείας τέκνων πολλῆς
— 8. περὶ παιδείας ἀνοήτου καὶ μωροῦ
44. 4. σοφοὶ λόγοι ἐν [A ἐν λόγοις] παιδείᾳ αὐτῶν
50. 27. παιδείαν συνέσεως . . . ἐχάραξα ἐν τῷ βιβλίῳ τούτῳ
51. 16. πολλὴν εὗρον ἐμαυτῷ παιδείαν
— 23. αὐλίσθητε ἐν οἴκῳ παιδείας
— 26. ἐπιδεξάσθω ἡ ψυχὴ ὑμῶν παιδείαν
— 28. A S² R μετάσχετε παιδείας [B S¹ -αν] ἐν πολλῷ ἀριθμῷ ἀργυρίου
Am. 3. 7. ἐὰν μὴ ἀποκαλύψῃ παιδείαν †
Hb. 1. 12. τοῦ ἐλέγχειν παιδείαν αὐ. †
Ze. 3. 2. οὐκ ἐδέξατο παιδείαν [S¹ -ας] (5)
— 7. δέξασθε παιδείαν (5)
Is. 26. 16. ἐν θλίψει μικρᾷ ἡ π. σου ἡμῖν (5)
50. 4. δίδωσί μοι γλῶσσαν παιδείας [A σοφίας] (10)
— 5 (4). ἡ π. κυρίου κυρίου ἀνοίγει μου τὰ ὦτα (10?)
53. 5. παιδεία εἰρήνης ἡμῶν ἐπ' αὐτόν (5)
Je. 2. 30. παιδείαν οὐκ ἐδέξασθε (5)
5. 3. οὐκ ἠθέλησαν δέξασθαι παιδείαν (5)
7. 28. οὐδὲ ἐδέξατο παιδείαν (5)
17. 23. B S τοῦ μὴ δέξασθαι παιδείαν (5)
37 (30). 14. πληγὴν ἐχθροῦ ἔπαισά σε παιδείαν στερεάν (5)
39 (32). 33. οὐκ ἤκουσαν [A ἠθέλησαν] ἔτι λαβεῖν παιδείαν (5)
42 (35). 13. οὐ μὴ λάβητε παιδείαν τοῦ ἀκούειν (5)
Ba. 4. 13. οὐδὲ τρίβους παιδείας . . . ἐπέβησαν
Ez. 13. 9. ἐν παιδείᾳ τοῦ λαοῦ μου οὐκ ἔσονται †
Da. LXX. 1. 20. ἐν παντὶ λόγῳ καὶ συνέσει καὶ παιδείᾳ (1)
II Ma. 6. 12. πρὸς παιδείαν τοῦ γένους ἡμῶν εἶναι
7. 33. χάριν ἐπιπλήξεως καὶ παιδείας
IV Ma. 1. 17. αὕτη δὴ τοίνυν ἐστὶν ἡ τοῦ νόμου π.
10. 10. διὰ παιδείαν . . . ταῦτα πάσχομεν
13. 22. αὔξονται σφοδρότερον διὰ . . . τῆς ἄλλης π.
[Aq. Jb. 5. 17: 33. 16: 36. 10: Pr. 1. 3: 6. 23: Je. 10. 8: 30 (37). 14.]
[Sm. Jb. 36. 10: 39. 35 (40. 5): Pr. 1. 3: 6. 23: 10. 17: 13. 18: 19. 20: Is. 9. 6 (5), 7 (6): 29. 24: Je. 10. 8: 30 (37). 14.]
[Th. Jb. 20. 3: 36. 10: 37. 13: Ps. 17 (18). 36: Pr. 5. 23: 6. 23: 23. 23: Is. 9. 7 (6): Je. 30 (37). 14: Ez. 5. 15.]
[Al. Pr. 13. 24: 15. 10.]

παιδεύειν. (1) בִּין pil. (2) הָלַם (3) יָכַח hi. (4) יָסַר *a.* qal. *b.* ni. *c.* pi. *d.* hi. *e.* nithp. *f.* מוּסָר (5) יָרַד hi. (6) יָרָה hi. (7) לָקַח (8) נָגַף (9) נָשָׂא (10) עָמַם hi. (11) אָסַר

Le. 26. 18. προσθήσω τοῦ [A *om.*] παιδεῦσαι ὑμᾶς (4 *c*)
— 23. ἐπὶ τούτοις ἐὰν μὴ παιδευθῆτε (4 *b*)
— 28. παιδεύσω ὑμᾶς ἐγὼ ἑπτάκις (4 *c*)
De. 4. 36. παιδεῦσαί σε (4 *c*)
8. 5. B ὡς εἴ τις ἄνθρ. παιδεύσαι [A R -σῃ] τὸν υἱὸν αὐ. οὕτω κ. ὁ θ. σου παιδεύσει σε (4 *c*, 4 *c*)
21. 18. A R καὶ παιδεύωσιν [B -δεύσ.] αὐτόν (4 *c*)
De. 22. 18. καὶ παιδεύσουσιν [A -σωσιν] αὐτόν (4 *c*)
32. 10. καὶ ἐπαίδευσεν αὐτόν (1)
I Ki. 26. 10. B ἐὰν μὴ κ. παιδεύσῃ [A R παίσῃ] αὐτόν (8)
II Ki. 22. 48. παιδεύων λαοὺς ὑποκάτω μου (5)
III Ki. 12. 11. ὁ πατήρ μου ἐπαίδευσεν ὑμᾶς (4 *c*)
— 11. παιδεύσω ὑμᾶς ἐν σκορπίοις (4 *c*)
— 14. ὁ πατήρ μου ἐπαίδευσεν ὑμᾶς (4 *c*)
— 14. παιδεύσω ὑμᾶς ἐν σκορπίοις (4 *c*)
II Ch. 10. 11. ὁ πατήρ μου ἐπαίδευσεν ὑμᾶς (10)
— 11. ὁ πατήρ μου ἐπαίδευσεν ὑμᾶς (4 *c*)
— 11. παιδεύσω ὑμᾶς ἐν σκορπίοις –
— 14. ὁ πατήρ μου ἐπαίδευσεν ὑμᾶς (4 *c*)
— 14. παιδεύσω ὑμᾶς ἐν σκορπίοις –
To. 4. 14. ἴσθι πεπαιδευμένος ἐν πάσῃ ἀναστροφῇ σου
Es. 2. 7. ἐπαίδευσεν αὐτὴν ἑαυτῷ (7 ?)
Ps. 2. 10. παιδεύθητε πάντες οἱ κρίνοντες τὴν γῆν (4 *b*)
6. 1. μηδὲ τῇ ὀργῇ σου παιδεύσῃς με (4 *c*)
15 (16). 7. ἐπαίδευσάν με οἱ νεφροί μου (4 *c*)
37 (38). 1. μηδὲ τῇ ὀργῇ σου παιδεύσῃς με (4 *c*)
38 (39). 11. ἐπαίδευσας ἄνθρωπον (4 *c*)
89 (90). 10. καὶ παιδευθησόμεθα †
— 12. καὶ τοὺς πεπαιδευμένους [A S² πεπεδημένους] τῇ καρδίᾳ ἐν σοφίᾳ †
93 (94). 10. ὁ παιδεύων ἔθνη οὐχὶ ἐλέγξει (4 *a*)
— 12. ὁ ἄνθρωπος ὃν ἂν σὺ παιδεύσῃς (4 *c*)
104 (105). 22. τοῦ παιδεῦσαι τοὺς ἄρχοντας αὐτοῦ ὡς ἑαυτόν (11)
117 (118). 18. παιδεύων ἐπαίδευσέ με (4 *c*, 4 *c*)
140 (141). 5. παιδεύσει με δίκαιος ἐν ἐλέει (2)
Pr. 3. 12. A S ὃν γὰρ ἀγαπᾷ κύριος παιδεύει [B ἐλέγχει] (3)
5. 13. οὐκ ἤκουον φωνὴν παιδεύοντός με (6)
9. 7. ὁ παιδεύων κακοὺς λήψεται ἑαυτῷ ἀτιμίαν (4 *a*)
10. 4. υἱὸς πεπαιδευμένος σοφὸς ἔσται –
13. 24. ὁ δὲ ἀγαπῶν ἐπιμελῶς παιδεύει (4 *f*)
19. 18. παίδευε υἱόν σου (4 *c*)
22. 3. κραταιῶς αὐτὸς παιδεύεται †
23. 13. μὴ ἀπόσχῃ νήπιον παιδεύειν [A -ων] (4 *f*)
24. 69 (31. 1). ὃν ἐπαίδευσεν ἡ μήτηρ αὐ. (4 *c*)
28. 17. παίδευε υἱὸν καὶ ἀγαπήσει σε –
29. 17. παίδευε υἱόν σου καὶ ἀναπαύσει σε (4 *c*)
— 19. λόγοις οὐ παιδευθήσεται οἰκέτης σκληρός [S¹ σκληροτράχηλος] (4 *b*)
Wi. 3. 5. ὀλίγα παιδευθέντες μεγάλα εὐεργετηθήσονται
6. 11. ποθήσατε καὶ παιδευθήσεσθε
— 25. παιδεύεσθε τοῖς ῥήμασί μου
11. 9. καίπερ ἐν ἐλέει παιδευόμενοι
12. 22. ἡμᾶς οὖν παιδεύων τοὺς ἐχθροὺς ἡμῶν . . . μαστιγοῖς
Si. 6. 32. ἐὰν θέλῃς, τέκνον, παιδευθήσῃ
7. 23. τέκνα σοί ἐστι παίδευσον αὐτά
10. 1. κριτὴς σοφὸς παιδεύσει τὸν λαὸν αὐτοῦ
18. 13. ἐλέγχων καὶ παιδεύων καὶ διδάσκων
21. 12. οὐ παιδευθήσεται ὃς οὐκ ἔστι πανοῦργος
— 23. ἀνὴρ δὲ πεπαιδευμένος ἔξω στήσεται
23. 15. ἐν πάσαις ταῖς ἡμέραις αὐτοῦ οὐ μὴ παιδευθῇ
26. 14. οὐκ ἔστιν ἀντάλλαγμα πεπαιδευμένης ψυχῆς
30. 2. ὁ παιδεύων τὸν υἱὸν αὐτοῦ ὀνήσεται [S² αἰνεθήσεται] ἐπ' αὐτῷ
— 13. παίδευσον τὸν υἱόν σου
31 (34). 9. A² B ἀνὴρ πεπαιδευμένος [A¹ S πεπλανημένος] ἔγνω πολλά
34 (31). 19. ὡς ἱκανὸν ἀνθρώπῳ πεπαιδευμένῳ τὸ ὀλίγον
37. 23. ἀνὴρ σοφὸς τὸν ἑαυτοῦ λαὸν παιδεύσει
40. 30. ἀνὴρ δὲ . . . πεπαιδευμένος φυλάξεται
42. 8. ἔσῃ πεπαιδευμένος ἀληθινῶς
Ho. 7. 12. παιδεύσω αὐτούς (4 *d*)
— 15. ἐπαιδεύθησαν ἐν ἐμοί (4 *c*)
10. 10. παιδεῦσαι αὐτούς (4 *a*)
— 10. ἐν τῷ παιδεύεσθαι αὐτούς (11)
Is. 28. 26. παιδευθήσῃ κρίματι θεοῦ σου [B¹ *al.*] (4 *c*)
46. 3. οἱ . . . παιδευόμενοι ἐκ [A ἀπὸ] παιδίου (9)
Je. 2. 19. παιδεύσει σε ἡ ἀποστασία σου (4 *c*)
6. 8. πόνῳ καὶ μάστιγι παιδευθήσῃ (4 *b*)
10. 24. παίδευσον ἡμᾶς (4 *c*)
26 (46). 28. παιδεύσω σε εἰς κρίμα [A κρίσιν] (4 *c*)
38 (31). 18. ἐπαίδευσάς με καὶ ἐπαιδεύθην (4 *c*, 4 *b*)
Ez. 23. 48. παιδευθήσονται πᾶσαι αἱ γυναῖκες (4 *e*)
28. 3. σοφοὶ οὐκ ἐπαίδευσάν σε †
II Ma. 6. 16. παιδεύων δὲ μετὰ συμφορᾶς
10. 4. R μετ' ἐπιεικείας παιδεύεσθαι [A *om.*]
IV Ma. 5. 24. S R καὶ δικαιοσύνην παιδεύει [A -ειν]
13. 24. νόμῳ γὰρ τῷ αὐτῷ παιδευθέντες
[Aq. Ps. 6. 2.]
[Sm. Ps. 109 (110). 2: Is. 28. 26: Je. 30 (37). 11: 46 (26). 28: La. 1. 13.]
[Th. Ge. 1. 28: Le. 26. 17: Ps. 6. 2: 89 (90). 10: Is. 41. 2: Je. 30 (37). 11.]
[Al. Le. 25. 43, 46, 53: 26. 17: II Ch. 8. 10: Ez. 34. 4.]
[Quint. Ps. 67 (68). 28: Ho. 6. 3.]

παιδευσία (?).

Si. 4. 25. S¹ περὶ τῆς π. [A B S² ἀπ.] σου ἐντράπηθι

παιδευτής. (1) מוּסָר

Si. 37. 19. ἔστιν ἀνὴρ . . . πολλῶν παιδευτής
Ho. 5. 2. ἐγὼ δὲ παιδευτὴς ὑμῶν (1)
IV Ma. 5. 34. οὐ ψεύσομαί σε, παιδευτὰ νόμε
9. 6. ὁ π. ἡμῶν γέρων ἐνίκησε
[Sm. Dt. 16. 18: I Ch. 26. 29: II Ch. 19. 11.]
[Th. Ps. 67 (68). 28.]

παιδία *vid. sub* παιδεία.

παιδιόθεν.

Ge. 47. 3. A ἐκ π. ἕως τοῦ νῦν –

παιδίον. (1) בְּכוֹר (2) בֵּן (3) טַף (4) יוֹנֵק (5) *a.* יֶלֶד *b.* יַלְדָּה (6) *a.* נַעַר *b.* נַעֲרָה (7) עֶבֶד (8) עוּל (9) רַחַם (10) π. νήπιον יוֹנֵק

Ge. 17. 12. παιδίον ὀκτὼ ἡμερῶν περιτμηθήσεται (2)
21. 7. θηλάζει παιδίον Σάρρα (2)
— 8. ηὐξήθη τὸ π. (5 *a*)
— 12. περὶ τοῦ π. καὶ περὶ τῆς παιδίσκης (6 *a*)
— 14. ἐπέθηκεν ἐπὶ τὸν ὦμον καὶ τὸ π. (5 *a*)
— 15. ἔρριψε τὸ π. ὑποκάτω μιᾶς ἐλάτης (5 *a*)
— 16. οὐ μὴ ἴδω τὸν θάνατον τοῦ π. μου (5 *a*)
— 16. ἀναβοῆσαν δὲ τὸ π. ἔκλαυσεν –
— 17. εἰσήκουσε δὲ ὁ θ. τῆς φωνῆς τοῦ π. (6 *a*)
— 17. ἐπακήκοε γὰρ ὁ θ. τῆς φωνῆς τοῦ π. (6 *a*)
— 18. λάβε τὸ π. (6 *a*)
— 19. ἐπότισε τὸ π. (6 *a*)
— 20. ἦν ὁ θ. μετὰ τοῦ π. (6 *a*)
22. 5. A ἐγὼ δὲ καὶ τὸ π. [R -δάριον] (6 *a*)
25. 22. ἐσκίρτων δὲ τὰ π. ἐν αὐτῇ (2)
30. 26. ἀπόδος . . . τὰ π. (5 *a*)
31. 17. ἔλαβε . . . τὰ π. αὐτοῦ (2)
— 28. καταφιλῆσαι τὰ π. μου (2)
32. 15 (16). καμήλους θηλαζούσας καὶ τὰ π. αὐ. (2)
— 22 (23). ἔλαβε . . . τὰ ἕνδεκα π. αὐτοῦ (5 *a*)
33. 1. ἐπιδιεῖλεν Ἰ. τὰ π. (5 *a*)
— 2. Λείαν καὶ τὰ π. αὐτῆς ὀπίσω (5 *a*)
— 5. εἶδε . . . τὰ π. (5 *a*)
— 5. τὰ π. οἷς ἠλέησεν ὁ θ. τὸν παῖδά σου (5 *a*)
— 6. A αἱ παιδίσκαι καὶ τὰ π. [R τέκνα] αὐ. (5 *a*)
— 13. τὰ π. ἁπαλώτερα (5 *a*)
44. 20. καὶ π. γήρως νεώτερον αὐτῷ (5 *a*)
— 22. οὐ δυνήσεται τὸ π. καταλιπεῖν (6 *a*)
— 30. R καὶ τὸ π. [A -δάριον] μὴ ᾖ μεθ' ἡμῶν (6 *a*)
— 31. R μὴ ὂν τὸ π. [A -δάριον] μεθ' ἡ. (6 *a*)
— 32. ἐκδέδεκται τὸ π. (6 *a*)
— 33. παραμενῶ σοι παῖς ἀντὶ τοῦ π. (6 *a*)
— 33. τὸ δὲ π. ἀναβήτω (6 *a*)
— 34. τοῦ π. μὴ ὄντος μεθ' ἡμῶν (6 *a*)
45. 19. λαβεῖν αὐτοῖς ἁμάξας . . . τοῖς π. ὑ. (3)
48. 16. εὐλογῆσαι τὰ π. ταῦτα (6 *a*)
50. 23. παιδία ἕως τρίτης γενεᾶς (2)
Ex. 2. 3. ἐνέβαλε τὸ π. εἰς αὐτήν (5 *a*)
— 6. ὁρᾷ π. κλαῖον ἐν τῇ θίβει (5 *a* + 6 *a*)
— 6. ἀπὸ τῶν π. τῶν Ἑβρ. τοῦτο (5 *a*)
— 7. θηλάσει σοι τὸ π. (5 *a*)
— 8. ἐκάλεσε τὴν μητέρα τοῦ π. (5 *a*)
— 9. διατήρησόν μοι τὸ π. τοῦτο (5 *a*)
— 9. ἔλαβε δὲ ἡ γυνὴ τὸ π. (5 *a*)
— 10. ἁδρυνθέντος δὲ τοῦ π. (5 *a*)
4. 20. ἀναλαβὼν δὲ M. . . . τὰ π. (2)
— 25, 26. τὸ αἷμα τῆς περιτομῆς τοῦ π. μου –
21. 4. ἡ γυνὴ καὶ τὰ π. (5 *a*)
— 5. ἠγάπηκα . . . τὰ π. (2)
— 22. καὶ ἐξέλθῃ τὸ π. αὐτῆς (5 *a*)
22. 24 (23). καὶ τὰ π. ὑμῶν ὀρφανά (2)
Le. 22. 28. αὐτὴν καὶ τὰ π. αὐτῆς (2)
25. 54. καὶ τὰ π. αὐτοῦ μετ' αὐτοῦ (2)
Nu. 3. 4. παιδία οὐκ ἦν αὐτοῖς (2)

Nu. 14. 3. αἱ γυναῖκες ἡμῶν καὶ τὰ π. (3)
— 31. καὶ τὰ π. ἃ εἴπατε (3)
De. 1. 39. A καὶ τὰ π. ὑμῶν ἃ εἴπατε (3)
— 39. καὶ πᾶν π. νέον (2)
3. 6. καὶ τὰ π. καὶ πάντα τὰ κτήνη (3)
11. 2. οὐχὶ τὰ π. ὑμῶν ὅσοι οὐκ οἴδασιν (2)
22. 7. τὰ δὲ π. λήψῃ σεαυτῷ (2)
25. 6. καὶ ἔσται τὸ π. ὃ ἐὰν τέκῃ (1)
Jo. 1. 14. τὰ π. ὑμῶν καὶ τὰ κτήνη ὑμῶν (3)
9. 1 (8. 35). καὶ ταῖς γυναιξὶ καὶ τοῖς π. (3)
Jd. 13. 8. τί ποιήσωμεν τῷ π. [A -δαρίῳ] (6 a)
— 12. τίς ἔσται κρίσις τοῦ π. [A al.] (6 a)
19. 19. B μετὰ τῶν π. [R -δων, A τοῖς δούλοις] σου (7)
Ru. 4. 16. ἔλαβε N. τὸ π. (5 a)
I Ki. 1. 2. ἦν τῇ Φ. παιδία (5 a)
— 2. τῇ Ἄννᾳ οὐκ ἦν παιδίον (5 a)
— 5. οὐκ ἦν αὐτῇ παιδίον –
— 6. οὐκ ἔδωκεν αὐτῇ κ. παιδίον –
— 6. τοῦ μὴ δοῦναι αὐτῇ παιδίον –
17. 33. A παιδίον [B -δάριον] εἶ σύ (6 a)
21. 4 (5). A εἰ πεφυλαγμ. τὰ π. εἰσίν [B -δάριά ἐστι] (6 a)
— 5 (6). R γέγονε πάντα τὰ π. [A R -δάρια] ἥγνισμ. (6 a)
II Ki. 6. 23. τῇ M. . . . οὐκ ἐγένετο παιδίον (5 a)
12. 15. ἔθραυσε κ. τὸ π. [A -δάριον] (5 a)
13. 32. A πάντα τὰ π. [B -δάρια] τοὺς υἱ. τοῦ βασ. ἐθανάτωσεν (6 a)
III Ki. 3. 25. διέλετε τὸ π. τὸ ζῶν (5 a)
— 26. δότε αὐτῇ τὸ π. (5 b)
— 27. δότε τὸ π. τῇ εἰπούσῃ [A al.] (5 b)
II Ch. 20. 13. καὶ τὰ π. αὐ. καὶ αἱ γυναῖκες (3+2)
To. 2. 2. S παιδίον [A B om.], βάδιζε
— 2. S προσμενῶ σε, παιδίον [A B al.]
— 3. S ἰδοὺ ἐγώ, παιδίον
3. 15. οὐχ ὑπάρχει αὐτῷ π. [S al.]
4. 3. A B παιδίον, ἐὰν ἀποθάνω
— 4. μνήσθητι, παιδίον
— 5. παιδίον, κυρίου . . . μνημόνευε
— 12. πρόσεχε σεαυτῷ, παιδίον
— 12. μνήσθητι, παιδίον
— 13. καὶ νῦν, παιδίον
— 14. πρόσεχε σεαυτῷ, παιδίον
— 19. καὶ νῦν, παιδίον
— 20. S καὶ νῦν, παιδίον [A B om.]
— 21. μὴ φοβοῦ, παιδίον
5. 3. S καὶ νῦν, παιδίον
— 8. S ἵνα πορευθῇ μετὰ σοῦ, παιδίον [A B al.]
— 16. S παιδίον, ἑτοίμασον τὰ πρὸς τὴν ὁδόν [A B al.]
— 16. S συνοδεῦσαι ὑμῖν . . . παιδίον [A B al.]
— 17. τί ἐξαπέστειλας τὸ π. ἡμῶν [S al.]
— 18. περίψημα τοῦ π. ἡμῶν γένοιτο
— 20. S πορεύσεται τὸ π. ἡμῶν [A B al.]
6. 1. S ἐξῆλθεν τὸ π.
— 2. S κατέβη τὸ π. [A B al.]
— 17. σοὶ ἔσται ἐξ αὐτῆς παιδία
7. 7. S εὐλογία σοι γένοιτο, παιδίον
— 10. τὸ π. μου λαβεῖν [S al.]
— 10. S τὴν ἀλήθειάν σοι ὑποδείξω, παιδίον [A B al.]
— 11. ἔδωκα τὸ π. μου [S αὐτήν]
— 11. S παιδίον, φάγε καὶ πίε
— 12. S εὐοδώσει ὑμᾶς, παιδίον [A B om.]
8. 21 bis. S θάρσει, παιδίον
10. 4. ἀπώλετο τὸ π.
— 7. ἀπώλετο τὸ π. μου
— 9. S μεῖνον, παιδίον [A B om.]
— 12. S ὑγίαινε, παιδίον
— 12. ἴδοιμι ὑμῶν παιδία
— 13 εἶν σου παιδία [S al.]
— 13. S παιδίον, εἰς εἰρήνην
11. 9. εἶδόν σε, παιδίον
12. 1. S παιδίον, ὅρα [A B al.]
— 4. S δικαιοῦται αὐτῷ, παιδίον
14. 3. S παιδίον, ἀπάγαγε τὰ π. σου [A B al.]
— 7. S καὶ νῦν, παιδία
— 7. S τοῖς π. ὑμῶν ἐνυποταγήσεται
— 8. S σύ, παιδίον, ἔξελθε [A B al.]
— 10. S ἴδε, παιδίον [A B τέκνον, ἴ.]
— 11. καὶ νῦν, παιδία
Ju. 4. 11. A S R τὰ [B om.] π. καὶ οἱ κατοικοῦντες ἐν Ἱερ.
7. 23. καὶ αἱ γυναῖκες καὶ τὰ π.
Jb. 1. 19. ἔπεσεν ἡ οἰκία ἐπὶ τὰ π. σου (6 a)
21. 11. τὰ δὲ π. αὐτῶν προσπαίζουσιν (5 a)
39. 3. ἐξέθρεψας δὲ αὐτῶν τὰ π. (5 a)
Jb. 40. 24 (29). ἢ δήσεις αὐτὸν ὥσπερ στρουθίον παιδίῳ (6 b)
Si. 21. 19. πέδαι ἐν ποσὶν ἀνομία τοῦ π. [B S al.]
Is. 3. 5. προσκόψει τὸ π. πρὸς τὸν πρεσβύτην (6 a)
7. 16. πρὶν ἢ γνῶναι τὸ π. ἀγαθὸν ἢ κακόν (6 a)
8. 4. πρὶν ἢ γνῶναι τὸ π. καλεῖν πατέρα (6 a)
— 18. ἰδοὺ ἐγὼ καὶ τὰ π. ἅ μοι ἔδωκεν ὁ θεός (5 a)
9. 6 (5). π. ἐγεννήθη ἡμῖν (5 a)
10. 19. π. γράψει αὐτούς (6 a)
11. 6. π. μικρὸν ἄξει αὐτούς (6 a)
— 7. ἅμα τὰ π. αὐτῶν ἔσονται [A βοσκηθήσ.] (5 a)
— 8. π. νήπιον ἐπὶ τρωγλῶν ἀσπίδων . . . τὴν χεῖρα ἐπιβαλεῖ (10)
34. 15. ἔσωσεν ἡ γῆ τὰ π. αὐτῆς μετὰ ἀσφαλείας †
38. 19. ἀπὸ γὰρ τῆς σήμερον παιδία ποιήσω (2)
46. 3. οἱ . . . παιδευόμενοι ἐκ [A ἀπὸ] παιδίου (9)
49. 15. μὴ ἐπιλήσεται γύνη [A μήτηρ] τοῦ π. αὐτῆς (8)
53. 2. ἀνηγγείλαμεν ὡς π. ἐναντίον αὐτοῦ (4)
66. 8. ὤδινε καὶ ἔτεκε Σιὼν τὰ π. αὐτῆς (2)
— 12. τὰ π. αὐτῶν ἐπ' ὤμων ἀρθήσονται †
Je. 38 (31). 20. ἐμοὶ π. ἐντρυφῶν (5 a)
Ba. 4. 15. οὐδὲ π. ἠλέησαν
La. 4. 10. ἥψησαν τὰ π. αὐτῶν (5 a)
Ep. Je. 33. ἐνδύσουσι τὰς γυναῖκας αὐτῶν καὶ τὰ π.
Da. LXX. Su. 30. καὶ τὰ π. Σουσάννας τέσσαρα
Bel 19. ἀνδρῶν καὶ γυναικῶν καὶ παιδίων
Da. TH. Bel 10. A χωρὶς γυναικῶν καὶ παιδίων [B al.]
— 20. ἀνδρῶν καὶ γυναικῶν καὶ παιδίων
II Ma. 8. 28. τὰ λοιπὰ αὐτοὶ καὶ τὰ π. ἐμερίσαντο
IV Ma. 4. 9. μετὰ γυναικῶν καὶ παιδίων
— 25. περιέτεμον τὰ π.
[**Aq**. Ge. 4. 23 : Ex. 1. 17, 18 : Dt. 1. 39 : III Ki. 14. 3 : Is. 8. 18 : 9. 6 (5) : 11. 7.]
[**Sm**. Jb. 39. 3 : Ps. 28 (29). 9 (P.) : Is. 8. 18 : 10. 19 : 11. 7.]
[**Th**. Ex. 1. 17, 18 : Jb. 39. 3 : Is. 8. 18 : 11. 7.]
[**Al**. Ex. 2. 3.]

παιδιότης.

[**Aq**. Ps. 109 (110). 3.]

παιδίσκη. (1) אָמָה (2) יַלְדָּה (3) נַעֲרָה (4) שִׁפְחָה

Ge. 12. 16. καὶ παῖδες καὶ παιδίσκαι (4)
16. 1. ἦν δὲ αὐτῇ π. Αἰγυπτία (4)
— 2. εἴσελθε οὖν πρὸς τὴν π. μου (4)
— 3. Ἄγαρ τὴν Αἰγ. τὴν ἑαυτῆς π. (4)
— 5. ἐγὼ δέδωκα τὴν π. μου (4)
— 6. ἡ π. σου ἐναντίον σου (4)
— 8. R Ἄγαρ παιδίσκη Σάρας (4)
20. 14. καὶ παῖδας καὶ παιδίσκας (4)
— 17. ἰάσατο ὁ θ. . . . τὰς π. αὐτοῦ (1)
21. 10. ἔκβαλε τὴν π. ταύτην (1)
— 10. ὁ υἱὸς τῆς π. (1)
— 12. περὶ τοῦ παιδίου καὶ περὶ τῆς π. (1)
— 13. καὶ τὸν υἱὸν δὲ τῆς π. ταύτης (1)
24. 35. ἔδωκεν αὐτῷ . . . παιδίσκας (4)
25. 12. Ἄγαρ ἡ π. Σάρρας (4)
29. 24. ἔδωκε δὲ . . . Z. τὴν π. αὐτοῦ αὐτῇ παιδίσκην (4, 4)
— 29. ἔδωκε δὲ . . . B. τὴν π. αὐτοῦ αὐτῇ παιδίσκην (4, 4)
30. 3. ἰδοὺ ἡ π. μου B. (1)
— 4. ἔδωκεν αὐτῷ B. τὴν π. αὐτῆς (4)
— 5. συνέλαβε B. ἡ π. Ῥαχήλ –
— 7. συνέλαβεν ἔτι B. ἡ π. Ῥ. (4)
— 9. ἔλαβε Z. τὴν π. αὐτῆς (4)
— 10. συνέλαβε Z. ἡ π. Λείας (4)
— 12. συνέλαβεν ἔτι Z. ἡ π. Λ. (4)
— 18. ἔδωκα τὴν π. μου τῷ ἀνδρί μου (4)
— 43. παῖδες καὶ παιδίσκαι (4)
31. 33. ἐν τῷ οἴκῳ τῶν δύο π. (1)
32. 5 (6). R παῖδες [A βόες] καὶ παιδίσκαι (4)
— 22 (23). ἔλαβε . . . τὰς δύο π. (4)
33. 1. ἐπιδιεῖλεν Ἰ. . . . τὰς δύο π. (4)
— 2. ἐποίησεν τὰς δύο π. . . . ἐν πρώτοις (4)
— 6. προσήγγισαν αἱ π. (4)
34. 4. A λάβε μοι τὴν π. [R παῖδα] ταύτην (2)
35. 25. υἱοὶ δὲ B. παιδίσκης Ῥ. (4)
— 26. υἱοὶ δὲ Z. παιδίσκης Λ. (4)
Ex. 20. 10. ὁ παῖς σου καὶ ἡ π. σου (1)
— 17. οὔτε τὴν π. αὐτοῦ (1)
21. 20. ἐὰν δέ τις πατάξῃ . . . τὴν π. αὐτοῦ (1)
— 32. ἐὰν δὲ παῖδα κερατίσῃ . . . ἢ παιδίσκην (1)
Ex. 23. 12. ὁ υἱὸς τῆς π. σου (1)
Le. 25. 6. βρώματα . . . τῇ π. σου (1)
— 44. παῖς καὶ παιδίσκη ὅσοι ἂν γένωνταί σοι (1)
De. 5. 14 bis. ὁ παῖς σου καὶ ἡ π. σου (1)
— 21 (18). οὔτε τὸν παῖδα αὐ. οὔτε τὴν π. αὐ. (1)
12. 12. οἱ παῖδες ὑμῶν καὶ αἱ π. ὑμῶν (1)
— 18. ὁ παῖς σου καὶ ἡ π. σου (1)
15. 17. τὴν π. σου ποιήσεις ὡσαύτως (1)
16. 11, 14. ὁ παῖς σου καὶ ἡ π. σου (1)
28. 68. εἰς παῖδας καὶ παιδίσκας (4)
Jd. 9. 18. υἱὸν παιδίσκης [A τῆς π.] αὐτοῦ (1)
19. 19. καὶ τῇ π. [A δούλῃ σου] (1)
Ru. 2. 13. ὡς μία τῶν π. σου (4)
4. 12. οὗ δώσει κ. σοι ἐκ τῆς π. ταύτης (3)
I Ki. 25. 41. ἡ δούλη σου εἰς παιδίσκην (4)
II Ki. 6. 20. ἐν ὀφθαλμοῖς παιδισκῶν τῶν δούλων ἑαυ. (1)
— 22. καὶ μετὰ τῶν π. ὧν εἶπας (1)
17. 17. ἐπορεύθη ἡ π. (4)
IV Ki. 5. 26. καὶ νῦν ἔλαβες . . . παιδίσκας (4)
I Es. 5. 1. οἱ παῖδες αὐτῶν καὶ αἱ π.
— 41. χωρὶς παίδων καὶ παιδισκῶν
— 42. B παῖδες τούτων καὶ παιδίσκαι
II Es. 2. 65. χωρὶς δούλων αὐ. καὶ παιδισκῶν (1)
Ne. 7. 67. παρὲξ . . . παιδισκῶν αὐτῶν (1)
To. 3. 7. ὑπὸ παιδισκῶν πατρὸς αὐτῆς [S al.]
— 8. S εἶπεν αὐτῇ ἡ π. [A B al.]
8. 12. ἀπόστειλον μίαν τῶν π.
— 13. S ἀπέστειλαν τὴν π.
— 13. A B εἰσῆλθεν ἡ π. [S om. ἡ π.]
— 14. S ἐξελθοῦσα ἡ π. [A B om. ἡ π.]
10. 11. S παῖδας καὶ παιδίσκας
Ju. 8. 7. ὑπελείπετο αὐτῇ . . . παιδίσκας
10. 10. αὐτὴ καὶ ἡ π. αὐτῆς
11. 5. λαλησάτω ἡ π. σου
— 6. ἐὰν κατακολουθήσῃς τοῖς λόγοις τῆς π. σου
12. 13. μὴ ὀκνησάτω δὴ ἡ π. ἡ καλὴ αὕτη
Es. 7. 4. ἐπράθημεν . . . εἰς παῖδας καὶ παιδίσκας (4)
Ps. 85 (86). 16. σῶσον τὸν υἱὸν τῆς π. σου (1)
115. 7 (116. 16). ἐγὼ δοῦλος σὸς καὶ υἱὸς τῆς π. σου (1)
122 (123). 2. ὡς ὀφθαλμοὶ παιδίσκης εἰς χεῖρας τῆς κυρίας αὐτῆς (4)
Ec. 2. 7. ἐκτησάμην δούλους καὶ παιδίσκας (4)
Wi. 9. 5. ἐγὼ δοῦλος σὸς καὶ υἱὸς τῆς π. σου
Si. 41. 22. ἀπὸ περιεργείας [S[2] -γασίας καὶ] παιδίσκης αὐτοῦ
Am. 2. 7. εἰσεπορεύοντο πρὸς τὴν αὐτὴν π. (3)
Je. 41 (34). 9. τοῦ ἐξαποστεῖλαι . . . ἕκαστον τὴν π. αὐτοῦ (4)
— 10. τοῦ ἀποστεῖλαι . . . ἕκαστον τὴν π. αὐτοῦ [A om. ἕ. τ. π. αὐ.] (4)
— 11. ἔωσαν αὐτοὺς εἰς παῖδας καὶ παιδίσκας (4)
— 16. A R τοῦ ἐπιστρέψαι . . . ἕκαστον τὴν π. αὐτοῦ . . . τοῦ εἶναι [B S om. τ. εἶ.] ὑμῖν εἰς παῖδας καὶ παιδίσκας (4, 4)
Da. LXX. Su. 30. καὶ οἱ παῖδες καὶ αἱ π. αὐ.
Da. TH. Su. 36. εἰσῆλθεν αὕτη μετὰ δύο παιδισκῶν
— 36. ἀπέλυσε τὰς π.
[**Aq**. Ge. 24. 61 : Ex. 2. 5 : Pr. 9. 3 : Je. 34 (41). 11 (Sw.).]
[**Sm**. Ge. 34. 12, 19.]
[**Th**. II Ki. 14. 15.]

παιδοποιεῖσθαι.

II Ma. 14. 25. παρεκάλεσεν αὐτὸν γῆμαι καὶ παιδοποιήσασθαι

παιδοποιΐα.

IV Ma. 17. 6. ἦν γὰρ ἡ π. σου ἀπὸ Ἀβ. τοῦ πατρός

παιδοχαρακτήρ.

IV Ma. 15. 4. A εἰς μικρὸν π. [S R παιδὸς χαρ.]

παίειν. (1) בָּלַע pi. (2) דָּכָא pi. (3) מָחַץ (4) נָגַף (5) נָכָה hi.

Ex. 12. 13. ὅταν παίω ἐν γῇ Αἰγύπτῳ (5)
Nu. 22. 28. πέπαικάς με τοῦτο τρίτον (5)
Jo. 20. 9. παντὶ παίοντι ψυχὴν ἀκουσίως (5)
Jd. 14. 19. A ἔπαισεν [cod. ἔπεσεν] ἐκεῖθεν τριάκοντα ἄνδρας [B al.] (5)
I Ki. 13. 4. B πέπαικε Σ. τὸν Νασίβ (5)
26. 10. A R ἐὰν μὴ κύριος παίσῃ [B παιδεύσῃ] αὐτόν (4)
II Ki. 6. 7. ἔπαισεν αὐτὸν ἐκεῖ ὁ θ. (5)
14. 6. ἔπαισεν ὁ εἷς τὸν ἕνα ἀδελφὸν αὐ. (5)

II Ki. 14. 7. δὸς τὸν παίσαντα τὸν ἀδ. αὐ. (5)
20. 10. ἔπαισεν αὐτὸν ἐν αὐτῇ (5)
III Ki. 16. 16. καὶ ἔπαισε τὸν βασ. (5)
IV Ki. 9. 15. ὧν ἔπαισαν αὐτόν (5)
25. 21. ἔπαισεν αὐτοὺς βασιλεὺς Βαβ. (5)
Jb. 2. 7. ἔπαισε τὸν Ἰὼβ ἕλκει πονηρῷ (5)
4. 19. ἔπαισεν αὐτοὺς σητὸς τρόπον (2)
5. 18. ἔπαισε καὶ αἱ χεῖρες αὐτοῦ ἰάσαντο [A *al.*] (3)
10. 8. μετὰ ταῦτα μεταβαλών με ἔπαισας (1)
16. 11. ὀξεῖ ἔπαισέ με εἰς [A ἐπὶ] τὰ γόνατα (5)
Si. 47. 3. R ἐν λέουσιν ἔπαισεν [A B[1] -ζεν, B[2] S -ξεν] ὡς ἐν ἐρίφοις
Is. 14. 6. παίων ἔθνος πληγὴν θυμοῦ †
— 29. συνετρίβη γὰρ ὁ ζυγὸς τοῦ παίοντος ὑμᾶς (5)
Je. 5. 6. ἔπαισεν αὐτοὺς λέων ἐκ τοῦ δρυμοῦ (5)
14. 19. ἵνα τί ἔπαισας ἡμᾶς (5)
37 (30). 14. πληγὴν ἐχθροῦ ἔπαισά σε (5)
La. 3. 30. δώσει τῷ παίοντι αὐτὸν σιαγόνα (5)
Da. TH. 8. 7. ἔπαισε τὸν κριόν (5)
[Sm. Nu. 24. 17.]
[Th. Jd. 14. 19.]
[Al. Nu. 22. 23.]

παίζειν. (1) עָכַס pi. (2) צָחַק pi. (3) שָׂחַק pi.

Ge. 21. 9. τὸν υἱὸν Ἄγαρ . . . παίζοντα μετὰ Ἰσ. (2)
26. 8. τὸν Ἰ. παίζοντα μετὰ Ῥεβέκκας (2)
Ex. 32. 6. καὶ ἀνέστησαν παίζειν (2)
Jd. 16. 25. παιξάτω ἐνώπιον ἡμῶν (3)
— 25. ἔπαιζεν ἐνώπιον αὐτῶν [A *al.*] (2)
I Ki. 18. 7. A ἐξῆλθον αἱ γυναῖκες αἱ παίζουσαι [B *al.*] (3)
II Ki. 2. 14. παιξάτωσαν ἐνώπιον ἡμῶν (3)
6. 5. παίζοντες ἐνώπιον κυρίου (3)
— 21. παίξομαι καὶ ὀρχήσομαι (3)
I Ch. 13. 8. Δ. καὶ πᾶς Ἰσρ. παίζοντες (3)
15. 29. εἶδε τὸν βασ. Δ. . . . παίζοντα (3)
I Es. 5. 3. πάντες οἱ ἀδελφοὶ αὐτῶν παίζοντες
Jb. 40. 24 (29). παίξῃ δὲ ἐν [A καὶ ἐμπαίξεις] αὐτῷ ὥσπερ ὀρνέῳ (3)
Pr. 26. 19. παίζων ἔπραξα (3)
Si. 35 (32). 12. ἐκεῖ παῖζε
47. 3. A B[1] ἐν λέουσιν ἔπαιζεν [B[2] S -ξεν, R -σεν] ὡς ἐν ἐρίφοις
Za. 8. 5. πλησθήσονται . . . κορασίων παιζόντων (3)
Is. 3. 16. τοῖς ποσὶν ἅμα παίζουσαι (1)
Je. 15. 17. οὐκ ἐκάθισα ἐν συνεδρίῳ αὐτῶν παιζόντων (3)
37 (30). 19. ἐξελεύσονται ἀπ᾽ αὐτῶν ᾄδοντες φωνὴ παιζόντων (3)
38 (31). 4. ἐξελεύσῃ μετὰ συναγωγῆς παιζόντων (3)
[Aq., Sm. I Ki. 18. 7 : Pr. 8. 30 : Je. 15. 17.]
[Th. I Ki. 18. 7 : Pr. 8. 30.]

παῖς. (1) אִישׁ (2) אֱנוֹשׁ (3) בֵּן (4) חַיִל (5) *a.* יֶלֶד *b.* יַלְדָּה (6) לְ (7) מַלְאָךְ (8) *a.* נַעַר *b.* נַעֲרָה *c.* נְעוּרִים *d.* נֹעַר (9) *a.* עֶבֶד *b.* עֲבֵד (10) עַם

Ge. 9. 25. ἐπικατάρατος Χαναὰν παῖς (9 *a*)
— 26. R ἔσται Χαν. παῖς οἰκέτης [A *om.*] αὐτοῦ (9 *a*)
— 27. γενηθήτω Χαν. παῖς αὐτοῦ (9 *a*)
12. 16. καὶ παῖδες καὶ παιδίσκαι (9 *a*)
14. 15. R αὐτὸς καὶ οἱ π. αὐτοῦ (9 *a*)
18. 3. μὴ παρέλθῃς τὸν π. σου (9 *a*)
— 5. ἐκκλίνατε πρὸς τὸν π. ὑμῶν (9 *a*)
— 7. καὶ ἔδωκε τῷ π. (8 *a*)
— 17. μὴ κρύψω ἐγὼ ἀπὸ Ἀβ. τοῦ π. μου –
19. 2. πρὸς τὸν οἶκον τοῦ π. ὑμῶν (9 *a*)
— 19. ἐπειδὴ εὗρεν ὁ π. σου ἔλεος (9 *a*)
20. 8. ἐκάλεσε πάντας τοὺς π. αὐτοῦ (9 *a*)
— 14. καὶ παῖδας καὶ παιδίσκας (9 *a*)
21. 25. ὧν ἀφείλαντο οἱ π. τοῦ Ἀβιμ. (9 *a*)
22. 3. παρέλαβε δὲ . . . δύο παῖδας (8 *a*)
— 5. εἶπεν Ἀβ. τοῖς π. αὐτοῦ (8 *a*)
— 19. ἀπεστράφη δὲ Ἀβ. πρὸς τοὺς π. αὐ. (8 *a*)
24. 2. εἶπεν Ἀβ. τῷ π. αὐτοῦ (9 *a*)
— 5. εἶπε δὲ πρὸς αὐτὸν ὁ π. (9 *a*)
— 9. ἔθηκεν ὁ π. τὴν χεῖρα αὐ. ὑπὸ τὸν μηρόν (9 *a*)
— 10. ἔλαβεν ὁ π. δέκα καμήλους (9 *a*)
— 14. ταύτην ἡτοίμασας τῷ π. σου (9 *a*)
— 17. ἐπέδραμε δὲ ὁ π. (9 *a*)
— 28. δραμοῦσα ἡ π. (8 *a**, 8 *b*)
— 34. παῖς Ἀβραὰμ ἐγώ εἰμι (9 *a*)
— 35. ἔδωκεν αὐτῷ . . . παῖδας (9 *a*)
— 52. ἐν τῷ ἀκοῦσαι τὸν π. τὸν Ἀβ. (9 *a*)

Ge. 24. 53. ἐξενέγκας ὁ π. σκεύη (9 *a*)
— 57. καλέσωμεν τὴν π. (8 *a**, 8 *b*)
— 59. ἐξέπεμψαν . . . τὸν π. τὸν Ἀβ. (9 *a*)
— 61. ἀναλαβὼν ὁ π. τὴν Ῥεβ. (9 *a*)
— 65. καὶ εἶπε τῷ π. (9 *a*)
— 65. εἶπε δὲ ὁ π. (9 *a*)
— 66. διηγήσατο ὁ π. τῷ Ἰ. (9 *a*)
26. 15. ἃ ὤρυξαν οἱ π. τοῦ πατρὸς αὐ. (9 *a*)
— 18. ἃ ὤρυξαν οἱ π. Ἀβραάμ †
— 19. ὤρυξαν δὲ οἱ π. Ἰσαάκ (9 *a*)
— 25. ὤρυξαν δὲ ἐκεῖ οἱ π. Ἰ. (9 *a*)
— 32. παραγενόμενοι οἱ π. Ἰσαάκ (9 *a*)
30. 43. παῖδες καὶ παιδίσκαι (9 *a*)
32. 4 (5). οὕτως λέγει ὁ π. σου Ἰ. (9 *a*)
— 5 (6). R παῖδες [A βόες] καὶ παιδίσκαι (9 *a*)
— 5 (6). ἵνα εὕρῃ ὁ π. σου χάριν –
— 10 (11). ἧς ἐποίησας τῷ π. σου (9 *a*)
— 16 (17). ἔδωκεν διὰ χειρὸς τοῖς π. αὐτοῦ (9 *a*)
— 16 (17). εἶπε δὲ τοῖς π. αὐτοῦ (9 *a*)
— 18 (19). τοῦ π. σου Ἰακώβ (9 *a*)
— 20 (21). ὁ π. σου Ἰ. παραγίνεται (9 *a*)
33. 5. οἷς ἠλέησεν ὁ θ. τὸν π. σου (9 *a*)
— 8. ἵνα εὕρῃ ὁ π. σου χάριν –
— 14. προελθέτω . . . ἔμπροσθεν τοῦ π. (9 *a*)
34. 4. R λάβε μοι τὴν π. [A παιδίσκην] ταύτην (5 *b*)
— 12. δώσετέ μοι τὴν π. ταύτην (8 *a**, 8 *b*)
39. 14. εἰσήγαγεν ἡμῖν π. Ἑβραῖον (1)
— 17. εἰσῆλθε πρὸς μὲ ὁ π. ὁ Ἑβρ. (9 *a*)
— 19. οὕτως ἐποίησέ μοι ὁ π. σου (9 *a*)
40. 20. ἐποίει πότον πᾶσι τοῖς π. αὐ. (9 *a*)
— 20. ἐν μέσῳ τῶν π. αὐτοῦ (9 *a*)
41. 10. Φ. ὠργίσθη τοῖς π. αὐτοῦ (9 *a*)
— 12. ἦν δὲ ἐκεῖ μεθ᾽ ἡμῶν νεανίσκος π. Ἑβρ. (9 *a*)
— 37. ἐναντίον πάντων τῶν π. αὐτοῦ (9 *a*)
— 38. εἶπε Φ. πᾶσι τοῖς π. αὐτοῦ (9 *a*)
42. 10. οἱ π. σου ἤλθομεν (9 *a*)
— 11. οὐκ εἰσὶν οἱ π. σου κατάσκοποι (9 *a*)
— 13. δώδεκά ἐσμεν οἱ π. σου ἀδελφοί (9 *a*)
43. 18. τοῦ λαβεῖν ἡμᾶς εἰς παῖδας (9 *a*)
— 28. ὑγιαίνει ὁ π. σου (9 *a*)
44. 7. μὴ γένοιτο τοῖς π. σου (9 *a*)
— 9. τὸ κόνδυ τῶν π. σου (9 *a*)
— 9. ἐσόμεθα παῖδες τῷ κυρίῳ ἡμῶν (9 *a*)
— 10. ἔσται μου παῖς (9 *a*)
— 16. τὴν ἀδικίαν τῶν π. σου (9 *a*)
— 17. αὐτὸς ἔσται μου π. (9 *a*)
— 18. λαλησάτω ὁ π. σου ῥῆμα (9 *a*)
— 18. μὴ θυμωθῇς τῷ π. σου (9 *a*)
— 19. σὺ ἠρώτησας τοὺς π. (9 *a*)
— 21. εἶπας δὲ τοῖς π. σου (9 *a*)
— 23. σὺ δὲ εἶπας τοῖς π. σου (9 *a*)
— 24. ἡνίκα ἀνέβημεν πρὸς τὸν π. σου (9 *a*)
— 27. εἶπε δὲ ὁ π. σου (9 *a*)
— 30. ἐὰν εἰσπορεύωμαι πρὸς τὸν π. σου (9 *a*)
— 31. κατάξουσιν οἱ π. σου τὸ γῆρας τοῦ π. σου (9 *a*, 9 *a*)
— 32. ὁ γὰρ π. σου ἐκδέδεκται τὸ παιδίον (9 *a*)
— 33. παραμενῶ σοι παῖς ἀντὶ τοῦ παιδίου (9 *a*)
46. 34. ἄνδρες κτηνοτρ. ἐσμὲν οἱ π. σου ἐκ παιδός (9 *a*, 8 *c*)
47. 3. ποιμένες προβάτων οἱ π. σου (9 *a*)
— 4. τοῖς κτήνεσι τῶν π. σου (9 *a*)
— 4. A κατοικήσωμεν οἱ π. σου [B *om.* οἱ π. σ.] (9 *a*)
— 19. ἐσόμεθα ἡμεῖς . . . παῖδες Φαραῷ (9 *a*)
— 21. κατεδουλώσατο . . . εἰς παῖδας †
— 25. ἐσόμεθα π. τῷ Φαραῷ (9 *a*)
50. 2. προσέταξεν Ἰ. τοῖς π. αὐτοῦ (9 *a*)
— 7. πάντες οἱ π. Φαραώ (9 *a*)
Ex. 5. 16. οἱ π. σου μεμαστίγωνται (9 *a*)
11. 8. καταβήσονται πάντες οἱ π. σου (9 *a*)
20. 10. ὁ π. σου καὶ ἡ παιδίσκη σου (9 *a*)
— 17. οὔτε τὸν π. αὐτοῦ (9 *a*)
21. 2. ἐὰν κτήσῃ παῖδα Ἑβρ. (9 *a*)
— 5. ἐὰν δὲ ἀποκριθεὶς εἴπῃ ὁ π. (9 *a*)
— 20. ἐὰν δέ τις πατάξῃ τὸν π. αὐτοῦ (9 *a*)
— 32. ἐὰν δὲ παῖδα κερατίσῃ ὁ ταῦρος (9 *a*)
Le. 25. 6. βρώματά σοι καὶ τῷ π. σου (9 *a*)
— 44. παῖς καὶ παιδίσκη ὅσοι ἂν γένωνταί σοι (9 *a*)
— 55. παῖδές μου οὗτοί εἰσιν (9 *a*)
Nu. 14. 24. ὁ δὲ π. μου Χάλεβ (9 *a*)
22. 22. καὶ οἱ [B[1] *om.*] δύο π. αὐ. μετ᾽ αὐτοῦ (8 *a*)
31. 49. οἱ π. σου εἰλήφασι τὸ κεφάλαιον (9 *a*)
32. 4. τοῖς π. σου κτήνη ὑπάρχει (9 *a*)
— 5. A δοθήτω ἡ γῆ αὕτη τοῖς π. [B οἰκέταις] σου (9 *a*)
— 25. οἱ π. σου ποιήσουσι (9 *a*)

Nu. 32. 27. οἱ δὲ π. σου παρελεύσονται (9 *a*)
De. 5. 14 *bis*. ὁ π. σου καὶ ἡ παιδίσκη σου (9 *a*)
— 21 (18). οὔτε τὸν π. αὐ. οὔτε τὴν παιδίσκην αὐ. (9 *a*)
12. 12. οἱ π. ὑμῶν καὶ αἱ παιδίσκαι ὑμῶν (9 *a*)
— 18 : 16. 11, 14. ὁ π. σου καὶ ἡ παιδίσκη σου (9 *a*)
22. 15. λαβὼν ὁ πατὴρ τῆς π. (8 *a**, 8 *b*)
— 15. τὰ παρθένια τῆς π. (8 *a**, 8 *b*)
— 16. ἐρεῖ ὁ πατὴρ τῆς π. (8 *a**, 8 *b*)
— 23. παῖς παρθένος μεμνηστευμένη ἀνδρί (8 *a**, 8 *b*)
— 25. ἐὰν δὲ . . . εὕρῃ . . . τὴν π. τὴν μεμνηστευμ. (8 *a**, 8 *b*)
— 28. ἐὰν δέ τις εὕρῃ τὴν π. τὴν παρθένον (8 *a**, 8 *b*)
23. 15 (16). οὐ παραδώσεις παῖδα τῷ κυρίῳ (9 *a*)
28. 68. εἰς παῖδας καὶ παιδίσκας (9 *a*)
Jo. 1. 7. καθότι ἐνετείλατό σοι Μ. ὁ π. μου (9 *a*)
— 13. ὃ ἐνετείλατο ὑμῖν Μ. ὁ π. κυρίου (9 *a*)
7. 7. ἵνα τί διεβίβασεν ὁ π. σου τὸν λαὸν τ. †
9. 9. ἥκασιν οἱ π. σου (9 *a*)
— 24. ὅσα συνέταξε . . . Μ. τῷ [A *om.*] π. αὐ. (9 *a*)
10. 6. μὴ ἐκλύσῃς τὰς χ. σου ἀπὸ τῶν π. σου (9 *a*)
11. 12. Μωυσῆς ὁ π. κυρίου (9 *a*)
— 15. συνέταξε κ. τῷ Μ. τῷ π. αὐτοῦ (9 *a*)
12. 6 : 13. 8. Μ. ὁ π. κυρίου (9 *a*)
14. 7. Μ. ὁ π. τοῦ θ. [A Μ. δοῦλος κυρίου] (9 *a*)
18. 7 : 22. 2, 5. Μ. ὁ π. κυρίου (9 *a*)
Jd. 3. 24. οἱ π. αὐτοῦ ἐπῆλθον [A εἰσῆλ.] (9 *a*)
16. 26. A ὁ δὲ π. ἐποίησεν οὕτως –
19. 19. R μετὰ τῶν π. [B -δίων, A τοῖς δούλοις] σου (9 *a*)
Ru. 2. 6. ἡ π. ἡ Μωαβῖτίς ἐστιν (8 *b*)
I Ki. 16. 15. εἶπαν οἱ π. Σ. [A αὐτοῦ] (9 *a*)
— 17. εἶπε Σ. πρὸς τοὺς π. αὐτοῦ (9 *a*)
18. 22. ἐνετείλατο Σ. τοῖς π. αὐτοῦ (9 *a*)
— 22. πάντες οἱ π. αὐτοῦ ἀγαπῶσί σε (9 *a*)
— 23. ἐλάλησαν οἱ π. Σ. (9 *a*)
— 24. ἀπήγγειλαν οἱ π. Σ. αὐτῷ (9 *a*)
— 26. ἀπαγγέλλουσιν οἱ π. Σ. τῷ Δ. (9 *a*)
19. 1. ἐλάλησε . . . πρὸς πάντας τοὺς π. αὐτοῦ (9 *a*)
21. 11 (12). εἶπαν οἱ π. Ἀ. πρὸς αὐτόν (9 *a*)
— 14 (15). εἶπεν Ἀ. πρὸς τοὺς π. αὐτοῦ (9 *a*)
22. 6. πάντες οἱ π. αὐ. παρειστήκεισαν αὐτῷ (9 *a*)
— 7. εἶπε Σ. πρὸς τοὺς π. αὐτοῦ (9 *a*)
— 17. οὐκ ἐβουλήθησαν οἱ π. τοῦ βασ. (9 *a*)
25. 8. A ὃ ἐὰν εὕρῃ ἡ χείρ σου τοῖς π. σου [B *om.* τ. π. σ.] (9 *a*)
— 10. ἀπεκρίθη Ν. τοῖς π. Δ. (9 *a*)
— 40. ἦλθον οἱ π. Δ. πρὸς Ἀβ. (9 *a*)
— 41. νίψαι πόδας τῶν π. σου (9 *a*)
— 42. ἐπορεύθη ὀπίσω τῶν π. Δ. (7)
28. 7. εἶπε Σ. τοῖς π. αὐτοῦ (9 *a*)
— 7. εἶπαν οἱ π. αὐτοῦ πρὸς αὐτόν (9 *a*)
— 23. παρεβιάζοντο αὐτὸν οἱ π. αὐ. (9 *a*)
— 25. προσήγαγεν . . . ἐνώπιον τῶν π. αὐ. (9 *a*)
29. 10. καὶ οἱ π. τοῦ κ. σου (9 *a*)
II Ki. 2. 12. καὶ οἱ π. Ἰεβ. υἱοῦ Σ. (9 *a*)
— 13. οἱ π. Δ. ἐξῆλθον ἐκ Χ. (9 *a*)
— 15. παρῆλθον . . . τῶν π. Βεν. (6)
— 15. καὶ δώδεκα ἐκ τῶν π. Δ. (9 *a*)
— 17. ἐνώπιον παίδων [A τῶν π.] Δ. (9 *a*)
— 30. ἐπεσκέπησαν τῶν π. Δ. (9 *a*)
— 31. οἱ π. Δ. ἐπάταξαν (9 *a*)
3. 22. οἱ π. Δ. καὶ Ἰ. παρεγίνοντο (9 *a*)
— 34. A οἱ π. [B πόδες] σου οὐκ ἐν πέδαις †
— 38. εἶπεν ὁ βασ. πρὸς τοὺς π. αὐ. (9 *a*)
8. 7. ἐπὶ τῶν π. τὴν Ἀδρ. (9 *a*)
9. 2. ἐκ τοῦ οἴκου Σ. παῖς ἦν (9 *a*)
10. 2. παρεγένοντο οἱ π. Δ. εἰς τὴν γῆν υἱῶν Ἀ. (9 *a*)
— 3. ἀπέστειλε Δ. τοὺς π. αὐτοῦ πρὸς σέ (9 *a*)
— 4. ἔλαβεν Ἀ. τοὺς π. Δ. (9 *a*)
11. 1. ἀπέστειλε Δ. τὸν Ἰ. καὶ τοὺς π. αὐ. (9 *a*)
— 24. ἐτόξευσαν . . . πρὸς τοὺς π. σου (9 *a*)
— 24. ἀπέθανον τῶν π. τοῦ βασ. (9 *a*)
12. 19. οἱ π. αὐτοῦ ψιθυρίζουσι (9 *a*)
— 19. εἶπε Δ. πρὸς τοὺς π. αὐτοῦ (9 *a*)
— 21. εἶπαν οἱ π. αὐτοῦ πρὸς αὐτόν (9 *a*)
13. 24. ὁ βασ. καὶ οἱ π. αὐτοῦ (9 *a*)
— 31, 36. καὶ πάντες οἱ π. αὐτοῦ (9 *a*)
14. 30. εἶπεν Ἀβ. πρὸς τοὺς π. αὐτοῦ (9 *a*)
— 30. ἐνέπρησαν αὐτὰς οἱ π. Ἀβ. (9 *a*)
— 31. ἵνα τί ἐνεπύρισαν οἱ π. σου (9 *a*)
15. 14. εἶπε Δ. πᾶσι τοῖς π. αὐ. (9 *a*)
— 15. εἶπον οἱ π. τοῦ βασ. (9 *a*)
— 15. ἰδοὺ οἱ π. σου (9 *a*)
— 17. ὁ βασ. καὶ πάντες οἱ π. αὐτοῦ (10)

II Ki. 15. 18. καὶ πάντες οἱ π. αὐτοῦ (9 a)
— 22. καὶ πάντες οἱ π. αὐ. (2)
— 34. παῖς σού εἰμι (9 a)
— 34. παῖς τοῦ πατρός σου ἤμην τότε (9 a)
16. 6. καὶ πάντας τοὺς π. τοῦ βασ. Δ. (9 a)
— 11. καὶ πρὸς πάντας τοὺς π. αὐτοῦ (9 a)
17. 20. ἦλθαν οἱ π. Ἀβ. (9 a)
18. 7, 9. ἐνώπιον τῶν π. Δαυίδ (9 a)
19. 6 (7). οὐκ εἰσὶν οἱ ἄρχοντές σου οὐδὲ παῖδες (9 a)
— 19 (20). ὅσα ἠδίκησεν ὁ π. σου (9 a)
— 26 (27). εἶπεν ὁ π. σου αὐτῷ (9 a)
20. 6. λάβε . . . τοὺς π. τοῦ κυρίου σου (9 a)
21. 15. κατέβη Δ. καὶ οἱ π. αὐτοῦ (9 a)
24. 20. τὸν βασ. καὶ τοὺς π. αὐτοῦ (9 a)
III Ki. 1. 2. εἶπον οἱ π. αὐτοῦ (9 a)
— 9. ἐκάλεσε . . . παῖδας τοῦ βασ. (9 a)
3. 15. καὶ πᾶσι τοῖς π. ἑαυτοῦ (9 a)
5. 1 (15). ἀπέστειλε Χ. . . . τοὺς π. αὐ. (9 a)
9. 27. ἐν τῇ νηὶ τῶν π. αὐτοῦ . . . μετὰ τῶν π. Σαλ. (9 a, 9 a)
10. 5. καὶ τὴν καθέδραν παίδων [A τῶν π.] αὐ. (9 a)
— 8. μακάριοι οἱ π. σου οὗτοι (9 a)
— 13. καὶ πάντες οἱ π. αὐτῆς (9 a)
— 22 (B): 9. 22 (A). καὶ παῖδες αὐ. καὶ ἄρχοντες (9 a)
11. 17. πάντες . . . τῶν π. τοῦ πατρὸς αὐτοῦ (9 a)
14. 3. A τί ἔσται τῷ π. (8 a)
— 26. ἐκ χειρὸς τῶν π. Ἀδρ. –
15. 18. εἰς χεῖρας παίδων αὐτοῦ (9 a)
16. 9. A συνέστρεψεν . . . π. αὐτοῦ [B om. π. αὐ.] Ζ. (9 a)
— 28 (22. 49 [50]). B ἐξαποστελῶ τοὺς π. σου (9 a)
21 (20). 6. ἀποστελῶ τοὺς π. μου πρὸς σέ (9 a)
— 6. ἐρευνήσουσι . . . τοὺς οἴκους τῶν π. σου (9 a)
— 12. εἶπε τοῖς π. αὐτοῦ (9 a)
— 15. A ἐπεσκέψατο τοὺς π. τῶν ἀρχόντων [B al.] (8 a)
— 23. καὶ οἱ π. βασιλέως Συρίας (9 a)
— 31. εἶπε τοῖς π. αὐτοῦ [A al.] (9 a)
22. 3. εἶπε . . . πρὸς τοὺς π. αὐτοῦ (9 a)
IV Ki. 2. 16. μετὰ τῶν π. σου πεντήκ. ἄνδρες (9 a)
— 24. ἀνέρρηξαν . . . τεσσαράκ. καὶ δύο παῖδας (5 a)
3. 11. ἀπεκρίθη εἷς τῶν π. (9 a)
5. 13. ἤγγισαν οἱ π. αὐτοῦ (9 a)
— 26. καὶ νῦν ἔλαβες . . . παῖδας (9 a)
6. 8. ἐβουλεύσατο πρὸς τοὺς π. αὐτοῦ (9 a)
— 11. ἐκάλεσε τοὺς π. αὐτοῦ (9 a)
— 12. εἶπεν εἷς τῶν π. αὐτοῦ (9 a)
7. 12. εἶπε πρὸς τοὺς π. αὐτοῦ (9 a)
— 13. ἀπεκρίθη εἷς τῶν π. αὐτοῦ (9 a)
9. 11. ἐξῆλθε πρὸς τοὺς π. τοῦ κυρίου αὐτοῦ (9 a)
— 28. ἐπεβίβασαν αὐτὸν οἱ π. αὐτοῦ (9 a)
10. 5. παῖδές σου ἡμεῖς (9 a)
18. 26. λάλησον δὴ πρὸς τοὺς π. σου (9 a)
19. 5. ἦλθον οἱ π. τοῦ βασ. (9 a)
21. 23. συνεστράφησαν οἱ π. Ἀ. πρὸς αὐτόν (9 a)
23. 30. ἐπεβίβασαν αὐτὸν οἱ π. αὐ. νεκρόν (9 a)
24. 11. οἱ π. αὐτοῦ ἐπολιόρκουν ἐπ' αὐτήν (9 a)
— 12. αὐτὸς καὶ οἱ π. αὐτοῦ (9 a)
I Ch. 2. 34. καὶ τῷ Σ. π. Αἰγύπτιος (9 a)
— 35. ἔδωκε Σ. τὴν θυγ. αὐ. τῷ Ἰ. π. αὐ. (9 a)
6. 49 (34). Μωυσῆς π. τοῦ θεοῦ (9 a)
16. 13. σπέρμα Ἰσρ. παῖδες αὐτοῦ (9 a)
17. 4. AS εἰπὸν πρὸς Δ. τὸν π. [B δοῦλόν] μου (9 a)
— 17. ἐλάλησας ἐπὶ τὸν οἶκον τοῦ π. σου (9 a)
— 23. ὃν ἐλάλησας πρὸς τὸν π. σου (9 a)
— 24. οἶκος Δ. παιδός σου ἀνωρθωμένος (9 a)
— 25. ἤνοιξας τὸ οὖς τοῦ π. σου (9 a)
— 25. εὗρεν ὁ π. σου τοῦ προσεύξασθαι (9 a)
— 27. τοῦ εὐλογῆσαι τὸν οἶκον τοῦ π. σου (9 a)
18. 2. ἦσαν Μ. παῖδες τῷ Δ. (9 a)
— 6. ἦσαν τῷ Δ. εἰς παῖδας (9 a)
— 7. οἳ ἦσαν ἐπὶ τοὺς π. Ἀδρ. (9 a)
— 13. ἦσαν πάντες οἱ Ἰδουμ. παῖδες Δ. (9 a)
19. 2. ἦλθον παῖδες Δ. εἰς γῆν υἱῶν Ἀ. (9 a)
— 3. ἦλθον παῖδες αὐτοῦ πρὸς σέ (9 a)
— 4. ἔλαβεν Ἀ. τοὺς π. Δ. (9 a)
— 19. εἶδον παῖδες Ἀδρ. (9 a)
20. 3. B οὕτως ἐποίησε Δ. τοῖς π. [AR πᾶσιν] †
— 8. ἔπεσον . . . ἐν χειρὶ παίδων αὐ. (9 a)
21. 3. πάντες τῷ κυρίῳ μου παῖδες (9 a)
— 8. περίελε δὴ τὴν κακίαν παιδός σου (9 a)
22. 17. AB ἐνετείλατο Δ. τοῖς π. [R πᾶσιν] †
II Ch. 1. 3. ἣν ἐποίησε Μ. παῖς κυρίου (9 a)
2. 8 (7). οἱ π. σου μετὰ τῶν π. μου πορεύσονται (9 a, 9 a)
II Ch. 2. 10 (9). δέδωκα σῖτον εἰς δόματα τοῖς π. σου (9 a)
— 13 (12). AB^2 ἀπέσταλκά μοι . . . Χ. τὸν π. [B^{1}R πατέρα] μου †
— 15 (14). ἀποστειλάτω τοῖς π. αὐτοῦ (9 a)
6. 14. φυλάσσων . . . τὸ ἔλεος τοῖς π. σου (9 a)
— 15. ἐφύλαξας τῷ π. σου Δ. (9 a)
— 16. φύλαξον τῷ π. [A^1 τὸν π.] σου (9 a)
— 17. ὃ ἐλάλησας τῷ π. σου (9 a)
— 19. ἐπὶ τὴν προσευχὴν παιδός σου (9 a)
— 19 (A B^{2}R), 20. ἧς ὁ π. σου προσεύχεται (9 a)
— 21. ἀκούσῃ τῆς δεήσεως τοῦ π. σου (9 a)
— 27. ἵλεως ἔσῃ ταῖς ἁμαρτ. τῶν [B^1 αὐτῶν] π. (9 a)
8. 9. οὐκ ἔδωκε Σαλ. εἰς παῖδας (9 a)
— 18. ἀπέστειλε Χ. ἐν χειρὶ παιδῶν αὐ. . . . π. εἰδότας θάλασσαν (9 a, 9 a)
— 18. ᾤχοντο μετὰ τῶν π. Σ. (9 a)
9. 4. καὶ καθέδραν παίδων αὐτοῦ (9 a)
— 7. μακάριοι οἱ π. σου οὗτοι (9 a)
— 10. οἱ π. Σ. καὶ οἱ π. Χ. ἔφερον χρυσίον (9 a, 9 a)
— 21. ἐπορεύετο . . . μετὰ τῶν π. Χ. (9 a)
10. 7. ἔσονταί σοι παῖδες (9 a)
12. 8. ἔσονται εἰς παῖδας (9 a)
13. 6. ἀνέστη Ἰερ. . . . ὁ π. Σαλ. (9 a)
24. 9. καθὼς εἶπε Μωυσῆς π. τοῦ θ. (9 a)
— 25. ἐπέθεντο αὐτῷ οἱ π. αὐτοῦ (9 a)
25. 3. ἐθανάτωσε τοὺς π. αὐτοῦ (9 a)
32. 9. ἀπέστειλε . . . τοὺς π. ἑαυ. (9 a)
— 16. ἐλάλησαν παῖδες αὐ. ἐπὶ κ. θεὸν καὶ ἐπὶ Ἐζ. παῖδα αὐτοῦ (9 a, 9 a)
33. 24. ἐπέθεντο αὐτῷ οἱ π. αὐτοῦ (9 a)
34. 16. ἐν χειρὶ τῶν π. σου τῶν ποιούντων (9 a)
— 20. ἐνετείλατο . . . τῷ Ἀ. παιδὶ τοῦ βασ. (9 a)
35. 23. εἶπεν ὁ βασ. τοῖς π. αὐτοῦ (9 a)
— 24. ἐξήγαγον αὐτὸν οἱ π. αὐτοῦ (9 a)
36. 5. ἐν χειρὶ τῶν π. αὐτοῦ –
I Es. 1. 30. εἶπεν ὁ βασ. τοῖς π. ἑαυτοῦ
— 30. ἀπέστησαν αὐτὸν οἱ π. αὐτοῦ
— 57. ἦσαν παῖδες αὐτῷ
2. 17. βασιλεῖ Ἀρτ. κυρίῳ οἱ π. σου
5. 1. οἱ π. αὐτῶν καὶ αἱ παιδίσκαι
— 33. υἱοὶ παίδων Σαλωμών
— 35. καὶ οἱ υἱοὶ τῶν π. Σαλ.
— 41. χωρὶς παίδων καὶ παιδισκῶν
— 42. B παῖδες τούτων καὶ παιδίσκαι
6. 13. ἐσμὲν παῖδες τοῦ κυρίου
— 27. ἐᾶσαι δὲ τὸν π. . κυρίου Ζορ.
— 31. ὑπὲρ τοῦ βασ. καὶ τῶν π.
8. 82. ἐν χειρὶ τῶν π. σου τῶν προφητῶν
II Es. 4. 11. παῖδές σου ἄνδρες πέραν τοῦ ποτ. (9 b)
Ne. 1. 7. ἃ ἐνετείλω τῷ Μ. παιδί σου (9 a)
— 8. ὃν ἐνετείλω τῷ Μ. παιδί σου (9 a)
— 10. καὶ αὐτοὶ παῖδές σου (9 a)
— 11. εἰς τὴν προσευχὴν παίδων σου (9 a)
— 11. εὐόδωσον δὴ τῷ π. σου –
2. 5. εἰ ἀγαθυνθήσεται ὁ π. σου (9 a)
6. 5. ἀπέστειλε . . . τὸν π. αὐ. (8 a)
9. 10. καὶ ἐν πᾶσι τοῖς π. αὐτοῦ (9 a)
To. 7. 9. S εἶπεν τῷ π. [A B al.]
9. 2. λάβε μετὰ σεαυτοῦ παῖδα [S al.]
10. 11. S παῖδας καὶ παιδίσκας
11. 5. περιβλεπομένη εἰς τὴν ὁδὸν τὸν π. αὐ. [S al.]
Ju. 3. 2. S ἡμεῖς οἱ π. σου π. [A B om. σ. π.] Ναβ.
7. 12. ἐπικρατησάτωσαν οἱ π. σου τῆς πηγῆς
8. 7. ὑπελείπετο αὐτῇ . . . παῖδας
16. 12. ὡς παῖδας [A -ες] αὐτομολούντων ἐτίτρωσκον –
Es. 2. 7. ἦν τούτῳ π. θρεπτή –
6. 8. ἐνεγκάτωσαν οἱ π. τοῦ βασ. [A -κάτω] στολήν –
7. 4. ἐπράθημεν . . . εἰς παῖδας (9 a)
Jb. 1. 8. προσέσχες τῇ διανοίᾳ σου κατὰ τοῦ π. [A θεράποντός] μου Ἰώβ (9 a)
— 15, 17. τοὺς π. ἀπέκτειναν ἐν μαχαίραις [A al.] (8 a)
4. 18. εἰ κατὰ παίδων αὐτοῦ οὐ πιστεύει (9 a)
29. 5. κύκλῳ δέ μου οἱ π. (8 a)
42. 8. A πορεύθητε πρὸς τὸν π. [BS θεράποντά] μου Ἰώβ (9 a)
Ps. 17 (18). tit. εἰς τὸ τέλος τῷ π. κυρίου τῷ Δαυίδ (9 a)
68 (69). 17. B^{2}SR μὴ ἀποστρέψῃς τὸ πρόσωπόν σου ἀπὸ τοῦ π. σου (9 a)
85 (86). 16. δὸς τὸ κράτος σου τῷ π. σου (9 a)
112 (113). 1. αἰνεῖτε παῖδες κύριον (9 a)
Pr. 1. 4. παιδὶ δὲ νέῳ αἴσθησίν τε καὶ ἔννοιαν (8 a)
4. 1. ἀκούσατε παῖδες παιδείαν πατρός (3)
19. 14. οἶκον καὶ ὕπαρξιν μερίζουσι πατέρες παισί –
Pr. 19. 28. ὁ ἐγγυώμενος παῖδα ἄφρονα καθυβρίζει δικαίωμα –
20. 7. μακαρίους τοὺς π. αὐτοῦ καταλείψει (3)
29. 15. παῖς δὲ πλανώμενος αἰσχύνει γονεῖς αὐτοῦ (8 a)
— 21. ὃς κατασπαταλᾷ ἐκ παιδὸς οἰκέτης ἔσται (8 d)
Ec. 4. 13. ἀγαθὸς παῖς πένης καὶ σοφός (5 a)
Wi. 2. 13. παῖδα κυρίου ἑαυτὸν ὀνομάζει
8. 19. παῖς δὲ ἤμην εὐφυής
9. 4. μή με ἀποδοκιμάσῃς ἐκ παίδων σου
12. 7. ἵνα [S^1 κατὰ] ἀξίαν ἀποικίαν δέξηται θεοῦ παίδων
— 20. εἰ γὰρ ἐχθροὺς παίδων σου . . . μετὰ τοσαύτης ἐτιμώρησας [A -σω] προσοχῆς
— 25. ὡς παισὶν ἀλογίστοις τὴν κρίσιν εἰς ἐμπαιγμὸν ἔπεμψας
18. 9. κρυφῇ γὰρ ἐθυσίαζον ὅσιοι [A om.] παῖδες ἀγαθῶν
— 10. οἰκτρὰ διεφέρετο [A -ένετο] θρηνουμένων [A S φωνὴ θρ.] παίδων
19. 6. ἵνα οἱ σοὶ π. φυλαχθῶσιν ἀβλαβεῖς
Si. 6. 29. A ἔσονταί σοι αἱ παῖδες [?, B S πέδαι] εἰς σκέπην ἰσχύος
30. 34 (33. 25). ἐργασαι ἐν παιδί
Is. 20. 3. πεπόρευται ὁ π. μου Ἡσαΐας γυμνός (9 a)
22. 20. καλέσω τὸν π. μου Ἐλιακείμ (9 a)
24. 2. ὁ π. ὡς ὁ κύριος (9 a)
36. 11. λάλησον πρὸς τοὺς π. σου Συριστί (9 a)
37. 5. ἦλθον οἱ π. τοῦ βασ. Ἐζ. πρὸς Ἡσαΐαν (9 a)
— 35. δι' ἐμὲ καὶ διὰ Δαυὶδ τὸν π. μου (9 a)
41. 8. σὺ δὲ Ἰσραὴλ π. μου Ἰακώβ (9 a)
— 9. π. μου εἶ (9 a)
42. 1. Ἰακὼβ ὁ π. μου (9 a)
— 19. τίς τυφλὸς ἀλλ' ἢ οἱ π. μου (9 a)
— 23. S^1 εἰσακούσατε τῆς φωνῆς τοῦ π. αὐ. [A B S^2 al.] –
43. 10. ἐγὼ μάρτυς . . . καὶ ὁ π. ὃν ἐξελεξάμην (9 a)
44. 1. ἄκουσον Ἰακὼβ ὁ [A S om.] π. μου (9 a)
— 2. μὴ φοβοῦ, π. μου Ἰακώβ (9 a)
— 21. π. μου εἶ σύ, ἔπλασά σε παῖδά μου (9 a, 9 a)
— 26. ἱστῶν ῥήματα παιδὸς [A -ων] αὐ. (9 a)
45. 4. ἕνεκεν τοῦ π. μου Ἰακὼβ . . . καλέσω σε (9 a)
49. 6. μέγα σοί ἐστι τοῦ κληθῆναί σε παῖδά μου (9 a)
50. 10. ὑπακουσάτω [A ἀκ., S ἐπ.] τῆς φωνῆς τοῦ π. αὐτοῦ (9 a)
52. 13. συνήσει ὁ π. μου (9 a)
Je. 21. 7. δώσω τὸν Σεδ. βασιλέα Ἰ. καὶ τοὺς π. αὐ. . . . εἰς χεῖρας ἐχθρῶν αὐ. (9 a)
22. 2. S^2 σὺ καὶ οἱ π. καὶ ὁ οἶκός σου [ABS^{1}al.] (9 a)
— 4. καὶ οἱ π. αὐτῶν καὶ ὁ λαὸς αὐτῶν (9 a)
26 (46). 28. μὴ φοβοῦ, π. μου Ἰακώβ (9 a)
32 (25). 19. τὸν Φ. βασιλέα Αἰγ. καὶ τοὺς π. αὐτοῦ (9 a)
33 (26). 5. εἰσακούειν τῶν λόγων [A add. μου καὶ] τῶν π. μου (9 a)
41 (34). 9. τοῦ ἐξαποστεῖλαι ἕκαστον τὸν π. αὐτοῦ (9 a)
— 10. τοῦ ἀποστεῖλαι ἕκαστον τὸν π. αὐ. (9 a)
— 11. ἔδωσαν αὐτοὺς εἰς παῖδας καὶ παιδίσκας (9 a)
— 16. τοῦ ἐπιστρέψαι ἕκαστον τὸν π. αὐ. . . . ὑμῖν εἰς παῖδας καὶ παιδίσκας (9 a, 9 a)
42 (35). 15. ἐξαπέστειλα πρὸς ὑμᾶς τοὺς π. [A δούλους] μου (9 a)
43 (36). 24. οὐ διέρρηξαν τὰ ἱμάτια αὐτῶν ὁ βασιλεὺς καὶ οἱ π. αὐτοῦ (9 a)
— 31. ἐπισκέψομαι . . . ἐπὶ τοὺς π. αὐ. (9 a)
44 (37). 2. οὐκ ἤκουσαν αὐτὸς καὶ οἱ π. αὐτοῦ (9 a)
— 18. τί ἠδίκησά σε καὶ τοὺς π. σου (9 a)
47 (40). 9. A S R ἀπὸ προσώπου τῶν [B om.] π. τῶν Χ. †
51 (44). 4. ἀπέστειλα πρὸς ὑμᾶς τοὺς π. [A δούλους] μου τοὺς προφήτας (9 a)
52. 8. πάντες οἱ π. αὐτοῦ διεσπάρησαν ἀπ' αὐτοῦ (4)
Ba. 1. 20. ἣν συνέταξε κύριος τῷ Μ. παιδὶ αὐ. [B^1 al.]
2. 20. καθάπερ ἐλάλησας ἐν χειρὶ τῶν π. σου τῶν προφητῶν
— 24. οὓς ἐλάλησας ἐν χερσὶ τῶν π. σου τῶν προφητῶν
— 28. ἐλάλησας ἐν χειρὶ παιδός σου Μωυσῇ
3. 36. ἔδωκεν αὐτὴν Ἰακὼβ τῷ π. αὐτοῦ
Ez. 46. 17. ἐὰν δὲ δῷ δόμα ἑνὶ τῶν π. αὐτοῦ (9 a)
Da. LXX. Su. 30. καὶ οἱ π. καὶ αἱ παιδίσκαι αὐ.
1. 12. πείρασον δὴ τοὺς π. σου
— 13. οὕτω χρῆσαι τοῖς π. σου
2. 4. ἀνάγγειλον τὸ ἐνύπνιόν σου τοῖς π. σου (9 b)

Da. LXX. 2. 7. οἱ π. σου κρινοῦσι πρὸς ταῦτα (9 *b*)
3. 26 (93). οἱ π. τοῦ θεοῦ τῶν θεῶν τοῦ ὑψίστου (9 *b*)
— 28 (95). ἔσωσε τοὺς π. αὐ. (9 *b*)
9. 6. οὐκ ἠκούσαμεν τῶν π. σου τῶν προφ. (9 *a*)
— 10. διὰ τῶν π. σου τῶν προφητῶν (9 *a*)
— 11. ἐν τῷ νόμῳ Μωσῆ παιδὸς τοῦ θεοῦ (9 *a*)
— 17. ἐπάκουσον, δέσποτα, τῆς προσευχῆς τοῦ π. σου (9 *a*)
10. 17. πῶς δυνήσεται ὁ π. λαλῆσαι (9 *a*)
Da. TH. 1. 12. πείρασον δὴ τοὺς π. σου (9 *a*)
— 13. ποίησον μετὰ τῶν π. [A -δαρίων] σου (9 *a*)
2. 4. σὺ εἰπὸν τὸ ἐνύπνιον τοῖς π. σου (9 *b*)
— 7. εἰπάτω τὸ ἐνύπνιον τοῖς π. αὐ. (9 *b*)
3. 28 (95). ἐξείλατο τοὺς π. αὐ. (9 *b*)
10. 17. πῶς δυνήσεται ὁ π. σου, κύριε, λαλῆσαι (9 *a*)
I Ma. 1. 6. ἐκάλεσε τοὺς π. αὐ.
— 8. ἐπεκράτησαν οἱ π. αὐ.
3. 41. καὶ ἔλαβον . . . παῖδας
— 41. τοῦ λαβεῖν τοὺς υἱοὺς Ἰσρ. εἰς παῖδας
II Ma. 6. 23. R τῆς ἐκ παιδὸς καλλίστης ἀναστροφῆς [A ἀναστρ.]
7. 34. A ἐπὶ τοὺς οὐρανίους π. ἐπαράμενος χεῖρα [R *al.*]
15. 12. ἐκ παιδὸς ἐκμεμελετηκότα πάντα
III Ma. 5. 31. εἴ σοι γονεῖς παρῆσαν ἢ παίδων γοναί
— 49. ἐπιπίπτοντες γονεῖς παισί
IV Ma. 6. 17. μὴ οὕτως κακῶς φρονήσαιμεν οἱ Ἀβ. παῖδες
— 22. ὑμεῖς μέν, ὦ Ἀβραὰμ παῖδες
9. 18. μόνοι π. Ἑβραίων . . . εἰσιν ἀνίκητοι
12. 6. τὴν μητέρα τοῦ π. μετεπέμψατο
— 9. ἐπὶ τῇ ἐπαγγελίᾳ τοῦ π.
— 17. S[1] οὐκ ἀπαυτομολῶ τῆς τῶν π. μου ἀριστείας [A S[2] R *al.*]
15. 4. SR εἰς μικρὸν παιδὸς χαρακτῆρα [A παιδοχ.]
— 12. καθ' ἕνα π. καὶ ὁμοῦ πάντας
16. 1. γυνὴ καὶ γεραιὰ καὶ ἑπτὰ παίδων μήτηρ
— 6. ἥτις ἑπτὰ παῖδας τεκοῦσα
— 8. μάτην ἐφ' ὑμῖν, ὦ παῖδες, πολλὰς ὑπέμεινα ὠδῖνας
— 9. ὦ τῶν ἐμῶν π. οἱ μὲν ἄγαμοι
— 15. ὅτε συνελήφθης μετὰ τῶν π.
— 16. ἔλεγες τοῖς π.
— 16. ὦ παῖδες, γενναῖος ὁ ἀγών
17. 2. ὦ μήτηρ σὺν ἑπτὰ παισὶ καταλύσασα
— 3. ἐπὶ τοῦ στύλου τῶν π. γενναίως ἱδρυμένη
— 5. τοὺς ἰσαστέρας ἑπτὰ παῖδας φωταγωγήσασα
— 6. A ἦν γὰρ ἡ παιδοποιΐα σου ἀπὸ Ἀβ. τοῦ π. [S R πατρός]
— 9. γυνὴ γεραιὰ καὶ ἑπτὰ παῖδες ἐγκεκήδευνται
— 13. ἡ δὲ μήτηρ τῶν ἑπτὰ παίδων ἐνήθλει
18. 1. ὦ . . . παῖδες Ἰσραηλῖται
— 6. ἡ μήτηρ τῶν ἑπτὰ π.
— 20. τοὺς ἑπτὰ π. τῆς Ἀβρααμίτιδος
— 23. οἱ δὲ Ἀβραμιαῖοι παῖδες . . . συναγελάζονται
[Aq. GE. 33. 5: DT. 22. 24: 28. 50: I KI. 25. 41: II KI. 1. 6: JB. 24. 5: IS. 10. 19: JE. 34 (41). 11 (Sw.): HO. 11. 1.]
[Sm. JB. 19. 17: EC. 4. 15: HO. 11. 1.]
[Th. IS. 42. 1.]
[Al. DT. 34. 5: III KI. 22. 50: JB. 18. 17: PS. 148. 12: JE. 30 (37). 10.]

πακίς, *vid.* **παγίς.**

παλάθη. (1) דְּבֵלָה

I Ki. 25. 18. ἔλαβε . . . διακοσίας π. (1)
30. 12. διδόασιν αὐτῷ κλάσμα παλάθης (1)
IV Ki. 4. 42. καὶ ἤνεγκε . . . παλάθας †
20. 7. λαβέτωσαν παλάθην σύκων (1)
I Ch. 12. 40. ἔφερον . . . ἄλευρα παλάθας (1)
Ju. 10. 5. πῆραν ἐπλήρωσεν . . . παλάθης [S *om.*]
Is. 38. 21. λάβε παλάθην ἐκ [S *om.*] σύκων (1)
[Th. II KI. 17. 19.]

πάλαι. (1) לְמֵרָחוֹק (2) מְאָז

Es. 3. 13. οἱ π. καὶ νῦν δυσμενεῖς
Wi. 11. 14. τὸν [A ὃν] γὰρ ἐν ἐκθέσει πάλαι [S[2] *om.*] ῥιφέντα
12. 3. S τοὺς π. [AB παλαιοὺς] οἰκήτορας τῆς ἁγίας σου γῆς μισήσας
— 27. ὃν πάλαι ἠρνοῦντο εἰδέναι [S *om.*]
Is. 37. 26. A S[2] R οὐ ταῦτα ἤκουσας [B S[1] -σα] π. (1)
48. 5. A S ἀνήγγειλά σοι τὰ π. [B παλαιά] (2)
— 7. νῦν γίνεται καὶ οὐ π. (2)

III Ma. 4. 1. τῆς προκατεσκιρρωμένης αὐτοῖς π. . . . ἀπεχθείας
[Sm. I KI. 9. 9.]

παλαίειν. (1) אָבַק ni. (2) גִּיחַ hi.

Ge. 32. 24 (25). ἐπάλαιεν ἄνθρωπος μετ' αὐτοῦ (1)
— 25 (26). ἐν τῷ π. αὐτὸν μετ' αὐτοῦ (1)
Jd. 20. 33. A τὸ ἔνεδρον Ἰσρ. ἐπάλαιεν [B *al.*] (2)
Es. 1. 1. προῆλθον [A προσῆλ.] ἀμφότεροι π.
[Aq. JB. 38. 8.]

παλαιός. (1) *a.* בָּלֶה *b.* בְּלוֹיִם (2) יָשִׁישׁ (3) יָשָׁן (4) מֵאָז (5) עַתִּיק (6) **παλαιὰ παλαιῶν** יָשָׁן ni.

Le. 25. 22. φάγεσθε ἀπὸ τῶν γενημ. παλαιά (3)
— 22. φάγεσθε παλαιὰ παλαιῶν (3, –)
26. 10. φάγεσθε παλαιὰ καὶ παλαιὰ παλαιῶν καὶ παλαιὰ ἐκ προσώπου νέων ἐξοίσετε (3, 6, 3)
Jo. 9. 4. λαβόντες σάκκους π. . . . καὶ ἀσκοὺς οἴνου π. (1 *a*, 1 *a*)
— 5. καὶ τὰ σανδάλια αὐτῶν π. (1 *a*)
I Ki. 7. 12. καὶ ἀνὰ μέσον τῆς π. †
Es. 8. 13. ἐκ τῶν παλαιοτέρων . . . ἱστοριῶν
Jb. 15. 10. καί γε πρεσβύτης καί γε παλαιὸς ἐν ἡμῖν (2)
Ps. 38 (39). 5. παλαιὰς [A B[2] S[2] παλαιστὰς] ἔθου τὰς ἡμέρας μου †
Ca. 7. 13 (14). πάντα ἀκρόδρυα νέα πρὸς παλαιά (3)
Wi. 12. 3. τοὺς π. [S πάλαι] οἰκήτορας τῆς ἁγίας σου γῆς μισήσας
Is. 48. 5. B ἀνήγγειλά σοι παλαιά [A S R *al.*] (4)
Je. 45 (38). 11. ἔλαβεν ἐκεῖθεν παλαιὰ ῥάκη καὶ παλαιὰ σχοινία (1 *b*, 1 *b*)
Da. LXX. 7. 9. παλαιὸς ἡμερῶν ἐκάθητο (5)
— 13. ὡς παλαιὸς ἡμερῶν παρῆν [*cod.* -ῆσαν] (5)
— 22. ἕως τοῦ ἐλθεῖν τὸν π. ἡμερῶν (5)
Da. TH. 7. 9. παλαιὸς ἡμερῶν ἐκάθητο (5)
— 13. ἕως τοῦ π. τῶν ἡμερῶν ἔφθασε (5)
— 22. ἕως οὗ ἦλθεν ὁ π. ἡμερῶν (5)
II Ma. 6. 21. διὰ τὴν ἐκ τῶν π. χρόνων πρὸς τὸν ἄνδρα γνῶσιν
III Ma. 3. 18. τύφοις φερόμενοι παλαιοτέροις
[Aq. JB. 12. 12: HO. 3. 1.]
[Sm. PR. 8. 18.]
[Th. JB. 15. 10: PR. 8. 18: JE. 38 (45). 12: DA. 7. 9.]
[Al. NE. 3. 6.]
[Quint. PS. 30 (31). 19.]

παλαιοῦν. (1) *a.* בָּלָה qal. *b.* pi. *c.* בָּלָה *d.* בָּלָא pa. (2) יָשַׁן ni. (3) נָבֵל (4) עָתַק *a.* qal. *b.* hi.

Le. 13. 11. λέπρα παλαιουμένη ἐστίν (2)
De. 8. 4. τὰ ἱμάτιά σου οὐκ ἐπαλαιώθη [A οὐ κατετρίβη] (1 *a*)
29. 5 (4). οὐκ ἐπαλαιώθη [A -θησαν] τὰ ἱμάτια ὑ. (1 *a*)
Jo. 9. 5. καὶ τὰ ἱμάτια αὐ. πεπαλαιωμένα (1 *c*)
— 13. τὰ ὑποδήμ. ἡ. πεπαλαίωται [A -ωνται] (1 *a*)
Ne. 9. 21. ἱμάτια αὐτῶν οὐκ ἐπαλαιώθησαν (1 *a*)
Jb. 9. 5. ὁ παλαιῶν ὄρη καὶ οὐκ οἴδασιν (4 *b*)
13. 28. ὃ παλαιοῦται [A οἱ παλαιοῦνται] ἴσα ἀσκῷ (1 *a*)
14. 12. A ἕως ἂν ὁ οὐρανὸς παλαιωθῇ [B S *al.*] †
— 18. πέτρα παλαιωθήσεται ἐκ τοῦ τόπου αὐ. (4 *a*)
21. 7. πεπαλαίωνται δὲ καὶ ἐν [A *om.*] πλούτῳ (4 *a*)
32. 15. ἐπαλαίωσαν ἐξ αὐτῶν λόγους (4 *b*)
Ps. 6. 7. ἐπαλαιώθην ἐν πᾶσι τοῖς ἐχθροῖς μου (4 *a*)
17 (18). 45. υἱοὶ ἀλλότριοι ἐπαλαιώθησαν (3)
31 (32). 3. ἐπαλαιώθη τὰ ὀστᾶ μου (1 *a*)
48 (49). 14. ἡ βοήθεια αὐτῶν παλαιωθήσεται [S[1] ἐπαλαιώθη] ἐν τῷ ᾅδῃ (1 *b*)
101 (102). 26. πάντες ὡς ἱμάτιον παλαιωθήσονται (1 *a*)
Si. 9. 10. φίλος νέος ἐὰν παλαιωθῇ
11. 20. ἐν τῷ ἔργῳ σου παλαιώθητι
14. 17. πᾶσα σὰρξ ὡς ἱμάτιον παλαιοῦται
Is. 50. 9. πάντες ὑμεῖς ὡς ἱμάτιον παλαιωθήσεσθε (1 *a*)
51. 6. ἡ δὲ γῆ ὡς ἱμάτιον παλαιωθήσεται (1 *a*)
65. 22. τὰ γὰρ ἔργα τῶν πόνων αὐ. παλαιώσουσιν (1 *b*)
Ba. 3. 10. ἐπαλαιώθης ἐν γῇ ἀλλοτρίᾳ

La. 3. 4. ἐπαλαίωσε σάρκα [A τὰς σ.] μου (1 *b*)
Ez. 47. 12. οὐ μὴ παλαιωθῇ ἐπ' [A ἐξ] αὐτοῦ (3)
Da. LXX. Su. 52. πεπαλαιωμένε ἡμερῶν κακῶν
11. 33. παλαιωθήσονται ἐν αὐτῇ †
Da. TH. Su. 52. πεπαλαιωμένε ἡμερῶν κακῶν
7. 25. τοὺς ἁγίους ὑψίστου παλαιώσει (1 *d*)
[Aq. DT. 4. 25.]
[Sm. GE. 18. 12: DT. 4. 25: JB. 13. 28: 14. 12: 36. 11: PS. 31 (32). 3: 48 (49). 15: 101 (102). 27: PR. 25. 1: IS. 23. 18: EZ. 23. 43.]
[Th. DT. 4. 25: JB. 14. 12: 32. 15: PR. 25. 1: EZ. 23. 43: DA. 7. 25†: 9. 24†.]
[Al. DA. 7. 9.]

παλαιστή, παλαιστής. (1) *a.* טֶפַח *b.* טֹפַח

Ex. 25. 23 (25). στεφάνην παλαιστοῦ κύκλῳ (1 *b*)
III Ki. 7. 24 (B), 26 (A): II Ch. 4. 5. καὶ τὸ πάχος αὐ. παλαιστής (1 *a*)
Ps. 38 (39). 5. A B[2] S[2] παλαιστὰς [B[1] S[1] R παλαιὰς] ἔθου τὰς ἡμέρας μου (1 *a*)
Ez. 40. 5. τὸ μέτρον πηχῶν ἐξ ἐν πήχει καὶ παλαιστῆς (1 *b*)
— 43. παλαιστὴν ἕξουσι γεῖσος (1 *b*)
43. 13. παλαιστῆς κόλπωμα βάθους ἐπὶ πῆχυν [A *al.*] (1 *b*)
[Aq. EZ. 43. 13 (P.).]
[Th. EX. 37 (38). 12: EZ. 43. 13 (P.).]

παλαιστιαῖος.

[Sm. JD. 3. 16.]

παλαίστρα.

II Ma. 4. 14. τῆς ἐν παλαίστρᾳ παρανόμου χορηγίας

παλαίστωμα.

[Aq. III KI. 7. 9 (46).]

παλαίωμα. (1) שַׁחַק

Jb. 36. 28. ῥυήσονται παλαιώματα (1)
37. 18. B S στερέωσις [R -σεις, A -ωθεὶς] μετ' αὐτοῦ εἰς παλαιώματα (1)
— 21. τηλαυγές ἐστιν ἐν τοῖς π. (1)
[Th. JB. 36. 28.]

παλαίωσις.

Na. 1. 15 (2. 1). τοῦ διελθεῖν διὰ σοῦ εἰς παλαίωσιν †
[Sm. PS. 71 (72). 7: 91 (92). 11.]
[Th. IS. 23. 18.]

παλάμη.

[Sm. NU. 6. 19: JB. 11. 13: 36. 32.]

πάλιν. (1) יָסַף hi. c. inf. (2) עוֹד (3) *a.* שׁוּב *b.* וְ' שׁוּב (4) **ἀπάγειν π.** שׁוּב hi. (5) **ἀπέρχεσθαι π.** שׁוּב (6) **βαδίζειν π.** שׁוּב (7) **ἐξαποστέλλειν π.** שׁוּב hi. (8) **ἐπέρχεσθαι π.** שׁוּב (9) **π. ἀποκαταστῆναι** שׁוּב (10) **π. ἀποστρέφειν** שׁוּב hi. (11) **π. μεταβάλλειν** שׁוּב (12) **π. πορεύεσθαι** שׁוּב (13) **π. προσέρχεσθαι** שׁוּב

Ge. 8. 10. π. ἐξαπέστειλε τὴν περιστεράν (1)
— 12. π. ἐξαπέστειλε τὴν περιστεράν –
24. 20. R ἀντλῆσαι π. [A ὕδωρ] –
26. 18. π. Ἰσαὰκ ὤρυξε τὰ φρέατα (3 *b*)
29. 33. συνέλαβε π. Λεία (2)
30. 31. π. ποιμανῶ τὰ πρόβατά σου (3 *a*)
41. 22. εἶδον π. ἐν τῷ ὕπνῳ μου –
42. 24. π. προσῆλθε πρὸς αὐτούς (13)
43. 2. π. πορευθέντες (12)
44. 25. βαδίσατε π. (6)
Ex. 3. 15. εἶπεν ὁ θ. πάλιν πρὸς Μ. (2)
4. 6. εἶπε δὲ αὐτῷ κύριος π. (2)
— 7. καὶ εἶπε π. –
— 7. καὶ π. ἀπεκατέστη (9)
Le. 14. 43. ἐὰν δὲ ἐπέλθῃ π. ἡ ἀφή (8)
Nu. 35. 32. τοῦ π. κατοικεῖν ἐπὶ τῆς γῆς (3 *a*)
De. 30. 3. καὶ π. συνάξει σε (3 *b*)
Jo. 6. 13 (14). καὶ ἀπῆλθε π. (5)
Jd. 2. 19. π. διέφθειραν ὑπὲρ τοὺς πατέρας αὐ. (3 *b*)
19. 3. A ἀπαγαγεῖν αὐτὴν π. πρὸς αὐτόν (4)
— 7. A καὶ πάλιν ηὐλίσθη ἐκεῖ [B *al.*] (3 *b*)

Jd. 20. 39. π. πτώσει πίπτουσιν [A *al.*] †
II Ch. 19. 4. καὶ π. ἐξῆλθεν (3 *b*)
I Es. 4. 6. π. ὅταν σπείρωσι
— 34. π. ἀποτρέχει εἰς τὸν ἑαυ. τόπον
6. 18. π. ἐξήνεγκεν αὐτὰ Κῦρος
8. 53. π. ἐδεήθημεν τοῦ κ. ἡμῶν
— 87. π. ἀνεκάμψαμεν
Ne. 9. 28. π. ἀνεβόησαν πρὸς σέ (3 *b*)
To. 2. 8. π. θάπτει τοὺς νεκρούς
3. 10. S πάλιν ἐλογίσατο
13. 5. π. [S πάντας ὑμᾶς] ἐλεήσει
— 9. A B π. ἐλεήσει τοὺς υἱοὺς τῶν δικαίων
— 10. ἵνα π. ἡ σκηνὴ αὐ. οἰκοδομηθῇ [S *al.*]
14. 5. π. ἐλεήσει αὐτοὺς ὁ θεός
— 5. S π. [A B *om.*] οἰκοδομήσουσι τὸν οἶκον
Es. 4. 15. A ἐξαποστεῖλαι π. τὸν ἥκοντα [B S *al.*] (7)
Jb. 5. 18. ἀλγεῖν ποιεῖ καὶ π. ἀποκαθίστησιν –
6. 29. καὶ π. τῷ δικαίῳ συνέρχεσθε (3 *a* + 2)
7. 4. ὡς δ' ἂν ἀναστῶ π. –
10. 9. εἰς δὲ γῆν με π. ἀποστρέφεις (10)
— 16. π. γὰρ μεταβαλὼν δεινῶς με ὀλέκεις (11)
14. 7. A ἐὰν γὰρ ἐκκοπῇ π. [B S^1 ἔτι, S^2 π. ἔτι] ἀνθήσει (2)
— 14. ὑπομενῶ ἕως [A S ἕως ἂν] π. γένωμαι †
32. 18. π. λαλήσω πλήρης γάρ εἰμι ῥημάτων –
33. 19. π. δὲ ἤλεγξεν αὐτόν –
42. 17. γέγραπται δὲ αὐτὸν π. ἀναστήσεσθαι –
Ps. 70 (71). 20. ἐκ τῶν ἀβύσσων τῆς γῆς π. ἀνήγαγές με (3 *a*)
— 21. B ἐκ τῶν ἀβύσσων [R ἀ. τῆς γῆς] π. ἀνήγαγές με –
Wi. 10. 4. κατακλυζομένην γῆν π. διέσωσε σοφία
13. 8. π. δὲ οὐδ' αὐτοὶ συγγωστοί
14. 1. πλοῦν τις π. στελλόμενος
16. 23. τοῦτο π. δ' [A δὲ π.] ἵνα τραφῶσι δίκαιοι
19. 6. ὅλη γὰρ ἡ κτίσις . . . π. ἄνωθεν διετυποῦτο
Si. 4. 18. π. ἐπανήξει κατ' εὐθεῖαν πρὸς αὐτόν
17. 1. π. ἀπέστρεψεν αὐτὸν εἰς αὐτήν
29. 2. καὶ π. ἀπόδος τῷ πλησίον εἰς τὸν καιρόν
31 (34). 25. βαπτιζόμενος ἀπὸ νεκροῦ καὶ π. ἁπτόμενος αὐτοῦ
— 26. π. πορευόμενος καὶ τὰ αὐτὰ ποιῶν
36 (33). 1. ἐν πειρασμῷ καὶ π. ἐξελεῖται
Is. 6. 13. π. ἔσται εἰς προνομὴν ὡς τερέβινθος (3 *b*)
7. 4. π. ἰάσομαι –
8. 9. ἐὰν γὰρ π. ἰσχύσητε [S^1 *om.* π. ἰσχ.] π. ἡττηθήσεσθε –, –
23. 17. π. ἀποκαταστήσεται [S -σταθήσ.] εἰς τὸ ἀρχαῖον (9)
25. 8. π. ἀφεῖλε κύριος ὁ θεὸς πᾶν δάκρυον –
28. 25. π. σπείρει [A *om.*] πυρὸν καὶ κριθήν –
30. 18. π. μενεῖ ὁ θεὸς τοῦ οἰκτειρῆσαι ὑμᾶς –
Je. 18. 4. π. αὐτὸς [A *om.*] ἐποίησεν αὐτὸ ἀγγεῖον ἕτερον (3 *b*)
43 (36). 15. π. ἀνάγνωθι εἰς τὰ ὦτα ἡμῶν †
— 28. π. λάβε σὺ [A σεαυτῷ] χαρτίον ἕτερον (3 *a*)
Da. LXX. 8. 27. ἐπραγματευόμην π. [*cod.*^{1} *add.* πάλιν] βασιλικά –, –
9. 27. καὶ π. ἐπιστρέψει –
Da. TH. 2. 10. A ἀπεκρίθησαν π. [B *om.*] οἱ Χαλδ. –
I Ma. 4. 35. R ἐλογίζετο π. παραγενέσθαι [A S *al.*]
II Ma. 3. 33. οἱ αὐτοὶ νεανίαι π. ἐφάνησαν
5. 7. φυγὰς π. εἰς τὴν Ἀμμ. ἀπῆλθε
— 20. π. . . . μετὰ πάσης δόξης ἐπανωρθώθη
7. 11. ταῦτα π. ἐλπίζω κομίσασθαι
— 14. π. ἀναστήσεσθαι ὑπ' αὐτοῦ
— 23. τὴν ζωὴν ὑμῖν π. ἀποδώσει
— 33. π. καταλλαγήσεται τοῖς ἑαυτοῦ δούλοις
12. 7. ἀνέλυσεν ὡς π. ἥξων
14. 46. ταῦτα αὐτῷ π. ἀποδοῦναι
15. 39. ὡσαύτως δὲ καὶ ὕδωρ π. πολέμιον
III Ma. 5. 13. καὶ π. ἠξίουν τὸν εὐκατάλλακτον
— 25. π. αὐτοῖς βοηθῆσαι συντόμως
— 36. R συστησάμενος π. [A πᾶν] τὸ συμπόσιον
— 40. καὶ π. ἐπὶ τῶν πραγμάτων . . . ἀναλύων
IV Ma. 18. 20. A S ἐπὶ . . . π. [R πάσας] τὰς βασάνους αὐ.
[**Aq.**, **Th.** Is. 8. 9.]
[**Sm.** Ge. 4. 2 : III Ki. 7. 20 (9) : Ps. 117 (118). 11 : Ec. 4. 7 : 12. 2 : Is. 6. 13 : 8. 9 : Je. 31 (38). 4 *bis*, 20 : Ez. 8. 6 : Jn. 2. 5.]

παλινδρομεῖν.
[**Sm.** Is. 38. 8.]

παλλακή. (1) פִּלֶּגֶשׁ, פִּילֶגֶשׁ (2) שֵׁגָל
Ge. 22. 24. ἡ π. αὐτοῦ ᾗ ὄνομα Ῥ. (1)
25. 6. τοῖς υἱοῖς τῶν π. αὐτοῦ (1)
35. 21 (22). μετὰ Β. τῆς π. τοῦ πατρὸς αὐτοῦ (1)
36. 12. Θαμνὰ δὲ ἦν π. Ἐλιφάς (1)
46. 20. οὓς ἔτεκεν αὐτῷ ἡ π. ἡ Σ. –
Jd. 8. 31. παλλακὴ αὐτοῦ ἦν ἐν Σ. [A *al.*] (1)
19. 1. ἔλαβεν αὐτῷ γυναῖκα π. (1)
— 2. ἐπορεύθη ἀπ' αὐτοῦ ἡ π. αὐτοῦ [A *al.*] (1)
— 9. αὐτὸς καὶ ἡ π. αὐτοῦ (1)
— 10. καὶ ἡ π. αὐτοῦ μετ' αὐτοῦ (1)
— 24. καὶ ἡ π. αὐτοῦ (1)
— 25. ἐπελάβετο ὁ ἀνὴρ τῆς π. αὐ. (1)
— 27. ἡ γυνὴ αὐτοῦ ἡ π. (1)
— 29. ἐκράτησε τὴν π. [A ἐπελάβετο τῆς π.] αὐ. (1)
20. 4. ἐγὼ καὶ ἡ π. [A γυνή] μου (1)
— 5. τὴν π. μου ἐταπείνωσαν (1)
— 6. ἐκράτησα τὴν π. [A ἐπελαβόμην τῆς π.] μου (1)
II Ki. 3. 7. A^2 B καὶ τῷ Σ. παλλακή (1)
— 7. τί ὅτι εἰσῆλθες πρὸς τὴν π. τοῦ πατρός μου (1)
5. 13. ἔλαβε Δ. ἔτι . . . παλλακάς (1)
15. 16. ἀφῆκεν . . . δέκα γυναῖκας τῶν π. αὐ. (1)
16. 21. εἴσελθε πρὸς τὰς π. (1)
— 22. εἰσῆλθεν Ἀβ. πρὸς τὰς π. [A *om.* πρ. τ. π.] (1)
19. 5 (6). καὶ τὴν ψυχὴν . . . τῶν π. σου (1)
20. 3. ἔλαβεν . . . τὰς π. [A -κίδας] αὐτοῦ (1)
21. 11. Ῥεσφὰ θυγάτηρ Ἀ. παλλακὴ Σ. (1)
III Ki. 11. 3. καὶ π. τριακόσιαι (1)
I Ch. 1. 32. υἱοὶ Χεττούρας π. Ἀβραάμ (1)
— 36. A Θ. δὲ ἡ π. Ἐλ. ἔτεκεν αὐτῇ τὸν Ἀμ. [B *al.*] –
2. 46. καὶ Γ. ἡ π. Χ. ἐγέννησε τὸν Ἀ. (1)
— 48. ἡ π. Χ. Μωχὰ ἐγέννησε τὸν Σ. (1)
3. 9. πλὴν τῶν υἱῶν τῶν π. (1)
7. 14. ὃν ἔτεκεν ἡ π. αὐτοῦ ἡ Σύρα (1)
II Ch. 11. 21. ἠγάπησε . . . ὑπὲρ . . . τὰς π. αὐτοῦ (1)
— 21. εἶχε . . . παλλακὰς ἑξήκοντα (1)
I Es. 4. 29. καὶ Ἀπάμην . . . τὴν π. τοῦ βασ.
Ne. 2. 6. ἡ π. ἡ καθημ. ἐχόμενα αὐτοῦ (2)
Ca. 6. 7 (8). ὀγδοήκοντα παλλακαί (1)
— 8 (9). βασίλισσαι καί γε [A *om.*] παλλακαί (1)
Da. TH. 5. 2. πιέτωσαν . . . αἱ π. αὐ. (2)
— 3. ἔπινον ἐν αὐτοῖς . . . αἱ π. αὐ. (2)
— 23. αἱ π. σου καὶ αἱ παράκοιτοί σου (2)
II Ma. 4. 30. διὰ τὸ Ἀντιοχίδι τῇ π. τοῦ βασ. . . . δεδόσθαι
[**Sm.**, **Quint.** Ps. 44 (45). 10.]
[**Al.** Ge. 37. 2.]

παλλακίς. (1) פִּלֶּגֶשׁ
II Ki. 20. 3. A ἔλαβεν . . . τὰς π. [B -κὰς] αὐτοῦ (1)
Jb. 19. 17. προσεκαλούμην δὲ κολακεύων υἱοὺς παλλακίδων μου †

πάλλεσθαι.
II Es. 9. 3, 5. καὶ ἐπαλλόμην –

παμβασιλεύς.
Si. 50. 15. ἐξέχεεν . . . ὀσμὴν εὐωδίας ὑψίστῳ παμβασιλεῖ

παμβότανον. (1) עֵשֶׂב
Jb. 5. 25. τὰ δὲ τέκνα σου ἔσται ὥσπερ τὸ π. τοῦ ἀγροῦ (1)

παμμεγέθης.
[**Sm.** Ps. 67 (68). 31.]

παμμελής.
III Ma. 7. 16. ἐν αἴνοις καὶ π. ὕμνοις

παμμιαρός.
IV Ma. 10. 17. ὁ αἱμοβόρος . . . καὶ παμμιαρώτατος Ἀντίοχος

παμμιγής.
II Ma. 3. 21. τὴν τοῦ πλήθους παμμιγῆ πρόπτωσιν
12. 13. ἐπί τινα πόλιν . . . παμμιγέσιν ἔθνεσι κατοικουμένην

πάμμικτος.
[**Aq.** Ps. 77 (78). 45 : 104 (105). 31.]

παμπληθής.
II Ma. 10. 24. συναγαγὼν ξένας δυνάμεις π.
[**Sm.** Ps. 34 (35). 18 : 138 (139). 17.]

παμπληθύειν.
[**Aq.** Jb. 36. 31.]

παμποίκιλος.
IV Ma. 15. 11. S R αἱ π. βάσανοι [A *om.*] ἴσχυσαν

πάμπολυς.
[**Sm.** Jb. 36. 31 : Ps. 39 (40). 6 : 88 (89). 51.]

παμπόνηρος.
II Ma. 14. 27. ταῖς τοῦ π. ἐρεθισθεὶς διαβολαῖς

πάμφυλος.
II Ma. 8. 9. ὑποτάξας παμφύλων ἔθνη
12. 27. R ἐν ᾗ κατῴκει Λ. καὶ π. πλήθη [A *al.*]
IV Ma. 4. 11. ἐπὶ τὸν π. τοῦ ἱεροῦ περίβολον

παναά.
IV Ki. 20. 12. A ἀπέστειλε . . . π. [B *al.*] †

πανάγιος.
IV Ma. 7. 4. ὡς ὁ π. ἐκεῖνος
14. 7. ὦ παναγία συμφώνων ἀδελφῶν ἑβδομάς

πάνδεινος.
IV Ma. 3. 15. ἐλογίσατο πάνδεινον εἶναι κίνδυνον
4. 7. πάνδεινον εἶναι νομίσαντες

πανδημεί, **πανδημί.** (1) כָּלִיל
De. 13. 16 (17). καὶ πάντα τὰ σκῦλα αὐ. π. (1)

πάνδημος.
II Ma. 3. 18. ἐξεπήδων ἐπὶ π. ἱκετείαν
[**Sm.** I Ki. 20. 29.]

πανεθνί.
Wi. 19. 8. π. [A B^2 S^1 πᾶν ἔθνος] διῆλθον οἱ τῇ σῇ σκεπαζόμενοι χειρί

πανεπίσκοπος.
Wi. 7. 23. ἔστι γὰρ ἐν [A *om.*] αὐτῇ πνεῦμα . . . πανεπίσκοπον [A S^2 παντεπ.]

πανεπόπτης.
II Ma. 9. 5. R ὁ δὲ π. [A παντεπ.] κύριος

πανέρημος.
[**Heb.** Je. 2. 24.]

πανέχινος (?).
Jb. 15. 26. A ἔδραμε δὲ . . . ἐν πανεχίνῳ τῆς [B S πάχει νώτου] ἀσπίδος αὐτοῦ †

πανηγυρίζειν. (1) גִּיל
Is. 66. 10. πανηγυρίσατε ἐν αὐτῇ πάντες οἱ ἀγαπῶντες αὐτήν [A S^2 *al.*] (1)
[**Sm.** Le. 23. 41 : Ps. 41 (42). 5.]

πανηγύριος (?).
Na. 3. 10. S^1 καὶ πανηγύρια [A B S^2 *om.*] τὰ νήπια αὐ. ἐδαφιοῦσιν –

πανήγυρις. (1) מוֹעֵד (2) עֲצָרָה
Ho. 2. 11 (13). ἀποστρέψω . . . πάσας τὰς π. αὐ. (1)
9. 5. ἐν ἡμέραις [A -ᾳ] πανηγύρεως (1)
Am. 5. 21. οὐ μὴ ὀσφρανθῶ θυσίας ἐν ταῖς π. ὑμῶν (2)
Ez. 46. 11. ἐν ταῖς ἑορταῖς καὶ ἐν ταῖς π. (1)
[**Sm.** Le. 23. 41 : I Ki. 30. 16 : Ps. 117 (118). 27.]

πανηγυρισμός.
Wi. 15. 12. ἐλογίσαντο . . . τὸν βίον πανηγυρισμὸν ἐπικερδῆ

πανθήρ. (1) שַׁחַל
Ho. 5. 14. ἐγώ εἰμι ὡς πανθὴρ τῷ Ἐφρ. (1)
13. 7. ἔσομαι αὐτοῖς ὡς πανθήρ (1)

πανόδυρτος (-δυρκτος).
III Ma. 4. 2. καὶ π. μετὰ δακρύων βοή
6. 32. καταλήξαντες δὲ θρήνου πανόδυρτον μέλος

πανοικί. (1) בַּיִת
Ex. 1. 1. ἕκαστος π. [A -κίᾳ] αὐτῶν εἰσήλθοσαν (1)
III Ma. 3. 27. R ἀποτυμπανισθήσεται π. [A -κίᾳ]

πανοικία, **πανοικεία.** (1) בַּיִת (2) טַף
Ge. 50. 8. πᾶσα ἡ π. Ἰωσήφ (1)
— 22. πᾶσα ἡ π. τοῦ πατρὸς αὐτοῦ (1)

Ex. 1. 1. A ἕκαστος πανοικίᾳ [B -κὶ] αὐτῶν εἰσήλθοσαν (1)
Jd. 18. 21. A ἔθηκαν τὴν π. [B τὰ τέκνα] (2)
Es. 8. 13. ἐσταυρῶσθαι σὺν τῇ π.
III Ma. 3. 27. A ἀποτυμπανισθήσεται πανοικίᾳ [R -κί]
[**Th.** Jd. 18. 21.]

πανοπλία. (1) חֲלִיצָה

II Ki. 2. 21. λάβε σεαυτῷ τὴν π. αὐτοῦ (1)
Ju. 14. 3. ἀναλαβόντες οὗτοι τὰς π. αὐτῶν
Jb. 39. 20. περιέθηκας δὲ αὐτῷ πανοπλίαν †
Wi. 5. 17. λήψεται πανοπλίαν τὸν ζῆλον αὐ.
Si. 46. 6. ἵνα γνῶσιν ἔθνη πανοπλίαν αὐτῶν [A S^{2} -οῦ]
I Ma. 13. 29. A R ἐποίησεν ἐπὶ τοῖς στύλοις πανοπλίας [S -αν] . . . καὶ παρὰ ταῖς π. πλοῖα
II Ma. 3. 25. ἐφαίνετο χρυσῆν π. ἔχων
10. 30. τὸν M. . . . σκεπάζοντες ταῖς ἑαυ. π.
11. 8. πανοπλίαν χρυσῆν κραδαίνων
15. 28. ἐπέγνωσαν προπεπτωκότα Νικ. σὺν τῇ π.
IV Ma. 3. 12. A R τὰς π. [S παντευχίας] καθωπλίσαντο
[**Aq.** II Ki. 8. 7 : Ps. 90 (91). 4.]
[**Sm.** IV Ki. 11. 10 : Ps. 90 (91). 4.]

πανουργεῖν.

[**Al.** Nu. 5. 12.]

πανουργεύειν. (1) עָרַם *a.* qal. *b.* hi.

I Ki. 23. 22. μή ποτε πανουργεύσηται (1 *a*+1 *b*)

πανούργευμα.

Ju. 11. 8. ἠκούσαμεν γὰρ . . . τὰ [A B^{2} -γήμ.] τῆς ψυχῆς σου
Si. 1. 6. τὰ π. [A S -γήματα] αὐτῆς τίς ἔγνω
42. 18. ἐν πανουργεύμασιν [A S^{1} -γήμασιν] αὐτῶν διενοήθη

πανούργημα.

Ju. 11. 8. A B^{2} ἠκούσαμεν γὰρ . . . τὰ π. [B^{1} S R -γεύμ.] τῆς ψυχῆς σου
Si. 1. 6. A S τὰ π. [B -γεύματα] αὐτῆς τίς ἔγνω
42. 18. A S^{1} ἐν πανουργήμασιν [B S^{2} -γεύμασιν] αὐτῶν διενοήθη
[**Al.** Nu. 5. 12.]

πανουργία. (1) עָרְמָה

Nu. 24. 22. νοσσιὰ πανουργίας †
Jo. 9. 4. καὶ ἐποίησαν καί γε αὐτοὶ μετὰ πανουργίας (1)
Pr. 1. 4. ἵνα δῷ ἀκάκοις πανουργίαν (1)
8. 5. νοήσατε ἄκακοι πανουργίαν (1)
Si. 19. 25. ἔστι πανουργία ἀκριβὴς καὶ αὕτη ἄδικος
21. 12. ἔστι πανουργία πληθύνουσα πικρίαν [A^{2} παιδείαν]
31 (34). 10. ὁ δὲ πεπλανημένος πληθυνεῖ πανουργίαν
[**Sm.** Pr. 8. 12.]

πανοῦργος. (1) חָכָם (2) *a.* עָרוּם *b.* **πανουργότερος** עָרַם hi. (3) **πανουργότερος γίνεσθαι** *a.* חָכַם *b.* עָרַם hi. (4) **πανουργότερος εἶναι** עָרַם hi. (5) בִּין hi. (6) יָדַע

Jb. 5. 12. διαλλάσσοντα βουλὰς πανούργων (2 *a*)
Pr. 12. 16. κρύπτει δὲ τὴν ἑαυτοῦ ἀτιμίαν πανοῦργος [S^{2} ὁ π.] (2 *a*)
13. 1. υἱὸς πανοῦργος ὑπήκοος πατρί [S^{1} μητρί] (1)
— 16. πᾶς πανοῦργος πράσσει μετὰ γνώσεως (2 *a*)
14. 8. σοφία πανούργων ἐπιγνώσεται τὰς ὁδοὺς αὐτῶν (2 *a*)
— 15. πανοῦργος δὲ ἔρχεται εἰς μετάνοιαν (2 *a*)
— 18. οἱ δὲ π. κρατήσουσιν αἰσθήσεως (2 *a*)
— 24. στέφανος σοφῶν πανοῦργος †
15. 5. ὁ δὲ φυλάσσων ἐντολὰς πανουργότερος (2 *b*)
19. 25. λοιμοῦ μαστιγουμένου ἄφρων πανουργότερος γίνεται [A ἔσται] (3 *b* [4])
21. 11. ζημιουμένου ἀκολάστου πανουργότερος γίνεται ὁ ἄκακος (3 *a*)
22. 3. πανοῦργος ἰδὼν πονηρὸν τιμωρούμενον κραταιῶς (2 *a*)
27. 12. πανοῦργος κακῶν ἐπερχομένων ἀπεκρύβη (2 *a*)
28. 2. ἀνὴρ δὲ πανοῦργος κατασβέσει αὐτάς (5 + 6)
Si. 6. 32. ἐὰν δῷς [A S ἐπιδ.] τὴν ψυχήν σου πανοῦργος ἔσῃ
21. 12. οὐ παιδευθήσεται ὃς οὐκ ἔστι πανοῦργος
— 20. ἀνὴρ δὲ πανοῦργος μόλις ἡσυχῇ μειδιάσει
Si. 22. 27. τίς δώσει μοι [A S *om.*] . . . ἐπὶ τῶν χειλέων μου σφραγῖδα πανοῦργον [A S -ων]
37. 19. ἔστιν ἀνὴρ πανοῦργος καὶ [A S *om.*] πολλῶν παιδευτής
[**Aq., Sm.** Ge. 3. 2 (1) : Jb. 15. 5.]
[**Th.** Ge. 3. 2 (1).]
[**Al.** Pr. 12. 23.]

πανούργως.

[**Sm.** Ps. 82 (83). 4.]

πανσέληνος.

[**Aq.** Ps. 80 (81). 4 : Pr. 7. 20.]

πάνσοφος.

IV Ma. 1. 12. δόξαν διδοὺς τῷ π. θεῷ
2. 19. ὁ π. ἡμῶν πατὴρ Ἰ.
13. 19. ἡ θεία καὶ π. πρόνοια

πανσπερμία.

[**Sm.** Ps. 64 (65). 10.]

πανταχῇ. (1) בַּחוּצוֹת

Wi. 2. 9. π. καταλίπωμεν σύμβολα τῆς εὐφροσύνης
Is. 24. 11. ὀλολύζετε περὶ τοῦ οἴνου π. (1)
II Ma. 8. 7. λαλιά τις . . . διεχεῖτο π.

πανταχόθεν.

IV Ma. 13. 1. συνομολογεῖται π.
15. 32. π. ἐν τῷ . . . περιαντλουμένη κατακλυσμῷ

πανταχοῦ. (1) כֻּלָּם

Is. 42. 22. ἡ γὰρ παγὶς ἐν τοῖς ταμείοις π.

παντελής.

III Ma. 7. 16. R παντελῆ σωτηρίας ἀπόλαυσιν εἰληφότες [A *al.*]
[**Aq.** Jb. 30. 2.]

παντελῶς.

II Ma. 3. 12. π. ἀμήχανον εἶναι
— 31. τῷ π. ἐν ἐσχάτῃ πνοῇ κειμένῳ
7. 40. π. ἐπὶ τῷ κυρίῳ πεποιθώς
11. 1. μετ' ὀλίγον δὲ π. χρόνον
14. 46. π. ἔξαιμος ἤδη γενόμενος
[**Al.** Jd. 3. 2.]

παντεπίσκοπος.

Wi. 7. 23. A S^{2} ἔστι γὰρ ἐν [A *om.*] αὐτῇ πνεῦμα . . . παντεπίσκοπον [B S^{1} πανεπ.]

παντεπόπτης.

II Ma. 9. 5. A ὁ δὲ π. [R πανεπ.] κύριος

παντευχία.

IV Ma. 3. 12. S τὰς π. [A R πανοπλίας] καθωπλίσαντο

πάντῃ.

Si. 50. 22. εὐλογήσατε τῷ θεῷ πάντες τῷ μεγαλοποιοῦντι π.
III Ma. 4. 1. π. δὲ ὅπου προσέπιπτε τοῦτο τὸ πρόσταγμα

παντοδαπίον.

[**Aq.** Ps. 49 (50). 11.]

παντοδαπός. (1) **π. δένδρα** צֶאֱלִים

Jb. 40. 16 (21). ὑπὸ παντοδαπὰ δένδρα κοιμᾶται (1)
[**Aq.** Ps. 49 (50). 11 : 79 (80). 14.]

παντοδύναμος.

Wi. 7. 23. ἔστι γὰρ ἐν [A *om.*] αὐτῇ πνεῦμα . . . παντοδύναμον
11. 17. οὐ γὰρ ἠπόρει ἡ π. σου χείρ
18. 15. ὁ π. σου λόγος ἀπ' οὐρανῶν . . . ἥλατο

πάντοθεν. (1) כֻּלֹּה

II Ki. 24. 14. στενά μοι π. σφόδρα ἐστίν –
Si. 51. 7. περιέσχον με π. καὶ οὐκ ἦν ὁ βοηθῶν
Je. 20. 9. παρεῖμαι π. †
31 (48). 31. ἐπὶ Μωὰβ ὀλολύζετε π. (1)
Da. TH. Su. 22. στενά μοι π.
II Ma. 13. 5. ὄργανον . . . π. ἀπόκρημνον εἰς τὴν σποδόν
III Ma. 3. 25. ἐνδέσμοις σιδηροῖς π. κατακεκλεισμένους
4. 2. στεναγμοῖς πεπυρωμένης τῆς αὐτῶν π. καρδίας
III Ma. 4. 10. π. ἐσκοτισμένοι τοὺς ὀφθαλμούς
5. 6. διὰ τὴν π. περιέχουσαν αὐτοὺς . . . ἀνάγκην
IV Ma. 9. 20. ἐμολύνετο δὲ π. αἵματι ὁ τροχός

παντοῖος.

Da. LXX. 2. 6. λήψεσθε δόματα π. †
II Ma. 5. 3. καὶ π. θωρακισμούς
III Ma. 5. 22. ὡς εἰς τὸ παντοίους μηχανᾶσθαι . . . ἐμπαιγμούς
7. 16. παντοίοις εὐωδεστάτοις ἄνθεσι κατεστεμμένοι
IV Ma. 1. 34. S R ἐπιθυμοῦντες . . . π. βρωμάτων [A *al.*]
[**Sm.** II Ki. 6. 5.]
[**Th.** Ez. 23. 6, 12.]

παντοκρατεῖν. (1) צְבָאוֹת

Za. 8. 2, 6. S^{1} τάδε λέγει κύριος παντοκρατῶν [A B S^{2} -ωρ] (1)

παντοκράτωρ. (1) אֱלֹהֵי (2) יֱהוִֹה (3) צְבָאוֹת (4) שַׁדַּי

II Ki. 5. 10. καὶ κύριος π. μετ' αὐτοῦ (3)
7. 8. τάδε λέγει κύριος π. (3)
— 25. B κύριε παντοκράτωρ θεέ –
— 26. A κύριε παντοκράτωρ θεὲ ἐπὶ τὸν Ἰσρ. (3)
— 27. κύριε [A λέγει κύριος] παντοκράτωρ θεὸς Ἰσρ. (3)
III Ki. 19. 10, 14. ἐζήλωκα τῷ κυρίῳ π. (3)
I Ch. 11. 9. καὶ κύριος π. μετ' αὐτοῦ (3)
17. 7. τάδε λέγει κύριος π. (3)
— 24. κύριε παντοκράτωρ θεὸς Ἰσρ. (3)
29. 12. ἐν χειρί σου [A *add.* ἔλεος] παντοκράτωρ –
I Es. 9. 46. εὐλόγησεν Ἔσ. τῷ κυρίῳ . . . παντοκράτορι
Ju. 4. 13. κατὰ πρόσωπον τῶν ἁγίων κυρίου π. [A τοῦ π.]
8. 13. κύριον π. ἐξετάζετε
15. 10. εὐλογημένη γίνου παρὰ τῷ π. κυρίῳ
16. 6. κύριος π. ἠθέτησεν αὐτούς
— 17. κύριος π. ἐκδικήσει αὐτούς
Es. 4. 17. S^{2} βασιλεῦ παντοκράτωρ [A B S^{1} πάντων κρατῶν]
Jb. 5. 8. A κύριον δὲ τὸν π. [B S τὸν πάντων δεσπότην] ἐπικαλέσομαι –
— 17. νουθέτημα δὲ παντοκράτορος μὴ ἀπαναίνου (4)
8. 5. σὺ δὲ ὄρθριζε πρὸς κύριον παντοκράτορα δεόμενος (4)
11. 7. ἃ [A ὧν] ἐποίησεν ὁ π. (4)
15. 25. ἔναντι δὲ κυρίου παντοκράτορος ἐτραχηλίασεν (4)
22. 17. τί ἐπάξεται [A -ξει] ἡμῖν ὁ π. (4)
— 25. ἔσται οὖν σου [A S σοι] ὁ π. βοηθός (4)
23. 16. ὁ δὲ π. ἐσπούδασέ με (4)
27. 2. ὁ π. ὁ πικράνας μου τὴν ψυχήν (4)
— 11. ἅ ἐστι παρὰ [A παρὰ τῷ] παντοκράτορι (4)
— 13. ἐλεύσεται [A ἐξελ.] παρὰ παντοκράτορος ἐπ' αὐτούς (4)
32. 8. πνοὴ δὲ παντοκράτορός ἐστιν ἡ διδάσκουσα (4)
33. 4. πνοὴ δὲ παντοκράτορος ἡ διδάσκουσά με (4)
34. 10. ἔναντι παντοκράτορος ταράξαι τὸ δίκαιον (4)
— 12. ἢ ὁ π. ταράξει κρίσιν [A τὸ δίκαιον] (4)
35. 13. αὐτὸς γὰρ ὁ π. (4)
37. 22 (23). μεγάλη ἡ δόξα καὶ τιμὴ παντοκράτορος [A τοῦ π., S^{4} παρὰ π.] (4)
Wi. 7. 25. ἀπόρροια τῆς τοῦ π. δόξης εἰλικρινής
Si. 42. 17. ἃ ἐστερέωσε κύριος ὁ π.
50. 14. κοσμῆσαι προσφορὰν ὑψίστου παντοκράτορος
— 17. προσκυνῆσαι . . . παντοκράτορι θεῷ τῷ ὑψίστῳ
Ho. 12. 5 (6). ὁ δὲ κ. ὁ θεὸς ὁ π. ἔσται μνημόσυνον αὐ. (3)
Am. 3. 13. λέγει κ. ὁ θεὸς ὁ π. (3)
4. 13. κ. ὁ θεὸς ὁ π. ὄνομα αὐτῷ (3)
5. 8. A κ. ὁ θεὸς ὁ π. ὄνομα αὐτῷ [B *al.*] –
— 14. ἔσται οὕτως μεθ' ὑμῶν κ. ὁ θεὸς ὁ π. (3)
— 15. ὅπως ἐλεήσῃ κ. ὁ θεὸς ὁ π. τοὺς περιλοίπους (3)
— 16. τάδε λέγει κ. ὁ θεὸς ὁ π. (3)
— 27. ὁ θεὸς ὁ π. ὄνομα αὐτῷ (3)
9. 5. κύριος κ. ὁ θεὸς ὁ π. (3)
— 6. κύριος [A *add.* ὁ θεὸς ὁ] π. ὄνομα αὐτῷ –
— 15. λέγει κ. ὁ θεὸς ὁ π. –
Mi. 4. 4. τὸ στόμα κυρίου π. ἐλάλησε ταῦτα (3)
Na. 2. 13 (14). λέγει κύριος [A *add.* ὁ] π. (3)

Na. 3. 5. λέγει κύριος ὁ θεὸς ὁ [S^{2} *om.*] π. (3)
Hb. 2. 13. οὐ ταῦτά ἐστι παρὰ κυρίου π. (3)
Ze. 2. 10. ἐμεγαλύνθησαν ἐπὶ τὸν κ. τὸν π. (3)
Hg. 1. 2, 5. τάδε λέγει κύριος π. (3)
— 6 (A). τάδε λέγει κύριος π. –
— 7, 9. τάδε λέγει κύριος π. (3)
— 14. ἐν τῷ οἴκῳ κυρίου π. θεοῦ αὐτῶν (3)
2. 5 (4). λέγει κύριος ὁ [A S^{3} *om.*] π. (3)
— 7 (6). τάδε λέγει κύριος π. [S^{1} ὁ π.] (3)
— 8 (7), 9 (8), 10 (9) *bis.* λέγει κύριος π. (3)
— 12 (11). τάδε λέγει κύριος π. (3)
— 24 (23) *bis.* λέγει κύριος π. (3)
Za. 1. 3. τάδε λέγει κύριος π. (3)
— 3. S^{1} λέγει κύριος π. [A B S^{2} *al.*] (3)
— 3. A λέγει κύριος π. [B S τῶν δυνάμεων] (3)
— 4. τάδε λέγει κύριος π. (3)
— 6. καθὼς παρατέτακται κύριος π. (3)
— 12. κύριε παντοκράτωρ, ἕως τίνος (3)
— 13. ἀπεκρίθη κύριος π. τῷ ἀγγέλῳ –
— 14. τάδε λέγει κύριος π. (3)
— 16. A τάδε λέγει κύριος π. [B S *om.*] –
— 16. λέγει κύριος π. (3)
— 17: 2. 8 (12). τάδε λέγει κύριος π. (3)
2. 9 (13). κύριος π. ἀπέσταλκέ με (3)
— 11 (15). κύριος π. ἐξαπέσταλκέ με (3)
3. 8 (7). τάδε λέγει κύριος π. (3)
— 10 (9), 11 (10): 4. 6. λέγει κύριος π. (3)
4. 9. κύριος π. ἐξαπέσταλκέ με (3)
5. 4. λέγει κύριος π. (3)
6. 12. τάδε λέγει κύριος π. (3)
— 15. κύριος π. ἀπέσταλκέ με (3)
7. 3. τοὺς ἱερεῖς τοὺς ἐν τῷ οἴκῳ κυρίου π. (3)
— 9. τάδε λέγει κύριος π. (3)
— 12. οὓς ἐξαπέστειλε κύριος π. (3)
— 12. ἐγένετο ὀργὴ μεγάλη παρὰ κυρίου π. (3)
— 13. λέγει κύριος π. (3)
8. 1. ἐγένετο λόγος κυρίου π. (3)
— 2. τάδε λέγει κύριος π. [S^{1} -ῶν] (3)
— 3. S^{3} τάδε λέγει κύριος π. [A B S^{1} *om.*] –
— 3. καὶ τὸ ὄρος κυρίου π. ὄρος ἅγιον (3)
— 4. τάδε λέγει κύριος π. (3)
— 6. τάδε λέγει κύριος παντοκράτωρ [S^{1} -ῶν] (3)
— 6. λέγει κύριος π. (3)
— 7, 9. τάδε λέγει κύριος π. (3)
— 9. τεθεμελίωται ὁ οἶκος κυρίου π. (3)
— 11. λέγει κύριος π. (3)
— 14. τάδε λέγει κύριος π. (3)
— 14. λέγει κύριος π. (3)
— 17. λέγει κύριος π. –
— 18. ἐγένετο λόγος κυρίου π. πρὸς μέ (3)
— 19. A S^{2} R τάδε [B S^{1} *om.*] λέγει κύριος π. (3)
— 20. τάδε λέγει κύριος π. (3)
— 21. ἐκζητῆσαι τὸ πρόσωπον κυρίου π. (3)
— 22. ἐκζητῆσαι τὸ πρόσωπον κυρίου π. [S^{1} *om.*] (3)
— 23. τάδε λέγει κύριος π. (3)
9. 14. κύριος π. ἐν σάλπιγγι σαλπιεῖ (2)
— 15. κύριος π. ὑπερασπιεῖ αὐτούς (3)
10. 3. ἐπισκέψεται κ. ὁ θεὸς ὁ π. (3)
— 5. A κύριος π. [B S *om.*] μετ' αὐτῶν (3)
11. 4. τάδε λέγει κύριος π. (1)
— 6. A λέγει κύριος π. [B S *om.*] –
12. 4. λέγει κύριος π. –
— 5. ἐν κυρίῳ π. θεῷ αὐτῶν (3)
13. 7. λέγει κύριος π. (3)
14. 16, 17. τοῦ προσκυνῆσαι τῷ βασ. κυρίῳ π. (3)
— 20. ἅγιον τῷ κυρίῳ π. [S^{3} *om.*] –
— 21. ἅγιος τῷ κυρίῳ π. (3)
— 21. ἐν τῷ οἴκῳ κυρίου π. (3)
Ma. 1. 4. τάδε λέγει κύριος π. (3)
— 6, 8, 9, 10, 11, 13. λέγει κύριος π. (3)
— 13. λέγει κύριος π. –
— 14. λέγει κύριος π. (3)
2. 2. λέγει κύριος π. –
— 4. λέγει κύριος π. (3)
— 7. ἄγγελος κυρίου π. ἐστιν (3)
— 8. λέγει κύριος π. (3)
— 12. ἐκ προσαγόντων θυσίαν τῷ κυρίῳ π. (3)
— 16. A λέγει κύριος ὁ θεὸς ὁ π. θεὸς [B S *om.* ὁ π. θ.] 'I. –
— 16: 3. 1, 5. λέγει κύριος π. (3)
3. 7. λέγει κύριος π. [B^{1} ὁ π.] (3)
— 10, 11, 12. λέγει κύριος π. (3)
— 14. πρὸ προσώπου κυρίου π. (3)
— 17: 4. 1 (3. 19), 3 (3. 21). λέγει κύριος π. (3)
Je. 3. 19. δώσω σοι γῆν ἐκλεκτὴν κληρονομίαν θεοῦ παντοκράτορος ἐθνῶν (3)

Je. 5. 14. τάδε λέγει κύριος π. (3)
15. 16. κύριε π. (3)
23. 16. A B οὕτως λέγει κύριος π. (3)
27 (50). 34. κύριος π. ὄνομα αὐτῷ (3)
28 (51). 5. ἀπὸ κυρίου παντοκράτορος (3)
— 57. κύριος π. ὄνομα αὐτῷ (3)
29 (49). 18. εἶπε κύριος π. –
32 (25). 27. οὕτως εἶπε κύριος π. (3)
37 (30). 3. A S εἶπε κύριος π. [B *om.*] –
38 (31). 35. κύριος π. ὄνομα αὐτῷ (3)
39 (32). 14. οὕτως εἶπε κύριος π. (3)
— 19 (18). ὁ θεὸς ὁ μέγας ὁ π. [S *al.*] (3)
40 (33). 11. ἐξομολογεῖσθε κυρίῳ παντοκράτορι (3)
51 (44). 7. οὕτως εἶπε κύριος π. (3)
Ba. 3. 1, 4. κύριε π. ὁ θεὸς Ἰσραήλ
II Ma. 1. 25. ὁ μόνος δίκαιος καὶ π.
3. 22. R ἐπεκαλοῦντο τὸν π. θεόν [A *al.*]
— 30. R τοῦ π. ἐπιφανέντος κυρίου [A χριστοῦ]
5. 20. ἐν τῇ τοῦ π. ὀργῇ
6. 26. τὰς τοῦ π. χεῖρας οὔτε ζῶν οὔτε ἀποθανὼν ἐκφεύξομαι
7. 35. τὴν τοῦ π. ἐπόπτου θεοῦ κρίσιν ἐκπέφευγας
— 38. τὴν τοῦ π. ὀργήν
8. 11. τὴν παρὰ τοῦ π. μέλλουσαν παρακολουθήσειν . . . δίκην
— 18. ἡμεῖς δὲ ἐπὶ τῷ π. θεῷ . . . πεποίθαμεν
— 24. γενομένου δὲ αὐτοῖς τοῦ π. συμμάχου
15. 8. τὴν παρὰ τοῦ π. ἐσομένην αὐτοῖς νίκην
— 32. ἐπὶ τὸν ἅγιον τοῦ π. οἶκον
III Ma. 2. 2. μόναρχε παντοκράτωρ
— 8. ᾔνεσάν σε τὸν π.
5. 7. τὸν π. κύριον . . . ἐπεκαλέσαντο
6. 2. παντοκράτωρ θεέ
— 18. ὁ μεγαλόδοξος καὶ π.
— 28. ἀπολύσατε τοὺς υἱοὺς τοῦ π. ἐπουρανίου θεοῦ ζῶντος
[Th. Je. 5. 22: 32 (39). 15.]

πάντοτε.

Wi. 11. 21. τὸ γὰρ μεγάλως ἰσχύειν πάρεστί σοι πάντοτε
19. 18. πάντοτε μένοντα ἤχῳ [S^{2} ἐν ᾖ.]
[Sm. Ge. 30. 41.]

παντοτρόφος.

Wi. 16. 25. τῇ π. σου δωρεᾷ ὑπηρετεῖ

παντοφαγία.

IV Ma. 1. 27. κατὰ δὲ τὸ σῶμα παντοφαγία

πάντως.

IV Ki. 5. 11. πρὸς μὲ π. ἐξελεύσεται [B^{2} *al.*] †
To. 14. 8. A B π. ἔσται ἃ ἐλάλησεν
Wi. 10. 12. S^{1} π. [AB παντὸς, S^{2} -ων] δυνατωτέρα ἐστὶν εὐσέβεια
II Ma. 3. 13. π. ἔλεγεν . . . ἀναληπτέα ταῦτα εἶναι
III Ma. 1. 15. R οὐχὶ π. [A -ων] εἰσελεύσεσθαι
[Sm. II Ki. 14. 14: Ez. 30. 9.]

πάνυ.

II Ma. 9. 6. π. δικαίως τὸν . . . ἑτέρων σπλάγχνα βασανίσαντα
12. 43. π. καλῶς καὶ ἀστείως πράττων
13. 7. π. δικαίως
15. 17. τοῖς Ἰούδα λόγοις π. καλοῖς

πανυπέρτατος.

III Ma. 1. 20. εἰς τὸ π. ἱερὸν ἠθροίζοντο

πάππος.

Si. *prol.* 7. ὁ π. μου Ἰησοῦς ἐπὶ πλεῖον ἑαυτὸν δούς
[Sm. Za. 1. 1.]

παπυρεών.

[Aq. Ex. 2. 3, 5.]

παπύρινος.

[Sm. Is. 18. 2.]

πάπυρος. (1) בִּצָּה (2) גֹּמֶא (3) סוּף

Jb. 8. 11. μὴ θάλλει πάπυρος ἄνευ ὕδατος (2)
40. 16 (21). κοιμᾶται παρὰ πάπυρον καὶ κάλαμον [A κ. κ. π.] (1)
Is. 19. 6. ἐν παντὶ ἕλει καλάμου καὶ παπύρου (3)
[Aq., Sm. Ex. 2. 3.]
[Th. Is. 18. 2.]

παρά. I. *c. gen.* * ὁ παρά.

Ge. 19. 24: 21. 30: 23. 6, 13, 20: 24. 50: 25. 10, 22: 31. 39†: 33. 19: 38. 20: 41. 32*: 43. 34: 44. 32: 49. 25, 30, 32: 50. 13.
Ex. 3. 22: 4. 20*: 11. 2, 2†: 12. 35: 14. 13*: 18. 15: 22. 12 (11), 14 (13): 25. 2, 3: 27. 21: 29. 28, 28†: 30. 16: 35. 5, 22: 36. 3 *bis*: 39. 2 (38. 25).
Le. 7. 24 (34) *bis*, 26 (36): 9. 24: 10. 2, 7*, 12†: 16. 5: 25. 14, 15, 33, 35, 36: 27. 24.
Nu. 3. 12, 50: 7. 3 *bis*, 5, 84: 8. 11: 11. 1, 3, 31: 16. 35: 17. 2 (17) *bis*: 18. 8, 26 *bis*, 28: 24. 13, 16†: 31. 3, 28, 49*, 51, 52 *bis*, 54 *bis*: 35. 31.
De. 2. 6†, 6: 3. 4: 10. 12: 17. 18: 18. 3*, 3, 16: 22. 3: 23. 15 (16), 21 (22): 33. 23.
Jo. 21. 16, 17: 24. 32.
Jd. 1. 14: 8. 24: 9. 13*†: 14. 4: 19. 2†: 20. 5*†.
Ru. 2. 12: 4. 5.
I Ki. 1. 17, 20, 27: 2. 13, 15: 7. 14: 8. 10: 9. 24†: 14. 15: 16. 14: 17. 30†: 20. 7, 9, 28, 33: 23. 12†: 24. 7†: 26. 11.
II Ki. 2. 31: 3. 13, 15 *bis*, 37: 15. 3, 28: 21. 12: 24. 21, 24.
III Ki. 2. 14 (15), 15 (16), 20, 33: 3. 11: 4. 12*, 34 (5. 14): 10. 3†: 12. 15, 24, 24†: 13. 31†: 14. 5†, 9†: 16. 24: 18. 38: 20 (21). 3: 21 (20). 20, 20*†, 34: 22. 24†.
IV Ki. 3. 11: 4. 3, 5†, 28: 5. 15†, 19†, 20: 6. 33: 8. 8: 12. 8 (9): 20. 9: 22. 4.
I Ch. 5. 22: 12. 19: 13. 2: 19. 6†: 29. 12.
II Ch. 10. 15: 11. 4: 13. 19: 18. 6, 23†, 23: 19. 2: 21. 12: 22. 7: 25. 8, 20: 26. 18: 30. 6: 32. 31: 36. 4.
I Es. 1. 15*: 2. 18, 30: 4. 46*, 59 *bis*: 5. 55: 6. 5: 8. 6, 8, 50, 78.
II Es. 4. 19: 8. 21, 22, 23.
Ne. 5. 12, 15: 6. 16: 10. 31: 13. 6†.
To. 4. 18†, 19†: 5. 2†, 3†, 19: 8. 21†.
Ju. 8. 17*: 11. 14: 12. 15.
Es. 2. 15†: 4. 5: 7. 7†: 10. 3.
Jb. 1. 12†: 2. 7†: 4. 12: 6. 22*, 25: 13. 11†: 14. 5†: 19. 27: 20. 29 *bis*: 21. 2, 9: 23. 7†: 25. 2*†, 3: 27. 13 *bis*: 31. 37: 34. 9, 33†: 37. 13, 21*, 22†.
Ps. 2. 8: 7. 10: 11 (12). 4: 21 (22). 25: 23 (24). 5 *bis*: 26 (27). 4: 36 (37). 23, 39†: 38 (39). 7†: 57 (58). 5: 61 (62). 1, 5: 67 (68). 23: 72 (73). 25: 83 (84). 5: 103 (104). 21: 108 (109). 20†: 117 (118). 23: 120 (121). 2: 151. 7*.
Pr. 8. 35: 14. 12†: 16. 11†, 33: 18. 22: 19. 14: 20. 24: 21. 31: 24. 30 (30. 7): 27. 27: 29. 26: 31. 21*.
Ec. 5. 10*, 12*: 7. 13 (12)*†: 8. 8*: 12. 11.
Wi. 6. 3 *bis*.
Si. 1. 1: 3. 8, 16†: 5. 6†: 7. 4 *bis*: 8. 8, 9 *bis*: 11. 14: 12. 2 *bis*: 15. 9: 16. 11†, 17†: 28. 1, 3: 31 (34). 6†: 37. 21: 38. 2 *bis*, 8: 41. 3: 50. 21*.
Am. 5. 11.
Mi. 1. 12: 5. 7: 6. 8.
Ob. 1. 1.
Jn. 3. 7, 7†.
Hb. 2. 13.
Za. 6. 10 *ter*: 7. 12: 9. 17†: 10. 1.
Is. 2. 1†: 7. 11: 8. 18: 13. 6: 21. 10, 11: 22. 5: 26. 19*: 28. 2†, 22, 29: 29. 6: 37. 14, 30†: 38. 7: 46. 13*: 49. 4†, 24, 25: 51. 4: 52. 10*: 54. 10*: 57. 16: 59. 19, 21*: 63. 14.
Je. 11. 1, 20*: 14. 1†: 18. 1: 20. 12*: 21. 1: 23. 19, 30†: 27 (50). 15, 28: 28 (51). 6, 27, 53, 59: 29 (49). 14: 33 (26). 1: 37 (30). 1: 39 (32). 1: 41 (34). 1, 8: 42 (35). 1: 44 (37). 17†: 47 (40). 1: 52. 34.
Ba. 4. 9, 22 *bis*, 24*, 25*, 35, 36*: 5. 1*, 2*, 4, 6, 9*.
La. 2. 9.
Ez. 3. 17†: 16. 32: 24. 25: 33. 30: 45. 20: 48. 22†.
Da. LXX. Su. 33*: 1. 20: 2. 15, 16, 18: 4. 20: 6. 5 (6), 7 (8) *bis*, 12 (13) *bis*: 7. 16: 9. 23: 11. 31: Bel 8*†, 13*.
Da. TH. Su. 33*, 55: 1. 20: 2. 6, 18, 23, 49: 6. 7 (8) *bis*, 12 (13) *bis*, 13 (14): 7. 16.
I Ma. 2. 15*†, 17*: 4. 13*†: 7. 13, 32*, 41*: 8.

8: 9. 13*†, 44*†, 49, 58*: 10. 87*: 11. 34, 39*, 69*, 73*†: 12. 7, 17*, 27*, 28*†, 29*, 34*, 49*: 13. 52*: 15. 15*, 20: 16. 16*†.
II Ma. 7. 2†, 11: 8. 11*: 11. 16, 17, 20*: 12. 11*: 14. 21: 15. 7, 8*, 16.
III Ma. 1. 1: 5. 35*.
IV Ma. 9. 5: 12. 11: 13. 3†: 18. 23.

[**Aq.** II Ki. 7. 15: III Ki. 14. 5: 22. 24: Pr. 12. 2: Is. 7. 11: 8. 18: 21. 11: 54. 10: Je. 7. 1: 27 (34). 1: 32 (39). 9: 34 (41). 12: 36 (43). 1: 44 (51). 28 *bis*: Ez. 33. 7: Za. 6. 10 *ter*.]
[**Sm.** II Ki. 7. 15: IV Ki. 1. 2: Jb. 4. 12: 27. 13: Ps. 20 (21). 7: 30 (31). 12: 41 (42). 9: 73 (74). 22: 85 (86). 16: 117 (118). 23: Pr. 1. 19: 8. 18, 35: Is. 7. 11: 8. 18: 21. 11: 28. 29: 49. 24: Je. 7. 1: 13. 21: 32 (39). 9: 36 (43). 1: Da. 2. 15 (Sw.).]
[**Th.** Le. 21. 12: II Ki. 7. 15: Jb. 27. 13: Ps. 57 (58). 6: Is. 7. 11: 8. 18: 21. 11: 28. 2: 57. 8: Je. 7. 1: 32 (39). 9: Ez. 33. 7 (Sw.).]
[**Al.** Ge. 49. 24: Jb. 1. 16: Is. 28. 2.]
[**Sext.** Ps. 30 (31). 12.]

II. *c. dat.* * **ὁ παρά.**

Ge. 14. 13†: 18. 14: 23. 11: 24. 23, 25: 27. 15: 29. 25†, 27: 30. 33: 31. 32 *ter*: 34. 16: 39. 2, 15, 16, 18: 40. 3†, 7: 44. 9, 10, 16, 17.
Ex. 2. 21: 16. 18: 22. 25 (24): 31. 13: 33. 12, 16, 21: 35. 23, 24.
Le. 19. 13: 25. 39, 40, 47* *bis*.
Nu. 11. 15: 22. 8, 9.
De. 15. 3, 16: 29. 17 (16): 32. 34.
Jd. 15. 8†: 17. 2, 11, 11†: 18. 3†, 17†.
I Ki. 5. 2: 6. 14†: 9. 23: 22. 3, 23: 23. 19: 24. 7†: 25. 15, 16, 29: 26. 1†.
II Ki. 10. 8: 11. 9: 19. 37 (38): 20. 8: 24. 16.
III Ki. 20 (21). 1: 21 (20). 40: 22. 51†.
IV Ki. 12. 9 (10).
I Ch. 29. 8.
II Ch. 14. 11: 21. 1†: 25. 24.
I Es. 4. 39†: 9. 43†.
Ne. 2. 6†.
To. 4. 4, 14†: 5. 6†, 9†: 6. 10†: 8. 20†: 9. 2†, 5: 10. 9†.
Ju. 11. 9, 17†: 12. 11†: 15. 10.
Es. 2. 20†: 3. 13†, 13.
Jb. 1. 18: 9. 2: 10. 12: 11. 20†: 12. 13, 16, 16†: 14. 5†: 19. 4†: 23. 7†: 25. 2†: 27. 11: 34. 14: 40. 10 (15): 42. 11†.
Ps. 35 (36). 9: 36 (37). 39†: 38 (39). 7†, 12†: 41 (42). 8†: 53 (54). *tit.*: 72 (73). 22: 75 (76). 12: 88 (89). 27: 108 (109). 20†: 129 (130). 4, 7 *bis*.
Pr. 2. 1, 18 *bis*: 3. 7: 7. 1: 8. 3, 30: 9. 18: 12. 2, 22: 14. 6 *bis*, 12†, 22: 15. 8, 11, 28 (16. 7): 16. 2, 5 *bis*, 11†: 17. 3, 15: 18. 16: 21. 3, 15: 26. 5, 12: 28. 11.
Wi. 4. 1 *bis*: 5. 15: 8. 10: 9. 10: 12. 7*.
Si. 5. 6†: 7. 5: 12. 12†: 16. 11†: 18. 17: 32 (35). 12: 50. 12†.
Am. 6. 10.
Is. 21. 12: 38. 12: 49. 4†.
Je. 22. 13: 44 (37). 13.
Ep. Je. 44†.
Ez. 39. 15†.
Da. LXX. 1. 19: 2. 2, 22: Bel 8*†, 17.
Da. TH. Bel 18.
I Ma. 1. 57: 7. 47†: 8. 22: 9. 13*†: 13. 29.
II Ma. 1. 36: 2. 14.
IV Ma. 3. 11*: 9. 8: 11. 7†: 13. 3†.

[**Aq.** Ec. 9. 13: Is. 45. 14: 54. 17: Je. 52. 8*.]
[**Sm.** Ex. 33. 13: 35. 23 *bis*: Dt. 32. 34: I Ki. 2. 3: 24. 12: Jb. 9. 35: 14. 5: 24. 25: Ps. 15 (16). 11: 27 (28). 3: 72 (73). 22: 89 (90). 16: 139 (140). 14: Pr. 11. 2: Ec. 1. 11: 6. 1: Is. 54. 17: Je. 38 (45). 5: 52. 8*.]
[**Th.** Ex. 35. 23: Is. 54. 17.]
[**Al.** Ps. 135 (136). 6: 138 (139). 12, 18.]

III. *c. acc.* * **ὁ παρά.**

Ge. 13. 18: 19. 1: 22. 17*: 24. 11: 25. 11: 29. 20†: 36. 37*: 37. 3: 41. 3, 17†: 43. 34: 49. 13.
Ex. 2. 3, 5†: 11. 5*: 12. 22*, 22: 13. 20: 14. 9, 11, 30: 15. 27†: 18. 11: 28. 30 (34): 29. 10, 11†, 12, 32: 33. 8, 12, 16, 17: 36. 5†: 38. 26 (8): 40. 6, 29.
Le. 1. 16: 3. 2, 8, 13: 4. 4, 7 *bis*, 14, 25, 30, 34: 10. 12†: 16. 7: 17. 6: 19. 21.
Nu. 2. 18†: 3. 23†, 46: 6. 13, 18: 10. 6†: 12. 3: 13. 30, 30†: 14. 16: 16. 18†, 19†, 27: 20. 19 *bis*: 22. 1, 9†: 24. 6: 25. 6: 33. 9, 49, 50†: 34. 7: 35. 1.
De. 2. 8, 36: 3. 12†: 7. 6, 7 *bis*, 8, 14: 9. 28 *bis*: 10. 15: 16. 21: 23. 4 (5): 31. 14, 14†, 15† *bis*.
Jo. 5. 1*: 7. 7: 11. 4*†: 12. 7†: 18. 14†: 19. 51: 22. 7.
Jd. 5. 17†: 9. 44: 11. 26*: 18. 16: 19. 26, 27.
I Ki. 2. 22†: 4. 13: 6. 14†: 9. 24†: 13. 5*†: 18. 30†: 20. 19, 25.
II Ki. 6. 7: 10. 3.
III Ki. 1. 9†: 3. 1 (4. 29)*: 4. 29 (5. 9)*: 10. 19†: 13. 24, 24†, 28, 31.
IV Ki. 1. 3, 6, 16†: 4. 15: 7. 3: 10. 8: 23. 8*.
I Ch. 1. 48*: 19. 9: 24. 4.
II Ch. 2. 5 (4): 9. 18: 11. 23: 29. 34: 30. 18.
I Es. 1. 24: 2. 28: 4. 35, 39†.
Ne. 3. 8†: 7. 2.
To. 2. 9: 3. 17†: 5. 6†: 6. 11†, 12†: 7. 1†: 9. 2†: 11. 4†.
Ju. 5. 4: 8. 25†: 11. 23: 12. 18: 13. 4, 18.
Es. 2. 17: 3. 8: 4. 13†, 16: 8. 13.
Jb. 4. 11, 20, 21: 24. 8: 36. 12: 40. 16 (21).
Ps. 1. 3: 8. 5: 30 (31). 11: 43 (44). 10: 44 (45). 2, 7: 72 (73). 2 (παρὰ μικρόν), 2 (παρ' ὀλίγον): 93 (94). 17 (παρὰ βραχύ): 100 (101). 3†: 118 (119). 87 (παρὰ βραχύ): 134 (135). 5: 140 (141). 7.
Pr. 5. 14 (παρ' ὀλίγον): 7. 8, 12.
Ec. 2. 9: 3. 19: 7. 3 (2)†.
Wi. 15. 13.
Si. 12. 12†: 15. 5: 21. 24: 43. 28: 50. 12†.
Ze. 3. 6†.
Is. 6. 11 *bis*: 19. 5*: 53. 3.
Je. 2. 15: 4. 7: 7. 32†: 9. 10 (9), 11 (10), 12 (11): 17. 8, 9: 26 (46). 6*: 40 (33). 10, 12.
Ba. 3. 28.
La. 1. 4: 3. 51.
Ez. 16. 22, 34, 47 (παρὰ μικρόν), 47 (παρὰ μικρόν)†: 20. 6, 15: 29. 15: 31. 5: 33. 30: 34. 8: 39. 15†.
Da. LXX. 1. 10, 13, 20: 2. 30: 3. 19, (32), (36)*, (37): 7. 1, 3, 7, 23: 11. 2, 13: 12. 8.
Da. TH. 1. 10, 20: 2. 30: 3. (32), (36)*, (37): 7. 7†, 7, 19: 11. 2.
I Ma. 7. 1†, 47†: 11. 1*†: 13. 52*: 14. 45.
II Ma. 4. 36, 42: 7. 39: 10. 13 (παρ' ἕκαστα), 14 (παρ' ἕκαστα).
III Ma. 3. 23 (παρ' ἕκαστα): 4. 8: 5. 8, 42 (παρ' οὐδέν): 7. 8.
IV Ma. 10. 19.

[**Aq.** Ge. 32. 10 (11): Jo. 5. 1: II Ki. 23. 19: III Ki. 1. 9: 14. 9: IV Ki. 1. 16: Jb. 4. 11: 28. 18: 30. 1: Ps. 32 (33). 14, 15: 60 (61). 3: 64 (65). 4: Pr. 8. 19 *bis*: 28. 23: 30. 2: Je. 9. 11 (10): 19. 11: 33 (40). 12 (Sw.): 44 (51). 22: 51 (28). 29, 37: Ez. 16. 47 (P.): Hb. 1. 8.]
[**Sm.** Ge. 4. 7: Jo. 5. 1: Jd. 9. 6: III Ki. 1. 9: Ps. 9. 29 (10. 8): 32 (33). 18 *bis*: 44 (45). 3, 9: 72 (73). 2 (παρ' οὐδέν): Ca. 1. 8: Is. 52. 14: 57. 1, 20: Je. 33 (40). 12 (Sw.): Ez. 16. 47 (P.).]
[**Th.** Ex. 40. 5: Jo. 5. 1: Jd. 18. 16: III Ki. 1. 9: Is. 57. 1: Je. 19. 11: 33 (40). 12 (Sw.): 44 (51). 22: 51 (28). 37: Ez. 16. 47 (P.): 29. 15: Da. 1. 10, 20.]
[**Al.** Le. 1. 15: 8. 31: I Ki. 4. 18: 9. 21: Ps. 120 (121). 5.]
[**Heb.** Jb. 2. 13.]
[**Quint.** Ps. 30 (31). 12: 44 (45). 3: 140 (141). 7.]

παραβαίνειν. (1) מַעַל (2) מָרָה *a.* qal. *b.* hi. (3) סוּר *a.* qal. *b.* hi. (4) עָבַר (5) בּוּר hi. (6) פָּשַׁע (7) שָׂטָה

Ex. 32. 8. παρέβησαν ταχὺ ἐκ τῆς ὁδοῦ (3 *a*)
Le. 26. 40. παρέβησαν καὶ ὑπερεῖδόν με (1)
Nu. 5. 12. ἐὰν παραβῇ ἡ γυνὴ αὐτοῦ (7)
— 19. εἰ μὴ παραβέβηκας μιανθῆναι (7)
— 20. εἰ δὲ σὺ παραβέβηκας (7)
— 29. ᾧ ἂν παραβῇ ἡ γυνή (7)
14. 41. ἵνα τί ὑμεῖς παραβαίνετε τὸ ῥῆμα κ. (4)
22. 18: 24. 13. οὐ δυνήσομαι παραβῆναι τὸ ῥῆμα κυρίου (4)
27. 14. παρέβητε τὸ ῥῆμά μου (2 *a*)
De. 1. 43. παρέβητε τὸ ῥῆμα κυρίου (2 *b*)
9. 12. παρέβησαν ταχὺ ἐκ τῆς ὁδοῦ (3 *a*)
De. 9. 16. παρέβητε ἀπὸ τῆς ὁδοῦ (3 *a*)
11. 16. καὶ παραβῆτε (3 *a*)
17. 20. ἵνα μὴ παραβῇ ἀπὸ τῶν ἐντολῶν (3 *a*)
28. 14. οὐ παραβήσῃ ἀπὸ πασῶν τῶν ἐντ. (3 *a*)
Jo. 7. 11, 15. παρέβη τὴν διαθήκην (4)
11. 15. οὐ παρέβη οὐδέν (3 *b*)
23. 16. ἐν τῷ παραβῆναι [A -βαίνειν] ὑμᾶς τὴν διαθήκην (4)
I Ki. 12. 21. B μὴ παραβῆτε ὀπίσω τῶν μηθὲν ὄντων (3 *a*)
15. 24. παρέβην τὸν λόγον κυρίου (4)
IV Ki. 18. 12. παρέβησαν τὴν διαθήκην αὐτοῦ (4)
I Es. 1. 16. παραβῆναι ἕκαστον τὴν ἑαυ. ἐφημ.
— 48. παρέβη τὰ νόμιμα κυρίου θ. Ἰσρ.
— 49. A παρέβησαν ὑπὲρ πάσας τὰς ἀκαθαρσίας [B *al.*]
4. 5. τὸν λόγον τοῦ βασ. οὐ παραβαίνουσιν
6. 32. ὅσοι ἐὰν παραβῶσί τι
8. 24. ὅσοι ἐὰν παραβαίνωσι [A -ουσιν] τὸν νόμον
— 82. B παρέβησαν [A R -έβημεν γὰρ] τὰ προστάγμ. σου
— 87. παραβῆναι τὸν νόμον σου
To. 4. 5. παραβῆναι τὰς ἐντολὰς αὐ.
9. 3. S παραβῆναι τὸν ὅρκον αὐ. [A B *al.*]
Ju. 2. 13. οὐ παραβήσῃ ἕν τι τῶν ῥημάτων
8. 30. ὃν οὐ παραβησόμεθα
Jb. 11. 6. A ἄξιά σοι παρέβη [B S ἀπέβη] ἀπὸ κυρίου †
14. 17. ἐπεσημήνω δὲ εἴ τι ἄκων παρέβην †
Ps. 118 (119). 119. παραβαίνοντας ἐλογισάμην πάντας τοὺς ἁμαρτωλοὺς τῆς γῆς †
Si. 10. 19. οἱ παραβαίνοντες ἐντολάς
19. 24. καὶ παραβαίνων νόμον
23. 18. ἄνθρωπος παραβαίνων ἀπὸ τῆς κλίνης αὐ. [A *al.*]
34 (31). 10. τίς ἐδύνατο παραβῆναι καὶ οὐ παρέβη
38. 19. ἐν ἀπαγωγῇ παραβαίνει καὶ λύπη [A S *al.*]
39. 31. οὐ παραβήσονται λόγον
40. 14. οὕτως οἱ παραβαίνοντες εἰς συντέλειαν ἐκλείψουσιν [A -θλίψουσιν]
42. 10. μετὰ ἀνδρὸς οὖσα μή ποτε παραβῇ
Ho. 6. 8 (7). ὡς ἄνθρωπος παραβαίνων διαθήκην (4)
8. 1. παρέβησαν τὴν διαθήκην μου (4)
Is. 24. 5. A παρέβησαν [B S παρῆλθοσαν] τὸν νόμον (4)
66. 24. ὄψονται τὰ κῶλα τῶν ἀνθρώπων τῶν παραβεβηκότων ἐν ἐμοί (6)
Je. 5. 28. παρέβησαν κρίσιν (4)
Ez. 16. 59. τοῦ παραβῆναι τὴν διαθήκην μου (5)
17. 15. παραβαίνων διαθήκην εἰ διασωθήσεται [A σωθ.] (5)
— 16. ὃς παρέβη τὴν διαθήκην μου (5)
— 18. τοῦ παραβῆναι διαθήκην (5)
— 19. τὴν διαθήκην μου ἣν παρέβη (5)
44. 7. παρεβαίνετε τὴν διαθήκην μου (5)
Da. LXX. 9. 5. παρέβημεν τὰς ἐντολάς σου (3 *a*)
Da. TH. 9. 11. πᾶς Ἰσρ. παρέβησαν τὸν νόμον σου (4)
I Ma. 7. 18. παρέβησαν γὰρ τὴν στάσιν
II Ma. 7. 2. παραβαίνειν τοὺς πατρίους νόμους
III Ma. 7. 10. τοὺς . . . τὸν ἅγιον θεὸν αὐθαιρέτως παραβεβηκότας
— 11. τοὺς . . . τὰ θεῖα παραβεβηκότας προστάγματα
— 12. τοὺς παραβεβηκότας τοῦ θεοῦ τὸν νόμον
IV Ma. 9. 1. ἢ π. τὰς πατρίους ἡμῶν ἐντολάς
13. 15. τοῖς παραβᾶσι [S² -βαίνουσι] τὴν ἐντολὴν τοῦ θεοῦ
16. 24. μᾶλλον ἢ παραβῆναι τὴν ἐντολὴν τοῦ θεοῦ

[**Aq.** Le. 5. 15: Dt. 32. 51: Pr. 16. 10.]
[**Sm.** Ps. 54 (55). 21: 72 (73). 7: 88 (89). 34: Pr. 8. 29: Ec. 8. 2: Is. 31. 6.]
[**Th.** Pr. 16. 10.]
[**Al.** Le. 4. 27: 5. 4.]

παραβάλλειν. (1) נָטָה hi. (2) שָׁלַל

Ru. 2. 16. παραβάλλοντες παραβαλεῖτε αὐτῇ (2, 2)
Ju. 15. 3. S οἱ παραβεβληκότες [A B παρεμβ.] ἐν τῇ ὀρεινῇ
Pr. 2. 2. παραβαλεῖς καρδίαν σου εἰς σύνεσιν παραβαλεῖς δὲ αὐτὴν ἐπὶ νουθέτησιν τῷ υἱῷ σου (1, –)
4. 20. A R τοῖς δὲ ἐμοῖς λόγοις παραβάλλε [B S -βαλε] σὸν οὖς (1)
5. 1. ἐμοῖς δὲ λόγοις παράβαλλε [S -βαλε] σὸν οὖς (1)
— 13. οὐδὲ παρέβαλλον [S -βαλον] τὸ οὖς μου (1)
22. 17. λόγοις σοφῶν παράβαλλε [A S² -βαλε] σὸν οὖς (1)

I Ma. 3. 40. A παρέβαλον [S R παρενέβ.] πλησίον Ἀμμ.
5. 5. A παρέβαλεν [S R παρενέβ.] ἐπ' αὐτούς
15. 25. S^1 παρέβαλεν [A S^2 R -ενέβ.] ἐπὶ Δ.
II Ma. 14. 38. σῶμα καὶ ψυχὴν . . . παραβεβλημένος
[Aq. Ps. 27 (28). 1 : 142 (143). 7.]
[Sm. Ez. 20. 49 (21. 5).]

παραβαπτός. (1) παραβαπτά סְרוּחֵי טְבוּלִים

Ez. 23. 15. ποικίλματα ἐπὶ τὰς ὀσφύας αὐτῶν παραβαπτά [A καὶ τιάραι βαπταί] (1)

παραβασιλεύειν.

III Ma. 6. 24. παραβασιλεύετε

παράβασις. (1) סֵטִים

IV Ki. 2. 24. A τέκνα παραβάσεως καὶ ἀργίας –
Ps. 100 (101). 3. ποιοῦντας παραβάσεις [S^1 παρὰ βασιλεῖς] ἐμίσησα (1)
Wi. 14. 31. ἐπεξέρχεται ἀεὶ τὴν τῶν ἀδίκων π.
II Ma. 15. 10. παρεπιδεικνὺς . . . τὴν τῶν ὅρκων π.
[Aq. Le. 5. 15.]
[Sm. Jb. 20. 11 : Ps. 31 (32). 5 : Je. 28 (35). 16 : Da. 11. 14.]
[Th. Ge. 3. 18 (17) : IV Ki. 2. 24 : Da. 11. 14 (Sw.).]
[Al. Le. 4. 27.]

παραβάτης.

[Sm. Ps. 16 (17). 4 : 138 (139). 19 : Je. 6. 28.]

παραβιάζεσθαι. (1) זוּד hi. (2) חָתַר (3) פָּצַר בְּ׳ (4) פָּרַץ בְּ׳

Ge. 19. 3. A παρεβιάζετο [R κατεβιάσατο] αὐτούς (3)
— 9. παρεβιάζοντο τὸν ἄνδρα τὸν Λώτ (3)
De. 1. 43. παραβιασάμενοι ἀνέβητε εἰς τὸ ὄρος (1)
I Ki. 28. 23. παρεβιάζοντο αὐτὸν οἱ παῖδες αὐ. (4)
IV Ki. 2. 17. καὶ παρεβιάσαντο αὐτόν (3)
5. 16. καὶ παρεβιάσατο αὐτόν [A om.] (3)
Am. 6. 10. παραβιῶνται τοῦ ἐξενέγκαι [A al.] †
Jn. 1. 13. καὶ παρεβιάζοντο [B^1 καίπερ ἐβ.] οἱ ἄνδρες (2)

παραβιβάζειν. (1) עָבַר hi.

II Ki. 12. 13. παρεβίβασε τὸ ἁμάρτημά σου (1)
24. 10. παραβίβασον δὴ τὴν ἀνομίαν (1)
Da. Th. 11. 20. ἐπὶ τὴν ἑτοιμασίαν αὐ. παραβιβάζων (1)
[Aq. Le. 18. 21 : Je. 15. 14.]
[Sm., Th. Le. 18. 21.]
[Al. Le. 25. 9.]

παραβιωτής.

Am. 6. 10. A οἱ π. τοῦ ἐξενέγκαι τὰ ὀστᾶ αὐ. [B al.] †

παραβλέπειν. (1) שָׁזַף

Jb. 20. 9. ὀφθαλμὸς παρέβλεψε καὶ οὐ προσθήσει (1)
28. 7. οὐ παρέβλεψεν αὐτὴν ὀφθαλμὸς γυπός (1)
Ca. 1. 6. παρέβλεψέ με [S μοι] ὁ ἥλιος (1)
Si. 38. 9. ἐν ἀρρωστήματί σου μὴ παράβλεπε
[Sm. Ez. 22. 26.]

παραβολή. (1) *a.* מָשָׁל *b.* מָשַׁל (2) παραβολὴν εἰπεῖν מָשַׁל

Nu. 23. 7, 18 : 24. 3, 15, 20, 21, 23. ἀναλαβὼν τὴν π. αὐτοῦ (1 *a*)
De. 28. 37. ἐν αἰνίγματι καὶ παραβολῇ (1 *a*)
I Ki. 10. 12. ἐγενήθη εἰς παραβολήν (1 *a*)
24. 14. καθὼς λέγεται ἡ π. ἡ ἀρχαία (1 *a*)
II Ki. 23. 3. παραβολὴν εἰπόν (2)
III Ki. 4. 32 (5. 12). ἐλάλησε Σαλ. τρισχιλίας π. (1 *a*)
II Ch. 7. 20. δώσω αὐτὸν εἰς παραβολήν (1 *a*)
To. 3. 4. ἔδωκας ἡμᾶς εἰς . . . παραβολήν
Ps. 43 (44). 14. A B S^2 ἔθου ἡμᾶς εἰς παραβολὴν ἐν τοῖς ἔθνεσι (1 *a*)
48 (49). 4. κλινῶ εἰς παραβολὴν τὸ οὖς μου (1 *a*)
68 (69). 11. ἐγενόμην αὐτοῖς εἰς παραβολήν (1 *a*)
77 (78). 2. B S^2 ἀνοίξω ἐν παραβολαῖς [S^1 -ῇ] τὸ στόμα μου (1 *a*)
Pr. 1. 6. νοήσει τε παραβολήν (1 *a*)
Ec. 1. 17. παραβολὰς καὶ ἐπιστήμην ἔγνων ἐγώ †
12. 9. οὗς [S^2 *add.* αὐτοῦ] ἐξιχνιάσεται [S^2 -άσατο] κόσμιον παραβολῶν (1 *a*)
Wi. 5. 3. ὃν ἔσχομέν ποτε . . . εἰς παραβολὴν ὀνειδισμοῦ
Si. 1. 24. ἐν θησαυροῖς σοφίας παραβολὴ [S -αὶ] ἐπιστήμης
3. 29. καρδία συνετοῦ διανοηθήσεται παραβολὴν [S^1 ἐν παραβολῇ]
13. 26. εὕρεσις παραβολῶν διαλογισμοὶ μετὰ κόπου
20. 20. ἀπὸ στόματος μωροῦ ἀποδοκιμασθήσεται παραβολή
— 27. λόγοι παραβολῶν
21. 16. S^2 ἐπὶ δὲ χείλους συνετοῦ εὑρεθήσεται παραβολή [A *om.*, B S^1 χάρις]
38. 33. ἐν παραβολαῖς οὐχ εὑρεθήσονται
39. 2. ἐν στροφαῖς παραβολῶν συνεισελεύσεται
— 3. ἐν αἰνίγμασι παραβολῶν ἀναστραφήσεται
43. 8. B σκεῦος παραβολῶν [A S R παρεμβ.] ἐν ὕψει
47. 15. ἐνέπλησας ἐν παραβολαῖς αἰνιγμάτων
— 17. ἐν ᾠδαῖς καὶ παροιμίαις καὶ παραβολαῖς
Mi. 2. 4. λημφθήσεται ἐφ' ὑμᾶς παραβολή (1 *a*)
Hb. 2. 6. οὐχὶ ταῦτα πάντα παραβολὴν κατ' αὐτοῦ λήψονται (1 *a*)
Je. 24. 9. εἰς ὀνειδισμὸν καὶ εἰς παραβολήν (1 *a*)
Ez. 12. 22. τίς ἡ π. ὑμῖν ἐπὶ τῆς γῆς τοῦ Ἰσραήλ (1 *a*)
— 23. ἀποστρέψω τὴν π. ταύτην καὶ οὐκέτι μὴ εἴπωσι τὴν π. ταύτην (1 *a*, 2)
16. 44. ὅσα εἶπαν κατὰ σοῦ ἐν παραβολῇ (1 *b*)
17. 2. εἰπὸν παραβολήν (1 *a*)
18. 2. τί ὑμῖν ἡ π. αὕτη (1 *a*)
— 3. ἐὰν γένηται ἔτι λεγομένη ἡ π. αὕτη (1 *a*)
19. 14. R φυλὴ εἰς παραβολὴν θρόνου [A B θρήν.] ἐστί (1 *b*)
20. 49 (21. 5). οὐχὶ π. ἐστι λεγομένη αὕτη (1 *a*)
24. 3. εἰπὸν ἐπὶ τὸν οἶκον τὸν παραπικραίνοντα παραβολήν (1 *a*)
Da. LXX. 12. 8. τίνος αἱ π. αὗται †
[Aq. Jb. 17. 6 : 27. 1 : Ps. 68 (69). 12 : 77 (78). 2 : Pr. 1. 1 : 25. 1 : Is. 14. 4 : Ez. 12. 22.]
[Sm. Jb. 17. 6 : Ps. 43 (44). 15 : 68 (69). 12 : Pr. 25. 1 : 26. 7, 9 : Is. 14. 4 : Ez. 20. 49 (21. 5).]
[Th. Jb. 17. 6 : Pr. 25. 1 : Is. 14. 4 : Ez. 12. 22 : 18. 2.]
[Al. Ps. 48 (49). 5.]

παραγγέλλειν. (1) *a.* אָמַר *b.* אֲמַר (2) זָעַק hi. (3) יָעַץ ni. (4) עָבַר hi. (5) צָעַק hi. (6) שָׁמַע *a.* pi. *b.* hi.

Jo. 6. 6 (7). παραγγείλατε τῷ λαῷ (1 *a*)
Jd. 4. 10. A παρήγγειλεν Β. τῷ Ζ. [B *al.*] (2)
I Ki. 10. 17. παρήγγειλε Σαμ. παντὶ τῷ λαῷ (5)
15. 4. παρήγγειλε Σ. τῷ λαῷ (6 *a*)
23. 8. παρήγγειλε Σ. παντὶ τῷ λαῷ (6 *a*)
III Ki. 12. 6. A B παρήγγειλεν [R ἀπήγγ.] ὁ βασ. τοῖς πρεσβυτέροις (3)
15. 22. παρήγγειλε παντὶ Ἰούδα (6 *b*)
II Ch. 36. 22. καὶ παρήγγειλε κηρῦξαι (4)
II Es. 1. 1. καὶ παρήγγειλε φωνήν (4)
Ju. 7. 1. παρήγγειλεν Ὀλ. πάσῃ τῇ στρατιᾷ
Je. 26 (46). 14. παραγγείλατε εἰς Μέμφιν (6 *b*)
27 (50). 29. παραγγείλατε ἐπὶ Βαβυλῶνα πολλοῖς (6 *b*)
28 (51). 27. παραγγείλατε ἐπ' αὐτήν (6 *b*)
Da. LXX. 2. 18. παρήγγειλε νηστείαν καὶ δέησιν –
3. 4. ὑμῖν παραγγέλλεται, ἔθνη καὶ χῶραι (1 *b*)
I Ma. 5. 58. A R παρήγγειλαν [S -εν] τοῖς ἀπὸ τῆς δυνάμεως
9. 63. τοῖς ἐκ τῆς Ἰουδ. παρήγγειλε
II Ma. 5. 25. τοῖς ὑφ' ἑαυτὸν ἐξοπλησίαν παρήγγειλε
12. 6. παραγγείλας τοῖς περὶ αὐτὸν ἀνδράσι
13. 10. παρήγγειλε τῷ πλήθει
15. 10. τοῖς θυμοῖς διεγείρας αὐτοὺς παρήγγειλεν
III Ma. 1. 1. παραγγείλας ταῖς πάσαις δυνάμεσι
4. 14. R στρεβλωθέντας δὲ ταῖς [A *om.*] παρηγγελμέναις αἰκίαις
[Sm. Je. 36 (43). 9.]
[Al. Jo. 3. 3.]

παράγγελμα. (1) כִּשְׁמַעַת

I Ki. 22. 14. ἄρχων παντὸς π. σου (1)

παράγειν. (1) נָתַק ni. (2) עָבַר *a.* qal. *b.* hi. (3) עָרַב hithp.

I Ki. 16. 9. παρήγαγεν Ἰ. τὸν Σ. (2 *b*)
— 10. παρήγαγεν Ἰ. τοὺς ἑπτὰ υἱοὺς αὐ. (2 *b*)
I Ki. 20. 36. καὶ παρήγαγεν αὐτήν (2 *b*)
II Ki. 15. 18. ἀνὰ χεῖρα αὐτοῦ παρῆγον (2 *a*)
III Ki. 6. 20 (21). A παρήγαγεν ἐν καθηλώμασιν χρυσίου (2 *b*)
I Es. 5. 55. εἰς τὸ π. αὐτοὺς . . . ξύλα κέδρινα
II Es. 1. 9. B παρηγμένα [A R -ηλλαγμ.] ἐννέα καὶ εἴκ. †
9. 2. παρήχθη σπέρμα τὸ ἅγιον (3)
Ne. 2. 7. ὥστε παραγαγεῖν με (2 *b*)
Ps. 128 (129). 8. οὐκ εἶπαν οἱ παράγοντες (2 *a*)
143 (144). 4. αἱ ἡμέραι αὐτοῦ ὡσεὶ σκιὰ [A^{1}S^2 σκιαὶ] παράγουσι (2 *a*)
Ec. 11. 10. πάραγε [A S^2 -άγαγε, S^1 ἀπάγαγε] πονηρίαν ἀπὸ σαρκός σου (2 *b*)
Is. 5. 27. S^1 οὐδὲ μὴ παράγωσιν [A B S^2 ῥαγ.] οἱ ἱμάντες (1)
III Ma. 6. 16. κατὰ τὸν ἱππόδρομον παρῆγε
IV Ma. 5. 4. παρήχθη πλησίον αὐτοῦ
9. 11. A R τὸν πρεσβύτατον αὐ. . . . παρήγαγον [S -ῆγον]
11. 17. ταῦτα αὐτὸν εἰπόντα παρῆγον ἐπὶ τὸν τροχόν
[Aq. Ge. 8. 1 : Is. 54. 9 : Je. 11. 15 : 46 (26). 17 : Ez. 20. 26, 31, 37.]
[Sm. Ge. 8. 1 : II Ki. 3. 27 : 6. 10 : Je. 15. 14 : Ez. 20. 26, 37 : Za. 9. 8.]
[Th. Is. 60. 15.]

παραγίγνεσθαι, παραγίνεσθαι. (1) בּוֹא *a.* qal. *b.* hi. (2) הָיָה (3) הָלַךְ (4) נָגַע hi. (5) שׁוּב

Ge. 14. 13. παραγενόμ. δὲ τῶν ἀνασωθέντων τις (1 *a*)
26. 32. παραγενόμενοι οἱ παῖδες Ἰ. (1 *a*)
32. 20 (21). ὁ παῖς σου Ἰ. παραγίνεται –
35. 9. ὅτε παρεγένετο ἐκ Μεσοπ. (1 *a*)
45. 19. ἀναλαβόντες τὸν πατ. ὑμῶν παραγίνεσθε (1 *a*)
50. 10. παρεγένοντο εἰς [A -ετο ἐφ'] ἅλωνα Ἀ. (1 *a*)
— 16. A R παραγενόμενοι [B -εγένοντο] πρὸς Ἰ. †
Ex. 2. 16. παραγενόμεναι δὲ ἤντλουν (1 *a*)
— 17. παραγενομένοι δὲ οἱ ποιμένες (1 *a*)
— 18. παρεγένοντο δὲ πρὸς Ῥαγ. (1 *a*)
— 18. ἐταχύνατε τοῦ παραγενέσθαι σήμερον (1 *a*)
8. 24 (20). παρεγένετο ἡ κυνόμυια πλῆθος (1 *a*)
16. 35. ἕως παρεγένοντο εἰς μέρος τῆς Φ. (1 *a*)
18. 6. ὁ γαμβρός σου Ἰ. παραγίνεται πρὸς σέ (1 *a*)
— 12. παρεγένετο δὲ Ἀ. (1 *a*)
— 15. παραγίνεται πρὸς μὲ ὁ λαός (1 *a*)
19. 9. παραγίνομαι πρὸς σέ (1 *a*)
20. 20. παρεγενήθη ὁ θ. πρὸς ὑμᾶς (1 *a*)
36. 4. παρεγίνοντο [A -γενόμενοι] πάντες (1 *a*)
Le. 14. 48. ἐὰν δὲ παραγενόμενος εἰσέλθῃ (1 *a*)
Nu. 9. 6. παρεγένοντο οἱ ἄνδρες (2)
10. 21. ἕως παραγένωνται (1 *a*)
14. 36. παραγενηθέντες διεγόγγυσαν κατ' αὐτῆς (5)
20. 5. παραγενέσθαι εἰς τὸν τόπον τὸν πον. τοῦτον (1 *b*)
— 22. παρεγένοντο οἱ υἱοὶ Ἰσρ. (1 *a*)
21. 7. παραγενόμ. ὁ λαὸς πρὸς Μ. (1 *a*)
De. 18. 6. ἐὰν δὲ παραγένηται ὁ Λ. (1 *a*)
Jo. 5. 13 (14). ἐγὼ ἀρχιστράτηγος . . . παραγέγονα (1 *a*)
9. 8. καὶ πόθεν παραγεγόνατε (1 *a*)
— 12. παραγενέσθαι πρὸς ὑμᾶς (3)
10. 9. ἐπεὶ παρεγένετο [A ἐπιπαρ.] Ἰ. (1 *a*)
11. 5. παρεγένοντο ἐπὶ τὸ αὐτό [A *al.*] (1 *a*)
18. 8. παραγενήθητε πρός με (5)
21. 43. πάντα παρεγένετο [A -νοντο] (1 *a*)
22. 15. παρεγένοντο πρὸς τοὺς υἱοὺς Ῥ. (1 *a*)
24. 11. παρεγενήθητε εἰς Ἰερ. (1 *a*)
Jd. 5. 28. A ᾐσχάτισεν τὸ ἅρμα αὐ. παραγενέσθαι [B *al.*] (1 *a*)
6. 5. αἱ σκηναὶ αὐτῶν παρεγίνοντο [A *al.*] (1 *a*)
— 5. A παρεγείνοντο ἐν τῇ γῇ [B *al.*] (1 *a*)
8. 15. καὶ παρεγένετο Γ. (1 *a*)
9. 31. A παραγεγόνασιν [B ἔρχονται] εἰς Σ. (1 *a*)
— 37. A μία παραγείνεται ἀπὸ ὁδοῦ [B *al.*] (1 *a*)
11. 18. A καὶ παρεγένετο [B ἦλθεν] (1 *a*)
13. 9. A παρεγένετο [B ἦλθεν] ὁ ἄγγελος τοῦ θ. (1 *a*)
18. 2. παρεγένοντο εἰς ὄρος Ἐφρ. [B *al.*] (1 *a*)
— 7. A παρεγένοντο [B ἦλθον] εἰς Λ. (1 *a*)
— 8. A παρεγένοντο [B ἦλθον] οἱ πέντε ἄνδρες (1 *a*)
19. 10. A παρεγένοντο ἕως κατέναντι Ἰ. [B *al.*] (1 *a*)
20. 34. A παρεγένοντο ἐξ ἐναντίας τῆς Γ. [B *al.*] (1 *a*)

Jd. 21. 2. A παρεγένοντο πᾶς ὁ λαὸς εἰς Μ. [B *al.*] (1 *a*)
Ru. 1. 19. ἕως τοῦ παραγενέσθαι αὐτὰς εἰς Β. (1 *a*)
— 22. αὗται δὲ παρεγενήθησαν εἰς Β. (1 *a*)
I Ki. 8. 4. παραγίνονται εἰς Ἀρμ. (1 *a*)
9. 6. πᾶν . . . παραγινόμενον παρέσται (1 *a*)
13. 8. B οὐ παρεγένετο Σαμ. εἰς Γ. (1 *a*)
— 10. B Σαμ. παραγίνεται (1 *a*)
— 11. B καὶ σὺ οὐ παρεγένου (1 *a*)
— 15. B αὐτῶν παραγενομ. ἐκ Γ. –
15. 13. παρεγένετο Σαμ. πρὸς Σ. (1 *a*)
19. 18. παραγίνεται πρὸς Σαμ. (1 *a*)
20. 22 (21). λάβε αὐτὴν παραγίνου (1 *a*)
— 24. παραγίνεται ὁ μήν (2)
— 27. οὐ παραγέγονεν ὁ υἱὸς Ἰ. (1 *a*)
— 29. οὐ παραγέγονεν ἐπὶ τὴν τράπεζαν τοῦ βασ. (1 *a*)
22. 9. ἑώρακα τὸν υἱὸν Ἰ. παραγινόμενον (1 *a*)
— 11. παρεγένοντο πάντες πρὸς τὸν βασ. (1 *a*)
25. 19. ὀπίσω ὑμῶν παραγίνομαι (1 *a*)
— 34. καὶ παρεγένου εἰς ἀπάντησίν μοι (1 *a*)
— 36. παρεγενήθη Ἀβ. πρὸς Ν. (1 *a*)
30. 21. καὶ παραγίνεται Δ. (1 *a*)
II Ki. 1. 3. πόθεν σὺ παραγίνῃ [A -ου] (1 *a*)
3. 13. παραγινομένου σου ἰδεῖν τὸ πρόσωπόν μου (1 *a*)
— 22. A B^{1} παρεγίνοντο [B^{3} R -γέν.] ἐκ τῆς ἐξοδίας (1 *a*)
— 25. ἀπατῆσαί σε παρεγένετο [A παραγέγονεν] (1 *a*)
5. 1. παραγίνονται πᾶσαι αἱ φυλαὶ Ἰσρ. (1 *a*)
— 18. οἱ ἀλλόφυλοι παραγίνονται (1 *a*)
6. 6. παραγίνονται ἕως ἅλω Ν. (1 *a*)
— 16. τῆς κιβωτοῦ παραγινομένης ἕως πόλεως Δ. (1 *a*)
8. 5. παραγίνεται Συρία Δαμασκοῦ (1 *a*)
9. 6. παραγίνεται Μ. υἱὸς Ἰων. (1 *a*)
10. 2. παρεγένοντο οἱ παῖδες Δ. εἰς τὴν γῆν (1 *a*)
— 14. παρεγένοντο εἰς Ἱερουσ. (1 *a*)
— 16. καὶ παρεγένοντο Αἰλάμ (1 *a*)
— 17. παρεγένετο Αἰλάμ (1 *a*)
11. 7. καὶ παραγίνεται Οὐρ. (1 *a*)
— 22. παρεγένετο καὶ ἀπήγγειλε (1 *a*)
13. 34. παρεγένετο ὁ σκοπός –
14. 29. οὐκ ἠθέλησε παραγενέσθαι (1 *a*)
— 30. παραγίνονται οἱ δοῦλοι Ἰ. –
15. 6. παντὶ Ἰσρ. τοῖς παραγινομ. εἰς κρίσιν (1 *a*)
— 13. παρεγένετο ἀπαγγέλλων πρὸς Δ. (1 *a*)
— 20. εἰ ἐχθὲς παραγέγονας (1 *a*)
18. 31. ὁ Χ. παρεγένετο (1 *a*)
19. 24 (25). παρεγένετο ἐν εἰρήνῃ (1 *a*)
— 30 (31). μετὰ τὸ παραγενέσθαι τὸν κύριόν μου (1 *a*)
— 41 (42). πᾶς ἀνὴρ Ἰσρ. παρεγένοντο (1 *a*)
20. 15. καὶ παρεγενήθησαν (1 *a*)
23. 16. παρεγένοντο πρὸς Δ. (1 *b*)
24. 6. παρεγένοντο εἰς Δ. (1 *a*)
— 8. παρεγένοντο . . . εἰς Ἱερ. (1 *a*)
III Ki. 3. 15. παραγίνεται εἰς Ἱερ. (1 *a*)
4. 34 (5. 14). παρεγίνοντο πάντες οἱ λαοί (1 *a*)
10. 7. ἕως ὅτου παρεγενόμην (1 *a*)
12. 12. παρεγένοντο πᾶς Ἰσρ. (1 *a*)
13. 1. ἄνθρωπος τοῦ θ. . . . παρεγένετο (1 *a*)
21 (20). 27. παρεγένοντο εἰς ἀπαντὴν αὐτῶν (3)
IV Ki. 9. 17. ἐν τῷ παραγίνεσθαι αὐτόν (1 *a*)
10. 21. ὃς οὐ παρεγένετο (1 *a*)
II Ch. 24. 24. παρεγένετο [A -γίν.] δύναμις Συρίας (1 *a*)
I Es. 5. 44. ἐν τῷ π. αὐτοὺς εἰς τὸ ἱερὸν τοῦ θ.
— 56. παραγενόμενος εἰς τὸ ἱερὸν τοῦ θ.
— 56. πάντες οἱ παραγενόμ. ἐκ τῆς αἰχμαλωσίας
6. 8. παραγενόμενοι εἰς τὴν χώραν τῆς Ἰουδ.
— 20. τότε ὁ Σαναβ. παραγενόμενος
8. 6. παρεγένοντο εἰς Ἱερ.
— 65. οἱ δὲ παραγενόμ. ἐκ τῆς αἰχμαλωσίας
9. 12. παραγενηθήτωσαν λαβόντες χρόνον
To. 7. 1. παρεγένετο [A -οντο] εἰς τὴν οἰκίαν Ῥ. [S *al.*]
11. 15. S ὅτι ἰδοὺ παραγίνεται
— 18. παρεγένετο [S -νοντο] Ἀχ. καὶ Ν.
Ju. 3. 5. καὶ παρεγένοντο οἱ ἄνδρες
6. 11. παρεγένοντο ἐπὶ [S εἰς] τὰς πηγάς
7. 1. οἱ παρεγένοντο ἐπὶ τὴν συμμαχίαν αὐ.
14. 13. παρεγένοντο ἐπὶ τὴν σκηνὴν Ὀλ.
15. 5. οἱ ἐξ Ἱερ. παρεγενήθησαν
Es. 5. 5. παραγίνονται [A -εγίνοντο] ἀμφότεροι (1 *a*)
6. 14. παραγίνονται οἱ εὐνοῦχοι (4)

Jb. 1. 7. πόθεν παραγέγονας (1 *a*)
2. 11. παρεγένοντο [S -ετο] ἕκαστος (1 *a*)
— 11. παρεγένοντο πρὸς αὐτὸν ὁμοθυμαδόν (1 *a*)
Ec. 5. 2. παραγίνεται ἐνύπνιον ἐν πλήθει πειρασμοῦ (1 *a*)
— 15. ὥσπερ γὰρ παρεγένετο (1 *a*)
Si. *prol.* 20. παραγενηθεὶς εἰς [S ἀναγενν. κατ'] Αἴγυπτον
48. 25. τὰ ἀπόκρυφα πρὶν ἢ παραγενέσθαι αὐτά
Is. 56. 1. ἤγγικε γὰρ τὸ σωτήριόν μου π. (1 *a*)
62. 11. ὁ σωτήρ σοι παραγέγονεν [A S^{1} -γίνεται] (1 *a*)
63. 1. τίς οὗτος ὁ παραγινόμενος ἐξ Ἐδώμ (1 *a*)
Je. 29 (49). 14. παραγένεσθε εἰς αὐτήν (1 *a*)
46 (39). 1. παρεγένετο [S -οντο] Ναβουχοδονόσορ (1 *a*)
Da. LXX. Su. 13. ὁ ἕτερος παρεγένετο
— 30. ὡς δὲ παρεγενήθη ἡ γυνή
— 30. καὶ αἱ παιδίσκαι αὐ. . . . παρεγένοντο
1. 1. παραγενόμενος Ναβ. . . . εἰς Ἱερ. (1 *a*)
2. 2. παραγενόμενοι ἔστησαν παρὰ τῷ βασ. (1 *a*)
Bel 14. παρεγένοντο ἐπὶ τὸν τόπον
I Ma. 4. 26. παραγενηθέντες ἀπήγγειλαν τῷ Λ.
— 35. A R παραγενέσθαι [S -γίν.] εἰς τὴν Ἰουδ.
— 46. μέχρι τοῦ παραγενηθῆναι προφήτην
— 60. μή ποτε παραγενηθέντα τὰ ἔθνη
5. 14. ἄγγελοι ἕτεροι παρεγένοντο
15. 31. S παραγενόμενοι ἐκπολεμήσωμεν ὑμᾶς [A R *al.*]
— 40. παρεγενήθη Κ. εἰς Ἰ.
16. 19. παραγενέσθαι πρὸς αὐτόν
II Ma. 1. 14. παρεγένετο εἰς τὸν τόπον
3. 9. παραγενηθεὶς δὲ εἰς Ἱερ.
— 39. τοὺς παραγινομένους ἐπὶ κακώσει τύπτων
4. 21. εἰς Ἰόππην παραγενόμενος
— 25. R λαβὼν δὲ τὰς βασιλικὰς ἐντολὰς παρεγένετο [A -γίν.]
— 34. ὁ δὲ παραγενόμενος ἐπὶ τὸν Ὀ.
5. 25. παραγενόμενος εἰς Ἱερ.
8. 16. R τὴν τῶν ἀδίκως παραγινομένων [A -γεν.] ἐπ' αὐτοὺς ἐθνῶν πολυπληθίαν
— 25. R τὰ δὲ χρήματα τῶν παραγεγονότων [A -γενομένων] . . . ἔλαβον
9. 4. πολυάνδριον Ἰουδαίων Ἱερ. ποιήσω παραγενόμενος ἐκεῖ
— 14. ἣν σπεύδων παρεγίνετο
11. 2. R παρεγένετο [A -γίν.] ἐπὶ τοὺς Ἰουδ.
12. 6. R παρεγένετο [A παραγενόμενος] ἐπὶ τοὺς μιαιφόνους τῶν ἀδ.
— 31. R παρεγένοντο [A -νήθησαν] εἰς Ἱερ.
13. 1. προσέπεσε . . . Ἀντίοχον . . . παραγενέσθαι
— 12. παρακαλέσας αὐτοὺς ὁ Ἰ. ἐκέλευσε παραγίνεσθαι
14. 31. παραγενόμενος ἐπὶ τὸ μέγιστον καὶ ἅγιον ἱερόν
15. 24. R παραγενόμενοι [A -γιν.] ἐπὶ τὸν ἅγιόν σου λαόν
— 31. παραγενόμενος δὲ ἐκεῖ
III Ma. 1. 8. ὡς τάχιστα πρὸς αὐτοὺς παραγενέσθαι
— 9. παραγενόμενος εἰς τὸν τόπον
5. 16. ἐκέλευσε τοὺς παραγεγονότας ἐπὶ τὴν συμποσίαν
7. 17. παραγενηθέντες δὲ εἰς Πτ.
IV Ma. 12. 1. ὁ ἕβδομος παρεγίνετο
[**Aq.** Jd. 9. 37.]
[**Sm.** Je. 46 (26). 17.]
[**Th.** Jd. 5. 28 : 6. 5 : 19. 10 : II Ki. 10. 16.]

παραγινώσκειν.

II Ma. 8. 23. R παραγνοὺς [A παραναγνοὺς] τὴν ἱερὰν βίβλον
III Ma. 1. 12. A τοῦ τε νόμου παραγνωσθέντος [R παραναγν.]

παραγραφίς.

[**Aq.** Is. 44. 13.]

παράδειγμα. (1) רְאִי (2) תַּבְנִית

Ex. 25. 8 (9). τὸ π. τῆς σκηνῆς καὶ τὸ π. πάντων τῶν σκευῶν αὐτῆς (2, 2)
I Ch. 28. 11. ἔδωκε . . . τὸ π. τοῦ ναοῦ (2)
— 12. καὶ τὸ π. ὃ εἶχεν (2)
— 18. καὶ τὸ π. τοῦ ἅρματος (2)
— 19. κατὰ τὴν . . . σύνεσιν τῆς κατεργασίας τοῦ π. (2)
— 20. τὸ π. τοῦ ναοῦ καὶ τοῦ οἴκου αὐ. –
I Ch. 28. 20. καὶ τὸ π. οἴκου κυρίου –
Na. 3. 6. θήσομαί σε εἰς παράδειγμα (1)
Je. 8. 2. ἔσονται εἰς παράδειγμα †
9. 22 (21). ἔσονται οἱ νεκροὶ τῶν ἀνθρώπων εἰς [S *om.*] παράδειγμα †
16. 4. εἰς παράδειγμα ἐπὶ προσώπου τῆς γῆς ἔσονται †
III Ma. 2. 5. παράδειγμα τοῖς ἐπιγινομένοις καταστήσας
IV Ma. 6. 19. ἵνα παράδειγμα γενώμεθα τῆς μιαροφαγίας

παραδειγματίζειν. (1) חָמַס ni. (2) יָקַע hi. (3) רַאֲוָה

Nu. 25. 4. παραδειγμάτισον αὐτούς (2)
Es. 4. 17. τὸν δὲ ἀρξάμ. ἐφ' ἡμᾶς παραδειγμάτισον
Je. 13. 22. παραδειγματισθῆναι τὰς πτέρνας σου (1)
Ez. 28. 17. ἐναντίον βασιλέων ἔδωκά σε παραδειγματισθῆναι (3)
Da. LXX. 2. 5. παραδειγματισθήσεσθε †

παραδειγματισμός.

III Ma. 4. 11. πρὸς παραδειγματισμὸν ἄγαν εὐκαιροτάτῳ καθεστῶτι
7. 14. καὶ μετὰ παραδειγματισμῶν ἀνῄρουν
[**Sm.** Ps. 30 (31). 21.]

παραδεικνύναι. (1) יָדַע hi. (2) רָאָה hi.

Ex. 27. 8. κατὰ τὸ παραδειχθέν σοι ἐν τῷ ὄρει (2)
Ho. 13. 4. οὐ παρέδειξά σοι αὐτά –
Ez. 22. 2. παράδειξον αὐτῇ πάσας τὰς ἀνομίας αὐτῆς (1)
Da. LXX. Bel 7. παραδείξατε τὸν ἐσθίοντα
— 8. ἐὰν μὴ παραδείξω ὅτι οὐκ ἔστιν ὁ Βήλ

παραδειπνίζειν. (1) בָּרָה hi.

II Ki. 3. 35. A ἦλθε πᾶς ὁ λαὸς παραδειπνίσαι [B περιδειπνῆσαι] τὸν Δ.

παράδεισος. (1) *a.* גַּן *b.* גַּנָּה (2) עֵדֶן (3) פַּרְדֵּס

Ge. 2. 8. ἐφύτευσεν ὁ θ. παράδεισον (1 *a*)
— 9. τὸ ξύλον τῆς ζωῆς ἐν μέσῳ τοῦ π. (1 *a*)
— 10. ποτίζειν τὸν π. (1 *a*)
— 15. ἔθετο αὐτὸν ἐν τῷ π. τῆς τρυφῆς (1 *a*)
— 16. ἀπὸ παντὸς ξύλου τοῦ ἐν τῷ π. (1 *a*)
3. 1. ἀπὸ παντὸς ξύλου τοῦ π. (1 *a*)
— 2. ἀπὸ καρποῦ τοῦ ξύλου τοῦ π. (1 *a*)
— 3. ὅ ἐστιν ἐν μέσῳ τοῦ π. (1 *a*)
— 8. κ. τοῦ θ. περιπατοῦντος ἐν τῷ π. (1 *a*)
— 8. ἐν μέσῳ τοῦ ξύλου τοῦ π. (1 *a*)
— 10. περιπατοῦντος ἐν τῷ π. (1 *a*)
— 23. ἐκ τοῦ π. τῆς τρυφῆς (1 *a*)
— 24. ἀπέναντι τοῦ π. τῆς τρυφῆς (1 *a*)
13. 10. ὡς ὁ π. τοῦ θεοῦ (1 *a*)
Nu. 24. 6. ὡσεὶ παράδεισοι [B^{1} -ος] ἐπὶ ποταμῷ [B^{1} -ῶν] (1 *a*)
II Ch. 33. 20. ἔθαψαν αὐτὸν ἐν παραδείσῳ οἴκου αὐ. –
Ne. 2. 8. ἐπὶ Ἀ. φύλακα τοῦ π. [S^{2} *al.*] (3)
Ec. 2. 5. ἐποίησά μοι κήπους καὶ παραδείσους (3)
Ca. 4. 13. A^{1} S^{2} R ἀποστολαί σου παράδεισος ῥοῶν [A^{2} B S^{1} *om.*] (3)
Si. 24. 30. ὡς ὑδραγωγὸς ἐξῆλθον εἰς παράδεισον
40. 17. χάρις ὡς παράδεισος [S^{1} -ον] ἐν εὐλογίαις
— 27. φόβος κυρίου ὡς παράδεισος εὐλογίας
Jl. 2. 3. ὡς παράδεισος τρυφῆς ἡ γῆ (1 *a*)
Is. 1. 30. ὡς π. ὕδωρ μὴ ἔχων (1 *b*)
51. 3. θήσω τὰ ἔρημα αὐ. ὡς παράδεισον [A *al.*] (2)
— 3. A B S^{1} ὡς παράδεισον κυρίου [S^{3} *om.* ὡς π. κ.] (1 *a*)
Je. 36 (29). 5. φυτεύσατε παραδείσους (1 *a*)
Ez. 28. 13. στέφανος κάλλους ἐν τῇ τρυφῇ τοῦ π. τοῦ θεοῦ ἐγενήθης (1 *a*)
31. 8. κυπάρισσοι τοιαῦται [A *add.* οὐκ ἐγενήθησαν] ἐν τῷ π. τοῦ θεοῦ (1 *a*)
— 8. πᾶν ξύλον ἐν τῷ π. τοῦ θεοῦ (1 *a*)
— 9. τὰ ξύλα τοῦ π. τῆς τρυφῆς τοῦ θεοῦ (1 *a* ?)
Da. LXX. Su. 4. ἦν αὐτῷ παράδεισος γειτνιῶν τῷ οἴκῳ αὐ.
— 7. περιπατοῦσαν ἐν τῷ π. τοῦ ἀνδρὸς αὐ.
— 36. περιεπατοῦμεν ἐν τῷ π. τοῦ ἀνδρὸς αὐ.
— 54. ποταμῷ τοῦ π. τόπῳ
Da. TH. Su. 4. ἦν αὐτῷ π. γειτνιῶν τῷ οἴκῳ αὐ.
— 7. περιεπάτει ἐν τῷ π. τοῦ ἀνδρὸς αὐ.

Da. TH. Su. 15. ἐπεθύμησε λούσασθαι ἐν τῷ π.
— 17. τὰς θύρας τοῦ π. κλείσατε
— 18. ἀπέκλεισαν τὰς θύρας τοῦ π.
— 20. αἱ θύραι τοῦ π. κέκλεινται
— 25. ἤνοιξε τὰς θύρας τοῦ π.
— 26. ὡς δὲ ἤκουσαν τὴν κραυγὴν ἐν τῷ π.
— 36. περιπατούντων ἡμῶν ἐν τῷ π. μόνων
— 36. ἀπέκλεισε τὰς θύρας τοῦ π.
— 38. ἡμεῖς δὲ ὄντες ἐν τῇ γωνίᾳ τοῦ π.
[**Sm.** Ge. 2. 8, 15: Is. 51. 3.]

παραδέχεσθαι. (1) נָשָׂא (2) רָצָה

Ex. 23. 1. οὐ παραδέξῃ ἀκοὴν ματαίαν (1)
Pr. 3. 12. πάντα υἱὸν ὃν παραδέχεται (2)
II Ma. 4. 22. **R** μεγαλοπρεπῶς δὲ ὑπὸ τοῦ Ἰ. . . . παραδεχθεὶς [**A** *al.*]
III Ma. 7. 12. ὁ δὲ τἀληθὲς αὐτοὺς λέγειν παραδεξάμενος
[**Aq.**, **Sm.**, **Th.** Jb. 42. 8.]

παραδιδόναι. (1) *a.* אָנָה pi. *b.* תַּאֲנָה (2) בּוֹא (3) חָלַק pu. (4) חָתַת (5) טוּל hi. (6) יְהַב *a.* pe. *b.* ithpe. (7) יָרַד (8) כָּלָא (9) לָשַׁן hi. (10) מָגַן pi. (11) מָנָה (12) מָצָא hi. (13) נָגַר hi. (14) נוּחַ hi. (15) נָכָה hi. (16) נָתַן *a.* qal. *b.* ni. (17) סָגַר hi. (18) סָכַר pi. (19) עָרָה hi. (20) פָּגַע *a.* qal. *b.* hi. (21) קָרָה hi. (22) רָמָה pi. (23) *a.* c. neg. שָׁלֵם hi. *b.* שְׁלֵם aph. (24) תָּפַשׂ ni. (25) תָּקַע (26) מָכַר ni.

Ge. 14. 20. ὃς παρέδωκε τοὺς ἐχθρούς σου (10)
27. 20. ὃ παρέδωκε κ. ὁ θ. ἐναντίον μου (21)
Ex. 21. 13. ὁ θ. παρέδωκεν [**A** *add.* αὐτὸν] εἰς τὰς χ. αὐ. (1 *a*)
23. 31. παραδώσω εἰς τὰς χ. ὑμῶν τοὺς ἐγκαθημ. (16 *a*)
Le. 26. 25. παραδοθήσεσθε εἰς χεῖρας ἐχθρῶν (16 *b*)
Nu. 21. 2. ἐάν μοι παραδῷς τὸν λαὸν τοῦτον (16 *a*)
— 3. παρέδωκε τὸν Χαναναῖον (16 *a*)
— 34. εἰς τὰς χεῖράς σου παραδέδωκα αὐτόν (16 *a*)
32. 4. ἣν παρέδωκε [**A** παρέδωκεν] κύριος (15)
De. 1. 8. παραδέδωκεν [**A** -κα] ἐνώπ. ὑμῶν τὴν γῆν (16 *a*)
— 21. παραδέδωκεν ὑμῖν . . . τὴν γῆν (16 *a*)
— 27. παραδοῦναι ἡμᾶς εἰς χεῖρας Ἀμορραίων (16 *a*)
2. 24. παραδέδωκα . . . τὸν Σ. βασ. Ἐσ. (16 *a*)
— 30. ἵνα παραδοθῇ εἰς τὰς χεῖράς σου (16 *a*)
— 31. παραδοῦναι πρὸ προσώπου σου [**A** παρ. σοι] τὸν Σ. (16 *a*)
— 33. παρέδωκεν αὐτὸν . . . πρὸ προσώπου ἡ. (16 *a*)
— 36. τὰς πάσας παρέδωκε κ. ὁ θεός (16 *a*)
3. 2. εἰς τὰς χεῖράς σου παραδέδωκα αὐτόν (16 *a*)
— 3. παρέδωκεν αὐτὸν . . . εἰς τὰς χεῖρας ἡ. (16 *a*)
7. 2, 23. παραδώσει αὐτοὺς κ. ὁ θεός σου (16 *a*)
— 24. παραδώσει τοὺς βασιλεῖς αὐτῶν (16 *a*)
19. 12. καὶ παραδώσουσιν αὐτόν (16 *a*)
20. 13. ἕως ἂν παραδῷ σοι [**A** καὶ παραδώσει] αὐτήν (16 *a*)
— 20. ἕως ἂν παραδοθῇ (7)
21. 10. καὶ παραδῷ σοι [**A** αὐτοὺς] (16 *a*)
23. 14 (15). παραδοῦναι τὸν ἐχθρόν σου (16 *a*)
— 15 (16). οὐ παραδώσεις παῖδα τῷ κυρίῳ (17)
28. 7. παραδῷ . . . τοὺς ἐχθρούς σου (16 *a*)
31. 5. παρέδωκεν αὐτοὺς κ. ὑμῖν (16 *a*)
32. 30. καὶ κ. παρέδωκεν αὐτούς (17)
Jo. 2. 14. **A R** ὡς ἂν παραδῷ [**B** -δοῖ] κ. ὑμῖν τὴν πόλιν (16 *a*)
— 24. παρέδωκεν κ. πᾶσαν τὴν γῆν (16 *a*)
6. 2. παραδίδωμι . . . τὴν Ἱερ. (16 *a*)
— 15 (16). παρέδωκε [**A** -αδέδ.] γὰρ κ. ὑμῖν τὴν πόλιν (16 *a*)
7. 7. παραδοῦναι αὐτὸν τῷ Ἀμ. (16 *a*)
8. 18. εἰς γὰρ τὰς χ. σου παραδέδωκα αὐτήν (16 *a*)
10. 8. εἰς γὰρ τὰς χ. σου παραδέδωκα αὐτούς (16 *a*)
— 12. παρέδωκεν . . . τὸν Ἀμορραῖον (16 *a*)
— 19. παρέδωκε γὰρ αὐτοὺς κ. ὁ θ. ἡ. (16 *a*)
— 30. παρέδωκεν αὐτὴν κύριος (16 *a*)
— 32. παρέδωκε κ. τὴν Λ. (16 *a*)
— 35. παρέδωκεν αὐτὴν κύριος –
Jo. 11. 6. παραδίδωμι τετροπωμένους αὐτούς (16 *a*)
— 8. παρέδωκεν αὐτοὺς κύριος (16 *a*)
— 19. **A** ἥτις οὐ παρέδωκεν τοῖς υἱοῖς Ἰσρ. [**B** *al.*] (23 *a*)
21. 42. πάντας τοὺς ἐχθροὺς αὐ. παρέδωκε (16 *a*)
24. 8. **A R** παρέδωκεν [**B** -αδέδ.] αὐτοὺς κύριος (16 *a*)
— 10. **B** καὶ παρέδωκεν αὐτούς –
— 11. καὶ παρέδωκεν αὐτούς (16 *a*)
— 33. καὶ παρέδωκεν αὐτούς –
Jd. 1. 4. παρέδωκε [**A** ἔδ.] κ. τὸν Χαν. (16 *a*)
2. 14. καὶ παρέδωκεν αὐτούς (16 *a*)
— 23. καὶ οὐ παρέδωκεν αὐτά (16 *a*)
3. 10. παρέδωκε κύριος . . . τὸν Χ. (16 *a*)
— 28. παρέδωκε . . . τοὺς ἐχθροὺς ἡμῶν (16 *a*)
4. 7. καὶ παραδώσω αὐτόν (16 *a*)
— 14. παρέδωκεν [**A** -αδώσει] κ. τὸν Σ. (16 *a*)
6. 1. **A** παρέδωκεν [**B** ἔδ.] αὐτοὺς κύριος (16 *a*)
— 13. **A** παρέδωκεν [**B** ἔδ.] ἡμᾶς ἐν χειρὶ Μ. (16 *a*)
7. 2. ὥστε μὴ παραδοῦναί με τὴν Μ. (16 *a*)
— 7. **A** παραδώσω [**B** δώσω τὴν] Μ. (16 *a*)
— 9. παρέδωκα αὐτὴν ἐν τῇ χειρί σου (16 *a*)
— 14. παρέδωκεν . . . τὴν Μ. (16 *a*)
— 15. παρέδωκε . . . τὴν παρεμβολὴν Μ. (16 *a*)
8. 3. παρέδωκε κ. τοὺς ἄρχοντας Μ. (16 *a*)
11. 9. καὶ παραδῷ αὐτοὺς κύριος (16 *a*)
— 21. παρέδωκε . . . τὸν Σ. (16 *a*)
— 30. **A** ἐὰν παραδώσει παραδῷς μοι τοὺς υἱοὺς Ἀ. [**B** *al.*] (16 *a*)
— 32. παρέδωκεν αὐτοὺς κύριος (16 *a*)
12. 3. **A** παρέδωκεν [**B** ἔδ.] αὐτοὺς κύριος (16 *a*)
13. 1. καὶ παρέδωκεν αὐτούς (16 *a*)
15. 12. **A** παραδοῦναί σε εἰς χεῖρας ἀλλοφ. [**B** *al.*] (16 *a*)
— 12. **A** καὶ παράδοτέ με αὐτοῖς –
— 13. καὶ παραδώσομέν σε (16 *a*)
16. 23. **A** παρέδωκεν [**B** ἔδ.] . . . τὸν Σ. (16 *a*)
— 24. παρέδωκεν . . . τὸν ἐχθρὸν ἡμῶν (16 *a*)
18. 10. **A** παρέδωκεν [**B** ἔδ.] αὐτὴν ὁ θ. (16 *a*)
20. 28. **A** αὔριον παραδώσω αὐτόν [**B** *al.*] (16 *a*)
I Ki. 11. 12. παράδος τοὺς ἄνδρας (16 *a*)
14. 10. παρέδωκεν αὐτοὺς κύριος (16 *a*)
— 12. παρέδωκεν αὐτοὺς κύριος (16 *a*)
— 37. εἰ παραδώσεις αὐτούς (16 *a*)
17. 44. **A** παραδώσω [**B** δώσω] τὰς σάρκας σου (16 *a*)
— 47. παραδώσει κύριος ὑμᾶς (16 *a*)
23. 4. παραδίδωμι τοὺς ἀλλοφύλους (16 *a*)
— 12. **A** εἰ παραδώσουσιν . . . ἐμέ (17)
— 12. **A** καὶ εἶπεν κ., Παραδώσουσιν (17)
— 14. οὐ παρέδωκεν αὐτὸν κύριος (16 *a*)
24. 5. παραδοῦναι τὸν ἐχθρόν σου (16 *a*)
— 11. ὡς παρέδωκέ σε κύριος (16 *a*)
26. 23. παρέδωκέ σε κύριος (16 *a*)
28. 19. παραδώσει κύριος τὸν Ἰσρ. (16 *a*)
30. 15. καὶ μὴ παραδοῦναί με (17)
— 23. μετὰ τὸ παραδοῦναι τὸν κ. ἡμῖν (16 *a*)
— 23. παρέδωκε κύριος τὸν γεδδοὺρ (16 *a*)
II Ki. 5. 19. καὶ παραδώσεις αὐτούς (16 *a*)
— 19. παραδιδοὺς παραδώσω τοὺς ἀλλοφύλους (16 *a*, 16 *a*)
III Ki. 8. 46. καὶ παραδώσεις αὐτούς (16 *a*)
14. 16. **A** παραδώσει κ. τὸν Ἰσρ. (16 *a*)
IV Ki. 3. 13. τοῦ παραδοῦναι [**A** δοῦναι] αὐτούς (16 *a*)
— 18. παραδώσω τὴν Μωάβ (16 *a*)
18. 30. οὐ μὴ παραδοθῇ ἡ πόλις αὕτη (16 *b*)
19. 10. οὐ μὴ παραδοθῇ Ἱερ. (16 *b*)
21. 14. καὶ παραδώσω αὐτούς (16 *a*)
I Ch. 12. 17. εἰ τοῦ παραδοῦναί με τοῖς ἐχθροῖς μου [**S** *al.*] (22)
II Ch. 6. 36. καὶ παραδώσεις αὐτούς (16 *a*)
13. 16. παρέδωκεν αὐτοὺς κύριος (16 *a*)
16. 8. παρέδωκεν εἰς τὰς χεῖράς σου (16 *a*)
24. 24. παρέδωκεν . . . δύναμιν πολλὴν σφόδρα (16 *a*)
25. 20. τοῦ παραδοῦναι αὐτὸν εἰς χεῖρας (16 *a*)
28. 5. παρέδωκεν αὐτὸν κ. ὁ θεὸς αὐτοῦ (16 *a*)
— 5. εἰς τὰς χεῖρας βασ. Ἰ. παρέδωκεν [**A** -αν] αὐτόν (16 *b*)
— 9. παρέδωκεν αὐτοὺς εἰς τὰς χεῖρας ὑμῶν (16 *a*)
30. 7. καὶ παρέδωκεν αὐτούς (16 *a*)
32. 11. τοῦ παραδοῦναι ὑμᾶς εἰς θάνατον (16 *a*)
35. 12. παραδοῦναι αὐτοῖς κατὰ τὴν διαίρεσιν (16 *a*)
36. 17. τὰ πάντα παρέδωκεν ἐν χερσὶν αὐ. (16 *a*)
I Es. 1. 53. πάντας παρέδωκαν εἰς τὰς χ. αὐ. [**A** *al.*]
2. 11. παρέδωκεν αὐτὰ Μιθραδάτῃ
I Es. 2. 12. παρεδόθησαν Σαμανασσάρῳ
6. 15. παρέδωκεν αὐτοὺς εἰς χεῖρας Ναβ.
— 18. παρεδόθη Ζοροβάβελ
8. 56. **A R** παρέδωκα αὐτοῖς ἀργυρίου τάλαντα [**B** *al.*]
— 59. ἕως τοῦ παραδοῦναι αὐτὰ ὑμᾶς
— 62. παρεδόθη ἐν τῷ οἴκῳ κυρίου
— 77. διὰ τὰς ἁμαρτίας . . . παρεδόθημεν
9. 39. τὸν νόμον Μ. τὸν παραδοθέντα ὑπὸ κυρίου
II Es. 7. 19. καὶ τὰ σκεύη . . . παράδος ἐνώπιον τοῦ θ. (23 *b*)
9. 7. παρεδόθημεν . . . ἐν χειρὶ βασιλέων (16 *b*)
Ne. 5. 8. **R** καὶ παραδοθήσονται ἡμῖν (26)
To. 7. 13. παρέδωκεν αὐτὴν Τωβίᾳ [**S** αὐτῷ]
10. 11. **S** παρέδωκεν Τωβείᾳ Σάρραν [**A B** *al.*]
14. 7. **S** καὶ παραδοθήσεται αὐτοῖς
Ju. 6. 10. καὶ παραδοῦναι εἰς χεῖρας υἱῶν Ἰ.
8. 9, 33. παραδώσειν τὴν πόλιν
10. 15. **A S**^{2} **R** ἕως παραδώσουσί [**B S**^{1} -δῶσίν] σε εἰς χεῖρας αὐ.
13. 9. παρέδωκε . . . τὴν κεφαλὴν Ὀλ.
Es. 2. 3. παραδώτωσαν τῷ εὐνούχῳ τοῦ βασ. –
— 13. παραδώσει αὐτὴν συνεισέρχεσθαι (16 *b*)
4. 17. παρέδωκας ἡμᾶς εἰς χεῖρας τῶν ἐχθρῶν
— 17. μὴ παραδῷς, κύριε, τὸ σκῆπτρόν σου
8. 13. ἐκ τῶν παλαιοτέρων ὡς παρεδώκαμεν [**S**^{2} -αδεδ.] ἱστοριῶν
— 13. τοὺς ὑπὸ τοῦ τρισαλιτηρίου παραδεδομ. εἰς ἀφανισμὸν Ἰουδαίους
Jb. 2. 6. παραδίδωμί σοι αὐτόν †
9. 24. παραδέδονται γὰρ εἰς χεῖρας ἀσεβοῦς (16 *b*)
16. 12 (11). παρέδωκε γάρ με ὁ κύριος εἰς χεῖρας ἀδίκου (17)
24. 14. παρέδωκεν αὐτοὺς εἰς σκότος †
Ps. 9. 35 (10. 14). τοῦ παραδοῦναι αὐτὸν εἰς χεῖράς σου (16 *a*)
26 (27). 12. μὴ παραδῷς με εἰς ψυχὰς θλιβόντων με (16 *a*)
40 (41). 2. μὴ παραδοῖ [**A S** -δῴη] αὐτὸν εἰς χεῖρας ἐχθροῦ [**A S** -ῶν] αὐτοῦ (16 *a*)
62 (63). 10. **B S**^{2} παραδοθήσονται εἰς χεῖρας ῥομφαίας (13)
73 (74). 19. μὴ παραδῷς τοῖς θηρίοις ψυχὴν ἐξομολογουμένην σοι (16 *a*)
77 (78). 48. **B** παρέδωκεν ἐν χαλάζῃ [**S**^{1} εἰς αἰχμαλωσίαν, **S**^{2} εἰς χάλαζαν] τὰ κτήνη αὐτῶν (17)
— 61. παρέδωκεν εἰς αἰχμαλωσίαν τὴν ἰσχὺν αὐτῶν (16 *a*)
87 (88). 8. παρεδόθην καὶ οὐκ ἐξεπορευόμην (8)
105 (106). 41. **A**^{1}**S** παρέδωκεν αὐτοὺς εἰς χεῖρας ἐθνῶν [**A**^{2} **R** ἐχθρῶν] (16 *a*)
117 (118). 18. τῷ θανάτῳ οὐ παρέδωκέ με (16 *a*)
118 (119). 121. μὴ παραδῷς με τοῖς ἀδικοῦσί με (14)
139 (140). 8. μὴ παραδῷς με, κύριε, ἀπὸ τῆς ἐπιθυμίας μου ἁμαρτωλῷ (16 *a*)
Pr. 6. 1. παραδώσεις σὴν χεῖρα ἐχθρῷ (25)
11. 8. ἀντ' αὐτοῦ δὲ παραδίδοται ὁ ἀσεβής (2)
24. 23 (29. 27). ὃς δ' ἂν παραδοθῇ συντριβήσεται –
— 33 (30. 10). μὴ παραδῷς οἰκέτην εἰς χεῖρας δεσπότου (9)
27. 24. οὐδὲ παραδίδωσιν ἐκ γενεᾶς εἰς γενεάν [**A** π. εἰς γενεὰς καὶ γενεάς] †
Wi. 14. 15. παρέδωκε τοῖς ὑποχειρίοις μυστήρια
Si. 4. 19. παραδώσει αὐτὸν εἰς χεῖρας πτώσεως αὐτοῦ
11. 6. ἔνδοξοι παρεδόθησαν εἰς χεῖρας ἑτέρων
23. 6. ψυχῇ ἀναιδεῖ μὴ παραδῷς με
42. 7. ὃ ἐὰν παραδιδῷς [**S** παραδῷς] ἐν ἀριθμῷ καὶ σταθμῷ
Ho. 8. 10. παραδοθήσονται [**A** -εδόθησαν] ἐν τοῖς ἔθνεσι (16 *a*)
Mi. 6. 14. εἰς ῥομφαίαν παραδοθήσονται (16 *a*)
— 16. ὅπως παραδῶ [**A** -δώσω] σε εἰς ἀφανισμόν (16 *a*)
Za. 11. 6. παραδίδωμι τοὺς ἀνθρώπους (12)
Is. 19. 4. παραδώσω Αἴγυπτον εἰς χεῖρας ἀνθρώπων (18)
23. 7. πρὶν ἢ παραδοθῆναι αὐτήν †
25. 5. οἷς ἡμᾶς παρέδωκας –
— 7. παράδος ταῦτα πάντα τοῖς ἔθνεσιν †
33. 1. ἁλώσονται οἱ ἀθετοῦντες καὶ παραδοθήσονται †
— 6. ἐν νόμῳ παραδοθήσονται †
— 23. ἕως οὗ παραδοθῇ εἰς προνομήν (3)
34. 2. τοῦ . . . παραδοῦναι αὐτοὺς εἰς σφαγήν (16 *a*)

Is. 36. 15. οὐ μὴ παραδοθῇ ἡ πόλις αὕτη ἐν χειρὶ βασιλέως (16 b)
37. 10. οὐ μὴ παραδοθῇ Ἰερ. ἐν χειρὶ [A S εἰς χεῖρας] βασιλέως Ἀσσυρίων (16 b)
38. 13. παρεδόθην ἕως πρωῒ ὡς λέοντι †
— 13. ἀπὸ γὰρ τῆς ἡμέρας ἕως νυκτὸς παρεδόθην (23 a)
47. 3. οὐκέτι μὴ παραδῷ [S add. σε] ἀνθρώποις (20 a)
53. 6. κύριος παρέδωκεν αὐτὸν ταῖς ἁμαρτίαις ἡμῶν (20 b)
— 12. παρεδόθη εἰς θάνατον ἡ ψυχὴ αὐτοῦ . . . διὰ τὰς ἀνομίας [A ἁμαρτίας] αὐτῶν παρεδόθη (19, 20 b)
64. 7 (6). παρέδωκας ἡμᾶς διὰ τὰς ἁμαρτίας ἡμῶν †
65. 12. παραδώσω ὑμᾶς εἰς μάχαιραν (11)
Je. 2. 24. παρεδόθη τίς ἐπιστρέψει αὐτήν (1 b ?)
15. 4. παραδώσω αὐτοὺς εἰς ἀνάγκας (16 a)
21. 10. εἰς χεῖρας βασιλέως Βαβυλῶνος παραδοθήσεται (16 b)
22. 25. παραδώσω σε [S om. π. σ.] εἰς χεῖρας τῶν ζητούντων τὴν ψυχήν σου (16 a)
— 26. A παραδώσω [B ἀπορρίψω] σε καὶ τὴν μητέρα σου (5)
24. 8. οὕτως παραδώσω τὸν Σεδεκίαν (16 a)
26 (46). 24. παρεδόθη εἰς χεῖρας λαοῦ (16 b)
— 28. ἡ ἁπτόητος καὶ τρυφερὰ παρεδόθη -
27 (50). 2. ἡ τρυφερὰ παρεδόθη M. (4)
33 (26). 24. τοῦ μὴ παραδοῦναι αὐτὸν εἰς χεῖρας τοῦ λαοῦ (16 a)
39 (32). 4. B S² παραδόσει παραδοθήσεται [A -σονται] εἰς χεῖρας βασιλέως Βαβυλῶνος (16 b)
— 28. δοθεῖσα παραδοθήσεται ἡ πόλις αὕτη (16 a)
— 36. παραδοθήσεται εἰς χεῖρας βασιλέως Βαβυλῶνος (16 b)
— 43. παρεδόθησαν εἰς χεῖρας Χαλδαίων (16 b)
41 (34). 2. παραδόσει παραδοθήσεται ἡ πόλις αὕτη (16 a)
44 (37). 17. εἰς χεῖρας βασιλέως Βαβυλῶνος παραδοθήσῃ (16 b)
45 (38). 3. παραδιδομένη παραδοθήσεται ἡ πόλις αὕτη (16 b, 16 b)
— 16. A εἰ παραδώσω [B S δ.] σε εἰς χεῖρας τῶν ἀνθρώπων τούτων (16 a)
— 18. A παραδοθήσεται ἡ πόλις αὕτη εἰς χεῖρας βασιλέως Βαβυλῶνος [B S al.] (16 b)
— 20. οὐ μὴ παραδῶσί [B² -σειν?, A S -δώσουσίν] σε (16 a)
— 23. A εἰς χεῖρας βασιλέως Βαβυλῶνος παραδοθήσῃ [B S al.] (24)
46 (39). 17. A οὐ μὴ παραδώσω [B δ.] σε εἰς χεῖρας ἀνθρώπων (16 b)
Ba. 4. 6. παρεδόθητε τοῖς ὑπεναντίοις
Ez. 7. 21. παραδώσω αὐτὰ εἰς χεῖρας ἀλλοτρίων (16 a)
11. 9. παραδώσω ὑμᾶς εἰς χεῖρας ἀλλοτρίων (16 a)
16. 27. παραδώσω [A add. σε] εἰς ψυχὰς μισούντων σε (16 a)
— 39. παραδώσω σε εἰς χεῖρας αὐτῶν (16 a)
21. 15 (20). παραδέδονται [A παραδοθήσονται] εἰς σφάγια ῥομφαίας (16 a)
— 27 (32). παραδώσω αὐτῷ [A -ήν] (16 a)
— 29 (34). τοῦ παραδοῦναί σε ἐπὶ τραχήλους τραυματιῶν (16 a)
— 31 (36). παραδώσω σε εἰς χεῖρας ἀνδρῶν βαρβάρων (16 a)
23. 9. παρέδωκα αὐτὴν εἰς χεῖρας τῶν ἐραστῶν αὐτῆς (16 a)
— 28. παραδίδωμί σε εἰς χεῖρας ὧν μισεῖς (16 a)
25. 4. παραδίδωμι ὑμᾶς τοῖς υἱοῖς κεδέμ (16 a)
31. 11. παρέδωκα αὐτὸν εἰς χεῖρας ἄρχοντος ἐθνῶν (16 a)
39. 23. παρέδωκα αὐτοὺς εἰς χεῖρας τῶν ἐχθρῶν αὐτῶν (16 a)
Da. LXX. 1. 2. παρέδωκεν αὐτὴν κ. εἰς χεῖρας αὐ. (16 a)
2. 38. παρέδωκεν ὑπὸ τὰς χεῖράς σου (6 a)
3. (32). παρέδωκας ἡμᾶς εἰς χεῖρας ἐχθρῶν ἡμῶν
— (34). μὴ παραδῷς ἡμᾶς εἰς τέλος
— 28 (95). παρέδωκαν τὰ σώματα αὐ. εἰς ἐμπυρισμόν (6 a)
4. 15. εἰς φυλακὴν παρεδόθη -
7. 25. παραδοθήσεται πάντα εἰς τὰς χεῖρας αὐ. (6 b)
11. 11. παραδοθήσεται ἡ συναγωγὴ εἰς τὰς χεῖρας αὐ. (16 b)

Da. LXX. Bel 21. παρέδωκεν αὐτοὺς τῷ Δαν.
— 31. οἷς παρεδίδοντο οἱ ἐπίβουλοι τοῦ Βασ.
Da. TH. 3. (32). παρέδωκας ἡμᾶς εἰς χεῖρας ἐχθρῶν ἀνόμων
— (34). R μὴ δὴ παραδῴης [B -δοῖς, A -δῷς] ἡμᾶς
— 28 (95). παρέδωκαν τὰ σώματα αὐ. εἰς πῦρ (6 a)
11. 6. παραδοθήσεται αὕτη (16 b)
— 11. παραδοθήσεται ὁ ὄχλος ἐν χειρὶ αὐ. (16 b)
Bel 29. παράδος ἡμῖν τὸν Δ.
— 30. παρέδωκεν αὐτοῖς τὸν Δ.
I Ma. 3. 34. παρέδωκεν αὐτῷ τὰς ἡμίσεις τῶν δυνάμεων
4. 30. παρέδωκας τὴν παρεμβ. . . . εἰς χεῖρας Ἰ.
5. 50. παρεδόθη ἡ πόλις ἐν χερσὶν αὐ.
7. 35. ἐὰν μὴ παραδοθῇ Ἰ.
10. 6. τὰ ὅμηρα . . . εἶπε παραδοῦναι αὐτῷ
— 9. παρέδωκαν . . . τὰ ὅμηρα
11. 40. A R ὅπως παραδοῖ αὐτὸν αὐτῷ
12. 34. τὸ ὀχύρωμα παραδοῦναι τοῖς παρὰ Δ.
— 45. παραδώσω σοι αὐτήν
15. 21. παράδοτε αὐτοὺς Σίμωνι
— 30. παράδοτε τὰς πόλεις
16. 18. ὅπως . . . παραδῷ αὐτῷ τὴν χώραν αὐ.
II Ma. 1. 17. R ὃς παρέδωκε [A ἔδ.] τοὺς ἀσεβήσαντας
10. 4. μὴ βλασφήμοις καὶ βαρβάροις ἔθνεσι παραδίδοσθαι
14. 31. ἐκέλευσε παραδιδόναι τὸν ἄνδρα
— 33. ἐὰν μὴ δέσμιόν μοι τὸν Ἰ. παραδῶτε
15. 15. παραδοῦναι τῷ Ἰ. ῥομφαίαν χρυσῆν
[Aq. Jo. 2. 14: Je. 32 (39). 4.]
[Sm. Jo. 2. 14: Je. 12. 7: 32 (39). 4: 39 (46). 17: 50 (27). 15.]
[Th. Jo. 2. 14: Jd. 6. 12: I Ki. 23. 12: Je. 46 (26). 26.]
[Sam. Ex. 13. 13.]
[Al. Nu. 21. 2 *bis*: I Ki. 28. 19: Hb. 3. 17.]

παραδοκᾶν (?).

[Aq., Sext. Ps. 32 (33). 20.]

παραδοξάζειν. (1) *a.* פָּלָא hi.. *b.* פָּלָה hi.

Ex. 8. 22 (18). παραδοξάσω . . . τὴν γῆν Γεσέμ (1 b)
9. 4. παραδοξάσω . . . ἀνὰ μέσον τῶν κτηνῶν (1 b)
11. 7. A R ὅσα παραδοξάσει [B -άζει] κύριος (1 b)
De. 28. 59. παραδοξάσει κ. τὰς πληγάς σου (1 a)
Si. 10. 13. παρεδόξασε κύριος τὰς ἐπαγωγάς
II Ma. 3. 30. τὸν κύριον . . . τὸν παραδοξάζοντα τὸν ἑαυτοῦ τόπον
III Ma. 2. 9. καὶ παρεδόξασας ἐν ἐπιφανείᾳ μεγαλοπρεπεῖ
[Sm. Ps. 16 (17). 7: 30 (31). 22: Is. 28. 29: 29. 14.]

παραδοξασμός.

[Sm. Is. 9. 6 (5): 29. 14.]

παράδοξος.

Ju. 13. 13. παράδοξον ἦν αὐτοῖς τὸ ἐλθεῖν αὐτήν
Wi. 5. 2. ἐκστήσονται ἐπὶ τῷ π. τῆς σωτηρίας
16. 17. τὸ γὰρ παραδοξότατον . . . πλεῖον ἐνήργει τὸ πῦρ
19. 5. καὶ ὁ μὲν λαός σου παράδοξον ὁδοιπορίαν περάσῃ
Si. 43. 25. ἐκεῖ τὰ π. καὶ θαυμάσια ἔργα
II Ma. 9. 24. ἐάν τι π. ἀποβαίνῃ
III Ma. 6. 33. ἐπὶ τῇ π. γενηθείσῃ αὐτῷ σωτηρίᾳ
IV Ma. 2. 13. μὴ νομίσητε παράδοξον εἶναι
[Sm. Ps. 89 (90). 10: 117 (118). 23: 138 (139). 14.]
[Al. Ps. 144 (145). 5.]

παραδόξως.

IV Ma. 4. 14. ὁ μὲν π. διασωθεὶς ᾤχετο
[Sm. Ps. 89 (90). 10: Is. 29. 14.]

παράδοσις. (1) אֱסוּר (2) נָתַן ni.

II Es. 7. 26. ἐάν τε εἰς παράδοσιν [A δεσμά] (1)
Je. 39 (32). 4. A B S² παραδόσει παραδοθήσεται εἰς χεῖρας βασιλέως Βαβυλῶνος (2)
41 (34). 2. παραδόσει παραδοθήσεται ἡ πόλις αὕτη †
[Th. Ez. 20. 37.]

παραδρομή. (1) רַהַט

Ca. 7. 5 (6). βασιλεὺς δεδεμένος ἐν παραδρομαῖς
II Ma. 3. 28. τὸν ἄρτι μετὰ πολλῆς π. . . . εἰσελθόντα

παράδωσις (?). (1) נָתַן

Jd. 11. 30. A ἐὰν παραδώσει παραδῷς μοι τοὺς υἱοὺς Ἀ. [B al.] (1)

παραζευγνύναι.

Ju. 10. 17. καὶ παρέζευξαν αὐτῇ

παραζηλοῦν. (1) חָרָה hithp. (2) קָנָא *a.* pi. *b.* hi.

De. 32. 21. παρεζήλωσάν με ἐπ' οὐ θεῷ (2 a)
— 21. παραζηλώσω αὐτοὺς ἐπ' οὐκ ἔθνει (2 b)
III Ki. 14. 22. καὶ παρεζήλωσεν [A -σαν] αὐτόν (2 a)
Ps. 36 (37). 1. μὴ παραζήλου ἐν πονηρευομένοις (1)
— 7. μὴ παραζήλου ἐν τῷ κατευοδουμένῳ (1)
— 8. μὴ παραζήλου ὥστε [S¹ ἐν τῷ] πονηρεύεσθαι (1)
77 (78). 58. ἐν τοῖς γλυπτοῖς αὐτῶν παρεζήλωσαν αὐτόν (2 b)
Si. 30. 3. παραζηλώσει τὸν ἐχθρόν

παραζήλωσις.

[Sm. Ez. 8. 3.]

παραζητεῖν.

[Al. Le. 27. 33.]

παραζώνη. (1) חֲגוֹרָה

II Ki. 18. 11. ἐγὼ ἂν δεδώκειν . . . π. μίαν (1)
[Th. II Ki. 21. 16.]

παραθαλάσσιος. (1) חוֹף הַיָּם (2) עַל שְׂפַת הַיָּם

II Ch. 8. 17. καὶ εἰς τὴν Αἰ. τὴν π. (2)
Je. 29 (47). 7. ἐπὶ τὴν Ἀσκάλωνα καὶ ἐπὶ τὰς π. (1)
Ez. 25. 9. Βεθασιμοὺθ ἐπάνω πηγῆς [B¹ B. ἐπαναγωγῆς] πόλεως παραθαλασσίας †
— 16. A ἀπολῶ . . . τοὺς κατοικοῦντας τὴν π. [B παραλίαν] (1)
I Ma. 7. 1. A R ἀνέβη . . . εἰς πόλιν [S om. εἰς π.] π. [S παρὰ θάλασσαν]
11. 8. ἕως Σελευκείας τῆς π.
II Ma. 8. 11. εἰς τὰς π. πόλεις ἀπέστειλε

παραθαρσύνειν.

IV Ma. 13. 8. παρεθάρσυνον ἀλλήλους

παράθεμα. (1) מִכְבָּר

Ex. 38. 24 (4). ἐποίησε . . . παράθεμα [A περίθ.] (1)
— 24 (5). ἐκ τῶν τεσσάρων μερῶν τοῦ π. (1)
39. 10 (38. 30). καὶ τὸ π. τὸ χαλκοῦν (1)

παραθερμαίνειν. (1) חָמַם

De. 19. 6. παρατεθέρμανται τῇ καρδίᾳ (1)

παράθεσις. (1) אוֹצָר (2) כֵּרָה (3) מַאֲכָל

IV Ki. 6. 23. παρέθηκεν αὐτοῖς π. μεγάλην (2)
II Ch. 11. 11. ἔδωκεν . . . παραθέσεις βρωμάτων (1)
Pr. 6. 8. πολλήν τε ἐν τῷ ἀμητῷ ποιεῖται τὴν π. (3)
15. 17. παράθεσις μόσχων μετὰ ἔχθρας †
I Ma. 6. 53. κατέφαγον τὸ ὑπόλειμμα τῆς π.
9. 52. ἔθετο ἐν αὐταῖς . . . παραθέσεις βρωμάτων
II Ma. 12. 14. πεποιθότες . . . τῇ . . . τῶν βρωμάτων π.
— 27. βελῶν πολλαὶ π. ὑπῆρχον

παραθήκη. (1) פִּקָּדוֹן

Le. 6. 2 (5. 21). καὶ ψεύσηται . . . ἐν παραθήκῃ (1)
— 4 (5. 23). καὶ ἀποδῷ . . . τὴν π. (1)
To. 10. 13. S παρατίθεμαι . . . ἐν παραθήκῃ [A B παρακαταθ.]
II Ma. 3. 10. R παραθήκας [A παρακαταθ.] εἶναι χηρῶν
— 15. R τὸν περὶ παραθήκης [A παρακαταθ.] νομοθετήσαντα
[Aq. Ge. 41. 36.]

παραθλίβειν. (1) לָחַץ

IV Ki. 6. 32. παραθλίψατε αὐτὸν ἐν τῇ θύρᾳ

παραινεῖν.

II Ma. 7. 25. παρῄνει γενέσθαι τοῦ μειρακίου σύμβουλον
— 26. R πολλὰ δὲ αὐτοῦ παραινέσαντος [A -νήσ.]
III Ma. 5. 17. παρῄνει εἰς εὐωχίαν δόντας ἑαυτούς
7. 12. A παραινέσας [R συναιν.] ἔδωκεν αὐτοῖς ἄδειαν πάντων
[Sm. Ec. 8. 2.]

παραίνεσις.
Wi. 8. 9. ἔσται μοι . . . παραίνεσις φροντίδων καὶ λύπης
[Sm. Ps. 118 (119). 56, 100.]

παραιρεῖν. (1) אָצַל hi.
Nu. 11. 25. παρείλατο ἀπὸ τοῦ πνεύματος (1)
[Sm. Jb. 39. 17: Ps. 80 (81). 7.]

παραιτεῖσθαι. (1) בִּקֵּשׁ pi. (2) חָנַן hithp. (3) שָׁאַל ni.
I Ki. 20. 6. παραιτούμενος παρῃτήσατο ἀπ' ἐμοῦ [A ἀπὸ τοῦ] Δ. (3, 3)
— 28. παρῄτηται παρ' ἐμοῦ Δ. (3)
Es. 4. 8. παραιτήσασθαι τὸν βασιλέα (2)
7. 7. παρῃτεῖτο [S^2 *add.* περὶ τῆς ψυχῆς αὐ.] τὴν βασίλισσαν (1)
II Ma. 2. 31. τὸ ἐξεργαστικὸν τῆς πραγματείας παραιτεῖσθαι
III Ma. 6. 27. τὰ προπεπραγμένα παραιτησάμενοι
IV Ma. 11. 2. AR οὐ μέλλω . . . παραιτεῖσθαι [S *om.*]
[Th. Jb. 15. 4.]

παραίτιος.
II Ma. 11. 19. πειράσομαι παραίτιος ὑμῖν ἀγαθῶν γενέσθαι

παρακαθεύδειν.
Ju. 10. 20. ἐξῆλθον οἱ παρακαθεύδοντες Ὀλοφέρνῃ

παρακαθῆσθαι. (1) יָשַׁב
Es. 1. 14. οἱ πρῶτοι παρακαθήμ. τῷ βασιλεῖ (1)
Jb. 2. 13. A παρεκάθηντο [B S -θισαν] αὐτῷ ἑπτὰ ἡμέρας (1)

παρακαθίζειν. (1) יָשַׁב
Jb. 2. 13. παρεκάθισαν [A -θηντο] αὐτῷ ἑπτὰ ἡμέρας (1)

παρακαθιστάναι.
II Ma. 12. 3. A εἰς τὰ παρακατασταθέντα [R παραστ.] ὑπ' αὐτῶν σκάφη

παρακαλεῖν. (1) אָמֵץ pi. (2) אָמַר (3) חָזַק pi. (4) חָלַם hi. (5) מַלְאָךְ (6) נָהַג pi. (7) נָהַל pi. (8) נוּף *a.* hi. *b.* pil. (9) נָחָה hi. (10) נָחַם *a.* ni. *b.* pi. *c.* pu. *d.* hithpa. *e.* נֶחָמָה (11) סוּת hi. (12) קָרָא (13) רָחַם pi. (14) שָׁבַת hi. (15) שָׁעַע pilp.
Ge. 24. 67. καὶ παρεκλήθη Ἰ. περὶ Σάρρας (10 *a*)
37. 35. ἦλθον παρακαλέσαι αὐτόν (10 *b*)
— 35. οὐκ ἤθελε παρακαλεῖσθαι (10 *d*)
38. 12. καὶ παρακληθεὶς Ἰ. ἀνέβη (10 *a*)
50. 21. παρεκάλεσεν αὐτούς (10 *b*)
Ex. 15. 13. παρεκάλεσας . . . εἰς κατάλυμα ἅγ. σου (7)
De. 3. 28. καὶ παρακάλεσον αὐτόν (1)
13. 6 (7). ἐὰν δὲ παρακαλέσῃ σε ὁ ἀδ. σου (11)
32. 36. ἐπὶ τοῖς δούλοις αὐτοῦ παρακληθήσεται (10 *d*)
Jd. 2. 18. παρεκλήθη κ. ἀπὸ τοῦ στεναγμοῦ αὐ. (10 *a*)
21. 6. παρεκλήθησαν οἱ υἱοὶ Ἰσρ. (10 *a*)
— 15. ὁ λαὸς παρεκλήθη (10 *a*)
Ru. 2. 13. παρεκάλεσάς με (10 *b*)
I Ki. 15. 11. παρακέκλημαι (10 *a*)
22. 4. παρεκάλεσε τὸ πρόσωπον τοῦ βασ. †
II Ki. 10. 2. ἀπέστειλε Δ. παρακαλέσαι αὐτόν (10 *b*)
— 3. ἀπέστειλέ σοι παρακαλοῦντας (10 *b*)
12. 24. παρεκάλεσε Δ. Βηρσ. (10 *b*)
13. 39. παρεκλήθη ἐπὶ Ἀ. (10 *a*)
24. 16. παρεκλήθη κ. ἐπὶ [A ἐν] τῇ κακίᾳ (10 *a*)
I Ch. 7. 22: 19. 2 *bis*. τοῦ παρακαλέσαι αὐτόν (10 *b*)
— 3. ἀπέστειλέ σοι παρακαλοῦντας (10 *b*)
Ju. 6. 20. παρεκάλεσαν τὸν Ἀχιώρ
Es. 5. 1. καὶ παρεκάλει αὐτήν
— 2. πᾶσα ἡ θεραπεία αὐ. παρεκάλει αὐτήν
Jb 2. 11. A τοῦ παρακαλέσαι καὶ ἐπισκέψασθαι αὐτόν -
— 11. τοῦ παρακαλέσαι καὶ ἐπισκέψασθαι αὐτόν (10 *b* ?)
4. 3. καὶ χεῖρας ἀσθενοῦς [A -οὐντων] παρεκάλεσας (3)
7. 13. παρακαλέσει με ἡ κλίνη μου (10 *b*)
Jb. 21. 34. πῶς δὲ παρακαλεῖτέ με κενά (10 *b*)
29. 25. ὃν τρόπον παθεινοὺς [A συνπαθεῖς, S^2 ποθ.] παρακαλῶν [B^2 S^2 -εκάλουν] (10 *b*)
42. 11. πίοντες παρ' [A *om.*] αὐτῷ παρεκάλεσαν [S^1 ἐκ.] αὐτόν (10 *b*)
Ps. 22 (23). 4. αὗται [A αὐτά] με παρεκάλεσαν (10 *b*)
68 (69). 20. ὑπέμεινα . . . παρακαλοῦντα [S^2 -ας] καὶ οὐχ εὗρον (10 *b*)
70 (71). 21. ἐπιστρέψας παρεκάλεσάς με (10 *b*)
76 (77). 2. ἀπηνήνατο παρακληθῆναι ἡ ψυχή μου (10 *a*)
85 (86). 17. σύ, κύριε, . . . παρεκάλεσάς με (10 *b*)
89 (90). 13. παρακλήθητι ἐπὶ τοῖς δούλοις σου (10 *a*)
118 (119). 50. αὕτη με παρεκάλεσεν ἐν τῇ ταπεινώσει μου (10 *c*)
— 52. καὶ παρεκλήθην (10 *d*)
— 76. τοῦ παρακαλέσαι με κατὰ τὸ λόγιόν σου τῷ δούλῳ σου (10 *b*)
— 82. S^2R πότε παρακαλέσεις [S^1 παρεκάλεσάν] με (10 *b*)
125 (126). 1. ἐγενήθημεν ὡσεὶ παρακεκλημένοι †
134 (135). 14. ἐπὶ τοῖς δούλοις αὐτοῦ παρακληθήσεται (10 *d*)
Pr. 1. 11. ἐὰν παρακαλέσωσί σε λέγοντες -
8. 4. ὑμᾶς, ὦ ἄνθρωποι, παρακαλῶ (12)
Ec. 4. 1. οὐκ ἔστιν αὐτοῖς παρακαλῶν (10 *b*)
— 1. οὐκ ἔστιν αὐτοῖς παρακαλῶν [A S ὁ π.] (10 *b*)
Si. *prol.* 12. παρακέκλησθε οὖν μετ' εὐνοίας
16. 9. S^2 ἐπὶ πλήθει ἁγίων αὐ. οὐ παρεκλήθη
17. 24. παρεκάλεσεν ἐκλείποντας ὑπομονήν
30. 23. παρακάλει τὴν καρδίαν σου
32 (35). 17. ἕως συνεγγίσῃ οὐ μὴ παρακληθῇ
38. 17. παρακλήθητι λύπης ἕνεκα
— 23. παρακλήθητι ἐν αὐτῷ ἐν ἐξόδῳ πνεύματος αὐτοῦ
48. 24. παρεκάλεσε τοὺς πενθοῦντας ἐν Σιών
49. 10. παρεκάλεσε [A -σαν] δὲ τὸν Ἰ.
Za. 10. 2. μάταια παρεκάλουν (10 *b*)
Is. 10. 32. παρακαλεῖτε σήμερον ἐν ὁδῷ τοῦ μεῖναι τῇ χειρὶ παρακαλεῖτε τὸ ὄρος (†, 8 *b*)
13. 2. παρακαλεῖτε [S^1 -εἶσθε?] τῇ χειρί [A ψυχῇ] (8 *a*)
21. 2. στενάξω καὶ παρακαλέσω ἐμαυτόν (14)
22. 4. μὴ κατισχύσητε π. με ἐπὶ τὸ σύντριμμα (10 *b*)
33. 7. πικρῶς κλαίοντες παρακαλοῦντες εἰρήνην (5 ?)
35. 4. παρακαλέσατε οἱ ὀλιγόψυχοι τῇ διανοίᾳ (2)
38. 16. παρακληθεὶς ἔζησα (4)
40. 1. παρακαλεῖτε παρακαλεῖτε τὸν λαόν [S^1 π. λαός] μου (10 *b*, 10 *b*)
— 2. παρακαλέσατε αὐτήν (12)
— 11. ἐν γαστρὶ ἐχούσας παρακαλέσει (7)
41. 27. Ἱερ. παρακαλέσω εἰς ὁδόν [A ἐν ὁδῷ, B^1 *om.* εἰς ὁ.] †
49. 10. ὁ ἐλεῶν αὐτοὺς παρακαλέσει (6)
— 13. τοὺς ταπεινοὺς τοῦ λαοῦ αὐτοῦ παρεκάλεσεν (13)
51. 3. σὲ νῦν παρακαλέσω, Σιών, καὶ παρεκάλεσα πάντα τὰ ἔρημα αὐτῆς [A *om.*] (10 *b*, 10 *b*)
— 12. ἐγώ εἰμι ὁ παρακαλῶν σε (10 *b*)
— 18. οὐκ ἦν ὁ παρακαλῶν σε ἀπὸ πάντων τῶν τέκνων σου (7)
— 19. τίς παρακαλέσει σε (10 *b*)
54. 11. ἀκατάστατος οὐ παρεκλήθης [S^1 ἀ. ἔσται παρακεκλημένη] (10 *c*)
57. 5. οἱ παρακαλοῦντες τὰ [S ἐπὶ τὰ] εἴδωλα †
— 18. καὶ παρεκάλεσα αὐτόν [S^3 *om.* κ. π. αὐ.] (9)
61. 2. παρακαλέσαι πάντας τοὺς πενθοῦντας (10 *b*)
66. 12. ἐπὶ γονάτων παρακληθήσονται (15)
— 13. ὡς εἴ τινα μήτηρ παρακαλέσει οὕτω [A ὅτι οὕτως] κἀγὼ παρακαλέσω ὑμᾶς καὶ ἐν Ἱερ. παρακληθήσεσθε (10 *b*, 10 *b*, 10 *c*)
Je. 3. 19. S^1 εἴπατε παρακαλέσατέ με [A B S^2 *al.*] (12 ?)
38 (31). 15. AB^2 οὐκ ἤθελε παρακληθῆναι [B^1SR παύσασθαι] (10 *a*)
Ba. 4. 30. παρακαλέσει [A -καλεῖ] σε ὁ ὀνομάσας σε
La. 1. 2. οὐχ ὑπάρχει ὁ παρακαλῶν αὐτήν (10 *b*)
— 9. οὐκ ἔστιν ὁ παρακαλῶν αὐτήν (10 *b*)
— 16. ἐμακρύνθη ἀπ' ἐμοῦ ὁ παρακαλῶν με (10 *b*)
— 17. οὐκ ἔστιν ὁ [S^1 *om.*] παρακαλῶν αὐτήν (10 *b*)
— 21. οὐκ ἔστιν ὁ παρακαλῶν με (10 *b*)
La. 2. 13. τίς σώσει καὶ παρακαλέσει σε (10 *b*)
Ez. 14. 23. παρακαλέσουσιν ὑμᾶς (10 *b*)
24. 17. οὐ μὴ παρακληθῇς ἐν χείλεσιν αὐτῶν †
— 22. ἀπὸ στόματος αὐτῶν οὐ [A *add.* μὴ] παρακληθήσεσθε †
— 23. παρακαλέσετε ἕκαστος τὸν ἀδελφὸν αὐτοῦ †
31. 16. παρεκάλουν αὐτὸν ἐν γῇ [A *add.* κάτω] πάντα τὰ ξύλα (10 *a*)
32. 31. παρακληθήσεται ἐπὶ πᾶσαν τὴν ἰσχὺν [A πάσῃ τῇ ἰ.] αὐτῶν (10 *a*)
I Ma. 5. 53. ἦν Ἰ. . . . παρακαλῶν τὸν λαόν
9. 35. παρεκάλεσε τοὺς Ναβ.
12. 50. παρεκάλεσαν ἑαυτούς
13. 3. παρεκάλεσεν αὐτούς
II Ma. 2. 3. A^2R παρεκάλει μὴ ἀποστῆναι τὸν νόμον
4. 34. παρεκάλει χειρώσασθαι τὸν Ὀ.
6. 12. παρακαλῶ οὖν τοὺς ἐντυγχάνοντας τῇδε τῇ βίβλῳ
— 21. R ἀπολαβόντες αὐτὸν κατ' ἰδίαν παρεκάλουν [A *al.*]
7. 5. ἀλλήλους παρεκάλουν . . . γενναίως τελευτᾶν
— 6. ταῖς ἀληθείαις ἐφ' ἡμῖν παρακαλεῖται
— 6. ἐπὶ τοῖς δούλοις αὐ. παρακληθήσεται
— 21. ἕκαστον δὲ αὐτῶν παρεκάλει
8. 16. παρεκάλει μὴ καταπλαγῆναι
9. 26. παρακαλῶ οὖν ὑμᾶς
11. 15. οἷς ὁ Λ. παρεκάλει
— 32. R πέπομφα δὲ καὶ τὸν Μ. παρακαλέσοντα [A -σαντα] ὑμᾶς
12. 3. παρακαλέσαντες τοὺς . . . Ἰουδαίους
— 42. παρεκάλεσε τὸ πλῆθος
13. 3. παρεκάλει . . . τὸν Ἀντίοχον
— 12. παρακαλέσας αὐτοὺς ὁ Ἰ.
— 14. παρακαλέσας τοὺς σὺν αὐτῷ
— 23. τοὺς Ἰουδ. παρεκάλεσεν
14. 25. παρεκάλεσεν αὐτὸν γῆμαι
15. 8. παρεκάλει τοὺς σὺν αὐτῷ
— 17. παρακληθέντες δὲ τοῖς Ἰ. λόγοις
III Ma. 1. 4. ἱκανῶς ἡ Ἀρσινόη . . . παρεκάλει
— 6. ἔκρινε τὰς πλησίον πόλεις ἐπελθὼν παρακαλέσαι
3. 8. παρεκάλουν δὲ καὶ δυσφόρως εἶχον
5. 36. εἰς εὐφροσύνην τραπῆναι παρεκάλει
IV Ma. 4. 11. μετὰ δακρύων τοὺς Ἑβρ. παρεκάλει
8. 6. παρακαλῶ συνείξαντάς μοι
— 17. AR βασιλέως ἡμᾶς παρακαλοῦντος [S καλ.] καὶ ἐπὶ εὐεργεσίᾳ φωνοῦντος [S παρακαλοῦντος]
10. 1. παρακαλούμενος πολλὰ ὑπὸ πολλῶν
12. 6. καὶ ταῦτα παρακαλῶν
16. 24. ἕνα ἕκαστον τῶν υἱῶν παρακαλοῦσα
[Aq. II Ki. 24. 16: Jb. 42. 6: Is. 52. 9: 57. 6: Je. 8. 6: 20. 16: 26 (33). 3: 31 (38). 13, 15, 19: Am. 7. 3: Jn. 3. 10.]
[Sm. Ge. 50. 16: II Ki. 24. 16: Ps. 89 (90). 13: Is. 57. 6: Je. 20. 16: Am. 7. 3: Jn. 4. 2.]
[Th. I Ki. 15. 11, 29: Jb. 29. 25: Is. 57. 6: Je. 16. 7: Ez. 5. 13: 24. 14 (Sw.).]
[Al. Ps. 125 (126). 1.]

παρακάλυμμα.
Wi. 17. 3. ἀφεγγεῖ λήθης παρακαλύμματι ἐσκορπίσθησαν [S διεσκ., A ἐσκοτίσθησαν]

παρακαλύπτειν. (1) עָלַם hi. (2) פָּחַד
Is. 44. 8. μὴ παρακαλύπτεσθε (2)
Ez. 22. 26. παρεκάλυπτον τοὺς ὀφθαλμοὺς αὐ. (1)

παρακαταθήκη. (1) מְלָאכָה
Ex. 22. 8 (7). ἐφ' ὅλης τῆς π. τοῦ πλησίον (1)
— 11 (10). καθόλου [A ἐφ' ὅλης] τῆς π. τοῦ πλησίον (1)
To. 10. 13. παρατίθεμαι . . . ἐν παρακαταθήκῃ [S παραθ.]
II Ma. 3. 10. A παρακαταθήκας [R παραθ.] εἶναι χηρῶν
— 15. A τὸν περὶ παρακαταθήκης [R παραθ.] νομοθετήσαντα
IV Ma. 4. 7. οἱ τὰς π. πιστεύσαντες τῷ ἱερῷ θησαυρῷ

παρακατατιθέναι. (1) פָּקַד hi.
Je. 47 (40). 7. R παρακατέθεντο [A B παρεκ., S -ετο] αὐτῷ ἄνδρας (1)
48 (41). 10. ἃς παρεκατέθετο ὁ ἀρχιμάγειρος τῷ Γοδολίᾳ (1)

II Ma. 3. 15. τοῖς παρακαταθεμένοις ταῦτα σῶα διαφυλάξαι
9. 25. ὃν . . . τοῖς πλείστοις ὑμῶν παρεκατετιθέμην

παράκεισθαι.

Ju. 3. 2. παρακείμεθα [S¹ -εκ.] ἐνώπιόν σου
— 3. A B παράκεινται πρὸ προσώπου σου
Si. 30. 18. θέματα βρωμάτων παρακείμενα ἐπὶ τάφῳ
34 (31). 16. φάγε ὡς ἄνθρωπος τὰ παρακείμενά σοι
Da. LXX. Bel 14. κατεφάγοσαν πάντα τὰ παρακείμενα τῷ Βήλ
II Ma. 4. 41. τινὲς δὲ ἐκ τῆς παρακειμένης σποδοῦ δρασσόμενοι
9. 25. κατανοῶν τοὺς παρακειμένους δυνάστας
12. 16. ὥστε τὴν παρακειμ. λίμνην . . . πεπληρωμένην φαίνεσθαι
III Ma. 6. 17. τοὺς παρακειμένους αὐλῶνας
7. 3. πυκνότερον ἡμῖν παρακείμενοι
[Sm. Za. 14. 5.]

παρακελεύειν. (1) אָמַר

Pr. 9. 16. ἐνδεέσιν δὲ φρονήσεως παρακελεύομαι (1)
IV Ma. 5. 2. παρεκέλευε τοῖς δορυφόροις

παρακλείειν.

II Ma. 4. 34. ὃν καὶ παραχρῆμα παρέκλεισεν

παράκλησις. (1) *a.* נִחוּמִים *b.* נֹחַם *c.* תַּנְחוּמוֹת *d.* תַּנְחוּמִים *e.* נָחַם pi. (2) תַּחֲנוּן

Jb. 21. 2. ἵνα μὴ ᾖ [A εἴη] μοι παρ' ὑμῶν αὕτη ἡ [A om.] π. (1 c)
Ps. 93 (94). 19. αἱ π. σου ἠγάπησαν [A B³ S² ηὔφραναν] τὴν ψυχήν [S¹ καρδίαν] μου (1 d)
Ho. 13. 14. παράκλησις κέκρυπται ἀπὸ ὀφθαλμῶν μου (1 b)
Na. 3. 7. πόθεν ζητήσω παράκλησιν [A -σεις] αὐτῇ (1 e)
Is. 28. 29. ὑψώσατε ματαίαν παράκλησιν †
30. 7. ματαία ἡ π. ὑμῶν αὕτη †
57. 18. ἔδωκα αὐτῷ παράκλησιν ἀληθινήν (1 a)
66. 11. ἐμπλησθῆτε ἀπὸ μαστοῦ παρακλήσεως αὐτῆς (1 d)
Je. 16. 7. οὐ μὴ κλασθῇ ἄρτος ἐν πένθει αὐτῶν εἰς παράκλησιν [S¹ -σεις] ἐπὶ τεθνηκότι· οὐ ποτιοῦσιν ποτήριον εἰς παράκλησιν (1 e, 1 d)
38 (31). 9. ἐν παρακλήσει ἀνάξω αὐτούς (2)
I Ma. 10. 24. γράψω αὐτοῖς κἀγὼ λόγους παρακλήσεως
12. 9. παράκλησιν ἔχοντες τὰ βιβλία τὰ ἅγια
II Ma. 7. 24. οὐ μόνον διὰ λόγων ἐποιεῖτο τὴν π.
15. 11. καθοπλίσας . . . τὴν ἐν τοῖς ἀγαθοῖς λόγοις π.
[Aq., Th. Jb. 6. 10.]

παρακλητικός. (1) נִחוּמִים

Za. 1. 13. τῷ λαλοῦντι ἐν ἐμοὶ . . . λόγους π. (1)

παράκλητος.

[Aq., Th. Jb. 16. 2.]

παρακλήτωρ. (1) נָחַם pi.

Jb. 16. 2. παρακλήτορες κακῶν πάντες (1)

παρακλίνειν.

Si. 47. 19. S παρέκλινας [A B παρανέκλ., R παρενέκλ.] τὰς λαγόνας σου γυναιξί

παρακλύζειν.

[Al. Ps. 123 (124). 4.]

παρακμάζειν.

Si. 42. 9. ἐν νεότητι αὐτῆς μή ποτε παρακμάσῃ

παράκοιτος. (1) לְחֵנָה

Da. TH. 5. 2. πιέτωσαν . . . αἱ π. αὐ. (1)
— 3. ἔπινον ἐν αὐτοῖς . . . αἱ π. αὐ. (1)
— 23. αἱ παλλακαί σου καὶ αἱ [A om.] π. σου (1)

παρακολουθεῖν.

II Ma. 8. 11. R τὴν . . . μέλλουσαν παρακολουθήσειν ἐπ' αὐτῷ δίκην [A al.]
9. 27. R αὐτὸν . . . παρακολοθοῦντα τῇ ἐμῇ προαιρέσει [A om.]
[Sm. Ec. 2. 12.]

παρακομίζειν.

II Ma. 4. 19. R ἀπέστειλεν . . . θεωροὺς . . . παρακομίζοντας ἀργυρίου δραχμὰς . . . ἃς καὶ ἠξίωσαν οἱ παρακομίσαντες [A -ίζοντες]
II Ma. 4. 20. R ἕνεκεν δὲ τῶν παρακομιζόντων [A παρόντων] εἰς τὰς τῶν τριήρων κατασκευάς
— 23. ἀπέστειλεν Ἰ. Μενέλαον . . . παρακομίζοντα τὰ χρήματα τῷ βασ.
9. 8. ἐν φορείῳ παρεκομίζετο
— 10. παρακομίζειν οὐδεὶς ἐδύνατο
— 29. παρεκομίζετο δὲ τὸ σῶμα Φίλιππος

παρακούειν. (1) חָרַשׁ hi. (2) עָבַר (3) עָשָׂה c. neg. (4) שָׁמַע c. neg.

I Es. 4. 11. οὐδὲ παρακούουσιν αὐτοῦ
To. 3. 4. παρήκουσαν γὰρ τῶν ἐντολῶν σου [S al.]
Es. 3. 3. τί παρακούεις τὰ ὑπὸ τοῦ βασ. λεγόμ. (2)
— 8. τῶν δὲ νόμων τοῦ βασ. παρακούουσι (3)
4. 14. S² ἐὰν παρακούουσα [A B S¹ om.] παρακούσῃς (1, 1)
7. 4. καὶ παρήκουσα (1)
Is. 65. 12. ἐλάλησα καὶ παρηκούσατε (4)
[Sm. Ps. 38 (39). 13.]

παρακρούεσθαι. (1) תָּלַל hi.

Ge. 31. 7. ὁ δὲ πατὴρ ὑ. παρεκρούσατό με (1)

παρακύπτειν. (1) שָׁגַח hi. (2) שָׁקַף *a.* ni. *b.* hi. *c.* שְׁקֻפִים

Ge. 26. 8. παρακύψας δὲ Ἀβιμ. (2 b)
Jd. 5. 28. παρέκυψε μήτηρ Σισάρα [A al.] (2 a)
III Ki. 6. 4. θυρίδας παρακυπτομένας κρυπτάς (2 c)
I Ch. 15. 29. M. ἡ θυγ. Σ. παρέκυψε (2 a)
Pr. 7. 6. ἀπὸ γὰρ θυρίδος ἐκ τοῦ οἴκου αὐτῆς εἰς τὰς πλατείας παρακύπτουσα (2 a)
Ca. 2. 9. παρακύπτων διὰ τῶν θυρίδων (1)
Si. 14. 23. ὁ παρακύπτων διὰ τῶν θυρίδων αὐτῆς
21. 23. ἄφρων ἀπὸ θύρας παρακύπτει εἰς οἰκίαν

παρακυροῦν.

[Sm. Jb. 40. 3 (8).]

παράκυψις.

[Sm. III Ki. 7. 4 (41).]

παραλαλεῖν. (1) גָּדַף pi.

Ps. 43 (44). 16. ἀπὸ φωνῆς ὀνειδίζοντος καὶ παραλαλοῦντος [A S² καταλ.] (1)

παραλαμβάνειν. (1) *a.* יָרַשׁ *b.* π. εἰς κτῆσιν יְרֻשָּׁה (2) לָקַח (3) נָהַג (4) קָבַל pa.

Ge. 22. 3. παρέλαβε δὲ μεθ' ἑαυτοῦ δύο παῖδας (2)
31. 23. παραλαβὼν πάντας τοὺς ἀδ. αὐ. (2)
45. 18. A παραλαβόντες [R ἀναλ.] τὸν πατ. ὑ. (2)
47. 2. παρέλαβε πέντε ἄνδρας (2)
Nu. 22. 41. παραλαβὼν Βαλακ τὸν Βαλαάμ (2)
23. 14. παρέλαβεν αὐτὸν εἰς ἀγροῦ σκοπιάν (2)
— 20. εὐλογεῖν παρείλημμαι (2)
— 27. παραλάβω σε εἰς τόπον ἄλλον (2)
— 28. παρέλαβε Βαλὰκ τὸν Βαλαάμ (2)
Jo. 4. 2. παραλαβὼν ἄνδρας ἀπὸ τοῦ λαοῦ (2)
Jd. 9. 43. A παρέλαβεν [B ἔλ.] τὸν λαόν (2)
11. 5. A παραλαβεῖν [B λαβεῖν] τὸν Ἰ. (2)
I Ki. 17. 31. A καὶ παρέλαβεν αὐτόν (2)
— 57. A παρέλαβεν αὐτὸν Ἀβ. (2)
II Ch. 25. 11. παρέλαβε τὸν λαὸν αὐ. (3)
I Es. 4. 43. ᾗ τὸ βασίλειόν σου παρέλαβες
8. 60. οἱ παραλαβόντες οἱ ἱερεῖς
To. 9. 2. S παράλαβε μετὰ σεαυτοῦ τέσσ. οἰκέτας [A B al.]
— 2. S παράλαβε αὐτὸν μετὰ σοῦ [A B al.]
Ju. 6. 21. παρέλαβεν αὐτὸν . . . εἰς οἶκον αὐ.
Es. 5. 1. παρέλαβε [S -ετο] τὰς δύο ἄβρας
Ca. 8. 2. παραλήψομαί σε (3)
Wi. 16. 14. οὐδὲ ἀναλύει ψυχὴν παραλημφθεῖσαν
Je. 30 (49). 1. παραληψόμενος οὐκ ἔστιν [A add. ἐν] αὐτοῖς (1 a)
— 1. διὰ τί παρέλαβε Μελχὸλ τὴν Γαλαάδ (1 a)
— 2. παραλήψεται Ἰσρ. [S¹ Ἰερ.] τὴν ἀρχὴν αὐ. (1 a)
39 (32). 7. σοὶ κρίσις [A S κρίμα] παραλαβεῖν εἰς κτῆσιν †
— 8. A σοὶ κρίμα παραλαβεῖν εἰς κτῆσιν [B S κρ. κτήσασθαι αὐτόν] (1 b)
La. 3. 2. παρέλαβέ με καὶ ἀπήγαγέ με (3)
Da. LXX. Su. 13. τί σὺ οὕτως ὄρθρου ἐξῆλθες οὐ παραλαβών με
4. 28. τὴν τρυφήν σου παραλήψεται –
5. 31 (6. 1). Ἀρτ. . . . παρέλαβε τὴν βασιλείαν (4)
Da. LXX. 6. 19 (20). παρέλαβε μεθ' ἑαυτοῦ τοὺς σατράπας –
— 28 (29). παρέλαβε τὴν βασιλείαν αὐ. †
7. 18. παραλήψονται τὴν βασ. ἅγιοι ὑψίστου (4)
Da. TH. 5. 31 (6. 1). Δαρ. ὁ Μῆδος παρέλαβε τὴν βασ. (4)
7. 18. παραλήψονται τὴν βασ. ἅγιοι ὑψίστου (4)
Bel 1. παρέλαβε K. ὁ Πέρσης τὴν βασ. αὐ.
I Ma. 3. 37. παρέλαβε τὰς ἡμίσεις τῶν δυνάμεων
4. 1. παρέλαβε Γ. πεντακισχιλίους ἄνδρας
5. 23. A R παρέλαβε [S -ον] τοὺς ἐν τῇ Γαλ.
6. 56. R ζητεῖ παραλαβεῖν τὰ πράγματα [A S² τὰ τῶν πρ., S¹ τὰ τῶν προσταγμάτων]
15. 30. S τὰς πόλεις ἃς παρελάβετε [A R κατελάβεσθε]
II Ma. 4. 7. παραλαβόντος τὴν βασ. Ἀντιόχου
5. 5. παραλαβὼν ὁ Ἰ. οὐκ ἐλάττους τῶν χιλίων
10. 11. παραλαβὼν τὴν βασιλείαν
III Ma. 1. 2. παραλαβὼν τῶν . . . ὅπλων Πτ. τὰ κράτιστα

παραλείπειν.

I Ch. tit. παραλειπομένων α [A al.]
— subscr. παραλειπομένων α [A al.]
II Ch. tit. παραλειπομένων β [A al.]
— subscr. παραλειπομένων β [A R al.]
I Es. 8. 7. A B¹ εἰς τὸ μηδὲν παραλείπειν [B³ R -λιπεῖν]
III Ma. 1. 19. τὴν ἁρμόζουσαν αἰδῶ παραλείπουσαι
— 20. R παραλιποῦσαι [A -λείπ.] ἄλλως καὶ ἄλλως
[Sm. Jb. 14. 19.]

παράλιος (*incl.* ἡ παραλία). (1) חוֹל (2) *a.* חוֹף *b.* לְחוֹף (3) *a.* חוֹף הַיָּם *b.* לְחוֹף יַמִּים (4) *a.* יָם *b.* מַיִם *c.* דֶּרֶךְ הַיָּם

Ge. 49. 13. Ζαβ. παράλιος κατοικήσει (3 b)
De. 1. 7. πρὸς λίβα καὶ παραλίαν (3 a)
33. 19. ἐμπόρια παράλιον κατοικούντων (1)
Jo. 9. 1. οἱ ἐν πάσῃ τῇ π. τῆς θαλ. (2 a)
11. 3 (2). καὶ εἰς τοὺς π. Χαναναίους (4 b ?)
— 3. καὶ εἰς τοὺς π. Ἀμ. (4 b)
Jd. 5. 17. ἐκάθισε παραλίαν θαλασσῶν [A al.] (2 b)
Ju. 1. 7. A S κατὰ πρόσωπον τῆς [B om.] π.
2. 28. ἐπὶ τοὺς κατοικοῦντας τὴν π.
3. 6. κατέβη ἐπὶ τὴν π. [A ἐπαρχίαν]
5. 2. A B καὶ πάντας σατράπας τῆς π.
— 22. καὶ πάντες [S om.] οἱ κατοικοῦντες τὴν π.
7. 8. καὶ οἱ στρατηγοὶ τῆς [S om.] π.
Jb. 6. 3. ἄμμου παραλίας βαρυτέρα ἔσται (4 a)
Is. 9. 1 (8. 23). οἱ λοιποὶ οἱ τὴν παραλίαν [A S -ιον, A S² add. κατοικοῦντες] (4 c)
Ez. 25. 16. ἀπολῶ . . . τοὺς κατοικοῦντας τὴν π. [A παραθαλασσίαν] (3 a)
I Ma. 11. 8. A R ἐκυρίευσε τῶν πόλεων τῆς παραλίας [S -ίου]
15. 38. κατέστησεν ὁ βασ. τὸν K. ἐπιστράτηγον τῆς παραλίας
[Aq., Th. Ez. 25. 16.]
[Sm. Ez. 25. 16: Ze. 2. 6.]
[Al. Ge. 49. 13.]

παραλλαγή. (1) שִׁגָּעוֹן

IV Ki. 9. 20. ἐν παραλλαγῇ ἐγένετο (1)
[Aq. Jb. 4. 13.]
[Th. IV Ki. 9. 20.]

παράλλαξις. (1) סוּר hoph.

Es. 3. 13. A S² διαγωγὴν νόμων ξενίζουσαν παράλλαξιν [B S¹ al.]
Da. TH. 12. 11. ἀπὸ καιροῦ παραλλάξεως τοῦ ἐνδελεχισμοῦ (1)

παραλλάσσειν. (1) מַחֲלָף (2) עָבַר (3) עָדַר pi. (4) שְׁנָא aph.

III Ki. 4. 27 (5. 7). οὐ παραλλάσσουσι λόγον (3)
II Es. 1. 9. A R παρηλλαγμένα [B παρηγμ.] ἐννέα καὶ εἴκ. (1)
Es. 3. 13. B S¹ διαγωγὴν νόμων ξενίζουσαν παραλλάσσον [A S² al.]
Pr. 4. 15. ἔκκλινον δὲ ἀπ' αὐτῶν καὶ παράλλαξον (2)
Da. TH. 6. 15 (16). τοῦ πᾶν ὁρισμὸν . . . οὐ δεῖ παραλλάξαι (4)
II Ma. 3. 16. τὸ τῆς χρόας παρηλλαγμένον
[Th. Da. 6. 8†.]

παραλογίζεσθαι. (1) חָלַף hi. (2) רָמָה pi. (3) תָּלַל hi.

Ge. 29. 25. ἵνα τί παρελογίσω με (2)
31. 41. παρελογίσω τὸν μισθόν μου (1)
Jo. 9. 22. διὰ τί παρελογίσασθέ με (2)
Jd. 16. 10, 13, 15. A παρελογίσω [B ἐπλάνησάς] με (3)
I Ki. 19. 17. ἵνα τί οὕτως παρελογίσω με (2)
28. 12. ἵνα τί παρελογίσω με (2)
II Ki. 19. 26 (27). ὁ δοῦλός σου παρελογίσατό με (2)
21. 5. ὃς παρελογίσατο ἐξολεθρεῦσαι ἡμᾶς †
Es. 8. 13. παραλογισαμένων [A S -ος] τὴν . . . εὐγνωμοσύνην
La. 1. 19. αὐτοὶ δὲ παρελογίσαντό με (2)
Da. LXX. Bel 6. μηδείς σε παραλογιζέσθω
[**Aq.** Ge. 31. 7: Ex. 8. 29 (25): Jb. 13. 9: Je. 9. 5 (4).]
[**Sm.** Ge. 31. 7: Ex. 8. 29 (25): Jb. 17. 2: Ps. 43 (44). 18.]

παραλογισμός.

Es. 8. 13. τῷ τῆς κακοηθείας ψευδεῖ π. [A S *al.*]
— 13. πολυπλόκοις μεθόδων παραλογισμοῖς
II Ma. 1. 13. παραλογισμῷ χρησαμένων
[**Aq.** Jb. 13. 9: Is. 30. 10.]
[**Th.** Is. 30. 10.]

παραλύειν. (1) אָזְלַת יָד (2) בָּהַל ni. (3) הָדַף (4) חָלַל pi. (5) חָתַת (6) כָּשַׁל (7) לָאָה (8) נָקַם hoph. (9) נָתַן (10) עָקַר pi. (11) פָּרַם (12) פָּתַח (13) רָפָה

Ge. 4. 15. ἑπτὰ ἐκδικούμενα παραλύσει (8)
19. 11. παρελύθησαν ζητοῦντες τὴν θύραν (7)
Le. 13. 45. τὰ ἱμάτια αὐτοῦ ἔστω παραλελυμένα (11)
De. 32. 36. εἶδε γὰρ παραλελυμένους αὐτούς (1)
II Ki. 8. 4: I Ch. 18. 4. παρέλυσε Δ. πάντα τὰ ἅρματα (10)
Ju. 16. 7. A B S^{2} παρέλυσεν αὐτόν
Wi. 17. 15. τὰ δὲ τῆς ψυχῆς παρελύοντο προδοσίᾳ
— 19. παρέλυσεν [A -υεν] αὐτοὺς ἐκφοβοῦντα [S^{t} -οῦσα]
Si. 25. 23. χεῖρες παρειμέναι καὶ γόνατα παραλελυμένα
Is. 23. 9. ἐβουλεύσατο παραλῦσαι πᾶσαν [A *om.*] τὴν ὕβριν (4)
35. 3. ἰσχύσατε . . . γόνατα παραλελυμένα (6)
Je. 6. 24. παρελύθησαν αἱ χεῖρες ἡμῶν (13)
26 (46). 15. κύριος παρέλυσεν αὐτόν (3)
27 (50). 15. παρελύθησαν αἱ χεῖρες αὐτῆς (9)
— 36. καὶ παραλυθήσονται (5)
— 43. παρελύθησαν αἱ χεῖρες αὐ. (13)
Ez. 7. 27. αἱ χεῖρες τοῦ λαοῦ τῆς γῆς παραλυθήσονται (2)
21. 7 (12). πᾶσαι χεῖρες παραλυθήσονται (13)
25. 9. παραλύω τὸν ὦμον Μωάβ (12)
I Ma. 9. 55. καὶ παρελύθη
III Ma. 2. 22. καὶ τοῖς μέλεσι παραλελυμένον
[**Al.** Le. 10. 6: 21. 10.]
[**Heb.** Ez. 7. 17.]

παράλυσις.

Ez. 21. 10 (15). ὅπως γένῃ . . . ἑτοίμη εἰς παράλυσιν †

παραμένειν. (1) יָשַׁב (2) עָמַד

Ge. 44. 33. παραμενῶ σοι παῖς ἀντὶ τοῦ παιδίου (1)
Ju. 12. 7. A B παρέμεινεν ἐν τῇ παρεμβολῇ
— 9. B παρέμενε [A *add.* ἐν] τῇ σκηνῇ
Pr. 12. 7. οἶκοι δὲ δικαίων παραμένουσι (2)
Si. 6. 8. οὐ μὴ παραμείνῃ ἐν ἡμέρᾳ θλίψεώς σου
— 10. A B S^{2} οὐ μὴ παραμείνῃ ἐν ἡμέρᾳ θλίψεώς σου
11. 17. δόσις κυρίου παραμένει εὐσεβέσι [S^{2} -λαβέσιν]
38. 19. ἐν ἐπαγωγῇ παραμένει καὶ λύπη [A B *al.*]
Da. TH. 11. 17. καὶ οὐ μὴ παραμείνῃ (2)
[**Sm.** Dt. 9. 9.]

παραμυθεῖσθαι.

II Ma. 15. 9. παραμυθούμενος αὐτοὺς ἐκ τοῦ νόμου
[**Sm.** II Ki. 10. 2: Jb. 2. 11: 42. 11: Is. 40. 2: 51. 3: 52. 9: 66. 13: Je. 31 (38). 13.]
[**Al.** Ec. 4. 1.]

παραμυθία.

Es. 8. 13. τῶν πιστευθέντων χειρίζειν . . . τὰ πράγματα παραμυθίᾳ [S^{1} -αν]
Wi. 19. 12. εἰς γὰρ παραμυθίαν ἀνέβη . . . ὀρτυγομήτρα
[**Sm.** Ps. 70 (71). 21: Is. 66. 11.]
[**Al.** Ps. 65 (66). 12.]

παραμύθιον.

Wi. 3. 18. οὐδὲ ἐν ἡμέρᾳ διαγνώσεως παραμύθιον

παραναγινώσκειν.

II Ma. 8. 23. A παραναγνοὺς [R παραγν.] τὴν ἱερὰν βίβλον
III Ma. 1. 12. R τοῦ τε νόμου παραναγνωσθέντος [A παραγν.]

παρανακλίνειν.

Si. 47. 19. A B παρανέκλινας [R παρεν., S παρέκλ.] τὰς λαγόνας σου γυναιξί

παραναλίσκειν. (1) אָבַד

Nu. 17. 12 (27). ἀπολώλαμεν παρανηλώμεθα (1)

παρανομεῖν. (1) הָלַל (2) לִיץ hi. (3) עָוַל pi. (4) עָלַם ni.

Jb. 34. 18. ὁ λέγων βασιλεῖ, Παρανομεῖς †
Ps. 25 (26). 4. μετὰ παρανομούντων οὐ μὴ εἰσέλθω (4)
70 (71). 4. ἐκ χειρὸς παρανομοῦντος (3)
74 (75). 4. εἶπα τοῖς παρανομοῦσι μὴ παρανομεῖν [S^{2} -εῖτε] (1, 1)
118 (119). 51. A R ὑπερήφανοι παρηνόμουν ἕως σφόδρα (2 ?)
IV Ma. 5. 17. κατ᾽ οὐδένα τρόπον παρανομεῖν ἀξιοῦμεν
— 20. A R τὸ γὰρ ἐν [S ἐπὶ] μικροῖς καὶ ἐν [S *om.*] μεγάλοις π. ἰσοδύναμόν ἐστι
— 27. A ἀναγκάζεις ἡμᾶς παρανομεῖν [S R *al.*]
— 27. S^{1} ἀλλὰ καὶ παρανομεῖν [A S^{2} R *al.*]
8. 14. ἵλεως ὑμῖν ἔσται δι᾽ ἀνάγκην παρανομήσασιν
[**Aq.** Is. 52. 5.]

παρανομία. (1) מְזִמָּה (2) עָוֹן (3) עָצֵל

Ps. 36 (37). 7. ἐν ἀνθρώπῳ ποιοῦντι παρανομίας [A S^{2} -αν] (1)
Pr. 5. 22. παρανομίαι ἄνδρα ἀγρεύουσι (2)
10. 26. οὕτως παρανομία τοῖς χρωμένοις αὐτῇ (3)
26. 7. καὶ παρανομίαν ἐκ στόματος ἀφρόνων †
II Ma. 3. 4. R περὶ τῆς κατὰ τὴν πόλιν π. [A *al.*]
IV Ma. 2. 11. A R διὰ [S *add.* τὴν] παρανομίαν αὐτὴν ἀπελέγχων
4. 19. ἐξεπολίτευσεν ἐπὶ πᾶσαν π.
5. 13. S R ἐπὶ πάσῃ [A πᾶσιν] δι᾽ ἀνάγκην π. γενομένῃ
9. 3. σύμβουλε τύραννε παρανομίας
[**Aq.** Jb. 6. 29: 11. 14: Ps. 42 (43). 1.]
[**Sm.** Nu. 18. 1: Jb. 11. 14: 35. 8: Ps. 139 (140). 12.]
[**Th.** Jb. 11. 14.]
[**Al.** I Ki. 10. 27.]

παράνομος. (1) אָוֶן (2) בָּגַד (3) בּוֹשׁ hi. (4) *a.* בְּלִיַּעַל *b.* בֶּן־בְּלִיַּעַל (5) הָלַל (6) זֵד (7) זוּר (8) חָמָס (9) חָנֵף (10) כְּסִיל (11) לוּז ni. (12) מְזִמָּה (13) סֵעֵף (14) עַוָּל (15) *a.* פֶּשַׁע *b.* פָּשַׁע (16) רַע (17) רָשָׁע

De. 13. 13 (14). ἐξήλθοσαν ἄνδρες π. (4 *b*)
Jd. 19. 22. ἄνδρες τῆς πόλεως υἱοὶ παρανόμων (4 *a*)
20. 13. δότε τοὺς ἄνδρας υἱοὺς παρανόμων [A *al.*] (4 *a*)
II Ki. 16. 7. ἔξελθε . . . ἀνὴρ ὁ π. (4 *a*)
20. 1. ἐκεῖ ἐπικαλούμενος υἱὸς π. (4 *a*)
23. 5 (6). οὐ μὴ βλαστήσῃ ὁ π. (4 *a*)
III Ki. 20 (21). 10. δύο ἄνδρας υἱοὺς παρανόμων (4 *a*)
— 13. A R δύο ἄνδρες υἱοὶ παρανόμων (4 *a*)
II Ch. 13. 7. συνήχθησαν πρὸς αὐτὸν . . . υἱοὶ π. (4 *a*)
Jb. 17. 8. B S^{2} δίκαιος δὲ ἐπὶ παρανόμῳ ἐπαναστταίη [A δικαίῳ γὰρ παράνομος ἐπανέστη] (9)
20. 5. χαρμονὴ δὲ παρανόμων [A ἀσεβῶν] ἀπώλεια (9)
27. 7. ὥσπερ ἡ ἀπώλεια τῶν π. [S ἀνόμων] (14)
Ps. 5. 5. οὐδὲ διαμενοῦσι παράνομοι κατέναντι τῶν ὀφθαλμῶν σου (5)
35 (36). 1. φησὶν ὁ π. τοῦ ἁμαρτάνειν ἐν ἑαυτῷ (15 *b*)
36 (37). 38. οἱ δὲ π. ἐξολεθρευθήσονται ἐπὶ τὸ αὐτό (15 *a*)
40 (41). 8. λόγον παράνομον κατέθεντο κατ᾽ ἐμοῦ (4 *a*)
85 (86). 14. παράνομοι ἐπανέστησαν ἐπ᾽ ἐμέ (6)
100 (101). 3. οὐ προεθέμην πρὸ ὀφθαλμῶν μου πρᾶγμα παράνομον [B^{1} *om.* πρ. π.] (4 *a*)
118 (119). 85. διηγήσαντό μοι παράνομοι ἀδολεσχίας (6)
— 113. παρανόμους ἐμίσησα (13 ?)
Pr. 1. 18. ἡ δὲ καταστροφὴ ἀνδρῶν παρανόμων κακή –
2. 22. οἱ δὲ π. ἐξωσθήσονται ἀπ᾽ αὐτῆς (2)
3. 32. ἀκάθαρτος γὰρ ἔναντι κυρίου πᾶς παράνομος (11)
4. 14. μηδὲ ζηλώσῃς ὁδοὺς παρανόμων (16)
— 17. οἴνῳ δὲ παρανόμῳ μεθύσκονται (8)
6. 12. ἀνὴρ ἄφρων καὶ π. πορεύεται ὁδοὺς οὐκ ἀγαθάς (1)
10. 5. ἀνεμόφθορος δὲ γίνεται ἐν ἀμητῷ υἱὸς παράνομος (3)
11. 6. τῇ δὲ ἀπωλείᾳ [A ἀβουλίᾳ, S^{2} ἀσεβείᾳ] αὐτῶν ἁλίσκονται παράνομοι (2)
— 30. ἀφαιροῦνται δὲ ἄωροι ψυχαὶ παρανόμων †
12. 2. ἀνὴρ δὲ π. παρασιωπηθήσεται (12)
13. 2. ψυχαὶ δὲ παρανόμων ὀλοῦνται ἄωροι (2)
14. 9. οἰκίαι παρανόμων [A ἀφρόνων] ὀφειλήσουσι καθαρισμόν †
16. 29. ἀνὴρ παράνομος ἀποπειρᾶται φίλων (8)
17. 4. κακὸς ὑπακούει γλώσσης παρανόμων (1)
19. 11. τὸ δὲ καύχημα αὐ. ἐπέρχεται παρανόμοις (15 *b*)
21. 24. ὃς δὲ μνησικακεῖ παράνομος †
22. 12. φαυλίζει δὲ λόγους παράνομος (2)
— 14. βόθρος βαθὺς στόμα παρανόμου (7)
23. 28. πᾶς παράνομος ἀναλωθήσεται (2)
25. 19. ποὺς παρανόμου ὀλεῖται ἐν ἡμέρᾳ κακῇ (2 ?)
26. 3. οὕτως ῥάβδος ἔθνει παρανόμῳ (10)
28. 17. οὐ μὴ ὑπακούσει ἔθνει παρανόμῳ –
29. 4. ἀνὴρ δὲ παράνομος κατασκάπτει †
— 12. πάντες οἱ ὑπ᾽ αὐτὸν παράνομοι (17)
— 18. οὐ μὴ ὑπάρξῃ ἐξηγητὴς ἔθνει παρανόμῳ †
Wi. 3. 16. ἐκ παρανόμου κοίτης σπέρμα ἀφανισθήσεται
Si. 16. 3. S^{2} κρείσσων γὰρ εἷς δίκαιος . . . ἢ μύριοι παράνομοι
Da. LXX. Su. 28. οἱ δὲ π. ἄνδρες ἀπέστρεψαν
— 32. προσέταξαν οἱ π.
Da. TH. Su. 32. οἱ δὲ π. ἐκέλευσαν
I Ma. 1. 11. S R ἐξῆλθον ἐξ [S^{1} -θεν] Ἰσρ. υἱοὶ π. [A υἱὸς π.]
— 34. A R ἔθηκαν ἐκεῖ . . . ἄνδρας π. [S -νους]
10. 61. A συνήχθησαν ἐπ᾽ αὐτὸν . . . ἄνδρες π. [S R *al.*]
11. 21. ἐπορεύθησαν . . . ἄνδρες π.
II Ma. 4. 11. π. ἐθισμοὺς ἐκαίνιζεν
— 14. τῆς ἐν παλαίστρᾳ παρανόμου χορηγίας
6. 21. οἱ δὲ πρὸς τῷ π. σπλαγχνισμῷ τεταγμένοι
8. 4. τῆς τῶν ἀναμαρτήτων νηπίων παρανόμου ἀπωλείας
13. 7. τὸν π. συνέβη θανεῖν
III Ma. 2. 17. ἵνα μὴ καυχήσωνται οἱ π. ἐν θυμῷ αὐτῶν
5. 27. R καταπλαγέντος ἐπὶ τῇ π. [A ἀν.] ἐξόδῳ
IV Ma. 9. 4. τὸν ἐπὶ τῇ π. σωτηρίᾳ ἡμῶν ἔλεον
[**Aq.** Pr. 19. 28: 29. 6.]
[**Sm.** I Ki. 30. 22: Ps. 9. 24 (10. 3), 25 (10. 4): 10 (11). 6: 27 (28). 3: 31 (32). 10: 40 (41). 9: 74 (75). 5: 96 (97). 10: 118 (119). 119: 128 (129). 4: 139 (140). 9: 140 (141). 4, 10: Ec. 8. 14 *bis*: Is. 5. 17: Ez. 33. 11, 15.]
[**Th.** Pr. 19. 28: Ez. 33. 15.]
[**Al., Quint., Sext.** Ps. 1. 1.]

παρανόμως. (1) בְּזִמָּה

Jb. 34. 20. ἐχρήσαντο γὰρ π. [A ἀνόμοις] †
Pr. 21. 27. καὶ γὰρ π. προσφέρουσιν αὐτάς (1)

παράνους (?).

I Ma. 1. 34. S ἔθηκαν ἐκεῖ . . . ἄνδρας π. [A R -νόμους]

παραξιφίς.

II Ki. 5. 8. ἅπτεσθω ἐν παραξιφίδι [A φαραξίδι] †
[**Quint.** Mi. 5. 6 (5).]

παράπαν.

III Ki. 11. 10. τὸ π. μὴ πορευθῆναι ὀπίσω θεῶν ἑτ. –
Ze. 3. 6. ἐξερημώσω τὰς ὁδοὺς αὐ. τὸ π. –

Je. 7. 4. τὸ π. οὐκ ὠφελήσουσιν ὑμᾶς –
Ez. 20. 9, 14. ὅπως τὸ ὄνομά μου τὸ π. μὴ βεβηλωθῇ –
— 15. ἐξῆρα τὴν χεῖρά μου ἐπ' αὐτοὺς . . . τὸ π. –
— 22. ὅπως τὸ ὄνομά μου τὸ π. μὴ βεβηλωθῇ –
41. 6. ὅπως τὸ π. μὴ ἅπτωνται τῶν τοίχων –
46. 20. ἐκεῖ πέψουσι τὸ μαναὰ τὸ π. –

παραπέμπειν.
Es. 8. 13. τά τε τῶν βασ. παραπέμποντας [S[1] -ες] . . . διατάγμ.
III Ma. 1. 26. R καὶ πάντα [A -ας] παραπέμψας

παραπέτασμα.
Am. 2. 8. παραπετάσματα ἐποίουν –
[Aq. Ex. 36. 35 (37. 3).]
[Sm. Nu. 4. 26.]

παραπηδᾶν.
IV Ma. 11. 1. ὁ πέμπτος παρεπήδησε

παραπικραίνειν. (1) כָּעַס hi. (2) מָרַד
(3) מָרָה a. qal. b. hi. c. מְרִי (4) סָרַר
De. 31. 27. παραπικραίνοντες ἦτε τὰ πρὸς τὸν θ. (3 b)
32. 16. παρεπίκρανάν [A ἐξεπ.] με (1)
III Ki. 13. 21. παρεπίκρανας τὸ ῥῆμα κ. (3 a)
— 26. ὃς παρεπίκρανε τὸ ῥῆμα κ. (3 a)
I Es. 6. 15. οἱ πατέρες ἡμῶν παραπικράναντες ἥμαρτον
Ps. 5. 10. παρεπίκρανάν σε, κύριε (3 a)
65 (66). 7. οἱ παραπικραίνοντες μὴ ὑψούσθωσαν ἐν ἑαυτοῖς (4)
67 (68). 6. ὁμοίως τοὺς παραπικραίνοντας (4)
77 (78). 8. γενεὰ σκολιὰ καὶ παραπικραίνουσα (3 a)
— 17. παρεπίκραναν τὸν ὕψιστον ἐν ἀνύδρῳ (3 b)
— 40. ποσάκις παρεπίκραναν αὐτὸν ἐν τῇ ἐρήμῳ (3 b)
— 56. παρεπίκραναν τὸν θεὸν τὸν ὕψιστον (3 b)
104 (105). 28. παρεπίκραναν [S[1] -εν] τοὺς λόγους αὐ. (3 a)
105 (106). 7. παρεπίκραναν ἀναβαίνοντες ἐν τῇ ἐρυθρᾷ θαλάσσῃ (3 b)
— 33. παρεπίκραναν τὸ πνεῦμα αὐτοῦ (3 b)
— 43. παρεπίκραναν αὐτὸν ἐν τῇ βουλῇ αὐ. (3 b)
106 (107). 11. παρεπίκραναν τὰ λόγια τοῦ θεοῦ (3 b)
Ho. 10. 5. καθὼς παρεπίκραναν αὐτόν †
Je. 39 (32). 29. πρὸς τὸ παραπικρᾶναί με (1)
— 32. AS ὧν ἐποίησαν παραπικρᾶναί [B πικρ.] με (1)
51 (44). 3. ἧς ἐποίησαν παραπικρᾶναί με (1)
— 8. παραπικρᾶναί με ἐν τοῖς ἔργοις τῶν χειρῶν ὑμῶν (1)
La. 1. 18. στόμα αὐτοῦ παρεπίκρανα [S -αν] (3 a)
— 20. παραπικραίνουσα παρεπικράνθην [S -να] (3 a, 3 a)
Ez. 2. 3. πρὸς τὸν οἶκον τοῦ Ἰσρ. τοὺς παραπικραίνοντάς με οἵτινες παρεπίκρανάν με (2, 2)
— 5, 6, 7. οἶκος παραπικραίνων ἐστί (3 c)
— 8. μὴ γίνου παραπικραίνων [A[2] add. καὶ σὺ] καθὼς ὁ οἶκος ὁ παραπικραίνων (3 c, 3 c)
3. 9, 26, 27 : 12. 2, 3. οἶκος παραπικραίνων ἐστί (3 c)
12. 9. ὁ οἶκος τοῦ Ἰ. οἶκος [A om.] ὁ παραπικραίνων (3 c)
— 25. οἶκος ὁ [A om.] παραπικραίνων (3 c)
— 27. ὁ οἶκος Ἰσρ. ὁ παραπικραίνων –
17. 12. εἰπὸν πρὸς τὸν οἶκον τὸν παραπικραίνοντα (3 c)
20. 13. A παρεπίκρανάν με ὁ οἶκος Ἰσραήλ (3 b)
— 21. παρεπίκρανάν με (3 b)
24. 3. εἰπὸν ἐπὶ τὸν οἶκον τὸν παραπικραίνοντα παραβολήν (3 c)
— 14. ἡ ὀνομαστὴ καὶ πολλὴ τοῦ π. –
44. 6. ἐρεῖς πρὸς τὸν οἶκον τὸν παραπικραίνοντα (3 c)
[Aq. Je. 50 (27). 21 : Ez. 2. 6 (P.).]
[Sm. Ex. 23. 21 : Dt. 9. 23 : Is. 3. 8 : Ez. 2. 6 (P.) : Mi. 1. 12.]
[Th. Dt. 1. 26 : 9. 23 : Ps. 104 (105). 28 : Is. 30. 9.]
[Al. Ex. 1. 14 : Ez. 20. 13.]
[Quint. Ps. 26 (27). 11 : 104 (105). 28 : 105 (106). 7 : 138 (139). 20.]
[Sext. Ps. 26 (27). 11.]

παραπικρασμός. (1) מְרִיבָה
Ps. 94 (95). 8. μὴ σκληρύνητε τὰς καρδίας ὑμῶν ὡς ἐν τῷ π. (1)
[Aq. I Ki. 15. 23.]
[Sm. Jb. 7. 11.]
[Th. Pr. 17. 11.]

παραπίπτειν. (1) אָשַׁם (2) מָעַל (3) נָפַל hi.
Es. 6. 10. μὴ παραπεσάτω σου λόγος (3)
Wi. 6. 9. ἵνα μάθητε σοφίαν καὶ μὴ παραπέσητε
12. 2. τοὺς παραπίπτοντας κατ' ὀλίγον ἐλέγχεις
Ez. 14. 13. τοῦ παραπεσεῖν παράπτωμα [A -ατι] (2)
15. 8. ἀνθ' ὧν παρέπεσον παραπτώματι (2)
18. 24. ἐν τῷ παραπτώματι αὐτοῦ ᾧ παρέπεσε (2)
20. 27. ἐν οἷς παρέπεσον [A -σαν] εἰς ἐμέ (2)
22. 4. παραπέπτωκας (1)
II Ma. 10. 4. A μηκέτι παραπεσεῖν [R περιπ.] τοιούτοις κακοῖς
[Aq. Ps. 24 (25). 1.]
[Sm. I Ki. 27. 1.]
[Al. Nu. 22. 30.]

παραπληκτεύεσθαι.
[Aq. I Ki. 21. 14 (15), 15 (16).]

παράπληκτος. (1) שָׁגַע pu.
De. 28. 34. καὶ ἔσῃ παράπληκτος (1)

παραπληξία. (1) שִׁגָּעוֹן
De. 28. 28. πατάξαι σε κ. παραπληξίᾳ (1)
[Aq. IV Ki. 9. 20.]

παραπλησίως.
[Quint. Ho. 8. 6.]

παράπλους.
III Ma. 4. 11. τοῦ π. περανθέντος

παραπομπή.
I Ma. 9. 37. ἄγουσι τὴν νύμφην . . . μετὰ π. μεγάλης

παραπορεύεσθαι. (1) הָלַךְ (2) עָבַר (3) עָמַד
Ge. 37. 28. καὶ παρεπορεύοντο οἱ ἄνθρ. οἱ Μαδ. (2)
Ex. 2. 5. παρεπορεύοντο παρὰ [A ἐπὶ] τὸν ποτ. (1)
30. 13. ὅσοι ἂν παραπορεύωνται τὴν ἐπίσκεψιν (2)
— 14. πᾶς ὁ παραπορευόμ. εἰς τὴν ἐπίσκεψιν (2)
39. 3 (38. 26). πᾶς ὁ παραπορευόμ. τὴν ἐπίσκεψιν (2)
De. 2. 4. παραπορεύεσθε διὰ τῶν ὁρίων (2)
— 13. παραπορεύεσθε τὴν φάραγγα Ζ. (2)
— 14. ἃς παρεπορεύθημεν ἀπὸ Κ. Β. (1)
— 18. παραπορεύσῃ [A -εύῃ] σήμ. τὰ ὅρια Μ. (2)
Jo. 6. 6 (7). οἱ μάχιμοι παραπορευέσθωσαν (2)
— 8 (9). οἱ δὲ μάχιμοι παραπορευέσθωσαν (1)
9. 2 (8. 33). παρεπορεύοντο ἔνθεν καὶ ἔνθεν τῆς κιβ. (3)
15. 6. παραπορεύεται ἀπὸ Βορρᾶ ἐπὶ Β. (2)
Jd. 9. 25. πάντα ὃς παρεπορεύετο [A al.] (2)
19. 18. παραπορευόμεθα [A διαβαίνομεν] ὑμεῖς (2)
Ru. 4. 1. ὁ ἀγχιστευτὴς παρεπορεύετο (2)
I Ki. 29. 2. παρεπορεύοντο εἰς ἑκατοντάδας (2)
— 2. παρεπορεύοντο ἐπ' ἐσχάτων [A -ῳ] (2)
II Ki. 15. 18. B πᾶς ὁ λαὸς παρεπορεύετο –
— 23. πᾶς ὁ λαὸς παρεπορεύοντο (2)
— 23. πᾶς ὁ λαὸς καὶ ὁ βασ. [A om. κ. ὁ β.] παρεπορεύοντο (2)
24. 20. καὶ τοὺς παῖδας αὐ. παραπορευομένους (2)
III Ki. 13. 25. ἰδοὺ ἄνδρες παραπορευόμ. (2)
21 (20). 39. ὡς παρεπορεύετο ὁ βασ. (2)
II Ch. 24. 20. τί παραπορεύεσθε τὰς ἐντ. κυρίου (2)
Jb. 21. 29. ἐρωτήσατε παραπορευομένους ὁδόν (2)
Ps. 79 (80). 12. πάντες οἱ παραπορευόμ. τὴν ὁδόν (2)
88 (89). 41. A πάντες οἱ παραπορευόμ. τὴν [BS οἱ διοδεύοντες] ὁδόν (2)
Pr. 7. 8. παραπορευόμενον παρὰ γωνίαν ἐν διόδοις οἴκων αὐτῆς (2)
10. 25. ABS[2] παραπορευομένης καταιγίδος ἀφανίζεται ἀσεβής (2)
Ze. 2. 2. πρὸ τοῦ γενέσθαι ὑμᾶς ὡς ἄνθος παραπορευόμενον (2)
3. 1 (2. 15). A πᾶς ὁ παραπορευόμ. [BS διαπ.] δι' αὐτῆς (2)
Is. 51. 23. ἔθηκας ἴσα τῇ γῇ τὰ μέσα [AS μετάφρενά] σου ἔξω τοῖς παραπορευομ. (2)
Je. 18. 16. A πάντες οἱ παραπορευόμενοι [BS διαπ.] δι' αὐτῆς ἐκστήσονται (2)
Je. 19. 8. πᾶς ὁ παραπορευόμ. [S[1] πορ.] ἐπ' αὐτῆς (2)
29 (49). 17. πᾶς ὁ παραπορευόμενος ἐπ' αὐτήν (2)
La. 1. 12. οἱ πρὸς ὑμᾶς πάντες παραπορευόμενοι ὁδόν (2)
2. 15. πάντες οἱ παραπορευόμενοι ὁδόν (2)
4. 18. A τοῦ μὴ π. [B πορ.] ἐν ταῖς πλατείαις ἡμῶν (1)
Ep. Je. 43. ἐφελκυσθεῖσα [A ἀπελκυσθεὶς] ὑπό τινος τῶν παραπορευομένων
[Aq. Je. 9. 10 (9).]
[Th. Ex. 30. 13 : Is. 34. 10 : Je. 9. 10 (9).]
[Al. Ex. 30. 13 : Ez. 35. 7.]

παραπρολέγειν.
[Sm. Je. 29 (36). 26.]

παραπταίειν.
[Al. Dt. 22. 1.]

παράπτωμα. (1) חֲבוּלָה (2) מַעַל (3) עָוֶל
(4) פֶּשַׁע (5) שְׁגִיאָה (6) a. שָׁלוּ b. שָׁלוּא
Jb. 35. 15. οὐκ ἔγνω παράπτωμά τι σφόδρα †
36. 9. ἀναγγελεῖ αὐτοῖς . . . τὰ π. αὐ. [S[1] om. τὰ π. αὐ.] (4)
Ps. 18 (19). 12. παραπτώματα τίς συνήσει (5)
21 (22). 1. μακρὰν ἀπὸ τῆς σωτηρίας μου οἱ λόγοι τῶν π. μου †
Wi. 3. 13. ἥτις οὐκ ἔγνω κοίτην ἐν παραπτώματι
10. 2. καὶ ἐξείλατο αὐτὸν ἐκ παραπτώματος ἰδίου
Za. 9. 5. ᾐσχύνθη ἐπὶ τῷ [S[1] om.] π. αὐ. [A al.] †
Ez. 3. 20. ποιήσῃ π. (3)
14. 11. ἵνα μὴ μιαίνωνται ἔτι ἐν πᾶσι τοῖς π. αὐτῶν (4)
— 13. τοῦ παραπεσεῖν π. [A -ατι] (2)
15. 8. ἀνθ' ὧν παρέπεσον παραπτώματι (2)
18. 22. πάντα τὰ παραπτώματα αὐ. . . . οὐ μνησθήσονται [A al.] (4)
— 24. ἐν τῷ π. αὐ. . . . ἀποθανεῖται (2)
— 26. ποιήσῃ παράπτωμα καὶ ἀποθάνῃ ἐν τῷ π. (3, 3)
20. 27. παρώργισάν με . . . ἐν τοῖς π. αὐ. (2)
Da. Th. 4. 24. ἴσως ἔσται μακρόθυμος τοῖς π. σου ὁ θεός (6 b)
6. 4 (5). παράπτωμα . . . οὐχ εὗρον κατ' αὐτοῦ (6 a)
— 22 (23). παράπτωμα οὐκ ἐποίησα (1)
[Sm. Ex. 23. 21 : Jb. 35. 15 : Ps. 24 (25). 7 : Pr. 10. 19.]
[Th. Jb. 35. 15 : 36. 9 : Da. 4. 24 : 9. 24†.]
[Al. Nu. 22. 30 : Da. 8. 12, 23.]

παράπτωσις. (1) שָׁלְיָה
Je. 22. 21. ἐλάλησα [AS -αν] πρὸς σὲ ἐν τῇ π. σου

παραριθμεῖν.
To. 9. 5. S παρηρίθμησεν αὐτῷ τὰ θυλάκια [AB al.]

παραρρεῖν. (1) יָבַל (2) לוּז
Pr. 3. 21. υἱέ, μὴ παραρρυῇς (2 ?)
Is. 44. 4. ὡς ἰτέα ἐπὶ παραρρέον ὕδωρ (1)
[Sm. Pr. 4. 21.]

παραρρίπτειν, παραριπτεῖν. (1) סָפַף
I Ki. 2. 36. παράρριψόν με (1 ?)
Ps. 83 (84). 10. ἐξελεξάμην παραριπτεῖσθαι [AS -εσθαι] ἐν τῷ οἴκῳ τοῦ θεοῦ †
II Ma. 1. 16. R τοῖς ἔξω παρέρριψαν [A παραρίψαντες]

παράρυμα. (1) אֹהֶל
Ex. 35. 11. τὴν σκηνὴν καὶ τὰ π. (1)

παράσημος.
III Ma. 2. 29. παρασήμῳ Διονύσου κισσοφύλλῳ

παρασιωπᾶν. (1) חָרַשׁ a. qal. b. hi. (2) חָשָׁה
Ge. 24. 21. παρεσιώπα τοῦ γνῶναι (1 b)
34. 5. παρεσιώπησε δὲ Ἰ. (1 b)
Nu. 30. 4 (5). καὶ παρασιωπήσῃ αὐτῆς ὁ πατήρ (1 b)
— 8. καὶ παρασιωπήσῃ αὐτῇ (1 b)
— 12. καὶ παρασιωπήσῃ [B[1] om. κ. π.] αὐτῇ (1 b)
— 15. ἐὰν δὲ . . . παρασιωπήσῃ αὐτῇ (1 b)
I Ki. 7. 8. μὴ παρασιωπήσῃς ἀφ' ἡμῶν (1 b)
23. 9. οὐ παρασιωπᾷ Σ. περὶ αὐτοῦ (1 b)
Ps. 27 (28). 1. AS μὴ παρασιωπήσῃς ἀπ' ἐμοῦ [B ἐπ' ἐμοὶ] μή ποτε παρασιωπήσῃς ἀπ' ἐμοῦ [B ἐπ' ἐμοί] (1 a, 2)
34 (35). 22. μὴ παρασιωπήσῃς (1 a)

Ps. 38 (39). 12. τῶν δακρύων μου μὴ παρασιωπήσῃς (1 *a*)
49 (50). 3. καὶ οὐ παρασιωπήσεται (1 *a*)
108 (109). 1. ὁ θεὸς τὴν αἴνεσίν μου μὴ παρασιωπήσῃς (1 *a*)
Pr. 12. 2. ἀνὴρ δὲ παράνομος παρασιωπηθήσεται †
Ho. 10. 11. παρασιωπήσομαι Ἰούδαν (1 *a*)
— 13. ἵνα τί παρεσιωπήσατε ἀσέβειαν (1 *a*)
Am. 6. 13 (12). εἰ παρασιωπήσονται ἐν θηλείαις (1 *a*)
Hb. 1. 13. παρασιωπησῃ ἐν τῷ καταπίνειν (1 *b*)
[**Aq.** Jd. 16. 2 : Hb. 1. 13.]
[**Sm.** Ps. 29 (30). 13 : Hb. 1. 13.]
[**Th.** Ps. 38 (39). 13 : 108 (109). 1 : Hb. 1. 13.]

παρασκευάζειν. (1) בָּרַר hi. (2) גָּרָה pi. (3) חָלַק hi. (4) עָרַךְ (5) עָתַר pi. (6) פָּלַם pi. (7) קָדַשׁ pi. (8) לְהָסֵךְ אֶת־רַגְלָיו

I Ki. 24. 4. Σ. εἰσῆλθε παρασκευάσασθαι (8)
To. 8. 19. S καὶ ἤρξαντο π. [A B *al.*]
Ju. 5. 1. παρεσκευάσαντο εἰς πόλεμον
Pr. 15. 18. ἀνὴρ θυμώδης παρασκευάζει μάχας (2)
23. 2. τοιαῦτά σε δεῖ παρασκευάσαι †
24. 42 (27). παρασκευάζου εἰς τὸν ἀγρόν (5)
29. 5. ὃς παρασκευάζεται ἐπὶ πρόσωπον τοῦ ἑαυτοῦ φίλου (3)
Is. 26. 7. ἡ ὁδὸς τῶν εὐσεβῶν καὶ παρεσκευασμένη (6)
Je. 6. 4. παρασκευάσασθε ἐπ' αὐτὴν εἰς πόλεμον (7)
12. 5. πῶς παρασκευάσῃ [S -άζῃ] ἐφ' ἵπποις †
26 (46). 9. παρασκευάσατε [A καὶ κατασκ.] τὰ ἅρματα †
27 (50). 42. ἐφ' ἵπποις ἱππάσονται παρεσκευασμένοι ὥσπερ πῦρ εἰς πόλεμον (4)
28 (51). 11. παρασκευάζετε [A -άσατε] τὰ τοξεύματα (1)
Da. LXX. Bel 7. τὸν ἐσθίοντα τὰ παρασκευαζόμενα τῷ Βὴλ
II Ma. 2. 27. τῷ παρασκευάζοντι συμπόσιον
6. 21. ἐνέγκαντα κρέα . . . δι' αὐτοῦ παρασκευασθέντα
[**Aq.** Jb. 3. 8.]
[**Sm.** Ps. 37 (38). 18 : Is. 40. 18.]
[**Quint.** Ho. 6. 11.]

παρασκευή. (1) עֲבֹדָה

Ex. 35. 24. R πάντα τὰ ἔργα τῆς π. [A B κατασκ.] (1)
39. 22 (42). A ἐποίησαν . . . πᾶσαν τὴν π. [B ἀποσκ.] (1)
Ju. 2. 17. ἔλαβε καμήλους . . . εἰς τὴν π. αὐτῶν
4. 5. παρέθεντο . . . εἰς παρασκευὴν πολέμου
I Ma. 9. 35. S τοῦ παραθέσθαι αὐτοῖς τὴν π. αὐ. [A R *al.*]
II Ma. 15. 21. καὶ τῶν ὅπλων τὴν ποικίλην π.

παραστάς.

[**Aq.** Jd. 3. 22 : Is. 57. 8 : Ez. 40. 17 (P.).]
[**Sm.** Ez. 40. 7, 10, 12 *bis*, 14 (P.), 16, 21, 29.]
[**Th.** Ez. 40. 17 (P.).]
[**Al.** Ex. 21. 6.]

παράστασις.

I Ma. 15. 32. εἶδε . . . π. ἱκανήν
[**Sm.** Nu. 8. 24.]

παραστήκειν. (1) עָמַד

Nu. 7. 2. A οὗτοι οἱ παραστήκοντες [B παρεστηκότες] ἐπὶ τῆς ἐπισκοπῆς (1)
Jd. 3. 19. A πάντες οἱ παραστήκοντες αὐτῷ [B *al.*] (1)
III Ki. 10. 8. A οἱ παραστήκοντες [B -εστηκότες] ἐνώπιόν σου (1)

παρασυμβάλλειν. (1) מָשַׁל ni.

Ps. 48 (49). 12, 20. παρασυνεβλήθη τοῖς κτήνεσι τοῖς ἀνοήτοις (1)

παρασύρειν.

[**Sm.** Jb. 22. 16.]

παρασφαλίζεσθαι. (1) חָזַק hi.

Ne. 3. 8. R παρ' αὐτὸν παρησφαλίσατο 'Ο.

παρατάνυσμα.

[**Aq.** Ex. 27. 16 : 36. 37 (5) : Nu. 4. 25, 26.]
[**Sm.** Ex. 27. 16.]

παρατανυσμός.

[**Aq.** Ex. 26. 36.]
[**Al.** Nu. 4. 5.]

παράταξις. (1) אֲנַף (2) מַחֲנֶה (3) *a.* מִלְחָמָה *b.* לָחַם ni. (4) *a.* מַעֲרָכָה *b.* עָרַךְ (5) צָבָא (6) קְרָב (7) חַיִל

Nu. 31. 5. ἐνωπλισμένοι εἰς παράταξιν (5)
— 14. τοῖς ἐρχομ. ἐκ τῆς π. τοῦ πολέμου (5)
— 21. τοὺς ἐρχομ. ἐκ τῆς π. τοῦ πολέμου –
— 27. A B[1] τῶν ἐκπορευομ. εἰς τὴν π. [B[2] R *al.*] (5)
— 28. τῶν ἐκπεπορευμ. [A ἐκπορευομ.] εἰς τὴν π. (5)
Jd. 6. 26. οἰκοδομήσεις . . . ἐν τῇ π. (4 *a*)
8. 13. ἐπέστρεψε . . . ἀπὸ τῆς π. ἀπὸ ἐπάνωθεν τῆς π. 'Α. [A *al.*] (3 *a*, –)
18. 11. ἐζωσμένοι σκεύη παρατάξεως [A *al.*] (3 *a*)
— 16. οἱ ἀνεζωσμένοι τὰ σκεύη τῆς π. [A *al.*] (3 *a*)
20. 14. ἐξελθεῖν εἰς παράταξιν [A τοῦ πολεμῆσαι] (3 *a*)
— 17. πάντες οὗτοι ἄνδρες παρατάξεως [A *al.*] (3 *a*)
— 18. τίς ἀναβήσεται . . . εἰς παράταξιν [A *al.*] (3 *a*)
— 20. ἐξῆλθον . . . εἰς παράταξιν [A *al.*] (3 *a*)
— 22. προσέθηκαν συνάψαι παράταξιν [A *al.*] (3 *a*)
— 23. ἐγγίσαι εἰς παράταξιν [A *al.*] (3 *a*)
— 28. ἐξελθεῖν εἰς παράταξιν [A πόλεμον] (3 *a*)
— 34. καὶ παράταξις βαρεῖα [A *al.*] (3 *a*)
— 39. ἔστησαν ἐν τῇ π. [A *al.*] (3 *a*)
— 39. ὡς ἡ π. ἡ πρώτη [A *al.*] (3 *a*)
— 42. ἡ π. ἔφθασεν ἐπ' αὐτούς [A *al.*] (3 *a*)
21. 22. οὐκ ἐλάβομεν . . . ἐν τῇ π. [A τῷ πολέμῳ] (3 *a*)
I Ki. 4. 2. ἐπλήγησαν ἐν τῇ π. (4 *a*)
— 12. ἔδραμεν ἀνὴρ Ἰεμ. ἐκ τῆς π. (4 *a*)
— 16. πέφευγα ἐκ τῆς π. (4 *a*)
17. 4. ἐξῆλθεν . . . ἐκ τῆς π. (2)
— 8. ἀνεβόησεν εἰς [A πρὸς] τὴν π. Ἰσρ. (4 *a*)
— 10. ὠνείδισα τὴν π. Ἰσρ. (4 *a*)
— 20. A δύναμιν τὴν ἐκπορευομ. εἰς τὴν π. (4 *a*)
— 21. A παρετάξαντο . . . παράταξιν ἐξ ἐναντίας παρατάξεως (4 *a*, 4 *a*)
— 22. A ἔδραμεν εἰς τὴν π. (4 *a*)
— 23. A ἐκ τῶν π. τῶν ἀλλοφύλων (†*, 4 *a*)
— 26. A ὠνείδισεν παράταξιν θεοῦ ζῶντος (4 *a*)
— 36. ὠνείδισε παράταξιν θεοῦ ζῶντος (4 *a*)
— 45. ἐν ὀνόμ. κ. θεοῦ σαβαὼθ παρατάξεως Ἰσρ. (4 *a*)
— 48. A ἔδραμεν εἰς τὴν π. τοῦ ἀλλοφ. (4 *a*)
I Ch. 5. 18. ἐκπορευόμενοι εἰς παράταξιν (5)
7. 40. εἰς παράταξιν τοῦ πολεμεῖν (5)
12. 8. ἄνδρες παρατάξεως πολέμου (5)
— 24. δυνατοὶ παρατάξεως [S πράξεως] (5)
— 25. δυνατοὶ ἰσχύος εἰς παράταξιν (5)
— 33. ἐκπορευόμενοι εἰς παράταξιν πολέμου (5 + 4 *b*)
— 38. παρατασσόμενοι παράταξιν (4 *a*)
II Ch. 20. 15. οὐχ ὑμῖν ἐστιν ἡ π. (3 *a*)
26. 11. ἐκπορευόμεναι εἰς παράταξιν (5)
— 11. R εἰσπορευομένη εἰς παράταξιν –
I Es. 1. 30. ἀπέστησαν αὐτὸν . . . ἀπὸ τῆς π.
2. 30. μεθ' ἵππου καὶ ὄχλου παρατάξεως
Ne. 11. 14. ἀδελφοὶ αὐτοῦ δυνατοὶ παρατάξεως (7)
Ju. 1. 6. εἰς παράταξιν υἱῶν Χ.
2. 15. ἠρίθμησεν . . . εἰς παράταξιν
5. 23. οὐδὲ κράτος εἰς π. ἰσχυράν
7. 11. καθὼς γίνεται πόλεμος παρατάξεως
16. 12. ἀπώλοντο ἐκ παρατάξεως κυρίου μου
Ps. 143 (144). 1. ὁ διδάσκων τὰς χεῖράς μου εἰς παράταξιν (6)
Wi. 12. 9. οὐκ ἀδυνατῶν ἐν παρατάξει ἀσεβεῖς δικαίοις ὑποχειρίους δοῦναι
Za. 14. 3. καθὼς ἡμέρα παρατάξεως αὐ. (3 *b*)
Is. 22. 6. συναγωγὴ παρατάξεως †
36. 5. μὴ ἐν βουλῇ . . . παράταξις γίνεται (3 *a*)
Je. 6. 23. S[1] ἐφ' ἵπποις καὶ ἅρμασι παρατάξεως [A B S[2] -ξεται ὡς] πῦρ (4 *b*)
Ez. 17. 21. ἐν πάσῃ [A *add.* τῇ] π. αὐτοῦ ἐν ῥομφαίᾳ πεσοῦνται (1)
24. 16. λαμβάνω ἐκ σοῦ τὰ ἐπιθυμήματα τῶν ὀφθαλμῶν σου ἐν παρατάξει †
I Ma. 3. 26. ὑπὲρ τῶν π. Ἰ. ἐξηγεῖτο πᾶν ἔθνος
4. 21. τὴν Ἰ. παρεμβολὴν . . . ἑτοίμην εἰς παράταξιν
6. 42. ἤγγισεν Ἰ. καὶ ἡ παρεμβ. αὐ. εἰς παράταξιν
I Ma. 12. 41. S[1] R ἐκλελεγμέναις [A -αι, S[2] -ων] εἰς παράταξιν
II Ma. 8. 20. τὴν πρὸς τοὺς Γαλάτας π. γενομένην
[**Aq.**, **Th.** I Ki. 23. 1.]
[**Al.** Ps. 26 (27). 3.]

παρατάσσειν. (1) אָסַר אֶת־הַמִּלְחָמָה (2) גּוּר (3) זָמַם (4) זָעַם (5) חָנָה (6) לָחַם ni. (7) נָגַשׁ (8) עָדַר (9) עָרַךְ (10) צָבָא *a.* verb. *b.* subst. (11) לִקְרַאת

Ge. 14. 8. παρετάξαντο αὐτοῖς εἰς πόλεμον (9)
Ex. 17. 9. παράταξαι τῷ Ἀμ. αὔριον (6)
— 10. παρετάξατο τῷ Ἀμ. (6)
Nu. 1. 45. πᾶς ὁ ἐκπορευόμ. παρατάξασθαι (10 *b*)
21. 23. ἐξῆλθε παρατάξασθαι τῷ Ἰσρ. (11)
— 23. παρετάξατο τῷ Ἰσρ. (6)
26. 2. πᾶς ὁ ἐκπορευόμ. παρατάξασθαι (10 *b*)
31. 3. A R παρατάξασθε [B -θαι] ἔναντι κυρίου (10 *b*)
— 4. ἀποστείλατε παρατάξασθαι (10 *b*)
— 7. παρετάξαντο ἐπὶ Μαδιάν (10 *a*)
Jo. 24. 8. A καὶ παρετάξατο ὑμῖν (6)
— 9. καὶ παρετάξατο τῷ Ἰσρ. (6)
Jd. 1. 3. παραταξώμεθα πρὸς τοὺς Χαν. [A *al.*] (6)
— 5. B[2] R παρετάξαντο πρὸς αὐτόν [A *al.*] (6)
5. 19. βασιλεῖς παρετάξαντο [A *al.*] (6)
— 20. παρετάξαντο οἱ ἀστέρες [A *al.*] (6)
— 20. παρετάξαντο μετὰ Σ. [A *al.*] (6)
8. 1. παρατάξασθαι ἐν Μ. [A *al.*] (6)
9. 17. ὡς παρετάξατο [A ἐπολέμησεν] ὁ πατήρ μου (6)
— 38. καὶ παράταξαι αὐτῷ [A *al.*] (6)
— 39. παρετάξατο πρὸς Ἀβ. [A *al.*] (6)
— 45. παρετάσσετο [A ἐπολέμει] ἐν τῇ πόλει (6)
— 52. παρετάξαντο αὐτῷ [A *al.*] (6)
10. 9. παρατάξασθαι πρὸς Ἰ. [A *al.*] (6)
— 18. παρατάξασθαι πρὸς υἱοὺς Ἀ. [A *al.*] (6)
11. 4. παρετάξαντο . . . μετὰ Ἰσρ. [A *al.*] (6)
— 6. παραταξώμεθα πρὸς υἱοὺς Ἀ. [A *al.*] (6)
— 8. παρατάξῃ πρὸς υἱοὺς Ἀ. [A *al.*] (6)
— 9. παρατάξασθαι ἐν υἱοῖς Ἀ. [A *al.*] (6)
— 12. τοῦ παρατάξασθαι ἐν τῇ γῇ μου [A *al.*] (6)
— 20. παρετάξατο πρὸς Ἰσρ. [A *al.*] (6)
— 27. τοῦ παρατάξασθαι ἐν ἐμοί [A *al.*] (6)
— 32. παρατάξασθαι πρὸς αὐτοὺς [A *al.*] (6)
12. 1. παρατάξασθαι ἐν υἱοῖς Ἀ. [A *al.*] (6)
— 3. παρατάξασθαι ἐν ἐμοί [A *al.*] (6)
— 4. παρετάξατο τῷ Ἐφρ. [A *al.*] (6)
20. 20. A παρετάξατο . . . εἰς πόλεμον [B *al.*] (9)
— 22. A προσέθεντο παρατάξαι πόλεμον [B *al.*] (9)
— 22. A ᾧ παρετάξαντο ἐκεῖ [B *al.*] (9)
— 30. A παρετάξαντο [B συνῆψαν] πρὸς Γ. (9)
I Ki. 4. 2. παρατάσσονται οἱ ἀλλόφ. εἰς πόλεμον (9)
17. 2. παρατάσσονται εἰς πόλεμον (9)
— 8. παρατάξασθαι πολέμῳ (9)
— 21. A καὶ παρετάξαντο Ἰσρ. (9)
II Ki. 10. 8. καὶ παρετάξαντο πόλεμον (9)
— 9. παρετάξαντο ἐξ ἐναντίας Συρίας (9)
— 10. παρετάξαντο ἐξ ἐναντίας υἱῶν Ἀ. (9)
— 17. παρετάξατο Συρία ἀπέναντι Δ. [B[1] *al.*] (9)
I Ch. 7. 4. ἰσχυροὶ παρατάξασθαι εἰς πόλεμον (10 *b*)
12. 35. παρατασσόμενοι εἰς πόλεμον (9)
— 38. παρατασσόμενοι παράταξιν (8)
19. 9. παρατάσσονται εἰς πόλεμον (9)
— 10. παρετάξαντο [A -ατο] ἐναντίον τοῦ Σύρου (9)
— 11. παρετάξαντο [A -ατο] ἐξ ἐναντίας υἱῶν Ἀ. (9)
— 14. καὶ παρετάξατο Ἰωάβ (7)
— 17. παρετάξατο [S -αντο] ἐπ' [A πρὸς] αὐτούς (9)
— 17. παρατάσσεται [S -ετάξατο] Δ. (9)
II Ch. 13. 3. καὶ παρετάξατο Ἀβιά (1)
— 3. Ἱερ. παρετάξατο . . . πόλεμον (9)
14. 10 (9). καὶ παρετάξατο πόλεμον (9)
Ne. 4. 8 (2). παρατάξασθαι ἐν [S εἰς] Ἱερ. (6)
— 14 (8). παρατάξασθε περὶ τῶν ἀδελφῶν ὑμῶν (6)
Ju. 1. 13. παρετάξατο ἐν τῇ δυνάμει αὐ.
Ps. 26 (27). 3. ἐὰν παρατάξηται ἐπ' ἐμὲ παρεμβολή (5)
139 (140). 2. ὅλην τὴν ἡμέραν παρετάσσοντο πολέμους (2)
Jl. 2. 5. ὡς λαὸς πολὺς καὶ ἰσχυρὸς παρατασσόμενος εἰς πόλεμον (9)
Za. 1. 6. καθὼς παρατέτακται κύριος παντοκράτωρ (3)
8. 15. οὕτως παρατέταγμαι καὶ διανενόημαι †

Za. 10. 5. καὶ παρατάξονται (6)
14. 3. παρατάξεται ἐν τοῖς ἔθνεσιν ἐκείνοις (6)
— 14. Ἰ. παρατάξεται ἐν Ἰερ. (6)
Ma. 1. 4. ἐφ' ὃν παρατέτακται κύριος (4)
Je. 6. 23. ἐφ' ἵπποις καὶ ἅρμασι παρατάξεται ὡς [S[1] παράταξεως] πῦρ (9)
27 (50). 9. παρατάξονται αὐτῇ (9)
— 14. παρατάξασθε ἐπὶ Βαβυλῶνα κύκλῳ (9)
II Ma. 1. 11. ὡς ἂν πρὸς βασιλέα παρατασσόμενοι
— 12. R ἐξέβρασε τοὺς παραταξαμ. [A -τασσομ.] ἐν τῇ ἁγίᾳ πόλει
12. 34. R καὶ παραταξαμένων [A -ους δὲ] συνέβη πεσεῖν ὀλίγους
[Aq. I Ki. 27. 8: Pr. 9. 2: Je. 4. 28: 6. 23: Ez. 21. 21 (26): 32. 2.]
[Sm. Ec. 8. 8: Is. 31. 4: Je. 4. 28: Ez. 21. 21 (26).]
[Th. Ez. 21. 21 (26).]

παρατείνειν. (1) בִּתְרוֹן (2) יַרְכָּה (3) מָשַׁךְ (4) שָׁקַף ni. (5) **τὰ παρατείνοντα** מֶשֶׁךְ

Ge. 49. 13. καὶ παρατενεῖ ἕως Σιδ. (2)
Nu. 23. 28. τὸ παρατεῖνον εἰς τὴν ἔρημον (4)
II Ki. 2. 29. ἐπορεύθησαν ὅλην τὴν παρατείνουσαν (1 ?)
Ju. 7. 3. παρέτειναν . . . ἐπὶ Δ.
Ps. 35 (36). 10. παράτεινον τὸ ἔλεός σου τοῖς γινώσκουσί σε (3)
Ez. 27. 13. ἡ Ἑλλὰς καὶ ἡ σύμπασα [A τὰ σύμπαντα] καὶ τὰ παρατείνοντα (5 ?)
[Sm. Ps. 128 (129). 3.]
[Al. Jd. 1. 9.]

παρατεύχεσθαι.

[Sm. Ec. 11. 3.]

παρατηρεῖν. (1) זָמַם (2) שָׁמַר

Ps. 36 (37). 12. παρατηρήσεται ὁ ἁμαρτωλὸς τὸν δίκαιον (1)
129 (130). 3. A S ἐὰν ἀνομίας παρατηρήσῃ [R -σῃς] (2)
Da. TH. Su. 12. παρετηροῦσαν φιλοτίμως . . . ὁρᾶν αὐτήν
— 15. ἐν τῷ π. αὐτοὺς ἡμέραν εὔθετον
— 16. οἱ δύο πρεσβύτεροι . . . παρατηροῦντες αὐτήν
6. 11 (12). οἱ ἄνδρες ἐκεῖνοι παρετήρησαν †
[Sm. Ex. 12. 42: I Ki. 1. 12: Ps. 55 (56). 7.]
[Th. Da. 6. 15†.]
[Al. Le. 19. 18.]

παρατήρησις.

[Aq. Ex. 12. 42.]

παρατιθέναι. (1) יָצַג hi. (2) יָשַׂם (3) כָּרָה (4) *a.* נָתַן *b.* נָתַן לִפְנֵי (5) לִפְנֵי (6) פָּקַד *a.* qal. *b.* hiph. *c.* hoph. (7) שִׂים, שׂוּם *a.* qal. *b.* hoph. *c.* שׂוּם לִפְנֵי

Ge. 18. 8. καὶ παρέθηκεν αὐτοῖς (4 *b*)
24. 33. παρέθηκεν αὐτοῖς ἄρτους φαγεῖν (2*, 7 *b*)
30. 38. παρέθηκε τὰς ῥάβδους . . . ἐν ταῖς ληνοῖς (1)
43. 31. παράθετε ἄρτους (7 *a*)
— 32. παρέθηκαν αὐτῷ μόνῳ (7 *a*)
Ex. 19. 7. παρέθηκεν αὐτοῖς πάντας τοὺς λόγους (7 *c*)
21. 1. ἃ παραθήσῃ [A -σεις] ἐνώπιον αὐτῶν (7 *a*)
Le. 6. 4 (5. 23). ἥτις παρετέθη αὐτῷ (6 *c*)
— 10 (3). καὶ παραθήσει αὐτό (7 *a*)
De. 4. 44. ὃν παρέθετο M. ἐνώπ. υἱῶν Ἰ. (7 *a*)
I Ki. 9. 24. παρέθηκεν αὐτὴν ἐνώπιον Σ. (7 *a*)
— 24. παράθες αὐτὸ ἐνώπιόν σου (7 *a*)
21. 6 (7). παρατεθῆναι ἄρτον θερμόν (7 *a*)
28. 22. παραθήσω ἐνώπιόν σου ψωμὸν ἄρτου (7 *a*)
II Ki. 12. 20. παρέθηκαν [A -εν] αὐτῷ ἄρτον (7 *a*)
IV Ki. 5. 24. καὶ παρέθετο ἐν οἴκῳ (6 *a*)
6. 22. παράθες ἄρτους . . . ἐνώπιον αὐτῶν (7 *a*)
— 23. παρέθηκεν αὐτοῖς παράθεσιν μεγ. (3)
II Ch. 16. 10. παρέθετο αὐτὸν εἰς φυλακήν (4 *a*)
To. 1. 14. καὶ παρεθέμην Γαβαήλῳ
2. 2. S παρετέθη μοι ἡ τράπεζα
— 2. S παρετέθη μοι ὀψάρια πλείονα
4. 1. οὗ παρέθετο Γαβ.
— 20. ἃ παρεθέμην Γαβαήλῳ [S *al.*]
5. 3. S παρεθέμην τὸ ἀργύριον τοῦτο
7. 8. A B παρέθηκαν ὄψα πλείονα
10. 13. παρατίθεμαί σοι τὴν θυγατέρα μου

Ju. 4. 5. παρέθεντο εἰς ἐπισιτισμόν
Ps. 30 (31). 5. εἰς χεῖράς μου παραθήσομαι τὸ πνεῦμά μου (6 *b*)
Pr. 23. 1. νοητῶς νόει τὰ παρατιθέμενά σοι (5)
Si. 15. 16. παρέθηκέ σοι πῦρ καὶ ὕδωρ
Ep. Je. 27. ὥσπερ νεκροῖς τὰ δῶρα αὐτοῖς παρατίθεται
— 30. γυναῖκες παρατιθέασι θεοῖς ἀργυροῖς
Da. LXX. Bel 10. παρετέθη τὰ βρώματα ἐνώπιον τοῦ βασ.
— 10. οἶνος κερασθεὶς . . . παρετέθη τῷ Βήλ
— 17. εἴδοσαν δεδαπανημένα πάντα τὰ παρατεθέντα
— 20. ἐδαπάνων τὰ παρατιθέμενα τῷ Βήλ
Da. TH. Bel 11. παράθες τὰ βρώματα
— 14. παρέθηκε τὰ βρώματα τῷ Βήλ
I Ma. 1. 35. παρέθεντο ὅπλα
9. 35. A R παραθέσθαι αὐτοῖς τὴν ἀποσκευὴν αὐ. [S *al.*]
IV Ma. 6. 15. τῶν ἡψημένων βρωμάτων παραθησόμεν
[Sm. Ps. 30 (31). 6: Je. 35 (42). 5.]

παρατρέπειν.

[Sm. Jb. 12. 24: 13. 20 (P.), 21 (P.): 24. 4: 34. 5: Ps. 140 (141). 4.]

παρατρέχειν. (1) רוּץ

I Ki. 22. 17. εἶπεν ὁ βασ. τοῖς παρατρέχουσι (1)
II Ki. 15. 1. πεντήκοντα ἄνδρας π. ἔμπροσθεν αὐτοῦ (1)
III Ki. 1. 5. πεντήκ. ἄνδρας π. [A -χοντας] ἔμπροσθεν αὐτοῦ (1)
14. 27. οἱ ἡγούμενοι τῶν παρατρεχόντων (1)
— 28. ᾖρον αὐτὰ οἱ παρατρέχοντες (1)
— 28. εἰς τὸ θεὲ τῶν παρατρεχόντων (1)
IV Ki. 10. 25. εἶπεν Ἰοὺ τοῖς παρατρέχουσι (1)
— 25. καὶ ἔρριψαν οἱ παρατρέχοντες (1)
11. 6. τὸ τρίτον . . . ὀπίσω τῶν παρατρεχόντων (1)
— 11. ἔστησαν οἱ παρατρέχοντες (1)
— 19. ὁδὸν πύλης τῶν παρατρεχόντων (1)
II Ch. 12. 10. ἄρχοντας παρατρεχόντων (1)
— 11. οἱ φυλάσσοντες καὶ οἱ παρατρέχοντες (1)
— 11. εἰς ἀπάντησιν τῶν παρατρεχόντων (1)
Wi. 5. 9. ὡς ἀγγελία παρατρέχουσα
III Ma. 5. 15. ὑπέδειξε τὸν . . . καιρὸν ἤδη παρατρέχοντα
[Sm. III Ki. 14. 28: IV Ki. 11. 4.]

παραυτίκα.

To. 4. 14. A B ἀπόδος αὐτῷ π.
Ps. 69 (70). 3. ἀποστραφείησαν π. αἰσχυνόμενοι †

παραφέρειν. (1) הָלַל hithpo. (2) עָבַר hi.

Jd. 6. 5. A τὰς σκηνὰς αὐτῶν παρέφερον [B *al.*] †
I Ki. 21. 13 (14). παρεφέρετο ἐν ταῖς χερσὶν αὐ. (1)
II Es. 10. 7. ASR παρήνεγκαν φωνὴν ἐν [B *om.*] Ἰούδᾳ (2)
[Aq. Le. 25. 10.]
[Sm. IV Ki. 23. 10: Je. 51 (28). 10.]
[Th. Jd. 6. 5: IV Ki. 23. 10.]
[Al. Nu. 31. 23.]

παραφορά. (1) הוֹלֵלוּת

Ec. 2. 12. τοῦ ἰδεῖν . . . παραφοράν [A S περιφ.] (1)
7. 26 (25). A τοῦ γνῶναι ἀσεβοῦς . . . παραφοράν [B S περιφ.] (1)
[Th. Ec. 1. 17.]

παράφορος.

[Sm. Dt. 28. 34.]

παραφρονεῖν. (1) סָרַר

Za. 7. 11. ἔδωκαν νῶτον παραφρονοῦντα (1)

παραφρόνησις. (1) שִׁגָּעוֹן

Za. 12. 4. πατάξω . . . τὸν ἀναβάτην αὐ. ἐν παραφρονήσει (1)

παράφρων.

Wi. 5. 20. συνεκπολεμήσει [S συνπ.] δὲ αὐτῷ ὁ κόσμος ἐπὶ τοὺς π.
[Sm. I Ki. 21. 14 (15).]

παραφυάς. (1) יוֹנֶקֶת (2) סְעַפָּה (3) עָנָף (4) פֹּארָה

Ps. 79 (80). 11. καὶ ἕως ποταμοῦ τὰς π. αὐ. (1)
Ez. 17. 22. A δώσω ἀπὸ κεφαλῆς παραφυάδων αὐτῆς (1)

Ez. 31. 3. Ἀσσοὺρ . . . καλὸς ταῖς π. (3)
— 5. A ὑψώθησαν αἱ π. αὐτοῦ (4)
— 6. ἐν ταῖς π. αὐτοῦ ἐνόσσευσαν (2)
— 8. αἱ πίτυες οὐχ ὅμοιαι ταῖς π. αὐτοῦ (2)
IV Ma. 1. 28. A R πολλαὶ τούτων τῶν παθῶν [S φυτῶν] εἰσὶ παραφυάδες
[Sm. Jb. 14. 7: 40. 17 (22): Ez. 17. 6: 31. 6.]
[Th. Jb. 8. 16: Ez. 17. 4, 22: 19. 11: 31. 5, 6, 12.]

παραφυλάσσειν.

[Sm. Jn. 2. 9.]

παραχρῆμα. (1) פִּתְאֹם (2) לְפֶתַע

Nu. 6. 9. π. μιανθήσεται ἡ κεφαλή (1)
12. 4. A B[2] R εἶπε κύριος π. [B[1] *om.*] (1)
II Ki. 3. 12. ἀπέστειλεν Ἀβ. ἀγγέλους . . . π. †
To. 8. 3. S καὶ ἐπέδησεν π. [A B *al.*]
Jb. 39. 30. οὗ δ' ἂν ὦσι τεθνεῶτες π. εὑρίσκονται †
40. 7 (12). σῆψον δὲ ἀσεβεῖς π. †
Ps. 39 (40). 15. κομισάσθωσαν π. αἰσχύνην αὐτῶν †
Wi. 18. 17. τότε παραχρῆμα φαντασίαι . . . ἐξετάραξαν αὐτούς
Is. 29. 5. ἔσται ὡς στιγμὴ π. (1)
30. 13. ὡς τεῖχος πίπτον π. πόλεως ὀχυρᾶς [A *om.*] ἑαλωκυίας ἧς π. πάρεστι τὸ πτῶμα (†, 1+2)
Da. TH. Bel 39. ἀπεκατέστησε τὸν Ἀμβ. π. εἰς τὸν τόπον αὐ.
— 42. κατεβρώθησαν π. ἐνώπιον αὐτοῦ
II Ma. 4. 34. ὃν καὶ π. παρέκλεισεν
— 38. π. τὴν τοῦ Ἀνδρ. πορφύραν περιελόμενος
5. 18. οὗτος προαχθεὶς π.
7. 4. π. τὸν γενέμ. αὐ. προήγορον προσέταξε γλωσσοτομεῖν
10. 22. π. τοὺς δύο πύργους κατελάβετο
11. 36. πέμψατέ τινα π.
IV Ma. 14. 9. τὸν π. ἀπειλῆς λόγον
[Aq. Jb. 5. 3: Ps. 63 (64). 8: Pr. 6. 15: 7. 22.]
[Sm. Ps. 16 (17). 11: 65 (66). 17: Ez. 7. 8.]
[Th. II Ki. 3. 12.]

παραχωρεῖν.

II Ma. 2. 28. τὸ μὲν διακριβοῦν . . . τῷ συγγραφεῖ παραχωρήσαντες
8. 11. ὑπισχνούμενον ἐνενήκοντα σώματα ταλάντου παραχωρήσειν

παρδάλειος (-λεος).

IV Ma. 9. 28. τὴν σάρκα πᾶσαν . . . οἱ π. [S[1] -λεοι] θῆρες ἀπέσυραν

πάρδαλις. (1) *a.* נָמֵר *b.* נְמַר

Ca. 4. 8. ἀπὸ ὀρέων παρδάλεων (1 *a*)
Si. 28. 23. ὡς πάρδαλις λυμανεῖται αὐτούς
Ho. 13. 7. ἔσομαι αὐτοῖς . . . ὡς πάρδαλις (1 *a*)
Hb. 1. 8. ἐξαλοῦνται ὑπὲρ παρδάλεις οἱ ἵπποι αὐ. (1 *a*)
Is. 11. 6. π. συναναπαύσεται ἐρίφῳ (1 *a*)
Je. 5. 6. π. ἐγρηγόρησεν ἐπὶ τὰς πόλεις αὐτῶν (1 *a*)
13. 23. ἀλλάξεται . . . π. τὰ ποικίλματα αὐτῆς (1 *a*)
Da. LXX. 7. 6. ἐθεώρουν θηρίον ἄλλο ὡσεὶ πάρδαλιν (1 *b*)
Da. TH. 7. 6. θηρίον ἕτερον ὡσεὶ πάρδαλις (1 *b*)
[Aq. Hb. 1. 8.]

παρεγκλίνειν.

Si. 47. 19. R παρενέκλινας [A B παραν., S παρέκλ.] τὰς λαγόνας σου γυναιξί

παρεδρεύειν.

Pr. 1. 21. ἐπὶ δὲ πύλαις δυναστῶν παρεδρεύει –
8. 3. παρὰ γὰρ πύλαις δυναστῶν παρεδρεύει –

πάρεδρος.

Wi. 6. 14. πάρεδρον γὰρ εὑρήσει τῶν πυλῶν [S[1] πλούτων] αὐτοῦ
9. 4. δός μοι τὴν τῶν σῶν θρόνων πάρεδρον σοφίαν

παρειά.

[Sm. Ca. 4. 3.]

παρεῖναι. (1) אָתָה (2) בּוֹא (3) הִנֵּה (4) חוּשׁ (5) מָטָה (6) נָגַע hi. (7) קָרַב aph.

Nu. 22. 20. εἰ καλέσαι σε πάρεισιν (2)
De. 32. 35. πάρεστιν ἕτοιμα ὑμῖν (4)

Jd. 19. 3. A παρῆν εἰς ἀπάντησιν αὐτοῦ [B *al.*] †
I Ki. 9. 6. πᾶν . . . παραγινόμενον παρέσται (2)
II Ki. 5. 23. καὶ παρέσῃ [B^1 -ει] αὐτοῖς (2)
13. 35. οἱ υἱοὶ τοῦ βασ. πάρεισι (2)
15. 18. B παρῆσαν ἐπὶ χεῖρα αὐτοῦ –
I Ch. 14. 14. καὶ παρέσῃ αὐτοῖς (2)
I Es. 6. 3. παρῆν πρὸς αὐτοὺς Σισ.
To. 10. 1. S καὶ ὁ υἱὸς αὐ. οὐ παρῆν [A B *al.*]
— 6. S ἤδη παρέσται
Ju. 9. 6. ἰδοὺ πάρεσμεν
Es. 9. 1. παρῆν τὰ γράμμ. τὰ γραφέντα (6)
Jb. 1. 7. ἐμπεριπατήσας τὴν ὑπ' οὐρανὸν πάρειμι –
2. 2. ἐμπεριπατήσας τὴν σύμπασαν [A γῆν] πάρειμι –
31. 21. A S πεποιθὼς ὅτι πολλή μοι βοήθεια πάρεστιν [B περίεστιν] –
Ps. 138 (139). 8. ἐὰν καταβῶ εἰς τὸν ᾅδην πάρει (3)
Pr. 1. 27. ἡ δὲ καταστροφὴ ὁμοίως καταιγίδι παρῇ (1)
7. 19. οὐ γὰρ πάρεστιν ὁ ἀνήρ μου ἐν οἴκῳ –
Wi. 4. 2. παροῦσάν τε μιμοῦνται [A τιμοῦσιν] αὐτήν
9. 9. ἡ σοφία . . . παροῦσα ὅτε ἐποίεις τὸν κόσμον
11. 11. καὶ ἀπόντες δὲ καὶ παρόντες ὁμοίως ἐτρύχοντο
— 21. τὸ γὰρ μεγάλως ἰσχύειν πάρεστί σοι πάντοτε
12. 19. πάρεστι γάρ σοι ὅταν θέλῃς τὸ δύνασθαι
13. 1. οἷς παρῆν θεοῦ ἀγνωσία
14. 17. ἵνα τὸν ἀπόντα ὡς παρόντα κολακεύωσι
19. 14. τοὺς ἀγνοοῦντας οὐκ ἐδέχοντο παρόντας
Jl. 2. 1. πάρεστιν ἡμέρα κυρίου (2)
Hb. 3. 2. ἐν τῷ παρεῖναι τὸν καιρόν –
Is. 8. 1. πάρεστι γάρ †
30. 13. ἧς παραχρῆμα πάρεστι τὸ πτῶμα (2)
52. 7 (6). πάρειμι ὡς ὥρα ἐπὶ τῶν ὀρέων (3)
58. 9. ἰδοὺ πάρειμι (3)
63. 4. ἐνιαυτὸς λυτρώσεως πάρεστι (2)
Ba. 3. 34. εἶπον, Πάρεσμεν
La. 4. 18. πάρεστιν ὁ καιρὸς ἡμῶν (2)
Da. LXX. 7. 13. ὡς παλαιὸς ἡμερῶν παρῆν [*cod.* -ῆσαν] (5)
— 13. οἱ παρεστηκότες παρῆσαν αὐτῷ (7)
I Ma. 11. 63. παρῆσαν οἱ ἄρχοντες Δ. εἰς K.
12. 42. A R πάρεστιν [S ἦλθεν] μετὰ δυνάμεως πολλῆς
— 45. τούτου γὰρ χάριν πάρειμι
II Ma. 3. 9. τίνος ἕνεκεν πάρεστι
— 24. αὐτοῦ . . . κατὰ τὸ γαζοφυλάκιον ἤδη παρόντος
4. 18. καὶ τοῦ βασιλέως παρόντος
— 20. A ἕνεκα δὲ τῶν παρόντων [R παρακομιζόντων] εἰς τὰς τῶν τριηρέων κατασκευάς
6. 9. παρῆν οὖν ὁρᾶν τὴν ἐνεστῶσαν ταλαιπωρίαν
— 26. εἰ γὰρ καὶ ἐπὶ τοῦ παρόντος ἐξελοῦμαι
7. 9. ἐκ τοῦ παρόντος ἡμᾶς ζῆν ἀπολύεις
10. 24. παρῆν ὡς δοριάλωτον ληψόμενος τὴν Ἰουδ.
III Ma. 1. 13. αὐτὸν . . . οὐθεὶς ἐκώλυσε τῶν παρόντων
— 23. A ἀποτραπέντες . . . παρῆσαν [R ἔστησαν]
— 27. τοῖς παροῦσιν ἐπαμῦναι
3. 11. τῇ κατὰ τὸ παρὸν εὐημερίᾳ
5. 10. ὄρθριος ἐπὶ τὴν αὐλὴν παρῆν
— 17. τὸ παρὸν τῆς συμποσίας ἐπὶ πολὺ γεραιρομένους
— 18. R τὴν παροῦσαν [A περιοῦσαν] ἡμέραν περιβεβιωκότες
— 21. πάντες . . . οἱ παρόντες ὁμοῦ συναινέσαντες
— 31. εἴ σοι γονεῖς παρῆσαν
IV Ma. 6. 27. παρόν μοι σώζεσθαι
8. 3. παρῆσαν ἀγόμενοι . . . ἑπτὰ ἀδελφοί
— 26. παρὸν μετὰ ἀταραξίας ζῆν
[**Aq.** Ps. 11 (12). 5.]
[**Sm.** I Ki. 3. 4 : 22. 12 : II Ki. 1. 7 : Jb. 6. 5 : 29. 20 : 38. 35 : 39. 30 : Ec. 11. 5 : Je. 23. 18.]
[**Th.** Ez. 7. 5, 7 (P.).]
[**Al.** Ex. 30. 13 : Ps. 11 (12). 5 : Za. 14. 5.]

παρεισπορεύεσθαι.

II Ma. 8. 1. παρεισπορευόμενοι λεληθότως εἰς τὰς κώμας

παρέκαστα, *vid. sub* **παρά** *et* **ἕκαστος.**

παρεκλείπειν.

Ju. 11. 12. A ἐπεὶ παρεξέλειπεν αὐτοὺς τὰ βρώματα [B S *al.*]

παρεκτείνειν. (1) יָגַע

Pr. 23. 4. μὴ παρεκτείνου [S^1 -ῃς] πένης ὢν πλουσίῳ (1)
Ez. 47. 19. παρεκτεῖνον ἐπὶ τὴν θάλασσαν τὴν μεγάλην †

παρεκτός.

[**Aq.** Dt. 1. 36.]
[**Al.** Le. 23. 38.]

παρελαύνειν.

[**Sm.** II Ki. 2. 19.]

παρελέγχειν.

II Ma. 4. 33. R παρήλεγχεν [A ἀπήνεγκεν] ἀποκεχωρηκὼς εἰς ἄσυλον τόπον

παρέλκειν.

Si. 4. 1. μὴ παρελκύσῃς ὀφθαλμοὺς ἐπιδεεῖς
— 3. μὴ παρελκύσῃς δόσιν προσδεομένου
29. 5. ἐν καιρῷ ἀποδόσεως παρελκύσει χρόνον
— 8. A S ἐπ' ἐλεημοσύνῃ μὴ [B *om.*] παρελκύσῃς [B -εις] αὐτόν
[**Sm.** Ps. 119 (120). 5 : Ez. 32. 18.]
[**Th.** Ez. 32. 18.]

παρέλκυσις.

Jb. 25. 3. μὴ γάρ τις ὑπολάβοι ὅτι ἐστὶ παρέλκυσις πειραταῖς †

παρεμβάλλειν. (1) *a.* חָנָה *b.* מַחֲנֶה *c.* תַּחֲנוֹת (2) לִין (3) נָפַל (4) עָטַר

Ge. 32. 1 (2). παρεμβολὴν θεοῦ παρεμβεβληκυῖαν –
33. 18. παρενέβαλε κατὰ πρόσωπον τῆς πόλεως (1 *a*)
Ex. 14. 9. εὕροσαν αὐτοὺς παρεμβεβληκότας (1 *a*)
15. 27. παρενέβαλον δὲ ἐκεῖ (1 *a*)
17. 1. παρενεβάλοσαν [A -ον] ἐν Ῥ. (1 *a*)
18. 5. οὗ παρενέβαλεν ἐπ' ὄρους [A εἰς τὸ ὄ.] τοῦ θ. (1 *a*)
19. 2. παρενέβαλεν ἐκεῖ Ἰσρ. (1 *a*)
Nu. 1. 50. κύκλῳ τῆς σκηνῆς παρεμβαλοῦσι (1 *a*)
— 51. ἐν τῷ π. τὴν σκηνήν (1 *a*)
— 52. παρεμβαλοῦσιν [B^2 -βάλλ.] οἱ υἱοὶ Ἰσρ. (1 *a*)
— 53. A B^1 οἱ δὲ Λ. παρεμβαλέτωσαν [B^2 R -βαλλ.] (1 *a*)
2. 2. A B παρεμβαλέτωσαν [R -βαλλ.] οἱ υἱοὶ Ἰ. (1 *a*)
— 2. παρεμβαλοῦσιν οἱ υἱοὶ Ἰσρ. (1 *a*)
— 3. οἱ [A^1 οὗτοι] παρεμβάλλοντες [B^1 -βαλ.] πρῶτοι (1 *a*)
— 5. οἱ παρεμβάλλοντες ἐχόμενοι (1 *a*)
— 7. οἱ παρεμβάλλοντες ἐχόμενοι –
— 12. B^1 οἱ παρεμβαλόντες [A B^2 R -βάλλ.] ἐχόμενοι (1 *a*)
— 14. B^1 οἱ παρεμβαλόντες [A B^2 R -βάλλ.] ἐχόμενοι –
— 17. A B ὡς καὶ [A *om.*] παρεμβάλλουσιν [R -βαλ.] (1 *a*)
— 20. οἱ παρεμβάλλοντες ἐχόμενοι –
— 22. B^1 οἱ παρεμβαλόντες [A B^2 R -βάλλ.] ἐχόμενοι –
— 27. οἱ παρεμβάλλοντες ἐχόμενοι αὐτοῦ (1 *a*)
— 29. οἱ παρεμβάλλοντες [A^2 -βαλ.] ἐχόμενοι –
— 34. παρενέβαλον κατὰ τάγμα αὐτῶν (1 *a*)
3. 23. παρεμβαλοῦσι παρὰ [A κατὰ] θάλασσαν (1 *a*)
— 29. παρεμβαλοῦσιν ἐκ πλαγίων τῆς σκηνῆς (1 *a*)
— 35. ἐκ πλαγίων τῆς σκηνῆς παρεμβαλοῦσι (1 *a*)
— 38. οἱ παρεμβάλλοντες κατὰ πρόσωπον τῆς σκηνῆς (1 *a*)
9. 17. ἐκεῖ παρενέβαλον [A -βαλλον] οἱ υἱοὶ Ἰ. (1 *a*)
— 18. παρεμβαλοῦσιν [A -βάλλ.] οἱ υἱοὶ Ἰ. (1 *a*)
— 18. παρεμβαλοῦσιν οἱ υἱοὶ Ἰσρ. (1 *a*)
— 20. διὰ φωνῆς κυρίου παρεμβαλοῦσι (1 *a*)
— 22. παρεμβαλοῦσιν [A -λωσιν] οἱ υἱοὶ Ἰ. (1 *a*)
10. 5. αἱ παρεμβ. αἱ παρεμβάλλουσαι [B^1 -βαλ.] (1 *a*)
— 6. αἱ παρεμβ. αἱ παρεμβάλλουσαι (1 *a*)
— 6 *bis*. αἱ παρεμβ. αἱ παρεμβάλλουσαι –
13. 1 (12. 16). παρενέβαλον [A -εν] ἐν τῇ ἐρήμῳ (1 *a*)
Nu. 21. 10. A B^2 R παρενέβαλον ἐν Ὠβώθ (1 *a*)
— 11. παρενέβαλον ἐν Ἀχ. (1 *a*)
— 12. παρενέβαλον εἰς φάραγγα Z. (1 *a*)
— 13. παρενέβαλον εἰς τὸ πέραν Ἀρνῶν (1 *a*)
22. 1. παρενέβαλον ἐπὶ δυσμῶν M. (1 *a*)
31. 19. παρεμβάλετε [A -λεῖτε] ἔξω τῆς παρεμβ. (1 *a*)
33. 5. παρενέβαλον εἰς Σ. (1 *a*)
— 6. παρενέβαλον εἰς B. (1 *a*)
— 7. παρενέβαλον ἐπὶ στόμα Eἰ. †
— 7. παρενέβαλον ἀπέναντι M. (1 *a*)
— 8. παρενέβαλον ἐν Πικρίαις (1 *a*)
— 9. παρενέβαλον ἐκεῖ παρὰ τὸ ὕδωρ (1 *a*)
— 10. παρενέβαλον ἐπὶ θάλασσαν ἐρυθράν (1 *a*)
— 11. παρενέβαλον εἰς τὴν ἔρημον [A ἐν τῇ ἐ.] Σ. (1 *a*)
— 12. παρενέβαλον εἰς Ῥ. (1 *a*)
— 13. παρενέβαλον ἐν Aἰ. (1 *a*)
— 14. παρενέβαλον ἐν Ῥ. (1 *a*)
— 15. παρενέβαλον ἐν τῇ ἐρήμῳ Σ. (1 *a*)
— 16. παρενέβαλον ἐν Μνήμασι (1 *a*)
— 17. παρενέβαλον ἐν Ἀ. (1 *a*)
— 18, 19. παρενέβαλον ἐν Ῥ. (1 *a*)
— 20. A B παρενέβαλον ἐν [R εἰς] Λ. (1 *a*)
— 21. παρενέβαλον εἰς Ῥ. (1 *a*)
— 22. παρενέβαλον εἰς M. (1 *a*)
— 23. παρενέβαλον εἰς [A ἐν] Σ. (1 *a*)
— 24. παρενέβαλον εἰς [A ἐπὶ] X. (1 *a*)
— 25. παρενέβαλον εἰς M. (1 *a*)
— 26. παρενέβαλον εἰς K. (1 *a*)
— 27. παρενέβαλον εἰς T. (1 *a*)
— 28. παρενέβαλον εἰς M. (1 *a*)
— 29. παρενέβαλον εἰς Σ. (1 *a*)
— 30. παρενέβαλον εἰς M. (1 *a*)
— 31. παρενέβαλον εἰς B. (1 *a*)
— 32. παρενέβαλον εἰς τὸ ὄρος Γ. (1 *a*)
— 33, 34. παρενέβαλον εἰς Ἐ. (1 *a*)
— 35. παρενέβαλον εἰς [B^2 ἐν] Γ. (1 *a*)
— 36. παρενέβαλον ἐν τῇ ἐρήμῳ Σίν (1 *a*)
— 36. παρενέβαλον εἰς τὴν ἔρημον Φ. –
— 37. παρενέβαλον εἰς Ὤρ (1 *a*)
— 41. παρενέβαλον εἰς [A ἐν] Σ. (1 *a*)
— 42. παρενέβαλον εἰς [A ἐν] Φ. (1 *a*)
— 43. B παρενέβαλον εἰς [A R ἐν] Σ. (1 *a*)
— 44. παρενέβαλον ἐν Γαΐ (1 *a*)
— 45. παρενέβαλον εἰς Δ. (1 *a*)
— 46. παρενέβαλον ἐν [A εἰς] Γ. (1 *a*)
— 47. παρενέβαλον ἐπὶ τὰ ὄρη (1 *a*)
— 48. παρενέβαλον ἐπὶ δυσμῶν M. (1 *a*)
— 49. παρενέβαλον παρὰ τὸν Ἰ. (1 *a*)
De. 23. 9 (10). παρεμβαλεῖν [A^2 *add.* εἰς πόλεμον] ἐπὶ τοὺς ἐχθρούς (1 *b*)
Jo. 4. 3. οὗ ἐὰν παρεμβάλητε ἐκεῖ (2)
11. 5. καὶ παρενέβαλον (1 *a*)
Jd. 1. 23. καὶ παρενέβαλον †
6. 4. παρενέβαλον εἰς [A -βαλλον ἐπ'] αὐτούς (1 *a*)
— 33. παρενέβαλον ἐν τῇ κοιλάδι Ἰ. (1 *a*)
7. 1. παρενέβαλον ἐπὶ πηγὴν Ἀ. [A *om.*] (1 *a*)
— 12. A παρεμβεβλήκεισαν [B βεβλημένοι] ἐν τῇ κοιλάδι (3)
9. 50. παρενέβαλεν ἐν Θ. [A *al.*] (1 *a*)
10. 17. παρενέβαλον ἐν Γ. (1 *a*)
— 17. παρενέβαλον ἐν τῇ σκοπιᾷ [A Μασσ.] (1 *a*)
11. 18. παρενέβαλον ἐν πέραν Ἀρ. (1 *a*)
— 20. παρενέβαλον εἰς Ἰ. [A -εν ἐν Ἰσρ.] (1 *a*)
15. 9. παρενέβαλον ἐν Ἰ. [A -λοσαν ἐπὶ τὸν Ἰ.] (1 *a*)
18. 12. παρενέβαλον [A -λοσαν] ἐν K. (1 *a*)
19. 21. A παρενέβαλεν τοῖς ὑποζυγίοις αὐ. [B *al.*] †
20. 19. παρενέβαλον ἐπὶ Γ. (1 *a*)
I Ki. 4. 1. παρεμβάλλουσιν [A -βαλοῦσιν] ἐπὶ Ἀβ. (1 *a*)
— 1. οἱ ἀλλόφ. παρεμβάλλουσιν [A^1 -βαλοῦσιν] ἐν Ἀ. (1 *a*)
11. 1. παρεμβάλλει [A -βαλεῖ] ἐπὶ Ἰ. (1 *a*)
13. 5. B παρεμβάλλουσιν ἐν M. (1 *a*)
— 16. B παρεμβεβλήκεισαν εἰς [R ἐν] M. (1 *a*)
17. 1. παρεμβάλλουσιν ἀνὰ μέσον Σ. (1 *a*)
— 2. παρεμβάλλουσιν ἐν τῇ κοιλάδι (1 *a*)
23. 26. παρενέβαλον ἐπὶ Δ. (4)
26. 3. παρενέβαλε Σ. ἐν τῷ βουνῷ (1 *a*)
— 5. ὁ λαὸς παρεμβεβληκὼς κύκλῳ αὐτοῦ (1 *a*)
28. 4. παρεμβάλλουσιν εἰς Σ. (1 *a*)
— 4. παρεμβάλλουσιν εἰς Γ. (1 *a*)
29. 1. Ἰσρ. παρενέβαλεν ἐν Ἀ. (1 *a*)
II Ki. 11. 11. ἐπὶ πρόσωπον τοῦ ἀγροῦ παρεμβάλλουσι [A -βαλοῦσιν] (1 *a*)

II Ki. 12. 28. παρέμβαλε [A -βαλλε] ἐπὶ τὴν πόλιν (1 a)
17. 12. παρεμβαλοῦμεν ἐπ' αὐτόν †
— 26. παρενέβαλε πᾶς Ἰσρ. (1 a)
23. 13. παρενέβαλον ἐν τῇ κοιλάδι Ῥ. (1 a)
24. 5. παρενέβαλον ἐν Ἀρ. (1 a)
III Ki. 21 (20). 27. καὶ παρενέβαλεν Ἰσρ. [A al.] (1 a)
— 29. B παρεμβαλοῦσιν [A R -βάλλ.] οὗτοι (1 a)
IV Ki. 6. 8. εἰς τὸν τόπον τόνδε . . . παρεμβαλῶ (1 c)
25. 1. παρενέβαλεν ἐπ' αὐτήν (1 a)
I Ch. 9. 26 (27). ἐπὶ τῶν θησ. οἴκου τοῦ θ. παρεμβαλοῦσιν (2)
11. 15. A ἡ παρεμβολὴ τῶν ἀλλοφ. παρεμβεβλήκει [B S al.] (1 a)
19. 7. παρενέβαλον κατέναντι M. (1 a)
— 9. παρενέβαλον καθ' ἑαυτούς –
II Ch. 32. 1. παρενέβαλεν ἐπὶ τὰς πόλεις (1 a)
I Es. 8. 41. παρενεβάλομεν αὐτόθι
II Es. 8. 15. παρενεβάλομεν ἐκεῖ ἡμέρας τρεῖς (1 a)
Ne. 11. 30. παρενεβάλοσαν [S^1 -λον] ἐν B. (1 a)
Ju. 7. 3. παρενέβαλον ἐν τῷ αὐλῶνι
— 13. παρεμβαλοῦμεν ἐπ' αὐταῖς [S -άς]
— 17. παρενέβαλον ἐν τῷ αὐλῶνι
— 18. παρενέβαλον ἐν τῇ ὀρεινῇ
— 18. παρενέβαλον ἐν τῷ πεδίῳ
15. 3. οἱ παρεμβεβληκότες [S παραβ.] ἐν τῇ ὀρεινῇ
Ps. 33 (34). 7. παρεμβαλεῖ ἄγγελος κυρίου κύκλῳ τῶν φοβουμένων αὐτόν (1 a)
Si. 11. 8. ἐν μέσῳ λόγων μὴ παρεμβάλλου
Je. 27 (50). 29. R παρεμβάλλετε [B S -βάλετε, A -βάλατε] ἐπ' αὐτὴν κυκλόθεν (1 a)
I Ma. 2. 32. A R παρενέβαλον ἐπ' [S^1 -λοντο πρὸς, S^2 -βαλλον ἐπ'] αὐτούς
3. 40. S R παρενέβαλον [A παρέβ.] πλησίον Ἀ.
— 42. S R αἱ δυνάμεις παρεμβάλλουσιν [A -βαλοῦσιν] ἐν τοῖς ὁρίοις αὐ.
— 57. S παρενέβαλον [A -οσαν] κατὰ νότον Ἀμμ.
4. 29. παρενέβαλον [S^1 -βαλλον] ἐν B.
5. 5. S R παρενέβαλεν [A παρέβ.] ἐπ' αὐτούς
— 27. S R παρεμβάλλειν [A -βαλεῖν] ἐπὶ τὰ ὀχυρώματα
— 37. παρενέβαλε κατὰ πρόσωπον Ῥ.
— 39. R παρενέβαλον [A S^2 παρεμβάλλουσιν, S^1 παρεμβαλοῦσιν] πέραν τοῦ χειμάρρου
— 41. ἐὰν δὲ . . . παρεμβάλῃ πέραν τοῦ ποταμοῦ
— 42. A R μὴ ἀφῆτε πάντα ἄνθρωπον παρεμβαλεῖν [S -βάλλειν]
— 49. τοῦ παρεμβαλεῖν ἕκαστον
— 50. περενέβαλον οἱ ἄνδρες τῆς δυνάμεως
6. 26. παρεμβεβλήκασι σήμερον
— 31. A R παρενεβάλοσαν [S -ον] ἐπὶ B.
— 32. παρενέβαλεν εἰς B.
— 48. παρενέβαλεν ὁ βασ. εἰς τὴν Ἰουδ.
— 51. παρενέβαλεν ἐπὶ τὸ ἁγίασμα
— 57. ὁ τόπος οὗ παρεμβάλλομεν
7. 19. παρενέβαλεν ἐν B.
— 39. S R παρενέβαλεν [A -ον] ἐν B.
— 40. Ἰ. παρενέβαλεν ἐν Ἀ.
9. 2. S R παρενέβαλον [A -οσαν] ἐπὶ M.
— 3. S R παρενέβαλον ἐπὶ [A -βαλλον εἰς] Ἱερ.
— 5. Ἰ. ἦν παρεμβεβληκὼς ἐν Ἐλ.
— 33. παρενέβαλον ἐπὶ τὸ ὕδωρ λάκκου Ἀ.
— 64. παρενέβαλεν ἐπὶ B.
10. 48. παρενέβαλεν ἐξ ἐναντίας Δ.
— 69. A S^2 R παρενέβαλεν [S^1 -ον] ἐν Ἰ. [S ἐπὶ Ἰ.]
— 75. παρενέβαλεν ἐπὶ Ἰόππην
— 77. παρενέβαλε τρισχιλίαν ἵππον
— 86. S R παρενέβαλεν ἐπὶ [A εἰς] Ἀσκάλωνα
11. 65. S R παρενέβαλε Σ. ἐπὶ [A ἐν] B.
— 67. παρενέβαλον ἐπὶ τὸ ὕδωρ τοῦ Γ.
— 73. καὶ παρενέβαλον ἐκεῖ
13. 13. Σ. δὲ παρενέβαλεν ἐν Ἀ.
— 43. A R παρενέβαλεν [S -βαλλεν] ἐπὶ Γάζαν
15. 13. παρενέβαλεν Ἀντ. ἐπὶ Δ.
— 25. παρενέβαλεν [S^1 παρέβ.] ἐπὶ Δ.
— 39. παρεμβάλλειν κατὰ πρόσωπον τῆς Ἰουδ.
16. 6. παρενέβαλε κατὰ πρόσωπον αὐτῶν
III Ma. 1. 1. ὅπου παρεμβεβλήκεισαν οἱ περὶ Ἀντ.
4. 11. ἐν τῷ πρὸ τῆς πόλεως ἱπποδρόμῳ παρεμβαλεῖν
[Aq. Ps. 52 (53). 6: Is. 29. 3: Je. 52. 4.]
[Sm. Ps. 26 (27). 3: 52 (53). 6: Je. 52. 4.]
[Th. Jd. 7. 12: Is. 29. 3.]

παρεμβλέπειν.
[Sm. Ca. 1. 6.]

παρέμβλησις.
[Aq. Is. 29. 1.]

παρεμβολή. (1) הָמוֹן (2) a. מַחֲנֶה b. מַחֲנַיִם c. חָנָה (3) מָלוֹן (4) מַסָּע (5) מַעֲרָכָה (6) מִשְׁמֶרֶת (7) עֵדָה

Ge. 32. 1 (2). εἶδε παρεμβολὴν θεοῦ –
— 2 (3). παρεμβολὴ θεοῦ αὕτη (2 a)
— 2 (3). ἐκάλεσε τὸ ὄν. τοῦ τόπου ἐκ. Παρεμβολαί (2 c)
— 7 (8). διεῖλε τὸν λαὸν . . . εἰς δύο παρεμβολάς (2 a)
— 8 (9). ἐὰν ἔλθῃ Ἡ. εἰς π. μίαν (2 a)
— 8 (9). ἔσται ἡ π. ἡ δευτέρα εἰς τὸ σώζεσθαι (2 a)
— 10 (11). γέγονα εἰς δύο παρεμβολάς (2 a)
— 21 (22). αὐτὸς δὲ ἐκοιμήθη . . . ἐν τῇ π. (2 a)
33. 8. πᾶσαι αἱ π. αὗται αἷς ἀπήντηκα (2 a)
50. 9. ἐγένετο ἡ π. μεγάλη σφόδρα (2 a)
Ex. 14. 19. ὁ προπορευόμ. τῆς π. τῶν υἱῶν Ἰσρ. (2 a)
— 20. A R ἀνὰ μέσον τῆς π. [B om. τ. π.] τῶν Αἰγ. καὶ ἀνὰ μέσον τῆς π. Ἰσρ. (2 a, 2 a)
— 24. ἐπέβλεψε κ. ἐπὶ [A εἰς] τὴν π. τῶν Αἰγ. (2 a)
— 24. συνετάραξε τὴν π. τῶν Αἰγ. (2 a)
16. 13. ἐκάλυψε τὴν π. (2 a)
— 13. κύκλῳ τῆς π. (2 a)
17. 1. ἀπῆρε . . . κατὰ παρεμβολὰς αὐτῶν (4)
19. 16. πᾶς ὁ λαὸς ὁ ἐν τῇ π. (2 a)
— 17. ἐξήγαγε M. τὸν λαὸν . . . ἐκ τῆς π. (2 a)
29. 14. κατακαύσεις πυρὶ ἔξω τῆς π. (2 a)
32. 17. φωνὴ πολέμου ἐν τῇ π. (2 a)
— 19. ἤγγιζε τῇ π. (2 a)
— 26. ἐπὶ τῆς πύλης τῆς π. (2 a)
— 27. ἀνακάμψατε . . . διὰ τῆς π. (2 a)
33. 7. ἔπηξεν ἔξω τῆς π. μακρὰν ἀπὸ τῆς π. [B^1 om. μ. . . . π.] (2 a, 2 a)
— 7. τὴν σκηνὴν τὴν ἔξω τῆς π. (2 a)
— 8. B ἔξω τῆς π. –
— 11. ἀπελύετο εἰς τὴν π. (2 a)
36. 6. καὶ ἐκήρυξεν ἐν τῇ π. (2 a)
Le. 4. 12, 21. ἐξοίσουσιν . . . ἔξω τῆς π. (2 a)
6. 11 (4). ἐξοίσει . . . ἔξω τῆς π. (2 a)
8. 17. ἔξω [A παρέξω] τῆς π. (2 a)
9. 11. κατέκαυσεν αὐτὰ πυρὶ ἔξω τῆς π. (2 a)
10. 4. ἄρατε . . . ἔξω τῆς π. (2 a)
— 5. ἦραν . . . ἔξω τῆς π. (2 a)
13. 46. ἔξω τῆς π. αὐτοῦ ἔσται ἡ διατριβή (2 a)
14. 3. ἐξελεύσεται ὁ ἱ. ἔξω τῆς π. (2 a)
— 8: 16. 26. εἰσελεύσεται εἰς τὴν π. (2 a)
16. 27. ἐξοίσουσιν αὐτὰ ἔξω τῆς π. (2 a)
— 28. εἰσελεύσεται εἰς τὴν π. (2 a)
17. 3. ὃς ἐὰν σφάξῃ . . . ἐν τῇ π. (2 a)
— 3. ὃς ἂν σφάξῃ ἔξω τῆς π. (2 a)
24. 10. ἐμαχέσαντο ἐν τῇ π. (2 a)
— 14. ἐξάγαγε . . . ἔξω τῆς π. (2 a)
— 23. ἐξήγαγον . . . ἔξω τῆς π. (2 a)
Nu. 2. 3. τάγμα παρεμβολῆς Ἰούδα (2 a)
— 9. ἐκ τῆς π. [A φυλῆς] Ἰούδα (2 a)
— 10. τάγμα παρεμβολῆς Ῥουβήν (2 a)
— 16. οἱ ἐπεσκεμ. τῆς [B^1 ἐκ τῆς] π. Ῥουβήν (2 a)
— 17. καὶ ἡ π. τῶν Λευιτῶν μέσον [A ἀνὰ μ.] τῶν π. (2 a, 2 a)
— 18. τάγμα παρεμβολῆς Ἐφρ. (2 a)
— 24. οἱ ἐπεσκεμ. τῆς π. Ἐφρ. (2 a)
— 25. τάγμα παρεμβολῆς Δάν (2 a)
— 31. οἱ ἐπεσκεμμ. τῆς π. Δάν (2 a)
— 32. πᾶσα ἡ ἐπίσκεψις τῶν π. (2 a)
4. 5. ὅταν ἐξαίρῃ ἡ π. (2 a)
— 15. ἐν τῷ ἐξαίρειν τὴν π. (2 a)
5. 2. ἐξαποστειλάτωσαν ἐκ τῆς π. [A συναγωγῆς] (2 a)
— 3. ἐξαποστείλατε ἔξω τῆς π. (2 a)
— 3. οὐ μὴ [A om.] μιανοῦσι τὰς π. αὐτῶν (2 a)
— 4. ἐξαπέστειλαν αὐτοὺς [A om.] ἔξω τῆς π. (2 a)
10. 2. ἐξαίρειν τὰς π. (2 a)
— 5, 6. ἐξαροῦσιν αἱ π. (2 a)
— 6 bis. ἐξαροῦσιν αἱ π. –
— 14. τάγμα παρεμβολῆς υἱῶν Ἰούδα (2 a)
— 18. τάγμα παρεμβολῆς Ῥουβήν (2 a)
— 22. τάγμα παρεμβολῆς Ἐφραίμ (2 a)

Nu. 10. 25. τάγμα παρεμβολῆς υἱῶν Δὰν ἔσχατοι πασῶν τῶν π. (2 a, 2 a)
— 34. ἐν τῷ ἐξαίρειν αὐτοὺς ἐκ τῆς π. (2 a)
11. 1. κατέφαγε μέρος τι τῆς π. (2 a)
— 9. ὅταν κατέβη ἡ δρόσος ἐπὶ τὴν π. (2 a)
— 26. κατελείφθησαν . . . ἐν τῇ π. (2 a)
— 26. ἐπροφήτευσαν ἐν τῇ π. (2 a)
— 27. προφητεύουσιν ἐν τῇ π. (2 a)
— 30. ἀπῆλθε M. εἰς τὴν π. (2 a)
— 31. ἐπέβαλεν ἐπὶ τὴν π. (2 a)
— 31, 32. κύκλῳ τῆς π. (2 a)
12. 14, 15. ἔξω τῆς π. (2 a)
14. 44. οὐκ ἐκινήθησαν ἐκ [A add. μέσου] τῆς π. (2 a)
— 45. ἀπεστράφησαν εἰς τὴν π. –
15. 36. ἐξήγαγον αὐτὸν . . . ἔξω τῆς π. (2 a)
— 36. ἐλιθοβόλησεν αὐτὸν . . . ἔξω τῆς π. –
16. 46 (17. 11). ἀπένεγκε τὸ τάχος εἰς τὴν π. (7)
19. 3. ἐξάξουσιν αὐτὴν ἔξω τῆς π. (2 a)
— 7. εἰσελεύσεται εἰς τὴν π. (2 a)
— 9. ἀποθήσει ἔξω τῆς π. (2 a)
31. 12. καὶ τὴν προνομὴν εἰς τὴν π. (2 a)
— 13. ἐξῆλθε . . . ἔξω τῆς π. (2 a)
— 19. παρεμβάλετε ἔξω τῆς π. (2 a)
— 24. εἰσελεύσεσθε εἰς τὴν π. (2 a)
De. 2. 14. ἕως οὗ διέπεσε . . . ἐκ τῆς π. (2 a)
— 15. ἐξαναλῶσαι αὐτοὺς ἐκ μέσου [A om.] τῆς π. (2 a)
23. 10 (11). A R ἔξω τῆς π. (2 a)
— 10 (11), 11 (12). εἰς τὴν π. (2 a)
— 12 (13). A B^2 R ἔξω τῆς π. (2 a)
— 14 (15). ἐμπεριπατεῖ ἐν τῇ π. (2 a)
— 14 (15). ἔσται ἡ π. σου ἁγία (2 a)
29. 11 (10). ὁ ἐν μέσῳ τῆς π. ὑμῶν (2 a)
Jo. 1. 11. κατὰ μέσον τῆς π. τοῦ λαοῦ (2 a)
3. 2. διῆλθον . . . διὰ τῆς π. (2 a)
4. 8. διεκόμισαν . . . εἰς τὴν π. (3)
5. 8. καθήμενοι ἐν τῇ π. (2 a)
6. 10 (11). ἀπῆλθεν εἰς τὴν π. (2 a)
— 13 (14). ἀπῆλθε πάλιν εἰς τὴν π. (2 a)
— 17 (18). καὶ ποιήσητε τὴν π. . . . ἀνάθεμα (2 a)
— 22 (23). κατέστησαν αὐτὴν ἔξω τῆς π. Ἰ. (2 a)
7. 22. ἔδραμον . . . εἰς τὴν π. –
8. 22. ἐγενήθησαν ἀνὰ μέσον τῆς π. †
9. 6. ἦλθοσαν . . . εἰς τὴν π. (2 a)
10. 6. ἀπέστειλαν . . . εἰς τὴν π. Ἰσρ. (2 a)
— 15. B^3 ἐπέστρεψεν Ἰ. . . . εἰς τὴν π. (2 a)
Jd. 4. 15. καὶ πᾶσαν τὴν π. αὐτοῦ (2 a)
— 16. καὶ ὀπίσω τῆς π. (2 a)
— 16. ἔπεσε πᾶσα π. [A ἡ π.] Σισάρα (2 a)
7. 1. παρεμβολὴ Μαδ. ἦν αὐτῷ (2 a)
— 8. ἡ π. M. ἦσαν αὐτοῦ [A al.] (2 a)
— 9. κατάβηθι ἐν τῇ π. [A τὸ τάχος εἰς τὴν π.] (2 a)
— 9 (10). κατάβηθι . . . εἰς τὴν π. (2 a)
— 10 (11). καταβήσῃ ἐν τῇ π. (2 a)
— 11. οἳ ἦσαν [A τῶν] ἐν τῇ π. (2 a)
— 13. ἐν τῇ π. Μαδιάμ (2 a)
— 14. παρέδωκεν . . . πᾶσαν τὴν π. (2 a)
— 15. ὑπέστρεψεν [A ἐπ.] εἰς τὴν π. (2 a)
— 15. παρέδωκε . . . τὴν π. M. (2 a)
— 17. ἐν ἀρχῇ [A μέσῳ] τῆς π. (2 a)
— 18. κύκλῳ ὅλης [A om.] τῆς π. (2 a)
— 19. ἐν ἀρχῇ [A μέρει] τῆς π. (2 a)
— 21. κύκλῳ τῆς π. (2 a)
— 21. ἔδραμε πᾶσα ἡ π. (2 a)
— 22. ἐν πάσῃ [A ὅλῃ] τῇ π. (2 a)
— 23 (22). ἔφυγεν [A add. πᾶσα] ἡ π. (2 a)
8. 10. καὶ ἡ π. αὐτῶν μετ' αὐτῶν (2 a)
— 10. πάντες οἱ καταλελειμμένοι ἀπὸ πάσης π. [A al.] (2 a)
— 11. ἐπάταξε τὴν π. καὶ ἡ π. ἦν πεποιθυῖα (2 a, 2 a)
— 12. πᾶσαν τὴν π. ἐξέστησε [A al.] (2 a)
13. 25. ἐν παρεμβολῇ Δάν (2 a)
18. 12. ἐκλήθη . . . παρεμβολὴ Δάν (2 a)
21. 8. οὐκ ἦλθεν ἀνὴρ εἰς τὴν π. (2 a)
— 12. ἤνεγκαν [A ἦγον] αὐτὰς εἰς τὴν π. (2 a)
I Ki. 4. 3. ἦλθεν ὁ λαὸς εἰς τὴν π. (2 a)
— 5. ὡς ἦλθεν . . . εἰς τὴν π. (2 a)
— 6. τίς ἡ κραυγὴ . . . ἐν παρεμβολῇ τῶν Ἑβρ. (2 a)
— 6. κιβωτὸς κυρίου ἥκει εἰς τὴν π. (2 a)
— 7. ἥκασι πρὸς αὐτοὺς εἰς τὴν π. (2 a)
— 16. ὁ ἥκων ἐκ τῆς π. (5)
11. 11. εἰσπορεύονται μέσον τῆς π. (2 a)
14. 15. ἐγενήθη ἔκστασις ἐν τῇ π. (2 a)
— 16. καὶ ἰδοὺ ἡ π. τεταραγμένη (1)
— 19. ὁ ἦχος ἐν τῇ π. τῶν ἀλλοφ. (2 a)

I Ki. 14. 21. οἱ ἀναβάντες εἰς τὴν π. (2 a)
17. 1. συνάγουσιν ἀλλόφυλοι τὰς π. αὐτῶν (2 a)
— 17. A διάδραμε εἰς τὴν π. (2 a)
— 46. δώσω . . . τὰ κῶλα παρεμβολῆς ἀλλοφ. (2 a)
— 53. κατεπάτουν τὰς π. αὐτῶν (2 a)
26. 6. τίς εἰσελεύσεται . . . εἰς τὴν π. (2 a)
28. 1. συναθροίζονται . . . ἐν ταῖς π. αὐ. (2 a)
— 5. εἶδε Σ. τὴν π. τῶν ἀλλοφ. (2 a)
— 19. τὴν π. Ἰσρ. δώσει κύριος (2 a)
29. 1. συναθροίζουσιν . . . πάσας τὰς π. αὐ. (2 a)
— 4. μὴ γινέσθω ἐπίβουλος τῆς π. †
— 6. ἡ εἴσοδός σου μετ' ἐμοῦ ἐν τῇ π. (2 a)
II Ki. 1. 2. ἀνὴρ ἦλθεν [A om.] ἐκ τῆς π. (2 a)
— 3. ἐκ τῆς π. Ἰσρ. ἐγὼ διασέσωσμαι (2 a)
2. 8. ἀνεβίβασεν αὐτὸν ἐκ τῆς π. (2 b)
— 29. ἔρχονται εἰς τὴν [A om.] π. (2 b)
23. 16. διέρρηξαν . . . ἐν τῇ π. τῶν ἀλλοφ. (2 a)
III Ki. 2. 8. ᾗ ἐπορευόμην εἰς παρεμβολάς (2 b)
3. 1 (2. 8). ἐπορευόμην εἰς παρεμβολάς (2 b)
16. 15. καὶ ἡ π. Ἰσρ. ἐπὶ Γ. (2 c)
— 16. ἤκουσεν ὁ λαὸς ἐν τῇ π. λεγόντων (2 c)
— 16. ἐβασίλευσαν . . . τὸν Ἀ. . . . ἐν τῇ π. (2 a)
22. 36. A ἔστη ὁ στρατοκήρυξ ἐν τῇ π. [B om. ἐν τ. π.] (2 a)
IV Ki. 3. 9. οὐκ ἦν ὕδωρ τῇ π. (2 a)
— 24. εἰσῆλθον εἰς τὴν π. Ἰσρ. (2 a)
5. 15. καὶ πᾶσα ἡ π. αὐτοῦ (2 a)
6. 24. ἤθροισεν . . . πᾶσαν τὴν π. αὐτοῦ (2 a)
7. 4. ἐμπέσωμεν εἰς τὴν π. Συρίας (2 a)
— 5. εἰσελθεῖν εἰς τὴν π. Συρίας (2 a)
— 5. B ἦλθον εἰς μέσον [B²R μέρος] τῆς [A R om.] π. Σ. (2 a)
— 6. B ἀκουστὴν ἐποίησε τὴν [A R om.] π. [A -ῃ] (2 a)
— 7. ἐγκατέλιπον . . . ἐν τῇ π. (2 a)
— 8. εἰσῆλθον . . . ἕως μέρους τῆς π. (2 a)
— 10. εἰσήλθομεν εἰς τὴν π. Συρίας (2 a)
— 12. ἐξῆλθαν ἐκ τῆς π. (2 a)
— 16. διήρπασεν τὴν π. Συρίας (2 a)
19. 35. ἐπάταξεν ἐν τῇ π. τῶν Ἀσσ. (2 a)
I Ch. 9. 18. αὗται αἱ πύλαι τῶν π. υἱῶν Λ. (2 a)
— 19. καὶ πατέρες αὐ. ἐπὶ τῆς π. (2 a)
11. 15. παρεμβολὴ [A ἡ π.] τῶν ἀλλοφ. ἐν τῇ κοιλάδι (2 a)
— 18. A B S² διέρρηξαν οἱ τρεῖς τὴν π. (2 a)
14. 15. τοῦ πατάξαι τὴν π. τῶν ἀλλοφ. (2 a)
— 16. ἐπάταξε τὴν π. τῶν ἀλλοφ. (2 a)
II Ch. 32. 21. ἐν τῇ π. βασιλέως Ἀσσούρ (2 a)
Ju. 6. 11. ἤγαγον αὐτὸν [S om.] ἔξω τῆς π.
7. 7. παρεμβολὰς ἀνδρῶν πολεμιστῶν [S al.]
— 12. ἀνάμεινον ἐπὶ τῆς π. σου
— 17. ἀπῆρε παρεμβολὴ [A -αν παρεμβολὴν] υἱῶν Ἀ.
— 20. πᾶσα π. Ἀσσούρ
— 32. ἐσκόρπισε τὸν λαὸν εἰς τὴν ἑαυ. [A add. πόλιν] π.
10. 18. ἐγένετο συνδρομὴ ἐν πάσῃ [B¹ om.] τῇ π.
12. 7. παρέμεινεν ἐν τῇ π.
— 7. ἐβαπτίζετο ἐν τῇ π.
13. 10. διελθοῦσαι τὴν π.
14. 3. πορεύσονται εἰς τὴν π. [A τὰς π.] αὐ.
— 19. ἐγένετο αὐτῶν κραυγὴ . . . ἐν μέσῳ τῆς π.
15. 5. τὰ γεγονότα τῇ π. τῶν ἐχθρῶν αὐτῶν
— 6. ἐπέπεσον τῇ π. Ἀσσούρ
— 11. ἐλαφύρευσε πᾶς ὁ λαὸς τὴν π.
16. 3. εἰς παρεμβολὰς αὐτοῦ . . . ἐξείλατό με
Ps. 26 (27). 3. ἐὰν παρατάξηται ἐπ' ἐμὲ παρεμβολή (2 a)
77 (78). 28. ἐπέπεσον εἰς μέσον τῆς π. αὐτῶν (2 a)
105 (106). 16. παρώργισαν Μωυσῆν ἐν τῇ π. (2 a)
Ca. 7. 1. ἡ ἐρχομένη ὡς χοροὶ τῶν π. (2 c)
Wi. 19. 7. ἡ τὴν π. σκιάζουσα νεφέλη [A al.]
Si. 43. 8. A S R σκεῦος παρεμβολῶν [B παραβ.] ἐν ὕψει
48. 21. ἐπάταξε τὴν π. τῶν Ἀσσυρίων
Am. 4. 10. ἀνήγαγον ἐν πυρὶ τὰς π. (2 a)
Jl. 2. 11. πολλὴ ἐστι σφόδρα ἡ π. αὐ. (2 a)
Za. 14. 15. πάντων τῶν κτηνῶν τῶν ὄντων ἐν ταῖς π. ἐκ. (2 a)
Is. 8. 8. ἔσται ἡ π. αὐτοῦ ὥστε πληρῶσαι τὸ πλάτος τῆς χώρας σου [A al.] †
21. 8. ἐπὶ τῆς π. ἐγὼ ἔστην (6)
37. 36. ἀνεῖλεν ἐκ τῆς π. τῶν Ἀσσυρίων ἑκατὸν ὀγδοήκοντα πέντε χιλιάδας (2 a)
Ez. 1. 24. A ὡς φωνὴ παρεμβολῆς (2 a)
4. 2. δώσεις ἐπ' αὐτὴν παρεμβολάς (2 a)
43. 2. φωνὴ τῆς π. ὡς φωνὴ διπλασιαζόντων πολλῶν †
I Ma. 3. 3. σκεπάζων παρεμβολὴν ἐν ῥομφαίᾳ
— 15. ἀνέβη μετ' αὐτοῦ παρεμβολὴ ἀσεβῶν
— 17. ὡς δὲ ἴδον τὴν π. ἐρχομένην
— 23. συνετρίβη Σ. καὶ ἡ π. αὐ.
— 27. συνήγαγε . . . π. ἰσχυρὰν σφόδρα [S¹ om. π. ἰ. σφ.]
— 41. ἦλθον εἰς τὴν π.
— 57. ἀπῆρεν ἡ π.
4. 2. ἀπῆρεν ἡ π. νυκτός
— 2. ὥστε ἐπιβαλεῖν ἐπὶ τὴν π. τῶν Ἰουδ.
— 4. ἕως ἔτι αἱ δυν. ἐσκορπισμέναι ἦσαν ἀπὸ τῆς π.
— 5. ἦλθε Γ. εἰς τὴν π. Ἰ. νυκτός
— 7. εἶδον παρεμβολὴν ἐθνῶν ἰσχυράν
— 10. συντρίψει τὴν π. ταύτην
— 13. ἐξῆλθον ἐκ τῆς π.
— 20. ἐμπυρίζουσι τὴν π.
— 21. συνιδόντες δὲ καὶ τὴν Ἰ. παρεμβολήν
— 23. Ἰ. ἀνέστρεψεν ἐπὶ τὴν σκυλείαν τῆς π.
— 30. εἶδε τὴν π. ἰσχυράν
— 30. παρέδωκας τὴν π. τῶν ἀλλοφ. εἰς χεῖρας Ἰ.
— 31. σύγκλεισον τὴν π. ταύτην
— 34. ἔπεσον ἐκ τῆς π. Λ. εἰς πεντακισχιλίους ἄνδρας
— 37. συνήχθη ἡ π. πᾶσα
5. 11. A T. ἡγεῖται τῆς π. [S R δυνάμεως] αὐ.
— 28. ἀπέστρεψεν Ἰ. καὶ ἡ π. αὐ.
— 34. ἐπέγνω ἡ π. Τ.
— 37. συνήγαγε Τ. π. ἄλλην
— 38. κατασκοπεῦσαι τὴν π.
— 40. ἐν τῷ ἐγγίζειν Ἰ. καὶ τὴν π. αὐ.
— 45. συνήγαγεν Ἰ. . . . π. μεγάλην σφόδρα
— 49. κηρῦξαι ἐν τῇ π.
6. 5. τετρόπωνται αἱ π.
— 6. οἷς ἔλαβον ἀπὸ τῶν π.
— 32. ἀπέναντι τῆς π. τοῦ βασ.
— 33. ἀπῆρε τὴν π.
— 38. ἐπὶ τὰ δύο μέρη τῆς π.
— 40. μέρος τι τῆς π. τοῦ βασ. [S¹ al.]
— 41. ἦν γὰρ ἡ π. μεγάλη σφόδρα
— 42. ἤγγισεν Ἰ. καὶ ἡ π. αὐ.
— 42. ἔπεσον ἀπὸ τῆς π. τοῦ βασ.
— 48. οἱ δὲ ἐκ τῆς π. τοῦ βασ.
7. 35. ἐὰν μὴ παραδοθῇ Ἰ. καὶ ἡ π. αὐ.
— 38. ποίησον ἐκδίκησιν . . . ἐν τῇ π. αὐ.
— 42. σύντριψον τὴν π. ταύτην
— 43. συνῆψαν αἱ π. εἰς πόλεμον
— 43. συνετρίβη ἡ π.
— 44. ὡς δὲ εἶδεν ἡ π. αὐ.
9. 6. ἐξερρύησαν πολλοὶ ἀπὸ τῆς π.
— 7. ἀπερρύη ἡ π. αὐ.
— 11. ἀπῆρεν ἡ δύναμις ἀπὸ τῆς π.
— 13. S R ἐσαλεύθη ἡ γῆ ἀπὸ τῆς φωνῆς τῶν π. [A al.]
— 14. A R τὸ στερέωμα τῆς π. ἐν [S om.] τοῖς δεξιοῖς
10. 49. ἔφυγεν ἡ π. Δημητρίου
— 53. συνετρίβη αὐτὸς καὶ ἡ π. αὐ.
— 78. συνῆψαν αἱ π. ὀπίσω αὐτοῦ εἰς πόλεμον
— 80. ἐκύκλωσαν αὐτοῦ τὴν π.
11. 67. Ἰων. καὶ ἡ π. αὐτοῦ
— 68. S ἡ [A R om.] π. ἀλλοφύλων ἀπήντα αὐτῷ
— 73. ἐδίωκον . . . ἕως τῆς π. αὐτῶν
12. 26. ἀπέστειλε κατασκόπους εἰς τὴν π. αὐ.
— 27. ἐξέβαλε προφύλακας κύκλῳ τῆς π.
— 28. ἀνέκαυσαν πυρὰς ἐν τῇ π. αὐ.
13. 20. ἡ π. αὐ. ἀντιπαρῆγεν αὐτῷ
— 43. ἐκύκλωσεν αὐτὴν παρεμβολαῖς
14. 3. ἐπάταξε τὴν π. Δ.
16. 8. ἐτροπώθη Κ. καὶ ἡ π. αὐ.
II Ma. 13. 15. R ἐν τῇ π. [A τὴν π.] ἀνεῖλεν
— 16. τὴν π. . . . ταραχῆς ἐπλήρωσαν
15. 22. ἀνεῖλε . . . τῆς π. Σενν.
[Aq. Nu. 2. 9 : I Ki. 14. 18 : II Ki. 17. 24 : III Ki. 22. 36 : Am. 4. 10.]
[Sm. I Ki. 13. 17 : 14. 18 : Ps. 77 (78). 28 : Ca. 6. 3 (4) : 7. 1 (2) : Am. 4. 10.]
[Th. I Ki. 13. 17 : II Ki. 2. 12 : 17. 24 : III Ki. 22. 36 : Ez. 1. 24.]
[Al. I Ki. 28. 19 : Ca. 7. 1 (2).]
[Quint. Ca. 7. 1 (2).]

παρεμπίπτειν.

Wi. 7. 25. οὐδὲν μεμιαμμένον εἰς αὐτὴν παρεμπίπτει

παρενοχλεῖν. (1) אָלַץ pi. (2) חָרֵד hi. (3) לָאָה hi. (4) מָרַץ hi. (5) צוּק hi. (6) רָגַז hi.

Jd. 14. 17. παρηνώχλησεν αὐτῷ (5)
16. 16. A παρηνώχλησεν αὐτόν [B al.] (1)
I Ki. 28. 15. ἵνα τί παρηνώχλησάς μοι [A με] (6)
Jb. 16. 3. ἢ τί παρενοχλήσει σοι ὅτι ἀποκρίνῃ (4)
Ps. 34 (35). 13. ἐν τῷ αὐτοὺς παρενοχλεῖν μοι †
Mi. 6. 3. τί παρηνώχλησά σοι (3)
Je. 26 (46). 27. οὐκ ἔσται ὁ παρενοχλῶν αὐτόν [S -ῶ] (2)
Da. LXX. 3. (50). καὶ οὐ παρηνώχλησεν αὐτούς –
6. 18 (19). οὐ παρηνώχλησαν τῷ Δαν. –
— 23 (24). ὡς οὐ παρηνώχλησαν αὐτῷ οἱ λέοντες –
Da. TH. 3. (50). οὐδὲ παρηνώχλησεν αὐτοῖς
6. 18 (19). καὶ οὐ παρηνώχλησαν τῷ Δ. –
I Ma. 10. 35. οὐχ ἕξει ἐξουσίαν οὐδεὶς . . . παρενοχλεῖν τινα αὐτῶν
— 63. S R μηδεὶς αὐτῷ παρενοχλείτω [A ἐν.]
12. 14. A R οὐκ ἠβουλόμεθα οὖν παρενοχλεῖν [S -ῆσαι] ὑμῖν
II Ma. 11. 31. οὐδεὶς αὐτῶν . . . παρενοχληθήσεται
[Th. Jb. 16. 3 : Ps. 34 (35). 13 : Da. 6. 18.]
[Quint. Ps. 34 (35). 13.]

πάρεξ, παρέξ. (1) אַךְ (2) בִּלְתִּי (3) זוּלָה (4) a. לְבַד מִן b. לְבַד עַל c. מִלְּבַד (5) מִבַּלְעֲדֵי

Jd. 8. 26. π. τῶν μηνίσκων [A al.] (4 a)
Ru. 4. 4. οὐκ ἔστι π. σοῦ τοῦ ἀγχιστεῦσαι (3)
I Ki. 20. 39. B οὐκ ἔγνω οὐθὲν π. Ἰων. (1)
21. 9 (10). οὐκ ἔστιν ἑτέρα π. ταύτης ἐνταῦθα (3)
III Ki. 3. 18. οὐκ ἔστιν οὐθεὶς μεθ' ἡμῶν π. ἀμφοτέρων ἡμῶν (3)
12. 20. οὐκ ἦν ὀπίσω οἴκου Δ. π. σκήπτρου Ἰ. (3)
II Es. 1. 6. π. τῶν ἑκουσίων (4 b)
Ne. 7. 67. π. δούλων αὐ. καὶ παιδισκῶν αὐ. (4 c)
Ps. 17 (18). 31. S τίς θεὸς π. [A B πλὴν] τοῦ κυρίου (5)
Ec. 2. 25. τίς πίεται π. αὐτοῦ †
Si. 49. 4. π. Δ. καὶ Ἐζ. καὶ Ἰωσίου
Ho. 13. 4. σώζων οὐκ ἔστι π. ἐμοῦ (2)
Is. 43. 11. οὐκ ἔστι π. ἐμοῦ σώζων (5)
45. 21. B S οὐκ ἔστι [A² add. ἄλλος] π. ἐμοῦ (3)
— 22. A² δίκαιος καὶ σώτηρ οὐκ ἔστιν π. ἐμοῦ –
Ez. 15. 4. A² R π. ὃ [A¹ B om.] πυρὶ δέδοται †
42. 14. οὐκ εἰσελεύσονται ἐκεῖ π. τῶν ἱερέων –

παρεξιστάναι. (1) שָׁנַע pu.

Ho. 9. 7. ὥσπερ ὁ προφήτης ὁ παρεξεστηκώς (1)

παρέξω. (1) מִחוּץ לְ

Le. 8. 17. A κατέκαυσεν αὐτὰ παρέξω τῆς παρεμβ. [B al.] (1)

παρεπιδεικνύναι.

II Ma. 15. 10. παρεπιδεικνὺς τὴν τῶν ἐθνῶν ἀθεσίαν

παρεπίδημος. (1) תּוֹשָׁב

Ge. 23. 4. παρεπίδημος ἐγώ εἰμι μεθ' ὑμῶν (1)
Ps. 38 (39). 12. A S πάροικος ἐγώ εἰμι παρὰ σοὶ [B ἐν τῇ γῇ] καὶ παρεπίδημος (1)

πάρεργον.

[Sm. Pr. 26. 22.]

πάρεργος.

II Ma. 15. 19. ἦν δὲ . . . οὐ π. ἀγωνία

παρερεθίζειν.

[Sm. Pr. 24. 19.]
[Th. Ps. 36 (37). 1.]

παρέρχεσθαι. (1) בּוֹא (2) הָלַךְ (3) חָדַל (4) חָלַף (5) חָמַק (6) יָצָא (7) כָּלָה (8) מִישׁ (9) סָבַב ni. (10) סוּר (11) עָבַר a. qal. b. hi. (12) a. עָדָה b. עֲדָא, עֲדָה (13) עָלָה (14) עָלַם ni. (15) עָמַד (16) פָּסַח (17) שְׁנָא ithpa.

Ge. 18. 3. μὴ παρέλθῃς τὸν παῖδά σου (11 a)
— 5. παρελεύσεσθε εἰς τὴν ὁδὸν ὑμῶν (11 a)
30. 32. παρελθάτω τὰ πρόβατά σου (11 a)

Ge. 32. 31 (32). ἡνίκα παρῆλθε τὸ Εἶδος τοῦ θ. (11 a)
33. 3. A παρῆλθεν [R προ.] ἔμπροσθεν αὐτῶν (11 a)
41. 53. παρῆλθον δὲ τὰ ἑπτὰ ἔτη (7)
50. 4. παρῆλθον αἱ ἡμέραι τοῦ πένθους (11 a)
Ex. 3. 3. παρελθὼν ὄψομαι τὸ ὅραμα (10)
12. 23. παρελεύσεται κύριος πατάξαι (11 a)
— 23. παρελεύσεται κύριος τὴν θύραν (16)
15. 16. ἕως ἂν παρέλθῃ ὁ λαός σου, κύριε, ἕως ἂν παρέλθῃ ὁ λαός σου οὗτος [B^{1} al.] (11 a, 11 a)
23. 5. οὐ παρελεύσῃ αὐτό †
33. 19. ἐγὼ παρελεύσομαι πρότερός σου (11 b)
— 22. ἡνίκα δ' ἂν παρέλθῃ ἡ δόξα μου (11 a)
— 22. ἕως ἂν παρέλθω (11 a)
34. 6. παρῆλθε κ. πρὸ προσώπου αὐ. (11 a)
Nu. 13. 33 (32). τὴν γῆν ἣν παρήλθομεν αὐτήν (11 a)
20. 17. παρελευσόμεθα διὰ τῆς γῆς σου (11 a)
— 17. ἕως ἂν παρέλθωμεν τὰ ὅριά σου (11 a)
— 19. παρὰ τὸ ὄρος παρελευσόμεθα (13)
— 19. παρὰ τὸ ὄρος παρελευσόμεθα [A πορευσόμ.] (11 a)
— 21. παρελθεῖν διὰ τῶν ὁρίων αὐ. (11 a)
21. 21 (22). παρελευσόμεθα διὰ τῆς γῆς σου (11 a)
— 22. ἕως παρέλθωμεν τὰ ὅριά σου (11 a)
— 23. παρελθεῖν διὰ τῶν ὁρίων αὐ. (11 a)
32. 21. παρελεύσεται . . . πᾶς ὁπλίτης τὸν 'I. (11 a)
— 27. οἱ δὲ παῖδές σου παρελεύσονται (11 a)
34. 4. καὶ παρελεύσεται 'E. (11 a)
— 4. καὶ παρελεύσεται 'A. (11 a)
De. 2. 8. παρήλθομεν τοὺς ἀδελφοὺς ἡμῶν (11 a)
— 8. παρήλθομεν ὁδὸν ἔρημον Μωάβ (11 a)
— 13. A B παρήλθομεν τὴν φάραγγα Z. (11 a)
— 14. ἕως οὗ παρήλθομεν τὴν φάραγγα Z. (11 a)
— 24. παρέλθατε ὑμεῖς τὴν φάραγγα 'Αρνῶν [B^{1} al.] (11 a)
— 27. παρελεύσομαι διὰ τῆς γῆς σου (11 a)
— 27. B^{1} ἐν τῇ ὁδῷ παρελεύσομαι [A B^{2} R πορεύσ.] (2)
— 28. πλὴν ὅτι παραλεύσομαι τοῖς ποσί (11 a)
— 29. ἕως ἂν παρέλθω τὸν 'Ιορδ. (11 a)
— 30. παρελθεῖν ἡμᾶς δι' αὐτοῦ (11 b)
17. 2. παρελθεῖν τὴν διαθήκην αὐ. (11 a)
26. 13. οὐ παρῆλθον τὴν ἐντολήν σου (11 a)
29. 12 (11). παρελθεῖν ἐν τῇ διαθήκῃ [A π. τὴν δ.] (11 a)
— 16 (15). ὡς παρήλθομεν [B^{1} -αμεν] ἐν μέσῳ τῶν ἐθνῶν οὓς παρήλθετε [A -ομεν] (11 a, 11 a)
Jo. 4. 23. ἕως παρήλθομεν (11 a)
6. 7 (8). ἑπτὰ ἱερεῖς . . . παρελθέτωσαν [A -άτ.] (11 a)
15. 10. παρελεύσεται εἰς ὄρος 'A. (11 a)
— 10. παρελεύσεται ἐπὶ λίβα [A νότον] (11 a)
— 11. παρελεύσεται ὅρια ἐπὶ λίβα [A al.] (11 a)
16. 2. παρελεύσεται ἐπὶ τὰ ὅρια τοῦ 'Aχ. (11 a)
— 6. A παρελεύσεται [B περιελ.] . . . εἰς Θ. (9)
— 7. παρελεύσεται . . . εἰς 'I. (11 a)
— 8. A παρελεύσεται ὅρια . . . ἐπὶ X. [B al.] (2)
18. 14. παρελεύσεται [A διελ.] ἐπὶ τὸ μέρος (9)
— 18 (17). παρελεύσεται ἐπὶ Γ. (6)
24. 17. οὓς παρήλθομεν δι' αὐτῶν (11 a)
Jd. 3. 26. παρῆλθε τὰ γλυπτά (11 a)
9. 26. καὶ παρῆλθον ἐν Σικ. [A al.] (11 a)
11. 17. παρελεύσομαι δὴ ἐν τῇ γῇ [A π. διὰ τῆς γ.] σου (11 a)
— 19. παρέλθωμεν δὴ ἐν τῇ γῇ [A -ελεύσομαι διὰ τῆς γῆς] σου (11 a)
— 20. παρελθεῖν ἐν τῷ ὁρίῳ αὐτοῦ [A al.] (11 a)
— 29. παρῆλθε τὸν Γαλ. [A al.] (11 a)
— 29. παρῆλθε τὴν σκοπιὰν Γ. [A al.] (11 a)
— 32. καὶ παρῆλθεν [A διέβη] 'I. (11 a)
12. 1. παρῆλθαν εἰς βορρᾶν (11 a)
— 1. παρῆλθες παρατάξασθαι ἐν υἱοῖς 'A. [A al.] (11 a)
— 3. παρῆλθον [A διέβην] πρὸς υἱοὺς 'A. (11 a)
18. 13. παρῆλθον [A -αν] ἐκεῖθεν (11 a)
19. 12. παρελευσόμεθα ἕως Γ. (11 a)
— 14. καὶ παρῆλθον (11 a)
I Ki. 16. 8. παρῆλθε κατὰ πρόσωπον Σαμ. (11 b)
II Ki. 2. 15. παρῆλθον . . . δώδεκα τῶν 'I. (11 a)
15. 22. καὶ παρῆλθεν 'Eθί (11 a)
— 23. A ὁ βασ. παρερχόμ. ἐν τῷ χειμάρρῳ [B al.] (11 a)
— 24. παρελθεῖν ἐκ τῆς πόλεως (11 a)
16. 1. Δ. παρῆλθε βραχύ τι (11 a)
17. 20. παρῆλθαν [A -ον] μικρὸν τοῦ ὕδατος (11 a)
18. 9. ὁ ἡμίονος ὑποκάτω αὐτοῦ παρῆλθε (11 a)
II Ki. 20. 13. παρῆλθε πᾶς ἀνὴρ 'Iσρ. (11 a)
23. 4. οὐ κύριος παρῆλθεν [A al.] †
III Ki. 18. 29. παρῆλθε τὸ δειλινόν (11 a)
19. 11. ἰδοὺ παρελεύσεται κύριος (11 a)
22. 24. A ποῖον τοῦτο παρῆλθεν πνεῦμα κ. [B al.] (11 a)
IV Ki. 3. 10. τοὺς τρεῖς βασ. παρερχομ. [A κατεχομ.] †
— 13. A τοὺς τρεῖς βασ. παρερχομ. [B om.] †
6. 9. φύλαξαι μὴ παρελθεῖν (11 a)
II Ch. 8. 15. οὐ παρῆλθον τὰς ἐντολὰς τοῦ βασ. (10)
9. 2. οὐ παρῆλθε λόγος ἀπὸ Σαλ. (14)
18. 23. A R ποίᾳ τῇ ὁδῷ παρῆλθε πνεῦμα [B al.] (11 a)
25. 7. A οὐ παρελεύσ. [B πορεύσ.] . . . δύναμις 'Iσρ. (1)
Ne. 2. 14. παρῆλθον ἐπὶ πύλην τοῦ αἰνά (11 a)
— 14. οὐκ ἦν τόπος τῷ κτήνει παρελθεῖν (11 a)
9. 11. παρήλθοσαν ἐν μέσῳ τῆς θαλ. (11 a)
Ju. 2. 24. παρῆλθε [S διέβη] τὸν Εὐφρ.
— 24. S παρῆλθε [A B διῆλθε] τὴν Μεσοπ.
5. 21. παρελθέτω [A S -άτω] δὴ ὁ κύριός μου
11. 10. μὴ παρέλθῃς τὸν λόγον αὐτοῦ
15. 5. ἕως οὗ παρῆλθον Δαμασκόν
Es. 10. 3. οὐδὲ γὰρ παρῆλθεν ἀπ' αὐτῶν λόγος
Jb. 6. 15. ὥσπερ κῦμα παρῆλθόν [S^{1} -ελθόν] με (11 a)
9. 11. ἐὰν παρέλθῃ με οὐδ' ὡς ἔγνων (4)
11. 16. τὸν κόπον [A τῶν κόπων σου] ἐπιλήσῃ ὥσπερ κῦμα παρελθόν (11 a)
14. 16. οὐ μὴ παρέλθῃ σε οὐδὲν τῶν ἁμαρτιῶν μου †
17. 11. B S^{2} αἱ ἡμέραι μου παρῆλθον ἐν βρόμῳ [A δρόμῳ] (11 a)
23. 12. ἀπὸ ἐνταλμάτων αὐτοῦ καὶ [A ἐντολῶν αὐτοῦ] οὐ μὴ παρέλθω (8)
28. 8. οὐ παρῆλθεν [A γὰρ ἦλθεν] ἐπ' αὐτῆς λέων (12 a)
30. 15. A ὥσπερ νέφος ἡ σωτηρία μου παρῆλθεν [B S om.] (11 a)
Ps. 36 (37). 36. παρῆλθον καὶ ἰδοὺ οὐκ ἦν (11 a)
56 (57). 1. ἕως οὗ παρέλθῃ ἡ ἀνομία (11 a)
89 (90). 6. τὸ πρωῒ ὡσεὶ χλόη παρέλθοι (4)
— 7. τὸ πρωῒ ἀνθήσαι καὶ παρέλθοι (4)
103 (104). 9. ὅριον ἔθου ὃ οὐ παρελεύσονται (11 a)
140 (141). 10. ἕως οὗ ἂν παρέλθω (11 a)
148. 6. πρόσταγμα ἔθετο καὶ οὐ παρελεύσεται (11 a)
Pr. 8. 29. A S^{2} ὕδατα οὐ παρελεύσονται στόματος αὐτοῦ (11 a)
22. 3. οἱ δὲ ἄφρονες παρελθόντες ἐζημιώθησαν (11 a)
27. 13. παρῆλθε γὰρ ὑβριστής †
Ca. 2. 11. ὁ χειμὼν παρῆλθεν (11 a)
3. 4. ὡς μικρὸν ὅτε παρῆλθον ἀπ' αὐτῶν (11 a)
5. 6. ἀδελφιδός μου παρῆλθε (5 + 11 a)
Wi. 2. 4. παρελεύσεται ὁ βίος ἡμῶν ὡς ἴχνη νεφέλης
5. 9. παρῆλθεν ἐκεῖνα πάντα ὡς σκιά
11. 12. στεναγμὸς μνημῶν τῶν παρελθουσῶν [A S -όντων]
Si. 11. 19. οὐκ οἶδε τίς καιρὸς παρελεύσεται
14. 14. μερὶς ἐπιθυμίας ἀγαθῆς μή σε παρελθάτω [A S -έτω]
29. 26. πάρελθε, πάροικε, κόσμησον τράπεζαν
42. 19. ἀπαγγέλλων τὰ παρεληλυθότα καὶ ἐπεσόμενα [A S τὰ ἐσ.]
— 20. οὐ παρῆλθεν αὐτὸν πᾶν διανόημα
Am. 7. 8. οὐκέτι μὴ προσθῶ τοῦ παρελθεῖν αὐτόν (11 a)
8. 2. οὐ προσθήσω ἔτι τοῦ παρελθεῖν αὐτόν (11 a)
Is. 10. 28. παρελεύσεται εἰς Μαγεδδώ (11 a)
— 29. παρελεύσεται φάραγγα (11 a)
24. 5. παρήλθοσαν [A -έβησαν] τὸν νόμον (11 a)
26. 20. ἕως ἂν παρέλθῃ ἡ ὀργὴ κυρίου (11 a)
28. 15. καταιγὶς φερομένη ἐὰν παρέλθῃ (11 a)
— 17. οὐ μὴ παρέλθῃ ὑμᾶς καταιγίς †
— 19. ὅταν παρέλθῃ λήψεται ὑμᾶς πρωῒ πρωῒ παρελεύσεται ἡμέρας (11 a, 11 a)
33. 22 (21). οὐ παρελεύσεταί με κύριος (11 a ?)
34. 16. ἀριθμῷ παρῆλθον [S -οσαν] –
35. 8. οὐ μὴ παρέλθῃ ἐκεῖ ἀκάθαρτος (11 a)
51. 23. κύψον ἵνα παρέλθωμεν (11 a)
Je. 8. 20. παρῆλθε ἀμητός (7)
40 (33). 13. ἔτι παρελεύσεται [A ἐπιπαρ.] πρόβατα ἐπὶ χεῖρα ἀριθμοῦντος (11 a)
41 (34). 18. δώσω τοὺς ἄνδρας τοὺς παρεληλυθότας τὴν διαθήκην μου (11 a)
48 (41). 8. παρῆλθε καὶ οὐκ ἀνεῖλεν αὐτούς (3)
Da. LXX. 11. 10. παρελεύσεται καὶ ἐπιστρέψει (11 a)
Da. LXX. 11. 26. καὶ παρελεύσονται †
12. 1. παρελεύσεται Μιχαήλ (15)
Da. TH. 2. 9. ἕως οὗ ὁ καιρὸς παρέλθῃ (17)
4. 28. ἡ βασιλεία παρῆλθεν ἀπὸ σοῦ (12 b)
6. 12 (13). τὸ δόγμα Μήδων καὶ Περσῶν οὐ παρελεύσεται (12 b)
7. 14. ἥτις οὐ παρελεύσεται (12 b)
11. 10. καὶ παρελεύσεται (11 a)
— 40. συντρίψει καὶ παρελεύσεται (11 a)
I Ma. 2. 22. παρελθεῖν τὴν λατρείαν ἡμῶν
5. 48. πλὴν τοῖς ποσὶ παρελευσόμεθα
II Ma. 5. 7. A φυγὰς πάλιν εἰς τὴν 'Aμμ. παρῆλθεν [R ἀπῆλθε]
IV Ma. 11. 3. αὐτὸς δ' ἀπ' ἐμαυτοῦ παρῆλθον
[Aq. III Ki. 22. 24: IV Ki. 12. 4 (5): Jb. 30. 15: 37. 21: Ps. 56 (57). 2: 72 (73). 7: 83 (84). 7: 87 (88). 17: 102 (103). 16: 140 (141). 10: Pr. 4. 15: 19. 11: Ca. 5. 6: Is. 31. 9: 60. 15: Je. 8. 13.]
[Sm. Ex. 30. 13: Jb. 30. 15: Ps. 41 (42). 8: 56 (57). 2: 57 (58). 8: Pr. 4. 15: Ca. 5. 6: Is. 8. 21: 31. 9: 60. 15.]
[Th. Jd. 11. 19: I Ki. 30. 10: II Ki. 14. 13: III Ki. 22. 24: IV Ki. 12. 4 (5): Jb. 30. 15: Ps. 89 (90). 5: Pr. 4. 15: 8. 29: Is. 31. 9: Je. 8. 13.]
[Al. Dt. 2. 27: Ps. 123 (124). 4, 5.]
[Quint. IV Ki. 12. 4 (5).]

παρέχειν. (1) ἀγῶνα π. לָאָה hi. (2) עָבַר (3) עָמַד hi. (4) ἡσυχίαν π. שָׁקַט hi.

IV Ki. 12. 4 (5). A ἀργύριον παρεχόμενον [B al.] (2)
Es. 3. 13. τήν τε βασιλείαν . . . πορευτὴν . . . παρεξόμενος
— 13. ἀτάραχα παρέχωσιν [A -ουσιν] . . . τὰ πράγματα [A προστάγμ.]
8. 13. τὴν βασ. ἀτάραχον . . . παρεξόμεθα
Jb. 34. 29. αὐτὸς ἡσυχίαν παρέξει (4)
Ps. 29 (30). 7. A B S παράσχου [R -έσχου] τῷ κάλλει μου δύναμιν (3)
Wi. 16. 20. A S ἕτοιμον ἄρτον αὐτοῖς ἀπ' οὐρανοῦ παρέσχες [B ἔπεμψας]
17. 13. πλείονα λογίζεται τὴν [S ἀναλογ.] ἄγνοιαν τῆς παρεχούσης τὴν βάσανον αἰτίας
18. 3. πυριφλεγῆ στῦλον . . . παρέσχες [S^{1} -εν]
Si. 29. 4. παρέσχον πόνον [A S κόπον] τοῖς βοηθήσασιν αὐτοῖς
Is. 7. 13. μὴ μικρὸν ὑμῖν ἀγῶνα π. ἀνθρώποις καὶ πῶς κυρίῳ παρέχετε ἀγῶνα (1, 1)
III Ma. 6. 28. R ἀπαραπόδιστον εὐστάθειαν . . . παρέχει [A προφέρει]
IV Ma. 3. 2. A R μὴ δουλωθῆναι . . . δύναται ὁ λογισμὸς παρασχέσθαι [S παρέχεσθαι]
11. 12. παρέχων τὴν . . . καρτερίαν [S^{1} τῆς . . . κ.]
13. 6. γαληνὸν παρέχουσι . . . τὸν ὅρμον
[Sm. Jb. 10. 12: 36. 31: Ps. 17 (18). 48: 76 (77). 2: 77 (78). 24: 119 (120). 3: Ec. 7. 22 (21).]
[Th. Jb. 34. 29: Is. 7. 13 *bis*.]

παρηγορεῖν.

IV Ma. 12. 3. καὶ παρηγορεῖν ἐπειρᾶτο
[Aq. Ps. 76 (77). 3: Ez. 16. 54.]
[Sm. Ge. 24. 67: Jb. 7. 13: 16. 2: Ps. 68 (69). 21: 76 (77). 3: Ec. 4. 1: Is. 40. 1 *bis*: 51. 12, 18: La. 1. 2: Ez. 16. 54.]
[Th. Is. 54. 11.]
[Al. Ge. 37. 35.]

παρηγορία.

IV Ma. 5. 12. προσκυνήσας μου τὴν φιλάνθρωπον π.
6. 1. ἀντιρρητορεύσαντα ταῖς τοῦ τυράννου π.

παρθένεια, παρθένια. (1) בְּתוּלִים

De. 22. 14. οὐχ εὕρηκα αὐτῆς τὰ π. (1)
— 15. ἐξοίσουσι τὰ π. τῆς παιδός (1)
— 17. οὐχ εὕρηκα τῇ θυγατρί σου παρθένια (1)
— 17. ταῦτα τὰ π. τῆς θυγατρός μου (1)
— 20. καὶ μὴ εὑρεθῇ παρθένια τῇ νεάνιδι (1)
Jd. 11. 37. κλαύσομαι ἐπὶ τὰ π. μου (1)
— 38. ἔκλαυσεν ἐπὶ τὰ π. αὐτῆς (1)
[Sm. Ez. 23. 3.]

παρθενία (-εία). (1) נְעוּרִים

Si. 15. 2. ὡς γυνὴ παρθενίας προσδέξεται αὐτόν
42. 10. ἐν παρθενίᾳ μή ποτε βεβηλωθῇ

Je. 3. 4. οὐχ ὡς οἶκόν με ἐκάλεσας καὶ πατέρα καὶ ἀρχηγὸν τῆς π. σου (1)
IV Ma. 18. 8. οὐδὲ ἐλυμήνατό μου τὰ ἁγνὰ τῆς π.

παρθενικός. (1) בְּתוּלָה (2) נְעוּרִים
Es. 2. 3. ἐπιλεξάτωσαν [A -δειξ.] κοράσια π. [S¹ -νια] (1)
Jl. 1. 8. ἐπὶ τὸν ἄνδρα αὐ. τὸν π. (2)

παρθένιος. (1) בְּתוּלָה
Es. 2. 3. S¹ ἐπιλεξάτωσαν κοράσια παρθένια [A B S² -νικά] (1)

παρθένος. (1) *a.* בְּתוּלָה *b.* בְּתוּלִים (2) *a.* נַעַר *b.* נַעֲרָה (3) עַלְמָה
Ge. 24. 14. ἡ π. ᾗ ἂν ἐγὼ εἴπω (2 *a**, 2 *b*)
— 16. ἡ δὲ π. ἦν καλὴ τῇ ὄψει σφόδρα· π. ἦν (2 *a**, 2 *b*, 1 *a*)
— 43. ἡ π. ᾗ ἂν ἐγὼ εἴπω (3)
— 55. μεινάτω ἡ π. μεθ' ἡμῶν (2 *a**, 2 *b*)
34. 3. ἠγάπησε τὴν π. (2 *a**, 2 *b*)
— 3. κατὰ τὴν διάνοιαν τῆς π. (2 *a**, 2 *b*)
Ex. 22. 16 (15). ἐὰν δὲ ἀπατήσῃ τις π. ἀμνήστευτον (1 *a*)
— 17 (16). καθ' ὅσον ἐστὶν ἡ φερνὴ τῶν π. (1 *a*)
Le. 21. 3. καὶ ἐπ' ἀδελφῇ παρθένῳ (1 *a*)
— 13. A B¹ παρθένον [B² R γυναῖκα π.] . . . λήψεται (1 *b*)
— 14. παρθένον . . . λήψεται γυναῖκα (1 *a*)
De. 22. 19. ἐξήνεγκεν . . . ἐπὶ π. Ἰσραηλῖτιν (1 *a*)
— 23. παῖς π. μεμνηστευμένη ἀνδρί (1 *a*)
— 28. ἐὰν δέ τις εὕρῃ τὴν παῖδα τὴν π. (1 *a*)
32. 25. νεανίσκος σὺν παρθένῳ (1 *a*)
Jd. 19. 24. ἡ θυγάτηρ μου ἡ π. (1 *a*)
21. 11. B τὰς δὲ π. περιποιήσεσθε –
— 12. εὗρον . . . τετρακοσίας νεάνιδας π. (1 *a*)
II Ki. 13. 2. π. ἦν αὕτη (1 *a*)
— 18. ἐνεδιδύσκοντο αἱ θυγ. τοῦ βασ. αἱ π. (1 *a*)
III Ki. 1. 2. ζητησάτωσαν . . . π. νεάνιδα (1 *a*)
IV Ki. 19. 21. ἐμυκτήρισέ σε παρθένος (1 *a*)
II Ch. 36. 17. τὰς π. αὐτῶν οὐκ ἠλέησε (1 *a*)
I Es. 1. 53. οὐκ ἐφείσαντο . . . παρθένου
Ju. 9. 2. οἳ ἔλυσαν μήτραν παρθένου
— 2. B¹ μήτραν παρθένου εἰς μίασμα
16. 5. καὶ τὰς π. μου σκυλεῦσαι
Es. 2. 17. εὗρε χάριν παρὰ πάσας τὰς π. (1 *a*)
Jb. 31. 1. οὐ συνήσω ἐπὶ παρθένον [A -ων] (1 *a*)
Ps. 44 (45). 14. ἀπενεχθήσονται τῷ βασιλεῖ παρθένοι ὀπίσω αὐτῆς [A -οῦ] (1 *a*)
77 (78). 63. αἱ π. αὐτῶν οὐκ ἐπένθησαν (1 *a*)
148. 12. νεανίσκοι καὶ παρθένοι (1 *a*)
Si. 9. 5. παρθένον μὴ καταμάνθανε
30. 20. ὥσπερ εὐνοῦχος περιλαμβάνων παρθένον
Am. 5. 2. παρθένος τοῦ Ἰσρ. ἔσφαλεν (1 *a*)
8. 13. ἐκλείψουσιν αἱ π. αἱ καλαί (1 *a*)
Za. 9. 17. οἶνος εὐωδιάζων εἰς παρθένους (1 *a*)
Is. 7. 14. ἡ π. ἐν γαστρὶ λήψεται [A S ἕξει] (3)
23. 4. οὐδὲ ὕψωσα παρθένους (1 *a*)
37. 22. ἐμυκτήρισέ σε π. θυγάτηρ Σιών (1 *a*)
47. 1. κάθισον ἐπὶ τὴν γῆν π. θυγάτηρ Βαβυλῶνος κάθισον [A S εἴσελθε] εἰς τὴν γῆν [A S τὸ σκότος, S¹ *add.* π.] θυγάτηρ Χαλδαίων (1 *a*, –)
62. 5. ὡς συνοικῶν νεανίσκος παρθένῳ (1 *a*)
Je. 2. 32. μὴ ἐπιλήσεται . . . π. τὴν στηθοδεσμίδα αὐτῆς (1 *a*?)
18. 13. ἃ ἐποίησε σφόδρα π. Ἰσρ. (1 *a*)
26 (46). 11. λάβε ῥητίνην τῇ π. θυγατρὶ Αἰγύπτου (1 *a*)
28 (51). 22. διασκορπιῶ ἐν σοὶ νεανίσκον καὶ παρθένον (1 *a*)
38 (31). 4. οἰκοδομηθήσῃ, π. Ἰσραήλ (1 *a*)
— 13. χαρήσονται παρθένοι ἐν συναγωγῇ νεανίσκων (1 *a*)
— 21. B S² π. Ἰσραήλ [A θυγάτηρ Ἱερουσαλήμ] (1 *a*)
La. 1. 4. αἱ π. αὐτῆς ἀγόμεναι (1 *a*)
— 15. ληνὸν ἐπάτησε κύριος παρθένῳ θυγατρὶ Ἰούδα (1 *a*)
— 18. παρθένοι [S αἱ π.] μου . . . ἐπορεύθησαν ἐν αἰχμαλωσίᾳ (1 *a*)
2. 10. κατήγαγον εἰς γῆν ἀρχηγοὺς παρθένους ἐν Ἱερ. (1 *a*)
— 13. π. θύγατερ [S -τρὸς] Σιών (1 *a*)
— 21. παρθένοι μου καὶ νεανίσκοι μου ἐπορεύθησαν ἐν αἰχμαλωσίᾳ (1 *a*)
La. 5. 11. ἐταπείνωσαν παρθένους ἐν πόλεσιν Ἰούδα (1 *a*)
Ep. Je. 9. ὥσπερ παρθένῳ φιλοκόσμῳ
Ez. 9. 6. νεανίσκον καὶ παρθένον . . . ἀποκτείνατε (1 *a*)
44. 22. ἀλλ' ἢ παρθένον ἐκ τοῦ σπέρματος Ἰσραήλ (1 *a*)
I Ma. 1. 26. παρθένοι καὶ νεανίσκοι ἠσθένησαν
II Ma. 3. 19. αἱ δὲ κατάκλειστοι τῶν π.
5. 13. παρθένων τε καὶ νηπίων σφαγαί
III Ma. 1. 18. αἵ τε κατάκλειστοι π. ἐν θαλάμοις
IV Ma. 18. 7. ἐγὼ ἐγενήθην π. ἁγνή
[**Aq., Sm.** Jb. 31. 1: Is. 23. 12: Je. 14. 17.]
[**Th.** Jb. 31. 1: Is. 23. 12.]
[**Al.** Jl. 1. 8.]

παριδεῖν, *cf.* **παρορᾶν.** (1) מָעַל (2) נָטָה (3) רָפָה hi. (4) **παριδὼν παριδεῖν** מָעַל מַעַל
Le. 6. 2 (5. 21). καὶ παριδὼν παρίδῃ τὰς ἐντ. κυρίου (4)
Nu. 5. 6. καὶ παριδὼν παρίδῃ καὶ πλημμελήσῃ (4)
— 12. καὶ παρίδῃ αὐτὸν ὑπεριδοῦσα (1)
Ps. 137 (138). 8. A B³ S R τὰ ἔργα τῶν χειρῶν σου μὴ παρίδῃς [B¹ παρῇς] (3)
Pr. 4. 5. μηδὲ παρίδῃς ῥῆσιν ἐμοῦ στόματος (2)
Si. 7. 10. ἐλεημοσύνην ποιῆσαι μὴ παρίδῃς
8. 8. μὴ παρίδῃς διήγημα σοφῶν
28. 7. καὶ πάριδε ἄγνοιαν
30. 11. R μὴ παρίδῃς τὰς ἀγνοίας αὐτοῦ
32 (35). 14. A οὐ μὴ παρίδῃ [B S ὑπερίδῃ] ἱκετείαν ὀρφανοῦ
35 (32). 18. ἀνὴρ βουλῆς οὐ μὴ παρίδῃ διανόημα
III Ma. 1. 27. R μὴ παριδόντα [A περιδ., ? περιϊδ.] τὴν ἄνομον . . . πρᾶξιν
IV Ma. 13. 4. οὐκ ἔστι παριδεῖν τὴν ἡγεμονίαν
15. 23. ἐπέτεινε τὴν πρόσκαιρον φιλοτεκνίαν παριδεῖν
[**Sm.** Jb. 27. 2.]

παριέναι (*permittere*). (1) בָּהַל ni. (2) חָדַל (3) לָאָה ni. (4) עָזַב (5) פָּרַשׂ pi. (6) רָפָה *a.* qal. *b.* hi. (7) **παρειμένος** *a.* רָזֶה *b.* שָׁפָל (8) **παριέναι γῆν** חָדַל
Ex. 14. 12. πάρες ἡμᾶς ὅπως δουλεύσωμεν (2)
Nu. 13. 21 (20). ἡ πίων ἢ παρειμένη (7 *a*)
De. 32. 36. ἐκλελοιπότας . . . καὶ παρειμένους (4)
I Ki. 2. 5. A R οἱ πεινῶντες [B ἀσθενοῦντες] παρῆκαν γῆν (8)
II Ki. 4. 1. πάντες οἱ ἄνδρες Ἰσρ. παρείθησαν (1)
Ju. 12. 12. εἰ γυναῖκα τοιαύτην παρήσομεν
Ps. 137 (138). 8. B¹ τὰ ἔργα τῶν χειρῶν σου μὴ παρῇς [A B³ S R παρίδῃς] (6 *b*)
Si. 2. 12. οὐαὶ καρδίαις δειλαῖς καὶ χερσὶ παρειμέναις
— 13. οὐαὶ καρδίᾳ παρειμένῃ
4. 29. μὴ γίνου . . . νωθρὸς καὶ παρειμένος ἐν τοῖς ἔργοις σου
23. 3. οὐ μὴ παρῇ τὰ ἁμαρτήματα αὐτῶν
25. 23. χεῖρες παρειμέναι καὶ γόνατα παραλελυμένα
Ze. 3. 16. μὴ παρείσθωσαν αἱ χεῖρές σου (6 *a*)
Ma. 2. 9. S³ δέδωκα ὑμᾶς . . . παρειμένους [A B S¹ ἀπερριμμ.] (7 *b*)
Je. 4. 31. παρήσει τὰς χεῖρας αὐτῆς (5)
20. 9. παρεῖμαι πάντοθεν καὶ οὐ δύναμαι φέρειν (3)
I Ma. 11. 35. R πάντα ἐπαρκῶς παρίεμεν αὐτοῖς [A S *al.*]
III Ma. 2. 13. καὶ παρείμεθα ἐν ἀδυναμίαις
IV Ma. 5. 29. τοὺς ἱεροὺς . . . ὅρκους οὐ παρήσω
[**Aq.** Dt. 31. 6: I Ki. 21. 13 (14): II Ki. 4. 1.]
[**Sm.** II Ki. 4. 1: Je. 38 (45). 4: Ez. 21. 7 (12).]
[**Th.** Is. 41. 10.]

παριέναι (*praeterire*). (1) *a.* עָבַר *b.* עָבַר דֶּרֶךְ
Pr. 9. 15. προσκαλουμένη τοὺς παριόντας [A π. ὁδόν] (1 *b* [1 *a*])
15. 10. παιδεία ἀκάκου γνωρίζεται ὑπὸ τῶν παριόντων †

πάρινος. (1) שֵׁשׁ (2) **π. λίθος** שַׁיִשׁ
Es. 1. 6. ἐπὶ στύλοις π. καὶ λιθίνοις (1)
— 6. καὶ παρίνου λίθου [A S¹ *al.*] (2)
[**Aq., Th., Quint., Sext.** Ca. 5. 15.]

πάριος. (1) אַבְנֵי שַׁיִשׁ
I Ch. 29. 2. A R καὶ π. πολύν [B -ύ] (1)

παριστάναι. (1) בָּשֵׁל (2) הִתְהַלֵּךְ בְּרַגְלַי (3) יָצַב hithp. (4) יָצַג hi. (5) נָצַב *a.* ni. *b.* hi. (6) עָמַד *a.* qal. *b.* hi. *c.* עָמַד לִפְנֵי (7) עָרַךְ (8) צָבָא (9) קְדָם קוּם (10) רְגַשׁ aph. (11) שָׁקַל (12) שָׁרַת pi. (13) **παρεστηκώς** אָבִיב
Ge. 18. 8. αὐτὸς δὲ παρειστήκει αὐτοῖς (6 *a*)
40. 4. καὶ παρέστη αὐτοῖς (12)
45. 1. πάντων τῶν παρεστηκότων αὐτῷ (5 *a*)
— 1. οὐ παρειστήκει οὐδείς (6 *a*)
Ex. 9. 31. ἡ γὰρ κριθὴ παρεστηκυῖα (13)
18. 13. παρειστήκει δὲ πᾶς ὁ λαὸς M. (6 *a*)
— 14. πᾶς δὲ ὁ λαὸς παρέστηκέ σοι (5 *a*)
— 23. καὶ δυνήσῃ παραστῆναι (6 *a*)
19. 17. παρέστησαν ὑπὸ τὸ ὄρος (3)
24. 13. καὶ Ἰησοῦς ὁ παρεστηκὼς αὐτῷ [A¹ *al.*] (12)
34. 5. καὶ παρέστη αὐτῷ ἐκεῖ (3)
Nu. 1. 5. οἵτινες παραστήσονται μεθ' ὑμῶν (6 *a*)
7. 2. οὗτοι οἱ [B² *om.*] παρεστηκότες [A παραστήκοντες] ἐπὶ τῆς ἐπισκοπῆς (6 *a*)
11. 28. Ἰησοῦς . . . ὁ παρεστηκὼς Μωυσῇ (12)
16. 9. παρίστασθαι ἔναντι τῆς σκηνῆς [A συναγωγῆς] (6 *a*)
23. 3. παράστηθι ἐπὶ τῆς θυσίας σου (3)
— 3. παρέστη B. ἐπὶ τῆς θυσίας αὐ. –
— 15. παράστηθι ἐπὶ τῆς θυσίας σου (3)
De. 1. 38. Ἰησοῦς υἱὸς N. ὁ παρεστηκώς σοι (6 *c*)
10. 8. παρεστάναι ἔναντι κυρίου (6 *a*)
17. 12. τοῦ ἱερέως τοῦ παρεστηκότος λειτουργεῖν (6 *a*)
18. 5. παρεστάναι ἔναντι κ. τοῦ θ. (6 *a*)
— 7. οἱ παρεστηκότες ἐκεῖ ἐναντίον κ. τοῦ θ. (6 *a*)
21. 5. παρεστηκέναι αὐτῷ καὶ εὐλογεῖν (12)
Jd. 20. 28. καὶ Φ. . . . παρεστηκὼς ἐνώπιον αὐτῆς (6 *a*)
I Ki. 2. 22. A τὰς γυναῖκας τὰς παρεστώσας παρὰ τὴν θύραν (8)
4. 20. αἱ γυναῖκες αἱ παρεστηκυῖαι αὐτῇ (5 *a*)
5. 2. παρέστησαν αὐτὴν παρὰ Δ. (4)
16. 21. παρειστήκει ἐνώπιον αὐτοῦ (6 *a*)
— 22. παριστάσθω δὴ Δ. ἐνώπιον ἐμοῦ (6 *a*)
22. 6. παρειστήκεισαν αὐτῷ (5 *a*)
— 7. τοὺς παῖδας αὐ. τοὺς παρεστηκότας αὐτῷ (5 *a*)
25. 27. τοῖς παιδαρίοις τοῖς παρεστηκόσι τῷ κ. μου (2)
III Ki. 1. 2. παραστήσεται [A π. ἐνώπιον] τῷ βασ. (6 *c* [7 *a*])
10. 8. οἱ παρεστηκότες [A παραστήκοντες] ἐνώπιόν σου (6 *a*)
12. 6. οἳ ἦσαν παρεστῶτες ἐνώπιον Σαλ. (6 *a*)
— 8. τῶν παιδαρ. . . . τῶν παρεστηκότων πρὸ προσώπου αὐ. (6 *a*)
— 10. οἱ παρεστηκότες πρὸ προσώπου αὐτοῦ –
— 32. παρέστησεν ἐν B. τοὺς ἱερεῖς (6 *b*)
17. 1: 18. 15: IV Ki. 3. 14: 5. 16. ᾧ παρέστην ἐνώπιον αὐτοῦ (6 *a*)
IV Ki. 5. 25. παρειστήκει πρὸς τὸν κύριον αὐ. (6 *a*)
8. 11. παρέστη τῷ προσώπῳ αὐτοῦ (6 *b*)
II Ch. 6. 3. πᾶσα ἡ ἐκκλησία Ἰσρ. παρειστήκει (6 *a*)
9. 7. οἱ παρεστηκότες σοι διὰ παντός (6 *c*)
18. 18. A R πᾶσα δύναμις τοῦ οὐρ. παρειστήκει [B εἱστ.] (6 *a*)
To. 12. 15. S οἳ παρεστήκασιν [A B *al.*]
Ju. 4. 14. π. οἱ παρεστηκότες ἐνώπιον κυρίου
6. 10. οἳ ἦσαν παρεστηκότες [S *add.* αὐτῷ]
9. 6. παρέστησαν ἃ ἐβουλεύσω
11. 13. τοῖς ἱερεῦσι τοῖς παρεστηκόσιν ἐν Ἱερ.
12. 13. A B αἱ παρεστήκασιν ἐν οἴκῳ Ναβ.
13. 1. A B τοὺς παρεστῶτας ἐκ προσώπου τοῦ κυρίου
Es. 3. 9. S² παραστήσω ἐπὶ χεῖρας τῶν ποιούντων [A B S¹ *al.*] (11)
4. 5. ὃς παρειστήκει αὐτῇ (6 *b*)
— 7. S² παραστῆσαι [A B S¹ *om.*] . . . τῷ βασιλεῖ (11)
8. 4. παρεστηκέναι τῷ βασιλεῖ (6 *c*)
Jb. 1. 6. παραστῆναι ἐνώπιον τοῦ κυρίου (3)
2. 1. παραστῆναι ἔναντι κυρίου (3)
— 1. A B S² παραστῆναι ἐναντίον τοῦ κυρίου (3)
37. 20. μὴ βίβλος ἢ γραμματεύς μοι παρέστηκεν †
Ps. 2. 2. παρέστησαν οἱ βασιλεῖς τῆς γῆς (3)
5. 3. τὸ πρωῒ παραστήσομαί σοι (7)
35 (36). 4. παρέστη πάσῃ ὁδῷ οὐκ ἀγαθῇ (3)
44 (45). 9. παρέστη ἡ βασίλισσα ἐκ δεξιῶν σου (5 *a*)

Ps. 49 (50). 21. B S[1] παραστήσω κατὰ πρόσωπόν σου [S[2] *add.* τὰς ἁμαρτίας σου] (7)
77 (78). 13. S[2] παρέστησεν [B S[1] ἔστ.] ὕδατα ὡσεὶ ἀσκόν (5 *b*)
108 (109). 31. παρέστη ἐκ δεξιῶν πένητος (6 *a*)
Pr. 22. 29. ὁρατικὸν ἄνδρα . . . βασιλεῦσι δεῖ παρεστάναι καὶ μὴ παρεστάναι [A -ιστ.] ἀνδράσι νωθροῖς (3, 3)
Wi. 10. 11. ἐν πλεονεξίᾳ κατισχυόντων αὐτὸν παρέστη
19. 22. οὐχ ὑπερεῖδες ἐν παντὶ καιρῷ καὶ τόπῳ [S[1] τὸ πρωῒ] παριστάμενος
Si. 23. 22. οὕτως καὶ γυνὴ . . . παριστῶσα κληρονόμον ἐξ ἀλλοτρίου
— 23. ἐξ ἀλλοτρίου ἀνδρὸς τέκνα παρέστησεν
51. 2. ἔναντι τῶν παρεστηκότων ἐγένου βοηθός
Ho. 9. 13. παρέστησαν τὰ τέκνα αὐ. †
Jl. 3 (4). 13. παρέστηκεν ὁ τρυγητός (1)
Za. 4. 14. παρεστήκασι κυρίῳ πάσης τῆς γῆς (6 *a*)
6. 5. παραστῆναι τῷ κυρίῳ πάσης τῆς γῆς (3)
Is. 5. 29. παρέστηκαν [A S[3] -ασιν] ὡς σκύμνοι λέοντος †
60. 10. οἱ βασιλεῖς αὐτῶν παραστήσονταί σοι (12)
Je. 15. 11. εἰ μὴ παρέστην σοι †
39 (32). 12. κατ' ὀφθαλμοὺς τῶν ἀνδρῶν τῶν παρεστηκότων [A S *al.*] †
42 (35). 19. οὐ μὴ ἐκλείπῃ ἀνὴρ . . . παρεστηκὼς κατὰ πρόσωπόν μου (6 *a*)
Ep. Je. 37. A ἄνθρωπον τυφλὸν εἰς ὅρασιν οὐ μὴ παραστήσωσιν [B περιστ.]
Da. LXX. 7. 10. μύριαι μυριάδες παρειστήκεισαν αὐτῷ (9)
— 13. οἱ παρεστηκότες παρῆσαν αὐτῷ †
Da. TH. 6. 6 (7). παρέστησαν τῷ βασιλεῖ (10)
7. 10. μύριαι μυριάδες παρειστήκεισαν αὐτῷ (9)
I Ma. 6. 34. τοῦ παραστῆσαι αὐτοὺς εἰς τὸν πόλεμον
— 35. A R παρέστησαν [S -εν] . . . χιλίους ἄνδρας
11. 68. S παρειστήκεισαν [A R ἀπήντησαν] ἐξ ἐναντίας
II Ma. 3. 26. R παραστάντες [A -ιστ.] ἐξ ἑκατέρου μέρους
8. 21. εὐθαρσεῖς αὐτοὺς παραστήσας
12. 3. R εἰς τὰ παρασταθέντα [A παρακαταστ.] ὑπ' αὐτῶν σκάφη
III Ma. 5. 26. παραστὰς ἐκάλει πρὸς τὴν ἔξοδον
IV Ma. 5. 1. S R τῶν στρατευμάτων αὐτῷ [A -ῶν] παρεστηκότων
6. 1. παραστάντες οἱ δορυφόροι
17. 18. τῷ θείῳ νῦν παρεστήκασι θρόνῳ
[**Aq.** JB. 2. 1.]
[**Sm.** NU. 8. 24: JD. 3. 19: I KI. 12. 7: 20. 25: 22. 17: JB. 29. 8: PS. 40 (41). 13: 44 (45). 10.]
[**Th.** JB. 2. 1: PS. 44 (45). 10.]
[**Al.** II KI. 11. 8.]

παροδεύειν. (1) עָבַר

Wi. 1. 8. οὐδὲ μὴν [A S μὴ] παροδεύσῃ [S[2] -σει] αὐτὸν ἐλέγχουσα ἡ δίκη
2. 7. μὴ παροδευσάτω ἡμᾶς ἄνθος ἀέρος [A ἔαρος]
5. 14. ὡς μνεία καταλύτου μονοημέρου παρώδευσε [S[1] διώδευσεν]
6. 22. οὐ μὴ παροδεύσω τὴν ἀλήθειαν
10. 8. σοφίαν γὰρ παροδεύσαντες οὐ μόνον ἐβλάβησαν
Ez. 36. 34. κατ' ὀφθαλμοὺς παντὸς παροδεύοντος [A διοδ.] (1)
[**Sm.** PS. 83 (84). 7: 87 (88). 17: EZ. 33. 28.]
[**Quint.** HO. 6. 9.]

παροδίτης.

[**Aq.** II KI. 12. 4.]

πάροδος. (1) דֶּרֶךְ (2) הֵלֶךְ (3) עָבַר

Ge. 38. 14. ἥ ἐστιν ἐν παρόδῳ Θ. (1)
II Ki. 12. 4. ἦλθε πάροδος τῷ ἀνδρὶ τῷ πλουσίῳ (2)
IV Ki. 25. 24. μὴ φοβεῖσθε πάροδον τῶν Χαλδ. †
Wi. 2. 5. σκιᾶς γὰρ πάροδος ὁ βίος [A[1] B[2] S καιρὸς] ἡμῶν
17. 9. κνωδάλων παρόδοις . . . ἐκσεσοβημένοι [A ἐκπεφοβημ.]
Ez. 16. 15. ἐξέχεας τὴν πορνείαν σου ἐπὶ πάντα πάροδον (3)
— 25. διήγαγες [A[1] ἤγ.] τὰ σκέλη σου παντὶ παρόδῳ (3)
[**Sm.** IS. 51. 23: JE. 14. 8.]

παροικεῖν. (1) *a.* גּוּר *b.* מָגוֹר *c.* בּוֹא לָגוּר (2) *a.* יָשַׁב *b.* תּוֹשָׁב (3) שָׁכֵן

Ge. 12. 10. κατέβη . . . παροικῆσαι ἐκεῖ (1 *a*)
17. 8. τὴν γῆν ἣν παροικεῖς (1 *b*)
19. 9. εἰσῆλθες παροικεῖν (1 *a*)
20. 1. παρῴκησεν ἐν Γεράροις (1 *a*)
21. 23. ᾗ σὺ παρῴκησας ἐν αὐτῇ (1 *a*)
— 34. παρῴκησεν δὲ Ἀβ. ἐν τῇ γῇ τῶν Φυλ. (1 *a*)
24. 37. ἐν οἷς ἐγὼ παροικῶ (2 *a*)
26. 2. παροίκει ἐν τῇ γῇ ταύτῃ (1 *a*)
32. 4 (5). μετὰ Λάβαν παρῴκησα (1 *a*)
35. 27. οὗ παρῴκησεν Ἀβραάμ (1 *a*)
37. 1. οὗ παρῴκησεν ὁ πατὴρ αὐ. (1 *b*)
47. 4. π. ἐν τῇ γῇ ἥκαμεν (1 *a*)
— 9. αἱ ἡμέραι . . . ἃς παροικῶ (1 *b*)
— 9. ἃς ἡμέρας παρῴκησαν (1 *b*)
Ex. 6. 4. τὴν γῆν ἣν παρῳκήκασιν ἐν ᾗ καὶ παρῴκησαν ἐπ' αὐτῆς (1 *b*, 1 *a*)
12. 40. A ἣν παρῴκησαν [B κατῴκ.] ἐν γῇ Αἰγ. (2 *a*)
20. 10. ὁ προσήλυτος ὁ παροικῶν ἐν σοί –
Nu. 20. 15. παρῳκήσαμεν ἐν Αἰγύπτῳ [A εἰς Αἴγ.] (2 *a*)
De. 5. 14. ὁ προσήλυτος ὁ παροικῶν ἐν σοί –
18. 6. οὗ αὐτὸς παροικεῖ (1 *a*)
26. 5. καὶ παρῴκησεν ἐκεῖ (1 *a*)
Jo. 24. 2. A R παρῴκησαν [B κατῴκ.] οἱ πατέρες ὑ. (2 *a*)
Jd. 5. 17. εἰς τί παροικεῖ πλοίοις (1 *a*)
— 17. A παρῴκησεν παρ' αἰγιαλὸν θαλασσῶν [B *al.*] (2 *a*)
17. 7. παρῴκει ἐκεῖ (1 *a*)
— 8. παροικῆσαι ἐν ᾧ ἐὰν εὕρῃ τόπῳ [A παροικεῖν οὗ ἐὰν εὕρῃ] (1 *a*)
— 9. πορεύομαι παροικῆσαι [A -κεῖν] (1 *a*)
— 11. ἤρξατο π. παρὰ τῷ ἀνδρί (2 *a*)
19. 1. ἀνὴρ Λ. παροικῶν ἐν μηροῖς ὄρους Ἐφρ. (1 *a*)
— 16. παρῴκει ἐν Γ. (1 *a*)
Ru. 1. 1. τοῦ παροικῆσαι ἐν ἀγρῷ Μ. (1 *a*)
II Ki. 4. 3. ἦσαν ἐκεῖ παροικοῦντες (1 *a*)
IV Ki. 8. 1. παροίκει οὗ ἐὰν παροικήσῃς [A -εις] (1 *a*, 1 *a*)
— 2. παρῴκει ἐν γῇ ἀλλοφύλων (1 *a*)
I Ch. 16. 19. καὶ παρῴκησαν ἐν αὐτῇ (1 *a*)
29. 15. A R καὶ παροικοῦντες [B κατοικ.] ὡς πάντες (2 *b*)
II Ch. 15. 9. τοὺς προσηλύτους τοὺς παροικοῦντας μετ' αὐ. (1 *a*)
II Es. 1. 4. οὗ αὐτὸς παροικεῖ ἐκεῖ (1 *a*)
Ju. 5. 7. παρῴκησαν τὸ πρότερον ἐν τῇ Μεσοπ.
— 8. παρῴκησαν ἐκεῖ ἡμέρας πολλάς
— 10. καὶ παρῴκησαν ἐκεῖ
Ps. 5. 4. οὐδὲ παροικήσει σοι πονηρευόμενος (1 *a*)
14 (15). 1. τίς παροικήσει ἐν τῷ σκηνώματί σου (1 *a*)
30 (31). 13. ἤκουσα ψόγον πολλῶν παροικούντων κυκλόθεν (1 *b*)
55 (56). 6. παροικήσουσι καὶ κατακρύψουσιν αὐτοί (1 *a*)
60 (61). 4. παροικήσω ἐν τῷ σκηνώματί σου (1 *a*)
93 (94). 17. παρὰ βραχὺ παρῴκησε τῷ ᾅδῃ ἡ ψυχή μου (3)
104 (105). 23. Ἰακὼβ παρῴκησεν ἐν γῇ Χάμ (1 *a*)
119 (120). 6. πολλὰ παρῴκησεν ἡ ψυχή μου (3)
Pr. 3. 29. μὴ τεκτήνῃ ἐπὶ σὸν φίλον κακὰ παροικοῦντα καὶ πεποιθότα ἐπὶ σοί (2 *a*)
Si. 29. 24. οὗ παροικήσει [A S -εις]
38. 32. οὐ παροικήσουσιν οὐδὲ περιπατήσουσι
41. 19. ἀπὸ τόπου οὗ παροικεῖς
Ho. 10. 5. τῷ μόσχῳ τοῦ οἴκου Ὢν παροικήσουσιν (1 *a*)
Is. 16. 4. παροικήσουσί σοι οἱ φυγάδες Μωάβ (1 *a*)
52. 4. κατέβη ὁ λαός μου τὸ πρότερον παροικῆσαι ἐκεῖ (1 *a*)
54. 15. B παροικήσουσί σοι (1 *a*)
Je. 6. 25. ῥομφαία τῶν ἐχθρῶν παροικεῖ κυκλόθεν (1 *b*)
27 (50). 34. S παροξυνεῖ τοῖς παροικοῦσι [A B κατοικ.] Βαβυλῶνα μάχαιραν (2 *a*)
— 40. οὐ μὴ παροικήσει [A κατοικ.] ἐκεῖ υἱὸς ἀνθρώπου (1 *a*)
51 (44). 14. οὐδεὶς τῶν ἐπιλοίπων Ἰούδα τῶν παροικούντων ἐν γῇ Αἰγύπτῳ (1 *c*)
— 28. A S γνώσονται . . . οἱ παροικοῦντες [B καταστάντες, A καταβαίνοντες] ἐν γῇ Αἰγύπτῳ παροικῆσαι [B κατοικ.] ἐκεῖ (†, 1 *a*)
La. 4. 15. οὐ μὴ προσθῶσι τοῦ π. (1 *a*)
Ez. 21. 12 (17). ἐν πᾶσι τοῖς ἀφηγουμένοις τοῦ Ἰσραὴλ παροικήσουσιν (1 *b*)
47. 22. βαλεῖτε αὐτὴν . . . τοῖς παροικοῦσιν [A προσοικ.] ἐν μέσῳ ὑμῶν (1 *a*)
Da. LXX. Su. 28. οὗ παρῴκουν
II Ma. 12. 8. R τὸν αὐτὸν ἐπιτελεῖν . . . τρόπον τοῖς παροικοῦσιν [A κατοικ.] Ἰουδαίοις
[**Aq.** IV KI. 8. 1 *bis*: JE. 35 (42). 7: 42 (49). 15, 17: 43 (50). 5.]
[**Sm.** III KI. 17. 20: IV KI. 8. 1 *bis*: PS. 60 (61). 5: 119 (120). 5: JE. 35 (42). 7: 42 (49). 15, 17: 43 (50). 5.]
[**Th.** IV KI. 8. 1 *bis*: PS. 64 (65). 5: JE. 44 (51). 12.]

παροικεσία. (1) אֶרֶץ מְגוּרִים

Za. 9. 12. ἀντὶ μιᾶς ἡμέρας παροικεσίας σου †
Ez. 20. 38. ἐκ τῆς π. αὐτῶν ἐξάξω [A -ἀρῶ] αὐτούς (1)

παροίκησις. (1) מָגוֹר (2) מוֹשָׁב

Ge. 28. 4. κληρονομῆσαι τὴν γῆν τῆς π. σου (1)
36. 7. ἡ γῆ τῆς π. αὐτῶν (1)
Ex. 12. 40. A ἡ δὲ π. [B κατοίκ.] τῶν υἱῶν Ἰσρ. (2)
Si. 21. 28. ἐν παροικήσει μισηθήσεται

παροικία. (1) גּוֹלָה (2) *a.* מָגוֹר *b.* מְגוּרָה *c.* גּוּר

I Es. 5. 7. ἐκ τῆς αἰχμαλωσίας τῆς π.
II Es. 8. 35. υἱοὶ τῆς π. (1)
Ju. 5. 9. ἐξελθεῖν ἐκ τῆς π. αὐτῶν
Ps. 33 (34). 4. ἐκ πασῶν τῶν π. [A S[2] θλίψεών] μου ἐρρύσατό με (2 *b*)
54 (55). 15. πονηρίαι ἐν ταῖς π. αὐτῶν (2 *a*)
118 (119). 54. ἐν τόπῳ παροικίας μου (2 *a*)
119 (120). 5. οἴμοι ὅτι ἡ π. μου ἐμακρύνθη (2 *c*)
Wi. 19. 10. ἐμέμνηντο γὰρ ἔτι τῶν ἐν τῇ π. αὐτῶν
Si. *prol.* 26. τοῖς ἐν τῇ π. βουλομένοις φιλομαθεῖν
16. 8. οὐκ ἐφείσατο περὶ τῆς π. Λώτ
41. 5. τέκνα . . . συναναστρεφόμενα παροικίαις ἀσεβῶν
44. 6. εἰρηνεύοντες ἐν παροικίαις [A S κατοικ.] αὐ.
Hb. 3. 16. εἰς λαὸν παροικίας μου †
La. 2. 22. ἐκάλεσεν ἡμέραν ἑορτῆς παροικίας μου (2 *a*)
III Ma. 6. 36. ἐπὶ πᾶσαν τὴν π. αὐ. εἰς γενεάς
7. 19. ἐπὶ τὸν τῆς π. αὐτῶν χρόνον
[**Aq.**, **Sm.** PS. 118 (119). 54.]
[**Th.** PS. 118 (119). 54: IS. 23. 7.]

παροικίζειν.

[**Sm.** EZ. 12. 25.]

πάροικος. (1) גּוֹי (2) *a.* גֵּר *b.* גּוּר (3) שָׁכֵן (4) תּוֹשָׁב

Ge. 15. 13. πάροικον ἔσται τὸ σπέρμα σου (2 *a*)
23. 4. πάροικος . . . ἐγώ εἰμι μεθ' ὑμῶν (2 *a*)
Ex. 2. 22. πάροικός εἰμι ἐν γῇ ἀλλοτρίᾳ (2 *a*)
12. 45. πάροικος . . . οὐκ ἔδεται ἀπ' αὐτοῦ (4)
18. 3. πάροικος ἤμην ἐν γῇ ἀλλοτρίᾳ (2 *a*)
Le. 22. 10. πάροικος ἱερέως . . . οὐ φάγεται ἅγια (4)
25. 6. βρώματα . . . τῷ π. τῷ προσκειμένῳ πρὸς σέ (4)
— 23. προσήλυτοι καὶ π. ὑμεῖς ἐστε (4)
— 35. ἀντιλήψῃ αὐτοῦ ὡς . . . παροίκου (4)
— 40. ὡς μισθωτὸς ἢ πάροικος ἔσται σοι (4)
— 45. ἀπὸ τῶν υἱῶν τῶν π. τῶν ὄντων ἐν ὑ. (4)
— 47. ἡ χεὶρ . . . τοῦ π. τοῦ παρὰ σοί (4)
— 47. ἢ τῷ π. τῷ παρὰ σοί (4)
Nu. 35. 15. καὶ τῷ π. τῷ ἐν ὑμῖν (4)
De. 14. 21. τῷ π. τῷ ἐν ταῖς πόλεσί σου (2 *a*)
23. 7 (8). πάροικος ἐγένου ἐν τῇ γῇ αὐτοῦ (2 *a*)
II Ki. 1. 13. υἱὸς ἀνδρὸς π. Ἀμ. ἐγώ εἰμι (2 *a*)
19. 28 (29). A πάροικος τοῦ πατρός σου [B *al.*] †
I Ch. 5. 10. ἐποίησαν πόλεμον πρὸς τοὺς π. †
29. 15. πάροικοί ἐσμεν ἐναντίον σου (2 *a*)
Ju. 4. 10. καὶ πᾶς π. ἢ μισθωτός
Ps. 38 (39). 12. πάροικος ἐγώ εἰμι ἐν τῇ γῇ [A S εἰμι παρὰ σοί] (2 *a*)
104 (105). 12. ὀλιγοστοὺς καὶ παροίκους ἐν αὐτῇ (2 *b*)
118 (119). 19. πάροικος ἐγώ εἰμι ἐν τῇ γῇ (2 *a*)
Si. 29. 26. πάρελθε, πάροικε, κόσμησον τράπεζαν
— 27. ἔξελθε, πάροικε, ἀπὸ προσώπου δόξης
Ze. 2. 5. οὐαὶ . . . πάροικοι Κρητῶν (1)

Je. 14. 8. ἵνα τί ἐγενήθης ὡσεὶ πάροικος (2 *a*)
29 (49). 18. κατεστράφη Σόδομα καὶ Γόμορρα καὶ αἱ π. αὐτῆς (3)
30 (49). 5. **A** φέρω φόβον ἐπὶ σὲ ἀπὸ πάσης τῆς π. [**B S** περιοίκου] σου †
Ba. 4. 9. ἀκούσατε, αἱ π. Σιών
— 14. ἐλθέτωσαν αἱ π. Σιών
— 24. ἑωράκασιν αἱ π. Σιὼν τὴν ὑμετέραν αἰχμαλωσίαν
[**Sm.** Is. 5. 17.]
[**Th.** Is. 49. 21.]
[**Al.** Le. 19. 34 : I Ch. 22. 2.]

παροιμία. (1) מָשָׁל

Pr. *tit.* παροιμίαι (1)
1. 1. παροιμίαι Σαλωμῶντος υἱοῦ Δαυίδ (1)
25. 1. **A** S^2 αὗται αἱ π. [**B** S^1 παιδεῖαι] Σαλωμῶντος αἱ ἀδιάκριτοι (1)
subscr. παροιμίαι [**A S** *add.* Σολομῶντος]
Si. 6. 35. παροιμίαι συνέσεως μὴ ἐκφευγέτωσάν σε
8. 8. ἐν ταῖς π. αὐτῶν ἀναστρέφου
18. 29. ἀνώμβρησαν παροιμίας ἀκριβεῖς [S^1 -ῶς]
39. 3. ἀπόκρυφα παροιμιῶν ἐκζητήσει
47. 17. ἐν ᾠδαῖς καὶ παροιμίαις . . . ἀπεθαύμασάν σε χῶραι
[**Aq.** Ec. 12. 9 : Ez. 18. 2.]
[**Sm.** I Ki. 24. 14 : Ps. 77 (78). 2 : Pr. 25. 1.]
[**Al.** I Ki. 10. 12.]

παροιμιάζειν.

IV Ma. 18. 16. τὸν Σαλ. ἐπαροιμίαζεν ὑμῖν
[**Aq.**, **Sm.** Ez. 24. 3.]
[**Al.** Nu. 21. 27.]

παροιμιαστής.

[**Sm.** Ec. 12. 10.]

παροινεῖν. (1) מַצּוּת

Is. 41. 12. οἱ παροινήσουσιν εἰς σέ (1)

παροιστρᾶν. (1) סָרַב (2) סָרַר

Ho. 4. 16. ὡς δάμαλις παροιστρῶσα παροίστρησεν Ἰσρ. (2, 2)
Ez. 2. 6. παροιστρήσουσι καὶ ἐπισυστήσονται (1)

παροξύνειν. (1) אָנֵף (2) גָּדַף pi. (3) חָדַד hi. (4) חָרָה *a.* qal. *b.* tiph. (5) חָרַף pi. (6) יָגַע hi. (7) כָּעַס *a.* pi. *b.* hi. (8) מָרָה אֶת־פֶּה (9) נָאַץ *a.* qal. *b.* pi. (10) עָבַר hithpa. (11) עָנָה pi. (12) עָצַב pi. (13) קָנָא hi. (14) קָצַף *a.* qal. *b.* hi. (15) רָגַז *a.* qal. *b.* hi. (16) שָׁנַן (17) תָּוָה hi.

Nu. 14. 11. ἕως τίνος παροξύνει με ὁ λαὸς οὗτος (9 *b*)
— 23. πάντες δὲ οἱ παροξύναντές [**A** -οντ.] με (9 *b*)
15. 30. τὸν θεὸν οὗτος παροξυνεῖ (2)
16. 30. παρώξυναν οἱ ἄνθρ. οὗτοι τὸν κ. (9 *b*)
20. 24. διότι παρωξύνατέ με (8)
De. 1. 34. παροξυνθεὶς ὤμοσε (14 *a*)
9. 7. ὅσα παρώξυνας κ. τὸν θ. σου (14 *b*)
— 8. ἐν Χ. παρωξύνατε κύριον (14 *b*)
— 18. παροξῦναι [**A** τοῦ π.] αὐτόν (7 *b*)
— 19. παρωξύνθη κύριος ἐφ' ὑμῖν (14 *a*)
— 22. **A B** παροξύνοντες [**R** -αντες] ἦτε κύριον (14 *b*)
31. 20. καὶ παροξυνοῦσί με (9 *b*)
32. 16. παρώξυνάν με ἐπ' ἀλλοτρίοις (13)
— 19. παρωξύνθη δι' ὀργὴν υἱῶν αὐτοῦ (9 *a*)
— 21. παρώξυνάν [**A** -ώργισάν] με (7 *a*)
— 41. παροξυνῶ . . . τὴν μάχαιράν μου (16)
II Ki. 12. 14. **A B** παροξύνων παρώξυνας τοὺς ἐχθροὺς κ. [**R** *al.*] (9 *b*, 9 *b*)
II Es. 9. 14. μὴ παροξυνθῇς ἐν ἡμῖν (1)
Ps. 9. 25 (10. 3). παρώξυνε τὸν κύριον ὁ ἁμαρτωλός (9 *b*)
— 34 (10. 13). ἕνεκεν τίνος παρώξυνεν [**S** -ώργισεν] ὁ ἀσεβὴς τὸν θεόν (9 *b*)
73 (74). 10. παροξυνεῖ ὁ ὑπεναντίος τὸ ὄνομά σου εἰς τέλος (9 *b*)
— 18. **S** λαὸς ἄφρων παρώξυνε τὸ ὄνομά σου [**B** αὐτοῦ] (9 *b*)
77 (78). 41. τὸν ἅγιον τοῦ Ἰσραὴλ παρώξυναν (17)
Ps. 105 (106). 29. παρώξυναν αὐτὸν ἐν τοῖς ἐπιτηδεύμασιν αὐτῶν (7 *b*)
106 (107). 11. τὴν βουλὴν τοῦ ὑψίστου παρώξυναν (9 *a*)
Pr. 6. 3. παρόξυνε [B^2 -ώξ.] δὲ καὶ τὸν φίλον σου †
14. 31 : 17. 5. παροξύνει τὸν ποιήσαντα αὐτόν (5)
20. 2. ὁ δὲ παροξύνων αὐτὸν ἁμαρτάνει εἰς τὴν ἑαυτοῦ ψυχήν (10)
27. 17. ἀνὴρ δὲ παροξύνει [S^1 -ον] πρόσωπον ἑταίρου (3)
Ho. 8. 5. παρωξύνθη ὁ θυμός μου ἐπ' αὐτούς (4 *a*)
Za. 10. 3. ἐπὶ τοὺς ποιμένας παρωξύνθη ὁ θυμός μου (4 *a*)
Ma. 2. 17. οἱ παροξύνοντες τὸν θ. ἐν τοῖς λόγοις ὑμῶν (6)
— 17. ἐν τίνι παρωξύναμεν αὐτόν (6)
Is. 5. 24. τὸ λόγιον τοῦ ἁγίου [**A** *om.*] Ἰσραὴλ παρώξυναν (9 *b*)
— 25. παρωξύνθη τὰ ὄρη (15 *a*)
14. 16. οὗτος ὁ ἄνθρωπος ὁ παροξύνων τὴν γῆν (15 *b*)
23. 11. ἡ παροξύνουσα βασιλεῖς (15 *b*)
37. 23. τίνι ὠνείδισας καὶ παρώξυνας (2)
47. 6. παρωξύνθην [S^1 -ης] ἐπὶ τῷ λαῷ μου (14 *a*)
60. 14. υἱοὶ . . . παροξυνάντων σε (11 ?)
63. 10. παρώξυναν τὸ πνεῦμα τὸ ἅγιον αὐτοῦ (12)
65. 3. ὁ λαὸς οὗτος ὁ παροξύνων με (7 *b*)
Je. 22. 15. παροξύνῃ ἐν Ἄχαζ τῷ πατρί σου (4 *b*)
27 (50). 34. παροξυνεῖ τοῖς κατοικοῦσι [**S** παροικ.] Βαβυλῶνα μάχαιραν (15 *b*)
Ba. 4. 7. **A R** παρωξύνατε [**B** -οξ.] γὰρ τὸν ποιήσαντα ὑμᾶς
La. 2. 6. παρώξυνεν ἐμβριμήματι ὀργῆς αὐτοῦ βασιλέα (9 *a*)
Da. LXX. 11. 11 (10). παροξυνθήσεται ἐπὶ πολύ †
[**Aq.** I Ki. 29. 4 : Is. 54. 9 : 60. 14 : 64. 9 (8).]
[**Sm.** Ps. 9. 24 (10. 3) : Pr. 1. 30 : 28. 25 : Is. 8. 21 : 60. 14 : Je. 14. 21.]
[**Th.** Pr. 1. 30 : 5. 12 : Is. 60. 14 : Je. 33 (40). 24.]
[**Al.** Dt. 2. 5.]

παροξυσμός. (1) קֶצֶף

De. 29. 28 (27). ἐν . . . π. μεγάλῳ σφόδρα (1)
Je. 39 (32). 37. ἐν ὀργῇ μου . . . καὶ π. μεγάλῳ (1)
[**Aq.**, **Al.** Je. 10. 10.]

παρορᾶν, *cf.* **παριδεῖν.** (1) בִּין hithpal. (2) עָלַם ni.

III Ki. 10. 3. οὐκ ἦν λόγος παρεωραμένος (2)
Jb. 11. 11. ἰδὼν δὲ ἄτοπα οὐ παρόψεται (1 ?)
Ec. 12. 14. ἐν παντὶ παρεωραμένῳ (2)
Wi. 11. 23. παρορᾷς ἁμαρτήματα ἀνθρώπων εἰς μετάνοιαν
Na. 3. 11. S^3 ἔσῃ παρεωραμένη [**A B** S^1 ὑπερεωρ.] (2)
Is. 57. 11. ἐγώ σε ἰδὼν παρορῶ †
III Ma. 3. 9. **R** μὴ γὰρ οὕτως παροραθήσεται τηλικοῦτο σύστημα [**A** *al.*]
[**Sm.** Ec. 12. 14.]
[**Al.** Le. 4. 13 : I Ki. 12. 3 : Jb. 11. 6.]

παρόρασις.

II Ma. 5. 17. γέγονε περὶ τὸν τόπον παρόρασις
[**Aq.** Ps. 89 (90). 8.]

παροργίζειν. (1) גָּדַף pi. (2) כָּעַס *a.* pi. *b.* hi. (3) נָאַץ pi. (4) עָצַב hi. (5) קָנָא pi. (6) קָצַף hi. (7) קָצַר (8) *a.* רָגַז hi. *b.* רְגַז aph. (9) רוּם hithpal. (10) תַּמְרוּרִים

De. 4. 25. καὶ ποιήσητε . . . παροργίσαι αὐτόν (2 *b*)
31. 29. παροργίσαι αὐτὸν ἐν τοῖς ἔργοις (2 *b*)
32. 21. **A** παρώργισάν [**B** -ώξυνάν] με (2 *a*)
— 21. ἐπὶ ἔθνει ἀσυνέτῳ παροργιῶ αὐτούς (2 *b*)
Jd. 2. 12. παρώργισαν τὸν κύριον (2 *b*)
— 17. **A** παρώργισαν τὸν κύριον –
II Ki. 12. 14. **R** παροργίζων παρώργισας τοὺς ἐχθροὺς κ. [**A B** *al.*] (3, 3)
III Ki. 14. 9. **A** τοῦ παροργίσαι με (2 *b*)
— 15. **A** παροργίζοντες τὸν κύριον (2 *b*)
15. 30. ᾧ παρώργισε τὸν κύριον (2 *b*)
16. 2. τοῦ παροργίσαι με (2 *b*)
— 7. τοῦ παροργίσαι αὐτόν (2 *b*)
— 13. τοῦ παροργίσαι κ. τὸν θ. Ἰσρ. (2 *b*)
— 26. **A R** τοῦ παροργίσαι τὸν κ. θ. Ἰσρ. [**B** *al.*] (2 *b*)
III Ki. 16. 33. **A R** τοῦ παροργίσαι τὸν κ. θεὸν τοῦ Ἰσρ. [**B** *al.*] (2 *b*)
20 (21). 20. παροργίσαι αὐτόν –
— 22. περὶ τῶν παροργισμάτων ὧν παρώργισας (2 *b*)
22. 54. παρώργισε τὸν κ. θ. Ἰσρ. (2 *b*)
IV Ki. 17. 11. τοῦ παροργίσαι τὸν κ. (2 *b*)
— 17. τοῦ ποιῆσαι τὸ πονηρὸν . . . παροργίσαι αὐτόν (2 *b*)
21. 6. τοῦ ποιεῖν τὸ πονηρὸν . . . παροργίσαι αὐτόν (2 *b*)
— 15. ἦσαν παροργίζοντές με (2 *b*)
22. 17. ὅπως παροργίσωσί με (2 *b*)
23. 19. οὓς ἐποίησαν βασ. Ἰσρ. π. κύριον (2 *b*)
— 26. οὓς παρώργισεν αὐτὸν Μαν. (2 *b*)
II Ch. 28. 25. παρώργισαν κ. τὸν θεόν (2 *b*)
33. 6. τοῦ παροργίσαι αὐτόν (2 *b*)
34. 25. ἵνα παροργίσωσί με (2 *b*)
35. 19. ἃ παρώργισε Μαν. –
II Es. 5. 12. παρώργισαν οἱ πατ. ἡμῶν τὸν θεόν (8 *b*)
Ju. 8. 14. μὴ παροργίζετε κ. τὸν θεὸν ἡμῶν
11. 11. παροργιοῦσι τὸν θεὸν αὐτῶν
Jb. 12. 6. ὅσοι παροργίζουσι [**A** γὰρ ὀργίζουσιν] τὸν κύριον (8 *a*)
Ps. 9. 34 (10. 13). **S** ἕνεκεν τίνος παρώργισεν [**A B** -ώξυνεν] ὁ ἀσεβὴς τὸν θεόν (3)
77 (78). 40. **B** S^2 παρώργισαν αὐτὸν ἐν γῇ ἀνύδρῳ [S^1 τῇ ἐρήμῳ] (4)
— 58. παρώργισαν αὐτὸν ἐπὶ τοῖς βουνοῖς αὐ. (2 *b*)
105 (106). 16. παρώργισαν Μωυσῆν ἐν τῇ παρεμβολῇ (5)
— 32. παρώργισαν αὐτὸν ἐπὶ ὕδατος ἀντιλογίας (6)
Si. 3. 16. ὁ παροργίζων μητέρα αὐτοῦ
4. 2. μὴ παροργίσῃς ἄνδρα ἐν ἀπορίᾳ αὐτοῦ
— 3. καρδίαν παροργισμένην [**A S** -ωργ.] μὴ προσταράξῃς
Ho. 12. 14 (15). καὶ παρώργισε (10)
Mi. 2. 7. οἶκος Ἰ. παρώργισε πνεῦμα κυρίου (7 ?)
Za. 8. 14. ἐν τῷ παροργίσαι με τοὺς πατέρας ὑμῶν (6)
Is. 1. 4. παρωργίσατε τὸν ἅγιον τοῦ Ἰσραήλ (3)
Je. 7. 18. ἵνα παροργίσωσί με (2 *b*)
— 19. μὴ ἐμὲ αὐτοὶ παροργίζουσι [S^1 -ιοῦσιν] (2 *b*)
8. 19. παρώργισάν με ἐν τοῖς γλυπτοῖς αὐτῶν (2 *b*)
11. 17. ἐποίησαν ἑαυτοῖς τοῦ παροργίσαι με (2 *b*)
25. 6. ὅπως μὴ παροργίζητέ [**A** -γίσητέ] με (2 *b*)
Ba. 4. 6. διὰ δὲ τὸ παροργίσαι ὑμᾶς τὸν θεόν
Ez. 8. 17. **A** ἐπέστρεψαν παροργίσαι με (2 *b*)
16. 26. ἐξεπόρνευσας τοῦ παροργίσαι με (2 *b*)
— 54. ἐν τῷ [**A** *add.* σε] παροργίσαι με †
20. 27. παρώργισάν με οἱ πατέρες ὑμῶν (1)
32. 9. παροργιῶ καρδίαν λαῶν πολλῶν (2 *b*)
Da. LXX. 11. 36. παροργισθήσεται καὶ ὑψωθήσεται (9)
[**Aq.** Dt. 32. 16 : III Ki. 14. 9, 15 : IV Ki. 17. 11 : Je. 25. 7 (Sw.) : 32 (39). 30.]
[**Sm** Ps. 105 (106). 7 : Ec. 7. 10 (9) : Je. 32 (39). 30.]
[**Th.** I Ki. 28. 15 : II Ki. 12. 14 *bis* : Is. 14. 16 : Je. 25. 7 (Sw.) : Ez. 8. 17.]
[**Al.** I Ki. 1. 6.]
[**Heb.** Ge. 26. 35.]

παρόργισμα. (1) כַּעַס

III Ki. 16. 33. τοῦ ποιῆσαι παροργίσματα [**A** *om.*] –
20 (21). 22. περὶ τῶν π. ὧν παρώργισας (1)
II Ch. 35. 19. **A R** ἐπὶ πάντα τὰ π. [**B** προστάγμ.] αὐ. –

παροργισμός. (1) כַּעַס (2) נְאָצָה (3) קֶצֶף

III Ki. 15. 30. καὶ ἐν τῷ π. αὐτοῦ (1)
IV Ki. 19. 3. ἡμέρα θλίψεως . . . καὶ παροργισμοῦ (2)
23. 26. ἐπὶ τοὺς π. οὓς παρώργισεν (1)
Ne. 9. 18, 26. ἐποίησαν π. μεγάλους (2)
Je. 21. 5. **A** μετὰ θυμοῦ καὶ ὀργῆς καὶ παροργισμοῦ μεγάλου [**B S** ὀρ. μεγάλης] (3)
[**Aq.** Ps. 9. 35 (10. 14) : 30 (31). 10.]
[**Sm.** Ps. 9. 35 (10. 14) : 30 (31). 10 : Ez. 20. 28.]
[**Al.** I Ki. 1. 6 : Ec. 11. 10.]

παρορμᾶν.

II Ma. 15. 17. δυναμένοις ἐπ' ἀρετὴν παρορμῆσαι
IV Ma. 12. 6. ὅπως αὐτὴν ἐλεήσας . . . παρορμήσειεν
[**Sm.**, **Th.** Pr. 6. 3.]

παρορμίζειν.

[Sm. Ho. 5. 10.]

παρουσία.

Ne. 2. 6. A ἕως πότε ἔσται ἡ π. [B S πορεία] σου †
Ju. 10. 18. διεβοήθη γὰρ . . . ἡ π. αὐτῆς
II Ma. 8. 12. μεταδόντος . . . τὴν π. τοῦ στρατοπέδου
15. 21. συνιδὼν ὁ M. τὴν τῶν πληθῶν π.
III Ma. 3. 17. τὴν ἡμετέραν ἀποδεξάμενοι παρουσίαν

παρρησία. (1) μετὰ παρρησίας קוֹמְמִיּוּת

Le. 26. 13. ἤγαγον ὑμᾶς μετὰ παρρησίας (1)
Es. 8. 13. ἐκθέντες ἐν παντὶ τόπῳ μετὰ παρρησίας
Jb. 27. 10. μὴ ἔχει τινὰ [S[1] τι, A *om.*] παρρησίαν ἔναντι αὐτοῦ †
Pr. 1. 20. ἐν δὲ πλατείαις παρρησίαν ἄγει †
10. 10. ὁ δὲ ἐλέγχων μετὰ παρρησίας εἰρηνοποιεῖ †
13. 5. οὐχ ἕξει παρρησίαν †
Wi. 5. 1. τότε στήσεται ἐν παρρησίᾳ πολλῇ ὁ δίκαιος
Si. 25. 25. A S μὴ δῷς . . . γυναικὶ πονηρᾷ παρρησίαν [B ἐξουσίαν]
I Ma. 4. 18. λάβετε τὰ σκῦλα μετὰ παρρησίας
III Ma. 4. 1. μετὰ παρρησίας συνεκφαινομένης ἀπεχθείας
7. 12. μετὰ παρρησίας ἄνευ πάσης βασιλικῆς ἐξουσίας
IV Ma. 10. 5. οἱ δὲ πικρῶς ἐνέγκαντες τὴν π. τοῦ ἀνδρός

[Al. Ps. 137 (138). 1.]

παρρησιάζεσθαι. (1) יָפַע hi. (2) עָנַג hithpa.

Jb. 22. 26. παρρησιασθήσῃ [A ἐνπαρρησιάσῃ] ἐναντίον κυρίου (2)
Ps. 11 (12). 5. παρρησιάσομαι ἐν αὐτῷ †
93 (94). 1. ὁ θεὸς ἐκδικήσεων ἐπαρρησιάσατο (1 ?)
Pr. 20. 9. τίς παρρησιάσεται καθαρὸς εἶναι ἀπὸ ἁμαρτιῶν –
Ca. 8. 10. S ἡ νύμφη παρρησιάζεται –
Si. 6. 11. ἐπὶ τοὺς οἰκέτας σου παρρησιάσεται

[Aq. Ps. 30 (31). 14.]
[Th. Ez. 16. 30 (Sw.).]

παρωθεῖν.

II Ma. 4. 11. R τὰ κείμενα τοῖς Ἰ. φιλάνθρωπα βασιλικὰ . . . παρώσατο [A -σας]

παρωμίς.

Ex. 28. 14. ἐπὶ τὰς ἀσπιδίσκας κατὰ τὰς π. αὐ. †

πᾶς, *cf.* σύμπας. (1) כֹּל (2) *a.* כָּל־אִישׁ *b.* כֹּל אִישׁ (3) כָּלִיל (4) תָּמִיד (5) πάντες כֹּל *a.* כָּל־אִישׁ *b.* כָּל־הָאֲנָשִׁים (6) π. τόπος כֹּל (7) ὁ τὰ π. ποιήσας שַׁדַּי (8) διὰ παντός *a.* כָּל־הַיּוֹם *b.* כָּלִיל *c.* לָנֶצַח *d.* עַד *e.* עוֹלָם *f.* עֵקֶב *g.* תָּמִיד (9) θυσία διὰ παντός תָּמִיד (10) σὺν παντί כָּלָה (11) σὺν π. τῷ λαῷ כָּלִיל

Ge. 1. 21. καὶ π. ψυχὴν ζῴων ἑρπετῶν (1)
— 21. A καὶ πᾶν πετεινὸν πτερωτὸν καὶ πᾶν [R πτ. κατὰ] γένος (1, –)
— 25. καὶ π. τὰ ἑρπετὰ τῆς γῆς (1)
— 26. ἀρχέτωσαν . . . π. τῆς γῆς καὶ π. τῶν ἑρπετῶν (1, 1)
— 28. ἄρχετε . . . π. τῶν κτηνῶν καὶ π. τῆς γῆς καὶ π. τῶν ἑρπετῶν (1, –, –)
— 29. R δέδωκα ὑμῖν πάντα [A πᾶν] χόρτον (1)
— 29. ὅ ἐστιν ἐπάνω π. τῆς γῆς καὶ π. ξύλον (1, 1)
— 30. καὶ π. τοῖς θηρίοις τῆς γῆς καὶ π. τοῖς πετεινοῖς τοῦ οὐρ. καὶ π. ἑρπετῷ (1 *ter*)
— 30. καὶ π. χόρτον χλωρὸν εἰς βρῶσιν (1)
— 31. εἶδεν ὁ θ. τὰ π. (1)
2. 1. καὶ π. ὁ κόσμος αὐτῶν (1)
— 2. κατέπαυσε . . . ἀπὸ π. τῶν ἔργων αὐ. (1)
— 3. κατέπαυσεν ἀπὸ π. τῶν ἔργων αὐ. (1)
— 5. καὶ π. χλωρὸν ἀγροῦ (1)
— 5. καὶ π. χόρτον ἀγροῦ (1)
— 6. π. τὸ πρόσωπον τῆς γῆς (1)
— 9. ἐξανέτειλεν ὁ θ. . . . π. ξύλον (1)
— 11. ὁ κυκλῶν π. τὴν γῆν Εὐ. (1)
— 13. ὁ κυκλῶν π. τὴν γῆν Αἰθ. (1)
— 16. ἀπὸ π. ξύλου τοῦ ἐν τῷ παραδ. (1)
— 19. π. τὰ θηρία τοῦ ἀγροῦ (1)
— 19. π. τὰ πετεινὰ τοῦ οὐρ. (1)
Ge. 2. 19. πᾶν ὃ ἐὰν ἐκάλεσεν αὐτὸ Ἀ. (1)
— 20. ὀνόματα πᾶσι τοῖς κτήνεσι καὶ π. τοῖς πετεινοῖς τοῦ οὐρ. καὶ π. τοῖς θηρίοις (1, –, 1)
3. 1. φρονιμώτατος π. τῶν θηρίων (1)
— 1. ἀπὸ π. ξύλου τοῦ παραδείσου (1)
— 2. A[2] ἀπὸ π. [R καρποῦ τοῦ] ξύλου τοῦ παρ. †
— 10. A τὴν φ. σου ἤκουσα περὶ παντός [R περιπατοῦντος] –
— 14. ἀπὸ π. τῶν κτηνῶν καὶ ἀπὸ π. τῶν θηρίων (1, 1)
— 14, 17. π. τὰς ἡμέρας τῆς ζωῆς σου (1)
— 20. μήτηρ π. τῶν ζώντων (1)
4. 14. π. ὁ εὑρίσκων με (1)
— 15. π. ὁ ἀποκτείνας Κάϊν (1)
— 15. π. τὸν εὑρίσκοντα αὐτόν (1)
5. 5. π. αἱ ἡμέραι Ἀδάμ (1)
— 8. π. αἱ ἡμέραι Σήθ (1)
— 11. π. αἱ ἡμέραι Ἐνώς (1)
— 14. π. αἱ ἡμέραι Καϊνᾶν (1)
— 17. π. αἱ ἡμέραι Μαλελεήλ (1)
— 20. π. αἱ ἡμέραι Ἰάρεδ (1)
— 23. π. αἱ ἡμέραι Ἐνώχ (1)
— 27. π. αἱ ἡμέραι Μαθουσάλα (1)
— 31. π. αἱ ἡμέραι Λάμεχ (1)
6. 2. ἀπὸ πασῶν ὧν ἐξελέξαντο (1)
— 5. π. τις διανοεῖται ἐν τῇ καρδ. αὐ. . . . π. τὰς ἡμέρας (1, 1)
— 12. κατέφθειρε πᾶσα σὰρξ τὴν ὁδὸν αὐ. (1)
— 13. καιρὸς παντὸς ἀνθρώπου ἥκει (1)
— 17. καταφθεῖραι π. σάρκα (1)
— 19. ἀπὸ π. τῶν κτηνῶν καὶ ἀπὸ π. τῶν ἑρπ. καὶ ἀπὸ π. τῶν θηρίων καὶ ἀπὸ π. σαρκὸς δύο δύο ἀπὸ πάντων (–, –, 1 *ter*)
— 20. ἀπὸ π. τῶν ὀρνέων . . . καὶ ἀπὸ π. τῶν κτηνῶν . . . καὶ ἀπὸ π. τῶν ἑρπ. . . . δύο δύο ἀπὸ πάντων (–, –, 1, 1)
— 21. ἀπὸ π. τῶν βρωμάτων (1)
— 22. ἐποίησε Νῶε πάντα (1)
7. 1. εἴσελθε σὺ καὶ π. ὁ οἶκός σου (1)
— 3. ἀπὸ π. τῶν πετ. τῶν μὴ καθ. –
— 3. διαθρέψαι σπέρμα ἐπὶ π. τὴν γῆν (1)
— 4. ἐξαλείψω π. τὸ ἀνάστημα (1)
— 4. R ἀπὸ προσώπου π. [A *om.*] τῆς γῆς –
— 5. ἐποίησε Νῶε πάντα (1)
— 8. R ἀπὸ π. τῶν ἑρπόντων [A[2] -πετῶν] (1)
— 11. ἐρράγησαν π. αἱ πηγαὶ τῆς ἀβύσσου (1)
— 14. R καὶ π. τὰ θηρία . . . καὶ π. τὰ κτήνη . . . καὶ π. ἑρπετὸν . . . καὶ π. ὄρνεον [A *om.*] πετεινόν (1 *quater*)
— 15. δύο δύο . . . ἀπὸ π. σαρκός (1)
— 16. ἀπὸ π. σαρκὸς εἰσῆλθε (1)
— 19. ἐπεκάλυψε π. τὰ ὄρη τὰ ὑψηλά (1)
— 20. ἐπεκάλυψε π. τὰ ὄρη τὰ ὑψ. –
— 21. ἀπέθανε π. σὰρξ . . . καὶ π. ἑρπετὸν . . . καὶ π. ἄνθρωπος (1 *ter*)
— 22. πάντα ὅσα ἔχει πνοὴν ζωῆς (1)
— 22. A πᾶς ὃς [R πᾶν ὃ] ἦν ἐπὶ τῆς ξηρᾶς (1)
— 23. ἐξήλειψε π. τὸ ἀνάστημα (1)
— 23. A ἐπὶ προσώπου π. [R *om.*] τῆς γῆς –
8. 1. ἐμνήσθη ὁ θ. . . . π. τῶν θηρίων καὶ π. τῶν κτηνῶν καὶ π. τῶν πετ. καὶ π. τῶν ἑρπετῶν (1, 1, –, –)
— 9. A ἐπὶ π. προσώπῳ π. τῆς γῆς [R *al.*] (–, 1)
— 17. καὶ π. τὰ θηρία . . . καὶ π. σὰρξ . . . καὶ π. ἑρπετόν (1 *ter*)
— 19. καὶ π. τὰ θηρία καὶ π. τὰ κτήνη καὶ π. πετεινὸν καὶ π. ἑρπετόν (1 *quater*)
— 20. ἀπὸ π. τῶν κτηνῶν τῶν καθ. καὶ ἀπὸ π. τῶν πετεινῶν τῶν καθ. (1, 1)
— 21. πατάξαι π. σάρκα ζῶσαν (1)
— 22. π. τὰς ἡμέρας τῆς γῆς (1)
9. 2. ἐπὶ π. τοῖς θηρίοις τῆς γῆς ἐπὶ π. τὰ ὄρνεα τοῦ οὐρ. καὶ ἐπὶ π. τὰ κινούμενα . . . καὶ ἐπὶ π. τοὺς ἰχθύας (1 *quater*)
— 3. καὶ π. ἑρπετὸν ὅ ἐστι ζῶν (1)
— 3. ἔδωκα ὑμῖν τὰ π. (1)
— 5. ἐκ χειρὸς π. τῶν θηρίων (1)
— 10. καὶ π. ψυχῇ ζώσῃ μεθ' ὑμῶν (1)
— 10. καὶ π. τοῖς θηρίοις τῆς γῆς (1)
— 10. ἀπὸ π. τῶν ἐξελθόντων ἐκ τῆς κιβ. (1)
— 11. οὐκ ἀποθανεῖται π. σάρξ (1)
— 11. τοῦ καταφθεῖραι π. τὴν γῆν –
— 12. ἀνὰ μέσον π. ψυχῆς ζώσης (1)
— 15. ἀνὰ μέσον π. ψυχῆς ζώσης ἐν π. σαρκί (1, 1)
Ge. 9. 15. ὥστε ἐξαλεῖψαι π. σάρκα (1)
— 16. A ἀνὰ μέσον π. [R *om.*] ψυχῆς ζώσης ἐν π. σαρκί (1, 1)
— 17. ἀνὰ μέσον π. σαρκός (1)
— 19. διεσπάρησαν ἐπὶ π. τὴν γῆν (1)
— 29. ἐγένοντο π. αἱ ἡμέραι Νῶε (1)
10. 21. πατρὶ π. τῶν υἱῶν Ἔβερ (1)
— 29. πάντες οὗτοι υἱοὶ Ἰεκτάν (1)
11. 1. ἦν π. ἡ γῆ χεῖλος ἓν καὶ φωνὴ μία πᾶσι (1, –)
— 4. ἐπὶ πρωσώπου π. τῆς γῆς (1)
— 6. χεῖλος ἓν πάντων (1)
— 6. οὐκ ἐκλείψει ἐξ αὐτῶν πάντα (1)
— 8. ἐπὶ πρόσωπον π. τῆς γῆς (1)
— 9. τὰ χείλη π. τῆς γῆς (1)
— 9. ἐπὶ πρόσωπον π. τῆς γῆς (1)
— 32. R ἐγένοντο π. [A *om.*] αἱ ἡμέραι Θ. –
12. 3. π. αἱ φυλαὶ τῆς γῆς (1)
— 5. καὶ π. τὰ ὑπάρχοντα αὐτῶν (1)
— 5. καὶ π. ψυχὴν ἣν ἐκτήσαντο –
— 20. καὶ πάντα ὅσα ἦν αὐτῷ (1)
13. 1. καὶ π. τὰ αὐτοῦ (1)
— 9. καὶ ἰδοὺ π. ἡ γῆ ἐναντίον σου (1)
— 10. π. τὴν περίχωρον τοῦ Ἰορδ. ὅτι π. ἦν ποτιζομένη (1, 1)
— 11. π. τὴν περίχωρον τοῦ Ἰορδ. (1)
— 15. π. τὴν γῆν ἣν σὺ ὁρᾷς (1)
14. 3. π. οὗτοι συνεφώνησαν (1)
— 7. κατέκοψαν π. τοὺς ἄρχοντας Ἀμ. (1)
— 11. τὴν ἵππον π. τὴν Σοδόμων (1)
— 11. καὶ π. τὰ βρώματα αὐτῶν (1)
— 16. R ἀπέστρεψε π. τὴν ἵππον Σοδόμων (1)
— 16. R καὶ π. τὰ ὑπάρχοντα αὐτοῦ –
— 20. δεκάτην ἀπὸ πάντων (1)
— 23. ἀπὸ π. τῶν σῶν (1)
15. 10. ἔλαβε δὲ αὐτῷ π. ταῦτα (1)
16. 12. αἱ χεῖρες αὐτοῦ ἐπὶ πάντας καὶ αἱ χεῖρες πάντων ἐπ' αὐτόν (1, 1)
— 12. κατὰ πρόσωπον π. τῶν ἀδ. αὐτοῦ (1)
17. 8. π. τὴν γῆν Χαναάν (1)
— 10. περιτμηθήσεται ὑμῶν π. ἀρσενικόν (1)
— 12. π. ἀρσενικὸν εἰς τὰς γενεὰς ὑμῶν (1)
— 12. ἀπὸ παντὸς υἱοῦ ἀλλοτρίου (1)
— 23. καὶ π. τοὺς οἰκογενεῖς αὐτοῦ καὶ π. τοὺς ἀργυρωνήτους καὶ π. ἄρσεν (1 *ter*)
— 27. καὶ π. οἱ ἄνδρες τοῦ οἴκου αὐτοῦ (1)
18. 18. π. τὰ ἔθνη τῆς γῆς (1)
— 19. πάντα ὅσα ἐλάλησε –
— 24. R οὐκ ἀνήσεις π. [A *om.*] τὸν τόπον –
— 25. ὁ κρίνων π. τὴν γῆν (1)
— 26. ἀφήσω π. τὸν τόπον (1)
— 28. ἀπολεῖς . . . π. τὴν πόλιν (1)
19. 17. μηδὲ στῇς ἐν π. τῇ περιχώρῳ (1)
— 25. R καὶ π. τὴν περίχωρον [A *al.*] (1)
— 25. π. τοὺς κατοικοῦντας ἐν ταῖς πόλεσι (1)
— 25. A καὶ π. [R *om.*] τὰ ἀνατέλλοντα –
— 29. π. τὰς πόλεις τῆς περιοίκου –
— 31. ὡς καθήκει π. τῇ γῇ (1)
20. 7. σὺ καὶ π. τὰ σά (1)
— 8. ἐκάλεσε π. τοὺς παῖδας αὐτοῦ (1)
— 8. ἐλάλησε π. τὰ ῥήματα ταῦτα (1)
— 8. ἐφοβήθησαν δὲ π. οἱ ἄνθρ. σφόδρα –
— 13. εἰς π. τόπον οὗ ἐὰν εἰσέλθωμεν (1)
— 16. καὶ π. ταῖς μετὰ σοῦ (1)
— 16. καὶ πάντα ἀλήθευσον (1)
— 18. συνέκλεισε κύριος . . . π. μήτραν (1)
21. 12. πάντα ὅσα ἂν εἴπῃ σοι Σάρρα (1)
— 22. ὁ θ. μετὰ σοῦ ἐν πᾶσιν (1)
22. 18. ἐνευλογηθήσονται . . . π. τὰ ἔθνη (1)
23. 10. τῶν εἰσπορευομ. εἰς τὴν πόλιν πάντων (1)
— 11. R ἐναντίον π. [A *om.*] τῶν πολιτῶν μου –
— 13. A ἐναντίον π. [R *om.*] τοῦ λαοῦ –
— 17. π. δένδρον ὃ ἦν ἐν τῷ ἀγρῷ (1)
— 17. R πᾶν [A *om.*] ὅ ἐστιν ἐν τοῖς ὁρίοις –
— 18. ἐναντίον . . . π. τῶν εἰσπορευομ. (1)
24. 1. ηὐλόγησε τὸν Ἀβ. κατὰ πάντα (1)
— 2. τῷ ἄρχοντι πάντων τῶν αὐτοῦ (1)
— 10. ἀπὸ π. τῶν ἀγαθῶν τοῦ κυρίου αὐ. (1)
— 19. ἕως ἂν πᾶσαι πίωσι †
— 20. ὑδρεύσατο πάσαις ταῖς καμήλοις (1)
— 22. ἐπαύσαντο π. αἱ κάμ. πίνουσαι –
— 36. S[2] πάντα [A S[1] R *om.*] ὅσα ἦν αὐτῷ (1)
— 66. διηγήσατο . . . π. τὰ ῥήματα (1)
25. 4. π. οὗτοι ἦσαν υἱοὶ Χεττ. (1)
— 5. ἔδωκε δὲ Ἀβ. π. τὰ ὑπάρχοντα αὐ. (1)
— 18. κατὰ πρόσωπον π. τῶν ἀδ. αὐ. (1)
26. 3. δώσω π. τὴν γῆν ταύτην (1)

Ge. 26. 4. δώσω τῷ σπέρμ. σου π. τὴν γῆν ταύτην (1)
— 4. ἐνευλογηθήσονται . . . π. τὰ ἔθνη τῆς γῆς (1)
— 11. συνέταξε δὲ Ἀβιμ. π. τῷ λαῷ αὐ. (1)
— 11. π. ὁ ἁπτόμ. τοῦ ἀνθρ. τούτου –
— 15. π. τὰ φρέατα ἃ ὤρυξαν (1)
27. 33. ἔφαγον ἀπὸ πάντων (1)
— 37. π. τοὺς ἀδ. αὐ. πεποίηκα αὐ. οἰκέτας (1)
28. 14. ἐνευλογηθήσονται ἐν σοὶ π. αἱ φυλαί (1)
— 15. διαφυλάσσων σε ἐν τῇ ὁδῷ π. (1)
— 15. ἕως τοῦ ποιῆσαί με πάντα –
— 22. πάντων ὧν ἐάν μοι δῷς (1)
29. 3. συνήγοντο ἐκεῖ π. τὰ ποίμνια (1)
— 8. ἕως τοῦ συναχθῆναι π. τοὺς ποιμένας (1)
— 13. διηγήσατο τῷ Λ. π. τοὺς λόγους τούτους (1)
— 22. συνήγαγε δὲ Λ. π. τοὺς ἄνδρας (1)
30. 13. A μακαρίζουσίν με π. [R om.] αἱ γυν. –
— 32. R παρελθέτω π. [A om.] τὰ πρόβ. σου (1)
— 32. διαχώρισον ἐκεῖθεν π. πρόβατον (1)
— 32. A πᾶν διαραντὸν καὶ λευκόν [R al.] (1)
— 33. πᾶν ὃ ἐὰν μὴ ᾖ ῥαντόν (1)
— 35. καὶ π. τὰς αἶγας τὰς ῥαντάς (1)
— 35. πᾶν ὃ ἦν φαιόν (1)
— 35. πᾶν ὃ ἦν λευκόν (1)
— 40. π. ποικίλον ἐν τοῖς ἀμνοῖς (1)
31. 1. πάντα τὰ τοῦ πατρὸς ἡμῶν (1)
— 1. πεποίηκε π. τὴν δόξαν ταύτην (1)
— 6. ἐν π. ἰσχύϊ μου δεδούλευκα (1)
— 8. τέξεται π. τὰ πρόβ. ποικίλα (1)
— 8. τέξεται π. τὰ πρόβ. λευκά (1)
— 9. ἀφείλατο ὁ θ. π. τὰ κτήνη –
— 16. π. τὸν πλοῦτον καὶ τὴν δόξαν (1)
— 18. ἀπήγαγε π. τὰ ὑπάρχοντα αὐ. καὶ π. τὴν ἀποσκευὴν αὐ. . . . καὶ π. τὰ αὐτοῦ (1, 1, –)
— 21. αὐτὸς καὶ τὰ αὐτοῦ π. (1)
— 23. A παραλαβὼν π. [R om.] τοὺς ἀδ. αὐ. –
— 31. μή ποτε ἀφέλῃ . . . π. τὰ ἐμά –
— 37. π. τὰ σκεύη τοῦ οἴκου μου (1)
— 37. ἀπὸ π. τῶν σκευῶν τοῦ οἴκου σου (1)
— 43. πάντα ὅσα σὺ ὁρᾷς (1)
32. 10 (11). ἀπὸ π. δικαιοσύνης καὶ ἀπὸ π. ἀληθείας (1, 1)
— 19 (20). ἐνετείλατο . . . π. τοῖς προπορευομ. (1)
— 23 (24). διεβίβασε πάντα τὰ αὐτοῦ –
33. 8. π. αἱ παρεμβολαὶ αὗται (1)
— 11. ἔστι μοι πάντα (1)
— 13. ἀποθανοῦνται π. τὰ κτήνη (1)
34. 15. ἐν τῷ περιτμηθῆναι ὑμῶν π. ἀρσενικόν (1)
— 19. ἐνδοξότατος π. τῶν ἐν τῷ οἴκῳ (1)
— 22. ἐν τῷ περιτέμνεσθαι ἡμῶν π. ἀρσενικόν (1)
— 24. π. οἱ ἐκπορευόμ. τὴν πύλην (1)
— 24. περιετέμοντο . . . π. ἄρσην (1)
— 25. ἀπέκτειναν π. ἀρσενικόν (1)
— 29. π. τὰ σώματα αὐτῶν καὶ π. τὴν ἀποσκευὴν αὐτῶν (1, 1)
— 30. R πᾶσι [A om.] τοῖς κατοικοῦσι τὴν γῆν –
35. 2. καὶ π. τοῖς μετ' αὐτοῦ (1)
— 6. αὐτὸς καὶ π. ὁ λαός (1)
36. 6. R π. τὰ σώματα τοῦ οἴκου αὐ. καὶ π. τὰ ὑπάρχοντα αὐ. καὶ π. [A om.] τὰ κτήνη καὶ π. ὅσα ἐκτήσατο καὶ π. [A om.] ὅσα περιεποιήσατο (1, –, 1, 1, –)
37. 3. παρὰ π. τοὺς υἱοὺς αὐτοῦ (1)
— 4. ἐκ π. τῶν υἱῶν αὐτοῦ (1)
— 35. συνήχθησαν δὲ π. οἱ υἱοὶ αὐτοῦ (1)
39. 4. πάντα ὅσα ἦν αὐτῷ (1)
— 5. ἐπὶ πάντα ὅσα ἦν αὐτῷ (1)
— 5. ἐπὶ π. τοῖς ὑπάρχουσιν αὐτῷ (1)
— 6. πάντα ὅσα ἦν αὐτῷ (1)
— 8. πάντα ὅσα ἐστὶν αὐτῷ (1)
— 22. καὶ π. τοὺς ἀπηγμένους (1)
— 22. καὶ πάντα ὅσα ποιοῦσιν ἐκεῖ (1)
— 23. πάντα γὰρ ἦν διὰ χειρὸς Ἰ. (1 ?)
40. 17. ἀπὸ π. τῶν γενημάτων (1)
— 20. ἐποίει πότον π. τοῖς παισὶν αὐ. (1)
41. 8. ἐκάλεσε π. τοὺς ἐξηγητὰς Αἰγ. καὶ π. τοὺς σοφοὺς αὐτῆς (1, 1)
— 29. εὐθηνία πολλὴ ἐν π. γῇ Αἰγ. (1)
— 34. π. τὰ γενήματα τῆς γῆς Αἰγ. –
— 35. π. τὰ βρώματα τῶν ἑπτὰ ἐτῶν (1)
— 37. ἐναντίον π. τῶν παίδων αὐτοῦ (1)
— 38. εἶπε Φ. π. τοῖς παισὶν αὐτοῦ –
— 39. ἔδειξεν ὁ θ. σοι π. ταῦτα (1)
— 40. ὑπακούσεται π. ὁ λαός μου (1)
— 41. R ἐπὶ π. γῇ [A π. γῆς] Αἰγ. (1)
— 44. R ἐπὶ π. γῆς [A π. γῇ] Αἰγ. (1)

Ge. 41. 46. διῆλθε π. γῆν Αἰγύπτου (1)
— 48. συνήγαγε π. τὰ βρώματα (1)
— 51. π. τῶν πόνων μου καὶ π. τῶν τοῦ πατρός μου (1, 1)
— 54. ἐγένετο λιμὸς ἐν π. τῇ γῇ (1)
— 54. ἐν δὲ π. γῇ Αἰγύπτου (1)
— 55. ἐπείνασε π. ἡ γῆ Αἰγ. (1)
— 55. A ἐκέκραξεν δὲ π. [R om.] ὁ λαός –
— 55. εἶπε δὲ Φ. π. τοῖς Αἰγ. (1)
— 56. ἐπὶ προσώπου π. τῆς γῆς (1)
— 56. ἀνέῳξε δὲ Ἰ. π. τοὺς σιτοβολῶνας (1)
— 56. ἐπώλει π. τοῖς Αἰγυπτίοις –
— 57. π. αἱ χῶραι ἦλθον εἰς Αἴγ. (1)
— 57. ἐπεκράτησε γὰρ ὁ λιμὸς ἐν π. τῇ γῇ (1)
42. 6. οὗτος ἐπώλει π. τῷ λαῷ τῆς γῆς (1)
— 11. πάντες ἐσμὲν υἱοὶ ἑνὸς ἀνθρ. (1)
— 29. π. τὰ συμβεβηκότα αὐτοῖς (1)
— 36. ἐπ' ἐμὲ ἐγένετο ταῦτα π. (1)
43. 9. ἡμαρτηκὼς ἔσομαι πρὸς σὲ π. τὰς ἡμέρας (1)
— 32. A π. ποιμὴν προβάτων –
— 34. παρὰ τὰς μερίδας πάντων (1)
44. 32. ἡμαρτηκὼς ἔσομαι . . . π. τὰς ἡμέρας (1)
45. 1. π. τῶν παρεστηκότων αὐτῷ (1)
— 1. ἐξαποστείλατε πάντας (5 *a*)
— 2. ἤκουσαν δὲ π. οἱ Αἰγ. –
— 8. καὶ κύριον παντὸς τοῦ οἴκου αὐ. καὶ ἄρχοντα π. γῆς Αἰγ. (1, 1)
— 9. κύριον π. γῆς Αἰγ. (1)
— 11. καὶ π. τὰ ὑπάρχοντά σου (1)
— 13. ἀπαγγείλατε . . . π. τὴν δόξαν μου (1)
— 15. καταφιλήσας π. τοὺς ἀδ. αὐ. (1)
— 18. π. τῶν ἀγαθῶν Αἰγ. –
— 20. τὰ γὰρ π. ἀγαθὰ Αἰγύπτου (1)
— 22. πᾶσιν ἔδωκε δισσὰς στολάς (1)
— 23. ἀπὸ π. τῶν ἀγαθῶν Αἰγ. –
— 26. ἄρχει π. τῆς γῆς Αἰγύπτου (1)
— 27. π. τὰ ῥηθέντα ὑπὸ Ἰ. (1)
46. 1. αὐτὸς καὶ π. τὰ αὐτοῦ (1)
— 6. ἀναλαβόντες . . . π. τὴν κτῆσιν –
— 6. καὶ π. τὸ σπέρμα αὐτοῦ μετ' αὐτοῦ (1)
— 7. π. τὸ σπέρμα αὐ. ἤγαγεν εἰς Αἴγ. (1)
— 15. π. αἱ ψυχαὶ . . . τριάκοντα τρεῖς (1)
— 22. π. ψυχαὶ δέκα ὀκτώ (1)
— 25. π. ψυχαὶ ἑπτά (1)
— 26. π. δὲ ψυχαὶ αἱ εἰσελθοῦσαι (1)
— 26. π. ψυχαὶ ἑξήκοντα ἕξ (1)
— 27. π. ψυχαὶ οἴκου Ἰακώβ (1)
— 32. π. τὰ αὐτῶν ἀγηόχασιν (1)
— 34. π. ποιμὴν προβάτων (1)
47. 1. οἱ βόες αὐτῶν καὶ π. τὰ αὐτῶν (1)
— 12. καὶ π. τῷ οἴκῳ τοῦ πατρὸς αὐτοῦ (1)
— 13. σῖτος δὲ οὐκ ἦν ἐν π. τῇ γῇ (1)
— 14. συνήγαγε δὲ Ἰ. π. τὸ ἀργύριον (1)
— 14. εἰσήνεγκεν Ἰ. π. τὸ ἀργύριον –
— 15. ἐξέλιπε π. [A om.] τὸ ἀργ. –
— 15. ἦλθον δὲ π. οἱ Αἰγ. (1)
— 17. ἀντὶ π. τῶν κτηνῶν αὐτῶν (1)
— 20. ἐκτήσατο Ἰ. π. τὴν γῆν τῶν Αἰγ. (1)
— 23. εἶπε δὲ Ἰ. π. τοῖς Αἰγυπτίοις †
— 24. B καὶ π. τοῖς οἴκοις ὑμῶν [A R al.] –
48. 16. ὁ ῥυόμ. με ἐκ π. τῶν κακῶν (1)
49. 25. εὐλογίαν γῆς ἐχούσης πάντα –
— 28. π. οὗτοι υἱοὶ Ἰ. δώδεκα (1)
50. 7. π. οἱ παῖδες Φαραώ (1)
— 7. π. οἱ πρεσβύτεροι τῆς γῆς Αἰγ. (1)
— 8. π. ἡ πανοικία Ἰωσήφ (1)
— 8. π. ἡ οἰκία ἡ πατρικὴ αὐ. –
— 14. A καὶ οἱ συναναβάντες π. [B om.] (1)
— 15. π. τὰ κακὰ ἃ ἐνεδειξάμεθα (1)
— 22. π. ἡ πανοικία τοῦ πατρὸς αὐ. –
Ex. 1. 5. ἦσαν δὲ π. ψυχαὶ ἐξ Ἰακώβ (1)
— 6. Ἰ. καὶ π. οἱ ἀδ. αὐτοῦ καὶ π. ἡ γενεὰ ἐκ. (1, 1)
— 14. καὶ π. τοῖς ἔργοις τοῖς ἐν τοῖς πεδίοις κατὰ π. τὰ ἔργα (1, 1)
— 22. συνέταξε δὲ Φ. π. τῷ λαῷ αὐ. (1)
— 22. π. ἄρσεν ὃ ἐὰν τεχθῇ τοῖς Ἑβρ. (1)
— 22. π. θῆλυ ζωογονεῖτε αὐτό (1)
3. 20. ἐν π. τοῖς θαυμασίοις μου (1)
4. 19. τεθνήκασι γὰρ πάντες (5 *b*)
— 21. ὅρα π. τὰ τέρατα (1)
— 28. π. τοὺς λόγους κυρίου . . . καὶ π. τὰ ῥήματα [A σημεῖα] (1, 1)
— 30. ἐλάλησεν Ἀ. π. τὰ ῥήματα ταῦτα (1)
7. 2. πάντα ὅσα σοι ἐντέλλομαι (1)
— 5. γνώσονται π. οἱ Αἰγύπτιοι –
— 19. ἐπὶ π. συνεστηκὸς αὐτῶν (1)

Ex. 7. 19. ἐγένετο αἷμα ἐν π. γῇ Αἰγ. (1)
— 20. μετέβαλε π. τὸ ὕδωρ . . . εἰς αἷμα (1)
— 21. ἦν τὸ αἷμα ἐν π. γῇ Αἰγ. (1)
— 24. ὤρυξαν δὲ π. οἱ Αἰγύπτιοι (1)
8. 2 (7. 27). τύπτω π. τὰ ὅριά σου (1)
— 7 (3). A ἐπὶ π. [B om.] γῆν Αἰγ. –
— 16 (12). ἐν π. γῇ Αἰγύπτου (1)
— 17 (13). ἐν π. χώματι τῆς γῆς (1)
— 17 (13). A B^{2} ἐν π. γῇ Αἰγ. (1)
— 18 (14). B^{2} καὶ ἐν π. χώματι τῆς γῆς –
— 22 (18). κ. ὁ θ. π. τῆς γῆς †
— 24 (20). εἰς π. τὴν [A om.] γῆν Αἰγύπτου (1)
9. 4. ἀπὸ π. τῶν τοῦ Ἰσρ. [A al.] (1)
— 6. A^{2} B ἐτελεύτησε π. τὰ κτήνη τῶν Αἰγ. (1)
— 7. B ἀπὸ π. [A^{2} om.] τῶν κτηνῶν τῶν υἱῶν Ἰσρ. –
— 9. ἐπὶ π. τὴν [A om.] γῆν Αἰγύπτου (1)
— 9, 11 (A^{2} B). ἐν π. γῇ Αἰγύπτου (1)
— 14. ἐξαποστέλλω π. τὰ συναντήματά μου (1)
— 14. οὐκ ἔστιν ὡς ἐγὼ ἄλλος ἐν π. τῇ γῇ (1)
— 16. ὅπως διαγγελῇ . . . ἐν π. τῇ γῇ (1)
— 19. π. γὰρ οἱ ἄνθρωποι καὶ τὰ κτήνη (1)
— 22. ἔσται χάλαζα ἐπὶ π. γῆν Αἰγ. (1)
— 22. ἐπὶ π. βοτάνην τὴν ἐπὶ τῆς γῆς (1)
— 23. χάλαζαν ἐπὶ π. γῆν Αἰγ. –
— 25. ἐν π. γῇ Αἰγύπτου (1)
— 25. B^{2} πάντα ὅσα ἦν ἐν τῷ πεδίῳ (1)
— 25. π. βοτάνην τὴν ἐν τῷ πεδίῳ (1)
— 25. π. τὰ ξύλα τὰ ἐν τοῖς πεδίοις (1)
10. 4. ἀκρίδα πολλὴν ἐπὶ π. τὰ ὅριά σου –
— 5. π. τὸ περισσὸν τῆς γῆς –
— 5. κατέδεται π. [A π. τὸ] ξύλον τὸ φυόμ. ὑμῖν (1)
— 6. καὶ π. αἱ οἰκίαι ἐν π. γῇ τῶν Αἰγ. (–, 1)
— 12. κατέδεται π. βοτάνην τῆς γῆς καὶ π. τὸν καρπὸν τῶν ξύλων (1, 1)
— 14. ἐπὶ π. γῆν Αἰγύπτου (1)
— 14. ἐπὶ π. τὰ ὅρια Αἰγύπτου (1)
— 15. κατέφαγε π. βοτάνην τῆς γῆς καὶ π. τὸν καρπὸν τῶν ξύλων (1, 1)
— 15. ἐν π. βοτάνῃ τοῦ πεδίου ἐν π. [B^{1} om.] γῇ Αἰγ. (–, 1)
— 19. ἐν π. γῇ Αἰγύπτου (1)
— 22. ἐπὶ π. γῆν Αἰγύπτου (1)
— 23. π. δὲ τοῖς υἱοῖς Ἰσρ. φῶς ἦν ἐν πᾶσιν (1, –)
11. 1. ὅταν δὲ ἐξαποστέλλῃ ὑμᾶς σὺν παντί (10)
— 3. B ἐναντίον π. [A R om.] τῶν Αἰγ. –
— 5. τελευτήσει π. πρωτότοκον (1)
— 5. ἕως πρωτοτόκου π. κτήνους (1)
— 6. κατὰ π. γῆν Αἰγύπτου (1)
— 7. καὶ ἐν π. τοῖς υἱοῖς Ἰσρ. (1)
— 8. καταβήσονται π. οἱ παῖδές σου (1)
— 8. σὺ καὶ π. [B^{1} om.] ὁ λαός σου (1)
— 10. B ἐποίησαν π. [A om.] τὰ σημεῖα καὶ τὰ [A π. τὰ] τέρατα (1, –)
12. 3. λάλησον πρὸς π. συναγωγήν (1)
— 6. π. τὸ πλῆθος συναγωγῆς (1)
— 12. πατάξω π. πρωτότοκον (1)
— 12. ἐν π. τοῖς [A om.] θεοῖς τῶν Αἰγ. (1)
— 14. εἰς π. [A om.] τὰς γενεὰς ὑμῶν –
— 15. πᾶς ὃς ἂν φάγῃ ζύμην (1)
— 16. π. ἔργον λατρευτὸν οὐ ποιήσετε (1)
— 16. ὅσα ποιηθήσεται π. ψυχῇ (1)
— 19. πᾶς ὃς ἂν φάγῃ ζυμωτόν (1)
— 20. π. ζυμωτὸν οὐκ ἔδεσθε (1)
— 20. ἐν π. δὲ κατοικητηρίῳ ὑμῶν (1)
— 21. ἐκάλεσε δὲ Μ. π. γερουσίαν (1)
— 29. π. πρωτότοκον ἐν γῇ Αἰγ. (1)
— 29. ἕως πρωτοτόκου π. κτήνους [A π. πρωτότοκον κτ.] (1)
— 30. A καὶ π. [B om.] οἱ θεράποντες αὐ. (1)
— 30. καὶ π. οἱ Αἰγύπτιοι (1)
— 30. ἐγενήθη κραυγὴ μεγ. ἐν π. γῇ Αἰγ. –
— 33. π. ἡμεῖς ἀποθνήσκομεν (1)
— 41. ἐξῆλθε π. ἡ δύναμις κυρίου (1)
— 42. ὥστε π. τοῖς υἱοῖς Ἰσρ. εἶναι (1)
— 43. π. ἀλλογενὴς οὐκ ἔδεται ἀπ' αὐτοῦ (1)
— 44. π. οἰκέτην . . . περιτεμεῖς αὐτόν (1)
— 47. π. συναγωγὴ υἱῶν Ἰσρ. (1)
— 48. περιτεμεῖς αὐτοῦ π. ἀρσενικόν (1)
— 48. π. ἀπερίτμητος οὐκ ἔδεται (1)
13. 2. π. πρωτότοκον πρωτογενὲς διανοῖγον π. μήτραν (1, 1)
— 7. ἐν π. τοῖς ὁρίοις σου (1)
— 12 *bis*, 13. π. διανοῖγον μήτραν (1)
— 13. π. πρωτότοκον ἀνθρώπου (1)
— 15. ἀπέκτεινε π. πρωτότοκον (1)

Ex. 13. 15. B π. πρωτότοκον τῷ κ. [R om. π. . . . κ.] –
— 15. π. διανοῖγον μήτραν (1)
— 15. π. πρωτότοκον τῶν υἱῶν μου (1)
— 22. ἐναντίον τοῦ λαοῦ π. –
14. 4. καὶ ἐν π. τῇ στρατιᾷ αὐτοῦ (1)
— 4. γνώσονται π. οἱ Αἰγύπτιοι –
— 6. καὶ π. τὸν λαὸν αὐτοῦ –
— 7. καὶ π. τὴν ἵππον τῶν Αἰγ. καὶ τριστάτας ἐπὶ πάντων (1, 1)
— 9. καὶ π. ἡ ἵππος (1)
— 17. καὶ τῶν Αἰγυπτίων πάντων –
— 17. καὶ ἐν π. τῇ στρατιᾷ αὐτοῦ (1)
— 18. γνώσονται π. οἱ Αἰγύπτιοι –
— 23. καὶ πᾶς [A πᾶσα ἡ] ἵππος Φ. (1)
— 28. ἐκάλυψε . . . π. τὴν δύναμιν Φ. (1)
15. 15. π. οἱ κατοικοῦντες Χαναάν (1)
— 20. ἐξήλθοσαν π. αἱ γυναῖκες (1)
— 26. καὶ φυλάξῃς π. τὰ δικαιώμ. αὐτοῦ (1)
— 26. π. νόσον . . . οὐκ ἐπάξω ἐπὶ σέ (1)
16. 1, 2. π. συναγωγὴ υἱῶν Ἰσρ. (1)
— 3. ἀποκτεῖναι π. τὴν συναγωγὴν ταύτην (1)
— 6. πρὸς π. συναγωγὴν υἱῶν Ἰσρ. (1)
— 9. εἰπὸν π. συναγωγῇ υἱῶν Ἰσρ. (1)
— 10. ἐλάλει Ἀ. π. συναγωγῇ υἱῶν Ἰσρ. (1)
— 22. π. οἱ ἄρχοντες τῆς συναγωγῆς (1)
— 23. π. τὸ πλεονάζον καταλείπετε αὐτό (1)
17. 1. π. συναγωγὴ υἱῶν Ἰσρ. (1)
— 13. καὶ π. τὸν λαὸν αὐτοῦ –
18. 1. ἤκουσε δὲ Ἰ. . . . πάντα (1)
— 8. διηγήσατο Μ. . . . πάντα (1)
— 8. καὶ π. [A om.] τοῖς Αἰγυπτίοις –
— 8. καὶ π. τὸν μόχθον τὸν γενόμ. αὐτοῖς (1)
— 9. ἐξέστη δὲ Ἰ. ἐπὶ π. τοῖς ἀγαθοῖς (1)
— 11. μέγας κύριος παρὰ π. τοὺς θεούς (1)
— 12. καὶ π. οἱ πρεσβύτεροι Ἰσρ. (1)
— 13. παρειστήκει δὲ π. ὁ λαός –
— 14. ἰδὼν Ἰ. πάντα (1)
— 14. π. δὲ ὁ λαὸς παρέστηκέ σοι (1)
— 18. καὶ σὺ καὶ π. ὁ λαός –
— 21. σκέψαι ἀπὸ π. τοῦ λαοῦ (1)
— 22. κρινοῦσι τὸν λαὸν π. ὥραν (1)
— 23. καὶ π. ὁ λαὸς οὗτος . . . ἥξει (1)
— 25. ἄνδρας δυνατοὺς ἀπὸ παντὸς Ἰσρ. (1)
— 26. ἐκρίνοσαν τὸν λαὸν π. ὥραν (1)
— 26. πᾶν [A τὸ] δὲ ῥῆμα ὑπέρογκον –
— 26. π. δὲ ῥῆμα ἐλαφρόν (1)
19. 5. λαὸς περιούσιος ἀπὸ π. τῶν ἐθνῶν (1)
— 5. ἐμὴ γάρ ἐστι π. ἡ γῆ (1)
— 7. παρέθηκεν αὐτοῖς π. τοὺς λόγους τ. (1)
— 8. ἀπεκρίθη δὲ π. ὁ λαός (1)
— 8. πάντα ὅσα εἶπεν ὁ θ. (1)
— 11. ἐναντίον π. τοῦ λαοῦ (1)
— 12. π. ὁ ἁψάμενος τοῦ ὄρους (1)
— 16. ἐπτοήθη π. ὁ λαός (1)
— 18. ἐξέστη π. ὁ λαὸς σφόδρα (1)
20. 1. π. τοὺς λόγους τούτους (1)
— 4. οὐδὲ παντὸς ὁμοίωμα (1)
— 9. ποιήσεις π. τὰ ἔργα σου (1)
— 10. οὐ ποιήσεις ἐν αὐτῇ π. ἔργον (1)
— 10. καὶ π. κτῆνός σου –
— 11. καὶ π. τὰ ἐν αὐτοῖς (1)
— 17. οὔτε π. κτήνους αὐτοῦ (1)
— 18. π. ὁ λαὸς ἑώρα τὴν φωνήν (1)
— 18. π. ὁ λαὸς ἔστησαν μακρόθεν –
— 24. θύσετε . . . ἐν π. τόπῳ (1)
22. 5 (4). ἐὰν δὲ π. τὸν ἀγρὸν καταβοσκήσῃ –
— 9 (8). κατὰ π. ῥητὸν ἀδίκημα (1)
— 9 (8). περὶ . . . π. ἀπωλείας τῆς ἐγκαλουμ. (1)
— 10 (9). ἢ π. κτῆνος φυλάξαι (1)
— 19 (18). πᾶν κοιμώμενον μετὰ κτήνους (1)
— 22 (21). π. χήραν . . . οὐ κακώσετε (1)
23. 7. ἀπὸ π. ῥήματος ἀδίκου ἀποστήσῃ –
— 13. πάντα ὅσα εἴρηκα πρὸς ὑμᾶς (1)
— 17. ὀφθήσεται π. ἀρσενικόν (1)
— 22. ἐὰν . . . ποιήσῃς πάντα (1)
— 22. λαὸς περιούσιος ἀπὸ π. τῶν ἐθνῶν –
— 22. ἐμὴ γάρ ἐστι π. ἡ γῆ –
— 22. ἐὰν . . . ποιήσητε πάντα (1 ?)
— 27. ἐκστήσω π. τὰ ἔθνη (1)
— 27. δώσω π. τοὺς ὑπεναντ. σου φυγάδας (1)
24. 3. διηγήσατο . . . π. τὰ ῥήματα τοῦ θ. (1)
— 3. ἀπεκρίθη δὲ π. ὁ λαός (1)
— 3. π. τοὺς λόγους οὓς ἐλάλησε κ. (1)
— 4. ἔγραψε Μ. π. τὰ ῥήματα κυρίου (1)
— 7. πάντα ὅσα ἐλάλησε κύριος (1)
— 8. ἧς διέθετο . . . περὶ π. τῶν λόγων τούτων (1)

Ex. 25. 2. λάβετε ἀπαρχὰς παρὰ πάντων (5 a)
— 8 (9). ποιήσεις μοι κατὰ πάντα (1)
— 8 (9). τὸ παράδειγμα π. τῶν σκευῶν αὐτῆς (1)
— 21 (22). κατὰ πάντα ὅσα ἂν ἐντείλωμαί σοι (1)
— 29. ἄρτους ἐνωπίους ἐναντίον μου διὰ παντός (8 g)
— 38 (39). π. τὰ σκεύη ταῦτα (1)
26. 2. μέτρον τὸ αὐτὸ ἔσται π. [A om.] ταῖς αὐλαίαις (1)
— 17. οὕτω ποιήσεις π. τοῖς στύλοις (1)
27. 3. π. τὰ σκεύη αὐ. ποιήσεις χαλκᾶ (1)
— 17. π. οἱ στῦλοι τῆς αὐλῆς (1)
— 19. καὶ π. ἡ κατασκευὴ καὶ π. τὰ ἐργαλεῖα (1,1)
— 20. ἵνα καίηται λύχνος διὰ παντός (8 g)
28. 3. λάλησον π. τοῖς σοφοῖς (1)
— 26 (30). οἴσει Ἀ. τὰς κρίσεις . . . διὰ παντός (8 g)
— 34 (38). π. δόματος τῶν ἁγίων αὐτῶν (1)
— 34 (38). ἔσται ἐπὶ τοῦ μετώπου Ἀ. διὰ παντός (8 g)
29. 12. τὸ δὲ λοιπὸν π. [A om.] αἷμα (1)
— 13. λήψῃ π. τὸ στέαρ (1)
— 24. ἐπιθήσεις τὰ π. ἐπὶ τὰς χ. Ἀ. (1)
— 35. κατὰ πάντα ὅσα ἐνετειλάμην σοι (1)
— 37. π. ὁ ἁπτόμ. τοῦ θυσιαστηρίου (1)
30. 8. θυμίαμα ἐνδελεχισμοῦ διὰ παντός [A[1] om. δ. π.] (8 g)
— 14. πᾶς ὁ παραπορευόμενος (1)
— 27. AR καὶ π. τὰ σκεύη αὐτῆς (1)
— 27, 27 (B). καὶ π. τὰ σκεύη αὐτῆς –
— 28. καὶ π. αὐτοῦ τὰ σκεύη (1)
— 28 (27). καὶ π. τὰ σκεύη αὐτῆς (1)
— 29. π. ὁ ἁπτόμενος αὐτῶν (1)
31. 3. ἐν π. ἔργῳ διανοεῖσθαι (1)
— 5. ἐργάζεσθαι κατὰ π. τὰ ἔργα (1)
— 6. καὶ π. συνετῷ καρδίᾳ δέδωκα σύνεσιν (1)
— 6. πάντα ὅσα συνέταξά σοι (1)
— 8. καὶ π. τὰ σκεύη αὐτῆς –
— 8. καὶ π. τὰ σκεύη αὐτῆς (1)
— 11. κατὰ πάντα . . . ποιήσουσι (1)
— 14. πᾶς ὃς ποιήσει ἐν αὐτῷ ἔργον (1)
— 15. πᾶς ὃς ποιήσει ἔργον (1)
32. 3. περιείλαντο π. ὁ λαὸς τὰ ἐνώτια (1)
— 13. καὶ π. τὴν γῆν ταύτην (1)
— 26. π. οἱ υἱοὶ Λευί (1)
33. 7. π. ὁ ζητῶν κύριον (1)
— 8. εἱστήκει π. ὁ λαός (1)
— 10. ἑώρα π. ὁ λαὸς τὸν στῦλον (1)
— 10. στάντες π. ὁ λαός (1)
— 12. οἶδά σε παρὰ πάντας †
— 16. παρὰ π. τὰ ἔθνη ὅσα ἐπὶ τῆς γῆς ἐστι (1)
— 17. οἶδά σε παρὰ πάντας †
34. 3. μηδὲ ὀφθήτω ἐν π. τῷ ὄρει (1)
— 10. ἐνώπιον π. τοῦ λαοῦ σου (1)
— 10. ἃ οὐ γέγονεν ἐν π. τῇ γῇ καὶ ἐν π. ἔθνει (1, 1)
— 10. ὄψεται π. ὁ λαὸς τὰ ἔργα κ. (1)
— 11. πρόσεχε σὺ πάντα –
— 19. π. διανοῖγον μήτραν (1)
— 19. π. [A om.] πρωτότοκον μόσχου (1)
— 20. π. πρωτότοκον τῶν υἱῶν σου (1)
— 23. ὀφθήσεται π. ἀρσενικόν σου (1)
— 30. καὶ π. οἱ πρεσβύτεροι Ἰσρ. (1)
— 31. καὶ π. οἱ ἄρχοντες τῆς συναγωγῆς (1)
— 32. π. οἱ υἱοὶ Ἰσρ. (1)
— 32. ἐνετείλατο αὐτοῖς πάντα (1)
— 34. ἐλάλει π. τοῖς υἱοῖς Ἰσρ. –
35. 1. π. [A π. τὴν] συναγωγὴν υἱῶν Ἰσρ. (1)
— 2. π. ὁ ποιῶν ἔργον (1)
— 3. ἐν π. κατοικίᾳ ὑμῶν (1)
— 4. πρὸς π. συναγωγὴν υἱῶν Ἰσρ. (1)
— 5. π. ὁ καταδεχόμενος τῇ καρδίᾳ (1)
— 10. π. σοφὸς τῇ καρδίᾳ [A διανοίᾳ] (1)
— 10. πάντα [A om.] ὅσα συνέταξε κύριος (1)
— 15 (13). καὶ π. τὰ σκεύη αὐτῆς (1)
— 16 (14). καὶ π. τὰ σκεύη αὐτῆς –
— 17 (16). καὶ π. τὰ σκεύη αὐτοῦ (1)
— 20. π. συναγωγὴ υἱῶν Ἰσρ. (1)
— 21. εἰς π. τὰ ἔργα τῆς σκηνῆς –
— 21. εἰς π. τὰ κάτεργα αὐτῆς (1)
— 21. εἰς π. τὰς στολὰς τοῦ ἁγίου –
— 22. πᾶς ᾧ ἔδοξε τῇ διανοίᾳ (1)
— 22. ἤνεγκαν . . . π. σκεῦος χρυσοῦν (1)
— 23 (22). πάντες ὅσοι ἤνεγκαν ἀφαιρέματα (5 a)
— 23. A πᾶς ᾧ εὑρέθη παρ' αὐτῷ [B al.] (2 a)

Ex. 35. 24. π. ὁ ἀφαιρῶν ἀφαίρεμα (1)
— 24. εἰς π. τὰ ἔργα τῆς κατασκευῆς (1)
— 25. π. γυνὴ σοφὴ τῇ διανοίᾳ (1)
— 26. καὶ π. αἱ γυναῖκες (1)
— 29. καὶ π. ἀνὴρ καὶ γυνή (1)
— 29. ποιεῖν π. τὰ ἔργα (1)
— 31. καὶ ἐπιστήμης πάντων (1)
— 32. κατὰ π. τὰ ἔργα τῆς ἀρχιτεκτονίας –
— 33. ἐν π. ἔργῳ σοφίας (1)
— 35. πάντα συνιέναι ποιῆσαι τὰ ἔργα (1)
— 35. ποιεῖν π. ἔργον ἀρχιτεκτονίας (1)
36. 1. καὶ π. σοφὸς τῇ διανοίᾳ (2 b)
— 1. ποιεῖν π. τὰ ἔργα (1)
— 1. κατὰ πάντα ὅσα συνέταξε κ. (1)
— 2. π. τοὺς ἔχοντας τὴν σοφίαν (5 a)
— 2. καὶ π. τοὺς ἑκουσίως βουλομ. (1)
— 3. ἔλαβον παρὰ Μ. π. τὰ ἀφαιρέματα (1)
— 3. εἰς π. τὰ ἔργα τοῦ ἁγίου –
— 4. π. οἱ σοφοὶ οἱ ποιοῦντες τὰ ἔργα (1)
— 8. ἐποίησε [A -σαν] π. σοφός (1)
37. 2 (36. 9). τὸ αὐτὸ ἦσαν πάσαις [A πᾶσαι] (1)
— 14 (38. 16). π. αἱ αὐλαῖαι τῆς σκηνῆς [A al.] (1)
— 15 (38. 17). π. οἱ στῦλοι τῆς αὐλῆς (1)
— 18 (38. 20). π. οἱ πάσσαλοι τῆς αὐλῆς (1)
38. 23 (3). ἐποίησε π. τὰ σκεύη (1)
39. 1 (38. 24). π. τὸ χρυσίον ὃ κατειργάσθη (1)
— 1 (38. 24). κατὰ π. τὴν ἐργασίαν τῶν ἁγίων (1)
— 3 (38. 26). π. ὁ παραπορευόμ. τὴν ἐπίσκεψιν (1)
— 10 (38. 31). καὶ π. τὰ σκεύη τοῦ θυσιαστηρίου (1)
— 10 (38. 31). καὶ π. τὰ ἐργαλεῖα τῆς σκηνῆς (1)
— 15 (38). καὶ π. τὰ σκεύη αὐτοῦ –
— 18 (36). A[2]B καὶ π. τὰ σκεύη αὐτῆς (1)
— 21 (40). καὶ π. τὰ σκεύη τῆς σκηνῆς (1)
— 21 (40). B καὶ π. [A om.] τὰ ἐργαλεῖα αὐτῆς –
— 21 (40). καὶ π. τὰ ἐργαλεῖα (1 ?)
— 22 (42). ἐποίησαν . . . π. τὴν ἀποσκευήν [A παρασκ.] (1)
— 23 (43). εἶδε Μ. π. τὰ ἔργα (1)
40. 6. B καὶ π. τὰ αὐτῆς ἁγιάσεις –
— 9. καὶ πάντα τὰ ἐν αὐτῇ (1)
— 9. καὶ π. τὰ σκεύη [B[1] om.] αὐτῆς (1)
— 10. καὶ π. τὰ σκεύη αὐτοῦ (1)
— 16. ἐποίησε Μ. πάντα (1)
— 33. συνετέλεσε Μ. π. τὰ ἔργα –
— 38. ἐναντίον παντὸς Ἰσρ. ἐν π. ταῖς ἀναζυγαῖς αὐτῶν (1, 1)
Le. 1. 9. ἐπιθήσουσιν . . . τὰ π. ἐπὶ τὸ θυσιαστ. (1)
— 13. προσοίσει ὁ ἱερεὺς τὰ π. (1)
2. 2. καὶ π. τὸν λίβανον αὐτῆς (1)
— 11. π. θυσίαν ἣν ἂν προσφέρητε (1)
— 11. π. γὰρ ζύμην καὶ π. μέλι (1, 1)
— 13. π. δῶρον θυσίας ὑμῶν (1)
— 13. ἐπὶ [A ἀπὸ] π. δώρου ὑμῶν (1)
— 16. καὶ π. τὸν λίβανον αὐτῆς (1)
3. 3. καὶ π. τὸ στέαρ τὸ ἐπὶ τῆς κοιλίας (1)
— 9. R καὶ π. τὸ στέαρ τὸ κατακαλύπτον . . . καὶ π. τὸ στέαρ τὸ ἐπὶ τῆς κοιλίας [A B al.] (–, 1)
— 14. A[2]B καὶ π. τὸ στέαρ τὸ ἐπὶ τῆς κοιλίας (1)
— 15. καὶ π. [A om.] τὸ στέαρ τὸ ἐπ' αὐτῶν –
— 16. π. τὸ στέαρ τῷ κυρίῳ (1)
— 17. ἐν π. κατοικίᾳ ὑμῶν (1)
— 17. π. στέαρ καὶ π. αἷμα οὐκ ἔδεσθε (1, 1)
4. 2. R ἀπὸ π. [A B om.] τῶν προσταγμάτων κυρίου (1)
— 7. π. τὸ αἷμα τοῦ μόσχου (1)
— 8. π. τὸ [A τὸ π.] στέαρ τοῦ μόσχου (1)
— 8. π. τὸ στέαρ τὸ ἐπὶ τῶν ἐνδοσθίων (1)
— 11. καὶ π. αὐτοῦ τὴν σάρκα (1)
— 13. π. συναγωγὴ Ἰσραήλ (1)
— 13. μίαν ἀπὸ πασῶν [A πάντων] τῶν ἐντολῶν (1)
— 18. τὸ π. αἷμα ἐκχεεῖ (1)
— 19. τὸ π. στέαρ περιελεῖ (1)
— 22. καὶ ποιήσῃ μίαν ἀπὸ π. τῶν ἐντολῶν (1)
— 25. τὸ π. αἷμα αὐτοῦ ἐκχεεῖ –
— 26. τὸ π. στέαρ αὐτοῦ ἀνοίσει (1)
— 27. μίαν ἀπὸ πασῶν [A πάντων] τῶν ἐντ. –
— 30. π. τὸ αἷμα αὐτῆς ἐκχεεῖ (1)
— 31. π. τὸ στέαρ περιελεῖ (1)
— 34. π. αὐτοῦ τὸ αἷμα ἐκχεεῖ (1)
— 35. π. αὐτοῦ τὸ στέαρ περιελεῖ (1)
5. 2. ἥτις ἐὰν ἅψηται π. πράγματος ἀκαθ. (1)
— 3. ἀπὸ π. ἀκαθαρσίας αὐτοῦ (1)
— 4. κατὰ πάντα ὅσα ἐὰν διαστείλῃ (1)
— 17. μίαν ἀπὸ π. τῶν ἐντολῶν κυρίου (1)

Le. 6. 3 (5. 22). ἀπὸ πάντων ὧν ἐὰν ποιήσῃ ὁ ἄνθρ. (1)
— 4 (5. 24). ἀπὸ π. πράγματος οὗ ὤμοσε (1)
— 6 (5. 26). ἀπὸ πάντων ὧν ἐποίησε (1)
— 13 (6). πῦρ διὰ παντὸς καυθήσεται (8 g)
— 15 (8). R καὶ σὺν π. [A B *om.*] τῷ λιβάνῳ αὐτῆς (1)
— 18 (11). π. ἀρσενικὸν τῶν ἱερέων (1)
— 18 (11). πᾶς ὃς ἐὰν ἅψηται αὐτῶν (1)
— 20 (13). B εἰς θυσίαν διὰ παντός (8 g)
— 23 (16). B π. θυσία ἱερέως ὁλόκαυτος ἔσται (1)
— 27 (20). π. ὁ ἁπτόμ. τῶν κρεῶν αὐτῆς (1)
— 29 (22). π. ἄρσην ἐν τοῖς ἱερεῦσι (1)
— 30 (23). π. τὰ περὶ τῆς ἁμαρτίας (1)
— 33 (7. 3). π. τὸ στέαρ αὐτοῦ προσοίσει (1)
— 33 (7. 3). καὶ π. τὸ στέαρ τὸ κατακαλύπτον τὰ ἐνδόσθ. καὶ π. τὸ στέαρ τὸ ἐπὶ τῶν ἐνδοσθ. –, –
— 36 (7. 6). π. ἄρσην ἐκ τῶν ἱερέων (1)
— 39 (7. 9). π. θυσία ἥτις ποιηθήσεται (1)
— 39 (7. 9). καὶ πᾶσα ἥτις ποιηθήσεται (1)
— 40 (7. 10). π. θυσία ἀναπεποιημένη ἐν ἐλαίῳ (1)
— 40 (7. 10). π. τοῖς υἱοῖς Ἀαρὼν ἔσται (1)
7. 4 (14). ἓν ἀπὸ π. τῶν δώρων αὐτοῦ (1)
— 9 (19). ὅσα ἐὰν ἅψηται π. ἀκαθάρτου (1)
— 9 (19). π. καθαρὸς φάγεται κρέα (1)
— 11 (21). ἣ ἂν ἅψηται π. πράγματος ἀκαθ. . . . ἢ π. βδελύγματος ἀκαθ. (1, 1)
— 13 (23). π. στέαρ βοῶν. . . . οὐκ ἔδεσθε (1)
— 14 (24). ποιηθήσεται [A οὐ π.] εἰς π. ἔργον (1)
— 15 (25). π. ὁ ἔσθων στέαρ (1)
— 16 (26). π. αἷμα οὐκ ἔδεσθε ἐν π. τῇ κατοικίᾳ ὑμῶν (1, 1)
— 17 (27). π. ψυχὴ ἣ ἂν φάγῃ αἷμα (1)
8. 3. π. τὴν συναγωγὴν ἐκκλησίασον (1)
— 11. A B καὶ π. τὰ σκεύη αὐτοῦ [R τὰ ἐν αὐτῷ] (1)
— 11. A B καὶ π. τὰ ἐν αὐτῇ [R τὰ σκεύη αὐτῆς] –
— 16. ἔλαβε M. π. τὸ στέαρ (1)
— 36. ἐποίησεν Ἀ. . . . π. τοὺς λόγους (1)
9. 5. προσῆλθε π. συναγωγή (1)
— 23. εὐλόγησαν π. τὸν λαόν –
— 23. ὤφθη ἡ δόξα κυρίου π. τῷ λαῷ (1)
— 24. εἶδε π. ὁ λαός (1)
10. 3. ἐν π. τῇ [B¹ *om.*] συναγωγῇ δοξασθήσομαι (1)
— 6. ἐπὶ π. τὴν συναγωγὴν ἔσται θυμός (1)
— 6. π. ὁ [A *om.*] οἶκος Ἰσραήλ (1)
— 11. A B¹ συμβιβάσεις . . . π. [B² R ἅπ.] τὰ νόμιμα (1)
11. 2. ἀπὸ π. [B¹ *om.*] τῶν κτηνῶν (1)
— 3. π. κτῆνος διχηλοῦν ὁπλήν (1)
— 9. ἀπὸ π. τῶν ἐν τοῖς ὕδασι (1)
— 9. B πάντα ὅσα ἐστὶν αὐτοῖς πτερύγια (1)
— 10. πάντα ὅσα οὐκ ἔστιν αὐτοῖς πτερύγια (1)
— 10. ἀπὸ πάντων ὧν ἐρεύγεται τὰ ὕδατα (1)
— 10. ἀπὸ π. ψυχῆς ζώσης (1)
— 12. πάντα ὅσα οὐκ ἔστιν αὐτοῖς πτερύγια (1)
— 16 (15). R καὶ π. [B² *om.*] κόρακα (1)
— 20. καὶ π. τὰ ἑρπετά (1)
— 23. π. ἑρπετὸν ἀπὸ τῶν πετεινῶν (1)
— 24. π. ὁ ἁπτόμ. τῶν θνησιμαίων αὐ. (1)
— 25. π. ὁ αἴρων τῶν θνησιμαίων αὐ. (1)
— 26. ἐν π. τοῖς κτήνεσιν (1)
— 26. π. ὁ ἁπτόμ. τῶν θνησιμαίων αὐ. (1)
— 27. πᾶς ὃς πορεύεται ἐπὶ χειρῶν ἐν π. τοῖς θηρίοις (1, 1)
— 27. π. ὁ ἁπτόμ. τῶν θνησιμαίων αὐ. (1)
— 31. ἀπὸ π. τῶν ἑρπετῶν τῶν ἐπὶ τῆς γῆς (1)
— 31. πᾶς ὁ ἁπτόμ. αὐτῶν (1)
— 32. πᾶν ἐφ' ὃ ἂν ἐπιπέσῃ (1)
— 32. ἀπὸ π. σκεύους ξυλίνου (1)
— 32. π. σκεῦος ὃ ἐὰν ποιηθῇ ἔργον (1)
— 33. καὶ π. σκεῦος ὀστράκινον (1)
— 34. καὶ π. βρῶμα ὃ ἔσθεται (1)
— 34. καὶ π. ποτὸν ὃ πίνεται ἐν π. ἀγγείῳ (1, 1)
— 35. πᾶν ὃ ἐὰν πέσῃ . . . ἐπ' αὐτό (1)
— 37. ἐπὶ π. σπέρμα σπόριμον [A¹ *om.*] (1)
— 38. ἐπὶ π. σπέρμα –
— 41. π. ἑρπετὸν ὃ ἕρπει (1)
— 42. π. ὁ πορευόμ. ἐπὶ κοιλίας (1)
— 42. π. ὁ πορευόμ. ἐπὶ τέσσαρα διὰ παντός (1, 8 d)
— 42, 43, 44. ἐν π. τοῖς ἑρπετοῖς (1)
— 46. οὗτος ὁ νόμος περὶ . . . π. ψυχῆς τῆς κινουμένης . . . καὶ π. ψυχῆς ἑρπούσης (1, 1)

Le. 12. 4. π. ἁγίου οὐχ ἅψεται (1)
13. 12. π. τὸ δέρμα τῆς ἁφῆς (1)
— 13. π. τὸ δέρμα τοῦ χρωτός (1)
— 13. πᾶν μετέβαλε λευκόν (1)
— 46. π. τὰς ἡμέρας . . . ἀκάθαρτος ἔσται (1)
— 48. ἢ ἐν π. ἐργασίμῳ δέρματι (1)
— 49. ἢ ἐν π. σκεύει ἐργασίμῳ δέρματος (1)
— 51. κατὰ πάντα ὅσα ἐὰν ποιηθῇ (1)
— 52, 53, 57. ἢ ἐν π. σκεύει δερματίνῳ (1)
— 58. ἢ π. σκεῦος δερμάτινον (1)
— 59. ἢ π. σκεύους δερματίνου (1)
14. 8. ξυρηθήσεται αὐτοῦ π. τὴν τρίχα (1)
— 9. ξυρηθήσεται π. τὴν τρίχα αὐτοῦ (1)
— 9. π. τὴν τρίχα αὐτοῦ ξυρηθήσεται (1)
— 45. π. τὸν χοῦν ἐξοίσουσιν (1)
— 46. π. τὰς ἡμέρας ἃς ἀφωρισμένη ἐστίν (1)
— 54. κατὰ π. ἁφὴν λέπρας (1)
15. 3. π. αἱ ἡμέραι ῥύσεως σώματος αὐ. –
— 4. π. κοίτη ἐφ' ἧς ἂν κοιμηθῇ (1)
— 4. π. σκεῦος ἐφ' ὃ ἂν καθίσῃ (1)
— 9. π. ἐπίσαγμα ὄνου (1)
— 10. π. ὁ ἁπτόμ. ὅσα ἐὰν ᾖ ὑποκάτω αὐτοῦ (1)
— 16. λούσεται ὕδατι π. τὸ σῶμα αὐτοῦ (1)
— 17. π. ἱμάτιον καὶ π. δέρμα (1, 1)
— 19. π. ὁ ἁπτόμ. αὐτῆς ἀκάθαρτος ἔσται (1)
— 20. πᾶν [A ἐὰν] ἐφ' ὃ ἂν κοιτάζηται (1)
— 20. πᾶν ἐφ' ὃ ἂν ἐπικαθίσῃ (1)
— 21. πᾶς ὃς ἐὰν ἅψηται τῆς κοίτης αὐ. (1)
— 22. π. ὁ ἁπτόμ. π. σκεύους (1, 1)
— 24. π. κοίτη ἐφ' ᾗ ἂν κοιμηθῇ (1)
— 25. π. αἱ ἡμέραι ῥύσεως ἀκαθαρσίας αὐ. (1)
— 26. π. κοίτην ἐφ' ἧς ἂν κοιμηθῇ (1)
— 26. π. τὰς ἡμέρας τῆς ῥύσεως (1)
— 26. π. σκεῦος ἐφ' ὃ ἂν καθίσῃ (1)
— 27. π. ὁ ἁπτόμ. αὐτῆς (1)
16. 2. μὴ εἰσπορευέσθω π. ὥραν (1)
— 4. λούσεται ὕδατι π. τὸ σῶμα αὐτοῦ –
— 16. περὶ π. τῶν ἁμαρτιῶν αὐ. (1)
— 17. π. ἄνθρωπος οὐκ ἔσται ἐν τῇ σκηνῇ (1)
— 17. περὶ π. συναγωγῆς υἱῶν Ἰσρ. (1)
— 21. π. τὰς ἀνομίας τῶν υἱῶν Ἰσρ. καὶ π. τὰς ἀδικίας αὐ. καὶ π. τὰς ἁμαρτ. αὐ. (1 *ter*)
— 29. π. ἔργον οὐ ποιήσετε (1)
— 30. ἀπὸ π. τῶν ἁμαρτ. ὑμῶν (1)
— 33. καὶ περὶ π. συναγωγῆς (1)
— 34. ἀπὸ π. τῶν ἁμαρτιῶν αὐτῶν (1)
17. 2. πρὸς π. [A π. τοὺς] υἱοὺς Ἰσρ. (1)
— 10. ὃς ἂν φάγῃ π. αἷμα (1)
— 11. ἡ γὰρ ψυχὴ π. σαρκός –
— 12. π. ψυχὴ ἐξ ὑμῶν (1)
— 14. ἡ γὰρ ψυχὴ π. σαρκός (1)
— 14. αἷμα π. σαρκὸς οὐ φάγεσθε (1)
— 14. ἡ ψυχὴ π. σαρκὸς αἷμα αὐτοῦ ἐστι (1)
— 14. π. ὁ ἔσθων αὐτό (1)
— 15. π. ψυχὴ ἥτις φάγεται θνησιμαῖον (1)
18. 5. φυλάξεσθε π. τὰ προστάγματά μου καὶ π. τὰ κρίματά μου –, –
— 6. πρὸς π. οἰκεῖα σαρκὸς αὐτοῦ (1)
— 23. πρὸς πᾶν τετράπουν οὐ δώσεις τὴν κοίτην (1)
— 23. γυνὴ οὐ στήσεται πρὸς πᾶν τετράπουν –
— 24. μὴ μιαίνεσθε ἐν π. τούτοις (1)
— 24. ἐν π. γὰρ τούτοις ἐμιάνθησαν (1)
— 26. φυλάξεσθε π. τὰ νόμιμά μου –
— 26. B καὶ π. τὰ προστάγματά μου –
— 26. ἀπὸ π. τῶν βδελυγμάτων τούτων (1)
— 27. π. γὰρ τὰ βδελύγματα ταῦτα (1)
— 29. πᾶς ὃς ἂν ποιήσῃ (1)
— 29. ἀπὸ π. τῶν [B¹ *om.*] βδελυγμάτων τούτων (1)
— 30. ἀπὸ π. τῶν νομίμων [A ἀνόμων] –
19. 23. π. ξύλον βρώσιμον (1)
— 24. ἔσται π. ὁ καρπὸς αὐτοῦ ἅγιος (1)
— 37. π. τὸν νόμον μου καὶ π. τὰ προστάγματά μου (1, 1)
20. 5. καὶ π. τοὺς ὁμονοοῦντας αὐτῷ (1)
— 16. ἥτις προσελεύσεται πρὸς π. κτῆνος (1)
— 22. φυλάξασθε π. τὰ προστάγμ. μου (1)
— 23. ταῦτα πάντα ἐποίησαν (1)
— 24. ὃς διώρισα ὑμᾶς ἀπὸ π. τῶν ἐθνῶν –
— 25. καὶ ἐν π. τοῖς ἑρπετοῖς τῆς γῆς (1)
— 26. ὁ ἀφορίσας ὑμᾶς ἀπὸ π. τῶν ἐθνῶν –
21. 11. ἐπὶ π. ψυχῇ τετελευτηκυίᾳ (1)
— 18. π. ἄνθρωπος ᾧ ἂν ᾖ ἐν αὐτῷ μῶμος (1)
— 21. πᾶς ᾧ ἐστιν ἐν αὐτῷ μῶμος (2 a)
— 24. καὶ πρὸς π. υἱοὺς Ἰσρ. (1)
22. 3. π. ἄνθρωπος ὃς ἂν προσέλθῃ ἀπὸ π. [B¹ *om.*] τοῦ [A *om.*] σπέρματος ὑ. (1, 1)

Le. 22. 4. ὁ ἁπτόμ. π. ἀκαθαρσίας ψυχῆς (1)
— 5. ὅστις ἂν ἅψηται π. ἑρπετοῦ ἀκαθ. (1)
— 5. κατὰ π. ἀκαθαρσίαν αὐτοῦ (1)
— 10. π. ἀλλογενὴς οὐ φάγεται ἅγια (1)
— 13. π. ἀλλογενὴς οὐ φάγεται ἀπ' αὐτῶν (1)
— 18. καὶ π. συναγωγῇ Ἰσρ. (1)
— 18. κατὰ π. ὁμολογίαν αὐ. ἢ κατὰ π. αἵρεσιν αὐ. (1, 1)
— 20. πάντα ὅσα ἂν ἔχῃ μῶμον (1)
— 21. π. μῶμος οὐκ ἔσται ἐν αὐτῷ (1)
— 25. οὐ προσοίσετε . . . ἀπὸ π. τούτων (1)
23. 3. π. ἔργον οὐ ποιήσεις (1)
— 3. ἐν π. κατοικίᾳ ὑμῶν (1)
— 7, 8. π. ἔργον λατρευτὸν οὐ ποιήσετε (1)
— 14. ἐν π. κατοικίᾳ ὑμῶν (1)
— 21. π. ἔργον λατρευτὸν οὐ ποιήσετε (1)
— 21. ἐν π. τῇ κατοικίᾳ ὑμῶν (1)
— 25. π. ἔργον λατρευτὸν οὐ ποιήσετε (1)
— 28. π. ἔργον οὐ ποιήσετε (1)
— 29. π. ψυχὴ ἥτις μὴ ταπεινωθήσεται (1)
— 30. π. ψυχὴ ἥτις ποιήσει ἔργον (1)
— 31. π. ἔργον οὐ ποιήσετε (1)
— 31. ἐν π. κατοικίαις ὑμῶν (1)
— 35, 36. π. ἔργον λατρευτὸν οὐ ποιήσετε (1)
— 38. R πλὴν πασῶν [A B πάντων] τῶν εὐχῶν ὑμῶν (1)
— 42. π. ὁ αὐτόχθων ἐν Ἰσρ. (1)
24. 2. καῦσαι λύχνον διὰ παντός (8 g)
— 8. ἔναντι κυρίου διὰ παντός (8 g)
— 14. π. οἱ ἀκούσαντες (1)
— 14. λιθοβολήσουσιν αὐτὸν π. ἡ συναγωγή (1)
— 16. A B¹ λιθοβολείτω αὐτὸν π. [B² R π. ἡ] συναγωγὴ Ἰσρ. (1)
25. 7. ἔσται π. τὸ γένημα αὐ. εἰς βρῶσιν (1)
— 9. ἐν π. τῇ γῇ ὑμῶν –
— 9. ἐν π. τῇ γῇ ὑμῶν (1)
— 10. π. τοῖς κατοικοῦσιν αὐτήν (1)
— 18. π. τὰ δικαιώματά μου καὶ π. τὰς κρίσεις μου –, –
— 24. κατὰ π. γῆν κατασχέσεως ὑμῶν (1)
— 31. λυτρωταὶ διὰ παντὸς ἔσονται –
— 32. λυτρωταὶ διὰ παντὸς ἔσονται (8 e)
26. 15. ὥστε ὑμᾶς μὴ ποιεῖν π. τὰς ἐντ. μου (1)
— 34, 35. π. τὰς ἡμέρας τῆς ἐρημώσεως αὐτῆς (1)
27. 11. ἐὰν δὲ π. κτῆνος ἀκάθαρτον (1)
— 25. π. τιμὴ ἔσται σταθμίοις ἁγίοις (1)
— 26. π. πρωτότοκον ὃ ἐὰν γένηται –
— 28. π. δὲ ἀνάθεμα (1)
— 28. ἀπὸ πάντων ὅσα αὐτῷ ἐστιν (1)
— 28. π. ἀνάθεμα ἅγιον ἁγίων ἔσται (1)
— 29. πᾶν ὃ ἐὰν ἀνατεθῇ (1)
— 30. π. δεκάτη τῆς γῆς (1)
— 32. καὶ π. δεκάτη βοῶν (1)
— 32. πᾶν ὃ ἐὰν ἔλθῃ ἐν τῷ ἀριθμῷ (1)
Nu. 1. 2. λάβετε ἀρχὴν π. συναγωγῆς (1)
— 3 (2). π. ἄρσην ἀπὸ εἰκοσαετοῦς (1)
— 3. π. ὁ ἐκπορευόμ. ἐν δυνάμει Ἰ. (1)
— 18. π. τὴν συναγωγὴν συνήγαγον [A *al.*] (1)
— 18. π. ἀρσενικὸν κατὰ κεφαλὴν αὐ. –
— 20, 22. π. ἀρσενικὰ ἀπὸ εἰκοσαετοῦς . . . π. ὁ ἐκπορευόμ. ἐν τῇ δυνάμει (1, 1)
— 26, 28, 30, 32, 34, 36, 24, 38, 40, 42. πάντα ἀρσενικὰ ἀπὸ εἰκοσαετοῦς . . . π. ὁ ἐκπορευόμ. (–, 1)
— 45. π. ἡ ἐπίσκεψις υἱῶν Ἰσρ. (1)
— 45. π. ὁ ἐκπορευόμ. παρατάξασθαι (1)
— 50. ἐπὶ π. τὰ σκεύη αὐτῆς (1)
— 50. ἐπὶ πάντα ὅσα ἐστὶν ἐν αὐτῇ (1)
— 50. καὶ π. τὰ σκεύη αὐτῆς (1)
— 54. ἐποίησαν οἱ υἱοὶ Ἰ. κατὰ πάντα (1)
2. 9. π. οἱ ἐπεσκεμμένοι (1)
— 16, 24. π. οἱ ἐπεσκεμμ. [A ἠριθμημ.] (1)
— 31. π. οἱ ἐπεσκεμμ. [A ἀριθμηθέντες] (1)
— 32. π. ἡ ἐπίσκεψις τῶν παρεμβολῶν (1)
— 34. ἐποίησαν οἱ υἱοὶ Ἰ. πάντα [A *om.*] (1)
3. 8. φυλάξουσι π. τὰ σκεύη (1)
— 8. κατὰ π. τὰ ἔργα τῆς σκηνῆς –
— 10. καὶ πάντα τὰ κατὰ τὸν βωμόν –
— 12. ἀντὶ π. πρωτοτόκου (1)
— 13. ἐμοὶ γὰρ π. πρωτότοκον (1)
— 13. ἐπάταξα π. πρωτότοκον (1)
— 13. ἡγίασα ἐμοὶ π. πρωτότοκον (1)
— 15. π. ἀρσενικὸν ἀπὸ μηνιαίου (1)
— 22. κατὰ ἀριθμὸν π. ἀρσενικοῦ (1)
— 26. τὰ κατάλοιπα π. τῶν ἔργων αὐ. (1)
— 28. π. ἀρσενικὸν ἀπὸ μηνιαίου (1)

Nu. 3. 31. καὶ π. τὰ ἔργα αὐτῶν (1)
— 34. π. ἀρσενικὸν [A^1 om. π. ἀ.] ἀπὸ μηνιαίου (1)
— 36. καὶ π. τὰ σκεύη αὐτῶν (1)
— 39. π. ἡ ἐπίσκεψις τῶν Λ. (1)
— 39. π. ἀρσενικὸν ἀπὸ μηνιαίου (1)
— 40. ἐπίσκεψαι π. πρωτότοκον (1)
— 41 *bis*. ἀντὶ π. τῶν πρωτοτόκων (1)
— 42. π. πρωτότοκον ἐν τοῖς υἱοῖς Ἰσρ. (1)
— 43. ἐγένοντο π. τὰ πρωτότοκα (1)
— 45. ἀντὶ π. τῶν πρωτοτόκων (1)
4. 3. π. ὁ εἰσπορευόμ. λειτουργεῖν (1)
— 3. ποιῆσαι π. τὰ ἔργα –
— 7. οἱ ἄρτοι οἱ διὰ παντὸς ἐπ' αὐτῆς ἔσονται (8 g)
— 9. καὶ π. τὰ ἀγγεῖα τοῦ ἐλαίου (1)
— 10. καὶ π. τὰ σκεύη αὐτῆς (1)
— 12. π. τὰ σκεύη τὰ λειτουργικά (1)
— 14. ἐπιθήσουσιν ἐπ' αὐτὸ π. τὰ σκεύη (1)
— 14. καὶ π. τὰ σκεύη τοῦ θυσιαστ. (1)
— 15. AB^{2}R καὶ π. τὰ σκεύη τὰ ἅγια (1)
— 16. ἐν π. τοῖς ἔργοις †
— 23. πᾶς ὁ εἰσπορευόμ. λειτουργεῖν (1)
— 26. καὶ π. τὰ σκεύη τὰ λειτουργικά (1)
— 27. κατὰ π. τὰς λειτουργίας αὐτῶν (1)
— 27. κατὰ π. τὰ ἔργα [A ἀρτὰ δι'] αὐτῶν (1)
— 27. π. τὰ ἀρτὰ [B^2 ἔργα] ὑπ' αὐτῶν (1)
— 30. π. ὁ εἰσπορευόμ. λειτουργεῖν (1)
— 31. κατὰ π. τὰ ἔργα (1)
— 32. καὶ π. τὰ σκεύη αὐτῶν (1)
— 32. καὶ π. τὰ λειτουργήματα αὐτῶν (1)
— 32. καὶ π. τὰ σκεύη τῆς φυλακῆς (1)
— 33. ἐν π. τοῖς ἔργοις αὐτῶν (1)
— 35. π. ὁ εἰσπορευόμ. λειτουργεῖν (1)
— 37. π. ὁ λειτουργῶν ἐν τῇ σκηνῇ (1)
— 39. π. ὁ εἰσπορευόμ. λειτουργεῖν (1)
— 41. π. ὁ λειτουργῶν ἐν τῇ σκηνῇ (1)
— 43. π. ὁ εἰσπορευόμ. λειτουργεῖν (1)
— 46. π. οἱ ἐπεσκεμμένοι (1)
— 47. π. ὁ εἰσπορευόμ. πρὸς τὸ ἔργον (1)
5. 2. π. λεπρὸν καὶ π. γονορρυῆ καὶ π. ἀκάθαρτον ἐπὶ ψυχῇ (1 *ter*)
— 6. R ἀπὸ π. [A B om.] τῶν ἁμαρτιῶν (1)
— 9. π. ἀπαρχὴ κατὰ [A καὶ] π. τὰ ἁγιαζόμ. (1, 1)
— 30. ποιήσει ὁ ἱ. π. τὸν νόμον τοῦτον (1)
6. 4. π. τὰς ἡμέρας τῆς εὐχῆς αὐ. (1)
— 4. ἀπὸ πάντων [A πασῶν] ὅσα γίνεται ἐξ ἀμπ. (1)
— 5. π. τὰς ἡμέρας τοῦ ἁγνισμοῦ (1)
— 6. π. τὰς ἡμέρας τῆς εὐχῆς (1)
— 6. ἐπὶ π. ψυχῇ τετελευτηκυίᾳ –
— 8. π. τὰς ἡμέρας τῆς εὐχῆς αὐτοῦ (1)
— 12. A π. [B om.] τὰς ἡμέρας τῆς εὐχῆς –
7. 1. καὶ π. τὰ σκεύη αὐτῆς (1)
— 1. π. τὰ σκεύη αὐτοῦ (1)
— 85. π. τὸ ἀργύριον τῶν σκευῶν (1)
— 86. π. τὸ χρυσίον τῶν θυισκῶν (1)
— 87. π. αἱ βόες εἰς ὁλοκαύτωσιν (1)
— 88. π. αἱ βόες εἰς θυσίαν (1)
8. 7. ἐπὶ π. [A om.] τὸ σῶμα αὐ. (1)
— 9. π. συναγωγὴν υἱῶν Ἰσραήλ (1)
— 16. ἀντὶ τῶν διανοιγόντων π. μήτραν πρωτοτόκων π. (1, 1)
— 17. ἐμοὶ π. πρωτότοκον (1)
— 17. ἐπάταξα π. πρωτότοκον (1)
— 18. ἀντὶ π. πρωτοτόκου (1)
— 20. καὶ π. συναγωγὴ υἱῶν Ἰσρ. (1)
9. 16. οὕτως ἐγίνετο διὰ παντός (8 g)
— 18. π. τὰς ἡμέρας ἐν αἷς σκιάζει (1)
10. 3. συναχθήσεται π. ἡ συναγωγή (1)
— 4. π. οἱ ἄρχοντες ἀρχηγοὶ Ἰσρ. –
— 25. ἔσχατοι πασῶν τῶν παρεμβολῶν (1)
— 35. π. οἱ μισοῦντές σε –
11. 12. μὴ . . . ἔλαβον π. τὸν λαὸν τοῦτον (1)
— 13. δοῦναι π. τῷ λαῷ τούτῳ (1)
— 22. π. τὸ ὄψος τῆς θαλάσσης (1)
— 29. τίς δῴη π. τὸν λαὸν κυρίου (1)
12. 3. παρὰ π. τοὺς ἀνθρώπους (1)
13. 3 (2). π. ἀρχηγὸν ἐξ αὐτῶν (1)
— 4 (3). π. ἄνδρες ἀρχηγοί (1)
— 27 (26). πρὸς π. συναγωγὴν υἱῶν Ἰσρ. (1)
— 28 (26). αὐτοῖς . . . καὶ π. [A π. τῇ] συναγωγῇ (1)
— 33 (32). π. ὁ λαὸς ὃν ἑωράκαμεν (1)
14. 1. ἀναλαβοῦσα π. ἡ συναγωγή (1)
— 2. διεγόγγυζον . . . π. οἱ υἱοὶ Ἰσρ. (1)
— 2. εἶπαν πρὸς αὐτοὺς π. ἡ συναγωγή (1)
— 5. ἐναντίον π. συναγωγῆς υἱῶν Ἰσρ. (1)
— 7. πρὸς π. συναγωγὴν υἱῶν Ἰσρ. (1)
— 10. εἶπε π. ἡ συναγωγή (1)

Nu. 14. 10. A ἐν [B om.] π. τοῖς υἱοῖς Ἰσρ. (1)
— 11. ἐν π. τοῖς σημείοις (1)
— 14. π. οἱ κατοικοῦντες ἐπὶ τῆς γῆς –
— 21. ἐμπλήσει . . . π. τὴν γῆν (1)
— 22. π. οἱ ἄνδρες οἱ ὁρῶντες τὴν δόξαν μου (1)
— 23. π. νεώτερος ἄπειρος –
— 23. π. δὲ οἱ παροξύναντές με (1)
— 29. καὶ π. ἡ ἐπισκοπὴ ὑμῶν (1)
— 39. πρὸς π. υἱοὺς Ἰσραήλ (1)
15. 13. π. ὁ αὐτόχθων ποιήσει οὕτως (1)
— 22. ὅταν δὲ . . . μὴ ποιήσητε π. τὰς ἐντολὰς τ. (1)
— 24. ποιήσει π. ἡ συναγωγὴ μόσχον (1)
— 25. περὶ π. συναγωγῆς υἱῶν Ἰσρ. (1)
— 26. κατὰ π. συναγωγὴν [A π. ἡ σ.] (1)
— 26. π. τῷ λαῷ ἀκούσιον (1)
— 33. πρὸς π. συναγωγὴν υἱῶν Ἰσρ. (1)
— 35. λιθοβολήσατε αὐτὸν . . . π. ἡ συναγωγή (1)
— 36. ἐξήγαγον αὐτὸν π. ἡ συναγωγή (1)
— 36. ἐλιθοβόλησεν αὐτὸν π. ἡ συναγ. –
— 39. μνησθήσεσθε π. τῶν ἐντολῶν κ. (1)
— 40. καὶ ποιήσητε π. τὰς ἐντολάς μου (1)
16. 3. π. ἡ συναγωγὴ π. ἅγιοι (1, 1)
— 5. πρὸς π. αὐτοῦ τὴν συναγωγήν (1)
— 6. Κορὲ καὶ π. ἡ συναγωγὴ αὐ. (1)
— 10. καὶ π. τοὺς ἀδελφούς σου (1)
— 11. καὶ π. ἡ συναγωγή σου (1)
— 19. A^{2}B τὴν π. αὐτοῦ συναγωγήν (1)
— 19. ὤφθη . . . π. τῇ συναγωγῇ (1)
— 22. θεὸς . . . π. σαρκός (1)
— 22. ἐπὶ π. τὴν συναγωγὴν ὀργὴ κυρίου (1)
— 25. π. οἱ πρεσβύτεροι Ἰσρ. –
— 26. μὴ ἅπτεσθε ἀπὸ πάντων (1)
— 26. A R ἐν π. τῇ ἁμαρτίᾳ αὐ. [B *al.*] (1)
— 28. ποιῆσαι π. τὰ ἔργα ταῦτα (1)
— 29. κατὰ θάνατον π. ἀνθρώπων (1)
— 29. κατ' ἐπίσκεψιν π. ἀνθρώπων (1)
— 30. καὶ πάντα ὅσα ἐστὶν αὐτοῖς (1)
— 31. λαλῶν π. τοὺς λόγους τούτους (1)
— 32. καὶ π. τοὺς ἀνθρ. τοὺς ὄντας μετὰ Κ. (1)
— 33. A πάντα [B om.] ὅσα ἐστὶν αὐτοῖς (1)
— 34. πᾶς Ἰσραὴλ οἱ κύκλῳ αὐτῶν (1)
17. 2 (17). παρὰ π. τῶν ἀρχόντων αὐτῶν (1)
— 6 (21). ἔδωκαν αὐτῷ π. οἱ ἄρχοντες αὐ. (1)
— 9 (24). ἐξήνεγκε Μ. π. τὰς ῥάβδους . . . πρὸς π. υἱοὺς Ἰσρ. (1, 1)
— 13 (28). π. ὁ ἁπτόμ. τῆς σκηνῆς κυρίου (1)
18. 4. κατὰ π. τὰς λειτουργίας τῆς σκηνῆς (1)
— 7. κατὰ π. τρόπον τοῦ θυσιαστ. (1)
— 8. ἀπὸ π. τῶν ἡγιασμένων μοι (1)
— 9. ἀπὸ π. τῶν δώρων αὐ. καὶ ἀπὸ π. τῶν θυσιασμ. (1, 1)
— 9. ἀπὸ π. [A π. τῆς] πλημμελείας αὐ. καὶ ἀπὸ π. τῶν ἁμαρτιῶν (1, 1)
— 9. ἀπὸ π. τῶν ἁγίων –
— 10. π. ἀρσενικὸν φάγεται αὐτά (1)
— 11. ἀπὸ π. τῶν ἐπιθεμάτων (1)
— 11. π. καθαρὸς ἐν τῷ οἴκῳ σου (1)
— 12. π. ἀπαρχὴ ἐλαίου καὶ π. ἀπαρχὴ οἴνου (1, 1)
— 13. τὰ πρωτογενήματα π. (1)
— 13. π. καθαρὸς ἐν τῷ οἴκῳ σου (1)
— 14. π. ἀνατεθεματισμένον ἐν υἱοῖς Ἰ. (1)
— 15. B π. διανοῖγον μήτραν [A πᾶς διανοῖγον π. μήτραν] ἀπὸ π. σαρκός (1, –, 1)
— 19. π. ἀφαίρεμα τῶν ἁγίων (1)
— 21. δέδωκα π. ἐπιδέκατον ἐν Ἰ. (1)
— 28. A R ἀπὸ π. [B om.] τῶν [A om.] ἀφαιρεμάτων –
— 28. ἀπὸ π. ἐπιδεκάτων ὑμῶν (1)
— 29. ἀπὸ π. τῶν δομάτων ὑμῶν (1)
— 29. ἀπὸ πάντων τῶν ἀπαρχῶν (1)
— 31. ἔδεσθε αὐτὸ ἐν π. τόπῳ (1)
19. 11. ὁ ἁπτόμ. τοῦ τεθνηκότος π. ψυχῆς (1)
— 13. A π. ὁ ἁπτόμ. τοῦ τεθνηκότος ἀπὸ π. [B om.] ψυχῆς ἀνθρώπου (1, –)
— 14. π. ὁ εἰσπορευόμ. εἰς τὴν οἰκίαν (1)
— 15. π. σκεῦος ἀνεῳγμένον (1)
— 16. πᾶς ὃς ἂν ἅψηται . . . τραυματίου (1)
— 22. παντὸς οὗ ἐὰν ἅψηται αὐτοῦ (1)
20. 1. οἱ υἱοὶ Ἰσρ. π. ἡ συναγωγή (1)
— 14. σὺ ἐπίστῃ π. τὸν μόχθον (1)
— 22. οἱ υἱοὶ Ἰσρ. π. ἡ [B^1 om.] συναγωγή (1)
— 25. ἔναντι π. τῆς συναγωγῆς –
— 27. ἐναντίον π. τῆς συναγωγῆς (1)
— 29. εἶδε π. ἡ συναγωγή (1)
— 29. ἔκλαυσαν . . . π. οἶκος Ἰσρ. (1)
21. 8. π. ὁ δεδηγμένος ἰδὼν αὐτόν (1)

Nu. 21. 23. συνήγαγε Σ. π. τὸν λαὸν αὐτοῦ (1)
— 25. ἔλαβεν Ἰσρ. π. τὰς πόλεις ταύτας (1)
— 25. κατῴκησεν Ἰσρ. ἐν π. ταῖς πόλεσι (1)
— 25. ἐν π. ταῖς συγκυρούσαις αὐτῇ (1)
— 26. ἔλαβον π. τὴν γῆν αὐτοῦ (1)
— 31. ἐν π. ταῖς πόλεσι τῶν Ἀμ. –
— 33. καὶ π. ὁ λαὸς αὐτοῦ (1)
— 34. καὶ π. τὸν λαὸν αὐτοῦ καὶ π. τὴν γῆν αὐτοῦ (1, –)
— 35. καὶ π. τὸν λαὸν αὐτοῦ (1)
22. 2. ἰδὼν Βαλὰκ . . . πάντα (1)
— 4. ἐκλείξει . . . π. τοὺς κύκλῳ ἡμῶν (1)
— 17. A πάντα [B om.] ὅσα ἐὰν εἴπῃς (1)
23. 6. καὶ π. οἱ ἄρχοντες Μ. μετ' αὐτοῦ (1)
— 13. πάντας δὲ οὐ μὴ ἴδῃς (1)
— 17. καὶ π. [B^2 ἄπ.] οἱ ἄρχοντες Μ. –
24. 17. προνομεύσει π. [A π. τοὺς] υἱοὺς Σήθ (1)
25. 4. λάβε π. [A om.] τοὺς ἀρχηγούς (1)
— 6. ἐναντίον π. συναγωγῆς υἱῶν Ἰ. (1)
26. 2. τὴν ἀρχὴν π. [A π. τῆς] συναγωγῆς υἱῶν Ἰ. (1)
— 2. π. ὁ ἐκπορευόμ. παρατάξασθαι (1)
— 43. π. οἱ δῆμοι Σαμεὶ (1)
— 62. π. ἀρσενικὸν ἀπὸ μηνιαίου (1)
27. 2. καὶ ἔναντι π. [A π. τῆς] συναγωγῆς (1)
— 16. κ. ὁ θεὸς . . . π. σαρκός (1)
— 19. ἔναντι π. συναγωγῆς (1)
— 21. καὶ π. ἡ συναγωγή (1)
— 22. καὶ ἐναντίον π. συναγωγῆς (1)
28. 10, 15. ἐπὶ τῆς ὁλοκαυτώσεως τῆς διὰ παντός (8 g)
— 18. π. ἔργον λατρευτὸν οὐ ποιήσετε (1)
— 23. τῆς ὁλοκαυτώσεως τῆς διὰ παντός (8 g)
— 24. ἐπὶ τοῦ ὁλοκαυτώματος τοῦ διὰ παντός (8 g)
— 25, 26. π. ἔργον λατρευτὸν οὐ ποιήσετε (1)
— 30 (31). πλὴν τοῦ ὁλοκαυτώμ. τοῦ διὰ παντός [A *al.*] (8 g)
29. 1. π. ἔργον λατρευτὸν οὐ ποιήσετε (1)
— 6. τὸ ὁλοκαύτωμα τὸ [B^1 τὰ ὁ.] διὰ παντός (8 g)
— 7. π. ἔργον οὐ ποιήσετε (1)
— 11. καὶ ἡ ὁλοκαύτωσις ἡ διὰ παντός (8 g)
— 12. π. ἔργον λατρευτὸν οὐ ποιήσετε (1)
— 16, 19, 22, 25, 28, 31, 34. πλὴν τῆς ὁλοκαυτώσεως τῆς διὰ παντός (8 g)
— 35. π. ἔργον λατρευτὸν οὐ ποιήσετε (1)
— 38. πλὴν τῆς ὁλοκαυτώσ. τῆς διὰ παντός (8 g)
30. 1. κατὰ πάντα ὅσα ἐνετείλατο (1)
— 3. πάντα . . . ποιήσει (1)
— 4 (5). στήσονται π. αἱ εὐχαὶ αὐτῆς (1)
— 5. π. οἱ ὁρισμοὶ οὓς ὡρίσατο (1)
— 6. π. [A om.] τὰς εὐχὰς αὐτῆς (1)
— 8. στήσονται π. αἱ εὐχαὶ αὐτῆς –
— 9. π. αἱ εὐχαὶ αὐτῆς . . . οὐ μενοῦσιν –
— 12. στήσονται π. αἱ εὐχαὶ αὐτῆς (1)
— 12. π. οἱ ὁρισμοὶ . . . στήσονται (1)
— 13. ᾗ ἂν ἡμέρᾳ ἀκούσῃ πάντα (1)
— 14. π. εὐχὴ καὶ π. ὅρκος δεσμοῦ (1, 1)
— 15. στήσει αὐτῇ π. τὰς εὐχὰς αὐ. (1)
31. 4. ἐκ π. φυλῶν Ἰσρ. (1)
— 7. ἀπέκτειναν π. ἀρσενικόν (1)
— 9. καὶ π. τὰ ἔγκτητα αὐτῶν (1)
— 10. καὶ π. τὰς πόλεις αὐτῶν (1)
— 11. ἔλαβον π. τὴν προνομήν (1)
— 11. καὶ π. τὰ σκῦλα αὐτῶν (1)
— 12. πρὸς π. [A π. τοὺς] υἱοὺς Ἰσρ. †
— 13. καὶ π. οἱ ἄρχοντες τῆς συναγωγῆς (1)
— 15. ἵνα τί ἐζωγρήσατε π. θῆλυ (1)
— 17. ἀποκτείνατε π. ἀρσενικὸν ἐν π. τῇ ἀπαρτίᾳ (1, –)
— 17. π. γυναῖκα . . . ἀποκτείνατε (1)
— 18. π. τὴν ἀπαρτίαν τῶν γυναικῶν (1)
— 19. π. ὁ ἀνελών (1)
— 20. π. περίβλημα καὶ π. σκεῦος δερμάτινον καὶ π. ἐργασίαν . . . καὶ π. σκεῦος ξύλινον (1 *quater*)
— 23. π. πρᾶγμα ὃ διελεύσεται ἐν πυρί (1)
— 23. πάντα . . . διελεύσεται δι' ὕδατος (1)
— 27. καὶ ἀνὰ μέσον π. [A π. τῆς] συναγωγῆς (1)
— 30. καὶ ἀπὸ π. τῶν κτηνῶν (1)
— 35. π. ψυχαὶ [A π. ψυχὴ] δύο καὶ τριάκ. χιλιάδες (1)
— 48. π. οἱ καθεσταμ. εἰς τὰς χιλιαρχίας –
— 51. π. σκεῦος εἰργασμένον (1)
— 52. ἐγένετο π. τὸ χρυσίον (1)
32. 13. ἕως ἐξανηλώθη π. ἡ γενεά (1)
— 21. παρελεύσεται ὑμῶν π. ὁπλίτης (1)
— 26. καὶ π. τὰ κτήνη ἡμῶν (1)

Nu. 32. 27. παρελεύσονται π. ἐνωπλισμένοι (1)
— 29. π. ἐνωπλισμένος εἰς πόλεμον (1)
33. 3. ἐναντίον π. τῶν Αἰγυπτίων (1)
— 4. ἔθαπτον . . . τοὺς τεθνηκότας π. –
— 4. π. πρωτότοκον ἐν γῇ Αἰγύπτῳ (1)
— 52. π. τοὺς κατοικοῦντας ἐν τῇ γῇ (1)
— 52. π. τὰ εἴδωλα τὰ χωνευτὰ αὐτῶν (1)
— 52. καὶ π. τὰς στήλας αὐτῶν (1)
— 53. π. [A om.] τοὺς κατοικοῦντας τὴν γῆν –
35. 3. B καὶ π. τοῖς τετράποσιν αὐ. (1)
— 7. π. τὰς πόλεις δώσετε τοῖς Λ. (1)
— 11. π. ὁ [A om.] πατάξας ψυχὴν ἀκουσίως –
— 15. π. πατάξαντι ψυχὴν ἀκουσίως (1)
— 20. καὶ ἐπιρίψῃ ἐπ' αὐτὸν π. σκεῦος [B^{2} om. π. σκ.] –
— 22. ἢ ἐπιρίψῃ ἐπ' αὐτὸν π. σκεῦος (1)
— 23. ἢ π. λίθῳ ἐν ᾧ ἀποθανεῖται (1)
— 29. ἐν π. ταῖς κατοικίαις ὑμῶν (1)
— 30. π. πατάξας ψυχήν (1)
36. 8. π. θυγάτηρ ἀγχιστεύουσα κληρονομίαν (1)
De. 1. 1. οὓς ἐλάλησε Μ. π. Ἰσραήλ (1)
— 3. ἐλάλησε Μ. πρὸς π. υἱοὺς Ἰσρ. κατὰ πάντα ὅσα ἐνετείλατο κ. (–, 1)
— 7. πρὸς π. τοὺς περιοίκους Ἄραβα (1)
— 18. ἐνετειλάμην . . . π. τοὺς λόγους (1)
— 19. ἐπορεύθημεν π. τὴν ἔρημον (1)
— 22. προσήλθατέ μοι πάντες (1)
— 30. κατὰ πάντα ὅσα ἐποίησεν (1)
— 31. κατὰ π. τὴν ὁδὸν εἰς ἣν ἐπορεύθητε (1)
— 39. καὶ π. παιδίον νέον –
— 41. πολεμήσομεν κατὰ πάντα (1)
2. 7. ἐν π. ἔργῳ τῶν χειρῶν σου (1)
— 14. π. [A π. ἡ] γενεὰ ἀνδρῶν πολεμιστῶν (1)
— 16. π. οἱ ἄνδρες οἱ πολεμισταί (1)
— 25. ἐπὶ πρόσωπον π. τῶν ἐθνῶν –
— 32. αὐτὸς καὶ π. ὁ λαὸς αὐτοῦ (1)
— 33. καὶ π. τὸν λαὸν αὐτοῦ (1)
— 34. ἐκρατήσαμεν π. τῶν πόλεων αὐτοῦ (1)
— 34. ἐξωλεθρεύσαμεν π. πόλιν [B^{1} πάσας τὰς π.] ἑξῆς (1)
— 36. τὰς π. παρέδωκε κ. ὁ θεός (1)
— 37. π. τὰ συγκυροῦντα χειμάρρου Ἰ. (1)
3. 1. αὐτὸς καὶ π. ὁ λαὸς αὐτοῦ (1)
— 2. καὶ π. τὸν λαὸν αὐτοῦ καὶ π. τὴν γῆν αὐτοῦ (1, –)
— 3. καὶ π. τὸν λαὸν αὐτοῦ (1)
— 4. ἐκρατήσαμεν π. τῶν πόλεων αὐ. (1)
— 4. π. τὰ περίχωρα Ἀργόβ (1)
— 5. πᾶσαι πόλεις ὀχυραί (1)
— 6. ἐξωλεθρεύσαμεν π. πόλιν ἑξῆς (1)
— 6 (7). καὶ τὰ παιδία καὶ π. τὰ κτήνη (1)
— 10. π. πόλεις Μεισὼρ καὶ πᾶσα Γαλ. καὶ πᾶσα Βασάν (1 *ter*)
— 13. R π. τὴν Βασὰν . . . ἔδωκα . . . καὶ πᾶσαν [A π. τὴν] περίχωρον Ἀργὸβ πᾶσαν [A π. τὴν, B π. γῆν] Βασὰν ἐκείνην (1 *ter*)
— 14. ἔλαβε π. τὴν [B^{1} om.] περίχωρον Ἀργόβ (1)
— 18. προπορεύεσθε . . . π. δυνατός (1)
— 21. οἱ ὀφθ. ὑμῶν ἑωράκασι πάντα (1)
— 21. οὕτως ποιήσει . . . π. τὰς βασιλείας (1)
— 28. B^{2}R κατακληρονομήσει αὐτοῖς π. [A B^{1} om.] τὴν γῆν –
4. 2. B^{2} φυλάσσεσθε πάσας [A B^{1} R om.] τὰς ἐντολὰς κυρίου –
— 3. οἱ ὀφθ. ὑμῶν ἑωράκασι πάντα –
— 3. π. ἄνθρωπος ὅστις ἐπορεύθη (1)
— 4. ζῆτε πάντες ἐν τῇ σήμερον (1)
— 6. ἐναντίον π. τῶν [B^{1} om.] ἐθνῶν ὅσοι ἂν ἀκούσωσι π. τὰ δικαιώμ. ταῦτα (–, 1)
— 7. ἐν πᾶσιν οἷς ἐὰν αὐτὸν ἐπικαλεσώμεθα (1)
— 8. κατὰ π. τὸν νόμον τοῦτον (1)
— 9. μὴ ἐπιλάθῃ π. τοὺς λόγους –
— 9. π. τὰς ἡμέρας τῆς ζωῆς σου (1)
— 10. π. τὰς ἡμέρας ἃς αὐτοὶ ζῶσιν (1)
— 16. μὴ . . . ποιήσητε . . . π. εἰκόνα (1)
— 17. ὁμοίωμα π. κτήνους (1)
— 17. ὁμοίωμα π. ὀρνέου πτερωτοῦ (1)
— 18. ὁμοίωμα π. ἑρπετοῦ (1)
— 18. ὁμοίωμα π. ἰχθύος (1)
— 19. ἰδὼν . . . π. τὸν κόσμον τοῦ οὐρ. (1)
— 19. ἃ ἀπένειμε . . . π. τοῖς ἔθνεσι (1)
— 23. γλυπτὸν ὁμοίωμα πάντων (1)
— 25. γλυπτὸν ὁμοίωμα παντός (1)
— 27. διασπερεῖ κ. ὑμᾶς ἐν π. τοῖς ἔθνεσι –
— 27. ἐν π. [B^{1} om.] τοῖς ἔθνεσι –
— 30. εὑρήσουσί σε π. οἱ λόγοι οὗτοι (1)

De. 4. 34. κατὰ πάντα ὅσα ἐποίησε (1)
— 40. ἧς κ. ὁ θ. σου δίδωσί σοι π. τὰς ἡμ. (1)
— 49. π. τὴν Ἄραβα πέραν τοῦ Ἰορδ. (1)
5. 1. ἐκάλεσε Μ. πάντα Ἰσραήλ (1)
— 3. ὑμεῖς ὧδε π. ζῶντες σήμερον (1)
— 8. οὐδὲ παντὸς ὁμοίωμα (1)
— 13. ποιήσεις π. τὰ ἔργα σου (1)
— 14. οὐ ποιήσεις ἐν αὐτῇ π. ἔργον (1)
— 14. καὶ π. κτῆνός σου (1)
— 14. B^{1} καὶ π. τὰ ἐν αὐτοῖς –
— 21 (18). οὔτε π. κτήνους αὐτοῦ –
— 21 (18). οὔτε πάντα [B^{1} om.] ὅσα τῷ πλησίον σού ἐστι (1)
— 22 (19). πρὸς π. συναγωγὴν ὑμῶν (1)
— 23 (20). π. οἱ ἡγούμενοι τῶν φυλῶν ὑ. (1)
— 27 (24). B^{2}R ἄκουσον πάντα [A B^{1} om.] (1)
— 27 (24). A B^{2}R σὺ λαλήσεις πρὸς ἡμᾶς πάντα (1)
— 28 (25). ὀρθῶς πάντα ὅσα ἐλάλησαν (1)
— 29 (26). φυλάσσεσθαι . . . π. τὰς ἡμέρας (1)
— 33 (30). κατὰ π. τὴν ὁδὸν ἣν ἐνετείλατο (1)
6. 2. φυλάσσεσθε π. τὰ δικαιώμ. αὐτοῦ (1)
— 2. π. τὰς [A om.] ἡμέρας τῆς ζωῆς σου (1)
— 11. οἰκίας πλήρεις π. ἀγαθῶν (1)
— 19. ἐκδιῶξαι π. τοὺς ἐχθρούς σου (1)
— 24. ποιεῖν π. τὰ δικαιώμ. ταῦτα [A π. τὰς ἐντ. καὶ τὰ κρίματα] (1)
— 24. ἵνα εὖ ᾖ ἡμῖν π. τὰς ἡμ. [A *al.*] (1)
— 25. ποιεῖν π. τὰς ἐντολὰς ταύτας (1)
7. 6. B^{2} λαὸν περιούσιον παρὰ π. τὰ ἔθνη ὅσα ἐπὶ προσώπου π. [A B^{1} R om.] τῆς γῆς (1, –)
— 7 *bis*. παρὰ π. τὰ ἔθνη (1)
— 12. A ἡνίκα ἂν ἀκούσητε π. [B om.] τὰ δικαιώμ. τ. –
— 14. εὐλογητὸς ἔσῃ παρὰ π. τὰ ἔθνη (1)
— 15. περιελεῖ . . . π. μαλακίαν (1)
— 15. π. νόσους Αἰγ. . . . οὐκ ἐπιθήσει (1)
— 15. ἐπιθήσει . . . ἐπὶ π. τοὺς μισοῦντάς σε (1)
— 16. φάγῃ π. τὰ σκῦλα τῶν ἐθνῶν (1)
— 18. ὅσα ἐποίησε . . . π. τοῖς Αἰγ. (1)
— 19. οὕτω ποιήσει . . . π. τοῖς ἔθνεσιν (1)
8. 1. π. τὰς ἐντ. . . . φυλάξεσθε ποιεῖν (1)
— 2. μνησθήσῃ π. τὴν ὁδόν (1)
— 3. ἐπὶ π. ῥήματι τῷ ἐκπορευομ. (1)
— 13. πάντων . . . πληθυνθέντων σοι (1)
9. 10. π. οἱ λόγοι οὓς ἐλάλησε κύριος (1)
— 18. περὶ π. τῶν ἁμαρτιῶν ὑμῶν (1)
10. 12. πορεύεσθαι ἐν π. ταῖς ὁδοῖς αὐτοῦ (1)
— 14. πάντα ὅσα ἐστὶν ἐν αὐτῇ (1)
— 15. ἐξελέξατο . . . παρὰ π. τὰ ἔθνη (1)
11. 1. φυλάξῃ . . . π. τὰς ἡμέρας (1)
— 3. ἐν . . . π. τῇ γῇ αὐτοῦ (1)
— 6. καὶ πᾶσαν αὐτῶν τὴν ὑπόστασιν . . . ἐν μέσῳ παντὸς Ἰσρ. (1, 1)
— 7. ἑώρακαν π. τὰ ἔργα κυρίου (1)
— 8. φυλάξεσθε π. τὰς ἐντολὰς αὐτοῦ (1)
— 12. ἐπισκοπεῖται αὐτὴν διὰ παντός (8 *g*)
— 13. π. τὰς ἐντολὰς ἃς ἐγὼ ἐντέλλομαί σοι –
— 22. ἐὰν ἀκούσητε π. τὰς ἐντ. ταύτας (1)
— 22. πορεύεσθαι ἐν π. ταῖς ὁδοῖς αὐτοῦ (1)
— 23. ἐκβαλεῖ κ. π. τὰ ἔθνη ταῦτα (1)
— 24. π. τὸν τόπον οὗ ἐὰν πατήσῃ (1)
— 25. ἐπὶ πρόσωπον [A -ου] π. τῆς γῆς (1)
— 31. ἣν . . . δίδωσιν ὑμῖν . . . π. τὰς ἡμέρας –
— 32. τοῦ ποιεῖν π. τὰ προστάγματα (1)
12. 1. π. τὰς ἡμέρας ἃς ὑμεῖς ζῆτε (1)
— 2. ἀπολεῖτε π. τοὺς τόπους [A π. τὰ ἔθνη] (1)
— 7. εὐφρανθήσεσθε ἐπὶ πᾶσιν (1)
— 8. οὐ ποιήσετε πάντα (1)
— 10. ἀπὸ π. τῶν ἐχθρῶν ὑμῶν (1)
— 11. ἐκεῖ οἴσετε πάντα (1)
— 11. καὶ π. ἐκλεκτὸν τῶν δώρων ὑμῶν (1)
— 13. ἐν π. τόπῳ οὗ ἐὰν ἴδῃς (1)
— 14. ἐκεῖ ποιήσεις πάντα (1)
— 15. ἐν π. ἐπιθυμίᾳ σου θύσεις (1)
— 15. ἣν ἔδωκέ σοι ἐν π. πόλει (1)
— 17. καὶ π. εὐχάς (1)
— 18. εὐφρανθήσῃ . . . ἐπὶ πάντα (1)
— 19. π. τὸν χρόνον ὅσον ἂν ζῇς [A *al.*] (1)
— 20. ἐν π. ἐπιθυμίᾳ τῆς ψυχῆς σου (1)
— 28. ποιήσεις π. τοὺς λόγους (1)
— 32 (13. 1). π. ῥῆμα ὃ ἐγὼ ἐντέλλομαι (1)
13. 9 (10). καὶ αἱ χεῖρες π. τοῦ λαοῦ ἐπ' ἐσχάτῳ (1)
— 11 (12). πᾶς Ἰσρ. ἀκούσας φοβηθήσεται (1)
— 13 (14). π. τοὺς κατοικοῦντας τὴν γῆν αὐτῶν –

De. 13. 15 (16). π. τοὺς κατοικοῦντας ἐν τῇ γῇ ἐκ. –
— 15 (16). καὶ πάντα τὰ ἐν αὐτῇ (1)
— 16 (17) *bis*. καὶ π. τὰ σκῦλα αὐτῆς (1)
— 18 (19). A φυλάσσειν π. [B om.] τὰς ἐντ. αὐ. (1)
14. 2. περιούσιον ἀπὸ π. τῶν ἐθνῶν (1)
— 3. οὐ φάγεσθε π. βδέλυγμα (1)
— 6. π. κτῆνος διχηλοῦν ὁπλήν (1)
— 9. ἀπὸ πάντων τῶν ἐν τῷ ὕδατι (1)
— 9. πάντα ὅσα ἐστὶν ἐν αὐτοῖς πτερύγια (1)
— 10. πάντα ὅσα οὐκ ἔστιν αὐτοῖς πτερύγια (1)
— 11. π. ὄρνεον καθαρὸν φάγεσθε (1)
— 14. A^{2} καὶ π. κόρακα καὶ τὰ ὅμοια αὐτῷ (1)
— 19. π. τὰ ἑρπετὰ τῶν πετεινῶν (1)
— 20. π. πετεινὸν καθαρὸν φάγεσθε (1)
— 21. π. θνησιμαῖον οὐ φάγεσθε (1)
— 22. δεκάτην . . . π. γενήματος [A *al.*] (1)
— 23. φοβεῖσθαι κ. τὸν θεόν σου π. τὰς ἡμ. (1)
— 26. δώσεις ἀργύριον ἐπὶ παντός (1)
— 26. A R ἢ ἐπὶ παντὸς οὗ ἂν ἐπιθυμῇ (1)
— 28. π. τὸ ἐπιδέκατον τῶν γενημάτων (1)
— 29. ἐν π. τοῖς ἔργοις οἷς ἐὰν ποιῇς (1)
15. 2. ἀφήσεις π. χρέος ἴδιον (1)
— 5. ποιεῖν [A om.] π. τὰς ἐντ. ταύτας (1)
— 10. ἐν π. τοῖς ἔργοις καὶ ἐν πᾶσιν (1, 1)
— 18. ἐν πᾶσιν οἷς ἐὰν ποιῇς (1)
— 19. π. πρωτότοκον ὃ ἐὰν τεχθῇ (1)
— 21. A ἢ καὶ π. μῶμος πονηρός [B *al.*] (1)
16. 3. π. τὰς ἡμέρας τῆς ζωῆς ὑμῶν (1)
— 4. ἐν π. τοῖς ὁρίοις σου (1)
— 8. οὐ ποιήσεις ἐν αὐτῇ π. ἔργον –
— 15. ἐν π. [A π. τοῖς] γενήμασί σου καὶ ἐν π. ἔργῳ τῶν χειρῶν σου (1, 1)
— 16. ὀφθήσεται π. ἀρσενικόν σου (1)
— 18. A ἐν π. [B om.] ταῖς πόλεσί σου (1)
— 21. π. ξύλον . . . οὐ ποιήσεις σεαυτῷ (1)
17. 1. π. ῥῆμα πονηρόν (1)
— 3. ἢ παντὶ τῶν ἐκ τοῦ κόσμου τοῦ οὐρ. [A *al.*] (1)
— 7. A καὶ ἡ χεὶρ π. [B om.] τοῦ λαοῦ (1)
— 10. φυλάξῃ ποιῆσαι πάντα [A κατὰ π.] (1)
— 13. π. ὁ λαὸς ἀκούσας (1)
— 19. π. τὰς ἡμέρας τῆς ζωῆς αὐτοῦ (1)
— 19. φυλάσσεσθαι π. τὰς ἐντ. ταύτας (1)
18. 5. ἐξελέξατο . . . ἐκ π. τῶν φυλῶν σου (1)
— 5. A π. τὰς ἡμέρας (1)
— 6. ἐκ π. τῶν υἱῶν Ἰσρ. (1)
— 7. ὥσπερ π. οἱ ἀδελφοὶ αὐτοῦ (1)
— 12. πᾶς ποιῶν ταῦτα (1)
— 16. κατὰ πάντα ὅσα ᾐτήσω (1)
— 17. ὀρθῶς πάντα ὅσα ἐλάλησαν –
19. 3. ἔσται καταφυγὴ ἐκεῖ π. [A π. τῷ] φονευτῇ (1)
— 8. καὶ δῷ σοι κ. π. τὴν γῆν (1)
— 9. ποιεῖν π. τὰς ἐντ. ταύτας (1)
— 9. πορεύεσθαι ἐν π. ταῖς ὁδοῖς αὐ. π. τὰς ἡμέρας (–, 1)
— 15. κατὰ π. ἀδικίαν καὶ κατὰ π. ἁμάρτημα καὶ κατὰ π. ἁμαρτίαν (1 *ter*)
— 15. στήσεται π. ῥῆμα –
20. 11. ἔσται π. ὁ λαὸς οἱ εὑρεθέντες (1)
— 13. πατάξεις π. ἀρσενικὸν αὐτῆς (1)
— 14. A R καὶ π. τὰ κτήνη –
— 14. A R καὶ πάντα [B om.] ὅσα ἂν ὑπάρχῃ (1)
— 14. π. τὴν ἀπαρτίαν προνομεύσεις σεαυτῷ (1)
— 14. φάγῃ π. τὴν προνομήν –
— 15. οὕτω ποιήσεις π. τὰς πόλεις (1)
— 16. οὐ ζωγρήσεται π. ἐμπνέον (1)
— 18. ποιεῖν π. τὰ βδελύγματα αὐτῶν (1)
21. 5. π. ἀντιλογία καὶ π. ἀφή (1, 1)
— 6. π. ἡ γερουσία τῆς πόλεως ἐκ. (1)
— 17. διπλᾶ ἀπὸ πάντων (1)
— 23. πᾶς κρεμάμενος ἐπὶ ξύλου –
22. 3. κατὰ π. ἀπώλειαν τοῦ ἀδ. σου (1)
— 5. πᾶς ποιῶν ταῦτα (1)
— 6. ἢ ἐπὶ π. δένδρῳ (1)
23. 6 (7). π. τὰς ἡμέρας σου εἰς τὸν αἰῶνα (1)
— 9 (10). φυλάξῃ ἀπὸ παντὸς ῥήμ. [A πράγμ.] πον. (1)
— 16 (17). A κατοικήσει ἐν π. τόπῳ [B om. ἐν π. τ.] –
— 18. A^{2} πρὸς π. εὐχήν –
— 18 (19). πρὸς π. εὐχήν (1)
— 19 (20). καὶ τόκον π. πράγματος (1)
— 20 (21). ἐν π. τοῖς ἔργοις σου (1)
24. 8. ποιεῖν κατὰ π. τὸν νόμον (1)
— 19. ἐν π. τοῖς ἔργοις τῶν χειρῶν σου (1)
25. 16. A^{1}R πᾶς ποιῶν ταῦτα (1)
— 16. A^{2}B^{2}R πᾶς ποιῶν ἄδικον (1)

De. 25. 19. ἀπὸ π. τῶν ἐχθρῶν (1)
26. 11. εὐφρανθήσῃ ἐν π. τοῖς ἀγαθοῖς (1)
— 12. π. τὸ ἐπιδέκατον τῶν γενημάτων (1)
— 13. κατὰ π. τὰς ἐντ. ἃς ἐνετείλω μοι (1)
— 16. ποιῆσαι π. [A κατὰ π.] τὰ δικαιώμ. –
— 17. πορεύεσθαι ἐν π. [A om.] ταῖς ὁδοῖς αὐ. –
— 18. A φυλάσσειν π. [B om.] τὰς ἐντ. αὐ. (1)
— 19. εἶναί σε ὑπεράνω π. τῶν ἐθνῶν (1)
27. 1. φυλάσσεσθε π. τὰς ἐντ. ταύτας (1)
— 3. γράψεις . . . π. τοὺς λόγους τοῦ νόμου (1)
— 8. γράψεις . . . π. τὸν νόμον τοῦτον (1)
— 9. ἐλάλησε M. . . . παντὶ Ἰσρ. (1)
— 10. ποιήσεις π. τὰς ἐντ. αὐτοῦ –
— 11. A[2] ἐνετείλατο M. π. [B om.] τῷ λαῷ –
— 14. ἐροῦσιν παντὶ Ἰσραήλ (2 a)
— 15. AR ἀποκριθεὶς π. [B om.] ὁ λαός (1)
— 16, 17, 18, 19, 20. ἐροῦσι π. ὁ λαός (1)
— 21. ὁ κοιμώμ. μετὰ π. [A om.] κτήνους (1)
— 21, 22, 23. ἐροῦσι π. ὁ λαός (1)
— 23. B ἐροῦσι πᾶς ὁ λαός –
— 24, 25. ἐροῦσι πᾶς ὁ λαός (1)
— 26. ἐπικατάρατος π. [A π. ὁ] ἄνθρωπος –
— 26. ἐν π. τοῖς λόγοις τοῦ νόμου τούτου –
— 26. ἐροῦσι π. ὁ λαός (1)
28. 1. ποιεῖν π. τὰς ἐντολὰς ταύτας [A om.] (1)
— 1. ἐπὶ π. τὰ ἔθνη τῆς γῆς [A al.] (1)
— 2. ἥξουσιν ἐπὶ σὲ π. αἱ εὐλογίαι αὗται (1)
— 8. ἐπὶ πάντα [A ἐν πᾶσιν] οὗ ἂν ἐπιβάλῃς (1)
— 9. ἐν π. [A om.] ταῖς ὁδοῖς αὐ. –
— 10. π. τὰ ἔθνη τῆς γῆς (1)
— 12. π. τὰ ἔργα τῶν χειρῶν σου (1)
— 14. ἀπὸ π. τῶν ἐντ. [A π. τῶν λόγων] (1)
— 15. π. τὰς ἐντ. αὐ. ὅσας ἐγὼ ἐντέλλομαι (1)
— 15. ἐλεύσονται ἐπὶ σὲ π. αἱ κατάραι αὗται (1)
— 20. ἐπὶ πάντα οὗ ἐὰν ἐπιβάλῃς (1)
— 25. ἐν π. [A π. ταῖς] βασιλείαις τῆς γῆς (1)
— 29. διαρπαζόμενος π. τὰς ἡμέρας (1)
— 33. καὶ π. τοὺς πόνους σου (1)
— 33. τεθραυσμένος π. τὰς ἡμέρας (1)
— 37. ἐν π. τοῖς ἔθνεσιν (1)
— 40. ἐν π. τοῖς ὁρίοις σου (1)
— 42. π. τὰ ξύλινά σου (1)
— 45. ἐλεύσονται ἐπὶ σὲ π. αἱ κατάραι αὗται (1)
— 45. A π. [B om.] τὰς ἐντολὰς αὐτοῦ –
— 47. διὰ τὸ πλῆθος πάντων (1)
— 48. ἐν ἐκλείψει πάντων (1)
— 52. A ἐν π. [B om.] ταῖς πόλεσί σου (1)
— 52. ἐν π. τῇ γῇ σου (1)
— 52. A ἐν π. [B om.] ταῖς πόλεσί σου (1)
— 55. ἐν π. ταῖς πόλεσί σου (1)
— 57. διὰ τὴν ἔνδειαν πάντων (1)
— 57. A ἐν π. [B om.] ταῖς πόλεσί σου –
— 58. ποιεῖν π. τὰ ῥήματα τοῦ νόμου (1)
— 60. π. τὴν ὀδύνην Αἰγ. τὴν πονηράν (1)
— 61. π. μαλακίαν καὶ π. [A om.] πληγὴν τὴν μὴ γεγραμμ. καὶ π. τὴν γεγραμμ. [B[1] om. κ. π. τ. γ.] (1, 1, –)
— 64. διασπερεῖ σε . . . εἰς π. τὰ ἔθνη (1)
29. 2 (1). ἐκάλεσε M. π. τοὺς [A om.] υἱοὺς Ἰσρ. (1)
— 2 (1). ὑμεῖς ἑωράκατε πάντα (1)
— 2 (1). A καὶ π. [B om.] τοῖς θεράπουσιν αὐ. (1)
— 2 (1). καὶ π. τῇ γῇ αὐτοῦ (1)
— 9 (8). ποιεῖν π. τοὺς λόγους τῆς διαθήκης –
— 9 (8). ἵνα συνῆτε πάντα (1)
— 10 (9). ὑμεῖς ἑστήκατε πάντες (1)
— 10 (9). π. ἀνὴρ Ἰσραήλ (1)
— 20 (19). π. αἱ ἀραὶ τῆς διαθήκης ταύτης (1)
— 21 (20). ἐκ π. [A π. τῶν] υἱῶν Ἰσραήλ (1)
— 21 (20). κατὰ π. τὰς ἀρὰς τῆς διαθήκης (1)
— 23 (22). π. ἡ γῆ αὐτῆς οὐ σπαρήσεται (1)
— 23 (22). οὐδὲ μὴ ἀναβῇ . . . π. χλωρόν (1)
— 24 (23). ἐροῦσι π. τὰ ἔθνη (1)
— 27 (26). κατὰ π. τὰς κατάρας [A ἀράς] (1)
— 29 (28). ποιεῖν π. τὰ ῥήματα τοῦ νόμου τ. (1)
30. 1. ὡς ἂν ἔλθωσιν ἐπὶ σὲ π. τὰ ῥήμ. τ. (1)
— 1. ἐν π. τοῖς ἔθνεσιν (1)
— 2. κατὰ πάντα ὅσα ἐγὼ ἐντέλλομαί σοι (1)
— 3. συνάξει σε ἐκ π. τῶν ἐθνῶν (1)
— 9. ἐν π. ἔργῳ τῶν χειρῶν σου (1)
— 10. A ποιεῖν π. [B om. π.] τὰς ἐντ. αὐτοῦ –
— 16. πορεύεσθαι ἐν π. ταῖς ὁδοῖς αὐ. –
— 16. εὐλογήσει σε . . . ἐν π. τῇ γῇ –
31. 1. λαλῶν π. τοὺς λόγους τούτους πρὸς π. υἱοὺς Ἰσρ. (–, 1)
— 7. ἔναντι παντὸς Ἰσραήλ (1)
— 9. A ἔγραψε M. π. [B om.] τὰ ῥήματα –

De. 31. 11. ἐν τῷ συμπορεύεσθαι πάντα Ἰσρ. (1)
— 11. ἐναντίον παντὸς Ἰσραήλ (1)
— 12. ποιεῖν π. τοὺς λόγους τοῦ νόμου τ. (1)
— 13. π. τὰς ἡμέρας ὅσας αὐτοὶ ζῶσιν (1)
— 18. διὰ π. τὰς κακίας ἃς ἐποίησαν (1)
— 24. π. τοὺς λόγους τοῦ νόμου τούτου –
— 28. ἵνα λαλήσω . . . π. τοὺς λόγους τ. –
— 30. εἰς τὰ ὦτα π. [A π. τῆς] ἐκκλησίας (1)
32. 4. π. αἱ ὁδοὶ αὐτοῦ κρίσεις (1)
— 27. ἐποίησε ταῦτα π. (1)
— 43. R πάντες ἄγγελοι θεοῦ [A B al.] –
— 43. A B π. ἄγγελοι [R υἱοὶ] θεοῦ –
— 44. π. τοὺς λόγους τοῦ νόμου τούτου (1)
— 45. λαλῶν παντὶ Ἰσραήλ (1)
— 46. ἐπὶ π. τοὺς λόγους τούτους (1)
— 46. ποιεῖν π. τοὺς λόγους τοῦ νόμου τούτου (1)
33. 3. π. οἱ ἡγιασμ. ὑπὸ τὰς χεῖράς σου (1)
— 10. ἐπιθήσουσι θυμίαμα . . . διὰ παντός (8 b)
— 12. σκιάζει ἐπ' αὐτῷ π. τὰς ἡμέρας (1)
34. 1. π. τὴν γῆν Γαλ. (1)
— 2. π. τὴν γῆν Νεφθ. καὶ π. τὴν γῆν Ἐφρ. (1, –)
— 2. καὶ π. τὴν γῆν Ἰ. (1)
— 11. ἐν π. τοῖς σημείοις (1)
— 11. καὶ π. [A om.] τῇ γῇ αὐτοῦ (1)
— 12. A καὶ π. [B om.] τὴν χεῖρα τὴν κραταιάν (1)
— 12. ἔναντι παντὸς Ἰσραήλ (1)
Jo. 1. 2. σὺ καὶ π. ὁ λαὸς οὗτος (1)
— 3. π. ὁ τόπος ἐφ' ὃν ἂν ἐπιβῆτε (1)
— 5. π. τὰς ἡμέρας τῆς ζωῆς σου (1)
— 7. ἵνα συνῇς ἐν πᾶσιν (1)
— 8. ποιεῖν π. τὰ γεγραμμένα (1)
— 9. εἰς πάντα οὗ ἐὰν πορεύῃ (1)
— 14. διαβήσεσθε . . . π. ὁ ἰσχύων (1)
— 16. πάντα ὅσα ἂν ἐντείλῃ (1)
— 16. εἰς π. τόπον οὗ ἐὰν ἀποστείλῃς (6)
— 17. κατὰ πάντα ὅσα ἠκούσαμεν (1)
2. 13. B καὶ π. τὸν οἶκόν μου –
— 13. καὶ πάντα ὅσα ἐστὶν αὐτοῖς (1)
— 18. καὶ π. τὸν οἶκον τοῦ πατρός σου (1)
— 19. πᾶς ὃς ἂν ἐξέλθῃ (1)
— 22. ἐξεζήτησαν . . . π. τὰς ὁδούς (1)
— 23. π. τὰ συμβεβηκότα αὐτοῖς (1)
— 24. παρέδωκεν κ. π. τὴν γῆν (1)
— 24. π. ὁ κατοικῶν τὴν γῆν ἐκ. (1)
3. 7. κατενώπιον π. [A π. τῶν] υἱῶν Ἰσρ. (1)
— 11. ἡ κιβ. διαθήκης κυρίου π. τῆς γῆς (1)
— 13. τὴν κιβ. τῆς διαθήκης κυρίου π. τῆς γῆς (1)
— 17. π. οἱ υἱοὶ Ἰσρ. διέβαινον (1)
— 17 : 4. 1. συνετέλεσε π. ὁ λαὸς διαβαίνων (1)
4. 6. εἰς σημεῖον κείμενον διὰ παντός †
— 7. A[2] B ἀπὸ προσώπου κιβ. διαθ. κυρίου π. τῆς γῆς –
— 10. ἕως οὗ συνετέλεσεν Ἰ. πάντα (1)
— 11. ὡς συνετέλεσε π. ὁ λαὸς διαβῆναι (1)
— 14. ἐναντίον τοῦ π. γένους Ἰσρ. (1)
— 24. ὅπως γνῶσι π. τὰ ἔθνη τῆς γῆς (1)
— 24. σέβησθε κύριον . . . ἐν π. ἔργῳ [A χρόνῳ] (1)
5. 5. π. τούτους περιέτεμεν Ἰ. (1)
6. 3. A περίστησον αὐτῇ π. τοὺς μαχητάς [B al.] (1)
— 5. ἀνακραγέτω π. ὁ λαός (1)
— 5. εἰσελεύσεται π. ὁ λαός –
— 16 (17). καὶ πάντα ὅσα ἐστὶν ἐν αὐτῇ (1)
— 16 (17). AR καὶ πάντα [B om.] ὅσα ἐστὶν ἐν τῷ οἴκῳ αὐ. (1)
— 18 (19). A π. ἀργύριον . . . καὶ π. χαλκὸς [B ἢ χ.] . . . ἔσται τῷ κ. (1, †)
— 19 (20). ἠλάλαξε π. ὁ λαός –
— 19 (20). ἀνέβη π. ὁ λαός –
— 21 (22). A καὶ πάντα [B om.] ὅσα ἐστίν (1)
— 22 (23). A καὶ π. [B om.] τὴν συγγένειαν αὐτῆς (1?)
— 22 (23). καὶ πάντα ὅσα ἦν αὐτῇ (1)
— 23 (24). σὺν π. τοῖς ἐν αὐτῇ (1)
— 24 (25). καὶ π. [A om.] τὸν οἶκον αὐτῆς –
— 26 (27). ἦν τὸ ὄνομα αὐτοῦ κατὰ π. τὴν γῆν (1)
7. 3. μὴ ἀναβήτω π. ὁ λαός (1)
— 3. B μὴ ἀναγάγῃς ἐκεῖ τὸν λαὸν π. [AR ἅπ.] (1)
— 9. καὶ π. οἱ κατοικοῦντες τὴν γῆν (1)
— 14. συναχθήσεσθε πάντες τὸ πρωΐ –
— 15. καὶ πάντα ὅσα ἐστὶν αὐτῷ (1)
— 24. καὶ π. τὰ πρόβατα αὐτοῦ –
— 24. καὶ π. τὰ ὑπάρχοντα αὐτοῦ (1)
— 24. καὶ π. ὁ λαὸς [A π. Ἰσρ.] μετ' αὐτοῦ (1)
— 25. ἐλιθοβόλησαν αὐτὸν . . . πᾶς Ἰσρ. (1)
8. 1. λάβε . . . π. τοὺς ἄνδρας τοὺς πολεμιστάς (1)

Jo. 8. 3. καὶ π. ὁ λαὸς ὁ πολεμιστής (1)
— 4. ἔσεσθε π. ἕτοιμοι (1)
— 5. καὶ π. οἱ [A π. ὁ λαὸς ὁ] μετ' ἐμοῦ (1)
— 11. καὶ π. ὁ λαὸς ὁ πολεμιστής (1)
— 14. αὐτὸς καὶ π. ὁ λαός (1)
— 15. A ἀνεχώρησεν Ἰ. καὶ πᾶς [B om.] Ἰσρ. (1)
— 21. B Ἰησοῦς καὶ πᾶς Ἰσραήλ (1)
— 24. ἀποκτέννοντες π. τοὺς ἐν τῇ Γ. (1)
— 25. π. τοὺς κατοικοῦντας Γαί (1)
— 27. πάντα ἃ [A om. π. ἃ] ἐπρονόμευσαν –
9. 1. A ὡς δὲ ἤκουσαν π. [B om.] οἱ βασ. (1)
— 1. οἱ ἐν π. τῇ παραλίᾳ τῆς θ. (1)
— 2. συνήλθοσαν . . . ἅμα πάντες †
— 2 (8. 33). πᾶς Ἰσρ. καὶ οἱ πρεσβύτεροι αὐ. (1)
— 2 (8. 34). π. τὰ ῥήματα τοῦ νόμου τούτου (1)
— 2 (8. 34). κατὰ π. τὰ γεγραμμ. ἐν τῷ νόμῳ M. (1)
— 2 (8. 35). οὐκ ἦν ῥῆμα ἀπὸ πάντων (1)
— 2 (8. 35). εἰς τὰ ὦτα π. ἐκκλησίας (1)
— 3. ἤκουσαν πάντα –
— 6. A καὶ πρὸς πάντα [B om. πρ. π.] Ἰσρ. †
— 11. π. οἱ κατοικοῦντες τὴν γῆν ἡ. (1)
— 18. ὤμοσαν αὐτοῖς π. οἱ ἄρχοντες –
— 18. διεγόγγυσαν π. ἡ συναγωγή (1)
— 19. A εἶπαν π. [B om.] οἱ ἄρχοντες τῇ [B π. τῇ] συναγ. (1, 1)
— 21. ὑδροφόροι π. τῇ συναγωγῇ (1)
— 24. π. τοὺς κατοικοῦντας ἐπ' αὐτῆς (1)
— 27. ὑδροφόρους π. τῇ συναγωγῇ –
10. 2. καὶ π. οἱ ἄνδρες αὐτῆς ἰσχυροί (1)
— 5. αὐτοὶ καὶ π. ὁ λαὸς αὐτῶν (1)
— 6. π. οἱ βασ. τῶν Ἀμορραίων (1)
— 7. καὶ π. ὁ λαὸς ὁ πολεμιστὴς μετ' αὐτοῦ π. δυνατὸς ἐν ἰσχύϊ (1, 1)
— 15. B[3] Ἰησοῦς καὶ πᾶς ὁ λ. Ἰσρ. μετ' αὐτοῦ (1)
— 20. καὶ π. υἱὸς [A π. οἱ υἱ.] Ἰσρ. –
— 21. ἀπεστράφη π. ὁ λαός (1)
— 24. συνεκάλεσεν Ἰ. πάντα Ἰσρ. (2 a)
— 25. ποιήσει κ. π. τοῖς ἐχθροῖς ὑμῶν (1)
— 28. ἐξωλέθρευσαν π. ἐμπνέον (1)
— 29. καὶ πᾶς Ἰσρ. [A ὁ λαὸς ὁ] μετ' αὐτοῦ (1)
— 30. καὶ πᾶν ἐμπνέον ἐν αὐτῇ (1)
— 31, 34. καὶ πᾶς Ἰσρ. μετ' αὐτοῦ (1)
— 35. καὶ πᾶν ἐμπνέον ἐν αὐτῇ (1)
— 36. καὶ πᾶς Ἰσρ. μετ' αὐτοῦ (1)
— 37. καὶ πᾶν ἐμπνέον [A πάντα τὰ ἐμπν.] (1)
— 38. Ἰησοῦς καὶ πᾶς Ἰσρ. (1)
— 39. A καὶ τὰς π. [B om.] κώμας αὐτῆς (1)
— 39. καὶ πᾶν ἐμπνέον ἐν αὐτῇ (1)
— 40. ἐπάταξεν Ἰ. π. τὴν γῆν (1)
— 40. καὶ πᾶν ἐμπνέον (1)
— 41. π. τὴν [A τὴν γῆν] Γ. ἕως τῆς Γ. (1)
— 42. καὶ π. τοὺς βασ. αὐτῶν (1)
11. 5. συνῆλθον π. οἱ βασιλεῖς (1)
— 7. καὶ π. ὁ λαὸς ὁ πολεμιστής (1)
— 10. ἄρχουσα π. τῶν βασιλειῶν τούτων (1)
— 11. πᾶν ἐμπνέον ἐν αὐτῇ (1)
— 11. ἐξωλέθρευσαν [A -σεν] πάντας –
— 12. π. τὰς πόλεις τῶν βασιλειῶν (1)
— 13. π. τὰς πόλεις τὰς κεχωματισμένας (1)
— 14. καὶ π. τὰ σκῦλα αὐτῆς ἐπρονόμευσαν (1)
— 14. αὐτοὺς δὲ πάντας ἐξωλέθρευσαν (1)
— 15. ἀπὸ πάντων ὧν συνέταξεν (1)
— 16. ἔλαβεν Ἰ. π. τὴν γῆν τὴν ὀρεινὴν καὶ π. τὴν γῆν N. καὶ π. τὴν γῆν Γ. (1 ter)
— 17. καὶ π. τοὺς βασ. αὐτῶν (1)
— 19. πάντα ἐλάβοσαν [A -ας ἔλαβεν] (1)
— 21. ἐκ π. γένους [A ὄρους] Ἰσρ. (1)
— 21. ἐκ π. ὄρους Ἰούδα (1)
— 23. ἔλαβεν Ἰ. π. τὴν γῆν (1)
12. 1. καὶ π. τὴν γῆν [A om.] Ἄραβα (1)
— 5. καὶ π. τὴν Βασάν (1)
— 24. π. οὗτοι βασιλεῖς εἴκοσι ἐννέα (1)
13. 4. καὶ π. [A π. τῇ] γῇ Χαναάν (1)
— 5. καὶ π. τὴν γῆν Γ. –
— 5. καὶ π. τὸν Λίβανον (1)
— 6. π. ὁ κατοικῶν τὴν ὀρεινήν (1)
— 6. π. τοὺς Σιδωνίους (1)
— 9. καὶ π. τὴν Μισώρ (1)
— 10. π. τὰς πόλεις Σηών (1)
— 11. π. ὅρος Ἀερμὼν καὶ π. τὴν Βασανῖτιν (1, 1)
— 12. π. τὴν βασιλείαν Ὤγ (1)
— 16. καὶ π. τὴν M. (1)
— 17. καὶ π. τὰς πόλεις τὰς οὔσας ἐν τῇ M. (1)
— 21. καὶ π. τὰς πόλεις τοῦ M. (1)
— 21. π. τὴν βασιλείαν τοῦ Σ. (1)
— 25. π. αἱ πόλεις Γαλ. (1)

Jo. 13. 30. καὶ π. βασιλεία [A om.] B. καὶ π. βασιλεία Ὤγ (1, 1)
— 30. καὶ π. τὰς κώμας Ἰαὶρ (1)
15. 5. τὰ ὅρια . . . π. ἡ θάλασσα –
— 46. πᾶσαι ὅσαι εἰσὶ πλησίον Ἀσ. (1)
16. 9. π. αἱ πόλεις καὶ αἱ κῶμαι αὐ. (1)
18. 1. ἐξεκκλησιάσθη π. συναγωγή (1)
20. 9. π. παίοντι ψυχὴν ἀκουσίως (1)
21. 19. π. αἱ πόλεις υἱῶν Ἀ. (1)
— 26. π. πόλεις δέκα (1)
— 33. π. αἱ πόλεις τοῦ Γ. (1)
— 37. π. αἱ πόλεις τέσσαρες (1)
— 38. A R π. αἱ [B om.] πόλεις τοῖς υἱοῖς M. (1)
— 39. B π. πόλις [A R π. αἱ πόλεις] τῶν Λ. (1)
— 40. π. ταῖς πόλεσι ταύταις (1)
— 41. ἔδωκε . . . π. τὴν γῆν (1)
— 42. ἀπὸ π. τῶν ἐχθρῶν αὐ. (1)
— 42. π. τοὺς ἐχθροὺς αὐ. παρέδωκε (1)
— 43. ἀπὸ π. τῶν ῥημ. τῶν καλῶν (1)
— 43. πάντα παρεγένετο [A -νοντο] (1)
22. 2. ὑμεῖς ἀκηκόατε πάντα (1)
— 2. κατὰ πάντα ὅσα ἐνετείλατο (1)
— 5. πορεύεσθαι [A add. ἐν] π. ταῖς ὁδοῖς αὐ. (1)
— 12. συνηθροίσθησαν π. οἱ υἱοὶ Ἰσρ. (1)
— 14. ἀπὸ π. [A π. τῶν] φυλῶν Ἰσρ. (1)
— 16. τάδε λέγει π. ἡ συναγωγὴ κυρίου (1)
— 18. ἐπὶ πάντα Ἰσρ. ἔσται ἡ ὀργή (1)
— 20. ἐπὶ π. [A π. τὴν] συναγωγὴν Ἰ. (1)
— 30. καὶ π. οἱ ἄρχοντες τῆς συναγωγῆς –
23. 1. ἀπὸ π. τῶν ἐχθρῶν αὐτῶν (1)
— 2. συνεκάλεσεν Ἰ. π. τοὺς υἱοὺς Ἰ. (1)
— 3. A ἑωράκατε πάντα [B om.] ὅσα ἐποίησε . . . π. τοῖς ἔθνεσι τούτοις (1, 1)
— 4. ἀπὸ τοῦ Ἰορδ. π. τὰ ἔθνη (1)
— 6. ποιεῖν π. τὰ γεγραμμένα (1)
— 14. καθὰ καὶ π. οἱ ἐπὶ τῆς γῆς (1)
— 14. εἷς λόγος ἀπὸ π. τῶν λόγων (1)
— 14. πρὸς πάντα τὰ ἀνήκοντα ὑμῖν [A al.] (1)
— 15. π. τὰ ῥήματα τὰ καλὰ ἃ ἐλάλησε κ. (1)
— 15. ἐπάξει . . . π. τὰ ῥήμ. τὰ πονηρά (1)
24. 1. συνήγαγεν Ἰ. π. [A π. τὰς] φυλὰς Ἰ. (1)
— 1. A συνεκάλεσε π. [B om.] τοὺς πρεσβυτ. –
— 2. εἶπεν Ἰ. πρὸς π. τὸν λαόν (1)
— 3. ὡδήγησα αὐτὸν ἐν π. τῇ γῇ (1)
— 17. διεφύλαξεν ἡμᾶς ἐν π. τῇ ὁδῷ (1)
— 17. καὶ ἐν π. τοῖς ἔθνεσιν (1)
— 18. καὶ π. τὰ ἔθνη τὰ κατοικοῦντα (1)
— 27. ἀκήκοε π. τὰ λεχθέντα (1)
— 31. π. τὰς ἡμέρας Ἰ. καὶ π. τὰς ἡμέρας τῶν πρεσβυτέρων (1, 1)
— 31. ὅσοι εἴδοσαν π. τὰ ἔργα κυρίου (1)
Jd. 2. 4. πρὸς π. υἱοὺς [A πάντα] Ἰσρ. (1)
— 7. π. τὰς ἡμέρας Ἰ. καὶ π. τὰς ἡμ. τῶν πρεσβυτέρων (1, 1)
— 7. ὅσοι ἔγνωσαν π. τὸ ἔργον κυρίου (1)
— 10. π. ἡ γενεὰ ἐκείνη (1)
— 15. R ἐν πᾶσιν οἷς ἐπορεύοντο [B ἐξεπ., A ἐπόρνευον] (1)
— 18. π. τὰς ἡμέρας τοῦ κριτοῦ (1)
3. 1. π. τοὺς μὴ ἐγνωκότας τοὺς πολέμους X. (1)
— 3. καὶ π. τὸν Χαναναῖον (1)
— 13. π. τοὺς υἱοὺς Ἀμμών –
— 19. A εἶπεν Ἐγ. πᾶσιν [B πρὸς αὐτόν] –
— 19. π. τοὺς ἐφεστῶτας ἐπ' αὐτόν [A π. οἱ παραστήκοντες αὐτῷ] (1)
— 29. πᾶν λιπαρὸν [A π. τοὺς μαχητὰς] καὶ π. ἄνδρα [A π. ἄνδρας] δυνάμεως (1, 1)
4. 13. ἐκάλεσε Σ. π. τὰ ἅρματα αὐτοῦ (1)
— 13. καὶ π. τὸν λαὸν τὸν μετ' αὐτοῦ (1)
— 15. καὶ π. τὰ ἅρματα αὐ. καὶ π. τὴν παρεμβ. αὐτοῦ (1, 1)
— 16. ἔπεσε π. [A π. ἡ] παρεμβολή (1)
5. 23. π. ὁ κατοικῶν αὐτήν [A al.] –
— 31. ἀπόλοιντο π. οἱ ἐχθροί σου (1)
6. 9. ἐκ χειρὸς π. τῶν θλιβόντων ὑμᾶς (1)
— 13. A εὗρεν ἡμᾶς π. [B om.] τὰ κακὰ ταῦτα (1)
— 13. ποῦ ἐστι π. τὰ θαυμάσια αὐτοῦ (1)
— 17. ποιήσεις μοι σήμερον πᾶν [A al.] –
— 31. εἶπε . . . τοῖς ἀνδράσι π. [A al.] (1)
— 33. πᾶσα Μαδ. καὶ Ἀμ. (1)
— 35. εἰς πάντα [A ἐν παντὶ] Μαν. (1)
— 37. καὶ ἐπὶ π. τὴν γῆν ξηρασία (1)
— 39. ἐπὶ π. τὴν γῆν γενηθήτω δρόσος (1)
— 40. ἐπὶ π. τὴν γῆν ἐγενήθη δρόσος (1)
7. 1. καὶ π. ὁ λαὸς μετ' αὐτοῦ (1)
Jd. 7. 4. R πᾶς [A πάντα, B πᾶν] ὃν ἐὰν εἴπω πρὸς σέ (1)
— 5. πᾶς ὃς ἂν λάψῃ (1)
— 5. πᾶς ὃς ἐὰν κλίνῃ (1)
— 6. A ἐγένετο π. [B om.] ὁ ἀριθμός –
— 6. π. τὸ κατάλοιπον [A π. ὁ ἐπίλ.] τοῦ λαοῦ (1)
— 7. π. ὁ λαὸς πορεύσονται [A ἀποτρεχέτω] (1)
— 8. τὸν [A om.] π. ἄνδρα Ἰσρ. ἐξαπέστειλεν (1)
— 12. καὶ π. υἱοὶ ἀνατολῶν (1)
— 14. παρέδωκεν . . . π. τὴν παρεμβολήν (1)
— 16. ἔδωκε κερατίνας ἐν χειρὶ πάντων (1)
— 18. καὶ πάντες μετ' ἐμοῦ (1)
— 21. ἔδραμε π. ἡ παρεμβολή (1)
— 22. ἐν π. [A ὅλῃ] τῇ παρεμβολῇ (1)
— 23 (22). A ἔφυγεν π. [B om.] ἡ παρεμβολή –
— 23. καὶ ἀπὸ [A ἐκ] παντὸς Μανασσῆ (1)
— 24. ἐν π. ὄρει [A ὁρίῳ] Ἐφρ. (1)
— 24. ἐβόησε π. ἀνὴρ Ἐφρ. (1)
8. 10. π. οἱ καταλελειμμένοι ἀπὸ π. παρεμβολῆς [A al.] (1, 1)
— 12. π. τὴν παρεμβολὴν ἐξέστησε [A al.] (1)
— 27. ἐξεπόρνευσε πᾶς Ἰσρ. (1)
— 34. ἐκ χειρὸς π. τῶν θλιβόντων [A al.] (1)
— 35. κατὰ π. τὰ ἀγαθά [A π. τὴν ἀγαθωσύνην] (1)
9. 1. πρὸς π. συγγένειαν [A τὴν σ. τοῦ] οἴκου (1)
— 2. ἐν τοῖς ὠσὶ π. [A om.] τῶν ἀνδρῶν Σ. (1)
— 2. π. υἱοὺς Ἱεροβ. (1)
— 3. ἐλάλησαν . . . ἐν τοῖς ὠσὶ π. τῶν ἀνδρῶν Σ. π. τοὺς λόγους τούτους (1, 1)
— 6. π. [A π. οἱ] ἄνδρες Σικίμων καὶ π. [A πᾶς ὁ] οἶκος Βηθμ. (1, 1)
— 14. εἶπαν π. [A om.] τὰ ξύλα (1)
— 25. πάντα ὃς παρεπορεύετο [A π. τοὺς διαπορευομ.] (1)
— 34. καὶ π. ὁ λαὸς μετ' αὐτοῦ (1)
— 44. ἐπὶ π. τοὺς ἐν τῷ ἀγρῷ (1)
— 46. ἤκουσαν π. οἱ ἄνδρες (1)
— 47. συνήχθησαν π. οἱ ἄνδρες (1)
— 48. καὶ π. ὁ λαὸς ὁ μετ' αὐτοῦ (1)
— 49. καὶ ἔκοψαν . . . κλάδον πᾶς ἀ. [A al.] (1 ?)
— 49. π. οἱ ἄνδρες πύργου Σικ. (1)
— 51. ἔφυγον ἐκεῖ π. οἱ ἄνδρες (1)
— 51. A καὶ π. οἱ ἡγούμενοι (1)
— 57. τὴν π. πονηρίαν [A κακίαν] ἀνδρῶν Σ. (1)
10. 8. τοὺς π. υἱοὺς Ἰσρ. [A π. τ. υἱ. Ἰ.] (1)
— 15. κατὰ π. τὸ ἀγαθόν [A πάντα ὅσα ἂν ἀρέσκῃ] (1)
— 18. π. τοῖς κατοικοῦσι Γ. (1)
11. 8. A R π. τοῖς κατοικοῦσι [B οἰκ.] Γ. (1)
— 11. ἐλάλησεν Ἰ. π. τοὺς λόγους αὐ. (1)
— 20. συνῆξε Σ. π. τὸν λαὸν αὐτοῦ (1)
— 21. καὶ π. τὸν λαὸν αὐτοῦ (1)
— 21. π. τὴν γῆν τοῦ Ἀμ. (1)
— 22. A π. τὸ ὅριον τοῦ Ἀμ. (1)
— 24. καὶ τοὺς π. οὓς ἐξῆρε [A πάντα ὅσα κατεκληρονόμησεν] (1)
— 26. καὶ ἐν π. ταῖς πόλεσι (1)
12. 4. π. τοὺς ἄνδρας Γαλ. (1)
13. 4. μὴ φάγῃς π. ἀκάθαρτον (1)
— 7. μὴ φάγῃς π. ἀκάθαρτον [A π. ἀκαθαρσίαν] (1)
— 13. ἀπὸ πάντων ὧν εἴρηκα [A εἶπα] (1)
— 14. ἀπὸ παντὸς ὃ [A πάντων ὅσα] ἐκπορεύεται (1)
— 14. π. ἀκάθαρτον μὴ φαγέτω (1)
— 14. πάντα . . . φυλάξεται [A -άσθω] (1)
— 23. οὐκ ἂν ἔδειξεν ἡμῖν ταῦτα π. [A al.] (1)
14. 3. καὶ ἐκ π. τοῦ λαοῦ μου [A ἐν π. τῷ λ. μ.] (1)
15. 10. A π. [B om.] ἀνὴρ Ἰούδα –
16. 16. π. τὰς ἡμέρας [A ὅλην τὴν νύκτα] (1)
— 17. π. τὴν καρδίαν [A π. τὰ ἀπὸ καρδίας] αὐ. (1)
— 17. ὡς π. οἱ ἄνθρωποι [A κατὰ π. τοὺς ἀ.] (1)
— 18. π. τὴν καρδίαν [A π. τὰ ἀπὸ καρδίας] αὐ. (1)
— 18. A π. τοὺς σατράπας τῶν ἀλλοφ. [B al.] –
— 18. π. τὴν καρδίαν [A κακίαν] αὐτοῦ (1)
— 18. A π. αἱ σατραπίαι τῶν ἀλλοφ. [B al.] –
— 27. π. οἱ ἄρχοντες [A σατράπαι] τῶν ἀλλοφ. (1)
— 30. καὶ ἐπὶ π. τὸν λαὸν τὸν ἐν αὐτῷ (1)
— 31. A καὶ π. [B om.] ὁ οἶκος τοῦ πατρὸς αὐ. (1)
18. 10. ὑστέρημα π. ῥήματος (1)
— 31. π. τὰς ἡμέρας ἃς ἦν ὁ οἶκος (1)
19. 19. ὑστέρημα παντὸς πράγματος (1)
— 20. A R π. τὸ [B om.] ὑστέρημά σου ἐπ' ἐμέ (1)
— 29. ἐν π. ὁρίῳ [A εἰς π. τὰς φυλὰς τοῦ] Ἰσρ. (1)
— 30. π. ὁ βλέπων [A ὁρῶν] ἔλεγεν (1)
— 30. A πρὸς π. ἄνδρα Ἰσρ. –
20. 1. ἐξῆλθον π. οἱ υἱοὶ Ἰσρ. (1)
Jd. 20. 1. A ἐξεκκλησιάσθη π. [B om.] ἡ συναγ. –
— 2. A τὸ κλίμα π. τοῦ λαοῦ [B al.] (1)
— 2. π. αἱ φυλαὶ τοῦ Ἰσρ. (1)
— 6. ἐν π. ὁρίῳ κληρονομίας (1)
— 7. π. ὑμεῖς [A οἱ] υἱοὶ Ἰσρ. (1)
— 8. ἀνέστη π. ὁ λαός (1)
— 10. εἰς π. φυλὰς [A ταῖς π. φ.] Ἰσρ. (1)
— 10. κατὰ π. τὸ ἀπόπτωμα [A π. τὴν ἀφροσύνην] (1)
— 11. συνήχθη π. ἀνὴρ Ἰσρ. (1)
— 12. ἐν π. φυλῇ Βεν. (1)
— 16. ἐκλεκτοὶ ἐκ π. λαοῦ [A al.] (1)
— 16. π. οὗτοι σφενδονῆται (1)
— 17. A π. [B om.] ἀνὴρ Ἰσρ. ἐπεσκέπησαν –
— 17. π. οὗτοι ἄνδρες παρατάξεως [A al.] (1)
— 20. ἐξῆλθον π. ἀνὴρ Ἰσρ. [A al.] –
— 25. B[2] R π. οὗτοι ἕλκοντες ῥομφαίαν [A al.] (1)
— 26. ἀνέβησαν π. οἱ υἱοὶ Ἰσρ. καὶ π. ὁ λαός (1, 1)
— 33. π. ἀνὴρ [A add. Ἰσρ.] ἀνέστη (1)
— 34. ἀνδρῶν ἐκλεκτῶν ἐκ παντὸς Ἰσρ. (1)
— 35. π. οὗτοι εἷλκον [A σπώμενοι] ῥομφαίαν (1)
— 44. οἱ π. οὗτοι [A σὺν π. τούτοις] ἄνδρες δυνάμεως (1)
— 46. π. οἱ πεπτωκότες ἀπὸ Βεν. (1)
— 46. οἱ π. οὗτοι [A σὺν π. τούτοις] ἄνδρες δυνάμεως (1)
— 48. ἕως π. τοῦ εὑρισκομ. [A εὑρεθέντος] εἰς π. τὰς πόλεις (1, 1)
21. 2. A παρεγένοντο π. ὁ λαός [B al.] –
— 5. ἀπὸ [A ἐκ] π. φυλῶν Ἰσρ. (1)
— 10. A π. τοὺς κατοικοῦντας Ἰ. [B al.] –
— 11. π. ἄρσεν [A -σενικὸν] καὶ π. γυναῖκα (1, 1)
— 13. ἀπέστειλεν π. ἡ συναγωγή (1)
Ru. 1. 19. ἤχησε π. ἡ πόλις (1)
2. 11. A πάντα [B om.] ὅσα πεποίηκας (1)
3. 5. πάντα ὅσα ἐὰν εἴπῃς ποιήσω (1)
— 6. ἐποίησε κατὰ πάντα (1)
— 11. πάντα ὅσα ἐὰν εἴπῃς (1)
— 11. οἶδε γὰρ π. φυλὴ λαοῦ μου (1)
— 16. εἶπεν αὐτῇ πάντα (1)
4. 7. R τοῦ στῆσαι π. [A τόν, B πᾶν] λόγον (1)
— 9. εἶπε B. . . . π. τῷ λαῷ (1)
— 9. κέκτημαι π. τὰ τοῦ Ἐλ. καὶ πάντα ὅσα ὑπάρχει τῷ X. (1, 1)
— 11. π. ὁ λαὸς οἱ ἐν τῇ πύλῃ (1)
I Ki. 1. 4. A καὶ π. [B om.] τοῖς υἱοῖς αὐτῆς (1)
— 17. δῴη σοι π. αἴτημά σου –
— 21. Ἐλκ. καὶ π. ὁ οἶκος αὐτοῦ (1)
— 21. θῦσαι . . . π. τὰς δεκάτας τῆς γῆς αὐ. –
— 28. π. τὰς ἡμέρας ἃς ζῇ αὐτός (1)
2. 13. τὸ δικαίωμα . . . π. τοῦ θύοντος (2 a)
— 14. πᾶν ὃ ἐὰν ἀνέβη (1)
— 14. ἐποίουν παντὶ Ἰσραήλ (1)
— 16. λάβε σεαυτῷ ἐκ πάντων –
— 23. ἐκ στόματος π. [A om.] τοῦ λαοῦ (1)
— 28. ἐκ π. τῶν [A om.] σκήπτρων Ἰσρ. (1)
— 28. τὰ π. τοῦ πυρὸς υἱῶν Ἰσρ. (1)
— 29. ἀπ' ἀρχῆς π. θυσίας Ἰσρ. (1)
— 32. A ἐν πᾶσιν οἷς ἀγαθυνεῖ (1)
— 32. π. τὰς ἡμέρας (1)
— 33. πᾶς περισσεύων [A πᾶν π.] οἴκου σου (1)
— 35. π. τὰ ἐν τῇ καρδίᾳ μου . . . ποιήσει –
— 35. διελεύσεται . . . π. τὰς ἡμέρας (1)
— 36. A ἔσται πᾶς [B om.] ὁ περισσεύων (1)
3. 11. π. ἀκούοντος αὐτά (1)
— 12. πάντα ὅσα ἐλάλησα (1)
— 17. ῥῆμα ἐκ πάντων λόγων (1)
— 18. ἀπήγγειλε Σαμ. π. τοὺς λόγους (1)
— 19. οὐκ ἔπεσεν ἀπὸ π. [B[1] om.] τῶν λόγων αὐ. (1)
— 20. ἔγνωσαν πᾶς Ἰσραήλ (1)
— 21. προφήτης γενέσθαι τῷ κ. εἰς πάντα Ἰσρ. –
4. 5. ἀνέκραξε πᾶς Ἰσραήλ (1)
— 8. οἱ πατάξαντες τὴν Αἰγ. ἐν π. πληγῇ (1)
5. 5. π. ὁ εἰσπορευόμ. εἰς οἶκον Δ. –
— 8. A συνάγουσι τοὺς π. [B om.] σατράπας (1)
— 11. A συνάγουσι π. [B om.] τοὺς σατράπας (1)
6. 18. κατ' ἀριθμὸν π. [A π. τῶν] πόλεων (1)
7. 2. ἐπέβλεψε π. [A π. ὁ] οἶκος Ἰσρ. (1)
— 3. εἶπε Σαμ. πρὸς π. οἶκον Ἰσρ. (1)
— 5. ἀθροίσατε πάντα [A τὸν π.] Ἰσρ. (1)
— 7. συνηθροίσθησαν π. οἱ υἱοὶ Ἰσρ. –
— 9. ἀνήνεγκεν . . . σὺν π. τῷ λαῷ (11)
— 13. π. τὰς ἡμέρας τοῦ Σαμ. (1)
— 15. π. τὰς ἡμέρας τῆς ζωῆς αὐτοῦ (1)
— 16. ἐν π. τοῖς ἡγιασμ. τούτοις (1)
8. 4. A συναθροίζονται π. [B om.] ἄνδρες Ἰ. (1)

I Ki. 8. 8. κατὰ π. τὰ ποιήματα [A om. τ. π.] ἃ ἐποίησαν (1)
— 10. εἶπε Σαμ. π. τὸ ῥῆμα (1)
— 20. ἐσόμεθα . . . κατὰ π. τὰ ἔθνη (1)
— 21. ἤκουσε Σαμ. π. τοὺς λόγους (1)
9. 2. ὑψηλὸς ὑπὲρ π. τὴν γῆν (1)
— 6. πᾶν ὃ ἐὰν λαλήσῃ (1)
— 19. π. τὰ ἐν τῇ καρδίᾳ σου (1)
— 20. A καὶ π. [B om.] τῷ οἴκῳ τοῦ πατρός σου (1)
10. 7. πάντα ὅσα ἐὰν εὕρῃ ἡ χείρ σου -
— 9. ἦλθε π. τὰ σημεῖα (1)
— 11. π. οἱ εἰδότες [A ἅπ. οἱ ἰδόντες] αὐτόν (1)
— 17. παρήγγειλε Σαμ. π. τῷ λαῷ -
— 18. καὶ ἐκ π. τῶν βασιλειῶν (1)
— 19. σωτὴρ ἐκ π. τῶν κακῶν ὑμῶν (1)
— 20. π. τὰ σκῆπτρα Ἰσρ. (1)
— 23. ὑψώθη ὑπὲρ π. τὸν λαόν (1)
— 24. εἶπε Σαμ. πρὸς π. [A ἅπ.] τὸν λαόν (1)
— 24. οὐκ ἔστιν ὅμοιος αὐτῷ ἐν πᾶσιν ὑμῖν (1)
— 24. καὶ ἔγνωσαν π. ὁ λαός (1)
— 25. ἐξαπέστειλε Σαμ. π. τὸν λαόν (1)
11. 1. εἶπαν π. οἱ ἄνδρες Ἰ. (1)
— 2. π. ὀφθαλμὸν δεξιόν (1)
— 2. A ὄνειδος ἐπὶ πάντα [B om.] Ἰσρ. (1)
— 3. εἰς π. ὅριον Ἰσρ. (1)
— 4. ἦραν π. ὁ λαὸς τὴν φωνὴν αὐ. (1)
— 7. εἰς π. ὅριον Ἰσρ. (1)
— 8. A R π. [B πᾶν] ἄνδρα Ἰσρ. -
— 15. ἐπορεύθη π. ὁ λαὸς εἰς Γάλγ. (1)
— 15. εὐφράνθη . . . πᾶς Ἰσρ. (2 a)
12. 1. εἶπε Σαμ. πρὸς π. [A add. ἄνδρα] Ἰσρ. (1)
— 1. εἰς πάντα ὅσα εἴπατέ μοι (1)
— 7. τὴν π. δικαιοσύνην [A τὰς π. δ.] κυρίου (1)
— 18. B ἐφοβήθησαν π. ὁ λαὸς τὸν κ. (1)
— 19. B εἶπαν π. ὁ λαὸς πρὸς Σαμ. (1)
— 19. B πρὸς π. τὰς ἁμαρτίας ἡμῶν (1)
— 20. B πεποιήκατε τὴν π. κακίαν ταύτην (1)
13. 3. B σαλπίζει εἰς π. τὴν γῆν (1)
— 4. B πᾶς Ἰσρ. ἤκουσε λεγόντων (1)
— 7. B π. ὁ λαὸς ἐξέστη ὀπίσω αὐτοῦ (1)
— 19. B ἐν π. γῇ Ἰσρ. (1)
— 20. B κατέβαινον πᾶς Ἰσρ. (1)
— 22. B ἐν χειρὶ π. τοῦ λαοῦ (1)
14. 7. B ποίει πᾶν (1)
— 15. καὶ π. ὁ λαὸς . . . ἐξέστησαν (1)
— 20. Σ. καὶ π. ὁ λαὸς ὁ μετ' αὐτοῦ (1)
— 22. καὶ πᾶς [A add. ἀνὴρ] Ἰσρ. οἱ κρυπτόμ. (2 b [1])
— 22. π. ὁ λαὸς ἦν μετὰ Σ. -
— 24. οὐκ ἐγεύσατο π. ὁ λαὸς ἄρτου (1)
— 24 (25). π. ἡ γῆ ἠρίστα (1)
— 34. προσῆγεν π. ὁ λαός (1)
— 36. π. τὸ ἀγαθὸν ἐνώπιόν σου ποίει (1)
— 38. προσαγάγετε . . . π. τὰς γωνίας τοῦ Ἰ. (1)
— 39. οὐκ ἦν ὁ ἀποκρινόμ. ἐκ π. τοῦ λαοῦ (1)
— 40. εἶπε π. ἀνδρὶ [B[1] om.] Ἰσρ. (1)
— 47. ἐπολέμει . . . π. τοὺς ἐχθροὺς αὐ. (1)
— 51 (52). π. τὰς ἡμέρας Σαούλ (1)
— 52. ἰδὼν Σ. π. ἄνδρα δυνατὸν καὶ π. ἄνδρα υἱὸν δυνάμεως (1, 1)
15. 3. καὶ π. τὰ [A om.] αὐτοῦ (1)
— 3. καὶ π. τὰ αὐτοῦ (1 ?)
— 6. A μετὰ π. [B om.] τῶν υἱῶν Ἰσρ. (1)
— 8. συνέλαβε . . . π. τὸν λαόν (1)
— 9. Σ. καὶ π. ὁ λαός -
— 9. τὰ ἀγαθὰ . . . π. τῶν ἀγαθῶν (1)
— 9. π. ἔργον ἠτιμωμένον . . . ἐξωλέθρευσαν (1)
— 13. R ἔστησα πάντα [A B om.] ὅσα ἐλάλησε κ. -
16. 4. ἐποίησε Σαμ. πάντα -
17. 11. ἤκουσε Σ. καὶ πᾶς Ἰσρ. (1)
— 19. A Σ. αὐτὸς καὶ π. ἀνὴρ Ἰσρ. (1)
— 24. A καὶ π. ἀνὴρ Ἰσρ. (1)
— 46. γνώσεται π. ἡ γῆ (1)
— 47. γνώσεται π. ἡ ἐκκλησία αὕτη (1)
18. 5. A ἐξεπορεύετο Δ. ἐν πᾶσιν (1)
— 5. A ἐν ὀφθαλμοῖς π. τοῦ λαοῦ (1)
— 6. ἐκ π. [A π. τῶν] πόλεων Ἰσρ. (1)
— 14. ἐν π. ταῖς ὁδοῖς αὐ. συνίων (1)
— 16. πᾶς Ἰσρ. καὶ Ἰούδας (1)
— 22. π. οἱ παῖδες αὐτοῦ ἀγαπῶσί σε (1)
— 28. πᾶς Ἰσραὴλ ἠγάπα αὐτόν †
— 29. A ἐχθρεύων τὸν Δ. π. τὰς ἡμέρας (1)
— 30. A παρὰ π. τοὺς δούλους Σ. (1)
19. 1. ἐλάλησε . . . πρὸς π. τοὺς παῖδας αὐτοῦ (1)
— 5. πᾶς Ἰσραὴλ εἶδον (1)
— 7. ἀπήγγειλεν αὐτῷ π. τὰ ῥήμ. ταῦτα (1)

I Ki. 19. 18. ἀπαγγέλλει αὐτῷ πάντα (1)
20. 31. π. τὰς ἡμέρας ἃς ὁ υἱὸς Ἰ. ζῇ (1)
21. 5 (6). γέγονε π. τὰ παιδάρια ἡγνισμένα †
22. 1. A καὶ πᾶς [B om.] ὁ οἶκος τοῦ πατρὸς αὐ. (1)
— 2. πᾶς ἐν ἀνάγκῃ καὶ πᾶς ὑπόχρεως καὶ πᾶς [A om. π. ὑ. κ. π.] κατώδυνος ψυχῇ (2 a ter)
— 4. κατῴκουν μετ' αὐτοῦ π. τὰς ἡμ. (1)
— 6. π. οἱ παῖδες αὐ. παρειστήκεισαν αὐτῷ (1)
— 7. εἰ ἀληθῶς πᾶσιν ὑμῖν δώσει . . . ἀγρούς (1)
— 7. πάντας ὑμᾶς τάξει ἑκατοντάρχους (1)
— 8. σύγκεισθε πάντες ὑμεῖς ἐπ' ἐμέ (1)
— 11. καὶ π. τοὺς υἱοὺς τοῦ πατρὸς αὐτοῦ (1)
— 11. παρεγένοντο πάντες πρὸς τὸν βασ. (1)
— 14. τίς ἐν π. τοῖς δούλοις σου . . . πιστός (1)
— 14. ἄρχων π. παραγγέλματός σου †
— 15. οὐκ ᾔδει . . . ἐν π. τούτοις ῥῆμα μικρόν (1)
— 16. καὶ π. ὁ οἶκος τοῦ πατρός σου (1)
— 18. π. αἴροντας ἐφούδ -
— 21. ἐθανάτωσε Σ. π. τοὺς ἱερεῖς τοῦ κ. -
23. 8. παρήγγειλε Σ. π. τῷ λαῷ (1)
— 14. ἐζήτει αὐτὸν Σ. π. τὰς ἡμέρας (1)
— 20. πᾶν τὸ πρὸς ψυχὴν τοῦ βασ. (1)
— 23. A ἐκ π. τῶν τόπων ὅπου κρύβεται (1)
— 23. ἐν π. [A πᾶσιν] χιλιάσιν Ἰούδα (1)
24. 3. ἐκλεκτοὺς ἐκ παντὸς Ἰσρ. (1)
25. 1. συναθροίζονται πᾶς Ἰσρ. (1)
— 6. καὶ π. τὰ σὰ ὑγιαίνοντα (1)
— 7. π. τὰς ἡμέρας ὄντων αὐτῶν ἐν Καρ. (1)
— 9. κατὰ π. τὰ ῥήματα ταῦτα (1)
— 12. A κατὰ π. [B om.] τὰ ῥήματα ταῦτα (1)
— 15. π. τὰς ἡμέρας ἃς ἦμεν παρ' αὐτοῖς (1)
— 16. π. τὰς ἡμ. ἃς ἤμεθα παρ' αὐτοῖς (1)
— 17. A καὶ εἰς π. [B om.] τὸν οἶκον αὐ. (1)
— 21. πεφύλακα π. τὰ αὐτοῦ (1)
— 21. λαβεῖν ἐκ π. τῶν αὐτοῦ (1)
— 22. ἐκ π. τῶν τοῦ N. (1)
— 30. ποιήσει κύριος τῷ κ. μου πάντα (1)
— 35. ἔλαβε Δ. . . . πάντα -
26. 12. πάντες ὑπνοῦντες (1)
— 24. ἐξελεῖταί με ἐκ π. θλίψεως (1)
27. 1. εἰς π. ὅριον Ἰσρ. (1)
— 8. ἐπετίθεντο ἐπὶ π. τὸν Γ. -
— 11. π. τὰς ἡμέρας ἃς ἐκάθητο Δ. (1)
28. 2. ἀρχισωματοφ. θήσομαί σε π. τὰς ἡμέρας (1)
— 3. ἐκόψαντο αὐτὸν πᾶς Ἰσρ. (1)
— 4. συναθροίζει Σ. π. ἄνδρα Ἰσρ. (1)
29. 1. συναθροίζουσιν . . . π. τὰς παρεμβ. αὐ. (1)
30. 2. καὶ π. τὰ ἐν αὐτῇ -
— 6. κατώδυνος ψυχὴ π. τοῦ λαοῦ (1)
— 16. ἐπὶ πρόσωπον π. τῆς γῆς (1)
— 16. ἐν π. τοῖς σκύλοις τοῖς μεγ. (1)
— 18. ἀφείλατο Δ. πάντα (1)
— 19. ἕως πάντων ὧν ἔλαβον αὐτῶν (1)
— 19. πάντα [A -ας] ἐπέστρεψε Δ. (1)
— 20. ἔλαβε π. τὰ ποίμνια (1)
— 22. ἀπεκρίθη π. ἀνὴρ λοιμός (1)
— 31. π. τοὺς τόπους οὓς διῆλθε Δ. (1)
31. 6. A καὶ π. οἱ ἄνδρες αὐτοῦ (1)
— 12. ἀνέστησαν π. ἀνὴρ δυνάμεως (1)
II Ki. 1. 9. π. ἡ ψυχή μου ἐν ἐμοί (1)
— 11. π. οἱ ἄνδρες οἱ μετ' αὐτοῦ (1)
2. 9. καὶ ἐπὶ πάντα [A ἅπ.] Ἰσρ. (1)
— 23. π. ὁ ἐρχόμενος ἕως τοῦ τόπου (1)
— 28. ἀπέστησαν π. ὁ λαός (1)
— 30. συνήθροισε π. τὸν λαόν (1)
3. 12. ἐπιστρέψαι . . . π. τὸν οἶκον Ἰσρ. (1)
— 18. ἐκ χειρὸς π. τῶν ἐχθρῶν αὐτῶν (1)
— 19. τοῦ λαλῆσαι . . . πάντα (1)
— 19. ἐν ὀφθαλμοῖς π. οἴκου B. (1)
— 21. συναθροίσω . . . πάντα [A τὸν π.] Ἰσρ. (1)
— 21. βασιλεύσεις ἐπὶ πᾶσιν (1)
— 23. καὶ π. ἡ στρατιὰ αὐτοῦ (1)
— 29. ἐπὶ π. τὸν οἶκον τοῦ πατρὸς αὐτοῦ (1)
— 31. πρὸς π. τὸν λαὸν τὸν μετ' αὐτοῦ (1)
— 32. ἔκλαυσε π. ὁ λαός (1)
— 34. συνήχθη π. ὁ λαός (1)
— 35. ἦλθε π. ὁ λαός (1)
— 35. ἢ ἀπὸ παντός τινος (1)
— 36. ἔγνω π. ὁ λαός (1)
— 36. ἤρεσεν ἐνώπιον αὐτῶν πάντα (1)
— 37. ἔγνω π. ὁ λαὸς καὶ πᾶς Ἰσρ. (1, 1)
4. 1. π. οἱ ἄνδρες Ἰσρ. παρείθησαν (1)
— 9. ἐλυτρώσατο τὴν ψυχήν μου ἐκ π. θλίψεως (1)
5. 1. παραγίνονται π. αἱ φυλαὶ Ἰσρ. (1)
— 3. ἔρχονται π. οἱ πρεσβύτεροι Ἰσρ. (1)

II Ki. 5. 3. εἰς βασιλέα ἐπὶ πάντα Ἰσρ. -
— 5. ἐβασίλευσεν ἐπὶ πάντα Ἰσρ. (1)
— 8. π. τύπτων Ἰεβουσαῖον (1)
— 17. ἀνέβησαν π. οἱ ἀλλόφυλοι (1)
6. 1. συνήγαγεν ἔτι Δ. π. νεανίαν (1)
— 2. καὶ π. ὁ λαὸς ὁ μετ' αὐτοῦ (1)
— 11, 12. καὶ π. τὰ αὐτοῦ (1)
— 15. καὶ π. ὁ οἶκος Ἰσρ. (1)
— 19. διεμέρισε π. τῷ λαῷ εἰς π. τὴν δύναμιν τοῦ Ἰσρ. (1, 1)
— 19. ἀπῆλθε π. ὁ λαός (1)
— 21. καὶ ὑπὲρ π. τὸν οἶκον αὐτοῦ (1)
7. 1. ἀπὸ π. τῶν ἐχθρῶν αὐτοῦ (1)
— 3. πάντα ὅσα ἂν ἐν τῇ καρδίᾳ σου (1)
— 7. ἐν πᾶσιν οἷς διῆλθον ἐν παντὶ Ἰσρ. (1, 1)
— 9. ἐν πᾶσιν οἷς ἐπορεύου (1)
— 9. ἐξωλέθρευσα π. τοὺς ἐχθρούς σου (1)
— 11. ἀναπαύσω σε ἀπὸ π. τῶν ἐχθρῶν σου (1)
— 17. κατὰ π. τοὺς λόγους τούτους (1)
— 17. κατὰ π. τὴν ὅρασιν ταύτην (1)
— 21. ἐποίησας π. τὴν μεγαλωσύνην ταύτην (1)
— 22. ἐν πᾶσιν οἷς ἠκούσαμεν (1)
8. 4. παρέλυσε Δ. π. τὰ ἅρματα (1)
— 6. ἐν πᾶσιν οἷς ἐπορεύετο (1)
— 8. καὶ π. τὰ σκεύη -
— 9. ἐπάταξε Δ. π. τὴν δύναμιν Ἀδρ. (1)
— 11. οὗ ἡγίασεν ἐκ π. τῶν πόλεων (1)
— 14. ἐν π. τῇ Ἰδουμαίᾳ (1)
— 14. ἐγένοντο π. οἱ [A om.] Ἰδουμ. δοῦλοι (1)
— 14. ἐν πᾶσιν οἷς ἐπορεύετο (1)
— 15. R ἐβασίλευσε Δ. ἐπὶ πάντα [AB om.] Ἰσρ. (1)
— 15. ἐπὶ π. τὸν λαὸν αὐτοῦ (1)
9. 7. ἀποκαταστήσω σοι π. ἀγρὸν Σ. (1)
— 7. φάγῃ ἄρτον . . . διὰ παντός (8 g)
— 9. πάντα ὅσα ἐστὶ τῷ Σ. (1)
— 10. φάγεται διὰ παντὸς ἄρτον (8 g)
— 11. κατὰ πάντα ὅσα ἐντέταλται ὁ κ. μου (1)
— 12. π. ἡ κατοίκησις αὐτοῦ (1)
— 13. διὰ παντὸς ἤσθιε (8 g)
10. 7. ἀπέστειλε τὸν Ἰ. καὶ π. τὴν δύναμιν (1)
— 9. ἐκ π. τῶν [A om.] νεανιῶν Ἰσρ. (1)
— 17. συνήγαγε τὸν π. Ἰσρ. (1)
— 19. εἶδαν π. οἱ βασιλεῖς (1)
11. 1. ἀπέστειλε Δ. . . . τὸν π. [A ἅπ.] Ἰσρ. (1)
— 18, 19. π. τοὺς λόγους τοῦ πολέμου (1)
— 22. ἀπήγγειλε τῷ Δ. πάντα (1)
— 22. π. τὰ ῥήματα τοῦ πολέμου -
12. 12. ἐναντίον παντὸς Ἰσρ. (1)
— 29. συνήγαγε Δ. π. τὸν λαόν (1)
— 31. οὕτως ἐποίησε π. ταῖς [A τοῖς] πόλεσιν (1)
— 31. ἐπέστρεψε . . . π. ὁ λαός (1)
13. 9. ἐξαγάγετε π. ἄνδρα (1)
— 9. ἐξήγαγον π. ἄνδρα (1)
— 21. ἤκουσεν . . . π. τοὺς λόγους τούτους (1)
— 23. ἐκάλεσεν Ἀβ. π. τοὺς υἱοὺς τοῦ βασ. (1)
— 25. μὴ πορευθῶμεν πάντες ἡμεῖς (1)
— 27. καὶ π. τοὺς υἱοὺς τοῦ βασ. (1)
— 29. ἀνέστησαν π. οἱ υἱοὶ τοῦ βασ. (1)
— 30. ἐπάταξεν Ἀβ. π. τοὺς υἱοὺς τοῦ βασ. (1)
— 31. καὶ π. οἱ παῖδες αὐτοῦ (1)
— 32. π. τὰ παιδάρια τοὺς υἱοὺς τοῦ βασ. ἐθανάτωσεν (1)
— 33. π. οἱ υἱοὶ τοῦ βασ. ἀπέθανον (1)
— 36. καὶ π. οἱ παῖδες αὐτοῦ (1)
— 37. ἐπένθησεν . . . π. τὰς ἡμέρας (1)
14. 19. μὴ ἡ χεὶρ Ἰ. ἐν π. τούτῳ (1)
— 19. ἐκ πάντων [A add. τούτων] ὧν ἐλάλησεν (1)
— 19. ἔθετο . . . π. τοὺς λόγους τούτους (1)
— 20. τοῦ γνῶναι π. τὰ ἐν τῇ γῇ (1)
— 25. οὐκ ἦν ἀνὴρ [A add. καλὸς] ἐν παντὶ Ἰσρ. (1)
15. 2. π. ἀνὴρ ᾧ ἐγένετο κρίσις (1)
— 4. π. ἀνὴρ ᾧ ἐὰν ᾖ ἀντιλογία (1)
— 6. ἐποίησεν Ἀβ. . . . παντὶ Ἰσρ. (1)
— 10. ἀπέστειλεν . . . ἐν [A om.] π. φυλαῖς Ἰσρ. (1)
— 11. οὐκ ἔγνωσαν π. ῥῆμα (1)
— 14. εἶπε Δ. π. τοῖς παισὶν αὐ. (1)
— 15. κατὰ πάντα ὅσα αἱρεῖται (1)
— 16. ὁ βασ. καὶ π. ὁ οἶκος αὐ. (1)
— 17. ὁ βασ. καὶ π. οἱ παῖδες αὐτοῦ (1)
— 18. καὶ π. οἱ παῖδες αὐτοῦ (1)
— 18. B καὶ πᾶς Χελ. καὶ π. ὁ Φελ. (1, 1)
— 18. B π. ὁ λαὸς παρεπορεύετο -
— 18. B καὶ π. οἱ περὶ αὐτὸν καὶ π. οἱ ἁδροὶ καὶ π. οἱ μαχηταί (- ter)
— 18. π. ὁ Χελ. καὶ π. ὁ Φελ. καὶ π. οἱ Γ. (1 ter)

II Ki. 15. 22. καὶ π. οἱ παῖδες αὐτοῦ καὶ π. ὁ [A om.] ὄχλος ὁ μετ' αὐτοῦ (1, 1)
— 23. π. ἡ γῆ ἔκλαιε (1)
— 23. π. ὁ λαὸς παρεπορεύοντο (1)
— 23. π. ὁ λαὸς καὶ ὁ βασ. [A om. κ. ὁ β.] (1)
— 24. καὶ π. οἱ Λευῖται μετ' αὐτοῦ (1)
— 24. ἐπαύσατο π. ὁ λαός (1)
— 30. π. ὁ λαὸς ὁ [A οἱ] μετ' αὐτοῦ (1)
— 35. π. ῥῆμα ὃ ἐὰν ἀκούσῃς (1)
— 36. π. ῥῆμα ὃ ἐὰν ἀκούσητε (1)
16. 4. ἰδοὺ σοὶ πάντα (1)
— 6. καὶ π. τοὺς παῖδας τοῦ βασ. Δ. (1)
— 6. καὶ π. ὁ λαὸς ἦν καὶ π. οἱ δυνατοί (1, 1)
— 8. ἐπέστρεψεν . . . π. τὰ αἵματα (1)
— 11. καὶ πρὸς π. τοὺς παῖδας αὐ. (1)
— 13. R καὶ π. [AB om.] οἱ ἄνδρες αὐτοῦ –
— 14. καὶ π. ὁ λαὸς μετ' αὐτοῦ [A al.] (1)
— 15. καὶ π. ἀνὴρ [A ὁ λαὸς] 'Ισρ. (1)
— 18. καὶ π. ἀνὴρ 'Ισρ. (1)
— 21. ἀκούσεται [A -σονται] πᾶς 'Ισρ. (1)
— 21. αἱ χεῖρες πάντων τῶν μετὰ σοῦ (1)
— 22. κατ' ὀφθαλμοὺς παντὸς 'Ισρ. (1)
— 23. οὕτως π. ἡ βουλὴ τῷ 'Αχ. (1)
17. 2. π. ὁ λαὸς ὁ μετ' αὐτοῦ (1)
— 3. ἐπιστρέψω π. τὸν λαόν (1)
— 3. π. τῷ λαῷ ἔσται εἰρήνη (1)
— 4. ἐν ὀφθ. π. τῶν πρεσβυτέρων 'Ισρ. (1)
— 10. οἶδε πᾶς 'Ισρ. (1)
— 11. συναχθήσεται ἐπὶ σὲ πᾶς 'Ισρ. (1)
— 12. A οὐχ ὑπολειψόμεθα . . . ἐν πᾶσιν [B om. ἐν π.] (1)
— 13. λήψεται πᾶς [A add. ἀνὴρ] 'Ισρ. (1)
— 14. 'Αβ. καὶ π. ἀνὴρ 'Ισρ. (1)
— 14. ὅπως ἂν ἐπαγάγῃ . . . τὰ κακὰ π. –
— 16. καὶ π. [A om.] τὸν λαὸν τὸν μετ' αὐτοῦ (1)
— 22. καὶ π. ὁ λαὸς ὁ [A om.] μετ' αὐτοῦ (1)
— 24. καὶ π. ἀνὴρ [A om.] 'Ισρ. μετ' αὐτοῦ (1 [2 a])
— 26. παρενέβαλε πᾶς 'Ισρ. –
18. 4. π. ὁ λαὸς ἐξεπορεύετο (1)
— 5. B π. ὁ λαὸς ἤκουσεν ἐντελλομένου τοῦ βασ. π. τοῖς ἄρχουσιν (1, 1)
— 6. ἐξῆλθε π. ὁ λαός –
— 7. A ἔπταισεν ἐκεῖ π. [B om.] ὁ λαός –
— 8. ἐπὶ πρόσωπον π. τῆς γῆς (1)
— 13. π. ὁ [A om.] λόγος οὐ λήσεται (1)
— 17. πᾶς 'Ισρ. ἔφυγεν (1)
— 31. ἐκ χειρὸς π. τῶν ἐπεγειρομ. [A ἐγειρομ.] (1)
— 32. πάντες ὅσοι ἐπανέστησαν ἐπ' αὐτόν (1)
19. 2 (3). εἰς πένθος π. τῷ λαῷ (1)
— 5 (6). τὸ πρόσωπον π. τῶν δούλων σου (1)
— 6 (7). πάντες ἡμεῖς σήμερον νεκροί (1)
— 7 (8). ὑπὲρ π. τὸ κακὸν τὸ ἐπελθόν σοι (1)
— 8 (9). καὶ π. ὁ λαὸς ἀνήγγειλαν (1)
— 8 (9). εἰσῆλθε π. ὁ λαός (1)
— 9 (10). ἦν π. ὁ λαὸς κρινόμ. ἐν π. φυλαῖς 'Ισρ. (1, 1)
— 9 (10). ἀπὸ π. τῶν ἐχθρῶν ἡμῶν –
— 10 (11). τὸ ῥῆμα παντὸς 'Ισρ. –
— 11 (12). λόγος παντὸς [A -τὶ] 'Ισρ. ἦλθε (1)
— 13 (14). ἄρχων δυνάμεως ἔσῃ . . . π. τὰς ἡμέρας (1)
— 14 (15). τὴν καρδίαν π. ἀνδρὸς 'I. (1)
— 14 (15). καὶ π. οἱ δοῦλοί σου (1)
— 20 (21). πρότερος παντὸς 'Ισρ. καὶ [A om. 'I. καὶ] οἴκου 'I. (1)
— 28 (29). π. ὁ οἶκος τοῦ πατρός μου [A al.] (1)
— 30 (31). τὰ π. λαβέτω (1)
— 38 (39). πάντα ὅσα ἐκλέξῃ (1)
— 39 (40). διέβη π. ὁ λαὸς τὸν 'I. (1)
— 40 (41). A διέβη π. ὁ λαός [B δ. ὁ βασ.] †
— 40 (41). π. ὁ λαὸς 'I. διαβαίνοντες (1)
— 41 (42). π. ἀνὴρ 'Ισρ. παρεγένοντο (1)
— 41 (42). καὶ π. ἄνδρες Δ. μετ' αὐτοῦ (1)
— 42 (43). ἀπεκρίθη π. ἀνὴρ 'I. (1)
20. 2. A R ἀνέβη π. ἀνὴρ [B om.] 'Ισρ. (1 [2 a])
— 7. καὶ π. οἱ δυνατοί (1)
— 12. εἱστήκει π. ὁ λαός (1)
— 12. π. τὸν ἐρχόμενον ἐπ' αὐτόν (1)
— 13. παρῆλθε π. ἀνὴρ 'Ισρ. (1)
— 14. διῆλθεν ἐν π. φυλαῖς 'Ισρ. (1)
— 14. καὶ πάντες ἐν X. (1)
— 15. π. ὁ λαὸς ὁ μετὰ 'I. (1)
— 22. εἰσῆλθεν . . . πρὸς π. τὸν λαόν (1)
— 22. ἐλάλησε πρὸς π. τὴν πόλιν –
— 23. πρὸς π. τῇ δυνάμει 'Ισρ. (1)
21. 5. ἐν π. ὁρίῳ 'Ισρ. (1)

II Ki. 21. 14. καὶ ἐποίησαν πάντα (1)
22. 1. ἐκ χειρὸς π. τῶν ἐχθρῶν αὐ. (1)
— 23. π. τὰ κρίματα αὐτοῦ κατεναντίον μου (1)
— 31. π. τοῖς πεποιθόσιν ἐπ' αὐτῷ (1)
23. 5. διαθήκην . . . ἐν π. καιρῷ πεφυλαγμένην (1)
— 5. π. σωτηρία καὶ π. θέλημα (1, 1)
— 6. ὥσπερ ἄκανθα ἐξωσμένη π. οὗτοι (1)
— 39 (38). πάντες τριάκοντα καὶ ἑπτά (1)
24. 2. δίελθε δὴ π. φυλὰς 'Ισρ. (1)
— 7. καὶ π. τὰς πόλεις τοῦ Εὐαίου (1)
— 8. περιώδευσαν ἐν π. τῇ γῇ (1)
— 23. τὰ π. ἔδωκεν 'Ορνὰ τῷ βασ. (1)
III Ki. 1. 3. ἐκ π. ὁρίου 'Ισρ. (1)
— 9. A R ἐκάλεσε π. [B om.] τοὺς ἀδ. αὐτοῦ (1)
— 9. A R καὶ π. [B om.] τοὺς ἁδροὺς [A ἄνδρας] 'I. (1)
— 19. ἐκάλεσε π. τοὺς υἱοὺς τοῦ βασ. (1)
— 20. οἱ ὀφθαλμοὶ παντὸς 'Ισρ. πρὸς σέ (1)
— 25. ἐκάλεσε π. τοὺς υἱοὺς τοῦ βασ. (1)
— 29. ἐλυτρώσατο τὴν ψυχήν μου ἐκ π. θλίψεως (1)
— 39. εἶπε π. ὁ λαός (1)
— 40. ἀνέβη π. ὁ λαὸς ὀπίσω αὐτοῦ (1)
— 41. 'Αδ. καὶ π. οἱ κλητοὶ αὐτοῦ (1)
— 49. π. οἱ κλητοὶ τοῦ 'Αδ. (1)
2. 2. πορεύομαι ἐν ὁδῷ π. τῆς γῆς (1)
— 3. ἃ ποιήσεις κατὰ πάντα (1)
— 14 (15). ἔθετο πᾶς 'Ισρ. τὸ πρόσωπον αὐτοῦ (1)
— 26. A R ἐκακουχήθης ἐν πᾶσιν [B ἅπ.] (1)
3. 1 (4. 30 [5. 10]). π. ἀρχαίων υἱῶν (1)
— 1 (4. 30 [5. 10]). ὑπὲρ π. φρονίμους Αἰγ. (1)
— 1 (2. 44). οἶδας [A ἔγνως] π. τὴν κακίαν σου (1)
— 1 (B), 4. 21 (A) [5. 1]. ἄρχων ἐν π. ταῖς βασιλείαις [A al.] (1)
— 1 (B), 4. 21 (A) [5. 1]. π. τὰς [A om.] ἡμέρας τῆς ζωῆς αὐτοῦ (1)
— 1 (4. 24 [5. 4]). B ἐν παντὶ πέραν τοῦ ποταμοῦ (1)
— 1 (4. 24 [5. 4]). B ἐν π. τοῖς βασ. πέραν τοῦ ποταμοῦ (1)
— 1 (4. 24 [5. 4]). B ἐκ π. τῶν μερῶν αὐτοῦ κυκλόθεν (1)
— 1 (B), 4. 25 (A) [5. 5]. π. τὰς ἡμέρας Σαλ. (1)
— 1. B ἐν π. τοῖς βασ. ἀπὸ τοῦ ποταμοῦ –
— 13. A π. τὰς ἡμέρας σου (1)
— 15. καὶ π. τοῖς παισὶν ἑαυτοῦ (1)
— 28. ἤκουσαν πᾶς 'Ισρ. τὸ κρίμα τοῦτο (1)
4. 7. δώδεκα καθεσταμένοι ἐπὶ πάντα 'Ισρ. (1)
— 10. A R καὶ π. ἡ γῆ 'Οφέρ [B al.] (1)
— 11. A R πᾶσαν N. [B al.] (1)
— 12. καὶ π. ὁ οἶκος Σ. (1)
— 27 (5. 7). AR καὶ π. τὰ [B om.] διαγγέλματα ἐπὶ τὴν τράπεζαν (1)
— 24 (5. 4). A ἐν παντὶ [B om. ἐν π.] πέραν τοῦ ποτ. (1)
— 24 (5. 4). A ἐν π. βασιλεῦσιν πέραν τοῦ ποτ. (1)
— 24 (5. 4). ἐκ π. τῶν μερῶν κυκλόθεν (1)
— 30 (5. 10). ὑπὲρ τὴν φρόνησιν π. ἀρχαίων ἀνθρ. (1)
— 30 (5. 10). ὑπὲρ π. φρονίμους Αἰγ. (1)
— 31 (5. 11). ὑπὲρ π. τοὺς ἀνθρώπους (1)
— 31 (5. 11). A ἐν π. τοῖς ἔθνεσιν κύκλῳ (1)
— 34 (5. 14). παρεγίνοντο π. οἱ λαοί (1)
— 34 (5. 14). καὶ παρὰ π. τῶν βασ. τῆς γῆς (1)
5. 1 (15). ἀγαπῶν ἦν X. τὸν Δ. π. τὰς ἡμέρας (1)
— 6 (20). κατὰ πάντα ὅσα ἂν εἴπῃς (1)
— 8 (22). ἀκήκοα περὶ πάντων –
— 8 (22). ποιήσω π. θέλημά σου (1)
— 10 (24). καὶ π. θέλημα αὐτοῦ (1)
— 13 (27). φόρον ἐκ παντὸς 'Ισρ. (1)
6. 1 (38). εἰς π. λόγον αὐ. καὶ εἰς π. διάταξιν αὐ. (1, 1)
— 7. π. σκεῦος σιδηροῦν οὐκ ἠκούσθη (1)
— 12. A καὶ φυλάσσῃς π. τὰς ἐντολάς μου (1)
— 18. A καὶ ἀνάγλυφα π. κέδρινα (1)
— 21 (22). ἕως συντελείας π. τοῦ οἴκου (1)
— 29. π. τοὺς τοίχους τοῦ οἴκου (1)
7. 14. τοῦ ποιεῖν π. ἔργον ἐν χαλκῷ (1)
— 14. ἐποίησε π. τὰ ἔργα (1)
— 25. καὶ π. τὰ ὀπίσθια εἰς τὸν οἶκον (1)
— 33. πάντα χωνευτά (1)
— 37. ἐποίησε π. τὰς δέκα μεχ. –
— 37. μέτρον ἐν πάσαις (1)
— 40. ποιῶν π. τὰ ἔργα (1)
— 45. καὶ π. τὰ σκεύη (1)
— 45. π. τὰ ἔργα τοῦ βασ. –

III Ki. 7. 47. οὗ ἐποίησε π. τὰ ἔργα ταῦτα –
— 48. A ἐπὶ π. τὰ σκεύη [B al.] –
— 48. A ἐποίησεν Σαλ. π. τὰ σκεύη [B al.] (1)
— 51. καὶ π. τὰ ἅγια Σαλ. –
— 5. καὶ π. τὰ θυρώματα (1)
— 9. π. ταῦτα ἐκ λίθων τιμίων (1)
8. 1. π. τοὺς πρεσβυτέρους 'Ισρ. –
— 1. A σὺν πάσας κεφαλὰς τῶν ῥάβδων (1)
— 2. A π. ἀνὴρ 'Ισρ. (1)
— 3. A ἦλθον π. οἱ πρεσβύτεροι 'Ισρ. (1)
— 4. A π. [B om.] τὰ σκεύη τὰ ἅγια (1)
— 5. πᾶς [A π. συναγωγὴ] 'Ισρ. (1)
— 14. εὐλόγησεν ὁ βασ. πάντα 'Ισρ. (1)
— 14. π. ἐκκλησία 'Ισρ. εἱστήκει (1)
— 22. ἐνώπιον π. ἐκκλησίας 'Ισρ. (1)
— 37. π. συνάντημα πᾶν [A πάντα] πόνον (1, 1)
— 38. π. προσευχὴν π. δέησιν ἐὰν γένηται π. ἀνθρώπῳ (1 ter)
— 38. A π. λαοῦ σου 'Ισρ. (1)
— 39. A κατὰ π. [B om.] τὰς ὁδοὺς αὐτοῦ (1)
— 39. τὴν καρδίαν π. υἱῶν ἀνθρώπων (1)
— 40. ὅπως φοβῶνταί σε π. τὰς ἡμέρας (1)
— 40. A ἐπὶ προσώπου πάσης [B om. πρ. π.] τῆς γῆς –
— 43. ποιήσεις κατὰ πάντα (1)
— 43. ὅπως γνῶσι π. οἱ λαοί (1)
— 50. κατὰ π. τὰ ἀθετήματα αὐτῶν (1)
— 52. ἐν πᾶσιν οἷς ἂν ἐπικαλέσωνταί σε (1)
— 53. ἐκ π. τῶν λαῶν τῆς γῆς (1)
— 55. εὐλόγησε π. ἐκκλησίαν 'Ισρ. (1)
— 56. κατὰ πάντα ὅσα ἐλάλησεν (1)
— 56. ἐν π. τοῖς λόγοις αὐ. τοῖς ἀγαθοῖς (1)
— 58. τοῦ πορεύεσθαι ἐν π. ὁδοῖς αὐτοῦ (1)
— 58. φυλάσσειν π. ἐντολὰς αὐτοῦ –
— 60. ὅπως γνῶσι π. οἱ λαοὶ τῆς γῆς (1)
— 62, 63. καὶ π. οἱ υἱοὶ 'Ισρ. (1)
— 65. καὶ πᾶς 'Ισρ. μετ' αὐτοῦ (1)
— 66. A ἐπὶ π. [B om.] τοῖς ἀγαθοῖς (1)
9. 1. καὶ π. τὴν πραγματείαν Σαλ. (1)
— 3. κατὰ π. τὴν προσευχήν σου –
— 3. ἔσονται . . . ἐκεῖ . . . π. τὰς ἡμέρας (1)
— 4. τοῦ ποιεῖν κατὰ πάντα (1)
— 7. εἰς λάλημα εἰς π. τοὺς λαούς (1)
— 8. π. ὁ διαπορευόμ. δι' αὐτοῦ (1)
— 11. καὶ ἐν [A om.] π. θελήματι αὐτοῦ (1)
10. 2. ἐλάλησεν αὐτῷ πάντα (1)
— 3. ἀπήγγειλεν αὐτῇ Σ. π. τοὺς λόγους αὐ. (1)
— 4. εἶδε . . . π. φρόνησιν Σαλ. (1)
— 7. ἐπὶ π. τὴν ἀκοὴν ἣν ἤκουσα –
— 8. οἱ ἀκούοντες π. τὴν φρόνησίν σου –
— 13. ἔδωκε . . . πάντα ὅσα ἠθέλησεν (1)
— 13. ἐκτὸς πάντων ὧν ἐδεδώκει αὐτῇ –
— 13. καὶ π. οἱ παῖδες αὐτῆς –
— 15. χωρὶς τῶν φόρων . . . π. τῶν βασ. τοῦ πέραν (1)
— 20. οὐ γέγονεν οὕτως π. βασιλείᾳ (1)
— 21. π. τὰ σκεύη τὰ ὑπὸ τοῦ Σαλ. [A al.] (1)
— 21. π. τὰ σκεύη οἴκου δρυμοῦ (1)
— 22 (B), 9. 19 (A). A π. τὰς πόλεις τῶν σκηνωμ. (1)
— 22 (B), 9. 19 (A). π. [A om.] τὰς πόλεις τῶν ἁρμ. –
— 22 (B), 9. 19 (A). π. τὰς πόλεις τῶν ἱππέων –
— 22 (B), 9. 19 (A). καὶ ἐν π. τῇ γῇ (1)
— 22 (B), 9. 20 (A). A R π. τὸν λαὸν τὸν ὑπολελειμμένον [B -δεδειγμ.] (1)
— 23. ἐμεγαλύνθη Σ. ὑπὲρ π. τοὺς βασ. (1)
— 24. πάντες βασιλεῖς τῆς γῆς (1)
— 26. ἦν ἡγούμενος π. τῶν βασ. –
— 29. οὕτως π. τοῖς βασιλεῦσι (1)
11. 8. οὕτως ἐποίησε π. ταῖς γυν. αὐ. (1)
— 14 (B), 25 (A). π. τὰς ἡμέρας Σαλ. (1)
— 15. ἔκοψαν π. ἀρσενικὸν ἐν τῇ 'Ιδ. (1)
— 16. 'Ιωὰβ καὶ πᾶς 'Ισρ. (1)
— 16. ἐξωλέθρευσε π. ἀρσενικόν (1)
— 17. καὶ π. ἄνδρες [B[1] om.] 'Ιδουμαῖοι –
— 32. ἐκ π. φυλῶν 'Ισρ. (1)
— 34. π. τὰς ἡμ. τῆς ζωῆς αὐτοῦ (1)
— 36. ὅπως ᾖ θέσις . . . π. τὰς ἡμέρας (1)
— 38. ἐὰν φυλάξῃς πάντα (1)
— 39. A πλὴν οὐ π. τὰς ἡμέρας (1)
— 41. καὶ πάντα ὅσα ἐποίησε (1)
— 41. καὶ π. τὴν φρόνησιν αὐτοῦ –
— 42. A R ἐβασίλευσεν . . . ἐπὶ πάντα 'Ισρ. [B om. ἐ. π. 'I.] (1)

III Ki. 12. 1. εἰς Σ. ἤρχοντο πᾶς Ἰσρ. (1)
— 3. A καὶ π. ἡ ἐκκλησία Ἰσρ. (1)
— 7. ἔσονταί σοι δοῦλοι π. τὰς ἡμέρας (1)
— 12. παρεγένετο πᾶς Ἰσρ. (1)
— 16. καὶ εἶδον πᾶς Ἰσρ. (1)
— 18. A ἐλιθοβόλησαν αὐτὸν πᾶς Ἰσρ. [B om. π. Ἰ.] (1)
— 20. ὡς ἤκουσε πᾶς [A om.] Ἰσρ. (1)
— 23. καὶ πρὸς πάντα οἶκον Ἰ. (1)
— 24. B συνάγεται ἐκεῖ π. σκῆπτρον Ἐφρ. –
— 24. B εἶπε π. ὁ λαός –
— 24. B διεσπάρη π. ὁ λαός –
— 24. B π. σκῆπτρον Ἰ. καὶ π. σκῆπτρον Βεν. –, –
— 24. B συνήθροισε Ῥ. π. ἄνδρα Ἰ. –
— 24. B εἰπὸν . . . πρὸς π. οἶκον Ἰ. –
13. 11. A R π. [B ἅπ.] τὰ ἔργα ἃ ἐποίησεν (1)
14. 8. A ὃς ἐπορεύθη . . . ἐν π. καρδίᾳ αὐτοῦ (1)
— 9. A παρὰ παντὸς ὅσοι ἐγένοντο (1)
— 13. A κόψονται αὐτὸν πᾶς Ἰσρ. (1)
— 18. A ἐκόψαντο αὐτὸν πᾶς Ἰσρ. (1)
— 21. ἐκ π. φυλῶν τοῦ Ἰσρ. (1)
— 22. ἐν πᾶσιν οἷς ἐποίησαν (1)
— 23. ἐπὶ π. βουνὸν ὑψηλόν (1)
— 23. ὑποκάτω π. ξύλου συσκίου (1)
— 24. ἀπὸ π. τῶν [A om.] βδελυγμάτων (1)
— 26. ἔλαβε π. [A om.] τοὺς θησαυρούς –
— 26. τὰ π. ἃ [A om.] ἔλαβεν (1)
— 29. καὶ πάντα ἃ ἐποίησεν (1)
— 30. πόλεμος ἦν . . . π. τὰς ἡμέρας (1)
15. 3. A ἐν π. [B om.] ταῖς ἁμαρτίαις τοῦ πατρὸς αὐ. (1)
— 5. οὐκ ἐξέκλινεν ἀπὸ πάντων (1)
— 5. π. τὰς ἡμέρας τῆς ζωῆς αὐτοῦ (1)
— 6. A π. τὰς ἡμέρας τῆς ζωῆς αὐτῶν (1)
— 7. καὶ πάντα ἃ ἐποίησεν (1)
— 12. ἐξαπέστειλε π. τὰ ἐπιτηδεύματα (1)
— 14. π. τὰς ἡμέρας αὐτοῦ (1)
— 16. π. τὰς ἡμέρας αὐτῶν (1)
— 20. καὶ π. τὴν Χ. ἕως π. τῆς γῆς Ν. (1, 1)
— 22. παρήγγειλε παντὶ Ἰ. (1)
— 22. ᾠκοδόμησεν . . . πᾶν βουνὸν Βεν. –
— 23. A καὶ π. ἡ δυναστεία αὐτοῦ καὶ πάντα [B om. κ. π.] ἃ ἐποίησαν (1, 1)
— 27. πᾶς Ἰσρ. περιεκάθητο ἐπὶ Γ. (1)
— 29. οὐχ ὑπελείπετο πᾶσαν πνοήν (1)
— 31. καὶ πάντα ἃ ἐποίησεν (1)
— 32. A π. τὰς ἡμέρας αὐτῶν (1)
— 33. A βασιλεύει Β. . . . ἐπὶ πάντα [B om.] Ἰσρ. (1)
16. 5. καὶ πάντα ἃ ἐποίησε –
— 7. π. [A om.] τὴν κακίαν ἣν ἐποίησεν (1)
— 13. A R περὶ π. τῶν [B om.] ἁμαρτιῶν Β. (1)
— 14. A καὶ πάντα [B om. κ. π.] ἃ ἐποίησεν (1)
— 17. καὶ πᾶς Ἰσρ. μετ' αὐτοῦ (1)
— 25. ἐπονηρεύσατο ὑπὲρ πάντας (1)
— 26. ἐπορεύθη ἐν π. [A π. τῇ] ὁδῷ Ἰερ. (1)
— 27. καὶ πάντα ἃ ἐποίησε –
— 27. R καὶ π. [A B om.] ἡ δυναστεία αὐτοῦ –
— 28 (22. 45 [46]). B καὶ π. δυναστεία ἣν ἐποίησε –
— 30. ὑπὲρ π. τοὺς ἔμπροσθεν αὐτοῦ (1)
— 33. ὑπὲρ π. τοὺς βασιλεῖς Ἰσρ. (1)
18. 5. A καὶ ἐπὶ π. [B om.] χειμάρρους (1)
— 19. συνάθροισον πρὸς μὲ πάντα Ἰσρ. (1)
— 20. ἀπέστειλεν Ἀχ. εἰς πάντα Ἰσρ. (1)
— 20. ἐπισυνήγαγε π. τοὺς προφήτας –
— 21. προσήγαγεν Ἠ. πρὸς πάντας [A π. τὸν λαόν] (1)
— 24. ἀπεκρίθησαν π. ὁ λαός (1)
— 30. προσήγαγε π. ὁ λαός (1)
— 36. γνώτωσαν π. ὁ λαὸς οὗτος [A al.] –
— 39. ἔπεσε π. ὁ λαὸς ἐπὶ πρόσωπον αὐ. [A al.] (1)
19. 1. ἀνήγγειλεν Ἀχ. . . . πάντα (1)
— 1. A ὡς ἀπέκτεινε π. [B om.] τοὺς προφήτας (1)
— 18. π. γόνατα ἃ οὐκ ὤκλασαν (1)
— 18. π. στόμα ὃ οὐ προσεκύνησεν (1)
20 (21). 19. ἐν π. τόπῳ ᾧ ἔλειξαν –
— 26. κατὰ πάντα ἃ ἐποίησεν ὁ Ἀμ. (1)
21 (20). 1. συνήθροισεν . . . π. τὴν δύναμιν αὐ. (1)
— 1. καὶ π. ἵππος καὶ ἅρμα –
— 4. σὸς ἐγώ εἰμι καὶ π. τὰ ἐμά (1)
— 6. R π. τὰ ἐπιθυμήμ. τῶν ὀφθ. αὐ. [A B al.] (1)
— 7. ἐκάλεσεν . . . π. τοὺς πρεσβυτέρους (1)
— 8. οἱ πρεσβύτεροι καὶ π. ὁ λαός (1)
— 9. πάντα ὅσα ἀπέσταλκας (1)
— 10. εἰ ἐκποιήσει . . . π. τῷ λαῷ (1)

III Ki. 21 (20). 12. αὐτὸς καὶ π. οἱ [B[1] om.] βασιλεῖς –
— 13. A εἰ ἑώρακας π. [B om.] τὸν ὄχλον (1)
— 15. ἐπεσκέψατο τὸν λαὸν π. υἱὸν δυνάμ. [A al.] (1)
— 21. ἔλαβε π. [A om.] τοὺς ἵππους –
22. 6. συνήθροισεν . . . π. τοὺς προφήτας –
— 10, 12. π. οἱ προφῆται ἐπροφήτευον (1)
— 13. λαλοῦσι π. οἱ προφῆται . . . καλά –
— 17. ἑώρακα π. τὸν Ἰσρ. (1)
— 19. καὶ π. ἡ στρατιὰ τοῦ οὐρανοῦ (1)
— 22. εἰς τὸ στόμα π. τῶν προφητῶν αὐ. (1)
— 23. ἐν στόματι π. τῶν προφητῶν σου τ. (1)
— 28. A ἀκούσατε, λαοὶ π. (1)
— 39. καὶ πάντα ἃ ἐποίησε (1)
— 39. καὶ π. τὰς πόλεις ἃς ἐποίησεν (1)
— 43. ἐπορεύθη ἐν π. ὁδῷ Ἀσά (1)
— 54. κατὰ π. τὰ γενόμ. ἔμπροσθεν αὐτοῦ (1)
IV Ki. 3. 19. πατάξετε π. [A π. τὴν] πόλιν ὀχυράν (1)
— 19. A καὶ π. πόλιν ἐκλεκτήν (1)
— 19. π. ξύλον ἀγαθὸν καταβαλεῖτε (1)
— 19. π. πηγὰς ὕδατος ἐμφράξεσθε (1)
— 19. π. μερίδα ἀγαθὴν ἀχρειώσετε (1)
— 21. πᾶσα Μωὰβ ἤκουσαν (1)
— 21. ἀνεβόησαν ἐκ παντός (1)
— 25. καὶ π. μερίδα ἀγαθήν (1)
— 25. π. πηγὴν ἐνέφραξαν (1)
— 25. π. ξύλον ἀγαθὸν κατέβαλον (1)
4. 3. αἴτησον . . . παρὰ π. [A om.] τῶν γειτόνων (1)
— 4. A ἀποχεεῖς π. [B εἰς] τὰ σκεύη ταῦτα (1)
— 9. διαπορεύεται ἐφ' ἡμᾶς διὰ παντός [A om. δ. π.] (8 *g*)
— 13. A R π. τὴν ἔκστασιν ταύτην [B al.] (1)
5. 12. ὑπὲρ π. τὰ ὕδατα Ἰσρ. (1)
— 15. αὐτὸς καὶ π. ἡ παρεμβολὴ αὐτοῦ (1)
— 15. οὐκ ἔστι θεὸς ἐν π. τῇ γῇ (1)
6. 12. ἀναγγέλλει . . . π. τοὺς λόγους –
— 24. ἤθροισεν . . . π. τὴν παρεμβολὴν αὐ. (1)
7. 13. A λαβέτωσαν δὴ πάντες [B πέντε] +
— 13. πρὸς π. τὸ πλῆθος Ἰσρ. (1)
— 15. πᾶσα ἡ ὁδὸς πλήρης ἱματίων (1)
8. 4. διήγησαι δὴ ἐμοὶ π. τὰ μεγάλα (1)
— 6. R ἐπίστρεψον πάντα αὐτῆς καὶ π. [A B om. κ. π.] τὰ γεννήματα [A add. καὶ π. τὰ γεννήμ.] τοῦ ἀγροῦ (1, –, 1)
— 9. καὶ π. τὰ ἀγαθὰ Δαμασκοῦ (1)
— 19. δοῦναι αὐτῷ λύχνον . . . π. τὰς ἡμέρας (1)
— 21. καὶ π. τὰ [A om.] ἅρματα μετ' αὐτοῦ (1)
— 23. καὶ πάντα ὅσα ἐποίησεν (1)
9. 5. πρὸς τίνα ἐκ πάντων ἡμῶν (1)
— 7. τὰ αἵματα π. τῶν δούλων κυρίου (1)
— 14. Ἰωρὰμ αὐτὸς . . . καὶ πᾶς Ἰσρ. (1)
10. 9. εἶπε πρὸς π. τὸν λαόν (1)
— 9. τίς ἐπάταξε π. τούτους (1)
— 11. ἐπάταξεν Ἰοὺ πάντας (1)
— 11. καὶ π. τοὺς ἁδροὺς αὐτοῦ (1)
— 17. καὶ ἐπάταξε πάντας (1)
— 18. ἐζήλωσεν Ἰοὺ π. τὸν λαόν (1)
— 19. π. οἱ προφῆται τοῦ Β. π. τοὺς δούλους αὐ. . . . καλέσατε (1, 1)
— 19. πᾶς [A om.] ὃς ἐὰν ἐπισκεπῇ (1)
— 21. ἀπέστειλεν Ἰ. ἐν παντὶ Ἰσρ. (1)
— 21. B π. οἱ δοῦλοι αὐ. καὶ π. οἱ ἱερεῖς αὐ. καὶ π. οἱ προφῆται αὐ. (– *ter*)
— 21. ἦλθον π. οἱ δοῦλοι τοῦ Β. (1)
— 21. B καὶ π. οἱ ἱερεῖς αὐ. καὶ π. οἱ προφῆται αὐ. –, –
— 22. ἐξάγαγε ἔνδυμα π. [A ἅπ.] τοῖς δούλοις τοῦ Β. (1)
— 30. κατὰ πάντα ὅσα ἐν τῇ καρδίᾳ μου (1)
— 32. A συγκόπτειν ἐν π. ὁρίῳ [B ἐν τῷ] Ἰσρ. –
— 32. ἐν π. ὁρίῳ Ἰσρ. (1)
— 33. π. τὴν γῆν Γαλαάδ (1)
— 34. καὶ πάντα ὅσα ἐποίησε καὶ π. ἡ δυναστεία αὐτοῦ (1, 1)
11. 1. ἀπώλεσε π. τὸ σπέρμα τῆς βασ. (1)
— 7. π. ὁ ἐκπορευόμενος (1)
— 9. καὶ ἐποίησαν . . . πάντα (1)
— 14. καὶ π. ὁ λαὸς τῆς γῆς χαίρων (1)
— 18. εἰσῆλθε π. ὁ λαὸς τῆς γῆς (1)
— 19. ἔλαβε . . π. τὸν λαὸν τῆς γῆς (1)
— 20. ἐχάρη π. ὁ λαὸς τῆς γῆς (1)
12. 2 (3). π. τὰς ἡμέρας ἃς ἐφώτισεν (1)
— 4 (5). π. τὸ ἀργύριον τῶν ἁγίων . . . π. ἀργύριον (1, 1)
— 5 (6). εἰς πάντα οὗ ἂν εὑρεθῇ . . . ἐκεῖ βεδέκ (1)

IV Ki. 12. 9 (10). π. τὸ ἀργύριον τὸ εὑρεθὲν ἐν οἴκῳ κ. (1)
— 12 (13). εἰς πάντα ὅσα ἐξωδιάσθη (1)
— 13 (14). π. σκεῦος χρυσοῦν (1)
— 18 (19). ἔλαβεν . . . π. τὰ ἅγια (1)
— 18 (19). π. τὸ χρυσίον [A ἀργύρ.] τὸ εὑρεθέν (1)
— 19 (20). καὶ πάντα ὅσα ἐποίησεν (1)
— 20 (21). ἔδησαν πάντα σύνδεσμον –
13. 3. ἔδωκεν αὐτοὺς . . . π. τὰς ἡμέρας (1)
— 8. καὶ πάντα ὅσα ἐποίησε (1)
— 11. οὐκ ἀπέστη ἀπὸ πάσης Ἰερ. . . . ἁμαρτίας (1)
— 12. καὶ πάντα ὅσα ἐποίησε (1)
— 22. ἐξέθλιψε τὸν Ἰσρ. π. τὰς ἡμέρας Ἰ. (1)
14. 3. κατὰ πάντα ὅσα ἐποίησεν (1)
— 14. καὶ π. τὰ σκεύη τὰ εὑρεθέντα (1)
— 18. καὶ πάντα ὅσα ἐποίησεν –
— 21. ἔλαβε π. ὁ λαὸς Ἰ. τὸν Ἀζ. (1)
— 24. οὐκ ἀπέστη ἀπὸ π. ἁμαρτιῶν Ἰερ. (1)
— 28. καὶ πάντα ὅσα ἐποίησε (1)
15. 3. κατὰ πάντα ὅσα ἐποίησεν Ἀμ. (1)
— 6. καὶ πάντα ὅσα ἐποίησεν (1)
— 9. R οὐκ ἀπέστη ἀπὸ π. τῶν [A B om. π. τ.] ἁμαρτιῶν Ἰερ. –
— 16. καὶ π. τὰ ἐν αὐτῇ (1)
— 18. οὐκ ἀπέστη ἀπὸ π. ἁμαρτιῶν Ἰερ. –
— 20. ἐπὶ πᾶν δυνατὸν ἰσχύϊ (1)
— 21, 26. καὶ πάντα ὅσα ἐποίησεν (1)
— 28. οὐκ ἀπέστη ἀπὸ π. ἁμαρτιῶν Ἰερ. –
— 29. π. γῆν Νεφθαλί (1)
— 31. καὶ πάντα ὅσα ἐποίησεν (1)
— 34. κατὰ πάντα ὅσα ἐποίησεν (1)
— 36. καὶ πάντα ὅσα ἐποίησεν (1)
16. 4. καὶ ὑποκάτω π. ξύλου ἀλσώδους (1)
— 10. εἰς π. ποίησιν αὐτοῦ (1)
— 11. κατὰ πάντα ὅσα ἀπέστειλεν (1)
— 15. τὴν ὁλοκαύτωσιν π. [A om.] τοῦ λαοῦ (1)
— 15. καὶ πᾶν αἷμα ὁλοκαυτώσεως (1)
— 15. καὶ πᾶν αἷμα θυσίας (1)
— 16. ἐποίησεν Οὐρ. . . . κατὰ πάντα (1)
17. 5. ἀνέβη . . . ἐν π. τῇ γῇ (1)
— 9. ἐν π. ταῖς πόλεσιν αὐτῶν (1)
— 10. ἐπὶ π. βουνῷ ὑψηλῷ καὶ ὑποκάτω π. ξύλου ἀλσώδους (1, 1)
— 11. ἐθυμίασαν ἐκεῖ ἐν π. ὑψηλοῖς (1)
— 13. ἐν χειρὶ π. τῶν προφητῶν αὐ. παντὸς ὁρῶντος (1, 1)
— 13. φυλάξατε . . . π. τὸν νόμον (1)
— 16. προσεκύνησαν π. τῇ δυνάμει τοῦ οὐρ. (1)
— 20. ἐν π. σπέρματι Ἰσρ. (1)
— 22. ἐν π. ἁμαρτίᾳ Ἰερ. (1)
— 23. ἐν χειρὶ π. τῶν δούλων αὐτοῦ (1)
— 37. φυλάσσεσθε π. τὰς ἡμέρας (1)
— 39. ἐξελεῖται ὑμᾶς ἐκ π. τῶν ἐχθρῶν ὑ. (1)
18. 3. κατὰ πάντα ὅσα ἐποίησε Δαυίδ (1)
— 4. A συνέτριψε π. [B om.] τὰς στήλας –
— 5. A ἐν π. [B om.] βασιλεῦσιν Ἰούδα (1)
— 7. ἐν πᾶσιν οἷς ἐποίει συνῆκε (1)
— 12. πάντα ὅσα ἐνετείλατο Μ. (1)
— 15. ἔδωκεν Ἐζ. π. τὸ ἀργύριον (1)
— 21. οὕτως Φ. . . . π. τοῖς πεποιθόσιν ἐπ' αὐτόν (1)
— 35. τίς ἐν π. τοῖς θεοῖς τῶν γαιῶν (1)
19. 4. εἴ πως εἰσακούσεται . . . π. [A om.] τοὺς λόγους Ῥ. (1)
— 11. σὺ ἤκουσας πάντα –
— 11. ὅσα ἐποίησαν . . . π. ταῖς γαίαις [A γενεαῖς] (1)
— 15. σὺ εἶ ὁ θεὸς μόνος ἐν π. ταῖς βασ. (1)
— 19. γνώσονται π. αἱ βασιλεῖαι τῆς γῆς (1)
— 24. ἐξηρήμωσα . . . π. [A π. τοὺς] ποταμοὺς περιοχῆς (1)
— 35. ἰδοὺ πάντες σώματα νεκρά (1)
20. 13. καὶ ἐν π. τῇ ἐξουσίᾳ αὐτοῦ (1)
— 15. πάντα ὅσα ἐν τῷ οἴκῳ μου εἶδον (1)
— 17. λῃφθήσεται π. τὰ ἐν τῷ οἴκῳ σου (1)
— 20. καὶ π. ἡ δυναστεία αὐτοῦ (1)
21. 3. προσεκύνησε π. τῇ δυνάμει τοῦ οὐρ. (1)
— 5. A θυσιαστήριον π. τῇ δυνάμει τοῦ οὐρ. ἐν π. [B om.] ταῖς δυσὶν αὐλαῖς (1, –)
— 7. ᾗ ἐξελεξάμην ἐκ π. φυλῶν Ἰσρ. (1)
— 8. οἵτινες φυλάξουσι [A add. τοῦ ποιεῖν] πάντα (1)
— 8. κατὰ π. τὴν [A om.] ἐντολήν (1)
— 11. ἀπὸ πάντων ὧν ἐποίησεν ὁ Ἀμ. (1)
— 12. παντὸς ἀκούοντος ἠχήσει ἀμφότ. τὰ ὦτα (1)

IV Ki. 21. 14. A R εἰς προνομὴν πᾶσι τοῖς [B *om.*] ἐχθροῖς αὐ. (1)
— 17. καὶ πάντα ὅσα ἐποίησε (1)
— 21. ἐπορεύθη ἐν π. ὁδῷ (1)
— 24. A ἐπάταξεν π. [B *om.*] ὁ λαὸς . . . πάντας (–, 1)
22. 2. ἐπορεύθη ἐν π. ὁδῷ Δ. (1)
— 13. καὶ περὶ π. τοῦ λαοῦ καὶ περὶ π. τοῦ Ἰούδα (–, 1)
— 13. κατὰ π. τὰ γεγραμμένα καθ' ἡμῶν (1)
— 16. π. τοὺς λόγους τοῦ βιβλίου (1)
— 20. ἐν π. τοῖς κακοῖς οἷς ἐγὼ εἰμι ἐπάγω (1)
23. 1. συνήγαγε . . . π. τοὺς πρεσβυτέρους (1)
— 2. A R καὶ π. ἀνὴρ Ἰ. καὶ π. [B *om.*] οἱ κατοικοῦντες ἐν Ἱερ. (1, 1)
— 2. καὶ οἱ προφῆται καὶ π. ὁ λαός (1)
— 2. ἀνέγνω . . . π. τοὺς λόγους τοῦ βιβλίου (1)
— 3. ἐν π. καρδίᾳ καὶ ἐν π. ψυχῇ (1, 1)
— 3. ἔστη π. ὁ λαὸς ἐν τῇ διαθήκῃ (1)
— 4. ἐξαγαγεῖν . . . π. τὰ σκεύη (1)
— 4, 5. καὶ π. τῇ δυνάμει τοῦ οὐρ. (1)
— 8. ἀνήγαγε π. τοὺς ἱερεῖς (1)
— 19. π. τοὺς οἴκους τῶν ὑψηλῶν (1)
— 19. ἐποίησεν ἐν αὐτοῖς π. τὰ ἔργα (1)
— 20. ἐθυσίασε π. τοὺς ἱερεῖς τῶν ὑψ. (1)
— 21. ἐνετείλατο ὁ βασ. παντὶ τῷ λαῷ (1)
— 22. καὶ π. τὰς ἡμέρας [A π. ἡμερῶν] βασιλέων (1)
— 24. καὶ π. τὰ προσοχθίσματα (1)
— 25. κατὰ π. τὸν νόμον Μωυσῆ (1)
— 28. καὶ πάντα ὅσα ἐποίησεν (1)
— 32, 37. κατὰ πάντα ὅσα ἐποίησαν (1)
24. 3. κατὰ πάντα ὅσα ἐποίησε (1)
— 5. καὶ πάντα ὅσα ἐποίησεν (1)
— 7. πάντα ὅσα ἦν τοῦ βασ. Αἰγ. (1)
— 9. κατὰ πάντα ὅσα ἐποίησεν (1)
— 13. π. τοὺς θησαυροὺς οἴκου κυρίου (1)
— 13. συνέκοψε π. τὰ σκεύη τὰ χρυσᾶ (1)
— 14. A π. [B *om.*] τὴν Ἱερ. καὶ π. τοὺς ἄρχοντας (1, 1)
— 14. καὶ πᾶν τέκτονα (1)
— 16. καὶ π. τοὺς ἄνδρας τῆς δυνάμεως (1)
— 16. πάντες δυνατοὶ ποιοῦντες πόλεμον (1)
— 19. κατὰ πάντα ὅσα ἐποίησεν Ἰ. (1)
25. 1. καὶ π. ἡ δύναμις αὐτοῦ (1)
— 4. καὶ π. οἱ ἄνδρες τοῦ πολέμου (1)
— 5. π. ἡ δύναμις αὐτοῦ διεσπάρη (1)
— 9. καὶ π. τοὺς οἴκους Ἱερ. καὶ πᾶν [A πάντα] οἶκον ἐνέπρησεν (1, 1)
— 10. A π. εὐπορία Χαλδαίων [R *al.*] (1)
— 14. καὶ π. τὰ σκεύη τὰ χαλκᾶ (1)
— 16. σταθμὸς τοῦ χαλκοῦ π. τῶν σκευῶν (1)
— 17. τὰ π. χαλκᾶ (1)
— 23. ἤκουσαν π. οἱ ἄρχοντες τῆς δυνάμ. (1)
— 26. ἀνέστη π. ὁ λαός (1)
— 29. ἤσθιεν ἄρτον διὰ παντός (8 *g*)
— 29. π. τὰς ἡμέρας τῆς ζωῆς αὐτοῦ (1)
— 30. ἑστιατορία διὰ παντὸς ἐδόθη [A *al.*] (8 *g*)
— 30. π. τὰς ἡμέρας τῆς ζωῆς αὐτοῦ (1)
I Ch. 1. 23. A π. οὗτοι υἱοὶ Ἰεκτάν (1)
— 33. π. οὗτοι υἱοὶ Χεττούρας (1)
2. 4. π. υἱοὶ Ἰούδα πέντε (1)
— 6. καὶ υἱοὶ . . . πάντες πέντε (1)
— 23. π. αὗται υἱῶν Μαχίρ (1)
3. 9. π. υἱοὶ Δαυίδ (1)
4. 6. π. οὗτοι υἱοὶ Ἀωδᾶς –
— 10. πάντα ὅσα ᾐτήσατο –
— 27. π. αἱ πατριαὶ αὐ. οὐκ ἐπλεόνασαν (1)
— 33. καὶ π. [A π. αἱ] ἐπαύλεις αὐτῶν (1)
5. 10. καὶ ἔπεσον . . . πάντες (1)
— 16. καὶ π. τὰ περίχωρα Σαρών (1)
— 17. πάντων ὁ καταλοχισμός (1)
— 20. καὶ π. τὰ σκηνώματα αὐτῶν (1)
6. 48 (33). δεδομένοι εἰς π. ἐργασίαν λειτουργίας (1)
— 49 (34). θυμιῶντες . . . εἰς π. ἐργασίαν (1)
— 49 (34). κατὰ πάντα ὅσα ἐνετείλατο Μ. (1)
— 60 (45). π. αἱ πόλεις αὐ. τρισκαίδεκα πόλεις (1)
7. 3. ἄρχοντες πάντες [B[2] πέντε] (1)
— 5. εἰς π. πατριὰς Ἰσσ. (1)
— 5. ὁ ἀριθμὸς αὐτῶν τῶν π. (1)
— 8. πάντες οὗτοι υἱοὶ Β. (1)
— 11. πάντες οὗτοι υἱοὶ Ἰεδ. (1)
— 40. π. οὗτοι υἱοὶ Ἀσὴρ π. ἄρχοντες πατριῶν (1, –)
8. 38. π. οὗτοι υἱοὶ Ἐσήλ (1)

I Ch. 8. 40. π. οὗτοι ἐξ υἱῶν Βεν. (1)
9. 1. πᾶς Ἰσρ. ὁ συλλοχισμὸς αὐτῶν (1)
— 9. π. οἱ ἄνδρες ἄρχοντες πατριῶν (1)
— 22. π. οἱ ἐκλεκτοὶ ταῖς πύλαις (1)
— 29. A S καὶ ἐπὶ π. τὰ [B *om.*] σκεύη τὰ ἅγια (1)
10. 6. π. ὁ οἶκος αὐ. ἐπὶ τὸ αὐτὸ ἀπέθανε (1)
— 7. S εἶδε π. [A B *add.* ἀνὴρ] Ἰσραὴλ . . . ὅτι ἔφυγεν πᾶς [A B *om.*] Ἰσρ. (2 *a* [1], –)
— 11. A ἤκουσαν π. οἱ κατοικοῦντες Γαλ. πάντα [B S ἅπ.] (1, 1)
— 12. ἠγέρθησαν . . . π. ἀνὴρ δυνατός (1)
11. 1. ἦλθε πᾶς Ἰσραὴλ (1)
— 3. ἦλθον π. πρεσβύτεροι Ἰσρ. (1)
— 6. π. τύπτων Ἰεβ. ἐν πρώτοις (1)
— 10. οἱ κατισχύοντες . . . μετὰ παντὸς Ἰσρ. (1)
12. 15. πεπληρωκὼς ἐπὶ π. κρηπῖδα αὐ. (1)
— 15. ἐξεδίωξαν π. τοὺς κατοικοῦντας (1)
— 21. δυνατοὶ ἰσχύος πάντες (1)
— 32. καὶ π. ἀδελφοὶ αὐτῶν μετ' αὐ. (1)
— 33, 37. ἐν π. σκεύεσι πολεμικοῖς (1)
— 38. π. οὗτοι ἄνδρες πολεμισταί (1)
— 38. τοῦ βασιλεῦσαι τὸν Δ. ἐπὶ πάντα Ἰ. (1)
13. 1. ἐβουλεύσατο Δ. . . . π. ἡγουμένῳ (1)
— 2. εἶπε Δ. [A *add.* τῇ] π. ἐκκλησίᾳ Ἰσρ. (1)
— 2. τοὺς ὑπολελειμμ. ἐν π. γῇ Ἰσρ. (1)
— 4. εἶπε π. ἡ ἐκκλησία (1)
— 4. ἐν ὀφθαλμοῖς παντὸς τοῦ λαοῦ (1)
— 5. ἐξεκκλησίασε Δ. τὸν π. Ἰσρ. (1)
— 6. καὶ πᾶς Ἰσρ. ἀνέβη (1)
— 8. Δ. καὶ πᾶς Ἰσρ. παίζοντες . . . ἐν π. δυνάμει (1, 1)
— 14. εὐλόγησεν ὁ θ. . . . π. τὰ αὐτοῦ (1)
14. 8. ἐχρίσθη Δ. βασ. ἐπὶ πάντα Ἰσρ. (1)
— 8. ἀνέβησαν π. οἱ ἀλλόφυλοι (1)
— 17. ἐγένετο ὄνομα Δ. ἐν π. τῇ γῇ (1)
— 17. ἔδωκε τὸν φόβον αὐ. ἐπὶ π. τὰ ἔθνη (1)
15. 3. A[2]BS ἐξεκκλησίασε Δ. τὸν π. Ἰσρ. [A[1] *al.*] (1)
— 27. καὶ π. οἱ Λ. αἴροντες τὴν κιβ. (1)
— 28. καὶ πᾶς Ἰσρ. ἀνάγοντες τὴν κιβ. (1)
16. 3. διεμέρισε παντὶ ἀνδρὶ [S *om.*] Ἰσρ. (1 [2 *a*])
— 6. οἱ ἱερεῖς ἐν ταῖς σάλπιγξι διὰ παντός (8 *g*)
— 9. διηγήσασθε [S *add.* ἐν] πᾶσι τὰ θαυμάσια αὐ. (1)
— 11. ζητήσατε τὸ πρόσωπον αὐ. διὰ παντός (8 *g*)
— 14. ἐν π. τῇ γῇ τὰ κρίματα αὐ. (1)
— 23. ᾄσατε τῷ κ., π. ἡ γῆ (1)
— 24. R ἐν π. τοῖς λαοῖς τὰ θαυμάσια αὐ. (1)
— 25. φοβερός ἐστιν ἐπὶ π. τοὺς θεούς (1)
— 26. π. οἱ θεοὶ τῶν ἐθνῶν εἴδωλα (1)
— 30. φοβηθήτω . . . π. ἡ γῆ (1)
— 32. καὶ π. τὰ ἐν αὐτῷ (1)
— 36. ἐρεῖ π. ὁ λαός, Ἀμήν (1)
— 37. τοῦ λειτουργεῖν . . . διὰ παντός (8 *g*)
— 40. τοῦ ἀναφέρειν . . . διὰ παντός (8 *g*)
— 40. κατὰ π. τὰ γεγραμμ. ἐν νόμῳ κυρίου (1)
— 43. A R ἐπορεύθη π. [B S ἅπ.] ὁ λαός (1)
17. 2. πᾶν τὸ ἐν τῇ ψυχῇ σου ποίει (1)
— 6. ἐν πᾶσιν οἷς διῆλθον ἐν παντὶ Ἰσρ. (1, 1)
— 8. ἐν πᾶσιν οἷς ἐπορεύθης (1)
— 8. ἐξωλέθρευσα π. τοὺς ἐχθρούς σου (1)
— 10. S R ἐταπείνωσα πάντας [A B ἅπ.] τοὺς ἐχθρούς σου (1)
— 15. κατὰ π. τοὺς λόγους τούτους (1)
— 15. κατὰ π. τὴν ὅρασιν ταύτην (1)
— 19. ἐποίησας τὴν π. μεγαλωσύνην (1)
— 20. κατὰ πάντα ὅσα ἠκούσαμεν (1)
18. 4. παρέλυσε Δ. π. τὰ ἅρματα (1)
— 6. ἐν πᾶσιν οἷς ἐπορεύετο (1)
— 9. ἐπάταξε Δ. τὴν π. δύναμιν Ἀδρ. (1)
— 11 (10). καὶ π. τὰ σκεύη χρυσᾶ (1)
— 11. οὓς ἔλαβεν ἐκ π. τῶν ἐθνῶν (1)
— 13. ἦσαν π. οἱ Ἰδουμ. παῖδες Δ. (1)
— 13. ἐν πᾶσιν οἷς ἐπορεύετο (1)
— 14. ἐβασίλευσε Δ. ἐπὶ πάντα Ἰσρ. (1)
— 14. ἦν ποιῶν κρίμα . . . τῷ π. λαῷ αὐτοῦ (1)
19. 8. ἀπέστειλε . . . π. τὴν στρατιάν (1)
— 10. ἐξελέξατο ἐκ π. νεανίου (1)
— 17. συνήγαγε τὸν π. Ἰσρ. (1)
20. 1. ἤγαγεν Ἰ. π. τὴν δύναμιν –
— 3. A R οὕτως ἐποίησε Δ. τοῖς π. [B παισὶν] (1)
— 3. ἀνέστρεψε Δ. καὶ π. ὁ λαὸς αὐ. (1)
— 8. πάντες ἦσαν τέσσαρες γίγαντες –
21. 3. πάντες τῷ κυρίῳ μου παῖδες (1)
— 4. A διῆλθεν ἐν π. ὁρίῳ [R *om.*] Ἰσρ. (1)
— 5. ἦν πᾶς Ἰσρ. χίλιαι χιλιάδες (1)

I Ch. 21. 12. ἐν π. κληρονομίᾳ Ἰσρ. (1)
— 23. τὰ π. δέδωκα (1)
22. 2. συναγαγεῖν π. τοὺς προσηλύτους –
— 5. εἰς δόξαν εἰς π. τὴν γῆν ἑτοιμάσω (1)
— 9. ἀναπαύσω αὐτὸν ἀπὸ π. τῶν ἐχθρῶν (1)
— 15. καὶ π. σοφὸς ἐν π. ἔργῳ (1, 1)
— 17. R ἐνετείλατο Δ. τοῖς π. [A B παισὶν] ἄρχουσιν (1)
23. 2. συνήγαγε τοὺς π. [A π. τ.] ἄρχοντας Ἰσρ. (1)
— 26. αἴροντες . . . τὰ π. [A π. τὰ] σκεύη αὐτῆς (1)
— 28. ἐπὶ τὸν καθαρισμὸν τῶν π. ἁγίων (1)
— 29. καὶ εἰς π. μέτρον (1)
— 31. ἐπὶ π. τῶν ἀναφερομ. ὁλοκαυτωμ. (1)
— 31. κατὰ τὴν κρίσιν ἐπ' αὐτοῖς διὰ παντός (8 *g*)
25. 5. π. οὗτοι υἱοὶ τῷ Αἱ. (1)
— 6. π. οὗτοι μετὰ τοῦ πατρὸς αὐτῶν (1)
— 7. δεδιδαγμένοι . . . πᾶς συνίων (1)
26. 8. πάντες ἀπὸ τῶν υἱῶν Ἀβδ. (1)
— 8. οἱ π. ἑξήκοντα δύο –
— 11. π. οὗτοι υἱοὶ καὶ ἀδ. τῷ Ὀσᾶ (1)
— 26. ἐπὶ π. τῶν θησαυρῶν τῶν ἁγίων (1)
— 28. καὶ ἐπὶ π. τῶν ἁγ. τοῦ θ. Σαμ. (1)
— 28. πᾶν ὃ ἡγίασαν (1)
— 30. εἰς π. λειτουργίαν κυρίου (1)
— 32. εἰς π. πρόσταγμα κυρίου [A π. λόγον τοῦ θ.] (1)
27. 1. εἰς πᾶν λόγον τοῦ βασ. –
— 1. πᾶν [A εἰς πάντα] λόγον τοῦ εἰσπορευομ. (1)
— 1. εἰς π. τοὺς μῆνας τοῦ ἐνιαυτοῦ (1)
— 3. ἄρχων π. τῶν ἀρχόντων (1)
— 31. π. οὗτοι προστάται ὑπαρχόντων (1)
28. 1. A R ἐξεκκλησίασε Δ. π. τοὺς ἄρχοντας Ἰσρ. . . . καὶ π. [B *om.*] τοὺς ἄρχ. τῶν ἐφημεριῶν (1, –)
— 1. R καὶ π. τῆς κτήσεως τοῦ βασ. (1)
— 4. ἐξελέξατο . . . ἀπὸ π. οἴκου πατρός μου (1)
— 4. τοῦ γενέσθαι με βασ. ἐπὶ τῷ π. Ἰσρ. (1)
— 5. ἀπὸ π. τῶν [A *om.*] υἱῶν μου (1)
— 8. κατὰ πρόσωπον π. ἐκκλησίας κυρίου (1)
— 8. A R ζητήσατε π. [B *om.*] τὰς ἐντολὰς κυρίου (1)
— 9. π. καρδίας ἐτάζει [A ἐξετ.] κύριος (1)
— 9. π. ἐνθύμημα γινώσκει (1)
— 12. καὶ π. τῶν παστοφορίων τῶν κύκλῳ (1)
— 13. εἰς π. ἐργασίαν λειτουργίας (1)
— 19. πάντα ἐν γραφῇ χειρὸς κυρίου (1)
— 20. π. ἐργασίαν λειτουργίας (1)
— 21. εἰς π. λειτουργίαν οἴκου κυρίου καὶ μετὰ σοῦ ἐν π. πραγματείᾳ (1, 1)
— 21. καὶ π. πρόθυμος ἐν σοφίᾳ κατὰ π. τέχνην (1, 1)
— 21. καὶ π. ὁ λαὸς εἰς π. τοὺς λόγους σου (1, 1)
29. 1. εἶπε Δ. . . . π. τῇ ἐκκλησίᾳ (1)
— 2. κατὰ π. τὴν δύναμιν ἡτοίμακα (1)
— 2. καὶ π. λίθον τίμιον (1)
— 5. R καὶ εἰς π. ἔργον (1)
— 11. σὺ πάντων . . . δεσπόζεις (1)
— 11. ταράσσεται π. βασιλεύς (1 ?)
— 12. σὺ πάντων ἄρχεις, κύριε, ὁ ἄρχων π. ἀρχῆς (1, –)
— 12. κατισχῦσαι τὰ π. (1)
— 14. ὅτι σὰ τὰ π. (1)
— 15. ὡς π. οἱ πατέρες ἡμῶν (1)
— 16. πρὸς π. [A *om.*] τὸ πλῆθος τοῦτο (1)
— 16. καὶ σοὶ τὰ π. (1)
— 17. προεθυμήθην ταῦτα π. (1)
— 20. εἶπε Δ. π. τῇ ἐκκλησίᾳ (1)
— 20. εὐλόγησε π. ἡ ἐκκλησία κύριον (1)
— 21. θυσίας εἰς πλῆθος π. τῷ Ἰσρ. (1)
— 23. ὑπήκουσαν αὐτοῦ πᾶς Ἰσρ. (1)
— 24. A R καὶ π. [B οἱ] υἱοὶ Δ. (1)
— 25. A B ἐμεγάλυνε κ. . . . ἐναντίον [R *om.*] παντὸς Ἰσρ. (1)
— 25. ὃ οὐκ ἐγένετο ἐπὶ π. βασιλέως (1)
— 30. περὶ π. τῆς βασιλείας αὐτοῦ (1)
— 30. καὶ ἐπὶ πάσας βασιλείας τῆς γῆς (1)
II Ch. 1. 2. εἶπε Σαλ. πρὸς πάντα Ἰσρ. . . . καὶ τοῖς π. ἄρχουσιν (1, 1)
— 3. ἐπορεύθη Σ. καὶ π. ἡ ἐκκλησία (1)
— 17. καὶ οὕτω π. τοῖς βασιλεῦσι (1)
2. 4 (3). τοῦ θυμιᾶν . . . πρόθεσιν διὰ παντός (8 *g*)
— 4 (3). τοῦ ἀναφέρειν ὁλοκαυτώματα διὰ παντός –
— 5 (4). παρὰ π. τοὺς θεούς (1)
— 14 (13). διανοεῖσθαι π. διανόησιν (1)
— 16 (15). κατὰ π. τὴν χρείαν σου (1)
— 17 (16). συνήγαγε Σ. π. τοὺς ἄνδρας (1)
4. 11. ἐποίησε Χ. . . . π. τὰ σκεύη αὐ. –
— 11. ποιῆσαι π. τὴν ἐργασίαν –

II Ch. 4. 16. καὶ π. τὰ σκεύη αὐτῶν (1)
— 18. ἐποίησε Σ. π. τὰ σκεύη ταῦτα (1)
— 19. ἐποίησε Σ. π. τὰ σκεύη (1)
— 22 (5. 1). συνετελέσθη π. ἡ ἐργασία (1)
5. 2. R ἐξεκκλησίασε Σ. π. [A B om.] τοὺς πρεσβυτ. Ἰσρ. καὶ π. τοὺς ἄρχοντας (–, 1)
— 3. ἐξεκκλησιάσθησαν . . . πᾶς [A add. ἀνὴρ] Ἰσρ. (2 *a* [1])
— 4. ἦλθον π. οἱ πρεσβύτεροι Ἰσρ. (1)
— 4. ἔλαβον π. οἱ Λ. τὴν κιβωτόν –
— 5. καὶ π. τὰ σκεύη τὰ ἅγια (1)
— 6. καὶ π. συναγωγὴ Ἰσρ. (1)
— 11. π. οἱ ἱερεῖς . . . ἡγιάσθησαν (1)
— 12. οἱ Λ. οἱ ψαλτῳδοὶ π. (1)
6. 3. εὐλόγησε τὴν π. ἐκκλησίαν Ἰσρ. (1)
— 3. A R π. ἡ [B om.] ἐκκλησία Ἰσρ. παρειστήκει (1)
— 5. οὐκ ἐξελεξάμην . . . ἀπὸ π. φυλῶν Ἰσρ. (1)
— 12, 13. ἔναντι π. ἐκκλησίας Ἰσρ. (1)
— 28. A B κατὰ π. πληγὴν καὶ πᾶν [R πάντα] πόνον (1, 1)
— 29. A R π. προσευχὴ καὶ π. δέησις ἣ ἐὰν γένηται π. [B om.] ἀνθρώπῳ καὶ π. λαῷ σου Ἰσρ. (1 *quater*)
— 31. ὅπως φοβῶνται π. [A τὰς] ὁδούς σου π. τὰς ἡμέρας (–, 1)
— 31. A ἐπὶ προσώπου π. [B om.] τῆς γῆς –
— 32. καὶ π. ἀλλότριος –
— 33. καὶ ποιήσεις κατὰ πάντα (1)
— 33. ὅπως γνῶσι π. οἱ λαοὶ τῆς γῆς (1)
7. 3. π. οἱ [A om.] υἱοὶ Ἰσρ. ἑώρων (1)
— 4, 5. ὁ βασ. καὶ π. ὁ λαός (1)
— 6. καὶ πᾶς Ἰσρ. ἑστηκώς (1)
— 8. καὶ πᾶς Ἰσρ. μετ' αὐτοῦ (1)
— 11. καὶ πάντα . . . εὐωδώθη (1)
— 16. ἔσονται οἱ ὀφθ. μου . . . ἐκεῖ π. τὰς ἡμ. (1)
— 17. ἐὰν . . . ποιήσῃς κατὰ πάντα (1)
— 20. εἰς διήγημα ἐν π. τοῖς ἔθνεσι (1)
— 21. π. ὁ διαπορευόμ. [A add. πρὸς] αὐτόν (1)
— 22. ἐπήγαγεν ἐπ' αὐτοὺς π. τὴν κακίαν τ. (1)
8. 4, 6 (A^2B). καὶ π. τὰς πόλεις τὰς ὀχυράς (1)
— 6. καὶ π. τὰς πόλεις τῶν ἁρμάτων (1)
— 6. A καὶ π. [B om.] τὰς πόλεις τῶν ἱππέων –
— 6. καὶ ἐν π. τῇ βασιλείᾳ αὐτοῦ (1)
— 7. π. ὁ λαὸς ὁ καταλειφθείς (1)
— 15. οὐ παρῆλθον τὰς ἐντ. . . . εἰς π. λόγον (1)
— 16. ἡτοιμάσθη π. ἡ ἐργασία (1)
9. 1. ἐλάλησε πρὸς αὐτὸν πάντα (1)
— 2. ἀνήγγειλεν αὐτῇ Σ. π. τοὺς λόγους αὐ. (1)
— 7. οἱ παρεστηκότες σοι διὰ παντός (8 *g*)
— 8. ἔδωκε . . . π. τὰ θελήμ. αὐτῆς (1)
— 12. ἐκτὸς πάντων ὧν ἤνεγκε –
— 14. καὶ π. τῶν βασ. τῆς Ἀραβίας (1)
— 14. R πάντες [A B om.] ἔφερον χρυσίον –
— 19. οὐκ ἐγενήθη οὕτως ἐν π. τῇ [A om.] βασ. (1)
— 20. π. τὰ σκεύη τοῦ βασ. Σ. (1)
— 20. π. τὰ σκεύη οἴκου δρυμοῦ τοῦ Λ. (1)
— 22. ἐμεγαλύνθη Σ. ὑπὲρ π. τοὺς βασ. (1)
— 23. π. οἱ βασιλεῖς τῆς γῆς (1)
— 26. ἦν ἡγούμενος π. τῶν βασ. (1)
— 28. καὶ ἐκ π. τῆς γῆς (1)
— 30. ἐβασίλευσε Σ. ὁ βασ. ἐπὶ πάντα Ἰ. (1)
10. 1. ἤρχετο πᾶς Ἰσρ. (1)
— 3. Ἱεροβ. καὶ π. ἡ ἐκκλησία (1)
— 7. ἔσονταί σοι παῖδες π. τὰς ἡμέρας (1)
— 12. ἦλθεν Ἱερ. καὶ π. ὁ λαός (1)
— 16. περὶ . . . παντὸς Ἰσρ. –
— 16. καὶ ἐπορεύθη πᾶς Ἰσρ. (1)
11. 3. εἰπὸν πρὸς . . . πάντα Ἰούδαν (1)
— 13. οἱ ἦσαν ἐν παντὶ Ἰσρ. (1)
— 13. συνήχθησαν . . . ἐκ π. τῶν ὁρίων (1)
— 21. ἠγάπησε . . . ὑπὲρ π. τὰς γυναῖκας αὐτοῦ (1)
— 23. ηὐξήθη παρὰ π. τοὺς υἱοὺς αὐ. ἐν π. τοῖς ὁρίοις Ἰ. (1, 1)
12. 1. καὶ πᾶς Ἰσρ. μετ' αὐτοῦ (1)
— 9. τὰ π. ἔλαβε (1)
— 12. A καὶ ἀρεστοὶ ἐν πᾶσιν –
— 13. ἐξελέξατο . . . ἐκ π. φυλῶν υἱῶν Ἰσρ. (1)
— 15. ἐπολέμει . . . π. τὰς ἡμέρας (1)
13. 4. Ἱερ. καὶ πᾶς Ἰσρ. (1)
— 9. ἐκ τοῦ λαοῦ τῆς γῆς πάσης ὁ [A πᾶς ὁ] προσπορευόμ. (1)
— 20. οὐκ ἔσχεν ἰσχὺν . . . π. τὰς ἡμ. Ἀβ. (1)
14. 5 (4). ἀπὸ π. τῶν πόλεων Ἰ. (1)
— 8 (7). π. οὗτοι πολεμισταὶ δυνάμεως (1)

II Ch. 14. 14 (13). ἐσκύλευσαν π. τὰς πόλεις αὐ. (1)
15. 2. B ἐξῆλθεν . . . ἐν [A R om.] παντὶ Ἰούδα –
— 2. A R Ἀσὰ καὶ πᾶς Ἰούδας (1)
— 5. ἐπὶ π. τοὺς κατοικοῦντας τὰς χώρας (1)
— 6. ἐξέστησεν αὐτοὺς ἐν π. θλίψει (1)
— 8. ἐξέβαλε . . . ἀπὸ π. τῆς γῆς Ἰ. (1)
— 13. πᾶς ὃς ἐὰν μὴ ἐκζητήσῃ (1)
— 15. εὐφράνθησαν πᾶς Ἰούδα (1)
— 15. ἐν π. θελήσει ἐζήτησαν αὐτόν (1)
— 17. ἡ καρδ. Ἀ. ἐγένετο πλήρης π. τὰς ἡμ. αὐ. (1)
16. 4. καὶ π. τὰς περιχώρους Νεφθ. (1)
— 6. ἔλαβε [A ἤγαγεν] π. τὸν Ἰούδαν (1)
— 9. ἐπιβλέπουσιν ἐν π. τῇ γῇ κατισχῦσαι ἐν π. καρδίᾳ πλήρει (1, –)
17. 2. ἐν π. ταῖς πόλεσιν Ἰούδα (1)
— 2. ἐν π. ταῖς πόλεσιν Ἰούδα –
— 5. ἔδωκε πᾶς Ἰ. δῶρα τῷ Ἰωσ. (1)
— 10. ἐπὶ π. ταῖς βασιλείαις τῆς γῆς (1)
— 19. ἐν ταῖς πόλεσι ταῖς ὀχυραῖς ἐν π. τῇ Ἰουδ. (1)
18. 7. π. αἱ ἡμέραι αὐτοῦ εἰς κακά (1)
— 9, 11. π. οἱ προφῆται ἐπροφήτευον (1)
— 18. καὶ π. δύναμις τοῦ οὐρανοῦ (1)
— 21. ἐν στόματι π. τῶν προφητῶν αὐ. (1)
— 22. A ἐν στόματι π. [B om.] τῶν προφητῶν σου –
— 27. ἀκούσατε, λαοὶ π. (1)
19. 5. ἐν π. ταῖς πόλεσιν Ἰ. (1)
— 10. π. ἀνὴρ κρίσιν τὴν ἐλθοῦσαν (1)
— 11. A B εἰς πᾶν [R πάντα] λόγον κυρίου (1)
— 11. A B πρὸς πᾶν [R πάντα] λόγον βασιλέως (1)
20. 3. ἐκήρυξαν νηστείαν ἐν παντὶ Ἰ. [B^1 om. ἐν π. Ἰ.] (1)
— 4. ἀπὸ π. τῶν πόλεων Ἰούδα (1)
— 6. κυριεύεις π. τῶν βασιλειῶν (1)
— 13. καὶ πᾶς Ἰούδα ἑστηκώς (1)
— 15. ἀκούσατε, πᾶς Ἰούδα (1)
— 18. πᾶς Ἰ. καὶ οἱ κατοικοῦντες Ἱερ. (1)
— 24. π. νεκροὶ πεπτωκότες –
— 27. ἐπέστρεψε π. ἀνὴρ Ἰούδα (1)
— 29. ἐπὶ π. τὰς βασιλείας τῆς γῆς (1)
21. 2. π. οὗτοι υἱοὶ Ἰωσ. (1)
— 4. ἀπέκτεινε π. τοὺς ἀδ. αὐτοῦ (1)
— 7. δοῦναι αὐτῷ λύχνον . . . π. τὰς ἡμέρας (1)
— 9. καὶ π. ἡ ἵππος μετ' αὐτοῦ (1)
— 14. καὶ ἐν π. τῇ ἀποσκευῇ σου (1)
— 17. ἀπέστρεψαν π. τὴν ἀποσκευήν (1)
— 18. μετὰ ταῦτα π. [A om.] (1)
22. 1. π. τοὺς πρεσβυτέρους ἀπέκτεινε (1)
— 10. ἀπώλεσε π. τὸ σπέρμα τῆς βασ. (1)
23. 2. ἐκ π. τῶν πόλεων Ἰ. (1)
— 3. διέθεντο π. ἐκκλησία (1)
— 5. π. ὁ λαὸς ἐν αὐλαῖς οἴκου κυρίου (1)
— 6. π. ὁ λαὸς φυλασσέτω φυλακάς (1)
— 8. ἐποίησαν οἱ Λ. καὶ πᾶς Ἰ. κατὰ πάντα (1, 1)
— 10. ἔστησε π. τὸν λαόν (1)
— 13. π. ὁ λαὸς ηὐφράνθη (1)
— 17. εἰσῆλθε π. ὁ λαὸς τῆς γῆς (1)
— 19. οὐκ εἰσελεύσ. ἀκάθαρτος εἰς π. πρᾶγμα (1)
— 20. καὶ π. τὸν λαὸν τῆς γῆς (1)
— 21. ηὐφράνθη π. ὁ λαὸς τῆς γῆς (1)
24. 2. π. τὰς ἡμέρας Ἰ. τοῦ ἱερέως (1)
— 5. συναγάγετε ἀπὸ παντὸς Ἰσρ. (1)
— 10. ἔδωκαν π. ἄρχοντες καὶ π. ὁ λαός (1, 1)
— 14. ἀνήνεγκαν . . . διὰ παντὸς π. τὰς ἡμέρας Ἰω. (8 *g*, 1)
— 23. κατέφθειραν π. τοὺς ἄρχοντας (1)
— 23. π. τὰ σκῦλα αὐ. ἀπέστειλαν (1)
— 27. καὶ οἱ υἱοὶ αὐτοῦ π. –
25. 5. ἐν παντὶ Ἰούδᾳ καὶ Ἱερ. (1)
— 7. π. τῶν υἱῶν Ἐφραίμ (1)
— 12. πάντες διερρήγνυντο (1)
— 24. π. τὸ χρυσίον καὶ τὸ ἀργ. καὶ π. τὰ σκεύη (1, 1)
26. 1. π. ὁ λαὸς τῆς γῆς (1)
— 4. ἐποίησε τὸ εὐθὲς . . . κατὰ πάντα (1)
— 5. B ἐν π. [A R om.] ταῖς ἡμέραις Ζαχ. –
— 12. π. ὁ ἀριθμὸς τῶν πατριαρχῶν (1)
— 14. ἡτοίμασεν αὐτοῖς Ὀ. π. τῇ δυνάμει (1)
27. 2. κατὰ πάντα ἃ ἐποίησεν Ὀζ. (1)
28. 3. A κατὰ τὰ βδελύγματα π. [B om.] τῶν ἐθνῶν –
— 4. καὶ ὑποκάτω π. ξύλου ἀλσώδους (1)
— 14. ἐναντίον . . . π. τῆς ἐκκλησίας (1)
— 15. π. τοὺς γυμνοὺς περιέβαλον (1)
— 15. ἀντελάβοντο . . . παντὸς ἀσθενοῦντος (1)
— 23. ἐγένοντο αὐτῷ εἰς σκῶλον καὶ παντὶ Ἰσρ. (1)
— 24. ἐποίησεν ἑαυτῷ θυσιαστήρια ἐν π. γωνίᾳ (1)

II Ch. 28. 25. ἐν π. πόλει καὶ πόλει (1)
29. 2. κατὰ πάντα ὅσα ἐποίησε Δ. (1)
— 16. ἐξέβαλον π. τὴν ἀκαθαρσίαν (1)
— 18. ἡγνίσαμεν π. τὰ ἐν οἴκῳ κυρίου (1)
— 19. καὶ π. τὰ σκεύη (1)
— 24. ἐξιλάσαντο περὶ παντὸς Ἰσρ. (1)
— 24. περὶ παντὸς Ἰσρ. ἡ ὁλοκαύτωσις (1)
— 28. π. ἐκκλησία προσεκύνει (1)
— 29. καὶ π. οἱ εὑρεθέντες (1)
— 30. A Ἐζ. ὁ βασ. καὶ π. [B om.] οἱ ἄρχοντες –
— 31. καὶ π. πρόθυμος τῇ καρδίᾳ (1)
— 32. εἰς ὁλοκαύτωσιν κυρίῳ π. ταῦτα (1)
— 36. Ἐζ. καὶ π. ὁ λαός (1)
30. 1. ἀπέστειλεν Ἐζ. ἐπὶ πάντα Ἰσρ. (1)
— 2. οἱ ἄρχοντες καὶ π. ἡ ἐκκλησία (1)
— 5. διελθεῖν κήρυγμα ἐν παντὶ Ἰσρ. (1)
— 6. ἐπορεύθησαν . . . εἰς πάντα Ἰσρ. (1)
— 9. A R ἔναντι [B ἀντὶ] π. αἰχμαλωτισάντων –
— 14. καὶ πάντα ἐν οἷς ἐθυμίων (1)
— 17. π. τῷ μὴ δυναμ. ἁγνισθῆναι (1)
— 19. ἐξιλάσθω ὑπὲρ π. καρδίας (1)
— 22. ἐλάλησεν Ἐζ. ἐπὶ π. καρδίαν τῶν Λ. (1)
— 25. ηὐφράνθη π. ἡ ἐκκλησία (1)
— 25. καὶ π. ἡ ἐκκλησία Ἰούδα (1)
31. 1. ὡς συνετελέσθη π. ταῦτα (1)
— 1. ἐξῆλθε πᾶς Ἰσραήλ (1)
— 1. R ἀπὸ π. τῆς [A om., B γῆς] Ἰουδαίας (1)
— 1. ἐπέστρεψαν πᾶς Ἰσρ. (1)
— 5. καὶ π. γένημα ἀγροῦ καὶ ἐπιδέκατα π. (1, 1)
— 16. π. τῷ εἰσπορευομ. εἰς οἶκον κ. (1)
— 18. ἐν π. ἐπιγονῇ υἱῶν αὐτῶν . . . εἰς π. τὸ πλῆθος (1, 1)
— 19. οἱ ἀπὸ τῶν πόλεων αὐ. ἐν π. πόλει (1)
— 19. δοῦναι μερίδα π. ἀρσενικῷ . . . καὶ π. καταριθμουμένῳ (1, 1)
— 20. ἐποίησεν οὕτως Ἐζ. ἐν παντὶ Ἰ. (1)
— 21. ἐν π. ἔργῳ ᾧ ἤρξατο (1)
32. 5. ᾠκοδόμησε π. τὸ τεῖχος (1)
— 7. ἀπὸ προσώπου π. τοῦ [A om.] ἔθνους (1)
— 9. καὶ π. ἡ στρατιὰ μετ' αὐτοῦ (1)
— 9. καὶ πρὸς πάντα Ἰ. τὸν ἐν Ἱερ. (1)
— 13. ὅ τι [A τί] ἐποίησα . . . π. τοῖς λαοῖς (1)
— 13. θεοὶ τῶν ἐθνῶν π. τῆς γῆς –
— 14. τίς ἐν π. τοῖς θεοῖς τῶν ἐθνῶν τούτων (1)
— 15. ὁ θεὸς παντὸς ἔθνους (1)
— 21. A R ἐξέτριψε πάντα [B πᾶν] δυνατόν (1)
— 22. ἔσωσε . . . ἐκ χειρὸς πάντων (1)
— 23. κατ' ὀφθαλμοὺς π. τῶν ἐθνῶν (1)
— 28. φάτνας π. κτήνους (1)
— 30. ἐν π. τοῖς ἔργοις αὐτοῦ (1)
— 33. τιμὴν ἔδωκαν αὐτῷ . . . πᾶς Ἰούδα (1)
33. 2. ἀπὸ π. τῶν βδελυγμάτων τῶν ἐθνῶν –
— 3. προσεκύνησε π. τῇ στρατιᾷ τοῦ οὐρ. (1)
— 5. θυσιαστήρια π. τῇ στρατιᾷ τοῦ οὐρ. (1)
— 7. ἐξελεξάμην ἐκ π. φυλῶν Ἰσρ. (1)
— 8. τοῦ ποιῆσαι πάντα (1)
— 8. κατὰ π. τὸν νόμον (1)
— 9. ὑπὲρ π. τὰ ἔθνη –
— 14. ἐν π. ταῖς πόλεσι ταῖς τειχήρεσιν (1)
— 15. περιεῖλε . . . π. τὰ θυσιαστήρια (1)
— 19. καὶ π. αἱ ἁμαρτίαι αὐ. (1)
— 22. π. τοῖς εἰδώλοις . . . ἔθυεν (1)
34. 7. π. τὰ ὑψηλὰ ἔκοψεν [A κατέκ.] ἀπὸ π. [A om.] τῆς γῆς Ἰσρ. (1, 1)
— 9. καὶ ἀπὸ π. καταλοίπου ἐν Ἰσρ. (1)
— 12. καὶ π. Λευίτης π. [A om.] συνίων ἐν ὀργάνοις ᾠδῶν (–, 1)
— 13. ἐπὶ π. τῶν ποιούντων τὰ ἔργα (1)
— 16. π. τὸ δοθὲν ἀργύριον (1)
— 21. καὶ περὶ παντὸς τοῦ καταλειφθέντος –
— 21. κατὰ π. τὰ γεγραμμένα (1)
— 24. ἐπάγω . . . τοὺς π. λόγους (1)
— 25. ἐν π. τοῖς ἔργοις τῶν χειρῶν αὐ. (1)
— 28. οὐκ ὄψονται . . . ἐν π. τοῖς κακοῖς (1)
— 30. καὶ πᾶς Ἰούδα . . . καὶ π. ὁ λαός (2 *a*, 1)
— 30. A R ἀνέγνω . . . π. [B τοὺς π.] λόγους βιβλίου (1)
— 32. ἔστησε π. τοὺς εὑρεθέντας (1)
— 33. περιεῖλεν Ἰ. τὰ π. [A π. τὰ] βδελύγμ. ἐκ π. τῆς [A om.] γῆς (1, 1)
— 33. ἐποίησε π. τοὺς εὑρεθέντας (1)
— 33. τοῦ δουλεύειν κυρίῳ . . . π. τὰς ἡμ. αὐ. (1)
35. 3. τοῖς Λ. τοῖς δυνατοῖς ἐν παντὶ Ἰσρ. (1)
— 7. A R πάντα [B π. τὰ] εἰς τὸ φασὲκ καὶ π. τοὺς εὑρεθέντας (1, 1)
— 13. ἔδραμον πρὸς π. τοὺς υἱοὺς τοῦ λαοῦ (1)

II Ch. 35. 16. ἡτοιμάσθη π. ἡ λειτουργία κυρίου (1)
— 18. ἀπὸ ἡμερῶν . . . π. βασιλέως Ἰσρ. [A al.] (1)
— 18. καὶ πᾶς Ἰούδα καὶ Ἰσρ. (1)
— 19. μετὰ ταῦτα π. –
— 19. κατὰ π. τὸν νόμον Μωυσῆ –
— 19. A R ἐπὶ π. τὰ παροργίσματα αὐ. [B al.] –
— 24. πᾶς Ἰούδα καὶ Ἰερουσ. (1)
— 25. εἶπαν π. οἱ ἄρχοντες (1)
36. 2. κατὰ πάντα ἃ ἐποίησαν –
— 5. κατὰ πάντα ὅσα ἐποίησαν –
— 5. ἐν πᾶσιν οἷς ἐποίησε –
— 8. καὶ πάντα ἃ ἐποίησεν †
— 14. καὶ π. οἱ ἔνδοξοι Ἰούδα (1)
— 17. τὰ π. παρέδωκεν ἐν χερσὶν αὐ. (1)
— 18. καὶ π. τὰ σκεύη οἴκου θεοῦ (1)
— 18. καὶ π. τοὺς θησαυροὺς βασιλέως –
— 18. πάντα εἰσήνεγκεν εἰς Βαβ. (1)
— 19. καὶ π. σκεῦος ὡραῖον (1)
— 21. A R π. τὰς ἡμέρας ἐρημώσεως αὐ. (1)
— 22. κηρῦξαι ἐν π. τῇ βασιλείᾳ αὐ. (1)
— 23. τάδε λέγει . . . π. ταῖς βασιλείαις [A al.] (1)
— 23. τίς . . . ἐκ π. τοῦ λαοῦ αὐτοῦ (1)
I Es. 1. 13. ἀπήνεγκαν π. τοῖς ἐκ τοῦ λαοῦ
— 21. καὶ π. οἱ βασιλεῖς τοῦ Ἰσρ.
— 21. οἱ Ἰουδαῖοι καὶ πᾶς Ἰσρ.
— 24. παρὰ πᾶν ἔθνος καὶ βασιλείαν
— 25. μετὰ π. τὴν πρᾶξιν ταύτην
— 32. B εἰς πᾶν [A R ἅπαν] τὸ γένος Ἰσρ.
— 49. ὑπὲρ π. τὰς ἀκαθαρσίας π. τῶν ἐθνῶν
— 53. πάντας [A -α] παρέδωκαν εἰς τὰς χ. αὐ.
— 54. π. τὰ ἱερὰ σκεύη τοῦ κ.
— 56. π. τὰ ἔνδοξα αὐ. ἀχρειῶσαι
— 58. π. τὸν χρόνον τῆς ἐρημώσεως αὐ.
2. 8. πάντων ὧν ἤγειρε κ. τὸ πνεῦμα
— 9. ἐβοήθησαν ἐν πᾶσιν
— 14. τὰ δὲ π. σκεύη ἐκομίσθη [A διεκ.]
3. 1. π. τοῖς ὑπ' αὐτὸν καὶ π. τοῖς οἰκογενέσιν αὐ. καὶ π. τοῖς μεγιστᾶσι
— 2. καὶ π. τοῖς σατράπαις καὶ στρατηγοῖς
— 12. ὑπὲρ δὲ πάντα νικᾷ ἡ ἀλήθεια
— 14. ἐκάλεσε π. τοὺς μεγιστᾶνας
— 18. π. τοὺς ἀνθρ. τοὺς πιόντας αὐτόν
— 20. π. διάνοιαν μεταστρέφει
— 20. οὐ μέμνηται π. λύπην καὶ π. ὀφείλημα
— 21. π. [A π. τὰς] καρδίας ποιεῖ πλουσίας
— 21. πάντα διὰ ταλάντων ποιεῖ λαλεῖν
4. 2. καὶ π. τὰ ἐν αὐτοῖς
— 3. A κυριεύει πάντων [B αὐτῶν]
— 3. πᾶν [A πάντα] ὃ ἐὰν εἴπῃ αὐτοῖς
— 5. τῷ βασ. κομίζουσι πάντα
— 5. καὶ τὰ ἄλλα π.
— 10. καὶ π. ὁ λαὸς αὐτοῦ
— 15. ἐγέννησαν . . . π. τὸν λαόν
— 18. καὶ π. πρᾶγμα ὡραῖον [A al.]
— 19. ταῦτα π. ἀφέντες
— 19. πάντες αὐτὴν αἱρετίζουσι
— 19. καὶ πᾶν πρᾶγμα ὡραῖον
— 22. πάντα ταῖς γυναιξὶ δίδοτε
— 28. οὐχὶ π. αἱ χῶραι εὐλαβοῦνται
— 35. ἰσχυροτέρα παρὰ πάντα
— 36. π. ἡ γῆ τὴν ἀλήθειαν καλεῖ
— 36. π. τὰ ἔργα σείεται
— 37. ἄδικοι π. οἱ υἱοὶ τῶν ἀνθρ.
— 37. AB ἄδικα π. τὰ ἔργα αὐτῶν π. [R om.] τὰ τοιαῦτα
— 39. ἀπὸ π. τῶν ἀδίκων καὶ πονηρῶν
— 39. πάντες εὐδοκοῦσι τοῖς ἔργοις αὐτῆς
— 40. ἡ μεγαλειότης τῶν π. αἰώνων
— 41. π. ὁ λαὸς τότε ἐφώνησε
— 44. καὶ π. τὰ σκεύη τὰ ληφθέντα ἐξ Ἰερ.
— 47. A R ἔγραψεν . . . πρὸς π. τοὺς [B om.] οἰκονόμους
— 47. καὶ τοὺς μετ' αὐτοῦ π. ἀναβαίνοντας
— 48. π. τοῖς τοπάρχοις . . . ἔγραψεν
— 49. ἔγραψε π. τοῖς Ἰουδαίοις
— 49. π. δυνατὸν καὶ σατράπην
— 50. π. τὴν χώραν . . . ἀφορολόγητον αὐτοῖς ὑπάρχειν
— 53. καὶ π. τοῖς προσβαίνουσιν ἀπὸ τῆς B.
— 53. π. τοῖς ἱερεῦσι τοῖς προσβαίνουσιν
— 56. π. τοῖς φρουροῦσι τὴν πόλιν
— 57. ἐξαπέστειλε π. τὰ σκεύη
— 57. καὶ πάντα ὅσα εἶπε
— 61. ἀπήγγειλε τοῖς ἀδελφοῖς αὐτοῦ πᾶσι
5. 3. π. οἱ ἀδελφοὶ αὐτῶν παίζοντες
— 28. πάντες [A οἱ π.] ἑκατὸν τριάκοντα ἐννέα

I Es. 5. 35. π. οἱ ἱερόδουλοι
— 41. οἱ δὲ π. ἦσαν Ἰσραήλ
— 46. καὶ πᾶς Ἰσρ. ἐν ταῖς κώμαις αὐ.
— 50. π. τὰ ἔθνη τὰ ἐπὶ τῆς γῆς
— 52. καὶ ἑορτῶν πασῶν ἡγιασμένων
— 56. π. οἱ παραγενόμενοι ἐκ τῆς αἰχμαλωσίας
— 58. π. οἱ Λ. ὁμοθυμαδὸν ἐργοδιῶκται
— 61. ἡ δόξα εἰς τοὺς αἰῶνας ἐν παντὶ Ἰσρ.
— 62. π. ὁ λαὸς ἐσάλπισαν
— 73. π. τὸν χρόνον τῆς ζωῆς τοῦ βασ. K.
6. 4. καὶ τὰ ἄλλα π. ἐπιτελεῖτε
— 8. π. γνωστὰ ἔστω τῷ κ. ἡμῶν
— 10. καὶ ἐν π. δόξῃ . . . συντελούμενα
— 19. ἀπήνεγκε π. τὰ σκεύη ταῦτα [A al.]
— 33. ἀφανίσαι π. βασιλέα
7. 8. ὑπὲρ ἁμαρτίας π. τοῦ Ἰσρ.
— 11. καὶ π. οἱ υἱοὶ τῆς αἰχμαλωσίας
— 11. οἱ Λ. ἅμα π. ἡγνίσθησαν
— 12. π. τοῖς υἱοῖς τῆς αἰχμαλωσίας
— 13. π. οἱ χωρισθέντες ἀπὸ τῶν βδελυγμ.
8. 4. ἐπὶ π. τὰ ἀξιώματα αὐτοῦ
— 7. A διδάξαι τὸν π. [B π. τ.] Ἰσρ. π. τὰ [B om. π. τ.] δικαιώμ.
— 13. καὶ π. χρυσίον καὶ ἀργύριον
— 16. καὶ πάντα ὅσα ἂν βούλῃ
— 21. A R καὶ ἄλλα ἐκ πλήθους πάντα
— 22. π. τοῖς ἱερεῦσι καὶ τοῖς Λ.
— 23. π. τοὺς ἐπισταμ. τὸν νόμον τοῦ θ.
— 24. π. ὅσοι ἐὰν παραβαίνωσι τὸν νόμον
— 26. καὶ π. τῶν φίλων καὶ μεγιστάνων αὐ.
— 49. πάντων ἐσημάνθη ἡ ὀνοματογραφία [A al.]
— 52. εἰς π. ἐπανόρθωσιν
— 53. ἐδεήθημεν τοῦ κ. ἡμῶν π. [A κατὰ] ταῦτα
— 55. οἱ μεγιστᾶνες καὶ πᾶς Ἰσρ.
— 61. ἐρρύσατο ἡμᾶς . . . ἀπὸ π. ἐχθροῦ
— 63. A B πρὸς ἀριθμὸν καὶ ὁλκὴν πάντα [R ἅπ.]
— 64. ἐγράφη π. ἡ ὁλκὴ αὐτῶν
— 65. A R ταύρους δώδεκα ὑπὲρ παντὸς Ἰσρ.
— 86. τὰ συμβαίνοντα πάντα ἡμῖν γίνεται
— 92. ἐστὶν ἐπάνω πᾶς Ἰσρ.
— 93. ἐκβαλεῖν π. τὰς γυναῖκας ἡμῶν
— 96. τοὺς φυλάρχους τῶν ἱερ. . . . π. τοῦ Ἰσρ.
9. 3. π. τοῖς ἐκ τῆς αἰχμαλωσίας
— 5. R π. [A B om.] οἱ ἐκ τῆς φυλῆς Ἰ.
— 6. συνεκάθισαν π. τὸ πλῆθος
— 10. B ἐφώνησαν π. [A R ἅπ.] τὸ πλῆθος
— 12. π. οἱ ἐκ τῶν κατοικιῶν [A -κων] ἡμῶν
— 15. ἐποίησαν κατὰ π. ταῦτα
— 16. πάντας κατ' ὄνομα
— 36. A R π. οὗτοι συνῴκισαν γυναῖκας ἀλλογ. [B al.]
— 38. συνήχθη π. τὸ πλῆθος
— 40. ἐκόμισεν . . . π. τῷ πλήθει . . . καὶ π. τοῖς ἱερεῦσιν
— 41. A R ἐπέδωκαν π. τὸ πλῆθος [B ἐπ. πάντα] τὸν νοῦν
— 45. προεκάθητο γὰρ . . . ἐνώπιον πάντων
— 46. π. ὀρθοὶ ἔστησαν
— 47. A R ἐπεφώνησε [B ἐφ.] π. τὸ πλῆθος
— 49. τοῖς διδάσκουσι τὸ πλῆθος ἐπὶ πάντας
— 50. καὶ πάντες ἔκλαιον
— 53. A B[1] ἐκέλευον πάντα [A τὰ π., B[3] R παντὶ] τῷ δήμῳ
— 54. ᾤχοντο πάντες φαγεῖν
II Es. 1. 1. ἐν π. βασιλείᾳ αὐτοῦ (1)
— 2. π. τὰς βασιλείας τῆς γῆς (1)
— 3. τίς ἐν ὑμῖν ἀπὸ π. τοῦ λαοῦ αὐ. (1)
— 4. π. ὁ καταλειπόμ. ἀπὸ π. τῶν τόπων (1, 1)
— 5. πάντων [A -τες] ὧν ἐξήγειρεν ὁ θ. τὸ πνεῦμα (1)
— 6. καὶ π. οἱ κυκλόθεν ἐνίσχυσαν (1)
— 11. π. τὰ σκεύη τῷ χρυσῷ (1)
— 11. τὰ π. [A add. τὰ] ἀναβαίνοντα μετὰ Σασ. (1)
2. 42. οἱ π. ἑκατὸν τριάκοντα ἐννέα (1)
— 58. π. οἱ Ναθανίμ (1)
— 64. π. δὲ ἡ ἐκκλησία ὁμοῦ (1)
— 70. καὶ πᾶς Ἰσρ. ἐν πόλεσιν αὐτῶν (1)
3. 5. καὶ εἰς π. ἑορτάς (1)
— 5. καὶ π. ἑκουσιαζομένῳ ἑκούσιον (1)
— 8. καὶ π. οἱ ἐρχόμ. ἀπὸ τῆς αἰχμαλωσίας (1)
— 11. καὶ π. ὁ λαὸς ἐσήμαινε (1)
4. 5. π. τὰς ἡμέρας Κύρου (1)
5. 7. Δαρείῳ τῷ βασ. εἰρήνη π. (1)
— 15. π. τὰ σκεύη λάβε †
6. 11. π. ἄνθρωπος ὃς ἀλλάξει τὸ ῥῆμα τοῦτο (1)
— 12. καταστρέψαι π. βασιλέα (1)

II Es. 6. 17. ὑπὲρ ἁμαρτίας ὑπὲρ παντὸς Ἰσρ. (1)
— 20. ἕως εἷς π. καθαροί (1)
— 20. τοῖς π. υἱοῖς τῆς ἀποικεσίας (1)
— 21. καὶ π. ὁ χωριζόμ. τῆς ἀκαθαρσίας (1)
7. 6. ἐν πᾶσιν οἷς ἐζήτει αὐτός (1)
— 13. A R π. ὁ [B om.] ἑκουσιαζόμ. ἐν βασιλείᾳ μου (1)
— 16. καὶ π. ἀργύριον καὶ χρυσίον ὅ τι ἐὰν εὕρῃς ἐν π. χώρᾳ (1, 1)
— 17. A B καὶ πᾶν [R πάντα] προσπορευόμενον τοῦτον (1)
— 21. ἔθηκα γνώμην π. ταῖς γάζαις (1)
— 21. πᾶν ὃ ἂν αἰτήσῃ ὑμᾶς Ἔσδρας (1)
— 23. πᾶν ὅ ἐστιν ἐν γνώμῃ θεοῦ (1)
— 24. ἐγνώρισται ἐν π. τοῖς ἱερεῦσι (1)
— 25. ἵνα ὦσι κρίνοντες π. τῷ λαῷ (1)
— 25. π. τοῖς εἰδόσι νόμον τοῦ θ. σου (1)
— 26. π. ὃς ἂν μὴ ᾖ ποιῶν νόμον τοῦ θ. (1)
— 28. ἐν ὀφθαλμοῖς . . . π. τῶν ἀρχόντων τοῦ βασ. (1)
8. 20. πάντες συνήχθησαν ἐν ὀνόμασι (1)
— 21. καὶ π. τῇ κτήσει ἡμῶν (1)
— 22. ἐπὶ π. τοὺς ζητοῦντας αὐτόν (1)
— 22. B[1] R ἐπὶ π. τοὺς [A B[2] om.] ἐγκαταλείποντας αὐτόν (1)
— 25. καὶ πᾶς Ἰσρ. οἱ εὑρισκόμενοι (1)
— 34. καὶ ἐν σταθμῷ τὰ π. (1)
— 34. ἐγράφη π. ὁ σταθμός (1)
— 35. μόσχους δώδεκα περὶ παντὸς Ἰσρ. (1)
— 35. A R τὰ π. ὁλοκαυτώμ. τῷ κυρίῳ [B al.] (1)
9. 4. π. ὁ διώκων λόγον θεοῦ Ἰσρ. (1)
— 13. μετὰ π. τὸ ἐρχόμ. [S[2] π. τὰ εἰσελθόντα] (1)
10. 3. ἐκβαλεῖν π. τὰς γυναῖκας (1)
— 5. ὥρκισε . . . πάντα Ἰσρ. (1)
— 7. S[2] R π. τοῖς υἱοῖς τῆς ἀποικίας (1)
— 8. πᾶς ὃς ἂν μὴ ἔλθῃ (1)
— 8. ἀναθεματισθήσεται π. ἡ ὕπαρξις αὐ. (1)
— 9. συνήχθησαν π. [S π. οἱ] ἄνδρες Ἰούδα (1)
— 9. ἐκάθισε π. [S[1] om.] ὁ λαός (1)
— 12. ASR ἀπεκρίθησαν π. ἡ [B om.] ἐκκλησία (1)
— 14. A S[1] στήτωσαν . . . τῇ [S[2] ἐν τῇ] π. ἐκκλησίᾳ [B S[3] om. τ. π. ἐ.] (1)
— 14. π. τοῖς ἐν πόλεσιν ἡμῶν [S[2] al.] (1)
— 16. καὶ πάντες ἐν [A S[2] ἐπ'] ὀνόμασιν (1)
— 17. ἐτέλεσαν ἐν π. ἀνδράσιν (1)
— 44. π. οὗτοι ἐλάβοσαν γυναῖκας ἀλλοτρίας (1)
Ne. 4. 8 (2). συνήχθησαν πάντες ἐπὶ τὸ αὐτό (1)
— 12 (6). ἀναβαίνουσιν ἐκ π. [S[1] om.] τῶν τόπων (1)
— 15 (9). ἐπεστρέψαμεν π. ἡμεῖς (1)
— 16 (10). ὀπίσω π. οἴκου Ἰούδα (1)
5. 13. ἐκτινάξαι ὁ θ. π. ἄνδρα (1)
— 13. εἶπε π. ἡ ἐκκλησία (1)
— 16. καὶ π. οἱ συνηγμένοι ἐκεῖ (1)
— 18. ἀνὰ μέσον δέκα ἡμερῶν ἐν πᾶσιν οἶνος (1)
— 19. πάντα ὅσα ἐποίησα (1)
6. 9. πάντες φοβερίζουσιν ἡμᾶς (1)
— 16. A S R ἡνίκα ἤκουσαν π. [B om.] οἱ ἐχθροὶ ἡμῶν (1)
— 16. ἐφοβήθησαν π. τὰ ἔθνη (1)
7. 60. π. οἱ Ναθ. καὶ υἱοὶ δούλων Σ. (1)
— 66. καὶ ἐγένετο π. ἡ ἐκκλησία (1)
— 73. καὶ πᾶς Ἰσρ. ἐν πόλεσιν αὐτῶν (1)
8. 1. συνήχθησαν π. ὁ λαός (1)
— 2. καὶ π. ὁ συνίων (1)
— 3. ὦτα π. τοῦ λαοῦ εἰς τὸ βιβλίον (1)
— 5. ἐνώπιον π. τοῦ λαοῦ (1)
— 5. ἔστη π. ὁ λαός (1)
— 6. ἀπεκρίθη π. ὁ λαός (1)
— 9. εἶπαν π. τῷ λαῷ (1)
— 9. ἔκλαιε π. ὁ λαός (1)
— 11. A R κατεσιώπων π. [B S om.] τὸν λαόν (1)
— 12. ἀπῆλθε π. ὁ λαός (1)
— 13. συνήχθησαν . . . σὺν [A S om.] τῷ π. λαῷ (1)
— 13. ἐπιστῆσαι πρὸς π. τοὺς λόγους τοῦ νόμου –
— 15. ἐν π. ταῖς πόλεσιν αὐτῶν (1)
— 17. ἐποίησαν π. ἡ ἐκκλησία . . . σκηνάς (1)
9. 2. ἐχωρίσθησαν . . . ἀπὸ π. υἱοῦ ἀλλοτρίου (1)
— 5. ἐπὶ π. εὐλογίᾳ καὶ αἰνέσει (1)
— 6. καὶ π. τὴν στάσιν αὐτῶν (1)
— 6. πάντα ὅσα ἐστὶν ἐν αὐτῇ (1)
— 6. καὶ π. τὰ ἐν αὐταῖς (1)
— 6. ζωοποιεῖς τὰ π. (1)
— 10. καὶ ἐν π. τοῖς παισὶν αὐτοῦ (1)

Ne. 9. 10. A B S^{2} ἐν π. τῷ λαῷ τῆς γῆς αὐ. (1)
— 25. οἰκίας πλήρεις π. ἀγαθῶν (1)
— 25. καὶ π. ξύλον βρώσιμον –
— 32. μὴ ὀλιγωθήτω . . . π. ὁ μόχθος (1)
— 32. καὶ ἐν π. τῷ λαῷ σου (1)
— 33. ἐπὶ π. τοῖς ἐρχομ. ἐφ' ἡμᾶς (1)
— 38 (10. 1). ἐν π. τούτοις ἡμεῖς διατιθέμεθα (1)
— 38 (10. 1). A S^{1} ἐπισφραγίζουσιν π. [B S^{2} *om.*] ἄρχοντες ἡμῶν –
10. 28 (29). καὶ π. ὁ προσπορευόμενος (1)
— 28 (29). π. ὁ εἰδὼς καὶ συνίων (1)
— 29 (30). καὶ ποιεῖν π. τὰς ἐντολάς (1)
— 31 (32). οἱ φέροντες . . . π. [S^{1} τὴν] πρᾶσιν (1)
— 31 (32). καὶ ἀπαίτησιν π. χειρός (1)
— 35 (36). S^{2} πρωτογενήματα παντὸς [A B S^{1} *om.*] καρποῦ π. ξύλου (1, 1)
— 37 (38). τὸν καρπὸν π. ξύλου (1)
— 37 (38). ἐν π. πόλεσι δουλείας ἡμῶν (1)
11. 2. εὐλόγησεν ὁ λαὸς τοὺς π. ἄνδρας (1)
— 6. π. υἱοὶ Φαρές (1)
— 18. S^{2} π. οἱ Λ. ἐν τῇ πόλει τῇ ἁγίᾳ (1)
— 20. S^{2} ἐν π. ταῖς πόλεσιν τῆς 'I. (1)
— 24. εἰς πᾶν χρῆμα [S^{2} ῥῆμα] τῷ λαῷ (1)
12. 47. πᾶς 'Ισρ. . . . διδόντες μερίδας (1)
13. 3. ἐχωρίσθησαν π. ἐπίμικτος (1)
— 6. ἐν π. τούτῳ οὐκ ἤμην ἐν 'Ιερ. (1)
— 8. ἔρριψα π. τὰ σκεύη οἴκου Τ. (1)
— 12. πᾶς 'I. ἤνεγκαν δεκάτην (1)
— 15. ἐπιγεμίζοντας . . . π. βάσταγμα (1)
— 16. καὶ π. πρᾶσιν πωλοῦντες (1)
— 18. ἤνεγκεν . . . π. τὰ κακὰ ταῦτα (1)
— 20. ηὐλίσθησαν πάντες –
— 26. εἰς βασιλέα ἐπὶ πάντα 'Ισρ. (1)
— 27. ποιῆσαι π. πονηρίαν ταύτην (1)
— 30. ἐκαθάρισα αὐτοὺς ἀπὸ π. ἀλλοτριώσεως (1)
To. 1. 3. π. τὰς ἡμέρας τῆς ζωῆς μου
— 4. π. [S π. ἡ] φυλὴ τοῦ Νεφθ.
— 4. ἀπὸ π. τῶν [S *om.*] φυλῶν 'Ισρ.
— 4. εἰς τὸ θυσιάζειν π. τὰς φυλάς [S πάσαις φ.]
— 4. εἰς π. τὰς γενεὰς τοῦ αἰῶνος
— 5. π. αἱ φυλαί [S^{1} π. οἱ ἀδελφοί μου]
— 5. S ἐπὶ π. ὀρέων τῆς Γαλιλαίας
— 6. καθὼς γέγραπται παντὶ τῷ [S ἐν π.] 'I.
— 6. πρὸς τὸ θυσιαστήριον π. τῶν γενημάτων [S^{1} *al.*]
— 10. π. οἱ ἀδελφοί μου
— 13. S π. τὰ πρὸς τὴν χρῆσιν [A B *al.*]
— 20. π. τὰ ὑπάρχοντά μου [S *al.*]
— 21. ἐπὶ π. τὴν ἐκλογιστίαν τῆς βασ. αὐ.
— 21. ἐπὶ π. τὴν διοίκησιν
2. 6. καὶ π. αἱ εὐφροσύναι [S ὁδοὶ] ὑμῶν
— 10. S π. οἱ ἀδελφοί μου ἐλυποῦντο
— 12. S ἔδωκαν αὐτῇ τὸν μισθὸν π. [A B *al.*]
— 14. γνωστὰ π. μετὰ σοῦ [S *al.*]
3. 2. π. τὰ ἔργα σου [S *add.* δίκαια] καὶ π. αἱ ὁδοί σου
— 4. π. ταῖς ἔθνεσιν ἐν οἷς ἐσκορπίσμεθα [S *al.*]
— 11. εὐλογήσαισάν σε π. τὰ ἔργα σου
— 14. καθαρά εἰμι ἀπὸ π. ἁμαρτίας
— 17. S παρὰ π. τοὺς θέλοντας λαβεῖν αὐτήν
4. 3. π. τὰς ἡμέρας τῆς ζωῆς σου
— 3. S μὴ λυπήσῃς τὸ πνεῦμα αὐ. ἐν π. πράγματι [A B *al.*]
— 5. π. τὰς ἡμέρας . . . μνημόνευε
— 5. π. τὰς ἡμέρας τῆς ζωῆς σου
— 6. καὶ π. τοῖς ποιοῦσι τὴν δικαιοσύνην
— 7. A B μὴ ἀποστρέψῃς . . . ἀπὸ π. πτωχοῦ
— 11. A B π. τοῖς ποιοῦσιν αὐτήν
— 12. A B πρόσεχε . . . ἀπὸ π. πορνείας
— 12. A B πάντες ἔλαβον γυναῖκας
— 14. A B μισθὸς π. ἀνθρώπου
— 14. A B πρόσεχε . . . ἐν π. τοῖς ἔργοις σου
— 14. A B ἴσθι πεπαιδευμένος ἐν π. ἀναστροφῇ σου
— 16. A B πᾶν ὃ ἐὰν περισσεύσῃ σοι
— 18. A B παρὰ π. φρονίμου ζήτησον
— 18. A B ἐπὶ π. συμβουλίας χρησίμης
— 19. A B ἐν π. καιρῷ εὐλόγει κύριον
— 19. A B καὶ π. αἱ τρίβοι . . . εὐοδωθῶσι
— 19. A B π. ἔθνος οὐκ ἔχει βουλήν
— 19. δίδωσι π. τὰ ἀγαθά [S *al.*]
— 21. καὶ ἀποστῇς [S φύγῃς] ἀπὸ π. ἁμαρτίας
5. 1. πάτερ, ποιήσω πάντα
— 6. S ἐπίσταμαι τὰς ὁδοὺς π. [A B *al.*]
— 9. S ἐπίσταμαι ἐγὼ τὰς ὁδοὺς π.
— 9. S διῆλθον π. τὰ πεδία
— 9. S π. τὰς ὁδοὺς αὐτῆς ἐγὼ γινώσκω
6. 7. S φεύξεται ἀπ' αὐτοῦ π. ἀπάντημα

To. 6. 11. S παρὰ π. ἀνθρώπους
— 12. ἢ [S παρὰ] π. ἄνθρωπον
— 13. καὶ πάντας ἐν τῷ νυμφῶνι ἀπολωλότας [S *al.*]
— 17. S τὸν π. αἰῶνα [A B τὸν *al.* τοῦ αἰῶνος]
7. 11. S πάντες ἀπέθανον τὴν νύκτα [A B *al.*]
8. 5. S εἰς π. [A B *om.*] τοὺς αἰῶνας
— 5. καὶ π. αἱ κτίσεις [S π. ἡ κτ.] σου
— 5. S εἰς π. τοὺς αἰῶνας
— 15. ἐν π. εὐλογίᾳ καθαρᾷ
— 15. A B καὶ π. αἱ κτίσεις σου καὶ π. οἱ ἄγγελοί σου
— 15. A S εἰς π. [B *om.*] τοὺς αἰῶνας
10. 11. S τὸ ἥμισυ π. [A B *om.*] τῶν ὑπαρχόντων
— 13. S π. τὰς ἡμέρας τῆς ζωῆς σου
— 13. S εὐοδωθείημεν πάντες
— 13. S π. τὰς ἡμέρας ἐν τῇ ζωῇ ἡμῶν
11. 1. S τῷ βασιλεῖ τῶν π.
— 1. S π. τὰς ἡμέρας τῆς ζωῆς αὐτῶν
— 14. εὐλογημένοι π. οἱ ἅγιοί σου ἄγγελοι
— 14. S εὐλογητοὶ π. οἱ ἄγγελοι εἰς π. τοὺς αἰῶνας
— 16. S διαβαίνοντα αὐτὸν π. τῇ ἰσχύϊ αὐ. [A B *al.*]
— 17. ἐγένετο χαρὰ πᾶσι
12. 4. S τὸ ἥμισυ πάντων ὧν ἔχων ἦλθεν
— 5. λάβε τὸ ἥμισυ πάντων
— 6. ἐνώπιον π. τῶν ζώντων
— 6. S ὑποδείκνυτε π. ἀνθρώποις [A B *al.*]
— 9. ἀποκαθαριεῖ π. ἁμαρτίαν
— 11. S π. τὴν ἀλήθειαν ὑμῖν ὑποδείξω
— 11. οὐ μὴ κρύψω ἀφ' ὑμῶν π. ῥῆμα
— 17. S εἰς π. [A B *om.*] τὸν αἰῶνα
— 18. S κατὰ π. τὰς ἡμέρας [A B *al.*]
— 19. π. τὰς ἡμέρας ὠπτανόμην ὑμῖν [S *al.*]
— 20. γράψατε π. τὰ συντελεσθέντα [S *al.*]
13. 4. ἐνώπιον π. ζῶντος
— 4. εἰς π. τοὺς αἰῶνας
— 5. S καὶ π. ὑμᾶς [A R καὶ πάλιν] ἐλεήσει
— 5. ἐκ π. τῶν ἐθνῶν
— 8. A B λεγέτωσαν πάντες
— 10. S εὐφράναι ἐν σοὶ π. [A B *om.*] τοὺς αἰχμαλώτους
— 10. S ἀγαπῆσαι ἐν σοὶ π. [A B *om.*] τοὺς ταλαιπώρους
— 10. εἰς π. τὰς γενεὰς τοῦ αἰῶνος
— 11. S εἰς π. τὰ πέρατα τῆς γῆς
— 11. S κατοικιεῖ π. τῶν ἐσχάτων τῆς γῆς
— 12. ἐπικατάρατοι π.
— 12. S ἐπικατάρατοι ἔσονται π.
— 12. S π. οἱ ἀνατρέποντες τοὺς πύργους σου
— 12. εὐλογημένοι [S -γητοὶ] ἔσονται π.
— 13. S πάντες ἐπισυναχθήσονται [A B *al.*]
— 14. S μακάριοι π. οἱ ἄνθρωποι [A B *al.*]
— 14. A B^{2} S R ἐπὶ π. [B^{1} *om.*] ταῖς μάστιξί σου
— 14. θεασάμενοι π. τὴν δόξαν σου [S *al.*]
— 16. S εἰς π. τοὺς αἰῶνας
— 16. S καὶ λίθῳ τιμίῳ π. τὰ τείχη σου [A B *al.*]
— 18. καὶ ἐροῦσι π. αἱ ῥύμαι αὐ. [S *al.*]
— 18. S καὶ π. αἱ οἰκίαι αὐτῆς ἐροῦσιν
— 18. ὃς ὕψωσε [A *add.* εἰς] π. τοὺς αἰῶνας [S *al.*]
14. 4. S ὅτι πάντα ἔσται
— 4. S πάντα ἀπαντήσει
— 4. S οὐ μηθὲν ἐλαττονωθῇ ἐκ π. τῶν ῥημ.
— 4. S πάντα συμβήσεται
— 4. S πάντα . . . συντελεσθήσεται
— 4. S ἡμῶν ἐν τῇ γῇ 'Ισρ. πάντων [A B *om.*]
— 4. S ἔσται π. ἡ γῆ τοῦ 'Ισρ. ἔρημος
— 5. S ἐπιστρέψουσιν . . . πάντες [A B *om.*]
— 5. A B^{2} εἰς π. τὰς γενεὰς τοῦ αἰῶνος
— 6. π. τὰ ἔθνη [S *add.* τὰ ἐν ὅλῃ τῇ γῇ πάντες] ἐπιστρέψουσιν
— 6. S ἀφήσουσιν πάντες [A B κατορύξουσι] τὰ εἴδωλα αὐ.
— 7. εὐλογήσουσι π. τὰ ἔθνη κύριον [S *al.*]
— 7. S π. οἱ υἱοὶ τοῦ 'Ισρ. οἱ σωζόμ.
— 7. καὶ χαρήσονται πάντες [S *om.*]
— 7. S ἐκλείψουσιν ἀπὸ π. τῆς γῆς
— 7. S καὶ εὐλογῶσιν τὸ ὄνομα αὐ. ἐν π. καιρῷ
— 15. S ἐν πᾶσιν οἷς ἐποίησεν
Ju. 1. 6. π. οἱ κατοικοῦντες τὴν ὀρεινὴν καὶ π. οἱ κατοικοῦντες τὸν Εὐφρ. [S^{1} *al.*]
— 7. ἐπὶ π. τοὺς κατοικοῦντας τὴν Π. καὶ ἐπὶ π. τοὺς κατοικοῦντας πρὸς δυσμαῖς
— 7. καὶ π. τοὺς κατοικοῦντας κατὰ πρόσωπον τῆς παραλίας
— 9. καὶ π. τοὺς ἐν Σαμ.
— 9. καὶ π. γῆν [S τὴν] Γεσέμ

Ju. 1. 10. A B S^{2} καὶ π. τοὺς κατοικοῦντας τὴν Αἴγ.
— 11. π. οἱ κατοικοῦντες π. τὴν γῆν
— 12. ἐθυμώθη . . . ἐπὶ π. τὴν γῆν
— 12. ἐκδικήσειν π. τὰ ὅρια τῆς Κ.
— 12. π. τοὺς κατοικοῦντας ἐν γῇ Μωάβ
— 12. A S R καὶ π. τὴν 'Ιουδ. [B 'Ιδουμ.] καὶ π. τοὺς ἐν Αἴγ.
— 13. ἀνέστρεψε π. τὴν [S *om.*] δύναμιν 'Αρφ. καὶ π. τὴν ἵππον αὐ. καὶ π. [S^{1} *om.*] τὰ ἅρματα [S χρήμ.] αὐ.
— 16. A S R καὶ π. ὁ σύμμικτος αὐτοῦ
2. 1. ἐκδικῆσαι π. τὴν γῆν
— 2. συνεκάλεσε π. τοὺς θεράποντας αὐ. καὶ π. τοὺς μεγιστᾶνας αὐ.
— 2. συνετέλεσε π. τὴν κακίαν τῆς γῆς
— 3. ὀλεθρεῦσαι π. σάρκα
— 5. ὁ κύριος π. τῆς γῆς
— 6. εἰς συνάντησιν π. τῇ γῇ [S *al.*]
— 7. καλύψω π. τὸ πρόσωπον τῆς γῆς
— 9. ἐπὶ τὰ ἄκρα π. τῆς γῆς
— 10. προκαταλήψῃ [A προσκ.] μοι π. ὅριον αὐ.
— 11. εἰς φόνον . . . ἐν π. τῇ γῇ σου
— 14. ἐκάλεσε π. τοὺς δυνάστας
— 18. καὶ ἐπισιτισμὸν π. ἀνδρί
— 19. αὐτὸς καὶ π. ἡ δύναμις αὐτοῦ
— 19. καλύψαι π. τὸ πρόσωπον τῆς γῆς
— 22. ἔλαβε π. τὴν δύναμιν αὐ.
— 23. ἐπρονόμευσεν π. υἱοὺς 'Ρ. [S *al.*]
— 24. π. τὰς πόλεις τὰς ὑψηλάς
— 25. κατέκοψε π. τοὺς ἀντιστάντας αὐτῷ
— 26. ἐκύκλωσε π. τοὺς υἱοὺς Μ.
— 27. ἐνέπρησε π. τοὺς ἀγροὺς αὐ.
— 27. ἐπάταξε π. τοὺς νεανίσκους αὐ.
— 28. καὶ π. τοὺς κατοικοῦντας 'I.
3. 3. A καὶ π. τόπος ἡμῶν
— 3. A B καὶ π. πεδίον πυρῶν
— 3. A B καὶ π. αἱ μάνδραι τῶν σκηνῶν ἡμῶν
— 7. αὐτοὶ καὶ π. ἡ περίχωρος αὐ.
— 8. κατέσκαψε π. τὰ ὅρια αὐτῶν
— 8. ἐξολεθρεῦσαι π. τοὺς θεούς [S *al.*]
— 8. π. τὰ ἔθνη καὶ π. [S *om.*] αἱ γλῶσσαι καὶ π. [A *om.*] αἱ φυλαὶ αὐτῶν
— 10. εἰς τὸ συλλέξαι π. τὴν ἀπαρτίαν [S στρατ.]
4. 1. ἤκουσαν οἱ υἱοὶ 'Ισρ. . . . πάντα
— 1. ἐσκύλευσε π. [S *om.*] τὰ ἱερὰ [A ὅρια] αὐ.
— 3. π. ὁ λαὸς συνελέλεκτο τῆς 'Ιουδαίας
— 4. ἀπέστειλαν εἰς π. ὅριον Σαμ.
— 5. προκατελάβοντο π. τὰς κορυφάς
— 7. ἐπ' ἄνδρας τοὺς π. [S *om.* τ. π.] δύο
— 8. καὶ ἡ γερουσία π. δήμου [A λαοῦ]
— 9. ἀνεβόησαν [S ἐβ.] π. ἀνὴρ 'Ισρ.
— 10. καὶ π. πάροικος ἢ μισθωτός
— 11. καὶ π. ἀνὴρ 'Ισρ. καὶ γυνή
— 13. ἐν π. τῇ 'Ιουδαίᾳ καὶ 'Ιερ. [S *al.*]
— 14. π. οἱ παρεστηκότες ἐνώπιον κυρίου
— 15. ἐβόων πρὸς κύριον ἐκ π. δυνάμεως
— 15. A B ἐπισκέψασθαι πᾶν [S R πάντα] οἶκον 'Ισρ.
5. 1. ἐτείχισαν π. κορυφὴν ὄρους ὑψηλοῦ
— 2. ἐκάλεσε π. τοὺς ἄρχοντας Μωάβ
— 2. A B καὶ π. σατράπας τῆς παραλίας
— 4. παρὰ π. τοὺς κατοικοῦντας ἐν δυσμαῖς
— 5. ὁ ἡγούμενος π. υἱῶν 'Αμμών
— 12. A S R ἐπάταξε π. τὴν [B *om.* π. τ.] γῆν Αἰγ.
— 14. π. τοὺς κατοικοῦντας ἐν τῇ ἐρήμῳ
— 15. S καὶ π. τοὺς 'Εσεβωνίτας καὶ πάντας [A B *om.* κ. π.] ἐξωλέθρευσαν
— 15. ἐκληρονόμησαν π. τὴν ὀρεινήν
— 16. ἐξέβαλον . . . π. τοὺς Γεργεσαίους
— 21. εἰς ὀνειδισμὸν [A S -δος] ἐναντίον π. τῆς γῆς
— 22. ἐγόγγυσε π. ὁ λαός
— 22. καὶ π. [S *om.*] οἱ κατοικοῦντες τὴν παραλίαν
— 24. εἰς κατάβρωμα [A S -ωσιν] π. τῆς στρατιᾶς σου
6. 1. ἐναντίον π. τοῦ δήμου
— 1. A R καὶ πρὸς π. τοὺς υἱοὺς Μωάβ
— 2. S^{2} ἐναντίος π. δήμου
— 2. B S καὶ πρὸς π. τοὺς υἱοὺς Μ.
— 4. ὁ κύριος π. τῆς γῆς
— 12. καὶ π. ἀνὴρ σφενδονήτης
— 16. συνεκάλεσαν π. τοὺς πρεσβυτέρους
— 16. συνέδραμον π. νεανίσκοι αὐ.
— 16. ἐν μέσῳ π. τοῦ λαοῦ αὐ.
— 17. π. τὰ ῥήματα ὅσα ἐλάλησεν

Ju. 7. 1. παρήγγειλεν Ὀλ. π. τῇ στρατιᾷ αὐ. καὶ π. τῷ [A *om.*] λαῷ αὐ.
— 2. ἀνέζευξεν . . . π. ἀνὴρ δυνατὸς αὐτῶν
— 4. ἐκλείξουσιν οὗτοι τὸ πρόσωπον τῆς γῆς π.
— 6. ἐξήγαγεν Ὀλ. π. τὴν ἵππον αὐτοῦ
— 8. π. ἄρχοντες υἱῶν Ἡσαῦ καὶ π. οἱ ἡγούμενοι
— 12. διαφυλάσσων π. ἄνδρα
— 13. π. οἱ κατοικοῦντες [S ἐνοικ.] B.
— 16. καὶ ἐνώπιον π. τῶν θεραπόντων αὐ.
— 18. π. [S *om.*] τὸ πρόσωπον τῆς γῆς
— 19. ἐκύκλωσαν π. οἱ ἐχθροὶ αὐτῶν
— 20. π. παρεμβολὴ Ἀσσούρ
— 20. π. τοὺς κατοικοῦντας B. [S^2 *al.*]
— 20. π. τὰ ἀγγεῖα αὐτῶν τῶν ὑδάτων
— 23. ἐπισυνήχθησαν π. ὁ λαός
— 23. **A S R** ἐναντίον π. [B *om.*] τῶν πρεσβυτέρων
— 26. ἔκδοσθε τὴν πόλιν π.
— 26. καὶ π. τῇ δυνάμει αὐτοῦ
— 29. ἐγένετο κλαυθμὸς μέγας . . . πάντων
8. 6. π. τὰς ἡμέρας τῆς χηρεύσεως αὐ.
— 9. ἤκουσε π. τοὺς λόγους Ἰ.
— 10. τὴν ἐφεστῶσαν π. τοῖς ὑπάρχουσιν αὐ.
— 14. ὃς ἐποίησε τὰ [A S *om.*] π. ταῦτα
— 15. A ἐν αἷς θέλει καὶ π. [B S σκεπάσαι] ἡμέραις
— 21. οὕτως καθήσεται π. ἡ Ἰουδαία
— 21. S ἐκ τοῦ αἵματος πάντων [A B ἡμῶν]
— 25. παρὰ ταῦτα π. [A *om.*]
— 28. πάντα ὅσα εἶπας
— 29. ἔγνω π. ὁ λαὸς τὴν σύνεσίν σου
9. 4. καὶ π. τὰ σκῦλα εἰς διαίρεσιν υἱῶν
— 6. π. γὰρ αἱ ὁδοί σου ἕτοιμοι
— 12. βασιλεῦ π. κτίσεώς σου
— 14. ποίησον ἐπὶ π. τὸ ἔθνος [A π. ἔθνους] σου καὶ π. φυλῆς ἐπίγνωσιν
— 14. σὺ εἶ ὁ θεὸς π. δυνάμεως
10. 1. συνετέλεσε π. τὰ ῥήματα ταῦτα
— 4. καὶ π. τὸν κόσμον αὐτῆς
— 5. περιεδίπλωσε π. τὰ ἀγγεῖα αὐτῆς
— 13. κυριεύσει π. τῆς ὀρεινῆς
— 18. ἐγένετο συνδρομὴ ἐν π. [B^1 *om.*] τῇ παρεμβ.
— 19. κατασοφίσασθαι π. τὴν γῆν
— 20. καὶ π. οἱ θεράποντες αὐτοῦ
— 23. ἐθαύμασαν πάντες ἐπὶ τῷ κάλλει
11. 1. δουλεύειν βασιλεῖ Ναβ. π. τῆς γῆς
— 7. ζῇ γὰρ βασιλεὺς Ναβ. π. τῆς γῆς
— 7. εἰς κατόρθωσιν π. ψυχῆς
— 7. καὶ π. τὸν οἶκον αὐτοῦ
— 8. ἀνηγγέλη π. τῇ γῇ
— 8. σὺ μόνος ἀγαθὸς ἐν π. [A π. τῇ] βασιλείᾳ
— 9. ἀνήγγειλεν αὐτοῖς πάντα
— 12. καὶ ἐσπανίσθη π. ὕδωρ
— 12. π. ὅσα διεστείλατο αὐτοῖς ὁ θεός
— 16. **A B** ἐπιγνοῦσα ταῦτα π.
— 16. **A B** ἐφ' οἷς ἐκστήσεται π. ἡ γῆ
— 18. **A B** ἐξελεύσῃ σὺν π. τῇ δυνάμει σου
— 20. **A B** καὶ ἐναντίον π. τῶν θεραπόντων αὐ.
— 23. **A B** ἔσῃ ὀνομαστὴ παρὰ π. τὴν γῆν
12. 11. **A B** ἐφεστηκὼς ἐπὶ π. τῶν αὐτοῦ
— 14. **A B** πᾶν ὃ ἔσται ἐν τοῖς ὀφθ. αὐ. ἀρεστόν
— 15. B ἐκοσμήθη . . . π. τῷ κόσμῳ [A *om.* π. τ. κ.]
— 18. **A B** παρὰ π. τὰς ἡμέρας τῆς γενέσεώς μου
13. 1. **A B** ἦσαν γὰρ πάντες κεκοπωμένοι
— 4. **A B** ἀπήλθοσαν πάντες ἐκ προσώπου
— 4. **A B** κύριε ὁ θεὸς π. δυνάμεως
— 13. καὶ συνέδραμον πάντες
— 17. ἐξέστη π. ὁ λαὸς σφόδρα
— 18. παρὰ π. τὰς γυναῖκας τὰς ἐπὶ τῆς γῆς
— 20. καὶ εἶπαν π. ὁ λαός
14. 2. ἐξελεύσεσθε π. ἀνὴρ ἰσχύων
— 4. π. οἱ κατοικοῦντες π. ὅριον Ἰσρ.
— 7. ἐν π. σκηνώματι Ἰ. καὶ ἐν π. ἔθνει
— 8. ἀπήγγειλεν αὐτῷ Ἰ. . . . πάντα
— 10. ἰδὼν δὲ Ἀχ. πάντα
— 11. ἀνέλαβε π. ἀνὴρ Ἰσρ. τὰ ὅπλα αὐ.
— 12. ἦλθον . . . ἐπὶ π. ἄρχοντα αὐτῶν
— 13. εἶπαν τῷ ὄντι ἐπὶ π. τῶν αὐτοῦ
15. 2. ἔφευγον ἐπὶ π. ὁδὸν τοῦ πεδίου
— 3. π. ἀνὴρ πολεμιστὴς ἐξ αὐτῶν
— 4. καὶ εἰς π. ὅριον Ἰσραήλ
— 4. ἵνα πάντες ἐπεκχυθῶσι [A ἀπ.]
— 5. πάντες ὁμοθυμαδὸν ἐπέπεσον ἐπ' αὐτούς
— 5. παρεγενήθησαν καὶ ἐκ π. τῆς ὀρεινῆς
— 9. εὐλόγησαν αὐτὴν πάντες ὁμοθυμαδόν
— 10. ἐποίησας π. ταῦτα
— 10. καὶ εἶπε π. ὁ λαός

Ju. 15. 11. ἐλαφύρευσε π. [A S *om.*] ὁ λαός
— 11. ἔδωκαν . . . π. τὰ ἀργυρώματα . . . καὶ π. τὰ σκευάσματα [A S κατασκ.] αὐ.
— 12. συνέδραμε π. γυνὴ Ἰσρ.
— 13. καὶ προῆλθε π. τοῦ λαοῦ
— 13. ἡγουμένη π. τῶν γυναικῶν
— 13. ἠκολούθει π. ἀνὴρ Ἰσραήλ
— 14. ἐξῆρχεν Ἰ. . . . ἐν παντὶ Ἰσραήλ
— 14. ὑπερεφώνει π. ὁ λαός
16. 14. σοὶ δουλευσάτω π. ἡ κτίσις σου
— 16. μικρὸν π. θυσία εἰς ὀσμὴν εὐωδίας
— 16. ἐλάχιστον π. στέαρ εἰς ὁλοκαύτωμα
— 16. ὁ δὲ φοβούμ. τὸν κ. μέγας διὰ παντός
— 19. ἀνέθηκεν Ἰ. π. τὰ σκεύη Ὀλ.
— 21. ἔνδοξος ἐν π. τῇ γῇ
— 22. π. τὰς ἡμέρας τῆς ζωῆς αὐτῆς
— 24. διεῖλε . . . π. τοῖς ἔγγιστα M.
Es. 1. 1. ἡτοιμάσθη π. ἔθνος εἰς πόλεμον
— 1. ἐταράχθη π. ἔθνος δίκαιον
— 1. ἐν π. λόγῳ ἤθελεν ἐπιγνῶναι αὐτό
— 11. **A S** δεῖξαι αὐτὴν πᾶσι [B *om.*] τοῖς ἄρχουσι –
— 16. ἀλλὰ καὶ π. τοὺς ἄρχοντας (1)
— 20. π. αἱ γυναῖκες περιθήσουσι τιμήν (1)
— 22. ἀπέστειλεν εἰς π. τὴν βασ. [A *al.*] (1)
2. 3. ἐν π. ταῖς [S^1 *om.*] χώραις τῆς βασ. αὐτοῦ (1)
— 3. S^2 π. [A B S^1 *om.*] κοράσια παρθενικά (1)
— 15. εὑρίσκουσα χάριν παρὰ πάντων [A *al.*] (1)
— 17. εὗρε χάριν παρὰ π. τὰς παρθένους (1)
— 18. πότον πᾶσι τοῖς φίλοις αὐτοῦ (1)
3. 1. ἐπρωτοβάθρει π. τῶν φίλων αὐτοῦ (1)
— 2. π. οἱ ἐν τῇ αὐλῇ προσεκύνουν αὐτῷ (1)
— 6. ἀφανίσαι π. τοὺς . . . Ἰουδαίους (1)
— 8. ἐν π. τῇ βασιλείᾳ σου (1)
— 8. ἔξαλλοι παρὰ π. τὰ ἔθνη (1)
— 12. κατὰ π. χώραν ἀπὸ Ἰνδικῆς –
— 13. **B S** πάσης ἐπικρατήσας οἰκουμένης [A^2 τῆς οἰκ.]
— 13. ἀκυμάντους διὰ παντὸς καταστῆσαι βίους
— 13. τὴν ποθουμ. τοῖς [A παρὰ] π. ἀνθρώποις εἰρήνην
— 13. ἐν π. [S^1 *om.* ἐν π.] ταῖς κατὰ τὴν οἰκουμ. φυλαῖς
— 13 ἀντίθετον [A ἀντίτυπον] πρὸς π. ἔθνος
— 13. ἐν ἀντιπαραγωγῇ παντὶ διὰ παντὸς ἀνθρώπῳ κείμενον
— 13. πάντας [S^1 -α] σὺν γυναιξὶ καὶ τέκνοις ἀπολέσαι
— 13. ἄνευ π. οἴκτου καὶ φειδοῦς
— 14. προσετάγη π. τοῖς ἔθνεσιν (1)
4. 3. ἐν π. χώρᾳ οὗ ἐξετίθετο (1)
— 9. ἐλάλησεν . . . π. τοὺς λόγους τούτους –
— 11. τὰ ἔθνη πάντα τῆς βασιλείας (1)
— 11. π. ἄνθρωπος ἢ γυνή (1)
— 12. ἀπήγγειλε . . . π. τοὺς λόγους Ἐσθήρ –
— 13. παρὰ [A ὑπὲρ] π. τοὺς Ἰουδαίους (1)
— 16. S^2 ἐκκλησιάσόν μοι π. [A B S^1 *om.* μ. π.] τοὺς Ἰ. (1)
— 17. S^2 ἐποίησεν κατὰ πάντα [A B S^1 *om.* κ. π.] (1)
— 17. μνημονεύων π. τὰ ἔργα κυρίου
— 17. βασιλεῦ πάντων κρατῶν [S^2 παντοκράτωρ]
— 17. ἐν ἐξουσίᾳ σου τὸ π. ἐστι
— 17. σὺ ἐποίησας . . . πᾶν θαυμαζόμενον
— 17. κύριος εἶ πάντων
— 17. σὺ πάντα γινώσκεις
— 17. πᾶς Ἰσραὴλ ἐκέκραξεν
— 17. π. τόπον κόσμου [A *al.*]
— 17. ἔλαβες τὸν Ἰσρ. ἐκ π. τῶν ἐθνῶν
— 17. ἔλαβες . . . ἐκ π. τῶν προγόνων αὐ.
— 17. καὶ π. ἀρχῆς ἐπικρατῶν
— 17. πάντων γνῶσιν ἔχεις
— 17. **B S** βδελύσσομαι κοίτην . . . π. ἀλλοτρίου
— 17. ὁ θεὸς ὁ ἰσχύων ἐπὶ πάντας
5. 1. ἐπικαλεσαμένη τὸν πάντων ἐπόπτην θ.
— 1. εἰσελθοῦσα π. [S^1 *om.*] τὰς θύρας
— 1. π. [A τήν, S^2 π. τὴν] στολὴν . . . ἐνδεδύκει
— 2. π. ἡ θεραπεία αὐτοῦ παρεκάλει αὐτήν
— 13. S^2 ἐν π. χρόνῳ (1)
— 14. S^2 καὶ π. [A B S^1 *om.*] οἱ φίλοι (1)
6. 9. οὕτως ἔσται π. ἀνθρώπῳ –
— 10. S^2 μὴ παραπεσάτω σου λόγος ἐκ πάντων [A B S^1 *om.* ἐκ π.] (1)
— 11. οὕτως ἔσται π. ἀνθρώπῳ –
8. 2. κατέστησεν . . . ἐπὶ π. τῶν Ἀμάν †
— 7. π. τὰ ὑπάρχοντα Ἀμάν †

Es. 8. 11. **S R** χρῆσθαι τοῖς νόμοις αὐ. ἐν π. [A τῇ, B π. τῇ] πόλει (1)
— 11. S^2 π. δύναμιν λαοῦ καὶ χώρας (1)
— 12. ἐν π. τῇ βασιλείᾳ Ἀρταξέρξου (1)
— 13. τοῦ τὰ π. κατοπτεύοντος ἀεὶ θεοῦ
— 13. τὴν βασ. ἀτάραχον τοῖς π. ἀνθρ. . . . παρεξόμεθα
— 13. ἧς ἔχομεν πρὸς π. ἔθνος φιλανθρωπίας
— 13. προσκυνούμενον ὑπὸ πάντων
— 13. τόν τε . . . διὰ παντὸς εὐεργέτην Μαρδ.
— 13. σὺν π. τῷ τούτων ἔθνει
— 13. τοῦ τὰ [S^1 *om.*] π. ἐπικρατοῦντος θεοῦ
— 13. ἐκθέντες ἐν π. τόπῳ
— 13. **A S R** ὁ τὰ [B *om.*] π. δυναστεύων θεός
— 13. ἐπίσημον ἡμέραν μετὰ π. εὐωχίας ἄγετε
— 13. π. δὲ πόλις ἢ χώρα τὸ σύνολον
— 13. ἐκτιθέσθωσαν . . . ἐν π. τῇ βασιλείᾳ (1)
— 13. ἑτοίμους τε εἶναι π. τοὺς Ἰουδ. –
9. 4. ὀνομασθῆναι ἐν π. τῇ βασιλείᾳ (1)
— 19. ἐν π. χώρᾳ τῇ ἔξω [S^1 *om.* τ. ἔ.] –
— 27. S^2 ἐπὶ π. [A B S^1 *om.*] τοῖς προστεθειμ. (1)
10. 3. διηγεῖτο [A S ἡγ.] . . . π. τῷ ἔθνει αὐ. (1)
— 3. ἐρρύσατο κ. ἡμᾶς ἐκ π. τῶν κακῶν τούτων
— 3. **B S** καὶ ἕνα π. τοῖς ἔθνεσι
— 3. B^2 S καὶ π. τοῖς [A *om.*] ἔθνεσι
Jb. 1. 1. ἀπεχόμενος ἀπὸ π. πονηροῦ πράγματος –
— 5. οὕτως οὖν ἐποίει Ἰὼβ πάσας τὰς ἡμέρας (1)
— 8. ἀπεχόμενος ἀπὸ π. πονηροῦ πράγματος –
— 10. τὰ ἔξω [A -ωθεν] πάντων τῶν ὄντων αὐτοῦ [A B -ῷ] (1)
— 11. ἅψαι πάντων ὧν ἔχει (1)
— 12. πάντα ὅσα ἐστὶν αὐτῷ (1)
— 22. ἐν τούτοις π. τοῖς συμβεβηκόσιν αὐτῷ (1)
2. 3. ἀπεχόμενος ἀπὸ παντὸς κακοῦ –
— 4. **A** S^1 πάντα [B *om.*] ὅσα ὑπάρχει ἀνθρώπῳ (1)
— 10. ἐν π. τούτοις τοῖς συμβεβηκόσιν αὐτῷ (1)
— 11. ἀκούσαντες δὲ . . . τὰ κακὰ πάντα (1)
5. 8. κύριον δὲ τὸν πάντων δεσπότην [A τὸν παντοκράτορα] ἐπικαλέσομαι –
6. 18. οὕτω κἀγὼ κατελείφθην ὑπὸ πάντων –
8. 3. ἢ ὁ τὰ πάντα ποιήσας ταράξει τὸ δίκαιον (7)
— 12. πρὸ τοῦ πιεῖν πᾶσα βοτάνη οὐχὶ [A πᾶσαν βοτάνην ἐὰν δὲ μὴ πίῃ] ξηραίνεται (1)
— 13. τὰ ἔσχατα πάντων τῶν ἐπιλανθανομένων τοῦ κυρίου (1)
— 20. πᾶν δὲ δῶρον ἀσεβοῦς οὐ δέξεται †
9. 28. σείομαι πᾶσι τοῖς μέλεσιν (1)
10. 13. οἶδα ὅτι πάντα δύνασαι †
11. 10. ἐὰν δὲ καταστρέψῃ τὰ π. †
12. 9. τίς οὖν οὐκ ἔγνω ἐν πᾶσι τούτοις (1)
— 10. ἐν χειρὶ αὐτοῦ ψυχὴ π. [A S^2 π. τῶν] ζώντων καὶ πνεῦμα παντὸς ἀνθρώπου (1, 1)
13. 4. ὑμεῖς ἐστὲ . . . ἰαταὶ κακῶν πάντες (1)
— 9. εἰ γὰρ τὰ π. ποιοῦντες προστεθήσεσθε αὐτῷ [A ὁδῷ αὐτοῦ] †
— 27. ἐφύλαξας δέ μου πάντα τὰ ἔργα (1)
15. 20. πᾶς ὁ βίος ἀσεβοῦς ἐν φροντίδι (1)
16. 2. παρακλήτορες κακῶν πάντες (1)
17. 7. **A B** S^2 πεπολιόρκημαι μεγάλως ὑπὸ πάντων (1)
— 10. **A B** οὐ μὴν δὲ ἀλλὰ πάντες ἐρείδετε [S^2 κρίνατε] (1)
19. 27. πάντα [S^1 πᾶν] δέ μοι συντετέλεσται ἐν κόλπῳ [S^1 κόπῳ] †
20. 22. πᾶσα δὲ ἀνάγκη ἐπ' αὐτὸν ἐπελεύσεται (1)
— 26. πᾶν δὲ σκότος αὐτῷ [A -ὸν] ὑπομείναι (1)
21. 33. ὀπίσω αὐτοῦ πᾶς ἄνθρωπος ἀπελεύσεται (1)
24. 20. συντριβείη δὲ πᾶς ἄδικος ἴσα ξύλῳ ἀνιάτῳ –
— 25. 6. **A** ἔα δὲ πᾶς [B S *om.*] ἄνθρωπος σαπρία –
26. 3. οὐχ ᾧ [A ᾧ ἡ] πᾶσα σοφία –
27. 12. πάντες οἴδατε (1)
— 17. ταῦτα πάντα δίκαιοι περιποιήσονται †
28. 3. πᾶν [A καιρῶν] πέρας αὐτὸς [A -οὺς] ἐξακριβάζεται (1)
— 10. πᾶν δὲ ἔντιμον [A τίμιον] εἶδέ μου [A S^2 αὐτοῦ] ὁ ὀφθαλμός (1)
— 21. λέληθε πάντα ἄνθρωπον (1)
— 24. αὐτὸς γὰρ τὴν ὑπ' οὐρανὸν πᾶσαν ἐφορᾷ (1)
— 25. εἰδὼς τὰ ἐν τῇ γῇ πάντα ἃ ἐποίησεν –
29. 8. πρεσβῦται δὲ πάντες ἔστησαν [A ἐπανέστ.] †
30. 4. ἐνδεεῖς παντὸς [A *om.*] ἀγαθοῦ –
— 23. οἰκία γὰρ παντὶ θνητῷ γῇ (1)
— 25. ἐγὼ δὲ ἐπὶ παντὶ ἀδυνάτῳ ἔκλαυσα –
31. 4. πάντα τὰ διαβήματά μου ἐξαριθμήσεται (1)

Jb. 31. 12. πῦρ γάρ ἐστι καιόμενον ἐπὶ [A ἐκ] πάντων τῶν μερῶν –
— 32. ἡ δὲ θύρα μου παντὶ ἐλθόντι ἀνέῳκτο –
33. 11. ἐφύλαξε δέ μου πάσας τὰς ὁδούς (1)
— 13. οὐκ ἐπακήκοέ μου πᾶν ῥῆμα [A ἐν παντὶ ῥήματι] (1)
— 20. πᾶν δὲ βρωτὸν σίτου οὐ μὴ δύνηται προσδέξασθαι –
— 29. ἰδοὺ ταῦτα πάντα ἐργᾶται ὁ ἰσχυρός (1)
— 31. A ἰδοὺ ταῦτα πάντα ἐργᾶται ὁ ἰσχυρός –
34. 13. τίς δέ ἐστιν ὁ ποιῶν . . . τὰ ἐνόντα [S ὄντα] πάντα (1)
— 15. τελευτήσει πᾶσα σὰρξ ὁμοθυμαδὸν πᾶς [A om.] δὲ βροτὸς [A βρ. δὲ] εἰς γῆν ἀπελεύσεται (1, –)
— 23. ὁ γὰρ κύριος πάντας [A τὰ π.] ἐφορᾷ –
36. 19. καὶ πάντας τοὺς κραταιοῦντας [S[1] κρατοῦντας] ἰσχύν (1)
— 25. πᾶς ἄνθρωπος εἶδεν ἐν ἑαυτῷ (1)
— 28. ἐπὶ τούτοις πᾶσιν οὐκ ἐξίσταταί [A -ατό] σου ἡ διάνοια –
37. 3. B S ὑποκάτω παντὸς τοῦ οὐρανοῦ (1)
— 7. ἐν χειρὶ παντὸς ἀνθρώπου κατασφραγίζει ἵνα γνῷ πᾶς ἄνθρωπος τὴν ἑαυτοῦ ἀσθένειαν (1, 1)
— 12. πάντα ὅσα ἂν ἐντείληται αὐτοῖς (1)
— 21. πᾶσι δὲ οὐχ ὁρατὸν τὸ φῶς –
38. 7. ᾔνεσάν με φωνῇ μεγάλῃ πάντες ἄγγελοί μου (1)
39. 8. ὀπίσω παντὸς χλωροῦ ζητεῖ (1)
40. 6 (11). A R πάντα [B S πᾶν] δὲ ὑβριστὴν ταπείνωσον (1)
— 26 (31). πᾶν δὲ πλωτὸν συνελθὸν οὐ μὴ ἐνέγκωσι βύρσαν μίαν οὐρᾶς αὐτοῦ –
41. 2 (3). εἰ [A ἢ οὐχὶ] πᾶσα ἡ ὑπ' οὐρανὸν ἐμή ἐστιν (1)
— 21 (22). πᾶς δὲ χρυσὸς θαλάσσης ὑπ' αὐτὸν ὥσπερ πηλὸς ἀμύθητος –
— 25 (26). πᾶν ὑψηλὸν ὁρᾷ αὐτὸς δὲ βασιλεὺς πάντων τῶν ἐν τοῖς ὕδασιν (1, 1)
42. 2. οἶδα ὅτι πάντα δύνασαι (1)
— 7. μετὰ τὸ λαλῆσαι τὸν κύριον πάντα τὰ ῥήματα ταῦτα τῷ Ἰώβ –
— 11. ἤκουσαν δὲ πάντες οἱ ἀδ. αὐ. . . . πάντα τὰ συμβεβηκότα αὐτῷ . . . καὶ πάντες ὅσοι ᾔδεισαν αὐτόν (1, –, 1)
— 11. ἐθαύμασαν ἐπὶ πᾶσιν οἷς ἐπήγαγεν αὐτῷ ὁ κύριος (1)
— 16. τὰ δὲ π. ἔτη ἔζησε διακόσια τεσσαράκοντα –
Ps. 1. 3. πάντα ὅσα ἂν ποιῇ κατευοδωθήσεται (1)
2. 10. παιδεύθητε πάντες οἱ κρίνοντες τὴν γῆν –
— 12. μακάριοι πάντες οἱ πεποιθότες ἐπ' αὐτῷ (1)
3. 7. σὺ ἐπάταξας πάντας τοὺς ἐχθραίνοντάς μοι ματαίως (1)
5. 5. ἐμίσησας, κύριε, πάντας τοὺς ἐργαζομ. τὴν ἀνομίαν (1)
— 6. ἀπολεῖς πάντας τοὺς λαλοῦντας τὸ ψεῦδος –
— 11. πάντες οἱ ἐλπίζοντες ἐπὶ σέ (1)
— 11. πάντες [S om.] οἱ ἀγαπῶντες τὸ ὄνομά σου –
6. 7. ἐπαλαιώθην ἐν πᾶσι τοῖς ἐχθροῖς μου (1)
— 8. πάντες οἱ ἐργαζόμενοι τὴν ἀνομίαν (1)
— 10. ταραχθείησαν σφόδρα πάντες οἱ ἐχθροί μου (1)
7. 1. σῶσόν με ἐκ πάντων τῶν διωκόντων με (1)
8. 1. ὡς θαυμαστὸν τὸ ὄνομά σου ἐν πάσῃ τῇ γῇ (1)
— 6. πάντα ὑπέταξας ὑποκάτω τῶν ποδῶν αὐτοῦ (1)
— 8. πρόβατα καὶ βόας πάσας [A S[2] ἁπ.] (1)
— 9. ὡς θαυμαστὸν τὸ ὄνομά σου ἐν πάσῃ τῇ γῇ (1)
9. 1. ABS[2] διηγήσομαι πάντα τὰ θαυμάσιά σου (1)
— 10. A πάντες [B S om.] οἱ γινώσκοντες τὸ ὄνομά σου –
— 14. ὅπως ἂν ἐξαγγείλω πάσας τὰς αἰνέσεις σου (1)
— 17. πάντα τὰ ἔθνη τὰ ἐπιλανθανόμενα τοῦ θεοῦ (1)
— 26 (10. 5). βεβηλοῦνται αἱ ὁδοὶ αὐτοῦ ἐν παντὶ καιρῷ (1)
— 26 (10. 5). πάντων τῶν ἐχθρῶν αὐτοῦ κατακυριεύσει (1)
11 (12). 3. ἐξολεθρεύσαι [A -σει] κύριος πάντα τὰ χείλη τὰ δόλια (1)
— 8. A ἐπολυώρησας πάντας [B S om.] τοὺς υἱοὺς τῶν ἀνθρώπων –
13 (14). 3. A[2] B S πάντες ἐξέκλιναν (1)
— 4. A S R οὐχὶ γνώσονται πάντες οἱ ἐργαζόμενοι τὴν ἀνομίαν [B ἀδικίαν] (1)
14 (15). 4. A ἐξουδένωται ἐνώπιον αὐτοῦ πᾶς [BS om.] πονηρευόμενος –

Ps. 15 (16). 3. ἐθαυμάστωσε π. τὰ θελήματα αὐ. (1)
— 8. προωρώμην τὸν κ. ἐνώπιόν μου διὰ παντὸς (8 g)
17 (18) tit. ἐρρύσατο αὐτὸν κύριος ἐκ χειρὸς πάντων τῶν ἐχθρῶν αὐτοῦ (1)
— 22. πάντα τὰ κρίματα αὐτοῦ ἐνώπιόν μου (1)
— 30. ὑπερασπιστής ἐστι πάντων τῶν ἐλπιζόντων ἐπ' αὐτόν (1)
— 39. συνεπόδισας πάντας [S[1] om.] τοὺς ἐπανιστανομένους ἐπ' ἐμέ –
18 (19). 4. εἰς πᾶσαν τὴν γῆν ἐξῆλθεν ὁ φθόγγος αὐτῶν (1)
— 14. ἡ μελέτη τῆς καρδίας μου ἐνώπιόν σου διὰ παντός –
19 (20). 3. μνησθείη πάσης θυσίας σου (1)
— 4. πᾶσαν τὴν βουλήν σου πληρώσαι [A -σει] (1)
— 5. πληρώσαι κύριος πάντα τὰ αἰτήματά σου (1)
20 (21). 8. εὑρεθείη ἡ χείρ σου πᾶσι τοῖς ἐχθροῖς σου ἡ δεξιά σου εὕροι πάντας τοὺς μισοῦντάς σε (1, –)
21 (22). 7. πάντες οἱ θεωροῦντές με ἐξεμυκτήρισάν με (1)
— 14. διεσκορπίσθη πάντα τὰ ὀστᾶ [S[1] διαβήματά] μου (1)
— 17. ἐξηρίθμησαν πάντα τὰ ὀστᾶ μου (1)
— 25. A ἐνώπιον πάντων [BS om.] τῶν φοβουμένων αὐτόν –
— 27. ἐπιστραφήσονται πρὸς κύριον πάντα τὰ πέρατα τῆς γῆς (1)
— 27. προσκυνήσουσιν ἐνώπιον αὐτοῦ πᾶσαι αἱ πατριαὶ τῶν ἐθνῶν (1)
— 29. προσεκύνησαν πάντες οἱ πίονες τῆς γῆς ἐνώπιον αὐτοῦ προπεσοῦνται πάντες οἱ καταβαίνοντες εἰς τὴν γῆν (1, 1)
22 (23). 6. πάσας τὰς ἡμέρας τῆς ζωῆς μου (1)
23 (24). 1. ἡ οἰκουμένη καὶ πάντες οἱ κατοικοῦντες ἐν αὐτῇ –
24 (25). 3. πάντες οἱ ὑπομένοντές σε οὐ μὴ καταισχυνθῶσιν (1)
— 3. A B[2] αἰσχυνθήτωσαν πάντες [B[1] S om.] οἱ ἀνομοῦντες διὰ κενῆς –
— 10. πᾶσαι αἱ ὁδοὶ κυρίου ἔλεος καὶ ἀλήθεια (1)
— 15. οἱ ὀφθαλμοί μου διὰ παντὸς πρὸς τὸν κ. (8 g)
— 18. ἄφες πάσας τὰς ἁμαρτίας μου (1)
— 22. λύτρωσαι ὁ θεὸς τὸν Ἰσρ. ἐκ πασῶν τῶν θλίψεων αὐ. (1)
25 (26). 7. διηγήσασθαι πάντα τὰ θαυμάσιά σου (1)
26 (27). 4. πάσας τὰς ἡμέρας τῆς ζωῆς μου (1)
28 (29). 9. ἐν τῷ ναῷ αὐτοῦ πᾶς τις λέγει δόξαν (1)
30 (31). 11. παρὰ πάντας τοὺς ἐχθρούς μου ἐγενήθην ὄνειδος (1)
— 23. ἀγαπήσατε τὸν κύριον π. οἱ ὅσιοι αὐ. (1)
— 24. πάντες οἱ ἐλπίζοντες ἐπὶ κύριον (1)
31 (32). 6. προσεύξεται πρὸς σὲ πᾶς ὅσιος (1)
— 11. καυχᾶσθε πάντες οἱ εὐθεῖς τῇ καρδίᾳ (1)
32 (33). 4. πάντα τὰ ἔργα αὐτοῦ ἐν πίστει (1)
— 6. τῷ πνεύματι τοῦ στόματος αὐτοῦ πᾶσα ἡ δύναμις αὐτῶν (1)
— 8. φοβηθήτω τὸν κύριον πᾶσα ἡ γῆ ἀπ' αὐτοῦ δὲ σαλευθήτωσαν πάντες οἱ κατοικοῦντες τὴν οἰκουμένην (1, 1)
— 13. εἶδε πάντας τοὺς υἱοὺς τῶν ἀνθρώπων (1)
— 14. ἐπέβλεψεν ἐπὶ πάντας τοὺς κατοικοῦντας τὴν γῆν (1)
— 15. ὁ συνιεὶς πάντα [S[2] εἰς π.] τὰ ἔργα αὐτῶν (1)
33 (34). 1. εὐλογήσω τὸν κύριον ἐν παντὶ καιρῷ (1)
— 1. διὰ παντὸς ἡ αἴνεσις αὐ. ἐν τῷ στόματί μου (8 g)
— 4. ἐκ πασῶν τῶν παροικιῶν [A S[2] θλίψεών] μου ἐρρύσατό με (1)
— 6. ἐκ π. τῶν θλίψεων αὐ. ἔσωσεν αὐτόν (1)
— 9. φοβήθητε τὸν κ. π. [S[1] om.] οἱ ἅγιοι αὐ. –
— 10. οὐκ ἐλαττωθήσονται παντὸς ἀγαθοῦ (1)
— 17. ἐκ π. τῶν θλίψεων αὐ. ἐρρύσατο αὐτούς (1)
— 19. ἐκ πασῶν αὐτῶν ῥύσεται αὐτούς (1)
— 20. φυλάσσει πάντα τὰ ὀστᾶ αὐτῶν (1)
— 22. πάντες οἱ ἐλπίζοντες ἐπ' αὐτόν (1)
34 (35). 10. πάντα τὰ ὀστᾶ μου ἐροῦσι (1)
— 27. εἰπάτωσαν διὰ παντός (8 g)
35 (36). 4. παρέστη πάσῃ ὁδῷ οὐκ ἀγαθῇ –
— 12. π. [S[1] om.] οἱ ἐργαζόμενοι τὴν ἀνομίαν –
37 (38). 9. ἐναντίον σου πᾶσα ἡ ἐπιθυμία μου (1)
— 17. ἡ ἀλγηδών μου ἐνώπιόν μου διὰ παντός (8 g)
38 (39). 5. τὰ σύμπαντα ματαιότης πᾶς ἄνθρωπος ζῶν (1)
— 8. ἀπὸ πασῶν τῶν ἀνομιῶν μου ῥῦσαί [S[1] καθάρισόν] με (1)

Ps. 38 (39). 11. A S πλὴν μάτην πᾶς [B ταράσσεται πᾶς] ἄνθρωπος (1)
— 12. καθὼς πάντες οἱ πατέρες μου (1)
39 (40). 11. διὰ παντὸς ἀντελάβοντό μου (8 g)
— 16. εὐφρανθείησαν ἐπὶ σοὶ πάντες οἱ ζητοῦντές σε, κύριε, καὶ εἰπάτωσαν διὰ παντός (1, 8 g)
— 16. B διὰ παντός [A S R om. διὰ π.] –
40 (41). 7. ἐψιθύριζον πάντες οἱ ἐχθροί μου (1)
41 (42). 7. πάντες οἱ μετεωρισμοί σου . . . ἐπ' ἐμὲ διῆλθον (1)
43 (44). 17. ταῦτα πάντα ἦλθεν ἐφ' ἡμᾶς (1)
44 (45). 13. πᾶσα ἡ δόξα αὐτῆς [A S[2] τῆς] θυγατρὸς τοῦ βασιλέως Ἐσεβών (1)
— 16. καταστήσεις αὐτοὺς ἄρχοντας ἐπὶ πᾶσαν τὴν γῆν (1)
— 17. μνησθήσονται [S[2] -σομαι] τοῦ ὀνόματός σου ἐν πάσῃ γενεᾷ καὶ γενεᾷ (1)
46 (47). 1. πάντα τὰ ἔθνη κροτήσατε χεῖρας (1)
— 2. βασιλεὺς μέγας ἐπὶ πᾶσαν τὴν γῆν (1)
— 7. βασιλεὺς πάσης τῆς γῆς ὁ θεός (1)
— 8. A ἐβασίλευσεν ὁ θεὸς ἐπὶ πάντα [B S om.] τὰ ἔθνη –
47 (48). 2. εὐρίζων ἀγαλλιάματι πάσης τῆς γῆς [A πάσῃ τῇ γῇ] (1)
48 (49). 1. ἀκούσατε ταῦτα πάντα τὰ ἔθνη ἐνωτίσασθε πάντες οἱ κατοικοῦντες τὴν οἰκουμένην (1, 1)
— 17. A B S[2] οὐκ ἐν τῷ ἀποθνήσκειν αὐτὸν λήψεται τὰ π. (1)
49 (50). 8. τὰ δὲ ὁλοκαυτώματά σου ἐνώπιόν μού ἐστι διὰ παντός (8 g)
— 10. ἐμά ἐστι πάντα τὰ θηρία τοῦ δρυμοῦ [A S[2] ἀγροῦ] (1)
— 11. ἔγνωκα πάντα τὰ πετεινὰ τοῦ οὐρανοῦ (1)
50 (51). 3. ἡ ἁμαρτία μου ἐνώπιόν μού ἐστι διὰ παντός (8 g)
— 9. πάσας τὰς ἀνομίας μου ἐξάλειψον (1)
51 (52). 4. ἠγάπησας πάντα τὰ [S[1] om.] ῥήματα καταποντισμοῦ (1)
52 (53). 3. πάντες ἐξέκλιναν (1)
— 4. οὐχὶ γνώσονται πάντες οἱ ἐργαζόμενοι τὴν ἀνομίαν –
53 (54). 7. ἐκ πάσης θλίψεως ἐρρύσω με (1)
55 (56). 5. κατ' ἐμοῦ πάντες οἱ διαλογισμοὶ αὐτῶν εἰς κακόν (1)
56 (57). 5, 11. καὶ ἐπὶ πᾶσαν τὴν γῆν ἡ δόξα σου (1)
58 (59). 5. πρόσχες τοῦ ἐπισκέψασθαι πάντα τὰ ἔθνη μὴ οἰκτειρήσῃς πάντας τοὺς ἐργαζομένους τὴν ἀνομίαν (1, 1)
— 8. ἐξουδενώσεις πάντα τὰ ἔθνη (1)
61 (62). 3. φονεύετε πάντες ὡς τοίχῳ κεκλιμένῳ (1)
— 8. B S[2] ἐλπίσατε ἐπ' αὐτὸν πᾶσα συναγωγὴ λαοῦ (1)
62 (63). 11. ἐπαινεθήσεται πᾶς ὁ ὀμνύων ἐν αὐτῷ (1)
63 (64). 8. ἐταράχθησαν πάντες οἱ θεωροῦντες αὐτούς (1)
— 9. καὶ ἐφοβήθη πᾶς ἄνθρωπος (1)
— 10. ἐπαινεθήσονται πάντες οἱ εὐθεῖς τῇ καρδίᾳ (1)
64 (65). 2. πρὸς σὲ πᾶσα σὰρξ ἥξει (1)
— 5. ἡ ἐλπὶς πάντων τῶν περάτων τῆς γῆς (1)
65 (66). 1. ἀλαλάξατε τῷ θεῷ πᾶσα ἡ γῆ (1)
— 4. πᾶσα ἡ γῆ προσκυνησάτωσάν σοι (1)
— 16. πάντες οἱ φοβούμενοι τὸν κύριον (1)
66 (67). 2. B S[2] ἐν πᾶσιν ἔθνεσι [S[1] π. τοῖς λαοῖς] τὸ σωτήριόν σου (1)
— 3, 5. ἐξομολογησάσθωσάν σοι λαοὶ πάντες (1)
— 7. φοβηθήτωσαν αὐτὸν π. τὰ πέρατα τῆς γῆς (1)
68 (69). 19. ἐναντίον σου πάντες οἱ θλίβοντές με (1)
— 23. τὸν νῶτον αὐ. διὰ παντὸς σύγκαμψον (8 g)
— 34. B S[2] θάλασσα καὶ πάντα τὰ ἕρποντα ἐν αὐτοῖς [S[1] τὰ πέρατα τῆς γῆς] (1)
69 (70). 4. εὐφρανθήτωσαν ἐπὶ σοὶ πάντες οἱ ζητοῦντές σε (1)
— 4. καὶ λεγέτωσαν διὰ παντός (8 g)
70 (71). 6. ἐν σοὶ ἡ ὕμνησίς μου διὰ παντός (8 g)
— 14. ἐγὼ δὲ διὰ παντὸς ἐλπιῶ (8 g)
— 14. προσθήσω ἐπὶ πᾶσαν τὴν αἴνεσίν σου (1)
— 18. ἕως ἂν ἀπαγγείλω τὸν βραχίονά σου πάσῃ τῇ γενεᾷ τῇ ἐρχομένῃ (1)
71 (72). 11. προσκυνήσουσιν αὐτῷ π. οἱ βασιλεῖς π. τὰ ἔθνη δουλεύσουσιν αὐτῷ (1, 1)
— 15. προσεύξονται περὶ αὐτοῦ διὰ παντός (8 g)
— 17. εὐλογηθήσονται ἐν αὐτῷ π. αἱ φυλαὶ τῆς γῆς π. τὰ ἔθνη μακαριοῦσιν αὐτόν (–, 1)

Ps. 71 (72). 19. S^{1} εὐλογητὸν τὸ ὄνομα τῆς δόξης αὐτοῦ ἐν πάσῃ τῇ γῇ [B S^{2} *om.* ἐν π. τῇ γῇ] –
— 19. B S^{2} πληρωθήσεται τῆς δόξης αὐ. π. ἡ γῆ (1)
72 (73). 23. κἀγὼ διὰ παντὸς μετὰ σοῦ (8 *g*)
— 27. ἐξωλέθρευσας πάντα τὸν πορνεύοντα ἀπὸ σοῦ (1)
— 28. τοῦ ἐξαγγεῖλαι πάσας τὰς αἰνέσεις σου (1)
73 (74). 8. S^{2} καταπαύσωμεν πάσας [B S^{1} *om.*] τὰς ἑορτὰς τοῦ θ. (1)
— 17. σὺ ἐποίησας πάντα τὰ ὅρια τῆς γῆς (1)
— 23. ἀναβαίη διὰ παντὸς πρὸς σέ (8 *g*)
74 (75). 1. διηγήσομαι π. [S^{1} *om.*] τὰ θαυμάσιά σου –
— 3. πάντες οἱ κατοικοῦντες αὐτήν (1)
— 8. πίονται πάντες οἱ ἁμαρτωλοὶ τῆς γῆς (1)
— 10. B^{1} S R πάντα τὰ κέρατα τῶν ἁμαρτωλῶν συγκλάσω [B^{2} συνθλάσω] (1)
75 (76). 5. ἐταράχθησαν πάντες οἱ ἀσύνετοι τῇ καρδίᾳ –
— 5. οὐχ εὗρον οὐδὲν π. οἱ ἄνδρες τοῦ πλούτου (1)
— 9. B^{1} S^{1} R τοῦ σῶσαι πάντας τοὺς πραεῖς τῇ καρδίᾳ [B^{2} S^{2} τῆς γῆς] (1)
— 11. πάντες οἱ κύκλῳ αὐτοῦ οἴσουσι δῶρα (1)
76 (77). 4. B^{2} S^{1} R προκατελάβοντο φυλακὰς πάντες [B^{1} S^{2} *om.*] οἱ ἐχθροί μου –
— 12. μελετήσω ἐν πᾶσι τοῖς ἔργοις σου (1)
77 (78). 32. ἐν πᾶσι τούτοις ἥμαρτον ἔτι (1)
— 38. οὐχὶ ἐκκαύσει πᾶσαν τὴν ὀργὴν αὐτοῦ (1)
— 51. ἐπάταξε πᾶν πρωτότοκον ἐν γῇ Αἰγ. (1)
— 51. S^{2} ἀπαρχὴν π. πόνου αὐ. [B S^{1} *al.*] –
79 (80). 12. τρυγῶσιν αὐτὴν πάντες οἱ παραπορευόμενοι τὴν ὁδόν (1)
81 (82). 5. σαλευθήσονται πάντα τὰ θεμέλια τῆς γῆς (1)
— 6. καὶ υἱοὶ ὑψίστου πάντες (1)
— 8. σὺ κατακληρονομήσεις [S ἐξολεθρεύσεις] ἐν [A αὐτοὺς ἐν] πᾶσι τοῖς ἔθνεσιν (1)
82 (83). 11. θοῦ . . . π. τοὺς ἄρχοντας αὐ. (1)
— 18. σὺ μόνος ὕψιστος ἐπὶ πᾶσαν τὴν γῆν (1)
83 (84). 4. μακάριοι π. οἱ κατοικοῦντες ἐν τῷ οἴκῳ σου –
84 (85). 2. A S R ἐκάλυψας πάσας [B *om.*] τὰς ἁμαρτίας αὐτῶν (1)
— 3. κατέπαυσας πᾶσαν [B^{1} *om.*] τὴν ὀργήν σου (1)
85 (86). 5. καὶ πολυέλεος πᾶσι τοῖς ἐπικαλουμένοις σε (1)
— 9. πάντα τὰ ἔθνη ὅσα ἐποίησας (1)
86 (87). 2. ἀγαπᾷ κύριος τὰς πύλας Σιὼν ὑπὲρ πάντα τὰ σκηνώματα Ἰακώβ (1)
— 7. ὡς εὐφραινομένων πάντων ἡ κατοικία ἐν σοί (1)
87 (88). 7. πάντας τοὺς μετεωρισμούς σου ἐπήγαγες ἐπ' ἐμέ (1)
88 (89). 7. μέγας καὶ φοβερὸς ἐπὶ πάντας τοὺς περικύκλῳ αὐτοῦ (1)
— 40. καθεῖλες π. τοὺς φραγμοὺς αὐ. (1)
— 41. διήρπασαν αὐτὸν πάντες οἱ διοδεύοντες [A παραπορευόμενοι τὴν] ὁδόν (1)
— 42. εὔφρανας πάντας τοὺς ἐχθροὺς αὐτοῦ (1)
— 47. μὴ γὰρ ματαίως ἔκτισας πάντας τοὺς υἱοὺς τῶν ἀνθρώπων (1)
89 (90). 9. πᾶσαι αἱ ἡμέραι ἡμῶν ἐξέλιπον (1)
— 14. ἐν πάσαις ταῖς ἡμέραις ἡμῶν (1)
90 (91). 11. A R τοῦ διαφυλάξαι σε ἐν πάσαις [B S *om.*] ταῖς ὁδοῖς σου (1)
91 (92). 7, 9 : 93 (94). 4. π. οἱ ἐργαζόμενοι τὴν ἀνομίαν (1)
93 (94). 15. καὶ ἐχόμενοι αὐτῆς πάντες οἱ εὐθεῖς τῇ καρδίᾳ (1)
94 (95). 3. καὶ βασιλεὺς μέγας ἐπὶ πάντας τοὺς θεούς [A S^{2} πᾶσαν τὴν γῆν] (1)
— 4. S^{1} ἐν χειρὶ αὐ. π. τὰ πέρατα τῆς γῆς [A B S^{2} *al.*] –
95 (96). 1. ᾄσατε τῷ κυρίῳ πᾶσα ἡ γῆ (1)
— 3. ἐν πᾶσι τοῖς λαοῖς τὰ θαυμάσια αὐτοῦ (1)
— 4. φοβερός ἐστιν ἐπὶ πάντας τοὺς θεούς (1)
— 5. πάντες οἱ θεοὶ τῶν ἐθνῶν δαιμόνια (1)
— 9. σαλευθήτω ἀπὸ προσώπου αὐ. π. ἡ γῆ (1)
— 12. τὰ πεδία καὶ πάντα τὰ ἐν αὐτοῖς (1)
— 12. ἀγαλλιάσονται π. τὰ ξύλα τοῦ δρυμοῦ (1)
96 (97). 5. ἀπὸ προσώπου κυρίου [S *om.*] πάσης τῆς γῆς (1)
— 6. εἴδοσαν π. οἱ λαοὶ τὴν δόξαν αὐ. (1)
— 7. αἰσχυνθήτωσαν πάντες οἱ προσκυνοῦντες [S^{1} πεποιθότες ἐπὶ] τοῖς γλυπτοῖς (1)
— 7. προσκυνήσατε αὐτῷ π. οἱ ἄγγελοι αὐ. (1)

Ps. 96 (97). 9. σὺ εἶ κύριος ὁ ὕψιστος ἐπὶ π. τὴν γῆν (1)
— 9. σφόδρα ὑπερυψώθης ὑπὲρ [S ἐπὶ] πάντας τοὺς θεούς (1)
97 (98). 3. εἴδοσαν πάντα τὰ πέρατα τῆς γῆς τὸ σωτήριον τοῦ θεοῦ ἡμῶν (1)
— 4. ἀλαλάξατε τῷ θεῷ πᾶσα ἡ γῆ (1)
— 7. A S^{2} ἡ οἰκουμένη καὶ π. [B S^{1} *om.*] οἱ κατοικοῦντες –
98 (99). 2. ὑψηλός ἐστιν ἐπὶ πάντας τοὺς λαούς (1)
— 3. B ἐξομολογησάσθωσαν πάντες [A S R *om.*] τῷ ὀνόμ. σου –
— 8. καὶ ἐκδικῶν ἐπὶ π. τὰ ἐπιτηδεύματα αὐ. –
99 (100). 1. ἀλαλάξατε τῷ κυρίῳ πᾶσα ἡ γῆ (1)
100 (101). 8. ἀπέκτενον π. τοὺς [A^{1} *om.*] ἁμαρτωλοὺς τῆς γῆς τοῦ ἐξολεθρεῦσαι . . . π. τοὺς ἐργαζομ. τὴν ἀνομίαν (1, 1)
101 (102). 15. καὶ π. οἱ βασιλεῖς τὴν δόξαν σου (1)
— 26. πάντες ὡς ἱμάτιον παλαιωθήσονται (1)
102 (103). 1. καὶ πάντα τὰ ἐντός μου τὸ ὄνομα τὸ ἅγιον αὐτοῦ (1)
— 2. μὴ ἐπιλανθάνου πάσας τὰς αἰνέσεις αὐ. (1)
— 3. τὸν εὐιλατεύοντα π. ταῖς ἀνομίαις σου τὸν ἰώμενον π. τὰς νόσους σου (1, 1)
— 6. καὶ κρίμα πᾶσι τοῖς ἀδικουμένοις (1)
— 19. ἡ βασιλεία αὐ. πάντων δεσπόζει (1)
— 20. S^{1} R εὐλογεῖτε τὸν κύριον πάντες [A B S^{2} π. οἱ] ἄγγελοι αὐτοῦ –
— 21. εὐλογεῖτε τὸν κύριον π. αἱ δυνάμεις αὐ. (1)
— 22. εὐλογεῖτε τὸν κύριον π. τὰ ἔργα αὐ. ἐν π. τόπῳ τῆς δυναστείας αὐ. (1, 1)
103 (104). 11. ποτιοῦσι π. τὰ θηρία τοῦ ἀγροῦ (1)
— 20. ἐν αὐτῇ διελεύσονται πάντα τὰ θηρία τοῦ δρυμοῦ (1)
— 24. πάντα ἐν σοφίᾳ ἐποίησας (1)
— 27. πάντα πρὸς σὲ προσδοκῶσι (1)
— 28. S^{1} τὰ π. [A B S^{2} σύμπαντα] πλησθήσονται χρηστότητος –
104 (105). 2. διηγήσασθε π. τὰ θαυμάσια αὐ. (1)
— 4. ζητήσατε τὸ πρόσωπον αὐ. διὰ παντός (8 *g*)
— 7. ἐν πάσῃ τῇ γῇ τὰ κρίματα αὐτοῦ (1)
— 16. πᾶν στήριγμα ἄρτου συνέτριψεν (1)
— 21. καὶ ἄρχοντα πάσης τῆς κτήσεως αὐ. (1)
— 31. καὶ σκνῖπες ἐν πᾶσι τοῖς ὁρίοις αὐτῶν (1)
— 33. συνέτριψε πᾶν [S^{1} *om.*] ξύλον ὁρίου αὐτῶν –
— 35. κατέφαγε π. τὸν χόρτον ἐν τῇ γῇ αὐ. (1)
— 35. A S^{2} κατέφαγε πάντα [B S^{1} *om.*] τὸν καρπὸν τῆς γῆς αὐ. –
— 36. ἐπάταξε πᾶν πρωτότοκον . . . ἀπαρχὴν παντὸς πόνου αὐτῶν (1, 1)
105 (106). 2. ἀκουστὰς ποιήσει πάσας τὰς αἰνέσεις αὐτοῦ (1)
— 3. καὶ ποιοῦντες δικαιοσύνην ἐν παντὶ καιρῷ (1)
— 46. ἐναντίον πάντων τῶν [S *om.*] αἰχμαλωτισάντων αὐτούς (1)
— 48. ἐρεῖ πᾶς ὁ λαός, Γένοιτο γένοιτο (1)
106 (107). 18. πᾶν βρῶμα ἐβδελύξατο ἡ ψυχὴ αὐτῶν (1)
— 27. πᾶσα ἡ σοφία αὐτῶν κατεπόθη (1)
— 42. πᾶσα ἀνομία ἐμφράξει τὸ στόμα αὐτῆς (1)
107 (108). 5. καὶ ἐπὶ π. τὴν γῆν ἡ δόξα σου (1)
108 (109). 11. ἐξερευνησάτω δανειστὴς πάντα (1)
— 11. S^{1} διαρπασάτωσαν ἀλλότριοι π. [A S^{2} R *om.*] τοὺς πόνους αὐ. –
— 15. γενηθήτωσαν ἐναντίον κυρίου διὰ παντός (8 *g*)
— 19. ἣν διὰ παντὸς περιζώννυται (8 *g*)
110 (111). 2. ἐξεζητημένα εἰς πάντα τὰ θελήματα αὐτοῦ (1)
— 7. πισταὶ πᾶσαι αἱ ἐντολαὶ αὐτοῦ (1)
— 10. σύνεσις δὲ ἀγαθὴ πᾶσι τοῖς ποιοῦσιν αὐτήν (1)
112 (113). 4. ὑψηλὸς ἐπὶ πάντα τὰ ἔθνη ὁ κύριος (1)
113. 11 (115. 3). πάντα ὅσα ἠθέλησεν ἐποίησε (1)
— 16 (115. 8). καὶ πάντες οἱ πεποιθότες ἐπ' αὐτοῖς (1)
— 25 (115. 17). οὐδὲ πάντες οἱ καταβαίνοντες εἰς ᾅδου (1)
115. 2 (116. 11). πᾶς ἄνθρωπος ψεύστης (1)
— 3 (116. 12). τί ἀνταποδώσω τῷ κυρίῳ περὶ πάντων [S^{1} *om.*] (1)
— 5 (116. 14) (R), 9 (116. 18). ἐναντίον παντὸς τοῦ λαοῦ αὐτοῦ (1)
116 (117). 1. S^{2} R αἰνεῖτε τὸν κύριον, π. τὰ ἔθνη, ἐπαινέσατε αὐτὸν π. οἱ λαοί (1, 1)
117 (118). 4. A R εἰπάτωσαν δὴ πάντες οἱ φοβούμενοι τὸν κύριον –
— 10. πάντα τὰ ἔθνη ἐκύκλωσάν με (1)

Ps. 118 (119). 6. ἐν τῷ με ἐπιβλέπειν ἐπὶ πάσας τὰς ἐντολάς σου (1)
— 13. ἐξήγγειλα πάντα τὰ κρίματα τοῦ στόματός σου (1)
— 14. ἐτέρφθην ὡς ἐπὶ παντὶ πλούτῳ (1)
— 20. τοῦ ἐπιθυμῆσαι τὰ κρίματά [S^{1} εἰς τὰ δικαιώματά] σου ἐν παντὶ καιρῷ (1)
— 33. ἐκζητήσω αὐτὴν διὰ παντός (8 *f*)
— 44. φυλάξω τὸν νόμον σου διὰ παντός (8 *g*)
— 63. μέτοχος ἐγώ εἰμι π. τῶν φοβουμ. σε (1)
— 64. S^{1} τοῦ ἐλέους σου, κύριε, πλήρης πᾶσα [A S^{2} R *om.*] ἡ γῆ –
— 86. πᾶσαι αἱ ἐντολαί σου ἀλήθεια (1)
— 96. πάσης συντελείας εἶδον πέρας (1)
— 99. ὑπὲρ πάντας τοὺς διδάσκοντάς με συνῆκα (1)
— 101. ἐκ πάσης ὁδοῦ πονηρᾶς ἐκώλυσα τοὺς πόδας μου (1)
— 104. ἐμίσησα πᾶσαν ὁδὸν ἀδικίας (1)
— 109. ἡ ψυχή μου ἐν ταῖς χερσί σου διὰ παντός (8 *g*)
— 112. S^{1} εἰς τὸν αἰῶνα διὰ παντὸς ἄμειψιν [A S^{2} R *al.*] (8 *f*)
— 117. μελετήσω ἐν τοῖς δικαιώμασί σου διὰ παντός (8 *g*)
— 118. ἐξουδένωσας πάντας τοὺς ἀποστατοῦντας ἀπὸ τῶν δικαιωμάτων σου (1)
— 119. παραβαίνοντας ἐλογισάμην πάντας τοὺς ἁμαρτωλοὺς τῆς γῆς (1)
— 119. S^{1} ἠγάπησα τὰ μαρτύριά σου διὰ παντός [A S^{2} R *om.* δ. π.] –
— 128. πρὸς πάσας τὰς ἐντολάς σου κατωρθούμην πᾶσαν ὁδὸν ἄδικον ἐμίσησα (1, 1)
— 133. A^{2} S R μὴ κατακυριευσάτω μου πᾶσα ἀνομία (1)
— 151. πᾶσαι αἱ ὁδοί σου ἀλήθεια (1)
— 160. εἰς τὸν αἰῶνα πάντα τὰ κρίματα τῆς δικαιοσύνης σου (1)
— 168. πᾶσαι αἱ ὁδοί μου ἐναντίον σου, κύριε (1)
— 172. πᾶσαι αἱ ἐντολαί σου δικαιοσύνη (1)
120 (121). 7. κύριος φυλάξει σε ἀπὸ π. κακοῦ (1)
127 (128). 1. μακάριοι π. οἱ φοβούμ. τὸν κ. (1)
— 4. S^{2} εὐλογηθήσεται πᾶς [A S^{1} R *om.*] ἄνθρωπος –
— 5. πάσας τὰς ἡμέρας τὰς ζωῆς σου (1)
128 (129). 5. ἀποστραφήτωσαν εἰς τὰ ὀπίσω πάντες οἱ μισοῦντες Σιών (1)
129 (130). 8. αὐτὸς λυτρώσεται τὸν Ἰσρ. ἐκ πασῶν τῶν ἀνομιῶν αὐ. (1)
131 (132). 1. μνήσθητι, κύριε, τοῦ Δαυὶδ καὶ πάσης τῆς πρᾳότητος αὐτοῦ (1)
133 (134). 1. εὐλογεῖτε τὸν κύριον, πάντες οἱ δοῦλοι κυρίου (1)
134 (135). 5. ὁ κύριος ἡμῶν παρὰ π. τοὺς θεούς (1)
— 6. πάντα ὅσα ἠθέλησεν ὁ κύριος (1)
— 6. S^{2} R ἐν ταῖς θαλάσσαις καὶ ἐν πάσαις [A S^{1} *om.*] ταῖς ἀβύσσοις (1)
— 9. ἐν Φαραῷ καὶ ἐν πᾶσι τοῖς δούλοις αὐτοῦ (1)
— 11. καὶ πάσας τὰς βασιλείας Χανaάν (1)
— 18. A S^{1} ὅμοιοι αὐτοῖς γένοιντο πάντες [S^{2} R *om.*] οἱ ποιοῦντες αὐτὰ καὶ πάντες οἱ πεποιθότες ἐπ' αὐτοῖς (–, 1)
135 (136). 25. ὁ διδοὺς τροφὴν πάσῃ σαρκί (1)
137 (138). 1. R ἤκουσας π. [S *om.*] τὰ ῥήματα τοῦ στόματός μου –
— 2. S R ἐμεγάλυνας ἐπὶ πᾶν [A πάντας] τὸ ὄνομα τὸ ἅγιόν σου (1)
— 4. ἐξομολογησάσθωσάν σοι, κύριε, π. οἱ βασιλεῖς τῆς γῆς ὅτι ἤκουσαν π. τὰ ῥήματα τοῦ στόματός σου (1, –)
138 (139). 2. B S^{1} συνῆκας π. [A S^{2} R *om.*] τοὺς διαλογισμούς μου –
— 3. πάσας τὰς ὁδούς μου προεῖδες (1)
— 4. σὺ ἔγνως πάντα τὰ ἔσχατα καὶ τὰ ἀρχαῖα (1)
— 16. ἐπὶ τὸ βιβλίον σου πάντες γραφήσονται (1)
142 (143). 2. οὐ δικαιωθήσεται ἐνώπιόν σου πᾶς ζῶν (1)
— 5. ἐμελέτησα ἐν πᾶσι τοῖς ἔργοις σου (1)
— 12. ἀπολεῖς πάντας τοὺς θλίβοντας τὴν ψυχήν μου (1)
144 (145). 9. οἱ οἰκτιρμοὶ αὐ. ἐπὶ π. τὰ ἔργα αὐ. (1)
— 10. ἐξομολογησάσθωσάν σοι, κύριε, πάντα τὰ ἔργα σου (1)
— 13. ἡ βασ. σου βασιλεία π. τῶν αἰώνων (1)
— 13. ἐν πάσῃ γενεᾷ καὶ γενεᾷ (1)
— 13. S^{2} πιστὸς κύριος ἐν πᾶσιν [A B S^{1} *om.*] τοῖς λόγοις αὐ. –

Ps. 144 (145). 13. καὶ ὅσιος ἐν πᾶσι τοῖς ἔργοις αὐτοῦ -
— 14. ὑποστηρίζει κύριος πάντας τοὺς καταπίπτοντας (1)
— 14. ἀνορθοῖ πάντας τοὺς κατερραγμένους (1)
— 15. οἱ ὀφθαλμοὶ πάντων εἰς σὲ ἐλπίζουσι (1)
— 16. ἐμπιπλᾷς πᾶν ζῷον εὐδοκίας (1)
— 17. δίκαιος κύριος ἐν π. ταῖς ὁδοῖς αὐ. καὶ ὅσιος ἐν π. τοῖς ἔργοις αὐ. (1, 1)
— 18. ἐγγὺς κύριος π. τοῖς ἐπικαλουμ. αὐτὸν π. τοῖς ἐπικαλουμ. αὐτὸν [A^1 S^1 *om.* π. τοῖς ἐ. αὐ.] ἐν ἀληθείᾳ (1, 1)
— 20. φυλάσσει κύριος πάντας τοὺς ἀγαπῶντας αὐτὸν καὶ πάντας τοὺς ἁμαρτωλοὺς ἐξολεθρεύσει (1, 1)
— 21. εὐλογείτω π. σὰρξ τὸ ὄνομα τὸ ἅγιον αὐ. (1)
145 (146). 4. ἀπολοῦνται π. οἱ διαλογισμοὶ αὐ. -
— 6. τὴν θάλασσαν καὶ πάντα τὰ ἐν αὐτοῖς (1)
146 (147). 4. καὶ πᾶσιν αὐτοῖς ὀνόματα καλῶν (1)
— 11. καὶ ἐν π. [S^2 *om.*] τοῖς ἐλπίζουσιν ἐπὶ τὸ ἔλεος αὐ. -
147. 9 (20). οὐκ ἐποίησεν οὕτως παντὶ ἔθνει (1)
148. 2. αἰνεῖτε αὐτόν, π. οἱ [S *om.*] ἄγγελοι αὐ., αἰνεῖτε αὐτόν, π. αἱ δυνάμεις αὐ. (1, 1)
— 3. αἰνεῖτε αὐτόν, πάντα τὰ ἄστρα (1)
— 7. δράκοντες καὶ πᾶσαι ἄβυσσοι (1)
— 9. τὰ ὄρη καὶ πάντες [A S^2 π. οἱ] βουνοί (1)
— 9. ξύλα καρποφόρα καὶ πᾶσαι κέδροι (1)
— 10. τὰ θηρία καὶ πάντα τὰ κτήνη (1)
— 11. βασιλεῖς τῆς γῆς καὶ πάντες λαοὶ ἄρχοντες καὶ πάντες κριταὶ γῆς (1, 1)
— 14. A B^2 S R ὕμνος πᾶσι τοῖς ὁσίοις αὐτοῦ (1)
149. 9. δόξα αὕτη ἐστὶ πᾶσι τοῖς ὁσίοις αὐ. (1)
150. 6. πᾶσα πνοὴ αἰνεσάτω τὸν κύριον (1)
151. 3. S αὐτὸς πάντων [A B *om.*] εἰσακούει
Pr. 1. 7. σύνεσις δὲ ἀγαθὴ πᾶσι τοῖς ποιοῦσιν αὐτήν -
— 14. κοινὸν δὲ βαλάντιον κτησώμεθα πάντες (1)
— 19. αὗται αἱ ὁδοί εἰσι πάντων τῶν συντελούντων τὰ ἄνομα (1)
— 33. ἡσυχάσει ἀφόβως ἀπὸ παντὸς κακοῦ -
2. 9. κατορθώσεις πάντας ἄξονας ἀγαθούς (1)
— 19. πάντες οἱ πορευόμενοι ἐν αὐτῇ οὐκ ἀναστρέψουσιν (1)
3. 6. πάσαις [A ἐν π.] ὁδοῖς σου γνώριζε αὐτήν (1)
— 7. ἔκκλινε ἀπὸ παντὸς κακοῦ -
— 12. μαστιγοῖ δὲ πάντα υἱὸν ὃν παραδέχεται -
— 15. εὔγνωστός ἐστι πᾶσι τοῖς ἐγγίζουσιν αὐτῇ· πᾶν δὲ τίμιον οὐκ ἄξιον αὐτῆς ἐστι (-, 1)
— 17. A B S πάντες οἱ [R πᾶσαι αἱ] τρίβοι αὐτῆς ἐν εἰρήνῃ (1)
— 18. ξύλον ζωῆς ἐστὶ πᾶσι τοῖς ἀντεχομένοις αὐτῆς -
— 23. ἵνα πορεύῃ πεποιθὼς ἐν εἰρήνῃ πάσας τὰς ὁδούς σου -
— 26. ὁ γὰρ κύριος ἔσται ἐπὶ πασῶν ὁδῶν σου -
— 32. ἀκάθαρτος γὰρ ἔναντι κυρίου πᾶς παράνομος -
4. 22. καὶ πάσῃ σαρκὶ ἴασις (1)
— 23. πάσῃ φυλακῇ τήρει σὴν καρδίαν (1)
5. 14. παρ' ὀλίγον ἐγενόμην ἐν παντὶ κακῷ (1)
— 19. συνέστω σοι ἐν παντὶ καιρῷ (1)
— 21. εἰς δὲ πάσας τὰς τροχιὰς αὐ. σκοπεύει [A *al.*] (1)
6. 8. ποθεινή δέ ἐστι πᾶσι καὶ ἔνδοξος -
— 14. διεστραμμένη καρδία τεκταίνεται κακὰ ἐν παντὶ καιρῷ (1)
— 16. χαίρει πᾶσιν οἷς μισεῖ ὁ θεός -
— 21. ἄφαψαι δὲ αὐτοὺς ἐπὶ σῇ ψυχῇ διὰ παντός (8 *g*)
— 29. οὐδὲ πᾶς ὁ ἁπτόμενος αὐτῆς (1)
— 31. π. τὰ ὑπάρχοντα αὐ. δοὺς ῥύσεται ἑαυτόν (1)
7. 12. χρόνον δὲ ἐν πλατείαις παρὰ πᾶσαν γωνίαν ἐνεδρεύει (1)
8. 8. μετὰ δικαιοσύνης πάντα τὰ ῥήματα [A κρίματα] τοῦ στόματός μου (1)
— 9. πάντα ἐνώπια τοῖς συνίουσι (1)
— 11. πᾶν δὲ τίμιον οὐκ ἄξιον αὐτῆς ἐστιν (1)
— 25. πρὸ δὲ πάντων βουνῶν γεννᾷ με -
— 30. εὐφραινόμην ἐν προσώπῳ αὐτοῦ ἐν παντὶ καιρῷ (1)
10. 12. πάντας δὲ τοὺς μὴ φιλονεικοῦντας καλύπτει φιλία (1)
11. 20. προσδεκτοὶ δὲ αὐτῷ πάντες ἄμωμοι ἐν ταῖς ὁδοῖς αὐτῶν -
— 23. ἐπιθυμία δικαίων πᾶσα ἀγαθή †

Pr. 11. 25. ψυχὴ εὐλογουμένη πᾶσα ἁπλῆ -
13. 4. ἐν ἐπιθυμίαις ἐστὶ πᾶς ἀεργός -
— 9. φῶς δικαίοις διὰ παντός -
— 16. πᾶς πανοῦργος πράσσει μετὰ γνώσεως (1)
14. 7. πάντα ἐναντία ἀνδρὶ ἄφρονι †
— 15. ἄκακος πιστεύει παντὶ λόγῳ (1)
— 23. ἐν παντὶ μεριμνῶντι ἔνεστι περισσόν (1)
15. 3. ἐν παντὶ τόπῳ ὀφθαλμοὶ κυρίου (1)
— 15. πάντα τὸν χρόνον οἱ ὀφθαλμοὶ τῶν κακῶν προσδέχονται κακά (1)
— 15. οἱ δὲ ἀγαθοὶ ἡσυχάζουσι διὰ παντός (8 *g*)
— 27 (16. 6). τῷ δὲ φόβῳ κυρίου ἐκκλίνει πᾶς ἀπὸ κακοῦ -
16. 4 (2). πάντα τὰ ἔργα τοῦ ταπεινοῦ φανερὰ παρὰ τῷ θεῷ (1)
— 5. ἀκάθαρτος παρὰ θεῷ πᾶς ὑψηλοκάρδιος (1)
— 5 (4). πάντα τὰ ἔργα τοῦ κυρίου μετὰ δικαιοσύνης (1)
— 30. ὁρίζει δὲ τοῖς χείλεσιν αὐ. π. τὰ κακά †
— 33. εἰς κόλπους ἔρχεται πάντα τοῖς ἀδίκοις παρὰ δὲ κυρίου πάντα [S^2 πᾶσιν] τὰ δίκαια (-, 1)
17. 11. ἀντιλογίας ἐγείρει πᾶς κακός -
— 17. εἰς πάντα καιρὸν φίλος ὑπαρχέτω σοι (1)
18. 1. ἐν παντὶ δὲ καιρῷ ἐπονείδιστος ἔσται (1)
19. 6. πᾶς δὲ ὁ κακὸς γίνεται ὄνειδος [A ἄδικος] ἀνδρί (1)
— 7. πᾶς ὃς ἀδελφὸν πτωχὸν μισεῖ [S^1 ποιεῖ] (1)
20. 1. A πᾶς δὲ ὁ συμμενόμενος [S^2 -μιγνύμενος αὐτῇ] οὐκ ἔσται σοφός (1)
— 1. πᾶς δὲ ἄφρων τοιούτοις συμπλέκεται -
— 3. πᾶς δὲ ἄφρων τοιούτοις συμπλέκεται (1)
— 8. οὐκ ἐναντιοῦται ἐν ὀφθαλμοῖς αὐτοῦ πᾶν πονηρόν (1)
21. 2. πᾶς ἀνὴρ φαίνεται ἑαυτῷ δίκαιος (1)
22. 10. ὅταν γὰρ καθίσῃ ἐν συνεδρίῳ πάντας ἀτιμάζει -
— 11. δεκτοὶ δὲ αὐτῷ πάντες ἄμωμοι -
23. 21. πᾶς γὰρ μέθυσος καὶ πορνοκόπος πτωχεύσει καὶ ἐνδύσεται διερρηγμένα καὶ ῥακώδη πᾶς ὑπνώδης -, -
— 28. πᾶς παράνομος ἀναλωθήσεται -
24. 4. ἐμπίμπλανται ταμεῖα ἐκ παντὸς πλούτου τιμίου (1)
— 12. κύριος καρδίας πάντων γινώσκει καὶ ὁ πλάσας πνοὴν πᾶσιν αὐτὸς οἶδε πάντα - *ter*
— 25 (30. 2). ἀφρονέστατος γάρ εἰμι πάντων ἀνθρώπων -
— 27 (30. 4). A R τίς ἐκράτησε πάντων [B S *om.*] τῶν ἄκρων τῆς γῆς (1)
— 28 (30. 5). πάντες γὰρ λόγοι θεοῦ πεπυρωμένοι (1)
— 31 (30. 8). A σύνταξον δέ μοι πάντα [B S *om.*] τὰ δέοντα -
— 71 (31. 3). μετὰ βουλῆς πάντα ποίει -
— 76 (31. 8). κρῖνε πάντας ὑγιῶς (1)
26. 10. πολλὰ χειμάζεται πᾶσα σὰρξ ἀφρόνων (1)
— 19. οὕτως πάντες οἱ ἐνεδρεύοντες τοὺς ἑαυτῶν φίλους †
— 24. χείλεσι πάντα ἐπινεύει ἀποκλαιόμενος ἐχθρός -
28. 5. συνήσουσιν ἐν παντί (1)
— 14. μακάριος ἀνὴρ ὃς καταπτήσσει πάντα (4)
29. 12. πάντες οἱ ὑπ' αὐτὸν παράνομοι (1)
31. 12. ἐνεργεῖ γὰρ τῷ ἀνδρὶ ἀγαθὰ [A -ὸν καὶ οὐ κακὸν] πάντα τὸν βίον (1)
— 21. πάντες γὰρ οἱ παρ' αὐτῆς ἐνδιδύσκονται (1)
— 29. σὺ δὲ ὑπέρκεισαι ὑπερῆρας πάσας (1)
Ec. 1. 2. τὰ π. ματαιότης (1)
— 3. τίς περίσσεια τῷ ἀνθρ. ἐν π. μόχθῳ αὐ. (1)
— 7. π. οἱ χείμαρροι πορεύονται εἰς τὴν θάλ. (1)
— 8. π. οἱ λόγοι ἔγκοποι (1)
— 9. οὐκ ἔστι π. πρόσφατον ὑπὸ τὸν ἥλιον (1)
— 13. τοῦ ἐκζητῆσαι . . . περὶ [S^1 ὑπὲρ] πάντων τῶν γινομένων ὑπὸ τὸν οὐρανόν [S^2 ἥλιον] (1)
— 14. B S εἶδον σὺν πάντα [A R σύμπ.] τὰ ποιήματα [S^1 *om.* τὰ π.] (1)
— 14. τὰ π. ματαιότης (1)
— 16. ἐπὶ πᾶσιν οἳ [S οἷς] ἐγένοντο ἔμπροσθέν μου (1)
2. 5. ἐφύτευσα ἐν αὐτοῖς ξύλον πᾶν καρποῦ (1)
— 7. κτῆσις . . . πολλὴ [S^1 *om.*] ἐγένετό μοι ὑπὲρ πάντας (1)
— 9. προσέθηκα παρὰ πάντας (1)

Ec. 2. 10. πᾶν ὃ ᾔτησαν οἱ ὀφθαλμοί μου (1)
— 10. οὐκ ἀπεκώλυσα τὴν καρδίαν μου ἀπὸ π. εὐφροσύνης μου (1)
— 10. καρδία μου εὐφράνθη ἐν π. μόχθῳ μου (1)
— 10. τοῦτο ἐγένετο μερίς μου ἀπὸ π. μόχθου μου (1)
— 11. ἐπέβλεψα ἐγὼ ἐν π. [A S^2 π. τοῖς] ποιήμασί μου (1)
— 11. S τὰ π. πάντα [A B *om.*] ματαιότης (1, -)
— 14. συνάντημα ἓν συναντήσεται τοῖς π. αὐτοῖς (1)
— 16. τὰ π. ἐπελήσθη (1)
— 17. πάντα [A S τὰ π.] ματαιότης (1)
— 18. A S ἐμίσησα ἐγὼ σὺν πάντα [B σύμπ.] μόχθον μου (1)
— 19. εἰ ἐξουσιάζεται ἐν π. μόχθῳ μου (1)
— 20. τοῦ ἀποτάξασθαι τὴν καρδίαν [A S τῇ κ.] μου ἐν π. μόχθῳ μου [A ἐπὶ π. τῷ μ.] (1)
— 22. ὅτι γίνεται ἐν [A S *om.*] τῷ ἀνθρώπῳ ἐν π. μόχθῳ αὐτοῦ (1)
— 23. π. αἱ ἡμέραι αὐτοῦ ἀλγημάτων (1)
3. 1. τοῖς π. ὁ χρόνος καὶ καιρὸς τῷ [B^1 *om.*] π. πράγματι (1, 1)
— 10. εἶδον σὺν π. [A S *om.*] τὸν περισπασμόν [A πειρασμόν] -
— 13. πᾶς ὁ [A S *om.*] ἄνθρωπος ὃς φάγεται (1)
— 13. καὶ ἴδῃ ἀγαθὸν ἐν π. μόχθῳ αὐ. (1)
— 14. πάντα ὅσα ἐποίησεν ὁ θεός (1)
— 17. καιρὸς τῷ π. πράγματι καὶ ἐπὶ π. τῷ [A S *om.*] ποιήματι (1, 1)
— 19. S^2 συνάντημα ἓν τοῖς πᾶσιν [A B S^1 αὐτοῖς] †
— 19. πνεῦμα ἓν τοῖς [S^1 αὐτοῖς] πᾶσι (1)
— 19. πάντα [A τὰ π.] ματαιότης (1)
— 20. τὰ π. εἰς [A S^2 πορεύεται εἰς] τόπον ἕνα τὰ π. ἐγένετο ἀπὸ τοῦ χοὸς καὶ τὰ π. ἐπιστρέψει εἰς τὸν χοῦν (1 *ter*)
4. 1. S εἶδον π. [A B συμπ.] τὰς συκοφαντίας (1)
— 3. B οὐκ εἶδε σὺν πᾶν [A S^2 *om.*] τὸ ποίημα -
— 4. S εἶδον ἐγὼ σὺν π. [A B σύμπ.] τὸν μόχθον (1)
— 4. A S καὶ σὺν π. [B σύμπ.] ἀνδρείαν (1)
— 8. οὐκ ἔστι περασμὸς τῷ π. μόχθῳ αὐτοῦ (1)
— 16. οὐκ ἔστι περασμὸς τῷ π. λαῷ τοῖς π. οἳ ἐγένοντο ἔμπροσθεν αὐτῶν (1, 1)
5. 8. ἐπὶ παντί ἐστι βασιλεὺς τοῦ ἀγροῦ (1)
— 16. π. [S^1 *om.*] αἱ ἡμέραι αὐτοῦ ἐν σκότει (1)
— 17. τοῦ ἰδεῖν ἀγαθωσύνην ἐν π. μόχθῳ αὐτοῦ (1)
— 18. π. ἄνθρωπος ᾧ ἔδωκεν αὐτῷ ὁ θεὸς πλοῦτον (1)
6. 2. οὐκ ἔστιν ὑστερῶν . . . ἀπὸ π. ὧν ἐπιθυμήσει [A π. οὗ ἐπιθυμεῖ] (1)
— 6. A S R μὴ οὐκ εἰς τόπον ἕνα πορεύεται τὰ π. [B *om.* τὰ π.] (1)
— 7. π. μόχθος ἀνθρώπου εἰς στόμα αὐτοῦ (1)
7. 3 (2). τοῦτο τέλος παντὸς ἀνθρώπου [S τοῦ ἀ.] (1)
— 16 (15). B τὰ πάντα [A S^2 σὺν πάντα, S^1 σὺν τὰ π., R σύμπ.] εἶδον [S^2 ἃ εἶδον] ἐν ἡμέραις ματαιότητός μου (1)
— 19 (18). φοβούμενοις [A ὁ φοβούμενος] τὸν θεὸν ἐξελεύσεται τὰ π. (1)
— 22 (21). εἰς π. λόγους οὓς [S *om.*] λαλήσουσιν ἀσεβεῖς [A S^2 *om.*] (1)
— 24 (23). πάντα ταῦτα ἐπείρασα ἐν σοφίᾳ (1)
— 29 (28). γυναῖκα ἐν π. τούτοις οὐχ εὗρον (1)
8. 3. πᾶν ὃ ἐὰν θελήσει ποιήσει (1)
— 6. π. πράγματί [S^1 -μα] ἐστι καιρὸς καὶ κρίσις (1)
— 9. A σὺν π. [B S σύμπαν] τοῦτο εἶδον (1)
— 9. ἔδωκα τὴν καρδίαν μου εἰς πᾶν τὸ [A S *om.*] ποίημα (1)
— 17. A S εἶδον σὺν πάντα [B σύμπαντα] τὰ ποιήματα τοῦ θεοῦ (1)
— 17 (9. 1). A S σὺν π. [B σύμπ.] τοῦτο ἔδωκα εἰς καρδίαν μου καὶ καρδία μου σὺν π. [B σύμπ.] εἶδε τοῦτο (1, 1)
9. 1. τὰ π. πρὸ προσώπου [S^1 πρὸς πρόσωπον] αὐτῶν (1)
— 2. ματαιότης ἐν τοῖς π. (1)
— 3. τοῦτο πονηρὸν ἐν π. πεποιημένῳ (1)
— 3. συνάντημα ἓν τοῖς π. (1)
— 4. τίς ὃς κοινωνεῖ πρὸς π. τοὺς ζῶντας (1)
— 6. ἐν π. τῷ πεποιημένῳ ὑπὸ τὸν ἥλιον (1)
— 8. ἐν π. καιρῷ ἔστωσαν ἱμάτιά σου λευκά (1)
— 9. π. ἡμέρας ζωῆς ματαιότητός σου (1)
— 9. B π. ἡμέραι ἡμέραι ἀτμοῦ σου [S π. ἡμέρας ματαιότητός σου] (1)

Ec. 9. 10. π. ὅσα ἂν εὕρῃ ἡ χείρ σου τοῦ ποιῆσαι (1)
— 11. A S ἀπάντημα συναντήσεται τοῖς π. [B σύμπ.] αὐτοῖς (1)
10. 3. ἃ λογιεῖται πάντα ἀφροσύνη ἐστίν (1)
— 19. τοῦ ἀργυρίου ταπεινώσει [A S[2] *om.*] ἐπακούσεται τὰ π. [S[2] σύμπ., A σὺν τὰ π.] (1)
11. 8. ἐν πᾶσιν αὐτοῖς εὐφρανθήσεται (1)
— 8. π. τὸ ἐρχόμενον ματαιότης (1)
— 9. ἐπὶ π. τούτοις ἄξει σε ὁ θεὸς ἐν κρίσει (1)
12. 4. ταπεινωθήσονται π. αἱ θυγατέρες τοῦ ᾄσματος (1)
— 8. τὰ π. ματαιότης (1)
— 13. τέλος λόγου τὸ π. ἄκουε (1)
— 13. τοῦτο πᾶς ὁ ἄνθρωπος (1)
— 14. A S σὺν πᾶν [B σύμπαν] τὸ ποίημα ὁ θεὸς ἄξει ἐν κρίσει ἐν π. παρεωραμένῳ (1, 1)
Ca. 1. 3. ὀσμὴ μύρων σου ὑπὲρ π. τὰ ἀρώματα –
3. 6. τεθυμιαμένη . . . ἀπὸ πάντων κονιορτῶν μυρεψοῦ [S[1] -ικοῦ] (1)
— 8. πάντες κατέχοντες ῥομφαίαν (1)
4. 2. ἀγέλαι . . . αἱ π. διδυμεύουσαι (1)
— 4. πᾶσαι βολίδες [S αἱ β.] τῶν δυνατῶν (1)
— 10. ὀσμὴ ἱματίων [S μύρων] σου ὑπὲρ πάντα ἀρώματα [A S τὰ ἀ.] (1)
— 14. κάλαμος καὶ κιννάμωμον μετὰ πάντων ξύλων τοῦ Λιβ. (1)
— 14. σμύρνα ἀλὼθ μετὰ πάντων πρώτων μύρων (1)
6. 5 (6). ἀγέλαι . . . αἱ π. διδυμεύουσαι (1)
7. 13 (14). ἐπὶ θύραις ἡμῶν πάντα ἀκρόδρυα (1)
8. 7. ἐὰν δῷ ἀνὴρ τὸν πάντα βίον αὐτοῦ ἐν τῇ ἀγάπῃ (1)
Wi. 1. 7. τὸ συνέχον τὰ πάντα γνῶσιν ἔχει φωνῆς
— 10. οὖς ζηλώσεως ἀκροᾶται τὰ πάντα
— 14. ἔκτισε γὰρ εἰς τὸ εἶναι τὰ πάντα
5. 9. παρῆλθεν ἐκεῖνα πάντα ὡς σκιά
— 23. ἐρημώσει πᾶσαν [B[1] πᾶσα] τὴν γῆν ἀνομία
6. 7. οὐ γὰρ ὑποστελεῖται πρόσωπον ὁ πάντων δεσπότης
— 7. ὁμοίως τε προνοεῖ περὶ πάντων
— 16. ἐν πάσῃ ἐπινοίᾳ ὑπαντᾷ [A S ἀπ.] αὐτοῖς
7. 3. πρώτην φωνὴν τὴν ὁμοίαν πᾶσιν ἴσα [S ἅπασι] κλαίων
— 6. μία δὲ πάντων εἴσοδος εἰς τὸν βίον
— 9. ὁ π. χρυσὸς ἐν ὄψει αὐτῆς ψάμμος ὀλίγη
— 11. ἦλθε δέ μοι τὰ ἀγαθὰ ὁμοῦ πάντα
— 12. εὐφράνθην δὲ ἐπὶ πάντων [A S πᾶσιν]
— 16. πᾶσά τε φρόνησις καὶ ἐργατειῶν ἐπιστήμη
— 22. ἡ γὰρ πάντων τεχνῖτις ἐδίδαξέ με σοφία
— 23. διὰ πάντων χωροῦν πνευμάτων νοερῶν
— 24. πάσης γὰρ κινήσεως κινητικώτερον σοφία
— 24. χωρεῖ διὰ πάντων διὰ τὴν καθαρότητα
— 27. μία δὲ οὖσα πάντα δύναται
— 27. μένουσα ἐν αὐτῇ τὰ [A ἑαυτῇ] π. καινίζει
— 29. ἔστι γὰρ αὕτη . . . ὑπὲρ πᾶσαν ἄστρων θέσιν
8. 1. διοικεῖ τὰ π. χρηστῶς
— 3. ὁ πάντων δεσπότης ἠγάπησεν αὐτήν
— 5. τί σοφίας πλουσιώτερον [S τιμιώτ.] τῆς τὰ π. ἐργαζομένης [S[1] περιεργ.]
9. 1. ὁ ποιήσας τὰ π. ἐν λόγῳ σου
— 11. οἶδε γὰρ ἐκείνη πάντα
10. 2. A S[1] ἔδωκέ τε αὐτῷ ἰσχὺν κρατῆσαι πάντων [S[2] ἀπὸ π., B ἁπάντων]
— 12. παντὸς [S[2] -ων, S[1] πάντως] δυνατωτέρα ἐστὶν εὐσέβεια
11. 20. πάντα μέτρῳ . . . διέταξας
— 23. ἐλεεῖς δὲ πάντας ὅτι πάντα δύνασαι
— 24. ἀγαπᾷς γὰρ τὰ ὄντα πάντα
— 26. A φείδῃ δὲ πάντων ὅτι σά ἐστιν πάντα [B S *om.*]
12. 1. τὸ γὰρ ἄφθαρτόν σου πνεῦμά ἐστιν ἐν πᾶσι [S ἅπ.]
— 7. ἡ [S[1] *om.*] παρὰ σοὶ πασῶν [S[2] πάντων] τιμιωτάτη γῆ
— 13. ᾧ μέλει περὶ πάντων
— 15. δίκαιος δὲ ὢν δικαίως τὰ π. διέπεις
— 16. τὸ πάντων σε δεσπόζειν πάντων φείδεσθαι [A S[2] φ. σε] ποιεῖ
— 21. S[2] μετὰ πάσης [A B S[1] πόσης] ἀκριβείας ἔκρινας τοὺς υἱούς σου
13. 1. μάταιοι μὲν γὰρ πάντες ἄνθρωποι φύσει
— 11. περιέξυσεν εὐμαθῶς πάντα τὸν φλοιὸν αὐτοῦ
— 14. πᾶσαν κηλῖδα τὴν ἐν αὐτῷ καταχρίσας
14. 4. δύνασαι ἐκ παντὸς [A -ων] σῴζειν

Wi. 14. 25. B πάντας [A B S πάντα] δ' ἐπιμὶξ ἔχει αἷμα [S *al.*]
— 27. ἡ γὰρ . . . θρησκεία παντὸς ἀρχὴ κακοῦ
15. 1. διοικῶν τὰ πάντα
— 7. τά τε ἐναντία πάνθ' ὁμοίως
— 13. οὗτος γὰρ παρὰ πάντας οἶδεν ὅτι ἁμαρτάνει
— 14. πάντες [A πάντων] δὲ ἀφρονέστατοι [S -έστεροι]
— 15. πάντα τὰ εἴδωλα . . . ἐλογίσαντο θεούς
16. 7. διὰ σὲ τὸν πάντων σωτῆρα
— 8. σὺ εἶ ὁ ῥυόμενος ἐκ παντὸς κακοῦ
— 12. ὁ σός, κύριε, λόγος ὁ πάντα [A -ας] ἰώμενος [S[2] δυνάμενος]
— 17. ἐν τῷ πάντα [S τὰ π.] σβεννύντι ὕδατι
— 20. ἄρτον . . . πᾶσαν ἡδονὴν ἰσχύοντα καὶ πρὸς πᾶσαν ἁρμόνιον γεῦσιν
— 25. εἰς πάντα [S *om.* εἰς π.] μεταλλευομένη τῇ . . . σου δωρεᾷ ὑπηρετεῖ
17. 17. μιᾷ γὰρ ἁλύσει σκότους πάντες ἐδέθησαν
18. 12. ὁμοθυμαδὸν δὲ πάντες . . . νεκροὺς εἶχον ἀναριθμήτους
— 13. πάντα γὰρ ἀπιστοῦντες διὰ τὰς φαρμακίας
— 14. B[1] ἡσύχου γὰρ σιγῆς περιεχούσης τὰ π. καὶ νυκτὸς ἐν ἰδίῳ τάχει μεσαζούσης τὰ π. [A B[2] S R *om.* τὰ π.]
— 16. ἐπλήρωσε τὰ π. θανάτου
19. 8. A B[2] S[1] πᾶν ἔθνος [B[1] S[2] R πανεθνὶ] διῆλθον οἱ τῇ σῇ σκεπαζόμενοι χειρί
— 18. S[2] πάντα [A B S[1] πάντοτε] μένοντα ἤχῳ
— 22. κατὰ πάντα γάρ, κύριε, ἐμεγάλυνας τὸν λαόν σου
— 22. οὐχ ὑπερεῖδες ἐν παντὶ καιρῷ . . . παριστάμενος
Si. 1. 1. πᾶσα σοφία παρὰ κυρίου
— 4. προτέρα πάντων ἔκτισται σοφία
— 9. ἐξέχεεν αὐτὴν ἐπὶ πάντα τὰ ἔργα αὐτοῦ
— 10. μετὰ πάσης σαρκὸς κατὰ τὴν δόσιν αὐτοῦ
— 17. πάντα τὸν οἶκον αὐτῆς ἐμπλήσει ἐπιθυμημάτων
2. 4. πᾶν ὃ ἐὰν ἐπαχθῇ σοι δέξαι
3. 12. ἐν π. ἰσχύϊ σου [A B S[2] *al.*]
— 13. μὴ ἀτιμάσῃς αὐτὸν ἐν πάσῃ ἰσχύϊ σου
5. 9. μὴ λίκμα ἐν παντὶ ἀνέμῳ καὶ μὴ πορεύου ἐν πάσῃ ἀτραπῷ
6. 26. ἐν πάσῃ ψυχῇ σου πρόσελθε αὐτῇ
— 35. πᾶσαν διήγησιν θείαν θέλε ἀκούειν
— 37. ἐν ταῖς ἐντολαῖς αὐ. μελέτα διὰ παντός
7. 13. μὴ θέλε ψεύδεσθαι πᾶν ψεῦδος
— 33. χάρις δόματος ἔναντι παντὸς ζῶντος
— 36. ἐν πᾶσι τοῖς λόγοις σου μιμνήσκου τὰ ἔσχατά σου
8. 5. πάντες ἐσμὲν ἐν ἐπιτιμίοις
— 7. μνήσθητι ὅτι πάντες τελευτῶμεν
— 19. παντὶ ἀνθρώπῳ μὴ ἔκφαινε σὴν καρδίαν
9. 15. πᾶσα διήγησίς [A S[2] ἡ δ.] σου ἐν νόμῳ ὑψίστου
10. 2. κατὰ τὸν ἡγούμενον τῆς πόλεως πάντες οἱ κατοικοῦντες αὐτήν
— 6. ἐπὶ π. ἀδικήματι μὴ μηνιάσῃς τῷ πλησίον
— 27. κρείσσων ἐργαζόμενος ἐν [A S καὶ περισσεύων ἐν] πᾶσιν
11. 29. μὴ πάντα ἄνθρωπον εἴσαγε εἰς τὸν οἶκόν σου
12. 5. διπλάσια γὰρ κακὰ εὑρήσεις ἐν π. ἀγαθοῖς
— 13. τίς ἐλεήσει . . . πάντας τοὺς προσάγοντας θηρίοις
13. 15. πᾶν ζῷον ἀγαπᾷ τὸ ὅμοιον αὐτῷ καὶ πᾶς ἄνθρωπος τὸν πλησίον αὐτοῦ
— 16. πᾶσα σὰρξ κατὰ γένος συνάγεται
— 23. πλούσιος ἐλάλησε καὶ πάντες ἐσίγησαν
14. 17. πᾶσα σὰρξ ὡς ἱμάτιον παλαιοῦται
— 19. πᾶν ἔργον σηπόμενον ἐκλείπει
15. 13. πᾶν βδέλυγμα ἐμίσησε κύριος
— 18. ἰσχυρὸς ἐν δυναστείᾳ καὶ βλέπων τὰ π.
— 19. αὐτὸς ἐπιγνώσεται πᾶν ἔργον ἀνθρώπου
16. 9. S[2] ταῦτα πάντα ἐποίησεν ἔθνεσιν σκληροκαρδίοις
— 14. πάσῃ ἐλεημοσύνῃ ποιήσει τόπον
— 21. S[1] καταιγὶς ἣν οὐκ ὄψεται πᾶς [A B S[2] *om.*] ἄνθρωπος
— 30. ψυχὴν [S -ὴ] παντὸς ζῴου ἐκάλυψε τὸ πρόσωπον αὐτῆς
17. 4. ἔθηκε τὸν φόβον αὐτοῦ ἐπὶ πάσης σαρκός
— 14. προσέχετε ἀπὸ παντὸς ἀδίκου
— 15. αἱ ὁδοὶ αὐ. ἐναντίον αὐτοῦ διὰ παντός
— 19. A S πάντα [B ἅπαντα] τὰ ἔργα αὐ. ὡς ὁ ἥλιος ἐναντίον αὐτοῦ
— 20. πᾶσαι αἱ ἁμαρτίαι αὐτῶν ἔναντι κυρίου
— 30. οὐ γὰρ δύναται πάντα εἶναι ἐν ἀνθρώποις

Si. 17. 32. οἱ ἄνθρωποι πάντες γῆ καὶ σποδός
18. 1. ὁ ζῶν εἰς τὸν αἰῶνα ἔκτισε τὰ π. κοινῇ
— 13. ἔλεος δὲ κυρίου ἐπὶ πᾶσαν σάρκα
— 15. ἐν πάσῃ δόσει λύπην λόγων
— 26. πάντα ἐστὶ ταχινὰ ἔναντι κυρίου
— 27. ἄνθρωπος σοφὸς ἐν παντὶ εὐλαβηθήσεται
— 28. πᾶς συνετὸς ἔγνω σοφίαν
19. 15. μὴ παντὶ λόγῳ πίστευε
— 20. πᾶσα σοφία φόβος κυρίου καὶ ἐν πάσῃ σοφίᾳ ποίησις νόμου
21. 3. ὡς ῥομφαία δίστομος πᾶσα ἀνομία
— 14. πᾶσαν γνῶσιν οὐ κρατήσει
22. 1. πᾶς ἐκσυριεῖ ἐπὶ τῇ ἀτιμίᾳ αὐτοῦ
— 2. πᾶς ὁ ἀναιρούμενος αὐτὸν ἐκτινάξει χεῖρα
— 6. μάστιγες καὶ παιδεία ἐν παντὶ καιρῷ σοφίας [S[1] -ία]
— 12. πᾶσαι αἱ ἡμέραι τῆς ζωῆς αὐ.
— 18. οὕτως καρδία δειλὴ . . . κατέναντι παντὸς φόβου οὐ μὴ ὑπομείνῃ
— 22. ἐν τούτοις ἀποφεύξεται πᾶς φίλος [A ὁ φ.]
— 26. πᾶς ὁ [A *om.*] ἀκούων φυλάξεται ἀπ' αὐτοῦ
23. 10. ὁ ὀμνύων καὶ ὀνομάζων διὰ παντός
— 12. ἀπὸ γὰρ εὐσεβῶν ταῦτα πάντα ἀποστήσεται
— 15. ἐν πάσαις ταῖς ἡμέραις αὐτοῦ οὐ μὴ παιδευθῇ
— 17. ἀνθρώπῳ πόρνῳ πᾶς ἄρτος ἡδύς
— 19. ἐπιβλέποντες πάσας [S[2] ἐπὶ π.] ὁδοὺς ἀνθρώπων
— 20. πρὶν ἢ κτισθῆναι τὰ π. ἔγνωσται αὐτῷ
24. 6. ἐν πάσῃ τῇ γῇ καὶ ἐν παντὶ λαῷ καὶ ἔθνει ἐκτησάμην [S[2] ἡγησάμην]
— 7. μετὰ τούτων πάντων ἀνάπαυσιν ἐζήτησα
— 19. S προσέλθατε πρὸς μὲ πάντες [A B *om.*] οἱ ἐπιθυμοῦντές μου
— 23. ταῦτα πάντα βίβλος διαθήκης θεοῦ ὑψίστου
— 34. ἀλλὰ πᾶσι [S[1] ἅπ.] τοῖς ἐκζητοῦσιν αὐτήν
25. 11. φόβος κυρίου ὑπὲρ πᾶν ὑπερέβαλεν
— 13. πᾶσαν πληγὴν καὶ μὴ πληγὴν καρδίας καὶ πᾶσαν πονηρίαν καὶ μὴ πονηρίαν γυναικός
— 14. π. ἐπαγωγὴν καὶ μὴ ἐπαγωγὴν μισούντων καὶ π. ἐκδίκησιν καὶ μὴ ἐκδίκησιν ἐχθρῶν
— 19. μικρὰ πᾶσα κακία πρὸς κακίαν γυναικός
— 24. δι' αὐτὴν ἀποθνήσκομεν πάντες
26. 4. ἐν παντὶ καιρῷ πρόσωπον ἱλαρόν
— 5. καταψευσμὸν ὑπὲρ θάνατον πάντα μοχθηρά
— 6. μάστιξ γλώσσης πᾶσιν ἐπικοινωνοῦσα
— 12. ἀπὸ παντὸς ὕδατος τοῦ σύνεγγυς πίεται
— 12. κατέναντι παντὸς πασσάλου καθήσεται
— 15. οὐκ ἔστι σταθμὸς πᾶς ἄξιος ἐγκρατοῦς ψυχῆς
27. 11. διήγησις εὐσεβοῦς διὰ παντὸς σοφία
29. 3. ἐν παντὶ καιρῷ εὑρήσεις τὴν χρείαν σου
— 12. αὕτη ἐξελεῖταί σε ἐκ πάσης κακώσεως
30. 7. ἐπὶ πάσῃ βοῇ ταραχθήσεται σπλάγχνα αὐτοῦ
— 15. ὑγίεια καὶ εὐεξία βέλτιον παντὸς χρυσίου
— 26 (33. 17). ἀλλὰ πᾶσι τοῖς ζητοῦσι παιδείαν
— 29 (33. 20). μὴ ἀλλάξῃς σεαυτὸν πάσῃ [A S[2] ἐν π.] σαρκί
— 31 (33. 22). ἐν πᾶσι τοῖς ἔργοις σου γίνου ὑπεράγων
— 38 (33. 29). μὴ περισσεύσῃς ἐν [A S ἐπὶ] πάσῃ σαρκί
32 (35). 5. πάντα γὰρ ταῦτα χάριν ἐντολῆς
— 9. ἐν πάσῃ δόσει ἱλάρωσον τὸ πρόσωπόν σου
33 (36). 1. ἐλέησον ἡμᾶς, δέσποτα [A *om.*] ὁ θεὸς πάντων
— 2. ἐπίβαλε τὸν φόβον σου ἐπὶ πάντα τὰ ἔθνη
— 11. σύναγε πάσας φυλὰς Ἰακώβ
34 (31). 7. πᾶς ἄφρων ἁλώσεται ἐν αὐτῷ
— 13. ἀπὸ παντὸς προσώπου δακρύει
— 15. ἐπὶ παντὶ πράγματι διανοοῦ
— 22. ἐν πᾶσι τοῖς ἔργοις [A λόγοις] σου γίνου ἐντρεχής
— 22. καὶ πᾶν ἀρρώστημα οὐ μή σοι ἀπαντήσῃ
35 (32). 2. πᾶσαν τὴν χρείαν σου ποιήσας ἀνάπεσε
— 23. ἐν παντὶ ἔργῳ πίστευε τῇ ψυχῇ σου
36 (33). 6. ὑποκάτω παντὸς ἐπικαθημένου χρεμετίζει
— 7. πᾶν φῶς ἡμέρας ἐνιαυτοῦ ἀφ' ἡλίου
— 10. ἄνθρωποι πάντες ἀπὸ ἐδάφους
— 13. ὡς πηλὸς κεραμέως ἐν χειρὶ αὐτοῦ πᾶσαι αἱ ὁδοὶ αὐτοῦ
— 15. ἔμβλεψον εἰς πάντα τὰ ἔργα τοῦ ὑψίστου
36. 22 (19). γνώσονται πάντες οἱ ἐπὶ τῆς γῆς
— 23 (20). πᾶν βρῶμα φάγεται κοιλία
— 26 (23). πάντα ἄρρενα ἐπιδέξεται γυνή
— 27 (24). ὑπὲρ πᾶσαν ἐπιθυμίαν ἀνθρώπου ὑπεράγει
37. 1. πᾶς φίλος ἐρεῖ
— 7. πᾶς σύμβουλος ἐξαίρει βουλήν

Si. 37. 11. μετὰ ὀκνηροῦ περὶ παντὸς ἔργου
— 11. μὴ ἔπεχε ἐπὶ τούτοις περὶ πάσης [A *om.*] συμβουλίας
— 15. ἐπὶ πᾶσι τούτοις δεήθητι ὑψίστου
— 16. ἀρχὴ παντὸς ἔργου λόγος καὶ πρὸ πάσης πράξεως βουλή
— 20. οὗτος πάσης τροφῆς [S^1 σοφίας] καθυστερήσει
— 21. πάσης σοφίας ἐστερήθη
— 24. μακαριοῦσιν αὐτὸν πάντες οἱ ὁρῶντες
— 28. οὐ γὰρ πάντα πᾶσι συμφέρει καὶ οὐ πᾶσα ψυχὴ ἐν παντὶ εὐδοκεῖ
— 29. μὴ ἀπληστεύου ἐν πάσῃ τρυφῇ
38. 7. A ἦρε πᾶν [B S τὸν] πόνον αὐτοῦ
— 10. ἀπὸ πάσης ἁμαρτίας καθάρισον καρδίαν
— 27. οὕτως πᾶς τέκτων καὶ ἀρχιτέκτων
— 29. ὃς ἐν μερίμνῃ κεῖται διὰ παντός
— 29. ἐναρίθμιος πᾶσα ἡ ἐργασία αὐτοῦ
— 31. πάντες οὗτοι εἰς χεῖρας αὐτῶν ἐνεπίστευσαν
39. 1. σοφίαν πάντων ἀρχαίων [S^1 ἀρχόντων] ἐκζητήσει
— 15. εὐλογήσατε κύριον ἐπὶ πᾶσι τοῖς ἔργοις
— 16. τὰ ἔργα κυρίου πάντα ὅτι καλὰ σφόδρα καὶ πᾶν πρόσταγμα ἐν καιρῷ αὐτοῦ ἔσται
— 17. πάντα γὰρ ἐν καιρῷ αὐτοῦ ζητηθήσεται
— 18. ἐν προστάγματι αὐτοῦ πᾶσα ἡ [S^2 *om.*] εὐδοκία
— 19. ἔργα πάσης σαρκὸς ἐνώπιον αὐτοῦ
— 21. πάντα γὰρ εἰς χρείας αὐτῶν ἔκτισται
— 26. ἀρχὴ πάσης χρείας εἰς ζωὴν ἀνθρώπου
— 27. ταῦτα πάντα τοῖς εὐσεβέσιν εἰς ἀγαθά
— 29. πάντα ταῦτα εἰς ἐκδίκησιν ἔκτισται
— 33. τὰ ἔργα κυρίου πάντα ἀγαθὰ καὶ πᾶσαν χρείαν ἐν ὥρᾳ αὐτῆς χορηγήσει
— 34. πάντα γὰρ ἐν καιρῷ εὐδοκιμηθήσεται
— 35. καὶ νῦν ἐν πάσῃ καρδίᾳ καὶ στόματι ὑμνήσατε
40. 1. ἀσχολία μεγάλη ἔκτισται παντὶ ἀνθρώπῳ
— 1. εἰς μητέρα πάντων
— 8. μετὰ πάσης σαρκὸς ἀπὸ ἀνθρώπου ἕως κτήνους
— 10. ἐπὶ τοὺς ἀνόμους ἐκτίσθη ταῦτα πάντα
— 11. πάντα ὅσα ἀπὸ γῆς εἰς γῆν ἀναστρέφει
— 12. πᾶν δῶρον καὶ ἀδικία ἐξαλειφθήσεται
— 16. ὄχει ἐπὶ παντὸς ὕδατος καὶ χείλους ποταμοῦ πρὸ παντὸς χόρτου ἐκτιλήσεται
— 27. ὑπὲρ πᾶσαν δόξαν ἐκάλυψαν αὐτόν
41. 1. ἀνδρὶ ἀπερισπάστῳ καὶ εὐοδουμένῳ ἐν πᾶσι
— 2. ἀνθρώπῳ . . . περισπωμένῳ περὶ πάντων
— 3. τοῦτο τὸ κρίμα παρὰ κυρίου πάσῃ σαρκί
— 10. πάντα ὅσα ἐκ γῆς εἰς γῆν ἀπελεύσεται
— 16. οὐ γάρ ἐστι πᾶσαν αἰσχύνην διαφυλάξαι [S^2 ἀποκαλύψαι] καλὸν καὶ οὐ πάντα πᾶσιν ἐν πίστει εὐδοκιμεῖται
42. 1. εὑρίσκων χάριν ἔναντι παντὸς ἀνθρώπου
— 7. καὶ δόσις καὶ λῆψις παντὶ [A S πάντα] ἐν γραφῇ
— 8. ἔσῃ . . . δεδοκιμασμένος ἔναντι παντὸς ζῶντος
— 12. παντὶ ἀνθρώπῳ μὴ ἔμβλεπε ἐν κάλλει
— 16. ἥλιος φωτίζων κατὰ πᾶν ἐπέβλεψε
— 17. ἐκδιηγήσασθαι πάντα τὰ θαυμάσια αὐτοῦ
— 17. στηριχθῆναι ἐν δόξῃ αὐτοῦ τὸ π.
— 18. ἔγνω γὰρ ὁ κύριος [A S ὕψιστος] πᾶσαν εἴδησιν [S συνείδ.]
— 20. οὐ παρῆλθεν αὐτὸν πᾶν διανόημα
— 22. ὡς πάντα τὰ ἔργα αὐτοῦ ἐπιθυμητά
— 23. πάντα ταῦτα ζῇ καὶ μένει εἰς τὸν αἰῶνα ἐν πάσαις χρείαις καὶ πάντα ὑπακούει
— 24. πάντα δισσὰ ἐν κατέναντι τοῦ ἑνός
43. 6. ἡ σελήνη ἐν πᾶσιν εἰς καιρὸν αὐτῆς
— 20. ἐπὶ πᾶσαν συναγωγὴν ὕδατος καταλύσει
— 22. ἴασις πάντων [S^2 πάγων] κατὰ σπουδὴν ὁμίχλη
— 25. ποικιλία παντὸς ζῴου
— 26. ἐν λόγῳ αὐτοῦ σύγκειται πάντα [A S τὰ π.]
— 27. συντέλεια λόγων τὸ π. ἐστιν αὐτός
— 28. αὐτὸς γὰρ ὁ μέγας παρὰ πάντα τὰ ἔργα αὐτοῦ
— 33. πάντα γὰρ ἐποίησεν ὁ κύριος
44. 7. πάντες οὗτοι ἐν γενεαῖς ἐδοξάσθησαν
— 18. ἵνα μὴ ἐξαλειφθῇ κατακλυσμῷ [A *om.*] πᾶσα σάρξ
— 22. ἐν τῷ Ἰσαὰκ ἔστησεν . . . εὐλογίαν πάντων ἀνθρώπων
— 27. εὑρίσκοντα χάριν ἐν ὀφθαλμοῖς πάσης σαρκός
45. 4. ἐξελέξατο αὐτὸν ἐκ πάσης σαρκός
— 13. καὶ τὰ ἔκγονα αὐ. διὰ παντός
— 16. ἐξελέξατο αὐτὸν ἀπὸ παντὸς ζῶντος
46. 10. ὅπως ἴδωσι πάντες οἱ υἱοὶ Ἰσραήλ
— 18. ἐξέτριψεν . . . πάντας ἄρχοντας Φυλιστιείμ

Si. 46. 19. ἕως ὑποδημάτων ἀπὸ πάσης σαρκὸς οὐκ εἴληφα
47. 8. ἐν παντὶ ἔργῳ αὐτοῦ ἔδωκεν ἐξομολόγησιν ἁγίῳ ὑψίστῳ ῥήματι δόξης ἐν πάσῃ καρδίᾳ αὐτοῦ ὕμνησε
— 25. πᾶσαν πονηρίαν ἐξεζήτησαν
48. 13. πᾶς λόγος οὐχ [S κυρίου] ὑπερῆρεν αὐτόν
— 15. ἐν πᾶσι τούτοις οὐ μετενόησεν ὁ λαός
— 15. ἐσκορπίσθησαν ἐν πάσῃ τῇ γῇ
49. 1. ἐν παντὶ στόματι ὡς μέλι γλυκανθήσεται
— 4. πάντες πλημμέλειαν ἐπλημμέλησαν
— 16. ὑπὲρ πᾶν ζῷον ἐν τῇ κτίσει Ἀδάμ
50. 9. κεκοσμημένον παντὶ λίθῳ πολυτελεῖ
— 13. πάντες οἱ [S *om.*] υἱοὶ Ἀαρὼν ἐν δόξῃ αὐ.
— 13. προσφορὰ κυρίου ἐν χερσὶν αὐτῶν ἔναντι πάσης ἐκκλησίας Ἰσραήλ
— 17. πᾶς ὁ λαὸς κοινῇ κατέσπευσε
— 20. ἐπῆρε χεῖρας αὐ. ἐπὶ π. [A *om.*] ἐκκλησίαν
— 22. εὐλογήσατε τῷ θεῷ πάντες τῷ μεγαλοποιοῦντι [A S πάντων τῷ μεγάλα ποιοῦντι] πάντῃ
— 29. πρὸς πάντα ἰσχύσει
Ho. 2. 5 (7). καὶ πάντα ὅσα μοι καθήκει -
— 11 (13). ἀποστρέψω π. τὰς εὐφροσύνας αὐ. . . . καὶ π. τὰς πανηγύρεις αὐ. (1, 1)
4. 3. σὺν π. τοῖς κατοικοῦσιν αὐτήν (1)
7. 2. πάσας τὰς κακίας αὐτῶν ἐμνήσθην (1)
— 4. πάντες μοιχεύοντες ὡς κλίβανος (1)
— 7. πάντες ἐθερμάνθησαν ὡς κλίβανος (1)
— 7. πάντες οἱ βασ. αὐ. ἔπεσαν (1)
— 10. οὐκ ἐξεζήτησαν αὐτὸν ἐν πᾶσι τούτοις (1)
9. 1. ἠγάπησας δόματα ἐπὶ π. ἅλωνα σίτου (1)
— 4. πάντες οἱ ἔσθοντες αὐτὰ μιανθήσονται (1)
— 8. παγὶς σκολιὰ ἐπὶ π. τὰς ὁδοὺς αὐ. (1)
— 15. π. αἱ κακίαι αὐ. ἐν Γ. (1)
— 16 (15). π. οἱ ἄρχοντες αὐ. ἀπειθοῦντες (1)
10. 14. π. τὰ περιτετειχισμένα σου οἰχήσεται (1)
12. 6 (7). ἔγγιζε πρὸς τὸν θεόν σου διὰ παντὸς (8 *g*)
— 8 (9). π. οἱ πόνοι αὐ. οὐχ εὑρεθήσονται (1)
13. 4. ἔκτισαν π. τὴν στρατιὰν τοῦ οὐρ. -
— 10. διασωσάτω σε ἐν π. ταῖς πόλεσί σου (1)
— 15. καταξηρανεῖ . . . π. τὰ σκεύη τὰ ἐπιθυμητὰ αὐ. (1)
Am. 2. 3. πάντας [A *add.* τοὺς ἄρχοντας] αὐτῆς ἀποκτενῶ (1)
3. 1. ὃν ἐλάλησε . . . κατὰ π. φυλῆς (1)
— 2. A R ὑμᾶς ἔγνων ἐκ π. τῶν [B *om.*] φυλῶν τῆς γῆς (1)
— 2. ἐκδικήσω ἐφ' ὑμᾶς π. τὰς ἁμαρτίας ὑμῶν (1)
4. 6. ἐν π. ταῖς πόλεσιν ὑμῶν (1)
— 6. ἐν π. τοῖς τόποις [A π. ταῖς πόλεσιν] ὑμῶν (1)
5. 8. ὁ ποιῶν πάντα †
— 16. ἐν π. ταῖς [A *om.*] πλατείαις κοπετός (1)
— 16. ἐν π. ταῖς [A *om.*] ὁδοῖς ῥηθήσεται (1)
— 17. ἐν π. ὁδοῖς κοπετός (1)
6. 2. διάβητε πάντες καὶ ἴδετε †
— 2. τὰς κρατίστας ἐκ πασῶν τῶν βασιλειῶν τ. -
— 8. βδελύσσομαι ἐγὼ π. τὴν ὕβριν Ἰ. -
— 8. σὺν π. τοῖς κατοικοῦσιν αὐτήν †
7. 10. ὑπενεγκεῖν π. [A ἅπ.] τοὺς λόγους αὐ. (1)
8. 3. πολὺς ὁ πεπτωκὼς ἐν π. τόπῳ (1)
— 6. ἀπὸ π. γενήματος ἐμπορευσόμεθα †
— 7. εἰ ἐπιλησθήσεται . . . π. τὰ ἔργα ὑμῶν (1)
— 8. πενθήσει πᾶς ὁ κατοικῶν ἐν αὐτῇ (1)
— 10. μεταστρέψω . . . π. τὰς ᾠδὰς ὑμῶν εἰς θρῆνον (1)
— 10. ἀναβιβῶ ἐπὶ π. ὀσφὺν σάκκον καὶ ἐπὶ π. κεφαλὴν φαλάκρωμα (1, 1)
9. 1. διάκοψον εἰς κεφαλὰς πάντων (1)
— 5. πενθήσουσι πάντες οἱ κατοικοῦντες αὐτήν (1)
— 9. λικμήσω ἐν π. τοῖς ἔθνεσι τὸν οἶκον Ἰσ. (1)
— 10. τελευτήσουσι π. ἁμαρτωλοὶ λαοῦ μου (1)
— 12. καὶ π. τὰ ἔθνη ἐφ' οὓς ἐπικέκληται (1)
— 12. R ὁ ποιῶν πάντα [A B *om.*] ταῦτα -
— 13. καὶ π. οἱ βουνοὶ σύμφυτοι ἔσονται (1)
Mi. 1. 2. ἡ γῆ καὶ πάντες οἱ ἐν αὐτῇ †
— 5. δι' ἀσέβειαν Ἰ. πάντα ταῦτα (1)
— 7. π. τὰ γλυπτὰ αὐ. κατακόψουσι (1)
— 7. π. τὰ μισθώματα αὐ. ἐμπρήσουσιν (1)
— 7. π. τὰ εἴδωλα αὐ. θήσομαι εἰς ἀφανισμόν (1)
2. 11 (12). συναχθήσεται Ἰ. σὺν πᾶσιν (1)
3. 7. καταλαλήσουσι κατ' αὐτῶν πάντες αὐτοί (1)
— 9. καὶ π. τὰ ὀρθὰ διαστρέφοντες (1)
4. 5. π. οἱ λαοὶ πορεύσονται (1)
— 13. τῷ κυρίῳ π. τῆς γῆς (1)

Mi. 5. 9 (8). καὶ π. οἱ ἐχθροί σου ἐξολεθρευθήσονται (1)
— 11 (10). ἐξαρῶ π. τὰ ὀχυρώματά σου (1)
— 12 (11). A ἐξαρῶ π. τὰ φάρμακά σου [B *al.*] -
6. 16. καὶ π. τὰ ἔργα οἴκου Ἀχ. (1)
7. 2. πάντες εἰς αἵματα δικάζονται (1)
— 6. ἐχθροὶ πάντες ἀνδρὸς [A *al.*] -
— 16. ἐκ π. τῆς ἰσχύος αὐ. (1)
— 19. ἀπορριφήσονται . . . π. τὰς ἁμαρτίας ἡμῶν (1)
Jl. 1. 2. ἐνωτίσασθε π. οἱ κατοικοῦντες τὴν γῆν (1)
— 5. θρηνήσατε π. οἱ πίνοντες οἶνον εἰς μέθην (1)
— 12. καὶ π. τὰ ξύλα τοῦ ἀγροῦ (1)
— 14. συναγάγετε . . . π. κατοικοῦντας γῆν (1)
— 19. φλὸξ ἀνῆψε π. τὰ ξύλα τοῦ ἀγροῦ (1)
2. 1. π. οἱ κατοικοῦντες τὴν γῆν (1)
— 6. πᾶν πρόσωπον ὡς πρόσκαυμα χύτρας (1)
— 27. A οὐ μὴ καταισχυνθῇ οὐκέτι πᾶς ὁ λαός μου [B *al.*] -
— 28 (3. 1). ἐκχεῶ ἀπὸ τοῦ πνεύματός μου ἐπὶ π. σάρκα (1)
— 32 (3. 5). πᾶς ὃς ἂν ἐπικαλέσηται τὸ ὄνομα κυρίου (1)
3 (4). 2. συνάξω π. τὰ ἔθνη (1)
— 4. καὶ π. Γαλιλαία ἀλλοφύλων (1)
— 9. ἀναβαίνετε π. ἄνδρες πολεμισταί (1)
— 11. εἰσπορεύεσθε π. τὰ ἔθνη (1)
— 12. ἀναβαινέτωσαν π. τὰ ἔθνη -
— 12. τοῦ διακρῖναι π. τὰ ἔθνη κυκλόθεν (1)
— 18. π. αἱ ἀφέσεις Ἰ. ῥυήσονται ὕδατα (1)
Ob. 1. 7. π. οἱ ἄνδρες τῆς διαθήκης σου ἀντέστησάν σοι (1)
— 15. ἐγγὺς ἡμέρα κυρίου ἐπὶ π. τὰ ἔθνη (1)
— 16. A S^2 R πίονται πάντα τὰ ἔθνη οἶνον (1)
Jn. 2. 4. π. οἱ μετεωρισμοί σου . . . ἐπ' ἐμὲ διῆλθον (1)
3. 7. S^2 καὶ πάντων [A B S^1 παρὰ τῶν] μεγιστάνων αὐ. -
Na. 1. 4. καὶ π. τοὺς ποταμοὺς ἐξερημῶν (1)
— 4. S^3 καὶ πάντα [A B S^1 *om.*] τὰ ἐξανθοῦντα τοῦ Λ. ἐξέλιπε -
— 5. καὶ π. οἱ κατοικοῦντες ἐν αὐτῇ (1)
2. 9 (10). βεβάρυνται ἐπὶ π. τὰ σκεύη τὰ ἐπιθυμητὰ αὐ. (1)
— 10 (11). ὠδῖνες ἐπὶ π. ὀσφύν (1)
— 10 (11). τὸ πρόσωπον πάντων ὡς πρόσκαυμα χύτρας (1)
3. 7. π. ὁ ὁρῶν σε καταβήσεται (1)
— 10. ἐπ' ἀρχὰς π. τῶν ὁδῶν [S^1 ὀρέων] αὐ. (1)
— 10. ἐπὶ π. τὰ ἔνδοξα αὐ. βαλοῦσι κλῆρον -
— 10. π. οἱ μεγιστᾶνες αὐ. δεθήσονται χειροπέδαις (1)
— 12. π. τὰ ὀχυρώματά σου συκαῖ (1)
— 19. π. οἱ ἀκούοντες τὴν ἀγγελίαν σου (1)
— 19. ἐπὶ τίνα οὐκ ἀπῆλθεν ἡ κακία σου διὰ παντός (8 *g*)
Hb. 1. 10. εἰς π. ὀχύρωμα ἐμπαίξεται (1)
— 17. διὰ παντὸς ἀποκτέννειν ἔθνη οὐ φείσεται (8 *g*)
2. 5. ἐπισυνάξει ἐπ' αὐτὸν π. τὰ ἔθνη (1)
— 5. εἰσδέξεται πρὸς αὐτὸν π. τοὺς λαούς (1)
— 6. οὐχὶ ταῦτα πάντα παραβολὴν κατ' αὐτοῦ λήψονται (1)
— 8. πάντες οἱ ὑπολελειμμένοι λαοί (1)
— 8. δι' αἵματα . . . π. τῶν κατοικούντων αὐτήν (1)
— 17. δι' αἵματα . . . π. τῶν κατοικούντων αὐτήν [A -ῶν] (1)
— 19. πᾶν πνεῦμα οὐκ ἔστιν ἐν αὐτῷ (1)
— 20. εὐλαβείσθω . . . π. ἡ γῆ (1)
Ze. 1. 2. S^2 ἐκλιπέτω πάντα [A B S^1 *om.*] ἀπὸ προσώπου τῆς γῆς (1)
— 4. καὶ ἐπὶ π. τοὺς κατοικοῦντας Ἱερ. (1)
— 8. καὶ ἐπὶ π. τοὺς ἐνδεδυμένους ἐνδύματα ἀλλότρια (1)
— 9. A S ἐκδικήσω ἐπὶ πάντας [B *om.* ἐ. π.] (1)
— 11. ὡμοιώθη π. ὁ λαὸς Χ. (1)
— 11. ἐξωλεθρεύθησαν π. οἱ ἐπηρμένοι ἀργυρίῳ (1)
— 18. καταναλωθήσεται π. ἡ γῆ (1)
— 18. σπουδὴν ποιήσει ἐπὶ π. τοὺς κατοικοῦντας (1)
2. 3. ζητήσατε τὸν κ. πάντες ταπεινοὶ γῆς (1)
— 11. ἐξολεθρεύσει π. τοὺς θεοὺς τῶν ἐθνῶν (1)
— 11. π. αἱ νῆσοι τῶν ἐθνῶν (1)
— 14. νεμήσονται . . . π. τὰ θηρία τῆς γῆς (1)
3. 1 (2. 15). πᾶς ὁ διαπορευόμενος [A παραπ.] δι' αὐτῆς (1)
— 7. πάντα ὅσα ἐξεδίκησα ἐπ' αὐτήν (1)

Ze. 3. 7. ἔφθαρται π. ἡ ἐπιφυλλὶς αὐ. (1)
— 8. τοῦ ἐκχέαι ἐπ' αὐτοὺς π. ὀργὴν θυμοῦ μου (1)
— 8. καταναλωθήσεται π. ἡ γῆ (1)
— 9. τοῦ ἐπικαλεῖσθαι πάντας τὸ ὄνομα κυρίου (1)
— 11. οὐ μὴ καταισχυνθῇς ἐκ π. τῶν ἐπιτηδευμάτων σου (1)
— 19. καὶ ὀνομαστοὺς ἐν π. τῇ γῇ (1)
— 20. εἰς καύχημα ἐν π. τοῖς λαοῖς τῆς γῆς (1)
Hg. 1. 11. καὶ ἐπὶ π. τοὺς πόνους τῶν χειρῶν αὐ. (1)
— 12. καὶ π. οἱ κατάλοιποι τοῦ λαοῦ (1)
— 14. καὶ τὸ πνεῦμα τῶν καταλοίπων π. τοῦ λαοῦ (1)
2. 3 (2). εἰπὸν . . . πρὸς π. τοὺς καταλοίπους τοῦ λαοῦ –
— 5 (4). κατισχυέτω π. ὁ λαὸς τῆς γῆς (1)
— 8 (7). συσσείσω π. τὰ ἔθνη (1)
— 8 (7). ἥξει τὰ ἐκλεκτὰ π. τῶν ἐθνῶν (1)
— 10 (9). εἰς περιποίησιν π. τῷ κτίζοντι –
— 13 (12). καὶ ἅψηται . . . π. βρώματος (1)
— 14 (13). ἐπὶ ψυχῇ ἐπὶ [A ἀπὸ] παντὸς τούτων (1)
— 15 (14). οὕτως π. τὰ ἔργα τῶν χειρῶν αὐ. (1)
— 18 (17). ἐπάταξα ὑμᾶς . . . π. τὰ ἔργα τῶν χειρῶν ὑμῶν (1)
— 23 (22). A καταστρέψω π. τὴν δύναμιν αὐ. –
Za. 1. 11. περιωδεύσαμεν π. τὴν γῆν –
— 11. π. ἡ γῆ κατοικεῖται (1)
2. 13 (17). εὐλαβείσθω π. σὰρξ ἀπὸ προσώπου κυρίου (1)
3. 10 (9). ψηλαφήσω π. τὴν ἀδικίαν τῆς γῆς ἐκ. –
4. 10. οἱ ἐπιβλέποντες ἐπὶ π. τὴν γῆν (1)
— 14. παρεστήκασι κυρίῳ π. τῆς γῆς (1)
5. 3. ἐπὶ πρόσωπον π. τῆς γῆς (1)
— 3. πᾶς ὁ κλέπτης ἐκ τούτου (1)
— 3. πᾶς ὁ ἐπίορκος ἐκ τούτου (1)
— 6. αὕτη ἡ ἀδικία αὐ. ἐν π. τῇ γῇ (1)
6. 5. παραστῆναι τῷ κυρίῳ π. τῆς γῆς (1)
7. 5. A S πρὸς πάντα [B ἅπ.] τὸν λαὸν τῆς γῆς (1)
— 14. ἐκβαλῶ αὐτοὺς εἰς π. τὰ ἔθνη (1)
8. 10. ἐξαποστελῶ π. τοὺς ἀνθρώπους (1)
— 12. καὶ κατακληρονομήσω . . . ταῦτα π. (1)
— 17. ταῦτα πάντα ἐμίσησα (1)
— 23. δέκα ἄνδρες ἐκ π. τῶν γλωσσῶν (1)
9. 1. ἐφορᾷ . . . π. φυλὰς τοῦ 'Ισρ. (1)
10. 4. ἐξελεύσεται πᾶς ὁ ἐξελαύνων (1)
— 11. ξηρανθήσεται π. τὰ βάθη ποταμῶν (1)
— 11. ἀφαιρεθήσεται π. ὕβρις 'Ασσυρίων –
11. 10. ἣν διεθέμην πρὸς π. τοὺς λαούς (1)
12. 2. ὡς πρόθυρα σαλευόμενα πᾶσι τοῖς λαοῖς κύκλῳ (1)
— 3. λίθον καταπατούμενον π. τοῖς ἔθνεσι (1)
— 3. πᾶς ὁ καταπατῶν αὐτήν (1)
— 3. ἐπισυναχθήσονται . . . π. τὰ ἔθνη τῆς γῆς (1)
— 4. πατάξω π. ἵππον (1)
— 4. π. τοὺς ἵππους . . . πατάξω (1)
— 6. καταφάγονται . . . π. τοὺς λαοὺς κυκλόθεν (1)
— 9. ἐξᾶραι π. τὰ ἔθνη (1)
— 14. π. αἱ ὑπολελειμμέναι φυλαί [A *al.*] (1)
13. 1. ἔσται π. τόπος διανοιγόμενος –
— 8. ἔσται ἐν π. τῇ γῇ [A *al.*] (1)
14. 2. A S R ἐπισυνάξω π. τὰ [B *om.*] ἔθνη (1)
— 5. καὶ π. οἱ ἅγιοι μετ' αὐτοῦ (1)
— 9. ἔσται κύριος εἰς βασιλέα ἐπὶ π. τὴν γῆν (1)
— 10. κυκλῶν π. τὴν γῆν (1)
— 12. A B S^2 ἣν κόψει κύριος π. τοὺς λαούς (1)
— 14. συνάξει τὴν ἰσχὺν π. τῶν λαῶν (1)
— 15. αὕτη ἔσται ἡ πτῶσις . . . π. τῶν κτηνῶν (1)
— 16. ἐκ π. τῶν ἐθνῶν τῶν ἐλθόντων (1)
— 17. A S R ἐκ π. τῶν [B *om.*] φυλῶν τῆς γῆς –
— 18. ἣν πατάξει κύριος π. τὰ ἔθνη –
— 19. καὶ ἡ ἁμαρτία π. τῶν ἐθνῶν (1)
— 21. ἔσται π. λέβης ἐν 'Ιερ. . . . ἅγιος (1)
— 21. ἥξουσι π. οἱ θυσιάζοντες (1)
Ma. 1. 11. ἐν π. τόπῳ θυμίαμα προσάγεται (1)
2. 9. ἀπερριμμένους εἰς π. τὰ ἔθνη (1)
— 10. οὐχὶ πατὴρ εἷς πάντων ὑμῶν (1)
— 17. πᾶς ποιῶν πονηρόν (1)
3. 10. A S R εἰσηνέγκατε π. τὰ [B *om.*] ἐκφόρια (1)
— 12. μακαριοῦσιν ὑμᾶς π. τὰ ἔθνη (1)
— 15. ἀνοικοδομοῦνται π. [A S^3 *om.*] ποιοῦντες ἄνομα –
4. 1 (3. 19). ἔσονται π. οἱ ἀλλογενεῖς καὶ π. οἱ ποιοῦντες ἄνομα καλάμη (1, 1)
— 4 (3. 22). καθότι ἐνετειλάμην . . . πρὸς π. τὸν 'Ισρ. (1)
Is. 1. 5. πᾶσα κεφαλὴ εἰς πόνον καὶ πᾶσα καρδία εἰς λύπην (1, 1)
Is. 1. 25. ἀφελῶ πάντας ἀνόμους ἀπὸ σοῦ (1)
— 26. A S πάντας ὑπερηφάνους ταπεινώσω –
2. 2. ἥξουσιν ἐπ' αὐτὸ πάντα τὰ ἔθνη (1)
— 12. ἐπὶ πάντα ὑβριστὴν . . . ἐπὶ πάντα ὑψηλόν (1, 1)
— 13. ἐπὶ πᾶσαν κέδρον . . . ἐπὶ πᾶν δένδρον (1, 1)
— 14. S R ἐπὶ πᾶν ὑψηλὸν [A B *om.*] ὄρος καὶ ἐπὶ πάντα βουνὸν ὑψηλόν (1, 1)
— 15. ἐπὶ πάντα πύργον ὑψηλὸν καὶ ἐπὶ πᾶν τεῖχος ὑψηλόν (1, 1)
— 16. ἐπὶ πᾶν πλοῖον θαλάσσης καὶ ἐπὶ πᾶσαν θέαν (1, 1)
— 17. ταπεινωθήσεται π. ἄνθρωπος –
— 18. τὰ χειροποίητα πάντα κατακρύψουσιν (3)
4. 3. πάντες οἱ γραφέντες εἰς ζωήν (1)
— 5. π. τόπος τοῦ ὄρους Σιὼν καὶ πάντα τὰ περικύκλῳ . . . πάσῃ τῇ δόξῃ [A *add.* κυρίου] σκεπασθήσεται (1, –, 1)
5. 25. ἐν πᾶσι τούτοις οὐκ ἀπεστράφη (1)
6. 3. πλήρης πᾶσα ἡ γῆ (1)
7. 19. ἐλεύσονται πάντες . . . εἰς [A S ἐπὶ] πᾶσαν ῥαγάδα [A S *add.* καὶ ἐν παντὶ ξύλῳ] (1 *ter*)
— 22. π. ὁ καταλειφθείς (1)
— 23. π. τόπος οὗ ἐὰν ὦσι χίλιαι ἄμπελοι (1)
— 24. χέρσος καὶ ἄκανθα ἔσται πᾶσα ἡ γῆ (1)
— 25. πᾶν ὄρος ἀροτριώμενον ἀροτριαθήσεται (1)
8. 7. ἀναβήσεται ἐπὶ πᾶσαν φάραγγα ὑμῶν καὶ περιπατήσει ἐπὶ πᾶν τεῖχος ὑμῶν (1, 1)
— 12. πᾶν γὰρ ὃ ἐὰν εἴπῃ ὁ λαὸς οὗτος (1)
9. 5 (4). πᾶσαν στολὴν . . . ἀποτίσουσι (1)
— 9 (8). γνώσονται π. ὁ λαὸς τοῦ 'Εφραὶμ (1)
— 12 (11). ἐπὶ τούτοις πᾶσι οὐκ ἀπεστράφη ὁ θυμός (1)
— 17 (16). πάντες ἄνομοι καὶ πονηροὶ καὶ πᾶν στόμα λαλεῖ ἄδικα· ἐπὶ πᾶσι τούτοις οὐκ ἀπεστράφη ὁ θυμός (1 *ter*)
— 18 (17). συγκαταφάγεται τὰ κύκλῳ τῶν βουνῶν πάντα –
— 21 (20). ἐπὶ τούτοις πᾶσιν οὐκ ἀπεστράφη ὁ θυμός (1)
10. 4. ἐπὶ πᾶσι τούτοις οὐκ ἀπεστράφη ἡ ὀργή [A S ὁ θυμός] (1)
— 10. πάσας τὰς ἀρχὰς [A χώρας] λήψομαι –
— 12. ὅταν συντελέσῃ κύριος πάντα [S^1 πᾶν] ποιῶν (1)
12. 5. ἀναγγείλατε ταῦτα ἐν πάσῃ τῇ γῇ (1)
13. 5. καταφθεῖραι πᾶσαν τὴν οἰκουμένην [A S τ. οἰ. ὅλην] (1)
— 7. πᾶσα χεὶρ [A π. χεῖρες] ἐκλυθήσεται καὶ πᾶσα ψυχὴ ἀνθρώπου δειλιάσει (1, 1)
— 10. ὁ 'Ωρίων καὶ π. ὁ κόσμος [S^1 οἶκος] τοῦ οὐρανοῦ –
14. 7. πᾶσα ἡ γῆ βοᾷ (1)
— 9. συνηγέρθησάν σοι π. οἱ γίγαντες . . . οἱ ἐγείραντες ἐκ τῶν θρόνων αὐτῶν πάντας [S -ες] βασιλεῖς ἐθνῶν (1, 1)
— 10. πάντες ἀποκριθήσονται (1)
— 12. ὁ ἀποστέλλων πρὸς πάντα τὰ ἔθνη –
— 18. πάντες οἱ βασιλεῖς τῶν ἐθνῶν ἐκοιμήθησαν (1)
— 26. ἡ χεὶρ ἡ ὑψηλὴ ἐπὶ πάντα τὰ ἔθνη (1)
— 29. πάντες οἱ ἀλλόφυλοι (1)
— 31. οἱ ἀλλόφυλοι πάντες (1)
15. 2. ἐπὶ πάσης κεφαλῆς φαλάκρωμα πάντες βραχίονες κατατετμημένοι (1, 1)
— 3. πάντες ὀλολύζετε μετὰ κλαυθμοῦ (1)
16. 3. διὰ παντὸς ἐν μεσημβρινῇ σκοτίᾳ †
— 7. ἐν γὰρ τῇ Μωαβίτιδι πάντες [S ἅπ.] ὀλολύξουσι (1)
— 9. πάντα πεσοῦνται –
— 14. παντὶ [A S ἐν π.] τῷ πλούτῳ τῷ πολλῷ (1)
18. 2. νῦν οἱ ποταμοὶ τῆς γῆς πάντες –
— 6. πάντα τὰ θηρία τῆς γῆς ἐπ' αὐτὸν ἥξει (1)
19. 6. ξηρανθήσεται πᾶσα συναγωγὴ ὕδατος καὶ ἐν παντὶ ἕλει καλάμου –, –
— 7. τὸ ἄχι τὸ χλωρὸν πᾶν τὸ κύκλῳ τοῦ ποταμοῦ καὶ πᾶν [B^1 *om.*] τὸ σπειρόμενον (–, 1)
— 8. στενάξουσι π. οἱ βάλλοντες ἄγκιστρον (1)
— 10. πάντες οἱ ποιοῦντες τὸν ζύθον λυπηθήσονται (1)
— 14. ἐπλάνησαν Αἴγυπτον ἐν π. τοῖς ἔργοις αὐτῶν (1)
— 17. π. ὃς ἐὰν ὀνομάσῃ αὐτήν (1)
21. 8. ἔστην διὰ παντὸς ἡμέρας (8 *g*)
Is. 21. 9. πέπτωκε Βαβυλὼν καὶ π. τὰ ἀγάλματα αὐτῆς [S^1 *al.*] (1)
22. 1. ἀνέβητε πάντες εἰς δώματα μάταια (1)
— 3. πάντες οἱ ἄρχοντές σου πεφεύγασι (1)
— 24. ἔσται πεποιθὼς ἐπ' αὐτὸν π. ἔνδοξος (1)
23. 9. παραλῦσαι πᾶσαν [A *om.*] τὴν ὕβριν τῶν ἐνδόξων καὶ ἀτιμάσαι πᾶν ἔνδοξον (1, 1)
— 17. ἔσται ἐμπόριον π. ταῖς [S^1 *om.*] βασιλείαις (1)
— 18. τοῖς κατοικοῦσιν ἔναντι κυρίου π. ἡ ἐμπορία αὐτῆς –
24. 1. S^1 διασπερεῖ τοὺς π. [A B S^2 *om.*] ἐνοικοῦντας ἐν αὐτῇ –
— 7. στενάξουσι πάντες οἱ εὐφραινόμενοι (1)
— 10. ἠρημώθη [S *add.* ὅλη ἡ γῆ] πᾶσα πόλις –
— 11. R πέπαυται πᾶσα εὐφροσύνη . . . ἀπῆλθε πᾶσα εὐφροσύνη [A B S *om.* ἀ. π. εὐ.] (1, –)
— 13. ταῦτα πάντα ἔσονται ἐν τῇ γῇ –
25. 4. ἐγένου γὰρ πάσῃ πόλει ταπεινῇ βοηθός –
— 6. ποιήσει κύριος σαβαὼθ π. τοῖς ἔθνεσιν (1)
— 7. παράδος ταῦτα πάντα τοῖς ἔθνεσιν ἡ γὰρ βουλὴ αὕτη ἐπὶ π. τὰ ἔθνη (1, 1)
— 8. ἀφεῖλε . . . πᾶν δάκρυον ἀπὸ παντὸς προσώπου· τὸ ὄνειδος τοῦ λαοῦ ἀφεῖλεν ἀπὸ π. τῆς γῆς (–, 1, 1)
26. 10. π. ὃς [A S^3 *om.* π. ὃς] οὐ μὴ μάθῃ δικαιοσύνην –
— 12. πάντα γὰρ ἀπέδωκας ἡμῖν (1)
— 14. ἦρας πᾶν ἄρσεν αὐτῶν (1)
— 15. A S πρόσθες κακὰ πᾶσιν [B *om.*] τοῖς ἐνδόξοις τῆς γῆς (1)
— 18. πεσοῦνται πάντες [A S *om.*] οἱ ἐνοικοῦντες ἐπὶ τῆς γῆς –
27. 4. ἐποίησε κύριος πάντα –
— 9. ὅταν θῶσι π. τοὺς λίθους τῶν βωμῶν (1)
— 11. οὐκ ἔσται ἐν αὐτῇ πᾶν χλωρόν –
28. 22. ἃ ποιήσει ἐπὶ πᾶσαν τὴν γῆν (1)
29. 7. A ὁ πλοῦτος τῶν ἐθνῶν π. [B S *al.*] (1)
— 7. πάντες οἱ στρατευόμ. ἐπὶ 'Ιερ. καὶ π. οἱ συνηγμένοι ἐπ' αὐτήν (1, –)
— 8. οὕτως ἔσται ὁ πλοῦτος π. τῶν ἐθνῶν (1)
— 11. ἔσται ὑμῖν τὰ ῥήματα πάντα ταῦτα (1)
— 21. π. δὲ τοὺς ἐλέγχοντας ἐν πύλαις πρόσκομμα θήσουσιν –
30. 18. A μακάριοι π. [B S *om.*] οἱ ἐμμένοντες ἐν αὐτῷ (1)
— 25. ἔσται ἐπὶ παντὸς ὄρους ὑψηλοῦ καὶ ἐπὶ παντὸς βουνοῦ μετεώρου ὕδωρ (1, 1)
— 29. μὴ διὰ παντὸς δεῖ ὑμᾶς εὐφραίνεσθαι –
— 29. εἰσπορεύεσθαι εἰς τὰ ἅγιά μου διὰ παντός –
31. 3. ἅμα πάντες ἀπολοῦνται (1)
32. 13. ἐκ πάσης οἰκίας εὐφροσύνη ἀρθήσεται (1)
— 20. μακάριοι οἱ σπείροντες ἐπὶ πᾶν ὕδωρ (1)
34. 2. θυμὸς κυρίου ἐπὶ πάντα τὰ ἔθνη (1)
— 4. B τακήσονται π. αἱ δυνάμεις (1)
— 4. πάντα τὰ ἄστρα πεσεῖται (1)
36. 6. πάντες οἱ πεποιθότες ἐπ' αὐτῷ (1)
— 20. τίς τῶν θεῶν πάντων [S *om.*] τῶν ἐθνῶν τούτων (1)
37. 11. πᾶσαν τὴν γῆν ὡς ἀπώλεσαν (1)
— 16. σὺ εἶ ὁ θεὸς μόνος πάσης βασιλείας τῆς οἰκουμένης (1)
— 20. ἵνα γνῷ πᾶσα βασιλεία τῆς γῆς (1)
— 25. ἠρήμωσα . . . πᾶσαν συναγωγὴν ὕδατος (1)
— 36. εὗρον πάντα τὰ σώματα νεκρά (1)
38. 13. συνέτριψε πάντα [A S *om.*] τὰ ὀστᾶ μου (1)
— 17. ἀπέρριψας ὀπίσω μου π. τὰς ἁμαρτίας (1)
— 20. πάσας τὰς ἡμέρας τῆς ζωῆς μου (1)
39. 2. ἔδειξεν . . . πάντας τοὺς οἴκους . . . καὶ πάντα ὅσα ἦν ἐν τοῖς θησαυροῖς αὐτοῦ (1, 1)
— 2. R ἐν πάσῃ τῇ ἐξουσίᾳ αὐτοῦ (1)
— 4. πάντα τὰ ἐν τῷ οἴκῳ μου εἴδοσαν (1)
— 6. λήψονται πάντα τὰ ἐν τῷ οἴκῳ σου (1)
40. 4. πᾶσα φάραγξ πληρωθήσεται καὶ πᾶν ὄρος . . . ταπεινωθήσεται (1, 1)
— 4. ἔσται πάντα [A *om.*] τὰ σκολιὰ εἰς εὐθεῖαν –
— 5. ὄψεται πᾶσα σὰρξ τὸ σωτήριον τοῦ θεοῦ (1)
— 6. πᾶσα σὰρξ χόρτος καὶ πᾶσα δόξα ἀνθρώπου (1, 1)
— 12. καὶ πᾶσαν τὴν γῆν δρακί (1)
— 15. εἰ πάντα τὰ ἔθνη ὡς σταγών –
— 16. πάντα τὰ τετράποδα οὐχ ἱκανά –
— 17. πάντα τὰ ἔθνη ὡς οὐδέν εἰσι (1)

Is. 40. 26. τίς κατέδειξε πάντα ταῦτα -
— 26. πάντας [A -α] ἐπ' ὀνόματι καλέσει ἀπὸ πολλῆς [S^1 πάσης] δόξης (1, †)
41. 11. ἐντραπήσονται πάντες οἱ ἀντικείμενοί σοι (1)
— 11. ἀπολοῦνται πάντες οἱ ἀντίδικοί σου -
— 20. A S^3 χεὶρ κυρίου ἐποίησε ταῦτα πάντα [B S^1 om.] -
42. 15. B πάντα χόρτον αὐτῶν ξηρανῶ (1)
43. 7. πάντας [S -ες] ὅσοι ἐπικέκληνται τῷ ὀνόματί μου (1)
— 9. πάντα τὰ ἔθνη συνήχθησαν (1)
— 14. ἐπεγερῶ φεύγοντας πάντας (1)
44. 9. A S^2 R πάντες μάταιοι [B S^1 -α] (1)
— 10. A S^1 πάντες [B S^2 om.] οἱ πλάσσοντες θεόν -
— 10. γλύφοντες πάντες [A S om.] ἀνωφελῆ -
— 11. πάντες ὅθεν ἐγένοντο ἐξηράνθησαν (1)
— 11. συναχθήτωσαν πάντες (1)
— 23. πάντα τὰ ξύλα τὰ ἐν αὐτοῖς (1)
— 24. ἐγὼ κύριος ὁ συντελῶν πάντα [A ταῦτα] (1)
— 28. πάντα τὰ θελήματά μου ποιήσει (1)
45. 7. ἐγὼ κύριος ὁ θεὸς ὁ ποιῶν πάντα ταῦτα (1)
— 12. ἐγὼ π. τοῖς ἄστροις ἐνετειλάμην (1)
— 13. πᾶσαι αἱ ὁδοὶ αὐτοῦ εὐθεῖαι (1)
— 16. ἐντραπήσονται π. οἱ ἀντικείμενοι αὐτῷ (1)
— 24 (23). ἐμοὶ κάμψει πᾶν γόνυ (1)
— 24 (23). ὀμεῖται [A ἐξομολογήσεται] πᾶσα γλῶσσα (1)
— 25 (24). αἰσχυνθήσονται π. οἱ διορίζοντες [A S^2 ἀφορ.] αὐτούς (1)
— 26 (25). ἐνδοξασθήσεται π. τὸ σπέρμα τῶν υἱῶν Ἰσραήλ (1)
46. 3. πᾶν τὸ κατάλοιπον τοῦ Ἰσραήλ (1)
— 10. πᾶσά μου ἡ βουλὴ στήσεται καὶ πάντα ὅσα βεβούλευμαι ποιήσω (–, 1)
47. 14. πάντες ὡς φρύγανα ἐπὶ πυρὶ κατακαυθήσονται -
48. 6. ἠκούσατε πάντα (1)
— 14. συναχθήσονται πάντες (1)
49. 9. ἐν πάσαις ταῖς ὁδοῖς βοσκηθήσονται -
— 9. ἐν πάσαις ταῖς [B^1 om., B^2 πᾶσιν τοῖς] τρίβοις ἡ νομὴ αὐτῶν (1)
— 11. θήσω πᾶν ὄρος εἰς ὁδὸν καὶ πᾶσαν [S^1 πάντα] τρίβον εἰς βόσκημα αὐτοῖς (1, –)
— 16. ἐνώπιόν μου εἶ διὰ παντός (8 *g*)
— 18. ἴδε πάντας (1)
— 18. πάντας αὐτοὺς ὡς κόσμον [A S *om.* ὡς κ.] ἐνδύσῃ (1)
— 26. αἰσθανθήσεται πᾶσα σάρξ (1)
50. 9. πάντες ὑμεῖς ὡς ἱμάτιον παλαιωθήσεσθε (1)
— 11. πάντες ὑμεῖς πῦρ καίετε (1)
51. 3. παρεκάλεσα π. τὰ ἔρημα αὐτῆς (1)
— 13. ἐφόβου ἀεὶ πάσας τὰς ἡμέρας (1)
— 18. ἀπὸ π. τῶν τέκνων σου . . . οὐδὲ ἀπὸ π. τῶν υἱῶν σου (1, 1)
— 20. οἱ καθεύδοντες ἐπ' ἄκρου πάσης ἐξόδου (1)
52. 5. δι' ὑμᾶς διὰ παντὸς τὸ ὄνομά μου βλασφημεῖται (8 *g* + 8 *a*)
— 10. ἐνώπιον π. τῶν ἐθνῶν καὶ ὄψονται πάντα [A S^3 *add.* τὰ, S^1 τὰ ἔθνη τὰ] ἄκρα τῆς γῆς (1, 1)
53. 3. A S παρὰ πάντας [B *om.*] ἀνθρώπους [B S τοὺς υἱοὺς τῶν ἀ.] -
— 6. πάντες ὡς πρόβατα ἐπλανήθημεν (1)
54. 5. θεὸς Ἰσραὴλ π. τῇ γῇ κληθήσεται (1)
— 13. π. τοὺς υἱούς σου διδακτοὺς θεοῦ (1)
— 17. πᾶν σκεῦος σκευαστὸν [A φθαρτόν] (1)
— 17. πᾶσα φωνὴ [A S^3 *add.* ἣ] ἀναστήσεται ἐπὶ σὲ εἰς κρίσιν πάντας [S^1 καὶ π.] αὐτοὺς ἡττήσεις (1, –)
55. 12. πάντα τὰ ξύλα τοῦ ἀγροῦ ἐπικροτήσει (1)
56. 6. π. τοὺς φυλασσομένους τὰ σάββατά μου (1)
— 7. οἶκος προσευχῆς κληθήσεται π. τοῖς ἔθνεσιν (1)
— 9 *bis*. πάντα τὰ θηρία (1)
— 10. ἐκτετύφλωνται πάντες (1)
— 10. A B^2 S πάντες [B^1 R *om.*] κύνες ἐνεοί (1)
— 11. πάντες [A S^3 *add.* ἐν] ταῖς ὁδοῖς αὐτῶν ἐξηκολούθησαν (1)
57. 13. τούτους γὰρ πάντας ἄνεμος λήψεται (1)
— 16. οὐδὲ διὰ παντὸς ὀργισθήσομαι ὑμῖν (8 *c*)
— 16. πνοὴν πᾶσαν ἐγὼ ἐποίησα -
58. 3. π. τοὺς ὑποχειρίους ὑμῶν ὑπονύσσετε (1)
— 6. λῦε πάντα σύνδεσμον ἀδικίας -
— 6. πᾶσαν συγγραφὴν ἄδικον διάσπα (1)
— 10 (11). ἔσται ὁ θεός σου μετὰ σοῦ διὰ παντός (8 *g*)

Is. 60. 4. ἥκασι πάντες οἱ υἱοί σου μακρόθεν (1)
— 6. πάντες ἐκ Σαβὰ ἥξουσι (1)
— 7. π. τὰ πρόβατα Κηδὰρ συναχθήσονται (1)
— 11. ἀνοιχθήσονται αἱ πύλαι σου διὰ παντός (8 *g*)
— 21. ὁ λαός σου π. δίκαιος (1)
61. 2. παρακαλέσαι πάντας τοὺς πενθοῦντας (1)
— 9. π. ὁ ὁρῶν αὐτοὺς ἐπιγνώσεται αὐτούς (1)
— 11. ἀγαλλίαμα ἐναντίον πάντων τῶν ἐθνῶν (1)
63. 7. ἐν πᾶσιν οἷς ἡμῖν ἀνταποδίδωσι (1)
— 9. ἐγένετο αὐτοῖς εἰς σωτηρίαν ἐκ πάσης θλίψεως αὐτῶν [A *om.*] (1)
— 9. πάσας τὰς ἡμέρας τοῦ αἰῶνος (1)
64. 6 (5). ἐγενήθημεν ὡς ἀκάθαρτοι πάντες ἡμεῖς ὡς ῥάκος ἀποκαθημένης πᾶσα ἡ δικαιοσύνη ἡμῶν (1, 1)
— 8 (7). ἔργα τῶν χειρῶν σου πάντες (1)
— 9 (8). λαός σου πάντες (1)
— 11 (10). πάντα [A S *add.* τὰ] ἔνδοξα ἡμῶν συνέπεσε (1)
— 12 (11). ἐπὶ πᾶσι τούτοις ἀνέσχου -
65. 3. ὁ παροξύνων με ἐναντίον ἐμοῦ διὰ παντός [S^1 *om.* δ. π.] (8 *g*)
— 4. μεμολυμμένα πάντα τὰ σκεύη αὐτῶν -
— 5. πῦρ καίεται ἐν αὐτῷ πάσας τὰς ἡμέρας (1)
— 8. οὐ μὴ ἀπολέσω πάντας (1)
— 12. πάντες ἐν [S *om.*] σφαγῇ πεσεῖσθε (1)
66. 2. πάντα γὰρ ταῦτα ἐποίησεν ἡ χείρ μου καὶ ἔστιν ἐμὰ πάντα ταῦτα (1, 1)
— 10. πάντες οἱ ἀγαπῶντες αὐτήν [A S^2 *al.*] (1)
— 10. πάντες ὅσοι πενθεῖτε ἐπ' αὐτῇ (1)
— 16. κριθήσεται [A καταναλωθ.] πᾶσα ἡ γῆ καὶ ἐν τῇ ῥομφαίᾳ αὐτοῦ πᾶσα σάρξ (–, 1)
— 18. ἔρχομαι συναγαγεῖν πάντα τὰ ἔθνη (1)
— 20. ἄξουσι τοὺς ἀδελφοὺς ὑμῶν ἐκ πάντων τῶν ἐθνῶν (1)
— 23. ἥξει πᾶσα σὰρξ τοῦ προσκυνῆσαι (1)
— 24. ἔσονται εἰς ὅρασιν πάσῃ σαρκί (1)
Je. 1. 7. πρὸς πάντας . . . κατὰ πάντα (1, 1)
— 14. ἐπὶ πάντας τοὺς κατοικοῦντας τὴν γῆν (1)
— 15. συγκαλῶ πάσας τὰς βασιλείας (1)
— 15. ἐπὶ πάντα τὰ τείχη τὰ κύκλῳ αὐτῆς καὶ ἐπὶ πάσας τὰς πόλεις Ἰούδα (1, 1)
— 16. περὶ πάσης τῆς κακίας αὐτῶν (1)
— 17. εἰπὸν [A S *add.* πρὸς αὐτοὺς] πάντα (1)
— 18. ὀχυρὸν [S ἰσχ.] πᾶσι [A S ἅπ.] τοῖς βασιλεῦσιν Ἰούδα (1 ?)
2. 3. πάντες οἱ ἔσθοντες αὐτὸν πλημμελήσουσι (1)
— 4. πᾶσα πατριὰ οἴκου Ἰσραήλ (1)
— 20. A R ἐπὶ πάντα [B S πᾶν] βουνὸν ὑψηλὸν καὶ ὑποκάτω παντὸς ξύλου κατασκίου (1, 1)
— 21. ἐφύτευσά σε ἄμπελον καρποφόρον πᾶσαν ἀληθινήν (1)
— 24. πάντες οἱ ζητοῦντες αὐτὴν οὐ κοπιάσουσιν (1)
— 29. πάντες ὑμεῖς ἠσεβήσατε καὶ πάντες ὑμεῖς [A *om.* ἠ. κ. π. ὑ.] ἠνομήσατε (1, –)
— 34. ἐπὶ [A ἐν] πάσῃ δρυΐ (1)
3. 3. ἀπηναισχύντησας πρὸς πάντας †
— 6. ἐπὶ πᾶν ὄρος ὑψηλὸν καὶ ὑποκάτω παντὸς ξύλου ἀλσώδους (1, 1)
— 7. μετὰ τὸ πορνεῦσαι αὐτὴν ταῦτα πάντα (1)
— 8. περὶ πάντων ὧν κατελήφθη (1)
— 10. ἐν πᾶσι τούτοις οὐκ ἐπεστράφη [A ἀπ.] (1)
— 13. ὑποκάτω παντὸς ξύλου ἀλσώδους (1)
— 17. συναχθήσονται πάντα τὰ ἔθνη εἰς αὐτήν (1)
— 18. ἥξουσιν . . . ἀπὸ πασῶν τῶν χωρῶν -
4. 20. τεταλαιπώρηκε πᾶσα ἡ γῆ (1)
— 24. εἶδον . . . πάντας τοὺς βουνοὺς ταρασσομένους (1)
— 25. πάντα τὰ πετεινὰ τοῦ οὐρανοῦ ἐπτοεῖτο (1)
— 26. πᾶσαι αἱ πόλεις ἐμπεπυρισμέναι (1)
— 27. ἔρημος ἔσται πᾶσα ἡ γῆ (1)
— 29. ἀνεχώρησε πᾶσα χώρα (1)
— 29. πᾶσα πόλις ἐγκατελείφθη (1)
5. 6. πάντες οἱ ἐκπορευόμενοι ἀπ' αὐτῶν θηρευθήσονται (1)
— 16. πάντες ἰσχυροί (1)
— 19. τίνος ἕνεκεν ἐποίησε . . . ἡμῖν πάντα [A S ἅπ.] ταῦτα (1)
6. 7. ταλαιπωρία ἀκουσθήσεται . . . διὰ παντός (8 *g*)
— 13. πάντες συνετελέσαντο [A -σαν] ἄνομα (1)
— 13. πάντες ἐποίησαν ψευδῆ (1)
— 28. πάντες ἀνήκοοι . . . πάντες διεφθαρμένοι εἰσίν (1, 1)

Je. 7. 2. πᾶσα ἡ Ἰουδαία (1)
— 10. τοῦ μὴ ποιεῖν πάντα τὰ βδελύγματα [S^1 *om.* τὰ βδ.] ταῦτα [A^1 πάντα] (1, †)
— 13. ἐποιήσατε πάντα τὰ ἔργα ταῦτα (1)
— 15. πᾶν [S^2 ἅπαν] τὸ σπέρμα Ἐφραΐμ (1)
— 20. A ἐπὶ πᾶν ξύλον τοῦ ἀγροῦ αὐτῶν καὶ ἐπὶ π. [B S *om.*] τὰ γεννήμ. αὐ. –, –
— 23. πορεύεσθε ἐν π. [S *om.*] ταῖς ὁδοῖς μου (1)
— 25. ἐξαπέστειλα πρὸς ὑμᾶς πάντας τοὺς δούλους μου (1)
— 33. A εἰς κατάβρωμα πᾶσιν [B S εἰς βρῶσιν] τοῖς πετεινοῖς -
— 34. εἰς ἐρήμωσιν [S -μον] ἔσται πᾶσα ἡ γῆ -
8. 2. πρὸς πάντας τοὺς ἀστέρας καὶ πρὸς πᾶσαν τὴν στρατιὰν τοῦ οὐρανοῦ (–, 1)
— 3. πᾶσι τοῖς καταλοίποις . . . ἐν παντὶ τόπῳ (1, 1)
— 16 ἐσείσθη [A *add.* ἀπ' αὐτοῦ] πᾶσα ἡ γῆ (1)
9. 2 (1). πάντες μοιχῶνται (1)
— 4 (3). π. ἀδελφὸς πτέρνῃ πτερνιεῖ καὶ π. φίλος δολίως πορεύσεται (1, 1)
— 25 (24). ἐπισκέψομαι ἐπὶ πάντας περιτετμημένους (1)
— 26 (25). A ἐπὶ πάντας τοὺς [B S *om.* π. τ.] υἱ. Ἀμμών
— 26 (25). ἐπὶ πάντα [A S^1 πᾶν] περικειρόμενον (1)
— 26 (25). πάντα τὰ ἔθνη ἀπερίτμητα σαρκὶ καὶ π. [S π. ὁ] οἶκος Ἰσραὴλ ἀπερίτμητοι [A S -ος] (1, 1)
10. 9. ἔργα τεχνιτῶν πάντα (1)
— 14. ἐμωράνθη π. ἄνθρωπος . . . κατῃσχύνθη π. χρυσοχόος (1, 1)
— 16. ὁ πλάσας τὰ π. αὐτὸς κληρονομία αὐτοῦ (1)
— 20. πᾶσαι αἱ δέρρεις σου διεσπάσθησαν (1)
— 21. οὐκ ἐνόησε πᾶσα ἡ νομή (1)
11. 4. ποιήσατε πάντα (1)
12. 1. εὐθήνησαν πάντες οἱ ἀθετοῦντες (1)
— 4. πᾶς ὁ χόρτος τοῦ ἀγροῦ [A π. χ.] ξηρανθήσεται (1 ?)
— 9. συναγάγετε πάντα τὰ θηρία τοῦ ἀγροῦ (1)
— 11. ἠφανίσθη πᾶσα ἡ γῆ (1)
— 12. ἐπὶ πᾶσαν διεκβολὴν ἐν τῇ ἐρήμῳ ἦλθον (1)
— 12. οὐκ ἔστιν εἰρήνη πάσῃ σαρκί (1)
— 14. περὶ πάντων τῶν γειτόνων τῶν πονηρῶν (1)
13. 11. A S^2 R ἐκόλλησα πρὸς ἐμαυτὸν . . . πάντα [B S^1 πᾶν] οἶκον [A τὸν οἶ.] Ἰ. (1)
— 12 *bis*. π. ἀσκὸς πληρωθήσεται οἴνου (1)
— 13. πληρῶ . . . πάντας τοὺς κατοικοῦντας [A καθημένους] ἐν Ἱερ. (1)
14. 22. ἐποίησας πάντα ταῦτα (1)
15. 4. παραδώσω αὐτοὺς . . . πάσαις ταῖς βασιλείαις τῆς γῆς (1)
— 4. περὶ πάντων ὧν ἐποίησεν -
— 10. R διακρινόμενον πάσῃ [B S ἐν π., A *om.*] τῇ γῇ (1)
— 13. διὰ πάσας τὰς ἁμαρτίας [A κακίας] σου καὶ ἐν πᾶσι τοῖς ὁρίοις σου (1, 1)
16. 10. A S ὅταν ἀπαγγείλῃς . . . πάντα [B ἅπ.] τὰ ῥήματα τ. (1)
— 15. ἀνήγαγε . . . ἀπὸ πασῶν τῶν χωρῶν (1)
— 16. ἐπάνω π. ὄρους καὶ ἐπάνω π. βουνοῦ (1, 1)
— 17. οἱ ὀφθαλμοί μου ἐπὶ π. τὰς ὁδοὺς αὐ. (1)
— 18. B ἀνταποδώσω διὰ πάσας [A S R διπλᾶς] τὰς κακίας αὐ. †
17. 9. βαθεῖα ἡ καρδία παρὰ πάντα (1)
— 13. πάντες οἱ καταλιπόντες σε καταισχυνθήτωσαν [S^1 αἰσχ.] (1)
— 19. ἐν πάσαις ταῖς πύλαις Ἱερουσαλήμ (1)
— 20. πᾶσα Ἰ. καὶ πᾶσα [A *om.* Ἰ. κ. π.] Ἱερ. (1, 1)
— 22. πᾶν ἔργον οὐ ποιήσετε (1)
— 24. τοῦ μὴ ποιεῖν πᾶν ἔργον (1)
18. 8. ἀπὸ πάντων τῶν κακῶν αὐτῶν -
— 8. A S περὶ π. [B *om.*] τῶν κακῶν -
— 16. πάντες οἱ διαπορευόμενοι [A παραπ.] δι' αὐτῆς (1)
— 18. ἀκουσόμεθα πάντας τοὺς λόγους αὐτοῦ (1)
— 23. S ἔγνως π. [A B ἅπ.] τὴν βουλὴν αὐ. (1)
19. 2. ἀνάγνωθι ἐκεῖ πάντας τοὺς λόγους τούτους -
— 3. παντὸς ἀκούοντος αὐτὰ ἠχήσει τὰ ὦτα αὐτοῦ (1)
— 8. π. ὁ παραπορευόμενος ἐπ' αὐτῆς (1)
— 8. συριεῖ ὑπὲρ πάσης [S^1 ταύτης] τῆς πληγῆς αὐτῆς (1)
— 13. ἐν π. ταῖς οἰκίαις ἐν αἷς ἐθυμίασαν ἐπὶ τῶν δωμάτων αὐ. πάσῃ τῇ στρατιᾷ (1, 1)

Je. 19. 14. εἶπε πρὸς πάντα τὸν λαόν (1)
— 15. ἐπάγω . . . ἐπὶ πάσας [A S om.] τὰς πόλεις αὐτῆς [A πάσας, S om.] (1)
20. 4. σὺν πᾶσι τοῖς φίλοις σου (1)
— 4. σὲ καὶ πάντα Ἰούδα δώσω εἰς χεῖρας (1)
— 5. δώσω τὴν π. [A π. τ.] ἰσχὺν τῆς πόλεως ταύτης καὶ πάντας τοὺς πόνους αὐτῆς καὶ πάντας τοὺς θησαυρούς (1 ter)
— 6. πάντες οἱ κατοικοῦντες ἐν τῷ οἴκῳ σου (1)
— 6. πάντες οἱ φίλοι σου (1)
— 7. πᾶσαν ἡμέραν διετέλεσα μυκτηριζόμενος (1)
— 8. εἰς χλευασμὸν [S -μα] πᾶσαν ἡμέραν μου (1)
— 10. πάντες ἄνδρες φίλοι αὐτοῦ (1)
21. 2. κατὰ πάντα τὰ θαυμάσια αὐτοῦ (1)
— 6. πατάξω πάντας τοὺς κατοικοῦντας –
— 14. ἔδεται [A κατέδ.] πάντα τὰ κύκλῳ αὐτῆς (1)
22. 20. συνετρίβησαν πάντες οἱ ἐρασταί σου (1)
— 22. πάντας τοὺς ποιμένας σου ποιμανεῖ ἄνεμος (1)
— 22. ἀτιμωθήσῃ ἀπὸ πάντων τῶν φιλούντων σε (1)
23. 3. ἐπὶ [A S ἀπὸ] πάσης τῆς γῆς (1)
— 9. ἐσαλεύθη πάντα τὰ ὀστᾶ μου (1)
— 14. ἐγενήθησάν μοι πάντες ὡς Σόδομα (1)
— 15. ἐξῆλθε μολυσμὸς πάσῃ τῇ γῇ (1)
— 17. καὶ π. τοῖς πορευομ. τοῖς θελήμασιν αὐ. π. τῷ πορευομ. (–, 1)
— 8. R ὃς συνήγαγε π. [A B S ἅπαν] τὸ σπέρμα Ἰσ. –
— 8. A B S² ἀπὸ πασῶν τῶν χωρῶν (1)
24. 9. εἰς πάσας τὰς βασιλείας τῆς γῆς (1)
— 9. εἰς κατάραν ἐν παντὶ τόπῳ (1)
25. 1. ἐπὶ πάντα τὸν λαὸν Ἰούδα (1)
— 2. ABS² ὃν ἐλάλησε πρὸς πάντα τὸν λαὸν Ἰ. (1)
— 9. ἐπὶ πάντα τὰ ἔθνη τὰ κύκλῳ αὐτῆς (1)
— 11. ἔσται πᾶσα ἡ γῆ εἰς ἀφανισμόν (1)
— 13. ἐπάξω . . . πάντας [A ἅπ.] τοὺς λόγους μου (1)
— 13. πάντα τὰ γεγραμμένα ἐν τῷ βιβλίῳ τούτῳ (1)
25. 15 (49. 36). ἐν πᾶσι τοῖς ἀνέμοις τούτοις (1)
26 (46). 28. ποιήσω συντέλειαν ἐν παντὶ ἔθνει [B¹ om.] (1)
27 (50). 7. πάντες οἱ εὑρίσκοντες αὐτούς (1)
— 10. πάντες οἱ προνομεύοντες αὐτήν (1)
— 13. ἔσται εἰς ἀφανισμὸν πᾶσα [A add. ἡ γῆ] καὶ π. ὁ διοδεύων . . . σκυθρωπάσει καὶ συριοῦσιν ἐπὶ πᾶσαν τὴν πληγὴν αὐτῆς (1 ter)
— 14. πάντες τείνοντες τόξον (1)
— 21. ποίει κατὰ πάντα (1)
— 23. συνετρίβη ἡ σφῦρα πάσης τῆς γῆς (1)
— 27. ἀναξηράνατε αὐτῆς πάντας τοὺς καρπούς (1)
— 29. παραγγείλατε . . . παντὶ ἐντείνοντι τόξον (1)
— 29. κατὰ πάντα ὅσα ἐποίησε ποιήσατε αὐτῇ (1)
— 30. πάντες οἱ ἄνδρες οἱ πολεμισταὶ αὐτῆς ῥιφήσονται (1)
— 32. καταφάγεται πάντα τὰ κύκλῳ αὐτῆς (1)
— 33. ἅμα πάντες οἱ αἰχμαλωτεύσαντες αὐτούς (1)
— 44. πάντα νεανίσκον ἐπ' αὐτὴν ἐπιστήσω †
28 (51). 3. ἀφανίσατε πᾶσαν τὴν δύναμιν αὐτῆς (1)
— 7. ποτήριον . . . μεθύσκον πᾶσαν τὴν γῆν (1)
— 17. ἐματαιώθη [A ἐμωράνθη] π. ἄνθρωπος (1)
— 17. κατῃσχύνθη π. χρυσοχόος (1)
— 19. ὁ πλάσας τὰ πάντα αὐτός ἐστι κληρονομία αὐτοῦ (1)
— 24. ἀνταποδώσω . . . πᾶσι τοῖς κατοικοῦσι Χαλδαίοις πάσας τὰς κακίας αὐ. (1, 1)
— 25. τὸ διαφθεῖρον πᾶσαν τὴν γῆν (1)
— 28. ἀναβιβάσατε . . . τὸν βασ. τῶν Μήδων καὶ πάσης τῆς γῆς . . . καὶ π. τοὺς στρατηγοὺς αὐ. [A add. καὶ πάσης τῆς γῆς ἐξουσίας αὐ.] (–, 1, 1)
— 41. τὸ καύχημα πάσης τῆς γῆς (1)
— 49. πεσοῦνται τραυματίαι πάσης τῆς γῆς [S πεσ. καὶ πάντα τὰ ἔθνη] (1)
— 52. ἐν πάσῃ τῇ γῇ αὐτῆς πεσοῦνται τραυματίαι (1)
— 60. ἔγραψεν Ἰερεμίας πάντα τὰ κακὰ . . . πάντας τοὺς λόγους τούτους [A om.] (1, 1)
— 61. ἀναγνώσῃ πάντας τοὺς λόγους τούτους (1)
29 (47). 2. A ἀλαλάξονται πάντες [B S al.] (1)
— 4. τοῦ ἀπολέσαι πάντας τοὺς ἀλλοφύλους (1)
— 4. ἀφανιῶ . . . πάντας τοὺς καταλοίπους τῆς βοηθείας αὐτῶν (1)
29 (49). 13. πᾶσαι αἱ πόλεις αὐτῆς ἔσονται ἔρημοι (1)
— 17. π. ὁ παραπορευόμενος ἐπ' αὐτὴν συριεῖ (1)
30 (49). 5. ἀπὸ πάσης τῆς περιοίκου [A παροίκ.] σου (1)
30. 7 (49. 29). πάντα τὰ σκεύη αὐτῶν . . . λήψονται ἑαυτοῖς (1)

Je. 30. 10 (49. 32). λικμήσω αὐτοὺς παντὶ πνεύματι (1)
— 10 (49. 32). ἐκ παντὸς πέραν [A μέρους] αὐτῶν οἴσω τὴν τροπὴν αὐτῶν (1)
— 15 (49. 26). πάντες οἱ ἄνδρες οἱ πολεμισταί σου πεσοῦνται [A om.] (1)
31 (48). 8. ἥξει ὄλεθρος ἐπὶ πᾶσαν πόλιν (1)
— 9. πᾶσαι αἱ πόλεις αὐτῆς εἰς ἄβατον ἔσονται –
— 17. κινήσατε αὐτῷ πάντες κυκλόθεν αὐτοῦ πάντες ἔκδοτε ὄνομα αὐτοῦ (1, 1)
— 24. ἐπὶ πάσας [S¹ om.] τὰς πόλεις Μωάβ (1)
— 37. π. κεφαλὴν ἐν π. τόπῳ ξυρηθήσονται (1, –)
— 37. καὶ π. πώγων ξυρηθήσεται καὶ π. χεῖρες κόψονται καὶ ἐπὶ π. ὀσφύος σάκκος (1, 1, –)
— 38. ἐπὶ πάντων τῶν δωμάτων Μωάβ (1)
— 39. ἐγκότημα πᾶσι τοῖς κύκλῳ αὐτῆς (1)
32 (25). 15 (13). A ἐπὶ πάντα τὰ ἔθνη (1)
— 15. ποτιεῖς πάντα τὰ ἔθνη (1)
— 19. πάντα τὸν λαὸν αὐτοῦ (1)
— 20. A π. τοὺς συμμίκτους καὶ π. τοὺς βασιλεῖς πάντων τῶν [B S om. π. τ.] ἀλλοφύλων (1, 1, –)
— 22. A πάντας [B S om.] βασιλεῖς Τύρου (1)
— 23. πᾶν περικεκαρμένον [S πάντα περικειρόμενον] (1)
— 24. πάντας τοὺς συμμίκτους (1)
— 25. πάντας βασιλεῖς Αἰλὰμ [A¹ S¹ om. π. β. Αἰ.] καὶ πάντας βασιλεῖς Περσῶν (1, 1)
— 26. πάντας βασιλεῖς ἀπὸ ἀπηλιώτου (1)
— 26. S πάσας [A π. τὰς] βασιλείας αὐ. τὰς ἐπὶ προσώπου π. [AB om.] τῆς γῆς (1, –)
— 29. R ἐπὶ π. [A B S om.] τοὺς καθημ. ἐπὶ τῆς γῆς (1)
— 30. A ἐπὶ π. τοὺς [B S om. π. τ.] καθημ. ἐπὶ τὴν γῆν (1)
— 31. κρίνεται αὐτὸς πρὸς πᾶσαν σάρκα (1)
33 (26). 2. A χρηματιεῖς π. [BS ἅπ.] τοῖς Ἰουδαίοις καὶ πᾶσι [S om. κ. π.] τοῖς ἐρχομένοις (1, –)
— 6. εἰς κατάραν π. τοῖς ἔθνεσι π. τῆς γῆς (1, –)
— 7. ἤκουσαν οἱ ἱερεῖς . . . καὶ π. ὁ λαός (1)
— 8. Ἱερεμίου παυσαμένου λαλοῦντος πάντα (1)
— 8. λαλῆσαι παντὶ τῷ λαῷ (1)
— 8. συνελάβοσαν αὐτὸν οἱ ἱερεῖς . . . καὶ π. ὁ λαός (1)
— 9. ἐξεκκλησιάσθη π. ὁ λαός (1)
— 11. εἶπαν . . . παντὶ τῷ λαῷ (1)
— 12. εἶπεν . . . παντὶ τῷ λαῷ (1)
— 12. προφητεῦσαι . . . πάντας τοὺς λόγους (1)
— 15. λαλῆσαι . . . πάντας τοὺς λόγους τούτους (1)
— 16. εἶπαν οἱ ἄρχοντες καὶ π. ὁ λαός (1)
— 17. εἶπαν πάσῃ τῇ συναγωγῇ τοῦ λαοῦ (1)
— 18. εἶπε παντὶ τῷ λαῷ Ἰούδα (1)
— 19. Ἐζεκίας καὶ π. Ἰούδα (1)
— 20. ἐπροφήτευσε . . . κατὰ πάντας τοὺς λόγους (1)
— 21. ἤκουσεν ὁ βασ. Ἰ. καὶ πάντες οἱ ἄρχοντες πάντας τοὺς λόγους αὐτοῦ (1, –)
34 (27). 6. A ἔδωκα τὴν γῆν πᾶσαν [B S om.] (1)
— 12. κατὰ πάντας τοὺς λόγους τούτους (1)
— 16. παντὶ τῷ λαῷ τούτῳ . . . ἐλάλησα (1)
35 (28). 1. κατ' ὀφθαλμοὺς τῶν ἱερέων καὶ παντὸς τοῦ λαοῦ (1)
— 5. κατ' ὀφθαλμοὺς παντὸς τοῦ λαοῦ (1)
— 6. τοῦ ἐπιστρέψαι . . . πᾶσαν τὴν ἀποικίαν (1)
— 7. εἰς τὰ ὦτα παντὸς τοῦ λαοῦ (1)
— 10. ἐν ὀφθαλμοῖς παντὸς τοῦ λαοῦ –
— 11. κατ' ὀφθαλμοὺς παντὸς [S om.] τοῦ λαοῦ (1)
— 11. ἀπὸ τραχήλων πάντων τῶν ἐθνῶν (1)
— 14. ἐπὶ τὸν τράχηλον πάντων τῶν ἐθνῶν (1)
36 (29). 1. A S καὶ πρὸς π. [B ἅπ.] τὸν λαόν (1)
— 2. ἐξελθόντος Ἰ. . . . καὶ παντὸς ἐλευθέρου –
— 22. ἐν πάσῃ τῇ ἀποικίᾳ [S ἀποκρίσει] Ἰούδα (1)
— 26. γενέσθαι ἐπιστάτην . . . παντὶ ἀνθρώπῳ προφητεύοντι καὶ παντὶ ἀνθρώπῳ μαινομένῳ (1, –)
37 (30). 2. γράψον πάντας τοὺς λόγους (1)
— 6. ἑώρακα πάντα ἄνθρωπον (1)
— 14. πάντες οἱ φίλοι σου ἐπελάθοντό σου (1)
— 14. ἐπὶ πᾶσαν ἀδικίαν σου ἐπλήθυναν αἱ ἁμαρτίαι σου †
— 16. πάντες οἱ ἔσθοντές σε [S οἱ ἐχθροί σου] βρωθήσονται καὶ πάντες οἱ ἐχθροί σου κρέας αὐτῶν πᾶν ἔδονται (1, 1, 1?)
— 16. πάντας τοὺς προνομεύσαντάς σε δώσω [S al.] (1)

Je. 38 (31). 24. ἐν πάσῃ τῇ γῇ [A πάσαις ταῖς πόλεσι, S πάσῃ πόλει] αὐτοῦ (1)
— 25. ἐμέθυσα πᾶσαν ψυχὴν διψῶσαν καὶ πᾶσαν ψυχὴν πεινῶσαν ἐνέπλησα (–, 1)
— 34. πάντες εἰδήσουσί με (1)
— 37. περὶ πάντων ὧν ἐποίησαν (1)
— 36. γενέσθαι ἔθνος . . . πάσας τὰς ἡμέρας (1)
— 40. πάντες ἀσαρημὼθ ἕως νάχαλ Κέδρων (1)
39 (32). 12. A κατ' ὀφθαλμοὺς τῶν Ἰουδαίων πάντων [B S om.] (1)
— 23. ἐποίησαν συμβῆναι αὐτοῖς πάντα [A ἅπ.] τὰ κακὰ ταῦτα (1)
— 27. ἐγὼ κύριος ὁ θεὸς πάσης σαρκός (1)
— 32. διὰ πάσας τὰς πονηρίας τῶν υἱῶν Ἰσραήλ (1)
— 37. συνάγω αὐτοὺς ἐκ πάσης τῆς γῆς (1)
— 39. φοβηθῆναί με πάσας τὰς ἡμέρας (1)
— 41. ἐν πάσῃ καρδίᾳ καὶ ἐν πάσῃ ψυχῇ (1, 1)
— 42. ἐπήγαγον . . . π. τὰ κακὰ τὰ μεγάλα τ. (1)
— 42. ἐπάξω . . . πάντα τὰ ἀγαθά (1)
40 (33). 5. περὶ πασῶν τῶν πονηριῶν αὐτῶν (1)
— 8. καθαριῶ αὐτοὺς ἀπὸ π. τῶν ἀδικιῶν αὐ. (1)
— 9. εἰς μεγαλειότητα παντὶ τῷ λαῷ τῆς γῆς (1)
— 9. οἵτινες ἀκούσονται πάντα τὰ ἀγαθά (1)
— 9. περὶ πάντων τῶν ἀγαθῶν καὶ περὶ πάσης τῆς εἰρήνης (1, 1)
— 11. ἀποστρέψω [S ἐπιστρ.] πᾶσαν τὴν ἀποικίαν τῆς γῆς [A τὴν ἀ. πάσης τῆς γῆς] –
— 12. ἐν πάσαις ταῖς πόλεσιν αὐτοῦ (1)
41 (34). 1. πᾶν τὸ στρατόπεδον αὐτοῦ καὶ πᾶσα ἡ γῆ ἀρχῆς αὐτοῦ ἐπολέμουν . . . ἐπὶ πάσας τὰς πόλεις Ἰούδα (1 ter)
— 6. ἐλάλησεν . . . πάντας τοὺς λόγους τούτους (1)
— 10. ἐπεστράφησαν πάντες οἱ μεγιστᾶνες καὶ π. ὁ λαός (1, 1)
— 17. εἰς διασπορὰν πάσαις ταῖς βασιλείαις τῆς γῆς (1)
42 (35). 3. ἐξήγαγον [A ἤγ.] . . . πᾶσαν τὴν οἰκίαν Ἀρχαβείν (1)
— 7. πάσας τὰς ἡμέρας [A add. τῆς ζωῆς] ὑμῶν (1)
— 8. πάσας τὰς ἡμέρας [A add. τῆς ζωῆς] ἡμῶν (1)
— 10. ἐποιήσαμεν [A om.] κατὰ πάντα (1)
— 17. B S φέρω ἐπὶ Ἰούδαν . . . πάντα τὰ κακά (1)
— 19. πάσας τὰς ἡμέρας τῆς γῆς (1)
43 (36). 2. γράψον . . . π. τοὺς λόγους (1)
— 2. ἐπὶ Ἰούδα καὶ ἐπὶ πάντα τὰ ἔθνη (1)
— 3. ἀκούσεται ὁ οἶκος Ἰούδα πάντα τὰ [A σὰ] κακά (1)
— 4. ἔγραψεν . . . πάντας τοὺς λόγους κυρίου (1)
— 6. ἐν ὠσὶ παντὸς Ἰούδα [A τοῦ λαοῦ] (1)
— 8. ἐποίησε Βαροὺχ κατὰ πάντα (1)
— 9. ἐξεκκλησίασαν νηστείαν . . . π. ὁ λαός (1)
— 10. ἐν ὠσὶ [A εἰς τὰ ὦ.] παντὸς τοῦ λαοῦ (1)
— 11. A ἤκουσε Μ. . . . π. [B S ἅπ.] τοὺς λόγους κυρίου (1)
— 12. ἐκεῖ πάντες οἱ ἄρχοντες ἐκάθηντο . . . καὶ πάντες οἱ ἄρχοντες (1, 1)
— 13. ἀπήγγειλεν αὐτοῖς Μ. π. τοὺς λόγους (1)
— 14. ἀπέστειλαν πάντες οἱ ἄρχοντες (1)
— 16. ὡς ἤκουσαν πάντας τοὺς λόγους (1)
— 16. AS ἀναγγείλωμεν . . . πάντας [B ἅπ.] τοὺς λόγους τούτους (1)
— 17. ποῦ [AS πόθεν] ἔγραψας πάντας [S om.] τοὺς λόγους τούτους (1)
— 18. ἀπήγγειλε μοι Ἱερ. πάντας τοὺς λόγους τούτους (1)
— 20. ἀνήγγειλαν τῷ βασιλεῖ πάντας τοὺς λόγους τούτους (1)
— 21. εἰς τὰ ὦτα πάντων [A om.] τῶν ἀρχόντων (1)
— 23. ἕως ἐξέλιπε π. ὁ χάρτης (1)
— 24. οἱ ἀκούοντες πάντας [A -ες] τοὺς λόγους τούτους (1)
— 27. μετὰ τὸ κατακαῦσαι . . . πάντας τοὺς λόγους –
— 28. γράψον πάντας [A ἅπ.] τοὺς λόγους (1)
— 31. ἐπάξω . . . πάντα τὰ κακά (1)
— 32. S ἔγραψεν . . . π. [A B ἅπ.] τοὺς λόγους (1)
44 (37). 10. ἐὰν πατάξητε π. δύναμιν τῶν Χ. (1)
45 (38). 4. ἐκλύει . . . τὰς χεῖρας παντὸς τοῦ λαοῦ (1)
— 22. πᾶσαι αἱ γυναῖκες . . . ἐξήγοντο (1)
— 27. ἦλθοσαν πάντες οἱ ἄρχοντες (1)
— 27. κατὰ πάντας τοὺς λόγους τούτους (1)
46 (39). 1. παρεγένετο . . . πᾶσα ἡ δύναμις αὐτοῦ (1)
— 3. εἰσῆλθον πάντες οἱ ἡγούμενοι [A S ἡγεμόνες] (1)
47 (40). 5. S εἰς πάντα [A B ἅπ.] τὰ ἀγαθά (1)
— 7. ἤκουσαν πάντες οἱ ἡγεμόνες τῆς δυνάμεως (1)

Je. 47 (40). 11. πάντες οἱ Ἰουδαῖοι οἱ ἐν Μωὰβ . . . καὶ οἱ ἐν π. τῇ γῇ ἤκουσαν (1, 1)
— 13. πάντες οἱ ἡγεμόνες τῆς δυνάμεως . . . ἦλθον (1)
— 15. διασπαρῇ π. Ἰούδα [A -ρήσονται πάντες οἱ Ἰουδαῖοι] (1)
48 (41). 3. ἐπάταξαν . . . πάντας τοὺς Ἰουδαίους . . . καὶ πάντας τοὺς X. (1, –)
— 9. ἔρριψεν ἐκεῖ Ἰσμαὴλ πάντας (1)
— 10. ἀπέστρεψεν Ἰσμαὴλ πάντα τὸν λαόν (1)
— 11. ἤκουσαν . . . π. οἱ ἡγεμόνες τῆς δυνάμεως οἱ μετ' αὐτοῦ π. τὰ κακά (1, 1)
— 12. S ἤγαγον π. [AB ἅπαν] τὸ στρατόπεδον αὐ. (1)
— 13. A ἴδον αὐτὸν π. ὁ λαὸς . . . τὸν Ἰ. καὶ π. [B S *om.*] τοὺς ἡγεμόνας (1, 1)
— 16. ἔλαβεν Ἰ. καὶ π. οἱ ἡγεμόνες τῆς δυνάμεως οἱ μετ' αὐτοῦ π. τοὺς καταλοίπους (1, 1)
49 (42). 1. προσῆλθον πάντες οἱ ἡγεμόνες . . . καὶ π. ὁ λαός (1, 1)
— 5. εἰ μὴ κατὰ πάντα τὸν λόγον (1)
— 8. A ἐκάλεσε . . . π. [B S *om.*] τοὺς ἡγεμόνας τῆς δυνάμ. καὶ πάντα τὸν λαόν (1, 1)
— 17. ἔσονται πάντες οἱ ἄνθρωποι καὶ πάντες οἱ ἀλλογενεῖς (1, –)
— 20. κατὰ πάντα . . . ποιήσομεν (1)
50 (43). 1. ἐπαύσατο Ἱερ. λέγων . . . π. τοὺς λόγους κυρίου . . . π. τοὺς λόγους τούτους (1, 1)
— 2. εἶπεν Ἀζαρίας . . . καὶ πάντες οἱ ἄνδρες (1)
— 4. οὐκ ἤκουσεν Ἰωάναν καὶ πάντες οἱ ἡγεμόνες τῆς δυνάμεως καὶ π. ὁ λαός (1, 1)
— 5. ἔλαβεν Ἰωάναν καὶ πάντες οἱ ἡγεμόνες τῆς δυνάμεως πάντας [A S ἅπ.] τοὺς καταλοίπους [A S λ.] Ἰούδα (1, 1)
— 6. A καὶ π. [B S *om.*] τὰς ψυχὰς ἃς κατέλιπε N. (1)
51 (44). 2. ἑωράκατε πάντα τὰ κακά (1)
— 8. εἰς ὀνειδισμὸν ἐν [A *om.*] πᾶσι τοῖς ἔθνεσι τῆς γῆς (1)
— 12. τοῦ ἀπολέσαι [S πολεμῆσαι] πάντας τοὺς καταλοίπους –
— 15. ἀπεκρίθησαν . . . πάντες [A ἅπ.] οἱ ἄνδρες . . . καὶ πᾶσαι αἱ γυναῖκες συναγωγὴ μεγάλη καὶ π. ὁ λαός (1 *ter*)
— 17. ποιήσομεν πάντα τὸν λόγον (1)
— 18. ἠλαττώθημεν πάντες [A *al.*] (1)
— 20. εἶπεν Ἱερεμίας παντὶ τῷ λαῷ . . . παντὶ τῷ λαῷ (1, 1)
— 26. π. Ἰούδα οἱ καθήμενοι ἐν γῇ Αἰγύπτῳ (1)
— 26. ἐν τῷ στόματι παντὸς Ἰούδα εἰπεῖν, Ζῇ κύριος ἐπὶ πάσῃ γῇ Αἰγ. (2 *a*, 1)
— 27. ἐκλείψουσι π. Ἰούδα (2 *a*)
— 35 (45. 5). ἐπάγω κακὰ ἐπὶ πᾶσαν σάρκα (1)
— 35 (45. 5). εἰς [S *om.*] εὕρεμα ἐν παντὶ τόπῳ (1)
52. 4. ἦλθε Ναβ. . . . καὶ π. ἡ δύναμις αὐ. (1)
— 7. πάντες οἱ ἄνδρες οἱ πολεμισταὶ ἐξῆλθον (1)
— 8. πάντες οἱ παῖδες αὐτοῦ διεσπάρησαν (1)
— 10. πάντας τοὺς ἄρχοντας Ἰούδα ἔσφαξεν (1)
— 13. πάσας τὰς οἰκίας τῆς πόλεως καὶ πᾶσαν οἰκίαν μεγάλην ἐνέπρησεν (1, 1)
— 14. πᾶν τεῖχος [A *add.* ἐν] Ἱερουσαλὴμ κύκλῳ καθεῖλεν (1)
— 18. πάντα τὰ σκεύη τὰ χαλκᾶ . . . ἔλαβεν (1)
— 22. τὰ πάντα χαλκᾶ (1)
— 23. ἦσαν αἱ π. ῥοαὶ ἑκατόν (1)
— 33. ἤσθιεν ἄρτον διὰ παντὸς . . . πάσας τὰς ἡμέρας ἃς ἔζησε (8 *g*, 1)
— 34. ἡ σύνταξις αὐτῷ ἐδίδοτο διὰ παντός (8 *g*)
Ba. 1. 3. ἐν ὠσὶ παντὸς τοῦ λαοῦ
— 4. ἐν ὠσὶ παντὸς τοῦ λαοῦ . . . πάντων τῶν ἐνοικούντων ἐν Βαβυλῶνι
— 7. πρὸς πάντα τὸν λαόν
— 21. κατὰ πάντας τοὺς λόγους τῶν προφητῶν
2. 2. οὐκ ἐποιήθη ὑποκάτω παντὸς τοῦ οὐρανοῦ
— 4. ἔδωκεν αὐτοὺς ὑποχειρίους πάσαις ταῖς βασιλείαις . . . ἐν πᾶσι τοῖς λαοῖς τοῖς κύκλῳ
— 8. πάντα τὰ κακὰ ταῦτα ἃ ἦλθεν ἐφ' ἡμᾶς
— 9. δίκαιος ὁ κύριος ἐπὶ πάντα τὰ ἔργα αὐτοῦ
— 12. ἐπὶ πᾶσι τοῖς δικαιώμασί σου
— 15. ἵνα γνῷ πᾶσα ἡ γῆ ὅτι σὺ κύριος
— 23. ἔσται πᾶσα ἡ γῆ εἰς ἄβατον
— 27. κατὰ πᾶσαν ἐπιείκειάν σου καὶ κατὰ πάντα οἰκτιρμόν σου
3. 7. ἀπεστρέψαμεν . . . πᾶσαν ἀδικίαν πατέρων ἡμῶν
— 8. κατὰ πάσας τὰς [A *om.*] ἀδικίας πατέρων ἡμῶν
— 32. ὁ εἰδὼς τὰ π. γινώσκει αὐτήν
— 36. ἐξεῦρε πᾶσαν ὁδὸν ἐπιστήμης

Ba. 4. 1. πάντες οἱ κρατοῦντες αὐτὴν [A -ῆς] εἰς ζωήν
5. 3. δείξει τῇ ὑπ' οὐρανὸν πάσῃ τὴν σὴν λαμπρότητα
— 7. συνέταξε . . . ταπεινοῦσθαι πᾶν ὄρος ὑψηλόν
— 8. ἐσκίασαν δὲ καὶ οἱ δρυμοὶ καὶ πᾶν ξύλον εὐωδίας
La. 1. 2. ἀπὸ πάντων τῶν ἀγαπώντων αὐτήν (1)
— 2. π. οἱ φιλοῦντες αὐτὴν ἠθέτησαν (1)
— 3. πάντες οἱ καταδιώκοντες [S δ.] αὐτήν (1)
— 4. πᾶσαι αἱ πύλαι αὐτῆς ἠφανισμέναι (1)
— 6. ἐξήρθη [A S[1] -ῆλθεν] . . . πᾶσα ἡ εὐπρέπεια αὐτῆς (1)
— 7. πάντα τὰ ἐπιθυμήματα αὐτῆς (1)
— 8. πάντες οἱ δοξάζοντες αὐτὴν ἐταπείνωσαν αὐτήν (1)
— 10. ἐπὶ πάντα τὰ ἐπιθυμήματα αὐτῆς (1)
— 11. π. ὁ λαὸς αὐτῆς καταστενάζοντες (1)
— 12. οἱ πρὸς ὑμᾶς πάντες παραπορευόμενοι ὁδόν (1)
— 15. ἐξῆρε πάντας τοὺς ἰσχυρούς μου ὁ κύριος (1)
— 18. ἀκούσατε δή, πάντες οἱ [S *om.*] λαοί (1)
— 21. πάντες οἱ ἐχθροί μου ἤκουσαν τὰ κακά μου (1)
— 22. εἰσέλθοι πᾶσα ἡ κακία αὐτῶν (1)
— 22. περὶ πάντων τῶν ἁμαρτημάτων μου (1)
2. 2. πάντα τὰ ὡραῖα Ἰακὼβ καθεῖλεν (1)
— 3. συνέκλασεν . . . πᾶν κέρας Ἰσραήλ (1)
— 3. κατέφαγε πάντα τὰ κύκλῳ –
— 4. ἀπέκτεινε πάντα τὰ [S *om.*] ἐπιθυμήματα (1)
— 5. A κατεπόντισε π. [B S *om.*] τὰς βάρεις αὐ. (1)
— 15. ἐκρότησαν . . . πάντες οἱ παραπορευόμενοι ὁδόν (1)
— 15. στέφανος εὐφροσύνης πάσης τῆς γῆς (1)
— 16. διήνοιξαν ἐπὶ σὲ στόμα αὐ. πάντες οἱ ἐχθροί σου (1)
— 19. ἐπ' ἀρχῆς πασῶν ἐξόδων (1)
— 22. ἐπλήθυνα ἐχθρούς μου πάντας †
3. 14. ἐγενήθην γέλως παντὶ [A π. τῷ] λαῷ μου (1)
— 34. τοῦ ταπεινῶσαι . . . πάντας δεσμίους γῆς (1)
— 46. διήνοιξαν . . . τὸ στόμα αὐτῶν πάντες οἱ ἐχθροὶ ἡμῶν (1)
— 51. παρὰ πάσας θυγατέρας πόλεως (1)
— 52. π. [A *om.*] οἱ ἐχθροί μου δωρεὰν ἐθανάτωσαν –
— 60. εἶδες πᾶσαν τὴν ἐκδίκησιν αὐτῶν εἰς πάντας τοὺς διαλογισμοὺς αὐτῶν (1, 1)
— 61. ἤκουσας . . . πάντας τοὺς διαλογισμοὺς αὐτῶν (1)
4. 1. ἐπ' ἀρχῆς πασῶν ἐξόδων (1)
— 12. πάντες οἱ κατοικοῦντες τὴν οἰκουμένην (1)
Ep. Je. 25. ἐκ πάσης τιμῆς ἠγορασμένα ἐστίν
— 44. R πάντα τὰ γενόμενα ἐν [A παρ', B *om.*] αὐτοῖς ἐστι ψευδῆ
— 51. τοῖς ἔθνεσι π. τοῖς τε βασ. φανερὸν ἔσται
— 61. ἐν πάσῃ χώρᾳ πνεῖ
— 71. ἐφ' ἧς πᾶν ὄρνεον ἐπικάθηται
Ez. 3. 7. π. ὁ οἶκος Ἰσραὴλ φιλόνεικοί εἰσι (1)
— 8. ἔσται διὰ παντὸς κραταιότερον πέτρας –
— 10. πάντας τοὺς λόγους . . . λάβε εἰς τὴν καρδίαν σου (1)
4. 6. A συντελέσεις αὐτὰ πάντα [B σ. ταῦτα] –
— 14. οὐδὲ εἰσελήλυθεν . . . πᾶν κρέας ἕωλον –
5. 4. ἐρεῖς παντὶ οἴκῳ Ἰσραήλ (1)
— 9. κατὰ πάντα τὰ βδελύγματά σου (1)
— 10. διασκορπιῶ πάντας τοὺς καταλοίπους σου εἰς πάντα ἄνεμον (1, 1)
— 11. ἐμίανας ἐν πᾶσι τοῖς βδελύγμασί [A προσοχθίσμασίν σου καὶ ἐν πᾶσιν τοῖς βδ.] σου (1, 1)
— 12. τὸ τέταρτόν σου εἰς πάντα ἄνεμον σκορπιῶ [A διασπερῶ] αὐτούς (1)
— 14. ἐνώπιον παντὸς διοδεύοντος (1)
6. 6. διασκορπιῶ . . . ἐν πάσῃ τῇ κατοικίᾳ ὑμῶν (1)
— 9. ἐν π. τοῖς βδελύγμασιν αὐτῶν [A *add.* καὶ ἐν π. τοῖς ἐπιτηδεύμασιν αὐτῶν] (1, –)
— 11. εὖγε ἐπὶ πᾶσι τοῖς βδελύγμασιν οἴκου Ἰσραήλ (1)
— 13. ἐπὶ πάντα βουνὸν ὑψηλόν (1)
— 13. A ἐν πάσαις κορυφαῖς τῶν ὀρέων (1)
— 13. A ὑποκάτω πάσης δρυὸς δασείας (1)
— 13. ἔδωκαν ἐκεῖ ὀσμὴν εὐωδίας πᾶσι τοῖς εἰδώλοις αὐτῶν (1)
— 14. ἐκ πάσης τῆς κατοικεσίας [A -κίας] αὐτῶν (1)
7. 9 (8), 7 (3). δώσω ἐπὶ σὲ πάντα τὰ βδελύγματά σου (1)
— 12. A ὀργὴ εἰς πᾶν τὸ πλῆθος αὐτῆς (1)
— 13. A ὅρασις εἰς πᾶν τὸ πλῆθος αὐτῆς οὐκ ἀνακάμψει (1)
— 14. A ἡ ὀργή μου εἰς πᾶν τὸ πλῆθος αὐτῆς (1)
— 16. πάντας ἀποκτενῶ (1)

Ez. 7. 17. πᾶσαι χεῖρες ἐκλυθήσονται καὶ πάντες μηροὶ μολυνθήσονται (1, 1)
— 18. ἐπὶ πᾶν πρόσωπον αἰσχύνη . . . καὶ ἐπὶ πᾶσαν κεφαλὴν φαλάκρωμα (1, 1)
8. 10. A πᾶσα ὁμοίωσις ἑρπετοῦ (1)
— 10. πάντα τὰ εἴδωλα οἴκου Ἰσραήλ (1)
9. 4. ἐπὶ τὰ μέτωπα . . . τῶν κατωδυνωμένων ἐπὶ πάσαις ταῖς ἀνομίαις (1)
— 6. ἐπὶ δὲ πάντας ἐφ' οὓς ἐστι τὸ σημεῖον μὴ ἐγγίσητε (5 *a*)
11. 15. π. ὁ οἶκος τοῦ Ἰσραὴλ συντετέλεσται (1)
— 16. διασκορπιῶ αὐτοὺς εἰς πᾶσαν [A π. τὴν] γῆν –
— 18. ἐξαροῦσι πάντα τὰ βδελύγματα αὐτῆς καὶ πάσας τὰς ἀνομίας αὐτῆς (1, 1)
— 25. ἐλάλησα . . . πάντας τοὺς λόγους τοῦ κυρίου (1)
12. 7. ἐποίησα οὕτως κατὰ πάντα –
— 10. παντὶ οἴκῳ Ἰσραήλ (1)
— 14. πάντας τοὺς κύκλῳ αὐτοῦ . . . καὶ πάντας τοὺς ἀντιλαμβανομένους αὐτοῦ διασπερῶ εἰς πάντα ἄνεμον (1 *ter*)
— 16. ὅπως ἐκδιηγῶνται πάσας [A *om.*] τὰς ἀνομίας αὐτῶν (1)
— 19. ἐν ἀσεβείᾳ γὰρ πάντες οἱ κατοικοῦντες ἐν αὐτῇ (1)
— 23. λόγος πάσης ὁράσεως (1)
— 24. οὐκ ἔσται ἔτι πᾶσα ὅρασις ψευδής (1)
— 28. οὐ μὴ μηκύνωσιν οὐκέτι πάντες οἱ λόγοι μου (1)
13. 18. ὑπὸ [A ἐπὶ] πάντα ἀγκῶνα χειρὸς καὶ ποιούσαις ἐπιβόλαια ἐπὶ πᾶσαν κεφαλὴν πάσης ἡλικίας (1, –, 1)
14. 6. ἀποστρέψατε . . . ἀπὸ πασῶν τῶν ἀσεβειῶν ὑμῶν (1)
— 11. ἵνα μὴ μιαίνωνται ἔτι ἐν πᾶσι τοῖς παραπτώμασιν αὐτῶν (1)
— 22. AR πάντα τὰ [B[2] *om.*] κακὰ ἃ ἐπήγαγον ἐπ' αὐτήν (1)
— 23. οὐ μάτην πεποίηκα πάντα (1)
15. 2. ἐκ πάντων τῶν ξύλων τῶν κλημάτων (1)
— 3. τοῦ κρεμάσαι ἐπ' αὐτὸν πᾶν σκεῦος (1)
16. 5. τοῦ ποιῆσαί σοι ἓν ἐκ πάντων τούτων –
— 15. ἐξέχεας τὴν πορνείαν σου ἐπὶ πάντα πάροδον (1)
— 22. τοῦτο παρὰ πᾶσαν τὴν πορνείαν σου (1)
— 23. ἐγένετο μετὰ πάσας τὰς κακίας σου (1)
— 24. ἐποίησας σεαυτῇ ἔκθεμα ἐν πάσῃ πλατείᾳ (1)
— 25. ἐπ' ἀρχῆς πάσης ὁδοῦ [A ἀρχὴν πασῶν ἐξόδων] ᾠκοδόμησας τὰ πορνεῖά σου (1)
— 25. διήγαγες [A ἤγ.] τὰ σκέλη σου παντὶ παρόδῳ (1)
— 30. ἐν τῷ ποιῆσαί σε πάντα ταῦτα [A *om.* π. τ.] ἔργα (1)
— 31. τὸ πορνεῖον ᾠκοδόμησας ἐν πάσῃ ἀρχῇ [A ἐπὶ πάσης ἀρχῆς] ὁδοῦ . . . ἐν πάσῃ πλατείᾳ (1, 1)
— 33. πᾶσι τοῖς ἐκπορνεύσασιν αὐτήν (1)
— 33. δέδωκας μισθώματα [A *om.* δ. μ.] πᾶσι τοῖς ἐρασταῖς σου (1)
— 36. εἰς [A ἐπὶ] πάντα τὰ ἐνθυμήματα τῶν ἀνομιῶν σου (1)
— 37. ἐπισυνάγω πάντας τοὺς ἐραστάς σου . . . καὶ πάντας οὓς ἠγάπησας σὺν πᾶσιν οἷς ἐμίσεις (1 *ter*)
— 37. ὄψονται πᾶσαν τὴν αἰσχύνην σου (1)
— 43. ἐλύπεις με ἐν πᾶσι τούτοις (1)
— 43. ἐποίησας τὴν ἀσέβειαν ἐπὶ π. ταῖς ἀνομίαις σου (1)
— 44. ταῦτά ἐστι πάντα ὅσα εἶπαν κατὰ σοῦ (1)
— 47. ὑπέρκεισαι αὐτὰς ἐν π. ταῖς ὁδοῖς σου (1)
— 51. ἐδικαίωσας τὰς ἀδελφάς σου ἐν π. ταῖς ἀνομίαις σου (1)
— 54. ἀτιμωθήσῃ ἐκ πάντων ὧν ἐποίησας (1)
— 57. ὄνειδος εἶ . . . πάντων τῶν κύκλῳ αὐτῆς (1)
— 63. κατὰ πάντα ὅσα ἐποίησας (1)
17. 9. ξηρανθήσεται π. τὰ προανατέλλοντα αὐτῆς (1)
— 18. πάντα ταῦτα ἐποίησεν αὐτῷ (1)
— 21. A π. φυγαδείας αὐτοῦ [B *om.* π. . . . αὐ.] ἐν πάσῃ τῇ [B *om.*] παρατάξει αὐτοῦ ἐν ῥομφαίᾳ πεσοῦνται (1, 1)
— 21. τοὺς καταλοίπους εἰς πάντα ἄνεμον διασπερῶ (1)
— 23. ἀναπαύσεται ὑποκάτω αὐτοῦ πᾶν ὄρνεον καὶ πᾶν πετεινὸν [A θηρίον κ. τὰ πετ.] ὑπὸ τὴν σκιὰν αὐτοῦ ἀναπαύσεται (1, 1)

Ez. 17. 24. γνώσονται π. τὰ ξύλα τοῦ πεδίου (1)
18. 4. π. αἱ ψυχαὶ ἐμαί εἰσιν (1)
— 13. π. τὰς ἀνομίας ταύτας ἐποίησε (1)
— 14. ἴδῃ π. τὰς ἁμαρτίας τοῦ πατρὸς αὐτοῦ (1)
— 19. πάντα τὰ νόμιμά μου συνετήρησε (1)
— 21. ἐὰν ἀποστρέψῃ ἐκ π. τῶν ἀνομιῶν αὐτοῦ . . . καὶ φυλάξηται π. τὰς ἐντολάς μου (1, 1)
— 22. π. τὰ παραπτώματα αὐτοῦ [A π. αἱ ἀδικίαι] . . . οὐ μνησθήσονται (1)
— 24. ποιῆσαι ἀδικίαν κατὰ π. τὰς ἀνομίας ἃς ἐποίησεν ὁ ἄνομος π. αἱ δικαιοσύναι αὐτοῦ . . . οὐ μὴ μνησθῶσιν (1, 1)
— 25. R ἀκούσατε δὴ π. ὁ [A *om.*, B *om.* π. ὁ] οἶκος Ἰσραήλ –
— 28. ἀπέστρεψεν ἐκ π. [A π. τῶν] ἀσεβειῶν αὐ. (1)
— 30. ἀποστρέψατε ἐκ π. τῶν ἀσεβειῶν ὑμῶν (1)
— 31. ἀπορρίψατε ἀφ' ἑαυτῶν π. τὰς ἀσεβείας ὑμῶν (1)
— 31. A ποιήσατε πάσας τὰς ἐντολάς μου –
20. 6, 15. κηρίον ἐστὶ παρὰ π. τὴν γῆν (1)
— 26. ἐν τῷ διαπορεύεσθαί με πᾶν διανοῖγον μήτραν (1)
— 28. ἴδον πάντα [A B² πᾶν] βουνὸν ὑψηλὸν καὶ πᾶν ξύλον κατάσκιον (1, 1)
— 31. ἐν π. τοῖς ἐνθυμήμασιν ὑμῶν (1)
— 40. δουλεύσουσί μοι π. οἶκος Ἰσραήλ (1)
— 40. ἐπισκέψομαι . . . ἐν π. τοῖς ἁγιάσμασιν ὑμῶν (1)
— 43. κόψεσθε τὰ πρόσωπα ὑμῶν ἐν π. ταῖς κακίαις ὑμῶν (1)
— 47 (21. 3). A R καταφάγεται ἐν σοὶ πᾶν [B *om.*] ξύλον χλωρὸν καὶ πᾶν ξύλον ξηρόν (1, 1)
— 47 (21. 3). κατακαυθήσεται ἐν αὐτῇ πᾶν πρόσωπον (1)
— 48 (21. 4). ἐπιγνώσεται πᾶσα σάρξ (1)
21. 4 (9). ἐξελεύσεται τὸ ἐγχειρίδιόν μου . . . ἐπὶ πᾶσαν σάρκα (1)
— 5 (10). ἐπιγνώσεται πᾶσα σάρξ (1)
— 7 (12). θραυσθήσεται πᾶσα καρδία καὶ πᾶσαι χεῖρες παραλυθήσονται καὶ ἐκψύξει πᾶσα σὰρξ καὶ πᾶν πνεῦμα καὶ πάντες μηροὶ μολυνθήσονται (1, 1, –, 1, 1)
— 10 (15). ἀπωθοῦ πᾶν ξύλον (1)
— 12 (17). αὕτη ἐν π. τοῖς ἀφηγουμένοις τοῦ Ἰσραήλ (1)
— 15 (20). A θραυσθήσεται πᾶσα [B μὴ θραυσθῇ ἡ] καρδία –
— 15 (20). πληθυνθῶσιν οἱ ἀσθενοῦντες ἐπὶ πᾶσαν πύλην (1)
— 24 (29). τοῦ ὁραθῆναι ἁμαρτίας ὑμῶν ἐν π. ταῖς ἀσεβείαις ὑμῶν (1)
22. 2. παράδειξον αὐτῇ π. τὰς ἀνομίας αὐτῆς (1)
— 4. εἰς ἐμπαιγμὸν π. ταῖς χώραις (1)
— 18. ἀναμεμιγμένοι πάντες χαλκῷ [A *al.*] (1)
— 19. A ἀνθ' ὧν ἐγένεσθε πάντες [B *om.*] εἰς σύγκρασιν μίαν (1)
23. 6. πάντες ἱππεῖς [A¹ -οις] ἱππαζόμενοι (1)
— 7. ἐπίλεκτοι υἱοὶ Ἀσσυρίων πάντες καὶ ἐπὶ πάντας οὓς ἐπέθετο· ἐν π. τοῖς ἐνθυμήμασιν αὐτοῖς ἐμιαίνετο (1 *ter*)
— 12. νεανίσκοι ἐπίλεκτοι πάντες (1)
— 15. ὄψις τρισσὴ πάντων (1)
— 23. ἐπάξω . . . π. τοὺς Χαλδαίους . . . καὶ πάντας υἱοὺς Ἀσσυρίων . . . πάντας τρισσούς (1 *ter*)
— 24 (23). πάντες ἥξουσιν ἐπὶ σὲ ἀπὸ βορρᾶ (1)
— 29. λήψονται π. τοὺς πόνους σου (1)
— 48. παιδευθήσονται π. αἱ γυναῖκες (1)
24. 4. ἔμβαλε . . . πᾶν διχοτόμημα καλόν (1)
— 24. κατὰ πάντα ὅσα ἐποίησα ποιήσετε (1)
25. 8. ὃν τρόπον π. τὰ ἔθνη οἶκος Ἰσραήλ (1)
26. 11. καταπατήσουσί σου πάσας τὰς πλατείας (1)
— 16. καταβήσονται . . . π. οἱ ἄρχοντες (1)
— 17. ἡ δοῦσα τὸν φόβον αὐτῆς π. τοῖς κατοικοῦσιν αὐτήν (1)
27. 9. π. τὰ πλοῖα τῆς θαλάσσης . . . ἐγένοντό σοι (1)
— 12. ἀπὸ πλήθους πάσης ἰσχύος σου (1)
— 18. ἐκ πλήθους πάσης δυνάμεώς σου (1)
— 21. ἡ Ἀραβία καὶ π. οἱ ἄρχοντες Κηδάρ (1)
— 27. π. οἱ ἄνδρες οἱ πολεμισταί σου οἱ ἐν σοὶ καὶ πᾶσα [A π. ἡ] συναγωγή σου (1, 1)

Ez. 27. 29. καταβήσονται ἀπὸ τῶν πλοίων π. οἱ κωπηλάται (1)
— 33. ἐπλούτισας πάντας [A π. τοὺς] βασιλεῖς –
— 34. π. ἡ συναγωγή σου . . . ἔπεσον π. [A καὶ] οἱ κωπηλάται σου (1, –)
— 35. π. οἱ κατοικοῦντες τὰς νήσους (1)
28. 13. πᾶν [A πάντα] λίθον χρηστὸν ἐνδέδεσαι (1)
— 18. ἐναντίον π. τῶν ὁρώντων σε (1)
— 19. π. οἱ ἐπιστάμενοί σε ἐν τοῖς ἔθνεσι (1)
— 26. ὅταν ποιήσω κρίμα ἐν π. τοῖς ἀτιμάσασιν αὐτούς (1)
29. 4. A καὶ π. τοὺς ἰχθύας τοῦ ποταμοῦ σου (1)
— 5. καταβαλῶ . . . π. τοὺς ἰχθύας τοῦ ποταμοῦ σου (1)
— 6. γνώσονται π. οἱ κατοικοῦντες Αἴγυπτον (1)
— 7. ἐπεκρότησεν ἐπ' αὐτοὺς πᾶσα χείρ (1)
— 7. συνέκλασας αὐτῶν πᾶσαν ὀσφύν (1)
— 9. A ἔσται π. [B *om.*] ἡ γῆ Αἰγύπτου ἀπώλεια –
— 10. ἐγὼ ἐπὶ σὲ καὶ ἐπὶ π. τοὺς ποταμούς σου –
— 14 (15). ἔσται ἀρχὴ ταπεινὴ παρὰ π. τὰς ἀρχάς –
— 18. πᾶσα κεφαλὴ φαλακρὰ [A -ρωμα] καὶ π. ὦμος μαδῶν (1)
— 21. ἀνατελεῖ κέρας π. τῷ οἴκῳ Ἰσραήλ –
30. 5. Λίβυες καὶ π. οἱ ἐπίμικτοι . . . πεσοῦνται (1)
— 8. A γνώσονται πάντες [B *om.*] ὅτι ἐγώ εἰμι κύριος –
— 8. π. οἱ βοηθοῦντες αὐτῇ (1)
— 11. ἐκκενώσουσι πάντες τὰς μαχαίρας αὐτῶν –
— 26. γνώσονται πάντες ὅτι ἐγὼ εἰμι κύριος –
31. 4. ἐξαπέστειλεν εἰς π. τὰ ξύλα τοῦ πεδίου (1)
— 5. ὑψώθη τὸ μέγεθος αὐτοῦ παρὰ π. τὰ ξύλα (1)
— 6. ἐνόσσευσαν π. τὰ πετεινὰ . . . ἐγεννῶσαν π. τὰ θηρία . . . κατῴκησε πᾶν πλῆθος ἐθνῶν (1 *ter*)
— 8. πᾶν ξύλον ἐν τῷ παραδείσῳ τοῦ θεοῦ (1)
— 12. ἐν π. ταῖς φάραγξιν ἔπεσαν οἱ κλάδοι αὐ. καὶ συνετρίβη τὰ στελέχη αὐ. ἐν π. πεδίῳ τῆς γῆς καὶ κατέβησαν ἀπὸ τῆς σκέπης αὐ. π. οἱ λαοὶ τῶν ἐθνῶν (1 *ter*)
— 13. ἀνεπαύσαντο π. τὰ πετεινὰ . . . ἐπὶ τὰ στελέχη αὐτοῦ ἐγίνοντο π. τὰ θηρία (1, 1)
— 14. μὴ ὑψωθῶσιν . . . π. τὰ ξύλα τὰ ἐν τῷ ὕδατι (1)
— 14. π. οἱ πίνοντες ὕδωρ πάντες ἐδόθησαν εἰς θάνατον (1, 1)
— 15. π. τὰ ξύλα τοῦ πεδίου (1)
— 16. παρεκάλουν αὐτὸν . . . π. τὰ ξύλα τῆς τρυφῆς καὶ τὰ ἐκλεκτὰ τοῦ Λιβάνου π. τὰ πίνοντα ὕδωρ (1, 1)
— 17. A π. [B *om.*] οἱ κατοικοῦντες ὑπὸ τὴν σκέπην αὐτοῦ –
— 18. A οὕτως Φαραὼ καὶ π. [B *om.*] τὸ πλῆθος (1)
32. 4. ἐπικαθιῶ ἐπὶ σὲ π. τὰ πετεινὰ . . . ἐμπλήσω π. τὰ θηρία π. τῆς γῆς (1, –, 1)
— 5. A ἐμπλήσω ἀπὸ τοῦ αἵματός σου πᾶσαν γῆν [B *om.* π. γ.] †
— 8. π. τὰ φαίνοντα φῶς ἐν τῷ οὐρανῷ (1)
— 12. λοιμοὶ ἀπὸ ἐθνῶν πάντες (1)
— 12. συντριβήσεται π. ἡ ἰσχὺς αὐτῆς (1)
— 13. A R ἀπολῶ π. τὰ [B *om.*] κτήνη αὐτῆς (1)
— 15. διασπείρω π. τοὺς κατοικοῦντας ἐν αὐτῇ (1)
— 16. ἐπὶ π. τὴν ἰσχὺν αὐτῆς θρηνήσουσιν αὐτήν (1)
— 19. κοιμηθήσεται π. ἡ ἰσχὺς αὐτοῦ –
— 22. Ἀσσοὺρ καὶ π. ἡ συναγωγὴ αὐτοῦ πάντες τραυματίαι ἐκεῖ ἐδόθησαν (1, 1)
— 23. π. οἱ [A *om.*] τραυματίαι οἱ πεπτωκότες μαχαίρᾳ (1)
— 23. A πάντες αὐτοὶ τραυματίαι –
— 24. π. ἡ δύναμις αὐτοῦ . . . π. οἱ τραυματίαι (1, 1)
— 26. ἐδόθησαν . . . π. ἡ ἰσχὺς αὐτῶν . . . πάντες τραυματίαι αὐτοῦ πάντες ἀπερίτμητοι (1, –, 1)
— 27. ἐξεφόβησαν πάντας [A¹ γίγαντας] ἐν τῇ ζωῇ αὐτῶν †
— 29. A π. οἱ ἄρχοντες Ἀσσύριοι [B οἱ ἄ. Ἀσσούρ] (1)
— 30. A π. [B *om.*] οἱ ἄρχοντες τοῦ βορρᾶ –
— 30. πάντες [A *add.* αὐτοὶ πάντες] στρατηγοὶ Ἀσσούρ (1, 1)
— 31. παρακληθήσεται ἐπὶ π. τὴν ἰσχὺν [A π. τῇ ἰσχύϊ] αὐτῶν (1)
— 31. A π. ἡ δύναμις αὐτοῦ (1)

Ez. 32. 32. καὶ π. τὸ πλῆθος αὐτοῦ μετ' αὐτοῦ (1)
33. 13. π. αἱ δικαιοσύναι αὐτοῦ οὐ μὴ ἀναμνησθῶσιν [A μν.] (1)
— 16. π. αἱ ἁμαρτίαι αὐτοῦ . . . οὐ μὴ ἀναμνησθῶσιν [A μν.] (1)
— 29. ἐρημωθήσεται διὰ π. τὰ βδελύγματα αὐτῶν (1)
34. 5. ἐγενήθη εἰς κατάβρωμα π. τοῖς θηρίοις (1)
— 6. διεσπάρη τὰ πρόβατά μου ἐν παντὶ ὄρει καὶ ἐπὶ πᾶν [A πάντα] βουνόν (1, 1)
— 6. A ἐπὶ παντὶ προσώπῳ πάσης τῆς γῆς διεσπάρη [B *al.*] (1, –)
— 8. εἰς κατάβρωμα π. τοῖς θηρίοις (1)
— 12. ἀπελάσω [A συνάξω] αὐτὰ ἀπὸ παντὸς τόπου (1)
— 13. βοσκήσω αὐτοὺς . . . ἐν πάσῃ κατοικίᾳ τῆς γῆς (1)
— 21. π. τὸ ἐκλεῖπον ἐξεθλίβετε (1)
35. 8. A ἐμπλήσω . . . π. [B *om.*] τὰς φάραγγάς σου –
— 8. ἐν π. τοῖς πεδίοις σου τετραυματισμένοι μαχαίρᾳ πεσοῦνται ἐν σοί (1)
— 14. ἐν τῇ εὐφροσύνῃ π. τῆς γῆς (1)
— 15. καὶ π. ἡ Ἰδουμαία (1)
36. 5. ἐλάλησα . . . ἐπὶ τὴν Ἰδουμαίαν πᾶσαν (1)
— 10. πᾶν οἶκον Ἰσραὴλ εἰς τέλος (1)
— 24. ἀθροίσω ὑμᾶς ἐκ π. τῶν γαιῶν (1)
— 25. καθαρισθήσεσθε ἀπὸ π. τῶν ἀκαθαρσιῶν ὑμῶν καὶ ἀπὸ π. τῶν εἰδώλων ὑμῶν (1, 1)
— 29. σώσω ὑμᾶς ἐκ π. τῶν ἀκαθαρσιῶν ὑμῶν (1)
— 33. ᾗ καθαριῶ ὑμᾶς ἐκ πασῶν [A π. τῶν] ἀνομιῶν ὑμῶν (1)
— 34. κατ' ὀφθαλμοὺς παντὸς παροδεύοντος (1)
37. 11. τὰ ὀστᾶ ταῦτα π. οἶκος Ἰσραήλ ἐστι (1)
— 16. γράψεις . . . π. τοὺς υἱοὺς Ἰσραήλ (1)
— 21. λαμβάνω πάντα οἶκον Ἰσραήλ †
— 21. συνάξω αὐτοὺς ἀπὸ π. τῶν περικύκλῳ αὐτῶν –
— 22. A ἄρχων εἷς ἔσται πάντων [B *om.*] αὐτῶν (1)
— 23. A καὶ ἐν π. ταῖς βασιλείαις αὐτῶν (1)
— 23. ῥύσομαι αὐτοὺς ἀπὸ π. τῶν ἀνομιῶν (1)
— 24. ἔσται ποιμὴν εἷς πάντων (1)
38. 4. συνάξω σε καὶ π. τὴν δύναμίν σου ἵππους καὶ ἱππεῖς ἐνδεδυμένους θώρακας πάντας (1, 1)
— 5. πάντες περικεφαλαίαις καὶ πέλταις (1)
— 6 *bis*. πάντες οἱ περὶ αὐτόν (1)
— 7. ἑτοίμασον σεαυτὸν σὺ καὶ π. ἡ συναγωγή σου (1)
— 9. καὶ π. οἱ περὶ σέ (1)
— 11. ἥξω ἐπὶ . . . πάντας κατοικοῦντας γῆν [A πόλεις] (1)
— 13. π. αἱ κῶμαι αὐτῶν [A αἱ χῶραι αὐτῆς] ἐροῦσί σοι (1)
— 15. ἀναβάται ἵππων πάντες (1)
— 16. ἵνα γνῶσι π. τὰ ἔθνη ἐμέ –
— 20. σεισθήσονται . . . π. τὰ ἑρπετὰ . . . καὶ π. οἱ ἄνθρωποι (1, 1)
— 20. πᾶν τεῖχος ἐπὶ τὴν γῆν πεσεῖται (1)
— 21. καλέσω ἐπ' αὐτὸ καὶ πᾶν φόβον (1)
— 22. βρέξω ἐπ' αὐτὸν καὶ ἐπὶ π. τοὺς μετ' αὐτοῦ –
39. 4. πεσῇ σὺ καὶ π. οἱ περὶ σέ (1)
— 4. παντὶ πετεινῷ καὶ π. τοῖς θηρίοις . . . δέδωκά σε (1, –)
— 7. A γνώσονται π. [B *om.*] τὰ ἔθνη –
— 11. κατορύξουσιν ἐκεῖ τὸν Γὼγ καὶ π. τὸ πλῆθος αὐτοῦ (1)
— 13. κατορύξουσιν αὐτοὺς π. ὁ λαὸς τῆς γῆς (1)
— 14. A ἄνδρας διὰ παντὸς διαστελοῦσιν ἐπιπορευομένους π. [B *om.*] τὴν γῆν (8*g*, –)
— 15. A π. ὁ διαπορευόμενος πᾶσαν [B *om.*] τὴν γῆν –, –
— 17. εἰπὸν παντὶ ὀρνέῳ πετεινῷ καὶ πρὸς π. τὰ θηρία . . . συνάχθητε ἀπὸ π. τῶν περικύκλῳ (1, 1, –)
— 18. οἱ μόσχοι ἐστεατωμένοι πάντες (1)
— 20. πάντα ἄνδρα πολεμιστήν (1)
— 21. ὄψονται π. τὰ ἔθνη τὴν κρίσιν μου (1)
— 23. γνώσονται π. τὰ ἔθνη –
— 23. ἔπεσαν πάντες μαχαίρᾳ –
40. 4. τάξον εἰς τὴν καρδίαν σου πάντα [A -ας] (1)
— 4. καὶ δείξεις πάντα (1)
42. 8. τὸ π. πηχῶν ἑκατόν –

Ez. 42. 11. κατὰ π. τὰς ἐξόδους αὐτῶν καὶ κατὰ π. τὰς ἐπιστροφὰς αὐτῶν (1, -)
— 14. ὅπως διὰ παντὸς ἅγιοι ὦσιν οἱ προσάγοντες -
43. 11. λήψονται τὴν κόλασιν αὐτῶν περὶ πάντων (1)
— 11. διαγράψεις . . . π. τὰ προστάγματα αὐτοῦ καὶ π. τὰ νόμιμα αὐτοῦ γνωριεῖς αὐτοῖς (1, 1)
— 11. φυλάξονται π. τὰ δικαιώματά μου καὶ π. τὰ προστάγματά μου (1, 1)
— 12. π. τὰ ὅρια αὐτοῦ κυκλόθεν ἅγια ἁγίων (1)
44. 5. ἄκουε πάντα ὅσα ἐγὼ λαλῶ μετὰ σοῦ κατὰ π. τὰ προστάγματα . . . καὶ κατὰ π. τὰ νόμιμα αὐτοῦ . . . κατ' π. τὰς ἐξόδους αὐτοῦ ἐν π. τοῖς ἁγίοις (1 *quater*, -)
— 6. ἱκανούσθω ὑμῖν ἀπὸ π. τῶν ἀνομιῶν ὑμῶν (1)
— 7. παρεβαίνετε . . . ἐν π. ταῖς ἀνομίαις ὑμῶν (1)
— 9. π. υἱὸς ἀλλογενὴς . . . οὐκ εἰσελεύσεται εἰς τὰ ἅγιά μου ἐν πᾶσιν υἱοῖς ἀλλογενῶν (1, 1)
— 14. εἰς π. τὰ ἔργα αὐτοῦ καὶ εἰς πάντα ὅσα ἂν ποιήσωσιν (1, 1)
— 21. οἶνον οὐ μὴ πίωσι π. ἱερεύς (1)
— 24. τὰ προστάγματά μου ἐν π. ταῖς ἑορταῖς μου φυλάξονται (1)
— 29. πᾶν ἀφόρισμα ἐν τῷ Ἰσραὴλ αὐτοῖς ἔσται (1)
— 30. ἀπαρχαὶ πάντων καὶ τὰ πρωτότοκα πάντων καὶ τὰ ἀφαιρέματα π. (1 *ter*)
— 30. ἐκ πάντων τῶν ἀπαρχῶν ὑμῶν τοῖς ἱερεῦσιν ἔσται (1)
— 31. πᾶν θνησιμαῖον . . . οὐ φάγονται (1)
45. 1. ἅγιον ἔσται ἐν π. τοῖς ὁρίοις αὐτοῦ κυκλόθεν (1)
— 6. ἡ ἀπαρχὴ τῶν ἁγίων παντὶ οἴκῳ Ἰσραὴλ ἔσονται (1)
— 15. ἀφαίρεμα ἐκ π. τῶν πατριῶν τοῦ Ἰσραήλ -
— 16. π. ὁ λαὸς δώσει τὴν ἀπαρχὴν ταύτην (1)
— 17. ἐν π. ταῖς ἑορταῖς οἴκου Ἰσραήλ (1)
— 22. ποιήσει ὁ ἀφηγούμενος . . . ὑπὲρ π. τοῦ λαοῦ τῆς γῆς (1)
46. 15 (14). πρόσταγμα [A *add.* αἰώνιον] διὰ παντὸς ποιήσετε τὸν ἀμνόν (8g)
— 15. ὁλοκαύτωμα διὰ παντός (8g)
47. 9. ἔσται πᾶσα ψυχὴ τῶν ζῴων τῶν ἐκζεόντων ἐπὶ πάντα (1, 1)
— 9. ζήσεται πᾶν ἐφ' ὃ ἂν ἔλθῃ ὁ ποταμός (1)
— 12. ἐπὶ τοῦ χείλους αὐτοῦ . . . πᾶν ξύλον βρώσιμον (1)
48. 13. π. τὸ μῆκος πέντε καὶ εἴκοσι χιλιάδες (1)
— 19. ἐργῶνται αὐτὴν ἐκ π. τῶν φυλῶν τοῦ Ἰσραήλ (1)
— 20. π. ἡ ἀπαρχὴ πέντε καὶ εἴκοσι χιλιάδες (1)
Da. LXX. Su. 4. διὰ τὸ εἶναι αὐτὸν ἐνδοξότερον πάντων
— 28. συνήδρευσαν οἱ ὄντες ἐκεῖ π. οἱ υἱοὶ Ἰσρ.
— 33. ἐκλαίοσαν οἱ παρ' αὐτῆς πάντες καὶ ὅσοι αὐτὴν ᾔδεισαν πάντες
— 35. ὁ εἰδὼς τὰ π. πρὶν γενέσεως αὐτῶν
— 41. ἐπίστευσεν αὐτοῖς ἡ συναγωγὴ π.
— 60. π. ἡ συναγωγὴ ἀνεβόησεν
1. 4. καὶ ἐπιστήμονας ἐν π. σοφίᾳ (1)
— 17. ἐν π. γραμματικῇ τέχνῃ (1)
— 17. σύνεσιν ἐν π. ῥήματι . . . καὶ ἐν π. σοφίᾳ (1, -)
— 20. ἐν π. λόγῳ καὶ συνέσει (1)
— 20. τοὺς φιλοσόφους τοὺς ἐν π. τῇ βασιλείᾳ αὐ. (1)
— 20. σοφοὺς παρὰ π. τοὺς αὐτοῦ . . . ἐν π. τῇ γῇ αὐτοῦ (-, 1?)
2. 10. πᾶς βασιλεὺς καὶ πᾶς δυνάστης . . . οὐκ ἐπερωτᾷ π. σοφόν (1, -, 1)
— 11. οὗ οὐκ ἔστι κατοικητήριον μετὰ π. σαρκός -
— 12. ἐξαγαγεῖν π. τοὺς σοφούς (1)
— 13. ἐδογματίσθη πάντας ἀποκτεῖναι -
— 13. ὁ Δ. καὶ πάντες οἱ μετ' αὐτοῦ -
— 16. καὶ δηλώσῃ πάντα ἐπὶ τοῦ βασ. -
— 17. τοῖς συνεταίροις ὑπέδειξε πάντα -
— 24. ἀποκτεῖναι π. τοὺς σοφιστάς -
— 30. τὴν οὖσαν ἐν ἐμοὶ ὑπὲρ π. τοὺς ἀνθρώπους (1)
— 35. ἐπάταξε π. τὴν γῆν (1)
— 37. τὴν δόξαν ἔδωκεν ἐν π. τῇ οἰκουμένῃ -
— 38. παρέδωκεν ὑπὸ τὰς χεῖράς σου κυριεύειν πάντων (1)
— 39. ἣ κυριεύσει π. τῆς γῆς (1)

Da. LXX. 2. 40. ὥσπερ ὁ σίδηρος ὁ δαμάζων πάντα καὶ ὡς ὁ σίδηρος πᾶν δένδρον ἐκκόπτων (1, 1)
— 40. σεισθήσεται π. ἡ γῆ -
— 48. καὶ ἡγούμενον π. τῶν σοφιστῶν Βαβ. (1)
3. 1. διοικῶν . . . π. τοὺς κατοικοῦντας ἐπὶ τῆς γῆς -
— 2. ἐπισυναγαγεῖν π. τὰ ἔθνη . . . καὶ π. τοὺς κατὰ τὴν οἰκουμένην (-, 1)
— 3. συνήχθησαν . . . π. οἱ ἄρχοντες τῶν χωρῶν (1)
— 5. συμφωνίας καὶ π. γένους μουσικῶν (1)
— 6. πᾶς ὃς ἂν μὴ πεσὼν προσκυνήσῃ -
— 7. ὅτε ἤκουσαν π. τὰ ἔθνη (1)
— 7. καὶ π. ἤχου μουσικῶν (1)
— 7. πίπτοντα π. τὰ ἔθνη (1)
— 10. ἵνα πᾶς ἄνθρωπος ὃς ἂν ἀκούσῃ (1)
— 10, 15. καὶ παντὸς ἤχου μουσικῶν (1)
— (27). δίκαιος εἶ ἐπὶ πᾶσιν
— (27). καὶ π. τὰ ἔργα σου ἀληθινά
— (27). καὶ π. αἱ κρίσεις σου ἀληθιναί
— (28). κατὰ πάντα ἃ ἐπήγαγες ἡμῖν
— (28). ἐποίησας π. ταῦτα
— (29). ἡμάρτομεν ἐν πᾶσι
— (29). ἐξημάρτομεν ἐν πᾶσι
— (31). πάντα ὅσα ἡμῖν ἐπήγαγες
— (31). πάντα ὅσα ἐποίησας ἡμῖν
— (32). βασιλεῖ . . . πονηροτάτῳ παρὰ π. τὴν γῆν
— (37). ἐσμικρύνθημεν παρὰ π. τὰ ἔθνη
— (37). καί ἐσμεν ταπεινοὶ ἐν π. τῇ γῇ
— (44). ἐντραπείησαν π. οἱ ἐνδεικνύμενοι
— (44). καταισχυνθείησαν ἀπὸ π. δυναστείας
— (52). καὶ ὑπερυψωμένον εἰς π. τοὺς αἰῶνας
— (57). εὐλογεῖτε, π. τὰ ἔργα τοῦ κυρίου, τὸν κύριον
— (60). εὐλογεῖτε . . . π. τὰ ἐπάνω τοῦ οὐρ., τὸν κ.
— (61). εὐλογεῖτε, π. αἱ δυνάμεις κυρίου, τὸν κ.
— (64). εὐλογεῖτε, π. ὄμβρος καὶ δρόσος, τὸν κ.
— (65). εὐλογεῖτε, π. τὰ πνεύματα, τὸν κ.
— (76). εὐλογεῖτε, π. τὰ φυόμενα ἐπὶ τῆς γῆς, τὸν κ.
— (79). εὐλογεῖτε . . . π. τὰ κινούμ. ἐν τοῖς ὕδασι, τὸν κ.
— (80). εὐλογεῖτε, π. τὰ πετεινὰ τοῦ οὐρ., τὸν κ.
— (90). εὐλογεῖτε, π. οἱ σεβόμενοι τὸν κ., τὸν θ. τῶν θεῶν
— 29 (96). πᾶν ἔθνος καὶ π. φυλαὶ καὶ π. γλῶσσαι (1, -, -)
— 31 (98). Ναβ. ὁ βασ. π. τοῖς λαοῖς . . . τοῖς οἰκοῦσιν ἐν π. τῇ γῇ (1, 1)
4. 9. ἐσκίαζον π. τὰ θηρία τῆς γῆς -
— 9. ἐχορήγει πᾶσι τοῖς ζῴοις (1)
— 9. ἐφώτιζον π. τὴν γῆν -
— 14. ἐξουσίαν ἔχειν πάντων τῶν ἐν τῷ οὐρ. -
— 15. ἐδόθησαν εἰς π. ἄνεμον -
— 15. ὑπέδειξέ μοι π. τὴν σύγκρισιν αὐ. -
— 18. καὶ π. τὰ πετεινὰ τοῦ οὐρανοῦ -
— 18. ἡ ἰσχὺς . . . τῶν γλωσσῶν πασῶν -
— 18. καὶ π. αἱ χῶραι σοὶ δουλεύσουσι -
— 19. ὑπὲρ π. τοὺς ἀνθρώπους τοὺς ὄντας ἐπὶ προσώπου π. τῆς γῆς -, -
— 23. ἡ ἐξουσία αὐ. ἐπὶ π. τῇ γῇ -
— 24. π. τὰς ἀδικίας σου . . . λύτρωσαι -
— 26. μετὰ π. τῆς δόξης αὐ. περιεπάτει -
— 29. οὐδ' οὐ μὴ λαλήσῃς μετὰ π. ἀνθρώπου -
— 30. πάντα τελεσθήσεται ἐπὶ σέ -
— 30. οὐχ ὑστερήσει ἀπὸ π. τούτων οὐθέν -
— 34. τοὺς ποταμοὺς καὶ π. τὰ ἐν αὐτοῖς -
— 34. π. τοὺς ἁγίους αἰνῶ -
— 34. π. τὰς ἡμέρας τῆς βασιλείας μου -
— 34. ἐπιστολὴν ἐγκύκλιον π. τοῖς κατὰ τόπον ἔθνεσι . . . καὶ γλώσσαις π. ταῖς οἰκούσαις ἐν π. ταῖς χώραις (- *ter*)
— 34. π. τοῖς ἔθνεσι καὶ π. ταῖς χώραις καὶ π. τοῖς οἰκοῦσιν ἐν αὐταῖς (- *ter*)
— 34. εἰρήνη ὑμῖν πληθυνθείη ἐν π. καιρῷ -
— 34. ἀπέστειλεν . . . περὶ πάντων τῶν γενηθέντων αὐτῷ . . . π. τοῖς ἔθνεσι -, -
5. 1. ἐπῄνεσε π. τοὺς θεοὺς τῶν ἐθνῶν -
— 7. πᾶς ἀνὴρ ὃς ἂν ὑποδείξῃ τὸ σύγκριμα (1)
— 10. πᾶς ἄνθρωπος οὐ δύναται ἀπαγγεῖλαι -
— 12. ὑπερέχων πάντας τοὺς σοφοὺς Βαβυλῶνος -
— 23. ᾐνέσατε π. τὰ εἴδωλα -
6. 1 (2). κατέστησε σατράπας . . . ἐπὶ π. τῆς βασ. αὐ. (1)
— 3 (4). ὑπὲρ πάντας ἔχων ἐξουσίαν -
— 3 (4). καταστῆσαι τὸν Δ. ἐπὶ π. τῆς βασ. αὐ. (1)
— 3 (4). καταστῆσαι τὸν Δ. ἐπὶ π. τῆς βασ. αὐ. -

Da. LXX. 6. 5 (6). πᾶς ἄνθρωπος οὐκ ἀξιώσει ἀξίωμα . . . ἀπὸ π. θεοῦ -, -
— 7 (8). πᾶς ἄνθρωπος ὃς ἂν εὔξηται εὐχὴν . . . παρὰ π. θεοῦ (1, 1)
— 12 (13). ἵνα π. ἄνθρωπος μὴ εὔξηται εὐχὴν . . . παρὰ π. θεοῦ (1, 1)
— 23 (24). συνήχθησαν π. αἱ δυνάμεις -
— 25 (26). Δαρ. ἔγραψε π. τοῖς ἔθνεσι . . . τοῖς οἰκοῦσιν ἐν π. τῇ γῇ αὐ. (1, 1)
— 26 (27). π. οἱ ἄνθρωποι οἱ ὄντες ἐν τῇ βασ. μου (1?)
— 27 (28). δουλεύων π. τὰς ἡμέρας μου -
7. 7. παρὰ πάντα τὰ πρὸ αὐτοῦ θηρία (1)
— 14. καὶ π. τὰ ἔθνη τῆς γῆς κατὰ γένη (1)
— 14. καὶ π. δόξα αὐτῷ λατρεύουσα -
— 16. τὴν ἀκρίβειαν ἐζήτουν . . . ὑπὲρ π. τούτων (1)
— 19. τοῦ θηρίου τοῦ τετάρτου τοῦ διαφθείροντος πάντα (1?)
— 19. κατεσθίοντος πάντας κυκλόθεν -
— 23. ἥτις διοίσει παρὰ π. τὴν γῆν (1)
— 23. καταφάγεται π. τὴν γῆν (1)
— 25. παραδοθήσεται πάντα εἰς τὰς χεῖρας αὐ. -
— 27. τὴν ἀρχὴν πασῶν τῶν ὑπὸ τὸν οὐρ. βασιλειῶν (1?)
— 27. π. ἐξουσίαι αὐτῷ ὑποταγήσονται (1)
8. 4. π. τὰ θηρία οὐκ ἔστησαν ὀπίσω αὐτοῦ (1)
9. 6. καὶ π. ἔθνει ἐπὶ τῆς γῆς (1)
— 7. καὶ π. τῷ λαῷ Ἰσρ. . . . ἐν π. ταῖς χώραις (1, 1)
— 11. πᾶς Ἰσρ. ἐγκατέλιπε τὸν νόμον σου (1)
— 13. π. τὰ κακὰ ἐπῆλθεν ἡμῖν (1)
— 14. ἐπὶ πάντα ὅσα ἂν ποιήσῃ (1)
— 16. εἰς ὀνειδισμὸν ἐν π. τοῖς περικύκλῳ ἡμῶν (1)
11. 2. πλουτήσει πλοῦτον μέγαν παρὰ πάντας (1)
— 2. ἐπαναστήσεται π. βασιλεῖ Ἑλλήνων (1)
— 16. ἐπιτελεσθήσεται πάντα τὰ ἐν ταῖς χερσὶν αὐ. -
— 36. ὑψωθήσεται ἐπὶ π. θεόν (1)
— 37. ἐν παντὶ ὑψωθήσεται (1)
— 43. κρατήσει . . . π. τῆς ἐπιθυμίας Αἰγ. (1)
12. 1. ὑψωθήσεται π. ὁ λαός (1)
— 7. συντελεσθήσεται π. ταῦτα (1)
— 10. οὐ μὴ διανοηθῶσι π. οἱ ἁμαρτωλοί (1)
— 11. ἀφ' οὗ ἂν ἀποσταθῇ ἡ θυσία διὰ παντός (9)
Bel 4. ἔχοντα πάσης σαρκὸς κυρείαν
— 8. ἀποθανοῦμαι καὶ πάντες οἱ παρ' ἐμοί
— 13. ἐκβαλόντας πάντας ἐκ τοῦ ναοῦ
— 14. κατεφάγοσαν π. τὰ παρακείμενα
— 17. εἴδοσαν δεδαπανημένα πάντα τὰ παρατεθέντα
— 27. συνήχθησαν οἱ ἀπὸ τῆς χώρας πάντες
Da. TH. Su. 4. διὰ τὸ εἶναι αὐτὸν ἐνδοξότερον πάντων
— 6. ἤρχοντο πρὸς αὐτοὺς π. οἱ κρινόμενοι
— 30. ἦλθεν αὐτὴ . . . καὶ π. οἱ συγγενεῖς αὐ.
— 33. ἔκλαιον δὲ . . . π. οἱ ἰδόντες αὐτήν
— 42. ὁ εἰδὼς τὰ π. πρὶν γενέσεως αὐ.
— 47. ἐπέστρεψε δὲ π. ὁ λαὸς πρὸς αὐτόν
— 50. ἀνέστρεψε π. [B^{2} *om.*] ὁ λαός
— 60. ἀνεβόησε π. ἡ συναγωγή
— 63. A μετὰ Ἰ. . . . καὶ τῶν συγγενῶν π. [B αὐτῶν]
1. 4. καὶ συνιέντας ἐν π. σοφίᾳ (1)
— 17. καὶ φρόνησιν ἐν π. γραμματικῇ (1)
— 17. συνῆκεν ἐν π. ὁράσει (1)
— 19. οὐχ εὑρέθησαν ἐκ πάντων αὐτῶν (1)
— 20. ἐν π. ῥήματι σοφίας (1)
— 20. δεκαπλασίονας παρὰ π. τοὺς ἐπαοιδούς (1)
— 20. τοὺς μάγους τοὺς ὄντας ἐν π. [A *om.*] τῇ βασ. αὐ. (1)
2. 10. π. βασιλεὺς μέγας καὶ ἄρχων (1)
— 11. ὧν οὐκ ἔστιν ἡ κατοικία μετὰ π. σαρκός -
— 12. εἶπεν ἀπολέσαι π. τοὺς σοφοὺς Βαβ. (1)
— 30. ἐν σοφίᾳ τῇ οὔσῃ ἐν ἐμοὶ παρὰ π. τοὺς ζῶντας (1)
— 35. ἐπλήρωσε π. τὴν γῆν (1)
— 38. ἐν π. τόπῳ ὅπου κατοικοῦσιν (6)
— 38. κατέστησέ σε κύριον πάντων (1)
— 39. ἣ κυριεύσει π. τῆς γῆς (1)
— 40. ὃν τρόπον ὁ σίδηρος . . . δαμάζει πάντα (1)
— 40. οὕτως πάντα λεπτυνεῖ (1)
— 44. λικμήσει π. τὰς βασιλείας (1)
— 48. κατέστησεν αὐτὸν ἐπὶ π. χώρας Βαβ. . . . ἐπὶ π. τοὺς σοφοὺς Βαβ. (1, 1)
3. 2. συναγαγεῖν . . . π. τοὺς ἄρχοντας τῶν χωρῶν (1)
— 3. συνήχθησαν . . . π. οἱ ἄρχοντες τῶν χωρῶν (1)
— 5, 7. καὶ π. γένους μουσικῶν (1)

Da. TH. 3. 7. πίπτοντες π. οἱ λαοί (1)
— 10. π. ἄνθρωπον ὃς ἂν ἀκούσῃ (1)
— 10, 15 (B). καὶ π. γένους μουσικῶν (1)
— (27). δίκαιος εἶ ἐπὶ πᾶσιν
— (27). π. τὰ ἔργα σου ἀληθινά
— (27). π. αἱ κρίσεις σου ἀλήθεια
— (28). κατὰ πάντα ἃ ἐπήγαγες ἡμῖν
— (28). ἐπήγαγες ταῦτα π.
— (29). ἐξημάρτομεν ἐν πᾶσι
— (31). B πάντα ὅσα ἐπήγαγες ἡμῖν
— (31). πάντα ὅσα ἐποίησας ἡμῖν
— (32). βασιλεῖ . . . πονηροτάτῳ παρὰ π. τὴν γῆν
— (37). ἐσμικρύνθημεν παρὰ π. τὰ ἔθνη
— (37). ἐσμὲν ταπεινοὶ ἐν π. τῇ γῇ
— (43). π. οἱ ἐνδεικνύμ. τοῖς δούλοις σου κακά
— (44). κατασχυνθείησαν ἀπὸ π. τῆς [δυνάμεως καὶ] δυναστείας
— (52). ὑπερυψούμενον εἰς π. [A *om.*] τοὺς αἰῶνας
— (57). εὐλογεῖτε, π. τὰ ἔργα κυρίου, τὸν κ.
— (60). εὐλογεῖτε . . . π. τὰ ἐπάνω τοῦ οὐρανοῦ, τὸν κ.
— (61). εὐλογείτω π. ἡ δύναμις [A -εῖτε, π. αἱ δυνάμεις]
— (64). εὐλογείτω [A -τε] π. ὄμβρος καὶ δρόσος τὸν κ.
— (65). εὐλογεῖτε, π. τὰ πνεύματα, τὸν κ.
— (76). εὐλογεῖτε, π. τὰ φυόμενα ἐν τῇ γῇ, τὸν κ.
— (79). εὐλογεῖτε . . . π. τὰ κινούμενα ἐν τοῖς ὕδασι
— (80). εὐλογεῖτε, π. τὰ πετεινὰ τοῦ οὐρ., τὸν κ.
— (81). εὐλογεῖτε, π. τὰ θηρία καὶ [A τὰ θ. κ. π.] τὰ κτήνη
— (90). εὐλογεῖτε, π. οἱ σεβόμ. τὸν κ., τὸν θεὸν τῶν θ.
— 28 (95). ὅπως μὴ λατρεύσωσι . . . π. θεῷ (1)
— 29 (96). π. λαὸς φυλὴ γλῶσσα (1)
— 30 (97). ἡγεῖσθαι π. τῶν Ἰουδαίων -
— 31 (98). Ναβ. ὁ βασ. πᾶσι τοῖς λαοῖς . . . τοῖς οἰκοῦσιν ἐν π. τῇ γῇ (1, 1)
4. 3. τοῦ εἰσαγαγεῖν ἐνώπιόν μου π. τοὺς σοφοὺς Βαβ. (1)
— 6. π. μυστήριον οὐκ ἀδυνατεῖ σε (1)
— 8. A εἰς τὰ πέρατα π. [B τὸ π. ἀπ.] τῆς γῆς (1)
— 9. καὶ τροφὴ πάντων ἐν αὐτῷ (1)
— 9. ἐξ αὐτοῦ ἐτρέφετο π. σάρξ (1)
— 15. π. οἱ σοφοὶ τῆς βασ. μου (1)
— 17. καὶ τὸ κύτος αὐ. εἰς π. τὴν γῆν (1)
— 18. καὶ τροφὴ πᾶσιν ἐν αὐτῷ (1)
— 25. ταῦτα π. ἔφθασεν ἐπὶ Ναβ. (1)
— 32. π. οἱ κατοικοῦντες τὴν γῆν (1)
— 34. π. τὰ ἔργα αὐ. ἀληθινά (1)
— 34. π. τοὺς πορευομένους ἐν ὑπερηφανίᾳ -
5. 8. εἰσεπορεύοντο π. [A *om.*] οἱ σοφοὶ τοῦ βασ. (1)
— 19. π. οἱ λαοὶ . . . ἦσαν τρέμοντες (1)
— 22. οὐ πάντα ταῦτα ἔγνως (1)
— 23. καὶ π. αἱ ὁδοί σου (1)
6. 1 (2). A τοῦ εἶναι αὐτοὺς ἐν π. [B ὅλῃ] τῇ βασ. αὐ. (1)
— 4 (5). π. πρόφασιν . . . οὐχ εὗρον κατ' αὐτοῦ (1)
— 7 (8). συνεβουλεύσαντο π. οἱ ἐπὶ τῆς βασ. σου (1)
— 7 (8). ὃς ἂν αἰτήσῃ αἴτημα παρὰ π. θεοῦ (1)
— 12 (13). π. ἄνθρωπος ὃς ἂν αἰτήσῃ παρὰ π. θεοῦ (1, 1)
— 15 (16). τοῦ πᾶν ὁρισμὸν . . . οὐ δεῖ παραλλάξαι (1)
— 23 (24). π. διαφθορὰ οὐχ εὑρέθη ἐν αὐτῷ (1)
— 24 (25). π. τὰ ὀστᾶ αὐ. ἐλέπτυναν (1)
— 25 (26). ἔγραψε π. τοῖς λαοῖς . . . τοῖς οἰκοῦσιν ἐν π. τῇ γῇ (1, 1)
— 26 (27). ἐν π. ἀρχῇ τῆς βασ. μου (1)
7. 7. A παρὰ π. τὰ θηρία τὰ ἔμπροσθεν αὐτοῦ -
— 7. παρὰ π. τὰ θηρία τὰ ἔμπροσθεν αὐτοῦ (1)
— 14. π. οἱ λαοὶ . . . αὐτῷ δουλεύσουσιν (1)
— 16. τὴν ἀκρίβειαν . . . μαθεῖν περὶ π. τούτων (1)
— 19. ἦν διαφέρον [A -ορον] παρὰ πᾶν θηρίον (1)
— 23. ἥτις ὑπερέξει π. τὰς βασιλείας (1)
— 23. καταφάγεται π. τὴν γῆν (1)
— 24. ὃς ὑπεροίσει κακοῖς πάντας τοὺς ἔμπροσθεν -
— 27. τῶν βασιλέων τῶν ὑποκάτω π. τοῦ οὐρανοῦ (1)
— 27. π. αἱ ἀρχαὶ αὐτῷ δουλεύσουσι (1)
8. 4. π. τὰ θηρία οὐ στήσονται ἐνώπιον αὐτοῦ (1)
— 5. ἐπὶ πρόσωπον πάσης τῆς γῆς (1)
9. 6. καὶ πρὸς π. τὸν λαὸν τῆς γῆς (1)
— 7. καὶ παντὶ Ἰσραὴλ τοῖς ἐγγὺς καὶ τοῖς μακρὰν ἐν π. τῇ γῇ (1, 1)
— 11. πᾶς Ἰσρ. παρέβησαν τὸν νόμον σου (1)

Da. TH. 9. 12. οἷα οὐ γέγονεν ὑποκάτω π. τοῦ οὐρανοῦ (1)
— 13. π. τὰ κακὰ ταῦτα ἦλθεν ἐφ' ἡμᾶς (1)
— 13. τοῦ συνιέναι ἐν π. ἀληθείᾳ σου -
— 14. δίκαιος κ. ὁ θεὸς ἡμῶν ἐπὶ π. τὴν ποίησιν αὐ. (1)
— 16. R ἐν πᾶσιν [A B πάσῃ] ἐλεημοσύνῃ σου (1)
— 16. ἐν π. τοῖς περικύκλῳ ἡμῶν (1)
11. 2. πλουτήσει πλοῦτον μέγαν παρὰ πάντας (1)
— 2. ἐπαναστήσεται π. βασιλείαις Ἑλλήνων (1)
— 8. π. σκεῦος ἐπιθυμητὸν αὐτῶν -
— 17. ἐν ἰσχύϊ πάσης τῆς βασ. αὐ. (1)
— 17. εὐθεῖα πάντα μετ' αὐτοῦ ποιήσει -
— 36. μεγαλυνθήσεται ἐπὶ π. θεόν (1)
— 37. ἐπὶ π. θεοὺς [B[1] π. θεοῦ] τῶν πατέρων αὐ. -
— 37. ἐπὶ πᾶν [A πάντα] θεὸν οὐ συνήσει (1)
— 37. ἐπὶ πάντας μεγαλυνθήσεται (1)
— 43. καὶ ἐν π. ἐπιθυμητοῖς Αἰγ. (1)
12. 1. π. [A *add.* ὁ εὑρεθεὶς] ὁ γεγραμμ. ἐν τῇ βίβλῳ (1)
— 7. γνώσονται π. ταῦτα (1)
— 10. οὐ συνήσουσι π. [B[1] *om.*] ἄνομοι (1)
— 11. A ἀφ' οὗ ἀνασταῇ ἡ θυσία διὰ παντός (9)
Bel 2. ἔνδοξος ὑπὲρ π. τοὺς φίλους αὐ.
— 5. καὶ ἔχοντα πάσης σαρκὸς κυρείαν
— 12. ἐὰν μὴ εὕρῃς πάντα βεβρωμένα
— 15. κατέφαγον πάντα
I Ma. 1. 9. ἐπέθεντο πάντες διαδήματα
— 21. ἔλαβε . . . π. τὰ σκεύη αὐτῆς
— 22. καὶ ἐλέπισε πάντα
— 24. λαβὼν πάντα ἀπῆλθεν
— 25. ἐγένετο πένθος μέγα ἐπὶ Ἰσρ. ἐν π. τόπῳ αὐ.
— 27. π. νυμφίος ἀνέλαβε θρῆνον
— 28. AR π. ὁ [S *om.*] οἶκος Ἰ. ἐνεδύσατο αἰσχύνην
— 36. ἐγένετο . . . εἰς διάβολον πονηρὸν τῷ Ἰ. διὰ παντός
— 41. ἔγραψεν ὁ βασ. π. τῇ βασιλείᾳ αὐ. εἶναι πάντας λαὸν ἕνα
— 42. ἐπεδέξατο π. τὰ ἔθνη
— 48. βδελύξαι τὰς ψυχὰς αὐ. ἐν π. [S[1] πνεύματι] ἀκαθάρτῳ
— 49. ὥστε . . . ἀλλάξαι π. τὰ δικαιώματα
— 51. S R κατὰ π. τοὺς λόγους τ. ἔγραψε π. [A *om.*] τῇ βασ. αὐ.
— 51. A R ἐποίησεν ἐπισκόπους ἐπὶ [S κατὰ] π. τὸν λαόν
— 52. π. ὁ [S[1] καὶ] ἐγκαταλιπὼν τὸν νόμον
— 53. ἐν π. φυγαδευτηρίῳ αὐτῶν
— 58. ἐν π. μηνὶ καὶ μηνὶ ἐν ταῖς πόλεσι
2. 11. π. ὁ κόσμος αὐ. ἀφῃρέθη
— 18. ὡς ἐποίησαν π. τὰ ἔθνη
— 19. εἰ π. τὰ ἔθνη . . . ἀκούουσιν
— 23. προσῆλθεν . . . ἐν ὀφθαλμοῖς πάντων
— 27. π. ὁ ζηλῶν τῷ νόμῳ
— 37. S R ἀποθάνωμεν πάντες [A οἱ π.] ἐν τῇ ἁπλότητι ἡμῶν
— 40. ἐὰν πάντες ποιήσωμεν
— 41. π. ἄνθρωπος ὃς ἐὰν ἔλθῃ
— 41. οὐ μὴ ἀποθάνωμεν πάντες
— 42. S συνήχθησαν πρὸς αὐτοὺς π. συναγωγὴ Ἰουδαίων . . . π. ὁ ἑκουσιαζόμ. τῷ νόμῳ [A R *al.*]
— 43. π. οἱ φυγαδεύοντες ἀπὸ τῶν κακῶν
— 61. π. οἱ ἐλπίζοντες ἐπ' αὐτὸν οὐκ ἀσθενήσουσι
— 65. αὐτοῦ ἀκούετε π. τὰς ἡμέρας
— 67. προσάξετε πρὸς ὑμᾶς π. τοὺς ποιητὰς τοῦ νόμου
— 70. ἐκόψαντο αὐτὸν πᾶς Ἰσρ. κοπετὸν μέγαν
3. 2. ἐβοήθουν αὐτῷ π. οἱ ἀδ. αὐ. καὶ π. ὅσοι ἐκολλήθησαν τῷ πατρὶ αὐ.
— 6. π. οἱ ἐργάται τῆς ἀνομίας συνεταράχθησαν
— 12. ἦν πολεμῶν ἐν αὐτῇ π. τὰς ἡμέρας
— 26. A R ἐξηγεῖτο π. ἔθνος [S ἐξ. τὰ ἔθνη]
— 27. συνήγαγε τὰς δυνάμεις π.
— 28. ἑτοίμους εἰς π. χρείαν
— 34. A ἐνετείλατο αὐτῷ περὶ πάντων . . . καὶ περὶ π. [S R *om.*] τῶν κατοικούντων τὴν Ἰουδ.
— 36. ἐν π. τοῖς ὁρίοις αὐ.
— 40. ἀπῆραν σὺν π. τῇ δυνάμει αὐ.
4. 11. γνώσονται π. τὰ ἔθνη
— 15. οἱ δὲ ἔσχατοι π. ἔπεσον
— 22. ἔφυγον πάντες εἰς γῆν ἀλλοφύλων
— 26. ἀπήγγειλαν τῷ Λ. π. τὰ συμβεβηκότα
— 27. A ὁ δὲ ἀκούσας πάντα [S R *om.*]
— 33. π. οἱ εἰδότες τὸ ὄνομά σου
— 37. συνήχθη ἡ παρεμβολὴ π.
— 51. ἐτέλεσαν π. τὰ ἔργα

I Ma. 4. 55. ἔπεσον π. ὁ λαὸς ἐπὶ πρόσωπον
— 59. S R καὶ π. ἡ [A *om.*] ἐκκλησία Ἰσρ.
5. 5. σὺν πᾶσι τοῖς ἐνοῦσι
— 13. π. οἱ ἀδ. ἡμῶν . . . τεθανάτωνται
— 15. R καὶ πάσης Γαλιλαίας [A πᾶσαν Γ., S πᾶσα Γ.] ἀλλοφύλων
— 23. παρέλαβε . . . πάντα ὅσα ἦν αὐτοῖς
— 25. S διηγήσαντο αὐτοῖς π. [A R ἅπ.] τὰ συμβάντα
— 26. π. [S[1] *om.*] αἱ πόλεις αὗται ὀχυραί
— 27. S R ἐξᾶραι π. τούτους [A αὐτούς]
— 28. ἀπέκτεινε π. ἀρσενικόν
— 28. ἔλαβε π. τὰ σκῦλα αὐ.
— 35. ἀπέκτεινε πᾶν ἀρσενικὸν αὐτῆς
— 38. π. τὰ ἔθνη τὰ κύκλῳ ἡμῶν
— 42. S R μὴ ἀφῆτε π. [A *om.*] ἄνθρωπον
— 42. ἐρχέσθωσαν πάντες εἰς τὸν πόλεμον
— 43. διεπέρασεν . . . π. ὁ λαός
— 43. A R συνετρίβησαν . . . π. [S *om.*] τὰ ἔθνη
— 43. A ἔρριψαν π. [S R *om.*] τὰ ὅπλα αὐ.
— 44. ἐνεπύρισαν . . . σὺν π. τοῖς ἐν αὐτῷ
— 45. συνήγαγεν Ἰ. πάντα Ἰσρ.
— 51. ἀπώλεσε πᾶν ἀρσενικόν
— 53. παρακαλῶν τὸν λαὸν κατὰ π. τὴν ὁδόν
— 63. ἐδοξάσθησαν σφόδρα ἐναντίον παντὸς Ἰσρ. καὶ τῶν ἐθνῶν π.
6. 10. ἐκάλεσε π. τοὺς φίλους αὐ.
— 12. ἔλαβον π. τὰ σκεύη
— 14. κατέστησεν αὐτὸν ἐπὶ π. τῆς βασ. αὐ.
— 19. ἐξεκκλησίασε π. τὸν λαόν
— 25. ἀλλὰ καὶ ἐπὶ π. τὰ ὅρια αὐ.
— 28. συνήγαγε π. τοὺς φίλους αὐ.
— 41. ἐσαλεύοντο π. οἱ ἀκούοντες
— 43. ἦν ὑπεράγον π. τὰ θηρία
— 58. καὶ μετὰ π. ἔθνους αὐ.
— 59. ἐποίησαν ταῦτα π.
7. 5. ἦλθον πρὸς αὐτὸν π. ἄνδρες ἄνομοι
— 6. ἀπώλεσεν Ἰ. . . . π. τοὺς φίλους σου
— 7. S R ἰδέτω τὴν ἐξολέθρευσιν π. [A ἅπ.]
— 7. καὶ π. τοὺς ἐπιβοηθοῦντας αὐτοῖς
— 18. ἐπέπεσεν αὐτῶν ὁ φόβος . . . εἰς π. τὸν λαόν
— 22. π. οἱ ταράσσοντες τὸν λαὸν αὐ.
— 23. εἶδεν Ἰ. π. τὴν κακίαν
— 24. ἐξῆλθεν εἰς π. τὰ ὅρια τῆς Ἰουδ.
— 46. ἐξῆλθον ἐκ π. τῶν κωμῶν
— 46. ἔπεσον πάντες ῥομφαίᾳ
8. 1. ἐν π. τοῖς προστιθεμένοις αὐτοῖς
— 4. κατεκράτησαν τοῦ τόπου παντός
— 14. S R καὶ ἐν π. [A ἅπ.] τούτοις
— 15. ἐβουλεύοντο . . . διὰ παντὸς περὶ τοῦ πλήθους
— 16. καὶ κυριεύειν [S[1] *om.*] π. τῆς γῆς αὐ.
— 16. πάντες ἀκούουσι τοῦ ἑνός
— 24. A R ᾖ π. τοῖς συμμάχοις αὐ. ἐν π. [S π. τῇ] κυρείᾳ αὐ.
9. 11. καὶ οἱ πρωταγωνισταὶ π. οἱ δυνατοί
— 14. π. οἱ εὔψυχοι τῇ καρδίᾳ
— 20. ἐκόψαντο αὐτὸν πᾶς Ἰσρ.
— 23. ἐν π. τοῖς ὁρίοις Ἰσρ.
— 23. π. οἱ ἐργαζόμενοι τὴν ἀδικίαν
— 28. ἠθροίσθησαν π. οἱ φίλοι Ἰ.
— 33. ἔγνω Ἰ. . . . καὶ π. οἱ μετ' αὐτοῦ
— 34. ἦλθεν αὐτὸς καὶ π. τὸ στράτευμα αὐ.
— 36. καὶ πάντα ὅσα εἶχε
— 40. S R ἔλαβον π. τὰ σκῦλα [A σκεύη] αὐ.
— 58. ἐβουλεύσαντο π. οἱ ἄνομοι
— 58. συλλήψεται αὐτοὺς πάντας
— 60. ἀπέστειλεν ἐπιστολὰς λάθρα π. τοῖς συμμάχοις αὐ.
— 63. συνήγαγε π. τὸ πλῆθος αὐ.
— 71. π. τὰς ἡμέρας τῆς ζωῆς αὐ.
10. 5. μνησθήσεται γὰρ π. τῶν κακῶν
— 7. εἰς τὰ ὦτα π. τοῦ λαοῦ
— 29. ἀφίημι π. τοὺς Ἰουδαίους
— 33. π. ψυχὴν Ἰουδαίων τὴν αἰχμαλωτισθεῖσαν ἀπὸ γῆς Ἰ. εἰς π. βασιλείαν μου
— 33. πάντες ἀφιέτωσαν τοὺς φόρους
— 34. π. αἱ ἑορταὶ καὶ τὰ σάββατα
— 34. A ἔστωσαν π. αἱ ἡμέραι ἀτελείας . . . π. τοῖς Ἰουδαίοις τοῖς οὖσιν ἐν π. [S R *om.*] τῇ βασιλείᾳ μου
— 35. A R παρενοχλεῖν τινὰ αὐτῶν περὶ π. [S τινος] πράγματος
— 36. ὡς καθήκει π. ταῖς δυνάμεσι τοῦ βασ.
— 41. καὶ πᾶν τὸ πλεονάζον
— 43. καὶ ἐν π. τοῖς ὁρίοις αὐ.
— 43. ὀφείλοντες βασιλικὰ καὶ πᾶν πρᾶγμα
— 43. καὶ πάντα [S[1] πᾶν πρᾶγμα] ὅσα ἐστὶν αὐτοῖς

I Ma. 10. 47. συνεμάχουν αὐτῷ π. τὰς ἡμέρας
— 48. S συνήγαγεν Ἀλ. ὁ βασ. π. τὰς δυνάμεις [A R *al.*]
— 63. μηδεὶς αὐτῷ παρενοχλείτω περὶ π. λόγου
— 64. καὶ ἔφυγον πάντες
— 89. ἔδωκεν αὐτῷ . . . π. τὰ ὅρια αὐ.
11. 26. ἐναντίον π. τῶν φίλων αὐ.
— 29. ἔγραψε τῷ Ἰ. ἐπιστολὰς περὶ π. τούτων
— 34. καὶ π. τὰ συγκυροῦντα αὐτοῖς π. τοῖς θυσιάζουσιν εἰς Ἱερ.
— 35. R πάντα ἐπαρκῶς παρίεμεν αὐτοῖς [A S *al.*]
— 38. A R ἀπέλυσε π. [S *om.*] τὰς δυνάμεις αὐ.
— 38. π. αἱ δυνάμεις αἱ ἀπὸ τῶν πατέρων
— 39. π. αἱ δυνάμεις καταγογγύζουσι
— 43. ἀπέστησαν π. αἱ δυνάμεις μου
— 47. ἐπισυνήχθησαν πρὸς αὐτὸν πάντες ἅμα
— 47. R διεσπάρησαν ἐν τῇ πόλει πάντες ἅμα [A S *om.* π. ἅ.]
— 51. ἐνώπιον π. [S¹ *om.*] τῶν ἐν τῇ βασ. αὐ.
— 53. πάντα ὅσα εἶπε
— 55. ἐπισυνήχθησαν . . . π. αἱ δυνάμεις
— 60. A R ἠθροίσθησαν . . . π. αἱ δυνάμεις [S πᾶσα δ.] Σ.
— 69. οἱ παρὰ Ἰωνάθαν πάντες
12. 11. ἐν π. καιρῷ ἀδιαλείπτως
— 32. A R διώδευσεν ἐν π. τῇ [S *om.*] χώρᾳ
— 43. συνέστησεν αὐτὸν π. τοῖς φίλοις αὐ.
— 44. A R ἵνα τί ἔκοψας π. [S *om.*] τὸν λαὸν τοῦτον
— 45. παραδώσω σοι . . . π. τοὺς ἐπὶ τῶν χρειῶν
— 48. R π. τοὺς εἰσελθόντας [A συνελ., S συνεισ.] . . . ἀπέκτειναν
— 49. τοῦ ἀπολέσαι πάντας τοὺς παρὰ Ἰων.
— 51. ἦλθον πάντες . . . εἰς γῆν Ἰ.
— 52. S R ἐπένθησε πᾶς [A *om.*] Ἰσρ. πένθος μέγα
— 53. ἐζήτησαν π. τὰ ἔθνη . . . ἐκτρῖψαι αὐτούς
13. 3. S πάντες ἐποιήσαμεν χάριν τῶν νόμων [A R *al.*]
— 4. ἀπώλοντο οἱ ἀδελφοί μου π.
— 5. ἐν π. καιρῷ θλίψεως
— 6. συνήχθησαν π. τὰ ἔθνη
— 9. πάντα ὅσα ἂν εἴπῃς ἡμῖν ποιήσομεν
— 10. συνήγαγε π. τοὺς ἄνδρας τοὺς πολεμιστάς
— 20. εἰς π. τόπον οὗ ἂν ἐπορεύετο
— 22. ἡτοίμασε Τρ. π. τὴν ἵππον αὐ.
— 26. ἐκόψαντο αὐτὸν πᾶς Ἰσρ.
— 29. ὑπὸ π. τῶν πλεόντων τὴν θάλασσαν
— 34. π. αἱ πράξεις Τρύφωνος
— 48. ἐξέβαλεν ἐξ αὐτῆς π. ἀκαθαρσίαν
— 53. ἡγούμενον τῶν δυνάμεων πασῶν
14. 4. π. τὰς ἡμέρας Σίμωνος
— 4. ἤρεσεν αὐτοῖς . . . ἡ δόξα αὐ. π. τὰς ἡμέρας
— 5. μετὰ π. τῆς δόξης αὐ. ἔλαβε
— 9. πάντες περὶ ἀγαθῶν ἐκοινολογοῦντο
— 14. ἐστήριξε π. τοὺς ταπεινούς
— 14. ἐξῆρε πάντα ἄνομον καὶ πονηρόν
— 35. διὰ τὸ αὐτὸν πεποιηκέναι π. ταῦτα
— 35. ἐξεζήτησεν π. τρόπῳ ὑψῶσαι τὸν λαὸν αὐ.
— 43. ὅπως ἀκούηται ὑπὸ πάντων
— 43. ὅπως γράφωνται . . . π. [S² π. αἱ] συγγραφαί
— 46. εὐδόκησε π. ὁ λαός
— 47. τοῦ προστατῆσαι πάντων
15. 1. ἀπέστειλεν . . . ἐπιστολὰς . . . π. τῷ ἔθνει
— 5. ἵστημί σοι π. τὰ ἀφαιρέματα
— 7. π. τὰ ὅπλα . . . μενέτω σοι
— 8. π. ὀφείλημα βασιλικὸν . . . ἀφιέσθω σοι
— 9. ὥστε φανερὰν γενέσθαι τὴν δόξαν ὑ. ἐν π. τῇ γῇ
— 10. συνῆλθον πρὸς αὐτὸν π. αἱ δυνάμεις
— 22. καὶ εἰς π. τὰς χώρας
— 25. A R προσάγων διὰ παντὸς [S -ων] αὐτῇ τὰς χεῖρας
— 27. ἠθέτησε πάντα
— 36. ἀπήγγειλεν αὐτῷ . . . πάντα ὅσα εἶδε
II Ma. 1. 3. δῴη ὑμῖν καρδίαν πᾶσιν
— 17. κατὰ πάντα εὐλογητὸς ἡμῶν ὁ θ.
— 19. ὥστε πᾶσιν ἄγνωστον εἶναι τὸν τόπον
— 22. ὥστε θαυμάσαι πάντας
— 23. οἵ τε ἱερεῖς καὶ πάντες καταρχομένου Ἰ.
— 24. κύριε ὁ θεὸς ὁ πάντων κτίστης
— 25. ὁ διασῴζων τὸν Ἰσρ. ἐκ π. κακοῦ
— 26. πρόσδεξαι τὴν θυσίαν ὑπὲρ π. τοῦ λαοῦ σου Ἰσρ.
2. 14. R ἐπισυνήγαγε πάντα [A ταῦτα]
— 17. ὁ σώσας τὸν π. λαὸν αὐ. καὶ ἀποδοὺς τὴν κληρονομίαν αὐ. πᾶσι
— 22. τοῦ κυρίου μετὰ π. ἐπιεικείας ἵλεω γενομένου αὐτοῖς

II Ma. 2. 25. πᾶσι δὲ τοῖς ἐντυγχάνουσιν ὠφέλειαν
— 30. R περὶ πάντων ποιεῖσθαι λόγον [A *al.*]
3. 1. τῆς ἁγίας πόλεως κατοικουμένης μετὰ π. εἰρήνης
— 3. πάντα τὰ πρὸς τὰς λειτουργίας . . . ἐπιβάλλοντα δαπανήματα
— 11. τὰ δὲ π. ἀργυρίου τετρακόσια τάλαντα
— 20. πᾶσαι δὲ προτείνουσαι τὰς χεῖρας
— 22. διαφυλάσσειν μετὰ π. ἀσφαλείας
— 24. ὁ . . . πάσης ἐξουσίας δυνάστης
— 24. ὥστε π. τοὺς κατατολμήσαντας συνελθεῖν
— 28. τὸν ἄρτι μετὰ . . . π. δορυφορίας . . . εἰσελθόντα
— 29. πάσης ἐστερημένος ἐλπίδος
— 34. διάγγελλε πᾶσι τὸ μεγαλεῖον τοῦ θ. κράτος
— 36. ἐξεμαρτύρει δὲ πᾶσιν
4. 5. τὸ δὲ σύμφορον . . . π. τῷ πλήθει σκοπῶν
— 42. πάντας δὲ εἰς φυγὴν συνήλασαν
5. 4. διὸ πάντες ἠξίουν
— 8. διωκόμενος ὑπὸ πάντων
— 14. ἐν ταῖς π. ἡμέραις τρισί
— 15. εἰς τὸ πάσης τῆς γῆς ἁγιώτατον ἱερόν
— 20. μετὰ π. δόξης ἐπανωρθώθη
— 24. τοὺς ἐν ἡλικίᾳ πάντας κατασφάξαι
— 26. τοὺς ἐξελθόντας πάντας ἐπὶ τὴν θεωρίαν
7. 23. ὁ . . . πάντων ἐξευρὼν γένεσιν
— 28. καὶ τὰ ἐν αὐτοῖς πάντα ἰδόντα
— 31. σὺ δὲ π. κακίας εὑρετὴς γενόμενος
— 34. ὦ ἀνόσιε καὶ π. ἀνθρώπων μιαρώτατε
8. 2. τὸν ὑπὸ πάντων καταπατούμενον λαόν
— 9. A τὸ π. τῆς Ἰουδ. ἐξᾶραι γένος [R *al.*]
— 14. τὰ περιλελειμμένα πάντα ἐπώλουν
— 20. ὡς οἱ π. ἐπὶ τὴν χρείαν ἦλθον
— 24. πάντας δὲ φεύγειν ἠνάγκασαν
— 31. πάντα συνέθηκαν εἰς τοὺς ἐπικαίρους τόπους
9. 7. π. τὰ μέλη τοῦ σώματος ἀποστρεβλοῦσθαι
— 8. φανερὰν τοῦ θ. πᾶσι τὴν δύναμιν ἐνδεικνύμενος
— 9. π. τὸ στρατόπεδον βαρύνεσθαι τῇ σαπρίᾳ
— 15. πάντας αὐτοὺς ἴσους Ἀθηναίοις ποιήσειν
— 16. τὰ ἱερὰ σκεύη πολυπλάσια π. ἀποδώσειν
— 17. π. τόπον οἰκητὸν ἐπελεύσεσθαι
— 21. φροντίσαι τῆς κοινῆς πάντων ὑμῶν ἀσφαλείας
10. 8. π. τῷ τῶν Ἰουδ. ἔθνει
— 17. πάντας τε τοὺς ἐπὶ τῷ τείχει μαχομένους ἠμύναντο
— 18. πάντα τὰ πρὸς πολιορκίαν ἔχοντας
— 23. τὰ π. ἐν ταῖς χερσὶν εὐοδούμενος
11. 2. R συναθροίσας . . . τὴν ἵππον π. [A ἀπ.]
— 9. ὁμοῦ δὲ πάντες εὐλόγησαν τὸν ἐλεήμονα θεόν
— 11. τοὺς δὲ π. ἠνάγκασαν φυγεῖν
— 13. R τοῦ πάντα [A *om.*] δυναμένου θεοῦ
— 14. ἔπεισε συλλύσεσθαι ἐπὶ π. τοῖς δικαίοις
— 15. ἐπένευσε δὲ ὁ Μ. ἐπὶ πᾶσιν
12. 21. R διὰ τὴν τῶν [A *om.*] π. τῶν τόπων στενότητα
— 22. R ἐκ τῆς τοῦ [A τοῦ τὰ] πάντα ἐφορῶντος ἐπιφανείας
— 40. τοῖς δὲ π. σαφὲς ἐγένετο
— 41. πάντες οὖν εὐλογήσαντες
13. 4. τοῦτον αἴτιον τῶν κακῶν εἶναι πάντων
— 12. πάντων δὲ τὸ αὐτὸ ποιησάντων
— 23. ὤμοσεν ἐπὶ π. τοῖς δικαίοις
14. 24. εἶχε τὸν Ἰ. διὰ παντὸς ἐν προσώπῳ
— 34. τὸν διὰ παντὸς ὑπέρμαχον τοῦ ἔθνους ἡμῶν
— 36. ἅγιε παντὸς ἁγιασμοῦ κύριε
— 38. παραβεβλημένος μετὰ π. ἐκτενίας
15. 1. μετὰ π. ἀσφαλείας αὐτοῖς ἐπιβαλεῖν
— 2. ὑπὸ τοῦ πάντα ἐφορῶντος
— 6. R μετὰ π. ἀλαζονείας [A ἀσφαλείας] ὑψαυχενῶν
— 7. πεποιθὼς μετὰ π. ἐλπίδος
— 11. A ὑπέρ τι πάντας ηὔφρανεν [R *al.*]
— 12. π. τὰ τῆς ἀρετῆς οἰκεῖα
— 12. τῷ π. τῶν Ἰουδ. συστήματι
— 17. μετὰ π. εὐανδρίας ἐμπλακέντες
— 20. πάντων ἤδη προσδοκώντων τὴν ἐσομένην κρίσιν
— 34. οἱ δὲ π. εἰς τὸν οὐρ. εὐλόγησαν τὸν ἐπιφανῆ κ.
— 35. ἐπίδηλον πᾶσι . . . σημεῖον
— 36. καὶ ἐδογμάτισαν πάντες
III Ma. 1. 1. παραγγείλας ταῖς π. δυνάμεσι
— 11. μηδὲ π. τοῖς ἱερεῦσιν
— 11. τῷ προηγουμένῳ πάντων ἀρχιερεῖ
— 13. αὐτὸν εἰσερχόμενον εἰς π. τέμενος
— 15. A οὐχὶ πάντων [R -ως] εἰσελεύσεσθαι
— 16. A ἐν π. [R *om.*] ταῖς ἐσθήσεσιν
— 26. R καὶ πάντα [A -ας] παραπέμψας

III Ma. 1. 27. τὸν πᾶν κράτος ἔχοντα
— 29. καὶ τὸ π. ἔδαφος ἠχεῖν
— 29. ἅτε δὴ τῶν π. τότε θάνατον ἀλλασσομένων
2. 2. δέσποτα πάσης κτίσεως
— 3. ὁ κτίσας τὰ π.
— 21. R ὁ πάντων ἐπόπτης θεὸς καὶ πρὸ πάντων ἅγιος ἐν ἁγίοις [A *al.*]
— 25. καὶ ἑταίρων τοῦ π. δικαίου κεχωρισμένων
— 28. πάντας δὲ τοὺς Ἰουδ. εἰς λαογραφίαν . . . ἀχθῆναι
— 30. ἵνα δὲ μὴ τοῖς π. ἀπεχθόμενος φαίνηται
3. 1. συναγαγεῖν πάντας ἐπὶ τὸ αὐτό
— 6. τὴν μὲν οὖν . . . ἐν πᾶσι θρυλλουμένην εὐπραξίαν
— 10. καὶ πᾶν ἐκτενὲς προσοίσεσθαι
— 20. τοῖς π. ἔθνεσι φιλανθρώπως ἀπαντήσαντες
— 24. κατὰ πάντα δυσνοεῖν ἡμῖν τρόπον
— 29. πᾶς δὲ τόπος οὗ ἐὰν φωραθῇ
— 29. R πάσῃ θνητῇ φύσει κατὰ πάντα ἄχρηστος φανήσεται [A *al.*]
4. 10. ἐν π. τῷ κατάπλῳ
— 11. πᾶσι τοῖς καταπορευομένοις εἰς τὴν πόλιν
— 14. ἀπογραφῆναι δὲ π. τὸ φῦλον ἐξ ὀνόματος
— 16. συμπόσια ἐπὶ π. τῶν εἰδώλων συνιστάμενος
— 18. πᾶσι τοῖς ἐπ' Αἴγυπτον στρατηγοῖς
5. 1. κατὰ πᾶν ἀμετάθετος
— 6. οἱ δὲ πάσης σκέπης ἔρημοι δοκοῦντες εἶναι
— 7. τὸν . . . π. δυνάμεως δυναστεύοντα . . . πάντες μετὰ δακρύων ἐπεκαλέσαντο
— 11. ὑπὸ τοῦ χαριζομένου πᾶσιν
— 21. ἀσμένως πάντες . . . οἱ παρόντες ὁμοῦ συναινέσαντες
— 27. R κατὰ πᾶν [A πάντα] ἀγνωσίᾳ κεκρατημένος
— 28. τοῦ πάντα δεσποτεύοντος θεοῦ
— 29. ὁ δὲ Ἕρμων ὑπεδείκνυε καὶ π. οἱ φίλοι
— 30. διὰ τὸ . . . διεσκεδάσθαι πᾶν αὐτοῦ τὸ νόημα
— 36. A συστησάμενος π. [R πάλιν] τὸ συμπόσιον
— 42. ὁ κατὰ πάντα Φ. βασιλεύς
— 47. π. τῷ βάρει . . . ἐξώρμησε
6. 1. π. τῇ κατὰ τὸν βίον ἀρετῇ
— 2. τὴν π. διακυβερνῶν ἐν οἰκτιρμοῖς κτίσιν
— 5. τὴν π. ὑποχείριον ἤδη λαβόντα γῆν
— 6. φλόγα πᾶσιν ἐπιπέμψας τοῖς ὑπεναντίοις
— 8. ἀπήμαντον πᾶσιν οἰκείοις ἀνέδειξας
— 12. ὁ πᾶσαν ἀλκὴν . . . ἔχων
— 14. ἱκετεύει σε τὸ π. πλῆθος τῶν νηπίων
— 15. δειχθήτω πᾶσιν ἔθνεσιν
— 16. σὺν . . . π. τῷ τῆς δυνάμεως φρυάγματι
— 17. οἰμωγὴν ποιῆσαι π. τῷ στρατοπέδῳ
— 18. φανεροὶ πᾶσι πλὴν τοῖς Ἰουδαίοις
— 26. R πρὸς ἡμᾶς κατὰ πάντα [A -ας] διαφέροντας πάντων ἐθνῶν
— 30. ἐν εὐφροσύνῃ πάσῃ σωτήρια ἄγειν
— 32. οἰμωγὴν δὲ π. . . . ἀπωσάμενοι
— 36. ἐπὶ π. τὴν παροικίαν αὐτῶν
— 39. A ὁ τῶν π. [R ὅλων] δυνάστης
— 40. πάνθ' ὑπὸ τοῦ βασ. χορηγούμενοι
7. 1. καὶ πᾶσι τοῖς τεταγμένοις ἐπὶ πραγμάτων
— 4. R δι' ἣν ἔχουσιν οὗτοι πρὸς π. [A *om.*] τὰ ἔθνη δυσμένειαν
— 5. ἄνευ π. ἀνακρίσεως
— 6. ὡς πατέρα ὑπὲρ υἱῶν διὰ παντὸς ὑπερμαχοῦντα
— 7. ἀπολελύκαμεν πάσης καθ' ὁντινοῦν αἰτίας τρόπον
— 8. πάντας εἰς τὰ ἴδια ἐπιστρέφειν
— 8. R ἐν π. τόπῳ [A τρόπῳ]
— 9. τὸν πάσης δεσπόζοντα δυνάμεως θεόν
— 9. ἀντικείμενον . . . κατὰ πᾶν ἀφεύκτως διὰ παντὸς ἕξομεν
— 12. ἔδωκεν αὐτοῖς ἄδειαν πάντων
— 12. κατὰ πάντα τὸν ὑπὸ τὴν βασ. αὐ. τόπον
— 12. ἄνευ π. βασιλικῆς ἐξουσίας
— 13. οἱ τούτων ἱερεῖς καὶ πᾶν τὸ πλῆθος
— 18. τὰ πρὸς τὴν ἄφιξιν πάντα
— 22. π. τὰ ἑαυτῶν πάντες ἐκομίσαντο
IV Ma. 1. 2. ἀναγκαῖος εἰς ἐπιστήμην παντὶ ὁ λόγος
— 9. S¹ πάντες [A S² R ἅπ.] γὰρ οὗτοι . . . ὑπεριδόντες
— 11. οὐ μόνον ὑπὸ π. ἀνθρώπων
— 14. εἰ πάντων ἐπικρατεῖ τούτων ὁ λογισμός
— 19. κυριωτάτη δὲ πάντων ἡ φρόνησις
— 25. πολυτροπωτάτη πάντων τῶν παθῶν οὖσα
— 29. R καὶ π. τρόπον μετοχετεύων [A S μεταχέων]
— 35. π. τὰ τοῦ σώματος κινήματα
2. 4. ἀλλὰ καὶ π. ἐπιθυμίας

IV Ma. 2. 6. **A** ὥσπερ καὶ τῶν κωλυτικῶν τῆς δικαιοσύνης πασῶν [**S R** παθῶν]
— 16. π. γὰρ ταῦτα τὰ κακοήθη πάθη
— 22. **A R** περὶ [**S** ἐπὶ] πάντων τὸν . . . νοῦν . . . ἐνεθρόνισε
3. 8. ὁ πᾶς τῶν προγόνων στρατός
— 9. οἱ μὲν οὖν ἄλλοι π. ἐπὶ τὸ δεῖπνον ἦσαν
— 13. κατὰ πᾶν τὸ τῶν πολεμίων στρατόπεδον
— 18. ἀποπτύσαι π. τὰς τῶν παθῶν ἐπικρατείας
4. 1. π. τρόπον διαβάλλων
— 12. πᾶσί τε ἀνθρώποις ὑμνήσειν
— 19. ἐξεπολίτευσεν ἐπὶ π. παρανομίαν
— 24. π. τὰς ἑαυτοῦ ἀπειλὰς . . . ἑώρα καταλυομένας
5. 13. **S R** ἐπὶ πάσῃ [**A** πᾶσιν] δι' ἀνάγκην παρανομίᾳ γινομένῃ
— 23. ὥστε π. τῶν ἡδονῶν . . . κρατεῖν
— 23. ὥστε π. πόνον ἑκουσίως ὑπομένειν
— 24. ὥστε διὰ π. τῶν ἠθῶν ἰσονομεῖν
6. 20. **S** καταγελώμενοι ὑπὸ πάντων [**A R** πρὸς ἁπ.]
7. 17. τῶν παθῶν οὐ πάντες περικρατοῦσιν
— 17. οὐδὲ πάντες φρόνιμον ἔχουσι τὸν λογισμόν
— 22. διὰ τὴν ἀρετὴν πάντα πόνον ὑπομένειν
8. 3. καὶ ἐν παντὶ χαρίεντες
— 29. πάντες διὰ μιᾶς φωνῆς . . . εἶπον
9. 14. κατὰ πᾶν μέλος κλώμενος
— 18. διὰ πασῶν γὰρ ὑμᾶς πείσω τῶν βασάνων
— 26. θαυμασάντων δὲ πάντων τὴν καρτεροψυχίαν αὐ.
— 28. τὴν σάρκα π. . . . οἱ παρδάλειοι θῆρες ἀπέσυραν
— 29. ὡς ἡδὺς πᾶς τρόπος θανάτου
— 30. πάντων ὠμότατε τύραννε
11. 5. τὸν πάντων κτίστην εὐσεβοῦμεν
12. 1. ὁ ἕβδομος παρεγίνετο πάντων νεώτερος
— 8. καὶ τοῖς σὺν αὐτῷ φίλοις πᾶσι
— 11. **A R** πάντων τῶν [**S** *om.*] πονηρῶν ἀσεβέστατε τύραννε
13. 13. ἀλλήλους ὁμοῦ πάντες ἐφορῶντες
— 17. καὶ π. οἱ πατέρες ἐπαινέσουσι
14. 5. πάντες . . . ἐπὶ τὸν . . . θάνατον ἔσπευδον
— 13. ἕλκουσα πάντα πρὸς τὴν . . . συμπάθειαν
15. 6. **A R** π. δὲ τῶν μητέρων ἐγένετο . . . φιλοτεκνοτέρα
— 12. πάντας . . . ἐπὶ τὸν . . . προετρέπετο θάνατον
— 24. **S**[2] **R** ἃς πάσας [**A** ἀσπάσασα, **S**[1] ἃς ἁπ.] ἡ γενναία μήτηρ ἐξέλυσε
16. 19. ὀφείλετε π. πόνον ὑπομένειν
— 25. ὥσπερ . . . π. οἱ πατριάρχαι
17. 19. π. οἱ ἡγιασμένοι ὑπὸ τὰς χεῖράς σου
— 24. ἐνίκησε π. τοὺς πολεμίους
18. 1. π. τρόπον εὐσεβεῖτε
— 16. **A R** ξύλον ζωῆς ἐστι πᾶσι [**S** *om.*] τοῖς ποιοῦσιν αὐ. τὸ θέλημα
— 20. **R** ἐπὶ . . . πάσας [**A S** πάλιν] τὰς βασάνους αὐ.

[**Aq.** GE. 1. 26 *bis*, 28, 29, 30 : 2. 6 : 3. 2 (1) : 6. 20 (19) : 11. 6 : 12. 5 (P.) : 19. 31 : 32. 10 (11) *bis* : Ex. 7. 24 : 9. 14, 24 : 21. 30 : 31. 9 : 35. 22, 23, 29 : NU. 1. 20, 45 : 3. 7 : 5. 2 : 6. 3 : DT. 3. 4 : 4. 16, 19 *ter* : 5. 26 (23) : 12. 7 : 14. 14 : 17. 3 : 21. 21 : 24. 21 (19) : 27. 1 : JO. 1. 4, 7 : 2. 3 : 4. 10, 24 : 9. 5 (11) : I KI. 19. 13, 16 : II KI. 5. 8 : 6. 14 : III KI. 1. 3 : 4. 21 (5. 1) *bis* : 6. 10, 18 : 8. 1 : 9. 9 : 11. 39 : 12. 3 : 14. 8, 9, 13, 18 : 15. 6, 32 : 20 (21). 15 : IV KI. 12. 5 (6) : 23. 22 : 24. 14 : JB. 33. 13 : 41. 26 : Ps. 6. 8 : 7. 12 : 9. 25 (10. 4) : 13 (14). 4 : 15 (16). 3 : 21 (22). 28, 30 *bis* : 24 (25). 3 : 25 (26). 7 : 28 (29). 9 : 30 (31). 12 : 31 (32). 6, 11 : 32 (33). 4, 6, 8, 14, 15 : 33 (34). 5 : 38 (39). 6, 12 : 43 (44). 23 (P.) : 44 (45). 9 : 47 (48). 3 : 61 (62). 9 : 62 (63). 12 : 68 (69). 35 : 70 (71). 14 : 72 (73). 28 : 73 (74). 8 : 75 (76). 10 : 86 (87). 7 : 88 (89). 8, 51 : 89 (90). 14 : 90 (91). 11 : 93 (94). 15 : 94 (95). 3 : 95 (96). 4, 9, 12 : 115. 2 (116. 11) : 118 (119). 96, 118, 119 : 134 (135). 18 : 138 (139). 16 : 142 (143). 5 : 148. 2, 11 : PR. 1. 19 : 3. 9 : 4. 7, 23 : 28. 5 : 30. 4, 30 : 31. 12 : EC. 2. 5 : 4. 16 : 9. 9 : 12. 4, 8 : IS. 1. 23 : 2. 13 : 8. 9 : 16. 14 : 26. 14 : 27. 9 : 28. 8 : 29. 7, 20 : 30. 5 : 34. 2, 4 *bis*, 12 : 36. 6 : 37. 11 : 38. 15, 16 : 40. 6 : 51. 20 : 52. 5 : 54. 17 : 56. 9 *bis*, 11 : 57. 5 : 60. 4, 14 : 62. 2 : 64. 6 (5) : JE. 7. 2, 23 : 8. 2, 3 : 9. 4 (3) : 10. 7 *bis*, 9, 16, 20, 21 : 13. 11, 12 : 15. 10 : 25. 20 (32. 6) *bis*, 22 (32. 8) *bis*, 24 (32. 10), 25 (32. 11) (Sw.) : 27 (34). 6 : 29 (36). 25, 31 (Sw.) : 30 (37). 6, 16 *bis* : 31 (38). 24, 30 : 32 (39). 17, 19, 37 : 33 (40). 9 *ter* : 34 (41). 1, 8, 19 : 35 (42). 17 : 40 (47). 11 : 41 (48). 10 *bis*, 11, 12 : 43 (50). 1, 5, 6 : 44 (51). 1, 20, 23 : 45. 5 (51. 35) : 47 (29). 2 : 48 (31). 37 *bis* : 49. 32 (30. 10) *bis* : 50 (27). 13 : 51 (28). 17, 24, 28 : 52. 8, 20, 34 : EZ. 6. 13 : 7. 3 : 10. 12 : 11. 15, 25 : 18. 10 : 20. 26, 40, 43 : 23. 15 : 27. 29 : 29. 7 : 30. 5 : 32. 20, 25 *bis*, 31 : DA. 1. 17 : 2. 38 (Sw.) : 11. 2 (Sw.), 37 : HO. 7. 2 : ZE. 3. 9 : MA. 4. 1 (3. 19).]

[**Sm.** GE. 1. 29 *ter*, 30 *quater*, 31 : 6. 20 (19) : 9. 2 : 11. 6 : 18. 25 : EX. 7. 24 : 9. 14 : 19. 5 : 28. 29 : 30. 13 : 31. 9 : 35. 22, 23 : 36. 4 : 38. 31 (39. 9) *bis* : 39. 37 (17) : LE. 17. 14 : NU. 1. 20, 45 : 3. 7 : 5. 2 *bis* : 6. 3 : DT. 3. 4, 14 : 27. 1 : JO. 1. 4, 7 : 4. 10, 24 : 9. 5 (11) : JD. 3. 19 : I KI. 2. 32 : 12. 7 : 23. 20 : III KI. 1. 3 : 3. 13 : 4. 21 (5. 1) *bis* : 5. 1 (15) : 6. 18 : 11. 36 : 22. 28 : IV KI. 3. 19 : 8. 6 : 23. 4 : JB. 1. 3 : 2. 4 : 16. 2 : 28. 18 : 30. 2 : 33. 13 : 41. 26 : 42. 11 : Ps. 3. 8 : 9. 25 (10. 4), 26 (10. 5) : 13 (14). 4 : 15 (16). 3 : 18 (19). 5 : 20 (21). 9 : 21 (22). 28, 30 *bis* : 24 (25). 3, 5 : 25 (26). 7 : 28 (29). 9 : 30 (31). 12 : 31 (32). 3, 6 : 32 (33). 6, 8 : 33 (34). 5 : 34 (35). 28 : 38 (39). 6, 9 : 40 (41). 8 : 41 (42). 8 : 43 (44). 9, 11, 23 : 47 (48). 3 : 51 (52). 6 : 55 (56). 3, 6 *bis* : 58 (59). 9 : 61 (62). 9 : 65 (66). 4 : 68 (69). 24, 35 : 70 (71). 8, 15 : 72 (73). 23 : 73 (74). 8, 22 : 75 (76). 6, 10 : 76 (77). 13 : 81 (82). 5, 8 : 86 (87). 7 : 87 (88). 18 : 88 (89). 8, 17 : 89 (90). 9, 14, 15 : 90 (91). 11 : 94 (95). 3 : 95 (96). 4, 9, 12 : 101 (102). 27 : 102 (103). 2 : 104 (105). 35 : 108 (109). 11 : 115. 2 (116. 11) : 118 (119). 96, 109, 118 *bis*, 119 : 134 (135). 18 : 137 (138). 2 : 138 (139). 16 : 139 (140). 3 : 146 (147). 4 : 148. 2, 3 : PR. 1. 19 : 3. 9 : 4. 7 : 7. 26 : 15. 15 *bis* : 19. 6 : 28. 5 : 30. 4, 27, 30 : 31. 8, 12 : EC. 2. 10, 14 : 3. 1 *bis*, 17, 19 : 4. 1 : 5. 8 : 7. 19 (18), 22 (21) : 8. 17 : 9. 1, 3 : 10. 19 : 11. 8, 9 : 12. 13, 14 *bis* : IS. 2. 13 : 8. 9, 12 : 9. 5 (4) : 10. 23 : 16. 14 : 25. 7 *bis*, 8 *bis* : 26. 14 : 27. 9 : 28. 8 : 29. 7, 20 : 30. 5, 18, 25 : 34. 2, 4 *bis*, 12 : 36. 6 : 37. 25 : 40. 6 : 42. 15 : 45. 13 : 49. 13 : 51. 20 : 52. 5 : 53. 6 : 54. 17 : 56. 10, 11 : 57. 5 : 58. 6 : 59. 8 : 60. 4, 14 : 62. 2, 6 : 63. 3, 7 : 65. 8 : JE. 6. 13 : 7. 2, 23, 34 : 8. 2, 3 : 9. 4 (3) : 10. 20, 21 : 13. 11 (Sw.), 12 : 15. 10 : 17. 3 (Sw.), 9 : 19. 13 : 20. 7 : 27 (34). 6 : 29 (36). 25 : 30 (37). 6, 16 : 31 (38). 25, 30, 37 : 32 (39). 19, 27, 37 : 35 (42). 3, 18 (Sw.) : 40 (47). 1 : 41 (48). 11, 12 : 43 (50). 1, 6 : 44 (51). 1, 20, 23, 24 : 48 (31). 37 *bis* : 49. 32 (30. 10) : 50 (27). 13 : 51 (28). 17, 24, 28, 49 : 52. 8, 20, 34 : EZ. 6. 13 : 10. 12 : 11. 15 : 12. 19 : 13. 18 *bis* : 16. 33 : 17. 9, 21 : 23. 15, 23 (P.) : 27. 5, 29 : 28. 13 : 32. 25 *bis*, 31 : DA. 3. 2 (Sw.), 33 (100) (Sw.) : 11. 2 (Sw.) : AM. 3. 2 (P.) : 5. 16 : HB. 1. 9 : ZE. 1. 9.]

[**Th.** GE. 1. 28, 29 *ter*, 30 *quater* : EX. 7. 24 : 10. 15 : 21. 30 : 28. 29 : 30. 13 : 31. 9 : 34. 19 : 35. 23 : 36. 4 : 38. 3 (23), 31 (39. 9) *bis* : 39. 37 (17) : LE. 8. 10 : NU. 1. 20. 45 : 3. 7 : 5. 2 : DT. 3. 4 : 4. 19 *bis* : 27. 1 : JO. 1. 4, 7 : 2. 3 : 4. 10, 24 : JD. 11. 24 : 16. 17 : I KI. 2. 32 : II KI. 12. 12 : III KI. 1. 3 : 5. 1 (15) : 6. 18 : 8. 66 : 22. 28 : IV KI. 3. 19 : 8. 6 *bis* : 23. 4 : JB. 12. 9 : 28. 3 : 36. 19 : 37. 7 : 41. 26 *bis* : Ps. 15 (16). 3 : 43 (44). 23 (P.) : 73 (74). 8 : 89 (90). 14 : 93 (94). 15 : 94 (95). 3 : 95 (96). 4 : 115. 2 (116. 11) : 118 (119). 118, 119 : 134 (135). 18 : PR. 1. 19 : 3. 9 : 4. 7, 23 : 6. 35 : 7. 26 : 16. 4, 11 : 21. 5 : 28. 5 : 30. 4, 30 : 31. 12 : IS. 1. 23 : 2. 13 : 8. 9 : 10. 23 : 16. 14 : 22. 24 : 26. 14, 15 : 27. 9 : 28. 8 : 29. 20 : 30. 5 : 34. 2 (Sw.), 4, 12 : 36. 6 : 38. 15 : 40. 6 : 41. 29 : 42. 15 : 44. 11 : 54. 17 *bis* : 57. 5 : 60. 4, 14 : 63. 3 : 64. 6 (5) : JE. 7. 2 : 8. 10 *bis* : 10. 7 *bis*, 9, 16 : 11. 8 : 13. 11, 12 : 15. 10 : 17. 3 *bis* (Sw.) : 20. 10 : 25. 9 (Sw.), 20 (32. 6), 20 (32. 6) (Sw.), 24 (32. 10) : 27 (34). 20 : 29 (36). 14 *bis*, 16, 18 *bis*, 20, 25, 31 (Sw.) : 30 (37). 11 : 31 (38). 30, 40 : 32 (39). 19 : 33 (40). 18 : 34 (41). 8 : 39 (46). 3, 4, 6, 13 : 43 (50). 5 : 44 (51). 1, 11, 24 : 49. 32 (30. 10) : 51 (28). 28 : 52. 30, 34 : EZ. 1. 16 (Sw.) : 5. 11 : 6. 13 *bis* : 7. 12, 13, 14 : 8. 10 : 10. 12 : 11. 15 : 20. 40, 43 : 25. 6 : 27. 29 : 28. 3, 24 : 32. 23, 25 *bis*, 29, 30 (Sw.), 31 *bis* : 37. 23 (Sw.) : 38. 4 (Sw.), 6, 13 : DA. 1. 17, 20 : 2. 10, 35, 38, 48 : 3. 2, (60), (80), (81), (90)† : 4. 25 : 7. 23 *bis*, 27 : 11. 2, 17, 37 *bis* : 12. 1, 7 : ZE. 3. 9 : ZA. 12. 3.]

[**Al.** GE. 8. 19 : 31. 34 : EX. 30. 13 : LE. 4. 1 : 6. 23 (16) : 10. 3 : 14. 36 : 15. 10 *bis* : 16. 2, 21 : 17. 11 : 18. 6, 23 : 20. 25 : 21. 11 : 24. 3 : NU. 3. 39 : 9. 5 : 15. 33 : 16. 3 *bis* : 35. 30 : DT. 11. 6 : 12. 5, 8 : JO. 3. 7 : I KI. 1. 11 : 9. 2, 21 : 11. 10 : II CH. 11. 16 : JB. 37. 7 : Ps. 146 (147). 4 : 150. 6 : PR. 3. 17 : 16. 2 : IS. 7. 19 : JE. 25. 20 (32. 6) : 26 (33). 17 : 32 (39). 37 : 39 (46). 3 : 47 (29). 4 : EZ. 32. 24, 25 *bis* : HO. 14. 3 : ZA. 14. 10.]

[**Sam.** NU. 31. 18.]

[**Heb.** GE. 17. 14 : JB. 9. 9, 13 : EZ. 20. 47 (21. 3) : 32. 30 (P.).]

[**Quint.** IV KI. 3. 19 : 8. 6 : 24. 14 : Ps. 3. 3 : 19 (20). 4 : 24 (25). 3 : 30 (31). 12 : 38 (39). 6 : 75 (76). 10 : 95 (96). 4 : 118 (119). 118, 119 : 134 (135). 18 : HO. 7. 4.]

[**Sext.** Ps. 30 (31). 12 : 32 (33). 6 : 74 (75). 4 : 95 (96). 4 : 134 (135). 18.]

πάσσαλος. (1) יָתֵד

Ex. 27. 19. καὶ οἱ π. τῆς αὐλῆς χαλκοῖ (1)
37. 18 (38. 20). πάντες οἱ π. τῆς αὐλῆς (1)
38. 21 (20). **A R** τοὺς π. τῆς σκηνῆς (1)
— 21 (20). τοὺς π. τῆς αὐλῆς –
39. 9 (38. 31). τοὺς π. τῆς σκηνῆς καὶ τοὺς π. τῆς αὐλῆς (1, 1)
— 21 (40). καὶ τοὺς π. (1)
Nu. 3. 37 : 4. 32. τὰς βάσεις αὐτῶν καὶ τοὺς π. (1)
De. 23. 13 (14). π. ἔσται σοι ἐπὶ τῆς ζώνης σου (1)
Jd. 4. 21. ἔλαβεν . . . τὸν π. τῆς σκηνῆς (1)
— 21. ἔπηξε [**A** ἔθηκεν] τὸν π. (1)
— 22. καὶ ὁ π. ἐν τῷ κροτάφῳ [**A** τῇ γνάθῳ] αὐ. (1)
5. 26. εἰς πάσσαλον ἐξέτεινε (1)
16. 13. καὶ ἐγκρούσῃς [**A** *add.* ἐν] τῷ π. –
— 14. ἔπηξε τῷ π. [**A** κατέκρουσεν ἐν τοῖς π.] (1)
— 14. ἐξῆρε τὸν π. [**A** -έσπασεν τοὺς π.] (1)
Si. 14. 24. πήξει [**A** πήσσει] πάσσαλον ἐν τοῖς τοίχοις αὐτῆς
26. 12. κατέναντι παντὸς πασσάλου καθήσεται
27. 2. ἀνὰ μέσον ἁρμῶν λίθων [**S**[2] λιθίνων] παγήσεται πάσσαλος
Is. 33. 20. οὐδὲ μὴ κινηθῶσιν οἱ π. τῆς σκηνῆς αὐτῆς (1)
54. 2. τοὺς π. σου κατίσχυσον (1)
Ez. 15. 3. εἰ λήψονται ἐξ αὐτῆς πάσσαλον (1)

[**Aq.** Is. 22. 23, 25.]
[**Sm.** Ex. 35. 18 *bis* : 38. 31 (39. 9) *bis* : JD. 5. 26 : Is. 22. 23, 25.]
[**Th.** Ex. 38. 31 (39. 9) *bis* : Is. 22. 23, 25.]

πάσσειν. (1) זָרַק (2) עָפַר pi. (3) פָּזַר pi.

Ex. 9. 8. πασάτω M. εἰς τὸν οὐρ. (1)
— 10. **A**[2] **B** ἔπασεν αὐτὴν M. εἰς τὸν οὐρ. (1)
II Ki. 16. 13. καὶ τῷ χοῒ πάσσων (2)
Es. 1. 6. κύκλῳ ῥόδα πεπασμένα [**S**[1] πεπλ.] †
Ps. 147. 5 (16). ὁμίχλην ὡσεὶ σποδὸν πάσσοντος (3)
Si. 43. 17. ὡς πετεινὰ καθιπτάμενα πάσσει χιόνα
III Ma. 1. 18. **B** τὰς κεφαλὰς [**A** κόμας] πασάμεναι

παστάς.

[**Aq.** Is. 57. 8.]

παστός. (1) חֻפָּה

Ps. 18 (19). 5. ὡς νυμφίος ἐκπορευόμενος ἐκ παστοῦ αὐτοῦ (1)
Jl. 2. 16. καὶ νύμφη ἐκ τοῦ π. αὐ. (1)
I Ma. 1. 27. **A R** καθημένη ἐν παστῷ ἐγένετο ἐν πένθει [**S** ἐπένθει]
III Ma. 1. 19. **R** τοὺς πρὸς ἀπάντησιν διατεταγμένους π. [**A** *al.*]
4. 6. αἱ δὲ ἄρτι . . . ὑπεληλυθυῖαι παστὸν νεάνιδες

παστοῦν.

[**Aq.** DT. 33. 12.]

παστοφόριον. (1) לִשְׁכָּה

I Ch. 9. 26. οἱ Λ. ἦσαν ἐπὶ τῶν π. (1)
23. 28. τοῦ λειτουργεῖν . . . ἐπὶ τὰ π. (1)
26. 16. μετὰ τὴν πύλην παστοφορίου [**A** τοῦ π.] †
— 18. μετὰ τὴν πύλην τοῦ π. –
28. 12. καὶ πάντων τῶν π. τῶν κύκλῳ (1)
II Ch. 31. 11. ἑτοιμάσαι παστοφόρια (1)
I Es. 8. 59. ἐν τοῖς π. τοῦ οἴκου

I Es. 9. 1. ἐπορεύθη εἰς τὸ π.
Is. 22. 15. πορεύου εἰς τὸ π. πρὸς Σομνᾶν †
Je. 42 (35). 4. εἰς τὸ π. υἱῶν Ἰωνὰν υἱοῦ [A *om.* υἱ. Ἰ. υἱ.] Ἀνανίου (1)
Ez. 40. 17. ἰδοὺ παστοφόρια [A γαζοφυλάκια] . . . τριάκοντα παστοφόρια ἐν τοῖς περιστύλοις (1, 1)
— 38. τὰ π. αὐτῆς καὶ τὰ θυρώματα αὐτῆς (1)
I Ma. 4. 38. ἴδον . . . τὰ π. καθῃρημένα
— 57. ἐνεκαίνισαν . . . τὰ π.
[Aq. Je. 35 (42). 4: 36 (43). 10, 20: Ez. 40. 17 (P.).]
[Th. Ez. 40. 17 (P.): 42. 1.]

πάσχα. (1) פֶּסַח

Ex. 12. 11. π. ἐστι κυρίῳ [A -ίου] (1)
— 21. θύσατε τὸ π. (1)
— 27. θυσία τὸ π. τοῦτο κυρίῳ (1)
— 43. οὗτος ὁ νόμος τοῦ π. (1)
— 48. ποιῆσαι τὸ π. κυρίῳ (1)
34. 25. θύματα ἑορτῆς τοῦ π. (1)
Le. 23. 5. ἐν τῷ πρώτῳ μηνὶ . . . π. τῷ κυρίῳ (1)
Nu. 9. 2. ποιείτωσαν οἱ υἱοὶ Ἰσρ. τὸ π. (1)
— 4, 6. ποιῆσαι τὸ π. (1)
— 10. ποιήσει τὸ π. κυρίῳ (1)
— 12. κατὰ τὸν νόμον τοῦ π. (1)
— 13. ποιῆσαι τὸ π. (1)
— 14. καὶ ποιήσει τὸ π. κυρίῳ (1)
— 14. κατὰ τὸν νόμον τοῦ π. (1)
28. 16. A B² R πάσχα κυρίῳ [B¹ -ου] (1)
33. 3. τῇ ἐπαύριον τοῦ π. (1)
De. 16. 1. ποιήσεις τὸ π. κ. τῷ θεῷ σου (1)
— 2. θύσεις τὸ π. κ. τῷ θεῷ σου (1)
— 5. οὐ δυνήσῃ θῦσαι τὸ π. (1)
— 6. θύσεις τὸ π. ἑσπέρας (1)
Jo. 5. 9 (10). ἐποίησαν οἱ υἱοὶ Ἰσρ. τὸ π. (1)
IV Ki. 23. 21. ποιήσατε πάσχα τῷ κυρίῳ (1)
— 22. οὐκ ἐγενήθη τὸ π. τοῦτο (1)
— 23. ἐγενήθη τὸ π. τῷ κυρίῳ (1)
I Es. 1. 1. ἤγαγεν Ἰωσ. τὸ π.
— 1. A B¹ ἔθυσαν τὸ π. [B² R *al.*]
— 6. θύσατε τὸ π.
— 6. ποιήσατε τὸ π.
— 8. ἔδωκε . . . εἰς πάσχα πρόβατα δισχίλια
— 9. ἔδωκαν . . . εἰς πάσχα
— 12. ὤπτησαν τὸ π. ἐν πυρί
— 17. ἀχθῆναι τὸ π.
— 19. ἠγάγοσαν . . . τὸ π.
— 20. οὐκ ἤχθη τὸ π. τοιοῦτο
— 21. οὐκ ἠγάγοσαν πάσχα τοιοῦτον
— 22. ἤχθη τὸ π. τοῦτο
7. 10. ἠγάγοσαν . . . τὸ π.
— 12. ἔθυσαν τὸ π.
II Es. 6. 19. καὶ ἐποίησαν . . . τὸ π. (1)
— 20. ἔσφαξαν τὸ π. (1)
— 21. ἔφαγον οἱ υἱοὶ Ἰσρ. τὸ π. †
Ez. 45. 21. ἔσται ὑμῖν τὸ π. ἑορτή (1)
[Aq., Sm., Th. Jo. 5. 11.]

πάσχειν. (1) חָלָה ni.

Es. 9. 26. ὅσα πεπόνθασι διὰ ταῦτα †
Jb. 41. 8 (9). S¹ συνέχονται καὶ οὐ μὴ πάθωσιν [A B S² ἀποσπασθῶσιν] †
Wi. 12. 27. ἐφ' οἷς γὰρ αὐτοὶ πάσχοντες ἠγανάκτουν
18. 1. ὅτι μὲν οὖν [A οὐ] κἀκεῖνοι ἐπεπόνθεισαν
— 11. δημότης βασιλεῖ τὰ αὐτὰ [S ταῦτα] πάσχων
— 19. ἵνα μὴ ἀγνοοῦντες δι' ὃ κακῶς πάσχουσιν ἀπόλωνται
19. 13. δικαίως γὰρ ἔπασχον ταῖς ἰδίαις αὐτῶν πονηρίαις
Si. 38. 16. ὡς δεινὰ πάσχων ἔναρξαι θρήνου
Am. 6. 6. καὶ οὐκ ἔπασχον οὐδέν (1)
Za. 11. 5. οἱ ποιμένες αὐ. οὐκ ἔπασχον οὐδέν †
Ep. Je. 34. ἐὰν κακὸν πάθωσιν ὑπό τινος
Ez. 16. 5. τοῦ παθεῖν τι ἐπὶ σοί †
Da. LXX. 11. 17. καὶ οὐ πείσεται –
II Ma. 6. 30. διὰ τὸν αὐτοῦ φόβον ταῦτα πάσχω
7. 18. ἡμεῖς γὰρ δι' ἑαυτοὺς ταῦτα πάσχομεν
— 32. ἡμεῖς γὰρ διὰ τὰς ἑαυτῶν ἁμαρτίας πάσχομεν
9. 28. ὁ μὲν οὖν ἀνδροφόνος . . . τὰ χείριστα παθών
IV Ma. 4. 25. προειδυίας ὅτι τοῦτο πείσονται
9. 8. R δι' ὃν καὶ [S ὃ καὶ ταῦτα] πάσχομεν
10. 10. διὰ παιδείαν . . . ταῦτα πάσχομεν
13. 17. A R οὕτω γὰρ παθόντας [S θανόντας] ἡμᾶς . . . ὑποδέξονται
14. 9. ἀλλὰ καὶ πάσχοντες ἐκαρτέρουν

πατάσσειν. (1) דָּבַר hi. (2) דָּקַק aph. (3) לָחַם ni. (4) לָכַד (5) מוּת hi. (6) מְחָא (7) מָחַץ (8) נָגַף (9) *a.* נָכָה hi. *b.* מַכָּה (10) צָרַר hi.

Ge. 8. 21. πατάξαι πᾶσαν σάρκα ζῶσαν (9 *a*)
14. 15. R καὶ ἐπάταξεν αὐτούς (9 *a*)
19. 11. τοὺς δὲ ἄνδρας . . . ἐπάταξαν (9 *a*)
32. 11 (12). μή ποτε ἐλθὼν πατάξῃ με (9 *a*)
37. 21. A οὐ πατάξομεν [R -ωμεν] αὐτόν (9 *a*)
Ex. 2. 12. πατάξας τὸν Αἰγύπτιον (9 *a*)
3. 20. πατάξω τοὺς Αἰγυπτίους (9 *a*)
7. 20. ἐπάταξε τὸ ὕδωρ τὸ ἐν τῷ ποτ. (9 *a*)
— 25. μετὰ τὸ πατάξαι κύριον τὸν ποτ. (9 *a*)
8. 16 (12). πάταξον τὸ χῶμα τῆς γῆς (9 *a*)
— 17 (13). ἐπάταξε τὸ χῶμα τῆς γῆς (9 *a*)
9. 15. πατάξω σε (9 *a*)
— 25. ἐπάταξε δὲ ἡ χάλαζα (9 *a*)
— 25. πᾶσαν βοτάνην . . . ἐπάταξεν ἡ χάλ. (9 *a*)
12. 12. πατάξω πᾶν πρωτότοκον (9 *a*)
— 23. πατάξαι τοὺς Αἰγυπτίους (8)
— 23. οὐκ ἀφήσει . . . πατάξαι (8)
— 27. ἡνίκα ἐπάταξε τοὺς Αἰγ. (8)
— 29. κύριος ἐπάταξε πᾶν πρωτότοκον (9 *a*)
17. 5. ἐν ᾗ ἐπάταξας τὸν ποταμόν (9 *a*)
— 6. πατάξεις τὴν πέτραν (9 *a*)
21. 12. ἐὰν δὲ πατάξῃ τίς τινα (9 *a*)
— 18. καὶ πατάξωσι [A -ξῃ τις] τὸν πλησίον (9 *a*)
— 19. ἀθῷος ἔσται ὁ πατάξας (9 *a*)
— 20. ἐὰν δέ τις πατάξῃ τὸν παῖδα αὐτοῦ (9 *a*)
— 22. ἐὰν . . . πατάξωσι γυναῖκα ἐν γαστρὶ ἔχουσαν (8)
— 26. ἐὰν δέ τις πατάξῃ τὸν ὀφθαλμόν (9 *a*)
32. 35. ἐπάταξε κύριος τὸν λαόν (8)
Le. 24. 17. ὃς ἂν πατάξῃ ψυχὴν ἀνθρώπου (9 *a*)
— 18. ὃς ἂν πατάξῃ κτῆνος (9 *a*)
— 21. ὃς ἂν πατάξῃ ἄνθρωπον (9 *a*)
26. 24. πατάξω ὑμᾶς κἀγὼ ἑπτάκις (9 *a*)
Nu. 3. 13: 8. 17. ἐπάταξα πᾶν πρωτότοκον (9 *a*)
11. 33. ἐπάταξε κ. τὸν λαὸν [A ἐν τῷ λ.] πληγήν (9 *a*)
14. 12. πατάξω αὐτοὺς θανάτῳ (9 *a*)
20. 11. ἐπάταξε τὴν πέτραν (9 *a*)
21. 24. ἐπάταξεν αὐτὸν Ἰσρ. (9 *a*)
— 35. καὶ ἐπάταξεν αὐτόν (9 *a*)
22. 6. ἐὰν δυνώμεθα πατάξαι ἐξ αὐτῶν (9 *a*)
— 11. εἰ ἄρα δυνήσομαι πατάξαι αὐτόν (3)
— 23. ἐπάταξε τὴν ὄνον (9 *a*)
— 32. διὰ τί ἐπάταξας τὴν ὄνον σου (9 *a*)
25. 17. καὶ πατάξατε αὐτούς (9 *a*)
33. 4. οὓς ἐπάταξε κύριος (9 *a*)
35. 11. πᾶς ὁ πατάξας ψυχὴν ἀκουσίως (9 *a*)
— 15. παντὶ πατάξαντι ψυχὴν ἀκουσίως (9 *a*)
— 16. ἐὰν δὲ ἐν σκεύει σιδήρου πατάξῃ αὐτόν (9 *a*)
— 17. ἐὰν δὲ ἐν λίθῳ . . . πατάξῃ αὐτόν (9 *a*)
— 18. ἐὰν δὲ ἐν σκεύει ξυλίνῳ . . . πατάξῃ αὐτόν (9 *a*)
— 21. ἢ διὰ μῆνιν ἐπάταξεν αὐτόν (9 *a*)
— 21. θανάτῳ θανατούσθω ὁ πατάξας (9 *a*)
— 21. A πατάξει [B ἀποκτενεῖ] τὸν φονεύσαντα (5)
— 24. κρινεῖ ἡ συναγ. ἀνὰ μέσον τοῦ πατάξαντος (9 *a*)
— 30. πᾶς πατάξας ψυχήν (9 *a*)
De. 1. 4. μετὰ τὸ πατάξαι Σηών (9 *a*)
2. 33. B² R ἐπατάξαμεν [A B¹ -ξεν] αὐτόν (9 *a*)
3. 3. καὶ ἐπατάξαμεν αὐτόν (9 *a*)
4. 46. ὃν ἐπάταξε M. (9 *a*)
7. 2. καὶ πατάξεις αὐτούς (9 *a*)
19. 4. ὃς ἂν πατάξῃ τὸν πλησίον αὐτοῦ (9 *a*)
— 6, 11. καὶ πατάξῃ αὐτοῦ ψυχήν (9 *a*)
20. 13. πατάξεις πᾶν ἀρσενικὸν αὐτῆς (9 *a*)
21. 1. οὐκ οἴδασι τὸν πατάξαντα (9 *a*)
27. 25. πατάξαι ψυχὴν αἵματος ἀθῴου (9 *a*)
28. 22, 27, 28, 35. πατάξαι σε κύριος (9 *a*)
29. 8 (6). ἐπατάξαμεν αὐτούς (9 *a*)
32. 39. πατάξω κἀγὼ ἰάσομαι (7)
Jo. 8. 21. ἐπάταξαν τοὺς ἄνδρας τῆς Γ. (9 *a*)
— 22. καὶ ἐπάταξαν [A -εν] αὐτούς (9 *a*)
— 24. καὶ ἐπάταξεν αὐτήν (9 *a*)
10. 33. ἐπάταξεν αὐτὸν Ἰ. (9 *a*)
— 37. καὶ ἐπάταξεν [A -αν] αὐτήν (4 + 9 *a*)
— 39. καὶ ἐπάταξαν αὐτήν (9 *a*)
— 40. ἐπάταξεν Ἰ. πᾶσαν τὴν γῆν (9 *a*)
— 42. τὴν γῆν αὐτῶν ἐπάταξεν [A ἔλαβεν] Ἰ. (4)

Jo. 12. 6. ἐπάταξαν αὐτούς (9 *a*)
13. 12. ἐπάταξεν αὐτὸν M. (9 *a*)
— 21. ὃν ἐπάταξε M. αὐτόν (9 *a*)
19. 47. καὶ ἐπάταξαν αὐτήν (9 *a*)
20. 3. τῷ φονευτῇ τῷ πατάξαντι ψυχήν (9 *a*)
— 5. A ἐπάταξεν τὸν πλησίον αὐτοῦ (9 *a*)
24. 5. ἐπάταξα [B¹ -αν, A -εν] τὴν Αἴγ. (8)
Jd. 1. 4. B² ἐπάταξεν [A -εν, B¹ R ἔκοψαν] αὐτούς (9 *a*)
— 5. A ἐπάταξεν [B² R ἔκοψαν] τὸν Χαν. (9 *a*)
— 8. καὶ ἐπάταξαν αὐτήν (9 *a*)
— 10. ἐπάταξαν [A -εν] τὸν Σ. (9 *a*)
— 12. ὃς ἂν πατάξῃ τὴν πόλιν τῶν γραμμ. (9 *a*)
— 17. A ἐπάταξαν [B ἔκοψε] τὸν Χαν. (9 *a*)
— 25. ἐπάταξαν τὴν πόλιν (9 *a*)
3. 13. ἐπάταξε τὸν Ἰσρ. (9 *a*)
— 29. ἐπάταξαν τὴν Μωάβ (9 *a*)
— 31. ἐπάταξε τοὺς ἀλλοφύλους (9 *a*)
5. 26. καὶ ἐπάταξε [A *al.*] (7)
6. 16. πατάξεις τὴν M. (9 *a*)
7. 13. καὶ ἐπάταξεν αὐτήν (9 *a*)
8. 11. ἐπάταξε τὴν παρεμβολήν (9 *a*)
9. 43. καὶ ἐπάταξεν αὐτούς (9 *a*)
— 44. καὶ ἐπάταξαν αὐτούς (9 *a*)
11. 21. καὶ ἐπάταξεν αὐτόν [A -ούς] (9 *a*)
— 33. καὶ ἐπάταξεν αὐτούς (9 *a*)
12. 4. ἐπάταξαν ἄνδρες Γαλ. τὸν Ἐφρ. (9 *a*)
14. 19. ἐπάταξεν ἐξ αὐτῶν τριάκοντα ἄνδρας [A *al.*] (9 *a*)
15. 8. καὶ ἐπάταξεν αὐτούς (9 *a*)
— 15. ἐπάταξεν ἐν αὐτῇ χιλίους ἄνδρας (9 *a*)
— 16. ἐπάταξα χιλίους ἄνδρας (9 *a*)
18. 27. καὶ ἐπάταξαν αὐτούς (9 *a*)
20. 31. ἤρξαντο π. [A τύπτειν] (9 *a*)
— 35. ἐπάταξε [A ἐτρόπωσεν] κ. τὸν Βεν. (8)
— 37. ἐπάταξαν [A *add.* ὅλην] τὴν πόλιν (9 *a*)
— 39. π. [A τοῦ τύπτειν] τραυματίας (9 *a*)
— 45. ἐπάταξαν ἐξ αὐτῶν δισχιλίους ἄνδρας (9 *a*)
— 48. καὶ ἐπάταξαν αὐτούς (9 *a*)
21. 10. πατάξατε τοὺς οἰκοῦντας Ἰ. [A *al.*] (9 *a*)
I Ki. 2. 14. καὶ ἐπάταξεν αὐτήν (9 *a*)
4. 8. οἱ θ. οἱ πατάξαντες τὴν Αἴγ. (9 *a*)
5. 3. καὶ ἐπάταξεν αὐτούς –
— 9. ἐπάταξε τοὺς ἄνδρας τῆς πόλεως (9 *a*)
— 9. καὶ ἐπάταξεν αὐτούς †
6. 19. ἐπάταξεν . . . ἑβδομήκοντα ἄνδρας (9 *a*)
— 19. ἐπάταξε . . . πληγὴν μεγ. σφόδρα (9 *a*)
7. 11. καὶ ἐπάταξαν [A -εν] αὐτούς (9 *a*)
13. 3. B ἐπάταξεν Ἰ. τὸν νασίβ (9 *a*)
14. 13. καὶ ἐπάταξεν αὐτούς –
— 14. ἣν ἐπάταξεν Ἰων. (9 *a*)
— 31. ἐπάταξεν . . . ἐκ τῶν ἀλλοφ. (9 *a*)
— 48. A R ἐπάταξε τὸν Ἀμ. [B *al.*] (9 *a*)
15. 3. πατάξεις τὸν Ἀμ. (9 *a*)
— 7. ἐπάταξε Σ. τὸν Ἀμ. (9 *a*)
17. 9. ἐὰν πατάξῃ με (9 *a*)
— 9. ἐὰν . . . πατάξω αὐτόν (9 *a*)
— 25. A ὃς ἂν πατάξῃ αὐτόν (9 *a*)
— 26. A ὃς ἂν πατάξει τὸν ἀλλόφυλον ἐκ. (9 *a*)
— 27. A ὃς ἂν πατάξῃ αὐτόν (9 *a*)
— 35. καὶ ἐπάταξα αὐτόν (9 *a*)
— 35. καὶ ἐπάταξα καὶ ἐθανάτωσα αὐτόν (9 *a*)
— 36. οὐχὶ πορεύσομαι καὶ πατάξω αὐτόν –
— 49. ἐπάταξε τὸν ἀλλόφυλον (9 *a*)
— 50. A ἐπάταξεν τὸν ἀλλόφυλον (9 *a*)
— 57. A τοῦ πατάξαι τὸν ἀλλόφυλον (9 *a*)
18. 6. A ἀπὸ τοῦ πατάξαι τὸν ἀλλόφ. (9 *a*)
— 7. ἐπάταξε Σ. ἐν χιλιάσιν αὐτοῦ (9 *a*)
— 11. A πατάξω ἐν Δαυίδ (9 *a*)
— 27. καὶ ἐπάταξεν . . . ἑκατὸν [A *om.*] ἄνδρας (9 *a*)
19. 5. ἐπάταξε τὸν ἀλλόφυλον (9 *a*)
— 8. ἐπάταξεν . . . πληγὴν μεγάλην σφόδρα (9 *a*)
— 10. πατάξαι τὸ δόρυ εἰς Δ. (9 *a*)
— 10. ἐπάταξε τὸ δόρυ εἰς τὸν τοῖχον (9 *a*)
21. 9 (10). ὃν ἐπάταξας ἐν τῇ κοιλάδι Ἠ. (9 *a*)
— 11 (12). ἐπάταξε Σ. ἐν χιλιάσιν αὐτοῦ (9 *a*)
22. 19. τὴν N. τὴν π. τῶν ἱερέων ἐπάταξεν (9 *a*)
23. 2. εἰ . . . πατάξω τοὺς ἀλλοφύλους τούτους (9 *a*)
— 2. πατάξεις ἐν τοῖς ἀλλοφύλοις τούτοις (9 *a*)
— 2. B πατάξεις [A R σώσεις] τὴν K. †
— 5. ἐπάταξεν . . . πληγὴν μεγάλην (9 *a*)
24. 6. ἐπάταξε καρδία Δαυὶδ αὐτόν (9 *a*)
25. 38. ἐπάταξε κύριος τὸν N. (8)
26. 8. πατάξω αὐτὸν τῷ δόρατι (9 *a*)
29. 5. ἐπάταξε Σ. ἐν χιλιάσιν αὐτοῦ (9 *a*)
30. 1. ἐπάταξε τὴν Σ. (9 *a*)

I Ki. 30. 17. καὶ ἐπάταξεν αὐτούς (9 a)
II Ki. 1. 15. καὶ ἐπάταξεν αὐτόν [A om.] (9 a)
2. 22. ἵνα μὴ πατάξω σε εἰς τὴν γῆν (9 a)
— 31. ἐπάταξαν . . . τριακοσίους ἑξήκοντα ἄνδρας (9 a)
3. 27. ἐπάταξεν αὐτὸν ἐκεῖ (9 a)
5. 25. ἐπάταξε τοὺς ἀλλοφύλους (9 a)
8. 1. ἐπάταξε Δ. τοὺς ἀλλοφύλους (9 a)
— 2. ἐπάταξε Δ. τὴν Μ. (9 a)
— 3. ἐπάταξε Δ. τὸν Ἀδρ. (9 a)
— 5. ἐπάταξε Δ. . . . εἴκοσι δύο χιλιάδας ἀνδρῶν (9 a)
— 9. ἐπάταξε Δ. πᾶσαν τὴν δύναμιν Ἀδρ. (9 a)
— 10. A B ἐπάταξεν [R ἐπολέμησε] τὸν Ἀδρ. καὶ ἐπάταξεν αὐτόν (3, 9 a)
— 13. ἐπάταξε τὴν Ἰδουμαίαν (9 a)
10. 18. τὸν Σ. . . . ἐπάταξε (9 a)
11. 21. τίς ἐπάταξε τὸν Ἀβιμ. (9 a)
— 22. τίς ἐπάταξε τὸν Ἀβ. -
12. 9. τὸν Οὐρίαν . . . ἐπάταξας (9 a)
13. 28. πατάξατε τὸν Ἀ. (9 a)
— 30. ἐπάταξεν Ἀβ. πάντας τοὺς υἱ. τοῦ βασ. (9 a)
15. 14. ἵνα μὴ . . . πατάξῃ τὴν πόλιν (9 a)
17. 2. πατάξω τὸν βασ. μονώτατον (9 a)
18. 11. τί ὅτι οὐκ ἐπάταξας αὐτόν (9 a)
— 15. ἐπάταξαν [A -εν] τὸν Ἀβ. (9 a)
21. 2. ἐζήτησε Σ. πατάξαι αὐτούς (9 a)
— 12. ᾗ ἐπάταξαν οἱ ἀλλόφ. τὸν Σ. (9 a)
— 16. διενοεῖτο πατάξαι τὸν Δ. (9 a)
— 17. ἐπάταξε τὸν ἀλλόφυλον (9 a)
— 18. ἐπάταξε Σεβ. . . . τὸν Σέφ (9 a)
— 19. ἐπάταξεν [A ἐπέτ.] Ἐλ. . . . τὸν Γολ. (9 a)
— 21. ἐπάταξεν αὐτὸν Ἰων. (9 a)
23. 10. καὶ ἐπάταξεν ἐν τοῖς ἀλλοφύλοις (9 a)
— 12. ἐπάταξε τοὺς ἀλλοφύλους (9 a)
— 20. B ἐπάταξε τοὺς δύο υἱοὺς Ἀ. (9 a)
— 20. ἐπάταξε τὸν λέοντα (9 a)
— 21. ἐπάταξε τὸν ἄνδρα τὸν Αἰγ. (9 a)
24. 10. ἐπάταξε καρδία Δ. αὐτόν (9 a)
III Ki. 15. 20. ἐπάταξαν [A -εν] τὴν Ἀ. (9 a)
— 27. A ἐπάταξεν αὐτὸν Β. [B al.] (9 a)
— 29. ἐπάταξεν τὸν οἶκον Ἱερ. (9 a)
16. 7. καὶ ὑπὲρ τοῦ πατάξαι αὐτόν (9 a)
— 10. καὶ ἐπάταξεν αὐτόν (9 a)
— 12 (11). ἐπάταξεν ὅλον τὸν οἶκον Β. (9 a)
20 (21). 27. ᾗ ἐπάταξε Ναβ. τὸν Ἰ. -
21 (20). 20. ἐπάταξεν ἕκαστος τὸν παρ' αὐτοῦ (9 a)
— 21. ἐπάταξε πληγὴν μεγάλην (9 a)
— 29. ἐπάταξεν Ἰσρ. τὴν Συρίαν (9 a)
— 35. πάταξον δή με (9 a)
— 35. οὐκ ἠθέλησεν ὁ ἄνθρ. πατάξαι αὐτόν (9 a)
— 36. πατάξει σε λέων (9 a)
— 36. καὶ ἐπάταξεν αὐτόν (9 a)
— 37. B πάταξόν με δή (9 a)
— 37. B ἐπάταξεν αὐτὸν ὁ ἄνθρ. πατάξας καὶ συνέτριψε (9 a, 9 a)
22. 24. ἐπάταξε τὸν Μιχ. (9 a)
— 34. ἐπάταξε τὸν βασ. Ἰσρ. (9 a)
IV Ki. 2. 8, 14. ἐπάταξε τὸ ὕδωρ (9 a)
— 14. ἐπάταξε τὰ ὕδατα [A^1 τὸ ὕ.] (9 a)
3. 19. πατάξετε [A -ατε] πᾶσαν πόλιν ὀχυράν (9 a)
— 23. ἐπάταξεν [A -αν] ἀνὴρ τὸν πλησίον αὐ. (9 a)
— 24. ἐπάταξαν τὴν Μ. (9 a)
— 25. καὶ ἐπάταξαν [A -εν] αὐτήν (9 a)
6. 18. πάταξον δὴ τὸ ἔθνος τοῦτο (9 a)
— 18. καὶ ἐπάταξεν αὐτούς (9 a)
— 21. εἰ πατάξας πατάξω, πάτερ (9 a, 9 a)
— 22. καὶ εἶπεν, Οὐ πατάξεις (9 a)
8. 21. ἐπάταξε τὸν Ἐδώμ (9 a)
— 28. ἐπάταξαν οἱ Σύροι τὸν Ἰ. (9 a)
— 29. ὧν ἐπάταξαν αὐτόν (9 a)
9. 24. ἐπάταξε τὸν Ἰωράμ (9 a)
— 27. καὶ ἐπάταξεν αὐτόν (9 a)
10. 9. τίς ἐπάταξε πάντας τούτους (9 a)
— 11. ἐπάταξεν Ἰοὺ πάντας (9 a)
— 17. καὶ ἐπάταξε πάντας (9 a)
— 25. εἰσελθόντες πατάξατε αὐτούς (9 a)
— 25. καὶ ἐπάταξαν [A -εν] αὐτούς (9 a)
— 27. B καὶ ἐπάταξεν [A R ἔταξαν] αὐτόν †
— 32. καὶ ἐπάταξεν αὐτοὺς Ἀζ. (9 a)
12. 20 (21). ἐπάταξαν τὸν Ἰωάς (9 a)
— 21 (22). οἱ δοῦλοι αὐτοῦ ἐπάταξαν αὐτόν (9 a)
13. 17. A B πατάξει [R -εις] τὴν Συρίαν (9 a)
— 18. πάταξον εἰς τὴν γῆν (9 a)
— 18. ἐπάταξεν ὁ βασ. τρίς (9 a)
— 19. εἰ ἐπάταξας πεντάκις (9 a)

IV Ki. 13. 19. τότε ἂν ἐπάταξας τὴν Συρίαν (9 a)
— 19. τρὶς πατάξεις τὴν Συρίαν (9 a)
— 25. τρὶς ἐπάταξεν αὐτόν (9 a)
14. 5. ἐπάταξε τοὺς δούλους αὐ. τοὺς πατάξαντας τὸν πατ. αὐ. (9 a, 9 a)
— 6. τοὺς υἱοὺς τῶν παταξάντων (9 a)
— 7. ἐπάταξε τὴν Ἐδώμ (9 a)
— 10. ἐπάταξας τὴν Ἰδουμαίαν (9 a)
15. 10. καὶ ἐπάταξαν αὐτόν (9 a)
— 14. καὶ ἐπάταξε τὸν Σ. (9 a)
— 16. ἐπάταξε Μ. καὶ τὴν Θ. (9 a)
— 16. καὶ ἐπάταξεν αὐτήν (9 a)
— 25, 30. καὶ ἐπάταξεν αὐτόν (9 a)
18. 8. ἐπάταξε τοὺς ἀλλοφύλους (9 a)
19. 35. ἐπάταξεν ἐν τῇ παρεμβολῇ (9 a)
— 37. ἐπάταξαν αὐτὸν ἐν μαχαίρᾳ (9 a)
21. 24. ἐπάταξεν ὁ λαὸς τῆς γῆς πάντας (9 a)
25. 25. ἐπάταξε [A -αν] τὸν Γοδολίαν (9 a)
I Ch. 1. 46. ὁ πατάξας Μαδιὰμ ἐν τῷ πεδίῳ Μ. (9 a)
4. 41. ἐπάταξαν τοὺς οἴκους [A οἰκήτορας] αὐ. (9 a)
— 43. ἐπάταξαν τοὺς καταλοίπους (9 a)
10. 2. ἐπάταξαν ἀλλόφυλοι τὸν Ἰων. (9 a)
11. 14. ἐπάταξε τοὺς ἀλλοφύλους (9 a)
— 22. ἐπάταξε τοὺς δύο ἀριὴλ Μωάβ (9 a)
— 22. ἐπάταξε τὸν λέοντα (9 a)
— 23. ἐπάταξε τὸν ἄνδρα τὸν Αἰγύπτιον (9 a)
13. 10. καὶ ἐπάταξεν αὐτόν (9 a)
14. 11. καὶ ἐπάταξεν αὐτούς (9 a)
— 15. τοῦ πατάξαι τὴν παρεμβολὴν τῶν ἀλλοφ. (9 a)
— 16. ἐπάταξε τὴν παρεμβ. τῶν ἀλλοφ. (9 a)
18. 1. ἐπάταξε Δ. τοὺς ἀλλοφύλους (9 a)
— 2. ἐπάταξε τὴν Μωάβ (9 a)
— 3. ἐπάταξε Δ. τὸν Ἀδρ. (9 a)
— 5. ἐπάταξε Δ. ἐν τῷ Σύρῳ (9 a)
— 9. ἐπάταξε Δ. τὴν πᾶσαν δύναμιν Ἀδρ. (9 a)
— 10. καὶ ἐπάταξεν αὐτόν (9 a)
— 12. ἐπάταξε τὴν Ἰδουμαίαν (9 a)
20. 1. ἐπάταξεν Ἰ. τὴν Ῥ. (9 a)
— 4. ἐπάταξε Σοβ. Σωσ. τὸν Σ. (9 a)
— 5. ἐπάταξεν Ἐλ. . . . τὸν Λ. (9 a)
— 7. ἐπάταξεν αὐτὸν Ἰων. (9 a)
21. 7. ἐπάταξε τὸν Ἰσρ. (9 a)
II Ch. 6. 36. καὶ πατάξεις αὐτούς †
13. 15. κύριος ἐπάταξε τὸν Ἱερ. (8)
— 17. ἐπάταξεν ἐν αὐτοῖς Ἀβ. (9 a)
— 20. ἐπάταξεν αὐτὸν κύριος (8)
14. 12 (11). ἐπάταξε κύριος τοὺς Αἰθίοπας (8)
16. 4. ἐπάταξε τὴν Ἀ. (9 a)
18. 23. ἐπάταξε τὸν Μιχ. (9 a)
— 33. ἐπάταξε τὸν βασιλέα Ἰσρ. (9 a)
21. 9. καὶ ἐπάταξεν Ἐδώμ (9 a)
— 14. πατάξει σε πληγὴν μεγ. (8)
— 18. ἐπάταξεν αὐτὸν . . . μαλακίαν (8)
22. 5. ἐπάταξαν οἱ τοξόται τὸν Ἰωράμ (9 a)
— 6. ὧν ἐπάταξαν αὐτὸν οἱ Σύροι (9 a)
25. 11. ἐπάταξεν ἐκεῖ τοὺς υἱοὺς Σ. (9 a)
— 13. AR ἐπάταξαν [B -εν] . . . τρεῖς χιλιάδας (9 a)
— 14. πατάξαντος [A -α] τὴν Ἰδουμαίαν (9 a)
— 19. ἐπάταξας τὴν Ἰδουμαίαν (9 a)
28. 5. καὶ ἐπάταξεν ἐν αὐτῷ (9 a)
— 5. ἐπάταξεν . . . πληγὴν μεγάλην (9 a)
— 17. ἐπάταξαν ἐν Ἰούδᾳ (9 a)
— 20. A B^2 καὶ ἐπάταξεν [B^1 ἔθαψαν, R ἔθλιψεν] αὐτόν (10)
33. 24. ἐπάταξαν αὐτὸν ἐν οἴκῳ αὐτοῦ (5)
— 25. ἐπάταξεν ὁ λαὸς . . . τοὺς ἐπιθεμ. (9 a)
I Es. 2. 26. A B^1 ἐπάταξα [A^2 B^2 R ἐπέτ.] οὖν ἐπισκέψασθαι
— 28. B^1 ἐπάταξα [A B^2 R ἐπέτ.] ἀποκωλῦσαι τοὺς ἀνθρ.
4. 8. εἶπε πατάξαι τύπτουσιν
Ne. 13. 25. ἐπάταξα ἐν αὐτοῖς ἄνδρας (9 a)
Ju. 2. 27. ἐπάταξε πάντας τοὺς νεανίσκους αὐ.
5. 12. ἐπάταξε [A^1 πάταξον] πᾶσαν τὴν γῆν Αἰγ.
6. 3. πατάξομεν [A ἐξολεθρεύσωμεν] αὐτούς
9. 3. καὶ ἐπάταξας δούλους
— 10. πάταξον δοῦλον
13. 8. ἐπάταξεν εἰς τὸν τράχηλον αὐτοῦ
— 15. ἐπάταξεν αὐτὸν ὁ κύριος
16. 7. οὐδὲ υἱοὶ Τιτάνων ἐπάταξαν αὐτόν
Jb. 1. 15. A τοὺς παῖδας ἐπάταξαν ἐν στόματι μαχαίρας [B S al.] (9 a)
5. 18. A πατάξει καὶ αἱ χεῖρες αὐ. ἰάσονται [B S al.] (7)
Ps. 3. 7. σὺ ἐπάταξας πάντας τοὺς ἐχθραίνοντάς μοι ματαίως (9 a)

Ps. 46 (47). 3. A^2 ἐπάταξε [A^1 B S ὑπέτ.] λαοὺς ἡμῖν (1)
59 (60). *tit.* ἐπάταξε τὴν φάραγγα τῶν ἁλῶν (9 a)
68 (69). 26. ὃν σὺ ἐπάταξας αὐτοὶ κατεδίωξαν (9 a)
77 (78). 20. ἐπεὶ ἐπάταξε πέτραν (9 a)
— 51. S R ἐπάταξε πᾶν πρωτότοκον ἐν γῇ Αἰγύπτῳ (9 a)
— 66. ἐπάταξε τοὺς ἐχθροὺς αὐ. (9 a)
104 (105). 33. ἐπάταξε τὰς ἀμπέλους αὐτῶν (9 a)
— 36. ἐπάταξε πᾶν πρωτότοκον (9 a)
134 (135). 8. ὃς ἐπάταξε τὰ πρωτότοκα Αἰγ. (9 a)
— 10. ἐπάταξεν [S^1 ἀπέκτεινεν] ἔθνη πολλά (9 a)
135 (136). 10. τῷ πατάξαντι Αἴγυπτον (9 a)
— 17. τῷ πατάξαντι βασιλεῖς μεγάλους (9 a)
Pr. 23. 13. ἐὰν πατάξῃς αὐτὸν ῥάβδῳ (9 a)
— 14. σὺ μὲν γὰρ πατάξεις αὐτὸν ῥάβδῳ (9 a)
Ca. 5. 7. ἐπάταξάν με ἐτραυμάτισάν με (9 a)
Si. 48. 21. ἐπάταξε τὴν παρεμβολὴν τῶν Ἀσσυρίων
Ho. 6. 2 (1). πατάξει καὶ μοτώσει ἡμᾶς (9 a)
Am. 3. 15. πατάξω τὸν οἶκον τὸν περίπτερον (9 a)
4. 9. ἐπάταξα ὑμᾶς ἐν πυρώσει (9 a)
6. 12 (11). πατάξει τὸν οἶκον τὸν μέγαν (9 a)
9. 1. πάταξον ἐπὶ τὸ ἱλαστήριον (9 a)
Mi. 5. 1 (4. 14). ἐν ῥάβδῳ πατάξουσιν (9 a)
6. 13. ἄρξομαι τοῦ πατάξαι σε (9 a)
Jn. 4. 7. ἐπάταξε τὴν κολόκυνθαν (9 a)
— 8. ἐπάταξεν ὁ ἥλιος ἐπὶ τὴν κεφαλὴν τοῦ Ἰ. (9 a)
Hg. 2. 18 (17). ἐπάταξα ὑμᾶς ἐν ἀφορίᾳ (9 a)
Za. 9. 4. πατάξει εἰς θάλασσαν δύναμιν αὐ. [A al.] (9 a)
10. 11. πατάξουσιν ἐν θαλάσσῃ κύματα (9 a)
12. 4. πατάξω πάντα ἵππον (9 a)
— 4. πάντας τοὺς ἵππους . . . πατάξω [S^1 κατ.] (9 a)
13. 7. πατάξατε [A S^3 πάταξον] τοὺς ποιμένας (9 a)
14. 18. ἣν πατάξει κύριος πάντα τὰ ἔθνη (8)
Ma. 4. 6. (3. 24). μὴ . . . πατάξω τὴν γῆν ἄρδην (9 a)
Is. 5. 25. ἐπάταξεν αὐτούς (9 a)
10. 24. ἐν ῥάβδῳ πατάξει σε (9 a)
11. 4. πατάξει γῆν τῷ λόγῳ τοῦ στόματος αὐ. (9 a)
— 15. πατάξει ἑπτὰ φάραγγας (9 a)
14. 6. πατάξας ἔθνος θυμῷ (9 a)
19. 22. πατάξει κύριος τοὺς Αἰγυπτίους πληγῇ [A S *add.* μεγάλῃ] (8)
27. 7. μὴ ὡς αὐτὸς ἐπάταξε (9 b)
30. 31. τῇ πληγῇ ᾗ ἂν πατάξῃ [A -ει] αὐτούς (9 a)
37. 38. ἐπάταξαν αὐτὸν μαχαίραις (9 a)
49. 10. οὐδὲ πατάξει αὐτοὺς ὁ καύσων (9 a)
57. 17. ἐλύπησα αὐτὸν καὶ ἐπάταξα αὐτόν (9 a)
60. 10. διὰ γὰρ ὀργήν μου ἐπάταξά σε (9 a)
Je. 2. 30. μάτην ἐπάταξα τὰ τέκνα ὑμῶν (9 a)
18. 18. πατάξωμεν αὐτὸν ἐν [A om.] γλώσσῃ (9 a)
20. 2. ἐπάταξεν αὐτόν (9 a)
21. 6. πατάξω πάντας τοὺς κατοικοῦντας ἐν τῇ πόλει ταύτῃ (9 a)
25. 13. A πατάξω [B S ἐπάξω] ἐπὶ τὴν γῆν ἐκ. π. τοὺς λόγους μου †
26 (46). 2. ὃν ἐπάταξε Ναβουχοδονόσορ (9 a)
30. 6 (49. 28). ἣν ἐπάταξε Ναβουχοδονόσορ (9 a)
33 (26). 23. ἐπάταξεν αὐτὸν ἐν μαχαίρᾳ (9 a)
36 (29). 21. πατάξει [A -εις] αὐτοὺς κατ' ὀφθαλμοὺς ὑμῶν (9 a)
40 (33). 5. οὓς ἐπάταξα ἐν ὀργῇ [A -ξεν ὀργή] μου (9 a)
44 (37). 10. ἐὰν πατάξητε πᾶσαν δύναμιν τῶν Χαλδαίων (9 a)
— 15. ἐπάταξαν αὐτόν (9 a)
47 (40). 14. ἀπέστειλε πρὸς σὲ τὸν Ἰσμαὴλ πατάξαι σου ψυχήν (9 a)
— 15. πατάξω τὸν Ἰσμαὴλ καὶ μηδεὶς γνώτω μὴ πατάξῃ σου ψυχήν (9 a, 9 a)
48 (41). 2. ἐπάταξαν τὸν Γοδολίαν (9 a)
— 4. τῇ ἡμέρᾳ τῇ δευτέρᾳ πατάξαντος αὐτοῦ τὸν Γοδολίαν (5)
— 9. οὓς ἐπάταξε (9 a)
— 18. ἐπάταξεν Ἰσμαὴλ τὸν Γοδολίαν (9 a)
50 (43). 11. πατάξει γῆν Αἰγύπτου (9 a)
52. 27. ἐπάταξεν αὐτοὺς βασιλεὺς Βαβυλῶνος ἐν Δεβλαθά (9 a)
Ez. 11. 7. τοὺς νεκροὺς ὑμῶν οὓς ἐπατάξατε [A ἐφονεύσατε] †
22. 13. A ἐὰν δὲ πατάξω [B ἐπάξω] χεῖρά μου (9 a)
Da. LXX. 2. 34. ἐπάταξε τὴν εἰκόνα (6)
— 35. ὁ λίθος ὁ πατάξας τὴν εἰκόνα . . . ἐπάταξε πᾶσαν τὴν γῆν (6, †)
— 44. πατάξει δὲ . . . τὰς βασ. ταύτας (2)
8. 7. ἐπάταξε τὸν κριόν (9 a)

Da. LXX. 8. 9. ἐπάταξεν ἐπὶ μεσημβρίαν †
Da. TH. 2. 34. ἐπάταξε τὴν εἰκόνα (6)
— 35. ὁ λίθος ὁ πατάξας τὴν εἰκόνα (6)
I Ma. 1. 1. μετὰ τὸ πατάξαι Ἀλ. τὸν Φ.
— 1. ὃς . . . ἐπάταξε τὸν Δ.
— 20. μετὰ τὸ πατάξαι Αἴγυπτον
— 30. ἐπάταξεν αὐτὴν πληγὴν μεγάλην
2. 44. ἐπάταξαν [S^{1} -αντο] ἁμαρτωλοὺς
3. 11. καὶ ἐπάταξεν αὐτόν
4. 2. καὶ πατάξαι αὐτοὺς ἄφνω
— 3. πατάξαι τὴν δύναμιν τοῦ βασ.
5. 3. AR ἐπάταξεν [S -αν] αὐτοὺς πληγὴν μεγάλην
— 7. ἐπάταξεν αὐτούς
— 34. SR ἐπάταξεν αὐτοὺς πληγὴν μεγάλην [A πληγῇ μ.]
— 49. S^{1} ἐπάταξεν [A S^{2} R ἐπέτ.] Ἰ.
— 65. ἐπάταξε τὴν Χ.
6. 50. A ἐπάταξεν [S ἐπέτ., R ἀπέτ.] ἐκεῖ φρουράν
7. 41. ἐπάταξεν ἐν αὐτοῖς ἑκατὸν . . . χιλιάδας
8. 4. SR ἐπάταξαν [A -εν] ἐν αὐτοῖς πληγὴν μεγάλην
9. 47. πατάξαι τὸν Β.
— 66. ἐπάταξεν Ὀδ.
12. 31. ἐπάταξεν αὐτούς
13. 43. ἐπάταξε πύργον ἕνα
14. 3. ἐπάταξε τὴν παρεμβολὴν Δ.
II Ma. 9. 5. ἐπάταξεν αὐτὸν ἀνιάτῳ . . . πληγῇ
[Aq. Ge. 36. 35: Ex. 21. 18: I Ki. 5. 6: 17. 50: II Ki. 5. 8: Ps. 3. 8: Je. 46 (26). 13: Ez. 21. 21 (26): 32. 15.]
[Sm. Ge. 4. 15: 14. 17: Ex. 21. 18: I Ki. 7. 11: 17. 50: II Ki. 12. 15: 21. 2: Ps. 3. 8: 58 (59). 5: 59 (60). 2: 77 (78). 66: 88 (89). 24: Je. 46 (26). 13: Ez. 6. 11: 21. 21 (26): 32. 15: Am. 3. 15.]
[Th. Ex. 21. 18: Jd. 1. 4, 5: I Ki. 15. 2: 17. 50: Ps. 77 (78). 66: Je. 41 (48). 16 (Sw.): Ez. 21. 21 (26): Mi. 5. 1 (4. 14).]
[Al. Ex. 23. 27: Nu. 35. 30: Jo. 15. 16: Jd. 5. 26: I Ki. 5. 6.]

πατεῖν. (1) בּוּס (2) דּוּשׁ ni. (3) דָּרַךְ *a.* qal. *b.* hi. (4) הָלַךְ ב׳ (5) רָדָה (6) רָמַס (7) מִשְׁלַח רֶגֶל (8) **πατῆσαι ποιεῖν** דָּרַךְ hi.

De. 11. 24. οὗ ἐὰν πατήσῃ τὸ ἴχνος τοῦ ποδὸς ὑ. (3 *a*)
Jd. 9. 27. καὶ ἐπάτησαν [A κατεπάτουν] (3 *a*)
Ne. 13. 15. εἶδον . . . πατοῦντας ληνοὺς (3 *a*)
Jb. 22. 15. ἣν ἐπάτησαν [A^{1} ἐπανέστησαν] ἄνδρες δίκαιοι (3 *a*)
28. 8. οὐκ ἐπάτησαν [S κατεπ.] αὐτὸν [A S -ην] υἱοὶ ἀλαζόνων (3 *b*)
Am. 2. 7. τὰ πατοῦντα ἐπὶ τὸν χοῦν τῆς γῆς †
Jl. 3 (4). 13. εἰσπορεύεσθε πατεῖτε (5)
Za. 10. 5. ὡς μαχηταὶ πατοῦντες πηλὸν (1)
Is. 1. 12. π. τὴν αὐλήν μου οὐ προσθήσεσθε (6)
16. 10. οὐ μὴ πατήσουσιν οἶνον εἰς τὰ ὑπολήνια (3 *a*)
25. 10. ὃν τρόπον πατοῦσιν [A -ῶσιν] ἅλωνα (2)
26. 6. πατήσουσιν αὐτοὺς [A -ὰς] πόδες πραέων (6)
32. 20. ἐπὶ πᾶν ὕδωρ οὗ βοῦς καὶ ὄνος πατεῖ (7)
42. 5. διδοὺς . . . πνεῦμα τοῖς πατοῦσιν αὐτήν (4)
— 16. πατῆσαι ποιήσω αὐτοὺς (8)
Je. 31 (48). 33. πρωῒ οὐκ ἐπάτησαν [S^{1} -σας, A -ήθησαν] (3 *a*)
La. 1. 15. ληνὸν ἐπάτησε κύριος παρθένῳ θυγατρὶ Ἰούδα (3 *a*)
[Aq. Is. 63. 2: Je. 25. 30 (32. 16): 48 (31). 33.]
[Sm. Is. 59. 8: 63. 3: Je. 25. 30 (32. 16): 48 (31). 33.]
[Th. Jb. 22. 15.]
[Al. I Ki. 5. 5.]

πάτημα. (1) מִרְמָס

IV Ki. 19. 26. καὶ πάτημα [A -ματα] ἀπέναντι ἑστηκότος †
Ez. 34. 19. τὰ πρόβατά μου τὰ π. τῶν ποδῶν ὑμῶν ἐνέμοντο (1)
[Al. Dt. 2. 5.]

πατήρ. (1) *a.* אָב *b.* אַב (2) רִאשׁוֹן (3) **θυγάτηρ τοῦ ἀδελφοῦ τοῦ π.** דּוֹדָה (4) **ὁ ἀδελφὸς τοῦ π., ἀδελφὸς πατρός** דּוֹד

Ge. 2. 24. καταλείψει ἄνθρωπος τὸν π. αὐ. (1 *a*)
4. 20. οὗτος ἦν ὁ π. οἰκούντων ἐν σκηναῖς (1 *a*)
9. 18. Χὰμ ἦν π. Χαναάν (1 *a*)
Ge. 9. 22. εἶδε Χὰμ ὁ π. Χαν. τὴν γύμνωσιν τοῦ π. αὐτοῦ (1 *a*, 1 *a*)
— 23. συνεκάλυψαν τὴν γύμνωσιν τοῦ π. αὐ. (1 *a*)
— 23. τὴν γύμνωσιν τοῦ π. αὐτῶν οὐκ εἶδον (1 *a*)
10. 21. αὐτῷ πατρὶ πάντων τῶν υἱῶν Ἕ. (1 *a*)
11. 28. ἐνώπιον Θάρρα τοῦ π. αὐτοῦ (1 *a*)
— 29. καὶ πατὴρ Μελχὰ καὶ πατὴρ Ἰεσχά (1 *a*, 1 *a*)
12. 1. ἔξελθε . . . ἐκ τοῦ οἴκου τοῦ π. σου (1 *a*)
15. 15. ἀπελεύσῃ πρὸς τοὺς π. σου (1 *a*)
17. 4. ἔσῃ πατὴρ πλήθους ἐθνῶν (1 *a*)
— 5. πατέρα πολλῶν ἐθνῶν τέθεικά σε (1 *a*)
19. 31. ὁ π. ἡμῶν πρεσβύτερος (1 *a*)
— 32. ποτίσωμεν τὸν π. ἡμῶν οἶνον (1 *a*)
— 32. ἐξαναστήσωμεν ἐκ τοῦ π. ἡμῶν σπέρμα (1 *a*)
— 33. ἐπότισαν δὲ τὸν π. αὐτῶν οἶνον (1 *a*)
— 33. ἐκοιμήθη μετὰ τοῦ π. αὐτῆς (1 *a*)
— 34. ἐκοιμήθην ἐχθὲς μετὰ τοῦ π. ἡμῶν (1 *a*)
— 34. ἐξαναστήσωμεν ἐκ τοῦ π. ἡμῶν σπέρμα (1 *a*)
— 35. ἐπότισαν δὲ . . . τὸν π. αὐτῶν οἶνον (1 *a*)
— 35. ἐκοιμήθη μετὰ τοῦ π. αὐτῆς †
— 36. συνέλαβον . . . ἐκ τοῦ π. αὐτῶν (1 *a*)
— 37. λέγουσα, Ἐκ τοῦ π. μου –
— 38. οὗτος π. Μωαβιτῶν (1 *a*)
— 39 (38). οὗτος π. Ἀμμανιτῶν (1 *a*)
20. 12. ἀδελφή μού ἐστιν ἐκ πατρός (1 *a*)
— 13. ἐκ τοῦ οἴκου τοῦ π. μου (1 *a*)
22. 7. εἶπεν Ἰ. πρὸς Ἀβ. τὸν π. αὐ., Πάτερ (1 *a*, 1 *a*)
— 21. καὶ τὸν Καμ. π. Σύρων (1 *a*)
24. 7. ὃς ἔλαβέ με ἐκ τοῦ οἴκου τοῦ π. μου (1 *a*)
— 23. εἰ ἔστι παρὰ τῷ π. σου τόπος (1 *a*)
— 38. εἰς τὸν οἶκον τοῦ π. μου πορεύσῃ (1 *a*)
— 40. καὶ ἐκ τοῦ οἴκου τοῦ π. μου (1 *a*)
26. 3. ὃν ὤμοσα Ἀβ. τῷ π. σου (1 *a*)
— 5. ὑπήκουσεν Ἀβ. ὁ π. σου τῆς ἐμῆς φωνῆς –
— 15. οἱ παῖδες τοῦ π. αὐτοῦ (1 *a*)
— 15. ἐν τῷ χρόνῳ τοῦ π. αὐτοῦ (1 *a*)
— 18. οἱ παῖδες Ἀβραὰμ τοῦ π. αὐ. (1 *a*)
— 1. μετὰ τὸ ἀποθανεῖν Ἀβ. τὸν π. αὐ. –
— 18. ἃ ὠνόμασεν Ἀβ. ὁ π. αὐτοῦ (1 *a*)
— 24. ὁ θ. Ἀβ. τοῦ π. σου (1 *a*)
— 24. δι' Ἀβ. τὸν π. σου †
27. 5. θηρεῦσαι θήραν τῷ π. αὐτοῦ †
— 6. ἤκουσα τοῦ π. σου λαλοῦντος (1 *a*)
— 9. ποιήσω αὐτοὺς ἐδέσματα τῷ π. σου (1 *a*)
— 10. εἰσοίσεις τῷ π. σου (1 *a*)
— 10. ὅπως εὐλογήσῃ σε ὁ π. σου –
— 12. μή ποτε ψηλαφήσῃ με ὁ π. μου (1 *a*)
— 14. καθὰ ἐφίλει ὁ π. αὐτοῦ (1 *a*)
— 18. εἰσήνεγκε τῷ π. αὐτοῦ (1 *a*)
— 18. εἶπε δέ, Πάτερ μου (1 *a*)
— 19. R εἶπεν Ἰ. τῷ π. αὐτοῦ [A *al.*] (1 *a*)
— 22. ἤγγισε δὲ Ἰ. πρὸς Ἰσ. τὸν π. αὐ. (1 *a*)
— 26. εἶπεν αὐτῷ Ἰ. ὁ π. αὐτοῦ (1 *a*)
— 29. οἱ υἱοὶ τοῦ π. σου †
— 30. ἀπὸ προσώπου Ἰσ. τοῦ π. αὐτοῦ (1 *a*)
— 31. προσήνεγκε τῷ π. αὐτοῦ (1 *a*)
— 31. εἶπε τῷ π. αὐτοῦ (1 *a*)
— 31. ἀναστήτω ὁ π. μου (1 *a*)
— 32. εἶπεν αὐτῷ Ἰσ. ὁ π. αὐτοῦ (1 *a*)
— 34. τὰ ῥήματα τοῦ π. αὐτοῦ Ἰσ. (1 *a*)
— 34. εὐλόγησον δὴ κἀμέ, πάτερ (1 *a*)
— 36. εἶπεν Ἠ. τῷ π. αὐτοῦ –
— 36. οὐχ ὑπελίπου μοι εὐλογίαν, πάτερ –
— 38. πρὸς Ἰσ. τὸν π. αὐτοῦ (1 *a*)
— 38. μὴ εὐλογία μία σοί ἐστι, πάτερ (1 *a*)
— 38. εὐλόγησον δὴ κἀμέ, πάτερ (1 *a*)
— 39. ἀποκριθεὶς δὲ Ἰσ. ὁ π. αὐτοῦ (1 *a*)
— 41. ἧς εὐλόγησεν αὐτὸν ὁ π. αὐτοῦ (1 *a*)
— 41. αἱ ἡμέραι τοῦ πένθους τοῦ π. μου (1 *a*)
28. 2. εἰς τὸν οἶκον Βαθ. τοῦ π. τῆς μητρός σου (1 *a*)
— 4. τὴν εὐλογίαν Ἀβ. τοῦ π. μου –
— 7. ἤκουσεν Ἰακὼβ τοῦ π. (1 *a*)
— 8. ἐναντίον Ἰσαὰκ τοῦ π. αὐτοῦ (1 *a*)
— 13. ὁ θ. Ἀβ. τοῦ π. σου (1 *a*)
— 21. εἰς τὸν οἶκον τοῦ π. μου (1 *a*)
29. 6. A τῶν προβάτων τοῦ π. αὐ. [R *om.* τ. π. αὐ.] –
— 6. A τὰ πρόβατα τοῦ π. αὐτῆς –
— 9. μετὰ τῶν προβ. τοῦ π. αὐτῆς (1 *a*)
— 9. τὰ πρόβατα τοῦ π. αὐτῆς –
— 12. ἀδελφὸς τοῦ π. αὐτῆς ἐστι (1 *a*)
— 12. ἀπήγγειλε τῷ π. αὐτῆς (1 *a*)
31. 1. πάντα τὰ τοῦ π. ἡμῶν (1 *a*)
— 1. ἐκ τῶν τοῦ π. ἡμῶν (1 *a*)
— 3. εἰς τὴν γῆν τοῦ π. σου (1 *a*)
— 5. τὸ πρόσωπον τοῦ π. ὑμῶν (1 *a*)
Ge. 31. 5. ὁ δὲ θ. τοῦ π. μου (1 *a*)
— 6. δεδούλευκα τῷ π. ὑμῶν (1 *a*)
— 7. ὁ δὲ π. ὑμῶν παρεκρούσατό με (1 *a*)
— 9. πάντα τὰ κτήνη τοῦ π. ὑμῶν (1 *a*)
— 14. ἐν τῷ οἴκῳ τοῦ π. ἡμῶν (1 *a*)
— 16. ὁ θ. τοῦ π. ἡμῶν (1 *a*)
— 18. ἀπελθεῖν πρὸς Ἰ. τὸν π. αὐτοῦ (1 *a*)
— 19. τὰ εἴδωλα τοῦ π. αὐτῆς (1 *a*)
— 29. ὁ δὲ θ. τοῦ π. σου (1 *a*)
— 30. εἰς τὸν οἶκον τοῦ π. σου (1 *a*)
— 35. εἶπε τῷ π. αὐτῆς (1 *a*)
— 42. ὁ θ. τοῦ π. μου (1 *a*)
— 53. κατὰ τοῦ φόβου τοῦ π. αὐτοῦ Ἰ. (1 *a*)
32. 9 (10). ὁ θ. τοῦ π. μου Ἀβ. καὶ ὁ θ. τοῦ π. μου Ἰ. (1 *a*, 1 *a*)
33. 19. παρὰ Ἐμμὼρ πατρὸς Συχέμ (1 *a*)
34. 4. εἶπεν δὲ Σ. πρὸς Ἐ. τὸν π. αὐ. (1 *a*)
— 6. Ἐμμὼρ ὁ π. Συχέμ (1 *a*)
— 11. εἶπε δὲ Σ. πρὸς τὸν π. αὐ. (1 *a*)
— 13. τῷ Σ. καὶ Ἐμμὼρ τῷ π. αὐ. (1 *a*)
— 19. ἐν τῷ οἴκῳ τοῦ π. αὐτοῦ (1 *a*)
35. 18. ὁ δὲ π. αὐτοῦ ἐκάλεσεν (1 *a*)
— 21 (22). μετὰ Β. τῆς παλλακῆς τοῦ π. αὐ. (1 *a*)
— 27. πρὸς Ἰσαὰκ τὸν π. αὐτοῦ (1 *a*)
36. 9. αἱ γενέσεις Ἠ. πατρὸς Ἐδώμ (1 *a*)
— 24. τὰ ὑποζύγια Σεβ. τοῦ π. αὐτοῦ (1 *a*)
— 43. οὗτος Ἠ. πατὴρ Ἐδώμ (1 *a*)
37. 1. οὗ παρῴκησεν ὁ π. αὐτοῦ (1 *a*)
— 2. R τὰ πρόβ. τοῦ π. αὐτοῦ [A *om.* τ. π. αὐ.] –
— 2. τῶν γυναικῶν τοῦ π. αὐτοῦ (1 *a*)
— 2. πρὸς Ἰσραὴλ τὸν π. αὐτῶν (1 *a*)
— 4. αὐτὸν ὁ π. ἐφίλει (1 *a*)
— 9. διηγήσατο αὐτὸ τῷ π. αὐ. (1 *a*)
— 10. ἐπετίμησεν αὐτῷ ὁ π. αὐ. (1 *a*)
— 11. ὁ δὲ π. αὐτοῦ διετήρησε τὸ ῥῆμα (1 *a*)
— 12. τὰ πρόβατα τοῦ π. αὐτῶν (1 *a*)
— 22. καὶ ἀποδῷ αὐτὸν τῷ π. αὐτοῦ (1 *a*)
— 32. εἰσήνεγκαν τῷ π. αὐτῶν (1 *a*)
— 35. ἔκλαυσεν αὐτὸν ὁ π. αὐτοῦ (1 *a*)
38. 11. ἐν τῷ οἴκῳ τοῦ π. σου (1 *a*)
— 11. ἐν τῷ οἴκῳ τοῦ π. αὐτῆς (1 *a*)
41. 51. καὶ πάντων τῶν τοῦ π. μου (1 *a*)
42. 13. ὁ νεώτερος μετὰ τοῦ π. ἡμῶν (1 *a*)
— 29. ἦλθον δὲ πρὸς Ἰ. τὸν π. αὐ. (1 *a*)
— 32. υἱοὶ τοῦ π. ἡμῶν (1 *a*)
— 32. ὁ δὲ μικρότερος μετὰ τοῦ π. ἡμῶν (1 *a*)
— 35. αὐτοὶ καὶ ὁ π. αὐτῶν (1 *a*)
— 36. εἶπε δὲ αὐτοῖς Ἰ. ὁ π. αὐτῶν (1 *a*)
— 37. εἶπε δὲ Ῥ. τῷ π. αὐτῶν (1 *a*)
43. 2. εἶπεν αὐτοῖς ὁ π. αὐτῶν (1 *a*)
— 7. εἰ ἔτι ὁ π. ὑμῶν ζῇ (1 *a*)
— 8. εἶπε δὲ Ἰ. πρὸς Ἰσρ. τὸν π. αὐ. (1 *a*)
— 11. εἶπε δὲ αὐτοῖς Ἰσρ. ὁ π. αὐ. (1 *a*)
— 23. ὁ θ. τῶν π. ὑμῶν (1 *a*)
— 27. εἰ ὑγιαίνει ὁ π. ὑμῶν (1 *a*)
— 28. ὁ παῖς σου ὁ π. ἡμῶν (1 *a*)
44. 17. ὑμεῖς δὲ ἀνάβητε . . . πρὸς τὸν π. ὑ. (1 *a*)
— 19. εἰ ἔχετε πατέρα (1 *a*)
— 20. ἔστιν ἡμῖν π. πρεσβύτερος (1 *a*)
— 20. A ὑπελείφθη τῷ π. [R τῇ μητρὶ] αὐ. †
— 20. ὁ δὲ π. αὐτὸν ἠγάπησεν (1 *a*)
— 22. καταλιπεῖν τὸν π. (1 *a*)
— 22. ἐὰν δὲ καταλίπῃ τὸν π. (1 *a*)
— 24. πρὸς τὸν παῖδά σου πατέρα δὲ ἡ. (1 *a*)
— 25. εἶπεν δὲ ἡμῖν ὁ π. ἡμῶν (1 *a*)
— 27. ὁ παῖς σου ὁ π. ἡμῶν (1 *a*)
— 30. πρὸς τὸν παῖδά σου πατέρα δὲ ἡ. (1 *a*)
— 31. τοῦ παιδός σου πατρὸς δὲ ἡμῶν (1 *a*)
— 32. παρὰ τοῦ π. λέγων (1 *a*)
— 32. ἡμαρτηκὼς ἔσομαι πρὸς τὸν π. (1 *a*)
— 34. πῶς γὰρ ἀναβήσομαι πρὸς τὸν π. (1 *a*)
— 34. ἃ εὑρήσει τὸν π. μου (1 *a*)
45. 3. ἔτι ὁ π. μου ζῇ (1 *a*)
— 8. ἐποίησέ με ὡς πατέρα Φ. (1 *a*)
— 9. ἀνάβητε πρὸς τὸν π. μου (1 *a*)
— 13. ἀπαγγείλατε οὖν τῷ π. μου (1 *a*)
— 13. καταγάγετε τὸν π. μου ὧδε (1 *a*)
— 18. παραλαβόντες τὸν π. ὑμῶν (1 *a*)
— 19. ἀναλαβόντες τὸν π. ὑμῶν (1 *a*)
— 23. τῷ π. αὐτοῦ ἀπέστειλε κατὰ τὰ αὐτά (1 *a*)
— 23. αἴρουσας ἄρτους τῷ π. αὐτοῦ (1 *a*)
— 25. πρὸς Ἰακὼβ τὸν π. αὐτῶν (1 *a*)
— 27. τὸ πνεῦμα Ἰ. τοῦ π. αὐτῶν (1 *a*)
46. 1. τῷ θ. τοῦ π. αὐτοῦ Ἰσαάκ (1 *a*)
— 3. ἐγώ εἰμι ὁ θ. τῶν π. σου (1 *a*)

Ge. 46. 5. ἀνέλαβον οἱ υἱοὶ Ἰσρ. τὸν π. αὐ. (1 a)
— 8. B ἅμα Ἰ. τῷ π. αὐτῶν –
— 29. εἰς συνάντησιν Ἰσρ. τῷ π. αὐ. (1 a)
— 31. ὁ οἶκος τοῦ π. μου (1 a)
— 34. ἡμεῖς καὶ οἱ π. ἡμῶν (1 a)
47. 1. ὁ π. μου καὶ οἱ ἀδ. μου (1 a)
— 3. καὶ ἡμεῖς καὶ π. ἡμῶν (1 a)
— 5. ὁ π. σου καὶ οἱ ἀδ. σου (1 a)
— 6. κατοίκισον τὸν π. σου (1 a)
— 7. εἰσήγαγε δὲ Ἰ. Ἰακ. τὸν π. αὐ. (1 a)
— 9. τῶν ἐτῶν τῆς ζωῆς τῶν π. μου (1 a)
— 11. κατῴκισεν Ἰ. τὸν π. (1 a)
— 12. ἐσιτομέτρει Ἰ. τῷ π. αὐτοῦ . . . καὶ παντὶ τῷ οἴκῳ τοῦ π. αὐτοῦ (1 a, 1 a)
— 30. κοιμηθήσομαι μετὰ τῶν π. μου (1 a)
48. 1. ὁ π. σου ἐνοχλεῖται (1 a)
— 9. εἶπε δὲ Ἰ. τῷ π. αὐτοῦ (1 a)
— 15. ᾧ εὐηρέστησαν οἱ π. μου (1 a)
— 16. καὶ τὸ ὄνομα τῶν π. μου (1 a)
— 17. ἐπέβαλεν ὁ π. αὐ. τὴν χεῖρα τὴν δ. (1 a)
— 17. τῆς χειρὸς τοῦ π. αὐτοῦ (1 a)
— 18. εἶπε δὲ Ἰ. τῷ π. αὐτοῦ, Οὐχ οὕτως, πάτερ (1 a, 1 a)
— 21. εἰς τὴν γῆν τῶν π. ὑμῶν (1 a)
49. 2. ἀκούσατε τοῦ π. ὑμῶν (1 a)
— 4. ἐπὶ τὴν κοίτην τοῦ π. σου (1 a)
— 8. οἱ υἱοὶ τοῦ π. σου (1 a)
— 24 (25). παρὰ θ. τοῦ π. σου (1 a)
— 25 (26). εὐλογίας πατρός σου (1 a)
— 28. B ταῦτα ἐλάλησεν αὐτοῖς ὁ π. αὐ. καὶ εὐλόγησεν αὐτοὺς ὁ π. [A R om. ὁ π.] (1 a, –)
— 29. θάψατέ με μετὰ τῶν π. μου (1 a)
50. 1. ἐπὶ πρόσωπον τοῦ π. αὐτοῦ (1 a)
— 2. ἐνταφιάσαι τὸν π. αὐτοῦ (1 a)
— 5. ὁ π. μου ὥρκισέ με (1 a)
— 5. θάψω τὸν π. μου (1 a)
— 6. θάψον τὸν π. σου (1 a)
— 7. θάψαι τὸν π. αὐτοῦ (1 a)
— 10. ἐποίησε τὸ πένθος τῷ π. αὐτοῦ (1 a)
— 14. θάψαι τὸν π. αὐτοῦ (1 a)
— 15. τέθνηκεν ὁ π. αὐτῶν (1 a)
— 16. ὁ π. σου ὥρκισε (1 a)
— 17. τῶν θεραπόντων τοῦ θ. τοῦ π. σου (1 a)
— 22. πᾶσα ἡ πανοικία τοῦ π. αὐτοῦ (1 a)
— 24. ἣν ὤμοσεν ὁ θ. τοῖς π. ἡ. [A om. τ. π. ἡ.] –
Ex. 1. 1. τῶν εἰσπεπορευμ. εἰς Αἴγ. ἅμα Ἰ. τῷ π. αὐ. –
2. 16. ποιμαίνουσαι τὰ πρόβ. τοῦ π. αὐτῶν –
— 16. ποτίσαι τὰ πρόβ. τοῦ π. αὐτῶν (1 a)
— 18. πρὸς Ῥαγ. [A Ἰ.] τὸν π. αὐ. (1 a)
3. 6. ὁ θ. τοῦ πατρός σου (1 a)
— 13. ὁ θ. τῶν π. ἡμῶν (1 a)
— 15, 16. κ. ὁ θ. τῶν π. ὑμῶν (1 a)
4. 5. ὁ θ. τῶν π. αὐτῶν (1 a)
6. 20. θυγατέρα τοῦ ἀδ. τοῦ π. αὐτοῦ (3)
10. 6. ἃ οὐδέποτε ἑωράκασιν οἱ π. σου (1 a)
12. 40. A αὐτοὶ καὶ οἱ π. αὐτῶν –
13. 5. ἣν ὤμοσε τοῖς π. σου (1 a)
— 11. ὃν τρόπον ὤμοσε τοῖς π. σου (1 a)
15. 2. θεὸς τοῦ π. μου (1 a)
18. 4. ὁ γὰρ θεὸς τοῦ π. μου (1 a)
20. 5. ἀποδιδοὺς ἁμαρτίας πατέρων (1 a)
— 12. τίμα τὸν π. σου (1 a)
21. 15. ὃς τύπτει πατέρα [B¹ μητέρα] αὐτοῦ (1 a)
— 16 (17). ὁ κακολογῶν πατέρα αὐτοῦ (1 a)
22. 17 (16). καὶ μὴ βούληται ὁ π. αὐτῆς δοῦναι (1 a)
— 17 (16). ἀργύριον ἀποτίσει τῷ π. –
34. 7. ἐπάγων ἀνομίας πατέρων ἐπὶ τέκνα (1 a)
40. 15. ὃν τρόπον ἤλειψας τὸν π. αὐτῶν (1 a)
Le. 10. 4. υἱοὺς τοῦ ἀδελφοῦ τοῦ π. Ἀαρών (4)
16. 32. ἱερατεύειν μετὰ τὸν π. αὐτοῦ (1 a)
18. 7. ἀσχημοσύνην πατρός σου (1 a)
— 8. ἀσχημοσύνην γυναικὸς πατρός σου (1 a)
— 8. ἀσχημοσύνη πατρός σού ἐστιν (1 a)
— 9. τῆς ἀδελφῆς σου ἐκ πατρός σου (1 a)
— 11. ἀσχημοσύνην θυγατρὸς γυναικὸς πατρός σου (1 a)
— 12. ἀσχημοσύνην ἀδελφῆς πατρός σου (1 a)
— 12. B οἰκεία γὰρ πατρός σού ἐστιν (1 a)
— 14. ἀσχημοσύνην ἀδελφοῦ τοῦ π. σου (1 a)
19. 3. ἕκαστος πατέρα αὐτοῦ . . . φοβείσθω (1 a)
20. 9. ὃς ἂν κακῶς εἴπῃ τὸν π. αὐτοῦ (1 a)
— 9. πατέρα αὐτοῦ . . . κακῶς εἶπεν (1 a)
— 11. ἐάν τις κοιμηθῇ μετὰ γυν. τοῦ π. αὐ. ἀσχημοσύνην τοῦ π. αὐ. ἀπεκάλυψε (1 a, 1 a)

Le. 20. 17. τὴν ἀδελφὴν αὐτοῦ ἐκ πατρὸς αὐτοῦ (1 a)
— 19. ἀσχημοσύνην ἀδελφῆς πατρός σου (1 a)
21. 2. ἐπὶ πατρὶ καὶ μητρί (1 a)
— 9. τὸ ὄνομα τοῦ π. αὐτῆς αὐτὴ βεβηλοῖ (1 a)
— 11. ἐπὶ πατρὶ αὐτοῦ οὐδὲ ἐπὶ μητρὶ αὐ. (1 a)
22. 13. ἀπὸ τῶν ἄρτων τοῦ π. αὐτῆς (1 a)
25. 49. ἀδελφὸς πατρὸς αὐτοῦ ἢ υἱὸς ἀδελφοῦ πατρός (4, 4)
26. 39. διὰ τὰς ἁμαρτίας τῶν π. αὐτῶν (1 a)
— 40. τὰς ἁμαρτίας τῶν π. αὐτῶν (1 a)
Nu. 3. 4. μετὰ Ἀαρὼν τοῦ π. αὐτῶν (1 a)
6. 7. ἐπὶ πατρὶ καὶ μητρί (1 a)
11. 12. ἣν ὤμοσας τοῖς π. αὐτῶν (1 a)
12. 14. εἰ ὁ π. αὐτῆς πτύων ἐνέπτυσεν (1 a)
14. 12. καὶ τὸν οἶκον τοῦ π. σου –
— 18. ἀποδιδοὺς ἁμαρτίας πατέρων (1 a)
— 23. ἣν ὤμοσα τοῖς π. αὐτῶν (1 a)
18. 1. A R ὁ οἶκος τοῦ π. [B οἰ. πατριᾶς] σου (1 a)
— 2. δῆμον τοῦ π. σου (1 a)
20. 15. κατέβησαν οἱ π. ἡμῶν εἰς Αἴγ. (1 a)
— 15. ἐκάκωσαν . . . τοὺς π. ἡμῶν (1 a)
27. 3. ὁ π. ἡμῶν ἀπέθανεν ἐν τῇ ἐρήμῳ (1 a)
— 3 (4). μὴ ἐξαλειφθήτω τὸ ὄνομα τοῦ π. ἡ. (1 a)
— 3 (4). ἐν μέσῳ ἀδελφῶν πατρὸς ἡμῶν (1 a)
— 6 (7). ἐν μέσῳ ἀδελφῶν πατρὸς αὐτῶν (1 a)
— 6 (7). τὸν κλῆρον τοῦ π. αὐτῶν (1 a)
— 10. δώσετε . . . τῷ ἀδ. τοῦ π. αὐτοῦ (1 a)
— 11. ἐὰν δὲ μὴ ὦσιν ἀδ. τοῦ π. αὐτοῦ (1 a)
30. 4. ἐν τῷ οἴκῳ τοῦ π. αὐτῆς (1 a)
— 4 (5). καὶ ἀκούσῃ ὁ π. αὐτῆς τὰς εὐχάς (1 a)
— 4 (5). καὶ παρασιωπήσῃ αὐτῆς ὁ π. (1 a)
— 6. ἐὰν δὲ . . . ἀνανεύσῃ ὁ π. αὐτῆς (1 a)
— 6. ἀνένευσεν ὁ π. αὐτῆς (1 a)
— 8. A¹ καὶ ἀκούσῃ ὁ π. [A² B ἀνήρ] αὐ. †
— 17. ἀνὰ μέσον πατρὸς καὶ θυγατρὸς . . . ἐν οἴκῳ πατρός (1 a, 1 a)
32. 8. οὐχ οὕτως ἐποίησαν οἱ π. ὑμῶν (1 a)
— 14. ἀνέστητε ἀντὶ τῶν π. ὑμῶν (1 a)
36. 3. ἐκ τῆς κατασχέσεως τῶν π. ἡμῶν (1 a)
— 6. A B² R ἐκ τοῦ δήμου τοῦ π. αὐτῶν (1 a)
— 8. ἑνὶ τῶν ἐκ τοῦ δήμου τοῦ π. αὐτῆς (1 a)
— 12. ἐπὶ τὴν φυλὴν δήμου τοῦ π. αὐτῶν (1 a)
De. 1. 8. ἣν ὤμοσα τοῖς π. ὑμῶν (1 a)
— 11, 21. κ. ὁ θ. τῶν π. ὑμῶν (1 a)
— 35. ἣν ὤμοσα τοῖς π. αὐτῶν (1 a)
4. 1. κ. ὁ θεὸς τῶν π. ὑμῶν (1 a)
— 31. τὴν διαθήκην τῶν π. σου (1 a)
— 37. διὰ τὸ ἀγαπῆσαι αὐτὸν τοὺς π. σου (1 a)
5. 3. οὐχὶ τοῖς π. ὑμῶν διέθετο (1 a)
— 9. ἀποδιδοὺς ἁμαρτίας πατέρων (1 a)
— 16. τίμα τὸν π. σου (1 a)
6. 3. κ. ὁ θ. τῶν π. σου (1 a)
— 10. ἣν ὤμοσε τοῖς π. σου (1 a)
— 18. ἣν ὤμοσε κ. [A add. δοῦναι] τοῖς π. ὑ. (1 a)
— 23. ἣν ὤμοσε δοῦναι τοῖς π. ἡ. [A al.] (1 a)
7. 8. ὃν ὤμοσε τοῖς π. ὑμῶν (1 a)
— 12. ὃ ὤμοσε τοῖς π. ὑμῶν (1 a)
— 13. A R ἧς [B ὡς] ὤμοσε κ. τοῖς π. σου (1 a)
8. 1. ἣν ὤμοσε . . . τοῖς π. ὑμῶν (1 a)
— 3. ὃ οὐκ ᾔδεισαν οἱ π. σου (1 a)
— 16. οὐκ ᾔδεισαν οἱ π. σου (1 a)
— 18. ἣν ὤμοσε κ. τοῖς π. σου (1 a)
9. 5. ἣν ὤμοσε κ. τοῖς π. ἡμῶν (1 a)
10. 11. ἣν ὤμοσα τοῖς π. αὐτῶν [A ὑμῶν] (1 a)
— 15. τοὺς π. ὑμῶν προείλατο (1 a)
— 22. κατέβησαν οἱ π. σου εἰς Αἴγ. (1 a)
11. 9, 21. ἧς ὤμοσε κύριος τοῖς π. ὑμῶν (1 a)
12. 1. ἣν κ. ὁ θ. τῶν π. ὑμῶν δίδωσιν (1 a)
13. 6 (7). ἐκ πατρός σου ἢ ἐκ μητρός σου –
— 6 (7). σὺ καὶ οἱ π. σου (1 a)
— 17 (18): 19. 8. ὃν τρόπον ὤμοσε τοῖς π. σου (1 a)
19. 8. ἣν εἶπε δοῦναι τοῖς π. σου (1 a)
— 14. ἃ ἔστησαν οἱ π. [A πρότεροί] σου (2)
21. 13. κλαύσεται τὸν π. (1 a)
— 18. οὐχ ὑπακούων φωνὴν πατρός (1 a)
— 19. ὁ π. αὐ. καὶ ἡ μήτηρ αὐ. (1 a)
22. 15. λαβὼν ὁ π. τῆς παιδός (1 a)
— 16. ἐρεῖ ὁ π. τῆς παιδός (1 a)
— 19. δώσουσι τῷ π. τῆς νεάνιδος (1 a)
— 21. A R τὰς θύρας τοῦ οἴκου [B om. τοῦ οἰ.] τοῦ [A om.] π. αὐ. (1 a)
— 21. ἐκπορνεῦσαι τὸν οἶκον τοῦ π. αὐτῆς (1 a)
— 29. δώσει . . . τῷ π. τῆς νεάνιδος (1 a)
— 30 (23. 1). τὴν γυναῖκα τοῦ π. αὐτοῦ (1 a)
— 30 (23. 1). συγκάλυμμα τοῦ π. αὐτοῦ (1 a)
24. 16. οὐκ ἀποθανοῦνται π. ὑπὲρ τέκνων (1 a)

De. 24. 16. υἱοὶ οὐκ ἀποθανοῦνται ὑπὲρ πατέρων (1 a)
26. 3. ἣν ὤμοσε κ. τοῖς π. ἡμῶν (1 a)
— 5. Συρίαν ἀπέβαλεν ὁ π. μου (1 a)
— 7. A πρὸς κ. τὸν θ. τῶν π. [B om. τ. π.] ἡ. (1 a)
— 15. καθὰ ὤμοσας τοῖς π. ἡμῶν (1 a)
27. 3. ἣν κ. ὁ θ. τῶν π. σου δίδωσί σοι †
— 3. ὃν τρόπον εἶπε κ. ὁ θ. τῶν π. σου (1 a)
— 16. ὁ ἀτιμάζων πατέρα αὐτοῦ (1 a)
— 20. A R μετὰ γυναικὸς τοῦ [B ἐκ] πατρὸς αὐ. (1 a)
— 20. ἀπεκάλυψε συγκάλυμμα τοῦ π. αὐ. (1 a)
— 22. A R μετὰ ἀδελφῆς ἐκ [B om.] πατρός (1 a)
28. 9. ὃν τρόπον ὤμοσε τοῖς π. σου †
— 11. ἧς ὤμοσε κ. τοῖς π. σου (1 a)
— 36, 64. σὺ καὶ οἱ π. σου (1 a)
29. 13 (12). ὃν τρόπον ὤμοσε τοῖς π. σου (1 a)
— 25 (24). κ. τοῦ θ. τῶν π. αὐτῶν (1 a)
— 25 (24). ἃ διέθετο τοῖς π. αὐτῶν †
30. 5. ἣν ἐκληρονόμησαν οἱ π. σου (1 a)
— 5. πλεοναστόν σε ποιήσει ὑπὲρ τοὺς π. σου (1 a)
— 9. καθότι εὐφράνθη ἐπὶ τοῖς π. σου (1 a)
— 20. ἧς ὤμοσε κ. τοῖς π. σου (1 a)
31. 7. ἣν ὤμοσε κ. τοῖς π. ὑμῶν (1 a)
— 16. κοιμᾷ μετὰ τῶν π. σου (1 a)
— 20. ἣν ὤμοσα τοῖς π. αὐτῶν (1 a)
— 21. ἣν ὤμοσα τοῖς π. αὐτῶν –
32. 6. οὐκ αὐτὸς οὗτός σου π. (1 a)
— 7. A² B ἐπερώτησον τὸν π. σου (1 a)
— 17. οὓς οὐκ ᾔδεισαν οἱ π. αὐτῶν (1 a)
33. 9. ὁ λέγων τῷ π. (1 a)
Jo. 1. 6. ἣν ὤμοσα τοῖς π. ὑμῶν (1 a)
— 11. ἣν κ. ὁ θ. τῶν π. ὑμῶν δίδωσιν ὑμῖν †
2. 12. ἐν τῷ οἴκῳ τοῦ π. μου (1 a)
— 13. ζωγρήσατε τὸν οἶκον τοῦ π. μου (1 a)
— 18. τὸν δὲ π. σου καὶ τὴν μητέρα σου (1 a)
— 18. καὶ πάντα τὸν οἶκον τοῦ π. σου (1 a)
5. 6. ἣν ὤμοσε κ. τοῖς π. ἡμῶν (1 a)
6. 22 (23). ἐξηγάγοσαν . . . τὸν π. αὐτῆς (1 a)
15. 18. αἰτήσομαι τὸν π. μου ἀγρόν (1 a)
17. 1. τῷ Μ. πρωτοτόκῳ Μαν. πατρὶ Γαλ. (1 a)
— 4. ἐν τοῖς ἀδελφοῖς τοῦ π. αὐτῶν (1 a)
18. 3. A κ. ὁ θ. τῶν π. [B om. τ. π.] ἡμῶν (1 a)
21. 41. ἣν ὤμοσε δοῦναι τοῖς π. αὐ. (1 a)
— 42. καθότι ὤμοσε τοῖς π. αὐ. (1 a)
22. 28. ὃ ἐποίησαν οἱ π. ἡμῶν (1 a)
24. 2. A R παρῴκησαν [B κατῴκ.] οἱ π. ὑμῶν (1 a)
— 2. Θ. ὁ π. Ἀβ. καὶ ὁ π. Ν. (1 a, 1 a)
— 3. ἔλαβον τὸν π. ὑμῶν (1 a)
— 6. ἐξήγαγε τοὺς π. ἡμῶν [A ἐξ. ὑμᾶς] (1 a)
— 6. κατεδίωξαν . . . ὀπίσω τῶν π. ἡ. (1 a)
— 14. οἷς ἐλάτρευσαν οἱ π. ἡμῶν (1 a)
— 15. εἴτε τοῖς θεοῖς τῶν π. ὑμῶν (1 a)
— 17. ἀνήγαγεν . . . τοὺς π. ἡμῶν (1 a)
— 33. Φ. ἱεράτευσεν ἀντὶ Ἐλ. τοῦ π. αὐ. –
Jd. 1. 14. τοῦ αἰτῆσαι παρὰ τοῦ π. αὐτῆς ἀγρόν (1 a)
2. 1. ἣν ὤμοσα τοῖς π. ὑμῶν (1 a)
— 10. προσετέθησαν πρὸς τοὺς π. αὐτῶν (1 a)
— 12. τὸν θεὸν τῶν π. αὐτῶν (1 a)
— 17. ἧς ἐπορεύθησαν οἱ π. αὐτῶν (1 a)
— 19. διέφθειραν ὑπὲρ τοὺς π. αὐτῶν (1 a)
— 20. ἣν ἐνετειλάμην τοῖς π. αὐτῶν (1 a)
— 22. ἐφύλαξαν οἱ π. αὐτῶν [A al.] (1 a)
3. 4. ἃς ἐνετείλατο τοῖς π. αὐτῶν (1 a)
6. 11. ἐν γῇ Ἰ. πατρὸς τοῦ Ἐσδρί [A al.] (1 a)
— 13. ἃ διηγήσαντο ἡμῖν οἱ π. ἡμῶν (1 a)
— 15. B ἐν οἴκῳ πατρός [A R τοῦ π.] μου (1 a)
— 24. ἐν Ἐφραθὰ πατρὸς τοῦ Ἐ. (1 a)
— 25. ὅς ἐστι τῷ π. σου [A τοῦ π. σου] (1 a)
— 25. ὅ ἐστι τῷ π. σου [A τοῦ π. σου] (1 a)
— 27. ἐφοβήθη τὸν οἶκον τοῦ π. αὐτοῦ (1 a)
8. 32. A ἐν τῷ τάφῳ Ἰ. τοῦ π. αὐ. ἐν Ἐφρ. πατρὸς [B om.] Ἀβ. (1 a, 1 a)
9. 1. πρὸς πᾶσαν συγγένειαν οἴκου πατρὸς μητρὸς αὐ. [A al.] (1 a)
— 5. εἰς τὸν οἶκον τοῦ π. αὐτοῦ (1 a)
— 17. ὡς παρετάξατο [A ἐπολέμησεν] ὁ π. μου (1 a)
— 18. ἐπὶ τὸν οἶκον τοῦ π. μου (1 a)
— 28. σὺν τοῖς ἀνδράσιν Ἐ. πατρὸς Σ. (1 a)
— 56. ἣν ἐποίησε τῷ π. αὐτοῦ (1 a)
11. 2. ἐν τῷ οἴκῳ τοῦ π. ἡμῶν (1 a)
— 7. ἐκ τοῦ οἴκου τοῦ π. μου (1 a)
— 36. πάτερ, ἤνοιξας τὸ στόμα σου [A al.] (1 a)
— 37. εἶπε πρὸς τὸν π. αὐτῆς (1 a)
— 37. ποιησάτω δὴ ὁ π. μου τὸν λόγον τοῦτον [A al.] –
— 39. ἐπέστρεψε [A ἀνέκαμψεν] πρὸς τὸν π. αὐ. (1 a)
14. 2. ἀπήγγειλε τῷ π. (1 a)

Jd. 14. 3. εἶπεν αὐτῷ ὁ π. (1 a)
— 3. εἶπε Σ. πρὸς τὸν π. (1 a)
— 4, 5. ὁ π. αὐτοῦ καὶ ἡ μήτηρ αὐ. (1 a)
— 6. οὐκ ἀπήγγειλε τῷ π. (1 a)
— 9. ἐπορεύθη πρὸς τὸν π. (1 a)
— 10. κατέβη ὁ π. (1 a)
— 15. καὶ τὸν οἶκον τοῦ π. σου (1 a)
— 16. τῷ π. μου καὶ τῇ μητρί μου (1 a)
— 19. εἰς τὸν οἶκον τοῦ π. αὐτοῦ (1 a)
15. 1. οὐκ ἔδωκεν [A ἀφῆκεν] αὐτὸν ὁ π. αὐ. (1 a)
— 2. εἶπεν ὁ π. αὐτῆς (1 a)
— 6. A τὴν οἰκίαν τοῦ π. αὐτῆς †
— 6. A B καὶ τὸν π. [B οἶκον τοῦ π.] αὐτῆς (1 a)
16. 31. ὁ οἶκος τοῦ π. αὐτοῦ (1 a)
— 31. ἐν τῷ τάφῳ M. τοῦ π. αὐτοῦ (1 a)
17. 10. γίνου μοι εἰς πατέρα (1 a)
18. 19. εἰς πατέρα καὶ εἰς ἱερέα (1 a)
— 29. ἐν ὀνόματι Δ. [A κατὰ τὸ ὄν. τοῦ] πατρὸς αὐ. (1 a)
19. 2. εἰς οἶκον [A τὸν οἶ. τοῦ] πατρὸς αὐτῆς (1 a)
— 3. εἰς οἶκον πατρὸς αὐτῆς [A al.] (1 a)
— 3. εἶδεν αὐτὸν ὁ π. τῆς νεάνιδος (1 a)
— 4. ὁ γαμβρὸς αὐ. ὁ π. τῆς νεάνιδος (1 a)
— 5, 6, 8. εἶπεν ὁ π. τῆς νεάνιδος (1 a)
— 9. ὁ γαμβρὸς αὐ. ὁ π. τῆς νεάνιδος (1 a)
21. 22. ὅταν ἔλθωσιν οἱ π. αὐτῶν (1 a)
Ru. 1. 8. A ἑκάστη εἰς τὸν οἶκον τοῦ π. [B al.] †
2. 11. πῶς κατέλιπες τὸν π. σου (1 a)
4. 17. οὗτος π. Ἰεσσαὶ πατρὸς Δανίδ (1 a, 1 a)
I Ki. 1. 25. ἔσφαξεν ὁ π. αὐτοῦ τὴν θυσίαν –
2. 25. οὐκ ἤκουον τῆς φωνῆς τοῦ π. αὐτῶν (1 a)
— 27. πρὸς οἶκον πατρός σου (1 a)
— 28. τὸν οἶκον τοῦ π. σου †
— 28. τῷ οἴκῳ τοῦ π. σου (1 a)
— 30. ὁ οἶκος τοῦ π. σου (1 a)
— 31. τὸ σπέρμα οἴκου πατρός σου (1 a)
9. 3. αἱ ὄνοι Κεὶς πατρὸς Σαούλ (1 a)
— 5. μὴ ἀνεὶς ὁ π. μου τὰς ὄνους (1 a)
— 20. καὶ τῷ οἴκῳ τοῦ π. σου (1 a)
10. 2. ὁ π. σου ἀποτετίνακται τὸ ῥῆμα (1 a)
— 12. καὶ τίς π. αὐτοῦ (1 a)
12. 6. ὁ ἀναγαγὼν τοὺς π. ἡμῶν ἐξ Αἰγ. (1 a)
— 7. ἐποίησεν . . . ἐν τοῖς π. ὑμῶν (1 a)
— 8. ἐβόησαν οἱ π. ἡμῶν πρὸς κύριον (1 a)
— 8. ἐξήγαγον [A -εν] τοὺς π. ἡμῶν ἐξ Αἰγ. (1 a)
13. 23. B [R om.] τῷ π. αὐτοῦ οὐκ ἀπήγγειλεν –
14. 1. B τῷ π. αὐτοῦ οὐκ ἀπήγγειλε (1 a)
— 27. ἐν τῷ ὁρκίζειν τὸν π. αὐ. τὸν λαόν (1 a)
— 28. ὥρκισε τὸν λαὸν ὁ π. σου (1 a)
— 29. ἀπήλλαχεν ὁ π. μου τὴν γῆν (1 a)
— 51. καὶ Κὶς πατὴρ Σ. καὶ Νὴρ πατὴρ Ἀβ. (1 a, 1 a)
17. 15. A ποιμαίνων τὰ πρόβατα τοῦ π. αὐ. (1 a)
— 25. A τὸν οἶκον τοῦ π. αὐ. ποιήσει ἐλεύθερον (1 a)
— 34. ποιμαίνων ἦν . . . τῷ π. αὐτοῦ (1 a)
18. 2. A ἐπιστρέψαι ἐν τῷ οἴκῳ τοῦ π. αὐ. (1 a)
— 18. A ἡ ζωὴ τῆς συγγενείας σου πατρός μου (1 a)
19. 2. A ζητεῖ Σ. ὁ π. μου θανατῶσαί σε [B al.] (1 a)
— 3. στήσομαι ἐχόμενος τοῦ π. μου (1 a)
— 3. λαλήσω . . . πρὸς τὸν π. μου (1 a)
— 4. ἐλάλησεν . . . πρὸς Σ. τὸν π. αὐτοῦ (1 a)
20. 1. τί ἡμάρτηκα ἐνώπιον τοῦ π. σου (1 a)
— 2. οὐ μὴ ποιήσῃ ὁ π. μου ῥῆμα (1 a)
— 2. τί ὅτι κρύψει ὁ π. μου (1 a)
— 3. οἶδεν ὁ π. σου (1 a)
— 3. A ἀνὰ μέσον τοῦ π. σου –
— 6. ἐὰν . . . ἐπισκέψηταί με ὁ π. σου (1 a)
— 8. ἕως τοῦ π. σου ἵνα τί οὕτως εἰσάγεις με (1 a)
— 9. συντετέλεσται ἡ κακία παρὰ τοῦ π. μου (1 a)
— 10. ἐὰν ἀποκριθῇ ὁ π. σου σκληρῶς (1 a)
— 12. ἀνακρινῶ τὸν π. μου (1 a)
— 13. καθὼς ἦν μετὰ τοῦ π. μου (1 a)
— 32. A ἀπεκρίθη Ἰ. τῷ Σ. τῷ π. αὐ. [B om. τ. π. αὐ.] (1 a)
— 33. συντετέλεσται ἡ κακία αὕτη παρὰ τοῦ π. αὐ. (1 a)
— 34. συνετέλεσεν ἐπ' αὐτὸν ὁ π. αὐ. (1 a)
22. 1. ὁ οἶκος τοῦ π. αὐτοῦ (1 a)
— 3. ὁ π. μου καὶ ἡ μήτηρ μου (1 a)
— 11. καὶ πάντας τοὺς υἱοὺς τοῦ π. αὐ. (1 a)
— 15. ἐφ' ὅλον τὸν οἶκον τοῦ π. μου (1 a)
— 16. καὶ πᾶς ὁ οἶκος τοῦ π. σου (1 a)
— 22. τῶν ψυχῶν οἴκου τοῦ π. σου (1 a)
23. 17. ἡ χεὶρ Σ. τοῦ π. μου (1 a)
— 17. Σ. ὁ π. μου οἶδεν οὕτως (1 a)
24. 12. A καὶ πάτερ μου (1 a)
I Ki. 24. 22. ἐκ τοῦ οἴκου τοῦ π. μου (1 a)
II Ki. 2. 32. ἐν τῷ τάφῳ τοῦ π. αὐτοῦ (1 a)
3. 7. πρὸς τὴν παλλακὴν τοῦ π. μου (1 a)
— 8. μετὰ τοῦ οἴκου Σ. τοῦ π. σου (1 a)
— 29. ἐπὶ πάντα τὸν οἶκον τοῦ π. αὐτοῦ (1 a)
6. 21. ἐξελέξατό με ὑπὲρ τὸν π. σου (1 a)
7. 12. καὶ κοιμηθήσῃ μετὰ τῶν π. σου (1 a)
— 14. ἐγὼ ἔσομαι αὐτῷ εἰς πατέρα (1 a)
9. 7. διὰ Ἰων. τὸν π. σου (1 a)
— 7. πάντα ἀγρὸν Σ. πατρὸς [A om.] τοῦ π. σου (–, 1 a)
10. 2. ἐποίησεν ὁ π. αὐτοῦ μετ' ἐμοῦ ἔλεος (1 a)
— 2. παρακαλέσαι αὐτὸν . . . περὶ τοῦ π. αὐτοῦ (1 a)
— 3. παρὰ τὸ δοξάζειν Δ. τὸν π. σου (1 a)
13. 5. εἰσελεύσεται ὁ π. σου (1 a)
14. 9. καὶ ἐπὶ τὸν οἶκον τοῦ π. μου (1 a)
15. 7. εἶπεν Ἀβ. πρὸς τὸν π. αὐ. †
— 34. διελήλυθεν [A καὶ ἐλ.] ὁ π. σου –
— 34. παῖς τοῦ π. σου ἤμην τότε (1 a)
16. 3. ἐπιστρέψουσι . . . τὴν βασιλείαν τοῦ π. μου (1 a)
— 19. ἐδούλευσα ἐνώπιον τοῦ π. σου (1 a)
— 21. εἴσελθε πρὸς τὰς παλλακὰς τοῦ π. σου (1 a)
— 21. κατῄσχυνας [A ᾔσχ.] τὸν π. σου (1 a)
— 22. πρὸς τὰς παλλακὰς [A om. πρ. τ. π.] τοῦ π. αὐ. (1 a)
17. 8. σὺ οἶδας τὸν π. σου (1 a)
— 8. ὁ π. σου ἀνὴρ πολεμιστής [A al.] (1 a)
— 10. δυνατὸς ὁ π. σου (1 a)
— 23. ἐν τῷ τάφῳ [A οἴκῳ] τοῦ π. αὐτοῦ (1 a)
19. 28 (29). πᾶς ὁ οἶκος τοῦ π. μου [A πάροικος τ. π. σου] (1 a)
— 37 (38). παρὰ τῷ τάφῳ τοῦ π. μου (1 a)
21. 14. ἐν τῷ τάφῳ K. τοῦ π. αὐτοῦ (1 a)
24. 17. καὶ ἐν τῷ οἴκῳ τοῦ π. μου (1 a)
III Ki. 1. 6. οὐκ ἀπεκώλυσεν αὐτὸν ὁ π. αὐ. (1 a)
— 21. ὡς ἂν κοιμηθῇ . . . μετὰ τῶν π. αὐ. (1 a)
2. 10. ἐκοιμήθη Δ. μετὰ τῶν π. αὐτοῦ (1 a)
— 12. ἐπὶ θρόνου Δ. τοῦ π. αὐτοῦ (1 a)
— 24. ἐπὶ τὸν θρόνον Δ. τοῦ π. μου (1 a)
— 26. ἦρας τὴν κιβ. . . . ἐνώπιον τοῦ π. μου (1 a)
— 26. οἷς ἐκακουχήθη ὁ π. μου (1 a)
— 31. καὶ ἀπὸ τοῦ οἴκου τοῦ π. μου (1 a)
— 32. ὁ π. μου Δ. οὐκ ἔγνω τὸ αἷμα αὐ. (1 a)
3. 1 (2. 44). ἃ ἐποίησας τῷ Δ. τῷ π. μου (1 a)
— 3. ἐν τοῖς προστάγμασι Δ. τοῦ π. αὐ. (1 a)
— 6. ἐποίησας μετὰ . . . Δ. τοῦ π. μου ἔλεος (1 a)
— 7. ἔδωκας τὸν δοῦλόν σου ἀντὶ Δ. τοῦ π. μου (1 a)
— 14. ὡς ἐπορεύθη Δ. ὁ π. σου (1 a)
5. 1 (15). χρῖσαι τὸν Σ. ἀντὶ Δ. τοῦ π. αὐ. [A al.] (1 a)
— 3 (17). σὺ οἶδας Δ. τὸν π. μου (1 a)
— 5 (19). καθὼς ἐλάλησε . . . πρὸς Δ. τὸν π. μου (1 a)
6. 12. A ὃν ἐλάλησα πρὸς Δ. τὸν π. σου (1 a)
7. 14. ὁ π. αὐτοῦ ἀνὴρ Τύριος (1 a)
— 51. τὰ ἅγια Δ. τοῦ π. αὐτοῦ (1 a)
8. 1. A ἐπησμένους τῶν π. τῶν υἱῶν Ἰσρ. (1 a)
— 15. ὃς ἐλάλησεν . . . περὶ Δ. τοῦ π. μου (1 a)
— 17. ἐγένετο ἐπὶ τῆς καρδίας τοῦ π. μου (1 a)
— 18. εἶπε κ. πρὸς Δ. τὸν π. μου (1 a)
— 20. ἀνέστην ἀντὶ Δ. τοῦ π. μου (1 a)
— 21. ἣν διέθετο κ. μετὰ τῶν π. ἡμῶν (1 a)
— 24, 25. τῷ δούλῳ σου Δ. τῷ π. μου (1 a)
— 26. πιστωθήτω . . . τῷ Δ. τῷ π. μου (1 a)
— 34. ἣν ἔδωκας τοῖς π. αὐτῶν (1 a)
— 40, 48. ἧς ἔδωκας τοῖς π. αὐτῶν (1 a)
— 53. ἐν τῷ ἐξαγαγεῖν σε τοὺς π. ἡμῶν (1 a)
— 57. καθὼς ἦν μετὰ τῶν π. ἡμῶν (1 a)
— 58. ἃ ἐνετείλατο τοῖς π. ἡμῶν (1 a)
9. 4. καθὼς ἐπορεύθη Δ. ὁ π. σου (1 a)
— 5. καθὼς ἐλάλησα Δ. πατρί [A τῷ π.] σου (1 a)
— 9. ὃς ἐξήγαγε τοὺς π. αὐ. ἐξ Αἰγ. (1 a)
11. 4. καθὼς ἡ καρδία Δ. τοῦ π. αὐ. (1 a)
— 6. ὡς Δ. ὁ π. αὐτοῦ (1 a)
— 10. B κατὰ τὴν καρδίαν Δ. τοῦ π. αὐτοῦ –
— 12. οὐ ποιήσω αὐτὰ διὰ Δ. τὸν π. σου (1 a)
— 17. τῶν παίδων τοῦ π. αὐτοῦ (1 a)
— 21. κεκοίμηται Δ. μετὰ τῶν π. αὐτοῦ (1 a)
— 27. τὸν φραγμὸν τῆς πόλεως Δ. τοῦ π. αὐ. (1 a)
— 33. ὡς Δ. ὁ π. αὐτοῦ (1 a)
— 43. ἐκοιμήθη Σ. μετὰ τῶν π. αὐτοῦ (1 a)
— 43. ἐν πόλει Δ. τοῦ π. αὐτοῦ (1 a)
— 44 (43). B ἐκοιμήθη μετὰ τῶν π. αὐτοῦ (1 a ?)
12. 4. ὁ π. σου ἐβάρυνε τὸν κλοιὸν ἡ. (1 a)
III Ki. 12. 4. ἀπὸ τῆς δουλείας τοῦ π. σου τῆς σκληρᾶς (1 a)
— 6. παρεστῶτες ἐνώπιον Σαλ. τοῦ π. αὐτοῦ (1 a)
— 9. οὗ ἔδωκεν ὁ π. σου ἐφ' ἡμᾶς (1 a)
— 10. ὁ π. σου ἐβάρυνε τὸν κλοιὸν ἡ. (1 a)
— 10. παχυτέρα τῆς ὀσφύος τοῦ π. μου (1 a)
— 11. ὁ π. μου ἐπεσάσσετο ὑμᾶς (1 a)
— 11. ὁ π. μου ἐπαίδευσεν ὑμᾶς (1 a)
— 14. ὁ π. μου ἐβάρυνε τὸν κλοιὸν ὑ. (1 a)
— 14. ὁ π. μου ἐπαίδευσεν ὑμᾶς (1 a)
— 24. B κοιμᾶται μετὰ τῶν π. αὐ. –
— 24. B θάπτεται μετὰ τῶν π. αὐτοῦ –
— 24. B ἐν ὁδῷ Δ. τοῦ π. αὐτοῦ –
— 24. B ὁ π. σου ἐβάρυνε τὸν κλοιὸν αὐ. –
— 24. B ὑπὲρ τὴν ὀσφὺν τοῦ π. μου –
— 24. B ὁ π. μου ἐμαστίγου ὑμᾶς –
13. 11. ἐπέστρεψαν τὸ πρόσωπον τοῦ π. αὐ. (1 a)
— 12. ἐλάλησε πρὸς αὐτοὺς ὁ π. αὐτῶν (1 a)
— 22. εἰς τὸν τάφον τῶν π. σου (1 a)
14. 15. A ἧς ἔδωκεν τοῖς π. αὐτῶν (1 a)
— 20. A ἐκοιμήθη μετὰ τῶν π. αὐτοῦ (1 a)
— 22. οἷς ἐποίησαν οἱ π. αὐτῶν (1 a)
— 31. ἐκοιμήθη Ῥ. μετὰ τῶν π. αὐτοῦ (1 a)
— 31. θάπτεται μετὰ τῶν π. αὐτοῦ (1 a)
15. 3. ἐν ταῖς ἁμαρτίαις τοῦ π. αὐτοῦ (1 a)
— 3. ὡς ἡ καρδία τοῦ π. αὐτοῦ (1 a)
— 8. ἐκοιμήθη Ἀβ. μετὰ τῶν π. αὐτοῦ (1 a)
— 8. θάπτεται μετὰ τῶν π. αὐτοῦ [A om. μ. τ. π. αὐ.] –
— 11. ὡς Δ. ὁ π. αὐτοῦ (1 a)
— 12. ἃ ἐποίησαν οἱ π. αὐ. (1 a)
— 15. εἰσήνεγκε τοὺς κίονας τοῦ π. αὐ. (1 a)
— 19. A R καὶ ἀνὰ μέσον [B om. ἀ. μ.] τοῦ π. μου καὶ τοῦ π. σου (1 a, 1 a)
— 24. A R ἐκοιμήθη Ἀ. μετὰ τῶν π. αὐ. [B om. μ. τ. π. αὐ.] (1 a)
— 24. A R θάπτεται μετὰ τῶν π. αὐ. ἐν πόλει Δ. πατρὸς [A τοῦ π.] αὐ. [B om. π. αὐ.] (1 a, 1 a)
— 26. ἐπορεύθη ἐν ὁδῷ τοῦ π. αὐ. (1 a)
16. 6. ἐκοιμήθη B. μετὰ τῶν π. αὐ. (1 a)
— 28. ἐκοιμήθη Ἀ. μετὰ τῶν π. αὐτοῦ (1 a)
— 28 (22. 43). B ἐν τῇ ὁδῷ Ἀσὰ τοῦ π. αὐ. (1 a)
— 28 (22. 46 [47]). B ἐν ταῖς ἡμέραις Ἀσὰ τοῦ π. αὐ. (1 a)
— 28 (22. 50 [51]). B ἐκοιμήθη Ἰ. μετὰ τῶν π. αὐ. (1 a)
— 28 (22. 50 [51]). R θάπτεται μετὰ τῶν π. αὐ. (1 a)
18. 18. καὶ ὁ οἶκος τοῦ π. σου (1 a)
19. 4. οὐ κρείσσων ἐγώ εἰμι ὑπὲρ τοὺς π. μου (1 a)
— 20. καταφιλήσω τὸν π. μου (1 a)
20 (21). 3. δοῦναι κληρονομίαν πατέρων μου σοί (1 a)
— 4. A οὐ δώσω σοι κληρονομίαν πατέρων (1 a)
— 6. οὐ δώσω σοι κληρονομίαν πατέρων †
21 (20). 34. ἃς ἔλαβεν ὁ π. μου παρὰ τοῦ π. σου (1 a, 1 a)
— 34. καθὼς ἔθετο ὁ π. μου (1 a)
22. 40. ἐκοιμήθη Ἀχ. μετὰ τῶν π. αὐτοῦ (1 a)
— 43. ἐν πάσῃ ὁδῷ Ἀσὰ τοῦ π. αὐτοῦ (1 a)
— 47. A ἐν ἡμέραις Ἀσὰ πατρὸς αὐτοῦ (1 a)
— 51. ἐκοιμήθη Ἰ. μετὰ τῶν π. αὐτοῦ (1 a)
— 51. A R ἐτάφη [B¹ om.] παρὰ τοῖς π. αὐ. [B om. π. τ. π. αὐ.] (1 a)
— 51. ἐν πόλει Δ. τοῦ π. αὐτοῦ (1 a)
— 53. ἐν ὁδῷ Ἀχ. τοῦ π. αὐτοῦ (1 a)
IV Ki. 1. 18 (3. 2). ἃς ἐποίησεν ὁ π. αὐτοῦ (1 a)
2. 12. πάτερ πάτερ, ἅρμα Ἰσρ. (1 a, 1 a)
3. 2. πλὴν οὐχ ὡς ὁ π. αὐτοῦ (1 a)
— 2. B ἃς ἐποίησεν ὁ π. αὐτοῦ (1 a)
— 13. δεῦρο πρὸς τοὺς προφήτας τοῦ π. σου (1 a)
4. 18. ἡνίκα ἐξῆλθε πρὸς τὸν π. αὐ. (1 a)
— 19. εἶπε πρὸς τὸν π. αὐτοῦ (1 a)
5. 13. A πάτερ [B om.], μέγαν λόγον ἐλάλησεν (1 a)
6. 21. εἰ πατάξας πατάξω, πάτερ (1 a)
8. 24. ἐκοιμήθη Ἰ. μετὰ τῶν π. αὐ. (1 a)
— 24. B ἐτάφη μετὰ τῶν π. αὐτοῦ (1 a)
— 24. ἐν πόλει Δ. τοῦ π. αὐτοῦ –
9. 25. ὀπίσω Ἀχαὰβ τοῦ π. αὐτοῦ (1 a)
— 28. A ἔθαψαν αὐτὸν . . . μετὰ τῶν π. αὐ. [B om. μ. τ. π. αὐ.] (1 a)
10. 3. ἐπὶ τὸν θρόνον τοῦ π. αὐτοῦ (1 a)
— 35. ἐκοιμήθη Ἰοὺ μετὰ τῶν π. αὐτοῦ (1 a)
12. 18 (19). ὅσα ἡγίασεν . . . οἱ π. αὐτοῦ (1 a)
— 21 (22). ἔθαψαν αὐτὸν μετὰ τῶν π. αὐτοῦ (1 a)
13. 9. ἐκοιμήθη Ἰ. μετὰ τῶν π. αὐτοῦ (1 a)

IV Ki. 13. 9. A ἔθαψαν αὐτὸν μετὰ τῶν π. αὐ. [B om. μ. τ. π. αὐ.] –
— 13. ἐκοιμήθη Ἰωὰς μετὰ τῶν π. αὐ. (1 a)
— 13. B Ἱερ. ἐκάθισεν μετὰ τῶν π. αὐ. [A R al.] †
— 14. πάτερ πάτερ, ἅρμα Ἰσρ. (1 a, 1 a)
— 25. ἐκ χειρὸς Ἰ. τοῦ π. αὐτοῦ (1 a)
14. 3. πλὴν οὐχ ὡς Δ. ὁ π. [A om. ὁ π.] αὐτοῦ (1 a)
— 3. ὅσα ἐποίησεν Ἰωὰς ὁ π. αὐ. (1 a)
— 5. τοὺς πατάξαντας τὸν π. αὐτοῦ (1 a)
— 6. οὐκ ἀποθανοῦνται π. ὑπὲρ υἱῶν (1 a)
— 6. υἱοὶ οὐκ ἀποθανοῦνται ὑπὲρ πατέρων (1 a)
— 16. ἐκοιμήθη Ἰωὰς μετὰ τῶν π. [A om.] αὐ. (1 a)
— 20. ἐτάφη ἐν Ἱερ. μετὰ τῶν π. αὐ. (1 a)
— 21. ἐβασίλευσεν αὐτὸς ἀντὶ τοῦ π. αὐ. (1 a)
— 22. μετὰ τὸ κοιμηθῆναι τὸν βασ. μετὰ τῶν π. αὐ. (1 a)
— 29. ἐκοιμήθη Ἱερ. μετὰ τῶν π. αὐ. (1 a)
— 29. A B ἐβασίλευσεν Ἀζ. . . . ἀντὶ τοῦ π. αὐ. [R al.] †
15. 3. ὅσα ἐποίησεν Ἀμ. ὁ π. αὐτοῦ (1 a)
— 7. ἐκοιμήθη Ἀζ. μετὰ τῶν π. αὐ. (1 a)
— 7. B ἔθαψαν αὐτὸν μετὰ τῶν π. αὐ. (1 a)
— 9. καθὰ ἐποίησαν οἱ π. αὐτοῦ (1 a)
— 22. ἐκοιμήθη Μ. μετὰ τῶν π. αὐ. (1 a)
— 34. ὅσα ἐποίησεν Ἀζ. ὁ π. αὐτοῦ (1 a)
— 38. ἐκοιμήθη Ἰ. μετὰ τῶν π. αὐτοῦ (1 a)
— 38. ἐτάφη μετὰ τῶν π. αὐ. [A om. ἐτ. . . . αὐ.] ἐν πόλει Δ. τοῦ π. αὐτοῦ (1 a, 1 a)
16. 2. ὡς Δαυὶδ ὁ π. αὐτοῦ (1 a)
— 20. ἐκοιμήθη Ἄχαζ μετὰ τῶν π. αὐ. (1 a)
— 20. A ἐτάφη μετὰ τῶν π. αὐ. [B om. μ. τ. π. αὐ.] (1 a)
17. 13. ὃν ἐνετειλάμην τοῖς π. ὑμῶν (1 a)
— 14. ὑπὲρ τὸν νῶτον τῶν π. αὐτῶν (1 a)
— 15. A ἣν ἔκοψεν σὺν πατράσιν αὐτῶν (1 a)
— 41. καθὰ ἐποίησαν οἱ π. αὐτῶν (1 a)
18. 3. ὅσα ἐποίησε Δ. ὁ π. αὐτοῦ (1 a)
19. 12. οὓς διέφθειραν οἱ π. μου (1 a)
20. 5. τάδε λέγει κ. ὁ θ. Δ. τοῦ π. σου (1 a)
— 17. ὅσα ἐθησαύρισαν οἱ π. σου (1 a)
— 21. ἐκοιμήθη Ἐζ. μετὰ τῶν π. αὐτοῦ (1 a)
21. 3. ἃ κατέσπασεν Ἐζ. ὁ π. αὐτοῦ (1 a)
— 8. ἧς ἔδωκα τοῖς π. αὐτῶν (1 a)
— 15. B ἧς ἐξήγαγον τοὺς π. αὐτῶν (1 a)
— 18. ἐκοιμήθη Μ. μετὰ τῶν π. αὐτοῦ (1 a)
— 20. καθὼς ἐποίησε Μ. ὁ π. αὐτοῦ (1 a)
— 21. ᾗ ἐπορεύθη ὁ π. αὐτοῦ (1 a)
— 21. οἷς ἐλάτρευσεν ὁ π. αὐτοῦ (1 a)
— 22. ἐγκατέλιπε τὸν κ. θ. τῶν π. αὐτοῦ (1 a)
22. 2. ἐν πάσῃ ὁδῷ Δ. τοῦ π. αὐτοῦ (1 a)
— 13. οὐκ ἤκουσαν οἱ π. ἡμῶν (1 a)
— 20. προστίθημί σε πρὸς τοὺς π. σου (1 a)
23. 30. ἐβασίλευσαν αὐτὸν ἀντὶ τοῦ π. αὐ. (1 a)
— 32. ὅσα ἐποίησαν οἱ π. αὐτοῦ (1 a)
— 34. ἀντὶ Ἰωσίου τοῦ π. αὐτοῦ (1 a)
— 37. ὅσα ἐποίησαν οἱ π. αὐτοῦ (1 a)
24. 6. ἐκοιμήθη Ἰ. μετὰ τῶν π. αὐ. (1 a)
— 9. ὅσα ἐποίησεν ὁ π. αὐτοῦ (1 a)
I Ch. 2. 17. καὶ πατὴρ Ἀμ. Ἰοθόρ (1 a)
— 21. πρὸς τὴν θυγ. Μ. πατρὸς Γαλ. (1 a)
— 23. πᾶσαι αὗται υἱῶν Μ. πατρὸς Γ. (1 a)
— 24. τὸν Ἀσχὼ πατέρα Θ. (1 a)
— 42. οὗτος π. Ζὶφ καὶ υἱοὶ Μαρ. πατρὸς Χ. (1 a, 1 a)
— 44. Σαμ. ἐγέννησε τὸν Ῥ. π. Ἰ. (1 a)
— 45. καὶ Μαὼν πατὴρ Βαιθσούρ (1 a)
— 49. ἐγέννησε Σ. πατέρα Μαδ. καὶ τὸν Σ. π. Μαχ. καὶ π. Γ. (1 a ter)
— 50. Σ. πατὴρ Καρ. (1 a)
— 51. Σαλ. πατὴρ Β. Δ. πατὴρ Βαιθ. Ἀρ. πατὴρ Βεθγ. (1 a, –, 1 a)
— 52. ἦσαν υἱοὶ τῷ Σ. π. Καρ. (1 a)
— 55. οἱ ἐλθόντες ἐξ Αἰ. πατρὸς οἴκου Ῥ. (1 a)
4. 4. καὶ Φαν. πατὴρ Γ. καὶ Ἰ. πατὴρ Ὠσάν (1 a, 1 a)
— 4. υἱοὶ Ὢρ τοῦ πρωτοτ. Ἐφρ. πατρὸς Βαιθ. (1 a)
— 5. τῷ Ἀσ. π. Θεκωέ (1 a)
— 11. Χαλ. π. Ἀσχὰ ἐγέννησε τὸν Μαχίρ †
— 11. οὗτος π. Ἀσσαθών (1 a)
— 12. ἐγέννησε . . . τὸν Θ. π. πόλεως Ν. (1 a)
— 14. ἐγέννησε τὸν Ἰωβ. π. Ἀγ. (1 a)
— 17. ἐγέννησεν . . . τὸν Ἰεσ. π. Ἐσθ. (1 a)
— 18. ἔτεκε τὸν Ἰ. π. Γεδὼρ καὶ τὸν Ἀ. π. Σ. καὶ τὸν Χ. π. Ζ. (1 a ter)
— 19. A B καὶ Δ. πατὴρ Κ. καὶ Σ. π. Ἰ. καὶ Μαν. [A υἱοὶ Ν.] πατρὸς Κ. [R al.] (1 a, –, –)

I Ch. 4. 21. Ἦρ πατὴρ Λ. καὶ Λ. π. Μ. (1 a, 1 a)
5. 1. ἐπὶ τὴν κοίτην τοῦ π. αὐ. (1 a)
— 25. ἠθέτησαν ἐν θεῷ πατέρων αὐ. (1 a)
7. 14. ἔτεκεν τὸν Μ. πατέρα Γαλ. (1 a)
— 22. ἐπένθησεν Ἐφρ. πατὴρ αὐτῶν (1 a)
— 31. οὗτος πατὴρ Βερθαΐθ (1 a)
8. 29. ἐν Γαβ. κατῴκησε πατὴρ Γαβ. (1 a)
9. 19. οἱ ἀδ. αὐτοῦ εἰς οἶκον πατρὸς αὐ. (1 a)
— 19. καὶ πατέρες αὐ. ἐπὶ τῆς παρεμβολῆς (1 a)
— 35. κατῴκησε πατὴρ Γαβ. (1 a)
12. 17. ἴδοι ὁ θεὸς τῶν π. ὑμῶν (1 a)
16. 28. B S δότε τῷ κ. πατρὶ [A R αἱ πατριαὶ] τῶν ἐθνῶν †
17. 11. κοιμηθήσῃ μετὰ τῶν π. σου (1 a)
— 13. ἐγὼ ἔσομαι αὐτῷ εἰς πατέρα (1 a)
19. 2. ὡς ἐποίησεν ὁ π. αὐ. . . . ἔλεος (1 a)
— 2. τοῦ παρακαλέσαι αὐτὸν περὶ τοῦ π. αὐ. (1 a)
— 3. δοξάζων Δ. τὸν π. σου (1 a)
21. 17. καὶ ἐν τῷ οἴκῳ τοῦ π. μου (1 a)
22. 10. κἀγὼ αὐτῷ [A add. ἔσομαι] εἰς πατέρα (1 a)
24. 2. ἀπέθανε . . . ἐναντίον τοῦ π. αὐτῶν (1 a)
— 19. διὰ χειρὸς Ἀαρὼν πατρὸς αὐτῶν (1 a)
25. 3. ἐξ μετὰ τὸν π. αὐτῶν (1 a)
— 6. πάντες οὗτοι μετὰ τοῦ π. αὐτῶν (1 a)
26. 10. ἐποίησεν αὐτὸν ὁ π. αὐ. ἄρχοντα (1 a)
28. 4. ἀπὸ παντὸς οἴκου πατρός [A τοῦ π.] μου (1 a)
— 4. ᾑρέτικε . . . τὸν οἶκον τοῦ π. μου (1 a)
— 4. A R ἐν τοῖς υἱοῖς τοῦ π. μου (1 a)
— 6. κἀγὼ ἔσομαι αὐτῷ εἰς πατέρα (1 a)
— 9. γνῶθι τὸν θ. τῶν π. σου (1 a)
29. 10. κύριε ὁ θεὸς Ἰσρ. ὁ π. ἡμῶν (1 a)
— 15. ὡς πάντες οἱ π. ἡμῶν (1 a)
— 18. κύριε ὁ θεὸς Ἀβ. καὶ Ἰ. καὶ Ἰσρ. τῶν π. ἡμ. (1 a)
— 20. κ. τὸν θεὸν τῶν π. αὐτῶν †
— 23. ἐπὶ θρόνου Δ. τοῦ π. αὐτοῦ (1 a)
— 24. A R υἱοὶ Δ. τοῦ βασ. τοῦ [B om.] π. αὐτοῦ –
II Ch. 1. 8. ἐποίησας μετὰ Δ. τοῦ π. μου ἔλεος μέγα (1 a)
— 9. πιστωθήτω . . . ἐπὶ Δ. πατέρα μου (1 a)
2. 3 (2). ὡς ἐποίησας μετὰ τοῦ π. μου Δ. (1 a)
— 7 (6). ἃ ἡτοίμασε Δ. ὁ π. μου (1 a)
— 13 (12). ἀπέσταλκά σοι . . . Χ. τὸν π. [A B² παῖδά] μου (1 a)
— 14 (13). ὁ π. αὐτοῦ ἀνὴρ Τύριος (1 a)
— 14 (13). μετὰ . . . σοφῶν Δ. κυρίου μου πατρός [A τοῦ π.] σου (1 a)
— 17 (16). ὃν ἠρίθμησεν αὐτοὺς Δ. ὁ π. αὐτοῦ (1 a)
3. 1. οὗ ὤφθη κύριος τῷ Δ. π. αὐτοῦ (1 a)
5. 1. τὰ ἅγια Δ. τοῦ π. αὐτοῦ (1 a)
6. 4. ἐλάλησε . . . πρὸς Δ. τὸν π. μου (1 a)
— 7. ἐγένετο ἐπὶ καρδίαν Δ. τοῦ π. μου (1 a)
— 8. εἶπε κύριος πρὸς Δ. πατέρα [A τὸν π.] μου (1 a)
— 10. A R ἐγενήθην ἀντὶ Δ. πατρός [B τοῦ π.] μου (1 a)
— 15. ἐφύλαξας τῷ παιδί σου Δ. τῷ π. μου (1 a)
— 16. A R φύλαξον . . . τῷ Δ. τῷ π. μου [B om. τ. π. μ.] (1 a)
— 25. ἣν ἔδωκας . . . τοῖς π. αὐτῶν (1 a)
— 31. ἧς ἔδωκας τοῖς π. ἡμῶν (1 a)
— 38. ἧς ἔδωκας τοῖς π. αὐτῶν (1 a)
7. 17. ἐὰν πορευθῇς . . . ὡς Δ. ὁ π. σου (1 a)
— 18. ὡς διεθέμην Δ. τῷ π. σου (1 a)
— 22. ἐγκατέλιπον κ. τὸν θ. τῶν π. αὐ. (1 a)
8. 14. R κατὰ τὴν κρίσιν Δ. τοῦ π. αὐ. [A B om. τ. π. αὐ.] (1 a)
9. 31. ἐν πόλει Δ. τοῦ π. αὐτοῦ (1 a)
10. 4. ὁ π. σου ἐσκλήρυνε τὸν ζυγὸν ἡμ. (1 a)
— 4. ἀπὸ τῆς δουλείας τοῦ π. σου τῆς σκληρᾶς (1 a)
— 6. ἐναντίον Σαλ. τοῦ π. αὐτοῦ (1 a)
— 9. οὗ ἔδωκεν ὁ π. σου ἐφ' ἡμᾶς (1 a)
— 10. ὁ π. σου ἐβάρυνε τὸν ζυγὸν ἡμῶν (1 a)
— 10. παχύτερος τῆς ὀσφύος τοῦ π. μου (1 a)
— 11 bis. ὁ π. μου ἐπαίδευσεν ὑμᾶς (1 a)
— 14. ὁ π. μου ἐβάρυνε τὸν ζυγὸν ὑμῶν (1 a)
— 14. ὁ π. μου ἐπαίδευσεν ὑμᾶς (1 a)
11. 16. θῦσαι κ. θεῷ τῶν π. αὐτῶν (1 a)
12. 16. A B καὶ ἐτάφη μετὰ τῶν π. αὐτοῦ [R al.] (1 a)
13. 11. τὰς φυλακὰς κ. τοῦ θ. τῶν π. ἡμῶν †
— 12. πρὸς κύριον θεὸν τῶν π. ἡμῶν (1 a)
— 18. ἐπὶ κ. θεὸν τῶν π. αὐ. (1 a)
14. 1 (13. 23). ἀπέθανεν Ἀβ. μετὰ τῶν π. αὐτοῦ (1 a)
— 4 (3). ἐκζητῆσαι τὸν κ. θεὸν τῶν π. αὐ. (1 a)
15. 12. ζητῆσαι κ. θεὸν τῶν π. αὐτῶν (1 a)

II Ch. 15. 18. εἰσήνεγκε τὰ ἅγια Δ. τοῦ π. αὐ. (1 a)
16. 3. ἀνὰ μέσον τοῦ π. μου καὶ ἀνὰ μέσον τοῦ π. σου (1 a, 1 a)
— 13. ἐκοιμήθη Ἀ. μετὰ τῶν π. αὐ. (1 a)
17. 2. ἃς προκατελάβετο Ἀ. ὁ π. αὐ. (1 a)
— 3. ἐπορεύθη ἐν ὁδοῖς τοῦ π. αὐ. ταῖς πρώταις (1 a)
— 4. κ. τὸν θεὸν τοῦ π. αὐ. ἐξεζήτησε (1 a)
— 4. ἐν ταῖς ἐντολαῖς τοῦ π. αὐ. ἐπορεύθη †
19. 4. ἐπὶ κ. θεὸν τῶν π. αὐτῶν (1 a)
20. 6. κύριε ὁ θεὸς τῶν π. ἡμῶν (1 a)
— 32. ταῖς ὁδοῖς τοῦ π. αὐτοῦ (1 a)
— 33. πρὸς κ. θεὸν τῶν π. αὐτῶν (1 a)
21. 1. ἐκοιμήθη Ἰωσ. μετὰ τῶν π. αὐ. (1 a)
— 1. A ἐτάφη παρὰ τοῖς π. ἑαυτοῦ [B om. π. τ. π. ἑ.] (1 a)
— 3. ἔδωκεν αὐτοῖς ὁ π. αὐ. δόματα πολλά (1 a)
— 10. κ. θεὸν τῶν π. αὐτοῦ (1 a)
— 12. A R κύριος θεὸς Δ. τοῦ [B om.] π. σου (1 a)
— 12. ἐν ὁδῷ Ἰωσ. τοῦ π. σου (1 a)
— 13. A R τοὺς ἀδ. σου υἱοὺς τοῦ [B om.] π. σου (1 a)
— 19. καθὼς ἐκφορὰν πατέρων αὐτοῦ (1 a)
22. 4. μετὰ τὸ ἀποθανεῖν τὸν π. αὐ. (1 a)
24. 18. A B κύριον θεὸν τῶν π. αὐ. [R al.] (1 a)
— 22. οὐ ἐποίησεν . . . Ἰ. ὁ π. αὐτοῦ (1 a)
— 24. κύριον τὸν θεὸν τῶν π. αὐ. (1 a)
25. 3. τοὺς φονεύσαντας τὸν βασ. πατέρα αὐ. (1 a)
— 4. οὐκ ἀποθανοῦνται πατέρες ὑπὲρ τέκνων (1 a)
— 4. υἱοὶ οὐκ ἀποθανοῦνται ὑπὲρ πατέρων (1 a)
— 28. ἔθαψαν αὐτὸν μετὰ τῶν π. αὐτοῦ (1 a)
26. 1. ἐβασίλευσαν αὐτὸν ἀντὶ τοῦ π. αὐτοῦ (1 a)
— 2. μετὰ τὸ κοιμηθῆναι τὸν βασ. μετὰ τῶν π. αὐ. (1 a)
— 4. ὅσα ἐποίησεν Ἀμ. ὁ π. αὐτοῦ (1 a)
— 23. ἐκοιμήθη Ὀ. μετὰ τῶν π. αὐ. (1 a)
— 23. ἔθαψαν αὐτὸν μετὰ τῶν π. αὐ. (1 a)
27. 2. ἃ ἐποίησεν Ὀ. ὁ π. αὐτοῦ (1 a)
— 9. ἐκοιμήθη Ἰ. μετὰ τῶν π. αὐ. (1 a)
28. 1. ὡς Δ. ὁ π. αὐτοῦ (1 a)
— 6. τὸν κύριον θεὸν τῶν π. αὐ. (1 a)
— 9. ὀργὴ κ. θεοῦ τῶν π. ὑμῶν (1 a)
— 25. κύριον τὸν θεὸν τῶν π. αὐτῶν (1 a)
— 27. ἐκοιμήθη Ἄχ. μετὰ τῶν π. αὐτοῦ (1 a)
29. 2. ὅσα ἐποίησε Δ. ὁ π. αὐτοῦ (1 a)
— 5. κυρίου θεοῦ τῶν [A¹ om.] π. ὑμῶν (1 a)
— 6. ἀπέστησαν οἱ π. ἡμῶν (1 a)
— 9. πεπλήγασιν οἱ π. ὑμῶν (1 a)
30. 7. μὴ γίνεσθε καθὼς οἱ π. ὑμῶν (1 a)
— 7. ἀπὸ κυρίου θεοῦ πατέρων αὐ. (1 a)
— 8. R ὡς οἱ π. ὑμῶν (1 a)
— 19. κ. τὸν θεὸν τῶν π. αὐ. (1 a)
— 22. τῷ κυρίῳ θεῷ τῶν π. αὐ. (1 a)
32. 13. ἐγὼ καὶ οἱ π. μου (1 a)
— 14. οὓς ἐξωλέθρευσαν οἱ π. μου (1 a)
— 15. ἐκ χειρὸς πατέρων μου (1 a)
— 33. ἐκοιμήθη Ἐζ. μετὰ τῶν π. αὐ. (1 a)
33. 3. ἃ κατέσπασεν Ἐζ. ὁ π. αὐ. (1 a)
— 8. ἧς ἔδωκα τοῖς π. αὐτῶν (1 a)
— 12. A R ἀπὸ προσώπου θεοῦ πατέρων [B τῶν π.] αὐ. (1 a)
— 20. ἐκοιμήθη Μαν. μετὰ τῶν π. αὐ. (1 a)
— 22. ὡς ἐποίησε Μαν. ὁ π. αὐ. (1 a)
— 22. οἷς ἐποίησε Μαν. ὁ π. αὐ. (1 a)
— 23. ὡς ἐταπεινώθη Μαν. ὁ π. αὐ. (1 a)
34. 2. ἐπορεύθη ἐν ὁδοῖς Δ. τοῦ π. αὐ. (1 a)
— 3. κύριον τὸν θεὸν Δ. τοῦ π. αὐ. (1 a)
— 21. A R οὐκ εἰσήκουσαν [B ἧκ.] οἱ π. ἡμῶν (1 a)
— 28. προστίθημί σε πρὸς τοὺς π. σου (1 a)
— 32. A R ἐν οἴκῳ κ. θεοῦ πατέρων [B πατρὸς] αὐ. (1 a)
— 33. ἀπὸ ὄπισθεν κ. θεοῦ πατέρων αὐ. (1 a)
35. 24. ἐτάφη μετὰ τῶν π. αὐτοῦ (1 a)
36. 1. κατέστησαν αὐτὸν ἀντὶ τοῦ π. αὐ. (1 a)
— 2. ἃ ἐποίησαν οἱ π. αὐτοῦ –
— 4. ἀντὶ Ἰωσίου τοῦ π. αὐτοῦ –
— 5. ὅσα ἐποίησαν οἱ π. αὐτοῦ –
— 8. ἐκοιμήθη Ἰ. μετὰ τῶν π. αὐ. –
— 8. ἐτάφη . . . μετὰ τῶν π. αὐ. –
— 10. ἐβασίλευσε Σεδ. ἀδελφὸν τοῦ π. αὐ. †
— 15. κ. ὁ θεὸς τῶν π. αὐ. (1 a)
I Es. 1. 11. κατὰ τὰς μεριδαρχίας τῶν π.
— 34. ἀντὶ Ἰωσίου τοῦ π. αὐτοῦ
— 50. ὁ θεὸς [B¹ βασιλεὺς] τῶν π. αὐ.
2. 21. ἐν τοῖς ἀπὸ τῶν π. σου βιβλίοις
4. 20. τὸν ἑαυτοῦ π. ἐγκαταλείπει

I Es. 4. 21. οὔτε τὸν π. μέμνηται
— 25. πλεῖον ἀγαπᾷ . . . ἢ τὸν π.
— 60. δέσποτα τῶν π.
— 62. εὐλόγησαν τὸν θεὸν τῶν π. αὐ.
6. 15. οἱ πατέρες ἡμῶν παραπικράναντες ἥμαρτον
8. 25. A R ὁ θεὸς τῶν π. μου
— 58. κυρίῳ τῶν π. ἡμῶν
— 76. ἀπὸ τῶν χρόνων τῶν π. ἡμῶν
— 77. διὰ τὰς ἁμαρτίας ἡμῶν καὶ τῶν π. ἡμῶν
9. 8. τῷ κυρίῳ θεῷ τῶν π. ἡμῶν
II Es. 4. 15. ἐν βιβλίῳ ὑπομνηματισμοῦ τῶν π. σου (1 *b*)
5. 12. παρώργισαν οἱ π. ἡμῶν τὸν θεόν (1 *b*)
7. 27. κ. ὁ θεὸς τῶν π. ἡμῶν (1 *a*)
8. 28. τῷ κυρίῳ θεῷ πατέρων ἡμῶν (1 *a*)
9. 7. ἀπὸ ἡμερῶν πατέρων ἡμῶν (1 *a*)
10. 11. θεῷ τῶν π. ἡμῶν (1 *a*)
Ne. 1. 6. ἐγὼ καὶ ὁ οἶκος πατρός μου (1 *a*)
2. 3. οἶκος μνημείων πατέρων μου (1 *a*)
— 5. εἰς πόλιν μνημείων πατέρων μου (1 *a*)
9. 2. καὶ τὰς ἀνομίας τῶν π. αὐτῶν (1 *a*)
— 9. εἶδες τὴν ταπείνωσιν [S^2 κακίαν] τῶν π. ἡμῶν (1 *a*)
— 16. A S^2 R οἱ π. ἡμῶν ὑπερηφανεύσαντο (1 *a*)
— 23. ἣν εἶπας τοῖς π. αὐτῶν (1 *a*)
— 32. ὃς εὗρεν . . . τοὺς π. ἡμῶν (1 *a*)
— 34. οἱ π. ἡμῶν οὐκ ἐποίησαν τὸν νόμον σου (1 *a*)
— 36. ἣν ἔδωκας τοῖς π. ἡμῶν (1 *a*)
13. 18. οὐχὶ οὕτως ἐποίησαν οἱ π. ὑμῶν (1 *a*)
To. 1. 4. πᾶσα φυλὴ τοῦ N. τοῦ π. μου
— 4. S ἀπὸ τοῦ οἴκου Δ. τοῦ π. μου [A B *al.*]
— 5. ὁ οἶκος N. τοῦ π. μου
— 8. ἡ μήτηρ τοῦ π. μου [S *al.*]
— 8. ὀρφανὸς κατελείφθην ὑπὸ τοῦ π. μου [S *al.*]
2. 3. S λέγει, Πάτερ
— 3. εἶπε, Πάτερ
3. 3 τοῖς ἀγνοήμασί μου καὶ τῶν π. μου
— 5. A B S^2 καὶ τῶν π. μου
— 7. ὑπὸ παιδισκῶν πατρὸς αὐ. [A S *al.*]
— 10. S εἰς τὸ ὑπερῷον τοῦ π. αὐ.
— 10. S μή ποτε ὀνειδίσωσιν τὸν π. μου
— 10. μία μέν εἰμι τῷ π. μου [S *al.*]
— 10. S τὸ γῆρας τοῦ π. μου [A B γ. αὐτοῦ]
— 15. οὐδὲ τὸ ὄνομα τοῦ π. μου
— 15. μονογενής εἰμι τῷ π. μου
4. 12. A B ἀπὸ τοῦ σπέρματος τῶν π. σου
— 12. A B ἐκ τῆς φυλῆς τοῦ π. σου
— 12. A B οἱ π. ἡμῶν ἀπὸ τοῦ αἰῶνος
5. 1. S εἶπεν T. τῷ π. αὐτοῦ [A B *al.*]
— 1. πάτερ, ποιήσω πάντα
— 7. ἐρῶ [S ὑποδείξω] τῷ π. μου
— 8. εἰπὲ τῷ π. [S *al.*]
— 9. S ὁ π. καλεῖ σε
— 16. A B εἶπεν αὐτῷ ὁ π. αὐτοῦ
— 16. S ἐφίλησεν τὸν π. αὐτοῦ
6. 11. S τὰ ὄντα τῷ π. αὐτῆς
— 12. S καὶ ὁ π. αὐτῆς καλός
— 12. λαλήσω τῷ π. αὐ.
— 14. μόνος [S μονογενής] εἰμὶ τῷ π.
— 14. κατάξω τὴν ζωὴν τοῦ π. μου
— 15. ὧν ἐνετείλατό σοι ὁ π. σου [S *al.*]
— 15. S ἐκ τοῦ οἴκου τοῦ π. [A B ἐκ τοῦ γένους] σου
— 17. S ἐκ τοῦ σπέρματος τοῦ οἴκου τοῦ π. αὐ.
7. 5. πατήρ [S ὁ π.] μού ἐστι
— 7. S ὁ τοῦ καλοῦ καὶ ἀγαθοῦ π. [A B *al.*]
— 13. ἄπαγε πρὸς τὸν π. σου
8. 5. ὁ θεὸς τῶν π. ἡμῶν
— 21. πορεύεσθαι . . . πρὸς τὸν π. [S *al.*]
— 21. S ἐγώ σου ὁ π.
9. 4. ὁ π. μου ἀριθμεῖ τὰς ἡμέρας [S *al.*]
— 6. S καὶ τῇ γυναικί σου καὶ τῷ π. σου
10. 1. T. ὁ π. αὐτοῦ ἐλογίσατο [S *al.*]
— 8. ὁ π. μου καὶ ἡ μήτηρ μου
— 8. S ἀξιῶ σε, πάτερ
— 8. S ὅπως . . . πορευθῶ πρὸς τὸν π. μου
— 9. ἐξαποστελῶ πρὸς τὸν π. σου [S *al.*]
— 10. ἐξαπόστειλόν με πρὸς τὸν π. μου [S *al.*]
11. 2. πῶς ἀφῆκας τὸν π. σου
— 6. εἶπε τῷ π. αὐτοῦ
— 7. S πρὸ τοῦ ἐγγίσαι αὐτὸν πρὸς τὸν π.
— 7. ἀνοίξει τοὺς ὀφθ. ὁ π. σου [S *al.*]
— 8. S ἀναβλέψει ὁ π. σου
— 11. ἐπελάβετο τοῦ π. αὐτοῦ [S *al.*]
— 11. ἐπὶ [A εἰς] τοὺς ὀφθ. τοῦ π. αὐτοῦ [S *al.*]
— 11. θάρσει, πάτερ
To. 11. 15. ἀπήγγειλε τῷ π. αὐτοῦ [S *al.*]
— 17. ὁ π. σου καὶ ἡ μήτηρ σου [S *al.*]
12. 2. καὶ εἶπε, Πάτερ
13. 4. αὐτὸς πατὴρ [A ὁ π.] ἡμῶν
14. 12. ἔθαψεν αὐτὴν μετὰ τοῦ π. αὐ.
— 13. τὴν οὐσίαν [S οἰκίαν] . . . τοῦ π. αὐτοῦ
Ju. 5. 7. ἀκολουθῆσαι τοῖς θεοῖς τῶν π. αὐ.
7. 28. καὶ κύριον πατέρων ἡμῶν
— 28. κατὰ τὰ ἁμαρτήματα τῶν π. ἡμῶν
8. 3. ἔθαψαν αὐτὸν μετὰ τῶν π. αὐτοῦ
— 19. ἐδόθησαν εἰς ῥομφαίαν . . . οἱ π. ἡμῶν
— 25. ὃς πειράζει ἡμᾶς καθὰ καὶ τοὺς π. ἡμῶν
9. 2. κύριε ὁ θεὸς τοῦ π. μου Σ.
— 12. ὁ θεὸς [S θεὲ] τοῦ π. μου
10. 8. ὁ θεὸς τῶν π. ἡμῶν
Es. 2. 7. θυγάτηρ Ἀμ. ἀδελφοῦ πατρὸς αὐτοῦ (4)
— 15. A B S^2 τῆς θυγατρὸς Ἀμ. ἀδελφοῦ πατρὸς M. (4)
3. 13. τοῦ τεταγμένου . . . καὶ δευτέρου π. ἡμῶν
4. 14. σὺ δὲ καὶ ὁ οἶκος τοῦ π. σου (1 *a*)
— 17. A ἤκουον, κύριε, τοῦ π. μου [B S *al.*]
— 17. ἔλαβες . . . τοὺς π. ἡμῶν
8. 13. ὥστε ἀναγορεύεσθαι ἡμῶν πατέρα
Jb. 8. 8. ἐξιχνίασον δὲ κατὰ γένος πατέρων (1 *a*)
15. 10. βαρύτερος [A^1 πρεσβύτερος] τοῦ π. σου ἡμέραις (1 *a*)
— 18. A R οὐκ ἔκρυψαν πατέρες [B S -ας] αὐ. (1 *a*)
17. 14. θάνατον ἐπεκαλεσάμην πατέρα μου εἶναι (1 *a*)
29. 16. ἐγὼ ἤμην πατὴρ ἀδυνάτων (1 *a*)
30. 1. ὧν ἐξουδένουν τοὺς π. αὐτῶν (1 *a*)
31. 18. ἐκ νεότητός μου ἐξέτρεφον ὡς πατήρ (1 *a*)
38. 28. τίς ἐστιν ὑετοῦ πατήρ (1 *a*)
42. 15. ἔδωκε δὲ αὐταῖς ὁ π. κληρονομίαν (1 *a*)
— 17. ἦν δὲ αὐτὸς πατρὸς μὲν Ζαρέ
— 17. A ἦν δὲ ὁ π. αὐτοῦ Ζαρέθ
Ps. 21 (22). 4. ἐπὶ σοὶ ἤλπισαν οἱ π. ἡμῶν (1 *a*)
26 (27). 10. ὅτι ὁ π. μου καὶ ἡ μήτηρ μου ἐγκατέλιπόν με (1 *a*)
38 (39). 12. καθὼς πάντες οἱ π. μου (1 *a*)
43 (44). 1. οἱ π. ἡμῶν ἀνήγγειλαν ἡμῖν ἔργον (1 *a*)
44 (45). 10. ἐπιλάθου . . . τοῦ οἴκου τοῦ π. σου (1 *a*)
— 16. ἀντὶ τῶν π. σου ἐγενήθησάν σοι υἱοί (1 *a*)
48 (49). 19. εἰσελεύσεται ἕως γενεᾶς πατέρων αὐτοῦ (1 *a*)
67 (68). 5. τοῦ π. τῶν ὀρφανῶν καὶ κριτοῦ τῶν χηρῶν (1 *a*)
77 (78). 3. οἱ π. ἡμῶν διηγήσαντο ἡμῖν (1 *a*)
— 5. B S^2 ὃν ἐνετείλατο [S^1 ἔθετο] τοῖς π. ἡμῶν (1 *a*)
— 8. ἵνα μὴ γένωνται ὡς οἱ π. αὐτῶν (1 *a*)
— 12. ἐναντίον τῶν π. αὐτῶν ἃ ἐποίησε θαυμάσια (1 *a*)
— 57. καθὼς καὶ οἱ π. αὐτῶν (1 *a*)
88 (89). 26. πατήρ μου εἶ σύ (1 *a*)
94 (95). 9. A B S^1 οὗ ἐπείρασαν [S^2 R ἐπ. με] οἱ π. ὑμῶν (1 *a*)
102 (103). 13. καθὼς οἰκτείρει πατὴρ υἱούς (1 *a*)
105 (106). 6. ἡμάρτομεν μετὰ τῶν π. ἡμῶν (1 *a*)
— 7. οἱ π. ἡμῶν ἐν Αἰγύπτῳ (1 *a*)
108 (109). 14. ἀναμνησθείη ἡ ἀνομία τῶν π. αὐτοῦ ἔναντι κυρίου (1 *a*)
151. 1. καὶ νεώτερος ἐν τῷ οἴκῳ τοῦ π. μου ἐποίμαινον τὰ πρόβατα τοῦ π. μου
— 4. ἦρέ με ἐκ τῶν προβάτων τοῦ π. μου
Pr. 1. 8. ἄκουε, υἱέ, παιδείαν [A S νόμους] πατρός σου (1 *a*)
4. 1. ἀκούσατε παῖδες παιδείαν πατρός (1 *a*)
— 3. υἱὸς γὰρ ἐγενόμην κἀγὼ πατρὶ ὑπήκοος (1 *a*)
6. 20. φύλασσε νόμους πατρός σου (1 *a*)
10. 1. υἱὸς σοφὸς εὐφραίνει πατέρα (1 *a*)
13. 1. υἱὸς πανοῦργος ὑπήκοος πατρί [S^1 μητρί] (1 *a*)
15. 5. ἄφρων μυκτηρίζει παιδείαν πατρός (1 *a*)
— 20. υἱὸς σοφὸς εὐφραίνει πατέρα (1 *a*)
17. 6. καύχημα δὲ τέκνων πατέρες αὐτῶν (1 *a*)
— 21. οὐκ εὐφραίνεται πατὴρ ἐφ' υἱῷ ἀπαιδεύτῳ (1 *a*)
— 25. ὀργὴ πατρὶ υἱὸς ἄφρων (1 *a*)
19. 13. αἰσχύνη πατρὶ υἱὸς ἄφρων (1 *a*)
— 14. οἶκον καὶ ὕπαρξιν μερίζουσι πατέρες παισί (1 *a*)
— 20. ἄκουε, υἱέ, παιδείαν πατρός σου –
— 26. ὁ ἀτιμάζων πατέρα (1 *a*)
— 27. υἱὸς ἀπολειπόμενος φυλάξαι παιδείαν πατρός –
20. 20. κακολογοῦντος πατέρα ἢ μητέρα (1 *a*)
22. 28. ἃ ἔθεντο οἱ π. σου (1 *a*)
Pr. 23. 10. A ἃ ἔθεντο οἱ π. σου –
— 22. ἄκουε, υἱέ, πατρὸς τοῦ γεννήσαντός σε (1 *a*)
— 24. καλῶς ἐκτρέφει πατὴρ δίκαιος (1 *a*)
— 25. εὐφραινέσθω ὁ π. καὶ ἡ μήτηρ ἐπὶ σοί (1 *a*)
24. 34 (30. 11). ἔκγονον κακὸν πατέρα καταρᾶται (1 *a*)
— 52 (30. 17). ὀφθαλμὸν καταγελῶντα πατρός (1 *a*)
28. 7. ὃς δὲ ποιμαίνει ἀσωτίαν ἀτιμάζει πατέρα (1 *a*)
— 24. ὃς ἀποβάλλεται [A -βιάζεται] πατέρα –
29. 3. ἀνδρὸς φιλοῦντος σοφίαν εὐφραίνεται πατὴρ [A S^2 ὁ π.] αὐτοῦ (1 *a*)
Ca. 5. 1. S ἡ νύμφη αἰτεῖται τὸν π. –
Wi. 2. 16. ἀλαζονεύεται πατέρα θεόν
9. 1. θεὲ πατέρων καὶ κύριε τοῦ ἐλέους σου
— 12. ἔσομαι ἄξιος θρόνων πατρός μου
10. 1. αὕτη πρωτόπλαστον πατέρα κόσμου . . . διεφύλαξε
11. 10. τούτους μὲν γὰρ ὡς πατὴρ νουθετῶν ἐδοκίμασας
12. 6. διὰ χειρῶν πατέρων ἡμῶν
— 21. ὧν τοῖς π. ὅρκους καὶ συνθήκας ἔδωκας
14. 3. ἡ δὲ σή, πάτερ, διακυβερνᾷ πρόνοια
— 15. ἀώρῳ γὰρ πένθει τρυχόμενος πατήρ
18. 6. ἐκείνη ἡ νὺξ προεγνώσθη πατράσιν ἡμῶν
— 9. πατέρων [S^2 πάτερ] ἤδη προαναμελπόντων [A S^2 -οντες] αἴνους
— 22. ὅρκους πατέρων καὶ διαθήκας ὑπομνήσας
— 24. πατέρων δόξαι ἐπὶ τετραστίχου λίθου [A -ων] γλυφῆς [S^1 -ή]
Si. 3. 1. ἐμοῦ τοῦ π. ἀκούσατε, τέκνα
— 2. ὁ γὰρ κύριος ἐδόξασε πατέρα ἐπὶ τέκνοις
— 3. ὁ τιμῶν πατέρα ἐξιλάσεται ἁμαρτίας
— 5. ὁ τιμῶν πατέρα εὐφρανθήσεται ὑπὸ τέκνων [A ἐπὶ τέκνοις]
— 6. ὁ δοξάζων πατέρα μακροημερεύσει
— 8. ἐν ἔργῳ καὶ λόγῳ τίμα τὸν π. σου
— 9. εὐλογία γὰρ πατρὸς στηρίζει οἴκους τέκνων
— 10. R μὴ δοξάζου ἐν ἀτιμίᾳ πατρός σου οὐ γὰρ ἔστι σοι δόξα πατρὸς ἀτιμία [A B S *al.*]
— 11. ἡ γὰρ δόξα ἀνθρώπου ἐκ τιμῆς πατρὸς αὐτοῦ
— 12. τέκνον, ἀντιλαβοῦ ἐν γήρᾳ πατρός σου
— 14. ἐλεημοσύνη γὰρ πατρὸς [S^1 π. σου] οὐκ ἐπιλησθήσεται
— 16. ὡς βλάσφημος ὁ ἐγκαταλιπὼν πατέρα
4. 10. γίνου ὀρφανοῖς ὡς πατήρ
7. 27. ἐν ὅλῃ καρδίᾳ [A δυνάμει σου] δόξασον τὸν π. σου
8. 9. καὶ γὰρ αὐτοὶ ἔμαθον παρὰ τῶν π. αὐτῶν
22. 3. αἰσχύνη πατρὸς ἐν γεννήσει ἀπαιδεύτου
— 5. πατέρα καὶ ἄνδρα καταισχύνει ἡ θρασεῖα [A θρησκεία]
23. 1. κύριε πάτερ καὶ δέσποτα [A πατὴρ καὶ θεὸς] ζωῆς μου
— 4. κύριε πάτερ καὶ θεὲ ζωῆς μου
— 14. μνήσθητι πατρὸς [A S π. σου] καὶ μητρός σου
30. 4. ἐτελεύτησεν αὐτοῦ ὁ π.
31 (34). 20. θύων υἱὸν ἔναντι τοῦ [S *om.*] π. αὐτοῦ
38. 23. S^1 ἐν ἐξόδῳ πατέρος [A B S^2 πνεύματος] αὐ.
41. 7. πατρὶ ἀσεβεῖ μέμψεται τέκνα
— 17. αἰσχύνεσθε ἀπὸ πατρὸς καὶ μητρός
42. 9. θυγάτηρ πατρὶ ἀπόκρυφος ἀγρυπνία
44. 1. πατέρων ὕμνος
— 1. αἰνέσωμεν . . . τοὺς π. ἡμῶν τῇ γενέσει
— 19. Ἀβραὰμ μέγας πατὴρ πλήθους ἐθνῶν
— 22. ἔστησεν οὕτως διὰ Ἀβραὰμ τὸν π. αὐτοῦ
47. 23. ἀνεπαύσατο Σαλωμὼν μετὰ τῶν π.
48. 10. ἐπιστρέψαι καρδίαν πατρὸς πρὸς υἱόν
— 22. ἐνίσχυσεν ἐν ὁδοῖς Δαυὶδ τοῦ π. αὐτοῦ
51. 10. ἐπεκαλεσάμην κύριον πατέρα κυρίου μου
Ho. 9. 10. ὡς σκοπὸν . . . εἶδον πατέρας αὐ. (1 *a*)
Am. 2. 4. οἷς ἐξηκολούθησαν οἱ π. αὐ. (1 *a*)
— 7. υἱὸς καὶ πατὴρ αὐ. εἰσεπορεύοντο πρὸς τὴν αὐτὴν παιδίσκην (1 *a*)
Mi. 7. 6. υἱὸς ἀτιμάζει πατέρα (1 *a*)
— 20. καθότι ὤμοσας τοῖς π. ἡμῶν (1 *a*)
Jl. 1. 3 (2). ἢ ἐν ταῖς ἡμέραις τῶν π. ὑμῶν (1 *a*)
Za. 1. 2. ὠργίσθη κύριος ἐπὶ τοὺς π. ὑμῶν (1 *a*)
— 4. μὴ γίνεσθε καθὼς οἱ π. ὑμῶν (1 *a*)
— 5. οἱ π. ὑμῶν ποῦ εἰσι (1 *a*)
— 6. οἳ κατελάβοσαν τοὺς π. ὑμῶν (1 *a*)
8. 14. ἐν τῷ παροργίσαι με τοὺς π. ὑμῶν (1 *a*)
13. 3. ἐρεῖ πρὸς αὐτὸν ὁ π. αὐ. (1 *a*)
— 3. συμποδιοῦσιν αὐτὸν ὁ π. αὐ. καὶ ἡ μήτηρ αὐ. (1 *a*)
Ma. 1. 6. υἱὸς δοξάζει πατέρα (1 *a*)
— 6. εἰ πατήρ εἰμι ἐγώ (1 *a*)
2. 10. οὐχὶ πατὴρ εἷς πάντων ὑμῶν (1 *a*)

Ma. 2. 10. τοῦ βεβηλῶσαι τὴν διαθήκην τῶν π. ὑμῶν (1 *a*)
3. 7. ἀπὸ τῶν ἀδικιῶν τῶν π. ὑμῶν (1 *a*)
4. 6 (3. 24). ἀποκαταστήσει καρδίαν πατρὸς πρὸς υἱόν (1 *a*)
Is. 3. 6. ἐπιλήψεται . . . τοῦ οἰκείου τοῦ π. αὐ. (1 *a*)
7. 17. ἐπὶ τὸν οἶκον τοῦ π. σου (1 *a*)
8. 4. πρὶν ἢ γνῶναι τὸ παιδίον καλεῖν πατέρα (1 *a*)
9. 6 (5). **AS**[2] π. τοῦ μέλλοντος αἰῶνος (1 *a*)
14. 21. σφαγῆναι ταῖς ἁμαρτίαις τοῦ π. αὐτῶν (1 *a*)
17. 11. ὡς π. ἀνθρώπου κληρώσῃ τοῖς υἱοῖς σου †
22. 21. ἔσται ὡς π. τοῖς ἐνοικοῦσιν ἐν Ἱερ. (1 *a*)
— 23. εἰς θρόνον δόξης τοῦ οἴκου τοῦ π. αὐ. (1 *a*)
— 24. πᾶς ἔνδοξος ἐν τῷ οἴκῳ τοῦ π. αὐτοῦ (1 *a*)
33. 22. **A**[2] κύριος π. –
37. 12. οὓς ἀπώλεσαν οἱ π. μου (1 *a*)
38. 5. τάδε λέγει κύριος ὁ θεὸς Δαυὶδ τοῦ π. σου (1 *a*)
— 8. κατέβη τοὺς δέκα ἀναβαθμοὺς τοῦ οἴκου τοῦ πατρός σου ὁ ἥλιος –
39. 6. ὅσα συνήγαγον οἱ π. σου (1 *a*)
43. 27. οἱ π. ὑμῶν πρῶτοι (1 *a*)
45. 10. ὁ λέγων τῷ π., Τί γεννήσεις (1 *a*)
51. 2. ἐμβλέψατε εἰς Ἀβραὰμ τὸν π. ὑμῶν (1 *a*)
58. 14. ψωμιεῖ σε τὴν κληρονομίαν Ἰ. τοῦ π. σου (1 *a*)
63. 16. σὺ γὰρ εἶ π. ἡμῶν . . . σὺ κύριε [**S** *add.* ὁ] π. ἡμῶν (1 *a*, 1 *a*)
64. 8 (7). π. ἡμῶν σὺ ἡμεῖς δὲ πηλός (1 *a*)
— 11 (10). ἣν εὐλόγησαν οἱ π. ἡμῶν (1 *a*)
65. 7. τὰς ἁμαρτίας αὐτῶν καὶ τῶν π. αὐτῶν (1 *a*)
Je. 2. 5. τί εὕροσαν οἱ π. ὑμῶν ἐν ἐμοὶ πλημμέλημα (1 *a*)
— 27. π. μου εἶ σύ (1 *a*)
3. 4. οὐχ ὡς οἶκόν με ἐκάλεσας καὶ πατέρα (1 *a*)
— 18. ἣν κατεκληρονόμησα τοὺς π. αὐ. [**A S**[1] *al.*] (1 *a*)
— 19. εἶπα, Πατέρα καλέσετέ με [**A S** *al.*] (1 *a*)
— 24. κατηνάλωσε τοὺς μόχθους τῶν π. ἡμῶν (1 *a*)
— 25. ἡμάρτομεν ἡμεῖς καὶ οἱ π. ἡμῶν (1 *a*)
6. 21. ἀσθενήσουσι πατέρες καὶ υἱοὶ ἅμα (1 *a*)
7. 7. ἐν γῇ ᾗ ἔδωκα τοῖς π. ὑμῶν (1 *a*)
— 14. ᾧ ἔδωκα ὑμῖν καὶ τοῖς π. ὑμῶν (1 *a*)
— 18. οἱ π. αὐτῶν καίουσι πῦρ (1 *a*)
— 22. οὐκ ἐλάλησα πρὸς τοὺς π. ὑμῶν (1 *a*)
— 25. ἐξήλθοσαν οἱ π. αὐ. ἐκ γῆς Αἰγ. (1 *a*)
— 26. ἐσκλήρυναν τὸν τράχηλον αὐτῶν ὑπὲρ τοὺς π. αὐτῶν (1 *a*)
9. 14 (13). ἃ ἐδίδαξαν αὐτοὺς οἱ π. αὐτῶν (1 *a*)
— 16 (15). οὐκ ἐγίνωσκον αὐτοὶ καὶ οἱ π. αὐ. (1 *a*)
11. 4. ἧς ἐνετειλάμην τοῖς π. ὑμῶν (1 *a*)
— 5. ὃν ὤμοσα τοῖς π. ὑμῶν (1 *a*)
— 10. ἐπεστράφησαν ἐπὶ τὰς ἀδικίας τῶν π. αὐ. . . . ἣν διεθέμην πρὸς τοὺς π. αὐ. (1 *a*, 1 *a*)
12. 6. ὁ οἶκος τοῦ π. σου (1 *a*)
13. 14. διασκορπιῶ . . . τοὺς π. αὐτῶν (1 *a*)
14. 20. ἔγνωμεν . . . ἀδικίας πατέρων ἡμῶν (1 *a*)
16. 3. περὶ τῶν π. αὐ. τῶν γεγεννηκότων αὐτούς (1 *a*)
— 7. εἰς παράκλησιν ἐπὶ πατρί (1 *a*)
— 11. ἐγκατέλιπόν με οἱ πατέρες ὑμῶν (1 *a*)
— 12. ἐπονηρεύσασθε [**S**[1] οὐκ ἐπορεύεσθε] ὑπὲρ τοὺς π. ὑμῶν (1 *a*)
— 13. ἣν οὐκ ᾔδειτε ὑμεῖς καὶ οἱ π. ὑμῶν (1 *a*)
— 15. ἣν ἔδωκα τοῖς π. αὐτῶν (1 *a*)
— 19. ὡς ψευδῆ ἐκτήσαντο οἱ π. ἡμῶν εἴδωλα (1 *a*)
17. 22. καθὼς ἐνετειλάμην τοῖς π. ὑμῶν (1 *a*)
— 23. ἐσκλήρυναν τὸν τράχηλον αὐτῶν ὑπὲρ τοὺς π. αὐτῶν –
18. 23. **A S** τὰς ἁμαρτίας τῶν π. [**B** *om.* τ. π.] αὐτῶν . . . μὴ ἐξαλείψῃς †
19. 4. οἷς οὐκ ᾔδεισαν αὐτοὶ καὶ οἱ π. αὐτῶν (1 *a*)
20. 15. ὁ εὐαγγελισάμενος τῷ π. μου (1 *a*)
22. 11. τὸν βασιλεύοντα ἀντὶ Ἰ. τοῦ π. αὐ. (1 *a*)
— 15. παροξύνῃ ἐν Ἄχαζ τῷ π. σου (1 *a*)
23. 27. ἐπελάθοντο οἱ π. αὐτῶν τοῦ ὀνόματός μου (1 *a*)
— 39. ἣν ἔδωκα ὑμῖν καὶ τοῖς π. ὑμῶν (1 *a*)
25. 5. ἧς ἔδωκα ὑμῖν καὶ τοῖς π. ὑμῶν (1 *a*)
27 (50). 7. τῷ συναγαγόντι τοὺς π. αὐτῶν (1 *a*)
29 (47). 3. οὐκ ἐπέστρεψαν πατέρες ἐφ' υἱοὺς αὐτῶν (1 *a*)
37 (30). 3. ἣν ἔδωκα τοῖς π. αὐτῶν (1 *a*)
38 (31). 9. ἐγενόμην τῷ Ἰσραὴλ εἰς πατέρα (1 *a*)
— 29. οἱ π. ἔφαγον ὄμφακα (1 *a*)
— 32. ἣν διεθέμην τοῖς π. αὐτῶν [**S** ὑμῶν] (1 *a*)
39 (32). 7, 8. Ἀναμεὴλ υἱὸς Σαλὼμ ἀδελφοῦ πατρός (4)

Je. 39. 9, 12. Ἀναμεὴλ υἱοῦ ἀδελφοῦ πατρός μου (4)
— 18. ἀποδιδοὺς ἁμαρτίας πατέρων εἰς κόλπους τέκνων αὐτῶν (1 *a*)
— 22. ἣν ὤμοσας τοῖς π. αὐτῶν (1 *a*)
— 32. **A** αὐτοὶ καὶ οἱ π. αὐ. [**BS** *om.* κ. οἱ π. αὐ.] –
41 (34). 5. ὡς ἔκλαυσαν τοὺς π. σου (1 *a*)
— 13. διεθέμην διαθήκην πρὸς τοὺς π. ὑμῶν (1 *a*)
42 (35). 6. Ἰων. υἱὸς Ῥηχὰβ ὁ π. ἡμῶν (1 *a*)
— 8. ἠκούσαμεν τῆς φωνῆς Ἰ. τοῦ π. ἡμῶν (1 *a*)
— 10. ἃ ἐνετείλατο ἡμῖν Ἰωναδὰβ ὁ π. ἡμῶν (1 *a*)
— 15. ἧς ἔδωκα ὑμῖν καὶ τοῖς π. ὑμῶν (1 *a*)
— 16. ἔστησαν . . . τὴν ἐντολὴν τοῦ π. αὐτῶν (1 *a*)
— 18. ἤκουσαν . . . τὴν ἐντολὴν [**S** *om.* τ. ἐ.] τοῦ π. αὐτῶν ποιεῖν καθότι ἐνετείλατο αὐτοῖς ὁ π. αὐ. (1 *a*, –)
51 (44). 9. μὴ ἐπιλέλησθε ὑμεῖς τῶν κακῶν [**A** ἔργων] τῶν π. ὑμῶν (1 *a*)
— 10. ὧν ἔδωκα κατὰ πρόσωπον τῶν π. αὐτῶν (1 *a*)
— 17. καθὰ ἐποιήσαμεν ἡμεῖς καὶ οἱ π. ἡμῶν (1 *a*)
— 21. ἐθυμιάσατε . . . ὑμεῖς καὶ οἱ π. ὑμῶν (1 *a*)
Ba. 1. 16. αἰσχύνη . . . τοῖς π. ἡμῶν
— 19. ἐξήγαγε κύριος τοὺς π. ἡμῶν ἐκ γῆς Αἰγύπτου
— 20. ἐξήγαγε τοὺς π. ἡμῶν ἐκ γῆς Αἰγύπτου
2. 6. ἡμῖν δὲ καὶ τοῖς π. ἡμῶν ἡ αἰσχύνη
— 19. οὐκ ἐπὶ τὰ δικαιώματα τῶν π. ἡμῶν
— 21. τὴν γῆν ἣν δέδωκα τοῖς π. ὑμῶν
— 24. τοῦ ἐξενεχθῆναι . . . τὰ ὀστᾶ τῶν π. ἡμῶν
— 33. μνησθήσονται τῆς ὁδοῦ πατέρων αὐτῶν
— 34. εἰς τὴν γῆν ἣν ὤμοσα τοῖς π. αὐτῶν
3. 5. μὴ μνησθῇς ἀδικιῶν πατέρων ἡμῶν
— 7. ἀπεστρέψαμεν . . . πᾶσαν ἀδικίαν πατέρων ἡμῶν
— 8. κατὰ πάσας τὰς ἀδικίας πατέρων ἡμῶν
La. 5. 3. οὐχ ὑπάρχει π. (1 *a*)
— 7. οἱ π. ἡμῶν ἥμαρτον (1 *a*)
Ez. 2. 3. παρεπίκρανάν με αὐτοὶ καὶ οἱ π. αὐτῶν (1 *a*)
5. 10. πατέρες φάγονται τέκνα ἐν μέσῳ σου καὶ τέκνα φάγονται πατέρας (1 *a*, 1 *a*)
16. 3. ὁ π. σου Ἀμορραῖος (1 *a*)
— 45. ὁ π. ὑμῶν Ἀμορραῖος (1 *a*)
18. 2. οἱ π. ἔφαγον ὄμφακα (1 *a*)
— 4. ὃν τρόπον ἡ ψυχὴ τοῦ π. (1 *a*)
— 11. ἐν τῇ ὁδῷ τοῦ π. αὐτοῦ τοῦ δικαίου †
— 14. ἴδῃ πάσας τὰς ἁμαρτίας τοῦ π. αὐτοῦ (1 *a*)
— 17. οὐ τελευτήσει ἐν ἀδικίαις πατρὸς αὐτοῦ (1 *a*)
— 18. ὁ δὲ π. αὐτοῦ ἐὰν θλίψει θλίψῃ (1 *a*)
— 19. οὐκ ἔλαβε τὴν ἀδικίαν ὁ υἱὸς τοῦ π. [**A** ἔ. ἀ. υἱ. π. αὐτοῦ] (1 *a*)
— 20. ὁ δὲ υἱὸς οὐ λήψεται τὴν ἀδικίαν τοῦ π. οὐδὲ ὁ [**A** *om.*] π. λήψεται τὴν ἀδικίαν τοῦ υἱοῦ (1 *a*, 1 *a*)
20. 4. τὰς ἀνομίας τῶν π. αὐτῶν (1 *a*)
— 18. ἐν τοῖς νομίμοις τῶν π. ὑμῶν (1 *a*)
— 24. ὀπίσω τῶν ἐνθυμημάτων τῶν π. αὐ. (1 *a*)
— 27. παρώργισάν με οἱ π. ὑμῶν (1 *a*)
— 30. ἐν ταῖς ἀνομίαις τῶν π. ὑμῶν (1 *a*)
— 36. διεκρίθην πρὸς τοὺς π. ὑμῶν (1 *a*)
— 42. τοῦ δοῦναι αὐτὴν τοῖς π. ὑμῶν [**A** *al.*] (1 *a*)
22. 7. πατέρα καὶ μητέρα ἐκακολόγουν ἐν σοί (1 *a*)
— 10. αἰσχύνην πατρὸς ἀπεκάλυψαν ἐν σοί (1 *a*)
— 11. ἕκαστος τὴν ἀδελφὴν αὐτοῦ θυγατέρα τοῦ π. αὐτοῦ ἐταπείνουν ἐν σοί (1 *a*)
28. 26. ἐγώ εἰμι . . . ὁ θεὸς τῶν π. αὐτῶν –
36. 28. ἧς ἔδωκα τοῖς π. ὑμῶν (1 *a*)
37. 25. οὗ κατῴκησαν ἐκεῖ οἱ π. αὐτῶν (1 *a*)
44. 25. ἐπὶ πατρὶ . . . μιανθήσεται (1 *a*)
47. 14. τοῦ δοῦναι τοῖς π. αὐτῶν (1 *a*)
Da. LXX. Su. 30. ὡς δὲ παρεγενήθη ἡ γυνὴ σὺν τῷ π. ἑαυτῆς
2. 23. κύριε τῶν π. μου (1 *b*)
3. (26). κύριε ὁ θεὸς τῶν π. ἡμῶν
— (28). ἐπὶ τὴν πόλιν σου τὴν ἁγίαν τὴν τῶν π. ἡμῶν Ἰ.
— (52). κύριε ὁ θεὸς τῶν π. ἡμῶν
5. 2. ἃ ἤνεγκε Ναβ. ὁ π. αὐ. (1 *b*)
— 12 (11). ἐν ταῖς ἡμέραις τοῦ π. σου τοῦ Βασ. (1 *b*)
— 12 (11). συγκρίματα ὑπέρογκα ὑπέδειξε Ναβ. τῷ π. σου (1 *b*?)
9. 6. οἱ ἐλάλησαν . . . ἐπὶ τοὺς . . . π. ἡμῶν (1 *a*)
— 8. καὶ δυνάσταις καὶ τοῖς π. ἡμῶν (1 *a*)
— 16. ἐν ταῖς ἀγνοίαις τῶν π. ἡμῶν (1 *a*)
11. 24. ὅσα οὐκ ἐποίησαν οἱ π. αὐ. οὐδὲ οἱ π. τῶν π. αὐ. (1 *a ter*)
— 37. ἐπὶ τοὺς θεοὺς τῶν π. αὐ. (1 *a*)
— 38. ὃν οὐκ ἔγνωσαν οἱ π. αὐ. (1 *a*)
Da. TH. 2. 23. σοί, ὁ θεὸς τῶν π. μου (1 *b*)
3. (26). κύριε ὁ θεὸς τῶν π. ἡμῶν

Da. TH. 3. (28). καὶ ἐπὶ τὴν πόλιν τὴν ἁγίαν τὴν τῶν π. ἡμῶν Ἰ.
— (52). κύριε ὁ θεὸς τῶν π. ἡμῶν
5. 2. ἃ ἐξήνεγκε Ναβ. ὁ π. αὐ. (1 *b*)
— 11. ἐν ταῖς ἡμέραις τοῦ π. σου (1 *b*)
— 11. ὁ βασ. Ναβ. ὁ π. σου . . . κατέστησεν αὐτόν [**A** *add.* ὁ π. σου ὁ βασ.] (1 *b*, 1 *b*)
— 13. ἧς ἤγαγεν ὁ βασ. ὁ π. μου (1 *b*)
— 18. τὴν δόξαν ἔδωκε Ναβ. τῷ π. σου (1 *b*)
9. 6. οἱ ἐλάλουν . . . πρὸς τοὺς . . . πατέρας ἡμῶν (1 *a*)
— 8. ἡμῖν ἡ αἰσχύνη . . . καὶ τοῖς π. ἡμῶν (1 *a*)
— 16. ἐν ταῖς ἀδικίαις ἡμῶν καὶ τῶν π. ἡμῶν (1 *a*)
11. 24. ἃ οὐκ ἐποίησαν οἱ π. αὐ. καὶ οἱ π. τῶν π. αὐ. (1 *a ter*)
— 37. ἐπὶ πάντας θεοὺς [**B**[1] παντὸς θ.] τῶν π. αὐ. (1 *a*)
— 38. ὃν οὐκ ἔγνωσαν οἱ π. αὐ. (1 *a*)
Bel 1. προσετέθη πρὸς τοὺς π. αὐ.
I Ma. 2. 19. ἀποστῆναι ἕκαστος ἀπὸ λατρείας πατέρων αὐ.
— 20. πορευσόμεθα ἐν διαθήκῃ πατέρων ἡμῶν
— 50. δότε τὰς ψυχὰς ὑμῶν ὑπὲρ διαθήκης πατέρων ἡμῶν
— 51. μνήσθητε τῶν π. ἡμῶν τὰ ἔργα
— 54. Φινεὲς ὁ π. ἡμῶν
— 65. **AR** αὐτὸς ὑμῖν ἔσται εἰς πατέρα [**S** ἔ. ὑμῶν πατήρ]
— 69. προσετέθη πρὸς τοὺς π. αὐ.
— 70. ἐν τάφοις πατέρων αὐ.
3. 2. ὅσοι ἐκολλήθησαν τῷ π. αὐ.
4. 9. ἐσώθησαν οἱ π. ἡμῶν
— 10. καὶ μνησθήσεται διαθήκης πατέρων
6. 23. δουλεύειν τῷ π. σου
7. 2. εἰς οἶκον βασιλείας πατέρων αὐ.
9. 19. ἐν τῷ τάφῳ τῶν π. αὐ.
10. 52. ἐπὶ θρόνου πατέρων μου
— 55. εἰς γῆν πατέρων σου
— 67. εἰς τὴν γῆν τῶν π. αὐτοῦ
— 72. δὶς ἐτροπώθησαν οἱ π. σου
11. 9. βασιλεύσεις τῆς βασ. τοῦ π. σου
— 32. βασιλεὺς Δ. Λασθένει τῷ π. χαίρειν
— 38. πᾶσαι αἱ δυνάμεις αἱ ἀπὸ τῶν π.
— 40. ὅπως βασιλεύσῃ ἀντὶ τοῦ π. αὐ.
12. 28. **S** Ἰων. καὶ οἱ π. [**A R** παρ'] αὐτοῦ
13. 3. ἐγὼ καὶ οἱ ἀδ. μου καὶ ὁ οἶκος τοῦ π. μου
— 25. ἐν Μ. πόλει τῶν π. αὐ.
— 27. ἐπὶ τὸν τάφον τοῦ π. αὐ.
— 28. ἔστησεν . . . τῷ π. καὶ τῇ μητρί
14. 26. αὐτὸς . . . καὶ ὁ οἶκος τοῦ π. αὐ.
15. 3. κατεκράτησαν τῆς βασ. τῶν π. ἡμῶν
— 10. εἰς τὴν γῆν τῶν π. αὐ.
— 33. ἀλλὰ τῆς κληρονομίας τῶν π. ἡμῶν
— 34. ἀντεχόμεθα τῆς κληρονομίας τῶν π. ἡμῶν
16. 1. ἀπήγγειλε Σίμωνι τῷ π. [**S**[1] ἀδελφῷ] αὐ.
— 2. ἐγὼ . . . καὶ ὁ οἶκος τοῦ π. μου
— 21. ἀπώλετο ὁ π. αὐ.
— 24. ἀφ' οὗ ἐγενήθη ἀρχιερεὺς μετὰ τὸν π. αὐ.
II Ma. 1. 19. ὅτε εἰς τὴν Περσικὴν ἤγοντο ἡμῶν οἱ π.
— 25. ὁ ποιήσας τοὺς π. ἐκλεκτούς
3. 24. **R** ὁ τῶν π. κύριος [**A** *al.*]
4. 11. διὰ Ἰωάννου τοῦ π. Εὐπολέμου
7. 30. τοῦ νόμου τοῦ δοθέντος τοῖς π. ἡμῶν
8. 15. διὰ τὰς πρὸς τοὺς π. αὐ. διαθήκας
9. 23. ὁ π. . . . ἀνέδειξε τὸν διαδεξόμενον
11. 23. τοῦ π. ἡμῶν εἰς θεοὺς μεταστάντος
— 24. τῇ τοῦ π. εἰς τὰ Ἑλληνικὰ μεταθέσει
13. 9. τῶν ἐπὶ τοῦ π. αὐ. γεγονότων
14. 37. πατὴρ τῶν Ἰουδ. προσαγορευόμενος
III Ma. 2. 12. θλιβέντων τῶν π. ἡμῶν
5. 7. ἐλεήμονα θεὸν αὐτῶν καὶ πατέρα
6. 3. **R** μερίδος ἡγιασμένης σου λαὸν . . . πάτερ [**A** *om.*]
— 8. ἀπήμαντον πᾶσιν οἰκείοις ἀνέδειξας, πάτερ
7. 6. ὡς πατέρα ὑπὲρ υἱῶν διὰ παντὸς ὑπερμαχοῦντα
— 16. εὐχαριστοῦντες τῷ θεῷ τῶν π. αὐ.
IV Ma. 2. 19. ὁ πάνσοφος ἡμῶν π. Ἰ.
3. 20. βαθεῖαν εἰρήνην . . . οἱ π. ἡμῶν εἶχον
5. 37. ἁγνόν με οἱ π. προσδέξονται
7. 1. ὁ τοῦ π. ἡμῶν Ἐλ. λογισμός
— 5. τὴν ἑαυτοῦ διάνοιαν ὁ π. Ἐλ. ἐκτείνας
— 9. σύ, πάτερ, τὴν εὐνομίαν . . . ἐκύρωσας
— 11. ὥσπερ γὰρ ὁ π. Ἀ. τῷ θυμιατηρίῳ καθωπλισμένος
10. 2. ὁ αὐτός με τοῖς ἀποθανοῦσιν ἔσπειρε πατήρ
13. 12. τίνος πατρὸς χειρὶ σφαγιασθῆναι
— 17. καὶ πάντες οἱ π. ἐπαινέσουσι

IV Ma. 13. 19. A R ἅπερ ἡ . . . πρόνοια διὰ τῶν [S om.] π. . . . ἐμέρισε
15. 4. R τὰς μητέρας τῶν π. καθεστάναι συμπαθεστέρας [A S al.]
16. 14. A ὦ πατὴρ [S R μήτηρ] . . . στρατιῶτι
— 20. ὁ π. ἡμῶν Ἀβ. ἔσπευδε . . σφαγιάσαι
17. 6. S R ἦν γὰρ ἡ παιδοποιΐα σου ἀπὸ Ἀβ. τοῦ π. [A παιδός]
18. 9. ἐτελεύτησεν ὁ π.
— 23. εἰς πατέρων χορὸν συναγελάζονται
[Aq. GE. 37. 2: 47. 6: 50. 2: LE. 26. 39: NU. 1. 45, 47: DT. 18. 8: JD. 14. 16: III KI. 5. 1 (15): 8. 1: 14. 15, 20: 15. 24 *bis*: 22. 47: IV KI. 5. 13: 9. 28: 17. 15: JB. 38. 28: PS. 44 (45). 17: IS. 9. 6 (5): 14. 21: JE. 34 (41). 5, 14: 35 (42). 14: 44 (51). 3: 50 (27). 7: EZ. 18. 18 (P.): DA. 11. 37.]
[Sm. GE. 25. 8: 37. 2: 47. 6: LE. 26. 39: NU. 1. 45, 47: JD. 14. 16: III KI. 5. 1 (15): IV KI. 5. 13: 9. 28: JB. 15. 18: 38. 28: PS. 44 (45). 17: 48 (49). 20: IS. 9. 6 (5): 14. 21: 38. 19: JE. 16. 19: 22. 15: 34 (41). 14: 44 (51). 3 (Sw.): 50 (27). 7: EZ. 18. 18 (P.).]
[Th. GE. 36. 24: 37. 2: 47. 6: LE. 26. 39: NU. 1. 45, 47: JD. 6. 25: 8. 32: 14. 16: III KI. 5. 1 (15): 15. 24 *bis*: IV KI. 5. 13: JB. 15. 10: 38. 28 (P.): IS. 9. 6 (5): 14. 21: JE. 11. 7: 34 (41). 14: 35 (42). 14: 44 (51). 3: 50 (27). 7: EZ. 18. 18 (P.): DA. 11. 37.]
[Heb. GE. 47. 6.]
[Al. LE. 16. 32: 18. 12, 14: III KI. 22. 47.]
[Sam. LE. 20. 11, 20.]
[Quint. IV KI. 9. 28.]

πατητής, *vel* πατητός. (1) דֶּרֶךְ
Is. 63. 2. τὰ ἐνδύματά σου ὡς ἀπὸ πατητοῦ ληνοῦ

πάτμωμα (?), *vid. sub* **φάτνωμα.**

πατράδελφος. (1) דּוֹד
Jd. 10. 1. υἱὸς πατραδέλφου αὐτοῦ (1)
II Ki. 23. 9. Ἐλ. υἱὸς πατραδέλφου αὐτοῦ (1)
— 24. υἱὸς Δ. πατραδέλφου αὐτοῦ (1)
I Ch. 27. 32. Ἰων. ὁ π. Δ. σύμβουλος (1)
[Aq. I KI. 10. 14: CA. 1. 13: 2. 8: IS. 5. 1.]
[Al. LE. 10. 4: I KI. 14. 50.]

πάτραρχος. (1) אֱלֹהִים
Is. 37. 38. ἐν τῷ αὐτὸν προσκυνεῖν ἐν τῷ οἴκῳ Νασαρὰχ τὸν π. αὐτοῦ (1)
[Sm. Is. 8. 21.]

πατριά. (1) *a.* אָב *b.* בֵּית אָבוֹת (2) מִשְׁפָּחָה
(3) **οἶκος πατριῶν** מִשְׁפָּחָה
Ex. 6. 14. ἀρχηγοὶ οἴκων πατριῶν αὐ. (1 *a*)
— 15. αὗται αἱ π. τῶν υἱῶν Συμ. (2)
— 17. οἶκοι πατριᾶς αὐτῶν (3)
— 19. οὗτοι οἶκοι πατριῶν Λευί (3)
— 25. αὗται αἱ ἀρχαὶ πατριᾶς Λευιτῶν (1 *a*)
12. 3. κατ' οἴκους πατριῶν (1 *a*)
Le. 25. 10. R ἕκαστος εἰς τὴν π. [A B -ρίδα] αὐ. (2)
Nu. 1. 2, 4. κατ' οἴκους πατριῶν (1 *a*)
— 16. ἄρχοντες τῶν φυλῶν κατὰ πατριάς (1 *a*)
— 18. κατὰ πατριὰς αὐτῶν (1 *b*)
— 20, 22, 26, 28, 30, 32, 34, 36, 24, 38, 40, 42. κατ' οἴκους πατριῶν αὐτῶν (1 *a*)
— 44. κατὰ φυλὴν οἴκων πατριᾶς (1 *a*)
— 47. B[1] ἐκ τῆς φυλῆς [A *om.*] τῆς [A B[2] R *om.*] π. (1 *a*)
2. 2, 32, 34: 3. 15, 20. κατ' οἴκους πατριῶν αὐτῶν (1 *a*)
3. 24. ὁ ἄρχων οἴκου πατριᾶς (1 *a*)
— 30. ὁ ἄρχων οἴκου πατριῶν (1 *a*)
— 35. A B[2] R ὁ ἄρχων οἴκου πατριῶν [B[1] -ᾶς] (1 *a*)
4. 2. κατ' οἴκους πατριῶν αὐτῶν (1 *a*)
— 4. A κατ' οἴκους πατριῶν αὐ. -
— 22, 29, 34, 38, 40, 42. κατ' οἴκους πατριῶν αὐ. (1 *a*)
— 44. κατ' οἴκους πατριῶν αὐτῶν -
— 46. κατ' οἴκους πατριῶν αὐ. (1 *a*)
7. 2. ἄρχοντες οἴκων πατριῶν αὐτῶν (1 *a*)
13. 3 (2). κατὰ δήμους πατριῶν αὐτῶν (1 *a*)
17. 2 (17). κατ' οἴκους πατριῶν (1 *a*)
— 2 (17). κατ' οἴκους πατριῶν αὐτῶν (1 *a*)
— 3 (18). κατὰ φυλὴν οἴκου πατριῶν αὐ. (1 *a*)
— 6 (21). κατ' οἴκους πατριῶν αὐτῶν (1 *a*)
18. 1. B ὁ οἶκος πατριᾶς [A R τοῦ πατρός] σου (1 *a*)
25. 14. ἄρχων οἴκου πατριᾶς (1 *a*)
Nu. 25. 15. οἴκου πατριᾶς ἐστι τῶν Μαδ. (1 *a*)
26. 2. κατ' οἴκους πατριῶν αὐτῶν (1 *a*)
— 55. κατὰ φυλὰς πατριῶν αὐτῶν (1 *a*)
31. 26. οἱ ἄρχοντες τῶν π. τῆς συναγ. (1 *a*)
32. 28. τοὺς ἄρχοντας πατριῶν τῶν φυλῶν Ἰ. (1 *a*)
33. 54. κατὰ φυλὰς πατριῶν ὑμῶν (1 *a*)
34. 14. κατ' οἴκους πατριῶν αὐτῶν (1 *a*)
36. 1. A οἱ ἄρχοντες πατριῶν [B *om.*] φυλῆς (1 *a*)
— 1. ἔναντι τῶν ἀρχόντων οἴκων πατριῶν (1 *a*)
— 4. ἀπὸ τῆς κληρονομίας φυλῆς πατριᾶς ἡ. (1 *a*)
— 7. ἐν τῇ κληρονομίᾳ τῆς φυλῆς τῆς π. (1 *a*)
De. 18. 8. πλὴν τῆς πράσεως τῆς κατὰ πατριάν (1 *a*)
29. 18 (17). μή τίς ἐστιν ἐν ὑμῖν . . . πατριά (2)
Jo. 14. 1. οἱ ἄρχοντες πατριῶν φυλῶν (1 *a*)
19. 51. οἱ ἄρχοντες τῶν [A *om.*] π. (1 *a*)
21. 1. πρὸς τοὺς ἀρχιφύλους πατριῶν (1 *a*)
22. 14. ἄρχων εἷς ἀπὸ οἴκου πατριᾶς (1 *a*)
— 14. ἄρχοντες οἴκων πατριῶν (1 *a*)
— 32. A οἱ ἄρχοντες τῶν π. [B *om.* τ. π.] -
II Ki. 14. 7. ἐπανέστη ὅλη ἡ π. (2)
III Ki. 4. 6. Ἐλ. υἱὸς Σ. ἐπὶ τῆς π. -
I Ch. 2. 55. A R πατριαὶ γραμματέων [B -των] (2)
4. 27. πᾶσαι αἱ π. αὐτῶν οὐκ ἐπλεόνασαν (2)
— 38. ἐν οἴκοις πατριῶν αὐτῶν (1 *a*)
5. 7. A οἱ ἀδελφοὶ αὐτοῦ τῇ π. [B -ρίδι] αὐ. (2)
— 13. κατ' οἴκους πατριῶν αὐτῶν (1 *a*)
— 15. ἄρχων οἴκου πατριῶν (1 *a*)
— 24. οὗτοι ἀρχηγοὶ οἴκου πατριῶν αὐ. (1 *a*)
— 24. ἄρχοντες τῶν οἴκων πατριῶν αὐ. (1 *a*)
6. 19 (4). αὗται αἱ π. τοῦ Λ. κατὰ πατριὰς αὐ. (2, 1 *a*)
— 48 (33). κατ' οἴκους πατριῶν αὐτῶν -
— 54 (39). τοῖς υἱοῖς Ἀ. τῇ π. αὐτῶν (2)
— 60 (45). τρισκαίδεκα πόλεις κατὰ πατριὰς αὐ. (2)
— 61 (46). τοῖς καταλοίποις ἐκ τῶν π. (2)
— 62 (47). τοῖς υἱοῖς Γ. κατὰ πατριὰς αὐ. (2)
— 63 (48). τοῖς υἱοῖς Μ. κατὰ πατριὰς αὐ. (2)
— 66 (51). ἀπὸ τῶν π. υἱῶν Καάθ (2)
— 70 (55). κατὰ πατριὰν [A -ὰς] τοῖς υἱοῖς Κ. (2)
— 71 (56). ἀπὸ πατριῶν ἡμίσους φυλῆς Μαν. [A *al.*] (2)
7. 2. ἄρχοντες οἴκων [A κατ' οἶκον] πατριῶν αὐ. (1 *a*)
— 4. R κατ' οἴκους πατριῶν [A B -ικοὺς] αὐ. (1 *a*)
— 5. εἰς πάσας π. Ἰσσάχαρ (2)
— 7. R ἄρχοντες οἴκων πατριῶν [A B -ικῶν] (1 *a*)
— 9. ἄρχοντες οἴκων πατριῶν αὐτῶν (1 *a*)
— 11. ἄρχοντες τῶν π. ἰσχυροὶ δυνάμει (1 *a*)
— 40. πάντες ἄρχοντες πατριῶν (1 *b*)
8. 6. οὗτοί εἰσιν ἄρχοντες πατριῶν (1 *a*)
— 10. οὗτοι ἄρχοντες πατριῶν (1 *a*)
— 13. οὗτοι ἄρχοντες τῶν π. (1 *a*)
— 28. οὗτοι ἄρχοντες πατριῶν (1 *a*)
9. 9. ἄρχοντες πατριῶν κατ' οἴκους πατριῶν αὐ. (1 *a*, 1 *a*)
— 13. ἄρχοντες οἴκων πατριῶν (1 *a*)
— 33. ἄρχοντες τῶν π. τῶν Λευιτῶν (1 *a*)
— 34. οὗτοι ἄρχοντες τῶν π. (1 *a*)
11. 20. A οὗτος ἦν ἄρχων τῶν π. [B S τριῶν] †
— 25. κατέστησεν αὐτὸν Δ. ἐπὶ τὴν π. αὐ. †
12. 30. κατ' οἴκους πατριῶν αὐτῶν [S *al.*] (1 *a*)
15. 12. ὑμεῖς ἄρχοντες πατριῶν τῶν Λ. (1 *a*)
16. 28. A R δότε τῷ κ., αἱ π. [B S πατρὶ] τῶν ἐθνῶν (2)
23. 9. οὗτοι ἄρχοντες πατριῶν τῶν Ἐδάν (1 *a*)
— 11. ἐγένοντο εἰς οἴκους πατριᾶς (1 *a*)
— 24. κατ' οἴκους πατριῶν αὐτῶν (1 *a*)
— 24. ἄρχοντες τῶν π. αὐτῶν (1 *a*)
24. 3. κατ' οἴκους πατριῶν αὐτῶν -
— 4. εἰς οἴκους πατριῶν (1 *a*)
— 4. κατ' οἴκους πατριῶν (1 *a*)
— 6. ἄρχοντες τῶν π. τῶν ἱερέων καὶ τῶν Λ. οἴκου πατριᾶς (1 *a*, 1 *a*)
— 30. κατ' οἴκους πατριῶν αὐτῶν (1 *a*)
— 31. B ἄρχων [A -χόντων, R οἱ ἄ.] τῶν [A *om.*] π. (1 *a*)
— 31. A καὶ τῶν Λ. πατριαὶ [B -ιάρχαι] Ἀρ. (1 *a*)
26. 13. κατ' οἴκους πατριῶν αὐτῶν (1 *a*)
— 21. ἄρχοντες πατριῶν τῷ Λ. (1 *a*)
— 26. καὶ οἱ ἄρχοντες τῶν π. (1 *a*)
— 31. κατὰ γενέσεις αὐ. κατὰ πατριάς (1 *a*)
— 32. καὶ οἱ ἀδ. αὐ. . . . οἱ ἄρχοντες πατριῶν (1 *a*)
27. 1. ἄρχοντες τῶν π. (1 *a*)
29. 6. ἄρχοντες πατριῶν [A τῶν π.] (1 *a*)
II Ch. 1. 2. εἶπε . . . τοῖς ἄρχουσι τῶν π. (1 *a*)
5. 2. τοὺς ἡγουμένους πατριῶν [A τῶν π.] υἱῶν Ἰσρ. (1 *a*)
II Ch. 17. 14. κατ' οἴκους πατριῶν αὐτῶν (1 *a*)
23. 2. καὶ ἄρχοντας πατριῶν [A τῶν π.] τοῦ Ἰσρ. (1 *a*)
25. 5. κατ' οἴκους πατριῶν αὐτῶν (1 *a*)
31. 17. κατ' οἴκους πατριῶν (1 *a*)
35. 4. κατ' οἴκους πατριῶν ὑμῶν (1 *a*)
— 5. κατὰ τὰς διαιρ. οἴκων πατριῶν ὑμῶν (1 *a*)
— 5. μερὶς οἴκου πατριᾶς τοῖς Λ. (1 *a*)
— 12. κατ' οἴκους πατριῶν (1 *a*)
I Es. 1. 4. ἑτοιμάσατε κατὰ τὰς π.
2. 8. οἱ ἀρχίφυλοι τῶν π. τῆς Ἰ.
5. 1. ἀρχηγοὶ οἴκων πατριῶν
— 4. κατὰ πατριὰς αὐτῶν εἰς τὰς φυλάς
— 37. ἀπαγγεῖλαι τὰς π. αὐτῶν
— 44. ἐκ τῶν ἡγουμένων κατὰ τὰς π.
— 63. τῶν προκαθημένων κατὰ τὰς π. αὐ.
— 68. προσελθόντες . . . τοῖς ἡγουμένοις τῶν π.
— 70. καὶ οἱ ἡγούμενοι τῶν π. τοῦ Ἰσρ.
8. 28. κατὰ τὰς π. αὐτῶν
— 59. τοῖς ἡγουμένοις τῶν π. τοῦ Ἰσρ.
9. 16. ἡγουμένους τῶν π. αὐτῶν
II Es. 1. 5. ἄρχοντες τῶν π. τῶν Ἰούδα (1 *a*)
2. 59. τοῦ ἀναγγεῖλαι οἶκον πατριᾶς αὐτῶν (1 *a*)
— 68. ἀπὸ ἀρχόντων πατριῶν (1 *a*)
3. 12. καὶ ἄρχοντες τῶν π. (1 *a*)
4. 2. καὶ πρὸς τοὺς ἄρχοντας τῶν π. (1 *a*)
— 3. οἱ κατάλοιποι τῶν ἀρχόντων τῶν π. (1 *a*)
8. 1. οὗτοι οἱ ἄρχοντες πατριῶν αὐ. (1 *a*)
— 29. καὶ τῶν ἀρχόντων τῶν π. (1 *a*)
10. 16. ἄνδρες ἄρχοντες πατριῶν (1 *a*)
Ne. 7. 61. ἀπαγγεῖλαι οἴκους πατριῶν αὐ. (1 *a*)
— 70. ἀπὸ μέρους ἀρχηγῶν τῶν π. (1 *a*)
— 71. ἀπὸ ἀρχηγῶν τῶν π. (1 *a*)
8. 13. συνήχθησαν οἱ ἄρχοντες τῶν π. (1 *a*)
10. 34 (35). εἰς οἶκον πατριῶν ἡμῶν (1 *a*)
11. 13. ἄρχοντες πατριῶν (1 *a*)
12. 12. καὶ οἱ ἄρχοντες τῶν π. (1 *a*)
— 22. A R ἄρχοντες τῶν [B S *om.*] π. (1 *a*)
— 23. ἄρχοντες τῶν π. (1 *a*)
To. 1. 9. ἐκ τοῦ σπέρματος τῆς π. ἡμῶν
5. 10. A S ἐκ ποίας π. [B -ίδος] εἶ σύ
— 11. φυλὴν καὶ πατριὰν σὺ ζητεῖς [S *al.*]
— 13. τὴν π. σου ἐπιγνῶναι [S *al.*]
Ju. 8. 2. τῆς φυλῆς αὐ. καὶ τῆς π. αὐτῆς
— 18. οὔτε φυλὴ οὔτε πατριά
Es. 4. 17. B ἐν φυλῇ [S ἐκ φυλῆς] πατριᾶς μου [A *al.*]
9. 27. καὶ γενεὰν καὶ πόλιν καὶ πατριάν [A καὶ πατ. κ. πόλ.] -
Ps. 21 (22). 27. προσκυνήσουσιν ἐνώπιον αὐτοῦ πᾶσαι αἱ π. τῶν ἐθνῶν (2)
95 (96). 7. ἐνέγκατε τῷ κυρίῳ, αἱ π. τῶν ἐθνῶν (2)
106 (107). 41. ἔθετο ὡς πρόβατα πατριάς (2)
Je. 2. 4. οἶκος Ἰακὼβ καὶ πᾶσα π. οἴκου Ἰσραήλ (2)
3. 14. ἕνα ἐκ πόλεως καὶ δύο ἐκ πατριᾶς (2)
25. 9. λήψομαι πατριάν [A S τὴν π.] (2)
Ez. 45. 15. ἀφαίρεμα ἐκ πασῶν τῶν π. τοῦ Ἰσραήλ †
[Aq. JE. 15. 3.]
[Sm. DT. 18. 8.]
[Th. JE. 33 (40). 24: EZ. 20. 32: 27. 28.]
[Al. NU. 34. 14: I KI. 9. 21 *bis*.]

πατριάρχης. (1) אָב (2) רֹאשׁ הָאָבוֹת
(3) שַׂר (4) שַׂר־הַמֵּאוֹת
I Ch. 24. 31. καὶ τῶν Λ. πατριάρχαι [A -ριαὶ] Ἀρ. (1)
27. 22. οὗτοι π. τῶν φυλῶν Ἰσρ. (3)
II Ch. 19. 8. καὶ τῶν π. Ἰσρ. (2)
23. 20. ἔλαβε τοὺς π. (4)
26. 12. πᾶς ὁ ἀριθμὸς τῶν π. τῶν δυνατῶν (2)
IV Ma. 7. 19. ὥσπερ γὰρ οἱ π. ἡμῶν Ἀβ. Ἰσ. Ἰ.
16. 25. ὥσπερ . . . πάντες οἱ π.

πατρικός. (1) אָב
Ge. 50. 8. πᾶσα ἡ οἰκία ἡ π. αὐτοῦ (1)
Le. 22. 13. ἐπαναστρέψει ἐπὶ τὸν οἶκον τὸν π. (1)
25. 41. εἰς τὴν κατάσχεσιν τὴν π. (1)
Nu. 36. 8. ἕκαστος τὴν κληρονομίαν τὴν π. (1)
Jo. 6. 24 (25). καὶ πάντα τὸν οἶκον τὸν π. αὐτῆς (1)
I Ch. 7. 4. A B κατ' οἴκους π. [R -ιῶν] αὐτῶν (1)
— 7. A B ἄρχοντες οἴκων π. [R -ιῶν] (1)
12. 28. τῆς π. οἰκίας αὐτοῦ ἄρχοντες εἴκ. δύο (1)
26. 6. εἰς τὸν οἶκον τὸν π. αὐ. (1)
I Es. 1. 5. κατὰ τὴν μεριδαρχίαν τὴν π. ὑμῶν
— 31. ἐτάφη ἐν τῷ π. τάφῳ

Si. 42. 10. μή ποτε . . . ἐν τοῖς π. αὐτῆς ἔγκυος γένηται
IV Ma. 18. 7. οὐχ ὑπερέβην π. οἶκον
[Al. Nu. 2. 34.]

πάτριος.

Si. *prol.* 8. εἴς τε τὴν τοῦ νόμου καὶ τῶν ἄλλων π. [S ἄ. τῶν δεόντων π.] βιβλίων ἀνάγνωσιν
Is. 8. 21. κακῶς ἐρεῖτε τὸν ἄρχοντα καὶ τὰ π. †
II Ma. 6. 1. A μεταβαίνειν ἀπὸ τῶν π. νόμων [R *al.*]
7. 2. R παραβαίνειν τοὺς π. [A πατρῴους] νόμους
— 8. ὁ δὲ ἀποκριθεὶς τῇ π. φωνῇ
— 21. ἕκαστον δὲ αὐτῶν παρεκάλει τῇ π. φωνῇ
— 24. R μεταθέμενον ἀπὸ τῶν π. νόμων [A *al.*]
— 27. A οὕτως ἔφησε τῇ π. [R πατρῴᾳ] φωνῇ
— 37. σῶμα . . . προδίδωμι περὶ τῶν π. νόμων
12. 37. καταρξάμενος τῇ π. φωνῇ τὴν . . . κραυγήν
15. 29. εὐλόγουν τὸν δυνάστην τῇ π. φωνῇ
III Ma. 1. 3. τῶν π. δογμάτων ἀπηλλοτριωμένος
6. 32. ἀνέλαβον ᾠδὴν πάτριον
IV Ma. 4. 23. τῷ π. πολιτευόμενοι νόμῳ
5. 33. ὥστε με . . . τὸν π. καταλῦσαι νόμον
8. 7. ἀρνησάμενοι τὸν π. ὑμῶν τῆς πολιτείας θεσμόν
9. 1. AR ἢ παραβαίνειν τὰς π. [S -ῴους] ἡμῶν ἐντολάς
— 24. ἡ δικαία καὶ π. ἡμῶν πρόνοια
— 29. διὰ τὴν π. ἡμῶν εὐσέβειαν
16. 16. AR ἐναγωνίσασθε προθύμως ὑπὲρ τοῦ π. [S -ῴου] νόμου
18. 5. R τῶν π. ἐθῶν ἐκδιαιτηθῆναι [AS *al.*]

πατρίς. (1) *a.* מוֹלֶדֶת *b.* אֶרֶץ מוֹלֶדֶת (2) מִשְׁפָּחָה

Le. 25. 10. AB ἕκαστος εἰς τὴν π. [R -ριὰν] αὐ. (2)
I Ch. 5. 7. ἀδελφοὶ αὐτοῦ τῇ π. [A -ριᾷ] αὐ. (2)
To. 5. 10. B ἐκ ποίας π. [AS -ιᾶς] εἶ σύ
Es. 2. 10. οὐχ ὑπέδειξεν Ἐσθὴρ . . . τὴν π. (1 *a*)
— 20. οὐχ ὑπέδειξε τὴν π. αὐτῆς (1 *a*)
4. 8. AS^{2} περὶ τοῦ λαοῦ καὶ τῆς π. [BS^{1} *om.* κ. τ. π.] –
8. 6. ἐν τῇ ἀπωλείᾳ τῆς π. μου (1 *a*)
Je. 22. 10. οὐδὲ ὄψεται [S καὶ οὐ μὴ ἴδῃ] τὴν γῆν πατρίδος αὐτοῦ (1 *a*)
26 (46). 16. ἀναστρέψωμεν πρὸς [A ἀποστρ. εἰς] τὸν λαὸν ἡμῶν εἰς τὴν π. ἡμῶν (1 *b*)
Ez. 23. 15. ὁμοίωμα υἱῶν Χαλδαίων γῆς πατρίδος αὐτοῦ (1 *a*)
II Ma. 4. 1. ὁ . . . τῆς π. ἐνδείκτης γεγονώς
5. 8. βδελυσσόμενος ὡς πατρίδος . . . δήμιος
— 9. ὁ συχνοὺς τῆς π. ἀποξενώσας
— 15. τὸν . . . τῆς π. προδότην γεγονότα
8. 21. ὑπὲρ . . . τῆς π. ἀποθνήσκειν
— 33. ἐπινίκια δὲ ἄγοντες ἐν τῇ π.
13. 3. οὐκ ἐπὶ σωτηρίᾳ τῆς π.
— 10. τοῖς τοῦ νόμου καὶ πατρίδος . . . στερεῖσθαι μέλλουσι
— 14. περὶ ἱεροῦ πόλεως πατρίδος
14. 18. R ἐν τοῖς ὑπὲρ [A περὶ] τῆς π. ἀγῶσιν
IV Ma. 1. 11. ὥστε καθαρισθῆναι δι' αὐτῶν τὴν π.
4. 1. τὴν π. προδώσων
— 5. εἰς τὴν π. ἡμῶν . . . προσελθών
— 20. ἐπ' αὐτῇ τῇ ἄκρᾳ τῆς π. ἡμῶν
17. 21. καὶ τὴν π. καθαρισθῆναι
18. 4. τὴν εὐνομίαν τὴν ἐπὶ τῆς π. ἀνανεωσάμενον

πατρῷος. (1) אָב

II Es. 7. 5. AB υἱοῦ Ἀαρὼν τοῦ ἱερέως τοῦ π. [R πρώτου] †
Pr. 27. 10. φίλον πατρῷον μὴ ἐγκαταλίπῃς (1)
II Ma. 4. 15. R τὰς μὲν πατρῴους [A -ας] τιμὰς ἐν οὐδενὶ τιθέμενοι
5. 10. οὔτε πατρῴου τάφου μετέσχε
6. 1. R μεταβαίνειν ἐκ τῶν π. νόμων [A *al.*]
— 6. οὔτε πατρῴους ἑορτὰς διαφυλάττειν
7. 2. A π. νόμους παραβαίνειν [R *al.*]
— 27. R οὕτως ἔφησε τῇ π. [A πατρίῳ] φωνῇ
12. 39. ἀποκαταστῆσαι εἰς τοὺς π. τάφους
III Ma. 1. 23. ὑπὲρ τοῦ π. νόμου τελευτᾶν
IV Ma. 9. 1. S ἢ παραβαίνειν τὰς π. [AR -ίους] ἡμῶν ἐντολάς
12. 18. ἐπικαλοῦμαι δὲ τὸν π. θεόν
16. 16. S ἐναγωνίσασθε προθύμως ὑπὲρ τοῦ π. [AR -ίου] νόμου
— 20. τὴν π. χεῖρα ξιφηφόρον

παύειν. (1) דָּמַם ni. (2) חָדַל (3) כָּלָה *a.* qal. *b.* pi. (4) מוּשׁ (5) נָחַם ni. (6) נָפַשׁ ni. (7) נָצַר (8) עָצַר *a.* qal. *b.* ni. (9) עָרַב (10) רַב מִ׳ (11) רָפָה hi. (12) שָׁאַן pil. (13) שָׁבַת *a.* qal. *b.* hi. (14) *a.* שׁוּב *b.* שׁוּב מֵ׳ (15) תָּמַם

Ge. 11. 8. ἐπαύσαντο οἰκοδομοῦντες (2)
18. 33. ὡς ἐπαύσατο λαλῶν τῷ Ἀβραάμ (3 *b*)
24. 14. ἕως ἂν παύσωνται πίνουσαι –
— 18 (19). ἕως ἐπαύσατο πίνων (3 *b*)
— 22. ἡνίκα ἐπαύσαντο π. αἱ κάμ. πίνουσαι (3 *b*)
27. 30. μετὰ τὸ παύσασθαι Ἰ. εὐλογοῦντα (3 *b*)
Ex. 9. 28. παυσάσθω τοῦ γενηθῆναι φωνὰς θ. (10)
— 29. αἱ φωναὶ παύσονται (2)
— 33. αἱ φωναὶ ἐπαύσαντο (2)
— 34. πέπαυται ὁ ὑετός (2)
31. 17. κατέπαυσε καὶ ἐπαύσατο [A ἐπ. καὶ κατ.] (6 [13 *a*])
32. 12. παῦσαι τῆς ὀργῆς τοῦ θυμοῦ σου (14 *b*)
Nu. 16. 31. ὡς δὲ ἐπαύσατο λαλῶν (3 *b*)
17. 10 (25). παυσάσθω ὁ γογγυσμὸς αὐ. (3 *b*)
25. 8. ἐπαύσατο ἡ πληγή (8 *b*)
De. 20. 9. ὅταν παύσωνται οἱ γραμματεῖς (3 *b*)
32. 26. παύσω [A καταπ.] δὲ . . . τὸ μνημόσυνον αὐ. (13 *b*)
Jo. 7. 26. ἐπαύσατο κ. τοῦ θυμοῦ τῆς ὀργῆς (14 *b*)
8. 24. ὡς ἐπαύσαντο . . . ἀποκτέννοντες (3 *b*)
Jd. 15. 17. ὡς ἐπαύσατο λαλῶν [A *al.*] (3 *b*)
II Ki. 15. 24. ἐπαύσατο πᾶς ὁ λαός (15)
I Ch. 21. 22. καὶ παύσεται ἡ πληγή (8 *b*)
To. 6. 1. καὶ ἐπαύσατο [S ἐσίγησεν] κλαίουσα
14. 1. ἐπαύσατο ἐξομολογούμενος T. [S *al.*]
Ju. 5. 22. ὡς ἐπαύσατο Ἀ. λαλῶν
10. 1. ὡς ἐπαύσατο βοῶσα
14. 9. ὡς δὲ ἐπαύσατο λαλοῦσα
Es. 5. 1. ὡς ἐπαύσατο προσευχομένη
Jb. 3. 17. A ἐκεῖ ἀσεβεῖς ἔπαυσαν [BS ἐξέκαυσαν] θυμὸν ὀργῆς (2)
6. 7. οὐ δύναται γὰρ παύσασθαί μου ἡ ὀργή [AS^{2} ψυχή] †
— 26. οὐδὲ ὁ ἔλεγχος ὑμῶν ῥήμασί με [A τὰ ῥήματά μου] παύσει †
14. 13. ἕως ἂν παύσηταί σου ἡ ὀργή (14 *a*)
18. 2. μέχρι τίνος οὐ παύσῃ †
29. 9. ἁδροὶ δὲ ἐπαύσαντο λαλοῦντες (8 *a*)
32. 1 (31. 40). ἐπαύσατο Ἰὼβ ῥήμασιν (15)
37. 19. παυσώμεθα [S -σόμ.] πολλὰ λέγοντες †
38. 1. μετὰ δὲ τὸ παύσασθαι Ἐλιοὺν τῆς λέξεως –
Ps. 33 (34). 13. παῦσον τὴν γλῶσσάν σου ἀπὸ κακοῦ (7)
36 (37). 8. παῦσαι ἀπὸ ὀργῆς (11)
Pr. 18. 18. ἀντιλογίας παύει σιγηρός (13 *b*)
24. 24 (30. 1). καὶ παύομαι [S^{1} παύσ.] †
Si. 18. 7. ὅταν παύσηται τότε ἀπορηθήσεται
23. 16. οὐ μὴ παύσηται ἕως ἂν ἐκκαυσῇ πῦρ
28. 6. μνήσθητι τὰ ἔσχατα καὶ παῦσαι ἐχθραίνων
34 (31). 17. παῦσαι πρῶτος χάριν παιδείας
39. 11. AS ἐὰν παύσηται [B ἀναπ.] ἐμποιεῖ αὐτῷ
Is. 1. 16. παύσασθε ἀπὸ τῶν πονηριῶν ὑμῶν (2)
— 24. οὐ παύσεται γάρ μου ὁ θυμὸς ἐν τοῖς ὑπεναντίοις (5)
10. 25. παύσεται ἡ ὀργή (3 *a*)
16. 10. πέπαυται γάρ (13 *b* ?)
24. 8. πέπαυται εὐφροσύνη τυμπάνων πέπαυται αὐθάδεια καὶ πλοῦτος ἀσεβῶν πέπαυται φωνὴ κιθάρας (13 *a*, 2, 13 *a*)
— 11. ASR πέπαυται πᾶσα εὐφροσύνη τῆς γῆς [B *om.* τ. γ.] (9)
— 13. ἐὰν παύσηται ὁ τρυγητός (3 *a*)
26. 10. πέπαυται γὰρ ὁ ἀσεβής †
32. 10. πέπαυται [AS *add.* ὁ σπόρος] οὐκέτι μὴ ἔλθῃ (3 *a*)
33. 8. πέπαυται ὁ φόβος τῶν ἐθνῶν (13 *a*)
38. 20. οὐ παύσομαι εὐλογῶν σε –
57. 10. οὐκ εἶπας, Παύσομαι †
58. 12. τὰς τρίβους σου [AS τοὺς] ἀνὰ μέσον παύσεις †
Je. 28 (51). 63. ὅταν παύσῃ τοῦ [AS *om.*] ἀναγινώσκειν τὸ βιβλίον τοῦτο (3 *b*)
31 (48). 2. παῦσιν παύσεται †
— 11. S^{1} ἐπαύσατο [ABS^{2} ἀνεπ.] M. ἐκ παιδαρίου (12)
Je. 32 (25). 37. παύσεται τὰ κατάλοιπα τῆς εἰρήνης (1)
33 (26). 3. παύσομαι ἀπὸ τῶν κακῶν (5)
— 8. Ἱερεμίου παυσαμένου λαλοῦντος πάντα (3 *b*)
— 13. παύσεται κύριος ἀπὸ τῶν κακῶν (5)
— 19. ἐπαύσατο κύριος ἀπὸ τῶν κακῶν (5)
38 (31). 15. B^{1}SR οὐκ ἤθελε παύσασθαι [AB^{2}S παρακληθῆναι] (5)
— 36. ἐὰν παύσωνται οἱ νόμοι οὗτοι ἀπὸ προσώπου μου . . . καὶ τὸ γένος Ἰσραὴλ παύσεται [A -ηται] γενέσθαι ἔθνος (4, 13 *a*)
50 (43). 1. ὡς ἐπαύσατο Ἱερεμίας λέγων (3 *b*)
51 (44). 10. οὐκ ἐπαύσαντο ἕως τῆς ἡμέρας τ. †
I Ma. 2. 23. ὡς ἐπαύσατο λαλῶν
3. 23. ὡς δὲ ἐπαύσατο λαλῶν
11. 50. παυσάσθωσαν οἱ Ἰ. πολεμοῦντες ἡμᾶς
IV Ma. 8. 29. ἅμα τῷ παύσασθαι τὸν τύραννον συμβουλεύοντα
[Aq. Ge. 41. 49 : I Ki. 23. 13 : 25. 9 : Jb. 3. 17 : Ps. 48 (49). 9 : Pr. 23. 4 : Is. 2. 22 : 38. 11 : Ez. 2. 5, 7 : 3. 11, 27 *bis* : Da. 9. 27.]
[Sm. Ge. 41. 49 : Ex. 12. 15 : Jd. 5. 6 : 9. 9 : I Ki. 25. 9 : Jb. 3. 17 : 30. 27 : Ps. 8. 3 : 48 (49). 9 : Ec. 10. 4 : 12. 4 : Is. 2. 22 : 30. 11 : 38. 11 : Je. 14. 17 : 31 (38). 16 : 48 (31). 33 : La. 3. 49 : Ez. 2. 5, 7 : 3. 11 : 12. 23 : 34. 10 : Da. 9. 27.]
[Th. I Ki. 25. 9 : Pr. 23. 4 : Is. 2. 22 : 38. 11.]
[Al. Jo. 5. 12.]
[Quint. Ho. 7. 4.]

παῦλα.

II Ma. 4. 6. τὸν Σ. παῦλαν οὐ ληψόμενον τῆς ἀνοίας

παῦσις.

Je. 31 (48) 2. παῦσιν παύσεται †

πάχνη. (1) חֲנָמַל (2) כְּפוֹר (3) קִיטוֹר

Jb. 38. 24. πόθεν δὲ ἐκπορεύεται πάχνη †
— 29. πάχνην δὲ ἐν οὐρανῷ τίς τέτοκεν (2)
Ps. 77 (78). 47. καὶ τὰς συκαμίνους αὐτῶν ἐν τῇ π. (1)
118 (119). 83. ἐγενήθην ὡς ἀσκὸς ἐν πάχνῃ (3 ?)
Wi. 5. 14. ὡς πάχνη ὑπὸ λαίλαπος διωχθεῖσα λεπτή
16. 29. ἀχαρίστου γὰρ ἐλπὶς ὡς χειμέριος [AS -ρινὴ] π. τακήσεται
Si. 43. 19. πάχνην [S^{1} -η] ὡς ἅλα ἐπὶ γῆς χέει
Da. LXX. 3. (70). εὐλογεῖτε, πάχναι καὶ χιόνες, τὸν κ.
Da. TH. 3. (70). AR εὐλογεῖτε, πάχναι [B -η] καὶ χιόνες, τὸν κ.
[Sm., Al. Ex. 16. 14.]
[Th. Da. 3. (70).]

πάχος. (1) *a.* עָב *b.* מַעֲבֶה *c.* עֳבִי *d.* עֲבִי (2) עֶצֶם

Nu. 24. 8. τὰ π. αὐτῶν ἐκμυελιεῖ (2)
III Ki. 7. 15. ἐκύκλου αὐτὸν τὸ π. τοῦ στύλου –
— 20. τὸ μέλαθρον τῷ π. [A *om.* τ. π., B^{2} πήχει] –
— 24 (B), 26 (A). τὸ π. αὐτοῦ παλαιστής (1 *d*)
— 46. ἐχώνευσεν αὐτὰ ἐν τῷ π. τῆς γῆς (1 *b*)
— 6. καὶ πάχος ἐπὶ πρόσωπον αὐ. (1 *a*)
II Ch. 4. 5. καὶ τὸ π. αὐτῆς παλαιστής (1 *d*)
— 17. ἐν τῷ π. τῆς γῆς (1 *c*)
Jb. 15. 26. ἔδραμε δὲ . . . ἐν πάχει νώτου [A πανεχίνῳ τῆς] ἀσπίδος αὐτοῦ (1 *c*)
Ps. 140 (141). 7. ὡσεὶ πάχος γῆς διερράγη †
Je. 52. 21. τὸ π. [S πλάτος] αὐτοῦ δακτύλων τεσσάρων κύκλῳ (1 *d*)
II Ma. 4. 41. οἱ μὲν πέτρους οἱ δὲ ξύλων πάχη
[Aq. Ex. 19. 9 : Is. 19. 1.]
[Sm. Ez. 41. 25, 26.]
[Th. Jb. 15. 26.]

παχύνειν. (1) דָּשֵׁן hothpa. (2) סָבַל hithp. (3) עָבָה (4) שָׁמֵן *a.* qal. *b.* hi.

De. 32. 15. ἐπαχύνθη ἐπλατύνθη (4 *a* + 3)
II Ki. 22. 12. ἐπάχυνεν ἐν νεφέλαις ἀέρος †
Ec. 12. 5. καὶ παχυνθῇ ἡ ἀκρίς (2)
Is. 6. 10. ἐπαχύνθη γὰρ ἡ καρδία τοῦ λαοῦ τ. (4 *b*)
34. 6. ἐπαχύνθη ἀπὸ στέατος [AS *add.* ἀρνῶν] (1)
[Aq., Sm. Jb. 15. 27.]

παχύς (παχύτερος). (1) בָּרִיא (2) סָבַל pu. (3) שָׁמֵן (4) παχύτερος עָבָה

III Ki. 12. 10. ἡ μικρότης μου παχυτέρα τῆς ὀσφύος [A ὑπὲρ τὴν ὀσφ.] (4)
— 24. B ἡ μικρότης μου παχυτέρα ὑπὲρ τὴν ὀσφύν –

II Ch. 10. 10. ὁ μικρὸς δάκτυλός μου παχύτερος τῆς ὀσφ. (4)
Ju. 10. 3. ἐχρίσατο μύρῳ παχεῖ
Ps. 143 (144). 14. οἱ βόες αὐτῶν παχεῖς (2)
Is. 28. 1. A R ἐπὶ τῆς κορυφῆς τοῦ ὄρους τοῦ παχέως [B S -ος] (3)
Ez. 34. 3. τὸ π. σφάζετε (1)
II Ma. 1. 20. μὴ εὑρηκέναι τὸ πῦρ ἀλλὰ ὕδωρ π.
[Sm. Ge. 41. 2: Jd. 3. 17.]

πεδᾶν, *cf.* **ἐπιδεῖν.** (1) *a.* אָסַר *b.* אָסִיר
(2) כָּפַת *a.* peil. *b.* pa.

Jd. 16. 21. ἐπέδησαν [A ἔδ.] αὐτόν (1 *a*)
To. 8. 3. S καὶ ἐπέδησεν παραχρῆμα [A B *al.*]
Jb. 36. 8. οἱ πεπεδημένοι ἐν χειροπέδαις συσχεθήσονται ἐν σχοινίοις πενίας (1 *a*)
Ps. 67 (68). 6. ἐξάγων πεπεδημένους ἐν ἀνδρείᾳ (1 *b*)
68 (69). 33. τοὺς πεπεδημ. αὐ. οὐκ ἐξουδένωσεν (1 *b*)
78 (79). 11. εἰσελθάτω ἐνώπιόν σου ὁ στεναγμὸς τῶν πεπεδημένων (1 *b*)
89 (90). 12. A S^{2} καὶ τοὺς πεπεδημένους [B S^{1} -παιδευμ.] τῇ καρδίᾳ †
101 (102). 20. τοῦ ἀκοῦσαι τὸν στεναγμὸν τῶν πεπεδημένων (1 *b*)
106 (107). 10. πεπεδημένους ἐν πτωχείᾳ (1 *b*)
145 (146). 7. κύριος λύει πεπεδημένους (1 *a*)
Da. LXX. 3. 24 (91). οὐχὶ ἄνδρας τρεῖς ἐβάλομεν . . . πεπεδημένους (2 *b*)
4. 30. ἑπτὰ ἔτη ἐπεδήθην –
Da. TH. 3. 20. ἄνδρας ἰσχυροὺς ἰσχύϊ εἶπε πεδήσαντας τὸν Σ. (2 *b*)
— 21. οἱ ἄνδρες ἐκεῖνοι ἐπεδήθησαν (2 *a*)
— 23. ἔπεσον εἰς μέσον τῆς καμίνου . . . πεπεδημένοι (2 *b*)
— 24 (91). οὐχὶ ἄνδρας τρεῖς ἐβάλομεν . . . πεπεδημένους (2 *b*)
[Aq. Da. 3. 23.]
[Th. Ps. 67 (68). 7: Da. 3. 23.]

πεδεινός, πεδινός. (1) בִּקְעָה (2) ἡ π. *a.* מִישׁוֹר
b. שְׁפֵלָה (3) שָׁפָה ni. (4) ἡ π. הַשְּׁפֵלָה
(5) τὰ π. שְׁפֵלָה (6) γῆ π. הַשְּׁפֵלָה

De. 4. 43. ἐν τῇ γῇ τῇ π. (2 *a*)
11. 11. γῆ ὀρεινὴ καὶ π. (1)
Jo. 9. 1. καὶ οἱ ἐν τῇ π. (4)
10. 40. καὶ τὴν π. καὶ τὴν Ἀσ. (4)
11. 16. ἔλαβεν Ἰ. . . . τὴν π. (4)
— 16. A καὶ τὰ π. [B ταπεινὰ] τὰ πρὸς τῷ ὄρει (5)
15. 33. ἐν τῇ π. Ἀσταώλ (4)
Jd. 1. 9. τὸν κατοικοῦντα . . . τὴν π. (1)
III Ki. 10. 27. ὡς συκαμίνους τὰς ἐν τῇ π. (4)
I Ch. 27. 28. ἐπὶ τῶν συκαμίνων τῶν ἐν τῇ π. (4)
II Ch. 1. 15: 9. 27. ὡς συκαμίνους τὰς ἐν τῇ π. (4)
26. 10. ἐν σεφηλᾷ καὶ ἐν τῇ π. (2 *a*)
28. 18. ἐπέθεντο ἐπὶ τὰς πόλεις τῆς π. (4)
Ju. 6. 11. ἀπῆραν ἐκ μέσου τῆς π.
15. 7. ἐν τῇ ὀρεινῇ καὶ π.
Za. 7. 7. καὶ ἡ ὀρεινὴ καὶ ἡ π. κατῴκειτο (4)
Is. 13. 2. ἐπ' ὄρους πεδινοῦ ἄρατε σημεῖον (3)
32. 19. A πεποιθότες ὡς [S *om.*] οἱ [B S *om.*] ἐν τῇ π. (2 *b*)
Je. 17. 26. ἐκ γῆς [A S τῆς] πεδινῆς καὶ ἐκ τοῦ ὄρους (6 [4])
21. 13. A S ἐγὼ πρὸς σὲ τὸν κατοικοῦντα τὴν κοιλάδα Σὸρ τὴν π. [B -δεινήν] (2 *a*)
31 (48). 8. ἐξολεθρευθήσεται ἡ π. (2 *a*)
I Ma. 3. 40. ἐν τῇ γῇ τῇ π.
12. 38. S^{1} ἐν τῇ σεφηλᾷ πεδεινῇ [A^{2} B S *om.*]
[Aq. Je. 7. 29: 13. 16.]
[Al. Le. 25. 12: II Ch. 26. 10.]

πέδη. (1) זִק (2) כֶּבֶל (3) נְחֹשֶׁת
(4) π. χαλκεία (χαλκῆ) נְחֹשֶׁת

Jd. 16. 21. ἐπέδησαν [A ἔδ.] αὐτὸν ἐν π. χαλκείαις (4)
II Ki. 3. 34. οἱ πόδες [A παῖδές] σου οὐκ ἐν πέδαις (3)
IV Ki. 25. 7. ἔδησεν αὐτὸν ἐν πέδαις (3)
II Ch. 33. 11. ἔδησαν αὐτὸν ἐν πέδαις (3)
36. 6. ἔδησεν αὐτὸν ἐν χαλκαῖς π. (4)
Ps. 104 (105). 18. ἐταπείνωσαν ἐν πέδαις τοὺς πόδας αὐτοῦ (2)
Ps. 149. 8. τοῦ δῆσαι τοὺς βασ. αὐ. ἐν πέδαις (1)
Si. 6. 24. εἰσένεγκον τοὺς πόδας σου εἰς τὰς π. αὐ.
— 29. ἔσονταί σοι αἱ π. εἰς σκέπην ἰσχύος
21. 19. πέδαι ἐν ποσὶν ἀνοήτοις παιδεία [A S *al.*]
30. 38 (33. 28). βάρυνον τὰς π. αὐ.
Je. 52. 11. ἔδησεν αὐτὸν ἐν πέδαις (3)
Da. LXX. 4. 15. ἐν πέδαις . . . ἐδέθη ὑπ' αὐτῶν –
III Ma. 4. 9. τοὺς πόδας ἀρρήκτοις κατησφαλισμένοι πέδαις
6. 19. ἀκινήτοις ἔδησαν πέδαις
[Aq. Is. 28. 22: Ez. 19. 4.]
[Th. Is. 28. 22: Je. 39 (46). 7.]

πεδήτης.

Wi. 17. 2. μακρᾶς πεδῆται νυκτὸς κατακλεισθέντες ὀρόφοις
[Al. Ps. 126 (127). 4.]

πεδία. (1) בִּקְעָה

Hb. 3. 5. S^{2} ἐξελεύσεται εἰς πεδίαν [A B S^{1} *al.*] †
Is. 40. 4. S^{1} καὶ ἡ τραχεῖα εἰς πεδίαν [A B S^{2} *al.*] (1)

πεδιάς.

[Sm. Nu. 31. 12: Dt. 1. 7: 4. 49: Jo. 18. 18: I Ki. 23. 24: II Ki. 2. 29: 4. 7: 15. 28: Je. 39 (46). 5: 48 (31). 8: Am. 6. 14.]
[Al. Dt. 3. 17.]

πεδιλός.

Hb. 3. 5. A ἐξελεύσεται ἐν πεδιλοῖς [B S *al.*] †

πεδινός, *cf.* **πεδεινός.**

πεδίον. (1) אָפִיק (2) אֶרֶץ (3) *a.* בִּקְעָה
b. בִּקְעָא (4) מִדְבָּר (5) מִישׁוֹר (6) מַעְגָּל
(7) נָאָה (8) עֵמֶק (9) שָׂדֶה (10) שָׂדַי
(11) שְׁדֵמָה (12) שְׁפֵלָה

Ge. 4. 8. διέλθωμεν εἰς τὸ π. –
— 8. ἐν τῷ εἶναι αὐτοὺς ἐν τῷ π. (9)
11. 2. εὗρον πεδίον ἐν γῇ Σεναάρ (3 *a*)
14. 17. τοῦτο ἦν τὸ π. τῶν βασιλέων (8)
24. 63. ἐξῆλθεν Ἰ. ἀδολεσχῆσαι εἰς τὸ π. (9)
— 65. ὁ πορευόμ. ἐν τῷ π. (9)
25. 29. ἦλθε δὲ Ἠ. ἐκ τοῦ π. (9)
27. 3. ἔξελθε εἰς τὸ π. (9)
— 5. ἐπορεύθη δὲ Ἠ. εἰς τὸ π. (9)
29. 2. φρέαρ ἐν τῷ π. (9)
31. 4. ἐκάλεσε Λείαν καὶ Ῥ. εἰς τὸ π. (9)
34. 5. οἱ δὲ υἱοὶ αὐ. ἦσαν . . . ἐν τῷ π. (9)
— 7. ἦλθον ἐκ τοῦ π. (9)
— 28. ὅσα ἦν ἐν τῷ π. (9)
35. 27. εἰς πόλιν τοῦ π. †
36. 35. ὁ ἐκκόψας Μαδ. ἐν τῷ π. Μ. (9)
37. 7. δεσμεύειν δράγματα ἐν μέσῳ τῷ π. (9)
— 15. πλανώμενον ἐν τῷ π. (9)
41. 48. βρώματα τῶν π. τῆς πόλεως (9)
Ex. 1. 14. καὶ πᾶσι τοῖς ἔργοις τοῖς ἐν τοῖς π. (9)
9. 3. ἐν τοῖς κτήνεσί σου τοῖς ἐν τοῖς π. (9)
— 19. ὅσα σοί ἐστιν ἐν τῷ π. (9)
— 19. A B ὅσα ἐὰν εὑρεθῇ ἐν τῷ π. [R τοῖς π.] (9)
— 21. ἀφῆκε τὰ κτήνη ἐν τοῖς π. (9)
— 25. B^{2} πάντα ὅσα ἦν ἐν τῷ π. (9)
— 25. πᾶσαν βοτάνην τὴν ἐν τῷ π. (9)
— 25. πάντα τὰ ξύλα τὰ ἐν τοῖς π. (9)
10. 15. A R ἐν πάσῃ βοτάνῃ τοῦ [B *om.*] π. (9)
16. 25. οὐχ εὑρεθήσεται ἐν τῷ π. (9)
22. 6 (5). ἢ στάχυς ἢ πεδίον (9)
Le. 14. 7. ἐξαποστελεῖ τὸ ὀρνίθιον τὸ ζῶν εἰς τὸ π. (9)
— 53. ἐξαποστελεῖ . . . εἰς τὸ π. (9)
17. 5. ὅσας ἂν αὐτοὶ σφάζουσιν ἐν τοῖς π. (9)
25. 12. ἀπὸ τῶν π. φάγεσθε τὰ γενήμ. αὐ. (9)
26. 4. τὰ ξύλα τῶν π. ἀποδώσει τὸν καρπόν (9)
Nu. 19. 16. ἐπὶ προσώπου τοῦ π. (9)
21. 19 (20). ἥ ἐστιν ἐν τῷ π. Μωάβ (9)
22. 4. τὰ χλωρὰ ἐκ τοῦ π. (9)
— 23. ἐπορεύετο εἰς τὸ π. (9)
De. 1. 7. εἰς ὄρος καὶ πεδίον (12)
8. 7. πηγαὶ . . . ἐκπορευόμ. διὰ τῶν π. (3 *a*)
21. 1. πεπτωκὼς ἐν τῷ π. (9)
22. 25. ἐὰν δὲ ἐν πεδίῳ εὕρῃ ἄνθρωπος (9)
28. 38. σπέρμα πολὺ ἐξοίσεις εἰς τὸ π. (9)
Jo. 5. 9 (10). ἐποίησαν . . . τὸ πάσχα . . . ἐν τῷ π. –
8. 24. τοὺς ἐν τοῖς π. (9)
Jo. 11. 2. καὶ εἰς τὸ π. (12)
— 8. καὶ ἕως τῶν π. Μ. (3 *a*)
— 17. καὶ τὰ π. [A τὸ π.] τοῦ Λιβ. (3 *a*)
12. 7. A R ἐν τῷ [B *om.*] π. τοῦ Λιβ. (3 *a*)
— 8. καὶ ἐν τῷ π. (12)
17. 5. πεδίον Λ. ἐκ τῆς γῆς Γαλ. †
20. 8. ἐν τῇ ἐρήμῳ ἐν τῷ π. (5)
Jd. 9. 42. A ἐξῆλθεν ὁ λαὸς εἰς τὸ π. [B τὸν ἀγρόν] (9)
I Ki. 14. 14. ἐν κόχλαξι τοῦ π. (9)
20. 5. κρυβήσομαι [A πορεύσ.] ἐν τῷ π. (9)
II Ki. 17. 8. B ὡς ὗς τραχεία ἐν τῷ π. –
III Ki. 11. 29. καὶ ἀμφότεροι ἐν τῷ π. (9)
16. 4. τὸν τεθνηκότα αὐτοῦ ἐν τῷ π. (9)
18. 5. A διέλθωμεν εἰς τὸ π. [B ἐπὶ τὴν γῆν] (2)
20 (21). 24. τὸν τεθνηκότα αὐτοῦ ἐν τῷ π. (9)
I Ch. 1. 46. ὁ πατάξας Μαδ. ἐν τῷ π. Μωάβ (9)
6. 56 (41). τὰ π. τῆς πόλεως . . . ἔδωκαν τῷ X. (9)
8. 8. Σ. ἐγέννησεν ἐν τῷ π. Μ. . . . Ὠσίν (9)
19. 9. παρενέβαλον . . . ἐν τῷ π. (9)
II Ch. 26. 23. ἔθαψαν αὐτὸν . . . ἐν τῷ π. (9)
35. 22. τοῦ πολεμῆσαι ἐν τῷ π. Μαγ. (3 *a*)
I Es. 1. 29. πόλεμον ἐν τῷ π. Μαγ.
Ne. 6. 2. συναχθῶμεν . . . ἐν πεδίῳ Ὠνώ (3 *a*)
To. 5. 6. S κεῖνται γὰρ . . . Ἐκβ. ἐν μέσῳ τῷ π.
— 9. S διῆλθον πάντα τὰ π.
Ju. 1. 5. A S ἐν τῷ π. τῷ μεγ. τοῦτό ἐστιν πέδιον [B *om.*] ἐν [B *om.*] τοῖς ὁρίοις Ῥ.
— 6. καὶ πεδίῳ [A -ία, S^{2} τὰ π.] Ἀρ.
— 8. καὶ τὸ μέγα π. Ἐσ.
2. 21. ἐπὶ πρόσωπον τοῦ π. B.
— 27. κατέβη εἰς πεδίον Δαμ.
— 27. τὰ π. αὐτῶν ἐξελίκμησε
3. 3. A B καὶ πᾶν π. πυρῶν
4. 5. προσφάτως ἦν τὰ π. αὐ. τεθερισμένα
— 6. κατὰ πρόσωπον τοῦ π. τοῦ πλησίον [S *om.* τ. π. τ. πλ.] Δ.
5. 1. ἔθηκαν ἐν τοῖς π. σκάνδαλα
6. 4. τὰ π. αὐ. πληρωθήσεται [S πλησθ.] νεκρῶν αὐ.
— 11. ἤγαγον αὐτὸν [S *om.*] . . . εἰς τὸ π.
7. 18. παρενέβαλον ἐν τῷ π.
8. 3. ἐπὶ τοῦ δεσμεύοντος . . . ἐν τῷ π.
14. 2. ὡς καταβαίνοντες ἐπὶ τὸ π.
15. 2. ἐπὶ πᾶσαν ὁδὸν τοῦ π.
Jb. 39. 10. ἢ ἑλκύσει σου αὔλακας ἐν πεδίῳ †
— 21. ἀνορύσσων ἐν πεδίῳ [S^{2} ποδὶ] γαυριᾷ ἐκπορεύεται δὲ εἰς πεδίον ἐν ἰσχύϊ (8, †)
42. 17. ὁ ἐκκόψας Μαδιὰμ ἐν τῷ π. Μωάβ
Ps. 8. 7. ἔτι δὲ καὶ τὰ κτήνη τοῦ π. (10)
64 (65). 11. τὰ π. σου πλησθήσονται πιότητος (6)
77 (78). 12. ἐν γῇ Αἰγύπτῳ ἐν πεδίῳ Τάνεως (9)
— 43. καὶ τὰ τέρατα αὐτοῦ ἐν πεδίῳ Τάνεως (9)
95 (96). 12. χαρήσεται τὰ π. (10)
103 (104). 8. καταβαίνουσι πεδία εἰς τόπον (3 *a*)
— 16. χορτασθήσεται τὰ ξύλα τοῦ π. [S^{1} κυρίου] †
131 (132). 6. S^{2} R εὕρομεν αὐτὴν ἐν τοῖς π. [A S^{1} ταῖς δασέσι] τοῦ δρυμοῦ (9)
Pr. 27. 25. ἐπιμελοῦ τῶν ἐν τῷ π. χλωρῶν [A -ῷ] †
— 26. τίμα πεδίον ἵνα ὦσί σοι ἄρνες (9)
Ca. 2. 1. ἐγὼ ἄνθος τοῦ π. (8)
Wi. 19. 7. χλοηφόρον πεδίον ἐκ κλύδωνος βιαίου
Si. 24. 14. ὡς ἐλαία εὐπρεπὴς ἐν πεδίῳ
Ho. 12. 12 (13). ἀνεχώρησεν Ἰ. εἰς πεδίον Συρίας (9)
Am. 1. 5. ἐξολεθρεύσω κατοικοῦντας ἐκ πεδίου Ὤν (3 *a*)
Mi. 4. 10. κατασκηνώσεις ἐν πεδίῳ (9)
Jl. 1. 10. τεταλαιπώρηκε τὰ π. (9)
— 20. τὰ κτήνη τοῦ π. ἀνέβλεψαν πρὸς σέ (9)
2. 3. τὰ ὄπισθεν αὐτοῦ πεδίον ἀφανισμοῦ (4)
— 22. θαρσεῖτε κτήνη τοῦ π. (10)
— 22. A S^{2} R βεβλάστηκε τὰ [B S^{1} *om.*] π. τῆς ἐρήμου (7)
3 (4). 19. ἡ Ἰ. εἰς πεδίον ἀφανισμοῦ ἔσται (4)
Ob. 1. 19. κατακληρονομήσουσι . . . τὸ π. Σαμ. (9)
Hb. 3. 5. ἐξελεύσεται εἰς πεδία [S^{2} -αν, A ἐν πεδίοις] †
— 17. τὰ π. οὐ ποιήσει βρῶσιν (11)
Za. 12. 11. ὡς κοπετὸς ῥόωνος ἐν πεδίῳ ἐκκοπτομένου (3 *a*)
Is. 16. 8. οὐκ ἐντραπήσῃ τὰ π. Ἐσεβών (11)
21. 15. A^{2} διὰ τὸ πλῆθος τῶν πεπτωκότων ἐν τῷ π. [B S πολέμῳ] –

Is. 40. 4. ἡ τραχεῖα εἰς πεδία [S¹ -αν, A S² ὁδοὺς λείας] (3 a)
41. 18. ἀνοίξω . . . ἐν μέσῳ πεδίων πηγάς (3 a)
63. 14. ὡς κτήνη διὰ πεδίου (3 a)
Je. 9. 22 (21). ἐπὶ προσώπου τοῦ π. τῆς γῆς ὑ. (9)
14. 18. ἐὰν ἐξέλθω εἰς τὸ π. (9)
30 (49). 4. τί ἀγαλλιᾶσθε ἐν τοῖς π. Ἐνακείμ (8)
Ez. 3. 22. ἔξελθε εἰς τὸ π. (3 a)
— 23. ἐξῆλθον εἰς τὸ π. (3 a)
7. 15. ὁ ἐν τῷ π. ἐν ῥομφαίᾳ τελευτήσει (9)
8. 4. κατὰ τὴν ὅρασιν ἣν ἴδον ἐν τῷ π. (3 a)
16. 5. ἀπερρίφης ἐπὶ πρόσωπον τοῦ π. (9)
17. 5. ἔδωκεν αὐτὸ εἰς τὸ π. (9)
— 8. εἰς π. καλὸν ἐφ' ὕδατι πολλῷ (9)
— 24. γνώσονται πάντα τὰ ξύλα τοῦ π. [A ἀγροῦ] (9)
26. 6. αἱ θυγατέρες αὐτῆς ἐν [A αἱ ἐν τῷ] πεδίῳ (9)
— 8. τὰς θυγατέρας σου τὰς ἐν τῷ π. (9)
— 10. εἰσπορευόμενος εἰς πόλιν ἐκ πεδίου †
29. 5. ἐπὶ πρόσωπον τοῦ π. πεσῇ (9)
31. 4. ἐξαπέστειλεν εἰς πάντα τὰ ξύλα τοῦ π. (9)
— 5. ὑψώθη τὸ μέγεθος αὐτοῦ παρὰ πάντα τὰ ξύλα τοῦ π. (9)
— 6. ἐγεννῶσαν πάντα τὰ θηρία τοῦ π. (9)
— 12. συνετρίβη τὰ στελέχη αὐτοῦ ἐν παντὶ πεδίῳ τῆς γῆς (1)
— 15. πάντα τὰ ξύλα τοῦ π. ἐπ' αὐτῷ ἐξελύθησαν (9)
32. 4. πεδία πλησθήσεταί σου (9)
33. 27. οἱ ἐπὶ προσώπου τοῦ π. τοῖς θηρίοις δοθήσονται (9)
34. 8. πᾶσι τοῖς θηρίοις τοῦ π. [A ἀγροῦ] (9)
— 27. τὰ ξύλα τὰ ἐν τῷ π. δώσει [A ξ. τοῦ π. ἀποδ.] τὸν καρπόν (9)
35. 8. ἐν πᾶσι τοῖς π. σου τετραυματισμένοι μαχαίρᾳ πεσοῦνται (1)
37. 1. ἔθηκέ με ἐν μέσῳ τοῦ π. (3 a)
— 2. πολλὰ σφόδρα ἐπὶ προσώπου τοῦ π. (3 a)
38. 20. σεισθήσονται . . . τὰ θηρία τοῦ π. (9)
39. 4. πᾶσι τοῖς θηρίοις τοῦ π. δέδωκά σε (9)
— 5. ἐπὶ προσώπου τοῦ π. πεσῇ (9)
— 10. οὐ μὴ λάβωσι ξύλα ἐκ τοῦ π. (9)
— 17. εἰπὸν . . . πρὸς πάντα τὰ θηρία τοῦ π. [A ἀγροῦ] (9)
Da. LXX. 3. 1. ἔστησεν αὐτὴν ἐν πεδίῳ (3 b)
Bel 32. ἐπορεύετο εἰς τὸ π.
Da. TH. 3. 1. ἔστησεν αὐτὴν ἐν πεδίῳ Δ. (3 b)
Bel 33. ἐπορεύετο εἰς τὸ π.
I Ma. 3. 24. ἐδίωκον . . . ἕως τοῦ π.
4. 6. ὤφθη Ἰ. ἐν τῷ π.
— 14. ἔφυγον εἰς τὸ π.
— 15. ἐδίωξαν αὐτοὺς . . . ἕως τῶν π. τῆς Ἰ.
— 21. τὴν Ἰ. παρεμβολὴν ἐν τῷ π. ἑτοίμην
5. 52. διέβησαν τὸν Ἰορδ. εἰς τὸ π. τὸ μέγα
10. 71. κατάβηθι πρὸς ἡμᾶς εἰς τὸ π.
— 73. οὐ δυνήσῃ ὑποστῆναι τὴν ἵππον . . . ἐν τῷ π.
— 77. S R προῆγεν [A προσῆγεν] εἰς τὸ π.
— 83. ἡ ἵππος ἐσκορπίσθη ἐν τῷ π.
11. 67. ὤρθρισαν τὸ πρωὶ εἰς τὸ π. N.
— 68. ἀπήντα αὐτῷ ἐν τῷ π.
12. 49. ἀπέστειλε Τρ. δυνάμεις . . . εἰς . . . τὸ π. τὸ μέγα
13. 13. παρενέβαλεν . . . κατὰ πρόσωπον τοῦ π.
14. 8. καὶ τὰ ξύλα τῶν π. τὸν καρπὸν αὐ.
16. 5. ἐπορεύοντο εἰς τὸ π.
— 11. ἦν καθεσταμένος στρατηγὸς εἰς τὸ π. Ἱερ.
II Ma. 14. 33. τόνδε τοῦ θεοῦ σηκὸν εἰς πεδίον ποιήσω
IV Ma. 18. 8. φθορεὺς ἐν πεδίῳ

[**Aq.** Jd. 9. 6 : Is. 40. 4.]
[**Sm.** Nu. 26. 3 : Ps. 28 (29). 9 : 77 (78). 43 : Is. 35. 2 : 40. 4.]
[**Th.** II Ki. 10. 8 : Ps. 103 (104). 16 (P.) : Is. 40. 4.]
[**Quint.** Ps. 41 (42). 2.]

πεζικός.

I Ma. 15. 38. δυνάμεις π. . . . ἔδωκεν αὐτῷ
16. 5. S² R δύναμις πολλὴ . . . πεζική [A -οί, S¹ βασιλική]
III Ma. 1. 1. ταῖς πάσαις δυνάμεσι π. τε καὶ ἱππικαῖς αὐ.

πεζομαχία.

IV Ma. 17. 24. ἀνδρείους εἰς πεζομαχίαν

πεζός (*incl.* **πεζῇ**). (1) רַגְלִי (2) אִישׁ רַגְלִי

Ex. 12. 37. εἰς ἑξακοσίας χιλιάδας πεζῶν (1)
Nu. 11. 21. A²B ἑξακόσιαι χιλιάδες πεζῶν ὁ λαός (1)
Jd. 5. 15. A ἐξαπέστειλεν πεζοὺς αὐτοῦ [B al.] †
20. 2. τετρακόσιαι χιλιάδες ἀνδρῶν π. (1)
II Ki. 8. 4. καὶ εἴκοσι χιλιάδας ἀνδρῶν πεζῶν (1)
10. 6. εἴκοσι χιλιάδας πεζῶν (1)
15. 17. ἐξῆλθεν ὁ βασ. . . . πεζῇ [A -οί] †
III Ki. 21 (20). 10. εἰ ἐκποιήσει . . . τοῖς π. μου †
— 29. ἑκατὸν χιλιάδας πεζῶν (1)
IV Ki. 13. 7. καὶ δέκα χιλιάδες πεζῶν (1)
I Ch. 18. 4. A R εἴκοσι χιλιάδας ἀνδρῶν π. [B S *om.*] (1)
19. 18. καὶ τεσσαράκοντα χιλιάδας πεζῶν (2)
I Es. 8. 51. πεζούς τε καὶ ἱππεῖς
Ju. 1. 4. καὶ διατάξεις τῶν π. αὐ. [S¹ *om.*, S² *al.*]
2. 5. πεζῶν εἰς χιλιάδας ἑκατὸν εἴκοσι
— 19. ἐν . . . π. ἐπιλέκτοις αὐτῶν
— 22. ἔλαβε . . . τοὺς π. καὶ τοὺς ἱππεῖς
7. 2. χιλιάδες ἀνδρῶν [A S *om.*] π.
— 2. οἳ ἦσαν π. ἐν αὐτοῖς
— 20. οἱ π. καὶ τὰ ἅρματα
9. 7. ἐγαυρίασαν ἐν βραχίονι πεζῶν
Si. 16. 10. ἑξακοσίας χιλιάδας πεζῶν
46. 8. διεσώθησαν ἀπὸ ἑξακοσίων χιλιάδων πεζῶν
Ba. 5. 6. ἐξῆλθον γὰρ παρὰ σοῦ πεζοὶ ἀγόμενοι ὑπὸ ἐχθρῶν
I Ma. 6. 30. ἑκατὸν χιλιάδες πεζῶν
16. 7. διεῖλε . . . τοὺς ἱππεῖς ἐν μέσῳ τῶν π.
II Ma. 11. 4. R πεφρενωμένος δὲ ταῖς μυριάσι τῶν π. [A πεδῶν]
12. 20. ἔχοντα περὶ αὐτὸν μυριάδας δώδεκα πεζῶν
— 33. ἐξῆλθε δὲ μετὰ π. τρισχιλίων
13. 2. πεζῶν μυριάδας ἕνδεκα

[**Aq.**, **Sm.** I Ki. 15. 4 : Je. 12. 5.]
[**Th.** I Ki. 15. 4.]
[**Al.** I Ki. 4. 10.]

πειθαρχεῖν. (1) שְׁמַע ithpe.

I Es. 8. 94. A R ὅσοι πειθαρχοῦσι [B -χήσουσιν] τοῦ νόμου [A τῷ ν.]
Si. 30. 38 (33. 28). κἂν μὴ πειθαρχῇ
Da. LXX. 7. 27. καὶ πειθαρχήσουσιν αὐτῷ (1)

πείθειν. (1) אָמַן hi. (2) *a.* בָּטַח *b.* מִבְטָח *c.* בִּטְחָה *d.* בֶּטַח (3) *a.* חָסָה *b.* מַחְסֶה *c.* חָסוּת (4) נָשָׂא hi. (5) קָבַל pi. (6) קָוָה pi. (7) רְחַץ ithpe. (8) שָׁסַע pi. (9) שָׁעַן ni. (10) שָׁקַט *a.* qal. *b.* hi. (11) **πεποιθώς** *a.* בֶּטַח *b.* לָבֶטַח *c.* מִבְטָח *d.* שַׁאֲנָן (12) **πεποιθέναι ποιεῖν** *a.* בָּטַח hi. *b.* סוּת hi. (13) **πεποιθὼς γίγνεσθαι** בָּטַח (14) **πεποιθὼς εἶναι** *a.* בָּטַח *b.* בֶּטַח *c.* בִּטָּחוֹן *d.* מַבָּט *e.* עָנַג hithpa. *f.* קָוָה pi. *g.* שָׁעָה *h.* שָׁעַן ni. *i.* שָׁקַט *j.* תָּלָה *k.* חָסָה

Le. 25. 18. A B¹ κατοικήσετε πεποιθότες [B² R *al.*] (11 b)
— 19. κατοικήσετε πεποιθότες ἐπ' αὐτῆς (11 b)
De. 28. 52. ἐφ' οἷς σὺ πέποιθας ἐν αὐτοῖς (2 a)
32. 37. ἐφ' οἷς ἐπεποίθεισαν ἐπ' αὐτοῖς (3 a)
33. 12. κατασκηνώσει πεποιθώς (11 b)
— 28. κατασκηνώσει Ἰσρ. πεποιθώς (11 a)
Jd. 8. 11. ἡ παρεμβολὴ ἦν πεποιθυῖα (11 a)
9. 15. A πεποίθατε ἐν τῇ σκέπῃ μου [B *al.*] (3 a)
— 26. A καὶ ἐπεποίθησαν [B ἤλπισαν ἐν] αὐτῷ (2 a)
18. 10. A πρὸς λαὸν πεποιθότα [B ἐπ' ἐλπίδι] (2 a)
— 27. ἐπὶ λαὸν . . . πεποιθότα (2 a)
Ru. 2. 12. πεποιθέναι ὑπὸ τὰς πτέρυγας αὐ. (3 a)
I Ki. 12. 11. κατῳκεῖτε πεποιθότες [A -θώς] (11 a)
24. 8. ἔπεισε Δ. τοὺς ἄνδρας αὐτοῦ (8)
II Ki. 22. 3. πεποιθὼς ἔσομαι ἐπ' αὐτῷ (14 k)
— 31. πᾶσι τοῖς πεποιθόσιν ἐπ' αὐτῷ (3 a)
III Ki. 3. 1 (B), 4. 25 (A) (5. 5). κατῴκει Ἰ. καὶ Ἰσρ. πεποιθότες (11 b)
IV Ki. 18. 19. ἡ πεποίθησις αὕτη ἣν πέποιθας (2 a)
— 20. τίνι πεποιθὼς ἠθέτησας ἐν ἐμοί (2 a)
— 21. πέποιθας σαυτῷ ἐπὶ τὴν ῥάβδον (2 a)
— 21. πᾶσι τοῖς πεποιθόσιν ἐπ' αὐτόν (2 a)
— 22. ἐπὶ κύριον θεὸν πεποίθαμεν (2 a)

IV Ki. 19. 10. ἐφ' ᾧ σὺ πέποιθας ἐν [A ἐπ'] αὐτῷ (2 a)
II Ch. 14. 11 (10). ἐπὶ σοὶ πεποίθαμεν (9)
16. 7. ἐν τῷ πεποιθέναι σε ἐπὶ βασιλέα Σ. καὶ μὴ πεποιθέναι σε ἐπὶ κ. θεόν σου (9, 9)
— 8. ἐν τῷ πεποιθέναι σε ἐπὶ κύριον (9)
32. 10. ἐπὶ τί [A τίνι] ὑμεῖς πεποίθατε (2 a)
— 15. μὴ πεποιθέναι ὑμᾶς ποιείτω (12 b)
To. 3. 17. A² πεῖσαι τὰ λευκώματα [A¹ B S *al.*]
10. 7. S οὐκ ἐπείθετο οὐδενί
14. 4. πέπεισμαι ὅσα ἐλάλησεν Ἰ. [S *al.*]
Ju. 2. 5. ἄνδρας πεποιθότας ἐν ἰσχύϊ αὐτῶν
7. 10. οὐ πέποιθαν ἐπὶ τοῖς δόρασιν αὐ.
12. 11. πεῖσον δὴ πορευθεὶς τὴν γυν. τὴν Ἑβρ.
Es. 4. 4. ὁ δὲ οὐκ ἐπείσθη [A ἐτίθη, S² ἐτίθει] (5)
Jb. 6. 13. ἢ οὐκ ἐπ' αὐτῷ ἐπεποίθειν †
— 20. οἱ ἐπὶ πόλεσι καὶ χρήμασι πεποιθότες (2 a)
11. 18. πεποιθώς τε ἔσῃ ὅτι ἐστί σοι ἐλπίς (14 a)
12. 5. μηδεὶς πεποιθέτω πονηρὸς ὢν ἀθῷος ἔσεσθαι †
27. 8. πεποιθὼς [A μὴ π.] ἐπὶ κύριον ἆρα [A εἰ ἄρα] σωθήσεται †
31. 21. πεποιθὼς ὅτι πολλή μοι βοήθεια περίεστιν [A S πάρεστιν] †
— 24. εἰ δὲ καὶ λίθῳ πολυτελεῖ ἐπεποίθησα (2 b)
39. 11. πέποιθας δὲ ἐπ' αὐτῷ (2 a)
40. 18 (23). πέποιθεν ὅτι προσκρούσει ὁ Ἰ. (2 a)
Ps. 2. 12. μακάριοι πάντες οἱ πεποιθότες ἐπ' αὐτῷ (3 a)
10 (11). 1. ἐπὶ τῷ κυρίῳ πέποιθα (3 a)
24 (25). 2. ὁ θεός μου, ἐπὶ σοὶ πέποιθα (2 a)
48 (49). 6. οἱ πεποιθότες ἐπὶ τῇ δυνάμει αὐτῶν (2 a)
56 (57). 1. ἐπὶ σοὶ πέποιθεν ἡ ψυχή μου (3 a)
96 (97). 7. S¹ πάντες οἱ πεποιθότες ἐπὶ [A B S² οἱ προσκυνοῦντες] τοῖς γλυπτοῖς †
113. 16 (115. 8). καὶ πάντες οἱ πεποιθότες ἐπ' αὐτοῖς (2 a)
117 (118). 8. ἀγαθὸν πεποιθέναι ἐπὶ κύριον ἢ πεποιθέναι ἐπ' ἄνθρωπον (3 a, 2 a)
124 (125). 1. οἱ πεποιθότες ἐπὶ κύριον (2 a)
134 (135). 18. πάντες οἱ πεποιθότες ἐπ' [S¹ ἐν] αὐτοῖς (2 a)
145 (146). 3. μὴ πεποίθατε ἐπ' ἄρχοντας (2 a)
Pr. 3. 5. ἴσθι πεποιθὼς . . . ἐπὶ θεῷ (14 a)
— 23. ἵνα πορεύῃ πεποιθὼς ἐν εἰρήνῃ (11 b)
— 29. μὴ τεκτήνῃ ἐπὶ σὸν φίλον κακὰ παροικοῦντα καὶ πεποιθότα ἐπὶ σοί (11 b)
10. 9. ὃς πορεύεται ἁπλῶς πορεύεται πεποιθώς (11 a)
11. 28. ὁ πεποιθὼς ἐπὶ πλούτῳ οὗτος πεσεῖται (2 a)
14. 16. ὁ δὲ ἄφρων ἑαυτῷ πεποιθὼς (2 a)
— 32. ὁ δὲ πεποιθὼς τῇ ἑαυτοῦ ὁσιότητι δίκαιος (3 a)
16. 20. πεποιθὼς δὲ ἐπὶ θεῷ μακαριστός (2 a)
21. 22. ἐφ' ᾧ ἐπεποίθεισαν οἱ ἀσεβεῖς (2 b)
26. 25. μεγάλῃ τῇ φωνῇ μὴ πεισθῇς (1)
28. 1. δίκαιος δὲ ὥσπερ λέων πέποιθε (2 a)
— 25. ὃς δὲ πέποιθεν ἐπὶ κύριον (2 a)
— 26. ὃς πέποιθε θρασείᾳ καρδίᾳ (2 a)
29. 25. ὁ δὲ πεποιθὼς ἐπὶ κυρίῳ [A -ον] (2 a)
— 25. ὃς δὲ πέποιθεν [A ὁ δὲ πεποιθὼς] ἐπὶ τῷ δεσπότῃ [S σωτῆρι] σωθήσεται (2 a ?)
Wi. 3. 9. οἱ πεποιθότες ἐπ' αὐτῷ συνήσουσιν ἀλήθειαν
13. 7. πείθονται τῇ ὄψει
14. 29. ἀψύχοις γὰρ πεποιθότες εἰδώλοις
16. 8. καὶ ἐν τούτῳ δὲ ἔπεισας τοὺς ἐχθροὺς ἡμῶν
— 24. ἀνίεται εἰς εὐεργεσίαν ὑπὲρ τῶν εἰς σὲ [A S ἐπὶ σοὶ] πεποιθότων
Si. 2. 5. S² ἐν νόσοις καὶ πενίᾳ ἐπ' αὐτῷ πεποιθὼς γίνου
4. 15. ὁ προσελθὼν [A S -έχων] αὐτῇ κατασκηνώσει πεποιθώς
35 (32). 24. ὁ πεποιθὼς κυρίῳ οὐκ ἐλαττωθήσεται
Am. 6. 1. οὐαὶ . . . τοῖς πεποιθόσιν ἐπὶ τὸ ὄρος Σ. (2 a)
Hb. 2. 18. πέποιθεν ὁ πλάσας ἐπὶ τὸ πλάσμα αὐ. (2 a)
Ze. 3. 2. ἐπὶ τῷ κυρίῳ οὐκ ἐπεποίθει [A -θησεν] (2 a)
Is. 8. 14 (13). κἂν ἐπ' αὐτῷ πεποιθὼς ᾖς †
— 17. πεποιθὼς ἔσομαι ἐπ' αὐτῷ (14 f)
10. 20. οἱ σωθέντες τοῦ Ἰακὼβ οὐκέτι μὴ πεποιθότες ὦσιν ἐπὶ τοὺς ἀδικήσαντας αὐτοὺς ἀλλὰ ἔσονται πεποιθότες ἐπὶ τὸν θεόν (14 h, 14 h)
12. 2. πεποιθὼς ἔσομαι ἐπ' [A ἐν] αὐτῷ (14 a)
14. 6 (7). ἀνεπαύσατο πεποιθώς (10 a)
17. 7. πεποιθὼς ἔσται ὁ ἄνθρωπος ἐπὶ τῷ ποιήσαντι αὐτόν (14 g)
— 8. οὐ μὴ πεποιθότες ὦσιν ἐπὶ τοῖς βωμοῖς (14 g)
— 8. S ἀλλ' ἔσονται πεποιθότες ἐπὶ τὸν ἅγιον τοῦ Ἰσραήλ –
20. 5. ἐφ' οἷς ἦσαν πεποιθότες οἱ Αἰγύπτιοι (14 d)
— 6. ἦμεν πεποιθότες τοῦ φυγεῖν εἰς αὐτούς (14 d)

Is. 22. 24. ἔσται πεποιθὼς ἐπ' αὐτὸν πᾶς ἔνδοξος (14 j)
28. 17. οἱ πεποιθότες μάτην ψεύδει (3 b ?)
30. 3. τοῖς πεποιθόσιν ἐπ' Αἴγυπτον ὄνειδος (3 c)
— 12. πεποιθὼς ἐγένου ἐπὶ τῷ λόγῳ τούτῳ (13)
— 15. ἐπεποίθεις ἐπὶ τοῖς ματαίοις (10 b + 2 c)
— 32. ἡ ἐλπὶς τῆς βοηθείας ἐφ' ᾗ αὐτὸς ἐπεποίθει †
31. 1. οὐαὶ . . . οἱ ἐφ' ἵπποις πεποιθότες . . . οὐκ ἦσαν πεποιθότες ἐπὶ τὸν ἅγιον τοῦ Ἰσραὴλ (9, 14 g)
32. 3. οὐκέτι ἔσονται πεποιθότες ἐπ' ἀνθρώποις (14 g)
— 11. λυπήθητε αἱ πεποιθυῖαι (11 d + 2 a)
— 17. πεποιθότες [S¹ οἱ π., AS³ add. ἔσονται] ἕως τοῦ αἰῶνος (11 a [14 b])
— 18. ἐνοικήσει πεποιθώς (11 c)
— 19. ἔσονται οἱ ἐνοικοῦντες ἐν τοῖς δρυμοῖς πεποιθότες †
33. 2. ἐπὶ σοὶ γὰρ πεποίθαμεν (6)
36. 4. τί [S³ τίνι] πεποιθὼς εἶ (14 c)
— 5. ἐπὶ τίνα [AS -νι] πέποιθας (2 a)
— 6. πεποιθὼς εἶ ἐπὶ τὴν ῥάβδον τὴν καλαμίνην . . . οὕτως ἐστὶ Φ. βασιλεὺς Αἰγ. καὶ πάντες οἱ πεποιθότες ἐπ' αὐτῷ (14 a, 2 a)
— 7. ἐπὶ κύριον τὸν θεὸν ἡμῶν πεποίθαμεν (2 a)
— 9. οἰκέται εἰσὶν οἱ πεποιθότες ἐπ' Αἰγ. (2 a)
37. 10. ἐφ' ᾧ πέποιθας [S¹ -θὼς ἦς, AS³ -θὼς εἶ] ἐπ' αὐτῷ (2 a [14 a])
42. 17. οἱ πεποιθότες ἐπὶ τοῖς γλυπτοῖς (2 a)
47. 8. ἄκουε ταῦτα, τρυφερὰ ἡ καθημένη ἡ πεποιθυῖα (11 b)
50. 10. πεποίθατε ἐπὶ τῷ ὀνόματι κυρίου (2 a)
58. 14. ἔσῃ πεποιθὼς ἐπὶ κύριον (14 e)
59. 4. πεποίθασιν ἐπὶ ματαίοις (2 a)
Je. 5. 17. ἐφ' αἷς ὑμεῖς πεποίθατε ἐπ' αὐταῖς [S -ás] (2 a)
7. 4. μὴ πεποίθατε ἐφ' ἑαυτοῖς ἐπὶ λόγοις ψευδέσιν (2 a)
— 8. εἰ δὲ ὑμεῖς πεποίθατε ἐπὶ λόγοις ψευδέσιν (2 a)
— 14. ἐφ' ᾧ ὑμεῖς πεποίθατε ἐπ' αὐτῷ (2 a)
9. 4 (3). ἐπ' ἀδελφοῖς αὐτῶν μὴ πεποίθατε (2 a)
12. 5. AS²R ἐν γῇ εἰρήνης σου [BS¹ οὐ] πέποιθας (2 a)
17. 7. ὃς πέποιθεν ἐπὶ τῷ κυρίῳ (2 a)
23. 6. Ἰσρ. [S Ἰερ.] κατασκηνώσει πεποιθώς (11 b)
26 (46). 25. καὶ ἐπὶ τοὺς πεποιθότας ἐπ' αὐτῷ (2 a)
27 (50). 38. A ἐπὶ [S ἐν] τῷ ὕδατι αὐτῆς ἐπεποίθει [BS om.] -
29 (49). 11. αἱ χῆραι ἐπ' ἐμὲ πεποίθασιν (2 a)
30 (49). 4. ἡ πεποιθυῖα ἐπὶ θησαυροῖς [S -ούς] αὐτῆς (2 a)
31 (48). 7. ἐπεποίθεις ἐν ὀχυρώμασίν σου (2 d)
— 11. πεποιθὼς ἦν ἐπὶ τῇ δόξῃ αὐτοῦ (14 i)
— 13. κατῃσχύνθη οἶκος Ἰσραὴλ ἀπὸ Βαιθὴλ ἐλπίδος αὐ. πεποιθότες ἐπ' αὐτοῖς (11 c ?)
35 (28). 15. πεποιθέναι ἐποίησας τὸν λαὸν τοῦτον ἐπ' ἀδίκῳ (12 a)
36 (29). 8. S μὴ πειθέτωσαν [AB ἀναπ.] ὑμᾶς (4)
— 31. πεποιθέναι ἐποίησεν ὑμᾶς ἐπ' ἀδίκοις [AS -ῳ] (12 a)
39 (32). 37. καθιῶ [A κατοικιῶ] αὐτοὺς πεποιθότας (11 b)
46 (39). 18. ἐπεποίθεις ἐπ' ἐμοί (2 a)
Ba. 3. 17. τὸ χρυσίον ᾧ ἐπεποίθεισαν ἄνθρωποι
Ez. 33. 13. πέποιθεν ἐπὶ τῇ δικαιοσύνῃ αὐτοῦ (2 a)
Da. LXX. Su. 35. ἡ δὲ καρδία αὐ. ἐπεποίθει ἐπὶ κυρίῳ
3. (40). οὐκ ἔστιν αἰσχύνη τοῖς πεποιθόσιν ἐπὶ σοί
Da. TH. Su. 35. ἦν ἡ καρδία αὐ. πεποιθυῖα ἐπὶ κυρίῳ
3. (40). οὐκ ἔσται αἰσχύνη τοῖς πεποιθόσιν ἐπὶ σοί
— 28 (95). ὅτι ἐπεποίθεισαν ἐπ' αὐτῷ (7)
I Ma. 9. 1. S ἔπεισεν [A ἐποίησεν, R ἔπεσε] Νικάνωρ
— 58. ἐν ἡσυχίᾳ κατοικοῦσι πεποιθότες
10. 71. AR εἰ [S ἐπεὶ] πέποιθας ἐπὶ ταῖς δυνάμεσί σου
— 77. SR διὰ τὸ . . . πεποιθέναι ἐπ' αὐτῇ [A -ήν]
II Ma. 4. 34. καὶ πεισθεὶς ἐπὶ δόλῳ
— 34. ἔπεισεν ἐκ τοῦ ἀσύλου προελθεῖν
— 45. πρὸς τὸ πεῖσαι τὸν βασιλέα
7. 26. ἐπεδέξατο πείσειν τὸν υἱόν
— 40. παντελῶς ἐπὶ τῷ κυρίῳ πεποιθώς
8. 18. οἱ μὲν γὰρ ὅπλοις πεποίθασιν
— 18. ἡμεῖς δὲ ἐπὶ τῷ παντοκρ. θεῷ . . . πεποιθάμεν
9. 27. πέπεισμαι γὰρ αὐτὸν . . . συμπεριενεχθήσεσθαι ὑμῖν
10. 20. ὑπό τινων τῶν ἐν τοῖς πύργοις ἐπείσθησαν ἀργυρίῳ

II Ma. 10. 34. τῇ ἐρυμνότητι τοῦ τόπου πεποιθότες
11. 14. ἔπεισε συλλύσεσθαι ἐπὶ πᾶσι τοῖς δικαίοις
— 14. καὶ διότι καὶ τὸν βασ. πείσειν
12. 14. πεποιθότες τῇ τῶν τειχέων ἐρυμνότητι
15. 7. ὁ δὲ Μακκ. ἦν ἀδιαλείπτως πεποιθώς
III Ma. 1. 11. R οὐδαμῶς ἠβούλετο πείθεσθαι [A ὁ δὲ οὐ. ἐπείθετο]
2. 4. ῥώμῃ καὶ θράσει πεποιθότες
3. 24. τεκμηρίοις καλῶς πεπεισμένοι
4. 20. R σαφῶς αὐτὸν περὶ τούτου πεισθῆναι [A πιστωθ.]
IV Ma. 2. 6. πολὺ πλέον πείσαιμ' ἂν ὑμᾶς
5. 16. θείῳ πεπεισμένοι νόμῳ πολιτεύεσθαι
6. 4. πείσθητι ταῖς τοῦ βασ. ἐντολαῖς
8. 12. ὅπως . . . πείσειεν αὐτοὺς μιαροφαγῆσαι
— 17. S²R εἰ [A μή, S¹ ἢ] πεισθείημεν αὐτῷ
— 26. ζῆν τῷ βασ. πεισθέντας [S¹ -ες]
9. 18. διὰ πασῶν γὰρ ὑμᾶς πείσω τῶν βασάνων
10. 13. πεισθεὶς τῷ βασ. σῶζε σεαυτόν
12. 4. AR εἰ μὲν μὴ πεισθείης [S -είς]
— 5. πεισθεὶς δὲ φίλος ἔσῃ
15. 10. ὥστε καὶ . . . πείθεσθαι αὐτῇ
16. 24. SR ἀποθανεῖν [A om.] ἔπεισε μᾶλλον ἢ παραβῆναι
18. 1. AR πείθεσθε [S πίθ.] τῷ νόμῳ τούτῳ
[**Aq.** Ps. 9. 11 : 24 (25). 2 : 25 (26). 1 : 26 (27). 3 : 27 (28). 7 : 30 (31). 2, 7, 15 : 31 (32). 10 : 32 (33). 21 : 40 (41). 10 : 55 (56). 4 : 90 (91). 2 : 134 (135). 18 : Pr. 14. 32 : Is. 26. 3, 4 : 32. 9, 11 : 36. 6 : 57. 13 : Je. 17. 7 : 48 (31). 13 : Ez. 30. 9 : 34. 25.]
[**Sm.** Ge. 34. 22 : 37. 27 : Ps. 9. 11 : 24 (25). 20 : 25 (26). 1 : 27 (28). 7 : 30 (31). 2, 15 : 31 (32). 10 : 32 (33). 21 : 40 (41). 10 : 55 (56). 4, 12 : 76 (77). 3 : 80 (81). 12 : 134 (135). 18 : Pr. 3. 5 : 11. 15 : 14. 32 : Is. 32. 9 : 36. 6 : 42. 17 : 57. 13 : Je. 48 (31). 13 : Ez. 33. 13 : Da. 3. 28 (95) (Sw.).]
[**Th.** Jd. 9. 15 : 18. 10 : Jb. 40. 18 (23) : Ps. 40 (41). 10 : 67 (68). 7 : 118 (119). 20 : Pr. 11. 15 : 12. 18 : 14. 32 : Is. 32. 9, 11 : 36. 6 : 57. 13 : Je. 33 (40). 16 : 48 (31). 13 : Ez. 34. 25 : Da. 3. 28 (95).]
[**Al.** Ps. 4. 6 : 43 (44). 7 : Pr. 1. 33 : Hb. 3. 14.]
[**Quint.** Ps. 118 (119). 20.]
[**Sext.** Ps. 30 (31). 15 : 32 (33). 18 : 118 (119). 20.]

πεινᾶν. (1) יָעֵף *a.* verb. *b.* adj. (2) נָהַם (3) עָיֵף (4) רָעֵב *a.* verb. *b.* adj.

Ge. 41. 55. ἐπείνασε πᾶσα ἡ γῆ Αἰγ. (4 a)
De. 25. 18. σὺ δὲ ἐπείνας καὶ ἐκοπίας (3)
Jd. 8. 4. πεινῶντες [A ὀλιγοψυχοῦντες] καὶ διώκοντες [A πεινῶντες] (3, [†])
— 5. A ὅτι πεινῶσιν [B ἐκλείπουσι] (3)
I Ki. 2. 5. AR οἱ πεινῶντες [B ἀσθενοῦντες] παρῆκαν γῆν (4 b)
II Ki. 17. 29. ὁ λαὸς πεινῶν (4 b)
IV Ki. 7. 12. πεινῶμεν ἡμεῖς (4 b)
To. 1. 16. τοὺς ἄρτους μου ἐδίδουν τοῖς πεινῶσι
4. 16. ἐκ τοῦ ἄρτου σου δίδου πεινῶντι
Jb. 22. 7. πεινώντων ἐστέρησας ψωμόν (4 b)
24. 10. πεινώντων δὲ τὸν ψωμὸν ἀφείλαντο (4 b)
Ps. 33 (34). 10. πλούσιοι . . . ἐπείνασαν (4 a)
49 (50). 12. ἐὰν πεινάσω οὐ μή σοι εἴπω (4 a)
106 (107). 5. πεινῶντες καὶ διψῶντες ἡ ψυχὴ αὐτῶν ἐν αὐτοῖς ἐξέλιπε (4 b)
— 9. AS καὶ ψυχὴν [R om.] πεινῶσαν ἐνέπλησεν ἀγαθῶν (4 b)
— 36. κατῴκισεν ἐκεῖ πεινῶντας (4 b)
145 (146). 7. διδόντα τροφὴν τοῖς πεινῶσι (4 b)
Pr. 6. 30. ἵνα ἐμπλήσῃ τὴν ψυχὴν πεινῶν [A -ῶσαν] (4 a)
18. 8. ψυχαὶ δὲ ἀνδρογύνων [S¹ -ναίων] πεινάσουσιν †
19. 15. ψυχὴ δὲ ἀεργοῦ πεινάσει (4 a)
25. 21. ἐὰν πεινᾷ ὁ ἐχθρός σου (4 a)
28. 15. λέων πεινῶν καὶ λύκος διψῶν (2 ?)
Si. 4. 2. ψυχὴν πεινῶσαν μὴ λυπήσῃς
16. 27. οὔτε ἐπείνασαν οὔτε ἐκοπίασαν
24. 21. οἱ ἐσθίοντές με ἔτι πεινάσουσι
Is. 5. 27. οὐ πεινάσουσιν οὐδὲ [A om. π. οὐ.] κοπιάσουσιν (3)
8. 21. ὡς ἂν πεινάσητε λυπηθήσεσθε (4 a)
9. 20 (19). ἐκκλινεῖ εἰς τὰ δεξιὰ ὅτι πεινάσει (4 a)
28. 12. τοῦτο τὸ ἀνάπαυμα τῷ πεινῶντι (3)

Is. 32. 6. τοῦ διασπεῖραι [A διαφθεῖραι] ψυχὰς πεινώσας καὶ τὰς ψυχὰς τὰς διψώσας [S πεινώσας] κενὰς ποιήσει (4 b, †)
40. 28. οὐ πεινάσει [S¹ -σῃ] οὐδὲ κοπιάσει (1 a)
— 29. διδοὺς τοῖς πεινῶσιν ἰσχύν (1 b)
— 30. πεινάσουσι γὰρ νεώτεροι (1 a)
— 31. βαδιοῦνται καὶ οὐ πεινάσουσιν (1 a)
44. 12. πεινάσει καὶ ἀσθενήσει (4 b)
46. 2. ὡς φορτίον κοπιῶντι ἐκλελυμένῳ καὶ πεινῶντι †
49. 10. οὐ πεινάσουσιν οὐδὲ διψήσουσιν (4 a)
58. 7. διάθρυπτε πεινῶντι τὸν ἄρτον σου (4 b)
— 10. δῷς πεινῶντι τὸν ἄρτον ἐκ ψυχῆς σου (4 b)
65. 13. ὑμεῖς δὲ πεινάσετε (4 a)
Je. 38 (31). 12. οὐ πεινάσουσιν ἔτι †
— 25. πᾶσαν ψυχὴν πεινῶσαν ἐνέπλησα †
49 (42). 14. ABS² ἐν ἄρτοις οὐ μὴ πεινάσωμεν (4 a)
Ba. 2. 18. οἱ ὀφθαλμοὶ οἱ ἐκλείποντες καὶ ἡ ψυχὴ ἡ πεινῶσα δώσουσί σοι δόξαν
Ez. 18. 7. τὸν ἄρτον [A ἄνδρα] αὐτοῦ τῷ πεινῶντι δώσει (4 b)
— 16. τὸν ἄρτον αὐτοῦ τῷ πεινῶντι ἔδωκε (4 b)
I Ma. 13. 49. ἐπείνασαν σφόδρα
[**Aq.** Jb. 5. 5 : Pr. 27. 7 : Is. 58. 10.]
[**Sm.** Jb. 5. 5 : Pr. 27. 7 : Is. 8. 21 *bis* : 58. 10.]
[**Th.** Ge. 25. 29 : Jd. 8. 5 : Pr. 27. 7 : Is. 58. 10.]
[**Al.** Pr. 6. 30.]

πεῖρα. (1) מַסָּה (2) **πεῖραν λαμβάνειν** נָסָה pi.

De. 28. 56. ἧς οὐχὶ πεῖραν ἔλαβεν ὁ ποὺς αὐτῆς (2)
33. 8. ὃν ἐπείρασαν αὐτὸν ἐν πείρᾳ (1)
Wi. 18. 20. ἥψατο δὲ καὶ δικαίων πεῖρα θανάτου
— 25. ἦν γὰρ μόνη ἡ π. τῆς ὀργῆς ἱκανή
II Ma. 8. 9. ἐν πολεμικαῖς χρείαις ἔχοντα πεῖραν
IV Ma. 8. 1. κατὰ τὴν πρώτην π. ἐνικήθη

πειράζειν, πειρᾶν. (1) נָסָה pi.

Ge. 22. 1. ὁ θ. ἐπείραζεν τὸν Ἀβ. (1)
Ex. 15. 25. ἐκεῖ ἐπείρασεν [A -αζεν] αὐτόν (1)
16. 4. ὅπως πειράσω αὐτούς (1)
17. 2. τί πειράζετε κύριον (1)
— 7. διὰ τὸ π. κύριον (1)
20. 20. ἕνεκεν γὰρ τοῦ πειράσαι ὑμᾶς (1)
Nu. 14. 22. ἐπείρασάν με τοῦτο δέκατον (1)
De. 4. 34. εἰ ἐπείρασεν ὁ θ. . . . λαβεῖν (1)
8. 2. AR ὅπως . . . πειράσῃ [B ἐκπ.] σε (1)
13. 3 (4). πειράζει κ. ὁ θ. σου ὑμᾶς (1)
33. 8. ὃν ἐπείρασαν αὐτὸν ἐν πείρᾳ (1)
Jd. 2. 22. τοῦ πειρᾶσαι ἐν αὐτοῖς τὸν Ἰσρ. (1)
3. 1, 4. ὥστε πειρᾶσαι ἐν αὐτοῖς τὸν Ἰσρ. (1)
6. 39. πειράσω . . . ἐν τῷ πόκῳ (1)
I Ki. 17. 39. ὅτι οὐ πεπείραμαι (1)
III Ki. 10. 1. πειράσαι αὐτὸν ἐν αἰνίγμασι (1)
II Ch. 9. 1. ἦλθε τοῦ πειρᾶσαι Σ. (1)
32. 31. τοῦ πειράσαι αὐτόν (1)
To. 12. 14. S πειράσαι σε
Ju. 8. 12. οἱ ἐπειράσατε τὸν θεόν
— 25. ὃς πειράζει ἡμᾶς
— 26. ὅσα ἐπείρασε τὸν Ἰσαάκ
Ps. 25 (26). 2. ABS² καὶ πείρασόν με (1)
34 (35). 16. ἐπείρασάν με †
77 (78). 41. ἐπείρασαν τὸν θεόν (1)
— 56. ἐπείρασαν . . . τὸν θεὸν τὸν ὕψιστον (1)
94 (95). 9. ABS¹ οὗ ἐπείρασαν [S²R ἐπ. με] οἱ πατέρες ὑμῶν (1)
105 (106). 14. ἐπείρασαν τὸν θεὸν ἐν ἀνύδρῳ (1)
Pr. 26. 18. S² ὥσπερ οἱ πειρώμενοι [ABS¹ ἰώμ.] προβάλλουσι λόγους †
Ec. 2. 1. δεῦρο δὴ πειράσω σε ἐν εὐφροσύνῃ (1)
7. 24 (23). πάντα ταῦτα ἐπείρασα ἐν σοφίᾳ (1)
Wi. 1. 2. εὑρίσκεται τοῖς μὴ πειράζουσιν αὐτόν
2. 17. πειράσωμεν τὰ ἐν ἐκβάσει αὐτοῦ
— 24. πειράζουσι δὲ αὐτὸν οἱ τῆς ἐκείνου μερίδος ὄντες
3. 5. ὁ θεὸς ἐπείρασεν αὐτούς
11. 9. ὅτε γὰρ ἐπειράσθησαν
12. 26. ἀξίαν θεοῦ κρίσιν πειράσουσιν
19. 5. B¹S παράδοξον ὁδοιπορίαν πειράσῃ [AB²R περ.]
Si. 4. 17. ἕως οὗ . . . πειράσει [S¹ -εις] αὐτόν
13. 11. ἐκ πολλῆς γὰρ λαλιᾶς πειράσει σε
18. 23. μὴ γίνου ὡς ἄνθρωπος πειράζων τὸν κύριον
31 (34). 10. ὃς οὐκ ἐπειράθη [S -άσθη] ὀλίγα οἶδεν
37. 27. ἐν τῇ ζωῇ σου πείρασον τὴν ψυχήν σου

Si. 39. 4. ἀγαθὰ γὰρ καὶ κακὰ ἐν [A *om.*] ἀνθρώποις ἐπείρασε
Is. 7. 12. οὐδὲ μὴ πειράσω κύριον (1)
Da. LXX. 1. 12. πείρασον δὴ τοὺς παῖδάς σου (1)
— 14. ἐπείρασεν αὐτοὺς ἡμέρας δέκα (1)
12. 10. ἕως ἂν πειρασθῶσι . . . πολλοί †
Da. TH. 1. 12. πείρασον δὴ τοὺς παῖδάς σου (1)
— 14. ἐπείρασεν αὐτοὺς ἡμέρας δέκα (1)
I Ma. 1. 15. S[2] ἐπειράθησαν [A S[1] R ἐπράθ.] τοῦ ποιῆσαι τὸ πονηρόν
12. 10. ἐπειράθημεν ἀποστεῖλαι
II Ma. 2. 23. πειρασόμεθα δι' ἑνὸς συντάγματος ἐπιτεμεῖν
10. 12. ἐπειρᾶτο τὰ πρὸς αὐτοὺς εἰρηνικῶς διεξάγειν
11. 19. πειράσομαι παραίτιος ὑμῖν ἀγαθῶν γενέσθαι
III Ma. 1. 25. πολλαχῶς ἐπειρῶντο τὸν . . . νοῦν ἐξιστάνειν
2. 32. ἐπειρῶντο ἑαυτοὺς ῥύσασθαι
IV Ma. 9. 7. πείραζε γὰρ οὖν, τύραννε
12. 3. καὶ παρηγορεῖν ἐπειρᾶτο
15. 16. A R ὦ πικροτέρων μὲν νῦν μήτηρ πόνων πειρασθεῖσα [S -αθ.]
[**Aq.** Dt. 28. 56.]
[**Sm.** Ge. 44. 15: Dt. 33. 8: Pr. 26. 18: Ec. 6. 5: 7. 24 (23): 8. 5: Ma. 3. 10.]
[**Th.** Da. 1. 12, 14.]
[**Sam.** Ge. 44. 5.]
[**Al.** Dt. 32. 16 (P.).]

πειρασμός. (1) מַסָּה (2) עִנְיָן
Ex. 17. 7. τὸ ὄνομα τοῦ τόπου ἐκ. Πειρασμός (1)
De. 4. 34. ἐν πειρασμῷ καὶ ἐν σημείοις (1)
6. 16. ὃν τρόπον ἐξεπειράσατε ἐν τῷ Π. (1)
7. 19. τοὺς π. τοὺς μεγ. οὓς ἴδοσαν (1)
9. 22. καὶ ἐν τῷ Π. (1)
29. 3 (2). τοὺς π. τοὺς μεγ. οὓς ἑωράκασιν (1)
Ps. 94 (95). 8. A B S κατὰ τὴν ἡμέραν τοῦ π. [R πικρασμοῦ] ἐν τῇ ἐρήμῳ (1)
Ec. 3. 10. A εἶδον σὺν τὸν π. [B S περισπασμόν] (2)
4. 8. A τοῦτο ματαιότης καὶ π. [B S περισπασμὸς] πονηρός (2)
5. 2. παραγίνεται ἐνύπνιον ἐν πλήθει πειρασμοῦ (2)
— 13. S ἀπολεῖται ὁ πλοῦτος ἐκεῖνος ἐν π. [A B περισπασμῷ] πονηρῷ [A αὐτοῦ] (2)
8. 16. A τοῦ ἰδεῖν τὸν π. [B S περισπασμὸν] τὸν πεποιημένον (2)
Si. 2. 1. ἑτοίμασον τὴν ψυχήν σου εἰς πειρασμόν
6. 7. ἐν πειρασμῷ κτῆσαι αὐτόν
27. 5. πειρασμὸς ἀνθρώπου ἐν διαλογισμῷ αὐ.
— 7. οὗτος γὰρ πειρασμὸς ἀνθρώπων
36 (33). 1. ἐν πειρασμῷ καὶ πάλιν ἐξελεῖται
44. 20. ἐν πειρασμῷ εὑρέθη πιστός
I Ma. 2. 52. Ἀβρ. οὐχὶ ἐν πειρασμῷ εὑρέθη πιστός
[**Sm.** Ge. 44. 15.]
[**Sam.** Ge. 44. 5.]

πειρατεύειν. (1) גּוּד
Ge. 49. 19. πειρατήριον πειρατεύσει αὐτόν (1)
— 19. αὐτὸς δὲ πειρατεύσει αὐτόν (1, 1)

πειρατήριον. (1) גְּדוּד (2) צָבָא
Ge. 49. 19. π. πειρατεύσει αὐτόν (1)
Jb. 7. 1. πότερον οὐχὶ πειρατήριόν ἐστιν ὁ βίος ἀνθρώπου ἐπὶ τῆς γῆς (2)
10. 17. ἐπήγαγες δὲ ἐπ' ἐμὲ πειρατήρια (2)
16. 10 (9). A βέλη πειρατηρίων [B S -τῶν] ἐπ' ἐμοὶ ἔπεσεν †
19. 12. ὁμοθυμαδὸν δὲ ἦλθον τὰ π. αὐτοῦ ἐπ' ἐμοί [A ἐμέ] (1)
Ps. 17 (18). 29. ἐν σοὶ ῥυσθήσομαι ἀπὸ πειρατηρίου (1)
[**Sm.** Je. 18. 22.]
[**Al.** IV Ki. 5. 2.]

πειρατής. (1) גְּדוּד (2) צַר
Jb. 16. 10 (9). βέλη πειρατῶν [A -τηρίων] ἐπ' ἐμοὶ ἔπεσεν (2)
25. 3. ἐστὶ παρέλκυσις πειραταῖς (1)
Ho. 6. 10 (9). ἡ ἰσχύς σου ἀνδρὸς πειρατοῦ (1)
[**Sm.** Jb. 25. 3 (P.).]
[**Th.** Ho. 6. 9.]
[**Quint.** IV Ki. 6. 23.]

πεκούλιον.
[Sm. Ec. 2. 8.]

πέλαγος.
II Ma. 5. 21. τὸ π. πορευτὸν θέσθαι
IV Ma. 7. 1. ἐν τῷ τῶν παθῶν π.

πέλας. (1) ὁ π., τὸ π. זָר
Pr. 27. 2. ἐγκωμιαζέτω σε ὁ [A τὸ] π. (1)

πέλειος (πελιός). (1) חַכְלִלוּת
Pr. 23. 29. A B[1] S[1] τίνος πέλειοι [B[2] μέλανες, B[3] S[2] πελιδνοὶ] ὀφθαλμοί (1)

πελεκάν. (1) חֲסִידָה (2) קָאַת
Le. 11. 18. καὶ πορφυρίωνα καὶ πελεκᾶνα (2)
De. 14. 18. καὶ πελεκᾶνα καὶ χαραδριόν (1)
Ps. 101 (102). 6. ὡμοιώθην πελεκᾶνι ἐρημικῷ (2)

πελεκᾶν. (1) פָּסַל
III Ki. 6. 1 (5. 18 [32]). ἐπελέκησαν οἱ υἱοὶ Σαλ. (1)

πελέκανος.
[**Aq.** Is. 34. 11: Ze. 2. 14.]
[**Sm.**, **Th.** Is. 34. 11.]

πελεκητός. (1) πελεκητά אַלְמֻגִּים
III Ki. 10. 11. ἤνεγκε ξύλα π. πολλὰ σφόδρα (1)
— 12. ἐποίησεν . . . τὰ ξύλα τὰ π. (1)
— 12. B οὐκ ἐληλύθει τοιαῦτα ξύλα π. [A *om.*, R ἀπ.] (1)
— 22. καὶ λίθων τορευτῶν καὶ πελεκητῶν [A *al.*] †

πέλεκυς. (1) גַּרְזֶן (2) כְּלִי (3) כַּשִּׁיל (4) פַּטִּישׁ
III Ki. 6. 7. πέλεκυς . . . οὐκ ἠκούσθη (1)
Ps. 73 (74). 6. ἐν πελέκει . . . κατέρραξαν αὐτήν (3)
Je. 22. 7. ἄνδρα ὀλεθρεύοντα καὶ τὸν π. αὐτοῦ (2)
23. 29. A οἱ λόγοι μου . . . ὡς π. [B S πέλυξ] κόπτων πέτραν (4)
Ep. Je. 15. ἔχει δὲ ἐγχειρίδιον [A *add.* ἐν τῇ] δεξιᾷ καὶ πέλεκυν
[**Aq.** Dt. 20. 19.]

πελιδνός. (1) חַכְלִלוּת
Pr. 23. 29. B[3] S[2] τίνος πελιδνοὶ [A B[1] S[1] πέλειοι, B[2] μέλανες] οἱ ὀφθαλμοί (1)

πελιός, *vid. sub* **πέλειος.**

πελιοῦσθαι. (1) כָּמַר ni.
La. 5. 10. τὸ δέρμα ἡμῶν ὡς κλίβανος ἐπελιώθη (1)

πέλμα.
Ep. 4. 17. φιλεῖν πέλματα ποδῶν αὐτοῦ

πελταστής. (1) נֹשֵׂא מָגֵן (2) נֹשֵׁק מָגֵן
II Ch. 14. 8 (7). καὶ ἐν γῇ Βεν. πελτασταί (1)
17. 17. καὶ μετ' αὐτοῦ . . . πελτασταί (2)

πέλτη. (1) מָגֵן (2) צִנָּה
Ez. 23. 24. θυρεοὶ καὶ πέλται (1)
27. 10. πέλτας . . . ἐκρέμασαν ἐν σοί (1)
38. 4. πέλται καὶ περικεφαλαῖαι (2)
— 5. πάντες περικεφαλαίαις καὶ πέλταις (1)
39. 9. καύσουσιν ἐν τοῖς ὅπλοις πέλταις καὶ κοντοῖς (1)

πέλυξ. (1) כְּלִי מַפָּץ (2) פַּטִּישׁ
Je. 23. 29. ὡς π. [A πέλεκυς] κόπτων πέτραν (2)
Ez. 9. 2. ἑκάστου π. ἐν τῇ χειρὶ αὐτοῦ (1)
[**Aq.** Dt. 19. 5.]

πέμμα. (1) אֵיפָה (2) אֲשִׁישָׁה
Ho. 3. 1. φιλοῦσι πέμματα μετὰ σταφίδος (2)
Ez. 45. 24. π. τῷ μόσχῳ καὶ π. τῷ κριῷ ποιήσεις καὶ ἐλαίου τὸ εἶν τῷ π. (1 *ter*)
46. 5. προσοίσει . . . π. τῷ κριῷ . . . καὶ ἐλαίου τὸ εἶν τῷ π. (1, 1)
— 7. π. τῷ κριῷ καὶ π. τῷ μόσχῳ ἔσται μαναὰ . . . καὶ ἐλαίου τὸ εἶν τῷ π. (1 *ter*)
— 11. ἔσται τὸ μαναὰ π. τῷ μόσχῳ καὶ π. τῷ κριῷ . . . καὶ ἐλαίου τὸ εἶν τῷ π. (1 *ter*)

πέμπειν. (1) כָּתַב ni. (2) שָׁלַח *a.* qal. *b.* pi. *c.* שְׁלַח
Ge. 27. 42. πέμψασα ἐκάλεσεν Ἰακώβ (2 *a*)
I Ki. 20. 20. A εἰ πέμπων [B ἐκπ.] εἰς τὴν ἀμ. (2 *b*)
28. 24. A ἔπεμψεν [B ἔπεψεν] ἄζυμα †

I Es. 2. 26. ἣν πεπόμφατε πρὸς μέ
II Es. 4. 14. διὰ τοῦτο ἐπέμψαμεν (2 *c*)
5. 17. πεμψάτω πρὸς ἡμᾶς (2 *c*)
Ne. 2. 5. ὥστε πέμψαι αὐτὸν εἰς Ἰούδα (2 *a*)
Es. 8. 5. πεμφθήτω ἀποστραφῆναι [A S -στρέψαι] τὰ γράμμ. (1)
Wi. 9. 10. ἀπὸ θρόνου δόξης σου πέμψον αὐτήν
— 17. εἰ μὴ . . . ἔπεμψας τὸ ἅγιόν σου πνεῦμα
12. 25. τὴν κρίσιν εἰς ἐμπαιγμὸν ἔπεμψας
16. 20. ἕτοιμον ἄρτον αὐτοῖς ἀπ' οὐρανοῦ ἔπεμψας [A S παρέσχες]
I Ma. 13. 17. A R πέμπει [S *add.* τοῦ λαβεῖν] τὸ ἀργύριον
II Ma. 1. 20. τοὺς ἐκγόνους . . . ἔπεμψεν ἐπὶ τὸ πῦρ
3. 38. πέμψον αὐτὸν ἐκεῖ
4. 20. R ἔπεμψεν οὖν ταῦτα
— 44. οἱ πεμφθέντες τρεῖς ἄνδρες
5. 18. ὁ Ἡλ. ὁ πεμφθεὶς ὑπὸ Σελεύκου
— 24. ἔπεμψε δὲ τὸν μυσάρχην Ἀπ.
11. 17. οἱ πεμφθέντες παρ' ὑμῶν
— 32. πέπομφα δὲ καὶ τὸν Μ.
— 34. R ἔπεμψαν [A -αμεν] δὲ καὶ οἱ Ῥ.
— 36. πέμψατέ τινα παραχρῆμα
— 37. πέμψατέ τινας
14. 19. ἔπεμψε Ποσιδώνιον
III Ma. 5. 42. τούτους μὲν ἀνυπερθέτως πέμψειν εἰς ᾅδην
[**Sm.** Je. 16. 16.]

πεμπταΐζειν.
[**Th.** Ex. 13. 18.]

πέμπτος. (1) *a.* חֲמִישִׁי, חֲמִשִּׁי *b.* חָמֵשׁ (2) π. γενεᾷ חֲמֻשִׁים (3) τὸ π. μέρος חֲמִישִׁית
Ge. 1. 23. καὶ ἐγένετο . . . ἡμέρα π. (1 *a*)
30. 17. ἔτεκε τῷ Ἰ. υἱὸν π. (1 *a*)
47. 24. δώσετε τὸ π. μέρος Φαραῷ (3)
Ex. 13. 18. πέμπτῃ δὲ γενεᾷ ἀνέβησαν (2)
Le. 6. 4 (5. 24). A[1] B τὸ π. [A[2] R ἐπίπ.] προσθήσει (1 *a*)
19. 25. ἐν δὲ τῷ ἔτει τῷ π. (1 *a*)
Nu. 7. 36. τῇ ἡμέρᾳ τῇ π. . . . Συμεών (1 *a*)
29. 26. τῇ ἡμέρᾳ τῇ π. μόσχους ἐννέα (1 *a*)
33. 38. τῷ μηνὶ τῷ π. (1 *a*)
Jo. 14. 10. τοῦτο τεσσαρακοστὸν καὶ π. ἔτος (1 *b*)
19. 24. ἐξῆλθεν ὁ κλῆρος ὁ π. (1 *a*)
Jd. 19. 8. τῇ ἡμέρᾳ τῇ π. [A τρίτῃ] (1 *a*)
II Ki. 3. 4. καὶ ὁ π. Σαφ. (1 *a*)
III Ki. 14. 25. ἐν τῷ ἐνιαυτῷ τῷ π. (1 *a*)
IV Ki. 8. 16. ἐν ἔτει π. τῷ Ἰωράμ (1 *b*)
25. 8. ἐν τῷ μηνὶ τῷ π. (1 *a*)
I Ch. 2. 14. Ζαβδαΐ ὁ π. (1 *a*)
3. 3. ὁ π. Σαφατία (1 *a*)
8. 2. καὶ Ῥαφὰ τὸν π. (1 *a*)
12. 10. Ἱερ. ὁ π. (1 *a*)
24. 9. τῷ Μελχίᾳ ὁ π. (1 *a*)
25. 12. ὁ π. Νάθαν (1 *a*)
26. 3. A R Ἰ. ὁ π. [B *om.* ὁ π.] (1 *a*)
— 4. A R N. ὁ π. [B *om.* ὁ π.] (1 *a*)
27. 8. ὁ π. τῷ μηνὶ τῷ π. (1 *a*, 1 *a*)
II Ch. 12. 2. ἐν τῷ π. ἔτει τῆς βασιλείας Ῥ. (1 *a*)
15. 19. ἕως τοῦ π. καὶ τριακοστοῦ ἔτους (1 *b*)
I Es. 8. 6. ἐν τῷ π. μηνί
— 6. A ἐν τῇ νουμηνίᾳ τοῦ π. μηνός
II Es. 7. 8. τῷ μηνὶ τῷ π. (1 *a*)
— 9. B ἐν δὲ τῇ πρώτῃ τοῦ μηνὸς τοῦ π. [A *al.*] (1 *a*)
Ne. 6. 5. S[2] κατὰ τὸν λόγον τοῦτον τὸ π. (1 *a*)
— 15. πέμπτῃ καὶ εἰκάδι τοῦ Ἐ. (1 *b*)
Es. 9. 21. S[2] καὶ τὴν ἡμέραν πέμπτην καὶ δεκ. [A B S[1] *al.*] (1 *b*)
Jb. 42. 17. ὥστε εἶναι αὐτὸν πέμπτον ἀπὸ Ἀβραάμ
Za. 7. 3. ἐν τῷ μηνὶ τῷ π. (1 *a*)
— 5. ἐν ταῖς π. ἢ ἐν ταῖς ἑβδόμαις (1 *a*)
8. 19. νηστεία ἡ π. καὶ νηστεία ἡ ἑβδόμη (1 *a*)
Je. 1. 3. ἕως τῆς αἰχμαλωσίας Ἱερ. ἐν τῷ π. μηνί (1 *a*)
35 (28). 1. ἐγένετο . . . ἐν μηνὶ τῷ π. (1 *a*)
43 (36). 9. A ἐγενήθη ἐν τῷ ἔτει τῷ π. [B S ὀγδόῳ] τῷ βασιλεῖ Ἰωακείμ (1 *a*)
52. 12. ἐν μηνὶ πέμπτῳ [A τῷ π.] δεκάτῃ τοῦ μηνὸς ἦλθε Ναβ. (1 *a*)
Ba. 1. 2. ἐν τῷ ἔτει τῷ π.
Ez. 1. 1. πέμπτῃ τοῦ μηνός (1 *b*)

Ez. 1. 2. πέμπτῃ τοῦ μηνὸς τοῦτο τὸ ἔτος τὸ [A om.] π. τῆς αἰχμαλωσίας (1 b, 1 a)
8. 1. ἐν τῷ π. μηνὶ πέμπτῃ τοῦ μηνός (†, 1 b)
20. 1. A ἐν τῷ π. μηνὶ δεκάτῃ [B τῇ πεντεκαιδεκάτῃ] τοῦ μηνός (1 a)
33. 21. πέμπτῃ τοῦ μηνός (1 b)
40. 1. ἐν τῷ π. καὶ εἰκοστῷ ἔτει τῆς αἰχμαλωσίας (1 b)
I Ma. 1. 54. τῷ π. καὶ τεσσαρακοστῷ καὶ ἑκατοστῷ ἔτει
— 59. S[2] R τῇ [A S[1] om.] π. καὶ εἰκάδι τοῦ μηνός
4. 52. τῇ π. καὶ εἰκάδι τοῦ μηνός
— 59. ἀπὸ τῆς π. καὶ εἰκάδος τοῦ μηνὸς X.
10. 67. ἐν ἔτει π. καὶ ἑξηκοστῷ καὶ ἑκατοστῷ
II Ma. 1. 18. ἐν τῷ Χασ. πέμπτῃ καὶ εἰκάδι
7. 15. τὸν π. προσάγοντες ᾐκίζοντο
10. 5. τῇ π. καὶ εἰκάδι τοῦ αὐτοῦ μηνός
— 35. ὑποφαινούσης δὲ τῆς π. ἡμέρας
11. 33, 38. R Ξανθικοῦ πέμπτῃ καὶ δεκάτῃ [A πεντεκαιδ.]
III Ma. 6. 38. ἀπὸ πέμπτης καὶ εἰκάδος τοῦ Π.
— 38. ἀπὸ πέμπτης τοῦ Ἐπιφί
IV Ma. 11. 1. ὁ π. παρεπήδησε
[**Aq.**, **Th.** Za. 7. 5: 8. 19.]
[**Sm.** Ez. 40. 1: Za. 7. 5: 8. 19.]

πένεσθαι. (1) דַּל (2) יָרַשׁ ni. (3) מוּךְ (4) עָנִי

Ex. 30. 15. ὁ πενόμενος οὐκ ἐλαττονήσει (1)
Le. 14. 21. ἐὰν δὲ πένηται (1)
25. 25, 35. ἐὰν δὲ πένηται ὁ ἀδελφός σου (3)
De. 24. 12. ἐὰν δὲ ὁ ἄνθρωπος πένηται (4)
Pr. 24. 32 (30. 9). ἢ πενηθεὶς κλέψω (2)

πένης. (1) אֶבְיוֹן (2) דַּךְ (3) דַּל (4) חֵלְכָה (5) מִסְכֵּן (6) *a.* עָנָו *b.* עָנִי *c.* עֲנָה (7) רָשׁ, רָאשׁ

Ex. 23. 3. πένητα οὐκ ἐλεήσεις ἐν κρίσει (3)
— 6. οὐ διαστρέψεις κρίμα πένητος (1)
De. 15. 11. ἀνοίξεις . . . τῷ ἀδ. σου τῷ π. (6 b)
24. 14. οὐκ ἀπαδικήσεις μισθὸν πένητος (6 b)
— 15. ὅτι πένης ἐστί (6 b)
I Ki. 2. 8. ἀνιστᾷ ἀπὸ γῆς πένητα (3)
II Ki. 12. 1. εἷς πλούσιος καὶ εἷς π. (7)
— 3. τῷ π. οὐδὲν ἀλλ' ἢ ἀμνὰς μία (7)
— 4. ἔλαβε τὴν ἀμνάδα τοῦ π. (7)
I Es. 3. 19. τήν τε τοῦ π. καὶ τὴν τοῦ πλουσίου
Jb. 34. 28. τοῦ ἐπαγαγεῖν ἐπ' αὐτὸν κραυγὴν πενήτων [A S[2] -τος] (3)
Ps. 9. 9. ἐγένετο κύριος καταφυγὴ τῷ π. (2)
— 12. οὐκ ἐπελάθετο τῆς δεήσεως [A φωνῆς, S κραυγῆς] τῶν π. (6 a, 6 b*)
— 18. ἡ ὑπομονὴ τῶν π. οὐκ ἀπολεῖται (6 a*, 6 b)
— 29 (10. 8). οἱ ὀφθαλμοὶ αὐτοῦ εἰς τὸν π. ἀποβλέπουσιν (4)
— 31 (10. 10). ἐν τῷ αὐτὸν κατακυριεῦσαι τῶν π. (4)
— 33 (10. 12). μὴ ἐπιλάθῃ [A -ης] τῶν π. (6 a, 6 b*)
— 38 (10. 17). τὴν ἐπιθυμίαν τῶν π. εἰσήκουσε κύριος [S[2] -σας, κύριε] (6 a)
10 (11). 5. οἱ ὀφθ. αὐ. εἰς τὸν π. ἀποβλέπουσι –
11 (12). 5. ἀπὸ [S[2] om.] τοῦ στεναγμοῦ τῶν π. (1)
21 (22). 26. φάγονται πένητες (6 a)
34 (35). 10. καὶ πτωχὸν καὶ πένητα ἀπὸ τῶν διαρπαζόντων αὐτόν (1)
36 (37). 14. τοῦ καταβαλεῖν πτωχὸν καὶ πένητα (1)
39 (40). 17. ἐγὼ δὲ πτωχὸς καὶ πένης εἰμί (1)
40 (41). 1. μακάριος ὁ συνίων ἐπὶ πτωχὸν καὶ πένητα (3)
48 (49). 2. ἐπὶ τὸ αὐτὸ πλούσιος καὶ πένης (1)
68 (69). 33. εἰσήκουσε τῶν π. ὁ κύριος (1)
69 (70). 5. ἐγὼ δὲ πτωχὸς καὶ πένης (1)
71 (72). 4. σώσει τοὺς υἱοὺς τῶν π. (1)
— 12. πένητα ᾧ οὐχ ὑπῆρχε βοηθός (6 b)
— 13. φείσεται πτωχοῦ καὶ πένητος καὶ ψυχὰς πενήτων σώσει (1, 1)
73 (74). 19. τῶν ψυχῶν τῶν π. σου μὴ ἐπιλάθῃ εἰς τέλος (6 b)
— 21. πτωχὸς καὶ πένης αἰνέσουσι τὸ ὄνομά σου (1)
81 (82). 3. ταπεινὸν καὶ πένητα δικαιώσατε (7)
— 4. ἐξέλεσθε πένητα (3)
85 (86). 1. πτωχὸς καὶ πένης εἰμὶ ἐγώ (1)
106 (107). 41. ἐβοήθησε πένητι ἐκ πτωχείας (1)
108 (109). 16. κατεδίωξεν ἄνθρωπον πένητα (6 b)
Ps. 108 (109). 22. πτωχὸς καὶ πένης εἰμὶ ἐγώ (1)
— 31. παρέστη ἐκ δεξιῶν πένητος (1)
111 (112). 9. ἔδωκε τοῖς π. (1)
112 (113). 7. ἀπὸ κοπρίας ἀνυψῶν πένητα (1)
139 (140). 12. ποιήσει κύριος . . . τὴν δίκην τῶν π. [S[1] τοῦ π.] (1)
Pr. 14. 21. ὁ ἀτιμάζων πένητας ἁμαρτάνει †
— 31: 22. 16. ὁ συκοφαντῶν πένητα (3)
22. 22. μὴ ἀποβιάζου πένητα (3)
23. 4. μὴ παρεκτείνου πένης ὢν πλουσίῳ –
24. 37 (30. 14). καὶ τοὺς π. αὐτῶν ἐξ ἀνθρώπων (1)
— 77 (31. 9). διάκρινε δὲ πένητα καὶ ἀσθενῆ (6 b)
28. 11. πένης δὲ νοήμων καταγνώσεται αὐτοῦ (3)
31. 20. χεῖρας δὲ αὐτῆς διήνοιξε πένητι (6 b)
Ec. 4. 13. ἀγαθὸς παῖς πένης καὶ σοφός (5)
— 14. ἐν βασιλείᾳ αὐτοῦ ἐγενήθη πένης (7)
5. 7. ἐὰν συκοφαντίαν πένητος . . . ἴδῃς ἐν χώρᾳ (7)
6. 8. ὁ π. οἶδε πορευθῆναι κατέναντι τῆς ζωῆς (6 b)
9. 15. καὶ εὕρῃ ἐν αὐτῇ ἄνδρα π. σοφόν [A καὶ σ.] (5)
— 15. οὐκ ἐμνήσθη σὺν τοῦ ἀνδρὸς τοῦ π. ἐκείνου (5)
— 16. σοφία τοῦ π. ἐξουδενωμένη (5)
Wi. 2. 10. καταδυναστεύσωμεν πένητα δίκαιον
Si. 11. 21. κοῦφον ἐν ὀφθαλμοῖς κυρίου . . . πλουτίσαι [A -ῆσαι] πένητα
13. 18. τίς εἰρήνη πλουσίῳ πρὸς πένητα
29. 9. χάριν ἐντολῆς ἀντιλαβοῦ πένητος [A[1] πτωχοῦ]
31 (34). 20. ὁ προσάγων θυσίαν ἐκ χρημάτων πενήτων
Am. 2. 6. ἀπέδοντο . . . πένητα ἕνεκεν ὑποδημάτων (1)
4. 1. αἱ καταδυναστεύουσαι πτωχοὺς καὶ καταπατοῦσαι πένητας [A πέν. κ. κ. πτωχούς] (1 [3])
5. 12. πένητας ἐν πύλαις ἐκκλίνοντες (1)
8. 4. οἱ ἐκτρίβοντες εἰς τὸ πρωῒ πένητα (1)
— 6. R τοῦ κτᾶσθαι ἐν ἀργυρίῳ . . . πένητα [A B ταπεινόν] (1)
Za. 7. 10. πένητα μὴ καταδυναστεύετε (6 b)
Is. 10. 2. ἁρπάζοντες κρίμα πενήτων (6 b)
Je. 20. 13. ἐξείλατο ψυχὴν πένητος (1)
22. 16. οὐκ ἔκριναν . . . κρίσιν πένητος (1)
Ez. 16. 49. χεῖρα πτωχοῦ καὶ πένητος οὐκ ἀντελαμβάνοντο [A -ελάβοντο] (1)
18. 12. πτωχὸν καὶ πένητα κατεδυνάστευσε (1)
22. 29. πτωχὸν καὶ πένητα καταδυναστεύοντες (1)
Da. TH. 4. 24. καὶ τὰς ἀδικίας ἐν οἰκτιρμοῖς πενήτων (6 c)
[**Aq.** Ps. 11 (12). 6: 17 (18). 28: Pr. 31. 5: Is. 41. 17 (Sw.): Je. 2. 34: 52. 15, 16 (Sw.): Hb. 3. 14.]
[**Sm.** Jb. 24. 4: Ps. 11 (12). 6: 71 (72). 12: 106 (107). 41: Pr. 14. 31: Is. 41. 17 (Sw.): Je. 2. 34: Ez. 16. 49.]
[**Th.** I Ki. 18. 23: Ps. 138 (139). 17: Pr. 31. 5: Is. 26. 6: Je. 2. 34: 39 (46). 10: 52. 16.]
[**Quint.** Pr. 31. 5.]

πενθεῖν. (1) אָבַל *a.* qal. *b.* hi. *c.* hithpa. *d.* אָבֵל *e.* אֵבֶל (2) אָמַל pul. (3) בָּכָה (4) חָלַל pu. (5) נוּד (6) קָדַר hi.

Ge. 23. 2. ἦλθε δὲ Ἀβ. . . . πενθῆσαι (3)
37. 34. ἐπένθει τὸν υἱὸν αὐ. ἡμέρας τινάς (1 c)
— 35. καταβήσομαι πρὸς τὸν υἱόν μου πενθῶν (1 d)
50. 3. ἐπένθησεν αὐτὸν Αἴγυπτος (3)
Nu. 14. 39. ἐπένθησεν ὁ λαὸς σφόδρα (1 c)
I Ki. 6. 19. ἐπένθησεν ὁ λαός (1 c)
15. 35. ἐπένθει Σαμ. ἐπὶ Σ. (1 c)
16. 1. ἕως πότε σὺ πενθεῖς ἐπὶ Σ. (1 c)
II Ki. 13. 37. ἐπένθησεν . . . ἐπὶ τὸν υἱὸν αὐτοῦ (1 c)
14. 2. πένθησον δή (1 c)
— 2. ἔσῃ ὡς γυνὴ πενθοῦσα ἐπὶ τεθνηκότι (1 c)
19. 1 (2). πενθεῖ ἐπὶ Ἀβ. (1 c)
I Ch. 7. 22. ἐπένθησεν Ἐφρ. . . . ἡμέρας πολλάς (1 c)
II Ch. 35. 24. ἐπένθησαν τὸν Ἰωσίαν (1 c)
I Es. 1. 32. ἐπένθησαν τὸν Ἰωσίαν
8. 72. ἐμοῦ πενθοῦντος ἐπὶ τῇ ἀνομίᾳ
9. 2. A R πενθῶν ἐπὶ [B ὑπὲρ] τῶν ἀνομιῶν
II Es. 10. 6. ἐπένθει ἐπὶ ἀσυνθεσίᾳ τῆς ἀποικίας (1 c)
Ne. 1. 4. καὶ ἐπένθησα ἡμέρας (1 c)
8. 9. μὴ πενθεῖτε μηδὲ κλαίετε (1 c)
Ju. 16. 24. ἐπένθησεν [A -σαν] αὐτὴν οἶκος Ἰσρ.
Jb. 14. 22. ἡ δὲ ψυχὴ αὐτοῦ ἐπένθησεν [A ἐπ' αὐτῷ ἐπ.] (1 a)
Ps. 34 (35). 14. ὡς πενθῶν καὶ σκυθρωπάζων οὕτως ἐταπεινούμην (1 d)
Ps. 77 (78). 63. αἱ παρθένοι αὐτῶν οὐκ ἐπένθησαν [S[2] -θήθ.] (4 ?)
Si. 7. 34. μετὰ πενθούντων πένθησον
48. 24. παρεκάλεσε τοὺς πενθοῦντας ἐν Σιών
51. 19. τὰ ἀγνοήματα αὐτῆς ἐπένθησα
Ho. 4. 3. πενθήσει ἡ γῆ (1 a)
10. 5. ἐπένθησε λαὸς αὐ. ἐπ' αὐτόν (1 a)
Am. 1. 2. ἐπένθησαν αἱ νομαὶ τῶν ποιμένων (1 a)
8. 8. πενθήσει πᾶς ὁ κατοικῶν ἐν αὐτῇ (1 a)
9. 5. πενθήσουσι πάντες οἱ κατοικοῦντες αὐτήν (1 a)
Jl. 1. 9. πενθεῖτε οἱ ἱερεῖς (1 a)
— 10. πενθείτω ἡ γῆ (1 a)
Is. 3. 26. πενθήσουσιν αἱ θῆκαι τοῦ κόσμου ὑμῶν (1 a)
16. 8. πενθήσει ἄμπελος Σεβαμά (2)
19. 8. οἱ ἀμφιβολεῖς πενθήσουσι (2)
24. 4. ἐπένθησεν ἡ γῆ . . . ἐπένθησαν οἱ ὑψηλοὶ τῆς γῆς (1 a, 2)
— 7. πενθήσει οἶνος πενθήσει ἄμπελος (1 a, 2)
33. 9. ἐπένθησεν ἡ γῆ (1 a + 2)
61. 2. παρακαλέσαι πάντας τοὺς πενθοῦντας (1 d)
— 3. δοθῆναι τοῖς πενθοῦσι Σιὼν αὐτοῖς [A S[c] om.] δόξαν ἀντὶ σποδοῦ ἄλειμμα εὐφροσύνης τοῖς πενθοῦσι (1 d, 1 e)
66. 10. χάρητε ἅμα αὐτῇ χαρᾷ πάντες ὅσοι πενθεῖτε ἐπ' αὐτῇ [A S al.] (1 c)
Je. 4. 28. πενθείτω ἡ γῆ (1 a)
12. 4. ἕως πότε πενθήσει ἡ γῆ (1 a)
14. 2. ἐπένθησεν ἡ Ἰουδαία (1 a)
16. 5. μὴ [A om.] πενθήσῃς [S -εις] αὐτούς (5)
23. 10. ἀπὸ προσώπου τούτων ἐπένθησεν ἡ γῆ (1 a)
38 (31). 21. ἀποστράφηθι εἰς τὰς πόλεις σου πενθοῦσα †
La. 1. 4. ὁδοὶ Σιὼν πενθοῦσι [S -θήσουσι] (1 d)
2. 8. ἐπένθησε τὸ προτείχισμα (1 a)
Ez. 7. 27. A ὁ βασιλεὺς πενθήσει (1 c)
31. 15. ἐπένθησεν αὐτὸν ἡ ἄβυσσος [A ἐπέστησα ἐπ' αὐ. τὴν ἄ.] (1 b)
— 15. A ἐπένθησεν [B ἐσκότασεν ἐπ'] αὐτὸν ὁ Λίβανος (6)
Da. LXX. 10. 2. ἤμην πενθῶν τρεῖς ἑβδομάδας (1 c)
Bel 39. ἐξῆλθε δὲ ὁ βασ. μετὰ ταῦτα πενθῶν τὸν Δ.
Da. TH. 10. 2. ἤμην πενθῶν τρεῖς ἑβδομάδας (1 c)
Bel 40. ἦλθε . . . πενθῆσαι τὸν Δ.
I Ma. 1. 27. S καθημένη ἐν παστῷ ἐπένθει [A R ἐγένετο ἐν πένθει]
2. 14. καὶ ἐπένθησαν [S[1] -εν] σφόδρα
— 39. A R ἐπένθησαν ἐπ' [S om.] αὐτούς
9. 20. ἐπένθουν ἡμέρας πολλάς
12. 52. ἐπένθησαν τὸν Ἰων.
— 52. S R ἐπένθησε πᾶς [A om.] Ἰσρ. πένθος μέγα
13. 26. ἐπένθησαν αὐτὸν ἡμέρας πολλάς
[**Aq.** Is. 24. 7: Ez. 7. 27: 31. 15.]
[**Sm.** Ps. 34 (35). 14: Ez. 31. 15.]
[**Th.** Ez. 7. 27: 31. 15.]

πενθεινός.

[**Aq.**, **Th.** Is. 61. 2.]

πενθερά. (1) חָמוֹת (2) חֹתֶנֶת

De. 27. 23. A ὁ κοιμώμ. μετὰ πενθερᾶς [B νύμφης] αὐ. (2)
Ru. 1. 14. κατεφίλησεν Ὀ. τὴν π. αὐτῆς (1)
2. 11. ὅσα πεποίηκας μετὰ τῆς π. σου (1)
— 18. εἶδεν ἡ π. αὐτῆς (1)
— 19. εἶπεν αὐτῇ ἡ π. αὐτῆς (1)
— 19. ἀνήγγειλε Ῥ. τῇ π. αὐτῆς (1)
— 21. εἶπε Ῥ. πρὸς τὴν π. αὐτῆς –
3. 1 (2. 23). ἐκάθισε μετὰ τῆς π. αὐτῆς (1)
— 1. εἶπε δὲ αὐτῇ Ν. ἡ π. αὐτῆς [A al.] (1)
— 6. ὅσα ἐνετείλατο αὐτῇ ἡ π. αὐτῆς (1)
— 16. εἰσῆλθε πρὸς τὴν π. αὐτῆς (1)
— 17. μὴ εἰσέλθῃς κενὴ πρὸς τὴν π. σου (1)
Mi. 7. 6. νύμφη ἐπὶ τὴν π. αὐ. (1)

πενθερός. (1) חָם (2) חֹתֵן

Ge. 38. 13. ὁ π. σου ἀνέβη εἰς Θ. (1)
— 25. ἀπέστειλε πρὸς τὸν π. αὐτῆς (1)
Jd. 1. 16. A οἱ υἱοὶ Ἰ. . . . πενθεροῦ [B τοῦ γαμβροῦ] M. (2)
I Ki. 4. 19. τέθνηκεν ὁ π. αὐτῆς (1)
— 21. καὶ ὑπὲρ τοῦ π. αὐτῆς (1)
— 22. A διὰ τὸ τεθνηκέναι τὸν π. αὐ. –
To. 10. 9. εἶπε δὲ αὐτῷ ὁ π. [S al.]
— 13. τίμα τοὺς π. [S ὕπαγε πρὸς τὸν π.] σου

To. 14. 12. πρὸς Ῥαγ. τὸν π. [S μετὰ Ῥ. τοῦ π.] αὐτοῦ
— 13. ἔθαψε τοὺς π. αὐτοῦ [S *al.*]
I Ma. 11. 2. διὰ τὸ πενθερὸν αὐτοῦ εἶναι
[**Sm.** Ex. 3. 1 : 18. 1, 5.]

πενθηρός.
[**Sm.** Je. 9. 19 (18).]

πενθικός. (1) אֵבֶל (2) ἐν πενθικοῖς לֹא שָׁתוּ אִישׁ עֶדְיוֹ עָלָיו
Ex. 33. 4. κατεπένθησεν ἐν πενθικοῖς (2)
II Ki. 14. 2. ἔνδυσαι ἱμάτια π. (1)
[**Sm.** Ez. 2. 10.]

πένθιμος.
[**Sm.** Je. 9. 19 (18).]

πενθοποιεῖν.
[**Al.** Le. 26. 22.]

πένθος. (1) *a.* אֵבֶל *b.* אָבֵל (2) אָוֶן (3) *a.* בָּכוּת *b.* בְּכִי *c.* בְּכִית (4) יָגוֹן (5) מִסְפֵּד (6) תּוּגָה

Ge. 27. 41. αἱ ἡμέραι τοῦ π. τοῦ πατρός μου (1 *a*)
35. 8. βάλανος πένθους (3 *a*)
50. 4. παρῆλθον αἱ ἡμέραι τοῦ π. (3 *c*)
— 10. ἐποίησε τὸ π. τῷ πατρὶ αὐ. (1 *a*)
— 11. καὶ εἶδον . . . τὸ π. (1 *a*)
— 11. π. μέγα τοῦτό ἐστι τοῖς Αἰγ. (1 *a*)
— 11. ἐκάλεσε τὸ ὄνομα αὐ. Πένθος Αἰγύπτου (1 *b*)
De. 34. 8. αἱ ἡμέραι πένθους κλαυθμοῦ M. (3 *b*)
II Ki. 11. 27. διῆλθε [A ἦλ.] τὸ π. (1 *a*)
19. 2 (3). ἐγένετο ἡ σωτηρία . . . εἰς πένθος (1 *a*)
To. 2. 5. S ἤσθιον τὸν ἄρτον μετὰ πένθους [A B *al.*]
— 6. στραφήσονται αἱ ἑορταὶ ὑμῶν εἰς πένθος
Es. 4. 3. π. μέγα τοῖς Ἰουδαίοις (1 *a* + 5)
— 17. στρέψον τὸ π. ἡμῶν εἰς εὐωχίαν
— 17. ἱμάτια στενοχωρίας καὶ πένθους
9. 22. B ἀπὸ πένθους εἰς χαράν [A ἀ. π. εἰς ἀγαθὴν ἡμέραν] (4 [1 *a*])
Jb. 30. 31. A ἀπέβη δὲ εἰς πένθος [B S πάθος] μου ἡ κιθάρα (1 *a*)
Pr. 10. 6. στόμα δὲ ἀσεβῶν καλύψει πένθος ἄωρον †
14. 13. τελευταῖα δὲ χαρὰ [A -ᾶς] εἰς πένθος ἔρχεται (6)
Ec. 5. 16. πᾶσαι αἱ ἡμέραι αὐ. . . . ἐν πένθει †
7. 3 (2). ἀγαθὸν πορευθῆναι εἰς οἶκον πένθους (1 *a*)
— 5 (4). καρδία σοφῶν ἐν οἴκῳ πένθους (1 *a*)
Wi. 14. 15. ἀώρῳ γὰρ πένθει τρυχόμενος πατὴρ τοῦ ταχέως ἀφαιρεθέντος τέκνου
19. 3. ἔτι γὰρ ἐν χερσὶν ἔχοντες τὰ π.
Si. 16. 3. S² στενάξεις γὰρ πένθει ἀώρῳ
22. 6. μουσικὰ ἐν πένθει ἄκαιρος διήγησις
— 12. πένθος νεκροῦ ἑπτὰ ἡμέραι
26. 6. πένθος γυνὴ ἀντίζηλος ἐπὶ γυναικί
38. 17. ποίησον τὸ π. κατὰ τὴν ἀξίαν αὐτοῦ
41. 11. πένθος ἀνθρώπων ἐν σώμασιν αὐτῶν
Ho. 9. 4. ὡς ἄρτος πένθους αὐτοῖς (2)
Am. 5. 16. κληθήσεται γεωργὸς εἰς πένθος (1 *a*)
8. 10. μεταστρέψω τὰς ἑορτὰς ὑμῶν εἰς πένθος (1 *a*)
— 10. θήσομαι αὐτὸν ὡς πένθος ἀγαπητοῦ (1 *a*)
Mi. 1. 8. ποιήσεται . . . πένθος ὡς θυγατέρων σειρήνων (1 *a*)
Is. 16. 3. ποιεῖ τε σκέπην πένθους †
17. 14. πρὸς ἑσπέραν καὶ [A S *om.*] ἔσται π. †
60. 20. ἀναπληρωθήσονται αἱ ἡμέραι τοῦ π. σου (1 *a*)
Je. 6. 26. π. ἀγαπητοῦ ποίησαι σεαυτῇ κοπετὸν οἰκτρόν (1 *a*)
16. 7. οὐ μὴ κλασθῇ ἄρτος ἐν πένθει αὐτῶν (1 *a*)
38 (31). 13. στρέψω τὸ π. αὐτῶν εἰς χαρμονήν (1 *a*)
Ba. 4. 9. ἐπήγαγέ μοι ὁ θεὸς π. μέγα
— 11. ἐξαπέστειλα δὲ μετὰ κλαυθμοῦ καὶ πένθους
— 23. ἐξέπεμψα γὰρ ὑμᾶς μετὰ πένθους
— 34. τὸ ἀγαυρίαμα αὐτῆς [A *add.* ἔσται] εἰς π.
5. 1. ἔκδυσαι, Ἱερουσαλήμ, τὴν στολὴν τοῦ π.
La. 5. 15. ἐστράφη εἰς π. ὁ χορὸς ἡμῶν (1 *a*)
Ez. 24. 17. R ὀσφύος π. [A B -ους] ἔσῃ [A ἔσται αὔτη] (1 *a*)
I Ma. 1. 25. ἐγένετο π. μέγα ἐπὶ Ἰσρ.
— 27. A R καθημένη ἐν παστῷ ἐγένετο ἐν πένθει [S ἐπένθει]
— 39. αἱ ἑορταὶ αὐ. ἐστράφησαν εἰς πένθος
— 40. τὸ ὕψος αὐ. ἐστράφη εἰς πένθος
I Ma. 3. 51. καὶ οἱ ἱερεῖς σου ἐν πένθει
9. 41. μετεστράφη ὁ γάμος εἰς πένθος
12. 52. ἐπένθησε πᾶς Ἰσρ. π. μέγα
III Ma. 4. 2. ἀνήκεστον π. ἦν
[**Aq.** Jb. 30. 31 : Je. 6. 26.]
[**Sm.** Dt. 26. 14 : Jb. 30. 31 : Je. 6. 26 : 9. 18 (17), 20 (19) : Ez. 24. 17.]
[**Th.** Jb. 30. 31.]

πενία. (1) עֳנִי (2) *a.* רֵאשׁ *b.* רָאשׁ *c.* רֵישׁ *d.* רִישׁ
Jb. 36. 8. συσχεθήσονται ἐν σχοινίοις πενίας (1)
Pr. 6. 11. ἐμπαραγίνεταί σοι ὥσπερ κακὸς ὁδοιπόρος ἡ π. (2 *a*)
10. 4. πενία ἄνδρα ταπεινοῖ (2 *b*)
— 15. συντριβὴ δὲ ἀσεβῶν πενία (2 *c*)
13. 18. πενίαν καὶ ἀτιμίαν ἀφαιρεῖται παιδεία (2 *c*)
24. 31 (30. 8). πενίαν [A παιδείαν] μή μοι δῷς (2 *a*)
— 49 (34). ἥξει προπορευομένη ἡ π. σου (2 *c*)
— 75 (31. 7). ἵνα ἐπιλάθωνται τῆς π. (2 *d*)
28. 19. ὁ δὲ διώκων σχολὴν πλησθήσεται πενίας (2 *d*)
Si. 2. 5. S² ἐν νόσοις καὶ πενίᾳ ἐπ' αὐτῷ πεποιθὼς γίνου
[**Aq.** Dt. 26. 7 : Ps. 106 (107). 41.]
[**Sm.** Pr. 13. 18.]

πενιχρός. (1) דַּל (2) עָנִי
Ex. 22. 25. ἐὰν δὲ ἀργ. ἐκδανείσῃς τῷ ἀδ. τῷ π. (2)
Pr. 28. 15. ὃς τυραννεῖ πτωχὸς ὢν ἔθνους πενιχροῦ (1)
29. 7. ἐπίσταται δίκαιος κρίνειν πενιχροῖς (1)

πενταετηρικός.
II Ma. 4. 18. ἀγομένου δὲ π. ἀγῶνος

πενταετής. (1) בֶּן־חָמֵשׁ שָׁנִים
Le. 27. 5. ἀπὸ πενταετοῦς ἕως εἴκοσι ἐτῶν [A *al.*] (1)
— 6. ἀπὸ δὲ μηνιαίου ἕως πενταετοῦς (1)

πεντάκις. (1) חָמֵשׁ פְּעָמִים
III Ki. 22. 16. B¹ π. [A B² ἔτι δὶς, R ποσάκις] ἐγὼ ἐξορκίζω σε †
IV Ki. 13. 19. εἰ ἐπάταξας π. (1)

πεντακισχίλιοι.
Nu. 31. 32†, 36†.
Jd. 20. 45†.
III Ki. 4. 32.
I Ch. 5. 21 : 29. 7.
II Ch. 35. 9.
I Es. 1. 9† : 2. 14 : 5. 43, 45.
II Es. 1. 11 : 2. 69.
Es. 9. 16.
I Ma. 4. 1, 34 : 7. 32† : 10. 42 : 15. 18†.
II Ma. 12. 10, 26, 28 : 13. 2 : 15. 27.

πεντακισχίλιος.
I Ma. 4. 28. συνελόχησεν . . . πεντακισχιλίαν ἵππον

πεντακόσιοι.
Ge. 5. 30, 32 : 11. 11.
Ex. 30. 23, 24 : 39. 3 (38. 26), 7 (38. 29)†.
Nu. 1. 21, 31†, 33, 41, 46 : 2. 11, 19, 26†, 28, 32 : 3. 22 : 4. 48 : 26. 22, 27, 18†, 34†, 37, 41 : 31. 28, 36, 39, 43, 45.
Jd. 8. 26†.
II Ki. 24. 9.
III Ki. 5. 16† : 9. 23†.
I Ch. 4. 42.
II Ch. 13. 17 : 26. 13 : 29. 33† : 35. 9.
I Es. 5. 43.
Ne. 11. 8†.
Es. 9. 6, 12.
Jb. 1. 3 *bis*.
Ez. 42. 16, 17, 18, 19, 20 *bis* : 45. 2 *bis* : 48. 16 *quater*, 30, 32, 33, 34.
Da. LXX. Su. 30.
I Ma. 6. 35† : 7. 32† : 15. 31 *bis*.
II Ma. 8. 22 : 10. 31 : 12. 10, 20† : 14. 39.
III Ma. 5. 2.
[**Aq.** III Ki. 9. 23 : Ez. 42. 20 *bis*.]

πεντακόσιος.
I Ma. 6. 35. A S πεντακοσία ἵππος διατεταγμένη [R *al.*]

πεντάπηχυς. (1) חָמֵשׁ בָּאַמָּה
I Ch. 11. 23. ἄνδρα ὁρατὸν π. (1)

πενταπλασίως. (1) חָמֵשׁ יָדוֹת
Ge. 43. 34. ἐμεγαλύνθη δὲ ἡ μερὶς B. . . . π. (1)

πενταπλοῦς. (1) חֲמִשִׁי
III Ki. 6. 31. A καὶ φλιὰς πενταπλᾶς (1)

πεντάπολις.
Wi. 10. 6. δίκαιον . . . ἐρρύσατο φυγόντα πῦρ καταβάσιον πενταπόλεως

πέντε.
Ge. 5. 6, 10, 11, 15, 17, 21, 23, 30 : 7. 20 : 11. 12, 25†, 32 : 12. 4 : 14. 10 : 18. 28†, 28 *ter* : 25. 7 : 45. 6, 11, 22 : 46. 27 : 47. 2.
Ex. 1. 5 : 12. 40†, 41† : 22. 1 (21. 37) : 26. 3 *bis*, 9, 26, 27 *bis*, 37 *bis* : 27. 1 *bis*, 14, 15, 18 : 37. 6 (36. 38) *bis*, 12 (38. 14)†, 13 (38. 15)†, 16 (38. 16) : 39. 2 (38. 25), 6 (38. 28).
Le. 26. 8 : 27. 6, 7.
Nu. 1. 37, 25 : 2. 15, 23 : 3. 47, 50 : 4. 3†, 23, 30, 35, 39, 43, 47 : 7. 17 *ter*, 23 *ter*, 29, 29†, 29, 35†, 35 *bis*, 41, 41†, 41, 47 *ter*, 53 *ter*, 59 *ter*, 65 *ter*, 71 *ter*, 77 *ter*, 83 *ter* : 8. 24 : 11. 19 : 18. 16 : 26. 41, 50† : 31. 8, 32, 37.
De. 10. 22†.
Jo. 10. 5, 16, 17, 22, 23†, 26 : 13. 3 : 14. 10.
Jd. 3. 3 : 8. 10 : 18. 2, 7, 8, 14, 17 : 20. 15†, 35, 45†, 46.
I Ki. 6. 5, 5†, 16, 18 : 17. 5, 40 : 21. 3 (4) : 22. 18 : 25. 18 *bis*, 42.
II Ki. 4. 4 : 9. 10 : 19. 17 (18) : 21. 8.
III Ki. 6. 2†, 6†, 10, 24, 24† : 7. 16, 16†, 20†, 23, 27, 39, 39†, 49 *bis*, 3, 4† : 16. 28 (22. 42)† *bis* : 22. 42 *bis*.
IV Ki. 6. 25 : 7. 13† : 14. 2, 17 : 15. 33 : 18. 2 : 19. 35 : 20. 6 : 21. 1 : 23. 36 : 25. 19.
I Ch. 2. 4, 6, 21† : 3. 20 : 4. 32 : 7. 3, 3†, 7.
II Ch. 3. 11 *bis*, 12† *bis*, 15 *bis* : 4. 2, 6 *bis*, 7 *bis*, 8 *bis* : 6. 13 *bis* : 20. 31†, 31 : 24. 27 : 25. 1, 25 : 27. 1, 8† : 28. 1† : 29. 1 : 33. 1† : 36. 5.
I Es. 1. 39 : 5. 12†, 12, 17, 18, 19, 22 *bis*, 42, 43 *ter*.
II Es. 2. 5, 8, 20, 33, 34, 66, 67.
Ne. 7. 13†, 20†, 25, 36, 67, 68†, 69†.
Ju. 7. 17, 30 : 8. 9, 15 : 16. 23.
Ho. 3. 2.
Za. 8. 21†.
Is. 7. 8 : 17. 6 : 19. 18 : 30. 17 : 37. 36 : 38. 5.
Je. 52. 21, 22.
Ez. 8. 16† : 11. 1 : 40. 8, 13, 14†, 21, 25, 27†, 30, 30† *bis*, 33, 36, 48 *bis* : 41. 2 *bis*, 9, 11, 12 : 42. 1 : 45. 1, 3, 5, 6 *bis*, 12 *bis* : 48. 8, 9 *bis*, 10 *bis*, 13 *bis*, 15 *bis*, 20 *bis*, 21 *bis*.
Da. LXX., Th. 12. 12.
I Ma. 2. 2 : 7. 41 : 10. 40.
II Ma. 2. 23 : 8. 19 : 10. 29 : 11. 5 : 15. 22.
[**Aq.** Ge. 5. 6 : Ex. 36. 38 (6) : III Ki. 6. 10 : IV Ki. 25. 19 : Is. 38. 5.]
[**Sm.** Ge. 5. 6 : Ex. 36. 38 (6) : IV Ki. 25. 19 : Is. 38. 5.]
[**Th.** Ge. 5. 6 : Ex. 36. 38 (6) : IV Ki. 25. 19 : Is. 38. 5 : Je. 52. 30 : Ez. 8. 16.]
[**Heb.** IV Ki. 6. 25.]

πεντεκαίδεκα, *vid. sub* **πέντε** *et* **δέκα.**

πεντεκαιδέκατος. (1) חֲמֵשׁ עֶשְׂרֵה, חֲמִשָּׁה עָשָׂר
Ex. 16. 1. τῇ δὲ π. ἡμέρᾳ (1)
Le. 23. 6. ἐν τῇ π. ἡμέρᾳ τοῦ μηνὸς τούτου (1)
— 34. τῇ π. τοῦ μηνός (1)
— 39. ἐν τῇ π. ἡμέρᾳ (1)
Nu. 28. 17. B πεντεκαιδεκάτῃ ἡμέρᾳ τοῦ μηνός (1)
29. 12. τῇ π. ἡμέρᾳ τοῦ μηνὸς τοῦ ἑβδ. (1)
33. 3. τῇ π. ἡμέρᾳ τοῦ μηνὸς τοῦ πρώτου (1)
III Ki. 12. 32. ἐν τῇ π. ἡμέρᾳ τοῦ μηνός (1)
— 33. τῇ π. ἡμέρᾳ ἐν τῷ μηνὶ τῷ ὀγδ. (1)
IV Ki. 14. 23. ἐν ἔτει π. τοῦ Ἀμ. (1)
I Ch. 24. 14. τῷ B. ὁ π. [B *al.*] (1)
25. 22. ὁ π. Ἱεριμώθ (1)
II Ch. 15. 10. ἐν τῷ π. ἔτει τῆς βασ. Ἀσά (1)
Es. 9. 18. ἦγον δὲ καὶ τὴν π. [S¹ τῇ π.] (1)
— 19. A B S [R *om.*] τὴν π. τοῦ Ἀδὰρ ἡμέραν –
— 21. ἄγειν . . . τὴν π. [S² ἡμέραν πέμπτην καὶ δεκάτην] τοῦ Ἀ. [A *om.* τ. Ἀ.] (1)

Es. 10. 3. καὶ τῇ π. τοῦ αὐτοῦ μηνός [A[1] S[1] *al.*]
Ez. 20. 1. τῇ π. [A ἐν τῷ πέμπτῳ μηνὶ δεκάτῃ] τοῦ μηνός †
32. 17. πεντεκαιδεκάτῃ τοῦ μηνός (1)
45. 25. πεντεκαιδεκάτῃ [A *add.* ἡμέρᾳ] τοῦ μηνός (1)
I Ma. 1. 54. S R τῇ [A *om.*] π. ἡμέρᾳ Χασ.
II Ma. 11. 33, 38. A Ξανθικοῦ πεντεκαιδεκάτῃ [R πέμπτῃ καὶ δεκ.]

πεντήκοντα.

Ge. 5. 31 : 6. 15 : 7. 24 : 8. 3 : 9. 28, 29 : 18. 24 *bis*, 26, 28.
Ex. 26. 5 *bis*, 6, 10 *bis*, 11 : 27. 12, 13, 18 *bis* : 30. 23, 23† : 37. 10 (38. 12)†, 11 (38. 13)†, 13 (38. 15)† : 39. 3 (38. 26).
Le. 23. 16 : 27. 3, 16.
Nu. 1. 23, 29, 31†, 25, 43, 46 : 2. 6, 8, 13, 15, 16 *bis*, 30, 31, 32 : 3. 34 : 4. 3, 36, 48† : 16. 2, 17†, 35 : 26. 7†, 10, 34† : 31. 30, 47, 52.
De. 22. 29.
Jo. 7. 21.
Jd. 3. 11† : 7. 11.
I Ki. 6. 19.
II Ki. 15. 1 : 24. 24.
III Ki. 1. 5 : 7. 2, 6, 6† : 9. 23† : 10. 29† : 18. 4, 13, 19†, 19, 22.
IV Ki. 1. 9, 10 *bis*, 11, 12 *bis*, 13, 13†, 14† : 2. 7, 16, 17 : 6. 25, 25† : 13. 7 : 15. 2, 20, 25 : 21. 1.
I Ch. 5. 21 : 8. 40† : 9. 9 : 12. 33 : 15. 6†, 7†.
II Ch. 1. 17 : 2. 17 (16) : 3. 9 : 8. 10, 18 : 14. 8 (7)† : 26. 3 : 33. 1.
I Es. 5. 10, 12†, 14, 18 *bis*, 21 *bis*, 24, 37 : 8. 30, 32, 56.
II Es. 2. 7, 14, 15, 22, 29, 30, 31, 37, 60 : 8. 3, 6, 26.
Ne. 5. 17 : 6. 15 : 7. 10†, 12, 20, 26†, 33, 33†, 34, 40, 70.
To. 1. 21† : 14. 2†, 11†.
Ju. 1. 2†.
Es. 5. 14 : 7. 9.
Hg. 2. 17 (16).
Ez. 4. 4 : 40. 15†, 21, 25, 30, 33, 36 : 42. 2, 7, 8 : 45. 2, 12 : 48. 17, 17†, 17 *bis*.
I Ma. 9. 61†.
II Ma. 4. 9 : 12. 17 : 13. 5.
[Aq. III Ki. 9. 23 : 18. 13, 19 : Ez. 42. 6 (Sw.).]
[Sm. Ez. 42. 6 (Sw.).]
[Th. III Ki. 18. 13 : Ez. 42. 6 (Sw.).]
[Al. Le. 27. 16 : Nu. 26. 47 (31) : IV Ki. 1. 14.]

πεντηκονταετής. (1) בֶּן־חֲמִשִּׁים שָׁנָה

Nu. 4. 23, 30, 35, 39, 43, 47. ἕως πεντηκονταετοῦς (1)
8. 25. καὶ ἀπὸ πεντηκονταετοῦς (1)

πεντηκόνταρχος. (1) שַׂר־הַחֲמִשִּׁים, שַׂר חֲמִשִּׁים

Ex. 18. 21. καταστήσεις . . . πεντηκοντάρχους (1)
— 25. ἐποίησεν αὐτοὺς . . . πεντηκοντάρχους (1)
De. 1. 15. A B[2] R καὶ πεντηκοντάρχους (1)
IV Ki. 1. 9. ἀπέστειλε . . . [A *add.* ἡγούμενον] πεντηκόνταρχον (1)
— 9. ἐλάλησεν ὁ π. -
— 10. εἶπε πρὸς τὸν π. (1)
— 11. ἀπέστειλε . . . ἄλλον π. (1)
— 11. ἐλάλησεν ὁ π. -
— 13. A ἀποστεῖλαι ἡγούμενον πεντηκόνταρχον τρίτον [B *om.* π. τρ.] (1)
— 13. ἦλθεν ὁ π. ὁ τρίτος (1)
— 14. κατέφαγε τοὺς δύο π. τοὺς πρώτους (1)
Is. 3. 3. ἀφελεῖ . . . πεντηκόνταρχον (1)
I Ma. 3. 55. κατέστησεν . . . πεντηκοντάρχους [S[1] *om.*]

πεντηκοστός. (1) חֲמִשִּׁים

Le. 25. 10. B ἁγιάσατε τὸ ἔτος τὸ [A R τὸν] π. ἐνιαυτόν (1)
— 11. τὸ ἔτος τὸ π. ἐνιαυτὸς ἔσται ὑμῖν (1)
IV Ki. 15. 23. ἐν ἔτει π. τοῦ Ἀζ. (1)
— 27. ἐν ἔτει π. καὶ δευτέρῳ τοῦ Ἀζ. (1)
To. 2. 1. ἐν τῇ π. ἑορτῇ [S τῆς ἑορτῆς]
I Ma. 6. 20. ἔτους π. καὶ ἑκατοστοῦ
7. 1. ἔτους ἑνὸς καὶ π.
9. 3. ἔτους τοῦ δευτέρου καὶ π. καὶ ἑκατοστοῦ
— 54. ἐν ἔτει τρίτῳ καὶ π.
II Ma. 12. 32. μετὰ δὲ τὴν λεγομ. Πεντηκοστήν
14. 4. πρώτῳ καὶ ἑκατοστῷ καὶ π. ἔτει

πέπειρος. (1) בָּשַׁל hi.

Ge. 40. 10. πέπειροι οἱ βότρυες σταφυλῆς (1)

πεπιστευμένως.

[Aq. Is. 25. 1 (Sw.).]

πεπιστωμένως.

[Aq. Nu. 5. 22 *bis* : Dt. 27. 15 : Ps. 40 (41). 13 *bis* : 71 (72). 19 *bis* : 88 (89). 53 *bis* : Is. 25. 1 : 65. 16.]

πεποίθησις. (1) בִּטָּחוֹן

IV Ki. 18. 19. τί ἡ π. αὕτη (1)
[Aq. Jb. 8. 14 : Ps. 4. 9 : 77 (78). 53 : Is. 32. 17 : Ho. 2. 18 (20).]
[Sm. Ps. 70 (71). 7 : Is. 32. 17.]
[Th. Ho. 2. 18 (20).]
[Al. Jb. 8. 14.]

πεποιθότως. (1) לָבֶטַח

Za. 14. 11. κατοικήσει Ἱερ. π. S[1] *om.*] (1)
[Aq. Dt. 12. 10.]
[Al. Ge. 34. 25.]

πέπων. (1) אֲבַטִּיחִים

Nu. 11. 5. ἐμνήσθημεν . . . τοὺς π. (1)

πέρα, *vid. sub* **πέραν.**

πέραθεν.

[Sm. Is. 18. 1 : Ze. 3. 10.]

περαίνειν. (1) יָעַל hi. (2) נָוָה

I Ki. 12. 21. B οἱ οὐ περανοῦσιν οὐθέν (1)
Hb. 2. 5. οὐθὲν μὴ περάνῃ (2)
III Ma. 4. 11. τοῦ παράπλου περανθέντος [A[1] -αθ.]
[Aq. Ps. 11 (12). 2.]

περαίτης.

[Aq. Ge. 14. 13.]

πέραν, πέρα. (1) *a.* עֵבֶר *b.* עֵבֶר לְ *c.* עֲבַר *d.* עֲבָרִים *e.* בְּעֵבֶר *f.* בְּעֶבְרֵי *g.* מֵעֵבֶר לְ (2) ὁ, ἡ, τὸ π. *a.* עֵבֶר *b.* עֲבַר *c.* עֲבָרִים *d.* מֵעֵבֶר *e.* עֵבֶר לְ

Ge. 50. 10, 11. ὅ ἐστι π. τοῦ Ἰορδ. (1 *e*)
Nu. 21. 11. ἐν Ἀχ. ἐκ τοῦ π. [A Ἀχ. τῷ π.] (2 *c*)
— 13. παρενέβαλον εἰς τὸ π. [B[1] πέρα] Ἀρνῶν (2 *a*)
27. 12. A B τὸ ἐν τῷ π. [R *add.* τοῦ Ἰορδ.] (2 *c*)
32. 19. ἀπὸ τοῦ π. τοῦ Ἰορδ. καὶ ἐπέκεινα (2 *e*)
— 19, 32. ἐν τῷ π. τοῦ Ἰορδ. (2 *a*)
— 32. δῶσετε τὴν κατάσχεσιν ἡμῖν ἐν τῷ π. τοῦ Ἰορδ. (2 *e*)
33. 44. ἐν τῷ π. [B[1] -α] ἐπὶ τῶν ὁρίων Μ. (2 *c*)
34. 15. ἔλαβον τοὺς κλήρους αὐ. π. τοῦ Ἰορδ. (1 *g*)
35. 14. τὰς τρεῖς πόλεις δώσετε π. [A ἐν τῷ π.] τοῦ Ἰορδ. (1 *g* [2 *a*])
De. 1. 1. οὓς ἐλάλησε . . . π. τοῦ Ἰορδ. (1 *e*)
— 5. ἐν τῷ π. τοῦ Ἰορδ. (2 *a*)
3. 8. οἳ ἦσαν π. τοῦ Ἰορδ. (1 *e*)
— 20. ἐν τῷ π. τοῦ Ἰορδ. (2 *a*)
— 25. τὴν γῆν τὴν ἀγαθὴν τ. τὴν οὖσαν π. τοῦ Ἰορδ. (1 *e*)
4. 41. ἀφώρισε Μ. τρεῖς πόλεις π. τοῦ Ἰορδ. (1 *e*)
— 46. ἐν τῷ π. τοῦ Ἰορδ. (2 *a*)
— 47. οἳ ἦσαν π. τοῦ Ἰορδ. (1 *e*)
— 49. πᾶσαν τὴν Ἀρ. π. τοῦ Ἰορδ. (1 *a*)
11. 30. οὐκ ἰδοὺ ταῦτα π. τοῦ Ἰορδ. (1 *e*)
30. 13. οὐδὲ π. τῆς θαλάσσης ἐστί (1 *g*)
— 13. τίς διαπεράσει ἡμῖν εἰς τὸ π. τῆς θαλάσσης (2 *a*)
31. 4. οἳ ἦσαν π. τοῦ Ἰορδ. -
Jo. 1. 15. ἣν δέδωκεν ὑμῖν Μ. εἰς τὸ [A ἐν τῷ] π. τοῦ Ἰορδ. (2 *a*)
2. 10 : 5. 1. οἳ ἦσαν π. τοῦ Ἰορδ. (1 *e*)
5. 9 (10). B ἐν τῷ π. τοῦ Ἰορδ. -
9. 1. οἱ βασ. τῶν Ἀμ. οἱ ἐν τῷ π. τοῦ Ἰορδ. (2 *a*)
— 10. οἳ ἦσαν π. τοῦ Ἰορδ. (1 *e*)
12. 1. κατεκληρονόμησαν τὴν γῆν αὐ. π. τοῦ Ἰορδ. (1 *e*)
— 7. οὓς ἀνεῖλεν . . . ἐν τῷ π. τοῦ Ἰορδ. (2 *a*)
13. 8. B ἐν τῷ π. τῷ Ἰορδ. [A R τοῦ Ἰορδ.] (2 *a*)
— 14. ὃν κατεμέρισε . . . ἐν τῷ π. τοῦ Ἰορδ. -
— 27. π. τοῦ Ἰορδ. ἀπ' ἀνατολῶν (1 *a*)
Jo. 13. 32. οὓς κατεκληρονόμησε Μ. π. τοῦ Ἰορδ. [A χειμάρρου] . . . ἐν τῷ π. τοῦ Ἰορδ. (–, 2 *e*)
14. 2 (3). ἀπὸ τοῦ π. τοῦ Ἰορδ. (2 *e*)
17. 5. ἥ ἐστι π. τοῦ Ἰορδ. (1 *g*)
18. 7. ἐλάβοσαν τὴν κληρονομίαν αὐ. π. τοῦ Ἰορδ. (1 *g*)
20. 8. ἐν τῷ π. τοῦ Ἰορδ. ἔδωκε Βοσόρ (2 *e*)
21. 36. π. τοῦ Ἰορδ. τοῦ κατὰ Ἱερ. -
22. 4. ἣν ἔδωκεν ὑμῖν Μ. ἐν τῷ π. τοῦ Ἰορδ. (2 *a*)
— 7. ἔδωκεν Ἰ. . . . ἐν τῷ π. τοῦ Ἰορδ. (2 *a*)
— 11. ᾠκοδόμησαν . . . ἐν τῷ π. υἱῶν Ἰσρ. (2 *a*)
24. 2. π. τοῦ ποταμοῦ παρῴκησαν (1 *e*)
— 3. ἔλαβον τὸν πατέρα ὑ. τὸν Ἀβρ. ἐκ τοῦ π. τοῦ ποταμοῦ (2 *a*)
— 8. τῶν κατοικούντων π. τοῦ Ἰορδ. (1 *e*)
— 14. οἷς ἐλάτρευσαν . . . ἐν τῷ π. τοῦ ποτ. (2 *a*)
— 15. τοῖς θεοῖς τῶν πατ. ὑμῶν τοῖς ἐν τῷ π. τοῦ ποταμοῦ (2 *a*)
Jd. 5. 17. Γαλ. ἐν τῷ π. τοῦ Ἰορδ. ἐσκήνωσε (2 *a*)
7. 25. ἤνεγκαν πρὸς Γεδ. ἀπὸ [A ἐκ τοῦ] π. τοῦ Ἰορδ. (1 *a* [2 *e*])
10. 8. τοὺς πάντας υἱοὺς Ἰσρ. τοὺς ἐν τῷ π. τοῦ Ἰορδ. [A *al.*] (2 *a*)
11. 18. παρενέβαλον ἐν πέραν [A τῷ π.] Ἀρνῶν (1 *a* [2 *a*])
— 29. παρῆλθεν . . . εἰς τὸ π. υἱῶν Ἀμμών †
I Ki. 13. 23. B ἐξῆλθεν . . . τὴν ἐν τῷ π. Μαχ. (2 *d*)
14. 1. B τὴν ἐν τῷ π. ἐκείνῳ (2 *a*)
26. 13. διέβη Δ. εἰς τὸ π. (2 *a*)
30. 10. οἵ τινες ἐκάθισαν π. τοῦ χειμάρρου τοῦ Β. †
31. 7. οἱ ἄνδρες Ἰσρ. οἱ ἐν τῷ π. τῆς κοιλάδος [A *om.* οἱ . . . κ.] καὶ οἱ ἐν τῷ π. τοῦ Ἰορδ. (2 *a*, 2 *a*)
II Ki. 10. 16. τὴν Συρίαν τὴν ἐκ τοῦ π. τοῦ ποταμοῦ Χαλ. (2 *a*)
III Ki. 3. 1. B οὐκ [R ὅτι] ἦν ἄρχων ἐν παντὶ π. τοῦ ποταμοῦ . . . ἐν πᾶσι τοῖς βασιλεῦσι π. τοῦ ποταμοῦ -
4. 24 (5. 4). ἦν ἄρχων [A *add.* ἐν παντὶ] π. τοῦ ποταμοῦ (1 *a*)
— 24 (5. 4). A ἐν πᾶσιν βασιλεῦσιν π. τοῦ ποταμοῦ (1 *a*)
7. 30. A αἱ ὠμίαι κεχυμέναι ἀπὸ π. ἀνδρὸς προσκείμεναι (1 *a*)
10. 15. χωρὶς . . . πάντων τῶν βασιλέων τοῦ π. [A -α] †
14. 15. A λικμήσει αὐτοὺς ἀπὸ π. τοῦ ποταμοῦ (1 *b*)
I Ch. 6. 78 (63). ἐκ τοῦ [A ἐν τῷ] π. τοῦ Ἰορδ. (2 *e*)
12. 37. ἐκ π. τοῦ Ἰορδ. (1 *b*)
19. 16. ἐξήγαγον τὸν Σύρον ἐκ τοῦ π. [A -α] τοῦ ποταμοῦ (2 *a*)
26. 30. ἐπὶ τῆς ἐπισκέψεως τοῦ Ἰσρ. π. τοῦ Ἰορδ. (1 *g*)
II Ch. 20. 2. ἥκει . . . ἐκ π. [A τοῦ π.] τῆς θαλάσσης (1 *b* [2 *e*])
II Es. 4. 10. καὶ τὸ κατάλοιπον π. τοῦ ποταμοῦ (1 *c*)
— 11. παῖδές σου ἄνδρες π. τοῦ ποταμοῦ (1 *c*)
— 17. καὶ τοὺς καταλοίπους π. τοῦ ποταμοῦ (1 *c*)
— 20. R ἐπικρατοῦντες ὅλης τῆς π. [A B ἐσπέρας] τοῦ ποταμοῦ (2 *b*)
5. 3. ἦλθεν ἐπ' αὐτοὺς Θ. ἔπαρχος π. τοῦ ποταμοῦ (1 *c*)
— 6. B ἔπαρχος τοῦ π. [A R *add.* τοῦ ποταμοῦ] (2 *b*)
— 6. οἱ σύνδουλοι αὐ. Ἀφ. οἱ ἐν τῷ π. τοῦ ποταμοῦ (2 *b*)
6. 6. ἔπαρχοι π. τοῦ ποταμοῦ (1 *c*)
— 6. A Ἀφ. οἱ ἐν τῷ π. [B Ἀφ. ἐν πέρα] τοῦ ποταμοῦ (2 *b* [1 *c*])
— 8. ἀπὸ ὑπαρχόντων βασιλέως τῶν φόρων π. τοῦ ποταμοῦ (1 *c*)
— 13. Θανθ. ἔπαρχος π. τοῦ ποταμοῦ (1 *c*)
7. 21. ταῖς γάζαις ταῖς ἐν πέρα τοῦ ποταμοῦ (1 *c*)
— 25. παντὶ τῷ λαῷ τῷ ἐν πέρα τοῦ ποταμοῦ (1 *c*)
8. 36. καὶ ἐπάρχοις π. τοῦ ποταμοῦ (1 *a*)
Ne. 2. 7, 9. πρὸς τοὺς ἐπάρχους π. τοῦ ποταμοῦ (1 *a*)
3. 7. R ἕως θρόνου τοῦ ἄρχοντος τοῦ π. τοῦ ποταμοῦ (2 *a*)
Ju. 1. 9. καὶ π. τοῦ Ἰορδ. ἕως Ἱερ.
Is. 7. 20. π. τοῦ ποταμοῦ (1 *a*)
9. 1 (8. 23). καὶ π. τοῦ Ἰορδάνου (1 *a*)
Je. 22. 20. βόησον εἰς τὸ π. τῆς θαλάσσης (2 *c*)
30. 10 (49. 32). ἐκ παντὸς π. [A μέρους] αὐτῶν οἴσω τὴν τροπὴν αὐτῶν (1 *a*)

Je. 32 (25). 22. βασιλεῖς τοὺς ἐν τῷ π. τῆς θαλάσσης (2 a)
48 (41). 10. ᾤχετο εἰς τὸ π. υἱῶν Ἀμμών †
52. 8. κατέλαβον αὐτὸν ἐν τῷ π. Ἱεριχώ †
Ba. 3. 30. τίς διέβη π. τῆς θαλάσσης
I Ma. 5. 37. A R ἐκ πέραν [S προσώπου] τοῦ χειμάρρου
— 39. παρενέβαλον π. τοῦ χειμάρρου
— 41. ἐὰν δὲ . . . παρεμβάλῃ π. τοῦ ποταμοῦ
7. 8. κυριεύοντα ἐν τῷ π. τοῦ ποταμοῦ
9. 34. ἦλθεν αὐτὸς . . . π. τοῦ Ἰ.
— 48. διεκολύμβησαν εἰς τὸ π.
11. 60. διεπορεύετο π. τοῦ ποταμοῦ
[**Aq.** Ex. 28. 26 (πρὸς π.): Dt. 32. 49: Jo. 1. 14: II Ki. 10. 16 (ἀπὸ π.): III Ki. 4. 12 (ἀπὸ π.): 14. 15 (ἀπὸ π.): Is. 9. 1 (8. 23): 47. 15.]
[**Sm.** Jo. 1. 14: I Ki. 13. 3, 7: II Ki. 10. 16: Is. 7. 20: 9. 1 (8. 23): 47. 15: Je. 48 (31). 28.]
[**Th.** Jo. 1. 14: II Ki. 10. 16: Is. 9. 1 (8. 23): 47. 15: Je. 22. 20.]
[**Aq.** Dt. 4. 47: I Ki. 14. 4.]

περᾶν.

Wi. 19. 5. A B² R καὶ ὁ μὲν λαός σου παράδοξον ὁδοιπορίαν περάσῃ [B¹ S πειρ.]

πέρας. (1) אֶפֶס (2) *a.* חֵקֶר *b.* מֶחְקָר (3) סוֹף (4) עֵת (5) צֶלַע (6) *a.* קֵץ *b.* קָצֶה *c.* קְצָת *d.* קָצָה *e.* קָצוּ (7) תַּכְלִית

II Ki. 16. 13. B ἐκ [A εἰς] πέρας [AR πλευρᾶς] τοῦ ὄρους (5)
I Es. 9. 17. ἤχθη ἐπὶ πέρας
To. 13. 11. S εἰς πάντα τὰ πέρατα τῆς γῆς
Es. 3. 13. πορευτὴν μέχρι [A ἄχρι] περάτων
— 13. πῶς ἂν ἀχθείη τοῦτο ἐπὶ πέρας
Jb. 28. 3. πᾶν [A καιρῶν] πέρας αὐτὸς [A -οὺς] ἐξακριβάζεται (7)
Ps. 2. 8. καὶ τὴν κατάσχεσίν σου τὰ πέρατα [A πέρα] τῆς γῆς (1)
7. 6. ὑψώθητι ἐν τοῖς πέρασι τῶν ἐχθρῶν μου †
18 (19). 4. εἰς τὰ πέρατα τῆς οἰκουμένης τὰ ῥήματα αὐτῶν (6 b)
21 (22). 27. ἐπιστραφήσονται πρὸς κύριον πάντα τὰ πέρατα [A πέρα] τῆς γῆς (1)
38 (39). 4. γνώρισόν μοι, κύριε, τὸ πέρας μου (6 a)
45 (46). 9. μέχρι τῶν π. τῆς γῆς (6 b)
47 (48). 10. οὕτως καὶ ἡ αἴνεσίς σου ἐπὶ τὰ πέρατα τῆς γῆς (6 e)
58 (59). 13. δεσπόζει τῶν περάτων τῆς γῆς (1)
60 (61). 2. ἀπὸ τῶν περάτων τῆς γῆς (6 b)
64 (65). 5. ἡ ἐλπὶς πάντων τῶν περάτων τῆς γῆς (6 e)
— 8. οἱ κατοικοῦντες τὰ πέρατα [S¹ τὴν γῆν] (6 c)
66 (67). 7. φοβηθήτωσαν αὐτὸν πάντα τὰ πέρατα τῆς γῆς (1)
68 (69). 34. S¹ θάλασσα καὶ πάντα τὰ πέρατα τῆς γῆς [B S² τὰ ἕρποντα ἐν αὐτοῖς] †
71 (72). 8. ἀπὸ ποταμοῦ ἕως περάτων τῆς οἰκουμένης (1)
94 (95). 4. ἐν τῇ χειρὶ αὐτοῦ τὰ [S¹ πάντα τὰ] πέρατα τῆς γῆς (2 b)
97 (98). 3. εἴδοσαν πάντα τὰ πέρατα τῆς γῆς τὸ σωτήριον τοῦ θεοῦ ἡμῶν (1)
118 (119). 96. πάσης συντελείας εἶδον πέρας (6 a)
144 (145). 3. τῆς μεγαλωσύνης αὐτοῦ οὐκ ἔστι πέρας (2 a)
Wi. 6. 1. μάθετε, δικασταὶ περάτων γῆς
8. 1. διατείνει δὲ ἀπὸ πέρατος εἰς [A² S ἐπὶ] πέρας
14. 27. παντὸς ἀρχὴ κακοῦ καὶ αἰτία καὶ πέρας ἐστίν
18. 21. πέρας ἐπέθηκε τῇ συμφορᾷ
19. 4. A R εἷλκε γὰρ αὐτοὺς ἡ ἀξία ἐπὶ τοῦτο τὸ [B S *om.*] π. ἀνάγκη
Si. *prol.* 25. πρὸς τὸ ἐπὶ πέρας ἄγοντα [A S² ἀγαγ.] τὸ βιβλίον ἐκδόσθαι
Am. 8. 2. ἥκει τὸ π. ἐπὶ τὸν λαόν μου Ἰσρ. (6 a)
Na. 2. 9 (10). οὐκ ἦν πέρας τοῦ κόσμου αὐ. (6 d)
3. 3. οὐκ ἦν πέρας τοῖς ἔθνεσιν αὐ. (6 d)
— 9. BS οὐκ ἔστιν [A ἔσται] πέρας τῆς φυγῆς (6 d)
Hb. 2. 3. ἀνατελεῖ εἰς πέρας (6 a)
Ze. 3. 10. ἐκ περάτων ποταμῶν Αἰθιοπίας †
Je. 18. 7. π. λαλήσω ἐπὶ ἔθνος †
— 9. π. λαλήσω ἐπὶ ἔθνος καὶ βασιλείαν †
22. 20. R βόησον εἰς τὸ π. [ABS πέραν] τῆς θαλ. †
28 (51). 13. ἥκει τὸ π. σου ἀληθῶς (6 a)
Ez. 7. 2. π. ἥκει τὸ π. ἥκει (6 a, 6 a)
— 3. ἥκει τὸ π. ἐπὶ σέ [A *om.* ἐ. σέ] (6 a)
— 7 (3). νῦν τὸ π. πρὸς σέ (6 a)
— 10 (6). ἰδοὺ τὸ π. ἥκει (6 a)
21. 25 (30), 29 (34). ἥκει ἡ ἡμέρα ἐν καιρῷ ἀδικίας πέρας (6 a)
30. 3. π. ἐθνῶν ἔσται (4)
Da. LXX. 4. 18. ἕως τῶν π. τῆς γῆς –
Da. TH. 4. 8. καὶ τὸ κύτος αὐ. εἰς τὸ π. ἁπάσης [A τὰ π. π.] τῆς γῆς (3)
— 19. καὶ ἡ κυρεία σου εἰς τὰ π. τῆς γῆς (3)
7. 28. ἕως ὧδε τὸ π. τοῦ λόγου (3)
8. 17, 19. ἔτι γὰρ εἰς καιροῦ πέρας ἡ ὅρασις (6 a)
11. 27. ὅτι ἔτι πέρας εἰς καιρόν (6 a)
— 35. τοῦ ἀποκαλυφθῆναι ἕως καιροῦ πέρας (6 a)
— 40. ἐν καιροῦ [A τῷ καιρῷ] πέρατι (6 a)
12. 6. ἕως πότε τὸ π. . . . τῶν θαυμασίων (6 a)
— 9. ἐσφραγισμένοι οἱ λόγοι ἕως καιροῦ πέρας (6 a)
II Ma. 5. 8. πέρας οὖν κακῆς ἀναστροφῆς
III Ma. 5. 5. λήψεσθαι τὸ φῦλον πέρας τῆς ὀλεθρίας
IV Ma. 18. 6. S¹ ἐστράτευσεν ἐπὶ πέρας [A S³ R Πέρσας]
[**Aq.** I Ki. 17. 1: Jb. 16. 3 (P.): Ps. 58 (59). 14: 118 (119). 96: Pr. 30. 4: Is. 5. 8: 34. 12: 52. 10: Je. 51 (28). 13: Ez. 30. 3: Za. 9. 10.]
[**Sm.** Ge. 6. 14 (13): Jb. 16. 3: Ps. 58 (59). 14: 60 (61). 3: 118 (119). 96: Pr. 30. 4: Is. 9. 7 (6): 41. 9: Je. 51 (28). 13.]
[**Th.** Jb. 16. 3 (P.): 28. 3 *bis*: Ps. 58 (59). 14: Pr. 30. 4: Is. 9. 7 (6): 26. 15: Je. 22. 20: Ez. 7. 6 *bis*: Da. 4. 8: 7. 28.]
[**Al.** I Ki. 2. 10: Jb. 16. 22: Is. 24. 16.]
[**Quint.** Ps. 60 (61). 3.]
[**Heb.** Za. 9. 10.]

περασμός. (1) קֵץ

Ec. 4. 8. οὐκ ἔστι π. τῷ παντὶ μόχθῳ αὐτοῦ (1)
— 16. οὐκ ἔστι π. τῷ παντὶ λαῷ (1)
12. 12. τοῦ [S¹ *om.*] ποιῆσαι βιβλία πολλὰ οὐκ ἔστι π. (1)

περάτης. (1) עִבְרִי

Ge. 14. 13. ἀπήγγειλεν Ἄβραμ τῷ π. (1)

πέρδιξ. (1) קֹרֵא

Si. 11. 30. πέρδιξ θηρευτὴς ἐν καρτάλλῳ
Je. 17. 11. ἐφώνησε π. (1)
[**Aq., Sm., Th.** I Ki. 26. 20.]

περί. I. *c. gen.* * ὁ περί.

Ge. 3. 10†: 12. 17, 20: 17. 20: 19. 21: 20. 2, 3, 7: 21. 11, 12 *bis*, 25: 23. 8: 24. 9, 67: 25. 21: 26. 7 *bis*, 21, 22, 32: 27. 41: 29. 18, 20, 25: 30. 26: 40. 14: 41. 15, 32, 55: 42. 21: 50. 4, 20.
Ex. 8. 8 (4), 9 (5) *bis*, 9 (5)†, 12 (8), 28 (24): 9. 28†: 14. 3†, 14, 25: 22. 9 (8): 24. 8: 28. 12: 30. 10†, 15, 16: 32. 14†, 30, 35.
Le. 1. 4: 4. 3 *bis*, 14, 20, 26, 28, 31, 32†, 35 *bis*: 5. 5, 6 *quinquiens*, 7 *bis*, 8*, 9*, 10, 11 *ter*, 13 *bis*, 15, 16, 18 *bis*: 6. 2 (5. 21) *bis*, 3 (5. 22) *bis*, 4 (5. 24), 6 (5. 26) *bis*, 25 (18)*†, 30 (23)*, 31 (7. 1)*, 35 (7. 5), 37 (7. 7)*: 7. 2 (12), 27 (37): 8. 2*, 14*, 15†, 34: 9. 2, 3, 7*, 7 *bis*, 8*, 10*, 15*, 22*: 10. 16*, 17*, 17, 19* *bis*: 11. 46: 12. 6, 7, 8 *bis*: 13. 36: 14. 13* *bis*, 18, 19*, 19, 20, 21, 22, 29, 31 *bis*, 53: 15. 15 *bis*, 15†, 30 *bis*: 16. 3, 5, 6*, 6, 9, 11*, 11*, 15* *bis*, 16, 17 *bis*, 20, 24, 24† *bis*, 24, 25*, 27* *bis*, 30, 33 *bis*, 34: 17. 11: 19. 22 *bis*: 23. 19, 28.
Nu. 5. 8, 15: 6. 11 *quater*, 16*, 21: 7. 16, 22, 28, 34, 40, 46, 52, 58, 64, 70, 76, 82, 87: 8. 8, 12 *bis*, 19, 20, 21, 22, 24*: 9. 8: 10. 29: 14. 27, 36†: 15. 24, 25†, 25 *ter*, 27, 28 *bis*: 16. 46 (17. 11), 47 (17. 12): 21. 8†: 25. 13: 27. 19: 28. 15, 22†, 22, 30 *bis*: 29. 5 *bis*, 11 *bis*, 11*, 16, 19, 22, 25, 28, 31, 34, 38: 30. 3: 31. 50: 35. 31†.
De. 3. 22: 4. 21: 9. 18, 20: 13. 9 (10): 24. 15†.
Jo. 9. 24: 14. 6.
Jd. 6. 7†, 31†: 9. 3: 11. 35†: 16. 28†: 19. 30†: 21. 6†.
I Ki. 2. 25†: 4. 13: 7. 5, 9: 9. 5, 20: 12. 23†: 14. 45: 18. 8: 19. 3, 4: 20. 12: 21. 2 (3): 22. 8: 23. 9, 21: 25. 39†: 31. 11†.
II Ki. 1. 19†: 3. 8†, 8, 8†, 18: 7. 25: 10. 2, 12: 12. 6, 16: 13. 16: 14. 8: 17. 21: 19. 42 (43): 21. 1.
III Ki. 2. 4†, 18, 19: 4. 33 (5. 13)†, 33 (5. 13) *quater*: 5. 8 (22): 8. 15: 10. 6 *bis*: 12. 15, 24† *ter*: 13. 6†: 14. 13†: 15. 30†: 16. 13: 20 (21). 22, 28: 21 (20). 7 *ter*: 22. 8, 13†.
IV Ki. 6. 11: 8. 3 *bis*, 5 *bis*: 12. 16 (17) *bis*: 19. 4, 9, 20: 22. 13 *quater*.
I Ch. 6. 49 (34): 16. 21†: 19. 2, 5, 13† *bis*: 21. 7, 25†: 22. 11: 29. 30.
II Ch. 8. 15: 9. 5 *bis*, 29: 10. 15: 15. 15: 18. 7, 12, 17: 22. 9: 24. 6: 29. 21 *quater*, 23*, 24 *bis*, 24*: 30. 18: 32. 17, 20: 34. 21 *ter*.
I Es. 1. 24, 33, 42: 2. 22: 3. 17 *bis*: 4. 1, 13, 33: 6. 6, 22, 31.
II Es. 4. 22: 5. 17: 6. 3, 17†: 8. 23, 35 *bis*: 10. 9, 14, 15, 19†.
Ne. 1. 1†, 2 *bis*, 6: 2. 4: 4. 14, 20: 10. 33*, 33, 34: 12. 31†, 38†.
To. 1. 8†, 18†, 19, 19†, 22: 2. 8, 10†: 3. 5, 9†: 4. 1†, 2†: 5. 20†: 6. 10†, 12† *bis*: 7. 17†: 9. 5†: 10. 4†, 6†, 9†: 12. 6†: 14. 4†, 5.
Ju. 4. 2: 5. 5, 21†: 8. 31: 10. 18, 22.
Es. 1. 1 *ter*, 13: 4. 8 *bis*: 6. 2 *bis*, 3†, 4: 7. 7†, 9: 9. 16†: 10. 3 *bis*.
Jb. 1. 5 *bis*, 5†: 29. 10†: 36. 32, 33 *bis*: 42. 8†, 8, 10.
Ps. 37 (38). *tit.*: 39 (40). 6, 7: 71 (72). 15: 86 (87). 3: 90 (91). 11: 115. 3 (116. 12): 121 (122). 8.
Pr. 7. 23.
Ec. 1. 13†: 3. 18: 7. 11 (10), 15 (14): 8. 2.
Ca. 1. 4* †.
Wi. 1. 1: 4. 17: 6. 7, 15: 12. 13, 14: 13. 17, 18 *quater*, 19: 14. 30.
Si. *prol.* 10†: 4. 20, 25, 28: 5. 5: 7. 31: 11. 9: 13. 12: 16. 7, 8: 17. 14: 19. 30*: 21. 1: 28. 4: 30. 1, 7 (?), 14†, 16†, 28 (33. 19), 33 (33. 24)†: 35 (32). 1†: 36. 22 (19): 37. 11†, 11 *octiens*, 11†: 39. 5: 41. 2, 12, 17†, 17, 18 *ter*, 19, 20†, 20, 22: 42. 1, 2 *bis*, 3 *bis*, 4 *bis*, 5 *bis*, 8: 45. 16, 23: 51. 14.
Mi. 1. 1 *bis*.
Na. 1. 14†.
Is. 2. 1 *bis*: 7. 5†: 8. 19, 20 *bis*: 23. 5, 11: 24. 11: 32. 12†: 37. 4, 21, 22: 38. 1, 16: 45. 11, 11†, 11: 46. 11: 52. 15: 53. 4, 10.
Je. 1. 16: 3. 8: 7. 16† *bis*, 22: 11. 14†, 14: 12. 14: 14. 1, 11, 15: 15. 4, 15: 16. 3, 3†, 3 *bis*: 18. 8, 10: 21. 2: 26 (46). 1†: 33 (26). 20: 36 (29). 7: 37 (30). 6: 38 (31). 37: 40 (33). 4, 4†, 5, 9 *bis*: 44 (37). 3: 47 (40). 16†: 49 (42). 2, 20.
Ba. 1. 10, 11, 13.
La. 1. 22: 2. 19: 3. 39: 5. 17 *bis*.
Ez. 6. 9†: 27. 31†: 33. 30: 36. 18†: 38. 17: 42. 13* *bis*: 43. 11, 19, 21* †: 45. 15.
Da. LXX. Su. 5, 10 *bis*: 2. 15, 18: 4. 24, 31 *bis*, 32, 34 *bis*: 5. 10, 11: 6. 5 (6), 18 (19): 7. 19, 20, 23.
Da. TH. Su. 5, 10, 27, 63: 2. 15: 3. 16: 5. 14, 16, 29: 6. 13 (14)†, 14 (15): 7. 16, 19, 20: 9. 20: 10. 21†.
I Ma. 3. 21, 34 *bis*, 43†, 48: 4. 44, 46: 7. 21: 8. 15, 31: 9. 44†, 55: 10. 19, 35, 63 *bis*: 11. 8, 29, 31: 12. 8, 17, 21, 22, 51: 13. 3†, 6 *bis*, 6†, 15: 14. 9, 21, 32, 42, 43: 15. 35.
II Ma. 1. 6: 2. 11*, 13*, 13, 28, 30†: 3. 4†, 6, 7, 9, 14*, 15*: 4. 23, 43, 48*†: 5. 11: 7. 37: 8. 4, 12: 10. 21: 11. 15, 17, 31, 36: 12. 43, 45: 13. 14, 14†, 25: 14. 18*†, 20: 15. 14, 18* *bis*.
III Ma. 1. 22†: 2. 32: 3. 6, 7*: 4. 20: 5. 10, 15*, 30, 37: 6. 33, 36, 40: 7. 8.
IV Ma. 1. 12, 12*: 2. 22†: 4. 5*, 11, 13, 22: 5. 29†, 38†: 6. 28†: 9. 23: 11. 3: 13. 9: 14. 3.
[**Aq.** Ex. 29. 14: III Ki. 13. 6: 14. 13: IV Ki. 19. 21: Jb. 29. 11: 41. 4: Ps. 61 (62). 1: 83 (84). 1: Pr. 27. 13: Is. 38. 17: Je. 7. 16: 14. 1: 15. 4: 18. 23: 26 (33). 3: 42 (49). 2: Ez. 36. 18.]
[**Sm.** Ge. 20. 13: Dt. 28. 66: Ru. 4. 7: I Ki. 12. 7: II Ki. 11. 7: IV Ki. 19. 21: 20. 1: Jb. 14. 21: 15. 2: 24. 22: 29. 11: 31. 1: 34. 29: 36. 33 *bis*: 37. 1, 15, 22: 42. 11: Ps. 9. 1: 16 (17). 9: 28 (29). 10: 31 (32). 5, 6, 8: 34 (35). 20: 35 (36). 2, 3*: 36 (37). 12: 39 (40). 16: 40 (41). 6, 8: 43 (44). 5: 52 (53). 1: 53 (54). 1: 54 (55). 1: 55 (56). 6: 67 (68). 29: 72 (73). 4: 74 (75). 1: 76 (77). 9: 83 (84). 1: 86 (87). 5: 90 (91). 11: 118 (119).

136 : 124 (125). 2 : 137 (138). 2 : Ec. 11. 9 : 12. 14 : Is. 32. 12 *bis* : 37. 4 : 38. 17, 19 : 63. 7 : Je. 6. 16 : 28 (35). 8 : 31 (38). 7 : 33 (40). 4 *bis* : 39 (46). 11 : 43 (50). 1 : 47 (29). 1 : 48 (31). 32 : Ez. 12. 10 : 17. 20 : 19. 4 : 20. 46 (21. 2), 49 (21. 5) : 26. 16 : 33. 13 : 40. 24*, 29*.]
[**Th.** Ex. 29. 14 : III Ki. 13. 6 : Jb. 36. 32, 33 *bis* : Ps. 67 (68). 17 : 83 (84). 1 : Pr. 20. 16 : 27. 13 : Is. 32. 12 *bis* : 37. 4 : 38. 17 : 45. 11 : Je. 27 (34). 19 *ter* : Ez. 19. 4 : 27. 31 : 36. 18 : Da. 6. 13†.]
[**Al.** Le. 14. 12 : 16. 16 : 26. 41 : I Ki. 21. 5 (6).]
[**Quint.** IV Ki. 19. 21.]

II. *c. dat.*

I Ki. 25. 39†.
Pr. 1. 9 : 3. 22 : 6. 21†.

III. *c. acc.* * **ὁ περί.**

Ge. 15. 12 : 24. 47† : 37. 23* : 41. 42.
Ex. 11. 4.
Le. 6. 10 (3)† : 13. 45 : 16. 4†.
De. 20. 19 : 24. 13†.
Jd. 5. 30† : 16. 3†.
I Ki. 1. 5*, 6* : 17. 38† : 25. 16.
II Ki. 15. 18*†.
III Ki. 16. 7† : 21 (20). 32† : 22. 19.
IV Ki. 6. 25†.
I Ch. 28. 1*.
II Ch. 23. 13.
I Es. 3. 6 : 4. 11.
Ne. 10. 34†.
To. 6. 17†.
Ju. 12. 5†.
Jb. 18. 11 : 40. 20 (25).
Ps. 140 (141). 3.
Pr. 7. 3†.
Wi. 14. 22 : 17. 18.
Si. 11. 10 : 45. 18*.
Is. 29. 3, 3†.
Je. 13. 1, 2, 4*, 11 : 34 (27). 2 : 43 (36). 21†.
Ez. 16. 11 *bis*, 12† : 38. 6* *bis*, 9* : 39. 4*.
Da. LXX. 3. 23*, (48), (49)*.
Da. TH. 3. (48), (49)* : 5. 7†, 16†, 29.
I Ma. 9. 40*† : 11. 1*†, 13, 61 : 13. 40*.
II Ma. 1. 13* *bis*, 33*, 36* : 2. 2*† : 3. 17†, 32, 38 : 4. 14, 41* : 5. 1, 17 : 7. 42* : 8. 16*, 27, 30*, 32* : 9. 1, 1*†, 3*, 21*† : 10. 16*, 20*, 25*, 33*, 35* : 11. 2, 6*, 13 : 12. 1, 6*, 11*, 14*, 15*†, 19*, 20*†, 20, 24*, 36*, 37*, 39* : 13. 1*, 8, 14, 15*, 22* : 14. 1*, 18*, 30* : 15. 1*, 6*, 13*, 25*, 26*.
III Ma. 1. 1*, 25*, 27* : 3. 8 : 5. 5, 45, 48† : 6. 1* : 7. 10.
IV Ma. 1. 20†, 20, 21 : 2. 19* : 3. 8, 15† : 5. 4*, 9, 29† : 6. 2* : 9. 12†, 13, 20 : 10. 8 : 11. 10†, 10, 10† : 13. 13* : 14. 7, 8, 19 : 15. 11*, 15, 15* : 16. 3*.
[**Aq.** IV Ki. 1. 2 : Jb. 34. 6 : Ps. 138 (139). 11.]
[**Sm.** Jo. 15. 6* : Jd. 5. 14* : 9. 13 : Jb. 31. 27 : 34. 6 : Ps. 45 (46). 6 : 52 (53). 6 : 88 (89). 8* : 138 (139). 11 : Ec. 11. 10* : Is. 59. 18 : Ez. 13. 5 : 24. 22 : 40. 9*, 14*, 24* (Sw.), 26*, 31* : 41. 3*.]
[**Th.** Jb. 34. 6 : 41. 6.]
[**Al.** Jb. 18. 11 : Ps. 124 (125). 2.]
[**Quint.** Ho. 6. 4*.]

περικύκλῳ. * ὁ π.

Ex. 28. 29 (33).
De. 6. 14* : 13. 7 (8)*.
Jo. 19. 8*†.
Jd. 2. 12*.
IV Ki. 6. 17 : 17. 15*† : 23. 5*.
I Es. 1. 53 : 2. 9*.
Ps. 88 (89). 7*.
Is. 4. 5*.
Ez. 28. 23, 24*† : 32. 23, 24, 26 : 34. 26† : 36. 4*† 7* : 37. 21* : 39. 17*.
Da. LXX., TH. 9. 16*.
[**Aq.** Ps. 26 (27). 6* : Je. 50 (27). 32*.]
[**Sm.** Je. 50 (27). 32*.]
[**Th.** Ez. 32. 23.]
[**Al.** Ez. 32. 25 : 41. 8.]

περιάγειν. (1) הָלַךְ hi. (2) סָבַב *a.* hiph. *b.* hoph. (3) עָבַר hi.

Am. 2. 10. περιήγαγον ὑμᾶς ἐν τῇ ἐρήμῳ (1)
Is. 28. 27. οὐδὲ τροχὸς ἁμάξης περιάξει ἐπὶ τὸ κύμινον (2 *b*)
Ez. 37. 2. περιήγαγέ με ἐπ' αὐτὰ κυκλόθεν (3)
46. 21. περιήγαγέ με ἐπὶ τὰ τέσσαρα μέρη τῆς αὐλῆς (3)
47. 2. περιήγαγέ με τὴν ὁδὸν ἔξωθεν (2 *a*)
II Ma. 4. 38. περιαγαγὼν καθ' ὅλην τὴν πόλιν
6. 10. περιαγαγόντες αὐτὰς τὴν π.
[**Sm.** II Ki. 2. 8 : 14. 20 : Ps. 59 (60). 3 : Ec. 2. 20.]

περιαγκωνίζειν.

IV Ma. 6. 3. περιαγκωνίσαντες ἑκατέρωθεν

περιαιρεῖν. (1) גָּלַל (2) נָצַל *a.* hiph. *b.* hithpa. (3) סָבַב pi. (4) סוּר *a.* qal. *b.* hi. *c.* hoph. (5) עָבַר hi. (6) פָּרַק *a.* pi. *b.* hithpa. (7) פָּרַר hiph. (8) רוּם hi. (9) שָׁכַךְ hi.

Ge. 38. 14. περιελομένη τὰ ἱμάτια τῆς χηρεύσ. (4 *b*)
— 19. R περιείλετο [A -εβάλετο] τὸ θέριστρον (4 *b*)
41. 42. περιελόμενος Φ. τὸν δακτύλιον (4 *b*)
Ex. 8. 8 (4). περιελέτω τοὺς βατράχους (4 *b*)
— 11 (7). περιαιρεθήσονται οἱ βάτραχοι (4 *a*)
— 31 (27). περιεῖλε τὴν κυνόμυιαν ἀπὸ Φ. (4 *b*)
10. 17. περιελέτω ἀπ' ἐμοῦ τὸν θάνατον τοῦτον (4 *b*)
32. 2. περιέλεσθε τὰ ἐνώτια τὰ χρυσᾶ (6 *a*)
— 3. περιείλαντο πᾶς ὁ λαὸς τὰ ἐνώτια (6 *b*)
— 24. εἴ τινι ὑπάρχει χρυσία περιέλεσθε (6 *b*)
33. 6. περιείλαντο . . . τὸν κόσμον αὐτῶν (2 *b*)
34. 34. περιῃρεῖτο τὸ κάλυμμα (4 *b*)
Le. 3. 4. καὶ τὸν λοβὸν . . . περιελεῖ (4 *b*)
— 9. σὺν ταῖς ψόαις περιελεῖ αὐτό (4 *b*)
— 10. περιελὼν ἀνοίσει ὁ ἱερεύς (4 *b*)
— 15. καὶ τὸν λοβὸν . . . περιελεῖ (4 *b*)
4. 8. πᾶν τὸ στέαρ . . . περιελεῖ ἀπ' αὐτοῦ (8)
— 9. καὶ τὸν λοβὸν . . . περιελεῖ αὐτό (4 *b*)
— 19. τὸ πᾶν στέαρ περιελεῖ (8)
— 31. πᾶν τὸ στέαρ περιελεῖ (4 *b*)
— 31. ὃν τρόπον περιαιρεῖται στέαρ (4 *c*)
— 35. πᾶν αὐτοῦ τὸ στέαρ περιελεῖ (4 *b*)
— 35. ὃν τρόπον περιαιρεῖται στέαρ (4 *c*)
6. 34 (7. 4). περιελεῖ αὐτά (4 *b*)
Nu. 17. 5 (20). περιελῶ . . . τὸν γογγυσμὸν υἱῶν Ἰ. (9)
30. 13. ἐὰν δὲ περιελὼν περιέλῃ ὁ ἀνήρ (7, 7)
— 13. ὁ ἀνὴρ αὐτῆς περιεῖλε (7)
— 14. ὁ ἀνὴρ αὐτῆς περιελεῖ (7)
— 16. B^2R ἐὰν δὲ περιελὼν [A -αιρῶν] περιέλῃ (7, 7)
De. 7. 15. περιελεῖ . . . ἀπὸ σοῦ πᾶσαν μαλακίαν (4 *b*)
21. 13. περιελεῖς τὰ ἱμάτια τῆς αἰχμ. (4 *b*)
Jo. 24. 14, 23. περιέλεσθε τοὺς θεοὺς τοὺς ἀλλοτρίους (4 *b*)
I Ki. 1. 14. περιελοῦ τὸν οἶνόν σου (4 *b*)
7. 3. περιέλετε θεοὺς ἀλλοτρίους (4 *b*)
— 4. περιεῖλον [A -αν] . . . τὰς Βααλίμ (4 *b*)
28. 3. περιεῖλε τοὺς ἐγγαστριμύθους (4 *b*)
II Ki. 3. 10. περιελεῖν τὴν βασιλείαν (5)
14. 20. A ἕνεκεν τοῦ περιελεῖν [B -ελθεῖν] τὸ πρόσωπον τοῦ ῥήμ. τ. (3)
I Ch. 21. 8. περίελε δὴ τὴν κακίαν παιδός σου (5)
II Ch. 32. 12. ὃς περιεῖλε τὰ θυσιαστήρια αὐ. (4 *b*)
33. 15. περιεῖλε τοὺς θεοὺς τοὺς ἀλλοτρίους (4 *b*)
34. 33. περιεῖλεν Ἰ. τὰ πάντα βδελύγματα (4 *b*)
Ju. 10. 3. περιείλατο [S -ετο] τὸν σάκκον
Es. 3. 10. περιελόμενος ὁ βασ. τὸν δακτύλιον (4 *b*)
Ps. 118 (119). 22. περίελε ἀπ' ἐμοῦ ὄνειδος (1)
— 39. περίελε τὸν ὀνειδισμόν μου (5)
— 43. μὴ περιέλῃς ἐκ τοῦ στόματός μου λόγον ἀληθείας (2 *a*)
Pr. 4. 24. περίελε σεαυτοῦ σκολιὸν στόμα (4 *b*)
27. 22. οὐ μὴ περιέλῃς τὴν ἀφροσύνην αὐτοῦ (4 *a*)
Jn. 3. 6. περιείλατο τὴν στολὴν αὐ. (5)
Ze. 3. 11. περιελῶ ἀπὸ σοῦ τὰ φαυλίσματα (4 *b*)
— 15. περιεῖλε κύριος τὰ ἀδικήματά σου (4 *b*)
Za. 10. 11. σκῆπτρον Αἰγ. περιαιρεθήσεται (4 *a*)
Je. 4. 1. ἐὰν περιέλῃ τὰ βδελύγματα αὐτοῦ (4 *b*)
— 4. A S^1 περιέλεσθε [B S^2 περιτέμεσθε] τὴν σκληροκαρδίαν ὑμῶν (4 *b*)
Ba. 4. 34. περιελῶ αὐτῆς τὸ ἀγαλλίαμα [A ἄγαλμα]
Ep. Je. 58. ὧν οἱ ἰσχύοντες περιελοῦνται τὸ χρυσίον
II Ma. 4. 38. τὴν τοῦ Ἀνδρ. πορφύραν περιελόμενος
[**Aq., Th.** Pr. 25. 20 : Is. 27. 9.]
[**Sm.** Ge. 49. 10 : Nu. 11. 25 : III Ki. 15. 14 : Jb. 38. 15 : Ps. 118 (119). 29 : Pr. 25. 20 : Is. 25. 8 : 27. 9 : Je. 4. 4 : 16. 5 : Am. 6. 7.]

περιαμαρτίζειν.

[**Aq.** Ex. 29. 36 : Le. 6. 26 (19) : 8. 15 : 9. 15 : 14. 49.]
[**Sm., Th.** Ex. 29. 36 : Le. 8. 15 : 14. 49.]
[**Al.** Ez. 43. 20.]

περιαμαρτισμός.

[**Sm.** Za. 13. 1.]

περιαντλεῖν.

IV Ma. 15. 32. ἐν τῷ τῶν παθῶν περιαντλουμένη κατακλυσμῷ

περιάπτειν.

III Ma. 3. 7. R οὐ τῷ τυχόντι περιῆψαν ψόγῳ [A -αντο φόβῳ]

περιάργυρος.

Ep. Je. 8. αὐτά τε περίχρυσα καὶ περιάργυρα
— 39. τοῖς ἀπὸ τοῦ ὄρους λίθοις ὡμοιωμένοι εἰσὶ . . . τὰ π.
— 50. ὑπάρχοντα γὰρ ξύλινα . . . καὶ περιάργυρα
— 55. εἰς οἰκίαν θεῶν . . . περιαργύρων
— 57. R οὐ μὴ διασωθῶσι [A -σώσουσιν, B διαθῶσιν] θεοὶ . . . περιάργυροι
— 70. οἱ θεοὶ αὐτῶν εἰσι . . . περιάργυροι
— 71. ἀφωμοίωνται οἱ θεοὶ αὐτῶν . . . περιάργυροι

περιαργυροῦν. **περιηργυρωμένος** (1) מְחֻשָּׁק כֶּסֶף (2) נֶחְפָּה בַכֶּסֶף (3) צִפּוּי כֶּסֶף

Ex. 27. 11. αἱ βάσεις αὐ. περιηργυρωμέναι ἀργυρίῳ †
37. 15 (38. 17). αἱ κεφαλίδες αὐ. περιηργυρωμ. ἀργ. (3)
— 15 (38. 17). οἱ στῦλοι περιηργυρωμ. ἀργ. (1 ?)
— 17 (38. 19). αἱ κεφαλίδες αὐ. περιηργυρωμ. ἀργ. (3)
— 18 (38. 19). καὶ αὐτοὶ περιηργυρωμ. ἀργ. †
38. 18 (36. 34). περιηργύρωσε τοὺς στύλους †
— 20. περιηργύρωσεν αὐτάς [A -ούς] †
Ps. 67 (68). 13. πτέρυγες περιστερᾶς περιηργυρωμέναι (2)
Is. 30. 22. μιανεῖς [A S^3 ἐξαρεῖς] τὰ εἴδωλα τὰ περιηργυρωμένα (3)

περιαστράπτειν.

IV Ma. 4. 10. ἄγγελοι περιαστράπτοντες τοῖς ὅπλοις

περιβάλλειν. (1) חָבַק *a.* qal. *b.* pi. (2) כָּסָה *a.* pi. *b.* pu. *c.* hithpa. (3) לָבַשׁ *a.* qal. *b.* hi. (4) נָקַף hi. (5) עָטָה (6) עָטַף (7) פָּרַשׂ (8) שָׁפַךְ

Ge. 24. 65. λαβοῦσα τὸ θέριστρον περιεβάλετο (2 *c*)
28. 20. καὶ ἱμάτιον περιβαλέσθαι (3 *a*)
38. 14. A περιεβάλετο θερίστρῳ [R -βαλε τὸ θ.] (2 *a*)
— 19. A περιεβάλετο [R -είλετο] τὸ θέριστρον †
Le. 13. 45. περὶ τὸ στόμα αὐ. περιβαλέσθω [A -βαλλ.] (5)
De. 22. 12. ἃ ἐὰν περιβάλῃ ἐν αὐτοῖς (2 *a*)
Jd. 4. 18. περιέβαλεν αὐτὸν ἐπιβολαίῳ [A *al.*] (2 *a*)
— 19. καὶ περιέβαλεν αὐτόν [A *al.*] (2 *a*)
Ru. 3. 9. περιβαλεῖς τὸ πτερύγιόν σου (7)
I Ki. 28. 8. περιεβάλετο ἱμάτια ἕτερα (3 *a*)
III Ki. 1. 1. περιέβαλλον αὐτὸν ἱματίοις (2 *a*)
11. 29. Ἀχ. περιβεβλημένος ἱματίῳ καινῷ (2 *c*)
12. 24. B τοῦ περιβαλέσθαι σε -
20 (21). 16, 27 (B). καὶ περιεβάλετο σάκκον -
IV Ki. 8. 15. περιέβαλεν ἐπὶ τὸ πρόσωπον αὐ. (7)
19. 1. καὶ περιεβάλετο σάκκον (2 *c*)
— 2. τοὺς πρεσβυτ. . . . περιβεβλημένους σάκκους (2 *c*)
I Ch. 21. 16. οἱ πρεσβύτεροι περιβεβλημ. ἐν σάκκοις (2 *b*)

II Ch. 28. 15. πάντας τοὺς γυμνοὺς περιέβαλον [A -βαλλον] (3 b)
I Es. 3. 6. καὶ πορφύραν περιβαλέσθαι
Ju. 4. 11. τὸ θυσιαστήριον σάκκῳ περιέβαλον [B[1] -βαλλον]
Es. 5. 1. περιεβάλετο τὴν δόξαν αὐτῆς (3 a)
6. 8. ἦν ὁ βασ. περιβάλλεται (3 a)
8. 13. περιέβαλε συμφοραῖς ἀνηκέστοις
Jb. 23. 9. περιβαλεῖ δεξιὰ καὶ οὐκ ὄψομαι (6)
24. 8. παρὰ τὸ μὴ ἔχειν ἑαυτοὺς σκέπην πέτραν [S[1] om.] περιεβάλοντο (1 b)
Ps. 44 (45). 9. ἐν ἱματισμῷ διαχρύσῳ περιβεβλημένη πεποικιλμένη [S -οις] –
— 13. ἐν κροσσωτοῖς χρυσοῖς περιβεβλημένη πεποικιλμένη [S[1] -οις] (3 a)
47 (48). 12. B[1] περιβάλετε [A B[2] S -λάβετε] αὐτήν (4)
70 (71). 13. περιβαλέσθωσαν αἰσχύνην (5)
72 (73). 6. περιεβάλοντο ἀδικίαν (6)
108 (109). 19. ὡς ἱμάτιον ὃ περιβάλλεται (5)
— 29. A R περιβαλέσθωσαν [S -βαλλ.] ὡς διπλοΐδα αἰσχύνην αὐτῶν (5)
146 (147). 8. τῷ περιβάλλοντι τὸν οὐρανὸν ἐν νεφέλαις (2 a)
Pr. 28. 4. περιβάλλουσιν ἑαυτοῖς τεῖχος †
29. 5. δίκτυον περιβάλλει [S -βαλεῖ] αὐτὸ τοῖς ἑαυτοῦ ποσίν (7)
Ec. 4. 5. ὁ ἄφρων περιέβαλε [A S -έλαβεν] τὰς χεῖρας αὐτοῦ (1 a)
Ca. 1. 7. ὡς περιβαλλομένη ἐπ' ἀγέλαις ἑταίρων σου (5)
Wi. 19. 17. ἀχανεῖ περιβληθέντες σκότει
Si. 40. 4. ἕως περιβαλλομένου ὠμόλινον
Mi. 7. 10. καὶ περιβαλεῖται αἰσχύνην (2 a)
Jn. 3. 6. περιεβάλετο σάκκον (2 a)
— 8. περιεβάλοντο σάκκους οἱ ἄνθρωποι (2 c)
Hg. 1. 6. περιεβάλεσθε καὶ οὐκ ἐθερμάνθητε (3 a)
Za. 3. 6 (5). περιέβαλον αὐτὸν ἱμάτια (3 b)
Is. 4. 1. τὰ ἱμάτια ἡμῶν περιβαλούμεθα (3 a)
37. 1. περιεβάλετο σάκκον (2 c)
— 2. ἀπέστειλεν . . . τοὺς πρεσβυτέρους τῶν ἱερέων περιβεβλημένους σάκκους (2 c)
58. 7. ἐὰν ἴδῃς γυμνὸν περίβαλε (2 a)
59. 6. οὐδὲ μὴ περιβάλωνται [S -ονται] ἀπὸ τῶν ἔργων αὐτῶν (2 c)
— 17. περιεβάλετο ἱμάτιον ἐκδικήσεως (5)
Je. 4. 30. τί ποιήσεις ἐὰν περιβάλῃ κόκκινον (3 a)
Ba. 5. 2. περιβαλοῦ τὴν διπλοΐδα τῆς παρὰ τοῦ θεοῦ δικαιοσύνης
La. 4. 5. R περιεβάλλοντο [B -βάλοντο, A -έλαβον] κοπρίας (1 b)
Ep. Je. 12. περιβεβλημένων αὐτῶν ἱματισμὸν πορφυροῦν
Ez. 4. 2. περιβαλεῖς ἐπ' αὐτὴν χάρακα (8)
16. 10. περιέβαλόν σε τριχαπτῷ (2 a)
— 18. περιέβαλες αὐτάς (2 a)
18. 7. γυμνὸν περιβαλεῖ [A add. ἱμάτιον] (2 a)
— 16. γυμνὸν περιέβαλε (2 a)
27. 7. περιβαλεῖν σε ὑάκινθον –
32. 3. περιβαλῶ ἐπὶ σὲ δίκτυα [A -νόν μου] (7)
34. 3. τὰ ἔρια περιβάλλεσθε (3 a)
Da. LXX. 12. 6. τῷ ἑνὶ τῷ περιβεβλημένῳ τὰ βύσσινα (3 a)
— 7. ἤκουσα τοῦ περιβεβλημ. τὰ βύσσινα (3 a)
I Ma. 2. 14. περιεβάλοντο σάκκους
3. 47. S R περιεβάλοντο [A -βάλλ.] σάκκους
8. 14. καὶ οὐ περιεβάλοντο πορφύραν
10. 64. S R καὶ περιβεβλημένον αὐτὸν πορφύραν [A σινδόνα]
14. 43. S R ὅπως περιβάληται [A -βάλλ.] πορφύραν
— 44. S[1] R καὶ περιβάλλεσθαι [A S[2] -βαλέσθαι] πορφύραν
III Ma. 6. 26. τίς . . . οὕτως ἀθέσμοις περιέβαλεν αἰκίαις
— 34. R αἰσχύνην ἐφ' ἑαυτοῖς περιβαλλόμενοι [A -βαλόμ.]
[Aq. Ps. 103 (104). 6.]
[Sm. Is. 23. 18 : 57. 16 : 59. 17 : Je. 43 (50). 12 : Ez. 24. 22.]
[Th. Ps. 103 (104). 6 : Is. 23. 18 : 57. 16 : 59. 17 : Je. 43 (50). 12.]
[Al. I Ki. 28. 14.]

περιβιοῦν. (1) חָיָה pi.
Ex. 22. 18 (17). A φαρμακοὺς οὐ περιβιώσετε [B -ποιήσετε] (1)
III Ma. 5. 18. τὴν παροῦσαν ἡμέραν περιβεβιωκότες

περιβλέπειν. (1) נָבַט hi. (2) עָשָׂה (3) פָּנָה (4) שׁוּר
Ge. 19. 17. μὴ περιβλέψῃς εἰς τὰ ὀπίσω (1)
Ex. 2. 12. περιβλεψάμενος δὲ ὧδε καὶ ὧδε (3)
Jo. 8. 20. περιβλέψαντες . . . εἰς τὰ ὀπίσω αὐτῶν (3)
III Ki. 21 (20). 40. περιεβλέψατο ὁ δοῦλός σου (2)
To. 10. 7. S περιεβλέπετο τὴν ὁδόν [A B al.]
11. 5. περιβλεπομένη . . . τὸν παῖδα αὐτῆς
Jb. 7. 8. οὐ περιβλέψεταί με [A οὐκ ἀτενεῖ μοι] ὀφθαλμὸς ὁρῶντός με (4)
Si. 9. 7. μὴ περιβλέπου ἐν ῥύμαις πόλεως
Ba. 4. 36. R περίβλεψον [A B -ψαι] πρὸς ἀνατολάς
5. 5. περίβλεψαι πρὸς ἀνατολάς
[Aq., Th. Jb. 7. 8.]

περίβλεπτος. (1) π. γίνεσθαι יָדַע ni.
Pr. 31. 23. περίβλεπτος δὲ γίνεται ὁ ἀνὴρ αὐτῆς (1)
[Aq. Jb. 28. 18.]
[Sm. Jb. 28. 18 : Pr. 25. 11 : Ca. 1. 11 : La. 4. 7.]
[Th. Pr. 25. 11.]

περίβλημα. (1) בֶּגֶד
Nu. 31. 20. πᾶν π. . . . ἀφαγνιεῖτε (1)
[Sm. Ez. 23. 15.]

περιβόητος.
II Ma. 2. 22. τὸ π. καθ' ὅλην τὴν οἰκουμ. ἱερόν

περιβόλαιον. (1) בֶּגֶד (2) *a.* כְּסוּת *b.* מִכְסֶה (3) *a.* לְבוּשׁ *b.* מַלְבּוּשׁ *c.* תִּלְבֹּשֶׁת (4) מִסְפָּחוֹת
Ex. 22. 27 (26). ἔστι γὰρ τοῦτο π. αὐτοῦ (2 a)
De. 22. 12. ἐπὶ τῶν τεσσ. κρασπέδων τῶν π. σου (2 a)
Jd. 8. 26. A καὶ τῶν π. τῶν πορφυρῶν [B al.] (1)
Jb. 26. 6. οὐκ ἔστι π. τῇ ἀπωλείᾳ [S[1] al.] (2 a)
Ps. 101 (102). 26. ὡσεὶ περιβόλαιον ἑλίξεις [S[1] ἀλλάξεις] αὐτούς (3 a)
103 (104). 6. ἄβυσσος ὡς ἱμάτιον τὸ π. αὐτοῦ †
Is. 50. 3. ὡς σάκκον θήσω τὸ π. αὐτοῦ (2 a)
59. 17. περιεβάλετο . . . τὸ π. αὐ. (3 c)
Jer. 15. 12. π. χαλκοῦν ἡ ἰσχύς σου –
Ez. 13. 21. A διαρρήξω τὰ π. [B ἐπιβ.] ὑμῶν (4)
16. 13. τὰ π. σου βύσσινα (3 b)
27. 7. ἐγένετο περιβόλαιά σου (2 b)
[Sm. I Ki. 15. 27 : Is. 9. 5 (4) : 59. 17 : 61. 3, 10.]
[Th. Is. 61. 3.]

περιβολή. (1) לְבוּשׁ (2) סוּת
Ge. 49. 11. πλυνεῖ . . . ἐν αἵμ. σταφ. τὴν π. αὐτοῦ (2)
Si. 11. 4. ἐν περιβολῇ ἱματίων μὴ καυχήσῃ
50. 11. ἐδόξασε περιβολὴν ἁγιάσματος
Da. LXX. 7. 9. ἔχων περιβολὴν ὡσεὶ χιόνα (1)
II Ma. 3. 26. διαπρεπεῖς δὲ τὴν π.
[Sm. Ez. 17. 17.]

περίβολος. (1) גְּבוּל (2) חוֹמָה
Si. 50. 2. ἀνάλημμα ὑψηλὸν περιβόλου ἱεροῦ
Is. 54. 12. θήσω . . . τὸν π. σου λίθους ἐκλεκτούς (1)
Ez. 40. 5. ἰδοὺ π. ἔξωθεν τοῦ οἴκου κύκλῳ (2)
42. 20. διέταξεν αὐτὸν καὶ περίβολον αὐτῶν [A -όν] (2)
Da. LXX. 3. 1. ἐν πεδίῳ τοῦ π. χώρας Βαβυλωνίας †
I Ma. 14. 48. ἐν περιβόλῳ τῶν ἁγίων
II Ma. 1. 15. κἀκείνου προσελθόντος . . . εἰς τὸν π. τοῦ τεμένους
6. 4. R ἐν τοῖς ἱεροῖς π. [A -ων] γυναιξὶ πλησιαζόντων
III Ma. 4. 11. R μηδὲ τὸ συνόλον καταξιῶσαι περιβόλων [A -ῳ]
IV Ma. 4. 11. ἐπὶ τὸν πάμφυλον τοῦ ἱεροῦ περίβολον
[Aq. IV Ki. 11. 15.]
[Sm. Ps. 47 (48). 14 : 121 (122). 7 : Ez. 40. 5.]
[Th. IV Ki. 11. 8, 15.]

περιβώμιον. (1) פְּסִילִים
II Ch. 34. 3. R ἀπὸ τῶν π. (1)
[Sm. IV Ki. 17. 16 : 21. 7 : 23. 4, 7.]
[Th. IV Ki. 23. 4.]

περιγίνεσθαι.
I Ch. 28. 19. κατὰ τὴν περιγενηθεῖσαν αὐτῷ σύνεσιν †
IV Ma. 13. 3. περιεγένοντο τῶν παθῶν
[Sm. I Ki. 17. 9 : Jb. 39. 32 (40. 2) : Ec. 2. 22.]

περίγλυφος. (1) פָּטַר
III Ki. 6. 29. A καὶ περίγλυφα ἐγκύπτοντα
[Aq., Th. III Ki. 6. 18, 29.]

περιγράφειν.
[Sm. Jb. 26. 10.]

περιγραφή.
[Sm. Jb. 22. 14.]

περιγώνιον.
[Aq. Is. 44. 13.]

περιδεῖν. (1) אָסַר
Jb. 12. 18. περιέδησε ζώνῃ ὀσφύας αὐ. [A al.] (1)
[Sm. Ca. 7. 5 (6).]
[Th. Jb. 12. 18.]

περιδειπνεῖν, περιδειπνίζειν. (1) בָּרָה hiph.
II Ki. 3. 35. ἦλθε πᾶς ὁ λαὸς περιδειπνῆσαι [A -ίσαι] τὸν Δ. (1)

περίδειπνον.
Ep. Je. 32. ὥσπερ τινὲς ἐν περιδείπνῳ νεκροῦ

περιδέξιον. (1) עָגִיל
Ex. 35. 22. ἤνεγκαν . . . περιδέξια –
Nu. 31. 50. προσενηνόχαμεν . . . περιδέξιον (1)
Is. 3. 20. ἀφελεῖ . . . τὰ π. [S[1] om. τὰ π.] –

περιδέρραιον.
[Sm. Ez. 16. 11.]
[Al. Ex. 35. 22.]

περιδιδόναι.
III Ma. 1. 27. A μὴ περιδόντα [? περιϊδ.] τὴν ἄνομον . . . πρᾶξιν [R al.]

περιδιπλοῦν.
Ju. 10. 5. περιεδίπλωσε πάντα τὰ ἀγγεῖα αὐ.

περιδιώκειν.
[Aq. Jb. 13. 25.]

περιδρομή.
[Sm. Ez. 43. 14.]

περιδύειν.
IV Ma. 6. 2. περιέδυσαν τὸν γεραιόν

περιειλεῖν.
[Aq. Ps. 142 (143). 4 : Is. 57. 16.]
[Sm. Jb. 38. 9.]

περιεῖναι. (1) ὁ περιών שָׂרִיד
Jb. 27. 3. πνεῦμα δὲ θεῖον τὸ περιόν μοι ἐν ῥινί [A ῥήμασί μου] –
— 15. οἱ δὲ περιόντες αὐτοῦ ἐν [A αὐτῶν κακῷ] θανάτῳ τελευτήσουσι (1)
31. 21. πολλή μοι βοήθεια περίεστιν [A S πάρεστιν] –
II Ma. 7. 24. ἔτι τοῦ νεωτέρου περιόντος
14. 10. ἄχρι γὰρ Ἰ. περίεστιν
III Ma. 5. 18. A τὴν περιοῦσαν [R παροῦσαν] ἡμέραν περιβεβιωκότες
[Sm. Ec. 8. 10.]

περιεκτικός.
IV Ma. 1. 20. παθῶν δὲ φύσεις εἰσὶν αἱ περιεκτικώταται δύο

περιεργάζεσθαι.
Wi. 8. 5. S[1] τί σοφίας πλουσιώτερον [S τιμιώτ.] τῆς τὰ πάντα περιεργαζομένης [A B S[2] ἐργ.]
Si. 3. 23. ἐν τοῖς περισσοῖς τῶν ἔργων σου μὴ περιεργάζου
[Sm. II Ki. 11. 3 : Ec. 7. 30 (29).]

περιεργασία, περιέργεια.
Si. 41. 22. S[2] ἀπὸ περιεργασίας καὶ [A B S[1] περιεργείας] παιδίσκης αὐτοῦ

περιέρχεσθαι. (1) סָבַב *a.* qal. *b.* ni. *c.* pi. *d.* po. *e.* hi. (2) עָבַר (3) שׁוּט

Jo. 6. 6 (7). παραγγείλατε τῷ λαῷ περιελθεῖν (2)
— 10 (11). περιελθοῦσα ἡ κιβωτός (1 *e*)
— 14 (15). περιήλθοσαν [A -ον] τὴν πόλιν (1 *a*)
15. 10. περιελεύσεται ὅριον . . . ἐπὶ θάλασσαν (1 *b*)
16. 6. περιελεύσεται [A παρελ.] . . . εἰς Θ. (1 *b*)
19. 13. περιελεύσεται . . . ἐπὶ πόλιν Κ. (2)
— 14. περιελεύσεται ὅρια . . . ἐπὶ Ἀ. (1 *b*)
II Ki. 14. 20. ἕνεκεν τοῦ περιελθεῖν [A -ελεῖν] τὸ πρόσωπον τοῦ ῥήμ. τ. (1 *c*)
Jb. 1. 6. A περιελθὼν τὴν γῆν –
— 7. περιελθὼν τὴν γῆν (3)
2. 9. A τόπον ἐκ τόπου περιερχομένη [B S *om.*] –
— 9. S^{2} καὶ οἰκίαν ἐξ οἰκίας περιερχομένη [A B S^{1} *om.*] –
Wi. 6. 16. τοὺς ἀξίους αὐτῆς αὐτὴ περιέρχεται
Je. 38 (31). 22. ἐν σωτηρίᾳ [S εἰς σωτηρίαν] περιελεύσονται ἄνθρωποι (1 *d*)
Ez. 3. 15. περιῆλθον τοὺς κατοικοῦντας †
[**Sm.** Jd. 11. 37 : Ps. 58 (59). 15 : 87 (88). 18 : Je. 49 (30). 3.]
[**Th.** Je. 31 (38). 22.]
[**Al.** Ps. 47 (48). 13.]

περιέχειν. (1) אָזַר (2) אָפַף (3) אָרַךְ hi. (4) כָּתַר pi. (5) נָצַר (6) נָקַף hiph. (7) צָפָה pi. (8) שׁוּט

II Ki. 22. 5. περιέσχον με συντριμμοὶ θανάτου (2)
III Ki. 6. 15. περιέσχε τὸ ἔσω τοῦ οἴκου (7)
— 20 *bis*. περιέσχεν αὐτὸ χρυσίῳ (7)
— 21. ὅλον τὸν οἶκον περιέσχε χρυσίῳ (7)
— 28. περιέσχε τὰ χερ. χρυσίῳ (7)
— 30. τὸ ἔδαφος . . . περιέσχε χρυσίῳ (7)
— 32. A καὶ περιέσχεν χρυσίῳ (7)
— 35. καὶ περιεχόμενα χρυσίῳ (7)
II Ch. 4. 3. περιέχουσι [A -σαι] τὸν λουτῆρα (6)
5. 9. A περιεῖχον [B ὑπερεῖχον] οἱ ἀναφορεῖς (3)
I Es. 8. 7. πολλὴν ἐπιστήμην περιεῖχεν
Jb. 2. 9. A ἵνα ἀναπαύσομαι . . . τῶν περιεχουσῶν με ὀδυνῶν [B S *al.*] –
30. 18. ὥσπερ τὸ περιστόμιον τοῦ χιτῶνός μου περιέσχε με (1)
Ps. 16 (17). 9. οἱ ἐχθροί μου τὴν ψυχήν μου περιέσχον (6)
17 (18). 4. περιέσχον με ὠδῖνες θανάτου (2)
21 (22). 12. ταῦροι πίονες περιέσχον με (4)
— 16. συναγωγὴ πονηρευομένων περιέσχον με (6)
31 (32). 7. σύ μου εἶ καταφυγὴ ἀπὸ θλίψεως τῆς περιεχούσης με (5)
39 (40). 12. περιέσχον με κακά (2)
87 (88). 17. περιέσχον με ἅμα (6)
114 (116). 3. περιέσχον με ὠδῖνες θανάτου (2)
Wi. 18. 14. ἡσύχου γὰρ σιγῆς περιεχούσης τὰ πάντα
Si. 51. 7. περιέσχον με πάντοθεν καὶ οὐκ ἦν ὁ βοηθῶν
Je. 26 (46). 5. οὐκ ἀνέστρεψαν περιεχόμενοι κυκλόθεν †
Ez. 6. 12. ὁ περιεχόμενος ἐν λιμῷ συντελεσθήσεται (5)
16. 57. ὄνειδος εἶ . . . θυγατέρων ἀλλοφύλων τῶν περιεχουσῶν σε κύκλῳ (8)
Da. LXX. 7. 28. σφόδρα ἐκστάσει περιειχόμην †
I Ma. 15. 2. ἦσαν περιέχουσαι τὸν τρόπον τοῦτον
II Ma. 4. 16. περιέσχεν αὐτοὺς χαλεπὴ περίστασις
9. 18. τὴν ὑπογεγραμμ. ἐπιστολὴν . . . περιέχουσαν δὲ οὕτως
11. 16. ἐπιστολαὶ . . . περιέχουσαι τὸν τρόπον τοῦτον
— 22. ἡ δὲ τοῦ βασ. ἐπιστολὴ περιεῖχεν οὕτως
III Ma. 5. 6. διὰ τὴν πάντοθεν περιέχουσαν αὐτοὺς . . . ἀνάγκην
IV Ma. 1. 2. περιέχει ἔπαινον
8. 4. AS^{2}R περιέχοντας [S^{1} *om.*] μέσην τὴν μητέρα
[**Aq.** Dt. 20. 12 : Ez. 4. 3.]
[**Th.** Jb. 6. 12 (P.) : 30. 18.]

περίζωμα. (1) אֵזוֹר (2) *a.* חֲגוֹר *b.* חֲגוֹרָה (3) מִטְפַּחַת

Ge. 3. 7. ἐποίησαν ἑαυτοῖς περιζώματα (2 *b*)
Ru. 3. 15. φέρε τὸ π. τὸ ἐπάνω σου (3)
Pr. 31. 24. ἀπέδοτο περιζώματα τοῖς Χαναναίοις (2 *a*)
Je. 13. 1. κτῆσαι σεαυτῷ π. λινοῦν (1)
— 2. ἐκτησάμην τὸ π. (1)
— 4. λάβε τὸ π. τὸ περὶ τὴν ὀσφύν σου (1)
Je. 13. 6. λάβε ἐκεῖθεν τὸ π. (1)
— 7. ἔλαβον τὸ π. ἐκ τοῦ τόπου (1)
— 10. ἔσονται ὥσπερ τὸ π. τοῦτο (1)
— 11. κολλᾶται τὸ π. περὶ τὴν ὀσφὺν τοῦ ἀνθρώπου (1)
[**Aq., Th.** Je. 13. 7.]
[**Sm.** Is. 11. 5 *bis* : Je. 13. 7.]

περιζωννύναι. (1) אָזַר *a.* qal. *b.* ni. *c.* pi. *d.* hithp. (2) אָסַר (3) *a.* חָגַר *b.* חֲגוֹר *c.* מַחֲגֹרֶת (4) כִּרְבֵּל

Ex. 12. 11. αἱ ὀσφύες ὑμῶν περιεζωσμέναι (3 *a*)
Jd. 3. 16. καὶ περιεζώσατο αὐτήν (3 *a*)
18. 11, 16. A περιεζωσμένοι σκεύη πολεμικά [B *al.*] (3 *a*)
— 17. A περιεζωσμένοι σκεύη πολεμικά (3 *a*)
I Ki. 2. 4. ἀσθενοῦντες περιεζώσαντο δύναμιν (1 *a*)
— 18. παιδάριον περιεζωσμ. ἐφούδ (3 *a*)
17. 39. A περιεζώσατο Δ. τὴν ῥομφ. αὐ. [B *al.*] (3 *a*)
25. 13. A περιεζώσαντο ἀνὴρ τὴν μάχαιραν αὐ. (3 *a*)
— 13. A περιεζώσατο καὶ Δ. τὴν μάχαιραν αὐ. (3 *a*)
II Ki. 3. 31. περιζώσασθε σάκκους (3 *a*)
20. 8. περιεζωσμένος μανδύαν (3 *a*)
— 8. AB περιεζωσμένος [R ἐζ.] μάχαιραν (3 *b*)
21. 16. καὶ αὐτὸς περιεζωσμένος κορύνην (3 *a*)
III Ki. 21 (20). 32. καὶ περιεζώσαντο σάκκους (3 *a*)
IV Ki. 1. 8. ζώνην δερματ. περιεζωσμένος τὴν ὀσφύν (1 *a*)
3. 21. ἀνεβόησαν . . . περιεζωσμένοι ζώνην (3 *a*)
I Ch. 15. 27. Δ. περιεζωσμένος [S περιζωσάμενος] ἐν στολῇ βυσσ. (4)
Ju. 4. 14. σάκκους περιεζωσμένοι τὰς ὀσφύας αὐ.
Jb. 12. 18. A περιζωννύων αὐτοὺς ζώνῃ ὀσφύας αὐ. [B S *al.*] (2)
Ps. 17 (18). 32. ὁ θεὸς ὁ περιζωννύων με δύναμιν (1 *c*)
— 39. περιέζωσάς με δύναμιν εἰς πόλεμον (1 *c*)
29 (30). 11. περιέζωσάς με εὐφροσύνην (1 *c*)
44 (45). 3. περίζωσαι τὴν ῥομφαίαν σου ἐπὶ τὸν μηρόν σου (3 *a*)
64 (65). 6. περιεζωσμένος ἐν δυναστείᾳ (1 *b*)
— 12. ἀγαλλίασιν οἱ βουνοὶ περιζώσονται (3 *a*)
92 (93). 1. καὶ περιεζώσατο (1 *d*)
108 (109). 19. ἣν διὰ παντὸς περιζώννυται [S^{1} ζ.] (3 *a*)
Si. 45. 7. B S περιέζωσεν αὐτὸν περιστολὴν [A -ῇ, R στολὴν] δόξης
Jl. 1. 8. ὑπὲρ νύμφην περιεζωσμένην σάκκον (3 *a*)
— 13. περιζώσασθε καὶ κόπτεσθε οἱ ἱερεῖς (3 *a*)
Is. 3. 24. περιζώσῃ σάκκον (3 *c*)
15. 3. ἐν ταῖς πλατείαις αὐτῆς περιζώσασθε σάκκους (3 *a*)
32. 11. περιζώσασθε [A S *add.* σάκκους] τὰς ὀσφύας (3 *a*)
Je. 1. 17. περίζωσαι τὴν ὀσφύν σου (1 *a*)
4. 8. περιζώσασθε σάκκους (3 *a*)
6. 26. περίζωσαι [S^{1} -σασθε, S^{2} -σετε] σάκκον (3 *a*)
30 (49). 3. περιζώσασθε σάκκους (3 *a*)
La. 2. 10. περιεζώσαντο σάκκους (3 *a*)
Ez. 7. 18. περιζώσονται σάκκους (3 *a*)
9. 11. A περιεζωσμένος [B ἐζ.] τῇ ζώνῃ τὴν ὀσφὺν αὐτοῦ –
27. 31. A περιζῶνται σάκκον (3 *a*)
44. 18. οὐ περιζώσονται βίᾳ (3 *a*)
Da. LXX. 10. 5. τὴν ὀσφὺν περιεζωσμένος βυσσίνῳ (3 *a*)
Da. TH. 10. 5. ἡ ὀσφὺς αὐ. περιεζωσμένη ἐν χρυσίῳ Ὠ. (3 *a*)
I Ma. 3. 58. καὶ εἶπεν Ἰ., Περιζώσασθε
[**Aq.** Is. 8. 9.]
[**Sm.** Dt. 1. 41 : Jb. 12. 18 : Is. 8. 9.]
[**Th.** Dt. 1. 41 : Is. 8. 9 : Ez. 27. 31.]

περιηχεῖν.
[**Sm.** Je. 18. 18.]

περίθεμα. (1) מִכְבָּר (2) עֲנָק (3) צִפּוּי

Ex. 38. 24 (4). A ἐποίησε . . . περίθεμα [B παράθ.] (1)
Nu. 16. 38 (17. 3). ποίησον αὐτὰ . . . περίθεμα τῷ θυσιαστ. (3)
— 39 (17. 4). προσέθηκαν αὐτὰ περίθεμα τῷ θυσιαστ. (3)
Jd. 8. 26. καὶ ἐκτὸς τῶν π. [A *al.*] (2)
[**Sm.** Ez. 7. 20.]
[**Al.** Pr. 1. 9.]

περίθεσις.
[**Sm.** Ps. 31 (32). 9.]

περιϊδεῖν.
III Ma. 1. 27. μὴ περιϊδόντα [?, *cod.* περιδ., R παριδ.] τὴν ἄνομον . . . πρᾶξιν

περιϊέναι.
Wi. 8. 18. περιῄειν ζητῶν ὅπως λάβω [S ἀγάγω] αὐτὴν εἰς ἐμαυτόν

περιΐπτασθαι.
IV Ma. 14. 17. περιϊπτάμενα [S^{1} περιπτ.] κυκλόθεν αὐτῶν

περιϊστάναι. (1) נָצַב ni. (2) סָבַב
Jo. 6. 3. περίστησον αὐτῇ τοὺς μαχίμους [A *al.*] (2)
I Ki. 4. 16. τοῖς ἀνδράσι τοῖς περιεστηκόσιν αὐτῷ –
II Ki. 13. 31. πάντες οἱ παῖδες αὐ. οἱ [A *om.*] περιεστῶτες αὐτῷ (1)
Ju. 5. 22. ἐγόγγυσε πᾶς ὁ λαὸς . . . περιεστὼς [S^{1} *om.*]
Ep. Je. 37. ἄνθρωπον τυφλὸν εἰς ὅρασιν οὐ μὴ περιστήσωσιν [A παραστ.]
II Ma. 14. 9. τοῦ περιϊσταμένου γένους ἡμῶν προνοήθητι
[**Sm.** Ps. 31 (32). 7.]

περικαθαίρειν. (1) מוּל (2) עָבַר hi.
De. 18. 10. περικαθαίρων τὸν υἱὸν αὐτοῦ (2)
Jo. 5. 4. περιεκάθαρεν [A -ηρεν] Ἰ. τοὺς υἱοὺς [A^{1} τοῖς υἱ.] Ἰσρ. (1)
IV Ma. 1. 29. ὧν ἑκάστην ὁ παγγέωργος λογισμὸς περικαθαίρων

περικαθαρίζειν. (1) כָּפַר pu. (2) מוּל (3) עָרֵל
Le. 19. 23. περικαθαριεῖτε τὴν ἀκαθαρσίαν αὐ. (3)
De. 20. 12. A^{1} περικαθαριεῖς [A^{2} B -θιεῖς] αὐτήν †
30. 6. περικαθαριεῖ κ. τὴν καρδίαν σου (2)
Is. 6. 7. τὰς ἁμαρτίας σου περικαθαριεῖ (1)
[**Th.** Is. 58. 11.]

περικάθαρμα. (1) כֹּפֶר
Pr. 21. 18. περικάθαρμα δὲ δικαίου ἄνομος (1)

περικαθῆσθαι. (1) צוּר
Jd. 9. 31. περικάθηνται [A πολιορκοῦσιν] τὴν πόλιν (1)
III Ki. 15. 27. πᾶς Ἰσρ. περιεκάθητο ἐπὶ Γ. (1)
IV Ki. 6. 25. περιεκάθηντο ἐπ' [A περὶ] αὐτήν (1)
I Ma. 5. 3. περιεκάθηντο τὸν Ἰ.
6. 24. R περικάθηνται εἰς τὴν ἄκραν [S -εκάθηντο ἐπ' αὐτόν]
11. 21. Ἰων. περικάθηται τὴν ἄκραν
— 22. S^{2}R τοῦ μὴ π. τῇ ἄκρᾳ [AS^{1} *om.* τῇ ἄ.]
— 23. ἐκέλευσε περικαθῆσθαι

περικαθίζειν. (1) חָנָה (2) לָחַם ni. (3) צוּר (4) קָשַׁר
De. 20. 12. περικαθιεῖς [A^{1} -θαριεῖς] αὐτήν (3)
— 19. ἐὰν δὲ περικαθίσῃς περὶ πόλιν μίαν (3)
Jo. 10. 5. περιεκάθισαν τὴν Γαβ. (1)
— 31. περιεκάθισεν [A -σαν] αὐτήν (1)
— 34. περιεκάθισεν αὐτήν (1)
— 36. περιεκάθισεν [A -σαν] αὐτήν (2)
— 38. καὶ περικαθίσαντες αὐτήν (2)
Jd. 9. 50. A καὶ περιεκάθισεν ἐπ' αὐτήν [B *al.*] (1)
III Ki. 15. 27. περιεκάθισεν αὐτὸν B. (4)
16. 17. περιεκάθισαν ἐπὶ Θ. (3)
21 (20). 1. περιεκάθισεν ἐπὶ Σαμ. –
— 1. περιεκάθισαν [A -εν] ἐπὶ Σαμ. (3)
IV Ki. 6. 24. A B^{2}R περιεκάθισεν [B^{1} -αν] ἐπὶ [B *om.*] Σαμ. (3)
I Ch. 20. 1. περιεκάθισε [A -αν] τὴν Ῥ. (3)
I Ma. 6. 19. τοῦ περικαθίσαι ἐπ' αὐτούς
— 20. περιεκάθισαν ἐπ' αὐτοὺς [S^{1} -ήν]
11. 61. περιεκάθισε περὶ αὐτήν
II Ma. 10. 33. περιεκάθισαν τὸ φρούριον

περικαίειν.
IV Ma. 16. 3. S R ἡ τῆς φιλοτεκνίας περιέκαιεν ἐκείνην [A -η] φύσις
[**Sm.** IV Ki. 16. 3.]

περικαλύπτειν. (1) חָפַשׂ hithp. (2) כָּסָה pi. (3) סָכַךְ (4) שָׁבַץ pu.

Ex. 28. 20. περικεκαλυμμένα χρυσίῳ (4)
Nu. 32. 38. A ᾠκοδόμησαν . . . περικεκαλυμμένας [B -κεκυκλωμ.] †
I Ki. 28. 8. A καὶ περιεκαλύψατο [B συνεκ.] Σ. (1)
III Ki. 7. 17. περικαλύψαι τὸ ἐπίθεμα τῶν στύλων –
— 42. π. ἀμφοτ. τὰ ὄντα τὰ στρεπτά (2)
8. 7. περιεκάλυπτον τὰ χ. ἐπὶ [A om.] τὴν κιβ. (3)

περικαμπής.

[Aq. Is. 40. 4 : Ho. 6. 8.]

περικατάληπτος.

II Ma. 14. 41. π. γενόμενος ὑπέθηκεν ἑαυτῷ ξίφος

περικείρειν. (1) קָצַץ

Je. 9. 26 (25). ἐπὶ πάντα περικειρόμενον τὰ κατὰ πρόσωπον αὐτοῦ (1)
32 (25). 23. πᾶν περικεκαρμένον [S πάντα περικειρόμ.] κατὰ πρόσωπον αὐτοῦ (1)

περικεῖσθαι.

Ep. Je. 24. τὸ χρυσίον ὃ περίκειται εἰς κάλλος
— 58. τὸν ἱματισμὸν τὸν περικείμενον αὐτοῖς
IV Ma. 12. 3. ὁρῶν ἤδη τὰ δεσμὰ περικείμενον
[Sm. Is. 61. 10.]

περικεφαλαία. (1) כּוֹבַע (2) קוֹבַע

I Ki. 17. 5. περικεφαλαία [A -αν] ἐπὶ τῆς κεφ. αὐ.(1)
— 38. ἐνέδυσε . . . π. χαλκῆν (2)
— 49. διέδυ ὁ λίθος διὰ τῆς π. –
II Ch. 26. 14. ἡτοίμασεν . . . περικεφαλαίας (1)
Is. 59. 17. περιέθετο περικεφαλαίαν [S add. ὡς] σωτηρίου (1)
Je. 26 (46). 4. καταστήτε ἐν ταῖς π. ὑμῶν (1)
Ez. 23. 24. A καὶ πέλται καὶ περικεφαλαῖαι [B om. κ. π.] (2)
27. 10. πέλτας καὶ περικεφαλαίας ἐκρέμασαν (1)
38. 4. πέλται καὶ περικεφαλαῖαι †
— 5. πάντες περικεφαλαίαις καὶ πέλταις (1)
I Ma. 6. 35. καὶ π. χαλκαῖ ἐπὶ τῶν κεφαλῶν αὐ.
[Aq. I Ki. 17. 5 : Ez. 27. 10.]
[Sm., Th. I Ki. 17. 5 : Ez. 23. 24.]

περικλᾶν.

Wi. 4. 5. περικλασθήσονται κλῶνες ἀτέλεστοι
IV Ma. 7. 5. περιέκλασε τοὺς μαινομ. τῶν παθῶν κλύδωνας
10. 6. τοὺς ἀγκῶνας περιέκλων
[Aq. Jb. 8. 12 : Ez. 17. 22.]

περικλύζειν.

To. 6. 2. κατέβη περικλύσασθαι [S al.]
Ju. 10. 3. περιεκλύσατο τὸ σῶμα ὕδατι

περικνημίς. (1) כַּרְבְּלָא

Da. TH. 3. 21. ἐπεδήθησαν σὺν . . . περικνημῖσι (1)

περικομπεῖν.

Wi. 17. 4. ἦχοι δὲ καταράσσοντες [B¹ ἐκταρίσσοντες, S ταράσσοντες] αὐτοὺς περιεκόμπουν

περικόπτειν.

[Aq. Ps. 74 (75). 11 : Za. 11. 10.]

περικοσμεῖν. (1) חָטַב pu.

Ps. 143 (144). 12. περικεκοσμημέναι ὡς ὁμοίωμα ναοῦ (1)

περικρατεῖν.

IV Ma. 1. 9. περικρατεῖ τῶν παθῶν ὁ λογισμός
2. 2. περιεκράτησε τῆς ἡδυπαθείας
7. 17. τῶν παθῶν οὐ πάντες περικρατοῦσιν
— 22. οὐκ ἂν περικρατήσειε τῶν παθῶν
14. 11. εἰ ὁ λογισμὸς περιεκράτησε τῶν ἀνδρῶν ἐκ.
[Sm. Je. 20. 7.]

περικρατής.

Da. TH. Su. 39. A ἐκείνου μὲν οὐκ ἠδυνήθημεν περικρατεῖς [B ἐγκρ.] γενέσθαι

περικυκλοῦν. (1) נָקַף hi. (2) סָבַב a. qal. b. ni. c. hoph. d. סָבִיב (3) סָעַד

Ge. 19. 4. περιεκύκλωσαν τὴν οἰκίαν (2 b)
Ex. 36. 20 (39. 13). περικεκυκλωμένα χρυσίῳ (2 c)
Nu. 21. 4. περιεκύκλωσαν γῆν Ἐδώμ (2 a)
Nu. 32. 38. ᾠκοδόμησαν . . . περικεκυκλωμένας [A -κεκαλυμμ.] (2 c)
Jo. 6. 13 (14). B περιεκύκλωσε τὴν πόλιν (2 a)
7. 9. περικυκλώσουσιν ἡμᾶς (2 b)
Jd. 19. 22. A περιεκύκλωσαν [B ἐκ.] τὴν οἰκίαν (2 b)
20. 5. A περιεκύκλωσαν [B ἐκ.] ἐπ' ἐμέ (2 a)
IV Ki. 6. 14. περιεκύκλωσαν τὴν πόλιν (1)
17. 15. A ὀπίσω ἐθνῶν τῶν περικυκλωσάντων αὐτούς [B al.] (2 d)
II Ch. 33. 14. A B περιεκύκλωσεν τὸ ἄδυτον (2 a)
Ju. 13. 13. περιεκύκλωσαν αὐτάς
Jb. 30. 4. οἱ περικυκλοῦντες ἅλιμα ἐπὶ ἠχοῦντι †
Ps. 16 (17). 11. νυνὶ περιεκύκλωσάν με (2 a)
17 (18). 5. ὠδῖνες ᾅδου περιεκύκλωσάν με (2 a)
21 (22). 12. περιεκύκλωσάν με μόσχοι πολλοί (2 a)
Pr. 20. 28. περικυκλώσουσιν ἐν δικαιοσύνῃ τὸν θρόνον αὐτοῦ (3)
Je. 38 (31). 39. περικυκλωθήσεται [S¹ -ώσεται] κύκλῳ ἐξ ἐκλεκτῶν λίθων [A om.] (2 b)
52. 21. σπαρτίον . . . περιεκύκλου [A περικυκλοῦν, S¹ περικυκλοῖ] αὐτόν (2 a)
[Aq. Le. 19. 27 : Ps. 25 (26). 6 : 31 (32). 7, 10 : Je. 31 (38). 22.]
[Sm. Ge. 37. 7 : Ps. 16 (17). 11 : 70 (71). 21 : 87 (88). 18 : 117 (118). 11 : Ca. 2. 5.]
[Al. II Ch. 33. 14.]
[Quint. Ps. 59 (60). 3.]

περικύκλῳ, *vid. sub* **περί.**

περικυλίειν.

[Sm. Ca. 2. 5.]

περιλακίζειν.

IV Ma. 10. 8. ἑώρα τὰς ἑαυτοῦ σάρκας περιλακιζομένας

περιλαμβάνειν. (1) חָבַק a. qal. b. pi. (2) לָפַת (3) נָקַף hi.

Ge. 29. 13. περιλαβὼν αὐτὸν ἐφίλησε (1 b)
33. 4. καὶ περιλαβὼν αὐτόν (1 b)
48. 10. A²B καὶ περιέλαβεν αὐτούς (1 b)
Jd. 16. 29. περιέλαβε Σ. τοὺς δύο κίονας [A στύλους] (2)
IV Ki. 4. 16. σὺ περιειληφυῖα υἱόν (1 a)
Ps. 47 (48). 12. περιλάβετε [B¹ -βάλετε] αὐτήν (3)
Pr. 4. 8. τίμησον αὐτὴν ἵνα σε περιλάβῃ (1 b)
Ec. 3. 5. καιρὸς τοῦ περιλαβεῖν (1 a)
4. 5. A S ἄφρων περιέλαβεν [B -έβαλε] τὰς χεῖρας αὐτοῦ (1 a)
Ca. 2. 6 : 8. 3. ἡ δεξιὰ αὐτοῦ περιλήψεταί με (1 b)
Si. 30. 20. ὥσπερ εὐνοῦχος περιλαμβάνων παρθένον
Is. 31. 9. πέτρᾳ γὰρ περιληφθήσονται ὡς χάρακι †
La. 4. 5. A περιέλαβον [B -εβάλοντο] κοπρίας (1 b)
[Aq. Pr. 6. 10.]
[Al. Ps. 26 (27). 10.]

περιλείπειν. (1) שָׁאַר ni.

II Ch. 34. 21. A περὶ παντὸς τοῦ περιλειφθέντος [B καταλ.] ἐν Ἰσρ. (1)
Hg. 2. 4 (3). S² τίς ἐξ ὑμῶν περιλειφθείς [ABS¹ om.] (1)
II Ma. 1. 31. καθὼς δὲ ἀνηλώθη . . . τὸ περιλειπόμ. ὕδωρ
8. 14. τὰ περιλελειμμένα πάντα ἐπώλουν
IV Ma. 12. 6. A R εὐπειθῆ ποιῆσαι τὸν περιλειπόμενον [S al.]
13. 18. ἑνὶ ἑκάστῳ . . . ἔλεγον οἱ περιλειπόμενοι
[Aq. Le. 26. 39 : Ez. 6. 12.]
[Sm. Le. 26. 39 : Ps. 20 (21). 13 : Ez. 6. 12.]
[Th. Ez. 6. 12.]

περίλημμα, περίληψις. (1) חָבַק pi.

Ec. 3. 5. A καιρὸς τοῦ μακρυνθῆναι ἀπὸ περιλήμματος [B S περιλήψεως] (1)

περίλοιπος. (1) מֵיתָר (2) οἱ π. שְׁאֵרִית

Ps. 20 (21). 12. ἐν τοῖς π. σου ἑτοιμάσεις τὸ πρόσωπον αὐτῶν (1)
Am. 5. 15. ὅπως ἐλεήσῃ . . . τοὺς π. τοῦ Ἰ. (2)

περιλύειν.

IV Ma. 10. 7. S¹ περιλύσαντες τὰ ὄργανα [AS²R al.]
[Aq. I Ki. 5. 9 : Ps. 29 (30). 12 : Is. 52. 2.]

περίλυπος. (1) π. γίγνεσθαι a. חָרָה לְ b. קָצַף (2) π. εἶναι שָׁחַח hithpo.

Ge. 4. 6. ἵνα τί περίλυπος ἐγένου (1 a)
I Es. 8. 71. ἐκάθισα σύννους καὶ περίλυπος
— 72. καὶ ἐκαθήμην περίλυπος
To. 3. 1. S περίλυπος γενόμενος τῇ ψυχῇ [A B al.]
Ps. 41 (42). 5, 11 : 42 (43). 5. ἵνα τί περίλυπος εἶ, ἡ ψυχή μου (2)
Da. LXX. 2. 12. στυγνὸς γενόμενος καὶ περίλυπος (1 b)

περιμένειν. (1) קָוָה pi.

Ge. 49. 18. τὴν σωτηρίαν περιμένων κυρίου (1)
Wi. 8. 12. σιγῶντά με περιμενοῦσι
[Aq. I Ki. 13. 8 : Ps. 30 (31). 25 : 32 (33). 18, 22 : 68 (69). 4 : 118 (119). 49 : 141 (142). 8.]
[Sm. Ex. 24. 14.]
[Al. I Ki. 10. 8.]

περίμετρον. (1) חוּט

III Ki. 7. 15. περίμετρον τέσσαρες καὶ δέκα πήχεις (1)
Si. 50. 3. χαλκὸς [A λάκκος] ὡσεὶ θαλάσσης τὸ π.
III Ma. 4. 11. ἀπλέτῳ καθεστῶτι περιμέτρῳ
[Aq. I Ki. 10. 3.]
[Sm. Dt. 3. 4, 14 : Ps. 132 (133). 2 : Ze. 2. 6.]

περινίπτεσθαι.

To. 6. 2. S κατέβη τὸ παιδίον περινίψασθαι

περινοεῖν.

[Aq., Sm., Th. Pr. 3. 4.]

περίνοια.

[Sm. Ps. 76 (77). 12.]

περιξ.

[Al. Le. 13. 33.]

περιξύειν.

Wi. 13. 11. περιέξυσεν εὐμαθῶς πάντα τὸν φλοιὸν αὐτοῦ

περιξυρᾶν.

[Sm. Le. 19. 27.]

περιοδεύειν. (1) הָלַךְ hithpa. (2) שׁוּט

II Ki. 24. 8. περιώδευσαν ἐν πάσῃ τῇ γῇ (2)
Za. 1. 10. περιοδεῦσαι τὴν γῆν (1)
— 11. περιωδεύσαμεν [A -εύκ.] πᾶσαν τὴν γῆν (1)
6. 7. τοῦ περιοδεῦσαι [S¹ om.] τὴν γῆν (1)
— 7. περιοδεύσατε τὴν γῆν (1)
— 7. περιώδευσαν τὴν γῆν (1)
[Aq. Ec. 7. 26 (25) : Ez. 16. 57.]
[Sm. Ec. 7. 26 (25) : Ca. 3. 3.]

περίοδος. (1) פַּעַם

Jo. 6. 15 (16). τῇ π. τῇ ἑβδ. ἐσάλπισαν (1)

περιοικοδομεῖν. (1) בָּנָה (2) גָּדַר

Jb. 19. 8. κύκλῳ περιῳκοδόμημαι καὶ οὐ μὴ διαβῶ (2)
Je. 52. 4. περιῳκοδόμησαν [A -εν] αὐτήν (1)
Ez. 26. 8. καὶ περιοικοδομήσει –
39. 11. περιοικοδομήσουσι τὸ περιστόμιον τῆς φάραγγος †

περίοικος. (1) בַּת (2) כִּכָּר (3) סָבִיב (4) שָׁכֵן

Ge. 19. 25. A καὶ πᾶσαν περίοικον [R τὴν περίχωρον] (2)
— 29. πάσας τὰς πόλεις τῆς π. (2)
De. 1. 7. πρὸς πάντας τοὺς π. Ἄραβα (4)
Jd. 1. 27. οὐδὲ τὰ π. [A περισπόρια] αὐτῆς (1)
— 27 ter. B οὐδὲ τὰ π. αὐτῆς (1 ?)
III Ki. 7. 46. ἐν τῷ π. τοῦ Ἰορδ. (2)
Je. 30 (49). 5. φέρω φόβον ἐπὶ σὲ ἀπὸ πάσης τῆς π. [A παροίκου] σου (3)
[Al. Jd. 11. 26.]

περιονυχίζειν. (1) עָשָׂה אֶת־צִפָּרְן

De. 21. 12. περιονυχιεῖς αὐτήν (1)

περιορισμός.

[Sm. Ez. 43. 13, 17.]

περιουσία.

[**Aq.** Ge. 14. 21 : Ps. 16 (17). 14.]

περιουσιασμός. (1) סְגֻלָּה

Ps. 134 (135). 4. **A S**[1] Ἰσραὴλ εἰς περιουσιασμὸν αὐτοῦ [**S**[2] **R** ἑαυτῷ] (1)
Ec. 2. 8. συνήγαγόν μοι . . . περιουσιασμοὺς βασιλέων (1)
[**Th.** Ps. 134 (135). 4.]

περιούσιος. (1) סְגֻלָּה (2) λαὸς π. סְגֻלָּה

Ex. 19. 5. ἔσεσθέ μοι λαὸς π. (2)
23. 22. ἔσεσθέ μοι λαὸς π. –
De. 7. 6. εἶναι αὐτῷ λαὸν π. (1)
14. 2. λαὸν περιούσιον ἀπὸ πάντων τῶν ἐθνῶν (1)
26. 18. γενέσθαι σε αὐτῷ λαὸν π. (1)
[**Aq.** Ps. 134 (135). 4 : Ma. 3. 17.]
[**Quint.** Ps. 134 (135). 4.]

περιοχή. (1) מִבְצָר (2) *a.* מָצַד *b.* מְצוּדָה (3) מָצוֹר

I Ki. 22. 4. ὄντος [**A** *om.*] τοῦ Δ. ἐν τῇ π. (2 *b*)
— 5. μὴ κάθου ἐν τῇ π. (2 *b*)
II Ki. 5. 7. κατελάβετο Δ. τὴν π. Σιών (2 *b*)
— 9. ἐκάθισε Δ. ἐν τῇ π. (2 *b*)
— 17. κατέβη εἰς τὴν π. (2 *b*)
23. 14. καὶ Δ. τότε ἐν τῇ π. (2 *b*)
IV Ki. 19. 24. ἐξηρήμωσα . . . πάντας ποταμοὺς περιοχῆς (3)
24. 10. ἦλθεν ἡ πόλις ἐν περιοχῇ (3)
25. 2. ἦλθεν ἡ πόλις ἐν περιοχῇ [**A** *al.*] (3)
I Ch. 11. 5. προκατελάβετο τὴν π. Σιών (2 *b*)
— 7. ἐκάθισε Δ. ἐν τῇ π. (2 *a*)
— 16. Δ. τότε ἐν τῇ π. (2 *b*)
II Ch. 32. 10. καθήσεσθε ἐν τῇ π. ἐν Ἰερ. (3)
Ps. 30 (31). 21. ἐθαυμάστωσε τὸ ἔλεος αὐτοῦ ἐν πόλει περιοχῆς (3)
59 (60). 9. τίς ἀπάξει με εἰς πόλιν περιοχῆς (3)
107 (108). 10. τίς ἀπάξει με εἰς πόλιν περιοχῆς (1)
140 (141). 3. καὶ θύραν περιοχῆς περὶ τὰ χείλη μου †
Ob. 1. 1. περιοχὴν εἰς τὰ ἔθνη ἐξαπέστειλεν †
Na. 3. 14. ὕδωρ περιοχῆς ἐπίσπασαι σεαυτῇ (3)
Za. 12. 2. ἔσται περιοχὴ ἐπὶ Ἰερ. (3)
Je. 19. 9. ἕκαστος τὰς σάρκας τοῦ πλησίον αὐτοῦ ἔδονται ἐν τῇ π. (3)
28 (51). 30. καθήσονται ἐκεῖ ἐν περιοχῇ (2 *a*)
Ez. 4. 2. δώσεις ἐπ' αὐτὴν περιοχήν (3)
12. 13. συλληφθήσεται ἐν τῇ π. μου (2 *b*)
17. 20. ἁλώσεται ἐν τῇ π. αὐτοῦ (2 *b*)
[**Aq.** Dt. 20. 19, 20 : 28. 53 : Je. 10. 17 : 49. 14 (29. 15) : 51 (28). 30 : Ez. 4. 3 : 21. 20 (25) : Mi. 7. 12.]
[**Sm.** Is. 33. 16 : Mi. 7. 12.]
[**Th.** Is. 13. 8 : 33. 16 : Ez. 4. 3 : 33. 27 : Mi. 7. 12.]
[**Quint.** Ps. 65 (66). 11.]
[**Sext.** Ps. 30 (31). 22.]

περιπαθῶς.

IV Ma. 8. 2. σφόδρα π. ἐκέλευσεν ἄλλους

περιπατεῖν. (1) דָּרַךְ (2) הָלַךְ *a.* qal. *b.* pi. *c.* hithp. *d.* הֵלַךְ aph. *e.* מְהַלֵּךְ הֲוָה

Ge. 3. 8. τὴν φωνὴν κ. τοῦ θ. περιπατοῦντος (2 *c*)
— 10. **R** τῆς φωνῆς σου ἤκουσα περιπατοῦντος [**A** περὶ παντός] –
Ex. 21. 19. ἐὰν . . . περιπατήσῃ ἔξω (2 *c*)
Jd. 21. 24. καὶ περιεπάτησαν ἐκεῖθεν (2 *c*)
I Ki. 17. 39. περιπατήσας [**A** -ῆσαι] ἅπαξ καὶ δίς (2 *a*)
II Ki. 11. 2. περιεπάτει ἐπὶ τοῦ δώματος (2 *c*)
IV Ki. 20. 3. ὅσα περιεπάτησα ἐνώπιόν σου (2 *c*)
Es. 2. 11. ὁ M. περιεπάτει κατὰ τὴν αὐλήν (2 *c*)
Jb. 9. 8. περιπατῶν ὡς ἐπ' ἐδάφους ἐπὶ θαλάσσης (1)
20. 25. περιπατήσαισαν ἐπ' αὐτῷ φόβοι [**A** *al.*] (2 *a*)
38. 16. ἐν δὲ ἴχνεσιν ἀβύσσου περιεπάτησας (2 *c*)
Ps. 11 (12). 8. κύκλῳ οἱ ἀσεβεῖς περιπατοῦσι (2 *c*)
103 (104). 3. ὁ περιπατῶν ἐπὶ πτερύγων ἀνέμων (2 *b*)
113. 15 (115. 7). πόδας ἔχουσι καὶ οὐ περιπατήσουσιν (2 *b*)
134 (135). 17. **A** πόδας ἔχουσιν καὶ οὐ περιπατήσουσιν –
Pr. 6. 22. ἡνίκα ἂν περιπατῇς (2 *c*)
— 28. ἢ περιπατήσει τις ἐπ' ἀνθράκων πυρός (2 *b*)
Pr. 8. 20. ἐν ὁδοῖς δικαιοσύνης περιπατῶ (2 *b*)
23. 31. ὕστερον περιπατήσεις γυμνότερος ὑπέρου (2 *c*)
Ec. 4. 15. τοὺς ζῶντας τοὺς περιπατοῦντας ὑπὸ τὸν ἥλιον (2 *b*)
11. 9. **A S R** περιπάτει ἐν ὁδοῖς καρδίας σου [**B** *om.* κ. σου] ἄμωμος (2 *b*)
Si. 9. 13. ἐπὶ ἐπάλξεων πόλεων περιπατεῖς
10. 27. κρείσσων ἐργαζόμενος ἐν πᾶσιν ἢ περιπατῶν [**A S** *al.*]
13. 13. μετὰ τῆς πτώσεώς σου περιπατεῖς
24. 5. ἐν βάθει ἀβύσσων περιεπάτησα
38. 32. οὐ παροικήσουσιν οὐδὲ περιπατήσουσι
Is. 8. 7. περιπατήσει ἐπὶ πᾶν τεῖχος ὑμῶν (2 *a*)
59. 9. μείναντες αὐγὴν ἐν ἀωρίᾳ περιεπάτησαν (2 *b*)
Da. LXX. Su. 7. ἰδόντες γυναῖκα . . . περιπατοῦσαν ἐν τῷ παραδείσῳ
— 13. αὕτη κατὰ τὸ εἰωθὸς περιπάτει
— 36. περιεπατοῦμεν ἐν τῷ παραδείσῳ
3. 25 (92). ὁρῶ ἄνδρας τέσσαρας . . . περιπατοῦντας ἐν τῷ πυρί (2 *d*)
4. 26. ἐπὶ τῶν τειχῶν τῆς πόλεως . . . περιεπάτει (2 *e*)
— 31. γυμνὸς περιεπάτουν μετὰ τῶν θηρίων –
Da. Th. Su. 7. περιεπάτει ἐν τῷ παραδείσῳ
— 8. ἐθεώρουν αὐτὴν . . . περιπατοῦσαν
— 36. περιπατούντων ἡμῶν ἐν τῷ παραδείσῳ μόνων
3. 23. περιεπάτουν ἐν μέσῳ τῆς φλογός –
— 25 (92). ὁρῶ ἄνδρας τέσσαρας . . . περιπατοῦντας ἐν μέσῳ τοῦ πυρός (2 *d*)
4. 26. ἐπὶ τῷ ναῷ τῆς βασ. αὐ. ἐν Βαβ. περιπατῶν (2 *e*)
[**Aq.** Ge. 5. 22, 24 : 6. 10 (9) : Ps. 85 (86). 11 : 90 (91). 6 : 103 (104). 26 : Pr. 28. 6 : Is. 59. 9.]
[**Sm.** Ps. 37 (38). 7 : 41 (42). 10 : 72 (73). 9 : Pr. 28. 6 : Ec. 10. 3 : Is. 59. 9.]
[**Th.** Ps. 25 (26). 1 : Pr. 28. 6 : Is. 59. 9 : Da. 3. 25 (92).]
[**Al.** Ps. 1. 1 : 11 (12). 9.]
[**Sext.** Ps. 36 (37). 35.]

περίπατος. (1) דֶּרֶךְ (2) חָצֵר (3) לִשְׁכָּה (4) מַהֲלָךְ

Jb. 41. 23 (24). ἐλογίσατο ἄβυσσον εἰς περίπατον †
Pr. 23. 30. ὁμιλεῖτε ἐν περιπάτοις †
Ez. 42. 4. κατέναντι τῶν ἐξεδρῶν π. (4)
— 5. οἱ π. οἱ ὑπερῷοι ὡσαύτως (3)
— 10. κατὰ τὸ φῶς τοῦ ἐν ἀρχῇ περιπάτου [**A** τοῦ π.] (2)
— 11. ὁ π. κατὰ πρόσωπον αὐτῶν (1)
— 12. κατὰ τὰ θυρώματα ἀπ' ἀρχῆς τοῦ π. (1)
II Ma. 2. 30. **A** περίπατον ποιεῖσθαι λόγῳ [**A** *al.*]
[**Sm.** Za. 14. 20.]
[**Th.** Jb. 41. 24.]

περιπέτεσθαι.

IV Ma. 14. 17. **S**[1] περιπτάμενα [**A S**[2] **R** περιϊπτ.] κυκλόθεν αὐτῶν

περιπηγνύναι.

[**Sm.** Le. 15. 3.]

περιπιλεῖν. (1) צָפָה pi.

III Ki. 6. 20 (21). **A** περιεπίλησεν Σ. τὸν οἶκον . . . χρυσίῳ (1)
[**Aq., Sm., Th.** III Ki. 6. 20.]

περιπίπτειν. (1) נָפַל (2) קָרָה *a.* qal. *b.* ni.

Ru. 2. 3. καὶ περιέπεσε περιπτώματι (2 *a*)
II Ki. 1. 6. περιπτώματι περιέπεσαν ἐν τῷ ὄρει (2 *b*)
Pr. 11. 5. **A B S**[2] ἀσέβεια δὲ περιπίπτει ἀδικίᾳ (1)
Da. LXX. 2. 9. θανάτῳ περιπεσεῖσθε –
II Ma. 6. 13. εὐθέως περιπίπτειν ἐπιτιμίοις
9. 7. δυσχερεῖ πτώματι περιπεσόντα
— 21. περιπεσὼν ἀσθενείᾳ
10. 4. **R** μηκέτι περιπεσεῖν [**A** παραπ.] τοιούτοις κακοῖς
IV Ma. 1. 24. **A R** ὅτε [**S** ὅτι] αὐτῷ περιέπεσεν

περιπλέκειν. (1) חָזַק (2) עוּד pi. (3) צָמַד hi.

II Ki. 18. 9. **A R** περιεπλάκη [**B** ἐκρεμάσθη] ἡ κεφαλὴ αὐτοῦ (1)
Ps. 49 (50). 19. ἡ γλῶσσά σου περιέπλεκε δολιότητα [**S**[2] -ας] (3)
118 (119). 61. σχοινία ἁμαρτωλῶν περιεπλάκησάν μοι (2)
Na. 1. 10. ὡς σμίλαξ περιπλεκομένη βρωθήσεται †
Ez. 17. 7. ἡ ἄμπελος αὕτη περιπεπλεγμένη πρὸς αὐτόν †
III Ma. 2. 22. **R** περιπεπλεγμένον [**A** πεπληγμ.] κρίσει
4. 8. **R** βρόχοις [**A** -ους] . . . τοὺς αὐχένας περιπεπλεγμένοι
5. 49. κατεφίλουν ἀλλήλους περιπλεκόμενοι
IV Ma. 1. 29. ὧν ἑκάστην ὁ παγγέωργος λογισμὸς . . . περιπλέκων
[**Sm.** Ec. 4. 5 : Ca. 2. 6.]
[**Th.** Pr. 8. 8.]

περιποιεῖν. (1) חָיָה *a.* qal. *b.* pi. *c.* hi. (2) חָמַל (3) חָשַׂךְ (4) יָתַר hi. (5) פָּסַח (6) קָרָא (7) רָכַשׁ (8) שָׁפַךְ (9) ἃ περιεποιήσατο יִתְרָה (10) ὃ περιπεποίημαι סְגֻלָּה

Ge. 12. 12. σὲ δὲ περιποιήσονται (1 *b*)
31. 18. ἣν περιεποιήσατο ἐν τῇ Μεσοπ. (7)
36. 6. ὅσα περιεποιήσατο ἐν γῇ X. (7)
Ex. 1. 16. περιποιεῖσθε αὐτό (1 *a*)
22. 18 (17). φαρμακοὺς οὐ περιποιήσετε [**A** -βιώσετε] (1 *b*)
32. 14. περιποιῆσαι [**A** ποι.] τὸν λαὸν αὐτοῦ †
Nu. 22. 33. ἐκείνην δ' ἂν περιεποιησάμην (1 *c*)
Jo. 6. 16 (17). Ῥαὰβ τὴν πόρνην περιποιήσασθε (1 *a*)
9. 20. καὶ περιποιησόμεθα αὐτούς (1 *c*)
Jd. 21. 11. **B** τὰς δὲ παρθένους περιποιήσεσθε –
I Ki. 15. 3. οὐ περιποιήσῃ [**A** -σει] ἐξ αὐτοῦ (2)
— 9. περιεποιήσατο Σ. . . . τὸν Ἀ. ζῶντα (2)
— 15. ἃ περιεποιήσατο ὁ λαός (2)
25. 39. τὸν δοῦλον αὐτοῦ περιεποιήσατο (3)
II Ki. 12. 3. ἣν ἐκτήσατο καὶ περιεποιήσατο (1 *b*)
III Ki. 18. 5. καὶ περιποιησώμεθα ἵππους (1 *b*)
I Ch. 29. 3. ὃ περιπεποίημαι χρυσίον (10)
Ju. 11. 9. περιεποιήσαντο αὐτὸν οἱ ἄνδρες B.
Jb. 27. 17. ταῦτα πάντα δίκαιοι περιποιήσονται †
Ps. 78 (79). 11. περιποίησαι τοὺς υἱοὺς τῶν τεθανατωμένων (4)
Pr. 6. 32. ὁ δὲ μοιχὸς δι' ἔνδειαν φρενῶν ἀπώλειαν τῇ ψυχῇ αὐτοῦ περιποιεῖται †
7. 4. τὴν δὲ φρόνησιν γνώριμον περιποίησαι σεαυτῷ (6)
22. 9. νίκην καὶ τιμὴν περιποιεῖται ὁ δῶρα δούς –
Si. *prol.* 9. ἐν τούτοις ἱκανὴν ἕξιν [**S**[1] ἱκανόν ἐστιν] περιποιησάμενος [**S** -ον]
Is. 31. 5. περιποιήσεται [**S**[1] -ηθήσονται] καὶ σώσει (5)
43. 21. λαόν μου ὃν περιεποιησάμην †
Je. 31 (48). 36. ἃ περιεποιήσατο ἀπώλετο (9)
Ez. 13. 18. ψυχὰς περιεποιοῦντο (1 *b*)
— 19. τοῦ περιποιήσασθαι [**A**[1] περιεποιοῦντο] ψυχάς (1 *b*)
26. 8. **A** περιποιήσει [**B** ποι.] ἐπὶ σὲ κύκλῳ χάρακα (8)
I Ma. 6. 44. περιποιῆσαι ἑαυτῷ ὄνομα αἰώνιον
II Ma. 3. 35. τῷ τὸ ζῆν περιποιήσαντι
15. 21. περιποιεῖται τὴν νίκην

περιποίησις. (1) מִחְיָה (2) סְגֻלָּה

II Ch. 14. 13 (12). ὥστε μὴ εἶναι αὐτοῖς περιποίησιν (1)
Hg. 2. 10 (9). εἰς περιποίησιν παντὶ τῷ κτίζοντι –
Ma. 3. 17. ἣν ἐγὼ ποιῶ εἰς περιποίησιν (2)
[**Aq., Sm., Th.** Ma. 3. 17.]

περιπόλιον (-ειον). (1) מִגְרָשׁ

I Ch. 6. 71 (56). καὶ τὰ π. [**A**[2] -σπόρια] αὐτῆς (1)
— 71 (56). **R** καὶ τὰ π. [**A**[2] **B** -σπόρια] αὐ. (1)
I Ma. 11. 4. ἔδειξαν αὐτῷ . . . τὰ π. αὐ. καθῃρημένα
— 61. ἐνεπύρισε τὰ π. αὐ.

περιπορεύεσθαι. (1) סָבַב ni.

Jo. 15. 3. **A** περιπορεύεται [**B** ἐκπορ.] τὴν κατὰ δυσμὰς K. (1)

περιπόρφυρος. (1) מַחֲלָצוֹת

Is. 3. 22. ἀφελεῖ . . . τὰ π. καὶ τὰ μεσοπόρφυρα (1)

περίπτερος (-ον). (1) רֶשֶׁף

Ca. 8. 6. περίπτερα αὐτῆς περίπτερα πυρὸς [**S**[2] πυρὸς ἄνθρακες πυρὸς] φλόγες αὐτῆς (1,1)
Am. 3. 15. πατάξω τὸν οἶκον τὸν π. †

περίπτωμα. (1) מִקְרֶה (2) קָרָא ni.

Ru. 2. 3. καὶ περιέπεσε περιπτώματι (1)
II Ki. 1. 6. περιπτώματι περιέπεσαν (2)

περιραίνειν (**περιρρ.**). (1) נָזָה hi.

Le. 14. 7. περιρανεῖ ἐπὶ τὸν καθαρισθέντα (1)
— 51. περιρανεῖ ἐν αὐτοῖς (1)
Nu. 8. 7. περιρανεῖς αὐτοὺς ὕδωρ ἁγνισμοῦ (1)
19. 18. περιρανεῖ ἐπὶ τὸν οἶκον (1)
— 19. περιρανεῖ ὁ καθαρὸς ἐπὶ τὸν ἀκάθ. (1)
— 21. ὁ περιραίνων ὕδωρ ῥαντισμοῦ (1)

περιραντίζειν (**περιρρ.**). (1) זָרַק pu.

Nu. 19. 13, 20. ὕδωρ ῥαντισμοῦ οὐ περιεραντίσθη ἐπ' αὐτόν (1)
Ez. 43. 20. A περιραντιεῖς αὐτό †

περιρραντισμός.

[Sm. Za. 13. 1.]

περιρρεῖν.

IV Ma. 9. 20. περὶ τοὺς ἄξονας . . . περιέρρεον αἱ σάρκες

περιρρηγνύναι.

II Ma. 4. 38. καὶ τοὺς χιτῶνας περιρρήξας

περισιαλοῦν. (1) מִשְׁבְּצוֹת

Ex. 36. 13 (39. 6). καὶ περισεσιαλωμένους χρυσίῳ (1)

περισκελής. (1) מִכְנָס

Ex. 28. 38 (42). ποιήσεις αὐτοῖς περισκελῆ [B[2] -λια?] λινᾶ (1)
36. 36 (39. 28). καὶ τὰ [A *om.*] π. ἐκ βύσσου κεκλ. (1)
Le. 6. 10 (3). π. λινοῦν ἐνδύσεται (1)
16. 4. π. λινοῦν ἔσται ἐπὶ τοῦ χρωτὸς αὐτοῦ (1)
Si. 45. 8. περισκελῆ καὶ ποδήρη καὶ ἐπωμίδα
Ez. 44. 18. περισκελῆ λινᾶ ἕξουσιν (1)

περισκέλιον. (1) מִכְנָס

Ex. 28. 38 (42). B[2] ποιησεις αὐτοῖς περισκέλια [?, A B[1] -λῆ] λινᾶ (1)

περισκοπεῖν.

[Sm. Ps. 36 (37). 32.]

περισκυθίζειν.

II Ma. 7. 4. καὶ περισκυθίσαντας ἀκρωτηριάζειν

περισπᾶν. (1) עָנָה *a.* qal. *b.* hi. (2) שָׁמַט

II Ki. 6. 6. περιέσπασεν αὐτὸν ὁ μόσχος (2)
Ec. 1. 13. τοῦ περισπᾶσθαι [S -ασθῆναι] ἐν αὐτῷ (1 *a*)
3. 10. τοῦ [S[1] *om.*] περισπᾶσθαι [S[1] -ασθῆναι] ἐν αὐτῷ (1 *a*)
5. 19. ὁ θεὸς περισπᾷ αὐτόν (1 *b*)
Si. 41. 2. ἀνθρώπῳ . . . ἐσχατογήρῳ καὶ περισπωμένῳ περὶ πάντων
IV Ma. 5. 2. A ἕνα ἕκαστον τῶν Ἑβρ. περισπᾶσθαι [S R *al.*]
[Sm. I Ki. 24. 8.]

περισπασμός. (1) עִנְיָן

To. 10. 6. S π. αὐτοῖς ἐγένετο
Ec. 1. 13. π. πονηρὸν ἔδωκεν ὁ θεὸς τοῖς υἱοῖς τῶν ἀνθρώπων (1)
2. 23. καὶ θυμοῦ περισπασμὸς αὐτοῦ (1)
— 26. τῷ ἁμαρτάνοντι ἔδωκε περισπασμόν (1)
3. 10. εἶδον σὺν πάντα [AS *om.*] τὸν π. [A πειρασμόν] (1)
4. 8. τοῦτο ματαιότης καὶ π. [A πειρασμὸς] πονηρός ἐστιν (1)
5. 13. ἀπολεῖται ὁ πλοῦτος ἐκεῖνος ἐν π. [S πειρασμῷ] πονηρῷ [A αὐτοῦ] (1)
8. 16. τοῦ ἰδεῖν τὸν π. [A πειρασμὸν] τὸν πεποιημένον ἐπὶ τῆς γῆς (1)
II Ma. 10. 36. ἐν τῷ π. πρὸς τοὺς ἔνδον

περισπόριον (**-ειον**). (1) בַּת (2) מִגְרָשׁ

Jo. 21. 2. καὶ τὰ π. [A *om.* τὰ π.] τοῖς κτήνεσιν (2)
— 3, 8. τὰς πόλεις καὶ τὰ π. αὐτῶν (2)
— 11. τὰ δὲ π. [A *add.* τὰ] κύκλῳ αὐτῆς (2)
— 19. A καὶ τὰ π. αὐτῶν (2)
— 34 *bis*, 35, 35 (A). καὶ τὰ π. αὐτῆς (2)
— 36 *bis*. καὶ τὰ π. αὐτῆς –
— 36 *bis*. καὶ τὰ π. αὐτῆς (2)
— 37 *bis*. καὶ τὰ π. αὐτῆς –
Jo. 21. 37 *bis*. καὶ τὰ π. αὐτῆς (2)
— 40. καὶ τὰ π. αὐτῶν –
— 40. πόλις καὶ τὰ π. (2)
Jd. 1. 18. οὐδὲ τὰ π. αὐτῆς –
— 27. A οὐδὲ τὰ π. αὐτῆς [B *al.*] (1)
I Ch. 6. 55 (40), 57 (42). καὶ τὰ π. αὐτῆς (2)
— 57 (42). καὶ τὰ π. αὐτῆς –
— 57 (42). καὶ τὰ π. αὐτῆς (2)
— 58 (43). καὶ τὰ π. [A σπόρια] αὐτῆς (2)
— 58 (43), 59 (44). καὶ τὰ π. αὐτῆς (2)
— 59 (44). B καὶ τὰ π. αὐτῆς –
— 59 (44), 60 (45) *bis*. καὶ τὰ π. αὐτῆς (2)
— 60 (45). A καὶ τὰ π. αὐτῆς –
— 60 (45). καὶ τὰ π. αὐτῆς (2)
— 60 (45). A καὶ τὰ π. αὐτῆς –
— 64 (49). καὶ τὰ π. αὐτῶν (2)
— 67 (52) *bis*, 68 (53) *bis*, 69 (54) *bis*, 70 (55), 70 (55) (A R). καὶ τὰ π. αὐτῆς (2)
— 71 (56). A[2] καὶ τὰ π. [B -πόλια] αὐ. (2)
— 71 (56). A[2] B καὶ τὰ π. αὐ. (2)
— 72 (57) *bis*. A[2] B καὶ τὰ π. αὐτῆς (2)
— 72 (57). A[2] B καὶ τὰ π. αὐτῆς –
— 73 (58) (A[2] R), 74 (59) (A[2] B) *bis*, 75 (60) *bis*, 76 (61) *ter*. καὶ τὰ π. αὐτῆς (2)
— 77 (62) *bis*. A καὶ τὰ π. αὐτῆς –
— 77 (62) *bis*, 78 (63), 78 (63) (A R), 79 (64) *bis*, 80 (65) *bis*, 81 (66) *bis*. καὶ τὰ π. αὐτῆς (2)
[Aq. Jo. 21. 15.]

περισπουδάζειν.

[Sm. Ps. 67 (68). 17.]

περισσεία (**-ία**). (1) *a.* יִתְרוֹן *b.* מוֹתָר *c.* יוֹתֵר (2) רְעוּת

Ec. 1. 3. τίς π. τῷ ἀνθρώπῳ (1 *a*)
2. 11. S τὰ πάντα ματαιότης καὶ περισσεία [A B προαίρεσις] πνεύματος (2)
— 11. οὐκ ἔστι π. ὑπὸ τὸν ἥλιον (1 *a*)
— 13. ἐστὶ π. τῇ σοφίᾳ ὑπὲρ τὴν ἀφροσύνην ὡς περισσεία τοῦ φωτὸς ὑπὲρ τὸ σκότος (1 *a*, 1 *a*)
3. 9. τίς π. τοῦ ποιοῦντος ἐν οἷς αὐτὸς μοχθεῖ (1 *a*)
— 19. S[2] τίς π. τῷ ἀνθρώπῳ [A B S[1] τί ἐπερίσσευσεν ὁ ἄνθρωπος] παρὰ τὸ κτῆνος (1 *b*)
5. 8. καὶ περισσεία γῆς (1 *a*)
— 15. A S R τίς ἡ π. αὐτοῦ [B *al.*] (1 *a*)
6. 8. ὅτι [A S[2] *add.* τίς] περισσεία τῷ σοφῷ ὑπὲρ τὸν ἄφρονα (1 *c*)
7. 12 (11). περισσεία τοῖς θεωροῦσι τὸν ἥλιον (1 *c*)
— 13 (12). περισσεία γνώσεως τῆς σοφίας [S[1] τῇ σ.] (1 *a*)
10. 10. περισσεία τῷ ἀνδρὶ οὐ [AS τοῦ ἀνδρείου] σοφία (1 *a*)
— 11. οὐκ ἔστι π. τῷ ἐπᾴδοντι (1 *a*)
[Aq. Le. 8. 25.]
[Th. Pr. 21. 5: Ec. 3. 19.]

περισσεύειν. (1) *a.* יָתַר ni. *b.* יוֹתֵר (2) מַרְבִּית

I Ki. 2. 33. πᾶς περισσεύων [A πᾶν π.] οἴκου σου (2)
— 36. ὁ [A πᾶς ὁ] περισσεύων ἐν οἴκῳ σου (1 *a*)
To. 4. 16. B ὁ ἐὰν περισσεύσῃ [A -εύῃ] σοι
Ec. 3. 19. τί ἐπερίσσευσεν ὁ ἄνθρωπος [S[2] τίς περισσεία τῷ ἀνθρώπῳ] παρὰ τὸ κτῆνος (1 *b*)
Si. 10. 27. AS κρείσσων ἐργαζόμενος καὶ περισσεύων [B *om.* καὶ π.] ἐν πᾶσιν
11. 12. καὶ πτωχείᾳ περισσεύει [S -εύων]
19. 24. περισσεύων ἐν φρονήσει [A συνέσει]
30. 38 (33. 29). μὴ περισσεύσῃς ἐν [A S ἐπὶ] πάσῃ σαρκί
I Ma. 3. 30. S R ἐπερίσσευσεν ὑπὲρ τοὺς βασ. τοὺς ἔμπροσθεν
[Aq. Ge. 49. 4: Dt. 30. 9: Pr. 12. 26: Da. 10. 13.]
[Th. Dt. 30. 9.]
[Al. Le. 2. 3: Jd. 1. 23.]

περίσσευμα.

Ec. 2. 15. ὁ ἄφρων ἐκ περισσεύματος λαλεῖ –

περισσός, περιττός. (1) *a.* יֶתֶר *b.* מֵיתָר *c.* יוֹתֵר *d.* יָתַר ni. *e.* מוֹתָר *f.* יַתִּיר (2) περισσότερος יַתִּיר (3) ἐκ περισσοῦ יַתִּירָה

Ex. 10. 5. πᾶν τὸ π. τῆς γῆς (1 *a*)
Nu. 4. 26. καὶ τὰ π. (1 *b*)
Jd. 21. 7. αὐτοῖς τοῖς π. [A *om.* αὐ. τ. π.] τοῖς ὑπολειφθεῖσιν (1 *d*)
— 16. τί ποιήσωμεν τοῖς π. [A ἐπιλοίποις] (1 *d*)
I Ki. 30. 9. καὶ οἱ π. ἔστησαν (1 *d*)
— 10. B οἱ π. ἐδίωξαν [A R *al.*] –
III Ki. 14. 19. A περισσὸν ῥημάτων Ἱερ. (1 *a*)
22. 47. A καὶ περισσὸν τοῦ ἐνδηλλαγμ. (1 *a*)
IV Ki. 25. 11. τὸ π. τοῦ λαοῦ τὸ καταλειφθέν (1 *a*)
Pr. 14. 23. ἐν παντὶ μεριμνῶντι ἔνεστι περισσόν (1 *e*)
Ec. 2. 15. περισσὸν ἐλάλησα ἐν καρδίᾳ μου (1 *c*)
7. 1 (6. 11). τί [S[1] ὅτι] περισσὸν τῷ ἀνθρώπων (1 *c*)
— 17 (16). μηδὲ σοφίζου περισσά (1 *c*)
12. 9. περισσὸν ὅτι ἐγένετο ἐκκλησιαστὴς σοφός (1 *c*)
— 12. περισσὸν ἐξ αὐτῶν, υἱέ μου, φύλαξαι (1 *c*)
Si. 3. 23. ἐν τοῖς π. τῶν ἔργων σου μὴ περιεργάζου
Ez. 48. 15. τὰς δὲ πέντε χιλιάδας τὰς π. (1 *d*)
— 18. τὸ π. τοῦ μήκους τὸ ἐχόμενον τῶν ἀπαρχῶν (1 *d*)
— 21. τὸ δὲ π. τῷ ἀφηγουμένῳ [A τοῦ ἀ.] (1 *d*)
— 23. τὸ π. τῶν φυλῶν (1 *a*)
Da. Th. 3. 22. ἡ κάμινος ἐξεκαύθη ἐκ περισσοῦ (3)
4. 33. μεγαλωσύνη περισσοτέρα προσετέθη μοι (2)
5. 12. πνεῦμα π. ἐν αὐτῷ (1 *f*)
— 14. καὶ σοφία π. εὑρέθη ἐν σοί (1 *f*)
6. 3 (4). πνεῦμα π. ἐν [A ἦν ἐπ'] αὐτῷ (1 *f*)
I Ma. 9. 22. R τὰ περισσὰ [A -εα, S -ια] τῶν λόγων Ἰ.
II Ma. 12. 44. R περισσὸν ἂν ἦν [A περισσῶς] καὶ ληρῶδες
[Aq. Ge. 49. 3 *bis*: Ex. 29. 13: III Ki. 14. 19: 22. 47: Ps. 30 (31). 23.]
[Sm. Ge. 49. 3 *bis*, 4: Ex. 35. 18: Ec. 5. 15: 6. 8.]
[Th. Ex. 29. 13: Is. 54. 2.]
[Al. Ge. 49. 3 *bis*: Le. 9. 10: 25. 27.]

περισσῶς. (1) *a.* יֶתֶר *b.* יַתִּירָה (2) עַל־יֶתֶר

Ps. 30 (31). 23. ἀνταποδίδωσι τοῖς π. ποιοῦσιν ὑπερηφανίαν (2)
Da. Th. 7. 7. ἰδοὺ θηρίον τέταρτον . . . ἰσχυρὸν π. (1 *b*)
— 7. καὶ αὐτὸ διάφορον περισσῶς –
— 19. ἦν διαφέρον . . . φοβερὸν π. (1 *b*)
8. 9. ἐμεγαλύνθη π. πρὸς τὸν νότον (1 *a*)
II Ma. 8. 27. π. εὐλογοῦντες καὶ ἐξομολογούμενοι τῷ κ.
12. 44. A περισσῶς [R -ὸν ἂν ἦν] καὶ ληρῶδες
[Aq., Th. Is. 56. 12.]
[Sm. Ps. 30 (31). 23: Ec. 7. 17 (16).]

περίστασις. (1) π. ὅπλων צִנָּה

Ez. 26. 8. ποιήσει [A περιπ.] ἐπὶ σὲ . . . περίστασιν [A βελοστάσεις] ὅπλων (1 ?)
II Ma. 4. 16. περιέσχεν αὐτοὺς χαλεπὴ π.
[Aq., Th. Jb. 27. 20.]
[Sm. Jb. 27. 20: Ps. 33 (34). 5: Ez. 40. 14, 15 (P.), 16 *bis*.]

περιστέλλειν. (1) אָסַף (2) קָבַץ ni.

To. 12. 13. ὅπως . . . περιστείλῃς τὸν νεκρόν [S *al.*]
Si. 38. 16. περίστειλον τὸ σῶμα αὐτοῦ
Is. 58. 8. ἡ δόξα τοῦ θεοῦ περιστελεῖ σε (1)
Ez. 29. 5. οὐ μὴ περισταλῇς (2)
[Sm. I Ki. 23. 26.]

περιστερά. (1) גּוֹזָל (2) *a.* יוֹנָה *b.* בֶּן יוֹנָה

Ge. 8. 8. ἀπέστειλε τὴν π. (2 *a*)
— 9. οὐχ εὑροῦσα ἡ π. ἀνάπαυσιν (2 *a*)
— 10. πάλιν ἐξαπέστειλε τὴν π. (2 *a*)
— 11. ἀνέστρεψε πρὸς αὐτὸν ἡ π. (2 *a*)
— 12. πάλιν ἐξαπέστειλε τὴν π. (2 *a*)
15. 9. λάβε μοι . . . περιστεράν (1)
Le. 1. 14. προσοίσει . . . ἀπὸ τῶν π. (2 *b*)
5. 7, 11. ἢ δύο νοσσοὺς περιστερῶν (2 *a*)
12. 6. προσοίσει . . . νοσσὸν περιστερᾶς (2 *a*)
— 8: 14. 22. ἢ δύο νοσσοὺς περιστερῶν (2 *a*)
14. 30. ἢ ἀπὸ τῶν νοσσῶν τῶν π. (2 *a*)
15. 14, 29: Nu. 6. 10. ἢ δύο νοσσοὺς περιστερῶν (2 *a*)

IV Ki. 6. 25. τέταρτον τοῦ κάβου κόπρου περιστερῶν [A al.] (2 a)
Ps. 54 (55). 6. τίς δώσει μοι πτέρυγας ὡσεὶ περιστερᾶς (2 a)
67 (68). 13. πτέρυγες περιστερᾶς περιηργυρωμέναι (2 a)
Ca. 1. 15. ὀφθαλμοί [A -ός] σου περιστεραί (2 a)
2. 10, 13. ἡ πλησίον μου καλή μου περιστερά μου –
— 14. σὺ περιστερά μου ἐν σκέπῃ τῆς πέτρας (2 a)
4. 1. ὀφθαλμοί σου περιστεραί (2 a)
5. 2. ἀδελφή μου περιστερά μου τελεία μου (2 a)
— 12. ὀφθαλμοὶ αὐτοῦ ὡς περιστεραί (2 a)
6. 8 (9). μία ἐστὶ περιστερά μου (2 a)
Ho. 7. 11. ἦν Ἐφρ. ὡς περιστερὰ ἄνους (2 a)
11. 11. ὡς περιστερὰ ἐκ γῆς Ἀσσυρίων (2 a)
Na. 2. 7 (8). καθὼς π. φθεγγόμεναι ἐν καρδίαις αὐ. (2 a)
Ze. 3. 1. ὦ ἡ . . . πόλις ἡ π. (2 a)
Is. 38. 14. ὡς π. οὕτω μελετῶ (2 a)
59. 11. ὡς ἄρκος καὶ ὡς π. ἅμα πορεύσονται (2 a)
60. 8. ὡς περιστεραὶ σὺν νοσσοῖς (2 a)
Je. 31 (48). 28. ἐγενήθησαν ὥσπερ περιστεραὶ νοσσεύουσαι ἐν πέτραις (2 a)
Ez. 7. 16. A ὡς περιστεραὶ μελετητικαί (2 a)
[Aq. Ps. 55 (56). 1 : Is. 59. 11 : Je. 25. 38 (32. 24) : 46 (26). 16 : 50 (27). 16.]
[Sm. Le. 1. 14 : Ps. 54 (55). 7 : 55 (56). 1 : Is. 59. 11.]
[Th. Ge. 15. 9 : Ps. 55 (56). 1 : Is. 59. 11 : Je. 25. 38 (32. 24) : 46 (26). 16 : Ez. 7. 16.]
[Al. Le. 1. 14.]
[Quint. Ps. 55 (56). 1.]

περιστερίς.
[Aq. Ge. 15. 9.]

περιστεφανοῦν.
[Aq., Sm, Th. I Ki. 23. 26.]

περιστήθιον. (1) חֹשֶׁן
Ex. 28. 4. τὸ π. καὶ τὴν ἐπωμίδα (1)

περιστοιχίζειν.
[Sm. Ps. 47 (48). 13.]
[Quint. Ho. 8. 10.]

περιστολή. (1) עֲדִי
Ex. 33. 6. περιείλαντο . . . τὴν π. (1)
Si. 45. 7. B S περιέζωσεν αὐτὸν περιστολὴν [A -ῇ, R στολὴν] δόξης

περιστόμιον. (1) פֶּה (2) פִּימָה
Ex. 28. 28 (32). ἔσται τὸ π. ἐξ αὐτοῦ μέσον ὤαν ἔχον κύκλῳ τοῦ π. (1, 1)
36. 31 (39. 23). τὸ δὲ π. τοῦ ὑποδύτου (1)
— 31 (39. 23). ὤαν ἔχον κύκλῳ τὸ π. (1)
Jb. 15. 27. ἐποίησε περιστόμιον ἐπὶ τῶν μηρίων [A S -ρῶν] (2 ?)
30. 18. ὥσπερ τὸ π. τοῦ χιτῶνός μου περιέσχε με (1)
Ez. 39. 11. περιοικοδομήσουσι τὸ π. τῆς φάραγγος †
[Th. Jb. 15. 27 : 30. 18.]

περιστρέφειν. (1) סָבַב
Ge. 37. 7. περιστραφέντα δὲ τὰ δράγμ. ὑ. (1)
Nu. 36. 7. οὐχὶ περιστραφήσεται κληρονομία (1)
— 9. οὐ [A om.] περιστραφήσεται κλῆρος (1)
[Aq. Jb. 37. 12 : Ps. 31 (32). 9.]
[Sm. Ps. 31 (32). 9.]
[Th. Ez. 38. 4.]

περιστροφή.
Si. 50. 5. ὡς [A ὃς] ἐδοξάσθη ἐν περιστροφῇ λαοῦ

περίστρωμα.
[Aq., Th. Pr. 7. 16 : 31. 22.]

περιστρωννύναι.
[Aq., Th. Pr. 7. 16.]

περίστυλον. (1) אַתִּיק (2) רִצְפָּה (3) תִּיכוֹן
Ez. 40. 17. περίστυλα κύκλῳ τῆς αὐλῆς τριάκοντα παστοφόρια ἐν τοῖς π. (2, 2)
— 18. κατὰ τὸ μῆκος τῶν πυλῶν τὸ π. τὸ [A τῷ] ὑποκάτω (2)
42. 3. τὰ π. τῆς αὐλῆς τῆς ἐξωτέρας (2)
Ez. 42. 5. ἐξείχετο τὸ [A om.] π. ἐξ αὐτοῦ ἐκ τοῦ ὑποκάτωθεν π. καὶ τὸ διάστημα οὕτως π. καὶ διάστημα (1, 3, –)
II Ma. 4. 46. ἀπολαβὼν ὁ Πτ. εἴς τι π.
III Ma. 5. 23. ἐν τῷ μεγάλῳ π. διεκίνει

περισύρειν. (1) מַחְשֹׂף
Ge. 30. 37. περισύρων τὸ χλωρόν (1)
II Ma. 7. 7. R τὸ τῆς κεφαλῆς δέρμα . . . περισύραντες [A -οντες]
IV Ma. 10. 7. περισύραντες τὸ δέρμα [S[1] al.]

περισφίγγειν.
[Sm. Pr. 30. 31 : Ca. 8. 9.]

περισχίζειν.
Ez. 47. 15. ἀπὸ θαλάσσης τῆς μεγάλης τῆς . . . περισχιζούσης τῆς εἰσόδου †
48. 1. κατὰ τὸ μέρος [A μέτρον] τῆς καταβάσεως τοῦ περισχίζοντος †
[Sm. Ez. 26. 10.]

περισῴζειν. (1) מָלַט ni.
I Ki. 30. 17. A οὐ περιεσώθη [B οὐκ ἐσ.] ἐξ αὐτῶν ἀνήρ (1)
[Aq. Ps. 114 (116). 1 : Pr. 11. 21 : 19. 5 : Is. 49. 24.]
[Sm. II Ki. 8. 2 : Ps. 40 (41). 3 : 137 (138). 7 : Pr. 19. 5 : Ez. 13. 19 : 33. 5.]
[Th. Is. 49. 24.]
[Sext. Ps. 32 (33). 17.]

περιτειχίζειν. (1) מִבְצָר
Ho. 10. 14. πάντα τὰ περιτετειχισμ. σου οἰχήσεται [A οἰκ.] (1)
I Ma. 13. 33. καὶ περιετείχισε πύργοις ὑψηλοῖς
[Sm. Nu. 32. 38 : Ps. 47 (48). 13.]

περίτειχος. (1) דָּיֵק (2) חֵל (3) חָרוּץ
IV Ki. 25. 1. ᾠκοδόμησεν ἐπ' αὐτὴν περίτειχος (1)
Is. 26. 1. σωτήριον θήσει τὸ τεῖχος καὶ π. (2)
Da. Th. 9. 25. A οἰκοδομηθήσεται . . . περίτειχος [B τεῖχος] (3)

περιτέμνειν. (1) יָהַד hithp. (2) כָּרַת (3) מוּל *a.* qal. *b.* ni. *c.* הָיָה מוּל *d.* תָּמַם לְהִמּוֹל (4) סוּר hi.
Ge. 17. 10. περιτμηθήσεται ὑμῶν πᾶν ἀρσενικόν (3 b)
— 11. περιτμηθήσεσθε τὴν σάρκα τῆς ἀκροβ. (3 b)
— 12. παιδίον ὀκτὼ ἡμερῶν περιτμηθήσ. ὑμῖν (3 b)
— 13. περιτομῇ περιτμηθήσεται ὁ οἰκογενής (3 b)
— 14. ὃς οὐ περιτμηθήσεται τὴν σάρκα (3 b)
— 23. περιέτεμε τὰς ἀκροβυστίας αὐτῶν (3 a)
— 24. A περιέτεμεν [R -ετο] τὴν σάρκα τῆς ἀκροβ. (3 b)
— 25. A περιετμήθη [R -τέμετο] τὴν σάρκα τῆς ἀκροβ. (3 b)
— 26. περιετμήθη Ἀβραάμ (3 b)
— 27. A περιέτεμεν αὐτούς (3 b)
21. 4. περιέτεμε δὲ Ἀβ. τὸν Ἰσαάκ (3 a)
34. 15. ἐν τῷ περιτμηθῆναι ὑμῶν πᾶν ἀρσενικόν (3 b)
— 17. A τοῦ περιτέμνεσθαι [R -τεμέσθαι] (3 b)
— 22. A ἐν τῷ περιτέμνεσθαι [R -τεμέσθαι] ἡ. πᾶν ἀρσενικὸν καθὰ καὶ αὐτοὶ περιτέτμηνται (3 b, 3 b)
— 24. περιετέμοντο τὴν σάρκα (3 b)
Ex. 4. 25. περιέτεμε τὴν ἀκροβ. τοῦ υἱοῦ αὐ. (2)
12. 44. πάντα οἰκέτην . . . περιτεμεῖς αὐτόν (3 a)
— 48. περιτεμεῖς αὐτοῦ πᾶν ἀρσενικόν (3 b)
Le. 12. 3. περιτεμεῖ τὴν σάρκα τῆς ἀκροβ. αὐ. (3 b)
De. 10. 16. περιτεμεῖσθε τὴν σκληροκαρδίαν ὑ. (3 a)
Jo. 5. 2. περίτεμε τοὺς υἱοὺς Ἰσρ. (3 a)
— 3. περιέτεμε τοὺς υἱοὺς Ἰσρ. (3 a)
— 5. πάντας τούτους περιέτεμεν Ἰ. (3 c)
— 7. οὓς Ἰ. περιέτεμε (3 a)
— 8. περιτμηθέντες δὲ ἡσυχίαν εἶχον (3 d)
21. 40 : 24. 31. ἐν αἷς περιέτεμε τοὺς υἱοὺς Ἰσρ. –
Ju. 14. 10. περιετέμετο τὴν σάρκα τῆς ἀκροβ. αὐ.
Es. 8. 17. πολλοὶ τῶν ἐθνῶν περιετέμοντο [A[2]S[3] -τέμν.] (1 ?)
Je. 4. 4. περιτμήθητε [A -θήσεσθε] τῷ θεῷ ὑμῶν καὶ περιτέμεσθε [S[4] -τεμέσθε, AS[1] -έλεσθε] τὴν σκληροκαρδίαν ὑμῶν (3 b, 4)
9. 25 (24). ἐπισκέψομαι ἐπὶ πάντας περιτετμημένους ἀκροβυστίας αὐτῶν (3 a)
I Ma. 1. 60. τὰς γυναῖκας τὰς περιτετμηκυίας τὰ τέκνα αὐ.
— 61. S[2]R τοὺς περιτετμηκότας αὐτοὺς ἐθανάτωσαν [A S[1] om.]
2. 46. περιέτεμον τὰ παιδάρια τὰ ἀπερίτμητα
II Ma. 6. 10. περιτετμηκυῖαι τὰ τέκνα
IV Ma. 4. 25. περιέτεμον τὰ παιδία
9. 21. S περιτετμημένον [A R -τετηγμ.] ἤδη ἔχων τὸ τῶν ὀστέων πῆγμα
[Aq. De. 30. 6 : Jo. 5. 2.]
[Heb. Ge. 17. 14.]

περιτήκειν.
IV Ma. 9. 21. A R περιτετήγμενον [S -τετμημ.] ἤδη ἔχων τὸ τῶν ὀστέων πῆγμα

περιτιθέναι. (1) גָּדַל pi. (2) הָיָה (3) חָבַשׁ (4) יָרַשׁ hi. (5) כָּהַן pi. (6) *a.* כָּלִיל *b.* כָּלַל (7) לָבַשׁ hi. (8) נָשָׂא (9) נָתַן (10) עָבַר hi. (11) עָדָה (12) צָנַף (13) קָשַׁר *a.* qal. *b.* pi. (14) שִׂים, שׂוּם (15) שׁוּב hi. (16) **θάρσος π.** אָמֵץ pi. (17) **τιμὴν ἑαυτῷ π.** כָּבֵד hithp. (18) **φραγμὸν π.** עָזַק pi.
Ge. 24. 47. περιέθηκα αὐτῇ τὰ ἐνώτια (14)
27. 16. τὰ δέρμ. τῶν ἐρίφων περιέθηκεν (7)
41. 42. περιέθηκεν αὐτὸν ἐπὶ τὴν χ. Ἰ. (9)
— 42. περιέθηκε κλοιὸν χρυσοῦν (14)
Ex. 29. 9. περιθήσεις αὐτοῖς τὰς κιδάρεις (3)
34. 35. περιέθηκε Μ. κάλυμμα (15)
40. 6 (8). περιθήσεις τὴν σκηνήν [A αὐλήν] (14)
Le. 8. 13. περιέθηκεν αὐτοῖς κιδάρεις (3)
16. 4. κίδαριν λινῆν περιθήσεται [A al.] (12)
Nu. 27. 6 (7). περιθήσεις τὸν κλῆρον . . . αὐταῖς (10)
— 8. περιθήσετε τὴν κληρον. αὐ. τῇ θυγ. αὐ. (10)
Ru. 3. 3. περιθήσεις [A -σει] τὸν ἱματισμόν σου (14)
Ju. 10. 4. περιέθετο τοὺς χλιδῶνας
Es. 1. 11. καὶ περιθεῖναι αὐτῇ τὸ διάδημα –
— 20. περιθήσουσι τιμὴν τοῖς ἀνδράσιν ἑαυ. (9)
5. 11. ἣν ὁ βασ. αὐτῷ περιέθηκε (1 ?)
Jb. 4. 4. γόνασί τε ἀδυνατοῦσι θάρσος περιέθηκας (16)
13. 26. περιέθηκας δέ μοι νεότητος ἁμαρτίας (4)
31. 36. ἐπ' ὤμοις ἂν περιθέμενος στέφανον ἀνεγίνωσκον [A al.] (8)
38. 10. περιθεὶς κλεῖθρα καὶ πύλας (14)
39. 19. ἢ σὺ περιέθηκας ἵππῳ δύναμιν (9)
— 20. περιέθηκας δὲ αὐτῷ πανοπλίαν †
40. 20 (25). περιθήσεις δὲ φορβέαν περὶ ῥῖνα αὐτοῦ †
Pr. 7. 3. περίθου δὲ αὐτοὺς [A -οῖς] σοῖς δακτύλοις (13 a)
12. 9. τιμὴν ἑαυτῷ περιτιθεὶς [S περιθεὶς] (17)
Wi. 5. 18. περιθήσεται κόρυθα κρίσιν ἀνυπόκριτον
14. 21. τὸ ἀκοινώνητον ὄνομα λίθοις . . . περιέθεσαν [S[2] -θηκαν]
Si. 6. 31. στέφανον ἀγαλλιάματος περιθήσεις σεαυτῷ
Ho. 2. 13 (15). περιετίθετο τὰ ἐνώτια αὐ. (10)
Is. 5. 2. φραγμὸν περιέθηκα (18)
49. 18. περιθήσεις [A S -η, B[2] -ει] αὐτούς (13 b)
59. 17. περιέθετο περικεφαλαίαν [S add. ὡς] σωτηρίου –
61. 10. ὡς νυμφίῳ περιέθηκέ μοι μίτραν (5 ?)
Je. 13. 1. περίθου περὶ τὴν ὀσφύν σου (14)
— 2. περιέθηκα περὶ τὴν ὀσφύν μου (14)
28 (51). 3. περιθέσθω ᾧ ἐστιν ὅπλα αὐτοῦ †
34 (27). 2. περίθου περὶ τὸν τράχηλόν σου (9)
Ep. Je. 43. αἱ δὲ γυναῖκες περιθέμεναι [A περιτιθ.] σχοινία
Ez. 16. 11. περιέθηκα ψέλια περὶ τὰς χεῖράς σου (9)
27. 3. περιέθηκα ἐμαυτῇ κάλλος μου (6 a)
— 4. υἱοί σου περιέθηκάν σοι κάλλος (6 b)
— 7. τοῦ περιθεῖναί σοι δόξαν (2)
Da. LXX. 5. 7. μανιάκην χρυσοῦν περιθήσει αὐτῷ –
— 16. μανιάκην χρυσοῦν περιθήσω σοι –
— 29. μανιάκην χρυσοῦν περιέθηκεν αὐτῷ –
Da. Th. 5. 29. τὸν μανιάκην . . . περιέθηκαν περὶ τὸν τράχηλον αὐ. –
I Ma. 11. 13. A S περιέθετο τὸ διάδημα τῆς Ἀσίας
— 13. περιέθετο δύο διαδήματα
12. 39. καὶ περιθέσθαι τὸ διάδημα
13. 29. περιθεὶς στύλους μεγάλους
— 32. περιέθετο τὸ διάδημα τῆς Ἀσίας
[Sm. Jb. 24. 15, 17 (P.) : Ps. 44 (45). 4 : Ca. 8. 6.]
[Al. Nu. 16. 38 (17. 3) : Ca. 8. 6.]

περιτομή. (1) *a.* מוּל ni. *b.* מוּלָה

Ge. 17. 13. περιτομῇ περιτμηθήσεται ὁ οἰκογ. (1 *a*)
Ex. 4. 25. τὸ αἷμα τῆς π. τοῦ παιδίου μου –
— 26. A R τὸ αἷμα τῆς π. τοῦ παιδίου μου (1 *b*)
Je. 11. 16. εἰς φωνὴν περιτομῆς αὐτῆς †
[Aq., Sm., Th., Heb. Ex. 4. 26.]

περιτραχήλιον.

[Aq. Pr. 1. 9.]
[Sm. Ge. 38. 18, 25 : Ca. 7. 1 (2) : Ho. 2. 13 (15).]

περιτρέπειν.

Wi. 5. 23. ἡ κακοπραγία περιτρέψει θρόνους δυναστῶν
[Aq., Th. Jb. 9. 6.]
[Sm. Jb. 9. 6 : 12. 20 : Ps. 9. 27 (10. 6) : 17 (18). 8 : 25 (26). 1 : 29 (30). 7 : 45 (46). 7 : 81 (82). 5 : 120 (121). 3.]

περιτρέχειν. (1) שׁוּט pil.

Am. 8. 12. περιδραμοῦνται ζητοῦντες τὸν λόγον τοῦ κ. (1)
Je. 5. 1. περιδράμετε ἐν ταῖς ὁδοῖς Ἰερουσαλὴμ (1)

περιττός, *vid. sub* **περισσός.**

περιφανής, περιφανῶς.

IV Ma. 8. 1. A ἐνικήθη περιφανὴς [S R -ῶς] ὁ τύραννος

περιφέγγεσθαι.

[Sm. Ez. 1. 27.]

περιφέρεια. (1) הוֹלֵלוֹת

Ec. 9. 3. περιφέρεια ἐν καρδίᾳ αὐτῶν (1)
10. 13. A S R ἐσχάτη στόματος [B *om.*] αὐτοῦ περιφέρεια πονηρά (1)
[Aq., Sm. Ps. 90 (91). 4.]

περιφέρειν. (1) הָלַל po.

Jo. 24. 33. περιεφέροσαν [A -ον] ἐν ἑαυτοῖς –
Pr. 10. 24. ἐν ἀπωλείᾳ ἀσεβὴς περιφέρεται †
Ec. 7. 8 (7). ἡ συκοφαντία περιφέρει σοφόν (1)
II Ma. 7. 27. τὴν ἐν γαστρὶ περιενέγκασάν σε
15. 30. A τὴν τοῦ N. κεφαλὴν ... περιφέρειν [R φ.] εἰς Ἱερ.

περιφερής. (1) סָבִיב

Ez. 41. 10. τὸ π. τῷ οἴκῳ [A τοῦ οἴ.] κύκλῳ (1)
II Ma. 13. 5. ὄργανον εἶχε περιφερές
[Sm. Ec. 12. 6.]

περιφλευσμός.

[Aq. Dt. 28. 22.]

περιφλογισμός.

[Sm., Th. Dt. 28. 22.]

περιφορά. (1) *a.* הָלַל po. *b.* הוֹלֵלוֹת

Ec. 2. 2. τῷ γέλωτι εἶπα περιφοράν (1 *a*)
— 12. A S ἐπέβλεψα ἐγὼ τοῦ ἰδεῖν ... περιφοράν [B παραφ.] (1 *b*)
7. 26 (25). τοῦ γνῶναι ... περιφοράν [A παραφ.] (1 *b*)
[Th. Ec. 2. 2.]

περίφραγμα.

[Aq. Mi. 7. 12.]
[Sm. Ez. 46. 23 : Mi. 7. 12.]
[Th. Is. 29. 1 : Mi. 7. 12.]
[Al. Ps. 9. 30 (10. 9).]

περιφράκτης.

[Aq. Is. 58. 12.]

περιφράσσειν. (1) שׂוּךְ

III Ki. 10. 22 (B), 9. 15 (A). τοῦ περιφράξαι τὸν φραγμόν –
Jb. 1. 10. οὐ σὺ περιέφραξας τὰ ἔξω αὐτοῦ (1)
Si. 28. 24. περίφραξον τὸ κτῆμά [S στόμα] σου
Ep. Je. 18. περιπεφραγμέναι εἰσὶν αἱ αὐλαί
II Ma. 1. 34. περιφράξας δὲ ὁ βασ. ἱερὸν ἐποίησε
12. 13. ἐπί τινα πόλιν γεφυροῦν . . . τείχεσι περιπεφραγμένην
[Aq., Th., Quint. Ps. 34 (35). 3.]
[Sm. Jb. 29. 4 : Ps. 30 (31). 22 : 34 (35). 3 : 39 (40). 12 : 59 (60). 11 : 60 (61). 8 : 63 (64). 2 : 91 (92). 16 : 107 (108). 11 : Ez. 13. 5 : 28. 13.]

περιφρονεῖν.

IV Ma. 6. 9. περιεφρόνει τῆς ἀνάγκης
14. 1. ὡς μὴ μόνον τῶν ἀλγηδόνων περιφρονῆσαι αὐτούς

περιφρύγειν.

[Th. Ca. 1. 6.]

περίφρων.

IV Ma. 8. 28. A R ἦσαν γὰρ περίφρονες τῶν [S τὰ τῶν] παθῶν

περιφύεσθαι.

[Sm. Jb. 39. 13.]

περιφυτεύειν.

IV Ma. 2. 21. R τὰ πάθη αὐτῷ [A S -οῦ] ... περιεφύτευσεν
7. 16. A R εἰ . . . τῶν μέχρι θανάτου βασάνων περιεφρόνησε [S -νει]

περιχαλᾶν.

IV Ma. 7. 13. περικεχαλασμένων δὲ τῶν σαρκῶν

περιχαλκοῦν. (1) צָפָה pi.

Ex. 27. 6. περιχαλκώσεις αὐτοὺς χαλκῷ (1)

περιχαρακοῦν. (1) חָנָה (2) סָלַל pilp.

Pr. 4. 8. περιχαράκωσον αὐτήν (2)
Je. 52. 4. περιεχαράκωσαν [A S -εν] αὐτήν (1)

περιχαράττειν.

[Heb. Jb. 13. 27.]

περιχαρής. (1) π. γίγνεσθαι שִׂישׂ (2) שָׂמֵחַ אֱלֵי־גִיל

Jb. 3. 22. περιχαρεῖς δὲ ἐγένοντο (1 + 2)
29. 22. περιχαρεῖς δὲ ἐγίνοντο †
III Ma. 5. 44. περιχαρεῖς ἀναλύσαντες οἱ φίλοι

περιχεῖν. (1) אָסַף (2) זָרַק

II Ch. 29. 22. R περιέχεον τὸ αἷμα τῷ θυσιαστ. [A τοῦ θ.] (2)
Ju. 13. 2. ἦν γὰρ περικεχυμένος αὐτῷ ὁ οἶνος
Jn. 2. 6. περιεχύθη ὕδωρ μοι (1)
II Ma. 3. 17. περιεκέχυτο γὰρ ἐπὶ τὸν ἄνδρα δέος τι
— 27. πολλῷ σκότει περιχυθέντα
[Sm. Jb. 41. 15.]

περίχρυσος.

Ep. Je. 8. αὐτά τε περίχρυσα καὶ περιάργυρα
— 39. τοῖς ἀπὸ τοῦ ὄρους λίθοις ὡμοιωμένοι εἰσὶ . . . τὰ π.
— 50. ὑπάρχοντα γὰρ ξύλινα καὶ περίχρυσα
— 55. εἰς οἰκίαν θεῶν ξυλίνων ἢ περιχρύσων
— 57. θεοὶ ξύλινοι . . . καὶ περίχρυσοι
— 70. οἱ θεοὶ αὐτῶν εἰσὶ ξύλινοι καὶ περίχρυσοι
— 71. ἀφωμοίωνται οἱ θεοὶ αὐ. ξύλινοι καὶ π.

περιχρυσοῦν. (1) אֲפֻדַּת זָהָב (2) צָפָה pi. (3) רָקַע pi.

III Ki. 10. 18. περιεχρύσωσεν αὐτό (2)
Is. 30. 22. περικεχρυσωμένα [A S τὰ π.] λεπτὰ ποιήσῃς (1)
40. 19. χρυσοχόος χωνεύσας χρυσίον περιεχρύσωσεν αὐτόν (3)

περίχωρος. (1) חֶבֶל (2) *a.* כִּכָּר *b.* כִּכַּר פֶּלֶךְ (3) מִגְרָשׁ (4) מִסְכְּנוֹת עָרִים (5) בִּקְעָה

Ge. 13. 10, 11. πᾶσαν τὴν π. τοῦ Ἰορδ. (2 *a*)
— 12. ἐν πόλει τῶν π. (2 *a*)
19. 17. μηδὲ στῇς ἐν πάσῃ τῇ π. (2 *a*)
— 25. R καὶ πᾶσαν τὴν περίχωρον [A πᾶσαν περίοικον] (2 *a*)
— 28. A ἐπὶ πρόσωπον τῆς γῆς [R *om.* τ. γ.] τῆς π. (2 *a*)
De. 3. 4. πάντα τὰ [B[1] *add.* συνκυροῦντα] π. Ἀργόβ (1)
— 13. καὶ πᾶσαν [A π. τὴν] περίχωρον Ἀργόβ (1)
— 14. ἔλαβε πᾶσαν τὴν [B[1] *om.*] π. Ἀργόβ (1)
34. 3. καὶ τὰ π. Ἱερ. (2 *b*)
I Ch. 5. 16. καὶ πάντα τὰ π. Σαρών (3)
II Ch. 4. 17. ἐν τῷ π. τοῦ Ἰορδ. (2 *a*)
16. 4. ἐπάταξε . . . πάσας τὰς π. Νεφθ. (4)
Ne. 3. 9, 12. ἄρχων ἡμίσους περιχώρου Ἱερ. (5)
Ne. 3. 14. ἄρχων περιχώρου Βηθ. (5)
— 16. S[2] R ἄρχων ἡμίσους [A B S[1] *om.*] περιχώρου Βηθ. (5)
— 17. A S R ἄρχων ἡμίσους περιχώρου Κ. τῷ π. [B -ου] αὐ. (5, 5)
— 18. ἄρχων ἡμίσους περιχώρου Κ. (5)
12. 28. συνήχθησαν . . . ἀπὸ τῆς π. (2 *a*)
Ju. 3. 7. αὐτοὶ καὶ πᾶσα ἡ π. αὐτῶν
Es. 9. 12. ἐν δὲ τῇ π. πῶς οἴει ἐχρήσαντο [A *al.*] –

περίψημα.

To. 5. 18. περίψημα τοῦ παιδίου ἡμῶν γένοιτο

περιψύχειν.

Si. 30. 7. A S[2] R περιψύχων [? περὶ ψυχῶν] υἱὸν [B S[1] -ῶν] καταδεσμεύσει τραύματα αὐ.

περκάζειν.

Si. 51. 15. ἐξ ἄνθους ὡς περκαζούσης σταφυλῆς
Am. 9. 13. περκάσει ἡ σταφυλὴ ἐν τῷ σπόρῳ †
[Aq. Za. 11. 8.]

περόνη.

[Sm. Ex. 35. 11 : Jb. 40. 19 (24).]
[Th. Ex. 35. 11 : 39. 33 (14).]

πέσσειν. (1) אָפָה *a.* qal. *b.* ni. *c.* מַאֲפֶה

Ge. 19. 3. ἀζύμους ἔπεψεν αὐτοῖς (1 *a*)
Ex. 12. 39. ἔπεψαν τὸ σταῖς (1 *a*)
16. 23. ὅσα ἐὰν πέσσητε πέσσετε (1 *a*, 1 *a*)
Le. 2. 4. R θυσίαν πεπεμμένην ἐκ κλιβάνου [A B λιβ.] (1 *c*)
6. 17 (10). οὐ πεφθήσεται ἐζυμωμένη (1 *b*)
23. 17. ἐζυμωμένοι πεφθήσονται (1 *b*)
26. 26. πέψουσι δέκα γυναῖκες τοὺς ἄρτους ὑ. (1 *a*)
I Ki. 8. 13. καὶ εἰς πεσσούσας (1 *a*)
28. 24. καὶ ἔπεψεν [A ἔπεμψεν] ἄζυμα (1 *a*)
Is. 44. 15. καύσαντες ἔπεψαν ἄρτους ἐπ' αὐτῶν (1 *a*)
— 16. καὶ ἐπὶ τοῦ ἡμίσους αὐτῶν ἔπεψεν ἐν τοῖς ἄνθραξιν ἄρτους [A S[1] *al.*] †
— 19. ἔπεψεν ἐπὶ τῶν ἀνθράκων αὐτοῦ ἄρτους (1 *a*)
Je. 44 (37). 21. ἔξωθεν οὗ πέσσουσιν (1 *a*)
Ez. 46. 20. ἐκεῖ πέψουσι τὸ μαναὰ τὸ παράπαν (1 *a*)
[Aq. Ge. 40. 5 : Je. 37 (44). 21 : Ho. 7. 6.]
[Al. Le. 7. 9.]
[Quint. Ho. 7. 4, 8.]

πετάζειν, *vid. sub* **πεταννύναι.**

πέταλον. (1) נֵזֶר (2) פַּח (3) צִיץ

Ex. 28. 32 (36). ποιήσεις πέταλον χρυσοῦν (3)
29. 6. ἐπιθήσεις τὸ π. τὸ ἁγίασμα (1)
36. 10 (39. 3). ἐτμήθη τὰ π. τοῦ χρυσίου (2)
— 38 (39. 30). ἐποίησαν τὸ π. τὸ χρυσοῦν (3)
Le. 8. 9. ἐπέθηκεν . . . τὸ π. τὸ χρυσοῦν (3)
III Ki. 6. 18. A ἐπαναστήσεις . . . πέταλα (3)
— 32. A καὶ π. διαπεπετασμένα (3)
— 35. καὶ διαπεπετασμένα π. (3)
[Aq. Ex. 29. 6.]
[Sm. III Ki. 6. 18.]

πεταλοῦν. (1) צָפָה pi.

III Ki. 6. 22. A ὅλον τὸ ἔσω τοῦ δ. ἐπετάλωσεν χρυσίῳ (1)

πεταννύναι, πετάζειν. (1) דָּאָה (2) נוּד (3) עוּף (4) רוּף pulal.

II Ki. 22. 11. καὶ ἐπετάσθη (3)
Jb. 26. 11. στῦλοι οὐρανοῦ ἐπετάσθησαν [A ἐπεστάθησαν] (4)
Ps. 17 (18). 10. καὶ ἐπετάσθη ἐπετάσθη [S[1] καὶ ἐπ.] ἐπὶ πτερύγων ἀνέμων (3, 1)
54 (55). 6. πετασθήσομαι καὶ καταπαύσω (3)
Pr. 26. 2. ὥσπερ ὄρνεα πέταται [A -ανται] (2)
Wi. 17. 21. A B μόνοις δὲ ἐκείνοις ἐπέτατο [S ἐπέκειτο, R ἐπετέτατο] βαρεῖα νύξ
Hb. 1. 8. πετασθήσονται ὡς ἀετός (3)
[Aq. Ex. 9. 9 : Ps. 89 (90). 10 : Pr. 23. 5.]
[Sm. Ps. 54 (55). 7 : Pr. 23. 5.]
[Th. Jb. 11. 13 : 26. 11 : Pr. 23. 5.]

πέτασθαι. (1) עוּף

De. 4. 17. ὃ πέταται ὑπὸ τὸν οὐρανόν (1)

πέτασμα.

[Al. Nu. 23. 22.]

πετασμός.
[Al. Nu. 23. 22.]

πέτασος.
II Ma. 4. 12. ὑπὸ πέτασον ἤγαγεν

πέταυρον (πέτευρον). (1) עֵמֶק
Pr. 9. 18. ἐπὶ πέταυρον ᾅδου συναντᾷ (1)

πετεινός. (1) כָּנָף (2) עוֹף (3) עַיִט
(4) a. צִפּוֹר b. צִפֹּר
Ge. 1. 20. πετεινὰ πετόμενα ἐπὶ τῆς γῆς (2)
— 21. καὶ πᾶν πετεινὸν πτερωτόν (2)
— 22. τὰ πετεινὰ πληθυνέσθωσαν (2)
— 26. ἀρχέτωσαν . . . τῶν π. τοῦ οὐρ. (2)
— 28. ἄρχετε . . . τῶν π. τοῦ οὐρ. (2)
— 30. καὶ πᾶσι τοῖς π. τοῦ οὐρ. (2)
2. 19. καὶ παντὰ τὰ π. τοῦ οὐρ. (2)
— 20. καὶ πᾶσι τοῖς π. τοῦ οὐρ. (2)
6. 7. ἀπὸ ἑρπετῶν ἕως τῶν π. τοῦ οὐρ. (2)
— 20. ἀπὸ πάντων τῶν ὀρνέων τῶν π. (2)
7. 3. ἀπὸ τῶν π. τοῦ οὐρ. τῶν καθ. (2)
— 3. ἀπὸ πάντων τῶν π. τῶν μὴ καθ. -
— 8. R ἀπὸ τῶν π. τῶν καθ. [A² om. τ. κ.] καὶ ἀπὸ τῶν π. τῶν μὴ καθ. [A² om. τ. μὴ κ.] (2, -)
— 14. R καὶ πᾶν ὄρνεον [A om.] πετεινόν (4 a [2+4 a])
— 21. πᾶσα σὰρξ . . . τῶν π. (2)
— 23. ἀπὸ ἀνθρώπου ἕως . . . τῶν π. τοῦ οὐρ. (2)
8. 1. ἐμνήσθη ὁ θ. . . . πάντων τῶν π. -
— 17. ἀπὸ πετεινῶν ἕως κτηνῶν (2)
— 19. καὶ πᾶν π. (2)
— 20. ἀπὸ πάντων τῶν π. τῶν καθ. (2)
9. 2. R ἐπὶ πάντα τὰ π. [A ὄρνεα] τοῦ οὐρ. (2)
40. 17. τὰ π. τοῦ οὐρανοῦ κατήσθιεν αὐτά (2)
Le. 1. 14. ἐὰν δὲ ἀπὸ τῶν π. κάρπωμα (2)
7. 16 (26). ἀπό τε τῶν κτηνῶν καὶ ἀπὸ τῶν π. (2)
11. 13. ταῦτα . . . ἀπὸ τῶν π. (2)
— 20. καὶ πάντα τὰ ἑρπετὰ τῶν π. (2)
— 21. ἀπὸ τῶν ἑρπετῶν τῶν π. (2)
— 23. πᾶν ἑρπετὸν ἀπὸ τῶν π. (2)
— 46. οὗτος ὁ νόμος περὶ . . . τῶν π. (2)
17. 13. ἢ πετεινὸν ὃ ἔσθεται (2)
20. 25. ἀνὰ μέσον τῶν π. τῶν καθαρῶν (2)
— 25. ἐν τοῖς κτήνεσι καὶ ἐν τοῖς π. (2)
De. 14. 19. πάντα τὰ ἑρπετὰ τῶν π. (2)
— 20. πᾶν π. καθαρὸν φάγεσθε (2)
28. 26. κατάβρωμα τοῖς π. τοῦ οὐρ. (2)
I Ki. 17. 44. δώσω τὰς σάρκας σου τοῖς π. τοῦ οὐρ. (2)
— 46. δώσω τὰ κῶλα . . . τοῖς π. τοῦ οὐρ. (2)
II Ki. 21. 10. οὐκ ἔδωκε τὰ π. τοῦ οὐρ. καταπαῦσαι (2)
III Ki. 4. 33 (5. 13). καὶ περὶ τῶν π. (2)
12. 24 (*cf.* A 14. 11). B καταφάγεται τὰ π. τοῦ οὐρ. -
14. 11. A καταφάγονται τὰ π. τοῦ οὐρ. (2)
16. 4. καταφάγονται αὐτὸν τὰ π. τοῦ οὐρ. (2)
20 (21). 24. φάγονται τὰ π. τοῦ οὐρ. (2)
Ju. 11. 7. τὰ π. τοῦ οὐρ. διὰ τῆς ἰσχύος σου ζήσονται
Es. 8. 13. πετεινοῖς . . . ἔχθιστος κατασταθήσεται [A S¹ *al.*]
Jb. 12. 7. πετεινὰ δὲ οὐρανοῦ ἐάν σοι ἀπαγγείλωσιν [A ἀναγγείλῃ] (2)
28. 7. οὐκ ἔγνω αὐτὴν πετεινόν [A -ῶν] (3)
— 21. ἀπὸ πετεινῶν τοῦ οὐρανοῦ ἐκρύβη [A οὐκ ἐκρ.] (2)
35. 11. ὁ διορίζων με ἀπὸ τετραπόδων γῆς ἀπὸ δὲ πετεινῶν οὐρανοῦ (2)
Ps. 8. 8. τὰ π. τοῦ οὐρ. καὶ τοὺς ἰχθύας τῆς θαλ. (4 a)
49 (50). 11. ἔγνωκα πάντα τὰ π. τοῦ οὐρανοῦ (2)
77 (78). 27. καὶ ὡσεὶ ἄμμον θαλασσῶν πετεινὰ πτερωτά (2)
78 (79). 2. βρώματα τοῖς π. τοῦ οὐρανοῦ (2)
103 (104). 12. ἐπ' αὐτὰ τὰ π. τοῦ οὐρανοῦ κατασκηνώσει (2)
148. 10. ἑρπετὰ καὶ πετεινὰ πτερωτά (4 a)
Ec. 10. 20. πετεινὸν τοῦ οὐρανοῦ ἀποίσει τὴν φωνήν σου (2)
Si. 11. 3. μικρὰ ἐν πετεινοῖς μέλισσα
17. 4. κατακυριεύειν θηρίων καὶ πετεινῶν
22. 20. βάλλων λίθον ἐπὶ πετεινὰ ἀποσοβεῖ αὐτά
27. 9. πετεινὰ πρὸς τὰ ὅμοια αὐτοῖς [A -ῶν] καταλύσει
— 19. ὡς πετεινὸν ἐκ χειρός σου ἀπέλυσας
Si. 43. 14. ἐξέπτησαν νεφέλαι ὡς πετεινά
— 17. ὡς πετεινὰ καθιπτάμενα πάσσει χιόνα
Ho. 2. 12 (14). καταφάγεται αὐτὰ . . . τὰ π. τοῦ οὐρανοῦ -
— 18 (20). καὶ μετὰ τῶν π. τοῦ οὐρανοῦ (2)
4. 3. καὶ σὺν τοῖς π. τοῦ οὐρανοῦ (2)
7. 12. καθὼς τὰ π. τοῦ οὐρ. κατάξω αὐτούς (2)
Ze. 1. 3. ἐκλιπέτω τὰ π. τοῦ οὐρανοῦ (2)
Is. 16. 2. ἔσῃ γὰρ ὡς πετεινοῦ ἀνιπταμένου νοσσὸς ἀφῃρημένος (2)
18. 6. καταλείψει ἅμα τοῖς π. τοῦ οὐρανοῦ . . . συναχθήσεται ἐπ' αὐτοὺς τὰ π. τοῦ οὐρανοῦ (3, 3)
46. 11. καλῶν ἀπ' ἀνατολῶν πετεινόν (3)
Je. 4. 25. πάντα τὰ π. τοῦ οὐρανοῦ ἐπτοεῖτο (2)
5. 27. ὡς παγὶς ἐφεσταμένη πλήρης πετεινῶν (2)
7. 33. ἔσονται . . . εἰς βρῶσιν [A κατάβρωμα πᾶσιν] τοῖς π. τοῦ οὐρ. (2)
9. 10 (9). ἀπὸ πετεινῶν τοῦ οὐρανοῦ καὶ ἕως κτηνῶν (2)
12. 4. ἠφανίσθησαν [A -ισας] κτήνη καὶ πετεινά (2)
15. 3. τὰ π. τοῦ οὐρανοῦ εἰς βρῶσιν (2)
16. 4. καὶ τοῖς π. τοῦ οὐρανοῦ (2)
19. 7. εἰς βρῶσιν τοῖς π. τοῦ οὐρανοῦ (2)
41 (34). 20. βρῶσις τοῖς π. τοῦ οὐρανοῦ (2)
Ez. 17. 23. πᾶν πετεινὸν [A τὰ π.] ὑπὸ τὴν σκιὰν αὐτοῦ ἀναπαύσεται (1)
29. 5. τοῖς π. τοῦ οὐρανοῦ δέδωκά σε (2)
31. 6. ἐνόσσευσαν πάντα τὰ π. τοῦ οὐρανοῦ (2)
— 13. ἀνεπαύσαντο πάντα τὰ π. τοῦ οὐρανοῦ (2)
32. 4. ἐπικαθιῶ ἐπὶ σὲ πάντα τὰ π. (2)
34. 5. A καὶ τοῖς π. τοῦ οὐρανοῦ -
38. 20. σεισθήσονται . . . τὰ π. τοῦ οὐρανοῦ (2)
39. 4. παντὶ πετεινῷ . . . δέδωκά σε (1)
— 17. εἰπὸν παντὶ ὀρνέῳ πετεινῷ (1)
44. 31. πᾶν θνησιμαῖον καὶ θηριάλωτον ἐκ τῶν π. (2)
Da. LXX. 2. 38. ἀπὸ ἀνθρώπων . . . καὶ πετεινῶν οὐρανοῦ (2)
3. (80). εὐλογεῖτε, πάντα τὰ π. τοῦ οὐρ., τὸν κ. (2)
4. 9. ἐν αὐτῷ τὰ π. τοῦ οὐρ. ἐνόσσευον (4 b)
— 18. καὶ πάντα τὰ π. τοῦ οὐρανοῦ (4 b)
Da. TH. 2. 38. πετεινὰ οὐρανοῦ . . . ἔδωκεν ἐν τῇ χειρί σου (2)
3. (80). εὐλογεῖτε, πάντα τὰ π. τοῦ οὐρ., τὸν κ. (2)
7. 6. καὶ αὐτῇ πτερὰ τέσσαρα πετεινοῦ (2)
IV Ma. 14. 15. A R τῶν π. [S -την.] τὰ μὲν ἥμερα
[Aq. Ge. 1. 20, 26, 28 : III Ki. 14. 11 : Jb. 35. 11 : Is. 16. 2 : Je. 5. 27.]
[Sm. Ge. 1. 20, 28, 30 : Jb. 5. 7 : Ps. 77 (78). 27.]
[Th. Ge. 1. 20, 28, 30 : Jb. 28. 21 : 35. 11 : Da. 3. (80).]
[Al. Hb. 3. 5.]

πέτεσθαι. (1) נָדַד hoph. (2) עוּף *a.* qal. *b.* pil. *c.* hoph. (3) **πετόμενος ζητῶν** טוּשׂ
Ge. 1. 20. πετεινὰ πετόμενα ἐπὶ τῆς γῆς (2 b)
Jb. 5. 7. νεοσσοὶ δὲ γυπὸς τὰ ὑψηλὰ πέτονται (2 a)
9. 26. ἢ ἀετοῦ πετομένου ζητοῦντος βοράν (3)
20. 8. ἔπτη δὲ ὥσπερ φάσμα [A φάντασμα, S¹ θαῦμα] νυκτερινόν (1)
Ps. 90 (91). 5. ἀπὸ βέλους πετομένου ἡμέρας (2 a)
Pr. 9. 12. AB ὁ δ' αὐτὸς διώξεται ὄρνεα πετόμενα -
24. 54 (30. 19). ἴχνη ἀετοῦ πετομένου †
Za. 5. 1. ἰδοὺ δρέπανον πετόμενον (2 a)
— 2. ὁρῶ δρέπανον πετόμενον (2 a)
Is. 6. 2. ταῖς δυσὶν ἐπέταντο [S -οντο] (2 b)
11. 14. πετασθήσονται ἐν πλοίοις ἀλλοφύλων (2 a)
14. 29. τὰ ἔκγονα αὐτῶν ἐξελεύσονται ὄφεις πετάμενοι [AS -όμ.] (2 b)
30. 6. ἔκγονα ἀσπίδων πετομένων [B¹ om.] (2 b)
31. 5. ὡς ὄρνεα πετόμ. οὕτως ὑπερασπιεῖ κ. (2 a)
60. 8. A τίνες οἵδε ὡς νεφέλαι πέτανται [B S -ον.] (2 a)
Ez. 32. 10. ἐν τῷ πετᾶσθαι [A -σθῆναι] τὴν ῥομφαίαν μου (2 b)
Da. TH. 9. 21. ἰδοὺ ἀνὴρ . . . πετόμενος (2 c?)
[Aq. Ez. 13. 20.]
[Sm. Ge. 1. 20 : Jb. 39. 18 : Ps. 17 (18). 11 : Is. 31. 5 : Ez. 13. 20.]
[Th. Ge. 1. 20 : Is. 30. 6.]
[Al. Hb. 2. 15.]

πετηνός.
IV Ma. 14. 15. S τῶν π. [A R -τειν.] τὰ μὲν ἥμερα

πέτρα. (1) כֵּף (2) סֶלַע (3) *a.* צוּר *b.* צֹר
(4) **στερεὰ π.** *a.* חַלָּמִישׁ *b.* צוּר *c.* צַר
Ex. 17. 6. ἕστηκα . . . ἐπὶ τῆς π. ἐν Χ. (3 a)
— 6. πατάξεις τὴν π. (3 a)
33. 21. στήσῃ ἐπὶ τῆς π. (3 a)
— 22. εἰς ὀπὴν τῆς π. (3 a)
Nu. 20. 8. λαλήσατε πρὸς τὴν π. (2)
— 8. ἐξοίσετε αὐτοῖς ὕδωρ ἐκ τῆς π. (2)
— 10. ἐξεκκλησίασε . . . ἀπέναντι τῆς π. (2)
— 10. μὴ ἐκ τῆς π. ταύτης ἐξάξομεν (2)
— 11. ἐπάταξε τὴν π. (2)
24. 21. ἐὰν θῇς ἐν πέτρᾳ τὴν νοσσιάν σου (2)
De. 8. 15. τοῦ ἐξαγαγόντος σοι ἐκ π. ἀκροτόμου (3 a)
32. 13. μέλι ἐκ πέτρας καὶ ἔλαιον ἐκ στερεᾶς π. (2, 3 a)
Jo. 5. 2. μαχαίρας πετρίνας [A om.] ἐκ π. ἀκροτόμου (3 a)
Jd. 1. 36. ἀπὸ τῆς π. καὶ ἐπάνω (2)
6. 20. θὲς πρὸς τὴν π. ἐκείνην (2)
— 21. ἀνέβη [A -ήφθη] πῦρ ἐκ τῆς π. (3 a)
13. 19. ἀνήνεγκεν ἐπὶ τὴν π. (3 a)
15. 8. ἐν τρυμαλιᾷ τῆς π. 'Η. [A *al.*] (2)
— 11. εἰς τρυμαλιὰν [A ἐπὶ τὴν ὀπὴν τῆς] πέτρας 'Η. (2)
— 13. ἀνήνεγκαν αὐτὸν ἀπὸ τῆς π. ἐκ. [A *al.*] (2)
20. 45. ἔφευγον . . . πρὸς τὴν π. (2)
— 47. ἔφυγον . . . πρὸς τὴν π. (2)
— 47. ἐκάθισαν ἐν πέτρᾳ [A τῇ π.] (2)
21. 13. ἐν τῇ π. 'Ρ. (2)
I Ki. 13. 6. B ἐκρύβη ὁ λαὸς . . . ἐν ταῖς π. (2)
14. 4. B ἀκρωτήριον πέτρας ἔνθεν καὶ ἀκρωτήριον πέτρας ἔνθεν [R *al.*] (2, 2)
— 4. B καὶ ὀδοὺς πέτρας ἐκ τούτου (2)
23. 25. κατέβη εἰς τὴν π. (2)
— 28. ἐπεκλήθη . . . Π. ἡ μερισθεῖσα (2)
II Ki. 21. 10. ἔπηξεν αὐτῇ πρὸς τὴν π. (3 a)
22. 2. κύριε πέτρα μου (2)
III Ki. 19. 11. πνεῦμα . . . συντρῖβον πέτρας (2)
IV Ki. 14. 7. καὶ συνέλαβε τὴν π. (2)
I Ch. 11. 15. κατέβησαν . . . εἰς τὴν π. (3 a)
II Ch. 26. 7. τοὺς κατοικοῦντας ἐπὶ τῆς π. †
Ne. 9. 15. ὕδωρ ἐκ πέτρας ἐξήνεγκας αὐτοῖς (2)
Ju. 16. 15. πέτραι δὲ [S¹ πέτρα] . . . τακήσονται
Jb. 14. 8. ἐν δὲ πέτρᾳ [A ἐὰν δὲ πέτραις] τελευτήσῃ †
— 18. πέτρα παλαιωθήσεται ἐκ τοῦ τόπου αὐ. (3 a)
19. 24. A B² S R ἢ ἐν πέτραις ἐγγλυφῆναι (3 a)
22. 24. θήσῃ ἐπὶ χώματι ἐν πέτρᾳ καὶ ὡς πέτρα χειμάρρου Σωφίρ [A S *al.*] (†, 3 a)
24. 8. πέτραν [S¹ om.] περιεβάλοντο (3 a)
30. 6. ὧν οἱ οἶκοι αὐτῶν ἦσαν τρῶγλαι πετρῶν [A τῶν π.] (1)
39. 1. εἰ ἔγνως καιρὸν τοκετοῦ τραγελάφων πέτρας (2)
— 28. ἐπ' ἐξοχῇ πέτρας καὶ ἀποκρύφῳ (2)
40. 13 (18). A αἱ πλευραὶ αὐτοῦ ὡς π. χαλκαῖ [B S *al.*] †
Ps. 26 (27). 5. ἐν πέτρᾳ ὕψωσέ με (3 a)
39 (40). 2. ἔστησεν ἐπὶ πέτραν τοὺς πόδας μου (2)
60 (61). 2. ἐν πέτρᾳ ὕψωσάς με (3 a)
77 (78). 15. διέρρηξε πέτραν ἐν ἐρήμῳ (3 a)
— 16. ἐξήγαγεν ὕδωρ ἐκ πέτρας (2)
— 20. ἐπεὶ ἐπάταξε πέτραν (3 a)
80 (81). 16. ἐκ πέτρας μέλι ἐχόρτασεν αὐτούς (3 a)
103 (104). 12. ἐκ μέσου τῶν π. [S¹ πτερῶν] δώσουσι φωνήν †
— 18. πέτρα καταφυγὴ τοῖς χοιρογρυλλίοις [A S² λαγῳοῖς] (2)
104 (105). 41. διέρρηξε πέτραν (3 a)
113 (114). 8. τοῦ στρέψαντος τὴν π. εἰς λίμνας ὑδάτων (3 a)
136 (137). 9. ἐδαφιεῖ τὰ νήπιά σου πρὸς τὴν π. (2)
140 (141). 6. κατεπόθησαν ἐχόμενα πέτρας (2)
Pr. 24. 54 (30. 19). καὶ ὁδοὺς ὄφεως ἐπὶ πέτρας (3 a)
— 61 (30. 26). οἱ ἐποιήσαντο ἐν πέτραις τοὺς ἑαυτῶν οἴκους (2)
Ca. 2. 14. σὺ περιστερά μου ἐν σκέπῃ τῆς π. (2)
Wi. 11. 4. ἐδόθη αὐτοῖς ἐκ πέτρας ἀκροτόμου ὕδωρ
17. 19. κτύπος ἀπηνὴς καταρριπτομένων πετρῶν
Si. 40. 15. ῥίζαι ἀκάθαρτοι ἐπ' ἀκροτόμου πέτρας
Am. 6. 13 (12). εἰ διώξονται ἐν πέτραις ἵπποι (2)
Ob. 1. 3. ἐν ταῖς ὀπαῖς τῶν π. (2)
Na. 1. 6. αἱ π. διεθρύβησαν ἀπ' αὐτοῦ (3 a)
Hb. 2. 11. ἐπιβήσομαι ἐπὶ πέτραν †
Is. 2. 10. εἰσέλθετε εἰς τὰς π. (3 a)

Is. 2. 19. εἰσενέγκαντες . . . εἰς τὰς σχισμὰς τῶν π. (3 a)
— 21. τοῦ εἰσελθεῖν εἰς τὰς τρώγλας τῆς στερεᾶς π. καὶ εἰς τὰς σχισμὰς τῶν π. (4 b, 2)
5. 28. ὡς στερεὰ π. ἐλογίσθησαν (4 c)
7. 19. καὶ ἐν ταῖς τρώγλαις τῶν π. (2)
8. 14. οὐδὲ ὡς πέτρας πτώματι (3 a)
16. 1. μὴ π. ἔρημός ἐστι τὸ ὄρος θυγατρὸς [A om.] Σιών (2)
22. 16. ἔγραψας σεαυτῷ ἐν πέτρᾳ σκηνήν (2)
31. 9. πέτρᾳ γὰρ περιληφθήσονται ὡς χάρακι (2)
33. 16. οἰκήσει ἐν ὑψηλῷ σπηλαίῳ πέτρας ἰσχυρᾶς [A ὀχ.] (2)
42. 11. εὐφρανθήσονται οἱ κατοικοῦντες πέτραν (2)
48. 21. ὕδωρ ἐκ πέτρας ἐξάξει αὐτοῖς σχισθήσεται π. (3 a, 3 a)
50. 7. ἔθηκα τὸ πρόσωπόν μου ὡς στερεὰν πέτραν (4 a)
51. 1. ἐμβλέψατε εἰς τὴν στερεὰν π. (4 b)
57. 5. ἐν ταῖς φάραγξιν ἀνὰ μέσον τῶν π. (2)
Je. 4. 29. B S^2 ἐπὶ [A εἰς] τὰς π. ἀνέβησαν (1)
5. 3. ἐστερέωσαν τὰ πρόσωπα αὐτῶν ὑπὲρ πέτραν (2)
13. 4. κατάκρυψον αὐτὸ ἐκεῖ ἐν τῇ τρυμαλιᾷ τῆς π. (2)
16. 16. θηρεύσουσιν αὐτοὺς . . . ἐκ τῶν τρυμαλιῶν τῶν π. (2)
18. 14. μὴ ἐκλείψουσιν ἀπὸ πέτρας μαστοί (3 a)
23. 29. ὡς πέλυξ [A πέλεκυς] κόπτων πέτραν (2)
28 (51). 25. κατακυλιῶ σε ἐπὶ [A S ἀπὸ] τῶν π. (2)
29 (49). 16. κατέλυσε τρυμαλιὰς πετρῶν (2)
31 (48). 28. ᾤκησαν ἐν πέτραις (2)
— 28. ἐγενήθησαν ὥσπερ περιστεραὶ νοσσεύουσαι ἐν πέτραις †
Ez. 3. 9. ἔσται διὰ παντὸς κραταιότερον πέτρας (3 b)
II Ma. 14. 45. στὰς ἐπί τινος π. ἀπορρωγάδος
[**Aq.** Jd. 7. 25 : Ps. 17 (18). 3 : 30 (31). 4 : 41 (42). 10 : 70 (71). 3 : 77 (78). 15 : 140 (141). 6 : Is. 31. 9 : 33. 16 : Je. 49. 16 (29. 17) : Ez. 24. 7 : 26. 4, 14.]
[**Sm.** Jd. 7. 25 : Jb. 39. 28 : Ps. 17 (18). 3 : 30 (31). 4 : 41 (42). 10 : 70 (71). 3 : 140 (141). 6 : Ca. 2. 14 : Is. 8. 14 *bis* : 31. 9 : 32. 2 : 33. 16 : Je. 13. 4 : 49. 16 (29. 17) : Ez. 26. 14 : Am. 6. 12.]
[**Th.** I Ki. 24. 3 : Jb. 22. 24 *bis* : 39. 1, 28 : Is. 8. 14 : 31. 9 : 33. 16 : Ez. 26. 4, 14 : Ho. 9. 13.]

πέτρινος. (1) צוּר

Jo. 5. 2. ποίησον σεαυτῷ μαχαίρας π. [A om.] (1)
— 3. ἐποίησεν Ἰ. μαχαίρας π. (1)
21. 40. ἔλαβεν Ἰ. τὰς μαχαίρας τὰς π. –
24. 31. τὰς μαχαίρας τὰς π. ἐν αἷς περιέτεμε –
[**Sm.** Ex. 4. 25.]

πετροβόλος. (1) אֶלְגָּבִישׁ (2) אַבְנֵי־קֶלַע

I Ki. 14. 14. A R καὶ ἐν πετροβόλοις †
Jb. 41. 19 (20). ἥγηται μὲν πετροβόλον χόρτον [A ὡς χ.] (2)
Wi. 5. 22. ἐκ πετροβόλου θυμοῦ πλήρεις ῥιφήσονται χάλαζαι
Ez. 13. 11. δώσω λίθους πετροβόλους (1)
— 13. τοὺς λίθους τοὺς π. ἐν θυμῷ ἐπάξω (1)

πέτρος.

II Ma. 1. 16. βάλλοντες πέτρους συνεκεραύνωσαν τὸν ἡγεμόνα
4. 41. συναρπάσαντες οἱ μὲν πέτρους
[**Aq.** Ex. 4. 25.]

πεύκη. (1) עֵץ בְּרוֹשׁ (2) תִּדְהָר

III Ki. 5. 10 (24). ἦν X. διδοὺς . . . πεύκας [B om.] (1)
Is. 60. 13. ἐν κυπαρίσσῳ καὶ πεύκῃ καὶ κέδρῳ (2)
[**Sm.** Is. 60. 13 : Ho. 4. 13.]
[**Th.** Ho. 4. 13.]

πεύκινος. (1) אַלְגּוּמִּים (2) בְּרוֹשׁ (3) שֶׁמֶן

III Ki. 5. 8 (22). ξύλα κέδρινα καὶ π. (2)
6. 15. περιέσχε . . . ἐν πλευραῖς π. (2)
— 32. A δύο θύρας ξύλων π. (3)
— 34. ἐν ἀμφοτ. ταῖς θύραις ξύλα π. (2)
9. 11. καὶ ἐν ξύλοις π. [A al.] (2)
II Ch. 2. 8 (7). ἀπόστειλόν μοι ξύλα . . . π. (1)
9. 10. ἔφερον . . . ξύλα π. (1)
— 11. ἐποίησεν ὁ βασ. τὰ ξύλα τὰ π. (1)

πέψις. (1) אָפָה

Ho. 7. 4. ὡς κλίβανος καιόμενος εἰς πέψιν (1)

πηγή. (1) אֵד (2) אָפִיק (3) מַבּוּעַ (4) מוֹצָא מַיִם (5) *a.* עַיִן *b.* מַעְיָן (6) מָקוֹר (7) נֵבֶךְ

Ge. 2. 6. πηγὴ δὲ ἀνέβεννεν ἐκ τῆς γῆς (1)
7. 11. ἐρράγησαν πᾶσαι αἱ π. τῆς ἀβ. (5 b)
8. 2. R ἐπεκαλύφθησαν [A ἀπ.] αἱ π. τῆς ἀβ. (5 b)
14. 7. ἦλθοσαν ἐπὶ τὴν π. τῆς κρίσεως (5 a)
16. 7. R ἐπὶ τῆς π. τοῦ ὕδατος (5 a)
— 7. R ἐπὶ τῆς π. ἐν τῇ ὁδῷ Σούρ (5 a)
24. 13. ἕστηκα ἐπὶ τῆς π. τοῦ ὕδατος (5 a)
— 16. καταβᾶσα δὲ ἐπὶ τὴν π. (5 a)
— 29. ἔδραμε . . . ἐπὶ τὴν π. (5 a)
— 30. ἑστηκότος αὐτοῦ . . . ἐπὶ τῆς π. (5 a)
— 42. ἐλθὼν σήμερον ἐπὶ τὴν π. (5 a)
— 43. S R ἐφέστηκα [A^2 S ἕστ.] ἐπὶ τῆς π. [A τὴν π.] τοῦ ὕδ. (5 a)
— 45. κατέβη ἐπὶ τὴν π. (5 a)
Ex. 15. 27. ἦσαν ἐκεῖ δώδεκα π. ὑδάτων (5 a)
Le. 11. 36. πλὴν πηγῶν ὑδάτων (5 b)
12. 7. ἀπὸ τῆς π. τοῦ αἵματος αὐ. (6)
20. 18. τὴν π. αὐτῆς ἀπεκάλυψε (6)
Nu. 33. 9. ἐν Αἰ. δώδεκα πηγαὶ ὑδάτων (5 a)
34. 11. καταβήσεται τὰ ὅρια . . . ἐπὶ πηγάς (5 a)
De. 8. 7. οὗ . . . πηγαὶ ἀβύσσων ἐκπορευόμεναι (5 a)
— 15. τοῦ ἐξαγαγόντος σοι . . . πηγὴν ὕδατος –
33. 13. ἀπὸ ἀβύσσων πηγῶν κάτωθεν †
Jo. 15. 7. A R ἐπὶ τὸ ὕδωρ τῆς [B om.] π. ἡλίου (5 a)
— 7. ἔσται αὐτοῦ ἡ διέξοδος πηγὴ Ῥ. (5 a)
— 9. ἐπὶ πηγὴν ὕδατος N. (5 b)
17. 7. πορεύεται . . . ἐπὶ πηγὴν [A τὴν γῆν] Θ. (5 a)
18. 15. ἐπὶ πηγὴν ὕδατος N. (5 b)
— 16. καταβήσεται ἐπὶ πηγὴν Ῥ. (5 a)
— 17. διελεύσεται ἐπὶ πηγὴν B. (5 a)
19. 29. καὶ ἕως πηγῆς M. [A al.] †
— 37. καὶ πηγὴ Ἀσόρ (5 a)
21. 29. καὶ Πηγὴν γραμμάτων (5 a)
Jd. 7. 1. παρενέβαλον ἐπὶ πηγὴν Ἀ. [A al.] (5 a)
15. 19. πηγὴ τοῦ ἐπικαλουμένου [A al.] (5 a)
II Ki. 17. 17. εἱστήκεισαν ἐν τῇ π. Ῥ. (5 a)
III Ki. 1. 9. A ἐχόμενα τῆς π. [B om.] Ῥ. (5 a)
18. 5. καὶ ἐπὶ πηγὰς [A τὰς π.] τῶν ὑδάτων (5 b)
IV Ki. 3. 19. πάσας π. ὕδατος ἐμφράξεσθε (5 b)
— 25. πᾶσαν π. [A add. ὕδατος] ἐνέφραξαν (5 b)
II Ch. 32. 3. ἔμφραξαι τὰ ὕδατα τῶν π. (5 a)
— 4. ἐνέφραξε τὰ ὕδατα τῶν π. (5 b)
Ne. 2. 13. πρὸς στόμα πηγῆς τῶν συκῶν (5 a)
3. 15. R τὴν δὲ πύλην τῆς π. ἠσφαλίσατο Σ. (5 a)
Ju. 6. 11. παρεγένοντο ἐπὶ [S εἰς] τὰς π.
7. 3. πλησίον Βετυλούα ἐπὶ [S om.] τῆς π.
— 7. τὰς π. τῶν ὑδάτων αὐ. ἐφώδευσε
— 12. ἐπικρατησάτωσαν . . . τῆς π. τοῦ ὕδατος
— 17. προκατελάβοντο . . . τὰς π.
12. 7. ἐβαπτίζετο . . . ἐπὶ τῆς π. τοῦ ὕδατος
Es. 1. 1. ὡσανεὶ ἀπὸ μικρᾶς π. ποταμὸς μέγας
10. 3. ἡ μικρὰ π. ἣ [A S^1 om.] ἐγένετο ποταμός
Jb. 38. 16. ἦλθες δὲ ἐπὶ πηγὴν [A γῆν] θαλάσσης (7)
Ps. 17 (18). 15. ὤφθησαν αἱ π. τῶν ὑδάτων (2)
35 (36). 9. παρὰ σοὶ πηγὴ ζωῆς (6)
41 (42). 1. ὃν τρόπον ἐπιποθεῖ ἡ ἔλαφος ἐπὶ τὰς π. τῶν ὑδάτων (2)
67 (68). 26. εὐλογεῖτε . . . τὸν κ. ἐκ πηγῶν Ἰσρ. (6)
73 (74). 15. σὺ διέρρηξας πηγάς (5 b)
103 (104). 10. ὁ ἐξαποστέλλων πηγάς (5 b)
113 (114). 8. τὴν ἀκρότομον εἰς πηγὰς ὑδάτων (5 b)
Pr. 4. 21. ὅπως μὴ ἐκλίπωσί σε αἱ π. σου †
5. 15. καὶ ἀπὸ σῶν φρεάτων πηγῆς –
— 16. μὴ [A S^2 om.] ὑπερεκχείσθω σοι ὕδατα ἐκ τῆς σῆς π. †
— 18. ἡ π. σου τοῦ ὕδατος ἔστω σοι ἰδία (6)
6. 11. ἥξει ὥσπερ πηγὴ ὁ ἀμητός σου –
8. 24. πρὸ τοῦ προελθεῖν τὰς π. τῶν ὑδάτων (5 b)
— 28. ὡς ἀσφαλεῖς ἐτίθει πηγάς (5 a)
9. 18. ἀπὸ πηγῆς ἀλλοτρίας μὴ πίῃς –
10. 11. πηγὴ ζωῆς ἐν χειρὶ δικαίου (6)
13. 14. νόμος σοφοῦ πηγὴ ζωῆς (6)
14. 27. πρόσταγμα κυρίου πηγὴ ζωῆς (6)
16. 22. πηγὴ ζωῆς ἔννοια τοῖς κεκτημένοις (6)
18. 4. ποταμὸς δὲ ἀναπηδύει καὶ πηγὴ ζωῆς (6)
25. 26. ὥσπερ εἴ τις πηγὴν φράσσοι (5 b)
Ec. 12. 6. καὶ συντριβῇ ὑδρία ἐπὶ τῇ π. [A τὴν π., S τὴν γῆν] (3)
Ca. 4. 12. κῆπος κεκλεισμένος π. ἐσφραγισμένη (5 b)
Ca. 4. 15. πηγὴ κήπου καὶ [A S κήπων] φρέαρ ὕδατος ζῶντος (5 b)
Wi. 11. 6. ἀντὶ μὲν πηγῆς ἀεννάου ποταμοῦ
Si. 21. 13. ἡ βουλὴ αὐτοῦ ὡς πηγὴ ζωῆς
Ho. 13. 15. ἐξερημώσει τὰς π. αὐ. (5 b)
Jl. 3 (4). 18. πηγὴ ἐξ οἴκου κυρίου ἐξελεύσεται (5 b)
Is. 12. 3. ἀντλήσετε ὕδωρ μετ' εὐφροσύνης ἐκ τῶν π. τοῦ σωτηρίου (5 b)
35. 7. π. ὕδατος ἔσται [A om.] (3)
41. 18. ἀνοίξω . . . ἐν μέσῳ πεδίων πηγάς (5 b)
49. 10. διὰ πηγῶν ὑδάτων ἄξει αὐτούς (3)
58. 11. ὡς π. ἣν μὴ ἐξέλιπεν ὕδωρ (4)
Je. 2. 13. ἐμὲ ἐγκατέλιπον πηγὴν ὕδατος ζωῆς [A S^2 ζῶντος] (6)
9. 1 (8. 23). τίς δώσει . . . ὀφθαλμοῖς μου πηγὴν δακρύων (6)
17. 13. ἐγκατέλιπον πηγὴν ζωῆς τὸν κύριον (6)
28 (51). 36. ξηρανῶ [S ἐξαρῶ] τὴν π. [A S γῆν] αὐτῆς (6)
Ba. 3. 12. ἐγκατέλιπες τὴν π. τῆς σοφίας
Ez. 25. 9. οἴκου Βεθασιμοὺθ ἐπάνω πηγῆς [B^1 B. ἐπαναγωγῆς] πόλεως †
Da. LXX. 3. (77). εὐλογεῖτε, ὄμβροι καὶ αἱ π., τὸν κ.
Da. TH. 3. (77). εὐλογεῖτε, αἱ π., τὸν κ.
IV Ma. 3. 10. καίπερ ἀφθόνους ἔχων πηγάς
— 14. ἀνευράμενοι θαρραλέως τὴν π.
13. 21. ἀπὸ τῶν αὐτῶν γαλακτοποτοῦντες πηγῶν
[**Aq.** Jo. 15. 7 : 18. 17 : 21. 29 : I Ki. 29. 1 : III Ki. 1. 9 : Ps. 73 (74). 15 : 83 (84). 7 : 86 (87). 7 : Pr. 5. 16.]
[**Sm.** Jo. 15. 7 : 21. 29 : I Ki. 29. 1 : III Ki. 1. 9 : Jb. 38. 16 : Ps. 73 (74). 15 : 83 (84). 7 : 86 (87). 7 : Pr. 18. 4 : Za. 13. 1 *bis*.]
[**Th.** Jo. 21. 29 : I Ki. 29. 1 : Ps. 73 (74). 15 : Pr. 18. 4 : Da. 3. (77) : Za. 13. 1.]
[**Al.** I Ch. 4. 41.]
[**Quint.** Ps. 73 (74). 15 : Pr. 18. 4.]

πῆγμα. (1) נֵד

Jo. 3. 16. ἔστη π. ἕν (1)
IV Ma. 9. 21. ἔχων τὸ τῶν ὀστέων π.

πηγνύναι. (1) טָבַע hoph. (2) יָצַק (3) מְחָא ithpe. (4) נָטָה *a.* qal. *b.* hi. (5) נָטַע (6) נָצַב ni. (7) צָפַד (8) קָפָא *a.* qal. *b.* hi. (9) שָׁכַן hi. (10) תָּקַע (11) חוּל pul.

Ge. 26. 25. ἔπηξεν ἐκεῖ τὴν σκηνὴν αὐ. (4 a)
31. 25. ἔπηξε τὴν σκηνὴν αὐ. ἐν τῷ ὄρει (10)
35. 16 (21). ἔπηξε τὴν σκηνὴν αὐτοῦ (4 a)
Ex. 15. 8. ἐπάγη ὡσεὶ τεῖχος τὰ ὕδατα ἐπάγη τὰ κύματα (6, 8 a)
33. 7. ἔπηξεν ἔξω τῆς παρεμβολῆς (4 a)
38. 26 (8). ἐν ᾗ ἡμέρᾳ ἔπηξεν αὐτήν –
Nu. 24. 6. σκηναὶ ἃς ἔπηξε κύριος (5)
Jo. 18. 1. ἔπηξαν ἐκεῖ τὴν σκηνὴν τοῦ μαρτ. (9)
Jd. 4. 11. ἔπηξε τὴν σκηνὴν αὐτοῦ (4 a)
— 21. ἔπηξε [A ἔθηκεν] τὸν πάσσαλον (10)
16. 14. ἔπηξε τῷ πασσάλῳ [A al.] (10)
II Ki. 6. 17. ἧς ἔπηξεν αὐτῇ Δαυίδ (4 a)
16. 22. ἔπηξαν τὴν σκηνὴν τῷ Ἀβ. (4 b)
21. 10. ἔπηξεν αὐτῇ πρὸς τὴν πέτραν (4 b)
I Ch. 16. 1. ἧς ἔπηξεν αὐτῇ Δ. (4 a)
II Ch. 1. 4. R ἔπηξεν αὐτῇ σκηνήν [A B al.] (4 a)
II Es. 6. 11. A παγήσεται [B πληγ.] ἐπ' αὐτοῦ (3)
To. 14. 10. ἧς [S ἣν] ἔπηξεν αὐτῷ
Jb. 6. 16. ὥσπερ χιὼν ἢ κρύσταλλος πεπηγώς †
10. 10. A ἔπηξας [B S ἐτύρωσας] δέ με ἴσα τυρῷ (8 b)
15. 7. ἢ πρὸ θινῶν ἐπάγης (11)
38. 6. ἐπὶ τίνος οἱ κρίκοι [A στῦλοι] αὐτῆς πεπήγασι (1)
41. 15 (16). ἡ καρδία αὐτοῦ πέπηγεν ὡς λίθος (2)
Ps. 31 (32). 4. A ἐν τῷ παγῆναί μοι [B S ἐμπαγ.] ἄκανθαν †
Wi. 7. 2. παγεὶς ἐν αἵματι ἐκ σπέρματος ἀνδρός
11. 2. ἐν ἀβάτοις ἔπηξαν σκηνάς
Si. 14. 24. πήξει [A πήσσει] πάσσαλον ἐν τοῖς τοίχοις αὐτῆς
19. 12. A R βέλος πεπηγὸς [B S -ὼς] ἐν μηρῷ σαρκός
27. 2. ἀνὰ μέσον ἁρμῶν λίθων [S^2 λιθίνων] παγήσεται πάσσαλος
38. 28. ἀτμὶς πυρὸς πήξει [A S τήξει] σάρκας αὐτοῦ
43. 19. παγεῖσα γίνεται σκολόπων ἄκρα

Si. 43. 20. παγήσεται κρύσταλλος ἀφ' [A S ἐφ'] ὕδατος
Is. 38. 12. ἀπῆλθεν ἀπ' ἐμοῦ ὥσπερ ὁ σκηνὴν καταλύων πήξας –
42. 5. ὁ . . . πήξας αὐτόν [A^1 *al.*] (4 *a*)
54. 2. πῆξον μὴ φείσῃ (4 *b*)
Je. 6. 3. πήξουσιν ἐπ' αὐτὴν σκηνὰς κύκλῳ (10)
La. 4. 8. ἐπάγη δέρμα αὐτῶν ἐπὶ τὰ ὀστέα αὐτῶν (7)
Da. TH. 11. 45. πήξει τὴν σκηνὴν αὐ. (5)
IV Ma. 16. 20. S^1 τὴν πατρῴαν χεῖρα . . . οὐκ ἔπηξεν [A S^2 R *al.*]
[Aq. Jb. 10. 10.]
[Sm. Ps. 147. 5 (16): Ec. 12. 11.]
[Th. Da. 11. 45.]
[Heb. Jb. 38. 30.]

πηδαλιουχεῖν.
IV Ma. 7. 1. πηδαλιουχῶν τὴν τῆς εὐσεβείας ναῦν

πηδᾶν. (1) דִּלֵּג pi. (2) נִתַּר pi.
Le. 11. 21. πηδᾶν ἐν αὐτοῖς ἐπὶ τῆς γῆς (2)
Ca. 2. 8. οὗτος ἥκει πηδῶν ἐπὶ τὰ ὄρη (1)

πηκτός.
[Th. Je. 10. 5.]

πηλίκος. (1) כַּמָּה
Za. 2. 2 (6). τοῦ ἰδεῖν πηλίκον τὸ πλάτος αὐ. ἐστι καὶ πηλίκον τὸ μῆκος (1, 1)
IV Ma. 15. 22. πηλίκαις . . . ἐβασανίζετο βασάνοις

πήλινος. (1) חֹמֶר (2) חֲסַף
Jb. 4. 19. τοὺς δὲ [A ἕα δὲ τοὺς] κατοικοῦντας οἰκίας πηλίνας (1)
13. 12. τὸ δὲ σῶμα πήλινον (1)
Da. LXX. 2. 41, 43. τὸν σίδηρον ἀναμεμιγμένον ἅμα τῷ π. ὀστράκῳ (2)
Bel 6. οὗτος γὰρ ἔσωθεν μὲν π. ἐστιν
[Sm. Jb. 4. 19.]

πηλίον.
[Sam. Ex. 28. 4: Le. 8. 13.]

πηλός. (1) חֹמֶר (2) טִיט (3) עָפָר
Ge. 11. 3. ἄσφαλτος ἦν αὐτοῖς ὁ π. (1)
Ex. 1. 14. ἐν τοῖς ἔργοις τοῖς σκλ. τῷ π. (1)
II Ki. 22. 43. ὡς πηλὸν ἐξόδων ἐλέπτυνα αὐτούς (2)
Ju. 5. 11. S ἐν πηλῷ [A B πόνῳ] καὶ πλίνθῳ
Jb. 4. 19. ἐξ ὧν [A οὗ] καὶ αὐτοὶ ἐκ τοῦ αὐτοῦ π. ἐσμεν (3)
10. 9. μνήσθητι ὅτι πηλόν με ἔπλασας (1)
27. 16. ἴσα δὲ πηλῷ ἑτοιμάσῃ χρυσίον (1)
30. 19. ἥγησαι [A -ηται] δέ με ἴσα πηλῷ (1)
33. 6. A S^2 ἐκ πηλοῦ διήρτισαι σὺ ὡς καὶ ἐγὼ ἐκ τοῦ αὐτοῦ διηρτίσμεθα πηλοῦ [B S^1 *om.*] (1, –)
38. 14. ἢ σὺ λαβὼν γῆν πηλὸν ἔπλασας ζῷον (1)
41. 21 (22). πᾶς δὲ χρυσὸς θαλάσσης ὑπ' αὐτὸν ὥσπερ πηλὸς ἀμύθητος (2)
Ps. 17 (18). 42. ὡς πηλὸν πλατειῶν λεανῶ αὐτούς (2)
39 (40). 2. B^2 R ἀνήγαγέ με . . . ἀπὸ πηλοῦ ἰλύος [A B^1 S ὕλεως] (2)
68 (69). 14. σῶσόν με ἀπὸ πηλοῦ (2)
Wi. 7. 9. ὡς πηλὸς λογισθήσεται ἄργυρος ἐναντίον αὐτῆς
15. 7. ἐκ τοῦ αὐτοῦ π. ἀνεπλάσατο τά τε . . . δοῦλα σκεύη
— 8. θεὸν μάταιον ἐκ τοῦ αὐτοῦ πλάσσει π.
— 10. πηλοῦ τε ἀτιμότερος ὁ βίος αὐτοῦ
Si. 36 (33). 13. ὡς πηλὸς [S^1 -ὸν] κεραμέως ἐν χειρὶ αὐτοῦ
38. 29. S^2 συστρέφων ἐν ποσὶν αὐτοῦ πηλόν [A B S^1 τροχόν]
— 30. ἐν βραχίονι αὐτοῦ τυπώσει πηλόν
Mi. 7. 10. ὡς πηλὸς ἐν ταῖς ὁδοῖς (2)
Na. 3. 14. ἔμβηθι εἰς πηλόν [S^1 πόλεμον] (2)
Za. 9. 3. χρυσίον ὡς πηλὸν ὁδῶν (2)
10. 5. ὡς μαχηταὶ πατοῦντες πηλόν (2)
Is. 14. 23. θήσω αὐτὴν πηλοῦ βάραθρον [A βάθ.] εἰς ἀπώλειαν †
29. 16. οὐχ ὡς ὁ π. τοῦ κεραμέως λογισθήσεσθε (1)
41. 25. ὡς π. κεραμέως καὶ ὡς κεραμεὺς καταπατῶν τὸν π. (1, 2)
45. 9. ποῖον βέλτιον κατεσκεύασα ὡς πηλὸν κεράμεως . . . μὴ ἐρεῖ ὁ π. τῷ κεραμεῖ, Τί ποιεῖς (†, 1)
64. 8 (7). πατὴρ ἡμῶν σὺ ἡμεῖς δὲ πηλός (1)
Je. 18. 6. ὡς ὁ π. τοῦ κεραμέως ὑμεῖς ἐστέ (1)
Da. TH. Bel 7. οὗτος γὰρ ἔσωθεν μέν ἐστι πηλός
[Aq. Is. 57. 20: Je. 18. 4: 38 (45). 6 *bis.*]
[Sm. Is. 25. 10: 57. 20: Je. 38 (45). 6 *bis.*]
[Th. Is. 57. 20: Je. 18. 4.]
[Heb. Ez. 22. 28.]

πηλουργός.
Wi. 15. 7. τίς ἑκάστου ἐστὶν ἡ χρῆσις κριτὴς ὁ π.

πῆξις.
Si. 41. 19. ἀπὸ πήξεως ἀγκῶνος ἐπ' ἄρτοις

πήρα.
Ju. 10. 5. πήραν ἐπλήρωσεν ἀλφίτων
13. 10. ἐνέβαλεν αὐτὴν εἰς τὴν π. τῶν βρωμ.
— 15. προελοῦσα τὴν κεφ. ἐκ τῆς π.
[Sm. I Ki. 17. 40.]

πηροῦν. (1) כָּהָה
Jb. 17. 7. A S^2 πεπήρωνται [B πεπώρ.] γὰρ ἀπὸ ὀργῆς οἱ ὀφθαλμοί μου (1)
IV Ma. 18. 21. S^1 R τὰς τῶν ὀμμάτων κόρας ἐπήρωσε [A S^2 ἐπλήρ.]

πήρωσις.
[Aq. Dt. 28. 28.]

πήσσειν.
Si. 14. 24. A πήσσει [B S πήξει] πάσσαλον ἐν τοῖς τοίχοις αὐτῆς

πηχίζειν.
[Sm. Ez. 43. 13 (Sw.).]
[Al. Ez. 43. 13.]

πήχισμα.
[Sm. Ez. 43. 13 (P.).]

πηχισμός.
[Sm. Ez. 43. 13 (Sw.).]
[Al. Ez. 43. 13.]

πῆχυς. (1) אַמָּה (2) יָד (3) כַּף (4) קָנֶה
Ge. 6. 15. τριακοσίων π. τὸ μῆκος τῆς κιβ. καὶ πεντήκ. πήχεων τὸ πλάτος καὶ τριάκοντα πήχεων τὸ ὕψος αὐτῆς (1 *ter*)
— 16. εἰς πῆχυν συντελέσεις αὐτήν (1)
7. 20. πέντε καὶ δέκα πήχεις ἐπάνω (1)
Ex. 25. 9 (10). δύο πήχεων καὶ ἡμίσους τὸ μῆκος καὶ πήχεος [A -ως] καὶ ἡμίσους τὸ πλάτος (1, 1)
— 9 (10). A B^2 R καὶ πήχεος [A -ως] καὶ ἡμίσους τὸ ὕψος (1)
— 16 (17). δύο πήχεων καὶ ἡμίσους τὸ μῆκος καὶ πήχεος καὶ ἡμίσους τὸ πλάτος (1, 1)
— 22 (23). δύο πήχεων τὸ μῆκος καὶ πήχεος τὸ εὖρος καὶ πήχεος καὶ ἡμίσους τὸ ὕψος (1 *ter*)
26. 2. μῆκος . . . ὀκτὼ καὶ εἴκοσι πήχεων (1)
— 2. A^2 B καὶ εὖρος τεσσάρων πήχεων (1)
— 8. τὸ μῆκος . . . τριάκοντα πήχεων καὶ τεσσάρων πήχεων τὸ εὖρος (1, 1)
— 13. πῆχυν ἐκ τούτου καὶ πῆχυν ἐκ τούτου (1, 1)
— 16. δέκα πήχεων ποιήσεις τὸν στ. τὸν ἕνα καὶ πήχεως ἑνὸς καὶ ἡμίσ. τὸ πλάτος (1, 1)
27. 1. πέντε πήχεων τὸ μῆκος καὶ πέντε πήχεων τὸ εὖρος (1, 1)
— 1. καὶ τριῶν πήχεων τὸ ὕψος αὐ. (1)
— 9. A R μῆκος ἑκατὸν πήχεων [B -χῶν] (1)
— 11. A R ἑκατὸν πήχεων [B -χῶν] μῆκος –
— 12. A R ἱστία πεντήκοντα πήχεων [B -χῶν] (1)
— 13. ἱστία πεντήκοντα πήχεων (1)
— 14. πέντε καὶ δέκα πήχεων τὸ ὕψος (1)
— 15. δέκα πέντε πήχεων τῶν ἱστίων τὸ ὕψος –
— 16. A R εἴκοσι πήχεων [B -χῶν] τὸ ὕψος (1)
— 18. A R ὕψος πέντε πήχεων [B -χῶν] (1)
30. 2. A R πήχεως [B -ος] τὸ μῆκος καὶ πήχεος τὸ εὖρος (1, 1)
— 2. καὶ δύο πήχεων τὸ ὕψος (1)
37. 2 (36. 9). ὀκτὼ καὶ εἴκοσι πήχεων [A -χῶν] (1)
— 2 (36. 9). A R καὶ τεσσάρων πήχεων [B -χῶν] τὸ εὖρος (1)
— 10 (38. 12). B αὐλαῖαι πεντήκοντα πήχεων [A^2 *om.*] (1)
— 11 (38. 13). τὸ κλίτος . . . πεντήκοντα πήχεων (1)
Ex. 37. 12 (38. 14). B πέντε καὶ δέκα πηχῶν [A^2 -χεων] (1)
— 13 (38. 15). A R αὐλαῖαι πέντε καὶ δέκα [B αὐ. ἑκατὸν πεντήκοντα] πήχεων (1)
— 16 (38. 18). εἴκοσι πήχεων τὸ μῆκος (1)
— 16 (38. 18). τὸ εὖρος πέντε πήχεων (1)
38 (37). 1. A δύο πήχεων καὶ ἡμίσους τὸ μῆκος αὐ. καὶ πήχεως καὶ ἡμίσους τὸ πλάτος αὐ. καὶ πήχεως καὶ ἡμίσους τὸ ὕψος αὐ. (1 *ter*)
Nu. 35. 4. δισχιλίους π. κύκλῳ (1)
— 5 *quater*. δισχιλίους π. (1)
De. 3. 11. ἐννέα πήχεων [B^1 -χῶν] τὸ μῆκος αὐ. καὶ τεσσάρων π. [B^1 -χῶν] τὸ εὖρος αὐτῆς ἐν πήχει ἀνδρός (1 *ter*)
Jo. 3. 4. ὅσον δισχιλίους π. στήσεσθε (1)
I Ki. 17. 4. ὕψος αὐτοῦ τεσσάρων [A ἕξ] πήχεων (1)
III Ki. 6. 2. τεσσαράκοντα [A ἑξήκοντα] ἐν πήχει [A πηχῶν, B^1 *om.*, B^2 πήχεις] μῆκος αὐ. καὶ εἴκοσιν ἐν πήχει πλάτος αὐ. καὶ πέντε καὶ εἴκοσιν [A αὐ. καὶ τριάκοντα] ἐν πήχει τὸ ὕψος αὐ. (1, –, 1)
— 3. εἴκοσιν ἐν πήχει μῆκος αὐτοῦ (1)
— 3. A δέκα πήχεις πλάτος αὐτοῦ [B *al.*] (1)
— 6. ἡ πλευρὰ ἡ ὑποκάτω πέντε [A ἕξ] πήχεων ἐν πήχει τὸ πλάτος αὐτῆς καὶ τὸ μέσον ἓξ [A *add.* πήχεων πλάτος] καὶ ἡ τρίτη ἑπτὰ ἐν πήχει τὸ πλάτος αὐτῆς (1, –, 1, 1)
— 10. πέντε ἐν πήχει τὸ ὕψος αὐτοῦ (1)
— 16. ᾠκοδόμησε τοὺς εἴκοσι π. (1)
— 17. A τεσσαράκοντα πηχῶν ἦν ὁ οἶκος [B *om.* ὁ οἶ.] (1)
— 20. εἴκοσι πήχεις μῆκος καὶ εἴκοσι [A *om.* κ. εἰ.] πήχεις πλάτος καὶ εἴκοσι πήχεις τὸ ὕψος αὐτοῦ (1 *ter*)
— 23. δύο χερ. δέκα πήχεων μέγεθος (1)
— 24, 24 (A R). καὶ πέντε πήχεων πτερύγιον (1)
— 24. ἐν πήχει δέκα ἀπὸ μέρους πτερυγίου αὐ. (1)
— 25. A καὶ δέκα ἐν πήχει (1)
— 26. A R τὸ ὕψος . . . δέκα [B *om.*] ἐν πήχει (1)
7. 15. ὀκτὼ καὶ δέκα πήχεις ὕψος (1)
— 15. περίμετρον τέσσαρες καὶ δέκα πήχεις (1)
— 16, 16 (A R). πέντε πήχεις τὸ ὕψος (1)
— 19. ἔργον κρίνου . . . τεσσάρων πηχῶν (1)
— 20. B^1 τὸ μέλαθρον τῷ π. [A *om.* τ. π., B^2 πάχει] –
— 23. δέκα ἐν πήχει ἀπὸ τοῦ χείλους [B^1 τείχους] (1)
— 23. πέντε ἐν πήχει τὸ ὕψος αὐτῆς (1)
— 23. τρεῖς καὶ τριάκοντα ἐν πήχει (1)
— 24. δέκα ἐν πήχει κυκλόθεν (1)
— 27. πέντε πήχεις μῆκος τῆς μεχωνώθ (1)
— 27. τέσσαρες πήχεις πλάτος αὐτῆς (1)
— 27. ἓξ ἐν πήχει ὕψος αὐτῆς (1)
— 31. A στόμα αὐ. . . . ἄνωθεν ἐν πήχει (1)
— 31. A ποίημα οὕτως πήχεος καὶ ἡμίσους τοῦ πήχεος (1, 1)
— 32. A καὶ τὸ ὕψος . . . πήχεος καὶ ἡμίσους τοῦ πήχεος [B *om.* τ. π.] (1, 1)
— 35. ἥμισυ τοῦ πήχεος μέγεθος (1)
— 38. A τεσσάρων πηχῶν (1)
— 2. ἑκατὸν πήχεις μῆκος αὐτοῦ καὶ πεντήκοντα πήχεις πλάτος αὐ. (1, 1)
— 2. A R τριάκοντα πηχῶν ὕψος αὐτοῦ (1)
— 6. A ἐποίησεν πεντήκοντα πηχῶν μῆκος [B *al.*] (1)
IV Ki. 14. 13. καθεῖλεν [A διέκοψεν] . . . τετρακοσίους π. (1)
25. 17. ὀκτὼ καὶ δέκα πήχεων [A -χῶν] ὕψος (1)
— 17. τὸ ὕψος τοῦ χ. τριῶν πήχεων [A -χῶν] (1)
II Ch. 3. 3. μῆκος πήχεων ἡ διαμέτρησις ἡ πρώτη πήχεων [A^2 *om.* ἡ δ. ἡ πρ. π.] ἑξήκ. καὶ εὖρος πήχεων εἴκοσι (1 *ter*)
— 4. μῆκος . . . πήχεων εἴκοσι (1)
— 4. B καὶ ὕψος πήχεων ἑκατὸν [A^2 *om.*] εἴκοσι –
— 8. πλάτος πήχεων εἴκοσι καὶ τὸ μῆκος [A εὖρος] πήχεων εἴκοσι (1, 1)
— 11. τὸ μῆκος πήχεων εἴκοσι (1)
— 11. ἡ πτέρυξ ἡ μία πήχεων πέντε (1)
— 11. ἡ πτέρυξ ἡ ἑτέρα πήχεων πέντε (1)
— 12. A ἡ πτέρυξ τοῦ χερ. τοῦ ἑνὸς πήχεων πέντε (1)
— 12. A ἡ πτέρυξ ἡ ἑτέρα πήχεων πέντε (1)
— 13. αἱ πτέρυγες . . . πήχεων εἴκοσι (1)
— 15. πήχεων τριάκοντα πέντε τὸ ὕψος (1)

II Ch. 3. 15. καὶ τὰς κεφαλὰς αὐ. πήχεων πέντε (1)
4. 1. εἴκοσι πήχεων μῆκος καὶ τὸ εὖρος εἴκοσι πήχεων καὶ δέκα πήχεων τὸ ὕψος [A *al.*] (1 *ter*)
— 2. πήχεων δέκα τὴν διαμέτρησιν (1)
— 2. καὶ πέντε πήχεων τὸ ὕψος (1)
— 2. καὶ τὸ κύκλωμα πήχεων τριάκοντα (1)
— 3. δέκα πήχεις περιέχουσι τὸν λουτῆρα (1)
6. 13. A R πέντε πήχεων [B -χῶν] τὸ μῆκος αὐτῆς (1)
— 13. πέντε πήχεων τὸ εὖρος αὐτῆς (1)
— 13. τριῶν πήχεων τὸ ὕψος αὐτῆς (1)
25. 23. ἕως πύλης γωνίας τετρακοσίους [A τριακοσ.] πήχεις (1)
I Es. 6. 25. A R τὸ ὕψος πηχῶν [B -χεων] ἑξήκ. πλάτος πηχῶν [B -χεων] ἑξήκ.
II Es. 6. 3. ὕψος πήχεις ἑξήκοντα (1)
— 3. A R πλάτος αὐ. πήχεων ἑξήκοντα (1)
Ne. 3. 13. καὶ χιλίους [S^1 -οι] π. ἐν τῷ τείχει (1)
Ju. 1. 2. εἰς πλάτος πηχῶν τριῶν
— 2. εἰς μῆκος πηχῶν [S -χεων] ἕξ
— 2. τὸ ὕψος [A μῆκος] τοῦ τείχους πηχῶν [S -χεων] ἑβδομήκ.
— 2. B S^2 τὸ πλάτος αὐ. πηχῶν πεντήκ. [A ἑβδομήκ.]
— 3. τοὺς πύργους . . . πηχῶν [S -χεων] ἑκατόν
— 3. ἐθεμελίωσεν εἰς πήχεις ἑξήκοντα
— 4. εἰς ὕψος πηχῶν ἑβδομήκ. [S ἑξήκ.]
— 4. τὸ πλάτος αὐ. πήχεις [S -χεων] τεσσαράκοντα
Es. 5. 14. ξύλον πηχῶν πεντήκοντα (1)
7. 9. ξύλον [A *om.*] πηχῶν πεντήκοντα (1)
Pr. 31. 19. τοὺς π. [A S^2 τὰς χεῖρας] αὐτῆς ἐκτείνει ἐπὶ τὰ συμφέροντα (2)
— 19. A τοὺς δὲ π. [B S τὰς δὲ χεῖρας] αὐτῆς ἐρείδει εἰς ἄτρακτον (3)
Za. 5. 2. δρέπανον πετόμενον μήκους πήχεων εἴκοσι καὶ πλάτους πήχεων δέκα (1, 1)
Je. 52. 21. τριάκοντα πέντε πηχῶν [A -εων] ὕψος τοῦ στύλου τοῦ ἑνὸς καὶ σπαρτίον δώδεκα πήχεων περιεκύκλου αὐτόν (1, 1)
— 22. πέντε πήχεων τὸ μῆκος . . . τῷ στύλῳ τῷ δευτέρῳ ὀκτὼ ῥοαὶ τῷ π. τοῖς δώδεκα π. (1, -, -)
Ez. 40. 5. κάλαμος τὸ μέτρον πηχῶν [A -εων] ἓξ ἐν πήχει (1, 1)
— 7. τὸ αἰλὰμ . . . πηχῶν ἕξ (1)
— 8. τὸ αἰλὰμ πήχεων πέντε -
— 9. τὸ αἰλὰμ τοῦ πυλῶνος . . . πηχῶν ὀκτὼ καὶ τὰ αἰλεῦ πηχῶν δύο [A δέκα] (1, 1)
— 11. διεμέτρησε τὸ πλάτος τῆς θύρας τοῦ πυλῶνος πηχῶν [A -εων] δέκα καὶ τὸ εὖρος τοῦ πυλῶνος πηχῶν [A -εων] δέκα τριῶν (1, 1)
— 12. π. ἐπισυναγόμενος ἐπὶ πρόσωπον τῶν θεεὶμ [A κατὰ πρ. τῷ θεὲ πήχεος ἑνὸς καὶ πήχεος ἑνὸς] . . . τὸ θεὲ πηχῶν [A -εων] ἓξ ἔνθεν καὶ πηχῶν [A -εων] ἓξ ἔνθεν (-, 1 *quater*)
— 13. πλάτος πήχεις [A *om.*] εἴκοσι πέντε (1)
— 14. ἔξωθεν πήχεις εἴκοσι θεεὶμ (1)
— 15. αἰλὰμ . . . πηχῶν πεντήκοντα [A -εων ὀκτώ] (1)
— 19. πήχεις ἑκατόν (1)
— 21. πηχῶν [A -εων] πεντήκοντα τὸ μῆκος αὐτῆς καὶ πηχῶν [A -εων] εἴκοσι πέντε τὸ εὖρος αὐτῆς (1, 1)
— 23. διεμέτρησε τὴν αὐλὴν . . . πήχεις ἑκατόν (1)
— 25. πηχῶν [A -εων] πεντήκοντα τὸ μῆκος αὐτῆς καὶ πηχῶν [A -εων] εἴκοσι πέντε τὸ εὖρος αὐτῆς (1, 1)
— 27. πήχεις ἑκατὸν τὸ εὖρος πρὸς νότον [A *add.* πήχεις εἴκοσι πέντε] (1, -)
— 30 (29). πήχεις πεντήκοντα τὸ μῆκος αὐτῆς καὶ τὸ εὖρος πήχεις εἴκοσι πέντε (1, 1)
— 30. A αἰλαμμὼθ κύκλῳ μῆκος πέντε καὶ εἴκοσι πήχεων καὶ πλάτος πέντε πήχεων (1, 1)
— 33. πήχεις πεντήκοντα μῆκος αὐτῆς καὶ εὖρος αὐτῆς πήχεις εἴκοσι πέντε (1, 1)
— 36. πήχεις πεντήκοντα μῆκος αὐτῆς καὶ εὖρος πήχεις εἴκοσι πέντε (1, 1)
— 42. πήχεος καὶ ἡμίσους τὸ πλάτος καὶ πήχεων δύο ἡμίσους τὸ μῆκος καὶ ἐπὶ πῆχυν τὸ ὕψος (1 *ter*)
— 47. μῆκος πήχεων ἑκατὸν καὶ εὖρος πήχεις [A -εων] ἑκατόν (1, 1)

Ez. 40. 48. πηχῶν [A -εων] πέντε τὸ πλάτος ἔνθεν καὶ πηχῶν [A -εων] πέντε ἔνθεν καὶ τὸ εὖρος τοῦ θυρώματος πηχῶν [A -εων] δέκα τεσσάρων . . . πηχῶν [A -εων] τριῶν ἔνθεν καὶ πηχῶν [A -εων] τριῶν ἔνθεν (1, 1, -, 1, 1)
— 49. τὸ μῆκος τοῦ αἰλὰμ πηχῶν [A -χεις] εἴκοσι καὶ τὸ εὖρος πηχῶν [A -χεις] δώδεκα (1, 1)
41. 1. πηχῶν [A -χεις] ἓξ τὸ πλάτος ἔνθεν καὶ πηχῶν [A -χεις] ἓξ τὸ εὖρος (1, 1)
— 2. τὸ εὖρος τοῦ πυλῶνος πηχῶν [A -εων] δέκα καὶ ἐπωμίδες τοῦ πυλῶνος πηχῶν [A -εων] πέντε ἔνθεν καὶ πηχῶν [A -χεις] πέντε ἔνθεν καὶ διεμέτρησε τὸ μῆκος αὐ. πηχῶν [A -χεις] τεσσαράκοντα καὶ τὸ εὖρος πηχῶν [A -χεις] εἴκοσι (1 *quinquiens*)
— 3. τὸ αἰλ τοῦ θυρώματος πηχῶν [A -χεις] δύο καὶ τὸ θύρωμα πηχῶν [A -χεις] ἓξ . . . πηχῶν [A -χεις] ἑπτὰ ἔνθεν καὶ πηχῶν [A -χεις] ἑπτὰ ἔνθεν (1 *ter*, -)
— 4. τὸ μῆκος τῶν θυρῶν πηχῶν [A τὸ εὖρος τ. θυρωμάτων πήχεις] τεσσαράκοντα καὶ εὖρος πηχῶν [A -χεις] εἴκοσι (1, 1)
— 5. πηχῶν [A -χεις] ἓξ καὶ τὸ εὖρος τῆς πλευρᾶς πηχῶν τεσσάρων [A -χεις τέσσαρες] κυκλόθεν (1, 1)
— 8. R διάστημα τῶν πλευρῶν πηχῶν [A B -εων] ἕξ (1)
— 9. εὖρος τοῦ τοίχου τῆς πλευρᾶς ἔξωθεν πηχῶν [A -εων] πέντε (1)
— 10. εὖρος πηχῶν [A -εων] εἴκοσι (1)
— 11. πηχῶν πέντε πλάτος κυκλόθεν (1)
— 12. A R ὡς πρὸς θάλασσαν πηχῶν [A -εων] ἑβδομήκοντα πλάτος . . . πηχῶν [A B -εων] πέντε . . . μῆκος αὐ. πηχῶν [A B -εων] ἐνενήκοντα (1 *ter*)
— 13. μῆκος πηχῶν [A -εων] ἑκατόν (1)
— 13. μῆκος πηχῶν ἑκατόν (1)
— 14. τὰ ἀπόλοιπα κατέναντι πηχῶν ἑκατόν (1)
— 15. A R πηχῶν [B -εων] ἑκατὸν τὸ μῆκος (1)
— 22. πηχῶν [A -εων] τριῶν τὸ ὕψος αὐ. καὶ τὸ μῆκος πηχῶν [A -εων] δύο καὶ τὸ εὖρος πηχῶν [A -εων] δύο (1, 1, -)
42. 2. ἐπὶ πήχεις ἑκατὸν μῆκος (1)
— 2. A τὸ πλάτος πεντήκοντα πήχεων [B *om.*] (1)
— 4. πηχῶν δέκα τὸ πλάτος ἐπὶ πήχεις ἑκατὸν τὸ μῆκος (1, 1)
— 7. μῆκος πήχεων πεντήκοντα (1)
— 8. τὸ μῆκος . . . ἦν πηχῶν [A -εων] πεντήκοντα . . . τὸ πᾶν πηχῶν [A -εων] ἑκατόν (1, 1)
— 17. πήχεις πεντακοσίους ἐν τῷ καλάμῳ (4)
— 20. πεντακοσίων πηχῶν [A -εων] εὖρος -
43. 13. A R ἐν πήχει τοῦ π. [B -ος] . . . π. [B *om.*] ἐπὶ πῆχυν καὶ π. τὸ εὖρος (1, 1, -, 1, 1)
— 14. ὑποκάτωθεν πηχῶν δύο καὶ τὸ εὖρος πήχεος . . . πήχεις τέσσαρες καὶ εὖρος π. [A πήχεως] (1 *quater*)
— 15. τὸ ἀριὴλ πηχῶν τεσσάρων . . . ὑπεράνω τῶν κεράτων πῆχυς (1, -)
— 16. τὸ ἀριὴλ πηχῶν δώδεκα μήκους ἐπὶ πήχεις δώδεκα [A *add.* πλάτους] -, -
— 17. A R τὸ ἱλαστήριον πηχῶν δέκα τεσσάρων τὸ μῆκος ἐπὶ πήχεις δέκα τέσσαρας . . . τὸ γεῖσος . . . ἥμισυ πήχεως [B -ος] καὶ τὸ κύκλωμα αὐτοῦ π. κυκλόθεν (-, -, 1, 1)
45. 2. A R πήχεις πεντήκοντα διάστημα αὐτῶν [B -ῶ] (1)
46. 22. αὐλὴ μικρὰ μήκους πηχῶν [A -εων] τεσσαράκοντα καὶ εὖρος πηχῶν [A -εων] τριάκοντα -, -
Da. LXX. 3. 1. τὸ ὕψος αὐ. πηχῶν ἕξ (1)
— (47). διεχεῖτο ἡ φλὸξ . . . ἐπὶ πήχεις τεσσαράκοντα ἐννέα
Da. TH. 3. 1. ὕψος αὐτῆς πήχεων ἑξήκοντα (1)
— 1. εὖρος αὐτῆς πήχεων ἕξ (1)
— (47). διεχεῖτο ἡ φλὸξ . . . ἐπὶ πήχεις τεσσαράκοντα ἐννέα
II Ma. 13. 5. πύργος πεντήκοντα πήχεων
[**Aq.** Ex. 37 (38). 25 : II Ki. 8. 1 : III Ki. 6. 10, 17, 20 *ter* : Je. 51 (28). 13 : 52. 21 : Ez. 41. 3 (Sw.) : 43. 13 (*ter*, Sw.).]
[**Sm.** Ex. 37 (38). 25 *bis* : III Ki. 6. 17, 20 *ter* : Je. 51 (28). 13 : 52. 21 : Ez. 40. 12 : 41. 3 (Sw.).]
[**Th.** Ex. 37 (38). 1 *ter*, 11 *ter*, 25 *bis* : III Ki. 6. 17, 20 *ter* : Ez. 40. 12 *bis* (Sw.) : 42. 4 : 43. 13.]
[**Al.** Ez. 43. 13 *ter*.]

πιαίνειν. (1) דִּשֵּׁן pi. (2) חָלַץ hi. (3) רָעַף (4) שָׁחַל

Ps. 19 (20). 3. τὸ ὁλοκαύτωμά σου πιανάτω (1)
64 (65). 12. B S^1 πιανθήσεται τὰ ὄρη [S^2 -σονται τὰ ὡραῖα] τῆς ἐρήμου (3)
Pr. 16. 2 (15. 30). φήμη δὲ ἀγαθὴ πιαίνει ὀστᾶ (1)
Si. 26. 13. τὰ ὀστᾶ αὐτοῦ πιανεῖ [S -αίνει] ἡ ἐπιστήμη αὐτῆς
Is. 58. 11. τὰ ὀστᾶ σου πιανθήσεται (2)
— 11. A S^3 καὶ πιανθήσεται -
Ez. 17. 8. ἐφ' ὕδατι πολλῷ αὕτη πιαίνεται (4 ?)
— 10. ἰδοὺ πιαίνεται (4 ?)
[**Aq.** Dt. 31. 20 : Pr. 11. 25 : 28. 25 : Is. 34. 7.]
[**Sm.** Pr. 11. 25 : 13. 4 : 28. 25.]
[**Th.** Pr. 11. 25 : 28. 25.]

πιέζειν (-άζ.). (1) אָחַז (2) דָּרַךְ

Ca. 2. 15. πιάσατε ἡμῖν ἀλώπεκας μικρούς (1)
Si. 23. 21. οὗ οὐχ ὑπενόησε πιασθήσεται [A *al.*]
Mi. 6. 15. σὺ πιέσεις ἐλαίαν (2)
[**Al.** Ge. 19. 10.]
[**Heb.** Jb. 10. 16.]

πίθηκος. (1) קוֹף

III Ki. 10. 22. A καὶ πιθήκων καὶ ταώνων [B *al.*] (1)
II Ch. 9. 21. γέμοντα χρυσίου . . . καὶ πιθήκων (1)

πίθος.

Pr. 23. 27. πίθος γὰρ τετρημένος ἐστὶν ἀλλότριος οἶκος †

πικραίνειν. (1) כָּעַס hi. (2) מָרַר *a.* qal. *b.* hi. (3) קָצַף (4) רָגַז

Ex. 16. 20. ἐπικράνθη ἐπ' αὐτοῖς M. (3)
Ru. 1. 13. ἐπικράνθη μοι ὑπὲρ ὑμᾶς (2 *a*)
— 20. ἐπικράνθη ἐν ἐμοὶ ὁ ἱκανὸς σφόδρα (2 *b*)
I Es. 4. 31. ἐὰν δὲ πικρανθῇ ἐπ' αὐτόν
To. 5. 13. S μή μοι πικρανθῇς [A B ὀργισθῇς]
Jb. 27. 2. ὁ πικράνας [A -ώσας] μου τὴν ψυχήν (2 *b*)
Si. 38. 17. πίκρανον κλαυθμόν
Is. 14. 9. ὁ ᾅδης κάτωθεν ἐπικράνθη (4)
Je. 39 (32). 32. ὧν ἐποίησαν πικρᾶναί [A S παραπ.] με (1)
40 (33). 9. πικρανθήσονται [A *om.*] περὶ πάντων τῶν ἀγαθῶν (4)
44 (37). 15. ἐπικράνθησαν . . . ἐπὶ Ἰερ. (3)
La. 1. 4. αὐτὴ πικραινομένη ἐν ἑαυτῇ (2 *a*)
I Ma. 3. 7. S R ἐπίκρανε [A -αν] βασιλεῖς πολλούς
[**Aq.** Pr. 17. 25 : Je. 48 (31). 11.]
[**Sm.** Pr. 17. 25 : Ez. 3. 14.]

πικραμμός.

[**Aq.** Jb. 3. 5.]

πικρασμός. (1) מַסָּה (2) מַר

Es. 4. 17. ἐν [A τῷ] πικρασμῷ δουλείας ἡμῶν
Ps. 94 (95). 8. R κατὰ τὴν ἡμέραν τοῦ π. [A B S πειρασμοῦ] ἐν τῇ ἐρήμῳ (1)
Ez. 27. 31. A κλαύσονται περὶ σοῦ ἐν πικρασμῷ ψυχῆς (2)
[**Aq.** Je. 6. 26 : 31 (38). 15, 21.]
[**Sm.** Ps. 6. 8 : 139 (140). 10 : Je. 6. 26.]
[**Th.** Pr. 17. 25 : Ez. 27. 31.]
[**Al.** Jb. 13. 26.]

πικρία. (1) זַעַם (2) לַעֲנָה (3) מָאַר hi. (4) *a.* מָרָא *b.* מָרָה *c.* מַר *d.* מַמְּרוֹרִים *e.* מְרֹרִים *f.* מְרֹרָה (5) מִרְמָה (6) שַׁאֲנָן (7) ὁ ἐν πικρίᾳ עָמֵל

Ex. 15. 23. τὸ ὄνομα τοῦ τόπου ἐκ. Πικρία (4 *b*)
Nu. 33. 8. παρενέβαλον ἐν Πικρίαις (4 *b*)
— 9. ἀπῆραν ἐκ Πικριῶν (4 *b*)
De. 29. 18 (17). A μή τίς ἐστιν ἐν ὑμῖν ῥίζα πικρίας [B *om.*] †
— 18 (17). ἐν χολῇ καὶ πικρίᾳ (2)
32. 32. βότρυς πικρίας αὐτοῖς (4 *f*)

Ru. 1. 20. A καλέσατέ με Πικρίαν [B -ράν] (4 *a*)
Jb. 3. 20. ἵνα τί γὰρ δέδοται τοῖς ἐν πικρίᾳ [A π. ψυχῆς] φῶς (7)
7. 11. ἀνοίξω πικρίαν [S^2 -ᾳ, A τὸ στόμα μου ἐν πικρίᾳ] ψυχῆς μου συνεχόμενος (4 *c*)
9. 18. ἐνέπλησε δέ με πικρίας (4 *d*)
10. 1. λαλήσω πικρίᾳ [S^1 -ας] ψυχῆς μου συνεχόμενος (4 *c*)
21. 25. ὁ δὲ τελευτᾷ ὑπὸ πικρίας [S^1 -ᾳ] ψυχῆς (4 *c*)
Ps. 9. 28 (10. 7). οὗ ἀρᾶς τὸ στόμα αὐτοῦ γέμει καὶ πικρίας (5)
13 (14). 3. BS^1 ὧν τὸ στόμα ἀρᾶς καὶ πικρίας γέμει –
Wi. 8. 16. οὐ γὰρ ἔχει πικρίαν ἡ συναναστροφὴ αὐτῆς
Si. 4. 6. καταρωμένου γάρ σε ἐν πικρίᾳ ψυχῆς αὐτοῦ
7. 11. ἄνθρωπον ὄντα ἐν πικρίᾳ ψυχῆς αὐ.
21. 12. ἔστι πανουργία πληθύνουσα πικρίαν [A^2 παιδείαν]
34 (31). 29. πικρία ψυχῆς οἶνος πινόμενος [A γιν.] πολὺς ἐν ἐρεθισμῷ
Am. 6. 13 (12). ἐξεστρέψατε . . . καρπὸν δικαιοσύνης εἰς πικρίαν (2)
Is. 28. 21. AS μετὰ θυμοῦ ποιήσει τὰ ἔργα αὐτοῦ πικρίας ἔργον . . . ἡ π. [B σαπρία] αὐτοῦ ἀλλοτρία †, †
— 28. οὐδὲ φωνὴ τῆς π. σου καταπατήσει ὑμᾶς †
37. 29. ἡ π. σου ἀνέβη πρὸς μέ (6)
38. 17. S^2 εἰς εἰρήνην πικρίας μου (4 *c*)
Je. 2. 21. πῶς ἐστράφης [A -φη] εἰς πικρίαν †
15. 17. πικρίας ἐνεπλήσθην (1)
La. 3. 15. ἐχόρτασέ με πικρίας (4 *e*)
— 19. π. καὶ χολή μου μνησθήσεται (2)
Ez. 28. 24. σκόλοψ πικρίας καὶ ἄκανθα ὀδύνης (3)
III Ma. 4. 4. A μετὰ πικρίας [R -ρᾶς καὶ] ἀνοίκτου ψυχῆς
5. 18. A μετὰ πικρίας [R -ρᾶς] ἀπειλῆς
[Aq. Jb. 20. 25: Pr. 14. 10: Je. 9. 15 (14).]
[Sm. Is. 38. 15: Je. 9. 15 (14).]
[Th. Jb. 20. 25: Pr. 14. 10: Is. 38. 15, 17: Je. 9. 15 (14).]
[Al. La. 3. 15.]

πικρίς. (1) מְרֹרִים
Ex. 12. 8. ἄζυμα ἐπὶ πικρίδων ἔδονται (1)
Nu. 9. 11. ἐπ' ἀζύμων καὶ πικρίδων φάγονται (1)

πικρός. (1) *a.* מַר *b.* מָרָא *c.* מָרָה (2) רֹאשׁ (3) π. γίγνεσθαι מָרַר
Ge. 27. 34. φωνὴν μεγάλην καὶ π. σφόδρα (1 *a*)
Ex. 15. 23. πικρὸν γὰρ ἦν (1 *a*)
Jd. 18. 25. ἄνδρες πικροὶ ψυχῇ (1 *a*)
Ru. 1. 20. καλέσατέ με Πικράν [A -ίαν] (1 *b*)
I Ki. 15. 32. εἰ οὕτω π. ὁ θάνατος (1 *a*)
II Ki 2. 26. πικρὰ ἔσται εἰς τὰ ἔσχατα (1 *a*)
IV Ki. 14. 26. εἶδε κ. τὴν ταπείνωσιν Ἰσρ. π. σφόδρα (1 *c*)
Es. 4. 1. S^2 αἴρεται ἔθνος μηδὲν ἠδικηκὸς πικρά [ABS^1 om.] (1 *a*?)
Ps. 63 (64). 3. ἐνέτειναν τόξον πρᾶγμα πικρόν (1 *a*)
Pr. 5. 4. ὕστερον μέντοι πικρότερον χολῆς εὑρήσεις (1 *a*)
27. 7. τὰ πικρὰ γλυκεῖα φαίνεται [S^1 φέρει] (1 *a*)
Ec. 7. 27 (26). ἐρῶ πικρότερον ὑπὲρ θάνατον (1 *a*)
Si. 25. 18. ἀκούσας ἀνεστέναξε πικρά [S^1 μικρά]
29. 25. καὶ πρὸς ἐπὶ τούτοις πικρὰ ἀκούσῃ
30. 17. κρείσσων θάνατος ὑπὲρ ζωὴν πικράν [S -όν]
41. 1. ὡς πικρόν σου τὸ μνημόσυνόν ἐστιν
Hb. 1. 6. τοὺς Χαλδ. τὸ ἔθνος τὸ π. (1 *a*)
Ze. 1. 14. φωνὴ ἡμέρας κυρίου πικρὰ καὶ σκληρὰ τέτακται (1 *a*)
Is. 5. 20. οἱ τιθέντες τὸ π. γλυκὺ καὶ τὸ γλυκὺ πικρόν (1 *a*, 1 *a*)
24. 9. πικρὸν ἐγένετο τὸ σίκερα τοῖς πίνουσιν (3)
Je. 2. 19. πικρόν σοι τὸ καταλιπεῖν σε ἐμέ (1 *a*)
4. 18. αὕτη ἡ κακία σου ὅτι πικρά (1 *a*)
20. 8. πικρῷ λόγῳ μου γελάσομαι †
23. 15. ποτιῶ αὐτοὺς ὕδωρ πικρόν (2)
Ez. 16. 47. A ὑπέρκεισαι αὐτὰς παρὰ πικρόν [B om. π. π.] –
27. 30. κεκράξονται πικρόν [A -ρῶς] (1 *a*)
— 31. A κοπετὸν πικρὸν ἐκστήσονται (1 *a*)
II Ma. 6. 7. ἤγοντο δὲ μετὰ π. ἀνάγκης
9. 5. καὶ πικραὶ τῶν ἔνδον βάσανοι
III Ma. 2. 24. μετ' ἀπειλῆς δὲ πικρᾶς ἀνέλυσε
4. 4. R μετὰ πικρᾶς καὶ [A -ρίας] ἀνοίκτου ψυχῆς
III Ma. 4. 15. μετὰ π. σπουδῆς καὶ φιλοτίμου προσεδρίας
5. 18. R μετὰ πικρᾶς [A -ίας] ἀπειλῆς
6. 31. ἀντὶ πικροῦ καὶ δυσαιάκτου μόρου
IV Ma. 6. 8. τῶν π. τις δορυφόρων
15. 16. ὦ πικροτέρων μὲν νῦν μήτηρ πόνων πειρασθεῖσα
18. 20. SR ὦ πικρᾶς [A -ὰ] τῆς τότε ἡμέρας καὶ οὐ πικρᾶς ὅτε ὁ [S^1 om.] π. Ἑλλήνων τύραννος πῦρ φλέξας
[Aq. Nu. 5. 23: I Ki. 1. 10: 22. 2: Ps. 63 (64). 4: Is. 38. 17 *bis*: Ez. 3. 14.]
[Sm. Nu. 5. 23: Ps. 63 (64). 4: Is. 38. 17 *bis*.]
[Th. Nu. 5. 23: Ps. 63 (64). 4: Is. 38. 17 *bis*: Ez. 27. 31.]
[Al. I Ki. 30. 6.]

πικροῦν. (1) מָרַר hi.
Jb. 27. 2. A ὁ πικρώσας [BS -άνας] μου τὴν ψυχήν (1)

πικρῶς. (1) *a.* מַר *b.* מָרַר pi.
Is. 22. 4. π. κλαύσομαι (1 *b*)
33. 7. π. κλαίοντες παρακαλοῦντες εἰρήνην (1 *a*)
Je. 27 (50). 21. π. ἐπίβηθι ἐπ' αὐτήν †
Ez. 27. 30. A κεκράξονται π. [B πικρόν] (1 *a*)
Da. LXX. 2. 15. περὶ τίνος δογματίζεται π. †
II Ma. 7. 39. π. φέρων ἐπὶ τῷ μυκτηρισμῷ
IV Ma. 6. 1. π. ἔσυραν . . . τὸν Ἐλ.
— 16. ὥσπερ πικρότερον διὰ τῆς συμβουλίας αἰκισθείς
8. 2. εἰ δὲ ἀντιλέγοιεν πικρότερον βασανίζειν
10. 5. οἱ δὲ π. ἐνέγκαντες τὴν παρρησίαν
[Aq., Sm. Is. 33. 7.]
[Th. Is. 33. 7: Ez. 27. 30.]

πιλεῖν.
[Al. Ps. 135 (136). 6.]

πιλίον.
[Sam. Ex. 28. 4 (?).]

πιμελή.
[Aq., Sm., Heb. Jb. 15. 27.]

πιμελής.
[Aq. Jd. 3. 17: Ps. 117 (118). 27.]

πιμελοῦσθαι.
[Al. I Ki. 2. 29.]

πιμπλάναι. (1) מָלֵא *a.* qal. *b.* ni. *c.* pi. *d.* מְלֹא *e.* מְלָא ithpe. (2) רָעֵף (3) שָׂבַע *a.* qal. *b.* ni.
Ge. 6. 11. ἐπλήσθη ἡ γῆ ἀδικίας (1 *b*)
— 13. ἐπλήσθη ἡ γῆ ἀδικίας (1 *a*)
21. 19. ἔπλησε τὸν ἀσκὸν ὕδατος (1 *c*)
24. 16. ἔπλησε τὴν ὑδρίαν αὐτῆς (1 *c*)
26. 15. ἔπλησαν αὐτὰ γῆς (1 *c*)
44. 1. πλήσατε τοὺς μαρσίππους (1 *c*)
Ex. 2. 16. ἕως ἔπλησαν τὰς δεξαμενάς (1 *c*)
8. 21 (17). πλησθήσονται αἱ οἰκίαι . . . τῆς κυνομ. (1 *a*)
10. 6. πλησθήσονταί σου αἱ οἰκίαι (1 *a*)
16. 12. τὸ πρωῒ πλησθήσεσθε ἄρτων (3 *a*)
— 32. πλήσατε τὸ γομὸρ τοῦ μάν (1 *a*)
40. 34, 35. δόξης κυρίου ἐπλήσθη ἡ σκηνή (1 *a*)
Le. 9. 17. ἔπλησε τὰς χεῖρας ἀπ' αὐτῆς (1 *c*)
16. 12. πλήσει τὰς χεῖρας θυμιάματος (1 *d*)
19. 29. ἡ γῆ πλησθήσεται [A ἐμπλ.] ἀνομίας (1 *a*)
De. 13. 17 (18). A καὶ πλησθήσῃ –
Jo. 9. 13. οὓς ἐπλήσαμεν καινούς (1 *c*)
I Ki. 16. 1. πλῆσον τὸ κέρας σου ἐλαίου (1 *c*)
III Ki. 8. 10. ἡ νεφέλη ἔπλησε τὸν οἶκον (1 *a*)
— 11. ἔπλησε δόξα κυρίου τὸν οἶκον (1 *a*)
18. 35. τὴν θάλασσαν ἔπλησαν ὕδατος (1 *c*)
21 (20). 27. Συρία ἔπλησε τὴν γῆν (1 *c*)
IV Ki. 3. 17. ὁ χειμάρρους οὗτος πλησθήσεται ὕδατος (1 *b*)
— 20. ἐπλήσθη ἡ γῆ ὕδατος (1 *b*)
4. 5 (6). ἕως ἐπλήσθησαν τὰ σκεύη (1 *a*)
9. 24. ἔπλησεν Ἰοὺ τὴν χεῖρα αὐτοῦ (1 *c*)
10. 21. ἐπλήσθη ὁ οἶκος τοῦ Β. (1 *b*)
21. 16. ἔπλησε τὴν Ἰερ. (1 *c*)
23. 14. ἔπλησε τοὺς τόπους αὐτῶν ὀστέων ἀνθρ. (1 *c*)
24. 4. ἔπλησε τὴν Ἰερ. αἵματος ἀθῴου (1 *c*)
II Ch. 7. 1. δόξα κυρίου ἔπλησε τὸν οἶκον (1 *a*)
— 2. ἔπλησε δόξα κυρίου τὸν οἶκον (1 *a*)
16. 14. καὶ ἔπλησαν [A -ήρωσαν] ἀρωμάτων (1 *c*)
36. 5. AR ἔπλησε [B ἐνέπλ.] τὴν Ἰ. αἵματος ἀθ. –
II Es. 9. 11. ὧν ἔπλησαν [S^1 ἐπλάνησαν] αὐτήν (1 *c*)
To. 12. 9. πλησθήσονται [S χορτασθ.] ζωῆς
Ju. 6. 4. S τὰ πεδία αὐ. πλησθήσεται [AB πληρωθ.] νεκρῶν
Es. 4. 17. ABS ἔπλησεν [R ἐνέπλ.] τὴν κεφαλήν
— 17. ἔπλησε [A^2 ἐπλήρωσεν] στρεπτῶν τριχῶν αὐ.
Jb. 3. 15. οἳ ἔπλησαν τοὺς οἴκους αὐτῶν ἀργυρίου (1 *c*)
31. 31. τίς ἂν δῴη ἡμῖν τῶν σαρκῶν αὐτοῦ πλησθῆναι [A ἐμπλ.] (3 *b*?)
Ps. 16 (17). 14. τῶν κεκρυμμένων σου ἐπλήσθη ἡ γαστὴρ αὐτῶν (1 *c*)
25 (26). 10. ἡ δεξιὰ αὐτῶν ἐπλήσθη δώρων (1 *a*)
30 (31). 12. A^1B^1 ἐπλήσθην [A^2B^2S ἐπελ.] ὡσεὶ νεκρός †
37 (38). 7. BS^1 ἡ ψυχή μου ἐπλήσθη ἐμπαιγμῶν [AS^2 al.] (1 *a*)
64 (65). 4. πλησθησόμεθα ἐν τοῖς ἀγαθοῖς τοῦ οἴκου σου (3 *a*)
— 11. τὰ πεδία σου πλησθήσονται [S^1 -σεται] πιότητος (2)
79 (80). 9. BS^1 ἐπλήσθη ἡ γῆ [S^2 ἐπλήρωσεν τὴν γῆν] (1 *c*)
87 (88). 3. ἐπλήσθη κακῶν ἡ ψυχή μου (3 *a*)
103 (104). 28. ASR τὰ σύμπαντα πλησθήσονται [B ἐμπλησθήσεται] χρηστότητος [A πιότητος] (3 *a*)
122 (123). 3. AS^2R ἐπὶ πολὺ ἐπλήσθημεν [S^1 ἐπληθύνθημεν] ἐξουδενώσεως (3 *a*)
— 4. AR ἐπὶ πλεῖον ἐπλήσθη [S ἐπληθύνθη] ἡ ψυχὴ ἡμῶν (3 *a*)
125 (126). 2. SR ἐπλήσθη χαρᾶς [A -ᾷ] τὸ στόμα ἡμῶν (1 *b*)
Pr. 1. 13. πλήσωμεν δὲ οἴκους ἡμετέρους σκύλων (1 *c*)
— 31. τῆς ἑαυτῶν ἀσεβείας πλησθήσονται (3 *a*)
3. 10. ἵνα πίμπληται [S^1 -ωνται] τὰ ταμεῖά σου πλησμονῆς σίτῳ [AS^2 -ου] (1 *b*)
5. 10. ἵνα μὴ [A om.] πλησθῶσιν ἀλλότριοι σῆς ἰσχύος (3 *a*)
12. 14. ψυχὴ ἀνδρὸς πλησθήσεται ἀγαθῶν (3 *a*)
— 21. οἱ δὲ ἀσεβεῖς πλησθήσονται κακῶν (1 *a*)
14. 14. τῶν ἑαυτοῦ ὁδῶν πλησθήσεται θρασυκάρδιος (3 *a*)
15. 4. ὁ δὲ συντηρῶν αὐτὴν πλησθήσεται πνεύματος †
18. 20. ἀνὴρ πίμπλησι [A -σει] κοιλίαν αὐ. (3 *a*)
— 20. S ἀπὸ δὲ καρπῶν χειλέων αὐ. πλησθήσεται [AB ἐμπλ.] (3 *a*)
24. 32 (30. 9). ἵνα μὴ πλησθεὶς ψευδὴς γένωμαι (3 *a*)
— 57 (30. 22). καὶ ἄφρων πλησθῇ σιτίων (3 *a*)
25. 16. μή ποτε πλησθεὶς [S ἐμπλ.] ἐξεμέσῃς (3 *a*)
— 17. μή ποτε πλησθείς σου μισήσῃ σε (3 *a*)
28. 19. ὁ ἐργαζόμενος τὴν ἑαυτοῦ γῆν πλησθήσεται ἄρτων ὁ δὲ διώκων σχολὴν πλησθήσεται πενίας (3 *a*, 3 *a*)
Ec. 1. 8. οὐ πλησθήσεται [AS οὐκ ἐμπλ.] ὀφθαλμὸς τοῦ ὁρᾶν (3 *a*)
5. 9. ἀγαπῶν ἀργύριον οὐ πλησθήσεται ἀργυρίου (3 *a*)
6. 3. ψυχὴ αὐτοῦ οὐ πλησθήσεται [AS οὐκ ἐμπλ.] ἀπὸ τῆς ἀγαθωσύνης (3 *a*)
9. 5. AS ἐπλήσθη [B ἐπελήσθη] ἡ μνήμη αὐτῶν †
11. 3. ἐὰν πλησθῶσι [AS πληρωθῶσιν] τὰ νέφη ὑετοῦ (1 *b*)
Ca. 5. 2. ἡ κεφαλή μου ἐπλήσθη δρόσου (1 *b*)
Wi. 2. 7. οἴνου πολυτελοῦς καὶ μύρων πλησθῶμεν
Si. 14. 9. A^1 οὐ πίπλαται μερίδα [A^2BS al.]
22. 23. ἵνα ἐν τοῖς ἀγαθοῖς αὐ. ὁμοῦ πλησθῇς [AS al.]
23. 11. ἀνὴρ πολύορκος πλησθήσεται ἀνομίας
— 11. πλησθήσεται γὰρ ἐπαγωγῶν ὁ οἶκος αὐτοῦ
24. 25. ὁ πιμπλῶν [AS πιπλῶν] ὡς Φεισὼν σοφίαν
34 (31). 5. ὁ διώκων διαφθορὰν αὐτὸς πλησθήσεται
36. 19 (16). πλῆσον Σιὼν ἀρεταλογίας σου
37. 24. ἀνὴρ σοφὸς πλησθήσεται [A ἐμπλ.] εὐλογίας
42. 25. τίς πλησθήσεται ὁρῶν δόξαν αὐτοῦ
48. 12. A Ἐλ. ἐπλήσθη πνεύματος ἁγίου [BS al.]
Mi. 6. 12. τὸν πλοῦτον αὐ. ἀσεβείας ἔπλησαν [A ἐνέπλ.] (1 *a*)
Jl. 2. 24. πλησθήσονται [A ἐμπλ.] αἱ ἅλωνες σίτου (1 *a*)
Na. 2. 12 (13). ἔπλησε θήρας [S^1 -αν] νοσσιὰν αὐ. (1 *c*)

Hb. 2. 14. S² πλησθήσεται ἡ γῆ τοῦ γνῶναι [A B S¹ *al.*] (1 *b*)
Hg. 2. 8 (7). πλήσω [A πληρώσω] τὸν οἶκον τοῦτον δόξης (1 *c*)
Za. 8. 5. πλησθήσονται παιδαρίων καὶ κορασίων (1 *b*)
9. 13. ἔπλησα τὸν Ἐφρ. (1 *c*)
— 15. πλήσουσι τὰς φιάλας ὡς θυσιαστήριον (1 *a*)
Is. 6. 4. A S ὁ οἶκος ἐπλήσθη [B ἐνεπλ.] καπνοῦ (1 *b*)
13. 21. A πλησθήσονται [B S ἐμπλ.] αἱ οἰκίαι ἤχου (1 *a*)
15. 9. τὸ δὲ ὕδωρ τὸ Δ. πλησθήσεται αἵματος (1 *a*)
22. 7. πλησθήσονται [S² ἐνπλ.] ἁρμάτων (1 *a*)
27. 6. B πλησθήσεται [A S R ἐμπλ.] ἡ οἰκουμ. τοῦ καρποῦ αὐ. (1 *a*)
40. 2. ἐπλήσθη ἡ ταπείνωσις αὐτῆς (1 *a*)
Je. 6. 11. τὸν θυμόν μου ἔπλησα [S -αν] (1 *a*)
19. 4. ἔπλησαν τὸν τόπον τ. αἱμάτων ἀθῴων (1 *a*)
26 (46). 10. B S πλησθήσεται [A R ἐμπλ.] (3 *a*)
— 12. τῆς κραυγῆς σου ἐπλήσθη ἡ γῆ (1 *a*)
27 (50). 19. πλησθήσεται [A ἐμπλ.] ἡ ψυχὴ αὐτοῦ (3 *a*)
28 (51). 5. ἡ γῆ αὐτῶν ἐπλήσθη ἀδικίας (1 *a*)
— 34. ἔπλησε τὴν κοιλίαν αὐτοῦ (1 *c*)
30. 6 (49. 28). πλήσατε τοὺς υἱοὺς κεδέμ †
31 (48). 5. ἐπλήσθη Ἀλὼθ ἐν κλαυθμῷ †
51 (44). 17. ἐπλήσθημεν ἄρτων (3 *a*)
Ez. 3. 3. ἡ κοιλία σου πλησθήσεται τῆς κεφαλίδος ταύτης (1 *c*)
8. 17. ἔπλησαν [B¹ ἐπλάνησαν] τὴν γῆν ἀνομίας (1 *a*)
9. 7. πλήσατε [A πληρώσατε] τὰς ὁδοὺς νεκρῶν (1 *c*)
— 9. ἐπλήσθη ἡ γῆ λαῶν πολλῶν καὶ ἡ πόλις ἐπλήσθη ἀδικίας (1 *b*, 1 *a*)
10. 2. πλῆσον τὰς δράκας [A χεῖράς] σου ἀνθράκων (1 *c*)
— 3. ἡ νεφέλη ἔπλησε τὴν αὐλήν (1 *a*)
— 4. ἔπλησε [B¹ ἐνέπλ.] τὸν οἶκον ἡ νεφέλη (1 *b*)
— 4. καὶ ἡ αὐλὴ ἐπλήσθη τοῦ φέγγους (1 *a*)
23. 33. ἐκλύσεως [A ἐκχεῶ ὅπως] πλησθήσῃ (1 *b*)
28. 16. ἔπλησας [A -ήθυνας] τὰ ταμεῖά σου ἀνομίας (1 *a*)
30. 11. πλησθήσεται ἡ γῆ τραυματιῶν (1 *a*)
32. 4. πεδία πλησθήσεταί σου †
43. 26. πλήσουσι χεῖρας αὐτῶν (1 *c*)
Da. LXX. 3. 19. Ναβ. ἐπλήσθη θυμοῦ (1 *e*)
12. 4. ἕως ἂν . . . πλησθῇ ἡ γῆ ἀδικίας –
Da. TH. 3. 19. Ναβ. ἐπλήσθη θυμοῦ (1 *e*)
I Ma. 1. 40. S¹ ἐπλήσθη ἡ γῆ ἀτιμίᾳ [A S² R *al.*]
[**Aq.** Ps. 73 (74). 20: Pr. 30. 15.]
[**Sm.** Ps. 37 (38). 8: 70 (71). 8: 73 (74). 20 (P.): Pr. 30. 15: Je. 6. 11: Ez. 32. 5: Ho. 13. 6.]
[**Th.** Ps. 103 (104). 28: Pr. 30. 15: Ez. 10. 4.]
[**Al.** Ge. 44. 1: Hb. 3. 3.]

πινακίδιον.

[**Sm.** Ez. 9. 2.]

πινακίς.

[**Sm.** Ez. 9. 11.]

πίναξ.

IV Ma. 17. 7. R ὥσπερ ἐπί τινος π. ζωγραφῆσαι [A S *al.*]

πίνειν. (1) נָשָׁה ni. (2) שָׁקָה hi. (3) שָׁתָה
a. qal. *b.* ni. *c.* מִשְׁתֶּה *d.* שְׁתָה

Ge. 9. 21. ἔπιεν ἐκ τοῦ οἴνου (3 *a*)
24. 14. ἐπίκλινον τὴν ὑδρίαν σου ἵνα πίω (3 *a*)
— 14. καὶ εἴπῃ μοι, Πίε σύ (3 *a*)
— 14. ἕως ἂν παύσωνται πίνουσαι –
— 18. ἡ δὲ εἶπε, Πίε, κύριε (3 *a*)
— 18 (19). ἕως ἐπαύσατο πίνων (2)
— 19. ἕως ἂν πᾶσαι πίωσι (3 *a*)
— 22. ἐπαύσαντο πᾶσαι αἱ κάμ. πίνουσαι (3 *a*)
— 44. καὶ εἴπῃ μοι, Πίε σύ (3 *a*)
— 46. πίε σὺ . . . καὶ ἔπιον (3 *a*, 3 *a*)
— 54. ἔφαγον καὶ ἔπιον (3 *a*)
25. 34. ἔφαγε καὶ ἔπιε (3 *a*)
26. 30. ἔφαγον καὶ ἔπιον (3 *a*)
27. 25. καὶ ἔπιε (3 *a*)
30. 38. ὡς ἂν ἔλθωσι τὰ πρόβατα πιεῖν (3 *a*)
— 38. ἐλθόντων αὐτῶν εἰς τὸ πιεῖν (3 *a*)
31. 46. A καὶ ἔπιον –
— 54. ἔφαγον καὶ ἔπιον –
43. 34. ἔπιον δὲ καὶ ἐμεθύσθησαν (3 *a*)
44. 5. ἐν ᾧ πίνει ὁ κύριός μου (3 *a*)

Ex. 7. 18. πιεῖν ὕδωρ ἀπὸ τοῦ ποταμοῦ (3 *a*)
— 21. πιεῖν ὕδωρ ἐκ τοῦ ποταμοῦ (3 *a*)
— 24. ὥστε πιεῖν ὕδωρ (3 *a*)
— 24. πιεῖν ὕδωρ ἀπὸ τοῦ ποταμοῦ (3 *a*)
15. 22. οὐχ ηὕρισκον ὕδωρ ὥστε πιεῖν –
— 23. οὐκ ἠδύναντο πιεῖν [A *add.* ὕδωρ] ἐκ M. (3 *a*)
— 24. τί πιόμεθα (3 *a*)
17. 1. οὐκ ἦν δὲ ὕδωρ τῷ λαῷ πιεῖν (3 *a*)
— 2. δὸς ἡμῖν ὕδωρ ἵνα πίωμεν (3 *a*)
— 6. πίεται ὁ λαός (3 *a*)
24. 11. ἔφαγον καὶ ἔπιον (3 *a*)
32. 6. ἐκάθισεν ὁ λαὸς φαγεῖν καὶ πιεῖν (3 *a*)
34. 28. ὕδωρ οὐκ ἔπιε (3 *a*)
Le. 10. 9. οἶνον καὶ σίκερα οὐ πίεσθε (3 *a*)
11. 34. ὃ πίνεται ἐν παντὶ ἀγγείῳ (3 *b*)
Nu. 6. 3. ὄξος ἐκ σίκερα οὐ πίεται καὶ ὅσα κατεργάζεται ἐκ σταφυλῆς οὐ πίεται (3 *a*, 3 *a*)
— 20. πίεται ὁ ηὐγμένος οἶνον (3 *a*)
20. 5. οὔτε ὕδωρ ἐστὶ πιεῖν (3 *a*)
— 11. καὶ ἔπιεν ἡ συναγωγή (3 *a*)
— 17. οὐδὲ πιόμεθα ὕδωρ ἐκ λάκκου σου (3 *a*)
— 19. ἐὰν δὲ τοῦ ὕδατός σου πίωμεν (3 *a*)
21. 16. δώσω αὐτοῖς ὕδωρ πιεῖν –
— 22. οὐ πιόμεθα ὕδωρ ἐκ φρέατός σου (3 *a*)
23. 24. καὶ αἷμα τραυματιῶν πίεται (3 *a*)
33. 14. οὐκ ἦν ἐκεῖ ὕδωρ τῷ λαῷ πιεῖν (3 *a*)
De. 2. 6. καὶ πίεσθε (3 *a*)
— 28. καὶ πίομαι (3 *a*)
9. 9, 18. ὕδωρ οὐκ ἔπιον (3 *a*)
11. 11. ἐκ τοῦ ὑετοῦ τοῦ οὐρ. πίεται ὕδωρ (3 *a*)
28. 39. οἶνον οὐ πίεσαι (3 *a*)
29. 6 (5). οἶνον καὶ σίκερα οὐκ ἐπίετε (3 *a*)
32. 14. αἷμα σταφυλῆς ἔπιεν [A -ον] οἶνον (3 *a*)
— 38. ἐπίνετε τὸν οἶνον τῶν σπονδῶν αὐ. (3 *a*)
Jd. 7. 5. ὃς ἐὰν κλίνῃ [A κάμψῃ] . . . πιεῖν [A τοῦ π.] (3 *a*)
— 6. πιεῖν [A τοῦ π.] ὕδωρ (3 *a*)
9. 27. A R ἔφαγον καὶ ἔπιον [B εἶπον] (3 *a*)
13. 4, 7. μὴ πίῃς οἶνον (3 *a*)
— 14. οἶνον . . . μὴ πιέτω (3 *a*)
15. 19. καὶ ἔπιε (3 *a*)
19. 4. ἔφαγον καὶ ἔπιον (3 *a*)
— 6. ἔφαγον . . . καὶ ἔπιον (3 *a*)
— 8. A καὶ ἔφαγον καὶ ἔπιον [B *om.* καὶ ἔπ.] –
— 21. ἔφαγον καὶ ἔπιον (3 *a*)
Ru. 2. 9. πίεσαι ὅθεν ἂν ὑδρεύωνται (3 *a*)
3. 3. φαγεῖν καὶ πιεῖν (3 *a*)
— 7. A R καὶ ἔπιε (3 *a*)
I Ki. 1. 9. A καὶ μετὰ τὸ πιεῖν (3 *a*)
— 11. οἶνον . . . οὐ πίεται [A οὐ μὴ πίηται] –
— 15. οἶνον . . . οὐ πέπωκα (3 *a*)
— 18. καὶ ἔπιε –
30. 12. καὶ οὐ πεπώκει ὕδωρ (3 *a*)
— 16. ἐσθίοντες καὶ πίνοντες [A *om.* κ. π.] (3 *a*)
II Ki. 11. 11. φαγεῖν καὶ πιεῖν (3 *a*)
— 13. ἔφαγεν ἐνώπιον αὐτοῦ καὶ ἔπιε (3 *a*)
12. 3. ἐκ τοῦ ποτηρίου αὐτοῦ ἔπινε (3 *a*)
— 21. ἔφαγες ἄρτον καὶ πέπωκας –
16. 2. καὶ ὁ οἶνος πιεῖν (3 *a*)
19. 35 (36). ὃ φάγομαι ἢ πίομαι (3 *a*)
23. 16. οὐκ ἠθέλησε πιεῖν αὐτό (3 *a*)
— 17. εἰ αἷμα . . . πίομαι –
— 17. οὐκ ἠθέλησε πιεῖν αὐτό (3 *a*)
III Ki. 1. 25. ἐσθίοντες καὶ πίνοντες ἐνώπιον αὐτοῦ (3 *a*)
3. 1 (B), 4. 20 (A). ἐσθίοντες καὶ πίνοντες (3 *a*)
— 1 (B), 4. 25 (A), (5. 5). ἐσθίοντες καὶ πίνοντες –
8. 65. ἐσθίων καὶ πίνων (3 *a*)
13. 8. οὐδὲ μὴ πίω ὕδωρ (3 *a*)
— 9. μὴ πίῃς ὕδωρ (3 *a*)
— 16. οὐδὲ πίομαι ὕδωρ (3 *a*)
— 17. μὴ πίῃς ὕδωρ (3 *a*)
— 18. καὶ πιέτω [A -ται] ὕδωρ (3 *a*)
— 19. καὶ ἔπιεν ὕδωρ (3 *a*)
— 22. καὶ ἔπιες ὕδωρ (3 *a*)
— 22. μὴ πίῃς ὕδωρ (3 *a*)
— 23. μετὰ τὸ . . . πιεῖν ὕδωρ (3 *a*)
16. 9. αὐτὸς ἦν ἐν Θ. πίνων (3 *a*)
17. 4. ἐκ τοῦ χειμάρρου πίεσαι ὕδωρ (3 *a*)
— 6. ἐκ τοῦ χειμάρρου ἔπινεν ὕδωρ (3 *a*)
— 10. καὶ πίομαι (3 *a*)
18. 41. φάγε καὶ πίε (3 *a*)
— 42. τοῦ φαγεῖν καὶ πιεῖν (3 *a*)
19. 6, 8. ἔφαγε καὶ ἔπιε (3 *a*)
21 (20). 12. πίνων ἦν αὐτός (3 *a*)
— 16. καὶ υἱὸς Ἀ. πίνων (3 *a*)

IV Ki. 3. 17. καὶ πίεσθε [A πίετε] ὑμεῖς (3 *a*)
6. 22. φαγέτωσαν καὶ πιέτωσαν (3 *a*)
— 23: 7. 8. ἔφαγον καὶ ἔπιον (3 *a*)
9. 34. ἔφαγε καὶ ἔπιε (3 *a*)
18. 27. καὶ πιεῖν τὸ οὖρον αὐτῶν (3 *a*)
— 31. πίεται ἀνὴρ τὴν ἄμπελον αὐ. †
— 31. πίεται ὕδωρ τοῦ λάκκου αὐ. (3 *a*)
19. 24. ἔπιον ὕδατα ἀλλότρια (3 *a*)
I Ch. 11. 18. οὐκ ἤθελεν Δ. τοῦ πιεῖν αὐτό (3 *a*)
— 19. εἰ αἷμα ἀνδρῶν τούτων πίομαι (3 *a*)
— 19. οὐκ ἐβούλετο πιεῖν αὐτό (3 *a*)
12. 39. ἦσαν . . . εὐθίοντες καὶ πίνοντες [S *om.* κ. π.] (3 *a*)
29. 22. ἔφαγον καὶ ἔπιον (3 *a*)
II Ch. 31. 10. ἐφάγομεν καὶ ἐπίομεν †
I Es. 3. 3. ἐφάγοσαν καὶ ἐπίοσαν [A -ον]
— 6. καὶ ἐν χρυσώμασι π.
— 18. πάντας τοὺς ἀνθρ. τοὺς πιόντας [A πίν.] αὐτόν
— 22. οὐ μέμνηται ὅταν πίνωσι
4. 10. ἐσθίει καὶ πίνει
9. 2. οὐδὲ ὕδωρ ἔπιε
— 51. A R καὶ πίετε γλυκάσματα
— 54. φαγεῖν καὶ πιεῖν
II Es. 10. 6. ὕδωρ οὐκ ἔπιεν (3 *a*)
Ne. 8. 10. πίετε γλυκάσματα (3 *a*)
— 12. φαγεῖν καὶ πιεῖν (3 *a*)
To. 4. 15. A B οἶνον εἰς μέθην μὴ πίῃς
7. 10. φάγε πίε
— 11. S φάγε καὶ πίε [A B *al.*]
— 11. S οὐδὲ μὴ πίω [A B *al.*]
— 15. S φαγεῖν καὶ πιεῖν [A B *al.*]
8. 1. S συνετέλεσαν τὸ φαγεῖν καὶ πεῖν [A B *al.*]
— 20. S μενεῖς ἔσθων καὶ πίνων
12. 19. οὐκ ἔφαγον οὐδὲ ἔπιον [S *al.*]
Ju. 7. 21. οὐκ εἶχον πιεῖν [B¹ πεῖν]
— 21. ἐν μέτρῳ ἐδίδοσαν αὐτοῖς πιεῖν [B¹ πεῖν]
12. 1. καὶ τοῦ οἴνου αὐτοῦ π. [A πιεῖν]
— 11. φαγεῖν καὶ πιεῖν μεθ' ἡμῶν
— 13. καὶ πίεσαι [A πιεῖν] μεθ' ἡμῶν . . . οἶνον
— 17. πίε δὴ καὶ γενήθητι μεθ' ἡμῶν
— 18. πίομαι δή, κύριε
— 19. καὶ ἔπιε κατέναντι αὐτοῦ
— 20. καὶ ἔπιεν οἶνον πολὺν σφόδρα ὅσον οὐκ ἔπιε
Es. 1. 7. ὃν αὐτὸς ὁ βασ. ἔπινεν –
4. 16. μὴ φάγητε μηδὲ πίητε (3 *a*)
— 17. οὐδὲ ἔπιον [S ἔπινον] οἶνον σπονδῶν
Jb. 1. 4. ἐσθίειν καὶ πίνειν μετ' αὐτῶν (3 *a*)
— 13. ἔπινον οἶνον (3 *a*)
— 18. τῶν υἱῶν σου . . . πινόντων παρὰ τῷ ἀδελφῷ αὐ. [A υἱῷ σου] τῷ πρεσβυτέρῳ (3 *a*)
8. 12. A πρὸ τοῦ πιεῖν πᾶσαν βοτάνην ἐὰν δὲ μὴ πίῃ [B S πᾶσα βοτάνη οὐχὶ] ξηραίνεται –, –
15. 16. πίνων ἀδικίας ἴσα ποτῷ (3 *a*)
34. 7. πίνων μυκτηρισμὸν ὥσπερ ὕδωρ (3 *a*)
42. 11. φαγόντες δὲ καὶ πιόντες παρ' [A *om.*] αὐτῷ –
Ps. 49 (50). 13. ἢ αἷμα τράγων πίομαι (3 *a*)
68 (69). 12. ἔψαλλον οἱ πίνοντες τὸν οἶνον (3 *a*)
74 (75). 8. πίονται πάντες οἱ ἁμαρτωλοὶ τῆς γῆς (3 *a*)
77 (78). 44. ὅπως μὴ πίωσιν (3 *a*)
109 (110). 7. S R ἐκ χειμάρρου ἐν ὁδῷ πίεται [A π. ὕδωρ] (3 *a*)
Pr. 5. 15. πίνε ὕδατα ἀπὸ σῶν ἀγγείων (3 *a*)
9. 5. πίετε οἶνον ὃν ἐκέρασα ὑμῖν (3 *a*)
— 18. ἀπὸ πηγῆς ἀλλοτρίας μὴ πίῃς –
23. 7. οὕτως ἐσθίει καὶ πίνει (3 *a*)
24. 72 (31. 4). οἶνον δὲ μὴ πινέτωσαν (3 *a*)
— 73 (31. 5). ἵνα μὴ πιόντες ἐπιλάθωνται τῆς σοφίας (3 *a*)
— 74 (31. 6 [7]). καὶ οἶνον πίνειν τοῖς ἐν ὀδύναις (3 *a* ?)
Ec. 2. 24. ὃ [A *om.*] πίεται (3 *a*)
— 25. τίς πίεται πάρεξ αὐτοῦ †
3. 12. S¹ τοῦ πιεῖν [A B S² ποιεῖν] ἀγαθὸν ἐν ζωῇ αὐτοῦ †
— 13. πᾶς ὁ ἄνθρωπος ὃς . . . πίεται (3 *a*)
5. 17. ἐστι καλὸν τοῦ φαγεῖν καὶ τοῦ πιεῖν (3 *a*)
8. 15. εἰ μὴ τοῦ φαγεῖν καὶ τοῦ πιεῖν (3 *a*)
9. 7. πίε ἐν καρδίᾳ ἀγαθῇ οἶνόν σου (3 *a*)
Ca. 5. 1. ἔπιον οἶνόν μου μετὰ γάλακτός μου (3 *a*)
— 1. πίετε καὶ μεθύσθητε ἀδελφοί (3 *a*)
Si. 9. 10. μετ' εὐφροσύνης πίεσαι αὐτόν
24. 21. οἱ πίνοντές με ἔτι διψήσουσιν
26. 12. ἀπὸ παντὸς ὕδατος τοῦ σύνεγγυς πίεται
34 (31). 27. ἐὰν πίνῃς αὐτὸν μέτρῳ αὐτοῦ

Si. 34 (31). 28. εὐφροσύνη ψυχῆς οἶνος πινόμενος ἐν καιρῷ αὐταρκής
— 29. οἶνος πινόμενος [A γιν.] πολὺς ἐν ἐρεθισμῷ
Am. 2. 8. οἶνον ἐκ συκοφαντιῶν ἔπινον (3 a)
4. 1. ἐπίδοτε ἡμῖν ὅπως πίωμεν (3 a)
— 8. τοῦ πιεῖν ὕδωρ (3 a)
5. 11. οὐ μὴ πίητε τὸν οἶνον αὐ. (3 a)
6. 6. οἱ πίνοντες τὸν διυλισμένον οἶνον (3 a)
9. 14. πίονται τὸν οἶνον αὐ. (3 a)
Mi. 6. 15. καὶ οὐ μὴ πίητε (3 a)
Jl. 1. 5. πάντες οἱ πίνοντες οἶνον εἰς μέθην (3 a)
3 (4). 3. καὶ ἔπινον [S[1] ἔπιον] (3 a)
Ob. 1. 16. ὃν τρόπον ἔπιες ἐπὶ τὸ ὄρος τὸ ἅγιόν μου (3 a)
— 16. A S[2] R πίονται πάντα τὰ ἔθνη οἶνον (3 a)
— 16. πίονται καὶ καταβήσονται (3 a)
Jn. 3. 7. μηδὲ ὕδωρ πιέτωσαν [S πιν.] (3 a)
Hb. 2. 16. πλησμονὴν ἀτιμίας ἐκ δόξης πίε καὶ σύ (3 a)
Ze. 1. 13. οὐ μὴ πίωσι τὸν οἶνον αὐ. (3 a)
Hg. 1. 6. ἐπίετε καὶ οὐκ εἰς μέθην (3 a)
Za. 7. 6. ἐὰν φάγητε ἢ πίητε οὐχ ὑμεῖς ἔσθετε καὶ πίνετε (3 a, 3 a)
Is. 5. 12. μετὰ κιθάρας . . . τὸν οἶνον πίνουσι (3 c)
— 22. οὐαὶ . . . οἱ πίνοντες τὸν οἶνον (3 a)
7. 22. R ἔσται ἀπὸ τοῦ πλεῖστον πιεῖν [A B S ποιεῖν] γάλα †
9. 1 (8. 23). τοῦτο πρῶτον πίε –
19. 5. πίονται οἱ Αἰγ. ὕδωρ τὸ παρὰ θάλ. (1)
21. 5. φάγετε πίετε (3 a)
22. 13. ὥστε φαγεῖν κρέα καὶ πιεῖν οἶνον λέγοντες, Φάγωμεν καὶ πίωμεν (3 a, 3 a)
23. 18. φαγεῖν καὶ πιεῖν καὶ ἐμπλησθῆναι –
24. 9. οὐκ ἔπιον οἶνον πικρὸν ἐγένετο τὸ σίκερα τοῖς πίνουσιν (3 a, 3 a)
25. 6. πίονται εὐφροσύνην πίονται οἶνον (3 c, 3 c)
28. 12. S τοῦτο τὸ ἀνάπαυμα τῷ πίνοντι [A B πεινῶντι] †
29. 8. A S[3] R ὡς οἱ ἐν ὕπνῳ πίνοντες . . . ὃν τρόπον ἐνυπνιάζεται ὁ διψῶν ὡς ὁ [B S[1] om.] πίνων (–, 3 a)
36. 12. ἵνα . . . πίωσιν οὖρον μεθ' ὑμῶν ἅμα (3 a)
— 16. πίεσθε ὕδωρ τοῦ λάκκου ὑμῶν (3 a)
44. 12. οὐ μὴ πίῃ ὕδωρ (3 a)
48. 21. πίεται ὁ λαός μου –
49. 26. πίονται ὡς οἶνον νέον τὸ αἷμα αὐτῶν –
51. 17. ἡ πιοῦσα ἐκ χειρὸς κυρίου τὸ ποτήριον τοῦ θυμοῦ αὐτοῦ (3 a)
— 17. A τὸ κόνδυ τοῦ θυμοῦ ἔπιες [B S ἐξέπ.] (3 a)
— 22. οὐ προσθήσῃ ἔτι πιεῖν αὐτό (3 a)
55. 1. A S πίετε [B φάγετε] ἄνευ ἀργυρίου καὶ τιμῆς οἴνου [R -νον] †
62. 8. εἰ ἔτι πίονται υἱοὶ ἀλλότριοι τὸν οἶνόν σου (3 a)
— 9. οἱ συναγαγόντες πίονται αὐτά (3 a)
65. 13. οἱ δουλεύοντές μοι πίονται (3 a)
Je. 2. 18. τοῦ πιεῖν ὕδωρ Γηῶν (3 a)
— 18. τοῦ πιεῖν ὕδωρ ποταμῶν (3 a)
16. 8. συγκαθίσαι [A τοῦ κ.] μετ' αὐτῶν τοῦ φαγεῖν καὶ πιεῖν (3 a)
22. 15. οὐ φάγονται καὶ οὐ πίονται (3 a)
28 (51). 7. ἀπὸ τοῦ οἴνου αὐτῆς ἐπίοσαν ἔθνη (3 a)
29 (49). 12. οἷς οὐκ ἦν νόμος πιεῖν τὸ ποτήριον ἔπιον (3 a, 3 a)
— 12. A ὅτι πίνων πίεσαι (3 a, 3 a)
32 (25). 16. AR πίονται [BS om.] καὶ ἐξεμοῦνται (3 a)
— 27. πίετε μεθύσθητε (3 a)
— 28. δέξασθαι τὸ ποτήριον ἐκ τῆς χειρός σου ὥστε πιεῖν καὶ ἐρεῖς, Οὕτως εἶπε κύριος, Πιόντες πίεσθε (3 a ter)
42 (35). 5. εἶπα, Πίετε οἶνον (3 a)
— 6. οὐ μὴ [A om.] πίωμεν [AS πίομεν] οἶνον . . . οὐ μὴ πίητε οἶνον (3 a, 3 a)
— 8. πρὸς τὸ μὴ πιεῖν [S[1] πίνειν] οἶνον (3 a)
— 14. πρὸς τὸ μὴ πιεῖν οἶνον καὶ οὐκ ἐπίοσαν [A -ον] (3 a, 3 a)
La. 5. 4. R ὕδωρ ἡμῶν ἐν ἀργυρίῳ ἐπίομεν [A B al.] (3 a)
Ez. 4. 11. ὕδωρ ἐν μέτρῳ πίεσαι τὸ ἕκτον τοῦ εἶν ἀπὸ καιροῦ ἕως καιροῦ πίεσαι (3 a, 3 a)
— 16. ὕδωρ ἐν μέτρῳ καὶ ἐν ἀφανισμῷ πίονται (3 a)
12. 18. τὸ ὕδωρ μετὰ βασάνου . . . πίεσαι (3 a)
— 19. τὸ ὕδωρ αὐτῶν μετὰ ἀφανισμοῦ πίονται (3 a)
23. 32. τὸ ποτήριον τῆς ἀδελφῆς σου πίεσαι (3 a)
— 34. πίεσαι αὐτό (3 a)
25. 4. πίονται τὴν πιότητά σου (3 a)

Ez. 31. 14. πάντες οἱ πίνοντες ὕδωρ (3 a)
— 16. πάντα τὰ πίνοντα ὕδωρ (3 a)
34. 18. τὸ καθεστηκὸς ὕδωρ ἐπίνετε (3 a)
— 19. τὸ τεταραγμένον ὕδωρ ὑπὸ τῶν ποδῶν ὑμῶν ἔπινον (3 a)
39. 17. πίεσθε αἷμα (3 a)
— 18. αἷμα ἀρχόντων τῆς γῆς πίεσθε (3 a)
— 19. πίεσθε αἷμα εἰς μέθην (3 a)
44. 21. οἶνον οὐ μὴ πίωσι πᾶς ἱερεύς (3 a)
Da. LXX. 1. 5. οὗ πίνει ὁ βασ. (3 c)
— 8. ἐν ᾧ πίνει οἴνῳ (3 c)
5. 2 (1). ἔπινεν οἶνον (3 d)
— 3. ἔπινον ἐν αὐτοῖς (3 d)
— 23. καὶ ἔπινες οἶνον –
— 23. καὶ ἐπίνετε ἐν αὐτοῖς (3 d)
Bel 23. ἐσθίει καὶ πίνει
Da. TH. 1. 12. καὶ ὕδωρ πιόμεθα (3 a)
5. 2 (1). πίνων B. εἶπεν ἐν τῇ γεύσει τοῦ οἴνου (3 d)
— 2. πιέτωσαν ἐν αὐτοῖς (3 d)
— 3. ἔπινον ἐν αὐτοῖς (3 d)
— 4. ἔπινον οἶνον (3 d)
— 23. οἶνον ἐπίνετε ἐν αὐτοῖς (3 d)
Bel 6. ὅσα ἐσθίει καὶ πίνει
— 7. A οὐ βέβρωκεν οὐδὲ πέπωκεν πώποτε [B βεβρ. οὐδέποτε]
— 24. A B[2] R ἐσθίει καὶ πίνει
I Ma. 11. 58. ἐξουσίαν πίνειν ἐν χρυσώμασι
II Ma. 15. 39. οἶνον κατὰ μόνας πίνειν . . . πολέμιον

[Aq. Ex. 7. 24 *bis* : III Ki. 4. 20 : Ps. 68 (69). 13 : Pr. 4. 17 : Is. 29. 8 : 36. 12 : Je. 49. 12 (29. 13) : Ez. 23. 35.]
[Sm. Ge. 30. 38 *bis* : Ex. 7. 24 *bis* : III Ki. 4. 20 : Ps. 68 (69). 13 : 74 (75). 9 : 77 (78). 44 : Pr. 4. 17 : Is. 29. 8 : 36. 12 : 37. 25 : Je. 22. 15 : 25. 26 (32. 12) : Am. 5. 11 (P.).]
[Th. Ex. 7. 24 *bis* : Is. 29. 8 : 37. 25 : Je. 49. 12 (29. 13) : Da. 5. 1.]
[Al. Ex. 17. 1 : Nu. 20. 5.]

πίννινος (πίνινος).

Es. 1. 6. σμαραγδίτου λίθου καὶ πιννίνου [AS[2] *al.*] †

πίνωσις.

[Al. Pr. 25. 12.]

πιότης. (1) דֶּשֶׁן (2) חֵלֶב (3) טוּב (4) יִצְהָר (5) שֶׁמֶן

Ge. 27. 28. δῴη σοι ὁ θ. . . . ἀπὸ τῆς π. τῆς γῆς (5)
— 39. ἀπὸ τῆς π. τῆς γῆς ἔσται ἡ κατοίκησίς σου (5)
Jd. 9. 9. ἀπολείψασα [A ἀφεῖσα] τὴν π. μου (1)
III Ki. 13. 3. ἐκχυθήσεται ἡ π. ἡ ἐπ' [A ἐν] αὐτῷ (1)
— 5. ἐξεχύθη ἡ π. ἀπὸ τοῦ θυσιαστ. (1)
Es. 3. 13. A μετὰ πιότητος [B S[1] ἠπιότ., S[2] πραότ.] ἀεὶ διεξάγων
Jb. 36. 16. κατέβη τράπεζά σου πλήρης πιότητος (1)
Ps. 35 (36). 8. ἀπὸ πιότητος οἴκου σου (1)
62 (63). 5. ὡσεὶ στέατος καὶ πιότητος ἐμπλησθείη ἡ ψυχή μου (1)
64 (65). 11. τὰ πεδία σου πλησθήσονται πιότητος (1)
103 (104). 28. A τὰ σύμπαντα πλησθήσονται πιότητος [B S χρηστότητος] (3)
Pr. 15. 4. S[1] ὁ δὲ συντηρῶν αὐτὴν πλησθήσεται πιότητος [A B πνεύματος, S[2] τῶν καρπῶν αὐ.] †
Za. 4. 14. οὗτοι οἱ δύο υἱοὶ τῆς π. (4)
Ez. 25. 4. πίονται τὴν π. σου (2)
[Aq. Is. 55. 2.]
[Sm. Pr. 3. 8 : Is. 28. 1 : 55. 2.]
[Th. Jb. 36. 16.]
[Al. Le. 6. 11 (4).]

πιπι.

[Aq. Nu. 16. 5 : 22. 22, 24 : IV Ki. 21. 4 : Ps. 24 (25). 12 : 25 (26). 1 : 26 (27). 11, 14 : 27 (28). 1, 8 : 29 (30). 11 : 30 (31). 7, 10, 15 : 31 (32). 2, 5, 10 : 32 (33). 4, 6, 8, 10, 12, 18, 20, 22 : Is. 41. 16 (Sw.) : 48. 14 (Sw.) : 52. 5 (Sw.) : 58. 5 (Sw.) : 59. 13 : 60. 1 (Sw.) : 64. 9 (8) (Sw.) : 66. 5 : Je. 20. 13 : Ez. 2. 4 : 12. 23 : 30. 6.]
[Sm. Nu. 16. 5 : 22. 22, 24 : IV Ki. 21. 4 : Ps. 24 (25). 12 : 25 (26). 1 : 26 (27). 4, 14 : 27 (28). 1 : 30 (31). 15 : 31 (32). 2, 5, 10, 11 : 32 (33). 8, 10, 20 : Is. 41. 16 (Sw.) : 48. 14 (Sw.) : 58. 5 (Sw.) : 60. 1 (Sw.) : 64. 9 (8) (Sw.) : Ez. 2. 4 : 12. 23 : 30. 6.]
[Th. Nu. 16. 5 : 22. 22, 24 : IV Ki. 21. 4 : Ps. 26 (27). 11 : Is. 41. 16 (Sw.) : 48. 14 (Sw.) : 58. 5 (Sw.) : 59. 13 : 60. 1 (Sw.) : 64. 9 (8) (Sw.) : Ez. 2. 4 : 12. 23 : 30. 6.]
[Al. Nu. 1. 48 : Jo. 17. 4 : III Ki. 5. 7 (21).]
[Heb. Ge. 4. 26 : Nu. 16. 5 : 22. 22, 24 : Ps. 71 (72). 18 : Ma. 2. 13.]
[Quint. IV Ki. 21. 4 : Ps. 25 (26). 1 : 26 (27). 11 : 27 (28). 8 : 30 (31). 10, 25 : 31 (32). 2.]
[Sext. Ps. 26 (27). 7, 11, 14 : 27 (28). 8 : 30 (31). 15 : 31 (32). 2 : 32 (33). 20.]

πιπλᾶν, *cf.* **πιμπλάναι.**

πιπράσκειν. (1) מָכַר *a.* qal. *b.* ni. *c.* hithp. (2) נָכַר pi.

Ge. 31. 15. πέπρακε γὰρ ἡμᾶς (1 a)
Ex. 22. 3 (2). πραθήτω ἀντὶ τοῦ κλέμματος (1 b)
Le. 25. 23. ἡ γῆ οὐ πραθήσεται εἰς βεβαίωσιν (1 b)
— 34. οἱ ἀγροὶ . . . οὐ πραθήσονται (1 b)
— 39. καὶ πραθῇ σοι (1 b)
— 42. οὐ πραθήσεται ἐν πράσει οἰκέτου (1 b)
— 47. καὶ . . . πραθῇ τῷ προσηλύτῳ (1 b)
— 48. μετὰ τὸ πραθῆναι αὐτῷ (1 b)
27. 27. πραθήσεται κατὰ τὸ τίμημα αὐτοῦ (1 b)
De. 15. 12. ἐὰν δὲ πραθῇ σοι ὁ ἀδ. σου (1 b)
21. 14. πράσει οὐ πραθήσεται ἀργυρίου (1 a)
28. 68. πραθήσεσθε ἐκεῖ τοῖς ἐχθροῖς ὑμῶν (1 c)
I Ki. 23. 7. πέπρακεν αὐτὸν ὁ θ. (2)
III Ki. 20 (21). 20. διότι μάτην πέπρασαι (1 c)
— 25. A ἐπράθη [B *om.*] 'Αχ. ὃς ἐπράθη ποιῆσαι (–, 1 c)
IV Ki. 17. 17. ἐπράθησαν τοῦ ποιῆσαι τὸ πον. (1 c)
Ju. 7. 25. πέπρακεν ἡμᾶς ὁ θεός
Es. 7. 4. S[2] ἐπράθημεν γὰρ . . . εἰς παιδίσκας ἐπράθημεν [A B S[1] *om.*] (1 b, 1 b)
Ps. 104 (105). 17. εἰς δοῦλον ἐπράθη Ἰωσήφ (1 b)
Wi. 10. 13. αὕτη πραθέντα δίκαιον οὐκ ἐγκατέλιπεν
Is. 48. 10. πέπρακά σε οὐχ ἕνεκεν ἀργυρίου †
50. 1. τίνι ὑπόχρεῳ πέπρακα ὑμᾶς (1 a)
— 1. ταῖς ἁμαρτίαις ὑμῶν ἐπράθητε (1 b)
52. 3. δωρεὰν ἐπράθητε (1 b)
Je. 41 (34). 14. τὸν Ἑβραῖον ὃς πραθήσεταί σοι (1 b)
Ba. 4. 6. ἐπράθητε τοῖς ἔθνεσιν οὐκ εἰς ἀπώλειαν
Ez. 48. 14. οὐ πραθήσεται ἐξ αὐτοῦ [A -ῶν] (1 a)
I Ma. 1. 15. ἐπράθησαν [S[2] ἐπειρ.] τοῦ ποιῆσαι τὸ πονηρόν
II Ma. 4. 32. ἕτερα ἐτύγχανε πεπρακώς
5. 14. οὐχ ἧττον δὲ τῶν ἐσφαγμένων ἐπράθησαν
8. 14. τοὺς ὑπὸ τοῦ δυσσεβοῦς N. . . . πεπραμένους
10. 21. R ὡς ἀργυρίου πεπράκασι [A -καν] τοὺς ἀδ.
[Aq., Th. Pr. 11. 26.]
[Al. Le. 25. 50 : Ps. 43 (44). 13.]

πίπτειν. (1) בָּרַךְ (2) הָרַג ni. (3) יָרַד (4) כָּרַע (5) כָּשַׁל (6) מוּט *a.* qal. *b.* ni. *c.* hi. (7) מוּת (8) מָעַד pu. (9) נָבֵל (10) נָגַף ni. (11) נָכָה hoph. (12) נָפַל *a.* qal. *b.* hi. *c.* pil. *d.* מַפֵּלָה *e.* מַפֶּלֶת *f.* נֵפֶל (13) פֶּגֶר (14) פָּרַץ (15) צָלַח (16) קָדַר (17) רָבַץ (18) רָדַם ni. (19) שָׁחַח ni. (20) שָׁפֵל (21) תָּמַם (22) τὰ πεπτωκότα אֶרֶץ הֲרִיסוּת

Ge. 17. 3. ἔπεσεν Ἄ. ἐπὶ πρόσωπον αὐτοῦ (12 a)
— 17. R ἔπεσεν Ἄ. ἐπὶ πρόσωπον (12 a)
44. 14. ἔπεσον ἐναντίον αὐτοῦ (12 a)
49. 17. πεσεῖται ὁ ἱππεὺς εἰς τὰ ὀπίσω (12 a)
Ex. 9. 19. πέσῃ δὲ ἐπ' αὐτὰ ἡ χάλαζα (3)
19. 21. καὶ πέσωσιν [A πέσῃ] ἐξ αὐτῶν πλῆθος (12 a)
23. 5. ἐὰν δὲ ἴδῃς τὸ ὑποζύγ. . . . πεπτωκός (17)
32. 28. ἔπεσαν . . . εἰς τρισχιλίους ἄνδρας (12 a)
Le. 9. 24. ἔπεσαν ἐπὶ πρόσωπον (12 a)
11. 33. εἰς ὃ ἐὰν πέσῃ ἀπὸ τούτων (12 a)
— 35. A B[1] ὃ ἐὰν πέσῃ [B[2] R ἐπιπ.] . . . ἐπ' αὐτό (12 a)
26. 7. πεσοῦνται ἐναντίον ὑμῶν φόνῳ (12 a)
— 8. πεσοῦνται οἱ ἐχθροὶ ὑμῶν (12 a)
— 17. πεσεῖσθε ἐναντίον τῶν ἐχθρῶν ὑ. (10)
— 36. πεσοῦνται οὐθενὸς διώκοντος (12 a)
Nu. 14. 3. πεσεῖν ἐν πολέμῳ (12 a)
— 5. ἔπεσε M. . . . ἐπὶ πρόσωπον (12 a)
— 29. πεσεῖται τὰ κῶλα ὑμῶν (12 a)

Nu. 14. 32. τὰ κῶλα ὑμῶν πεσεῖται (12 a)
— 42. πεσεῖσθε πρὸ προσώπου τῶν ἐχθρῶν ὑ. (10)
— 43. καὶ πεσεῖσθε μαχαίρᾳ (12 a)
16. 4. ἔπεσεν ἐπὶ πρόσωπον (12 a)
— 22. ἔπεσαν ἐπὶ πρόσωπον αὐτῶν (12 a)
— 45 (17. 10). ἔπεσον [B^{2} -αν] ἐπὶ πρόσωπον αὐ. (12 a)
20. 6. B^{2}R ἔπεσον [AB^{1} -αν] ἐπὶ πρόσωπον (12 a)
De. 2. 16. B^{1}R ἐπειδὴ ἔπεσαν [AB^{2} ἐπεὶ διέπ.] πάντες (21)
21. 1. ἐὰν δὲ εὑρεθῇ . . . πεπτωκὼς ἐν τῷ πεδίῳ (12 a)
22. 4. πεπτωκότας [A -α] ἐν τῇ ὁδῷ (12 a)
— 8. ἐὰν πέσῃ ὁ πεσὼν ἀπ' αὐτοῦ [A -ῆς] (12 a, 12 a)
Jo. 5. 14. 'Ι. ἔπεσεν ἐπὶ πρόσωπον (12 a)
6. 5. πεσεῖται αὐτόματα τὰ τείχη (12 a)
— 19 (20). ἔπεσεν ἅπαν τὸ τεῖχος (12 a)
7. 6. ἔπεσεν 'Ι. ἐπὶ τὴν γῆν (12 a)
— 10. ἵνα τί τοῦτο σὺ πέπτωκας (12 a)
8. 25. οἱ πεσόντες ἐν τῇ ἡμέρᾳ ἐκ. (12 a)
11. 7. A ἔπεσαν αὐτοῖς [B ἐπέπ. ἐπ' αὐτούς] (12 a)
17. 5. ἔπεσεν ὁ σχοινισμὸς αὐτῶν (12 a)
23. 14. οὐκ ἔπεσεν εἷς λόγος (12 a)
Jd. 3. 25. πεπτωκὼς ἐπὶ τὴν γῆν (12 a)
4. 16. ἔπεσε πᾶσα παρεμβολὴ Σισάρα (12 a)
— 22. A Σ. πεπτωκὼς [B ἐρριμμένος] νεκρός (12 a)
5. 27. ἀνὰ μέσον τῶν ποδῶν αὐ. . . . ἔπεσε (12 a)
— 27. κατακλιθεὶς ἔπεσε [A al.] (12 a)
— 27. ἐκεῖ ἔπεσεν (12 a)
7. 13. καὶ ἔπεσε (12 a)
— 13. καὶ ἔπεσεν ἡ σκηνή (12 a)
8. 10. οἱ πεπτωκότες ἑκατὸν εἴκοσι χιλιάδες (12 a)
9. 40. AR ἔπεσον [B -αν] τραυματίαι πολλοί (12 a)
12. 6. ἔπεσαν . . . δύο καὶ τεσσαράκοντα χιλιάδες (12 a)
13. 20. B ἔπεσαν [AR -ον] ἐπὶ πρόσωπον αὐτῶν (12 a)
14. 19. A ἔπεσεν [? ἔπαισεν] ἐκεῖθεν τριάκοντα ἄνδρας [B al.] †
16. 30. ἔπεσεν ὁ οἶκος (12 a)
19. 26. ἔπεσε παρὰ τὴν θύραν (12 a)
— 27. πεπτωκυῖα παρὰ τὰς θύρας (12 a)
20. 32. πίπτουσιν [A προκόπτ.] ἐνώπιον ἡ. (10)
— 39. πίπτουσιν ἐνώπιον ἡμῶν [A al.] (10)
— 44. ἔπεσαν . . . ὀκτὼ καὶ δέκα χιλιάδες (12 a)
— 46. B πάντες οἱ πίπτοντες [A R πεπτωκότες] ἀπὸ B. (12 a)
Ru. 2. 10. ἔπεσεν ἐπὶ πρόσωπον αὐτῆς (12 a)
3. 18. πῶς οὐ πεσεῖται ῥῆμα (12 a)
I Ki. 2. 33. πεσοῦνται ἐν ῥομφαίᾳ ἀνδρῶν (7)
3. 19. οὐκ ἔπεσεν ἀπὸ πάντων τῶν λόγων αὐ. (12 b)
4. 10. A R ἔπεσον [B -αν] . . . τριάκοντα χιλιάδες ταγμάτων (12 a)
— 18. ἔπεσεν ἀπὸ τοῦ δίφρου ὀπισθίως (12 a)
5. 3, 4. Δ. πεπτωκὼς ἐπὶ πρόσωπον αὐ. (12 a)
— 4. πεπτωκότες ἐπὶ τὸ πρόθυρον –
14. 45. εἰ πεσεῖται τριχὸς τῆς κεφ. αὐ. [A al.] (12 a)
17. 49. ἔπεσεν ἐπὶ πρόσωπον αὐτοῦ (12 a)
— 52. B ἔπεσαν [A R -ον] τραυματίαι τῶν ἀλλοφ. (12 a)
18. 10. A ἔπεσεν πνεῦμα θ. πονηρὸν ἐπὶ Σ. (15)
19. 24. καὶ ἔπεσε γυμνός (12 a)
20. 41. ἔπεσεν ἐπὶ πρόσωπον αὐτοῦ (12 a)
21. 13 (14). ἔπιπτεν ἐπὶ τὰς θύρας τῆς πύλης †
25. 23. ἔπεσεν ἐνώπιον Δ. (12 a)
— 24. A ἔπεσεν [B om.] ἐπὶ τοὺς πόδας αὐ. (12 a)
26. 12. θάμβος κυρίου ἔπεσεν ἐπ' αὐτούς (12 a)
— 20. μὴ πέσοι τὸ αἷμά μου (12 a)
28. 19. σὺ καὶ οἱ υἱοί σου μετὰ σοῦ πεσοῦνται –
— 20. ἔπεσεν ἑστηκὼς ἐπὶ τὴν γῆν (12 a)
31. 1. καὶ πίπτουσι τραυματίαι (12 a)
— 8. πεπτωκότας ἐπὶ τὰ ὄρη Γ. (12 a)
II Ki. 1. 2. ἔπεσεν ἐπὶ τὴν γῆν (12 a)
— 4. πεπτώκασι πολλοὶ ἐκ τοῦ λαοῦ (12 a)
— 6. A καὶ ἔπεσεν –
— 10. μετὰ τὸ πεσεῖν αὐτόν (12 a)
— 19. πῶς ἔπεσαν δυνατοί (12 a)
— 21. A μηδὲ ὑετὸς πέσοι ἐφ' ὑμᾶς [B al.] –
— 25, 27. πῶς ἔπεσαν δυνατοί (12 a)
2. 16. καὶ πίπτουσι κατὰ τὸ αὐτό (12 a)
— 23. καὶ πίπτει ἐκεῖ (12 a)
— 23. οὗ ἔπεσεν ἐκεῖ 'Ασ. (12 a)
3. 29. καὶ πίπτων ἐν ῥομφαίᾳ (12 a)
— 34. ἐνώπιον υἱῶν ἀδικίας ἔπεσας (12 a)
— 38. ἡγούμενος μέγας πέπτωκεν (12 a)
4. 4. ἔπεσε καὶ ἐχωλάνθη (12 a)

II Ki. 9. 6. ἔπεσεν ἐπὶ πρόσωπον αὐτοῦ (12 a)
11. 17. ἔπεσαν ἐκ [A ἀπὸ] τοῦ λαοῦ (12 a)
14. 4. ἔπεσεν ἐπὶ πρόσωπον αὐτῆς (12 a)
— 11. εἰ πεσεῖται ἀπὸ [A om.] τῆς τριχός (12 a)
— 22. ἔπεσεν 'Ι. ἐπὶ πρόσωπον αὐ. (12 a)
— 33. ἔπεσεν ἐπὶ πρόσωπον αὐτοῦ –
17. 12. ὡς πίπτει ἡ δρόσος ἐπὶ τὴν γῆν (12 a)
19. 18 (19). ἔπεσεν ἐπὶ πρόσωπον αὐτοῦ (12 a)
20. 8. καὶ ἔπεσε (12 a)
21. 9. ἔπεσαν οἱ ἑπτά (12 a)
— 22. ἔπεσαν ἐν χειρὶ Δ. (12 a)
22. 39. πεσοῦνται ὑπὸ τοὺς πόδας μου (12 a)
III Ki. 1. 52. εἰ πεσεῖται τῶν τριχῶν αὐτοῦ (12 a)
18. 7. καὶ ἔπεσεν ἐπὶ πρόσωπον αὐτοῦ (12 a)
— 38. ἔπεσε πῦρ παρὰ κυρίου (12 a)
— 39. ἔπεσε πᾶς ὁ λαὸς ἐπὶ πρόσωπον αὐ. [A al.] (12 a)
21 (20). 25. κατὰ τὴν δύναμιν τὴν πεσοῦσαν (12 a)
— 30. καὶ ἔπεσε τὸ τεῖχος (12 a)
22. 20. καὶ πεσεῖται ἐν 'Ρ. (12 a)
IV Ki. 1. 2. ἔπεσεν 'Οχ. διὰ τοῦ δικτυωτοῦ (12 a)
2. 13. ἔπεσεν ἐπάνωθεν 'Ελισαιέ (12 a)
— 14. ἣ ἔπεσεν ἐπάνωθεν αὐτοῦ (12 a)
4. 37. ἔπεσεν [A ἐπέπ.] ἐπὶ τοὺς πόδας αὐ. (12 a)
6. 6. ποῦ ἔπεσε (12 a)
10. 10. οὐ πεσεῖται [A ποιήσαι] ἀπὸ τοῦ ῥήμ. (12 a)
14. 10. καὶ πεσῇ σύ (12 a)
I Ch. 5. 10. ἔπεσον ἐν χερσὶν αὐτῶν (12 a)
— 22. τραυματίαι πολλοὶ ἔπεσον (12 a)
10. 1. καὶ ἔπεσον τραυματίαι (12 a)
— 4. A S ἔπεσεν [B ἐπέπ.] ἐπ' αὐτήν (12 a)
— 5. ἔπεσε καὶ αὐτὸς ἐπὶ τὴν ῥομφαίαν αὐ. (12 a)
— 8. εὗρον . . . τοὺς υἱοὺς αὐ. πεπτωκότας (12 a)
20. 8. ἔπεσον [A -αν] ἐν χειρὶ Δ. (12 a)
21. 14. ἔπεσον [A -αν] ἐξ 'Ισρ. ἑβδομήκ. χιλιάδες ἀνδρῶν (12 a)
— 16. καὶ ἔπεσε Δ. (12 a)
26. 14. ἔπεσεν ὁ κλῆρος . . . τῷ Σελ. (12 a)
II Ch. 6. 13. ἔπεσεν ἐπὶ τὰ γόνατα (1)
7. 3. ἔπεσον [A -αν] ἐπὶ πρόσωπον (4)
13. 17. καὶ ἔπεσον [A -αν] τραυματίαι (12 a)
14. 13 (12). καὶ ἔπεσον Αἰθίοπες (12 a)
18. 19. καὶ πεσεῖται ἐν 'Ρ. (12 a)
20. 18. B ἔπεσαν [A R -ον] ἔναντι κυρίου (12 a)
— 24. πάντες νεκροὶ πεπτωκότες ἐπὶ τῆς γῆς (12 a)
25. 19. καὶ πεσῇ σύ (12 a)
29. 30. ἔπεσον [A -αν] καὶ προσεκύνησαν (16)
Ne. 6. 16. A ἔπεσεν [B S ἐπέπ.] φόβος σφόδρα (12 a)
To. 11. 9. A ἔπεσεν [B S ἐπέπ.] ἐπὶ τὸν τράχηλον
— 13. A S ἔπεσεν [B ἐπέπ.] ἐπὶ τὸν τράχηλον
12. 16. A S ἔπεσαν [B -ον] ἐπὶ πρόσωπον
14. 10. S ἔπεσεν [A B ἐνέπ.] εἰς τὴν παγίδα
Ju. 2. 28. A S ἔπεσεν [B ἐπέπ.] ὁ φόβος
4. 11. ἔπεσον [S -αν, A ἐπέθεντο] κατὰ πρόσωπον τοῦ ναοῦ
— 13. S ἔπεσον [A B om.] κατὰ πρόσωπον τῶν ἁγίων κυρίου
6. 6. πεσῇ ἐν τοῖς τραυματίαις
— 18. πεσόντες ὁ λαὸς προσεκύνησαν
7. 11. καὶ οὐ πεσεῖται . . . ἀνὴρ εἷς
— 22. ἔπιπτον ἐν ταῖς πλατείαις τῆς πόλεως
8. 3. A B S^{2} ἔπεσεν ἐπὶ τὴν κλίνην
— 19. ἔπεσον [S -αν] πτῶμα μέγα
9. 1. 'Ι. δὲ ἔπεσεν ἐπὶ πρόσωπον
10. 23. καὶ πεσοῦσα ἐπὶ πρόσωπον
14. 6. ἔπεσεν ἐπὶ πρόσωπον
15. 2. A S ἔπεσεν [B ἐπέπ.] ἐπ' αὐτοὺς φόβος
16. 7. S οὐ γὰρ ἔπεσεν [A B ὑπέπ.] ὁ δυνατὸς αὐ.
Es. 3. 7. καὶ ἔπεσεν ὁ κλῆρος (12 b)
5. 1. ἔπεσεν ἡ βασίλισσα
— 2. ἔπεσεν ἀπὸ ἐκλύσεως
6. 13. πεσὼν πεσῇ (12 a, 12 a)
7. 8. A καὶ ἔπεσεν [B S om. κ. ἔ.] ἐπὶ τὴν κλίνην (12 a)
Jb. 1. 16. πῦρ ἔπεσεν ἐκ τοῦ οὐρανοῦ (12 a)
— 19. ἔπεσεν ἡ οἰκία ἐπὶ τὰ παιδία σου (12 a)
— 20. πεσὼν χαμαὶ προσεκύνησε (12 a)
12. 5. ἡτοίμαστο πεσεῖν ὑπὸ ἄλλων [A με ὑπ' ἄλλοις] †
14. 10. πεσὼν δὲ βροτὸς οὐκέτι ἐστί †
— 18. A καὶ πλὴν ὄρος πίπτον [A S^{1} -ων] πεσεῖται [B S διαπεσ.] (12 a)
15. 24. ὥσπερ στρατηγὸς πρωτοστάτης πίπτων [A πεπτωκώς] †
16. 10 (9). βέλη πειρατῶν [A -τηρίων] ἐπ' ἐμοὶ [S ἐμὲ] ἔπεσεν †

Jb. 24. 23. ἀλλὰ πεσεῖται νόσῳ †
33. 18. καὶ [A S^{2} τοῦ] μὴ πεσεῖν αὐτὸν ἐν πολέμῳ †
— 24. ἀνθέξεται τοῦ μὴ πεσεῖν [A S^{2} π. αὐτὸν] εἰς θάνατον (3)
Ps. 9. 31 (10. 10). κύψει καὶ πεσεῖται (12 a)
15 (16). 6. S σχοινία ἔπεσάν [A B ἐπέπ.] μοι ἐν τοῖς κρατίστοις (12 a)
17 (18). 38. πεσοῦνται ὑπὸ τοὺς πόδας μου (12 a)
19 (20). 8. αὐτοὶ συνεποδίσθησαν καὶ ἔπεσαν (12 a)
26 (27). 2. αὐτοὶ ἠσθένησαν καὶ ἔπεσαν (12 a)
34 (35). 8. A S^{2} ἐν τῇ παγίδι πεσεῖται [B S^{1} -οῦνται] ἐν αὐτῇ (12 a)
35 (36). 12. ἐκεῖ ἔπεσον [A S^{2} -αν] πάντες οἱ ἐργαζόμενοι τὴν ἀνομίαν (12 a)
36 (37). 24. ὅταν πέσῃ οὐ καταραχθήσεται (12 a)
44 (45). 5. λαοὶ ὑποκάτω σου πεσοῦνται (12 a)
57 (58). 8. S^{2}R ἔπεσε [B S^{1} ἐπέπ.] πῦρ †
77 (78). 28. S^{1} ἔπεσον [B S^{2} ἐπέπ.] εἰς μέσον τῆς παρεμβ. αὐ. (12 b)
— 64. οἱ ἱερεῖς αὐτῶν ἐν ῥομφαίᾳ ἔπεσαν (12 a)
81 (82). 7. ὡς εἷς τῶν ἀρχόντων πίπτετε (12 a)
90 (91). 7. πεσεῖται ἐκ τοῦ κλίτους σου χιλιάς (12 a)
117 (118). 13. ὠσθεὶς ἀνετράπην τοῦ πεσεῖν (12 a)
139 (140). 10. πεσοῦνται ἐπ' αὐτοὺς ἄνθρακες (6 b, 6 c*)
140 (141). 10. πεσοῦνται ἐν ἀμφιβλήστρῳ αὐτοῦ ἁμαρτωλοί (12 a)
Pr. 11. 14. πίπτουσιν ὥσπερ φύλλα (12 a)
— 28. ὁ πεποιθὼς ἐπὶ πλούτῳ οὗτος πεσεῖται (12 a)
23. 5. B S^{1} οὐδαμοῦ πεσεῖται [A S^{2}R φανεῖται] –
24. 16. ἑπτάκις γὰρ πεσεῖται δίκαιος (12 a)
— 17. ἐὰν πέσῃ ὁ ἐχθρός σου (12 a)
25. 26. ἄκοσμον δίκαιον πεπτωκέναι (6 a)
29. 16. οἱ δὲ δίκαιοι ἐκείνων πιπτόντων κατάφοβοι γίνονται (12 e)
Ec. 4. 10. ἐὰν πέσωσιν (12 a)
— 10. οὐαὶ αὐτῷ τῷ ἑνὶ ὅταν πέσῃ (12 a)
11. 3. ἐὰν πέσῃ ξύλον ἐν τῷ νότῳ (12 a)
— 3. τόπῳ οὗ πεσεῖται τὸ ξύλον (12 a)
Wi. 11. 20. ἑνὶ πνεύματι πεσεῖν ἐδύναντο
18. 23. σωρηδὸν γὰρ ἤδη πεπτωκότων ἐπ' ἀλλήλων νεκρῶν
Si. 1. 30. μὴ ἐξύψου σεαυτὸν ἵνα μὴ πέσῃς
2. 7. μὴ ἐκκλίνητε ἵνα μὴ πέσητε
13. 21. ταπεινὸς [S^{1} πτωχὸς] δὲ πεσὼν προσαπωθεῖται ὑπὸ φίλων
14. 2. ὃς οὐκ ἔπεσεν ἀπὸ τῆς ἐλπίδος αὐτοῦ
19. 1. ὁ ἐξουθενῶν τὰ ὀλίγα κατὰ μικρὸν πεσεῖται
22. 27. ἵνα μὴ πέσω ἀπ' αὐτῆς
23. 1. μὴ ἀφῇς με πεσεῖν ἐν αὐτοῖς
— 3. πεσοῦμαι ἔναντι τῶν ὑπεναντίων
28. 18. πολλοὶ ἔπεσαν ἐν στόματι μαχαίρας καὶ οὐχ ὡς οἱ πεπτωκότες [A ὁ πεπτωκὼς] διὰ γλῶσσαν
— 26. μὴ πέσῃς κατέναντι ἐνεδρεύοντος
49. 13. τοῦ ἐγείραντος ἡμῖν [S -ῶν] τείχη [S^{1} χείλη] πεπτωκότα
50. 17. ἔπεσαν ἐπὶ πρόσωπον ἐπὶ τὴν γῆν
Ho. 7. 7. πάντες οἱ βασ. αὐ. ἔπεσαν [A -ον] (12 a)
— 16. πεσοῦνται ἐν ῥομφαίᾳ οἱ ἄρχοντες αὐ. (12 a)
10. 8. πέσατε ἐφ' ἡμᾶς [A al.] (12 a [†])
14. 1. ἐν ῥομφαίᾳ πεσοῦνται αὐτοί (12 a)
Am. 3. 5. εἰ πεσεῖται ὄρνεον ἐπὶ τῆς γῆς (12 a)
— 14. καὶ πεσοῦνται ἐπὶ τὴν γῆν (12 a)
5. 1 (2). οἶκος 'Ισρ. ἔπεσεν (12 a)
7. 17. ἐν ῥομφαίᾳ πεσοῦνται (12 a)
8. 3. πολὺς ὁ πεπτωκὼς ἐν παντὶ τόπῳ (13)
— 14. πεσοῦνται καὶ οὐ μὴ ἀναστῶσιν ἔτι (12 a)
9. 9. οὐ μὴ πέσῃ σύντριμμα ἐπὶ τὴν γῆν (12 a)
— 11. ἀναστήσω τὴν σκηνὴν Δ. τὴν πεπτωκυῖαν (12 a)
— 11. ἀνοικοδομήσω τὰ πεπτωκότα αὐ. (14)
Mi. 5. 7 (6). ὡς δρόσος παρὰ κυρίου πίπτουσα –
7. 8. πέπτωκα καὶ ἀναστήσομαι (12 a)
Jl. 2. 8. ἐν τοῖς βέλεσιν αὐ. πεσοῦνται (12 a)
Jn. 1. 7. ἔπεσεν ὁ κλῆρος ἐπὶ 'Ι. (12 a)
Na. 3. 12. πεσοῦνται εἰς στόμα ἔσθοντος (12 a)
Za. 11. 2. πέπτωκε κέδρος (12 a)
Is. 2. 17. πεσεῖται ὕβρις [A S ὕψος] ἀνθρώπων (20)
3. 25. ὁ υἱός σου ὁ κάλλιστος . . . μαχαίρᾳ πεσεῖται καὶ οἱ ἰσχύοντες ὑμῶν μαχαίρᾳ πεσοῦνται (12 a, –)
8. 15. πεσοῦνται καὶ συντριβήσονται (12 a)
9. 10 (9). πλίνθοι πεπτώκασιν (12 a)
10. 4. A S ὑποκάτω ἀνῃρημένων πεσοῦνται (12 a)

Is. 10. 34. πεσοῦνται ὑψηλοὶ [A *om.* π. ὑ.] μαχαίρᾳ ὁ δὲ Λίβανος σὺν τοῖς ὑψηλοῖς πεσεῖται (†, 12 *a*)
13. 15. μαχαίρᾳ πεσοῦνται (12 *a*)
16. 9. πάντα πεσοῦνται (12 *a*)
21. 9. πέπτωκε [A S *om.*] πέπτωκε Βαβυλών (12 *a*, 12 *a*)
— 15. διὰ τὸ πλῆθος τῶν πεπτωκότων ἐν τῷ πολέμῳ [A πεδίῳ] †
22. 25. ἀφαιρεθήσεται καὶ πεσεῖται [A S π. κ. ἀ.] (12 *a*)
23. 13. ὁ τοῖχος αὐτῆς πέπτωκεν (12 *d*?)
24. 20. πεσεῖται καὶ οὐ μὴ δύνηται ἀναστῆναι (12 *a*)
— 23. πεσεῖται τὸ τεῖχος †
25. 2. τοῦ μὴ [A S *om.*] πεσεῖν αὐ. τὰ θεμέλια (12 *d*)
26. 18. S[2] R οὐ πεσούμεθα –
— 18. πεσοῦνται πάντες [A S *om.*] οἱ ἐνοικοῦντες ἐπὶ τῆς γῆς (12 *a*)
— 19. ἡ δὲ γῆ τῶν ἀσεβῶν πεσεῖται (12 *b*)
27. 3. ἡμέρας δὲ πεσεῖται τεῖχος †
28. 13. ἵνα . . . πέσωσιν [A S *add.* εἰς τὰ] ὀπίσω (5)
30. 13. ὡς τεῖχος πίπτον παραχρῆμα πόλεως (12 *a*)
— 25. ὅταν πέσωσι πύργοι (12 *a*)
31. 8. πεσεῖται Ἀσσούρ (12 *a*)
34. 4. πάντα τὰ ἄστρα πεσεῖται . . . ὡς πίπτει φύλλα ἀπὸ συκῆς (9, 9)
37. 7. πεσεῖται μαχαίρᾳ ἐν τῇ γῇ αὐτοῦ (12 *b*)
46. 1. ἔπεσε [S[1] ἐπὶ σὲ] Βήλ (4)
49. 19. τὰ ἔρημά σου . . . καὶ τὰ πεπτωκότα (22)
59. 10. πεσοῦνται ἐν μεσημβρίᾳ (5)
65. 12. πάντες ἐν [S *om.*] σφαγῇ πεσεῖσθε (4)
Je. 6. 15. πεσοῦνται ἐν τῇ πτώσει αὐτῶν (12 *a*)
8. 4. μὴ ὁ πίπτων οὐκ ἀνίσταται (12 *a*)
11. 22. A οἱ νεανίσκοι αὐτῶν ἐν μαχαίρᾳ πεσοῦνται [B S ἀποθανοῦνται] (7)
16. 4. ἐν μαχαίρᾳ πεσοῦνται –
18. 4. ἔπεσε [S διέπ.] τὸ ἀγγεῖον (19)
— 21. οἱ νεανίσκοι αὐτῶν πεπτωκότες μαχαίρᾳ (11)
20. 4. πεσοῦνται ἐν μαχαίρᾳ ἐχθρῶν αὐτῶν (12 *a*)
23. 12. καὶ πεσοῦνται ἐν αὐτῇ (12 *a*)
26 (46). 6. ἠσθένησε καὶ πεπτώκασι (12 *a*)
— 12. ἐπὶ τὸ αὐτὸ ἔπεσαν [S -ον] ἀμφότεροι (12 *a*)
— 16. S R ἠσθένησε καὶ ἔπεσε [B -αν, A -ον] (12 *a*)
27 (50). 15. ἔπεσαν [S -ον] αἱ ἐπάλξεις αὐτῆς (12 *a*)
— 30. πεσοῦνται οἱ νεανίσκοι αὐτῆς (12 *a*)
— 32. ἀσθενήσει ἡ ὕβρις σου καὶ πεσεῖται (12 *a*)
28 (51). 4. πεσοῦνται τραυματίαι ἐν γῇ Χ. (12 *a*)
— 8. ἄφνω ἔπεσε Βαβυλών (12 *a*)
— 49. ἐν Βαβ. πεσοῦνται τραυματίαι [S *al.*] (12 *a*)
— 52. ἐν π. τῇ γῇ αὐ. πεσοῦνται τραυματίαι †
30 (49). 26. πεσοῦνται νεανίσκοι ἐν πλατείαις σου καὶ πάντες οἱ ἄνδρες οἱ πολεμισταί σου πεσοῦνται [A *om.*] (12 *a*, †)
31 (48). 32. A ἐπὶ τρυγηταῖς σου ὄλεθρος ἔπεσεν [B ἐπέπ., S ἐνέπ.] (12 *a*)
32 (25). 27. ἐξεμέσετε καὶ πεσεῖσθε (12 *a*)
— 34. πεσεῖσθε ὥσπερ οἱ κριοὶ οἱ ἐκλεκτοί (12 *a*)
34 (27). 8. A S[1] ἐν μαχαίρᾳ πεσοῦνται [B S[2] *om.*] –
43 (36). 7. ἴσως πεσεῖται ἔλεος αὐτῶν (12 *a*)
44 (37). 20. πεσέτω [A S -άτω] τὸ ἔλεός μου κατὰ πρόσωπόν σου (12 *a*)
46 (39). 18. ἐν ῥομφαίᾳ οὐ μὴ πέσῃς (12 *a*)
49 (42). 2. πεσέτω [A S -άτω] δὴ τὸ ἔλεος ἡμῶν κατὰ πρόσωπόν σου (12 *a*)
51 (44). 12. πεσοῦνται ἐν ῥομφαίᾳ (12 *a*)
La. 1. 7. ἐν τῷ πεσεῖν τὸν λαὸν αὐτῆς εἰς χεῖρας θλίβοντος (12 *a*)
5. 16. ἔπεσεν ὁ στέφανος ἡμῶν τῆς κεφαλῆς (12 *a*)
Ep. Je. 27. διὰ τὸ μή ποτε ἐπὶ τὴν γῆν πέσῃ
Ez. 2. 1 (1. 28) (A[2]B) : 3. 23. πίπτω ἐπὶ πρόσωπόν μου (12 *a*)
5. 12. τὸ τέταρτόν σου ἐν ῥομφαίᾳ πεσοῦνται (12 *a*)
6. 7. πεσοῦνται τραυματίαι ἐν μέσῳ ὑμῶν (12 *a*)
— 11. ἐν λιμῷ πεσοῦνται (12 *a*)
— 12. ὁ ἐγγὺς ἐν ῥομφαίᾳ πεσεῖται [A *al.*] (12 *a*)
9. 8. πίπτω ἐπὶ πρόσωπόν μου (12 *a*)
11. 5. A R ἔπεσεν ἐπ' ἐμὲ πνεῦμα κυρίου [B *om.*] (12 *a*)
— 10. ἐν ῥομφαίᾳ πεσεῖσθε (12 *a*)
— 13. πίπτω ἐπὶ πρόσωπόν μου (12 *a*)
13. 10. πεσεῖται [A *om.*] †
— 11. εἰπὸν πρὸς τοὺς ἀλείφοντας αὐτόν, Πεσεῖται . . . καὶ πεσοῦνται (12 *a*, 12 *a*)
— 12. πέπτωκεν ὁ τοῖχος (12 *a*)
— 14. πεσεῖται . . . καὶ πεσεῖται (†, 12 *a*)
— 15. πεσεῖται †

Ez. 17. 21. ἐν ῥομφαίᾳ πεσοῦνται (12 *a*)
22. 28. οἱ προφῆται αὐτῆς ἀλείφοντες αὐτοὺς πεσοῦνται †
23. 3. ἐκεῖ ἔπεσον οἱ μαστοὶ αὐτῶν (S)
— 21. A οὗ οἱ μαστοὶ ἔπεσαν [B *om.*] νεότητός σου –
24. 6. A R οὐκ ἔπεσεν [B ἐπέπ.] ἐπ' αὐτὴν κλῆρος (12 *a*)
— 21 : 25. 13. ἐν ῥομφαίᾳ πεσοῦνται (12 *a*)
26. 6. A αἱ ἐν τῷ πεδίῳ μαχαίρᾳ πεσοῦνται [B *al.*] (2)
27. 27. πεσοῦνται ἐν καρδίᾳ θαλάσσης (12 *a*)
— 34. ἔπεσον πάντες οἱ κωπηλάται σου (12 *a*)
28. 23. πεσοῦνται τετραυματισμένοι μαχαίραις (12 *c*)
29. 5. ἐπὶ πρόσωπον τοῦ πεδίου πεσῇ (12 *a*)
30. 4. A πεσοῦνται [B συμπ.] τετραυματισμένοι (12 *a*)
— 5. μαχαίρᾳ πεσοῦνται ἐν αὐτῇ (12 *a*)
— 6. πεσοῦνται τὰ ἀντιστηρίγματα Αἰγ. . . . μαχαίρᾳ πεσοῦνται ἐν αὐτῇ (12 *a*, 12 *a*)
— 17. ἐν [A *om.*] μαχαίρᾳ πεσοῦνται (12 *a*)
— 25. οἱ δὲ βραχίονες Φαραὼ πεσοῦνται (12 *a*)
31. 12. ἔπεσαν [A -σον] οἱ κλάδοι αὐτοῦ (12 *a*)
32. 19 (20). πεσοῦνται μετ' αὐτοῦ (12 *a*)
— 23 (22). οἱ πεπτωκότες μαχαίρᾳ (12 *a*)
— 23. A πάντες αὐτοὶ τραυματίαι πίπτοντες μαχαίρᾳ (12 *a*)
— 24. πάντες οἱ τραυματίαι οἱ πεπτωκότες μαχαίρᾳ [A -αις] (12 *a*)
— 27. μετὰ τῶν γιγάντων τῶν πεπτωκότων [A γ. πεπτωκότες] ἀπ' αἰῶνος (12 *a*)
33. 27. οἱ ἐν ταῖς ἠρημωμέναις μαχαίραις [A -ᾳ] πεσοῦνται (12 *a*)
35. 8. τετραυματισμένοι μαχαίρᾳ πεσοῦνται ἐν σοί (12 *a*)
38. 9. A πεσῇ [B ἔσει] σὺ καὶ πάντες οἱ περὶ σέ †
— 20. πεσοῦνται αἱ φάραγγες καὶ πᾶν τεῖχος ἐπὶ τὴν γῆν πεσεῖται (12 *a*, 12 *a*)
39. 4. πεσῇ σὺ καὶ πάντες οἱ περὶ σέ (12 *a*)
— 5. ἐπὶ προσώπου τοῦ πεδίου πεσῇ (12 *a*)
— 23. ἔπεσαν [A -σον] πάντες μαχαίρᾳ (12 *a*)
43. 3 : 44. 4. πίπτω ἐπὶ πρόσωπόν μου (12 *a*)
47. 14. πεσεῖται ἡ γῆ αὕτη ὑμῖν ἐν κληρονομίᾳ (12 *a*)
Da. LXX. 2. 46. πεσὼν ἐπὶ πρόσωπον χαμαί (12 *f*)
3. 5. πεσόντες προσκυνήσατε τῇ εἰκόνι (12 *f*)
— 6. πᾶς ὃς ἂν μὴ πεσὼν προσκυνήσῃ (12 *f*)
— 7. πίπτοντα πάντα τὰ ἔθνη (12 *f*)
— 10. ἵνα . . . πεσὼν προσκυνήσῃ τῇ εἰκόνι (12 *f*)
— 11. ὃς ἂν μὴ πεσὼν προσκυνήσῃ (12 *f*)
— 15. εἰ μὲν ἔχετε ἑτοίμως . . . πεσόντες προσκυνῆσαι (12 *f*)
6. 10 (11). ἔπιπτεν ἐπὶ πρόσωπον αὐ. †
8. 17. ἔπεσα ἐπὶ πρόσωπόν μου (12 *a*)
10. 9. ἤμην πεπτωκὼς ἐπὶ πρόσωπόν μου (18)
11. 14. ἀνοικοδομήσει τὰ πεπτωκότα τοῦ ἔθνους σου †
— 19. καὶ πεσεῖται (12 *a*)
— 26. καὶ πεσοῦνται τραυματίαι πολλοί (12 *a*)
Da. TH. 2. 46. ἔπεσεν ἐπὶ πρόσωπον (12 *f*)
3. 5. πίπτοντες προσκυνεῖτε τῇ εἰκόνι (12 *f*)
— 6. R ὃς ἂν μὴ πεσὼν [A B *om.*] προσκυνήσῃ (12 *f*)
— 7. πίπτοντες . . . προσεκύνουν τῇ εἰκόνι (12 *f*)
— 11. καὶ μὴ πεσὼν προσκυνήσῃ τῇ εἰκόνι (12 *f*)
— 15. ἵνα . . . πεσόντες προσκυνήσητε τῇ εἰκόνι (12 *f*)
— 23. ἔπεσον εἰς μέσον τῆς καμίνου (12 *f*)
8. 10. ἔπεσεν ἐπὶ τὴν γῆν (12 *b*)
— 17. πίπτω ἐπὶ πρόσωπόν μου (12 *a*)
— 18. πίπτω ἐπὶ πρόσωπόν μου (18 ?)
11. 19. ἀσθενήσει καὶ πεσεῖται (12 *a*)
— 26. πεσοῦνται τραυματίαι πολλοί (12 *a*)
I Ma. 1. 5. ἔπεσεν ἐπὶ τὴν κοίτην
— 18. S[2] R ἔπεσον [A -αν, S[1] ἔφυγον] τραυματίαι πολλοί
3. 11. ἔπεσον τραυματίαι πολλοί
— 24. ἔπεσον ἀπ' αὐτῶν εἰς ἄνδρας ὀκτακοσίους
— 25. A ἡ πτοὴ ἔπιπτεν ἐπὶ τὰ ἔθνη [S R *al.*]
4. 15. A R οἱ δὲ ἔσχατοι πάντες ἔπεσον [S -αν]
— 15. ἔπεσαν ἐξ [A[1] *om.*] αὐτῶν εἰς ἄνδρας τρισχιλίους
— 34. ἔπεσον . . . εἰς πεντακισχιλίους ἄνδρας
— 34. S R ἔπεσον [A -αν] ἐξ ἐναντίας αὐτῶν
— 40. A R ἔπεσον [S -αν] ἐπὶ πρόσωπον
— 45. A S ἔπεσεν [R ἐπέπ.] αὐτοῖς βουλὴ ἀγαθή

I Ma. 4. 55. A R ἔπεσον [S -εν] πᾶς ὁ λαὸς ἐπὶ πρόσωπον
5. 12. πέπτωκεν ἐξ ἡμῶν πλῆθος
— 22. ἔπεσον ἐκ τῶν ἐθνῶν εἰς τρισχιλίους ἄνδρας
— 34. ἔπεσον . . . εἰς ὀκτακισχιλίους ἄνδρας
— 54. οὐκ ἔπεσεν ἐξ αὐτῶν οὐθείς
— 60. ἔπεσον . . . εἰς δισχιλίους ἄνδρας
— 67. S R ἔπεσον [A -αν] ἱερεῖς ἐν πολέμῳ
6. 8. ἔπεσεν ἐπὶ τὴν κοίτην
— 8. S ἔπεσεν [A R ἐνέπ.] εἰς ἀρρωστίαν
— 42. S R ἔπεσον [A -αν] ἀπὸ τῆς παρεμβ. τοῦ βασ.
— 46. ἔπεσεν ἐπὶ τὴν γῆν ἐπάνω αὐτοῦ
7. 32. S R ἔπεσον [A -αν] τῶν παρὰ Νικάνορος
— 38. S R πεσέτωσαν [A -σάτ.] ἐν ῥομφαίᾳ
— 43. A R ἔπεσεν [S ἐπέπ.] αὐτὸς πρῶτος
— 44. ἔπεσε Νικάνωρ
— 46. S R ἔπεσον [A -αν] πάντες ῥομφαίᾳ
8. 10. S R ἔπεσον [A -αν] ἐξ αὐτῶν τραυματίαι πολλοί
9. 1. R ἔπεσε [A ἐποίησεν, S ἔπεισεν] Νικάνωρ
— 17. S R ἔπεσον [A -αν] τραυματίαι πολλοί
— 18. Ἰούδας ἔπεσε
— 21. πῶς ἔπεσε δυνατὸς σώζων τὸν Ἰσρ.
— 40. S R ἔπεσον [A -αν] τραυματίαι πολλοί
— 49. S ἔπεσον δὲ παρὰ Β. [A R *al.*]
10. 50. καὶ ἔπεσεν ὁ Δ.
— 85. ἐγένοντο οἱ πεπτωκότες μαχαίρᾳ
11. 74. ἔπεσον . . . εἰς ἄνδρας τρισχιλίους
12. 37. A ἔπεσεν τοῦ τείχους τοῦ χειμάρρου [S R *al.*]
16. 8. ἔπεσον ἐξ αὐτῶν τραυματίαι πολλοί
— 10. S R ἔπεσον [A -αν] ἐξ αὐτῶν εἰς ἄνδρας δισχιλίους
II Ma. 3. 6. ὑπὸ τὴν τοῦ βασ. ἐξουσίαν πεσεῖν ταῦτα
— 27. R ἄφνω δὲ πεσόντα πρὸς τὴν γῆν [A *al.*]
7. 36. ὑπὸ διαθήκην θεοῦ πεπτώκασι
9. 7. πεσεῖν αὐτὸν ἀπὸ τοῦ ἅρματος
10. 4. πεσόντες ἐπὶ κοιλίαν
12. 34. συνέβη πεσεῖν ὀλίγους τῶν Ἰ.
— 40. διὰ τήνδε τὴν αἰτίαν τούσδε πεπτωκέναι
IV Ma. 2. 14. τὰ πεπτωκότα συνεγείρων
6. 7. πίπτων εἰς τὸ ἔδαφος
— 8. ὅπως ἐξανίσταιτο πίπτων
15. 20. A R καὶ ἐπὶ νεκροῖς [S -οὺς] νεκροὺς πίπτοντας

[**Aq.** Ge. 4. 5 : Jd. 5. 27 : IV Ki. 1. 2 : 10. 10 : Jb. 1. 15 : 31. 22 : Ps. 26 (27). 2 : Pr. 11. 5 : Ec. 4. 10 : Is. 3. 25 : 30. 25 : Je. 6. 15 : 37 (44). 13 : Ez. 5. 12 (P.) : 13. 11 : Da. 3. 23.]
[**Sm.** II Ki. 3. 34 *bis* : IV Ki. 1. 2 : 10. 10 : Ps. 26 (27). 2 : 35 (36). 13 : 40 (41). 9 : 81 (82). 7 : Pr. 11. 5 : Ec. 4. 10 : Is. 30. 25 : 34. 4 *bis* : Ez. 13. 11.]
[**Th.** Jd. 4. 22 : 5. 27 : II Ki. 1. 21 : Pr. 11. 5, 14 : Ec. 4. 10 : Is. 24. 20 : 30. 25 : Je. 8. 12 *bis* : Ez. 5. 12 : 13. 11 : 32. 23 : Da. 2. 46 : 3. 23.]
[**Al.** I Ki. 14. 13 : 28. 14 : Ps. 139 (140). 11 : Pr. 1. 14 : Is. 16. 9 : La. 2. 21.]
[**Sext.** Ps. 26 (27). 2.]

πίσσα. (1) זֶפֶת

Si. 13. 1. ὁ ἁπτόμενος πίσσης μολυνθήσεται [S[1] οὐ μ.]
Is. 34. 9. στραφήσονται αὐτῆς αἱ φάραγγες εἰς πίσσαν (1)
— 9. ἔσται ἡ γῆ αὐτῆς ὡς π. καιομένη
Da. LXX. 3. (46). οἱ δὲ ὑπέκαιον . . . πίσσαν
Bel 26. λαβὼν ὁ Δ. πίσσης μνᾶς τριάκοντα
Da. TH. 3. (46). καίοντες τὴν κάμινον . . . πίσσαν
Bel 27. ἔλαβεν Δ. πίσσαν

πιστεύειν. (1) אָמַן *a.* ni. *b.* hi. *c.* אֲמַן aph.
(2) שְׁמַע

Ge. 15. 6. ἐπίστευσεν Ἅ. τῷ θεῷ (1 *b*)
42. 20. πιστευθήσονται τὰ ῥήματα ὑμῶν (1 *a*)
45. 26. οὐ γὰρ ἐπίστευσεν αὐτοῖς (1 *b*)
Ex. 4. 1. ἐὰν μὴ πιστεύσωσί μοι (1 *b*)
— 5. ἵνα πιστεύσωσί σοι (1 *b*)
— 8. ἐὰν δὲ μὴ πιστεύσωσί σοι (1 *b*)
— 8. πιστεύσουσί σοι τῆς φωνῆς (1 *b*)
— 9. ἐὰν μὴ πιστεύσωσί σοι τοῖς δυσὶ σημ. (1 *b*)
— 31. καὶ ἐπίστευσεν ὁ λαός (1 *b*)
14. 31. ἐπίστευσαν τῷ θεῷ (1 *b*)
19. 9. καὶ σοὶ πιστεύσωσιν εἰς τὸν αἰ. (1 *b*)
Nu. 14. 11. ἕως τίνος οὐ πιστεύουσί μοι (1 *b*)

Nu. 20. 12. ὅτι οὐκ ἐπιστεύσατε ἁγιάσαι με (1 b)
De. 9. 23. καὶ οὐκ ἐπιστεύσατε αὐτῷ (1 b)
28. 66. οὐ πιστεύσεις τῇ ζωῇ σου (1 b)
I Ki. 3. 21 (20). καὶ ἐπιστεύθη Σ. (1 a ?)
27. 12. ἐπιστεύθη Δ. ἐν τῷ Ἀ. [A al.] (1 b)
III Ki. 10. 7. οὐκ ἐπίστευσα τοῖς λαλοῦσί μοι (1 b)
IV Ki. 17. 14. A οἳ οὐκ ἐπίστευσαν κ. θεῷ αὐ. (1 b)
II Ch. 9. 6. οὐκ ἐπίστευσα τοῖς λόγοις (1 b)
24. 5. A B οὐκ ἐπίστευσαν [R ἔσπευσαν] οἱ Λ. †
32. 15. μὴ πιστεύετε αὐτῷ (1 b)
I Es. 4. 28. οὐ πιστεύετέ μοι
To. 2. 14. καὶ οὐκ ἐπίστευον αὐτῇ
5. 2. S καὶ πιστεύσῃ μοι
10. 8. S οὐ πιστεύουσιν ὅτι ὄψονταί με ἔτι [AB al.]
14. 4. S πιστεύω ἐγὼ τῷ ῥήματι τοῦ θ. [AB al.]
— 4. S πιστεύω ὅτι πάντα . . . συντελεσθήσεται
Ju. 14. 10. ἐπίστευσε τῷ θ. σφόδρα
Es. 8. 13. τῶν πιστευθέντων χειρίζειν φίλων τὰ πράγμ.
Jb. 4. 18. εἰ κατὰ παίδων αὐτοῦ οὐ πιστεύει (1 b)
9. 16. οὐ πιστεύω ὅτι εἰσακήκοέ μου (1 b)
15. 15. εἰ κατὰ ἁγίων οὐ πιστεύει (1 b)
— 22. μὴ πιστευέτω ἀποστραφῆναι ἀπὸ σκότους (1 b)
— 31. μὴ πιστευέτω ὅτι ὑπομενεῖ (1 b)
24. 22. οὐ μὴ πιστεύσῃ κατὰ [A ὑπὲρ] τῆς ἑαυτοῦ ζωῆς (1 b)
29. 24. οὐ μὴ πιστεύσωσι [A οὐκ ἐπίστευον] (1 b)
39. 12. πιστεύσεις δὲ [A S^{1} δὲ αὐτῷ] ὅτι ἀποδώσει σοι τὸν σπόρον (1 b)
— 24. οὐ μὴ πιστεύσῃ (1 b)
Ps. 26 (27). 13. A B^{2} R πιστεύω [B^{1} S -σω] τοῦ ἰδεῖν τὰ ἀγαθὰ κυρίου (1 b)
77 (78). 22. οὐκ ἐπίστευσαν ἐν τῷ θεῷ (1 b)
— 32. B S^{1} οὐκ ἐπίστευσαν τοῖς [S^{2} ἐν τοῖς] θαυμασίοις αὐτοῦ (1 b)
105 (106). 12. A B S^{1} ἐπίστευσαν ἐν [S^{2} R om.] τοῖς λόγοις αὐτοῦ (1 b)
— 24. οὐκ ἐπίστευσαν τῷ λόγῳ αὐτοῦ (1 b)
115. 1 (116. 10). ἐπίστευσα διὸ ἐλάλησα (1 b)
118 (119). 66. ταῖς ἐντολαῖς σου ἐπίστευσα (1 b)
Pr. 14. 15. ἄκακος πιστεύει παντὶ λόγῳ (1 b)
24. 24 (30. 1). τάδε λέγει ὁ ἀνὴρ τοῖς πιστεύουσι θεῷ †
Wi. 1. 2. A ἐμφανίζεται δὲ τοῖς μὴ πιστεύουσιν [B S ἀπιστοῦσιν] αὐτῷ
12. 2. ἵνα . . . πιστεύσωσιν [A -ωμεν, S^{1} om.] ἐπὶ σέ
14. 5. ἐλαχίστῳ ξύλῳ πιστεύουσιν ἄνθρωποι ψυχάς
16. 26. τὸ ῥῆμά σου τοὺς σοι πιστεύοντας διατηρεῖ
18. 6. ἀσφαλῶς εἰδότες οἷς ἐπίστευσαν ὅρκοις
Si. 2. 6. πίστευσον αὐτῷ καὶ ἀντιλήψεταί σου
— 8. οἱ φοβούμενοι κύριον, πιστεύσατε αὐτῷ
— 10. S^{2} τίς ἐπίστευσε [A B S^{1} ἐνεπίστ.] κυρίῳ
— 13. οὐαὶ καρδίᾳ παρειμένῃ ὅτι οὐ πιστεύει [S οὐκ ἐμπιστ.]
11. 21. πίστευε τῷ κυρίῳ
12. 10. μὴ πιστεύσῃς τῷ ἐχθρῷ σου
13. 11. μὴ πίστευε τοῖς πλείοσι λόγοις αὐτοῦ
19. 15. μὴ παντὶ λόγῳ πίστευε
35 (32). 21. μὴ πιστεύσῃς ἐν ὁδῷ ἀπροσκόπῳ
— 23. ἐν παντὶ ἔργῳ πίστευε τῇ ψυχῇ σου
— 24. ὁ πιστεύων νόμῳ προσέχει ἐντολαῖς
36. 31 (28). τίς γὰρ πιστεύσει εὐζώνῳ λῃστῇ
Jn. 3. 5. A S^{2} R ἐπίστευσαν [B S^{1} ἐνεπ.] οἱ ἄνδρες Ν. τῷ θ.
Hb. 1. 5. ὃ οὐ μὴ πιστεύσητε (1 b)
Is. 7. 9. ἐὰν μὴ πιστεύσητε οὐδὲ μὴ συνῆτε (1 b)
28. 16. ὁ πιστεύων [A S add. ἐπ' αὐτῷ] οὐ μὴ καταισχυνθῇ (1 b)
43. 10. ἵνα γνῶτε καὶ πιστεύσητε [A add. μοι] (1 b)
53. 1. τίς ἐπίστευσε τῇ ἀκοῇ ἡμῶν (1 b)
Je. 12. 6. μὴ πιστεύσῃς ἐν αὐτοῖς (1 b)
25. 8. ἐπειδὴ οὐκ ἐπιστεύσατε τοῖς λόγοις μου (2)
47 (40). 14. οὐκ ἐπίστευσεν αὐτοῖς Γοδολίας (1 b)
La. 4. 12. οὐκ ἐπίστευσαν βασιλεῖς γῆς (1 b)
Da. LXX. Su. 41. ἐπίστευσεν αὐτοῖς ἡ συναγωγή
— 53. πιστευθεὶς ἀκούειν καὶ κρίνειν
Da. TH. Su. 41. ἐπίστευσεν αὐτοῖς ἡ συναγωγή
6. 23 (24). ἐπίστευσεν ἐν [A om.] τῷ θεῷ αὐ. (1 c)
I Ma. 1. 30. A ἐπίστευσαν [S R ἐνεπ.] αὐτῷ
2. 59. Ἀν. Ἀζ. Μ. πιστεύσαντες ἐσώθησαν
7. 7. ἀπόστειλον ἄνδρα ᾧ πιστεύεις [S^{1} -σεις]
8. 16. R πιστεύουσιν ἑνὶ ἀνθρώπῳ τὴν ἀρχὴν αὐ. [A^{2} S al.]
10. 46. A S^{1} οὐκ ἐπίστευσεν [S^{2} R -αν] αὐτοῖς

II Ma. 3. 12. τοὺς πεπιστευκότας τῇ τοῦ τόπου ἁγιωσύνῃ
— 22. τὰ πεπιστευμένα τοῖς πεπιστευκόσι σῶα διαφυλάσσειν
III Ma. 3. 21. τὰ πεπιστευμ. . . . πράγματα τολμήσαντες ἐξαλλοιῶσαι
IV Ma. 4. 7. εἰ οἱ τὰς παρακαταθήκας πιστεύσαντες τῷ ἱερῷ θησαυρῷ
5. 25. πιστεύοντες γὰρ θεοῦ καθεστάναι τὸν νόμον
7. 19. A R οἱ [S om.] πιστεύοντες ὅτι θεῷ οὐκ ἀποθνήσκουσιν
— 21. τίς . . . πεπιστευκὼς θεῷ
8. 7. πιστεύσατε οὖν
[**Aq.** IV Ki. 17. 14 : Ps. 26 (27). 13 : Pr. 28. 20 : Is. 28. 16.]
[**Sm.** Jb. 29. 24 : Ps. 26 (27). 13 : Is. 7. 9 : 28. 16.]
[**Th.** Is. 7. 9 *bis* : 28. 16.]

πίστις. (1) *a.* אָמֵן *b.* אֱמוּנָה *c.* אֲמָנָה *d.* אֱמֶת *e.* πίστιν ἔχειν אָמַן ni.

De. 32. 20. οἷς οὐκ ἔστι π. ἐν αὐτοῖς (1 a)
I Ki. 21. 2 (3). ἐν τῷ τόπῳ τῷ λεγομ. Θεοῦ πίστις –
26. 23. τὰς δικαιοσύνας αὐ. καὶ τὴν π. αὐ. (1 b)
IV Ki. 12. 15 (16). ἐν πίστει αὐτῶν ποιοῦσιν (1 b)
22. 7. ἐν πίστει αὐτοὶ ποιοῦσι (1 b)
I Ch. 9. 22. καὶ Σαμ. ὁ βλέπων τῇ π. αὐ. (1 b)
— 26. ἐν πίστει εἰσὶ τέσσ. δυνατοὶ τῶν πυλῶν (1 b)
— 31. ἐν τῇ π. ἐπὶ τὰ ἔργα τῆς θυσίας (1 b)
II Ch. 31. 12. ἤνεγκαν . . . τὰ ἐπιδέκατα ἐν πίστει (1 b)
— 15. διὰ χειρὸς τῶν ἱερέων ἐν πίστει (1 b)
— 18. ἐν πίστει ἥγνισαν τὸ ἅγιον [A al.] (1 b)
34. 12. οἱ ἄνδρες ἐν [A om.] πίστει ἐπὶ τῶν ἔργων (1 b)
Ne. 9. 38 (10. 1). διατιθέμεθα πίστιν (1 c)
Es. 3. 13. βεβαία π. ἀποδεδειγμένος
Ps. 32 (33). 4. πάντα τὰ ἔργα αὐτοῦ ἐν πίστει (1 b)
Pr. 3. 3. πίστεις [A S -τις] μὴ ἐκλειπέτωσάν σε (1 d)
12. 17. ἐπιδεικνυμένην πίστιν ἀπαγγέλλει δίκαιος (1 b)
— 22. ὁ δὲ ποιῶν πίστεις δεκτὸς παρ' αὐτῷ (1 b)
14. 22. οὐκ ἐπίστανται ἔλεον καὶ πίστιν –
— 22. πίστεις [A S -τις] παρὰ τέκτοσιν ἀγαθοῖς (1 d)
15. 27 (16. 6). πίστεσιν ἀποκαθαίρονται ἁμαρτίαι (1 d)
— 28. καρδίαι δικαίων μελετῶσι πίστεις †
Ca. 4. 8. διελεύσῃ ἀπὸ ἀρχῆς πίστεως (1 c ?)
Wi. 3. 14. δοθήσεται γὰρ αὐτῷ τῆς π. χάρις ἐκλεκτή
Si. 1. 26. ἡ εὐδοκία αὐτοῦ πίστις καὶ πραότης
15. 15. πίστιν ποιῆσαι εὐδοκίας
22. 23. πίστιν [S^{1} -ον] κτῆσαι ἐν πτωχείᾳ
27. 16. ὁ ἀποκαλύπτων μυστήρια ἀπώλεσε πίστιν
37. 26. ὁ σοφὸς ἐν τῷ λαῷ αὐτοῦ κληρονομήσει πίστιν
40. 12. πίστις εἰς τὸν αἰῶνα στήσεται
41. 16. οὐ πάντα πᾶσιν ἐν πίστει εὐδοκιμεῖται
45. 4. ἐν πίστει . . . ἡγίασεν
46. 15. ἐν πίστει αὐτοῦ ἠκριβάσθη προφήτης καὶ ἐγνώσθη ἐν πίστει [A S ῥήμασιν] αὐτοῦ πιστὸς ὁράσεως
49. 10. ἐλυτρώσατο αὐτοὺς ἐν πίστει ἐλπίδος
Ho. 2. 20 (22). μνηστεύσομαί σε ἐμαυτῷ ἐν πίστει (1 b)
Hb. 2. 4. ὁ δὲ δίκαιος ἐκ πίστεώς μου ζήσεται (1 b)
Je. 5. 1. εἰ ἔστι ποιῶν κρίμα καὶ ζητῶν πίστιν (1 b)
— 3. οἱ ὀφθαλμοί σου εἰς πίστιν (1 b)
7. 28. ἐξέλιπεν ἡ π. ἐκ στόματος αὐτῶν (1 b)
9. 3 (2). ψεῦδος καὶ οὐ π. ἐνίσχυσεν (1 b)
15. 18. ὡς ὕδωρ ψευδὲς οὐκ ἔχον πίστιν (1 e)
35 (28). 9. ὃν ἀπέστειλεν αὐτοῖς κύριος ἐν πίστει (1 d)
39 (32). 41. φυτεύσω αὐτοὺς . . . ἐν πίστει (1 d)
40 (33). 6. A S^{2} R ποιήσω [B S^{1} om.] καὶ [A αὐτοῖς] εἰρήνην καὶ πίστιν (1 d)
La. 3. 23. R πολλὴ ἡ π. σου (1 b)
I Ma. 10. 27. τοῦ συντηρῆσαι πρὸς ἡμᾶς πίστιν
— 37. ἐπὶ χρειῶν τῆς βασ. τῶν οὐσῶν εἰς πίστιν
14. 35. A S^{2} εἶδεν ὁ λαὸς τὴν π. [R πρᾶξιν] τοῦ Σ. [S^{1} al.]
— 35. τὴν π. ἣν συνετήρησε τῷ ἔθνει αὐ.
III Ma. 3. 3. τὴν μὲν πρὸς τοὺς βασ. . . . π.
— 10. πίστεις ἐδίδουν συνασπιεῖν
5. 31. ὁλοσχερῆ βεβαίαν π. ἐξόχως Ἰουδαίων
— 44. μετὰ πίστεως διέτασσον τὰς δυνάμεις

III Ma. 6. 25. τοὺς κρατήσαντας ἡμῶν ἐν πίστει τὰ . . . ὀχυρώματα
IV Ma. 15. 24. διὰ τὴν πρὸς θεὸν π.
16. 22. τὴν αὐτὴν π. πρὸς τὸν θεὸν ἔχοντες
17. 2. ἐπιδείξασα τὴν τῆς π. γενναιότητα
[**Aq.** Ex. 17. 12 : Ps. 32 (33). 4 : 36 (37). 3 : 88 (89). 34 : 118 (119). 75 : Pr. 13. 17 : Is. 26. 2 : Hb. 2. 4.]
[**Sm.** Ps. 11 (12). 2 : 30 (31). 24 : 32 (33). 4 : 88 (89). 34 : 142 (143). 1 : Pr. 12. 17 : Is. 11. 5 : 25. 1 : 33. 6 : Hb. 2. 4.]
[**Th.** Ps. 88 (89). 6, 34 : Je. 33 (40). 6.]
[**Sext.** Ps. 36 (37). 3.]
[**Al.** Pr. 13. 17 : La. 3. 23.]

πιστοποιεῖν.

IV Ma. 7. 10. ἐπιστοποιήσας τοὺς τῆς θείας φιλοσοφίας λόγους
18. 17. A R τὸν Ἰεζ. ἐπιστοποιεῖτο [S -ποίει]

πιστός. (1) *a.* אָמַן ni. *b.* אֱמוּנָה *c.* אֹמֵן *d.* אֱמֶת *e.* אֲמַן aph. (2) יֶתֶר (3) צַדִּיק (4) μηδὲν π. תַּהְפֻּכָה

Nu. 12. 7. ἐν ὅλῳ τῷ οἴκῳ μου πιστός ἐστι (1 a)
De. 7. 9. οὗτος θεὸς θεὸς π. [A ὁ π.] (1 a)
28. 59. A B^{2} R νόσους πονηρὰς καὶ π. (1 a)
32. 4. θεὸς π. καὶ οὐκ ἔστιν ἀδικία (1 b)
I Ki. 2. 35. ἀναστήσω ἐμαυτῷ ἱερέα π. (1 a)
— 35. οἰκοδομήσω αὐτῷ οἶκον π. (1 a)
3. 20. πιστὸς Σαμ. εἰς προφήτην τῷ κ. (1 a)
22. 14. τίς . . . ὡς Δαυὶδ πιστός (1 a)
25. 28. ποιήσει κύριος . . . οἶκον π. [A om.] (1 a)
II Ki. 20. 18. ἃ ἔθεντο οἱ π. τοῦ Ἰσρ. –
23. 1. πιστὸς Δ. υἱὸς Ἰ. καὶ π. ἀνήρ †, †
III Ki. 11. 38. οἰκοδομήσω σοι οἶκον π. (1 a)
Ne. 9. 8. εὗρες τὴν καρδίαν αὐ. πιστήν (1 a)
13. 13. πιστοὶ ἐλογίσθησαν (1 a)
To. 5. 3. S ζήτησον σεαυτῷ ἄνθρωπον π. [A B om.]
— 8. καὶ εἰ πιστός
10. 6. S καὶ ὁ ἄνθρ. . . . π. ἐστιν
Jb. 12. 20. διαλλάσσων χείλη πιστῶν (1 a)
17. 9. A B S^{2} σχοίη δὲ πιστὸς τὴν ἑαυτοῦ ὁδόν (3)
Ps. 18 (19). 7. ἡ μαρτυρία κυρίου πιστή (1 a)
88 (89). 28. ἡ διαθήκη μου πιστὴ αὐτῷ (1 a)
— 37. καὶ ὁ μάρτυς ἐν οὐρανῷ πιστός (1 a)
100 (101). 6. οἱ ὀφθαλμοί μου ἐπὶ τοὺς π. τῆς γῆς (1 a)
110 (111). 7. πισταὶ πᾶσαι αἱ ἐντολαὶ αὐτοῦ (1 a)
144 (145). 13. πιστὸς κύριος ἐν τοῖς λόγοις αὐτοῦ –
Pr. 2. 12. ἀπὸ ἀνδρὸς λαλοῦντος μηδὲν πιστόν (4)
11. 13. πιστὸς δὲ πνοῇ κρύπτει πράγματα (1 a)
— 21. λήψεται μισθὸν πιστόν [A -ῶν] †
13. 17. S^{1} ἄγγελος δὲ πιστὸς [A B S^{2} σοφὸς] ῥύσεται αὐτόν (1 c)
14. 5. μάρτυς πιστὸς οὐ ψεύδεται (1 c)
— 25. ῥύσεται ἐκ κακῶν ψυχὴν μάρτυς π. (1 d)
17. 6 (A 4). τοῦ π. ὅλος ὁ κόσμος τῶν χρημάτων –
— 7. οὐχ ἁρμόσει ἄφρονι χείλη πιστά [S om.] (2 ?)
20. 6. ἄνδρα δὲ πιστὸν ἔργον εὑρεῖν (1 c)
25. 13. οὕτως ἄγγελος πιστὸς τοὺς ἀποστείλαντας αὐτόν (1 a)
Wi. 3. 9. οἱ π. ἐν ἀγάπῃ προσμενοῦσιν αὐτῷ
Si. 1. 14. μετὰ πιστῶν ἐν μήτρᾳ συνεκτίσθη αὐτοῖς
— 23. χείλη πιστῶν [A S πολλῶν] ἐκδιηγήσεται σύνεσιν αὐτοῦ
6. 14. φίλος πιστὸς σκέπη κραταιά
— 15. φίλου πιστοῦ οὐκ ἔστιν ἀντάλλαγμα
— 16. φίλος πιστὸς φάρμακον ζωῆς
22. 23. S^{1} πιστὸν [A B S^{2} -ιν] κτῆσαι ἐν πτωχείᾳ
31 (34). 8. σοφία στόματι πιστῷ τελείωσις
34 (31). 23. μαρτυρία τῆς καλλονῆς αὐ. πιστή
36 (33). 3. ὁ νόμος αὐτῷ πιστός
37. 13. οὐ γάρ ἐστί σοι πιστότερος αὐτῆς
— 22. οἱ καρποὶ τῆς συνέσεως αὐτοῦ ἐπὶ στόματος [S -τι] πιστοί
— 23. οἱ καρποὶ τῆς συνέσεως αὐτοῦ πιστοί
44. 20. ἐν πειρασμῷ εὑρέθη πιστός
46. 15. ἐγνώσθη ἐν πίστει [A S ῥήμασιν] αὐτοῦ πιστὸς ὁράσεως
48. 22. Ἡσαΐας ὁ προφήτης ὁ μέγας καὶ πιστὸς ἐν ὁράσει αὐτοῦ
Ho. 5. 9. ἐν ταῖς φυλαῖς τοῦ Ἰσρ. ἔδειξα πιστά (1 a)
Is. 1. 21. πῶς ἐγένετο πόρνη πόλις πιστὴ Σιών (1 a)
— 26. κληθήσῃ . . . μητρόπολις π. Σιών (1 a)

Is. 8. 2. μάρτυράς μοι ποίησον π. ἀνθρώπους (1 a)
22. 23. στήσω αὐτὸν ἄρχοντα ἐν τόπῳ πιστῷ (1 a)
— 25. ὁ ἄνθρωπος ὁ ἐστηριγμένος ἐν τόπῳ π. (1 a)
33. 16. τὸ ὕδωρ αὐτοῦ πιστόν (1 a)
49. 7. π. ἐστιν ὁ ἅγιος Ἰσραήλ (1 a)
55. 3. διαθήσομαι ὑμῖν διαθήκην αἰώνιον τὰ ὅσια Δαυὶδ τὰ π. (1 a)
Je. 49 (42). 5. εἰς μάρτυρα δίκαιον καὶ πιστόν (1 a)
Da. LXX. 2. 45. καὶ π. ἡ τούτου κρίσις (1 e)
Da. TH. 2. 45. καὶ π. ἡ σύγκρισις αὐ. (1 e)
6. 4 (5). ὅτι πιστὸς ἦν (1 e)
I Ma. 2. 52. Ἀβρ. οὐχὶ ἐν πειρασμῷ εὑρέθη πιστός
3. 13. ἤθροισεν Ἰ. . . . ἐκκλησίαν πιστῶν
7. 8. ἐπέλεξεν ὁ βασ. τὸν Β. . . . πιστὸν τῷ βασ.
14. 41. ἕως τοῦ ἀναστῆναι προφήτην π.
— 48. **A** ἐν τόπῳ π. [**S R** ἐπισήμῳ]
II Ma. 1. 2. τῆς πρὸς Ἀ. καὶ Ἰσ. καὶ Ἰ. τῶν δούλων αὐ. τῶν π.
III Ma. 1. 9. **A** θύσας τῷ π. [**R** μεγίστῳ] θεῷ
2. 11. πιστὸς εἶ καὶ ἀληθινός
IV Ma. 7. 15. ὃν πιστὴ θανάτου σφραγὶς ἐτελείωσεν
[**Aq.** Ps. 11 (12). 2 : 30 (31). 24.]
[**Th.** Pr. 13. 17.]
[**Al.** II Ki. 20. 19.]

πιστοῦν. (1) אָמַן ni. (2) אָמַר (3) עָמַד hi. (4) קוּם hi.

II Ki. 7. 16. πιστωθήσεται ὁ οἶκος αὐτοῦ (1)
— 25. ῥῆμα . . . πίστωσον ἕως τοῦ αἰῶνος (4)
III Ki. 1. 36. πιστώσαι κ. ὁ θ. τοῦ κυρίου μου (2)
8. 26. πιστωθήτω [**A** -θῇ] δὴ τὸ ῥῆμά σου (1)
I Ch. 17. 14. καὶ πιστώσω αὐτόν (3)
— 23. ὁ λόγος σου . . . πιστωθήτω (1)
— 24. **R** πιστωθήτω . . . τὸ ὄνομά σου (1)
II Ch. 1. 9. πιστωθήτω τὸ ὄνομά σου (1)
6. 17. πιστωθήτω δὴ τὸ ῥῆμά σου (1)
Ps. 77 (78). 8. οὐκ ἐπιστώθη . . . τὸ πνεῦμα αὐ. (1)
— 37. οὐδὲ ἐπιστώθησαν ἐν τῇ διαθήκῃ αὐτοῦ (1)
92 (93). 5. τὰ μαρτύριά σου ἐπιστώθησαν (1)
Si. 27. 17. στέρξον φίλον καὶ πιστώθητι μετ' αὐτοῦ
29. 3. στερέωσον λόγον καὶ πιστώθητι μετ' αὐτοῦ
II Ma. 7. 24. ἀλλὰ καὶ δι' ὅρκων ἐπίστου
12. 25. πιστώσαντος δὲ αὐτοῦ
III Ma. 4. 20. **A** σαφῶς αὐτὸν περὶ τούτου πιστωθῆναι [**R** πεισθ.]

πιστῶς.

IV Ki. 16. 2. οὐκ ἐποίησε τὸ εὐθὲς . . . π. –

πίστωσις.

[**Al.** Le. 6. 2 (5. 21).]

πίτυρον.

Ep. Je. 43. ἐγκάθηνται θυμιῶσαι τὰ π.

πίτυς. (1) אֹרֶן (2) בְּרוֹשׁ

Za. 11. 2. ὀλολυξάτω πίτυς (2)
Is. 44. 14. **R** ἔκοψε ξύλον . . . πίτυν [**A B S** om.] (1)
Ez. 31. 8. αἱ [**A** om.] π. οὐχ ὅμοιαι [**A** -οι] ταῖς παραφυάσιν αὐτοῦ (2)
[**Aq., Th.** Is. 44. 14 (Sw.).]
[**Sm.** Is. 14. 8 : 44. 14 (Sw.).]

πίων. (1) בָּשָׁן (2) דָּשֵׁן (3) נָעֵם (4) רַעֲנָן (5) a. שָׁמֵן b. מִשְׁמָן c. שֶׁמֶן

Ge. 46. 29. **B**^{1} **R** ἔκλαυσε κλαυθμῷ π. [**A B**^{2} πλείονι] †
49. 15. ἰδὼν . . . τὴν γῆν ὅτι πίων (3)
— 20. π. αὐτοῦ ὁ ἄρτος (5 a)
Nu. 13. 21 (20). ἡ πίων ἢ παρειμένη (5 a)
I Ch. 4. 40. **B**^{1} εὗρον νομὰς πίονας [**A B**^{2} **R** πλείονας] (5 a)
Ps. 21 (22). 12. ταῦροι πίονες περιέσχον με (1 ?)
— 29. προσεκύνησαν πάντες οἱ π. τῆς γῆς (2)
67 (68). 15. ὄρος τοῦ θεοῦ ὄρος πίον ὄρος τετυρωμένον ὄρος πίον (1 ?, 1 ?)
77 (78). 31. **R** ἀπέκτεινεν ἐν τοῖς π. [**B S** πλείοσιν] αὐτῶν (5 b)
91 (92). 10. **A B**^{2} **S** καὶ τὸ γῆράς μου ἐν ἐλαίῳ [**B**^{1} **R** ἐλέῳ] πίονι (4)
— 14. πληθυνθήσονται ἐν γήρει πίονι (2)
Mi. 6. 7. ἢ ἐν μυριάσι χιμάρων [**A** ἀρνῶν] π. (5 c)
Is. 5. 1. ἐν κέρατι ἐν τόπῳ πίονι (5 c)
17. 4. τὰ π. [**A**^{2}**S** πλείονα] τῆς δόξης αὐ. σεισθήσεται (5 b)
30. 23. βοσκηθήσεταί σου τὰ κτήνη . . . τόπον πίονα –
Ez. 34. 14. **A**^{2} **B** ἐν νομῇ πίονι βοσκηθήσονται (5 a)
Da. LXX. 3. (40). ὡς ἐν μυριάσιν ἀρνῶν πιόνων
Da. TH. 3. (40). ὡς . . . ἐν μυριάσιν ἀρνῶν πιόνων
11. 24. ἐν π. [**A** πλείοσιν] χώραις ἥξει (5 b)
[**Aq.** Ps. 91 (92). 15 : Is. 30. 23.]
[**Sm.** Jb. 8. 17 : Ps. 19 (20). 4 : 91 (92). 15 : Is. 30. 23.]
[**Th.** Le. 2. 14 *bis* : Jb. 8. 17 (P.) : Ps. 77 (78). 31 : 91 (92). 15 : Is. 19. 10 (Sw.) : 28. 1 : 30. 23 : Ez. 34. 16.]
[**Quint.** Ps. 77 (78). 31.]

πλαγιάζειν. (1) נָטָה hi. (2) חָפֵשׂ

Is. 29. 21. ἐπλαγίασαν ἐπ' [**AS** ἐν] ἀδίκοις δίκαιον (1)
Ez. 14. 5. ὅπως πλαγιάσῃ [**A** μὴ διαστρέψωσιν] τὸν οἶκον τοῦ Ἰσραήλ (2)

πλάγιος. (1) יָרֵךְ (2) עִמָּה (3) צַד (4) a. קְרִי b. בְּקֶרִי (5) תָּוֶךְ (6) θυμὸς πλ. קְרִי

Ge. 6. 16. τὴν δὲ θύραν . . . ποιήσεις ἐκ πλαγίων (3)
Ex. 25. 31 (32). ἐκπορευόμενοι ἐκ πλαγίων (3)
26. 13. συγκαλύπτον ἐπὶ τὰ πλ. τῆς σκηνῆς (3)
Le. 1. 11. ἐκ πλαγίων τοῦ θυσιαστηρίου (1)
26. 21. ἐὰν μετὰ ταῦτα πορεύησθε πλάγιοι (4 a)
— 23. ἀλλὰ πορεύησθε πρὸς μὲ πλάγιοι (4 a)
— 24. πορεύσομαι κἀγὼ . . . θυμῷ πλ. (6)
— 27. καὶ πορεύησθε πρὸς μὲ πλάγιοι (4 b)
— 28. πορεύσομαι μεθ' ὑ. ἐν θυμῷ πλ. (4 a)
— 40. ἐπορεύθησαν ἐναντίον μου πλάγιοι (4 b)
— 41. ἐπορεύθην μετ' αὐτῶν ἐν θυμῷ πλ. (6)
Nu. 3. 29, 35. ἐκ πλαγίων τῆς σκηνῆς (1)
De. 31. 26. ἐκ πλαγίων τῆς κιβωτοῦ (3)
Ru. 2. 14. ἐκ πλαγίων τῶν θεριζόντων (3)
I Ki. 20. 25. ἐκάθισεν . . . ἐκ πλαγίων Σ. (3)
II Ki. 2. 16. **A** εἰς πλάγιον [**B** πλευρὰν] τοῦ πλησίον αὐ. (3)
3. 27. ἐκ πλαγίων τῆς πύλης (5)
16. 13. λιθάζων . . . ἐκ πλαγίων αὐτοῦ (2)
Da. TH. Su. 18. ἐξῆλθαν κατὰ τὰς πλαγίας [**A** -ους] θύρας
— 26. εἰσεπήδησαν διὰ τῆς πλαγίας θύρας
[**Aq.** I Ki. 25. 29 : Ps. 90 (91). 7 : Is. 60. 4.]
[**Sm.** I Ki. 6. 8 : Ps. 90 (91). 7.]
[**Th.** Da. 6. 4†.]
[**Al.** Le. 6. 10 (3) : I Ki. 6. 8 : II Ki. 2. 16.]

πλαδαροῦσθαι.

[**Aq.** Is. 19. 3.]

πλακωτή.

[**Sm.** Je. 48 (31). 5.]

πλανᾶν. (1) אָשַׁר pu. (2) בּוּךְ ni. (3) כָּשַׁל ni. (4) מָעַל (5) נָדַח ni. (6) נָטָה hi. (7) a. סוּר b. סָרָה (8) פָּזַר (9) פָּנָה (10) a. פָּשַׁע b. פֶּשַׁע (11) פָּתָה a. qal. b. pi. c. pu. (12) שָׁנָה a. qal. b. hi. (13) שָׁלָה hi. (14) שָׁלַח pu. (15) הָלַל a. hi. b. hoph. (16) תָּעָה a. qal. b. ni. c. hi. (17) טָעָה hi.

Ge. 21. 14. **A** ἐπλανᾶτο [**R** *add.* κατὰ] τὴν ἔρημον (16 a)
37. 15. εὗρεν αὐτὸν ἄνθρωπος πλανώμενον (16 a)
Ex. 14. 3. πλανῶνται οὗτοι ἐν τῇ γῇ (2)
23. 4. τῷ βοὶ . . . ἢ τῷ ὑποζυγίῳ αὐτοῦ πλανωμένοις (16 a)
De. 4. 19. μὴ . . . πλανηθεὶς προσκυνήσῃς αὐτοῖς (5)
11. 28. καὶ πλανηθῆτε ἀπὸ τῆς ὁδοῦ (7 a)
13. 5 (6). ἐλάλησε γὰρ πλανῆσαί σε (7 b)
22. 1. πλανώμενα ἐν τῇ ὁδῷ (5)
27. 18. ὁ πλανῶν τυφλόν (12 b)
30. 17. καὶ πλανηθεὶς προσκυνήσῃς θεοῖς ἑτ. (5)
Jd. 16. 10, 13, 15. ἐπλάνησάς [**A** παρελογίσω] με (15 a)
IV Ki. 4. 28. οὐ πλανήσεις μετ' ἐμοῦ (13)
21. 9. ἐπλάνησεν αὐτοὺς Μανασσῆς (16 c)
II Ch. 33. 9. ἐπλάνησε Μαν. τὸν Ἰούδαν (16 c)
I Es. 3. 18. πάντας τοὺς ἀνθρ. . . . πλανᾷ
II Es. 9. 11. **S**^{1} ὧν ἐπλάνησαν [**A B** ἔπλησαν] αὐτήν †
To. 5. 13. καὶ οὐκ ἐπλανήθησαν
10. 7. μὴ πλάνα με
To. 14. 6. **S** τοὺς πλανῶντας ψευδῆ τὴν πλάνησιν αὐ.
Jb. 2. 9. κἀγὼ πλανωμένη [**A S**^{2} πλανῆτις] καὶ λάτρις –
5. 2. πεπλανημένον δὲ θανατοῖ ζῆλος (11 a)
6. 24. εἴ τι πεπλάνημαι φράσατέ μοι (12 a)
12. 23. **A B**^{2} **S R** πλανῶν ἔθνη καὶ ἀπολλύων αὐτά †
— 24. ἐπλάνησε δὲ αὐτούς (16 c)
— 25. πλανηθείησαν δὲ ὥσπερ ὁ μεθύων (16 c)
19. 4. καὶ δὴ ἐπ' ἀληθείας ἐγὼ ἐπλανήθην (12 a)
— 4. τὰ δὲ ῥήματά μου πλανᾶται –
38. 41. πρὸς κύριον κεκράγασι πλανώμενοι (16 a)
Ps. 57 (58). 3. ἐπλανήθησαν ἀπὸ γαστρός (16 a)
94 (95). 10. ἀεὶ πλανῶνται τῇ καρδίᾳ (16 a)
106 (107). 4. ἐπλανήθησαν ἐν τῇ ἐρήμῳ (16 a)
— 40. ἐπλάνησεν αὐτοὺς ἐν ἀβάτῳ (16 c)
118 (119). 110. ἐκ τῶν ἐντολῶν σου οὐκ ἐπλανήθην (16 a)
— 176. ἐπλανήθην ὡς πρόβατον ἀπολωλός (16 a)
Pr. 1. 10. μή σε πλανήσωσιν ἄνδρες ἀσεβεῖς (11 b)
7. 25. **A S**^{2} μὴ πλανηθῇς ἐν ἀτραποῖς αὐτῆς (16 a)
9. 12. τοὺς δὲ ἄξονας τοῦ ἰδίου γεωργίου πεπλάνηται –
10. 17. παιδεία δὲ ἀνεξέλεγκτος πλανᾶται (16 c)
12. 26. ἡ δὲ ὁδὸς τῶν ἀσεβῶν πλανήσει αὐτούς (16 c)
13. 9. ψυχαὶ δόλιαι πλανῶνται ἐν ἁμαρτίαις –
14. 22. πλανώμενοι τεκταίνουσι κακά (16 a)
16. 10. οὐ μὴ πλανηθῇ τὸ στόμα αὐτοῦ (4)
21. 16. ἀνὴρ πλανώμενος ἐξ ὁδοῦ δικαιοσύνης (16 a)
28. 10. ὃς πλανᾷ εὐθεῖς ἐν ὁδῷ κακῇ (12 b)
29. 15. παῖς δὲ πλανώμενος αἰσχύνει γονεῖς (14)
Ec. 7. 27 (26). **S**^{2} καὶ εὐφροσύνην πλανᾷς –
Wi. 2. 21. καὶ ἐπλανήθησαν
5. 6. ἄρα ἐπλανήθημεν ἀπὸ ὁδοῦ ἀληθείας
11. 15. ἐν οἷς πλανηθέντες ἐθρήσκευον ἄλογα ἑρπετά
12. 24. τῶν πλάνης ὁδῶν μακρότερον ἐπλανήθησαν
13. 6. αὐτοὶ τάχα πλανῶνται θεὸν ζητοῦντες
14. 22. οὐκ ἤρκεσε τὸ [**A** αὐτοῖς τό, **S** om.] πλανᾶσθαι περὶ τὴν τοῦ θεοῦ γνῶσιν
15. 4. οὔτε γὰρ ἐπλάνησεν ἡμᾶς ἀνθρώπων . . . ἐπίνοια
17. 1. ἀπαίδευτοι ψυχαὶ ἐπλανήθησαν
Si. 3. 24. πολλοὺς γὰρ ἐπλάνησεν ἡ ὑπόληψις αὐτῶν
9. 7. ἐν ταῖς ἐρήμοις [**S**^{1} ῥύμαις] αὐτῆς μὴ πλανῶ
— 8. ἐν κάλλει γυναικὸς πολλοὶ ἐπλανήθησαν
15. 12. μὴ εἴπῃς ὅτι [**S** om.] αὐτός με ἐπλάνησεν
16. 23. ἀνὴρ ἄφρων καὶ πλανώμενος διανοεῖται μωρά
29. 18. ἐπλανήθησαν ἐν ἔθνεσιν ἀλλοτρίοις
31 (34). 7. πολλοὺς ἐπλάνησε τὰ ἐνύπνια
— 9. **A**^{1}**S** ἀνὴρ πεπλανημένος [**A**^{2}**B** πεπαιδευμένος] ἔγνω πολλά
— 10. ὁ δὲ πεπλανημένος πληθυνεῖ πανουργίαν
36. 30 (27). οὗ οὐκ ἔστι γυνὴ στενάξει πλανώμενος
51. 13. ἔτι ὢν νεώτερος πρὶν ἢ πλανηθῆναί με
Ho. 2. 14 (16). ἰδοὺ ἐγὼ πλανῶ αὐτήν (11 b)
4. 12. πνεύματι πορνείας ἐπλανήθησαν (16 c)
8. 6. πλανῶν ἦν ὁ μόσχος σου †
Am. 2. 4. ἐπλάνησεν αὐτοὺς τὰ μάταια αὐ. (16 c)
Mi. 3. 5. ἐπὶ τοὺς προφήτας τοὺς πλανῶντας τὸν λαόν μου (16 c)
Is. 3. 12. οἱ μακαρίζοντες ὑμᾶς πλανῶσιν ὑμᾶς (16 c)
9. 16 (15). ἔσονται οἱ μακαρίζοντες τὸν λαὸν τ. πλανῶντες καὶ πλανῶσιν (16 c, 1 ?)
13. 14. ὡς πρόβατον πλανώμενον –
16. 8. πλανήθητε [**S** ἐπλ.] τὴν ἔρημον (16 a)
17. 11. τῇ ἡμέρᾳ ᾗ ἂν φυτεύσῃς πλανηθήσῃ †
19. 13. πλανήσουσιν Αἴγυπτον κατὰ φυλάς (16 c)
— 14. ἐπλάνησαν [**S** -εν] Αἴγυπτον . . . ὡς πλανᾶται ὁ μεθύων (16 c, 16 b)
21. 4. ἡ καρδία μου πλανᾶται (16 a)
— 15. διὰ τὸ πλῆθος τῶν πλανωμένων –
22. 5. ἐν φάραγγι Σιὼν πλανῶνται ἀπὸ μικροῦ ἕως μεγάλου πλανῶνται ἐπὶ τὰ ὄρη †, †
28. 7. **A B**^{3} **S** οὗτοι γὰρ οἴνῳ πεπλανημένοι [**B**^{1}**R** πεπλημμελημένοι] εἰσὶν ἐπλανήθησαν διὰ τὸ σίκερα . . . ἐπλανήθησαν (12 a, 16 a, 12 a)
29. 24. **ASR** γνώσονται οἱ [**B** om.] πλανώμενοι τῷ πνεύματι σύνεσιν (16 a)
30. 20. οὐκέτι μὴ ἐγγίσωσί σοι οἱ πλανῶντές σε †
— 20. οἱ ὀφθαλμοί σου ὄψονται τοὺς πλανῶντάς σε †
— 21. τοὺς λόγους τῶν ὀπίσω σε πλανησάντων †
35. 8. οὐ μὴ πλανηθῶσι (16 a)
41. 10. μὴ πλανῶ· ἐγὼ γάρ εἰμι ὁ θεός σου †
— 29. μάτην οἱ πλανῶντες ὑμᾶς †
44. 8. **B** μηδὲ πλανᾶσθε †
— 20. καὶ πλανῶνται (15 b + 6 ?)

Is. 46. 5. τεχνάσασθε, οἱ πλανώμενοι †
— 8. μετανοήσατε, οἱ πεπλανημένοι (10 a)
47. 15. ἄνθρωπος καθ' ἑαυτὸν ἐπλανήθη (16 a)
53. 6. ὡς πρόβατα ἐπλανήθημεν ἄνθρωπος τῇ ὁδῷ αὐ. ἐπλανήθη (16 a, 9)
63. 17. τί ἐπλάνησας ἡμᾶς (16 c)
64. 5 (4). διὰ τοῦτο ἐπλανήθημεν †
Je. 23. 13. ἐπλάνησαν τὸν λαόν μου Ἰσραήλ (16 c)
— 32. ἐπλάνησαν τὸν λαόν μου (16 c)
27 (50). 17. πρόβατον πλανώμενον Ἰσραήλ (8)
38 (31). 9. οὐ μὴ πλανηθῶσιν ἐν αὐτῇ (3)
Ba. 4. 28. ἐγένετο ἡ διάνοια ὑμῶν εἰς τὸ πλανηθῆναι ἀπὸ τοῦ θεοῦ
Ez. 8. 17. B[1] ἐπλάνησαν [A B[2] R ἔπλησαν] τὴν γῆν ἀνομίας †
13. 10. ἐπλάνησαν τὸν λαόν μου (17)
14. 9. ὁ προφήτης ἐὰν πλανήσῃ [A -νηθῇ] . . . ἐγὼ κύριος πεπλάνηκα [A ἐπλάνησα] τὸν προφήτην ἐκεῖνον (11 c, 11 b)
— 11. ὅπως μὴ πλανᾶται ἔτι ὁ οἶκος τοῦ Ἰ. (16 a)
33. 12. ἐν ᾗ ἂν ἡμέρᾳ πλανηθῇ (10 b)
34. 4. τὸ πλανώμενον οὐκ ἀπεστρέψατε [A ἐπ.] (5)
— 16. τὸ πλανώμενον [A πεπλανημ.] ἀποστρέψω [A B[1] ἐπιστρ.] (5)
44. 10. A ἐν τῷ πλανᾶσθαι τὸν Ἰσραὴλ οἳ ἐπλανήθησαν ἀπ' ἐμοῦ [B al.] (16 a, 16 a)
— 13. ἐν τῇ πλανήσει ᾗ ἐπλανήθησαν †
— 15. ἐν τῷ πλανᾶσθαι οἶκον Ἰσραὴλ ἀπ' ἐμοῦ (16 a)
48. 11. οὐκ ἐπλανήθησαν . . . ὃν τρόπον ἐπλανήθησαν οἱ Λ. (16 a, 16 a)
Da. LXX. 6. 22 (23). σὺ δὲ ἤκουσας ἀνθρώπων πλανώντων βασιλεῖς –
Da. TH. Bel 7. μὴ πλανῶ
II Ma. 6. 25. καὶ αὐτοὶ . . . πλανηθῶσι δι' ἐμέ
7. 18. R μὴ πλανῶ μάτην [A μᾶλλον]
III Ma. 4. 16. R πεπλανημένῃ [A -πληρωμ.] πόρρω τῆς ἀληθείας φρενί
[**Aq.** Jb. 12. 23: Ps. 106 (107). 40: Pr. 14. 22: Ec. 7. 8 (7): Is. 19. 13: 30. 28: 35. 8: 47. 15: Je. 50 (27). 6: Ez. 44. 10 (Sw.).]
[**Sm.** Ps. 106 (107). 40: Pr. 5. 23: Is. 19. 13: 28. 1: 29. 24: 35. 8: 47. 15: Je. 50 (27). 6.]
[**Th.** Jb. 12. 23: Ps. 31 (32). 3: 118 (119). 118: Pr. 7. 25: 14. 22: Is. 19. 13: 30. 28: 35. 8: 44. 8: 47. 15: Ez. 44. 10 (Sw.): Da. 7. 25†: Ho. 8. 6.]
[**Al.** Jb. 12. 25: Pr. 19. 23.]
[**Quint.** Ps. 118 (119). 118.]

πλάνη. (1) מִרְמָה (2) פֶּשַׁע (3) שְׁרִירוּת
To. 5. 13. οὐκ ἐπλανήθησαν ἐν τῇ πλ. [A τὴν πλ.] τῶν ἀδ. ἡμῶν [S al.]
Pr. 14. 8. ἄνοια δὲ ἀφρόνων ἐν πλάνῃ (1)
Wi. 1. 12. μὴ ζηλοῦτε θάνατον ἐν πλάνῃ ζωῆς ὑμῶν
12. 24. τῶν πλάνης ὁδῶν μακρότερον ἐπλανήθησαν
Je. 23. 17. παντὶ τῷ πορευομ. πλάνῃ καρδίας αὐ. (3)
Ez. 33. 10. αἱ πλ. ἡμῶν . . . ἐφ' ἡμῖν εἰσι (2)
[**Aq.** Ec. 1. 17: 2. 12: 7. 26 (25): 9. 3.]
[**Sm.** Ec. 2. 12: Is. 30. 10.]
[**Th.** Ec. 2. 12.]
[**Sext.** Ps. 126 (127). 2.]

πλάνησις. (1) מְבוּכָה (2) מַהֲתַלּוֹת (3) עִוְעִים
(4) תָּעָה *a.* qal. *b.* hi. *c.* תּוֹעָה
To. 14. 6. S τοὺς πλανῶντας ψευδῆ τὴν πλ. αὐ.
Is. 19. 14. ἐκέρασεν αὐτοῖς πνεῦμα πλανήσεως (3)
22. 5. πλ. [S[1] om., S[2] -σεως] παρὰ κυρίου σαβαώθ (1)
30. 10. ἀναγγέλλετε ἡμῖν ἑτέραν πλάνησιν (2)
— 28. τοῦ ταράξαι ἔθνη ἐπὶ πλ. ματαίᾳ καὶ διώξεται αὐτοὺς πλ. [A S[2] add. ματαία] (†, 4 b)
32. 6. καὶ λαλεῖν πρὸς κύριον πλάνησιν (4 c)
Je. 4. 11. πνεῦμα πλανήσεως ἐν τῇ ἐρήμῳ †
Ez. 44. 13. λήψονται ἀτιμίαν αὐτῶν ἐν τῇ πλ. †
48. 11. οὐκ ἐπλανήθησαν ἐν τῇ πλ. υἱῶν Ἰσραήλ (4 a)
[**Aq.** Ec. 2. 2.]

πλανητεύειν.
[**Al.** Le. 16. 21.]

πλανήτης. (1) נָדַד
Ho. 9. 17. ἔσονται [A add. ὡς] πλανῆται ἐν τοῖς ἔθνεσιν

πλανῆτις.
Jb. 2. 9. A S[2] κἀγὼ πλανῆτις [B S[1] πλανωμένη] καὶ λάτρις –

πλάνος. (1) מְשׁוּגָה
Jb. 19. 4. παρ' ἐμοὶ δὲ αὐλίζεται πλάνος (1)
Je. 23. 32. ἐπλάνησαν τὸν λαόν μου . . . ἐν τοῖς πλ. αὐτῶν †

πλάξ. (1) לוּחַ
Ex. 31. 18. ἔδωκε . . . τὰς δύο πλ. τοῦ μαρτ. πλάκας λιθίνας (1, 1)
32. 15. αἱ δύο πλ. τοῦ μαρτ. ἐν ταῖς χ. αὐτοῦ πλ. λίθιναι (1, 1)
— 16. αἱ πλ. ἔργον θεοῦ ἦσαν (1)
— 16. γραφὴ . . . κεκολαμμένη ἐν ταῖς πλ. (1)
— 19. ἔρριψεν . . . τὰς δύο πλ. (1)
34. 1. λάξευσον σεαυτῷ δύο πλάκας (1)
— 1. γράψω ἐπὶ τῶν πλ. τὰ ῥήματα ἃ ἦν ἐν [A ἐπὶ] ταῖς πλ. ταῖς πρώταις (1, 1)
— 4. ἐλάξευσε δύο πλ. λιθίνας (1)
— 4. ἔλαβε M. τὰς δύο πλ. τὰς λιθ. (1)
— 28. ἔγραψεν ἐπὶ τῶν [A add. δύο] πλ. (1)
— 29. αἱ δύο πλ. ἐπὶ τῶν χειρῶν M. (1)
De. 4. 13: 5. 22 (19). ἔγραψεν αὐτὰ ἐπὶ δύο πλ. λιθίνας (1)
9. 9. λαβεῖν τὰς πλ. τὰς λιθίνας πλάκας διαθήκης (1, 1)
— 10. ἔδωκε μοι κ. τὰς δύο πλ. (1)
— 11. ἔδωκε κ. ἐμοὶ τὰς δύο πλ. τὰς λιθίνας πλάκας διαθήκης (1, 1)
— 15. καὶ αἱ δύο πλ. (1)
— 17. ἐπιλαβόμενος τῶν δύο πλ. (1)
10. 1. λάξευσον σεαυτῷ δύο πλ. λιθίνας (1)
— 2. γράψεις ἐπὶ τὰς πλ. τὰ ῥήμ. ἃ ἦν ἐν ταῖς πλ. ταῖς πρώταις (1, 1)
— 3. ἐλάξευσα τὰς πλ. λιθίνας (1)
— 3. αἱ δύο πλ. ἐπὶ ταῖς χερσί μου (1)
— 4. ἔγραψεν ἐπὶ τὰς πλ. (1)
— 5. ἐνέβαλον τὰς πλ. εἰς τὴν κιβωτόν (1)
III Ki. 8. 9. πλὴν δύο πλάκες λίθιναι πλάκες τῆς διαθήκης (1, –)
II Ch. 5. 10. οὐκ ἦν . . . πλὴν δύο πλάκες (1)
[**Aq., Sm.** Ex. 24. 12.]
[**Th.** Ex. 24. 12: Pr. 3. 3.]

πλάσμα. (1) דֶּרֶךְ (2) יֵצֶר
Ju. 8. 29. ἀγαθόν ἐστι τὸ πλ. τῆς καρδίας σου
Jb. 40. 14 (19). ἀρχὴ πλάσματος κυρίου (1)
Ps. 102 (103). 14. αὐτὸς ἔγνω τὸ πλ. ἡμῶν (2)
Hb. 2. 18. πέποιθεν ὁ πλάσας ἐπὶ τὸ πλ. αὐ. (2)
Is. 29. 16. μὴ ἐρεῖ τὸ πλ. τῷ πλάσαντι αὐτό (2)
45. 9. B S[1] μὴ ἀποκριθήσεται τὸ πλ. –
[**Aq., Sm.** Dt. 31. 21: Is. 26. 3.]
[**Hebr.** Ge. 8. 21.]

πλάσσειν. (1) בָּרָא (2) חוּל pil. (3) יָצַר
a. qal. *b.* pu. (4) כּוּן pil. (5) נָצַר
(6) עָצַב pi. (7) עָשָׂה (8) צוּר
Ge. 2. 7. ἔπλασεν ὁ θ. τὸν ἄνθρωπον (3 a)
— 8. τὸν ἄνθρ. ὃν ἔπλασε (3 a)
— 15. τὸν ἄνθρ. ὃν ἔπλασε –
— 19. ἔπλασεν ὁ θ. . . . πάντα τὰ θηρία (3 a)
Ex. 32. 4. ἔπλασεν αὐτὰ ἐν τῇ γραφίδι (8)
De. 32. 6. R καὶ ἔπλασέ [A ἔκτισέν] σε (4)
III Ki. 12. 33. ᾗ ἐπλάσατο ἀπὸ καρδίας αὐτοῦ (1)
IV Ki. 19. 25. ἔπλασα αὐτήν (3 a)
Es. 1. 7. S[1] κύκλῳ ῥόδα πεπλασμένα [A B S[2] πεπασ.] –
Jb. 10. 8. αἱ χεῖρές σου ἔπλασάν με [A S σου . . . ἐπλ. με] (6 [7])
— 9. μνήσθητι ὅτι πηλόν με ἔπλασας (7)
34. 15. εἰς γῆν ἀπελεύσεται ὅθεν καὶ ἐπλάσθη –
38. 14. ἢ σὺ λαβὼν γῆν πηλὸν ἔπλασας ζῷον †
Ps. 32 (33). 15. ὁ πλάσας κατὰ μόνας τὰς καρδίας αὐτῶν (3 a)
73 (74). 17. S[2] ἔαρ σὺ ἔπλασας [B S[1] ἐποίησας] (3 a)
89 (90). 2. πρὸ τοῦ . . . πλασθῆναι τὴν γῆν (2)
93 (94). 9. ἢ ὁ πλάσας τὸν ὀφθαλμόν (3 a)
— 20. ὁ πλάσσων κόπον (3 a)
94 (95). 5. τὴν ξηρὰν αἱ χεῖρες αὐτοῦ ἔπλασαν (3 a)
103 (104). 26. δράκων οὗτος ὃν ἔπλασας (3 a)
118 (119). 73. αἱ χεῖρές σου ἐποίησάν με καὶ ἔπλασάν με [S[1] ἔπλ. με καὶ ἡτοίμασάν με] (4 [7])
138 (139). 5. σὺ ἔπλασάς με (8)
— 16. ἡμέρας πλασθήσονται (3 b)
Pr. 8. 25. S καὶ πλασθῆναι τὴν γῆν
24. 12. ὁ πλάσας πνοὴν πᾶσιν (5)
Wi. 15. 7. ἐπίμοχθον πλάσσει . . . ἕκαστον
Wi. 15. 8. θεὸν μάταιον ἐκ τοῦ αὐτοῦ πλάσσει πηλοῦ
— 9. δόξαν ἡγεῖται ὅτι κίβδηλα πλάσσει
— 11. ἠγνόησε τὸν πλάσαντα [A ποιήσαντα] αὐτόν
— 16. τὸ πνεῦμα δεδανεισμένος ἔπλασεν αὐτούς
— 16. οὐδεὶς γὰρ αὐτῷ ὅμοιον ἄνθρωπος ἰσχύει πλάσαι θεόν [A S al.]
Hb. 1. 12. ἔπλασέ με τοῦ ἐλέγχειν παιδείαν αὐ. †
2. 18. ἔπλασεν αὐτὸ [S[3] -αν τὸ] χώνευμα (3 a)
— 18. πέποιθεν ὁ πλάσας ἐπὶ τὸ πλάσμα αὐ. (3 a)
Za. 12. 1. καὶ πλάσσων πνεῦμα ἀνθρώπου (3 a)
Is. 27. 11. ὁ πλάσας αὐτοὺς οὐ μὴ ἐλεήσῃ (3 a)
29. 16. μὴ ἐρεῖ τὸ πλάσμα τῷ πλάσαντι αὐτό [A S om.], Οὐ σύ με ἔπλασας (3 a, †)
43. 1. λέγει κύριος . . . ὁ πλάσας σε, Ἰσραήλ (3 a)
— 7. ἔπλασα αὐτὸν καὶ ἐποίησα αὐτόν (3 a)
44. 2. οὕτω λέγει κύριος . . . ὁ πλάσας σε (3 a)
— 9. οὐκ ἤκουσαν [A S ἦσαν] τότε οἱ πλάσσοντες (3 a)
— 10. αἰσχυνθήσονται οἱ πλάσσοντες θεόν (3 a)
— 21. ἔπλασά σε παῖδά μου (3 a)
— 24. ὁ . . . πλάσσων [S πλάσας] σε ἐκ κοιλίας (3 a)
45. 9. B S[1] μὴ ἀποκριθήσεται τὸ πλάσμα πρὸς τὸν πλάσαντα αὐτό –
— 18. B ἔπλασεν αὐτήν (3 a)
49. 5. ὁ πλάσας με ἐκ κοιλίας δοῦλον ἑαυτῷ (3 a)
— 8. B ἔπλασά σε (3 a)
53. 11. πλάσαι τῇ συνέσει †
Je. 1. 5. πρὸ τοῦ με πλάσαι σε (8*, 3 a)
10. 16. ὁ πλάσας τὰ πάντα (3 a)
18. 11. πλάσσω ἐφ' ὑμᾶς κακά (3 a)
19. 1. κτῆσαι βικὸν πεπλασμένον ὀστράκινον (3 a)
28 (51). 19. ὁ πλάσας τὰ πάντα (3 a)
40 (33). 2. κύριος ποιῶν γῆν καὶ πλάσσων αὐτήν (3 a)
II Ma. 7. 23. ὁ πλάσας ἀνθρώπου γένεσιν
IV Ma. 13. 20. καὶ ἐν τῷ αὐτῷ πλασθέντες
[**Aq.** Ge. 2. 7: Ps. 32 (33). 15: 93 (94). 20: 138 (139). 16 (P.): Is. 44. 12: 45. 9: 54. 17: Je. 10. 16.]
[**Sm.** Ge. 2. 7: Ps. 32 (33). 15: 34 (35). 16: 93 (94). 20: 138 (139). 16: Is. 41. 29 (Sw.): 45. 9: 54. 17.]
[**Th.** Ge. 2. 7: Ps. 138 (139). 16: Is. 44. 10: 45. 9: 54. 17: Je. 10. 16.]
[**Al.** Je. 23. 31.]

πλάστης.
[**Aq.** Is. 64. 8 (7): Za. 11. 13 *bis.*]
[**Th.** Is. 64. 8 (7).]

πλάστιγξ.
Wi. 11. 22. ὡς ῥοπὴ ἐκ πλαστίγγων
II Ma. 9. 8. πλάστιγγι τὰ τῶν ὀρέων οἰόμενος ὕψη στήσειν

πλάτανος. (1) עַרְמוֹן
Ge. 30. 37. ἔλαβε δὲ ἑαυτῷ Ἰ. ῥάβδον . . . πλατάνου (1)
Si. 24. 14. ἀνυψώθην ὡς πλάτανος
[**Sm.** Ho. 4. 13.]
[**Th.** Ez. 31. 8.]

πλατεῖα (subst.). (1) חוּץ (2) רְחוֹב, רְחֹב
(3) תָּוֶךְ
Ge. 19. 2. ἐν τῇ πλ. καταλύσομεν (2)
Jd. 19. 15. ἐκάθισαν ἐν τῇ πλ. τῆς πόλεως (2)
— 17. ἐν τῇ πλ. τῆς πόλεως (2)
— 20. ἐν τῇ πλ. οὐ μὴ αὐλισθήσῃ [A al.] (2)
II Ki. 21. 12. οἱ ἔκλεψαν αὐτοὺς ἐκ τῆς πλ. B. (2)
II Ch. 32. 6. ἐπὶ [A εἰς] τὴν πλ. τῆς πύλης τῆς φάραγγος (2)
II Es. 10. 9. ἐν πλατείᾳ οἴκου τοῦ θεοῦ (2)
Ne. 8. 16. A S R ἐν [B ἐν ταῖς] πλατείαις τῆς πόλεως (2)
To. 2. 4. S ἀναιροῦμαι αὐτὸν ἐκ τῆς πλ. [A B al.]
13. 17. καὶ αἱ πλ. Ἱερουσαλήμ
Ju. 1. 14. ἐπρονόμευσε τὰς πλ. αὐτῆς
7. 14. καταστρωθήσονται ἐν ταῖς πλ.
— 22. ἔπιπτον ἐν ταῖς πλ. τῆς πόλεως
Es. 4. 1. ἐκπήδησας διὰ τῆς πλ. τῆς πόλεως (3)
— 5. S[2] εἰς τὴν πλ. τῆς πόλεως [A al.] –
6. 9. κηρυσσέτω διὰ τῆς πλ. τῆς πόλεως (2)
— 11. διῆλθε διὰ τῆς πλ. τῆς πόλεως (2)
Jb. 29. 7. ἐν δὲ πλατείαις ἐτίθετό μου ὁ δίφρος (2)
Ps. 17 (18). 42. ὡς πηλὸν πλατειῶν λεανῶ αὐτούς (1)
54 (55). 11. B S[1] οὐκ ἐξέλιπεν ἐκ τῶν πλ. αὐτῆς κόπος [S[2] R τόκος] (2)

Ps. 143 (144). 14. S² οὐδὲ κραυγὴ ἐν ταῖς πλ. [A B S¹ ἐπαύλεσιν] αὐτῶν (2)
Pr. 1. 20. ἐν δὲ πλατείαις παρρησίαν ἄγει (2)
5. 16. εἰς δὲ σὰς πλ. διαπορευέσθω τὰ σὰ ὕδατα (2)
7. 6. εἰς τὰς πλ. παρακύπτουσα †
— 12. χρόνον δὲ ἐν πλατείαις παρὰ πᾶσαν γωνίαν ἐνεδρεύει (2)
9. 14. ἐν πλατείαις προσκαλουμένη †
22. 13: 26. 13 (A B² S R). ἐν δὲ ταῖς πλ. φονευταί (2)
Ca. 3. 2. κυκλώσω . . . ἐν ταῖς πλ. (2)
Si. 23. 21. οὗτος ἐν πλατείαις πόλεως ἐκδικηθήσεται
Am. 5. 16. ἐν πάσαις ταῖς [A om.] πλ. κοπετός (2)
Na. 2. 4 (5). συμπλακήσονται ἐν ταῖς πλ. (2)
Za. 8. 4. ἔτι καθήσονται . . . ἐν ταῖς πλ. Ἱερ. (2)
— 5. αἱ πλ. τῆς πόλεως πλησθήσονται . . . κορασίων παιζόντων ἐν ταῖς πλ. αὐ. (2, 2)
Is. 15. 3. ἐν ταῖς πλ. αὐ. περιζώσασθε σάκκους (1)
— 3. A B² R κόπτεσθε . . . ἐν ταῖς πλ. αὐ. [B¹ S om. ἐν τ. πλ. αὐ.] (2)
Je. 5. 1. ζητήσατε ἐν ταῖς πλ. αὐ. (2)
9. 21 (20). τοῦ ἐκτρῖψαι . . . νεανίσκους ἀπὸ τῶν πλ. (2)
27 (50). 30. πεσοῦνται . . . ἐν ταῖς πλ. αὐ. (2)
30 (49). 26. πεσοῦνται . . . ἐν πλατείαις σου (2)
31 (48). 38. καὶ ἐπὶ πλατείαις αὐτῆς (2)
La. 2. 11. ἐν τῷ ἐκλείπειν νήπιον καὶ θηλάζοντα ἐν πλατείαις πόλεως (2)
— 12. ἐν τῷ ἐκλύεσθαι αὐτοὺς ὡς τραυματίας ἐν πλατείαις πόλεως (2)
4. 18. τοῦ μὴ πορεύεσθαι ἐν ταῖς πλ. ἡμῶν (2)
Ez. 7. 19. τὸ ἀργύριον αὐ. ῥιφήσεται ἐν ταῖς πλ. (1)
16. 24. ἐποίησας σεαυτῇ ἔκθεμα ἐν πάσῃ πλ. (2)
— 31. τὴν βάσιν σου ἐποίησας ἐν πάσῃ πλ. (2)
26. 11. καταπατήσουσί σου πάσας τὰς πλ. (1)
28. 23. αἷμα καὶ θάνατος ἐν ταῖς πλ. σου (1)
Da. TH. 9. 25. οἰκοδομηθήσεται πλατεῖα (2)
I Ma. 1. 55. ἐν ταῖς πλ. ἐθυμίων
2. 9. ἀπεκτάνθη τὰ νήπια αὐ. ἐν ταῖς πλ. αὐ.
14. 9. ἐν ταῖς πλ. [S¹ ἐκκλησίαις] ἐκάθηντο
III Ma. 1. 18. στεναγμῶν τὰς πλ. ἐνεπίμπλων
[Aq. Is. 15. 3.]
[Sm. Ps. 54 (55). 12 : 143 (144). 14 : Is. 15. 3.]
[Th. Is. 15. 3.]

πλάτος. (1) כַּף (2) לוּחַ (3) עֳבִי (4) פְּתִי
(5) *a.* רֹחַב *b.* רְחוֹב *c.* מֶרְחָב

Ge. 6. 15. πεντήκοντα πήχεων τὸ πλ. (5 *a*)
13. 17. διόδευσον τὴν γῆν . . . εἰς τὸ πλ. (5 *a*)
32. 25 (26). ἥψατο τοῦ πλ. τοῦ μηροῦ αὐ. (1)
— 25 (26). ἐνάρκησε τὸ πλ. τοῦ μηροῦ Ἰ. (1)
— 32 (33). ὅ ἐστιν ἐπὶ τοῦ πλ. τοῦ μηροῦ (1)
— 32 (33). ἥψατο τοῦ πλ. τοῦ μηροῦ Ἰ. (1)
Ex. 25. 9 (10), 16 (17). πήχεος καὶ ἡμίσους τὸ πλ. (5 *a*)
26. 16. πήχεως ἑνὸς καὶ ἡμίσ. τὸ πλ. (5 *a*)
38 (37). 1. A πήχεως καὶ ἡμίσους τὸ πλ. αὐτῆς (5 *a*)
III Ki. 3. 1 (4. 29 [5. 9]). ἔδωκε κ. . . . πλάτος καρδίας (5 *a*)
6. 2. εἴκοσιν ἐν πήχει πλάτος αὐτοῦ (5 *a*)
— 3. εἰς τὸ πλ. τοῦ οἴκου [A *al.*] (5 *a*)
— 6. πέντε [A ἐξ] πήχεων . . . τὸ πλ. αὐτῆς (5 *a*)
— 6. A τὸ μέσον ἐξ πήχεων πλάτος [B *om.* π. πλ.] (5 *a*)
— 6. ἡ τρίτη ἑπτὰ ἐν πήχει τὸ πλ. αὐτῆς (5 *a*)
— 20. καὶ εἴκοσι πήχεις πλάτος (5 *a*)
7. 27. τέσσαρες πήχεις πλάτος αὐτῆς (5 *a*)
— 2. πεντήκοντα πήχεις πλάτος αὐτοῦ (5 *a*)
— 6. καὶ πεντήκοντα [A τριάκ.] ἐν πλάτει (5 *a*)
II Ch. 3. 4. A R μῆκος ἐπὶ πρόσωπον πλάτους [B -os] (5 *a*)
— 8. A B πλάτος [R *add.* τοῦ οἴκου] πήχεων εἴκοσι (5 *a*)
I Es. 6. 25. πλάτος πηχῶν ἑξήκοντα
II Es. 6. 3. A R πλάτος αὐ. πήχεων ἑξήκοντα (4)
Ne. 8. 1. συνήχθησαν . . . εἰς τὸ πλ. (5 *b*)
Ju. 1. 2. εἰς πλάτος πηχῶν τριῶν
— 2. B S² καὶ τὸ πλ. αὐ. πηχῶν πεντήκ. [A ἑβδομήκ.]
— 3. τὸ πλ. αὐ. ἐθεμελίωσεν
— 4. τὸ πλ. αὐ. πήχεις [S -εων] τεσσαράκ.
Pr. 3. 4. A γράψον δὲ αὐτὰς ἐπὶ τὸ πλ. τῆς καρδίας σου (2)
7. 3. ἐπίγραψον δὲ ἐπὶ τὸ πλ. τῆς καρδίας σου (2)
22. 20. ἐπὶ τὸ πλ. τῆς καρδίας σου –
Si. 1. 3. ὕψος οὐρανοῦ καὶ πλάτος γῆς
Hb. 1. 6. τὸ πορευόμενον ἐπὶ τὰ πλ. [A τὸ πλ.] τῆς γῆς (5 *c*)
Za. 2. 2 (6). τοῦ ἰδεῖν πηλίκον τὸ πλ. αὐ. ἐστι (5 *a*)
5. 2. δρέπανον πετόμενον . . . πλάτους [A -os] πήχεων δέκα (5 *a*)
Is. 8. 8. ὥστε πληρῶσαι τὸ πλ. τῆς χώρας σου [A *al.*] (5 *a*)
Je. 52. 21. S τὸ πλ. [A B πάχος] αὐτοῦ δακτύλων τεσσάρων κύκλῳ (3)
Ez. 40. 5. πλ. [A τὸ πλ.] ἴσον τῷ καλάμῳ (5 *a*)
— 7. ἴσον τῷ καλάμῳ τὸ πλ. . . . ἴσον τῷ καλάμῳ [A *add.* τὸ] πλ. (5 *a*, –)
— 8. ἴσον τῷ καλάμῳ πλ. [A τὸ πλ.] –
— 11. διεμέτρησε τὸ πλ. τῆς θύρας (5 *a*)
— 13. πλ. πήχεις [A *om.*] εἴκοσι πέντε (5 *a*)
— 19. διεμέτρησε τὸ πλ. τῆς αὐλῆς (5 *a*)
— 20. τό τε μῆκος αὐτῆς καὶ τὸ πλ. (5 *a*)
— 30. A πλ. πέντε πήχεων (5 *a*)
— 42. πήχεος καὶ ἡμίσους τὸ πλ. (5 *a*)
— 48. πηχῶν πέντε τὸ πλ. –
41. 1. πηχῶν [A -χεις] ἐξ τὸ πλ. ἔνθεν (5 *a*)
— 11. πηχῶν πέντε πλ. κυκλόθεν –
— 12. πλ. τοῦ τοίχου τοῦ διορίζοντος (5 *a*)
42. 2. τὸ πλ. πεντήκοντα [A *add.* πήχεων] (5 *a*)
— 4. πηχῶν δέκα τὸ πλ. (5 *a*)
43. 16. A ἐπὶ πήχεις δώδεκα πλάτους [B *om.*] (5 *a*)
48. 10. A πρὸς θάλασσαν πλ. [B *om.*] δέκα χιλιάδες (5 *a*)
— 15. τὰς δὲ πέντε χιλιάδας τὰς περισσὰς ἐπὶ τῷ πλ. (5 *a*)
Da. LXX. 9. 27. ἀνοικοδομηθήσεται εἰς πλάτος –
12. 2. πολλοὶ τῶν καθευδόντων ἐν τῷ πλ. τῆς γῆς †
II Ma. 12. 16. τὴν παρακειμένην λίμνην τὸ πλ. ἔχουσαν σταδίων δύο
[Aq. III Ki. 6. 20 : Is. 59. 14 : Ez. 40. 5 : 41. 1 : 42. 20.]
[Sm. III Ki. 6. 20 : Ez. 40. 5 : 41. 12 (Sw.).]
[Th. Ex. 37 (38). 1 : III Ki. 6. 20 : Is. 51. 9 : Za. 2. 4 (8).]
[Al. Nu. 35. 2.]

πλατύνειν. (1) אָרַךְ (2) כָּשָׂה (3) פָּרַץ
(4) פָּתָה *a.* qal. *b.* pi. *c.* hi. (5) רָחַב
a. qal. *b.* hi. *c.* רְחָב

Ge. 9. 27. πλατύναι ὁ θ. τῷ Ἰαφέθ (4 *c*)
26. 22. ἐπλάτυνε κύριος ἡμῖν (5 *b*)
28. 14. πλατυνθήσεται ἐπὶ θάλασσαν (3)
Ex. 34. 24. πλατύνω [A ἐμπλ.] τὰ ὅριά σου (5 *b*)
De. 6. 12. A πλατυνθῇ ἡ καρδία σου –
11. 16. μὴ πλατυνθῇ ἡ καρδία σου (4 *a*)
32. 15. ἐπαχύνθη ἐπλατύνθη (2)
I Ki. 2. 1. ἐπλατύνθη ἐπ' ἐχθροὺς μου τὸ στόμα μου (5 *a*)
Ps. 4. 1. ἐν θλίψει ἐπλάτυνάς μοι (5 *b*)
17 (18). 36. ἐπλάτυνας τὰ διαβήματά μου (5 *b*)
34 (35). 21. ἐπλάτυναν [A -α] ἐπ' ἐμὲ τὸ στόμα (5 *b*)
80 (81). 10. πλάτυνον τὸ στόμα σου (5 *b*)
118 (119). 32. ὅταν ἐπλάτυνας τὴν καρδίαν μου (5 *b*)
Pr. 24. 43 (28). μηδὲ πλατύνου σοῖς χείλεσι (4 *b*)
Hb. 2. 5. ὃς ἐπλάτυνε καθὼς ᾅδης τὴν ψυχὴν (5 *b*)
Is. 5. 14. ἐπλάτυνεν ὁ ᾅδης τὴν ψυχὴν αὐτοῦ (5 *b*)
54. 2. πλάτυνον τὸν τόπον τῆς σκηνῆς σου (5 *b*)
Je. 2. 24. τὰς ὁδοὺς αὐτῆς ἐπλάτυνεν †
28 (51). 58. τεῖχος Βαβυλῶνος ἐπλατύνθη (5 *c*)
Ez. 31. 5. ἐπλατύνθησαν οἱ κλάδοι αὐτοῦ (1)
I Ma. 3. 3. ἐπλάτυνε δόξαν τῷ λαῷ αὐ.
14. 6. ἐπλάτυνε τὰ ὅρια τῷ ἔθνει
[Aq. Is. 57. 4 : 60. 5.]
[Sm. Le. 6. 21 (14) : Jb. 31. 27 : Is. 57. 4 : 60. 5.]
[Th. Is. 30. 33 : 57. 4, 8 : 60. 5.]
[Al. Le. 13. 7 *bis*, 22 *bis*.]
[Sam. Le. 13. 8.]

πλατύς, *cf.* **πλατεῖα.** (1) *a.* רָחָב *b.* רַחַב־יָדַיִם

Ge. 34. 10. ἡ γῆ ἰδοὺ πλ. ἐναντίον ὑμῶν
— 21. ἡ δὲ γῆ ἰδοὺ πλ. ἐναντίον αὐτῶν (1 *b*)
Jd. 18. 10. καὶ ἡ γῆ πλ. [A εὐρύχωρος] (1 *b*)
I Ch. 4. 40. καὶ ἡ γῆ πλ. ἐναντίον αὐτῶν (1 *b*)
Ne. 3. 8. A ἕως τοῦ τείχους τοῦ πλατέος [B S -ως] (1 *a*)
4. 19 (13). τὸ ἔργον πλ. καὶ πολύ (1 *a*)
7. 4. ἡ πόλις πλ. καὶ μεγάλη (1 *b*)
9. 35. καὶ ἐν τῇ γῇ τῇ [A *om.*] πλ. (1 *a*)
12. 38. S² καὶ ἕως τοῦ τείχους τοῦ πλ. (1 *a*)
Ps. 118 (119). 96. πλ. ἡ ἐντολή σου σφόδρα (1 *a*)
Is. 33. 21. διώρυχες πλ. καὶ εὐρύχωροι (1 *b*)
Ez. 23. 32. τὸ ποτήριον τῆς ἀδελφῆς σου πίεσαι τὸ βαθὺ καὶ τὸ πλατύ (1 *a*)
[Aq. Ps. 103 (104). 25 : Pr. 28. 25.]
[Sm. Ps. 24 (25). 17 : Ho. 5. 1.]

πλατυσμός. (1) *a.* מֶרְחָב *b.* רָחַב hi.
c. רְחָב

II Ki. 22. 20. ἐξήγαγέ με εἰς πλατυσμόν (1 *a*)
— 37. ἐπλήθυνέ με εἰς πλατυσμόν (1 *b*)
Ps. 17 (18). 19. ἐξήγαγέ με εἰς πλατυσμόν (1 *a*)
117 (118). 5. ἐπήκουσέ μου εἰς πλατυσμόν (1 *a*)
118 (119). 45. ἐπορευόμην ἐν πλατυσμῷ (1 *c*)
Si. 47. 12. κατέλυσεν [S -έπαυσεν] ἐν πλατυσμῷ

πλατύτης.
[Aq. Ps. 30 (31). 9.]

πλατύψυχος.
[Sm. Pr. 28. 25.]

πλέγμα.
[Aq., Th. Is. 28. 5.]

πλεῖν. (1) בּוֹא

I Es. 4. 23. εἰς τὴν θάλασσαν πλεῖν [A πλεῖ]
Si. 43. 24. οἱ πλέοντες τὴν θάλασσαν
Jn. 1. 3. A B S² τοῦ πλεῦσαι μετ' αὐτῶν εἰς Θ. (1)
Is. 42. 10. οἱ καταβαίνοντες εἰς τὴν θάλασσαν καὶ πλέοντες αὐτήν †
I Ma. 13. 29. ὑπὸ πάντων τῶν πλεόντων τὴν θάλ.
IV Ma. 7. 3. ἔπλευσεν ἐπὶ τὸν τῆς ἀθανάτου νίκης λιμένα

πλεῖον, πλέον, *vid.* **πολύ.**

πλειστάκις. (1) פְּעָמִים רַבּוֹת

Ec. 7. 23 (22). πλειστάκις πονηρεύσεταί σε (1)
[Al. Ps. 118 (119). 164.]

πλεῖστος, πλείων, *vid.* **πολύς.**

πλέκειν. (1) עֲבֹת (2) צְפִירָה

Ex. 28. 14. ἐπιθήσεις τὰ κροσσωτὰ τὰ πεπλεγμ. (1)
Is. 28. 5. ὁ στέφανος τῆς ἐλπίδος ὁ πλεκεὶς [A πλακ.] τῆς δόξης (2)

πλεκτόν.
[Al. Ex. 27. 11.]

πλέον, *vid. sub* **πολύς.**

πλεονάζειν. (1) אָרַךְ hi. (2) כָּבֵד hi.
(3) עָדַף *a.* qal. *b.* hi. (4) רָבָה *a.* qal.
b. hi. *c.* רַב (5) שָׁלַח (6) τὸ πλεονάζον מַרְבָּה

Ex. 16. 18. οὐκ ἐπλεόνασεν ὁ τὸ πολύ (3 *b*)
— 23. πᾶν τὸ πλεονάζον καταλείπετε αὐτὸ (3 *a*)
26. 12. ὑποθήσεις τὸ πλεονάζον (3 *a*)
— 12. A R τὸ πλεονάζον τῶν δέρρεων (3 *a*)
Nu. 3. 46. οἱ πλεονάζοντες παρὰ τοὺς Λ. (3 *a*)
— 48. λύτρα τῶν πλεοναζόντων ἐν αὐτοῖς (3 *a*)
— 49. τὰ λύτρα τῶν πλεοναζόντων (3 *a*)
— 51. τὰ λύτρα τῶν πλεοναζόντων †
9. 22. πλεοναζούσης τῆς νεφέλης [A *om.* τ. ν.] (1)
26. 54. πλεονάσεις τὴν κληρονομίαν (4 *b*)
II Ki. 18. 8. ἐπλεόνασεν ὁ δρυμὸς τοῦ καταφαγεῖν (4 *b*)
I Ch. 4. 27. πᾶσαι αἱ πατριαὶ αὐ. οὐκ ἐπλεόνασαν (4 *b*)
5. 23. ἐν τῷ Λ. αὐτοὶ ἐπλεονάσθησαν (4 *a*)
II Ch. 24. 11. ἐπλεόνασε τὸ ἀργύριον (4 *c*)
31. 5. ἐπλεόνασεν Ἰσρ. ἀπαρχὴν σίτου [A *al.*] (4 *b*)
I Es. 8. 75. ἐπλεόνασαν ὑπὲρ τὰς κεφ. ἡμῶν
Ps. 49 (50). 19. τὸ στόμα σου ἐπλεόνασε κακίαν (5)
70 (71). 21. S R ἐπλεόνασας [B πλ.] τὴν δικαιοσύνην [S² μεγαλωσύνην] σου (4 *b*)
Pr. 15. 5 (6). ἐν πλεοναζούσῃ δικαιοσύνῃ †
Si. 20. 8. ὁ πλεονάζων λόγῳ [A -ον] βδελυχθήσεται
23. 3. ὅπως μὴ . . . αἱ ἁμαρτίαι μου πλεονάσωσι
32 (35). 1. ὁ συντηρῶν νόμον πλεονάζει προσφορὰς
Je. 37 (30). 19. πλεονάσω αὐτοὺς (2)
Ez. 23. 32. τὸ ποτήριον . . . τὸ πλεονάζον τοῦ συντελέσαι μέθην (6)
I Ma. 4. 35. R πλεονάσας τὸν γενηθέντα στρατὸν [A S *al.*]
10. 41. καὶ πᾶν τὸ πλεονάζον
II Ma. 2. 32. εὔηθες γὰρ τὸ μὲν πρὸ τῆς ἱστορίας πλεονάζειν

πλεονάκις. (1) *a.* רַבַּת *b.* רַבּוֹת *c.* פְּעָמִים רַבּוֹת
To. 1. 6. ἐπορευόμην πλ. [S πολλάκις] εἰς Ἱερ.
5. 6. S πλ. ἐπορεύθην εἰς Μηδίαν
Ps. 105 (106). 43. πλ. ἐρρύσατο αὐτούς (1 *c*)
128 (129). 1. πλ. ἐπολέμησάν με (1 *a*)
— 2. πλ. ἐπολέμησάν με ἐκ νεότητός μου (1 *a*)
Si. 31 (34). 12. πλ. ἕως θανάτου ἐκινδύνευσα
Is. 42. 20. εἴδετε πλ. (1 *b*)
I Ma. 16. 2. ῥύσασθαι τὸν Ἰσρ. πλ.
III Ma. 2. 12. ἐπεὶ δὲ πλ. . . . ἐβοήθησας αὐτοῖς
6. 26. τοὺς χειρίστους πλ. ἀνθρώπων ἐπιδεδεγμένους κινδύνους
[Aq., Sm. Ec. 7. 23 (22).]

πλεόνασμα. (1) יֶתֶר
Nu. 31. 32. ἐγενήθη τὸ πλ. τῆς προνομῆς (1)
[Th. Ps. 43 (44). 13.]

πλεονασμός. (1) *a.* מַרְבִּית *b.* תַּרְבִּית
Le. 25. 37. A B[1] πλεονασμὸν [B[2] R ἐπὶ πλεονασμῷ] οὐ δώσεις (1 *a*)
Pr. 28. 8. ὁ πληθύνων τὸν πλοῦτον αὐτοῦ μετὰ τόκων καὶ πλεονασμῶν (1 *b*)
Ez. 18. 8. πλεονασμὸν οὐ λήψεται (1 *b*)
— 13. πλεονασμὸν ἔλαβεν (1 *b*)
— 17. τόκον οὐδὲ πλεονασμὸν οὐκ ἔλαβε (1 *b*)
22. 12. τόκον καὶ πλεονασμὸν ἐλαμβάνοσαν (1 *b*)
[Al. Le. 25. 36 : Ps. 43 (44). 13.]

πλεοναστός. (1) πλεοναστὸν ποιεῖν רָבָה hi.
De. 30. 5. πλ. σε ποιήσει ὑπὲρ τοὺς πατέρας (1)
I Ma. 4. 35. AS πλεοναστὸν πάλιν γενηθέντα [B *al.*]

πλεονεκτεῖν. (1) בָּצַע
Jd. 4. 11. ἕως δρυὸς πλεονεκτούντων [A *al.*] †
Hb. 2. 9. ὦ ὁ πλεονεκτῶν πλεονεξίαν κακήν (1)
Ez. 22. 27. ὅπως πλεονεξίᾳ πλεονεκτῶσι (1)
[Aq. Jb. 27. 8 : Pr. 1. 19 : Je. 6. 13.]
[Sm. Jb. 27. 8 : Pr. 1. 19 : 15. 27 : Ez. 22. 12.]
[Th. Jd. 4. 11 : Jb. 27. 8 : Pr. 1. 19 : Je. 8. 10 : Ez. 22. 12.]

πλεονέκτημα.
[Aq. Ge. 37. 26.]

πλεονέκτης.
Si. 14. 9. πλεονέκτου ὀφθαλμὸς οὐκ ἐμπίπλαται μερίδι
[Aq., Sm. Ps. 9. 24 (10. 3).]

πλεονεξία. (1) בֶּצַע
Jd. 5. 19. A πλεονεξίαν [B δῶρον] ἀργυρίου οὐκ ἔλαβον (1)
Ps. 118 (119). 36. καὶ μὴ εἰς πλεονεξίαν (1)
Wi. 10. 11. ἐν πλεονεξίᾳ κατισχυόντων αὐτὸν παρέστη
Hb. 2. 9. ὦ ὁ πλεονεκτῶν πλ. κακὴν τῷ οἴκῳ αὐ. (1)
Is. 28. 8. αὕτη γὰρ ἡ βουλὴ ἕνεκεν πλεονεξίας †
Je. 22. 17. οὐκ εἰσὶν οἱ ὀφθαλμοί σου . . . ἀλλὰ εἰς τὴν πλ. σου (1)
Ez. 22. 27. ὅπως πλεονεξίᾳ πλεονεκτῶσι (1)
II Ma. 4. 50. διὰ τὰς τῶν κρατούντων πλεονεξίας
[Aq. Ex. 18. 21 : I Ki. 8. 3 : Pr. 1. 19 : Is. 33. 15 : 56. 11 : 57. 17 : Je. 51 (28). 13.]
[Sm. Ex. 18. 21 : I Ki. 8. 3 : Pr. 1. 19 : 15. 27 : Is. 33. 15 : 56. 11 : 57. 17 : Je. 6. 13 : Ez. 7. 11 : 33. 31 : Hb. 1. 9 : 2. 17.]
[Th. Ex. 18. 21 : I Ki. 8. 3 : Pr. 1. 19 : Is. 33. 15 : 56. 11 : 57. 17 : Je. 8. 10 : Ez. 33. 31.]

πλευρά, *cf.* πλευρόν. (1) אָפִיק (2) חָלָץ (3) יָצוּעַ (4) יָצִיעַ (5) עֲלַע (6) עֶצֶם (7) צַד (8) צֵלָע
Ge. 2. 21. ἔλαβε μίαν τῶν πλ. αὐτοῦ (8)
— 22. ᾠκοδόμησεν κ. ὁ θ. τὴν πλ. (8)
Nu. 33. 55. καὶ βολίδες ἐν ταῖς πλ. ὑμῶν (7)
II Ki. 2. 16. εἰς πλευρὰν [A πλάγιον] τοῦ πλησίον αὐ. (7)
13. 34. ἐκ πλευρᾶς [A -οῦ] τοῦ ὄρους (7)
16. 13. A εἰς πλευρὰς τοῦ ὄρους [B R *al.*] (8)
21. 14. ἐν γῇ Βεν. ἐν τῇ πλ. (8)
III Ki. 6. 5. A ἐποίησεν πλευρὰς κυκλόθεν (8)
— 6. ἡ πλ. ἡ ὑποκάτω πέντε [A ἓξ] πήχεων (3*, 4)
— 8. ὁ πυλὼν τῆς πλ. τῆς ὑποκάτωθεν (8)
— 15. περιέσχε . . . ἐν πλ. πευκίναις (8)
7. 20. ἐπάνωθεν τῶν πλ. ἐπίθεμα †
III Ki. 7. 3. ἐπὶ τῶν πλ. τῶν στύλων (8)
8. 19. ὁ ἐξελθὼν ἐκ τῶν πλ. σου (2)
Ju. 6. 6. διελεύσεται . . . τὰς πλ. σου
Jb. 40. 13 (18). αἱ πλ. αὐτοῦ πλευραὶ χάλκειαι [A ὡς πέτραι χαλκαῖ] (6, 1)
Pr. 22. 27. τὸ στρῶμα τὸ ὑπὸ τὰς πλ. σου –
Si. 30. 12. θλάσον τὰς πλ. αὐτοῦ
42. 5. οἰκέτῃ πονηρῷ πλευρὰν αἱμάξαι
Is. 11. 5. ἔσται . . . ἀληθείᾳ εἰλημένος [A S εἰλημμ.] τὰς πλ. (2)
Ez. 34. 21. ἐπὶ ταῖς πλ. . . . διωθεῖσθε (7)
41. 5. τὸ εὖρος τῆς πλ. πηχῶν τεσσάρων [A *al.*] (8)
— 7. τὸ εὖρος τῆς ἀνωτέρας τῶν πλ. (8)
— 8. διάστημα τῶν πλ. ἴσον τῷ καλάμῳ (8)
— 9. εὖρος τοῦ τοίχου τῆς πλ. . . . τὰ ἀνὰ μέσον τῶν πλ. τοῦ οἴκου (8, 8)
Da. Th. 7. 5. τρεῖς πλ. [A τρία πλευρὰ] ἐν τῷ στόματι αὐ. (5)
IV Ma. 18. 7. ἐφύλασσον δὲ τὴν ᾠκοδομημένην πλ.
[Aq. Is. 66. 12.]
[Sm. Ex. 25. 11 (12) : Is. 66. 12.]
[Th. Is. 41. 9 : 66. 12 : Je. 20. 10.]

πλευρόν, *cf.* πλευρά. (1) יָרֵךְ (2) עֲלַע (3) צַד (4) צֵלָע (5) שְׁטַר *v.* שֵׁטֶר
Ex. 27. 7. κατὰ [A *add.* τὰ δύο] πλευρὰ τοῦ θυσιαστ. (4)
30. 4. ποιήσεις ἐν τοῖς δυσὶ πλ. (3)
II Ki. 13. 34. A ἐκ πλευροῦ [B -ᾶς] τοῦ ὄρους (3)
III Ki. 6. 16. B τὸ πλ. τὸ πλ. [A R *om.* τὸ πλ.] τὸ ἕν (4, –)
Ps. 47 (48). 2. ὄρη Σιὼν τὰ πλ. τοῦ βορρᾶ (1)
Ez. 4. 4. κοιμηθήσῃ ἐπὶ τὸ πλ. σου τὸ ἀριστερόν (3)
— 6. κοιμηθήσῃ ἐπὶ τὸ πλ. σου τὸ δεξιόν (3)
— 8. μὴ στραφῇς ἀπὸ τοῦ πλ. σου ἐπὶ τὸ πλ. σου (3, 3)
— 9. ἃς σὺ καθεύδεις ἐπὶ τοῦ πλ. σου (3)
41. 6. πλευρὰ [A τὰ πλ.] πλ. ἐπὶ πλ. τριάκοντα τρὶς δὶς . . . ἐν τοῖς πλ. [A *add.* τοῦ οἴκου] κύκλῳ (4 *quater*)
— 26. τὰ πλ. τοῦ οἴκου ἐζυγωμένα [A ἐξυλωμ.] (4)
Da. LXX. 7. 5. ἐπὶ τοῦ ἑνὸς πλ. ἐστάθη (5)
— 5. τρία πλ. ἦν ἐν τῷ στόματι αὐ. (2)
10. 16. ἐπεστράφη ἐπὶ τὸ πλ. μου †
Da. Th. 7. 5. A τρία πλ. [B τρεῖς πλευραὶ] ἐν τῷ στόματι αὐ. (2)
IV Ma. 6. 6. τὰ πλ. κατετιτρώσκετο
11. 19. τὰ πλ. διαπείραντες
[Th. Ex. 37 (38). 5.]

πληγή. (1) *a.* כְּאֵב *b.* מַכְאוֹב (2) מַטֶּה (3) *a.* מַכָּה *b.* נָכָה hi. *c.* hoph. (4) נֶגַע (5) *a.* נָגַף *b.* מַגֵּפָה *c.* נֶגֶף (6) שֵׁבֶט
Ex. 11. 1. ἔτι μίαν πλ. ἐπάξω (4)
12. 13. οὐκ ἔσται ἐν ὑμῖν πλ. (5 *a*)
33. 5. μὴ πλ. ἄλλην ἐπάξω †
Le. 26. 21. προσθήσω ὑμῖν πληγὰς ἑπτά (3 *a*)
Nu. 11. 33. ἐπάταξε κ. . . . πλ. μεγάλην (3 *a*)
14. 37. ἀπέθανον . . . ἐν τῇ πλ. (5 *b*)
25. 8. ἐπαύσατο ἡ πλ. (5 *b*)
— 9. οἱ τεθνηκότες ἐν τῇ πλ. (5 *b*)
— 18. ἐν τῇ ἡμέρᾳ τῆς πλ. (5 *b*)
26. 1 (25. 19). μετὰ τὴν πλ. (5 *b*)
31. 16. ἐγένετο ἡ πλ. ἐν τῇ συναγ. κυρίου (5 *b*)
De. 25. 2. ἐὰν ἄξιος ᾖ πληγῶν ὁ ἀσεβῶν (3 *b*)
— 3. ὑπὲρ ταύτας τὰς [A *om.*] πλ. πλείους (3 *a*)
28. 59. τὰς πλ. σου καὶ τὰς πλ. τοῦ σπέρμ. σου πλ. μεγάλας (3 *a ter*)
— 61. πᾶσαν [A *om.*] πλ. τὴν μὴ γεγραμμ. (3 *a*)
29. 22 (21). ὄψονται τὰς πλ. τῆς γῆς ἐκ. (3 *a*)
Jo. 22. 17. ἐγενήθη πλ. ἐν τῇ συναγ. κυρίου (5 *a*)
Jd. 11. 33. ἐπάταξεν . . . πλ. μεγάλην σφόδρα (3 *a*)
15. 8. ἐπάταξεν . . . πλ. μεγάλην (3 *a*)
— 19. A τὸ ὄνομα τῆς πλ. [B ὄν. αὐτῆς] †
I Ki. 4. 8. οἱ πατάξαντες τὴν Αἴγ. ἐν π. πληγῇ (3 *a*)
— 10. καὶ ἐγένετο πλ. μεγάλη (3 *a*)
— 17. καὶ ἐγένετο πλ. μεγάλη (5 *b*)
6. 19. ἐπάταξε . . . πλ. μεγάλην σφόδρα (3 *a*)
14. 14. ἐγενήθη ἡ πλ. ἡ πρώτη (3 *a*)
— 30. νῦν ἂν μείζων ἦν ἡ πλ. (3 *a*)
19. 8. ἐπάταξεν . . . πλ. μεγάλην σφόδρα (3 *a*)
23. 5. ἐπάταξεν . . . πλ. μεγάλην (3 *a*)
III Ki. 21 (20). 21. ἐπάταξε πλ. μεγάλην (3 *a*)
22. 35. ἀπέχυνε τὸ αἷμα ἐκ τῆς πλ. (3 *a*)
IV Ki. 8. 29. ἀπὸ τῶν πλ. ὧν ἐπάταξαν αὐτόν (3 *a*)
IV Ki. 9. 15. ἀπὸ τῶν πλ. ὧν ἔπαισαν αὐτόν (3 *a*)
I Ch. 21. 22. παύσεται ἡ πλ. (5 *b*)
II Ch. 6. 28. κατὰ πᾶσαν πλ. (4)
13. 17. ἐπάταξεν . . . πλ. μεγάλην (3 *a*)
21. 14. πατάξει σε πλ. μεγάλην (5 *b*)
22. 6. τοῦ ἰατρευθῆναι . . . ἀπὸ τῶν πλ. (3 *a*)
28. 5. ἐπάταξεν . . . πλ. μεγάλην (3 *a*)
Ju. 5. 12. ἐπάταξε πᾶσαν τὴν γῆν Αἰγ. πληγαῖς
15. 5. ὑπερεκέρασαν αὐτοὺς πλ. μεγάλῃ [S *al.*]
Jb. 2. 13. ἑώρων γὰρ τὴν πλ. δεινὴν οὖσαν (1 *a*)
42. 16. ἔζησε δὲ Ἰὼβ μετὰ τὴν πλ. †
Ps. 63 (64). 7. βέλος νηπίων ἐγενήθησαν αἱ πλ. αὐτῶν (3 *a*)
Pr. 20. 30. πληγαὶ δὲ εἰς ταμιεῖα κοιλίας (3 *a*)
22. 8. πληγὴν δὲ ἔργων αὐτοῦ συντελέσει (6)
29. 15. πληγαὶ καὶ ἔλεγχοι διδόασι σοφίαν (6)
Wi. 5. 11. πληγῇ δὲ ταρσῶν μαστιζόμενον πνεῦμα κοῦφον
Si. 21. 3. τῇ πλ. αὐτῆς οὐκ ἔστιν ἴασις
22. 22. πλὴν ὀνειδισμοῦ . . . καὶ πληγῆς δολίας
25. 13. πᾶσαν πληγὴν καὶ μὴ πληγὴν καρδίας
— 23. πρόσωπον σκυθρωπὸν καὶ πληγὴ καρδίας γυνὴ πονηρά
27. 25. πληγὴ δολία διελεῖ τραύματα
28. 17. πληγὴ μάστιγος ποιεῖ μώλωπας πληγὴ δὲ γλώσσης συγκλάσει ὀστᾶ
Mi. 1. 9. κατεκράτησεν ἡ πλ. αὐ. (3 *a*)
— 11. λήψεται ἐξ ὑμῶν πληγὴν ὀδύνης †
Na. 3. 19. ἐφλέγμανεν ἡ πλ. σου (3 *a*)
Za. 13. 6. τί αἱ πλ. αὗται (3 *a*)
Is. 1. 6. οὔτε μώλωψ οὔτε πλ. φλεγμαίνουσα (3 *a*)
10. 24. πληγὴν [S[1] πλὴν] γὰρ ἐπάγω ἐπὶ σέ (2)
— 26. ἐγερεῖ ὁ θ. ἐπ᾿ αὐτοὺς κατὰ τὴν πλ. [A S *add.* τὴν] Μαδ. (3 *a*)
14. 6. πατάξας ἔθνος θυμῷ πληγῇ ἀνιάτῳ παίων ἔθνος πληγὴν θυμοῦ (3 *a*, –)
19. 22. πατάξει κύριος τοὺς Αἰγ. πληγῇ (5 *c*)
30. 26. τὴν ὀδύνην τῆς πλ. σου ἰάσεται (3 *a*)
— 31. ἡττηθήσονται Ἀσσύριοι τῇ πλ. (6)
53. 3. ἄνθρωπος ἐν πληγῇ ὤν (1 *b*)
— 4. ἐλογισάμεθα αὐτὸν εἶναι . . . ἐν πληγῇ (3 *c*)
— 10. καθαρίσαι αὐτὸν [A *add.* ἀπὸ] τῆς πλ. †
Je. 10. 18. ὅπως εὑρεθῇ ἡ πλ. σου –
— 19. ἀλγηρὰ ἡ πλ. σου (3 *a*)
14. 17. πλ. ὀδυνηρὰ σφόδρα (3 *a*)
15. 18. ἡ πλ. μου στερεά (3 *a*)
19. 8. συριεῖ ὑπὲρ πάσης τῆς πλ. αὐτῆς (3 *a*)
27 (50). 13. συριοῦσιν ἐπὶ πᾶσαν τὴν πλ. αὐτῆς (3 *a*)
37 (30). 12. ἀλγηρὰ ἡ πλ. σου (3 *a*)
— 14. πληγὴν ἐχθροῦ ἔπαισά σε (3 *a*)
— 17. ἀπὸ πληγῆς ὀδυνηρᾶς ἰατρεύσω σε (3 *a*)
I Ma. 1. 30. ἐπάταξεν αὐτὴν πλ. μεγάλην
3. 29. χάριν τῆς διχοστασίας καὶ πλ.
5. 3. ἐπάταξεν αὐτοὺς πλ. μεγάλην
— 34. S R ἐπάταξεν αὐτοὺς πλ. μεγάλην [A *al.*]
7. 22. ἐποίησαν πλ. μεγάλην
8. 4. ἐπάταξαν ἐν αὐτοῖς πλ. μεγάλην
13. 32. ἐποίησε πλ. μεγάλην ἐπὶ τῆς γῆς
14. 36. ἐποίουν πλ. μεγάλην
15. 29. ἐποιήσατε πλ. μεγάλην
— 35. ἐποίουν ἐν τῷ λαῷ πλ. μεγάλην
II Ma. 3. 26. πολλὰς ἐπιρριπτοῦντες αὐτῷ πλ.
6. 29. μέλλων δὲ ταῖς πλ. τελευτᾶν
9. 5. ἐπάταξεν αὐτὸν ἀνιάτῳ καὶ ἀοράτῳ πλ.
14. 43. τῇ δὲ πλ. μὴ κατευθικτήσας
[Aq. Ps. 63 (64). 8 : Je. 30 (37). 17 : 50 (27). 13 : Ez. 24. 16 : Am. 4. 6, 10 (?).]
[Sm. Ex. 9. 14 : Ps. 37 (38). 12 : 63 (64). 8 : 105 (106). 30 : Is. 1. 6 : 53. 8 : Je. 6. 7 : 50 (27). 13 : Am. 4. 10 (?).]
[Th. Am. 4. 10 (?).]
[Al. Le. 13. 51 : I Ki. 6. 4.]

πλήθειν, *vid. sub* **πιμπλάναι.**

πλῆθος. (1) בֶּצַע (2) גֹּבַהּ (3) הָמוֹן (4) כָּבֵד (5) כַּבִּיר (6) מְלֹא (7) מִסְפָּר (8) עָם (9) *a.* עָצוּם *b.* עֹצֶם (10) קָהָל (11) *a.* רֹב, רוֹב *b.* רַב *c.* רִבּוֹ *d.* מַרְבִּית *e.* תַּרְבִּית *f.* רָבָה qal. *g.* pi. *h.* hi. (12) רִגְשָׁה (13) שִׁפְעָה (14) צָבָא
Ge. 16. 10. οὐκ ἀριθμηθήσεται ἀπὸ τοῦ πλ. (11 *a*)
17. 4. ἔσῃ πατὴρ πλήθους ἐθνῶν (3)
27. 28. δῴη σοι . . . πλῆθος σίτου (11 *a*)

Ge. 30. 30. ηὐξήθη εἰς πλῆθος (11 a)
32. 12 (13). ἣ οὐκ ἀριθμηθήσεται ἀπὸ τοῦ πλ. (11 a)
36. 7. ἀπὸ τοῦ πλ. τῶν ὑπαρχόντων αὐ. –
48. 16. πληθυνθείησαν εἰς πλ. πολύ (11 a)
— 19. ἔσται εἰς πλῆθος ἐθνῶν (6)
Ex. 1. 9. τὸ γένος τῶν υἱῶν Ἰσρ. μέγα πλ. (11 b)
8. 24 (20). παρεγένετο ἡ κυνόμυια πλῆθος (4)
12. 6. σφάξουσιν αὐτὸ πᾶν τὸ πλ. (10)
15. 7. τῷ πλ. τῆς δόξης σου (11 a)
19. 21. καὶ πέσωσιν [A πέσῃ] ἐξ αὐτῶν πλῆθος (11 b)
— 22. A μή ποτε ἀπαλλάξῃ ἀπ' αὐτῶν πλῆθος [B κύριος] †
23. 2. οὐ προστεθήσῃ μετὰ πλήθους †
32. 13. ὡσεὶ τὰ ἄστρα τοῦ οὐρ. τῷ πλ. –
36. 5. πλῆθος φέρει ὁ λαός (11 h)
Le. 25. 36. οὐδὲ ἐπὶ πλήθει (11 e)
Nu. 32. 1. κτήνη πλῆθος ἦν τοῖς υἱοῖς Ῥ. . . . πλῆθος σφόδρα (11 b, 9 a)
De. 1. 10: 10. 22. ὡσεὶ τὰ ἄστρα τοῦ οὐρ. τῷ πλ. (11 a)
26. 5. εἰς ἔθνος μέγα καὶ πλ. πολύ (9 a)
28. 47. διὰ τὸ πλ. πάντων (11 a)
— 62. ὡσεὶ τὰ ἄστρα τοῦ οὐρ. τῷ πλ. (11 a)
Jo. 11. 4. ὥσπερ ἡ ἄμμος τῆς θαλ. τῷ πλ. (11 a)
Jd. 4. 7. καὶ τὸ πλ. αὐτοῦ (3)
6. 5. καθὼς ἀκρὶς εἰς πλῆθος (11 a)
7. 12. ὡς ἀκρὶς εἰς πλῆθος (11 a)
— 12. ὡς ἡ ἄμμος . . . εἰς πλῆθος (11 a)
I Ki. 1. 16. ἐκ πλήθους ἀδολεσχίας μου (11 a)
13. 5. B ὡς ἡ ἄμμος ἡ παρὰ τὴν θάλ. τῷ πλ. (11 a)
II Ki. 17. 11. ὡς ἡ ἄμμος . . . εἰς πλῆθος (11 a)
18. 29. εἶδον τὸ πλ. τὸ μέγα (3)
III Ki. 1. 19, 25. καὶ πρόβατα εἰς πλῆθος (11 a)
3. 1 (B), 4. 20 (A). ὡς ἡ ἄμμος ἡ ἐπὶ τῆς θαλ. εἰς πλῆθος (11 a)
— 8. A οὐ ψηφισθήσεται ἀπὸ πλήθους (11 a)
7. 47. οὐκ ἦν σταθμὸς . . . ἐκ πλήθους (11 a)
— 48. A ἀπὸ τοῦ πλ. σφόδρα σφόδρα –
8. 5. A ἀναρίθμητα ἀπὸ πλήθους [B om. ἀ. πλ.] (11 a)
10. 10. κατὰ τὰ ἡδύσμ. ἐκεῖνα ἔτι εἰς πλῆθος (11 a)
— 27. ὡς συκαμίνους τὰς ἐν τῇ πεδινῇ εἰς πλῆθος (11 a)
IV Ki. 7. 13. πρὸς πᾶν τὸ πλ. Ἰσρ. (3)
19. 23. ἐν τῷ πλ. τῶν ἁρμάτων μου (11 a, †*)
I Ch. 4. 38. ἐπληθύνθησαν εἰς πλῆθος (11 a)
12. 40. μόσχους καὶ πρόβατα εἰς πλῆθος (11 a)
22. 3. καὶ χαλκὸν εἰς πλῆθος (11 a)
— 4. ξύλα κέδρινα εἰς πλῆθος (11 a)
— 5. ἡτοίμασε Δ. εἰς πλῆθος (11 a)
— 8. αἷμα εἰς πλῆθος ἐξέχεας (11 a)
— 14. ὅτι εἰς πλῆθός ἐστι (11 a)
— 15. εἰς πλῆθος ποιούντων ἔργα (11 a)
29. 16. πρὸς πᾶν [A om.] τὸ πλ. τοῦτο (3)
— 21. καὶ θυσίας εἰς πλῆθος (11 a)
II Ch. 1. 15. ὡς συκαμίνους . . . εἰς πλῆθος (11 a)
2. 9 (8). ἑτοιμάσαι μοι ξύλα εἰς πλῆθος (11 a)
4. 18. πάντα τὰ σκεύη ταῦτα εἰς πλῆθος (11 a)
5. 6. οὐ λογισθήσονται ἀπὸ τοῦ πλ. (11 a)
9. 1. αἴρουσαι . . . χρυσίον εἰς πλῆθος (11 a)
— 6. ἥμισυ τοῦ πλ. τῆς σοφίας σου (11 d)
— 9. καὶ ἀρώματα εἰς πλ. πολύ (11 a)
— 27. ὡς συκαμίνους . . . εἰς πλῆθος (11 a)
11. 12. κατίσχυσεν αὐτὰς εἰς πλῆθος σφόδρα (11 h)
— 23. ἔδωκεν αὐταῖς τροφὰς πλ. πολύ (11 a)
— 23. ᾐτήσατο πλῆθος γυναικῶν (3)
12. 3. οὐκ ἦν ἀριθμὸς τοῦ πλ. (8)
13. 8. καὶ ὑμεῖς πλ. πολύ (3)
14. 11 (10). ἤλθομεν ἐπὶ τὸ πλ. τὸ πολὺ τοῦτο (3)
16. 8. οὐχ οἱ Αἰθίοπες . . . ἦσαν . . . εἰς πλῆθος σφόδρα (11 h)
20. 2. ἥκει ἐπὶ σὲ πλῆθος πολύ (3)
— 12. τοῦ ἀντιστῆναι πρὸς τὸ πλ. τὸ πολὺ τ. (3)
— 24. εἶδε τὸ πλ. (3)
30. 5. πλῆθος οὐκ ἐποίησε (11 a)
— 17. πλῆθος τῆς ἐκκλησίας οὐχ ἡγνίσθη (11 b)
— 24. καὶ τὰ ἅγια τῶν ἱερέων εἰς πλῆθος (11 a)
31. 5. ἐπιδέκατα πάντα εἰς πλῆθος (11 a)
— 10. B ἕως εἰς πλῆθος (11 a)
— 10. κατελίπομεν ἐπὶ [A ἔτι] τὸ πλ. τοῦτο (3)
— 18. εἰς πᾶν τὸ πλ. (10)
32. 29. ἀποσκευὴν . . . βοῶν εἰς πλῆθος (11 a)
I Es. 8. 21. A B καὶ ἄλλα ἐκ πλήθους πάντα
— 91. κλαυθμὸς γὰρ ἦν μέγας ἐν τῷ πλ.
9. 2. τῶν ἀνομιῶν τῶν μεγ. τοῦ πλ.
— 4. ἀλλοτριωθήσεται ἀπὸ τοῦ πλ.
I Es. 9. 6. συνεκάθισαν πᾶν τὸ πλ.
— 10. ἐφώνησαν ἅπαν τὸ πλῆθος
— 11. τὸ πλ. πολύ
— 12. οἱ προηγούμενοι τοῦ πλ.
— 38. συνήχθη πᾶν τὸ πλ.
— 40. ἐκόμισεν . . . παντὶ τῷ πλ.
— 41. A B ἐπέδωκαν πᾶν τὸ πλ. τὸν νοῦν [B al.]
— 45. A B ἀναλαβὼν . . . ἐνώπιον τοῦ πλ. [B al.]
— 47. A B ἐπεφώνησε [B ἐφ.] πᾶν τὸ πλ.
— 48. B πρὸς τὸ πλ. ἀνεγίνωσκον τὸν νόμον
— 49. τοῖς διδάσκουσι τὸ πλ.
Ne. 5. 18. οἶνος τῷ πλ. (11 h)
9. 25. πᾶν ξύλον βρώσιμον εἰς πλῆθος (11 a)
13. 22. κατὰ τὸ πλ. τοῦ ἐλέους σου (11 a)
To. 4. 8. A B ὡς σοι ὑπάρχει κατὰ τὸ πλ.
Ju. 1. 16. A S B πλῆθος ἀνδρῶν πολεμιστῶν πολὺ σφόδρα
2. 5. A B S[2] καὶ πλῆθος
— 16. πολέμου πλῆθος συντάσσεται
— 17. ἔλαβε . . . πλ. πολὺ σφόδρα
— 18. ἐπισιτισμὸν παντὶ ἀνδρὶ εἰς πλῆθος
— 20. οὐ γὰρ ἦν ἀριθμὸς ἀπὸ πλήθους αὐτῶν
5. 3. καὶ τὸ πλ. τῆς δυνάμεως αὐ.
— 10. ἐγένοντο ἐκεῖ εἰς πλ. πολύ
7. 2. πλ. πολὺ σφόδρα
— 4. ὡς εἶδον αὐτῶν τὸ πλ.
— 18. ἦσαν εἰς πλ. πολὺ σφόδρα
9. 11. οὐ γὰρ ἐν πλήθει τὸ κράτος σου
15. 7. ἦν γὰρ πλ. πολὺ σφόδρα
16. 4. τὸ πλ. αὐ. ἐνέφραξε χειμάρρους
Es. 5. 11. S[2] καὶ τὸ πλ. τῶν υἱῶν αὐτοῦ (11 a)
Jb. 31. 34. οὐ γὰρ διετράπην πολυοχλίαν πλήθους [A λαοῦ] (11 b)
33. 19. πλῆθος ὀστῶν αὐτοῦ ἐνάρκησε (†*, 11 a)
35. 9. ἀπὸ πλήθους συκοφαντούμενοι (11 a)
Ps. 5. 7. ἐν τῷ πλ. τοῦ ἐλέου σου (11 a)
— 10. κατὰ τὸ πλ. τῶν ἀσεβειῶν αὐτῶν (11 a)
9. 25 (10. 4). κατὰ τὸ πλ. τῆς ὀργῆς αὐτοῦ (2)
30 (31). 19. ὡς πολὺ τὸ πλ. τῆς χρηστότητός σου (11 b)
32 (33). 16. ἐν πλήθει ἰσχύος αὐτοῦ (11 a)
— 17. ἐν δὲ πλήθει δυνάμεως αὐτοῦ σωθήσεται (11 a)
36 (37). 11. κατατρυφήσουσιν ἐπὶ πλήθει εἰρήνης (11 a)
43 (44). 12. οὐκ ἦν πλῆθος ἐν τοῖς ἀλαλάγμασιν αὐτῶν [A S[2] ἡμῶν] (11 g)
48 (49). 6. ἐπὶ τῷ πλ. τοῦ πλούτου αὐτῶν (11 a)
50 (51). 1. κατὰ τὸ πλ. τῶν οἰκτιρμῶν σου (11 a)
51 (52). 7. B S[1] ἐπήλπισεν ἐπὶ τὸ πλ. [S[2] τῷ πλ.] τοῦ πλούτου αὐ. (11 a)
63 (64). 2. ἀπὸ πλήθους ἐργαζομένων ἀδικίαν (12)
65 (66). 3. ἐν τῷ πλ. τῆς δυνάμεώς σου (11 a)
68 (69). 13. ἐν τῷ πλ. τοῦ ἐλέους σου (11 a)
— 16. κατὰ τὸ πλ. τῶν οἰκτιρμῶν σου (11 a)
71 (72). 7. ἀνατελεῖ . . . πλῆθος εἰρήνης (11 a)
76 (77). 17. πλῆθος ἤχους ὑδάτων †
93 (94). 19. κατὰ τὸ πλ. τῶν ὀδυνῶν μου (11 a)
105 (106). 7. οὐκ ἐμνήσθησαν τοῦ πλ. τοῦ ἐλέους σου (11 a)
— 45. μετεμελήθη κατὰ τὸ πλ. τοῦ ἐλέους αὐ. (11 a)
144 (145). 7. μνήμην τοῦ πλ. τῆς χρηστότητός σου ἐξερεύξονται [A ἐρ.] (11 b)
146 (147). 4. ὁ ἀριθμῶν πλήθη ἄστρων (7)
150. 2. κατὰ τὸ πλ. τῆς μεγαλωσύνης αὐτοῦ (11 a)
Pr. 5. 23. ἐκ δὲ πλήθους τῆς ἑαυτοῦ βιότητος ἐξερρίφη (11 a)
Ec. 1. 18. ἐν πλήθει σοφίας πλῆθος γνώσεως (11 a, 11 a)
5. 2. παραγίνεται ἐνύπνιον ἐν πλήθει πειρασμοῦ καὶ φωνὴ ἄφρονος ἐν πλήθει λόγων (11 a, 11 a)
— 6. ἐν πλήθει ἐνυπνίων καὶ ματαιοτήτων (11 a)
— 9. τίς ἠγάπησεν ἐν πλήθει αὐ. γένημα (3)
— 10. ἐν πλήθει ἀγαθωσύνης ἐπληθύνθησαν ἔσθοντες αὐτήν (11 f)
6. 3. καὶ πλῆθος ὅτι ἔσονται αἱ ἡμέραι ἐτῶν αὐ. (11 b)
11. 1. ἐν πλήθει ἡμερῶν εὑρήσεις αὐτόν (11 a)
Wi. 4. 3. πολύγονον δὲ ἀσεβῶν πλῆθος οὐ χρησιμεύσει
6. 2. ἐνωτίσασθε, οἱ κρατοῦντες πλήθους
— 24. πλῆθος δὲ σοφῶν σωτηρία κόσμου
8. 15. ἐν πλήθει φανοῦμαι ἀγαθός
11. 16. ἐπαπέστειλας αὐτοῖς πλῆθος ἀλόγων ζῴων
— 17. ἐπιπέμψαι αὐτοῖς πλῆθος ἄρκων
14. 20. τὸ δὲ πλ. ἐφελκόμενον διὰ τὸ εὔχαρι [A -ρὲς] τῆς ἐργασίας
16. 1. διὰ πλήθους κνωδάλων ἐβασανίσθησαν
Wi. 18. 5. τὸ [A τὸν] αὐτῶν ἀφεῖλω πλῆθος τέκνων
— 20. θραῦσις ἐν ἐρήμῳ ἐγένετο πλήθους
19. 10. ἐξηρεύξατο ὁ ποταμὸς πλῆθος [S[1] om.] βατράχων [S[1] -ους]
Si. 5. 6. τὸ πλ. τῶν ἁμαρτιῶν μου ἐξιλάσεται
6. 34. ἐν πλήθει πρεσβυτέρων στῆθι
7. 7. μὴ ἁμάρτανε εἰς πλῆθος πόλεως
— 9. τῷ πλ. τῶν δώρων μου ἐπόψεται [A -ομαι]
— 14. μὴ ἀδολέσχει ἐν πλήθει πρεσβυτέρων
— 16. μὴ προσλογίζου σεαυτὸν ἐν πλήθει ἁμαρτωλῶν
16. 1. μὴ ἐπιθύμει τέκνων πλῆθος ἀχρήστων [A -ον]
— 3. A S μὴ ἔπεχε ἐπὶ τὸ πλ. [B τὸν τόπον] αὐτῶν
— 9. S[2] ἐπὶ πλήθει ἁγίων αὐ. οὐ παρεκλήθη
21. 4. B[2] κακῶν πλῆθος [A B[1] S καταπληγμὸς] καὶ ὕβρις
31 (34). 19. οὐδὲ ἐν πλήθει θυσιῶν ἐξιλάσκεται ἁμαρτίας
32 (35). 18. ἕως ἐξάρῃ πλῆθος ὑβριστῶν
36 (33). 11. ἐν πλήθει ἐπιστήμης κύριος διεχώρισεν αὐτούς
42. 11. μή ποτε . . . καταισχύνῃ σε ἐν πλήθει πολλῶν
44. 19. Ἀβραὰμ μέγας πατὴρ πλήθους ἐθνῶν
51. 3. ἐλυτρώσω με κατὰ τὸ πλ. ἐλέους
Ho. 4. 7. κατὰ τὸ πλ. αὐ. οὕτως ἥμαρτόν μοι (11 a)
8. 12. καταγράψω αὐτῷ πλῆθος (11 a, 11 c*)
9. 7. ὑπὸ τοῦ πλ. τῶν ἀδικιῶν σου (11 a)
10. 1. κατὰ τὸ πλ. τῶν καρπῶν αὐ. (11 a)
— 13. ἐν πλήθει δυνάμεώς σου (11 a)
Mi. 4. 13. ἀναθήσεις τῷ κυρίῳ τὸ πλ. αὐ. (1)
Na. 2. 13 (14). ἐκκαύσω ἐν καπνῷ πλῆθός σου †
3. 3. φωνὴ . . . πλήθους τραυματιῶν (11 a)
— 4. ἀσθενήσουσιν ἀπὸ πλήθους πορνείας (11 a)
Za. 2. 4 (8). ἀπὸ πλήθους ἀνθρώπων καὶ κτηνῶν (11 a)
8. 4. ἀπὸ πλήθους ἡμερῶν (11 a)
9. 10. καὶ πλῆθος καὶ εἰρήνη ἐξ ἐθνῶν †
14. 14. καὶ ἱματισμὸν εἰς πλῆθος σφόδρα (11 a)
Is. 1. 11. τί μοι τὸ πλ. τῶν θυσιῶν ὑμῶν (11 a)
5. 13. πλ. ἐγενήθη νεκρῶν διὰ λιμόν (3 ?)
17. 12. οὐαὶ πλ. ἐθνῶν πολλῶν (3)
21. 15. διὰ τὸ πλ. τῶν πεφονευμ. [A S φευγόντων] καὶ διὰ τὸ πλ. τῶν πλανωμ. καὶ διὰ τὸ πλ. τῆς μαχαίρας καὶ διὰ τὸ πλ. τῶν τοξευμάτων τῶν διατεταμ. καὶ διὰ τὸ πλ. τῶν πεπτωκότων – *quinquiens*
28. 2. ὡς ὕδατος πολὺ πλ. σῦρον χώραν (5)
29. 5. B τὸ πλ. τῶν καταδυναστευόντων σε (3)
31. 1. ἐφ' ἵπποις πλ. σφόδρα (9 b)
— 4. τὸ πλ. τοῦ θυμοῦ ἐπτοήθησαν (3)
37. 24. τῷ πλ. τῶν ἁρμάτων ἐγὼ ἀνέβην (11 a)
51. 10. οὐ σὺ εἶ ἡ ἐρημοῦσα θάλασσαν ὕδωρ ἀβύσσου πλ. (11 b)
60. 5. S[1] μεταβαλεῖ εἰς σὲ πλῆθος [A B S[2] πλοῦτος] θαλάσσης (3)
63. 7. κατὰ τὸ πλ. τῆς δικαιοσύνης αὐ. (11 a)
— 15. ποῦ ἐστι τὸ πλ. τοῦ ἐλέους σου (3)
Je. 10. 13. ἐξέτεινε . . . πλ. ὕδατος (3)
13. 22. διὰ τὸ πλ. τῆς ἀδικίας [A κακίας] (11 a)
26 (46). 16. τὸ πλ. σου ἠσθένησε (11 h)
28 (51). 13. ἐπὶ πλήθει θησαυρῶν αὐτῆς (11 b)
— 27. A B S[2] ὡς ἀκρίδων πλ. †
30. 10 (49. 32). πλ. κτηνῶν αὐτῶν εἰς ἀπώλειαν (3)
37 (30). 15. ἐπὶ πλ. ἀδικιῶν [A -ίας, S δικαίων] σου ἐπληθύνθησαν αἱ ἁμαρτίαι σου (11 a)
La. 1. 3. ἀπὸ πλήθους δουλείας αὐτῆς (11 a)
— 5. ἐπὶ τὸ πλ. τῶν ἀσεβειῶν αὐτῆς (11 a)
3. 32. κατὰ τὸ πλ. τοῦ ἐλέους αὐτοῦ (11 a)
Ez. 7. 12. A ὀργὴ εἰς πᾶν τὸ πλ. αὐτῆς (3)
— 13. A ὅρασις εἰς πᾶν τὸ πλ. αὐτῆς οὐκ ἀνακάμψει (3)
— 14. A ἡ ὀργή μου εἰς πᾶν τὸ πλ. αὐτῆς (3)
19. 11. ἐν πλήθει κλημάτων αὐτῆς (11 a)
23. 42. πρὸς ἄνδρας ἐκ πλήθους ἀνθρώπων ἥκοντας (11 a)
26. 10. ἀπὸ τοῦ πλ. τῶν ἵππων αὐτοῦ (13)
— 13. καταλύσει τὸ πλ. τῶν μουσικῶν σου (3)
27. 12. ἀπὸ πλήθους πάσης ἰσχύος σου (11 a)
— 16. ἀπὸ πλήθους τοῦ συμμίκτου σου (11 a)
— 18. ἐκ πλήθους πάσης δυνάμεώς σου (11 a)
— 25. ἔμποροί σου ἐν τῷ πλ. –
— 33. ἐνέπλησας [A ἐνεποίησας] ἔθνη ἀπὸ τοῦ πλ. σου (11 a)
28. 10. ἐν πλήθει ἀπεριτμήτων [A al.] †
— 16. ἀπὸ πλήθους τῆς ἐμπορίας σου (11 a)
— 17. διὰ πλ. [A τὸ πλ.] ἁμαρτιῶν σου –
— 18. διὰ τὸ πλ. τῶν ἁμαρτιῶν σου (11 a)

Ez. 29. 19. A λήψεται τὸ πλ. αὐτῆς (3)
30. 4. A λήψονται τὸ πλ. αὐτῆς (3)
— 10. ἀπολῶ πλ. Αἰγυπτίων (3)
— 15. ἀπολῶ τὸ [A *om.*] πλ. Μέμφεως (3)
31. 2. εἰπὸν πρὸς Φαραὼ . . . καὶ τῷ πλ. αὐτοῦ (3)
— 6. κατῴκησε πᾶν πλ. ἐθνῶν (11 *b*)
— 7. διὰ τὸ πλ. τῶν κλάδων αὐτοῦ †
— 9. διὰ τὸ πλ. τῶν κλάδων αὐτοῦ (11 *a*)
— 15. ἐκώλυσα [A -σεν] πλ. ὕδατος (11 *b*)
— 18. οὕτως Φαραὼ καὶ [A *add.* πᾶν] τὸ πλ. τῆς ἰσχύος αὐτοῦ (3)
32. 6. ἀπὸ τοῦ πλ. σου ἐπὶ τῶν ὀρέων –
— 32. πᾶν τὸ πλ. αὐτοῦ μετ' αὐτοῦ [A *om.* μ. αὐ.] (3)
39. 4. δοθήσονται εἰς πλήθη ὀρνέων †
— 11. Γὼγ καὶ πᾶν τὸ πλ. αὐτοῦ (3)
47. 10. πλ. πολὺ σφόδρα (11 *b*)
Da. LXX. 3. (36). ὡς τὰ ἄστρα τοῦ οὐρανοῦ τῷ πλ.
— (42). κατὰ τὸ πλ. τοῦ ἐλέους σου
10. 1. τὸ πλ. τὸ ἰσχυρὸν διανοηθήσεται τὸ πρόσταγμα (14)
Da. TH. 2. 35. ἐξῆρεν αὐτὰ τὸ πλ. τοῦ πνεύματος –
3. (42). κατὰ τὸ πλ. τοῦ ἐλέους σου
I Ma. 1. 3. AR ἔλαβε σκῦλα πλήθους [S -os] ἐθνῶν
3. 17. πολεμῆσαι πρὸς πλ. τοσοῦτο ἰσχυρόν
— 19. οὐκ ἐν πλήθει δυνάμεως νίκη πολέμου ἐστίν
— 20. SR ἔρχονται . . . ἐν [A *om.*] πλήθει ὕβρεως
4. 8. μὴ φοβεῖσθε τὸ πλ. αὐ.
5. 12. πέπτωκεν ἐξ ἡμῶν πλῆθος
6. 41. πάντες οἱ ἀκούοντες φωνῆς πλήθους αὐτῶν καὶ ὁδοιπορίας τοῦ πλ.
8. 15. ἐβουλεύοντο . . . διὰ παντὸς περὶ τοῦ πλ.
— 20. τὸ πλ. τῶν Ἰ. ἀπέστειλαν ἡμᾶς
9. 6. ἴδον τὸ πλ. τῶν δυνάμεων ὅτι πολλοί εἰσι
— 63. συνήγαγε πᾶν τὸ πλ. αὐ.
10. 77. διὰ τὸ ἔχειν αὐτὸν πλῆθος ἵππου
15. 3. ἐξενολόγησα δὲ πλῆθος δυνάμεων
II Ma. 2. 21. καὶ τὰ βάρβαρα πλ. διώκειν
— 24. διὰ τὸ πλ. τῆς ὕλης
3. 6. ὥστε τὸ πλ. τῶν διαφόρων ἀναρίθμητον εἶναι
— 21. τὴν τοῦ πλήθους παμμιγῆ πρόπτωσιν
4. 5. τὸ δὲ σύμφορον . . . παντὶ τῷ πλ. σκοπῶν
— 39. ἐπισυνήχθη τὸ πλ. ἐπὶ τὸν Λ.
5. 3. καὶ καμάκων πλήθη
— 10. ὁ πλῆθος ἀτάφων ἐκρίψας
— 26. ἱκανὰ κατέστρωσε πλήθη
9. 2. τῶν πλ. ὁρμησάντων
11. 16. Λυσίας τῷ πλ. τῶν Ἰουδ. χαίρειν
12. 27. R ἐν ᾗ κατῴκει Λ. καὶ πάμφυλα πλ. [A *al.*]
— 42. παρεκάλεσε τὸ πλ.
13. 1. παραγενεσθαι σὺν πλήθεσιν ἐπὶ τὴν Ἰουδ.
— 10. παρήγγειλε τῷ πλ.
14. 1. εἰσπλεύσαντα μετὰ πλ. ἰσχυροῦ
— 20. τοῦ ἡγεμόνος τοῖς πλ. ἀνακοινωσαμένου
— 41. τῶν δὲ πλ. μελλόντων τὸν πύργον καταλαβέσθαι
15. 21. συνιδὼν ὁ Μ. τὴν τῶν πληθῶν παρουσίαν
III Ma. 1. 24. τὸ μὲν πλ. . . . ἀνεστρέφετο δεόμενον
2. 7. σὺν ἅρμασι καὶ ὄχλων πλήθει
4. 5. R ἤγετο γὰρ γεραιῶν πλῆθος [A *al.*]
5. 24. τὰ δὲ κατὰ τὴν πόλιν πλήθη συνήθροιστο
— 46. τῆς πόλεως ἤδη πλήθεσιν ἀναριθμήτοις . . . καταμεμεστωμένης
— 48. τῆς τε τοῦ πλ. πορείας κονιορτὸν ἰδόντες
6. 14. ἱκετεύει σε τὸ πᾶν πλ. τῶν νηπίων
7. 13. οἱ τούτων ἱερεῖς καὶ πᾶν τὸ πλ.
IV Ma. 8. 5. τὸ πλ. τοσούτων ἀδελφῶν ὑπερτιμῶν

[**Aq.** I Ki. 19. 13, 16 : III Ki. 4. 20 : Jb. 22. 11 : 23. 6 : 37. 23 : Ps. 32 (33). 16 : 71 (72). 7 : 88 (89). 8 *bis* : Pr. 14. 28 : 15. 22 : Ec. 5. 10 : Ca. 8. 11 : Is. 16. 14 : 33. 23 : Je. 13. 22 : 30 (37). 15 : 47 (29). 3 : Ez. 23. 42 : 27. 9, 18 : 30. 10 : 31. 9 : 32. 20, 25.]
[**Sm.** III Ki. 4. 20 : Ps. 32 (33). 16 *bis*, 17 : 41 (42). 5 : 49 (50). 11 : Pr. 14. 4, 28 : 15. 22 : 25. 8 : Ec. 5. 2, 6 : Ca. 7. 4 (5) : Is. 16. 14 : 29. 5 : 31. 4 : 32. 14 : 40. 26 : 60. 5 : 63. 1, 7 : Je. 10. 13 : 47 (29). 3 : 51 (28). 55 : La. 1. 5 : Ez. 27. 18 : 30. 10 : 32. 25 : Ho. 8. 12.]
[**Th.** Jb. 22. 11 : 33. 19 : Ps. 3. 7 : Pr. 7. 21 : 14. 4, 28 : 15. 22 : 20. 15 : Is. 9. 3 (2) : 16. 14 : 29. 5, 8 : 31. 4 : 32. 14 : 33. 3 : 40. 26 : 66. 11 : Je. 30 (37). 15 : Ez. 7. 11, 12, 13, 14 : 27. 18 : 30. 10 : 31. 9 : 32. 18, 25 : Da. 2. 35 : 3. (36).]
[**Al.** Ex. 32. 26 : Dt. 1. 10 : I Ki. 14. 11 : Ec. 5. 9 : Ez. 32. 24, 25.]
[**Quint.** Ps. 32 (33). 16 : Ca. 4. 1.]
[**Sext.** Ps. 32 (33). 17 : 77 (78). 31.]

<u>πληθύνειν</u> (-ύειν). (**1**) אָרַךְ hi. (**2**) דָּגָה (**3**) יָתַר hi. (**4**) מָלֵא *a.* qal. *b.* ni. (**5**) נוּב (**6**) עָטַף (**7**) עָצַם (**8**) פָּרַץ (**9**) רָבַב *a.* qal. *b.* pu. (**10**) רָבָה *a.* qal. *b.* pi. *c.* hi. *d.* רַב *e.* רְבָבָה (**11**) רָחַב hi. (**12**) שָׂבַע (**13**) *a.* שָׂגָה *b.* שְׂגָא (סְגָא) pe. (**14**) שָׁרַץ

Ge. 1. 22. αὐξάνεσθε καὶ πληθύνεσθε (10 *a*)
— 22. τὰ πετεινὰ πληθυνέσθωσαν (10 *a*)
— 28. αὐξάνεσθε καὶ πληθύνεσθε (10 *a*)
3. 16. πληθύνων πληθυνῶ τὰς λύπας σου (10 *c*, 10 *c*)
6. 5. ἐπληθύνθησαν αἱ κακίαι τῶν ἀνθρ. (9 *a*)
7. 17. A ἐπληθύνθη [R ἐπεπλ.] τὸ ὕδωρ (10 *a*)
— 18. καὶ ἐπληθύνετο σφόδρα (10 *a*)
8. 17. πληθύνεσθε ἐπὶ τῆς γῆς (10 *a*)
9. 1, 7. αὐξάνεσθε καὶ πληθύνεσθε (10 *a*)
— 7. A πληθύνεσθε ἐπὶ τῆς γῆς [R *al.*] (10 *a*)
16. 10. πληθύνων πληθυνῶ τὸ σπέρμα σου (10 *c*, 10 *c*)
17. 2. πληθυνῶ σε σφόδρα (10 *c*)
— 20. πληθυνῶ αὐτὸν σφόδρα (10 *c*)
18. 20. κραυγὴ Σοδ. καὶ Γ. πεπλήθυνται (10 *a*)
22. 17. πληθύνων πληθυνῶ τὸ σπέρμα σου (10 *c*, 10 *c*)
26. 4, 24. πληθυνῶ τὸ σπέρμα σου (10 *c*)
28. 3. ὁ δὲ θεός μου . . . πληθύναι σε (10 *c*)
34. 12. πληθύνατε τὴν φερνὴν σφόδρα (10 *c*)
35. 11. αὐξάνου καὶ πληθύνου (10 *a*)
38. 12. ἐπληθύνθησαν δὲ αἱ ἡμέραι (10 *a*)
47. 27. ἐπληθύνθησαν σφόδρα (10 *a*)
48. 4. B αὐξανῶ σε καὶ πληθυνῶ [AR *add.* σε] (10 *c*)
— 16. πληθυνθείησαν εἰς πλῆθος πολύ (2)
Ex. 1. 7. ηὐξήθησαν καὶ ἐπληθύνθησαν (14)
— 7. ἐπλήθυνε δὲ ἡ γῆ αὐτούς (4 *b*)
— 10. μή ποτε πληθυνθῇ (10 *a*)
— 20. ἐπλήθυνεν ὁ λαός (10 *a*)
7. 3. πληθυνῶ τὰ σημεῖά μου (10 *c*)
11. 9. ἵνα πληθύνων [A *om.*] πληθύνω μου τὰ σημεῖα (–, 10 *a*)
Le. 25. 16. AB καθότι ἂν . . . πληθύνῃ [R -νεῖ] τὴν ἔγκτησιν αὐ. (10 *c*)
26. 9. καὶ πληθυνῶ ὑμᾶς (10 *c*)
Nu. 33. 54. πληθυνεῖτε τὴν κατάσχεσιν αὐτῶν (10 *c*)
De. 1. 10. κ. ὁ θ. ὑμῶν ἐπλήθυνεν ὑμᾶς (10 *c*)
6. 3. ἵνα πληθυνθῆτε σφόδρα (10 *a*)
7. 13. καὶ πληθυνεῖ σε (10 *c*)
— 22. καὶ πληθυνθῇ ἐπὶ σὲ τὰ θηρία τὰ ἄγρια (10 *a*)
8. 13. B^1 τῶν βοῶν σου πληθυνθέντων [AB^2R *om.*] –
— 13. τῶν προβάτων σου πληθυνθέντων (10 *a*)
— 13. χρυσίου πληθυνθέντος σοι (10 *a*)
— 13. πάντων . . . πληθυνθέντων σοι (10 *a*)
13. 17 (18). καὶ πληθυνεῖ σε (10 *c*)
17. 16. οὐ πληθυνεῖ ἑαυτῷ ἵππον (10 *c*)
— 16. ὅπως μὴ πληθύνῃ αὐτῷ ἵππον (10 *c*)
— 17. οὐ πληθυνεῖ ἑαυτῷ γυναῖκας [B^1 *om.*] (10 *c*)
— 17. AB^2R χρυσίον οὐ πληθυνεῖ ἑαυτῷ (10 *c*)
28. 11. πληθυνεῖ σε . . . εἰς ἀγαθά (3)
— 63. AR καὶ πληθῦναι ὑμᾶς (10 *c*)
Jo. 24. 3. ἐπλήθυνα αὐτοῦ σπέρμα (10 *c*)
Jd. 9. 29. πλήθυνον τὴν δύναμίν σου (10 *b*)
16. 24. ἐπλήθυνε τοὺς τραυματίας ἡμῶν (10 *c*)
I Ki. 1. 12. ὅτε ἐπλήθυνε προσευχομένη (10 *c*)
7. 2. ἐπλήθυναν αἱ ἡμέραι (10 *a*)
14. 19. ὁ ἦχος . . . ἐπλήθυνε (10 *d*)
25. 10. πεπληθυμμένοι εἰσὶν οἱ δοῦλοι (9 *a*)
II Ki. 14. 11. πληθυνθῆναι [A -ῦναι] ἀγχιστέα τοῦ αἵματος (10 *c*)
22. 36. ἡ ὑπακοή σου ἐπλήθυνέ με (10 *c*)
III Ki. 3. 1 (4. 30 [5. 10]). ἐπληθύνθη ἡ φρόνησις Σαλ. (10 *a*)
— 14. πληθυνῶ τὰς ἡμέρας σου (1)
4. 30 (5. 10). ἐπληθύνθη [A *add.* ἡ σοφία] Σαλ. σφόδρα (10 *a*)
IV Ki. 21. 6. καὶ γνώστας ἐπλήθυνε (10 *c*)
I Ch. 4. 10. ἐὰν . . . πληθύνῃς τὰ ὅριά μου (10 *c*)
— 38. ἐπληθύνθησαν εἰς πλῆθος (8)
7. 4. ἐπλήθυναν γυναῖκας καὶ υἱούς (10 *c*)
8. 40. καὶ πληθύνοντες υἱούς (10 *c*)
23. 11. AR οὐκ ἐπλήθυναν [B -εν] υἱούς (10 *c*)
27. 23. κύριος εἶπε πληθῦναι τὸν Ἰσρ. (10 *c*)
II Ch. 33. 6. ἐπλήθυνε τοῦ ποιῆσαι τὸ πονηρόν [A *al.*] (10 *c*)
— 23. ἐπλήθυνε πλημμέλειαν (10 *c*)
36. 14. ἐπλήθυνεν τοῦ ἀθετῆσαι (10 *c*)

II Es. 4. 22. μή ποτε πληθυνθῇ ἀφανισμός (13 *b*)
9. 6. ἐπληθύνθησαν ὑπὲρ κεφαλῆς ἡμῶν (10 *a*)
10. 13. ἐπληθύναμεν τοῦ ἀδικῆσαι (10 *c*)
Ne. 9. 23. τοὺς υἱοὺς αὐτῶν ἐπλήθυνας (10 *c*)
Ju. 5. 9. καὶ ἐπληθύνθησαν χρυσίῳ
9. 7. ἐπληθύνθησαν ἐν δυνάμει αὐτῶν
Jb. 39. 4. πληθυνθήσονται ἐν γεννήματι (10 *a*)
Ps. 3. 1. τί ἐπληθύνθησαν οἱ θλίβοντές με (9 *a*)
4. 7. ἀπὸ καρποῦ . . . ἐπληθύνθησαν (9 *a*)
15 (16). 4. ἐπληθύνθησαν αἱ ἀσθένειαι αὐτῶν (10 *a*)
17 (18). 14. ἀστραπὰς ἐπλήθυνε (10 *d*)
24 (25). 17. αἱ θλίψεις τῆς καρδίας μου ἐπληθύνθησαν (11)
— 19. ἴδε τοὺς ἐχθρούς μου ὅτι ἐπληθύνθησαν (9 *a*)
35 (36). 7. ὡς ἐπλήθυνας τὸ ἔλεός σου, ὁ θεός †
37 (38). 19. ἐπληθύνθησαν οἱ μισοῦντές με [A *om.*] ἀδίκως (9 *a*)
39 (40). 5. ἐπληθύνθησαν ὑπὲρ ἀριθμόν (7)
— 12. ἐπληθύνθησαν ὑπὲρ τὰς τρίχας τῆς κεφαλῆς μου (7)
48 (49). 16. ὅταν πληθυνθῇ ἡ δόξα τοῦ οἴκου αὐτοῦ (10 *a*)
64 (65). 9. ἐπλήθυνας τοῦ πλουτίσαι αὐτήν (10 *d*)
— 10. πλήθυνον τὰ γεννήματα αὐτῆς †
— 13. αἱ κοιλάδες πληθυνοῦσι σῖτον (6)
68 (69). 4. ἐπληθύνθησαν ὑπὲρ τὰς τρίχας τῆς κεφαλῆς μου (9 *a*)
77 (78). 38. πληθυνεῖ τοῦ ἀποστρέψαι τὸν θυμὸν αὐτοῦ (10 *c*)
91 (92). 12. ὡς ἡ κέδρος ἡ ἐν τῷ Λιβάνῳ πληθυνθήσεται (13 *a*)
— 14. πληθυνθήσονται ἐν γήρει πίονι (5)
105 (106). 29. ἐπληθύνθη ἐν αὐτοῖς ἡ πτῶσις (8)
106 (107). 38. ἐπληθύνθησαν σφόδρα (10 *a*)
118 (119). 69. ἐπληθύνθη ἐπ' ἐμὲ ἀδικία †
122 (123). 3. S^1 ἐπὶ πολὺ ἐπληθύνθημεν [AS^2R ἐπλήσθημεν] ἐξουδενώσεως (12)
— 4. S ἐπὶ πλεῖον ἐπληθύνθη [AR ἐπλήσθη] ἡ ψυχὴ ἡμῶν (12)
138 (139). 18. ὑπὲρ ἄμμον πληθυνθήσονται (10 *a*)
143 (144). 13. τὰ πρόβατα αὐτῶν πολυτόκα πληθύνοντα ἐν ταῖς ἐξόδοις αὐτῶν (9 *b*)
Pr. 4. 10. πληθυνθήσεται ἔτη ζωῆς σου (10 *a*)
13. 11. μετ' εὐσεβείας πληθυνθήσεται (10 *c*)
28. 8. ὁ πληθύνων τὸν πλοῦτον αὐτοῦ (10 *c*)
— 28. ἐν δὲ τῇ ἐκείνων ἀπωλείᾳ πληθυνθήσονται δίκαιοι (10 *a*)
Ec. 5. 10. ἐν πλήθει ἀγαθωσύνης ἐπληθύνθησαν ἔσθοντες αὐτήν (9 *a*)
6. 11. εἰσὶ λόγοι [S ὀλίγοι] πολλοὶ πληθύνοντες ματαιότητα (10 *c*)
10. 14. ὁ ἄφρων πληθύνει λόγους (10 *c*)
Wi. 10. 10. ἐπλήθυνε τοὺς πόνους [A S κόπους] αὐ.
Si. 6. 5. λάρυγξ γλυκὺς πληθυνεῖ φιλους αὐτοῦ καὶ γλῶσσα εὔλαλος πληθυνεῖ εὐπροσήγορα
11. 10. ἐὰν πληθύνῃς
— 32. ἀπὸ σπινθῆρος πυρὸς πληθύνεται [B^1S^2 -υνθήσεται] ἀνθρακιά
16. 2. ἐὰν πληθύνωσι [S^2 -υνθῶσιν]
18. 12. διὰ τοῦτο ἐπλήθυνε τὸν ἐξιλασμὸν αὐτοῦ
21. 12. ἔστι πανουργία πληθύνουσα πικρίαν [A^2 παιδείαν]
— 13. γνῶσις σοφοῦ ὡς κατακλυσμὸς πληθυνθήσεται
22. 13. μετὰ ἄφρονος μὴ πληθύνῃς λόγον
23. 3. ὅπως μὴ πληθύνωσιν [A S -υνθῶσιν] αἱ ἄγνοιαί μου
— 16. δύο εἴδη πληθύνουσιν [A -ωσιν] ἁμαρτίας
24. 29. ἐπληθύνθη διανόημα [A -ατα] αὐτῆς
27. 1. ὁ ζητῶν πληθῦναι ἀποστρέψει ὀφθαλμόν
31 (34). 10. ὁ δὲ πεπλανημένος πληθυνεῖ πανουργίαν
34 (31). 30. πληθύνει μέθη θυμὸν ἄφρονος
40. 15. ἔκγονα ἀσεβῶν οὐ πληθυνεῖ [? -ύνει] κλάδους
43. 30. ὑψοῦντες αὐτὸν πληθύνατε ἐν ἰσχύϊ
44. 21. ABS^2 πληθῦναι αὐτὸν ὡς χοῦν τῆς γῆς
47. 18. ὡς μόλιβον ἐπλήθυνας ἀργύριον
— 24. ἐπληθύνθησαν αἱ ἁμαρτίαι αὐτῶν σφόδρα
48. 16. τινὲς δὲ ἐπλήθυναν ἁμαρτίας
Ho. 2. 8 (10). ἀργύριον ἐπλήθυνα αὐτῇ (10 *c*)
8. 11. ἐπλήθυνεν Ἐφρ. θυσιαστήρια (10 *c*)
— 14. Ἰ. ἐπλήθυνε πόλεις τετειχισμένας (10 *c*)
9. 7. ἐπληθύνθη μανία [A μνεία] σου (10 *d*)
10. 1. ἐπλήθυνε τὰ θυσιαστήρια (10 *c*)
12. 1 (2). κενὰ καὶ μάταια ἐπλήθυνε (10 *c*)
— 10 (11). ὁράσεις ἐπλήθυνα. (10 *c*)
Am. 4. 4. ἐπληθύνατε τοῦ ἀσεβῆσαι (10 *c*)

Am. 4. 9. ἐπληθύνατε κήπους ὑμῶν (10 c)
Jl. 3 (4). 13. πεπλήθυνται τὰ κακὰ αὐ. (10 d)
Na. 3. 16. ABS^2 ἐπλήθυνας τὰς ἐμπορίας σου (10 c)
Hb. 2. 6. ὁ πληθύνων ἑαυτῷ τὰ οὐκ ὄντα αὐ. (10 c)
Za. 10. 8. πληθυνθήσονται καθότι ἦσαν πολλοί (10 a)
Is. 1. 15. ἐὰν πληθύνητε τὴν δέησιν (10 c)
6. 12. οἱ καταλειφθέντες πληθυνθήσονται (10 d)
14. 2. πληθυνθήσονται ἐπὶ τῆς γῆς –
51. 2. AS R ἐπλήθυνα αὐτόν (10 c)
57. 9. ἐπλήθυνας τὴν πορνείαν σου μετ' αὐτῶν (10 c ?)
Je. 2. 22. ἐὰν . . . πληθύνῃς σεαυτῇ ποίαν (10 c)
3. 16. ἔσται ἐὰν πληθυνθῆτε (10 a)
5. 6. ἐπλήθυναν ἀσεβείας αὐτῶν (9 a)
15. 8. ἐπληθύνθησαν χῆραι αὐτῶν (7)
23. 3. αὐξηθήσονται καὶ πληθυνθήσονται (10 a)
26 (46). 11. εἰς τὸ κενὸν ἐπλήθυνας ἰάματά σου (10 c)
— 23. πληθύνει ὑπὲρ ἀκρίδα [A al.] (9 a)
36 (29). 6. πληθύνεσθε καὶ μὴ σμικρυνθῆτε (10 a)
37 (30). 14. ἐπλήθυναν αἱ ἁμαρτίαι σου (7)
— 15. ἐπληθύνθησαν αἱ ἁμαρτίαι σου (7)
Ba. 2. 34. πληθυνῶ αὐτούς
La. 1. 1. ἡ πόλις ἡ πεπληθυμμένη λαῶν (10 d)
— 1. ἐγενήθη ὡς χήρα πεπληθυμμένη ἐν ἔθνεσιν (10 d)
2. 5. ἐπλήθυνε [S^1 -αν] τῇ θυγατρὶ Ἰούδα ταπεινουμένην [A S -ον] (10 c)
— 22. ἐπλήθυνα ἐχθρούς μου πάντας (10 b)
Ez. 11. 6. ἐπληθύνατε νεκροὺς ὑμῶν (10 c)
16. 7. πληθύνου . . . καὶ ἐπληθύνθης (10 e, 10 a)
— 25. ἐπλήθυνας τὴν πορνείαν σου (10 c)
— 29. ἐπλήθυνας τὰς διαθήκας [A τὴν δ.] σου (10 c)
— 51. ἐπλήθυνας τὰς ἀνομίας σου (10 c)
19. 2. ἐπλήθυνε σκύμνους αὐτῆς (10 b)
21. 15 (20). πληθυνθῶσιν οἱ ἀσθενοῦντες (10 c)
22. 25. χῆραί σου ἐπληθύνθησαν (10 c)
23. 19. ἐπλήθυνας τὴν πορνείαν σου (10 c)
24. 10. πληθυνῶ τὰ ξύλα (10 c)
27. 15. ἐπλήθυναν τὴν ἐμπορίαν σου ὀδόντας (10 d)
28. 5. ἐπλήθυνας δύναμίν [A -εις] σου (10 c)
— 16. A ἐπλήθυνας [B ἔπλησας] τὰ ταμεῖά σου ἀνομίας (4 a)
36. 10, 11. πληθυνῶ ἐφ' ὑμᾶς ἀνθρώπους (10 c)
— 29. πληθυνῶ αὐτόν (10 c)
— 30. πληθυνῶ τὸν καρπὸν τοῦ ξύλου (10 c)
— 37. πληθυνῶ αὐτοὺς ὡς πρόβατα ἀνθρώπους (10 c)
Da. LXX. 3. (36). πολὺ πληθῦναι [? πολυπλ.] τὸ σπέρμα αὐ.
— 31 (98). εἰρήνη ὑμῖν πληθυνθείη (13 b)
4. 34. εἰρήνη ὑμῖν πληθυνθείη ἐν παντὶ καιρῷ –
11. 39. πληθυνεῖ δόξαν (10 c)
Da. TH. 3. (36). πληθῦναι τὸ σπέρμα αὐ.
— 31 (98): 6. 25 (26). εἰρήνη ὑμῖν πληθυνθείη (13 b)
11. 39. πληθυνεῖ δόξαν (10 c)
12. 4. ἕως . . . πληθυνθῇ ἡ γνῶσις (10 a)
I Ma. 1. 9. ἐπλήθυναν κακὰ ἐν τῇ γῇ
— 40. ἐπληθύνθη ἡ ἀτιμία αὐ. [A S^1 al.]
2. 30. R ἐπληθύνθη [A S ἐσκληρύνθη] ἐπ' αὐτοὺς [S^1 add. ἐπληθύνθη, S^2 add. καὶ ἐπλ.] τὰ κακά
3. 42. ἐπληθύνθη τὰ κακά
14. 15. A R ἐπλήθυνε [S om.] τὰ σκεύη τῶν ἁγίων
II Ma. 3. 19. κατὰ τὰς ὁδοὺς ἐπλήθυνον
III Ma. 5. 41. καὶ πληθύουσα συστροφαῖς ἤδη
6. 4. Φαραὼ πληθύνοντα ἅρμασι . . . ἀπώλεσας
[**Aq.** GE. 1. 28: JB. 8. 11: Ps. 15 (16). 4: 17 (18). 36: 70 (71). 21: PR. 29. 2: Is. 40. 29: 55. 7: 57. 9: JE. 46 (26). 11: Ez. 36. 11: 37. 26: HO. 8. 12.]
[**Sm.** GE. 1. 28: JB. 8. 11: 39. 4: Ps. 28 (29). 9: 91 (92). 15 (P.): Is. 9. 3 (2), 7 (6): 22. 9: 40. 29: 57. 9: JE. 46 (26). 11: 51 (28). 13: LA. 1. 1.]
[**Th.** GE. 1. 28: JB. 39. 4: Ps. 15 (16). 4: 24 (25). 17: 70 (71). 21: Is. 9. 7 (6): 57. 9: JE. 33 (40). 22: Ez. 36. 11: 37. 26: DA. 3. (36).]
[**Al.** DT. 11. 21: LA. 3. 23.]
[**Heb.** JB. 40. 22 (27).]
[**Quint.** Ps. 17 (18). 36.]
[**Sext.** Ps. 24 (25). 17: 91 (92). 15.]

πληθύς.
III Ma. 4. 17. διὰ τὴν ἀμέτρητον αὐτῶν πλ.
[**Sm.** Ps. 39 (40). 11.]

πλήκτης.
[**Sm.** Ps. 34 (35). 15.]

πληκτικός.
[**Al.** JE. 30 (37). 5.]

πλημμέλεια (-λία). (1) a. אָשָׁם b. אָשַׁם c. אַשְׁמָה d. אָשֵׁם (2) מַעַל (3) רֶשַׁע (4) τὸ τῆς πλ. אָשָׁם (5) περὶ τῆς πλ., περὶ πλημμελείας אָשָׁם
Le. 5. 15. οἴσει τῆς πλ. αὐτοῦ (1 a)
— 16. ἐν τῷ κριῷ τῆς πλ. (1 a)
— 18. τιμῆς ἀργυρίου εἰς πλημμέλειαν (1 a)
— 19. R ἐπλημμέλησε γὰρ πλημμελείᾳ [B^2 -αν, A B^1 -λησιν] (1 a+1 b)
6. 5 (5. 25). τῆς πλ. αὐτοῦ οἴσει (1 a)
— 17 (10). καὶ ὥσπερ τὸ τῆς πλ. (4)
— 31 (7. 1). τοῦ κριοῦ τοῦ περὶ τῆς πλ. (5)
— 32 (7. 2). σφάξουσι τὸν κριὸν τῆς πλ. (1 a)
— 35 (7. 5). περὶ πλημμελείας ἐστί (5)
— 37 (7. 7). οὕτω καὶ τὸ τῆς πλ. (4)
7. 27 (37). καὶ περὶ ἁμαρτίας καὶ τῆς πλ. (1 a)
14. 12. προσάξει αὐτὸν τῆς πλ. (1 a)
— 13. ὥσπερ τὸ τῆς πλ. ἐστὶ τῷ ἱερεῖ (4)
— 14. ἀπὸ τοῦ αἵματος τοῦ τῆς πλ. (1 a)
— 17. τοῦ αἵματος τοῦ τῆς πλ. (1 a)
— 24. τὸν ἀμνὸν τῆς πλ. (1 a)
— 25. B^2 R τὸν ἀμνὸν τὸν [A B^1 om.] τῆς πλ. (1 a)
— 25. ἀπὸ τοῦ αἵματος τοῦ τῆς πλ. (1 a)
— 28. τοῦ αἵματος τοῦ τῆς πλ. (1 a)
19. 21. προσάξει τῆς πλ. αὐτοῦ (1 a)
— 21. κριὸν πλημμελείας (1 a)
— 22. ἐν τῷ κριῷ τῆς πλ. (1 a)
22. 16. ἐπάξουσιν . . . ἀνομίαν πλημμελείας (1 c)
Nu. 5. 7. ἀποδώσει τὴν πλ. (1 a)
6. 12. ἀμνὸν ἐνιαύσιον εἰς πλημμέλειαν (1 a)
18. 9. ἀπὸ πάσης [A π. τῆς] πλ. αὐτῶν (1 a)
Jo. 7. 1. ἐπλημμέλησαν . . . πλ. μεγάλην [A om.] (2)
22. 16. τίς ἡ πλ. αὕτη (2)
— 20. οὐκ ἰδοὺ . . . πλημμελείᾳ ἐπλημμέλησεν (2)
— 31. οὐκ ἐπλημμελήσατε . . . πλημμέλειαν (2)
I Ki. 24. 14. ἐξ ἀνόμων ἐξελεύσεται πλ. (3)
II Ki. 14. 13. ὁ λόγος οὗτος ὡς πλημμέλεια (1 d)
IV Ki. 12. 16 (17). ἀργύριον περὶ πλημμελείας (1 a)
II Ch. 33. 23. ἐπλήθυνε πλημμέλειαν (1 c)
II Es. 9. 6. αἱ πλ. ἡμῶν ἐμεγαλύνθησαν (1 c)
— 7. ἐσμὲν ἐν πλ. μεγάλῃ (1 c)
— 13. καὶ ἐν πλ. ἡμῶν τῇ μεγάλῃ (1 c)
— 15. ἐναντίον σου ἐν πλημμελείαις ἡμῶν (1 c)
10. 10. τοῦ προσθεῖναι ἐπὶ πλημμέλειαν Ἰσρ. (1 c)
— 19. A B S^2 τοῦ ἐξενέγκαι . . . πλημμελείας (1 d)
Ps. 67 (68). 21. κορυφὴν τριχὸς διαπορευομένων ἐν πλημμελείαις αὐτῶν (1 a)
68 (69). 5. αἱ πλ. μου ἀπὸ σοῦ οὐκ ἐκρύβησαν (1 c)
Si. 7. 31. δὸς τὴν μερίδα αὐτῷ . . . ἀπαρχὴν καὶ περὶ πλημμελείας
10. 7. S^2 ἐξ ἀμφοτέρων πλημμέλεια ἀδικία [A B S^1 al.]
18. 27. προσέξει ἀπὸ πλημμελείας
26. 29. μόλις ἐξελεῖται ἔμπορος ἀπὸ πλημμελείας
38. 10. ἀπόστησον πλημμέλειαν
41. 18. ἀπὸ κριτοῦ καὶ ἄρχοντος περὶ πλημμελείας
49. 4. πάντες πλημμέλειαν [A -ᾳ] ἐπλημμέλησαν
Da. LXX. 9. 7. ἐν τῇ πλ. ᾗ ἐπλημμέλησαν (2)
[**Aq.** GE. 42. 21: PR. 14. 9.]
[**Sm.** II KI. 14. 13: Ps. 67 (68). 22: PR. 14. 9.]
[**Th.** PR. 14. 9: Ez. 20. 26.]
[**Al.** LE. 14. 12: I KI. 6. 3, 17: AM. 8. 14.]

πλημμελεῖν. (1) a. אָשַׁם, אָשֵׁם b. אַשְׁמָה (2) מָעַל (3) שָׁגַג (4) שָׁגָה (5) περὶ ὧν (περὶ οὗ) ἐπλημμέλησε אָשָׁם (6) εἰς ὃ ἐπλημμέλησε אָשָׁם
Le. 4. 13. A B^1 καὶ πλημμελήσουσιν [B^2 R -σωσι] (1 a)
— 22. καὶ ἁμάρτῃ καὶ πλημμελήσῃ (1 a)
— 27: 5. 3. καὶ πλημμελήσῃ (1 a)
5. 6. περὶ ὧν ἐπλημμέλησε κυρίῳ (5)
— 15. περὶ οὗ ἐπλημμέλησε (5)
— 17. καὶ πλημμελήσῃ (1 a)
— 19. A B^1 ἐπλημμέλησε γὰρ πλημμέλησιν [B^2 -λίαν, R -λείᾳ] (1 a)
6. 4 (5. 23). ἡνίκα ἐὰν . . . πλημμελήσῃ (1 a)
Le. 6. 5 (5. 25). εἰς ὃ ἐπλημμέλησε (6)
— 6 (5. 26). A B καὶ ἐπλημμέλησεν αὐτῷ [R ἐν αὐ.] (1 b)
14. 21. εἰς ὃ ἐπλημμέλησεν (6)
Nu. 5. 6. B^1 καὶ πλημμελῶν [A B^2 R om.] πλημμελήσῃ (–, 1 a)
— 7. τίνι ἐπλημμέλησεν αὐτῷ (1 a)
Jo. 7. 1. ἐπλημμέλησαν . . . πλημμέλειαν (2)
22. 16. ἣν ἐπλημμελήσατε ἐναντίον τοῦ θ. (2)
— 20. οὐκ ἰδοὺ . . . πλημμελείᾳ ἐπλημμέλησεν (2)
— 22. εἰ ἐν ἀποστασίᾳ ἐπλημμελήσαμεν †
— 31. οὐκ ἐπλημμελήσατε . . . πλημμέλειαν (2)
Jd. 21. 22. ὡς κλῆρος πλημμελήσατε [A al.] (1 a)
Ps. 33 (34). 21. οἱ μισοῦντες τὸν δίκαιον πλημμελήσουσι (1 a)
— 22. οὐ μὴ πλημμελήσουσι [S -σωσιν] πάντες οἱ ἐλπίζοντες ἐπ' αὐτόν (1 a)
118 (119). 67. ἐγὼ ἐπλημμέλησα (3)
Si. 9. 13. μὴ πλημμελήσῃς
10. 7. πλημμελήσει [A S^1 -η, S^1 -λίᾳ] ἄδικα [A S -κία]
19. 4. ὁ ἁμαρτάνων εἰς ψυχὴν αὐτοῦ πλημμελήσει [S^1 -λεῖ]
23. 11. ἐὰν πλημμελήσῃ ἁμαρτία αὐτοῦ ἐπ' αὐτῷ
— 23. εἰς ἄνδρα ἑαυτῆς ἐπλημμέλησε
26. 11. μὴ θαυμάσῃς ἐὰν εἰς σὲ πλημμελήσῃ [A -ει]
49. 4. πάντες πλημμέλειαν [A -ᾳ] ἐπλημμέλησαν
Is. 28. 7. οὗτοι οἴνῳ πεπλημμελημένοι [A S πεπλανημένοι] εἰσίν (4)
Je. 2. 3. πάντες οἱ ἔσθοντες αὐτὸν πλημμελήσουσι (1 a)
16. 18. ἐν αἷς ἐπλημμέλησαν τὴν κληρονομίαν μου †
Da. LXX. 9. 7. ἐν τῇ πλημμελείᾳ ᾗ ἐπλημμέλησαν (2)
[**Aq., Sm.** PR. 30. 10: JE. 50 (27). 7: Ez. 22. 4: HB. 1. 11.]
[**Th.** PR. 30. 10: JE. 50 (27). 7: Ez. 6. 6: 22. 4.]
[**Al.** LE. 5. 4.]

πλημμέλημα. (1) a. אָשָׁם b. אַשְׁמָה (2) עָוֶל
Nu. 5. 8. ὥστε ἀποδοῦναι αὐτῷ τὸ πλ. πρὸς αὐτὸν τὸ πλ. τὸ ἀποδιδόμ. κυρίῳ (1 a, 1 a)
II Es. 10. 19. S^2 περὶ πλημμελήματος [A B -λήσεως] αὐ. (1 b)
Je. 2. 5. τί εὕροσαν οἱ πατ. ὑμῶν ἐν ἐμοὶ πλ. (2)
[**Aq., Sm.** GE. 26. 10.]

πλημμέλησις. (1) a. אָשָׁם b. אָשָׁם
Le. 5. 19. A B^1 ἐπλημμέλησε γὰρ πλημμέλησιν [B^2 -λίαν, R -λείᾳ] (1 a+1 b)
II Es. 10. 19. A B περὶ πλημμελήσεως [S^2 -λήματος] αὐ. (1 b)
[**Aq.** LE. 4. 3.]

πλημμύρα. (1) πλημμύρα γίγνεται עָשַׁק נָהָר
Jb. 40. 18 (23). ἐὰν γένηται πλημμύρα (1)
[**Aq.** DT. 33. 19: Is. 60. 6.]

πλημμυρεῖν.
[**Sm.** EC. 1. 7.]

πλήν. (1) אֲבָל (2) אוּלָם (3) אַךְ (4) אָכֵן (5) אֶפֶס (6) a. בִּלְעֲדֵי רַק b. מִבַּלְעֲדֵי c. בִּלְעֲדֵי (7) בֶּלֶת (8) בְּרַם (9) הִנֵּה (10) וְ (11) זוּלָה (12) כִּי אִם (13) a. לְבַד b. לְבַד מִ׳ c. מִלְּבַד (14) לָהֵן (15) מִן (16) עַל־פָּנִים (17) עִמָּד (18) עֵקֶב (19) רַק (20) ἄλλος πλήν כִּ׳ (21) πλὴν καί אַף כִּי (22) πλὴν ὅτι a. אוּלָם b. אַף c. רַק (23) ἀλλὰ πλήν רַק
Ge. 9. 4. πλὴν κρέας . . . οὐ φάγεσθε (3)
14. 24. πλὴν ὧν ἔφαγον οἱ νεανίσκοι (6 a)
39. 6. πλὴν τοῦ ἄρτου οὗ ἤσθιεν αὐτός (12)
— 9. οὐδὲν πλὴν σοῦ (12)
41. 40. πλὴν τὸν θρόνον ὑπερέξω σου (19)
Ex. 8. 9 (5). πλὴν ἐν τῷ ποτ. ὑπολειφθήσονται (19)
— 10 (6). οὐκ ἔστιν ἄλλος πλὴν κυρίου [A -ιος] (20)
— 11 (7). πλὴν ἐν τῷ ποτ. ὑπολειφθήσονται (19)
9. 26. πλὴν ἐν γῇ Γ. . . . οὐκ ἐγένετο ἡ χάλ. (19)

Ex. 10. 24. πλὴν τῶν προβάτων . . . ὑπολείπεσθε (19)
12. 16. πλὴν ὅσα ποιηθήσεται πάσῃ ψυχῇ (3)
— 37. οἱ ἄνδρες πλὴν τῆς ἀποσκευῆς (13 *b*)
20. 3. θεοὶ ἕτεροι πλὴν ἐμοῦ (16)
21. 19. πλὴν τῆς ἀργείας αὐτοῦ ἀποτίσει (19)
22. 20 (19). ὁ θυσιάζων . . . πλὴν κυρίῳ μόνῳ (7)
Le. 11. 4. B πλὴν ἀπὸ τούτων οὐ φάγεσθε (3)
— 36. πλὴν πηγῶν ὑδάτων (3)
21. 23. πλὴν πρὸς τὸ καταπέτασμα οὐ προσελεύσεται (3)
23. 38. πλὴν τῶν σαββ. κυρίου καὶ πλ. τῶν δομάτων ὑ. καὶ πλ. πασῶν τῶν εὐχῶν ὑ. καὶ πλ. τῶν ἑκουσίων ὑ. (13 *c quater*)
Nu. 5. 8. πλὴν τοῦ κριοῦ τοῦ ἱλασμοῦ (13 *c*)
— 20. καὶ ἔδωκέ τις . . . πλὴν τοῦ ἀνδρός σου (6 *b*)
11. 6. πλὴν εἰς τὸ μάννα (7)
18. 3. πλὴν . . . πρὸς τὸ θυσιαστ. οὐ προσελεύσονται (3)
— 17. πλὴν πρωτότοκα μόσχων . . . οὐ λυτρώσῃ (3)
22. 35. πλὴν τὸ ῥῆμα ὃ ἐὰν εἴπω πρὸς σέ (5)
26. 65. πλὴν Χάλεβ υἱὸς Ἰεφ. (12)
28. 23. πλὴν τῆς ὁλοκαυτώσεως τῆς διὰ παντός (13 *c*)
— 30 (31). πλὴν τοῦ ὁλοκαυτώματος (13 *c*)
29. 6. πλὴν τῶν ὁλοκαυτωμ. τῆς νουμηνίας (13 *c*)
— 11. πλὴν τὸ περὶ τῆς ἁμαρτίας (13 *c*)
— 16, 19, 22, 25, 28, 31, 34, 38. πλὴν τῆς ὁλοκαυτώσεως τῆς διὰ παντός (13 *c*)
— 39. πλὴν τῶν εὐχῶν ὑμῶν (13 *b*)
31. 22. πλὴν τοῦ χρυσίου καὶ τοῦ ἀργ. (3)
32. 12. πλὴν Χάλεβ υἱὸς Ἰεφ. (7)
36. 6. A B^{2}R πλὴν ἐκ τοῦ δήμου τοῦ πατρὸς αὐ. (3)
De. 1. 36. πλὴν Χάλεβ υἱὸς Ἰεφ. (11)
2. 28. πλὴν ὅτι παρελεύσομαι τοῖς ποσί (22 *c*)
— 35. πλὴν τὰ κτήνη ἐπρονομεύσαμεν (19)
— 37. πλὴν ἐγγὺς υἱῶν Ἀ. οὐ προσήλθομεν [A *al.*] (19)
3. 5. πλὴν τῶν πόλεων τῶν Φερ. (13 *b*)
— 11. πλὴν Ὢγ βασιλεὺς Β. κατελείφθη (19)
— 19. πλὴν αἱ γυναῖκες ὑμῶν (19)
4. 35. οὐκ ἔστιν ἔτι [A ἄλλος] πλὴν αὐτοῦ (13 *c*)
— 39. οὐκ ἔστιν ἔτι πλὴν αὐτοῦ –
5. 7. A θεοὶ ἕτεροι πλὴν ἐμοῦ [B *al.*] (16)
10. 15. πλὴν τοὺς πατέρας ὑμῶν προείλατο (19)
12. 16. πλὴν τὸ αἷμα οὐ φάγεσθε (19)
— 26. πλὴν τὰ ἅγιά σου (19)
15. 23. πλὴν αἷμα οὐ φάγεσθε (19)
16. 8. πλὴν ὅσα ποιηθήσεται ψυχῇ –
17. 16. A πλὴν [B διότι] οὐ πληθυνεῖ ἑαυτῷ ἵππον (19)
18. 8. πλὴν τῆς πράσεως τῆς κατὰ πατριάν (13 *b*)
— 20. πλὴν ὁ προφήτης ὃς ἂν ἀσεβήσῃ (3)
20. 14. πλὴν τῶν γυναικῶν καὶ τῆς ἀποσκευῆς (19)
29. 1 (28. 69). πλὴν τῆς διαθήκης ἧς διέθετο αὐτοῖς (13 *c*)
32. 39. οὐκ ἔστι θεὸς πλὴν ἐμοῦ (17)
Jo. 1. 17. πλὴν ἔστω κ. ὁ θ. ἡμῶν μετὰ σοῦ (19)
6. 16 (17). πλὴν Ῥαὰβ . . . περιποιήσασθε (3)
— 23 (24). πλὴν ἀργυρίου . . . ἔδωκαν (19)
8. 27. πλὴν τῶν σκύλων τῶν ἐν τῇ πόλει (19)
11. 13. πλὴν Ἀσὼρ μόνην ἐνέπρησεν (11)
— 22. ἀλλὰ πλὴν ἐν Γ. . . . κατελείφθη (23)
13. 14. πλὴν τῆς φυλῆς [A τῇ φ.] Λευί (19)
22. 29. πλὴν τοῦ θυσιαστηρίου κυρίου (13 *c*)
Jd. 3. 2. πλὴν διὰ τὰς γενεὰς υἱῶν Ἰσρ. (19)
— 2. πλὴν οἱ ἔμπροσθεν αὐτῶν οὐκ ἔγνωσαν (19)
4. 9. πλὴν γίνωσκε (5)
8. 26. A πλὴν τῶν σιώνων [B *al.*] (13 *b*)
— 26. A πλὴν τῶν κλοιῶν τῶν χρυσῶν (13 *b*)
10. 15. πλὴν ἔξελοῦ ἡμᾶς (3)
11. 34. A οὐκ ἔστιν αὐτῷ πλὴν αὐτῆς [B *al.*] (15)
14. 16. πλὴν [A *om.*] μεμίσηκάς με (19)
16. 28. A πλὴν [B *om.*] ἔτι τὸ ἅπαξ τοῦτο (3)
19. 20. πλὴν πᾶν τὸ ὑστέρημά σου ἐπ' ἐμὲ πλὴν ἐν τῇ πλατείᾳ (19, 19)
20. 10. πλὴν [A καὶ] λημψόμεθα δέκα ἄνδρας (10)
— 39. A πλὴν τροπούμενος τροποῦται [B *al.*] (3)
I Ki. 1. 5. πλὴν ὅτι [A ἐπεὶ] τὴν Ἄ. ἠγάπα Ἐλκ. –
— 13. A πλὴν [B καὶ] τὰ χείλη αὐτῆς ἐκινεῖτο (19)
2. 2. A οὐκ ἔστιν πλὴν σοῦ (7)
— 2. οὐκ ἔστιν ἅγιος πλὴν σοῦ –
5. 4. πλὴν ἡ ῥάχις Δ. ὑπελείφθη (19)
— 5. A πλὴν ἡ ῥάχις Γ. –
8. 9. πλὴν ὅτι . . . διαμαρτύρῃ αὐτοῖς (3)
12. 20. B πλὴν μὴ ἐκκλίνητε ἀπὸ ὄπισθεν κ. (3)
— 24. B πλὴν φοβεῖσθε τὸν κ. (3)
18. 8. A τί αὐτῷ πλὴν ἡ βασιλεία (3)
I Ki. 18. 17. A πλὴν γίνου μοι εἰς υἱὸν δυνάμεως (3)
21. 4 (5). A R πεφυλαγμένα . . . πλὴν [B *om.*] ἀπὸ γυναικός (3)
25. 34. πλὴν ὅτι ζῇ κ. ὁ θ. Ἰσρ. (22 *a*)
II Ki. 2. 10. A^{2}R πλὴν τοῦ οἴκου [A^{1} τοὺς οἴ.] Ἰ. (3)
3. 13. πλὴν λόγον ἕνα ἐγὼ αἰτοῦμαι (3)
7. 22. οὐκ ἔστι θεὸς πλὴν σοῦ (11)
12. 14. πλὴν ὅτι . . . παρώξυνας τοὺς ἐχθρούς (5)
17. 3. πλὴν ψυχὴν ἑνὸς ἀνδρὸς σὺ ζητεῖς –
22. 32. τίς ἰσχυρὸς πλὴν κυρίου (6 *b*)
— 32. τίς κτίστης ἔσται πλὴν τοῦ θ. ἡμῶν (6 *b*)
23. 10. ὁ λαὸς ἐκάθητο . . . πλὴν ἐκδιδύσκειν (3)
III Ki. 3. 1. πλὴν μετὰ τὸ οἰκοδομῆσαι –
— 2. A R πλὴν ὁ λαὸς ἦσαν θυμιῶντες [B *al.*] (19)
— 3. πλὴν ἐν τοῖς ὑψηλοῖς ἔθυε (19)
8. 9. πλὴν δύο πλάκες λίθιναι (19)
— 19. A R πλὴν [B *om.*] σὺ οὐκ οἰκοδομήσεις (19)
— 25. πλὴν ἐὰν φυλάξωνται τὰ τέκνα σου (19)
— 27. πλὴν καὶ ὁ οἶκος οὗτος (21)
9. 24 (*cf.* 3. 1). A πλὴν θυγάτηρ Φ. ἀνέβη (3)
11. 12. πλὴν ἐν ταῖς ἡμ. σου οὐ ποιήσω αὐτά (3)
— 13. πλὴν ὅλην τὴν βασ. οὐ μὴ λάβω (19)
— 39. A πλὴν οὐ πάσας τὰς ἡμέρας (3)
15. 14. πλὴν ἡ καρδία Ἀσὰ ἦν τελεία (19)
— 23. πλὴν ἐν τῷ καιρῷ τοῦ γήρως αὐ. (19)
16. 28 (22. 43 [44]). B πλὴν τῶν ὑψηλῶν οὐκ ἐξῆραν (3)
20 (21). 25. πλὴν ματαίως Ἀχ. (19)
22. 44. πλὴν τῶν ὑψηλῶν οὐκ ἐξῆρεν (3)
IV Ki. 1. 18 (3. 2). πλὴν οὐχ ὡς οἱ ἀδελφοὶ αὐ. (19)
— 18 (3. 3). πλὴν ἐν ταῖς ἁμαρτίαις οἴκου Ἰερ. (19)
3. 2. πλὴν οὐχ ὡς ὁ πατὴρ αὐτοῦ (19)
— 3. πλὴν ἐν τῇ ἁμαρτίᾳ Ἰερ. (19)
5. 7. ὅτι πλὴν γνῶτε δή (3)
10. 29. πλὴν ἁμαρτιῶν Ἰεροβοὰμ (19)
12. 3 (4). πλὴν τῶν ὑψηλῶν οὐ μετεστάθησαν (19)
— 13 (14). πλὴν οὐ ποιηθήσεται (3)
13. 6. πλὴν οὐκ ἀπέστησαν (19)
14. 3. πλὴν οὐχ ὡς Δ. ὁ πατὴρ αὐτοῦ (19)
— 4. πλὴν τὰ ὑψηλὰ οὐκ ἐξῆρεν (19)
15. 4. πλὴν τῶν ὑψηλῶν οὐκ ἐξῆρεν (19)
— 35. πλὴν τὰ ὑψηλὰ οὐκ ἐξῆρε (19)
17. 2. πλὴν οὐχ ὡς οἱ βασ. Ἰσραήλ (19)
— 18. πλὴν φυλὴ Ἰούδα μονωτάτη (19)
— 21. πλὴν Ἰσρ. ἐπάνωθεν οἴκου Δ. †
18. 20. πλὴν λόγοι χειλέων (3)
21. 16. πλὴν ἀπὸ τῶν ἁμαρτιῶν αὐτοῦ (13 *a*)
22. 7. πλὴν οὐκ ἐξελογίζοντο αὐτούς (3)
23. 9. πλὴν οὐκ ἀνέβησαν οἱ ἱερεῖς (3)
— 26. πλὴν οὐκ ἀπεστράφη κύριος (3)
— 35. πλὴν ἐτιμογράφησαν τὴν γῆν (3)
24. 3. πλὴν ἐπὶ τὸν θυμὸν κυρίου ἦν (3)
— 14. οὐχ ὑπελείφθη πλὴν οἱ πτωχοί (11)
I Ch. 3. 9. πλὴν τῶν υἱῶν τῶν παλλακῶν (13 *c*)
17. 20. οὐκ ἔστι . . . πλὴν σοῦ (11)
II Ch. 5. 10. οὐκ ἦν . . . πλὴν δύο πλάκες (19)
6. 9. πλὴν σὺ οὐκ οἰκοδομήσεις (19)
— 16. πλὴν ἐὰν φυλάξωσιν οἱ υἱοί σου (19)
9. 14. πλὴν τῶν ἀνδρῶν τῶν ὑποτεταγμ. (13 *b*)
15. 17. πλὴν τὰ ὑψηλὰ οὐκ ἀπέστησαν (10)
18. 15. ἵνα μὴ λαλήσῃς . . . πλὴν τὴν ἀλήθειαν (19)
33. 8. πλὴν ἐὰν φυλάσσωνται τοῦ ποιῆσαι (19)
— 17. πλὴν ὁ λαὸς ἔτι ἐπὶ τῶν ὑψηλῶν (1)
— 17. A B πλὴν κ. ὁ θ. αὐτῶν [R *al.*] (19)
35. 19. πλὴν οὐκ ἀπεστράφη κύριος –
36. 5. πλὴν θυμὸς κυρίου ἦν ἐπὶ Ἰ. –
II Es. 10. 15. πλὴν Ἰων. . . . μετ' ἐμοῦ (3)
To. 1. 20. οὐδὲν πλὴν Ἄννας τῆς γυναικός μου
6. 11. S πλὴν Σάρρας μόνης
— 14. A B πλὴν τῶν προσαγόντων αὐτῇ
7. 10. S ἑτέρῳ ἀνδρὶ πλὴν σοῦ [A B *al.*]
— 10. πλὴν ὑποδείξω σοι [S *al.*]
Ju. 8. 20. ἕτερον θεὸν οὐκ ἐπέγνωμεν πλὴν αὐτοῦ
Es. 4. 11. πλὴν ᾧ ἐκτείνει ὁ βασ. (13 *b*)
— 17. οὐ προσκυνήσω οὐδένα πλὴν σοῦ
— 17. οὐκ ηὐφράνθη . . . πλὴν ἐπὶ σοί
Jb. 6. 27. πλὴν ὅτι ἐπ' [A *om.*] ὀρφανῷ ἐπιπίπτετε (22 *b*)
9. 21. πλὴν [A πλὴν ὅτι, S διὸ] ἀφαιρεῖταί μου ἡ ζωή –
14. 18. καὶ πλὴν ὄρος πίπτον διαπεσεῖται (2)
33. 8. πλὴν εἶπας ἐν ὠσί μου (3)
Ps. 17 (18). 31. τίς θεὸς πλὴν [S παρὲξ] τοῦ κ. καὶ τίς θεὸς πλὴν τοῦ θ. ἡμῶν (6 *b*, 11)
Ps. 31 (32). 6. πλὴν ἐν κατακλυσμῷ ὑδάτων πολλῶν (19)
38 (39). 5. πλὴν τὰ σύμπαντα ματαιότης (3)
— 6. πλὴν μάτην ταράσσεται (3)
— 11. A S πλὴν μάτην πᾶς [B ταράσσεται πᾶς] ἄνθρωπος (3)
48 (49). 15. πλὴν ὁ θεὸς λυτρώσεται τὴν ψυχήν μου (3)
61 (62). 4. πλὴν τὴν τιμήν μου ἐβουλεύσαντο ἀπώσασθαι (3)
— 5. πλὴν τῷ θεῷ ὑποτάγηθι, ἡ ψυχή μου (3)
— 9. πλὴν μάταιοι οἱ υἱοὶ τῶν ἀνθρώπων (3)
67 (68). 21. πλὴν ὁ θεὸς συνθλάσει κεφαλὰς ἐχθρῶν αὐτοῦ (3)
72 (73). 18. πλὴν διὰ τὰς δολιότητας (3)
74 (75). 8. πλὴν ὁ τρυγίας αὐ. οὐκ ἐξεκενώθη (3)
84 (85). 9. πλὴν ἐγγὺς τῶν φοβουμένων αὐτὸν τὸ σωτήριον αὐτοῦ (3)
90 (91). 8. πλὴν τοῖς ὀφθ. σου κατανοήσεις (19)
139 (140). 13. πλὴν δίκαιοι ἐξομολογήσονται τῷ ὀνόματί σου (3)
Pr. 7. 2. πλὴν δὲ αὐτοῦ μὴ φοβοῦ ἄλλον –
Ec. 2. 24. S^{2} πλὴν [A B S^{1} *om.*] ὃ φάγεται –
7. 30 (29). πλὴν ἴδε τοῦτο εὗρον (13 *a*)
Wi. 12. 13. οὔτε γὰρ θεός ἐστι πλὴν σοῦ
Si. 17. 24. πλὴν μετανοοῦσιν ἔδωκεν ἐπάνοδον
22. 22. πλὴν ὀνειδισμοῦ καὶ ὑπερηφανίας
29. 8. πλὴν ἐπὶ ταπεινῷ μακροθύμησον
33 (36). 5. οὐκ ἔστι θεὸς πλὴν σοῦ, κύριε
— 10. οὐκ ἔστι πλὴν ἡμῶν
38. 34. πλὴν τοῦ ἐπιδόντος τὴν ψυχὴν αὐ.
45. 13. πλὴν τῶν υἱῶν αὐτοῦ μόνον
— 22. πλὴν ἐν γῇ λαοῦ οὐ κληρονομήσει
Ho. 12. 8 (9). πλὴν πεπλούτηκα (3)
13. 4. θεὸν πλὴν ἐμοῦ οὐ γνώσῃ (11)
Am. 3. 2. πλὴν ὑμᾶς ἔγνων (19)
4. 12. πλὴν ὅτι οὕτως ποιήσω σοι (18)
9. 8. πλὴν ὅτι οὐκ εἰς τέλος ἐξαρῶ (5)
Jl. 2. 27. οὐκ ἔστιν ἔτι πλὴν ἐμοῦ –
Ze. 3. 7. πλὴν φοβεῖσθέ με (3)
Za. 1. 6. πλὴν τοὺς λόγους μου . . . δέχεσθε (3)
Is. 4. 1. πλὴν τὸ ὄνομα τὸ σὸν κεκλήσθω ἐφ' ἡμᾶς (19)
10. 24. S^{1} πλὴν [A B S^{3} πληγὴν] γὰρ ἐπάγω ἐπὶ σέ †
44. 6. πλὴν ἐμοῦ οὐκ ἔστι θεός (6 *b*)
— 8. εἰ ἔστι θεὸς πλὴν ἐμοῦ (6 *b*)
45. 5. οὐκ ἔστιν ἔτι πλὴν ἐμοῦ (11)
— 6. οὐκ ἔστι πλὴν ἐμοῦ (6 *c*)
— 14. οὐκ ἔστι θεὸς πλὴν σοῦ (5)
— 21. A^{2}B S οὐκ ἔστιν ἄλλος πλὴν ἐμοῦ (6 *b*)
— 22. A^{2} οὐκ ἔστιν ἄλλος πλὴν ἐμοῦ [B S *om.* πλ. ἐ.] –
46. 9. οὐκ ἔστιν ἔτι πλὴν ἐμοῦ –
64. 4 (3). οὐδὲ οἱ ὀφθ. ἡμῶν εἶδον θεὸν πλὴν σοῦ [A^{1} *al.*] (11)
Je. 2. 24. S^{1} πλὴν [A B S^{2} *om.*] πάντες οἱ ζητοῦντες αὐτὴν οὐ κοπιάσουσιν –
3. 13. πλὴν γνῶθι τὴν ἀδικίαν σου (3)
— 20. πλὴν ὡς ἀθετεῖ γυνή (4)
— 23. πλὴν διὰ κ. θεοῦ ἡμῶν ἡ σωτηρία τοῦ Ἰσρ. (4)
10. 24. πλὴν ἐν κρίσει καὶ μὴ ἐν θυμῷ (3)
12. 1. πλὴν κρίματα λαλήσω πρὸς σέ (3)
33 (26). 24. πλὴν χεὶρ Ἀχ. υἱοῦ Σ. ἦν μετὰ Ἰερ. (3)
35 (28). 7. πλὴν ἀκούσατε τὸν λόγον κυρίου (3)
La. 2. 16. πλὴν αὕτη ἡ ἡμέρα ἣν προσεδοκῶμεν (3)
3. 3. πλὴν ἐν ἐμοὶ ἐπέστρεψε χεῖρα αὐ. (3)
Ez. 16. 49. πλὴν τοῦτο τὸ ἀνόμημα Σοδόμων (9)
46. 17. πλὴν τῆς κληρονομίας τῶν υἱῶν αὐ. (3)
Da. LXX. Bel 40. οὐκ ἔστι πλὴν αὐτοῦ ἄλλος
Da. TH. Su. 16. οὐκ ἦν ἐκεῖ οὐδεὶς πλὴν οἱ δύο πρεσβύτεροι
2. 6. πλὴν τὸ ἐνύπνιον . . . ἀπαγγείλατέ μοι (14)
4. 12. πλὴν τὴν φυὴν . . . ἐν τῇ γῇ ἐάσατε (8)
— 20. πλὴν τὴν φυὴν . . . ἐάσατε ἐν τῇ γῇ (8)
11. 18. πλὴν ὀνειδισμὸς αὐ. ἐπιστρέψει αὐτῷ (7)
Bel 41. οὐκ ἔστι πλὴν σοῦ ἄλλος
I Ma. 4. 6. πλὴν καλύμματα καὶ μάχαιρας οὐκ εἶχον
5. 48. πλὴν τοῖς ποσὶ παρελευσόμεθα
6. 24. πλὴν ὅσοι εὑρίσκοντο [S^{1} *al.*]
10. 14. πλὴν ἐν Β. ὑπελείφθησάν τινες
11. 38. πλὴν τῶν ξένων δυνάμεων
— 70. οὐδὲ εἷς κατελείφθη ἀπ' αὐτῶν πλὴν Ματτ.
13. 6. πλὴν ἐκδικήσω περὶ τοῦ ἔθνους μου

II Ma. 6. 17. πλὴν ἕως ὑπομνήσεως ταῦθ' ἡμῖν εἰρήσθω
III Ma. 6. 18. φανεροὶ πᾶσι πλὴν τοῖς Ἰουδαίοις
IV Ma. 8. 11. πλὴν τοῦ μετὰ στρεβλῶν ἀποθανεῖν
[**Aq.** Le. 27. 26: I Ki. 16. 6: 25. 21: III Ki. 9. 24: 11. 39: Jb. 13. 20: 33. 8: Ps. 38 (39). 12: 57 (58). 12: 67 (68). 7: 72 (73). 13: Is. 36. 5: 45. 14: 63. 8: Je. 10. 19: 32 (39). 30 *bis*: 34 (41). 4.]
[**Sm.** Le. 27. 26: II Ki. 12. 14: Ps. 22 (23). 6: 61 (62). 10: 72 (73). 1: 74 (75). 9: Is. 36. 5: 63. 8: Je. 32 (39). 30: 34 (41). 4.]
[**Th.** Le. 27. 26: I Ki. 14. 30: 16. 6: II Ki. 12. 14: III Ki. 15. 14: Jb. 13. 20: 14. 18: 33. 8: Ps. 57 (58). 12: 61 (62). 10: 67 (68). 7: 72 (73). 13: Pr. 21. 5 *bis*: Is. 28. 19: 36. 5: 45. 14 *bis*: 63. 8: Je. 30 (37). 11: Da. 2. 6.]
[**Al.** Le. 23. 27: Nu. 14. 9, 30: 35. 33: Dt. 15. 4: Jo. 11. 19: III Ki. 15. 5.]
[**Quint.** Ps. 22 (23). 6.]

πλῆξις.
[**Aq.** Pr. 17. 10.]

πλήρης. (1) כָּבֵד (2) *a.* מָלֵא adj. *b.* מְלֹא, מְלוֹא *c.* מָלֵא qal. *d.* ni. *e.* pi. (3) עָבֵר (4) *a.* שָׂבֵעַ *b.* שָׂבַע (5) שָׁלֵם (6) **πλήρης γίνεσθαι** שָׂבַע (7) **πλήρης εἶναι** *a.* מָלֵא *b.* שָׂבַע (8) **πλήρης ἡμερῶν** שְׂבַע

Ge. 25. 8. πρεσβύτης καὶ πλήρης ἡμερῶν (8)
27. 27. ὡς ὀσμὴ ἀγροῦ πλήρους –
35. 29. πρεσβύτερος καὶ πλήρης ἡμερῶν (4 *a*)
41. 7. τοὺς ἑπτὰ στάχυας . . . τοὺς πλ. (2 *a*)
— 22. ὥσπερ ἑπτὰ στάχυες ἀνέβαινον . . . πλ. (2 *a*)
— 24. τοὺς ἑπτὰ στάχυας . . . τοὺς πλ. –
Ex. 9. 8. λάβετε ὑμεῖς πλήρεις τὰς χεῖρας (2 *b*)
16. 33. πλῆρες τὸ γομὸρ τοῦ μάν (2 *b*)
Le. 2. 2: 5. 12. δραξάμενος . . . πλήρη τὴν δράκα (2 *b*)
16. 12. τὸ πυρεῖον πλῆρες ἀνθράκων πυρός (2 *b*)
Nu. 7. 13. ἀμφότερα πλήρη σεμιδάλεως (2 *a*)
— 14. θυίσκην μίαν . . . πλήρη θυμιάματος (2 *a*)
— 19. ἀμφότερα πλήρη σεμιδάλεως (2 *a*)
— 20. θυίσκην μίαν . . . πλήρη θυμιάματος (2 *a*)
— 25. ἀμφότερα πλήρη σεμιδάλεως (2 *a*)
— 26. θυίσκην μίαν . . . πλήρη θυμιάματος (2 *a*)
— 31. ἀμφότερα πλήρη σεμιδάλεως (2 *a*)
— 32. θυίσκην μίαν . . . πλήρη θυμιάματος (2 *a*)
— 37. ἀμφότερα πλήρη σεμιδάλεως (2 *a*)
— 38. θυίσκην μίαν . . . πλήρη θυμιάματος (2 *a*)
— 43. ἀμφότερα πλήρη σεμιδάλεως (2 *a*)
— 44. θυίσκην μίαν . . . πλήρη θυμιάματος (2 *a*)
— 49. ἀμφότερα πλήρη σεμιδάλεως (2 *a*)
— 50. θυίσκην μίαν . . . πλήρη θυμιάματος (2 *a*)
— 55. ἀμφότερα πλήρη σεμιδάλεως (2 *a*)
— 56. θυίσκην μίαν . . . πλήρη θυμιάματος (2 *a*)
— 61. ἀμφότερα πλήρη σεμιδάλεως (2 *a*)
— 62. θυίσκην μίαν . . . πλήρη θυμιάματος (2 *a*)
— 67. ἀμφότερα πλήρη σεμιδάλεως (2 *a*)
— 68. θυίσκην μίαν . . . πλήρη θυμιάματος (2 *a*)
— 73. ἀμφότερα πλήρη σεμιδάλεως (2 *a*)
— 74. θυίσκην μίαν . . . πλήρη θυμιάματος (2 *a*)
— 79. ἀμφότερα πλήρη σεμιδάλεως (2 *a*)
— 80. θυίσκην μίαν . . . πλήρη θυμιάματος (2 *a*)
— 86. θυίσκαι χρυσαῖ δώδ. πλήρεις θυμιάματος (2 *a*)
22. 18: 24. 13. πλήρη τὸν οἶκον αὐ. ἀργυρίου (2 *b*)
De. 6. 11. οἰκίας πλ. πάντων ἀγαθῶν (2 *a*)
Jd. 6. 38. πλ. λεκάνη ὕδατος (2 *b*)
16. 27. ὁ οἶκος πλ. τῶν ἀνδρῶν (2 *c*)
Ru. 1. 21. ἐγὼ πλήρης ἐπορεύθην (2 *a*)
2. 12. γένοιτο ὁ μισθός σου πλ. (5)
I Ki. 2. 5. πλήρεις ἄρτων ἠλαττώθησαν (4 *a*)
II Ki. 23. 7. καὶ πλῆρες σιδήρου (2 *d*)
— 11. μερὶς τοῦ ἀγροῦ πλήρης φακοῦ (2 *a*)
IV Ki. 4. 39. συνέλεξεν . . . πλ. τὸ ἱμάτιον αὐτοῦ (2 *b*)
6. 17. τὸ ὄρος πλῆρες ἵππων (2 *c*)
7. 15. πᾶσα ἡ ὁδὸς πλ. ἱματίων (2 *a*)
20. 3. ἐν ἀληθείᾳ καὶ καρδίᾳ πλ. (5)
I Ch. 11. 13. ἦν μερὶς τοῦ ἀγροῦ πλήρης κριθῶν (2 *a*)
23. 1. καὶ Δ. . . . πλήρης ἡμερῶν (4 *b*)
29. 9. ἐν καρδίᾳ πλ. προεθυμήθησαν (5)
— 28. ἐτελεύτησεν . . . πλήρης ἡμερῶν (4 *a*)
II Ch. 15. 17. ἡ καρδία Ἀ. ἐγένετο πλ. (5)
16. 9. κατισχῦσαι ἐν πάσῃ καρδίᾳ πλ. (5)
19. 9. καὶ ἐν πλ. καρδίᾳ [A καὶ πλήρεις καρδίας] (5)
24. 15. ἐγήρασεν Ἰω. πλήρης ἡμερῶν (4 *b*)
25. 2. ἀλλ' οὐκ ἐν καρδίᾳ πλ. (5)
I Es. 1. 23. ἐν καρδίᾳ πλήρει εὐσεβείας
II Es. 4. 20. καὶ φόροι πλ. καὶ μέρος δίδοται αὐτοῖς †
Ne. 9. 25. οἰκίας πλ. πάντων ἀγαθῶν (2 *a*)
Jb. 7. 4. πλήρης δὲ γίνομαι ὀδυνῶν (6)
10. 15. πλήρης γὰρ ἀτιμίας [A ἀνομίας] εἰμί (4 *a*)
14. 1. βροτὸς γὰρ . . . πλήρης ὀργῆς (4 *a*)
21. 24. τὰ δὲ ἔγκατα αὐτοῦ πλήρης στέατος (2 *c*)
32. 18. πλήρης γάρ εἰμι ῥημάτων (7 *a*)
36. 16. κατέβη τράπεζά σου πλήρης πιότητος (2 *c*)
39. 2. ἠρίθμησας δὲ μῆνας αὐ. πλήρεις τοκετοῦ (2 *e*)
42. 17. ἐτελεύτησεν Ἰὼβ . . . πλήρης ἡμερῶν (4 *a*)
Ps. 32 (33). 5. τοῦ ἐλέους κυρίου πλήρης ἡ γῆ (2 *c*)
47 (48). 10. δικαιοσύνης πλήρης ἡ δεξιά σου (2 *c*)
72 (73). 10. ἡμέραι πλήρεις εὑρεθήσονται (2 *a*)
74 (75). 8. οἴνου ἀκράτου πλῆρες κεράσματος (2 *c*)
118 (119). 64. S R τοῦ ἐλέους σου, κύριε, [A ἐλ. κυρίου] πλήρης ἡ γῆ (2 *c*)
143 (144). 13. τὰ ταμεῖα αὐτῶν πλήρη (2 *a*)
Pr. 17. 1. A S οἶκος πλήρης [B *om.*] πολλῶν ἀγαθῶν (2 *a*)
Ca. 5. 5. δάκτυλοί μου σμύρναν πλήρη (3)
— 13. χείλη αὐτοῦ κρίνα στάζοντα σμύρναν πλήρη (3)
Wi. 3. 4. ἡ ἐλπὶς αὐτῶν ἀθανασίας πλήρης
5. 22. πλήρεις ῥιφήσονται χάλαζαι
11. 18. ἢ νεοκτίστους [A -ου] θυμοῦ [S -οὺς] πλήρεις θῆρας ἀγνώστους [S¹ θρασυγνώστους]
17. 6. αὐτομάτη πυρὰ φόβου πλήρης
Si. 1. 30. ἡ καρδία σου πλήρης δόλου
19. 26. τὰ ἐντὸς αὐτοῦ πλήρης [B³ S¹ -η] δόλου
42. 16. τῆς δόξης αὐτοῦ [A S² κυρίου] πλῆρες τὸ ἔργον αὐτοῦ
50. 6. ὡς σελήνη πλήρης ἐν ἡμέραις
Jl. 3 (4). 13. διότι πλήρης ἡ ληνός (2 *c*)
Na. 3. 1. ὦ πόλις αἱμάτων . . . ἀδικίας πλήρης (2 *a*)
Hb. 3. 3. αἰνέσεως αὐτοῦ πλήρης ἡ γῆ (2 *c*)
Is. 1. 4. λαὸς πλ. ἁμαρτιῶν (1)
— 11. πλήρης εἰμὶ ὁλοκαυτωμάτων κριῶν (7 *b*)
— 15. αἱ γὰρ χεῖρες ὑμῶν αἵματος πλήρεις (2 *c*)
— 21. ἐγένετο πόρνη πόλις πιστὴ Σιὼν πλ. κρίσεως (2 *a*)
6. 1. πλ. ὁ οἶκος τῆς δόξης αὐτοῦ (2 *a*)
— 3. πλ. πᾶσα ἡ γῆ τῆς δόξης αὐτοῦ (2 *b*)
30. 27. τὸ λόγιον ὀργῆς πλῆρες (2 *c*)
51. 20. οἱ πλ. θυμοῦ κυρίου (2 *a*)
63. 3. πλήρης [S -ρους] καταπεπατημένης †
Je. 5. 27. ὡς παγὶς ἐφεσταμένη [S συνεσ.] πλ. πετεινῶν οὕτως οἱ οἶκοι αὐ. πλ. δόλου (2 *a*, 2 *a*)
6. 11. πρεσβύτερος [A *add.* καὶ] μετὰ πλήρους ἡμερῶν (2 *a*)
Ep. Je. 17. οἱ ὀφθ. αὐ. πλ. εἰσὶ κονιορτοῦ
Ez. 1. 18. οἱ νῶτοι αὐτῶν πλήρεις ὀφθαλμῶν (2 *a*)
7. 23. ἡ γῆ πλ. λαῶν καὶ ἡ πόλις πλ. ἀνομίας (2 *c*, 2 *c*)
10. 12. οἱ τροχοὶ πλήρεις ὀφθαλμῶν (2 *a*)
17. 3. ἀετὸς . . . πλ. ὀνύχων (2 *a*)
26. 2. ἡ πλήρης ἠρήμωται (2 *d*)
36. 38. ἔσονται αἱ πόλεις αἱ ἔρημοι πλήρεις προβάτων (2 *a*)
43. 5. πλ. δόξης κυρίου ὁ οἶκος (2 *c*)
44. 4. πλ. δόξης ὁ οἶκος τοῦ κυρίου (2 *c*)
Da. LXX. 4. 25. καὶ πλήρης ὁ χρόνος σου –
5. 31 (6. 1). καὶ Δαρ. πλήρης τῶν ἡμερῶν –
Da. Th. Su. 28. ἦλθον . . . πλήρεις τῆς ἀνόμου ἐννοίας
I Ma. 8. 25. ὡς ἂν ὁ καιρὸς ὑπογραφῇ αὐτοῖς καρδίᾳ πλ.
II Ma. 13. 5. πύργος πεντήκοντα πηχέων πλήρης σποδοῦ
III Ma. 4. 5. A ἤγετο γὰρ γέρων πλ. πολιᾶς [R *al.*]
6. 31. τὸν . . . τόπον . . . κατεμέρισαν πλήρεις χαρμονῆς
[**Aq.** Jb. 14. 1: Ps. 64 (65). 10: Je. 5. 27: Ez. 24. 4: 28. 12: Na. 3. 1.]
[**Sm.** Ge. 41. 5: Ps. 25 (26). 10: Pr. 11. 1: Ca. 5. 14: Ez. 28. 12: Na. 3. 1.]
[**Th.** Is. 31. 4: Ez. 24. 4: 28. 12.]
[**Al.** Le. 27. 23: Ps. 9. 28 (10. 7).]
[**Quint.** Ps. 74 (75). 9.]

πληροῦν. (1) כָּלָה *a.* qal. *b.* pi. (2) מָלֵא *a.* qal. *b.* ni. *c.* pi. *d.* pu. *e.* מָלֵא adj. *f.* מְלֹא *g.* מְלָא (3) נָשָׂא ni. (4) שָׂבַע (5) שְׁלֵם aph. (6) שָׁרַץ בְּ׳ (7) תָּמַם *a.* qal. *b.* hi. (8) **ὅταν πληρωθῇ** מִקֵּץ

Ge. 1. 22. πληρώσατε τὰ ὕδατα (2 *a*)
— 28: 9. 1. πληρώσατε τὴν γῆν (2 *a*)
9. 7. πληρώσατε τὴν γῆν (6)
25. 24. ἐπληρώθησαν αἱ ἡμ. τοῦ τεκεῖν αὐτήν (2 *a*)
29. 21. πεπλήρωνται γὰρ αἱ ἡμέραι (2 *a*)
50. 3. A R ἐπλήρωσαν [B -εν] αὐτοῦ τεσσαράκ. ἡμέρας (2 *a*)
Ex. 32. 29. ἐπληρώσατε τὰς χεῖρας ὑμῶν (2 *a*)
Le. 8. 33. ἕως ἡμέρα πληρωθῇ (2 *a*)
12. 4. ἕως ἂν πληρωθῶσιν αἱ ἡμέραι (2 *a*)
25. 29. ἕως πληρωθῇ (7 *a*)
— 30. ἕως ἂν πληρωθῇ αὐτῆς ἐνιαυτὸς ὅλος (2 *a*)
Nu. 6. 5. ἕως ἂν πληρωθῶσιν αἱ ἡμέραι (2 *a*)
— 13. ᾗ ἂν ἡμέρᾳ πληρώσῃ ἡμέρας εὐχῆς αὐ. (2 *a*)
7. 88. μετὰ τὸ πληρῶσαι τὰς χεῖρας αὐ. –
Jo. 3. 15. A B ὁ δὲ Ἰορδ. ἐπλήρου [R -οῦτο] (2 *a*)
Jd. 17. 5. ἐπλήρωσε [A ἐνέπλησεν] τὴν χεῖρα (2 *c*)
— 12. ἐπλήρωσε [A ἐνέπλησεν] M. τὴν χεῖρα (2 *c*)
I Ki. 18. 26. A οὐκ ἐπληρώθησαν αἱ ἡμέραι (2 *a*)
— 27. A ἐπλήρωσεν αὐτὰς τῷ βασ. [B *al.*] (2 *c*)
20. 3. A πεπλήρωται [B ἐμπέπλησται] ἀνὰ μέσον ἐμοῦ –
II Ki. 7. 12. ἐὰν πληρωθῶσιν αἱ ἡμέραι σου (2 *a*)
III Ki. 1. 14. πληρώσω τοὺς λόγους σου (2 *c*)
2. 27. πληρωθῆναι τὸ ῥῆμα κυρίου (2 *c*)
7. 14. ἀνὴρ . . . πεπληρωμένος τῆς τέχνης (2 *b*)
8. 15. ἐν ταῖς χερσὶν αὐτοῦ ἐπλήρωσε (2 *c*)
— 24. καὶ ἐν χερσί σου ἐπλήρωσας (2 *c*)
13. 33. ἐπλήρου τὴν χεῖρα αὐτοῦ (2 *c*)
IV Ki. 4. 4. τὸ πληρωθὲν ἀρεῖς (2 *e*)
I Ch. 12. 15. καὶ οὗτος πεπληρωκώς (2 *c*)
17. 11. ὅταν πληρωθῶσιν ἡμέραι σου (2 *a*)
29. 5. πληρῶσαι τὰς χεῖρας αὐτοῦ (2 *c*)
II Ch. 6. 4. καὶ ἐν χερσὶν αὐ. ἐπλήρωσε (2 *c*)
— 15. καὶ ἐν χερσί σου ἐπλήρωσας (2 *c*)
13. 9. πληρῶσαι τὰς χεῖρας (2 *c*)
16. 14. A καὶ ἐπλήρωσαν [B ἔπλησαν] ἀρωμάτων (2 *c*)
24. 10. ἕως οὗ ἐπληρώθη (1 *b*)
29. 31. ἐπληρώσατε τὰς χεῖρας ὑμῶν (2 *c*)
36. 21. τοῦ πληρωθῆναι λόγον κυρίου (2 *c*)
— 22. μετὰ τὸ πληρωθῆναι ῥῆμα κυρίου (1 *a*)
To. 8. 20. A B ἐὰν μὴ πληρωθῶσιν αἱ δέκα τέσσ. ἡμ.
10. 1. ὡς ἐπληρώθησαν αἱ ἡμέραι τῆς πορείας [S *al.*]
14. 5. ἕως πληρωθῶσι καιροὶ τοῦ αἰῶνος [S *al.*]
Ju. 2. 8. πληρώσουσι τὰς φάραγγας
— 8. ποταμὸς ἐπικλύζων . . . πληρωθήσεται
6. 4. τὰ πεδία αὐ. πληρωθήσεται [S πλησθ.] νεκρῶν
10. 5. πήραν ἐπλήρωσεν ἀλφίτων
Es. 4. 17. A² ἐπλήρωσεν [B S ἔπλησε] στρεπτῶν τριχῶν αὐ.
5. 1. S¹ τὸ πρόσωπον αὐ. πεπληρωμένη δόξῃ [A B S² *al.*]
Jb. 20. 22. ὅταν δὲ δοκῇ ἤδη πεπληρῶσθαι (2 *a*)
— 23. εἴ πως εἴη πληρῶσαι [A καὶ πληρώσει] γαστέρα αὐτοῦ (2 *c*)
Ps. 15 (16). 11. πληρώσεις με εὐφροσύνης [A -νη] (4)
19 (20). 4. πᾶσαν τὴν βουλήν σου πληρώσαι [A -σει] (2 *c*)
— 5. πληρώσαι κύριος πάντα τὰ αἰτήματά σου (2 *c*)
64 (65). 9. ὁ ποταμὸς τοῦ θ. ἐπληρώθη ὑδάτων (2 *a*)
70 (71). 8. πληρωθήτω τὸ στόμα μου αἰνέσεως (2 *b*)
71 (72). 19. B S² πληρωθήσεται τῆς δόξης αὐ. (2 *b*)
73 (74). 20. ἐπληρώθησαν οἱ ἐσκοτωμένοι τῆς γῆς οἴκων ἀνομιῶν (2 *a*)
79 (80). 9. S² ἐπλήρωσεν τὴν γῆν [B S¹ ἐπλήσθη ἡ γῆ] (2 *c*)
80 (81). 10. πληρώσω αὐτό (2 *c*)
82 (83). 16. πλήρωσον τὰ πρόσωπα αὐτῶν ἀτιμίας (2 *c*)
103 (104). 24. ἐπληρώθη ἡ γῆ τῆς κτίσεώς σου (2 *a*)
109 (110). 6. πληρώσει πτώματα (2 *a*)
126 (127). 5. πληρώσει τὴν ἐπιθυμίαν αὐτοῦ ἐξ αὐτῶν (2 *c*)
128 (129). 7. οὗ οὐκ ἐπλήρωσε τὴν χεῖρα αὐτοῦ ὁ θερίζων (2 *c*)

Ec. 1. 8. οὐ πληρωθήσεται [S οὐκ ἐμπλησθήσ.] οὖς ἀπὸ ἀκροάσεως (2 b)
6. 8 (7). ἡ ψυχὴ οὐ πληρωθήσεται (2 b)
9. 3. καρδία υἱῶν τοῦ ἀνθρ. ἐπληρώθη πονηροῦ (2 a)
11. 3. A S ἐὰν πληρωθῶσιν [B πλησθῶσι] τὰ νέφη ὑετοῦ (2 b)
Ca. 5. 14. χεῖρες αὐτοῦ τορευταὶ χρυσαῖ πεπληρωμέναι θαρσὶς (2 d)
Wi. 1. 7. πνεῦμα κυρίου πεπλήρωκε [A ἐπλήρωσεν] τὴν οἰκουμένην
4. 13. ἐπλήρωσε χρόνους μακρούς
18. 16. ἐπλήρωσε τὰ πάντα θανάτου
Si. 26. 2. τὰ ἔτη αὐτοῦ πληρώσει ἐν εἰρήνῃ
30. 25 (33. 16). ὡς τρυγῶν ἐπλήρωσα ληνόν
39. 12. ὡς διχομηνία ἐπληρώθην
45. 15. ἐπλήρωσε Μωυσῆς τὰς χεῖρας
Ze. 1. 9. τοὺς πληροῦντας τὸν οἶκον κυρίου (2 c)
Hg. 2. 8 (7). A πληρώσω [B S πλήσω] τὸν οἶκον τοῦτον δόξης (2 c)
Is. 8. 8. ὥστε πληρῶσαι τὸ πλάτος τῆς χώρας σου [A al.] (2 f)
13. 3. γίγαντες ἔρχονται πληρῶσαι τὸν θυμόν μου †
40. 4. πᾶσα φάραγξ πληρωθήσεται (3)
65. 11. ὑμεῖς οἱ . . . πληροῦντες τῇ τύχῃ κέρασμα (2 c)
Je. 13. 12 *bis*. πᾶς ἀσκὸς πληρωθήσεται οἴνου (2 b)
— 13. πληρῶ τοὺς κατοικοῦντας τὴν γῆν ταύτην . . . μεθύσματι (2 c)
23. 24. μὴ οὐχὶ . . . τὴν γῆν ἐγὼ πληρῶ (2 e)
25. 12. ἐν τῷ πληρωθῆναι [A συμπλ.] τὰ ἑβδομήκοντα ἔτη (2 a)
28 (51). 11. πληροῦτε τὰς φαρέτρας (2 a)
— 14. πληρώσω σε ἀνθρώπων ὡσεὶ ἀκρίδων (2 c)
32 (25). 34. ἐπληρώθησαν αἱ ἡμέραι ὑμῶν (2 a)
36 (29). 10. ὅταν μέλλῃ πληροῦσθαι Βαβυλῶνι ἑβδομήκοντα ἔτη (2 a)
40 (33). 5. πληρῶσαι αὐτὴν τῶν νεκρῶν (2 c)
41 (34). 14. ὅταν πληρωθῇ ἓξ ἔτη (8)
51 (44). 25. καὶ ταῖς χερσὶν ὑμῶν ἐπληρώσατε (2 c)
Ba. 5. 7. φάραγγας πληροῦσθαι εἰς ὁμαλισμὸν
La. 4. 18. ἐπληρώθησαν αἱ ἡμέραι ἡμῶν (2 a)
Ez. 7. 19. αἱ κοιλίαι αὐτῶν οὐ μὴ πληρωθῶσι (2 c)
9. 7. A πληρώσατε [B πλήσ.] τὰς ὁδοὺς νεκρῶν (2 c)
Da. LXX. 4. 9. πληροῦν τὰ ὑποκάτω τοῦ οὐρ. –
— 32. αἱ ἄγνοιαί μου ἐπληρώθησαν –
8. 23. πληρουμένων τῶν ἁμαρτιῶν αὐ. (7 b)
Da. TH. 2. 35. ἐπλήρωσε πᾶσαν τὴν γῆν (2 g)
5. 26. καὶ ἐπλήρωσεν αὐτήν (5)
8. 23. πληρουμένων τῶν ἁμαρτιῶν αὐ. (7 b)
I Ma. 2. 55. ἐν τῷ πληρῶσαι λόγον
3. 50. οἱ ἐπλήρωσαν τὰς ἡμέρας
4. 19. A S ἔτι πληροῦντος [R λαλοῦντος] Ἰ. ταῦτα
II Ma. 3. 30. R εὐφροσύνης ἐπεπλήρωτο [A ἐπλ.]
6. 4. R τὸ μὲν γὰρ ἱερὸν . . . κώμων . . . ἐπεπλήρωτο [A -οῦτο]
— 5. τὸ δὲ θυσιαστήριον τοῖς . . . ἀθεμίτοις ἐπεπλήρωτο
7. 21. R τῇ πατρίῳ φωνῇ γενναίῳ πεπληρωμένη [A -ῳ] φρονήματι
9. 7. τῆς ὑπερηφανίας ἐπεπλήρωτο
10. 30. κατεκόπτοντο ταραχῆς πεπληρωμένοι
12. 16. R ὥστε τὴν . . . λίμνην . . . κατάρρυτον αἵματι πεπληρωμένην φαίνεσθαι [A al.]
13. 16. τὴν παρεμβολὴν . . . ταραχῆς ἐπλήρωσαν
III Ma. 4. 16. διηνεκῶς ὁ βασ. χαρᾷ πεπληρωμένος
— 16. A πεπληρωμένῃ [R -πλανημ.] πόρρω τῆς ἀληθείας φρενὶ
5. 10. ἐλέφαντας . . . πεπληρωμένους τῆς τοῦ οἴνου πολλῆς χορηγίας
— 30. ὁ δὲ . . . πληρωθεὶς βαρεῖ χόλῳ
6. 19. τὴν δύναμιν . . . ἐπλήρωσαν ταραχῆς
IV Ma. 12. 14. ἐπλήρωσαν τὴν εἰς τὸν θεὸν εὐσέβειαν
18. 21. A τὰς τῶν ὀμμάτων κόρας ἐπλήρωσε [S R ἐπήρ.]

[**Aq.** Ge. 1. 28 : Ex. 1. 7 : 28. 17 : Dt. 1. 36 : I Ki. 18. 26, 27 : III Ki. 8. 24 : Jb. 40. 26 (31) : Ps. 16 (17). 14 : 25 (26). 10 : 37 (38). 8 : 126 (127). 5 : Is. 14. 21 : 28. 8 : 38. 12 : Hb. 3. 3.]
[**Sm.** Ge. 1. 28 : Ex. 1. 7 : 28. 17 : Jb. 39. 2 : 40. 26 (31) : Ps. 16 (17). 14 : 32 (33). 5 : 63 (64). 4 : 74 (75). 9 : 126 (127). 5 : Is. 6. 1 : 14. 21 : 28. 8 : 38. 12 : Ez. 4. 9 : 5. 2 : 24. 4 : 32. 5.]
[**Th.** Ge. 1. 28 : Ex. 1. 7 : 28. 17 : I Ki. 18. 26, 27 : Jb. 20. 23 : Ps. 25 (26). 10 : 126 (127). 5 : Pr. 20. 17 : Is. 6. 1 : 14. 21 : 28. 8 : 38. 12 : Da. 2. 35 : 8. 23 : Hb. 3. 3.]
[**Al.** Le. 16. 32.]

πληροφορεῖσθαι. (1) מָלֵא
Ec. 8. 11. ἐπληροφορήθη καρδία . . . τοῦ ποιῆσαι τὸ πονηρόν (1)

πλήρωμα. (1) אָפִיק (2) *a.* מְלֹא, מְלוֹא *b.* מְלֵאת
I Ch. 16. 32. βομβήσει ἡ θάλ. σὺν τῷ πλ. (2 a)
Ps. 23 (24). 1. τοῦ κυρίου ἡ γῆ καὶ τὸ πλ. αὐτῆς (2 a)
49 (50). 12. ἡ οἰκουμένη καὶ τὸ πλ. αὐτῆς (2 a)
88 (89). 11. τὴν οἰκουμένην καὶ τὸ πλ. αὐ. (2 a)
95 (96). 11 : 97 (98). 7. ἡ θάλασσα καὶ τὸ πλ. αὐ. (2 a)
Ec. 4. 6. A S R ἀγαθὸν πλ. δρακὸς ἀναπαύσεως ὑπὲρ πληρώματα [B -ωμα] δύο δρακῶν μόχθου (2 a, 2 a)
Ca. 5. 12. ὡς περιστεραὶ ἐπὶ πληρώματα ὑδάτων . . . καθήμεναι ἐπὶ πληρώματα (1, 2 b)
Je. 8. 16. καταφάγεται τὴν γῆν καὶ τὸ πλ. αὐ. (2 a)
29 (47). 2. κατακλύσει γῆν καὶ τὸ πλ. αὐτῆς (2 a)
Ez. 12. 19. ἡ γῆ σὺν [A σὺν τῷ] πληρώματι αὐ. (2 a)
19. 7. ἠφάνισε τὴν γῆν καὶ τὸ πλ. αὐτῆς (2 a)
30. 12. τὴν γῆν καὶ τὸ πλ. [A γ. αὐ. σὺν τῷ πλ.] αὐ. (2 a)

[**Aq.** Ex. 28. 17 : II Ki. 5. 9 : Ps. 95 (96). 11 : Ez. 12 19.]
[**Sm.** Ex. 28. 17 : Ps. 95 (96). 11 : 97 (98). 7 : Ec. 4. 6 : Is. 31. 4.]
[**Th.** Ex. 28. 17 : Ps. 95 (96). 11.]
[**Al.** Ex. 34. 22.]

πλήρωσις. (1) *a.* מְלֹא *b.* מִלֻּאִים *c.* מָלֵא adj. *d.* מָלֵא verb.
Ex. 35. 27. καὶ τοὺς λίθους τῆς πλ. (1 b)
De. 33. 16. καθ' ὥραν γῆς πληρώσεως (1 a)
I Ch. 29. 2. λίθους σ. καὶ πληρώσεως (1 b)
Ju. 8. 31. εἰς πλήρωσιν τῶν λάκκων ἡμῶν
Je. 4. 12. πνεῦμα πληρώσεως ἥξει μοι (1 c)
5. 24. κατὰ καιρὸν πληρώσεως προστάγματος θερισμοῦ †
Ez. 5. 2. κατὰ τὴν πλ. τῶν ἡμ. τοῦ συγκλεισμοῦ (1 d)
32. 15. ἐρημωθῇ ἡ γῆ σὺν τῇ πλ. αὐτῆς (1 a)
Da. TH. 10. 3. ἕως πληρώσεως τριῶν ἑβδομάδων ἡμερῶν (1 d)

[**Aq., Sm., Th.** Ex. 25. 6 (7) : 35. 9.]
[**Al.** Le. 7. 37 : 8. 33.]

πλησιάζειν.
II Ma. 6. 4. ἐν τοῖς ἱεροῖς περιβόλοις γυναιξὶ πλησιαζόντων

πλησίον (πλησιέστερον). (1) אָח (2) אֵל (3) אָצֵל (4) בִּקְצֵה (5) עַל־יַד (6) *a.* מוּל *b.* מוֹל *c.* אֶל־מוֹל *d.* מִמּוֹל (7) מִצַּד (8) עָמִית (9) קָרוֹב אֶל־בַּיִת (10) *a.* רֵעַ *b.* רֵעָה *c.* רְעוּת *d.* רַעְיָה
Ge. 11. 3. εἶπεν ἄνθρωπος τῷ πλ. (10 a)
— 7. ἵνα μὴ ἀκούσωσιν . . . τὴν φ. τοῦ πλ. (10 a)
26. 31. A ὤμοσαν ἄνθρωπος τῷ πλ. αὐ. [R al.] (1)
Ex. 2. 13. διὰ τί σὺ τύπτεις τὸν πλ. (10 a)
11. 2. αἰτησάτω ἕκ. παρὰ τοῦ πλ. (10 a)
— 2. A B[a] καὶ γυνὴ παρὰ τῆς πλ. (10 c)
12. 4. συλλήψεται . . . τὸν γείτονα τὸν πλ. αὐ. (9)
20. 16. οὐ ψευδομαρτυρήσεις κατὰ τοῦ πλ. σου (10 a)
— 17. τὴν γυναῖκα τοῦ πλ. σου (10 a)
— 17. τὴν οἰκίαν τοῦ πλ. σου (10 a)
— 17. ὅσα τῷ πλ. σού ἐστι (10 a)
21. 14. ἐὰν δέ τις ἐπιθῆται τῷ πλ. (10 a)
— 18. καὶ πατάξωσι τὸν πλ. (10 a)
— 35. ἐὰν δὲ κερατίσῃ . . . τὸν ταῦρον τοῦ πλ. (10 a)
22. 7 (6). ἐὰν δέ τις δῷ τῷ πλ. ἀργύριον (10 a)
— 8 (7). ἐφ' ὅλης τῆς παρακαταθήκης τοῦ πλ. (10 a)
— 9 (8). ἀποτίσει διπλοῦν τῷ πλ. [B[1] om. τῷ πλ.] (10 a)
— 10 (9). ἐὰν δέ τις δῷ τῷ πλ. ὑποζύγιον (10 a)
— 11 (10). τῆς παρακαταθήκης τοῦ πλ. (10 a)
Ex. 22. 12 (11). A ἀποτίσει τῷ πλ. [B κυρίῳ] †
— 14 (13). ἐὰν δὲ αἰτήσῃ τις παρὰ τοῦ πλ. (10 a)
— 26 (25). ἐὰν δὲ . . . ἐνεχυράσῃς τὸ ἱμάτ. τοῦ πλ. (10 a)
32. 27. A R ἕκαστος τὸν πλ. αὐτοῦ. (10 a)
34. 3. μὴ νεμέσθωσαν πλ. τοῦ ὄρους ἐκείνου (6 c)
Le. 6. 2 (5. 21). καὶ ψεύσηται τὰ πρὸς τὸν πλ. (8)
— 2 (5. 21). ἢ ἠδίκησέ τι τὸν πλ. (8)
18. 20. πρὸς τὴν γυναῖκα τοῦ πλ. σου (8)
19. 11. οὐ συκοφαντήσει ἕκαστος τὸν πλ. (8)
— 13. οὐκ ἀδικήσεις τὸν πλ. (10 a)
— 15. ἐν δικαιοσύνῃ κρινεῖς τὸν πλ. σου (8)
— 16. οὐκ ἐπιστήσῃ ἐφ' αἷμα τοῦ πλ. σου (10 a)
— 17. ἐλέγξεις τὸν πλ. σου (8)
— 18. ἀγαπήσεις τὸν πλ. σου (10 a)
20. 10. ὃς ἂν μοιχεύσηται γυναῖκα τοῦ πλ. (10 a)
24. 19. ἐάν τις δῷ μῶμον τῷ πλ. (8)
25. 14. ἐὰν δὲ ἀποδῷ πρᾶσιν τῷ πλ. σου (8)
— 14. ἐὰν καὶ κτήσῃ παρὰ τοῦ πλ. σου (8)
— 14. μὴ θλιβέτω ἄνθρωπος τὸν πλ. (1)
— 15. κτήσῃ παρὰ τοῦ πλ. (8)
— 17. μὴ θλιβέτω ἄνθρωπος τὸν πλ. (8)
Nu. 33. 37. παρενέβαλον . . . πλ. γῆς Ἐδώμ (4)
— 38. A ἀνέβη Ἀ. ὁ ἱερεὺς πλ. τοῦ ὄρους [B om. πλ. τ. ὄ.] (2)
De. 1. 1. πλ. τῆς ἐρυθρᾶς ἀνὰ μέσον Φ. (6 a)
4. 42. ὃς ἂν φονεύσῃ τὸν πλ. (10 a)
5. 20 (17). οὐ ψευδομαρτυρήσεις κατὰ τοῦ πλ. σου (10 a)
— 21 (18). τὴν γυναῖκα τοῦ πλ. σου (10 a)
— 21 (18). τὴν οἰκίαν τοῦ πλ. σου (10 a)
— 21 (18). ὅσα τῷ [B[a] τοῦ] πλ. σού ἐστι (10 a)
10. 18. A ἀγαπᾶν τὸν πλ. [B al.] †
11. 30. πλ. τῆς δρυὸς τῆς ὑψηλῆς (3)
15. 2. ὃ ὀφείλει σοι ὁ πλ. (10 a)
19. 4. ὃς ἂν πατάξῃ τὸν πλ. αὐ. (10 a)
— 5. ὃς ἂν εἰσέλθῃ μετὰ τοῦ πλ. (10 a)
— 5. καὶ . . . τύχῃ τοῦ πλ. (10 a)
— 11. μισῶν τὸν πλ. (10 a)
— 14. οὐ μετακινήσεις ὅρια τοῦ πλ. (10 a)
— 19. A ἐπονηρεύσατο τῷ πλ. [B al.] (1)
— 21. A B[a] καθότι ἂν δῷ μῶμον τῷ πλ. –
22. 24. ἐταπείνωσε τὴν γυναῖκα τοῦ πλ. (10 a)
— 26. ὡς εἴ τις ἐπαναστῇ . . . ἐπὶ τὸν πλ. (10 a)
23. 25 (26). A[a] B εἰς ἀμητὸν τοῦ πλ. σου (10 a)
— 25 (26). A[a] B ἐπ' ἀμητὸν τοῦ πλ. σου (10 a)
— 24 (25). A[a] B εἰς τὸν ἀμπελῶνα τοῦ πλ. σου (10 a)
24. 10. ἐὰν ὀφείλημα ᾖ ἐν τῷ πλ. σου (10 a)
27. 17. ὁ μετατιθεὶς ὅρια τοῦ πλ. (10 a)
— 24. A R ὁ τύπτων τὸν πλ. [B add. αὐ.] (10 a)
Jo. 9. 1 (8. 33). οἱ ἦσαν ἥμισυ πλ. ὄρους Γ. καὶ οἱ ἦσαν ἥμισυ πλ. ὄρους Γ. (6 c, 6 c)
12. 9. ἥ ἐστι πλ. Β. (7)
15. 46. ὅσαι εἰσὶ πλ. Ἀσ. (5)
19. 46. ὅριον πλ. Ἰόππης (6 b)
20. 5. A ἐπάταξεν τὸν πλ. αὐ. (10 a)
Jd. 4. 11. A οἱ πλ. τοῦ Κιναίου †
6. 29. εἶπεν ἀνὴρ πρὸς τὸν πλ. αὐτοῦ (10 a)
7. 13. ἐξηγούμενος τῷ πλ. αὐτοῦ (10 a)
— 14. ἀπεκρίθη ὁ πλ. αὐτοῦ (10 a)
— 22. ἔθηκε κ. . . . ἐν τῷ πλ. αὐτοῦ (10 a)
10. 18. ἀνὴρ πρὸς τὸν πλ. αὐτοῦ (10 a)
Ru. 3. 14. πρὸ τοῦ ἐπιγνῶναι ἄνδρα τὸν πλ. αὐ. (10 a)
4. 7. ἐδίδου τῷ πλ. αὐτοῦ (10 a)
I Ki. 10. 11. ἕκαστος πρὸς τὸν πλ. αὐτοῦ (10 a)
14. 20. ἐγένετο ῥομφαία ἀνδρὸς ἐπὶ τὸν πλ. αὐ. (10 a)
15. 28. δώσει αὐτὴν τῷ πλ. σου (10 a)
20. 41. κατεφίλησεν ἕκαστος τὸν πλ. αὐ. (10 a)
— 41. ἔκλαυσεν ἕκαστος τῷ [A τὸν] πλ. αὐ. (10 a)
28. 16. καὶ γέγονε μετὰ τοῦ πλ. σου †
— 17. δώσει αὐτὴν τῷ πλ. σου (10 a)
30. 26. ἀπέστειλε . . . τοῖς πλ. αὐτοῦ (10 a)
II Ki. 2. 16. ἐκράτησαν . . . τὴν κεφαλὴν τοῦ πλ. αὐ. (10 a)
— 16. εἰς πλευρὰν [A πλάγιον] τοῦ πλ. αὐ. (10 a)
5. 23. παρέσῃ αὐτοῖς πλ. τοῦ κλαυθμῶνος (6 d)
12. 11. καὶ δώσω τῷ πλ. σου (10 a)
III Ki. 8. 31. ὅσα ἂν ἁμάρτῃ ἕκ. τῷ πλ. αὐτοῦ (10 a)
12. 24. B εἶπε . . . ἕκαστος τῷ πλ. αὐτοῦ –
21 (20). 35. εἶπε πρὸς τὸν πλ. αὐτοῦ (10 a)
IV Ki. 3. 23. ἐπάταξεν ἀνὴρ τὸν πλ. αὐτοῦ (10 a)
7. 3, 9. εἶπεν ἀνὴρ πρὸς τὸν πλ. αὐτοῦ (10 a)
I Ch. 14. 14. παρέσῃ αὐτοῖς πλ. τῶν ἀπίων (6 d)
II Ch. 6. 22. ἐὰν ἁμάρτῃ ἀνὴρ τῷ πλ. αὐτοῦ (10 a)
To. 2. 8. οἱ πλ. ἐπεγέλων [S μου κατεγ.]

Ju. 2. 21. πλ. τοῦ ὄρους τοῦ ἐπ' ἀριστερᾷ [S *al.*]
3. 9. κατὰ πρόσωπον Ἐσδρ. πλ. τῆς Δωταίας
4. 6. κατὰ πρόσωπον τοῦ πεδίου τοῦ πλ. Δωθ. [S *al.*]
5. 5. ὃς κατοικεῖ . . . πλ. σοῦ οἰκοῦντος
7. 3. παρενέβαλον ἐν τῷ αὐλῶνι πλ. Βαιτ.
— 4. εἶπεν ἕκαστος πρὸς τὸν πλ. αὐ.
— 13. ἀναβησόμεθα ἐπὶ τὰς πλ. κορυφάς
— 18. ἥ ἐστι πλ. Χούς
10. 19. εἶπεν ἕκαστος πρὸς τὸν πλ. αὐ.
15. 2. μένων κατὰ πρόσωπον τοῦ [S[1] αὐτοῦ] πλ.
Es. 9. 19. ἕκαστος τῷ πλ. [A τοῖς πλ.] (10 *a*)
— 19. A B S [R *om.*] ἐξαποστέλλοντες μερίδας καὶ τοῖς πλ. (10 *a* ?)
Jb. 16. 22 (21). B S[2] καὶ υἱῷ [A -ὸς] ἀνθρώπου τῷ πλ. αὐτοῦ (10 *a*)
Ps. 11 (12). 2. μάταια ἐλάλησεν ἕκαστος πρὸς τὸν πλ. αὐτοῦ (10 *a*)
14 (15). 3. οὐδὲ ἐποίησε τῷ πλ. αὐτοῦ κακόν (10 *a*)
— 4. ὁ ὀμνύων τῷ πλ. αὐτοῦ [S[1] *om.*] †
23 (24). 4. οὐκ ὤμοσεν ἐπὶ δόλῳ τῷ πλ. αὐ. –
27 (28). 3. τῶν λαλούντων εἰρήνην μετὰ τῶν πλ. αὐτῶν (10 *a*)
34 (35). 14. ὡς πλησίον . . . οὕτως εὐηρέστουν (10 *a*)
37 (38). 11. οἱ πλ. μου . . . ἤγγισαν (10 *a*)
44 (45). 14. αἱ [A οἱ] πλ. αὐτῆς ἀπενεχθήσονταί σοι (10 *b*)
87 (88). 18. A S[2] ἐμάκρυνας ἀπ' ἐμοῦ φίλον καὶ πλησίον [B S[1] *om.* καὶ πλ.] (10 *a*)
100 (101). 5. τὸν καταλαλοῦντα λάθρα τοῦ πλ. αὐτοῦ (10 *a*)
121 (122). 8. ἕνεκα τῶν ἀδ. μου καὶ τῶν πλ. μου (10 *a*)
Pr. 9. 12. σοφὸς ἔσῃ καὶ τοῖς [A τῷ] πλ. –
26. 27. ὁ ὀρύσσων βόθρον [S βόθυνον] τῷ πλ. –
Ca. 1. 9. ὡμοίωσά σε, ἡ πλ. μου (10 *d*)
— 15. ἰδοὺ εἶ καλή, ἡ πλ. μου (10 *d*)
2. 2. οὕτως ἡ πλ. μου ἀνὰ μέσον τῶν θυγατέρων (10 *d*)
— 10. ἀνάστα ἐλθέ, ἡ [S *om.*] πλ. μου (10 *d*)
— 13. ἀνάστα ἐλθέ, ἡ πλ. μου (10 *d*)
4. 1. A S ἰδοὺ εἶ καλή, ἡ [B *om.*] πλ. μου (10 *d*)
— 7. ὅλη καλὴ εἶ, πλησίον [A S ἡ πλ.] μου (10 *d*)
5. 1. S τοῖς πλ. ὁ νυμφίος –
— 1. A S[2] φάγετε οἱ [B S[1] *om.*] πλ. [B S[1] πλησίοι] καὶ πίετε (10 *a*)
— 2. ἄνοιξόν μοι, ἀδελφή μου ἡ πλ. μου (10 *d*)
— 16. οὗτος πλησίον μου (10 *a*)
6. 3 (4). S R καλὴ εἶ, ἡ [A B *om.*] πλ. μου (10 *d*)
Si. 5. 12. εἰ ἔστι σοι σύνεσις ἀποκρίθητι τῷ πλ.
6. 17. κατ' αὐτὸν οὕτως καὶ ὁ [S[1] οἱ] πλ. αὐτοῦ
9. 14. κατὰ τὴν ἰσχύν σου στόχασαι τοὺς [A τῷ] πλ.
10. 6. μὴ μηνιάσῃς τῷ πλ.
13. 15. ἀγαπᾷ . . . πᾶς ἄνθρωπος τὸν πλ. αὐτοῦ
15. 5. ὑψώσει αὐτὸν παρὰ τοὺς πλ. αὐτοῦ
16. 28. ἕκαστος τὸν πλ. αὐτοῦ οὐκ ἔθλιψε
17. 14. ἐνετείλατο αὐτοῖς ἑκάστῳ περὶ τοῦ πλ.
18. 13. ἔλεος ἀνθρώπου ἐπὶ τὸν πλ. αὐτοῦ
19. 14. S ἔλεγξον τὸν πλ. [B φίλον]
— 17. ἔλεγξον τὸν πλ. σου πρὶν ἢ ἀπειλῆσαι
22. 23. πίστιν κτῆσαι ἐν πτωχείᾳ μετὰ τοῦ πλ.
25. 1. ὁμόνοια ἀδελφῶν καὶ φιλία τῶν πλ.
— 18. ἀνὰ μέσον τοῦ πλ. αὐτοῦ ἀναπεσεῖται ὁ ἀνήρ
27. 18. A B S ἀπώλεσας τὴν φιλίαν τοῦ πλ. [R -ίου]
— 19. οὕτως ἀφῆκας τὸν πλ.
28. 2. ἄφες ἀδίκημα τῷ πλ. σου
— 7. μὴ μηνίσῃς τῷ πλ. [S πλ. σου]
29. 1. ὁ ποιῶν ἔλεος δανειεῖ τῷ πλ.
— 2. δάνεισον τῷ πλ. ἐν καιρῷ χρείας αὐ. καὶ πάλιν ἀπόδος τῷ πλ. εἰς τὸν καιρόν
— 5. ἐπὶ τῶν χρημάτων τοῦ πλ. ταπεινώσει φωνήν
— 14. ἀνὴρ ἀγαθὸς ἐγγυήσεται τὸν πλ.
— 20. ἀντιλαβοῦ τοῦ πλ. κατὰ δύναμίν σου
31 (34). 22. φονεύων τὸν πλ. ὁ ἀφαιρούμενος συμβίωσιν [A S ἐμβ.]
34 (31). 15. νόει τὰ τοῦ πλ. ἐκ σεαυτοῦ
— 31. ἐν συμποσίῳ οἴνου μὴ ἐλέγξῃς τὸν πλ.
36. 19 (16). B[3] πλησίον [A B[1] S R πλῆσον] Σ. ἀρεταλογίας
Mi. 7. 2. ἕκαστος τὸν πλ. αὐ. ἐκθλίβουσιν (1)
Jn. 1. 7. εἶπεν ἕκαστος πρὸς τὸν πλ. αὐ. (10 *a*)
Hb. 2. 15. ὦ ὁ ποτίζων τὸν πλ. αὐ. (10 *a*)
Za. 3. 9 (8). σὺ καὶ οἱ πλ. σου (10 *a*)
— 11 (10). συγκαλέσατε ἕκαστος τὸν πλ. αὐ. (10 *a*)
8. 10. ἐξαποστελῶ . . . ἕκαστον ἐπὶ τὸν πλ. αὐ. (10 *a*)
— 16. λαλεῖτε ἀλήθειαν ἕκ. πρὸς τὸν πλ. αὐ. (10 *a*)

Za. 8. 17. ἕκαστος τὴν κακίαν τοῦ πλ. αὐ. μὴ λογίζεσθε (10 *a*)
11. 6. παραδίδωμι . . . ἕκαστον εἰς χεῖρα τοῦ πλ. αὐ. (10 *a*)
— 9. ἕκαστος τὰς σάρκας τοῦ πλ. αὐ. (10 *c*)
14. 13. ἐπιλήψονται ἕκαστος τῆς χειρὸς τοῦ πλ. αὐ. (10 *a*)
— 13. πρὸς τὴν χεῖρα τοῦ πλ. αὐ. (10 *a*)
Ma. 3. 16. ἕκαστος πρὸς τὸν πλ. αὐ. (10 *a*)
4. 6 (3. 24). καὶ καρδίαν ἀνθρώπου πρὸς τὸν πλ. αὐ. †
Is. 3. 5. ἄνθρωπος πρὸς τὸν πλ. αὐτοῦ (10 *a*)
5. 8. ἵνα τοῦ πλ. ἀφέλωνταί τι †
19. 2. πολεμήσει . . . ἄνθρωπος τὸν πλ. αὐτοῦ (10 *a*)
41. 6. ἦλθον ἅμα κρίνων ἕκαστος τῷ πλ. (10 *a*)
Je. 5. 8. ἕκαστος ἐπὶ τὴν γυναῖκα τοῦ πλ. αὐτοῦ ἐχρεμέτιζον (10 *a*)
6. 21. γείτων καὶ ὁ πλ. αὐτοῦ ἀπολοῦνται (10 *a*)
7. 5. ἀνὰ μέσον ἀνδρὸς καὶ ἀνὰ μέσον τοῦ πλ. αὐτοῦ (10 *a*)
9. 4 (3). ἕκαστος ἀπὸ τοῦ πλ. αὐτοῦ [A *add.* ἐξήλθοσαν] φυλάξασθε (10 *a*)
— 8 (7). τῷ πλ. αὐτοῦ λαλεῖ εἰρηνικά (10 *a*)
— 20 (19). διδάξατε . . . γυνὴ τὴν πλ. αὐτῆς θρῆνον (10 *c*)
19. 9. τὰς σάρκας τοῦ πλ. αὐτοῦ ἔδονται (10 *a*)
22. 8. ἐρεῖ ἕκαστος πρὸς τὸν πλ. αὐτοῦ (10 *a*)
— 13. παρὰ τῷ πλ. αὐτοῦ ἐργᾶται δωρεάν (10 *a*)
23. 27. ἃ διηγοῦντο ἕκαστος τῷ πλ. αὐτοῦ (10 *a*)
— 30. R ἕκαστον [A S -os] παρὰ τοῦ πλ. αὐτοῦ (10 *a*)
— 35. οὕτως ἐρεῖτε ἕκαστος πρὸς τὸν πλ. αὐτοῦ (10 *a*)
26 (46). 16. ἕκαστος πρὸς τὸν πλ. αὐτοῦ ἐλάλει (10 *a*)
38 (31). 34. A ἕκαστος τὸν πλ. [B ἀδελφὸν] αὐτοῦ (1)
41 (34). 15. τοῦ καλέσαι ἄφεσιν ἕκαστον τοῦ [A -os τῷ] πλ. αὐτοῦ (10 *a*)
— 17. τοῦ καλέσαι ἄφεσιν ἕκαστος πρὸς τὸν [A S[3] *add.* ἀδελφὸν αὐτοῦ καὶ πρὸς τὸν] πλ. αὐτοῦ (1 + 10 *a* [10 *a*])
43 (36). 16. συνεβουλεύσαντο ἕκαστος πρὸς τὸν πλ. αὐτοῦ (10 *a*)
Ep. Je. 43. τὴν πλ. ὀνειδίζει
Ez. 18. 6. τὴν γυναῖκα τοῦ πλ. αὐτοῦ οὐ μὴ μιάνῃ (10 *a*)
— 8. ἀνὰ μέσον ἀνδρὸς καὶ μέσον τοῦ πλ. αὐτοῦ †
— 11. τὴν γυναῖκα τοῦ πλ. αὐτοῦ ἐμίανε (10 *a*)
— 15. τὴν γυναῖκα τοῦ πλ. αὐτοῦ οὐκ ἐμίανε (10 *a*)
22. 11. ἕκαστος τὴν γυν. τοῦ πλ. αὐ. ἠνομοῦσαν (10 *a*)
33. 26. A ἀνὴρ τὴν πλ. αὐτοῦ ἐμιάνατε (10 *a*)
40. 9. τὸ αἰλὰμ τοῦ πυλῶνος πλ. τοῦ αἰλὰμ τῆς πύλης –
41. 16. τὰ πλ. ἐξυλωμένα κύκλῳ †
— 17. ἕως πλ. τῆς ἐσωτέρας †
Da. Th. Su. 62. ὃν τρόπον ἐπονηρεύσαντο τῷ πλ.
I Ma. 2. 40. S R εἶπεν ἀνὴρ τῷ [A πρὸς τὸν] πλ. αὐ.
3. 40. παρενέβαλον πλ. Ἀμμ.
— 43. εἶπαν ἕκαστος πρὸς τὸν πλ. αὐ.
12. 33. A S ἕως Ἀσκ. καὶ τὰ πλ. ὀχυρώματα [R *al.*]
II Ma. 6. 11. ἕτεροι δὲ πλ. συνδραμόντες
III Ma. 1. 6. ἔκρινε τὰς πλ. πόλεις
6. 31. οἱ τὸ πρὶν ἐπονείδιστοι καὶ πλ. τοῦ ᾅδου
IV Ma. 2. 5. οὐκ ἐπιθυμήσεις τὴν γυναῖκα τοῦ πλ. σου οὐδὲ ὅσα τῷ πλ. σού ἐστι
5. 4. παρήχθη πλησίον αὐτοῦ
8. 5. καὶ πλ. καλέσας ἔφη
12. 3. πλησιέστερον αὐτὸν μετεπέμψατο
— 10. δραμὼν ἐπὶ πλησίον τῶν τηγάνων

[**Aq.** III Ki. 1. 9 : Jb. 41. 9 : Pr. 11. 9 : 12. 26 : Je. 9. 5 (4) : Ez. 1. 15 : 9. 2 : 10. 16 : Da. 10. 13.]
[**Sm.** III Ki. 1. 9 : Pr. 6. 1, 24, 29 : 11. 9 : 21. 10 : Je. 29 (36). 23 : Ez. 1. 15 : 22. 12.]
[**Th.** Jb. 16. 21 : Pr. 6. 1 : 11. 9 : Is. 34. 14 : Ez. 22. 12 : 33. 26.]
[**Al.** I Ki. 20. 41.]
[**Quint.** Pr. 6. 29.]

πλησίος. (1) רֵעַ

Ca. 5. 1. φάγετε, πλησίοι [A S[2] οἱ πλησίον] (1)
Si. 27. 18. R ἀπώλεσας τὴν φιλίαν τοῦ πλ. [A B S -ίου]
Je. 24. 1. μετὰ τὸ ἀποικίσαι Ναβ. . . . τοὺς πλουσίους [B[1] πλησ.] –
I Ma. 12. 33. R ἕως Ἀσκ. καὶ τῶν πλ. ὀχυρωμάτων [A S *al.*]

πλησμονή. (1) דָּשֵׁן (2) טֹרַח (3) רְבִיבִים
(4) *a.* שָׂבָע *b.* שֹׂבַע *c.* שָׂבַע *d.* שָׂבֵעַ
e. שָׂבְעָה *f.* שִׂבְעָה (5) ἐν πλησμονῇ ὤν שָׂבֵעַ

Ge. 41. 30. ἐπιλήσονται τῆς πλ. (4 *a*)
Ex. 16. 3. ἠσθίομεν ἄρτους εἰς πλησμονήν (4 *b*)
— 8. καὶ ἄρτους τὸ πρωῒ εἰς πλησμονήν (4 *c*)
Le. 25. 19. φάγεσθε εἰς πλησμονήν (4 *b*)
26. 5. φάγεσθε τὸν ἄρτον ὑ. εἰς πλησμονήν (4 *b*)
De. 33. 23. Νεφθ. πλησμονὴ δεκτῶν (4 *d*)
Ju. 7. 21. οὐκ εἶχον πιεῖν εἰς πλησμονὴν ὕδωρ
8. 31. S[2] τὸν ὑετὸν εἰς πλησμονήν [A B S[1] *om.* εἰς πλ.]
Ps. 77 (78). 25. ἐπισιτισμὸν ἀπέστειλεν αὐτοῖς εἰς πλησμονήν (4 *b*)
105 (106). 15. ἐξαπέστειλε πλησμονήν †
Pr. 3. 10. ἵνα πίμπληται τὰ ταμιεῖά σου πλησμονῆς σίτῳ [A S[2] -ου] (4 *a*)
26. 16. τοῦ ἐν πλησμονῇ ἀποκομίζοντος ἀγγελίαν †
27. 7. ψυχὴ ἐν πλησμονῇ οὖσα κηρίοις ἐμπαίζει (5)
Si. 1. 16. πλησμονὴ σοφίας φοβεῖσθαι τὸν κύριον
18. 25. ἐν καιρῷ [A ἡμέραις] πλησμονῆς
45. 21. ἄρτον . . . ἡτοίμασε πλησμονήν [A S ἐν πλησμονῇ]
Ho. 13. 6. ἐνεπλήσθησαν εἰς πλησμονήν (4 *c*)
Hb. 2. 16. πλησμονὴν ἀτιμίας ἐκ δόξης πίε (4 *c*)
Hg. 1. 6. ἐφάγετε καὶ οὐκ εἰς πλησμονήν (4 *e*)
Is. 1. 14. ἐγενήθητέ μοι εἰς πλησμονήν (2)
30. 23. ὁ ἄρτος τοῦ γεννήματος τῆς γῆς σου ἔσται πλ. (1)
55. 2. τὸν μόχθον ὑμῶν οὐκ εἰς πλησμονήν (4 *e*)
56. 11. οἱ κύνες ἀναιδεῖς τῇ ψυχῇ οὐκ εἰδότες πλησμονήν (4 *e*)
65. 15. καταλείψετε τὸ ὄνομα ὑ. εἰς πλησμονήν †
Je. 14. 22. εἰ ὁ οὐρανὸς δώσει πλησμονὴν αὐτοῦ (3)
La. 5. 6. Ἀσσοὺρ εἰς πλησμονὴν αὐτῶν (4 *c*)
Ez. 16. 49. ἐν πλησμονῇ ἄρτων (4 *f*)
39. 19. φάγεσθε στέαρ εἰς πλησμονήν (4 *e*)

[**Aq.** Ge. 26. 33 *bis* : Ps. 15 (16). 11 : Is. 23. 18 : Je. 5. 24.]
[**Sm.** Ge. 26. 33 *bis* : Ps. 15 (16). 11 : Ec. 5. 11 : Is. 23. 18 : 55. 2.]
[**Th.** Je. 5. 24.]
[**Quint.** Ho. 7. 14.]

πλήσσειν. (1) כָּרַת hi. (2) נָגַף ni. (3) נָכָה
a. ni. *b.* pu. *c.* hi. *d.* hoph. *e.* נָכֶה
(4) נָפַל (5) נָשַׁךְ (6) פָּלַח pi.
(7) πληγεὶς ὑπό בְּיַד

Ex. 9. 31. ἡ κριθὴ ἐπλήγη (3 *b*)
— 32. ὁ δὲ πυρὸς καὶ ἡ ὀλύρα οὐκ ἐπλήγησαν [A -γη] (3 *b*)
16. 3. πληγέντες ὑπὸ κυρίου (7)
22. 2 (1). καὶ πληγεὶς ἀποθάνῃ (3 *d*)
Nu. 25. 14. τὸ δὲ ὄνομα τοῦ ἀνθρ. . . . τοῦ πεπληγότος ὃς ἐπλήγη μετὰ τῆς Μαδ. (3 *d*, 3 *d*)
— 15. ὄνομα τῇ γυναικὶ . . . τῇ πεπληγυίᾳ (3 *d*)
— 18. διὰ Χασβὶ . . . τὴν πεπληγυῖαν (3 *d*)
Jd. 20. 36. εἶδον . . . ὅτι ἐπλήγησαν [A *al.*] (2)
I Ki. 4. 2. ἐπλήγησαν ἐν τῇ παρατάξει (3 *c*)
5. 12. ἐπλήγησαν εἰς τὰς ἕδρας (3 *d*)
11. 11. A ἔπληξεν [B ἔτυπτον] τοὺς υἱοὺς Ἀ. (3 *c*)
II Ki. 1. 12. ἐπλήγησαν ἐν ῥομφαίᾳ (4)
4. 4. υἱὸς πεπληγὼς τοὺς πόδας (3 *e*)
9. 3. υἱὸς . . . πεπληγὼς τοὺς πόδας (3 *e*)
11. 15. πληγήσεται καὶ ἀποθανεῖται (3 *a*)
— 20. B[2] πληγήσεσθε ἀπάνωθεν τοῦ τείχους [A B[1] *al.*] †
— 22. πληγήσεσθε ἀπὸ τοῦ τείχους –
III Ki. 14. 14. A ὃς πλήξει τὸν οἶκον Ἱερ. (1)
— 15. A κύριος πλήξει τὸν Ἰσρ. (3 *c*)
II Ch. 29. 9. πεπλήγασιν οἱ πατέρες ὑμῶν (4)
II Es. 6. 11. πληγήσεται [A παγ.] ἐπ' αὐτοῦ †
Ps. 101 (102). 4. ἐπλήγην [S[1] -η] ὡσεὶ χόρτος (3 *d*)
Pr. 7. 23. ἢ ὡς ἔλαφος τοξεύματι πεπληγὼς εἰς τὸ ἧπαρ (6)
23. 32. ὥσπερ ὑπὸ ὄφεως πεπληγὼς ἐκτείνεται (5)
Wi. 19. 17. ἐπλήγησαν δὲ καὶ ἀορασίᾳ
Za. 13. 6. ἃς ἐπλήγην ἐν τῷ οἴκῳ (3 *d*)
Is. 1. 5. τί ἔτι πληγῆτε (3 *d*)
9. 13 (12). ἕως ἐπλήγη (3 *c*)

Is. 27. 7. αὐτὸς οὕτως πληγήσεται (3 *c*)
I Ma. 9. 55. ἐπλήγη Ἄλκιμος
III Ma. 2. 22. **A** πεπληγμένον [**R** περιπεπλεγμ.] κρίσει
IV Ma. 14. 19. πλήσσουσι τοὺς προσιόντας τῇ νοσσιᾷ αὐ.
[**Aq**. Ge. 4. 15 : 14. 17 : Ex. 5. 16 : I Ki. 2. 14 : 24. 6 : II Ki. 1. 1 : 6. 7 : 21. 2 : III Ki. 14. 14, 15 : Jb. 33. 16 : Ps. 3. 8 : 77 (78). 66 : Pr. 17. 22 : Is. 37. 38 : 66. 2 : Mi. 5. 1 (4. 14).]
[**Sm**. I Ki. 5. 6 : Jb. 32. 4 : Ps. 72 (73). 5 : Is. 10. 24 : 53. 4 : Je. 40 (47). 14.]
[**Th**. Pr. 17. 10 : 18. 14 : Is. 53. 4.]
[**Heb**. Jb. 19. 6.]

πλινθάριον.
[**Al**. Ex. 5. 16.]

πλινθεία (-ία). (1) *a.* לְבֵנָה *b.* לָבֵן
Ex. 1. 14. ἐν τοῖς ἔργοις τοῖς σκλ. . . . τῇ πλ. (1 *a*)
5. 8. τὴν σύνταξιν τῆς πλ. [**A** πλινθουργίας] (1 *a*)
— 14. τὰς συντάξεις ὑμῶν τῆς πλ. (1 *b*)
— 18. τὴν σύνταξιν τῆς πλ. (1 *a*)
— 19. οὐκ ἀπολείψετε τῆς πλ. τὸ καθῆκον (1 *a*)

πλινθεῖον, πλινθίον. (1) מַלְבֵּן
II Ki. 12. 31. διήγαγεν [**A** ἀπήγ.] αὐτοὺς διὰ τοῦ πλ. (1, †*)
III Ki. 3. 1. ἐπὶ τῆς αὐλαρχίας καὶ ἐπὶ τοῦ πλ. –
[**Aq**. Je. 43 (50). 9.]
[**Sm**. Je. 43 (50). 9 : Ez. 4. 1.]
[**Th**. II Ki. 20. 23 : Je. 43 (50). 9.]

πλινθεύειν. (1) לָבֵן
Ge. 11. 3. πλινθεύσωμεν πλίνθους (1)

πλίνθος. (1) *a.* לְבֵנָה *b.* מַלְבֵּן
Ge. 11. 3. πλινθεύσωμεν πλίνθους (1 *a*)
— 3. ἐγένετο αὐτοῖς ἡ πλ. εἰς λίθον (1 *a*)
Ex. 5. 16. τὴν πλ. ἡμῖν λέγουσι ποιεῖν (1 *a*)
24. 10. ὡσεὶ ἔργον πλίνθου σαπφείρου [**A** -os] (1 *a*)
Ju. 5. 11. ἐν πόνῳ [**S** πηλῷ] καὶ πλίνθῳ
Mi. 7. 11. ἡμέρας ἀλοιφῆς πλίνθου †
Na. 3. 14. κατακράτησον ὑπὲρ πλίνθον (1 *b*)
Is. 9. 10 (9). πλίνθοι πεπτώκασιν (1 *a*)
24. 23. τακήσεται ἡ πλ. †
65. 3. θυμιῶσιν ἐπὶ ταῖς πλ. τοῖς δαιμονίοις (1 *a*)
Ez. 4. 1. λάβε σεαυτῷ πλίνθον (1 *a*)

πλινθουργία. (1) *a.* לְבֵנָה *b.* לָבֵן הַלְּבֵנִים
Ex. 5. 7. διδόναι ἄχυρον . . . εἰς τὴν [**A**[1] *om.*] πλ. (1 *b*)
— 8. **A** τὴν σύνταξιν τῆς πλ. [**B** πλινθείας] (1 *a*)
[**Al**. Ex. 5. 16.]

πλοῖον. (1) *a.* אֳנִי *b.* אֳנִיָּה (2) סְפִינָה (3) צִי
Ge. 49. 13. καὶ αὐτὸς παρ' ὅρμον πλοίων (1 *b*)
De. 28. 68. ἀποστρέψει σε . . . ἐν πλοίοις (1 *b*)
Jd. 5. 17. εἰς τί παροικεῖ πλοίοις (1 *b*)
II Ch. 8. 18. ἀπέστειλε X. . . . πλοῖα (1 *b*)
9. 21. ἤρχετο πλοῖα [**A** -ον] ἐκ Θ. (1 *b*)
20. 36. **B** τοῦ ποιῆσαι πλοῖα (1 *b*)
— 36. καὶ ἐποίησε πλοῖα (1 *b*)
— 37. συνετρίβη τὰ πλ. σου (1 *b*)
Jb. 40. 26 (31). καὶ ἐν πλοίοις ἁλιέων κεφαλὴν αὐτοῦ †
Ps. 47 (48). 7. συντρίψεις [**A** -ει] πλοῖα Θ. (1 *b*)
103 (104). 26. **AB**[2]**SR** ἐκεῖ πλοῖα διαπορεύονται (1 *b*)
106 (107). 23. οἱ καταβαίνοντες εἰς θάλασσαν ἐν πλοίοις (1 *b*)
Wi. 14. 1. τοῦ φέροντος αὐτὸν πλ. [**A** ξύλου] σαθρότερον ξύλον ἐπιβοᾶται
Si. 36 (33). 2. ὡς ἐν καταιγίδι πλοῖον
Jn. 1. 3. εὗρε πλοῖον βαδίζον εἰς Θ. (1 *b*)
— 4. τὸ πλ. ἐκινδύνευε τοῦ συντριβῆναι (1 *b*)
— 5. τῶν σκευῶν τῶν ἐν τῷ πλ. (1 *b*)
— 5. κατέβη εἰς τὴν κοίλην τοῦ πλ. (2)
Ma. 3. 2. **S**[1] ὡς πλοῖα [**A B S**[2] ποία] πλυνόντων †
Is. 2. 16. ἐπὶ πᾶν πλ. θαλάσσης καὶ ἐπὶ πᾶσαν θέαν πλοίων κάλλους (1 *b*, †)
11. 14. πετασθήσονται ἐν πλοίοις ἀλλοφύλων †
18. 1. οὐαὶ γῆς πλοίων πτέρυγες †
23. 1. ὀλολύξατε, πλοῖα Καρχηδόνος (1 *b*)
Is. 23. 10. πλοῖα οὐκέτι ἔρχεται ἐκ Καρχηδόνος †
— 14. ὀλολύξατε, πλοῖα Καρχηδόνος (1 *b*)
33. 21. οὐδὲ πορεύσεται πλ. ἐλαῦνον (1 *a* + 3)
43. 14. ἐν πλοίοις [**A S**[2] κλ.] δεθήσονται (1 *b*)
60. 9. πλοῖα Θαρσὶς ἐν πρώτοις (1 *b*)
Ez. 27. 9. πάντα τὰ πλ. τῆς θαλάσσης . . . ἐγένοντό σοι (1 *b*)
— 25. κυπαρίσσινα πλοῖα [**A** ἐν κ. πλοίοις] (1 *b*)
— 29. καταβήσονται ἀπὸ τῶν πλ. (1 *b*)
Da. LXX. 11. 40. ἐν ἵπποις πολλοῖς καὶ ἐν πλ. πολλοῖς (1 *b*)
I Ma. 8. 26. οὐδὲ ἐπαρκέσουσι . . . πλοῖα [**S**[1] -ον]
— 28. **S R** οὐ δοθήσεται . . . πλοῖα [**A** *om.*]
11. 1. ἤθροισε . . . πλ. πολλά
13. 29. ἐποίησεν . . . παρὰ ταῖς πανοπλίαις πλοῖα
15. 3. κατεσκεύασα πλ. πολεμικά
— 14. **A R** τὰ πλ. ἀπὸ θαλάσσης συνῆψαν
— 37. Τρ. δὲ ἐμβὰς εἰς πλοῖον
III Ma. 4. 7. μέχρι τῆς εἰς τὸ πλ. ἐμβολῆς
— 9. τοῖς ζυγοῖς τῶν πλ. προσηλωμένοι τοὺς τραχήλους
[**Aq**. Ez. 27. 25.]
[**Sm**. Is. 33. 21.]

πλόκαμος.
III Ma. 1. 4. **R** τοὺς πλ. [**A** πολέμους] λελυμένη
[**Aq**. Ca. 4. 9.]

πλοκή. (1) מִקְלַעַת (2) עֲבֹת
Ex. 28. 14. δύο κροσσωτὰ . . . ἔργον πλοκῆς (2)
III Ki. 6. 18. **A** πλοκὴν ἐπαναστήσεις (1)
Si. 41. 19. **S** ἀπὸ τόπου οὗ παροικεῖς περὶ πλοκῆς [**A B** κλοπῆς]
Ez. 7. 10. **A** ἐξῆλθεν ἡ πλ. †
[**Sm**. III Ki. 6. 18.]
[**Th**. Ez. 7. 7, 10.]

πλόκιον. (1) דַּלָּה
Ca. 7. 5 (6). πλόκιον κεφαλῆς σου ὡς πορφύρα (1)

πλοῦς.
Wi. 14. 1. πλοῦν τις πάλιν στελλόμενος

πλούσιος. (1) כַּבִּיר (2) עַלִּיז (3) *a.* עָשִׁיר *b.* עָשַׁר hi. (4) שַׁאֲנָן (5) **εἶναι πλούσιος** כָּבֵד
Ge. 13. 2. Ἄβ. δὲ ἦν πλ. σφόδρα κτήνεσι (5)
Ru. 3. 10. εἴτοι πτωχὸς εἴτοι πλούσιος (3 *a*)
I Ki. 2. 10. μὴ καυχάσθω ὁ πλ. ἐν τῷ πλούτῳ αὐ. –
II Ki. 12. 1. εἷς πλ. καὶ εἷς πένης (3 *a*)
— 2. τῷ πλ. ἦν ποίμνια (3 *a*)
— 4. ἦλθε πάροδος τῷ ἀνδρὶ τῷ πλ. (3 *a*)
I Es. 3. 19. τήν τε τοῦ πένητος καὶ τὴν τοῦ πλ.
— 21. πάσας καρδίας ποιεῖ πλουσίας
Es. 1. 20. ἀπὸ πτωχοῦ ἕως πλουσίου †
Jb. 27. 19. **ABS**[1] πλούσιος κοιμηθεὶς [**S**[2]**R** -θήσεται] (3 *a*)
Ps. 9. 29 (10. 8). ἐγκάθηται ἐνέδρᾳ μετὰ πλουσίων ἐν ἀποκρύφοις †
33 (34). 10. πλούσιοι ἐπτώχευσαν (1)
44 (45). 12. τὸ πρόσωπόν σου λιτανεύσουσιν οἱ πλ. τοῦ λαοῦ (3 *a*)
48 (49). 2. ἐπὶ τὸ αὐτὸ πλούσιος καὶ πένης (3 *a*)
Pr. 10. 15. κτῆσις πλουσίων πόλις ὀχυρά (3 *a*)
14. 20. φίλοι δὲ πλουσίων πολλοί (3 *a*)
18. 11. ὕπαρξις πλουσίου ἀνδρὸς πόλις ὀχυρά (3 *a*)
19. 22. κρείσσων δὲ πτωχὸς δίκαιος ἢ πλούσιος ψευδής [**A S**[2] ψεύστης] †
22. 2. πλούσιος καὶ πτωχὸς συνήντησαν ἀλλήλοις (3 *a*)
— 7. πλούσιοι πτωχῶν ἄρξουσι (3 *a*)
— 16. δίδωσι δὲ πλουσίῳ ἐπ' ἐλάσσονι (3 *a*)
23. 4. μὴ παρεκτείνου πένης ὢν πλουσίῳ (3 *b*)
28. 6. κρείσσων πτωχὸς πορευόμενος ἐν ἀληθείᾳ πλουσίου ψευδοῦς (3 *a*)
— 11. σοφὸς παρ' ἑαυτῷ ἀνὴρ πλούσιος (3 *a*)
Ec. 10. 6. πλούσιοι ἐν ταπεινῷ καθήσονται (3 *a*)
— 20. μὴ καταράσῃ πλούσιον (3 *a*)
Wi. 8. 5. τί σοφίας πλουσιώτερον [**S** τιμιώτ.] τῆς τὰ πάντα ἐργαζομένης [**S**[1] περιεργ.]
Si. 8. 2. μὴ ἔριζε μετὰ ἀνθρώπου πλουσίου
10. 22. πλούσιος καὶ ἔνδοξος . . . τὸ καύχημα αὐτῶν φόβος κυρίου
— 30. πλούσιος δοξάζεται διὰ τὸν πλοῦτον αὐτοῦ
Si. 13. 2. ἰσχυροτέρῳ σου καὶ πλουσιωτέρῳ μὴ [**A S** σου μὴ] κοινώνει
— 3. πλούσιος ἠδίκησε καὶ αὐτὸς προσενεβριμήσατο
— 18. τίς εἰρήνη πλουσίῳ πρὸς πένητα
— 19. οὕτως νομαὶ πλουσίων πτωχοί
— 20. οὕτως βδέλυγμα πλουσίῳ πτωχός
— 21. πλούσιος σαλευόμενος στηρίζεται ὑπὸ φίλων
— 22. πλουσίου σφαλέντος πολλοὶ ἀντιλήπτορες
— 23. πλούσιος ἐλάλησε καὶ πάντες ἐσίγησαν
25. 2. πτωχὸν ὑπερήφανον καὶ πλούσιον ψεύστην
26. 4. πλουσίου δὲ καὶ πτωχοῦ καρδία ἀγαθή
30. 14. πλούσιος μεμαστιγωμένος εἰς σῶμα αὐτοῦ
34 (31). 3. ἐκοπίασε πλούσιος ἐν συναγωγῇ χρημάτων
— 8. μακάριος πλούσιος ὃς εὑρέθη ἄμωμος
44. 6. ἄνδρες πλούσιοι κεχορηγημένοι ἰσχύϊ
Is. 5. 14. καταβήσονται . . . οἱ πλ. †
32. 9. γυναῖκες πλούσιαι, ἀνάστητε (4)
— 13. πόλις πλουσία (2)
33. 20. πόλις πλουσία (4)
53. 9. δώσω . . . τοὺς πλ. ἀντὶ τοῦ θανάτου αὐ. (3 *a*)
Je. 9. 23 (22). μὴ καυχάσθω ὁ πλ. ἐν τῷ πλούτῳ αὐτοῦ (3 *a*)
24. 1. μετὰ τὸ ἀποικίσαι . . . τοὺς πλ. [**B**[1] πλησ.] –
Da. LXX., TH. Su. 4. ἦν Ἰ. πλούσιος σφόδρα
I Ma. 6. 2. τὸ ἱερὸν τὸ ἐν αὐτῇ πλούσιον σφόδρα
[**Aq**. II Ki. 12. 4 : Ps. 21 (22). 13 (P.).]
[**Sm**. II Ki. 12. 4 : Jb. 34. 19 (P.) : Pr. 12. 24 : 22. 16 : Ec. 5. 11 : 10. 6.]
[**Th**. II Ki. 12. 4 : Pr. 18. 23.]
[**Al**. Le. 25. 47.]

πλουτεῖν. (1) הוֹן (2) *a.* עָשַׁר qal. *b.* hi. *c.* עָשִׁיר (3) פָּרַץ
Ge. 30. 43. ἐπλούτησεν ὁ ἄνθρ. σφόδρα σφ. (3)
Ex. 30. 15. ὁ πλουτῶν οὐ προσθήσει (2 *c*)
Ju. 15. 6. καὶ ἐπλούτησαν σφόδρα
Ps. 48 (49). 16. ὅταν πλουτήσῃ ἄνθρωπος (2 *b*)
Pr. 28. 22. σπεύδει πλουτεῖν ἀνὴρ βάσκανος (1)
31. 28. καὶ ἐπλούτησαν †
Ec. 5. 11. τῷ ἐμπλησθέντι τοῦ πλουτῆσαι (2 *c*)
Si. 11. 18. ἔστι πλουτῶν ἀπὸ προσοχῆς
— 21. **A** κοῦφον ἐν ὀφθαλμοῖς κυρίου . . . πλουτῆσαι [**B S** -ίσαι] πένητα
Ho. 12. 8 (9). πλὴν πεπλούτηκα (2 *a*)
Za. 11. 5. καὶ πεπλουτήκαμεν (2 *b*)
Je. 5. 27. ἐμεγαλύνθησαν καὶ ἐπλούτησαν (2 *b*)
Ez. 27. 33. **R** ἐπλούτησας [**A B** -ισας] πάντας βασιλεῖς (2 *b*)
Da. LXX., TH. 11. 2. πλουτήσει πλοῦτον μέγαν (2 *b*)
[**Aq**. Pr. 21. 17 : 23. 4.]
[**Sm**., **Th**. Pr. 21. 17.]
[**Al**. Pr. 28. 20.]

πλουτίζειν. (1) עָשַׁר *a.* qal. *b.* hi. *c.* hithpa.
Ge. 14. 23. ἐγὼ ἐπλούτισα τὸν Ἄβραμ (1 *b*)
I Ki. 2. 7. κύριος πτωχίζει καὶ πλουτίζει (1 *b*)
17. 25. **A** πλουτίσει αὐτὸν ὁ βασ. πλοῦτον μέγ. (1 *b*)
Jb. 15. 29. οὔτε μὴ πλουτισθῇ (1 *a*)
Ps. 64 (65). 9. ἐπλήθυνας τοῦ πλουτίσαι αὐτήν (1 *b*)
Pr. 10. 4. χεῖρες δὲ ἀνδρείων πλουτίζουσιν (1 *b*)
— 22. **B S** αὕτη πλουτίζει (1 *b*)
13. 7. εἰσὶν οἱ πλουτίζοντες ἑαυτούς [**A** *al.*] (1 *c*)
Wi. 10. 11. καὶ ἐπλούτισεν αὐτόν
Si. 11. 21. κοῦφον ἐν ὀφθαλμοῖς κυρίου . . . πλουτίσαι [**A** -ῆσαι] πένητα
19. 1. ἐργάτης μέθυσος οὐ πλουτισθήσεται
Ez. 27. 33. **A B** ἐπλούτισας [**R** -ησας] πάντας τοὺς βασιλεῖς (1 *b*)
II Ma. 7. 24. ἅμα πλουτιεῖν καὶ μακαριστὸν ποιήσειν
[**Sm**. Ps. 64 (65). 10.]

πλοῦτος. (1) אוֹצָר (2) גְּדוּלָּה (3) הוֹן (4) הָמוֹן (5) חַיִל (6) כָּבוֹד (7) *a.* עֹשֶׁר *b.* עָשַׁר hi. *c.* עָשִׁיר (8) רְכֻלָּה (9) שֶׁפַע
Ge. 31. 16. πάντα τὸν πλ. καὶ τὴν δόξαν (7 *a*)
De. 33. 19. πλοῦτος θαλάσσης θηλάσει σε (9)
I Ki. 2. 10. μὴ καυχάσθω ὁ πλούσιος ἐν τῷ πλ. αὐτοῦ –
17. 25. **A** πλουτίσει αὐτὸν ὁ βασ. πλ. μέγαν (7 *a*)
III Ki. 3. 11. οὐκ ᾐτήσω πλοῦτον (7 *a*)
— 13. δέδωκά σοι καὶ πλοῦτον καὶ δόξαν (7 *a*)
10. 23. ἐμεγαλύνθη . . . πλούτῳ καὶ φρονήσει (7 *a*)

I Ch. 29. 12. παρὰ σοῦ ὁ πλ. (7 *a*)
— 28. ἐτελεύτησεν . . . πλούτῳ καὶ δόξῃ (7 *a*)
II Ch. 1. 11. οὐκ ᾐτήσω πλοῦτον χρημάτων (7 *a*)
— 12. πλοῦτον . . . δώσω σοι (7 *a*)
9. 22. ἐμεγαλύνθη Σ. . . . πλούτῳ (7 *a*)
17. 5. ἐγένετο αὐτῷ πλοῦτος (7 *a*)
18. 1. ἐγενήθη τῷ Ἰωσ. ἔτι πλοῦτος (7 *a*)
32. 27. ἐγένετο τῷ Ἐζ. πλοῦτος (7 *a*)
To. 12. 8. **S** μᾶλλον ἢ πλοῦτος μετὰ ἀδικίας [**A B** *al.*]
Es. 1. 4. μετὰ τὸ δεῖξαι αὐτοῖς τὸν πλ. τῆς βασ. αὐ. καὶ τὴν δόξαν τῆς εὐφροσύνης τοῦ πλ. αὐ. (7 *a*, 2)
5. 11. ὑπέδειξεν αὐτοῖς τὸν πλ. αὐ. (6+7 *a*)
10. 2. πλοῦτόν τε καὶ δόξαν τῆς βασ. αὐ. †
Jb. 20. 15. πλοῦτος ἀδίκως συναγόμενος ἐξεμεθήσεται (5)
— 18. πλοῦτον ἐξ οὗ οὐ γεύσεται (5 ?)
21. 7. πεπαλαίωνται δὲ καὶ ἐν [**A** *om.*] πλούτῳ (5)
27. 18. **A** καὶ ὥσπερ ἀράχνη ὁ πλ. αὐτοῦ [**B S** *om.* ὁ πλ. αὐ.] †
31. 25. πολλοῦ πλούτου μοι γενομένου (5)
Ps. 36 (37). 3. ποιμανθήσῃ ἐπὶ τῷ πλ. αὐτῆς †
— 16. ὑπὲρ πλοῦτον ἁμαρτωλῶν πολύν (4)
48 (49). 6. ἐπὶ τῷ πλήθει τοῦ πλ. αὐτῶν (7 *a*)
— 10. καταλείψουσιν ἀλλοτρίοις τὸν πλ. αὐ. (5)
51 (52). 7. **B S**[1] ἐπήλπισεν ἐπὶ τὸ πλῆθος [**S**[2] τῷ πλ.] τοῦ πλ. αὐτοῦ (5)
61 (62). 10. πλοῦτος ἐὰν ῥέῃ (5)
72 (73). 12. εἰς τὸν αἰῶνα κατέσχον πλούτου (5)
75 (76). 5. οὐχ εὗρον οὐδὲν πάντες οἱ ἄνδρες τοῦ πλ. (5)
111 (112). 3. πλοῦτος ἐν τῷ οἴκῳ αὐτοῦ (7 *a*)
118 (119). 14. ἐτέρφθην ὡς ἐπὶ παντὶ πλούτῳ (3)
Pr. 3. 16. ἐν δὲ τῇ ἀριστερᾷ αὐτῆς πλοῦτος (7 *a*)
8. 18. πλοῦτος καὶ δόξα ἐμοὶ ὑπάρχει (7 *a*)
11. 16. πλούτου ὀκνηροὶ ἐνδεεῖς γίνονται οἱ δὲ ἀνδρεῖοι ἐρείδονται πλούτῳ (–, 7 *a*)
— 28. ὁ πεποιθὼς ἐπὶ πλούτῳ οὗτος πεσεῖται (7 *a*)
13. 7. εἰσὶν οἱ ταπεινοῦντες ἑαυτοὺς ἐν πολλῷ πλ. (3)
— 8. λύτρον ἀνδρὸς ψυχῆς ὁ ἴδιος πλ. (7 *a*)
— 22. θησαυρίζεται δὲ δικαίοις πλοῦτος ἀσεβῶν (5)
— 23. δίκαιοι ποιήσουσιν ἐν πλούτῳ ἔτη πολλά †
19. 1 (4). πλοῦτος προστίθησι φίλους πολλούς (3)
21. 17. φιλῶν οἶνον καὶ ἔλαιον εἰς πλοῦτον (7 *b*)
22. 1. αἱρετώτερον ὄνομα καλὸν ἢ πλ. πολύς (7 *a*)
— 4. πλοῦτος καὶ δόξα καὶ ζωή (7 *a*)
24. 4. ἐμπιμπλανται ταμιεῖα ἐκ παντὸς πλούτου τιμίου καὶ καλοῦ (3)
— 31 (30. 8). πλοῦτον δὲ . . . μή μοι δῷς (7 *a*)
— 71 (31. 3). μὴ δῷς γυναιξὶ σὸν πλ. (5)
28. 8. ὁ πληθύνων τὸν πλ. αὐτοῦ μετὰ τόκων (3)
29. 3. ὃς δὲ ποιμαίνει πόρνας ἀπολεῖ πλοῦτον (3)
31. 14. **A S**[2] συνάγει δὲ αὐτῆς τὸν πλ. [**B S**[1] αὕτη τὸν βίον] †
— 29. πολλαὶ θυγατέρες ἐκτήσαντο πλοῦτον (5)
Ec. 4. 8. ὀφθαλμὸς αὐτοῦ οὐκ ἐμπίμπλαται πλούτου (7 *a*)
5. 12. πλοῦτον φυλασσόμ. τῷ παρ' αὐτοῦ (7 *a*)
— 13. καὶ ἀπολεῖται ὁ πλ. ἐκεῖνος (7 *a*)
— 18. ᾧ ἔδωκεν αὐτῷ ὁ θεὸς πλοῦτον (7 *a*)
6. 2. ἀνὴρ ᾧ δώσει αὐτῷ ὁ θεὸς πλοῦτον (7 *a*)
9. 11. οὐ τοῖς συνετοῖς πλοῦτος [**A S** ὁ πλ.] (7 *a*)
Wi. 5. 8. τί πλοῦτος μετὰ ἀλαζονείας συμβέβληται ἡμῖν
6. 14. **S**[1] πάρεδρον γὰρ εὑρήσει τῶν πλ. [**A B S**[2] πυλῶν] αὐτοῦ
7. 8. πλοῦτον οὐδὲν ἡγησάμην ἐν συγκρίσει αὐτῆς
— 11. ἀναρίθμητος πλοῦτος ἐν χερσὶν αὐ.
— 13. τὸν πλ. αὐτῆς οὐκ ἀποκρύπτομαι
8. 5. εἰ δὲ πλοῦτός ἐστιν ἐπιθυμητὸν κτῆμα ἐν βίῳ
— 18. ἐν πόνοις χειρῶν αὐτῆς πλοῦτος [**S**[1] τέρψις] ἀνεκλιπής
Si. 10. 30. πλούσιος δοξάζεται διὰ τὸν πλ. αὐτοῦ
— 31. ὁ δὲ δοξαζόμ. ἐν πτωχείᾳ καὶ ἐν πλούτῳ ποσαχῶς [**S** -απλῶς]; καὶ ὁ ἄδοξος ἐν πλούτῳ καὶ ἐν πτωχείᾳ ποσαχῶς [**S**[2] -απλῶς]
11. 14. πτωχεία καὶ πλοῦτος παρὰ κυρίου ἐστί
13. 24. ἀγαθὸς ὁ [**A** ἐστιν ὁ] πλ. ᾧ μὴ ἔστιν ἁμαρτία
14. 3. ἀνδρὶ μικρολόγῳ οὐ καλὸς ὁ πλ.
18. 25. μνήσθητι . . . ἔνδειαν ἐν ἡμέραις πλούτου
21. 4. καταπληγμὸς καὶ ὕβρις ἐρημώσουσι πλοῦτον
24. 17. τὰ ἄνθη μου καρπὸς δόξης καὶ πλούτου
28. 10. κατὰ τὸν πλ. ἀνυψώσει ὀργὴν αὐτοῦ
30. 16. οὐκ ἔστι πλοῦτος βελτίων ὑγιείας σώματος
34 (31). 1. ἀγρυπνία πλούτου ἐκτήκει σάρκας
Mi. 6. 12. τὸν πλ. αὐ. ἀσεβείας ἔπλησαν (7 *c*)
Is. 16. 14. ἀτιμασθήσεται ἡ δόξα Μωὰβ [**A S** *add.* ἐν] παντὶ τῷ πλ. τῷ πολλῷ (4)
24. 8. **A B S** πέπαυται αὐθαδία καὶ πλ. ἀσεβῶν –
29. 2. ἔσται αὐτῆς ἡ ἰσχὺς καὶ ὁ [**A S** τὸ] πλ. ἐμοί †
— 5. **A S R** ἀπὸ τροχοῦ [**B** τοίχ.] ὁ πλ. τῶν ἀσεβῶν (4)
— 7. ἔσται ὡς ἐνυπνιαζόμενος καθ' ὕπνους νυκτὸς ὁ πλ. ἁπάντων τῶν ἐθνῶν (4)
— 8. οὕτως ἔσται ὁ πλ. πάντων τῶν ἐθνῶν (4)
30. 6. ἔφερον . . . τὸν πλ. αὐ. (5+1)
32. 14. οἶκοι ἐγκαταλελειμμένοι πλοῦτον πόλεως ἀφήσουσιν (4)
— 18. ἀναπαύσονται μετὰ πλούτου †
60. 5. μεταβαλεῖ εἰς σὲ πλ. θαλάσσης (4+5)
61. 6. πλοῦτον βασιλέων φάγεσαι †
— 6. ἐν [**A** ἐπὶ] τῷ πλ. αὐ. θαυμασθήσεσθε (6)
Je. 9. 23 (22). μὴ καυχάσθω ὁ πλούσιος ἐν τῷ πλ. αὐτοῦ (7 *a*)
17. 11. ποιῶν πλοῦτον αὐ. οὐ μετὰ κρίσεως (7 *a*)
Ep. Je. 35. οὔτε πλοῦτον οὔτε χαλκὸν οὐ μὴ δύνωνται διδόναι
Ez. 26. 12. **A** σκυλεύσει τὸν πλ. [**B** τὰ ὑπάρχοντά] σου (8)
Da. LXX. 11. 2. πλουτήσει πλ. μέγαν (7 *a*)
— 2. ἐν τῷ κατισχῦσαι αὐτὸν ἐν τῷ πλ. αὐ. (7 *a*)
Da. TH. 11. 2. πλουτήσει πλ. μέγαν (7 *a*)
— 2. μετὰ τὸ κρατῆσαι αὐτὸν τοῦ πλ. αὐ. (7 *a*)
I Ma. 4. 23. ἔλαβον . . . πλ. μέγαν
6. 1. πόλις ἔνδοξος πλούτῳ

[**Aq.** Pr. 14. 24: Ez. 27. 12, 18, 27, 33: Da. 11. 2 (Sw.).]
[**Sm.** Ps. 61 (62). 11: Pr. 1. 13: 14. 24: Is. 33. 6: Ez. 27. 12, 18: Da. 11. 2 (Sw.).]
[**Th.** Pr. 11. 16: 14. 24: Ez. 27. 12, 18, 27, 33: Da. 11. 2.]
[**Al.** Ez. 22. 25.]

πλύνειν. (1) דּוּחַ hi. (2) כָּבַס *a.* pi. *b.* pu. *c.* hothpa. (3) רָחַץ

Ge. 49. 11. πλυνεῖ ἐν οἴνῳ τὴν στολὴν αὐ. (2 *a*)
Ex. 19. 10. πλυνάτωσαν [**A** -νοῦσιν] τὰ ἱμάτια (2 *a*)
— 14. ἔπλυναν τὰ ἱμάτια (2 *a*)
29. 17. πλυνεῖς τὰ ἐνδόσθια (3)
Le. 1. 9, 13. τοὺς πόδας πλυνοῦσιν ὕδατι (3)
6. 27 (20). πλυθήσεται ἐν τόπῳ ἁγίῳ (2 *a*)
8. 19 (21). τοὺς πόδας ἔπλυνεν ὕδατι (3)
9. 14. ἔπλυνε τὴν κοιλίαν (3)
11. 25, 28, 40, 40 (**A**[2] **B**). πλυνεῖ τὰ ἱμάτια (2 *a*)
13. 6, 34. πλυνάμενος τὰ ἱμάτια (2 *a*)
— 54. πλυνεῖ ἐφ' οὗ ἐὰν ᾖ ἐπ' αὐτοῦ ἡ ἁφή (2 *a*)
— 55. μετὰ τὸ πλυθῆναι αὐτὸ τὴν ἁφήν (2 *c*)
— 56. μετὰ τὸ πλυθῆναι αὐτό [**A** *al.*] (2 *c*)
— 58. πᾶν σκεῦος δερμάτινον ὃ πλυθήσεται (2 *a*)
— 58. πλυθήσεται τὸ δεύτερον (2 *b*)
14. 8. πλυνεῖ . . . τὰ ἱμάτια αὐτοῦ (2 *a*)
— 9. πλυνεῖ τὰ ἱμάτια (2 *a*)
— 47 *bis*: 15. 5, 6. πλυνεῖ τὰ ἱμάτια αὐτοῦ (2 *a*)
15. 7, 8. πλυνεῖ τὰ ἱμάτια (2 *a*)
— 10. πλυνεῖ τὰ ἱμάτια αὐτοῦ (2 *a*)
— 11. πλυνεῖ τὰ ἱμάτια (2 *a*)
— 13. πλυνεῖ τὰ ἱμάτια αὐτοῦ (2 *a*)
— 17. πλυθήσεται ὕδατι (2 *b*)
— 21, 22. πλυνεῖ τὰ ἱμάτια αὐτοῦ (2 *a*)
— 27: 16. 26, 28. πλυνεῖ τὰ ἱμάτια (2 *a*)
17. 15. πλυνεῖ τὰ ἱμάτια αὐτοῦ (2 *a*)
— 16. ἐὰν δὲ μὴ πλύνῃ τὰ ἱμάτια (2 *a*)
Nu. 8. 7. πλυνοῦσι τὰ ἱμάτια αὐτῶν (2 *a*)
— 21. ἐπλύναντο [**A** -ναν] τὰ ἱμάτια (2 *a*)
19. 7, 8. πλυνεῖ τὰ ἱμάτια αὐτοῦ (2 *a*)
— 10. πλυνεῖ τὰ ἱμάτια (2 *a*)
— 19, 21. πλυνεῖ τὰ ἱμάτια αὐτοῦ (2 *a*)
31. 24. πλυνεῖσθε τὰ ἱμάτια (2 *a*)
II Ki. 19. 24 (25). **A** τὰ ἱμάτια αὐ. οὐκ ἔπλυνεν [**B** ἀπέπλ.] (2 *a*)
II Ch. 4. 6. τοῦ πλύνειν ἐν αὐτοῖς τὰ ἔργα τῶν ὁλοκαυτωμ. (3)
Ps. 50 (51). 2. πλῦνόν με ἀπὸ τῆς ἀνομίας μου (2 *a*)
— 7. πλυνεῖς με (2 *a*)
Ma. 3. 2. ὡς ποία [**S**[1] πλοία] πλυνόντων (2 *a*)
Ez. 40. 38. **A** ἐκεῖ πλυνοῦσιν τὴν ὁλοκαύτωσιν (1)

[**Al.** Le. 15. 12.]

πλώστης (?).

I Ki. 28. 3. **A** περιεῖλε . . . τοὺς πλ. [**B** γνώστας] ἀπὸ τῆς γῆς †

πλωτός.

Jb. 40. 26 (31). πᾶν δὲ πλωτὸν συνελθὸν οὐ μὴ ἐνέγκωσι βύρσαν μίαν οὐρᾶς αὐτοῦ †
II Ma. 5. 21. **R** τὴν μὲν γῆν πλ. [**A** πρώτην] . . . θέσθαι

πνεῖν. (1) נָשַׁב hi. (2) נָשַׁף

Ps. 147. 7 (18). πνεύσει [**S**[1] -αι] τὸ πνεῦμα αὐτοῦ (1)
Si. 43. 16. ἐν θελήματι πνεύσεται νότος
— 20. ψυχρὸς ἄνεμος βορέης πνεύσει
Is. 40. 24. ἔπνευσεν ἐπ' αὐτούς (2)
Ep. Je. 61. τὸ δ' αὐτὸ καὶ πνεῦμα ἐν πάσῃ χώρᾳ πνεῖ
II Ma. 9. 7. πῦρ πνέων τοῖς θυμοῖς ἐπὶ τοὺς Ἰουδ.

[**Sm.**, **Th.** Ge. 2. 7: Is. 40. 7.]

πνεῦμα. (1) *a.* נְשָׁמָה *b.* נִשְׁמָא (2) קָדִים (3) רוּחַ (4) ἕλκειν πνεῦμα שָׁאַף

Ge. 1. 2. πνεῦμα θεοῦ ἐπεφέρετο ἐπάνω τοῦ ὕδ. (3)
6. 3. οὐ μὴ καταμείνῃ τὸ πν. μου (3)
— 17. ἐν ᾧ ἐστιν ἐν αὐτῇ πνεῦμα ζωῆς (3)
7. 15. ἐν ᾧ ἐστι πνεῦμα ζωῆς (3)
8. 1. ἐπήγαγεν ὁ θ. πνεῦμα (3)
41. 38. ὃς ἔχει πνεῦμα θεοῦ ἐν αὐτῷ (3)
45. 27. ἀνεζωπύρησε τὸ πν. Ἰακώβ (3)
Ex. 15. 8. διὰ πνεύματος τοῦ θυμοῦ σου (3)
— 10. ἀπέστειλας τὸ πν. σου (3)
28. 3. οὓς ἐνέπλησα πνεύματος (3)
31. 3. ἐνέπλησα αὐτὸν πν. θεῖον σοφίας (3)
35. 31. ἐνέπλησεν αὐτὸν πν. θεῖον σοφίας (3)
Nu. 5. 14. καὶ ἐπέλθῃ αὐτῷ πν. ζηλώσεως (3)
— 14. ἢ ἐπέλθῃ αὐτῷ πν. ζηλώσεως (3)
— 30. ᾧ ἐὰν ἐπέλθῃ ἐπ' αὐτὸν πν. ζηλώσεως (3)
11. 17. ἀφελῶ ἀπὸ τοῦ πν. τοῦ ἐπὶ σοί (3)
— 25. παρείλατο ἀπὸ τοῦ πν. (3)
— 25. ὡς δὲ ἐπανεπαύσατο τὸ πν. ἐπ' αὐτούς (3)
— 26. ἐπανεπαύσατο ἐπ' αὐτοὺς πνεῦμα [**A** τὸ πν.] (3)
— 29. ὅταν δῷ κ. τὸ πν. αὐτοῦ (3)
— 31. πνεῦμα ἐξῆλθε παρὰ κυρίου (3)
14. 24. ἐγενήθη πν. ἕτερον ἐν αὐτῷ (3)
16. 22. θεὸς τῶν πν. (3)
23. 6. ἐγενήθη πνεῦμα θεοῦ ἐπ' αὐτῷ –
24. 2. ἐγένετο ἐπ' αὐτῷ πνεῦμα θεοῦ (3)
27. 16. κ. ὁ θεὸς τῶν πν. (3)
— 18. ὃς ἔχει πνεῦμα ἐν ἑαυτῷ (3)
De. 2. 30. ἐσκλήρυνε κ. ὁ θ. ἡ. τὸ πν. αὐ. (3)
34. 9. ἐνεπλήσθη πνεύματος συνέσεως (3)
Jo. 2. 11. οὐκ ἔστη ἔτι πν. (3)
Jd. 3. 10. ἐγένετο ἐπ' αὐτὸν πν. κυρίου (3)
6. 34. πνεῦμα κ. ἐνεδυνάμωσεν τὸν Γ. [**A** *al.*] (3)
8. 3. ἀνέθη [**A** -ῆκε] τὸ πν. αὐτῶν (3)
9. 23. ἐξαπέστειλεν ὁ θ. πν. πονηρόν (3)
11. 29. ἐγένετο ἐπὶ Ἰ. πν. κυρίου (3)
13. 25. ἤρξατο πν. κ. συνεκπορεύεσθαι [**A** συμπ.] (3)
14. 6, 19: 15. 14. ἥλατο [**A** κατεύθυνεν] ἐπ' αὐτὸν πν. κ. (3)
15. 19. ἐπέστρεψε τὸ πν. αὐτοῦ (3)
I Ki. 10. 6. ἐφαλεῖται ἐπὶ σὲ πν. κυρίου (3)
— 10. ἥλατο ἐπ' αὐτὸν πν. θεοῦ (3)
11. 6. **B** ἐφήλατο πν. κυρίου ἐπὶ Σ. (3)
16. 13. ἐφήλατο πν. κυρίου ἐπὶ Δ. (3)
— 14. πν. κυρίου ἀπέστη ἀπὸ Σ. (3)
— 14. ἔπνιγεν αὐτὸν πν. πονηρόν (3)
— 15. πν. κυρίου πονηρὸν πνίγει σε (3)
— 16. ἐν τῷ εἶναι πν. πονηρὸν ἐπὶ σοί [**A** *al.*] (3)
— 23. ἐν τῷ εἶναι πν. πονηρὸν ἐπὶ Σ. (3)
— 23. ἀφίστατο ἀπ' αὐτοῦ τὸ πν. τὸ πονηρόν (3)
18. 10. **A** ἔπεσεν πν. θεοῦ πονηρὸν ἐπὶ Σ. (3)
19. 9. ἐγένετο πν. θεοῦ [**A** κυρίου] πον. ἐπὶ Σ. (3)
— 20. ἐγενήθη ἐπὶ τοὺς ἀγγ. τοῦ Σ. πν. θεοῦ (3)
— 23. ἐγενήθη καὶ ἐπ' αὐτῷ πν. θεοῦ (3)
30. 12. κατέστη τὸ πν. αὐ. ἐν [**A** ἐπ'] αὐτῷ (3)
II Ki. 13. 21. οὐκ ἐλίπησε τὸ πν. Ἀ. –
22. 16. ἀπὸ πνοῆς πνεύματος θυμοῦ αὐ. (3)
23. 2. πνεῦμα κυρίου ἐλάλησεν ἐν ἐμοί (3)
III Ki. 17. 17. οὐχ ὑπελείφθη ἐν αὐτῷ πν. (1 *a*)
18. 12. πνεῦμα κυρίου ἀρεῖ σε (3)
— 45. συνεσκότασε νεφέλαις καὶ πνεύματι (3)
19. 11. πν. μέγα κραταιόν (3)
— 11. **A R** οὐκ ἐν τῷ πν. κύριος [**B** *al.*] (3)
— 12 (11). μετὰ τὸ πν. συσσεισμός (3)
20 (21). 4. **B** ἐγένετο τὸ πν. Ἀχ. τεταραγμ. †
— 5. τί τὸ πν. σου τεταραγμ. (3)
22. 21. καὶ ἐξῆλθε πνεῦμα (3)
— 22. ἔσομαι πν. ψευδές (3)

III Ki. 22. 23. ἔδωκε κύριος πν. ψευδές (3)
— 24. ποῖον πν. κυρίου [A *al.*] (3)
IV Ki. 2. 9. γενηθήτω δὴ διπλᾶ ἐν πνεύματί σου (3)
— 15. ἐπαναπέπαυται τὸ πν. Ἠ. ἐπὶ Ἐλ. (3)
— 16. εὗρεν αὐτὸν πν. κυρίου (3)
3. 17. B οὐκ ὄψεσθε πνεῦμα (3)
19. 7. δίδωμι ἐν αὐτῷ πνεῦμα (3)
I Ch. 5. 26. ἐπήγειρεν ὁ θ. Ἰσρ. τὸ πν. Φ. . . . καὶ τὸ πν. Θαγ. (3, 3)
12. 18. πνεῦμα ἐνέδυσε [A -δυνάμωσε] τὸν Ἀμ. (3)
28. 12. ὃ εἶχεν ἐν πνεύματι αὐτοῦ (3)
II Ch. 15. 1. ἐγένετο ἐπ᾽ αὐτὸν πν. κυρίου (3)
18. 20. ἐξῆλθε τὸ πν. (3)
— 21. ἔσομαι πν. ψευδές (3)
— 22. ἔδωκε κύριος πν. ψευδές (3)
— 23. B ποίᾳ τῇ ὁδῷ πνεῦμα παρ᾽ ἐμοῦ πνεῦμα πρὸς σὲ πνεῦμα κυρίου παρ᾽ ἐμοῦ [A R *al.*] (†, -, 3)
20. 14. ἐγένετο ἐπ᾽ αὐτὸν πν. κυρίου (3)
24. 20. πνεῦμα θεοῦ ἐνέδυσε τὸν Ἀζ. (3)
36. 22. ἐξήγειρε κ. τὸ πν. Κύρου (3)
I Es. 2. 2. ἤγειρε κύριος τὸ πν. Κύρου
— 8. ὧν ἤγειρε κύριος τὸ πν.
II Es. 1. 1. ἐξήγειρε κύριος τὸ πν. Κύρου (3)
— 5. ὧν ἐξήγειρεν ὁ θ. τὸ πν. αὐτῶν (3)
Ne. 9. 20. τὸ πν. σου τὸ ἀγαθὸν ἔδωκας (3)
— 30. ἐπεμαρτύρω αὐτοῖς ἐν πνεύματί σου (3)
To. 3. 6. ἀναλαβεῖν τὸ πν. μου
4. 3. S μὴ λυπήσῃς τὸ πν. αὐτῆς [A B *al.*]
6. 7. A B ἐάν τινα ὀχλῇ . . . πν. πονηρόν [S ᾧ ἀπάντημα . . . πν. πονηροῦ]
Ju. 7. 19. ὠλιγοψύχησε τὸ πν. αὐτῶν
10. 13. σὰρξ μία οὐδὲ πνεῦμα ζωῆς
14. 6. ἐξελύθη τὸ πν. αὐτοῦ
16. 14. ἀπέστειλας [S ἐπέστρεψας] τὸ πν. σου
Es. 5. 1. μετέβαλεν ὁ θ. τὸ πν. τοῦ βασ.
8. 13. τῆς ἀρχῆς στερῆσαι ἡμᾶς καὶ [A *om.*] τοῦ πν.
Jb. 1. 19. πνεῦμα μέγα ἐπῆλθεν [A ἦλθεν, S^1 *om.*] ἐκ [A ἀπὸ] τῆς ἐρήμου (3)
4. 9. ἀπὸ δὲ πνεύματος ὀργῆς αὐτοῦ ἀφανισθήσονται (3)
— 15. πνεῦμα ἐπὶ πρόσωπόν μου ἐπῆλθεν (3)
7. 7. μνήσθητι οὖν ὅτι πνεῦμά μου ἡ ζωή (3)
— 11. A S^2 λαλήσω ἐν ἀνάγκῃ ὢν τοῦ πν. μου [B S^1 *om.* τοῦ πν. μου] (3)
— 15. ἀπαλλάξεις ἀπὸ πνεύματός μου τὴν ψυχήν [A ζωήν] μου †
8. 2. πνεῦμα πολυρρῆμον τοῦ στόματός σου (3)
10. 12. ἡ δὲ ἐπισκοπή σου ἐφύλαξέ μου τὸ πν. (3)
12. 10. ἐν χειρὶ αὐτοῦ . . . πνεῦμα παντὸς ἀνθρώπου (3)
13. 25. ὡς χόρτῳ φερομένῳ ὑπὸ πνεύματος [A *al.*] -
15. 2. B^2 S^1 πότερον [A τίνα ἄρα] σοφὸς ἀπόκρισιν δώσει συνέσεως πνεῦμα [A B^1 S^2 -ατος] (3)
16. 3. τί γὰρ μὴ τάξις ἐστὶ ῥήμασι πνεύματος (3)
17. 1. A B S^2 ὀλέκομαι πνεύματι φερόμενος (3)
20. 3. πνεῦμα ἐκ τῆς συνέσεως ἀποκρίνεταί μοι (3)
27. 3. πνεῦμα δὲ θεῖον τὸ περιόν μοι ἐν ῥινί [A ῥήμασί μου] (3)
30. 15. ᾤχετό μου ἡ ἐλπὶς ὥσπερ πνεῦμα (3)
32. 8. πνεῦμά ἐστιν ἐν βροτοῖς (3)
— 18. ὀλέκει γάρ με τὸ πν. τῆς γαστρός (3)
33. 4. πνεῦμα θεῖον τὸ ποιῆσάν με (3)
34. 14. τὸ πν. παρ᾽ αὐτῷ κατασχεῖν (3 + 1 *a*)
41. 7 (8). πνεῦμα δὲ οὐ μὴ διέλθῃ αὐτόν (3)
Ps. 10 (11). 7. θεῖον καὶ πνεῦμα καταιγίδος (3)
17 (18). 15. ἀπὸ ἐμπνεύσεως πνεύματος ὀργῆς σου (3)
30 (31). 5. εἰς χεῖράς μου παραθήσομαι τὸ πν. μου (3)
32 (33). 6. τῷ πν. τοῦ στόματος αὐτοῦ πᾶσα ἡ δύναμις αὐτῶν (3)
33 (34). 18. τοὺς ταπεινοὺς τῷ πν. σώσει (3)
47 (48). 7. ἐν πνεύματι βιαίῳ συντρίψεις [A -ει] πλοῖα Θαρσίς (3)
50 (51). 10. πνεῦμα εὐθὲς ἐγκαίνισον (3)
— 11. τὸ πν. τὸ ἅγιόν σου μὴ ἀντανέλῃς (3)
— 12. πνεύματι ἡγεμονικῷ στήρισόν με (3)
— 17. θυσία τῷ θεῷ πνεῦμα συντετριμμένον (3)
75 (76). 12. τῷ . . . ἀφαιρουμ. πνεύματα ἀρχόντων (3)
76 (77). 3. ὠλιγοψύχησε τὸ πν. μου (3)
— 6. ἔσκαλλον τὸ πν. μου (3)
77 (78). 8. οὐκ ἐπιστώθη μετὰ τοῦ θεοῦ τὸ πν. αὐτῆς (3)
— 39. πνεῦμα πορευόμενον καὶ οὐκ ἐπιστρέφον (3)
Ps. 102 (103). 16. πνεῦμα διῆλθεν ἐν αὐτῷ (3)
103 (104). 4. ὁ ποιῶν τοὺς ἀγγέλους αὐ. πνεύματα (3)
— 29. ἀντανελεῖς τὸ πν. αὐτῶν (3)
— 30. ἐξαποστελεῖς τὸ πν. σου (3)
105 (106). 33. παρεπίκραναν τὸ πν. αὐτοῦ (3)
106 (107). 25. ἔστη πνεῦμα καταιγίδος (3)
118 (119). 131. εἵλκυσα πνεῦμα (4)
134 (135). 17. οὐδὲ γάρ ἐστι πνεῦμα ἐν τῷ στόματι αὐτῶν (3)
138 (139). 7. ποῦ πορευθῶ ἀπὸ τοῦ πν. σου (3)
141 (142). 3. ἐν τῷ ἐκλείπειν ἐξ ἐμοῦ τὸ πν. μου (3)
142 (143). 4. ἠκηδίασεν ἐπ᾽ ἐμὲ τὸ πν. μου (3)
— 7. ἐξέλιπε τὸ πν. μου (3)
— 10. A B S^1 τὸ πν. σου τὸ ἅγιον [S^2 R ἀγαθὸν] ὁδηγήσει με (3)
145 (146). 4. ἐξελεύσεται τὸ πν. αὐτοῦ (3)
147. 7 (18). πνεύσει τὸ πν. αὐτοῦ (3)
148. 8. χιὼν κρύσταλλος πνεῦμα καταιγίδος (3)
Pr. 15. 4. ὁ δὲ συντηρῶν αὐτὴν πλησθήσεται πνεύματος [S *al.*] (3)
Ec. 1. 6. κυκλοῖ κυκλῶν πορεύεται τὸ πν. (3)
— 6. ἐπὶ κύκλους αὐτοῦ ἐπιστρέφει τὸ πν. (3)
— 14. τὰ πάντα . . . προαίρεσις πνεύματος (3)
— 17. τοῦτό ἐστι προαίρεσις πνεύματος (3)
2. 11. τὰ πάντα ματαιότης καὶ προαίρεσις [S περίσσεια] πνεύματος (3)
— 17. πάντα . . . προαίρεσις πνεύματος (3)
— 26. τοῦτο . . . προαίρεσις πνεύματος (3)
3. 19. πνεῦμα ἐν τοῖς πᾶσι (3)
— 21. τίς οἶδεν πνεῦμα [A S^2 τὸ πν.] υἱῶν τοῦ ἀνθρώπου (3)
— 21. S R τὸ [A B *om.*] πν. τοῦ κτήνους εἰ καταβαίνει (3)
4. 4. τοῦτο ματαιότης καὶ προαίρεσις πνεύματος (3)
— 6. πληρώματα δύο δρακῶν . . . προαιρέσεως πνεύματος (3)
— 16. τοῦτο . . . προαίρεσις πνεύματος (3)
6. 9. τοῦτο ματαιότης καὶ προαίρεσις πνεύματος (3)
7. 9 (8). A S^2 R ἀγαθὸν μακρόθυμος ὑπὲρ ὑψηλὸν πνεύματι [B S^1 πνεῦμα τιμῆς] (3)
— 10 (9). μὴ σπεύσῃς ἐν πνεύματί σου (3)
8. 8. οὐκ ἔστιν ἄνθρωπος ἐξουσιάζων ἐν πνεύματι τοῦ κωλῦσαι σὺν τὸ πν. (3, 3)
10. 4. ἐὰν πνεῦμα τοῦ ἐξουσιάζοντος ἀναβῇ (3)
11. 5. οὐκ ἔστι γινώσκων τίς ἡ ὁδὸς τοῦ πν. (3)
12. 7. τὸ πν. ἐπιστρέψῃ πρὸς τὸν θεόν (3)
Wi. 1. 5. ἅγιον γὰρ πνεῦμα παιδείας [A σοφίας] φεύξεται δόλον
— 6. φιλάνθρωπον γὰρ πνεῦμα σοφία [A -ίας]
— 7. πνεῦμα κυρίου πεπλήρωκε τὴν οἰκουμ.
2. 3. τὸ πν. διαχυθήσεται ὡς χαῦνος ἀήρ
5. 3. διὰ στενοχωρίαν πνεύματος
— 11. πληγῇ δὲ ταρσῶν μαστιζόμενον πνεῦμα κοῦφον
— 23. ἀντιστήσεται αὐτοῖς πνεῦμα δυνάμεως
7. 7. ἦλθέ μοι πνεῦμα σοφίας
— 20. πνευμάτων βίας καὶ διαλογισμοὺς ἀνθρώπων
— 22. ἔστι γὰρ ἐν [A *om.*] αὐτῇ πνεῦμα νοερόν
— 23. διὰ πάντων χωροῦν πνευμάτων νοερῶν
9. 17. ἔπεμψας τὸ ἅγιόν σου πν.
11. 20. ἑνὶ πνεύματι πεσεῖν ἐδύναντο
— 20. λικμηθέντες ὑπὸ πνεύματος δυνάμεώς σου
12. 1. τὸ γὰρ ἄφθαρτόν σου πν. ἐστιν ἐν πᾶσι
13. 2. ἢ πῦρ ἢ πνεῦμα ἢ ταχινὸν ἀέρα
15. 11. τὸν . . . ἐμφυσήσαντα πνεῦμα ζωτικόν
— 16. τὸ [S^2 ὁ τὸ] πν. δεδανεισμένος
16. 14. ἐξελθὸν δὲ πνεῦμα [S^2 τὸ πν.] οὐκ ἀναστρέφει
17. 18. εἴ τε πνεῦμα συρίζον [S^1 διασυρ.]
Si. 9. 9. μή ποτε . . . τῷ πν. σου ὀλισθήσῃς
31 (34). 13. πνεῦμα φοβουμένων κύριον ζήσεται
38. 23. ἐν ἐξόδῳ πνεύματος αὐτοῦ
39. 6. πνεύματι συνέσεως ἐμπλησθήσεται [A S^2 -πλήσει αὐτόν]
— 28. ἔστι πνεύματα [S^1 -μα] ἃ εἰς ἐκδίκησιν ἔκτισται
43. 17. καταιγὶς βορέου καὶ συστροφὴ πνεύματος
48. 12. Ἐλισαιὲ ἐνεπλήσθη πνεύματος αὐτοῦ [A ἁγίου]
— 24. πνεύματι μεγάλῳ εἶδε τὰ ἔσχατα
Ho. 4. 12. πνεύματι πορνείας ἐπλανήθησαν (3)
— 19. συστροφὴ πνεύματος σὺ εἶ (3)
5. 4. πνεῦμα πορνείας ἐν αὐτοῖς ἐστι (3)
12. 1 (2). πονηρὸν πνεῦμα ἐδίωξε (3)
Am. 4. 13. καὶ κτίζων πνεῦμα (3)
Mi. 2. 7. οἶκος Ἰ. παρώργισε πνεῦμα κυρίου (3)
Mi. 2. 11. πνεῦμα ἔστησε ψεῦδος (3)
3. 8. ἐν πνεύματι κυρίου καὶ κρίματος (3)
Jl. 2. 28 (3. 1), 29 (3. 2). ἐκχεῶ ἀπὸ τοῦ πν. μου (3)
Jn. 1. 4. ἐξήγειρε πνεῦμα ἐπὶ τὴν θάλ. (3)
4. 8. προσέταξεν ὁ θεὸς πνεύματι καύσωνος (3)
Hb. 1. 11. μεταβαλεῖ τὸ πν. (3)
2. 19. πᾶν πν. οὐκ ἔστιν ἐν αὐτῷ (3)
Hg. 1. 14. ἐξήγειρε κύριος τὸ πν. Ζ. . . . καὶ τὸ πν. Ἰ. . . . καὶ τὸ πν. τῶν καταλοίπων παντὸς τοῦ λαοῦ (3 *ter*)
2. 6 (5). τὸ πν. μου ἐφέστηκεν ἐν μέσῳ ὑμῶν (3)
Za. 1. 6. ὅσα ἐγὼ ἐντέλλομαι ἐν πνεύματί μου -
4. 6. οὐδὲ ἐν ἰσχύϊ ἀλλ᾽ ἢ ἐν πνεύματί μου (3)
5. 9. πνεῦμα ἐν ταῖς πτέρυξιν αὐ. (3)
7. 12. οὓς ἐξαπέστειλε . . . ἐν πνεύματι αὐ. (3)
12. 1. καὶ πλάσσων πνεῦμα ἀνθρώπου (3)
— 10. ἐκχεῶ . . . πνεῦμα χάριτος καὶ οἰκτιρμοῦ (3)
13. 2. τὸ πν. τὸ ἀκάθαρτον ἐξαρῶ (3)
Ma. 2. 15. καὶ ὑπόλειμμα πνεύματος αὐ. (3)
— 15, 16. φυλάξασθε ἐν τῷ πν. ὑμῶν (3)
Is. 4. 4. ἐν πνεύματι κρίσεως καὶ πνεύματι καύσεως [A *om.* κ. πν. κ.] (3, 3)
7. 2. ὃν τρόπον . . . ξύλον ὑπὸ πνεύματος σαλευθῇ (3)
11. 2. ἀναπαύσεται ἐπ᾽ αὐτὸν πν. τοῦ θεοῦ πν. σοφίας καὶ συνέσεως πν. βουλῆς καὶ ἰσχύος πν. γνώσεως καὶ εὐσεβείας (3 *quater*)
— 3. ἐμπλήσει αὐτὸν πν. φόβου θεοῦ †
— 4. ἐν [S ἐν τῷ] πνεύματι διὰ χειλέων ἀνελεῖ ἀσεβῆ (3)
— 15. ἐπιβαλεῖ τὴν χεῖρα αὐτοῦ ἐπὶ τὸν ποταμὸν πνεύματι βιαίῳ (3)
19. 3. ταραχθήσεται τὸ πν. τῶν Αἰγυπτίων (3)
— 14. κύριος γὰρ ἐκέρασεν αὐτοῖς πν. πλανήσεως (3)
25. 4. πν. ἀνθρώπων ἀδικουμένων (3)
26. 9. ἐκ νυκτὸς ὀρθρίζει τὸ πν. μου πρὸς σέ (3)
— 18. πν. σωτηρίας σου ἐποιήσαμεν ἐπὶ τῆς γῆς (3)
27. 8. οὐ σὺ ἦσθα μελετῶν τῷ πν. τῷ σκληρῷ ἀνελεῖν αὐτοὺς πνεύματι [S^1 -μα] θυμοῦ (3, 2)
28. 6. καταλειφθήσονται ἐπὶ πνεύματι κρίσεως ἐπὶ κρίσιν (3)
29. 10. πεπότικεν ὑμᾶς κύριος πνεύματι [S -μα] κατανύξεως (3)
— 24. γνώσονται οἱ πλανώμενοι τῷ πν. σύνεσιν (3)
30. 1. ἐποιήσατε . . . συνθήκας οὐ διὰ τοῦ πν. μου (3)
— 28. τὸ πν. αὐ. . . . ἥξει ἕως τοῦ τραχήλου (3)
32. 15. ἕως ἂν ἔλθῃ ἐφ᾽ ὑμᾶς πν. (3)
33. 11. ματαία ἔσται ἡ ἰσχὺς τοῦ πν. ὑμῶν (3)
34. 16. τὸ [S *om.*] πν. αὐτοῦ συνήγαγεν αὐτά (3)
37. 7. ἐμβάλλω εἰς αὐτὸν πν. (3)
38. 12. ὡς ἱστὸς τὸ πν. μου παρ᾽ ἐμοὶ ἐγένετο †
42. 1. ἔδωκα τὸ πν. μου ἐπ᾽ αὐτόν (3)
— 5. διδοὺς . . . πν. τοῖς πατοῦσιν αὐτήν (3)
44. 3. ἐπιθήσω τὸ πν. μου ἐπὶ τὸ σπέρμα σου (3)
48. 16. κύριος ἀπέστειλέ με καὶ τὸ πν. αὐ. (3)
57. 16. πν. γὰρ παρ᾽ ἐμοῦ ἐξελεύσεται (3)
59. 21. τὸ πν. τὸ ἐμὸν ὅ ἐστιν ἐπὶ σοί (3)
61. 1. πν. κυρίου ἐπ᾽ ἐμέ (3)
— 3. δοθῆναι . . . καταστολὴν δόξης ἀντὶ πνεύματος ἀκηδίας (3)
63. 10. παρώξυναν τὸ πν. τὸ ἅγιον αὐτοῦ (3)
— 11. ποῦ ἐστιν ὁ θεὶς ἐν αὐτοῖς τὸ πν. τὸ ἅγιον (3)
— 14. κατέβη πν. παρὰ κυρίου (3)
65. 14. ἀπὸ συντριβῆς πνεύματος ὑμῶν (3)
Je. 4. 11. πν. πλανήσεως ἐν τῇ ἐρήμῳ (3)
— 12. πν. πληρώσεως ἥξει μοι (3)
10. 14. οὐκ ἔστι πν. ἐν αὐτοῖς (3)
28 (51). 11. ἤγειρε κ. τὸ πν. βασιλέως Μήδων (3)
— 17. οὐκ ἔστι πν. ἐν αὐτοῖς (3)
30. 10 (49. 32). λικμήσω αὐτοὺς παντὶ πνεύματι (3)
Ba. 2. 17. ἐλήφθη τὸ πν. αὐ. ἀπὸ τῶν σπλάγχνων αὐ.
3. 1. ψυχὴ ἐν στενοῖς καὶ πν. ἀκηδιῶν κέκραγε
La. 4. 20. πν. προσώπου ἡμῶν χριστὸς κύριος συνελήφθη (3)
Ep. Je. 25. ἐν οἷς οὐκ ἔστι πν.
— 61. τὸ δ᾽ αὐτὸ καὶ πν. ἐν πάσῃ χώρᾳ πνεῖ
Ez. 1. 4. πν. ἐξαῖρον ἤρχετο ἀπὸ βορρᾶ (3)
— 12. οὗ ἂν ἦν τὸ πν. πορευόμενον (3)
— 20. ἐκεῖ τὸ πν. τοῦ πορεύεσθαι . . . πν. ζωῆς ἐν τοῖς τροχοῖς (3, 3)
— 21. πν. ζωῆς ἦν ἐν τοῖς τροχοῖς (3)
2. 2. A^2 B ἦλθεν ἐπ᾽ ἐμὲ πν. (3)
3. 12. ἀνέλαβέ με πν. (3)

Ez. 3. 14. τὸ πν. ἐξῆρέ με . . . ἐπορεύθην [A *add.* μετέωρος] ἐν ὁρμῇ τοῦ πν. μου (3, 3)
— 24. ἦλθεν ἐπ' ἐμὲ πν. (3)
5. 2. τὸ τέταρτον διασκορπιεῖς τῷ πν. (3)
8. 3. ἀνέλαβέ με πν. (3)
10. 17. πν. ζωῆς ἐν αὐτοῖς ἦν (3)
11. 1. ἀνέλαβέ με πν. (3)
— 5. ἔπεσεν ἐπ' ἐμὲ πν. . . . τὰ διαβούλια τοῦ πν. ὑμῶν ἐγὼ ἐπίσταμαι (3, 3)
— 19. πν. καινὸν δώσω ἐν αὐτοῖς (3)
— 24. ἀνέλαβέ με πν. . . . ἐν πνεύματι θεοῦ (3, 3)
13. 11. δώσω . . . πν. ἐξαῖρον (3)
18. 31. ποιήσατε ἑαυτοῖς . . . πν. καινόν (3)
20. 32. εἰ ἀναβήσεται ἐπὶ τὸ πν. ὑμῶν τοῦτο (3)
21. 7 (12). ἐκψύξει πᾶσα σὰρξ καὶ πᾶν πν. (3)
27. 26. τὸ πν. τοῦ νότου συνέτριψέ σε (3)
36. 26. πν. καινὸν δώσω ἐν ὑμῖν (3)
— 27. τὸ πν. μου δώσω ἐν ὑμῖν (3)
37. 1. ἐξήγαγέ με ἐν πνεύματι κύριος (3)
— 5. φέρω εἰς ὑμᾶς πν. ζωῆς (3)
— 6. δώσω πν. μου εἰς ὑμᾶς (3)
— 8. πν. οὐκ ἦν ἐν αὐτοῖς (3)
— 9. προφήτευσον ἐπὶ τὸ πν. . . . εἰπὸν τῷ πν. . . . ἐκ [A ἐλθὲ ἐκ] τῶν τεσσάρων πν. [A ἀνέμων τοῦ οὐρανοῦ] ἐλθέ [A *add.* τὸ πν.] (3 *ter*, [3])
— 10. εἰσῆλθεν εἰς αὐτοὺς τὸ πν. [A αὐ. πν. ζωῆς] (3)
— 14. δώσω [B¹ *add.* τὸ] πν. μου εἰς ὑμᾶς (3)
43. 5. ἀνέλαβέ με πν. (3)
Da. LXX. Su. 42. ἔδωκεν . . . πνεῦμα συνέσεως νεωτέρῳ
— 64. ἔσται ἐν αὐτοῖς πνεῦμα ἐπιστήμης
2. 3. ἐκινήθη μου τὸ πν. (3)
3. (39). ἐν . . . πν. τεταπεινωμένῳ προσδεχθείημεν
— (50). ὡσεὶ πνεῦμα δρόσου διασυρίζον
— (65). εὐλογεῖτε, πάντα τὰ πν., τὸν κ.
— (86). εὐλογεῖτε, πνεύματα καὶ ψυχαὶ δικαίων, τὸν κ.
5. 4. τὸν ἔχοντα τὴν ἐξουσίαν τοῦ πν. αὐ. –
— 12. πν. ἅγιον ἐν αὐτῷ ἐστι (3)
— 23. καὶ τὸ πν. σου ἐν τῇ χειρὶ αὐ. (1 *b*)
6. 3 (4). καὶ πν. ἅγιον ἐν αὐτῷ (3)
10. 8. πνεῦμα ἐπεστράφη ἐπ' ἐμὲ εἰς φθοράν †
— 17. πν. οὐ κατελείφθη ἐν ἐμοί (1 *a*)
Da. TH. Su. 45. ἐξήγειρεν ὁ θ. τὸ πν. τὸ ἅγιον παιδαρίου νεωτέρου
2. 1. ἐξέστη τὸ πν. αὐ. (3)
— 3. ἐξέστη τὸ πν. μου (3)
— 35. ἐξῆρεν αὐτὰ τὸ πλῆθος τοῦ πν. (3)
3. (39). ἐν . . . πνεύματι ταπεινώσεως προσδεχθείημεν
— (50). ὡς πνεῦμα δρόσου διασυρίζον
— (65). εὐλογεῖτε, πάντα τὰ πν., τὸν κ.
— (86). εὐλογεῖτε, πνεύματα καὶ ψυχαὶ δικαίων, τὸν κ.
4. 5. ὃς πνεῦμα θεοῦ ἅγιον ἐν ἑαυτῷ ἔχει (3)
— 6, 15. πνεῦμα θεοῦ ἅγιον ἐν σοί (3)
5. 4. A B² τὸν ἔχοντα ἐξουσίαν τοῦ πν. αὐ. –
— 11. ἐν ᾧ πνεῦμα θεοῦ [A *add.* ἅγιον] (3)
— 12. πνεῦμα περισσὸν ἐν αὐτῷ (3)
— 14. πνεῦμα θεοῦ ἐν σοί (3)
— 20. καὶ τὸ πν. αὐ. ἐκραταιώθη (3)
6. 3 (4). πν. περισσὸν ἐν [A ἦν ἐπ'] αὐτῷ (3)
7. 15. ἔφριξε τὸ πν. μου ἐν τῇ ἕξει μου (3)
10. 17. πνεῦμα [A πνοὴ] οὐχ ὑπελείφθη ἐν ἐμοί (1 *a*)
Bel 36. ἐν τῷ ῥοίζῳ τοῦ πν. αὐτοῦ
I Ma. 1. 48. S¹ βδελύξαι τὰς ψυχὰς αὐ. ἐν παντὶ πνεύματι [A S² R *om.*] ἀκαθάρτῳ
13. 7. ἀνεζωπύρησε τὸ πν. τοῦ λαοῦ
II Ma. 3. 24. A ὁ τῶν πν. . . . δυνάστης [R *al.*]
7. 22. οὐδὲ ἐγὼ τὸ πν. . . . ὑμῖν ἐχαρισάμην
— 23. τὸ πν. . . . ὑμῖν πάλιν ἀποδώσει
14. 46. τὸν δεσπόζοντα τῆς ζωῆς καὶ τοῦ πν.
III Ma. 6. 24. ἐμὲ . . . ἐπιχειρεῖτε . . . τοῦ πν. μεθιστᾶν
IV Ma. 7. 14. A R ἀνενέασε τῷ πν. τοῦ [S διὰ τοῦ] λογισμοῦ
11. 11. τὸ πν. στενοχωρούμενος
12. 20. S ἀπέδωκε τὸ πν. [A R τὴν ψυχήν]

[**Aq.** GE. 1. 2 : EX. 6. 9 : 35. 21 : I KI. 16. 23 : JB. 6. 4 : 7. 11 : 15. 2 : 21. 4 : 37. 21 : PS. 31 (32). 2 : 47 (48). 8 : 54 (55). 9 : 76 (77). 7 : PR. 1. 23 : 11. 13 : 17. 22 : 18. 14 : 30. 4 : IS. 19. 3 : 28. 6 : 31. 3 : 32. 2 : 38. 16 : 40. 13 : 54. 6 : 59. 19 : 61. 3 : 66. 2 : LA. 4. 20 : EZ. 1. 4 : 37. 9 : DA. 2. 35 (Sw.) : 5. 11.]
[**Sm.** GE. 1. 2 : 3. 9 (8) : 6. 4 (3) : I KI. 16. 23 : JB. 7. 11 : 15. 2 *bis* : 21. 4 : 32. 8 : 33. 4 : PS. 30 (31). 6 : 50 (51). 19 : 54 (55). 9 : 75 (76). 13 : 76 (77). 7 : 77 (78). 8 : 102 (103). 16 : PR. 11. 13 : EC. 4. 6 : 6. 9 : 10. 4 : IS. 19. 3 : 28. 6 : 29. 24 : 31. 3 : 32. 2 : 40. 7 : 54. 6 : 59. 19 : 61. 3 : EZ. 1. 12 : 13. 3 : 37. 9 (Sw.) : DA. 2. 1 (Sw.) : 5. 11 : JN. 1. 4.]
[**Th.** GE. 1. 2 : 3. 9 (8) : I KI. 1. 15 : 16. 23 : JB. 7. 11 : 8. 2 : 20. 3 : PS. 31 (32). 2 : 54 (55). 9 : 76 (77). 7 : PR. 1. 23 : 16. 2 : 18. 14 *bis* : IS. 19. 3 : 27. 8 : 28. 6 : 31. 3 : 33. 11 : 40. 7 : 54. 6 : 59. 19 : 61. 3 : EZ. 1. 4 : 13. 3 : 37. 9 (Sw.) : DA. 2. 1, 3, 35 : 3. (39) : 4. 6 : 5. 11.]
[**Al.** LE. 21. 20 : PS. 50 (51). 12.]
[**Quint.**, **Sext.** PS. 31 (32). 2.]

πνευματοφορεῖσθαι. (1) שְׁאָפָה רוּחַ

Je. 2. 24. ἐν ἐπιθυμίαις ψυχῆς αὐτῆς ἐπνευματοφορεῖτο (1)

πνευματοφόρος, πνευματόφορος. (1) פֹּחֵז (2) רוּחַ

Ho. 9. 7. ἄνθρωπος ὁ πν. (2)
Ze. 3. 4. οἱ προφῆται αὐ. πνευματόφοροι (1)

πνεύμων. (1) דֶּבֶק

III Ki. 22. 34 : II Ch. 18. 33. ἐπάταξεν . . . ἀνὰ μέσον τοῦ πν. (1)

πνίγειν. (1) בָּעַת pi.

I Ki. 16. 14. ἔπνιγεν αὐτὸν πνεῦμα πονηρόν (1)
— 15. πνεῦμα κ. πονηρὸν πνίγει σε (1)

πνιγμός.

Si. 51. 4. ἀπὸ πνιγμοῦ πυρᾶς κυκλόθεν

πνοή. (1) נֶפֶשׁ (2) *a.* נְשָׁמָה *b.* נִשְׁמַת־רוּחַ *c.* נִשְׁמָא (3) רוּחַ

Ge. 2. 7. ἐνεφύσησεν . . . πνοὴν ζωῆς (2 *a*)
7. 22. ὅσα ἔχει πνοὴν ζωῆς (2 *b*)
II Ki. 22. 16. ἀπὸ πνοῆς πνεύματος θυμοῦ αὐ. (2 *a*)
III Ki. 15. 29. οὐχ ὑπελίπετο πᾶσαν πν. (2 *a*)
Ne. 6. 1. οὐ κατελείφθη ἐν [A *om.*] αὐτοῖς πνοή †
Jb. 26. 4. πνοὴ δὲ τίνος ἐστὶν ἡ ἐξελθοῦσα ἐκ σοῦ (2 *a*)
27. 3. ἔτι τῆς πν. μου ἐνούσης [A ἐν. ἐν ἐμοί] (2 *a*)
32. 8. πνοὴ δὲ παντοκράτορός ἐστιν ἡ διδάσκουσα (2 *a*)
33. 4. πνοὴ δὲ παντοκράτορος ἡ διδάσκουσά με (2 *a*)
37. 10. ἀπὸ πνοῆς ἰσχυροῦ δώσει πάγος (2 *a*)
Ps. 150. 6. πᾶσα πνοὴ αἰνεσάτω τὸν κύριον (2 *a*)
Pr. 1. 23. προήσομαι ὑμῖν ἐμῆς πνοῆς ῥῆσιν (3)
11. 13. πιστὸς δὲ πνοῇ κρύπτει πράγματα (3)
20. 27. φῶς κυρίου πνοὴ ἀνθρώπων (2 *a*)
24. 12. ὁ πλάσας πνοὴν πᾶσιν (1)
Wi. 2. 2. καπνὸς ἡ πν. ἐν ῥισὶν ἡμῶν
Si. 30. 29 (33. 20). ἕως ἔτι ζῇς καὶ πνοὴ ἐν σοί
Is. 38. 16. ἐξήγειράς μου τὴν πν. (3)
42. 5. διδοὺς πνοὴν τῷ λαῷ τῷ ἐπ' αὐτῆς (2 *a*)
57. 16. πνοὴν πᾶσαν ἐγὼ ἐποίησα (2 *a*)
Ez. 13. 13. ῥήξω πνοὴν ἐξαίρουσαν (3)
Da. TH. 5. 23. οὗ ἡ πν. σου ἐν χειρὶ αὐ. (2 *c*)
10. 17. A πνοὴ [B πνεῦμα] οὐχ ὑπελείφθη ἐν ἐμοί (2 *a*)
II Ma. 3. 31. τῷ παντελῶς ἐν ἐσχάτῃ πν. κειμένῳ
7. 9. ἐν ἐσχάτῃ δὲ πν. γενόμενος

[**Aq.** Is. 30. 33.]
[**Sm.** Ps. 32 (33). 6 : Is. 30. 33 : LA. 4. 20 : Ez. 1. 4.]
[**Th.** JB. 37. 10 : Is. 30. 33.]

πόα, ποία. (1) בֹּרִית (2) דֶּשֶׁא

Pr. 27. 25. καὶ κερεῖς πόαν [A ποίαν] (2)
Ma. 3. 2. ὡς ποία [S¹ πλοῖα] πλυνόντων (1)
Je. 2. 22. ἐὰν . . . πληθυνῇς σεαυτῇ ποίαν [A S πόαν] (1)

[**Aq.** Ps. 22 (23). 2 : MI. 5. 7 (6).]

ποδάγρα.

IV Ma. 11. 10. καὶ ταῦτα ποδάγραις σιδηραῖς ἐφαρμόσαντες

ποδήρης. (1) אֵפוֹד (2) בַּד (3) חֹשֶׁן (4) מַחֲלָצוֹת (5) מְעִיל

Ex. 25. 6 (7). εἰς τὴν ἐπωμίδα καὶ τὸν π. (3)
28. 4. τὴν ἐπωμίδα καὶ τὸν π. (5)
— 27 (31). ποιήσεις ὑποδύτην ποδήρη (1)
29. 5. ἐνδύσεις 'A. . . . τὸν χιτῶνα τὸν π. (5)
35. 9. εἰς τὴν ἐπωμίδα καὶ τὸν π. (3)
Wi. 18. 24. ἐπὶ γὰρ ποδήρους ἐνδύματος ἦν ὅλος ὁ κόσμος
Si. 27. 8. ἐνδύσῃ αὐτὸ ὡς ποδήρη δόξης
45. 8. περισκελῆ καὶ ποδήρη καὶ ἐπωμίδα
Za. 3. 5 (4). ἐνδύσατε αὐτὸν ποδήρη (4)
Ez. 9. 2. εἷς ἀνὴρ ἐν μέσῳ αὐτῶν ἐνδεδυκὼς ποδήρη (2)
— 3. ἐκάλεσε τὸν ἄνδρα τὸν ἐνδεδυκότα τὸν π. (2)
— 11. ἰδοὺ ὁ ἀνὴρ ὁ ἐνδεδυκὼς τὸν π. (2)

[**Quint.** Ez. 10. 2.]

ποδιστήρ. (1) סִיר

II Ch. 4. 16. ἐποίησεν . . . τοὺς π. (1)

[**Aq.** JE. 52. 18.]
[**Th.** II CH. 4. 16 : JE. 52. 18.]

ποδοκάκη.

[**Al.** JB. 13. 27.]

ποθεῖν. (1) שָׁחַר pi.

Es. 3. 13. τὴν ποθουμ. τοῖς [A παρὰ] πᾶσιν ἀνθρ. εἰρήνην
Pr. 7. 15. ποθοῦσα τὸ σὸν πρόσωπον εὕρηκά σε (1)
Wi. 4. 2. ποθοῦσιν ἀπελθοῦσαν
6. 11. ποθήσατε καὶ παιδευθήσεσθε
8. 8. εἰ δὲ καὶ πολυπειρίαν [A -ραν] ποθεῖ τις
15. 5. ποθεῖ τε νεκρᾶς εἰκόνος εἶδος ἄπνουν [A ἄγνουν]
— 6. ἄξιοι τε τοιούτων ἐλπίδων . . . καὶ οἱ ποθοῦντες
IV Ma. 11. 7. A R εἴπερ ᾐσθάνου ἀνθρώπους ποθῶν

[**Sm.** Ps. 67 (68). 17 : PR. 21. 10.]

ποθεινός. (1) אָבַל

Jb. 29. 25. S² ὃν τρόπον ποθεινοὺς παρεκάλουν [A B S¹ *al.*] (1)
Pr. 6. 8. ποθεινή δέ ἐστι πᾶσι καὶ ἐπίδοξος –
IV Ma. 13. 26. A R ποθεινοτέραν [S τὴν π.] αὐτοῖς κατεσκεύαζε τὴν φιλαδελφίαν
15. 1. εὐσέβεια μητρὶ τέκνων ποθεινοτέρα

[**Th.** Is. 57. 18 (Sw.).]

πόθεν.

Ge. 16. 8† : 29. 4 : 42. 7.
Nu. 11. 13.
Jo. 9. 8 *bis*.
Jd. 13. 6 : 17. 9 : 19. 17.
I Ki. 25. 11 : 30. 13.
II Ki. 1. 3, 13.
IV Ki. 5. 25 : 6. 27 : 20. 14.
To. 2. 13 : 5. 5† : 7. 3.
Ju. 10. 12 : 12. 3†.
Jb. 1. 7 : 2. 2 : 28. 12, 20 : 38. 24.
Ps. 120 (121). 1†.
Pr. 22. 27.
Si. 27. 27 : 37. 3.
Jn. 1. 8.
Na. 3. 7.
Is. 39. 3 : 41. 24 *bis*, 28.
Je. 15. 18 : 31 (48). 9† : 43 (36). 17†.
Ep. Je. 30.
IV Ma. 1. 33 : 8. 26 : 13. 12.

[**Aq.** JE. 10. 6, 7.]
[**Th.** JO. 2. 4 : JE. 10. 6, 7.]
[**Al.** PS. 120 (121). 1.]

ποθητός.

[**Al.** JD. 11. 34.]

πόθος.

[**Aq.** PS. 9. 24 (10. 3).]

ποῖ.

Je. 2. 28†.

ποία, *vid.* **πόα.**

ποιεῖν. (1) אָכַל ni. (2) אָפָה *a.* qal. *b.* ni. (3) בָּזַז (4) בָּנָה (5) בָּרָא *a.* qal. *b.* ni. (6) הָיָה (7) זְמַן *a.* aph. *b.* ithp. (8) חָטָא (9) חָצַב (10) חָשַׁב (11) יָטַב hi. (12) יָכֹל (13) יָעַל hi. (14) יָפַע hi. (15) יָצָא (16) יָצַר (17) יָשַׁע hi. (18) כָּרַת (19) לָחַם ni. (20) מָכַר (21) נָטָה (22) *a.* נָסַךְ *b.* נְסַךְ pa. (23) נָצַב hi. (24) נָצַר (25) נָתַן (26) סָבַב hi. (27) עָבַד *a.* qal. *b.* hi. *c.* עֲבֹדָה *d.* עֲבַד pe. *e.* ithpe. *f.* הֲוָה עָבֵד (28) c. neg. עָוַל pi. (29) עָלָה hi. (30) עָמַד hi. (31) עָמַל (32) עָצַב pi. (33) עָשָׂה *a.* qal. *b.* ni. *c.* pu. *d.* יֵשׁ עֹשֶׂה *e.* מַעֲשֶׂה *f.* הָיָה עֹשֶׂה (34) *a.* פָּעַל *b.* פֹּעַל (35) פָּשַׁע (36) קוּם (37) רָבָה hi. (38) רָקַח (39) שׂוּם, שִׂים (40) שָׁחָה hithpal. (41) שָׁלַל (42) שָׁלֵם hi. (43) שָׁמַע *a.* qal. *b.* hi. (44) שָׁמַר (45) שָׁפַךְ (46) ἃ ποιεῖ מַעֲשֶׂה (47) ἀγαθὸν π. גָּמַל (48) ἀθῷον π. נָקָה pi. (49) ἀκουσθῆναι π. שָׁמַע hi. (50) ἀκουστὸν π. שָׁמַע hi. (51) ἄκυρον π. *a.* סוּר *b.* פָּרַע (52) ἀλγεῖν π. כָּאֵב hi. (53) ἁμαρτεῖν π. חָטָא hi. (54) π. ἀνάπαυμα (-παυσιν) נוּחַ hi. (55) ἀπόκρισιν ποιεῖσθαι שׁוּב hi. (56) ἀσθενῆ π. חָתַת ni. (57) ἄτοπα (τὰ ἄ.) π. רָשַׁע hi. (58) ἄφεσιν π. שָׁמַט *a.* qal. *b.* hi. (59) βαθέως βουλὴν π. עָמַק hi. (60) βελτίονα π. יָטַב hi. (61) γεννῶσαν π. יָלַד hi. (62) δεῖ ποιεῖν עָשָׂה *a.* qal. *b.* ni. (63) ἔγκοπον π. יָגָה hi. (64) εἶναι πεποιηκώς עָשָׂה (65) π. εἰσελθεῖν בּוֹא hi. (66) ἐκβολὴν ποιεῖσθαι טוּל hi. (67) ἔλεος π. חָנַן (68) ἐνεὸν ἑαυτὸν π. אָטַם שְׂפָתַיִם (69) ἐντομίδας π. גָּדַד hithpo. (70) ἐπιγαμίαν, ἐπιγαμίας π. חָתַן hithpa. (71) ἐπιλαθέσθαι π. נָשָׁה pi. (72) ἐπισκοπὴν π. פָּקַד (73) π. ἐπιφυλλίδα עָלַל po. (74) εὖ π. *a.* טוֹב adj. *b.* טוֹב hi. *c.* יָטַב hi. *d.* נָשַׂג hi. (75) εὐεκτεῖν π. הֵיטִיב גֵּהָה (76) εὐθὺν π. יָשַׁר pi. (77) εὐλαβῆ π. נָזַר hi. (78) π. εὐφραινόμενον שָׂמַח pi. (79) ζῆν π. חָיָה pi. (80) ἰσχυρὸν π. *a.* אָמֵץ pi. *b.* חָקַק (81) καλλίονα π. יָטַב hi. (82) καλὸν π. יָטַב hi. (83) καλῶς π. *a.* טוֹב hi. *b.* יָטַב hi. (84) κατάκοπον π. לָאָה hi. (85) κενὸν π. חָסֵר hi. (86) π. κοπιᾶσαι יָגַע (87) κρίσιν π. נָקַם ni. (88) λεπτὸν π. זָרָה (89) π. λήθην נָשָׁא (90) μακρὰν π. רָחַק hi. (91) μάρτυρας π. עוּד hi. (92) π. μικρόν קָטֹן hi. (93) μισητὸν π. עָכַר (94) μνείαν π. זָכַר (95) ὀλίγον π. מָעַט hi. (96) ὀλιγοστὸν π. מָעַט hi. (97) ὀρθὸν π. פָּלַס pi. (98) ὁ τὰ πάντα ποιήσας שַׁדַּי (99) πατῆσαι π. דָּרַךְ hi. (100) πεποιθέναι π. *a.* בָּטַח hi. *b.* סוּת hi. (101) πλεῖον π. יָסַף ni. (102) πλεοναστὸν π. רָבָה hi. (103) πολὺν π. *a.* פָּרַץ *b.* רָבָה hi. *c.* אָגַר (104) πόρρω π. רָחַק hi. (105) π. σισόην נָקַף hi. (106) στεῖραν π. עָצַר (107) π. συμβῆναι קָרָה hi. (108) συνετῶς π. בִּין hi. (109) συστροφὰς ποιεῖσθαι קָשַׁר (110) π. ταλαίπωρον שָׁדַד (111) τέκνα π. יָלַד (112) π. τόπον נָגַשׁ (113) ὑψηλὸν π. גָּבַהּ hi. (114) φαῦλον π. סָלַף pi. (115) π. χαρμονήν שָׂחַק pi. (116) π. ψηλαφᾶν *a.* יָמַשׁ hi. *b.* מוּשׁ hi. (117) π. ψήφισμα נָפַל hi. (118) ἐκδίκησιν ποιεῖν נָקַם ni.

Ge. 1. 1. *ἐν ἀρχῇ ἐποίησεν ὁ θ. τὸν οὐρ.* (5 *a*)
— 7. *ἐποίησεν ὁ θ. τὸ στερέωμα* (33 *a*)
— 11, 12. *ξύλον κάρπιμον ποιοῦν καρπόν* (33 *a*)
— 16. *ἐποίησεν ὁ θ. τοὺς δύο φωστ.* (33 *a*)
— 21. *ἐποίησεν ὁ θ. τὰ κήτη τὰ μεγ.* (5 *a*)
— 25. *ἐποίησεν ὁ θ. τὰ θηρία* (33 *a*)
— 26. *ποιήσωμεν ἄνθρωπον* (33 *a*)
— 27. *ἐποίησεν ὁ θ. τὸν ἄνθρωπον· κατ' εἰκόνα θεοῦ ἐποίησεν αὐτόν· ἄρσεν καὶ θῆλυ ἐποίησεν αὐτούς* (5 *a ter*)
— 31. *τὰ πάντα ὅσα ἐποίησε* (33 *a*)
2. 2. *τὰ ἔργα αὐτοῦ ἃ ἐποίησε* (33 *a*)
— 2. *ἀπὸ πάντων τῶν ἔργων αὐ. ὧν ἐποίησε* (33 *a*)
— 3. *ὧν ἤρξατο ὁ θ. ποιῆσαι* (33 *a*)
— 4. *ᾗ ἡμέρᾳ ἐποίησε κ. ὁ θ. τὸν οὐρ.* (33 *a*)
— 18. *ποιήσωμεν αὐτῷ βοηθόν* (33 *a*)
3. 1. *ὧν ἐποίησε κ. ὁ θ.* (33 *a*)
— 7. *ἐποίησαν ἑαυτοῖς περιζώματα* (33 *a*)
— 13. *τί τοῦτο ἐποίησας* (33 *a*)
— 14. *ὅτι ἐποίησας τοῦτο* (33 *a*)
— 21. *ἐποίησε κ. ὁ θ. . . . χιτῶνας* (33 *a*)
4. 10. A *τί ἐποίησας* [R *πεποίηκας*] (33 *a*)
5. 1. *ᾗ ἡμέρᾳ ἐποίησεν ὁ θ. τὸν 'Α.* (5 *a*)
— 1. *κατ' εἰκόνα θ. ἐποίησεν αὐτόν* (33 *a*)
— 2. *ἄρσεν καὶ θ. ἐποίησεν αὐτούς* (5 *a*)
— 2. *ᾗ ἡμέρᾳ ἐποίησεν αὐτούς* (5 *b*)
6. 6. *ἐποίησε τὸν ἄνθρ. ἐπὶ τῆς γῆς* (33 *a*)
— 7. *τὸν ἄνθρωπον ὃν ἐποίησα* (5 *a*)
— 7. *ὅτι ἐποίησα αὐτούς* (33 *a*)
— 14. *ποίησον οὖν σεαυτῷ κιβωτόν* (33 *a*)
— 14. *νοσσιὰς ποιήσεις τὴν κιβ.* (33 *a*)
— 15. *οὕτω ποιήσεις τὴν κιβ.* (33 *a*)
— 16. *ἐπισυνάγων ποιήσεις τὴν κιβ.* (33 *a*)
— 16. *τὴν δὲ θύραν τῆς κιβ. ποιήσεις* (39)
— 16. *κατάγαια . . . ποιήσεις αὐτήν* (33 *a*)
— 22. *ἐποίησε Νῶε πάντα . . . οὕτως ἐποίησε* (33 *a*, 33 *a*)
7. 4. *πᾶν τὸ ἀνάστημα ὃ ἐποίησα* (33 *a*)
— 5. *ἐποίησε Νῶε πάντα* (33 *a*)
8. 6. *τὴν θυρίδα τῆς κιβ. ἣν ἐποίησε* (33 *a*)
— 13. R *τῆς κιβ. ἣν ἐποίησε* [A *om.* ἣν ἐπ.] –
— 21. *καθὼς ἐποίησα* (33 *a*)
9. 6. *ἐν εἰκόνι θεοῦ ἐποίησα τὸν ἄνθρ.* (33 *a*)
— 24. *ὅσα ἐποίησεν αὐτῷ ὁ υἱὸς αὐ.* (33 *a*)
11. 4. *ποιήσωμεν ἑαυτῶν ὄνομα* (33 *a*)
— 6. *τοῦτο ἤρξαντο ποιῆσαι* (33 *a*)
— 6. *ὅσα ἂν ἐπιθῶνται ποιῆσαι* (33 *a*)
12. 2. *ποιήσω σε εἰς ἔθνος μέγα* (33 *a*)
— 18. *τί τοῦτο ἐποίησάς μοι* (33 *a*)
13. 4. *οὗ ἐποίησεν ἐκεῖ τὴν σκηνήν* (33 *a*)
— 16. *ποιήσω τὸ σπέρμα σου ὡς τὴν ἄμμον* (39)
14. 2. *ἐποίησαν πόλεμον μετὰ Βαλλά* (33 *a*)
18. 5. *οὕτω ποίησον καθὼς εἴρηκας* (33 *a*)
— 6. *ποίησον ἐγκρυφίας* (33 *a*)
— 7. *ἐτάχυνε τοῦ ποιῆσαι αὐτό* (33 *a*)
— 8. *τὸ μοσχάριον ὃ ἐποίησε* (33 *a*)
— 17. *μὴ κρύψω . . . ἃ ἐγὼ ποιῶ* (33 *a*)
— 19. *ποιεῖν δικαιοσύνην καὶ κρίσιν* (33 *a*)
— 25. *μηδαμῶς σὺ ποιήσεις* (33 *a*)
— 25. *οὐ ποιήσεις κρίσιν* (33 *a*)
19. 3. *ἐποίησεν αὐτοῖς πότον* (33 *a*)
— 8. A *μὴ ποιήσητε μηδὲν* [R *om.*] *ἄδικον* (33 *a*)
— 19. *ὃ ποιεῖς ἐπ' ἐμέ* (33 *a*)
— 22. *οὐ γὰρ δυνήσομαι ποιῆσαι πρᾶγμα* (33 *a*)
20. 5. *ἐν καθαρᾷ καρδίᾳ . . . ἐποίησα τοῦτο* (33 *a*)
— 6. *ἐν καθαρᾷ καρδίᾳ ἐποίησας τοῦτο* (33 *a*)
— 9. *τί τοῦτο ἐποίησας ἡμῖν* (33 *a*)
— 9. *ἔργον ὃ οὐδεὶς ποιήσει πεποίηκάς μοι* (33 *b*, 33 *a*)

Ge. 20. 10. *τί ἐνιδὼν ἐποίησας τοῦτο* (33 *a*)
— 13. A *ταύτην τὴν δικαιοσ. ποίησον ἐπ'* [R *-σεις εἰς*] *ἐμέ* (33 *a*)
21. 1. *ἐποίησε κύριος τῇ Σάρρᾳ* (33 *a*)
— 6. *γέλωτά μοι ἐποίησε κύριος* (33 *a*)
— 8. *ἐποίησεν 'Αβ. δοχὴν μεγάλην* (33 *a*)
— 13. *εἰς ἔθνος μέγα ποιήσω αὐτόν* (39)
— 18. *εἰς γὰρ ἔθνος μέγα ποιήσω αὐτόν* (39)
— 22. *ἐν πᾶσιν οἷς ἐὰν ποιῇς* (33 *a*)
— 23. *ἣν ἐποίησα μετὰ σοῦ ποιήσεις μετ' ἐμοῦ* (33 *a*, 33 *a*)
— 26. *τίς ἐποίησε τὸ πρᾶγμα τοῦτο* (33 *a*)
22. 12. *μηδὲ ποιήσῃς αὐτῷ μηδέν* (33 *a*)
— 16. *οὗ εἵνεκεν ἐποίησας τὸ ῥῆμα τοῦτο* (33 *a*)
24. 12. *ποίησον ἔλεος μετὰ τοῦ κυρίου μου* (33 *a*)
— 14. *ἐποίησε ἔλεος τῷ κυρίῳ μου* (33 *a*)
— 44. *πεποίηκας ἔλεος τῷ κυρίῳ μου 'Αβ.* –
— 49. *εἰ οὖν ποιεῖτε ὑμεῖς ἔλεος* (33 *d*)
— 66. *πάντα τὰ ῥήματα ἃ ἐποίησεν* (33 *a*)
26. 10. *τί τοῦτο ἐποίησας ἡμῖν* (33 *a*)
— 29. A *μὴ ποιήσειν* [R *-ῆσαι*] *μεθ' ἡμῶν κακόν* (33 *a*)
— 30. *ἐποίησεν αὐτοῖς δοχήν* (33 *a*)
27. 4, 7. *ποίησόν μοι ἐδέσματα* (33 *a*)
— 9. *ποιήσω αὐτοὺς ἐδέσματα* (33 *a*)
— 14. *ἐποίησεν ἡ μήτηρ αὐτοῦ ἐδέσματα* (33 *a*)
— 17. *τοὺς ἄρτους οὓς ἐποίησεν* (33 *a*)
— 19. A *ἐποίησα* [R *πεποίηκα*] *καθὰ ἐλάλησας* (33 *a*)
— 31. *ἐποίησε καὶ αὐτὸς ἐδέσματα* (33 *a*)
— 37. *εἰ κύριον αὐτὸν πεποίηκά σου* (39)
— 37. A *πάντας τοὺς ἀδ. αὐ. ἐποίησα* [R *πεποίηκα*] *αὐ. οἰκέτας . . . σοὶ δὲ τί ποιήσω* (25, 33 *a*)
— 45. *ἃ πεποίηκας αὐτῷ* (33 *a*)
28. 15. *ἕως τοῦ ποιῆσαί με πάντα* (33 *a*)
29. 22. *καὶ ἐποίησε γάμον* (33 *a*)
— 25. *τί τοῦτο ἐποίησάς μοι* (33 *a*)
— 28. *ἐποίησε δὲ 'Ι. οὕτως* (33 *a*)
30. 30. *πότε ποιήσω κἀγὼ ἐμαυτῷ οἶκον* (33 *a*)
— 31. *ἐὰν ποιήσῃς μοι τὸ ῥῆμα τοῦτο* (33 *a*)
31. 1. *πεποίηκε πᾶσαν τὴν δόξαν ταύτην* (33 *a*)
— 12. *ὅσα σοι Λάβαν ποιεῖ* (33 *a*)
— 16. *ὅσα σοι εἴρηκεν ὁ θ. ποίει* (33 *a*)
— 26. *τί ἐποίησας* (33 *a*)
— 43. *τί ποιήσω ταύταις σήμερον* (33 *a*)
— 46. *καὶ ἐποίησαν βουνόν* (33 *a*)
32. 9 (10). *καὶ εὖ σε ποιήσω* (74 *c*)
— 10 (11). *ἧς ἐποίησας τῷ παιδί σου* (33 *a*)
— 12 (13). *εὖ σε ποιήσω* (74 *c*)
— 16 (17). *διάστημα ποιεῖτε* (39)
33. 2. A *ἐποίησεν* [R *ἔθετο*] *τὰς δύο παιδίσκας . . . ἐν πρώτοις* (39)
— 17. *ἐποίησεν ἑαυτῷ ἐκεῖ οἰκίας* (4)
— 17. *τοῖς κτήνεσιν αὐ. ἐποίησε σκηνάς* (33 *a*)
34. 7. *ἄσχημον ἐποίησεν Συχέμ* (33 *a*)
— 14. *οὐ δυνησόμεθα ποιῆσαι τοῦτο* (33 *a*)
— 19. *τοῦ ποιῆσαι τὸ ῥῆμα τοῦτο* (33 *a*)
— 30. *μισητόν με πεποιήκατε* (93)
35. 1. *ποίησον ἐκεῖ θυσιαστήριον* (33 *a*)
— 3. *ποιήσωμεν ἐκεῖ θυσιαστήριον* (33 *a*)
37. 3. *ἐποίησε δὲ αὐτῷ χιτῶνα ποικ.* (33 *a*)
38. 10. *ὅτι ἐποίησε τοῦτο* (33 *a*)
39. 3. *ὅσα ἂν ποιῇ* (33 *a*)
— 9. *πῶς ποιήσω τὸ ῥῆμα τὸ πον. τοῦτο* (33 *a*)
— 11. *τοῦ ποιεῖν τὰ ἔργα αὐτοῦ* (33 *a*)
— 19. *οὕτως ἐποίησέ μοι ὁ παῖς σου* (33 *a*)
— 22. *ὅσα ποιοῦσιν ἐκεῖ* (33 *a*)
— 22. R *αὐτὸς ἦν ποιῶν* (33 *a*)
— 23. *ὅσα αὐτὸς ἐποίει* (33 *a*)
40. 14. *ποιήσεις ἐν ἐμοὶ ἔλεος* (33 *a*)
— 15. *ὧδε οὐκ ἐποίησα οὐδέν* (33 *a*)
— 20. *ἐποίει πότον πᾶσι τοῖς παισὶν αὐ.* (33 *a*)
41. 25, 28. *ὅσα ὁ θ. ποιεῖ* (33 *a*)
— 32. *ταχυνεῖ ὁ θ. τοῦ ποιῆσαι αὐτό* (33 *a*)
— 34. *καὶ ποιησάτω Φ.* (33 *a*)
— 47. *ἐποίησεν ἡ γῆ . . . δράγματα* (33 *a*)
— 51. *ἐπιλαθέσθαι με ἐποίησεν ὁ θ.* (71)
— 55. *ὃ ἐὰν εἴπῃ ὑμῖν ποιήσατε* (33 *a*)
42. 18. *τοῦτο ποιήσατε* (33 *a*)
— 20. *ἐποίησαν δὲ οὕτως* (33 *a*)
— 28. *τί τοῦτο ἐποίησεν ὁ θ. ἡμῖν* (33 *a*)
43. 11. *τοῦτο ποιήσατε* (33 *a*)
— 17. *ἐποίησε δὲ ὁ ἄνθρ. καθὰ εἶπεν 'Ι.* (33 *a*)
44. 5. *ἃ πεποιήκατε* (33 *a*)
— 7. R *ποιῆσαι κατὰ* [A² *om.*] *τὸ ῥῆμα τοῦτο* (33 *a*)

Ge. 44. 15. τί τὸ πρᾶγμα τοῦτο ἐποιήσατε (33 *a*)
— 17. μή μοι γένοιτο ποιῆσαι τὸ ῥῆμα τοῦτο (33 *a*)
45. 8. ἐποίησέ με ὡς πατέρα Φ. (39)
— 9. ἐποίησέ με ὁ θ. κύριον (39)
— 17. τοῦτο ποιήσατε (33 *a*)
— 21. ἐποίησαν δὲ οὕτως (33 *a*)
46. 3. εἰς γὰρ ἔθνος μέγα ποιήσω σε (39)
47. 29. ποιήσεις ἐπ' ἐμὲ ἐλεημοσύνην (33 *a*)
— 30. ποιήσω κατὰ τὸ ῥῆμά σου (33 *a*)
48. 4. ποιήσω σε εἰς συναγωγὰς ἐθνῶν (25)
— 20. ποιήσαι σε ὁ θ. ὡς Ἐφρ. (39)
50. 10. ἐποίησε τὸ πένθος τῷ πατρὶ αὐ. (33 *a*)
— 12. ἐποίησαν αὐτῷ οὕτως (33 *a*)
Ex. 1. 17. οὐκ ἐποίησαν καθότι συνέταξεν αὐταῖς (33 *a*)
— 18. τί ὅτι ἐποιήσατε τὸ πρᾶγμα τοῦτο (33 *a*)
— 20. εὖ δὲ ἐποίει ὁ θ. ταῖς μαίαις (74 *c*)
— 21. ἐποίησαν ἑαυταῖς οἰκίας (33 *a*)
3. 20. οἷς ποιήσω ἐν αὐτοῖς (33 *a*)
4. 11. τίς ἐποίησε δύσκωφον (39)
— 15. συμβιβάσω ὑμᾶς ἃ ποιήσετε (33 *a*)
— 17. ἐν ᾗ ποιήσεις ἐν αὐτῇ τὰ σημεῖα (33 *a*)
— 21. ποιήσεις αὐτὰ ἐναντίον Φ. (33 *a*)
— 30. ἐποίησε τὰ σημεῖα (33 *a*)
5. 8. ἧς αὐτοὶ ποιοῦσι (33 *a*)
— 15. ἵνα τί οὕτως ποιεῖς (33 *a*)
— 16. τὴν πλίνθον ἡμῖν λέγουσι π. (33 *a*)
6. 1. ἃ ποιήσω τῷ Φ. (33 *a*)
7. 6. ἐποίησε δὲ Μ. . . . οὕτως ἐποίησαν (33 *a*, 33 *a*)
— 10. καὶ ἐποίησαν οὕτως (33 *a*)
— 11. καὶ ἐποίησαν . . . ταῖς φαρμακίαις αὐ. (33 *a*)
— 20. καὶ ἐποίησαν οὕτως Μ. καὶ Ἀ. (33 *a*)
— 22 : 8. 7 (3). ἐποίησαν δὲ ὡσαύτως καὶ οἱ ἐπαοιδοί (33 *a*)
8. 13 (9). ἐποίησε δὲ κύριος καθάπερ εἶπε Μ. (33 *a*)
— 18 (14). ἐποίησαν δὲ ὡσαύτως καὶ οἱ ἐπαοιδοί (33 *a*)
— 24 (20). ἐποίησε δὲ κύριος οὕτως (33 *a*)
— 31 (27). ἐποίησε δὲ κύριος (33 *a*)
9. 5. A² B ποιήσει κ. τὸ ῥῆμα τοῦτο (33 *a*)
— 6. A² B ἐποίησε κ. τὸ ῥῆμα τοῦτο (33 *a*)
10. 2. ἃ ἐποίησα ἐν αὐτοῖς (39)
— 25. ἃ ποιήσομεν κ. τῷ θ. ἡ. (33 *a*)
11. 10. ἐποίησαν πάντα τὰ σημεῖα (33 *a*)
12. 12. ποιήσω τὴν ἐκδίκησιν (33 *a*)
— 16. πᾶν ἔργον λατρευτὸν οὐ ποιήσετε (33 *b*)
— 16. ὅσα ποιηθήσεται πάσῃ ψυχῇ (1)
— 16. τοῦτο μόνον ποιηθήσεται ὑμῖν (33 *b*)
— 17. ποιήσετε τὴν ἡμέραν ταύτην (44)
— 28. ἐποίησαν οἱ υἱοὶ Ἰσρ. . . . οὕτως ἐποίησαν (33 *a*, 33 *a*)
— 35. ἐποίησαν καθὰ συνέταξεν αὐτοῖς Μ. (33 *a*)
— 39. οὐδὲ ἐπισιτισμὸν ἐποίησαν ἑαυτοῖς (33 *a*)
— 47. πᾶσα συναγωγὴ . . . ποιήσει αὐτό (33 *a*)
— 48. ποιῆσαι [A καὶ ποιῇ] τὸ πάσχα κυρίῳ (33 *a*)
— 48. προσελεύσεται ποιῆσαι αὐτό (33 *a*)
— 50. ἐποίησαν οἱ υἱοὶ Ἰσρ. . . . οὕτως ἐποίησαν (33 *a*, 33 *a*)
13. 5. ποιήσεις τὴν λατρείαν ταύτην (27 *a*)
— 8. ἐποίησε κ. ὁ θ. μοι (33 *a*)
14. 4. καὶ ἐποίησαν οὕτως (33 *a*)
— 5. τί τοῦτο ἐποιήσαμεν [A πεποιήκαμεν] (33 *a*)
— 11. τί τοῦτο ἐποίησας ἡμῖν (33 *a*)
— 13. ἣν ποιήσει ἡμῖν σήμερον (33 *a*)
— 21. ἐποίησε τὴν θάλασσαν ξηράν (39)
— 31. ἃ ἐποίησε κ. τοῖς Αἰγ. (33 *a*)
15. 11. θαυμαστὸς ἐν δόξαις ποιῶν τέρατα (33 *a*)
— 26. ἐὰν . . . τὰ ἀρεστὰ ἐναντίον αὐτοῦ ποιήσῃς (33 *a*)
16. 17. ἐποίησαν δὲ οὕτως οἱ υἱοὶ Ἰσρ. (33 *a*)
17. 4. τί ποιήσω τῷ λαῷ τούτῳ (33 *a*)
— 6. ἐποίησε δὲ Μ. οὕτως (33 *a*)
— 10. ἐποίησεν Ἰ. καθάπερ εἶπεν αὐτῷ Μ. (33 *a*)
18. 1, 8. ὅσα ἐποίησε κύριος (33 *a*)
— 9. οἷς ἐποίησεν αὐτοῖς κύριος (33 *a*)
— 14. ὅσα ποιεῖ [A ἐποίει] τῷ λαῷ (33 *a*)
— 14. τί τοῦτο ὃ σὺ ποιεῖς τῷ λαῷ (33 *a*)
— 17. οὐκ ὀρθῶς σὺ ποιεῖς τὸ ῥῆμα τοῦτο (33 *a*)
— 18. B οὐ δυνήσῃ π. μόνος (33 *a*)
— 20. τὰ ἔργα ἃ ποιήσουσι (33 *a*)
— 23. ἐὰν τὸ ῥῆμα τοῦτο ποιήσῃς (33 *a*)
— 24. ἐποίησεν ὅσα εἶπεν αὐτῷ (33 *a*)
— 25. ἐποίησεν αὐτοὺς ἐπ' αὐτῶν χιλιάρχους (25)
19. 4. ὅσα πεποίηκα τοῖς Αἰγ. (33 *a*)
— 8. πάντα ὅσα εἶπεν ὁ θ. ποιήσομεν (33 *a*)
20. 4. οὐ ποιήσεις σεαυτῷ εἴδωλον (33 *a*)
— 6. ποιῶν ἔλεος εἰς χιλιάδας (33 *a*)

Ex. 20. 9. ποιήσεις πάντα τὰ ἔργα σου (33 *a*)
— 10. οὐ ποιήσεις ἐν αὐτῇ πᾶν ἔργον (33 *a*)
— 11. ἐποίησε κύριος τὸν οὐρ. (33 *a*)
— 23. οὐ ποιήσετε ὑμῖν αὐτοῖς θεοὺς ἀργ. (33 *a*)
— 23. θεοὺς χρυσοῦς οὐ ποιήσετε ὑμῖν ἑαυ. (33 *a*)
— 24. θυσιαστήριον ἐκ γῆς ποιήσετέ μοι (33 *a*)
— 25. ἐὰν δὲ θυσιαστήρ. ἐκ λίθων ποιῇς μοι (33 *a*)
21. 9. κατὰ τὸ δικαίωμα τῶν θυγ. ποιήσει αὐτῇ (33 *a*)
— 11. ἐὰν δὲ τὰ τρία ταῦτα μὴ ποιήσῃ αὐτῇ (33 *a*)
— 31. A B κατὰ τὸ δικ. τοῦτο ποιήσουσιν [B -σωσιν] αὐτῷ (33 *b*)
22. 30 (29). οὕτω ποιήσεις τὸν μόσχον σου (33 *a*)
23. 11. ἄφεσιν ποιήσεις (58 *a*)
— 11. οὕτω ποιήσεις τὸν ἀμπελῶνά σου (33 *a*)
— 12. ἓξ ἡμέρας ποιήσεις τὰ ἔργα σου (33 *a*)
— 15. τὴν ἑορτὴν τῶν ἀζ. φυλάξασθε π. -
— 16. ἑορτὴν θερισμοῦ πρωτογ. ποιήσεις -
— 22. ἐὰν . . . ποιήσῃς πάντα (33 *a*)
— 22. ἐὰν . . . ποιήσητε [A -σῃς] πάντα (33 *a* ?)
— 24. οὐ ποιήσεις κατὰ τὰ ἔργα αὐτῶν (33 *a*)
— 33. ἵνα μὴ ἁμαρτεῖν σε ποιήσωσι (53)
24. 3. πάντας τοὺς λόγους . . . ποιήσομεν (33 *a*)
— 7. πάντα . . . ποιήσομεν (33 *a*)
25. 7 (8). ποιήσεις μοι ἁγίασμα (33 *a*)
— 8 (9). ποιήσεις μοι κατὰ πάντα -
— 8 (9). οὕτω ποιήσεις (33 *a*)
— 9 (10). ποιήσεις κιβωτὸν μαρτυρίου (33 *a*)
— 10 (11). ποιήσεις αὐτῇ κυμάτια (33 *a*)
— 12 (13). ποιήσεις δὲ ἀναφορεῖς (33 *a*)
— 16 (17). ποιήσεις ἱλαστήριον (33 *a*)
— 17 (18). ποιήσεις δύο χερουβίμ (33 *a*)
— 18 (19). ποιηθήσονται χερ. εἰς . . . καὶ χερ. εἰς (33 *a*)
— 18 (19). ποιήσεις τοὺς δύο Χερ. (33 *a*)
— 22 (23). καὶ ποιήσεις τράπεζαν (33 *a*)
— 23 (24). ποιήσεις αὐτῇ στρεπτὰ κυμάτια (33 *a* ?)
— 23 (24). καὶ ποιήσεις αὐτῇ (33 *a*)
— 24 (25). ποιήσεις στρεπτὸν κυμάτιον (33 *a*)
— 25 (26). ποιήσεις τέσσαρας δακτυλίους (33 *a*)
— 27 (28). ποιήσεις τοὺς ἀναφορεῖς (33 *a*)
— 28 (29). ποιήσεις τὰ τρυβλία αὐ. (33 *a*)
— 28 (29). χρυσίου καθαροῦ ποιήσεις αὐτά (33 *a*)
— 30 (31). καὶ ποιήσεις λυχνίαν (33 *a*)
— 30 (31). τορευτὴν ποιήσεις τὴν λυχνίαν (33 *b*)
— 36 (37). καὶ ποιήσεις τοὺς λύχνους αὐ. (33 *a*)
— 37 (38). τὰ ὑποθέματα αὐτῆς . . . ποιήσεις (33 *a*)
— 39 (40). ποιήσεις κατὰ τὸν τύπον (33 *a*)
26. 1. τὴν σκηνὴν ποιήσεις (33 *a*)
— 1. ἐργασίᾳ ὑφάντου ποιήσεις αὐτάς (33 *a*)
— 4. ποιήσεις αὐταῖς ἀγκύλας (33 *a*)
— 4. οὕτω ποιήσεις ἐπὶ τοῦ χείλους (33 *a*)
— 5 *bis*. πεντήκ. ἀγκύλας ποιήσεις (33 *a*)
— 6. ποιήσεις κρίκους πεντήκ. χρυσοῦς (33 *a*)
— 7. ποιήσεις δέρρεις τριχίνας (33 *a*)
— 7. ἕνδεκα δέρρεις ποιήσεις αὐτάς (33 *a*)
— 10. ποιήσεις ἀγκύλας πεντήκ. (33 *a*)
— 10. πεντήκ. ἀγκύλας ποιήσεις -
— 11. ποιήσεις κρίκους χαλκοῦς (33 *a*)
— 14. καὶ ποιήσεις κατακάλυμμα (33 *a*)
— 15. καὶ ποιήσεις στύλους (33 *a*)
— 16. ποιήσεις [A *om.*] τὸν στῦλον τὸν ἕνα -
— 17. οὕτω ποιήσεις πᾶσι τοῖς στύλοις (33 *a*)
— 18. καὶ ποιήσεις στύλους (33 *a*)
— 19. τεσσαράκ. βάσεις ἀργ. ποιήσεις (33 *a*)
— 22. ποιήσεις ἓξ στύλους (33 *a*)
— 23. δύο στύλους ποιήσεις (33 *a*)
— 24. οὕτω ποιήσεις ἀμφοτ. ταῖς δυσὶ γωνίαις (6)
— 26. καὶ ποιήσεις μοχλούς (33 *a*)
— 29. τοὺς δακτυλίους ποιήσεις χρυσοῦς (33 *a*)
— 31. καὶ ποιήσεις καταπέτασμα (33 *a*)
— 31. ἔργον ὑφαντὸν ποιήσεις αὐτό (33 *a*)
— 36. καὶ ποιήσεις ἐπίσπαστρον (33 *a*)
— 37. καὶ ποιήσεις . . . πέντε στύλους (33 *a*)
27. 1. καὶ ποιήσεις θυσιαστήριον (33 *a*)
— 2. καὶ ποιήσεις τὰ κέρατα (33 *a*)
— 3. καὶ ποιήσεις στεφάνην (33 *a*)
— 3. πάντα τὰ σκεύη αὐ. ποιήσεις χαλκᾶ (33 *a*)
— 4. καὶ ποιήσεις αὐτῷ ἐσχάραν (33 *a*)
— 4. καὶ ποιήσεις . . . τέσσαρας δακτυλίους (33 *a*)
— 6. καὶ ποιήσεις . . . ἀναφορεῖς (33 *a*)
— 8. κοῖλον σανιδωτὸν ποιήσεις αὐτό (33 *a*)
— 8. οὕτω ποιήσεις αὐτό [A *om.*] (33 *a*)
— 9. ποιήσεις αὐλὴν τῇ σκηνῇ (33 *a*)
28. 2. ποιήσεις στολὴν ἁγίαν Ἀαρών (33 *a*)
— 3. ποιήσουσι τὴν στολὴν τὴν ἁγ. (33 *a*)
— 4. αὗται αἱ στολαὶ ἃς ποιήσουσι (33 *a*)

Ex. 28. 4. ποιήσουσι στολὰς ἁγίας Ἀ. (33 *a*)
— 6. ποιήσουσι τὴν ἐπωμίδα (33 *a*)
— 13. καὶ ποιήσεις ἀσπιδίσκας (33 *a*)
— 14. καὶ ποιήσεις δύο κροσσωτά (33 *a*)
— 15. καὶ ποιήσεις λόγιον (33 *a*)
— 15. ποιήσεις αὐτὸ ἐκ χρυσίου (33 *a*)
— 16 (15). ποιήσεις αὐτὸ τετράγωνον (33 *a*)
— 22. καὶ ποιήσεις . . . κρωσσούς (33 *a*)
— 27 (31). καὶ ποιήσεις ὑποδύτην ποδήρη (33 *a*)
— 29 (33). καὶ ποιήσεις . . . ῥοΐσκους (33 *a*)
— 32 (36). καὶ ποιήσεις πέταλον χρυσοῦν (33 *a*)
— 35 (39). ποιήσεις κίδαριν βυσσίνην καὶ ζώνην ποιήσεις (33 *a*, 33 *a*)
— 36 (40). ποιήσεις χιτῶνας καὶ ζώνας (33 *a*)
— 36 (40). καὶ κιδάρεις ποιήσεις αὐτοῖς (33 *a*)
— 38 (42). ποιήσεις αὐτοῖς περισκελῆ λινᾶ (33 *a*)
29. 1. ἃ ποιήσεις αὐτοῖς (33 *a*)
— 2. σεμίδαλιν ἐκ πυρῶν ποιήσεις αὐτά (33 *a*)
— 35. καὶ ποιήσεις . . . κατὰ πάντα (33 *a*)
— 36. τὸ μοσχάριον τῆς ἁμαρτ. ποιήσεις (33 *a*)
— 38. ταῦτά ἐστιν ἃ ποιήσεις (33 *a*)
— 39. τὸν ἀμνὸν τὸν ἕνα ποιήσεις τὸ πρωΐ (33 *a*)
— 39, 41. τὸν ἀμνὸν τὸν δεύτ. ποιήσεις τὸ δειλ. (33 *a*)
— 41. ποιήσεις . . . κάρπωμα κυρίῳ (33 *a*)
30. 1. καὶ ποιήσεις θυσιαστήριον θυμιάματος (33 *a*)
— 2 (1). καὶ ποιήσεις αὐτό (33 *a*)
— 3. ποιήσεις αὐτῷ στρεπτὴν στεφάνην (33 *a*)
— 4. δύο δακτυλίους . . . ποιήσεις (33 *a*)
— 4. εἰς τὰ δύο κλίτη ποιήσεις (33 *a*)
— 5. καὶ ποιήσεις σκυτάλας (33 *a*)
— 18. ποίησον λουτῆρα χαλκοῦν (33 *a*)
— 25. ποιήσεις αὐτὸ ἔλαιον [A¹ *om.*] χρῖσμα (33 *a*)
— 32. A R οὐ ποιήσετε [B -ηθήσεται] ὑμῖν ἑαυτοῖς (33 *a*)
— 33. ὃς ἂν ποιήσῃ ὡσαύτως (38)
— 35. ποιήσουσιν ἐν αὐτῷ [A² αὐτὸ] θυμίαμα (33 *a*)
— 37. κατὰ τὴν σύνθεσιν τ. οὐ ποιήσετε (33 *a*)
— 38. ὃς ἂν ποιήσῃ ὡσαύτως (33 *a*)
31. 6. καὶ ποιήσουσιν πάντα (33 *a*)
— 11. κατὰ πάντα . . . ποιήσουσι (33 *a*)
— 14. ὃς ποιήσει ἐν αὐτῷ ἔργον (33 *a*)
— 15. ἓξ ἡμέρας ποιήσεις ἔργα (33 *b*)
— 15. ὃς ποιήσει ἔργον (33 *a*)
— 16. ποιεῖν αὐτὰ εἰς τὰς γενεὰς αὐτῶν (33 *a*)
— 17. ἓξ ἡμέρας ἐποίησε κ. τὸν οὐρ. (33 *a*)
32. 1. ποίησον ἡμῖν θεούς (33 *a*)
— 4. ἐποίησεν αὐτὰ μόσχον (33 *a*)
— 8. ἐποίησαν ἑαυτοῖς μόσχον (33 *a*)
— 10. ποιήσω σε εἰς ἔθνος μέγα (33 *a*)
— 14. A ποιῆσαι [B περιπ.] τὸν λαὸν αὐτοῦ (33 *a*)
— 20. τὸν μόσχον ὃν ἐποίησαν (33 *a*)
— 21. τί ἐποίησέ σοι ὁ λαὸς οὗτος (33 *a*)
— 23. ποίησον ἡμῖν θεούς (33 *a*)
— 28. ἐποίησαν οἱ υἱοὶ Λ. καθὰ ἐλάλησεν (33 *a*)
— 31. ἐποίησαν ἑαυτοῖς θεοὺς χρυσοῦς (33 *a*)
— 35. οὗ [A ὃν] ἐποίησεν Ἀ. (33 *a*)
33. 5. ἃ ποιήσω σοι (33 *a*)
— 17. τοῦτόν σοι τὸν λόγον . . . ποιήσω (33 *a*)
34. 7. A καὶ ποιῶν [B *om.*] ἔλεος εἰς χιλιάδας (24)
— 10. ποιήσω ἔνδοξα (33 *a*)
— 10. ἃ ἐγὼ ποιήσω σοι [A *om.*] (33 *a*)
— 17. θεοὺς χωνευτοὺς οὐ ποιήσεις σεαυτῷ (33 *a*)
— 22. ἑορτὴν ἑβδομάδων ποιήσεις μοι (33 *a*)
35. 1. οὓς εἶπε κύριος ποιῆσαι αὐτούς (33 *a*)
— 2. ἓξ ἡμέρας ποιήσεις ἔργα (33 *b*)
— 2. πᾶς ὁ ποιῶν ἔργον (33 *a*)
— 29. π. πάντα τὰ ἔργα -
— 29. ὅσα συνέταξε κύριος ποιῆσαι αὐτά (33 *a*)
— 32. ποιεῖν τὸ χρυσίον (33 *a*)
— 33. ποιεῖν ἐν παντὶ ἔργῳ σοφίας (33 *a*)
— 35. πάντα συνιέναι ποιῆσαι τὰ ἔργα (33 *a*)
— 35. ποιεῖν πᾶν ἔργον ἀρχιτεκτονίας (33 *a*)
36. 1. καὶ ἐποίησε Βεσ. (33 *a*)
— 1. συνιέναι ποιεῖν πάντα τὰ ἔργα (33 *a*)
— 3. εἰς πάντα τὰ ἔργα τοῦ ἁγίου ποιεῖν αὐτά (33 *a*)
— 4. οἱ ποιοῦντες τὰ ἔργα τοῦ ἁγίου (33 *a*)
— 5. ὅσα συνέταξε κύριος ποιῆσαι (33 *a*)
— 7. τὰ ἔργα ἦν αὐτοῖς ἱκανὰ . . . ποιῆσαι (33 *a*)
— 8. ἐποίησε [A -σαν] πᾶς σοφός (33 *a*)
— 9 (39. 2). ἐποίησε [A -σαν] τὴν ἐπωμίδα (33 *a*)
— 10 (39. 3). ἔργον ὑφαντὸν ἐποίησαν αὐτό -
— 12 (39. 5). ἐξ αὐτοῦ ἐποίησαν αὐτό -
— 13 (39. 6). ἐποίησαν ἀμφοτ. τοὺς λίθους (33 *a*)
— 15 (39. 8). ἐποίησαν [A -σεν] λόγιον (33 *a*)
— 16 (39. 9). ἐποίησαν τὸ λόγιον (33 *a*)

Ex. 36. 22 (39. 15). καὶ ἐποίησαν . . . κρωσσούς (33 *a*)
— 23 (39. 16). καὶ ἐποίησαν δύο ἀσπιδίσκας (33 *a*)
— 27 (39. 19), 28 (39. 20). καὶ ἐποίησαν δύο δακτυλίους (33 *a*)
— 30 (39. 22). καὶ ἐποίησαν τὸν ὑποδύτην (33 *a*)
— 32 (39. 24). καὶ ἐποίησαν . . . ῥοΐσκους (33 *a*)
— 33 (39. 25). καὶ ἐποίησαν κώδωνας χρυσοῦς (33 *a*)
— 35 (39. 27). καὶ ἐποίησαν χιτῶνας βυσσίνους (33 *a*)
— 38 (39. 30). καὶ ἐποίησαν τὸ πέταλον (33 *a*)
37. 1 (36. 8). ἐποίησαν τῇ σκηνῇ δέκα αὐλαίας (33 *a* ?)
— 3 (36. 35). **A R** ἐποίησαν [**B** -εν] τὸ καταπέτασμα (33 *a*)
— 5 (36. 37). καὶ ἐποίησαν τὸ καταπέτασμα (33 *a*)
— 7 (38. 9). καὶ ἐποίησαν τὴν αὐλήν (33 *a*)
— 22 (38. 22). ἐποίησε καθὰ συνέταξε κύριος (33 *a*)
38 (37). 1. καὶ ἐποίησε Βεσ. τὴν κιβ. (33 *a*)
— 2. **A** καὶ ἐποίησεν αὐτῇ κυμάτιον χρυσοῦν (33 *a*)
38. 5 (37. 6). καὶ ἐποίησε τὸ ἱλαστήριον (33 *a*)
— 6 (37. 7). **A** καὶ ἐποίησεν δύο χερ. [**B** *al.*] (33 *a*)
— 9 (37. 10). ἐποίησε τὴν τράπεζαν τὴν προκειμ. (33 *a*)
— 11 (37. 15). τοὺς διωστῆρας . . . ἐποίησε (33 *a*)
— 12 (37. 16). ἐποίησε τὰ σκεύη τῆς τραπέζης (33 *a*)
— 13 (37. 17). ἐποίησε τὴν λυχνίαν (33 *a*)
— 18 (36. 36). ἐποίησε τὰς ἀγκύλας χρυσᾶς –
— 19. ἐποίησε [**A** *add.* τοὺς στύλους] καὶ τοὺς κρίκους –
— 20. καὶ ἀγκύλας ἐποίησε [**A** -σαν] –
— 21 (38. 20). **AR** ἐποίησε τοὺς πασσάλους [**B** *al.*] –
— 22 (1). ἐποίησε τὸ θυσιαστήριον (33 *a*)
— 23 (3). ἐποίησε πάντα τὰ σκεύη (33 *a*)
— 24 (4). ἐποίησε τῷ θυσιαστ. παράθεμα (33 *a*)
— 25 (37. 29). ἐποίησε τὸ ἔλαιον . . . τὸ ἅγιον (33 *a*)
— 26 (8). ἐποίησε τὸν λουτῆρα (33 *a*)
— 27 (40. 30). ἐποίησε τὸν λουτῆρα (39 ?)
39. 6 (38. 28). **A B** τοὺς . . . σίκλους ἐποίησαν [**R** -σεν] (33 *a*)
— 8 (38. 30). **B** ἐποίησεν [**AR** -σαν] . . . τὰς βάσεις (33 *a*)
— 11 (32). καὶ ἐποίησαν οἱ υἱοὶ Ἰσρ. . . . οὕτως ἐποίησαν (33 *a*, 33 *a*)
— 12 (32). ἐποίησαν σκεύη εἰς τὸ λειτουργεῖν –
— 13 (1). ἐποίησαν στολὰς λειτουργικάς (33 *a*)
— 22 (42). ἐποίησαν . . . πᾶσαν τὴν ἀποσκευήν [**A** παρασκ.] (33 *a*)
— 23 (43). ἦσαν πεποιηκότες αὐτά (64)
— 23 (43). οὕτως ἐποίησαν αὐτά (33 *a*)
40. 16. ἐποίησε Μ. πάντα . . . οὕτως ἐποίησε (33 *a*, 33 *a*)

Le. 2. 7. ἐν ἐλαίῳ ποιηθήσεται (33 *b*)
— 8. **AB** ἣν ἂν ποιῇ [**R** -ήσῃ] ἐκ τούτων (33 *b*)
— 11. πᾶσαν θυσίαν . . . οὐ ποιήσετε ζυμωτόν (33 *b*)
4. 2. ὧν οὐ δεῖ ποιεῖν (62 *b*)
— 2. καὶ ποιήσῃ [**A** -σει] ἕν τι ἀπ᾽ αὐτῶν (33 *a*)
— 13. καὶ ποιήσωσι μίαν ἀπὸ πασῶν τῶν ἐντ. κυρίου ἣ οὐ ποιηθήσεται (33 *a*, 33 *b*)
— 20. καὶ ποιήσει τὸν μόσχον ὃν τρόπον ἐποίησε τὸν μόσχον τὸν τῆς ἁμαρτ. οὕτω ποιηθήσεται [**A** ποιήσεται] (33 *a ter*)
— 22. καὶ ποιήσῃ μίαν ἀπὸ πασῶν τῶν ἐντ. . . . ἣ οὐ ποιηθήσεται (33 *a*, 33 *b*)
— 27. ἐν τῷ ποιῆσαι μίαν ἀπὸ π. τῶν ἐντ. κ. ἣ οὐ ποιηθήσεται (33 *a*, 33 *b*)
5. 4. κακοποιῆσαι ἢ καλῶς ποιῆσαι (83 *b*)
— 10. ποιήσει [**A** -σεις] ὁλοκάρπωμα (33 *a*)
— 17. **AB** καὶ ποιήσῃ [**R** -σει] μίαν ἀπὸ πασῶν τῶν ἐντ. κ. ὧν οὐ δεῖ ποιεῖν (33 *a*, 62 *b*)
6. 3 (5. 22). ὧν ἐὰν ποιήσῃ ὁ ἄνθρωπος (33 *a*)
— 6 (5. 26). ἀπὸ πάντων ὧν ἐποίησε (33 *a*)
— 21 (14). **B** ἐν ἐλαίῳ ποιηθήσεται (33 *b*)
— 22 (15). **B** ὁ ἱ. ὁ χριστὸς . . . ποιήσει αὐτήν (33 *a*)
— 39 (7. 9). πᾶσα θυσία ἥτις ποιηθήσεται (2 *b*)
— 39 (7. 9). ἥτις ποιηθήσεται ἐπ᾽ ἐσχάρας (33 *b*)
7. 14 (24). στέαρ . . . ποιηθήσεται [**A** οὐ π.] (33 *b*)
8. 4. ἐποίησε Μ. ὃν τρόπον συνέταξεν (33 *a*)
— 5. ὃ ἐνετείλατο κύριος ποιῆσαι (33 *a*)
— 34. καθάπερ ἐποίησεν ἐν τῇ ἡμέρᾳ ταύτῃ ᾗ ἐνετείλατο κ. τοῦ ποιῆσαι (33 *a*, 33 *a*)
— 36. ἐποίησεν Ἀ. . . . πάντας τοὺς λόγους (33 *a*)
9. 6. τοῦτο τὸ ῥῆμα . . . ποιήσατε (33 *a*)
— 7. ποίησον τὸ περὶ τῆς ἁμαρτίας σου (33 *a*)
— 7. ποίησον τὰ δῶρα τοῦ λαοῦ (33 *a*)
— 16. καὶ ἐποίησεν αὐτό (33 *a*)
— 22. ποιήσας τὸ περὶ τῆς ἁμαρτίας (33 *a*)
10. 7. ἐποίησαν κατὰ τὸ ῥῆμα Μωυσῆ (33 *a*)
11. 32. ὃ ἐὰν ποιηθῇ ἔργον ἐν αὐτῷ (33 *b*)
13. 51. ὅσα ἐὰν ποιηθῇ δέρματα (33 *b*)
14. 19. ποιήσει ὁ ἱερεὺς τὸ περὶ τῆς ἁμαρτ. (33 *a*)
— 30. ποιήσει μίαν τῶν τρυγόνων (33 *a*)
15. 15. ποιήσει αὐτὰ ὁ ἱερεύς (33 *a*)
— 30. ποιήσει ὁ ἱερεὺς τὴν μίαν (33 *a*)
— 31. εὐλαβεῖς ποιήσετε τοὺς υἱοὺς Ἰσρ. (77)
16. 15. ποιήσει τὸ αἷμα αὐτοῦ ὃν τρόπον ἐποίησε τὸ αἷμα τοῦ μόσχου (33 *a*, 33 *a*)
— 16. οὕτω ποιήσει τῇ σκηνῇ τοῦ μαρτ. (33 *a*)
— 24. ποιήσει τὸ ὁλοκάρπωμα αὐ. (33 *a*)
— 29. πᾶν ἔργον οὐ ποιήσετε (33 *a*)
— 34. ἅπαξ τοῦ ἐνιαυτοῦ ποιηθήσεται (33 *a*)
17. 4. ὥστε ποιῆσαι αὐτό –
— 8. ὃς ἂν ποιήσῃ ὁλοκαύτωμα (29)
— 9. ποιῆσαι αὐτὸ τῷ κυρίῳ (33 *a*)
18. 3. **A R** οὐ ποιήσετε [B^1 -ηθήσεται, B^2 -ήσεται] (33 *a*)
— 3. κατὰ τὰ ἐπιτηδεύμ. γῆς Χ. . . . οὐ ποιήσετε (33 *a*)
— 4. τὰ κρίματά μου ποιήσετε (33 *a*)
— 5. καὶ ποιήσετε αὐτά –
— 5. ἃ ποιήσας ἄνθρωπος (33 *a*)
— 26. οὐ ποιήσετε ἀπὸ πάντων τῶν βδελυγμ. (33 *a*)
— 27. πάντα γὰρ τὰ βδελύγμ. ταῦτα ἐποίησαν (33 *a*)
— 29. ὃς ἂν ποιήσῃ ἀπὸ πάντων τῶν βδ. (33 *a*)
— 29. αἱ ψυχαὶ αἱ ποιοῦσαι (33 *a*)
— 30. ὅπως μὴ ποιήσητε ἀπὸ πάντων (33 *a*)
19. 4. θεοὺς χωνευτοὺς οὐ ποιήσετε ὑμῖν (33 *a*)
— 15. οὐ ποιήσετε ἄδικον ἐν κρίσει (33 *a*)
— 27. οὐ ποιήσετε σισόην (105)
— 28. ἐντομίδας . . . οὐ ποιήσετε (25)
— 28. γράμματα στικτὰ οὐ ποιήσετε (25)
— 35. οὐ ποιήσετε ἄδικον ἐν κρίσει (33 *a*)
— 37 : 20. 8. καὶ ποιήσετε αὐτά (33 *a*)
20. 13. βδέλυγμα ἐποίησαν [**A** -σεν] ἀμφότεροι (33 *a*)
— 22. **A** φυλάξασθε . . . τὰ κρίματά μου π. [**B** *om.*] καὶ ποιήσετε αὐτά (–, 33 *a*)
— 23. ταῦτα πάντα ἐποίησαν (33 *a*)
22. 23. **B** σφάγια ποιήσεις [A^2 ἀποθήσεις] αὐτά (33 *a*)
— 24. ἐπὶ τῆς γῆς ὑμῶν οὐ ποιήσετε (33 *a*)
— 31. καὶ ποιήσετε αὐτάς (33 *a*)
23. 3. ἓξ ἡμέρας ποιήσεις ἔργα (33 *b*)
— 3. πᾶν ἔργον οὐ ποιήσεις (33 *a*)
— 7, 8. πᾶν ἔργον λατρευτὸν οὐ ποιήσετε (33 *a*)
— 12. ποιήσετε . . . πρόβατον ἄμωμον (33 *a*)
— 19. ποιήσουσι χίμαρον ἐξ αἰγῶν (33 *a*)
— 21, 25. πᾶν ἔργον λατρευτὸν οὐ ποιήσετε (33 *a*)
— 28. πᾶν ἔργον οὐ ποιήσετε (33 *a*)
— 30. πᾶσα ψυχὴ ἥτις ποιήσει ἔργον (33 *a*)
— 31. πᾶν ἔργον οὐ ποιήσετε (33 *a*)
— 35, 36. πᾶν ἔργον λατρευτὸν οὐ ποιήσετε (33 *a*)
24. 5. ποιήσετε αὐτὴν δώδεκα ἄρτους (2 *a*)
— 19. ὡς ἐποίησεν αὐτῷ (33 *a*)
— 23. ἐποίησαν καθὰ συνέταξε κύριος (33 *a*)
25. 18. ποιήσετε πάντα τὰ δικαιώμ. μου (33 *a*)
— 18. καὶ ποιήσετε αὐτά [**A** -σατε αὐτάς] (33 *a*)
— 21. καὶ ποιήσει τὰ γενήμ. αὐτῆς (33 *a*)
26. 1. οὐ ποιήσετε ὑμῖν αὐτοῖς χειροποίητα (33 *a*)
— 3. καὶ ποιήσητε αὐτάς (33 *a*)
— 14. μηδὲ ποιήσητε τὰ προστάγμ. μου ταῦτα (33 *a*)
— 15. ὥστε ὑμᾶς μὴ π. πάσας τὰς ἐντ. μου (33 *a*)
— 16. καὶ ἐγὼ ποιήσω οὕτως ὑμῖν (33 *a*)
— 22. ὀλιγοστοὺς ποιήσω [A^3 -σει] ὑμᾶς (96)

Nu. 1. 54. ἐποίησαν οἱ υἱοὶ Ἰ. κατὰ πάντα . . . οὕτως ἐποίησαν (33 *a*, 33 *a*)
2. 34. ἐποίησαν οἱ υἱοὶ Ἰ. πάντα [**A** *om.*] (33 *a*)
4. 3. ποιῆσαι πάντα τὰ ἔργα (33 *a*)
— 19. τοῦτο ποιήσατε αὐτοῖς (33 *a*)
— 23. ποιεῖν τὰ ἔργα (27 *a*)
— 26. πάντα τὰ σκεύη . . . ποιήσουσι (27 *a*)
— 35, 39. λειτουργεῖν καὶ ποιεῖν (27 *c*)
5. 4. ἐποίησαν οὕτως οἱ υἱοὶ Ἰσρ. (33 *a*)
— 4. οὕτως ἐποίησαν οἱ υἱοὶ Ἰσρ. (33 *a*)
— 6. ὅστις ἐὰν ποιήσῃ ἀπὸ τῶν ἁμαρτ. (33 *a*)
— 7. τὴν ἁμαρτίαν ἣν ἐποίησε [**A** ἥμαρτεν] (33 *a*)
— 30. καὶ ποιήσει αὐτῇ . . . π. τὸν νόμον τ. (33 *a*)
6. 11. ποιήσει ὁ ἱερεὺς μίαν (33 *a*)
— 16. ποιήσει τὸ περὶ ἁμαρτίας αὐτοῦ (33 *a*)
— 17. τὸν κριὸν ποιήσει θυσίαν σωτηρίου (33 *a*)
— 17. ποιήσει ὁ ἱερεὺς τὴν θυσίαν αὐ. (33 *a*)
8. 3. ἐποίησεν οὕτως Ἀ. (33 *a*)
— 4. οὕτως ἐποίησε τὴν λυχνίαν (33 *a*)
— 7. οὕτω ποιήσεις αὐτοῖς τὸν ἁγνισμόν (33 *a*)
— 12. **A B** ποιήσει [**R** -σεις] τὸν ἕνα (33 *a*)
— 20. ἐποίησε Μ. . . . καθὰ ἐνετείλατο κ. (33 *a*)
Nu. 8. 20, 22. οὕτως ἐποίησαν αὐτοῖς (33 *a*)
— 26. οὕτως ποιήσεις τοῖς Λευίταις (33 *a*)
9. 2. ποιείτωσαν οἱ υἱοὶ Ἰσρ. τὸ πάσχα (33 *a*)
— 3. ποιήσεις [**A** -σετε] αὐτό (33 *a*)
— 3. ποιήσεις αὐτό (33 *a*)
— 4. ποιῆσαι τὸ πάσχα (33 *a*)
— 5. οὕτως ἐποίησαν οἱ υἱοὶ Ἰσρ. (33 *a*)
— 6. οὐκ ἠδύναντο ποιῆσαι τὸ πάσχα (33 *a*)
— 10. ποιήσει τὸ πάσχα κυρίῳ (33 *a*)
— 11, 12. ποιήσουσιν αὐτό (33 *a*)
— 13. ποιῆσαι τὸ πάσχα (33 *a*)
— 14. **AB** καὶ ποιήσει [**R** -σῃ] τὸ πάσχα κυρίῳ (33 *a*)
— 14. ποιήσει αὐτό (33 *a*)
10. 2. ποίησον σεαυτῷ δύο σάλπιγγας ἀργ. (33 *a*)
— 2. ἐλατὰς ποιήσεις αὐτάς (33 *a*)
— 29, 32. καὶ εὖ σε ποιήσομεν (74 *b*)
11. 8. ἐποίουν αὐτὸ ἐγκρυφίας (33 *a*)
— 15. εἰ δ᾽ οὕτω σὺ ποιεῖς μοι (33 *a*)
14. 11. οἷς ἐποίησα ἐν αὐτοῖς (33 *a*)
— 12. ποιήσω σε . . . εἰς ἔθνος μέγα (33 *a*)
— 22. τὰ σημεῖα ἃ ἐποίησα ἐν Αἰγ. (33 *a*)
— 28. οὕτω ποιήσω ὑμῖν (33 *a*)
— 35. οὕτω ποιήσω τῇ συναγωγῇ τῇ πον. ταύτῃ (33 *a*)
15. 3. ποιήσεις ὁλοκαυτώματα [**A** -σητε κάρπωμα] (33 *a*)
— 3. ποιῆσαι ὀσμὴν εὐωδίας (33 *a*)
— 5. τὸ τέταρτον τοῦ ἱν ποιήσετε (33 *a*)
— 5. τῷ ἀμνῷ τῷ ἑνὶ ποιήσεις τοσοῦτο –
— 6. ὅταν ποιῆτε αὐτόν –
— 6. ποιήσεις [**A** *om.*] θυσίαν σεμιδάλεως (33 *a*)
— 8. ἐὰν δὲ ποιῆτε ἀπὸ τῶν βοῶν [A^2 *add.* ποιήσεται] (33 *a*, –)
— 11. οὕτω ποιήσεις τῷ μόσχῳ τῷ ἑνί (33 *b*)
— 12. ὧν ἐὰν ποιήσητε [**A** ὃν π.] (33 *a*)
— 12. οὕτως ποιήσετε τῷ ἑνί (33 *a*)
— 13. ποιήσει οὕτως τοιαῦτα (33 *a*)
— 14. ποιήσει [**A** -σῃ] κάρπωμα (33 *a*)
— 14. ὃν τρόπον ποιεῖτε ὑμεῖς (33 *a*)
— 14. οὕτω ποιήσει ἡ συναγωγὴ κυρίῳ (33 *a*)
— 22. ὅταν δὲ . . . μὴ ποιήσητε πάσας τὰς ἐντ. (33 *a*)
— 24. ποιήσει [B^1 σῃ] πᾶσα ἡ συν. μόσχον (33 *a*)
— 29. ὃς ἂν ποιήσῃ ἀκουσίως (33 *a*)
— 30. **A B** ἥτις ποιήσει [**R** -σῃ] ἐν χειρὶ ὑπερηφ. (33 *a*)
— 34. τί ποιήσωσιν αὐτόν [**A** -ῷ] (33 *b*)
— 38. ποιησάτωσαν ἑαυτοῖς κράσπεδα (33 *a*)
— 39. καὶ ποιήσετε αὐτάς (33 *a*)
— 40. ὅπως ἂν . . . ποιήσητε π. τὰς ἐντ. μου (33 *a*)
16. 6. τοῦτο ποιήσατε (33 *a*)
— 28. ποιῆσαι πάντα τὰ ἔργα ταῦτα (33 *a*)
— 38 (17. 3). ποίησον αὐτὰ λεπίδας (33 *a*)
17. 11 (26). ἐποίησε Μ. . . . καθὰ συνέταξε . . . οὕτως ἐποίησαν (33 *a*, 33 *a*)
20. 27. ἐποίησε Μ. καθὰ συνέταξε (33 *a*)
21. 8. ποίησον σεαυτῷ ὄφιν (33 *a*)
— 9. ἐποίησε Μ. ὄφιν χαλκοῦν (33 *a*)
— 34. ποιήσεις αὐτῷ καθὼς ἐποίησας τῷ Σ. (33 *a*, 33 *a*)
22. 2. πάντα ὅσα ἐποίησεν Ἰ. τῷ Ἀμ. (33 *a*)
— 17. ὅσα ἐὰν εἴπῃς ποιήσω σοι (33 *a*)
— 18. ποιῆσαι αὐτὸ μικρόν (33 *a*)
— 20. τοῦτο ποιήσεις (33 *a*)
— 28. τί ἐποίησά [**A** πεποίηκά] σοι (33 *a*)
— 30. μὴ . . . ἐποίησά σοι οὕτως [**A** τοῦτο] (33 *a*)
23. 2. ἐποίησε Β. ὃν τρόπον εἶπεν αὐτῷ (33 *a*)
— 11. τί πεποίηκάς [**A** ἐποίησάς] μοι (33 *a*)
— 19. αὐτὸς εἶπας οὐχὶ ποιήσει (33 *a*)
— 26. τοῦτο ποιήσω (33 *a*)
— 30. ἐποίησε Β. καθάπερ εἶπεν αὐτῷ (33 *a*)
24. 13. ποιῆσαι αὐτὸ καλόν (33 *a*)
— 14. τί ποιήσει ὁ λαὸς οὗτος τὸν λαόν σου (33 *a*)
— 18. Ἰσρ. ἐποίησεν ἐν ἰσχύϊ (33 *a*)
27. 22. ἐποίησε Μ. καθὰ ἐνετείλατο αὐτῷ (33 *a*)
28. 4. τὸν ἀμνὸν τὸν ἕνα ποιήσεις [**A** -σετε] (33 *a*)
— 4. τὸν ἀμνὸν τὸν δεύτ. ποιήσεις [**A** -σετε] (33 *a*)
— 5. ποιήσεις τὸ δέκατον τοῦ οἰφί –
— 8. τὸν ἀμνὸν τὸν δεύτ. ποιήσεις (33 *a*)
— 8. κατὰ τὴν σπονδὴν αὐ. ποιήσετε (33 *a*)
— 15. ἐπὶ τῆς ὁλοκαυτώσεως . . . ποιηθήσεται (33 *b*)
— 16 (17). **A** ποιηθήσεται [**B** *om.*] ἑορτή –
— 18. πᾶν ἔργον λατρευτὸν οὐ ποιήσετε (33 *a*)
— 20. **A** δύο δέκατα . . . ποιήσετε [**B** *om.*] (33 *a*)
— 21. δέκατον δέκατον ποιήσεις (33 *a*)
— 24. ταῦτα κατὰ ταῦτα ποιήσετε (33 *a*)
— 24. ποιήσεις τὴν σπονδὴν αὐτοῦ (33 *b*)
— 25, 26. πᾶν ἔργον λατρευτὸν οὐ ποιήσετε (33 *a*)

Nu. 28. 30 (31). τὴν θυσίαν αὐτῶν ποιήσετέ μοι (33 *a*)
29. 1. πᾶν ἔργον λατρευτὸν οὐ ποιήσετε (33 *a*)
— 2. καὶ ποιήσετε ὁλοκαυτώματα (33 *a*)
— 7. πᾶν ἔργον [A *add.* λατρευτὸν] οὐ ποιήσετε (33 *a*)
— 12, 35. πᾶν ἔργον λατρευτὸν οὐ ποιήσετε (33 *a*)
— 39. ταῦτα ποιήσετε κυρίῳ (33 *a*)
30. 3. πάντα . . . ποιήσει (33 *a*)
31. 31. ἐποίησε Μ. . . . καθὰ συνέταξε (33 *a*)
32. 8. οὐχ οὕτως ἐποίησαν οἱ πατέρες ὑμῶν (33 *a*)
— 13. οἱ ποιοῦντες τὰ πονηρά (33 *a*)
— 20. ἐὰν ποιήσητε κατὰ τὸ ῥῆμα τοῦτο (33 *a*)
— 23. ἐὰν δὲ μὴ ποιήσητε οὕτως (33 *a*)
— 24. A R τὸ ἐκπορευόμ. ἐκ τοῦ στόμ. ὑμῶν ποιήσητε [B -σετε] (33 *a*)
— 25. οἱ παῖδές σου ποιήσουσι (33 *a*)
— 31. οὕτω ποιήσομεν [A -σωμεν] ἡμεῖς (33 *a*)
33. 4. ἐποίησε τὴν ἐκδίκησιν κύριος (33 *a*)
— 56. B^2R καθότι διεγνώκειν ποιῆσαι αὐτοὺς ποιήσω ὑμᾶς [A B^1 -ῖν] (33 *a*, 33 *a*)
36. 10. A B^1 οὕτως ἐποίησαν θυγατέρες [B^2R -γατράσι] Σ. (33 *a*)
De. 1. 14. καλὸν τὸ ῥῆμα ὃ ἐλάλησας ποιῆσαι (33 *a*)
— 18. πάντας τοὺς λόγους οὓς ποιήσετε (33 *a*)
— 30. ὅσα ἐποίησεν ὑμῖν (33 *a*)
— 44. ὡσεὶ ποιήσαισαν αἱ μέλισσαι (33 *a*)
2. 12. ὃν τρόπον ἐποίησεν Ἰσρ. τὴν γῆν (33 *a*)
— 22. ὥσπερ ἐποίησαν [A -σεν] τοῖς υἱοῖς Ἡ. (33 *a*)
— 29. καθὼς ἐποίησάν μοι οἱ υἱοὶ Ἡ. (33 *a*)
3. 2. ποιήσεις αὐτῷ ὥσπερ ἐποίησας Σ. (33 *a*, 33 *a*)
— 6. ὥσπερ ἐποιήσαμεν τὸν Σ. (33 *a*)
— 21. ὅσα ἐποίησε κ. ὁ θ. ἡμῶν (33 *a*)
— 21. οὕτως ποιήσει . . . πάσας τὰς βασιλείας (33 *a*)
— 24. ὅστις ποιήσει καθὰ ἐποίησας σύ (33 *a*, 33 *e*)
4. 1. ὅσα ἐγὼ διδάσκω ὑμᾶς σήμερον π. (33 *a*)
— 3. ὅσα ἐποίησε κ. ὁ θ. ἡμῶν τῷ Β. (33 *a*)
— 5. ποιῆσαι οὕτως ἐν τῇ γῇ (33 *a*)
— 6. φυλάξεσθε καὶ ποιήσετε (33 *a*)
— 13. ἣν ἐνετείλατο ὑμῖν π. (33 *a*)
— 14. ποιεῖν ὑμᾶς αὐτά (33 *a*)
— 16. μὴ . . . ποιήσητε ὑμῖν ἑαυτοῖς γλυπτὸν ὁμοίωμα (33 *a*)
— 23. μὴ . . . ποιήσητε [A -σετε] . . . ὁμοίωμα (33 *a*)
— 25. ἐὰν . . . ποιήσητε . . . ὁμοίωμα . . . καὶ ποιήσητε τὸ πονηρόν (33 *a*, 33 *a*)
— 34. ὅσα ἐποίησε κ. ὁ θεὸς ἡ. (33 *a*)
— 36. A ἀκουστὴν σοι ἐποίησεν τὴν φωνήν [B *al.*] (50)
5. 1. φυλάξεσθε π. αὐτά (33 *a*)
— 8. οὐ ποιήσεις σεαυτῷ εἴδωλον (33 *a*)
— 10. ποιῶν ἔλεος εἰς χιλιάδας (33 *a*)
— 13. ποιήσεις πάντα τὰ ἔργα σου (33 *a*)
— 14. οὐ ποιήσεις ἐν αὐτῇ πᾶν ἔργον (33 *a*)
— 14. B^1 ἐποίησεν κύριος τόν τε οὐρ. –
— 27 (24). ἀκουσόμεθα καὶ ποιήσομεν (33 *a*)
— 31 (28). καὶ ποιείτωσαν (33 *a*)
— 32 (29). καὶ φυλάξεσθε π. (33 *a*)
6. 1. διδάξαι ὑμᾶς ποιεῖν οὕτως (33 *a*)
— 3. καὶ φύλαξαι ποιεῖν (33 *a*)
— 18. ποιήσεις τὸ ἀρεστόν (33 *a*)
— 24. ποιεῖν πάντα τὰ δικαιώμ. ταῦτα (33 *a*)
— 25. π. πάσας τὰς ἐντολὰς ταύτας (33 *a*)
7. 5. οὕτω ποιήσετε αὐτοῖς (33 *a*)
— 11. ὅσα ἐγὼ ἐντέλλομαί σοι σήμ. π. (33 *a*)
— 12. καὶ ποιήσητε αὐτά [B^2 *om.*] (33 *a*)
— 18. ὅσα ἐποίησε κ. ὁ θ. σου (33 *a*)
— 19. οὕτω ποιήσει . . . πᾶσι τοῖς ἔθνεσιν (33 *a*)
8. 1. πάσας τὰς ἐντ. . . . φυλάξεσθε π. (33 *a*)
— 16. καὶ εὖ σε ποιήσῃ (74 *c*)
— 17. ἐποίησέ μοι τὴν δύναμιν τὴν μεγ. τ. (33 *a*)
— 18. τοῦ ποιῆσαι δύναμιν (33 *a*)
9. 12. ἐποίησαν ἑαυτοῖς χώνευμα (33 *a*)
— 14. ποιήσω σε εἰς ἔθνος μέγα (33 *a*)
— 16. ἐποιήσατε ὑμῖν αὐτοῖς χωνευτόν (33 *a*)
— 16. R ἧς ἐνετείλατο κ. ὑμῖν π. [A B *om.*] –
— 18. ὧν ἡμάρτετε ποιῆσαι τὸ πονηρόν (33 *a*)
— 21. τὴν ἁμαρτίαν ὑμῶν ἣν ἐποιήσατε (33 *a*)
10. 1. ποιήσεις σεαυτῷ κιβωτόν (33 *a*)
— 3. καὶ ἐποίησα κιβωτόν (33 *a*)
— 5. τὴν κιβωτὸν ἣν ἐποίησα (33 *a*)
— 18. ποιῶν κρίσιν προσηλύτῳ (33 *a*)
— 21. ὅστις ἐποίησεν ἐν [A *om.*] σοὶ τὰ μεγ. (33 *a*)
— 22. ἐποίησέ σε κ. ὁ θ. σου (39)
11. 3. ὅσα ἐποίησεν ἐν μέσῳ Αἰγ. (33 *a*)
— 4. ὅσα ἐποίησε τὴν δύναμιν [A^2 τῇ δ.] (33 *a*)

De. 11. 5. ὅσα ἐποίησεν ὑμῖν ἐν τῇ ἐρήμῳ (33 *a*)
— 6. ὅσα ἐποίησε τῷ Δ. (33 *a*)
— 7. ὅσα ἐποίησεν ὑμῖν σήμερον (33 *a*)
— 22. ἃς ἐγὼ ἐντέλλομαί σοι σήμ. π. (33 *a*)
— 32. τοῦ π. πάντα τὰ προστάγμ. αὐτοῦ (33 *a*)
12. 1. ἃς φυλάξετε τοῦ π. [A ποιῆσαι] (33 *a*)
— 4. οὐ ποιήσετε οὕτω κ. τῷ θ. ὑμῶν (33 *a*)
— 8. οὐ ποιήσετε πάντα ἃ ἡμεῖς ποιοῦμεν (33 *a*, 33 *a*)
— 14. ἐκεῖ ποιήσεις πάντα (33 *a*)
— 25. ἐὰν ποιήσῃς τὸ καλόν (33 *a*)
— 27. ποιήσεις τὰ ὁλοκαυτώματα (33 *a*)
— 28. ποιήσεις πάντας τοὺς λόγους (43 *a*)
— 28. ἐὰν ποιήσῃς τὸ καλόν (33 *a*)
— 30. πῶς ποιοῦσι τὰ ἔθνη τ. τοῖς θεοῖς αὐ. (27 *a*)
— 30. ποιήσω κἀγώ (33 *a*)
— 31. οὐ ποιήσεις οὕτω τῷ θεῷ σου (33 *a*)
— 31. τὰ γὰρ βδελύγμ. . . . ἐποίησαν (33 *a*)
— 32 (13. 1). τοῦτο φυλάξῃ π. (33 *a*)
13. 11 (12). ποιῆσαι κατὰ τὸ ῥῆμα τὸ πον. (33 *a*)
— 18 (19). π. τὸ ἀρεστόν (33 *a*)
14. 29. ἐν πᾶσι τοῖς ἔργοις οἷς ἐὰν ποιῇς (33 *a*)
15. 1. δι᾽ ἑπτὰ ἐτῶν ποιήσεις ἄφεσιν (33 *a*)
— 3. ἄφεσιν ποιήσεις τοῦ χρέους σου (58 *b*)
— 5. π. [A *om.*] πάσας τὰς ἐντ. ταύτας (33 *a*)
— 11. π. [A *om.*] τὸ ῥῆμα τοῦτο –
— 15. π. τὸ ῥῆμα τοῦτο –
— 17. τὴν παιδίσκην σου ποιήσεις ὡσαύτως (33 *a*)
— 18. ἐν πᾶσιν οἷς ἐὰν ποιῇς (33 *a*)
16. 1. ποιήσεις τὸ πάσχα κ. τῷ θεῷ σου (33 *a*)
— 8. οὐ ποιήσεις ἐν αὐτῇ πᾶν ἔργον πλὴν ὅσα ποιηθήσεται ψυχῇ (33 *a*, –)
— 10. ποιήσεις ἑορτὴν ἑβδομάδων (33 *a*)
— 12. ποιήσεις τὰς ἐντολὰς ταύτας (33 *a*)
— 13. ἑορτὴν σκηνῶν ποιήσεις [A -εῖς] (33 *a*)
— 18. κριτὰς . . . ποιήσεις [A καταστήσεις] σεαυτῷ (25)
— 21. πᾶν ξύλον . . . οὐ ποιήσεις σεαυτῷ (33 *a*)
17. 2. ὃς ποιήσει [B^2 -σῃ] τὸ πονηρόν (33 *a*)
— 5. A οἵτινες ἐποίησαν τὸ πρᾶγμα (33 *a*)
— 10. ποιήσεις κατὰ τὸ πρᾶγμα [A ῥῆμα] (33 *a*)
— 10. φυλάξῃ ποιῆσαι πάντα [A κατὰ π.] (33 *a*)
— 11. κατὰ τὸν νόμον . . . ποιήσεις (33 *a*)
— 12. ὃς ἐὰν ποιήσῃ ἐν ὑπερηφανίᾳ (33 *a*)
— 19. τὰ δικαιώμ. ταῦτα π. [A *add.* αὐτά] (33 *a*)
18. 9. οὐ μαθήσῃ π. κατὰ τὰ βδελύγμ. (33 *a*)
— 12. πᾶς ποιῶν ταῦτα (33 *a*)
19. 9. π. πάσας τὰς ἐντ. ταύτας (33 *a*)
— 19. καὶ ποιήσετε αὐτῷ (33 *a*)
— 19. ἐπονηρεύσατο [A *add.* τῷ πλησίον] ποιῆσαι (33 *a*)
— 20. οὐ προσθήσουσιν ἔτι ποιῆσαι [A π.] (33 *a*)
20. 12. καὶ ποιῶσι [A -ήσωσιν] πρὸς σὲ πόλεμον (33 *a*)
— 15. οὕτω ποιήσεις πάσας τὰς πόλεις (33 *a*)
— 18. ἵνα μὴ διδάξωσιν ὑμᾶς π. πάντα τὰ βδελύγμ. αὐ. ὅσα ἐποίησαν τοῖς θεοῖς αὐ. (33 *a*, 33 *a*)
— 20. ἥτις ποιεῖ πρὸς σὲ τὸν πόλεμον (33 *a*)
21. 9. ἐὰν ποιήσῃς τὸ καλόν (33 *a*)
22. 3. οὕτω ποιήσεις τὸν ὄνον αὐτοῦ (33 *a*)
— 3. A R οὕτω ποιήσεις τὸ ἱμάτιον αὐτοῦ (33 *a*)
— 3. οὕτω ποιήσεις κατὰ πᾶσαν ἀπώλειαν (33 *a*)
— 5. πᾶς ποιῶν ταῦτα (33 *a*)
— 8. ποιήσεις στεφάνην τῷ δώματί σου (33 *a*)
— 8. οὐ ποιήσεις φόνον (39)
— 12. στρεπτὰ ποιήσεις σεαυτῷ (33 *a*)
— 21. ἐποίησεν ἀφροσύνην ἐν υἱοῖς Ἰσρ. (33 *a*)
— 26. AB^2 οὐ ποιήσετε οὐδέν (33 *a*)
23. 23 (24). ποιήσεις ὃν τρόπον ηὔξω (33 *a*)
24. 8. π. κατὰ πάντα τὸν νόμον (33 *a*)
— 8. φυλάξασθε π. (33 *a*)
— 9. ὅσα ἐποίησε κ. ὁ θ. σου τῇ Μ. (33 *a*)
— 18. π. τὸ ῥῆμα τοῦτο (33 *a*)
— 20. π. τὸ ῥῆμα τοῦτο –
— 22. π. τὸ ῥῆμα τοῦτο (33 *a*)
25. 9. οὕτω ποιήσουσι τῷ ἀνθρώπῳ (33 *b*)
— 16. A^1 B πᾶς ποιῶν ταῦτα (33 *a*)
— 16. A^2 B πᾶς ποιῶν ἄδικον (33 *a*)
— 17. ὅσα ἐποίησέ σοι Ἀμ. (33 *a*)
26. 14. A R ἐποίησα καθὰ ἐνετείλω μοι [B *al.*] (33 *a*)
— 16. ποιῆσαι πάντα [A κατὰ π.] τὰ δικαιώμ. (33 *a*)
— 16. καὶ ποιήσετε αὐτά (33 *a*)
— 19. ὡς ἐποίησέ σε ὀνομαστόν (33 *a*)
27. 10. ποιήσεις πάσας τὰς ἐντ. αὐτοῦ (33 *a*)
— 15. ὅστις ποιήσει γλυπτόν (33 *a*)

De. 27. 26. ποιῆσαι [A τοῦ π.] αὐτούς (33 *a*)
28. 1. π. πάσας τὰς ἐντ. ταύτας (33 *a*)
— 13. A φυλάσσειν καὶ π. [B *om.* καὶ π.] (33 *a*)
— 15. A φυλάσσειν καὶ π. [B -άσσεσθαι] πάσας τὰς ἐντ. (33 *a*)
— 20. A ὅσα ἐὰν ποιήσῃς (33 *a*)
— 58. π. πάντα τὰ ῥήματα τοῦ νόμου τ. (33 *a*)
— 63. εὖ ποιῆσαι ὑμᾶς (74 *c*)
29. 2 (1). ὅσα ἐποίησε κύριος (33 *a*)
— 9 (8). π. πάντας τοὺς λόγους τῆς διαθήκης –
— 9 (8). A ποιεῖν αὐτούς (33 *a*)
— 9 (8). ὅσα ποιήσετε [A -σητε] (33 *a*)
— 24 (23). διὰ τί ἐποίησε κ. οὕτω (33 *a*)
— 29 (28). π. πάντα τὰ ῥήμ. τοῦ νόμου τ. (33 *a*)
30. 5. καὶ εὖ σε ποιήσει (74 *c*)
— 5. πλεοναστόν σε ποιήσει (102)
— 8. ποιήσεις τὰς ἐντολὰς αὐτοῦ (33 *a*)
— 10. A π. πάσας [B *om.* π. π.] τὰς ἐντ. αὐ. –
— 12. καὶ ἀκούσαντες αὐτὴν ποιήσομεν (33 *a*)
— 13. καὶ ἀκουστὴν ἡμῖν ποιήσῃ αὐτὴν καὶ ποιήσομεν [A ἀκούσαντες αὐ. π.] (50 [43 *b*], 33 *a*)
— 14. π. αὐτό (33 *a*)
31. 4. ποιήσει κύριος . . . αὐτοῖς καθὼς ἐποίησε Σηών (33 *a*, 33 *a*)
— 5. A B^2R καὶ ποιήσετε αὐτοῖς (33 *a*)
— 12. π. πάντας τοὺς λόγους τοῦ νόμου τ. (33 *a*)
— 18. διὰ πάσας τὰς κακίας ἃς ἐποίησαν (33 *a*)
— 21. ὅσα ποιοῦσιν [A *add.* μοι] (33 *a*)
— 29. ποιήσετε τὰ πονηρά (33 *a*)
32. 6. καὶ ἐποίησέ σε (33 *a*)
— 15. τὸν θ. τὸν ποιήσαντα αὐτόν (33 *a*)
— 27. ἐποίησε ταῦτα πάντα (34 *a*)
— 39. καὶ ζῆν ποιήσω (79)
— 46. π. πάντας τοὺς λόγους (33 *a*)
33. 21. δικαιοσύνην κύριος ἐποίησε (33 *a*)
34. 9. ἐποίησαν καθότι ἐνετείλατο κ. (33 *a*)
— 11. ποιῆσαι αὐτὰ ἐν γῇ Αἰγ. (33 *a*)
— 12. ἃ ἐποίησε Μ. (33 *a*)
Jo. 1. 7. π. καθότι ἐνετείλατό σοι Μ. (33 *a*)
— 8. π. πάντα τὰ γεγραμμένα (33 *a*)
— 16. πάντα . . . ποιήσομεν (33 *a*)
2. 10. ὅσα ἐποίησε τοῖς δυσὶ βασ. τῶν Ἀ. (33 *a*)
— 12. ποιῶ ὑμῖν ἔλεος (33 *a*)
— 12. ποιήσατε καὶ ὑμεῖς ἔλεος (33 *a*)
— 14. ποιήσετε εἰς ἐμὲ [A -σατε μετ᾽ ἐμοῦ] ἔλεος (33 *a*)
3. 5. ποιήσει κ. ἐν ὑμῖν θαυμαστά (33 *a*)
4. 8. ἐποίησαν οὕτως οἱ υἱοὶ Ἰσρ. (33 *a*)
— 23. καθάπερ ἐποίησε [A -αν] . . . τὴν ἐρυθρὰν θάλ. (33 *a*)
5. 2. ποίησον σεαυτῷ μαχαίρας (33 *a*)
— 3. ἐποίησεν Ἰ. μαχαίρας (33 *a*)
— 9 (10). ἐποίησαν οἱ υἱοὶ Ἰσρ. τὸ πάσχα (33 *a*)
6. 13 (14). οὕτως ἐποίει ἐπὶ ἓξ ἡμέρας (33 *a*)
— 17 (18). καὶ ποιήσητε [A -σετε] τὴν παρεμβολήν (39)
— 25 (26). οὕτως ἐποίησεν Ὀζᾶν –
7. 9. τί ποιήσεις τὸ ὄνομά σου τὸ μέγα (33 *a*)
— 15. ἐποίησεν [A -σαν] ἀνόμημα (33 *a*)
— 19. ἀνάγγειλόν μοι τί ἐποίησας (33 *a*)
— 20. οὕτως καὶ οὕτως ἐποίησα (33 *a*)
8. 2. ποιήσεις τὴν [A -σῃς τῇ] Γ. ὃν τρόπον ἐποίησας τὴν [A τῇ] Ἱερ. (33 *a*, 33 *a*)
— 8. κατὰ τὸ ῥῆμα τοῦτο ποιήσετε [A -σατε] (33 *a*)
9. 3. ὅσα ἐποίησε κ. τῇ Ἰ. (33 *a*)
— 4. καὶ ἐποίησαν καί γε αὐτοί (33 *a*)
— 9. ὅσα ἐποίησεν ἐν Αἰγ. (33 *a*)
— 10. ὅσα ἐποίησε τοῖς βασ. τῶν Ἀμ. (33 *a*)
— 15. ἐποίησεν Ἰ. πρὸς αὐτοὺς εἰρήνην (33 *a*)
— 20. τοῦτο ποιήσομεν (33 *a*)
— 24. ἐποιήσαμεν τὸ πρᾶγμα τοῦτο (33 *a*)
— 25. ὡς ἀρέσκει ὑμῖν . . . ποιήσατε [A -σαι] ἡμῖν (33 *a*)
— 26. ἐποίησαν αὐτοῖς οὕτως (33 *a*)
10. 1. ὃν τρόπον ἐποίησαν [A -σεν] τὴν Ἱερ. (33 *a*)
— 1. οὕτως ἐποίησαν [A -σεν] καὶ τὴν Γ. (33 *a*)
— 25. οὕτω ποιήσει κ. πᾶσι τοῖς ἐχθροῖς ὑ. (33 *a*)
— 28. ἐποίησαν τῷ βασ. Μακ. ὃν τρόπον ἐποίησαν τῷ βασ. Ἱερ. (33 *a*, 33 *a*)
— 30. ἐποίησαν [A -σεν] τῷ βασ. αὐ. ὃν τρόπον ἐποίησαν [A -σεν] τῷ βασ. Ἱερ. (33 *a*, 33 *a*)
— 32. ὃν τρόπον ἐποίησαν τὴν [A -σεν τῇ] Λ. (33 *a*)
— 35. ὃν τρόπον ἐποίησαν τῇ Λ. (33 *a*)
— 37. ὃν τρόπον ἐποίησαν τὴν [A τῇ] Ὀδ. (33 *a*)

Jo. 10. 39. B ὃν τρόπον ἐποίησαν τὴν [A R τῇ] Χ. (33 a)
— 39. οὕτως ἐποίησαν τῇ Δ. (33 a)
— 39. A καθάπερ ἐποίησαν τῇ Λ. (33 a)
11. 9. ἐποίησεν αὐτοῖς Ἰ. (33 a)
— 15. καὶ οὕτως ἐποίησεν Ἰ. (33 a)
— 18. ἐποίησεν Ἰ. . . . τὸν πόλεμον (33 a)
14. 5. οὕτως ἐποίησαν οἱ υἱοὶ [A τοῖς υἱ.] Ἰσρ. (33 a)
17. 13. ἐποίησαν τοὺς Χαναναίους ὑπηκόους (25)
22. 5. π. τὰς ἐντ. καὶ τὸν νόμον (33 a)
— 5. ὃν ἐνετείλατο ἡμῖν π. Μ. –
— 23. ὥστε ποιῆσαι ἐπ᾽ αὐτοῦ θυσίαν σωτηρίου (33 a)
— 24. ἐποιήσαμεν τοῦτο (33 a)
— 26. εἴπαμεν ποιῆσαι οὕτω (33 a)
— 28. ὃ ἐποίησαν οἱ πατέρες ἡμῶν (33 a)
23. 3. ὅσα ἐποίησε κ. ὁ θ. ἡμῶν (33 a)
— 6. π. πάντα τὰ γεγραμμένα (33 a)
— 8. καθάπερ ἐποιήσατε (33 a)
— 12. καὶ ἐπιγαμίας ποιήσητε πρὸς αὐτούς (70)
24. 5. B οἷς ἐποίησαν [A -σεν ἐν, R -σα ἐν] αὐτοῖς (33 a)
— 7. ὅσα ἐποίησε κύριος (33 a)
— 20. εὖ ἐποίησεν ὑμᾶς [A -ῖν] (74 c)
— 31. ὅσα ἐποίησε τῷ Ἰσρ. (33 a)
Jd. 1. 7. καθὼς οὖν ἐποίησα (33 a)
— 24. ποιήσομεν μετὰ σοῦ ἔλεος (33 a)
— 28. ἐποίησε [A ἔθετο] τὸν Χαν. εἰς φόρον (39)
2. 2. ταῦτα ἐποιήσατε (33 a)
— 7. ὅσα ἐποίησεν ἐν [A om.] τῷ Ἰσρ. (33 a)
— 10. ὃ ἐποίησεν [A -σαν] ἐν [A om.] τῷ Ἰσρ. (33 a)
— 11. ἐποίησαν . . . τὸ πονηρόν (33 a)
— 17. οὐκ ἐποίησαν οὕτω (33 a)
3. 7. ἐποίησαν . . . τὸ πονηρόν (33 a)
— 12. ποιῆσαι τὸ πονηρόν (33 a)
— 12. διὰ τὸ πεποιηκέναι αὐτοὺς τὸ πονηρόν (33 a)
— 16. ἐποίησεν ἑαυτῷ Ἀ. μάχαιραν (33 a)
4. 1. ποιῆσαι τὸ πονηρόν (33 a)
6. 1. ἐποίησαν . . . τὸ πονηρόν (33 a)
— 2. ἐποίησαν . . . τὰς τρυμαλιάς [A μάνδρας] (33 a)
— 17. ποιήσεις μοι σήμερον πᾶν [A al.] (33 a)
— 19. ἐποίησεν ἔριφον αἰγῶν (33 a)
— 20. καὶ ἐποίησεν οὕτως (33 a)
— 27. ἐποίησεν ὃν τρόπον ἐλάλησε (33 a)
— 27. τοῦ [A μὴ] ποιῆσαι ἡμέρας (33 a)
— 27. καὶ ἐποίησε νυκτός (33 a)
— 29. τίς ἐποίησε τὸ ῥῆμα [A πρᾶγμα] τοῦτο (33 a)
— 29. ἐποίησε τὸ ῥῆμα [A πρᾶγμα] τοῦτο (33 a)
— 40. ἐποίησεν ὁ θ. οὕτως (33 a)
7. 17. καὶ οὕτω ποιήσετε (33 a)
— 17. καθὼς ἂν ποιήσω οὕτω ποιήσετε (33 a, 33 a)
8. 1. τί τὸ ῥῆμα τοῦτο ἐποίησας ἡμῖν (33 a)
— 2. τί ἐποίησα νῦν (33 a)
— 3. τί ἠδυνήθην ποιῆσαι (33 a)
— 27. ἐποίησεν αὐτὸ Γ. (33 a)
— 35. οὐκ ἐποίησαν ἔλεος (33 a)
— 35. ἃ ἐποίησε μετὰ Ἰσρ. (33 a)
9. 16. εἰ . . . ἐποιήσατε καὶ ἐβασιλεύσατε τὸν Ἀβ. (33 a)
— 16. εἰ ἀγαθωσύνην ἐποιήσατε [A al.] (33 a)
— 16. καὶ εἰ . . . ἐποιήσατε αὐτῷ (33 a)
— 19. εἰ . . . ἐποιήσατε μετὰ Ἰερ. (33 a)
— 27. καὶ ἐποίησαν Ἑλλ. [A χορούς] (33 a)
— 33. καὶ ποιήσεις αὐτῷ (33 a)
— 48. ὃ εἴδετέ με ποιοῦντα ταχέως ποιήσατε (33 a, 33 a)
— 56. ἣν ἐποίησε τῷ πατρὶ αὐτοῦ (33 a)
10. 6. ποιῆσαι τὸ πονηρόν (33 a)
— 15. ποίησον σὺ ἡμῖν (33 a)
11. 10. εἰ μὴ κατὰ τὸ ῥῆμά σου οὕτω ποιήσομεν (33 a)
— 27. σὺ ποιεῖς μετ᾽ ἐμοῦ πονηρίαν (33 a)
— 36. ποίησόν [A ποίει] μοι ὃν τρόπον ἐξῆλθεν (33 a)
— 36. ἐν τῷ ποιῆσαί σοι κ. ἐκδίκησιν [A al.] (33 a)
— 37. ποιησάτω δὴ ὁ πατήρ μου τὸν λόγον τοῦτον [A al.] (33 b)
— 39. ἐποίησεν ἐν αὐτῇ τὴν εὐχὴν αὐ. [A al.] (33 a)
13. 1. ποιῆσαι τὸ πονηρόν (33 a)
— 8. τί ποιήσωμεν τῷ παιδίῳ [A -δαρίῳ] (33 a)
— 15. ποιήσωμεν [A -σομεν] . . . ἔριφον αἰγῶν (33 a)
— 16. ἐὰν ποιήσῃς [A -σεις] ὁλοκαύτωμα (33 a)
— 19. καὶ διεχώρισε ποιῆσαι [A al.] (33 a)
Jd. 13. 23. A οὐκ ἂν ἀκουστὰ ἐποίησεν ἡμῖν ταῦτα [B al.] (50)
14. 6. ὃ ἐποίησε (33 a)
— 10. ἐποίησεν ἐκεῖ Σ. πότον (33 a)
— 10. οὕτως ποιοῦσιν [A ἐποίουν] οἱ νεανίσκοι (33 a)
15. 3. ποιῶ ἐγὼ μετ᾽ αὐτῶν πονηρίαν [A al.] (33 a)
— 6. τίς ἐποίησε ταῦτα (33 a)
— 7. ἐὰν ποιήσητε οὕτως ταύτην [A om.] (33 a)
— 7. A τὴν ἐκδίκησίν μου . . . ποιήσομαι [B al.] (117)
— 10. ποιῆσαι αὐτῷ ὃν τρόπον ἐποίησεν ἡμῖν (33 a, 33 a)
— 11. τί τοῦτο [A ἵνα τί ταῦτα] ἐποίησας ἡμῖν (33 a)
— 11. ὃν τρόπον ἐποίησάν μοι οὕτως ἐποίησα αὐτοῖς [A al.] (33 a, 33 a)
16. 20. A καὶ ποιήσω καθὼς ἀεί [B al.] –
— 26. A ποίησον ψηλαφῆσαί με [B al.] (116 a*, 116 b)
— 26. A ὁ δὲ παῖς ἐποίησεν οὕτως –
17. 3. τοῦ ποιῆσαι γλυπτόν (33 a)
— 4. ἐποίησεν αὐτὸ γλυπτόν (33 a)
— 5. καὶ ἐποίησεν ἐφώδ (33 a)
— 6. ἀνὴρ τὸ εὐθὲς [A ἀγαθὸν] . . . ἐποίει (33 a)
— 8. τοῦ ποιῆσαι ὁδὸν αὐτοῦ (33 a)
18. 3. τί ποιεῖς ἐν τῷ τόπῳ τούτῳ [A al.] (33 a)
— 4. οὕτως ἐποίησέ μοι Μ. (33 a)
— 14. γνῶτε ὅτι [A τί] ποιήσετε (33 a)
— 18. τί ὑμεῖς ποιεῖτε (33 a)
— 24. τὸ γλυπτόν μου ὃ ἐποίησα (33 a)
— 27. ὃ [A ὅσα] ἐποίησε Μ. (33 a)
— 31. ὃ ἐποίησε Μ. (33 a)
19. 21. τόπον ἐποίησε τοῖς ὄνοις [A al.] †
— 23. μὴ ποιήσητε τὴν ἀφροσύνην ταύτην (33 a)
— 24. ποιήσατε αὐταῖς τὸ ἀγαθὸν ἐν ὀφθ. ὑ. (33 a)
— 24. B οὐ ποιήσετε [A R μὴ ποιήσητε] τὸ ῥῆμα (33 a)
20. 6. ἐποίησαν ζέμα [A ἀφροσύνην] (33 a)
— 9. ὃ ποιηθήσεται [A -ήσομεν] τῇ Γ. (33 a)
— 10. τοῦ ποιῆσαι ἐλθεῖν αὐτούς [A al.] (33 a)
— 10. ποιῆσαι αὐτῇ κατὰ πᾶν τὸ ἀπόπτωμα [A al.] –
— 10. ὃ ἐποίησεν [A ἣν ἐποίησαν] ἐν Ἰσρ. (33 a)
— 32. B καὶ ἐποίησαν οὕτω –
21. 7. τί ποιήσωμεν αὐτοῖς τοῖς περισσοῖς (33 a)
— 11. τοῦτο [A οὗτος ὁ λόγος ὃν] ποιήσετε (33 a)
— 11. B καὶ ἐποίησαν οὕτως –
— 15. ἐποίησε κύριος διακοπήν (33 a)
— 16. τί ποιήσωμεν τοῖς περισσοῖς [A al.] (33 a)
— 22. ἔλεος ποιήσατε ἡμῖν αὐτάς [A al.] (67)
— 23. καὶ ἐποίησαν οὕτως (33 a)
— 25. ἀνὴρ τὸ εὐθὲς ἐνώπιον αὐτοῦ ἐποίει [A al.] (33 a)
Ru. 1. 8. ποιήσαι κύριος μεθ᾽ ὑμῶν ἔλεος (33 a)
— 8. καθὼς ἐποιήσατε μετὰ τῶν τεθνηκότων (33 a)
— 17. τάδε ποιήσαι μοι κύριος (33 a)
2. 11. ὅσα πεποίηκας (33 a)
— 19. καὶ ποῦ ἐποίησας (33 a)
— 19. ποῦ ἐποίησε (33 a)
— 19. μεθ᾽ οὗ ἐποίησα σήμερον (33 a)
3. 4. ἀπαγγελεῖ σοι ἃ ποιήσεις (33 a)
— 5. πάντα ὅσα ἐὰν εἴπῃς ποιήσω (33 a)
— 6. ἐποίησε κατὰ πάντα (33 a)
— 11. πάντα ὅσα ἐὰν εἴπῃς ποιήσω σοι (33 a)
— 16. ὅσα ἐποίησεν αὐτῇ ὁ ἀνήρ (33 a)
4. 11. ἐποίησαν [A ποιῆσαι] δύναμιν ἐν Ἐφρ. (33 a)
I Ki. 1. 7. οὕτως ἐποίει ἐνιαυτὸν κατ᾽ ἐνιαυτόν (33 a)
— 23. ποίει τὸ ἀγαθὸν ἐν ὀφθαλμοῖς σου (33 a)
— 25. τὴν θυσίαν ἣν ἐποίει (33 a)
2. 10. ἀσθενῆ ποιήσει ἀντίδικον αὐτοῦ (56)
— 10. καὶ ποιεῖν κρίμα –
— 14. ἐποίουν παντὶ Ἰσραήλ (33 a)
— 19. διπλοΐδα μικρὰν ἐποίησεν αὐτῷ (33 a)
— 22. ἃ ἐποίουν οἱ υἱοὶ αὐτοῦ (33 a)
— 23. ἵνα τί ποιεῖτε κατὰ τὸ ῥῆμα τοῦτο (33 a)
— 24. μὴ ποιεῖτε οὕτως –
— 35. τὰ ἐν τῇ ψυχῇ μου ποιήσει (33 a)
3. 11. ποιῶ τὰ ῥήματά μου ἐν Ἰσρ. (33 a)
— 17. τάδε ποιήσαι σοι ὁ θ. (33 a)
— 18. τὸ ἀγαθὸν ἐνώπιον αὐτοῦ ποιήσει (33 a)
5. 8. τί ποιήσωμεν κιβωτῷ (33 a)
— 10. ἐποίησαν οἱ Γ. ἑαυτοῖς ἕδρας –
6. 2. τί ποιήσωμεν τῇ κιβωτῷ κ. (33 a)
— 5. A ποιήσετε ὁμοίωμα τῶν ἑδρῶν (33 a)
— 7. ποιήσατε ἅμαξαν καινήν (33 a)
— 9. πεποίηκεν ἡμῖν τὴν κακίαν τὴν μεγ. τ. (33 a)
I Ki. 6. 10. ἐποίησαν οἱ ἀλλόφ. οὕτω (33 a)
8. 8. ἃ ἐποίησάν μοι (33 a)
— 8. οὕτως αὐτοὶ ποιοῦσι (33 a)
— 12. καὶ π. σκεύη πολεμικὰ αὐτοῦ (33 a)
10. 2. τί ποιήσω ὑπὲρ τοῦ υἱοῦ μου (33 a)
— 7. ποίει πάντα (33 a)
— 8. γνωρίσω σοι ἃ ποιήσεις (33 a)
11. 7. κατὰ τάδε ποιήσουσι τοῖς βουσὶν αὐ. (33 b)
— 10. ποιήσετε ἡμῖν τὸ ἀγ. ἐνώπιον ὑμῶν (33 a)
— 13. ἐποίησε κ. σωτηρίαν ἐν Ἰσρ. (33 a)
12. 6. ὁ ποιήσας τὸν Μ. (33 a)
— 7. ἃ ἐποίησεν ἐν [A ἃς ἐπ.] ὑμῖν (33 a)
— 16. ὃ ὁ κ. ποιήσει ἐν ὀφθ. ὑμῶν (33 a)
— 17. ἣν ἐποιήσατε ἐνώπιον κυρίου (33 a)
— 20. B πεποιήκατε τὴν πᾶσαν κακίαν τ. (33 a)
13. 9. B ὅπως ποιήσω ὁλοκαύτωσιν –
— 11. B τί πεποίηκας (33 a)
— 19. B μὴ ποιήσωσιν οἱ Ἑβρ. ῥομφαίαν (33 a)
14. 6. B εἴ τι ποιήσαι κύριος ἡμῖν (33 a)
— 7. B ποίει πᾶν (33 a)
— 15. οὐκ ἤθελον π. [A πονεῖν] –
— 36. πᾶν τὸ ἀγ. ἐνώπιόν σου ποίει (33 a)
— 40. τὸ ἀγαθὸν ἐνώπιόν σου ποίει (33 a)
— 43. ἀπάγγειλόν μοι τί πεποίηκας (33 a)
— 44. τάδε ποιήσαι μοι ὁ θ. (33 a)
— 45. ὁ ποιήσας τὴν σωτηρίαν τὴν μεγ. τ. (33 a)
— 45. ὅτι ὁ λαὸς τοῦ θ. ἐποίησε τὴν ἡμ. τ. (33 a)
— 48. ἐποίησε δύναμιν (33 a)
— 48. B ἐποίησε τὸν Ἀμ. [A R al.] T
15. 2. ἃ ἐποίησεν Ἀμ. τῷ Ἰσρ. (33 a)
— 6. καὶ σὺ ἐποίησας ἔλεος (33 a)
— 19. καὶ ἐποίησας τὸ πονηρόν (33 a)
16. 3. γνωριῶ σοι ἃ ποιήσεις (33 a)
— 4. ἐποίησε Σαμ. πάντα (33 a)
17. 25. A τὸν οἶκον . . . ποιήσει ἐλεύθερον (33 a)
— 26. A ἢ ποιηθήσεται τῷ ἀνδρί (33 b)
— 27. A οὕτως ποιηθήσεται τῷ ἀνδρί (33 b)
— 29. A τί ἐποίησα νῦν (33 a)
19. 5. ἐποίησε κύριος σωτηρίαν μεγ. (33 a)
— 18. ὅσα ἐποίησεν αὐτῷ [A om.] Σ. (33 a)
20. 1. τί πεποίηκα (33 a)
— 2. οὐ μὴ ποιήσῃ ὁ πατήρ μου ῥῆμα (33 a)
— 4. καὶ τί ποιήσω σοι (33 a)
— 8. ποιήσεις ἔλεος μετὰ τοῦ δούλου σου (33 a)
— 13. τάδε ποιήσαι ὁ θ. τῷ Ἰων. (33 a)
— 14. ποιήσεις ἔλεος μετ᾽ ἐμοῦ (33 a)
— 32. τί πεποίηκε (33 a)
22. 3. τί [A ὅ τι] ποιήσει μοι ὁ θ. (33 a)
24. 5. ποιήσεις αὐτῷ ὡς ἀγαθόν (33 a)
— 7. εἰ ποιήσω τὸ ῥῆμα τοῦτο (33 a)
— 19. ἃ ἐποίησάς μοι ἀγαθά (33 a)
— 20. καθὼς πεποίηκας σήμερον (33 a)
25. 17. ἴδε σὺ τί ποιήσεις (33 a)
— 18. καὶ πέντε πρόβατα πεποιημένα (33 a)
— 22. τάδε ποιήσαι ὁ θ. τῷ Δ. (33 a)
— 28. ποιῶν [A om.] ποιήσει . . . οἶκον πιστόν (33 a, 33 a)
— 30. ποιήσει κύριος τῷ κ. μου πάντα (33 a)
26. 16. τὸ ῥῆμα τοῦτο ὃ πεποίηκας (33 a)
— 25. καὶ ποιῶν ποιήσεις (33 a, 33 a)
27. 11. τάδε Δ. ποιεῖ [A ἐποίει Δ.] (33 a)
28. 2. ἃ ποιήσει ὁ δοῦλός σου (33 a)
— 9. ὅσα ἐποίησε Σ. (33 a)
— 15. γνωρίσαι μοι τί ποιήσω (33 a)
— 17. πεποίηκε κ. σοι καθὼς ἐλάλησε (33 a)
— 18. καὶ οὐκ ἐποίησας θυμὸν ὀργῆς αὐ. (33 a)
— 18. ἐποίησε κύριός σοι (33 a)
29. 7. οὐ μὴ ποιήσεις κακίαν (33 a)
— 8. τί πεποίηκά σοι (33 a)
30. 23. οὐ ποιήσετε οὕτως (33 a)
31. 11. ἃ ἐποίησαν οἱ ἀλλόφυλοι τῷ Σ. (33 a)
II Ki. 2. 5. A πεποιήκατε τὸ ἔλεος τοῦ θ. [R ἐποιήσατε τ. ἔ. τοῦτο] (33 a)
— 6. A R ποιήσαι κ. μεθ᾽ ὑμῶν ἔλεος (33 a)
— 6. A R ποιήσω μεθ᾽ ὑμῶν τὸ ἀγαθὸν τοῦτο (33 a)
— 6. A R ἐποιήσατε τὸ ῥῆμα τοῦτο (33 a)
3. 8. ἐποίησα σήμερον ἔλεος (33 a)
— 9. τάδε ποιήσαι ὁ θ. τῷ Ἀβ. (33 a)
— 9. οὕτως ποιήσω αὐτῷ (33 a)
— 18. καὶ νῦν ποιήσατε (33 a)
— 20. ἐποίησε Δ. . . . πότον (33 a)
— 24. τί τοῦτο ἐποίησας (33 a)
— 25. ὅσα σὺ ποιεῖς (33 a)
— 35. τάδε ποιήσαι μοι ὁ θ. (33 a)
— 36. ὅσα ἐποίησεν ὁ βασ. (33 a)
— 39. τῷ ποιοῦντι πονηρά (33 a)

II Ki. 5. 25. ἐποίησε Δ. καθὼς ἐνετείλατο (33 a)
7. 3. βάδιζε καὶ ποίει (33 a)
— 9. ἐποίησά σε ὀνομαστόν (33 a)
— 21. διὰ τὸν δοῦλόν [A λόγον] σου πεποίηκας –
— 21. ἐποίησας πᾶσαν τὴν μεγαλωσύνην τ. (33 a)
— 23. τοῦ ποιῆσαι μεγαλωσύνην (33 a)
— 25. A ποίησον καθὼς ἐλάλησας (33 a)
8. 7. B οὓς ἐποίησεν [AR οἱ ἦσαν] (6)
— 8. ἐποίησε Σαλ. τὴν θάλ. τὴν χαλκῆν –
— 13. ἐποίησε Δ. ὄνομα (33 a)
— 15. ἦν Δ. ποιῶν κρίμα (33 a)
9. 1, 3. ποιήσω μετ' αὐτοῦ ἔλεος (33 a)
— 7. ποιῶν ποιήσω μετὰ σοῦ ἔλεος (33 a, 33 a)
— 11. οὕτως ποιήσει ὁ δοῦλός σου (33 a)
10. 2. ποιήσω ἔλεος μετὰ 'A. (33 a)
— 2. ὃν τρόπον ἐποίησεν . . . ἔλεος (33 a)
— 12. κύριος ποιήσει τὸ ἀγαθόν (33 a)
11. 11. εἰ ποιήσω τὸ ῥῆμα τοῦτο (33 a)
— 27. ὃ ἐποίησε Δ. ἐν ὀφθαλμοῖς κυρίου (33 a)
12. 4. τοῦ ποιῆσαι τῷ ξένῳ (33 a)
— 4. ἐποίησεν αὐτὴν τῷ ἀνδρί (33 a)
— 5. ὁ ἀνὴρ ὁ ποιήσας τοῦτο (33 a)
— 6. ἐποίησε τὸ ῥῆμα τοῦτο (33 a)
— 7. ὁ ἀνὴρ ὁ ποιήσας τοῦτο –
— 9. τοῦ ποιῆσαι τὸ πονηρόν (33 a)
— 12. σὺ ἐποίησας κρυβῇ (33 a)
— 12. κἀγὼ ποιήσω τὸ ῥῆμα τοῦτο (33 a)
— 18. καὶ ποιήσει κακά (33 a)
— 21. ὃ ἐποίησας ἕνεκα τοῦ παιδαρίου (33 a)
— 31. οὕτως ἐποίησε πάσαις ταῖς πόλεσι (33 a)
13. 2. τοῦ ποιῆσαί τι αὐτῇ (33 a)
— 5. ποιησάτω κατ' ὀφθαλμούς μου βρῶμα (33 a)
— 7. ποίησον αὐτῷ βρῶμα (33 a)
— 10. τὰς κολλυρίδας ἃς ἐποίησε (33 a)
— 12. οὐ ποιηθήσεται οὕτως ἐν 'Ισρ. (33 b)
— 12. μὴ ποιήσῃς τὴν ἀφροσύνην ταύτην (33 a)
— 16. ἣν ἐποίησας μετ' ἐμοῦ (33 a)
— 27. ἐποίησεν 'Aβ. πότον (33 a)
— 29. ἐποίησαν τὰ παιδάρια 'Aβ. τῷ 'A. (33 a)
14. 15. εἴ πως ποιήσει [A -σῃ] ὁ βασ. τὸ ῥῆμα (33 a)
— 20. AR ὃ ἐποίησεν . . . τὸν λόγον [B δόλον] τ. (33 a)
— 21. ἐποίησά σοι κατὰ τὸν λόγον σου τ. (33 a)
— 22. ἐποίησεν . . . τὸν λόγον τοῦ δούλου αὐ. (33 a)
15. 1. ἐποίησεν ἑαυτῷ 'Aβ. ἅρματα (33 a)
— 6. ἐποίησεν 'Aβ. κατὰ τὸ ῥῆμα τοῦτο (33 a)
— 20. κ. ποιήσει μετὰ σοῦ ἔλεος –
— 26. ποιείτω μοι κατὰ τὸ ἀγαθόν (33 a)
16. 10. ὡς τί ἐποίησας οὕτως (33 a)
— 20. τί ποιήσωμεν (33 a)
17. 6. ποιήσομεν κατὰ τὸν λόγον αὐ. (33 a)
18. 4. ὃ ἐὰν ἀρέσῃ . . . ποιήσω (33 a)
— 13. μὴ ποιῆσαι ἐν τῇ ψυχῇ αὐ. ἄδικον (33 a)
19. 13 (14). τάδε ποιήσαι μοι ὁ θ. (33 a)
— 18 (19). τοῦ ποιῆσαι τὸ εὐθὲς ἐν ὀφθ. αὐ. (33 a)
— 24 (25). οὐδὲ ἐποίησε τὸν μύστακα αὐ. (33 a)
— 27 (28). AB [R om.] ἐποίησαν τὸ καλόν –
— 27 (28). ποίησον τὸ ἀγαθόν (33 a)
— 37 (38). ποίησον αὐτῷ τὸ ἀγαθόν (33 a)
— 38 (39). ποιήσω αὐτῷ τὸ ἀγαθόν (33 a)
— 38 (39). πάντα . . . ποιήσω σοι (33 a)
21. 3. τί ποιήσω ὑμῖν (33 a)
— 4. καὶ ποιήσω ὑμῖν (33 a)
— 11. ὅσα ἐποίησε 'P. θυγάτηρ 'A. (33 a)
— 14. καὶ ἐποίησαν πάντα (33 a)
22. 51. καὶ ποιῶν ἔλεος τῷ χριστῷ αὐ. (33 a)
23. 10, 12. ἐποίησε κ. σωτηρίαν μεγάλην (33 a)
— 17. ἵλεώς μοι κύριε τοῦ ποιῆσαι τοῦτο (33 a)
— 17. ταῦτα ἐποίησαν οἱ τρεῖς δυνατοί (33 a)
— 22. ταῦτα ἐποίησε Bαν. (33 a)
24. 10. ὃ ἐποίησα νῦν [A al.] (33 a)
— 12. καὶ ποιήσω σοι (33 a)
— 17. οὗτοι τὰ πρόβατα τί ἐποίησαν (33 a)
— 22. B³ ποιησάτω ὁ κύριός μου . . . τὸ ἀγαθόν [AB¹ al.] (29)
III Ki. 1. 5. ἐποίησεν ἑαυτῷ ἅρματα (33 a)
— 6. διὰ τί σὺ ἐποίησας (33 a)
— 30. οὕτω ποιήσω τῇ ἡμέρᾳ ταύτῃ (33 a)
2. 3. ἃ ποιήσεις κατὰ πάντα (33 a)
— 5. ὅσα ἐποίησέ μοι 'Iωάβ (33 a)
— 5. ὅσα ἐποίησε τοῖς δυσὶν ἄρχουσι (33 a)
— 6. ποιήσεις κατὰ τὴν σοφίαν σου (33 a)
— 7. τοῖς υἱοῖς τοῦ B. τοῦ Γ. ποιήσεις ἔλεος (33 a)
— 9. γνώσῃ ἃ ποιήσεις αὐτῷ (33 a)
— 23. τάδε ποιήσαι μοι ὁ θ. (33 a)

III Ki. 2. 24. καὶ αὐτὸς ἐποίησέ μοι οἶκον (33 a)
— 31. ποίησον αὐτῷ καθὼς εἴρηκε (33 a)
3. 1. ἐποίησε καὶ συνετέλεσε –
— 1. ἐποίησε Σαλ. τὴν θάλασσαν –
— 1 (5. 16 [30]). τῶν ποιούντων τὰ ἔργα (33 a)
— 1 (2. 9). ἃ ποιήσεις αὐτῷ (33 a)
— 1 (2. 38). οὕτω ποιήσει ὁ δοῦλός σου (33 a)
— 1 (2. 44). ἃ ἐποίησας τῷ Δ. τῷ πατρί μου (33 a)
— 1. A ἐπιγαμίαν ἐποιήσατο Σαλ. (70)
— 6. σὺ ἐποίησας . . . ἔλεος μέγα (33 a)
— 12. AR πεποίηκα κατὰ [B om.] τὸ ῥῆμά σου (33 a)
— 15. ἐποίησεν εἰρηνικάς (33 a)
— 15. ἐποίησε πότον μέγαν (33 a)
— 28. τοῦ π. δικαίωμα (33 a)
5. 8 (22). ποιήσω πᾶν θέλημά σου (33 a)
— 9 (23). ποιήσεις τὸ θέλημά μου (33 a)
— 16 (30). οἱ ποιοῦντες τὰ ἔργα (33 a)
6. 4. ἐποίησε τῷ οἴκῳ θυρίδας (33 a)
— 5. A ἐποίησεν πλευρὰς κυκλόθεν (33 a)
— 12. A καὶ τὰ κρίματά μου ποιῇς (33 a)
— 16. καὶ ἐποίησεν ἐκ τοῦ δαβείρ [A al.] (4)
— 20. καὶ ἐποίησε θυσιαστήριον –
— 23. ἐποίησεν . . . δύο χερ. (33 a)
— 31. τῷ θυρώματι . . . ἐποίησε θύρας (33 a)
— 33. A οὕτως ἐποίησεν τῷ πυλῶνι (33 a)
7. 14. τοῦ π. πᾶν ἔργον ἐν χαλκῷ (33 a)
— 14. ἐποίησε πάντα τὰ ἔργα (33 a)
— 16. δύο ἐπιθέματα ἐποίησε (33 a)
— 17. ἐποίησε δύο δίκτυα –
— 18. οὕτως ἐποίησε τῷ ἐπιθέματι τῷ δευτ. (33 a)
— 23. ἐποίησε τὴν θάλασσαν (33 a)
— 27. ἐποίησε δέκα μεχωνὼθ χαλκᾶς (33 a)
— 37. ἐποίησε πάσας τὰς δέκα μεχ. (33 a)
— 38. ἐποίησε δέκα χυτροκαύλους (33 a)
— 40. ἐποίησε X. τοὺς λέβητας (33 a)
— 40. συνετέλεσε X. ποιῶν πάντα τὰ ἔργα ἃ ἐποίησε τῷ βασ. (33 a, 33 a)
— 45. ἃ ἐποίησε X. τῷ βασ. (33 a)
— 45. πάντα τὰ ἔργα τοῦ βασ. ἐποίησε X. –
— 47. οὗ ἐποίησε πάντα τὰ ἔργα ταῦτα –
— 48. τὰ σκεύη ἃ ἐποίησεν [A ἐποίησε Σ. πάντα τὰ σκεύη] (– [33 a])
— 51. ὃ ἐποίησε Σαλ. (33 a)
— 6. A ἐποίησεν πεντήκοντα πηχῶν μῆκος [B al.] (33 a)
— 7. A αἰλὰμ τοῦ κριτηρίου ἐποίησεν [B om.] (33 a)
8. 18. καλῶς ἐποίησας (33 a)
— 30. ποιήσεις [A -σῃς] καὶ ἵλεως ἔσῃ (43 a)
— 32, 39. καὶ ποιήσεις (33 a)
— 43. ποιήσεις κατὰ πάντα (33 a)
— 45. ποιήσεις τὸ δικαίωμα αὐτοῖς (33 a)
— 49. A ποιήσεις κρίσιν αὐτῶν (33 a)
— 59. τοῦ π. τὸ δικαίωμα τοῦ δούλου σου (33 a)
— 64. ἐποίησεν ἐκεῖ τὴν ὁλοκαύτωσιν (33 a)
— 65. ἐποίησε Σαλ. τὴν ἑορτήν (33 a)
— 66. οἷς ἐποίησε κ. τῷ Δαυίδ (33 a)
9. 1. ὅσα ἠθέλησε ποιῆσαι (33 a)
— 3. πεποίηκά σοι κατὰ π. τὴν προσευχήν σου –
— 4. τοῦ π. κατὰ πάντα (33 a)
— 8. ἕνεκα τίνος ἐποίησε κ. οὕτως τῇ γῇ τ. (33 a)
— 23. A οἱ ποιοῦντες ἐν τῷ ἔργῳ (33 a)
— 26. ὑπὲρ οὗ ἐποίησεν ὁ βασ. Σαλ. (33 a)
10. 9. τοῦ π. κρίμα (33 a)
— 12. ἐποίησεν ὁ βασ. τὰ ξύλα (33 a)
— 16. ἐποίησε . . . τριακόσια δόρατα (33 a)
— 18. ἐποίησεν . . . θρόνον ἐλεφάντινον μέγαν (33 a)
11. 8. οὕτως ἐποίησε πάσαις ταῖς γυν. αὐ. (33 a)
— 6. ἐποίησε Σ. τὸ πονηρόν (33 a)
— 10. ποιῆσαι ἃ ἐνετείλατο αὐτῷ –
— 12. ἐν ταῖς ἡμ. σου οὐ ποιήσω αὐτά (33 a)
— 22. ἦν ἐποίησεν "A. [A al.] –
— 33. καὶ ἐποίησε τῇ 'Aστάρτῃ (40)
— 33. τοῦ ποιῆσαι τὸ εὐθές (33 a)
— 38. καὶ ποιήσῃς [A -σεις] τὸ εὐθές (33 a)
— 38. καθὼς ἐποίησε Δ. ὁ δοῦλός μου (33 a)
— 41. πάντα ὅσα ἐποίησε (33 a)
12. 21. νεανιῶν ποιούντων πόλεμον (33 a)
— 24 (cf. A 14. 22). B ἐποίησε τὸ πονηρόν (33 a)
— 28. ἐποίησε δύο δαμάλεις χρυσᾶς (33 a)
— 31. καὶ ἐποίησεν οἴκους (33 a)
— 31. καὶ ἐποίησεν ἱερεῖς (33 a)
— 32. ἐποίησεν 'Iερ. ἑορτήν (33 a)
— 32. ὃ ἐποίησεν ἐν B. (33 a)
— 32. ταῖς δαμάλεσιν αἷς ἐποίησε (33 a)
— 32. τῶν ὑψηλῶν ὧν ἐποίησε (33 a)

III Ki. 12. 33. τὸ θυσιαστήριον ὃ ἐποίησε (33 a)
— 33. ἐποίησεν ἑορτὴν τοῖς υἱοῖς 'Iσρ. (33 a)
13. 11. ἃ ἐποίησεν ὁ ἄνθρωπος τοῦ θ. (33 a)
— 33. ἐποίησεν . . . ἱερεῖς ὑψηλῶν (33 a)
14. 4. A ἐποίησεν οὕτως γυνὴ 'Iερ. (33 a)
— 8. A ποιῆσαι ἕκαστος τὸ εὐθές (33 a)
— 9. A ἐπονηρεύσω τοῦ ποιῆσαι (33 a)
— 9. A ἐποίησας σεαυτῷ θεοὺς ἑτέρους (33 a)
— 15. A ἐποίησαν τὰ ἄλση αὐτῶν (33 a)
— 22. ἐποίησε 'P. τὸ πονηρόν (33 a)
— 22. οἷς ἐποίησαν οἱ πατέρες αὐ. (33 a)
— 24. ἐποίησαν ἀπὸ πάντων τῶν βδελυγμ. (33 a)
— 26. AB²R ὅσα ἐποίησε Σαλ. (33 a)
— 27. ἐποίησε . . . ὅπλα χαλκᾶ (33 a)
— 29. καὶ πάντα ἃ ἐποίησεν (33 a)
15. 3. αἷς ἐποίησεν ἐνώπιον αὐτοῦ (33 a)
— 5. ὡς ἐποίησε Δ. τὸ εὐθές (33 a)
— 7. καὶ πάντα ἃ ἐποίησεν (33 a)
— 11. ἐποίησεν 'Aσὰ τὸ εὐθές (33 a)
— 12. ἃ ἐποίησαν οἱ πατέρες αὐτοῦ (33 a)
— 13. καθὼς ἐποίησε σύνοδον (33 a)
— 23. ἣν ἐποίησε [A καὶ πάντα ἃ ἐποίησαν] (33 a)
— 26. ἐποίησε τὸ πονηρόν (33 a)
— 31. καὶ πάντα ἃ ἐποίησεν (33 a)
— 34. ἐποίησε τὸ πονηρόν (33 a)
16. 5. καὶ πάντα ἃ ἐποίησε (33 a)
— 7. πᾶσαν τὴν κακίαν ἣν ἐποίησεν (33 a)
— 14. ἃ ἐποίησεν (33 a)
— 19. ὑπὲρ τῶν ἁμαρτ. αὐ. ὧν ἐποίησε (8)
— 19. τοῦ ποιῆσαι τὸ πονηρόν (33 a)
— 19. A αἷς ἐποίησεν (33 a)
— 25. ἐποίησεν 'A. τὸ πονηρόν (33 a)
— 27. καὶ πάντα ἃ ἐποίησε (33 a)
— 27. A ἣν ἐποίησεν (33 a)
— 28 (22. 43). B τοῦ π. τὸ εὐθές (33 a)
— 28 (22. 45 [46]). B πᾶσα δυναστεία ἣν ἐποίησε (33 a)
— 28 (22. 48 [49]). B ἐποίησε ναῦν εἰς Θ. πορεύεσθαι (†*, 33 a)
— 30. ἐποίησεν 'A. τὸ πονηρόν (33 a)
— 33. ἐποίησεν 'Aχ. ἄλσος (33 a)
— 33. τοῦ ποιῆσαι παροργίσματα [A om.] (33 a)
17. 5. ἐποίησεν 'Hλ. κατὰ τὸ ῥῆμα κυρίου [A al.] (33 a)
— 12. ποιήσω αὐτὸ ἐμαυτῇ (33 a)
— 13. ποίησον κατὰ τὸ ῥῆμά σου (33 a)
— 13. ποίησόν μοι . . . ἐγκρυφίαν μικρόν (33 a)
— 13. τοῖς τέκνοις σου ποιήσεις (33 a)
— 15. καὶ ἐποίησε (33 a)
18. 13. οἷα πεποίηκα (33 a)
— 23. ποιήσω τὸν βοῦν τὸν ἄλλον (33 a)
— 25. καὶ ποιήσατε πρῶτοι (33 a)
— 26. καὶ ἐποίησαν (33 a)
— 26. ἐπὶ τοῦ θυσιαστ. οὗ ἐποίησαν (33 a)
— 29. ποιήσω τὸ ὁλοκαύτωμά μου –
— 32. καὶ ἐποίησε θάλασσαν (33 a)
— 33. ἐπὶ τὸ θυσιαστ. ὃ ἐποίησε –
— 33. B καὶ ἐποίησαν οὕτως –
— 36. πεποίηκα τὰ ἔργα ταῦτα (33 a)
19. 1. πάντα ἃ ἐποίησεν 'H. (33 a)
— 2. τάδε ποιήσαι [A -σαισάν] μοι (33 a)
— 20. ὅτι πεποίηκά σοι (33 a)
20 (21). 7. ποιεῖς βασιλέα [A -λείαν] ἐπὶ 'Iσρ. (33 a)
— 11. AR ἐποίησαν οἱ ἄνδρες πόλεως αὐ. (33 a)
— 20, 25. ποιῆσαι τὸ πονηρόν (33 a)
— 26. ἃ ἐποίησεν ὁ 'Aμ. (33 a)
21 (20). 9. πάντα . . . ποιήσω (33 a)
— 9. τὸ δὲ ῥῆμα τοῦτο οὐ δυνήσομαι ποιῆσαι (33 a)
— 10. τάδε ποιήσαι [A -σαισάν] μοι (33 a)
— 22. ἴδε τί ποιήσεις (33 a)
— 24. τὸ ῥῆμα τοῦτο ποίησον (33 a)
— 25. καὶ ἐποίησεν οὕτως (33 a)
22. 11. ἐποίησεν ἑαυτῷ Σεδ. . . . κέρατα σιδ. (33 a)
— 22. καὶ ποίησον οὕτως (33 a)
— 39. καὶ πάντα ἃ ἐποίησε (33 a)
— 39. πάσας τὰς πόλεις ἃς ἐποίησεν (4)
— 43. τοῦ ποιῆσαι τὸ εὐθές (33 a)
— 46. ὅσα ἐποίησεν (33 a)
— 49. A ὁ βασ. 'I. ἐποίησεν νῆας (†*, 33 a)
— 53. ἐποίησε τὸ πονηρόν (33 a)
IV Ki. 1. 18. ἃ [A ὅσα] ἐποίησεν (33 a)
— 18 (3. 2). ἐποίησε τὸ πονηρόν (33 a)
— 18 (3. 2). ἃς ἐποίησεν ὁ πατὴρ αὐ. (33 a)
2. 9. τί ποιήσω σοι (33 a)
3. 2. ἐποίησε τὸ πονηρόν (33 a)

IV Ki. 3. 2. B ἃς ἐποίησεν ὁ πατὴρ αὐ. (33 a)
— 16. ποιήσατε τὸν χειμάρρουν τ. βοθύνους (33 a)
4. 2. τί ποιήσω σοι [A om.] (33 a)
— 10. ποιήσωμεν δὴ αὐτῷ ὑπερῷον τόπον (33 a)
— 13. τί δεῖ ποιῆσαί σοι (62 a)
— 14. τί δεῖ ποιῆσαι αὐτῇ (62 a)
5. 13. οὐχὶ ποιήσεις (33 a)
— 17. οὐ ποιήσει ἔτι ὁ δοῦλός σου ὁλοκαύτωμα (33 a)
6. 2. ποιήσωμεν ἑαυτοῖς ἐκεῖ (33 a)
— 15. A B^{1} πῶς ποιήσωμεν [B^{2} R -ομεν] (33 a)
— 31. τάδε ποιήσαι μοι ὁ θεός (33 a)
7. 2. ποιήσει κύριος καταράκτας (33 a)
— 6. ἀκουστὴν ἐποίησε παρεμβολὴν (50)
— 9. οὐχ οὕτως ἡμεῖς ποιοῦμεν (33 a)
— 12. ἃ ἐποίησεν ἡμῖν Συρία (33 a)
— 19. ἰδοὺ κύριος ποιεῖ καταράκτας (33 a)
8. 2. ἐποίησε κατὰ τὸ ῥῆμα Ἐλ. (33 a)
— 4. πάντα τὰ μεγάλα ἃ [A om.] ἐποίησεν Ἐλ. (33 a)
— 12. ὅσα ποιήσεις τοῖς υἱοῖς Ἰσρ. (33 a)
— 13. ποιήσει τὸ ῥῆμα τοῦτο (33 a)
— 18. καθὼς ἐποίησεν οἶκος Ἀχαάβ (33 a)
— 18. ἐποίησε τὸ πονηρόν (33 a)
— 23. καὶ πάντα ὅσα ἐποίησεν (33 a)
— 27. ἐποίησε τὸ πονηρόν (33 a)
10. 5. ὅσα ἐὰν εἴπῃς πρὸς ἡμᾶς ποιήσομεν (33 a)
— 5. τὸ ἀγαθὸν ἐν ὀφθαλμοῖς σου ποιήσομεν (33 a)
— 10. A οὐ ποιῆσαι [B πεσεῖται] ἀπὸ τοῦ ῥήμ. †
— 10. κύριος ἐποίησεν ὅσα ἐλάλησεν (33 a)
— 19. Ἰοὺ ἐποίησεν ἐν πτερνισμῷ (33 a)
— 21. B θυσίαν μεγάλην ποιῶ -
— 24. τοῦ ποιῆσαι τὰ θύματα [A -μιάματα] (33 a)
— 25. ὡς συνετέλεσε ποιῶν τὴν ὁλοκαύτωσιν (33 a)
— 30. ποιῆσαι τὸ εὐθὲς ἐν ὀφθαλμοῖς μου (33 a)
— 30. κατὰ πάντα . . . ἐποίησας τῷ οἴκῳ Ἀχ. (33 a)
— 34. καὶ πάντα ὅσα ἐποίησε (33 a)
11. 5. οὗτος ὁ λόγος ὃν ποιήσετε (33 a)
— 9. καὶ ἐποίησαν . . . πάντα (33 a)
12. 2 (3). ἐποίησεν Ἰ. τὸ εὐθές (33 a)
— 11 (12). ἐπὶ χεῖρας ποιούντων [A τῶν π.] τὰ ἔργα (33 a)
— 11 (12). τοῖς οἰκοδόμοις τοῖς ποιοῦσιν ἐν οἴκῳ κ. (33 a)
— 13 (14). οὐ ποιηθήσεται οἴκῳ κυρίου (33 b)
— 14 (15). τοῖς ποιοῦσι τὰ ἔργα (33 a)
— 15 (16). δοῦναι τοῖς ποιοῦσι τὰ ἔργα (33 a)
— 15 (16). ἐν πίστει αὐτῶν ποιοῦσιν (33 a)
— 19 (20). καὶ πάντα ὅσα ἐποίησεν (33 a)
13. 2. ἐποίησε τὸ πονηρόν (33 a)
— 8. καὶ πάντα ὅσα ἐποίησε (33 a)
— 11. ἐποίησε τὸ πονηρόν (33 a)
— 12. καὶ πάντα ὅσα ἐποίησε (33 a)
— 12. αἱ δυναστεῖαι αὐτοῦ ἃς ἐποίησε (19)
14. 3. ἐποίησε τὸ εὐθές (33 a)
— 3. κατὰ πάντα ὅσα ἐποίησεν Ἰ. ὁ πατὴρ αὐ. ἐποίησε (33 a, 33 a)
— 15. ὅσα ἐποίησεν ἐν δυναστείᾳ αὐ. (33 a)
— 18. καὶ πάντα ὅσα ἐποίησεν -
— 24. ἐποίησε τὸ πονηρόν (33 a)
— 28. καὶ πάντα ὅσα ἐποίησε (33 a)
15. 3. ἐποίησε τὸ εὐθὲς [A ἀγαθόν] (33 a)
— 3. ὅσα ἐποίησεν Ἀμ. (33 a)
— 6. καὶ πάντα ὅσα ἐποίησεν (33 a)
— 9. ἐποίησε τὸ πονηρόν (33 a)
— 9. καθὰ ἐποίησαν οἱ πατέρες αὐτοῦ (33 a)
— 18. ἐποίησε τὸ πονηρόν (33 a)
— 21. καὶ πάντα ὅσα ἐποίησεν (33 a)
— 24. ἐποίησε τὸ πονηρόν (33 a)
— 26. καὶ πάντα ὅσα ἐποίησεν (33 a)
— 28. ἐποίησε τὸ πονηρόν (33 a)
— 31. καὶ πάντα ὅσα ἐποίησεν (33 a)
— 34. ἐποίησε τὸ εὐθές (33 a)
— 34. κατὰ πάντα ὅσα ἐποίησεν Ἀζ. (33 a)
— 36. καὶ πάντα ὅσα ἐποίησεν (33 a)
16. 2. οὐκ [B^{1} om.] ἐποίησε τὸ εὐθές (33 a)
— 11. A οὕτως ἐποίησεν Οὐρίας (33 a)
— 16. ἐποίησεν Οὐρ. . . . κατὰ πάντα (33 a)
— 19. ὅσα ἐποίησεν (33 a)
17. 2. ἐποίησε τὸ πονηρόν (33 a)
— 8. οἱ βασ. Ἰσρ. ὅσοι ἐποίησαν (33 a)
— 11. καὶ ἐποίησαν κοινωνούς (33 a)
— 12. οὐ ποιήσετε τὸ ῥῆμα τοῦτο (33 a)
— 15. μὴ ποιῆσαι κατὰ ταῦτα (33 a)
— 16. ἐποίησαν ἑαυτοῖς χώνευμα (33 a)
— 16. B καὶ ἐποίησαν ἄλση (33 a)

IV Ki. 17. 17. τοῦ ποιῆσαι τὸ πονηρόν (33 a)
— 19. ἐν τοῖς δικαιώμ. Ἰσρ. οἷς ἐποίησαν (33 a)
— 22. ἐν πάσῃ ἁμαρτ. Ἰερ. ἧς ἐποίησεν (33 a)
— 29. ἦσαν ποιοῦντες ἔθνη ἔθνη θεοὺς αὐ. (33 a)
— 29. ὧν ἐποίησαν οἱ Σαμαρεῖται (33 a)
— 30. ἐποίησαν τὴν Σ. Β. (33 a)
— 30. B ἐποίησαν τὴν Ἐ. (33 a)
— 30. ἐποίησαν τὴν Ἀσ. (33 a)
— 31. ἐποίησαν τὴν Ἐβλ. (33 a)
— 32. ἃ ἐποίησαν ἐν Σαμ. -
— 32. ἐποίησαν ἑαυτοῖς ἱερεῖς τῶν ὑψ. (33 a)
— 32. ἐποίησαν ἑαυτοῖς ἐν οἴκῳ τῶν ὑψ. (33 f)
— 34. ἐποίουν κατὰ τὸ κρίμα αὐτῶν (33 a)
— 34. ποιοῦσι κατὰ τὰ δικαιώματα αὐ. (33 a)
— 37. ἃς ἔγραψεν ὑμῖν π. φυλάσσεσθε [A φ. π.] (33 a)
— 40. ὃ αὐτοὶ ποιοῦσι (33 a)
— 41. καθὰ ἐποίησαν οἱ πατέρες αὐτῶν ποιοῦσιν (33 a, 33 a)
18. 3. ἐποίησε τὸ εὐθές (33 a)
— 3. ὅσα ἐποίησε Δαυίδ (33 a)
— 4. ὃν ἐποίησε Μωυσῆς (33 a)
— 7. ἐν πᾶσιν οἷς ἐποίει (15)
— 12. καὶ οὐκ ἐποίησαν (33 a)
— 31. ποιήσατε μετ' ἐμοῦ εὐλογίαν (33 a)
19. 11. ὅσα ἐποίησαν βασιλεῖς Ἀσσυρίων (33 a)
— 15. σὺ ἐποίησας τὸν οὐρανόν (33 a)
— 25. A ἀπὸ μακρόθεν αὐτὴν ἐποίησα (33 a)
— 30. ποιήσει καρπὸν ἄνω (33 a)
— 31. ὁ ζῆλος κυρίου . . . ποιήσει τοῦτο (33 a)
20. 3. τὸ ἀγαθὸν . . . ἐποίησα (33 a)
— 9. ποιήσει κύριος τὸν λόγον (33 a)
— 20. καὶ ὅσα ἐποίησε (33 a)
21. 2. ἐποίησε τὸ πονηρόν (33 a)
— 3. καὶ ἐποίησεν ἄλση καθὼς ἐποίησεν Ἀχ. (33 a, 33 a)
— 6. B^{2} R καὶ ἐποίησε τεμένη [A B^{1} al.] (33 a)
— 6. τοῦ π. τὸ πονηρόν (33 a)
— 7. A ὡς ἐποίησεν (33 a)
— 8. A φυλάξουσι τοῦ π. [B om. τ. π.] πάντα (33 a)
— 9. τοῦ ποιῆσαι τὸ πονηρόν (33 a)
— 11. ὅσα ἐποίησε Μανασσῆς (33 a)
— 11. ἀπὸ πάντων ὧν ἐποίησεν ὁ Ἀμ. (33 a)
— 15. A R ἐποίησαν [B -εν] τὸ πονηρόν (33 a)
— 16. τοῦ ποιῆσαι τὸ πονηρόν (33 a)
— 17. καὶ πάντα ὅσα ἐποίησε (33 a)
— 20. ἐποίησε τὸ πονηρόν (33 a)
— 20. καθὼς ἐποίησε Μανασσῆς (33 a)
— 25. ὅσα ἐποίησεν (33 a)
22. 2. ἐποίησε τὸ εὐθές (33 a)
— 5. ἐπὶ χεῖρα ποιούντων τὰ ἔργα (33 a)
— 5. ἔδωκεν αὐτὸ τοῖς ποιοῦσι τὰ ἔργα (33 a)
— 7. ἐν πίστει αὐτοὶ [A -ὸ] ποιοῦσι (33 a)
— 9. ἐπὶ χεῖρα ποιούντων τὰ ἔργα (33 a)
— 13. τοῦ π. κατὰ πάντα τὰ γεγραμμ. (33 a)
23. 4. πάντα τὰ σκεύη τὰ πεποιημ. τῷ Β. (33 a)
— 12. B ἃ ἐποίησεν βασιλεὺς [A R -σαν βασιλεῖς] Ἰούδα (33 a)
— 12. ἃ ἐποίησε Μανασσῆς (33 a)
— 15. ὃ ἐποίησεν Ἱερ. (33 a)
— 19. οὓς ἐποίησαν βασιλεῖς Ἰσρ. (33 a)
— 19. ἐποίησεν ἐν αὐτοῖς πάντα τὰ ἔργα ἃ ἐποίησεν ἐν Β. [A al.] (33 a, 33 a)
— 21. ποιήσατε πάσχα τῷ κυρίῳ (33 a)
— 28. καὶ πάντα ὅσα ἐποίησεν (33 a)
— 32. ἐποίησε τὸ πονηρόν (33 a)
— 32. κατὰ πάντα ὅσα ἐποίησαν (33 a)
— 37. ἐποίησε τὸ πονηρόν (33 a)
— 37. ὅσα ἐποίησαν οἱ πατέρες αὐτοῦ (33 a)
24. 3. κατὰ πάντα ὅσα ἐποίησε (33 a)
— 5. καὶ πάντα ὅσα ἐποίησεν (33 a)
— 9. ἐποίησε τὸ πονηρόν (33 a)
— 9. ὅσα ἐποίησεν ὁ πατὴρ αὐτοῦ (33 a)
— 13. ἃ ἐποίησε Σαλ. (33 a)
— 16. πάντες δυνατοὶ ποιοῦντες πόλεμον (33 a)
— 19. ἐποίησε τὸ πονηρόν (33 a)
— 19. ὅσα ἐποίησεν Ἰ. (33 a)
25. 16. ἃ ἐποίησε Σαλ. (33 a)
I Ch. 4. 10. ἐὰν . . . ποιήσῃς [A -σεις] γνῶσιν (33 a)
5. 10. ἐποίησαν [A -σαντο] πόλεμον (33 a)
— 19. ἐποίουν πόλεμον μετὰ τῶν Ἀγ. (33 a)
10. 11. ἃ ἐποίησαν ἀλλόφυλοι (33 a)
11. 14. ἐποίησε κύριος σωτηρίαν μεγ. (17)
— 19. τοῦ ποιῆσαι τὸ ῥῆμα τοῦτο (33 a)
— 19. ταῦτα ἐποίησαν οἱ τρεῖς δυνατοί (33 a)
— 24. ταῦτα ἐποίησε Βαν. (33 a)

I Ch. 12. 32. τί ποιῆσαι [S -σει] Ἰσρ. (33 a)
13. 4. εἶπε . . . τοῦ ποιῆσαι οὕτως (33 a)
14. 16. ἐποίησε καθὼς ἐνετείλατο (33 a)
15. 1. ἐποίησεν αὐτῷ οἰκίας ἐν πόλει Δ. (33 a)
— 1. ἐποίησεν αὐτῇ σκηνήν (21)
— 19. τοῦ ἀκουσθῆναι [S^{1} add. καὶ] ποιῆσαι (49 [-])
16. 9. ἃ ἐποίησε κύριος -
— 12. τὰ θαυμάσια αὐ. ἃ ἐποίησε (33 a)
— 26. ὁ θεὸς ἡμῶν οὐρανὸν ἐποίησε (33 a)
17. 2. πᾶν τὸ ἐν τῇ ψυχῇ σου ποίει (33 a)
— 8. ἐποίησά σοι ὄνομα (33 a)
— 19. ἐποίησας τὴν πᾶσαν μεγαλωσύνην (33 a)
— 23. R ποίησον καθὼς ἐλάλησας (33 a)
18. 8. ἐποίησε Σαλ. τὴν θάλ. τὴν χαλκῆν (33 a)
— 14. καὶ ἦν ποιῶν κρίμα (33 a)
19. 2. ποιήσω ἔλεος μετὰ Ἀνάν (33 a)
— 2. ὡς ἐποίησεν ὁ πατὴρ αὐ. . . . ἔλεος (33 a)
— 13. κύριος τὸ ἀγαθὸν . . . ποιήσει [S -σαι] (33 a)
20. 3. καὶ οὕτως ἐποίησε Δ. (33 a)
21. 8. ἐποίησα τὸ πρᾶγμα τοῦτο (33 a)
— 10. καὶ ποιήσω σοι (33 a)
— 17. ταῦτα τὰ πρόβατα τί ἐποίησαν (33 a)
— 23. ποιησάτω ὁ κύριός μου . . . τὸ ἀγαθόν (33 a)
— 29. ἣν ἐποίησε Μ. ἐν τῇ ἐρήμῳ (33 a)
22. 8. πολέμους μεγάλους ἐποίησας (33 a)
— 12. τοῦ π. τὸν νόμον κ. τοῦ θεοῦ σου (44)
— 13. τοῦ π. τὰ προστάγματα (33 a)
— 15. εἰς πλῆθος ποιούντων ἔργα (33 a)
— 16. ἀνάστηθι καὶ ποίει (33 a)
23. 5. οἷς ἐποίησε τοῦ αἰνεῖν τῷ κ. (33 a)
— 24. ποιοῦντες τὰ ἔργα λειτουργίας (33 a)
26. 8. ποιοῦντες δυνατῶς ἐν τῇ ἐργασίᾳ †
— 10. ἐποίησεν αὐτὸν ὁ πατὴρ αὐτοῦ ἄρχοντα (39)
28. 10. ἴσχυε καὶ ποίει (33 a)
— 20. ἴσχυε καὶ ἀνδρίζου καὶ ποίει (33 a)
29. 19. ποιεῖν τὰς ἐντολάς σου (44)
II Ch. 1. 3. ἣν ἐποίησε Μ. (33 a)
— 5. ὃ ἐποίησε Βεσ. (33 a)
— 8. ἐποίησας μετὰ Δ. . . . ἔλεος μέγα (33 a)
2. 3 (2). ὡς ἐποίησας μετὰ τοῦ πατρός μου Δ. (33 a)
— 7 (6). εἰδότα τοῦ ποιῆσαι ἐν τῷ χρυσίῳ (33 a)
— 12 (11). ὃς ἐποίησε τὸν οὐρανόν (33 a)
— 14 (13). εἰδότα ποιῆσαι ἐν χρυσίῳ (33 a)
— 18 (17). ἐποίησεν ἐξ αὐτῶν ἑβδομήκ. χιλιάδας (33 a)
3. 8. ἐποίησε τὸν οἶκον τοῦ ἁγ. τῶν ἁγ. (33 a)
— 10. ἐποίησεν . . . χερουβεὶν δύο (33 a)
— 14. ἐποίησε τὸ καταπέτασμα (33 a)
— 15. ἐποίησεν . . . στύλους δύο (33 a)
— 16. ἐποίησε σερσερώθ (33 a)
— 16. ἐποίησε ῥοΐσκους ἑκατόν (33 a)
4. 1. καὶ ἐποίησε τὸ θυσιαστ. χαλκοῦν (33 a)
— 2. καὶ ἐποίησε τὴν θάλ. χυτήν (33 a)
— 4. ᾗ ἐποίησαν αὐτοὺς δώδεκα μόσχους †
— 6. ἐποίησε λουτῆρας δέκα (33 a)
— 7. ἐποίησε τὰς λυχνίας τὰς χρυσᾶς (33 a)
— 8. ἐποίησε τραπέζας δέκα (33 a)
— 8. ἐποίησε φιάλας χρυσᾶς ἑκατόν (33 a)
— 9. ἐποίησε τὴν αὐλὴν τῶν ἱερέων (33 a)
— 11. ἐποίησε Χ. τὰς κρεάγρας (33 a)
— 11. ποιῆσαι πᾶσαν τὴν ἐργασίαν ἣν ἐποίησε Σαλ. (33 a, 33 a)
— 14. τὰς μεχ. ἐποίησε δέκα (33 a)
— 14. τοὺς λουτῆρας ἐποίησεν (33 a)
— 16. ἃ ἐποίησε Χ. (33 a)
— 18. ἐποίησε Σ. πάντα τὰ σκεύη ταῦτα (33 a)
— 19. ἐποίησε Σ. πάντα τὰ σκεύη (33 a)
— 22 (5. 1). ἣν ἐποίησε Σαλ. (33 a)
6. 8. καλῶς ἐποίησας [B^{1} om.] (33 a)
— 13. ἐποίησε Σαλ. βάσιν χαλκῆν (33 a)
— 23. καὶ ποιήσεις (33 a)
— 33. καὶ ποιήσεις κατὰ πάντα (33 a)
— 35. ποιήσεις τὸ δικαίωμα αὐτῶν (33 a)
— 39. καὶ ποιήσεις κρίματα (33 a)
7. 7. ἐποίησεν ἐκεῖ τὰ ὁλοκαυτώμ. (33 a)
— 7. ὃ ἐποίησε Σαλ. (33 a)
— 7. A οὐκ ἐποίει [B ἐξέπ.] δέξασθαι (12)
— 8. ἐποίησε Σ. τὴν ἑορτήν (33 a)
— 9. καὶ ἐποίησεν . . . ἐξόδιον (33 a)
— 9. ἐγκαινισμὸν τοῦ θυσιαστ. ἐποίησεν (33 a)
— 10. οἷς ἐποίησε κύριος τῷ Δ. (33 a)
— 11. B ὅσα ἐποίησεν [A R ἠθέλησεν] †
— 11. τοῦ ποιῆσαι ἐν οἴκῳ κυρίου (33 a)
— 17. ἐὰν . . . ποιήσῃς κατὰ πάντα (33 a)
— 21. χάριν τίνος ἐποίησε κύριος τῇ γῇ ταύτῃ (33 a)

II Ch. 9. 8. τοῦ ποιῆσαι κρίμα [A κρίσιν] (33 a)
— 11. ἐποίησεν ὁ βασ. τὰ ξύλα τὰ πεύκ. (33 a)
— 15. ἐποίησεν ὁ βασ. Σ. διακοσ. θυρεούς (33 a)
— 17. ἐποίησεν ὁ βασ. θρόνον (33 a)
11. 1. νεανίσκων ποιούντων πόλεμον (33 a)
— 15. ἃ ἐποίησεν Ἱερ. (33 a)
12. 9. οὓς ἐποίησε Σαλ. (33 a)
— 10. ἐποίησεν Ῥ. θυρεοὺς χαλκοῦς (33 a)
— 14. ἐποίησε τὸ πονηρόν (33 a)
13. 8. οὓς ἐποίησεν ὑμῖν Ἱερ. (33 a)
— 9. ἐποιήσατε ἑαυτοῖς ἱερεῖς (33 a)
14. 2 (1). ἐποίησε τὸ καλόν (33 a)
— 4 (3). καὶ ποιῆσαι τὸν νόμον (33 a)
— 7 (6). καὶ ποιήσωμεν τείχη (26)
16. 14. ἐποίησαν αὐτῷ ἐκφορὰν μεγάλην †
18. 10. ἐποίησεν ἑαυτῷ . . . κέρατα σιδηρᾶ (33 a)
— 21. ἔξελθε καὶ ποίησον οὕτω (33 a)
— 23. A καὶ ἐποίησεν [B ἤγγισεν] Σεδ. †
19. 6. ἴδετε τί ὑμεῖς ποιεῖτε (33 a)
— 7. A B φυλάσσετε καὶ ποιήσετε [R -ατε] (33 a)
— 9. ποιήσετε ἐν φόβῳ κυρίου (33 a)
— 10. οὕτω ποιήσετε (33 a)
— 11. ἰσχύσατε καὶ ποιήσατε (33 a)
20. 12. τί ποιήσωμεν αὐτοῖς (33 a)
32. τοῦ ποιῆσαι τὸ εὐθές (33 a)
— 36 (35). ἠνόμησεν ἐν τῷ ποιῆσαι (33 a)
— 36. B τοῦ ποιῆσαι πλοῖα (33 a)
— 36. καὶ ἐποίησε πλοῖα (33 a)
21. 6. ὡς ἐποίησεν οἶκος Ἀχ. (33 a)
— 6. καὶ ἐποίησε τὸ πονηρόν (33 a)
— 11. αὐτὸς ἐποίησεν ὑψηλά (33 a)
— 19. οὐκ ἐποίησεν ὁ λαὸς αὐ. ἐκφοράν (33 a)
22. 4. ἐποίησε τὸ πονηρόν (33 a)
23. 4. ὃν ποιήσετε (33 a)
— 8. ἐποίησαν οἱ Λ. . . . κατὰ πάντα (33 a)
24. 2. ἐποίησεν Ἰ. τὸ εὐθές (33 a)
— 7. τὰ ἅγ. οἴκου κυρίου ἐποίησαν ταῖς Β. (33 a)
— 11. οὕτως ἐποίουν ἡμέραν ἐξ ἡμέρας (33 a)
— 12. ἔδωκεν . . . τοῖς ποιοῦσι τὰ ἔργα (33 a)
— 13. ἐποίουν οἱ ποιοῦντες τὰ ἔργα (33 a, 33 a)
— 14. καὶ ἐποίησαν σκεύη (33 a)
— 16. ἐποίησεν [A -αν] ἀγαθωσύνην (33 a)
— 22. οὗ ἐποίησεν μετ' αὐτοῦ Ἰ. (33 a)
— 24. μετὰ Ἰωὰς ἐποίησε κρίματα (33 a)
25. 2. ἐποίησε τὸ εὐθές (33 a)
— 9. τί ποιήσω τὰ ἑκατὸν τάλαντα (33 a)
— 16. ὅτι ἐποίησας τοῦτο (33 a)
26. 4. ἐποίησε τὸ εὐθές (33 a)
— 4. ὅσα ἐποίησεν Ἀμ. ὁ πατὴρ αὐτοῦ (33 a)
— 11. δυνάμεις ποιοῦσαι πόλεμον (33 a)
— 13. οὗτοι οἱ ποιοῦντες πόλεμον (33 a)
— 15. ἐποίησεν ἐν Ἱερ. μηχανάς (33 a)
27. 2. ἐποίησε τὸ εὐθές (33 a)
— 2. κατὰ πάντα ἃ ἐποίησεν Ὀζ. (33 a)
28. 1. οὐκ ἐποίησε τὸ εὐθές (33 a)
— 2. γλυπτὰ ἐποίησε (33 a)
— 24. ἐποίησεν ἑαυτῷ θυσιαστήρια (33 a)
— 25. B ἐποίησεν [A^{2} -σαν] ὑψηλά (33 a)
29. 2. ἐποίησε τὸ εὐθές (33 a)
— 2. ὅσα ἐποίησε Δαυίδ (33 a)
— 6. ἐποίησαν τὸ πονηρόν (33 a)
30. 1, 2. ποιῆσαι τὸ φασέκ (33 a)
— 3. οὐ γὰρ ἠδυνάσθησαν ποιῆσαι αὐτό (33 a)
— 5. ποιῆσαι τὸ φασέκ (33 a)
— 5. πλῆθος οὐκ ἐποίησε (33 a)
— 12. τοῦ ποιῆσαι κατὰ τὰ προστάγματα (33 a)
— 13. τοῦ ποιῆσαι τὴν ἑορτὴν τῶν ἀζύμων (33 a)
— 21. ἐποίησαν . . . τὴν ἑορτὴν τῶν ἀζύμων (33 a)
— 23. ποιῆσαι ἑπτὰ ἡμέρας ἄλλας (33 a)
— 23. ἐποίησαν ἑπτὰ ἡμέρας (33 a)
31. 20. ἐποίησεν οὕτως Ἐζ. (33 a)
— 20. ἐποίησε τὸ καλόν (33 a)
— 21. καὶ ἐποίησε (33 a)
32. 13. ὅ τι [A τί] ἐποίησα ἐγώ (33 a)
— 15. μὴ πεποιθέναι ὑμᾶς ποιείτω κατὰ ταῦτα (100 b)
— 27. θησαυροὺς ἐποίησεν αὐτῷ (33 a)
33. 2. ἐποίησε τὸ πονηρόν (33 a)
— 3. καὶ ἐποίησεν ἄλση (33 a)
— 6. ἐποίησεν ἐγγαστριμύθους (33 a)
— 6. A ἐπαοιδοὺς ἐποίησε τοῦ ποιῆσαι τὸ πονηρόν [B al.] (37 [–], 33 a)
— 7. εἰκόνα ἣν ἐποίησεν (33 a)
— 8. τοῦ ποιῆσαι πάντα (33 a)
— 9. τοῦ ποιῆσαι τὸ πονηρόν (33 a)
— 22. ἐποίησε τὸ πονηρόν (33 a)
— 22. ὡς ἐποίησε Μαν. ὁ πατὴρ αὐ. (33 a)

II Ch. 33. 22. οἷς ἐποίησε Μαν. ὁ πατὴρ αὐ. (33 a)
34. 2. ἐποίησε τὸ εὐθές (33 a)
— 10. ἐπὶ χεῖρα ποιούντων τὰ ἔργα (33 a)
— 10. ἔδωκαν αὐτὸ ποιοῦσι τὰ ἔργα οἳ ἐποίουν ἐν οἴκῳ κυρίου (33 a, 33 a)
— 13. ἐπὶ πάντων τῶν ποιούντων τὰ ἔργα (33 a)
— 16. ἐν χειρὶ τῶν παίδων σου τῶν ποιούντων [A *add.* τὸ ἔργον] (33 a)
— 17. ἐπὶ χεῖρα . . . τῶν ποιούντων ἐργασίαν (33 a)
— 21. τοῦ ποιῆσαι κατὰ πάντα (33 a)
— 31. R ὥστε π. [A B *om.* ὥ. π.] τοὺς λόγους (33 a)
— 32. καὶ ἐποίησαν . . . διαθήκην (33 a)
— 33. ἐποίησε πάντας τοὺς εὑρεθέντας (27 b)
35. 1. ἐποίησεν Ἰ. τὸ φασέκ (33 a)
— 6. τοῦ ποιῆσαι κατὰ τὸν λόγον κυρίου (33 a)
— 16. τοῦ ποιῆσαι τὸ φασέκ (33 a)
— 17. καὶ ἐποίησαν . . . τὸ φασέκ (33 a)
— 18. οὐκ ἐποίησαν τὸ φασὲκ ὃ ἐποίησεν Ἰ. (33 a, 33 a)
— 19. R ἐποιήθη τὸ φασὲκ τοῦτο (33 b)
— 21. A πόλεμον ποιῆσαι [B πολεμῆσαι] †
36. 2. ἐποίησε τὸ πονηρόν –
— 2. ἃ ἐποίησαν οἱ πατέρες αὐτοῦ –
— 5. ἐποίησε τὸ πονηρόν (33 a)
— 5. κατὰ πάντα ὅσα ἐποίησαν –
— 5. ἐν πᾶσιν οἷς ἐποίησε –
— 8. καὶ πάντα ἃ ἐποίησεν (33 a)
— 9, 12. ἐποίησε τὸ πονηρόν (33 a)
I Es. 1. 6. ποιήσατε τὸ πάσχα
— 39, 44, 47. ἐποίησε τὸ πονηρόν
3. 1. ἐποίησε δοχὴν μεγάλην
— 19. ποιεῖ τὴν διάνοιαν μίαν
— 21. πάσας καρδίας ποιεῖ πλουσίας
— 21. πάντα διὰ ταλάντων ποιεῖ λαλεῖν
— 24. οὕτως ἀναγκάζει π.
4. 3. A πάντα . . . ποιήσουσιν [B *al.*]
— 4. ἐὰν εἴπῃ αὐτοῖς ποιῆσαι πόλεμον . . . ποιοῦσιν [A ποιήσουσιν]
— 11. καὶ π. τὰ ἔργα αὐτοῦ
— 17. ποιοῦσι τὰς στολὰς τῶν ἀνθρώπων
— 17. ποιοῦσι δόξαν τοῖς ἀνθρώποις
— 35. ὃς ταῦτα ποιεῖ
— 39. τὰ δίκαια ποιεῖ
— 46. ἵνα ποιήσῃς τὴν εὐχὴν ἣν ηὔξω . . . ποιῆσαι
— 57. ὅσα εἶπε Κῦρος ποιῆσαι
— 57. αὐτὸς ἐπέταξε ποιῆσαι
5. 3. ἐποίησεν αὐτοῖς συνναβῆναι
— 58. ποιοῦντες εἰς τὰ ἔργα ἐν τῷ οἴκῳ
— 73. συστάσεις [A ἐπισυστ.] ποιούμενοι
7. 6. καὶ ἐποίησαν οἱ υἱοὶ Ἰσρ.
8. 16. ὅσα ἂν βούλῃ . . . ποιῆσαι
— 80. ἐποίησεν ἡμᾶς ἐν χάριτι
— 95. ἡμεῖς μετὰ σοῦ ἰσχὺν π.
— 96. ποιῆσαι κατὰ ταῦτα
9. 9. ποιήσατε τὸ θέλημα αὐτοῦ
— 10. οὕτως ὡς εἴρηκας ποιήσομεν
— 15. ἐποίησαν κατὰ πάντα ταῦτα
II Es. 3. 4. ἐποίησαν τὴν ἑορτὴν τῶν σκηνῶν (33 a)
— 8. A R ἐπὶ τοὺς ποιοῦντας [B *om.* τ. π.] τὰ ἔργα –
— 9. ἐπὶ τοὺς ποιοῦντας τὰ ἔργα (33 a)
4. 22. ἄνεσιν ποιῆσαι περὶ τούτου (27 d?)
6. 8. μή ποτέ τι ποιήσητε (27 d)
— 11. ὁ οἶκος αὐ. τὸ κατ' ἐμὲ ποιηθήσεται (27 e)
— 13. οὕτως ἐποίησαν ἐπιμελῶς (27 d)
— 16. καὶ ἐποίησαν οἱ υἱοὶ Ἰσρ. . . . ἐγκαίνια (27 d)
— 19. καὶ ἐποίησαν . . . τὸ πάσχα (33 a)
— 22. ἐποίησαν τὴν ἑορτὴν τῶν ἀζύμων (33 a)
7. 10. καὶ π. καὶ διδάσκειν . . . προστάγματα (33 a)
— 18. ἐν καταλοίπῳ τοῦ ἀργ. . . . ποιῆσαι (27 d)
— 18. ὡς ἀρεστὸν τῷ θ. ὑμῶν ποιήσατε (27 d)
— 26. ὃς ἂν μὴ ᾖ ποιῶν νόμον τοῦ θ. (27 d)
10. 3. S^{2} ποιηθήσεται κατὰ τὸν νόμον [A B S^{1} *al.*] (33 b)
— 4. κραταιοῦ καὶ ποίησον (33 a)
— 5. τοῦ ποιῆσαι κατὰ τὸ ῥῆμα τοῦτο (33 a)
— 11. καὶ ποιήσατε τὸ ἀρεστόν (33 a)
— 12. μέγα τοῦτο τὸ ῥῆμά σου ἐφ' ἡμᾶς ποιῆσαι (33 a)
— 16. ἐποίησαν οὕτως υἱοὶ τῆς ἀποικίας (33 a)
— 39 (37). καὶ ἐποίησαν οἱ υἱοὶ Βαν. (33 a*, †)
Ne. 1. 9. καὶ ποιήσητε αὐτάς (33 a)
2. 12. τοῦ ποιῆσαι μετὰ τοῦ Ἰσρ. (33 a)
— 16. οὐκ ἔγνωσαν . . . τί ἐγὼ ποιῶ (33 a)
— 16. τοῖς ποιοῦσι τὰ ἔργα (33 a)

Ne. 2. 19. ὃ ὑμεῖς ποιεῖτε (33 a)
4. 8 (2). R ποιῆσαι αὐτὴν ἀφανῆ (33 a)
— 16 (10). ἐποίουν τὸ ἔργον (33 a)
— 17 (11). ἐποίει αὐτὸ τὸ ἔργον (33 a)
— 21 (15). ποιοῦντες τὸ ἔργον (33 a)
5. 9. ὃν ὑμεῖς ποιεῖτε (33 a)
— 12. οὕτως ποιήσομεν (33 a)
— 12. ποιῆσαι ὡς τὸ ῥῆμα τοῦτο (33 a)
— 13. ἐποίησεν ὁ λαὸς τὸ ῥῆμα τοῦτο [S^{2} *al.*] (33 a)
— 15. οὐκ ἐποίησα οὕτως (33 a)
— 19. ὅσα ἐποίησα τῷ λαῷ τούτῳ (33 a)
6. 2. ποιῆσαί μοι πονηρίαν (33 a)
— 3. ἔργον μέγα ἐγὼ ποιῶ (33 a)
— 9. καὶ οὐ ποιηθήσεται (33 b)
— 13. καὶ ποιήσω οὕτως (33 a)
8. 12. ποιῆσαι [S^{2} ποιεῖν] εὐφροσύνην μεγ. (33 a)
— 15. ποιῆσαι σκηνὰς κατὰ τὸ γεγραμμ. (33 a)
— 16. ἐποίησαν ἑαυτοῖς σκηνάς (33 a)
— 17. καὶ ἐποίησαν . . . σκηνάς (33 a)
— 17. οὐκ ἐποίησαν . . . οὕτως οἱ υἱοὶ Ἰσρ. (33 a)
— 18. ἐποίησαν ἑορτὴν ἑπτὰ ἡμέρας (33 a)
9. 6. σὺ ἐποίησας τὸν οὐρανόν (33 a)
— 10. ἐποίησας σεαυτῷ ὄνομα (33 a)
— 17. ὧν ἐποίησας μετ' αὐτῶν (33 a)
— 18. ἐποίησαν ἑαυτοῖς μόσχον χωνευτόν (33 a)
— 18. ἐποίησαν παροργισμοὺς μεγάλους (33 a)
— 24. ποιῆσαι αὐτοῖς ὡς ἀρεστόν (33 a)
— 26. ἐποίησαν παροργισμοὺς μεγάλους (33 a)
— 28. ποιῆσαι τὸ πονηρὸν ἐνώπιόν σου (33 a)
— 29. ἃ ποιήσας αὐτά (33 a)
— 31. οὐκ ἐποίησας αὐτοὺς συντέλειαν (33 a)
— 33. ἀλήθειαν ἐποίησας (33 a)
— 34. οὐκ ἐποίησαν τὸν νόμον σου (33 a)
10. 29 (30). καὶ π. πάσας τὰς ἐντολάς (33 a)
— 32 (33). B ποιήσομεν [A S R στήσ.] ἐφ' ἡμᾶς ἐντολάς (30)
11. 12. ποιοῦντες τὸ ἔργον τοῦ οἴκου (33 a)
12. 27. ποιῆσαι ἐγκαίνια (33 a)
13. 5. καὶ ἐποίησεν ἑαυτῷ γαζοφυλάκιον (33 a)
— 7. A S R ᾗ ἐποίησεν Ἐλ. (33 a)
— 7. A B^{2} S R ποιῆσαι αὐτῷ γαζοφυλάκιον (33 a)
— 10. ποιοῦντες τὸ ἔργον (33 a)
— 14. ὃ ἐποίησα ἐν οἴκῳ κυρίου (33 a)
— 17. ὃν ὑμεῖς ποιεῖτε (33 a)
— 18. οὐχὶ οὕτως ἐποίησαν οἱ πατέρες ὑμῶν (33 a)
— 20. καὶ ἐποίησαν πρᾶσιν (20)
— 27. ποιῆσαι πᾶσαν πονηρίαν ταύτην (33 a)
To. 1. 3. ἐλεημοσύνας πολλὰς ἐποίησα
— 5. S ὃν ἐποίησεν Ἱερ.
— 16. ἐλεημοσύνας πολλὰς ἐποίουν [S^{1} ἐποίησα]
— 18. S ἧς ἐποίησεν ἐξ αὐτοῦ ὁ βασ. τοῦ οὐρ.
3. 5. ποιῆσαι περὶ τῶν ἁμαρτιῶν μου
— 5. οὐκ ἐποιήσαμεν τὰς ἐντολάς σου
— 6. ποίησον μετ' ἐμοῦ
— 10. ἐὰν ποιήσω τοῦτο [S *al.*]
4. 3. ποίει τὸ ἀρεστὸν αὐτῇ
— 5. δικαιοσύνην ποίει [A -εῖν]
— 6. ποιοῦντός σου τὴν ἀλήθειαν [S *al.*]
— 6. πᾶσι τοῖς ποιοῦσι τὴν δικαιοσύνην
— 7. A B ποίει ἐλεημοσύνην
— 7. A B ἐν τῷ π. σε ἐλεημοσύνην
— 8. A B ποίησον ἐξ αὐτῶν ἐλεημοσύνην
— 8. A B μὴ φοβοῦ π. ἐλεημοσύνην
— 11. A B πᾶσι τοῖς ποιοῦσιν αὐτήν
— 15. A B ὃ μισεῖς μηδενὶ ποιήσῃς
— 16. A B ποίει ἐλεημοσύνην
— 16. A B ἐν τῷ π. σε ἐλεημοσύνην
— 21. καὶ ποιήσῃς τὸ ἀρεστὸν [S τὰ ἀγαθά]
5. 1. πάτερ, ποιήσω πάντα
6. 5. ἐποίησε τὸ παιδάριον [S *al.*]
— 12. A S R ποιήσομεν [B -σωμεν] τὸν γάμον
7. 7. S καὶ ποιῶν ἐλεημοσύνας
— 11. S κύριος ποιήσει ἐν ὑμῖν
— 12. S εἶπεν αὐτῷ Ῥ. ὅτι ποιῶ [A B *al.*]
— 12. S ποιῆσαι ἐφ' ὑμᾶς ἔλεος [A B *al.*]
— 17. καὶ ἐποίησεν [S *al.*]
8. 4. S ὅπως ποιήσῃ ἐφ' ἡμᾶς ἔλεος [A B *al.*]
— 6. σὺ ἐποίησας Ἀδάμ
— 6. S ἐποίησας [A B ἔδωκας] αὐτῷ βοηθόν
— 6. ποιήσωμεν αὐτῷ βοηθόν
— 16. κατὰ τὸ πολὺ ἔλεός σου ἐποίησας μεθ' ἡ.
— 17. ποίησον αὐτοῖς . . . ἔλεος
— 19. καὶ ἐποίησεν αὐτοῖς γάμον [S ποιῆσαι ἄρτους πολλούς]
10. 7. ποιῆσαι αὐτὸν ἐκεῖ [S *al.*]
12. 6. περὶ ὧν [S ἃ] ἐποίησε μεθ' ὑμῶν

To. 12. 7. B ἀγαθὸν ποιήσατε [S τὸ ἀ. ποιεῖτε]
— 8. καλὸν [A *add.* τὸ] ποιῆσαι ἐλεημοσύνην
— 9. οἱ ποιοῦντες ἐλεημοσύνας
— 10. S οἱ ποιοῦντες ἁμαρτίαν [A B *al.*]
— 13. A οὐκ ἔλαθές με ἀγαθὸν ποιῶν [B ἀγαθοπ.]
13. 6. ποιῆσαι ἐνώπιον αὐτοῦ ἀλήθειαν
— 6. ἃ ποιήσει [S ἐποίησεν] μεθ' ὑμῶν
— 6. A B ποιήσατε δικαιοσύνην
— 6. B καὶ ποιήσει ἐλεημοσύνην ὑμῖν [A εἰς ὑμᾶς]
14. 2. ἐποίει ἐλεημοσύνας [S ἐλ. ἐποίησεν]
— 7. S οἱ ποιοῦντες τὴν ἁμαρτίαν
— 7. S ποιήσατε τὸ ἀρεστόν
— 7. ποιοῦντες ἔλεος τοῖς ἀδ. ἡμῶν [S *al.*]
— 7. S π. δικαιοσύνην καὶ ἐλεημοσύνην [A B *al.*]
— 10. τί ἐποίησεν 'A. [S *al.*]
— 10. Μαν. ἐποίησεν [S ἐν τῷ ποιῆσαί με] ἐλεημοσύνην
— 11. τί ἐλεημοσύνη ποιεῖ
— 11. S τί ποιεῖ ἀδικία
— 15. S ἐν πᾶσιν οἷς ἐποίησεν
Ju. 1. 2. ἐποίησε τὸ ὕψος [A μῆκος] τοῦ τείχους
— 4. ἐποίησε τὰς πύλας αὐ.
— 5. καὶ ἐποίησε πόλεμον
2. 12. ποιήσω ταῦτα ἐν χειρί μου
— 13. οὐ μακρυνεῖς τοῦ ποιῆσαι αὐτά
4. 1. ὅσα ἐποίησεν 'Ολ.
— 8. καὶ ἐποίησαν οἱ υἱοὶ 'Ισρ.
6. 21. ἐποίησε πότον τοῖς πρεσβυτέροις
7. 1. καὶ π. πόλεμον πρὸς τοὺς υἱοὺς 'Ισρ.
— 16. καὶ συνέταξεν π.
— 24. ἐποιήσατε ἐν ἡμῖν ἀδικίαν μεγάλην
— 28. ἵνα μὴ [S *om.*] ποιήσῃ κατὰ τὰ ῥήμ. ταῦτα
— 31. ποιήσω κατὰ τὰ ῥήματα ὑμῶν
8. 5. ἐποίησεν ἑαυτῇ σκηνήν
— 14. ὃς ἐποίησε πάντα ταῦτα
— 26. ὅσα ἐποίησε μετὰ 'Αβραάμ
— 30. ἠνάγκασαν ποιῆσαι ἡμᾶς
— 32. καὶ ποιήσω πρᾶγμα
— 34. ἃ ἐγὼ ποιῶ
9. 2. καὶ ἐποίησαν
— 5. ἐποίησας τὰ πρότερα ἐκείνων
— 14. καὶ ποίησον . . . ἐπίγνωσιν
10. 10. καὶ ἐποίησαν οὕτως
— 16. καὶ εὖ [A εὐθῆ] σε ποιήσει
11. 2. αὐτοὶ ἑαυτοῖς ἐποίησαν ταῦτα
— 4. εὖ σε ποιήσει
— 6. τελείως πρᾶγμα ποιήσει μετὰ σοῦ
— 11. ὁπηνίκα ἂν ποιήσωσιν ἀτοπίαν
— 14. A B οἱ ἐκεῖ κατοικοῦντες ἐποίησαν ταῦτα
— 15. A B ὡς ἂν ἀναγγείλῃ αὐτοῖς καὶ ποιήσωσι
— 16. A B ποιῆσαι μετὰ σοῦ πράγματα
— 17. A B πότε ἐποίησαν τὰ ἁμαρτήμ. αὐτῶν
— 22. A B εὖ ἐποίησεν ὁ θεός
— 23. R ἐὰν ποιήσῃς [A -σεις, B -σῃ] καθὰ ἐλάλησας
12. 4. A B ἕως ἂν ποιήσῃ κύριος ἐν χειρί μου
— 10. A B ἐποίησεν 'Ολ. πότον
— 14. A B πᾶν . . . σπεύσασα ποιήσω
13. 5. A B καὶ ποιῆσαι τὸ ἐπιτήδευμά μου
— 11. ποιῆσαι ἔτι ἰσχὺν ἐν 'Ισρ.
— 11. καθὰ καὶ σήμερον ἐποίησε
— 16. οὐκ ἐποίησεν ἁμάρτημα μετ' ἐμοῦ
— 20. ποιῆσαι σοι αὐτὰ ὁ θεός
14. 5. πρὸ δὲ τοῦ ποιῆσαι ταῦτα
— 8. ὅσα ἐποίησας ἐν ταῖς ἡμέραις ταύταις
— 8. πάντα ὅσα ἦν πεποιηκυῖα
— 10. ὅσα ἐποίησεν ὁ θ. τοῦ 'Ισρ.
— 18. ἐποίησεν αἰσχύνην μία γυνὴ τῶν 'Εβρ.
15. 8. ἃ ἐποίησε κύριος τῷ 'Ισρ.
— 10. ἐποίησας πάντα ταῦτα
— 10. ἐποίησας [A εὖ π.] τὰ ἀγαθὰ μετὰ 'Ισρ.
— 12. καὶ ἐποίησαν [A *om.* κ. ἐ.] αὐτῇ χορόν
Es. 1. 1. τί ὁ θ. βεβούλευται ποιῆσαι
— 3. δοχὴν ἐποίησε τοῖς φίλοις (33 *a*)
— 5. ἐποίησεν ὁ βασ. πότον (33 *a*)
— 8. ποιῆσαι τὸ θέλημα αὐτοῦ (33 *a*)
— 9. ἐποίησε πότον ταῖς γυναιξίν (33 *a*)
— 13. ποιήσατε οὖν περὶ τούτου νόμον –
— 15. ὡς δεῖ ποιῆσαι 'Αστὶν τῇ βασιλίσσῃ (33 *a*)
— 15. οὐκ ἐποίησε τὰ ὑπὸ τοῦ βασ. προσταχθέντα (33 *a*)
— 20. ὃν ἐὰν ποιῇ ἐν τῇ βασιλείᾳ αὐ. (33 *a*)
— 21. ἐποίησεν ὁ βασ. καθὰ ἐλάλησεν ὁ M. (33 *a*)
2. 1. A καθὰ ἐποίησεν [B S *al.*] (33 *a*)
— 4. καὶ ἐποίησεν οὕτως (33 *a*)
— 18. ἐποίησεν ὁ βασ. πότον (33 *a*)

Es. 2. 18. καὶ ἄφεσιν ἐποίησε (33 *a*)
— 20. καὶ π. τὰ προστάγματα αὐτοῦ (33 *a*)
3. 2. προσέταξεν [A ἐπέτ.] ὁ βασ. ποιῆσαι –
— 7. ἐποίησε ψήφισμα (117)
— 9. S^2 ἐπὶ χεῖρας τῶν ποιούντων τὰ ἔργα (33 *a*)
4. 17. ἐποίησεν ὅσα ἐνετείλατο (33 *a*)
— 17. σὺ ἐποίησας τὸν οὐρανόν
— 17. οὐδὲ ἐν φιλοδοξίᾳ ἐποίησα τοῦτο
— 17. ἐποίησα τοῦτο
— 17. καὶ οὐ ποιήσω αὐτά
— 17. ἐποίησας αὐτοῖς ὅσα ἐλάλησας
5. 4. τὴν δοχὴν ἣν ποιήσω σήμερον (33 *a*)
— 5. ὅπως ποιήσωμεν [S -σομεν, A ποιῆσαι] τὸν λόγον 'E. (33 *a*)
— 8. S^2 καὶ ποιῆσαι τὸ ἀξίωμά μου (33 *a*)
— 8. A B S^2 ἣν ποιήσω αὐτοῖς (33 *a*)
— 8. A B S^2 ποιήσω τὰ αὐτά (33 *a*)
— 11. ὡς ἐποίησεν αὐτὸν πρωτεύειν [A πρῶτον] †
— 12. S^2 ἣν ἐποίησεν (33 *a*)
6. 3. τίνα δόξαν ἢ χάριν ἐποιήσαμεν τῷ M. (33 *b*)
— 3. οὐκ ἐποίησας αὐτῷ οὐδέν (33 *b*)
— 6. τί ποιήσω τῷ ἀνθρώπῳ (33 *a*)
— 10. οὕτως ποίησον [A -σομεν] τῷ Μαρδ. (33 *a*)
7. 5. ποιῆσαι τὸ πρᾶγμα τοῦτο (33 *a*)
8. 3. ὅσα ἐποίησε τοῖς 'Ιουδαίοις (10)
— 13. καλῶς οὖν ποιήσετε [A -σατε, S -σητε]
— 13. ἐποίησεν αὐτοῖς [S^2 *add.* εἰς] εὐφροσύνην
— 13. ἥτις κατὰ ταῦτα μὴ ποιήσῃ
9. 1. S^2 καὶ τὸ δόγμα αὐ. ποιῆσαι (33 *b*)
— 29. ὅσα ἐποίησαν [S -σεν] †
10. 3. ἣν . . . ἐποίησε βασίλισσαν
— 3. ἐποίησεν ὁ θ. τὰ σημεῖα
— 3. B S ἐποίησε κλήρους δύο
Jb. 1. 4. ἐποιοῦσαν [A S^2 -ουν] πότον (33 *a*)
— 5. οὕτως οὖν [A *om.*] ἐποίει 'Ιώβ [A *om.*] (33 *a*)
— 10. τὰ κτήνη αὐ. πολλὰ ἐποίησας (103 *a*)
— 17. οἱ ἱππεῖς ἐποίησαν ἡμῖν κεφαλὰς [A S^2 ἀρχὰς] τρεῖς (39)
5. 9. τὸν ποιοῦντα μεγάλα καὶ ἀνεξιχνίαστα (33 *a*)
— 11. τὸν ποιοῦντα ταπεινοὺς εἰς ὕψος (39)
— 12. οὐ μὴ ποιήσουσιν αἱ χεῖρες αὐτῶν ἀληθές (33 *a*)
— 18. αὐτὸς γὰρ ἀλγεῖν ποιεῖ (52)
— 27. A τί ἐποίησας [B S *al.*] –
7. 18. ἢ ἐπισκοπὴν αὐτοῦ ποιήσῃ [A ποιῇ] (72)
— 21. διὰ τί οὐκ ἐποιήσω τῆς ἀνομίας [A ἁμαρτίας] μου λήθην (89)
8. 3. ἢ ὁ τὰ πάντα ποιήσας ταράξει τὸ δίκαιον (98)
9. 9. ὁ ποιῶν Πλειάδα καὶ Ἕσπερον (33 *a*)
— 10. ὁ ποιῶν μεγάλα καὶ ἀνεξιχνίαστα (33 *a*)
— 12. τίς ἐρεῖ αὐτῷ, Τί ἐποίησας (33 *a*)
— 17. πολλὰ δέ μου τὰ συντρίμματα πεποίηκε διὰ κενῆς (103 *b*)
10. 8. αἱ χεῖρές σου ἔπλασάν με καὶ ἐποίησάν με [A S ἐπ. με κ. ἔπλ. με] (33 *a* [32])
— 14. ἀπὸ δὲ ἀνομίας οὐκ ἀθῷόν με πεποίηκας [A ἐάσεις] (48)
11. 7. ἃ [A ὧν] ἐποίησεν ὁ παντοκράτωρ –
— 8. καὶ τί ποιήσεις (34 *a*)
— 10. τίς ἐρεῖ αὐτῷ, Τί ἐποίησας †
— 14. πόρρω ποίησον αὐτὸ ἀπὸ σοῦ (104)
12. 9. χεὶρ κυρίου ἐποίησε ταῦτα (33 *a*)
13. 9. εἰ γὰρ τὰ πάντα ποιοῦντες προστεθήσεσθε αὐτῷ [A ὁδῷ αὐτοῦ] †
14. 3. οὐχὶ καὶ τούτου λόγον ἐποιήσω [B^1 π.] καὶ τοῦτον ἐποίησας εἰσελθεῖν ἐν κρίματι ἐνώπιόν [A ἐπί] σου (†, 65)
— 9. ποιήσει δὲ θερισμὸν ὥσπερ νεόφυτον (33 *a*)
— 13. ἐν ᾧ μνείαν μου ποιήσῃ (94)
15. 27. ἐποίησε περιστόμιον ἐπὶ τῶν μηρίων [A S -ρῶν] (33 *a*)
16. 8 (7). κατάκοπόν με πεποίηκε μωρὸν σεσηπότα (84)
17. 2. B λίσσομαι κάμνων καὶ τί ποιήσας [A S^2 -σω] –
19. 2. ἕως τίνος ἔγκοπον ποιήσετε [R -ητε, S ἐποιήσατε] ψυχήν μου (63)
— 2. ὁ [S *om.*] κύριος ἐποίησέ με οὕτως –
21. 31. S R αὐτὸς [A B ἃ αὐτὸς] ἐποίησε (33 *a*)
22. 4. ἢ λόγον σου ποιούμενος ἐλέγξει σε †
— 17. κύριος τί ποιήσει ἡμῖν (34 *a*)
— 23. πόρρω ἐποίησας [A^1 ποιήσῃς, A^2 ποίησον] ἀπὸ διαίτης σου ἄδικον (104)
23. 9. ἀριστερὰ ποιήσαντος αὐτοῦ (33 *a*)
— 13. ὃ γὰρ αὐτὸς ἠθέλησε καὶ ἐποίησε (33 *a*)

Jb. 24. 13 (12). διὰ τί τούτων ἐπισκοπὴν οὐ πεποίηται (39 ?)
— 21. στεῖραν δὲ οὐκ εὖ ἐποίησε [A *al.*] †
25. 2. ὁ ποιῶν τὴν σύμπασαν ἐν ὑψίστῳ (33 *a*)
26. 14. σθένος δὲ βροντῆς αὐτοῦ τίς οἶδεν ὁπότε ποιήσει –
28. 25. A S εἰδὼς τὰ ἐν τῇ γῇ πάντα ἃ [B *om.*] ἐποίησεν (33 *a*)
— 25. A ἐποίησεν δὲ [B S *om.* ἐπ. δὲ] ἀνέμων σταθμόν (33 *a* ?)
— 26. ὅτε ἐποίησεν (33 *a*)
29. 4. ἐπισκοπὴν ἐποιεῖτο τοῦ οἴκου μου †
30. 24. καὶ ποιήσει μοι τοῦτο †
31. 3. ἀπαλλοτρίωσις τοῖς ποιοῦσιν ἀνομίαν (34 *a*)
— 14. τί γὰρ ποιήσω ἐὰν ἔτασίν μου ποιῆται [A -ήσῃ, S -ήσηται] ὁ κ. ἐὰν δὲ καὶ ἐπισκοπὴν τίνα ἀπόκρισιν ποιήσομαι (33 *a*, –, 55)
33. 4. πνεῦμα θεῖον τὸ ποιῆσάν με (33 *a*)
34. 8. ἢ οὐδ' οὐ κοινωνήσας μετὰ ποιούντων τὰ ἄνομα [A *al.*] (34 *a*)
— 11. καθὰ ποιεῖ [S ἐποίει] ἕκαστος αὐτῶν (34 *b*)
— 12. οἴει δὲ τὸν κ. ἄτοπα [A τὰ ἄ.] ποιήσειν (57)
— 13. ὃς ἐποίησε τὴν γῆν †
— 13. τίς δέ ἐστιν ὁ ποιῶν [A ποιήσας] τὴν ὑπ' οὐρανόν (39)
— 22. τοῦ κρυβῆναι τοὺς ποιοῦντας τὰ ἄνομα (34 *a*)
35. 3. A S^2 ἢ ἐρεῖς, Τί ποιήσω ἁμαρτών (13)
— 5 (6). τί δύνασαι ποιῆσαι (33 *a*)
— 10. ποῦ ἔστιν ὁ θεὸς ὁ ποιήσας με (33 *a*)
37. 5. ἐποίησε γὰρ μεγάλα ἃ οὐκ ᾔδειμεν (33 *a*)
— 15. φῶς ποιήσας ἐκ σκότους (14)
40. 14 (19). πεποιημένον ἐγκαταπαίζεσθαι [A εἰς τὸ ἐ.] ὑπὸ τῶν ἀγγέλων αὐ. (33 *a*)
— 15 (20). ἐποίησε χαρμονὴν τετράποσιν (115)
41. 17 (18). οὐδὲν μὴ ποιήσωσι δόρυ καὶ θώρακα [A S^2 *al.*] (36 ?)
— 24 (25). πεποιημένον ἐγκαταπαίζεσθαι (33 *a*)
42. 8. ποιήσει [A^1 -εις] κάρπωσεις [A -ωμα] περὶ ὑμῶν (29)
— 9. ἐποίησαν [A ἐ. ἑαυτοῖς] καθὼς συνέταξεν αὐτοῖς ὁ κύριος (33 *a*)
Ps. 1. 3. πάντα ὅσα ἂν ποιῇ [A -ήσῃ] (33 *a*)
7. 3. εἰ ἐποίησα τοῦτο (33 *a*)
9. 4. ἐποίησας τὴν κρίσιν μου (33 *a*)
— 15. ἐν διαφθορᾷ ᾗ ἐποίησαν (33 *a*)
— 16. γινώσκεται κύριος κρίματα ποιῶν (33 *a*)
10 (11). 4. ὁ δὲ δίκαιος τί ἐποίησε (34 *a*)
13 (14). 1. οὐκ ἔστι ποιῶν χρηστότητα (33 *a*)
— 3. οὐκ ἔστι ποιῶν [S^1 ὁ π.] χρηστότητα (33 *a*)
14 (15). 3. οὐδὲ ἐποίησε τῷ πλησίον αὐτοῦ κακόν (33 *a*)
— 5. ὁ ποιῶν ταῦτα οὐ σαλευθήσεται (33 *a*)
17 (18). 50. ποιῶν ἔλεος τῷ χριστῷ αὐ. (33 *a*)
21 (22). 31. ὃν ἐποίησεν ὁ κύριος (33 *a*)
30 (31). 23. ἀνταποδίδωσι τοῖς περισσῶς ποιοῦσιν ὑπερηφανίαν (33 *a*)
33 (34). 14. ποίησον ἀγαθόν (33 *a*)
— 16. πρόσωπον δὲ κυρίου ἐπὶ ποιοῦντας κακά (33 *a*)
36 (37). 1. μηδὲ ζήλου τοὺς ποιοῦντας τὴν ἀνομίαν (33 *a*)
— 3. ποίει χρηστότητα (33 *a*)
— 5. καὶ αὐτὸς ποιήσει (33 *a*)
— 7. ἐν ἀνθρώπῳ ποιοῦντι παρανομίας (33 *a*)
— 27. ποίησον ἀγαθόν (33 *a*)
38 (39). 9. σὺ εἶ ὁ ποιήσας [A S^2 σὺ ἐποίησάς] με [S^2 *om.*] (33 *a*)
39 (40). 5. πολλὰ ἐποίησας σὺ . . . τὰ θαυμάσιά σου (33 *a*)
— 8. τοῦ ποιῆσαι τὸ θέλημά σου (33 *a*)
49 (50). 21. ταῦτα ἐποίησας (33 *a*)
50 (51). 4. τὸ πονηρὸν ἐνώπιόν σου ἐποίησα (33 *a*)
51 (52). 2. B S^1 ὡσεὶ ξυρὸν ἐξηκονημένον [S R ἠκ.] ἐποίησας δόλον (33 *a*)
— 9. ὅτι ἐποίησας [S^1 ἐπήκουσάς μου] (33 *a*)
52 (53). 1. S R οὐκ ἔστι ποιῶν [B ὁ π.] ἀγαθόν (33 *a*)
— 3. οὐκ ἔστι ποιῶν ἀγαθόν [S^1 χρηστότητα] (33 *a*)
55 (56). 4. τί ποιήσει μοι σάρξ (33 *a*)
— 11. τί ποιήσει μοι ἄνθρωπος (33 *a*)
59 (60). 12. ἐν τῷ θεῷ ποιήσομεν δύναμιν (33 *a*)
65 (66). 15. B^1 S^1 R ποιήσω [B^2 S^2 ἀνοίσω] σοι βόας μετὰ χιμάρων (33 *a*)
— 16. ὅσα ἐποίησε τῇ ψυχῇ μου (33 *a*)
70 (71). 19. ἃ ἐποίησας μεγαλεῖα (33 *a*)

Ps. 71 (72). 18. ὁ ποιῶν θαυμάσια μόνος (33 *a*)
73 (74). 17. **B S**[1] σὺ ἐποίησας πάντα τὰ ὅρια τῆς γῆς θέρος καὶ ἔαρ σὺ ἐποίησας [**S**[2] ἔπλασας] (23, 16)
76 (77). 14. σὺ εἶ ὁ θεὸς ὁ ποιῶν θαυμάσια (33 *a*)
77 (78). 4. τὰ θαυμάσια αὐτοῦ ἃ ἐποίησε [**S**[1] -αν] (33 *a*)
— 12. ἃ ἐποίησε θαυμάσια ἐν γῇ Αἰγύπτῳ (33 *a*)
82 (83). 9. ποίησον αὐτοῖς ὡς τῇ Μαδιάμ (33 *a*)
85 (86). 9. πάντα τὰ ἔθνη ὅσα ἐποίησας (33 *a*)
— 10. μέγας εἶ σὺ καὶ ποιῶν θαυμάσια (33 *a*)
— 17. ποίησον μετ᾽ ἐμοῦ σημεῖον εἰς ἀγαθόν (33 *a*)
87 (88). 10. μὴ τοῖς νεκροῖς ποιήσεις θαυμάσια (33 *a*)
94 (95). 5. καὶ αὐτὸς ἐποίησεν αὐτήν (33 *a*)
— 6. κλαύσωμεν ἐναντίον κυρίου τοῦ ποιήσαντος ἡμᾶς (33 *a*)
95 (96). 5. ὁ δὲ κύριος τοὺς οὐρανοὺς ἐποίησεν (33 *a*)
97 (98). 1. θαυμαστὰ ἐποίησεν ὁ κύριος (33 *a*)
98 (99). 4. δικαιοσύνην ἐν Ἰ. σὺ ἐποίησας (33 *a*)
99 (100). 3. αὐτὸς ἐποίησεν ἡμᾶς καὶ οὐχ ἡμεῖς (33 *a*)
100 (101). 3. ποιοῦντας [**S**[1] -α] παραβάσεις ἐμίσησα (33 *a*)
— 7. οὐ κατῴκει ἐν μέσῳ τῆς οἰκίας μου ποιῶν ὑπερηφανίαν (33 *a*)
102 (103). 6. ποιῶν ἐλεημοσύνας ὁ κύριος (33 *a*)
— 10. οὐ κατὰ τὰς ἁμαρτίας ἡμῶν ἐποίησεν ἡμῖν (33 *a*)
— 18. τοῦ ποιῆσαι αὐτάς (33 *a*)
— 20. ποιοῦντες τὸν λόγον αὐτοῦ (33 *a*)
— 21. ποιοῦντες τὰ θελήματα αὐτοῦ (33 *a*)
103 (104). 4. ὁ ποιῶν τοὺς ἀγγέλους αὐτοῦ πνεύματα (33 *a*)
— 19. ἐποίησε σελήνην εἰς καιρούς (33 *a*)
— 24. πάντα ἐν σοφίᾳ ἐποίησας (33 *a*)
— 32. καὶ ποιῶν αὐτὴν τρέμειν –
104 (105). 5. τῶν θαυμασίων αὐ. ὧν ἐποίησε (33 *a*)
105 (106). 2. ἀκουστὰς [**S** -ὰ] ποιήσει πάσας τὰς αἰνέσεις αὐτοῦ (50)
— 3. ποιοῦντες δικαιοσύνην ἐν παντὶ καιρῷ (33 *a*)
— 19. ἐποίησαν μόσχον ἐν Χωρήβ (33 *a*)
— 21. τοῦ ποιήσαντος μεγάλα [**A**[2] -λεία] ἐν Αἰγύπτῳ (33 *a*)
106 (107). 23. ποιοῦντες [**A**[2] οἱ π.] ἐργασίαν ἐν ὕδασι πολλοῖς (33 *a*)
— 37. ἐποίησαν καρπὸν γεννήματος (33 *a*)
107 (108). 13. ἐν τῷ θεῷ ποιήσομεν [**A** -ωμεν] δύναμιν (33 *a*)
108 (109). 16. **A S**[1] οὐκ ἐμνήσθη τοῦ [**S**[2] **R** *om.*] ποιῆσαι ἔλεος (33 *a*)
— 21. **A S**[1] ποίησον μετ᾽ ἐμοῦ ἔλεος [**S**[2] **R** *om.*] (33 *a*)
— 27. σύ, κύριε, ἐποίησας αὐτήν (33 *a*)
110 (111). 4. μνείαν ἐποιήσατο τῶν θαυμασίων αὐτοῦ (33 *a*)
— 8. πεποιημένα ἐν ἀληθείᾳ καὶ εὐθύτητι (33 *a*)
— 10. σύνεσις δὲ ἀγαθὴ πᾶσι τοῖς ποιοῦσιν αὐτήν (33 *a*)
113. 11 (115. 3). πάντα ὅσα ἠθέλησεν ἐποίησε (33 *a*)
— 16 (115. 8). **S R** ὅμοιοι αὐτοῖς [**A** -ῶν] γένοιντο οἱ ποιοῦντες αὐτά (33 *a*)
— 23 (115. 15). τῷ ποιήσαντι τὸν οὐρανόν (33 *a*)
117 (118). 6. τί ποιήσει μοι ἄνθρωπος (33 *a*)
— 15. δεξιὰ κυρίου ἐποίησε δύναμιν (33 *a*)
— 16. **A S**[2] **R** δεξιὰ κυρίου ἐποίησε δύναμιν (33 *a*)
— 24. αὕτη ἡμέρα ἣν ἐποίησεν ὁ κύριος (33 *a*)
118 (119). 65. χρηστότητα ἐποίησας μετὰ τοῦ δούλου σου (33 *a*)
— 73. **A S**[2]**R** αἱ χεῖρές σου ἐποίησάν με [**S**[1] *al.*] (33 *a*)
— 84. πότε ποιήσεις μοι ἐκ τῶν καταδιωκόντων με κρίσιν (33 *a*)
— 112. τοῦ ποιῆσαι τὰ δικαιώματά σου (33 *a*)
— 121. ἐποίησα κρίμα καὶ δικαιοσύνην (33 *a*)
— 124. **A S**[1] ποίησον μετὰ τοῦ δούλου σου κατὰ τὸ λόγιόν [**S**[2] **R** ἔλεός] σου (33 *a*)
— 126. καιρὸς τοῦ ποιῆσαι τῷ κυρίῳ (33 *a*)
120 (121). 2 : 123 (124). 8. τοῦ ποιήσαντος τὸν οὐρανὸν καὶ τὴν γῆν (33 *a*)
125 (126). 2. ἐμεγάλυνε κύριος τοῦ ποιῆσαι μετ᾽ αὐτῶν (33 *a*)
— 3. ἐμεγάλυνε κύριος τοῦ ποιῆσαι μεθ᾽ ἡμῶν (33 *a*)
133 (134). 3. ὁ ποιήσας τὸν οὐρανόν (33 *a*)
134 (135). 6. πάντα ὅσα ἠθέλησεν ὁ κ. ἐποίησεν (33 *a*)
— 7. ἀστραπὰς εἰς ὑετὸν ἐποίησεν (33 *a*)
— 18. **A S**[1] ὅμοιοι αὐτοῖς γένοιντο πάντες [**S**[2] **R** *om.*] οἱ ποιοῦντες αὐτά (33 *a*)
Ps. 135 (136). 4. τῷ ποιήσαντι [**S**[1] ποιοῦντι] θαυμάσια μεγάλα μόνῳ (33 *a*)
— 5. τῷ ποιήσαντι τοὺς οὐρανοὺς ἐν συνέσει (33 *a*)
— 7. τῷ ποιήσαντι φῶτα μεγάλα μόνῳ (33 *a*)
138 (139). 15. ὃ ἐποίησας ἐν κρυφῇ (33 *c*)
139 (140). 12. ποιήσει κύριος τὴν κρίσιν τοῦ πτωχοῦ (33 *a*)
142 (143). 8. ἀκουστὸν ποίησόν μοι τὸ πρωῒ τὸ ἔλεός σου (50)
— 10. δίδαξόν με τοῦ ποιεῖν τὸ θέλημά σου (33 *a*)
144 (145). 19. θέλημα τῶν φοβουμένων αὐτὸν ποιήσει (33 *a*)
145 (146). 6. τὸν ποιήσαντα τὸν οὐρανόν (33 *a*)
— 7. ποιοῦντα κρίμα τοῖς ἀδικουμένοις (33 *a*)
147. 9 (20). οὐκ ἐποίησεν οὕτως παντὶ ἔθνει (33 *a*)
148. 8. τὰ ποιοῦντα τὸν λόγον αὐτοῦ (33 *a*)
149. 2. εὐφρανθήτω Ἰ. ἐπὶ τῷ ποιήσαντι αὐτόν (33 *a*)
— 7. τοῦ ποιῆσαι ἐκδίκησιν ἐν τοῖς ἔθνεσιν (33 *a*)
— 9. τοῦ ποιῆσαι ἐν αὐτοῖς κρίμα ἔγγραπτον (33 *a*)
151. 2. αἱ χεῖρές μου ἐποίησαν ὄργανον
Pr. 1. 7. σύνεσις δὲ ἀγαθὴ πᾶσι τοῖς ποιοῦσιν αὐτήν –
— 25. ἀκύρους ἐποιεῖτε ἐμὰς βουλάς (51 *b*)
2. 16. τοῦ μακράν σε ποιῆσαι ἀπὸ ὁδοῦ εὐθείας †
3. 27. **A** μὴ ἀπόσχῃ εὖ ποιεῖν ἐνδεῆ ἡνίκα ἂν ἔχῃ ἡ χείρ σου εὖ ποιεῖ [**B S** σου βοηθεῖν] (74 *a*, 33 *a*)
— 28. δυνατοῦ σου ὄντος εὖ ποιεῖν –
4. 26. ὀρθὰς τροχιὰς ποίει σοῖς ποσί (97)
— 27. αὐτὸς δὲ ὀρθὰς ποιήσει τὰς τροχιάς σου –
5. 7. **A B S**[1] μὴ ἀκύρους [**S**[1] μακρύνῃς] ποιήσῃς [**S**[2] -σαι] ἐμοὺς λόγους (51 *a* [–])
— 8. μακρὰν ποίησον ἀπ᾽ αὐτῆς σὴν ὁδόν (90)
6. 3. ποίει, υἱέ, ἃ ἐγώ σοι ἐντέλλομαι (33 *a*)
— 8. πολλήν τε ἐν τῷ ἀμητῷ ποιεῖται τὴν παράθεσιν (103 *c*)
— 8. τήν τε ἐργασίαν ὡς σεμνὴν ποιεῖται –
7. 10. ἣ ποιεῖ νέων ἐξίπτασθαι καρδίας †
8. 23. πρὸ τοῦ τὴν γῆν ποιῆσαι †
— 24. πρὸ τοῦ τὰς ἀβύσσους ποιῆσαι †
— 26. κύριος ἐποίησε χώρας καὶ ἀοικήτους (33 *a*)
— 28. ἰσχυρὰ ἐποίει τὰ ἄνω νέφη (80 *a*)
— 29. ἰσχυρὰ ἐποίει τὰ θεμέλια [**A** θελήματα] τῆς γῆς (80 *b*)
10. 16. ἔργα δικαίων ζωὴν ποιεῖ –
11. 17. τῇ ψυχῇ αὐτοῦ ἀγαθὸν ποιεῖ ἀνὴρ ἐλεήμων (47)
— 18. ἀσεβὴς ποιεῖ ἔργα ἄδικα (33 *a*)
— 24. εἰσὶν οἳ τὰ ἴδια σπείροντες πλείονα ποιοῦσιν (101)
12. 22. ὁ δὲ ποιῶν πίστεις δεκτὸς παρ᾽ αὐτῷ (33 *a*)
13. 6. **A** τοὺς δὲ ἀσεβεῖς φαύλους ποιεῖ ἁμαρτία (114)
— 23. δίκαιοι ποιήσουσιν ἐν πλούτῳ ἔτη πολλά †
14. 27. ποιεῖ δὲ ἐκκλίνειν ἐκ παγίδος θανάτου –
— 31. ὁ συκοφαντῶν πένητα παροξύνει τὸν ποιήσαντα αὐτόν (33 *a*)
16. 5 (7). ἀρχὴ ὁδοῦ ἀγαθῆς τὸ ποιεῖν τὰ δίκαια †
— 12. βδέλυγμα βασιλεῖ ὁ ποιῶν κακά (33 *a*)
17. 5. παροξύνει τὸν ποιήσαντα αὐτόν (33 *a*)
— 16 (19). ὃς ὑψηλὸν ποιεῖ τὸν ἑαυτοῦ οἶκον (113)
— 22. καρδία εὐφραινομένη εὐεκτεῖν ποιεῖ (75)
— 28. ἐνεὸν δέ τις ἑαυτὸν ποιήσας (68)
19. 7. **S**[1] πᾶς ὃς ἀδελφὸν πτωχὸν ποιεῖ [**A B S**[2] μισεῖ] †
20. 10 (11). καὶ ὁ ποιῶν αὐτά –
21. 3. ποιεῖν δίκαια καὶ ἀληθεύειν (33 *a*)
— 15. **A S R** εὐφροσύνη δικαίων ποιεῖν [**B** -εῖ] κρίμα (33 *a*)
— 25. οὐ γὰρ προαιροῦνται αἱ χεῖρες αὐτοῦ ποιεῖν τι (33 *a*)
22. 2. ἀμφοτέρους δὲ ὁ κύριος ἐποίησε (33 *a*)
— 16. ὁ συκοφαντῶν πένητα πολλὰ ποιεῖ τὰ ἑαυτοῦ [**A S**[2] ἑ. κακά] (103 *b*)
24. 31 (30. 8). μάταιον λόγον καὶ ψευδῆ μακρὰν μου ποίησον (90)
— 49 (34). ἐὰν δὲ τοῦτο ποιῇς [**S** -ήσῃς] –
— 61 (30. 26). οἳ ἐποιήσαντο ἐν πέτραις τοὺς ἑαυτῶν οἴκους (39)
— 71 (31. 3). μετὰ βουλῆς πάντα ποίει †
25. 22. τοῦτο γὰρ ποιῶν [**S**[1] ποιήσας] –
26. 6. ὄνειδος ποιεῖται †
— 28. στόμα δὲ ἄστεγον ποιεῖ ἀκαταστασίας (33 *a*)
29. 13. ἐπισκοπὴν ἀμφοτέρων ποιεῖται ὁ κύριος †
31. 13. ἐποίησεν εὔχρηστον ταῖς χερσὶν αὐτῆς (33 *a*)
— 22. δισσὰς χλαίνας ἐποίησε τῷ ἀνδρὶ αὐ. (33 *a*)
Pr. 31. 24. σινδόνας ἐποίησε (33 *a*)
— 29. πολλαὶ ἐποίησαν δύναμιν (33 *a*)
Ec. 1. 9. τί τὸ πεποιημένον [**S**[1] ποιησόμενον] αὐτὸ τὸ ποιηθησόμενον (33 *b*, 33 *b*)
— 14. τὰ πεποιημένα ὑπὸ τὸν ἥλιον (33 *b*)
2. 2. τί τοῦτο ποιεῖς (33 *a*)
— 3. ὃ ποιήσουσιν ὑπὸ τὸν ἥλιον (33 *a*)
— 5. ἐποίησά μοι κήπους καὶ παραδείσους (33 *a*)
— 6. ἐποίησά μοι κολυμβήθρας ὑδάτων (33 *a*)
— 8. ἐποίησά μοι ᾄδοντας καὶ ᾀδούσας (33 *a*)
— 11. οἷς ἐποίησαν αἱ χεῖρές μου (33 *a*)
— 11. ᾧ ἐμόχθησα τοῦ ποιεῖν (33 *a*)
— 12. τὰ ὅσα ἐποίησεν [**A** -αν] αὐτήν [**S** -ῇ] (33 *a*)
— 17. τὸ ποίημα τὸ πεποιημένον ὑπὸ τὸν ἥλιον (33 *b*)
3. 9. τίς περισσεία τοῦ ποιοῦντος (33 *a*)
— 11. ἃ [**S**[1] *om.*] ἐποίησε καλά (33 *a*)
— 11. τὸ ποίημα ὃ ἐποίησεν ὁ θεός (33 *a*)
— 12. τοῦ ποιεῖν [**S**[1] πιεῖν] ἀγαθὸν ἐν ζωῇ αὐτοῦ (33 *a*)
— 14. πάντα ὅσα ἐποίησεν ὁ θεός (33 *a*)
— 14. ὁ θεὸς ἐποίησεν ἵνα φοβηθῶσιν (33 *a*)
4. 3. **A B S**[2] τὸ ποίημα τὸ πονηρὸν τὸ πεποιημένον ὑπὸ τὸν ἥλιον (33 *b*)
— 17. **A S R** οὐκ εἰσὶν εἰδότες τοῦ ποιῆσαι [**B** ποιεῖν] κακόν [**S** τὸ καλόν] (33 *a*)
5. 17. **R** τοῦ φαγεῖν καὶ τοῦ ποιεῖν [**A B S** πιεῖν] †
7. 1 (6. 12). ἐποίησεν αὐτὰ [**A** -ὰς] ἐν σκιᾷ [**S**[2] ἕως σκιᾶς] (33 *a*)
— 15 (14). σὺν τοῦτο συμφώνως τοῦτο ἐποίησεν ὁ θεός [**A S** *al.*] (33 *a*)
— 21 (20). ὃς ποιήσει ἀγαθόν (33 *a*)
— 30 (29). ὁ ἐποίησεν ὁ θεὸς σὺν τὸν ἄνθρωπον εὐθῆ (33 *a*)
8. 3. πᾶν ὃ ἐὰν θελήσει ποιήσει (33 *a*)
— 5 (4). τίς ἐρεῖ αὐτῷ, Τί ποιεῖς [**A S** -ήσεις] (33 *a*)
— 9. ὃ πεποίηται ὑπὸ τὸν ἥλιον (33 *b*)
— 10. ἐπῃνέθησαν ἐν τῇ πόλει ὅτι οὕτως ἐποίησαν (33 *a*)
— 11. οὐκ ἔστι γινομένη ἀντίρρησις ἀπὸ τῶν ποιούντων τὸ πονηρόν †
— 11. τοῦ ποιῆσαι τὸ πονηρόν (33 *a*)
— 12. ἐποίησε τὸ πονηρὸν ἀπὸ τότε (33 *a*)
— 14. ἣ πεποίηται ἐπὶ τῆς γῆς (33 *b*)
— 16. τὸν περισπασμὸν [**A** πειρασμὸν] τὸν πεποιημένον ἐπὶ τῆς γῆς (33 *b*)
— 17. σὺν τὸ ποίημα τὸ πεποιημένον ὑπὸ τὸν ἥλιον (33 *b*)
— 17. **A** ὅσα ἐὰν ποιήσῃ [**B S** μοχθήσῃ] ἄνθρωπος (31)
9. 3. ἐν παντὶ πεποιημένῳ ὑπὸ τὸν ἥλιον (33 *b*)
— 6. ἐν παντὶ τῷ πεποιημένῳ ὑπὸ τὸν ἥλιον (33 *b*)
— 10. πάντα ὅσα ἂν εὕρῃ ἡ χείρ σου τοῦ ποιῆσαι ὡς ἡ δύναμίς σου ποίησον (33 *a*, 33 *a*)
10. 19. εἰς γέλωτα ποιοῦσιν ἄρτον (33 *a*)
11. 5. ὅσα ποιήσει τὰ σύμπαντα (33 *a*)
12. 12. τοῦ [**S**[1] *om.*] ποιῆσαι βιβλία πολλά (33 *a*)
Ca. 1. 11. ὁμοιώματα χρυσίου ποιήσομέν σοι (33 *a*)
3. 9. φορεῖον ἐποίησεν ἑαυτῷ (33 *a*)
— 10. στύλους αὐτοῦ ἐποίησεν ἀργύριον (33 *a*)
8. 8. τί ποιήσωμεν τῇ ἀδελφῇ ἡμῶν (33 *a*)
Wi. 1. 13. ὁ θεὸς θάνατον οὐκ ἐποίησεν
2. 23. εἰκόνα τῆς ἰδίας ἰδιότητος ἐποίησεν αὐτόν
6. 7. μικρὸν καὶ μέγαν αὐτὸς ἐποίησεν
— 19. ἀφθαρσία δὲ ἐγγὺς εἶναι ποιεῖ θεοῦ
9. 1. ὁ ποιήσας τὰ πάντα ἐν λόγῳ σου
— 9. ὅτε ἐποίεις τὸν κόσμον
11. 24. οὐδὲν [**A** -ένα] βδελύσσῃ ὧν ἐποίησας
12. 12. τίς γὰρ ἐρεῖ, Τί ἐποίησας
— 12. ἃ σὺ ἐποίησας
— 16. πάντων φείδεσθαι [**A S**[2] φ. σε] ποιεῖ
— 19. εὐέλπιδας ἐποίησας τοὺς υἱούς σου
13. 15. ποιήσας αὐτῷ αὐτοῦ [**S** *om.*] ἄξιον οἴκημα
14. 8. ἐπικατάρατον αὐτὸ καὶ ὁ ποιήσας αὐτό
— 15. εἰκόνα ποιήσας τὸν τότε [**A** ποτὲ] νεκρὸν ἄνθρωπον
— 17. ἐμφανῆ εἰκόνα τοῦ τιμωμ. βασ. ἐποίησαν
15. 11. **A** ἠγνόησε τὸν ποιήσαντα [**B S** πλάσαντα] αὐτόν
— 16. ἄνθρωπος γὰρ ἐποίησεν αὐτούς
16. 24. ἡ γὰρ κτίσις σοι τῷ ποιήσαντι ὑπηρετοῦσα
Si. *prol.* 13. παρακέκλησθε οὖν . . . τὴν ἀνάγνωσιν ποιεῖσθαι
2. 14. τί ποιήσετε ὅταν ἐπισκέπτηται ὁ κύριος
3. 1. οὕτως ποιήσατε ἵνα σωθῆτε

Si. 4. 6. τῆς δεήσεως αὐτοῦ ἐπακούσεται [S εἰσακ.] ὁ ποιήσας αὐτόν
— 7. προσφιλῆ συναγωγῇ σεαυτὸν ποίει
6. 4. ἐπίχαρμα ἐχθρῶν [S -οῖς] ποιήσει αὐτόν
7. 1. μὴ ποίει κακά
— 10. ἐλεημοσύνην ποιῆσαι μὴ παρίδῃς
— 12. μηδὲ φίλῳ [S² ἐπὶ φ.] τὸ ὅμοιον ποίει
— 30. ἐν ὅλῃ δυνάμει ἀγάπησον τὸν ποιήσαντά σε
8. 15. αὐτὸς γὰρ κατὰ τὸ θέλημα αὐτοῦ ποιήσει
— 16. μετὰ θυμώδους μὴ ποιήσῃς μάχην
— 18. ἐνώπιον ἀλλοτρίου μὴ ποιήσῃς κρυπτόν
10. 12. ἀπὸ τοῦ ποιήσαντος αὐτὸν ἀπέστη ἡ καρδία αὐτοῦ
— 26. μὴ σοφίζου ποιῆσαι τὸ ἔργον σου
11. 27. κάκωσις ὥρας ἐπιλησμονὴν ποιεῖ τρυφῆς
12. 1. ἐὰν εὖ ποιῇς γνῶθι τίνι ποιεῖς
— 2. εὖ ποίησον εὐσεβεῖ
— 5. εὖ ποίησον τῷ ταπεινῷ
— 5. οἷς ἂν ποιήσῃς [S¹ ποιῇς] αὐτῷ
14. 7. κἂν εὖ ποιῇ ἐν λήθῃ ποιεῖ
— 11. εὖ ποίει σεαυτόν
— 13. εὖ ποίει φίλῳ
15. 1. ὁ φοβούμενος κύριον ποιήσει αὐτό
— 11. ἃ γὰρ ἐμίσησεν οὐ ποιήσεις
— 14. αὐτὸς ἐξ ἀρχῆς ἐποίησεν ἄνθρωπον
— 15. πίστιν ποιῆσαι [? ποίησαι] εὐδοκίας
16. 3. S² εἷς δίκαιος ποιῶν θέλημα κυρίου
— 9. S² ταῦτα πάντα ἐποίησεν ἔθνεσιν σκληροκαρδίοις
— 14. πάσῃ ἐλεημοσύνῃ ποιήσει τόπον
— 20. S² καθὸ ποιεῖ ἄνθρωπος
17. 3. κατ' εἰκόνα αὐτοῦ ἐποίησεν αὐτούς
18. 31. ποιήσει σε [A S¹ -σεις] ἐπίχαρμα τῶν ἐχθρῶν σου
19. 13. ἔλεγξον φίλον μή ποτε οὐκ ἐποίησε
— 13. B S καὶ εἴ τι ἐποίησε μή ποτε προσθῇ [A al.]
20. 4. οὕτως ὁ ποιῶν ἐν [S¹ om.] βίᾳ κρίματα
— 13. ἑαυτὸν προσφιλῆ ποιήσει
27. 27. ὁ ποιῶν πονηρὰ εἰς αὐτὸν κυλισθήσεται
28. 17. πληγὴ μάστιγος ποιεῖ μώλωπας [A S -πα]
— 25. τοῖς λόγοις σου ποίησον ζυγὸν καὶ σταθμὸν καὶ τῷ στόματί σου ποίησον θύραν καὶ μοχλόν
29. 1. ὁ ποιῶν ἔλεος δανιεῖ τῷ πλησίον
— 1. A ὁ ἐπισχύων τῇ χειρὶ αὐτοῦ ποιεῖ [B S τηρεῖ] ἐντολάς
30. 20. B² οὕτως ὁ ποιῶν ἐν βίᾳ κρίματα
— 38 (33. 29). ἄνευ κρίσεως μὴ ποιήσῃς μηδέν
31 (34). 26. πάλιν πορευόμενος καὶ τὰ αὐτὰ ποιῶν
32 (35). 2. ὁ ποιῶν ἐλεημοσύνην θυσιάζων [S¹ -ία] αἰνέσεως
— 18. καὶ ποιήσει κρίσιν
34 (31). 9. ἐποίησε γὰρ θαυμάσια ἐν λαῷ αὐτοῦ
— 10. τίς ἐδύνατο . . . ποιῆσαι κακὰ καὶ οὐκ ἐποίησε
35 (32). 2. πᾶσαν τὴν χρείαν σου ποιήσας ἀνάπεσε
— 12. ἐκεῖ παῖζε καὶ ποίει τὰ ἐνθυμήματά σου
— 13. ἐπὶ τούτοις εὐλόγησον τὸν ποιήσαντά σε
— 18. καὶ μετὰ τὸ ποιῆσαι μετ' αὐτοῦ ἄνευ βουλῆς
— 19. ἄνευ βουλῆς μηθὲν ποιήσῃς καὶ ἐν τῷ ποιῆσαί σε μὴ μεταμελοῦ
36 (33). 13. οὕτως ἄνθρωποι ἐν χειρὶ τοῦ ποιήσαντος αὐτούς
38. 8. μυρεψὸς ἐν τούτοις ποιήσει μίγμα
— 15. ὁ ἁμαρτάνων ἔναντι τοῦ ποιήσαντος αὐτόν
— 17. ποίησον τὸ πένθος κατὰ τὴν ἀξίαν αὐτοῦ
39. 5. ὀρθρίσαι πρὸς κύριον τὸν ποιήσαντα αὐτόν
— 28. τὸν θυμὸν τοῦ ποιήσαντος αὐτοὺς κοπάσουσι
42. 11. μή ποτε ποιήσῃ σε [A -σει σε, S¹ ποιήσῃς] ἐπίχαρμα ἐχθροῖς
— 24. οὐκ ἐποίησεν οὐδὲν ἐκλεῖπον
43. 5. μέγας κύριος ὁ ποιήσας αὐτόν
— 11. εὐλόγησον τὸν ποιήσαντα αὐτό
— 33. πάντα γὰρ ἐποίησεν ὁ κύριος
45. 9. ἀκουστὸν ποιῆσαι ἦχον ἐν ναῷ
— 19. ἐποίησεν αὐτοῖς [S ἐν αὐτοῖς] τέρατα
46. 7. ἐν ἡμέραις Μωυσέως ἐποίησεν ἔλεος
— 17. ἀκουστὴν ἐποίησε τὴν φωνὴν αὐτοῦ
47. 8. ἠγάπησε τὸν ποιήσαντα αὐτόν
48. 14. ἐν ζωῇ αὐτοῦ ἐποίησε τέρατα
— 16. τινὲς μὲν αὐτῶν ἐποίησαν τὸ ἀρεστόν
— 22. ἐποίησε γὰρ Ἐζεκίας τὸ ἀρεστὸν κυρίῳ
50. 16. ἀκουστὴν ἐποίησαν φωνὴν μεγάλην
— 22. A S εὐλογήσατε τῷ θεῷ πάντων τῷ μεγάλα ποιοῦντι [B πάντες τῷ μεγαλοποιοῦντι] πάντῃ

Si. 50. 22. τὸν . . . ποιοῦντα μεθ' ἡμῶν κατὰ τὸ ἔλεος αὐτοῦ
— 29. ἐὰν γὰρ αὐτὰ [A ταῦτα] ποιήσῃ
51. 18. διενοήθην γὰρ τοῦ ποιῆσαι [A π. με] αὐτήν
Ho. 2. 8 (10). χρυσᾶ ἐποίησε τῇ B. (33 a)
6. 5 (4). τί σοι ποιήσω, Ἐφρ. (33 a)
— 5 (4). τί σοι ποιήσω, Ἰούδα (33 a)
— 10 (9). ἀνομίαν ἐποίησαν (33 a)
8. 4. τὸ χρυσίον αὐ. ἐποίησαν ἑαυτοῖς εἴδωλα (33 a)
— 6. καὶ αὐτὸ τέκτων ἐποίησε (33 a)
— 7. οὐκ ἔχον ἰσχὺν τοῦ ποιῆσαι ἄλευρον (33 a)
— 7. ἐὰν δὲ καὶ ποιήσῃ (33 a)
— 14. ἐπελάθετο Ἰσρ. τοῦ ποιήσαντος αὐτόν (33 a)
9. 5. R τί ποιήσετε [A B -αι] ἐν ἡμέραις πανηγύρεως (33 a)
10. 3. ὁ δὲ βασ. τί ποιήσει ἡμῖν (33 a)
— 15. οὕτως ποιήσω ὑμῖν (33 a)
11. 9. οὐ μὴ ποιήσω κατὰ τὴν ὀργὴν τοῦ θυμοῦ μου (33 a)
13. 2. ἐποίησαν ἑαυτοῖς χώνευμα (33 a)
Am. 2. 4. τὰ μάταια αὐτῶν ἃ ἐποίησαν –
— 8. παραπετάσματα ἐποίουν –
3. 6. ἣν κύριος οὐκ ἐποίησε (33 a)
— 7. A R οὐ μὴ ποιήσῃ [B -σει] κ. ὁ θεὸς πρᾶγμα (33 a)
4. 12 *bis*. οὕτως ποιήσω σοι (33 a)
— 13. B ὁ [A R om.] ποιῶν ὄρθρον (33 a)
5. 7. ὁ ποιῶν εἰς ὕψος κρίμα †
— 8. ὁ [A om.] ποιῶν πάντα (33 a)
— 26. οὓς ἐποιήσατε ἑαυτοῖς (33 a)
7. 10. συστροφὰς ποιεῖται κατὰ σοῦ Ἀ. (109)
8. 5. τοῦ ποιῆσαι μικρὸν μέτρον (92)
— 5. καὶ ποιῆσαι ζυγὸν ἄδικον †
9. 12. ὁ ποιῶν ταῦτα (33 a)
— 14. R ποιήσουσι κήπους [A B al.] (33 a)
Mi. 1. 8. A R ποιήσεται [B -ε] κοπετὸν ὡς δρακόντων (33 a)
5. 15 (14). ποιήσω . . . ἐκδίκησιν ἐν τοῖς ἔθνεσιν (33 a)
6. 3. τί ἐποίησά σοι (33 a)
— 8. τοῦ ποιεῖν κρίμα (33 a)
7. 9. ποιήσει [A ἀποίσει] τὸ κρίμα μου (33 a)
Jl. 2. 21. ἐμεγάλυνε κύριος τοῦ ποιῆσαι (33 a)
— 26. ἃ ἐποίησε μεθ' ὑμῶν εἰς θαυμάσια (33 a)
Ob. 1. 15. ὃν τρόπον ἐποίησας (33 a)
Jn. 1. 5. ἐκβολὴν ἐποιήσαντο τῶν σκευῶν (66)
— 9. ὃς ἐποίησε τὴν θάλασσαν (33 a)
— 10. τί τοῦτο ἐποίησας (33 a)
— 11. τί σοι ποιήσομεν [A S -ωμεν] (33 a)
— 14. ὃν τρόπον ἐβούλου πεποίηκας (33 a)
3. 10. ᾗ ἐλάλησε τοῦ ποιῆσαι αὐτοῖς (33 a)
— 10. καὶ οὐκ ἐποίησε (33 a)
4. 5. ἐποίησεν ἑαυτῷ ἐκεῖ σκηνήν (33 a)
Na. 1. 8. ἐν κατακλυσμῷ πορείας συντέλειαν ποιήσεται (33 a)
— 9. συντέλειαν αὐτὸς ποιήσεται [S³ -σει] (33 a)
— 11. A¹ ποιήσεται [A² -σει, B S om.] ἐναντία †
Hb. 1. 14. ποιήσεις [S -ῃς] τοὺς ἀνθρ. ὡς τοὺς ἰχθύας (33 a)
2. 18. τοῦ ποιῆσαι εἴδωλα κωφά (33 a)
3. 17. τὰ πεδία οὐ ποιήσει βρῶσιν (33 a)
Ze. 1. 18. συντέλειαν καὶ σπουδὴν ποιήσει (33 a)
3. 5. οὐ μὴ ποιήσῃ ἄδικον (33 a)
— 13. οὐ ποιήσουσιν ἀδικίαν (33 a)
— 19. ποιῶ ἐν σοὶ ἕνεκέν σου (33 a)
— 20. ὅταν καλῶς ὑμῖν ποιήσω †
Hg. 1. 14. ἐποίουν ἔργα ἐν τῷ οἴκῳ κυρίου (33 a)
2. 5 (4). καὶ ποιεῖτε (33 a)
Za. 1. 6. καθὼς παρατέτακται . . . τοῦ ποιῆσαι (33 a)
— 6. οὕτως ἐποίησεν ἡμῖν (33 a)
— 21 (2. 4). τί οὗτοι ἔρχονται ποιῆσαι (33 a)
6. 11. ποιήσεις στεφάνους [S¹ -ην] (33 a)
7. 3. καθότι ἐποίησεν [A -αν] ἤδη ἱκανὰ ἔτη (33 a)
— 9. ἔλεος καὶ οἰκτιρμὸν ποιεῖτε (33 a)
8. 11. οὐ κατὰ τὰς ἡμ. τὰς ἔμπροσθεν ἐγὼ ποιῶ –
— 15. τοῦ καλῶς ποιῆσαι τὴν Ἰερ. (33 b)
— 16. οὗτοι οἱ λόγοι οὓς ποιήσετε (33 a)
10. 1. κύριος ἐποίησε φαντασίας (33 a)
Ma. 2. 12. τὸν ἄνθρωπον τὸν ποιοῦντα ταῦτα (33 a)
— 13. ταῦτα ἃ ἐμίσουν ἐποιεῖτε (33 a)
— 15. οὐ καλὸν ἐποίησε [A S³ al.] (33 a)
— 17. πᾶς ποιῶν πονηρόν (33 a)
3. 15. ἀνοικοδομοῦνται πάντες [A S³ om.] ποιοῦντες ἄνομα (33 a)
— 17. ἣν ἐγὼ ποιῶ εἰς περιποίησιν (33 a)
4. 1 (3. 19). καὶ πάντες οἱ ποιοῦντες ἄνομα (33 a)

Ma. 4. 3 (3. 21). ἐν τῇ ἡμέρᾳ ᾗ ἐγὼ ποιῶ (33 a)
Is. 1. 17. μάθετε καλὸν π. (82)
— 24. κρίσιν ἐκ τῶν ἐχθρῶν μου ποιήσω (87)
2. 8. A S οἷς ἐποίησαν [B om. οἷς ἐ.] οἱ δάκτυλοι αὐ. (33 a)
— 20. ἃ ἐποίησαν [A -εν] προσκυνεῖν (33 a)
5. 2. ἔμεινα τοῦ ποιῆσαι σταφυλὴν καὶ ἐποίησεν ἀκάνθας (33 a, 33 a)
— 4. τί ποιήσω ἔτι τῷ ἀμπελῶνί μου καὶ οὐκ ἐποίησα αὐτῷ (33 a, 33 a)
— 4. ἔμεινα τοῦ ποιῆσαι σταφυλὴν ἐποίησε δὲ ἀκάνθας (33 a, 33 a)
— 5. τί ποιήσω τῷ ἀμπελῶνί μου (33 a)
— 7. ἔμεινα τοῦ ποιῆσαι κρίσιν ἐποίησε δὲ ἀνομίαν –, –
— 10. ποιήσει κεράμιον ἕν . . . ποιήσει μέτρα τρία (33 a, 33 a)
— 19. τὸ τάχος ἐγγισάτω ἃ ποιήσει [S² ποιῇ ὁ θ.] (46)
7. 22. A B S ἀπὸ τοῦ πλεῖστον π. [R πιεῖν] γάλα (33 a)
8. 1. τοῦ ὀξέως προνομὴν ποιῆσαι σκύλων †
— 2. μάρτυράς μοι ποίησον πιστοὺς ἀνθρώπους (91)
9. 1 (8. 23). ταχὺ ποίει χώρα Ζαβουλών †
— 7 (6). ὁ ζῆλος κυρίου σαβαὼθ ποιήσει ταῦτα (33 a)
10. 3. τί ποιήσουσιν ἐν τῇ ἡμέρᾳ τῆς ἐπισκοπῆς (33 a)
— 6. τῷ ἐμῷ λαῷ συντάξω ποιῆσαι σκῦλα (41)
— 11. ὃν τρόπον γὰρ ἐποίησα Σαμαρείᾳ . . . οὕτω ποιήσω καὶ Ἱερουσαλὴμ (33 a, 33 a)
— 12. ὅταν συντελέσῃ κύριος πάντα ποιῶν (33 e)
— 13. ἐν [A S om.] τῇ ἰσχύϊ ποιήσω (33 a)
— 23. λόγον συντετμημένον ποιήσει κύριος (33 a)
12. 5. ὑψηλὰ ἐποίησεν (33 a)
16. 3. ποίει τε σκέπην πένθους (33 a)
17. 7. πεποιθὼς ἔσται ὁ ἄνθρωπος ἐπὶ τῷ ποιήσαντι αὐτόν (33 a)
— 8. ἃ ἐποίησαν οἱ δάκτυλοι αὐτῶν (33 a)
19. 10. πάντες οἱ ποιοῦντες τὸν ζῦθον (33 a)
— 15. ὃ ποιήσει κεφαλὴν καὶ οὐράν (33 a)
— 21. ποιήσουσι θυσίας (27 a)
20. 2. ποίησον οὕτως (33 a)
22. 11. ἐποιήσατε ἑαυτοῖς ὕδωρ . . . οὐκ ἐνεβλέψατε εἰς τὸν ἀπ' ἀρχῆς ποιήσαντα αὐτήν (33 a; 33 a)
— 13. αὐτοὶ δὲ ἐποιήσαντο εὐφροσύνην –
— 16. ἐποίησας σεαυτῷ ἐν ὑψηλῷ μνημεῖον (9)
23. 17. ἐπισκοπὴν ποιήσει ὁ θεὸς Τύρου (72)
25. 1. ἐποίησας θαυμαστὰ πράγματα (33 a)
— 6. ποιήσει κύριος σαβαὼθ πᾶσι τοῖς ἔθνεσιν (33 a)
26. 10. ἀλήθειαν οὐ μὴ ποιήσει [A S -ῃ] (28)
— 18. πνεῦμα σωτηρίας σου ἐποιήσαμεν (33 a)
27. 4. ἐποίησε κύριος πάντα †
— 5. A S R ποιήσωμεν εἰρήνην αὐτῷ ποιήσωμεν εἰρήνην [B om. αὐ. π. εἰ.] (33 a, 33 a)
— 11. οὐ μὴ οἰκτειρήσῃ ὁ ποιήσας αὐτούς (33 a)
28. 2. τῇ γῇ ποιήσει ἀνάπαυμα [A S -παυσιν] (54)
— 15. ἐποιήσαμεν διαθήκην μετὰ τοῦ ᾅδου (18)
— 21. μετὰ θυμοῦ ποιήσει τὰ ἔργα αὐτοῦ (33 a)
— 22. ἃ ποιήσει [S ποιεῖ] ἐπὶ πᾶσαν τὴν γῆν –
29. 15. οὐαὶ οἱ βαθέως βουλὴν ποιοῦντες (59)
— 15. A B² S οὐαὶ οἱ ἐν κρυφῇ βουλὴν ποιοῦντες †
— 15. τίς ἡμᾶς γνώσεται ἢ ἃ ἡμεῖς ποιοῦμεν –
— 16. ἡ τὸ ποίημα τῷ ποιήσαντι, Οὐ συνετῶς με ἐποίησας (16, 108)
— 21. οἱ ποιοῦντες ἁμαρτεῖν ἀνθρώπους ἐν λόγῳ (53)
30. 1. ἐποιήσατε βουλὴν οὐ δι' ἐμοῦ (33 a)
— 22. περικεχρυσωμένα λεπτὰ ποιήσεις (88)
— 30. ἀκουστὴν ποιήσει κ. τὴν δόξαν (50)
31. 7. ἃ ἐποίησαν αἱ χεῖρες αὐτῶν (33 a)
32. 6. τὰς ψυχὰς τὰς διψώσας κενὰς ποιήσει [A -σαι] (85)
— 10. μνείαν ποιήσασθε ἐν ὀδύνῃ μετ' ἐλπίδος †
33. 1. ὑμᾶς δὲ οὐδεὶς ποιεῖ ταλαιπωρούς (110)
— 13. ἀκούσονται οἱ πόρρωθεν ἃ ἐποίησα [S¹ -αν] (33 a)
— 23. πολλοὶ χωλοὶ προνομὴν ποιήσουσι [A -σωσιν] (3)
37. 11. ἃ ἐποίησαν βασιλεῖς Ἀσσυρίων (33 a)
— 16. ἐποίησας τὸν οὐρανὸν καὶ τὴν γῆν (33 a)
— 26. ἃ ἐγὼ ἐποίησα (33 a)
— 31. ποιήσουσι σπέρμα ἄνω (33 a)
— 32. ὁ ζῆλος κυρίου σαβαὼθ ποιήσει ταῦτα (33 a)
38. 3. τὰ ἀρεστὰ ἐνώπιόν σου ἐποίησα (33 a)
— 7. ποιήσει ὁ θεὸς τὸ ῥῆμα τοῦτο (33 a)
— 19. ἀπὸ γὰρ τῆς σήμερον παιδία ποιήσω †

Is. 39. 7. ποιήσουσι σπάδοντας ἐν τῷ οἴκῳ τοῦ βασιλέως (6)
40. 3. εὐθείας ποιεῖτε τὰς τρίβους τοῦ θεοῦ ἡμῶν (76)
— 19. μὴ εἰκόνα ἐποίησε τέκτων (22 *a*)
— 23. τὴν δὲ γῆν ὡς οὐδὲν ἐποίησεν (33 *a*)
41. 4. τίς ἐνήργησε καὶ ἐποίησε ταῦτα (33 *a*)
— 15. ἐποίησά σε ὡς τροχοὺς ἁμάξης (39)
— 18. ποιήσω τὴν ἔρημον εἰς ἕλη (39)
— 20. χεὶρ κυρίου ἐποίησε ταῦτα (33 *a*)
— 23. εὖ ποιήσατε καὶ κακώσατε (74 *c*)
— 29. εἰσὶ γὰρ οἱ ποιοῦντες ὑμᾶς †
42. 5. ὁ θεὸς ὁ ποιήσας τὸν οὐρανόν (5 *a*)
— 9. S^{1} καινὰ ἃ ἐγὼ ποιῶ [A B S^{2} *om.*] ἀναγγέλλω –
— 16. πατῆσαι ποιήσω αὐτούς· ποιήσω [S *om.* αὐ. π.] αὐτοῖς τὸ σκότος εἰς φῶς . . . ταῦτα τὰ ῥήματα [A *add.* ἃ] ποιήσω (99, 39, 33 *a*)
43. 1. λέγει κύριος ὁ θεὸς ὁ ποιήσας σε (5 *a*)
— 3. ἐποίησά σου ἄλλαγμα Αἴγυπτον (25)
— 7. ἔπλασα αὐτὸν καὶ ἐποίησα αὐτόν (33 *a*)
— 13. ποιήσω καὶ τίς ἀποστρέψει αὐτό (34 *a*)
— 19. ποιῶ καινὰ ἃ νῦν ἀνατελεῖ . . . ποιήσω ἐν τῇ ἐρήμῳ ὁδὸν (33 *a*, 39)
— 22. οὐδὲ κοπιᾶσαί σε ἐποίησα (86)
— 23. οὐδὲ ἔγκοπον ἐποίησά σε ἐν λιβάνῳ (63)
44. 2. οὕτω λέγει κύριος ὁ θεὸς ὁ ποιήσας σε (33 *a*)
— 7. ἀφ' οὗ ἐποίησα ἄνθρωπον εἰς τὸν αἰῶνα (39)
— 9. ποιοῦντες [A S οἱ π.] τὰ καταθύμια αὐτῶν –
— 13. ἐποίησεν αὐτὸ ὡς μορφὴν ἀνδρός (33 *a*)
— 17. τὸ δὲ λοιπὸν ἐποίησεν εἰς [A *om.*] θεὸν γλυπτόν (33 *a*)
— 19. τὸ λοιπὸν αὐτοῦ εἰς βδέλυγμα ἐποίησε (33 *a*)
— 28. πάντα τὰ θελήματά μου ποιήσει (42)
45. 7. ἐγὼ ὁ . . . ποιήσας σκότος ὁ ποιῶν εἰρήνην . . . ὁ θεὸς ὁ ποιῶν πάντα ταῦτα (5 *a*, 33 *a*, 33 *a*)
— 9. μὴ ἐρεῖ ὁ πηλὸς τῷ κεραμεῖ, Τί ποιεῖς (33 *a*)
— 11. κύριος . . . ὁ ποιήσας τὰ ἐπερχόμενα (16)
— 12. ἐποίησα γῆν καὶ ἄνθρωπον ἐπ' αὐτῆς (33 *a*)
— 18. λέγει κύριος ὁ ποιήσας τὸν οὐρανόν (5 *a*)
— 18. οὗτος ὁ θεὸς ὁ καταδείξας τὴν γῆν καὶ ποιήσας αὐτήν (33 *a*)
— 18. οὐκ εἰς κενὸν ἐποίησεν αὐτήν (5 *a*)
— 21. τίς ἀκουστὰ ἐποίησε ταῦτα ἀπ' ἀρχῆς (50)
46. 4. ἐγὼ ἐποίησα καὶ ἐγὼ ἀνήσω (33 *a*)
— 6. μισθωσάμενοι χρυσοχόον ἐποίησαν χειροποίητα (33 *a*)
— 10. πάντα ὅσα βεβούλευμαι ποιήσω (33 *a*)
— 11. S^{1} ἐλάλησα καὶ ἐποίησα [A B S^{2} ἤγαγον] ἔκτισα καὶ ἐποίησα (†, 33 *a*)
48. 3. ἐξάπινα ἐποίησα (33 *a*)
— 5. ἀκουστόν σοι ἐποίησα μή ποτε εἴπῃς ὅτι τὰ εἴδωλά μοι ἐποίησε [A S -σαν] (50, 33 *a*)
— 6. ἀκουστά σοι ἐποίησα τὰ καινὰ ἀπὸ τοῦ νῦν (50)
— 11. ἕνεκεν ἐμοῦ ποιήσω σοι (33 *a*)
— 14. ἀγαπῶν σε ἐποίησα [A *add.* ταῦτα] τὸ θέλημά σου ἐπὶ Βαβυλῶνα (33 *a*)
49. 20. ποίησόν μοι τόπον ἵνα κατοικήσω (112)
51. 13. ἐπελάθου θεὸν τὸν ποιήσαντά σε τὸν ποιήσαντα τὸν οὐρανόν (33 *a*, 21)
52. 7. ἀκουστὴν ποιήσω τὴν σωτηρίαν σου (50)
53. 9. ἀνομίαν οὐκ ἐποίησεν (33 *a*)
54. 5. κύριος ὁ ποιῶν σε (33 *a*)
56. 1. ποιήσατε δικαιοσύνην (33 *a*)
— 2. μακάριος ἀνὴρ ὁ ποιῶν ταῦτα . . . διατηρῶν τὰς χεῖρας αὐτοῦ μὴ π. ἄδικα [A S -κημα] (33 *a*)
57. 9. πολλοὺς ἐποίησας τοὺς μακρὰν ἀπὸ σοῦ (103 *b*)
— 16. πνοὴν πᾶσαν ἐγὼ ἐποίησα (33 *a*)
58. 2. ὡς λαὸς δικαιοσύνην πεποιηκὼς (33 *a*)
— 13. τοῦ μὴ π. τὰ θελήματά σου (33 *a*)
62. 7. ἐὰν . . . ποιήσῃ Ἱερουσαλὴμ ἀγαυρίαμα (39)
— 11. ἐποίησεν ἀκουστὸν ἕως ἐσχάτου τῆς γῆς (50)
63. 12. ποιῆσαι ἑαυτῷ ὄνομα αἰώνιον (33 *a*)
— 14. ποιῆσαι σεαυτῷ ὄνομα δόξης (33 *a*)
64. 3 (2). ὅταν ποιῇς [S^{1} -ήσῃς] τὰ ἔνδοξα (33 *a*)
— 4 (3). τὰ ἔργα σου ἃ ποιήσεις (33 *a*)
— 5 (4). συναντήσεται γὰρ τοῖς ποιοῦσι [S ὑπομένουσιν] τὸ δίκαιον (33 *a*)
65. 8. οὕτως ποιήσω ἕνεκεν τοῦ δουλεύοντός μοι (33 *a*)
— 12. ἐποιήσατε τὸ πονηρὸν ἐναντίον ἐμοῦ (33 *a*)
— 18. ποιῶ Ἱερουσαλὴμ ἀγαλλίαμα (5 *a*)
— 23. A οὐδὲ τέκνα ποιήσουσιν [B S τεκνοπ.] εἰς κατάραν (111)
Is. 66. 2. πάντα γὰρ ταῦτα ἐποίησεν ἡ χείρ μου (33 *a*)
— 4. ἐποίησαν τὸ πονηρὸν ἐναντίον ἐμοῦ (33 *a*)
— 9. γεννῶσαν καὶ στεῖραν ἐποίησα (61 + 106)
— 22. ἃ ἐγὼ ποιῶ (33 *a*)
Je. 1. 12. A B S^{2} ἐγρήγορα ἐπὶ τοὺς λόγους μου τοῦ ποιῆσαι αὐτούς (33 *a*)
2. 13. δύο καὶ πονηρὰ ἐποίησεν ὁ λαός μου (33 *a*)
— 17. οὐχὶ ταῦτα ἐποίησέ [A^{1} -άν] σοι (33 *a*)
— 23. γνῶθι τί ἐποίησας (33 *a*)
— 28. οἱ θεοί σου οὓς ἐποίησας σεαυτῷ (33 *a*)
3. 5. ἐλάλησας καὶ ἐποίησας [S *om.* κ. ἐ.] τὰ πονηρὰ ταῦτα (33 *a*)
— 6. ἃ ἐποίησέ μοι ἡ κατοικία τοῦ Ἰσρ. (33 *a*)
— 16. οὐ ποιηθήσεται ἔτι (33 *b*)
4. 18. τὰ ἐπιτηδεύματά σου ἐποίησαν ταῦτά σοι (33 *a*)
— 22. τὸ δὲ καλῶς [A S -λὸν] ποιῆσαι οὐκ ἐπέγνωσαν [A ποιοῦντες οὐκ ἔγν.] (33 *b*)
— 27. συντέλειαν δὲ οὐ μὴ ποιήσω (33 *a*)
— 30. τί ποιήσεις ἐὰν περιβάλῃ κόκκινον (33 *a*)
5. 1. εἰ ἔστι ποιῶν κρίμα (33 *a*)
— 10. συντέλειαν δὲ μὴ ποιήσητε [A *al.*] (33 *a*)
— 18. οὐ μὴ ποιήσω ὑμᾶς εἰς συντέλειαν (33 *a*)
— 19. τίνος ἕνεκεν ἐποίησε κύριος ὁ θεὸς ἡμῶν ἡμῖν πάντα ταῦτα (33 *a*)
— 31. B^{2}R τί ποιήσετε [B^{1} -σητε, A S -σεται] εἰς τὰ μετὰ ταῦτα (33 *a*)
6. 8. μὴ ποιήσω σε ἄβατον γῆν (39)
— 13. πάντες ἐποίησαν ψευδῆ (33 *a*)
— 26. πένθος ἀγαπητοῦ ποίησαι σεαυτῇ (33 *a*)
7. 5. καὶ ποιοῦντες ποιήσητε κρίσιν (33 *a*, 33 *a*)
— 10. τοῦ μὴ π. πάντα τὰ βδελύγματα τ. (33 *a*)
— 12. ἴδετε ἃ ἐποίησα αὐτῷ (33 *a*)
— 13. ἀνθ' ὧν ἐποιήσατε πάντα τὰ ἔργα ταῦτα (33 *a*)
— 14. ποιήσω τῷ οἴκῳ [A τόπῳ τούτῳ] . . . καθὼς ἐποίησα τῷ Σηλώ (33 *a*, 33 *a*)
— 17. ἢ οὐχ ὁρᾷς τί αὐτοὶ ποιοῦσιν (33 *a*)
— 18. τοῦ ποιῆσαι χαυῶνας τῇ στρατιᾷ τοῦ οὐρανοῦ (33 *a*)
— 29. ἀπώσατο τὴν γενεὰν τὴν ποιοῦσαν ταῦτα †
— 30. ἐποίησαν οἱ υἱοὶ Ἰούδα τὸ πονηρόν (33 *a*)
8. 6. λέγων, Τί ἐποίησα (33 *a*)
9. 7 (6). ποιήσω ἀπὸ προσώπου πονηρίας [S τῆς] θυγατρὸς λαοῦ μου (33 *a*)
— 24 (23). A^{2} B S ἐγώ εἰμι κύριος ὁ ποιῶν ἔλεος (33 *a*)
10. 11. θεοὶ οἳ τὸν οὐρανὸν καὶ τὴν γῆν οὐκ ἐποίησαν (27 *d*)
— 12. κύριος ὁ ποιήσας τὴν γῆν (33 *a*)
— 13. ἀστραπὰς εἰς ὑετὸν ἐποίησε (33 *a*)
— 24. ἵνα μὴ ὀλίγους ἡμᾶς ποιήσῃς [A S -εις] (95)
11. 4. ποιήσατε πάντα ὅσα ἐὰν ἐντείλωμαι ὑμῖν (33 *a*)
— 6. ποιήσατε αὐτούς (33 *a*)
— 8. καὶ οὐκ ἐποίησαν (33 *a*)
— 15. τί ἡ ἠγαπημένη ἐν τῷ οἴκῳ μου ἐποίησε βδέλυγμα (33 *a*)
— 17. ἐποίησαν ἑαυτοῖς τοῦ παροργίσαι με (33 *a*)
12. 2. καὶ ἐποίησαν [S *om.* κ. ἐ.] καρπόν (33 *a*)
— 5. πῶς ποιήσεις [S^{1} -σω] ἐν φρυάγματι τοῦ Ἰορδάνου (33 *a*)
13. 23. δυνήσεσθε εὖ ποιῆσαι (74 *c*)
14. 7. ποίησον ἡμῖν ἕνεκέν σου (33 *a*)
— 22. σὺ ἐποίησας πάντα ταῦτα (33 *a*)
15. 4. A^{2} B S ὧν ἐποίησεν ἐν Ἱερουσαλήμ (33 *a*)
16. 6. οὐδὲ ἐντομίδας οὐ μὴ ποιήσουσι (69)
— 20. εἰ ποιήσει ἑαυτῷ ἄνθρωπος θεούς (33 *a*)
17. 8. οὐ διαλείψει ποιῶν [S^{2} -οῦν] καρπόν (33 *a*)
— 11. ποιῶν πλοῦτον αὐτοῦ οὐ μετὰ κρίσεως (33 *a*)
— 22. πᾶν ἔργον οὐ ποιήσετε (33 *a*)
— 24. τοῦ μὴ π. πᾶν ἔργον (33 *a*)
18. 3. ἐποίει ἔργον ἐπὶ τῶν λίθων (33 *a*)
— 4. ὃ αὐτὸς ἐποίει ἐν ταῖς χερσὶν αὐτοῦ (33 *a*)
— 4. ἐποίησεν αὐτὸ ἀγγεῖον ἕτερον καθὼς ἤρεσεν ἐνώπιον αὐτοῦ [A *add.* τοῦ] ποιῆσαι (33 *a*, 33 *a*)
— 6. εἰ . . . οὐ δυνήσομαι τοῦ ποιῆσαι ὑμᾶς (33 *a*)
— 8. ὧν ἐλογισάμην [A ἐλάλησα] τοῦ ποιῆσαι αὐτοῖς (33 *a*)
— 10. ποιήσωσι [A S -σουσιν] τὰ πονηρὰ ἐναντίον μου . . . ὧν ἐλάλησα τοῦ ποιῆσαι αὐτοῖς (33 *a*, 11)
— 11. A R καλλίονα ποιήσατε [B S -ετε] τὰ ἐπιτηδεύματα ὑμῶν (81)
— 12. ἕκαστος τὰ ἀρεστὰ τῆς καρδίας αὐτοῦ τῆς πονηρᾶς ποιήσομεν (33 *a*)
— 13. ἃ ἐποίησε σφόδρα παρθένος Ἰ. (33 *a*)
Je. 18. 23. ἐν καιρῷ θυμοῦ σου ποίησον ἐν [A *om.*] αὐτοῖς (33 *a*)
19. 12. οὕτως ποιήσω [S^{1} *om.*] . . . τῷ τόπῳ τούτῳ (33 *a*)
21. 2. εἰ ποιήσει κύριος κατὰ πάντα τὰ θαυμάσια αὐτοῦ (33 *a*)
22. 3. ποιεῖτε κρίσιν καὶ δικαιοσύνην (33 *a*)
— 4. ἐὰν ποιοῦντες ποιήσητε τὸν λόγον τοῦτον (33 *a*, 33 *a*)
— 5. ἐὰν δὲ μὴ ποιήσητε τοὺς λόγους τούτους (43 *a*)
— 8. διὰ τί ἐποίησε κύριος οὕτως τῇ πόλει ταύτῃ (33 *a*)
— 15. βέλτιόν σε π. κρίμα (33 *a*)
— 17. εἰς ἀδικήματα καὶ εἰς φόνον τοῦ π. (33 *a*)
23. 5. ποιήσει κρίμα καὶ δικαιοσύνην ἐπὶ τῆς γῆς (33 *a*)
— 20. ἕως ποιήσῃ [S -ει] αὐτό (33 *a*)
26 (46). 19. σκεύη ἀποικισμοῦ ποίησον σεαυτῇ (33 *a*)
— 28. ποιήσω συντέλειαν ἐν παντὶ ἔθνει . . . σὲ δὲ οὐ μὴ ποιήσω ἐκλιπεῖν (33 *a*, 33 *a*)
27 (50). 2. ἀκουστὰ ποιήσατε καὶ μὴ κρύψητε (50)
— 15. καθὼς ἐποίησε ποιήσατε αὐτῇ (33 *a*, 33 *a*)
— 21. ποίει κατὰ πάντα ὅσα ἐντέλλομαί σοι (33 *a*)
— 29. κατὰ πάντα ὅσα ἐποίησε ποιήσατε αὐτῇ (33 *a*, 33 *a*)
28 (51). 12. A B S^{2} ποιήσει κύριος ἃ ἐλάλησεν (33 *a*)
— 15. ποιῶν [S ὁ π.] γῆν ἐν τῇ ἰσχύϊ αὐτοῦ (33 *a*)
— 16. ἀστραπὰς εἰς ὑετὸν ἐποίησε (33 *a*)
— 24. ἃς ἐποίησαν ἐπὶ Σιών (33 *a*)
29 (49). 8. δύσκολα ἐποίησεν †
31 (48). 10. ἐπικατάρατος ὁ ποιῶν τὰ ἔργα κυρίου ἀμελῶς (33 *a*)
— 30. οὐχὶ τὸ ἱκανὸν αὐτῷ οὐχ οὕτως ἐποίησε (33 *a*)
— 33. οὐδὲ δείλης οὐκ ἐποίησαν †
33 (26). 3. τοῦ ποιῆσαι αὐτοῖς ἕνεκεν τῶν πονηρῶν ἐπιτηδευμάτων αὐτῶν (33 *a*)
— 13. βελτίους ποιήσατε τὰς ὁδοὺς ὑμῶν (60)
— 14. ποιήσατέ μοι ὡς συμφέρει (33 *a*)
— 19. ἐποιήσαμεν κακὰ μεγάλα (33 *a*)
34 (27). 2. ποίησον δεσμοὺς καὶ κλοιούς (33 *a*)
— 5. ἐποίησα τὴν γῆν ἐν τῇ ἰσχύϊ μου τῇ μεγάλῃ (33 *a*)
35 (28). 6. ἀληθῶς οὕτω ποιήσαι [S -σει] κύριος (33 *a*)
— 13. ποιήσω ἀντ' αὐτῶν κλοιοὺς σιδηροῦς (33 *a*)
— 15. πεποιθέναι ἐποίησας τὸν λαὸν τοῦτον ἐπ' ἀδίκῳ (100 *a*)
36 (29). 22. ποιήσαι σε κύριος ὡς Σεδεκίαν ἐποίησε (39, –)
— 23. δι' ἣν ἐποίησαν ἀνομίαν ἐν Ἰσραήλ (33 *a*)
— 31. πεποιθέναι ἐποίησεν ὑμᾶς ἐπ' ἀδίκοις [A S -κῳ] (100 *a*)
— 32. τὰ ἀγαθὰ ἃ ἐγὼ ποιήσω ὑμῖν (33 *a*)
37 (30). 15. ἐποίησαν ταῦτά σοι (33 *a*)
— 24. οὐ μὴ ἀποστραφῇ ὀργὴ θυμοῦ [S^{1} *om.*] κυρίου ἕως ποιήσῃ (33 *a*)
38 (31). 7. ἀκουστὰ [S -σατε καὶ] ποιήσατε (50)
— 13. ποιήσω αὐτοὺς εὐφραινομένους (78)
— 21. ποίησον τιμωρίαν (39)
— 37. περὶ πάντων ὧν ἐποίησαν (33 *a*)
39 (32). 17. σὺ ἐποίησας τὸν οὐρανόν (33 *a*)
— 18. ποιῶν ἔλεος εἰς χιλιάδας (33 *a*)
— 20. ὃς ἐποίησας σημεῖα καὶ τέρατα . . . καὶ ἐποίησας σεαυτῷ ὄνομα (39, 33 *a*)
— 23. ἃ ἐνετείλω αὐτοῖς οὐκ ἐποίησαν καὶ ἐποίησαν [B^{1} S^{1} *om.* κ. ἐ.] συμβῆναι αὐτοῖς πάντα τὰ κακὰ ταῦτα (33 *a*, 107)
— 30. ἦσαν . . . μόνοι ποιοῦντες τὸ πονηρόν (33 *a*)
— 32. ὧν ἐποίησαν πικρᾶναί [A S παραπ.] με (33 *a*)
— 35. τοῦ ποιῆσαι τὸ βδέλυγμα τοῦτο (33 *a*)
40 (33). 2. κύριος ποιῶν γῆν καὶ πλάσσων αὐτήν (33 *a*)
— 6. A S^{2} ποιήσω [B S^{1} *om.*] αὐτοῖς εἰρήνην καὶ πίστιν –
— 9. τὰ ἀγαθὰ ἃ ἐγὼ ποιήσω [A ποιῶ] . . . περὶ πάσης τῆς εἰρήνης ἧς ἐγὼ ποιήσω [A ποιῶ] αὐτοῖς (33 *a*, 33 *a*)
41 (34). 15. ποιῆσαι τὸ εὐθές (33 *a*)
— 18. τὴν διαθήκην μου ἣν ἐποίησαν . . . τὸν μόσχον ὃν ἐποίησαν [A S^{1} *al.*] (18, 18)
42 (35). 10. ἐποιήσαμεν [A *om.*] κατὰ πάντα ἃ ἐνετείλατο (33 *a*)
— 15. βελτίω ποιήσατε τὰ ἐπιτηδεύματα ὑμῶν (60)
— 18. π. καθότι ἐνετείλατο αὐτοῖς (33 *a*)
43 (36). 3. ἃ ἐγὼ λογίζομαι ποιῆσαι αὐτοῖς [A *al.*] (33 *a*)
— 8. ἐποίησε Βαροὺχ κατὰ πάντα (33 *a*)

Je. 44 (37). 15. ταύτην ἐποίησαν εἰς οἰκίαν φυλακῆς (33 *a*)
45 (38). 9. ἐπονηρεύσω ἃ ἐποίησας (33 *a*)
— 12. ἐποίησεν Ἱερεμίας οὕτως (33 *a*)
— 16. ὃς ἐποίησεν ἡμῖν τὴν ψυχὴν ταύτην (33 *a*)
47 (40). 3. ἐποίησε κύριος (33 *a*)
— 16. μὴ ποιήσῃς τὸ πρᾶγμα τοῦτο (33 *a*)
48 (41). 9. ὃ ἐποίησεν ὁ βασ. (33 *a*)
— 11. τὰ κακὰ ἃ ἐποίησεν Ἰσμαήλ (33 *a*)
49 (42). 3. λόγον ὃν ποιήσομεν (33 *a*)
— 5. οὕτως ποιήσομεν (33 *a*)
— 10. οἷς ἐποίησα ὑμῖν (33 *a*)
— 20. κατὰ πάντα . . . ποιήσομεν (33 *a*)
51 (44). 3. ἧς ἐποίησαν παραπικρᾶναί με (33 *a*)
— 4. μὴ ποιήσητε τὸ πρᾶγμα τῆς μολύνσεως ταύτης (33 *a*)
— 7. ἵνα τί ὑμεῖς ποιεῖτε κακὰ μεγάλα (33 *a*)
— 9. ὧν ἐποίησαν ἐν γῇ [A πόλεσιν] Ἰούδα (33 *a*)
— 17. ποιοῦντες ποιήσομεν πάντα τὸν λόγον . . . καθὰ ἐποιήσαμεν ἡμεῖς (33 *a ter*)
— 19. ἐποιήσαμεν αὐτῇ χαυῶνας (33 *a*)
— 22. ἀπὸ τῶν βδελυγμάτων ὧν ἐποιήσατε (33 *a*)
— 25. ποιοῦσαι [S[1] *om.*] ποιήσομεν [AS -ωμεν] τὰς ὁμολογίας ἡμῶν . . . καὶ ποιοῦσαι ἐποιήσατε [S ποιήσατε] (33 *a quater*)
52. 20. ἃ ἐποίησεν ὁ βασιλεὺς Σαλωμών (33 *a*)
Ba. 1. 8. σκεύη ἀργυρᾶ ἃ ἐποίησε Σεδεκίας
— 10. ποιήσατε μαννά
— 22. ποιῆσαι τὰ κακὰ κατ' ὀφθαλμοὺς κυρίου
2. 2. R οὐκ ἐποίησεν [AB -ήθη] ὑποκάτω παντὸς τοῦ οὐρανοῦ καθὰ ἐποιήθη [B -ησεν] ἐν Ἱερ.
— 11. ἐποίησας σεαυτῷ ὄνομα
— 23. ἐκλείψειν ποιήσω . . . φωνὴν εὐφροσύνης
— 27. ἐποίησας εἰς ἡμᾶς . . . κατὰ πᾶσαν ἐπιείκειάν σου
3. 34. ἔλαμψαν μετ' εὐφροσύνης τῷ ποιήσαντι αὐτούς
4. 7. παρωξύνατε γὰρ τὸν ποιήσαντα ὑμᾶς
La. 1. 21. ἐχάρησαν ὅτι σὺ ἐποίησας (33 *a*)
— 22. ἐποίησαν ἐπιφυλλίδα (73)
2. 6. ἐπελάθετο κύριος ἃ ἐποίησεν –
— 17. ἐποίησε κύριος ἃ ἐνεθυμήθη (33 *a*)
— 20. ἐπιφυλλίδα ἐποίησε μάγειρος –
Ep. Je. 38. AR οὔτε ὀρφανὸν εὖ ποιήσωσι [B -σουσιν]
— 63. τό τε πῦρ . . . ποιεῖ τὸ συνταχθέν
— 64. R οὔτε εὖ ποιῆσαι [AB ποιεῖν] ἀνθρώποις
Ez. 3. 20. A καὶ ποιήσῃ παράπτωμα . . . αἱ δικαιοσύναι αὐτοῦ ἃς ἐποίησεν [B *om.* ἃς ἐ.] (33 *a*, 33 *a*)
4. 9. ποιήσεις αὐτὰ σεαυτῷ εἰς ἄρτους (33 *a*)
— 15. ποιήσεις τοὺς ἄρτους σου ἐπ' αὐτῶν (33 *a*)
5. 7. τὰ δικαιώματά μου οὐκ ἐποιήσατε ἀλλ' οὐδὲ κατὰ τὰ δικαιώματα τῶν ἐθνῶν . . . οὐ πεποιήκατε [A οὐκ ἐποιήσατε] (33 *a*, 33 *a*)
— 8. ποιήσω ἐν μέσῳ σου κρίμα (33 *a*)
— 9. ποιήσω ἐν σοὶ ἃ οὐ πεποίηκα [A οὐκ ἐποίησα] καὶ ἃ οὐ [A οὐ μὴ] ποιήσω ὅμοια (33 *a ter*)
— 10. ποιήσω ἐν σοὶ κρίματα (33 *a*)
— 15. ἐν τῷ ποιῆσαί με ἐν σοὶ κρίματα (33 *a*)
6. 9. A περὶ τῶν κακιῶν ὧν ἐποίησαν (33 *a*)
— 10. A τοῦ ποιῆσαι αὐτοῖς ἅπαντα τὰ κακὰ ταῦτα (33 *a*)
7. 20. εἰκόνας τῶν βδελυγμάτων αὐ. ἐποίησαν (33 *a*)
— 23. ποιήσουσι φυρμόν (33 *a*)
— 27. κατὰ τὰς ὁδοὺς αὐτῶν ποιήσω αὐτοῖς (33 *a*)
8. 6. ἑώρακας τί οὗτοι ποιοῦσιν (33 *a*)
— 6. ἀνομίας μεγάλας ποιοῦσιν ὧδε (33 *a*)
— 9. ἃς οὗτοι ποιοῦσιν ὧδε (33 *a*)
— 12. ἃ οἱ πρεσβύτεροι οἴκου Ἰσ. ποιοῦσιν (33 *a*)
— 13. ἃς οὗτοι ποιοῦσι (33 *a*)
— 15. A τοῦ π. τὰς ἀνομίας ἃς πεποιήκαν αὐτοὶ ὧδε –, –
— 17. τοῦ π. τὰς ἀνομίας ἃς πεποιήκασιν ὧδε (33 *a*, 33 *a*)
— 18. ποιήσω αὐτοῖς μετὰ θυμοῦ (33 *a*)
9. 11. πεποίηκα καθὼς ἐνετείλω μοι (33 *a*)
11. 9. ποιήσω ἐν ὑμῖν κρίματα (33 *a*)
— 13. εἰς συντέλειαν σὺ ποιεῖς τοὺς καταλοίπους (33 *a*)
— 20. ὅπως . . . ποιῶσιν [A ποιήσουσιν] αὐτά (33 *a*)
— 21. A τῶν πονηρῶν ὧν ἐποίησαν –
12. 3. ποίησον σεαυτῷ σκεύη αἰχμαλωσίας (33 *a*)
— 7. ἐποίησα οὕτως κατὰ πάντα (33 *a*)
— 9. τί σὺ ποιεῖς (33 *a*)

Ez. 12. 11. τέρατα ποιῶ ὃν τρόπον πεποίηκα (–, 33 *a*)
— 25. ποιήσω καὶ οὐ μὴ μηκύνω ἔτι . . . λαλήσω λόγον καὶ ποιήσω (33 *b*, 33 *a*)
— 28. λαλήσω [A *add.* λόγον] καὶ ποιήσω (33 *b*)
13. 18. οὐαὶ ταῖς . . . ποιούσαις ἐπιβόλαια (33 *a*)
14. 23. οὐ μάτην πεποίηκα πάντα ὅσα ἐποίησα ἐν αὐτῇ (33 *a*, 33 *a*)
15. 3. τοῦ ποιῆσαι εἰς ἐργασίαν (33 *a*)
16. 5. τοῦ ποιῆσαί σοι ἓν ἐκ πάντων τούτων [B[1] *om.*] (33 *a*)
— 16. ἐποίησας σεαυτῇ εἴδωλα ῥαπτά (33 *a*)
— 17. ἐποίησας σεαυτῇ εἰκόνας ἀρσενικάς (33 *a*)
— 24. ἐποίησας σεαυτῇ ἔκθεμα (33 *a*)
— 30. ἐν τῷ ποιῆσαί σε πάντα ταῦτα [A *om.* π. τ.] ἔργα (33 *a*)
— 31. τὴν βάσιν σου ἐποίησας ἐν πάσῃ πλατείᾳ (33 *a*)
— 41. ποιήσουσιν ἐν σοὶ ἐκδικήσεις (33 *a*)
— 43. οὕτως ἐποίησας τὴν ἀσέβειαν (33 *a*)
— 47. οὐδὲ κατὰ τὰς ἀνομίας αὐτῶν ἐποίησας (33 *a*)
— 48. εἰ πεποίηκε Σόδομα . . . ὃν τρόπον ἐποίησας [A πεποίηκας] σύ (33 *a*, 33 *a*)
— 50. ἐποίησαν ἀνομήματα ἐνώπιον ἐμοῦ (33 *a*)
— 51. ἐν πάσαις ταῖς ἀνομίαις σου αἷς ἐποίησας (33 *a*)
— 54. ἐκ πάντων ὧν ἐποίησας (33 *a*)
— 59. ποιήσω ἐν [A *om.*] σοὶ καθὼς ἐποίησας (33 *a*, 33 *a*)
— 63. κατὰ πάντα ὅσα ἐποίησας (33 *a*)
17. 6. ἐποίησεν ἀπώρυγας (33 *a*)
— 8. τοῦ π. βλαστούς [A ποιῆσαι καρπόν] (33 *a*)
— 15. εἰ διασωθήσεται ὁ ποιῶν ἐναντία (33 *a*)
— 17. οὐδὲ ἐν ὄχλῳ πολλῷ ποιήσει . . . πόλεμον (33 *a*)
— 18. πάντα ταῦτα ἐποίησεν αὐτῷ (33 *a*)
— 23. ποιήσει καρπόν (33 *a*)
— 24. λελάληκα καὶ ποιήσω (33 *a*)
18. 5. AR ὁ ποιῶν κρίμα καὶ [B *om.* κρ. κ.] δικαιοσύνην (33 *a*)
— 8. κρίμα δίκαιον ποιήσει (33 *a*)
— 9. τοῦ ποιῆσαι αὐτά (33 *a*)
— 10. ἐὰν γεννήσῃ υἱὸν λοιμὸν . . . ποιοῦντα ἁμαρτήματα (33 *a*)
— 12. ἀνομίαν πεποίηκε (33 *a*)
— 13. πάσας τὰς ἀνομίας ταύτας ἐποίησε (33 *a*)
— 14. A ἃς ἐποίησε καὶ φοβηθῇ καὶ μὴ ποιήσῃ κατ' αὐτάς [B κατὰ ταύτας] (33 *a*, 33 *a*)
— 17. δικαιοσύνην ἐποίησε (33 *a*)
— 18. ἐναντία ἐποίησεν (33 *a*)
— 19. δικαιοσύνην καὶ ἔλεος πεποίηκε [A ἐποίησεν] . . . ἐποίησεν αὐτά (33 *a*, 33 *a*)
— 21. ἐκ [A ἀπὸ] πασῶν τῶν ἀνομιῶν ὧν ἐποίησε . . . καὶ ποιήσῃ δικαιοσύνην καὶ ἔλεος [A π. τὰ δικαιώματά μου] (33 *a*, 33 *a*)
— 22. ὅσα [A ἃς] ἐποίησε . . . ἐν τῇ δικαιοσύνῃ αὐτοῦ ᾗ ἐποίησε (33 *a*, 33 *a*)
— 24. ποιῆσαι [A -σῃ] ἀδικίαν . . . ἃς ἐποίησεν ὁ ἄνομος . . . ἃς ἐποίησεν (33 *a ter*)
— 26. καὶ ποιήσῃ παράπτωμα . . . ᾧ ἐποίησεν (33 *a*, 33 *a*)
— 27. ἧς ἐποίησε καὶ ποιήσῃ κρίμα (33 *a*, 33 *a*)
— 28. ὧν ἐποίησε (33 *a*)
— 31. A ἃς ἐποιήσατε [B ἠσεβήσατε] (35)
— 31. ποιήσατε ἑαυτοῖς καρδίαν καινήν (33 *a*)
— 31. A ποιήσατε πάσας τὰς ἐντολάς μου –
20. 9. ἐποίησα ὅπως τὸ ὄνομά μου τὸ παράπαν μὴ βεβηλωθῇ (33 *a*)
— 11. ὅσα ποιήσει αὐτὰ ἄνθρωπος (33 *a*)
— 13. A τοῦ π. αὐτὰ ἃ ποιήσει αὐτὰ ἄνθρωπος –, –
— 13. ἃ ποιήσει αὐτὰ ἄνθρωπος (33 *a*)
— 14. ἐποίησα [A οὐκ ἐ.] ὅπως τὸ ὄνομά μου . . . μὴ βεβηλωθῇ (33 *a*)
— 17. οὐκ ἐποίησα αὐτοὺς εἰς συντέλειαν (33 *a*)
— 19. ποιεῖτε αὐτά (33 *a*)
— 21. τοῦ ποιεῖν αὐτὰ ἃ ποιήσει ἄνθρωπος (33 *a*, 33 *a*)
— 22. ἐποίησα [A οὐκ ἐ.] ὅπως τὸ ὄνομά μου . . . μὴ βεβηλωθῇ (33 *a*)
— 24. τὰ δικαιώματά μου οὐκ ἐποίησαν (33 *a*)
— 44. ἐν τῷ ποιῆσαί με οὕτως ὑμῖν (33 *a*)
22. 3. πόλις . . . ποιοῦσα ἐνθυμήματα καθ' ἑαυτῆς (33 *a*)
— 4. ἐν τοῖς ἐνθυμήμασί σου οἷς ἐποίεις ἐμιαίνου (33 *a*)

Ez. 22. 9. ἀνόσια ἐποίουν ἐν μέσῳ σου (33 *a*)
— 13. συντετέλεσαι οἷς ἐποίησας (33 *a*)
— 14. αἷς ἐγὼ ποιῶ ἐν σοί (33 *a*)
— 14. ἐγὼ κύριος λελάληκα καὶ ποιήσω (33 *a*)
23. 10. ἐποίησαν ἐκδικήσεις ἐν αὐτῇ (33 *a*)
— 21. ἃ ἐποίεις ἐν Αἰγύπτῳ (33 *a*)
— 25. ποιήσουσι μετὰ σοῦ ἐν ὀργῇ θυμοῦ (33 *a*)
— 29. ποιήσουσιν ἐν σοὶ ἐν μίσει (33 *a*)
— 30. ἡ πορνεία σου ἐποίησε ταῦτά σοι (33 *a*)
— 38. ἕως καὶ ταῦτα ἐποίησάν μοι (33 *a*)
— 38. A καὶ ἃ ἐμίσουν ἐποίησαν –
— 40 (39). οὕτως ἐποίουν ἐν μέσῳ τοῦ οἴκου μου (33 *a*)
— 43. A ἔργα γυναικὸς πόρνης ἐποίεις [B *al.*] –
— 44. τοῦ ποιῆσαι ἀνομίαν †
— 48. οὐ μὴ ποιήσουσι κατὰ τὰς ἀσεβείας αὐτῶν (33 *a*)
24. 14. λελάληκα καὶ ἥξει καὶ ποιήσω (33 *a*)
— 18. ἐποίησα τὸ πρωΐ (33 *a*)
— 19. τί ἐστι ταῦτα ἃ σὺ ποιεῖς (33 *a*)
— 22. ποιήσετε [A -σω] ὃν τρόπον πεποίηκα [A ἐποίησα] (33 *a*, 33 *a*)
— 24. ὅσα ἐποίησα [B[1] -σατε, B[2] -σε] ποιήσετε (33 *a*, 33 *a*)
25. 11. εἰς [A ἐν] Μωὰβ ποιήσω ἐκδίκησιν (33 *a*)
— 12. ἀνθ' ὧν ἐποίησεν ἡ Ἰδουμαία (33 *a*)
— 14. ποιήσουσιν ἐν τῇ Ἰδουμαίᾳ κατὰ τὴν ὀργήν [A *add.* τοῦ θυμοῦ] μου (33 *a*)
— 15. ἀνθ' ὧν ἐποίησαν οἱ ἀλλόφυλοι ἐν ἐκδικήσει (33 *a*)
— 17. ποιήσω ἐν αὐτοῖς ἐκδικήσεις (33 *a*)
26. 8. ποιήσει [A περιπ.] ἐπὶ σὲ κύκλῳ χάρακα (45)
27. 5. τοῦ ποιῆσαί σοι ἱστοὺς ἐλατίνους (33 *a*)
— 6. ἐκ τῆς Βασ. ἐποίησαν τὰς κώπας σου (33 *a*)
— 6. τὰ ἱερά σου ἐποίησαν ἐξ ἐλέφαντος (33 *a*)
28. 4. A ἐποίησας σεαυτῷ δύναμιν καὶ ἐποίησας [B *om.*] χρυσίον (33 *a*, 33 *a*)
— 22. ἐν τῷ ποιῆσαί με ἐν σοὶ κρίματα (33 *a*)
— 26. ὅταν ποιήσω κρίμα (33 *a*)
29. 3, 9. ἐγὼ ἐποίησα αὐτούς (33 *a*)
— 15. ὀλιγοστοὺς αὐτοὺς ποιήσω (96)
— 20. A ὅσα ἐποίησάν μοι –
30. 14. ποιήσω ἐκδίκησιν ἐν Διοσπόλει (33 *a*)
— 19. ποιήσω κρίμα ἐν Αἰγύπτῳ (33 *a*)
31. 11. ἐποίησε τὴν ἀπώλειαν αὐτοῦ (33 *a*)
33. 13. A ἐὰν ποιήσῃ ἀδικίαν πᾶσαι αἱ δικαιοσύναι αὐ. ἃς ἐποίησεν οὐ μὴ μνησθῶσιν ἐν τῇ ἀδικίᾳ αὐ. ᾗ ἐποίησεν (33 *a*, –, 33 *a*)
— 14. R ποιήσει [A B -σῃ] κρίμα καὶ δικαιοσύνην (33 *a*)
— 15. τοῦ μὴ ποιῆσαι ἄδικον (33 *a*)
— 16. A πᾶσαι αἱ ἁμαρτίαι αὐ. ἃς ἐποίησεν [B ἥμαρτεν] (8)
— 16. κρίμα καὶ δικαιοσύνην ἐποίησεν (33 *a*)
— 18. R ποιήσει [A B -σῃ] ἀνομίας (33 *a*)
— 19. R ποιήσει [A B -σῃ] κρίμα (33 *a*)
— 26. A ἐποιήσατε βδέλυγμα (33 *a*)
— 29. ποιήσω τὴν γῆν αὐτῶν ἔρημον . . . ἃ ἐποίησαν (25, 33 *a*)
— 31. αὐτὰ οὐ μὴ ποιήσουσιν [A -σωσιν] (33 *a*)
— 32. οὐ μὴ ποιήσουσιν αὐτά (33 *a*)
35. 4. ταῖς [A ἐν τ.] πόλεσί σου ἐρημίαν ποιήσω (39)
— 11. ποιήσω σοι κατὰ τὴν ἔχθραν σου (33 *a*)
— 11. A κατὰ τὸν ζῆλόν σου ὃν ἐποίησας (33 *a*)
— 15. B ἔρημον ποιήσω σε (33 *a*)
36. 11. εὖ ποιήσω ὑμᾶς (74 *b*)
— 22. οὐχ ὑμῖν ἐγὼ ποιῶ (33 *a*)
— 27. ποιήσω ἵνα ἐν τοῖς δικαιώμασί μου πορεύησθε καὶ τὰ κρίματά μου . . . ποιήσητε [A -ετε] (33 *a*, 33 *a*)
— 32. οὐ δι' ὑμᾶς ἐγὼ ποιῶ (33 *a*)
— 36. ἐλάλησα καὶ ποιήσω (33 *a*)
— 37. τοῦ ποιῆσαι αὐτούς [A -οῖς] (33 *a*)
37. 14. λελάληκα καὶ ποιήσω (33 *a*)
— 24. ποιήσουσιν αὐτά (33 *a*)
38. 12. ἐπ' ἔθνος . . . πεποιηκότας κτήσεις (33 *a*)
39. 21. τὴν κρίσιν μου ἣν ἐποίησα (33 *a*)
— 24. κατὰ τὰ ἀνομήματα αὐ. ἐποίησα αὐτοῖς (33 *a*)
43. 8. ἐν ταῖς ἀνομίαις αὐτῶν αἷς ἐποίουν (33 *a*)
— 11. περὶ πάντων ὧν ἐποίησαν . . . ποιήσουσιν αὐτά (33 *a*, 33 *a*)
— 25. ἑπτὰ ἡμέρας ποιήσεις ἔριφον . . . ἄμωμα ποιήσουσιν ἑπτὰ ἡμέρας (33 *a*, 33 *a*)
— 27. ποιήσουσιν οἱ ἱερεῖς . . . τὰ ὁλοκαυτώματα ὑμῶν (33 *a*)

Ez. 44. 14. εἰς πάντα ὅσα ἂν ποιήσωσιν (33 *b*)
45. 9. κρίμα καὶ δικαιοσύνην ποιήσατε (33 *a*)
— 17. αὐτὸς ποιήσει τὰ ὑπὲρ ἁμαρτίας (33 *a*)
— 20. οὕτως ποιήσεις ἐν τῷ μηνὶ τῷ ἑβδόμῳ (33 *a*)
— 22. ποιήσει ὁ ἀφηγούμενος . . . ὑπὲρ αὐτοῦ (33 *a*)
— 23. ποιήσει [A -εις] ὁλοκαυτώματα τῷ κυρίῳ ἑπτὰ μόσχους (33 *a*)
— 24. πέμμα τῷ κριῷ ποιήσεις (33 *a*)
— 25. ποιήσεις κατὰ τὰ αὐτὰ ἑπτὰ ἡμέρας (33 *a*)
46. 2. ποιήσουσιν οἱ ἱ. τὰ ὁλοκαυτώματα αὐ. (33 *a*)
— 7. A καθὼς ἂν εὖ ποιῇ [B ἐὰν ἐκπ.] ἡ χεὶρ αὐ. (74 *d*)
— 12. ἐὰν δὲ ποιήσῃ ὁ ἀφηγούμενος ὁμολογίαν . . . ποιήσει τὸ ὁλοκαύτωμα αὐτοῦ . . . ὃν τρόπον ποιεῖ ἐν τῇ ἡμέρᾳ τῶν σαββάτων (33 *a ter*)
— 13. ἀμνὸν ἐνιαύσιον ἄμωμον ποιήσει . . . πρωῒ ποιήσει αὐτόν (33 *a*, 33 *a*)
— 14. μαναὰ ποιήσει ἐπ᾿ αὐτῷ (33 *a*)
— 15. πρόσταγμα διὰ παντὸς ποιήσετε τὸν ἀμνὸν καὶ τὸ μαναὰ καὶ τὸ ἔλαιον ποιήσετε τὸ πρωΐ (33 *a*, –)
Da. LXX. Su. 35. οὐκ ἐποίησα ἃ πονηρεύονται
— 52. ἃς ἐποίεις τὸ πρότερον
— 57. οὕτως ἐποιεῖτε θυγατράσιν Ἰσρ.
— 61. ὡς ὁ νόμος διαγορεύει ἐποίησαν αὐτοῖς
2. 9. λόγους ψευδεῖς ποιήσασθαι ἐπ᾿ ἐμοῦ (7 *a**, 7 *b*)
— 46. ἐπέταξε . . . σπονδὰς ποιῆσαι αὐτῷ (22 *b*)
3. 1. ἐποίησεν εἰκόνα χρυσῆν (27 *d*)
— (27). οἷς ἐποίησας ἡμῖν
— (28). κρίματα ἀληθείας ἐποίησας
— (28). ἐποίησας πάντα ταῦτα
— (30). οὐδὲ ἐποιήσαμεν καθὼς ἐνετείλω ἡμῖν
— (31). πάντα ὅσα ἐποίησας ἡμῖν ἐν ἀληθινῇ κρίσει ἐποίησας
— (42). ποίησον μεθ᾿ ἡμῶν ἔλεος
— (50). ἐποίησε τὸ μέσον τῆς καμίνου ὡσεὶ πνεῦμα
— 32 (99). ἃ ἐποίησε μετ᾿ ἐμοῦ ὁ θ. (27 *d*)
4. 14. ὅσα ἂν θέλῃ ποιεῖν ποιεῖ ἐν αὐτοῖς †
— 34. ποιεῖ σημεῖα καὶ τέρατα –
— 34. ἀποκτεῖναι καὶ ζῆν ποιῆσαι –
— 34. καὶ ποιῆσαι σημεῖα –
— 34. καθὼς ἐποίησεν ἐν ἐμοὶ ὁ θεὸς τοῦ οὐρ. –
— 34. τὸ ἀρεστὸν ἐνώπιον αὐτοῦ ποιήσω –
— 34. οὕτως ἐποίησε μετ᾿ ἐμοῦ –
— 34. ἃς ἐποίησε μετ᾿ ἐμοῦ ὁ θ. ὁ μέγας –
5. 1. B. ὁ βασ. ἐποίησε δοχὴν μεγάλην (27 *d*)
— 1. B. ὁ βασ. ἐποίησεν ἑστιατορίαν μεγάλην (27 *d*)
— 23. σὺ ἐποιήσω ἑστιατορίαν τοῖς φίλοις σου –
6. 10 (11). καθὼς ἐποίει ἔμπροσθεν (27 *f*)
— 12 (13). οὕτως ποιήσω καθὼς λέγετε †
— 18 (19). πρόνοιαν ποιούμενος αὐτοῦ –
7. 8. ἐποίει πόλεμον πρὸς τοὺς ἁγίους –
8. 4. ἐποίει ὡς ἤθελε (33 *a*)
— 12. καὶ ἐποίησε καὶ εὐωδώθη (33 *a*)
— 24. καὶ ποιήσει καὶ φθερεῖ δυνάστας (33 *a*)
— 25. ποιήσει συναγωγὴν χειρός –
9. 14. ἐπὶ πάντα ὅσα ἂν ποιήσῃ (33 *a*)
— 15. ἐποίησας σεαυτῷ ὄνομα (33 *a*)
— 19. ἐπάκουσον καὶ ποίησον (33 *a*)
11. 3. ποιήσει καθὼς ἂν βούληται (33 *a*)
— 6. ποιήσασθαι συνθήκας (33 *a*)
— 7. καὶ ποιήσει ταραχήν (33 *a*)
— 16. ποιήσει . . . κατὰ τὸ θέλημα αὐ. (33 *a*)
— 17. συνθήκας μετ᾿ αὐτοῦ ποιήσεται (33 *a*)
— 23. ποιήσει ψεῦδος (33 *a*)
— 24. ποιήσει ὅσα οὐκ ἐποίησαν οἱ πατέρες αὐ. (33 *a*, 33 *a*)
— 28, 30. ποιήσει καὶ ἐπιστρέψει (33 *a*)
— 32. κατισχύσουσι καὶ ποιήσουσι (33 *a*)
— 36. ποιήσει κατὰ τὸ θέλημα αὐ. ὁ βασ. (33 *a*)
— 39. ἐν ἐπιθυμήμασι ποιήσει πόλεων (33 *a*)
Bel 26. ἐποίησε μάζαν
Da. TH. Su. 18. ἐποίησαν καθὼς εἶπε
— 43. ἀποθνήσκω μὴ ποιήσασα μηδέν
— 52. ἃς ἐποίεις τὸ πρότερον
— 57. οὕτως ἐποιεῖτε θυγατράσιν Ἰσρ.
— 62. ἐποίησαν αὐτοῖς ὃν τρόπον ἐπονηρεύσαντο
— 62. ποιῆσαι κατὰ τὸν νόμον M.
1. 13. ποίησον μετὰ τῶν παίδων [A -δαρίων] σου (33 *a*)
3. 1. Ναβ. ὁ βασ. ἐποίησεν εἰκόνα χρυσῆν (27 *d*)
— 15. τῇ εἰκόνι τῇ χρυσῇ ᾗ ἐποίησα (27 *d*)
— (27). ἐπὶ πᾶσιν οἷς ἐποίησας
— (28). κρίματα ἀληθείας ἐποίησας

Da. TH. 3. (30). οὐδὲ ἐποιήσαμεν καθὼς ἐνετείλω ἡμῖν
— (31). πάντα ὅσα ἐποίησας ἡμῖν ἐν ἀληθινῇ κρίσει ἐποίησας
— (42). ποίησον μεθ᾿ ἡμῶν κατὰ τὴν ἐπιείκειάν σου
— (50). ἐποίησε τὸ μέσον τῆς καμίνου ὡς πνεῦμα
— 32 (99). ἃ ἐποίησε μετ᾿ ἐμοῦ ὁ θεός (27 *d*)
4. 32. κατὰ τὸ θέλημα αὐ. ποιεῖ (27 *d*)
— 32. τί ἐποίησας (27 *d*)
5. 1. ἐποίησε δεῖπνον μέγα τοῖς μεγιστᾶσιν αὐ. (27 *d*)
6. 10 (11). καθὼς ἦν ποιῶν ἔμπροσθεν (27 *d*)
— 22 (23). παράπτωμα οὐκ ἐποίησα (27 *d*)
— 27 (28). ποιεῖ σημεῖα καὶ τέρατα (27 *d*)
7. 21. ἐποίει πόλεμον μετὰ τῶν ἁγίων (27 *d*)
8. 4. ἐποίησε κατὰ τὸ θέλημα αὐ. (33 *a*)
— 12. καὶ ἐποίησε καὶ εὐωδώθη (33 *a*)
— 24. κατευθυνεῖ καὶ ποιήσει (33 *a*)
— 27. ἐποίουν τὰ ἔργα τοῦ βασ. (33 *a*)
9. 14. πᾶσαν τὴν ποίησιν αὐ. ἣν ἐποίησε (33 *a*)
— 15. ἐποίησας σεαυτῷ ὄνομα (33 *a*)
— 19. A κύριε, ποίησον [B *om.*] (33 *a*)
11. 3. ποιήσει κατὰ τὸ θέλημα αὐ. (33 *a*)
— 6. τοῦ ποιῆσαι συνθήκας μετ᾿ αὐτοῦ (33 *a*)
— 7. καὶ ποιήσει ἐν [A *om.*] αὐτοῖς (33 *a*)
— 16. ποιήσει . . . κατὰ τὸ θέλημα αὐ. (33 *a*)
— 17. εὐθεῖα πάντα μετ᾿ αὐτοῦ ποιήσει (33 *a*)
— 23. ποιήσει δόλον (33 *a*)
— 24. ποιήσει ἃ οὐκ ἐποίησαν οἱ πατ. αὐ. (33 *a*, 33 *a*)
— 28, 30. ποιήσει καὶ ἐπιστρέψει (33 *a*)
— 32. κατισχύσουσι καὶ ποιήσουσι (33 *a*)
— 36. ποιήσει κατὰ τὸ θέλημα αὐ. (33 *a*)
— 39. ποιήσει τοῖς ὀχυρώμασι τῶν καταφυγῶν (33 *a*)
Bel 13. πεποιήκεισαν . . . κεκρυμμένην εἴσοδον
— 27. καὶ ἐποίησε μάζας
I Ma. 1. 13. ποιῆσαι τὰ δικαιώματα τῶν ἐθνῶν
— 15. ἐποίησαν ἑαυτοῖς ἀκροβυστίας
— 15. ἐπράθησαν [S[2] ἐπειρ.] τοῦ ποιῆσαι τὸ πονηρόν
— 24. S R ἐποίησε [A -σαν] φονοκτονίαν
— 50. ὃς ἂν μὴ ποιήσῃ κατὰ τὸ ῥῆμα τοῦ βασ.
— 51. καὶ ἐποίησεν ἐπισκόπους
— 52. ἐποίησαν κακὰ ἐν τῇ γῇ
— 58. ἐν ἰσχύϊ αὐ. ἐποίουν
2. 18. A R ποίησον τὸ πρόσταγμα τοῦ βασ. ὡς ἐποίησαν [S -εν] πάντα τὰ ἔθνη
— 26. καθὼς ἐποίησε Φ.
— 33. ποιήσατε [S[1] -σωμεν] κατὰ τὸν λόγον τοῦ βασ.
— 34. S R οὐδὲ ποιήσομεν [A -σωμεν] τὸν λόγον τοῦ βασ.
— 40. ἐὰν πάντες ποιήσωμεν ὡς οἱ ἀδ. ἡμῶν ἐποίησαν
— 51. τὰ ἔργα ἃ ἐποίησαν [S[1] -εν]
3. 14. ποιήσω ἐμαυτῷ ὄνομα
— 15. ποιῆσαι τὴν ἐκδίκησιν ἐν υἱοῖς Ἰσρ.
— 42. οὓς ἐνετείλατο ποιῆσαι τῷ λαῷ
— 50. τί ποιήσωμεν τούτοις
— 60. οὕτως ποιήσει
4. 44. A R τί αὐτῷ [S -ὸ] ποιήσωσι
— 49. ἐποίησαν σκεύη ἅγια καινά
— 51. πάντα τὰ ἔργα ἃ ἐποίησαν
— 53. ἐπὶ τὸ θυσιαστήριον . . . ὃ ἐποίησαν
— 56. ἐποίησαν τὸν ἐγκαινισμόν
— 60. ὡς ἐποίησαν τὸ πρότερον
5. 16. τί ποιήσωσι τοῖς ἀδ. αὐ.
— 56. οἷα ἐποίησαν
— 57. S R ποιήσωμεν [A -ομεν] καὶ αὐτοὶ ἑαυτοῖς ὄνομα
6. 12. A R τῶν κακῶν ὧν ἐποίησα [S ὧν ἐπ. κ.]
— 20. ἐποίησεν ἐπ᾿ αὐτοὺς βελοστάσεις
— 22. S[1] R ἕως πότε οὐ ποιήσῃ [A S[2] -σεις] κρίσιν
— 27. μείζονα τούτων ποιήσουσι
— 31. A R ἐποίησαν [S -εν] μηχανάς
— 49. S R ἐποίησεν εἰρήνην [A *om.*]
— 52. ἐποίησαν καὶ αὐτοὶ μηχανάς
— 58. ποιήσωμεν μετ᾿ αὐτῶν εἰρήνην
— 59. ἐποίησαν ταῦτα πάντα
7. 7. ἣν ἐποίησεν ἡμῖν
— 9. ποιῆσαι τὴν ἐκδίκησιν ἐν τοῖς υἱοῖς Ἰσρ.
— 22. ἐποίησαν πληγὴν μεγάλην
— 23. πᾶσαν τὴν κακίαν ἣν ἐποίησεν Ἄ.
— 24. καὶ ἐποίησεν ἐκδίκησιν
— 38. ποίησον ἐκδίκησιν
8. 2. ἃς ποιοῦσιν ἐν τοῖς Γαλάταις

I Ma. 8. 3. ὅσα ἐποίησαν ἐν χώρᾳ Σπανίας
— 15. βουλευτήριον ἐποίησαν ἑαυτοῖς
— 30. A R ποιήσονται [S -σωνται] ἐξ αἱρέσεως αὐ.
— 32. ποιήσομεν αὐτοῖς τὴν κρίσιν
9. 1. A ἐποίησεν [S ἔπεισεν, R ἔπεσε] Νικάνωρ
— 10. μή μοι γένοιτο ποιῆσαι τὸ πρᾶγμα τοῦτο
— 22. τῶν ἀνδραγαθιῶν ὧν ἐποίησε
— 37. ποιοῦσι γάμον μέγαν
— 64. καὶ ἐποίησε μηχανάς
— 71. ἐποίησε κατὰ τοὺς λόγους αὐτοῦ [S[1] -ῷ]
10. 11. εἶπε πρὸς τοὺς ποιοῦντας τὰ ἔργα
— 11. A R καὶ ἐποίησαν [S -εν] οὕτως
— 15. ἃς ἐποίησεν αὐτός
— 16. S R ποιήσομεν [A -ωμεν] αὐτὸν φίλον
— 23. A R τί τοῦτο ἐποιήσαμεν [S -σας]
— 27. ἀνθ᾿ ὧν ποιεῖτε μεθ᾿ ἡμῶν
— 46. ἧς ἐποίησεν [S[1] -αν] ἐν Ἰσρ.
— 56. ποιήσω σοι ἃ ἔγραψας
— 58. ἐποίησε τὸν γάμον αὐ.
— 62. καὶ ἐποίησαν οὕτως
11. 4. ἐποίησαν γὰρ θημωνίας αὐτῶν
— 5. ἃ ἐποίησεν Ἰων.
— 20. S R ἐποίησεν [A -αν] . . . μηχανὰς πολλάς
— 26. ἐποίησεν αὐτῷ ὁ βασ. καθὼς ἐποίησαν αὐτῷ
— 27. ἐποίησεν αὐτὸν τῶν πρώτων φίλων ἡγεῖσθαι
— 28. ποιῆσαι τὴν Ἰουδ. ἀφορολόγητον
— 33. S ἐκρίναμεν ἀγαθὸν ποιῆσαι [A R ἀγαθοπ.]
— 37. τοῦ ποιῆσαι τούτων ἀντίγραφον
— 42. οὐ μόνον ταῦτα ποιήσω σοι
— 43. ὀρθῶς ποιήσεις ἀποστείλας μοι ἄνδρας
— 51. ἐποίησαν εἰρήνην
12. 18. S R καλῶς ποιήσετε [A ἐποιήσατε] ἀντιφωνήσαντες ἡμῖν
— 22. καλῶς ποιήσετε γράφοντες ἡμῖν
— 46. ἐποίησε καθὼς εἶπε
13. 3. A R ὅσα . . . ἐποιήσαμεν περὶ τῶν νόμων [S *al.*]
— 9. πάντα ὅσα ἂν εἴπῃς ἡμῖν ποιήσομεν
— 29. ἐποίησε μηχανήματα
— 29. ἐποίησεν ἐπὶ τοῖς στύλοις πανοπλίας
— 30. ὃν ἐποίησεν ἐν M.
— 32. ἐποίησε πληγὴν μεγάλην ἐπὶ τῆς γῆς
— 34. τοῦ ποιῆσαι ἄφεσιν τῇ χώρᾳ
— 37. τοῦ ποιεῖν ὑμῖν εἰρήνην μεγάλην
— 43. R καὶ ἐποίησεν ἑλεπόλεις [A S *al.*]
— 48. A R οἵτινες τὸν νόμον ποιοῦσι [S ποιήσωσιν]
14. 5. ἐποίησεν εἴσοδον ταῖς νήσοις
— 11. ἐποίησε τὴν εἰρήνην ἐπὶ τῆς γῆς
— 35. ἣν ἐβουλεύσατο ποιῆσαι τῷ ἔθνει αὐ.
— 35. διὰ τὸ αὐτὸν πεποιηκέναι πάντα ταῦτα
— 36. ἐποίησαν [S[1] -εν] ἑαυτοῖς ἄκραν
— 36. S R ἐποίουν [A -ουσαν] πληγὴν μεγάλην
— 39. ἐποίησεν αὐτὸν τῶν φίλων αὐ.
— 45. ὃς δ᾿ ἂν παρὰ ταῦτα ποιήσῃ
— 46. ποιῆσαι κατὰ τοὺς λόγους τούτους
15. 6. ποιῆσαι κόμμα ἴδιον
— 25. καὶ μηχανὰς ποιούμενος
— 29. ἐποιήσατε [S[1] π.] πληγὴν μεγάλην
— 35. ἐποίουν ἐν τῷ λαῷ πληγὴν μεγάλην
16. 15. ἐποίησεν αὐτοῖς πότον μέγαν
— 17. S R ἐποίησεν ἀθεσίαν [A ἀθεΐαν] μεγάλην
II Ma. 1. 3. εἰς τὸ . . . ποιεῖν αὐτοῦ τὰ θελήματα
— 4. καὶ εἰρήνην ποιήσαι
— 16. καὶ μέλη ποιήσαντες
— 23. προσευχὴν δὲ ἐποιήσαντο οἱ ἱερεῖς
— 25. ὁ ποιήσας τοὺς πατέρας ἐκλεκτούς
— 34. περιφράξας δὲ ὁ βασ. ἱερὸν ἐποίησε
2. 16. καλῶς οὖν ποιήσετε ἄγειν τὰς ἡμέρας
— 30. R περὶ πάντων ποιεῖσθαι λόγον [A *al.*]
— 31. τῷ τὴν μετάφρασιν ποιουμένῳ συγχωρητέον
3. 7. τὴν τῶν προειρημ. χρημάτων ἐκκομιδὴν ποιήσασθαι
— 8. ἐποιεῖτο τὴν πορείαν
— 20. ἐποιοῦντο τὴν λιτανείαν
— 24. ἐπιφάνειαν μεγάλην ἐποίησεν
— 33. ποιουμένου δὲ τοῦ ἀρχιερέως τὸν ἱλασμόν
4. 11. τοῦ ποιησαμένου τὴν πρεσβείαν
— 27. ποιουμένου δὲ τὴν ἀπαίτησιν Σωστράτου
— 42. πολλοὺς μὲν αὐτῶν τραυματίας ἐποίησαν
— 44. ἐπ᾿ αὐτοῦ τὴν δικαιολογίαν ἐποιήσαντο
5. 6. ἐποιεῖτο σφαγὰς τῶν πολιτῶν
7. 16. ὃ θελεῖς ποιεῖς
— 24. οὐ μόνον διὰ λόγων ἐποιεῖτο τὴν παράκλησιν
— 24. ἅμα πλουτιεῖν καὶ μακαριστὸν ποιήσειν
— 28. ἐξ οὐκ ὄντων ἐποίησεν αὐτὰ ὁ θ.

II Ma. 8. 21. τετραμερές τι ἐποίησε τὸ στράτευμα
— 24. R τραυματίας . . . τὸ πλεῖστον μέρος τῆς τοῦ N. στρατιᾶς ἐποίησαν [A *al.*]
— 29. κοινὴν ἱκετείαν ποιησάμενοι
— 30. ἔτι δὲ καὶ πρεσβυτέροις ποιήσαντες
— 35. ἔρημον ἑαυτὸν ποιήσας
9. 2. ἀσχήμονα τὴν ἀναζυγὴν ποιήσασθαι
— 4. πολυάνδριον Ἰουδαίων Ἱεροσόλυμα ποιήσω
— 14. ἣν . . . παρεγίνετο ἰσόπεδον ποιῆσαι
— 15. πάντας αὐτοὺς ἴσους Ἀθηναίοις ποιήσειν
10. 3. ἕτερον θυσιαστήριον ἐποίησαν
— 3. τῶν ἄρτων τὴν πρόθεσιν ἐποιήσαντο
— 4. ταῦτα δὲ ποιήσαντες
— 16. οἱ δὲ περὶ τὸν M. ποιησάμενοι λιτανίαν
11. 2. τὴν μὲν πόλιν Ἕλλησιν οἰκητήριον ποιήσειν
— 3. πρατὴν δὲ . . . τὴν ἀρχιερωσύνην ποιήσειν
— 26. εὖ οὖν ποιήσεις διαπεμψάμενος
12. 10. ποιουμένων τὴν πορείαν ἐπὶ τὸν Τιμ.
— 16. ἀμυθήτους ἐποιήσαντο σφαγάς
— 23. ἐποιεῖτο δὲ τὸν διωγμὸν εὐτονώτερον Ἰ.
— 30. R ἥμερον ἀπάντησιν ἐποιοῦντο [A *om.*]
— 37. τροπὴν ἐποιήσατο αὐτῶν
— 41. τοῦ τὰ κεκρυμμένα φανερὰ ποιοῦντος
— 43. R ποιησάμενός τε . . . καστασκευάσματα [A *al.*]
— 45. περὶ τῶν τεθνηκότων τὸν ἐξιλασμὸν ἐποιήσατο
13. 6. R ἤ καί τινων ἄλλων κακῶν ὑπεροχὴν πεποιημένον [A -ων]
— 12. πάντων δὲ τὸ αὐτὸ ποιησάντων
— 14. ἐποιήσατο περὶ M. τὴν στρατοπεδείαν
— 26. εὐμενεῖς ἐποίησεν
14. 18. τὴν κρίσιν δι' αἱμάτων ποιήσασθαι
— 22. τὴν ἁρμόζουσαν ἐποιήσαντο κοινολογίαν
— 33. τόνδε τοῦ θεοῦ σηκὸν εἰς πεδίον ποιήσω
— 39. πρόδηλον ποιῆσαι . . . δυσμένειαν
III Ma. 1. 7. ποιήσας δὲ τοῦτο
— 9. τῶν ἑξῆς τι τῷ τόπῳ ποιήσας
— 23. τὴν ὁρμὴν ἐπὶ τὰ ὅπλα ποιήσασθαι
— 23. ἱκανὴν ἐποίησαν ἐν τῷ τόπῳ τραχύτητα
— 26. πρόσβασιν ἐποιεῖτο
2. 1. ἐποιήσατο τὴν δέησιν τοιαύτην
— 4. τοὺς ἔμπροσθεν ἀδικίαν ποιήσαντας
— 9. σύστασιν ποιησάμενος αὐτοῦ
— 20. ποιήσας ἡμῖν εἰρήνην
3. 4. χωρισμὸν ἐποίουν
— 15. R εὖ ποιῆσαί [A -σαντές] τε ἀσμένως
— 20. καθὼς ἔπρεπεν ἐποιήσαμεν
4. 13. τὸν αὐτὸν τρόπον ἐπιμελῶς ὡς ἐκείνοις ποιῆσαι
— 17. τὴν τῶν Ἰουδ. ἀπογραφὴν ποιεῖσθαι
5. 15. τὸν περὶ τούτων λόγον ποιούμενος
6. 17. ἀκατάσχετον οἰμωγὴν ποιῆσαι
— 40. τὴν ἐντυχίαν ἐποιήσαντο
7. 18. ἐπεὶ ἐποίησαν πότον σωτήριον
— 22. τὰ μεγαλεῖα τοῦ μεγίστου θεοῦ ποιήσαντος
IV Ma. 1. 12. ὅπερ εἴωθα ποιεῖν
2. 17. οὐ θυμῷ τι κατ' αὐτῶν ἐποίησεν
5. 9. ἀνοητότερον ποιήσειν δοκεῖς
6. 29. AR καθάρσιον αὐτῶν ποίησον [S -σαι] τὸ ἐμὸν αἷμα
12. 6. AR εὐπειθῆ ποιῆσαι τὸν περιλειπόμενον [S *al.*]
18. 16. AR πᾶσι [S *om.*] τοῖς ποιοῦσιν αὐ. τὸ θέλημα
— 18. καὶ ζῆν ποιήσω

[**Aq.** GE. 1. 26, 31 : 3. 2 (1) : 6. 7 (6), 17 (16) : 20. 10 : EX. 1. 21 : 30. 18, 37 *bis* : LE. 20. 12 : DT. 30. 12 : JO. 1. 8 : 2. 14 : 5. 15 (16) : II KI. 7. 25 : 12. 5 : III KI. 7. 6 (43), 7 (44), 38 (24) : 9. 23 : 14. 4, 8, 9 *bis*, 15 : 16. 27 : 22. 49 : IV KI. 16. 11 : 17. 11, 16 : 19. 25 : 21. 8 : JB. 10. 12 : 13. 20 : 34. 22 : 40. 10 (15) : PS. 17 (18). 41 : 21 (22). 32 : 30 (31). 23 : 32 (33). 6 : 70 (71). 19 : 118 (119). 73, 121 : 138 (139). 15 : PR. 8. 26 : 10. 23 : 22. 19 : EC. 2. 11, 17 : IS. 5. 2 : 20. 2 : 32. 6 : 38. 15 : 40. 23 : 44. 13, 24 : 55. 11 : JE. 6. 15 : 8. 8 : 30 (37). 15 : 32 (39). 23 : 33 (40). 9 : 46 (26). 28 : 51 (28). 12 : EZ. 18. 10, 11 : 20. 14, 43 : 22. 11 : 23. 21 : 29. 3 : 31. 9, 11 *bis* : 44. 14 (P.) : MA. 2. 13.]
[**Sm.** GE. 1. 26, 31 : 6. 15 (14), 17 (16) *bis* : 18. 25 : 20. 10 : 27. 37 : EX. 1. 21 : 18. 14 : 30. 18, 37 *bis* : 39. 1 (13) : DT. 7. 15 : JO. 1. 8 : 2. 14 : 5. 15 (16) : I KI. 12. 7 : 20. 12 : 29. 7 : II KI. 7. 11, 25, 27 : 12. 5, 14 : 14. 20 : 15. 31 : III KI. 3. 1 : 7. 6 (43), 38 (24) : IV KI. 16. 11 : 17. 16 : 21. 7 : 23. 17 : JB. 24. 4 : 35. 16 : 36. 13 : 39. 34 (40. 4) : 40. 3 (8), 14 (19) : PS. 4. 7 : 17 (18). 41 : 19 (20). 4 : 21 (22). 32 : 25 (26). 7 : 27 (28). 4 : 28 (29). 6 : 31 (32). 5 : 38 (39). 10 : 39 (40). 6 : 43 (44). 13, 15 : 48 (49). 19 : 50 (51). 10 : 54 (55). 8, 9, 10 *bis* : 55 (56). 12 : 58 (59). 11 : 64 (65). 9 : 65 (66). 8 : 67 (68). 23 *bis*, 29 : 70 (71). 19 : 75 (76). 9 : 76 (77). 15 : 77 (78). 43 : 82 (83). 5 : 87 (88). 9, 11, 19 : 88 (89). 30 : 89 (90). 17 : 99 (100). 3 : 100 (101). 8 : 101 (102). 9 : 106 (107). 38 : 118 (119). 73, 121 : 125 (126). 2 : 134 (135) 18 : 138 (139). 15 : 141 (142). 8 : PR. 3. 6 : 8. 26 : 22. 19 : EC. 2. 4 : 7. 15 (14) : IS. 5. 2 : 6. 12 : 10. 13 : 22. 11 : 25. 8 : 32. 6 *bis* : 42. 9 : 44. 24 : 46. 11 (Sw.) : 48. 14 : 50. 2 : 52. 7 *bis* : 53. 6 : 55. 5, 10, 11 : 60. 7 : JE. 6. 15 : 7. 3 : 22. 15 : 31 (38). 7, 37 : 32 (39). 23 : 37 (44). 15 : 44 (51). 4 : 46 (26). 28 : EZ. 11. 16 : 13. 18 : 18. 8 : 19. 7 : 20. 11 : 22. 4, 11 : 24. 17 : 27. 30 : 29. 3, 18 : 31. 11 *bis* : 40. 16 (P.), 17 : 44. 14 (P.) : DA. 11. 6 (Sw.) : MA. 2. 13.]
[**Th.** GE. 1. 26, 27 : 4. 7 : 20. 10 : EX. 28. 23, 26, 27 : 30. 18, 37 *bis* : 37 (38). 4, 11, 12 *bis*, 13, 15 : 38. 3 (23) : 39. 1 (13) : LE. 20. 12 : JO. 1. 8 : 2. 14 : 5. 15 (16) : JD. 11. 37 : 13. 23 : 15. 7 : 18. 24 : II KI. 12. 9, 12 *bis* : 15. 26 : III KI. 6. 16 : 7. 6 (43) : JB. 10. 12 : 12. 9 : 13. 20 : 15. 27 : 21. 31 : 34. 22 : 35. 10 : 40. 10 (15) : 41. 25 : PS. 8. 7 : 21 (22). 32 : PR. 20. 18 : IS. 5. 2 : 22. 11 : 32. 6 *bis* : 38. 15 : 43. 24 : 44. 15, 24 : 46. 11 (Sw.) : 55. 11 : 58. 13 : JE. 6. 15 : 8. 10, 12 : 11. 8, 8 (Sw.) : 30 (37). 11 *bis*, 15 : 32 (39). 23 : 33 (40). 15, 18 : 38 (45). 9 : 39 (46). 12 *bis* : EZ. 6. 10 : 11. 12 (Sw.) : 18. 24 (Sw.) : 20. 21, 43 : 22. 11 : 31. 9, 11 *bis* : 33. 26, 31 : 35. 11, 15 : 40. 16 (P.), 17 : 44. 14 (P.) : DA. 3. (42) : 11. 6, 39 : 13. 62 : 14. 26 : MA. 2. 13.]
[**Al.** LE. 16. 9 : 24. 20 : NU. 9. 3 : 22. 30, 35 : 33. 1 : DT. 32. 18 : JO. 22. 10 : I KI. 9. 27 : 12. 22 : 22. 8 : 28. 15, 17, 18 : III KI. 22. 49 : I CH. 4. 10 : ES. 2. 1 : JB. 37. 5 : PS. 9. 17 : 105 (106). 3 : 138 (139). 15 : PR. 1. 25 : IS. 1. 29 : EZ. 9. 8.]
[**Heb.** JB. 14. 9 : EZ. 13. 18.]
[**Quint.** IV KI. 16. 11 : PS. 28 (29). 6 : 118 (119). 121.]
[**Sext.** PS. 70 (71). 19 : 118 (119). 121.]

ποίημα. (1) מַעֲשֶׂה (2) פֹּעַל

Jd. 13. 12. καὶ τὰ π. [A ἔργα] αὐτοῦ (1)
I Ki. 8. 8. κατὰ πάντα τὰ π. [A *om.* τ. π.] ἃ ἐποίησαν (1)
19. 4. τὰ π. αὐτοῦ ἀγαθὰ σφόδρα (1)
III Ki. 7. 31. A ποίημα οὕτως πήχεος (1)
II Es. 9. 13. ἐν π. ἡμῶν τοῖς πονηροῖς (1)
Ne. 6. 14. ὡς τὰ π. αὐτοῦ ταῦτα (1)
Ps. 63 (64). 9. τὰ π. αὐτοῦ συνῆκαν (1)
91 (92). 4. εὔφρανάς με, κύριε, ἐν τῷ π. σου (2)
142 (143). 5. ἐν ποιήμασι τῶν χειρῶν σου (1)
Ec. 1. 14. εἶδον σύμπαντα τὰ π. [S[1] *om.* τὰ π.] τὰ πεποιημένα (1)
2. 4. ἐμεγάλυνα ποίημά μου (1)
— 11. ἐπέβλεψα ἐγὼ ἐν πᾶσι [A S[2] πᾶσιν τοῖς] π. μου (1)
— 17. πονηρὸν ἐπ' ἐμὲ τὸ π. τὸ πεποιημένον (1)
3. 11. ὅπως μὴ εὕρῃ ὁ ἄνθρωπος τὸ π. (1)
— 17. καιρὸς . . . ἐπὶ παντὶ τῷ [A S *om.*] π. (1)
— 22. ὁ εὐφρανθήσεται ὁ ἄνθρωπος ἐν ποιήμασιν αὐ. (1)
4. 3. B οὐκ εἶδε σὺν πᾶν [A S[2] *om.*] τὸ π. τὸ πονηρόν (1)
— 4. σύμπασαν [A S σὺν πᾶσαν] ἀνδρείαν τοῦ π. (1)
5. 5. καὶ διαφθείρῃ τὰ [S[2] *om.*] π. χειρῶν σου (1)
7. 14 (13). ἴδε τὰ π. τοῦ θεοῦ (1)
8. 9. ἔδωκα τὴν καρδίαν μου εἰς πᾶν τὸ [A S *om.*] π. (1)
— 14. ὡς ποίημα τῶν ἀσεβῶν (1)
— 14. ὡς ποίημα τῶν δικαίων (1)
— 17. εἶδον σύμπαντα [A S σὺν πάντα] τὰ π. τοῦ θεοῦ (1)
— 17. οὐ δυνήσεται ἄνθρωπος τοῦ εὑρεῖν σὺν τὸ π. (1)
9. 7. εὐδόκησεν ὁ θεὸς τὰ π. σου (1)
— 10. οὐκ ἔστι ποίημα . . . ἐν ᾅδῃ (1)
11. 5. οὐ γνώσῃ τὰ π. τοῦ θεοῦ (1)
Ec. 12. 14. σύμπαν [A S σὺν πᾶν] τὸ π. ὁ θεὸς ἄξει ἐν κρίσει (1)
Is. 29. 16. ἢ τὸ π. τῷ ποιήσαντι (1 ?)
[**Aq.** EX. 28. 15 : DT. 24. 21 (19) : PS. 18 (19). 2 : 27 (28). 4 : 32 (33). 4, 15 : PR. 31. 31 : IS. 57. 12 : EZ. 6. 6 : 27. 16 : MI. 6. 16.]
[**Th.** PS. 44 (45). 2.]
[**Quint.** PS. 27 (28). 5.]

ποίησις. (1) חֵשֶׁב (2) *a.* מַעֲשֶׂה *b.* עָשָׂה qal. *c.* ni.

Ex. 28. 8. κατὰ τὴν π. ἐξ αὐτοῦ ἔσται (2 *a*)
32. 35. περὶ τῆς π. τοῦ μόσχου (2 *b*)
36. 12 (39. 5). κατὰ τὴν αὐτοῦ π. (2 *a*)
Le. 8. 8 (7). κατὰ τὴν π. τῆς ἐπωμίδος (1)
IV Ki. 16. 10. εἰς πᾶσαν π. αὐτοῦ (2 *a*)
Ps. 18 (19). 1. ποίησιν δὲ χειρῶν αὐτοῦ ἀναγγέλλει τὸ στερέωμα (2 *a*)
Si. 16. 26. ἀπὸ ποιήσεως αὐτῶν διέστειλε μερίδας αὐτῶν
19. 20. ἐν πάσῃ σοφίᾳ ποίησις [A -εις] νόμου
51. 19. ἐν ποιήσει λιμοῦ [A μου] διηκριβασάμην
Ez. 43. 18. ἐν ἡμέρᾳ ποιήσεως αὐτοῦ (2 *c*)
Da. TH. 9. 14. ἐπὶ πᾶσαν τὴν π. αὐ. ἣν ἐποίησε (2 *a*)
[**Aq.** PS. 27 (28). 5 : EZ. 1. 16.]
[**Th.** PS. 18 (19). 2 : EZ. 1. 16.]

ποιητής.

I Ma. 2. 67. προσάξετε πρὸς ὑμᾶς πάντας τοὺς π. τοῦ νόμου

ποικιλία. (1) *a.* חָשַׁב *b.* מַחֲשָׁבָה (2) מַעֲשֶׂה (3) רִקְמָה

Ex. 27. 16. κεκλωσμένης τῇ π. τοῦ ῥαφιδευτοῦ (2)
35. 35. πᾶν ἔργον ἀρχιτεκτονίας ποικιλίας (1 *b*)
36. 15 (39. 8). ἔργον ὑφαντὸν ποικιλίᾳ [A -ας] (1 *a* ?)
Jd. 5. 30. σκῦλα βαμμάτων ποικιλίας (3)
Si. 38. 27. ἀλλοιῶσαι ποικιλίαν
43. 25. ποικιλία παντὸς ζῴου
Ez. 27. 7. βύσσος μετὰ ποικιλίας ἐξ Αἰγύπτου (3)
IV Ma. 15. 24. καίπερ . . . ὁρῶσα . . . τὴν τῶν στρεβλῶν . . . π.
[**Aq.** EZ. 17. 3 : 27. 24.]
[**Sm., Th.** EZ. 17. 3 : 27. 24 (Sw.).]

ποικίλλειν. (1) רִקְמָה

Ps. 44 (45). 9. ἐν ἱματισμῷ διαχρύσῳ περιβεβλημένη πεποικιλμένη [S -οις] –
— 13 (15). ἐν κροσσωτοῖς χρυσοῖς περιβεβλημένη πεποικιλμένη [S[1] -οις] (1)
[**Aq., Sm.** PS. 138 (139). 15.]

ποίκιλμα. (1) חֲבַרְבֻּרוֹת (2) רִקְמָה

Je. 13. 23. εἰ ἀλλάξεται . . . πάρδαλις τὰ π. αὐ. (1)
Ez. 23. 15. ἐζωσμένους [A διεζ.] ποικίλματα †
27. 16. ἐπλήθυναν . . . ποικίλματα ἐκ Θ. (2)
[**Sm.** CA. 1. 11.]

ποικίλος. (1) בָּרֹד (2) חוּם (3) נָקֹד (4) פַּס (5) רִקְמָה (6) שָׂרֹק

Ge. 30. 37. ἐφαίνετο . . . τὸ λευκὸν . . . ποικίλον –
— 39. ἔτικτον τὰ πρόβατα . . . ποικίλα (3)
— 40. πᾶν π. ἐν τοῖς ἀμνοῖς (2)
31. 8. τὰ π. ἔσται σου μισθός (3)
— 8. τέξεται πάντα τὰ πρόβ. ποικίλα (3)
— 10. οἱ τράγοι . . . διάλευκοι καὶ π. (3)
— 12. τοὺς τράγους . . . διαλεύκους καὶ π. (3)
37. 3. ἐποίησε δὲ αὐτῷ χιτῶνα π. (4)
— 23. ἐξέδυσαν τὸν Ἰ. τὸν χιτῶνα τὸν π. (4)
— 32. ἀπέστειλαν τὸν χιτῶνα τὸν π. (4)
Jo. 7. 21. εἶδον . . . ψιλὴν ποικίλην †
Jd. 5. 30. A βάθη ποικίλων [B *al.*] (5)
I Ch. 29. 2. λίθους πολυτελεῖς καὶ π. (5)
Za. 1. 8. ὀπίσω αὐτοῦ ἵπποι πυρροὶ . . . καὶ π. (6)
6. 3. ἐν τῷ ἅρματι τῷ τετάρτῳ ἵπποι π. ψαροί (1)
— 6. οἱ π. ἐξεπορεύοντο ἐπὶ γῆν νότου (1)
Ez. 16. 10. ἐνέδυσά σε ποικίλα (5)
— 13. τὰ περιβόλαιά σου . . . ποικίλα (5)
— 18. ἔλαβες τὸν ἱματισμὸν τὸν π. σου (5)
26. 16. τὸν ἱματισμὸν τὸν π. αὐτῶν ἐκδύσονται (5)
II Ma. 15. 21. συνιδὼν . . . τῶν ὅπλων τὴν π. παρασκευήν
III Ma. 1. 21. π. δὲ ἦν . . . ἡ δέησις
2. 6. ποικίλαις καὶ πολλαῖς δοκιμάσας τιμωρίαις
IV Ma. 7. 4. πολλοῖς καὶ π. μηχανήμασιν ἀντέσχε

IV Ma. 17. 7. π. βασάνους . . . ὑπομείνασαν
18. 21. καὶ βασάνοις ποικίλαις ἀπέκτεινεν
[Sm. Ps. 44 (45). 15.]

ποικιλτής. (1) חָשַׁב (2) רָקַם

Ex. 26. 36. ἔργον ποικιλτοῦ (2)
28. 6. ἔργον ὑφαντὸν ποικιλτοῦ (1)
— 15. ἔργον ποικιλτοῦ (1)
— 35 (39): 36. 37 (39. 29): 37. 16 (38. 18). ἔργον ποικιλτοῦ (2)
Si. 45. 10. A R ὑακίνθῳ καὶ πορφύρᾳ ἔργῳ [B S -ων] ποικιλτοῦ
[Al. Ex. 26. 1: 27. 16.]

ποικιλτικός. (1) רָקַם

Ex. 37. 21 (38. 23). ἠρχιτεκτόνησε . . . ποικιλτικά [A -κιλτά] (1 ?)
Jb. 38. 36. τίς δὲ ἔδωκε γυναιξὶν [A -κὶ] . . . ποικιλτικὴν ἐπιστήμην [A σοφίας ἐ.] †

ποικιλτός. (1) *a.* רָקַם *b.* רִקְמָה

Ex. 35. 35. τὰ ὑφαντὰ καὶ π. [A τὰ π.] (1 *a* ?)
37. 21 (38. 23). A ἠρχιτεκτόνησε . . . ποικιλτά [B -τικά] (1 *a* ?)
Jd. 5. 30. βάμματα ποικιλτῶν [A *al.*] (1 *b*)
[Aq. Ps. 44 (45). 15.]
[Th. Ex. 35. 35.]

ποικίλως.

Es. 1. 6. στρωμναὶ . . . π. διηνθισμέναι [A *al.*] †
IV Ma. 16. 3. S οὕτως π. βασανιζομένους

ποιμαίνειν. (1) נָהַג pi. (2) רָעָה *a.* qal. *b.* hi.

Ge. 30. 31. πάλιν ποιμανῶ τὰ πρόβατά σου (2 *a*)
— 36. Ἰακ. δὲ ἐποίμαινε τὰ πρόβ. Λ. (2 *a*)
37. 2. ποιμαίνων τὰ πρόβατα (2 *a*)
— 13. οὐχὶ οἱ ἀδ. σου ποιμαίνουσιν (2 *a*)
Ex. 2. 16. ποιμαίνουσαι τὰ πρόβ. τοῦ πατρὸς αὐ. –
3. 1. M. ἦν ποιμαίνων τὰ πρόβ. Ἰ. (2 *a*)
I Ki. 16. 11. ποιμαίνει ἐν τῷ ποιμνίῳ (2 *a*)
17. 15. A ποιμαίνων τὰ πρόβατα τοῦ πατρὸς αὐ. (2 *a*)
— 34. ποιμαίνων ἦν ὁ δοῦλός σου (2 *a*)
25. 16. ποιμαίνοντες τὸ ποίμνιον (2 *a*)
II Ki. 5. 2. ποιμανεῖς [A -μαίνεις] τὸν λαόν μου (2 *a*)
7. 7. π. τὸν λαόν μου Ἰσρ. (2 *a*)
I Ch. 11. 2. σὺ ποιμανεῖς τὸν λαόν μου (2 *a*)
17. 6. τοῦ π. τὸν λαόν μου (2 *a*)
Ju. 8. 26. τῷ Ἰ. . . . ποιμαίνοντι τὰ πρόβατα Λ. [A S *al.*]
Ps. 2. 9. ποιμανεῖς αὐτοὺς ἐν ῥάβδῳ σιδηρᾷ †
22 (23). 1. κύριος ποιμαίνει [A S[1] -ανεῖ] με (2 *a*)
27 (28). 9. ποίμανον αὐτούς (2 *a*)
36 (37). 3. ποιμανθήσῃ [A -σει] ἐπὶ τῷ πλούτῳ αὐτῆς (2 *a*)
47 (48). 14. A S R αὐτὸς ποιμανεῖ ἡμᾶς (1)
48 (49). 14. θάνατος ποιμανεῖ [B[1] -αίνει] αὐτούς (2 *a*)
77 (78). 71. ποιμαίνειν Ἰ. τὸν δοῦλον αὐ. (2 *a*)
— 72. ἐποίμανεν αὐτοὺς ἐν τῇ ἀκακίᾳ (2 *b*)
79 (80). 1. ὁ ποιμαίνων τὸν Ἰσραὴλ πρόσχες (2 *a*)
151. 1. ἐποίμαινον τὰ πρόβατα τοῦ πατρός μου
Pr. 9. 12. οὗτος ποιμαίνει [A S[1] -ανεῖ] ἀνέμους –
22. 11. χείλεσι ποιμαίνει βασιλεύς †
28. 7. ὃς δὲ ποιμαίνει ἀσωτίαν (2 *a*)
29. 3. ὃς δὲ ποιμαίνει πόρνας ἀπολεῖ πλοῦτον (2 *a*)
Ca. 1. 7. ποῦ ποιμαίνεις [A -ανεῖς] (2 *a*)
— 8. ποίμαινε τὰς ἐρίφους σου (2 *a*)
2. 16. ὁ ποιμαίνων ἐν τοῖς κρίνοις (2 *a*)
6. 1 (2). κατέβη . . . ποιμαίνειν ἐν κήποις (2 *a*)
— 2 (3). ὁ ποιμαίνων ἐν τοῖς κρίνοις (2 *a*)
Ho. 13. 5. ἐποίμαινόν σε ἐν τῇ ἐρήμῳ †
Mi. 5. 4 (3). ποιμανεῖ τὸ ποίμνιον αὐ. (2 *a*)
— 6 (5). ποιμανοῦσι τὸν Ἀσσοὺρ ἐν ῥομφαίᾳ (2 *a*)
7. 14. ποίμαινε λαόν σου (2 *a*)
Za. 11. 4. ποιμαίνετε τὰ πρόβατα τῆς σφαγῆς (2 *a*)
— 7. ποιμανῶ τὰ πρόβατα τῆς σφαγῆς (2 *a*)
— 7. ποιμανῶ τὰ πρόβατα (2 *a*)
— 9. οὐ ποιμανῶ ὑμᾶς (2 *a*)
— 17. ὦ οἱ ποιμαίνοντες τὰ μάταια (2 *a*)
Is. 40. 11. ὡς ποιμὴν ποιμανεῖ τὸ ποίμνιον αὐ. (2 *a*)
61. 5. ἥξουσιν ἀλλογενεῖς ποιμαίνοντες τὰ πρόβατά σου [S *om.*] (2 *a*)
Je. 3. 15. ποιμανοῦσιν ὑμᾶς ποιμαίνοντες [A ποιμένες] μετ᾽ ἐπιστήμης (2 *a*, †)
Je. 6. 3. ποιμανοῦσιν ἕκαστος τῇ χειρὶ [S τὴν χεῖρα] αὐτοῦ (2 *a*)
— 18. καὶ οἱ ποιμαίνοντες τὰ ποίμνια αὐ. †
22. 22. πάντας τοὺς ποιμένας σου ποιμανεῖ ἄνεμος (2 *a*)
23. 1. S ὦ οἱ ποιμαίνοντες [A B *al.*] (2 *a*)
— 2. τάδε λέγει κύριος ἐπὶ τοὺς ποιμαίνοντας τὸν λαόν μου (2 *a*)
— 4. οἳ [A καὶ] ποιμανοῦσιν αὐτούς (2 *a*)
Ez. 34. 10. τοῦ μὴ π. τὰ πρόβατά μου (2 *a*)
— 23. A R ποιμανεῖ [B -αίνει] αὐτούς [B[ab] -ός] (2 *a*)
[Aq. Pr. 10. 21: Ez. 34. 13, 15, 23.]
[Sm. Ps. 27 (28). 9: 36 (37). 3: Pr. 15. 14: Ca. 2. 16: 4. 5: 6. 2 (3): Is. 61. 5: Ez. 34. 2, 15.]
[Th. Is. 61. 5: Ez. 34. 13, 15, 23.]

ποιμενικός. (1) רֹעֶה

I Ki. 17. 40. ἔθετο αὐτοὺς ἐν τῷ καδίῳ τῷ π. (1)
Za. 11. 15. λάβε σεαυτῷ σκεύη π. [A *al.*] (1)

ποιμήν. (1) רֹעֶה

Ge. 4. 2. ἐγένετο Ἄ. ποιμὴν προβάτων (1)
13. 7. ἀνὰ μέσον τῶν π. τῶν κτηνῶν τοῦ Ἄ. καὶ ἀνὰ μέσον τῶν π. τῶν κτηνῶν τοῦ Λ. (1, 1)
— 8. ἀνὰ μέσον τῶν π. σου καὶ ἀνὰ μέσον τῶν π. μου (1, 1)
26. 20. ἐμαχέσαντο οἱ π. Γ. μετὰ τῶν π. Ἰ. (1, 1)
29. 8. ἕως τοῦ συναχθῆναι πάντας τοὺς π. †
38. 12. αὐτὸς καὶ Εἱρὰς ὁ π. αὐτοῦ †
— 20. ἐν χειρὶ τοῦ π. αὐτοῦ †
43. 32. A πᾶς π. προβάτων –
46. 32. οἱ δὲ ἄνδρες εἰσὶ π. (1)
— 34. πᾶς π. προβάτων (1)
47. 3. ποιμένες προβάτων οἱ παῖδές σου (1)
Ex. 2. 17. παραγενόμενοι δὲ οἱ π. (1)
— 19. ἐρρύσατο ἡμᾶς ἀπὸ τῶν π. (1)
Nu. 27. 17. οἷς οὐκ ἔστι ποιμήν (1)
I Ki. 25. 7. κείρουσί σοι νῦν οἱ π. σου (1)
II Ki. 24. 17. B[2] ἐγώ εἰμι ὁ π. [A καὶ ἐγὼ ὁ π.] –
III Ki. 22. 17. ὡς ποίμνιον ᾧ οὐκ ἔστι π. (1)
IV Ki. 10. 12. ἐν Βαιθακὰθ τῶν π. (1)
II Ch. 18. 16. ὡς πρόβατα οἷς οὐκ ἔστι π. (1)
Ju. 11. 19. A B ὡς πρόβατα οἷς οὐκ ἔστι π.
Jb. 1. 16. τοὺς π. κατέφαγεν [A -έκαυσεν, S[1] -έφλεξεν] ὁμοίως †
24. 2. ποίμνιον σὺν ποιμένι ἁρπάσαντες †
Ec. 12. 11. ἐδόθησαν ἐκ ποιμένος ἑνός (1)
Ca. 1. 8. ἐπὶ σκηνώμασι τῶν π. [A π. σου] (1)
Wi. 17. 17. εἴ τε γὰρ γεωργὸς ἦν τις ἢ [S[1] *om.*] ποιμήν
Si. 18. 13. ἐπιστρέφων ὡς ποιμὴν τὸ ποίμνιον αὐ.
Am. 1. 2. ἐπένθησαν αἱ νομαὶ τῶν π. (1)
3. 12. ὅταν ἐκσπάσῃ ὁ π. . . . δύο σκέλη (1)
Mi. 5. 5 (4). ἐπεγερθήσονται ἐπ᾽ αὐτὸν ἑπτὰ ποιμένες (1)
Na. 3. 18. ἐνύσταξαν οἱ π. σου (1)
Za. 10. 3. ἐπὶ τοὺς π. παρωξύνθη ὁ θυμός μου (1)
11. 3. φωνὴ θρηνούντων ποιμένων (1)
— 5. οἱ π. αὐ. οὐκ ἔπασχον οὐδέν (1)
— 8. ἐξαρῶ τοὺς τρεῖς π. (1)
— 15. λάβε σεαυτῷ σκεύη ποιμενικὰ π. ἀπείρου [A *al.*] (1)
— 16. ἐξεγείρω ποιμένα (1)
13. 7. ἐξεγέρθητι ἐπὶ τοὺς π. [A S[3] τὸν π.] (1)
— 7. πατάξατε τοὺς π. [A S[2] *al.*] (1)
— 7. A ἐπάξω τὴν χεῖρά μου ἐπὶ τοὺς π. [B μικρούς, S[2] ποιμένας τοὺς μικρούς] †
Is. 13. 20. ποιμένες οὐ μὴ ἀναπαύσονται ἐν αὐτῇ (1)
32. 14. εὐφροσύνη ὄνων ἀγρίων βοσκήματα ποιμένων †
40. 11. ὡς π. ποιμανεῖ τὸ ποίμνιον αὐτοῦ (1)
63. 11. ὁ ἀναβιβάσας . . . τὸν π. τῶν προβάτων (1)
Je. 2. 8. οἱ π. ἠσέβουν εἰς ἐμέ (1)
3. 1. ἐξεπόρνευσας ἐν ποιμέσι πολλοῖς †
— 3. ἔσχες ποιμένας πολλούς [S[1] *al.*] †
— 15. A δώσω ὑμῖν ποιμένας κατὰ τὴν καρδίαν μου καὶ ποιμανοῦσιν ὑμᾶς ποιμένες [B -μαίνοντες] μετ᾽ ἐπιστήμης (1, †)
6. 3. εἰς αὐτὴν ἥξουσι ποιμένες (1)
10. 21. οἱ π. ἠφρονεύσαντο (1)
12. 10. ποιμένες πολλοὶ διέφθειραν τὸν ἀμπελῶνά μου (1)
22. 22. πάντας τοὺς π. σου ποιμανεῖ ἄνεμος (1)
23. 1. ὦ ποιμένες οἱ ἀπολλύοντες [S *al.*] (1)
Je. 23. 4. ἀναστήσω αὐτοῖς ποιμένας (1)
27 (50). 6. οἱ π. αὐτῶν ἔξωσαν αὐτούς (1)
— 44. τίς οὗτος π. ὃς στήσεται (1)
28 (51). 23. διασκορπιῶ ἐν σοὶ ποιμένα (1)
29 (49). 19. τίς οὗτος π. [S ὁ π.] ὃς στήσεται (1)
32 (25). 34. ἀλαλάξατε, ποιμένες (1)
— 35. ἀπολεῖται φυγὴ ἀπὸ τῶν π. (1)
— 36. φωνὴ κραυγῆς τῶν π. (1)
40 (33). 12. ἐν πάσαις ταῖς πόλεσιν αὐτοῦ καταλύματα ποιμένων (1)
50 (43). 12. ὥσπερ φθειρίζει π. [A ὁ π.] τὸ ἱμάτιον αὐτοῦ (1)
Ez. 34. 2. προφήτευσον ἐπὶ τοὺς π. τοῦ Ἰσραήλ (1)
— 2. εἰπὸν τοῖς π. [A εἰ. αὐτοῖς] . . . ὦ ποιμένες Ἰσραήλ, μὴ βόσκουσι ποιμένες [A οἱ π. β.] ἑαυτούς; οὐ τὰ πρόβατα βόσκουσιν οἱ π. (1 *quater*)
— 5. διὰ τὸ μὴ εἶναι ποιμένας (1)
— 7. ποιμένες, ἀκούσατε λόγον κυρίου (1)
— 8. παρὰ τὸ μὴ εἶναι ποιμένας καὶ οὐκ ἐξεζήτησαν οἱ π. τὰ πρόβατά μου καὶ ἐβόσκησαν οἱ π. ἑαυτούς (1 *ter*)
— 9. ποιμένες [A *add.* ἀκούσατε λόγον κυρίου] (1)
— 10. ἐγὼ ἐπὶ τοὺς π. . . . οὐ βοσκήσουσιν ἔτι οἱ π. αὐτά (1, 1)
— 12. ζητεῖ [A ἐπισκέπτεται] ὁ π. τὸ ποίμνιον αὐτοῦ (1)
— 23. ἀναστήσω ἐπ᾽ αὐτοὺς [A ἀ. αὐτοῖς] ποιμένα ἕνα [A ἕτερον] . . . ἔσται αὐτῶν π. (1, 1)
37. 24. ἔσται π. εἷς πάντων (1)
[Aq. Je. 23. 2: Ez. 34. 2: Za. 13. 7.]
[Sm. Ca. 1. 8: Is. 31. 4: 38. 12: 44. 28: Je. 23. 2: 49. 20 (29. 21): Am. 1. 1: Mi. 5. 5 (4).]
[Th. Is. 31. 4: 56. 11: Ez. 34. 2: Mi. 5. 5 (4).]
[Al. Jd. 5. 16.]
[Quint. Am. 1. 1.]

ποίμνη. (1) עֵדֶר

Ge. 32. 16 (17). ἀνὰ μέσον ποίμνης καὶ ποίμνης (1, 1)
Za. 13. 7. A διασκορπισθήσονται τὰ πρόβατα τῆς π. [B S *al.*] –
[Sm. Ps. 106 (107). 41.]

ποιμνημίον (?). (1) צֹאן

Ne. 10. 36 (37). A τὰ πρωτότοκα . . . ποιμνημίων [B S -νίων] ἡμῶν (1)

ποίμνιον. (1) חָשִׂיף (2) מִכְלָה (3) מַרְעִית (4) עֵדֶר (5) עַשְׁתֹּרֶת (6) צֹאן (7) שֶׂה

Ge. 29. 2. τρία π. προβάτων (4)
— 2. ἐπότιζον τὰ π. (4)
— 3. συνήγοντο ἐκεῖ πάντα τὰ π. (4)
30. 40. διεχώρισεν ἑαυτῷ ποίμνια (4)
31. 4. οὗ [A *add.* ἦν] τὰ π. (6)
32. 16 (17). ποίμνιον κατὰ μόνας (4)
— 19 (20). τοῖς προπορευομ. ὀπίσω τῶν π. τ. (4)
De. 7. 13: 28. 4, 18, 51. καὶ τὰ π. τῶν προβάτων σου (5)
Jd. 6. 4. οὐδὲ ἐν τοῖς π. ταῦρον [A καὶ ποίμνιον καὶ μόσχον] (7)
I Ki. 8. 17. τὰ π. ὑμῶν ἀποδεκατώσει (6)
14. 32. ἔλαβεν ὁ λαὸς ποίμνια (6)
15. 9. τὰ ἀγαθὰ τῶν π. καὶ τῶν βουκολίων (6)
— 14. τίς ἡ φωνὴ τοῦ π. (6)
— 15. τὰ κράτιστα τοῦ π. καὶ τῶν βοῶν (6)
— 21. ἔλαβεν ὁ λαὸς τῶν σκύλων ποίμνια (6)
16. 11. ποιμαίνει ἐν τῷ π. (6)
— 19. τὸν υἱόν σου Δ. τὸν ἐν τῷ π. σου (6)
17. 34. ποιμαίνων ἦν . . . ἐν τῷ π. (6)
24. 4. ἦλθεν εἰς τὰς ἀγέλας τῶν π. (6)
25. 2. καὶ τὰ π. αὐτοῦ ἐν τῷ Καρμ. †
— 2. καὶ τούτῳ π. τρισχίλια (6)
— 2. ἐν τῷ κείρειν τὸ π. [A τὰ π.] αὐ. (6)
— 4. κείρει N. . . . τὸ π. αὐτοῦ (6)
— 16. ποιμαίνοντες τὸ π. (6)
27. 9. ἐλάμβανεν ποίμνια (6)
30. 20. ἔλαβε πάντα τὰ π. (6)
II Ki. 12. 2. τῷ πλουσίῳ ἦν ποίμνια (6)
— 4. λαβεῖν ἐκ τῶν π. αὐτοῦ (6)
III Ki. 21 (20). 27. ὡσεὶ δύο ποίμνια αἰγῶν (1)
22. 17. ὡς ποίμνιον ᾧ οὐκ ἔστι ποιμήν (6)
I Ch. 17. 7. ἔλαβόν σε . . . ἐξόπισθεν τῶν π. (6)
II Ch. 32. 28. μάνδρας εἰς τὰ π. (4)

Ne. 10. 36 (37). καὶ τὰ πρωτότοκα . . . ποιμνίων [A -νημίων] ἡμῶν (6)
Ju. 2. 27. τὰ π. . . . ἔδωκεν εἰς ἀφανισμόν
3. 3. A B καὶ τὰ π. καὶ τὰ βουκόλια
Jb. 24. 2. ποίμνιον σὺν ποιμένι ἁρπάσαντες (4)
Ps. 49 (50). 9. οὐδὲ ἐκ τῶν π. σου χιμάρους (2)
77 (78). 52. ἤγαγεν αὐτοὺς ὡσεὶ ποίμνιον (4)
— 70. ἀνέλαβεν αὐτὸν ἐκ τῶν π. τῶν προβάτων (2)
Pr. 27. 23. γνωστῶς ἐπιγνώσῃ ψυχὰς ποιμνίου σου (6)
Ec. 2. 7. κτῆσις βουκολίου καὶ ποιμνίου (6)
Ca. 1. 8. ἔξελθε σὺ ἐν πτέρναις τῶν π. (6)
Si. 18. 13. ἐπιστρέφων ὡς ποιμὴν τὸ π. αὐτοῦ
Am. 6. 4. ἔσθοντες ἐρίφους ἐκ ποιμνίων (6)
Mi. 2. 12. ὡς ποίμνιον ἐν μέσῳ κοίτης αὐ. (4)
4. 8. καὶ σὺ πύργος ποιμνίου αὐχμώδης (4)
5. 4 (3). ποιμανεῖ τὸ π. αὐ. –
— 8 (7). ὡς σκύμνος ἐν ποιμνίοις προβάτων (4)
Jl. 1. 18. τὰ π. τῶν προβάτων ἠφανίσθησαν (4)
Ze. 2. 6. ἔσται Κρήτη νομὴ ποιμνίων †
— 14. νεμήσονται ἐν μέσῳ αὐτῆς ποίμνια (4)
Za. 10. 3. ἐπισκέψεται . . . τὸ π. αὐ. (4)
Ma. 1. 14. καὶ ὑπῆρχεν ἐν τῷ π. αὐ. ἄρσεν (4)
Is. 17. 2. ἔσται . . . εἰς κοίτην ποιμνίων (4)
27. 10. R τὸ κατοικούμενον π. ἀνειμένον ἔσται ὡς π. καταλελειμμένον . . . ἐκεῖ ἀναπαύσονται ποίμνια [A B S om.] † *ter*
35. 7. S ἐπαύλεις ποιμνίων [A B καλάμου] καὶ ἕλη †
40. 11. ὡς ποιμὴν ποιμανεῖ τὸ π. αὐτοῦ (4)
65. 10. ἔσονται ἐν τῷ δρυμῷ ἐπαύλεις ποιμνίων (6)
Je. 6. 3. εἰς αὐτὴν ἥξουσι ποιμένες καὶ τὰ π. αὐτῶν (4)
— 18. καὶ οἱ ποιμαίνοντες τὰ π. αὐτῶν †
13. 17. συνετρίβη τὸ π. κυρίου (4)
— 20. ποῦ ἔστι τὸ π. ὃ ἐδόθη σοι (4)
28 (51). 23. διασκορπιῶ . . . τὸ π. αὐ. (4)
38 (31). 10. ὡς ὁ βόσκων π. [AS τὸ π.] αὐ. (4)
— 24. ἀρθήσεται ἐν ποιμνίῳ (4)
Ba. 4. 26. ὡς π. ἡρπασμένον ὑπὸ [A ἀπὸ] ἐχθρῶν
Ez. 13. 5. συνήγαγον ποίμνια †
34. 12. ζητεῖ [A ἐπισκέπτεται] ὁ ποιμὴν τὸ π. αὐτοῦ (4)
— 31. B^{1} R πρόβατα [A B^{2} *add.* τοῦ] ποιμνίου μου ἐστε (3)
[**Aq.** Ps. 79 (80). 2: 106 (107). 41: Je. 31 (38). 24: Mi. 2. 12: Za. 11. 11.]
[**Sm.** Ps. 79 (80). 2: Ca. 1. 8: Is. 66. 3: Je. 50 (27). 8: Ez. 34. 6, 8.]
[**Th.** Le. 27. 26: Is. 66. 3.]
[**Al.** Ge. 38. 17: Le. 1. 10: Jd. 5. 16.]
[**Quint.** Ca. 1. 8.]

ποιμνιοτρόφος.
[**Aq.** IV Ki. 3. 4: Am. 1. 1.]

ποῖος. (1) *a.* אֵי זֶה *b.* אֵי לְ (2) *a.* מָה, מַה־ *b.* מִי (3) מַן־הוּא

De. 4. 7, 8. π. ἔθνος μέγα (2 *b*)
Jd. 9. 2. A ποῖον βέλτιόν ἐστιν [B *al.*] (2 *a*)
I Ki. 9. 18. π. ὁ [A *om.*] οἶκος τοῦ βλέποντος (1 *a*)
II Ki. 15. 2. ἐκ π. πόλεως σὺ εἶ (1 *a*)
III Ki. 13. 12. π. ὁδῷ πεπόρευται (1 *a*)
22. 24. ποῖον πνεῦμα κυρίου [A *al.*] (1 *a*)
IV Ki. 3. 8. π. ὁδῷ ἀναβῶ (1 *a*)
II Ch. 18. 23. R π. τῇ [A *om.*] ὁδῷ παρῆλθε πνεῦμα [B *al.*] (1 *a*)
To. 5. 8. π. [S ἐκ π.] φυλῆς ἐστι
— 10. ASR ἐκ π. φυλῆς καὶ ἐκ π. πατριᾶς [B -ίδος] εἶ σύ
Es. 7. 5. S^{2} ποῖός ἐστιν οὗτος (1 *a*)
Jb. 28. 12. ποῖος δὲ τόπος ἐστὶ τῆς ἐπιστήμης (1 *a*)
— 20. ποῖος δὲ τόπος ἐστὶ τῆς συνέσεως (1 *a*)
38. 19. ποίᾳ [A ἐν π.] δὲ γῇ αὐλίζεται τὸ φῶς σκότους δὲ ποῖος ὁ [A ἐστιν] τόπος (1 *a*, 1 *a*)
Ec. 2. 3. ποῖον τὸ ἀγαθὸν τοῖς υἱοῖς τῶν ἀνθρ. (1 *a*)
11. 6. οὐ γινώσκεις ποῖον στοιχήσει (1 *a*)
Si. 10. 19. σπέρμα ἔντιμον ποῖον; σπέρμα ἀνθρώπου. σπέρμα ἔντιμον ποῖον; οἱ φοβούμενοι τὸν κύριον. σπέρμα ἄτιμον ποῖον; σπέρμα ἀνθρώπων· σπέρμα ἄτιμον ποῖον [S^{1} *om.*]; οἱ παραβαίνοντες ἐντολάς
30. 40 (33. 31). ἐν ποίᾳ ὁδῷ ζητήσεις αὐτόν
Jn. 1. 8. ἐκ π. χώρας καὶ ἐκ π. λαοῦ εἶ σύ (2 *a*, 1 *a*)
Is. 45. 9. ποῖον βέλτιον κατεσκεύασα †
50. 1. ποῖον τὸ βιβλίον τοῦ ἀποστασίου (1 *a*)
66. 1. ποῖον οἶκον [A^{1} *om.*] οἰκοδομήσετέ μοι (1 *a*)
Is. 66. 1. π. τόπος τῆς καταπαύσεώς μου (1 *a*)
Je. 5. 7. ποίᾳ τούτων ἵλεως γένωμαί σοι (1 *b*)
6. 16. ποία ἐστὶν ἡ ὁδὸς ἡ ἀγαθή (1 *a*)
Da. LXX. Su. 58. ἐν π. τοῦ κήπου τόπῳ
3. 15. ποῖος θεὸς ἐξελεῖται ὑμᾶς (3)
I Ma. 2. 10. ποῖον ἔθνος οὐκ ἐκληρονόμησε
II Ma. 3. 37. ποῖός τις εἴη ἐπιτήδειος
IV Ma. 8. 16. ποίοις ἂν ἐχρήσαντο λόγοις
[**Aq.**, **Sm.**, **Th.** Is. 50. 1.]
[**Al.** Ge. 32. 29 (30).]

πόκος. (1) *a.* גֵּז *b.* גִּזָּה (2) צֶמֶר

Jd. 6. 37. τίθημι [A ἀπερείδομαι] τὸν π. (1 *b*)
— 37. ἐὰν δρόσος γένηται ἐπὶ τὸν π. (1 *b*)
— 38. ἐξεπίασε [A ἀπεπ.] τὸν π. (1 *b*)
— 38. ἔσταξε δρόσος ἀπὸ τοῦ π. [A *al.*] (1 *b*)
— 39. πειράσω . . . ἐν τῷ π. (1 *b*)
— 39. ἐπὶ τὸν [A τὴν] π. μόνον (1 *b*)
— 40. ἐπὶ τὸν π. μόνον (1 *b*)
IV Ki. 3. 4. ἑκατὸν χιλιάδας κριῶν ἐπὶ πόκων [? ἐπιπ.] (2)
Ps. 71 (72). 6. καταβήσεται ὡς ὑετὸς ἐπὶ πόκον (1 *a*)
[**Sm.** Ps. 71 (72). 6.]

πολειά, *cf.* **πολιά.**

πολεμεῖν. (1) לָחַם *a.* qal. *b.* ni. *c.* מִלְחָמָה *d.* לָחֵם (2) צָרַר

Ex. 14. 14. κύριος πολεμήσει περὶ ὑμῶν (1 *b*)
— 25. ὁ γὰρ κ. πολεμεῖ . . . τοὺς Αἰγ. (1 *b*)
17. 8. ἐπολέμει [A ἐπορεύθη] Ἰσρ. ἐν Ῥ. (1 *b*)
— 16. πολεμεῖ [A -μήσει] κύριος ἐπὶ Ἀμ. (1 *c*)
Nu. 21. 1. ἐπολέμησε πρὸς Ἰσρ. (1 *b*)
— 26. ἐπολέμησε βασιλέα M. (1 *b*)
De. 1. 41. πολεμήσομεν [A -σωμεν] κατὰ πάντα (1 *b*)
— 42. οὐδὲ μὴ πολεμήσετε (1 *b*)
3. 22. A B^{2} R πολεμήσει [B^{1} -μεῖ] περὶ ὑμῶν (1 *b*)
Jo. 11. 5. πολεμῆσαι τὸν Ἰσρ. (1 *b*)
— 23. ἡ γῆ κατέπαυσε πολεμουμένη (1 *c*)
19. 47. ἐπολέμησαν τὴν Λ. (1 *b*)
24. 11. ἐπολέμησαν πρὸς ἡμᾶς (1 *b*)
Jd. 1. 1. τοῦ πολεμῆσαι πρὸς αὐτούς [A ἐν αὐτῷ] (1 *b*)
— 3. A πολεμήσω ἐν τῷ Χαν. [B *al.*] (1 *b*)
— 5. A ἐπολέμησαν ἐν αὐτῷ [B *al.*] (1 *b*)
— 8. ἐπολέμουν . . . τὴν Ἰερ. (1 *b*)
— 9. τοῦ πολεμῆσαι πρὸς τὸν Χαν. (1 *b*)
5. 8. ἐπολέμησαν πόλεις ἀρχόντων [A *al.*] (1 *d*)
— 14. A κύριος ἐπολέμει μοι [B *al.*] †
— 19. ἐπολέμησαν βασιλεῖς Χαναάν (1 *b*)
— 20. A ἐπολεμήθησαν ἀστέρες [B *al.*] (1 *b*)
— 20. A ἐπολέμησαν μετὰ Ἰσρ. [B *al.*] (1 *b*)
8. 1. A πολεμῆσαι ἐν τῇ M. [B *al.*] (1 *b*)
9. 17. A ὡς ἐπολέμησεν [B παρετάξατο] ὁ πατήρ μου (1 *b*)
— 38. A πολέμει πρὸς αὐτόν [B *al.*] (1 *b*)
— 39. A ἐπολέμησεν ἐν Ἀβ. [B *al.*] (1 *b*)
— 45. A ἐπολέμει [B παρετάσσετο] ἐν τῇ π. (1 *b*)
10. 18. A πολεμῆσαι ἐν τοῖς υἱοῖς Ἀ. [B *al.*] (1 *b*)
11. 4. A ἐπολέμησαν . . . μετὰ Ἰσρ. [B *al.*] (1 *b*)
— 5. A ἐπολεμοῦσαν . . . μετὰ Ἰσρ. (1 *b*)
— 6, 8. A πολεμήσομεν ἐν τοῖς υἱοῖς Ἀ. [B *al.*] (1 *b*)
— 9. A πολεμῆσαι ἐν τοῖς υἱοῖς Ἀ. [B *al.*] (1 *b*)
— 12. A πολεμῆσαί με ἐν τῇ γῇ μου (1 *b*)
— 20. A ἐπολέμησεν μετὰ Ἰσρ. [B *al.*] (1 *b*)
— 25. ἡ πολεμῶν ἐπολέμησεν αὐτόν [A -οῖς] (1 *b*, 1 *b*)
— 27. A τοῦ πολεμῆσαι [B παρατάξασθαι] ἐν ἐμοί (1 *b*)
— 32. A τοῦ πολεμῆσαι πρὸς αὐτούς [B *al.*] (1 *b*)
12. 1. A ἐπορεύθης π. ἐν τοῖς υἱοῖς Ἀ. [B *al.*] (1 *b*)
— 3. A τοῦ π. ἐν ἐμοί [B *al.*] (1 *b*)
— 4. A ἐπολέμει τὸν Ἐφρ. [B *al.*] (1 *b*)
20. 14. A ἐξελθεῖν τοῦ πολεμῆσαι [B εἰς παράταξιν] (1 *c*)
— 18. A τίς ἀναβήσεται . . . πολεμῆσαι [B *al.*] (1 *c*)
I Ki. 4. 9. καὶ πολεμήσατε αὐτούς (1 *b*)
— 10. καὶ ἐπολέμησαν αὐτούς (1 *b*)
8. 20. πολεμήσει τὸν πόλεμον ἡμῶν (1 *b*)
12. 9. ἐπολέμησεν ἐν [A -σαν] αὐτοῖς (1 *b*)
14. 47. ἐπολέμει . . . πάντας τοὺς ἐχθροὺς αὐ. (1 *b*)
15. 18. καὶ πολεμήσεις αὐτούς (1 *b*)
17. 9. ἐὰν δυνηθῇ πρὸς μὲ πολεμῆσαι (1 *b*)
— 19. A πολεμοῦντες μετὰ τῶν ἀλλοφ. (1 *b*)
— 32. πολεμήσει μετὰ τοῦ ἀλλοφ. τούτου (1 *b*)
— 33. τοῦ π. μετ' αὐτοῦ [A πρὸς αὐτόν] (1 *b*)
I Ki. 18. 17. A πολέμει τοὺς πολέμους κυρίου (1 *b*)
19. 8. ἐπολέμησε τοὺς ἀλλοφύλους (1 *b*)
23. 1. οἱ ἀλλόφυλοι πολεμοῦσιν ἐν τῇ K. (1 *b*)
— 5. ἐπολέμησεν ἐν τοῖς ἀλλοφύλοις (1 *b*)
25. 28. πόλεμον κυρίου μου ὁ κ. πολεμεῖ (1 *b*)
28. 1. π. μετὰ [A ἐπὶ] Ἰσρ. (1 *b*)
— 15. οἱ ἀλλόφυλοι πολεμοῦσιν ἐν ἐμοί (1 *b*)
29. 8. πολεμῆσαι τοὺς ἐχθροὺς τοῦ κ. μου (1 *b*)
— 11. π. ἐπὶ [A πρὸς] Ἰσρ. –
31. 1. οἱ ἀλλόφυλοι ἐπολέμουν ἐπὶ Ἰσρ. (1 *b*)
II Ki. 2. 28. οὐ προσέθεντο ἔτι τοῦ π. (1 *b*)
8. 10. R ἐπολέμησε [A B ἐπάταξεν] τὸν Ἀδρ. (1 *b*)
10. 17. ἐπολέμησαν μετ' αὐτοῦ (1 *b*)
11. 17. ἐπολέμησαν μετὰ Ἰ. (1 *b*)
— 20. ἠγγίσατε [A ἠργάσατε] . . . πολεμῆσαι (1 *b*)
— 22. ἵνα τί προσηγάγετε . . . τοῦ πολεμῆσαι –
12. 26. ἐπολέμησεν Ἰ. ἐν Ῥ. (1 *b*)
— 27. ἐπολέμησα ἐν [A πρὸς] Ῥ. (1 *b*)
— 29. ἐπολέμησεν ἐν αὐτῇ (1 *b*)
21. 15. ἐπολέμησαν μετὰ τῶν ἀλλοφύλων (1 *b*)
III Ki. 12. 21. τοῦ π. πρὸς οἶκον Ἰσρ. (1 *b*)
— 24. οὐδὲ πολεμήσετε [A μὴ πολεμήσαιτε] (1 *b*)
— 24. B τοῦ π. πρὸς Ἱερ. –
— 24. B οὐδὲ πολεμήσετε πρὸς τοὺς ἀδ. ὑ. –
14. 19. A ὅσα ἐπολέμησεν (1 *b*)
16. 28 (22. 45 [46]). B καὶ οὓς ἐπολέμησεν (1 *b*)
21 (20). 1. ἐπολέμησαν [A -σεν] ἐπ' αὐτήν (1 *b*)
— 23. ἐὰν δὲ πολεμήσομεν αὐτούς (1 *b*)
— 25. πολεμήσομεν πρὸς αὐτούς (1 *b*)
22. 31. μὴ πολεμεῖτε μικρὸν καὶ μέγαν (1 *b*)
— 32. ἐκύκλωσαν αὐτὸν πολεμῆσαι (1 *b*)
— 46. A καὶ ὅσα ἐπολέμησεν (1 *b*)
IV Ki. 3. 21. ἀνέβησαν οἱ βασ. π. αὐτούς (1 *b*)
6. 8. καὶ βασιλεὺς Σ. ἦν πολεμῶν ἐν Ἰσρ. (1 *b*)
8. 29. ἐν τῷ π. αὐτὸν μετὰ Ἀζ. (1 *b*)
9. 15. ἐν τῷ π. αὐτοὺς μετὰ Ἀζ. (1 *b*)
10. 3. πολεμεῖτε ὑπὲρ τοῦ οἴκου τοῦ κυρίου (1 *b*)
12. 17 (18). ἐπολέμησεν ἐπὶ Γέθ (1 *b*)
14. 15. ἃ ἐπολέμησε μετὰ Ἀμεσσίου (1 *b*)
— 28. ὅσα ἐπολέμησε (1 *b*)
16. 5. καὶ οὐκ ἐδύναντο π. (1 *b*)
19. 8. εὗρε τὸν βασ. Ἀσσ. πολεμοῦντα (1 *b*)
— 9. ἐξῆλθε π. μετὰ σοῦ (1 *b*)
I Ch. 7. 11. ἐκπορευόμενοι δυνάμει τοῦ π. (1 *c*)
— 40. εἰς παράταξιν τοῦ π. (1 *c*)
10. 1. ἀλλόφυλοι ἐπολέμησαν πρὸς Ἰσρ. (1 *b*)
11. 9. καὶ ἐπολέμησεν –
18. 10. ἐπολέμησε τὸν Ἀδρ. (1 *b*)
19. 7. ἦλθον εἰς τὸ πολεμῆσαι (1 *c*)
— 10. ἀντιπρόσωποι τοῦ π. πρὸς αὐτόν (1 *c*)
— 17. B καὶ ἐπολέμησαν [A S -σεν] αὐτόν (1 *b*)
II Ch. 11. 1. καὶ ἐπολέμει πρὸς Ἰσρ. (1 *b*)
— 4. οὐ πολεμήσετε πρὸς τοὺς ἀδ. ὑμῶν (1 *b*)
12. 15. ἐπολέμει Ῥ. τὸν [A πρὸς] Ἱερ. (1 *c*)
13. 12. R μὴ πολεμήσητε πρὸς κύριον [A B *al.*] (1 *b*)
15. 6. πολεμήσει ἔθνος πρὸς ἔθνος †
17. 10. οὐκ ἐπολέμουν πρὸς Ἰωσ. (1 *b*)
18. 30. μὴ πολεμεῖτε τὸν μικρὸν καὶ τὸν μέγαν (1 *b*)
— 31. ἐκύκλωσαν αὐτὸν τοῦ π. (1 *b*)
20. 17. οὐχ ὑμῖν ἐστι πολεμῆσαι (1 *b*)
— 22. ἔδωκε κύριος π. τοὺς υἱοὺς Ἀ. †
— 29. ἐπολέμησε κ. πρὸς τοὺς ὑπεναντίους Ἰ. (1 *b*)
22. 6. ἐν τῷ π. αὐτὸν πρὸς Ἀζ. (1 *b*)
26. 6. ἐπολέμησε πρὸς τοὺς ἀλλοφύλους (1 *b*)
32. 2. τοῦ πολεμῆσαι ἐπὶ Ἱερ. (1 *c*)
— 8. τοῦ π. τὸν πόλεμον ἡμῶν (1 *b*)
35. 21. πόλεμον πολεμῆσαι [A ποιῆσαι] (1 *c* ?)
— 22. π. αὐτὸν ἐκραταιώθη (1 *b*)
— 22. ἦλθε τοῦ πολεμῆσαι (1 *b*)
I Es. 1. 28. πολεμεῖν αὐτὸν ἐπεχείρει
4. 6. ὅσοι οὐ στρατεύονται οὐδὲ πολεμοῦσιν
Ne. 4. 20 (14). ὁ θεὸς ἡμῶν πολεμήσει περὶ ἡμῶν (1 *b*)
Ju. 6. 2. τὸ γένος Ἰσρ. μὴ πολεμῆσαι
7. 11. μὴ πολέμει πρὸς αὐτοὺς [S μετ' αὐτῶν]
Es. 1. 1. ὥστε πολεμῆσαι δικαίων ἔθνος
4. 17. εἰς μῖσος τοῦ πολεμοῦντος ἡμᾶς
8. 13. πολεμῆσαι αὐτῶν τοὺς ὑπεναντίους
9. 24. Ἀμὰν . . . ἐπολέμει αὐτούς [A S τοὺς Ἰουδ.] (2)
Jb. 11. 19. οὐκ ἔσται ὁ πολεμῶν σε †
Ps. 34 (35). 1. πολέμησον τοὺς πολεμοῦντάς με (1 *a*, 1 *a*)
55 (56). 1. ὅλην τὴν ἡμέραν πολεμῶν ἔθλιψέ με (1 *a*)
— 2. πολλοὶ οἱ πολεμοῦντές με (1 *a*)
108 (109). 3. ἐπολέμησάν με δωρεάν (1 *b*)

Ps. 119 (120). 7. ἐπολέμουν με δωρεάν (1 c)
128 (129). 1, 2. πλεονάκις ἐπολέμησάν με (2)
Si. 4. 28. κύριος ὁ θεὸς πολεμήσει ὑπὲρ σοῦ
29. 13. κατέναντι ἐχθροῦ πολεμήσει ὑπὲρ σοῦ
Mi. 4. 3. οὐκέτι μὴ μάθωσι πολεμεῖν (1 c)
Is. 2. 4. οὐ μὴ μάθωσιν ἔτι π. (1 c)
7. 1. ἀνέβη . . . ἐπὶ Ἰερ. πολεμῆσαι αὐτήν (1 c)
19. 2. πολεμήσει ἄνθρωπος τὸν ἀδελφὸν αὐ. (1 b)
— 2. S¹ καὶ ἄνθρωπος τὸν πλησίον αὐ. πολεμήσει [A B S² om.] –
20. 1. ἐπολέμησε τὴν Ἄζωτον (1 b)
29. 1. οὐαὶ Ἀριὴλ πόλις ἣν ἐπολέμησε Δαυίδ †
30. 32. πολεμήσουσιν αὐτόν (1 b)
36. 10. μὴ ἄνευ κυρίου ἀνέβημεν ἐπὶ τὴν χώραν ταύτην πολεμῆσαι αὐτήν †
63. 10. αὐτὸς ἐπολέμησεν αὐτούς (1 b)
Je. 1. 19. πολεμήσουσί [S -σωσίν] σε (1 b)
15. 20. πολεμήσουσι [S -σωσι] πρὸς [A om.] σέ (1 b)
21. 4. ἐν οἷς ὑμεῖς πολεμεῖτε ἐν αὐτοῖς (1 b)
— 5. πολεμήσω ἐγὼ ὑμᾶς ἐν χειρὶ ἐκτεταμ. (1 b)
28 (51). 30. ἐξέλιπε μαχητὴς Βαβυλῶνος τοῦ π. (1 b)
31 (48). 27. ἐπολέμεις αὐτόν †
39 (32). 24. εἰς χεῖρας Χαλδαίων τῶν πολεμούντων αὐτήν (1 b)
— 29. ἥξουσιν οἱ Χ. πολεμοῦντες (1 b)
41 (34). 1. ἐπολέμουν ἐπὶ Ἰερουσαλήμ (1 b)
— 7. ἐπολέμει ἐπὶ Ἰερουσαλήμ (1 b)
— 22. πολεμήσουσιν ἐπ' αὐτήν (1 b)
44 (37). 8. πολεμήσουσιν ἐπὶ τὴν πόλιν [A οἱ πολεμοῦντες τὴν γῆν] ταύτην (1 b)
— 10. ἐὰν πατάξητε πᾶσαν δύναμιν τῶν Χαλδαίων τοὺς πολεμοῦντας ὑμᾶς (1 b)
45 (38). 4. ἐκλύει τὰς χεῖρας τῶν ἀνθρώπων τῶν πολεμούντων [A -μιστ.] (1 c)
48 (41). 12. ᾤχοντο π. αὐτόν (1 b)
51 (44). 11. S τοῦ πολεμῆσαι [A B ἀπολέσαι] πάντας τοὺς καταλοίπους †
Da. LXX. 9. 26. ἀπὸ πολέμου πολεμηθήσεται (1 c ?)
11. 11. πολεμήσει μετὰ βασιλέως βορρᾶ (1 b)
Da. TH. 10. 20. ἐπιστρέψω τοῦ πολεμῆσαι μετὰ τοῦ ἄρχοντος Περσῶν (1 b)
11. 11. πολεμήσει μετὰ τοῦ βασ. τοῦ βορρᾶ (1 b)
I Ma. 2. 40. ἐὰν . . . μὴ πολεμήσωμεν πρὸς [A εἰς] τὰ ἔθνη
— 41. πολεμήσωμεν κατέναντι αὐτοῦ
— 66. S R πολεμήσει [A -σετε] πόλεμον λαῶν
3. 2. ἐπολέμουν τὸν [S¹ -μοῦντο] πόλεμον Ἰσρ.
— 10. τοῦ πολεμῆσαι πρὸς Ἰσρ.
— 12. ἦν πολεμῶν ἐν αὐτῇ πάσας τὰς ἡμέρας
— 14. πολεμήσω τὸν [S¹ add. υἱὸν] Ἰ.
— 17. πολεμῆσαι πρὸς πλῆθος τοσοῦτο
— 21. πολεμοῦμεν περὶ τῶν ψυχῶν ἡμῶν
— 43. S πολεμήσομεν [R -ωμεν] περὶ [S¹ om.] τοῦ λαοῦ ἡ.
— 58. γίνεσθε ἕτοιμοι . . . τοῦ πολεμῆσαι
4. 18. καὶ πολεμήσατε αὐτούς
— 28. S ὥστε πολεμῆσαι [A R ἐκπ.] αὐτούς
— 41. πολεμεῖν τοὺς ἐν τῇ ἄκρᾳ
5. 3. ἐπολέμει Ἰ. πρὸς τοὺς υἱοὺς Ἡ.
— 16. τοῖς . . . πολεμουμένοις ὑπ' αὐτῶν
— 30. καὶ ἐπολέμουν αὐτούς
— 32. πολεμήσατε σήμερον ὑπὲρ τῶν ἀδ. ὑμῶν
— 35. καὶ ἐπολέμησεν αὐτήν
— 50. A R ἐπολέμησαν [S -εν] τὴν πόλιν
— 57. πορευθῶμεν πολεμῆσαι πρὸς τὰ ἔθνη
— 65. ἐπολέμουν τοὺς υἱοὺς Ἡ.
6. 31. A R ἐπολέμησαν [S -εν] ἡμέρας πολλάς
— 31. A R ἐπολέμησαν [S -εν] ἀνδρωδῶς
— 37. S R οἱ πολεμοῦντες ἐπ' αὐτοῖς [A -ούς]
— 52. ἐπολέμησαν ἡμέρας πολλάς
— 63. ἐπολέμησε πρὸς αὐτόν
8. 10. ἐπολέμησαν πρὸς αὐτούς
— 26. τοῖς πολεμοῦσιν οὐ δώσουσιν . . . σῖτον
— 32. πολεμήσομέν σε [S¹ ὑπὲρ σοῦ]
9. 8. A R ἐὰν ἄρα δυνώμεθα πολεμῆσαι [S add. πρὸς] αὐτούς
— 9. πολεμήσωμεν πρὸς αὐτούς
— 30. τοῦ πολεμῆσαι τὸν πόλεμον ἡμῶν
— 44. A R πολεμήσωμεν ὑπὲρ [S περὶ] τῶν ψυχῶν ἡμῶν
— 64. ἐπολέμησεν αὐτὴν ἡμέρας πολλάς
— 68. R ἐπολέμησεν [A S -αν] πρὸς τὸν B.
10. 75. καὶ ἐπολέμησαν αὐτήν
11. 20. S τοῦ πολεμῆσαι [A R ἐκπ.] τὴν ἄκραν
— 41. ἦσαν γὰρ πολεμοῦντες τὸν Ἰσρ.
— 46. S R καὶ ἤρξαντο πολεμεῖν [A ἐκπ.]

I Ma. 11. 50. πολεμοῦντες ἡμᾶς καὶ τὴν πόλιν
— 55. A R ἐπολέμησαν [S -εν] πρὸς αὐτόν
— 65. ἐπολέμει αὐτὴν ἡμέρας πολλάς
12. 13. ἐπολέμησαν ἡμᾶς οἱ βασιλεῖς
— 24. τοῦ πολεμῆσαι πρὸς αὐτόν
— 40. μή ποτε πολεμήσῃ πρὸς αὐτόν
— 53. πολεμήσωμεν αὐτούς
13. 9. πολέμησον τὸν πόλεμον ἡμῶν
— 47. οὐκ ἐπολέμησεν αὐτούς
14. 1. ὅπως πολεμήσῃ τὸν Τρύφωνα
— 13. ἐξέλιπεν πολεμῶν αὐτούς
— 26. A R ἐπολέμησαν [S -εν] τοὺς ἐχθροὺς Ἰσρ.
— 32. ἐπολέμησε περὶ τοῦ ἔθνους αὐ.
15. 19. καὶ μὴ πολεμήσωσιν αὐτούς [S¹ al.]
— 19. S R ἵνα μὴ συμμαχῶσιν τοῖς πολεμοῦσιν [A -ῶσιν] αὐτούς [S πρὸς αὐ.]
— 39. R ὅπως πολεμήσῃ [A -μῇ, S -μήσωσιν] τὸν λαόν
16. 2. S¹ R ἐπολεμήσαμεν τοὺς πολεμίους [A S² -μους] Ἰσρ.
IV Ma. 4. 21. ἡ θεία δίκη . . . τὸν Ἀντ. ἐπολέμησεν
— 22. πολεμῶν ἦν κατ' Αἴγυπτον Πτολεμαίῳ
11. 8. A R πολεμεῖς τοὺς εὐσεβοῦντας εἰς τὸν θεόν
[Aq. Jd. 5. 20 : 11. 32 : 12. 3 : II Ki. 8. 10 : III Ki. 14. 19 : Ps. 55 (56). 3 : Is. 37. 9 : Je. 21. 2 : 37 (44). 8.]
[Sm. Jd. 5. 20 : 11. 32 : 12. 3 : II Ki. 8. 10 : Ps. 54 (55). 22 : 55 (56). 3 : Is. 37. 9 : Je. 21. 2 : 41 (48). 12.]
[Th. Jd. 1. 5 : 5. 20 : 9. 17 : 11. 32 : 12. 1, 3 : Ps. 119 (120). 7 : Is. 37. 9 : Je. 32 (39). 5.]
[Al. Jd. 5. 13 : Je. 41 (48). 12 : Hb. 3. 16.]

πολεμία. (1) מִלְחָמָה

Is. 27. 4. διὰ τὴν π. ταύτην ἠθέτηκα αὐτήν (1)

πολεμικός. (1) מִלְחָמָה (2) צָבָא

De. 1. 41. ἀναλαβόντες ἕκ. τὰ σκεύη τὰ π. αὐ. (1)
Jd. 18. 11, 16. A περιεζωσμένοι σκεύη π. [B al.] (1)
— 17. A περιεζωσμένοι σκεύη π. (1)
I Ki. 8. 12. ποιεῖν σκεύη π. αὐτοῦ (1)
II Ki. 1. 27. πῶς . . . ἀπώλοντο σκεύη π. (1)
I Ch. 12. 33. ἐν πᾶσι σκεύεσι π. (1)
— 37. ἐν πᾶσι σκεύεσι π. (2+1)
II Ch. 26. 13. καὶ μετ' αὐτῶν δύναμις π. (2)
Ju. 7. 5. ἀναλαβόντες ἕκ. τὰ σκεύη τὰ π. αὐ.
14. 2. ἀναλήψεσθε ἕκ. τὰ σκεύη τὰ π. ὑμῶν
Za. 9. 10. ἐξολεθρεύσεται τόξον π. (1)
Je. 21. 4. μεταστρέφω τὰ ὅπλα τὰ π. (1)
31 (48). 14. ἄνθρωπος ἰσχύων εἰς τὰ π. (1)
Ez. 32. 27. κατέβησαν εἰς ᾅδου ἐν ὅπλοις π. (1)
I Ma. 3. 3. συνεζώσατο τὰ σκεύη τὰ π. αὐ.
15. 3. κατεσκεύασα πλοῖα π.
— 13. S¹ δώδεκα μυριάδες ἀνδρῶν π. [A S² R -ιστῶν]
II Ma. 8. 9. ἐν π. χρείαις ἔχοντα πεῖραν
[Aq. Ec. 9. 18.]
[Sm. Jb. 39. 25.]

πολέμιος. (1) אֹיֵב (2) אָרַב (3) מִלְחָמָה

I Ch. 18. 10. ἀνὴρ π. Θ. ἦν τῷ Ἀδρ. (3)
I Es. 4. 4. ἐὰν δὲ ἐξαποστείλῃ αὐτοὺς πρὸς τοὺς π. [A¹ -μους]
II Es. 8. 31. ἀπὸ χειρὸς ἐχθροῦ καὶ πολεμίου (2)
To. 12. 10. πολέμιοί εἰσι τῆς ἑαυτῶν ζωῆς [S ψυχῆς]
Ju. 15. 4. ἵνα πάντες ἐπεκχυθῶσι [A ἀπ.] τοῖς π.
Es. 9. 16. ἀνεπαύσαντο ἀπὸ τῶν π. (1)
Wi. 11. 3. ἀντέστησαν πολεμίοις
Si. 46. 3. τοὺς γὰρ π. [S² -μους] κύριος [A S² -ου] αὐτὸς ἐπήγαγεν [A ἀπ.]
Ep. Je. 56. πολεμίοις οὐ μὴ ἀντιστῶσι
I Ma. 7. 29. οἱ π. ἦσαν ἕτοιμοι ἐξαρπάσαι τὸν Ἰ.
14. 33. οὗ ἦν τὰ ὅπλα τῶν π.
— 34. ἐν ᾗ ᾤκουν οἱ π. τὸ πρότερον
16. 2. S¹ R ἐπολεμήσαμεν τοὺς π. [A S² -μους] Ἰσρ.
II Ma. 3. 38. εἴ τινα ἔχεις πολέμιον
4. 16. R τούτους [A τοὺς] πολεμίους . . . ἔσχον
5. 6. πολεμίων . . . τρόπαια καταβάλλεσθαι
8. 6. οὐκ ὀλίγους τῶν π. ἐνίκα
— 16. R μὴ καταπλαγῆναι τοὺς π. [A τοῖς δεσμίοις]
— 24. κατέσφαξαν τῶν π. ὑπὲρ τοὺς ἐνακισχιλίους
— 27. τὰ σκῦλα ἐκδύσαντες τῶν π.
10. 21. τοὺς π. κατ' αὐτῶν ἀπολύσαντες
— 27. συνεγγίσαντες δὲ τοῖς π.
11. 11. ἐντινάξαντες εἰς τοὺς π.
12. 22. γενομένου δέους ἐπὶ τοὺς π.

II Ma. 12. 28. συντρίβοντα τὰς τῶν π. ἀλκάς
13. 21. προσήγγειλε δὲ τὰ μυστήρια τοῖς π.
14. 22. μή ποτε ἐκ τῶν π. αἰφνιδίως κακουργία γένηται
15. 20. R συμμιξάντων [A προσμ.] τῶν π.
— 26. συνέμιξαν τοῖς π.
— 39. ὡσαύτως δὲ καὶ ὕδωρ πάλιν πολέμιον
III Ma. 2. 33. ὡς πολεμίους τοῦ ἔθνους ἔκρινον
3. 24. μή ποτε . . . τοὺς δυσσεβεῖς τούτους . . . ἔχωμεν πολεμίους
IV Ma. 2. 14. τὰ ἥμερα τῶν π. φυτά
3. 11. ἐπιθυμία τοῦ παρὰ τοῖς π. ὕδατος
— 12. ὑπερέβησαν τοὺς τῶν π. χάρακας
— 13. κατὰ πᾶν τὸ τῶν π. στρατόπεδον
8. 10. οὓς καὶ ὁ π. ἔγωγε . . . οἰκτείρομαι
11. 23. πολέμιε τῶν ἀληθῶς εὐσεβούντων
17. 20. τῷ δι' αὐτοὺς . . . τοὺς π. μὴ ἐπικρατῆσαι
— 24. ἐνίκησε πάντας τοὺς π.
18. 4. ἐκπεπολιόρκηκε τοὺς π.
[Aq. Ps. 73 (74). 4.]
[Sm. Ps. 73 (74). 23 : Ez. 30. 16.]
[Th. Je. 49 (30). 2.]

πολεμιστής. (1) גִּבּוֹר (2) חָלַץ (3) a. מִלְחָמָה b. תָּפַשׂ הַמִּלְחָמָה (4) צָבָא a. subst. b. verb.

Nu. 31. 27. διελεῖτε τὰ σκῦλα ἀνὰ μέσον τῶν π. (3 b)
— 28. ἀφελεῖτε . . . παρὰ τῶν ἀνθρ. τῶν π. (3 a)
— 32. ὃ ἐπρονόμευσαν οἱ ἄνδρες οἱ π. (4 a)
— 42. ἀπὸ τῶν ἀνδρῶν τῶν π. (4 b)
— 49. τὸ κεφάλαιον τῶν ἀνδρῶν τῶν π. (3 a)
— 53. οἱ ἄνδρες οἱ π. ἐπρονόμευσαν (4 a)
De. 2. 14. πᾶσα γενεὰ ἀνδρῶν π. (3 a)
— 16. πάντες οἱ ἄνδρες οἱ π. (3 a)
Jo. 8. 1. λάβε . . . πάντας τοὺς ἄνδρας τοὺς π. (3 a)
— 3, 11 : 10. 7 : 11. 7. καὶ πᾶς ὁ λαὸς ὁ π. (3 a)
17. 1. ἀνὴρ γὰρ π. ἦν (3 a)
Jd. 20. 17. A πάντες οὗτοι ἄνδρες π. [B al.] (3 a)
I Ki. 13. 15. B ὀπίσω τοῦ λαοῦ τοῦ π. –
16. 18. καὶ ὁ ἀνὴρ π. (3 a)
17. 33. καὶ αὐτὸς ἀνὴρ π. (3 a)
30. 22. πᾶς ἀνὴρ . . . τῶν π. –
II Ki. 17. 8. ὁ πατήρ σου ἀνὴρ π. (3 a)
III Ki. 10. 22 (B) : 9. 22 (A). αὐτοὶ ἦσαν ἄνδρες οἱ [A om.] π. (3 a)
IV Ki. 25. 19. ἐπιστάτης τῶν ἀνδρῶν τῶν π. (3 a)
I Ch. 12. 38. πάντες οὗτοι ἄνδρες π. (3 a)
28. 3. ἄνθρωπος π. εἶ σύ (3 a)
II Ch. 8. 9. ἄνδρες π. καὶ ἄρχοντες (3 a)
13. 3. ἐν δυνάμει πολεμισταῖς δυνάμεως (1 ?)
— 3. δυνατοὶ π. [A -ῶν π.] δυνάμεως (1)
14. 8 (7). πάντες οὗτοι π. δυνάμεως (1)
17. 13. καὶ ἄνδρες π. δυνατοί (3 a)
28. 14. ἀφῆκαν οἱ π. τὴν αἰχμαλωσίαν (2)
32. 21. ἐξέτριψε . . . πολεμιστὴν καὶ ἄρχοντα (1 ?)
Ju. 1. 16. A S R πλῆθος ἀνδρῶν π. πολὺ σφόδρα
7. 2. ἡ δύναμις αὐτῶν ἀνδρῶν π.
— 7. παρεμβολὰς ἀνδρῶν π. [S ἄνδρας π.]
15. 3. πᾶς ἀνὴρ π. ἐξ αὐτῶν
Wi. 18. 15. ὁ παντοδύναμός σου λόγος . . . ἀπότομος πολεμιστής
Si. 26. 28. ἀνὴρ πολεμιστὴς ὑστερῶν δι' ἔνδειαν
Jl. 2. 7. ὡς ἄνδρες π. ἀναβήσονται (3 a)
3 (4). 9. ἀναβαίνετε πάντες ἄνδρες π. (3 a)
Za. 13. 7. S¹ ἐξεγέρθητι . . . ἐπὶ ἄνδρα π. [A B S² πολίτην] μου †
Is. 3. 2. ἀφελεῖ . . . ἄνθρωπον πολεμιστήν (3 a)
Je. 27 (50). 30. πάντες οἱ ἄνδρες οἱ π. αὐτῆς ῥιφήσονται (3 a)
28 (51). 32. ἄνδρες αὐτοῦ οἱ π. ἐξέρχονται (3 a)
30 (49). 26. πάντες οἱ ἄνδρες οἱ π. σου πεσοῦνται [A om.] (3 a)
45 (38). 4. A τὰς χεῖρας τῶν ἀνθρ. τῶν π. [B S -μούντων] (3 a)
52. 7. πάντες οἱ ἄνδρες οἱ π. ἐξῆλθον νυκτός (3 a)
— 25. ὃς ἦν ἐπιστάτης τῶν ἀνδρῶν τῶν π. (3 a)
Ez. 27. 10. ἄνδρες π. σου πέλτας . . . ἐκρέμασαν (3 a)
— 27. πάντες οἱ ἄνδρες οἱ π. σου (3 a)
39. 20. πάντα ἄνδρα πολεμιστήν (3 a)
I Ma. 13. 10. συνήγαγε πάντας τοὺς ἄνδρας τοὺς π.
15. 13. δώδεκα μυριάδες ἀνδρῶν πολεμιστῶν [S¹ -ικῶν]
16. 4. εἴκοσι χιλιάδας ἀνδρῶν π.
[Sm. Is. 42. 13.]

πόλεμος. (1) חַיִל (2) חֶרֶב (3) מַחֲנֶה (4) *a.* מִלְחָמָה, מִלְחֶמֶת *b.* לָחַם ni. (5) נֶשֶׁק (6) צָבָא (7) קְרָב (8) שֶׁלַח (9) **συνάπτειν πόλεμον (εἰς πόλεμον)** גָּרָה hithpa.

•Ge. 14. 2. ἐποίησαν πόλεμον μετὰ Βαλλά (4 *a*)
— 8. παρετάξαντο αὐτοῖς εἰς πόλεμον (4 *a*)
Ex. 1. 10. ἡνίκα ἂν συμβῇ ἡμῖν π. (4 *a*)
13. 17. τῷ λαῷ ἰδόντι πόλεμον (4 *a*)
15. 3. κύριος συντρίβων πολέμους (4 *a*)
32. 17. φωνὴ πολέμου ἐν τῇ παρεμβολῇ (4 *a*)
Le. 26. 5 (6). π. οὐ διελεύσεται διὰ τῆς γῆς ὑ. (2 ?)
— 7. A B^2 π. οὐ διελεύσεται διὰ τῆς γῆς ὑ. (2)
— 36. ὡς φεύγοντες ἀπὸ πολέμου (2)
— 37. ὑπερόψεται . . . ὡσεὶ ἐν πολέμῳ (2)
Nu. 10. 9. ἐὰν δὲ ἐξέλθητε εἰς πόλεμον (4 *a*)
14. 3. πεσεῖν ἐν πολέμῳ (2)
20. 18. ἐν πολέμῳ ἐξελεύσομαι (2)
21. 14. πόλεμος τοῦ κ. τὴν Ζ. ἐφλόγισε (4 *a*)
— 33. ἐξῆλθεν . . . εἰς πόλεμον εἰς Ἐδρ. (4 *a*)
31. 14, 21. ἐκ τῆς παρατάξεως τοῦ π. (4 *a*)
— 36. τῶν ἐκπεπορευμ. εἰς τὸν π. (6)
32. 6. B^{2}R πορεύονται εἰς τὸν [AB^1 *om.*] πόλεμον (4 *a*)
— 20. ἐὰν ἐξοπλίσησθε . . . εἰς πόλεμον (4 *a*)
— 27. παρελεύσονται . . . εἰς τὸν π. (4 *a*)
— 29. πᾶς ἐνωπλισμένος εἰς πόλεμον (4 *a*)
— 30. ἐὰν δὲ μὴ διαβῶσιν . . . εἰς τὸν [A *om.*] π. –
De. 2. 5. μὴ συνάψητε πρὸς αὐτοὺς πόλεμον (9)
— 9. μὴ συνάψητε πρὸς αὐτοὺς πόλεμον (4 *a*)
— 19. μὴ συνάψητε αὐτοῖς εἰς πόλεμον (9)
— 24. σύναπτε πρὸς αὐτὸν πόλεμον (4 *a*)
— 32. ἐξῆλθε . . . εἰς πόλεμον (4 *a*)
3. 1. ἐξῆλθεν *Ωγ . . . εἰς πόλεμον (4 *a*)
4. 34. ἐν τέρασι καὶ ἐν πολέμῳ (4 *a*)
20. 1. ἐὰν δὲ ἐξέλθῃς εἰς πόλεμον (4 *a*)
— 2. ὅταν ἐγγίσῃς τῷ π. (4 *a*)
— 3. πορεύεσθε σήμερον εἰς τὸν [A *om.*] π. (4 *a*)
— 5, 6, 7. μὴ ἀποθάνῃ ἐν τῷ π. (4 *a*)
— 12. καὶ ποιῶσι πρὸς σὲ πόλεμον (4 *a*)
— 20. ἥτις ποιεῖ πρὸς σὲ τὸν π. (4 *a*)
21. 10. ἐξελθὼν εἰς πόλεμον (4 *a*)
23. 9 (10). A^2 παρεμβαλεῖν εἰς πόλεμον [B *om.* εἰς π.] –
24. 5. AR οὐκ ἐξελεύσεται εἰς πόλεμον [B τὸν π.] (6)
29. 7 (6). εἰς συνάντησιν ἡμῖν ἐν πολέμῳ [A τῷ π.] (4 *a*)
Jo. 4. 13. διέβησαν . . . εἰς πόλεμον (4 *a*)
8. 14. ἐξῆλθεν . . . εἰς τὸν π. (4 *a*)
10. 11. ἢ οὓς ἀπέκτειναν . . . ἐν τῷ π. (2)
— 24. καὶ τοὺς ἐναρχομ. τοῦ π. (4 *a* ?)
11. 18. ἐποίησεν Ἰ. . . . τὸν π. (4 *a*)
— 19. πάντα ἔλαβοσαν ἐν πολέμῳ [A *al.*] (4 *a*)
— 20. συναντᾶν εἰς πόλεμον πρὸς Ἰσρ. (4 *a*)
14. 11. εἰσελθεῖν εἰς τὸν π. (4 *a*)
— 15. ἡ γῆ ἐκόπασε τοῦ π. (4 *a*)
22. 33. μηκέτι ἀναβῆναι . . . εἰς πόλεμον (6)
Jd. 3. 1. πάντας τοὺς μὴ ἐγνωκότας τοὺς π. X. (4 *a*)
— 2. τοῦ διδάξαι αὐτοὺς πόλεμον (4 *a*)
— 10. ἐξῆλθεν εἰς [A ἐπὶ τὸν] πόλεμον (4 *a*)
8. 13. A ἀνέστρεψεν . . . ἐκ τοῦ π. [B *al.*] (4 *a*)
20. 20. A ἐξῆλθεν . . . εἰς πόλεμον [B *al.*] (4 *a*)
— 20. A παρετάξατο . . . εἰς πόλεμον [B *al.*] (4 *a*)
— 22. A προσέθεντο παρατάξαι πόλεμον [B *al.*] (4 *a*)
— 23. A προσεγγίσαι εἰς πόλεμον [B *al.*] (4 *a*)
— 28. A ἐξελθεῖν εἰς πόλεμον [B παράταξιν] (4 *a*)
— 34. A ὁ π. ἐβαρύνθη [B *al.*] (4 *a*)
— 39. A ἀπέστρεψεν . . . ἐν τῷ π. [B *al.*] (4 *a*)
— 39. A καθὼς ὁ π. ἔμπροσθεν [B *al.*] (4 *a*)
— 42. A ὁ π. κατέφθασεν αὐτόν [B *al.*] (4 *a*)
21. 22. A οὐκ ἐλάβομεν . . . ἐν τῷ π. [B *al.*] (4 *a*)
I Ki. 4. 1. συναθροίζονται ἀλλόφυλοι εἰς πόλεμον –
— 1. ἐξῆλθεν Ἰσρ. . . . εἰς πόλεμον (4 *a*)
— 2. παρατάσσονται οἱ ἀλλόφ. εἰς πόλεμον †
— 2. ἔκλινεν ὁ π. (4 *a*)
7. 10. προσῆγον εἰς πόλεμον (4 *a*)
8. 20. πολεμήσει τὸν π. ἡμῶν (4 *a*)
13. 5. B συνάγονται εἰς πόλεμον (4 *b*)
— 22. B ἐν ταῖς ἡμέραις τοῦ π. M. (4 *a*)
14. 20. ἔρχονται ἕως τοῦ π. (4 *a*)
— 22. συνάπτουσι καὶ αὐτοὶ . . . εἰς πόλεμον (4 *a*)
— 22 (23). ὁ π. διῆλθε τὴν B. (4 *a*)
— 23 (24). ἦν ὁ π. διεσπαρμένος –

I Ki. 14. 51 (52). ἦν ὁ π. κραταιός (4 *a*)
17. 1. συνάγουσιν . . . τὰς παρεμβ. αὐ. εἰς πόλεμον (4 *a*)
— 2. παρατάσσονται εἰς πόλεμον (4 *a*)
— 8. παρατάξασθαι πολέμῳ (4 *a*)
— 13. A ἐπορεύθησαν . . . εἰς πόλεμον (4 *a*)
— 13. A τῶν πορευθέντων εἰς τὸν π. (4 *a*)
— 20. A ἠλάλαξαν ἐν τῷ π. (4 *a*)
— 28. A ἕνεκεν τοῦ ἰδεῖν τὸν π. (4 *a*)
— 47. τοῦ κυρίου ὁ π. (4 *a*)
18. 5. A ἐπὶ τοὺς ἄνδρας τοῦ π. (4 *a*)
— 17. A πολέμει τοὺς π. κυρίου (4 *a*)
19. 8. προσέθετο ὁ π. γενέσθαι (4 *a*)
23. 8. καταβαίνειν εἰς πόλεμον (4 *a*)
25. 28. πόλεμον κυρίου μου ὁ κ. πολεμεῖ (4 *a*)
26. 10. ἢ εἰς πόλεμον καταβῇ (4 *a*)
28. 1. ἐξελεύσῃ εἰς πόλεμον [A τὸν π.] (3)
29. 4. μὴ ἐρχέσθω μεθ' ἡμῶν εἰς τὸν π. (4 *a*)
— 9. οὐχ ἥξει μεθ' ἡμῶν εἰς πόλεμον (4 *a*)
30. 24. τοῦ καταβαίνοντος εἰς πόλεμον (4 *a*)
31. 3. βαρύνεται ὁ π. ἐπὶ Σ. (4 *a*)
II Ki. 1. 4. B ἔφυγεν ὁ λαὸς ἐκ τοῦ π. (4 *a*)
— 25. ἐν μέσῳ τοῦ [A *om.*] π. Ἰων. (4 *a*)
2. 17. ἐγένετο ὁ π. σκληρός (4 *a*)
3. 1. ἐγένετο ὁ π. ἐπὶ πολύ (4 *a*)
— 6. ἐν τῷ εἶναι τὸν π. (4 *a*)
— 30. ἐθανάτωσε τὸν Ἀσ. . . . ἐν τῷ π. (4 *a*)
5. 24. κόπτειν ἐν τῷ π. τῶν ἀλλοφύλων (3)
10. 8. καὶ παρετάξαντο πόλεμον (4 *a*)
— 9. ἐγενήθη πρὸς αὐτὸν ἀντιπρόσωπον τοῦ π. (4 *a*)
— 13. προσῆλθεν . . . εἰς πόλεμον (4 *a*)
11. 7. εἰς εἰρήνην τοῦ π. (4 *a*)
— 15. ἐξ ἐναντίας τοῦ π. τοῦ κραταιοῦ (4 *a*)
— 18, 19. πάντας τοὺς λόγους τοῦ π. (4 *a*)
— 22. πάντα τὰ ῥήματα τοῦ π. –
— 25. κραταίωσον τὸν π. σου (4 *a*)
18. 6. ἐγένετο ὁ π. ἐν τῷ δρυμῷ Ἐφρ. (4 *a*)
— 8. ἐγένετο ἐκεῖ ὁ π. διεσπαρμένος (4 *a*)
19. 3 (4). ἐν τῷ αὐτοὺς φεύγειν ἐν τῷ [A *om.*] π. (4 *a*)
— 10 (11). ἀπέθανεν ἐν τῷ π. (4 *a*)
21. 15. ἐγενήθη ἔτι π. (4 *a*)
— 17. οὐκ ἐξελεύσῃ ἔτι . . . εἰς πόλεμον (4 *a*)
— 18. ἐγενήθη μετὰ ταῦτα ἔτι π. (4 *a*)
— 19. ἐγένετο ὁ π. ἐν Ῥ. (4 *a*)
— 20. ἐγένετο ἔτι π. ἐν Γ. (4 *a*)
22. 35. διδάσκων χεῖράς μου εἰς πόλεμον (4 *a*)
— 40. ἐνισχύσεις με δυνάμει εἰς πόλεμον (4 *a*)
23. 9. συνήχθησαν ἐκεῖ εἰς πόλεμον (4 *a*)
III Ki. 2. 5. ἔταξε τὰ αἵματα πολέμου (4 *a*)
5. 3 (17). ἀπὸ προσώπου τῶν [A *om.*] π. (4 *a*)
8. 44. ἐξελεύσεται ὁ λαός σου εἰς πόλεμον (4 *a*)
12. 21. νεανιῶν ποιούντων πόλεμον (4 *a*)
14. 30. πόλεμος ἦν ἀνὰ μέσον Ῥ. (4 *a*)
15. 6. A πόλεμος ἦν μεταξὺ Ῥ. (4 *a*)
— 7. πόλεμος ἦν ἀνὰ μέσον Ἀβ. (4 *a*)
— 16. πόλεμος ἦν ἀνὰ μέσον Ἀσά (4 *a*)
— 32. A πόλεμος ἦν μεταξὺ Ἀσά (4 *a*)
21 (20). 14. τίς συνάψει τὸν π. (4 *a*)
— 18. καὶ εἰ εἰς πόλεμον (4 *a*)
— 26. ἀνέβη . . . εἰς πόλεμον (4 *a*)
— 29. προσήγαγεν ὁ π. (4 *a*)
— 39. ἐπὶ τὴν στρατιὰν τοῦ π. (4 *a*)
22. 1. οὐκ ἦν πόλεμος ἀνὰ μέσον Συρίας (4 *a*)
— 4. ἀναβήσῃ [A -βηθι] . . . εἰς πόλεμον (4 *a*)
— 6. εἰ πορευθῶ . . . εἰς πόλεμον (4 *a*)
— 15. εἰ ἀναβῶ . . . εἰς πόλεμον (4 *a*)
— 30. εἰσελεύσομαι εἰς τὸν π. (4 *a*)
— 30. εἰσῆλθεν εἰς τὸν π. (4 *a*)
— 34. ἐξάγαγέ με ἐκ τοῦ π. (3)
— 35. ἐτροπώθη ὁ π. (4 *a*)
IV Ki. 3. 7. εἰ πορεύσῃ μετ' ἐμοῦ . . . εἰς πόλεμον (4 *a*)
— 26. ἐκραταίωσεν ὑπὲρ αὐτὸν ὁ π. (4 *a*)
8. 28. ἐπορεύθη . . . εἰς πόλεμον (4 *a*)
9. 16. ἐν τῷ π. μετὰ Ἀζαήλ –
13. 25. ἃς ἔλαβεν . . . ἐν τῷ π. (4 *a*)
14. 7. συνέλαβε τὴν πέτραν ἐν τῷ π. (4 *a*)
16. 5. ἀνέβη Ῥ. . . . εἰς πόλεμον (4 *a*)
18. 20. βουλὴ καὶ δύναμις εἰς πόλεμον (4 *a*)
24. 16. πάντες δυνατοὶ ποιοῦντες πόλεμον (4 *a*)
25. 4. καὶ πάντες οἱ ἄνδρες τοῦ π. (4 *a*)
I Ch. 5. 10. ἐποίησαν πόλεμον πρὸς τοὺς παροίκους (4 *a*)
— 18. καὶ δεδιδαγμένοι πόλεμον (4 *a*)
— 19. ἐποίουν πόλεμον μετὰ τῶν Ἀγ. (4 *a*)
— 20. πρὸς τὸν θ. ἐβόησαν ἐν τῷ π. (4 *a*)

I Ch. 5. 22. παρὰ τοῦ θεοῦ ὁ π. (4 *a*)
7. 4. ἰσχυροὶ παρατάξασθαι εἰς πόλεμον (4 *a*)
10. 3. ἐβαρύνθη ὁ π. ἐπὶ Σαούλ (4 *a*)
11. 13. συνήχθησαν ἐκεῖ εἰς πόλεμον (4 *a*)
12. 1. βοηθοῦντες ἐν πολέμῳ (4 *a*)
— 8. ἄνδρες παρατάξεως πολέμου (4 *a*)
— 19. ἐν τῷ ἐλθεῖν τοὺς ἀλλοφ. . . . εἰς πόλεμον (4 *a*)
— 33. ἐκπορευόμενοι εἰς παράταξιν πολέμου (4 *a*)
— 35. παρατασσόμενοι εἰς πόλεμον (4 *a*)
— 36. ἐκπορευόμενοι βοηθῆσαι εἰς πόλεμον (4 *a*)
14. 15. ἐξελεύσῃ εἰς τὸν π. (4 *a*)
18. 8. BS ἐκ τῶν ἐκλεκτῶν π. [A R πόλεων] Ἀδρ. †
19. 9. παρατάσσονται εἰς πόλεμον (4 *a*)
— 14. παρετάξατο . . . εἰς πόλεμον (4 *a*)
— 17. R παρατάσσεται . . . εἰς πόλεμον [ABS *om.* εἰς π.] (4 *a*)
20. 4. ἐγένετο ἔτι π. ἐν Γ. (4 *a*)
— 5. ἐγένετο ἔτι π. μετὰ τῶν ἀλλοφ. (4 *a*)
— 6. ἐγένετο ἔτι π. ἐν Γέθ (4 *a*)
22. 8. π. μεγάλους ἐποίησας (4 *a*)
26. 27. A ἐκ τῶν π. [B ἐκ πόλεων] καὶ ἐκ τῶν λαφ. (4 *a*)
II Ch. 6. 34. ἐὰν δὲ ἐξέλθῃ ὁ λαός σου εἰς πόλεμον (4 *a*)
11. 1. νεανίσκων ποιούντων πόλεμον (4 *a*)
13. 2. καὶ πόλεμος ἦν (4 *a*)
— 3. A παρετάξατο Ἀβ. τὸν π. [B *om.* τ. π.] (4 *a*)
— 3. παρετάξατο πρὸς αὐτὸν πόλεμον (4 *a*)
— 14. αὐτοῖς ὁ π. ἐκ τῶν ἔμπροσθεν [A *al.*] (4 *a*)
14. 6 (5). οὐκ ἦν αὐτῷ πόλεμος (4 *a*)
— 10 (9). καὶ παρετάξατο πόλεμον (4 *a*)
15. 19. πόλεμος οὐκ ἦν μετ' αὐτοῦ (4 *a*)
16. 9. ἔσται μετὰ σοῦ πόλεμος (4 *a*)
17. 18. καὶ μετ' αὐτοῦ . . . δυνατοὶ πολέμου (6)
18. 3. ὁ λαός μου μετὰ σοῦ εἰς πόλεμον (4 *a*)
— 5. εἰ πορευθῶ . . . εἰς πόλεμον (4 *a*)
— 14. εἰ πορευθῶ [A εἰσπ.] . . . εἰς πόλεμον (4 *a*)
— 29. εἰσελεύσομαι εἰς τὸν π. (4 *a*)
— 29. εἰσῆλθεν εἰς τὸν π. (4 *a*)
— 33. ἐξάγαγέ με ἐκ τοῦ π. (3)
— 34. ἐτροπώθη ὁ π. (4 *a*)
20. 1. ἦλθον . . . εἰς πόλεμον (4 *a*)
22. 5. ἐπορεύθη . . . εἰς πόλεμον (4 *a*)
25. 5. δυνατοὺς ἐξελθεῖν εἰς πόλεμον (6)
— 13. R τοῦ μὴ πορευθῆναι [A B εὑρεθ.] . . . εἰς πόλεμον (4 *a*)
26. 11. δυνάμεις ποιοῦσαι πόλεμον (4 *a*)
— 11. R ἐκπορευομένη . . . εἰς πόλεμον [A B *om.* εἰς π.] –
— 12. τῶν δυνατῶν εἰς πόλεμον (1)
— 13. οὗτοι οἱ ποιοῦντες πόλεμον (4 *a*)
27. 7. ὁ π. καὶ αἱ πράξεις αὐ. (4 *a*)
28. 12. ἐπὶ τοὺς ἐρχομ. ἀπὸ τοῦ π. (6)
32. 6. ἔθετο ἄρχοντας τοῦ π. (4 *a*)
— 8. τοῦ πολεμεῖν τὸν π. ἡμῶν (4 *a*)
35. 21. πόλεμον πολεμῆσαι [A ποιῆσαι] (4 *a* ?)
I Es. 1. 25. πόλεμον ἐγεῖραι ἐν X.
— 27. ἐπὶ γὰρ τοῦ Εὐφρ. ὁ π. μού ἐστι
— 29. συνεστήσατο πρὸς αὐτὸν πόλεμον
2. 27. πολέμους ἐν αὐτῇ συντελοῦντες
4. 4. ἐὰν εἴπῃ αὐτοῖς ποιῆσαι πόλεμον
— 4. A^1 ἐὰν δὲ ἐξαποστείλῃ αὐτοὺς πρὸς τοὺς π. [A^{2}B -μίους]
Ju. 1. 5. καὶ ἐποίησε πόλεμον
— 6. S συνήντησαν . . . εἰς πόλεμον [A B *om.* εἰς π.]
— 11. οὐ συνῆλθον αὐτῷ εἰς τὸν π.
— 13. ἐκραταιώθη ἐν τῷ π. αὐτοῦ
2. 16. ὃν τρόπον πολέμου πλῆθος συντάσσεται
4. 5. εἰς παρασκευὴν πολέμου
5. 1. παρεσκευάσαντο εἰς πόλεμον
— 18. ἐξωλεθρεύθησαν ἐν πολλοῖς π.
7. 1. καὶ ποιεῖν πόλεμον πρὸς τοὺς υἱοὺς Ἰ.
— 11. καθὼς γίνεται πόλεμος παρατάξεως
9. 7. σὺ εἶ κύριος συντρίβων πολέμους
11. 8. θαυμαστὸς ἐν στρατεύμασι πολέμου
14. 13. καταβαίνειν ἐφ' ἡμᾶς εἰς πόλεμον
16. 3. θεὸς συντρίβων πολέμους κύριος
Es. 1. 1. ἡτοιμάσθη πᾶν ἔθνος εἰς πόλεμον
Jb. 5. 15. ἀπόλοιντο δὲ ἐν πολέμῳ (2)
— 20. ἐν πολέμῳ δὲ ἐκ χειρὸς σιδήρου σε λύσει (4 *a*)
22. 10. ἐσπούδασέ σε πόλεμος ἐξαίσιος †
33. 18. καὶ [AS^2 τοῦ] μὴ πεσεῖν αὐτὸν ἐν πολέμῳ (8)
38. 23. εἰς ἡμέραν πολέμων [AS -ου] καὶ μάχης (7)

Jb. 39. 25. πόρρωθεν δὲ ὀσφραίνεται πολέμου (4 a)
40. 27 (32). μνησθεὶς πόλεμον τὸν γινόμενον [A πολέμου τοῦ γιγνομένου] (4 a)
Ps. 17 (18). 34. διδάσκων χεῖράς μου εἰς πόλεμον (4 a)
— 39. περιέζωσάς με δύναμιν εἰς πόλεμον (4 a)
23 (24). 8. κύριος δυνατὸς ἐν πολέμῳ (4 a)
26 (27). 3. ἐὰν ἐπαναστῇ ἐπ' ἐμὲ πόλεμος (4 a)
45 (46). 9. ἀνταναιρῶν [A -ανελῶν] πολέμους μέχρι τῶν περάτων τῆς γῆς (4 a)
67 (68). 30. διασκόρπισον ἔθνη τὰ τοὺς π. θέλοντα (7)
75 (76). 3. ὅπλον καὶ ῥομφαίαν καὶ πόλεμον (4 a)
77 (78). 9. ἐστράφησαν ἐν ἡμέρᾳ πολέμου (7)
88 (89). 43. οὐκ ἀντελάβου αὐτοῦ ἐν τῷ π. (4 a)
139 (140). 2. ὅλην τὴν ἡμέραν παρετάσσοντο πολέμους (4 a)
— 7. ἐν ἡμέρᾳ πολέμου (5)
143 (144). 1. ὁ διδάσκων . . . τοὺς δακτύλους μου εἰς πόλεμον (4 a)
Pr. 21. 31. ἵππος ἑτοιμάζεται εἰς ἡμέραν πολέμου (4 a)
24. 6. μετὰ κυβερνήσεως γίνεται πόλεμος (4 a)
Ec. 3. 8. καιρὸς πολέμου [S¹ τοῦ π.] καὶ καιρὸς εἰρήνης (4 a)
8. 8. οὐκ ἔστιν ἀποστολὴ ἐν ἡμέρᾳ πολέμου [A θανάτου] (4 a)
9. 11. A S R οὐ τοῖς δυνατοῖς ὁ [B om.] π. (4 a)
— 18. ἀγαθὴ σοφία ὑπὲρ σκεύη πολέμου (7)
Ca. 3. 8. πάντες . . . δεδιδαγμένοι πόλεμον (4 a)
Wi. 8. 15. φανοῦμαι . . . ἐν πολέμῳ ἀνδρεῖος
14. 22. μεγάλῳ [AS² ἐν μ., S¹ -ως] ζῶντες ἀγνοίας πολέμῳ
Si. 37. 5. ἔναντι πολέμου λήψεται ἀσπίδα
— 11. μετὰ δειλοῦ περὶ πολέμου
40. 6. ὡς ἐκπεφευγὼς ἀπὸ προσώπου πολέμου
46. 1. κραταιὸς ἐν πολέμοις [A S -ῳ] Ἰησοῦς
— 3. S² τοὺς γὰρ π. [A B S¹ -μίους] κυρίου [A S² -ίου] αὐτὸς ἐπήγαγεν [A ἀπ.]
— 6. κατέρραξεν ἐπ' ἔθνος πόλεμον
— 6. ἐναντίον κυρίου ὁ π. αὐτοῦ
47. 5. ἐξᾶραι ἄνθρωπον δυνατὸν ἐν πολέμῳ
Ho. 1. 7. οὐδὲ ἐν ῥομφαίᾳ οὐδὲ ἐν πολέμῳ (4 a)
2. 18 (20). ῥομφαίαν καὶ πόλεμον συντρίψω (4 a)
10. 9. οὐ μὴ καταλάβῃ αὐτοὺς . . . πόλεμος (4 a)
— 14. ἐν ἡμέραις πολέμου (4 a)
Am. 1. 14. ἐν ἡμέρᾳ πολέμου (4 a)
Mi. 2. 8. τοῦ ἀφελέσθαι ἐλπίδα συντριμμὸν πολέμου (4 a)
3. 5. ἤγειραν ἐπ' αὐτὸν πόλεμον (4 a)
Jl. 2. 5. ὡς λαὸς . . . παρατασσόμενος εἰς πόλεμον (4 a)
3 (4). 9. ἁγιάσατε πόλεμον (4 a)
Ob. 1. 1. ἐξαναστῶμεν ἐπ' αὐτὴν εἰς πόλεμον (4 a)
Na. 3. 14. S¹ ἔμβηθι εἰς πόλεμον [A B S² πηλόν] †
Za. 10. 3. ὡς ἵππον εὐπρεπῆ αὐ. ἐν πολέμῳ (4 a)
— 5. ὡς μαχηταὶ πατοῦντες πηλὸν . . . ἐν πολέμῳ (4 a)
14. 2. ἐπισυνάξω πάντα τὰ ἔθνη . . . εἰς πόλεμον (4 a)
— 3. καθὼς ἡμέρα παρατάξεως αὐ. ἐν ἡμέρᾳ πολέμου (7)
Is. 14. 21. ἐμπλήσωσι τὴν γῆν πολέμων †
21. 15. διὰ τὸ πλῆθος τῶν πεπτωκότων ἐν τῷ π. [A πεδίῳ] (4 a)
22. 2. οὐδὲ οἱ νεκροί σου νεκροὶ πολέμων [A S -μου] (4 a)
42. 13. συντρίψει πόλεμον (4 a)
— 25. κατίσχυσεν [AS¹ add. ἐπ'] αὐτοὺς π. (4 a)
46. 2. οὐ δυνήσονται σωθῆναι ἀπὸ πολέμου †
Je. 4. 19. κραυγὴν πολέμου . . . ἐπικαλεῖται (4 a)
6. 4. παρασκευάσασθε ἐπ' αὐτὴν εἰς πόλεμον (4 a)
— 23. παρατάξεται ὡς [S¹ παρατάξεως] πῦρ εἰς πόλεμον πρὸς σέ (4 a)
18. 21. οἱ νεανίσκοι αὐτῶν πεπτωκότες μαχαίρᾳ ἐν πολέμῳ (4 a)
26 (46). 3. προσαγάγετε εἰς πόλεμον (4 a)
27 (50). 22. φωνὴ πολέμου . . . ἐν γῇ X. (4 a)
— 42. παρεσκευασμένοι ὥσπερ πῦρ εἰς πόλεμον (4 a)
28 (51). 20. διασκορπίζεις σύ μοι σκεύη πολέμου (4 a)
29 (49). 14. ἀνάστητε εἰς πόλεμον (4 a)
30 (49). 2. ἀκουτιῶ ἐπὶ Ῥαββὰθ θόρυβον πολέμων [A -ου] (4 a)
35 (28). 8. ἐπροφήτευσαν . . . εἰς πόλεμον (4 a)
48 (41). 16. ἔλαβεν . . . δυνατοὺς ἄνδρας ἐν [S³ om.] πολέμῳ [S¹ ἄ. πολέμου] (4 a)
49 (42). 14. οὐ μὴ ἴδωμεν πόλεμον (4 a)

Ba. 3. 26. ἐκεῖ ἐγεννήθησαν οἱ γίγαντες . . . ἐπιστάμενοι πόλεμον
Ep. Je. 15. ἑαυτὸν ἐκ πολέμου [A -ων] . . . οὐκ ἐξελεῖται
— 48. ὅταν γὰρ ἐπέλθῃ [A om.] ἐπ' αὐτὰ [A -οὺς] π.
— 49. οὔτε σῴζουσιν ἑαυτοὺς ἐκ πολέμου [A -ων]
Ez. 7. 14. A οὐκ ἔστιν πορευόμενος εἰς τὸν π. (4 a)
— 15. ὁ π. ἐν ῥομφαίᾳ ἔξωθεν –
17. 17. οὐδὲ . . . ποιήσει πρὸς αὐτὸν Φαραὼ πόλεμον (4 a)
Da. LXX. 7. 8. ἐποίει πόλεμον πρὸς τοὺς ἁγίους –
— 21. τὸ κέρας ἐκεῖνο πόλεμον συνιστάμενον (7)
9. 26. ἀπὸ πολέμου πολεμηθήσεται (4 a)
— 27. ἕως καιροῦ συντελείας πολέμου –
11. 20. οὐκ ἐν ὀργῇ οὐδὲ ἐν πολέμῳ (4 a)
— 25. ἐρεθισθήσεται εἰς πόλεμον (4 a)
Da. TH. 7. 21. ἐποίει πόλεμον μετὰ τῶν ἁγίων (7)
9. 26. ἕως τέλους πολέμου συντετμημένου (4 a)
11. 20. οὐκ ἐν προσώποις οὐδὲ ἐν πολέμῳ (4 a)
— 25. ὁ βασ. τοῦ νότου συνάψει πόλεμον (4 a)
I Ma. 1. 2. συνεστήσατο π. πολλούς
— 18. R συνεστήσαντο [AS -ατο] πόλεμον πρὸς Πτ.
2. 32. συνεστήσαντο [A -στείλαντο] πρὸς αὐτοὺς πόλεμον
— 35. ἐτάχυναν ἐπ' αὐτοὺς πόλεμον
— 38. AR ἀνέστησαν ἐπ' αὐτοὺς ἐν τῷ [S om.] π.
— 41. ὃς ἐὰν ἔλθῃ πρὸς ἡμᾶς εἰς πόλεμον
— 66. πολεμήσει πόλεμον λαῶν
3. 2. ἐπολέμουν τὸν [S¹ -μοῦντο] π. Ἰσρ.
— 3. συνεστήσατο πολέμους
— 13. ἐκπορευομένων εἰς πόλεμον
— 19. οὐκ ἐν πλήθει δυνάμεως νίκη πολέμου ἐστίν
— 44. τοῦ εἶναι ἑτοίμους εἰς πόλεμον
— 59. SR κρεῖσσον ἡμᾶς ἀποθανεῖν ἐν τῷ [A om.] π.
4. 7. καὶ οὗτοι διδακτοὶ πολέμου
— 13. ἐξῆλθον ἐκ τῆς παρεμβ. εἰς πόλεμον
— 17. πόλεμος ἐξ ἐναντίας ἡμῶν
5. 7. συνῆψε πρὸς αὐτοὺς π. πολλούς
— 19. μὴ συνάψητε πόλεμον πρὸς τὰ ἔθνη
— 21. συνῆψε π. πολλοὺς πρὸς τὰ ἔθνη
— 31. ἦρκται ὁ π.
— 39. ἕτοιμοι τοῦ ἐλθεῖν ἐπὶ σὲ εἰς πόλεμον
— 42. ἐρχέσθωσαν πάντες εἰς τὸν π.
— 56. ἤκουσεν Ἰ. . . . τοῦ π.
— 59. ἐξῆλθε Γ. . . . εἰς πόλεμον
— 67. S R ἔπεσον ἱερεῖς ἐν [A om.] πολέμῳ
— 67. S R ἐν τῷ αὐτὸν [R -οὺς] ἐξελθεῖν εἰς πόλεμον [A τὸν π.]
6. 4. A R ἀνέστησαν [S ἀντ.] αὐτῷ εἰς πόλεμον
— 30. ἐλέφαντες δύο καὶ τριάκοντα εἰδότες πόλεμον
— 33. διεσκευάσθησαν αἱ δυνάμεις εἰς τὸν π.
— 34. τοῦ παραστῆσαι αὐτοὺς εἰς τὸν π.
7. 31. S R ἐξῆλθεν . . . ἐν πολέμῳ [A om. ἐν π.]
— 43. συνῆψαν αἱ παρεμβολαὶ εἰς πόλεμον
— 43. ἔπεσεν αὐτὸς πρῶτος ἐν τῷ π.
8. 2. διηγήσαντο αὐτῷ τοὺς π. αὐ.
— 5. SR συνέτριψαν αὐτοὺς ἐν [A om.] πολέμῳ
— 6. τὸν πορευθέντα ἐπ' αὐτοὺς εἰς πόλεμον
— 24. ἐὰν δὲ ἐνστῇ πόλεμος
— 27. ἐὰν ἔθνει Ἰ. συμβῇ προτέροις πόλεμος
9. 1. A ἐποίησεν . . . πόλεμον [S ἔπεισεν . . . πολέμῳ, R ἔπεσε . . . ἐν πολέμῳ]
— 7. ὁ π. ἔθλιβεν αὐτόν
— 13. S R ἐγένετο ὁ π. συνημμένος [A συνηγμ.]
— 17. ἐβαρύνθη ὁ π.
— 22. τὰ περισσὰ τῶν λόγων Ἰ. καὶ τῶν π.
— 30. τοῦ πολεμῆσαι τὸν π. ἡμῶν
— 45. ὁ π. ἐξ ἐναντίας ἡμῶν
— 47. συνῆψεν ὁ π.
10. 2. ἐξῆλθεν . . . εἰς πόλεμον
— 15. διηγήσαντο αὐτῷ τοὺς π.
— 49. συνῆψαν πόλεμον οἱ δύο βασιλεῖς
— 50. S R ἐστερέωσε τὸν [A om.] π. σφόδρα
— 78. S κατεδίωξεν . . . εἰς πόλεμον [AR om. εἰς π.]
— 78. συνῆψαν αἱ παρεμβ. ὀπίσω αὐτοῦ εἰς πόλεμον
11. 4. οὓς ἐνεπύρισεν ἐν τῷ π.
— 15. S²R ἦλθεν ἐπ' αὐτὸν [AS¹ add. ἐν] πολέμῳ
— 69. συνῆψαν πόλεμον
— 72. ὑπέστρεψε πρὸς αὐτοὺς πολέμῳ
12. 13. ἡμᾶς δὲ ἐκύκλωσαν . . . π. πολλοί
— 14. παρενοχλεῖν ὑμῖν . . . ἐν τοῖς π. τούτοις
— 27. ἑτοιμάζεσθαι εἰς πόλεμον
— 28. ἡτοίμασται . . . εἰς πόλεμον
— 44. πολέμου μὴ ἐνεστηκότος ἡμῖν
— 50. ἐπορεύοντο . . . ἕτοιμοι εἰς πόλεμον
13. 3. οἴδατε . . . τοὺς π.

I Ma. 13. 9. πολέμησον τὸν π. ἡμῶν
— 14. SR συνάπτειν αὐτῷ μέλλει πόλεμον [A εἰς π.]
14. 9. ἐνεδύσαντο . . . στολὰς πολέμου
— 29. πολλάκις ἐγενήθησαν πόλεμοι
16. 2. AS² ἐπολεμήσαμεν τοὺς π. [S¹R -μίους] Ἰσρ.
— 23. τὰ λοιπὰ . . . τῶν π. αὐτοῦ
II Ma. 2. 14. διὰ τὸν π. τὸν γεγονότα ἡμῖν
— 20. ἔτι τε τοὺς πρὸς Ἀντίοχον . . . πολέμους
10. 10. R αὐτὰ συντέμνοντες τὰ τῶν π. κακά [A al.]
12. 36. σύμμαχον φανῆναι καὶ προοδηγὸν τοῦ π.
III Ma. 1. 2. διαλῦσαι τὸν π.
— 4. A τοὺς π. [R πλοκάμους] λελυμένη
[Aq. I Ki. 17. 8: 29. 4: III Ki. 15. 6, 32: Jb. 40. 27 (32): Ps. 75 (76). 4: 119 (120). 7: Is. 22. 2: 36. 5: 42. 25: Je. 6. 4, 23: 8. 6: 49 (30). 2: Da. 9. 26.]
[Sm. I Ki. 17. 8: 29. 4: Ps. 26 (27). 3: 75 (76). 4: Ec. 8. 8: 9. 11: Is. 28. 6: 36. 5: 42. 25: Je. 6. 23: 8. 6: 49 (30). 2: Ez. 13. 5: Da. 9. 26.]
[Th. Jd. 8. 13: I Ki. 17. 8: 29. 4: Ps. 75 (76). 4: Pr. 20. 18: Is. 22. 2: 28. 6: 30. 32: 36. 5: 42. 25: Je. 39 (46). 4: Ez. 7. 14: 13. 5: Da. 9. 26.]
[Al. Ex. 15. 3: 17. 16: Nu. 31. 28: Dt. 20. 2.]
[Quint. Ps. 75 (76). 4.]
[Sext. Ps. 26 (27). 5: 75 (76). 4.]

πολεμοτροφεῖν.

II Ma. 10. 14. πρὸς τοὺς Ἰουδαίους ἐπολεμοτρόφει
— 15. πολεμοτροφεῖν ἐπεχείρουν
14. 6. πολεμοτροφοῦσι καὶ στασιάζουσιν

πολιά, πολειά. (1) שֵׂיבָה

Jd. 8. 32. A ἀπέθανε Γ. . . . ἐν πολειᾷ ἀγαθῇ [B al.] (1)
Ru. 4. 15. τοῦ διαθρέψαι τὴν π. σου (1)
III Ki. 2. 6. AR οὐ κατάξεις τὴν π. αὐ. [B al.] (1)
— 9: 3. 1 (2. 9). AR κατάξεις τὴν π. [B πόλιν] αὐτοῦ (1)
Pr. 20. 29. δόξα δὲ πρεσβυτέρων πολιαί (1)
Wi. 2. 10. μηδὲ . . . ἐντραπῶμεν πολιὰς πολυχρονίους
4. 9. πολιὰ δέ ἐστιν φρόνησις ἀνθρώποις [S² ἐν ἀ.]
Si. 6. 18. ἕως πολιῶν εὑρήσεις σοφίαν
25. 4. ὡς ὡραῖον πολιαῖς κρίσις
Ho. 7. 9. πολιαὶ ἐξήνθησαν αὐτῷ (1)
Is. 47. 2. ἀνακάλυψαι τὰς π. †
II Ma. 6. 23. R ἄξιον . . . τῆς ἐπικτήτου καὶ ἐπιφανοῦς π. [A al.]
15. 13. ἄνδρα πολιᾷ καὶ δόξῃ διαφέροντα
III Ma. 4. 5. R ἦγετο γὰρ γεραιῶν πλῆθος πολιᾷ πεπυκασμένων [A al.]
IV Ma. 5. 6. αἰδοῦμαι γάρ σου . . . τὴν π.
7. 15. ὦ μακαρίου γήρως καὶ σεμνῆς π.
[Aq. Ge. 15. 15: 25. 8: Dt. 32. 25: Jd. 8. 32: Ps. 91 (92). 15: Pr. 20. 29.]
[Sm. Ge. 25. 8: Jd. 8. 32: Pr. 20. 29.]
[Th. Jd. 8. 32: Pr. 20. 29.]

πολιορκεῖν. (1) לָחַם ni. c. praep. (2) לָחַץ (3) נָצַר (4) עָצַר (5) צוּק hi. (6) צוּר

Jo. 10. 29. καὶ ἐπολιόρκει Λεβνά (1)
— 31. καὶ ἐπολιόρκει αὐτήν (1)
— 34. B καὶ ἐπολιόρκησεν [A -κει, R ἐξεπ.] αὐτήν (1)
Jd. 2. 18. ἀπὸ [A πρὸ] προσώπου τῶν πολιορκούντων αὐτούς (2)
9. 31. A πολιορκοῦσιν τὴν πόλιν [B al.] (6)
II Ki. 20. 15. ἐπολιόρκουν ἐπ' αὐτόν (6)
IV Ki. 16. 5. καὶ ἐπολιόρκουν ἐπὶ Ἀχαζ (6)
17. 4. ἐπολιόρκησεν αὐτὸν ὁ βασ. Ἀσσ. (4)
— 5. ἐπολιόρκησεν ἐπ' αὐτήν [A ἐν αὐτῇ] (6)
18. 9. ἐπολιόρκει ἐπ' αὐτήν (6)
24. 11. ἐπολιόρκουν [A add. τὴν] ἐπ' αὐτήν (6)
I Es. 5. 72. πολιορκοῦντες εἴργον τοῦ οἰκοδομεῖν
Jb. 17. 7. A B S² πεπολιόρκημαι μεγάλως ὑπὸ πάντων †
Is. 1. 8. ὡς πόλις πολιορκουμένη (3)
7. 1. οὐκ ἠδυνάσθησαν πολιορκῆσαι αὐτήν (1)
9. 21 (20). ἅμα πολιορκήσουσι τὸν Ἰούδαν –
27. 3. ἐγὼ πόλις ὀχυρὰ πόλις πολιορκουμένη †
37. 8. κατέλαβε τὸν βασιλέα Ἀσσυρίων πολιορκοῦντα Λοβνάν (1)
— 9. ἐξῆλθε . . . πολιορκῆσαι αὐτόν (1)
Je. 19. 9. ᾗ πολιορκήσουσιν αὐτούς (5)
46 (39). 1. ἐπολιόρκουν [A -κει] αὐτήν (6)

Da. LXX., TH. 1. 1. ἐπολιόρκει αὐτήν (6)
II Ma. 11. 6. μετέλαβον . . . πολιορκοῦντα αὐτὸν τὰ ὀχυρώματα
IV Ma. 7. 4. πόλις . . . ἀντέσχε ποτὲ πολιορκουμένη
— 4. ἐνίκησε τοὺς πολιορκοῦντας
[**Aq.** I Ki. 23. 8 : Je. 30 (37). 16 : 32 (39). 2 : 37 (44). 5.]
[**Sm.** I Ki. 23. 8 : IV Ki. 18. 9 : Is. 21. 2 : 59. 15 : Je. 6. 27 : 21. 4 : 32 (39). 2 : 51 (28). 30 : Ez. 4. 3.]
[**Th.** I Ki. 23. 8 : Je. 37 (44). 5 : Ez. 4. 3.]

πολιορκητής.

[**Th.** Is. 59. 19 : 63. 9.]

πολιορκία. (1) *a.* צוּקָה *b.* מָצוֹק

I Es. 2. 23. καὶ πολιορκίας συνιστάμενοι
Pr. 1. 27. ὅταν ἔρχηται ὑμῖν . . . π. (1 *a*)
Je. 19. 9. ἕκαστος τὰς σάρκας τοῦ πλησίον αὐτοῦ ἔδονται ἐν τῇ περιοχῇ καὶ ἐν τῇ π. (1 *b*)
II Ma. 10. 18. πάντα τὰ πρὸς πολιορκίαν ἔχοντας
— 19. ἀπολιπὼν Σίμωνα . . . πρὸς τὴν τούτων π.
IV Ma. 17. 24. ἀνδρείους εἰς . . . πολιορκίαν
[**Aq., Th.** Mi. 7. 12.]
[**Sm.** Ps. 65 (66). 11 : Is. 29. 3, 7 : Je. 10. 17 : 52. 5 : Ez. 21. 20 (25) : Am. 3. 11 : Mi. 7. 12.]

πολιός, *cf.* **πολιά.** (1) שֵׂיבָה

Le. 19. 32. ἀπὸ προσώπου π. ἐξαναστήσῃ (1)
[**Quint.** Ho. 7. 9.]

πολιοῦσθαι.

[**Al.** I Ki. 12. 2.]

πόλις. (1) אַרְמוֹן (2) בִּירָה (3) מָקוֹם
(4) עִיר (5) *a.* קִרְיָה *b.* קְרִיּוֹת *c.* קֶרֶת
(6) שַׁעַר (7) Ἡλίου πόλις אוֹן, אֹן
(8) Ἡρώων πόλις גֹּשֶׁן

Ge. 4. 17. ἦν οἰκοδομῶν πόλιν (4)
— 17. ἐπωνόμασε τὴν π. (4)
10. 11. καὶ τὴν Ῥοωβὼς πόλιν (4)
— 12. αὕτη ἡ π. ἡ μεγάλη (4)
11. 4. οἰκοδομήσωμεν ἑαυτοῖς πόλιν (4)
— 5. κατέβη κύριος ἰδεῖν τὴν π. (4)
— 8. ἐπαύσαντο οἰκοδομοῦντες τὴν π. (4)
13. 12. ἐν πόλει τῶν περιχώρων (4)
14. 5. τοὺς Ὀμμαίους τοὺς ἐν Σαυῇ τῇ π. †
18. 24. ἐὰν ὦσι πεντήκ. δίκαιοι ἐν τῇ π. (4)
— 26. πεντήκ. δικαίους ἐν τῇ π. (4)
— 26. **R** ἀφήσω ὅλην τὴν π. [**A** *om.* ὅ. τ. π.] (3 ?)
— 28. ἀπολεῖς . . . π. τὴν πόλιν (4)
19. 4. οἱ ἄνδρες τῆς π. οἱ Σοδομῖται (4)
— 12. εἴ τις σοι ἄλλος ἐστὶν ἐν τῇ π. (4)
— 14. ἐκτρίβει κύριος τὴν π. (4)
— 15. ταῖς ἀνομίαις τῆς π. (4)
— 20. ἡ π. αὕτη ἐγγύς (4)
— 21. τοῦ μὴ καταστρέψαι τὴν π. (4)
— 22. ἐπωνόμασεν τὸ ὄνομα τῆς π. ἐκ. (4)
— 25. κατέστρεψε τὰς π. ταύτας (4)
— 25. πάντας τοὺς κατοικοῦντας ἐν ταῖς π. (4)
— 29. πάσας τὰς π. τῆς περιοίκου (4)
— 29. ἐν τῷ καταστρέψαι κύριον τὰς π. (4)
20. 2. οἱ ἄνδρες τῆς π. –
22. 17. τὰς π. τῶν ὑπεναντίων (6)
23. 2. ἀπέθανε Σάρρα ἐν πόλει Ἀρβόκ (5 *a*)
— 10. τῶν εἰσπορευομ. εἰς τὴν π. πάντων (4)
— 18. πάντων τῶν εἰσπορευομ. εἰς τὴν π. (4)
24. 10. ἐπορεύθη . . . εἰς τὴν π. Ναχώρ (4)
— 11. ἐκοίμισεν τὰς καμ. ἔξω τῆς π. (4)
— 13. αἱ δὲ θυγ. τῶν οἰκούντων τὴν π. (4)
— 43. αἱ θυγ. τῶν ἀνθρώπων τῆς π. –
— 60. τὰς π. τῶν ὑπεναντίων (6)
26. 33. ἐκάλεσεν τὸ ὄνομα τῇ π. (4)
28. 19. ἦν ὄνομα τῇ π. τὸ πρότερον (4)
33. 18. εἰς Σαλὴμ πόλιν Σηκίμων (4)
— 18. κατὰ πρόσωπον τῆς π. (4)
34. 20. πρὸς τὴν πύλην τῆς π. αὐτῶν (4)
— 20. πρὸς τοὺς ἄνδρας τῆς π. αὐτῶν (4)
— 24. τὴν πύλην τῆς π. αὐτῶν (4)
— 25. εἰσῆλθον εἰς τὴν π. ἀσφαλῶς (4)
— 27. διήρπασαν τὴν π. (4)
— 28. ὅσα τε ἦν ἐν τῇ π. (4)
— 29. ὅσα τε ἦν ἐν τῇ π. –
35. 5. ἐπὶ τὰς π. τὰς κύκλῳ αὐτῶν (4)
— 27. ἦλθε δὲ Ἰ. . . . εἰς πόλιν τοῦ πεδίου (5 *a*)
Ge. 36. 32. ὄνομα τῇ π. αὐτοῦ Δ. (4)
— 35. ὄνομα τῇ π. αὐτοῦ Γ. (4)
— 39. ὄνομα τῇ π. αὐτοῦ Φ. (4)
41. 35. βρώματα ἐν ταῖς π. συναχθήτω (4)
— 45. Πετ. ἱερέως Ἡλίου πόλεως (7)
— 48. ἔθηκε τὰ βρώματα ἐν ταῖς π. (4)
— 48. βρώματα τῶν πεδίων τῆς π. (4)
— 50. Πετ. ἱερέως Ἡλίου πόλεως (7)
44. 4. ἐξελθόντων δὲ αὐτῶν τὴν π. (4)
— 13. ἐπέστρεψαν εἰς τὴν π. (4)
46. 20. Πετ. ἱερέως Ἡλίου πόλεως (7)
— 28. συναντῆσαι αὐτῷ καθ᾽ Ἡρώων πόλιν (8)
— 29. εἰς συνάντησιν Ἰσρ. . . . καθ᾽ Ἡρώων πόλιν (8)
Ex. 1. 11. ᾠκοδόμησαν π. ὀχυράς (4)
— 11. Ὢν ἥ ἐστιν Ἡλίου πόλις –
9. 29. ὡς ἂν ἐξέλθω τὴν π. (4)
— 33. ἐξῆλθε δὲ Μ. . . . ἐκτὸς τῆς π. (4)
Le. 14. 40. ἐκβαλοῦσιν αὐτοὺς ἔξω τῆς π. (4)
— 41. ἐκχεοῦσι . . . ἔξω τῆς π. (4)
— 45. ἐξοίσουσιν ἔξω τῆς π. (4)
— 53. **A** B^1 ἐξαποστελεῖ . . . ἔξω πόλεως [B^2 **R** τῆς π.] (4)
25. 29. οἰκίαν οἰκητὴν ἐν π. τετειχισμένῃ (4)
— 30. ἡ οἰκία ἡ οὖσα ἐν π. τῇ ἐχούσῃ τεῖχος (4)
— 32. αἱ π. τῶν Λευιτῶν οἰκίαι τῶν π. (4, 4)
— 33. οἰκιῶν πόλεως κατασχέσεως αὐτῶν (4)
— 33. οἰκίαι τῶν π. τῶν Λ. κατάσχεσις αὐ. (4)
— 34. οἱ ἀγροὶ ἀφωρισμ. ταῖς π. αὐτῶν (4)
26. 25. καταφεύξεσθε εἰς τὰς π. ὑμῶν (4)
— 31. θήσω τὰς π. ὑμῶν ἐρήμους (4)
— 33. αἱ π. ὑμῶν ἔσονται ἔρημοι (4)
Nu. 13. 20 (19). τίνες αἱ π. εἰς ἃς οὗτοι κατοικοῦσιν (4)
— 29 (28). π. [**A** αἱ π.] ὀχυραὶ τετειχισμέναι (4)
20. 16. ἐν Κάδης πόλει ἐκ μέρους τῶν ὁρίων σου (4)
21. 2. ἀναθεματιῶ . . . τὰς π. αὐτοῦ (4)
— 3. ἀνεθεμάτισεν . . . τὰς π. αὐτοῦ (4)
— 25. ἔλαβεν Ἰσρ. πάσας τὰς π. ταύτας (4)
— 25. ἐν πάσαις ταῖς π. τῶν Ἀμ. (4)
— 26. ἔστι γὰρ Ἐσ. πόλις Σηών (4)
— 27. ἵνα οἰκοδομηθῇ . . . πόλις Σηών (4)
— 28. φλὸξ ἐκ πόλεως Σηών (5 *a*)
— 31. ἐν πάσαις ταῖς π. τῶν Ἀμ. †
22. 36. ἐξῆλθεν . . . εἰς πόλιν Μ. (4)
— 39. ἦλθον εἰς πόλεις ἐπαύλεων (5 *a*)
24. 19. ἀπολεῖ σωζόμενον ἐκ πόλεως (4)
31. 10. καὶ πάσας τὰς π. αὐ. . . . ἐνέπρησαν (4)
32. 16. καὶ πόλεις ταῖς ἀποσκευαῖς ἡμῶν (4)
— 17. κατοικήσει . . . ἐν π. τετειχισμέναις (4)
— 24. οἰκοδομήσετε ὑμῖν ἑαυτοῖς πόλεις (4)
— 26. ἔσονται ἐν ταῖς π. Γ. (4)
— 33. τὴν γῆν καὶ τὰς π. . . . πόλεις τῆς γῆς κύκλῳ (4, 4)
— 36. **A** πόλεις ὀχυρὰς πόλεις [**B** καὶ ἐπαύλεις] προβάτων (4, †)
— 38. ἐπωνόμασαν . . . τὰ ὀνόματα τῶν π. (4)
35. 2. δώσουσι . . . πόλεις κατοικεῖν (4)
— 2. τὰ προάστια τῶν π. . . . δώσουσι (4)
— 3. ἔσονται αὐτοῖς αἱ π. κατοικεῖν (4)
— 4. τὰ συγκυροῦντα τῶν π. (4)
— 4. ἀπὸ τείχους τῆς π. (4)
— 5. μετρήσεις ἔξω τῆς π. (4)
— 5. ἡ π. μέσον τούτου ἔσται ὑμῖν καὶ τὰ ὅμορα τῶν π. (4, 4)
— 6. τὰς π. δώσετε τοῖς Λ. τὰς ἓξ π. τῶν φυγαδευτηρίων (4, 4)
— 6. πρὸς ταύταις τεσσαράκοντα καὶ δύο πόλεις (4)
— 7. πάσας τὰς π. δώσετε τοῖς Λ. τεσσαράκοντα καὶ ὀκτὼ πόλεις (4, 4)
— 8. τὰς π. ἃς δώσετε (4)
— 8. δώσουσιν ἀπὸ τῶν π. τοῖς Λ. (4)
— 11. διαστελεῖτε ὑμῖν αὐτοῖς πόλεις (4)
— 12. ἔσονται αἱ π. ὑμῖν φυγαδευτήρια (4)
— 13. αἱ π. ἃς δώσετε τὰς ἓξ π. (4, 4)
— 14. τὰς [B^1 *om.*] τρεῖς π. δώσετε (4)
— 14. καὶ τὰς τρεῖς π. δώσετε (4)
— 15. ἔσονται αἱ π. αὗται εἰς φυγαδευτήριον (4)
— 25. εἰς τὴν π. τοῦ φυγαδευτηρίου (4)
— 26. ἐὰν δὲ . . . ἐξέλθῃ . . . τὰ ὅρια τῆς π. (4)
— 27. ἔξω τῶν ὁρίων τῆς π. (4)
— 28. ἐν γὰρ τῇ π. τῆς καταφυγῆς (4)
— 32. τοῦ φυγεῖν εἰς πόλιν τῶν φυγαδευτ. (4)
De. 1. 22. ἀναγγειλάτωσαν ἡμῖν . . . τὰς π. (4)
— 28. καὶ π. μεγάλαι καὶ τετειχισμ. (4)
2. 34. ἐκρατήσαμεν πασῶν τῶν π. αὐτοῦ (4)
De. 2. 34. ἐξωλεθρεύσαμεν π. πόλιν [B^1 π. τὰς π.] (4)
— 35. τὰ σκῦλα τῶν π. ἐλάβομεν (4)
— 36. καὶ τὴν π. τὴν οὖσαν ἐν τῇ φάραγγι (4)
— 36. οὐκ ἐγενήθη πόλις (5 *a*)
— 37. καὶ τὰς π. τὰς ἐν τῇ ὀρεινῇ (4)
3. 4. ἐκρατήσαμεν πασῶν τῶν π. αὐ. (4)
— 4. οὐκ ἦν πόλις ἣν οὐκ ἐλάβομεν . . . ἑξήκοντα πόλεις (5 *a*, 4)
— 5. πᾶσαι π. ὀχυραί (4)
— 5. πλὴν τῶν π. τῶν Φερ. (4)
— 6. ἐξωλεθρεύσαμεν πᾶσαν π. ἑξῆς (4)
— 7. τὰ σκῦλα τῶν π. ἐπρονομεύσαμεν (4)
— 10. **A R** πᾶσαι π. Μεισὼρ . . . πόλεις βασιλείας [**B** -αι] τοῦ Ὢγ (4, 4)
— 12. τὰς π. αὐτοῦ ἔδωκα (4)
— 19. κατοικείτωσαν ἐν ταῖς π. ὑμῶν (4)
4. 41. ἀφώρισε Μ. τρεῖς πόλεις (4)
— 42. καταφεύξεται εἰς μίαν τῶν π. τούτων (4)
6. 10. δοῦναί σοι π. μεγάλας (4)
9. 1. π. μεγάλας καὶ τειχήρεις (4)
12. 5. ἐν μιᾷ τῶν π. [**A** φυλῶν] ὑμῶν †
— 14. **A** ἐν μιᾷ τῶν π. [**B** φυλῶν] σου †
— 15. ἣν ἔδωκέ σοι ἐν πάσῃ π. (6)
— 17. οὐ δυνήσῃ φαγεῖν ἐν ταῖς π. σου (6)
— 18. ὁ προσήλυτος ὁ ἐν ταῖς π. ὑμῶν (6)
— 21. φάγῃ ἐν ταῖς π. σου (6)
13. 12 (13). ἐὰν δὲ ἀκούσῃς ἐν μιᾷ τῶν π. σου (4)
— 13 (14). **A** τοὺς κατοικοῦντας τὴν π. [**B** γῆν] αὐ. (4)
— 15 (16). **A** τοὺς κατοικοῦντας ἐν τῇ π. [**B** γῇ] ἐκ. (4)
— 16 (17). ἐμπρήσεις τὴν π. (4)
14. 21. τῷ παροίκῳ τῷ ἐν ταῖς π. σου (6)
— 27. ὁ Λ. ὁ ἐν ταῖς π. σου (6)
— 28. θήσεις αὐτὸ ἐν ταῖς π. σου (6)
— 29. ἡ χήρα ἡ ἐν ταῖς π. σου (6)
15. 7. ἐν μιᾷ τῶν π. σου (6)
— 22. ἐν ταῖς π. σου φάγῃ αὐτό (6)
16. 5. ἐν οὐδεμιᾷ τῶν π. σου (6)
— 11. **A** ὁ ἐν ταῖς π. σου (6)
— 14. ἡ χήρα ἡ οὖσα ἐν ταῖς π. σου (6)
— 18. ἐν ταῖς π. σου αἷς κ. ὁ θ. σου δίδωσι (6)
17. 2. ἐν μιᾷ τῶν π. σου (6)
— 8. ῥήματα κρίσεως ἐν ταῖς π. ὑμῶν (6)
18. 6. ἐκ μιᾶς τῶν π. (6)
19. 1. καὶ κατοικήσητε ἐν ταῖς π. αὐτῶν (4)
— 2. τρεῖς π. διαστελεῖς σεαυτῷ (4)
— 5. εἰς μίαν τῶν π. τούτων (4)
— 7. τρεῖς π. διαστελεῖς σεαυτῷ (4)
— 9. **A** προσθήσεις σεαυτῷ ἔτι τρεῖς π. πρὸς τὰς τρεῖς π. [**B** *om.*] ταύτας (4, –)
— 11. εἰς μίαν τῶν π. τούτων (4)
— 12. ἡ γερουσία τῆς π. αὐτοῦ (4)
20. 10. ἐὰν δὲ προσέλθῃς πρὸς πόλιν (4)
— 11. **A** οἱ εὑρεθέντες ἐν τῇ π. [**B** ἐν αὐτῇ] †
— 14. ὅσα ἂν ὑπάρχῃ ἐν τῇ π. (4)
— 15. οὕτω ποιήσεις πάσας τὰς π. (4)
— 15. οὐχὶ ἐκ τῶν π. τῶν ἐθνῶν τούτων (4)
— 15 (16). **A** ἰδοὺ δὲ ἀπὸ τῶν π. τούτων (4)
— 19. ἐὰν δὲ περικαθίσῃς περὶ π. μίαν [**A** *om.*] (4)
— 20. οἰκοδομήσεις χαράκωσιν ἐπὶ τὴν π. (4)
21. 2. ἐκμετρήσουσιν ἐπὶ [**A** *om.*] τὰς π. (4)
— 3. ἔσται ἡ π. ἡ ἐγγίζουσα τῷ τραυματίᾳ (4)
— 3, 4. ἡ γερουσία τῆς π. ἐκείνης (4)
— 6. πᾶσα ἡ γερουσία τῆς π. ἐκείνης (4)
— 19. ἐπὶ τὴν γερουσίαν τῆς π. αὐτοῦ (4)
— 19. **A** ἐπὶ τὴν πύλην τῆς π. [**B** τοῦ τόπου] (3)
— 20. ἐροῦσι τοῖς ἀνδράσι τῆς π. αὐ. (4)
— 21. λιθοβολήσουσιν αὐτὸν οἱ ἄνδρες τῆς π. αὐ. (4)
22. 17. ἐναντίον τῆς γερουσίας τῆς π. (4)
— 18. ἡ γερουσία τῆς π. ἐκείνης (4)
— 21. **A** οἱ ἄνδρες τῆς π. αὐτῆς (4)
— 23. εὑρὼν αὐτὴν ἄνθρωπος ἐν πόλει [A^1 *om.* ἐν π.] (4)
— 24. ἐπὶ τὴν πύλην τῆς π. αὐτῶν (4)
— 24. οὐκ ἐβόησεν ἐν τῇ π. (4)
24. 14. τῶν προσηλύτων τῶν ἐν ταῖς π. σου (6)
25. 8. ἡ γερουσία τῆς π. αὐ. (4)
26. 12. φάγονται ἐν ταῖς π. σου (6)
28. 3. εὐλογημένος σὺ ἐν πόλει (4)
— 16. ἐπικατάρατος σὺ ἐν πόλει (4)
— 52 *bis.* ἐν [**A** *add* πάσαις] ταῖς π. σου (6)
— 55. ἐν πάσαις ταῖς π. σου (6)
— 57. ἐν [**A** *add.* πάσαις] ταῖς π. σου (6)
31. 12. τὸν προσήλυτον τὸν ἐν ταῖς π. ὑμῶν (6)

De. 34. 3. πόλιν φοινίκων ἕως Σ. (4)
Jo. 2. 14. ὡς ἂν παραδῷ κύριος ὑμῖν τὴν π. †
— 18. εἰσπορευόμεθα εἰς μέρος τῆς π. †
4. 13. διέβησαν . . . πρὸς τὴν Ἱερ. π. –
6. 5. πεσεῖται αὐτόματα τὰ τείχη τῆς π. (4)
— 5. εἰσελεύσεται . . . εἰς τὴν π. –
— 6 (7). καὶ κυκλῶσαι τὴν π. (4)
— 10 (11). A περιελθοῦσα ἡ κιβ. . . . τὴν π. [B om. τ. π.] (4)
— 13 (14). B περιεκύκλωσε τὴν π. (4)
— 14 (15). περιήλθοσαν τὴν πόλιν (4)
— 15 (16). παρέδωκε γὰρ κ. ὑμῖν τὴν π. (4)
— 16 (17). ἔσται ἡ π. ἀνάθεμα (4)
— 19 (20). ἀνέβη πᾶς ὁ λαὸς εἰς τὴν π. (4)
— 20 (21). ὅσα ἦν ἐν τῇ π. (4)
— 22 (23). οἱ κατασκοπεύσαντες τὴν π. –
— 23 (24). ἡ π. ἐνεπρήσθη [A -πυρίσθη] (4)
— 25 (26). ὃς . . . οἰκοδομήσει τὴν π. ἐκ. (4)
7. 3. ἐκπολιορκησάτωσαν τὴν π. †
8. 2. κατάστησον δὲ . . . ἔνεδρα τῇ π. (4)
— 4. ἐνεδρεύσατε ὀπίσω τῆς π. (4)
— 4. μὴ μακρὰν γίνεσθε ἀπὸ [A om.] τῆς π. (4)
— 5. προσάξομεν πρὸς τὴν π. (4)
— 6. ἀποσπάσομεν αὐτοὺς ἀπὸ τῆς π. (4)
— 7. πορεύσεσθε εἰς τὴν π. (4)
— 11. ἦλθον ἐξ ἐναντίας τῆς π. (4)
— 12. τὰ ἔνεδρα τῆς π. ἀπὸ θαλάσσης (4*, †)
— 14. ἔνεδρα αὐτῷ ἐστιν ὀπίσω τῆς π. [A al.] (4)
— 16. ἀπέστησαν ἀπὸ τῆς π. (4)
— 17. B κατέλιπον τὴν π. ἠνεῳγμένην (4)
— 18. ἔκτεινον τὴν χεῖρά σου . . . ἐπὶ τὴν π. †
— 19 (18). ἐξέτεινεν Ἰ. . . . ἐπὶ τὴν π. (4)
— 19. εἰσήλθοσαν ἐπὶ [A εἰς] τὴν π. (4)
— 19. ἐνέπρησαν τὴν π. ἐν πυρί (4)
— 20. καπνὸν ἀναβαίνοντα ἐκ τῆς π. [A al.] (4)
— 21. B ἔλαβον τὰ ἔνεδρα τὴν π. (4)
— 21. B ἀνέβη ὁ καπνὸς τῆς π. (4)
— 22. ἐξήλθοσαν ἐκ τῆς π. (4)
— 27. πλὴν τῶν σκύλων τῶν ἐν τῇ π. (4)
— 28. ἐνεπύρισεν Ἰ. τὴν π. †
9. 17. ἦλθον εἰς τὰς π. αὐτῶν (4)
— 17. αἱ δὲ π. αὐτῶν Γ. καὶ Κ. . . . καὶ πόλεις Ἰαρίν (4, 5 a)
10. 2. π. μεγάλη Γαβαών (4)
— 19. εἰσελθεῖν εἰς τὰς π. αὐτῶν (4)
— 20. διεσώθησαν εἰς τὰς π. τὰς ὀχυράς (4)
11. 12. πάσας τὰς π. τῶν βασιλειῶν (4)
— 13. πάσας τὰς π. τὰς κεχωματισμένας (4)
— 19. οὐκ ἦν π. ἣν οὐκ ἔλαβεν [A al.] (4)
— 21. σὺν ταῖς π. αὐτῶν (4)
13. 9. καὶ τὴν π. τὴν ἐν μέσῳ τῆς φάραγγος (4)
— 10. πάσας τὰς π. Σηών (4)
— 16. καὶ ἡ π. ἡ ἐν τῇ φάραγγι Ἀρ. (4)
— 17. πάσας τὰς π. τὰς οὔσας ἐν τῇ Μ. (4)
— 21. πάσας τὰς π. τοῦ Μ. (4)
— 23. αἱ π. αὐτῶν καὶ αἱ ἐπαύλεις αὐ. (4)
— 25. πᾶσαι αἱ π. Γαλαάδ (4)
— 28. A R καὶ κατὰ πόλεις αὐτῶν (4 ?)
— 28. B κατὰ δήμους αὐτῶν αἱ π. αὐτῶν (4)
— 30. ἑξήκοντα πόλεις (4)
— 31. πόλεις βασιλείας Ὠγ (4)
14. 4. ἀλλ' ἢ πόλεις κατοικεῖν (4)
— 12. π. ὀχυραὶ καὶ μεγάλαι (4)
— 15. ἦν τὸ πρότερον πόλις Ἀργόβ (5 a)
15. 9. αὕτη ἐστὶ π. Ἰαρίν (5 a)
— 10. παρελεύσεται . . . ἐπὶ νώτου πόλιν Ἰ. †
— 10. καταβήσεται ἐπὶ πόλιν ἡλίου †
— 13. ἔδωκεν αὐτῷ Ἰ. τὴν π. Ἀ. (5 a)
— 15. ἦν τὸ πρότερον π. γραμμάτων (5 a)
— 16. ὃς ἂν λάβῃ . . . τὴν π. τῶν γραμμ. (5 a)
— 21. ἐγενήθησαν δὲ π. αὐτῶν πόλεις πρὸς τῇ φυλῇ υἱῶν Ἰ. [A al.] (–, 4)
— 25. καὶ αἱ π. Ἀσ. (5 b)
— 32. πόλεις εἴκοσι ἐννέα καὶ αἱ κῶμαι αὐ. (4)
— 36. πόλεις δέκα τέσσαρες καὶ αἱ κῶμαι αὐ. (4)
— 41. πόλεις ἓξ καὶ δέκα καὶ αἱ κῶμαι αὐ. (4)
— 44. πόλεις δέκα καὶ αἱ κῶμαι αὐ. (4)
— 49. καὶ πόλις [B² -εις] γραμμάτων (5 a)
— 51. πόλεις ἕνδεκα καὶ αἱ κῶμαι αὐ. (4)
— 54. καὶ πόλις Ἀρβόκ (5 a)
— 54. πόλεις ἐννέα καὶ αἱ ἐπαύλεις αὐ. (4)
— 57. πόλεις ἐννέα καὶ αἱ κῶμαι αὐ. (4)
— 59. πόλεις ἓξ καὶ αἱ κῶμαι αὐ. (4)
— 60. πόλεις ἕνδεκα καὶ αἱ κῶμαι αὐ. –
— 60. αὕτη ἡ π. Ἰαρίμ (5 a)
— 60. πόλεις δύο καὶ αἱ ἐπαύλεις αὐ. (4)

Jo. 15. 62. καὶ αἱ π. Σ. καὶ Ἀγκ. (4)
— 62. πόλεις ἑπτὰ καὶ αἱ κῶμαι αὐ. (4)
16. 9. αἱ π. αἱ ἀφορισθεῖσαι τοῖς υἱοῖς Ἐφρ. (4)
— 9. πᾶσαι αἱ π. καὶ αἱ κῶμαι αὐ. (4)
— 10. A ἔλαβε τὴν π. [B αὐτήν] –
17. 9. ἀνὰ μέσον πόλεως Μαν. (4)
— 12. ἐξολεθρεῦσαι τὰς π. ταύτας (4)
18. 9. ἔγραψαν αὐτὴν κατὰ πόλεις (4)
— 14. K. πόλις υἱῶν Ἰούδα (4)
— 21. ἐγενήθησαν αἱ π. τῶν υἱῶν B. (4)
— 24. πόλεις δώδεκα καὶ αἱ κῶμαι αὐ. (4)
— 28. B καὶ πόλεις [A R om. καὶ π.] καὶ Γ. –
— 28. A Γ. καὶ πόλις [B om. κ. π.] Ἰαρίμ (5 a)
— 28 : 19. 6. πόλεις δέκα τρεῖς καὶ αἱ κῶμαι αὐ. (4)
19. 7. π. τέσσαρες (4)
— 8. καὶ αἱ κῶμαι αὐ. κύκλῳ τῶν π. αὐ. (4)
— 13. περιελεύσεται . . . ἐπὶ πόλιν K. †
— 16. πόλεις καὶ αἱ κῶμαι αὐτῶν (4)
— 23. αἱ π. καὶ αἱ κῶμαι [A ἐπαύλεις] αὐ. (4)
— 29. A ἕως πόλεως ὀχυρώματος [B al.] (4)
— 30. A πόλεις εἴκοσι δύο (4)
— 31. πόλεις [A om.] καὶ αἱ κῶμαι αὐ. (4)
— 35. αἱ [A om.] π. τειχήρεις τῶν Τυρίων (4)
— 38. A πόλεις δέκα ἐννέα (4)
— 41. πόλεις Σαμμαύς (4)
— 48. αἱ π. αὐτῶν καὶ αἱ κῶμαι αὐ. (4)
— 50. ἔδωκαν αὐτῷ τὴν π. (4)
— 50. ᾠκοδόμησε τὴν π. (4)
20. 2. δότε τὰς π. τῶν φυγαδευτηρίων (4)
— 3. ἔσονται ὑμῖν αἱ π. φυγαδευτήριον –
— 4. A εἰς μίαν τῶν π. τούτων (4)
— 4. A ἐπὶ τὴν θύραν τῆς π. (4)
— 4. A ἐν τοῖς ὠσὶν τῶν πρεσβυτ. τῆς π. ἐκ. (4)
— 6. A κατοικήσει ἐν τῇ π. ἐκ. (4)
— 6. A ἐλεύσεται εἰς τὴν π. αὐ. . . . καὶ πρὸς πόλιν (4, 4)
— 7. καὶ τὴν π. Ἀρβόκ (5 a)
— 9. αὗται αἱ π. αἱ ἐπίκλητοι (4)
21. 2. δοῦναι ἡμῖν πόλεις κατοικεῖν (4)
— 3. ἔδωκαν . . . τὰς π. (4)
— 4. πόλεις δέκα τρεῖς (4)
— 5. πόλεις δέκα (4)
— 6. πόλεις δέκα τρεῖς (4)
— 7. πόλεις δώδεκα (4)
— 8. ἔδωκαν . . . τὰς π. (4)
— 9. ἔδωκεν . . . τὰς π. (4)
— 12. καὶ τοὺς ἀγροὺς τῆς π. (4)
— 13. ἔδωκε [A om.] τὴν π. φυγαδευτήριον (4)
— 16. πόλεις ἐννέα παρὰ τῶν δύο φυλῶν τ. (4)
— 18. π. τέσσαρες (4)
— 19. A πᾶσαι αἱ π. υἱῶν Ἀ. τῶν ἱερέων π. [B om.] δέκα τρεῖς (4, 4)
— 20. ἐγενήθη π. τῶν ἱερέων [A ὁρίων] (4)
— 21. ἔδωκαν αὐτοῖς τὴν π. (4)
— 22, 24. π. τέσσαρες (4)
— 25. πόλεις δύο (4)
— 26. πᾶσαι π. δέκα (4)
— 27. τὰς π. τὰς ἀφωρισμ. τοῖς φονεύσασι (4)
— 27. πόλεις δύο (4)
— 29, 31. π. τέσσαρες (4)
— 32. τὴν π. τὴν ἀφωρισμ. τῷ φονεύσαντι (4)
— 32. πόλεις τρεῖς (4)
— 33. πᾶσαι αἱ π. τοῦ Γ. . . . π. δέκα τρεῖς (4, 4)
— 35. π. τρεῖς [A τέσσαρες] (4)
— 36. τὴν π. τὸ φυγαδευτήριον τοῦ φονεύσαντος –
— 36 (37). π. τέσσαρες –
— 37 (36). τὴν π. τὸ φυγαδευτήριον [A τοῦ φ.] (4)
— 37. πᾶσαι αἱ π. τέσσαρες (4)
— 38. πᾶσαι αἱ π. τοῖς υἱοῖς Μ. (4)
— 38. αἱ [A om.] π. δέκα δύο (4)
— 39. B πᾶσα π. [A πᾶσαι αἱ π., R πᾶσαι π.] τῶν Λ. (4)
— 40 (39). τεσσαράκοντα ὀκτὼ πόλεις (4)
— 40. κύκλῳ τῶν π. τούτων (4)
— 40. πόλις καὶ τὰ περισπόρια κύκλῳ τῆς π. [A τῶν π.] πάσαις ταῖς π. ταύταις (4, †, 4)
— 40. ἔδωκαν αὐτῷ τὴν π. –
— 40. ᾠκοδόμησεν Ἰ. τὴν π. –
24. 12. A δώδεκα πόλεις [B βασιλεῖς] τῶν Ἀμ. †
— 13. ἔδωκεν ὑμῖν . . . πόλεις (4)
— 33. καὶ εἰς τὴν ἑαυτῶν π. –
Jd. 1. 8. τὴν π. ἐνέπρησαν ἐν πυρί (4)
— 11. τὸ δὲ ὄνομα . . . ἦν . . . πόλις γραμμάτων (5 a)
— 12. ὃς ἂν πατάξῃ τὴν π. τῶν γραμμ. (5 a)

Jd. 1. 16. ἀνέβησαν ἐκ πόλεως [A τῆς π.] τῶν φοινίκων (4)
— 17. ἐκάλεσε τὸ ὄνομα τῆς π. (4)
— 20. ἐκληρονόμησεν ἐκεῖθεν τὰς τρεῖς π. †
— 23. τὸ δὲ ὄνομα τῆς π. (4)
— 24. ἐξεπορεύετο ἐκ τῆς π. (4)
— 24. δεῖξον ἡμῖν τῆς π. τὴν εἴσοδον (4)
— 25. ἔδειξεν αὐτοῖς τὴν εἴσοδον τῆς π. (4)
— 25. ἐπάταξαν τὴν π. (4)
— 26. ᾠκοδόμησεν ἐκεῖ πόλιν (4)
— 27. ἥ ἐστι Σκυθῶν πόλις –
3. 13. ἐκληρονόμησε τὴν π. τῶν φοινίκων (4)
5. 8. ἐπολέμησαν πόλεις ἀρχόντων [A al.] (6)
— 11. κατέβη εἰς τὰς π. (6)
6. 27. ἐφοβήθη . . . τοὺς ἄνδρας τῆς π. (4)
— 28. ὤρθρισαν οἱ ἄνδρες τῆς π. (4)
— 30. εἶπαν οἱ ἄνδρες τῆς π. (4)
8. 16. τοὺς πρεσβυτέρους τῆς π. (4)
— 16. τοὺς ἄνδρας τῆς π. [A al.] †
— 17. ἀπέκτεινε τοὺς ἄνδρας τῆς π. (4)
— 27. ἔστησεν αὐτὸ ἐν πόλει αὐ. (4)
— 32. ἀπέθανε Γ. . . . ἐν πόλει αὐτοῦ [A al.] †
9. 30. Ζ. ἄρχων τῆς π. (4)
— 31. περικάθηνται [A πολιορκοῦσιν] τὴν π. (4)
— 33. ἐκτενεῖς ἐπὶ τὴν π. (4)
— 35. πρὸς τῇ θύρᾳ τῆς πύλης [A τῇ π.] τῆς π. (4)
— 40. A ἕως θυρῶν τῆς π. [B al.] (6)
— 43. λαὸς ἐξῆλθεν ἐκ τῆς π. (4)
— 44. παρὰ τὴν θύραν τῆς πύλης [A π. τὴν π.] τῆς π. (4)
— 45. παρετάσσετο ἐν τῇ π. (4)
— 45. κατελάβετο τὴν π. (4)
— 45. τὴν π. καθεῖλε (4)
— 51. ἐν μέσῳ τῆς π. (4)
— 51. αἱ γυναῖκες τῆς π. [A al.] (4)
10. 4. τριάκοντα δύο πόλεις αὐτοῖς (4)
11. 26. καὶ ἐν πάσαις ταῖς π. (4)
— 33. εἴκοσι πόλεις (4)
12. 7. ἐτάφη ἐν [A ἐν τῇ] πόλει αὐτοῦ Γαλ. (4)
14. 18. εἶπαν αὐτῷ οἱ ἄνδρες τῆς π. (4)
16. 2. ἐν τῇ πύλῃ [A ἐπὶ τῆς π.] τῆς π. (4)
— 3. τῶν θυρῶν τῆς πύλης τῆς π. (4)
17. 8. ἀπὸ [A ἐκ] Βηθ. τῆς π. Ἰούδα (4)
18. 27. τὴν π. ἐνέπρησαν (4)
— 28. ᾠκοδόμησαν τὴν π. (4)
— 29. ἐκάλεσαν τὸ ὄνομα τῆς π. Δάν (4)
— 29. ὄνομα τῆς π. [A τῇ π.] τὸ πρότερον (4)
19. 11. ἐκκλίνωμεν εἰς πόλιν [A τὴν π.] (4)
— 12. οὐκ ἐκκλινοῦμεν εἰς π. ἀλλοτρίαν [A al.] (4)
— 15. ἐκάθισαν ἐν τῇ πλατείᾳ τῆς π. (4)
— 17. ἐν τῇ πλατείᾳ τῆς π. (4)
— 22. ἄνδρες τῆς π. υἱοὶ παρανόμων (4)
20. 11. συνήχθη . . . εἰς τὴν π. [A ἐκ τῶν π.] (4)
— 14. συνήχθησαν . . . ἀπὸ [A ἐκ] τῶν π. αὐτῶν (4)
— 15. ἐπεσκέπησαν . . . ἀπὸ [A ἐκ] τῶν π. (4)
— 21. A ἐξῆλθον . . . ἐκ τῆς π. [B al.] †
— 31. ἐξεκενώθησαν ἐκ τῆς π. (4)
— 32. ἐκκενώσωμεν αὐτοὺς ἀπὸ τῆς π. [A al.] (4)
— 37. ἐπάταξαν [A add. ὅλην] τὴν π. (4)
— 38. σύσσημον καπνοῦ ἀπὸ τῆς π. (4)
— 40. ἀνέβη . . . ἐπὶ τῆς π. [A al.] (4)
— 40. ἀνέβη συντέλεια τῆς π. (4)
— 42. οἱ ἀπὸ τῶν π. διέφθειρον αὐτούς (4)
— 48. ἐπάταξαν αὐτοὺς . . . ἀπὸ πόλεως Μ. (4)
— 48. εἰς πάσας τὰς π. –
— 48. τὰς π. τὰς εὑρεθείσας (4)
21. 23. ᾠκοδόμησαν τὰς [A ἑαυτοῖς] π. (4)
Ru. 1. 19. ἤχησε πᾶσα ἡ π. (4)
2. 18 : 3. 15. εἰσῆλθεν εἰς τὴν π. (4)
4. 2. δέκα ἄνδρας ἀπὸ τῶν πρεσβυτ. τῆς π. (4)
1 Ki. 1. 3. ἀνέβαινεν . . . ἐκ πόλεως αὐτοῦ (4)
4. 13. ὁ ἄνθρ. εἰσῆλθεν εἰς τὴν π. (4)
— 13. ἀνεβόησεν ἡ π. (4)
5. 6. σύγχυσις θανάτου μεγ. ἐν τῇ π. –
— 9. γίνεται χεὶρ κ. [A add. ἐν] τῇ π. (4)
— 9. ἐπάταξε τοὺς ἄνδρας τῆς π. (4)
— 12 (11). σύγχυσις [A add. θανάτου] ἐν ὅλῃ τῇ π. (4)
— 12. ἀνέβη ἡ κραυγὴ τῆς π. (4)
6. 18. κατ' ἀριθμὸν πασῶν π. [A τῶν π.] . . . ἐκ π. ἐστερεωμένης (4, 4)
7. 14. ἀπεδόθησαν αἱ π. (4)
8. 22. ἀποτρεχέτω ἕκαστος εἰς τὴν π. αὐτοῦ (4)
9. 6. ἄνθρωπος τοῦ θ. ἐν τῇ π. ταύτῃ (4)
— 10. ἐπορεύθησαν εἰς τὴν π. (4)

I Ki. 9. 11. τὴν ἀνάβασιν τῆς π. (4)
— 12. ἥκει εἰς τὴν π. (4)
— 13. ὡς ἂν εἰσέλθητε τὴν π. (4)
— 13. εὑρήσετε αὐτὸν ἐν τῇ π. –
— 14. ἀναβαίνουσι τὴν π. (4)
— 14. αὐτῶν εἰσπορευομ. εἰς μέσον τῆς π. (4)
— 18. προσήγαγε . . . εἰς μέσον τῆς π. (6)
— 25. κατέβη . . . ἐν τῇ π. (4)
— 27. εἰς μέρος τῆς π. (4)
10. 5. ὡς ἂν εἰσέλθητε ἐκεῖ εἰς τὴν π. (4)
11. 9. ἦλθον οἱ ἄγγελοι εἰς τὴν π. –
14. 23. ἦν ὁ πόλεμος διεσπαρμ. εἰς ὅλην π. [A τὴν π.] –
15. 5. ἦλθε Σ. ἕως τῶν π. 'Αμ. (4)
16. 4. ἐξέστησαν οἱ πρεσβύτεροι τῆς π. (4)
18. 6. ἐκ πασῶν [A π. τῶν] π. 'Ισραὴλ (4)
20. 6. εἰς Βηθ. τὴν π. αὐτοῦ (4)
— 9. ἐὰν μὴ ᾖ εἰς τὰς π. σου –
— 28. ἕως εἰς Βηθ. τὴν π. αὐτοῦ –
— 29. θυσία τῆς φυλῆς ἡμῖν ἐν τῇ π. (4)
— 40. εἴσελθε εἰς τὴν π. (4)
— 42 (21. 1). 'Ιων. εἰσῆλθεν εἰς τὴν π. (4)
21. 13 (14). ἐτυμπάνιζεν ἐπὶ ταῖς θύραις τῆς π. (6)
22. 5. ἐκάθισεν ἐν πόλει [A τῇ π.] Σ. †
— 19. τὴν Ν. τὴν π. τῶν ἱερέων ἐπάταξεν (4)
23. 7. εἰσελθὼν εἰς πόλιν θυρῶν (4)
— 10. διαφθεῖραι τὴν π. δι' ἐμέ (4)
27. 5. ἐν μιᾷ τῶν π. τῶν κατ' ἀγρόν (4)
— 5. ἵνα τί κάθηται . . . ἐν π. βασιλευομένῃ (4)
28. 3. θάπτουσιν αὐτὸν . . . ἐν πόλει αὐτοῦ (4)
30. 3. ἦλθε Δ. . . . εἰς τὴν π. (4)
— 29. καὶ τοῖς ἐν ταῖς π. τοῦ 'Ι. (4)
— 29. καὶ τοῖς ἐν ταῖς π. τοῦ Κ. (4)
31. 7. καταλείπουσι τὰς π. αὐτῶν (4)
II Ki. 2. 1. εἰς μίαν τῶν π. 'Ιούδα (4)
— 3. κατῴκουν ἐν ταῖς π. Χεβρών (4)
5. 7. αὕτη ἡ π. τοῦ Δ. (4)
— 9. ἐκλήθη αὕτη ἡ π. Δ. (4)
— 9. ᾠκοδόμησεν αὐτὴν πόλιν –
6. 10. τοῦ ἐκκλῖναι . . . τὴν κιβωτὸν . . . εἰς τὴν π. Δ. (4)
— 12. ἀνήγαγε τὴν κιβωτὸν . . . εἰς τὴν π. Δ. (4)
— 16. τῆς κιβωτοῦ παραγινομ. ἕως πόλεως Δ. (4)
8. 8. ἐκ τῶν ἐκλεκτῶν π. τοῦ 'Αδρ. (4)
— 11. οὗ ἡγίασεν ἐκ πασῶν τῶν π. †
10. 3. ἐρευνήσωσι τὴν π. (4)
— 8. B² παρὰ τῇ θύρᾳ τῆς π. [A B¹ R πύλης] (6)
— 12. καὶ περὶ τῶν π. τοῦ θ. ἡμῶν (4)
— 14. εἰσῆλθαν εἰς τὴν π. (4)
11. 16. ἐν τῷ φυλάσσειν 'Ι. ἐπὶ τὴν π. (4)
— 17. ἐξῆλθον οἱ ἄνδρες τῆς π. (4)
— 20. ἠγγίσατε [A ἠργάσατε] πρὸς τὴν π. (4)
— 22. ἵνα τί προσηγάγετε πρὸς τὴν π. –
— 25. κραταίωσον . . . πρὸς τὴν π. (4)
12. 1. δύο ἦσαν ἄνδρες ἐν π. μιᾷ (4)
— 26. κατέλαβε τὴν π. τῆς βασιλείας (4)
— 27. κατελαβόμην τὴν π. τῶν ὑδάτων (4)
— 28. παρέμβαλε ἐπὶ τὴν π. (4)
— 28. ἵνα μὴ προκαταλάβωμαι ἐγὼ τὴν π. (4)
— 30. σκῦλα τῆς π. ἐξήνεγκε (4)
— 31. οὕτως ἐποίησε πάσαις ταῖς π. [A *al.*] (4)
15. 2. ἐκ ποίας π. σὺ εἶ (4)
— 12. A B σύμβουλον Δ. ἐν πόλει [R ἐκ τῆς π.] αὐ. (4)
— 14. ἵνα μὴ . . . πατάξῃ τὴν π. (4)
— 18. A οἱ ἐλθόντες ἐν ταῖς π. αὐτῶν [B *al.*] –
— 24. παρελθεῖν ἐκ τῆς π. (4)
— 25. ἀπόστρεψον τὴν κιβ. τοῦ θ. εἰς τὴν π. (4)
— 27. ἐπιστρέφεις εἰς τὴν π. (4)
— 34. ἐὰν ἐπιστρέψῃς εἰς τὴν π. (4)
— 37. εἰσῆλθε . . . εἰς τὴν π. (4)
— 37. A ἐπορεύετο εἰς τὴν π. [B *al.*] †
17. 13. ἐὰν εἰς τὴν π. συναχθῇ (4)
— 13. λήψεται . . . πρὸς τὴν π. ἐκείνην σχοινία (4)
— 17. τοῦ εἰσελθεῖν εἰς τὴν π. (4)
— 23. ἀπῆλθεν . . . εἰς τὴν π. αὐτοῦ (4)
18. 3. ἔσῃ ἡμῖν ἐν τῇ π. βοήθεια (4)
19. 3 (4). τοῦ εἰσελθεῖν εἰς τὴν π. (4)
— 37 (38). ἀποθανοῦμαι ἐν τῇ π. μου (4)
20. 6. μή ποτε ἑαυτῷ εὕρῃ π. ὀχυράς (4)
— 15. ἐξέχεαν πρόσχωμα πρὸς τὴν π. (4)
— 19. σὺ δὲ ζητεῖς θανατῶσαι πόλιν (4)
— 21. ἀπελεύσομαι ἀπάνωθεν τῆς π. (4)
— 22. ἐλάλησε πρὸς πᾶσαν τὴν π. –
— 22. διεσπάρησαν ἀπὸ τῆς π. (4)
24. 5. ἐκ δεξιῶν τῆς π. (4)

II Ki. 24. 7. καὶ πάσας τὰς π. τοῦ Εὐαίου (4)
III Ki. 1. 41. τίς ἡ φωνὴ τῆς π. ἠχούσης (5 *a*)
— 45. ἤχησεν ἡ π. (5 *a*)
2. 6. B σὺ κατάξεις τὴν π. [A R -λιὰν] αὐτοῦ †
— 9. B κατάξεις τὴν π. [A R -λιὰν] αὐτοῦ †
— 10. ἐτάφη ἐν πόλει Δ. (4)
3. 1. εἰσήγαγεν αὐτὴν εἰς τὴν π. Δ. (4)
— 1. διέκοψε τὴν π. Δ. –
— 1 (9. 24). ἀνέβαινεν ἐκ τῆς π. Δ. (4)
— 1. ᾠκοδόμησε τὰς π. ταύτας –
— 1 (2. 9). B κατάξεις τὴν π. [A R -λιὰν] αὐ. †
— 1. A εἰσήγαγεν αὐτὴν εἰς τὴν π. Δ. (4)
4. 13. ἑξήκοντα π. μεγάλαι τειχήρεις (4)
— 34 (3. 1). B εἰσήγαγεν αὐτὴν εἰς τὴν π. Δ. (4)
8. 1. τοῦ ἐνεγκεῖν τὴν κιβωτὸν . . . ἐκ πόλεως Δ. (4)
— 16. οὐκ ἐξελεξάμην ἐν πόλει (4)
— 37. ἐν μιᾷ τῶν π. αὐτοῦ (6)
— 44. ὁδὸν [A -ὸς] τῆς π. ἧς ἐξελέξω (4)
— 48. ὁδὸν . . . τῆς π. ἧς ἐξελέξω (4)
9. 9. ἀνήγαγε Σαλ. τὴν θυγ. Φ. ἐκ πόλεως Δ. –
— 11. εἴκοσι πόλεις ἐν τῇ γῇ τῇ Γαλ. (4)
— 12. τοῦ ἰδεῖν τὰς π. (4)
— 13. τί αἱ π. αὗται (4)
— 24. A ἀνέβη ἐκ πόλεως Δ. –
10. 22 (B), 9. 15 (A). τὸν φραγμὸν τῆς π. Δ. –
— 22 (B), 9. 16 (A). A τὸν καθήμενον ἐν τῇ π. (4)
— 22 (B), 9. 19 (A). A πάσας τὰς π. τῶν σκηνωμ. (4)
— 22 (B), 9. 19 (A). πάσας [A *om.*] τὰς π. τῶν ἁρμ. (4)
— 22 (B), 9. 19 (A). πάσας τὰς π. τῶν ἱππέων (4)
— 26. ἐν ταῖς π. τῶν ἁρμάτων (4)
11. 13. διὰ 'Ιερ. τὴν π. ἣν ἐξελεξάμην –
— 18. ἄνδρες ἐκ τῆς π. Μ. –
— 27. συνέκλεισε τὸν φραγμὸν τῆς π. (4)
— 32. καὶ διὰ 'Ιερ. τὴν π. (4)
— 36. ἐν 'Ιερ. τῇ π. ἣν ἐξελεξάμην (4)
— 43. ἔθαψαν αὐτὸν ἐν πόλει Δ. (4)
— 43. B ἔρχεται εἰς τὴν π. αὐτοῦ (4)
12. 17. A τῶν καθημ. ἐν πόλεσιν 'Ι. (4)
— 24. B θάπτεται . . . ἐν πόλει Δ. –
— 24. B συνέκλεισε τὴν π. Δ. –
— 24. B ἐλθούσης αὐτῆς εἰς τὴν π. –
— 24. B εἰσελθούσης σου τὴν π. [B πύλην] –
— 24. B ἔσονται οἱ τεθνηκ. τοῦ 'Ι. ἐν τῇ π. –
13. 25. ἐλάλησαν ἐν τῇ π. (4)
— 29. ἐπέστρεψεν αὐτὸν εἰς τὴν π. [A *al.*] (4)
14. 11. A οἱ τεθνηκ. τοῦ 'Ιερ. ἐν τῇ π. (4)
— 12. A ἐν τῷ εἰσέρχεσθαι πόδα σου τὴν π. (4)
— 21. ἐβασίλευσεν ἐν 'Ιερ. τῇ π. (4)
— 31 : 15. 8. θάπτεται . . . ἐν πόλει Δ. (4)
15. 20. ἀπέστειλε . . . ταῖς π. τοῦ 'Ισρ. (4)
— 23. A R καὶ τὰς π. ἃς ᾠκοδόμησεν (4)
— 24. θάπτεται . . . ἐν πόλει Δ. (4)
16. 4. τὸν τεθνηκότα τοῦ Β. ἐν τῇ π. (4)
— 18. προκατείληπται αὐτοῦ ἡ π. (4)
— 28 (22. 50 [51]). B ἐν πόλει Δαυίδ (4)
17. 10. εἰς τὸν πυλῶνα τῆς π. (4)
20 (21). 8. A οἱ ἐν τῇ π. αὐτοῦ (4)
— 11. A R ἐποίησαν οἱ ἄνδρες πόλεως αὐ. (4)
— 11. A οἱ καθήμενοι ἐν πόλει αὐ. [R *al.*] (4)
— 13. ἐξήγαγον αὐτὸν ἔξω τῆς π. (4)
— 24. τὸν τεθνηκότα τοῦ 'Αχ. ἐν τῇ π. (4)
21 (20). 2. ἀπέστειλε . . . εἰς τὴν π. (4)
— 12. ἔθετο χάρακα ἐπὶ τὴν π. (4)
— 14. A ἐν τοῖς παιδαρίοις τῶν ἀρχόντων τῶν π. [B *al.*] †
— 19. μὴ ἐξελθάτωσαν ἐκ τῆς π. (4)
— 30. ἔφυγον . . . εἰς τὴν π. (4)
— 34. τὰς π. ἃς ἔλαβεν ὁ πατήρ μου (4)
22. 26. πρὸς Σ. τὸν βασ. τῆς π. [A *al.*] (4)
— 36. ἕκαστος εἰς τὴν ἑαυτοῦ π. (4)
— 39. πάσας τὰς π. ἃς ἐποίησεν (4)
— 51. ἐν πόλει Δ. τοῦ πατρὸς αὐτοῦ (4)
IV Ki. 2. 19. εἶπον οἱ ἄνδρες τῆς π. (4)
— 19. ἡ κατοίκησις τῆς π. ἀγαθή (4)
— 23. ἐξῆλθον ἐκ τῆς π. (4)
3. 19. πατάξετε πᾶσαν π. [A τὴν π.] ὀχυράν (4)
— 19. A καὶ πᾶσαν π. ἐκλεκτήν (4)
— 25. τὰς π. καθεῖλον (4)
6. 14. περιεκύκλωσαν τὴν π. (4)
— 15. δύναμις κυκλοῦσα τὴν π. (4)
— 19. οὐχὶ αὕτη ἡ π. (4)
7. 3. παρὰ τὴν θύραν τῆς π. (6)
— 4. εἰσέλθωμεν εἰς τὴν π. (4)
— 4. ὁ λιμὸς ἐν τῇ π. (4)

IV Ki. 7. 10. ἐβόησαν πρὸς τὴν πύλην τῆς π. (4)
— 12. ἐξελεύσονται ἐκ τῆς π. [A γῆς] (4)
— 12. εἰς τὴν π. εἰσελευσόμεθα (4)
8. 3. ἐπέστρεψεν . . . εἰς τὴν π. [A *al.*] –
— 24. ἐν πόλει Δαυὶδ τοῦ π. αὐτοῦ (4)
9. 15. μὴ ἐξελθέτω ἐκ τῆς π. (4)
— 28. ἔθαψαν αὐτὸν . . . ἐν πόλει Δ. (4)
— 31. εἰσεπορεύετο ἐν τῇ π. (6)
10. 2. καὶ π. [A αἱ π.] ὀχυραὶ καὶ τὰ ὅπλα (4)
— 5. ἀπέστειλαν . . . οἱ ἐπὶ τῆς π. (4)
— 6. οὗτοι ἁδροὶ τῆς π. (4)
— 8. A B² παρὰ τὴν θύραν τῆς [B¹ *add.* πύλης] π. (6)
— 26 (25). ἐπορεύθησαν ἕως πόλεως (4)
11. 20. ἡ π. ἡσύχασε (4)
12. 21 (22). ἔθαψαν αὐτὸν . . . ἐν πόλει Δαυίδ (4)
13. 25. καὶ ἔλαβε τὰς π. (4)
— 25. ἐπέστρεψε τὰς π. 'Ισραήλ (4)
14. 20. ἐτάφη . . . ἐν πόλει Δαυίδ (4)
15. 7. ἐν πόλει Δαυίδ (4)
— 38. ἐτάφη . . . ἐν πόλει Δ. [A *al.*] (4)
16. 20. ἐτάφη ἐν πόλει Δαυίδ (4)
17. 9. ἐν πάσαις ταῖς π. αὐτῶν . . . ἕως π. ὀχυρᾶς (4, 4)
— 24. κατῴκίσθησαν ἐν πόλεσι Σαμ. (4)
— 24. B κατῴκησαν [A -ισαν] ἐν ταῖς π. αὐ. (4)
— 26. ἀντεκάθισας ἐν πόλεσι Σαμ. (4)
— 29. ἐν ταῖς π. αὐτῶν ἐν αἷς κατῴκουν (4)
— 32. ἐν πόλει ἐν ᾗ κατῴκουν ἐν αὐτῇ –
18. 8. καὶ ἕως π. ὀχυρᾶς (4)
— 13. ἀνέβη . . . ἐπὶ τὰς π. 'Ιούδα (4)
— 30. οὐ μὴ παραδοθῇ ἡ π. αὕτη (4)
19. 13. A R ὁ βασ. τῆς π. Σεπφ. [B *al.*] (4)
— 25. ἐγενήθη εἰς ἐπάρσεις . . . πόλεις ὀχυράς (4)
— 32. οὐκ εἰσελεύσεται εἰς τὴν π. ταύτην (4)
— 33. εἰς τὴν π. ταύτην οὐκ εἰσελεύσεται (4)
— 34. ὑπερασπιῶ ὑπὲρ τῆς π. ταύτης (4)
20. 6. σώσω σε καὶ τὴν π. ταύτην (4)
— 6. ὑπερασπιῶ ὑπὲρ τῆς π. ταύτης (4)
— 20. εἰσήνεγκεν τὸ ὕδωρ εἰς τὴν π. (4)
23. 5. ἐθυμίων . . . ἐν ταῖς π. 'Ιούδα (4)
— 8. ἀνήγαγε . . . ἐκ πόλεων [A -ως] 'Ιούδα (4)
— 8. R τῆς πύλης 'Ι. ἄρχοντος τῆς π. [A B πύλης] (4)
— 8. ἐν τῇ πύλῃ τῆς π. (4)
— 16. εἶδε τοὺς τάφους τοὺς ἐκεῖ ἐν τῇ π. †
— 17. εἶπον αὐτῷ οἱ ἄνδρες τῆς π. (4)
— 19. πάντας τοὺς οἴκους τῶν ὑψ. τοὺς ἐν ταῖς π. Σαμ. (4)
— 27. ἀπεώσομαι τὴν π. ταύτην (4)
24. 10. ἦλθεν ἡ π. ἐν περιοχῇ (4)
— 11. εἰσῆλθε . . . εἰς τὴν π. (4)
25. 2. ἦλθεν ἡ π. ἐν περιοχῇ [A *al.*] (4)
— 3. ἐνίσχυσεν ὁ λιμὸς ἐν τῇ π. (4)
— 4. ἐρράγη ἡ π. (4)
— 4. καὶ οἱ Χαλδαῖοι ἐπὶ τὴν π. κύκλῳ (4)
— 11. τὸ καταλειφθὲν ἐν τῇ π. (4)
— 19. ἐκ τῆς π. ἔλαβεν εὐνοῦχον ἕνα (4)
— 19 *bis*. τοὺς εὑρεθέντας ἐν τῇ π. (4)
I Ch. 1. 43. καὶ ὄνομα τῇ π. αὐ. Δ. (4)
— 46. καὶ ὄνομα τῇ π. αὐ. Γ. (4)
— 50. καὶ ὄνομα τῇ π. αὐτοῦ Φ. (4)
2. 22. ἦσαν αὐτῷ εἴκοσι τρεῖς π. ἐν τῇ Γ. (4)
— 23. καὶ ἔλαβε . . . ἑξήκοντα π. (4)
— 53. πόλεις 'Ιαὶρ Αἰθ. καὶ Μιφ. (5 *a*)
4. 12. ἐγέννησε . . . τὸν Θ. πατέρα πόλεως Ν. (4)
— 31. αὗται π. αὐτῶν (4)
— 32. ἐπαύλεις αὐτῶν . . . πόλεις πέντε (4)
— 33. κύκλῳ τῶν π. τούτων (4)
6. 56 (41). τὰ πεδία τῆς π. . . . ἔδωκαν τῷ Χ. (4)
— 57 (42). ἔδωκαν τὰς π. τῶν φυγαδευτηρίων (4)
— 60 (45). πᾶσαι αἱ π. αὐ. τρισκαίδεκα π. (4, 4)
— 61 (46). κλήρῳ πόλεις δέκα (4)
— 62 (47). τοῖς υἱοῖς Γ. . . . πόλεις τρισκαίδεκα (4)
— 63 (48). κλήρῳ πόλεις δέκα δύο (4)
— 64 (49). ἔδωκαν οἱ υἱοὶ 'Ισρ. τοῖς Λ. τὰς π. (4)
— 65 (50). ἔδωκαν . . . τὰς π. ταύτας (4)
— 66 (51). ἐγένοντο πόλεις τῶν ὁρίων αὐ. (4)
— 67 (52). ἔδωκαν αὐτοῖς τὰς π. τῶν φυγαδευτ. (4)
9. 2. ἐν ταῖς π. 'Ισραήλ (4)
10. 7. κατέλειπον τὰς π. αὐτῶν (4)
11. 5. αὕτη ἡ π. Δαυίδ (4)
— 7. ἐκάλεσεν αὐτὴν πόλιν Δαυίδ (4)
— 8. ᾠκοδόμησε τὴν π. κύκλῳ (4)
— 9 (8). A B S καὶ ἔλαβεν τὴν π. (4 ?)
13. 2. ἐν πόλεσι κατασχέσεως αὐτῶν (4)

I Ch. 13. 5. τοῦ εἰσενέγκαι . . . ἐκ πόλεως Ἰ. (5 *a*)
— 6. ἀνέβη εἰς πόλιν Δ. (5 *a*)
— 13. οὐκ ἀπέστρεψε . . . εἰς [A εἰς τὴν] πόλιν Δ. (4)
15. 1. ἐποίησεν αὐτῷ οἰκίας ἐν πόλει Δ. (4)
— 29. ἦλθεν ἕως πόλεως Δ. (4)
16. 42. S^{1} οἱ υἱοὶ Ἰδ. εἰς τὴν π. [A B S^{2} πύλην] (6)
18. 8. A R ἐκ τῶν ἐκλεκτῶν π. [B S πολέμων] τῶν Ἀδρ. (6)
19. 3. ὅπως ἐξερευνήσωσι τὴν π. [A *al.*] –
— 7. συνήχθησαν ἐκ τῶν π. αὐ. (4)
— 9. παρὰ τὸν πυλῶνα τῆς π. (4)
— 13. A R ἐνισχύσωμεν . . . περὶ τῶν π. τοῦ θ. ἡμῶν (4)
— 15. ἦλθον [A εἰσῆλ.] εἰς τὴν π. (4)
20. 2. σκῦλα τῆς π. ἐξήνεγκε πολλὰ σφόδρα (4)
— 3. A τοῖς πᾶσιν ταῖς π. υἱῶν Ἀ. [B *al.*] (4)
26. 27. ἐκ πόλεων [A τῶν πολέμων] καὶ ἐκ τῶν λαφύρων †
II Ch. 1. 4. ἀνήνεγκε Δ. ἐκ πόλεως Καρ. (5 *a*)
— 14. κατέλιπεν αὐτὰ ἐν πόλεσι τῶν ἁρμ. (4)
5. 2. τοῦ ἀνενέγκαι . . . ἐκ πόλεως Δ. (4)
6. 5. οὐκ ἐξελεξάμην ἐν πόλει (4)
— 28. κατέναντι τῶν π. αὐτῶν (6)
— 34. κατὰ τὴν ὁδὸν τῆς π. ταύτης (4)
— 38. καὶ τῆς π. ἧς ἐξελέξω (4)
8. 2. καὶ τὰς π. ἃς ἔδωκε X. (4)
— 4. καὶ πάσας τὰς π. τὰς ὀχυράς (4)
— 5. ᾠκοδόμησε . . . π. ὀχυράς (4)
— 6. A^{2} B καὶ πάσας τὰς π. τὰς ὀχυράς (4)
— 6. καὶ πάσας τὰς π. τῶν ἁρμάτων (4)
— 6. καὶ [A *add.* πάσας] τὰς π. τῶν ἱππέων (4)
— 11. ἀνήγαγεν ἐκ πόλεως Δ. (4)
— 11. οὐ κατοικήσει . . . ἐν πόλει Δ. †
9. 25. ἔθετο αὐτοὺς ἐν πόλεσι τῶν ἁρμ. (4)
— 31. ἔθαψαν αὐτὸν ἐν πόλει Δ. (4)
10. 17. οἱ κατοικοῦντες ἐν πόλεσιν Ἰ. (4)
11. 5. ᾠκοδόμησε π. τειχήρεις (4)
— 10. ᾠκοδόμησε . . . π. τειχήρεις (4)
— 12. κατὰ πόλιν καὶ [A *om.* κ. π. κ.] κατὰ πόλιν θυρεούς (4, 4)
— 23. ηὐξήθη . . . ἐν ταῖς π. ταῖς ὀχυραῖς (4)
12. 4. κατεκράτησαν τῶν π. τῶν ὀχυρῶν (4)
— 13. ἐβασίλευσεν ἐν Ἱερ. ἐν τῇ π. (4)
— 16. ἐτάφη ἐν πόλει Δ. [A *al.*] (4)
13. 19. προκατελάβετο παρ' αὐτοῦ πόλεις (4)
14. 1 (13. 23). ἔθαψαν αὐτὸν ἐν πόλει Δ. (4)
— 5 (4). ἀπέστησεν ἀπὸ πασῶν τῶν π. Ἰ. (4)
— 6 (5). π. τειχήρεις ἐν γῇ Ἰούδα (4)
— 7 (6). οἰκοδομήσωμεν τὰς π. ταύτας (4)
— 14 (13). ἐσκύλευσαν πάσας τὰς π. αὐτῶν (4)
15. 6. πολεμήσει . . . πόλις πρὸς πόλιν (4, 4)
— 8. ἀπὸ τῶν π. ὧν κατέσχεν Ἱερ. (4)
16. 4. ἀπέστειλε . . . ἐπὶ τὰς π. Ἰσρ. (4)
— 14. ᾧ ὤρυξεν ἑαυτῷ ἐν πόλει Δ. (4)
17. 2. ἐν πάσαις ταῖς π. Ἰ. ταῖς ὀχυραῖς (4)
— 2. ἐν πάσαις ταῖς π. Ἰ. καὶ ἐν πόλεσιν Ἐφρ. (†, 4)
— 7. διδάσκειν ἐν πόλεσιν Ἰούδα (4)
— 9. διῆλθον ἐν ταῖς π. Ἰούδα (4)
— 12. ᾠκοδόμησεν . . . π. ὀχυράς (4)
— 19. ὧν ἔδωκεν . . . ἐν ταῖς π. ταῖς ὀχυραῖς (4)
18. 25. πρὸς Ἐ. ἄρχοντα τῆς π. (4)
19. 5. ἐν πάσαις ταῖς π. Ἰ. ταῖς ὀχυραῖς ἐν πόλει καὶ πόλει (4 *ter*)
— 10. A R τῶν κατοικούντων ἐν ταῖς π. αὐ. [B *om.* ἐν τ. π. αὐ.] (4)
20. 4. ἀπὸ πασῶν τῶν π. Ἰ. ἦλθον (4)
21. 1. ἐτάφη ἐν πόλει Δ. (4)
— 3. μετὰ πόλεων τετειχισμ. ἐν Ἰ. (4)
— 11. ἐποίησεν ὑψηλὰ ἐν πόλεσιν Ἰ. †
— 20. ἐτάφη ἐν πόλει Δ. (4)
23. 2. συνήγαγον τοὺς Λ. ἐκ πασῶν τῶν π. Ἰ. (4)
— 21. ἡ π. ἡσύχασε (4)
24. 5. ἐξέλθατε εἰς τὰς π. Ἰούδα (4)
— 16, 25. ἔθαψαν αὐτὸν ἐν πόλει Δ. (4)
25. 13. ἐπέθεντο ἐπὶ τὰς π. Ἰούδα (4)
— 28. ἔθαψαν αὐτὸν . . . ἐν πόλει Δ. (4)
26. 6. ᾠκοδόμησε πόλεις Ἀζ. (4)
27. 4. A B [R *om.*] καὶ πόλεις ᾠκοδόμησεν (4)
— 9. ἐτάφη ἐν πόλει Δ. (4)
28. 15. εἰς Ἱεριχὼ πόλιν φοινίκων (4)
— 18. ἐπέθεντο ἐπὶ τὰς π. τῆς πεδινῆς (4)
— 25. ἐν πάσῃ π. καὶ πόλει (4, 4)
— 27. ἐτάφη ἐν πόλει Δ. (4)
29. 20. συνήγαγε τοὺς ἄρχοντας τῆς π. (4)

II Ch. 30. 10. διαπορευόμενοι πόλιν ἐκ πόλεως (4, 4)
31. 1. οἱ εὑρεθέντες ἐν πόλεσιν Ἰ. (4)
— 1. ἕκαστος . . . εἰς τὰς π. αὐτῶν (4)
— 6. οἱ κατοικοῦντες ἐν ταῖς π. Ἰούδα (4)
— 19. οἱ ἀπὸ τῶν π. αὐ. ἐν πάσῃ π. καὶ πόλει (4 *ter*)
32. 1. παρενέβαλεν ἐπὶ τὰς π. τὰς τειχήρεις (4)
— 3. ἃ ἦν ἔξω τῆς π. (4)
— 4. τὸν ποταμὸν τὸν διορίζοντα διὰ τῆς π. †
— 5. τὸ ἀνάλημμα πόλεως Δ. (4)
— 18. ὅπως προκαταλάβωνται τὴν π. (4)
— 28. καὶ πόλεις εἰς τὰ γενήματα σίτου †
— 29. καὶ πόλεις ἃς ᾠκοδόμησεν αὐτῷ (4)
— 30. πρὸς λίβα τῆς π. Δ. (4)
33. 14. ᾠκοδόμησε τεῖχος ἔξω τῆς π. (4)
— 14. ἐν πάσαις ταῖς π. ταῖς τειχήρεσιν (4)
— 15. ἃ ᾠκοδόμησεν . . . ἔξωθεν τῆς π. (4)
34. 6. καὶ ἐν πόλεσιν Ἐφρ. καὶ Μαν. (4)
— 8. καὶ τὸν Μ. ἄρχοντα τῆς π. [A δυνάμεως] (4)
35. 19. ἀπωσάμην τὴν π. –
I Es. 2. 18. εἰς Ἱερ. τὴν πόλιν τὴν ἀποστάτιν
— 19. ἐὰν οὖν ἡ π. αὕτη οἰκοδομηθῇ
— 22. ἡ π. ἦν ἐκείνη ἀποστάτις καὶ βασιλεῖς καὶ πόλεις ἐνοχλοῦσα
— 23. ἡ π. αὕτη ἠρημώθη
— 24. ἐὰν ἡ π. αὕτη οἰκοδομηθῇ
— 26. ἐστὶν ἡ π. ἐκ. . . . βασιλεῦσιν ἀντιπαρατάσσουσα
— 28. τοῦ οἰκοδομῆσαι τὴν π.
4. 48. ὅπως οἰκοδομήσωσι . . . τὴν π.
— 53. κτίσαι τὴν π.
— 56. πᾶσι τοῖς φρουροῦσι τὴν π.
5. 8. ἕκαστος εἰς τὴν ἰδίαν π.
6. 8. ἐλθόντες εἰς Ἱερ. τὴν π.
— 8. κατελάβομεν . . . ἐν Ἱερ. τῇ π.
II Es. 2. 1. ἀνὴρ εἰς πόλιν αὐτοῦ (4)
— 70. οἱ Ναθινὶμ ἐν πόλεσιν αὐ. (4)
— 70. καὶ πᾶς Ἰσρ. ἐν πόλεσιν αὐτῶν (4)
3. 1. καὶ ὁ Ἰσρ. ἐν πόλεσιν αὐτῶν (4)
4. 10. κατῴκισεν αὐτοὺς ἐν πόλεσι τῆς Σ. (5 *a*)
— 12. ἤλθοσαν εἰς Ἱερ. τὴν [B^{2} *om.*] π. [B^{1} *om.* τ. π.] (5 *a*)
— 13. A R ἐὰν ἡ π. ἐκ. ἀνοικοδομηθῇ [B οἰκ.] (5 *a*)
— 15. ἡ π. ἐκ. π. ἀποστάτις (5 *a*, 5 *a*)
— 15. ἡ π. αὕτη ἠρημώθη (5 *a*)
— 16. ἐὰν ἡ π. ἐκ. οἰκοδομηθῇ (5 *a*)
— 19. ἡ π. ἐκ. . . . ἐπὶ βασιλεῖς ἐπαίρεται (5 *a*)
— 21. ἡ π. ἐκ. οὐκ οἰκοδομηθήσεται ἔτι (5 *a*)
5. 4. τῶν οἰκοδομούντων τὴν π. ταύτην †
6. 2. εὑρέθη ἐν πόλει (2)
10. 14. πᾶσι τοῖς ἐν πόλεσιν ἡμῶν [S^{2} *al.*] (4)
— 14. πρεσβύτεροι πόλεως καὶ πόλεως (4, 4)
Ne. 1. 3. B S ἐν τῇ χώρᾳ ἐν πόλει [S τῇ π., A R *om.* ἐν π.] –
2. 3. ἡ π. οἶκος μνημείων πατέρων μου (4)
— 5. εἰς πόλιν μνημείων πατέρων μου (4)
— 8. καὶ εἰς τὸ τεῖχος τῆς π. (4)
3. 15. τῶν καταβαινουσῶν ἀπὸ πόλεως Δ. (4)
4. 2 (3. 34). οἰκοδομοῦσι τὴν ἑαυτῶν π. †
7. 4. ἡ π. πλατεῖα καὶ μεγάλη (4)
— 6. ἀνὴρ εἰς τὴν π. αὐτοῦ [S^{1} *al.*] (4)
— 73. ἐκάθισαν . . . ἐν πόλεσιν αὐτῶν (4)
8. 1 (7. 73). καὶ οἱ υἱοὶ Ἰσρ. ἐν πόλεσιν αὐτῶν (4)
— 15. ἐν πάσαις ταῖς π. αὐτῶν (4)
— 16. καὶ ἐν πλατείαις τῆς π. (6?)
9. 25. κατελάβοσαν π. ὑψηλάς (4)
10. 37 (38). ἐν πάσαις π. δουλείας ἡμῶν (4)
11. 1. καθίσαι ἐν Ἱερ. π. τῇ ἁγίᾳ (4)
— 1. ἐννέα μέρη ἐν ταῖς π. (4)
— 3. οἳ ἐκάθισαν . . . ἐν πόλεσιν Ἰούδα (4)
— 3. ἐκάθισαν . . . ἐν πόλεσιν αὐτῶν Ἰσρ. (4)
— 9. A R καὶ Ἰούδα . . . ἀπὸ [B S ἐπὶ] τῆς π. (4)
— 18. S^{2} πάντες οἱ Λ. ἐν τῇ π. τῇ ἁγίᾳ (4)
— 20. S^{2} ἐν πάσαις ταῖς π. τῆς Ἰ. (4)
12. 37. A S R ἐπὶ κλίμακας πόλεως [B -ων] Δ. (4)
— 44. τοῖς συνηγμ. ἐν αὐτοῖς ἄρχουσι τῶν π. (4)
13. 18. καὶ ἐπὶ τὴν π. ταύτην (4)
To. 1. 4. S καὶ ἀπὸ Ἱερ. πόλεως [A B *al.*]
13. 9. B Ἱεροσόλυμα πόλις ἁγίου [A -ία]
— 16. S Ἱερ. οἰκοδομηθήσεται τῇ π. οἶκος αὐτοῦ [A B *al.*]
Ju. 1. 1. ἐν Νιν. τῇ π. τῇ μεγάλῃ [S τῇ μ. π.]
— 9. πάντας τοὺς ἐν Σαμ. καὶ ταῖς π. αὐ.
— 13. ἐκυρίευσε τῶν π. αὐτοῦ
2. 24. B διέσκαψε [A S κατέσκ.] πάσας τὰς π.
— 27. τὰς π. αὐτῶν ἐσκύλευσε

Ju. 3. 4. αἱ π. ἡμῶν καὶ οἱ κατοικοῦντες ἐν αὐταῖς
— 5. S παρεγένοντο οἱ ἄνδρες τῆς π. [A B *om.* τ. π.]
— 6. ἐφρούρησε τὰς π. τὰς ὑψηλάς
— 10. ἀνὰ μέσον Γ. καὶ Σκυθῶν πόλεως
4. 12. καὶ τὰς π. τῆς κληρονομίας αὐ.
5. 3. τίνες ἃς κατοικοῦσι πόλεις
— 18. αἱ π. αὐτῶν ἐκρατήθησαν
6. 7. θήσουσί σε ἐν μιᾷ τῶν π.
— 12. ὡς εἶδαν αὐτοὺς οἱ ἄνδρες τῆς π.
— 14. καταβάντες δὲ . . . ἐκ τῆς π. αὐτῶν
— 14. ἐπὶ [A εἰς] τοὺς ἄρχοντας τῆς π. αὐ.
— 16. πάντας τοὺς πρεσβυτέρους τῆς π. [S *al.*]
7. 7. ἐπεσκέψατο τὰς ἀναβάσεις τῆς π. αὐ.
— 13. ἐκδώσουσι τὴν [A *om.*] π. αὐτῶν
— 13. τοῦ μὴ ἐξελθεῖν ἐκ τῆς π. ἄνδρα ἕνα
— 22. ἔπιπτον ἐν ταῖς πλατείαις τῆς π.
— 23. ἐπὶ . . . τοὺς ἄρχοντας τῆς π.
— 26. ἔκδοσθε τὴν π. πᾶσαν
— 32. A ἐσκόρπισε τὸν λαὸν εἰς τὴν ἑαυ. π. [B S *om.*] παρεμβολήν
— 32. ἐπὶ τὰ τείχη καὶ τοὺς πύργους τῆς π. αὐ.
— 32. ἦσαν ἐν ταπεινώσει πολλῇ ἐν τῇ π.
8. 3. ἐτελεύτησεν ἐν B. τῇ π. αὐ.
— 9. παραδώσειν τὴν π.
— 10. ἐκάλεσεν . . . τοὺς πρεσβυτέρους τῆς π. αὐ.
— 11. ἐκδώσειν τὴν π. τοῖς ἐχθροῖς ἡμῶν
— 18. οὔτε δῆμος οὔτε πόλις ἐξ ἡμῶν
— 33. παραδώσειν τὴν π. τοῖς ἐχθροῖς ἡμῶν
10. 6. ἐξήλθοσαν ἐπὶ τὴν πύλην τῆς π. B.
— 6. καὶ τοὺς πρεσβυτέρους τῆς π. X.
— 9. ἀνοῖξαί μοι τὴν πύλην τῆς π.
— 10. ἀπεσκόπευον δὲ αὐτὴν οἱ ἄνδρες τῆς π.
13. 12. ὡς ἤκουσαν οἱ ἄνδρες τῆς π. αὐ.
— 12. τοῦ καταβῆναι ἐπὶ τὴν πύλην τῆς π. αὐ.
— 12. συνεκάλεσαν τοὺς πρεσβυτέρους τῆς π.
14. 2. ἐξελεύσεσθε . . . ἔξω τῆς π.
— 9. ἔδωκε φωνὴν εὐφρόσυνον ἐν τῇ π. αὐ.
15. 7. A S καὶ αἱ π. [B κ. ἐπαύλεις] ἐν τῇ ὀρεινῇ
Es. 1. 1. οἰκῶν ἐν Σούσοις τῇ π.
— 2. ἐθρονίσθη . . . ἐν Σ. τῇ π. (2)
— 5. τοῖς ἔθνεσι τοῖς εὑρεθεῖσιν εἰς τὴν π. (2)
2. 3. ἐπιλεξάτωσαν [A -δειξ.] . . . εἰς Σ. τὴν π. (2)
— 5. ἄνθρωπος ἦν Ἰ. ἐν Σ. τῇ π. (2)
— 8. συνήχθησαν . . . εἰς Σ. τὴν π. [S *al.*] (2)
3. 15. ἐταράσσετο δὲ ἡ π. (4)
4. 1. ἐκπηδήσας διὰ τῆς πλατείας τῆς π. (4)
— 6. S^{2} εἰς τὴν πλατεῖαν τῆς π. (4)
— 6. S^{2} κατὰ πρόσωπον τῆς πύλης τῆς π. †
6. 9. κηρυσσέτω διὰ τῆς πλατείας τῆς π. (4)
— 11. διῆλθε διὰ τῆς πλατείας τῆς π. (4)
8. 11. S R χρῆσθαι τοῖς νόμοις αὐ. ἐν πάσῃ [A τῇ, B π. τῇ] π. (4)
— 13. πᾶσα δὲ π. ἢ χώρα τὸ σύνολον
— 17. κατὰ πόλιν καὶ χώραν (4)
9. 6. A S^{2} R ἐν Σούσοις [B αὐτῇ] τῇ π. [S^{1} *om.* τ. π.] (2)
— 11. S^{2} ἐν Σούσοις τῇ π. [A B S^{1} *om.* τ. π.] (2)
— 12. ἐν Σούσοις τῇ π. [S^{1} *om.* τ. π.] (2)
— 14. τοῖς Ἰουδαίοις τῆς π. [S^{1} *om.* τ. π.] –
— 18. ἐν Σούσοις τῇ π. [S^{1} *om.* τ. π.] –
— 27. καὶ πόλιν καὶ πατριάν [A πατρ. κ. πόλ.] –
Jb. 2. 8. ἐκάθητο . . . ἔξω τῆς π. –
— 11. A παρεγένοντο ἕκαστος ἐκ τῆς ἰδίας π. [B S χώρας] πρὸς αὐτόν (3)
6. 10. εἴη δέ μου πόλις [A μοι ἡ π. μου] τάφος †
— 20. οἱ ἐπὶ πόλεσι καὶ χρήμασι πεποιθότες †
15. 28. αὐλισθείη δὲ πόλεις ἐρήμους (4)
24. 12. οἱ [A S^{2} *om.*] ἐκ πόλεως [S^{1} -ων] . . . ἐξεβάλοντο (4)
29. 7. ὅτε ἐξεπορευόμην ὄρθριος ἐν πόλει (5 *c*)
39. 7. καταγελῶν πολυοχλίας πόλεως (5 *a*)
42. 17. ὄνομα τῇ π. αὐτοῦ Δενναβά
— 17. ὄνομα τῇ π. αὐτοῦ Γ.
Ps. 9. 6. πόλεις καθεῖλες (4)
30 (31). 21. ἐθαυμάστωσε τὸ ἔλεος αὐτοῦ ἐν πόλει περιοχῆς (4)
45 (46). 4. εὐφραίνουσι τὴν π. τοῦ θεοῦ (4)
47 (48). 1. καὶ αἰνετὸς σφόδρα ἐν πόλει τοῦ θεοῦ ἡμῶν (4)
— 2. ἡ π. τοῦ βασιλέως τοῦ μεγάλου (5 *a*)
— 8. οὕτως εἴδομεν ἐν πόλει κυρίου τῶν δυνάμεων ἐν πόλει τοῦ θεοῦ ἡμῶν (4, 4)
54 (55). 9. B εἶδον ἀνομίαν . . . ἐν τῇ π. [S^{1} γῇ] (4)
58 (59). 6, 14. κυκλώσουσι πόλιν (4)
59 (60). 9. τίς ἀπάξει με εἰς πόλιν περιοχῆς (4)
68 (69). 35. οἰκοδομηθήσονται αἱ π. τῆς Ἰ. (4)

Ps. 71 (72). 16. ἐξανθήσουσιν ἐκ πόλεως (4)
72 (73). 20. ἐν τῇ π. σου τὴν εἰκόνα αὐτῶν ἐξουδενώσεις (4)
86 (87). 3. δεδοξασμένα ἐλαλήθη περὶ σοῦ, ἡ π. τοῦ θεοῦ (4)
100 (101). 8. τοῦ ἐξολεθρεῦσαι ἐκ πόλεως κυρίου (4)
106 (107). 4. ὁδὸν πόλεως [S[1] πόλιν] κατοικητηρίου οὐχ εὗρον (4)
— 7. τοῦ πορευθῆναι εἰς πόλιν κατοικητηρίου (4)
— 36. συνεστήσαντο πόλεις [S[1] πόλιν] κατοικεσίας (4)
107 (108). 10. τίς ἀπάξει με εἰς πόλιν περιοχῆς (4)
121 (122). 3. S R ὡς πόλις ἧς ἡ μετοχὴ [A οἱ μέτοχοι] αὐτῆς ἐπὶ τὸ αὐτό (4)
126 (127). 1. S R ἐὰν μὴ κύριος φυλάξῃ πόλιν (4)
138 (139). 20. λήψονται εἰς ματαιότητα τὰς π. σου (4)
Pr. 1. 21. ἐπὶ δὲ πύλαις πόλεως θαρροῦσα λέγει (4)
6. 14. ὁ τοιοῦτος ταραχὰς συνίστησι πόλει –
10. 15. κτῆσις πλουσίων πόλις ὀχυρά (5 a)
11. 10. ἐν ἀγαθοῖς δικαίων κατώρθωσε πόλις (5 a)
— 11. AB[2]S[2] ὑψωθήσεται πόλις (5 c)
16. 32. ὁ δὲ κρατῶν ὀργῆς κρείσσων καταλαμβανομένου πόλιν (4)
18. 11. ὕπαρξις πλουσίου ἀνδρὸς πόλις ὀχυρά (5 a)
— 19. ὡς πόλις ὀχυρὰ καὶ ὑψηλή (5 a)
21. 22. πόλεις ὀχυρὰς ἐπέβη σοφός (4)
25. 28. ὥσπερ πόλις τὰ τείχη καταβεβλημένη (4)
29. 8. ἐξέκαυσαν πόλιν (5 a)
Ec. 7. 20 (19). δέκα ἐξουσιάζοντας τοὺς ὄντας [S om.] ἐν τῇ π. (4)
8. 10. ἐπῃνέθησαν ἐν τῇ π. (4)
9. 14. πόλις μικρὰ καὶ ἄνδρες ἐν αὐτῇ ὀλίγοι (4)
— 15. καὶ διασώσῃ [A S -ει] αὐτὸς τὴν π. (4)
10. 15. οὐκ ἔγνω τοῦ πορευθῆναι εἰς πόλιν (4)
— 16. οὐαί σοι, πόλις †
Ca. 3. 2. κυκλώσω ἐν τῇ π. (4)
— 3. οἱ κυκλοῦντες ἐν τῇ π. (4)
5. 7. οἱ φύλακες οἱ κυκλοῦντες ἐν τῇ π. (4)
Wi. 9. 8. ἐν πόλει κατασκηνώσεώς σου
Si. 7. 7. μὴ ἁμάρτανε εἰς πλῆθος πόλεως
9. 7. μὴ περιβλέπου ἐν ῥύμαις πόλεως
— 13. ἐπὶ ἐπάλξεων πόλεων [S[1] -ως] περιπατεῖς
— 18. φοβερὸς ἐν πόλει αὐτοῦ ἀνὴρ γλωσσώδης
10. 2. κατὰ τὸν ἡγούμενον τῆς π. πάντες οἱ κατοικοῦντες αὐτήν
— 3. πόλις οἰκισθήσεται ἐν συνέσει δυναστῶν
16. 4. ἀπὸ γὰρ ἑνὸς συνετοῦ συνοικισθήσεται πόλις
23. 21. οὗτος ἐν πλατείαις πόλεως ἐκδικηθήσεται
24. 11. ἐν πόλει ἠγαπημένῃ ὁμοίως με κατέπαυσε
26. 5. διαβολὴν πόλεως καὶ ἐκκλησίαν ὄχλου
28. 14. πόλεις ὀχυρὰς καθεῖλε
34 (31). 24. πονηρῷ ἐπ' ἄρτῳ διαγογγύσει πόλις
36. 18 (15). οἰκτείρησον πόλιν ἁγιάσματός σου Ἱερουσαλὴμ πόλιν [A S τόπον] καταπαύματός σου
— 31 (28). εὐζώνῳ λῃστῇ σφαλλομένῳ [A S ἀφαλλ.] ἐκ πόλεως εἰς πόλιν
38. 32. ἄνευ αὐτῶν οὐκ οἰκισθήσεται πόλις
40. 19. τέκνα καὶ οἰκοδομὴ πόλεως στηρίζουσιν ὄνομα
42. 11. λαλιὰν ἐν πόλει καὶ ἔκκλητον λαοῦ
46. 2. τῷ ἐκκλῖναι [A S -τεῖναι] ῥομφαίαν ἐπὶ πόλεις
48. 17. Ἐζεκίας ὠχύρωσε τὴν π. αὐτοῦ
49. 6. ἐνεπύρισαν ἐκλεκτὴν πόλιν ἁγιάσματος
50. 4. ὁ . . . ἐνισχύσας πόλιν ἐμπολιορκῆσαι
Ho. 6. 9 (8). πόλις ἐργαζομένη μάταια (5 a)
8. 14. Ἰ. ἐπλήθυνε πόλεις τετειχισμένας (4)
— 14. ἐξαποστελῶ πῦρ εἰς τὰς π. αὐ. (4)
11. 6. ἠσθένησεν . . . ἐν ταῖς π. αὐ. (4)
— 9. οὐκ εἰσελεύσομαι εἰς πόλιν (4)
13. 10. διασωσάτω σε ἐν πάσαις ταῖς π. σου (4)
Am. 2. 2. καταφάγεται τὰ θεμέλια τῶν π. αὐ. (5 b)
3. 6. εἰ φωνήσει σάλπιγξ ἐν πόλει (4)
— 6. εἰ ἔσται κακία ἐν πόλει (4)
4. 6. ἐν πάσαις ταῖς π. ὑμῶν (4)
— 6. A ἐν πάσαις ταῖς πόλεσιν [B πᾶσι τοῖς τόποις] ὑμῶν (3)
— 7. βρέξω ἐπὶ π. μίαν ἐπὶ δὲ πόλιν μίαν οὐ βρέξω (4, 4)
— 8. συναθροισθήσονται δύο [A add. πόλεις] καὶ τρεῖς πόλεις [A[1] om.] εἰς π. μίαν (–, 4, 4)
5. 3. ἡ π. ἐξ ἧς ἐξεπορεύοντο χίλιοι (4)

Am. 6. 8. ἐξαρῶ πόλιν σὺν πᾶσι τοῖς κατοικοῦσιν αὐτήν (4)
7. 17. ἡ γυνή σου ἐν τῇ π. πορνεύσει (4)
9. 14. οἰκοδομήσουσι πόλεις τὰς ἠφανισμ. (4)
Mi. 1. 10 (11). κατοικοῦσα καλῶς τὰς π. αὐ. †
4. 10. ἐξελεύσῃ ἐκ πόλεως (5 a)
5. 11 (10). ἐξολεθρεύσω τὰς π. τῆς γῆς σου (4)
— 14 (13). ἀφανιῶ τὰς π. σου (4)
6. 9. φωνὴ κυρίου τῇ π. ἐπικληθήσεται (4)
— 9 (10). τίς κοσμήσει πόλιν †
7. 12. αἱ π. σου ἥξουσιν εἰς ὁμαλισμόν †
— 12. καὶ αἱ π. σου αἱ ὀχυραὶ εἰς διαμερισμόν (4)
Jl. 2. 9. τῆς π. ἐπιλήψονται (4)
3 (4). 17. S[2] ἔσται Ἱερ. πόλις [A B S[1] om.] ἁγία –
Ob. 1. 20. κληρονομήσουσι τὰς π. τοῦ ναγέβ (4)
Jn. 1. 2 : 3. 2. εἰς N. τὴν π. τὴν μεγάλην (4)
3. 3. ἡ δὲ N. ἦν π. μεγάλη τῷ θεῷ (4)
— 4. τοῦ εἰσελθεῖν [A S[3] -πορεύεσθαι] εἰς τὴν π. (4)
4. 5. ἐξῆλθεν Ἰ. ἐκ τῆς π. (4)
— 5. ἐκάθισεν ἀπέναντι τῆς π. (4)
— 5. τί ἔσται [S add. ἐν] τῇ π. (4)
— 11. ὑπὲρ N. τῆς π. τῆς μεγάλης [A om. τ. μ.] (4)
Na. 2. 6 (7). πύλαι τῶν π. [S[1] ποταμῶν] διηνοίχθησαν †
3. 1. ὦ πόλις αἱμάτων (4)
Hb. 2. 8. δι' αἵματα ἀνθρώπων . . . καὶ ἀσεβείας πόλεως (5 a)
— 12. οὐαὶ ὁ οἰκοδομῶν πόλιν ἐν αἵμασι καὶ ἑτοιμάζων πόλιν ἐν ἀδικίαις (4, 5 a)
— 17. διὰ αἵματα ἀνθρώπων . . . καὶ ἀσεβείας . . . πόλεως (5 a)
Ze. 1. 16. ἡμέρα σάλπιγγος . . . ἐπὶ τὰς π. τὰς ὀχυράς [A ἰσχ.] (4)
3. 1 (2. 15). αὕτη ἡ π. ἡ φαυλίστρια (4)
— 1. ὦ ἡ ἐπιφανὴς καὶ ἀπολελυτρωμένη π. (4)
— 6. ἐξέλιπον αἱ π. αὐ. (4)
Za. 1. 12. ἕως τίνος οὐ μὴ ἐλεήσῃς . . . τὰς π. Ἰ. (4)
— 17. ἔτι διαχυθήσονται πόλεις (4)
7. 7. καὶ αἱ π. κυκλόθεν αὐτῆς (4)
8. 3. κληθήσεται ἡ Ἱερ. πόλις ἀληθινή (4)
— 5. αἱ πλατεῖαι τῆς π. πλησθήσονται (4)
— 20. κατοικοῦντες πόλεις πολλάς [S[2] om. π. π.] (4)
— 21. συνελεύσονται κατοικοῦντες πέντε πόλεις [S[2] om. σ. κ. π. π.] εἰς μίαν π. –, –
14. 2. ἁλώσεται ἡ π. (4)
— 2. ἐξελεύσεται τὸ ἥμισυ τῆς π. ἐν αἰχμαλωσίᾳ (4)
— 2. οὐ μὴ ἐξολεθρευθῶσιν ἐκ τῆς π. (4)
Is. 1. 7. αἱ π. ὑμῶν πυρίκαυστοι (4)
— 8. ὡς π. πολιορκουμένη (4)
— 21. πῶς ἐγένετο πόρνη π. πιστὴ Σιών (5 a)
— 22. A αἱ π. ὑμῶν πυρίκαυστοι –
— 26. κληθήσῃ π. δικαιοσύνης (4)
6. 11. ἕως ἂν ἐρημωθῶσι πόλεις (4)
10. 6. καταπατεῖν τὰς π. †
— 14. σείσω πόλεις κατοικουμένας –
— 28. ἥξει γὰρ εἰς τὴν π. Ἀγγαί †
— 29. φόβος λήψεται Ῥαμὰ πόλιν Σαούλ †
14. 17. B S τὰς π. αὐτοῦ καθεῖλε (4)
— 31. ὀλολύξατε, πύλαι πόλεων, κεκραγέτωσαν πόλεις τεταραγμέναι (–, 4)
17. 1. Δαμασκὸς ἀρθήσεται ἀπὸ πόλεων (4)
— 9. ἔσονται αἱ π. σου ἐγκαταλελειμμέναι (4)
18. 4. ἀσφάλεια ἔσται ἐν τῇ ἐμῇ πόλει †
19. 2. π. ἐπὶ πόλιν (4, 4)
— 18. ἔσονται πέντε πόλεις ἐν Αἰγύπτῳ . . . π. ἀσεδὲκ κληθήσεται ἡ μία π. (4, 4, –)
22. 2. ἐνεπλήσθη ἡ π. βοώντων (4)
— 8. εἰς τοὺς ἐκλεκτοὺς οἴκους τῆς π. †
— 9. ἀπέστρεψε τὸ ὕδωρ τῆς ἀρχαίας κολυμβήθρας εἰς τὴν π. –
— 10. εἰς ὀχυρώματα τείχους τῇ π. –
23. 16. ῥέμβευσον, π. πόρνη ἐπιλελησμένη (4)
24. 10. ἠρημώθη [S add. ὅλη ἡ γῆ] πᾶσα π. (5 a)
— 12. καταλειφθήσονται πόλεις ἔρημοι (4)
25. 2. ἔθηκας πόλεις [S[1] -ιν] εἰς χῶμα πόλεις ὀχυρὰς τοῦ μὴ [A S om.] πεσεῖν αὐτῶν τὰ θεμέλια τῶν ἀσεβῶν π. [A S[3] -εις] τὸν αἰῶνα οὐ μὴ οἰκοδομηθῇ (4, 5 a, 4)
— 3. πόλεις ἀνθρώπων ἀδικουμένων εὐλογήσουσί σε (5 a)
— 4. ἐγένου γὰρ πάσῃ πόλει ταπεινῇ βοηθός –

Is. 26. 1. ἰδοὺ π. ἰσχυρά [A S ὀχ.] (4)
— 5. πόλεις ὀχυρὰς καταβαλεῖς (5 a)
27. 3. ἐγὼ π. ὀχυρὰ [A S ἰσχ.] π. πολιορκουμένη †, †
29. 1. οὐαὶ Ἀριὴλ π. ἣν ἐπολέμησε Δαυίδ (5 a)
30. 13. ὡς τεῖχος πῖπτον παραχρῆμα πόλεως ὀχυρᾶς [A om.] ἑαλωκυίας †
32. 13. π. πλουσία (5 a)
— 14. οἶκοι ἐγκαταλελειμμένοι πλοῦτον πόλεως ἀφήσουσιν (4)
— 18. κατοικήσει ὁ λαὸς αὐτοῦ ἐν πόλει εἰρήνης †
33. 20. ἰδοὺ Σιὼν ἡ π. τὸ σωτήριον ἡμῶν . . . Ἱερ. [B[1] π. Ἱερ.] π. πλουσία (5 a, [–], †)
34. 13. ἀναφυήσει εἰς τὰς π. αὐτῶν ἀκάνθινα [A -θα καὶ] ξύλα (1)
36. 1. ἀνέβη . . . ἐπὶ τὰς π. τῆς Ἰ. τὰς ὀχ. (4)
— 15. οὐ μὴ παραδοθῇ ἡ π. αὕτη ἐν χειρὶ βασιλέως (4)
— 19. ποῦ ὁ θεὸς τῆς π. Ἐπφαρουαίμ –
37. 13. ποῦ πόλεως Ἐπφαρουαίμ (4)
— 26. ἐξερημῶσαι . . . οἰκοῦντας [A S ἐνοικ.] ἐν πόλεσιν ὀχυραῖς (4)
— 33. οὐ μὴ εἰσέλθῃ εἰς τὴν π. ταύτην (4)
— 34. B εἰς τὴν π. ταύτην οὐ μὴ εἰσέλθῃ (4)
— 35. ὑπερασπιῶ ὑπὲρ τῆς π. ταύτης (4)
38. 6. ῥύσομαί σε καὶ τὴν π. ταύτην καὶ ὑπερασπιῶ ὑπὲρ τῆς π. ταύτης [A S al.] (4, 4)
40. 9. εἶπον ταῖς π. Ἰούδα (4)
44. 26. ὁ λέγων . . . ταῖς π. τῆς Ἰ. (4)
45. 1. πόλεις οὐ συγκλεισθήσονται (6)
— 13. οὗτος οἰκοδομήσει τὴν π. μου (4)
48. 2. ἀντεχόμενοι τῷ ὀνόματι τῆς π. τῆς ἁγίας (4)
52. 1. Ἱερουσαλὴμ π. ἡ ἁγία (4)
54. 3. πόλεις ἠρημωμένας κατοικιεῖς (4)
60. 14. κληθήσῃ Π. κυρίου Σιὼν ἁγίου Ἰσραήλ (4)
61. 4. καινιοῦσι πόλεις ἐρήμους [S[1] αἰωνίους] (4)
62. 12. σὺ δὲ κληθήσῃ [S[1] συνεκλήθη] Ἐπιζητουμένη π. (4)
64. 10 (9). π. τοῦ ἁγίου σου ἐγενήθη ἔρημος (4)
66. 6. A B S[2] φωνὴ κραυγῆς ἐκ πόλεως (4)
— 20. μετὰ σκιαδίων εἰς τὴν ἁγίαν πόλιν Ἱερ. †
Je. 1. 15. ἐπὶ πάσας τὰς π. Ἰούδα (4)
— 18. τέθεικά σε . . . ὡς πόλιν ὀχυράν (4)
2. 15. αἱ π. αὐτοῦ κατεσκάφησαν (4)
— 28. κατ' ἀριθμὸν τῶν π. σου ἦσαν θεοί σου (4)
3. 14. λήψομαι ὑμᾶς ἕνα ἐκ πόλεως (4)
4. 5. εἰσέλθωμεν εἰς τὰς π. τὰς τειχήρεις (4)
— 7. πόλεις καθαιρεθήσονται (4)
— 16. ἔδωκαν ἐπὶ τὰς π. Ἰούδα φωνὴν αὐτῶν (4)
— 26. πᾶσαι αἱ π. ἐμπεπυρισμέναι (4)
— 29. πᾶσα π. ἐγκατελείφθη (4)
5. 6. πάρδαλις ἐγρηγόρησεν ἐπὶ τὰς π. αὐτῶν (4)
— 17. ἀλοήσουσι τὰς π. [B[1] add. τὰς π.] τὰς ὀχυρὰς ὑμῶν (4, –)
6. 6. ὦ π. ψευδής (4)
7. 17. τί αὐτοὶ ποιοῦσιν ἐν ταῖς π. Ἰούδα [A om. ἐν τ. π. Ἰ.] (4)
— 34. καταλύσω ἐκ πόλεως Ἰούδα . . . φωνὴν εὐφραινομένων (4)
8. 14. εἰσέλθωμεν εἰς τὰς π. τὰς ὀχυράς (4)
— 16. καταφάγεται . . . πόλιν (4)
9. 11 (10). τὰς π. Ἰούδα εἰς ἀφανισμὸν θήσομαι (4)
10. 22. τοῦ τάξαι τὰς π. Ἰούδα εἰς ἀφανισμόν (4)
11. 6. ἀνάγνωθι τοὺς λόγους τ. ἐν πόλεσιν Ἰ. (4)
— 9. A εὑρέθη σύνδεσμος ἐν πόλεσιν [B S ἀνδράσιν] Ἰούδα †
— 12. πορεύσονται πόλεις Ἰούδα (4)
— 13. κατ' ἀριθμὸν τῶν π. σου ἦσαν θεοί σου (4)
13. 19. πόλεις αἱ πρὸς νότον συνεκλείσθησαν (4)
14. 18. ἐὰν εἰσέλθω εἰς τὴν π. (4)
17. 24. τοῦ μὴ εἰσφέρειν βαστάγματα διὰ τῶν πυλῶν τῆς π. ταύτης (4)
— 25. εἰσελεύσονται διὰ τῶν πυλῶν τῆς π. ταύτης . . . κατοικισθήσεται ἡ π. αὕτη (4, 4)
— 26. ἥξουσιν ἐκ τῶν π. Ἰούδα (4)
19. 8. κατάξω [A τ.] τὴν π. ταύτην εἰς ἀφανισμόν (4)
— 11. συντρίψω . . . τὴν π. τ. (4)
— 12. τοῦ δοθῆναι τὴν π. ταύτην (4)
— 15. ἐπάγω ἐπὶ τὴν π. τ. [A add. κακὰ] καὶ ἐπὶ πάσας τὰς π. αὐτῆς καὶ ἐπὶ τὰς κώμας αὐ. ἅπαντα τὰ κακὰ ἃ ἐλάλησα ἐπ' αὐτήν [A add. καὶ ἐπὶ τὰς π. αὐ.] (4, 4, [–])
20. 5. δώσω τὴν πᾶσαν ἰσχὺν τῆς π. ταύτης . . . εἰς χεῖρας ἐχθρῶν (4)

Je. 20. 16. ὡς αἱ π. ἃς κατέστρεψε κύριος ἐν θυμῷ (4)
21. 4. εἰς τὸ μέσον τῆς π. ταύτης (4)
— 6. πάντας τοὺς κατοικοῦντας ἐν τῇ π. τ. (4)
— 7. τὸν λαὸν τὸν καταλειφθέντα ἐν τῇ π. τ. (4)
— 9. ὁ καθήμενος ἐν τῇ π. ταύτῃ ἀποθανεῖται (4)
— 10. ἐστήρικα τὸ πρόσωπόν μου ἐπὶ τὴν π. ταύτην εἰς κακά (4)
22. 6. ἐὰν μὴ θῶ σε εἰς ἔρημον πόλεις μὴ κατοικηθησομένας (4)
— 8. διελεύσονται ἔθνη διὰ τῆς π. ταύτης (4)
— 8. διὰ τί ἐποίησε κ. οὕτως τῇ π. τ. τῇ μεγάλῃ (4)
23. 39. ῥάσσω ὑμᾶς καὶ τὴν π. ἣν ἔδωκα ὑμῖν (4)
24. 8. A τοὺς ὑπολελειμμ. ἐν τῇ π. [B S γῇ] τ. †
28 (51). 31. ἑάλωκεν ἡ π. αὐτοῦ (4)
— 43. ἐγενήθησαν αἱ π. αὐ. ὡς γῆ ἄνυδρος (4)
29 (47). 2. κατακλύσει . . . πόλιν (4)
29 (49). 13. πᾶσαι αἱ π. αὐτῆς ἔσονται ἔρημοι (4)
30 (49). 1. ἐν πόλεσιν αὐτῶν ἐνοικήσει (4)
30. 14 (49. 25). πῶς οὐχὶ ἐγκατέλιπε πόλιν ἐμήν (4)
31 (48). 8. A ἥξει ὄλεθρος ἐπὶ πᾶσαν πόλιν καὶ π. [B S om. κ. π.] οὐ μὴ σωθῇ (4, 4)
— 9. πᾶσαι αἱ π. αὐτῆς εἰς ἄβατον ἔσονται (4)
— 15. ὤλετο Μωὰβ π. αὐτοῦ (4)
— 24. ἐπὶ πάσας τὰς π. Μωάβ (4)
— 28. κατέλιπον τὰς π. (4)
— 32. A S^2 R πόλεις [B S^1 πόλις] Ἰαζὴρ ἥψαντο †
— 34. αἱ π. αὐτῶν ἔδωκαν φωνὴν αὐτῶν †
32 (25). 18. τὴν Ἱερουσαλὴμ καὶ τὰς π. Ἰούδα (4)
— 29. ἐν πόλει ἐν [A ἐφ'] ᾗ ὠνομάσθη τὸ ὄνομά μου (4)
33 (26). 6. τὴν π. [A π. ταύτην] δώσω εἰς κατάραν (4)
— 9. ἡ π. αὕτη ἐρημωθήσεται (4)
— 11. ἐπροφήτευσε κατὰ τῆς π. ταύτης (4)
— 12. προφητεῦσαι . . . ἐπὶ τὴν π. τ. (4)
— 15. αἷμα ἀθῷον δίδοτε . . . ἐπὶ τὴν π. τ. (4)
37 (30). 18. οἰκοδομηθήσεται π. ἐπὶ τὸ ὕψος [A ἐ. τεῖχος] αὐτῆς (4)
38 (31). 21. ἀποστράφηθι εἰς τὰς π. σου (4)
— 23. ἐν γῇ Ἰούδα καὶ ἐν πόλεσιν αὐτοῦ (4)
— 24. ἐνοικοῦντες ἐν ταῖς [A om.] π. Ἰ. [S ἐν τῇ Ἰουδαίᾳ] καὶ ἐν πάσῃ τῇ γῇ [A πάσαις ταῖς π., S πάσῃ πόλει] αὐ. (†, 4)
— 38. οἰκοδομηθήσεται π. τῷ κυρίῳ [S^1 λαῷ] (4)
39 (32). 3. A B S^2 δίδωμι τὴν π. ταύτην ἐν χερσὶ βασιλέως Βαβυλῶνος (4)
— 24. ὄχλος ἥκει εἰς τὴν π. (4)
— 24, 25. ἡ π. ἐδόθη εἰς χεῖρας Χαλδαίων (4)
— 28. παραδοθήσεται ἡ π. αὕτη εἰς χεῖρας βασιλέως Βαβυλῶνος (4)
— 29. ἥξουσιν οἱ Χ. πολεμοῦντες ἐπὶ τὴν π. [A γῆν] τ. καὶ καύσουσι τὴν π. τ. (4, 4)
— 31. ἐπὶ τὸν θυμόν μου ἦν ἡ π. αὕτη (4)
— 36. εἶπε κύριος ὁ θεὸς Ἰσραὴλ ἐπὶ τὴν π. (4)
— 44. A S R ἐν πόλεσιν Ἰ. καὶ ἐν πόλεσι τοῦ ὄρους καὶ ἐν πόλεσι [B om. κ. ἐν π.] τῆς σεφ. καὶ ἐν πόλεσι τῆς ναγέβ (4 *quater*)
40 (33). 4. περὶ οἴκων τῆς π. ταύτης [S^1 *al.*] (4)
— 10. ἐν πόλεσιν Ἰ. καὶ ἔξωθεν Ἱερ. (4)
— 12. ἐν πάσαις ταῖς π. αὐ. καταλύματα ποιμένων (4)
— 13. ἐν πόλεσι τῆς ὀρεινῆς καὶ ἐν πόλεσι τῆς σεφηλὰ καὶ ἐν πόλεσι [A om. τ. σ. κ. ἐ. π.] τῆς ναγὲβ . . . καὶ ἐν πόλεσιν [S ταῖς π.] Ἰούδα (4 *quater*)
41 (34). 1. ἐπολέμουν . . . ἐπὶ πάσας τὰς π. Ἰ. (4)
— 2. παραδόσει παραδοθήσεται ἡ π. αὕτη (4)
— 7. ἐπὶ Ἱερ. καὶ ἐπὶ τὰς [S^1 om.] π. Ἰ. . . . ὅτι αὗται κατελείφθησαν ἐν πόλεσιν Ἰούδα πόλεις ὀχυραί (4 *ter*)
— 22. κατακαύσουσιν . . . τὰς π. Ἰ. (4)
43 (36). 6. ἐν ὠσὶ . . . τῶν ἐρχομ. ἐκ πόλεως αὐ. (4)
44 (37). 4. διῆλθε διὰ μέσου [A ἀνὰ μέσον] τῆς π. †
— 8. πολεμήσουσιν ἐπὶ τὴν π. τ. [A *al.*] (4)
— 10. καύσουσιν τὴν π. ταύτην ἐν πυρί (4)
— 21. ἕως ἐξέλιπον οἱ ἄρτοι ἐκ τῆς π. (4)
45 (38). 2. ὁ κατοικῶν ἐν τῇ π. ταύτῃ ἀποθανεῖται (4)
— 3. παραδιδομένη παραδοθήσεται ἡ π. αὕτη (4)
— 4. τῶν καταλειπομ. ἐν τῇ π. (4)
— 9. οὐκ εἰσὶν ἔτι ἄρτοι ἐν τῇ π. [S εἰς τὴν π.] (4)
— 17. ἡ π. αὕτη οὐ μὴ κατακαυθῇ ἐν πυρί (4)
— 18. δοθήσεται ἡ π. αὕτη εἰς χεῖρας τῶν Χ. [A *al.*] (4)
— 23. ἡ π. αὕτη κατακαυθήσεται (4)
— 28. A οὗ συνελήφθη Ἱερ. ἡ π. [B S om. ἡ π.] –
46 (39). 2. ἐρράγη ἡ π. (4)

Je. 46 (39). 16. φέρω τοὺς λόγους μου ἐπὶ τὴν π. [A εἰς τ. γῆν] ταύτην (4)
47 (40). 10. οἰκήσατε ἐν ταῖς π. (4)
48 (41). 7. εἰσελθόντων αὐτῶν εἰς τὸ μέσον τῆς π. (4)
50 (43). 13. συντρίψει τοὺς στύλους Ἡλίου πόλεως †
51 (44). 2. ἐπὶ Ἱερ. καὶ ἐπὶ τὰς [S om.] π. Ἰ. (4)
— 9. A ἐν πόλεσιν [B S γῇ] Ἰούδα †
— 17. ἐν πόλεσιν Ἰούδα καὶ ἔξωθεν Ἱερ. (4)
— 21. ἐν ταῖς π. Ἰούδα καὶ ἔξωθεν Ἱερ. (4)
52. 5. ἦλθεν ἡ π. εἰς συνοχήν (4)
— 6. ἐστερεώθη ὁ λιμὸς ἐν τῇ π. (4)
— 7. διεκόπη ἡ π. (4)
— 7. S^1 κατὰ τὴν ὁδὸν τῆς π. [A B S^2 πύλης] (6)
— 7. καὶ οἱ Χ. ἐπὶ τῆς π. κύκλῳ [A ἐκύκλωσαν] (4)
— 13. ἐνέπρησε . . . πάσας τὰς οἰκίας τῆς π. †
— 25. A ἐκ τῆς π. ἔλαβεν [B S om. ἐκ τ. π. ἔ.] εὐνοῦχον ἕνα (4)
— 25. ἔλαβεν . . . τοὺς εὑρεθέντας ἐν τῇ π. . . . τοὺς εὑρεθέντας ἐν μέσῳ τῆς π. (4, 4)
Ba. 2. 23. ἐκ πόλεων [A -ως] Ἰ. καὶ ἔξωθεν Ἱερ.
4. 32. δείλαιαι αἱ π.
La. 1. 1. ἐκάθισε μόνη ἡ π. ἡ πεπληθυμμένη λαῶν (4)
— 19. οἱ πρεσβύτεροί μου ἐν τῇ π. ἐξέλιπον (4)
2. 11. ἐν πλατείαις πόλεως (5 *a*)
— 12. ἐν πλατείαις πόλεως (4)
— 15. αὕτη ἡ π. [A *add.* ἦν] ἐροῦσι στέφανος (4)
3. 51. παρὰ πάσας θυγατέρας πόλεως (4)
5. 11. παρθένους ἐν πόλεσιν Ἰούδα (4)
Ez. 4. 1. διαγράψεις ἐπ' αὐτὴν πόλιν τὴν Ἱερ. (4)
— 3. ἀνὰ μέσον σοῦ καὶ ἀνὰ μέσον τῆς π. (4)
5. 2. ἀνακαύσεις ἐν μέσῃ τῇ π. (4)
6. 6. αἱ π. ἐξερημωθήσονται (4)
7. 15. τοὺς δ' ἐν τῇ π. λιμὸς καὶ θάνατος συντελέσει (4)
— 23. ἡ π. πλήρης ἀνομίας (4)
9. 1. ἤγγικεν ἡ ἐκδίκησις τῆς π. (4)
— 5. πορεύεσθε ὀπίσω αὐτοῦ εἰς τὴν π. (4)
— 9. ἡ π. ἐπλήσθη ἀδικίας (4)
10. 2. διασκόρπισον ἐπὶ τὴν π. (4)
11. 2. βουλευόμενοι βουλὴν πονηρὰν ἐν τῇ π. τ. (4)
— 6. ἐπληθύνατε νεκροὺς ὑμῶν ἐν τῇ π. ταύτῃ (4)
— 23. ἀνέβη ἡ δόξα κυρίου ἐκ μέσης [A -ου] τῆς π. καὶ ἔστη ἐπὶ τοῦ ὄρους ὃ ἦν ἀπέναντι τῆς π. (4, 4)
12. 20. αἱ π. αὐτῶν αἱ κατοικούμεναι ἐξερημωθήσονται (4)
16. 7. εἰσῆλθες εἰς πόλεις πόλεων †, †
17. 4. εἰς πόλιν τετειχισμένην ἔθετο αὐτά (4)
19. 7. τὰς π. αὐτῶν ἐξηρήμωσε (4)
21. 19 (24). ἐν ἀρχῇ ὁδοῦ πόλεως [A *al.*] (4)
22. 2. εἰ [A οὐ] κρινεῖς τὴν π. τῶν αἱμάτων (4)
— 3. ὦ π. ἐκχέουσα αἵματα (4)
24. 6. ὦ π. αἱμάτων (4)
— 9. A οὐαὶ πόλις τῶν αἱμάτων (4)
25. 5. δώσω τὴν π. τοῦ Ἀμμὼν εἰς νομὰς καμήλων †
— 9. A παραλύω τὸν ὦμον Μ. ἀπὸ τῶν π. ἀπὸ [B om. τ. π. ἀ.] πόλεων ἀκρωτηρίων αὐ. . . . ἐπάνω πηγῆς [B^1 ἐπαναγωγῆς] πόλεως παραθαλασσίας (4, 4, †)
26. 10. ὡς εἰσπορευόμενος εἰς πόλιν ἐκ πεδίου (4)
— 17. κατελύθης ἐκ θαλάσσης ἡ π. ἡ ἐπαινετή (4)
— 19. ὅταν δῶ σε πόλιν ἠρημωμένην ὡς τὰς π. (4, 4)
29. 12 : 30. 7. αἱ π. αὐ. ἐν μέσῳ πόλεων ἠρημωμένων ἔσονται (4, 4)
30. 17. νεανίσκοι Ἡλίου πόλεως . . . πεσοῦνται †
— 17. A αἱ π. αἰχμαλωτισθήσονται [B *al.*] †
33. 21. ἑάλω ἡ π. (4)
35. 4. ταῖς [A ἐν τ.] π. σου ἐρημίαν ποιήσω (4)
— 9. αἱ π. σου οὐ μὴ κατοικηθῶσιν ἔτι (4)
36. 4. τάδε λέγει . . . ταῖς π. ταῖς ἐγκαταλελειμμέναις (4)
— 10. κατοικηθήσονται αἱ π. (4)
— 33. κατοικιῶ τὰς π. (4)
— 35. αἱ π. αἱ ἔρημοι . . . ὀχυραὶ ἐκάθισαν (4)
— 38. ἔσονται αἱ π. αἱ ἔρημοι πλήρεις προβάτων (4)
38. 11. A κατοικοῦντας πόλεις [B γῆν] –
39. 9. ἐξελεύσονται οἱ κατοικοῦντες τὰς π. Ἰσραήλ (4)
— 16. τὸ ὄνομα τῆς π. Πολυάνδριον (4)
40. 1. μετὰ τὸ ἁλῶναι τὴν π. (4)
— 2. ὡσεὶ οἰκοδομὴ πόλεως ἀπέναντι (4)
43. 3. τοῦ χρῖσαι τὴν π. (4)
45. 5. εἰς κατάσχεσιν πόλεις τοῦ κατοικεῖν †
— 6. τὴν κατάσχεσιν τῆς π. δώσεις (4)
— 7. εἰς κατάσχεσιν τῆς π. . . . κατὰ πρόσωπον τῆς κατασχέσεως τῆς π. (4, 4)

Ez. 48. 15. προτείχισμα ἔσται τῇ π. . . . ἔσται ἡ π. ἐν μέσῳ αὐτοῦ (4, 4)
— 17. ἔσται διάστημα τῇ π. (4)
— 18. ἔσται . . . τοῖς ἐργαζομ. τὴν π. (4)
— 19. οἱ δὲ ἐργαζόμενοι τὴν π. ἐργῶνται αὐτήν (4)
— 20. ἀπὸ τῆς κατασχέσεως τῆς π. (4)
— 21. εἰς τὴν κατάσχεσιν τῆς π. (4)
— 22. ἀπὸ τῆς κατασχέσεως τῆς π. (4)
— 30. αὗται αἱ διεκβολαὶ τῆς π. (4)
— 31. αἱ πύλαι τῆς π. ἐν ὀνόμασι φυλῶν (4)
— 35. τὸ ὄνομα τῆς π. ἀφ' ἧς ἂν ἡμέρας γένηται (4)
Da. LXX. Su. 6. ἤρχοντο κρίσεις ἐξ ἄλλων π.
— 28. ἐλθόντες ἐπὶ τὴν συναγωγὴν τῆς π.
3. 1. Ναβ. βασιλεὺς διοικῶν πόλεις –
— (28). καὶ ἐπὶ τὴν π. σου τὴν ἁγίαν
4. 26. ἐπὶ τῶν τειχῶν τῆς π. . . . περιεπάτει –
8. 2. ἐμοῦ ὄντος ἐν Σ. τῇ π. (2)
9. 16. ἀποστραφήτω . . . ἡ ὀργή σου ἀπὸ τῆς π. σου Ἱερ. (4)
— 18. ἴδε τὴν ἐρήμωσιν ἡμῶν καὶ τῆς π. σου (4)
— 19. τὸ ὄνομά σου ἐπεκλήθη ἐπὶ τὴν π. σου Σ. (4)
— 24. ἐπὶ τὸν λαόν σου καὶ ἐπὶ τὴν π. Σ. (4)
— 25. οἰκοδομήσεις Ἱερ. πόλιν κυρίῳ –
— 26. βασιλεία ἐθνῶν φθερεῖ τὴν π. (4)
11. 13. συνάξει πόλεως συναγωγήν †
— 15. λήψεται τὴν π. τὴν ὀχυράν (4)
— 24. ἐξάπινα ἐρημώσει πόλιν –
— 24. ἐπὶ τὴν π. τὴν ἰσχυρὰν διανοηθήσεται †
— 34. ἐπισυναχθήσονται . . . πολλοὶ ἐπὶ πόλεως –
— 39. ἐν ἐπιθυμήμασι ποιήσει πόλεων –
Da. TH. 3. (28). καὶ ἐπὶ τὴν π. τὴν ἁγίαν
9. 16. ἀποστραφήτω δὴ . . . ἡ ὀργή σου ἀπὸ τῆς π. σου Ἱερ. (4)
— 18. ἴδε τὸν ἀφανισμὸν ἡμῶν καὶ τῆς π. σου (4)
— 19. τὸ ὄνομά σου ἐπικέκληται ἐπὶ τὴν π. σου (4)
— 24. ἐπὶ τὸν λαόν σου καὶ ἐπὶ τὴν π. τὴν ἁγίαν (4)
— 26. τὴν π. καὶ τὸ ἅγιον διαφθερεῖ (4)
11. 15. συλλήψεται π. ὀχυράς (4)
1 Ma. 1. 19. κατελάβοντο τὰς π. τὰς ὀχυράς
— 29. ἀπέστειλεν ὁ βασ. . . . εἰς τὰς π. Ἰ.
— 30. ἐπέπεσεν ἐπὶ τὴν π. ἐξάπινα
— 31. ἔλαβε τὰ σκῦλα τῆς π.
— 33. ᾠκοδόμησαν τὴν π. Δ. τείχει μεγάλῳ
— 44. ἀπέστειλεν . . . εἰς . . . τὰς π. Ἰ.
— 51. ἐνετείλατο ταῖς π. Ἰ. θυσιάζειν κατὰ πόλιν καὶ πόλιν
— 54. ἐν πόλεσιν Ἰ. κύκλῳ
— 58. ἐν παντὶ μηνὶ καὶ μηνὶ ἐν ταῖς π.
2. 7. A R καὶ τὸ σύντριμμα τῆς π. τῆς [S om.] ἁγίας
— 15. ἦλθον . . . εἰς Μ. τὴν π.
— 17. μέγας εἶ ἐν τῇ π. ταύτῃ
— 27. ἀνέκραξε Μ. ἐν τῇ π.
— 28. ἐγκατέλιπον ὅσα εἶχον ἐν τῇ π.
— 31. αἳ ἦσαν ἐν Ἱερ. πόλει Δ.
3. 8. A R διῆλθεν ἐν πόλεσιν [S πόλει] Ἰ.
— 37. ἀπῆρεν . . . ἀπὸ πόλεως βασιλείας αὐ.
5. 21. A ἐδίωξεν αὐτοὺς ἕως τῶν π. [S R τῆς πύλης] Πτ.
— 26. πᾶσαι αἱ π. αὗται ὀχυραί
— 27. A R ἐν ταῖς λοιπαῖς [S ἄλλαις] π. τῆς Γ.
— 28. κατελάβετο τὴν π.
— 31. ἡ κραυγὴ τῆς π. ἀνέβη
— 36. προκατελάβετο . . . τὰς λοιπὰς π. τῆς Γαλ.
— 44. προκατελάβοντο τὴν π.
— 46. καὶ αὕτη ἡ π. μεγάλη
— 47. ἀπέκλεισαν αὐτοὺς οἱ ἐκ τῆς π.
— 50. A παρενέβαλον οἱ ἄνδρες τῆς π. [S R δυνάμεως]
— 50. ἐπολέμησαν τὴν π.
— 50. παρεδόθη ἡ π. ἐν χερσὶν αὐ.
— 51. A ἔλαβε τὰ σκῦλα τῆς π. [S R σκ. αὐτῆς]
— 51. διῆλθε διὰ τῆς π.
— 59. ἐξῆλθε Γ. ἐκ τῆς π.
— 68. ἐσκύλευσε τὰ σκῦλα τῶν π.
6. 1. ἐστὶν Ἐλ. . . . πόλις ἔνδοξος πλούτῳ
— 3. ἐζήτει καταλαβέσθαι τὴν π.
— 3. ἐγνώσθη ὁ λόγος τοῖς ἐκ τῆς π.
— 7. καὶ τὴν Β. πόλιν αὐ. [S^1 om. π. αὐ.]
— 49. ἐξῆλθεν ἐκ τῆς π.
— 63. εὗρε Φίλιππον κυριεύοντα τῆς π.
— 63. κατελάβετο τὴν π. βίᾳ
7. 1. A R ἀνέβη . . . εἰς π. [S om. εἰς π.] παραθαλασσίαν [S παρὰ θάλασσαν]
— 32. ἔφυγον εἰς τὴν π. Δ.
9. 50. ᾠκοδόμησε π. ὀχυρὰς ἐν τῇ Ἰ.
— 52. ὠχύρωσε τὴν π.

I Ma. 9. 65. ἀπέλιπεν Ἰ. Σίμωνα . . . ἐν τῇ π.
— 67. ἐξῆλθον ἐκ τῆς π.
10. 10. ἤρξατο . . . καινίζειν τὴν π.
— 63. ἐξέλθατε μετ' αὐτοῦ εἰς μέσον τῆς π.
— 71. μετ' ἐμοῦ ἐστι [S^{1} οὐκ ἔ. ἔτι] δύναμις τῶν π.
— 75. ἀπέκλεισαν αὐτὸν οἱ ἐκ τῆς π.
— 76. ἤνοιξαν οἱ ἐκ τῆς π.
— 84. ἐνεπύρισεν Ἰων. . . . τὰς π. τὰς κύκλῳ αὐτῆς
— 86. ἐξῆλθον οἱ ἐκ τῆς π.
11. 2. AR ἤνοιγον αὐτῷ οἱ ἀπὸ τῶν π. [S τῆς π.]
— 3. ὡς δὲ εἰσεπορεύετο εἰς τὰς π.
— 3. ἀπέτασσε τὰς δυνάμεις φρουρὰν [S^{3} -εῖν] ἐν ἑκάστῃ π.
— 8. ἐκυρίευσε τῶν π. τῆς παραλίας
— 45. AR ἐπισυνήχθησαν οἱ ἐκ [S ἀπὸ] τῆς π. εἰς μέσον τῆς π.
— 46. AR κατελάβοντο οἱ ἐκ τῆς π. [S οἰκίας] τὰς διόδους τῆς π.
— 47. διεσπάρησαν ἐν τῇ π.
— 47. AR ἀπέκτειναν ἐν τῇ π. [S *om.* ἐν τῇ π.]
— 48. ἐνεπύρισαν τὴν π.
— 49. ἴδον οἱ ἀπὸ τῆς π.
— 49. κατεκράτησαν οἱ Ἰ. τῆς π.
— 50. πολεμοῦντες ἡμᾶς καὶ τὴν π.
— 60. διεπορεύετο . . . ἐν ταῖς π.
— 60. ἀπήντησαν αὐτῷ οἱ ἐκ τῆς π. ἐνδόξως
— 66. κατελάβετο τὴν π.
12. 36. ἀνὰ μέσον τῆς ἄκρας καὶ τῆς π.
— 36. R εἰς τὸ διαχωρίζειν [A -ρῆσαι, S^{2} -ρίσαι] αὐτὴν τῆς π.
— 37. SR τοῦ οἰκοδομεῖν τὴν π. [A *om.* τ. π.]
13. 20. A τοῦ ἐμβατεῦσαι εἰς τὴν π. [SR χώραν]
— 25. ἐν Μ. πόλει τῶν πατέρων αὐ.
— 43. προσήγαγε τῇ π.
— 44. A ἐξήλλοντο οἱ ἐν τῇ π. [R ἐλεπ., S ἐλεοπ.] εἰς τὴν π.
— 44. ἐγένετο κίνημα μέγα ἐν τῇ π.
— 45. ἀνέβησαν οἱ ἐν τῇ π.
— 47. AR ἐξέβαλεν αὐτοὺς ἐκ [S ἔξω] τῆς π.
14. 10. ταῖς π. ἐχορήγησε βρώματα
— 17. ἐπικρατεῖ . . . τῶν π. τῶν ἐν αὐτῇ
— 20. Σπαρτιατῶν ἄρχοντες καὶ ἡ π. Σίμωνι
— 33. ὠχύρωσε τὰς π. τῆς Ἰουδαίας
— 36. τοῦ ἐξαρθῆναι . . . τοὺς ἐν τῇ π. Δ.
— 37. πρὸς ἀσφάλειαν τῆς χώρας καὶ τῆς π.
15. 4. καὶ τοὺς ἠρημωκότας π. πολλάς
— 14. ἐκύκλωσε τὴν π.
— 14. A συνέθλιβεν [R ἔθλ.] τὴν π.
— 19. καὶ τὰς π. αὐ. καὶ τὴν χώραν αὐ.
— 28. κατακρατεῖτε . . . πόλεις τῆς βασ. μου
— 30. παράδοτε τὰς π.
— 31. καὶ τῶν φόρων τῶν π.
— 39. A ὀχυρῶσαι τὰς π. [SR *al.*]
16. 14. Σ. δὲ ἦν ἐφοδεύων τὰς π.
— 18. ὅπως . . . παραδῷ αὐτῷ . . . τὰς π.
II Ma. 1. 12. τοὺς παραταξαμένους ἐν τῇ ἁγίᾳ π.
2. 22. καὶ τὴν π. ἐλευθερῶσαι
3. 1. τῆς ἁγίας π. κατοικουμένης μετὰ πάσης εἰρήνης
— 4. R τῆς κατὰ τὴν π. παρανομίας [A *al.*]
— 8. ὡς τὰς κατὰ κοίλην Συρίαν . . . π. ἐφοδεύσων
— 9. R ὑπὸ τοῦ ἀρχιερέως τῆς π. ἀποδεχθεὶς [A *al.*]
— 14. ἦν δὲ οὐ μικρὰ καθ' ὅλην τὴν π. ἀγωνία
4. 2. τὸν εὐεργέτην τῆς π.
— 22. ὑπὸ τοῦ Ἰ. καὶ τῆς π. παραδεχθείς
— 32. εἴς τε Τύρον καὶ τὰς κύκλῳ πόλεις
— 36. οἱ κατὰ πόλιν Ἰουδαῖοι
— 38. περιαγαγὼν καθ' ὅλην τὴν π.
— 39. γενομένων δὲ πολλῶν ἱεροσυλημάτων κατὰ τὴν π.
— 48. R οἱ ὑπὲρ [A περὶ] πόλεως . . . προαγορεύσαντες
5. 2. καθ' ὅλην τὴν π. . . . τεσσαράκοντα φαίνεσθαι
— 5. ἐπὶ τὴν π. συνετελέσατο ἐπίθεσιν
— 5. τέλος ἤδη καταλαμβανομένης τῆς π.
— 6. A ἐποιεῖτο σφαγὰς τῆς π. [R τῶν πολιτῶν]
— 8. πόλιν ἐκ πόλεως φεύγων
— 11. ἔλαβε τὴν μὲν π. δοριάλωτον
— 17. διὰ τὰς ἁμαρτίας τῶν τὴν π. οἰκούντων
— 26. εἰς τὴν π. σὺν τοῖς ὅπλοις εἰσδραμὼν
6. 8. εἰς τὰς ἀστυγείτονας Ἑλληνίδας π.
— 10. περιαγαγόντες αὐτὰς τὴν π.
8. 3. ἐλεῆσαι δὲ καὶ τὴν καταφθειρομ. πόλιν
— 6. πόλεις δὲ . . . ἐνεπίμπρα
— 11. εἰς τὰς παραθαλασσίους π. ἀπέστειλε

II Ma. 8. 17. τὸν τῆς ἐμπεπαιγμένης π. αἰκισμόν
9. 2. καὶ τὴν π. συνέχειν
— 14. τὴν μὲν ἁγίαν π. . . . ἐλευθέραν ἀναδεῖξαι
10. 1. τὸ μὲν ἱερὸν ἐκομίσαντο καὶ τὴν π.
— 10. A συντέμνοντες τὰ συνέχοντα τῶν π. κακά [R *al.*]
— 27. προῆγον ἀπὸ τῆς πόλεως ἐπὶ πλεῖον
— 36. προκατελάβοντο τὴν π.
11. 2. τὴν μὲν π. Ἕλλησιν οἰκητήριον ποιήσειν
12. 4. κατὰ δὲ τὸ κοινὸν τῆς π. ψήφισμα
— 13. ἐπί τινα π. γεφυροῦν [? Γεφ.] ὀχυράν
— 16. καταλαβόμενοί τε τὴν π.
— 27. καὶ ἐπὶ Ἐφρὼν π. ὀχυράν
— 28. ἔλαβον τὴν π. ὑποχείριον
— 29. ὥρμησαν ἐπὶ Σκυθῶν πόλιν
— 38. ἦγεν εἰς Ὀδ. πόλιν
13. 13. πρὶν . . . γενέσθαι τῆς π. ἐγκρατεῖς
— 14. περὶ ἱεροῦ πόλεως πατρίδος
15. 14. προσευχόμενος περὶ . . . τῆς ἁγίας π.
— 17. διὰ τὸ καὶ τὴν π. . . . κινδυνεύειν
— 19. τοῖς ἐν τῇ π. κατειλημμένοις
— 37. κρατηθείσης τῆς π. ὑπὸ τῶν Ἑβρ.
III Ma. 1. 6. ἔκρινε τὰς πλησίον π.
— 17. οἱ κατὰ τὴν π. ἀπολειπόμενοι
— 19. R δρόμον ἄτακτον ἐν τῇ π. [A *om.* ἐν τῇ π.] συνίσταντο
2. 9. ἐξελέξω τὴν π. ταύτην
— 31. ἔνιοι μὲν οὖν ἐπὶ πόλεως [? ἐπιπολαίως] τὰς τῆς π. εὐσεβείας ἐπιβάθρας στυγοῦντες
3. 8. οἱ δὲ κατὰ τὴν π. Ἕλληνες
— 16. τοῖς κατὰ πόλεσιν ἱεροῖς
4. 3. τίς νομὸς ἢ πόλις
— 4. ὑπὸ τῶν κατὰ πόλιν στρατηγῶν
— 11. ἐν τῷ πρὸ τῆς π. ἱπποδρόμῳ
— 11. πᾶσι τοῖς καταπορευομένοις εἰς τὴν π.
— 12. τοὺς ἐκ τῆς π. ὁμοεθνεῖς
5. 24. τὰ δὲ κατὰ τὴν π. πλήθη
— 41. ἡ π. διὰ τὴν προσδοκίαν ὀχλεῖ
— 44. ἐπὶ τοὺς ἐπικαι άτους τόπους τῆς π.
— 46. τῆς π. ἤδη πλήθεσιν ἀναριθμήτοις . . . καταμεμεστωμένης
6. 5. μετεωρισθέντα ἐπὶ τὴν ἁγίαν σου π.
— 30. ὁ βασ. εἰς τὴν π. ἀπαλλαγείς
— 41. πρὸς τοὺς κατὰ πόλιν στρατηγούς
7. 16. ἀνέζευξαν ἐκ τῆς π.
IV Ma. 7. 4. οὐχ οὕτω πόλις . . . ἀντέσχε
[Aq. Ge. 28. 19: Jo. 2. 14: 15. 21: 21. 20: III Ki. 9. 24: 12. 17: 14. 11, 12: IV Ki. 7. 12: Ps. 45 (46). 5: 106 (107). 36: 121 (122). 3: Pr. 18. 19: 21. 22: Is. 14. 21: 15. 1: 17. 2: 19. 18: 26. 1: 29. 1: 32. 19: 33. 20: 38. 6: 42. 11: Je. 6. 6: 15. 8: 26 (33). 20: 27 (34). 17: 31 (38). 21, 24: 32 (39). 24: 33 (40). 5: 34 (41). 22: 40 (47). 5: 48 (31). 15: 49. 25 (30. 14): 51 (28). 43: 52. 15: Ez. 24. 9: 25. 9: 26. 10: Da. 9. 24, 26.]
[Sm. Ge. 19. 16: Jo. 2. 14: 15. 9, 21: 21. 20: II Ki. 5. 9: III Ki. 20 (21). 14: IV Ki. 3. 19: 7. 12: Ps. 30 (31). 22: 45 (46). 5: 54 (55). 10: 58 (59). 7, 15: 59 (60). 11: 106 (107). 36: 121 (122). 3: Pr. 9. 3: 11. 10: 21. 22: Ec. 10. 15: Is. 14. 21: 15. 1: 17. 2: 19. 18: 26. 1: 27. 10: 29. 1: 32. 13, 19: 33. 20: 38. 6: 42. 11: 45. 13: Je. 6. 6: 11. 6: 15. 7, 8: 27 (34). 17: 31 (38). 21: 33 (40). 5: 34 (41). 22: 40 (47). 5: 49. 25 (30. 14): 51 (28). 43: La. 1. 19: Ez. 22. 2: 25. 9: 26. 10: Da. 3. 2 (Sw.), 12 (Sw.): 9. 24.]
[Th. Jo. 2. 14: 15. 21: 21. 20: Jd. 10. 4: 17. 8: III Ki. 15. 23: IV Ki. 3. 19: 7. 12: Pr. 9. 3: 10. 15: 11. 11: 21. 22: Is. 14. 21: 17. 1, 2: 19. 18: 22. 2: 29. 1: 33. 20: 37. 34: 38. 6: 42. 11: Je. 11. 6: 26 (33). 20: 27 (34). 17, 19: 29 (36). 16: 34 (41). 22: 39 (46). 4, 9: 48 (31). 45: 49. 25 (30. 14): Ez. 22. 2: 24. 9: 25. 9: 30. 7 *bis* (Sw.): 43. 3: Da. 3. (28): 9. 24, 26.]
[Al. Dt. 20. 15: Jo. 11. 19: 24. 28: Is. 32. 18.]
[Heb. III Ki. 20 (21). 19: Ez. 43. 3.]
[Quint. IV Ki. 3. 19: 7. 12: Ho. 7. 4.]

πολιτεία.
II Ma. 4. 11. τὰς μὲν νομίμους καταλύων πολιτείας
6. 23. A ἄξιον . . . τῆς ἐπικτήτου καὶ ἐπιφανοῦς π. [R *al.*]
8. 17. τὴν τῆς προγονικῆς π. κατάλυσιν
13. 14. περὶ ἱεροῦ πόλεως πατρίδος πολιτείας
III Ma. 3. 21. πολιτείας αὐτοὺς Ἀλεξανδρέων καταξιῶσαι
— 23. οὐ μόνον ἀπεστρέψαντο τὴν ἀτίμητον π.
IV Ma. 3. 20. τὴν π. αὐ. ἀποδέχεσθαι
8. 7. ἀρνησάμενοι τὸν πάτριον ὑμῶν τῆς π. θεσμόν
17. 9. τὴν Ἑβραίων π. καταλῦσαι

πολιτεύεσθαι.
Es. 8. 13. δικαιοτάτοις [S^{1} ἀναγκαιοτ.] δὲ πολιτευομένους νόμοις
II Ma. 6. 1. τοῖς τοῦ θεοῦ νόμοις μὴ πολιτεύεσθαι
11. 25. καὶ π. κατὰ τὰ ἐπὶ τῶν προγόνων αὐ. ἔθη
III Ma. 3. 4. τῷ τούτου νόμῳ πολιτευόμενοι
IV Ma. 2. 8. αὐτίκα γοῦν τῷ νόμῳ πολιτευόμενος
— 23. καθ' ὃν πολιτευόμενος βασιλεύσει
4. 23. τῷ πατρίῳ πολιτευόμενοι νόμῳ
5. 16. θείῳ πεπεισμένοι νόμῳ πολιτεύεσθαι

πολίτευμα.
II Ma. 12. 7. τὸ σύμπαν τῶν Ἰοππ. ἐκριζῶσαι π.

πολίτης. (1) בֶּן־עַמִּי (2) עָמִית (3) רֵעַ
Ge. 23. 11. ἐναντίον τῶν π. μου (1)
Nu. 4. 18. B^{1} ἐκ μέσου τῶν π. [$AB^{2}R$ Λευιτῶν] †
Pr. 11. 9. ἐν στόματι ἀσεβῶν [S ἁμαρτωλῶν] παγὶς πολίταις (3)
— 12. μυκτηρίζει πολίτας ἐνδεὴς φρενῶν (3)
24. 43 (28). μὴ ἴσθι ψευδὴς μάρτυς ἐπὶ σὸν π. (3)
Za. 13. 7. ἐξεγέρθητι . . . ἐπὶ ἄνδρα π. [S^{1} πολεμιστήν] μου (2)
Je. 36 (29). 23. ἐμοιχῶντο τὰς γυν. τῶν π. αὐ. (3)
38 (31). 34. οὐ μὴ διδάξωσιν ἕκαστος τὸν π. [A ἀδελφὸν] αὐτοῦ (3)
II Ma. 4. 5. οὐ γινόμενος τῶν π. κατήγορος
— 50. μέγας τῶν π. ἐπίβουλος καθεστώς
5. 6. R ἐποιεῖτο σφαγὰς τῶν π. [A τῆς πόλεως]
— 8. βδελυσσόμενος ὡς . . . πολιτῶν δήμιος
— 23. χείριστα τῶν ἄλλων ὑπερήρετο τοῖς π.
— 23. ἀπεχθῆ δὲ πρὸς τοὺς π. Ἰουδ. ἔχων διάθεσιν
9. 19. τοῖς χρηστοῖς Ἰουδ. τοῖς π.
14. 8. τῶν ἰδίων π. στοχαζόμενος
15. 30. ὁ . . . πρωταγωνιστὴς ὑπὲρ τῶν π.
III Ma. 1. 22. R οἱ [A *add.* περὶ] τῶν π. θρασυνθέντες
[Al. Pr. 6. 3.]

πολίχνη.
[Aq. Is. 26. 5: 29. 1.]

πολλάκις.
To. 1. 6. S ἐπορευόμην π. [A B πλεονάκις] εἰς Ἱερ.
5. 6. S π. ἐγὼ ἐγενόμην ἐκεῖ
— 9. S π. ᾠχόμην εἰς Μηδείαν
Es. 8. 13. π. δὲ καὶ πολλοὺς . . . καταστήσασα
Jb. 4. 2. μὴ π. σοι λελάληται ἐν κόπῳ —
31. 31. εἰ δὲ καὶ π. εἶπον αἱ θεράπαιναί μου —
Si. 19. 15. π. γὰρ γίνεται διαβολή
I Ma. 14. 29. π. ἐγενήθησαν πόλεμοι
II Ma. 9. 25. ὃν π. . . . τοῖς πλείστοις ὑμῶν παρακατετιθέμην
12. 22. ὥστε π. ὑπὸ τῶν ἰδίων βλάπτεσθαι
III Ma. 5. 41. καὶ κινδυνεύει π. διαρπασθῆναι
IV Ma. 16. 6. ὦ μελεὰ ἔγωγε καὶ π. τρισαθλία
[Al. Jb. 31. 31.]

πολλαπλασίως.
[Sm. II Ki. 12. 8.]

πολλαχόθεν.
IV Ma. 1. 7. π. μὲν οὖν καὶ ἀλλαχόθεν

πολλαχῶς. (1) רָבָה hi.
Ez. 16. 26. π. ἐξεπόρνευσας τοῦ παροργίσαι με (1)
III Ma. 1. 25. π. ἐπειρῶντο τὸν . . . νοῦν ἐξιστάνειν

πολλοστός. (1) רַב (2) תָּמִיד
II Ki. 23. 20. ἀνὴρ αὐτὸς π. ἔργοις (1)
Pr. 5. 19. ἐν γὰρ τῇ ταύτης [A ταύτῃ τῇ] φιλίᾳ συμπεριφερόμενος πολλοστὸς ἔσῃ (2)
[Aq. Je. 51 (28). 13.]
[Sm. Ps. 54 (55). 19.]

πολλύς (?).
II Ki. 23. 36 (35). A Γ. υἱὸς Ν. πολλὺς δυνάμεως [B *al.*] †

πολύ (*adv.*), **πλεῖον**, **πλέον**, *vid. sub* **πολύς**.

πολυάνδριον (-ειον). (1) גַּיְא (2) *a.* הָמוֹן *b.* הֲמוֹנָה

Je. 2. 23. ἴδε τὰς ὁδούς σου ἐν τῷ π. (1)
19. 2. ἐξελεύσῃ εἰς τὸ π. υἱῶν τῶν τέκνων αὐτῶν (1)
— 6. διάπτωσις καὶ π. υἱοῦ Ἐννὸμ ἀλλ' ἤ π. τῆς σφαγῆς (1, 1)
Ez. 39. 11. τὸ π. τῶν ἐπελθόντων πρὸς τῇ θαλάσσῃ [A τὴν θ.] . . . κληθήσεται τότε [? τὸ Τὲ, A τὸ Γαὶ] τὸ π. τοῦ Γώγ (1, 2 *a*)
— 15. θάψωσιν αὐτὸ . . . εἰς τὸ γαὶ τὸ π. τοῦ Γώγ (2 *a*)
— 16. τὸ ὄνομα τῆς πόλεως π. (2 *b*)
II Ma. 9. 4. πολυάνδριον Ἰουδαίων Ἱερ. ποιήσω
— 14. καὶ πολυάνδριον οἰκοδομῆσαι
IV Ma. 15. 20. πολυάνδριον ὁρῶσα τῶν τέκνων χορεῖον

πολύβουλος.

[Sm., Th. Pr. 11. 14: 24. 6.]

πολύγονος.

Wi. 4. 3. πολύγονον δὲ ἀσεβῶν πλῆθος
IV Ma. 15. 5. ὅσῳ γὰρ . . . πολυγονώτεραι ὑπάρχουσιν αἱ μητέρες

πολυδάκρυος (R), **πολύδακρυς** (A).

III Ma. 5. 25. π. ἱκετείαν . . . ἐδέοντο τοῦ μεγίστου θεοῦ

πολυέλεος. (1) גְּדָל־חֶסֶד (2) רַב־חֶסֶד

Ex. 34. 6. κ. ὁ θ. . . . μακρόθυμος καὶ π. (2)
Nu. 14. 18. κύριος μακρόθυμος καὶ π. (2)
Ne. 9. 17. σὺ θεὸς . . . μακρόθυμος καὶ π. (2)
Ps. 85 (86). 5. καὶ πολυέλεος πᾶσι τοῖς ἐπικαλουμένοις σε (2)
— 15. μακρόθυμος καὶ πολυέλεος καὶ ἀληθινός (2)
102 (103). 8. μακρόθυμος καὶ πολυέλεος (2)
144 (145). 8. μακρόθυμος καὶ πολυέλεος (1)
Si. 2. 11. S² ὁ κύριος μακρόθυμος καὶ πολυέλεος [A B S¹ *al.*]
Jl. 2. 13: Jn. 4. 2. μακρόθυμος καὶ πολυέλεος (2)
III Ma. 6. 9. καὶ νῦν μισύβρι πολυέλεε

πολυετής.

Wi. 4. 16. νεότης [A -τητος] τελεσθεῖσα ταχέως [S¹ *om.*] πολυετὲς γῆρας ἀδίκου

πολυημερεύειν. (1) רָבָה יָמִים

De. 11. 21. A ἵνα πολυημερεύσητε [B μακροημ.] (1)

πολυήμερος. (1) π. γίγνεσθαι הֶאֱרִיךְ יָמִים (2) π. εἶναι הֶאֱרִיךְ יָמִים

De. 6. 24. A ἵνα πολυήμεροι ὦμεν [B *al.*] †
22. 7. καὶ πολυήμερος γένῃ [A ἔσῃ] (1 [2])
25. 15. ἵνα πολυήμερος γένῃ (1)
30. 18. οὐ μὴ πολυήμεροι γένησθε (1)
Da. LXX. 4. 24. ἵνα . . . πολυήμερος γένῃ †
[Al. Dt. 6. 24.]

πολύθρηνος.

IV Ma. 16. 10. γυνὴ χήρα καὶ μόνη π.

πολυκαρπία.

[Sm. Ps. 64 (65). 10.]

πολυκέφαλος.

IV Ma. 7. 14. τὴν π. στρέβλαν ἠκύρωσεν

πολύλαλος.

[Sm. Jb. 11. 2.]

πολυλογία. (1) רֹב דְּבָרִים

Pr. 10. 19. ἐκ πολυλογίας οὐκ ἐκφεύξῃ [A -εται] ἁμαρτίαν [A -ία] (1)

πολυμερής.

Wi. 7. 22. ἔστι γὰρ ἐν αὐτῇ πνεῦμα . . . π.

πολύμιτος.

[Sm. Ez. 16. 13: 27. 13 (P.), 16.]

πολυοδία. (1) רֹב דֶּרֶךְ

Is. 57. 10. ταῖς π. σου ἐκοπίασας (1)

πολύορκος.

Si. 23. 11. ἀνὴρ πολύορκος πλησθήσεται ἀνομίας
27. 14. λαλιὰ πολυόρκου ὀρθώσει [A ἀνορθ.] τρίχας

πολυοχία (?). (1) הָמוֹן

Jb. 39. 7. A καταγελῶν πολυοχίας [B S -οχλίας] (1)

πολυοχλία. (1) הָמוֹן

Jb. 31. 34. οὐ γὰρ διετράπην πολυοχλίαν πλήθους [A λαοῦ] (1)
39. 7. καταγελῶν πολυοχλίας πόλεως [A *al.*] (1)
Ba. 4. 34. περιελῶ αὐτῆς τὸ ἀγαλλίαμα [A ἄγαλμα] τῆς π.

πολύπαις.

IV Ma. 16. 10. ὦ ἡ π. καὶ καλλίπαις ἐγὼ γυνή

πολύπειρα.

Wi. 8. 8. A εἰ δὲ καὶ πολύπειραν [B S -ρίαν] ποθεῖ τις

πολυπειρία.

Wi. 8. 8. εἰ δὲ καὶ πολυπειρίαν [A -ραν] ποθεῖ τις
Si. 25. 6. στέφανος γερόντων πολυπειρία

πολύπειρος.

Si. 21. 22. ἄνθρωπος δὲ πολύπειρος αἰσχυνθήσεται
31 (34). 9. ὁ π. ἐκδιηγήσεται σύνεσιν
36. 25 (22). ἄνθρωπος π. ἀνταποδώσει αὐτῷ

πολυπλασιάζειν. (1) רָבָה

De. 4. 1. B καὶ πολυπλασιασθῆτε –
8. 1. καὶ πολυπλασιασθῆτε (1)
11. 8. καὶ πολυπλασιασθῆτε –

πολυπλάσιος.

II Ma. 9. 16. τὰ ἱερὰ σκεύη π. πάντα ἀποδώσειν

πολυπληθεῖν. (1) *a.* רַב *b.* רָבָה hi. *c.* רֹב

Ex. 5. 5. πολυπληθεῖ ὁ λαός (1 *a*)
Le. 11. 42. ὃ πολυπληθεῖ ποσίν (1 *b*)
De. 7. 7. πολυπληθεῖτε παρὰ π. τὰ ἔθνη (1 *c*)

πολυπληθία (-εία).

II Ma. 8. 16. μηδὲ εὐλαβεῖσθαι τὴν . . . π.

πολυπληθύνειν. (1) רָבָה hi.

Ex. 32. 13. πολυπληθυνῶ τὸ σπέρμα ὑμῶν (1)
Da. LXX. 3. (36). πολυπληθῦναι [? πολὺ πλ.] τὸ σπέρμα αὐτῶν

πολύπλοκος. (1) פָּתַל ni.

Es. 8. 13. πολυπλόκοις μεθόδων παραλογισμοῖς
Jb. 5. 13. βουλὴν [A -ὰς] δὲ πολυπλόκων [S¹ -τρόπων] ἐξέστησεν (1)
IV Ma. 14. 13. πῶς π. ἐστιν ἡ τῆς φιλοτεκνίας στοργή
15. 24. A R τὴν τῶν στρεβλῶν πολύπλοκον ποικιλίαν [S *al.*]

πολυπραγμονεῖν.

II Ma. 2. 30. καὶ π. ἐν τοῖς κατὰ μέρος

πολυπραγμοσύνη.

[Sm. Ec. 7. 30 (29).]

πολυρρήμων. (1) כַּבִּיר אֲמָרִים

Jb. 8. 2. πνεῦμα πολυρρῆμον τοῦ στόματός σου (1)

πολύς, πλείων, πλεῖστος. (1) אָרֹךְ (2) גָּדוֹל (3) הָמוֹן (4) כָּבֵד *a.* adj. *b.* verb. (5) כַּבִּיר (6) πλείων γίγνεσθαι רָבָה (7) מְאֹד (8) עָצוּם (9) *a.* רַב *b.* רֹב *c.* רָבַב *d.* רָבָה qal. *e.* hi. *f.* רִבּוֹא *g.* רְבָבָה (10) רוּם (11) רָחָב (12) שַׂגִּיא (13) πολὺς γίγνεσθαι *a.* רָבַב *b.* רָבָה (14) πολὺς εἶναι *a.* רָבַב *b.* רָבָה qal. *c.* hi. (15) ὁ τὸ π. *a.* הַמַּרְבֶּה *b.* הָרַב (16) ἐπὶ πολύ *a.* אָרֹךְ *b.* רָבָה hi. *c.* רַב *d.* שַׂגִּיא (17) πολὺν ποιεῖν *a.* פָּרַץ *b.* רָבָה hi. (18) διὰ χρόνου π. *a.* מִמֶּרְחָק *b.* מֵרָחוֹק (19) εἰς χρόνον π. לָנֶצַח נְצָחִים (20) πλείων, πλέον, πλεῖον *a.* בֶּצַע *b.* רַב *c.* רֹב *d.* רָבָה hi. *e.* יָסַף hi. (21) πλείων εἶναι רָבַב (22) πλείονα ποιεῖν יָסַף ni. (23) ἐπὶ πλεῖον *a.* רָבָה hi. *b.* רַבָּה (24) πλεῖστον, τὸ πλεῖστον *a.* רָבָה hi. *b.* רֹב *c.* מַרְבִּית (25) πλῆθος π. (τὸ πλ. τὸ π.) *a.* רֹב *b.* עָצוּם *c.* הָמוֹן *d.* רַב

Ge. 6. 1. ἤρξαντο οἱ ἄνθρ. π. γίνεσθαι (13 *a*)
13. 6. ἦν τὰ ὑπάρχοντα αὐτῶν π. (9 *a*)
15. 1. ὁ μισθός σου π. ἔσται σφόδρα (14 *c*)
— 14. μετὰ ἀποσκευῆς π. (2)
17. 5. πατέρα πολλῶν ἐθνῶν τέθεικά σε (3)
18. 18. εἰς ἔθνος μέγα καὶ π. (8)
21. 34. παρῴκησεν δὲ . . . ἡμέρας π. (9 *a*)
24. 25. A χόρτασμα π. [R -ματα π.] παρ' ἡμῖν (9 *a*)
26. 14. κτήνη βοῶν καὶ γεώργια π. (9 *a*)
29. 7. ἔτι ἐστὶν ἡμέρα π. (2)
30. 43. ἐγένετο αὐτῷ κτήνη π. (9 *a*)
33. 9. ἔστι μοι πολλά (9 *a*)
36. 7. ἦν γὰρ αὐτῶν τὰ ὑπάρχοντα π. (9 *a*)
37. 34. R ἐπένθει . . . ἡμέρας π. [A τινάς] (9 *a*)
41. 29. ἑπτὰ ἔτη ἔρχεται εὐθηνία π. (2)
— 49. σῖτον ὡσεὶ τὴν ἄμμον τῆς θ. πολύν (9 *e*)
46. 29. A B² ἔκλαυσε κλαυθμῷ πλείονι [B¹ R πίονι] †
48. 16. πληθυνθείησαν εἰς πλῆθος π. (25 *a*)
50. 20. ἵνα τραφῇ λαὸς π. (9 *a*)
Ex. 1. 12. τοσούτῳ πλείους ἐγίγνοντο (6)
2. 11. ἐν ταῖς ἡμέραις ταῖς π. ἐκείναις –
— 23. μετὰ δὲ τὰς ἡμέρας τὰς π. ἐκείνας (9 *a*)
3. 8. εἰς γῆν ἀγαθὴν καὶ π. (11)
4. 18. μετὰ δὲ τὰς ἡμέρας τὰς π. ἐκείνας –
9. 18. ὕω . . . χάλαζαν π. σφόδρα (4 *a*)
— 24. ἡ δὲ χάλαζα π. σφόδρα (4 *a*)
10. 4. ἐπάγω . . . ἀκρίδα π. –
— 14. καὶ κατέπαυσεν . . . πολλὴ σφόδρα (4 *a*)
12. 38. ἐπίμικτος π. συνανέβη αὐτοῖς . . . καὶ κτήνη π. σφόδρα (9 *a*, 4 *a*)
16. 17. ὁ τὸ π. καὶ ὁ τὸ ἔλαττον (15 *a*)
— 18. οὐκ ἐπλεόνασεν ὁ τὸ π. (15 *a*)
23. 2. οὐκ ἔσῃ μετὰ πλειόνων ἐπὶ κακίᾳ (20 *b*)
— 2. ἐκκλῖναι μετὰ πλειόνων (20 *b*)
— 29. καὶ π. γένηται ἐπὶ σὲ τὰ θηρία (13 *a*)
Le. 15. 25. ἐὰν ῥέῃ . . . ἡμέρας πλείους (20 *b*)
25. 16. καθότι ἂν πλεῖον τῶν ἐτῶν πληθύνῃ (20 *c*)
— 51. ἐὰν δέ τινι πλεῖον [A πλέον] τῶν ἐτῶν ᾖ (20 *b*)
Nu. 9. 19. ὅταν ἐφέλκηται . . . ἡμέρας πλείους (20 *b*)
13. 19 (18). ἢ ὀλίγοι εἰσὶν ἢ πολλοί (9 *a*)
14. 12. εἰς ἔθνος μέγα καὶ πολὺ μᾶλλον ἢ τοῦτο (8)
20. 11. ἐξῆλθεν ὕδωρ π. (9 *a*)
— 15. παρῳκήσαμεν . . . ἡμέρας πλείους [A *om.* ἡ. πλ.] (9 *a*)
— 15. A ἐκάκωσαν ἡμᾶς . . . ἡμέρας πλείους [B *om.* ἡ. πλ.] –
21. 6. ἀπέθανε λαὸς π. (9 *a*)
22. 3. ὅτι πολλοὶ ἦσαν (9 *a*)
— 15. ἀποστεῖλαι ἄρχοντας πλείους (20 *b*)
24. 7. κυριεύσει ἐθνῶν π. (9 *a*)
26. 54. τοῖς πλείοσι πλεονάσεις τὴν κληρον. (20 *b*)
— 56. ἀνὰ μέσον πολλῶν καὶ ὀλίγων (9 *a*)
32. 1. A πλῆθος π. [B *om.*] σφόδρα (25 *b*)
33. 54. τοῖς πλείοσι πληθυνεῖτε τὴν κατάσχ. αὐ. (20 *b*)
35. 8. ἀπὸ τῶν τὰ π. πολλά (15 *b*, 9 *e*)
De. 1. 28. ἔθνος μέγα καὶ π. (10)
— 46. ἐνεκάθησθε ἐν Κ. ἡμέρας π. (9 *a*)
2. 1. ἐκυκλώσαμεν τὸ ὄρος τὸ Σ. ἡμέρας π. (9 *a*)
— 10, 21. ἔθνος μέγα καὶ π. (9 *a*)
3. 5. πλὴν τῶν πόλεων τῶν Φ. τῶν π. (9 *e*)
— 19. οἶδα ὅτι π. [A π. τὰ] κτήνη ὑμῖν (9 *a*)
7. 1. A B² ἔθνη μεγάλα καὶ π. [B¹ R *om.* κ. π.] (9 *a*)
— 1. ἑπτὰ ἔθνη [A *add.* μεγάλα καὶ] π. [B¹ μεγάλα] (9 *a* [8])
— 17. π. τὸ ἔθνος τοῦτο ἢ ἐγώ (9 *a*)
8. 7. εἰς γῆν ἀγαθὴν καὶ π. –
9. 2. λαὸν μέγαν καὶ π. (10)
— 14. A ποιήσω σε εἰς ἔθνος μέγα καὶ ἰσχ. καὶ π. [A π. κ. ἰσχ.] μᾶλλον ἢ τοῦτο (9 *a*)
15. 6. δανιεῖς ἔθνεσι π. (9 *a*)
— 6. ἄρξεις ἐθνῶν π. (9 *a*)
20. 1. καὶ ἴδῃς . . . λαὸν πλείονά σου (20 *b*)
— 19. ἐὰν δὲ περικαθίσῃς . . . ἡμέρας πλείους [A πλείονας] (20 *b*)
25. 3. ὑπὲρ ταύτας τὰς πληγὰς πλείους (20 *b*)
26. 5. εἰς ἔθνος μέγα καὶ πλῆθος π. (9 *a*)
28. 12. δανειεῖς ἔθνεσι π. (9 *a*)
— 12. A B²R ἄρξεις σὺ ἐθνῶν π. –

De. 28. 38. σπέρμα π. ἐξοίσεις εἰς τὸ πεδίον (9 a)
30. 16. καὶ πολλοὶ ἔσεσθε (14 b)
31. 17. εὑρήσουσιν αὐτὸν κακὰ π. (9 a)
— 21. A ὅταν εὕρωσιν αὐτὸν κακὰ π. (9 a)
33. 6. ἔστω πολὺς ἐν ἀριθμῷ †
Jo. 5. 6. ἀπερίτμητοι ἦσαν οἱ πλεῖστοι αὐ. –
9. 13. ἀπὸ τῆς π. ὁδοῦ σφόδρα (9 b)
10. 11. ἐγένοντο πλείους οἱ ἀποθανόντες (20 b)
11. 4. καὶ ἅρματα π. σφόδρα (9 a)
— 18. ἡμέρας πλείους ἐποίησεν . . . τὸν πόλεμον (20 b)
13. 1. ἡ γῆ ὑπολέλειπται πολλή (9 e)
17. 14. ἐγὼ δὲ λαὸς π. εἰμι (9 a)
— 15, 17. εἰ λαὸς π. εἶ (9 a)
22. 3. ταύτας τὰς ἡμ. [A add. καὶ] πλείους (20 b)
— 8. ἐν χρήμασι π. ἀπήλθοσαν (9 a)
— 8. κτήνη π. σφόδρα . . . καὶ ἱματισμὸν π. [A add. σφόδρα] διείλαντο (9 a, 9 e)
23. 1. μεθ ἡμέρας πλείους (20 b)
24. 4. εἰς ἔθνος μέγα καὶ π. –
— 7. ἦτε ἐν τῇ ἐρήμῳ ἡμέρας πλείους (20 b)
Jd. 7. 2. π. ὁ λαὸς ὁ μετὰ σοῦ (9 a)
— 4. ἔτι ὁ λαὸς π. (9 a)
8. 24. A ἐνώτια χρυσᾶ π. ἦν [B om. π. ἦν] αὐτοῖς –
— 30. γυναῖκες π. ἦσαν αὐτῷ (9 a)
9. 40. ἔπεσον τραυματίαι π. (9 a)
16. 30. ἦσαν οἱ τεθνηκότες . . . πλείους (20 b)
20. 40. ἀνέβη ἐπὶ πλεῖον [A al.] –
I Ki. 2. 5. ἡ π. ἐν τέκνοις ἠσθένησε (9 a)
9. 7. πλεῖον οὐκ ἔστι μεθ' ἡμῶν [A ἐν ἡμῖν] †
14. 6. B σώζειν ἐν πολλοῖς ἢ ἐν ὀλίγοις (9 a)
26. 13. καὶ π. ἡ ὁδὸς ἀνὰ μέσον αὐτῶν (9 a)
— 21. ἠγνόηκα πολλὰ σφόδρα (9 e)
II Ki. 1. 4. πεπτώκασι πολλοὶ ἐκ τοῦ λαοῦ (9 e)
3. 1. ἐγένετο ὁ πόλεμος ἐπὶ πολύ (16 a)
— 22. σκῦλα πολλὰ ἔφερον (9 a)
8. 8. ἔλαβεν ὁ βασ. Δ. χαλκὸν π. σφόδρα (9 e)
12. 2. τῷ πλουσίῳ ἦν . . . βουκόλια π. σφόδρα (9 e)
— 30. σκῦλα . . . ἐξήνεγκε πολλὰ σφόδρα (9 e)
13. 34. λαὸς π. πορευόμενος ἐν τῇ ὁδῷ (9 a)
14. 2. ἔσῃ ὡς γυνὴ πενθοῦσα . . . ἡμέρας π. (9 a)
15. 12. ὁ λαὸς ὁ πορευόμ. καὶ π. (9 a)
22. 17. εἵλκυσέ με ἐξ ὑδάτων π. (9 a)
24. 14. π. οἱ οἰκτιρμοὶ αὐτοῦ σφόδρα (9 a)
— 16. πολὺ νῦν [A πολὺν] ἄνες τὴν χεῖρά σου (9 a)
III Ki. 3. 1 (4. 29 [5. 9]). ἔδωκε κ. . . . σοφίαν π. σφόδρα (9 e)
— 1 (B), 4. 20 (A). Ἰούδα καὶ Ἰσρ. πολλοὶ σφόδρα (9 a)
— 8. ὃν ἐξελέξω λαὸν π. (9 a)
— 11. οὐκ ᾐτήσω σαυτῷ ἡμέρας π. (9 a)
4. 29 (5. 9). ἔδωκε κ. . . . σοφίαν [A φρόνησιν] π. (9 e)
5. 7 (21). ἐπὶ τὸν λαὸν τὸν π. τοῦτον (9 a)
10. 2. καὶ χρυσὸν π. [A -σίον π.] (9 e)
— 10. καὶ ἡδύσματα π. σφόδρα (9 e)
— 11. ἤνεγκε ξύλα πελεκητὰ π. σφόδρα (9 e)
11. 1. A ἔλαβε γυναῖκας ἀλλοτρίας π. [B om.] (9 a)
18. 1. καὶ ἐγένετο μεθ' ἡμέρας π. (9 a)
— 25. ὅτι πολλοὶ ὑμεῖς (9 a)
19. 7. ὅτι π. ἀπὸ σοῦ ἡ ὁδός (9 a)
IV Ki. 6. 16. πλείους οἱ μεθ' ἡμῶν (20 b)
9. 22. καὶ τὰ φάρμακα αὐτῆς τὰ π. (9 a)
10. 18. Ἰοὺ δουλεύσει αὐτῷ πολλά (9 e)
12. 10 (11). π. τὸ ἀργύριον ἐν τῇ κιβωτῷ (9 a)
21. 16. αἷμα ἀθῷον ἐξέχεε Μ. πολὺ σφόδρα (9 e)
I Ch. 4. 27. τοῖς ἀδ. αὐ. οὐκ ἦσαν υἱοὶ π. (9 a)
— 40. AB[2]R εὗρον νομὰς πλείονας [B[1] πίονας] †
5. 9. κτήνη αὐτῶν π. ἐν γῇ Γαλ. (9 d)
— 22. τραυματίαι π. ἔπεσον (9 a)
7. 22. ἐπένθησεν Ἐφρ. . . . ἡμέρας π. (9 a)
11. 22. π. ἔργα αὐτοῦ ὑπὲρ Καβ. (9 a)
12. 29. τὸ πλεῖστον αὐ. ἀπεσκόπει τὴν φυλακήν (24 c)
18. 8. ἔλαβε Δ. χαλκὸν π. σφόδρα (9 a)
20. 2. σκῦλα τῆς πόλ. ἐξήνεγκε πολλὰ σφόδρα (9 e)
21. 13. π. οἱ οἰκτιρμοὶ αὐ. σφόδρα (9 a)
22. 3. σίδηρον π. . . . ἡτοίμασε Δ. (9 b)
— 8. αἵματα π. ἐξέχεας (9 a)
24. 4. εὑρέθησαν οἱ υἱοὶ Ἐλ. πλείους (20 b)
28. 5. π. υἱοὺς ἔδωκέ μοι κύριος (9 a)
29. 2. A R καὶ Πάριον πολύν [B -ύ] (9 a)
II Ch. 1. 9. ἐβασίλευσάς με ἐπὶ λαὸν π. (9 a)
— 11. ἡμέρας π. οὐκ ᾐτήσω (9 a)
9. 9. καὶ ἀρώματα εἰς πλῆθος π. (7)

II Ch. 11. 23. ἔδωκεν αὐταῖς τροφὰς πλῆθος π. (25 a)
13. 8. καὶ ὑμεῖς πλῆθος π. (9 a)
— 8. A[2] μεθ' ὑμῶν μόσχοι π. [A[1] B χρυσοῖ] †
14. 11 (10). σώζειν ἐν πολλοῖς (9 a)
— 11 (10). ἤλθομεν ἐπὶ τὸ πλῆθος τὸ π. τοῦτο (25 c)
— 13 (12). ἐσκύλευσαν σκῦλα π. (9 e)
— 14 (13). π. σκῦλα ἐγενήθη αὐτοῖς (9 a)
— 15 (14). ἔλαβον πρόβατα π. (9 b)
15. 3. ἡμέραι π. τῷ Ἰσρ. (9 a)
— 9. προσετέθησαν πρὸς αὐτὸν πολλοί (9 b)
16. 8. οὐχ οἱ Αἰθίοπες . . . ἦσαν εἰς δύναμιν π. (9 b)
17. 5. ἐγένετο αὐτῷ . . . δόξα π. (9 b)
— 13. ἔργα π. ἐγένετο αὐτῷ (9 a)
18. 1. ἐγενήθη τῷ Ἰωσ. ἔτι . . . δόξα π. (9 b)
— 2. ἔθυσεν αὐτῷ Ἀχ. . . . μόσχους π. (9 b)
20. 2. ἥκει ἐπὶ σὲ πλῆθος π. (9 a)
— 12. τοῦ ἀντιστῆναι πρὸς τὸ πλῆθος τὸ π. τ. (9 a)
— 15. ἀπὸ προσώπου τοῦ ὄχλου τοῦ π. τούτου (9 a)
— 25. εὗρον κτήνη π. (9 b)
— 25. ὅτι πολλὰ ἦν (9 a)
21. 3. ἔδωκεν αὐτοῖς ὁ πατὴρ αὐ. δόματα π. (9 a)
24. 11. συνήγαγον ἀργύριον π. (9 b)
— 24. παρέδωκεν . . . δύναμιν π. σφόδρα (9 b)
25. 9. δοῦναί σοι πλεῖστα τούτων (24 a)
— 13. ἐσκύλευσαν σκῦλα π. (9 a)
26. 10. ἐλατόμησε λάκκους π. (9 a)
— 10. κτήνη π. ὑπῆρχεν αὐτῷ (9 a)
27. 3. ᾠκοδόμησε πολλά (9 b)
28. 5. ᾐχμαλώτευσεν . . . αἰχμαλωσίαν π. (2)
— 8. σκῦλα π. ἐσκύλευσαν (9 a)
— 13. πολλὴ ἡ ἁμαρτία ἡμῶν (9 a)
29. 35. ἡ ὁλοκαύτωσις π. (9 b)
30. 13. συνήχθησαν . . . λαὸς π. . . . ἐκκλησία π. σφόδρα (9 a, 9 b)
— 18. πλεῖστον [A τὸ πλ.] τοῦ λαοῦ . . . οὐχ ἥγνισαν (24 c)
32. 4. συνήγαγε λαὸν π. (9 a)
— 4. καὶ εὕρῃ ὕδωρ π. (9 a)
— 5. κατεσκεύασεν ὅπλα π. (9 b)
— 7. μεθ' ἡμῶν πλείονες ἢ μετ' αὐτοῦ (20 b)
— 23. πολλοὶ ἔφερον δῶρα τῷ κυρίῳ (9 a)
— 27. ἐγένετο τῷ Ἐζ. . . . δόξα π. σφόδρα (9 e)
— 29. ἔδωκεν αὐτῷ κ. ἀποσκευὴν π. σφόδρα (9 a)
I Es. 1. 49. πολλὰ ἠσέβησαν
2. 9. καὶ εὐχαῖς ὡς πλείσταις πολλῶν
— 29. καὶ μὴ προβῇ ἐπὶ πλεῖον
3. 22. μετ' οὐ πολὺ σπῶνται τὰς μαχαίρας
4. 14. καὶ π. οἱ ἄνθρωποι
— 25. πλεῖον ἀγαπᾷ ἄνθρ. τὴν ἰδίαν γυναῖκα
— 26. πολλοὶ ἀπενοήθησαν
— 27. πολλοὶ ἀπώλοντο
— 42. αἴτησαι . . . πλείω τῶν γεγραμμ.
5. 64. καὶ πολλοὶ διὰ σαλπίγγων
6. 14. ᾠκοδόμητο . . . ἔμπροσθεν ἐτῶν πλειόνων
8. 7. π. ἐπιστήμην περιεῖχεν
— 91. ἐπισυνήχθησαν . . . ὄχλος π. σφόδρα
9. 11. τὸ πλῆθος π.
— 11. ἐπὶ πλεῖον γὰρ ἡμάρτομεν
II Es. 3. 12. πολλοὶ ἀπὸ τῶν ἱερέων (9 a)
5. 11. πρὸ τούτου ἔτη π. (12)
10. 1. συνήχθησαν . . . ἐκκλησία π. σφόδρα (9 a)
— 13. ἀλλὰ ὁ λαὸς π. (9 a)
Ne. 2. 2. ἐφοβήθην πολὺ σφόδρα (9 e)
4. 1 (3. 33). ὠργίσθη ἐπὶ πολύ (16 b)
— 10 (4). A S[2] R καὶ ὁ χοῦς [B S[1] ὄχλος] π. (9 e)
— 19 (13). τὸ ἔργον πλατὺ καὶ π. (9 e)
5. 2. ἐν υἱοῖς ἡμῶν . . . ἡμεῖς πολλοί (9 a)
6. 17. ἀπὸ π. ἐντίμων Ἰ. ἐπιστολαὶ ἐπορεύοντο (9 e)
— 18. πολλοὶ ἐν Ἰ. ἔνορκοι ἦσαν αὐτῷ (9 a)
7. 2. φοβούμενος τὸν θ. παρὰ πολλούς (9 a)
9. 19. ἐν οἰκτιρμοῖς σου τοῖς π. [A μεγάλοις] (9 a)
— 28. ἐν οἰκτιρμοῖς σου π. (9 a)
— 30. εἵλκυσας ἐπ' αὐτοὺς ἔτη [S[2] ἔθνη] π. (9 a)
— 31. ἐν οἰκτιρμοῖς σου τοῖς π. (9 a)
— 35. ἐν ἀγαθωσύνῃ σου τῇ π. (9 a)
— 37. R καὶ οἱ καρποὶ αὐτῆς π. (9 e)
13. 26. ἐν ἔθνεσι π. [S[2] τοῖς π.] οὐκ ἦν βασ. ὅμοιος αὐτῷ (9 a)
To. 1. 3. ἐλεημοσύνας π. ἐποίησα
— 16. ἐλεημοσύνας π. ἐποίουν
— 18. πολλοὺς γὰρ ἀπέκτεινεν
2. 2. ἐθεασάμην ὄψα π. [S παρετέθη μοι ὀψάρια πλείονα]
3. 5. π. αἱ κρίσεις σου
— 6. λύπη ἐστὶ π. ἐν ἐμοί
— 6. S βλέπειν ἀνάγκην π.

To. 4. 4. π. κινδύνους ἑώρακεν
— 13. A B καὶ ἀκαταστασία π.
— 21. ὑπάρχει σοι πολλά
5. 9. S χαίρειν σοι πολλὰ γένοιτο
7. 1. S χαίρετε πολλά, ἀδελφοί
— 8. A B παρέθηκαν ὄψα πλείονα
8. 16. κατὰ τὸ π. ἔλεός σου
— 19. S ποιῆσαι ἄρτους π.
12. 8. ἀγαθὸν τὸ ὀλίγον . . . ἢ πολὺ μετὰ ἀδικίας
13. 11. ἔθνη π. μακρόθεν ἥξει
14. 10. S π. ἀδικία ἐν αὐτῇ καὶ δόλος π. συντελεῖται ἐν αὐτῇ
Ju. 1. 6. συνῆλθον [S -ήχθησαν] ἔθνη π.
— 16. A S R πλῆθος ἀνδρῶν πολεμιστῶν πολὺ σφόδρα
2. 17. ἔλαβε . . . πλῆθος π. σφόδρα
— 18. AS[2]R καὶ ἀργύριον . . . π. [BS[1] om.] σφόδρα
— 20. καὶ π. ὁ ἐπίμικτος
4. 13. ἦν ὁ λαὸς νηστεύων ἡμέρας πλείους
5. 8. παρῴκησαν ἐκεῖ ἡμέρας π.
— 9. καὶ ἐν κτήνεσι π. σφόδρα
— 10. ἐγένοντο ἐκεῖ εἰς πλῆθος π.
— 16. κατῴκησαν ἐν αὐτῇ ἡμέρας π.
— 18. ἐξωλεθρεύθησαν ἐν π. πολέμοις ἐπὶ πολὺ σφόδρα
7. 2. πλῆθος π. σφόδρα
— 18. κατεστρατοπέδευσαν ἐν ὄχλῳ π.
— 18. ἦσαν εἰς πλῆθος π. σφόδρα
— 32. ἦσαν ἐν ταπεινώσει π.
10. 7. καὶ ἐθαύμασαν . . . ἐπὶ πολὺ σφόδρα
12. 20. A B καὶ ἔπιεν οἶνον π. σφόδρα
13. 1. A B διὰ τὸ ἐπὶ πλεῖον γεγονέναι τὸν πότον
15. 7. ἐκράτησαν π. λαφύρων
— 7. ἦν γὰρ πλῆθος π. σφόδρα
16. 22. πολλοὶ ἐπεθύμησαν αὐτήν
— 25. οὐκ ἦν ἔτι ὁ ἐκφοβῶν . . . ἡμέρας π.
Es. 1. 1. ποταμὸς μέγας ὕδωρ π.
— 7. οἶνος π. καὶ ἡδύς (9 a)
2. 8. συνήχθησαν π. κοράσια [S al.] (9 a)
3. 13. πολλῶν ἐπάρξας ἐθνῶν
8. 13. πολλοὶ τῇ πλείστῃ . . . χρηστότητι πυκνότερον τιμώμενοι
— 13. πολλοὺς τῶν ἐπ' ἐξουσίαις τεταγμένων
— 13. πολὺ διεστηκὼς τῆς ἡμετέρας χρηστότητος
— 17. πολλοὶ τῶν ἐθνῶν περιετέμοντο (9 a)
10. 3. ἦν φῶς καὶ ἥλιος καὶ ὕδωρ π.
Jb. 1. 3. καὶ ὑπηρεσία πολλὴ σφόδρα (9 a)
— 10. τὰ κτήνη αὐτοῦ πολλὰ ἐποίησας (17 a)
2. 9. χρόνου δὲ πολλοῦ προβεβηκότος –
3. 15. μετὰ ἀρχόντων ὧν πολὺς ὁ χρυσός –
4. 3. εἰ γὰρ σὺ ἐνουθέτησας πολλούς (9 a)
5. 25. γνώσῃ δὲ ὅτι πολὺ τὸ σπέρμα σου (9 a)
9. 17. πολλὰ δέ μου τὰ συντρίμματα πεποίηκε διὰ κενῆς (17 b)
11. 2. ὁ τὰ πολλὰ λέγων καὶ ἀντακούσεται (9 b)
— 3. μὴ πολὺς ἐν ῥήμασι γίνου †
— 19. πολλοί σου δεηθήσονται (9 a)
12. 12. ἐν πολλῷ χρόνῳ σοφία [A σ. εὑρίσκεται] ἐν δὲ πολλῷ [A μακρῷ] βίῳ ἐπιστήμη (†, 1)
14. 21. πολλῶν δὲ γενομένων τῶν υἱῶν αὐ. (4 b)
16. 2. ἀκήκοα τοιαῦτα πολλά (9 a)
18. 11. πολλοὶ [A -ῶν] δὲ περὶ πόδα αὐτοῦ ἔλθοισαν –
20. 19. πολλῶν γὰρ δυνατῶν [A S[2] ἀδ.] οἴκους ἔθλασε †
22. 5. πότερον οὐχ ἡ κακία σου ἐστὶ πολλή (9 a)
23. 6. καὶ ἐν [A εἰ] πολλῇ ἰσχύϊ ἐπελεύσεταί μοι (9 b)
24. 7. γυμνοὺς πολλοὺς ἐκοίμισαν ἄνευ ἱματίων –
— 24. πολλοὺς γὰρ ἐκάκωσε τὸ ὕψωμα αὐτοῦ †
26. 2. πότερον οὐχ ᾧ πολλὴ ἰσχύς –
27. 14. ἐὰν δὲ πολλοὶ γένωνται οἱ υἱοὶ αὐ. (13 b)
29. 18. πολὺν χρόνον βιώσω (9 e)
30. 18. ἐν [A om.] πολλῇ ἰσχύϊ ἐπελάβετό μου τῆς στολῆς (9 b)
31. 21. πολλή μοι βοήθεια περίεστιν –
— 25. πολλοῦ πλούτου μοι γενομένου (9 a)
32. 7. A R ἐν π. δὲ ἔτεσιν οἴδασι [B S οὐκ οἱ.] σοφίαν (9 b)
34. 37. πολλὰ λαλούντων [A -οῦσιν] ῥήματα (9 e)
35. 5 (6). εἰ δὲ καὶ πολλὰ ἠνόμησας (9 c)
— 9. βοήσονται ἀπὸ βραχίονος πολλῶν (9 a)
36. 26. ἰδοὺ ὁ ἰσχυρὸς πολύς (12)
37. 19. πανσώμεθα πολλὰ λέγοντες †
38. 21. ἀριθμὸς δὲ ἐτῶν σου πολύς (9 a)

Jb. 39. 11. πολλὴ ἡ ἰσχὺς αὐτοῦ (9 *a*)
Ps. 3. 1. πολλοὶ ἐπανίστανται ἐπ' ἐμέ (9 *a*)
— 2. πολλοὶ λέγουσι τῇ ψυχῇ μου (9 *a*)
4. 6. πολλοὶ λέγουσι, Τίς δείξει ἡμῖν τὰ ἀγαθά (9 *a*)
17 (18). 16. προσελάβετό με ἐξ ὑδάτων π. (9 *a*)
18 (19). 10. ἐπιθυμητὰ ὑπὲρ χρυσίον καὶ λίθον τίμιον πολύν (9 *a*)
— 11. ἐν τῷ φυλάσσειν αὐτὰ ἀνταπόδοσις πολλή (9 *a*)
21 (22). 12. περιεκύκλωσάν με μόσχοι πολλοί (9 *a*)
— 16. ἐκύκλωσάν με κύνες πολλοί –
24 (25). 11. ἱλάσῃ τῇ ἁμαρτίᾳ μου πολλὴ γάρ ἐστι (9 *a*)
28 (29). 3. κύριος ἐπὶ ὑδάτων πολλῶν (9 *a*)
30 (31). 13. ψόγον πολλῶν παροικούντων (9 *a*)
— 19. ὡς π. τὸ πλῆθος τῆς χρηστότητός σου (25 *d*)
31 (32). 6. ἐν κατακλυσμῷ ὑδάτων π. (9 *a*)
— 10. πολλαὶ αἱ μάστιγες τοῦ ἁμαρτωλοῦ (9 *a*)
32 (33). 16. οὐ σῴζεται βασιλεὺς διὰ πολλὴν δύναμιν (9 *b*)
33 (34). 19. πολλαὶ αἱ θλίψεις τῶν δικαίων (9 *a*)
34 (35). 18. ἐν ἐκκλησίᾳ πολλῇ (9 *a*)
35 (36). 6. **A S** τὰ κρίματά σου ἄβυσσος [**B** ὡσεὶ ἄ.] πολλή (9 *a*)
36 (37). 16. ὑπὲρ πλοῦτον ἁμαρτωλῶν πολύν (9 *a*)
39 (40). 3. ὄψονται πολλοί (9 *a*)
— 5. πολλὰ ἐποίησας σὺ . . . τὰ θαυμάσιά σου (9 *a*)
— 10. ἀπὸ συναγωγῆς πολλῆς (9 *a*)
50 (51). 2. ἐπὶ πλεῖον πλῦνόν με (23 *a*)
54 (55). 18. ἐν πολλοῖς ἦσαν σὺν ἐμοί (9 *a*)
55 (56). 2. πολλοὶ οἱ πολεμοῦντές με (9 *a*)
61 (62). 2. οὐ μὴ σαλευθῶ ἐπὶ πλεῖον (23 *b*)
67 (68). 11. τοῖς εὐαγγελιζομ. δυνάμει π. (9 *a*)
70 (71). 7. ὡσεὶ τέρας ἐγενήθην τοῖς π. (9 *a*)
— 20. **B** S^1 ὅτι [S^2 **R** ὅσας] ἔδειξάς μοι θλίψεις πολλάς (9 *a*)
76 (77). 19. αἱ τρίβοι σου ἐν ὕδασι πολλοῖς (9 *a*)
77 (78). 15. ὡς ἐν ἀβύσσῳ πολλῇ (9 *a*)
— 31. **B S** ἀπέκτεινεν ἐν τοῖς πλείοσιν [**R** πίοσιν] αὐτῶν †
88 (89). 50. **B S** οὗ ὑπέσχου [**A R** -ον] ἐν τῷ κόλπῳ μου πολλῶν ἐθνῶν (9 *a*)
89 (90). 10. τὸ πλεῖον αὐτῶν κόπος καὶ πόνος †
92 (93). 4. ἀπὸ φωνῶν ὑδάτων πολλῶν (9 *a*)
96 (97). 1. εὐφρανθήτωσαν νῆσοι πολλαί (9 *a*)
106 (107). 23. ποιοῦντες ἐργασίαν ἐν ὕδασι πολλοῖς (9 *a*)
108 (109). 30. ἐν μέσῳ πολλῶν αἰνέσω αὐτόν (9 *a*)
109 (110). 6. **A** S^2 **R** συνθλάσει κεφαλὰς ἐπὶ γῆς πολλῶν [S^1 γῆν πολλήν] (9 *a*)
118 (119). 156. οἱ οἰκτιρμοί σου πολλοί (9 *a*)
— 157. πολλοὶ οἱ ἐκδιώκοντές με (9 *a*)
— 162. ὡς ὁ εὑρίσκων σκῦλα πολλά (9 *a*)
— 165. **S R** εἰρήνη πολλὴ τοῖς ἀγαπῶσι τὸν νόμον [**A** τὸ ὄνομά] σου (9 *a*)
119 (120). 6. πολλὰ παρῴκησεν ἡ ψυχή μου (9 *a*)
122 (123). 3. **A R** ἐπὶ πολὺ ἐπλήσθημεν [**S** ἐπληθύνθημεν] ἐξουδενώσεως (16 *c*)
— 4. **A R** ἐπὶ πλεῖον ἐπλήσθη [**S** ἐπληθύνθη] ἡ ψυχὴ ἡμῶν (23 *b*)
129 (130). 7. καὶ πολλὴ παρ' αὐτῷ λύτρωσις (9 *e*)
134 (135). 10. ὃς ἐπάταξεν ἔθνη πολλά (9 *a*)
137 (138). 3. **S** πολυωρήσεις με ἐν ψυχῇ μου ἐν δυνάμει π. [**A R** *al.*] –
143 (144). 7. ῥῦσαί με ἐξ ὑδάτων πολλῶν (9 *a*)
Pr. 4. 10. ἵνα σοι γένωνται πολλαὶ ὁδοὶ βίου (13 *b*)
5. 20. μὴ πολὺς ἴσθι πρὸς ἀλλοτρίαν †
6. 8. πολλήν τε ἐν τῷ ἀμητῷ ποιεῖται τὴν παράθεσιν †
— 35. οὐδὲ μὴ διαλυθῇ [**A** διὰ] π. δώρων (9 *e*)
7. 20. δι' ἡμερῶν πολλῶν ἐπανήξει †
— 21. ἀπεπλάνησε δὲ αὐτὸν πολλῇ ὁμιλίᾳ (9 *b*)
— 26. πολλοὺς γὰρ τρώσασα καταβέβληκε (9 *a*)
8. 6. S^1 πολλὰ [**A B** S^2 σεμνὰ] γὰρ ἐρῶ †
— 18. καὶ κτῆσις πολλῶν καὶ δικαιοσύνη †
— 19. **A** ὑπὲρ χρυσίον καὶ λίθον τίμιον πολύν [**B S** *om.*] –
9. 11. πολὺν ζήσεις χρόνον (9 *d*)
— 18. ἵνα πολὺν ζήσῃς χρόνον –
11. 14. σωτηρία δὲ ὑπάρχει ἐν πολλῇ βουλῇ (9 *b*)
— 24. εἰσὶν οἳ . . . πλείονα ποιοῦσιν (22)
13. 7. εἰσὶν οἱ ταπεινοῦντες ἑαυτοὺς ἐν πολλῷ πλούτῳ (9 *a*)
— 23. δίκαιοι ποιήσουσιν ἐν πλούτῳ ἔτη πολλά †
14. 4. οὗ δὲ πολλὰ γενήματα (9 *b*)

Pr. 14. 17. ἀνὴρ δὲ φρόνιμος πολλὰ ὑποφέρει †
— 20. φίλοι δὲ πλουσίων πολλοί (9 *a*)
— 28. ἐν πολλῷ ἔθνει δόξα βασιλέως (9 *b*)
— 29. μακρόθυμος ἀνὴρ πολὺς ἐν φρονήσει (9 *a*)
15. 5 (6). ἐν πλεοναζούσῃ δικαιοσύνῃ ἰσχὺς πολλή (9 *a*?)
— 6. **A B** S^2 οἴκοις δικαίων ἰσχὺς πολλή (9 *a*)
— 29 (16. 8). πολλὰ γενήματα μετὰ ἀδικίας (9 *b*)
16. 21. οἱ δὲ γλυκεῖς ἐν λόγῳ πλείονα [**A** πλεῖον] ἀκούσονται (20 *e*)
17. 1. **A S** οἶκος πλήρης [**B** *om.*] πολλῶν ἀγαθῶν †
19. 1 (4). πλοῦτος προστίθησι φίλους πολλούς (9 *a*)
— 6. πολλοὶ θεραπεύουσι πρόσωπα βασιλέων (9 *a*)
— 7. ὁ πολλὰ κακοποιῶν τελεσιουργεῖ κακίαν –
— 19. **A R** κακόφρων ἀνὴρ πολλὰ [**B S** *om.*] ζημιωθήσεται –
— 21. πολλοὶ λογισμοὶ ἐν καρδίᾳ ἀνδρός (9 *a*)
22. 1. αἱρετώτερον ὄνομα καλὸν ἢ πλοῦτος πολύς (9 *a*)
— 16. ὁ συκοφαντῶν πένητα πολλὰ ποιεῖ τὰ ἑαυτοῦ [**A** S^2 ἑ. κακά] (17 *b*)
23. 34. ὥσπερ κυβερνήτης ἐν πολλῷ κλύδωνι †
25. 27. ἐσθίειν μέλι πολὺ οὐ καλόν (9 *e*)
26. 10. πολλὰ χειμάζεται πᾶσα σὰρξ ἀφρόνων (9 *a*)
— 20. ἐν πολλοῖς ξύλοις θάλλει πῦρ †
28. 12. πολλὴ γίνεται δόξα (9 *a*)
— 20. ἀνὴρ ἀξιόπιστος [**A** -ότερος] πολλὰ εὐλογηθήσεται (9 *a*)
— 27. ἐν πολλῇ ἀπορίᾳ ἔσται (9 *a*)
29. 16. πολλῶν ὄντων ἀσεβῶν πολλαὶ γίνονται ἁμαρτίαι (9 *d*, 9 *d*)
— 26. πολλοὶ θεραπεύουσι πρόσωπα ἡγουμένων (9 *a*)
31. 29. πολλαὶ θυγατέρες ἐκτήσαντο πλοῦτον πολλαὶ ἐποίησαν δύναμιν (9 *a*, –)
Ec. 1. 16. καρδία μου εἶδε πολλά (9 *e*)
2. 7. κτῆσις . . . πολλὴ [S^1 *om.*] ἐγένετό μοι (9 *e*)
5. 6. ἐν πλήθει ἐνυπνίων . . . καὶ λόγων π. (9 *e*)
— 11. εἰ ὀλίγον καὶ εἰ πολὺ φάγεται (9 *e*)
— 16. πᾶσαι [S^1 *om.*] αἱ ἡμ. αὐ. ἐν . . . θυμῷ π. (9 *e*)
— 19. B^2 **R** οὐ πολλὰ [**A S** πολλὰς, B^1 ἀλλὰ] μνησθήσεται τὰς ἡμέρας (9 *e*)
6. 1. ἔστι πονηρία . . . καὶ πολλή ἐστιν (9 *a*)
— 3. καὶ ἔτη πολλὰ ζήσεται (9 *a*)
— 11. εἰσὶ λόγοι [**S** ὀλίγοι] π. πληθύνοντες ματαιότητα (9 *e*)
7. 17 (16). μὴ γίνου δίκαιος πολύ [**S** ἐπὶ π.] (9 *e* [16 *b*])
— 18 (17). μὴ ἀσεβήσῃς πολύ (9 *e*)
— 23 (22). **A B** S^2 καθόδους πολλὰς [S^1 πολλὰ] κακώσει καρδίαν [**B** -ία] σου (9 *a*)
— 30 (29). αὐτοὶ ἐζήτησαν λογισμοὺς π. (9 *a*)
8. 6. γνῶσις τοῦ ἀνθρώπου πολλὴ ἐπ' αὐτόν (9 *a*)
9. 18. ἁμαρτάνων εἷς ἀπολέσει ἀγαθωσύνην π. (9 *e*)
11. 8. ἐὰν ἔτη π. ζήσεται ὁ ἄνθρωπος (9 *e*)
— 8. τὰς ἡμ. τοῦ σκότους ὅτι πολλαὶ ἔσονται (9 *e*)
12. 10 (9). πολλὰ ἐζήτησεν ἐκκλησιαστής (9 *e*)
— 12. τοῦ [S^1 *om.*] ποιῆσαι βιβλία π. (9 *e*)
— 12. μελέτη π. κόπωσις σαρκός (9 *e*)
Ca. 7. 4 (5). ἐν πύλαις θυγατρὸς πολλῶν (9 *a*)
8. 7. ὕδωρ π. οὐ δυνήσεται σβέσαι τὴν ἀγάπην (9 *a*)
Wi. 5. 1. στήσεται ἐν παρρησίᾳ π. ὁ δίκαιος
8. 12. λαλοῦντος ἐπὶ πλεῖον
10. 18. διήγαγεν αὐτοὺς δι' ὕδατος πολλοῦ
12. 18. μετὰ πολλῆς φειδοῦς διοικεῖς ἡμᾶς
16. 17. πλεῖον [**S** πλέον] ἐνήργει τὸ πῦρ
17. 13. πλείονα λογίζεται τὴν [**S** ἀναλογ.] ἄγνοιαν τῆς . . . αἰτίας
18. 20. οὐκ ἐπὶ πολὺ ἔμεινεν ἡ ὀργή
Si. *prol.* 1. πολλῶν καὶ μεγάλων ἡμῖν διὰ τοῦ νόμου . . . δεδομένων
— 7. ἐπὶ πλεῖον [**S** πλέον] ἑαυτὸν δοὺς εἴς τε τὴν τοῦ νόμου . . . ἀνάγνωσιν
— 11. ὅπως οἱ φιλομαθεῖς . . . πολλῷ μᾶλλον ἐπιπροσθῶσι [**S** ἔτι προσθήσουσιν]
— 23. πολλὴν γὰρ [**A** *om.*] ἀγρυπνίαν . . . προσενεγκάμενος
1. 23. **A S** χείλη πολλῶν [**B** πιστῶν] ἐκδιηγήσεται σύνεσιν αὐτοῦ
2. 18. S^2 οὕτως καὶ π. [**A B** S^1 *om.*] τὸ ἔλεος αὐ.
3. 18. S^2 πολλοί εἰσιν ὑψηλοὶ καὶ ἐπίδοξοι
— 23. πλείονα γὰρ συνέσεως ἀνθρώπων ὑπεδείχθη σοι
— 24. πολλοὺς γὰρ ἐπλάνησεν ἡ ὑπόληψις αὐτῶν
5. 6. ὁ οἰκτιρμὸς αὐτοῦ πολύς
6. 6. οἱ εἰρηνεύοντές σοι ἔστωσαν πολλοί

Si. 6. 22. σοφία . . . οὐ πολλοῖς ἐστι φανερά
8. 2. πολλοὺς γὰρ ἀπώλεσε τὸ χρυσίον
9. 8. ἐν κάλλει γυναικὸς πολλοὶ ἐπλανήθησαν
11. 5. πολλοὶ τύραννοι ἐκάθισαν ἐπὶ ἐδάφους
— 6. πολλοὶ δυνάσται ἠτιμάσθησαν σφόδρα
— 10. μὴ περὶ πολλὰ ἔστωσαν αἱ πράξεις σου
— 13. ἀπεθαύμασαν ἐπ' αὐτῷ πολλοί
— 29. πολλὰ γὰρ τὰ ἔνεδρα τοῦ δολίου
12. 16. B^2 πολλὰ ψιθυρίσει
— 18. πολλὰ διαψιθυρίσει
13. 11. μὴ πίστευε τοῖς πλείοσι λόγοις αὐτοῦ
— 11. ἐκ πολλῆς γὰρ λαλιᾶς πειράσει σε
— 22. πλουσίου σφαλέντος πολλοὶ ἀντιλήπτορες
15. 18. πολλὴ σοφία τοῦ κυρίου
16. 5. πολλὰ τοιαῦτα ἑώρακα [**S** *al.*]
— 12. κατὰ τὸ π. ἔλεος αὐτοῦ οὕτως καὶ πολὺς ὁ ἔλεγχος αὐτοῦ
— 17. ἐν λαῷ πλείονι οὐ μὴ μνησθῶ [**A S** γνωσθῶ]
— 21. τὰ δὲ πλείονα τῶν ἔργων αὐ. ἐν ἀποκρύφοις
18. 9. ἀριθμὸς ἡμερῶν ἀνθρώπου πολλὰ ἔτη ἑκατόν
— 32. μὴ εὐφραίνου ἐπὶ πολλῇ τρυφῇ
20. 5. ἔστι μισητὸς ἀπὸ πολλῆς λαλιᾶς
— 12. ἔστιν ἀγοράζων πολλὰ ὀλίγου
— 14. οἱ γὰρ ὀφθαλμοὶ αὐτοῦ ἀνθ' ἑνὸς πολλοί
— 15. ὀλίγα δώσει καὶ πολλὰ ὀνειδίσει
27. 1. χάριν ἀδιαφόρου [S^1 διαφ.] πολλοὶ ἥμαρτον
— 24. πολλὰ ἐμίσησα
28. 13. πολλοὺς γὰρ εἰρηνεύοντας ἀπώλεσαν
— 14. γλῶσσα τρίτη πολλοὺς ἐσάλευσε
— 18. πολλοὶ ἔπεσαν ἐν στόματι μαχαίρας
29. 4. πολλοὶ ὡς εὕρεμα ἐνόμισαν δάνος
— 7. πολλοὶ χάριν πονηρίας ἀπέστρεψαν
— 18. ἐγγύη πολλοὺς ἀπώλεσε κατευθύνοντας
30. 23. πολλοὺς γὰρ ἀπέκτεινεν
— 37 (33. 27). πολλὴν γὰρ κακίαν ἐδίδαξεν ἡ ἀργία
31 (34). 7. πολλοὺς ἐπλάνησε τὰ ἐνύπνια
— 9. ἀνὴρ πεπαιδευμ. [**S** πεπλανημ.] ἔγνω πολλά
— 11. πολλὰ ἑώρακα ἐν τῇ ἀποπλανήσει μου
— 11. πλείονα τῶν λόγων μου σύνεσίς μου
— 14. **A** ὁ φοβούμενος κύριον πολλὰ [**B** οὐ μή, **S** οὐδὲν] εὐλαβηθήσεται
— 23 τί ὠφέλησαν [**A** -εν] πλεῖον ἢ κόπους
34 (31). 6. πολλοὶ ἐδόθησαν εἰς πτῶμα
— 12. πολλά γε τὰ ἐπ' αὐτῆς
— 18. εἰ ἀνὰ μέσον πλειόνων ἐκάθισας
— 25. πολλοὺς γὰρ ἀπώλεσεν ὁ οἶνος
— 29. οἶνος πινόμενος [**A** γιν.] πολὺς ἐν ἐρεθισμῷ
35 (32). 8. ἐν ὀλίγοις πολλά
— 9. ἑτέρου λέγοντος μὴ πολλὰ ἀδολέσχει
37. 11. οἰκέτῃ ἀργῷ περὶ πολλῆς ἐργασίας
— 19. ἔστιν ἀνὴρ . . . πολλῶν παιδευτής
— 30. ἐν π. γὰρ βρώμασιν ἔσται πόνος
— 31. δι' ἀπληστίαν πολλοὶ ἐτελεύτησαν
39. 9. αἰνέσουσι τὴν σύνεσιν αὐτοῦ πολλοί
42. 4. περὶ κτήσεως πολλῶν καὶ ὀλίγων
— 5. περὶ παιδείας τέκνων πολλῆς
— 6. ὅπου χεῖρες πολλαὶ κλεῖσον
— 11. μή ποτε . . . αἰσχύνῃ σε ἐν πλήθει πολλῶν
43. 27. πολλὰ ἐροῦμεν καὶ οὐ μὴ ἀφικώμεθα
— 32. πολλὰ ἀπόκρυφά ἐστι μείζονα τούτων
44. 2. πολλὴν δόξαν ἔκτισεν ὁ κύριος
45. 9. ἐκύκλωσεν αὐτὸν . . . χρυσοῖς κώδωσι πλείστοις
49. 13. **A** S^2 **R** Νεεμίου [**B** S^1 νέμουσιν] ἐπὶ πολὺ τὸ μνημόσυνον
50. 18. ἐν πλείστῳ οἴκῳ [S^2 ἤχῳ] ἐγλυκάνθη μέλος
51. 3. ἐκ πλειόνων θλίψεων ὧν ἔσχον
— 16. πολλὴν εὗρον ἐμαυτῷ παιδείαν
— 27. εὗρον ἐμαυτῷ πολλὴν ἀνάπαυσιν
— 28. μετάσχετε παιδείας ἐν π. ἀριθμῷ ἀργυρίου καὶ π. χρυσὸν κτήσασθε ἐν αὐτῇ
Ho. 3. 3. ἡμέρας πολλὰς καθήσῃ ἐπ' ἐμοί (9 *a*)
— 4. ἡμέρας πολλὰς καθήσονται οἱ υἱοὶ Ἰσρ. (9 *a*)
Am. 3. 9. ἴδετε θαυμαστὰ πολλὰ ἐν μέσῳ αὐτῆς (9 *a*)
— 15. προστεθήσονται ἕτεροι οἶκοι π. (9 *a*)
5. 12. ἔγνων πολλὰς ἀσεβείας ὑμῶν (9 *a*)
6. 2. εἰ πλέονα [**A** πλείονα] τὰ ὅρια αὐ. ἐστι (9 *a*)
7. 4. κατέφαγε τὴν ἄβυσσον τὴν π. (9 *a*)
8. 3. πολὺς ὁ πεπτωκὼς ἐν παντὶ τόπῳ (9 *a*)
Mi. 4. 2. πορεύσονται ἔθνη πολλά (9 *a*)
— 3. κρινεῖ ἀνὰ μέσον λαῶν π. (9 *a*)
— 11. ἐπισυνήχθη ἐπὶ σὲ ἔθνη π. (9 *a*)
— 13. κατατήξεις λαοὺς π. (9 *a*)
5. 7 (6), 8 (7). ἐν μέσῳ λαῶν π. (9 *a*)
Jl. 2. 2. χυθήσεται ἐπὶ τὰ ὄρη λαὸς π. (9 *a*)
— 5. ὡς λαὸς π. καὶ ἰσχυρός (8)

Jl. 2. 11. πολλή ἐστι σφόδρα ἡ παρεμβολὴ αὐ. (9 *a*)
Jn. 4. 11. ἐν ᾗ κατοικοῦσι πλείους ἢ δώδεκα μυριάδες ἀνθρώπων . . . καὶ κτήνη πολλά (20 *d*, 9 *a*)
Na. 1. 12. κύριος κατάρχων ὑδάτων π. (9 *a*)
Hb. 2. 8. ἐσκύλευσας ἔθνη π. (9 *a*)
— 10. συνεπέρανας λαοὺς π. (9 *a*)
— 13. ἔθνη π. ὠλιγοψύχησαν –
— 14. A ὡς ὕδωρ π. [B S *om.*] κατακαλύψει αὐτούς –
3. 15. τοὺς ἵππους σου ταράσσοντας ὕδωρ π. [S^3 ὕδατα π.] (9 *a*)
Ze. 3. 12. A ὑπολείψομαι ἐν σοὶ λαὸν π. [B S πραΰν] †
Hg. 1. 6. ἐσπείρατε πολλά (9 *e*)
— 9. ἐπεβλέψατε εἰς πολλά (9 *e*)
Za. 2. 11 (15). καταφεύξονται ἔθνη π. (9 *a*)
8. 20. ἥξουσι λαοὶ π. καὶ κατοικοῦντες πόλεις π. [S^2 *om.* π. π.] (–, 9 *a*)
— 22. ἥξουσι λαοὶ π. καὶ ἔθνη π. (9 *a*, 8)
10. 8. πληθυνθήσονται καθότι ἦσαν πολλοί (14 *b*)
Ma. 2. 6. πολλοὺς ἐπέστρεψεν ἀπὸ ἀδικίας (9 *a*)
— 8. ἠσθενήσατε πολλοὺς ἐν νόμῳ (9 *a*)
3. 14. τί πλέον [S πλεῖον] ὅτι ἐφυλάξαμεν (20 *a*)
Is. 2. 3. πορεύσονται ἔθνη πολλά (9 *a*)
— 4. S κρινεῖ ἀνὰ μέσον ἐθνῶν πολλῶν [A B τῶν ἐ.] –
— 4. ἐξελέγξει [A ἐλ.] λαὸν πολύν (9 *a*)
— 6. τέκνα πολλὰ ἀλλόφυλα –
5. 9. ἐὰν γὰρ γένωνται οἰκίαι πολλαί (9 *a*)
7. 22. ἀπὸ τοῦ πλεῖστον ποιεῖν γάλα (24 *b*)
8. 7. ἀνάγει ἐφ' ὑμᾶς τὸ ὕδωρ τοῦ ποταμοῦ τὸ ἰσχυρὸν καὶ τὸ π. (9 *a*)
— 15. ἀδυνατήσουσιν ἐν αὐτοῖς πολλοί (9 *a*)
9. 3 (2). τὸ πλεῖστον τοῦ λαοῦ ὃ κατήγαγες (24 *a*)
11. 9. ὡς ὕδωρ πολὺ κατακαλύψαι θαλάσσας –
13. 4. φωνὴ ἐθνῶν πολλῶν . . . ὁμοία ἐθνῶν πολλῶν [S^1 *om.* ὁ. ἐ. π.] (3?, 9 *a*)
— 20. διὰ πολλῶν γενεῶν †
14. 11. ἡ π. εὐφροσύνη σου †
— 19. μετὰ πολλῶν τεθνηκότων †
16. 2 (3). Ἀρνῶν πλείονα βουλείου †
— 14. παντὶ [A S ἐν π.] τῷ πλούτῳ τῷ π. (9 *a*)
17. 4. A^{2}S τὰ πλείονα [A^{1}B πίονα] τῆς δόξης αὐ. σεισθήσεται †
— 12. οὐαὶ πλῆθος ἐθνῶν πολλῶν . . . νῶτος ἐθνῶν πολλῶν ὡς ὕδωρ ἠχήσει (9 *a*, –)
— 13. ὡς ὕδωρ πολὺ ἔθνη πολλὰ ὡς ὕδατος πολλοῦ βίᾳ φερομένου (–, –, 9 *a*)
21. 7. ἀκρόασαι ἀκρόασιν πολλήν (9 *a*)
22. 9. εἴδοσαν ὅτι πλείους εἰσί (21)
23. 3. διαπερῶντες τὴν θάλ. ἐν ὕδατι π. (9 *a*)
— 16. πολλὰ ᾆσον (9 *e*)
24. 22. διὰ π. γενεῶν ἐπισκοπὴ ἔσται (9 *b*)
27. 10. ἔσται πολὺν χρόνον εἰς βόσκημα †
— 11. S μετὰ π. [A B *om.*] χρόνον –
28. 2. ὡς ὕδατος πολὺ πλῆθος (5)
30. 17. διὰ φωνὴν πέντε φεύξονται πολλοί –
— 25. ὅταν ἀπόλωνται πολλοί (9 *a*)
— 27. A S διὰ χρόνου ἔρχεται πολλοῦ [B *om.*] (18 *a*)
— 33. πῦρ καὶ ξύλα πολλά (9 *e*)
31. 1. ἔστι γὰρ πολλά (9 *a*)
33. 23. πολλοὶ χωλοὶ προνομὴν ποιήσουσι (9 *e*)
34. 10. B S εἰς χρόνον πολὺν . . . κατοικήσουσιν (19)
36. 2. μετὰ δυνάμεως πολλῆς (4 *a*)
40. 26. καλέσει ἀπὸ πολλῆς [A τῆς π., S^1 πάσης] δόξης (9 *b*)
43. 4. A S δώσω ἀνθρώπους πολλοὺς [B *om.*] ὑπὲρ σοῦ –
47. 12. στῆθι . . . ἐν τῇ π. φαρμακείᾳ σου (9 *b*)
49. 1. διὰ χρόνου πολλοῦ στήσεται (18 *b*)
52. 14. ἐκστήσονται ἐπὶ σὲ πολλοί (9 *a*)
— 15. θαυμάσονται ἔθνη πολλὰ ἐπ' αὐτῷ (9 *a*)
53. 11. δικαιῶσαι δίκαιον εὖ δουλεύοντα πολλοῖς (9 *a*)
— 12. αὐτὸς κληρονομήσει πολλούς (9 *a*)
— 12. ἁμαρτίας πολλῶν ἀνήνεγκε (9 *a*)
54. 1. πολλὰ τὰ τέκνα τῆς ἐρήμου (9 *a*)
— 13. ἐν πολλῇ εἰρήνῃ τὰ τέκνα σου (9 *a*)
55. 7. ἐπὶ πολὺ ἀφήσει τὰς ἁμαρτίας ὑμῶν (16 *b*)
57. 8. ἐὰν ἀπ' ἐμοῦ ἀποστῇς πλεῖόν τι ἕξεις †
— 9. πολλοὺς ἐποίησας τοὺς μακρὰν ἀπὸ σοῦ (17 *b*)
59. 12. πολλὴ γὰρ ἡμῶν ἡ ἀνομία [S^2 *al.*] (9 *c*)
Is. 66. 16. πολλοὶ τραυματίαι ἔσονται ὑπὸ κυρίου (14 *a*)
Je. 2. 12. ἔφριξεν ἐπὶ πλεῖον [S -ω] σφόδρα †
3. 1. ἐξεπόρνευσας ἐν ποιμέσι πολλοῖς (9 *a*)
— 3. ἔσχες ποιμένας πολλοὺς εἰς πρόσκομμα [S^1*al.*] †
12. 10. ποιμένες πολλοὶ διέφθειραν τὸν ἀμπελῶνά μου (9 *a*)
13. 6. μεθ' ἡμέρας πολλάς (9 *a*)
— 9. φθερῶ . . . τὴν π. ταύτην ὕβριν (9 *a*)
14. 7. πολλαὶ αἱ ἁμαρτίαι ἡμῶν (9 *c*)
16. 16. ἀποστέλλω τοὺς ἁλιεῖς τοὺς [S *om.*] π. (9 *a*)
— 16. ἀποστέλλω τοὺς π. [A σοφοὺς] θηρευτάς (9 *a*)
20. 10. ἤκουσα ψόγον πολλῶν συναθροιζομένων (9 *a*)
23. 14. ἑώρακα . . . ἀντιλαμβανομένους χειρῶν πολλῶν [A πονηρῶν] †
27 (50). 29. παραγγείλατε ἐπὶ Βαβ. πολλοῖς (9 *a*)
— 41. βασιλεῖς πολλοὶ ἐξεγερθήσονται (9 *a*)
28 (51). 13. κατασκηνοῦντας ἐφ' ὕδασι π. (9 *a*)
— 55. φωνὴν μεγάλην ἠχοῦσαν ὡς ὕδατα πολλά (9 *a*)
35 (28). 8. ἐπροφήτευσαν ἐπὶ γῆς πολλῆς (9 *a*)
38 (31). 8. τεκνοποιήσει ὄχλον πολύν (2)
39 (32). 14. ἵνα διαμείνῃ ἡμέρας πλείους (20 *b*)
42 (35). 7. ὅπως ἂν ζήσητε ἡμέρας πολλάς (9 *a*)
43 (36). 32. προσετέθησαν αὐτῷ λόγοι πλείονες (20 *b*)
44 (37). 16. ἐκάθισεν ἐκεῖ ἡμέρας πολλάς (9 *a*)
47 (40). 12. συνήγαγον . . . ὀπώραν π. (9 *e*)
48 (41). 12. εὗρον αὐτὸν ἐπὶ ὕδατος πολλοῦ (9 *a*)
49 (42). 2. κατελείφθημεν ὀλίγοι ἀπὸ πολλῶν (9 *e*)
Ba. 1. 12. δουλεύσομεν αὐτοῖς ἡμέρας πολλάς
2. 29. ἡ βόμβησις ἡ μεγάλη ἡ π. αὕτη ἀποστρέψει
4. 12. μηδεὶς ἐπιχαιρέτω μοι τῇ χήρᾳ καὶ καταλειφθείσῃ ὑπὸ πολλῶν
— 35. κατοικισθήσεται ὑπὸ δαιμονίων τὸν πλείονα χρόνον
La. 1. 22. πολλοὶ οἱ στεναγμοί μου (9 *a*)
3. 23. R πολλὴ ἡ πίστις σου (9 *a*)
Ep. Je. 3. ἔσεσθε ἐκεῖ ἔτη πλείονα
— 13. ὅς ἐστι πλείω [? -ων] ἐπ' αὐτοῖς
— 19. λύχνους καίουσι καὶ πλείους ἢ ἑαυτοῖς [A πλείονας αὐ.]
Ez. 1. 24. ἤκουον . . . ὡς φωνὴν ὕδατος πολλοῦ (9 *a*)
3. 6. οὐδὲ πρὸς λαοὺς πολλοὺς ἀλλοφώνους (9 *a*)
9. 9. ἐπλήσθη ἡ γῆ λαῶν πολλῶν –
12. 27. ἡ ὅρασις ἣν οὗτος ὁρᾷ εἰς ἡμέρας π. (9 *a*)
16. 41. ποιήσουσιν ἐν σοὶ ἐκδικήσεις ἐνώπιον γυναικῶν πολλῶν (9 *a*)
17. 5. ἔδωκεν αὐτὸ . . . φυτὸν ἐφ' ὕδατι πολλῷ (9 *a*)
— 7. ἐγένετο ἀετὸς ἕτερος μέγας . . . π. ὄνυξι (9 *a*)
— 8. ἐφ' ὕδατι πολλῷ αὕτη πιαίνεται (9 *a*)
— 9. οὐδὲ ἐν λαῷ πολλῷ (9 *a*)
— 15. τοῦ δοῦναι αὐτῷ ἵππους καὶ λαὸν πολύν (9 *a*)
— 17. οὐδὲ ἐν ὄχλῳ π. ποιήσει . . . πόλεμον (9 *a*)
19. 10. ὁ βλαστὸς αὐ. ἐγένετο ἐξ ὕδατος π. (9 *a*)
22. 5. ἡ ὀνομαστὴ καὶ π. ἐν ταῖς ἀνομίαις (9 *a*)
24. 12. οὐ μὴ ἐξέλθῃ ἐξ αὐτῆς π. ὁ ἰὸς αὐτῆς (9 *a*)
— 14. ἡ ὀνομαστὴ καὶ πολλὴ τοῦ παραπικραίνειν –
26. 3. ἀνάξω ἐπὶ σὲ ἔθνη πολλά (9 *a*)
— 7. καὶ συναγωγῆς ἐθνῶν πολλῶν [A σ. πολλῆς ἐ.] σφόδρα (9 *a*)
— 19. κατακαλύψει σε ὕδωρ πολύ (9 *a*)
27. 3. ἐρεῖς . . . ἀπὸ νήσων πολλῶν (9 *a*)
— 26. ἐβαρύνθης σφόδρα . . . ἐν ὕδατι πολλῷ (9 *a*)
28. 5. ἐν τῇ π. ἐπιστήμῃ σου (9 *b*)
29. 15. τοῦ μὴ εἶναι αὐτοὺς πλείονας †
31. 5. ἐπλατύνθησαν οἱ κλάδοι αὐτοῦ ἀφ' [A ἐφ'] ὕδατος πολλοῦ (9 *a*)
— 7. ἐγενήθησαν αἱ ῥίζαι αὐ. εἰς ὕδωρ π. (9 *a*)
32. 3. περιβαλῶ ἐπὶ σὲ δίκτυα [A δίκτυόν μου καὶ ἐν ἐκκλησίᾳ] λαῶν πολλῶν (9 *a*)
— 9. παροργιῶ καρδίαν λαῶν πολλῶν (9 *a*)
— 10. στυγνάσουσιν ἐπὶ σὲ ἔθνη π. [A *om.*] (9 *a*)
— 13. ἀπολῶ πάντα τὰ κτήνη αὐ. ἀφ' ὕδατος π. (9 *a*)
33. 24. ἡμεῖς πλείους ἐσμέν (20 *b*)
37. 2. πολλὰ σφόδρα ἐπὶ προσώπου τοῦ πεδίου (9 *a*)
— 10. ἔστησαν . . . συναγωγὴ πολλὴ [A μεγάλη] σφόδρα (2)
38. 4. συνάξω . . . πάντας συναγωγῇ πολλῇ (9 *a*)
— 6. ἔθνη πολλὰ μετὰ σοῦ (9 *a*)
— 8. ἀφ' ἡμερῶν πλειόνων [A *add.* ἐτῶν] ἑτοιμασθήσεται (20 *b*)
— 8. συνηγμένων ἀπὸ ἐθνῶν πολλῶν (9 *a*)
— 9. ἔθνη πολλὰ μετὰ σοῦ (9 *a*)
— 12. ἐπ' ἔθνος συνηγμένον ἀπὸ ἐθνῶν πολλῶν –
— 15. ἔθνη πολλὰ μετὰ σοῦ (9 *a*)
— 15. συναγωγὴ μεγάλη καὶ δύναμις πολλή (9 *a*)
Ez. 38. 22. βρέξω . . . ἐπ' ἔθνη πολλὰ μετ' αὐτοῦ (9 *a*)
— 23. γνωσθήσομαι ἐναντίον ἐθνῶν πολλῶν (9 *a*)
39. 27. A ἁγιασθήσομαι . . . ἐνώπιον ἐθνῶν πολλῶν [B ἐν. τῶν ἐ.] (9 *a*)
43. 2. ὡς φωνὴ διπλασιαζόντων πολλῶν (9 *a*)
47. 7. ἐπὶ τοῦ χείλους τοῦ ποτ. δένδρα π. (9 *a*)
— 9. ἔσται ἐκεῖ ἰχθὺς π. σφόδρα (9 *a*)
— 10. οἱ ἰχθύες αὐ. . . . πλῆθος π. σφόδρα (9 *a*)
Da. LXX. 2. 48. δοὺς δωρεὰς μεγάλας καὶ π. (12)
3. (36). πολὺ πληθῦναι [? πολυπλ.] τὸ σπέρμα αὐ.
4. 9. ὁ καρπὸς αὐ. π. καὶ ἀγαθός (12)
— 32. ὕπνος με ἔλαβε πολύς –
7. 5. κατάφαγε σάρκας π. (12)
— 8. καὶ βουλαὶ π. ἐν τοῖς κέρασιν αὐ. –
8. 25. δόλῳ ἀφανιεῖ πολλούς (9 *a*)
— 26. ἔτι γὰρ εἰς ἡμέρας π. (9 *a*)
— 27. ἀσθενήσας ἡμέρας π. –
9. 27. δυναστεύσει ἡ διαθήκη εἰς πολλούς (9 *a*)
— 27. ἐπὶ π. ἑβδομάδας –
11. 3. κυριεύσει κυρείας π. (9 *a*)
— 10. συνάξει συναγωγὴν ὄχλου πολλοῦ (9 *a*)
— 11. παροξυνθήσεται ἐπὶ πολύ –
— 11. στήσει ὄχλον πολύν (9 *a*)
— 12. ταράξει πολλούς (9 *f*)
— 13. ἐν ὄχλῳ π. καὶ ἐν χρήμασι π. (2, 9 *a*)
— 18. καὶ λήψεται πολλούς (9 *a*)
— 25. ἐγερθήσεται . . . ἐν ὄχλῳ π. (2)
— 26. καὶ πεσοῦνται τραυματίαι π. (9 *a*)
— 28. ἐπιστρέψει . . . ἐν χρήμασι π. (2)
— 33. συνήσουσιν εἰς πολλούς (9 *a*)
— 34. ἐπισυναχθήσονται . . . πολλοὶ ἐπὶ πόλεως καὶ πολλοὶ ὡς ἐν κληροδοσίᾳ (–, 9 *a*)
— 39. κατακυριεύσει αὐτοῦ ἐπὶ πολύ (9 *a*)
— 40. ἐν ἵπποις π. καὶ ἐν πλοίοις π. (–, 9 *a*)
— 41. καὶ πολλαὶ σκανδαλισθήσονται (9 *a*)
— 44. καὶ ἀποκτεῖναι πολλούς (9 *a*)
12. 2. πολλοὶ τῶν καθευδόντων (9 *a*)
— 4. ἕως ἂν ἀπομανῶσιν οἱ π. (9 *a*)
— 10. ἕως ἂν . . . ἁγιασθῶσι πολλοί (9 *a*)
Da. TH. 2. 6. τιμὴν π. λήψεσθε παρ' ἐμοῦ (12)
— 12. B^2 ἐν θυμῷ καὶ ὀργῇ πολλῇ [A B^1 *om.*] (12)
— 48. A δόματα πολλὰ καὶ [B *om.* π. κ.] μεγάλα καὶ π. ἔδωκεν αὐτῷ (9 *g*?, 12)
4. 7. τὸ ὕψος αὐ. πολύ (12)
— 9, 18. καὶ ὁ καρπὸς αὐ. πολύς (12)
5. 9. A ὁ βασ. B. πολὺ [B *om.*] ἐταράχθη (12)
6. 14 (15). πολὺ ἐλυπήθη ἐπ' αὐτῷ (12)
— 23 (24). ὁ βασ. πολὺ ἠγαθύνθη ἐπ' αὐτῷ (12)
7. 5. φάγε σάρκας π. (12)
— 28. οἱ διαλογισμοί μου ἐπὶ πολὺ συνετάρασσόν με (16 *d*)
8. 25. δόλῳ διαφθερεῖ πολλούς (9 *a*)
— 25. ἐπὶ ἀπωλείας πολλῶν στήσεται †
— 26. ὅτι εἰς ἡμέρας π. (9 *a*)
9. 18. ἐπὶ τοὺς οἰκτιρμοὺς σου τοὺς π. (9 *a*)
— 27. δυναμώσει διαθήκην πολλοῖς (9 *a*)
— 27. A B^2 δυναμώσει διαθήκην πολλοῖς (9 *a* ?)
11. 3. κυριεύσει κυρείας πολλῆς (9 *a*)
— 5. κυριεύσει κυρείαν π. [A κυρείας πολλῆς] (9 *a*)
— 10. συνάξουσιν ὄχλον ἀνὰ μέσον πολλῶν [A ὄ. δυνάμεων πολλῶν] (9 *a*)
— 11. στήσει ὄχλον π. (9 *a*)
— 13. ἄξει ὄχλον π. ὑπὲρ τὸν πρότερον (9 *a*)
— 13. καὶ ἐν ὑπάρξει π. (9 *a*)
— 14. πολλοὶ ἐπαναστήσονται ἐπὶ βασιλέα τοῦ νότου (9 *a*)
— 18. καὶ συλλήψεται πολλάς (9 *a*)
— 24. A ἐν πλείοσιν [B πίοσι] χώραις ἥξει †
— 26. πεσοῦνται τραυματίαι π. (9 *a*)
— 28. ἐν ὑπάρξει π. (2)
— 33. συνήσουσιν εἰς πολλά (9 *a*)
— 34. προστεθήσονται πρὸς αὐτοὺς πολλοί (9 *a*)
— 39. ὑποτάξει αὐτοῖς πολλούς (9 *a*)
— 40. ἐν ἱππεῦσι καὶ ἐν ναυσὶ π. (9 *a*)
— 41. πολλοὶ ἀσθενήσουσι (9 *a*)
— 44. ἥξει ἐν θυμῷ πολλῷ τοῦ ἀφανίσαι πολλούς (2, 9 *a*)
12. 2. πολλοὶ τῶν καθευδόντων (9 *a*)
— 3. καὶ ἀπὸ τῶν δικαίων τῶν π. (9 *a*)
— 4. ἕως διδαχθῶσι πολλοί (9 *a*)
— 10. καὶ ἁγιασθῶσι πολλοί [B^1 *al.*] (9 *a*)
1 Ma. 1. 2. συνεστήσατο πολέμους π.
— 2. R ἐκρατήσατο ὀχυρωμάτων π. [A S *om.*]
— 9. καὶ οἱ υἱοὶ αὐ. ὀπίσω αὐτῶν ἔτη πολλά
— 11. καὶ ἀνέπεισαν πολλούς

I Ma. 1. 11. εὗρεν ἡμᾶς κακὰ π.
— 18. ἔπεσον [S^1 ἔφυγον] τραυματίαι π.
— 30. ἀπώλεσε λαὸν π. ἐξ Ἰσρ.
— 43. πολλοὶ ἀπὸ Ἰσρ. εὐδόκησαν
— 47. S^1 καὶ θύειν . . . κτήνη πολλά [A S^2 R κοινά]
— 52. συνηθροίσθησαν . . . πρὸς αὐτοὺς πολλοί
— 62. πολλοὶ ἐν Ἰσρ. ἐκραταιώθησαν
2. 16. πολλοὶ ἀπὸ Ἰσρ. πρὸς αὐτοὺς προσῆλθον
— 18. δοξασθήσεσθε . . . ἀποστολαῖς π.
— 29. κατέβησαν πολλοὶ ζητοῦντες δικαιοσύνην
— 32. ἔδραμον ὀπίσω αὐτῶν πολλοί
3. 7. ἐπίκρανε βασιλεῖς πολλούς
— 11. ἔπεσον τραυματίαι π.
— 18. συγκλεισθῆναι πολλοὺς ἐν χερσὶν ὀλίγων
— 18. σῴζειν ἐν πολλοῖς ἢ ἐν ὀλίγοις
— 31. S R συναγαγεῖν ἀργύριον πολὺ [A -ύν]
— 41. S R ἔλαβον . . . χρυσίον πολὺ [A -ύν]
4. 23. S R ἔλαβον χρυσίον πολὺ καὶ ἀργ. [A χρ. κ. ἀ. πολύν]
5. 6. εὗρε . . . λαὸν π.
— 7. συνῆψε πρὸς αὐτοὺς πολέμους π.
— 21. συνῆψε πολέμους π. πρὸς τὰ ἔθνη
— 26. πολλοὶ ἐξ αὐτῶν συνειλημμένοι εἰσίν
— 30. καὶ ἰδοὺ λ. πολύς
— 38. δύναμις π. σφόδρα
6. 6. S R καὶ δυνάμει καὶ σκύλοις π.
— 9. ἦν ἐκεῖ ἡμέρας πλείους
— 31. S R ἐπολέμησαν ἡμέρας [A ἐπὶ ἡ.] π.
— 51. παρενέβαλεν ἐπὶ τὸ ἁγίασμα ἡμέρας π.
— 52. A R ἐπολέμησαν ἡμέρας π. [S om.]
7. 10, 11. ἦλθον μετὰ δυνάμεως π.
— 19. συνέλαβε πολλούς
— 27. ἦλθε N. εἰς Ἱερ. δυνάμει π.
8. 6. ἔχοντα . . . δύναμιν π. σφόδρα
— 10. ἔπεσον ἐξ αὐτῶν τραυματίαι π.
— 19. καὶ ἡ ὁδὸς π. σφόδρα
9. 2. ψυχὰς ἀνθρώπων πολλάς
— 6. ἴδον . . . ὅτι πολλοί εἰσι
— 6. ἐξερύησαν πολλοί
— 17. ἔπεσον τραυματίαι π.
— 20. ἐπένθουν ἡμέρας π.
— 22. A R πολλὰ [S -ή] γὰρ ἦν σφόδρα
— 35. A R τὴν ἀποσκευὴν [S παρασκ.] αὐ. τὴν π.
— 39. καὶ ἀποσκευὴ π.
— 39. μετὰ τυμπάνων . . . καὶ ὅπλων π.
— 40. ἔπεσον τραυματίαι π.
— 43. ἦλθε . . . ἐν δυνάμει π.
— 60. τοῦ ἐλθεῖν μετὰ δυνάμεως π.
— 64. ἐπολέμησεν αὐτὴν ἡμέρας π.
— 69. ἀπέκτειναν ἐξ αὐτῶν πολλούς
10. 2. συνήγαγε δυνάμεις π. σφόδρα
— 21. κατεσκεύασεν ὅπλα π.
— 28. ἀφήσομεν ὑμῖν ἀφέματα π.
— 60. ἔδωκεν αὐτοῖς . . . δόματα π.
— 77. παρενέβαλε . . . δύναμιν π.
— 87. ἔχοντες σκῦλα π.
11. 1. ἤθροισε δυνάμεις π. . . . καὶ πλοῖα π.
— 20. ἐποίησεν . . . μηχανὰς π.
— 24. S^2R λαβὼν . . . ἕτερα ξένια πλείονα [S^1 πλεῖον, A al.]
— 40. ἔμεινεν ἐκεῖ ἡμέρας π.
— 48. ἐλάβοσαν σκῦλα π.
— 51. ἔχοντες σκῦλα π.
— 63. παρῆσαν . . . μετὰ δυνάμεως π.
— 65. ἐπολέμει αὐτὴν ἡμέρας π.
12. 10. π. γὰρ καιροὶ διῆλθον
— 13. ἡμᾶς δὲ ἐκύκλωσαν π. θλίψεις καὶ πόλεμοι π.
— 24. ἐπέστρεψαν . . . μετὰ δυνάμεως π.
— 42. πάρεστιν μετὰ δυνάμεως π.
— 45. A παραδώσω σοι . . . τὰς δυνάμεις τὰς π. [S R λοιπάς]
13. 1. συνήγαγε Τρ. δύναμιν π.
— 12. ἀπῆρε Τρ. . . . μετὰ δυνάμεως π.
— 22. ἦν χιὼν π. σφόδρα
— 26. ἐπένθησαν αὐτὸν ἡμέρας π.
14. 7. συνήγαγεν αἰχμαλωσίαν π.
— 32. ἐδαπάνησε χρήματα π. τῶν ἑαυτοῦ
15. 4. καὶ τοὺς ἠρημωκότας πόλεις π.
— 29. A R ἐκυριεύσατε τόπων [S om.] πολλῶν
16. 5. δύναμις π. εἰς συνάντησιν αὐτοῖς
— 7. ἡ δὲ ἵππος τῶν ὑπεναντίων πολλὴ σφόδρα
— 8. ἔπεσον ἐξ αὐτῶν τραυματίαι π.
— 11. ἔσχεν . . . χρυσίον πολύ
II Ma. 1. 14. A χάριν τοῦ λαβεῖν τὰ χρήματα πλείονα [R om.]
— 35. πολλὰ διάφορα ἐλάμβανε
— 36. καλεῖται δὲ παρὰ τοῖς π. N.
2. 27. διὰ τὴν τῶν π. εὐχαριστίαν
3. 26. πολλὰς ἐπιρριπτοῦντες αὐτῷ πληγάς
— 27. πολλῷ σκότει περιχυθέντα
— 28. τὸν ἄρτι μετὰ π. παραδρομῆς . . . εἰσελθόντα
— 33. R πολλὰς [A -ὰ] τῷ Ὀ. . . . χάριτας ἔχε
4. 35. πολλοὶ δὲ καὶ τῶν ἄλλων ἐθνῶν ἐδείναζον
— 37. διὰ τὴν . . . π. εὐταξίαν
— 39. γενομένων δὲ π. ἱεροσυλημάτων
— 39. χρυσωμάτων ἤδη πολλῶν διενηνεγμένων
— 42. πολλοὺς μὲν αὐτῶν τραυματίας ἐποίησαν
5. 16. A^2 ὑπὸ π. βασιλέων ἀνασταθέντα [A^1 R al.]
— 18. προενέχεσθαι πολλοῖς ἁμαρτήμασι
6. 1. μετ' οὐ πολὺν δὲ χρόνον
— 13. τὸ μὴ π. χρόνον ἐᾶσθαι τοὺς δυσσεβοῦντας
— 24. R πολλοὶ [A -οῖς] τῶν νέων ὑπολαβόντες Ἐλεάζαρον
— 31. τοῖς πλείστοις τοῦ ἔθνους τὸν ἑαυ. θάνατον ὑπόδειγμα . . . καταλείπων
7. 26. πολλὰ δὲ αὐτοῦ παραινέσαντος
8. 20. ὠφέλειαν πολλὴν ἔλαβον
— 24. R τὸ πλεῖστον [A πλεῖον] μέρος τῆς τοῦ N. στρατιᾶς
— 30. R λάφυρα πλεῖστα [A πλείονος] ἐμερίσαντο
— 32. καὶ πολλὰ τοὺς Ἰουδ. ἐπιλελυπηκότα
9. 6. πολλαῖς καὶ ξενιζούσαις συμφοραῖς
— 11. ἤρξατο τὸ π. τῆς ὑπερηφανίας λήγειν
— 19. τοῖς χρηστοῖς Ἰουδ. . . . πολλὰ χαίρειν
— 22. ἔχων π. ἐλπίδα
— 25. ὃν . . . τοῖς πλείστοις ὑμῶν παρακατετιθέμην
10. 23. ἀπώλεσεν . . . πλείους τῶν δισμυρίων
— 27. προῆγον ἀπὸ τῆς πόλεως ἐπὶ πλεῖον
11. 12. οἱ πλείονες δὲ αὐτῶν τραυματίαι γυμνοὶ διεσώθησαν
12. 12. ἐν πολλοῖς αὐτοὺς χρησίμους
— 19. ἀπώλεσαν . . . πλείους τῶν μυρίων ἀνδρῶν
— 24. μετὰ π. γοητείας ἐξαφεῖναι σῶον αὐτόν
— 24. διὰ τὸ πλειόνων μὲν γονεῖς ὧν δὲ ἀδελφοὺς ἔχειν
— 25. πιστώσαντος δὲ αὐτοῦ διὰ πλειόνων
— 27. βελῶν πολλαὶ παραθέσεις ὑπῆρχον
— 36. τῶν δὲ περὶ τὸν Ἔσδριν ἐπὶ πλεῖον μαχομένων
13. 3. παρεκάλει μετὰ π. εἰρωνείας τὸν Ἀντ.
— 8. ἐπεὶ γὰρ συνετελέσατο πολλὰ . . . ἁμαρτήματα
14. 20. πλείονος δὲ γενομένης περὶ τούτων ἐπισκέψεως
15. 14. ὁ πολλὰ προσευχόμενος περὶ τοῦ λαοῦ
III Ma. 1. 5. π. δὲ καὶ δοριαλώτους συλληφθῆναι
2. 6. ποικίλαις καὶ π. δοκιμάσας τιμωρίαις
— 13. διὰ τὰς π. καὶ μεγάλας ἡμῶν ἁμαρτίας
— 26. πολλοὺς τῶν φίλων ἀτενίζοντας
— 32. οἱ δὲ πλεῖστοι γενναίᾳ ψυχῇ ἐνίσχυσαν
3. 15. π. φιλανθρωπίᾳ τιθηνήσασθαι
— 16. ἀπονείμαντες προσόδους πλείστας
4. 18. καίπερ ὄντων ἔτι κατὰ τὴν χώραν τῶν πλειόνων
5. 2. οἴνῳ πλείονι ἀκράτῳ
— 10. πεπληρωμένους τῆς τοῦ οἴνου π. χορηγίας
— 12. τῆς ἀθέσμου μὲν προθέσεως πολὺ διεσφαλμένος
— 17. τὸ παρὸν τῆς συμποσίας ἐπὶ πολὺ γεραιρομένους
— 18. ἐπὶ πλεῖον δὲ προβαινούσης τῆς ὁμιλίας
6. 5. ἔκδηλον δεικνὺς ἔθνεσι πολλοῖς τὸ σὸν κράτος
7. 21. R πλείστην ἢ ἔμπροσθεν . . . ἐξουσίαν ἐσχηκότες [A al.]
IV Ma. 1. 8. πολὺ δὲ πλέον τοῦτο ἀποδείξαιμι
— 21. πολλαὶ δὲ καὶ . . . παθῶν εἰσιν ἀκολουθίαι
— 28. πολλαὶ τούτων τῶν παθῶν εἰσι παραφυάδες
2. 6. πολὺ πλέον πείσαιμ' ἂν ὑμᾶς
3. 7. πολλοὺς αὐτῶν ἀπέκτεινε
4. 3. πολλὰς ἰδιωτικῶν χρημάτων μυριάδας
— 10. A R πολὺν αὐτοῖς [S -ῶν] φόβον . . . ἐνιέντες
5. 4. πολλῶν δὲ συναρπασθέντων
— 4. καὶ πολλοῖς τῶν περὶ τὸν τύραννον . . . γνώριμος
7. 4. πολλοῖς καὶ ποικίλοις μηχανήμασιν ἀντέσχε
9. 30. A R πλεῖον [S πλέον] ἐμοῦ σε νῦν βασανίζεσθαι
10. 1. παρακαλούμενος πολλὰ ὑπὸ πολλῶν
11. 3. ὅπως . . . περὶ πλειόνων ἀδικημάτων ὀφειλήσῃς . . . τιμωρίαν [S al.]
15. 7. διὰ π. τὰς καθ' ἕκαστον αὐτῶν ὠδῖνας
16. 8. πολλὰς ὑπέμεινα ὠδῖνας
18. 15. πολλαὶ αἱ θλίψεις τῶν δικαίων
[**Aq.** Nu. 16. 3: Dt. 2. 21: 3. 26: III Ki. 4. 20: 11. 1: Jb. 1. 3: Ps. 3. 2: 30 (31). 20: 31 (32). 6, 10: 55 (56). 3: 61 (62). 3: 70 (71). 20: 122 (123). 4: Pr. 10. 21: 28. 2: Ec. 1. 3: Is. 2. 3: 9. 7 (6): 16. 14: 30. 25: 33. 23: Je. 6. 22: 25. 14: 28 (35). 8: Ez. 17. 17: Da. 9. 27: 11. 41.]
[**Sm.** Le. 11. 22: I Ki. 30. 16: III Ki. 4. 20: 11. 1: II Ch. 30. 5: Jb. 1. 3: Ps. 15 (16). 4: 30 (31). 14, 20: 31 (32). 6, 10: 39 (40). 6: 43 (44). 13: 55 (56). 3: 67 (68). 12: 70 (71). 7, 20: 72 (73). 8: 77 (78). 38: 88 (89). 8: 122 (123). 3, 4: Ec. 1. 3: 3. 19: 5. 6: 7. 17 (16): 8. 6: 9. 18: 10. 4, 14: Is. 2. 3: 16. 14: 30. 25: 33. 23: 42. 20: 55. 7: Je. 6. 22: 25. 14: 28 (35). 8: Ez. 17. 17: 23. 32: Da. 9. 27.]
[**Th.** Le. 11. 22: Nu. 16. 3: III Ki. 11. 1: Jb. 36. 28: Pr. 28. 2: Ec. 8. 6: Is. 2. 3: 16. 14: Je. 6. 22: 25. 14: 40 (47). 7: Ez. 17. 17: Da. 3. (36): 4. 7: 8. 25, 26: 9. 27: 11. 5, 10, 11, 41, 44: 12. 3, 4.]
[**Al.** Dt. 1. 6: 2. 7: Jb. 18. 11.]
[**Quint.** Ps. 61 (62). 3.]
[**Sext.** Ps. 31 (32). 4.]
[**Heb.** Ez. 43. 2.]

πολύστρεβλος.

[**Al.** Pr. 28. 16.]

πολυτελής. (1) יָקָר (2) כֶּתֶם (3) פּוּךְ (4) λίθος π. כֶּתֶם (5) λίθοι π. *a.* פְּנִיִּים *b.* פְּנִינִים

I Ch. 29. 2. λίθους π. καὶ ποικίλους (3)
I Es. 6. 9. διὰ λίθων ξυστῶν π.
Ju. 10. 21. ὃ ἦν ἐκ . . . λιθῶν π. καθυφασμένων
Es. 5. 1. ὅλος διὰ χρυσοῦ καὶ λίθων π.
Jb. 31. 24. εἰ δὲ καὶ λίθῳ πολυτελεῖ ἐπεποίθησα (4)
Pr. 1. 13. τὴν κτῆσιν [A κτίσιν] αὐτοῦ τὴν π. καταλαβώμεθα (1)
3. 15. τιμιωτέρα δέ ἐστι λίθων πολυτελῶν (5*a**, 5*b*)
8. 11. κρείσσων γὰρ σοφία λίθων πολυτελῶν (5*b*)
25. 12. εἰς . . . σάρδιον π. δέδεται (2)
31. 10. τιμιωτέρα δέ ἐστι λίθων πολυτελῶν (5*b*)
Wi. 2. 7. οἴνου πολυτελοῦς καὶ μύρων πλησθῶμεν
Si. 45. 11. λίθοις πολυτελέσι γλύμματος σφραγῖδος
50. 9. ὡς σκεῦος . . . κεκοσμημένον παντὶ λίθῳ πολυτελεῖ
Is. 28. 16. ἐμβάλλω εἰς τὰ θεμέλια Σ. λίθον π. †
Da. LXX. 11. 38. ἐν χρυσίῳ . . . καὶ λίθῳ π. (1)

πολυτόκος. (1) אָלַף hi.

Ps. 143 (144). 13. τὰ πρόβατα αὐτῶν πολυτόκα (1)

πολυτρόπος. (1) פָּתַל ni.

Jb. 5. 13. S^1 βουλὴν δὲ πολυτρόπων [A B S^2 -πλόκων] ἐξέστησεν (1)
IV Ma. 1. 25. πολυτροπωτάτη πάντων τῶν παθῶν οὖσα
3. 21. S R πολυτρόποις [A -ως] ἐχρήσαντο συμφοραῖς
14. 11. πολυτροπωτέρων ὑπερεφρόνησεν ἀλγηδόνων
15. 24. S τὴν τῶν στρεβλῶν πολυτρόπον ποικιλίαν [A R al.]

πολυτρόπως.

IV Ma. 3. 21. A π. [S R -οις] ἐχρήσαντο συμφοραῖς

πολυφόρος.

[**Sm., Th.** Is. 32. 12.]

πολυφροντίς.

Wi. 9. 15. βρίθει τὸ γεῶδες σκῆνος νοῦν π.

πολυχειρία.

[**Quint.** Ho. 6. 9.]

πολυχρονίζειν. (1) אָרַךְ hi.

De. 4. 26. οὐχὶ πολυχρονιεῖτε ἡμέρας (1)

πολυχρόνιος. (1) רַב (2) γίγνεσθαι π. אָרְכוּ הַיָּמִים

Ge. 26. 8. ἐγένετο δὲ πολυχρόνιος ἐκεῖ (2)
Jb. 32. 9. οὐχ οἱ πολυχρόνιοί εἰσι σοφοί (1)

Wi. 2. 10. μηδὲ . . . ἐντραπῶμεν πολιὰς πολυχρονίους
4. 8. γῆρας γὰρ τίμιον οὐ τὸ π.
Ep. Je. 46. οὐ μὴ γένωνται πολυχρόνιοι
IV Ma. 17. 12. ἀφθαρσία ἐν ζωῇ π.
[**Aq.** Is. 16. 7.]
[**Sm.** Jb. 15. 10.]

πολυωρεῖν. (1) יָתַר hi. (2) רָחַב hi.

De. 30. 9. **A** πολυωρήσει [**B** εὐλογήσει] σε (1)
Ps. 11 (12). 8. ἐπολυώρησας τοὺς [**A** πάντας τοὺς] υἱοὺς τῶν ἀνθρώπων †
137 (138). 3. **A** πολυωρήσεις με ἐν ψυχῇ μου (2)

πόμα. (1) מִשְׁתֶּה (2) שִׁקּוּי

Ps. 101 (102). 9. τὸ π. μου μετὰ κλαυθμοῦ ἐκίρνων (2)
Da. TH. 1. 16. καὶ τὸν οἶνον τοῦ π. αὐ. (1)
III Ma. 5. 2. τῇ τοῦ π. ἀφθόνῳ χορηγίᾳ
— 45. εὐωδεστάτοις π. οἴνου λελιβανωμένου
IV Ma. 3. 16. ἔσπεισε τὸ π. τῷ θεῷ

πομπεύειν.

Wi. 4. 2. πομπεύει τὸν τῶν ἀμιάντων ἄθλων ἀγῶνα νικήσασα
II Ma. 6. 7. πομπεύειν τῷ Διονύσῳ

πομπή.

[**Al.** Ps. 43 (44). 14.]

πονεῖν. (1) אָגַם (2) חוּל (3) חָלָה *a.* qal. *b.* hoph. (4) חָמַל (5) נָכָה hoph. (6) סָבַל (7) עָמַל

Ge. 49. 15. ὑπέθηκε τὸν ὦμον αὐ. εἰς τὸ π. (6)
Ex. 31. 6. **R** καὶ πονήσουσι [**A B** ποιήσ.] πάντα †
I Ki. 14. 15. **A** οὐκ ἤθελον π. [**B** ποιεῖν] –
22. 8. οὐκ ἔστι πονῶν περὶ ἐμοῦ (3 *a*)
23. 21. ἐπονέσατε περὶ ἐμοῦ (4?)
III Ki. 15. 23. ἐπόνεσε τοὺς πόδας αὐτοῦ (3 *a*)
I Ch. 10. 3. **A S** ἐπόνεσεν [**B** -σαν] ἀπὸ τῶν τόξων (2)
II Ch. 18. 33. ὅτι ἐπόνεσα (3 *b*)
35. 23. ὅτι ἐπόνεσα σφόδρα (3 *b*)
I Es. 4. 22. οὐχὶ πονεῖτε καὶ μοχθεῖτε
Ju. 16. 8. **A B S**² εἰς ὕψος τῶν πονούντων ἐν Ἰσρ.
Pr. 16. 26. ἀνὴρ ἐν πόνοις πονεῖ ἑαυτῷ (7)
23. 35. τύπτουσί με καὶ οὐκ ἐπόνεσα (3 *a*)
Si. 11. 11. ἔστι κοπιῶν καὶ πονῶν καὶ σπεύδων
13. 5. ἀποκενώσει σε καὶ αὐτὸς οὐ πονέσει
Ho. 9. 16. ἐπόνεσεν Ἐφρ. (5)
Is. 19. 10. τὰς ψυχὰς πονέσουσι (1)
Je. 5. 3. **A B S**² καὶ οὐκ ἐπόνεσαν (3 *a*)
28 (51). 29. ἐσείσθη ἡ γῆ καὶ ἐπόνεσε (2)
La. 4. 6. οὐκ ἐπόνεσαν ἐν αὐτῇ χεῖρας (3 *a*)
I Ma. 7. 2. **S**¹ καὶ ἐπονεῖτο [**A S**² **R** ἐγένετο]
[**Aq.** Pr. 16. 26 *bis*.]
[**Sm.** Pr. 14. 13: Ec. 2. 11.]
[**Th.** Pr. 16. 26.]

πονεύειν.

Is. 28. 13. ἵνα πονεύσωσι [**A S** πορευθῶσιν] †

πονηρεύεσθαι. (1) זָמַם (2) מָאַס ni. (3) נָבַל hithp. (4) רָעַע *a.* qal. *b.* hi. *c.* רַע (5) תָּעָה hi.

Ge. 19. 7. μὴ πονηρεύσησθε (4 *b*)
37. 18. **R** ἐπονηρεύοντο τοῦ [**A** ἐπορεύοντο] ἀποκτεῖναι αὐτόν (3)
Ex. 22. 8 (7). ἦ μὴν μὴ [**A** *om.*] αὐτὸν [**AB**²-ὸς] πεπονηρεῦσθαι †
— 11 (10). ἦ μὴν μὴ αὐτὸν πεπονηρεῦσθαι †
De. 15. 9. καὶ πονηρεύσηται ὁ ὀφθ. σου τῷ ἀδ. σου (4 *a*)
19. 19. ὃν τρόπον ἐπονηρεύσατο ποιῆσαι (1)
Jd. 19. 23. **A** μὴ πονηρεύσησθε [**B** κακοποιήσητε] (4 *b*)
III Ki. 14. 9. **A** ἐπονηρεύσω τοῦ ποιῆσαι (4 *b*)
16. 25. ἐπονηρεύσατο ὑπὲρ πάντας (4 *b*)
— 30. **B** καὶ ἐπονηρεύσατο –
I Ch. 16. 22. ἐν τοῖς προφήταις μου μὴ πονηρεύεσθε (4 *b*)
Es. 4. 17. ῥῦσαι ἡμᾶς ἐκ χειρὸς τῶν πονηρευομ.
Ps. 5. 4. οὐδὲ παροικήσει σοι πονηρευόμενος (4 *c*)
14 (15). 4. ἐξουδένωται ἐνώπιον αὐτοῦ πονηρευόμενος [**A** πᾶς πον.] (2)
21 (22). 16. συναγωγὴ πονηρευομένων περιέσχον με (4 *b*)
Ps. 25 (26). 5. ἐμίσησα ἐκκλησίαν πονηρευομένων (4 *b*)
36 (37). 1. μὴ παραζήλου ἐν πονηρευομένοις (4 *b*)
— 8. μὴ παραζήλου ὥστε [**S**¹ ἐν τῷ] πονηρεύεσθαι (4 *b*)
— 9. οἱ πονηρευόμενοι ἐξολεθρευθήσονται (4 *b*)
63 (64). 2. **B**²**S R** ἐσκέπασάς με ἀπὸ συστροφῆς πονηρευομένων (4 *b*)
73 (74). 3. ὅσα ἐπονηρεύσατο ὁ ἐχθρός (4 *b*)
91 (92). 11. ἐν τοῖς ἐπανισταμένοις ἐπ' ἐμὲ πονηρευομένοις (4 *b*)
93 (94). 16. τίς ἀναστήσεταί μοι ἐπὶ πονηρευομένους (4 *b*)
104 (105). 15. ἐν τοῖς προφήταις μου μὴ πονηρεύεσθε [**A** -θαι] (4 *b*)
118 (119). 115. **A R** ἐκκλίνατε ἀπ' ἐμοῦ πονηρευόμενοι [**S** οἱ π.] (4 *b*)
Ec. 7. 23 (22). πλειστάκις πονηρεύσεταί σε †
Si. 19. 26. ἔστι πονηρευόμενος συγκεκυφὼς μελανίᾳ
Mi. 3. 4. ἐπονηρεύσαντο ἐν τοῖς ἐπιτηδεύμασιν αὐ. (4 *b*)
Je. 2. 33. ἐπονηρεύσω τοῦ μιᾶναι τὰς ὁδούς σου †
16. 12. ἐπονηρεύσασθε [**S**¹ οὐκ ἐπορεύεσθε] ὑπὲρ τοὺς πατέρας ὑμῶν (4 *b*)
20. 13. ἐκ χειρὸς πονηρευομένων [**A S** *al.*] (4 *b*)
45 (38). 9. ἐπονηρεύσω ἃ ἐποίησας (4 *b*)
49 (42). 20. ἐπονηρεύσασθε ἐν ψυχαῖς ὑμῶν (5)
Da. LXX. Su. 35. οὐκ ἐποίησα ἃ πονηρεύονται
— 61. καθὼς ἐπονηρεύσαντο
Da. TH. Su. 43. ὧν οὗτοι ἐπονηρεύσαντο κατ' ἐμοῦ
— 62. ὃν τρόπον ἐπονηρεύσαντο τῷ πλησίον
[**Aq.** Dt. 28. 54, 56: III Ki. 14. 9: Ps. 26 (27). 2: 36 (37). 1: Pr. 24. 19: Ec. 7. 23 (22): Is. 1. 4: Je. 6. 11.]
[**Sm.** Ec. 7. 23 (22): Is. 1. 4, 16.]
[**Th.** Pr. 24. 19: Is. 1. 4: Je. 6. 11: 38 (45). 9.]
[**Quint.** Ps. 26 (27). 2: 36 (37). 1.]

πονηρία. (1) אָוֶן (2) יֵצֶר (3) עָמָל (4) *a.* רַע *b.* רֹעַ *c.* רָעָה *d.* רָעַע hi. (5) תּוֹעֵבָה

Ex. 10. 10. πονηρία πρόσκειται [**A** πρόκ.] ὑμῖν (4 *c*)
32. 12. μετὰ πονηρίας ἐξήγαγεν αὐτούς (4 *c*)
De. 31. 21. οἶδα τὴν π. αὐτῶν (2)
Jd. 9. 56. ἐπέστρεψεν ὁ θ. τὴν π. Ἀβ. [**A** *al.*] (4 *c*)
— 57. τὴν πᾶσαν π. ἀνδρῶν Σ. [**A** *al.*] (4 *c*)
11. 27. σὺ ποιεῖς μετ' ἐμοῦ πονηρίαν (4 *c*)
15. 3. ποιῶ ἐγὼ μετ' αὐτῶν πονηρίαν [**A** *al.*] (4 *c*)
20. 3. ποῦ ἐγένετο ἡ π. [**A** κακία] αὕτη (4 *c*)
— 12. τίς ἡ π. [**A** κακία] αὕτη (4 *c*)
— 13. ἐκκαθαριοῦμεν πονηρίαν [**A** *al.*] (4 *c*)
— 41. συνήντησεν ἐπ' αὐτοὺς ἡ π. [**A** *al.*] (4 *c*)
Ne. 1. 3. ἐν π. μεγάλῃ καὶ ἐν ὀνειδισμῷ (4 *c*)
2. 2. οὐκ ἔστι τοῦτο εἰ μὴ πονηρία καρδίας (4 *b*)
— 17. ὑμεῖς βλέπετε τὴν π. (4 *c*)
6. 2. ποιῆσαί μοι πονηρίαν (4 *c*)
13. 7. **A S R** συνῆκα ἐν τῇ [**B**² *om.*] π. (4 *c*)
— 27. ποιῆσαι π. [**A S** π. τὴν] πονηρίαν ταύτην (4 *c*)
Ps. 7. 9. συντελεσθήτω δὴ πονηρία ἁμαρτωλῶν (4 *a*)
27 (28). 4. κατὰ τὴν π. τῶν ἐπιτηδευμάτων αὐ. (4 *b*)
54 (55). 15. πονηρίαι ἐν ταῖς παροικίαις αὐ. (4 *c*)
72 (73). 8. ἐλάλησαν ἐν πονηρίᾳ (4 *a*)
93 (94). 23. ἀποδώσει αὐτοῖς . . . τὴν [**A S**² κατὰ τὴν] π. αὐτῶν (4 *c*)
140 (141). 4. εἰς λόγους πονηρίας [**S** -ρούς] (4 *a*)
Pr. 26. 25. ἑπτὰ γάρ εἰσι πονηρίαι (5)
Ec. 2. 21. τοῦτο ματαιότης καὶ π. μεγάλη (4 *c*)
6. 1: 10. 5. ἔστι πονηρία ἣν εἶδον ὑπὸ τὸν ἥλιον (4 *c*)
11. 10. πάραγε πονηρίαν ἀπὸ σαρκός σου (4 *c*)
Wi. 4. 6. μάρτυρές εἰσι πονηρίας κατὰ γονέων
— 14. ἔσπευσεν ἐκ μέσου πονηρίας
5. 11. **S**¹ οὐθὲν εὑρίσκεται τεκμήριον πονηρίας [**A B S**² πορείας]
10. 5. ἐν ὁμονοίᾳ πονηρίας ἐθνῶν συγχυθέντων
— 7. ἐπὶ μαρτύριον τῆς π.
17. 11. δειλὸν γὰρ ἰδίως πονηρία μαρτυρεῖ
19. 13. δικαίως γὰρ ἔπασχον ταῖς ἰδίαις αὐτῶν π.
Si. 3. 28. φυτὸν γὰρ πονηρίας ἐρρίζωκεν ἐν αὐτῷ
12. 10. ὡς γὰρ ὁ χαλκὸς ἰοῦται οὕτως ἡ π. αὐτοῦ
19. 22. οὐκ ἔστι σοφία πονηρίας ἐπιστήμη
— 23. ἔστι πονηρία καὶ αὕτη βδέλυγμα
25. 13. πᾶσαν πονηρίαν καὶ μὴ πονηρίαν γυναικός
— 17. πονηρία γυναικὸς ἀλλοιοῖ τὴν ὅρασιν αὐτῆς
29. 7. πολλοὶ χάριν πονηρίας ἀπέστρεψαν
32 (35). 3. εὐδοκία κυρίου ἀποστῆναι ἀπὸ πονηρίας
34 (31). 24. ἡ μαρτυρία τῆς π. αὐτοῦ ἀκριβής
Si. 41. 17. **S**¹ αἰσχύνεσθε ἀπὸ πατρὸς καὶ μητρὸς ἀπὸ πονηρίας [**ABS**² περὶ πορνείας]
42. 13. ἀπὸ γυναικὸς πονηρία γυναικός
— 14. κρείσσων πονηρία ἀνδρὸς ἢ ἀγαθοποιὸς γυνή
46. 7. κοπάσαι γογγυσμὸν πονηρίας
47. 25. πᾶσαν πονηρίαν ἐξεζήτησαν
Hg. 2. 15 (14). **S**² ἀπὸ προσώπου πονηριῶν [**ABS**¹ πόνων] αὐ. –
Is. 1. 16. ἀφέλετε τὰς π. ἀπὸ τῶν ψυχῶν ὑμῶν . . . παύσασθε ἀπὸ τῶν π. ὑμῶν (4 *b*, 4 *d*)
7. 16. πρὶν ἢ γνῶναι τὸ παιδίον ἀγαθὸν ἢ κακὸν ἀπειθεῖ πονηρίᾳ [**S**¹ *om.* ἀ. π.] –
10. 1. οὐαὶ τοῖς γράφουσι πονηρίαν γράφοντες γὰρ πονηρίαν γράφουσιν (1, 3)
47. 10. τῇ ἐλπίδι τῆς π. [**S** πορνείας] σου (4 *c*)
59. 7. οἱ δὲ πόδες αὐ. ἐπὶ πονηρίαν τρέχουσι (4 *a*)
Je. 4. 4. ἀπὸ προσώπου πονηρίας ἐπιτηδευμάτων ὑμῶν (4 *b*)
6. 29. π. αὐτῶν οὐκ ἐτάκη (4 *a*)
9. 7 (6). ποιήσω ἀπὸ προσώπου [**S** *add.* τῆς] πονηρίας θυγατρὸς λαοῦ μου –
10. 23. **S**¹ κατορθώσει πονηρίαν [**A B S**² πορείαν] αὐ. †
13. 27. **S** ὀφθήσεται . . . . ἡ ἀπαλλοτρίωσις τῆς π. [**AB** πορνείας] σου †
23. 11. ἐν τῷ οἴκῳ μου εἶδον πονηρίας αὐτῶν (4 *c*)
24. 2, 3, 8. ἃ οὐ βρωθήσεται ἀπὸ πονηρίας αὐ. (4 *b*)
31 (48). 16. π. αὐτοῦ ταχεῖα σφόδρα (4 *c*)
39 (32). 32. διὰ πάσας τὰς π. τῶν υἱῶν Ἰσραήλ (4 *c*)
40 (33). 5. ἀπέστρεψα τὸ πρόσωπόν μου ἀπ' αὐτῶν περὶ πασῶν τῶν π. αὐτῶν (4 *c*)
51 (44). 3. ἀπὸ προσώπου πονηρίας αὐτῶν (4 *c*)
— 22. ἀπὸ προσώπου πονηρίας πραγμάτων ὑμῶν (4 *b*)
Ba. 2. 26. διὰ πονηρίαν οἴκου Ἰσραήλ
Da. TH. 11. 27. αἱ καρδίαι αὐ. εἰς πονηρίαν (4 *d*)
I Ma. 13. 46. μὴ ἡμῖν χρήσῃ κατὰ τὰς π. ἡμῶν
IV Ma. 2. 12. **S R** διὰ πονηρίαν [**A** -ας] αὐτοὺς ἐξελέγχων
[**Aq.** Ps. 54 (55). 16: 93 (94). 23: Ec. 7. 16 (15): Je. 12. 4.]
[**Sm.** I Ki. 25. 28: Ps. 54 (55). 16: 93 (94). 23: Je. 12. 4: 44 (51). 22.]
[**Th.** Ps. 93 (94). 23: Je. 29 (36). 17.]
[**Heb.** Ps. 93 (94). 23.]
[**Al.** Ps. 140 (141). 5: Je. 25. 14.]

πονήριος (?). (1) רַע

IV Ki. 13. 2. **A** ἐποίησε τὸ π. [**B** -ρόν] (1)

πονηρός. (1) אֵיד (2) בְּאִישׁ (3) דַּל (4) *a.* רַע *b.* רֹעַ *c.* רָעָה *d.* רָעַע qal. *e.* hi. (5) רָשָׁע (6) תּוֹעֵבָה (7) ἄνθρωπος π. רָעַע hi. (8) π. γίγνεσθαι רָעַע (9) π. εἶναι רָעַע (10) ἡ ὁδὸς ἡ π. רָעָה (11) π. πρᾶγμα רַע (12) ῥήματα π. דִּבָּה (13) πονηρὰ συντελεῖν רָעַע hi. (14) π. φαίνεσθαι רָעַע (15) τὸ ῥῆμα τὸ π. רָעָה (16) βουλὴ π. רָעָה (17) רַב

Ge. 2. 9. γνωστὸν καλοῦ καὶ πονηροῦ (4 *a*)
— 17. τοῦ γινώσκειν καλὸν καὶ πονηρόν (4 *a*)
3. 5. γινώσκοντες καλὸν καὶ πονηρόν (4 *a*)
— 22. τοῦ γινώσκειν καλὸν καὶ πονηρόν (4 *a*)
6. 5. πᾶς τις διανοεῖται . . . ἐπὶ τὰ π. (4 *a*)
8. 21. ἔγκειται ἡ διάνοια . . . ἐπὶ τὰ π. (4 *a*)
12. 17. ἐτασμοῖς μεγάλοις καὶ π. –
13. 13. οἱ δὲ ἄνθρ. οἱ ἐν Σοδ. πονηροί (4 *a*)
28. 8. π. εἰσιν αἱ θυγατέρες Χανάαν (4 *a*)
31. 24, 29. μή ποτε λαλήσῃς μετὰ Ἰ. πονηρά (4 *a*)
34. 30. ὥστε πονηρόν με εἶναι †
35. 21 (22). πονηρὸν ἐφάνη ἐναντίον αὐτοῦ –
37. 2. κατήνεγκαν δὲ Ἰ. ψόγον π. (4 *a*)
— 20, 33. θηρίον π. κατέφαγεν αὐτόν (4 *a*)
38. 7. ἐγένετο δὲ Ἢρ . . . π. ἐναντίον κ. (4 *a*)
— 10. πονηρὸν δὲ ἐφάνη (14)
39. 9. πῶς ποιήσω τὸ ῥῆμα τὸ π. τοῦτο (15)
41. 19. ἑπτὰ βόες ἕτεραι . . . π. (3)
44. 4. τί ὅτι ἀνταπεδώκατέ μοι πονηρά (4 *c*)
— 5. πονηρὰ συντετελέκατε (13)
47. 9. π. γεγόνασιν αἱ ἡμέραι (4 *a*)
50. 17. πονηρά σοι ἐνεδείξαντο (4 *c*)
— 20. ἐβουλεύσασθε κατ' ἐμοῦ εἰς πονηρά (4 *c*)
Ex. 33. 4. ἀκούσας ὁ λαὸς τὸ ῥῆμα τὸ π. τ. (4 *a*)
Le. 26. 6. ἀπολῶ θηρία π. ἐκ τῆς γῆς ὑ. (4 *a*)

Le. 27. 10. οὐκ ἀλλάξει αὐτὸ καλὸν πονηρῷ οὐδὲ πονηρὸν καλῷ (4 a, 4 a)
— 12. ἀνὰ μέσον καλοῦ καὶ ἀνὰ μέσον πονηροῦ (4 a)
— 14. ἀνὰ μέσον καλῆς καὶ ἀνὰ μέσον πονηρᾶς (4 a)
— 33. οὐκ ἀλλάξεις καλὸν πονηρῷ (4 a)
— 33. R οὐδὲ πονηρὸν καλῷ –
Nu. 11. 1. γογγύζων πονηρὰ ἔναντι κυρίου (4 a)
— 10. ἔναντι Μωυσῆ ἦν πονηρόν (4 a)
13. 20 (19). ἢ καλή ἐστιν ἢ πονηρά (4 a)
14. 27. τὴν συναγωγὴν τὴν π. ταύτην (4 a)
— 35. ποιήσω τῇ συναγωγῇ τῇ π. ταύτῃ (4 a)
— 36. ἐξενέγκαι ῥήματα π. (12)
— 37. οἱ κατείπαντες πονηρὰ κατὰ τῆς γῆς (4 a)
20. 5. AB^{2} εἰς τὸν τόπον τὸν π. [B^{1} *om.* τ. π.] τοῦτον (4 a)
24. 13. ποιῆσαι αὐτὸ καλὸν ἢ πονηρόν (4 a)
32. 13. οἱ ποιοῦντες τὰ π. (4 a)
De. 4. 25. B^{1} καὶ ποιήσητε τὰ [B^{2} *om.*] π. [B^{3} -ον, A R τὸ π.] (4 a)
6. 22. τέρατα μεγάλα καὶ π. (4 a)
7. 15. πάσας νόσους Αἰγ. τὰς π. (4 a)
9. 18. ποιῆσαι τὸ π. (4 a)
13. 5 (6). ἀφανιεῖς τὸν π. (4 a)
— 11 (12). κατὰ τὸ ῥῆμα τὸ π. [A τὸ π. ῥ.] τ. (4 a)
15. 21. μῶμον π. [A ἢ καὶ πᾶς μῶμος π.] (4 a)
17. 1. πᾶν ῥῆμα π. (4 a)
— 2. ὃς ποιήσει τὸ π. (4 a)
— 5. A τὸ πρᾶγμα τὸ π. τοῦτο (4 a)
— 7, 12 : 19. 19. ἐξαρεῖς τὸν π. (4 a)
19. 20. κατὰ τὸ ῥῆμα τὸ π. τοῦτο (4 a)
21. 21. ἐξαρεῖς τὸν π. (4 a)
22. 14. καὶ κατενέγκῃ αὐτῆς ὄνομα π. (4 a)
— 19. ἐξήνεγκεν ὄνομα π. (4 a)
— 21, 22, 24. ἐξαρεῖς τὸν π. (4 a)
23. 9 (10). ἀπὸ παντὸς ῥήματος [A πράγμ.] π. (4 a)
24. 7. ἐξαρεῖς τὸν π. (4 a)
28. 20. διὰ τὰ π. ἐπιτηδεύματά σου (4 b)
— 35. πατάξαι σε κ. ἐν ἕλκει π. (4 a)
— 59. AB^{2}R νόσους π. καὶ πιστάς (4 a)
— 60. πᾶσαν τὴν ὀδύνην Αἰγ. τὴν π. –
31. 29. ποιήσετε τὰ π. [A τὸ π.] (4 a)
Jo. 23. 15. ἐπάξει . . . πάντα τὰ ῥήματα τὰ π. (4 a)
Jd. 2. 11 : 3. 7. ἐποίησαν . . . τὸ π. (4 a)
3. 12. ποιῆσαι τὸ π. (4 a)
— 12. διὰ τὸ πεποιηκέναι αὐτοὺς τὸ π. (4 a)
4. 1. ποιῆσαι τὸ π. (4 a)
6. 1. ἐποίησαν . . . τὸ π. (4 a)
9. 23. ἐξαπέστειλεν . . . πνεῦμα π. (4 a)
10. 6 : 13. 1. ποιῆσαι τὸ π. (4 a)
I Ki. 2. 23. A ἃ ἐγὼ ἀκούω ῥήματα π. [B *om.* ῥ. π.] (4 a)
3. 21. π. ἡ ὁδὸς αὐτῶν ἐνώπιον κυρίου –
8. 6. π. [A ἦν π.] τὸ ῥῆμα ἐν ὀφθ. [A ἐνώπιον] Σαμ. (4 d [9])
15. 19. καὶ ἐποίησας τὸ π. (4 a)
16. 14. πνεῦμα π. παρὰ κυρίου (4 a)
— 15. πνεῦμα κ. πονηρὸν πνίγει σε (4 a)
— 16. ἐν τῷ εἶναι πνεῦμα π. ἐπὶ σοί [A *al.*] (4 a)
— 23. ἐν τῷ εἶναι πνεῦμα π. ἐπὶ Σ. †
— 23. ἀφίστατο ἀπ' αὐτοῦ τὸ πνεῦμα τὸ π. (4 a)
18. 8. π. ἐφάνη τὸ ῥῆμα (14)
— 10. A ἔπεσεν πνεῦμα θεοῦ πονηρὸν ἐπὶ Σ. (4 a)
19. 9. πνεῦμα θεοῦ [A κυρίου] πονηρόν (4 a)
25. 3. ὁ ἄνθρωπος σκληρὸς καὶ π. [A π. κ. σκλ.] ἐν ἐπιτηδεύμασι (4 a)
— 21. ἀνταπέδωκέ μοι πονηρά (4 a)
30. 22. πᾶς ἀνὴρ λοιμὸς καὶ π. (4 a)
II Ki. 3. 39. τῷ ποιοῦντι πονηρά (4 a)
4. 11. ἄνδρες π. ἀπεκτάγκασιν ἄνδρα δίκαιον (5)
11. 25. μὴ π. ἔστω . . . τὸ ῥῆμα τοῦτο (9)
— 27. π. ἐφάνη τὸ ῥῆμα (14)
12. 9. τοῦ ποιῆσαι τὸ π. (4 a)
13. 22. ἀπὸ πονηροῦ ἕως ἀγαθοῦ (4 a)
14. 17. τοῦ ἀκούειν τὸ ἀγ. καὶ τὸ π. (4 a)
19. 35 (36). B ἀνὰ μέσον ἀγ. καὶ κακοῦ εἰς πονηρόν [A R *om.* εἰς π.] (4 a)
III Ki. 5. 4 (18). οὐκ ἔστιν ἁμάρτημα [A ἀπάντημα] π. (4 a)
11. 6. ἐποίησε Σ. τὸ π. (4 a)
12. 24 (*cf.* A 14. 22). B ἐποίησε τὸ π. (4 a)
14. 22. ἐποίησε Ῥ. τὸ π. (4 a)
15. 26, 34. ἐποίησε τὸ π. (4 a)
16. 19. τοῦ ποιῆσαι τὸ π. (4 a)
— 25. ἐποίησεν Ἀ. τὸ π. (4 a)
— 30. ἐποίησεν Ἀχ. τὸ π. (4 a)
20 (21). 20, 25. ποιῆσαι τὸ π. (4 a)

III Ki. 22. 53. ἐποίησε τὸ π. (4 a)
IV Ki. 1. 18 (3. 2). ἐποίησε τὸ π. (4 a)
2. 19. καὶ τὰ ὕδατα π. (4 a)
3. 2. ἐποίησε τὸ π. (4 a)
4. 41. οὐκ ἐγενήθη . . . ῥῆμα π. (4 a)
8. 18, 27. ἐποίησε τὸ π. (4 a)
13. 2. ἐποίησε τὸ π. [A -ριον] (4 a)
13. 11 : 14. 24 : 15. 9, 18, 24, 28 : 17. 2. ἐποίησε τὸ π. (4 a)
17. 13. ἀποστράφητε ἀπὸ τῶν ὁδῶν ὑ. τῶν π. (4 a)
— 17. τοῦ ποιῆσαι τὸ π. (4 a)
21. 2. ἐποίησε τὸ π. (4 a)
— 6. τοῦ ποιεῖν τὸ π. (4 a)
— 9. τοῦ ποιῆσαι τὸ π. (4 a)
— 11. τὰ βδελύγματα ταῦτα τὰ π. (4 e)
— 15. ἐποίησαν τὸ π. (4 a)
— 16. τοῦ ποιῆσαι τὸ π. (4 a)
— 20 : 23. 32, 37 : 24. 9, 19. ἐποίησε τὸ π. (4 a)
I Ch. 2. 3. ἦν Ἤρ . . . π. ἐναντίον κυρίου (4 a)
21. 7. πονηρὸν [A π. ἐφάνη] ἐναντίον τοῦ θεοῦ (4 d [14])
II Ch. 7. 14. ἀπὸ τῶν ὁδῶν αὐ. τῶν π. (4 a)
12. 14. ἐποίησε τὸ π. (4 a)
21. 6. καὶ ἐποίησε τὸ π. (4 a)
— 15. καὶ σὺ ἐν μαλακίᾳ π. (17)
— 19. ἀπέθανεν ἐν μαλακίᾳ π. (4 a)
22. 4. ἐποίησε τὸ π. (4 a)
29. 6. ἐποίησαν τὸ π. (4 a)
33. 2. ἐποίησε τὸ π. (4 a)
— 6, 9. τοῦ ποιῆσαι τὸ π. (4 a)
— 22. ἐποίησε τὸ π. (4 a)
36. 2. ἐποίησε τὸ π. –
— 5, 9, 12. ἐποίησε τὸ π. (4 a)
I Es. 1. 39, 44, 47. ἐποίησε τὸ π.
2. 18. τὴν πόλιν τὴν ἀποστάτιν καὶ π. [A τὴν π.]
4. 39. ἀπὸ πάντων τῶν ἀδίκων καὶ π.
8. 86. διὰ τὰ ἔργα ἡμῶν τὰ π.
II Es. 4. 12. τὴν πόλιν τὴν ἀποστάτιν καὶ π. (2)
9. 13. ἐν ποιήμασιν ὑμῶν τοῖς π. (4 a)
Ne. 2. 2. διὰ τί τὸ πρόσωπόν σου π. (4 a)
— 3. διὰ τί οὐ μὴ γένηται π. τὸ πρόσωπόν μου (8)
— 10. πονηρὸν αὐτοῖς ἐγένετο (8)
4. 1 (3. 33). B πονηρὸν αὐτῷ ἐφάνη [A S ἦν αὐτῷ] †
— 7 (1). πονηρὸν αὐτοῖς ἐφάνη σφόδρα †
6. 13. καὶ γένωμαι αὐτοῖς εἰς ὄνομα π. (4 a)
9. 28. ποιῆσαι τὸ π. ἐνώπιόν σου (4 a)
— 35. ἀπὸ ἐπιτηδευμάτων αὐτῶν τῶν π. (4 a)
13. 8. πονηρόν μοι ἐφάνη σφόδρα (14)
— 17. τίς ὁ λόγος οὗτος ὁ π. (4 a)
To. 3. 8. Ἀσμοδαῖος τὸ π. δαιμόνιον
— 17. Ἀσμοδαῖον τὸ π. δαιμόνιον [S τὸ δ. τὸ π.]
6. 7. A B ἐάν τινα ὀχλῇ . . . πνεῦμα π.
— 7. S ᾧ ἀπάντημα . . . πνεύματος π.
Ju. 7. 15. ἀνταποδώσεις αὐτοῖς ἀνταπόδομα π.
8. 8. ὃς ἐπήνεγκεν αὐτῇ ῥῆμα π.
— 9. ἤκουσε τὰ ῥήματα τοῦ λαοῦ τὰ π.
Es. 7. 6. Ἀμὰν ὁ π. οὗτος (4 a)
Jb. 1. 1, 8. ἀπεχόμενος ἀπὸ παντὸς π. πράγματος (11)
2. 7. ἔπαισε τὸν Ἰὼβ ἕλκει πονηρῷ (4 a)
12. 5 (6). μηδεὶς πεποιθέτω πονηρὸς ὢν ἀθῷος ἔσεσθαι †
21. 30. εἰς ἡμέραν ἀπωλείας κουφίζεται ὁ π. (4 a)
34. 17. τὸν ὀλλύντα τοὺς π. †
35. 12. οὐ μὴ εἰσακούσῃ καὶ [A *om.*] ἀπὸ ὕβρεως π. (4 a)
37. 16. ἐξαίσια δὲ πτώματα πονηρῶν †
Ps. 9. 36 (10. 15). σύντριψον τὸν βραχίονα τοῦ ἁμαρτωλοῦ καὶ π. (4 a)
33 (34). 21. θάνατος ἁμαρτωλῶν πονηρός (4 a)
34 (35). 12. ἀνταπεδίδοσάν μοι πονηρὰ ἀντὶ καλῶν [A ἀγαθῶν] (4 c)
36 (37). 19. οὐ καταισχυνθήσονται ἐν καιρῷ π. (4 a)
40 (41). 1. ἐν ἡμέρᾳ π. ῥύσεται αὐτὸν ὁ κ. (4 a)
48 (49). 5. ἵνα τί φοβοῦμαι ἐν ἡμέρᾳ πονηρᾷ (4 a)
50 (51). 4. τὸ π. ἐνώπιόν σου ἐποίησα (4 a)
63 (64). 5. ἐκραταίωσαν ἑαυτοῖς λόγον πονηρόν (4 a)
77 (78). 49. ἀποστολὴν δι' ἀγγέλων πονηρῶν (4 a)
93 (94). 13. τοῦ πραΰναι αὐτῷ ἀφ' ἡμερῶν π. (4 a)
96 (97). 10. μισεῖτε πονηρόν [A S^{2} -ρά] (4 a)
100 (101). 4. ἐκκλίνοντος ἀπ' ἐμοῦ τοῦ π. (4 a)
108 (109). 20. τῶν λαλούντων πονηρὰ κατὰ τῆς ψυχῆς μου (4 a)
111 (112). 7. ἀπὸ ἀκοῆς π. οὐ φοβηθήσεται (4 a)
118 (119). 101. ἐκ πάσης ὁδοῦ πονηρᾶς (4 a)
139 (140). 1. ἐξελοῦ με, κύριε, ἐξ ἀνθρώπου πονηροῦ (4 a)

Ps. 140 (141). 4. S μὴ ἐκκλίνῃς τὴν καρδίαν μου εἰς λόγους π. [A B -ρίας] (4 a)
143 (144). 10. ἐκ ῥομφαίας πονηρᾶς ῥῦσαί με (4 a)
Pr. 3. 15. οὐκ ἀντιτάξεται αὐτῇ οὐδὲν π. –
7. 5. ἵνα σε τηρήσῃ ἀπὸ γυναικὸς ἀλλοτρίας καὶ π. †
8. 13. ὑπερηφανίαν καὶ ὁδοὺς πονηρῶν (4 a)
11. 15. πονηρὸς κακοποιεῖ ὅταν συμμίξῃ δικαίῳ (4 a)
20. 8. οὐκ ἐναντιοῦται ἐν ὀφθ. αὐτοῦ πᾶν π. (4 a)
22. 3. πανοῦργος ἰδὼν πονηρὸν τιμωρούμενον κραταιῶς (4 c)
24. 20. οὐ γὰρ μὴ γένηται ἔκγονα πονηρῷ [A S -ῶν] (4 a)
Ec. 1. 13. περισπασμὸν π. ἔδωκεν ὁ θεός (4 a)
2. 17. πονηρὸν ἐπ' ἐμὲ τὸ ποίημα (4 a)
4. 3. ABS^{2} οὐκ εἶδε σὺν πᾶν τὸ ποίημα τὸ π. (4 a)
— 8. τοῦτο . . . περισπασμὸς [A πειρασμὸς] π. ἐστιν (4 a)
5. 13. ἐν περισπασμῷ [S πειρασμῷ] π. [A αὐτοῦ] (4 a)
— 15. τοῦτο πονηρὰ ἀρρωστία (4 a)
6. 2. τοῦτο . . . ἀρρωστία π. ἐστιν (4 a)
8. 3. μὴ στῇς ἐν λόγῳ πονηρῷ (4 a)
— 5. ὁ φυλάσσων ἐντολὴν οὐ γνώσεται ῥῆμα π. (4 a)
— 11. ἀπὸ τῶν ποιούντων τὸ [A *om.*] π. ταχύ (4 a)
— 11. τοῦ ποιῆσαι τὸ π. (4 a)
— 12. ἐποίησε τὸ π. ἀπὸ τότε (4 a)
9. 3. τοῦτο π. [A τὸ π.] ἐν παντὶ πεποιημένῳ (4 a)
— 3. καρδία υἱῶν τοῦ ἀνθρώπου ἐπληρώθη πονηροῦ (4 a)
— 12. παγιδεύονται εἰς καιρὸν π. (4 a)
10. 13. ἐσχάτη στόματος αὐ. περιφέρεια π. (4 a)
11. 2. τί ἔσται πονηρὸν [S τὸ π.] ἐπὶ τὴν γῆν (4 c)
12. 14. ἐὰν ἀγαθὸν καὶ ἐὰν πονηρόν (4 a)
Wi. 3. 12. πονηρὰ τὰ τέκνα αὐτῶν
— 14. μηδὲ ἐνθυμηθεὶς κατὰ τοῦ κυρίου πονηρά
12. 10. πονηρὰ ἡ γένεσις αὐτῶν
Si. 3. 24. ὑπόνοια π. ὠλίσθησε διανοίας αὐ.
4. 20. φύλαξαι ἀπὸ πονηροῦ
5. 14. κατάγνωσις πονηρὰ ἐπὶ διγλώσσου
6. 1. ὄνομα γὰρ πονηρὸν αἰσχύνην . . . κληρονομήσει
— 4. ψυχὴ πονηρὰ ἀπολεῖ τὸν κτησάμενον αὐτήν
9. 1. μηδὲ διδάξῃς ἐπὶ σεαυτὸν παιδείαν [S καρδίαν] πονηράν
11. 33. πονηρὰ γὰρ τεκταίνει
13. 24. πονηρὰ ἡ πτωχεία
14. 5. ὁ π. ἑαυτῷ τίνι ἀγαθὸς ἔσται
— 6. τοῦ βασκαίνοντος ἑαυτὸν οὐκ ἔστι πονηρότερος
— 8. πονηρὸς ὁ βασκαίνων ὀφθαλμῷ [A -ὸν ἑαυτοῦ]
— 9. ἀδικία πονηρὰ ἀναξηραίνει ψυχήν
— 10. ὀφθαλμὸς π. φθονερὸς ἐπ' ἄρτῳ
17. 31. πονηρὸς [A B^{2} -όν, S^{2} τί πονηρότερον] ἐνθυμηθήσεται σάρκα [A B^{2} σάρξ]
18. 12. ἐπέγνω τὴν καταστροφὴν αὐτῶν ὅτι πονηρά
19. 5. S^{1} ὁ εὐφραινόμενος πονηρά [A B S^{2} καρδίᾳ]
20. 24. μῶμος πονηρὸς ἐν ἀνθρώπῳ ψεῦδος
22. 11. τοῦ δὲ μωροῦ ὑπὲρ θάνατον ἡ ζωὴ πονηρά
25. 16. ἐνοικῆσαι [A S^{2} συνοικ.] μετὰ γυναικὸς π.
— 23. πληγὴ καρδίας γυνὴ πονηρά
— 25. μὴ δῷς . . . γυναικὶ πονηρᾷ ἐξουσίαν [A S παρρησίαν]
26. 7. βοοζύγιον σαλευόμενον γυνὴ πονηρά
27. 15. S^{2} ἡ διαλοιδόρησις αὐτῶν ἀκοὴ πονηρά [A B S^{1} μοχθηρά]
— 27. ὁ ποιῶν πονηρὰ εἰς αὐτὸν [A S^{2} -ά] κυλισθήσεται
28. 21. θάνατος πονηρὸς ὁ θάνατος αὐτῆς
29. 24. ζωὴ πονηρὰ ἐξ οἰκίας εἰς οἰκίαν
34 (31). 13. κακὸν ὀφθαλμὸς πονηρός· πονηρότερον ὀφθαλμοῦ τί ἔκτισται
— 24. πονηρῷ ἐπ' ἄρτῳ διαγογγύσει πόλις
37. 3. ὦ πονηρὸν ἐνθύμημα
— 27. ἴδε τί πονηρὸν αὐτῇ
39. 34. τοῦτο τούτου πονηρότερον
42. 5. οἰκέτῃ πονηρῷ πλευρὰν αἱμάξαι [A -ξας]
— 6. ἐπὶ γυναικὶ πονηρᾷ καλὸν σφραγίς
51. 12. ἐξεῖλου με ἐκ καιροῦ πονηροῦ
Ho. 3. 1. ἀγάπησον γυναῖκα ἀγαπῶσαν πονηρά †
7. 15. εἰς ἐμὲ ἐλογίσαντο πονηρά (4 a)
12. 1 (2). πονηρὸν πνεῦμα ἐδίωξε †
Am. 5. 13. καιρὸς πονηρῶν [A -ός] ἐστιν (4 a)
— 14. ἐκζητήσατε τὸ καλὸν καὶ μὴ [A *add.* τὸ] πονηρόν (4 a)
— 15. μεμισήκαμεν τὰ π. [A τὸ π.] (4 a)
Mi. 2. 3. καιρὸς π. ἐστιν (4 a)
— 9. διὰ τὰ π. ἐπιτηδεύματα αὐ. ἐξώσθησαν †
3. 2. ζητοῦντες τὰ π. (4 c*, 4 a)

Ob. 1. 13. S¹ ἐν ἡμέρᾳ πονηρῶν [A B S² πόνων] αὐ.(1)
Jn. 3. 8. ἀπὸ τῆς ὁδοῦ αὐ. τῆς π. (4 a)
— 10. ἀπὸ τῶν ὁδῶν αὐ. τῶν π. (4 a)
Na. 1. 11. ἐξελεύσεται λογισμὸς κατὰ τοῦ κυρίου πονηρά (4 c)
Hb. 1. 13. τοῦ μὴ ὁρᾶν πονηρά (4 a)
Za. 1. 4. ἀποστρέψατε ἀπὸ τῶν ὁδῶν ὑ. τῶν π. καὶ ἀπὸ τῶν ἐπιτηδευμ. ὑ. τῶν π. (4 a, 4 a)
Ma. 2. 17. πᾶς ποιῶν πονηρόν (4 a)
Is. 1. 4. σπέρμα πονηρόν (4 e)
3. 9. βεβούλευνται βουλὴν πονηράν (16)
— 11. πονηρὰ κατὰ τὰ ἔργα τῶν χειρῶν αὐτοῦ συμβήσεται αὐτῷ (4 a)
5. 20. οὐαὶ οἱ λέγοντες τὸ π. καλὸν καὶ τὸ καλὸν πονηρόν (4 a, 4 a)
7. 5. ἐβουλεύσαντο βουλὴν πονηράν (16)
— 15. πρὶν ἢ γνῶναι αὐτὸν ἢ προελέσθαι πονηρά (4 a)
9. 17 (16). πάντες ἄνομοι καὶ πονηροί (4 e)
14. 20. οὐ μὴ μείνῃς εἰς τὸν αἰῶνα χρόνον, σπέρμα πονηρόν (4 e)
25. 4. ἀπὸ ἀνθρώπων πονηρῶν ῥύσῃ αὐτούς †
28. 19. ἐν νυκτὶ ἔσται ἐλπὶς πονηρά †
30. 4. εἰσὶν ἐν Τάνει ἀρχηγοὶ ἄγγελοι πονηροί †
31. 2. ἐπαναστήσεται ἐπ' οἴκους ἀνθρώπων π. (7)
32. 7. ἡ γὰρ βουλὴ τῶν π. ἄνομα βουλεύσεται (4 a)
35. 9. οὐδὲ τῶν π. θηρίων [A S τ. θ. τῶν π.] οὐ μὴ ἀναβῇ εἰς [A S ἐπ'] αὐτήν †
53. 9. δώσω τοὺς π. ἀντὶ τῆς ταφῆς αὐτοῦ (5)
56. 11. εἰσὶ πονηροὶ οὐκ εἰδότες σύνεσιν †
65. 12. ἐποιήσατε τὸ π. ἐναντίον ἐμοῦ (4 a)
66. 4. ἐποίησαν τὸ π. ἐναντίον ἐμοῦ (4 a)
Je. 2. 13. δύο καὶ πονηρὰ ἐποίησεν ὁ λαός μου (4 a)
3. 5. ἐλάλησας καὶ ἐποίησας [S om. κ. ἐ.] τὰ π. ταῦτα (4 a)
— 17. ὀπίσω τῶν ἐνθυμημάτων [A ἐπιθ.] τῆς καρδίας αὐτῶν τῆς π. (4 a)
7. 30. ἐποίησαν οἱ υἱοὶ Ἰούδα τὸ π. ἐναντίον [A S τὰ π., A ἐνώπιον] ἐμοῦ (4 a)
11. 19. ἐπ' ἐμὲ ἐλογίσαντο λογισμὸν πονηρόν –
12. 14. τάδε λέγει κύριος περὶ πάντων τῶν γειτόνων τῶν π. [A σκληρῶν] (4 a)
15. 21. ἐξαιρεῖσθαί σε ἐκ χειρὸς πονηρῶν (4 a)
16. 12. ὀπίσω τῶν ἀρεστῶν [A ἐρασ.] τῆς καρδίας ὑμῶν τῆς π. (4 a)
17. 17. A B S² ἐν ἡμέρᾳ π. (4 a)
— 18. ἐπάγαγε ἐπ' αὐτοὺς ἡμέραν [A λιμὸν] π. (4 a)
18. 10. ποιήσωσι τὰ π. ἐναντίον μου (4 c*, 4 a)
— 11. ἀποστραφήτω ἕκαστος ἀπὸ ὁδοῦ τῆς π. (4 a)
— 12. τὰ ἀρεστὰ τῆς καρδίας αὐτοῦ τῆς π. (4 a)
23. 2. κατὰ τὰ π. ἐπιτηδεύματα ὑμῶν (4 b)
— 10. ἐγένετο ὁ δρόμος αὐτῶν π. (4 a)
— 14. A ἀντιλαμβανομένους χειρῶν π. [B πολλῶν] (4 e)
— 14. τοῦ μὴ ἀποστραφῆναι ἕκαστον ἀπὸ τῆς ὁδοῦ αὐτοῦ τῆς π. (10)
— 22. ἀπὸ τῶν π. ἐπιτηδευμάτων αὐτῶν [A τ. ἐπ. αὐ. τῶν π.] (4 a + 4 b)
24. 2. ὁ κάλαθος ὁ ἕτερος σύκων π. σφόδρα (4 a)
— 3. τὰ π. πονηρὰ λίαν (4 a, 4 a)
— 8. ὡς τὰ σῦκα τὰ π. (4 a)
25. 5. ἀποστράφητε ἕκαστος ἀπὸ τῆς ὁδοῦ αὐτοῦ τῆς π. καὶ ἀπὸ τῶν π. ἐπιτηδευμάτων ὑμῶν (4 a, 4 b)
30. 12 (49. 23). ἤκουσαν ἀκοὴν πονηράν (4 a)
33 (26). 3. ἀποστραφήσονται ἕκαστος ἀπὸ τῆς ὁδοῦ αὐ. τῆς π. . . . τοῦ ποιῆσαι αὐτοῖς ἕνεκεν τῶν π. ἐπιτηδευμάτων αὐ. (4 a, 4 b)
39 (32). 30. ποιοῦντες τὸ π. κατ' ὀφθαλμούς μου (4 a)
42 (35). 15. ἀπὸ τῆς ὁδοῦ αὐτοῦ τῆς π. (4 a)
43 (36). 3. ἀπὸ ὁδοῦ αὐτῶν τῆς π. (4 a)
— 7. ἐκ [A ἀπὸ] τῆς ὁδοῦ αὐτῶν τῆς π. (4 a)
45 (38). 4. οὐ χρησμολογεῖ εἰρήνην τῷ λαῷ τούτῳ ἀλλ' ἢ πονηρά (4 c)
51 (44). 29. ἐπισκέψομαι ἐγὼ ἐφ' ὑμᾶς εἰς πονηρά (4 c)
Ba. 1. 22. ἐν διανοίᾳ καρδίας αὐ. [A ἡμῶν] τῆς π.
2. 8. ἀπὸ τῶν νοημάτων τῆς καρδίας αὐ. τῆς π.
— 25. ἀπεθάνοσαν ἐν πόνοις πονηροῖς
— 33. B ἀποστρέψουσιν [A ἐπιστρ.] . . . ἀπὸ πονηρῶν [A τῶν π.] προσταγμάτων [A B πραγ.] αὐτῶν
Ez. 5. 17. ἐξαποστελῶ ἐπὶ σὲ . . . θηρία πονηρά (4 a)
Ez. 7. 24. A ἄξω πονηροὺς ἐθνῶν (4 a)
8. 9. A ἴδε τὰς ἀνομίας τὰς π. [B om. τ. π.] (4 a)
11. 2. βουλευόμενοι βουλὴν πονηράν (4 a)
— 21. A κατὰ τὰς καρδίας . . . τῶν π. [B al.] (6 ?)
13. 22. ἀπὸ τῆς ὁδοῦ αὐτοῦ τῆς π. (4 a)
14. 15. ἐὰν καὶ θηρία π. ἐπάγω ἐπὶ τὴν γῆν (4 a)
— 21. ἐὰν δὲ καὶ τὰς τέσσαρας ἐκδικήσεις μου τὰς π. . . . θηρία πονηρὰ ἐξαποστείλω (4 a, 4 a)
18. 23. ἐκ τῆς ὁδοῦ [A add. αὐτοῦ] τῆς π. –
30. 12. A ἀποδώσομαι τὴν γῆν ἐν χειρὶ πονηρῶν (4 a)
33. 11. A ἀπὸ τῆς ὁδοῦ αὐ. τῆς π. [B om. τ. π.] . . . ἀπὸ τῶν ὁδῶν ὑμῶν τῶν π. [B τῆς ὁ. ὑ.] (–, 4 a)
34. 25. ἀφανιῶ [A ἀπολῶ] θηρία π. (4 a)
36. 31. μνησθήσεσθε τὰς ὁδοὺς ὑμῶν τὰς π. (4 a)
38. 10. λογιῇ λογισμοὺς πονηρούς (4 a)
Da. LXX., TH. 3. (32). βασιλεῖ ἀδίκῳ καὶ πονηροτάτῳ
I Ma. 1. 15. S R ἐπράθησαν τοῦ ποιῆσαι τὸ [A om.] π.
— 36. ἐγένετο . . . εἰς διάβολον π.
7. 25. κατηγόρησεν αὐτῶν πονηρά
11. 8. διελογίζετο . . . λογισμοὺς π.
14. 14. ἐξῆρε πάντα ἄνομον καὶ π.
II Ma. 1. 5. μὴ ὑμᾶς ἐγκαταλείποι ἐν καιρῷ π.
III Ma. 7. 9. ἐάν τι κακοτεχνήσωμεν πονηρόν
IV Ma. 12. 11. A R πάντων τῶν [S om.] π. ἀσεβέστατε τύραννε [S om.]
[Aq. Ge. 37. 2: Dt. 7. 15: IV Ki. 17. 11: Ps. 5. 5: Pr. 4. 14: Ec. 5. 12: 9. 12: Je. 5. 28: 8. 3: 11. 15: 13. 10 *bis*, 23: 21. 14: 29 (36). 17: Ez. 8. 9: 30. 12.]
[Sm. Ge. 3. 23 (22): 37. 2: Dt. 7. 15: IV Ki. 17. 11: Ps. 63 (64). 6: 140 (141). 4: Pr. 15. 15: 21. 10: 29. 6: Ec. 8. 5: Je. 5. 28: 8. 3: 13. 10: Ez. 8. 9.]
[Th. Ge. 37. 2: Ex. 21. 8: II Ki. 12. 9: Pr. 4. 14: 20. 14 *bis*: Je. 5. 28: 8. 3: 11. 8: 13. 10 *bis*: 21. 14: Ez. 5. 16: 7. 24: 8. 9: 30. 12.]
[Al. Le. 27. 33: Nu. 22. 32: Ps. 48 (49). 6: Pr. 15. 10: 19. 23.]
[Quint. IV Ki. 17. 11.]
[Hebr. Ge. 6. 6 (5).]

πονηρόφθαλμος.

[Al. Pr. 23. 6.]

πονικός.

[Th. Pr. 15. 1.]

πόνος. (1) אָוֶן (2) אֵיד (3) חֳלִי (4) יָגוֹן (5) יְגִיעַ (6) כְּאֵב (7) מַחֲלָה (8) סִבְלָה (9) עָמָל (10) עֶצֶב (11) פְּעֻלָּה (12) תַּחֲלוּא (13) ἐν τῷ π. כָּאֵב (ptcp.) (14) ἐν πόνοις עָמֵל (15) εἶναι ἐν πόνῳ נָגַע (16) ὁ π. τῶν ὠδίνων חֵבֶל

Ge. 34. 25. ὅτε ἦσαν ἐν τῷ π. (13)
41. 51. ἐπιλαθέσθαι . . . πάντων τῶν π. μου (9)
Ex. 2. 11. κατανοήσας δὲ τὸν π. αὐτῶν (8)
Nu. 23. 21. οὐδὲ ὀφθήσεται π. ἐν Ἰσρ. (9)
De. 28. 33. πάντας τοὺς π. σου φάγεται ἔθνος (5)
I Ki. 15. 23. ὀδύνη καὶ πόνος θερ. ἐπάγουσιν (1)
III Ki. 8. 37. πᾶν [A πάντα] πόνον πᾶσαν προσευχήν (7)
I Ch. 10. 3. εὗρον αὐτὸν οἱ τοξόται ἐν . . . πόνοις –
II Ch. 6. 28. A B κατὰ . . . πᾶν [R πάντα] πόνον (7)
Ju. 5. 11. ἐν πόνῳ [S πηλῷ] καὶ πλίνθῳ
Jb. 2. 9. ἐμῆς κοιλίας ὠδῖνες καὶ πόνοι –
3. 10. ἀπήλλαξε γὰρ ἂν πόνον [A κόπον] (9)
4. 5. ἥκει ἐπὶ σὲ πόνος †
5. 6. οὐδὲ ἐξ ὀρέων ἀναβλαστήσει πόνος (9)
15. 2. ἐνέπλησε πόνον γαστρός †
— 35. A ἡ δὲ κοιλία αὐ. ὑποίσει πόνον [B S δόλον] †
20. 14. A χολὴ ἀσπίδος ἐν γαστρὶ αὐτοῦ καὶ πόνος [B S om. καὶ π.] –
Ps. 7. 14. συνέλαβε πόνον (9)
— 16. ἐπιστρέψει ὁ π. αὐ. εἰς κεφαλὴν αὐτοῦ (9)
9. 28 (10. 7). ὑπὸ τὴν γλῶσσαν αὐτοῦ κόπος καὶ πόνος (1)
— 35 (10. 14). σὺ πόνον [A κόπον] καὶ θυμὸν κατανοεῖς (9)
Ps. 54 (55). 10. B πόνος [S κόπος] ἐν μέσῳ αὐτῆς (9)
77 (78). 46. καὶ τοὺς π. αὐτῶν τῇ ἀκρίδι (5)
— 51. B ἀπαρχὴν πόνων [S¹ τῶν πρωτοτόκων, S² παντὸς πόνου] αὐτῶν (1)
89 (90). 10. τὸ πλεῖον αὐτῶν κόπος καὶ πόνος (1)
104 (105). 36. ἀπαρχὴν παντὸς πόνου αὐτῶν (1)
— 44. πόνους λαῶν ἐκληρονόμησαν [A S² κατεκλ.] (9)
108 (109). 11. διαρπασάτωσαν ἀλλότριοι τοὺς π. αὐτοῦ (5)
127 (128). 2. A S¹ τοὺς καρποὺς τῶν π. [S² R τοὺς π. τῶν καρπῶν] σου φάγεσαι († [5])
Pr. 3. 9. τίμα τὸν κύριον ἀπὸ σῶν δικαίων π. †
5. 10. οἱ δὲ σοὶ π. εἰς οἴκους ἀλλοτρίων ἔλθωσι (10)
6. 8. ἧς τοὺς π. βασιλεῖς . . . προσφέρονται –
16. 26. ἀνὴρ ἐν πόνοις πονεῖ ἑαυτῷ (14)
24. 2. πόνους τὰ χείλη αὐτῶν λαλεῖ (9)
— 75 (31. 7). καὶ τῶν π. μὴ μνησθῶσιν ἔτι (9)
Wi. 3. 15. ἀγαθῶν γὰρ πόνων καρπὸς εὐκλεής
5. 1. τῶν ἀθετούντων τοὺς π. αὐτοῦ
8. 7. οἱ π. ταύτης εἰσὶν ἀρεταί
— 18. ἐν πόνοις χειρῶν αὐτῆς
9. 16. τὰ ἐν χερσὶν [S ποσὶν] εὑρίσκομεν μετὰ πόνου
10. 9. σοφία δὲ τοὺς θεραπεύσαντας [A S¹ -πεύοντας] αὐτὴν ἐκ πόνων ἐρρύσατο
— 10. ἐπλήθυνε τοὺς π. [A S κόπους] αὐτοῦ
15. 4. οὐδὲ σκιαγράφων πόνος ἄκαρπος
19. 16. τοὺς ἤδη τῶν αὐτῶν μετεσχηκότας δικαίων δεινοῖς ἐκάκωσαν πόνοις
Si. 3. 27. καρδία σκληρὰ βαρυνθήσεται πόνοις
11. 21. ἔμμενε τῷ π. σου
14. 15. οὐχὶ ἑτέρῳ καταλείψεις τοὺς π. σου
28. 15. ἐστέρησεν αὐτὰς τῶν π. αὐτῶν
29. 4. παρέσχον πόνον [A S κόπον] τοῖς βοηθήσασιν αὐτοῖς
34 (31). 20. πόνος ἀγρυπνίας . . . μετὰ ἀνδρὸς ἀπλήστου
37. 30. ἐν πολλοῖς γὰρ βρώμασιν ἔσται πόνος [A S νόσος]
38. 7. ἦρε τὸν [A πᾶν] π. αὐτοῦ
Ho. 12. 8 (9). πάντες οἱ π. αὐ. οὐχ εὑρεθήσονται αὐτῷ (5)
Ob. 1. 13. ἐν ἡμέρᾳ πόνων [S¹ πονηρῶν] αὐ. (2)
Hb. 1. 3. ἔδειξάς μοι κόπους καὶ πόνους (9)
— 13. ἐπιβλέπειν ἐπὶ πόνους (9)
Hg. 1. 11. καὶ ἐπὶ πάντας τοὺς π. τῶν χειρῶν αὐ. (5)
2. 15 (14). ἀπὸ προσώπου πόνων [S² -νηριῶν] αὐτῶν –
Is. 1. 5. πᾶσα κεφαλὴ εἰς πόνον (3)
49. 4. ὁ π. μου ἐναντίον τοῦ θεοῦ μου (11)
53. 4. ἐλογισάμεθα αὐτὸν εἶναι [S¹ om.] ἐν πόνῳ [S¹ -οις] (15)
— 11. ἀπὸ τοῦ π. τῆς ψυχῆς αὐτοῦ (9)
59. 4. κύουσι πόνον (9)
65. 14. κεκράξεσθε διὰ τὸν π. τῆς καρδίας ὑμῶν (6)
— 23 (22). τὰ γὰρ ἔργα τῶν π. αὐτῶν παλαιώσουσιν †
66. 7. πρὶν ἐλθεῖν τὸν π. τῶν ὠδίνων ἐξέφυγε (16)
Je. 4. 14. διαλογισμοὶ [B² S λ.] πόνων σου (1)
— 15. ἀκουσθήσεται π. ἐξ ὄρους Ἐφραΐμ (1)
6. 7. πόνῳ καὶ μάστιγι παιδευθήσῃ (3)
14. 18. ἰδοὺ πόνος λιμοῦ (12)
20. 5. δώσω . . . πάντας τοὺς π. αὐτῆς . . . εἰς χεῖρας ἐχθρῶν αὐτοῦ (5)
— 18. τοῦ βλέπειν κόπους καὶ πόνους [S¹ μόχθους] (4)
Ba. 2. 25. ἀπεθάνοσαν ἐν πόνοις πονηροῖς
Ez. 23. 29. λήψονται πάντας τοὺς π. σου (5)
II Ma. 7. 36. βραχὺν ὑπενέγκαντες πόνον
9. 18. οὐδαμῶς δὲ ληγόντων τῶν π.
IV Ma. 1. 4. θυμοῦ τε καὶ πόνου καὶ φόβου
— 9. τῶν ἕως θανάτου π. [S τοὺς . . . π.] ὑπεριδόντες
— 20. ἡδονή τε καὶ πόνος
— 21. S R καὶ περὶ τὴν ἡδονὴν καὶ τὸν π. [A *al.*]
— 23. πρὸ δὲ τοῦ π. ἐστὶ φόβος
— 23. μετὰ δὲ τὸν π. λύπη
— 24. κοινὸν πάθος ἐστὶν ἡδονῆς καὶ πόνου
— 28. ἡδονῆς τε καὶ πόνου
5. 23. ὥστε πάντα π. ἑκουσίως ὑπομένειν
6. 9. ὁ δὲ ὑπέμενε τοὺς π.
7. 13. A λελυμένων ἤδη τῶν τοῦ σώματος π. [S R *al.*]
— 22. διὰ τὴν ἀρετὴν πάντα π. ὑπομένειν
9. 31. τὸν π. ἐπικουφίζομαι
11. 12. διὰ γενναιοτέρων π. ἐπιδείξασθαι
— 20. εἰς γυμνασίαν πόνων . . . κληθέντες

IV Ma. 13. 1. εἰ . . . τῶν μέχρι θανάτου π. ὑπερεφρόνησαν
— 4. ἐπεκράτησαν γὰρ καὶ πάθους καὶ πόνων
15. 16. ὦ πικροτέρων μὲν νῦν μήτηρ πόνων πειρασθεῖσα
16. 19. ὀφείλετε πάντα π. ὑπομένειν
— 23. A R μὴ ἀνθίστασθαι [S ἀντιτάσσεσθαι] τοῖς π.
18. 2. οὐ μόνον τῶν ἔνδοθεν ἀλλὰ καὶ τῶν ἔξωθεν π.
— 3. προϊέμενοι τὰ σώματα τοῖς π.
[Aq. Jb. 15. 35 : 16. 2 : Ps. 9. 35 (10. 14) : 72 (73). 5 : Is. 53. 4.]
[Sm. Jb. 16. 6 : 33. 19 : Ec. 2. 11 : Is. 53. 4.]
[Th. Pr. 16. 26.]
[Al. Ex. 15. 14.]
[Heb. Jb. 7. 12.]

ποντόβροχος.

III Ma. 6. 4. ποντοβρόχους ἀπώλεσας

ποντοπορεῖν. (1) בְּלֶב־יָם

Pr. 24. 54 (30. 19). καὶ τρίβους νηὸς ποντοπορούσης (1)

πόντος. (1) תְּהוֹם

Ex. 15. 5. πόντῳ ἐκάλυψεν αὐτούς (1)

πορεία, πορία. (1) *a.* הֲלִיכָה *b.* מַהֲלָךְ *c.* הָלַךְ (2) מוֹצָא (3) צַעַד

Nu. 33. 2. οὗτοι σταθμοὶ τῆς π. αὐτῶν (2)
Ne. 2. 6. ἕως πότε ἔσται ἡ π. [A παρουσία] σου (1 *b*)
To. 7. 8. A B ὑπὲρ ὧν ἔλεγες ἐν τῇ π. [A ἐν πορίᾳ]
10. 1. ὡς ἐπληρώθησαν αἱ ἡμ. τῆς π. [S *al.*]
Ju. 2. 19. ἐξῆλθεν . . . εἰς πορείαν
Ps. 67 (68). 24. ἐθεωρήθησαν αἱ π. σου, ὁ θεός, αἱ π. τοῦ θεοῦ μου (1 *a*, 1 *a*)
Pr. 2. 7. ὑπερασπιεῖ τὴν π. αὐτῶν (1 *c*)
4. 27. τὰς δὲ π. σου ἐν εἰρήνῃ προάξει –
26. 7. ἀφελοῦ πορείαν [S[1] πορνίαν] σκελῶν †
Wi. 3. 3. ἡ ἀφ' ἡμῶν π. σύντριμμα
5. 11. οὐθὲν εὑρίσκεται τεκμήριον πορείας [S[1] πονηρίας]
13. 18. S[1] περὶ δὲ πορείας [A B S[2] ὁδοιπορίας] τὸ μηδὲ βάσει χρῆσθαι δυνάμενον
Si. 43. 5. ἐν λόγοις αὐτοῦ κατέσπευσε [S[2] -έπαυσεν] πορείαν
Jn. 3. 3. ὡσεὶ πορείας ὁδοῦ ἡμερῶν τριῶν (1 *b*)
— 4. ὡσεὶ πορείαν [A -ας ὁδοῦ] ἡμέρας μιᾶς (1 *b*)
Na. 1. 8. ἐν κατακλυσμῷ πορείας συντέλειαν ποιήσεται †
2. 5 (6). ἀσθενήσουσιν ἐν τῇ π. [A ταῖς π.] αὐ. (1 *a*)
Hb. 3. 6. βουνοὶ αἰώνιοι πορείας αἰωνίας αὐ. (1 *a*)
— 10. σκορπίζων ὕδατα πορείας †
Is. 3. 16. τῇ π. τῶν ποδῶν ἅμα σύρουσαι τοὺς χιτῶνας †
8. 11. ἀπειθοῦσι τῇ π. τῆς ὁδοῦ τοῦ λαοῦ τ. (1 *c*)
Je. 10. 23. καὶ κατορθώσει πορείαν αὐτοῦ (3)
18. 15. οὐκ ἔχοντας ὁδὸν εἰς πορείαν [A ὁ. πορείας] †
II Ma. 3. 8. ἐποιεῖτο τὴν π.
9. 4. R κατανύειν τὴν π. [A *al.*]
— 7. ἐποξύνειν τὴν π.
12. 10. ποιουμένων τὴν π. ἐπὶ τὸν Τιμ.
III Ma. 4. 5. πρὸς ὀξεῖαν καταχρωμένων πορείαν
5. 48. τῆς τε τοῦ πλήθους π. κονιορτὸν ἰδόντες
[Aq., Th. Ps. 67 (68). 25 *bis* : Pr. 30. 29.]
[Sm. Ps. 24 (25). 4 : 67 (68). 25 *bis* : Pr. 31. 27.]

πορεῖον, πόριον.

Ge. 45. 17. A γεμίσατε τὰ π. [R φορεῖα] ὑμῶν †
Es. 8. 14. S[2] καὶ ἐπιβάται τῶν π. †
[Th. Ge. 45. 17.]

πορεύεσθαι. (1) אֲזַל *a.* pe. *b.* pa. (2) בּוֹא *a.* qal. *b.* hi. (3) הָלַךְ *a.* qal. *b.* pi. *c.* hi. *d.* hithpa. *e.* הֲלַךְ pe. *f.* aph. (4) יָצָא (5) יָרַד (6) מָלֵא pi. (7) נָגַשׁ (8) סָחַר (9) עָבַר (10) עָלָה (11) צָעַד (12) קָרַב (13) πάλιν π. שׁוּב (14) π. πρό קָדַם pi. (15) εἶναι πεπορευμένος הֲלַךְ

Ge. 2. 14. A οὗτος ὁ πορευόμ. [R προπορ.] (3 *a*)
3. 14. ἐπὶ τῷ στήθει σου . . . πορεύσῃ (3 *a*)
8. 3. ἐνεδίδου τὸ ὕδωρ πορευόμ. ἀπὸ τῆς γῆς (3 *a*)
Ge. 8. 4 (5). A τὸ δὲ ὕδωρ πορευόμ. [R *om.*] ἠλαττονοῦτο (3 *a*)
9. 23. καὶ ἐπορεύθησαν ὀπισθοφανῶς (3 *a*)
11. 31. πορευθῆναι εἰς τὴν γῆν Χαναάν (3 *a*)
12. 4. καὶ ἐπορεύθη Ἅβραμ (3 *a*)
— 5. πορευθῆναι εἰς γῆν Χαναάν (3 *a*)
— 9. καὶ πορευθεὶς ἐστρατοπέδευσεν (3 *a*)
13. 3. ἐπορεύθη ὅθεν ἦλθεν (3 *a*)
16. 8. R καὶ ποῦ πορεύῃ (3 *a*)
21. 19. καὶ ἐπορεύθη (3 *a*)
22. 2. πορεύθητι εἰς τὴν γῆν τὴν ὑψ. (3 *a*)
— 3. ἀναστὰς ἐπορεύθη (3 *a*)
— 6. καὶ ἐπορεύθησαν οἱ δύο ἅμα (3 *a*)
— 8. πορευθέντες δὲ ἀμφότεροι (3 *a*)
— 13. καὶ ἐπορεύθη Ἀβ. (3 *a*)
— 19. ἀναστάντες ἐπορεύθησαν (3 *a*)
24. 4. εἰς τὴν γῆν μου . . . πορεύσῃ (3 *a*)
— 5. πορευθῆναι μετ' ἐμοῦ ὀπίσω (3 *a*)
— 8. ἐὰν δὲ μὴ θέλῃ . . . πορευθῆναι (3 *a*)
— 10. καὶ ἀναστὰς ἐπορεύθη (3 *a*)
— 38. εἰς τὸν οἶκον τοῦ πατρός μου πορεύσῃ (3 *a*)
— 39. A μή ποτε οὐ πορευθῇ [R πορεύσεται] (3 *a*)
— 42. ἣν νῦν ἐγὼ πορεύομαι ἐπ' αὐτήν (3 *a*)
— 58. πορεύσῃ μετὰ τοῦ ἀνθρ. τούτου; καὶ εἶπεν, Πορεύσομαι (3 *a*, 3 *a*)
— 61. ἐπορεύθησαν μετὰ τοῦ ἀνθρ. (3 *a*)
— 62. A ἐπορεύετο [R διεπ.] διὰ τῆς ἐρήμου (2 *a*)
— 65. ὁ πορευόμ. ἐν τῷ πεδίῳ (3 *a*)
25. 22. ἐπορεύθη δὲ πυθέσθαι παρὰ κυρίου (3 *a*)
— 32. ἐγὼ πορεύομαι τελευτᾶν (3 *a*)
26. 1. ἐπορεύθη δὲ Ἰσαὰκ πρὸς Ἀβιμ. (3 *a*)
— 26. Ἀβιμ. ἐπορεύθη πρὸς αὐτόν (3 *a*)
27. 5. ἐπορεύθη δὲ Ἠ. εἰς τὸ πεδίον (3 *a*)
— 9. πορευθεὶς εἰς τὰ πρόβατα (3 *a*)
— 13. πορευθεὶς ἔνεγκέ μοι (3 *a*)
— 14. πορευθεὶς δὲ ἔλαβε (3 *a*)
28. 5, 7. ἐπορεύθη εἰς τὴν Μεσοπ. (3 *a*)
— 9. ἐπορεύθη Ἠ. πρὸς Ἰσμ. (3 *a*)
— 10. ἐπορεύθη εἰς Χαρράν (3 *a*)
— 15. οὗ ἂν πορευθῇς (3 *a*)
— 20. ᾗ ἐγὼ πορεύομαι (3 *a*)
29. 1. ἐπορεύθη εἰς γῆν ἀνατολῶν (3 *a*)
30. 14. ἐπορεύθη δὲ Ῥουβήν (3 *a*)
31. 30. νῦν οὖν πεπόρευσαι (3 *a*)
32. 17 (18). καὶ ποῦ πορεύῃ (3 *a*)
33. 12. A πορευθῶμεν [R -ευσώμεθα] ἐπ' εὐθεῖαν (3 *a*)
35. 3. A ἐν τῇ ὁδῷ ᾗ ἐπορευόμην [R -εύθην] (3 *a*)
— 21 (22). ἐπορεύθη Ῥουβήν (3 *a*)
36. 6. ἐπορεύθη ἐκ γῆς Χ. (3 *a*)
37. 12. ἐπορεύθησαν δὲ οἱ ἀδ. αὐτοῦ (3 *a*)
— 14. πορευθεὶς ἴδε (3 *a*)
— 17. πορευθῶμεν εἰς Δωθαείμ (3 *a*)
— 17. καὶ ἐπορεύθη Ἰωσήφ (3 *a*)
— 18. A ἐπορεύοντο [R ἐπονηρεύοντο τοῦ] ἀποκτεῖναι αὐτόν †
— 25. ἐπορεύοντο δὲ καταγαγεῖν εἰς Αἴγ. (3 *a*)
— 30. ἐγὼ δὲ ποῦ πορεύομαι ἔτι (2 *a*)
41. 55. πορεύεσθε πρὸς Ἰ. (3 *a*)
42. 38. A ᾗ ἂν πορεύεσθε [R ἐὰν πορεύησθε] (3 *a*)
43. 2. πάλιν πορευθέντες (13)
— 5. οὐ πορευσόμεθα (5)
— 8. ἀναστάντες πορευσόμεθα (3 *a*)
45. 24. καὶ ἐπορεύθησαν (3 *a*)
— 28. πορευθεὶς ὄψομαι αὐτόν (3 *a*)
Ex. 2. 7 (8). ἡ δὲ εἶπεν . . . Πορεύου (3 *a*)
3. 11. πορεύσομαι πρὸς Φ. (3 *a*)
— 18. πορευσόμεθα οὖν ὁδὸν τριῶν ἡμερῶν (3 *a*)
— 19. οὐ προήσεται ὑμᾶς Φ. . . . πορευθῆναι (3 *a*)
4. 12. καὶ νῦν πορεύου (3 *a*)
— 18. ἐπορεύθη δὲ Μ. (3 *a*)
— 18. πορεύσομαι καὶ ἀποστρέψω (3 *a*)
— 21. πορευομένου σου καὶ ἀποστρέφοντος (3 *a*)
— 27. πορεύθητι εἰς συνάντησιν Μ. (3 *a*)
— 27. καὶ ἐπορεύθη (3 *a*)
— 29. ἐπορεύθη δὲ Μ. (3 *a*)
5. 3. πορευσόμεθα οὖν ὁδὸν τριῶν ἡμερῶν (3 *a*)
— 7. πορευέσθωσαν καὶ συναγαγέτωσαν (3 *a*)
— 8. A πορευθῶμεν [B ἐγερθ.] καὶ θύσωμεν (3 *a*)
— 11. πορευόμενοι συλλέγετε ἑαυτοῖς ἄχ. (3 *a*)
— 17. πορευθῶμεν θύσωμεν (3 *a*)
— 18. πορευθέντες [A ἀπελθόντες] ἐργάζεσθε (3 *a*)
— 23. ἀφ' οὗ πεπόρευμαι πρὸς Φ. (2 *a*)
8. 27 (23). ὁδὸν τριῶν ἡμερῶν πορευσόμεθα [A -σώμ.] (3 *a*)
— 28 (24). οὐ μακρὰν ἀποτενεῖτε πορευθῆναι (3 *a*)
Ex. 10. 8. πορεύεσθε καὶ λατρεύσατε (3 *a*)
— 8. τίνες εἰσιν οἱ πορευόμ. (3 *a*)
— 9. σὺν τοῖς νεανίσκοις . . . πορευσόμεθα (3 *a*)
— 11. πορευέσθωσαν δὲ οἱ ἄνδρες (3 *a*)
— 26. τὰ κτήνη ἡμῶν πορεύσεται μεθ' ἡμῶν (3 *a*)
12. 32. τὰ πρόβατα . . . ἀναλαβόντες πορεύεσθε (3 *a*)
14. 19. καὶ ἐπορεύθη ἐκ τῶν ὄπισθεν (3 *a*)
— 29 : 15. 19. ἐπορεύθησαν διὰ ξηρᾶς (3 *a*)
15. 22. ἐπορεύοντο τρεῖς ἡμέρας (3 *a*)
16. 4. εἰ πορεύσονται τῷ νόμῳ [A ὀνόματί] μου (3 *a*)
17. 5. καὶ πορεύσῃ (3 *a*)
— 8. A ἐπορεύθη [B ἐπολέμει] Ἰσρ. ἐν Ῥ. †
18. 20. ἐν αἷς πορεύσονται ἐν αὐταῖς (3 *a*)
23. 23. πορεύσεται γὰρ ὁ ἄγγελός μου (3 *a*)
33. 1. B πορεύου [A R προπορ.] ἀνάβηθι (3 *a*)
— 15. B εἰ μὴ αὐτὸς σὺ πορεύῃ [A R συμπ.] (3 *a*)
Le. 11. 20, 21. ἃ πορεύεται ἐπὶ τέσσαρα (3 *a*)
— 27. ὃς πορεύεται ἐπὶ χειρῶν (3 *a*)
— 27. ἃ πορεύεται ἐπὶ τέσσαρα (3 *a*)
— 42. πᾶς ὁ πορευόμ. ἐπὶ κοιλίας (3 *a*)
— 42. πᾶς ὁ πορευόμ. ἐπὶ τέσσαρα (3 *a*)
18. 3. τοῖς [A ἐν τ.] νομίμοις αὐ. οὐ πορεύσεσθε (3 *a*)
— 4. πορεύεσθαι ἐν αὐτοῖς (3 *a*)
19. 16. οὐ πορεύσῃ δόλῳ (3 *a*)
20. 23. οὐχὶ πορεύεσθε τοῖς νομίμοις τῶν ἐθνῶν (3 *a*)
26. 3. ἐὰν τοῖς προστάγμασί μου πορεύησθε (3 *a*)
— 21. ἐὰν μετὰ ταῦτα πορεύησθε [A -εσθε] πλάγιοι (3 *a*)
— 23. ἀλλὰ πορεύησθε [A -σησθε] πρὸς μὲ πλάγιοι (3 *a*)
— 24. πορεύσομαι κἀγὼ . . . θυμῷ πλαγίῳ (3 *a*)
— 27. καὶ πορεύησθε [A -σησθε] πρὸς μὲ πλάγιοι (3 *a*)
— 28. αὐτὸς πορεύσομαι μεθ' ὑμῶν (3 *a*)
— 40. ἐπορεύθησαν ἐναντίον μου πλάγιοι (3 *a*)
— 41. ἐπορεύθην μετ' αὐτῶν ἐν θυμῷ πλαγίῳ (3 *a*)
Nu. 10. 30. οὐ πορεύσομαι ἀλλὰ εἰς τὴν γῆν μου (3 *a*)
— 32. ἐὰν πορευθῇς μεθ' ἡμῶν (3 *a*)
13. 27 (26). καὶ πορευθέντες ἦλθον (3 *a*)
14. 14. σὺ πορεύῃ [B[1] συμπ.] πρότερος αὐτῶν (3 *a*)
— 38. τῶν πεπορευμ. κατασκέψασθαι (3 *a*)
16. 25. ἐπορεύθη πρὸς Δ. (3 *a*)
20. 17. ὁδῷ βασιλικῇ πορευσόμεθα (3 *a*)
— 19. A παρὰ τὸ ὄρος πορευόμεθα [B παρελευσόμ.] (9)
21. 21 (22). τῇ ὁδῷ πορευσόμεθα [B[2] -σομαι] –
— 22. ὁδῷ βασιλικῇ πορευσόμεθα (3 *a*)
22. 7. ἐπορεύθη ἡ γερουσία Μ. (3 *a*)
— 12. οὐ πορεύσῃ μετ' αὐτῶν (3 *a*)
— 13. οὐκ ἀφίησί με ὁ θ. π. μεθ' ὑμῶν (3 *a*)
— 14. οὐ θέλει Β. πορευθῆναι μεθ' ἡμῶν (3 *a*)
— 21. ἐπορεύθη μετὰ τῶν ἀρχόντων Μ. (3 *a*)
— 22. ὅτι ἐπορεύθη [A -εύετο] αὐτός (3 *a*)
— 23. ἐπορεύετο εἰς τὸ πεδίον (3 *a*)
— 35. ἐπορεύθη Β. μετὰ τῶν ἀρχόντων Β. (3 *a*)
— 39. ἐπορεύθη Βαλαὰμ μετὰ Βαλάκ (3 *a*)
23. 3. καὶ [A ἐγὼ δὲ] πορεύσομαι (3 *a*)
— 4 (3). ἐπορεύθη ἐπερωτῆσαι τὸν θ. –
— 4 (3). καὶ ἐπορεύθη εὐθεῖαν (3 *a*)
— 15. πορεύσομαι ἐπερωτῆσαι τὸν θ. †
24. 1. οὐκ ἐπορεύθη κατὰ τὸ εἰωθός (3 *a*)
32. 6. πορεύονται [A -σονται] εἰς τὸν πόλεμον (2 *a*)
— 39. ἐπορεύθη υἱὸς Μαχίρ (3 *a*)
— 41. Ἰαὶρ ὁ τοῦ Μαν. ἐπορεύθη (3 *a*)
— 42. καὶ Ναβαὺ ἐπορεύθη (3 *a*)
33. 8. ἐπορεύθησαν ὁδὸν τριῶν ἡμερῶν (3 *a*)
De. 1. 19. ἐπορεύθημεν πᾶσαν τὴν ἔρημον (3 *a*)
— 31. εἰς [A B[2] *om.*] ἣν ἐπορεύθητε (3 *a*)
— 33. A ὃς πορεύεται [B προπ.] πρότερος ὑμῶν (3 *a*)
— 33. καθ' ἣν πορεύεσθε ἐπ' αὐτῆς [A ἐν αὐτῇ] (3 *a*)
2. 27. A B[2] R ἐν τῇ ὁδῷ πορεύσομαι [B[1] *al.*] (3 *a*)
4. 3. ὅστις ἐπορεύθη ὀπίσω Β. (3 *a*)
5. 33 (30). πορεύεσθαι ἐν αὐτῇ [A *al.*] (3 *a*)
6. 7. καὶ πορευόμενος ἐν ὁδῷ (3 *a*)
— 14. οὐ πορεύσεσθε [A οὐ μὴ πορεύσ.] ὀπίσω θεῶν ἑτ. (3 *a*)
8. 6. π. ἐν [B[1] *om.*] ταῖς ὁδοῖς αὐτοῦ (3 *a*)
— 19. καὶ πορευθῇς ὀπίσω θεῶν ἑτέρων (3 *a*)
10. 12. π. ἐν πάσαις ταῖς ὁδοῖς αὐτοῦ (3 *a*)
11. 19. πορευομ. σου [A -μένους] ἐν ὁδῷ (3 *a*)
— 22. π. ἐν πάσαις ταῖς ὁδοῖς αὐτοῦ (3 *a*)

De. 11. 28. πορευθέντες λατρεύειν θεοῖς ἑτ. (3 a)
13. 2 (3). πορευθῶμεν καὶ λατρεύσωμεν (3 a)
— 4 (5). ὀπίσω κ. τοῦ θ. ὑμῶν πορεύεσθε (3 a)
— 5 (6). π. ἐν αὐτῇ (3 a)
— 6 (7). A πορευθῶμεν [B βαδίσωμεν] καὶ λατρεύσωμεν (3 a)
— 13 (14). πορευθῶμεν καὶ λατρεύσωμεν (3 a)
14. 25. πορεύσῃ εἰς τὸν τόπον (3 a)
19. 9. π. ἐν πάσαις ταῖς ὁδοῖς αὐτοῦ (3 a)
20. 3. ὑμεῖς πορεύεσθε [A προσπ.] σήμερον (12)
— 5, 6, 7, 8. πορευέσθω καὶ ἀποστραφήτω (3 a)
26. 2. πορεύσῃ εἰς τὸν τόπον (3 a)
— 17. π. ἐν πάσαις [A om.] ταῖς ὁδοῖς αὐ. (3 a)
28. 9. καὶ πορευθῇς ἐν πάσαις ταῖς ὁδοῖς αὐ. (3 a)
— 14. π. ὀπίσω θεῶν ἑτέρων (3 a)
29. 18 (17). πορευθέντες [A -εύεσθαι] λατρεύειν τοῖς θεοῖς (3 a)
— 19 (18). ἐν τῇ ἀποπλανήσει τῆς καρδ. μου πορεύσομαι (3 a)
— 26 (25). πορευθέντες ἐλάτρευσαν θεοῖς ἑτ. (3 a)
30. 16. π. ἐν πάσαις ταῖς ὁδοῖς αὐ. (3 a)
31. 14. καὶ ἐπορεύθη M. (3 a)
Jo. 1. 9. οὗ ἐὰν πορεύῃ (3 a)
— 16. εἰς πάντα τόπον . . . πορευσόμεθα (3 a)
2. 1. πορευθέντες οἱ δύο νεανίσκοι (3 a)
— 5. οὐκ ἐπίσταμαι ποῦ πεπόρευνται (3 a)
— 22. καὶ ἐπορεύθησαν (3 a)
3. 3. A B[1] πορεύεσθε [B[3] R -εύσ.] ὀπίσω αὐτῆς (3 a)
— 4. A B[1] ἣν πορεύεσθε [B[2] R -εύσ.] αὐτήν (3 a)
— 4. οὐ γὰρ πεπόρευσθε τὴν ὁδόν (9)
— 6. ἐπορεύοντο ἔμπροσθεν τοῦ λαοῦ (3 a)
4. 18. ἐπορεύετο καθὰ χθές (3 a)
6. 8 (9). A πορευόμενοι καὶ [B om. π. καὶ] σαλπίζοντες (3 a)
8. 7. πορεύσεσθε εἰς τὴν πόλιν †
— 9. ἐπορεύθησαν εἰς τὴν ἐνέδραν (3 a)
— 11. πορευόμενοι ἦλθον ἐξ ἐναντίας τῆς πόλ. (7)
9. 11. πορεύθητε εἰς συνάντησιν αὐτῶν (3 a)
10. 9. A ἐπορεύθη 'I. [B εἰσεπ.] ἐκ Γ. (10)
14. 10. ἐπορεύθη 'Ισρ. ἐν τῇ ἐρήμῳ (3 a)
15. 4. A πορεύεται [B ἐκπορ.] ἐπὶ Σ. (9)
16. 8. πορεύσεται τὰ ὅρια . . . ἐπὶ X. [A al.] (3 a)
17. 7. πορεύεται ἐπὶ [A om.] τὰ ὅρια ἐπὶ 'I. (3 a)
18. 8. ἀναστάντες οἱ ἄνδρες ἐπορεύθησαν (3 a)
— 8. ἐνετείλατο 'I. τοῖς ἀνδράσι τοῖς πορευομ. (3 a)
— 8. πορεύεσθε [A -εύθητε] καὶ χωροβατήσατε (3 a)
— 9. ἐπορεύθησαν καὶ ἐχωρόβατησαν (3 a)
19. 8. ἕως B. πορευομένων †
— 27. A πορεύεται τὸ μεθόριον –
— 47. ἐπορεύθησαν οἱ υἱοὶ Δάν (10)
— 49, 51. ἐπορεύθησαν ἐμβατεῦσαι τὴν γῆν †
22. 5. π. [A add. ἐν] πάσαις ταῖς ὁδοῖς αὐ. (3 a)
— 6. ἐπορεύθησαν εἰς τοὺς οἴκους αὐ. (3 a)
— 9. ἐπορεύθησαν οἱ υἱοὶ 'P. (3 a)
23. 16. καὶ πορευθέντες λατρεύσητε θεοῖς ἑτ. (3 a)
24. 17. ᾗ ἐπορεύθημεν ἐν αὐτῇ (3 a)
— 28. ἐπορεύθησαν ἕκ. εἰς τὸν τόπον αὐ. [A al.] –
Jd. 1. 3. πορεύσομαι κἀγὼ μετὰ σοῦ (3 a)
— 3. ἐπορεύθη μετ' αὐτοῦ Σ. (3 a)
— 10. ἐπορεύθη 'I. πρὸς τὸν Χαν. (3 a)
— 11. A ἐπορεύθησαν [B ἀνέβησαν] ἐκεῖθεν (3 a)
— 16. A καὶ ἐπορεύθη (3 a)
— 17. καὶ ἐπορεύθη 'I. (3 a)
— 26. ἐπορεύθη [A ἀπῆλθεν] ὁ ἀνήρ (3 a)
2. 12. ἐπορεύθησαν ὀπίσω θεῶν ἑτ. (3 a)
— 15. R οἷς ἐπορεύοντο [B ἐξεπ., A ἐπόρνευον] (4)
— 17. ἧς ἐπορεύθησαν οἱ πατέρες αὐτῶν (3 a)
— 19. π. [A πορευθῆναι] ὀπίσω θεῶν ἑτ. (3 a)
— 22. π. ἐν αὐτῇ (3 a)
3. 13. καὶ ἐπορεύθη (3 a)
— 17. B καὶ ἐπορεύθη –
4. 8. ἐὰν πορευθῇς μετ' ἐμοῦ πορεύσομαι καὶ ἐὰν μὴ πορευθῇς [A add. μετ' ἐμοῦ] οὐ πορεύσομαι (3 a quater)
— 9. πορευομένη [A -σομ.] πορεύσομαι μετὰ σοῦ (3 a, 3 a)
— 9. ἣν σὺ πορεύῃ (3 a)
— 9. καὶ ἐπορεύθη μετὰ τοῦ B. (3 a)
— 24. καὶ ἐπορεύετο [A -εύθη] χεὶρ . . . πορευομένη (3 a, 3 a)
5. 6. καὶ ἐπορεύθησαν ἀτραποὺς [A τρίβους] ἐπορεύθησαν ὁδοὺς διεστραμμ. (3 a, 3 a)
— 10. πορευόμενοι ἐπὶ ὁδοὺς συνέδρων [A al.] (3 a)
Jd. 6. 14. πορεύου ἐν τῇ ἰσχύϊ σου (3 a)
— 21. ἐπορεύθη ἀπ' ὀφθαλμῶν αὐ. [A al.] (3 a)
7. 4. οὗτος πορεύσεται σὺν σοί [A μετὰ σοῦ] (3 a)
— 4. αὐτὸς πορεύσεται σὺν σοί [A μετὰ σοῦ] (3 a)
— 4. οὗτος οὐ πορεύσεται μετὰ σοῦ (3 a)
— 4. αὐτὸς οὐ πορεύσεται μετὰ σοῦ (3 a)
— 7. πᾶς ὁ λαὸς πορεύσονται [A ἀποτρεχέτω] (3 a)
8. 1. ἐπορεύθης παρατάξασθαι ἐν M. [A al.] (3 a)
— 29. καὶ ἐπορεύθη 'Ιερ. (3 a)
9. 1. καὶ ἐπορεύθη 'Aβ. (3 a)
— 4. ἐπορεύθησαν ὀπίσω αὐτοῦ (3 a)
— 6. καὶ ἐπορεύθησαν (3 a)
— 7. καὶ ἐπορεύθη (3 a)
— 8. πορευόμενα ἐπορεύθη [A -θησαν] τὰ ξύλα (3 a, 3 a)
— 9, 11, 13. πορεύσομαι κινεῖσθαι ἐπὶ [A -ευθῶ ἄρχειν] τῶν ξύλων (3 a)
— 21. καὶ ἐπορεύθη [A add. ἐν ὁδῷ] (3 a)
— 49. καὶ ἐπορεύθησαν (3 a)
— 50. καὶ ἐπορεύθη 'Aβ. (3 a)
— 55. καὶ ἐπορεύθησαν [A ἀπῆλθον] (3 a)
10. 14. πορεύεσθε [A βαδίζετε] καὶ βοήσατε (3 a)
11. 5. καὶ ἐπορεύθησαν οἱ πρεσβύτ. (3 a)
— 8. πορεύσῃ μεθ' ἡμῶν [A al.] (3 a)
— 11. καὶ ἐπορεύθη 'I. (3 a)
— 13. B καὶ πορεύσομαι –
— 16. ἐπορεύθη 'Ισρ. ἐν τῇ ἐρήμῳ (3 a)
— 18. ἐπορεύθη [A διῆλθεν] ἐν τῇ ἐρήμῳ (3 a)
— 37. καὶ πορεύσομαι (3 a)
— 38. καὶ εἶπε, Πορεύου (3 a)
— 38. καὶ ἐπορεύθη αὐτή (3 a)
— 40. ἐπορεύοντο θυγατέρες 'Ισρ. [A al.] (3 a)
12. 1. A ἐπορεύθης πολεμεῖν ἐν τοῖς υἱοῖς A. [B al.] (9)
— 1. πορευθῆναι μετὰ σοῦ (3 a)
13. 11. καὶ ἐπορεύθη (3 a)
14. 3. πορεύῃ λαβεῖν γυναῖκα (3 a)
— 9. καὶ ἐπορεύετο [A -εύθη] πορευόμενος (3 a, 3 a)
— 9. ἐπορεύθη πρὸς τὸν πατέρα (3 a)
15. 4 : 16. 1. καὶ ἐπορεύθη Σ. (3 a)
17. 8. καὶ ἐπορεύθη ὁ ἀνήρ (3 a)
— 9. πορεύομαι παροικῆσαι (3 a)
— 11 (10). καὶ ἐπορεύθη ὁ Λ. (3 a)
18. 2. εἶπαν πρὸς αὐτούς, Πορεύεσθε (3 a)
— 5. ἐν ᾗ [A ἣν] ἡμεῖς πορευόμεθα (3 a)
— 6. πορεύεσθε ἐν εἰρήνῃ [A καὶ εἰς εἰ.] (3 a)
— 6. ἐν ᾗ [A καθ' ἣν ὑμεῖς] πορεύεσθε (3 a)
— 7. ἐπορεύθησαν οἱ πέντε ἄνδρες (3 a)
— 9. μὴ ὀκνήσητε τοῦ πορευθῆναι (3 a)
— 14. A R οἱ πορευόμ. [B πεπορευμ.] κατασκέψασθαι (3 a)
— 17. οἱ πορευθέντες [A -ευόμ.] κατασκέψασθαι (3 a)
— 24. καὶ ἐπορεύθητε [A ἀπήλθατε] (3 a)
— 26. ἐπορεύθησαν . . . εἰς ὁδὸν αὐτῶν (3 a)
19. 2. ἐπορεύθη ἀπ' αὐτοῦ ἡ παλλακὴ αὐ. [A al.] †
— 3. ἐπορεύθη ὀπίσω [A κατόπισθεν] αὐτῆς (3 a)
— 3. A καὶ ἐπορεύθη ἕως οἴκου [B al.] (2 b)
— 5. ἀνέστη τοῦ πορευθῆναι [A ἀπελθεῖν] (3 a)
— 5. μετὰ τοῦτο πορεύσεσθε [A -εύεσθε] (3 a)
— 7. ἀνέστη ὁ ἀνὴρ τοῦ π. [A ἀ. ἀπελθεῖν] (3 a)
— 8. ὤρθρισε . . . τοῦ πορευθῆναι [A al.] (3 a)
— 9. ἀνέστη . . . τοῦ πορευθῆναι [A ἀπελθεῖν] (3 a)
— 9. πορεύσῃ [A ἀπελεύσῃ] εἰς τὸ σκήνωμά σου (3 a)
— 14. καὶ ἐπορεύθησαν [A ἀπῆλθον] (3 a)
— 17. ποῦ πορεύῃ (3 a)
— 18. ἐπορεύθην ἕως Bηθ. (3 a)
— 18. εἰς τὸν οἶκόν μου ἐγὼ πορεύομαι [A ἀποτρέχω] (3 a)
— 27. τοῦ πορευθῆναι [A ἀπελθεῖν] τὴν ὁδὸν αὐ. (3 a)
— 28. ἐπορεύθη [A ἀπῆλθεν] εἰς τὸν τόπον αὐ. (3 a)
20. 37. A ἐπορεύθη [B ἐξεχύθη] τὸ ἔνεδρον †
21. 10. πορεύεσθε [A -εύθητε] καὶ πατάξατε (3 a)
— 20. πορεύεσθε [A διέλθατε] ἐνεδρεύσατε (3 a)
— 21. πορεύεσθε [A ἀπελεύσεσθε] εἰς γῆν Bεν. (3 a)
— 23. B καὶ ἐπορεύθησαν (3 a)
Ru. 1. 1. καὶ ἐπορεύθη ἀνήρ (3 a)
— 7. ἐπορεύοντο ἐν τῇ ὁδῷ (3 a)
— 8. πορεύεσθε [A -εύθητε] δή (3 a)
— 11. A πορεύθητε [B om.] καὶ ἵνα τί πορεύεσθε μετ' ἐμοῦ (–, 3 a)
— 16. ὅπου ἐὰν πορευθῇς πορεύσομαι (3 a, 3 a)
Ru. 1. 18. κραταιοῦται αὐτὴ τοῦ π. μετ' αὐτῆς (3 a)
— 19. ἐπορεύθησαν δὲ ἀμφότεραι (3 a)
— 21. ἐγὼ πλήρης ἐπορεύθην (3 a)
2. 2. πορευθῶ δὴ εἰς ἀγρόν (3 a)
— 2. πορεύου, θυγάτηρ (3 a)
— 3. καὶ ἐπορεύθη (3 a)
— 8. μὴ πορευθῇς ἐν ἀγρῷ συλλέξαι ἑτέρῳ (3 a)
— 8. σὺ οὐ πορεύσῃ ἐντεῦθεν (9)
— 9. πορεύσῃ κατόπισθεν αὐτῶν (3 a)
— 9. πορευθήσῃ εἰς τὰ σκεύη (3 a)
— 11. καὶ ἐπορεύθης πρὸς λαόν (3 a)
— 22. A B ἐπορεύθης [R ἐξῆλθες] μετὰ τῶν κορασίων αὐ. (4)
3. 10. τὸ μὴ πορευθῆναί σε ὀπίσω νεανιῶν (3 a)
I Ki. 1. 14. πορεύου ἐκ προσώπου κυρίου –
— 17. πορεύου εἰς εἰρήνην (3 a)
— 18. καὶ ἐπορεύθη ἡ γυνή (3 a)
— 19. πορεύονται [A add. καὶ ἦλθον] τὴν ὁδὸν αὐ. †
2. 26. τὸ παιδάριον Σαμ. ἐπορεύετο (3 a)
3. 6, 8. καὶ ἐπορεύθη πρὸς 'H. (3 a)
— 9. καὶ ἐπορεύθη Σαμ. (3 a)
— 21. οἱ υἱοὶ αὐ. πορευόμενοι ἐπορεύοντο –, –
6. 9. εἰ εἰς ὁδὸν ὁρίων αὐτῆς πορεύσεται (10)
— 12. ἐν τρίβῳ ἑνὶ ἐπορεύοντο (3 a)
— 12. ἐπορεύοντο ὀπίσω αὐτῆς (3 a)
7. 16. ἐπορεύετο κατ' ἐνιαυτὸν ἐνιαυτόν (3 a)
8. 3. οὐκ ἐπορεύθησαν οἱ υἱοὶ αὐτοῦ (3 a)
— 5. οὐ πορεύονται ἐν τῇ ὁδῷ σου (3 a)
9. 3. καὶ πορεύθητε (3 a)
— 6. καὶ νῦν πορευθῶμεν (3 a)
— 6. ἐφ' ἣν ἐπορεύθημεν ἐπ' αὐτήν (3 a)
— 7. καὶ ἰδοὺ πορευσόμεθα (3 a)
— 9. ἐν τῷ π. ἐπερωτᾶν τὸν θ. (3 a)
— 9. πορευθῶμεν πρὸς τὸν βλέποντα (3 a)
— 10. δεῦρο καὶ πορευθῶμεν (3 a)
— 10. ἐπορεύθησαν εἰς τὴν πόλιν (3 a)
10. 2. ἃς ἐπορεύθητε ζητεῖν (3 a)
— 14. ποῦ ἐπορεύθητε (3 a)
— 26. ἐπορεύθησαν υἱοὶ δυνάμεων [A -άμενοι] (3 a)
11. 14. πορευθῶμεν εἰς Γαλγ. (3 a)
— 15. ἐπορεύθη πᾶς ὁ λαὸς εἰς Γάλγ. (3 a)
12. 14. ὀπίσω κυρίου πορευόμενοι [B[1] -ων] †
14. 3. B πεπόρευται 'I. (3 a)
— 17. τίς πεπόρευται ἐξ ὑμῶν (3 a)
— 19. ὁ ἦχος . . . ἐπορεύετο πορευόμενος (3 a, 3 a)
— 26. καὶ ἰδοὺ ἐπορεύετο λαλῶν †
15. 3. καὶ νῦν πορεύου (3 a)
— 12. καὶ ἐπορεύθη εἰς ἀπάντησιν 'I. –
— 18. πορεύθητι καὶ ἐξολέθρευσον (3 a)
— 20. ἐπορεύθην [A add. ἐν] τῇ ὁδῷ (3 a)
16. 2. πῶς πορευθῶ (3 a)
17. 13. A ἐπορεύθησαν οἱ τρεῖς υἱοὶ 'I. (3 a)
— 13. A ἐπορεύθησαν ὀπίσω Σ. (3 a)
— 13. A τῶν πορευθέντων εἰς τὸν πόλεμον (3 a)
— 14. A ἐπορεύθησαν ὀπίσω Σ. (3 a)
— 32. ὁ δοῦλός σου πορεύσεται (3 a)
— 33. πορευθῆναι πρὸς τὸν ἀλλόφ. (3 a)
— 36. οὐχὶ πορεύσομαι καὶ πατάξω αὐτόν –
— 37. πορεύου καὶ ἔσται κ. μετὰ σοῦ (3 a)
— 39. οὐ μὴ δύνωμαι πορευθῆναι (3 a)
— 41. A ἐπορεύθη ὁ ἀλλόφ. πορευόμενος (3 a, 3 a)
— 45. κἀγὼ πορεύομαι πρὸς σέ (2 a)
— 48. ἐπορεύθη εἰς συνάντησιν Δ. (3 a)
18. 27. ἀνέστη Δ. καὶ ἐπορεύθη (3 a)
19. 18. καὶ ἐπορεύθη Σαμ. (3 a)
— 22. ἐπορεύθη καὶ αὐτὸς εἰς 'Aρμ. (3 a)
— 23. καὶ ἐπορεύθη ἐκεῖθεν (3 a)
— 23. A ἐπορεύθη πορευόμενος [B -εύετο] (3 a, 3 a)
20. 5. A πορεύσομαι [B κρυβήσ.] ἐν τῷ πεδίῳ †
— 11. πορεύου καὶ μένε εἰς ἀγρόν (3 a)
— 22. πορεύου ὅτι ἐξαπέσταλκέ σε (3 a)
— 28. ἕως εἰς Bηθ. τὴν πόλιν αὐ. πορευθῆναι –
— 40. πορεύου εἴσελθε εἰς τὴν πόλιν (3 a)
— 42. πορεύου εἰς εἰρήνην (3 a)
22. 5. πορεύου καὶ ἥξεις (3 a)
— 5. καὶ ἐπορεύθη Δ. (3 a)
23. 2. εἰ πορευθῶ καὶ πατάξω (3 a)
— 2. πορεύου καὶ πατάξεις [A al.] (3 a)
— 3. πῶς ἔσται ἐὰν πορευθῶμεν εἰς K. (3 a)
— 3. A εἰς τὰ σκῦλα . . . εἰ πορευόμεθα [B εἰσπορευσ.] –
— 5. καὶ ἐπορεύθη Δ. (3 a)
— 13. ἐπορεύοντο οὗ ἐὰν ἐπορεύθησαν (3 d, 3 d)
— 16. ἐπορεύθη πρὸς Δ. (3 a)
— 22. πορεύθητε δὴ καὶ ἑτοιμάσατε ἔτι (3 a)
— 23. πορευσόμεθα μεθ' ὑμῶν (3 a)

I Ki. 23. 24. ἐπορεύθησαν ἔμπροσθεν Σ. (3 *a*)
— 25. καὶ ἐπορεύθη Σ. (3 *a*)
— 26. πορεύονται Σ. καὶ οἱ ἄνδρες αὐ. (3 *a*)
— 26. π. ἀπὸ προσώπου Σ. (3 *a*)
— 28. ἐπορεύθη εἰς συνάντησιν τῶν ἀλλοφ. (3 *a*)
24. 3. ἐπορεύθη ζητεῖν τὸν Δ. (3 *a*)
25. 42. ἐπορεύθη ὀπίσω τῶν παίδων Δ. (3 *a*)
26. 2. A ἐπορεύθη [B κατέβη] εἰς τὴν ἔρημον Z. (5)
— 5. A πορεύεται [B εἰσπορ.] εἰς τὸν τόπον (2 *a*)
— 19. πορεύου δούλευε θεοῖς ἑτέροις (3 *a*)
27. 2. AR ἐπορεύθη [B *om.*] πρὸς Ἀ. –
28. 7. πορεύσομαι πρὸς αὐτήν (3 *a*)
— 8. καὶ πορεύεται αὐτός (3 *a*)
— 22. AR πορεύῃ [B -σῃ] ἐν ὁδῷ (3 *a*)
29. 7. πορεύου εἰς εἰρήνην (3 *a*)
— 10. πορεύεσθε εἰς τὸν τόπον –
— 10. καὶ πορεύθητε (3 *a*)
30. 9. καὶ ἐπορεύθη Δ. (3 *a*)
— 21. τοῦ π. ὀπίσω Δ. (3 *a*)
— 22. τῶν πορευθέντων μετὰ Δ. (3 *a*)
31. 12. ἐπορεύθησαν ὅλην τὴν νύκτα (3 *a*)
II Ki. 2. 19. τοῦ π. εἰς δεξιά (3 *a*)
— 29. ἐπορεύθησαν ὅλην τὴν παρατείνουσαν (3 *a*)
— 32. καὶ ἐπορεύθη Ἰωάβ (3 *a*)
3. 1. ὁ οἶκος Δ. ἐπορεύετο (3 *a*)
— 1. ὁ οἶκος Σ. ἐπορεύετο (3 *a*)
— 16. ἐπορεύετο ὁ ἀνὴρ αὐτῆς (3 *a*)
— 16. πορεύου ἀνάστρεφε (3 *a*)
— 19. καὶ ἐπορεύθη Ἀβ. (3 *a*)
— 21. πορεύσομαι καὶ συναθροίσω (3 *a*)
— 21. AB ἐπορεύθησαν [R -θη] ἐν εἰρήνῃ (3 *a*)
— 31. ἐπορεύετο ὀπίσω τῆς κλίνης (3 *a*)
4. 5. ἐπορεύθησαν υἱοὶ Ῥ. (3 *a*)
5. 10. A ἐπορεύετο [B διεπ.] Δ. πορευόμενος (3 *a*, 3 *a*)
6. 2. καὶ ἐπορεύθη Δ. (3 *a*)
— 4. ἐπορεύοντο ἔμπροσθεν τῆς κιβωτοῦ (3 *a*)
— 12. καὶ ἐπορεύθη Δ. (3 *a*)
7. 4 (5). πορεύου καὶ εἶπον (3 *a*)
— 9. ἐν πᾶσιν οἷς ἐπορεύου (3 *a*)
8. 3. πορευομένου αὐτοῦ ἐπιστῆσαι τὴν χεῖρα αὐ. (3 *a*)
— 6, 14. ἐν πᾶσιν οἷς ἐπορεύετο (3 *a*)
11. 21 (22). καὶ ἐπορεύθη ὁ ἄγγελος Ἰ. (3 *a*)
12. 23. ἐγὼ πορεύσομαι πρὸς αὐτόν (3 *a*)
— 29. ἐπορεύθη εἰς [A πρὸς] Ῥ. (3 *a*)
13. 7. πορεύθητι δὴ εἰς τὸν οἶκον (3 *a*)
— 8. ἐπορεύθη Θ. εἰς τὸν οἶκον (3 *a*)
— 15. ἀνάστηθι καὶ πορεύου (3 *a*)
— 19. ἐπορεύθη πορευομένη καὶ κράζουσα (3 *a*, 3 *a*)
— 24. πορευθήτω δὴ ὁ βασιλεύς (3 *a*)
— 25. μὴ πορευθῶμεν πάντες ἡμεῖς (3 *a*)
— 25. οὐκ ἠθέλησε τοῦ πορευθῆναι (3 *a*)
— 26. πορευθήτω δὴ μεθ' ἡμῶν Ἀ. (3 *a*)
— 26. ἵνα τί πορευθῇ μετὰ σοῦ (3 *a*)
— 34. λαὸς πολὺς πορευόμ. ἐν τῇ ὁδῷ (3 *a*)
— 37. ἐπορεύθη πρὸς Θ. (3 *a*)
— 38. ἐπορεύθη εἰς Γ. (3 *a*)
14. 21. A πορεύθητι καὶ [B *om.* π. κ., R -εύου] ἐπίστρεψον (3 *a*)
— 23. ἐπορεύθη εἰς Γ. (3 *a*)
— 30. πορεύεσθε καὶ ἐμπρήσατε αὐτήν (3 *a*)
15. 7. πορεύσομαι δή (3 *a*)
— 9. ἐπορεύθη εἰς Χ. (3 *a*)
— 11. ἐπορεύθησαν διακόσιοι ἄνδρες ἐξ Ἰερ. (3 *a*)
— 11. πορευόμενοι [A *add.* ἐν] τῇ ἁπλότητι αὐ. (3 *a*)
— 12. ὁ λαὸς ὁ [A *om.*] πορευόμ. καὶ πολύς (3 *a*)
— 14. ταχύνατε τοῦ πορευθῆναι (3 *a*)
— 18. πορευόμενοι ἐπὶ πρόσωπον τοῦ βασ. (9)
— 19. ἵνα τί πορεύῃ καὶ σὺ μεθ' ἡμῶν (3 *a*)
— 20. μετακινήσω σε . . . τοῦ πορευθῆναι [A *al.*] (3 *a*)
— 20. πορεύσομαι ἐφ' οὗ ἂν ἐγὼ πορευθῶ (3 *a*, 3 *a*)
— 30. ἐπορεύετο ἀνυπόδετος (3 *a*)
— 37. A ἐπορεύετο εἰς τὴν πόλιν [B *al.*] (2 *a*)
16. 13. καὶ ἐπορεύθη Δ. (3 *a*)
— 13. καὶ Σ. ἐπορεύετο . . . πορευόμενος καὶ καταρώμενος (3 *a*, 3 *a*)
17. 11. τὸ πρόσωπόν σου πορευόμενον ἐν μέσῳ αὐτῶν (3 *a*)
— 17. ἐπορεύθη ἡ παιδίσκη (3 *a*)
— 17. καὶ αὐτοὶ πορεύονται (3 *a*)
— 18. ἐπορεύθησαν οἱ δύο ταχέως (3 *a*)
— 21. καὶ ἐπορεύθησαν (3 *a*)
18. 22. εἰς [A πρὸς] ὠφέλειαν πορευομένῳ †
— 24. ἐπορεύθη ὁ σκοπός (3 *a*)
— 25. ἐπορεύετο [A ἐγένετο] πορευόμενος (3 *a*, 3 *a*)
II Ki. 18. 33 (19. 1). ἐν τῷ π. αὐτόν (3 *a*)
19. 15 (16). τοῦ π. εἰς ἀπαντὴν τοῦ βασ. (3 *a*)
— 25 (26). τί ὅτι οὐκ ἐπορεύθης μετ' ἐμοῦ (3 *a*)
— 26 (27). πορεύσομαι μετὰ τοῦ βασ. (3 *a*)
20. 5. καὶ ἐπορεύθη Ἀμ. (3 *a*)
21. 12. καὶ ἐπορεύθη Δ. (3 *a*)
— 15. καὶ ἐπορεύθη [A ἐξελύθη] Δ. †
23. 17. τῶν πορευθέντων ἐν ταῖς ψυχαῖς αὐ. (3 *a*)
24. 12. πορεύθητι καὶ λάλησον (3 *a*)
III Ki. 2. 2. πορεύομαι ἐν ὁδῷ πάσης τῆς γῆς (3 *a*)
— 3. τοῦ π. ἐν ταῖς ὁδοῖς αὐτοῦ (3 *a*)
— 4. π. ἐνώπιόν μου ἐν ἀληθείᾳ (3 *a*)
— 8. ᾗ ἐπορευόμην εἰς παρεμβολάς (3 *a*)
— 29. πορεύου καὶ ἄνελε αὐτόν (3 *a*)
— 31. πορεύου καὶ ποίησον αὐτῷ –
3. 1 (*cf.* 2. 8). ἐπορευόμην εἰς παρεμβολάς (3 *a*)
— 1 (2. 40). ἐπορεύθη εἰς Γέθ (3 *a*)
— 1 (2. 40). ἐπορεύθη Σ. (3 *a*)
— 1 (2. 41). ἐπορεύθη Σ. ἐξ Ἰερ. (3 *a*)
— 1 (2. 42). καὶ πορευθῇς εἰς δεξιά (3 *a*)
— 3. π. ἐν τοῖς προστάγμασι Δ. (3 *a*)
— 4. ἐπορεύθη εἰς Γ. (3 *a*)
— 14. ἐὰν πορευθῇς ἐν τῇ ὁδῷ μου (3 *a*)
— 14. ὡς ἐπορεύθη Δ. ὁ πατήρ σου (3 *a*)
8. 23. τῷ δούλῳ σου τῷ πορευομ. ἐνώπιόν σου (3 *a*)
— 25. τοῦ π. ἐνώπιόν μου καθὼς ἐπορεύθης ἐνώπιον ἐμοῦ (3 *a*, 3 *a*)
— 36. π. ἐν αὐτῇ (3 *a*)
— 58. τοῦ π. ἐν πάσαις ὁδοῖς αὐτοῦ (3 *a*)
— 61. ὁσίως π. ἐν τοῖς προστάγμασιν αὐ. (3 *a*)
9. 4. ἐὰν πορευθῇς ἐνώπιον ἐμοῦ (3 *a*)
— 4. καθὼς ἐπορεύθη Δ. ὁ πατήρ σου (3 *a*)
— 6. καὶ πορευθῆτε καὶ δουλεύσητε (3 *a*)
— 12. ἐπορεύθη εἰς τὴν Γαλιλαίαν –
11. 5. A ἐπορεύθη Σ. ὀπίσω τῆς Ἀστ. [B *al.*] (3 *a*)
— 6. οὐκ ἐπορεύθη ὀπίσω κυρίου (6)
— 10. μὴ πορευθῆναι ὀπίσω θεῶν ἑτ. (3 *a*)
— 14 (B), 24 (A). A καὶ ἐπορεύθησαν Δαμ. [B *al.*] (3 *a*)
— 15. ἐν τῷ πορευθῆναι Ἰωάβ (10)
— 33. οὐκ ἐπορεύθη ἐν ταῖς ὁδοῖς μου (3 *a*)
— 38. καὶ πορευθῇς ἐν ταῖς ὁδοῖς μου (3 *a*)
12. 1. πορεύεται βασιλεὺς Ῥοβ. (3 *a*)
— 24. κατέπαυσαν τοῦ πορευθῆναι (3 *a*)
— 24. B οὐκ ἐπορεύθη ἐν ὁδῷ Δ. –
— 24. B πορεύθητι Ἰερ. ἐπερωτῆσαι –
— 24 (*cf.* A 14. 2). B ἀνάστηθι πορεύου –
— 24. B καὶ πορεύεται –
— 24. B ἐπορεύθη Ἰερ. εἰς Σίκ. –
— 24. B πορεύονται ὀπίσω αὐτοῦ –
— 24. B ἀνέσχον τοῦ [R μὴ] πορευθῆναι –
— 28. A καὶ ἐπορεύθη ὁ βασ. –
— 28. καὶ ἐπορεύθη –
— 30. ἐπορεύετο . . . πρὸ προσώπου τῆς μιᾶς (3 *a*)
13. 9. ᾗ ἐπορεύθης ἐν αὐτῇ (3 *a*)
— 12. ποίᾳ ὁδῷ πεπόρευται (3 *a*)
— 14. B καὶ ἐπορεύθη (3 *a*)
— 17. ᾗ ἐπορεύθης ἐν αὐτῇ (3 *a*)
— 28. καὶ ἐπορεύθη (3 *a*)
14. 2. A πορευθήσῃ εἰς Σ. (3 *a*)
— 4. A ἐπορεύθη εἰς Σ. (3 *a*)
— 7. A πορευθεῖσα εἰπὸν τῷ Ἰερ. (3 *a*)
— 8. A ὃς ἐπορεύθη ὀπίσω μου (3 *a*)
— 9. A καὶ ἐπορεύθης (3 *a*)
— 12. A πορεύθητι εἰς τὸν οἶκόν σου (3 *a*)
— 17. A ἐπορεύθη εἰς γῆν Σ. (3 *a*)
15. 3. ἐπορεύθη ἐν ταῖς ἁμαρτίαις τοῦ πατρὸς αὐ. (3 *a*)
— 26. ἐπορεύθη ἐν ὁδῷ τοῦ πατρὸς αὐτοῦ (3 *a*)
— 34. ἐπορεύθη ἐν ὁδῷ Ἰερ. (3 *a*)
16. 2. ἐπορεύθης ἐν τῇ ὁδῷ Ἰερ. (3 *a*)
— 18. B πορεύονται [R -εύεται, A εἰσπορ.] εἰς ἄντρον (2 *a*)
— 19. πορευθῆναι ἐν ὁδῷ Ἰερ. (3 *a*)
— 26. ἐπορεύθη ἐν πάσῃ ὁδῷ Ἰερ. (3 *a*)
— 28 (22. 43). B ἐπορεύθη ἐν τῇ ὁδῷ Ἀσά (3 *a*)
— 28 (22. 48 [49]). B ἐποίησε ναῦν εἰς Θ. π. (3 *a*)
— 28 (22. 48 [49]). B π. [R *om.*] ἐπὶ τὸ χρυσίον –
— 28 (22. 48 [49]). καὶ οὐκ ἐπορεύθη (3 *a*)
— 31. τοῦ π. ἐν ταῖς ἁμαρτίαις Ἰερ. (3 *a*)
— 31. καὶ ἐπορεύθη (3 *a*)
17. 3. πορεύου ἐντεῦθεν κατὰ ἀνατολάς (3 *a*)
— 5. A καὶ ἐπορεύθη (3 *a*)
— 9. ἀνάστηθι καὶ πορεύου [A -εύθητι] (3 *a*)
— 10. ἐπορεύθη εἰς Σαρ. (3 *a*)
III Ki. 17. 11. καὶ ἐπορεύθη λαβεῖν (3 *a*)
— 15. ἐπορεύθη ἡ γυνή (3 *a*)
18. 1. πορεύθητι καὶ ὄφθητι (3 *a*)
— 2. καὶ ἐπορεύθη Ἠ. (3 *a*)
— 6. Ἀχ. ἐπορεύθη ἐν ὁδῷ μιᾷ (3 *a*)
— 6. Ἀβδ. ἐπορεύθη ἐν ὁδῷ ἄλλῃ (3 *a*)
— 8. πορεύου λέγε (3 *a*)
— 11. πορεύου ἀνάγγελε (3 *a*)
— 14. πορεύου λέγε (3 *a*)
— 16. καὶ ἐπορεύθη Ἀ. (3 *a*)
— 16. ἐπορεύθη εἰς συνάντησιν Ἠ. (3 *a*)
— 18. καὶ ἐπορεύθης [A -θη] ὀπίσω B. (3 *a*)
— 21 *bis.* πορεύεσθε ὀπίσω αὐτοῦ (3 *a*)
— 45. ἐπορεύετο [A -εύθη] Ἀχ. ἕως Ἰ. (3 *a*)
19. 4. ἐπορεύθη . . . ὁδὸν ἡμέρας (3 *a*)
— 8. καὶ ἐπορεύθη . . . τεσσαράκοντα ἡμέρας (3 *a*)
— 15. πορεύου ἀνάστρεφε (3 *a*)
— 20. A πορεύου [B *om.*] ἀνάστρεφε (3 *a*)
— 21. ἐπορεύθη ὀπίσω Ἠ. (3 *a*)
20 (21). 26. π. ὀπίσω τῶν βδελυγμάτων (3 *a*)
— 27. καὶ ἐπορεύετο κλαίων –
— 27. καὶ ἐπορεύθη (3 *b*)
21 (20). 38. καὶ ἐπορεύθη ὁ προφήτης (3 *a*)
22. 6. εἰ πορευθῶ εἰς Ῥ. (3 *a*)
— 13. ὁ ἄγγελος ὁ πορευθεὶς καλέσαι (3 *a*)
— 43. ἐπορεύθη ἐν πάσῃ ὁδῷ Ἀσά (3 *a*)
— 49. A τοῦ πορευθῆναι Ὠφειρδέ (3 *a*)
— 49. A καὶ οὐκ ἐπορεύθησαν (3 *a*)
— 50. A πορευθήτωσαν δοῦλοί σου (3 *a*)
— 53. ἐπορεύθη ἐν ὁδῷ Ἀχ. (3 *a*)
IV Ki. 1. 2. ἐπορεύθησαν ἐπερωτῆσαι –
— 3. A πορεύθητι εἰς συνάντησιν τῶν ἀγγ. [B *al.*] (10)
— 3. ὑμεῖς πορεύεσθε ἐπιζητῆσαι (3 *a*)
— 4. καὶ ἐπορεύθη Ἠλ. (3 *a*)
— 6. σὺ πορεύῃ ζητῆσαι †
2. 1. καὶ ἐπορεύθη Ἠλ. (3 *a*)
— 6. καὶ ἐπορεύθησαν ἀμφότεροι (3 *a*)
— 11. καὶ ἐγένετο αὐτῶν πορευομ. ἐπορεύοντο καὶ ἐλάλουν (3 *a*, 3 *a*)
— 16. πορευθέντες δὴ ζητησάτωσαν (3 *a*)
— 18. μὴ πορευθῆτε (3 *a*)
— 25. καὶ ἐπορεύθη ἐκεῖθεν (3 *a*)
3. 7. καὶ ἐπορεύθη (3 *a*)
— 7. εἰ πορεύσῃ μετ' ἐμοῦ (3 *a*)
— 9. καὶ ἐπορεύθη ὁ βασ. Ἰσρ. (3 *a*)
4. 23. τί ὅτι σὺ πορεύῃ πρὸς αὐτόν (3 *a*)
— 24. ἄγε πορεύου (3 *a*)
— 24. καὶ πορεύσῃ (3 *a*?)
— 25. R καὶ ἐπορεύθη (3 *a*)
— 30. ἐπορεύθη ὀπίσω αὐτῆς (3 *a*)
— 35. ἐπορεύθη ἐν τῇ οἰκίᾳ (3 *a*)
5. 5. A πορεύου [B *om.*] πρὸς N. –
— 5. καὶ ἐπορεύθη (3 *a*)
— 10. πορευθεὶς λοῦσαι ἑπτάκις (3 *a*)
— 12. οὐχὶ πορευθεὶς λούσομαι [A πορεύσ.] –, †
— 24. A καὶ ἐπορεύθησαν (3 *a*)
— 25. οὐ πεπόρευται ὁ δοῦλός σου (3 *a*)
— 26. AR οὐχὶ ἡ καρδ. μου ἐπορεύθη [B -εύετο] (3 *a*)
6. 2. πορευθῶμεν δὴ ἕως τοῦ Ἰορδ. (3 *a*)
— 3. ἐγὼ πορεύσομαι (3 *a*)
— 4. καὶ ἐπορεύθη μετ' αὐτῶν (3 *a*)
7. 8 *bis.* καὶ ἐπορεύθησαν (3 *a*)
— 15. ἐπορεύθησαν ὀπίσω αὐτῶν (3 *a*)
8. 2. AB καὶ ἐπορεύθη [R *om.*] αὐτή (3 *a*)
— 9. καὶ ἐπορεύθη Ἀζαήλ (3 *a*)
— 18. ἐπορεύθη ἐν ὁδῷ βασιλέων Ἰσρ. (3 *a*)
— 27. ἐπορεύθη ἐν ὁδῷ οἴκου Ἀχ. (3 *a*)
— 28. ἐπορεύθη μετὰ Ἰ. . . . εἰς πόλεμον (3 *a*)
9. 4. ἐπορεύθη τὸ παιδάριον (3 *a*)
— 15. τοῦ πορευθῆναι καὶ ἀπαγγεῖλαι (3 *a*)
— 16. καὶ ἐπορεύθη Ἰού (3 *a*)
— 18. καὶ ἐπορεύθη ἐπιβάτης ἵππου (3 *a*)
— 35. ἐπορεύθησαν θάψαι αὐτήν (3 *a*)
10. 12. καὶ ἐπορεύθη εἰς Σαμάρειαν (2 *a* + 3 *a* [3 *a*])
— 15. καὶ ἐπορεύθη ἐκεῖθεν (3 *a*)
— 26 (25). καὶ ἐπορεύθησαν ἕως πόλεως (3 *a*)
— 31. οὐκ ἐφύλαξε π. ἐν νόμῳ κυρίου (3 *a*)
12. 17 (18). A πορευθῆναι [B ἀναβῆναι] ἐπὶ Ἰερ. (10)
13. 2. ἐπορεύθη ὀπίσω ἁμαρτιῶν Ἰερ. (3 *a*)
— 6. ἐν αὐτῇ ἐπορεύθη [A -αις ἐπορεύθησαν] (3 *a*)
— 11. ἐν αὐτῇ ἐπορεύθη (3 *a*)
— 21. καὶ ἐπορεύθη καὶ ἥψατο (3 *a*)
16. 3. ἐπορεύθη ἐν ὁδῷ βασιλέων Ἰσρ. (3 *a*)
— 10. καὶ ἐπορεύθη βασιλεὺς Ἄχαζ (3 *a*)

IV Ki. 17. 8. ἐπορεύθησαν τοῖς δικαιώμασι τῶν ἐθνῶν (3 a)
— 15. ἐπορεύθησαν ὀπίσω τῶν ματαίων [A al.] (3 a)
— 19. ἐπορεύθησαν ἐν τοῖς δικαιώμ. Ἰσρ. (3 a)
— 22. ἐπορεύθησαν οἱ υἱοὶ Ἰσρ. (3 a)
— 27. καὶ πορευέσθωσαν (3 a)
19. 36. ἀπῆρε καὶ ἐπορεύθη (3 a)
20. 9. πορεύσεται ἡ σκιὰ δέκα βαθμούς (3 a)
21. 21. ἐπορεύθη ἐν πάσῃ ὁδῷ ᾗ ἐπορεύθη ὁ πατὴρ αὐτοῦ (3 a, 3 a)
— 22. οὐκ ἐπορεύθη ἐν ὁδῷ κυρίου (3 a)
22. 2. ἐπορεύθη ἐν πάσῃ ὁδῷ Δ. (3 a)
— 14. καὶ ἐπορεύθη Χ. (3 a)
23. 3. τοῦ π. ὀπίσω κυρίου (3 a)
— 29. καὶ ἐπορεύθη Ἰωσίας (3 a)
25. 4. ἐπορεύθη ὁδὸν τὴν Ἄραβα (3 a)
I Ch. 4. 39. ἐπορεύθησαν ἕως τοῦ ἐλθεῖν Γέρ. (3 a)
— 42. ἐπορεύθησαν εἰς ὄρος Σ. (3 a)
6. 15 (5. 41). Ἰωσ. ἐπορεύθη ἐν τῇ μετοικίᾳ (3 a)
11. 4. καὶ ἐπορεύθη ὁ βασ. (3 a)
— 9. ἐπορεύετο Δαυὶδ πορευόμενος (3 a, 3 a)
12. 18. πορεύου καὶ ὁ λαός σου [A al.] †
— 20. ἐν τῷ πορευθῆναι αὐτὸν εἰς Σικ. (3 a)
14. 14. οὐ πορεύσῃ [S -θῇ] ὀπίσω αὐτῶν (10)
15. 25. οἱ [A om.] πορευόμ. τοῦ ἀναγαγεῖν τὴν κιβ. (3 a)
16. 20. ἐπορεύθησαν ἀπὸ ἔθνους εἰς ἔθνος (3 d)
— 43. ἐπορεύθη ἅπας ὁ λαός (3 a)
17. 4. πορεύου καὶ εἰπὸν πρὸς Δ. (3 a)
— 8. ἐν πᾶσιν οἷς ἐπορεύθης (3 a)
18. 3. πορευομ. αὐτοῦ ἐπιστῆσαι χεῖρα αὐ. (3 a)
— 6, 13. ἐν πᾶσιν οἷς ἐπορεύετο (3 a)
21. 2. πορεύθητε ἀριθμήσατε τὸν Ἰσρ. (3 a)
— 10. πορεύου καὶ λάλησον (3 a)
— 30. τοῦ πορευθῆναι ἔμπροσθεν αὐτοῦ (3 a)
II Ch. 1. 3. καὶ ἐπορεύθη Σαλ. (3 a)
— 16. ἡ τιμὴ τῶν ἐμπόρων . . . πορεύεσθαι †
2. 8 (7). οἱ παῖδές σου . . . πορεύσονται –
6. 14. τοῖς πορευομ. ἐναντίον σου (3 a)
— 16. B τοῦ π. ἐν τῷ ὀνόματί [A R νόμῳ] μου ὡς ἐπορεύθης ἐναντίον μου (3 a, 3 a)
— 27. ἐν ᾗ πορεύσονται ἐν αὐτῇ (3 a)
7. 17. ἐὰν πορευθῇς ἐναντίον μου (3 a)
— 19. καὶ πορευθῆτε (3 a)
9. 21. ναῦς τῷ βασ. ἐπορεύετο (3 a)
10. 5. πορεύεσθε ἕως τριῶν ἡμερῶν –
— 16. καὶ ἐπορεύθη πᾶς Ἰσρ. (3 a)
11. 4. τοῦ μὴ πορευθῆναι ἐπὶ Ἱερ. (3 a)
— 14. ἐπορεύθησαν πρὸς Ἰούδα (3 a)
— 17. ἐπορεύθη ἐν [A om.] ταῖς ὁδοῖς Δ. (3 a)
17. 3. ἐπορεύθη ἐν ὁδοῖς τοῦ π. αὐτοῦ (3 a)
— 4. ἐν ταῖς ἐντ. τοῦ πατρὸς αὐ. ἐπορεύθη (3 a)
— 12. ἦν Ἰωσ. πορευόμενος (3 a)
18. 3. πορεύσῃ μετ' ἐμοῦ (3 a)
— 5. εἰ πορευθῶ εἰς Ῥ. (3 a)
— 12. ὁ πορευθεὶς τοῦ καλέσαι τὸν Μ. (3 a)
— 14. εἰ πορευθῶ [A εἰσπ.] εἰς Ῥ. (3 a)
20. 32. ἐπορεύθη ἐν [A om.] ταῖς ὁδοῖς (3 a)
— 36. ἐν τῷ ποιῆσαι καὶ πορευθῆναι [A om.] –
— 36. πορευθῆναι εἰς Θ. (3 a)
— 37. οὐκ ἐδυνάσθη τοῦ πορευθῆναι εἰς Θ. (3 a)
21. 6. ἐπορεύθη ἐν ὁδῷ βασιλέων Ἰσρ. (3 a)
— 12. οὐκ ἐπορεύθης ἐν ὁδῷ Ἰωσ. (3 a)
— 13. ἐπορεύθης ἐν ὁδοῖς βασιλέων Ἰσρ. (3 a)
— 20. ἐπορεύθη οὐκ ἐν [A ἐν οὐκ] ἐπαίνῳ (3 a)
22. 3. ἐπορεύθη ἐν ὁδῷ οἴκου Ἀχαάβ (3 a)
— 5. ἐν ταῖς βουλαῖς αὐ. ἐπορεύθη (3 a)
— 5. ἐπορεύθη μετὰ Ἰωράμ (3 a)
25. 7. οὐ πορεύσεται [A παρελεύσ.] . . . δύναμις Ἰσρ. (2 a)
— 11. ἐπορεύθη εἰς τὴν κοιλάδα τῶν ἁλῶν (3 a)
— 13. R τοῦ μὴ πορευθῆναι [A B εὑρεθ.] μετ' αὐτοῦ (3 a)
28. 2. ἐπορεύθη κατὰ τὰς ὁδοὺς βασιλέων Ἰ. (3 a)
30. 6. ἐπορεύθησαν οἱ τρέχοντες (3 a)
33. 14. A πορευομένων [B ἐκπ.] τὴν πύλην –
34. 2. ἐπορεύθη ἐν ὁδοῖς Δ. τοῦ πατρὸς αὐ. (3 a)
— 21. πορεύθητε ζητήσατε τὸν κ. (3 a)
— 22. καὶ ἐπορεύθη Χ. (3 a)
— 31. τοῦ πορευθῆναι ἐνώπιον κυρίου (3 a)
35. 20. καὶ ἐπορεύθη βασ. Ἰωσίας (4)
I Es. 9. 1. ἐπορεύθη εἰς τὸ παστοφόριον
II Es. 4. 23. ἐπορεύθησαν . . . εἰς Ἱερ. (1 a)
5. 8. ἐπορεύθημεν εἰς τὴν Ἰουδαίαν χώραν (1 a)
— 15. λάβε καὶ πορεύου (1 b)
7. 13. πορευθῆναι εἰς Ἱερ. (3 e)

II Es. 7. 13. μετὰ σοῦ πορευθῆναι (3 e)
10. 6. ἐπορεύθη εἰς γαζοφυλάκιον Ἰω. (3 a)
— 6. καὶ ἐπορεύθη ἐκεῖ (3 a)
Ne. 2. 16. οὐκ ἔγνωσαν τί ἐπορεύθην (3 a)
6. 17. ἐπιστολαὶ ἐπορεύοντο πρὸς Τ. (3 a)
8. 10. πορεύεσθε φάγετε (3 a)
9. 12, 19. ἐν ᾗ πορεύσονται ἐν αὐτῇ (3 a)
10. 29 (30). τοῦ π. ἐν νόμῳ τοῦ θεοῦ (3 a)
12. 32. ἐπορεύθη ὀπίσω αὐτῶν Ὠ. (3 a)
— 38. S[2] ἡ δευτέρα ἐπορεύετο (3 a)
To. 1. 3. ὁδοῖς ἀληθείας ἐπορευόμην
— 3. S τοῖς πορευθεῖσι [B προπορ., A συμπορευομ.] μετ' ἐμοῦ
— 6. ἐπορευόμην . . . εἰς Ἱερ.
— 7. καὶ ἐπορευόμην
— 10. S ἐπορευόμην
— 14. ἐπορευόμην εἰς τὴν Μηδίαν
— 15. οὐκέτι ἠδυνάσθην πορευθῆναι
— 19. πορευθεὶς δὲ εἷς τῶν ἐν Νιν. [S al.]
2. 3. S ἐπορεύθη Τω. ζητῆσαι
— 10. ἐπορεύθην [S -ευόμην] πρὸς ἰατρούς
— 10. ἕως οὗ ἐπορεύθη εἰς τὴν Ἐλ. [S al.]
3. 5. οὐ γὰρ ἐπορεύθημεν ἐν ἀληθείᾳ
4. 5. μὴ πορευθῇς ταῖς ὁδοῖς τῆς ἀδικίας
— 15. A B μὴ πορευθήτω μετὰ σοῦ μέθη
5. 2. S τοῦ πορευθῆναι ἐκεῖ
— 3. S ὃς πορεύσεται μετὰ σοῦ [A B al.]
— 3. λάβε πορευθεὶς τὸ ἀργύριον [S al.]
— 4. καὶ ἐπορεύθη [S al.]
— 4. S ὃς πορεύσεται μετ' αὐτοῦ
— 5. πορευθῆναι μετὰ σοῦ [S al.]
— 6. A B πορεύσομαι μετὰ σοῦ
— 6. S πλεονάκις ἐπορεύθην εἰς Μ.
— 8. εἶπεν αὐτῷ, Πορεύου [S al.]
— 8. τοῦ πορευθῆναι [S ἵνα πορευθῇ] μετὰ σοῦ
— 9. S θέλει πορευθῆναι εἰς Μ.
— 9. S δυνήσομαι πορευθῆναι μετ' αὐτοῦ
— 13. ὡς ἐπορευόμεθα κοινῶς [S al.]
— 14. S πορεύθητι μετὰ τοῦ υἱοῦ μου
— 15. S πορεύσομαι μετ' αὐτοῦ
— 16. πορεύου μετὰ τοῦ ἀνθρώπου τούτου [S al.]
— 16. S πορευθῆναι τὴν ὁδὸν αὐτοῦ [A B al.]
— 16. S πορεύου ὑγιαίνων
— 20. S πορεύσεται τὸ παιδίον ἡμῶν [A B al.]
6. 1. S ἐπορεύθη μετ' αὐτῶν
— 1. οἱ δὲ πορευόμ. τὴν ὁδόν [S καὶ ἐπορεύθησαν ἀμφότεροι]
— 5. S ἐπορεύθησαν ἀμφότεροι κοινῶς [A B al.]
— 16. S ἡ ὀσμὴ πορεύσεται [A B al.]
— 17. πορεύσεται μετὰ σοῦ
8. 2. ὁ δὲ πορευόμ. ἐμνήσθη [S al.]
— 9. ἀναστὰς Ῥ. ἐπορεύθη [S al.]
— 21. π. . . . πρὸς τὸν πατέρα [S al.]
9. 2. πορεύθητι . . . παρὰ Γαβ.
— 5. καὶ ἐπορεύθη Ῥ.
10. 1. S ἐν πόσαις πορεύσεται
— 5. S ἀφῆκά σε πορευθῆναι [A B om.]
— 6. S ὁ ἄνθρ. ὁ πορευθεὶς μετ' αὐτοῦ
— 7. ἐπορεύετο καθ' ἡμέραν [S al.]
— 8. S ὅπως . . . πορευθῶ πρὸς τὸν πατ. μου
11. 1. ἐπορεύετο καὶ Τ. [S al.]
— 1. καὶ ἐπορεύετο [S al.]
— 4. S καὶ ἐπορεύθησαν ἀμφότεροι
— 4. A B καὶ ἐπορεύθησαν
— 6. ὁ ἄνθρωπος ὁ πορευθεὶς μετ' αὐτοῦ
— 16. οἱ θεωροῦντες αὐτὸν πορευόμ. [S al.]
12. 1. S τῷ ἀνθρ. τῷ πορευθέντι μετὰ σοῦ [A B al.]
13. 13. S τότε πορεύθητι [A B χάρηθι]
Ju. 5. 9. καὶ πορευθῆναι εἰς γῆν Χαν.
8. 35. πορεύου εἰς εἰρήνην
— 36. ἐπορεύθησαν ἐπὶ τὰς διατάξεις αὐ.
10. 11. ἐπορεύοντο ἐν τῷ αὐλῶνι
— 12. καὶ ποῦ πορεύῃ
— 13. ὁδὸν καθ' ἣν πορεύσεται
12. 11. A B πεῖσον δὴ πορευθεὶς τὴν γυναῖκα τὴν Ἑβρ.
13. 16. ἐν τῇ ὁδῷ μου ᾗ ἐπορεύθην
— 20. ἐπ' εὐθεῖαν πορευθεῖσα
14. 3. πορεύσονται εἰς τὴν παρεμβολὴν αὐ.
Es. 4. 10. πορεύθητι πρὸς Μαρδοχαῖον †
— 13. πορεύθητι καὶ εἶπον αὐτῇ –
9. 3 (4). S[2] ἐμεγαλύνετο γὰρ Μ. πορευόμενος (3 a)
Jb. 10. 21. πρὸ τοῦ με πορευθῆναι (3 a)
16. 23 (22). A B S[2] ὁδῷ δὲ ᾗ οὐκ ἐπαναστραφήσομαι πορεύσομαι (3 a)

Jb. 23. 8. R εἰ γὰρ πρῶτος [B S εἰς γὰρ πρῶτα] πορεύσομαι [A ἐὰν γὰρ πορευθῶ εἰς τὰ πρῶτα] (3 a)
24. 13. οὐδὲ ἀτραποὺς αὐ. ἐπορεύθησαν †
29. 3. ὅτε τῷ [A ἐν τῷ] φωτὶ αὐ. ἐπορευόμην (3 a)
— 20. τὸ τόξον μου [A αὐτοῦ] ἐν χειρὶ αὐτοῦ πορεύεται [A πορεύσεται] †
30. 28. στένων πεπόρευμαι ἄνευ φιμοῦ (3 a)
31. 5. εἰ δὲ ἤμην πεπορευμένος μετὰ γελοιαστῶν (15)
34. 8. τοῦ πορευθῆναι μετὰ ἀσεβῶν (3 a)
38. 35. καὶ πορεύσονται (3 a)
42. 8. πορεύθητε πρὸς τὸν θεράποντά μου (3 a)
— 9. ἐπορεύθη [A -ησαν] δὲ Ἐλ. (3 a)
Ps. 1. 1. ὃς οὐκ ἐπορεύθη ἐν βουλῇ ἀσεβῶν (3 a)
14 (15). 2. πορευόμενος ἄμωμος (3 a)
22 (23). 4. ἐὰν γὰρ καὶ πορευθῶ ἐν μέσῳ σκιᾶς θανάτου (3 a)
25 (26). 1. ἐγὼ ἐν ἀκακίᾳ μου ἐπορεύθην (3 a)
— 11. ἐγὼ δὲ ἐν ἀκακίᾳ μου ἐπορεύθην (3 a)
31 (32). 8. ἐν ὁδῷ ταύτῃ ᾗ πορεύσῃ (3 a)
37 (38). 6. σκυθρωπάζων ἐπορευόμην (3 b)
41 (42). 9. ἵνα τί σκυθρωπάζων πορεύομαι (3 a)
42 (43). 2. ἵνα τί σκυθρωπάζων πορεύομαι (3 d)
54 (55). 14. ἐν τῷ οἴκῳ τοῦ θ. ἐπορεύθημεν (3 b)
77 (78). 10. ἐν τῷ νόμῳ αὐ. οὐκ ἤθελον π. (3 a)
— 39. πνεῦμα πορευόμ. καὶ οὐκ ἐπιστρέφον (3 a)
80 (81). 12. πορεύσονται ἐν τοῖς ἐπιτηδεύμ. αὐ. (3 a)
— 13. Ἰσραὴλ ταῖς ὁδοῖς μου εἰ ἐπορεύθη (3 b)
83 (84). 7. πορεύσονται ἐκ δυνάμεως εἰς δύναμιν (3 a)
— 11. A B S τοὺς πορευομένους [R τοῖς π.] ἐν ἀκακίᾳ (3 a)
84 (85). 13. δικαιοσύνη ἐναντίον αὐτοῦ προπορεύσεται [S[1] πορ.] (3 b)
85 (86). 11. A B πορεύσομαι τῇ [S R ἐν τῇ] ἀληθείᾳ σου (3 b)
88 (89). 14. A ἔλεος καὶ ἀλήθεια πορεύσονται πρὸ προσώπου σου [B S al.] (14)
— 15. ἐν τῷ φωτὶ τοῦ προσώπου σου πορεύσονται (3 b)
— 30. καὶ τοῖς κρίμασί μου μὴ πορευθῶσιν (3 a)
100 (101). 6. πορευόμενος ἐν ὁδῷ ἀμώμῳ (3 a)
104 (105). 41. ἐπορεύθησαν ἐν ἀνύδροις ποταμοί (3 a)
106 (107). 7. τοῦ πορευθῆναι εἰς πόλιν κατοικητηρίου (3 a)
118 (119). 1. οἱ πορευόμενοι ἐν νόμῳ κυρίου (3 a)
— 3. οὐ γὰρ . . . ἐν ταῖς ὁδοῖς αὐ. ἐπορεύθησαν (3 a)
— 45. ἐπορευόμην ἐν πλατυσμῷ (3 d)
121 (122). 1. εἰς οἶκον κυρίου πορευσόμεθα [A -σώμ.] (3 a)
125 (126). 6. πορευόμενοι ἐπορεύοντο (3 a, 3 a)
127 (128). 1. οἱ πορευόμ. ἐν ταῖς ὁδοῖς αὐ. (3 a)
130 (131). 1. οὐδὲ ἐπορεύθην ἐν μεγάλοις (3 b)
137 (138). 7. ἐὰν πορευθῶ ἐν μέσῳ θλίψεως (3 a)
138 (139). 7. ποῦ πορευθῶ ἀπὸ τοῦ πνεύματός σου (3 a)
141 (142). 3. ἐν ὁδῷ ταύτῃ ᾗ ἐπορευόμην (3 b)
142 (143). 8. ὁδὸν ἐν ᾗ πορεύσομαι (3 a)
Pr. 1. 15. μὴ πορευθῇς ἐν ὁδῷ [A π. ὁδούς] (3 a)
2. 13. τοῦ πορεύεσθαι ἐν ὁδοῖς σκότους (3 a)
— 19. πάντες οἱ πορευόμενοι ἐν αὐτῇ (2 a)
— 20. εἰ γὰρ ἐπορεύοντο τρίβους ἀγαθάς (3 a)
3. 23. ἵνα πορεύῃ πεποιθὼς ἐν εἰρήνῃ πάσας τὰς ὁδούς σου (3 a)
4. 12. ἐὰν γὰρ πορεύῃ (3 a)
6. 8. πορεύθητι πρὸς τὴν μέλισσαν –
— 12. πορεύεται ὁδοὺς οὐκ ἀγαθάς (3 a)
7. 19. πεπόρευται δὲ ὁδὸν μακράν (3 a)
10. 9. ὃς πορεύεται ἁπλῶς πορεύεται πεποιθώς (3 a, 3 a)
14. 2. ὁ πορευόμενος ὀρθῶς φοβεῖται τὸν κ. (3 a)
15. 21. ἀνὴρ δὲ φρόνιμος κατευθύνων πορεύεται (3 a)
24. 42 (27). πορεύου κατόπισθέν μου †
— 64 (30. 29). ἃ εὐόδως πορεύεται [A -ονται] (11)
28. 6. κρείσσων πτωχὸς πορευόμ. ἐν ἀληθείᾳ (3 a)
— 18. ὁ πορευόμ. δικαίως βεβοήθηται ὁ δὲ σκολιαῖς ὁδοῖς πορευόμ. ἐμπλακήσεται (3 a, †)
— 26. ὃς δὲ πορεύεται σοφίᾳ σωθήσεται (3 a)
Ec. 1. 4. γενεὰ πορεύεται καὶ γενεὰ ἔρχεται (3 a)
— 6. πορεύεται πρὸς νότον (3 a)
— 6. κυκλοῖ κυκλῶν πορεύεται τὸ πνεῦμα (3 a)
— 7. πορεύονται εἰς τὴν θάλασσαν (3 a)
— 7. εἰς τόπον οὗ οἱ χείμαρροι πορεύονται ἐκεῖ αὐτοὶ ἐπιστρέφουσι τοῦ [S om.] πορευθῆναι (3 a, 3 a)

Ec. 2. 14. ὁ ἄφρων ἐν σκότει πορεύεται (3 *a*)
3. 20. A S^2 τὰ πάντα πορεύεται [B S^1 *om.*] εἰς τόπον ἕνα (3 *a*)
4. 17. ἐν ᾧ ἐὰν πορεύῃ [S^2 τῷ πορεύεσθαι] εἰς οἶκον τοῦ θεοῦ (3 *a*)
5. 14. ἐπιστρέψει τοῦ πορευθῆναι ὡς ἥκει (3 *a*)
— 14. ἵνα πορευθῇ ἐν χειρὶ αὐτοῦ (3 *c*)
6. 4. ἐν σκότει πορεύεται (3 *a*)
— 6. μὴ οὐκ εἰς τόπον ἕνα πορεύεται [S πορεύσ.] τὰ πάντα (3 *a*)
— 8. ὁ πένης οἶδε πορευθῆναι (3 *a*)
— 9. ἀγαθὸν ὅραμα ὀφθαλμῶν ὑπὲρ πορευόμενον ψυχῇ (3 *a*)
7. 3 (2). ἀγαθὸν πορευθῆναι εἰς οἶκον πένθους ἢ ὅτι [S^2 παρὰ τὸ] πορευθῆναι εἰς οἶκον πότου (3 *a*, 3 *a*)
8. 3. ἀπὸ προσώπου αὐτοῦ πορεύσῃ (3 *a*)
— 10. S^2 καὶ ἐκ τοῦ ἁγίου ἐπορεύθησαν [ABS^1 *om.*] (3 *b* ?)
— 10. ἐπορεύθησαν καὶ ἐπῃνέθησαν ἐν τῇ πόλει (3 *b*)
9. 10. ὅπου σὺ πορεύῃ ἐκεῖ (3 *a*)
10. 3. ἐν ὁδῷ ὅταν ἄφρων [S ἄφνω] πορεύηται (3 *a*)
— 7. ἄρχοντας πορευομένους ὡς δούλους (3 *a*)
— 15. οὐκ ἔγνω τοῦ πορευθῆναι εἰς πόλιν (3 *a*)
12. 5. ἐπορεύθη ὁ ἄνθρ. εἰς οἶκον αἰῶνος αὐ. (3 *a*)
Ca. 2. 11. ὁ ὑετὸς ἀπῆλθεν ἐπορεύθη ἑαυτῷ (3 *a*)
4. 6. πορεύσομαι ἐμαυτῷ πρὸς τὸ ὄρος (3 *a*)
7. 9 (10). πορευόμενος τῷ ἀδελφιδῷ μου (3 *a*)
Wi. 1. 11. φθέγμα λαθραῖον κενὸν οὐ πορεύσεται [S^1 *al.*]
5. 21. πορεύσονται εὔστοχοι βολίδες ἀστραπῶν
6. 4. οὐδὲ κατὰ τὴν βουλὴν τοῦ θεοῦ ἐπορεύθητε
15. 8. μετ' ὀλίγον πορεύεται ἐξ ἧς ἐλήφθη
17. 18. ἢ ῥυθμὸς ὕδατος πορευομένου βίᾳ
Si. 4. 17. διεστραμμένως πορεύεται [A S^2 -σεται]
5. 2. B S^2 τοῦ πορεύεσθαι ἐν ἐπιθυμίαις καρδίας σου
— 9. μὴ πορεύου ἐν πάσῃ ἀτραπῷ
8. 15. μετὰ τολμηροῦ μὴ πορεύου ἐν ὁδῷ
12. 11. ἐὰν ταπεινωθῇ καὶ πορεύηται συγκεκυφώς
18. 30. ὀπίσω τῶν ἐπιθυμιῶν σου μὴ πορεύου
22. 13. πρὸς ἀσύνετον μὴ πορεύου
25. 26. εἰ μὴ πορεύεται κατὰ χεῖρά σου
31 (34). 26. πάλιν πορευόμενος καὶ τὰ αὐτὰ ποιῶν
34 (31). 8. ὃς ὀπίσω χρυσίου οὐκ ἐπορεύθη
35 (32). 20. ἐν ὁδῷ ἀντιπτώματος μὴ πορεύου
46. 10. καλὸν τὸ [S *om.*] πορεύεσθαι ὀπίσω κυρίου
Ho. 1. 3. καὶ ἐπορεύθη (3 *a*)
2. 5 (7). πορεύσομαι [A ἀκολουθήσω] ὀπίσω τῶν ἐραστῶν μου (3 *a*)
— 7 (9). πορεύσομαι . . . πρὸς τὸν ἄνδρα μου (3 *a*)
— 13 (15). ἐπορεύετο ὀπίσω τῶν ἐραστῶν αὐ. (3 *a*)
3. 1. ἔτι πορεύθητι καὶ ἀγάπησον (3 *a*)
5. 6. μετὰ προβάτων καὶ μόσχων πορεύσονται (3 *a*)
— 11. ἤρξατο πορεύεσθαι ὀπίσω τῶν ματαίων (3 *a*)
— 13. ἐπορεύθη Ἐφρ. πρὸς Ἀσσυρίους (3 *a*)
— 14. πορεύσομαι καὶ λήψομαι (3 *a*)
— 15. πορεύσομαι καὶ ἐπιστρέψω (3 *a*)
6. 1. πορευθῶμεν καὶ ἐπιστρέψωμεν (3 *a*)
— 5 (4). ὡς δρόσος ὀρθρινὴ πορευομένη (3 *a*)
7. 11. εἰς Ἀσσυρίους ἐπορεύθησαν (3 *a*)
— 12. καθὼς ἂν πορεύωνται (3 *a*)
9. 6. πορεύονται [A -εύσ.] ἐκ ταλαιπωρίας Αἰγ. (3 *a*)
11. 10. ὀπίσω κυρίου πορεύσομαι (3 *a*)
13. 3. ὡς δρόσος ὀρθρινὴ πορευομένη (3 *a*)
— 4. τοῦ πορεύεσθαι ὀπίσω αὐτῶν –
14. 7. πορεύσονται οἱ κλάδοι αὐ. (3 *a*)
— 10. δίκαιοι πορεύσονται ἐν αὐταῖς (3 *a*)
Am. 1. 15. πορεύσονται οἱ βασ. αὐ. ἐν αἰχμαλωσίᾳ (3 *a*)
3. 3. εἰ πορεύσονται δύο ἐπὶ τὸ αὐτὸ καθόλου (3 *a*)
5. 3. A ἐξ ἧς ἐπορεύοντο [B ἐξεπ.] χίλιοι (4)
— 3. A ἐξ ἧς ἐπορεύοντο [B ἐξεπ.] ἑκατόν (4)
9. 4. ἐὰν πορευθῶσιν ἐν αἰχμαλωσίᾳ (3 *a*)
Mi. 1. 8. πορεύσεται ἀνυπόδετος καὶ γυμνή (3 *a*)
2. 3. οὐ μὴ πορευθῆτε ὀρθοὶ ἐξαίφνης (3 *a*)
— 7. καὶ ὀρθοὶ πεπόρευνται (3 *a*)
— 10. ἀνάστηθι καὶ πορεύου (3 *a*)
4. 2. πορεύσονται ἔθνη πολλά (3 *a*)
— 2. πορευσόμεθα ἐν ταῖς τρίβοις αὐ. (3 *a*)
— 5. πορεύσονται ἕκαστος τὴν ὁδὸν αὐ. (3 *a*)
— 5. πορευσόμεθα ἐν ὀνόματι κυρίου (3 *a*)
6. 8. τοῦ πορεύεσθαι μετὰ κ. θεοῦ σου (3 *a*)
— 16. ἐπορεύθητε ἐν ταῖς ὁδοῖς αὐ. (3 *a*)
Jl. 2. 7. ἕκαστος ἐν τῇ ὁδῷ αὐ. πορεύσεται (3 *a*)
— 8. καταβαρυνόμενοι ἐν τοῖς ὅπλοις αὐ. πορεύσονται (3 *a*)
Jn. 1. 2. πορεύθητι [A πορεύου] εἰς N. (3 *a*)
— 8. S^3 καὶ ποῦ πορεύει –
— 11, 13. ἡ θάλασσα ἐπορεύετο [A S^3 ἐπωρ.] (3 *a*)
3. 2. πορεύθητι εἰς N. (3 *a*)
— 3. ἐπορεύθη εἰς N. (3 *a*)
Na. 2. 11 (12). ποῦ [A οὗ] ἐπορεύθη λέων (3 *a*)
3. 10. εἰς μετοικεσίαν πορεύσεται αἰχμάλωτος (3 *a*)
Hb. 1. 6. τὸ πορευόμ. ἐπὶ τὰ πλάτη τῆς γῆς (3 *a*)
3. 5. πρὸ προσώπου αὐτοῦ πορεύσεται λόγος (3 *a*)
— 11. εἰς φῶς βολίδες σου πορεύσονται (3 *b*)
Ze. 1. 17. πορεύσονται ὡς τυφλοί (3 *a*)
Za. 2. 2 (6). ποῦ σὺ πορεύῃ (3 *a*)
3. 8 (7). ἐὰν ταῖς ὁδοῖς μου πορεύῃ (3 *a*)
6. 7. τοῦ πορεύεσθαι [S *om.* τ. π.] τοῦ περιοδεῦσαι [S^1 *om.*] (3 *a*)
— 7. πορεύεσθε καὶ περιοδεύσατε τὴν γῆν (3 *a*)
8. 21. πορευθῶμεν δεηθῆναι τοῦ προσώπου κ. (3 *a*)
— 21. πορεύσομαι κἀγώ (3 *a*)
— 23. πορευσόμεθα μετὰ σοῦ (3 *a*)
9. 14. πορεύσεται [A -σονται] ἐν σάλῳ ἀπειλῆς αὐ. (3 *a*)
Ma. 2. 6. ἐπορεύθη μετ' ἐμοῦ (3 *a*)
3. 14. ἐπορεύθημεν ἱκέται πρὸ προσώπου κυρίου (3 *a*)
Is. 2. 3. πορεύσονται ἔθνη πολλά . . . πορευσόμεθα [S -σώμ.] ἐν αὐτῇ (3 *a*, 3 *a*)
— 5. πορευθῶμεν τῷ φωτὶ κυρίου (3 *a*)
3. 16. ἐπορεύθησαν ὑψηλῷ τραχήλῳ (3 *a*)
6. 8. τίς πορεύσεται πρὸς τὸν λαὸν τοῦτον (3 *a*)
— 9. πορεύθητι [S -εύου] καὶ εἰπόν (3 *a*)
8. 6. τὸ ὕδωρ τοῦ Σ. τὸ πορευόμενον ἡσυχῇ (3 *a*)
9. 2 (1). ὁ λαὸς ὁ πορευόμενος [A καθήμ.] ἐν σκότει (3 *a*)
18. 2. πορεύσονται γὰρ ἄγγελοι κοῦφοι (3 *a*)
19. 23. Αἰγύπτιοι πορεύσονται πρὸς Ἀσσυρίους –
20. 2. πορεύου καὶ ἄφελε τὸν σάκκον . . . ποίησον οὕτως πορευόμενος γυμνός (3 *a*, 3 *a*)
— 3. ὃν τρόπον πεπόρευται ὁ παῖς μου (3 *a*)
22. 15. πορεύου εἰς τὸ παστοφόριον (3 *a* + 2 *a*)
28. 13. A S ἵνα πορευθῶσιν [B -σωσιν, R πονεύσωσι] (3 *a*)
30. 2. οἱ πορευόμενοι καταβῆναι εἰς Αἴγυπτον (3 *a*)
— 21. πορευθῶμεν ἐν αὐτῇ (3 *a*)
33. 15. πορευόμενος [S *add.* ἄμωμος] ἐν δικαιοσύνῃ (3 *a*)
— 21. οὐ πορεύσῃ ταύτην τὴν ὁδὸν οὐδὲ πορεύσεται πλοῖον ἐλαῦνον (3 *a*, 9)
34. 10. S^2 οὐκ ἔσται ὁ πορευόμ. δι' αὐτῆς (9)
35. 8. οἱ δὲ διεσπαρμ. πορεύσονται ἐπ' αὐτῆς (3 *a* ?)
— 9. πορεύσονται ἐν αὐτῇ λελυτρωμένοι (3 *a*)
38. 3. ὡς ἐπορεύθην ἐνώπιόν σου (3 *d*)
— 5. πορεύθητι [A -εύου] καὶ εἰπόν (3 *a*)
— 10. S^2 πορεύσομαι [A B S^1 *om.*] ἐν πύλαις ᾅδου (3 *a*)
41. 2. καὶ [A *om.*] πορεύσεται –
42. 24. οὐκ ἐβούλοντο ἐν ταῖς ὁδοῖς αὐτοῦ π. (3 *a*)
44. 3. δώσω . . . τοῖς πορευομ. ἐν ἀνύδρῳ †
45. 2. ἔμπροσθέν σου [A αὐτοῦ] πορεύσομαι [S -ωμαι] (3 *a*)
— 16. πορεύσονται ἐν αἰσχύνῃ (3 *a*)
46. 7. καὶ πορεύονται [S -σονται] †
48. 17. τὴν ὁδὸν ἐν ᾗ πορεύσῃ ἐν αὐτῇ (3 *a*)
50. 10. οἱ πορευόμενοι ἐν σκότει (3 *a*)
— 11. πορεύεσθε τῷ φωτὶ τοῦ πυρὸς ὑμῶν (3 *a*)
52. 12. A οὐδὲ φυγῇ πορεύσεσθε πορεύσεται [B S προπορ.] γὰρ πρότερος ὑμῶν κ. (3 *a*, 3 *a*)
55. 1. οἱ διψῶντες πορεύεσθε ἐφ' ὕδωρ (3 *a*)
57. 17. ἐπορεύθη στυγνὸς ἐν ταῖς ὁδοῖς αὐτοῦ (3 *a*)
59. 11. ἅμα πορεύσονται †
60. 3. πορεύσονται βασιλεῖς τῷ φωτί σου (3 *a*)
— 14. πορεύσονται πρὸς σέ (3 *a*)
62. 10. πορεύεσθε διὰ τῶν πυλῶν μου (9)
65. 2. τοῖς πορευομ. [A S^2 οἳ οὐκ ἐπορεύθησαν] ὁδῷ οὐ καλῇ [A S ὁ. ἀληθινῇ] (3 *a*)
Je. 1. 7. πρὸς πάντας . . . πορεύσῃ (3 *a*)
2. 5. ἐπορεύθησαν ὀπίσω τῶν ματαίων (3 *a*)
— 8. ὀπίσω ἀνωφελοῦς ἐπορεύθησαν (3 *a*)
— 20. πορεύσομαι ἐπὶ πάντα βουνὸν ὑψ. –
— 23. ὀπίσω τῆς Βάαλ οὐκ ἐπορεύθην (3 *a*)
— 25. ὀπίσω αὐτῶν ἐπορευέτο (3 *a*)
3. 6. ἐπορεύθησαν ἐπὶ πᾶν ὄρος ὑψηλόν (3 *a*)
— 8. ἐπορεύθη καὶ ἐπόρνευσε καὶ αὐτή (3 *a*)
— 12. πορεύου [A -εύθητι] καὶ ἀνάγνωθι (3 *a*)
— 17. οὐ πορεύσονται ἔτι ὀπίσω τῶν ἐνθυμημάτων τῆς καρδίας αὐ. τῆς πον. (3 *a*)
5. 5. πορεύσομαι πρὸς τοὺς ἁδρούς (3 *a*)
Je. 6. 16. εἶπαν, Οὐ πορευσόμεθα (3 *a*)
— 28. πάντες ἀνήκοοι πορευόμενοι σκολιῶς (3 *a*)
7. 6. ὀπίσω θεῶν ἀλλοτρίων μὴ πορεύησθε [A -σησθε] (3 *a*)
— 9. ἐπορεύεσθε [A πορ.] ὀπίσω θεῶν ἀλλοτρίων (3 *a*)
— 12. A S^2 R πορεύθητε [B S^1 ἐπορ.] εἰς τὸν τόπον μου τὸν ἐν Σηλώ (3 *a*)
— 23. πορεύεσθε ἐν πάσαις ταῖς ὁδοῖς μου (3 *a*)
— 24. A S R ἐπορεύθησαν ἐν [B *om.*] τοῖς ἐνθυμήμασι (3 *a*)
8. 2. ὧν ἐπορεύθησαν ὀπίσω αὐτῶν (3 *a*)
9. 4 (3). πᾶς φίλος δολίως πορεύσεται (3 *a*)
— 14 (13). ἐπορεύθησαν ὀπίσω τῶν ἀρεστῶν [A ἐρασ.] τῆς καρδίας αὐτῶν (3 *a*)
10. 2. A μὴ πορεύεσθε [B S μανθάνετε] †
— 5. οὐ πορεύσονται †
— 23. οὐδὲ ἀνὴρ πορεύσεται (3 *a*)
11. 10. πορεύονται [A S βαδίζουσιν] ὀπίσω θεῶν ἀλλοτρίων (3 *a*)
— 12. πορεύσονται πόλεις Ἰούδα (3 *a*)
13. 5. ἐπορεύθην [S^1 *om.*] καὶ ἔκρυψα αὐτό (3 *a*)
— 7. ἐπορεύθην ἐπὶ τὸν Εὐφράτην ποταμόν (3 *a*)
— 10. τοὺς . . . πορευθέντας [$B^2 S^1$ -ομένους] ὀπίσω θεῶν ἀλλοτρίων (3 *a*)
14. 18. ἐπορεύθησαν εἰς γῆν [A ἐπ. ὁδόν] (8)
15. 6. ὀπίσω πορεύσῃ (3 *a*)
16. 5. μὴ πορευθῇς τοῦ κόψασθαι (3 *a*)
— 12. S^1 ἐπονηρεύσασθε ὑπὲρ τοὺς πατέρας ὑ. . . . πορεύεσθε ἕκαστος ὀπίσω τῶν ἀρεστῶν τῆς καρδίας ὑ. [A B S^2 *al.*] (†, 3 *a*)
18. 12. ὀπίσω τῶν ἀποστροφῶν ἡμῶν πορευσόμεθα [S^1 -σώμ.] (3 *a*)
19. 8. S^1 πᾶς ὁ πορευόμ. [ABS^2 παραπ.] ἐπ' αὐτῆς (9)
20. 6. πορεύσεσθε [S^1 -εύεσθε] ἐν αἰχμαλωσίᾳ (3 *a*)
22. 1. πορεύου καὶ κατάβηθι (5 ?)
23. 14. ἑώρακα . . . πορευομένους ἐν ψεύδεσι (3 *a*)
— 17. καὶ πᾶσι τοῖς πορευομ. τοῖς θελήμασιν αὐ. παντὶ τῷ πορευομ. πλάνῃ καρδίας αὐ. (–, 3 *a*)
25. 6. μὴ πορεύεσθε ὀπίσω θεῶν ἀλλοτρίων (3 *a*)
26 (46). 22. ἐν ἄμμῳ πορεύονται [AS -σονται] (3 *a*)
27 (50). 4. κλαίοντες πορεύσονται (3 *a*)
28 (51). 50. ἀνασωζόμενοι ἐκ γῆς πορεύεσθε (3 *a*)
— 59. ἐπορεύετο . . . εἰς Βαβυλῶνα (3 *a*)
33 (26). 4. τοῦ π. ἐν τοῖς νομίμοις [A -μοις] μου (3 *a*)
38 (31). 21. ὁδὸν ᾗ ἐπορεύθης ἀποστράφηθι (3 *a*)
39 (32). 23. ἐν τοῖς προστάγμασί σου οὐκ ἐπορεύθησαν (3 *a*)
42 (35). 2. A πορεύθητι [B S βάδισον] εἰς οἶκον [S -ίαν] Ἀρχαβείν (3 *a*)
— 13. πορεύου καὶ εἰπὸν ἀνθρώπῳ Ἰούδα (3 *a*)
— 15. οὐ πορεύεσθε ὀπίσω θεῶν ἑτέρων (3 *a*)
44 (37). 12. τοῦ πορευθῆναι [S -εύεσθαι] εἰς γῆν Βενιαμίν (3 *a*)
46 (39). 16. πορεύου καὶ εἰπόν (3 *a*)
47 (40). 5. τοῦ πορευθῆναι καὶ πορεύου (3 *a*, 3 *a*)
— 15. πορεύσομαι [S -εύομαι] δή (3 *a*)
48 (41). 6. αὐτοὶ ἐπορεύοντο καὶ ἔκλαιον (3 *a*)
— 17. τοῦ πορευθῆναι [A *add.* εἰσελθεῖν] εἰς Αἴγυπτον (3 *a* + 2 *a* [3 *a*])
49 (42). 3. τὴν ὁδὸν ᾗ πορευσόμεθα ἐν αὐτῇ (3 *a*)
51 (44). 3. πορευθέντες θυμιᾶν θεοῖς ἑτέροις (3 *a*)
— 23. ἐν τοῖς μαρτυρίοις αὐτοῦ οὐκ ἐπορεύθητε (3 *a*)
52. 7. ἐπορεύθησαν [A ᾤχοντο] ὁδὸν τὴν εἰς ἄραβα (3 *a*)
Ba. 1. 18. π. [A *add.* ἐν] τοῖς προστάγμασι κυρίου
2. 10. π. τοῖς προστάγμασι κυρίου
3. 13. τῇ ὁδῷ τοῦ θεοῦ εἰ ἐπορεύθης
— 33. ὁ ἀποστέλλων τὸ φῶς καὶ πορεύεται
4. 13. οὐδὲ ἐπορεύθησαν ὁδοῖς ἐντολῶν θεοῦ
— 26. οἱ τρυφεροί μου ἐπορεύθησαν ὁδοὺς τραχείας
La. 1. 5. ἐπορεύθησαν ἐν αἰχμαλωσίᾳ (3 *a*)
— 6. ἐπορεύοντο ἐν οὐχ ἰσχύϊ (3 *a*)
— 18. ἐπορεύθησαν ἐν αἰχμαλωσίᾳ (3 *a*)
2. 21. ἐπορεύθησαν ἐν αἰχμαλωσίᾳ –
4. 9. ἐπορεύθησαν ἐκκεκεντημένοι †
— 18. τοῦ μὴ π. [A παραπ.] ἐν ταῖς πλατείαις ἡμῶν (3 *a*)
Ez. 1. 9. ἀπέναντι τοῦ προσώπου αὐ. ἐπορεύοντο (3 *a*)
— 12. ἑκάτερον κατὰ πρόσωπον αὐτοῦ ἐπορεύετο· οὗ ἂν ἦν τὸ πνεῦμα πορευόμ. ἐπορεύοντο [A -εύετο] (3 *a ter*)
— 17. ἐπὶ τὰ τέσσαρα μέρη αὐ. ἐπορεύοντο (3 *a*)

Ez. 1. 17. οὐκ ἐπέστρεφον ἐν τῷ π. αὐτά (3 a)
— 19. ἐν τῷ π. τὰ ζῷα ἐπορεύοντο οἱ τροχοί (3 a, 3 a)
— 20. ἐκεῖ τὸ πνεῦμα τοῦ π. ἐπορεύοντο οἱ τροχοί [A τὰ ζῷα] (3 a, 3 a)
— 21. ἐν τῷ π. αὐτὰ ἐπορεύοντο (3 a, 3 a)
— 24. ἐν τῷ π. αὐτά –
— 24. A ἐν τῷ π. αὐτά (3 a)
3. 1. πορεύθητι καὶ λάλησον (3 a)
— 14. ἐπορεύθην [A *add.* μετέωρος] ἐν ὁρμῇ τοῦ πνεύματός μου (3 a)
5. 6. ἐν τοῖς νομίμοις μου οὐκ ἐπορεύθησαν (3 a)
— 7. ἐν τοῖς νομίμοις μου οὐκ ἐπορεύθητε (3 a)
7. 14. A οὐκ ἔστιν πορευόμενος εἰς τὸν πόλεμον (3 a)
9. 5. πορεύεσθε ὀπίσω αὐτοῦ εἰς τὴν πόλιν (9)
10. 11. ἐν τῷ π. αὐτὰ εἰς τὰ τέσσαρα μέρη αὐτῶν ἐπορεύοντο (3 a, 3 a)
— 11. καὶ οὐκ ἐπέστρεφον ἐν τῷ π. αὐτά (3 a)
— 11. ἐπορεύοντο καὶ οὐκ ἐπέστρεφον ἐν τῷ π. αὐτά (3 a, 3 a)
— 16. ἐν τῷ π. τὰ χερουβὶμ ἐπορεύοντο [A *add.* καὶ] οἱ τροχοί (3 a, 3 a)
— 22. ἕκαστον κατὰ τὸ πρόσ. αὐ. ἐπορεύοντο (3 a)
11. 20. ὅπως ἐν τοῖς προστάγμασί μου πορεύωνται (3 a)
— 21. ὡς ἡ καρδία αὐτῶν ἐπορεύετο (3 a)
12. 11. ἐν αἰχμαλωσίᾳ πορεύσονται (3 a)
16. 47. οὐδ' ὡς ἐν ταῖς ὁδοῖς αὐ. ἐπορεύθης (3 a)
18. 9. τοῖς προστάγμασί μου πεπόρευται (3 b)
— 11. ἐν τῇ ὁδῷ . . . οὐκ ἐπορεύθη †
— 17. ἐν τοῖς προστάγμασί μου ἐπορεύθη (3 a)
20. 13. ἐν τοῖς προστάγμασί μου πορεύεσθε –
— 13. καὶ οὐκ ἐπορεύθησαν [A *al.*] (3 a)
— 16. ἐν τοῖς προστάγμασί μου οὐκ ἐπορεύθησαν . . . ὀπίσω τῶν ἐνθυμημάτων καρδίας αὐ. ἐπορεύοντο (3 a, 3 a)
— 18. ἐν τοῖς νομίμοις τῶν πατέρων ὑμῶν μὴ πορεύεσθε (3 a)
— 19. ἐν τοῖς προστάγμασί μου πορεύεσθε (3 a)
— 21. ἐν τοῖς προστάγμασί μου οὐκ ἐπορεύθησαν (3 a)
23. 31. ἐν τῇ ὁδῷ τῆς ἀδελφῆς σου ἐπορεύθης (3 a)
25. 3. ἐπορεύθησαν ἐν αἰχμαλωσίᾳ (3 a)
30. 17. ἐν αἰχμαλωσίᾳ πορεύσονται [A *al.*] (3 a)
32. 14. οἱ ποτ. αὐ. ὡς ἔλαιον πορεύσονται (3 c)
36. 27. ἵνα ἐν τοῖς δικαιώμασί μου πορεύησθε (3 a)
37. 24. ἐν τοῖς προστάγμασί μου πορεύσονται [A -σωνται] (3 a)
Da. LXX. Su. 19. πορευθῶμεν πρὸς αὐτήν
6. 19 (20). καὶ πορευθεὶς ἔστη (1 a)
Bel 3. ἐπορεύετο ὁ βασ. καθ' ἑκάστην ἡμέραν
— 32. ἐπορεύετο εἰς τὸ πεδίον
Da. TH. Su. 13. πορευθῶμεν δὴ εἰς οἶκον
4. 34. πάντας τοὺς πορευομ. ἐν ὑπερηφανίᾳ (3 f)
9. 10. πορεύεσθαι ἐν [A *om.*] τοῖς νόμοις αὐ. (3 a)
Bel 4. ἐπορεύετο καθ' ἑκάστην ἡμέραν
— 33. ἐπορεύετο [A -εύθη] εἰς τὸ πεδίον
I Ma. 1. 11. πορευθῶμεν καὶ διαθώμεθα
— 13. ἐπορεύθησαν πρὸς τὸν βασ.
— 44. πορευθῆναι ὀπίσω νομίμων ἀλλοτρίων τῆς γῆς
2. 20. SR πορευσόμεθα [A -σώμ.] ἐν διαθήκῃ πατέρων ἡμῶν
3. 31. ἐβουλεύσατο τοῦ πορευθῆναι εἰς τὴν Π.
5. 17. καὶ πορεύου
— 17. πορευσόμεθα εἰς τὴν Γαλ.
— 20. τοῦ πορευθῆναι εἰς τὴν Γαλ.
— 21. ἐπορεύθη Σ. εἰς τὴν Γαλ.
— 24. ἐπορεύθησαν ὁδὸν τριῶν ἡμερῶν
— 29. AR ἐπορεύετο [S -οντο] ἕως ἐπὶ τὸ ὀχύρωμα
— 39. ἐπορεύθη Ἰ. εἰς συνάντησιν αὐτῶν
— 46. διὰ μέσου αὐτῆς πορεύεσθαι
— 57. πορευθῶμεν πολεμῆσαι πρὸς τὰ ἔθνη
— 58. ἐπορεύθησαν ἐπὶ Ἰ.
— 66. τοῦ πορευθῆναι εἰς γῆν ἀλλοφύλων
6. 5. αἱ παρεμβολαὶ αἱ πορευθεῖσαι εἰς γῆν Ἰ.
— 6. ἐπορεύθη Λ. δυνάμει ἰσχυρᾷ
— 22. ἐπορεύθησαν πρὸς τὸν βασ.
— 23. πορεύεσθαι τοῖς ὑπ' αὐτοῦ λεγομένοις
— 36. οὗ ἐὰν ἐπορεύετο ἐπορεύοντο ἅμα
— 56. AR αἱ δυνάμεις αἱ πορευθεῖσαι [S *add.* μετὰ] τοῦ βασ.
— 59. τοῦ πορεύεσθαι τοῖς νομίμοις αὐ.
7. 7. πορευθεὶς ἰδέτω τὴν ἐξολέθρευσιν πᾶσαν
— 24. R τοῦ πορεύεσθαι [S ἐκπ., A πορευθῆναι] εἰς τὴν χώραν

I Ma. 8. 6. Ἀντίοχον . . . τὸν πορευθέντα ἐπ' αὐτούς
— 19. ἐπορεύθησαν εἰς Ῥώμην
9. 2. ἐπορεύθησαν ὁδὸν τὴν εἰς Γ.
— 4. ἐπορεύθησαν εἰς Β.
— 59. πορευθέντες συνεβουλεύσαντο αὐτῷ
10. 37. πορευέσθωσαν τοῖς νόμοις αὐ.
— 60. ἐπορεύθη μετὰ δόξης εἰς Πτ.
— 77. ἐπορεύθη εἰς Ἄζωτον
11. 7. ἐπορεύθη Ἰων. . . . ἕως τοῦ ποταμοῦ
— 21. ἐπορεύθησάν [S¹ -θημέν] τινες
— 24. ἐπορεύθη πρὸς τὸν βασ.
— 39. ἐπορεύθη πρὸς Εἰμ.
12. 3. ἐπορεύθησαν εἰς Ῥώμην
— 3. A ἐπορεύθησαν [SR εἰσῆλθον] εἰς τὸ βουλευτήριον
— 17. πρὸς ὑμᾶς πορευθῆναι
— 50. ἐπορεύοντο συνεστραμμένοι
13. 20. εἰς πάντα τόπον οὗ ἂν ἐπορεύετο
— 31. ἐπορεύετο δόλῳ μετὰ Ἀντιόχου
14. 1. ἐπορεύθη εἰς Μ.
— 3. ἐπορεύθη καὶ ἐπάταξε
— 36. S¹ ἐξ ἧς ἐπορεύοντο [A S² R ἐξεπορ.]
16. 4. ἐπορεύθησαν ἐπὶ τὸν Κ.
— 5. AR ἐπορεύοντο [S -εύθησαν] εἰς τὸ πεδίον
[**Aq.** Ge. 33. 12: Ex. 4. 18: 5. 7: Dt. 11. 19: III Ki. 14. 2, 4, 7, 8, 9, 12, 17: 17. 5 *bis*: 22. 49 *bis*, 50: IV Ki. 1. 2: 5. 24: 7. 14: 8. 1: Jb. 20. 25: 23. 8: Ps. 25 (26). 11: 31 (32). 8: 57 (58). 9: 80 (81). 13: Pr. 6. 3, 6: 21. 28: Ca. 4. 6: 5. 17 (6. 1): Is. 18. 2: 33. 21: 57. 2: 65. 2: Je. 9. 13 (12): 13. 5, 10: 29 (36). 12: 30 (37). 16: 37 (44). 9 *bis*: 41 (48). 6 *bis*, 10, 17: 44 (51). 10: 46 (26). 22: 51 (28). 59: Ez. 1. 9: 10. 11 (P.): 20. 16: 33. 31 (Sw.): Mi. 2. 7.]
[**Sm.** Ge. 15. 2: 33. 12: Ex. 4. 18: Dt. 10. 11: 11. 19: II Ki. 8. 3: III Ki. 17. 5: IV Ki. 6. 2, 13: 8. 8: Ps. 137 (138). 7: Pr. 6. 3, 6: 21. 28: Ec. 1. 7: Ca. 1. 8: Is. 8. 11: 18. 2: 33. 21: 42. 5: 51. 20: 57. 2: 65. 2: Je. 31 (38). 2: 37 (44). 9 (Sw.): 41 (48). 6 *bis*, 12, 17: 51 (28). 59: Ez. 1. 9.]
[**Th.** Ex. 4. 18: 5. 7: Dt. 10. 11: 11. 19: Jo. 1. 7: Jd. 9. 9: 12. 1: III Ki. 17. 5: IV Ki. 7. 14: Jb. 20. 25: 29. 20: Pr. 4. 18: 6. 3, 6: 20. 14, 19: 21. 28: Ec. 4. 17: Is. 18. 2: 55. 1: 57. 2: 65. 2: Je. 2. 1: 11. 8: 13. 5, 10: 27 (34). 18: 29 (36). 12: 41 (48). 6 *bis*: 46. (26). 22: Ez. 1. 9, 12 (Sw.), 17, 24: 7. 14: 10. 11 (P.): 11. 12 (Sw.): 13. 3: 20. 16: 33. 31 (Sw.): Mi. 6. 8.]
[**Al.** Ge. 18. 22: 31. 19, 30 *bis*: Ex. 10. 11: Nu. 22. 7: Dt. 1. 8: 6. 7: 13. 6 (7): III Ki. 22. 49 *bis*: Pr. 1. 15: Je. 10. 2: 31 (38). 2: 41 (48). 12: Hb. 3. 11.]
[**Quint.** IV Ki. 8. 8: Ps. 25 (26). 11.]
[**Sext.** Ps. 25 (26). 11.]

πόρευσις. (1) הָלַךְ (2) רֶגֶל
Ge. 33. 14. κατὰ σχολὴν τῆς π. τῆς ἐναντίον μου (2)
Za. 8. 21. S² πορευθῶμεν πορεύσει [ABS¹ *om.*] δεηθῆναι (1)

πορευτός.
Es. 3. 13. τήν τε βασιλείαν . . . πορευτὴν . . . παρεξόμενος
II Ma. 5. 21. τὸ πέλαγος πορευτὸν θέσθαι

πορθεῖν.
IV Ma. 4. 23. ὡς ἐπόρθησεν αὐτούς
11. 4. τί δράσαντας ἡμᾶς τοῦτον πορθεῖς τὸν τρόπον
[**Sm.** Dt. 2. 34: Je. 34 (41). 22: 37 (44). 8.]

πορθομμείν. (1) פַּרְתְּמִים
Da. TH. 1. 3. A καὶ ἀπὸ τῶν π. [B φορθ.] (1)

πορία, πόριον, *vid.* **πορεία, πορεῖον.**

πορίζειν.
Wi. 15. 12. δεῖν γάρ φησιν [A φασιν] ὅθεν δὴ [S *om.* ὅ. δὴ] κἂν [A καὶ] ἐκ κακοῦ πορίζειν
[**Sm.** Ec. 9. 11.]

πορισμός.
Wi. 13. 19. περὶ δὲ πορισμοῦ καὶ ἐργασίας
14. 2. ἐκεῖνο μὲν γὰρ ὄρεξις πορισμῶν ἐπενόησε

πορνεία (-νία). (1) *a.* זְנוּנִים *b.* זְנוּת *c.* זָנָה *d.* תַּזְנוּת
Ge. 38. 24. ἐν γαστρὶ ἔχει ἐκ πορνείας (1 a)
Nu. 14. 33. ἀνοίσουσι τὴν π. (1 b)
IV Ki. 9. 22. αἱ π. Ἰεζ. τῆς μητρός σου (1 a)
To. 4. 12. A B πρόσεχε . . . ἀπὸ πάσης π.
8. 7. οὐ διὰ πορνείαν ἐγὼ λαμβάνω τὴν ἀδ. μου τ.
Pr. 26. 7. S¹ ἀφελοῦ πορνίαν [A B S² πορείαν] σκελῶν †
Wi. 14. 12. ἀρχὴ γὰρ πορνείας ἐπίνοια εἰδώλων
Si. 23. 23. καὶ τὸ τρίτον ἐν πορνείᾳ ἐμοιχεύθη
26. 9. πορνεία γυναικὸς ἐν μετεωρισμοῖς ὀφθαλμῶν
41. 17. αἰσχύνεσθε ἀπὸ πατρὸς καὶ μητρὸς περὶ πορνείας [S¹ ἀπὸ πονηρίας]
Ho. 1. 2. λάβε σεαυτῷ γυναῖκα πορνείας καὶ τέκνα πορνείας (1 a, 1 a)
2. 2 (4). ἐξαρῶ τὴν π. αὐ. ἐκ προσώπου μου (1 a)
— 4 (6). τέκνα πορνείας ἐστίν (1 a)
4. 11. πορνείαν . . . ἐδέξατο καρδία λαοῦ μου (1 b)
— 12. πνεύματι πορνείας ἐπλανήθησαν (1 a)
5. 4. πνεῦμα πορνείας ἐν αὐτοῖς ἐστι (1 a)
6. 11 (10). εἶδον φρικώδη ἐκεῖ πορνείαν τοῦ Ἐφρ. (1 b)
Mi. 1. 7. ἐκ μισθωμάτων πορνείας συνήγαγε (1 c)
— 7. ἐκ μισθωμάτων πορνείας συνεστρέψεν (1 c)
Na. 3. 3 (4). ἀσθενήσουσιν . . . ἀπὸ πλήθους πορνείας (1 a)
— 4. ἡ πωλοῦσα ἔθνη ἐν τῇ π. αὐ. (1 a)
Is. 47. 10. S τῇ ἐλπίδι τῆς π. [A B πονηρίας] σου †
— 10. ἡ π. σου σοὶ αἰσχύνη †
57. 9. ἐπλήθυνας τὴν π. σου μετ' αὐτῶν †
Je. 2. 20. ἐκεῖ διαχυθήσομαι ἐν τῇ π. μου (1 c)
3. 2. ἐμίανας τὴν γῆν ἐν ταῖς π. σου (1 b)
— 9. ἐγένετο εἰς οὐθὲν ἡ π. αὐτῆς (1 b)
13. 27. ἡ ἀπαλλοτρίωσις τῆς π. [S πονηρίας] σου (1 b)
Ez. 16. 15. ἐξέχεας τὴν π. σου (1 d)
— 22. τοῦτο παρὰ πᾶσαν τὴν π. σου (1 d)
— 25. ἐπλήθυνας τὴν π. σου (1 d)
— 33. τοῦ ἔρχεσθαι πρὸς σὲ κυκλόθεν ἐν τῇ π. σου (1 d)
— 34. παρὰ τὰς γυναῖκας ἐν τῇ π. σου (1 d)
— 36. ἀποκαλυφθήσεται ἡ αἰσχύνη σου ἐν τῇ π. σου (1 d)
— 41. ἀποστρέψω σε ἐκ πορνείας [A ἀπὸ τῆς π. σου] (1 c)
23. 7. ἔδωκε τὴν π. αὐτῆς ἐπ' αὐτούς (1 d)
— 8. τὴν π. αὐτῆς ἐξ Αἰγ. οὐκ ἐγκατέλιπεν . . . ἐξέχεαν τὴν π. αὐ. ἐπ' αὐτήν (1 d, 1 d)
— 11. τὴν π. αὐ. ὑπὲρ τὴν π. τῆς ἀδ. αὐ. (1 d, 1 a)
— 14. προσέθετο πρὸς τὴν π. αὐτῆς (1 d)
— 17. ἐμίαινον αὐτὴν ἐν τῇ π. αὐτῆς (1 d)
— 18. ἀπεκάλυψε τὴν π. αὐτῆς (1 d)
— 19. ἐπλήθυνας τὴν π. σου (1 d)
— 27. ἀποστρέψω . . . τὴν π. σου (1 b)
— 29. ἀποκαλυφθήσεται αἰσχύνη πορνείας [A ἡ αἰ. σου πορνεία] σου (1 b)
— 30 (29). ἡ π. σου ἐποίησε ταῦτά σοι (1 d)
— 35. λάβε τὴν ἀσέβειάν σου καὶ τὴν π. σου (1 d)
43. 7. οἱ ἡγούμενοι αὐτῶν ἐν τῇ π. αὐτῶν (1 b)
— 9. νῦν ἀπωσάσθωσαν τὴν π. αὐτῶν (1 b)
[**Sm.** Ez. 23. 43.]
[**Th.** Ez. 16. 58: 23. 21, 27, 48.]

πορνεῖον (-νιον). (1) גַּב (2) רָמָה
Ez. 16. 25. ᾠκοδόμησας τὰ π. σου (2)
— 31. τὸ π. ᾠκοδόμησας (1)
— 39. κατασκάψουσι τὸ π. σου (1)
[**Sm.** Nu. 25. 8: Ez. 16. 24.]
[**Th.** Ez. 16. 24.]

πορνεύειν. (1) זָנָה *a.* qal. *b.* pu. *c.* hi.
(2) **πορνεύων** קָדֵשׁ
De. 23. 17 (18). οὐκ ἔσται πορνεύων ἀπὸ υἱῶν Ἰσρ. (2)
Jd. 2. 15. A οἷς ἐπόρνευον [B ἐξεπορεύοντο, R ἐπορεύοντο] †
I Ch. 5. 25. ἐπόρνευσαν ὀπίσω θεῶν τῶν λαῶν (1 a)
Ps. 72 (73). 27. ἐξωλέθρευσας πάντα τὸν πορνεύοντα ἀπὸ σοῦ (1 a)
105 (106). 39. S R ἐπόρνευσαν ἐν τοῖς ἐπιτηδεύμασιν (1 a)
Ho. 3. 3. καὶ οὐ μὴ πορνεύσῃς (1 a)
4. 10. ἐπόρνευσαν καὶ οὐ μὴ κατευθύνωσι (1 c)

Ho. 4. 14. ὅταν πορνεύωσιν (1 a)
— 18. πορνεύοντες ἐξεπόρνευσαν (1 c)
9. 1. ἐπόρνευσας ἀπὸ τοῦ θεοῦ σου (1 a)
Am. 7. 17. ἡ γυνή σου ἐν τῇ πόλει πορνεύσει (1 a)
Je. 3. 6. ἐπόρνευσαν [A^1 -εν] ἐκεῖ (1 a)
— 7. μετὰ τὸ πορνεῦσαι αὐτὴν ταῦτα πάντα †
— 8. ἐπορεύθη καὶ ἐπόρνευσε καὶ αὐτή (1 a)
Ez. 6. 9. B τοῖς πορνεύουσιν [A R ἐκπ.] ὀπίσω τῶν ἐπιτηδευμάτων αὐτῶν (1 a)
16. 15. ἐπόρνευσας ἐπὶ τῷ ὀνόματί σου (1 a)
— 34. μετὰ σοῦ πεπορνεύκασιν (1 b)
23. 3. A ἐν τῇ νεότητι αὐτῶν ἐπόρνευσαν [B om.] (1 a)
— 19. ἐν αἷς ἐπόρνευσας ἐν Αἰγύπτῳ (1 a)
[Aq. Ez. 23. 3, 43 : Ho. 4. 15.]
[Sm. Is. 57. 3 : Ez. 16. 34 : 23. 3 : Ho. 4. 15 : Am. 7. 17.]
[Th. Ez. 23. 3 : Ho. 4. 15 : Am. 7. 17.]
[Al. Le. 20. 5.]
[Quint. Ho. 4. 15.]

πόρνη. (1) זָנָה (2) קָדֵשׁ (3) ἐκ πόρνης מַמְזֵר (4) γυνὴ πόρνη זָרָה
Ge. 34. 31. ὡσεὶ πόρνῃ χρήσωνται τῇ ἀδ. ἡμῶν (1)
38. 15. ἔδοξεν αὐτὴν πόρνην εἶναι (1)
— 21. ποῦ ἐστιν ἡ π. ἡ γενομένη ἐν Αἰ. (2)
— 21. οὐκ ἦν ἐνταῦθα πόρνη (2)
— 22. μὴ εἶναι ἐνταῦθα πόρνην (2)
Le. 21. 7. γυναῖκα π. . . . οὐ λήψονται (1)
— 14. χήραν δὲ . . . καὶ πόρνην ταύτας οὐ λήψεται (1)
De. 23. 2 (3). A^2B^2R οὐκ εἰσελεύσεται ἐκ πόρνης (3)
— 17 (18). οὐκ ἔσται π. ἀπὸ θυγατέρων Ἰ. (2)
— 18 (19). οὐ προσοίσεις μίσθωμα πόρνης (1)
Jo. 2. 1. εἰς οἰκίαν γυναικὸς π. (1)
6. 16 (17). Ῥαὰβ τὴν π. περιποιήσασθε (1)
— 22 (23). ἐξηγάγοσαν Ῥ. τὴν π. –
— 24 (25). Ῥαὰβ τὴν π. . . . ἐζώγρησεν (1)
Jd. 11. 1. υἱὸς γυναικὸς π. (1)
16. 1. εἶδεν ἐκεῖ γυναῖκα π. (1)
III Ki. 3. 16. ὤφθησαν δύο γυναῖκες πόρναι (1)
12. 24. R Σαριρὰ γυνὴ π. [B al.] –
20 (21). 19. αἱ [A om.] π. λούσονται ἐν τῷ αἵμ. σου –
22. 38. αἱ π. ἐλούσαντο ἐν τῷ αἵματι (1)
Pr. 5. 3. ἀπὸ χειλέων γυναικὸς πόρνης (4)
6. 26. τιμὴ γὰρ πόρνης ὅση καὶ ἑνὸς ἄρτου (1)
29. 3. ὃς δὲ ποιμαίνει πόρνας ἀπολεῖ πλοῦτον (1)
Si. 9. 6. μὴ δῷς πόρναις τὴν ψυχήν σου
19. 2. ὁ κολλώμενος πόρναις
Ho. 4. 14. μετὰ τῶν π. συνεφύροντο (1)
— 14 (15). συνεπλέκετο μετὰ πόρνης (1)
Jl. 3 (4). 3. ἔδωκαν τὰ παιδάρια πόρναις (1)
Na. 3. 4. π. καλὴ καὶ ἐπίχαρις (1)
Is. 1. 21. πῶς ἐγένετο π. πόλις πιστὴ Σιών (1)
23. 15. ἔσται Τύρος ὡς ᾆσμα πόρνης (1)
— 16. ῥέμβευσον, πόλις πόρνη ἐπιλελησμένη (1)
57. 3. σπέρμα μοιχῶν καὶ πόρνης (1)
Je. 3. 3. ὄψις πόρνης ἐγένετό σοι (1)
5. 7. ἐν οἴκοις πορνῶν κατέλυον (1)
Ep. Je. 11. δώσουσι . . . ταῖς ἐπὶ τοῦ στέγους π.
Ez. 16. 30. ἔργα γυναικὸς πόρνης (1)
— 31. ἐγένου ὡς π. συνάγουσα μισθώματα (1)
— 35. π., ἄκουε λόγον κυρίου (1)
23. 43. ἔργα πόρνης καὶ αὐτὴ ἐξεπόρνευσε [A ἔ. γυναικὸς π. ἐποίεις] (1)
— 44. εἰσπορεύονται πρὸς γυναῖκα πόρνην (1)
[Aq. Pr. 7. 10 : 29. 3 : Ez. 16. 34.]
[Sm. Pr. 7. 10 : 23. 27 : Ez. 16. 33.]
[Th. Pr. 6. 24 : Ez. 16. 34.]

πορνικός. (1) זָנָה (2) οἴκημα π. גַּב
Pr. 7. 10. εἶδος ἔχουσα πορνικόν (1)
Ez. 16. 24. ᾠκοδόμησας σεαυτῇ οἴκημα πορνικόν (2)

πορνοκόπος.
Pr. 23. 21. πᾶς γὰρ μέθυσος καὶ πορνοκόπος πτωχεύσει †

πόρνος.
Si. 23. 16. ἄνθρωπος πόρνος ἐν σώματι σαρκὸς αὐτοῦ
— 17. ἀνθρώπῳ πόρνῳ πᾶς ἄρτος ἡδύς
— 18. A ἄνθρωπος πόρνος [B S om.] παραβαίνων ἀπὸ τῆς κοίτης αὐτοῦ

πόρος. (1) סָחַר
III Ki. 10. 28. A καὶ ἐκ Θ. πόροι [B ἔμπ.] (1)
I Ma. 12. 40. A R ἐζήτει πόρον τοῦ [S om. π. τ.] συλλαβεῖν

πόρπη.
I Ma. 10. 89. ἀπέστειλεν αὐτῷ π. χρυσῆν
11. 58. καὶ ἔχειν π. χρυσῆν
14. 44. ἐμπορποῦσθαι π. χρυσῆν

πόρρω. (1) a. רָחַק b. מֶרְחָק c. מֵרָחוֹק d. רָחוֹק (2) π. ἀπέχειν רָחַק pi. (3) π. γίνεσθαι רָחַק (4) π. ποιεῖν רָחַק hi. (5) ἕως π. עַד־לְמֵרָחוֹק
II Ch. 26. 15. ἠκούσθη . . . ἕως π. (5)
Jb. 5. 4. π. γένοιντο [A ἐγένοντο] οἱ υἱοὶ αὐ. (3)
11. 14. π. ποίησον αὐτὸ ἀπὸ σοῦ (4)
22. 18. βουλὴ δὲ ἀσεβῶν π. ἀπ' αὐτοῦ (1 a)
— 23. π. ἐποίησας [A^1 ποιήσῃς, A^2 ποίησον] ἀπὸ διαίτης σου ἄδικον (4)
Si. 47. 16. εἰς νήσους π. ἀφίκετο τὸ ὄνομά σου
Is. 17. 13. π. αὐτὸν διώξεται (1 b)
22. 3. οἱ ἰσχύοντες ἐν σοὶ π. πεφεύγασι (1 c)
29. 13. ἡ καρδία αὐτῶν π. ἀπέχει ἀπ' ἐμοῦ (2)
65. 5. οἱ λέγοντες, Π. ἀπ' ἐμοῦ †
66. 19. εἰς τὰς νήσους τὰς π. (1 d)
Je. 12. 2. καὶ π. ἀπὸ τῶν νεφρῶν αὐτῶν (1 d)
31 (48). 24. ἐπὶ πάσας τὰς πόλεις M. τὰς π. (1 d)
32 (25). 26. πάντας βασιλεῖς . . . τοὺς π. (1 d)
Ba. 3. 21. ἀπὸ τῆς ὁδοῦ αὐτῶν π. ἐγενήθησαν
III Ma. 4. 16. πεπλανημένῃ π. τῆς ἀληθείας φρενί
[Sm. Ps. 54 (55). 8 : Is. 17. 13.]

πόρρωθεν. (1) a. רָחוֹק b. מֵרָחוֹק c. לְמֵרָחוֹק d. מִמֶּרְחָק e. מֶרְחָק (2) ὁ π. רָחוֹק (3) γῆ π. רָחוֹק
IV Ki. 20. 14. ἐκ γῆς π. ἥκασι πρός με (1 a)
Jb. 2. 12. ἰδόντες δὲ αὐτὸν π. οὐκ ἐπέγνωσαν (1 b)
39. 25. π. δὲ ὀσφραίνεται πολέμου (1 b)
— 29. π. οἱ ὀφθαλμοὶ αὐτοῦ σκοπεύουσι (1 c)
Wi. 14. 17. τὴν π. ὄψιν ἀνατυπωσάμενοι
Is. 10. 3. ἡ γὰρ θλῖψις ὑμῖν π. ἥξει (1 d)
13. 5. ἔρχεσθαι ἐκ γῆς π. (1 e)
33. 13. ἀκούσονται οἱ π. ἃ ἐποίησα (2)
— 17. οἱ ὀφθαλμοὶ ὑμῶν ὄψονται γῆν π. (1 e)
39. 3. ἐκ γῆς π. ἥκασι πρὸς μὲ ἐκ Βαβυλῶνος (1 a)
43. 6. ἄγε τοὺς υἱούς μου ἀπὸ γῆς π. (3)
46. 11. καλῶν . . . ἀπὸ γῆς π. (1 e)
49. 12. οὗτοι π. ἥξουσιν [A S ἔρχονται] (1 b)
Je. 5. 15. ἐπάγω ἐφ' ὑμᾶς ἔθνος π. (1 d)
23. 23. οὐχὶ θεὸς π. (1 b)
38 (31). 3. κύριος π. ὤφθη [A S ὀφθήσεται] (1 b)
[Aq. Is. 8. 9 : 46. 11 : Je. 30 (37). 13.]
[Sm. Jb. 39. 25 : Is. 8. 9 : 46. 11.]
[Th. Jb. 39. 29 : Is. 8. 9 : 22. 11 : 23. 7 : 46. 11 : Je. 23. 23.]
[Al. Dt. 20. 15.]

πορφύρα. (1) a. אַרְגָּמָן b. אַרְגְּוָן
Ex. 25. 4. καὶ ὑάκινθον καὶ πορφύραν (1 a)
26. 1. καὶ ὑακίνθου καὶ πορφύρας (1 a)
— 31, 36 : 27. 16. ἐξ ὑακίνθου καὶ πορφύρας (1 a)
28. 5. τὸν [A τὴν] ὑάκινθον καὶ τὴν π. (1 a)
— 8, 15. καὶ ὑακίνθου καὶ πορφύρας (1 a)
— 29 (33). ἐξ ὑακίνθου καὶ πορφύρας (1 a)
31. 4. καὶ τὴν ὑάκινθον καὶ τὴν π. –
35. 6. ὑάκινθον πορφύραν (1 a)
— 23. A ὑάκινθος καὶ πορφύρα (1 a)
— 25. τὴν ὑάκινθον καὶ τὴν π. (1 a)
36. 9 (39. 2). καὶ ὑακίνθου καὶ πορφύρας (1 a)
— 10 (39. 3). σὺν τῇ ὑακίνθῳ καὶ τῷ π. (1 a)
— 12 (39. 5), 15 (39. 8). καὶ ὑακίνθου καὶ πορφύρας (1 a)
— 32 (39. 24). ἐξ ὑακίνθου καὶ πορφύρας (1 a)
— 37 (39. 29). καὶ ὑακίνθου καὶ πορφύρας (1 a)
37. 3 (36. 35), 5 (36. 37). 16 (38. 18). ἐξ ὑακίνθου καὶ πορφύρας (1 a)
39. 13 (1). ὑάκινθον καὶ πορφύραν (1 a)
II Ch. 2. 7 (6). εἰδότα τοῦ ποιῆσαι . . . ἐν τῇ π. (1 b)
— 14 (13). καὶ ὑφαίνειν ἐν τῇ π. (1 a)
3. 14. ἐποίησε τὸ καταπέτασμα . . . πορφύρας (1 a)
I Es. 3. 6. καὶ πορφύραν περιβαλέσθαι
Ju. 10. 21. ὃ ἦν ἐκ πορφύρας
Pr. 31. 22. ἐκ δὲ βύσσου καὶ πορφύρας (1 a)
Ca. 7. 5 (6). πλόκιον κεφαλῆς σου ὡς πορφύρα (1 a)
Si. 45. 10. ὑακίνθῳ καὶ πορφύρᾳ
Je. 10. 9. ὑάκινθον καὶ πορφύραν ἐνδύσουσιν αὐτά (1 a)
Ep. Je. 72. ἀπό τε τῆς π. καὶ τῆς μαρμάρου
Ez. 27. 7. περιβαλεῖν σε ὑάκινθον καὶ πορφύραν (1 a)
— 24. A φέροντες ἐμπορίαν ὑάκινθον καὶ πορφύραν [B om. κ. π.] –
Da. LXX. 5. 7. στολιεῖ αὐτὸν πορφύραν (1 b)
— 16. στολιῶ σε πορφύραν (1 b)
— 29. ἐνέδυσε τὸν Δ. πορφύραν (1 b)
6. 3 (4). Δαν. ἦν ἐνδεδυμένος πορφύραν –
Da. TH. 5. 7. πορφύραν ἐνδύσεται (1 b)
— 16. πορφύραν ἐνδύσῃ (1 b)
— 29. ἐνέδυσαν τὸν Δ. πορφύραν (1 b)
I Ma. 4. 23. ἔλαβον . . . π. θαλασσίαν
8. 14. οὐ περιεβάλοντο πορφύραν
10. 20. ἀπέστειλεν αὐτῷ πορφύραν
— 62. ἐνέδυσαν αὐτὸν πορφύραν
— 64. S R περιβεβλημένον αὐτὸν πορφύραν [A σινδόνα]
11. 58. καὶ εἶναι ἐν πορφύρᾳ
14. 43. ὅπως περιβάληται πορφύραν
— 44. καὶ περιβάλλεσθαι πορφύραν
II Ma. 4. 38. τὴν τοῦ Ἀνδρ. πορφύραν περιελόμενος
[Aq. Ex. 35. 23, 35 : Ca. 7. 5 (6) : Je. 10. 9 : Ez. 27. 16.]
[Sm. Ex. 35. 23, 35 : 39. 1 (13) : Ca. 7. 5 (6) : Ez. 27. 16.]
[Th. Ex. 35. 23, 35 : 39. 1 (13) : Je. 10. 9 : Ez. 27. 16.]

πορφύρεος, πορφυροῦς. (1) אַרְגָּמָן
Nu. 4. 14. λήψονται ἱμάτιον πορφυροῦν –
Jd. 8. 26. A καὶ τῶν περιβολαίων τῶν πορφυρῶν [B al.] (1)
Es. 1. 6. ἐπὶ σχοινίοις βυσσίνοις καὶ π. (1)
8. 15. καὶ διάδημα βύσσινον πορφυροῦν (1)
Ca. 3. 10. ἐπίβασις αὐτοῦ πορφυρᾶ (1)
Ep. Je. 12. περιβεβλημένων αὐτῶν ἱματισμὸν π.

πορφυρίς. (1) אַרְגָּמָן
Jd. 8. 26. καὶ τῶν ἱματίων καὶ πορφυρίδων [A al.] (1)

πορφυρίων (B), **πορφυρών** (A). (1) תִּנְשֶׁמֶת
Le. 11. 18. καὶ πορφυρίωνα καὶ πελεκᾶνα (1)
De. 14. 18. καὶ πορφυρίων καὶ νυκτερίδα [A al.] (1)

πορφυροῦσθαι.
[Aq. Is. 61. 6.]

ποσάκις. (1) כַּמָּה (2) עַד־כַּמָּה פְּעָמִים
III Ki. 22. 16. R π. [B^1 πεντάκις, A B^2 ἔτι δὶς] ἐγὼ ὁρκίζω σε (2)
II Ch. 18. 15. π. ὁρκίζω σε (2)
Ps. 77 (78). 40. π. παρεπίκραναν αὐτόν (1)
Si. 20. 17. π. καὶ ὅσοι καταγελάσονται αὐτοῦ
III Ma. 5. 37. π. σοι δεῖ . . . προστάττειν
[Sm. III Ki. 22. 16.]

ποσαπλῶς.
Ps. 62 (63). 1. π. σοι ἡ σάρξ μου †
Si. 10. 31. S ὁ δὲ δοξαζόμενος ἐν πτωχείᾳ καὶ ἐν πλούτῳ π. [A B -αχῶς]
— 31. S^2 καὶ ὁ ἄδοξος ἐν πλούτῳ καὶ ἐν πτωχείᾳ π. [A B S^1 -αχῶς]

ποσαχῶς.
Si. 10. 31. ὁ δὲ δοξαζόμ. ἐν πτωχείᾳ καὶ ἐν πλούτῳ π. [S -απλῶς]; καὶ ὁ ἄδοξος ἐν πλούτῳ καὶ ἐν πτωχείᾳ ποσαχῶς [S^2 -απλῶς]
[Th. Ps. 62 (63). 2.]

πόσις. (1) מִשְׁתֶּה
Da. LXX., TH. 1. 10. τὸν ἐκτάξαντα . . . τὴν π. ὑμῶν (1)

πόσος. (1) כַּמָּה
Ge. 47. 8. π. ἔτη ἡμερῶν τῆς ζωῆς σου (1)
II Ki. 19. 34 (35). π. ἡμέραι ἐτῶν ζωῆς μου (1)
I Es. 8. 78. κατὰ πόσον τι ἐγενήθη ἡμῖν ἔλεος
To. 10. 1. S ἐν πόσαις πορεύσεται καὶ ἐν πόσαις ἐπιστρέψει
12. 2. S π. αὐτῷ δώσω τὸν μισθόν
— 3. S πόσον αὐτῷ ἔτι δῶ μισθόν
Jb. 13. 23. πόσαι εἰσὶν αἱ ἁμαρτίαι μου (1)
38. 18. ἀνάγγειλον δή μοι πόση τίς ἐστι [A ἥτις ἐστίν] †
Ps. 118 (119). 84. πόσαι εἰσὶν αἱ ἡμέραι τοῦ δούλου σου (1)
Wi. 12. 21. μετὰ πόσης [S^2 πάσης] ἀκριβείας ἔκρινας τοὺς υἱούς σου

Wi. 13. 3. γνώτωσαν πόσῳ τούτων ὁ δεσπότης ἐστὶ βελτίων
— 4. νοησάτωσαν . . . πόσῳ ὁ κατασκευάσας αὐτὰ δυνατώτερός ἐστιν
Si. 11. 11. A πόσῳ [B¹ S² R τόσῳ, B² S¹ τοσούτῳ] μᾶλλον ὑστερεῖται
Ez. 27. 33. πόσον τινὰ [A καὶ τίνα] εὗρες μισθόν †
IV Ma. 1. 14. καὶ πόσαι παθῶν ἰδέαι
15. 22. πόσαις . . . ἐβασανίζετο βασάνοις
[Aq. III Ki. 22. 16 : Jb. 25. 6 (P.) : Ps. 34 (35). 17.]
[Sm. I Ki. 14. 30 : II Ki. 4. 11 : 16. 11 : Jb. 4. 19 : 15. 16 : 25. 6 : Ps. 34 (35). 17.]
[Th. Jb. 25. 6 (P.) : Ps. 34 (35). 17.]

ποταμίζεσθαι.

[Aq. Je. 51 (28). 44.]

ποταμός. (1) יְאֹר, יְאוֹר (אֹר) (2) *a.* נָהָר *b.* נְהַר (3) נַחַל (4) פֶּלֶג

Ge. 2. 10. ποταμὸς δὲ ἐκπορεύεται (2 *a*)
— 13. ὄνομα τῷ π. τῷ δευτέρῳ (2 *a*)
— 14. καὶ ὁ π. ὁ τρίτος (2 *a*)
— 14. ὁ δὲ π. ὁ τέταρτος (2 *a*)
15. 18. R ἀπὸ τοῦ π. Αἰγ. ἕως τοῦ π. τοῦ μεγ. Εὐφρ. (2 *a*, 2 *a*)
31. 21. διέβη τὸν π. (2 *a*)
36. 37. ἐκ Ῥ. τῆς παρὰ ποταμόν (2 *a*)
41. 1. ᾤετο ἑστάναι ἐπὶ τοῦ π. (1)
— 2. ὥσπερ ἐκ τοῦ π. ἀνέβαινον (1)
— 3. ἑπτὰ βόες ἀνέβαινον . . . ἐκ τοῦ π. (1)
— 3, 17. ἐπὶ τὸ χεῖλος τοῦ π. (1)
— 18. ὥσπερ ἐκ τοῦ π. ἀνέβαινον (1)
— 19. ἑπτὰ βόες ἕτ. ἀνέβαινον . . . ἐκ τοῦ π. –
Ex. 1. 22. πᾶν ἄρσεν . . . εἰς τὸν π. ῥίψατε (1)
2. 3. εἰς τὸ ἕλος παρὰ τὸν π. (1)
— 5. κατέβη δὲ . . . λούσασθαι ἐπὶ τὸν π. (1)
— 5. παρεπορεύοντο παρὰ [A ἐπὶ] τὸν π. (1)
4. 9. λήψῃ ἀπὸ τοῦ ὕδατος τοῦ π. (1)
— 9. ὃ ἐὰν λάβῃς ἀπὸ τοῦ π. (1)
7. 15. ἐπὶ τὸ χεῖλος τοῦ π. (1)
— 17. ἐπὶ τὸ ὕδωρ τὸ ἐν τῷ π. (1)
— 18. οἱ ἰχθύες οἱ ἐν τῷ π. (1)
— 18. ἐποζέσει ὁ π. (1)
— 18. πιεῖν ὕδωρ ἀπὸ τοῦ π. (1)
— 19. A ἔκτεινον τὴν χεῖρα ἐπὶ τὰ ὕδατα τοῦ π. καὶ ἐπὶ τοὺς π. αὐτῶν [B *al.*] (†, 2 *a*)
— 20. ἐπάταξε τὸ ὕδωρ τὸ ἐν τῷ π. (1)
— 20. πᾶν τὸ ὕδωρ τὸ ἐν τῷ π. (1)
— 21. οἱ ἰχθύες οἱ ἐν τῷ π. (1)
— 21. ἐπώζεσεν ὁ π. (1)
— 21. πιεῖν ὕδωρ ἐκ τοῦ π. (1)
— 24. ὤρυξαν δὲ πάντες . . . κύκλῳ τοῦ π. (1)
— 24. πιεῖν ὕδωρ ἀπὸ τοῦ π. (1)
— 25. μετὰ τὸ πατάξαι κύριον τὸν π. (1)
8. 3 (7. 28). ἐξερεύξεται ὁ π. βατράχους (1)
— 5 (1). ἔκτεινον . . . τὴν ῥάβδον σου ἐπὶ τοὺς π. (2 *a*)
— 9 (5), 11 (7). ἐν τῷ π. ὑπολειφθήσονται (1)
17. 5. ἐν ᾗ ἐπάταξας τὸν π. (1)
23. 31. ἕως τοῦ μεγάλου π. [A τοῦ π. τοῦ μ.] Εὐφράτου (2 *a*)
Nu. 13. 30 (29). A B² R παρὰ τὸν Ἰορδάνην π. –
22. 5. ὅ ἐστιν ἐπὶ τοῦ π. γῆς (2 *a*)
24. 6. B¹ ὡσεὶ παράδεισοι ἐπὶ ποταμῶν [A B³ R -ῷ] (2 *a*)
De. 1. 7. B² R ἕως τοῦ π. τοῦ μεγάλου π. [A B¹ *om.*] Εὐφρ. (2 *a*, 2 *a*)
11. 24. καὶ ἀπὸ τοῦ π. τοῦ μεγ. π. Εὐφρ. (2 *a*, 2 *a*)
Jo. 1. 4. καὶ τὸν Ἀντιλίβ. ἕως τοῦ π. τοῦ μεγ. π. Εὐφράτου (2 *a*, 2 *a*)
4. 7. A² B ἐξέλιπεν ὁ Ἰορδ. π. –
5. 1. ἀπεξήρανε . . . τὸν Ἰορδ. π. –
24. 2. A R πέραν τοῦ π. παρῴκησαν [B κατῴκ.] (2 *a*)
— 3. ἔλαβον . . . ἐκ τοῦ πέραν τοῦ π. (2 *a*)
— 14. ἐν τῷ πέραν τοῦ π. (2 *a*)
— 15. τοῖς ἐν τῷ πέραν τοῦ π. (2 *a*)
Jd. 3. 8. βασιλέως Συρίας [A *add.* Μεσοπ.] ποταμῶν (2 *a*)
— 10. βασιλέα Συρίας ποταμῶν [A *om.*] –
II Ki. 8. 3. πορευομ. αὐτοῦ . . . ἐπὶ τὸν π. Εὐφρ. (2 *a*)
10. 16. τὴν ἐκ τοῦ πέραν τοῦ π. Χ. (2 *a*)
III Ki. 3. 1 (B), 4. 21 (A) [5. 1]. A ἀπὸ τοῦ π. γῆς ἀλλοφύλων (2 *a*)
— 1. B ἐν παντὶ πέραν τοῦ π. –

III Ki. 3. 1. B ἐν πᾶσι τοῖς βασ. πέραν τοῦ π. –
— 1. B ἀπὸ τοῦ π. καὶ ἕως γῆς ἀλλοφύλων –
4. 24 (5. 4). ἄρχων πέραν τοῦ π. [A *al.*] (2 *a*)
— 24 (5. 4). A ἐν πᾶσιν βασ. πέραν τοῦ π. (2 *a*)
8. 65. ἕως ποταμοῦ Αἰγύπτου (3)
10. 26. ἀπὸ τοῦ π. καὶ ἕως γῆς ἀλλοφύλων –
14. 15. A ἀπὸ πέραν τοῦ π. (2 *a*)
IV Ki. 5. 12. Ἀβ. καὶ Φ. ποταμοὶ Δαμ. (2 *a*)
17. 6. ἐν Ἀλαὲ καὶ ἐν Ἀβὼρ ποταμοῖς Γ. (2 *a*)
18. 11. ἐν Ἀβὼρ ποταμῷ Γωζάν (2 *a*)
19. 24. ἐξηρήμωσα . . . πάντας π. [A τοὺς π.] περιοχῆς (1)
23. 29. ἀνέβη . . . ἐπὶ ποταμὸν Εὐφρ. (2 *a*)
24. 7. ἕως τοῦ π. Εὐφράτου (2 *a*)
I Ch. 1. 48. ἐκ Ῥ. τῆς παρὰ ποταμόν (2 *a*)
5. 9. κατῴκησεν . . . ἀπὸ τοῦ π. Εὐφρ. (2 *a*)
— 26. ἤγαγεν αὐτοὺς . . . ἐπὶ ποταμὸν Γ. (2 *a*)
18. 3. πορευομ. αὐτοῦ . . . ἐπὶ ποταμὸν Εὐφρ. (2 *a*)
19. 16. ἐκ τοῦ πέραν τοῦ π. (2 *a*)
II Ch. 9. 26. ἀπὸ τοῦ π. καὶ ἕως γῆς ἀλλοφύλων (2 *a*)
20. 16. ἐπ' ἄκρου π. [A *om.*] τῆς ἐρήμου Ἰερ. (3)
32. 4. ἐνέφραξε . . . τὸν π. (3)
35. 20. ἀνέβη . . . ἐπὶ τὸν π. Εὐφρ. –
I Es. 4. 23. εἰς τὴν θάλ. πλεῖν καὶ ποταμούς
8. 41. ἐπὶ τὸν λεγόμ. Θ. ποταμόν
— 61. A R ἀναζεύξαντες ἀπὸ τοῦ π. [B τόπου] Θ.
II Es. 4. 10. τὸ κατάλοιπον πέραν τοῦ π. (2 *b*)
— 11. ἄνδρες πέραν τοῦ π. (2 *b*)
— 17. καὶ τοὺς καταλοίπους πέραν τοῦ π. (2 *b*)
— 20. R ἐπικρατοῦντες ὅλης τῆς πέραν [A B ἑσπέρας] τοῦ π. (2 *b*)
5. 3. ἔπαρχος πέραν τοῦ π. (2 *b*)
— 6. A R ὁ ἔπαρχος τοῦ πέραν τοῦ π. [B *om.* τ. π.] (2 *b*)
— 6. ἐν τῷ πέραν τοῦ π. (2 *b*)
6. 6. ἔπαρχοι πέραν τοῦ π. (2 *b*)
— 6. A R ἐν τῷ πέραν τοῦ π. [B *al.*] (2 *b*)
— 8. τῶν φόρων πέραν τοῦ π. (2 *b*)
— 13. ἔπαρχος πέραν τοῦ π. (2 *b*)
7. 21. πάσαις ταῖς γάζαις ταῖς ἐν πέρα τοῦ π. (2 *b*)
— 25. παντὶ τῷ λαῷ τῷ ἐν πέρα τοῦ π. (2 *b*)
8. 15. συνῆξα αὐτοὺς πρὸς τὸν π. (2 *a*)
— 21. νηστείαν ἐπὶ τὸν π. Ἀ. (2 *a*)
— 31. ἐξήραμεν ἀπὸ τοῦ π. (2 *a*)
— 36. καὶ ἐπάρχοις πέραν τοῦ π. (2 *a*)
Ne. 2. 7, 9. πρὸς τοὺς ἐπάρχους πέραν τοῦ π. (2 *a*)
3. 7. R τοῦ ἄρχοντος τοῦ πέραν τοῦ π. (2 *a*)
To. 6. 1. A B ἦλθον . . . ἐπὶ τὸν Τ. π. [S ηὐλίσθησαν ἐπὶ τοῦ Τ. π.]
— 2. S περινίψασθαι . . . εἰς τὸν Τ. π. [A B *al.*]
— 2. ἀνεπήδησεν ἰχθὺς ἀπὸ τοῦ π. [S *al.*]
Ju. 1. 9. καὶ τοῦ π. [S τοὺς χειμάρρους] Αἰγύπτου
2. 8. καὶ π. ἐπικλύζων τοῖς νεκροῖς αὐ.
Es. 1. 1. ὡσανεὶ ἀπὸ μικρᾶς πηγῆς π. μέγας
10. 3. ἡ ἐγένετο ποταμός
— 3. Ἐσθήρ ἐστιν ὁ π.
Jb. 14. 11. ποταμὸς δὲ ἐρημωθεὶς ἐξηράνθη [A *al.*] (2 *a*)
22. 16. ποταμὸς ἐπιρρέων οἱ θεμέλιοι αὐτῶν (2 *a*)
28. 10. δίνας δὲ ποταμῶν ἔρρηξεν (1)
— 11. βάθη δὲ ποταμῶν ἀνεκάλυψεν (2 *a*)
Ps. 23 (24). 2. ἐπὶ ποταμῶν ἡτοίμασεν αὐτήν (2 *a*)
45 (46). 4. τοῦ π. τὰ ὁρμήματα εὐφραίνουσι τὴν πόλιν τοῦ θεοῦ (2 *a*)
64 (65). 9. ὁ π. τοῦ θεοῦ ἐπληρώθη ὑδάτων (4)
65 (66). 6. ἐν ποταμῷ διελεύσονται ποδί (2 *a*)
71 (72). 8. ἀπὸ ποταμοῦ ἕως περάτων τῆς οἰκουμένης (2 *a*)
73 (74). 15. R σὺ ἐξήρανας ποταμοὺς ἠθάμ (2 *a*)
77 (78). 16. κατήγαγεν ὡς ποταμοὺς ὕδατα (2 *a*)
— 44. μετέστρεψεν εἰς αἷμα τοὺς π. αὐτῶν (1)
79 (80). 11. καὶ ἕως ποταμοῦ [A S² -ῶν] τὰς παραφυάδας αὐτῆς (2 *a*)
88 (89). 25. καὶ ἐν ποταμοῖς δεξιὰν αὐτοῦ (2 *a*)
92 (93). 3. ἐπῆραν οἱ π., κύριε, ἐπῆραν οἱ π. φωνὰς αὐτῶν (2 *a*, 2 *a*)
— 3. A S² ἀροῦσιν οἱ π. ἐπιτρίψεις αὐτῶν (2 *a*)
97 (98). 8. ποταμοὶ κροτήσουσι χειρί (2 *a*)
104 (105). 41. ἐπορεύθησαν ἐν ἀνύδροις ποταμοί [A -οῖς] (2 *a*)
106 (107). 33. ἔθετο ποταμοὺς εἰς ἔρημον (2 *a*)
136 (137). 1. ἐπὶ τῶν π. Βαβ. ἐκεῖ ἐκαθίσαμεν (2 *a*)
Pr. 9. 18. A S² ὑπερβήσῃ ποταμὸν ἀλλότριον –
18. 4. ποταμὸς δὲ ἀναπηδύει (3)
Ca. 8. 7. ποταμοὶ οὐ συγκλύσουσιν αὐτήν (2 *a*)
Wi. 5. 22. ποταμοὶ δὲ συγκλύσουσιν ἀποτόμως

Wi. 11. 6. ἀντὶ μὲν πηγῆς ἀεννάου ποταμοῦ
19. 10. ἐξηρεύξατο ὁ π. πλῆθος βατράχων
Si. 4. 26. μὴ βιάζου ῥοῦν ποταμοῦ
24. 30. κἀγὼ ὡς διῶρυξ ἀπὸ ποταμοῦ
— 31. ἐγένετό μοι ἡ διῶρυξ εἰς ποταμὸν καὶ ὁ π. μου ἐγένετο εἰς θάλασσαν
39. 22. ἡ εὐλογία αὐτοῦ ὡς ποταμὸς ἐπεκάλυψε
40. 13. χρήματα ἀδίκων ὡς ποταμὸς ξηρανθήσεται
— 16. ἐπὶ παντὸς ὕδατος καὶ χείλους [A -ος] ποταμοῦ . . . ἐκτιλήσεται
44. 21. ἀπὸ ποταμοῦ ἕως ἄκρου γῆς
47. 14. ἐνεπλήσθης ὡς ποταμὸς συνέσεως
Am. 8. 8. ἀναβήσεται ὡς ποταμὸς συντέλεια (1)
— 8. καταβήσεται ὡς ποταμὸς Αἰγ. (1)
9. 5. ἀναβήσεται ὡς ποταμὸς συντέλεια αὐ. (1)
— 5. καταβήσεται ὡς ποταμὸς Αἰγ. (1)
Mi. 7. 12. ἀπὸ Τύρου ἕως τοῦ π. (2 *a*)
Jn. 2. 4. ποταμοί με ἐκύκλωσαν (2 *a*)
Na. 1. 4. καὶ πάντας τοὺς π. ἐξερημῶν (2 *a*)
2. 6 (7). S¹ πύλαι τῶν π. [A B S² πόλεων] διηνοίχθησαν (2 *a*)
3. 8. ἡ κατοικοῦσα ἐν ποταμοῖς (1)
Hb. 3. 8. μὴ ἐν ποταμοῖς ὠργίσθης (2 *a*)
— 8. ἢ ἐν ποταμοῖς ὁ θυμός σου (2 *a*)
— 10. ποταμῶν [S² -ῷ] ῥαγήσεται γῆ (2 *a*)
Ze. 3. 10 (9). ἐκ περάτων ποταμῶν Αἰθιοπίας (2 *a*)
Za. 9. 10. S² καὶ ἀπὸ ποταμῶν ἕως διεκβολῶν γῆς [A B S¹ *al.*] (2 *a*)
10. 11. ξηρανθήσεται πάντα τὰ βάθη ποταμῶν (1)
Is. 7. 18. ὃ κυριεύσει μέρος ποταμοῦ Αἰγ. (1)
— 20. ξυρήσει κ. . . . πέραν τοῦ π. (2 *a*)
8. 7. ἀνάγει ἐφ' ὑμᾶς τὸ ὕδωρ τοῦ π. τὸ ἰσχυρόν (2 *a*)
11. 15. ἐπιβαλεῖ τὴν χεῖρα αὐ. ἐπὶ τὸν π. (2 *a*)
18. 1. ἐπέκεινα ποταμῶν Αἰθιοπίας (2 *a*)
— 2. οἱ π. τῆς γῆς πάντες (2 *a*)
— 7. ὅ ἐστιν ἐν μέρει ποταμοῦ [A τοῦ π.] τῆς χώρας αὐτοῦ (2 *a*)
19. 5. ὁ δὲ π. ἐκλείψει (2 *a*)
— 6. ἐκλείψουσιν οἱ π. καὶ αἱ διώρυχες τοῦ π. (2 *a*, 1 ?)
— 7. τὸ ἄχι τὸ χλωρὸν πᾶν τὸ κύκλῳ τοῦ π. καὶ πᾶν τὸ σπειρόμ. διὰ τοῦ π. (1, 1)
— 8. οἱ βάλλοντες ἄγκιστρον εἰς τὸν π. (1)
27. 12. ἀπὸ τῆς διώρυγος τοῦ π. ἕως Ῥιν. (2 *a*)
32. 2. φανήσεται ἐν Σιὼν ὡς π. φερόμενος †
33. 21. ποταμοὶ καὶ διώρυχες πλατεῖς (2 *a*)
41. 18. ἀνοίξω ἐπὶ τῶν ὀρέων ποταμούς (2 *a*)
42. 15. θήσω ποταμοὺς εἰς νήσους (2 *a*)
43. 2. ποταμοὶ οὐ συγκλύσουσί σε (2 *a*)
— 19. ποιήσω . . . ἐν τῇ ἀνύδρῳ ποταμούς (2 *a*)
— 20. ἔδωκα . . . ποταμοὺς ἐν τῇ ἀνύδρῳ (2 *a*)
44. 27. τοὺς π. σου ξηρανῶ (2 *a*)
47. 2. διάβηθι ποταμούς (2 *a*)
48. 18. ἐγένετο ἂν ὡσεὶ π. ἡ εἰρήνη σου (2 *a*)
50. 2. θήσω ποταμοὺς ἐρήμους (2 *a*)
59. 19. ἥξει γὰρ ὡς π. βίαιος ἡ ὀργή (2 *a*)
66. 12. ἐκκλίνω εἰς αὐτοὺς ὡς π. εἰρήνης (2 *a*)
Je. 2. 18. τοῦ πιεῖν ὕδωρ ποταμῶν (2 *a*)
13. 7. ἐπορεύθην ἐπὶ τὸν Εὐφράτην π. –
26 (46). 2. ὃς ἦν ἐπὶ τῷ π. Εὐφράτῃ [A τοῦ π. Εὐφράτου] (2 *a*)
— 7. τίς οὗτος ὡς π. ἀναβήσεται καὶ ὡς ποταμοὶ κυμαίνουσιν ὕδωρ (1, 2 *a*)
— 8. ὕδατα Αἰγύπτου ὡς π. ἀναβήσεται (1)
— 10. θυσία τῷ κ. . . . ἐπὶ ποταμῷ Εὐφρ. (2 *a*)
Ba. 1. 4. τῶν κατοικούντων ἐν Βαβυλῶνι ἐπὶ ποταμοῦ [A τοῦ π.] Σούδ
Ez. 1. 1. ἤμην . . . ἐπὶ τοῦ π. τοῦ Χοβάρ (2 *a*)
— 3. ἐγένετο . . . ἐπὶ τοῦ π. τοῦ Χοβάρ (2 *a*)
3. 15. τοὺς κατοικοῦντας ἐπὶ τοῦ π. τοῦ Χ. (2 *a*)
— 23. ἣν ἴδον ἐπὶ τοῦ π. τοῦ Χοβάρ (2 *a*)
10. 15. ὃ ἴδον ἐπὶ τοῦ π. τοῦ Χοβάρ (2 *a*)
— 20. ὃ ἴδον . . . ἐπὶ τοῦ π. τοῦ Χ. (2 *a*)
— 22. ἃ ἴδον . . . ἐπὶ τοῦ π. τοῦ Χοβάρ (2 *a*)
29. 3. τὸν ἐγκαθήμενον ἐν μέσῳ ποταμῶν αὐτοῦ τὸν λέγοντα, Ἐμοί εἰσιν οἱ π. (1, 1)
— 4. προσκολλήσω τοὺς ἰχθύας τοῦ π. σου . . . ἀνάξω σε ἐκ μέσου τοῦ π. [A *add.* καὶ πάντας τοὺς ἰχθύας τοῦ π.] σου (1, 1, [1])
— 5. καταβαλῶ . . . πάντας τοὺς ἰχθύας τοῦ π. σου (1)
— 9. οἱ π. ἐμοί εἰσι (1)
— 10. ἐγὼ ἐπὶ σὲ καὶ ἐπὶ πάντας τοὺς π. σου (1)
30. 12. δώσω τοὺς π. αὐτῶν ἐρήμους (1)

Ez. 31. 4. τοὺς π. αὐτῆς ἤγαγε (2 a)
— 15. ἐπέστησα [A ἐκώλυσα] τοὺς π. αὐτῆς (2 a)
32. 2. ἐκεράτιζες τοῖς π. [A τοὺς π.] σου . . . κατεπάτεις τοὺς π. σου (2 a, 2 a)
— 14. οἱ π. αὐτῶν ὡς ἔλαιον πορεύσονται (2 a)
43. 3. ἣν [A οὗ] ἴδον ἐπὶ τοῦ π. τοῦ Χοβάρ (2 a)
47. 6. ἐπὶ τὸ χεῖλος τοῦ π. (3)
— 7. ἐπὶ τοῦ χείλους τοῦ π. δένδρα πολλά (3)
— 9. ἐφ' ἃ ἂν ἐπέλθῃ ἐκεῖ ὁ π. . . . πᾶν ἐφ' ὃ ἂν ἔλθῃ ὁ π. (3, 3)
— 12. ἐπὶ τοῦ π. ἀναβήσεται (3)
Da. LXX. 3. (78). εὐλογεῖτε, θάλασσαι καὶ ποταμοὶ τὸν κ.
4. 34. τῷ κτίσαντι . . . τὰς θαλάσσας καὶ τοὺς π. –
7. 10. ποταμὸς πυρὸς ἕλκων (2 b)
— 10. ἐξεπορεύετο κατὰ πρόσωπον αὐ. π. πυρός –
10. 4. ἐπὶ τοῦ χείλους τοῦ π. τοῦ μεγάλου (2 a)
12. 5. εἷς ἔνθεν τοῦ π. (1)
— 6. R τῷ ἐπάνω τοῦ ὕδατος τοῦ π. [cod. om. τ. ὕ. τ. π.] (1)
— 7. ὃς ἦν ἐπάνω τοῦ ὕδατος τοῦ π. (1)
Da. TH. 3. (78). εὐλογεῖτε, θάλασσαι καὶ ποταμοὶ τὸν κ.
7. 10. ποταμὸς πυρὸς εἷλκεν ἔμπροσθεν αὐτοῦ (2 b)
10. 4. ἤμην ἐχόμενα τοῦ π. τοῦ μεγάλου (2 a)
12. 5 bis. εἷς ἐντεῦθεν τοῦ χείλους τοῦ π. (1)
— 6, 7. ὃς ἦν ἐπάνω τοῦ ὕδατος τοῦ π. (1)
I Ma. 3. 32. ἀπὸ τοῦ π. Εὐφρ. ἕως τῶν ὁρίων Αἰγ.
— 37. διεπέρασε τὸν Εὐφρ. ποταμόν
5. 41. ἐὰν δὲ . . . παρεμβάλῃ πέραν τοῦ π.
7. 8. κυριεύοντα ἐν τῷ πέραν τοῦ π.
11. 7. ἕως τοῦ π. τοῦ καλουμ. Ἐλευθέρου
— 60. διεπορεύετο πέραν τοῦ π.
12. 30. διέβησαν γὰρ τὸν Ἐλ. ποταμόν
III Ma. 7. 20. διά τε γῆς καὶ θαλάσσης καὶ ποταμοῦ

[Aq. Dt. 23. 4 (5): II Ki. 10. 16: III Ki. 4. 21 (5. 1): 14. 15: Ps. 45 (46). 5: 71 (72). 8: 73 (74). 15: 92 (93). 3: Is. 18. 7: 59. 19: Za. 9. 10.]
[Sm. Ex. 7. 24 bis: II Ki. 10. 16: III Ki. 4. 21 (5. 1): Jb. 22. 16: Ps. 23 (24). 2: 45 (46). 5: 65 (66). 6: 73 (74). 15: 77 (78). 44: Ec. 1. 7: Is. 7. 18, 20: 18. 1, 7: 27. 12: 33. 21: 37. 25: 50. 2: 59. 19: Ez. 31. 4: Ze. 3. 10.]
[Th. Ex. 7. 24 bis: II Ki. 10. 16: Is. 7. 18: 18. 7: 59. 19: Je. 46 (26). 8 bis: Ez. 10. 22 (Sw.): Da. 7. 10: 12. 6.]
[Sam. Dt. 34. 1 ter.]
[Al. Hb. 3. 9.]
[Heb. Za. 9. 10.]

ποταμοῦσθαι.

[Aq. Je. 51 (28). 44.]

ποταπός.

Da. LXX. Su. 54. ποταπῷ τοῦ παραδείσου τόπῳ

ποτέ. * μή ποτε.

Ge. 3. 22*: 19. 17*, 19*†: 20. 2*: 24. 5* (ind.†), 39* (ind.†): 26. 7*, 9*: 27. 12*, 45*: 31. 24*, 29*, 31*: 32. 11 (12)*: 38. 11*, 23*: 42. 4*: 43. 12* (ind.): 47. 18*: 50. 15*.
Ex. 1. 10*: 5. 3* (ind.†): 13. 17*: 19. 21*, 22*, 24*: 20. 19*†: 32. 12*: 34. 12*, 12*†, 15*.
Nu. 16. 34*.
Dt. 1. 46: 9. 28*†.
Jo. 5. 4 bis: 6. 17*: 22. 28.
Jd. 3. 24* (ind.): 7. 2*: 9. 54*: 14. 15*: 15. 12*: 18. 25*.
Ru. 4. 6*.
I Ki. 4. 9*†: 23. 22*.
II Ki. 1. 20* bis: 11. 25 bis: 17. 16*: 20. 6*.
III Ki. 18. 27* (ind.) bis.
IV Ki. 2. 16* (ind.).
I Es. 8. 72.
II Es. 4. 22*: 6. 8*: 7. 23*.
Ne. 6. 3*.
To. 2. 13*† (ind.): 3. 10*†: 8. 10*†: 10. 2* (ind.) bis.
Ju. 5. 21*.
Jb. 1. 5* (ind.): 31. 16* (ind.), 38.
Ps. 2. 12*: 7. 2*: 12 (13). 3*, 4*: 27 (28). 1*: 37 (38). 16*: 49 (50). 22*: 58 (59). 11*: 78 (79). 10*: 90 (91). 12*: 93 (94). 8: 113. 10 (115. 2)*: 139 (140). 8*.
Pr. 22. 25*: 23. 9*: 24. 33 (30. 10)*: 25. 16*, 17* (ind.†).
Ec. 7. 17 (16)*.
Ca. 1. 7*.
Wi. 5. 3: 14. 15†: 16. 18, 19: 18. 20†.
Si. 7. 6*: 8. 1*, 2*: 9. 3*, 4*, 5*, 9*: 11. 33*: 12. 12*: 19. 13* (ind.), 13*†, 14*† (ind.): 23. 14*: 30. 12*† (ind.†): 34 (31). 17*: 37. 8*: 42. 9* bis, 10* ter, 11* (ind.†).
Is. 6. 10*: 8. 12*†: 41. 7 (?): 48. 5*†.
Je. 47 (40). 15*†.
Ep. Je. 27*, 27*† bis.
Da. TH. Su. 15: 1. 10*.
I Ma. 4. 45*, 60* (ind.†): 8. 11: 12. 40* bis: 13. 17*.
II Ma. 3. 32*: 6. 16 (?): 10. 4: 13. 10: 14. 22*, 32.
III Ma. 3. 24*: 7. 4 (inf.).
IV Ma. 1. 14: 4. 1, 13* (opt.): 7. 4.

[Aq. Ex. 19. 22*: I Ki. 20. 3*: Ps. 2. 11*: 27 (28). 1*: 90 (91). 12*: Je. 1. 17*: 51 (28). 6*: Ho. 7. 2*.]
[Sm. Jd. 2. 18: I Ki. 27. 1: Ps. 2. 11*: 58 (59). 12*: 139 (140). 11*: Pr. 5. 9*: Je. 1. 17*: 6. 8*: Da. 8. 13.]
[Th. Je. 1. 17*.]
[Heb. Ex. 34. 12*.]
[Al. Dt. 7. 25*: Ps. 139 (140). 9*, 11*.]

πότε. * ἕως πότε.

Ge. 30. 30.
Ex. 8. 9 (5).
Jd. 5. 13†.
I Ki. 1. 14*: 16. 1*.
II Ki. 2. 26*.
III Ki. 18. 21*.
Ne. 2. 6*, 6.
Ju. 11. 17†.
Jb. 2. 9: 4. 7: 7. 4 bis: 19. 2*†: 26. 14†.
Ps. 4. 2*: 6. 3*: 12 (13). 1* bis, 2*: 34 (35). 17: 40 (41). 5: 41 (42). 2: 61 (62). 3*: 73 (74). 10*: 78 (79). 5*: 79 (80). 4*: 81 (82). 2*: 88 (89). 46*: 89 (90). 13*: 93 (94). 3* bis: 100 (101). 2: 118 (119). 82†, 84.
Pr. 6. 9: 23. 35.
Am. 8. 5.
Is. 6. 11*: 41. 7 (?): 45. 21†.
Je. 4. 14*, 21*: 12. 4*: 23. 26*: 38 (31). 22*.
Da. LXX. 12. 6.
Da. TH. 8. 13*: 12. 6*.
I Ma. 6. 22*.

[Aq. Jb. 7. 4: Ps. 4. 3*: 12 (13). 2* bis: 88 (89). 47: Pr. 1. 22*: 6. 9: Je. 13. 27: 47 (29). 5*.]
[Sm. III Ki. 18. 21*: Jb. 37. 15: Ps. 4. 3*: 12 (13). 2* bis: 40 (41). 6: 89 (90). 13*: Pr. 6. 9*: Ec. 11. 5: Je. 13. 27: 47 (29). 5*.]
[Th. Jb. 7. 4: Ps. 12 (13). 2*: Pr. 6. 9*.]

πότερον. (1) הֲ

Jb. 4. 6. πότερον οὐχ ὁ φόβος σού ἐστιν ἐν ἀφροσύνῃ (1)
— 12. πότερον οὐ δέξεταί μου τὸ οὖς ἐξαίσια [A al.] –
7. 1. πότερον οὐχὶ πειρατήριόν ἐστιν ὁ βίος (1)
— 12. πότερον θάλασσά εἰμι ἢ δράκων (1)
13. 7. πότερον οὐκ ἔναντι κυρίου λαλεῖτε (1)
— 11. πότερον οὐχὶ δῖνα αὐ. στροβήσει ὑμᾶς (1)
15. 2. πότερον σοφὸς ἀπόκρισιν δώσει [A al.] (1)
21. 22: 22. 2. πότερον οὐχὶ ὁ κύριός ἐστιν (1)
22. 5. πότερον οὐχ ἡ κακία σού ἐστι πολλή (1)
26. 2. πότερον οὐχ ᾧ πολλὴ ἰσχύς –
31. 15. πότερον οὐχ ὡς καὶ [A om.] ἐγώ (1)

πότημα. (1) מִשְׁתֶּה

Je. 28 (51). 39. δώσω π. αὐτοῖς (1)

ποτήριον. (1) a. כּוֹס b. כִּיס (2) כְּלִי (3) קֻבַּעַת

Ge. 40. 11. τὸ π. Φαραὼ ἐν τῇ χειρί μου (1 a)
— 11. ἐξέθλιψα αὐτὴν εἰς τὸ π. (1 a)
— 11. ἔδωκα τὸ π. εἰς τὰς χεῖρας Φ. (1 a)
— 13. δώσεις τὸ π. Φ. εἰς τὴν χεῖρα αὐ. (1 a)
— 21. ἔδωκε τὸ π. εἰς τὴν χεῖρα Φ. (1 a)
II Ki. 12. 3. ἐκ τοῦ π. αὐτοῦ ἔπινε (1 a)
III Ki. 7. 24 (B), 26 (A). ὡς ἔργον χείλους ποτηρίου (1 a)
II Ch. 4. 5. τὸ χεῖλος αὐ. ὡς χεῖλος ποτηρίου (1 a)
Es. 1. 7. π. χρυσᾶ καὶ ἀργυρᾶ (2)
Ps. 10 (11). 7. ἡ μερὶς τοῦ π. αὐτῶν (1 a)
15 (16). 5. κύριος ἡ μερὶς . . . τοῦ π. μου (1 a)
Ps. 22 (23). 5. τὸ π. σου μεθύσκον ὡς κράτιστον (1 a)
74 (75). 8. ποτήριον ἐν χειρὶ κυρίου (1 a)
115. 4 (116. 13). ποτήριον σωτηρίου λήψομαι (1 a)
Pr. 23. 31. ἐὰν γὰρ εἰς τὰς φιάλας καὶ τὰ π. δῷς τοὺς ὀφθαλμούς σου (1 a, 1 b*)
Hb. 2. 16. ἐκύκλωσεν ἐπὶ σὲ π. δεξιᾶς κυρίου (1 a)
Is. 51. 17. ἡ πιοῦσα ἐκ χειρὸς κ. τὸ π. τοῦ θυμοῦ αὐ. τὸ π. γὰρ τῆς πτώσεως τὸ κόνδυ τοῦ θυμοῦ ἐξέπιες (1 a, 3)
— 22. εἴληφα ἐκ τῆς χειρός σου τὸ π. τῆς πτώσεως (1 a)
Je. 16. 7. οὐ ποτιοῦσιν αὐτὸν π. (1 a)
28 (51). 7. π. χρυσοῦν Βαβ. ἐν χειρὶ κ. (1 a)
29 (49). 12. οἷς οὐκ ἦν νόμος πιεῖν τὸ π. ἔπιον (1 a)
32 (25). 15. λάβε τὸ π. τοῦ οἴνου (1 a)
— 17. ἔλαβον τὸ π. [S om. τὸ π.] ἐκ χειρὸς κυρίου (1 a)
— 28. δέξασθαι τὸ π. ἐκ τῆς χειρός σου (1 a)
42 (35). 5. κεράμιον οἴνου καὶ ποτήρια (1 a)
La. 2. 13. ἐμεγαλύνθη π. συντριβῆς σου †
4. 21. ἐπὶ σὲ διελεύσεται τὸ [A om.] π. κυρίου (1 a)
Ez. 23. 31. δώσω τὸ π. αὐτῆς εἰς χεῖράς σου (1 a)
— 32. τὸ π. τῆς ἀδελφῆς σου πίεσαι (1 a)
— 33. τὸ π. ἀφανισμοῦ π. ἀδελφῆς σου Σαμ. (1 a, 1 a)

[Aq. Ps. 22 (23). 5: Is. 51. 22.]
[Sm. Ps. 22 (23). 5: 74 (75). 9: Is. 51. 17 bis, 22.]
[Th. Ps. 22 (23). 5: Is. 51. 17: Ez. 23. 33.]
[Quint., Sext. Ps. 22 (23). 5.]

ποτίζειν. (1) גָּמָא hi. (2) נָסַךְ (3) שָׁקָה hi.

Ge. 2. 6. ἐπότιζε πᾶν τὸ πρόσωπον τῆς γῆς (3)
— 10. ποτίζειν τὸν παράδεισον (3)
13. 10. ὅτι πᾶσα ἦν ποτιζομένη (3)
19. 32. ποτίσωμεν τὸν πατέρα ἡμῶν οἶνον (3)
— 33. ἐπότισαν δὲ τὸν πατέρα αὐτῶν οἶνον (3)
— 34. ποτίσωμεν αὐτὸν οἶνον (3)
— 35. ἐπότισαν δὲ . . . τὸν πατ. αὐτῶν οἶνον (3)
21. 19. ἐπότισε τὸ παιδίον (3)
24. 14. τὰς καμήλους σου ποτιῶ (3)
— 17. πότισόν με μικρὸν ὕδωρ (1)
— 18. καὶ ἐπότισεν αὐτόν (3)
— 43. πότισόν με . . . μικρὸν ὕδωρ (3)
— 45. πότισόν με (3)
— 46. τὰς καμήλους σου ποτιῶ (3)
— 46. τὰς καμήλους μου ἐπότισε (3)
29. 2. ἐπότιζον τὰ ποίμνια (3)
— 3. ἐπότιζον τὰ πρόβατα (3)
— 7. ποτίσαντες τὰ πρόβατα (3)
— 8. ποτιοῦμεν τὰ πρόβατα (3)
— 10. A ἐπότισεν [R -ιζε] τὰ πρόβατα Λ. (3)
Ex. 2. 16. ποτίσαι τὰ πρόβ. τοῦ πατρὸς αὐ. (3)
— 17. ἐπότισε τὰ πρόβ. αὐτῶν (3)
— 19. ἐπότισε τὰ πρόβατα (3)
32. 20. ἐπότισεν αὐτὸ τοὺς υἱοὺς Ἰσρ. (3)
Nu. 5. 24, 26. ποτιεῖ τὴν γυναῖκα τὸ ὕδωρ (3)
20. 8. ποτιεῖτε τὴν συναγωγήν (3)
De. 11. 10. καὶ ποτίζωσι τοῖς ποσὶν αὐ. (3)
Jd. 4. 19. πότισόν με δὴ μικρὸν ὕδωρ (3)
— 19. καὶ ἐπότισεν αὐτόν (3)
I Ki. 30. 11. ἐπότισαν αὐτὸν ὕδωρ (3)
II Ki. 23. 15: I Ch. 11. 17. τίς ποτιεῖ με ὕδωρ (3)
Jb. 22. 7. οὐδὲ ὕδωρ διψῶντας ἐπότισας (3)
Ps. 35 (36). 8. τὸν χειμάρρουν τῆς τρυφῆς σου ποτιεῖς αὐτούς (3)
59 (60). 3. ἐπότισας ἡμᾶς οἶνον κατανύξεως (3)
68 (69). 21. εἰς τὴν δίψαν μου ἐπότισάν με ὄξος (3)
77 (78). 15. ἐπότισεν αὐτούς (3)
79 (80). 5. ποτιεῖς ἡμᾶς ἐν δάκρυσιν ἐν μέτρῳ (3)
103 (104). 11. ποτιοῦσι πάντα τὰ θηρία (3)
— 13. ποτίζων ὄρη ἐκ τῶν ὑπερῴων αὐτοῦ (3)
Pr. 25. 21. ἐὰν διψᾷ πότιζε αὐτόν (3)
Ec. 2. 6. τοῦ ποτίσαι ἀπ' αὐτῶν δρυμόν (3)
Ca. 8. 2. ποτιῶ σε ἀπὸ οἴνου τοῦ μυρεψικοῦ (3)
Si. 15. 3. ὕδωρ σοφίας ποτίσει [A S -ιεῖ] αὐτόν
24. 31. ποτιῶ [A B[2] -ίσω] μου τὸν κῆπον
29. 25. ποτιεῖς εἰς [A S[1] om.] ἀχάριστα
Am. 2. 12. ἐποτίζετε τοὺς ἡγιασμένους οἶνον (3)
Jl. 3 (4). 18. ποτιεῖ τὸν χειμάρρουν τῶν σχοίνων (3)
Hb. 2. 15. ὦ ὁ ποτίζων τὸν πλησίον αὐ. (3)
Is. 27. 3. μάτην ποτιῶ αὐτήν (3)
29. 10. πεπότικεν ὑμᾶς κ. πνεύματι κατανύξεως (2)
43. 20. ποτίσαι [A -ιῶ] τὸ γένος μου τὸ ἐκλεκτόν (3)
Je. 8. 14. ἐπότισεν ἡμᾶς ὕδωρ χολῆς (3)

Je. 9. 15 (14). ποτιῶ αὐτοὺς ὕδωρ χολῆς (3)
16. 7. οὐ ποτιοῦσιν αὐτὸν ποτήριον (3)
23. 15. ποτιῶ αὐτοὺς ὕδωρ πικρόν (3)
32 (25). 15. ποτιεῖς πάντα τὰ ἔθνη (3)
— 17. ἐπότισα τὰ ἔθνη (3)
42 (35). 2. ποτιεῖς αὐτοὺς οἶνον (3)
Ez. 17. 7. τοῦ ποτίσαι αὐτήν (3)
32. 6. ποτισθήσεται ἡ γῆ (3)
III Ma. 5. 2. ἅπαντας τοὺς ἐλέφαντας ποτίσαι
— 10. τοὺς ἀνηλεεῖς ἐλέφαντας ποτίσας
[**Aq.** Ge. 2. 6: 15. 2: Jb. 21. 24: Ps. 59 (60). 5.]
[**Sm.** Ps. 64 (65). 10: 68 (69). 22: 79 (80). 6.]
[**Al.** Hb. 2. 15.]

ποτισμός.

[**Aq.** Pr. 3. 8.]

ποτιστήριον. (1) שֹׁקֶת

Ge. 24. 20. ἐξεκένωσε τὴν ὑδρίαν ἐπὶ τὸ π. (1)
30. 38. ἐν ταῖς ληνοῖς τῶν π. τοῦ ὕδ. (1)
[**Sm.** Ez. 45. 15 (Sw.).]
[**Th.** Ez. 45. 15.]

ποτιστής.

[**Aq.** Ge. 40. 5.]

ποτίστρα.

[**Al.** Ex. 2. 16.]

πότος. (1) מַיִם (2) מַשְׁקֶה (3) *a.* מִשְׁתֶּה *b.* שְׁתִיָּה *c.* מִשְׁתִּי

Ge. 19. 3. ἐποίησεν αὐτοῖς πότον (3 *a*)
40. 20. ἐποίει πότον πᾶσι τοῖς παισὶν αὐ. (3 *a*)
Jd. 14. 10. ἐποίησεν ἐκεῖ Σ. πότον (3 *a*)
— 12. ἐν ταῖς ἑπτὰ ἡμέραις τοῦ π. (3 *a*)
— 17. ἃς ἦν αὐτοῖς ὁ π. [A *al.*] (3 *a*)
I Ki. 25. 36. A B² R πότος ἐν οἴκῳ αὐ. ὡς [B¹ *om.* π. ἐν οἴ. αὐ. ὡς] πότος βασιλέως (3 *a*, 3 *a*)
II Ki. 3. 20. ἐποίησε Δαυὶδ . . . πότον (3 *a*)
13. 27. ἐποίησεν Ἀβ. πότον κατὰ τὸν π. τοῦ βασ. —, —
III Ki. 3. 15. ἐποίησε π. μέγαν (3 *a*)
10. 21. A πάντα τὰ σκεύη τοῦ π. [B *om.* τ. π.] (2)
Ju. 6. 21. ἐποίησε πότον τοῖς πρεσβυτέροις
12. 10. A B ἐποίησεν Ὀλ. πότον
13. 1. A B διὰ τὸ ἐπὶ πλεῖον γεγονέναι τὸν π.
Es. 1. 5. A S² ἀνεπληρώθησαν αἱ ἡμ. τοῦ π. [B S¹ γάμου] †
— 5. ἐποίησεν ὁ βασ. πότον (3 *a* ?)
— 5. S² ἀπὸ μεγάλου καὶ ἕως μικροῦ πότον (3 *a*)
— 8. ὁ δὲ π. οὗτος οὐ . . . ἐγένετο (3 *b*)
— 9. ἐποίησε πότον ταῖς γυναιξίν (3 *a*)
2. 18. ἐποίησεν ὁ βασ. πότον (3 *a*)
5. 6. ἐν δὲ τῷ π. [S² *add.* τοῦ οἴνου] (3 *a*)
6. 14. ἐπισπεύδοντες [S² *add.* ἀγαγεῖν] τὸν Ἀ. ἐπὶ τὸν π. (3 *a*)
7. 2. εἶπε δὲ ὁ β. . . . ἐν τῷ π. [S² *add.* τοῦ οἴνου] (3 *a*)
— 8. S² εἰς τὸν οἶκον τοῦ π. τοῦ οἴνου (3 *a*)
9. 19. S² μετ' εὐφροσύνης καὶ πότου [A B S¹ *om.* κ. π.] (3 *a*)
Jb. 1. 4. ἐποιοῦσαν πότον καθ' ἑκάστην ἡμέραν (3 *a*)
— 5. ὡς ἂν συνετελέσθησαν αἱ ἡμέραι τοῦ π. (3 *a*)
8. 11. ἡ ὑψωθήσεται βούτομον ἄνευ πότου (1)
Pr. 23. 30. οὐ τῶν ἰχνευόντων ποῦ πότοι γίνονται †
Ec. 7. 3 (2). πορευθῆναι εἰς οἶκον πότου (3 *a*)
Je. 16. 8. εἰς οἰκίαν πότου οὐκ εἰσελεύσῃ (3 *a*)
Da. Th. 1. 5. καὶ ἀπὸ τοῦ οἴνου τοῦ πότου [? ποτοῦ] αὐ. (3 *a*)
— 8. καὶ ἐν τῷ οἴνῳ τοῦ πότου [? ποτοῦ] αὐ. (3 *a*)
5. 10. εἰσῆλθεν . . . εἰς τὸν οἶκον τοῦ π. (3 *c*)
I Ma. 16. 15. S R ἐποίησεν αὐτοῖς πότον μέγαν [A -a]
III Ma. 5. 16. τραπεὶς εἰς τὸν π.
6. 36. οὐ πότου χάριν καὶ λιχνείας
7. 18. ἐπεὶ ἐποίησαν πότον σωτηρίου
[**Aq.** Ge. 29. 22: Is. 5. 12 (Sw.): 25. 6.]
[**Sm.** Ge. 29. 22: Pr. 15. 15: Is. 25. 6.]
[**Th.** Is. 25. 6 *bis*.]
[**Al.** Ge. 21. 8: 26. 30: Is. 5. 12.]

ποτός, *cf.* **πότος.** (1) מַיִם (2) מַשְׁקֶה (3) מִשְׁתֶּה

Le. 11. 34. καὶ πᾶν π. ὃ πίνεται (2)
I Es. 5. 55. καὶ ποτὰ καὶ βρωτά
II Es. 3. 7. ἔδωκαν . . . βρώματα καὶ ποτά (3)
Jb. 15. 16. πίνων ἀδικίας ἴσα ποτῷ (1)
IV Ma. 3. 14. ἐγέμισαν τῷ βασ. τὸ π.
— 15. A R ἰσοδύναμον τὸ [S *om.*] π. αἵματι

πού.

III Ki. 10. 12.
Pr. 31. 21.
II Ma. 5. 27.
III Ma. 1. 18 (πού γε)†: 5. 26.

ποῦ.

Ge. 3. 9: 4. 9: 16. 8†: 18. 9: 19. 5: 22. 7: 32. 17 (18): 37. 16, 30: 38. 21.
Ex. 2. 20.
De. 1. 28: 32. 37.
Jo. 2. 5: 8. 20†.
Jd. 6. 13: 8. 18: 9. 38, 38†: 19. 17: 20. 3.
Ru. 2. 19 *ter*.
I Ki. 10. 14: 19. 22: 26. 16.
II Ki. 2. 1, 23: 9. 4: 13. 13: 16. 3: 17. 20.
IV Ki. 2. 14: 6. 6, 13: 18. 34 *bis*: 19. 13, 13†.
To. 2. 14, 14†.
Ju. 10. 12.
Jb. 17. 15: 19. 29†: 20. 7: 21. 28 *bis*: 24. 15†: 35. 10: 38. 4: 39. 15†.
Ps. 41 (42). 3, 10: 78 (79). 10: 88 (89). 49: 113. 10 (115. 2): 138 (139). 7 *bis*.
Pr. 11. 31: 23. 30.
Ca. 1. 7 *bis*: 5. 17†, 17 *bis*.
Si. 43. 28.
Ho. 13. 10, 14 *bis*.
Mi. 7. 10.
Jl. 2. 17.
Ob. 1. 5.
Jn. 1. 8†.
Na. 2. 11 (12), 11 (12)†.
Za. 1. 5: 2. 2 (6): 5. 10.
Ma. 1. 6 *bis*: 2. 17.
Is. 10. 3: 19. 12: 30. 15, 18†: 33. 18 *ter*: 36. 19 *bis*, 19†: 37. 13, 13† *bis*: 49. 21: 51. 13: 63. 11†, 11, 15 *bis*.
Je. 2. 6, 8, 28†: 3. 2: 6. 14: 13. 20: 15. 2: 17. 15: 43 (36). 17†, 19: 44 (37). 19.
Ba. 3. 14 *quinquiens*, 16.
La. 2. 12.
Ep. Je. 48.
Ez. 13. 12.
Da. LXX. Bel 34.
Da. Th. Bel 35†.
I Ma. 3. 50: 10. 73†.
II Ma. 14. 32.
[**Aq.** IV Ki. 2. 14: Ps. 88 (89). 50: Je. 36 (43). 19.]
[**Sm.** IV Ki. 2. 14: Ps. 88 (89). 50: Ca. 8. 5.]
[**Th.** Ps. 88 (89). 50.]

πούς. (1) אֲשׁוּר (2) כְּרָעַיִם (3) עָקֵב (4) פַּעַם (5) פַּרְסָה (6) *a.* רֶגֶל *b.* כַּף רֶגֶל *c.* מַרְגְּלוֹת (7) **πρὸς ποδῶν, τὰ πρὸς ποδῶν** מַרְגְּלוֹת

Ge. 8. 9. ἀνάπαυσιν τοῖς π. αὐτῆς (6 *b*)
18. 4. νιψάτω τοὺς π. ὑμῶν (6 *a*)
19. 2. νίψατε τοὺς π. ὑμῶν (6 *a*)
24. 32. R ὕδωρ νίψασθαι [A *om.*] τοῖς π. αὐ. καὶ τοῖς π. τῶν ἀνδρῶν (6 *a*, 6 *a*)
29. 1. ἐξάρας Ἰακὼβ τοὺς π. (6 *a*)
30. 30. εὐλόγησέ σε κύριος ἐπὶ τῷ π. μου (6 *a*)
33. 14. κατὰ πόδα τῶν παιδαρίων (6 *a*)
43. 24. νίψαι τοὺς π. αὐτῶν (6 *a*)
49. 19. πειρατεύσει αὐτῶν κατὰ πόδας (3)
— 33. ἐξάρας τοὺς π. αὐτοῦ (6 *a*)
Ex. 3. 5. λῦσαι τὸ ὑπόδημα ἐκ τῶν π. σου (6 *a*)
4. 25. προσέπεσε πρὸς τοὺς π. (6 *a*)
12. 9. κεφαλὴν σὺν τοῖς π. (2)
— 11. τὰ ὑποδήματα ἐν τοῖς π. ὑμῶν (6 *a*)
21. 24. πόδα ἀντὶ ποδός (6 *a*, 6 *a*)
24. 10. καὶ τὰ ὑπὸ τοὺς π. αὐτοῦ (6 *a*)
25. 25 (26). ἐπὶ τὰ τέσσαρα μέρη τῶν π. αὐτῆς (6 *a*)
29. 17. πλυνεῖς . . . τοὺς π. (2)
— 20. ἐπὶ τὸ ἄκρον τοῦ π. τοῦ δεξιοῦ —
— 20. ἐπὶ τὰ ἄκρα τῶν π. αὐ. τῶν δεξιῶν (6 *a*)
30. 19. νίψεται Ἀ. . . . τοὺς π. (6 *a*)
Ex. 30. 21. νίψονται . . . τοὺς π. ὕδατι (6 *a*)
38. 27 (40. 31). ἵνα νίπτωνται . . . τοὺς π. (6 *a*)
Le. 1. 9, 13. τοὺς π. πλυνοῦσιν ὕδατι (2)
8. 19 (21). τοὺς π. ἔπλυνεν ὕδατι (2)
— 22 (23). ἐπὶ τὸ ἄκρον τοῦ π. τοῦ δεξιοῦ (6 *a*)
— 23 (24). ἐπὶ τὰ ἄκρα τῶν π. αὐ. τῶν δεξ. (6 *a*)
9. 14. ἔπλυνε . . . τοὺς π. ὕδατι (2)
11. 21. σκέλη ἀνώτερον τῶν π. αὐτοῦ (6 *a*)
— 23. οἷς εἰσὶ τέσσαρες π. (6 *a*)
— 42. ὁ πολυπληθεῖ ποσίν (6 *a*)
13. 12. ἀπὸ κεφαλῆς ἕως ποδῶν (6 *a*)
14. 14, 17, 25. ἐπὶ τὸ ἄκρον τοῦ π. τοῦ δεξιοῦ (6 *a*)
— 28. ἐπὶ τὸ ἄκρον τοῦ π. αὐτοῦ τοῦ δεξιοῦ (6 *a*)
21. 19. ἢ σύντριμμα ποδός (6 *a*)
Nu. 16. 31. A ὑποκάτω τῶν π. [B *om.* τ. π.] αὐ. —
22. 25. ἀπέθλιψε τὸν π. B. (6 *a*)
De. 2. 5. οὐδὲ βῆμα ποδός (6 *b*)
— 28. πλὴν ὅτι παρελεύσομαι τοῖς π. (6 *a*)
8. 4. οἱ π. σου οὐκ ἐτυλώθησαν (6 *a*)
11. 10. καὶ ποτίζωσι τοῖς π. αὐ. (6 *a*)
— 24. οὗ ἐὰν πατήσῃ τὸ ἴχνος τοῦ π. ὑμῶν (6 *b*)
19. 21. πόδα ἀντὶ ποδός (6 *a*, 6 *a*)
25. 9. ὑπολύσει . . . ἀπὸ τοῦ π. αὐ. (6 *a*)
28. 35. ἀπὸ ἴχνους τῶν π. σου (6 *a*)
— 56. ἧς οὐχὶ πεῖραν ἔλαβεν ὁ π. αὐτῆς (6 *b*)
— 65. τῷ ἴχνει τοῦ π. σου (6 *a*)
29. 5 (4). οὐ κατετρίβη ἀπὸ τῶν π. ὑμῶν (6 *a*)
32. 35. ὅταν σφαλῇ ὁ π. αὐτῶν (6 *a*)
33. 24. βάψει ἐν ἐλαίῳ τὸν π. αὐ. (6 *a*)
Jo. 1. 3. ἐφ' ὃν ἂν ἐπιβῆτε τῷ ἴχνει τῶν π. ὑ. (6 *a*)
3. 13. ὡς ἂν καταπαύσωσιν οἱ π. τῶν ἱερέων (6 *b*)
— 15. καὶ οἱ π. τῶν ἱερέων . . . ἐβάφησαν (6 *a*)
4. 9. ὑπὸ τοὺς π. τῶν ἱερέων (6 *a*)
— 18. ἔθηκαν τοὺς π. ἐπὶ τῆς γῆς (6 *b*)
5. 15. λῦσαι τὸ ὑπόδημα ἐκ τῶν π. σου (6 *a*)
9. 5. καὶ τὰ σανδάλια . . . ἐν τοῖς π. αὐ. (6 *a*)
10. 24. ἐπίθετε τοὺς π. ὑμῶν (6 *a*)
— 24. ἐπέθηκαν τοὺς π. αὐτῶν (6 *a*)
Jd. 1. 6, 7. καὶ τὰ ἄκρα τῶν π. αὐ. (6 *a*)
3. 24. ἀποκενοῖ τοὺς π. αὐτοῦ [A *al.*] (6 *a*)
4. 10. ἀνέβησαν κατὰ πόδας αὐτοῦ (6 *a*)
— 15. καὶ ἔφυγε τοῖς π. αὐτοῦ (6 *a*)
— 17. ἔφυγε [A ἀνεχώρησεν] τοῖς π. αὐ. (6 *a*)
5. 15. ἀπέστειλεν ἐν [A ἐξέτεινεν] τοῖς π. αὐ. (6 *a*)
— 27. ἀνὰ μέσον τῶν π. αὐτῆς (6 *a*)
— 27. ἐκοιμήθη ἀνὰ μέσον τῶν [A μεταξὺ] π. αὐ. (6 *a*)
— 28. ἐχρόνισαν πόδες ἁρμάτων αὐτοῦ [A *al.*] (4)
8. 5. τῷ λαῷ τούτῳ τῷ ἐν ποσί μου (6 *a*)
19. 21. ἐνίψαντο τοὺς π. αὐτῶν (6 *a*)
20. 43. ἐδίωξαν . . . κατὰ πόδα αὐτοῦ [A *al.*] †
Ru. 3. 4, 7. τὰ πρὸς ποδῶν αὐτοῦ (7)
— 8. γυνὴ κοιμᾶται πρὸς ποδῶν αὐτοῦ (7)
— 14. ἐκοιμήθη πρὸς ποδῶν αὐτοῦ (7)
I Ki. 14. 13. ἀνέβη Ἰων. . . . ἐπὶ τοὺς π. αὐ. (6 *a*)
23. 22. οὗ ἔσται ὁ π. αὐτοῦ (6 *a*)
25. 24. A ἔπεσεν [B *om.*] ἐπὶ τοὺς π. αὐ. (6 *a*)
— 41. νίψαι πόδας τῶν παίδων σου (6 *a*)
II Ki. 2. 18. κοῦφος τοῖς π. αὐτοῦ (6 *a*)
3. 34. οἱ π. [A παῖδές] σου οὐκ ἐν πέδαις (6 *a*)
4. 4. υἱὸς πεπληγὼς τοὺς π. (6 *a*)
— 12. κολοβοῦσι . . . τοὺς π. αὐτῶν (6 *a*)
9. 3. υἱὸς . . . πεπληγὼς τοὺς π. (6 *a*)
— 13. ἦν χωλὸς ἀμφοτέροις τοῖς π. αὐτοῦ (6 *a*)
11. 8. νίψαι τοὺς π. σου (6 *a*)
14. 25. ἀπὸ ἴχνους ποδὸς αὐτοῦ (6 *a*)
15. 16. ἐξῆλθεν . . . τοῖς π. αὐτοῦ (6 *a*)
— 18. οἱ ἐλθόντες τοῖς π. αὐτῶν [A *al.*] (6 *a*)
19. 24 (25). οὐκ ἐθεράπευσε τοὺς π. αὐτοῦ (6 *a*)
21. 20. καὶ οἱ δάκτυλοι τῶν π. αὐτοῦ (6 *a*)
22. 10. καὶ γνόφος ὑποκάτω τῶν π. αὐτοῦ (6 *a*)
— 34. τιθεὶς τοὺς π. μου ὡς ἐλάφων (6 *a*)
— 39. πεσοῦνται ὑπὸ τοὺς π. μου (6 *a*)
III Ki. 2. 5. τῷ ὑποδήμ. αὐτοῦ τῷ [A τοῦ] ἐν τῷ π. αὐτοῦ (6 *a*)
5. 3 (17). ὑπὸ τὰ ἴχνη τῶν π. αὐτοῦ (6 *a*)
14. 6. A ὡς ἤκουσεν Ἀχ. τὴν φωνὴν ποδῶν αὐτῆς (6 *a*)
— 12. A ἐν τῷ εἰσέρχεσθαι πόδα σου τὴν πόλιν (6 *a*)
15. 23. ἐπόνεσε τοὺς π. αὐτοῦ (6 *a*)
18. 41. ὅτι φωνὴ τῶν π. [B¹ βοῶν] τοῦ ὑετοῦ †
IV Ki. 3. 9. καὶ τοῖς κτήνεσι τοῖς ἐν τοῖς π. αὐ. (6 *a*)
4. 27. ἐπελάβετο τῶν π. αὐτοῦ (6 *a*)
— 37. ἔπεσεν ἐπὶ τοὺς π. αὐτοῦ (6 *a*)
6. 32. οὐχὶ φωνὴ τῶν π. . . . κατόπισθεν αὐτοῦ (6 *a*)

IV Ki. 9. 35. τὸ κρανίον καὶ οἱ π. (6 a)
13. 21. ἀνέστη ἐπὶ τοὺς π. αὐτοῦ (6 a)
19. 24. ἐξηρήμωσα τῷ ἴχνει τοῦ π. μου (4)
21. 8. τοῦ σαλεῦσαι τὸν π. Ἰσρ. (6 a)
I Ch. 28. 2. οἰκοδομῆσαι . . . στάσιν ποδῶν κυρίου ἡμ. (6 a)
II Ch. 3. 13. ἑστηκότα ἐπὶ τοὺς π. αὐτῶν (6 a)
16. 12. ἐμαλακίσθη Ἀσὰ . . . τοὺς π. (6 a)
33. 8. σαλεῦσαι τὸν π. Ἰσρ. (6 a)
Ne. 9. 21. πόδες αὐ. οὐ διερράγησαν [A S *al.*] (6 a)
To. 6. 2. S περινίψασθαι τοὺς π. [A B *al.*]
— 2. S καταπιεῖν τὸν π. τοῦ παιδαρίου [A B *al.*]
11. 10. S προσέκοπτεν τοῖς π. [A B *om.* τ. π.]
Ju. 2. 7. καλύψω . . . ἐν τοῖς π. τῆς δυνάμεώς μου
6. 4. A τὸ ἴχνος τῶν π. [S τοῦ π.] αὐ. κατὰ πρόσωπον τῶν π. [B S *om.* τ. π.] ἡμῶν
10. 4. ἔλαβε σανδάλια εἰς τοὺς π. αὐτῆς
14. 7. προσέπεσε τοῖς π. Ἰ.
Es. 4. 17. φιλεῖν πέλματα ποδῶν αὐτοῦ
8. 3. προσέπεσε πρὸς τοὺς π. αὐ. (6 a)
— 13. ὅσα ἐστὶ παρὰ πόδας [S^1 *al.*]
Jb. 2. 7. ἀπὸ ποδῶν ἕως κεφαλῆς (6 b)
13. 27. ἔθου δέ μου τὸν π. ἐν κωλύματι [A κυκλώματι] (6 a)
— 27. εἰς δὲ ῥίζας τῶν [A *om.*] π. μου ἀφίκου (6 a)
18. 8. ἐμβέβληται δὲ ὁ π. αὐτοῦ ἐν παγίδι (6 a)
— 11. πολλοὶ δὲ περὶ πόδα αὐτοῦ ἔλθοισαν [A *al.*] (6 a)
— 13. βρωθείησαν αὐτοῦ κλῶνες ποδῶν †
29. 15. ὀφθαλμὸς ἤμην τυφλῶν πούς δὲ χωλῶν (6 a)
30. 12. πόδα αὐτῶν ἐξέτειναν (6 a)
31. 5. εἰ δὲ καὶ ἐσπούδασεν ὁ π. μου εἰς δόλον (6 a)
— 7. εἰ ἐξέκλινεν ὁ π. μου ἐκ τῆς ὁδοῦ (1)
33. 11. ἔθετο δὲ ἐν ξύλῳ τὸν π. μου (6 a)
39. 15. ἐπελάθετο ὅτι πούς σκορπιεῖ [S^2 *al.*] (6 a)
— 21. S^2 ἀνορύσσων ἐν ποδὶ [A B S^1 πεδίῳ] γαυριᾷ †
Ps. 8. 6. πάντα ὑπέταξας ὑποκάτω τῶν π. αὐτοῦ (6 a)
9. 15. ἐν παγίδι τ. . . . συνελήφθη ὁ π. αὐ. (6 a)
13 (14). 3. B S ὀξεῖς οἱ π. αὐτῶν ἐκχέαι αἷμα –
17 (18). 9. γνόφος ὑπὸ τοὺς π. αὐτοῦ (6 a)
— 33. ὁ καταρτιζόμενος τοὺς π. μου (6 a)
— 38. πεσοῦνται ὑπὸ τοὺς π. μου (6 a)
21 (22). 16. ὤρυξαν χεῖράς μου καὶ πόδας (6 a)
24 (25). 15. ἐκσπάσει ἐκ παγίδος τοὺς π. μου (6 a)
25 (26). 12. ὁ γὰρ π. μου ἔστη ἐν εὐθύτητι (6 a)
30 (31). 8. ἔστησας ἐν εὐρυχώρῳ τοὺς π. μου (6 a)
35 (36). 11. μὴ ἐλθέτω μοι πούς ὑπερηφανίας (6 a)
37 (38). 16. ἐν τῷ σαλευθῆναι πόδας μου (6 a)
39 (40). 2. ἔστησεν ἐπὶ πέτραν τοὺς π. μου (6 a)
46 (47). 3. καὶ ἔθνη ὑπὸ τοὺς π. ἡμῶν (6 a)
55 (56). 13. καὶ τοὺς π. μου ἐξ ὀλισθήματος (6 a)
56 (57). 6. B S παγίδας ἡτοίμασαν τοῖς π. [S τὴν ψυχήν] μου (4)
65 (66). 6. ἐν ποταμῷ διελεύσονται ποδί (6 a)
— 9. καὶ μὴ δόντος εἰς σάλον τοὺς π. [S^2 τὸν π.] μου (6 a)
67 (68). 23. ὅπως ἂν βαφῇ ὁ π. σου ἐν αἵματι (6 a)
72 (73). 2. παρὰ μικρὸν ἐσαλεύθησαν οἱ π. (6 a)
90 (91). 12. μή ποτε προσκόψῃς πρὸς λίθον τὸν π. σου (6 a)
93 (94). 18. εἰ ἔλεγον, Σεσάλευται ὁ π. μου (6 a)
98 (99). 5. προσκυνεῖτε τῷ ὑποποδίῳ τῶν π. αὐτοῦ (6 a)
104 (105). 18. ἐταπείνωσαν ἐν πέδαις τοὺς π. αὐτοῦ (6 a)
109 (110). 1. ἕως ἂν θῶ τοὺς ἐχθρούς σου ὑποπόδιον τῶν π. σου (6 a)
113. 15 (115. 7). πόδας ἔχουσι (6 a)
114 (116). 8. καὶ τοὺς π. μου ἀπὸ ὀλισθήματος (6 a)
118 (119). 59. A R ἐπέστρεψα [S ἀπ.] τοὺς π. μου εἰς τὰ μαρτύριά σου (6 a)
— 101. ἐκ πάσης ὁδοῦ πον. ἐκώλυσα τοὺς π. μου (6 a)
— 105. λύχνος τοῖς π. μου ὁ νόμος σου (6 a)
120 (121). 3. μὴ δῷς εἰς σάλον τὸν π. σου (6 a)
121 (122). 2. ἑστῶτες ἦσαν οἱ π. ἡμῶν (6 a)
131 (132). 7. οὗ ἔστησαν οἱ π. αὐτοῦ (6 a)
134 (135). 17. A πόδας ἔχουσιν –
139 (140). 5. σχοινία διέτειναν παγίδας τοῖς π. μου †
Pr. 1. 15. ἔκκλινον δὲ τὸν π. σου [A σὺν π.] ἐκ τῶν τρίβων αὐτῶν (6 a)
— 16. A S^2 οἱ γὰρ π. αὐ. εἰς κακίαν τρέχουσιν (6 a)
Pr. 3. 6. S^2 ὁ δὲ π. σου μὴ προσκόπτῃ –
— 23. ὁ δὲ π. σου οὐ μὴ προσκόψῃ (6 a)
— 26. ἐρείσει σὸν π. ἵνα μὴ σαλευθῇς (6 a)
4. 26. ὀρθὰς τροχιὰς ποίει σοῖς π. (6 a)
— 27. ἀπόστρεψον δὲ σὸν π. ἀπὸ ὁδοῦ κακῆς (6 a)
5. 5. τῆς γὰρ ἀφροσύνης οἱ π. κατάγουσι τοὺς χρωμένους αὐτῇ (6 a)
6. 13. σημαίνει δὲ ποδί (6 a)
— 18. πόδες ἐπισπεύδοντες κακοποιεῖν (6 a)
— 28. τοὺς δὲ π. οὐ κατακαύσει (6 a)
7. 11. ἐν οἴκῳ δὲ οὐχ ἡσυχάζουσιν οἱ π. αὐ. (6 a)
24. 75 (31. 7). S^1 καὶ τῶν π. [A B S^2 πόνων] μὴ μνησθῶσιν ἔτι †
25. 17. σπάνιον εἴσαγε σὸν π. πρὸς σεαυτοῦ φίλον (6 a)
— 19. πούς παρανόμου ὀλεῖται ἐν ἡμέρᾳ κακῇ (6 a)
29. 5. δίκτυον περιβάλλει αὐτὸ τοῖς ἑαυτοῦ ποσίν (4)
Ec. 4. 17. φύλαξον τὸν [S^1 *om.*] π. σου (6 a)
Ca. 5. 3. ἐνιψάμην τοὺς πόδας μου (6 a)
Wi. 9. 16. S τὰ ἐν ποσὶν [A B χερσὶν] εὑρίσκομεν
14. 11. εἰς παγίδα ποσὶν ἀφρόνων
15. 15. οἱ π. αὐτῶν ἀργοὶ πρὸς ἐπίβασιν
Si. 6. 24. εἰσένεγκον τοὺς π. σου εἰς τὰς πέδας αὐτῆς
— 36. βαθμοὺς θυρῶν αὐ. ἐκτριβέτω ὁ π. σου
19. 30. S^2 βῆμα ποδὸς ἀνθρώπου ἀναγγέλλει τὰ περὶ αὐτοῦ [A B S S^1 *al.*]
21. 19. πέδαι ἐν ποσὶν ἀνοήτοις παιδεία [A S *al.*]
— 22. πούς μωροῦ ταχὺς εἰς οἰκίαν
25. 20. ἀνάβασις ἀμμώδης ἐν ποσὶ πρεσβυτέρου
26. 18. πόδες ὡραῖοι ἐπὶ στέρνοις εὐσταθοῦς
38. 29. συστρέφων ἐν ποσὶν αὐτοῦ τροχόν [S^2 πηλόν]
— 30. πρὸ ποδῶν κάμψει ἰσχὺν αὐτοῦ
40. 25. χρυσίον καὶ ἀργύριον ἐπιστήσουσι πόδα
51. 15. ἐπέβη ὁ π. μου ἐν εὐθύτητι
Am. 2. 15. A^2 B ὁ ὀξὺς τοῖς π. αὐ. (6 a)
Na. 1. 3. καὶ νεφέλαι κονιορτὸς ποδῶν αὐ. (6 a)
— 15 (2. 1). ἐπὶ τὰ ὄρη οἱ π. εὐαγγελιζομένου (6 a)
Hb. 3. 6 (5). κατὰ πόδας [A οἱ π.] αὐτοῦ ἔστη (6 a)
— 19. τάξει τοὺς π. μου εἰς συντέλειαν (6 a)
Za. 14. 4. στήσονται οἱ π. αὐ. . . . ἐπὶ τὸ ὄρος (6 a)
— 12. ἑστηκότων ἐπὶ τοὺς π. αὐ. (6 a)
Ma. 4. 3 (3. 21). ἔσονται σποδὸς ὑποκάτω τῶν π. ἡμῶν (6 b)
Is. 1. 6. ἀπὸ ποδῶν ἕως κεφαλῆς (6 b)
3. 12. τὸν τρίβον τῶν π. ὑμῶν ταράσσουσιν †
— 16. τῇ πορείᾳ τῶν π. ἅμα σύρουσαι τοὺς χιτῶνας καὶ τοῖς π. ἅμα παίζουσαι (†, 6 a)
5. 28. οἱ π. τῶν ἵππων αὐτῶν ὡς στερεὰ πέτρα ἐλογίσθησαν (5)
6. 2. ταῖς δὲ δυσὶ κατεκάλυπτον τοὺς π. (6 a)
7. 20. ξυρήσει κύριος . . . τὰς τρίχας τῶν π. (6 a)
20. 2. τὰ σανδάλιά σου ὑπόλυσαι ἀπὸ τῶν π. σου (6 a)
26. 6. πατήσουσιν αὐτοὺς πόδες πραέων (6 a)
28. 3. τοῖς π. καταπατηθήσεται ὁ στέφανος (6 a)
41. 2. ἐκάλεσεν αὐτὴν κατὰ πόδας αὐτοῦ (6 a)
— 3. διελεύσεται ἐν εἰρήνῃ ἡ ὁδὸς τῶν π. αὐ. (6 a)
49. 23. τὸν χοῦν τῶν π. σου λείξουσι (6 a)
52. 7. ὡς πόδες εὐαγγελιζομένου ἀκοὴν εἰρήνης (6 a)
57. 6. S^1 ἐξέχεας πόδας [A B S^2 σπονδάς] †
58. 13. ἐὰν ἀποστρέψῃς τὸν π. σου ἀπὸ τῶν σαββάτων . . . οὐκ ἀρεῖς τὸν π. σου ἐπ' ἔργῳ (6 a, –)
59. 7. οἱ δὲ π. αὐτῶν ἐπὶ πονηρίαν τρέχουσι (6 a)
66. 1. ἡ γῆ ὑποπόδιον τῶν π. μου (6 a)
Je. 2. 25. ἀπόστρεψον τὸν π. σου ἀπὸ ὁδοῦ τραχείας (6 a)
12. 5. σοῦ οἱ π. τρέχουσι (6 a)
13. 16. πρὸ τοῦ προσκόψαι πόδας ὑμῶν (6 a)
14. 10. ἠγάπησαν κινεῖν πόδας αὐτῶν (6 a)
29 (47). 3. ἀπὸ τῶν ὅπλων τῶν π. αὐτοῦ †
45 (38). 22. S^1 R καταλύσουσιν ἐν ὀλισθήμασι πόδα [A B S^2 -ας] σου (6 a)
La. 1. 9. ἀκαθαρσία αὐτῆς πρὸς ποδῶν αὐτῆς †
— 13. διεπέτασε δίκτυον τοῖς π. μου (6 a)
2. 1. οὐκ ἐμνήσθη ὑποποδίου ποδῶν αὐτοῦ (6 a)
3. 34. τοῦ ταπεινῶσαι ὑπὸ τοὺς π. αὐτοῦ πάντας δεσμίους γῆς (6 a)
Ep. Je. 17. πλήρεις εἰσὶ κονιορτοῦ ἀπὸ τῶν π. τῶν εἰσπορευομένων
— 26. ἄνευ ποδῶν ἐπ' ὤμοις φέρονται [A αἴρ.]
Ez. 1. 7. πτερωτοὶ οἱ π. αὐτῶν (6 a)
2. 1. A^2 B στῆθι ἐπὶ τοὺς π. σου (6 a)
— 2. ἔστησέ με ἐπὶ τοὺς π. μου (6 a)
Ez. 3. 24. ἔστησέ [B^2 ἀνέστ.] με ἐπὶ πόδας μου (6 a)
6. 11. ψόφησον τῷ π. (6 a)
24. 17. τὰ ὑποδήματά σου ἐν τοῖς π. σου (6 a)
— 23. τὰ ὑποδήματα ὑμῶν ἐν τοῖς π. ὑμῶν (6 a)
25. 6. ἐπεψόφησας τῷ π. σου (6 a)
29. 11. οὐ μὴ διέλθῃ ἐν αὐτῇ π. ἀνθρώπου καὶ π. κτήνους οὐ μὴ διέλθῃ αὐτήν [A *al.*] (6 a, 6 a)
32. 2. ἐτάρασσες ὕδωρ τοῖς π. σου (6 a)
— 13. οὐ μὴ ταράξῃ αὐτὸ π. ἀνθρώπου ἔτι (6 a)
34. 18. τὰ κατάλοιπα τῆς νομῆς ὑμῶν κατεπατεῖτε τοῖς π. ὑμῶν . . . τὸ λοιπὸν τοῖς π. ὑμῶν ἐταράσσετε (6 a, 6 a)
— 19. τὰ πρόβατά μου τὰ πατήματα τῶν π. ὑμῶν ἐνέμοντο καὶ τὸ τεταραγμένον ὕδωρ ὑπὸ τῶν π. ὑμῶν ἔπινον (6 a, 6 a)
37. 10. ἔστησαν ἐπὶ τῶν π. αὐτῶν (6 a)
43. 7. ἑώρακας . . . τὸν τόπον τοῦ ἴχνους τῶν π. μου (6 a)
Da. LXX. 2. 33. οἱ π. μέρος μέν τι σιδήρου (6 a)
— 34. ἐπάταξε τὴν εἰκόνα ἐπὶ τοὺς π. τοὺς σιδηροῦς (6 a)
— 41. ὡς ἑώρακας τοὺς π. αὐτῆς (6 a)
— 42. οἱ δάκτυλοι τῶν π. μέρος μέν τι σιδηροῦν (6 a)
7. 4. ἐπὶ ποδῶν ἀνθρωπίνων ἐστάθη (6 a)
— 7. κύκλῳ τοῖς π. καταπατοῦν (6 a)
— 19. καὶ καταπατοῦντος τοῖς π. (6 a)
10. 6. οἱ π. ὡσεὶ χαλκὸς ἐξαστράπτων (6 c)
— 10. ἐπὶ τὰ ἴχνη τῶν π. μου †
Da. TH. 2. 33. οἱ π. μέρος μέν τι σιδηροῦν (6 a)
— 34. ἐπάταξε τὴν εἰκόνα ἐπὶ τοὺς π. τοὺς σιδηροῦς (6 a)
— 41. εἶδες τοὺς π. (6 a)
— 42. καὶ οἱ δάκτυλοι τῶν π. (6 a)
7. 4. ἐπὶ ποδῶν ἀνθρώπου ἐστάθη (6 a)
— 7, 19. τὰ ἐπίλοιπα τοῖς π. αὐ. συνεπάτει (6 a)
8. 18. ἔστησέ με ἐπὶ πόδας †
I Ma. 5. 48. πλὴν τοῖς π. παρελευσόμεθα
9. 16. A S^2 R ἐπέστρεψαν κατὰ πόδας Ἰ. [S^1 *al.*]
10. 72. οὐκ ἔστιν ὑμῖν στάσις ποδὸς [S^1 *om.*, S^2 ποδῶν]
III Ma. 4. 5. τὴν ἐκ τοῦ γήρως νωθρότητα ποδῶν
— 8. παρὰ πόδας ἤδη τὸν ᾅδην ὁρῶντες κείμενον
— 9. οἱ δὲ τοὺς π. ἀρρήκτοις κατησφαλισμένοι πέδαις
5. 8. ἐκ τοῦ παρὰ πόδας ἐν ἑτοίμῳ μόρου
— 42. ἐν γόνασι καὶ ποσὶ θηρίων
IV Ma. 10. 5. τοὺς π. ἐξήρθρουν
14. 6. A R χεῖρες καὶ πόδες συμφώνως . . . κινοῦνται [S *al.*]
15. 15. τοὺς τῶν π. καὶ χειρῶν δακτύλους

[**Aq.** Ge. 49. 10 : Ex. 4. 25 : Dt. 28. 56 : Jo. 4. 3 : Jd. 3. 24 : III Ki. 14. 6, 12 : Jb. 13. 27 : Ps. 57 (58). 11 : 65 (66). 9 : 90 (91). 12 : 118 (119). 101 : 120 (121). 3 : Pr. 4. 26 : Is. 36. 12 : 52. 7 : 60. 13, 14 : Je. 13. 22 : 38 (45). 22 : Ez. 1. 7 *bis*.]
[**Sm.** Ex. 4. 25 : 28. 33 : Jo. 4. 3 : Jd. 5. 15 : Jb. 13. 27 : Ps. 57 (58). 11 : 65 (66). 6, 9 : 67 (68). 24 : 78 (74). 3 : 84 (85). 14 : 90 (91). 12 : Pr. 4. 26 : 25. 17 : 26. 6 : Is. 1. 6 : 6. 1 : 36. 12 : 37. 25 : 52. 7 : 60. 13, 14 : Je. 38 (45). 22 : Ez. 1. 7.]
[**Th.** Ex. 4. 25 : 28. 33 : 37 (38). 13 : Jo. 4. 3 : Jd. 3. 24 : I Ki. 24. 4 : Jb. 13. 27 : 23. 11 : 39. 15 : Ps. 57 (58). 11 : 65 (66). 9 : Is. 1. 6 : 6. 1 : 23. 7 : 60. 13, 14.]
[**Al.** Le. 4. 11 : Dt. 2. 5 : Jb. 18. 11 : Ps. 65 (66). 9 : 121 (122). 2 : Hb. 3. 5, 19.]
[**Heb.** Jb. 13. 27.]
[**Quint.** Pr. 26. 6.]

πρᾶγμα. (1) דָּבָר (2) חֵפֶץ (3) מִלָּה (4) מַעֲלָל (5) מַעֲשֶׂה (6) עֲבִידָא (7) צְבוּ

Ge. 19. 22. οὐ γὰρ δυνήσομαι ποιῆσαι πρᾶγμα (1)
21. 26. A τίς ἐποίησε τὸ πρ. [R σοι τὸ ῥῆμα] τοῦτο (1)
24. 50. R ἐξῆλθε τὸ πρ. [A πρόσταγμα] τοῦτο (1)
44. 15. τί τὸ πρ. τοῦτο ἐποιήσατε (5)
Ex. 1. 18. τί ὅτι ἐποιήσατε τὸ πρ. τοῦτο (1)
Le. 5. 2. ἥτις ἐὰν ἅψηται παντὸς πρ. ἀκαθάρτου (1)
6. 4 (5. 24). ἀπὸ παντὸς πρ. οὗ ὤμοσε –
7. 11 (21). ἢ ἂν ἅψηται παντὸς πρ. ἀκαθάρτου –
Nu. 20. 19. τὸ πρ. οὐδέν ἐστι (1)
22. 8. ἀποκριθήσομαι ὑμῖν πράγματα [A πρᾶγμα] (1)

Nu. 31. 23. πᾶν πρ. ὃ διελεύσεται ἐν πυρί (1)
De. 17. 5. A ἐποίησαν τὸ πρ. τὸ πονηρὸν τοῦτο (1)
— 10. ποιήσεις κατὰ τὸ πρ. [A ῥῆμα] (1)
22. 26. οὕτω τὸ πρ. τοῦτο (1)
23. 9 (10). A φυλάξῃ ἀπὸ παντὸς πρ. [B ῥήμ.] πον. (1)
— 14 (15). ἀσχημοσύνη πράγματος (1)
— 19 (20). καὶ τόκον παντὸς πράγματος (1)
24. 1. A²B εὗρεν ἐν αὐτῇ ἄσχημον πρ. (1)
— 5. οὐκ ἐπιβληθήσεται αὐτῷ οὐδὲν πρ. (1)
Jo. 9. 24. ἐποιήσαμεν τὸ πρ. τοῦτο (1)
Jd. 6. 29. A τίς ἐποίησε τὸ πρ. [B ῥῆμα] τοῦτο (1)
— 29. A ἐποίησε τὸ πρ. [B ῥῆμα] τοῦτο (1)
19. 19. ὑστέρημα παντὸς πρ. (1)
III Ki. 10. 22 (B), 9. 22 (A). οὐκ ἔδωκε Σαλ. πρᾶγμα [A εἰς πρ.] †
11. 27. τοῦτο τὸ πρ. ὡς ἐπήρατο (1)
I Ch. 21. 7. πονηρὸν . . . περὶ τοῦ πρ. τούτου (1)
— 8. ἐποίησα τὸ πρ. τοῦτο (1)
II Ch. 23. 19. οὐκ εἰσελεύσ. ἀκάθαρτος εἰς πᾶν πρ. (1)
I Es. 4. 18. καὶ πᾶν πρ. ὡραῖον [A al.]
— 19. καὶ πᾶν πρ. ὡραῖον
8. 70. ἀπὸ τῆς ἀρχῆς τοῦ πρ.
— 95. πρὸς σὲ γὰρ τὸ πρ.
9. 13. ἕως τοῦ λῦσαι . . . τοῦ πρ. τούτου
— 16. ἐτάσαι τὸ πρ.
To. 2. 8. φονευθῆναι περὶ τοῦ πρ. τούτου
4. 3. S ἐν παντὶ πρ.
7. 8. AB τελεσθήτω τὸ πρ.
Ju. 8. 32. καὶ ποιήσω πρᾶγμα
11. 6. τελείως πρᾶγμα ποιήσει
— 16. AB ποιῆσαι μετὰ σοῦ πράγματα
Es. 2. 4. ἤρεσε τῷ βασ. τὸ πρ. [B¹ πρόσταγμα] (1)
3. 13. καὶ δυσνοοῦν τοῖς ἡμετέροις πρ. [S¹ al.]
— 13. τοῦ τεταγμένου ἐπὶ τῶν πρ. [B¹ ταγμ.]
— 13. ἀτάραχα παρέχωσιν . . . τὰ πρ. [A προστάγμ.]
— 15. ἐσπεύδετο δὲ τὸ πρ. †
7. 5. ποιῆσαι τὸ πρ. τοῦτο †
8. 13. τῶν πιστευθέντων χειρίζειν φίλων τὰ πρ.
Jb. 1. 1, 8. ἀπεχόμενος ἀπὸ παντὸς πονηροῦ πρ. –
Ps. 63 (64). 3. ἐνέτειναν τόξον πρᾶγμα πικρόν (1)
90 (91). 6. ἀπὸ πράγματος διαπορευομένου ἐν σκότει †
100 (101). 3. οὐ προεθέμην πρὸ ὀφθαλμῶν μου πρᾶγμα παράνομον (1)
Pr. 11. 13. πιστὸς δὲ πνοῇ κρύπτει πράγματα (1)
13. 13. ὃς καταφρονεῖ πράγματος (1)
16. 20. συνετὸς ἐν πράγμασιν εὑρετὴς ἀγαθῶν (1)
25. 2. δόξα δὲ βασιλέως τιμᾷ πράγματα [AB³ προστάγματα] (1)
Ec. 3. 1. καιρὸς τῷ [B¹ om.] παντὶ πρ. (2)
— 17. καιρὸς τῷ παντὶ πρ. (2)
5. 7. μὴ θαυμάσῃς ἐπὶ τῷ πρ. (2)
8. 6. παντὶ πρ. [S¹ πρᾶγμα] ἔστι καιρός (2)
Si. 11. 9. περὶ πράγματος . . . μὴ ἔριζε
34 (31). 15. ἐπὶ παντὶ πράγματι διανοοῦ
Am. 3. 7. οὐ μὴ ποιήσῃ κ. ὁ θεὸς πρᾶγμα (1)
Is. 25. 1. ἐποίησας θαυμαστὰ πρ. –
28. 22. συντετελεσμένα καὶ συντετμημένα πρ. –
Je. 47 (40). 16. μὴ ποιήσῃς τὸ πρ. τοῦτο (1)
51 (44). 4. μὴ ποιήσητε τὸ πρ. (1)
— 22. ἀπὸ προσώπου πονηρίας πραγμάτων ὑμῶν (4)
Ba. 2. 33. AB ἀπὸ πονηρῶν πραγμάτων [R προσταγμ.] αὐτῶν
Da. LXX. Su. 10. οὐδὲ ἡ γυνὴ ἔγνω τὸ πρ. τοῦτο
1. 20. σοφοὺς παρὰ πάντας τοὺς αὐτοῦ ἐν πράγμασιν †
2. 8. ἀπέστη ἀπ' ἐμοῦ τὸ πρ. (3)
— 10. τοιοῦτο πρ. οὐκ ἐπερωτᾷ (3)
— 48. κατέστησεν ἐπὶ τῶν πρ. τῆς Βαβ. †
— 49. ἵνα κατασταθῶσιν ἐπὶ τῶν πρ. τῆς Βαβ. (6)
4. 34. ἀλλοιῶσαι ὑπερμεγέθη πρ. –
— 34. ἠλλοίωσεν ἐπ' ἐμοὶ μεγάλα πρ. –
Da. TH. Su. 63. οὐχ εὑρέθη ἐν αὐτῇ ἄσχημον πρ.
6. 17 (18). ὅπως μὴ ἀλλοιωθῇ πρᾶγμα ἐν τῷ Δ. (7)
I Ma. 3. 32. κατέλιπε Λ. . . . ἐπὶ τῶν πρ. τοῦ βασ.
6. 56. R παραλαβεῖν τὰ πρ. [A S⁴ τὰ τῶν πρ., S¹ τὰ τῶν προσταγμάτων]
7. 3. ἐγνώσθη αὐτῷ τὸ πρ.
9. 10. μή μοι γένοιτο ποιῆσαι τὸ πρ. τοῦτο
10. 35. AR παρενοχλεῖν τινα αὐτῶν περὶ παντὸς [S τινὸς] πρ.
— 43. ὀφείλοντες βασιλικὰ καὶ πᾶν πρ.
— 43. S¹ καὶ πᾶν πρ. [A S² R κ. πάντα] ὅσα ἐστὶν αὐτοῖς
— 63. τοῦ μηδένα ἐντυγχάνειν . . . περὶ μηδενὸς πρ.

II Ma. 1. 33. ὡς δὲ φανερὸν ἐγενήθη τὸ πρ.
— 34. δοκιμάσας τὸ πρ.
2. 26. ἱδρῶτος δὲ καὶ ἀγρυπνίας τὸ πρ.
3. 7. Ἡλιόδωρον τὸν ἐπὶ τῶν πρ.
— 8. τῷ πρ. δὲ τὴν τοῦ βασ. πρόθεσιν ἐπιτελέσων
— 38. εἴ τινα ἔχεις . . . πραγμάτων ἐπίβουλον
4. 2. ἐπίβουλον τῶν πρ. ἐτόλμα λέγειν
— 6. R τυχεῖν εἰρήνης ἔτι [A ἐπὶ] τὰ πρ.
— 21. R ἀλλότριον αὐτὸν τῶν αὐτῶν γεγονέναι πραγμάτων [A al.]
— 23. περὶ πραγμάτων ἀναγκαίων ὑπομνηματισμοὺς τελέσοντα
— 31. καταστεῖλαι τὰ πρ.
8. 8. ἐπιβοηθεῖν τοῖς τοῦ βασ. πρ.
9. 24. ᾧ καταλέλειπται τὰ πρ.
10. 11. ἀνέδειξεν ἐπὶ τῶν πρ. Λυσίαν τινά
11. 1. Λυσίας . . . συγγενὴς καὶ ἐπὶ τῶν πρ.
— 19. τὴν εἰς τὰ πρ. εὔνοιαν
13. 2. Λυσίαν τὸν ἐπίτροπον καὶ ἐπὶ τῶν πρ.
— 13. κρῖναι τὰ πρ.
— 23. τὸν ἀπολελειμμένον ἐπὶ τῶν πρ.
14. 10. ἀδύνατον εἰρήνης τυχεῖν τὰ πρ.
— 26. τὸν Νικ. ἀλλότρια φρονεῖν τῶν πρ.
15. 17. κρῖναι τὰ πρ.
III Ma. 1. 4. τῶν πρ. μᾶλλον ἐρρωμένων τῷ Ἀντ.
3. 7. καὶ μέγα τι τοῖς πρ. ἐναντιουμένους
— 13. ἔρρωμαι δὲ καὶ αὐτὸς ἐγὼ καὶ τὰ πρ. ἡμῶν
— 17. τῷ δὲ πρ. νόθως
— 21. τὰ πεπιστευμένα . . . μύρια πρ. τολμήσαντες ἐξαλλοιῶσαι
— 23. A καταστρέψαι τὰ πρ. [R κατορθώματα]
— 26. τελείως ἡμῖν τὰ πρ. . . . κατασταθήσεσθαι
5. 27. R ἐπυνθάνετο τί τὸ πρ. [A al.]
— 40. καὶ πάλιν ἐπὶ τῶν πρ. . . . ἀναλύων
6. 28. R ἀπαραπόδιστον εὐστάθειαν . . . παρέχει τοῖς ἡμετέροις πρ.
7. 1. καὶ πᾶσι τοῖς τεταγμένοις ἐπὶ πραγμάτων
— 2. R κατευθύναντος . . . τοῦ μεγάλου θεοῦ τὰ πρ. [A al.]
— 4. μή ποτε εὐσταθήσειν τὰ πρ. ἡμῶν
— 9. ἐπ' ἐκδικήσει τῶν πρ.
— 11. R μηδέποτε εὐνοήσειν μηδὲ τοῖς τοῦ βασ. πρ. [A προστάγμασιν]
IV Ma. 1. 16. γνῶσις θείων καὶ ἀνθρωπίνων πρ.
4. 3. εὔνους ὢν τοῖς τοῦ βασ. πρ.
8. 7. ἀρχὰς ἐπὶ τῶν ἐμῶν πρ. ἡγεμονικὰς λήψεσθε
12. 5. τῶν ἐπὶ τῆς βασ. ἀφηγήσῃ πρ.

[Aq. Ec. 12. 1.]
[Sm. Ge. 20. 10: II Ki. 12. 14: Ps. 111 (112). 5: Ec. 6. 5: 8. 5: Is. 39. 4.]
[Th. Jd. 6. 29.]
[Al. Dt. 19. 4.]

πραγματεία, πραγματία. (1) דָּבָר (2) חֵשֶׁק (3) מְלָאכָה

III Ki. 7. 33. καὶ ἡ πρ. αὐτῶν –
9. 1. καὶ πᾶσαν τὴν πρ. Σαλ. (2)
10. 22 (B), 9. 15 (A). αὕτη ἦν ἡ πρ. τῆς προνομῆς (1)
— 22 (B), 9. 19 (A). καὶ τὴν πρ. Σαλ. (2)
I Ch. 28. 21. καὶ μετὰ σοῦ ἐν πάσῃ πρ. (3)
Ps. 70 (71). 15. B¹R οὐκ ἔγνων πραγματείας [B²S γραμματείας] †
Da. LXX. 6. 3 (4). καὶ εὐοδούμενος ἐν ταῖς πρ. τοῦ βασ. –
II Ma. 2. 31. τὸ ἐξεργαστικὸν τῆς πρ. παραιτεῖσθαι

πραγματεύεσθαι. (1) חָשַׁק (2) עָשָׂה אֶת־ מְלָאכָה

III Ki. 10. 22 (B), 9. 19 (A). ἣν ἐπραγματεύσατο (1)
Da. LXX. 8. 27. ἐπραγματευόμην πάλιν βασιλικά (2)

πραγματικός.

I Es. 8. 22. ἱεροδούλοις καὶ πραγματικοῖς τοῦ ἱεροῦ

πραέως.

[Th. Is. 40. 11.]

πράκτωρ. (1) נֹגֵשׂ

Is. 3. 12. οἱ πρ. ὑμῶν καλαμῶνται ὑμᾶς (1)

[Aq., Th. Is. 60. 17.]
[Sm. Ps. 108 (109). 11.]

πρᾶξις. (1) דֶּרֶךְ (2) פֹּעַל

IV Ki. 12. 5. A ἀνὴρ ἀπὸ τῆς πρ. [B πράσεως] αὐ. †
I Ch. 12. 24. S δυνατοὶ πράξεως [AB παρατάξ.] †
II Ch. 12. 15. καὶ πράξεις [A αἱ πρ.] αὐτοῦ †
13. 22. καὶ αἱ πρ. αὐτοῦ (1)
27. 7. ὁ πόλεμος καὶ αἱ πρ. αὐτοῦ (1)
28. 26. καὶ αἱ πρ. αὐτοῦ αἱ πρῶται (1)
I Es. 1. 25. μετὰ πᾶσαν τὴν πρ. ταύτην
— 33. τὸ καθ' ἓν πραχθὲν τῆς πρ. Ἰ.
Ju. 8. 34. οὐκ ἐξερευνήσετε τὴν πρ. μου
Jb. 24. 5. A ὑπὲρ ἐμοῦ ἐξελθόντες τῇ ἑαυτῶν πρ. [B S al.] (2)
Pr. 13. 13. οἰκέτῃ δὲ σοφῷ εὔοδοι ἔσονται πράξεις –
Wi. 9. 11. ὁδηγήσει με ἐν ταῖς πρ. μου σωφρόνως
Si. 11. 10. μὴ περὶ πολλὰ ἔστωσαν αἱ πρ. σου
32 (35). 18. ἕως ἀνταποδῷ ἀνθρώπῳ κατὰ τὰς πρ. αὐτοῦ
37. 16. πρὸ πάσης πράξεως βουλή
38. 24. ὁ ἐλασσούμενος πράξει αὐτοῦ σοφισθήσεται
Da. LXX. 4. 34. ὑποδείξω ὑμῖν τὰς πρ. –
I Ma. 13. 34. πᾶσαι αἱ πρ. Τρύφωνος
14. 35. R εἶδεν ὁ λαὸς τὴν πρ. τοῦ Σ. [A S al.]
16. 23. τὰ λοιπὰ . . . τῶν πρ. αὐ.
II Ma. 4. 28. πρὸς τοῦτον γὰρ ἦν ἡ τῶν φόρων πρᾶξις
— subscr. Ἰούδα τοῦ Μακκ. πράξεων ἐπιστολή
III Ma. 1. 27. μὴ παριδόντα τὴν ἄνομον καὶ ὑπερήφανον πρ.

[Aq. Ps. 142 (143). 5.]
[Sm. Ps. 27 (28). 4, 5: 65 (66). 5: 76 (77). 13: 89 (90). 17: Ec. 12. 14.]

πρᾷος.

II Ma. 15. 12. Ὀνίαν . . . αἰδήμονα μὲν τὴν ἀπάντησιν πρᾷον δὲ τὸν τρόπον

[Sm. Ps. 17 (18). 28.]
[Al. Ps. 9. 19.]

πρᾳότης, *vid.* **πρᾳΰτης.**

πρασιά.

Si. 24. 31. μεθύσω μου τὴν πρ.

[Aq. Ca. 5. 13: 6. 1 (2): Ez. 17. 7, 10.]
[Sm. Ca. 5. 13: 6. 1 (2).]

πρασιάζεσθαι.

[Aq., Quint. Ps. 41 (42). 2.]

πράσινος. (1) שֹׁהַם

Ge. 2. 12. καὶ ὁ λίθος ὁ πρ. (1)

πρασιοῦσθαι.

[Aq. Jl. 1. 20.]

πρᾶσις. (1) *a.* מִמְכָּר *b.* מִמְכֶּרֶת *c.* מֶכֶר *d.* מֶכֶר (2) מִקְנָה (3) שֶׁבֶר

Ge. 42. 1. ἐστὶ πρ. ἐν Αἰγύπτῳ (3)
Le. 25. 14. ἐὰν δὲ ἀποδῷ πρᾶσιν (1 a)
— 25. λυτρώσεται τὴν πρ. τοῦ ἀδ. αὐ. (1 a)
— 27. συλλογιεῖται τὰ ἔτη [A ἐπὶ] τῆς πρ. αὐ. (1 a)
— 28. ἔσται ἡ πρ. τῷ κτησαμ. αὐτά (1 a)
— 42. οὐ πραθήσεται ἐν πράσει οἰκέτου (1 b)
— 50. ἔσται τὸ ἀργ. τῆς πρ. αὐ. ὡς μισθίου (1 a)
— 51. ἀπὸ τοῦ ἀργ. τῆς πρ. αὐτοῦ (2)
De. 18. 8. πλὴν τῆς πρ. τῆς κατὰ πατριάν (1 a)
21. 14. πράσει οὐ πραθήσεται ἀργυρίου (1 c)
IV Ki. 12. 5 (6). ἀνὴρ ἀπὸ τῆς πρ. [A πράξεως] αὐ. †
— 7 (8). μὴ λάβητε ἀργύρ. ἀπὸ τῶν πρ. ὑμῶν †
Ne. 10. 31 (32). οἱ φέροντες . . . πᾶσαν [S¹ τὴν] πρ. (3)
13. 15. ἐν ἡμέρᾳ πράσεως αὐτῶν (1 c)
— 16. καὶ πᾶσαν πρ. πωλοῦντες (1 d)
— 20. καὶ ἐποίησαν πρᾶσιν (1 a)
Si. 27. 2. ἀνὰ μέσον πράσεως καὶ ἀγορασμοῦ
37. 11. μετὰ ἀγοράζοντος περὶ πράσεως
42. 5. περὶ ἀδιαφόρου [A S διαφ.] πράσεως
Ez. 27. 17. οὗτοι ἔμποροί σου ἐν σίτου πράσει †
II Ma. 8. 34. ὁ τοὺς χιλίους ἐμπόρους ἐπὶ τὴν πρ. τῶν Ἰ. ἀγαγών

[Aq. Dt. 18. 8.]
[Al. Le. 25. 29.]

πράσον. (1) חָצִיר

Nu. 11. 5. ἐμνήσθημεν . . . τὰ πρ. (1)

[Aq. Is. 40. 7, 8.]

πράσσειν, πράττειν. (1) הָלַךְ (2) נָגַשׂ (3) עָשָׂה (4) פָּעַל

Ge. 31. 28. *νῦν δὲ ἀφρόνως ἔπραξας* (3)
Jo. 1. 7. *οἷς ἐὰν πράσσῃς* (1)
I Es. 1. 33. *τὸ καθ' ἓν πραχθὲν τῆς πράξεως* 'I.
— 33. B^{1} *τά τε πραχθέντα* [A *προσπροαχθ.*, B^{2} R *προπρ.*] *ὑπ' αὐτοῦ*
3. 23. *οὐ μέμνηνται ἃ ἔπραξαν* [A -*εν*]
4. 32. *ὅτι οὕτως πράσσουσι*
Jb. 5. 27. *εἴ* [A B^{2} S^{1} *om.*] *τι ἔπραξας* –
7. 20. *τί δυνήσομαι* [A S *δύναμαί σοι*] *πρᾶξαι* (4)
24. 20. *ἃ* [A *καθὰ*] *ἔπραξε* †
27. 6. *οὐ γὰρ σύνοιδα ἐμαυτῷ ἄτοπα πράξας* †
34. 21. *λέληθε δὲ αὐτὸν οὐδὲν ὧν πράσσουσιν* †
35. 5 (6). *εἰ ἥμαρτες τί πράξεις* (4)
36. 21. S^{2} R *φύλαξαι μὴ πράξῃς ἄτοπα* [A *ἄνομα*, B S^{1} *ἄδικα*] †
— 23. *ἔπραξεν ἄδικα* (4)
Pr. 10. 23. *ἐν γέλωτι ἄφρων πράσσει κακά* (3)
13. 10. *κακὸς μεθ' ὕβρεως πράσσει κακά* †
— 16. *πᾶς πανοῦργος πράσσει μετὰ γνώσεως* (3)
14. 17. *ὀξύθυμος πράσσει μετὰ ἀβουλίας* (3)
21. 7. *οὐ γὰρ βούλονται πράσσειν τὰ δίκαια* (3)
24. 55 (30. 20). *ἣ ὅταν πράξῃ ἀπονιψαμένη οὐδέν φησι πεπραχέναι ἄτοπον* (†, 4)
25. 28. *ὃς οὐ μετὰ βουλῆς τι πράσσει* †
26. 19. *παίζων ἔπραξα* –
Wi. 12. 3. *μισήσας ἐπὶ τῷ ἔχθιστα πράσσειν ἔργα φαρμακειῶν*
14. 10. *τὸ πραχθὲν σὺν τῷ δράσαντι κολασθήσεται*
Si. 10. 6. *μὴ πρᾶσσε μηδὲν ἐν ἔργοις ὕβρεως*
Is. 57. 10. *ὅτι ἔπραξας* [S^{2} -*α*] *ταῦτα* †
Da. LXX. Su. 22. *ἐὰν πράξω τοῦτο . . . καὶ ἐὰν μὴ πράξω*
— 23. *κάλλιον δέ με μὴ πράξασαν ἐμπεσεῖν*
6. 3 (4). *ἐν ταῖς πραγματείαις τοῦ βασ. αἷς ἔπρασσε* –
Da. TH. Su. 22. *ἐάν τε γὰρ τοῦτο πράξω*
— 22. *ἐάν τε μὴ πράξω*
— 23. *μὴ πράξασαν ἐμπεσεῖν εἰς τὰς χεῖρας ὑμῶν*
11. 20. *πράσσων δόξαν βασιλείας* (2)
I Ma. 10. 35. *οὐχ ἕξει ἐξουσίαν οὐδεὶς πράσσειν*
II Ma. 6. 22. *ἵνα τοῦτο πράξας ἀπολυθῇ τοῦ θανάτου*
9. 19. *πολλὰ χαίρειν καὶ ὑγιαίνειν καὶ εὖ πράττειν*
12. 43. R *πάνυ καλῶς καὶ ἀστείως πράττων* [A -*ειν*]
14. 23. *ἔπραττεν οὐθὲν ἄτοπον*
III Ma. 2. 3. *τοὺς ὕβρει καὶ ἀγερωχίᾳ τι πράσσοντας*
IV Ma. 3. 20. *καὶ ἔπραττον καλῶς*
[**Sm.** Jb. 33. 29 : Ps. 17 (18). 26 : 30 (31). 23 : 118 (119). 126 : Pr. 21. 24 : Ec. 8. 10, 14, 17 : Je. 6. 15.]
[**Th.** Is. 50. 1 : Da. 11. 20.]

πρατός.

II Ma. 11. 3. *πρατὴν δὲ . . . τὴν ἀρχιερωσύνην ποιήσειν*

πραΰθυμος. (1) שְׁפַל־רוּחַ

Pr. 14. 30. *πραΰθυμος ἀνὴρ καρδίας ἰατρός* †
16. 19. *κρείσσων πραΰθυμος* [A *πρόθυμος*] *μετὰ ταπεινώσεως* (1)

πραΰνειν. (1) כּוּל pilp. (2) שָׁקַט hi.

Ps. 93 (94). 13. *τοῦ πραῧναι αὐτῷ ἀφ' ἡμερῶν πονηρῶν* (2)
Pr. 18. 14. *θυμὸν ἀνδρὸς πραΰνει θεράπων φρόνιμος* (1)

πραΰς. (1) *a.* עָנָו *b.* עָנָיו *c.* עָנִי

Nu. 12. 3. *ὁ ἄνθρωπος M. πρ. σφόδρα* (1 *a**, 1 *b*)
Jb. 24. 4. *ὁμοθυμαδὸν δὲ ἐκρύβησαν πραεῖς γῆς* (1 *a**, 1 *c*)
36. 15. *κρίμα δὲ πραέων ἐκθήσει* †
Ps. 24 (25). 9. *ὁδηγήσει πραεῖς ἐν κρίσει* (1 *a*)
— 9. A B^{2} S R *διδάξει πραεῖς ὁδοὺς αὐτοῦ* (1 *a*)
33 (34). 2. *ἀκουσάτωσαν πραεῖς* (1 *a*)
36 (37). 11. *οἱ δὲ πρ. κληρονομήσουσι γῆν* (1 *a*)
75 (76). 9. B^{1} S^{1} R *τοῦ σῶσαι πάντας τοὺς πρ. τῇ καρδίᾳ* [B^{2} S^{2} *τῆς γῆς*] (1 *a*)
146 (147). 6. *ἀναλαμβάνων πραεῖς ὁ κύριος* (1 *a*)
149. 4. *ὑψώσει πραεῖς ἐν σωτηρίᾳ* (1 *a*)
Si. 3. 18. S^{2} *πραέσιν ἀποκαλύπτει τὰ μυστήρια αὐτοῦ*
10. 14. *ἐκάθισε πραεῖς ἀντ' αὐτῶν*
Jl. 3 (4). 11. *ὁ πρ. ἔστω μαχητής* †
Ze. 3. 12. *ὑπολείψομαι ἐν σοὶ λαὸν πρ.* [A *πολύν*] (1 *c*)
Za. 9. 9. *αὐτὸς πρ. καὶ ἐπιβεβηκὼς ἐπὶ ὑποζύγιον* (1 *c*)
Is. 26. 6. *πατήσουσιν αὐτοὺς πόδες πραέων* (1 *c*)
Da. LXX. 4. 16. *ἀπεκρίθη μοι φωνῇ πρ.* –
[**Aq.** Nu. 12. 3 : Ps. 75 (76). 10 : Is. 11. 4 : 29. 19 : 66. 2 : Za. 9. 9.]
[**Sm.** Nu. 12. 3 : Jb. 24. 4 : Ps. 75 (76). 10 : Is. 29. 19.]
[**Th.** Nu. 12. 3 : Jb. 24. 4 : Is. 29. 19.]
[**Quint., Sext.** Ps. 75 (76). 10.]

πραΰτης, πραότης. (1) *a.* עֲנָוָה *b.* עָנָה pu.

Es. 3. 13. S^{2} *μετὰ πραότητος ἀεὶ διεξάγων* [ABS^{1} *al.*]
5. 1. *μετέβαλεν ὁ θ. . . . εἰς πραΰτητα*
Ps. 44 (45). 4. *ἕνεκεν ἀληθείας καὶ πραΰτητος* (1 *a*)
89 (90). 10. *ἐπῆλθε πρ. ἐφ' ἡμᾶς* †
131 (132). 1. *μνήσθητι, κύριε, τοῦ Δαυὶδ καὶ πάσης τῆς πρ. αὐτοῦ* (1 *b*)
Si. 1. 26. *ἡ εὐδοκία αὐτοῦ πίστις καὶ πρ.*
3. 17. *τέκνον, ἐν πραΰτητι τὰ ἔργα σου διέξαγε*
4. 8. *ἀποκρίθητι αὐτῷ εἰρηνικὰ ἐν πραΰτητι*
10. 28. *ἐν πραΰτητι δόξασον τὴν ψυχήν σου*
36. 28 (25). *εἰ ἔστιν ἐπὶ γλώσσης αὐ. ἔλεος καὶ πρ.*
45. 4. *ἐν πίστει καὶ πραΰτητι*
[**Aq., Quint.** Ps. 17 (18). 36.]
[**Sm.** Pr. 15. 33 : 18. 12 : 22. 4.]
[**Th.** Ps. 89 (90). 10 : Pr. 15. 33 : 18. 12.]

πρέμνον.

[**Sm.** Ez. 17. 7.]

πρέπειν. (1) דּוּמִיָּה (2) *a.* נָאָה pi. *b.* נָאוֶה

Ps. 32 (33). 1. *τοῖς εὐθέσι πρέπει αἴνεσις* (2 *b*)
64 (65). 1. *σοὶ πρέπει ὕμνος, ὁ θεός, ἐν Σιών* (1)
92 (93). 5. *τῷ οἴκῳ σου πρέπει ἁγίασμα, κύριε* (2 *a*)
Si. 30. 37 (33. 28). *καθὼς πρέπει αὐτῷ*
35 (32). 3. *πρέπει γάρ σοι*
I Ma. 12. 11. *ὡς δέον ἐστὶ καὶ πρέπον μνημονεύειν ἀδελφῶν*
III Ma. 3. 20. *καθὼς ἔπρεπεν ἐποιήσαμεν*
— 25. *πρέποντα δυσμενέσι φόνον*
7. 13. *ὡς πρέπον ἦν*
— 19. *ἐν ταῖς πρεπούσαις ἐξομολογήσεσιν*
[**Aq.** Je. 10. 7.]
[**Sm.** Ps. 32 (33). 1 : Pr. 17. 7 : 19. 10 : 26. 1 : Je. 10. 7.]
[**Th.** Pr. 26. 1.]

πρεπόντως.

II Ma. 15. 12. *καὶ λαλιὰν προϊέμενον πρ.*

πρεσβεία (-βία).

II Ma. 4. 11. *τοῦ ποιησαμένου τὴν πρ. ὑπὲρ φιλίας*

πρεσβεῖον. (1) בְּכֹרָה (2) שֵׂיבָה

Ge. 43. 33. *ὁ πρωτότοκος κατὰ τὰ πρ. αὐ.* (1)
Ps. 70 (71). 18. *καὶ ἕως γήρους καὶ πρεσβείου* (2)
Da. TH. Su. 50. *σοὶ δέδωκεν ὁ θεὸς τὸ πρ.* [A *al.*]
III Ma. 6. 1. *ἐν πρεσβείῳ τὴν ἡλικίαν ἤδη λελογχώς*

πρεσβευτής. (1) לִיץ hi.

II Ch. 32. 31. *καὶ οὕτως τοῖς πρ.* [B^{1} -*βυτ.*] *τῶν ἀρχ.* (1)
I Ma. 13. 21. *ἀπέστελλον . . . πρεσβευτάς*
14. 21. A R *οἱ πρ.* [S -*βύτεροι*] *οἱ ἀποσταλεντες*
— 22. A R *πρεσβευταὶ* [S -*βῦται*] 'I. *ἦλθοσαν*
— 40. *ἀπήντησαν τοῖς πρ. Σίμωνος*
15. 17. A R *οἱ πρ.* [S -*ῦται*] *τῶν* 'I. *ἦλθον*
[**Aq.** Is. 18. 2.]

πρέσβυς. (1) מַלְאָךְ (2) צִיר

Nu. 21. 20 (21). *ἀπέστειλε M. πρέσβεις* (1)
22. 5. *ἀπέστειλε πρέσβεις πρὸς B.* (1)
De. 2. 26. *ἀπέστειλα πρέσβεις ἐκ τῆς ἐρήμου* (1)
Ps. 67 (68). 31. *ἥξουσι πρέσβεις ἐξ Αἰγύπτου* †
Ho. 5. 13. *ἀπέστειλε πρέσβεις πρὸς βασιλέα* 'I. –
Is. 13. 8. *ταραχθήσονται οἱ πρ.* (2)
21. 2. *οἱ πρ. τῶν Περσῶν ἐπ' ἐμὲ ἔρχονται* †
37. 6. *οὓς ὠνείδισάν με οἱ πρ. βασιλέως 'Ασσυρίων* †
39. 1. *ἀπέστειλε . . . πρέσβεις καὶ δῶρα* †
57. 9. *ἀπέστειλας πρέσβεις ὑπὲρ τὰ ὅριά σου* (2)
63. 9. *οὐ πρ.* [A -*βεις*] *οὐδὲ ἄγγελος* †
I Ma. 9. 70. *ἀπέστειλε πρὸς αὐτὸν πρέσβεις*
10. 51. *ἀπέστειλεν 'Αλ. πρὸς Πτ. . . . πρέσβεις*
11. 9. *ἀπέστειλε πρέσβεις πρὸς Δ.*
13. 14. *ἀπέστειλε πρὸς αὐτὸν πρέσβεις*
IV Ma. 7. 10. S^{1} *ὦ . . . πυρὸς εὐτονώτερε πρέσβυ* [A S^{2} R -*ῦτα*]

πρεσβύτατος.

IV Ma. 9. 11. *τὸν πρ. αὐτῶν . . . παρήγαγον*

πρεσβυτέριον.

Da. TH. Su. 50. A *σοὶ δέδωκεν ὁ θεὸς τὸ πρ.* [B -*βεῖον*]

πρεσβύτερος, πρεσβυτέρα. (1) *a.* בְּכוֹר *b.* בְּכִירָה (2) גָּדוֹל, גָּדֵל (3) זָקֵן (4) *a.* יָשִׁישׁ *b.* יָשֵׁשׁ (5) רִאשׁוֹן (6) שִׂיב (7) καθεστηκὼς πρ. אִישׁ שֵׂיבָה (8) כַּבִּיר

Ge. 18. 11. *'Αβραὰμ δὲ καὶ Σάρρα πρεσβύτεροι* (3)
— 12. *ὁ δὲ κύριός μου πρ.* (3)
19. 4. *ἀπὸ νεανίσκου ἕως πρεσβυτέρου* (3)
— 31. *εἶπε δὲ ἡ πρ. πρὸς τὴν νεωτέραν* (1 *b*)
— 31. *ὁ πατὴρ ἡμῶν πρ.* (3)
— 33. *εἰσελθοῦσα ἡ πρ.* (1 *b*)
— 34. *εἶπεν ἡ πρ. πρὸς τὴν νεωτέραν* (1 *b*)
— 37. *ἔτεκεν ἡ πρ. υἱόν* (1 *b*)
24. 1. *'Αβ. ἦν πρεσβύτερος* (3)
— 2. *τῷ παιδὶ αὐτοῦ τῷ πρ. τῆς οἰκίας αὐ.* (3)
27. 1. *ἐκάλεσεν 'Η. τὸν υἱὸν αὐ. τὸν πρ.* (2)
— 15, 42. *'Ησαῦ τοῦ υἱοῦ αὐτῆς τοῦ πρ.* (2)
29. 26. *δοῦναι τὴν νεωτ. πρὶν ἢ τὴν πρ.* (1 *b*)
35. 29. *πρεσβύτερος καὶ πλήρης ἡμερῶν* (3)
43. 27. A *ὁ πατὴρ ὑμῶν ὁ πρ.* [R -*ύτης*] (3)
44. 12. *ἀπὸ τοῦ πρ. ἀρξάμενος* (2)
— 20. *ἔστιν ἡμῖν πατὴρ πρεσβύτερος* (3)
50. 7. *οἱ πρ. τοῦ οἴκου αὐτοῦ* (3)
— 7. *πάντες οἱ πρ. τῆς γῆς Αἰγ.* (3)
Ex. 10. 9. *σὺν . . . πρεσβυτέροις* [A *τοῖς πρεσβύταις*] *πορευσόμεθα* (3)
17. 5. *ἀπὸ τῶν πρ. τοῦ λαοῦ* (3)
18. 12. *καὶ πάντες οἱ πρ. 'Ισρ.* (3)
19. 7. *ἐκάλεσε* [B^{1} *ἐλάλησε πρὸς*] *τοὺς πρ. τοῦ λαοῦ* (3)
24. 1. *ἑβδομήκοντα τῶν πρ. 'Ισρ.* (3)
— 9. A *ἑβδομήκ. τῶν πρ.* [B *τῆς γερουσίας*] *'Ισρ.* (3)
— 14. *καὶ τοῖς πρ. εἶπαν* (3)
34. 30. *καὶ πάντες οἱ πρ.* [A *υἱοὶ*] *'Ισρ.* †
— 32. A^{2} *πάντες οἱ πρ.* [B *υἱοὶ*] *'Ισρ.* †
Le. 4. 15. *οἱ πρ. τῆς συναγωγῆς* (3)
19. 32. *τιμήσεις πρόσωπον πρεσβυτέρου* (3)
Nu. 11. 16. *ἀπὸ τῶν πρ. 'Ισραήλ* (3)
— 16. *οὗτοί εἰσι πρ. τοῦ λαοῦ* (3)
— 24. *ἀπὸ τῶν πρ. τοῦ λαοῦ* (3)
— 25. *ἐπὶ τοὺς ἑβδομήκ. ἄνδρας τοὺς πρ.* (3)
— 30. *αὐτὸς καὶ οἱ πρ. 'Ισραήλ* (3)
16. 25. *πάντες οἱ πρ. 'Ισραήλ* (3)
De. 28. 50. A *οὐ θαυμάσει πρόσωπον πρεσβυτέρου* [B -*του*] (3)
31. 9. *καὶ τοῖς πρ. τῶν υἱῶν 'Ισρ.* (3)
— 28. A R *καὶ τοὺς πρ. ὑμῶν* (3)
32. 7. A^{2} B *ἐπερώτησον . . . τοὺς πρ. σου* (3)
— 25. A *μετὰ καθεστηκότος πρ.* [B -*του*] (7)
Jo. 6. 20 (21). A *καὶ ἕως πρεσβυτέρου* [B -*του*] (3)
7. 6. *αὐτὸς καὶ οἱ πρ. 'Ισρ.* (3)
— 23. *καὶ τοὺς πρ. 'Ισραήλ* †
8. 10. *αὐτὸς καὶ οἱ πρ.* [A *add.* *'Ισρ.*] (3)
9. 1 (8. 33). *πᾶς 'Ισρ. καὶ οἱ πρ. αὐτῶν* (3)
— 11. *εἶπαν πρὸς ἡμᾶς οἱ πρ. ἡμῶν* (3)
13. 1. 'I. *πρεσβύτερος προβεβηκὼς τῶν ἡμ.* (3)
20. 4. A *ἐν τοῖς ὠσὶν τῶν πρ. τῆς πόλεως* (3)
23. 1. 'I. *πρεσβύτερος προβεβηκὼς ταῖς ἡμ.* (3)
24. 1. *συνεκάλεσε τοὺς πρ. αὐτῶν* (3)
— 31. *πάσας τὰς ἡμέρας τῶν πρ.* (3)
Jd. 2. 7. *πάσας τὰς ἡμέρας τῶν πρ.* (3)
8. 14. *ὀνόματα . . . τῶν πρ. αὐτῶν* [A *al.*] (3)
— 16. *τοὺς πρ. τῆς πόλεως* (3)
11. 5. *καὶ ἐπορεύθησαν οἱ πρ.* (3)
— 7. *εἶπεν* 'I. *τοῖς πρ.* Γ. (3)
— 8. *εἶπαν οἱ πρ.* Γ. *πρὸς* 'I. (3)
— 9. *εἶπεν* 'I. *πρὸς τοὺς πρ.* Γ. (3)
— 10. *εἶπαν οἱ πρ.* Γ. *πρὸς* 'I. (3)
— 11. *ἐπορεύθη* 'I. *μετὰ τῶν πρ.* Γ. (3)
21. 16. *εἶπον οἱ πρ. τῆς συναγωγῆς* (3)
Ru. 4. 2. *δέκα ἄνδρας ἀπὸ τῶν πρ. τῆς πόλεως* (3)
— 4. *ἐναντίον τῶν πρ. τοῦ λαοῦ μου* (3)
— 9. *εἶπε* B. *τοῖς πρ.* (3)
— 11. *οἱ πρ. εἴποσαν* (3)
I Ki. 4. 3. *εἶπαν οἱ πρ. 'Ισραήλ* (3)
15. 30. *ἐνώπιον πρεσβυτέρων 'Ισρ.* (3)
16. 4. *ἐξέστησαν οἱ πρ. τῆς πόλεως* (3)
17. 12. A *ὁ ἀνὴρ ἐν ταῖς ἡμ.* Σ. *πρεσβύτ.* (3)
30. 26. *ἀπέστειλε τοῖς πρ.* (3)
II Ki. 3. 17. *εἶπεν 'Αβ. πρὸς τοὺς πρ. 'Ισρ.* (3)
5. 3. *ἔρχονται πάντες οἱ πρ. 'Ισρ.* (3)

II Ki. 12. 17. οἱ πρ. τοῦ οἴκου (3)
17. 4. ἐν ὀφθ. πάντων τῶν πρ. Ἰσρ. (3)
— 15. συνεβούλευσεν . . . τοῖς πρ. Ἰσρ. (3)
19. 11 (12). λαλήσατε πρὸς τοὺς πρ. Ἰ. (3)
— 32 (33). Β. ἀνὴρ πρ. σφόδρα (3)
III Ki. 1. 1. ὁ β. Δαυὶδ πρ. προβεβηκὼς ἡμέραις (3)
8. 1. ἐξεκκλησίασεν . . . πάντας τοὺς πρ. Ἰσρ. (3)
— 3. **A** ἦλθον πάντες οἱ πρ. Ἰσρ. (3)
12. 6. παρήγγειλεν ὁ βασ. τοῖς πρ. (3)
— 8. ἐγκατέλιπε τὴν βουλὴν τῶν πρ. (3)
— 13. ἐγκατέλιπε Ῥ. τὴν βουλὴν τῶν πρ. (3)
— 24. **B** τὴν Ἀ. ἀδελφὴν Θ. τὴν πρ. τῆς γυν. αὐ. –
— 24 (*cf.* **A** 14. 4). **B** καὶ ὁ ἄνθρωπος πρ. –
— 24. **B** εἰσαγάγετέ μοι τοὺς πρ. –
— 24. **B** εἶπον οἱ πρ. τοῦ λαοῦ –
13. 29. **A** εἰς τὴν πόλιν τοῦ προφ. τοῦ πρ. [**B** *al.*] (3)
14. 4. **A** ὁ ἄνθρωπος πρ. τοῦ ἰδεῖν †
20 (21). 8. ἀπέστειλε τὸ βιβλίον πρὸς τοὺς πρ. (3)
— 11. **A R** οἱ πρ. καὶ οἱ ἐλεύθεροι (3)
21 (20). 7. ἐκάλεσεν . . . πάντας τοὺς πρ. (3)
— 8. εἶπαν αὐτῷ οἱ πρ. (3)
IV Ki. 6. 32. οἱ πρ. ἐκάθηντο μετ᾽ αὐτοῦ (3)
— 32. εἶπε πρὸς τοὺς πρ. (3)
10. 1. ἀπέστειλεν . . . πρὸς τοὺς πρ. (3)
— 5. ἀπέστειλαν . . . οἱ πρ. (3)
19. 2. καὶ τοὺς πρ. τῶν ἱερέων (3)
23. 1. συνήγαγε . . . πάντας τοὺς πρ. Ἰ. (3)
I Ch. 11. 3. ἦλθον πάντες πρ. Ἰσρ. (3)
15. 25. **A S R Δ.** καὶ οἱ [**B** *om.*] πρ. Ἰσρ. (3)
21. 16. οἱ πρ. περιβεβλημ. ἐν σάκκοις (3)
II Ch. 5. 2. ἐξεκκλησίασε Σ. τοὺς πρ. (3)
— 4. ἦλθον πάντες οἱ πρ. Ἰσρ. (3)
10. 6. συνήγαγεν . . . τοὺς πρ. (3)
— 8. κατέλιπε τὴν βουλὴν τῶν πρ. (3)
— 13. ἐγκατέλιπεν . . . τὴν βουλὴν τῶν πρ. (3)
15. 13. ἀπὸ νεωτέρου ἕως πρεσβυτέρου (2)
22. 1. πάντας τοὺς πρ. ἀπέκτεινε (5)
32. 3. ἐβουλεύσατο μετὰ τῶν πρ. αὐ. †
34. 29. συνήγαγε τοὺς πρ. Ἰούδα (3)
36. 17. τοὺς πρ. αὐτῶν ἀπήγαγον (3+4 *b*)
I Es. 5. 63. οἱ πρ. οἱ ἑωρακότες τὸν . . . οἶκον
6. 5. ἔσχοσαν χάριν . . . οἱ πρ. τῶν Ἰουδ.
— 8. κατελάβομεν . . . τοὺς πρ. τῶν Ἰουδ.
— 11. ἐπυνθανόμεθα τῶν πρ. τούτων
— 27. καὶ τοὺς πρ. τῶν Ἰουδ.
7. 2. συνεργοῦντες τοῖς πρ. τῶν Ἰουδ.
9. 4. κατὰ τὸ κρίμα τῶν προκαθημ. πρ.
— 13. ἑκάστου δὲ τόπου τοὺς πρ.
II Es. 3. 12. οἱ πρ. οἳ εἴδοσαν τὸν οἶκον (3)
5. 9. ἠρωτήσαμεν τοὺς πρ. ἐκείνους (6)
6. 7. **A R** καὶ οἱ [**B** *om.*] πρ. τῶν Ἰουδαίων (6)
— 8. **A R** μή ποτέ τι ποιήσητε μετὰ τῶν [**B** *om.*] πρ. (6)
— 14. καὶ οἱ πρ. τῶν Ἰουδαίων (6)
10. 8. τῶν ἀρχόντων καὶ τῶν πρ. (3)
— 14. καὶ μετ᾽ αὐτῶν πρεσβύτεροι πόλεως (3)
Ju. 6. 16. συνεκάλεσαν πάντας τοὺς πρ.
— 21. ἐποίησε πότον τοῖς πρ.
7. 23. **A S R** ἐναντίον πάντων [**B** *om.*] τῶν πρ.
8. 10. ἐκάλεσεν . . . τοὺς πρ. τῆς πόλεως αὐ.
10. 6. καὶ τοὺς πρ. τῆς πόλεως Χ.
13. 12. συνεκάλεσαν τοὺς πρ. τῆς πόλεως
Jb. 1. 13. ἐν τῇ οἰκίᾳ τοῦ ἀδελφοῦ αὐ. τοῦ πρ. (1 *a*)
— 18. πινόντων παρὰ τῷ ἀδελφῷ αὐτῶν [**A** υἱῷ σου] τῷ πρ. (1 *a*)
12. 20. σύνεσιν δὲ πρεσβυτέρων ἔγνω (3)
15. 10. **A**[1] πρεσβύτερος [**A**[2]**B S** βαρύτερος] τοῦ πατρός σου ἡμέραις (8)
29. 21. **A** πρεσβύτεροι [**B S** *om.*] ἀκούσαντές μου προσέσχον –
32. 4. πρεσβύτεροι αὐτοῦ εἰσιν ἡμέραις [**A** -ῶν] (3)
— 6. ὑμεῖς δέ ἐστε πρεσβύτεροι (4 *a*)
42. 17. ἐτελεύτησεν Ἰὼβ πρεσβύτερος [**S** -ύτης] (3)
Ps. 104 (105). 22. καὶ τοὺς πρ. αὐτοῦ σοφίσαι (3)
106 (107). 32. ἐν καθέδραις πρεσβυτέρων (3)
118 (119). 100. ὑπὲρ πρεσβυτέρους συνῆκα (3)
148. 12. **S** πρεσβύτεροι [**A B** -βῦται] μετὰ νεωτέρων (3)
Pr. 20. 29. δόξα δὲ πρεσβυτέρων πολιαί (3)
31. 23. **A B**[2]**S**[2] μετὰ τῶν πρ. τῆς γῆς [**B**[1]**S**[1]**R** *al.*] (3)
Ec. 4. 13. ἀγαθὸς παῖς πένης καὶ σοφὸς ὑπὲρ βασιλέα πρεσβύτερον (3)
Wi. 2. 10. **A** μηδὲ πρεσβυτέρου [**B S** -ύτου] ἐντραπῶμεν πολιάς
8. 10. καὶ τιμὴν παρὰ πρεσβυτέροις ὁ νέος

Si. 4. 7. **S**[2] πρεσβυτέρῳ [**A B S**[1] μεγιστᾶνι] ταπείνου τὴν κεφαλήν σου
6. 34. ἐν πλήθει πρεσβυτέρων στῆθι
7. 14. μὴ ἀδολέσχει ἐν πλήθει πρεσβυτέρων
25. 4. ὡς ὡραῖον . . . πρεσβυτέροις ἐπιγνῶναι βουλήν
— 20. ἀνάβασις ἀμμώδης ἐν ποσὶ πρεσβυτέρου
35 (32). 3. λάλησον, πρεσβύτερε, πρέπει γάρ σοι
Jl. 1. 2. ἀκούσατε ταῦτα, οἱ πρ. (3)
— 14. συναγάγετε πρεσβυτέρους (3)
2. 16. ἐκλέξασθε πρεσβυτέρους (3)
— 28 (3. 1). οἱ πρ. ὑμῶν ἐνύπνια ἐνυπνιασθήσονται (3)
Za. 8. 4. ἔτι καθήσονται πρεσβύτεροι καὶ πρεσβύτεραι [**S**[1] -ῦται] (3, 3)
Is. 3. 2. ἀφελεῖ . . . στοχαστὴν καὶ πρεσβύτερον (3)
— 14. εἰς κρίσιν ἥξει μετὰ τῶν πρ. τοῦ λαοῦ (3)
24. 23. ἐνώπιον τῶν πρ. δοξασθήσεται (3)
37. 2. ἀπέστειλεν . . . τοὺς πρ. τῶν ἱερέων (3)
47. 6. τοῦ πρ. ἐβάρυνας τὸν ζυγὸν σφόδρα (3)
Je. 6. 11. πρ. μετὰ πλήρους ἡμερῶν (3)
19. 1. **A** ἄξεις ἀπὸ τῶν πρ. τοῦ λαοῦ σου καὶ ἀπὸ τῶν πρ. τῶν ἱερέων [**B S** *al.*] (3, 3)
33 (26). 17. ἀνέστησαν ἄνδρες τῶν πρ. τῆς γῆς (3)
36 (29). 1. οὓς ἀπέστειλεν . . . πρὸς τοὺς πρ. (3)
39 (32). 8. σὺ πρ. †
Ba. 1. 4. ἀνέγνω Βαροὺχ . . . ἐν ὠσὶ τῶν πρ.
La. 1. 19. οἱ πρ. μου ἐν τῇ πόλει ἐξέλιπον (3)
2. 10. ἐσιώπησαν πρεσβύτεροι θυγατρὸς Σιών (3)
5. 12. πρεσβύτεροι οὐκ ἐδοξάσθησαν (3)
Ez. 7. 26. ἀπολεῖται . . . βουλὴ ἐκ πρεσβυτέρων (3)
8. 1. οἱ πρ. Ἰούδα ἐκάθητο ἐνώπιόν μου (3)
— 11. ἑβδομήκοντα ἄνδρες ἐκ τῶν πρ. οἴκου Ἰσραήλ (3)
— 12. ἃ οἱ πρ. οἴκου Ἰσραὴλ ποιοῦσιν (3)
9. 6. πρεσβύτερον καὶ νεανίσκον . . . ἀποκτείνατε . . . ἤρξαντο ἀπὸ τῶν ἀνδρῶν [**A** *om.* τ. ἀ.] τῶν πρ. (3, 3)
14. 1. ἦλθον πρὸς μὲ ἐκ τῶν πρ. ἄνδρες [**A** ἄ. ἀπὸ τ. πρ.] (3)
16. 46. ἡ ἀδελφὴ ὑμῶν ἡ πρ. Σαμάρεια (2)
— 61. ἐν τῷ ἀναλαβεῖν σε τὰς ἀδελφάς σου τὰς πρ. σου (2)
20. 1. ἦλθον ἄνδρες ἐκ τῶν πρ. οἴκου Ἰσραήλ (3)
— 3. λάλησον πρὸς τοὺς πρ. (3)
23. 4. τὰ ὀνόματα αὐτῶν ἦν Ὀολὰ ἡ πρ. (2)
27. 9. οἱ πρ. βιβλίων καὶ οἱ σοφοὶ αὐτῶν (3)
Da. LXX. Su. 5. ἀπεδείχθησαν δύο πρεσβύτεροι
— 5. ἐξῆλθεν ἀνομία ἐκ Βαβ. ἐκ πρεσβυτέρων κριτῶν
— 13. ὁ εἷς τῶν πρ. ἐληλύθει
— 29. ἀναστάντες οἱ δύο πρ.
— 34. ἀναστάντες δὲ οἱ πρ.
— 36. οἱ δὲ δύο πρ. εἶπαν
— 41. ὡς πρεσβυτέρων ὄντων καὶ κριτῶν τοῦ λαοῦ
— 51. οὗτοί εἰσι πρεσβύτεροι
— 52. προσήγαγον τὸν πρ. τῷ νεωτέρῳ
Da. TH. Su. 5. ἀπεδείχθησαν δύο πρεσβύτεροι
— 5. ἐξῆλθεν ἀνομία . . . ἐκ πρεσβυτέρων κριτῶν
— 8. ἐθεώρουν αὐτὴν οἱ δύο πρεσβύτεροι
— 16. οὐκ ἦν οὐδεὶς ἐκεῖ πλὴν οἱ δύο πρεσβύτεροι
— 18. οὐκ εἴδοσαν τοὺς πρ.
— 19. **A** ἀνέστησαν οἱ δύο πρεσβύτεροι [**B** -ται]
— 24. **A** ἐβόησαν δὲ καὶ οἱ δύο πρ. [**B** -ται]
— 27. **A** ἡνίκα δὲ εἶπαν οἱ πρ. [**B** -ται] τοὺς λόγους αὐ.
— 28. **A** ἦλθον οἱ δύο πρεσβύτεροι [**A** -ται]
— 34. **A** ἀναστάντες δὲ οἱ δύο πρ. [**A** -ται]
— 36. **A** εἶπαν δὲ οἱ πρ. [**B** -ται]
— 41. ἐπίστευσεν αὐτοῖς . . . ὡς πρεσβυτέροις
— 50. εἶπαν αὐτῷ οἱ πρ.
— 61. **A** ἀνέστησαν ἐπὶ τοὺς δύο πρ. [**B** -τας]
I Ma. 1. 26. ἐστέναξαν ἄρχοντες καὶ πρεσβύτεροι
7. 33. ἐξῆλθον . . . ἀπὸ τῶν πρ. τοῦ λαοῦ
11. 23. **A R** ἐπέλεξε [**S** ἐξέλ.] τῶν πρ. Ἰσρ.
12. 35. ἐξεκκλησίασε τοὺς πρ. τοῦ λαοῦ
13. 36. βασιλεὺς Δ. Σίμωνι . . . καὶ πρεσβυτέροις
14. 9. πρεσβύτεροι ἐν ταῖς πλατείαις [**S**[1] ἐκκλησίαις] ἐκάθηντο
— 20. ἡ πόλις Σίμωνι . . . καὶ τοῖς πρ.
— 21. **S** οἱ πρ. ἀποσταλέντες [**A R** *al.*]
— 28. ἐπὶ συναγωγῆς . . . τῶν πρ. τῆς χώρας
16. 2. ἐκάλεσε Σ. τοὺς δύο υἱοὺς αὐ. τοὺς πρ.
II Ma. 5. 13. νέων καὶ πρεσβυτέρων ἀναιρέσεις
8. 30. ἔτι δὲ καὶ πρεσβυτέροις ποιήσαντες
13. 13. καθ᾽ ἑαυτὸν δὲ σὺν τοῖς πρ. γενόμενος
14. 37. Ῥ. δέ τις τῶν ἀπὸ Ἱερ. πρ.
II Ma. 1. 8. ἀπὸ τῆς γερουσίας καὶ τῶν πρ.

III Ma. 1. 23. ὑπὸ . . . τῶν πρ. ἀποτραπέντες
— 25. οἱ δὲ περὶ τὸν βασ. πρ.
6. 1. τοὺς περὶ αὐτὸν καταστείλας πρεσβυτέρους
IV Ma. 9. 26. **S** τὸν καθ᾽ ἡλικίαν τοῦ πρ. [**A R** προτέρου] δεύτερον

[**Aq.** Ex. 3. 16 : Dt. 5. 23 (20) : III Ki. 14. 4 : Ps. 118 (119). 100.]
[**Sm.** Ge. 10. 21.]
[**Th.** Jd. 8. 14 : Jb. 32. 4 : Ps. 118 (119). 100.]
[**Al.** Le. 19. 32 : I Ki. 28. 14.]
[**Quint.** Ps. 118 (119). 100.]

πρεσβύτης. (1) זָקֵן (2) יָשִׁישׁ (3) לְרִין hi. (4) שִׂיב (5) καθεστηκὼς πρ. אִישׁ שֵׂיבָה

Ge. 25. 8. πρεσβύτης καὶ πλήρης ἡμερῶν (1)
43. 27. **R** ὁ πατὴρ ὑμῶν ὁ πρ. [**A** -ύτερος] (1)
Ex. 10. 9. **A** σὺν . . . τοῖς πρ. [**B** πρεσβυτέροις] πορευσόμεθα (1)
Nu. 10. 31. ἔσῃ ἐν ἡμῖν πρεσβύτης †
De. 28. 50. οὐ θαυμάσει πρόσωπον πρεσβύτου [**A** -τέρου] (1)
32. 25. μετὰ καθεστηκότος πρ. [**A** -τέρου] (5)
Jo. 6. 20 (21). καὶ ἕως πρεσβύτου [**A** -τέρου] (1)
Jd. 19. 16. ἀνὴρ πρ. ἤρχετο [**A** εἰσῆλθεν] (1)
— 17, 20. εἶπεν ὁ ἀνὴρ ὁ πρ. (1)
— 22. εἶπον πρὸς τὸν ἄνδρα . . . τὸν πρ. (1)
I Ki. 2. 22. Ἡ. πρεσβύτης σφόδρα (1)
— 32 (31). οὐκ ἔσται σου πρεσβύτης (1)
— 32. **A** οὐκ ἔσται πρεσβύτης (1)
3. 21. καὶ Ἡλὶ πρεσβύτης σφόδρα –
4. 18. πρεσβύτης ὁ ἄνθρωπος (1)
III Ki. 1. 15. καὶ ὁ βασ. πρ. σφόδρα (1)
13. 11. προφήτης εἷς πρ. (1)
— 25. οὗ ὁ προφήτης ὁ πρ. κατῴκει (1)
IV Ki. 4. 14. καὶ ὁ ἀνὴρ αὐτῆς [**A** *add.* οὐκ ἔστιν] πρ. (1)
I Ch. 23. 1. καὶ Δ. πρεσβύτης (1)
II Ch. 32. 31. **B**[1] καὶ οὕτως τοῖς πρ. [**A B**[2]**R** -βευτ.] τῶν ἀρχ. (3)
I Es. 1. 53. οὐκ ἐφείσαντο . . . πρεσβύτου
To. 12. 4. εἶπεν ὁ πρ. [**S** αὐτῷ Τ.]
Jb. 15. 10. καί γε πρεσβύτης καί γε παλαιός (4)
29. 8. πρεσβῦται δὲ πάντες ἔστησαν (2)
42. 17. **S** ἐτελεύτησεν Ἰὼβ πρεσβύτης [**A B** -τερος] (1)
Ps. 148. 12. πρεσβῦται [**S** -τεροι] μετὰ νεωτέρων (1)
Wi. 2. 10. μηδὲ πρεσβύτου [**A** -τέρου] ἐντραπῶμεν πολιάς
Za. 8. 4. **S**[1] ἔτι καθήσονται . . . πρεσβῦται [**A B S**[2] -τεροι] (1)
Is. 3. 5. προσκόψει τὸ παιδίον πρὸς τὸν πρ. (1)
9. 15 (14). ἀφεῖλε κύριος . . . πρεσβύτην (1)
20. 4. ἄξει . . . νεανίσκους καὶ πρεσβύτας (1)
65. 20. οὐδ᾽ οὐ μὴ γένηται ἔτι ἐκεῖ ἄωρος καὶ πρ. (1)
Je. 38 (31). 13. πρεσβῦται χαρήσονται (1)
Ba. 4. 15. οὐκ ᾐσχύνθησαν πρεσβύτην
La. 2. 21. ἐκοιμήθησαν . . . παιδάριον καὶ πρ. (1)
4. 16. **A** πρεσβύτας [**B** προφήτας] οὐκ ἠλέησαν (1)
5. 14. πρεσβῦται ἀπὸ πύλης κατέπαυσαν (1)
Da. TH. Su. 19. ἀνέστησαν οἱ δύο πρ. [**A** -τεροι]
— 24. ἐβόησαν δὲ καὶ οἱ δύο πρεσβῦται [**A** -τεροι]
— 27. ἡνίκα δὲ εἶπαν οἱ πρ. [**A** -τεροι] τοὺς λόγους αὐ.
— 28. ἦλθον οἱ δύο πρεσβῦται [**A** -τεροι]
— 34. ἀναστάντες δὲ οἱ δύο πρεσβῦται [**A** -τεροι]
— 36. εἶπαν δὲ οἱ πρ. [**A** -τεροι]
— 61. ἀνέστησαν ἐπὶ τοὺς δύο πρ. [**A** -τέρους]
I Ma. 14. 22. **S** πρεσβῦται Ἰουδαίων ἦλθον [**A R** *al.*]
15. 17. **S** οἱ πρ. [**A R** -ευταὶ] τῶν Ἰ. ἦλθον
II Ma. 11. 34. Κόϊντος Μέμμιος Τίτος Μάνλιος πρεσβῦται Ῥωμαίων
IV Ma. 5. 6. ὦ πρεσβῦτα
7. 10. ὦ . . . πυρὸς εὐτονώτερε πρεσβῦτα [**S**[1] -βυ]

[**Aq.** I Ki. 28. 14 : Is. 18. 2 (Sw.) : Je. 6. 11.]
[**Sm.** Ge. 10. 21 : I Ki. 2. 32 : 28. 14 : Je. 6. 11.]
[**Th.** I Ki. 2. 32 : 28. 14 : Jb. 15. 10 : Je. 6. 11.]

πρεσβῦτις.

IV Ma. 16. 14. ὦ . . . στρατιῶτι πρεσβῦτι καὶ γυνή

πρήθειν. (1) צָבָה *a.* qal. *b.* hi. *c.* צָבֶה

Nu. 5. 21. καὶ τὴν κοιλίαν σου πεπρησμένην (1 *c*)
— 22. πρῆσαι γαστέρα (1 *b*)
— 27. πρησθήσεται τὴν κοιλίαν (1 *a*)

πρῆν (?).

III Ma. 5. 43. A τὸν ἄβατον ἡμῖν αὐτῶν ναὸν πυρὶ πρῆν [? πρήσαντα, R πρηνέα]

πρηνής.

Wi. 4. 19. ῥήξει αὐτοὺς ἀφώνους πρηνεῖς
III Ma. 5. 43. R τὸν ἄβατον αὐ. ἡμῖν ναὸν πυρὶ πρηνέα [A *al.*]
— 50. πρηνεῖς ὁμοθυμαδὸν ῥίψαντες ἑαυτούς
6. 23. συνιδὼν πρηνεῖς ἅπαντας

πρηστήρ.

[**Aq.** Ez. 1. 4.]

πρίασθαι. (1) לָקַח (2) שָׁבַר

Ge. 42. 2. πρίασθε ἡμῖν μικρὰ βρώματα (2)
— 3. πρ. σῖτον ἐξ Αἰγ. (2)
— 10. R πρ. [A πριάσασθαι] βρώματα (2)
43. 2. πρίασθε ἡμῖν μικρὰ βρώματα (2)
— 20. κατέβημεν τὴν ἀρχὴν πρ. βρώματα (2)
Pr. 31. 16. θεωρήσασα γεώργιον ἐπρίατο (1)
[**Al.** Le. 25. 44.]

πρίειν, πρίζειν.

Am. 1. 3. ἔπριζον . . . τὰς ἐν γαστρὶ ἐχούσας †
Da. TH. Su. 59. μένει γὰρ . . . πρίσαι σε μέσον
[**Aq.** III Ki. 7. 9 (46).]
[**Sm.** III Ki. 7. 9 (46): Ps. 34 (35). 16.]

πρίν. * πρὶν ἤ.

Ge. 27. 4†: 29. 26* (*sine verbo*).
Ex. 1. 19*.
Nu. 11. 33*.
Jo. 2. 8*.
Jd. 14. 18†.
I Ki. 2. 15: 3. 3, 7*†: 9. 13.
IV Ki. 2. 9*†: 6. 32.
To. 2. 4*†: 3. 8*: 4. 2: 8. 20*†: 14. 15*†, 15 (πρὶν τοῦ)†.
Ju. 7. 14.
Pr. 18. 13.
Wi. 2. 8.
Si. 11. 7*† (*subj.*), 8*†: 14. 13: 18. 19*†, 21, 23: 19. 17*: 23. 20*: 48. 25*: 51. 13*.
Jl. 2. 31 (3. 4).
Ma. 4. 5 (3. 23).
Is. 7. 15*, 16*: 8. 4*: 17. 14* (*sine verbo*): 23. 7*: 28. 4*†, 24: 46. 10: 48. 5: 65. 24*†: 66. 7*†, 7.
Ez. 33. 22.
Da. LXX. Su. 35 (*c. gen.*).
Da. TH. Su. 42 (*c. gen.*).
I Ma. 10. 4*.
II Ma. 8. 14: 13. 13.
III Ma. 5. 28 (ὁ πρίν), 43 (?)†: 6. 4 (ὁ πρίν), 31 (τὸ πρίν), 34 (ὁ πρίν).
IV Ma. 5. 6: 9. 27.
[**Aq.** I Ki. 3. 3: Ps. 89 (90). 2: Pr. 8. 26* (*ind.*): Je. 38 (45). 10.]
[**Sm.** Ex. 1. 19: I Ki. 13. 12*: 19. 7: II Ki. 5. 2: Jb. 42. 11, 12 (P.): Ps. 38 (39). 14: 57 (58). 10* (*subj.*): 89 (90). 2: Pr. 8. 26* (*ind.*): Ec. 12. 1, 2, 6*: Is. 66. 7*, 7: Je. 40 (47). 5 (*subj.*).]
[**Th.** Ex. 1. 19.]
[**Sam.** Ex. 10. 7.]
[**Al.** Ps. 43 (44). 2 (ὁ πρίν).]

πρινεών.

[**Aq.** Ge. 14. 3, 8.]

πρίνινος.

[**Aq.** Ez. 27. 5.]

πρῖνος.

Da. LXX., TH. Su. 58. ὑπὸ πρῖνον

πριστήρ.

[**Aq.** III Ki. 7. 9 (46).]

πριστηροειδής (BS), **πριστοειδής** (A).

(1) בַּעַל פִּיפִיּוֹת

Is. 41. 15. ὡς τροχοὺς ἁμάξης ἀλοῶντας καινοὺς πρ. (1)

πρίων. (1) חָרִיץ (2) מְגֵרָה (3) מַשּׂוֹר

II Ki. 12. 31. ἔθηκεν ἐν τῷ πρ. (2)
I Ch. 20. 3. καὶ διέπρισε πρίοσι (2)
Ju. 3. 9. A B S[2] ἀπέναντι τοῦ πρ. τοῦ μεγ. τῆς Ἰουδαίας
Am. 1. 3. ἔπριζον πρίοσι σιδηροῖς (1)
Is. 10. 15. ἢ ὑψωθήσεται πρ. (3)
[**Sm.** III Ki. 7. 9 (46).]

πρό. * πρὸ τοῦ *c. inf.*

Ge. 2. 5* *bis*: 11. 4*: 13. 10*: 19. 4*: 24. 15*, 45*: 27. 4*†, 7*, 10*, 33*: 36. 31*: 37. 18*: 41. 50*: 45. 28*: 48. 5*: 50. 5*†, 16*.
Ex. 4. 10 *bis*: 12. 34*: 13. 9, 16: 17. 6*†: 21. 29 *bis*, 36 *bis*: 22. 26 (25): 23. 20: 32. 34: 33. 2†: 34. 6, 11†, 24†.
Lev. 5. 4: 14. 36*: 18. 24, 28, 30 (πρὸ τοῦ *sine verbo*).
Nu. 13. 23 (22) (πρὸ τοῦ *sine verbo*): 14. 42: 27. 17 *bis*: 33. 52.
De. 1. 21, 30: 2. 21†, 31†, 33: 3. 18, 28: 4. 38, 42, 42†: 5. 7†: 6. 8, 19: 8. 20: 9. 3, 3†, 4† *bis*: 11. 18: 19. 4, 4†, 6 *bis*: 22. 6: 23. 14†: 28. 7: 30. 1, 15, 19: 31. 3 *bis*, 7, 21*: 33. 1.
Jo. 3. 1*: 4. 5.
Jd. 2. 18†: 14. 18*†.
Ru. 3. 14*.
I Ki. 18. 16.
III Ki. 12. 8, 10, 30.
IV Ki. 2. 9*†: 6. 32: 8. 29*†.
I Ch. 1. 43*†.
II Ch. 1. 13†: 19. 11: 33. 19*.
I Es. 5. 63: 9. 41.
II Es. 5. 11.
Ne. 5. 15: 13. 4, 19.
To. 2. 10*†: 6. 17†: 8. 18*†: 10. 12*, 13*†: 11. 7*†: 14. 15*† *bis*.
Ju. 1. 11†: 3. 3†: 8. 15: 10. 13: 14. 5*: 16. 24*.
Jb. 3. 24: 4. 16: 8. 12*: 10. 21*: 15. 7, 32, 33: 21. 18†: 23. 17†: 24. 6: 42. 11†.
Ps. 26 (27). *tit.**: 38 (39). 13*: 54 (55). 19: 56 (57). 6: 57 (58). 9*: 71 (72). 5, 17: 73 (74). 12: 88 (89). 14: 89 (90). 2*: 95 (96). 13†: 100 (101). 3: 109 (110). 3: 118 (119). 67*: 128 (129). 6*.
Pr. 8. 22, 23* *bis*, 24*, 25* *bis*: 16. 18 *bis*: 18. 12 *bis*: 24. 30 (30. 7)*.
Ec. 2. 26 *bis*: 5. 1, 5†: 7. 27 (26): 9. 2†.
Wi. 14. 20 (πρὸ ὀλίγου): 15. 8 (πρὸ μικροῦ): 16. 28†.
Si. 11. 28: 18. 19, 20: 22. 24 *bis*: 24. 9: 27. 7, 29: 30. 24: 35 (32). 10 *bis*: 37. 16: 38. 30: 40. 16: 42. 21: 45. 13: 46. 19: 48. 10: 51. 30.
Am. 1. 1 (πρὸ δύο ἐτῶν): 4. 7 (πρὸ τριῶν μηνῶν): 9. 4.
Mi. 2. 13 *bis*: 6. 4.
Jl. 2. 3, 10, 11.
Hb. 3. 5.
Ze. 2. 2*, 2*†, 2*.
Hg. 2. 16 (15)*†.
Za. 3. 1, 4 (3), 5 (4), 9 (8), 10 (9): 4. 7: 8. 10: 14. 20.
Ma. 3. 1, 14.
Is. 18. 4: 30. 33: 42. 9*: 44. 7*: 52. 12†: 62. 11.
Je. 1. 5* *bis*: 9. 13 (12): 13. 16* *bis*: 15. 1, 19: 17. 16: 21. 8: 30. 10 (49. 32): 41 (34). 15†.
La. 1. 9†.
Ez. 4. 1: 8. 11: 14. 1, 3, 4, 7: 16. 18, 19, 57*: 20. 1: 22. 30: 23. 24, 41: 36. 17: 38. 17†: 41. 22†: 44. 12, 15.
Da. LXX. 7. 7.
Da. TH. 2. 31: 8. 3.
I Ma. 3. 22: 5. 7, 43: 6. 36: 10. 34: 11. 26: 15. 5.
II Ma. 2. 32: 3. 15: 7. 8*: 8. 17, 26: 10. 6: 12. 27: 15. 31, 36 (πρὸ μιᾶς ἡμέρας).
III Ma. 2. 21†: 4. 4, 11.
IV Ma. 1. 22, 23: 9. 5 (πρὸ βραχέως): 12. 4.
[**Aq.** I Ki. 22. 4: II Ki. 6. 14: Pr. 8. 25: 30. 7*: Ec. 7. 18 (17): Is. 42. 9*.]
[**Sm.** I Ki. 9. 15 (πρὸ μιᾶς ἡμέρας): 19. 7: 22. 4: Jb. 22. 16: Ps. 67 (68). 8: Pr. 8. 22, 25: 30. 7*: Ec. 1. 10: Is. 28. 4: 37. 27*: 42. 9: Je. 39 (46). 12: Mi. 2. 8.]
[**Th.** I Ki. 22. 4: Pr. 8. 22, 23, 25: 30. 7*: Is. 30. 33: 42. 9*.]
[**Al.** Ex. 23. 23: Nu. 13. 23 (22): Jo. 3. 6: Jd. 3. 2: Jb. 10. 21*: Hb. 3. 5.]

προάγειν. (1) נָגַשׁ

I Ki. 17. 16. A προῆγεν ὁ ἀλλόφυλος (1)
Ju. 10. 22. λαμπάδες ἀργυραῖ προάγουσαι αὐτοῦ
Es. 2. 21. προήχθη Μαρδοχαῖος –
Pr. 4. 27. τὰς δὲ πορείας σου ἐν εἰρήνῃ προάξει [A -αι] –
6. 8. τὴν σοφίαν τιμήσασα προήχθη –
Wi. 19. 11. ἐπιθυμίᾳ προαχθέντες ᾐτήσαντο ἐδέσματα τρυφῆς
Si. *prol.* 9. προήχθη καὶ αὐτὸς συγγράψαι
20. 27. ὁ σοφὸς ἐν λόγοις προάξει [A προσάξεις] ἑαυτόν
I Ma. 10. 77. S R προῆγεν [A προσῆγεν] εἰς τὸ πεδίον
II Ma. 5. 18. οὗτος προαχθεὶς παραχρῆμα
10. 1. τοῦ κυρίου προάγοντος αὐτούς
— 27. προῆγον ἀπὸ τῆς πόλεως ἐπὶ πλεῖον
11. 10. A προῆγον [R προσῆγον] ἐν διασκευῇ
III Ma. 3. 16. R τοῖς . . . ἱεροῖς ἀπονείμαντες . . . προήχθημεν [A προσήχθ.]
[**Sm.** Ex. 23. 20.]
[**Th.** Jb. 34. 23.]

προαγορεύειν.

II Ma. 4. 48. R οἱ ὑπὲρ πόλεως . . . προαγορεύσαντες [A *al.*]

προαγωγή.

[**Sm.** Da. 3. 30 (97) (Sw.).]

προαγωνίζεσθαι (-νεῖσθαι?).

IV Ma. 17. 13. Ἐλ. δὲ προηγωνίζετο [S[1] -νεῖτο]

προαδικεῖν.

Wi. 18. 2. ὅτι δὲ οὐ βλάπτουσι [S[1] βλαστοῦσιν, S[2] βλέπουσιν] προηδικημένοι

προαιρεῖν. (1) בָּחַר (2) חָשַׁק (3) מָאַס (4) c. neg. מָאֵן pi.

Ge. 34. 8. προείλατο τῇ ψυχῇ τὴν θυγ. ὑ. (2)
De. 7. 6. σὲ προείλατο κ. ὁ θ. σου (1)
— 7. προείλατο κύριος ὑμᾶς (2)
10. 15. τοὺς πατέρας ὑμῶν προείλατο (2)
Ju. 13. 15. προελοῦσα τὴν κεφαλήν
Pr. 1. 29. τὸν δὲ λόγον [S[2] φόβον] τοῦ κυρίου οὐ προείλαντο (1)
17. 27. B S[1] ὃς φείδεται ῥῆμα προελέσθαι [A S[2] R προέσθαι] σκληρόν †
21. 25. οὐ γὰρ προαιροῦνται αἱ χεῖρες αὐτοῦ ποιεῖν τι (4)
Wi. 7. 10. προειλόμην [A -άμην] αὐτὴν ἀντὶ φωτὸς ἔχειν
9. 7. σύ με προείλω [S -ου] βασιλέα λαοῦ σου
Is. 7. 15. πρὶν ἢ γνῶναι αὐτὸν ἢ [A *om.*] προελέσθαι πονηρά (3 ?)
II Ma. 6. 9. τοὺς δὲ μὴ προαιρουμ. μεταβαίνειν
III Ma. 2. 30. ἐὰν δέ τινες ἐξ αὐτῶν προαιρῶνται
6. 10. ὡς προαιρῇ
7. 2. καθὼς προαιρούμεθα
[**Sm.** I Ki. 20. 30: Jb. 29. 25.]
[**Al.** Dt. 14. 2.]

προαίρεσις. (1) נָדַב hithpa. (2) *a.* רְעוּת *b.* רַעְיוֹן (3) *a.* תַּרְמוּת *b.* תַּרְמִית

Jd. 5. 2. A ἐν προαιρέσει λαοῦ [B *al.*] (1)
Ec. 1. 14. τὰ πάντα . . . προαίρεσις [A -εις] πνεύματος (2 *a*)
— 17. τοῦτό ἐστι προαίρεσις πνεύματος (2 *b*)
2. 11. τὰ πάντα . . . προαίρεσις [A -εις, S περισσεία] πνεύματος (2 *a*)
— 17. πάντα . . . προαίρεσις [A -εις] πνεύματος (2 *a*)
— 22. καὶ ἐν προαιρέσει [S[1] τῇ πρ.] καρδίας (2 *b*)
— 26: 4. 4. τοῦτο . . . προαίρεσις πνεύματος (2 *a*)
4. 6. πληρώματα δύο δρακῶν . . . προαιρέσεως πνεύματος (2 *a*)
— 16. τοῦτο . . . προαίρεσις πνεύματος (2 *b*)
6. 9. τοῦτο . . . προαίρεσις πνεύματος (2 *a*)
Je. 8. 5. κατεκρατήθησαν ἐν [A *om.*] τῇ πρ. αὐτῶν (3 *b*)
14. 14. προαιρέσεις καρδίας αὐτῶν αὐτοὶ προφητεύουσιν ὑμῖν (3 *a**, 3 *b*)
II Ma. 9. 27. R αὐτὸν . . . παρακολουθοῦντα τῇ ἐμῇ πρ. [A *al.*]
11. 26. εἰδότες τὴν ἡμετέραν πρ.
[**Th.** Jd. 5. 2.]

προαλής.

Si. 30. 8. υἱὸς ἀνειμένος ἐκβαίνει προαλής

προαναμέλπειν.
Wi. 18. 9. πατέρων ἤδη προαναμελπόντων [A S² -οντες] αἴνους

προαναπληροῦν.
Wi. 19. 4. R ἵνα τὴν λείπουσαν ταῖς βασάνοις προαναπληρώσωσι κόλασιν [A B S al.]

προανατάσσειν. (1) עָלָה
Ps. 136 (137). 6. ἐὰν μὴ προανατάξωμαι [A¹ -μεν] τὴν Ἰερουσαλήμ (1)

προανατέλλειν. (1) טֶרֶף צֶמַח
Ez. 17. 9. ξηρανθήσεται πάντα τὰ προανατέλλοντα αὐτῆς (1)

προαπαγγέλλειν. (1) זָהַר hi.
Ez. 33. 9. ἐὰν προαπαγγείλῃς τῷ ἀσεβεῖ τὴν ὁδὸν αὐτοῦ (1)

προαποδεικνύναι.
III Ma. 2. 25. διὰ δὲ τῶν προαποδεδειγμ. συμποτῶν

προαποθνήσκειν.
IV Ma. 13. 18. S R μηδὲ ψεύσῃ τοὺς προαποθανόντας ἡμῶν ἀδ. [A al.]

προαπολαμβάνειν.
[Al. I Ki. 2. 29.]

προασπίζειν.
IV Ma. 6. 21. τὸν δὲ θεῖον ἡμῶν νόμον . . . μὴ προασπίσαιμεν
9. 15. ἀλλὰ θείου νόμου προασπίζοντα
14. 15. προασπίζει [S¹ προσασπ.] τῶν νεοττῶν

προάστειον, προάστιον. (1) מִגְרָשׁ
Nu. 35. 2. τὰ πρ. τῶν πόλεων . . . δώσουσι (1)
— 7. ταύτας καὶ τὰ πρ. αὐτῶν (1)
[Aq. Je. 31 (38). 40.]
[Sm. Jo. 21. 2, 15.]

προβαίνειν. (1) בּוֹא (2) הָלַךְ (3) יָרַד
Ge. 18. 11. πρεσβύτεροι προβεβηκότες ἡμερῶν (1)
24. 1. πρεσβύτερος προβεβηκὼς ἡμερῶν (1)
26. 13. προβαίνων μείζων ἐγένετο (2)
Ex. 19. 19. ἐγίνοντο δὲ αἱ φωναὶ . . . προβαίνουσαι (2)
Jo. 13. 1. Ἰ. πρεσβύτερος προβεβηκὼς τῶν ἡμ. (1)
— 1. σὺ προβέβηκας τῶν ἡμερῶν (1)
23. 1. Ἰ. πρεσβύτερος προβεβηκὼς ταῖς ἡμ. (1)
— 2. προβέβηκα ταῖς ἡμέραις (1)
Jd. 19. 11. ἡ ἡμέρα προβεβήκει [A κεκλικυῖα] σφόδρα (3)
III Ki. 1. 1. πρεσβύτερος προβεβηκὼς ἡμέραις (1)
I Es. 2. 29. καὶ μὴ προβῇ ἐπὶ πλεῖον
Ju. 4. 7. S διακωλῦσαι τοὺς προβαίνοντας [A B al.]
16. 23. ἦν προβαίνουσα μεγάλη σφόδρα
Jb. 2. 9. χρόνου δὲ πολλοῦ προβεβηκότος –
II Ma. 4. 3. τῆς δὲ ἔχθρας ἐπὶ τοσοῦτον προβαινούσης
— 40. προβεβηκότος τὴν ἡλικίαν
6. 18. ἤδη προβεβηκὼς τὴν ἡλικίαν
8. 8. πυκνότερον δὲ ἐν ταῖς εὐημερίαις προβαίνοντα
III Ma. 5. 18. R ἐπὶ πλεῖον δὲ προβαινούσης [A προσκοπτούσης] τῆς ὁμιλίας
[Al. Hb. 3. 9.]

προβάλλειν. (1) חוּד (2) יָרָה (3) מָרַק (4) שָׁלַח
Jd. 14. 12. πρόβλημα ὑμῖν προβάλλομαι [A προβαλῶ ὑμῖν πρόβλημα] (1)
— 13. προβάλου τὸ πρόβλημα (1)
— 16. τὸ πρόβλημα ὃ προεβάλου (1)
Pr. 22. 21. τοῦ ἀποκρίνεσθαί σε λόγους ἀληθείας τοῖς προβαλλομένοις σοι [A al.] (4)
26. 18. προβάλλουσι λόγους εἰς ἀνθρώπους (2)
Je. 26 (46). 4. A προβάλατε [S -ετε, B προσβάλετε] τὰ δόρατα (3)
II Ma. 7. 10. R τὴν γλῶσσαν αἰτηθεὶς ταχέως προέβαλε [A -βαλλεν]
10. 35. A προβαλόντες [R προσβ.] τῷ τείχει
14. 46. προβαλὼν τὰ ἔντερα
[Aq. Ca. 2. 13.]
[Sm. Jb. 21. 11: Ez. 27. 33.]
[Th. Ez. 24. 3.]

προβασανίζειν.
IV Ma. 8. 5. τὴν αὐτὴν τῷ προβασανισθέντι [S¹ βασ.] γέροντι μανίαν
10. 16. ἀδελφός εἰμι τῶν προβασανισθέντων

προβασκάνιον.
Ep. Je. 70. ὥσπερ γὰρ ἐν σικυηράτῳ πρ. οὐδὲν φυλάσσον

προβατικός. (1) צֹאן
Ne. 3. 1. ᾠκοδόμησαν τὴν πύλην τὴν πρ. (1)
— 32. A B ἀναβάσεως [S R τῆς] πύλης τῆς πρ. (1)
12. 39. ἕως πύλης τῆς πρ. (1)

πρόβατον. (1) a. כֶּבֶשׂ b. כַּבְשָׂה c. כֶּשֶׂב (2) a. צֹאן b. צֹנֶה (3) רָחֵל (4) שֶׂה
Ge. 4. 2. ἐγένετο Ἄ. ποιμὴν προβάτων (2 a)
— 4. ἀπὸ τῶν πρωτοτόκων τῶν πρ. αὐτοῦ (2 a)
12. 16. καὶ ἐγένοντο αὐτῷ πρόβατα (2 a)
13. 5. καὶ Λὼτ . . . ἦν πρόβατα (2 a)
20. 14. καὶ πρόβατα καὶ μόσχους (2 a)
21. 27. ἔλαβεν Ἀβ. πρόβατα (2 a)
— 28. ἑπτὰ ἀμνάδας προβάτων μόνας (2 a)
— 29. αἱ ἑπτὰ ἀμνάδες τῶν πρ. τούτων –
22. 7. ποῦ ἐστι τὸ πρ. τὸ εἰς ὁλοκάρπωσιν (4)
— 8. ὁ θ. ὄψεται ἑαυτῷ πρόβατον (4)
24. 35. ἔδωκεν αὐτῷ πρόβατα (2 a)
26. 14. κτήνη προβάτων καὶ κτήνη βοῶν (2 a)
27. 9. πορευθεὶς εἰς τὰ πρ. (2 a)
29. 2. τρία ποίμνια προβάτων (2 a)
— 3. ἐπότιζον τὰ πρ. (2 a)
— 6. Ῥαχὴλ . . . ἤρχετο μετὰ τῶν πρ. (2 a)
— 6. A αὐτὴ γὰρ ἔβοσκεν τὰ πρόβατα –
— 7. ποτίσαντες τὰ πρ. (2 a)
— 8. ποτιοῦμεν τὰ πρ. (2 a)
— 9. ἤρχετο μετὰ τῶν πρ. τοῦ πατρὸς αὐ. (2 a)
— 9. αὐτὴ γὰρ ἔβοσκε τὰ πρ. –
— 10. R καὶ τὰ πρ. Λάβαν (2 a)
— 10. ἐπότισεν τὰ πρ. Λάβαν (2 a)
30. 31. πάλιν ποιμανῶ τὰ πρ. σου (2 a)
— 32. παρελθάτω τὰ πρ. σου (2 a)
— 32. διαχώρισον ἐκεῖθεν πᾶν πρ. (4)
— 36. τὰ πρ. Λ. τὰ ὑπολειφθέντα (2 a)
— 38. ὡς ἂν ἔλθωσι τὰ πρ. πιεῖν (2 a)
— 38. ἵνα . . . ἐγκισσήσωσι τὰ πρ. (2 a ?)
— 39. ἐνεκίσσων τὰ πρ. (2 a)
— 39. ἔτικτον τὰ πρ. διάλευκα (2 a)
— 40. ἔστησεν ἐναντίον τῶν πρ. κριόν (2 a)
— 40. οὐκ ἔμιξεν αὐτὰ εἰς τὰ πρ. Λ. (2 a)
— 41. ᾧ ἐνεκίσσων τὰ πρ. (2 a)
— 41. ἔθηκεν Ἰ. τὰς ῥάβδους ἐναντίον τῶν πρ. (2 a)
— 42. ἡνίκα γὰρ ἔτεκον τὰ πρ. (2 a)
31. 8. τέξεται πάντα τὰ πρ. ποικίλα (2 a)
— 8. τέξεται πάντα τὰ πρ. λευκά (2 a)
— 10. ἡνίκα ἐνεκίσσων τὰ πρ. (2 a)
— 10. ἀναβαίνοντες ἦσαν ἐπὶ τὰ πρ. (2 a)
— 12. ἀναβαίνοντας ἐπὶ τὰ πρ. (2 a)
— 19. κεῖραι τὰ πρ. αὐτοῦ (2 a)
— 38. τὰ πρ. σου καὶ αἱ αἶγές σου (3)
— 38. κριοὺς τῶν πρ. σου οὐ κατέφαγον (2 a)
— 41. καὶ ἓξ ἔτη ἐν τοῖς πρ. σου (2 a)
32. 5 (6). ἐγένοντό μοι . . . πρόβατα (2 a)
— 7 (8). διεῖλε . . . τὰ πρ. (2 a)
— 14 (15). πρ. διακόσια κριοὺς εἴκοσι (3)
33. 13. τὰ πρ. καὶ αἱ βόες (2 a)
34. 28. τὰ πρ. αὐτῶν καὶ τοὺς βόας αὐτῶν (2 a)
37. 2. ποιμαίνων τὰ πρ. (2 a)
— 12. βόσκειν τὰ πρ. τοῦ πατρὸς αὐ. (2 a)
— 14. εἰ ὑγιαίνουσιν . . . τὰ πρ. (2 a)
38. 12. ἐπὶ τοὺς κείροντας τὰ πρ. αὐτοῦ (2 a)
— 13. κεῖραι τὰ πρ. αὐτοῦ (2 a)
— 17. ἔριφον αἰγῶν ἐκ τῶν πρ. (2 a)
43. 32. A πᾶς ποιμὴν προβάτων –
45. 10. τὰ πρ. σου καὶ οἱ βόες σου (2 a)
46. 34. πᾶς ποιμὴν προβάτων (2 a)
47. 3. ποιμένες προβάτων οἱ παῖδές σου (2 a)
— 17. ἀντὶ τῶν ἵππων καὶ ἀντὶ τῶν πρ. (2 a)
— 18. τὰ πρ. . . . ὑπελίποντο ἐν γῇ Γ. (2 a)
Ex. 2. 16. ποιμαίνουσαι τὰ πρ. τοῦ πατρὸς αὐ. –
— 16. ποτίσαι τὰ πρ. τοῦ πατρὸς αὐ. (2 a)
— 17. ἐπότισε τὰ πρ. αὐτῶν (2 a)
— 19. ἐπότισε τὰ πρ. (2 a)
3. 1. ποιμαίνων τὰ πρ. Ἰοθόρ (2 a)
— 1. ἤγαγε τὰ πρ. ὑπὸ τὴν ἔρημον (2 a)
9. 3. καὶ βουσὶ καὶ προβάτοις (2 a)
Ex. 10. 9. καὶ προβάτοις καὶ βουσὶν ἡμῶν (2 a)
— 24. πλὴν τῶν πρ. . . . ὑπολείπεσθε (2 a)
12. 3. λαβέτωσαν ἕκαστος πρόβατον . . . ἕκαστος πρόβατον κατ' οἰκίαν (4, 4)
— 4. ὥστε μὴ εἶναι ἱκανοὺς εἰς πρόβατον (4)
— 4. συναριθμήσεται εἰς πρόβατον (4)
— 5. πρ. τέλειον ἄρσεν (4)
— 21. λάβετε ὑμῖν αὐτοῖς πρόβατον [A -α] (2 a)
— 32. τὰ πρ. καὶ τοὺς βόας ὑμῶν (2 a)
— 38. καὶ πρόβατα καὶ βόες (2 a)
13. 13. πᾶν . . . ὄνου ἀλλάξεις προβάτῳ (4)
20. 24. θύσετε ἐπ' αὐτοῦ . . . τὰ πρ. (2 a)
22. 1 (21. 37). ἐὰν δέ τις κλέψῃ . . . πρόβατον (4)
— 1 (21. 37). καὶ τέσσαρα πρ. ἀντὶ τοῦ πρ. (2 a, 4)
— 4 (3). ἀπό τε ὄνου ἕως προβάτου (4)
— 9 (8). περί τε μόσχου . . . καὶ προβάτου (4)
— 10 (9). ἢ μόσχον ἢ πρόβατον (4)
— 30 (29). οὕτω ποιήσεις . . . τὸ πρ. σου (2 a)
34. 3. καὶ τὰ πρ. καὶ αἱ βόες (2 a)
— 19. καὶ πρωτότοκον προβάτου (4)
— 20. πρωτότοκον ὑποζ. λυτρώσῃ προβάτῳ [A¹ om.] (4)
Le. 1. 2. ἀπὸ τῶν πρ. προσοίσετε τὰ δῶρα ὑ. (2 a)
— 10: 3. 6. ἐὰν δὲ ἀπὸ τῶν πρ. τὸ δῶρον αὐ. (2 a)
4. 32. ἐὰν δὲ πρόβατον προσενέγκῃ (1 a)
— 35. περιαιρεῖται στέαρ προβάτου (1 c)
5. 6. θῆλυ ἀπὸ τῶν πρ. (2 a)
— 7. ἐὰν δὲ μὴ ἰσχύῃ . . . εἰς τὸ [A om.] πρ. (4)
— 15, 18. κριὸν ἄμωμον ἐκ τῶν πρ. (2 a)
6. 5 (5. 25). κριὸν ἀπὸ τῶν πρ. ἄμωμον (2 a)
7. 13 (23). πᾶν στέαρ βοῶν καὶ προβάτων (1 c)
14. 10. λήψεται . . . πρ. ἄμωμον ἐνιαύσιον (1 b)
17. 3. ὃς ἐὰν σφάξῃ μόσχον ἢ πρόβατον (1 c)
22. 19. ἐκ τῶν πρ. καὶ ἐκ τῶν αἰγῶν (1 c)
— 21. ἐκ τῶν βουκολίων ἢ ἐκ τῶν πρ. (2 a)
— 23. A² B μόσχον ἢ πρ. ὠτότμητον (4)
— 27. μόσχον ἢ πρόβατον ἢ αἶγα (1 c)
— 28. μόσχον καὶ πρόβατον . . . οὐ σφάξεις (4)
23. 12. ποιήσετε . . . πρ. ἄμωμον (1 a)
27. 26. ἐάν τε μόσχον ἐάν τε πρόβατον (4)
— 32. πᾶσα δεκάτη βοῶν καὶ προβάτων (2 a)
Nu. 11. 22. μὴ πρόβατα . . . σφαγήσονται αὐτοῖς (2 a)
15. 3. ἀπὸ τῶν βοῶν ἢ ἀπὸ τῶν πρ. (2 a)
— 11. ἐκ τῶν πρ. ἢ ἐκ τῶν αἰγῶν (1 a)
18. 17. πρωτότοκα προβάτων . . . οὐ λυτρώσῃ (1 c)
22. 40. ἔθυσε Β. πρόβατα (2 a)
27. 17. ὡσεὶ πρόβατα οἷς οὐκ ἔστι ποιμήν (2 a)
31. 28, 30. ἀπὸ τῶν βοῶν καὶ ἀπὸ τῶν πρ. (2 a)
— 32. ἀπὸ τῶν πρ. ἑξακόσιαι χιλιάδες (2 a)
— 36. ἐκ τοῦ ἀριθμοῦ τῶν πρ. (2 a)
— 37. τὸ τέλος κυρίῳ ἀπὸ τῶν πρ. (2 a)
— 43. τὸ ἥμισευμα . . . ἀπὸ τῶν πρ. (2 a)
32. 16. ἐπαύλεις προβάτων οἰκοδομήσομεν (2 a)
— 36. καὶ ἐπαύλεις [A πόλεις] προβάτων (2 a)
De. 7. 13. καὶ τὰ ποίμνια τῶν πρ. σου (2 a)
8. 13. τῶν πρ. σου πληθυνθέντων (2 a)
12. 6. τὰ πρωτότοκα . . . τῶν πρ. ὑμῶν (2 a)
— 17. A R καὶ τῶν πρ. σου (2 a)
— 21. καὶ ἀπὸ τῶν πρ. σου (2 a)
14. 4. καὶ ἀμνὸν ἐκ προβάτων (1 c)
— 23. τὰ πρωτότοκα . . . τῶν πρ. σου (2 a)
— 26. A R ἐπὶ βουσὶν ἢ ἐπὶ προβάτοις (2 a)
15. 14. ἐφοδιάσεις αὐτὸν ἀπὸ τῶν πρ. σου (2 a)
— 19. καὶ ἐν τοῖς πρ. σου (2 a)
— 19. τὰ πρωτότοκα τῶν πρ. σου (2 a)
16. 2. θύσεις . . . πρόβατα καὶ βόας (2 a)
17. 1. οὐ θύσεις [A προσοίσεις] . . . πρόβατον (4)
18. 3. ἐάν τε μόσχον ἐάν τε πρόβατον (4)
— 4. τὴν ἀπαρχὴν τῶν κουρῶν τῶν πρ. σου (2 a)
22. 1. μὴ ἰδὼν . . . τὸ πρ. αὐτοῦ (4)
28. 4, 18. καὶ τὰ ποίμνια τῶν πρ. σου (2 a)
— 31. τὰ πρ. σου δεδομ. τοῖς ἐχθροῖς σου (2 a)
— 51. καὶ τὰ ποίμνια τῶν πρ. σου (2 a)
32. 14. καὶ γάλα προβάτων (2 a)
Jo. 6. 20 (21). A καὶ ἕως προβάτου (4)
7. 24. καὶ πάντα τὰ πρ. αὐτοῦ (2 a)
I Ki. 14. 34. καὶ ἕκαστος τὸ πρ. αὐτοῦ (4)
15. 3. ἀπὸ μόσχου ἕως προβάτου (4)
— 12. A τὰ πρ. [B πρῶτα] τῶν σκύλων –
17. 15. A ποιμαίνων τὰ πρ. τοῦ πατρὸς αὐ. (2 a)
— 20. A ἀφῆκεν τὰ πρ. φύλακι (2 a)
— 28. A ἐπὶ τίνα ἀφῆκας τὰ μικρὰ πρ. ἐκ. (2 a)
— 34. ἐλάμβανε πρόβατον ἐκ τῆς ἀγέλης (4)
22. 19. καὶ μόσχου καὶ ὄνου καὶ προβάτου (4)
25. 11. τοῖς κείρουσί μου τὰ πρ. –
— 18. καὶ πέντε πρόβατα πεποιημένα (2 a)

II Ki. 7. 8. ἐκ τῆς μάνδρας τῶν [A ἀπὸ ὄπισθεν τῶν] πρ. (2 a)
17. 29. καὶ βούτυρον καὶ πρόβατα (2 a)
24. 17. οὗτοι τὰ πρ. τί ἐποίησαν (2 a)
III Ki. 1. 9. ἐθυσίασεν Ἀδ. πρόβατα (2 a)
— 19, 25. ἐθυσίασε . . . πρόβατα εἰς πλῆθος (2 a)
3. 1 (*cf.* 4. 23 [5. 3]). B καὶ ἑκατὸν πρόβατα (2 a)
4. 23 (5. 3). καὶ ἑκατὸν πρόβατα (2 a)
8. 5. θύοντες πρόβατα βόας (2 a)
— 63. A R προβάτων ἑκατὸν εἴκοσι χιλιάδας (2 a)
IV Ki. 5. 26. καὶ νῦν ἔλαβες . . . πρόβατα (2 a)
I Ch. 5. 21. καὶ προβάτων διακοσ. πεντήκ. χιλιάδας (2 a)
12. 40. ἔφερον . . . μόσχους καὶ πρόβατα (2 a)
21. 17. ταῦτα τὰ πρ. τί ἐποίησαν (2 a)
27. 31. καὶ ἐπὶ τῶν πρ. Ἰαζίζ (2 a)
II Ch. 5. 6. θύοντες μόσχους καὶ πρόβατα (2 a)
14. 15 (14). ἔλαβον πρ. πολλά (2 a)
15. 11. ἔθυσε . . . πρ. ἑπτακισχίλια [A *al.*] (2 a)
17. 11. ἔφερον αὐτῷ κριοὺς προβάτων (2 a)
18. 2. ἔθυσεν αὐτῷ Ἀχ. πρόβατα (2 a)
— 16. διεσπαρμένους . . . ὡς πρόβατα (2 a)
29. 33. πρόβατα τρισχίλια (2 a)
30. 24. ἀπήρξατο . . . ἑπτακισχίλια πρ. (2 a)
— 24. ἀπήρξαντο . . . πρόβατα δέκα χιλιάδες (2 a)
31. 6. ἤνεγκαν ἐπιδέκατα . . . προβάτων (2 a)
32. 29. καὶ ἀποσκευὴν προβάτων (2 a)
35. 7. ἀπήρξατο Ἰωσ. . . . πρόβατα (2 a)
— 8. ἔδωκαν εἰς τὸ φασὲκ πρόβατα –
— 9. A R ἀπήρξαντο . . . πρόβατα [B *om.*] –
I Es. 1. 8. ἔδωκε . . . πρ. δισχίλια ἑξακόσια
— 9. A R ἔδωκαν . . . πρ. πεντακισχίλια [B χιλ.]
II Es. 10. 19. A B S^{2} κριὸν ἐκ προβάτων (2 a)
Ne. 5. 18. A S R καὶ πρόβατα ἓξ [B *om.*] ἐκλεκτά (2 a)
To. 1. 6. S καὶ τὰς πρωτοκουρὰς τῶν πρ. ἔχων [A B *al.*]
7. 8. ἔθυσαν κριὸν [S *add.* ἐκ] προβάτων
10. 11. S βόας καὶ πρόβατα [A B *al.*]
Ju. 2. 17. ἔλαβε . . . πρόβατα καὶ βόας
8. 26. ποιμαίνοντι τὰ πρ. Λ. [A S *al.*]
11. 19. A B ὡς πρόβατα οἷς οὐκ ἔστι ποιμήν
Jb. 1. 3. ἦν τὰ κτήνη αὐ. πρ. ἑπτακισχίλια (2 a)
— 16. κατέκαυσε [A -έφαγεν] τὰ πρ. (2 a)
21. 11. μένουσι δὲ ὡς πρόβατα αἰώνια (2 a)
42. 12. ἦν δὲ τὰ κτήνη αὐ. πρόβατα μύρια (2 a)
Ps. 8. 7. πρόβατα καὶ βόας πάσας (2 b)
43 (44). 11. ἔδωκας ἡμᾶς ὡς πρόβατα βρώσεως (2 a)
— 22. ἐλογίσθημεν ὡς πρόβατα σφαγῆς (2 a)
48 (49). 14. ὡς πρόβατα ἐν ᾅδῃ ἔθεντο (2 a)
64 (65). 13. ἐνεδύσαντο οἱ κριοὶ τῶν πρ. (2 a)
73 (74). 1. ἐπὶ πρόβατα νομῆς σου (2 a)
76 (77). 20. ὡδήγησας ὡς πρόβατα τὸν λαόν σου (2 a)
77 (78). 52. ἀπῆρεν ὡς πρόβατα τὸν λαὸν αὐτοῦ (2 a)
— 70. ἀνέλαβεν αὐτὸν ἐκ τῶν ποιμνίων τῶν πρ. (2 a)
78 (79). 13. ἡμεῖς γὰρ λαός σου καὶ πρόβατα νομῆς σου (2 a)
79 (80). 1. ὁ ὁδηγῶν ὡσεὶ πρόβατα τὸν Ἰ. (2 a)
94 (95). 7. ἡμεῖς . . . πρόβατα χειρὸς αὐ. (2 a)
99 (100). 3. καὶ πρόβατα τῆς νομῆς αὐτοῦ (2 a)
106 (107). 41. ἔθετο ὡς πρόβατα πατριάς (2 a)
113 (114). 4, 6 (A S^{2} R). καὶ οἱ βουνοὶ ὡς ἀρνία προβάτων (2 a)
118 (119). 176. ἐπλανήθην ὡς πρ. ἀπολωλός (4)
143 (144). 13. τὰ πρ. αὐτῶν πολυτόκα (2 a)
151. 1. ἐποίμαινον τὰ πρ. τοῦ πατρός μου
— 4. ἦρέ με ἐκ τῶν πρ. τοῦ πατρός μου
Pr. 27. 26. ἵνα ἔχῃς πρόβατα εἰς ἱματισμόν (1 a)
Si. 47. 3. ἐν ἄρκοις ὡς ἐν ἄρνασι προβάτων
Ho. 5. 6. μετὰ προβάτων καὶ μόσχων (2 a)
Am. 7. 15. A R ἀνέλαβέ με κύριος ἐκ τῶν πρ. [B προφητῶν] (2 a)
Mi. 2. 12. ὡς πρόβατα ἐν θλίψει (2 a)
5. 8 (7). ὡς σκύμνος ἐν ποιμνίοις προβάτων (2 a)
7. 14. πρόβατα κληρονομίας σου (2 a)
Jl. 1. 18. τὰ ποίμνια τῶν πρ. ἠφανίσθησαν (2 a)
Jn. 3. 7. τὰ πρ. μὴ γευσάσθωσαν (2 a)
Hb. 3. 17. ἐξέλιπεν ἀπὸ βρώσεως πρόβατα (2 a)
Ze. 2. 6. ἔσται Κρήτη . . . μάνδρα προβάτων (2 a)
Za. 9. 16. σώσει . . . ὡς πρόβατα λαὸν αὐ. (2 a)
10. 2. ἐξηράνθησαν ὡς πρόβατα (2 a)
11. 4. ποιμαίνετε τὰ πρ. τῆς σφαγῆς (2 a)
— 7. ποιμανῶ τὰ πρ. [S^{2} τὸ πρ.] τῆς σφαγῆς (2 a)
— 7. ποιμανῶ τὰ πρ. (2 a)
— 11. γνώσονται οἱ Χ. τὰ πρ. τὰ φυλασσόμ. μοι (2 a)
— 17. καταλελοιπότες τὰ πρ. (2 a)
13. 7. ἐκσπάσατε τὰ πρ. [A S *al.*] (2 a)
Is. 7. 21. δάμαλιν βοῶν καὶ δύο πρόβατα (2 a)
Is. 7. 25. εἰς βόσκημα προβάτου (4)
13. 14. ἔσονται . . . ὡς πρ. πλανώμενον (2 a)
22. 13. καὶ θύοντες πρόβατα (2 a)
43. 23. οὐκ ἤνεγκάς μοι [A B S οὐκ ἐμοὶ] πρόβατά σου τῆς ὁλοκαρπώσεώς σου (4)
53. 6. πάντες ὡς πρόβατα ἐπλανήθημεν (2 a)
— 7. ὡς πρ. ἐπὶ σφαγὴν ἤχθη (4)
60. 7. πάντα τὰ πρ. Κηδὰρ συναχθήσονται (2 a)
61. 5. ποιμαίνοντες τὰ πρ. σου [S *om.*] (2 a)
63. 11. ποῦ [A S *om.*] ὁ ἀναβιβάσας . . . τὸν ποιμένα τῶν πρ. (2 a)
Je. 3. 24. κατηνάλωσε . . . τὰ πρ. αὐτῶν (2 a)
5. 17. κατέδονται τὰ πρ. ὑμῶν (2 a)
10. 20. οἱ υἱοί μου καὶ τὰ πρ. μου οὐκ εἰσίν †
13. 20. ποῦ ἐστι . . . πρόβατα δόξης σου (2 a)
23. 1. οἱ ἀπολλύοντες καὶ διασκορπίζοντες τὰ πρ. τῆς νομῆς αὐτῶν [A S *al.*] (2 a)
— 2. διεσκορπίσατε τὰ πρ. μου (2 a)
27 (50). 6. πρ. ἀπολωλότα ἐγενήθη ὁ λαός μου (2 a)
— 8. ὥσπερ δράκοντες κατὰ πρόσωπον προβάτων (2 a)
— 17. πρ. πλανώμενον Ἰσραήλ (4)
— 45. τὰ ἀρνία τῶν πρ. αὐτοῦ (2 a)
29 (49). 20. ἐὰν μὴ συμψηθῶσι [A -ηφισθ., S συνῶσι] τὰ ἐλάχιστα τῶν πρ. (2 a)
30. 7 (49. 29). A R καὶ τὰ [B S *om.*] πρ. αὐτῶν λήψονται (2 a)
32 (25). 34. κόπτεσθε, οἱ κριοὶ τῶν πρ. (2 a)
— 35. ἀπὸ τῶν κριῶν τῶν πρ. (2 a)
— 36. ἀλαλαγμὸς τῶν πρ. καὶ τῶν κριῶν [S κρ. κ. τ. πρ.] (2 a)
38 (31). 12. ἐπὶ γῆν . . . κτηνῶν καὶ προβάτων (2 a)
40 (33). 12. καταλύματα ποιμένων κοιταζόντων πρόβατα [A -ων] (2 a)
— 13. παρελεύσεται πρόβατα ἐπὶ χεῖρα ἀριθμοῦντος (2 a)
Ez. 25. 5. δώσω . . . τοὺς υἱοὺς Ἀμμὼν εἰς νομὴν [A προν.] προβάτων (2 a)
34. 2. οὐ τὰ πρ. βόσκουσιν οἱ ποιμένες (2 a)
— 3. τὰ πρ. μου οὐ βόσκετε (2 a)
— 5. διεσπάρη τὰ πρ. μου –
— 6. διεσπάρη τὰ πρ. μου (2 a)
— 6. A διεσπάρη τὰ πρ. μου [B *om.* τὰ πρ. μ.] (2 a)
— 8. ἀντὶ τοῦ γενέσθαι τὰ πρ. μου εἰς προνομὴν καὶ γενέσθαι τὰ πρ. μου εἰς κατάβρωμα . . . οὐκ ἐξεζήτησαν οἱ ποιμένες τὰ πρ. μου . . . τὰ δὲ πρ. μου οὐκ ἐβόσκησαν (2 a *quater*)
— 10. ἐκζητήσω τὰ πρ. μου . . . τοῦ μὴ ποιμαίνειν τὰ πρ. μου . . . ἐξελοῦμαι τὰ πρ. μου (2 a *ter*)
— 11. ἐκζητήσω τὰ πρ. μου (2 a)
— 12. ἐν μέσῳ προβάτων διακεχωρισμένων οὕτως ἐκζητήσω τὰ πρ. μου (2 a, 2 a)
— 15. A^{2} B βοσκήσω τὰ πρ. μου (2 a)
— 17. ὑμεῖς, πρόβατα [A τὰ πρ.] . . . διακρινῶ ἀνὰ μέσον προβάτου καὶ προβάτου (2 a, 4, 4)
— 19. τὰ πρ. μου τὰ πατήματα τῶν ποδῶν ὑμῶν ἐνέμοντο (2 a)
— 20. διακρινῶ ἀνὰ μέσον προβάτου ἰσχυροῦ καὶ ἀνὰ μέσον προβάτου ἀσθενοῦς (4, 4)
— 22. σώσω τὰ πρ. μου (2 a)
— 31. πρόβατά μου καὶ πρόβατα ποιμνίου μού ἐστε (2 a, 2 a)
36. 37. πληθυνῶ αὐτοὺς ὡς πρόβατα ἀνθρώπους (2 a)
— 37 (38). ὡς πρόβατα ἅγια ὡς πρόβατα Ἰερ. (2 a, 2 a)
— 38. οὕτως ἔσονται αἱ πόλεις αἱ ἔρημοι πλήρεις προβάτων ἀνθρώπων (2 a)
43. 23. κριὸν ἐκ προβάτων [A τῶν πρ.] ἄμωμον (2 a)
— 25. ποιήσεις . . . κριὸν ἐκ προβάτων [A τῶν πρ.] (2 a)
45. 15. πρ. [A *add.* ἐν] ἀπὸ τῶν πρ. ἀπὸ δέκα [A τ. δ. πρ.] ἀφαίρεμα (4, 2 a)
Da. LXX. Bel 2. ἀνηλίσκετο δὲ αὐτῷ . . . πρ. τέσσαρα
Da. TH. Bel 3. ἐδαπανῶντο εἰς αὐτὸν . . . πρόβατα τεσσαράκοντα
— 32. ἐδίδοτο αὐτοῖς τὴν ἡμέραν . . . δύο πρόβατα
[**Aq.** Jb. 30. 1: Ca. 6. 5 (6): Je. 31 (38). 12: Am. 1. 2.]
[**Sm.** Le. 3. 7: II Ki. 6. 13: Jb. 30. 1: Is. 66. 3.]
[**Th.** Jb. 30. 1: Ps. 79 (80). 2: Is. 66. 3: Je. 12. 3: Ez. 34. 6 (Sw.): Da. 14. 2.]
[**Al.** Hb. 3. 17.]

προβιβάζειν. (1) יָרָה hi. (2) שָׁנַן pi.
Ex. 35. 34. προβιβάσαι γε ἔδωκεν (1)
De. 6. 7. προβιβάσεις αὐτὰ τοὺς υἱούς σου (2)
[**Aq.** Ps. 41 (42). 5: Is. 38. 15.]

προβλέπειν. (1) רָאָה
Ps. 36 (37). 13. προβλέπει ὅτι ἥξει ἡ ἡμέρα αὐτοῦ (1)
[**Sm.** Ec. 6. 9.]

πρόβλημα. (1) חִידָה
Jd. 14. 12. πρόβλημα ὑμῖν προβάλλομαι [A *al.*] (1)
— 12. A ἐὰν . . . ἀπαγγείλητέ μοι τὸ πρ. [B *al.*] –
— 13. προβάλου τὸ πρ. (1)
— 14. οὐκ ἠδύναντο ἀπαγγεῖλαι τὸ πρ. (1)
— 15. ἀπαγγειλάτω σοι τὸ πρ. (1)
— 16. τὸ πρ. ὃ προέβαλου (1)
— 18. οὐκ ἂν ἔγνωτε [A εὕρητε] τὸ πρ. μου (1)
— 19. τοῖς ἀπαγγείλασι τὸ πρ. (1)
Ps. 48 (49). 4. ἀνοίξω ἐν ψαλτηρίῳ τὸ πρ. μου (1)
77 (78). 2. φθέγξομαι προβλήματα ἀπ' ἀρχῆς (1)
Hb. 2. 6. καὶ πρόβλημα εἰς διήγησιν αὐ. (1)
Da. TH. 8. 23. ἀναστήσεται βασιλεὺς . . . συνίων προβλήματα (1)
[**Aq.** Ez. 17. 2.]
[**Sm.** Ps. 77 (78). 2: Pr. 1. 6.]
[**Th.** Pr. 1. 6: Ez. 17. 2.]

προβλής.
IV Ma. 13. 6. S R προβλῆτες λιμένων πύργοι [A *al.*]

προβλητός. (1) רָקַע pu.
Je. 10. 5 (9). S ἀργύριον προβλητόν [A B προσβλ.] ἐστιν [A B *om.*] (1)

προγίνεσθαι.
Wi. 19. 13. A S οὐκ ἄνευ τῶν προγεγονότων [B γεγ.] τεκμηρίων
II Ma. 14. 3. R Ἄλκιμος δέ τις προγενόμενος [A -γεγονὼς] ἀρχιερεὺς
15. 8. ἔχοντας δὲ κατὰ νοῦν τὰ προγεγονότα αὐτοῖς
[**Sm.** Ec. 10. 14.]

προγινώσκειν.
Wi. 6. 13. φθάνει τοὺς ἐπιθυμοῦντας [S ἐ. αὐτὴν] προγνωσθῆναι
8. 8. σημεῖα καὶ τέρατα προγινώσκει
18. 6. ἐκείνη ἡ νὺξ προεγνώσθη πατράσιν ἡμῶν

πρόγνωσις.
Ju. 9. 6. ἡ κρίσις σου ἐν προγνώσει
11. 19. A B ἐλαλήθη μοι κατὰ πρόγνωσίν μου

προγονικός.
II Ma. 8. 17. τὴν τῆς πρ. πολιτείας κατάλυσιν
14. 7. ἀφελόμενος τὴν πρ. δόξαν

πρόγονοι.
Es. 4. 17. ἔλαβες . . . ἐκ πάντων τῶν πρ. αὐ.
8. 13. τοῦ κατευθύνοντος . . . τοῖς πρ. ἡμῶν τὴν βασ.
Si. 8. 4. ἵνα μὴ ἀτιμάζωνται οἱ πρ. σου
9. 6. S^{1} ἵνα μὴ ἀτιμάζωνται οἱ πρ. σου [A B S^{2} *al.*]
II Ma. 8. 19. τὰς ἐπὶ τῶν πρ. γενομένας ἀντιλήψεις
11. 25. κατὰ τὰ ἐπὶ τῶν πρ. αὐ. ἔθη
III Ma. 5. 31. ἀντὶ τῶν . . . προγόνοις ἐμοῖς ἀποδεδειγμένων
6. 28. ἀφ' ἡμετέρων μέχρι τοῦ νῦν προγόνων
7. 7. πρὸς ἡμᾶς καὶ τοὺς πρ. ἡμῶν
IV Ma. 3. 8. ὁ πᾶς τῶν πρ. στρατός
5. 29. τοὺς ἱεροὺς τῶν πρ. . . . ὅρκους
9. 2. αἰσχυνόμεθα γὰρ τοὺς πρ.

προγράφειν.
Da. LXX. 3. 3. *cod.* ἔστησαν οἱ προγεγραμμ. [R προσγ.]
I Ma. 10. 36. προγραφήτωσαν τῶν Ἰ. εἰς τὰς δυνάμεις

πρόδηλος.
Ju. 8. 29. ἡ σοφία σου πρ. ἐστιν
II Ma. 3. 17. πρόδηλον ἐγένετο . . . τὸ κατὰ καρδίαν ἐνεστὸς ἄλγος
14. 39. πρόδηλον ποιῆσαι . . . δυσμένειαν

προδηλοῦν.
III Ma. 4. 14. τὴν ἔμπροσθε βραχεῖ προδεδηλωμένην . . . λατρείαν

προδιδόναι. (1) נָתַן

IV Ki. 6. 11. τίς προδίδωσί με βασιλεῖ Ἰσρ. †
Is. 40. 14. **A S**[1] τίς προέδωκεν αὐτῷ –
Ez. 16. 34. **A** ἐν τῷ πρ. [**B**[2] **R** προσδ., **B**[1] διδ.] σε μισθώματα (1)
II Ma. 7. 37. σῶμα . . . προδίδωμι περὶ τῶν πατρίων νόμων
IV Ma. 4. 1. τὴν πατρίδα προδώσων
[**Sm.** Ex. 32. 25: Je. 12. 6.]

πρόδομος. (1) בִּכּוּרִים

Nu. 13. 21 (20). **A**[1] αἱ ἡμέραι . . . πρόδομοι [**A**[2] **B** πρόδρ.] σταφυλῆς (1)
[**Aq.** III Ki. 7. 6 (43), 7 (44) *bis*: Jl. 2. 17.]

προδοσία.

Wi. 17. 12. προδοσία [**S** προσδοκία] τῶν ἀπὸ λογισμοῦ βοηθημάτων
— 15. τὰ δὲ τῆς ψυχῆς παρελύοντο προδοσίᾳ

προδότης.

II Ma. 5. 15. τὸν . . . τῆς πατρίδος πρ. γεγονότα
10. 13. προδότης παρ' ἕκαστα ἀκούων
— 22. τούτους μὲν οὖν πρ. γενομένους ἀπέκτεινε
III Ma. 3. 24. τοὺς δυσσεβεῖς τούτους κατὰ νώτου προδότας

πρόδρομος. (1) בִּכּוּרִים (2) πρόδρομος σύκου בִּכּוּרָה

Nu. 13. 21 (20). αἱ ἡμέραι . . . πρόδρομοι [**A**[1] πρόδομοι] σταφυλῆς (1)
Wi. 12. 8. **A R** ἀπέστειλάς τε προδρόμους τοῦ στρατοπέδου [**B S** τοὺς στρ.] σου σφῆκας
Is. 28. 4. ὡς πρ. σύκου ὁ ἰδὼν αὐτό (2)
[**Aq.** Ez. 26. 9: Ho. 9. 10.]
[**Sm., Th.** Ho. 9. 10.]

προειδέναι.

Wi. 19. 2. προῄδει γὰρ αὐτῶν καὶ τὰ μέλλοντα
IV Ma. 4. 25. προειδυίας ὅτι τοῦτο πείσονται
[**Sm.** Ps. 36 (37). 18.]

προεκφέρειν. (1) נָתַן

Ge. 38. 28. ὁ εἷς προεξήνεγκε τὴν χεῖρα (1)

προέλευσις.

[**Sm.** Ex. 21. 7: Dt. 33. 18: Ps. 64 (65). 9: 120 (121). 8: Pr. 4. 23.]

προενέχεσθαι.

II Ma. 5. 18. **R** προενέχεσθαι [**A** προσεν.] πολλοῖς ἁμαρτήμασι

προεξαποστέλλειν.

II Ma. 12. 21. προεξαπέστειλεν ὁ Τιμ. τὰς γυναῖκας

προερεῖν.

I Es. 6. 32. **A** τι τῶν προειρημένων [**B** *al.*]
II Ma. 2. 32. τοῖς προειρημένοις τοσοῦτον ἐπιζεύξαντες
3. 7. τὴν τῶν προειρημ. χρημάτων ἐκκομιδήν
— 28. τὸν . . . εἰς τὸ προειρημένον εἰσελθόντα γαζοφυλάκιον
4. 1. ὁ δὲ προειρημένος Σίμων
6. 29. **R** διὰ τὸ τοὺς προειρημ. λόγους . . . ἀπόνοιαν εἶναι [**A** *al.*]
14. 8. τῇ μὲν γὰρ τῶν προειρημένων ἀλογιστίᾳ
III Ma. 1. 26. τέλος ἐπιθήσειν δοκῶν τῷ προειρημένῳ
4. 17. μετὰ δὲ τὸ προειρημένον τοῦ χρόνου διάστημα
6. 35. καθὼς προειρήκαμεν
— 35. **R** συστησάμενοι τὸν προειρημ. χορόν [**A** χρόνον]
— 36. τὰς προειρημένας ἡμέρας ἄγειν ἔστησαν εὐφροσύνους

προέρχεσθαι. (1) עָבַר

Ge. 33. 3. **R** προῆλθεν [**A** παρ.] ἔμπροσθεν αὐτῶν (1)
— 14. **A**[2] **R** προελθάτω [**A**[1] προσ.] ὁ κ. μου (1)
Ju. 2. 19. τοῦ προελθεῖν βασιλέως Ναβ.
12. 15. **B** προῆλθεν [**A R** προσῆλ.] ἡ δούλη αὐτῆς
15. 13. καὶ προῆλθε παντὸς τοῦ λαοῦ
Es. 1. 1. προῆλθον [**A** προσῆλ.] ἀμφότεροι παλαίειν
Pr. 8. 24. πρὸ τοῦ προελθεῖν τὰς πηγὰς τῶν ὑδάτων †
Si. 35 (32). 10. πρὸ αἰσχυντηροῦ προελεύσεται χάρις
II Ma. 4. 34. ἔπεισεν ἐκ τοῦ ἀσύλου προελθεῖν
14. 21. καὶ προῆλθε
III Ma. 2. 26. ἐπὶ τοσοῦτον θράσους προῆλθεν
IV Ma. 4. 5. **S**[1] εἰς τὴν πατρίδα ἡμῶν . . . προελθών [**A S**[2] **R** προσελ.]
[**Sm.** Ex. 21. 7: Jd. 4. 14: I Ki. 3. 1: Jb. 23. 8: 24. 5: 28. 11: 41. 7: Ps. 43 (44). 10: 67 (68). 8: 84 (85). 14: 87 (88). 9: 107 (108). 12: Ez. 26. 18.]
[**Al.** Hb. 3. 5.]

προετοιμάζειν.

Wi. 9. 8. ἣν προητοίμασας ἀπ' ἀρχῆς
Is. 28. 24. σπόρον προετοιμάσει [**S**[1] ἑτ.] †
[**Sm.** Is. 30. 33.]

προέχειν. (1) חָזַק hi.

Jb. 27. 6. **A** δικαιοσύνῃ δὲ προέχων [**B S** προσ.] (1)
[**Sm.** Ec. 10. 10.]

προηγεῖσθαι. (1) לִפְנֵי (2) בְּרֹאשׁ

De. 20. 9. προηγουμένους τοῦ λαοῦ (2)
I Es. 5. 8. μετὰ Ζ. καὶ Ἰ. . . . τῶν προηγουμένων αὐ.
— 9. καὶ οἱ προηγούμενοι αὐ.
8. 28. οὗτοι οἱ προηγούμενοι
— 70. μετεῖχον οἱ προηγούμενοι
9. 12. οἱ προηγούμενοι τοῦ πλήθους
Pr. 17. 14. προηγεῖται δὲ τῆς ἐνδείας στάσις (1)
Si. 41. 17. **S** ἀπὸ προηγουμένου [**A B** ἡγ.] καὶ δυνάστου περὶ ψεύδους
II Ma. 4. 40. προηγησαμένου τινὸς Τυράννου
8. 22. τάξας ἀδελφοὺς αὐ. προηγουμένους ἑκατέρας τάξεως
— 23. τῆς πρώτης σπείρας αὐτὸς προηγούμενος
10. 12. τὸ δίκαιον συντηρεῖν προηγούμενος
11. 8. ἐφάνη προηγούμενος αὐτῶν
III Ma. 1. 11. ἀλλ' ἢ μόνῳ τῷ προηγουμένῳ πάντων ἀρχιερεῖ
[**Al.** Le. 26. 30.]

προηγορεῖν.

II Ma. 4. 48. **A** οἱ περὶ πόλεως . . . προηγορήσαντες [**R** *al.*]

προήγορος.

II Ma. 7. 2. εἷς δὲ αὐτῶν γενόμενος πρ.
— 4. τὸν γενόμ. αὐτῶν πρ. προσέταξε γλωσσοτομεῖν

προήκειν.

IV Ma. 5. 4. καὶ τὴν ἡλικίαν προήκων

προθερίζειν.

Jd. 15. 5. **A** καὶ τὰ προτεθερισμ. ἀπὸ στυβῆς [**B** *al.*] –

πρόθεσις. (1) *a.* עֵרֶךְ *b.* מַעֲרֶכֶת (2) פָּנִים

Ex. 39. 18 (36). **A**[2] **B** καὶ τὴν τράπεζαν τῆς πρ. –
— 18 (36). **A**[2] τοὺς ἄρτους τῆς πρ. [**B** τοὺς προκειμ.] (2)
40. 4. προθήσεις τὴν πρ. αὐτῆς (1 *a*)
— 23. προσέθηκεν . . . ἄρτους τῆς πρ. (1 *a*)
I Ki. 21. 6 (7). ἔδωκεν αὐτῷ . . . τοὺς ἄρτους τῆς πρ. †
I Ch. 9. 32. ἐπὶ τῶν ἄρτων τῆς πρ. (1 *b*)
23. 29. εἰς τοὺς ἄρτους τῆς πρ. (1 *b*)
28. 16. τὸν σταθμὸν τῶν τραπεζῶν τῆς πρ. (1 *b*)
II Ch. 2. 4 (3). τοῦ θυμιᾶν . . . πρόθεσιν (1 *b*)
4. 19. καὶ ἐπ' αὐτῶν ἄρτοι προθέσεως (2)
13. 11. θυμιῶσι . . . προθέσεις ἄρτων (1 *b*)
29. 18. καὶ τὴν τράπεζαν τῆς πρ. (1 *b*)
I Ma. 1. 22. ἔλαβε . . . τὴν τράπεζαν τῆς πρ.
II Ma. 3. 8. τὴν τοῦ βασ. πρ. ἐπιτελέσων
10. 3. τῶν ἄρτων τὴν πρ. ἐποιήσαντο
III Ma. 1. 22. τὸ τῆς πρ. αὐ. ἐκπληροῦν διανοουμένου
2. 26. ἀτενίζοντας εἰς τὴν τοῦ βασ. πρ.
5. 12. τῆς ἀθέσμου μὲν πρ. πολὺ διεσφαλμένος
— 29. κατὰ τὴν σὴν ἐκτενῆ πρ.
[**Sm.** Ex. 25. 29 (30): Ps. 9. 38 (10. 17).]
[**Al.** Ex. 39. 36 (18): Ps. 145 (146). 4.]

προθεσμία.

[**Sm.** Jb. 28. 3: Da. 9. 26 *bis*.]

πρόθυμα.

[**Aq.** Ex. 24. 6.]

προθυμεῖν, προθυμοῦν. (1) נָדַב hithpa.

I Ch. 29. 5. καὶ τίς ὁ προθυμούμενος (1)
— 6. **R** προεθυμήθησαν [**A** -μώθ. **R** -μησαν] ἄρχοντες (1)
— 9. ὑπὲρ τοῦ προθυμηθῆναι (1)
— 9. προεθυμήθησαν τῷ κυρίῳ (1)
— 14. προθυμηθῆναί σοι κατὰ ταῦτα (1)
— 17. προεθυμήθην ταῦτα πάντα (1)
— 17. τὸν λαόν σου . . . εἶδον . . . προθυμηθέντα σοι (1)
II Ch. 17. 16. ὁ προθυμούμενος τῷ κυρίῳ (1)
I Ma. 1. 13. καὶ προεθυμήθησάν [**S**[1] -μώθ.] τινες
III Ma. 1. 8. συνέβη μᾶλλον αὐτὸν προθυμηθῆναι
3. 17. προθυμηθέντων ἡμῶν εἰσελθεῖν
[**Sm.** Jb. 36. 20: Ps. 39 (40). 9.]

προθυμία.

Si. 45. 23. ἐν ἀγαθότητι προθυμίας ψυχῆς αὐτοῦ

πρόθυμος. (1) חוּשׁ (2) נָדִיב

I Ch. 28. 21. καὶ πᾶς πρ. ἐν σοφίᾳ (2)
II Ch. 29. 31. καὶ πᾶς πρ. τῇ καρδίᾳ (2)
Pr. 16. 19. **A** κρείσσων πρόθυμος [**B S** πραΰθ.] μετὰ ταπεινώσεως †
Hb. 1. 8. ὡς ἀετὸς πρ. [**S**[1] προΐθ.] εἰς τὸ φαγεῖν (1)
II Ma. 4. 14. ὥστε μηκέτι περὶ τὰς . . . λειτουργίας πρ. εἶναι τοὺς ἱερεῖς
15. 9. προθυμοτέρους αὐτοὺς κατέστησε
III Ma. 5. 26. ὑποδεικνὺς τὸ πρ. τοῦ βασ. ἐν ἑτοίμῳ κεῖσθαι

προθυμοῦν, *vid. sub* **προθυμεῖν.**

προθύμως. (1) יִשְׁרֵי לֵבָב

II Ch. 29. 34. οἱ Λ. πρ. ἥγνισαν (1)
To. 7. 8. ὑπεδέξαντο αὐτοὺς πρ.
II Ma. 6. 28. εἰς τὸ πρ. . . . ἀπευθανατίζειν
11. 7. ὁμοῦ δὲ καὶ πρ. ἐξώρμησαν
IV Ma. 1. 1. ὅπως πρ. προσέχητε τῇ φιλοσοφίᾳ
16. 16. ἐναγωνίσασθε πρ.

προθύρα (?). (1) פֶּתַח

Pr. 5. 8. **A** μὴ ἐγγίσῃς προθύραις [**B S** πρὸς θ.] οἴκων αὐ. (1)

πρόθυρον. (1) מְזוּזָה (2) מִפְתָּן (3) סַף (4) פֶּתַח

Ge. 19. 6. **R** ἐξῆλθε δὲ . . . πρὸς τὸ πρ. [**A** *om.* πρ. τὸ πρ.] (4)
Jd. 19. 27. καὶ αἱ χεῖρες αὐ. ἐπὶ τὸ πρ. (3)
I Ki. 5. 4. πεπτωκότες ἐπὶ τὸ πρ. (2)
III Ki. 7. 50. καὶ τὰ πρ. καὶ οἱ ἧλοι (3)
14. 17. **A** ὡς εἰσῆλθεν ἐν τῷ πρ. τοῦ οἴκου (3)
Za. 12. 2. τίθημι τὴν Ἱερ. ὡς πρόθυρα σαλευόμενα (3)
Is. 66. 17. ἐν τοῖς πρ. ἔσθοντες κρέας ὕειον †
Je. 1. 15. ἐπὶ τὰ πρ. τῶν πυλῶν Ἱερουσαλήμ (4)
19. 2. ὅ ἐστιν ἐπὶ τῶν πρ. πύλης τῆς χαρσειθ (4)
33 (26). 10. ἐκάθισαν ἐν προθύροις πύλης [**A** *add.* κυρίου] τῆς καινῆς (4)
43 (36). 10. ἐν προθύροις πύλης τοῦ [**A** *om.* π. τ.] οἴκου κυρίου (4)
50 (43). 9. κατάκρυψον αὐτοὺς ἐν [**S** ἐπὶ] προθύροις †
Ez. 8. 3. ἤγαγέ με . . . ἐπὶ τὰ πρ. τῆς πύλης (4)
— 7. εἰσήγαγέ με ἐπὶ τὰ πρ. τῆς αὐλῆς (4)
— 14. εἰσήγαγέ με ἐπὶ τὰ πρ. τῆς πύλης (4)
— 16. ἐπὶ τῶν πρ. τοῦ ναοῦ κυρίου (4)
10. 19. ἔστησαν ἐπὶ τὰ πρ. τῆς πύλης (4)
11. 1. ἰδοὺ ἐπὶ τῶν πρ. τῆς πύλης (4)
43. 8. ἐν τῷ τιθέναι αὐτοὺς τὸ πρ. μου ἐν τοῖς πρ. αὐτῶν (4, 4)
46. 2. στήσεται ἐπὶ τὰ πρ. τῆς πύλης . . . προσκυνήσει ἐπὶ τοῦ πρ. τῆς πύλης (1, 2)
— 3. κατὰ τὰ πρ. τῆς πύλης ἐκείνης (4)
47. 1. εἰσήγαγέ με ἐπὶ τὰ πρ. τοῦ οἴκου (4)
[**Aq.** III Ki. 14. 17: IV Ki. 12. 9 (10): Ez. 40. 5 (P.), 6.]
[**Sm.** Jd. 3. 22: III Ki. 7. 6 (43): Ez. 8. 16.]
[**Th.** Ez. 40. 5 (P.), 6.]

προϊδεῖν, *cf.* **προορᾶν.** (1) סָכַן hi. (2) רָאָה

Ge. 37. 18. προεῖδον δὲ αὐτὸν μακρόθεν (2)
Ps. 138 (139). 3. πάσας τὰς ὁδούς μου προεῖδες (1)
[**Sm.** Ps. 65 (66). 18: 138 (139). 16.]

προϊέναι. (1) נָבַע hi. (2) נָתַן (3) רָפָה hi.
Ex. 3. 19. οὐ προήσεται ὑμᾶς Φ. (2)
Jb. 7. 19. ἕως τίνος οὐκ ἐᾷς με οὐδὲ προΐῃ με (3)
27. 6. δικαιοσύνῃ δὲ προσέχων οὐ μὴ προῶμαι (3)
Pr. 1. 23. προήσομαι ὑμῖν ἐμῆς πνοῆς ῥῆσιν (1)
5. 9. ἵνα μὴ πρόῃ ἄλλοις ζωήν σου (2)
8. 4. προΐεμαι ἐμὴν φωνὴν υἱοῖς ἀνθρώπων –
17. 27. ὃς φείδεται ῥῆμα προέσθαι [S¹ -ελέσθαι] σκληρόν –
24. 67 (30. 32). ἐὰν πρόῃ σεαυτὸν ἐν εὐφροσύνῃ [A S εἰς εὐφροσύνην] †
II Ma. 10. 34. R λόγους ἀθεμίτους προΐοντο [A -ίεντες]
15. 12. καὶ λαλιὰν προϊέμενον πρεπόντως
IV Ma. 18. 3. A R προϊέμενοι [S προέμ.] τὰ σώματα τοῖς πόνοις
[Sm. Jb. 2. 4.]

πρόϊμος, *vid.* **πρώϊμος.**

προϊνός, *vid.* **πρωϊνός.**

προίξ.
[Al. Ex. 18. 2.]

προϊστάναι.
II Ki. 13. 17. ἐκάλεσε . . . τὸν προεστηκότα τοῦ οἴκου †
Pr. 23. 5. ὑποστρέφει εἰς τὸν οἶκον τοῦ προεστηκότος αὐτοῦ †
26. 17. οὕτως ὁ προεστὼς ἀλλοτρίας κρίσεως †
Am. 6. 10. ἐρεῖ τοῖς προεστηκόσι τῆς οἰκίας †
Is. 43. 24. ἐν ταῖς ἁμαρτίαις σου προέστης μου [A S -ην σου] †
Da. LXX. Bel 7. ἐκάλεσε τοὺς προεστηκότας τοῦ ἱεροῦ
I Ma. 5. 19. πρόστητε τοῦ λαοῦ τούτου
IV Ma. 11. 27. θείου νόμου προεστήκασιν ἡμῶν
[Al. Ps. 19 (20). 2.]

προκαθηγεῖσθαι.
I Es. 6. 12. τὴν ὀνοματογραφίαν . . . τῶν προκαθηγουμ. [A -καθημ.]

προκαθήκειν.
I Ma. 10. 39. A εἰς τὴν προκαθήκουσαν [S καθήκ., R προσήκ.] δαπάνην τοῖς ἁγίοις

προκαθῆσθαι.
I Es. 1. 32. οἱ προκαθήμενοι . . . ἐθρηνοῦσαν αὐτόν
5. 63. ἐκ . . . τῶν προκαθημ. κατὰ τὰς πατριὰς αὐ.
6. 12. A τὴν ὀνοματογραφίαν . . . τῶν προκαθημένων [B -καθηγουμ.]
9. 4. κατὰ τὸ κρίμα τῶν προκαθημ. πρεσβυτέρων
— 45. προεκάθητο γὰρ ἐπιδόξως

προκαθίζειν.
IV Ma. 5. 1. προκαθίσας γέ τοι μετὰ τῶν συνέδρων

πρόκαιρος.
IV Ma. 15. 2. S¹ τῆς ἑπτὰ υἱῶν σωτηρίας προκαίρου [A S² R προσκ.]

προκακοῦν.
IV Ma. 17. 22. ἡ θεία πρόνοια τὸν Ἰσρ. προκακωθέντα διέσωσε

προκαλεῖσθαι.
II Ma. 8. 11. A προκαλούμενος [R προσκ.] ἐπ᾽ ἀγορασμόν

προκαταλαμβάνειν. (1) אָחַז (2) בָּקַע (3) לָכַד *a.* qal. *b.* ni. (4) קָדַם pi.
Jd. 1. 12. καὶ προκαταλάβηται αὐτήν (3 *a*)
— 13. προκατελάβετο αὐτὴν Γοθ. (3 *a*)
3. 28. προκατελάβοντο τὰς διαβάσεις (3 *a*)
7. 24. προκατελάβοντο τὸ ὕδωρ (3 *a*)
9. 50. A καὶ προκατελάβοντο αὐτήν [B *al.*] (3 *a*)
12. 5. προκατελάβετο [A -βοντο ἄνδρες] Γαλ. (3 *a*)
20. 39. B προκατελάβετο τὸ ἔνεδρον τὴν Γ. –
II Ki. 5. 7. R προκατελάβετο [A B κατ.] Δ. τὴν περιοχὴν Σ. (3 *a*)
8. 4. προκατελάβετο Δ. . . . χίλια ἅρματα (3 *a*)
12. 28. καὶ προκαταλαβοῦ αὐτὴν ἵνα μὴ προκαταλάβωμαι ἐγὼ τὴν πόλιν (3 *a*, 3 *a*)
III Ki. 4. 34 (B), 9. 16 (A). B προκατελάβετο τὴν Γ. [A *al.*] (3 *a*)
III Ki. 11. 14 (B), 24 (A). προκατελάβετο τὴν Δ. [A *al.*] –
16. 18. προκατείληπται αὐτοῦ ἡ πόλις (3 *b*)
IV Ki. 12. 17 (18). καὶ προκατελάβετο αὐτήν (3 *a*)
I Ch. 11. 5. προκατελάβετο τὴν περιοχὴν Σ. (3 *a*)
18. 4. προκατελάβετο Δ. αὐτῶν χίλια ἅρμ. (3 *a*)
II Ch. 13. 19. προκατελάβετο παρ᾽ αὐτοῦ πόλεις (3 *a*)
17. 2. ἃς προκατελάβετο Ἀσά (3 *a*)
32. 1. εἶπε προκαταλαβέσθαι αὐτάς (2)
— 18. ὅπως προκαταλάβωνται τὴν πόλιν (3 *a*)
Ju. 2. 10. προκαταλήψῃ [A προσκ.] μοι πᾶν ὅριον αὐ.
— 25. S προκατελάβετο τὰ ὄρη [A B *al.*]
4. 5. προκατελάβοντο πάσας τὰς κορυφάς
7. 1. καὶ τὰς ἀναβάσεις . . . προκαταλαμβάνεσθαι
— 7. καὶ προκατελάβετο αὐτάς
— 17. προκατελάβοντο [S -βον] τὰ ὕδατα
Ps. 76 (77). 4. προκατελάβοντο φυλακάς (1)
78 (79). 8. ταχὺ προκαταλαβέτωσαν ἡμᾶς (4)
I Ma. 5. 8. S R προκατελάβετο [A -βε] τὴν Ἰ.
— 11. καὶ προκαταλαβέσθαι τὸ ὀχύρωμα
— 35. R καὶ προκατελάβετο [A S κατ.] αὐτήν
— 36. προκατελάβετο τὴν Χ.
— 44. προκατελάβοντο τὴν πόλιν
6. 27. A R ἐὰν μὴ προκαταλάβῃ [S -ητε] αὐτούς
9. 2. προκατελάβοντο αὐτήν
12. 33. προκατελάβετο αὐτήν
II Ma. 10. 36. προκατελάβοντο τὴν πόλιν
III Ma. 2. 20. προκαταλαβέτωσαν ἡμᾶς οἱ οἰκτιρμοί σου
[Sm. Ps. 78 (79). 8.]
[Al. Jo. 15. 16.]

προκατασκευάζειν.
Si. *prol.* 26. A B S² προκατασκευαζομένους [S¹ -οντας, R -οις] τὰ ἤθη ἐν νόμῳ [A ἐννόμως] βιοτεύειν

προκατασκιρροῦσθαι.
III Ma. 4. 1. ὡς ἂν τῆς προκατεσκιρρωμένης αὐτοῖς πάλαι . . . συνεκφαινομένης ἀπεχθείας

προκαταχωρίζειν.
III Ma. 2. 29. A οὓς καὶ προκαταχωρίσαι [R καταχ.]

προκεῖσθαι. (1) *a.* פָּנִים *b.* נֶגֶד פָּנִים
Ex. 10. 10. A πονηρία πρόκειται [B πρόσκ.] ὑμῖν (1 *b*)
38. 9 (37. 10). τὴν τράπεζαν τὴν προκειμένην –
39. 18 (36). B τοὺς ἄρτους τοὺς προκειμ. [A² τῆς προθέσεως] (1 *a*)
Le. 24. 7. ἔσονται . . . προκείμενα τῷ κ. †
Nu. 4. 7. ἐπὶ τὴν τράπεζαν τὴν προκειμ. (1 *a*)
Es. 1. 7. ἀνθράκινον κυλίκιον προκείμενον –
— 8. οὐ [S¹ *om.*] κατὰ προκειμ. νόμον ἐγένετο †
10. 3. εἰσήνεγκε Δ. . . . τὴν προκειμ. ἐπιστολήν
III Ma. 5. 46. ἐπὶ τὸ προκείμενον ὤτρυνε τὸν βασ.
IV Ma. 15. 2. δυεῖν προκειμένων
— 15. A R τὰς . . . σάρκας ὥσπερ προσωπεῖα [S -ώτια] προκειμένας
[Sm. Ps. 35 (36). 2.]

πρόκλησις.
II Ma. 4. 14. R μετὰ τὴν τοῦ δίσκου πρόκλησιν [A πρόσκλ.]

προκοπή.
Si. 51. 17. προκοπὴ ἐγένετό μοι ἐν αὐτῇ
II Ma. 8. 8. κατὰ μικρὸν εἰς προκοπὴν ἐρχόμενον τὸν ἄνδρα

προκόπτειν.
[Sm. Ps. 44 (45). 5.]

▶ **πρόκρημνος.**
IV Ma. 7. 5. ὥσπερ γὰρ πρόκρημνον ἄκραν

προκρίνειν.
Wi. 7. 8. προέκρινα αὐτὴν σκήπτρων καὶ θρόνων
[Sm. Jb. 36. 21.]

προλαλεῖν.
[Sm. Ps. 26 (27). 7 (P.).]

προλαμβάνειν.
Wi. 17. 11. S² ἀεὶ δὲ προείληφεν [A B S¹ προσείληφε] τὰ χαλεπά
— 17. προληφθεὶς τὴν δυσάλυκτον [A S¹ -ηκτον] ἔμενεν ἀνάγκην

προλέγειν. (1) נָגַד hi.
Is. 41. 26. οὐκ ἔστιν ὁ προλέγων (1)

προλήνιον. (1) יֶקֶב
Is. 5. 2. πρ. ὤρυξα ἐν αὐτῷ (1)

πρόλοβος. (1) מֻרְאָה
Le. 1. 16. ἀφελεῖ τὸν πρ. (1)

πρόλογος.
Si. *prol. tit.* (A B), *subscr.* (B). πρόλογος

προμαχεῖν.
Wi. 18. 21. σπεύσας γὰρ ἀνὴρ ἄμεμπτος προεμάχησε
[Sm. Ps. 73 (74). 22.]

προμαχών. (1) דָּיֵק (2) שׁוּר
To. 13. 16. καὶ οἱ πύργοι καὶ οἱ πρ. [S *al.*]
Je. 5. 10. ἀνάβητε ἐπὶ τοὺς π. αὐτῆς (2)
40 (33). 4. εἰς χάρακας καὶ προμαχῶνας †
Ez. 4. 2. οἰκοδομήσεις ἐπ᾽ αὐτὴν προμαχῶνας (1)
[Th. Ez. 4. 2 : 21. 22 (27).]

πρόμετρος.
[Sm. II Ki. 21. 20.]

προμηνύειν.
Wi. 18. 19. οἱ γὰρ ὄνειροι . . . τοῦτο [S *om.*] προεμήνυσαν [A προσεμ.]

προνοεῖν. (1) בִּין (2) שׁוּר
Nu. 23. 9. B² ἀπὸ βουνῶν προνοήσω [A B¹ R προσν.] αὐτόν (2)
I Es. 2. 28. καὶ προνοηθῆναι ὅπως μηδὲν . . . γένηται
Jb. 24. 15. R οὐ προνοήσει [A B S² προσν., S¹ προσθήσει] με ὀφθαλμός (2)
Pr. 3. 4. προνοοῦ καλὰ ἐνώπιον κυρίου †
Wi. 6. 7. ὁμοίως τε προνοεῖ [S -εῖται] περὶ πάντων
13. 16. ἵνα μὲν οὖν μὴ καταπέσῃ προενόησεν αὐτοῦ
Da. LXX. 11. 37. ἐπὶ τοὺς θεοὺς τῶν πατ. αὐ. οὐ μὴ προνοηθῇ (1)
— 37. ἐν ἐπιθυμίᾳ γυναικὸς οὐ μὴ προνοηθῇ (1)
II Ma. 14. 9. R τῆς χώρας . . . προνοήθητι [A προσν.]
III Ma. 3. 24. προνοούμενοι μή ποτε . . . ἔχωμεν πολεμίους
IV Ma. 7. 18. ὅσοι τῆς εὐσεβείας προνοοῦσιν
[Th. Jb. 17. 15.]

πρόνοια.
Wi. 14. 3. ἡ δὲ σή, πάτερ, διακυβερνᾷ πρόνοια
17. 2. φυγάδες τῆς αἰωνίου πρ. ἔκειντο
Da. LXX. 6. 18 (19). πρόνοιαν ποιούμενος αὐτοῦ –
II Ma. 4. 6. ἄνευ βασιλικῆς πρ. ἀδύνατον εἶναι
III Ma. 4. 21. τῆς τοῦ βοηθοῦντος τοῖς Ἰ. ἐξ οὐρ. πρ. ἀνικήτου
5. 30. διὰ τὸ περὶ τούτων προνοίᾳ θεοῦ διεσκεδάσθαι πᾶν αὐτοῦ τὸ νόημα
IV Ma. 9. 24. ἡ δικαία καὶ πάτριος ἡμῶν πρόνοια
13. 19. ἅπερ ἡ θεία καὶ πάνσοφος πρόνοια . . . ἐμέρισε
17. 22. ἡ θεία πρ. τὸν Ἰσ. προκακωθέντα διέσωσε

προνομεύειν. (1) בָּזַז *a.* qal. *b.* ni. (2) יָרַשׁ (3) קוּר pilp. (4) שָׁבָה (5) שָׁלַל (6) *a.* שָׁסָה (שָׁשָׂה) qal. *b.* po. *c.* שָׁסַס qal. *d.* ni.
Nu. 24. 17. προνομεύσει πάντας υἱοὺς Σήθ (3)
31. 9. ἐπρονόμευσαν [A προενόμ.] τὰς γυν. M. (4)
— 9. τὴν δύναμιν αὐτῶν ἐπρονόμευσαν (1 *a*)
— 32. ὃ ἐπρονόμευσαν οἱ ἄνδρες (1 *a*)
— 53. οἱ ἄνδρες οἱ πολεμισταὶ ἐπρονόμευσαν (1 *a*)
De. 2. 35. τὰ κτήνη ἐπρονομεύσαμεν [A προενομ.] (1 *a*)
3. 7. τὰ σκῦλα . . . ἐπρονομεύσαμεν ἑαυτοῖς (1 *a*)
— 12. B¹ τὴν γῆν ἐκ. ἐπρονομεύσαμεν [A B² R ἐκληρομήσ.] (2)
20. 14. πᾶσαν τὴν ἀπαρτίαν προνομεύσεις σεαυτῷ (1 *a*)
21. 10. A B προνομεύσεις [R -σῃς] τὴν προνομὴν αὐ. (4)
Jo. 8. 2. τὴν προνομὴν . . . προνομεύσεις σεαυτῷ (1 *a*)
— 27. ἃ ἐπρονόμευσαν ἑαυτοῖς [A *al.*] (1 *a*)
11. 14. π. τὰ σκῦλα αὐ. ἐπρονόμευσαν ἑαυτοῖς (1 *a*)

▶ = additional entry on page xxvi

Jd. 2. 14. εἰς χεῖρας [A ἐν χειρὶ] προνομευόντων (6 *a*)
— 14. A καὶ ἐπρονόμευσαν [B κατεπρ.] αὐτούς (6 *c*)
— 14. A ἐν χειρὶ τῶν προνομευόντων [B *al.*] †
— 16. ἐκ χειρὸς τῶν προνομευόντων αὐτούς (6 *a*)
I Es. 4. 5. καὶ [A *add.* ὅσα] ἐὰν προνομεύσωσι
Ju. 1. 14. ἐπρονόμευσε τὰς πλατείας αὐτῆς
2. 23. ἐπρονόμευσεν πάντας υἱοὺς 'P. [S *al.*]
— 26. ἐπρονόμευσε τὰς μάνδρας αὐτῶν
8. 21. προνομευθήσεται τὰ ἅγια ἡμῶν
15. 6. καὶ ἐπρονόμευσαν αὐτούς
Pr. 11. 3. A ὑποσκελισμὸς ἀθετούντων προνομεύσει αὐτούς †
Si. 48. 15. ἕως ἐπρονομεύθησαν ἀπὸ τῆς γῆς αὐτῶν
Is. 8. 3. ὀξέως προνόμευσον †
10. 13. τὴν ἰσχὺν αὐτῶν προνομεύσω (6 *b*)
11. 14. θάλασσαν ἅμα προνομεύσουσι [S^1 -μεύουσιν] (1 *a*)
13. 16. τὰς οἰκίας αὐτῶν προνομεύσουσι [S^1 *al.*] (6 *d*)
17. 14. αὕτη ἡ μερὶς τῶν ὑμᾶς προνομευσάντων (6 *a*)
24. 3. προνομῇ προνομευθήσεται ἡ γῆ (1 *b*)
42. 22. ἐγένετο ὁ λαὸς πεπρονομευμένος (1 *a*)
— 24. ἔδωκεν . . . Ἰσραὴλ τοῖς προνομεύουσιν αὐτόν (1 *a*)
Je. 27 (50). 10. οἱ προνομεύοντες [A -εύσαντες] αὐτὴν ἐμπλησθήσονται (5)
37 (30). 16. πάντας τοὺς προνομεύοντάς σε δώσω εἰς προνομήν [S *al.*] (1 *a*)
Ez. 26. 12. προνομεύσει τὴν δύναμίν σου (5)
29. 19. προνομεύσει τὴν προνομὴν αὐτῆς (5)
30. 24. προνομεύσει τὴν προνομὴν αὐ. †
38. 12. προνομεῦσαι προνομήν (5)
— 13. εἰς προνομὴν τοῦ προνομεῦσαι σὺ ἔρχῃ (5)
39. 10. προνομεύσουσι τοὺς προνομεύσαντας αὐτούς (5, 5)
I Ma. 1. 61. S^2 R τοὺς οἴκους αὐ. προενόμευσαν [A S^1 *al.*]
6. 3. ἐζήτει . . . προνομεῦσαι αὐτήν
8. 10. ἐπρονόμευσαν [S^1 -εν] αὐτούς
— 10. ἐπρονόμευσαν αὐτούς
[**Aq.** Ps. 136 (137). 8 : Is. 33. 1.]
[**Sm.** I Ki. 23. 1.]
[**Th.** Pr. 11. 3.]

προνομή. (1) *a.* בַּז *b.* בָּזַז qal. *c.* ni. *d.* בִּזָּה (2) מְשִׁסָּה (3) *a.* שְׁבִי *b.* שִׁבְיָה (4) שָׁלָל

Nu. 31. 11. ἔλαβον πᾶσαν τὴν πρ. (4)
— 12. ἤγαγον . . . τὴν πρ. (4)
— 32. ἐγενήθη τὸ πλεόνασμα τῆς πρ. (1 *a*)
De. 20. 14. φάγῃ πᾶσαν τὴν πρ. (4)
21. 10. προνομεύσεις τὴν πρ. αὐτῶν (3 *a*)
— 11. καὶ ἴδῃς ἐν τῇ πρ. γυναῖκα καλήν (3 *b*)
Jo. 7. 21. εἶδον ἐν τῇ πρ. ψιλὴν ποικίλην (4)
8. 2. τὴν πρ. . . . προνομεύσεις σεαυτῷ (4)
22. 8. διείλαντο τὴν πρ. τῶν ἐχθρῶν (4)
III Ki. 10. 22 (B), 9. 15 (A). αὕτη ἦν ἡ πραγματεία τῆς πρ. †
IV Ki. 21. 14. ἔσονται . . . εἰς προνομήν (2)
I Es. 8. 77. εἰς ῥομφαίαν . . . καὶ προνομήν
Ju. 4. 12. τοῦ μὴ δοῦναι . . . εἰς προνομήν
7. 26. εἰς προνομὴν τῷ λαῷ 'Ολ.
9. 4. ἔδωκας γυναῖκας αὐ. εἰς προνομήν
16. 5. τὰ νήπιά μου δώσειν εἰς προνομήν
Es. 8. 11. S^2 καὶ τὰ σκῦλα αὐτῶν εἰς προνομήν (1 *b*)
Pr. 12. 24. δόλιοι δὲ ἔσονται ἐν προνομῇ [A εἰς προνομήν] †
Is. 6. 13. πάλιν ἔσται εἰς προνομὴν ὡς τερέβινθος †
8. 1. τοῦ ὀξέως προνομὴν ποιῆσαι σκύλων (4)
10. 2. ὥστε εἶναι αὐτοῖς χήραν εἰς ἁρπαγὴν καὶ ὀρφανὸν εἰς προνομήν (1 *b*)
— 6. ποιῆσαι σκῦλα καὶ προνομήν (1 *a*)
24. 3. προνομῇ προνομευθήσεται ἡ γῆ (1 *c*)
33. 23. ἕως οὗ παραδοθῇ εἰς προνομήν· τοίνυν πολλοὶ χωλοὶ προνομὴν ποιήσουσι (4, 1 *a*)
42. 22. ἐγένοντο εἰς προνομήν (1 *a*)
Je. 2. 14. διὰ τί εἰς προνομὴν ἐγένετο (1 *a*)
15. 13. τοὺς θησαυρούς σου εἰς προνομὴν δώσω (1 *a*)
27 (50). 10. ἔσται ἡ Χαλδαία εἰς προνομήν (4)
30. 10 (49. 32). ἔσονται κάμηλοι αὐτῶν εἰς προνομήν (1 *a*)
37 (30). 16. πάντας τοὺς προνομεύσαντάς σε δώσω εἰς προνομήν [S *al.*] (1 *a*)
Ez. 25. 5. A δώσω . . . τοὺς υἱοὺς 'Αμμὼν εἰς προνομὴν [B ν.] προβάτων †
Ez. 26. 5. ἔσται εἰς προνομὴν τοῖς ἔθνεσι (1 *a*)
29. 19. προνομεύσει τὴν πρ. αὐτῆς (4)
30. 24. προνομεύσει τὴν πρ. αὐ. †
34. 8. ἀντὶ τοῦ γενέσθαι τὰ πρόβατά μου εἰς προνομήν (1 *a*)
— 22. οὐ μὴ ὦσιν ἔτι εἰς προνομήν (1 *a*)
— 28. οὐκ ἔσονται ἔτι ἐν προνομῇ τοῖς ἔθνεσι (1 *a*)
36. 4. ἐγένοντο εἰς προνομήν (1 *a*)
— 5. τοῦ ἀφανίσαι ἐν προνομῇ (1 *a*)
38. 12. προνομεῦσαι προνομήν (4)
— 13. εἰς προνομὴν τοῦ προνομεῦσαι σὺ ἔρχῃ (4)
Da. LXX. 11. 24. προνομὴν . . . αὐτοῖς δώσει (1 *d*)
— 33. ἐν προνομῇ ἡμερῶν κηλιδωθήσονται (1 *d*)
Da. TH. 11. 24. προνομὴν . . . αὐτοῖς διασκορπιεῖ (1 *d*)
I Ma. 7. 47. ἔλαβον . . . τὴν πρ.
[**Aq.** Jb. 5. 21 : Ps. 11 (12). 6 : 31 (32). 4 : Pr. 21. 7 : Ho. 7. 13 : Hb. 2. 17.]
[**Th.** Je. 17. 3 : Ez. 25. 7.]
[**Al.** I Ki. 30. 20.]

προνουμηνία.

Ju. 8. 6. χωρὶς . . . προνουμηνιῶν καὶ νουμηνιῶν

προοδηγός.

II Ma. 12. 36. σύμμαχον φανῆναι καὶ προοδηγὸν τοῦ πολέμου

προοίμιον. (1) מָשָׁל

Jb. 25. 2. τί γὰρ προοίμιον ἢ φόβος παρ' αὐτοῦ [A *al.*] †
27. 1 : 29. 1. ἔτι δὲ προσθεὶς 'Ιὼβ εἶπε τῷ πρ. (1)

προορᾶν, *cf.* **προϊδεῖν.** (1) שָׁוָה pi.

I Es. 5. 63. A οἱ προεωρακότες [B ἑωρ.] τὸν . . . οἶκον
Ps. 15 (16). 8. A B^1 S προωρώμην [B^2 R προωρ.] τὸν κ. ἐνώπιόν μου διὰ παντός (1)

πρόπαππος. (1) אֲבִי אָב

Ex. 10. 6. οὐδ' οἱ πρ. αὐτῶν (1)

προπάτωρ.

III Ma. 2. 21. A ὁ πάντων ἐπόπτης θεὸς καὶ πρ. ἅγιος [R *al.*]
[**Sm.** Ps. 29 (30). 8.]

προπέμπειν.

I Es. 4. 47. ἵνα προπέμψωσιν αὐτόν
Ju. 10. 15. ἀφ' ἡμῶν προπέμψουσί σε
Wi. 19. 2. μετὰ σπουδῆς προπέμψαντες αὐτούς
I Ma. 12. 4. ὅπως προπέμπωσιν αὐτούς
II Ma. 6. 23. ταχέως λέγων προπέμπειν εἰς τὸν ᾅδην

προπέτεια. (1) שַׁל

II Ki. 6. 7. A ἔπαισεν αὐτὸν . . . ἐπὶ προπετείᾳ [B *om.* ἐ. πρ.] (1)

προπετής. (1) אֱוִיל (2) פָּשַׂק

Pr. 10. 14. στόμα δὲ προπετοῦς ἐγγίζει συντριβῇ (1)
13. 3. ὁ δὲ πρ. χείλεσι πτοήσει ἑαυτόν (2)
Si. 9. 18. ὁ πρ. ἐν λόγῳ αὐτοῦ μισηθήσεται
[**Sm.** Ec. 5. 1.]

προπηλακίζειν.

[**Sm.** Ps. 54 (55). 13 : 73 (74). 10.]

προπηλακισμός.

[**Sm.** Ps. 43 (44). 14.]

προπίπτειν. (1) כָּרַע

Ju. 13. 2. 'Ολ. προπεπτωκὼς ἐπὶ τὴν κλίνην εαυ.
Ps. 21 (22). 29. ἐνώπιον αὐτοῦ προπεσοῦνται (1)
71 (72). 9. ἐνώπιον αὐτοῦ προπεσοῦνται Αἰθίοπες (1)
II Ma. 12. 39. τὰ σώματα τῶν προπεπτωκότων
— 42. R διὰ τὴν τῶν προπεπτωκότων ἁμαρτίαν [A *al.*]
— 44. εἰ γὰρ μὴ τοὺς προπεπτωκότας ἀναστῆναι προσεδόκα
15. 28. ἐπέγνωσαν προπεπτωκότα Νικάνορα
III Ma. 1. 16. R τῶν δὲ ἱερέων . . . προπεσόντων [A προσπ.]
[**Sm.** Ps. 72 (73). 7.]

προποιεῖν.

[**Al.** Ps. 136 (137). 8.]

προπομπή.

I Es. 8. 51. ἱππεῖς καὶ προπομπήν

προπορεύεσθαι. (1) אוּץ (2) הָלַךְ *a.* qal. *b.* pi. *c.* hithpa. *d.* הָלַךְ לִפְנֵי (3) נָסַע (4) *a.* עָבַר *b.* עָבַר לִפְנֵי (5) קָדַם pi. (6) קָרַב (7) **τὰ προπορευόμ.** לִפְנֵי

Ge. 2. 14. R οὗτος ὁ προπορευόμ. [A πορ.] (2 *a*)
32. 16 (17). προπορεύεσθε ἔμπροσθέν μου (4 *a*)
— 17 (18). τίνος ταῦτα τὰ προπορευόμ. σου (7)
— 19 (20). ἐνετείλατο . . . πᾶσι τοῖς προπορευομ. (2 *a*)
— 20 (21). ἐν τοῖς δώροις τοῖς προπορευομ. αὐτοῦ (2 *d*)
— 21 (22). A προεπορεύοντο [R -ετο] τὰ δῶρα (4 *a*)
Ex. 14. 19. ὁ προπορευόμ. τῆς παρεμβολῆς (2 *d*)
17. 5. προπορεύου τοῦ λαοῦ (4 *b*)
32. 1, 23. οἱ προπορεύσονται ἡμῶν (2 *d*)
— 34. B προπορεύεται [A R -εύσ.] πρὸ προσώπου σου (2 *a*)
33. 1. R προπορεύου [A B πορ.] ἀνάβηθι (2 *a*)
— 14. αὐτὸς προπορεύσομαί σου (2 *a*)
Nu. 10. 33. προεπορεύετο προτέρα αὐτῶν (3)
De. 1. 30. ὁ προπορευόμ. πρὸ προσώπου ὑμῶν (2 *a*)
— 33. ὃς προπορεύεται [A πορ.] πρότερος ὑμῶν (2 *a*)
3. 18. προπορεύεσθε πρὸ προσώπου τῶν ἀδ. ὑ. (4 *a*)
9. 3. προπορεύσεται [B^1 -εύεται] πρὸ προσώπου σου (4 *a*)
20. 4. ὁ προπορευόμ. μεθ' ὑμῶν (2 *a*)
31. 3 *bis*. ὁ προπορευόμ. πρὸ προσώπου σου (4 *a*)
— 6. ὁ προπορευόμ. μεθ' ὑμῶν (2 *a*)
Jo. 3. 6. προπορεύεσθε τοῦ λαοῦ (4 *b*)
6. 12 (13). προεπορεύοντο ἐναντίον κυρίου †
9. 1 (8. 35). A τοῖς προσηλ. τοῖς προπορευομ. [B προσπ.] τῷ 'I. (2 *a*)
10. 13. οὐ προεπορεύετο εἰς δυσμάς (1)
— 24. προπορεύεσθε [A προσπ.] (6)
I Ki. 17. 7. προεπορεύετο [A προσπ.] αὐτοῦ (2 *d*)
25. 19. προπορεύεσθε ἔμπροσθέν μου (4 *a*)
To. 1. 3. τοῖς προπορευθεῖσι μετ' ἐμοῦ [A *al.*]
Es. 5. 1. τὴν κεφ. τῆς ἅβρας τῆς προπορευομ. [S προσπ.]
Ps. 84 (85). 13. δικαιοσύνη ἐναντίον αὐτοῦ προπορεύσεται [S^1 πορ., A^1 -εύεται] (2 *b*)
88 (89). 14. S R ἔλεος καὶ ἀλήθεια προπορεύσονται [A πορ., B -σεται] πρὸ προσώπου σου (5)
96 (97). 3. πῦρ ἐναντίον αὐτοῦ προπορεύσεται (2 *a*)
Pr. 4. 18. προπορεύονται καὶ φωτίζουσιν (2 *a*)
24. 49 (34). ἥξει προπορευομένη ἡ πενία σου (2 *c*)
Is. 52. 12. προπορεύσεται [A πορ.] γὰρ πρότερος [S πρὸ προσώπου] ὑμῶν κ. (2 *a*)
58. 8. προπορεύσεται ἔμπροσθέν σου ἡ δικαιοσύνη σου (2 *a*)
I Ma. 9. 11. προεπορεύοντο [S^1 προσεπ.] τῆς δυνάμεως
[**Al.** Ex. 13. 21 : Dt. 3. 28 : Pr. 15. 33.]

προπράσσειν.

I Es. 1. 33. B^2 R τά τε προπραχθέντα [A προσπροαχθ., B^1 πραχ.] ὑπ' αὐ.
III Ma. 6. 27. R τὰ προπεπραγμένα [A προστεταγμ.] παραιτησάμενοι

προπτύειν.

II Ma. 6. 20. προπτύσας δὲ καθ' ὃν ἔδει τρόπον προσέρχεσθαι

πρόπτωσις.

II Ma. 3. 21. τὴν τοῦ πλήθους παμμιγῆ πρ.
13. 12. μετὰ κλαυθμοῦ . . . καὶ προπτώσεως

προπύλαιον. (1) מִפְתָּן

Ze. 1. 9. S^2 ἐκδικήσω . . . ἐπὶ τὰ πρ. [A B S^1 πρόπυλα] (1)
[**Sm.** Ez. 40. 11, 29 : Jl. 2. 17.]
[**Al.** Je. 35 (42). 4.]

πρόπυλον. (1) מִפְתָּן (2) סַף

Am. 9. 1. σεισθήσεται τὰ πρ. (2)
Ze. 1. 9. ἐκδικήσω . . . ἐπὶ τὰ πρ. [S^2 -λαια] (1)
[**Sm.** III Ki. 6. 3 : 7. 7 (44) : Ps. 72 (73). 4 : Ez. 8. 16 : 40. 9 *bis*, 21, 26, 48 : Jl. 2. 17.]

πρός. **I.** *c. gen.*

Ge. 23. 13 : 24. 63 (τὸ πρὸς δείλης) : 28. 11, 18 : 29. 34 : 31. 5†.
Jo. 15. 8†.
Ru. 3. 4 (τὰ πρὸς ποδῶν), 7 (τὰ πρὸς ποδῶν), 8, 14.
I Ki. 19. 13, 16 : 26. 7, 11 (ἀπὸ πρός), 12 (ἀπὸ πρός), 16 (τὰ πρὸς κεφαλῆς).
III Ki. 19. 6.
Ju. 13. 6.
Is. 50. 11†.
La. 1. 9†.
II Ma. 1. 2.
IV Ma. 2. 11† : 6. 20†.
[**Aq.** Jb. 5. 5 : Je. 13. 22 (τὰ πρὸς ποδῶν).]
[**Sm.** Ex. 28. 33 (τὰ πρὸς ποδῶν) : Jb. 5. 5 : Is. 6. 1 (τὰ πρὸς ποδῶν) : Ez. 13. 18.]
[**Th.** Ex. 28. 33 (τὰ πρὸς ποδῶν) : Is. 6. 1 (τὰ πρὸς ποδῶν).]

II. *c. dat.* * ὁ πρός.

Ge. 15. 17† : 18. 1, 10 : 28. 9 : 31. 50† : 38. 14.
Ex. 1. 16 : 26. 4.
Le. 4. 18*†.
Nu. 35. 6.
De. 1. 1 : 16. 6† : 24. 13†.
Jo. 9. 1* : 11. 16*, 17* : 15. 8†, 21† : 21. 13*†, 15*† *bis*, 16*† *bis*, 17*†, 18*†, 21*†, 22*†, 23*†, 24*† *bis*, 25*† *bis*, 26*, 27*† *bis*, 28*† *bis*, 29*† *bis*, 30*† *bis*, 31*† *bis*, 32*† *ter* : 24. 30.
Jd. 9. 6, 35.
I Ki. 10. 2.
II Ki. 18. 26 : 20. 23.
IV Ki. 9. 27† *bis*.
I Ch. 2. 23† : 7. 28 : 26. 16†, 18, 18†, 30.
I Es. 4. 10, 31 : 5. 47*†.
Ne. 6. 7.
To. 3. 11† : 11. 16†.
Ju. 1. 7† : 2. 19 : 12. 10*†.
Es. 4. 5† : 8. 13.
Pr. 5. 8†.
Ec. 1. 6†.
Ca. 1. 16.
Ez. 39. 11†.
Da. LXX. 8. 2, 6.
I Ma. 14. 34†.
II Ma. 4. 8, 9 *bis* : 5. 21, 23, 24† : 6. 21 : 7. 14† : 8. 22 : 9. 17, 25 : 10. 31 : 11. 8, 11 *bis*, 26†, 29 : 12. 2, 20 : 14. 4.
III Ma. 1. 20 : 5. 1*, 5, 14*, 51.
IV Ma. 13. 25*†.
[**Aq.** Ez. 40. 40 *bis* : 44. 3 (P.).]
[**Sm.** Ps. 43 (44). 10 : 87 (88). 17 : Ez. 40. 40 *bis* : 44. 3 (P.).]
[**Th.** Ez. 44. 3 (P.) : Da. 6. 14†.]
[**Al.** Ez. 40. 16.]

III. *c. acc.* * ὁ πρός.

Ge. 2. 19, 22, 24† : 3. 16 : 4. 7, 8, 9, 10, 13 : 6. 4, 13†, 18†, 20, 21 : 7. 1, 2, 9, 15 : 8. 9 *bis*, 11, 11 (τὸ πρὸς ἑσπέραν), 12, 15† : 9. 11, 12 : 12. 15, 15† : 13. 14 : 14. 9, 10, 21, 22 *bis* : 15. 1, 4†, 7†, 13, 15, 17† : 16. 2 *bis*, 4, 5, 6, 9†, 13 : 17. 9, 18, 19†, 19, 21, 22 : 18. 5, 6, 9, 10, 13, 14, 19†, 20†, 21, 27, 29, 31 : 19. 2†, 3, 5 *ter*, 6, 6†, 7, 8, 10, 12, 14, 18, 31 *bis*, 34 : 20. 1, 3, 17 : 21. 22 : 22. 1†, 5, 7, 19 : 23. 4, 8, 10 : 24. 5, 6, 11 (τὸ πρὸς ὀψέ), 29, 30, 49, 54, 56 *bis*, 62* : 25. 6, 8, 17, 18 : 26. 1, 16, 26, 27 : 27. 5, 6 *bis*, 11, 22, 38, 43, 46 : 28. 5, 9 : 29. 1, 21, 23 *bis*, 30 : 30. 3, 4, 9, 14, 16, 28 : 31. 2, 3, 18, 24, 29, 52 *bis* : 32. 3 (4), 6 (7) *bis*, 25 (26), 30 (31) : 33. 14 : 34. 4, 6, 11 *bis*, 20 *bis*, 30† : 35. 1, 27, 29 : 37. 2, 13 *bis*, 18, 19, 23, 26, 30, 35 : 38. 1 (ἕως πρός), 2, 8, 9, 16 *ter*, 18, 22, 25 : 39. 14, 17 *bis*, 19 : 40. 6, 14† : 41. 9, 14, 15†, 55 *bis*, 57 : 42. 20, 21, 24, 28, 29, 30, 34, 37 *bis* : 43. 3†, 8, 9, 9†, 13, 19, 23, 29, 33, 34 *bis* : 44. 8, 14, 17, 21, 24, 27, 30, 32, 32†, 34 : 45. 3, 4† *bis*, 9 *bis*, 12, 15, 17, 18, 25 : 46. 28, 30, 31 *bis* : 47. 4, 5 *bis*, 15, 17, 18 *bis* : 48. 1, 2, 5, 10†, 11† : 49. 11, 22, 29, 33 : 50. 4, 16, 17, 18.
Ex. 1. 10, 19 : 2. 9, 10, 11, 18, 23, 24* : 3. 7, 9, 10, 11 *bis*, 13 *quinquiens*, 14 *bis*, 15 *bis*, 16, 18 *bis* : 4. 1, 4, 10, 11†, 15, 16, 16*, 18 *bis*, 19, 21, 25, 27, 30 : 5. 1, 4, 10, 15, 22, 23 : 6. 1, 2 *bis*, 3, 4, 10, 13 *bis*, 27, 29 *ter*: 7. 1, 2, 7, 8, 9, 14, 15, 16 *bis*, 19 : 8. 1 (7. 26) *ter*, 5 (1), 8 (4), 9 (5) *bis*, 12 (8), 16 (12), 20 (16) *bis*, 28 (24), 29 (25), 30 (26) : 9. 1 *bis*, 8, 13 *bis*, 22, 28, 29†, 33 : 10. 1 *bis*, 7, 8, 10, 12, 17, 18, 21 : 11. 1, 8, 9 : 12. 1, 3, 6 (πρὸς ἑσπέραν), 21, 26, 43, 48, 50† : 13. 1, 3 : 14. 1, 10, 11, 12, 13, 15 *bis*, 26, 27 (πρὸς ἡμέραν) : 15. 25 : 16. 3, 4, 6, 9, 11, 12, 12 (τὸ πρὸς ἑσπέραν), 15†, 19, 23, 25†, 28, 33 : 17. 2, 3†, 4, 5, 14 : 18. 5, 6, 15, 16, 17, 19*, 19, 26† : 19. 4, 7†, 8, 9 *quater*, 10, 14, 16, 21 *bis*, 23 *bis*, 24, 25 : 20. 1†, 19 *bis*, 20, 22 *bis*, 24 : 21. 6, 6† : 22. 23 (22), 27 (26) : 23. 13, 23, 33 : 24. 1, 2, 6, 8, 12 *bis*, 14 : 25. 1, 21 (22) : 26. 18*, 20*, 22*, 27*, 35* *bis* : 27. 9*, 11*, 13* : 28. 1, 39 (43), 39 (43)† : 29. 5, 16, 21 : 30. 11, 17, 20, 22, 34 : 31. 1, 12, 18† : 32. 2, 3, 7, 13, 17, 21†, 22, 26 *bis*, 26†, 30 *bis*, 31, 33 : 33. 1, 11 *bis*, 12, 15, 17 : 34. 1 *bis*, 10, 15†, 27, 31, 31†, 32 *bis*, 33 : 35. 1†, 4 : 36. 2, 5 : 37. 7 (38. 9)*, 9 (38. 11)*† *bis*, 10 (38. 12)*†, 11 (38. 13)*† : 38. 27 (40. 32) : 39. 14 (33) : 40. 1, 22*†, 24*.
Le. 1. 2, 3, 11, 15†, 15 : 2. 2, 8, 9 : 4. 1, 2, 18, 18*† : 5. 8, 12, 14, 18 : 6. 1 (5. 20), 2 (5. 21)*, 7 (1), 19 (12)†, 24 (17) : 7. 12 (22), 18 (28) : 8. 1, 31 : 9. 2, 7, 8, 9, 12, 18 *bis* : 10. 3, 6†, 9, 11, 12 *bis*, 19 : 11. 1 : 12. 1, 2, 6 : 13. 1, 2, 9, 16 : 14. 1, 2, 23, 33 : 15. 1, 29 : 16. 1, 2 *bis* : 17. 1, 2 *quater*, 5, 8 : 18. 1, 2, 6, 14, 19, 20 *bis*, 23 *ter* : 19. 1, 2, 34 : 20. 1, 16 : 21. 1 *bis*, 16, 23 *bis*, 24 *bis* : 22. 1, 3, 17, 18 *bis*, 26 : 23. 1, 2, 9, 10 *bis*, 23, 26, 33 : 24. 1, 11, 13, 15 : 25. 1, 2, 6, 31, 50, 51 : 26. 23, 27†, 44* : 27. 1, 13, 19, 23, 27, 31, 34.
Nu. 1. 1, 48 : 2. 1, 10, 25 : 3. 5, 11, 14, 35, 40, 44 : 4. 1, 17, 19, 21, 43, 47 : 5. 1, 5, 8, 11, 12, 15, 19†, 25† : 6. 1, 2, 10, 22 : 7. 4, 5, 11, 89 *bis* : 8. 1, 2, 5, 19, 23 : 9. 1, 3 (πρὸς ἑσπέραν), 7, 8, 9, 11 (τὸ πρὸς ἑσπέραν†, πρὸς ἑσπέραν†), 14 : 10. 1, 4, 6†, 9, 30 : 11. 2 *bis*, 11, 16, 16†, 21†, 23, 24, 25, 26† : 12. 4, 6, 10†, 11, 13, 14 : 13. 2 (1), 18 (17), 27 (26) *bis*, 30 (29)*†, 31 (30) *bis*, 32 (31), 33 (32) : 14. 2, 7, 11, 13, 20, 26, 36, 39 : 15. 1, 2, 17, 18, 22, 23†, 23, 26, 33 *bis*, 35, 36†, 37, 38 : 16. 3†, 5 *quater*, 8, 9, 11, 15, 16, 20, 23, 25, 26, 36 (17. 1), 37 (17. 2), 44 (17. 9), 46 (17. 11), 50 (17. 15) : 17. 1 (16), 9 (24), 10 (25), 12 (27) : 18. 1, 2, 3 *bis*, 4 *bis*, 8, 17, 20, 25, 26, 30 : 19. 1, 2, 3 : 20. 3, 6, 7, 8, 10, 12, 14, 16, 18, 23, 24 : 21. 1, 5, 7 *bis*, 8†, 8, 16, 20 (21), 34 : 22. 5, 7, 8 *bis*, 9†, 10 *bis*, 12, 13, 14, 16 *bis*, 19, 20 *bis*, 25, 25†, 35 *bis*, 37 *ter*, 38 *bis* : 23. 3, 4, 5, 6, 11, 12, 13, 15, 16, 17, 25, 27, 29 : 24. 10, 12 *bis*, 25 : 25. 4†, 6, 10, 16 : 26. 1, 1†, 52 : 27. 5 (6), 12, 13, 15, 18 *bis* : 28. 1, 2, 3, 4 (τὸ πρὸς ἑσπέραν), 8 (τὸ πρὸς ἑσπέραν) : 30. 2 : 31. 1, 2, 3, 12 *ter*, 21, 25, 48 *bis* : 32. 2 *ter*, 20, 25, 29 : 33. 50, 51 : 34. 1, 2, 3*, 3, 4 *bis*, 7, 15†, 16 : 35. 1, 5* *quater*, 9, 10 : 36. 10†.
De. 1. 3 *bis*, 7 *bis*, 9, 20, 25, 29, 36*, 42 : 2. 1, 2, 3†, 5, 9 *bis*, 17, 24, 26, 31 : 3. 2, 26 : 4. 2, 10 *bis*, 12, 15, 23, 30† : 5. 1, 2, 3, 4, 22 (19), 23 (20), 24 (21), 27 (24)†, 27 (24), 28 (25) *ter*, 31 (28) : 6. 13 : 7. 2, 3 : 9. 7*, 9, 10, 12, 13 *bis*, 24*, 26 : 10. 1 *bis*, 4, 11, 20 : 11. 25 : 12. 27† : 13. 2 (3) : 15. 9, 16, 17 : 16. 6† : 17. 9, 9† : 18. 17, 17† : 19. 9 : 20. 3, 5, 8, 9, 10, 12, 20 : 21. 13 : 22. 2, 15 : 23. 11 (12) (τὸ πρὸς ἑσπέραν), 18†, 18 (19) : 24. 13†, 15 : 25. 5, 9† : 26. 3 *bis*, 7 : 28. 7, 25 : 29. 2 (1), 12 (11) : 31. 1, 2 *bis*, 14, 16, 27*, 28 : 32. 44†, 46, 48, 50 *bis* : 34. 4.
Jo. 2. 3, 4, 8, 9, 9†, 17, 18, 23, 24 : 3. 7 : 4. 1†, 13, 19* : 5. 15 : 6. 2, 6 : 7. 3 *bis*, 10, 11, 23, 23† : 8. 1, 5, 18, 23 : 9. 6 *bis*, 6†, 7, 8 *bis*, 9†, 11 *bis*, 12, 15 *bis*, 16 : 10. 1 *bis*, 3 *quater*, 4 *ter*, 6 *bis*, 8, 12, 21, 24, 25, 27 (πρὸς ἡλίου δυσμάς) : 11. 1 *bis*, 2 *bis*, 5†, 6, 18, 20 *bis* : 13. 1 : 14. 6 *ter*, 10 : 15. 1 : 18. 5, 6, 8, 9, 13, 14*, 15*, 18 : 20. 2, 4†, 6† *bis* : 21. 1, 1†, 1, 2, 13*†, 14*†, 17*†, 18*†, 21*† *bis*, 22*†, 23*†, 32*† : 22. 13 *ter*, 15 *quater*, 28, 32, 33 *bis* : 23. 2†, 12, 14, 15† *bis* : 24. 2, 7, 11, 19, 21, 22, 23, 24, 25, 27 *bis*.
Jd. 1. 1, 1†, 3† *bis*, 5†, 9, 10, 11, 16† : 2. 1, 4, 10 : 3. 9, 10†, 13, 15, 19, 19†, 20 *bis*, 24†, 28 : 4. 3, 5, 6, 7† *bis*, 8, 9†, 11†, 14, 18†, 18 *bis*, 19, 20 *bis*, 21, 22 : 5. 29 : 6. 7, 7†, 8, 12, 13, 14, 15, 16, 17, 18, 19, 20 *bis*, 22†, 27, 29, 30, 31†, 36, 39, 39† : 7. 2, 3†, 4, 4†, 4, 4†, 5†, 5, 6†, 7, 9, 11†, 17, 25 : 8. 1, 1†, 2, 8, 9†, 14, 15, 15†, 18, 22, 23, 24 : 9. 1 *ter*, 12†, 14†, 15, 29†, 31, 33, 36 *bis*, 38, 38†, 39†, 48†, 54 : 10. 9† *bis*, 10, 11, 12, 14, 15, 18, 18† : 11. 3, 6† *bis*, 7, 8 *bis*, 8†, 9, 10, 12 *bis*, 13, 14†, 14, 17 *bis*, 19, 20†, 28, 32 *bis*, 35, 36 *bis*, 37, 39 : 12. 1, 2, 2†, 3, 3†, 6† : 13. 3 *bis*, 6, 8† *bis*, 8, 9, 10, 10†, 10, 11 *bis*, 13 *bis*, 15, 16, 17, 21 *bis*, 22 : 14. 3, 9, 9†, 10, 16, 17† : 15. 1, 1†, 4, 11†, 18 : 16. 1, 5, 5† *bis*, 6, 7, 9†, 10 *bis*, 11, 12†, 13 *ter*, 14†, 15, 18, 26, 28 : 17. 9, 10*† : 18. 2, 4, 7†, 8, 10, 14, 18, 19†, 22†, 23†, 24†, 25 : 19. 3†, 5, 6, 11, 12, 18, 22, 23, 23†, 25, 26†, 28, 30† : 20. 1, 3†, 14†, 16, 18†, 20† *bis*, 23†, 23, 24, 28†, 30 *bis*, 36† *ter*, 37†, 38†, 43†, 45, 47, 48† : 21. 5 *bis*, 6†, 8, 13, 14, 22, 22†.
Ru. 1. 15 *ter*, 18, 20 : 2. 2, 8, 10†, 11, 12, 21 *bis*, 22 : 3. 5, 16, 17 *bis* : 4. 1, 13†, 14.
I Ki. 1. 10, 25, 26 : 2. 25, 27 *bis*, 34† : 3. 5†, 6, 8, 11, 16, 17, 21 : 4. 3†, 7, 16† : 5. 8 *bis*, 10† : 6. 20, 21 *bis* : 7. 3 *ter*, 5, 8 *bis*, 9 : 8. 4, 6, 7, 10, 22 *bis* : 9. 3, 9, 10, 15†, 16 *bis*, 18, 21 : 10. 3, 8 *bis*, 11, 14 *ter*, 15, 16, 17, 18, 24, 25 : 11. 1, 2, 3, 4, 10 *bis*, 12, 14 : 12. 1, 4, 5, 6, 8, 10, 19† *ter*, 20† : 13. 12†, 13† : 14. 6†, 8† *bis*, 9†, 10 *bis*, 12†, 12 *ter*, 19 *bis*, 36, 40, 42, 43, 45, 52 : 15. 1, 6, 10, 11, 12, 13, 16 *bis*, 17, 20, 24, 26, 28, 32, 33 : 16. 1 *bis*, 3, 7, 10†, 11 *bis*, 12, 15, 17 *bis*, 19 *bis*, 20, 21, 22 : 17. 8†, 8, 9, 17†, 26†, 28†, 32, 33 *bis*, 33†, 34, 37, 39, 40, 41†, 43, 43†, 44 *bis*, 45 *ter*, 55†, 58† : 18. 1†, 17†, 18†, 22† : 19. 1 *bis*, 3, 4 *bis*, 7, 8†, 15, 17†, 18 : 20. 4, 5, 10, 11, 12 *bis*, 27, 29, 32†, 38 : 21. 1 (2), 8 (9), 10 (11), 11 (12), 14 (15) *bis*, 15 (16) : 22. 1, 2, 3, 5, 7, 9, 11, 17† : 23. 2†, 3, 4† *bis*, 6, 9, 16, 17, 19, 20*, 20, 23†, 27 : 24. 5 *bis*, 7, 10, 17, 18 : 25. 5, 9, 17, 22, 34, 36, 40 *bis* : 26. 1, 6 *ter*, 8, 9, 14†, 15, 25 : 27. 2, 5, 9, 10 *bis* : 28. 1, 2 *bis*, 7 *bis*, 8, 9†, 12, 15†, 21 *bis* : 29. 3 *bis*, 6, 8, 9, 11† : 30. 7, 7†, 11, 15, 21 : 31. 4.
II Ki. 1. 2, 3, 8†, 9, 10†, 16 : 2. 1, 5, 5†, 14, 22, 23 : 3. 7 *bis*, 8, 12, 12†, 13, 14, 16, 17, 20, 21 *bis*, 23, 24 *bis*, 26†, 27, 31 *bis*, 38 : 4. 8 : 5. 1, 2, 3, 6, 11, 19 *bis*, 24 : 6. 9, 10, 21 : 7. 2, 3, 4 *bis*, 7, 17, 20, 27 : 8. 10 : 9. 2 *bis*, 3, 4, 6, 9, 11 : 10. 3 *bis*, 9, 13 : 11. 2 (πρὸς ἑσπέραν), 4, 6 *ter*, 7, 10, 11, 12, 14, 18†, 19, 20, 21 *bis*, 22 *quater*, 23, 23†, 24, 25 *bis*, 25† : 12. 1 *bis*, 1†, 4 *bis*, 5, 7, 13, 18 *bis*, 19, 21, 23 *bis*, 24, 27, 27†, 29† : 13. 5, 6 *bis*, 7, 10, 13, 20, 24, 25, 26†, 28, 30, 35, 37, 39 : 14. 2, 3 *bis*, 4, 5, 7, 8†, 9, 10 *bis*, 12, 13†, 15 *bis*, 18, 21, 29 *quater*, 30 *bis*, 31 *bis*, 32 *ter*, 33 *bis* : 15. 2 *bis*, 3, 6, 7, 13, 15, 19, 22, 25†, 36 : 16. 2, 3, 9, 11 *bis*, 16 *bis*, 17, 18, 20, 21 *bis*, 22† : 17. 1, 3 *bis*, 6 *bis*, 7, 12†, 13, 15, 20, 21, 25 : 18. 2, 4, 12, 22, 22†, 24, 28, 32 : 19. 5 (6), 10 (11)†, 10 (11), 11 (12), 11 (12)†, 11 (12), 11 (12)†, 11 (12), 14 (15), 19 (20), 23 (24), 26 (27), 27 (28), 27 (28)†, 28 (29), 30 (31), 33 (34)†, 34 (35), 41 (42) *bis*, 42 (43) *bis* : 20. 3, 4, 6, 15, 16 *bis*, 17, 21, 21†, 22 *quater* : 21. 2, 3, 5, 10 : 22. 7, 42 : 23. 10, 13, 16, 21†, 23, 23† : 24. 2, 3 *bis*, 4, 9, 10, 11, 12, 13, 14, 17, 18, 21, 22, 23, 24.
III Ki. 1. 3, 11, 13 *bis*, 15, 20 : 2. 13, 13 (14), 16 (17), 19, 29 *bis*, 30† : 3. 1 (2. 38), 1 (2. 39), 1 (2. 40), 1 (2. 42), 1 (2. 44), 1†, 5, 11, 26 : 5. 1 (15)†, 2 (16), 5 (19), 8 (22) *bis*, 9 (23) : 6. 11†, 12†, 18† : 7. 14 : 8. 1†, 2†, 18, 28, 33† *bis*, 48 *bis*, 54, 58†, 59, 61 : 9. 3, 24 (*cf.* 3. 1)† : 10. 2, 6, 7, 25† : 11. 11, 18 *bis*, 21, 40 : 12. 3, 5 *bis*, 7, 7†, 9, 10 *ter*, 12 *bis*, 13, 14, 14†, 21, 22, 23, 24† *undeviciens*, 27 *bis*, 27†, 28 : 13. 2, 4, 6 *bis*, 7, 8, 12, 18, 18†, 18, 20, 21, 22, 27† : 14. 2†, 3†, 5† *bis*, 6†, 10† *bis*, 13† : 15. 18, 19* : 16. 1, 12 (11)†, 12, 28 (22. 49 [50])† : 17. 1, 2, 8, 13, 18 *bis*, 19, 22†, 24 : 18. 1, 5, 17, 19, 19†, 21, 22, 29, 30 *ter*, 31, 40, 41† : 19. 2, 9, 13, 15 : 20 (21). 2, 3, 4† *bis*, 5, 5†, 5, 6 *bis*, 7, 8, 8†, 11† *bis*, 14, 15, 17, 19, 20, 21 : 21 (20). 2 *bis*, 5† *bis*, 6, 7, 9, 10, 22, 23†, 25, 28†, 31†, 31, 33 *bis*, 33†, 34, 35, 36, 39 *bis*, 39†, 40, 42, 43† : 22. 2, 3, 4, 5†, 5, 7, 8, 14, 15, 15†, 16, 18 *bis*, 22, 26, 26†, 30, 50†.
IV Ki. 1. 2, 3, 4, 5 *bis*, 6 *quater*, 7 *bis*, 8, 9 *ter*, 10, 11 *bis*, 12, 13†, 13, 15 *bis*, 16 : 2. 2, 3 *bis*, 4, 5 *bis*, 9, 16, 18† *ter*, 19, 20 : 3. 7, 12, 13 *bis*, 13†, 14, 26 : 4. 1, 2†, 3, 5, 6 *bis*, 9, 10, 12, 13 *ter*, 14†, 16, 17, 18 *bis*, 19 *bis*, 20†, 23, 24, 24 (25), 25, 27, 33, 36 *bis*, 41, 42 : 5. 5 *bis*, 6 *ter*, 7, 8 *bis*, 10, 11†, 13 *ter*, 15, 19, 22†, 22, 25 *bis*, 26 : 6. 1, 8, 9, 11, 15, 18 *bis*, 19 *bis*, 19†, 21†, 22, 26, 28, 29, 32 *bis*, 33 : 7. 2†, 3, 6, 6†, 7, 9, 10, 12, 13, 17, 18 : 8. 1, 3, 4, 5, 8, 9 *bis*, 10†, 14 : 9. 5 *ter*,

8, 11 *bis*, 12 *bis*, 14, 18†, 19†, 23, 25, 32, 33 *bis* : 10. 1 *bis*, 1†, 2, 5 *bis*, 6 *bis*, 7 *bis*, 9, 15 *bis*, 16, 17, 18, 19, 30 : 11. 4†, 7, 8†, 9, 13, 14, 15 : 12. 4 (5), 7 (8) : 13. 14, 15, 23† : 14. 8, 9 *bis* : 15. 12 : 16. 7, 10 : 17. 4, 13† : 18. 14, 17, 18 *bis*, 19 *bis*, 22, 25, 26 *bis*, 26†, 27, 27†, 27, 30, 31, 37 : 19. 2, 3, 5, 6, 9, 9†, 20 *bis*, 21†, 32 *bis* : 20. 1 *bis*, 2 *bis*, 4, 5, 8, 11, 12, 14 *quater*, 16, 19 : 21. 7 *bis*, 23 : 22. 4, 8 *bis*, 9, 10, 14 *bis*, 15†, 15, 18 *bis*, 20 : 23. 1, 3, 9, 25 : 25. 6, 11, 20, 23.

I Ch. 2. 21 : 5. 9, 10, 20 : 7. 23 : 10. 1 : 11. 1, 3, 15, 18, 25 : 12. 1, 8, 17, 19 *bis*, 22, 23 *bis* : 13. 2 *bis*, 3, 12, 13 : 14. 1 : 17. 1, 2, 3, 4, 6, 15, 18, 23 : 18. 10 : 19. 2†, 3 *bis*, 10, 17† : 21. 2 *ter*, 8, 9, 10, 11, 13, 17, 18, 21, 22, 23, 26, 27 : 22. 14 : 24. 5 : 26. 14*†, 16†, 17†, 18, 18† : 29. 16, 18.

II Ch. 1. 2, 8, 11 : 2. 3 (2), 11 (10) : 4. 10 : 5. 3 : 6. 4, 8, 34, 38 : 7. 21† : 8. 18 : 9. 1 *bis*, 5 : 10. 3, 5, 9, 10, 12 *bis*, 14, 16 : 11. 1, 2, 3, 3†, 4, 13, 14 : 12. 5 *bis*, 7, 15† : 13. 3, 7 *bis*, 12, 14 : 14. 11 (10) *bis* : 15. 6 *bis*, 9 : 16. 2, 4†, 7, 9 : 17. 10, 11† : 18. 2, 3, 4, 7, 13, 14, 15, 17, 23†, 23, 25 *bis*, 29 : 19. 9, 10†, 11 : 20. 1, 6, 9, 12, 29, 33, 35, 36† : 22. 6, 7 *bis*, 9 : 23. 12 : 24. 11, 14 *bis*, 19 *bis* : 25. 7, 10, 14, 16†, 17†, 18†, 18 : 26. 6, 19, 20† : 27. 5 : 28. 13, 15, 16 : 29. 4*, 18, 24, 27 : 30. 6, 9 *bis* : 31. 10† : 32. 6, 9 *bis*, 24, 30, 31 : 33. 7, 7†, 13, 18*†, 18 : 34. 9, 15, 16, 22, 23, 28 *bis* : 35. 13, 19, 21 : 36. 13*, 13.

I Es. 1. 26, 27, 29 *bis* : 2. 18, 26 : 3. 4† : 4. 4 *bis*, 20, 33†, 47 : 5. 47*†, 63 : 6. 3 : 7. 8 : 8. 8, 43, 45, 51*, 63, 72, 73, 85*, 91, 93, 95 : 9. 38*, 48†.

II Es. 3. 7 : 4. 2 *bis*, 3, 7, 11 *bis*, 12†, 17, 18 : 5. 7, 17 : 6. 13, 21 : 8. 15 *bis*, 17, 28 : 9. 1, 4, 5, 6 : 10. 1, 10.

Ne. 1. 3, 7†, 9 : 2. 4, 7, 8†, 9, 13†, 17, 18† : 4. 3 (3. 35), 9 (3), 14 (8), 14 (8)†, 14 (8), 19 (13) *ter*, 20 (14) : 5. 1, 7, 17 : 6. 2, 3†, 3, 4†, 5, 8, 17 *bis*, 19 : 8. 13 *bis* : 9. 4, 8, 13, 26, 27, 28 : 10. 28 (29) : 11. 24, 25 : 12. 24† : 13. 6, 21, 22.

To. 1. 6 : 2. 10, 13, 14 : 3. 11† : 4. 3† : 5. 8†, 9†, 15†, 16†, 16*† *bis*, 16†, 17, 20† *bis* : 6. 13†, 17† : 7. 1†, 9†, 11, 11*†, 13†, 13 : 8. 1†, 21 : 10. 7†, 8†, 9, 10, 13† *bis* : 11. 2†, 7†, 10† *bis*, 16†, 17, 18† : 12. 20 : 13. 6 *bis*, 11, 13† : 14. 3†, 12†.

Ju. 1. 5, 6†, 13 : 2. 4, 23, 25* : 3. 1, 5 : 4. 9, 12, 15 : 5. 5, 12 : 6. 1 *bis*, 2†, 13 : 7. 1, 4, 11†, 18, 19, 29, 30 : 8. 9, 11 *bis*, 28, 32, 35 : 9. 1 : 10. 1, 9, 14, 15†, 19 : 11. 1, 3, 5, 17†, 22† : 12. 3†, 4†, 6† *bis*, 9 (πρὸς ἑσπέραν)†, 11†, 13† *bis*, 14†, 17† : 13. 10†, 10, 14 : 14. 1, 10† : 15. 9 *bis* : 16. 22.

Es. 1. 1, 11, 16, 19 : 2. 2†, 8, 12, 13, 14 *bis*, 15, 16 : 3. 8, 13 *ter* : 4. 5†, 10 *bis*, 11 *bis*, 13†, 15 *bis*, 16, 17 : 5. 6, 14 : 6. 5†, 7†, 13 : 7. 9† : 8. 3 *bis*, 7†, 9†, 13 : 9. 12†, 25 : 10. 3.

Jb. 1. 4, 5, 7†, 14, 16† *bis*, 17† : 2. 3, 9†, 11 *bis*, 13† : 7. 13 : 8. 5 : 9. 3 : 10. 2 : 11. 5, 13 : 13. 3 : 16. 15†, 21† : 21. 19 : 22. 27 : 24. 15† : 29. 24 : 30. 20 : 31. 13 : 33. 5, 23†, 26 : 34. 31 : 38. 41 : 39. 26*, 34 (40. 4) : 42. 8, 11, 17.

Ps. 2. 5, 7 : 3. 4 : 4. 3 : 5. 2, 7 : 11 (12). 2 : 12 (13). 4 : 17 (18). 6, 41 : 21 (22). 2†, 5, 24, 27 : 24 (25). 1, 15 : 26 (27). 7† : 27 (28). 1, 2, 2† : 29 (30). 2, 8 *bis* : 30 (31). 2, 22 : 31 (32). 6 *bis*, 9 : 33 (34). 5 : 36 (37). 5 : 41 (42). 1, 2, 6 : 42 (43). 4 *bis* : 43 (44). 20 : 50 (51). *tit. bis* : 54 (55). 16 : 56 (57). 2 : 58 (59). 9 : 60 (61). 2 : 62 (63). 1 : 63 (64). 1† : 64 (65). 2 : 65 (66). 17 : 68 (69). 13 : 70 (71). 2 : 73 (74). 23† : 75 (76). *tit.*† : 76 (77). 1 *bis* : 77 (78). 34 : 84 (85). 8† : 85 (86). 3, 4, 7 : 87 (88). 9, 9†, 13 : 90 (91). 7, 10, 12, 15† : 98 (99). 7 : 100 (101). 2 : 101 (102). 1, 2† : 103 (104). 27 : 104 (105). 42* : 106 (107). 6, 13, 19, 28 : 118 (119). 48, 128, 148 : 119 (120). 1, 3 : 122 (123). 1, 2 : 136 (137). 9 : 137 (138). 2 : 138 (139). 6 : 140 (141). 1 *bis*, 8 : 141 (142). 1 *bis*, 5, 6† : 142 (143). 6, 8, 9 : 143 (144). *tit.*† : 151. *tit.*†.

Pr. 3. 30 : 5. 3, 20 : 6. 6, 8 *bis*, 29 : 7. 5* : 9. 4, 16, 18 : 15. 17 : 21. 8, 30 : 23. 5†, 7, 16 : 25. 7, 17 : 26. 4†, 5†.

Ec. 1. 6, 6† : 8. 14†, 14 : 9. 2†, 3, 4, 13†, 14† : 10. 17 : 12. 7.

Ca. 1. 7†, 8†, 10†, 12† *bis*, 15†, 16† : 2. 1†, 2†, 3†, 6†, 9† : 3. 6† : 4. 6 *bis* : 5. 1† : 6. 3†, 10†, 11†, 12† : 7. 13 (14) : 8. 5†.

Wi. 1. 9, 16 : 4. 4 : 6. 9, 14† : 7. 14 : 8. 9 : 15. 7, 15 : 16. 6 (πρὸς ὀλίγον), 20, 21 *bis*, 25, 28† : 18. 12 *bis*, 23*.

Si. *prol.* 25† : 3. 10† : 4. 12, 18 : 5. 7† : 6. 36 : 7. 24 : 13. 2, 17, 18 *bis* : 22. 13 : 24. 19 : 25. 19 : 27. 9 *bis*, 16 : 36 (33). 11, 12† : 38. 1 : 39. 5 : 40. 8 : 42. 8 : 44. 18 : 45. 3 : 46. 4 : 48. 10, 20 : 49. 3 : 50. 29 : 51. 19, 23.

Ho. 1. 1, 2†, 2, 4 : 2. 2 (4), 7 (9) : 3. 1, 3 : 4. 1 : 5. 1, 4, 13 *bis* : 6. 1 *bis* : 7. 1, 7, 10, 14 : 9. 10 : 11. 4 : 12. 2 (3), 3 (4), 4 (5), 6 (7), 10 (11) : 14. 1, 2, 3.

Am. 2. 7 : 3. 7 : 4. 6, 8, 9, 10, 11 : 5. 4, 19† : 6. 5 : 7. 8 *bis*, 10, 12, 14, 15 : 8. 2.

Mi. 1. 1 : 2. 1 : 3. 4 : 4. 1, 2† : 6. 1, 2 : 7. 10†.

Jl. 1. 1, 8, 14, 19, 20 : 2. 12, 13 : 3 (4). 2.

Ob. 1. 5 *bis*, 7.

Jn. 1. 1, 2, 5, 6, 6†, 7, 8, 9, 10, 11, 12, 13, 14 : 2. 2, 3†, 5, 7†, 8 : 3. 1, 2, 6, 8 : 4. 2, 4, 9.

Hb. 1. 2 : 2. 2, 5†, 5.

Ze. 1. 1 : 2. 5† : 3. 2.

Hg. 1. 1 *bis*, 12 : 2. 3 (2) *ter*, 11 (10), 18 (17), 21 (20), 22 (21), 23 (22).

Za. 1. 1, 3 *ter*, 7, 9, 10, 14, 17, 19 (2. 2) *bis*, 21 (2. 4)† : 2. 2 (6) *bis*, 4 (8) *bis*, 11 (15) : 3. 2 (1), 5 (4) *bis*, 7 (6) : 4. 2, 4, 5†, 6†, 6, 8, 9, 11, 12, 13 : 5. 2, 3, 5, 10, 11 : 6. 4, 5†, 8, 9, 12, 15 : 7. 1, 3 *bis*, 4, 5 *bis*, 8, 9 : 8. 1†, 16, 18 : 11. 10, 12, 13, 15 : 12. 10 : 13. 3, 6 : 14. 4, 4†, 4 *bis*, 7 (πρὸς ἑσπέραν), 13.

Ma. 1. 7 : 2. 1, 4 *bis* : 3. 5†, 7 *bis*, 16 : 4. 6 (3. 24) *bis*, 4 (3. 22).

Is. 1. 15† : 2. 1 : 3. 5 *quater*, 8* : 5. 8 *bis* : 6. 3, 6, 8 : 7. 2, 3 *bis*, 6 : 8. 1, 3, 19 *bis* : 10. 3 : 13. 8 : 14. 1, 1†, 12†, 13*† : 15. 5*† : 16. 8† : 17. 14 (πρὸς ἑσπέραν) : 18. 2 : 19. 19, 20†, 22, 23 *bis* : 20. 2 : 21. 6, 11 : 22. 15†, 15 : 26. 9 : 28. 18* : 29. 4 : 30. 5, 6, 29 : 32. 6 : 33. 6, 8* : 34. 14 : 36. 2, 3, 10†, 11 *ter*, 12 *quater*, 16, 22 : 37. 2†, 2, 4†, 5, 6, 9, 15, 21 *bis*, 23, 23†, 29 : 38. 1 *bis*, 2†, 2, 4, 5†, 5, 14, 21, 22† : 39. 3 *quater*, 8† : 40. 14 : 41. 1 : 44. 17†, 22 : 45. 9†, 14†, 16, 20, 22†, 25 : 46. 7 : 48. 16 : 49. 5, 18 : 51. 3*†, 4 : 52. 8 : 56. 3†, 6† : 60. 11, 13, 14 : 65. 2.

Je. 1. 2, 4, 7 *bis*, 9 *bis*, 11, 12†, 13†, 14, 16, 17†, 19 : 2. 9† *bis*, 29, 31, 35 : 3. 1 *bis*, 3, 6, 7, 10, 11, 12 *bis* : 4. 1, 12 : 5. 5, 5† : 6. 10, 23 : 7. 13, 22, 25 : 8. 2 *ter* : 9. 12 (11), 13 (12), 17 (16) : 11. 1, 2, 2†, 3, 6, 9, 10, 11, 12, 20 : 12. 1 *bis*, 6† : 13. 3, 6, 8, 11, 12 *bis*, 13, 19* : 14. 1, 11, 14 *bis*, 17 : 15. 1 *bis*, 2 *bis*, 11, 19 *bis*, 20†, 20 : 16. 10, 11†, 19 : 17. 15, 20†, 26* : 18. 1, 5, 11 *bis* : 19. 1, 2, 14 : 20. 12 : 21. 1, 1†, 3 *bis*, 4, 8, 9, 13 *bis* : 22. 8, 21 : 23. 21†, 28 *bis*, 30†, 31†, 32, 35 *bis*, 38 : 24. 3, 4 : 25. 1, 2†, 2, 3, 4 : 26 (46). 12, 16, 16† : 27 (50). 5, 29, 31†, 34, 42 : 28 (51). 25, 44, 61† : 29 (49). 8*† : 32 (25). 15 *bis*, 17, 17†, 26, 31 : 33 (26). 5, 11, 12, 13†, 15, 16, 16†, 16, 23 : 34 (27). 3 *sexiens*, 4, 4†, 10, 12, 14 : 35 (28). 5, 12, 13 : 36 (29). 1 *quater*, 3, 7, 12, 24, 25, 28, 30, 31 : 37 (30). 1, 2, 21 *bis* : 38 (31). 6† : 39 (32). 1, 4, 4†, 6, 7, 8, 16 *bis*, 25, 26, 29, 33, 35, 40 : 40 (33). 1, 3, 5 : 41 (34). 1, 2, 6, 8 *bis*, 9, 12, 13, 17†, 17 : 42 (35). 1, 8, 9, 12, 14 *bis*, 15 : 43 (36). 1, 2 *bis*, 4, 14 *bis*, 16, 19†, 20, 21†, 25, 27†, 31† : 44 (37). 3 *bis*, 6, 7 *bis*, 13, 14†, 14 : 45 (38). 2, 4, 5, 8 *bis*, 11, 14, 17, 19, 20, 22, 23, 25 *bis*, 26, 27 : 46 (39). 14, 15, 16 : 47 (40). 1, 5, 6, 8, 12, 13, 14, 15, 16 : 48 (41). 1, 6, 14, 15, 17* : 49 (42). 2†, 2, 4, 5, 6, 7, 13, 20, 21 : 50 (43). 1 *bis*, 2, 3, 8† : 51 (44). 1, 4, 4†, 5, 7, 16, 31 (45. 1) : 52. 9, 26.

Ba. 1. 3, 7 *ter*, 10, 13, 14, 19 *bis*, 21 : 2. 5 : 3. 1, 35 : 4. 2, 20, 21, 27, 36 : 5. 5, 6.

La. 1. 12* : 2. 18, 19 : 3. 41 : 4. 4 : 5. 21.

Ep. Je. 1, 48.

Ez. 1. 3, 11 : 2. 1† *bis*, 2, 3 *bis*, 4†, 4, 7, 8, 9 : 3. 1, 3, 4 *ter*, 5 *bis*, 6 *bis*, 10, 11 *ter*, 13, 16, 22 *bis*, 23†, 24, 27 *bis* : 4. 15, 16 : 6. 1 : 7. 1, 7, 13 : 8. 3†, 5 *quater*, 6, 8, 9, 12, 13, 14, 15, 16, 17 : 9. 2, 4, 7, 9 : 10. 2 : 11. 2, 5, 14, 25 : 12. 1, 8, 9, 10, 17, 19, 21, 23 *bis*, 24*, 26, 28 : 13. 1, 2, 11, 12, 15, 18†, 19 : 14. 1, 2, 4 *bis*, 6† *bis*, 7, 12, 22 : 15. 1 : 16. 1, 29, 33, 36, 37 : 17. 1, 2, 7 *bis*, 11, 12 *bis*, 13, 17 : 18. 1, 6†, 6 : 19. 9 : 20. 2, 3 *bis*, 5, 7, 9, 13, 18, 27 *bis*, 29, 30, 35, 36, 45 (21. 1), 49 (21. 5) : 21. 1 (6), 3 (8) *bis*, 7 (12), 8 (13), 17 (22), 18 (23), 28 (33) *bis* : 22. 1, 5, 6, 7†, 13†, 17, 23, 29 : 23. 1, 14, 16, 17, 36, 40, 42, 44 *quater* : 24. 1, 3, 15, 18, 19, 20, 20†, 21, 26, 27 : 25. 1 : 26. 1, 2, 20 *bis* : 27. 1, 28 : 28. 1, 11, 20 : 29. 1, 4, 17 : 30. 1, 20 : 31. 1, 2, 14, 14† : 32. 1, 17, 18 : 33. 1, 2, 12, 21, 22†, 22, 23, 25† *bis*, 31 : 34. 1, 22 : 35. 1 : 36. 16 : 37. 3, 4, 7, 9, 11, 12†, 15, 16†, 16, 17, 18, 19 *bis* : 38. 1 : 39. 11†, 17 : 40. 4, 20, 24, 27 *bis*, 28*, 35*, 40 *bis*, 44 *bis*, 44*, 44, 45 *bis*, 46 *bis* : 41. 4†, 7, 11*, 11, 12, 19 *bis*, 22 : 42. 1*, 1, 2, 4, 7*, 9*, 10*, 11*, 12*, 13, 13* *bis*, 13, 15†, 17, 18, 19, 20 : 43. 2*†, 6, 7, 14, 18 *bis*, 19 : 44. 2, 4*, 5, 6 *bis*, 13 *ter*, 15, 16, 19 : 45. 7* *bis*, 7*†, 7* *bis*, 11 : 46. 1, 9, 9* *ter*, 19, 20, 24 : 47. 2*, 2, 6, 8, 8*, 15*†, 17*, 18* *ter*, 19*, 20* : 48. 1*, 1, 1*, 1, 2*† *bis*, 3* *bis*, 4*†, 4*, 5* *bis*, 6* *bis*, 7* *bis*, 8*, 8*†, 8* *bis*, 10 *ter*, 16* *quater*, 17, 17† *bis*, 17, 18 *bis*, 21*, 21, 21*, 23* *bis*, 24* *bis*, 25* *bis*, 26* *bis*, 27* *bis*, 28*†, 30*, 31*, 32*, 33*, 34*.

Da. LXX. Su. 4, 6, 12, 14, 19 : 1. 18 : 2. 4, 7, 16, 23, 24 *bis*, 25, 47 : 3. 13, (36), 26 (93) : 4. 19* : 5. 11, 13 : 6. 4 (5), 5 (6), 28 (29) : 7. 8, 16, 21 : 8. 4 *ter*, 6, 7 : 9. 4 : 10. 12, 20 *bis* : Bel 3, 4, 8, 17, 32, 33, 36.

Da. TH. Su. 4, 6, 28, 37, 47, 51, 52 : 1. 11 : 2. 24 : 3. (36)†, 26 (93) : 7. 21, 25 : 8. 1, 6, 7, 9, 9†, 9, 17 : 9. 2, 3, 4, 6 *bis* : 10. 11 *quater*, 12, 16, 20 : 11. 6, 7, 16, 23, 34† : Bel 1, 29, 34†.

I Ma. 1. 13, 18, 52 : 2. 16, 32†, 32, 33, 38†, 40† *bis*, 41†, 42, 67, 69 : 3. 10, 17, 20†, 41, 43 : 4. 17 : 5. 3, 7, 10, 19, 21, 38, 40 *bis*, 41, 41†, 43†, 48, 57, 64, 65*† : 6. 10, 22, 29, 52, 57, 57†, 60, 63 : 7. 5, 6, 10, 10†, 12, 20, 22, 25, 27, 29, 46 : 8. 10, 20 : 9. 8†, 9, 26, 29, 57, 68, 70 *bis* : 10. 3, 5, 11, 20, 26*, 27, 38†, 51, 53, 54, 61†, 69, 71, 82 : 11. 9 *bis*, 21, 24, 31, 33*, 33, 39, 41, 42, 44, 47, 49, 55 *bis*, 60, 72, 73† : 12. 1*, 2, 4, 7, 10*, 10 *bis*, 16, 16*, 17, 18, 24, 40 : 13. 14, 17 *bis*, 21†, 21, 34, 38, 50 : 14. 3, 18 *ter*, 21, 22, 22*, 24, 30, 34†, 37 : 15. 10, 17, 19†, 21, 28, 36 : 16. 19.

II Ma. 1. 11 : 2. 10, 10†, 20*, 29 : 3. 3*, 5, 6, 27, 35 : 4. 5†, 10†, 11, 19†, 28, 33*, 40, 43†, 45, 49* : 5. 8, 9, 16, 23, 27 : 6. 12 *bis*, 14, 15, 20*†, 21, 22, 29†, 29 : 7. 14†, 16, 21 : 8. 3, 7, 8, 15*, 20* : 9. 13, 16, 18, 25, 29 : 10. 12† *bis*, 12*, 13 *bis*, 14, 18*, 19, 25, 36 : 11. 6, 13, 23, 26, 26†, 27, 34, 36 : 12. 1, 3, 12, 17, 30 : 14. 3, 4, 5, 9, 11*, 26*, 26, 30*† *bis* : 15. 27*†.

III Ma. 1. 8 *bis*, 19* : 2. 9 : 3. 3*, 10, 14†, 18, 21, 23, 25 : 4. 5, 6*, 11 *ter* : 5. 2, 3 *bis*, 11†, 24, 26, 42, 44, 49 : 6. 26, 30, 41 : 7. 4, 6, 7, 18*.

IV Ma. 1. 33 : 2. 1, 3, 10*, 11*† : 3. 21 : 4. 1, 2†, 4, 7, 10 : 5. 16*, 32 : 6. 18, 22†, 24 *bis*, 26 : 7. 21 : 9. 30 : 10. 4† : 11. 2, 25 : 13. 10, 23*†, 25* : 14. 4, 6, 13, 14†, 18 : 15. 6*, 8*, 9*, 21, 24*, 27†, 30 *bis* : 16. 22 : 17. 1, 4, 5, 23.

[**Aq.** GE. 4. 6 : 6. 7 (6), 18 (19) (P.) : 8. 21 : 20. 2 : 29. 34 : 32. 9 (10) : 37. 2 : 39. 20 : EX. 4. 10 : 6. 3 *ter* : 9. 14, 33 : 12. 1 : 14. 20 : 21. 6 : 28. 26 (πρὸς πέραν) : LE. 14. 33 : NU. 9. 14 : 31. 12 : DT. 22. 21 : 25. 2 : JO. 1. 1 : 2. 3 : 4. 21 : JD. 4. 7, 18 : 9. 14 : 16. 9 : I KI. 14. 9 : 21. 2 (3) : 26. 14 : II KI. 2. 23 : III KI. 5. 1 (15) : 6. 18 : 8. 1 : 9. 24 : 12. 27 : 13. 27 : 14. 2, 3, 5 *bis*, 6, 10 *bis*, 13, 28 : 17. 22 : 20 (21). 43 : 21 (20). 8 : 22. 4, 15, 50 : IV KI. 2. 18 *bis* : 3. 13 : 4. 2 : 6. 8 : 9. 13 : 11. 4 : 19. 10 : JB. 1. 14 : 4. 2 : 33. 13 : 42. 8 : PS. 2. 7 : 5. 8 : 27 (28). 2 *bis*, 5 *bis* : 29 (30). 10 : 31 (32). 6 *bis*, 9 : 32 (33). 18 : 54 (55). 17 : 55 (56). 4 : 60 (61). 3 : 76 (77). 2 : 90 (91). 10 : 142 (143). 6 : PR. 19. 18 : 26. 5 : EC. 1. 17 : 3. 20 : CA. 4. 6 *bis* : IS. 13. 14 *bis* : 21. 11 : 22. 15 : 34. 14 : 36. 4, 7, 10, 11 : 41. 1 : 51. 1 : 55. 2, 3 : 60. 8 : 63. 15 : 66. 2 : JE. 7. 1, 28 : 8. 4 : 13. 1, 12 : 16. 1 : 17. 19 : 25. 3, 9 (Sw.) : 26 (33). 4 : 27 (34). 1, 2 : 28 (35). 16 : 29 (36). 25, 26 *bis* : 30 (37). 21 : 31 (38). 6 : 32 (39). 26 : 33 (40). 3 : 36 (43). 1, 2, 18 : 38 (45). 17, 18, 24 : 41 (48). 6, 17 : 42 (49). 5 : 44 (51). 1, 20 : 47 (29). 1 : 49. 19 (29. 20) : 50 (27). 1 : 51 (28). 59 : 52. 15 : EZ. 2. 4 (Sw.) : 3. 26 : 4. 13 : 8. 17 : 17. 6 : 20. 4, 35 : 33. 2 : 34. 2 : 37. 12 : 40. 40 : 45. 15 (?) (P.) : ZE. 3. 9 : ZA. 11. 13 *ter* : 14. 5 : MA. 2. 13 : 3. 6 (P.).]

[**Sm.** GE. 3. 2 (1) : 4. 7 : 8. 21 : 25. 8 : 27. 37 : 32. 9 (10), 28 (29) : 37. 2 : EX. 6. 13 : 12. 1 : 17. 8 : 21. 6 : 32. 9 : LE. 14. 33 : DT.

32. 5: Jo. 1. 1: 2. 3: 4. 21: Jd. 3. 20: 4. 18: 10. 12: I Ki. 12. 7: 26. 14: 30. 7, 27: II Ki. 10. 6: III Ki. 3. 1: 5. 1 (15), 2 (16): 6. 18: IV Ki. 3. 13: Jb. 1. 22: 2. 13: 4. 2, 12: 11. 13: 16. 21: 29. 25: 30. 2*: 32. 14: 33. 29: 34. 31: 39. 4, 32 (40. 2): Ps. 17 (18). 26: 27 (28). 4: 29 (30). 9: 31 (32). 6, 9: 32 (33). 17: 34 (35). 14 *bis*: 42 (43). 4 *bis*: 54 (55). 19, 21: 76 (77). 2 *bis*, 7: 77 (78). 8: 85 (86). 3: 87 (88). 10, 14: 88 (89). 39: 93 (94). 16 *bis*: 130 (131). 2: 138 (139). 6: Pr. 26. 5: Ec. 1. 17: 6. 5: 7. 28 (27): Is. 8. 11: 17. 14 (τὸ πρὸς ἑσπέραν): 21. 11: 22. 15: 30. 19: 34. 14: 36. 4, 7, 10, 11: 45. 9: 55. 2, 3, 7, 11: 63. 15: 66. 2: Je. 7. 1: 8. 2: 9. 12 (11): 10. 13: 12. 1: 13. 1: 16. 1, 16: 17. 19: 21. 2: 22. 15: 25. 9 (Sw.): 26 (33). 4: 27 (34). 2: 29 (36). 25: 30 (37). 21 *bis*: 31 (38). 6: 32 (39). 26: 33 (40). 4: 36 (43). 1, 2: 38 (45). 17, 18, 19, 22: 39 (46). 9: 41 (48). 6, 12, 17: 42 (49). 5: 44 (51). 1, 20, 24: 47 (29). 1: 51 (28). 16: Ez. 2. 6: 3. 26: 4. 13: 8. 16: 11. 21: 17. 7: 20. 35: 23. 40: 24. 27: 33. 2: 34. 2: 37. 12: 40. 31, 40: 41. 14: Da. 11. 2 (Sw.), 6 *bis* (Sw.): Jn. 2. 5: Hb. 1. 13: Za. 4. 7: 5. 6: 14. 5, 7 (τὸ πρὸς ἑσπέραν): Ma. 2. 13: 3. 6 (P.).]

[**Th.** Ge. 3. 9 (8): 4. 7: 8. 21: 37. 2: Ex. 1. 19: 6. 13: 12. 1: 28 24†: 32. 9: Le. 14. 33: Jo. 2. 3: 4. 21: Jd. 7. 11: 9. 14: 16. 9: I Ki. 26. 14: II Ki. 12. 4: III Ki. 5. 1 (15), 2 (16): 6. 18: 13. 27: 21 (20). 8: 22. 4, 15: IV Ki. 2. 18 *bis*: 3. 13: 4. 2: 8. 10: 11. 8: Jb. 2. 13: 4. 2: 21. 19: 34. 23, 31: 42. 8: Ps. 54 (55). 17: 68 (69). 14: 76 (77). 2: 77 (78). 21: 138 (139). 6: Pr. 26. 5: Is. 17. 14 (τὸ πρὸς ἑσπέραν): 21. 11: 36. 4, 7, 10, 11: 41. 1: 45. 14: 54. 8 (πρὸς ὀλίγον): 55. 2, 3, 7, 11: 63. 15: 66. 2: Je. 2. 1: 7. 1: 13. 1: 17. 19: 23. 37: 25. 3, 9 (Sw.): 26 (33). 4: 27 (34). 2, 18: 28 (35). 16: 29 (36). 16, 19, 25: 30 (37). 21: 33 (40). 19, 21*, 23, 26: 34 (41). 8: 38 (45). 12: 39 (46). 5, 5 (Sw.), 11, 12: 40 (47). 14: 41 (48). 6: 42 (49). 9: Ez. 2. 3, 4: 3. 26: 4. 13: 7. 6: 20. 35: 23. 40: 33. 2, 25, 25 (P.), 27: 34. 2: 37. 12: 40. 28* (Sw.): Da. 6. 14†: 7. 25: 8. 9, 9†: Jn. 2. 5: Ze. 3. 9: Za. 12. 10: 14. 5: Ma. 3. 6 (P.).]

[**Al.** Ge. 43. 23: Ex. 19. 3: 33. 11: Le. 18. 6: 19. 31 *bis*: 20. 6 *bis*: 24. 2: 26. 21, 37: Nu. 2. 10: 25. 6: Dt. 2. 5: 3. 26: 20. 2: Jd. 1. 9*: 19. 4: II Ki. 3. 8 *bis*: III Ki. 22. 50: IV Ki. 13. 4*: Jb. 2. 3: Je. 26 (33). 17: 41 (48). 12: Ez. 42. 3: Da. 1. 18.]

[**Sam.** Ex. 26. 5.]

[**Quint.** IV Ki. 4. 2: 6. 21: Ps. 27 (28). 2: 60 (61). 3: 76 (77). 2: 77 (78). 21: 138 (139). 6: Ho. 7. 4 (πρὸς ὀλίγον).]

[**Sext.** Ps. 27 (28). 2: 76 (77). 2: 138 (139). 6.]

[**Heb.** Jb. 20. 5 (πρὸς βραχύ), 5: 40. 22 (27) *bis*.]

IV. *anom.*

Ps. 45 (46). 5 (τὸ πρὸς πρωῒ πρωΐ)†.
Si. 29. 25 (πρὸς ἐπὶ τούτοις).
[**Aq.** Ec. 7. 23 (22) (πρὸς πλεονάκις).]
[**Sm.** Ec. 7. 23 (22) (πρὸς πλεονάκις): 9. 1 (πρός τε δέ).]
[**Al.** Jb. 36. 16 (καὶ πρὸς ἐπεὶ ἠπάτησε).]

προσάββατον. (1) שַׁבָּת

Ju. 8. 6. χωρὶς προσαββάτων καὶ σαββάτων
Ps. 91 (92). *tit.* **S** ψαλμὸς ᾠδῆς εἰς τὴν ἡμέραν τοῦ πρ. [**A B** σαββ.] (1)
92 (93). *tit.* εἰς τὴν ἡμέραν τοῦ πρ. [**A** σαββ.] –

προσαγγέλλειν.

Ju. 10. 18. ἕως προσήγγειλαν αὐτῷ
II Ma. 3. 6. προσήγγειλε περὶ τοῦ . . . γέμειν τὸ . . . γαζοφυλάκιον
9. 24. **R** ἢ καὶ προσαγγελθῇ τι δυσχερές [**A** *al.*]
10. 21. προσαγγελθόντος δὲ τῷ Μακκ.
13. 21. προσήγγειλε δὲ τὰ μυστήρια τοῖς πολεμίοις
III Ma. 5. 10. περὶ τούτων προσαγγεῖλαι τῷ βασ.

προσάγειν. (1) אָסַף (2) בּוֹא *a.* hi. *b.* hoph. (3) לָקַח (4) נָגַע *a.* qal. *b.* hi. (5) נָגַשׁ ni. (6) נָגַשׁ *a.* qal. *b.* ni. *c.* hi. *d.* hoph. (7) סָבַב (8) סוּר (9) סָמַךְ (10) עָבַר (11) קָרַב *a.* qal. *b.* hi. *c.* קָרֵב aph. (12) שׁוּב hi.

Ge. 27. 25. προσάγαγέ μοι (6 c)
48. 9. προσάγαγέ μοι αὐτούς (3)
Ex. 3. 4. προσάγει ἰδεῖν (8)
14. 10. καὶ Φ. προσῆγε [**A** -ήγαγεν] (11 b)
19. 4. προσηγαγόμην ὑμᾶς πρὸς ἐμαυτόν (2 a)
21. 6. προσάξει αὐτὸν ὁ κύριος αὐ. (6 c)
— 6. προσάξει αὐτὸν ἐπὶ [**A** πρὸς] τὴν θύραν (6 c)
28. 1. προσαγάγου πρὸς σεαυτὸν τόν τε 'Α. (11 b)
29. 4. 'Α. καὶ τοὺς υἱοὺς αὐ. προσάξεις (11 b)
— 8. τοὺς υἱοὺς αὐ. προσάξεις (11 b)
— 10. προσάξεις τὸν μόσχον (11 b)
40. 12. καὶ προσάξεις 'Ααρών (11 b)
— 14. καὶ τοὺς υἱοὺς αὐτοῦ προσάξεις (11 b)
Le. 1. 2. ἐὰν προσαγάγῃ [**A** -φέρῃ] δῶρα τῷ κ. (11 b)
— 3. ἄρσεν ἄμωμον προσάξει (11 b)
— 10. ἄρσεν ἄμωμον προσάξει αὐτό (11 b)
3. 1. ἐὰν μὲν ἐκ τῶν βοῶν αὐ. προσαγάγῃ (11 b)
— 1. ἄμωμον προσάξει αὐτό (11 b)
— 3. προσάξουσιν . . . κάρπωμα κυρίῳ (11 b)
— 7. ἐὰν ἄρνα προσαγάγῃ τὸ δῶρον αὐ. (11 b)
— 7. προσάξει αὐτὸ ἔναντι κυρίου (11 b)
— 12. προσάξει ἔναντι κυρίου (11 b)
4. 3. προσάξει . . . μόσχον ἐκ βοῶν (11 b)
— 4. προσάξει τὸν μόσχον (2 a)
— 14. προσάξει ἡ συναγωγὴ μόσχον (11 b)
— 14. καὶ προσάξει αὐτόν (2 a)
5. 8. προσάξει . . . τὸ περὶ τῆς ἁμαρτίας (2 a)
6. 14 (7). ἣν προσάξουσιν αὐτὴν οἱ υἱοὶ 'Α. (11 b)
— 38 (7. 8). ὁ προσάγων ὁλοκαύτωμα ἀνθρώπου (11 b)
7. 4 (14). προσάξει ἓν ἀπὸ πάντων τῶν δώρων (11 b)
— 6 (16). ᾗ ἂν ἡμέρᾳ προσαγάγῃ [B^2 -άγῃ] τὴν θυσίαν (11 b)
— 15 (25). ὧν προσάξει ἀπ' αὐτῶν κάρπωμα (11 b)
— 25 (35). προσηγάγετο αὐτοὺς τοῦ ἱερατεύειν (11 b)
8. 13. προσήγαγε Μ. τοὺς υἱοὺς 'Α. (11 b)
— 14. προσήγαγε Μ. τὸν μόσχον (6 c)
— 18. προσήγαγε Μ. τὸν κριόν (11 b)
— 21 (22). προσήγαγε Μ. τὸν κριὸν τὸν δεύτ. (11 b)
— 23 (24). προσήγαγε Μ. τοὺς υἱοὺς 'Α. (11 b)
10. 19. εἰ σήμ. προσαγηόχασι τὰ περὶ τῆς ἁμαρτ. (11 b)
14. 2. προσαχθήσεται πρὸς τὸν ἱερέα (2 b)
— 12. προσάξει αὐτὸν τῆς πλημμελείας (11 b)
16. 1. ἐν τῷ πρ. αὐτοὺς πῦρ ἀλλότριον (11 a)
— 6. προσάξει 'Α. τὸν μόσχον (11 b)
— 9. προσάξει 'Α. τὸν χίμαρον (11 b)
— 11. προσάξει 'Α. τὸν μόσχον (11 b)
— 20. προσάξει τὸν χίμαρον τὸν ζῶντα (11 b)
— 21. **A** προσάξει [**B** ἐπιθήσει] 'Α. τὰς χεῖρας αὐ. (9)
19. 21. προσάξει τῆς πλημμελείας αὐ. (2 a)
22. 20. πάντα . . . οὐ προσάξουσι κυρίῳ (11 b)
— 22. A^2B οὐ προσάξουσι ταῦτα τῷ κ. (11 b)
— 24. οὐ προσάξεις [**A** -άξετε] αὐτά (11 b)
23. 8. προσάξετε ὁλοκαυτώματα τῷ κ. (11 b)
— 18. AB^1 προσάξει [B^2R -ξετε] . . . ἑπτὰ ἀμνοὺς (11 b)
— 25. προσάξετε ὁλοκαύτωμα κυρίῳ (11 b)
— 27. προσάξετε ὁλοκαύτωμα τῷ κ. (11 b)
— 36. προσάξετε ὁλοκαυτώματα τῷ κυρίῳ (11 b)
— 36. προσάξετε ὁλοκαυτώματα κυρίῳ (11 b)
Nu. 5. 16. προσάξει αὐτὴν ὁ ἱερεύς (11 b)
6. 12. προσάξει ἀμνὸν ἐνιαύσιον (2 a)
— 14. προσάξει τὸ δῶρον αὐτοῦ (11 b)
7. 3. προσήγαγον [**A** -ήνεγκαν] ἐναντίον τῆς σκηνῆς (11 b)
8. 9, 10. προσάξεις τοὺς Λευίτας (11 b)
15. 27. προσάξει αἶγα μίαν ἐνιαυσίαν (11 b)
— 33. προσήγαγον αὐτὸν οἱ εὑρόντες (11 b)
16. 5. προσηγάγετο πρὸς ἑαυτόν (11 b)
— 5. προσηγάγετο [**A** οὐ πρ.] πρὸς ἑαυτόν (11 b)
— 9. προσηγάγετο ὑμᾶς πρὸς ἑαυτόν (11 b)
— 10. καὶ προσηγάγετό σε (11 b)
— 17. A^2B προσάξετε . . . ἕκαστος τὸ πυρεῖον (11 b)
18. 2. τοὺς ἀδ. σου . . . προσαγάγου πρὸς σεαυτόν (11 b)
25. 6. προσήγαγε τὸν ἀδελφὸν αὐτοῦ (11 b)
27. 4 (5). προσήγαγε Μ. τὴν κρίσιν αὐτῶν (11 b)
28. 3. ὅσα προσάξετε κυρίῳ (11 b)
— 9. προσάξετε δύο ἀμνοὺς ἐνιαυσίους –
— 11. προσάξετε ὁλοκαυτώματα τῷ κ. (11 b)
Nu. 28. 19, 27. προσάξετε ὁλοκαυτώματα (11 b)
29. 13. **AB** προσάξετε [**R** -ατε] ὁλοκαυτώματα (11 b)
— 36. προσάξετε ὁλοκαυτώματα (11 b)
De. 2. 19. προσάξετε ἐγγὺς υἱῶν 'Αμμάν (11 a)
Jo. 3. 9. προσαγάγετε ὧδε (6 a)
4. 5. προσαγάγετε ἔμπροσθέν μου (10)
7. 14. προσάξετε κατὰ δήμους (11 a)
— 14. προσάξετε κατ' οἶκον (11 a)
— 14. προσάξετε κατ' ἄνδρα (11 a)
— 16. προσήγαγε τὸν λαόν (11 b)
— 17. προσήχθη κατὰ δήμους (11 b)
— 18 (17). προσήχθη κατ' ἄνδρα [**A** -ας] (11 b)
8. 5. προσάξομεν πρὸς τὴν πόλιν (11 a)
— 23. προσήγαγον αὐτὸν πρὸς 'Ι. (11 b)
Jd. 3. 13. **A** προσήγαγεν [**B** συνήγ.] . . . π. τοὺς υἱοὺς 'Α. (1)
I Ki. 1. 24. προσήγαγον ἐνώπιον κυρίου –
— 25. προσήγαγε [**A** -ον] τὸ παιδάριον (2 a)
— 25. προσήγαγεν 'Α. ἡ μήτηρ τοῦ παιδ. [**A** τὸ π.] –
7. 10. προσῆγον εἰς πόλεμον (6 b)
9. 18. προσήγαγε Σ. πρὸς Σαμ. (6 a)
10. 20. προσήγαγε Σαμ. πάντα τὰ σκῆπτρα (11 b)
— 21. προσάγει σκῆπτρον Βεν. (11 b)
— 21. προσάγουσι τὴν φυλὴν Μ. –
13. 6. **B** στενῶς αὐτῷ μὴ πρ. αὐτόν (5 ?)
— 9. **B** προσαγάγετε ὅπως ποιήσω (6 c)
14. 18. προσάγαγε τὸ ἐφούδ (6 c)
— 34. **B** πρ. [**A R** -αγαγεῖν] . . . ἕκαστος τὸν μόσχον αὐ. (6 c)
— 34. προσῆγεν [**A** -ήγαγεν] πᾶς ὁ λαός (6 c)
— 38. προσαγάγετε [**A** -γε] . . . πάσας τὰς γωνίας (6 a)
15. 32. προσαγάγετέ μοι τὸν 'Α. (6 c)
22. 17. προσαγάγετε . . . τοὺς ἱερεῖς τοῦ κ. (7)
23. 9. προσάγαγε τὸ ἐφοὺδ κυρίου (6 c)
28. 25. προσήγαγεν ἐνώπιον Σ. (6 c)
30. 7. προσάγαγε τὸ ἐφούδ (6 c)
— 7. **A** προσήγαγεν 'Αβ. τὸ ἐφούδ (6 c)
— 21. προσήγαγε Δ. ἕως τοῦ λαοῦ (6 a)
II Ki. 3. 34. οὐ προσήγαγεν ὡς νάβαλ (6 d)
11. 21. ἵνα τί προσηγάγετε πρὸς τὸ τεῖχος (6 b)
— 22. ἵνα τί προσηγάγετε πρὸς τὴν πόλιν –
— 22. ἵνα τί προσηγάγετε πρὸς τὸ τεῖχος –
13. 11. προσήγαγεν αὐτῷ τοῦ φαγεῖν (6 c)
III Ki. 18. 21. προσήγαγεν 'Η. πρὸς πάντας (6 a)
— 30. προσαγάγετε πρὸς μέ (6 a)
— 30. προσήγαγε πᾶς ὁ λαός (6 a)
21 (20). 29. καὶ προσήγαγεν ὁ πόλεμος (11 a)
IV Ki. 16. 14. προσήγαγε τὸ πρόσωπον τοῦ οἴκου (11 b)
II Ch. 29. 23. προσήγαγον τοὺς χιμάρους (6 c)
— 31. προσαγάγετε καὶ φέρετε θυσίας (6 a)
35. 12. τοῦ πρ. τῷ κυρίῳ (11 b)
I Es. 1. 18. προσαχθῆναι [**A** -ενεχθ.] τὰς θυσίας
To. 6. 14. **A B** πλὴν τῶν προσαγόντων αὐτῇ
12. 12. προσήγαγον τὸ μνημόσυνον τῆς προσευχῆς ὑ.
Ps. 71 (72). 10. S^1 αἱ νῆσοι δῶρα προσάξουσιν [BS^2 -οίσ.] (12)
— 10. βασιλεῖς 'Αρ. καὶ Σ. δῶρα προσάξουσι (11 b)
Pr. 19. 24. **A S** οὐδὲ τῷ στόματι οὐ μὴ προσαγάγῃ [**B** -ενέγκῃ, **R** -ενείκῃ] αὐτάς (12)
24. 15. μὴ προσαγάγῃς ἀσεβῆ νομῇ δικαίων †
Si. 12. 13. καὶ πάντας τοὺς προσάγοντας θηρίοις
14. 11. προσφορὰς κυρίῳ ἀξίως πρόσαγε
20. 27. **A** ὁ σοφὸς ἐν λόγοις προσάξει [**B S** προάξει] ἑαυτόν
31 (34). 20. ὁ προσάγων [**S** -αγαγὼν] θυσίαν
45. 16. προσαγαγεῖν κάρπωσιν [**S** -ωμα] κυρίῳ
Jl. 3 (4). 9. προσαγάγετε καὶ ἀναβαίνετε (6 a)
Ma. 1. 7. προσάγοντες . . . ἄρτους ἠλισγημένους (6 c)
— 8. ἐὰν προσαγάγητε τυφλόν (6 c)
— 8. ἐὰν προσαγάγητε χωλόν (6 c)
— 8. προσάγαγε [S^1 -ετε] δὴ αὐτὸ τῷ ἡγουμ. σου (11 b)
— 11. θυμίαμα προσάγεται [**A** -αγάγετε] (6 d)
2. 12. καὶ ἐκ προσαγόντων [**A** -αγαγ.] θυσίαν (6 c)
3. 3. ἔσονται τῷ κυρίῳ προσάγοντες θυσίαν (6 c)
— 5. προσάξω πρὸς [**A** *om.*] ὑμᾶς (11 a)
Is. 34. 1. προσαγάγετε ἔθνη (11 a)
48. 16. προσαγάγετε πρὸς μέ (11 a)
57. 3. προσαγάγετε ὧδε (11 a)
Je. 26 (46). 3. προσαγάγετε εἰς πόλεμον (6 a)
Ez. 37. 7. προσήγαγε τὰ ὀστᾶ (11 a)
42. 14. ὅπως διὰ παντὸς ἅγιοι ὦσιν οἱ προσάγοντες –

Ez. 44. 13. οὐδὲ τοῦ πρ. [A -αγαγεῖν] πρὸς τὰ ἅγια υἱῶν τοῦ Ἰσραήλ (6 *a*)
— 15. προσάξουσι πρὸς μέ (11 *a*)
Da. LXX. Su. 4. πρὸς αὐτὸν προσήγοντο οἱ Ἰ.
— 52. προσήγαγον τὸν πρεσβύτερον τῷ νεωτέρῳ
— 56. εἶπε προσαγαγεῖν αὐτῷ τὸν ἕτερον
3. 22. καὶ προσαγαγόντες τῇ καμίνῳ –
8. 7. εἶδον αὐτὸν προσάγοντα πρὸς τὸν κριόν (4 *b*)
10. 10. χεῖρα προσήγαγέ μοι (4 *a*)
Da. TH. Su. 4. πρὸς αὐτὸν προσήγοντο οἱ Ἰ.
— 56. ἐκέλευσε προσαγαγεῖν τὸν ἕτερον
7. 13. B προσήχθη αὐτῷ [A -ήγαγον αὐτόν, R προσηνέχθη αὐτῷ] (11 *c*)
I Ma. 2. 67. προσάξετε πρὸς ὑμᾶς πάντας τοὺς ποιητὰς τοῦ νόμου
5. 54. προσήγαγον ὁλοκαυτώματα
10. 77. A προσῆγεν [S R προῆγεν] εἰς τὸ πεδίον
13. 43. προσήγαγε τῇ πόλει
15. 25. προσάγων διὰ παντὸς αὐτῇ τὰς χεῖρας
II Ma. 3. 32. προσήγαγε θυσίαν
6. 19. ἐπὶ τὸ τύμπανον προσῆγε
7. 5. τῇ πυρᾷ προσάγειν ἔμπνουν
— 15. τὸν πέμπτον προσάγοντες ᾐκίζοντο
11. 10. R προσῆγον [A προῆγον] ἐν διασκευῇ
— 36. προσάγομεν πρὸς Ἀντιόχειαν
12. 43. προσαγαγεῖν περὶ ἁμαρτίας θυσίαν
13. 19. φρούριον ὀχυρὸν τῶν Ἰουδ. προσῆγεν
— 23. θυσίαν προσήγαγεν
14. 4. προσάγων αὐτῷ στέφανον χρυσοῦν
— 31. τῶν ἱερέων τὰς καθηκούσας θυσίας προσαγόντων
— 41. καὶ κελευόντων πῦρ προσάγειν
15. 25. μετὰ σαλπίγγων καὶ παιάνων προσῆγον
III Ma. 3. 16. A τοῖς . . . ἱεροῖς ἀπονείμαντες . . . προσήχθημεν [R προήχ.]
IV Ma. 10. 4. A R προσαγάγετε τῷ σώματί μου
[Sm. Jb. 40. 14 (19): Is. 41. 21.]
[Th. Is. 53. 7: 57. 3.]
[Al. Le. 3. 14: Nu. 29. 8.]

προσαγορεύειν. (1) דָּרַשׁ (2) יָדָה hithpa.
De. 23. 6 (7). οὐ προσαγορεύσεις εἰρηνικὰ αὐτοῖς (1)
II Es. 10. 1. B^1 ὡς προσηγόρευσε [A B^2 S R ἐξηγ.] κλαίων (2)
Wi. 14. 22. τὰ τοσαῦτα κακὰ εἰρήνην προσαγορεύουσιν
I Ma. 14. 40. S^2 R προσηγόρευνται [S^1 -ευται, A -αγορεύονται] οἱ Ἰ. . . . φίλοι
II Ma. 1. 36. προσηγόρευσαν δὲ . . . τοῦτο Νέφθαρ
4. 7: 10. 9. Ἀντιόχου τοῦ προσαγορευθέντος Ἐπιφ.
14. 37. πατὴρ τῶν Ἰουδ. προσαγορευόμενος

προσαιτεῖν.
Jb. 27. 14. ἐὰν δὲ καὶ ἀνδρωθῶσι προσαιτήσουσιν [A -σωσιν] †

προσάλληλος, *vid. sub* **πρὸς** *et* **ἀλλήλων.**

προσαναβαίνειν. (1) עָלָה
Ex. 19. 23. προσαναβῆναι πρὸς τὸ ὄρος (1)
Jo. 11. 17. ὃ προσαναβαίνει εἰς Σ. (1)
15. 3. προσαναβαίνει εἰς Σ. (1)
— 6. προσαναβαίνει τὰ ὅρια ἐπὶ λίθον B. (1)
— 7. προσαναβαίνει τὰ ὅρια ἐπὶ τὸ τέταρτον (1)
18. 12. προσαναβήσεται τὰ ὅρια (1)
19. 12. προσαναβήσεται ἐπὶ Φ. (1)
Ju. 13. 10. προσανέβησαν τὸ ὄρος [S^1 πρὸς] B.
II Ma. 10. 36. ἕτεροι δὲ ὁμοίως προσαναβάντες

προσανάβασις. (1) מַעֲלֶה
Jo. 15. 3. ἀπέναντι τῆς πρ. Ἀκρ. (1)
— 7. A ἀπέναντι τῆς πρ. [B προσβ.] Ἀδ. (1)

προσαναλέγεσθαι.
II Ma. 8. 19. προσαναλεξάμενος δὲ αὐτοῖς καὶ τὰς . . . ἀντιλήψεις

προσαναπαύεσθαι.
Wi. 8. 16. προσαναπαύσομαι αὐτῇ

προσαναπληροῦν.
Wi. 19. 4. A B ἵνα τὴν λείπουσαν ταῖς βασάνοις προσαναπληρώσωσι [S -σουσιν, R προαναπληρώσωσι] κόλασιν

προσανατρέπειν.
Si. 13. 23. προσανατρέψουσιν [A -πουσιν] αὐτόν

προσαναφέρειν.
To. 12. 15. οἳ προσαναφέρουσι τὰς προσευχὰς τῶν ἁγ. [S *al.*]
Ju. 11. 18. ἐλθοῦσα προσανοίσω σοι
II Ma. 11. 36. R ἃ δὲ ἔκρινε προσανενεχθῆναι [A -ανενηνέχθαι] τῷ βασ.

προσανοικοδομεῖν.
Si. 3. 14. ἀντὶ ἁμαρτιῶν προσανοικοδομηθήσεταί [S -μήσεται] σοι

προσαξιοῦν.
III Ma. 7. 10. τὸν βασ. προσηξίωσαν

προσαπειλεῖν.
Si. 13. 3. S καὶ αὐτὸς προσαπειληθήσεται [A B -δεηθήσεται]

προσαπέρχεσθαι.
II Ma. 9. 24. A καὶ προσαπέλθῃ τι δυσχερές [R *al.*]

προσαποθνήσκειν. (1) מוּת hoph.
Ex. 21. 29. ὁ κύριος αὐτοῦ προσαποθανεῖται (1)

προσαπολλύναι.
II Ma. 13. 4. προσέταξεν . . . προσαπολέσαι ἀγαγόντας αὐτὸν εἰς B.

προσαποστέλλειν.
II Ma. 11. 14. προσαποστείλας ἔπεισε συλλύσεσθαι

προσαπωθεῖν.
Si. 13. 21. προσαπωθεῖται ὑπὸ φίλων

προσαρτίως.
III Ma. 1. 19. αἱ δὲ καὶ πρ. ἐσταλμέναι

προσασπίζειν.
IV Ma. 14. 15. S^1 προσασπίζει [A S^2 R προασπ.] τῶν νεοττῶν

προσβαίνειν.
I Es. 4. 53. πᾶσι τοῖς προσβαίνουσιν ἀπὸ τῆς B.
— 53. πᾶσι τοῖς ἱερεῦσι τοῖς προσβαίνουσιν
8. 1. προσέβη Ἔσδρας
Ju. 4. 7. διακωλῦσαι αὐτοὺς προσβ. [S τοὺς προβ.]
7. 10. προσβῆναι ταῖς κορ. τῶν ὀρέων αὐ.

προσβάλλειν. (1) נוּחַ aph. (2) מָרַק
Je. 26 (46). 4. προσβάλετε [A S προβάλετε] τὰ δόρατα (2)
Da. TH. 7. 2. προσέβαλλον εἰς τὴν θάλ. τὴν μεγάλην (1)
II Ma. 10. 17. οἷς καὶ προσβαλόντες
— 28. R προσέβαλον [A -βαλλον] ἑκάτεροι
— 35. R προσβαλόντες [A προβ.] τῷ τείχει
12. 10. R προσέβαλον [A ἐπέβαλλον] Ἄραβες αὐτῷ
13. 22. προσέβαλε τοῖς περὶ τὸν Ἰ.
IV Ma. 3. 7. S R προσβαλὼν [A -βάλλων] τοῖς ἀλλοφύλοις
11. 23. μέγαν σοι προσβάλλων καὶ αὐτὸς ἀλάστορα

πρόσβασις. (1) מַעֲלֶה
Jo. 15. 7. ἥ ἐστιν ἀπέναντι τῆς πρ. [A προσαναβ.] Ἀδ. (1)
Ju. 4. 7. στενῆς τῆς πρ. οὔσης [A S *al.*]
II Ma. 4. 13. ἦν δ' οὕτως . . . πρόσβασις ἀλλοφυλισμοῦ
III Ma. 1. 26. πρόσβασιν ἐποιεῖτο

προσβλέπειν.
[Sm. Ps. 83 (84). 10: Jn. 2. 5.]

προσβλητός. (1) רָקַע pu.
Je. 10. 5 (9). ἀργύριον προσβλητὸν [S προβλ.] ἐστιν

προσβολή.
II Ma. 5. 3. καὶ προσβολὰς γινομένας
15. 19. ταρασσομένοις τῆς ἐν ὑπαίθρῳ πρ.

προσβόλωσις.
[Aq. I Ki. 13. 21.]

προσγελᾶν.
I Es. 4. 31. A R ἐὰν προσγελάσῃ [B γελ.] αὐτῷ
Si. 13. 6. καὶ προσγελάσεταί σοι
— 11. ὡς προσγελῶν ἐξετάσει [A S ἐξ. σε]
[Sm. Jb. 29. 24.]

προσγεννᾶν. (1) גּוּר
Le. 20. 2. A ἢ τῶν προσγεγεννημ. προσηλύτων [B *al.*] (1)

προσγίνεσθαι. (1) גּוּר
Le. 18. 26. ὁ προσγενόμ. προσήλυτος ἐν ὑμῖν (1)
Nu. 15. 14. ἐὰν δὲ προσήλυτος ἐν ὑμῖν προσγένηται (1)
I Ma. 3. 41. A προσεγενήθησαν [S R -ετέθ.] πρὸς αὐτούς
[Sm. Jb. 16. 4.]

προσγράφειν.
I Es. 6. 32. A τι . . . τῶν προσγεγραμμένων [B *al.*]
Da. LXX. 3. 3. ἔστησαν οἱ προσγεγραμμ. [*cod.* προγ.] –

προσδεῖν (*indigere*). (1) חָסֵר
Pr. 12. 9. καὶ προσδεόμενος ἄρτου [A -ων] (1)
Si. 4. 3. μὴ παρελκύσῃς δόσιν προσδεομένου
— 5. S^1 ἀπὸ προσδεομένου [A B S^2 δεομ.] μὴ ἀποστρέψῃς ὀφθαλμόν
11. 12. ἔστι . . . προσδεόμενος ἀντιλήψεως
13. 3. καὶ αὐτὸς προσδεηθήσεται [S προσαπειληθήσεται]
18. 32. A S^1 μηδὲ προσδεηθῇς [B S^2 -δεθῇς] συμβολῇ [A -ῇς] αὐτῆς
42. 21. καὶ οὐ προσεδεήθη οὐδενὸς συμβούλου

προσδεῖν (*alligare*).
Si. 18. 32. μηδὲ προσδεθῇς [A S^1 -δεηθῇς] συμβολῇ [A -ῇς] αὐτῆς
IV Ma. 9. 26. καταπέλτῃ προσέδησαν αὐτόν

προσδεκτός. (1) רָצוֹן
Pr. 11. 20. προσδεκτοὶ δὲ αὐτῷ πάντες ἄμωμοι (1)
16. 15. οἱ δὲ πρ. αὐτῷ ὥσπερ νέφος ὄψιμον (1)
Wi. 9. 12. ἔσται προσδεκτὰ τὰ ἔργα μου [S^1 αὐτοῦ]

προσδέχεσθαι. (1) בּוֹא hi. (2) יָחַל pi. (3) לָקַח (4) נָשָׂא (5) סָבַר (6) קָבַל pi. (7) רְצָא (8) רָצָה *a.* qal. *b.* ni. (9) שָׂבַר pi.
Ge. 32. 20 (21). προσδέξεται τὸ πρόσωπόν μου (4)
Ex. 10. 17. προσδέξασθε οὖν μου τὴν ἁμαρτ. (4)
22. 11 (10). προσδέξεται ὁ κύριος αὐτοῦ (3)
36. 3. προσεδέχοντο ἔτι τὰ προσφερόμ. (1)
Le. 22. 23. A^2 B^1 εἰς δὲ εὐχήν σου οὐ προσδεχθήσεται [B^2 R δεχθ.] (8 *b*)
26. 43. προσδέξεται ἡ γῆ τὰ σαββ. αὐ. (8 *a*)
— 43. προσδέξονται τὰς αὐτῶν ἀνομίας (8 *a*)
Ru. 1. 13. μὴ αὐτοὺς προσδέξεσθε (9)
I Ch. 12. 18. προσεδέξατο [S^1 -τάξ.] αὐτοὺς Δ. (6)
II Ch. 36. 21. ἕως τοῦ προσδέξασθαι τὴν γῆν (8 *a*)
Es. 9. 23. καὶ προσεδέξαντο οἱ Ἰουδαῖοι (6)
— 27. προσεδέχοντο οἱ Ἰ. ἐφ' ἑαυτοῖς (6)
Jb. 2. 9. προσδεχόμενος τὴν ἐλπίδα τῆς σωτηρίας μου –
— 9. προσδεχομένη τὸν ἥλιον πότε δύσεται –
29. 23. A ὥσπερ γῆ διψῶσα προσδεχομένη τὸν ὑετὸν οὕτως οὗτοι τὴν ἐμὴν λαλιὰν προσεδέχοντο [B S *om.*] (2, †)
33. 20. πᾶν δὲ βρωτὸν σίτου οὐ μὴ δύνηται προσδέξασθαι †
Ps. 6. 9. κύριος τὴν προσευχήν μου προσεδέξατο (3)
54 (55). 8. προσεδεχόμην τὸν σώζοντά με †
103 (104). 11. προσδέξονται ὄναγροι εἰς δίψαν αὐτῶν †
Pr. 15. 15. οἱ ὀφθ. τῶν κακῶν προσδέχονται κακά –
Wi. 3. 6. ὡς ὁλοκάρπωμα θυσίας προσεδέξατο αὐτούς
14. 29. ἀδικηθῆναι οὐ προσδέχονται
18. 7. προσεδέχθη [A προσδεχθῇ] δὲ ὑπὸ λαοῦ σου σωτηρία μὲν δικαίων
19. 15. ἀπεχθῶς προσεδέχοντο τοὺς ἀλλοτρίους
Si. 7. 9. ἐν τῷ προσενέγκαι με θεῷ ὑψίστῳ προσδέξεται
15. 2. ὡς γυνὴ παρθενίας προσδέξεται αὐτόν
32 (35). 12. μὴ δωροκόπει οὐ γὰρ προσδέξεται
Ho. 8. 13. κύριος οὐ προσδέξεται αὐτά (8 *a*)
Am. 5. 22. οὐ προσδέξομαι [A *add.* αὐτά] (8 *a*)
Mi. 6. 7. εἰ προσδέξεται κύριος ἐν χιλιάσι κριῶν (8 *a*)
Ze. 3. 10. B προσδέξομαι ἐν διεσπαρμένοις μου [S *al.*] †
Ma. 1. 8. εἰ προσδέξεταί σε (8 *a*)
— 10. θυσίαν οὐ προσδέξομαι (8 *a*)

Ma. 1. 13. εἰ προσδέξομαι αὐτά (8 a)
Is. 28. 10. θλῖψιν ἐπὶ θλῖψιν προσδέχου –
42. 1. προσεδέξατο αὐτὸν ἡ ψυχή μου (8 a)
45. 4. προσδέξομαί σε †
55. 12. προσδεχόμενοι ὑμᾶς ἐν χαρᾷ †
Ez. 20. 40. ἐκεῖ προσδέξομαι (8 a)
— 41. ἐν ὀσμῇ εὐωδίας προσδέξομαι ὑμᾶς (8 a)
32. 10. προσδεχόμενοι τὴν πτῶσιν αὐτῶν †
43. 27. προσδέξομαι ὑμᾶς (7)
Da. LXX. 3. (39). ἐν ψυχῇ συντετριμμ. . . . προσδεχθείημεν
7. 25. προσδέξεται ἀλλοιῶσαι καιρούς (5)
Da. TH. 3. (39). ἐν ψυχῇ συντετριμμ. . . . προσδεχθείημεν
II Ma. 1. 26. πρόσδεξαι τὴν θυσίαν
3. 38. μεμαστιγωμένον αὐτὸν προσδέξῃ
8. 11. οὐ προσδεχόμενος τὴν . . . δίκην
9. 25. ℵ προσδεχομένους [A -δοκῶντας] τὸ ἀποβησόμενον
IV Ma. 5. 37. ἁγνόν με οἱ πατέρες προσδέξονται [ℵ[1] εἰσδ.]

[Aq. Is. 8. 17: Hb. 2. 3.]
[Sm. Jb. 30. 26: Ps. 24 (25). 3: 50 (51). 21: Am. 1. 3.]
[Th. II Ki. 15. 28.]
[Al. Le. 1. 4: Nu. 16. 15.]

προσδιδόναι. (1) נָתַן

Ge. 29. 33. προσέδωκέ μοι καὶ τοῦτον (1)
To. 2. 12. προσδόντες καὶ ἔριφον [ℵ al.]
Ez. 16. 33. προσεδίδου μισθώματα (1)
— 34. B[2]ℵ ἐν τῷ πρ. [A προδ., B[1] διδ.] σε μισθώματα (1)

προσδοκᾶν. (1) קָוָה pi. (2) שָׂבַר pi.

De. 32. 2. προσδοκάσθω . . . τὸ ἀπόφθεγμά μου †
Ps. 68 (69). 20. ὀνειδισμὸν προσεδόκησεν ἡ ψυχή μου †
103 (104). 27. πάντα πρὸς σὲ προσδοκῶσι (2)
118 (119). 166. ℵ ℵ προσεδόκων [A -ουν] τὸ σωτήριόν σου (2)
Wi. 12. 22. κρινόμενοι δὲ προσδοκῶμεν ἔλεος
La. 2. 16. αὕτη ἡ ἡμέρα ἣν προσεδοκῶμεν (1)
II Ma. 7. 14. τὰς ὑπὸ τοῦ θ. προσδοκᾶν ἐλπίδας
9. 25. A προσδοκῶντας [ℵ -δεχομένους] τὸ ἀποβησόμενον
12. 44. εἰ γὰρ μὴ τοὺς προπεπτωκότας ἀναστῆναι προσεδόκα
15. 8. προσδοκᾶν τὴν . . . νίκην
— 20. πάντων ἤδη προσδοκώντων τὴν ἐσομ. κρίσιν
III Ma. 5. 24. προσδοκῶντα τὴν πρωΐαν μετὰ σπουδῆς

[Aq. Ps. 24 (25). 3: Is. 38. 18.]
[Sm. Jb. 3. 9: Ps. 30 (31). 20, 25: 32 (33). 18, 22: 38 (39). 8: 55 (56). 7: 68 (69). 7: 118 (119). 95: Is. 8. 17: 49. 23: 59. 9, 11: 64. 3 (2), 4 (3): Je. 3. 2: 14. 22.]
[Th. Ps. 118 (119). 95: Is. 64. 3 (2): Da. 6. 3†.]
[Al. Jb. 6. 19.]
[Quint. Ps. 24 (25). 3: 30 (31). 25: 129 (130). 5 *bis*.]

προσδοκεῖν. (1) שָׂבַר pi.

Ps. 118 (119). 166. A προσεδόκουν [ℵ ℵ -ων] τὸ σωτήριόν σου (1)

προσδοκία. (1) יִקְּהָה (2) שֶׂבֶר

Ge. 49. 10. καὶ αὐτὸς προσδοκία ἐθνῶν (1)
Ps. 118 (119). 116. μὴ καταισχύνῃς με ἀπὸ τῆς πρ. μου (2)
Wi. 17. 12. ℵ προσδοκία [A B προδοσία] τῶν ἀπὸ λογισμοῦ βοηθημάτων
— 13. ἔνδοθεν δὲ οὖσα ἥττων ἡ πρ.
Si. 40. 2. ἐπίνοια προσδοκίας [ℵ[1] -α] ἡμέρα τελευτῆς
Is. 66. 9. ἔδωκα τὴν πρ. ταύτην †
II Ma. 3. 21. τήν τε τοῦ . . . ἀρχιερέως πρ.
III Ma. 5. 41. ἡ πόλις διὰ τὴν πρ. ὀχλεῖ
— 49. τὸ τέλος τῆς ἀθλιωτάτης πρ.

[Aq. Jb. 41. 1: Is. 66. 9.]
[Sm. Jb. 14. 19: Ps. 70 (71). 5: Je. 14. 8: 17. 13: Ez. 19. 5.]
[Th. Ge. 49. 10: Pr. 10. 28: 11. 7.]
[Al. Ps. 9. 19.]

προσδόκιμος.

[Sm. Jb. 17. 12.]

προσδραμεῖν, *vid. sub* **προστρέχειν.**

προσεγγίζειν. (1) נָגַע (2) נָגַשׁ *a.* qal. *b.* ni. *c.* hi. (3) קָרַב *a.* qal. *b.* hi.

Ge. 33. 6. προσήγγισαν αἱ παιδίσκαι (2 a)
— 7. καὶ προσήγγισε Λεία (2 a)
— 7. μετὰ ταῦτα προσήγγισε Ῥ. (2 b)
Le. 2. 9 (8). προσεγγίσας πρὸς τὸ θυσιαστ. (2 c)
15. 8. A ἐὰν δὲ προσεγγίσῃ [B -σιελίσῃ] †
21. 21. A B[1] οὐ προσεγγιεῖ [B[2]ℵ οὐκ ἐγγ.] τοῦ προσενεγκεῖν (2 a)
Nu. 8. 19. οὐκ ἔσται . . . προσεγγίζων πρὸς τὰ ἅγια (2 a)
De. 20. 2. προσεγγίσας ὁ ἱερεύς (2 b)
Jo. 3. 4. μὴ προσεγγίσητε αὐτῇ (3 a)
Jd. 5. 25. A προσήγγισεν [B -ήνεγκε] βούτυρον (3 b)
6. 19. καὶ προσήγγισε [A προσεκύνησεν] (2 c)
20. 23. A προσεγγίσαι εἰς πόλεμον [B al.] (2 a)
II Ki. 20. 17. προσήγγισε [A ἤγγ.] πρὸς αὐτήν (3 a)
III Ki. 3. 1 (B), 4. 21 (A) (5. 1). A προσεγγίζοντες [B -φέροντες] δῶρα (2 c)
IV Ki. 4. 5. προσήγγιζον πρὸς αὐτήν (2 c)
To. 6. 9. ὡς δὲ προσήγγισαν τῇ Ῥ. [ℵ al.]
Ps. 118 (119). 150. προσήγγισαν οἱ καταδιώκοντές με ἀνομίᾳ (3 a)
Ez. 18. 6. πρὸς γυναῖκα ἐν ἀφέδρῳ οὖσαν οὐ προσεγγιεῖ (3 a)
Da. LXX. 9. 21. τάχει φερόμενος προσήγγισέ μοι (1)

[Aq. I Ki. 30. 7: III Ki. 4. 21 (5. 1): Jb. 41. 8.]
[Sm. III Ki. 4. 21 (5. 1): Jb. 41. 8: Is. 45. 20.]
[Th. Ma. 2. 13.]
[Al. Ex. 24. 14: Nu. 25. 6: Dt. 4. 7.]

προσεγκρούειν.

II Ma. 13. 19. A ἐτροποῦτο προσενέκρουσεν [ℵ προσέκρουεν]

προσεδρεύειν.

I Ma. 11. 40. προσήδρευεν αὐτῷ

προσεδρία.

III Ma. 4. 15. μετὰ πικρᾶς σπουδῆς καὶ φιλοτίμου πρ.

προσεῖναι.

Si. 13. 24. ℵ[2] ᾧ μὴ πρόσεστιν [ABℵ[1] ἔστιν] ἁμαρτία

προσειπεῖν. (1) אָמַר

Jd. 17. 2. προσεῖπας ἐν ὠσί μου [A al.] (1)
Pr. 7. 13. ἀναιδεῖ δὲ προσώπῳ προσεῖπεν αὐτῷ [ℵ al.] (1)
II Ma. 7. 8. A ὁ δὲ ἀποκριθεὶς . . . προσεῖπεν [ℵ εἶπεν]

[Al. I Ki. 25. 5.]

προσεκκαίειν.

Nu. 21. 30. προσεξέκαυσαν πῦρ ἐπὶ M. †

προσεμβριμᾶσθαι.

Si. 13. 3. καὶ αὐτὸς προσενεβριμήσατο

προσεμπιπράναι. (1) אָכַל ni.

Ex. 22. 6 (5). καὶ προσεμπρήσῃ ἅλωνας (1)

προσενέχεσθαι.

II Ma. 5. 18. A εἰ δὲ μὴ συνέβη προσενέχεσθαι [ℵ al.]

προσεξηγεῖσθαι.

II Ma. 15. 11. ℵ προσεξηγησάμενος [A προσηγ.] ὄνειρον ἀξιόπιστον

προσεπιαπατᾶν. (1) סוּת hi.

Jb. 36. 16. προσεπιηπάτησέ [ℵ[2] πρόσετι ἠπάτησέν] σε ἐκ στόματος ἐχθροῦ (1)

[Th. Jb. 36. 16.]

προσεπικατατείνειν.

IV Ma. 9. 19. προσεπικατέτεινον [ℵ καὶ προσκατέτεινον]

προσεπιτιμᾶν.

Si. 13. 22. καὶ προσεπετίμησαν αὐτῷ

προσερίζειν.

[Aq. Ex. 23. 21: Dt. 1. 26: 9. 7: 21. 20: 31. 27: Ps. 5. 11: 77 (78). 17: 104 (105). 28: 105 (106). 7: Ez. 5. 6.]
[Sm. Dt. 9. 7: 31. 27: I Ki. 15. 23: Ps. 77 (78). 8.]

προσεριθεύεσθαι.

[Sm. Ez. 23. 9.]

προσεριστής.

[Aq. Is. 30. 9: Ez. 2. 5: 12. 2: 44. 6.]
[Sm. Ez. 2. 5, 6: 12. 2: 17. 12: 44. 6.]
[Th. Ez. 44. 6.]

προσερυθριᾶν.

To. 2. 14. ℵ προσηρυθρίων χάριν τούτου [A B al.]

προσέρχεσθαι. (1) אָנָה pu. (2) בּוֹא (3) גּוּר (4) הָלַךְ (5) יָעַד ni. (6) נָבַט hi. (7) נָגַשׁ *a.* qal. *b.* ni. (8) עָבַר (9) פָּגַע (10) קָרַב *a.* qal. *b.* ni. *c.* קָרוֹב *d.* קְרֵב (11) רְגַשׁ aph. (12) πάλιν πρ. שׁוּב

Ge. 29. 10. προσελθὼν Ἰ. ἀπεκύλισε (7 a)
33. 14. A[1] προσελθάτω [A[2]ℵ προελ.] ὁ κ. μου (8)
42. 24. πάλιν προσῆλθε πρὸς αὐτούς (12)
43. 19. προσελθόντες δὲ πρὸς τὸν ἄνθρ. (7 a)
Ex. 12. 48. ἐὰν δέ τις προσέλθῃ πρὸς ὑ. (3)
— 48. προσελεύσεται ποιῆσαι αὐτό (10 a)
— 49. τῷ προσελθόντι προσηλύτῳ [A al.] (3)
16. 9. προσέλθατε ἐναντίον τοῦ θ. (10 a)
19. 15. μὴ προσέλθητε γυναικί (7 a)
22. 8 (7). προσελεύσεται ὁ κύριος τῆς οἰκίας (10 b)
34. 32. προσῆλθον πρὸς αὐτόν (7 b)
Le. 9. 5. προσῆλθε πᾶσα συναγωγή (10 a)
— 7. πρόσελθε πρὸς τὸ θυσιαστήριον (10 a)
— 8. προσῆλθεν Ἀ. πρὸς τὸ θυσιαστ. (10 a)
10. 4. προσέλθατε καὶ ἄρατε (10 a)
— 5. B[2]ℵ προσῆλθον [A -εν] καὶ ἦραν (10 a)
18. 6. οὐ προσελεύσεται [A -τε] ἀποκαλύψαι (10 a)
— 19. A B πρὸς γυναῖκα ἐν χωρισμῷ . . . οὐ προσελεύσῃ [ℵ οὐκ εἰσελ.] (10 a)
19. 33. ἐὰν δέ τις προσέλθῃ ὑμῖν (3)
20. 16. ἥτις προσελεύσεται πρὸς πᾶν κτῆνος (10 a)
21. 17. οὐ προσελεύσεται προσφέρειν [A -ρων] τὰ δῶρα (10 a)
— 18. πᾶς ἄνθρωπος . . . οὐ προσελεύσεται (10 a)
— 21. οὐ προσελεύσεται προσενεγκεῖν (7 a)
— 23. πρὸς τὸ καταπέτασμα οὐ προσελεύσεται (2)
22. 3. ὃς ἂν προσέλθῃ . . . πρὸς τὰ ἅγια (10 a)
Nu. 9. 6. προσῆλθον ἐναντίον M. (10 a)
— 14. ἐὰν δὲ προσέλθῃ πρὸς ὑμᾶς (3)
10. 4. προσελεύσονται πρὸς σέ (5)
16. 40 (17. 5). ὅπως ἂν μὴ προσέλθῃ [B[1] -ητε] μηδεὶς ἀλλογ. (10 a)
18. 3. πρὸς τὸ θυσιαστ. οὐ προσελεύσονται (10 a)
— 4. ὁ ἀλλογ. οὐ προσελεύσεται πρὸς σέ (10 a)
— 22. οὐ προσελεύσονται ἔτι . . . εἰς τὴν σκηνήν (10 a)
27. 1. προσελθοῦσαι αἱ θυγατέρες Σ. (10 a)
31. 48. προσῆλθον πρὸς M. (10 a)
32. 2. προσελθόντες οἱ υἱοὶ Ῥ. (2)
— 16. καὶ προσῆλθον αὐτῷ (7 a)
36. 1. προσῆλθον οἱ ἄρχοντες (10 a)
De. 1. 22. προσήλθατέ μοι πάντες (10 a)
2. 37. ἐγγὺς υἱῶν Ἀ. οὐ προσήλθομεν [A al.] (10 a)
4. 11. προσήλθετε καὶ ἔστητε (10 a)
5. 23 (20). προσήλθετε πρός μέ (10 a)
— 27 (24). πρόσελθε σὺ καὶ ἄκουσον (10 a)
20. 10. ἐὰν δὲ προσέλθῃς πρὸς πόλιν (10 a)
21. 5. προσελεύσονται οἱ ἱερεῖς (7 b)
22. 14. καὶ προσελθὼν αὐτῇ (10 a)
25. 1. καὶ προσέλθωσιν εἰς κρίσιν (7 b)
— 9. προσελθοῦσα ἡ γυνὴ τοῦ ἀδ. αὐ. (7 b)
— 11. καὶ προσέλθῃ ἡ γυνὴ ἑνὸς αὐτῶν (10 a)
32. 44. A καὶ προσῆλθεν [B εἰσῆλ.] M. (2)
Jo. 5. 12 (13). καὶ προσελθὼν Ἰησοῦς (4)
10. 24. προσελθόντες ἐπέθηκαν τοὺς πόδας αὐ. (10 a)
14. 6. προσήλθοσαν [A -ον] οἱ υἱοὶ Ἰ. (7 a)
21. 1. προσήλθοσαν [A -ον] οἱ ἀρχιπατριῶται (7 a)
Jd. 20. 24. προσῆλθον [A -θοσαν] οἱ υἱοὶ Ἰσρ. (10 a)
Ru. 2. 14. πρόσελθε ὧδε (7 a)
I Ki. 4. 16. A ℵ προσῆλθε πρὸς [B *om.*] Ἡλί –
7. 13. οὐ προσέθεντο ἔτι προσελθεῖν [A ἐπ.?] (2)
14. 36. προσέλθωμεν ἐνταῦθα πρὸς τὸν θ. (10 a)
15. 32. καὶ προσῆλθε πρὸς αὐτόν (4)
17. 40. προσῆλθε πρὸς τὸν ἄνδρα τὸν ἀλλόφ. (7 a)
II Ki. 1. 15. προσελθὼν ἀπάντησον αὐτῷ (7 a)
10. 13. καὶ προσῆλθεν Ἰωάβ (7 a)
III Ki. 21 (20). 13. προφήτης εἷς προσῆλθε τῷ Ἀχ. (7 b)

III Ki. 21 (20). 22. προσῆλθεν ὁ προφήτης (7 *a*)
— 28. προσῆλθεν ὁ ἄνθρωπος τοῦ θ. (7 *a*)
22. 24. καὶ προσῆλθε Σεδ. (7 *a*)
IV Ki. 16. 12. A προσῆλθεν ὁ βασ. (10 *a*)
II Ch. 24. 27. προσῆλθον αὐτῷ οἱ πέντε †
I Es. 5. 68. προσελθόντες τῷ Ζ.
8. 68. προσήλθοσάν [A -θόν] μοι οἱ ἡγούμ.
Ju. 7. 8. καὶ προσελθόντες αὐτῷ
10. 15. πρόσελθε ἐπὶ τὴν σκηνὴν αὐτοῦ
12. 15. A R προσῆλθεν [B προῆλ.] ἡ δούλη αὐτῆς
13. 6. A B προσελθοῦσα τῷ κανόνι τῆς κλίνης
Es. 1. 1. A προσῆλθον [B S προῆλ.] ἀμφότεροι παλαίειν
— 14. προσῆλθεν αὐτῷ Ἀρκεσαῖος (10 *c*)
5. 1. πρόσελθε
Ps. 33 (34). 5. προσέλθατε πρὸς αὐτόν (6)
63 (64). 6. προσελεύσεται ἄνθρωπος †
90 (91). 10. οὐ προσελεύσεται πρὸς σὲ κακά (1)
Si. 1. 27. μὴ προσέλθῃς αὐτῷ ἐν καρδίᾳ δισσῇ
— 30. οὐ προσῆλθες φόβῳ κυρίου
2. 1. εἰ προσέρχῃ δουλεύειν κυρίῳ θεῷ
4. 15. ὁ προσελθὼν [A S -έχων] αὐτῇ κατασκηνώσει πεποιθώς
6. 19. πρόσελθε αὐτῇ
— 26. ἐν πάσῃ ψυχῇ σου πρόσελθε αὐτῇ
9. 13. κἂν [S[1] καὶ μὴν] προσέλθῃς
21. 2. ἐὰν γὰρ προσέλθῃς
24. 19. προσέλθετε [A S -ατε] πρὸς μέ
Jn. 1. 6. προσῆλθε πρὸς αὐτὸν ὁ πρωρεύς (10 *a*)
Is. 8. 3. προσῆλθον [A S -θεν] πρὸς τὴν προφῆτιν (10 *a*)
54. 15. προσήλυτοι προσελεύσονταί σοι δι' ἐμοῦ (3)
Je. 7. 16. B S μὴ προσέλθῃς μοι περὶ αὐτῶν (9)
49 (42). 1. προσῆλθον πάντες οἱ ἡγεμόνες (7 *a*)
Ez. 44. 16. οὗτοι προσελεύσονται πρὸς τὴν τράπεζάν μου (10 *a*)
Da. LXX. Su. 19. συνθέμενοι προσήλθοσαν αὐτῇ
— 39. προσελθόντες ἐπέγνωμεν αὐτήν
3. 8. προσελθόντες ἄνδρες Χαλδαῖοι (10 *d*)
— 26 (93). προσελθὼν ὁ βασ. πρὸς τὴν θύραν (10 *d*)
6. 6 (7). προσήλθοσαν οἱ ἄνθρωποι ἐκεῖνοι (11)
7. 16. προσῆλθον πρὸς ἕνα τῶν ἑστώτων (10 *d*)
9. 22. καὶ προσῆλθε †
Da. TH. 3. 8. προσήλθοσαν [A -θαν] ἄνδρες Χαλδ. (10 *d*)
— 26 (93). προσῆλθε Ναβ. πρὸς τὴν θύραν (10 *d*)
6. 12 (13). προσελθόντες λέγουσι τῷ βασ. (10 *d*)
7. 16. προσῆλθον ἑνὶ τῶν ἑστηκότων (10 *d*)
I Ma. 2. 16. S R πρὸς αὐτοὺς προσῆλθον [A -αν]
— 18. πρόσελθε πρῶτος
— 23. προσῆλθεν ἀνὴρ Ἰουδαῖος
8. 1. ὅσοι ἐὰν προσέλθωσιν αὐτοῖς
II Ma. 1. 15. κἀκείνου προσελθόντος μετ' ὀλίγων
2. 6. προσελθόντες τινὲς τῶν συνακολουθούντων
6. 20. καθ' ὃν ἔδει τρόπον πρ. τοὺς ὑπομένοντας
13. 26. προσῆλθεν ἐπὶ τὸ βῆμα Λ.
III Ma. 5. 14. προσελθὼν τὸν βασ.
IV Ma. 4. 5. εἰς τὴν πατρίδα ἡμῶν . . . προσελθὼν [S[1] προελ.]
18. 14. S[2] κἂν διὰ πυρὸς προσέλθῃς [S[1] εἰσέλθ., A R διέλθ.]
[**Aq.** Nu. 9. 14 : I Ki. 14. 18 : IV Ki. 16. 12.]
[**Sm.** I Ki. 14. 18 : IV Ki. 16. 12 : Ps. 59 (60). 12.]
[**Al.** Le. 21. 23 : Nu. 3. 10, 38.]
[**Quint.** IV Ki. 16. 12.]

προσέτι. (1) *a.* אַף *b.* אַף כִּי

II Ki. 16. 11. καὶ πρ. νῦν ὁ υἱός τοῦ Ἰ. (1 *b*)
Jb. 36. 16. S[2] προσέτι ἠπάτησέν [A B S[1] προσεπηπάτησέ] σε ἐκ στόματος ἐχθροῦ (1 *a*)
II Ma. 12. 14. καὶ πρ. βλασφημοῦντες
IV Ma. 14. 1. πρ. καὶ ἐπὶ τὸν αἰκισμὸν ἐποτρύνοντες
[**Sm.** Ps. 48 (49). 3.]
[**Heb.** Jb. 36. 16.]

προσεύχεσθαι. (1) נָפַל hithpa. (2) עָתַר *a.* qal. *b.* hi. (3) פָּלַל *a.* pi. *b.* hithpa. *c.* תְּפִלָּה (4) צְלָא pa.

Ge. 20. 7. προσεύξεται περὶ σοῦ (3 *b*)
— 17. προσηύξατο δὲ Ἀβ. πρὸς τὸν θ. (3 *b*)
Ex. 10. 17. προσεύξασθε πρὸς κ. τὸν θ. ὑμῶν (2 *b*)
Jd. 13. 8. καὶ προσηύξατο [A ἐδεήθη] M. (2 *a*)
I Ki. 1. 10. προσηύξατο πρὸς κύριον (3 *b*)
— 12. ὅτε ἐπλήθυνε προσευχομένη (3 *b*)
I Ki. 1. 26. ἐν τῷ προσεύξασθαι πρὸς κύριον (3 *b*)
— 27. ὑπὲρ τοῦ παιδαρίου τούτου προσηυξάμην (3 *b*)
2. 1. A καὶ προσηύξατο Ἄννα (3 *b*)
— 25. προσεύξονται ὑπὲρ αὐτοῦ (3 *a*)
— 25. τίς προσεύξεται ὑπὲρ [A περὶ] αὐτοῦ (3 *b*)
7. 5. προσεύξομαι περὶ ὑμῶν (3 *b*)
8. 6. καὶ προσηύξατο Σαμ. (3 *b*)
12. 19. B πρόσευξαι ὑπὲρ τῶν δούλων σου (3 *b*)
— 23. B τοῦ πρ. περὶ ὑμῶν (3 *b*)
14. 45. προσηύξατο ὁ λαὸς περὶ Ἰ. †
II Ki. 7. 27. τοῦ προσεύξασθαι . . . τὴν προσευχὴν ταύτην (3 *b*)
III Ki. 8. 28. ἧς ὁ δοῦλός σου προσεύχεται (3 *b*)
— 29. ἣν προσεύχεται ὁ δοῦλός σου (3 *b*)
— 30. ἃ ἂν προσεύξωνται [A -εύχ.] (3 *b*)
— 33, 35, 42, 44. καὶ προσεύξονται (3 *b*)
— 48. καὶ προσεύξονται [A -ωνται] πρὸς σέ (3 *b*)
— 54. προσευχόμενος . . . ὅλην τὴν προσευχήν (3 *b*)
13. 6. A πρόσευξαι περὶ ἐμοῦ (3 *b*)
IV Ki. 4. 33. προσηύξατο πρὸς κύριον (3 *b*)
6. 17. καὶ προσηύξατο Ἐλ. (3 *b*)
— 18. προσηύξατο πρὸς κύριον (3 *b*)
19. 15. A καὶ προσηύξατο Ἐζ. (3 *b*)
— 20. ἃ προσηύξω πρὸς μέ (3 *b*)
I Ch. 17. 25. εὗρεν ὁ παῖς σου τοῦ προσεύξασθαι (3 *b*)
II Ch. 6. 19. A B[2] R ἧς ὁ παῖς σου προσεύχεται (3 *b*)
— 20. ἧς ὁ παῖς σου προσεύχεται (3 *b*)
— 21. ἃ ἂν προσεύξωνται (3 *b*)
— 24. καὶ προσεύξονται (3 *b*)
— 26. καὶ προσεύξονται εἰς τὸν τόπον τοῦτον (3 *b*)
— 32. καὶ προσεύξωνται [A -ονται] εἰς τὸν τόπον τ. (3 *b*)
— 34. καὶ προσεύξονται πρὸς σέ (3 *b*)
— 38. A R καὶ προσεύξωνται [B -ονται] ὁδὸν γῆς αὐ. (3 *b*)
7. 1. ὡς συνετέλεσε Σ. προσευχόμενος (3 *b*)
— 14. καὶ προσεύξωνται (3 *b*)
30. 18. προσηύξατο Ἐζ. περὶ αὐτῶν (3 *b*)
32. 20. προσηύξατο Ἐζ. ὁ βασ. (3 *b*)
— 24. προσηύξατο πρὸς κύριον (3 *b*)
33. 13. προσηύξατο πρὸς αὐτόν (3 *b*)
I Es. 6. 31. καὶ προσεύχωνται περὶ τῆς αὐτῶν ζωῆς
8. 91. προσευχόμενος Ἔσδ. ἀνθωμολογεῖτο
II Es. 6. 10. καὶ προσεύχωνται εἰς ζωὴν τοῦ βασ. (4)
10. 1. ὡς προσηύξατο Ἔσδρας (3 *b*)
— 1. κλαίων καὶ προσευχόμενος (1)
Ne. 1. 4. ἤμην . . . προσευχόμενος ἐνώπιον θεοῦ (3 *b*)
— 6. ἣν ἐγὼ προσεύχομαι ἐνώπιόν σου (3 *b*)
2. 4. προσηυξάμην πρὸς τὸν θεὸν τοῦ οὐρ. (3 *b*)
4. 9 (3). προσηυξάμεθα πρὸς τὸν θεὸν ἡμῶν (3 *b*)
To. 3. 1. προσευξάμην μετ' ὀδύνης [S *al.*]
6. 17. S προσεύξασθε καὶ δεήθητε [A B *al.*]
8. 4. καὶ προσευξώμεθα
— 5. S ἤρξαντο πρ.
12. 12. ὅτε προσηύξω
Ju. 11. 17. προσεύξομαι πρὸς τὸν θεόν
Es. 5. 1. ὡς ἐπαύσατο προσευχομένη
Ps. 5. 2. πρὸς σὲ προσεύξομαι (3 *b*)
31 (32). 6. προσεύξεται πρὸς σὲ πᾶς ὅσιος (3 *b*)
71 (72). 15. προσεύξονται περὶ αὐτοῦ (3 *b*)
108 (109). 4. ἐγὼ δὲ προσηυχόμην (3 *c*)
Wi. 13. 17. περὶ δὲ κτημάτων . . . προσευχόμενος [S εὐχ.]
Jn. 2. 2. προσηύξατο Ἰ. πρὸς κύριον (3 *b*)
4. 2. προσηύξατο πρὸς κύριον (3 *b*)
Is. 16. 12. ὥστε προσεύξασθαι (3 *b*)
37. 15. προσηύξατο Ἐζεκίας πρὸς κύριον (3 *b*)
— 21. ἤκουσα ἃ προσηύξω πρὸς μέ (3 *b*)
38. 2. προσηύξατο πρὸς κύριον (3 *b*)
44. 17. A R προσεύχεται λέγων [B S *al.*] (3 *b*)
45. 14. ἐν σοὶ προσεύξονται (3 *b*)
— 20. R οἱ [A B S *om.*] προσευχόμενοι [A S *add.* ὡς] πρὸς θεούς (3 *b*)
Je. 7. 16 : 11. 14 : 14. 11. μὴ προσεύχου περὶ [A ὑπὲρ] τοῦ λαοῦ τ. (3 *b*)
36 (29). 7. R προσεύξασθε [B S -ασθε, A -χεσθε] περὶ αὐτῶν πρὸς κύριον (3 *b*)
— 12. προσεύξασθε πρὸς μέ (3 *b*)
39 (32). 16. προσευξάμην [A -ηυξ.] πρὸς κ. (3 *b*)
44 (37). 3. πρόσευξαι δὴ περὶ ἡμῶν πρὸς κύριον (3 *b*)
49 (42). 2. πρόσευξαι πρὸς κύριον (3 *b*)
— 4. προσεύξομαι πρὸς κύριον (3 *b*)
— 20. πρόσευξαι περὶ ἡμῶν πρὸς κύριον (3 *b*)
Ba. 1. 11. προσεύξασθε περὶ τῆς ζωῆς Ναβ.
— 13. προσεύξασθε περὶ ἡμῶν πρὸς κύριον
Da. LXX. 3. (24). οὕτως οὖν προσηύξατο Ἀν.
Da. LXX. 3. (25). στὰς δὲ Ἀζ. προσηύξατο οὕτως
6. 5 (6). Δαν. προσεύχεται καὶ δεῖται κυρίου –
9. 4. προσηυξάμην πρὸς κ. τὸν θεόν (3 *b*)
— 20. ἐλάλουν προσευχόμενος (3 *b*)
Bel 3. Δαν. δὲ προσηύχετο πρὸς κύριον
Da. TH. 3. (24). συστὰς Ἀζ. προσηύξατο οὕτως
6. 10 (11). προσευχόμενος καὶ ἐξομολογούμενος (4)
9. 4. προσευξάμην πρὸς κ. τὸν θεόν (3 *b*)
— 20. ἔτι ἐμοῦ λαλοῦντος καὶ προσευχομένου (3 *b*)
— 21. A ἔτι ἐμοῦ λαλοῦντος καὶ προσευχομένου [B *om.* κ. πρ.] ἐν τῇ προσευχῇ μου –
I Ma. 3. 44. καὶ τοῦ προσεύξασθαι
4. 30. A R καὶ προσηύξατο [S -αντο]
7. 40. καὶ προσηύξατο Ἰ.
11. 71. καὶ προσηύξατο
II Ma. 1. 6. ὧδε ἐσμεν προσευχόμενοι περὶ ὑμῶν
2. 10. M. προσηύξατο πρὸς κύριον
— 10. Σαλ. προσηύξατο πρὸς κύριον
12. 44. R ὑπὲρ νεκρῶν προσεύχεσθαι [A εὔχ.]
15. 14. ὁ πολλὰ προσευχόμενος περὶ τοῦ λαοῦ
III Ma. 6. 1. προσηύξατο τάδε
IV Ma. 4. 11. S περὶ αὐτοῦ προσευξάμενοι [A R εὐξ.]
[**Aq.** III Ki. 13. 6 : Jb. 42. 10 : Ps. 31 (32). 6.]
[**Sm.** Jb. 42. 10 : Ps. 31 (32). 6.]
[**Th.** III Ki. 13. 6 : Jb. 42. 10.]

προσευχή. (1) קוֹל (2) *a.* תְּחִנָּה *b.* תַּחֲנוּן (3) תְּפִלָּה

II Ki. 7. 27. τοῦ προσεύξασθαι . . . τὴν πρ. τ. (3)
III Ki. 8. 28. A ἐπιβλέψῃ ἐπὶ προσευχὴν δούλου σου [B *al.*] (3)
— 28. A R ἀκούειν . . . τῆς πρ. [B *al.*] (3)
— 29. τοῦ εἰσακούειν τῆς πρ. (3)
— 38. πᾶσαν πρ. πᾶσαν δέησιν (3)
— 45. εἰσακούσῃ τῆς δεήσεως αὐ. καὶ τῆς πρ. αὐτῶν [A πρ. αὐ. κ. τ. δ. αὐ.] (2 *a* [3])
— 49. A τὴν πρ. αὐτῶν καὶ τὴν δέησιν αὐ. (3)
— 54. προσευχόμενος . . . ὅλην τὴν πρ. (3)
9. 3. ἤκουσα τῆς φωνῆς τῆς πρ. σου (3)
— 3. κατὰ πᾶσαν τὴν πρ. σου –
IV Ki. 19. 4. καὶ λήψῃ προσευχήν (3)
20. 5. ἤκουσα τῆς πρ. σου (3)
II Ch. 6. 19. ἐπιβλέψῃ ἐπὶ τὴν πρ. παιδός σου (3)
— 19. τοῦ ἐπακοῦσαι . . . τῆς πρ. (3)
— 20. τοῦ ἀκοῦσαι τῆς πρ. (3)
— 29. πᾶσα πρ. καὶ πᾶσα δέησις (3)
— 35. ἀκούσῃ . . . τῆς πρ. αὐτῶν (2 *a*)
— 39. ἀκούσῃ . . . τῆς πρ. αὐ. (3)
7. 12. ἤκουσα τῆς πρ. σου (3)
— 15. A R τὰ ὦτά μου ἐπήκοα τῇ πρ. [B τῆς πρ.] (3)
30. 27. ἦλθεν ἡ πρ. αὐ. εἰς τὸ κατοικητήριον (3)
33. 18. ἡ πρ. αὐτοῦ ἡ πρὸς τὸν θεόν (3)
— 19. ἐπὶ λόγων προσευχῆς αὐτοῦ (3)
Ne. 1. 6. τοῦ ἀκοῦσαι προσευχὴν [S[2] τὴν πρ.] δούλου σου (3)
— 11. εἰς τὴν πρ. τοῦ δούλου σου καὶ εἰς τὴν πρ. παίδων σου (3, 3)
11. 17. S[2] ἀρχηγὸς τοῦ αἴνου τοῦ Ἰ. εἰς προσευχήν (3)
To. 3. 16. S εἰσηκούσθη ἡ πρ. ἀμφοτέρων [A B *al.*]
12. 8. ἀγαθὸν προσευχὴ μετὰ νηστείας [S ἀληθ.]
— 12. τὸ μνημόσυνον τῆς πρ. ὑμῶν
— 15. οἱ προσαναφέρουσι τὰς πρ. τῶν ἁγ. [S *al.*]
13. 1. A B Τωβὶτ ἔγραψε προσευχήν
Ju. 12. 6. ἐπὶ προσευχὴν ἐξελθεῖν
13. 3. ἐξελεύσεσθαι γὰρ ἔφη ἐπὶ τὴν πρ. αὐτῆς
— 10. A S ἐξῆλθον . . . ἐπὶ τὴν πρ. [B *om.* ἐ. τ. πρ.]
Ps. 4. 1. εἰσάκουσον τῆς πρ. μου (3)
6. 9. κύριος τὴν πρ. μου προσεδέξατο (3)
16 (17). *tit.* προσευχὴ τοῦ Δαυίδ (3)
— 1. ἐνώτισαι τὴν πρ. [B[1] τῆς πρ.] μου (3)
34 (35). 13. ἡ πρ. μου εἰς κόλπον μου ἀποστραφήσεται [A -ήτω] (3)
38 (39). 12. εἰσάκουσον τῆς πρ. μου (3)
41 (42). 8. προσευχὴ τῷ θεῷ τῆς ζωῆς μου (3)
53 (54). 2. εἰσάκουσον τῆς πρ. μου (3)
54 (55). 1. ἐνώτισαι, ὁ θεός, τὴν πρ. μου (3)
60 (61). 1. S R πρόσχες τῇ πρ. [B τῆς πρ.] μου (3)
— 5. εἰσήκουσας τῶν πρ. [S[1] τῆς πρ.] μου †
63 (64). 1. B εἰσάκουσον, ὁ θεός, τῆς [S[2] *om.*] πρ. [S φωνῆς] μου (1)
64 (65). 2. εἰσάκουσον προσευχῆς μου (3)

Ps. 65 (66). 19. B S[1] προσέσχε τῇ φωνῇ τῆς πρ. [S[2] δεήσεώς] μου (3)
— 20. ὃς οὐκ ἀπέστησε τὴν πρ. μου (3)
68 (69). 13. ἐγὼ δὲ τῇ πρ. μου πρὸς σέ (3)
79 (80). 4. B S[1] ἕως πότε ὀργίζῃ ἐπὶ τὴν πρ. τοῦ δούλου [S[2] τῶν δ.] σου (3)
83 (84). 8. εἰσάκουσον τῆς πρ. μου (3)
85 (86). tit. προσευχὴ τῷ Δ. [A al.] (3)
— 6. ἐνώτισαι, κύριε, τὴν πρ. μου (3)
87 (88). 2. εἰσελθάτω ἐνώπιόν σου ἡ πρ. μου (3)
— 13. τὸ πρωῒ ἡ πρ. μου προφθάσει σε (3)
— 14. ἵνα τί, κύριε, ἀπωθεῖς τὴν πρ. [A S[1] ψυχήν] μου †
89 (90). tit. προσευχὴ τοῦ [A S τῷ] M. (3)
101 (102). tit. προσευχὴ τῷ πτωχῷ (3)
— 1. κύριε, εἰσάκουσον τῆς πρ. μου (3)
— 17. ἐπέβλεψεν ἐπὶ τὴν πρ. τῶν ταπεινῶν [S[1] πτωχῶν] (3)
108 (109). 7. ἡ πρ. αὐτοῦ γενέσθω εἰς ἁμαρτίαν (3)
129 (130). 2. A εἰσάκουσον τῆς πρ. [S R φωνῆς] μου (1)
140 (141). 2. κατευθυνθήτω ἡ πρ. μου ὡς θυμίαμα ἐνώπιόν σου (3)
— 5. ἡ πρ. μου ἐν ταῖς εὐδοκίαις αὐτῶν (3)
141 (142). tit. ἐν τῷ εἶναι αὐτὸν ἐν τῷ σπηλαίῳ προσευχή (3)
142 (143). 1. εἰσάκουσον τῆς πρ. μου (3)
Pr. 28. 9. καὶ αὐτὸς τὴν πρ. αὐτοῦ ἐβδέλυκται (3)
Wi. 18. 21. τὸ τῆς ἰδίας λειτουργίας ὅπλον προσευχὴν [S[2] -ῆς] . . . κομίσας
Si. 3. 5. ἐν ἡμέρᾳ προσευχῆς αὐτοῦ εἰσακουσθήσεται
7. 10. μὴ ὀλιγοψυχήσῃς ἐν τῇ πρ. σου
— 14. μὴ δευτερώσῃς λόγον ἐν προσευχῇ σου
31 (34). 26. τῆς πρ. αὐτοῦ τίς εἰσακούσεται
32 (35). 17. προσευχὴ ταπεινοῦ νεφέλας διῆλθε
39. 5. ἀνοίξει τὸ στόμα αὐ. ἐν προσευχῇ
— 7. ἐν προσευχῇ ἐξομολογήσεται κυρίῳ
50. 19. ἐδεήθη ὁ λαὸς . . . ἐν προσευχῇ
51. 1. προσευχὴ Ἰησοῦ υἱοῦ Σειράχ
— 13. ἐζήτησα σοφίαν προφανῶς ἐν προσευχῇ μου
Jn. 2. 8. A S[2] R ἔλθοι πρὸς σὲ ἡ πρ. [B S[1] εὐχή] μου (3)
Hb. 3. 1. προσευχὴ Ἀμβ. τοῦ προφήτου (3)
— 16. ἀπὸ φωνῆς προσευχῆς χειλέων μου †
Is. 38. 5. ἤκουσα [A S add. τῆς φωνῆς] τῆς πρ. σου (3)
— 9. πρ. Ἐζεκίου βασιλέως τῆς Ἰουδαίας †
56. 7. εὐφρανῶ αὐτοὺς ἐν τῷ οἴκῳ τῆς πρ. μου . . . ὁ γὰρ οἶκός μου οἶκος προσευχῆς κληθήσεται (3, 3)
60. 7. ὁ οἶκος τῆς πρ. μου δοξασθήσεται †
Je. 11. 14. μὴ ἀξίου περὶ αὐτῶν ἐν δεήσει καὶ προσευχῇ (3)
Ba. 2. 14. εἰσάκουσον, κύριε, τῆς πρ. ἡμῶν
3. 4. ἄκουσον δὴ τῆς πρ. τῶν τεθνηκότων Ἰσραήλ
La. 3. 8. ἀπέφραξε προσευχήν μου (3)
— 44. ἐπεσκέπασας νεφέλην σεαυτῷ ἕνεκεν προσευχῆς (3)
Da. LXX. 9. 3. εὑρεῖν προσευχὴν καὶ ἔλεος (3)
— 17. ἐπάκουσον, δέσποτα, τῆς πρ. τοῦ παιδός σου (3)
— 18. δεόμεθα ἐν ταῖς πρ. ἡμῶν (2 b)
— 20. καὶ δεόμενος ἐν ταῖς πρ. (2 a)
— 21. ἔτι λαλοῦντός μου ἐν τῇ πρ. μου (3)
Da. TH. 9. 3. τοῦ ἐκζητῆσαι προσευχήν (3)
— 17. εἰσάκουσον . . . τῆς πρ. τοῦ δούλου σου (3)
— 21. ἔτι ἐμοῦ λαλοῦντος ἐν τῇ πρ. [A al.] (3)
I Ma. 3. 46. A R τόπος προσευχῆς εἰς [S ἦν ἐν] M.
5. 33. ἐβόησαν ἐν προσευχῇ
7. 37. εἶναι οἶκον προσευχῆς
12. 11. καὶ ἐν ταῖς πρ.
II Ma. 1. 23. προσευχὴν δὲ ἐποιήσαντο οἱ ἱερεῖς
— 24. ἦν δὲ ἡ πρ. τὸν τρόπον ἔχουσα τοῦτον
III Ma. 6. 16. τοῦ δὲ Ἐλ. λήγοντος ἄρτι τῆς πρ.
7. 20. κατὰ τὸν τῆς συμποσίας τόπον προσευχῆς καθιδρύσαντες

[**Aq.** Ps. 68 (69). 14 : 71 (72). 20 : 85 (86). 1 : 140 (141). 5 : Pr. 28. 9 : Je. 7. 16.]
[**Sm.** Ps. 60 (61). 6 : 68 (69). 14 : 71 (72). 20 : 85 (86). 1 : 87 (88). 14 : 140 (141). 5 : Pr. 28. 9 : Je. 33 (40). 6 : Ez. 41. 11 *bis*.]
[**Th.** Ps. 68 (69). 14 : 71 (72). 20 : 87 (88). 15 : Pr. 28. 9.]
[**Quint.** Ps. 71 (72). 20.]
[**Al.** Ps. 140 (141). 2, 5.]

προσέχειν. (1) אָבָה (2) אָזַן hi. (3) בִּין (4) דָּבַק (5) זָהַר ni. (6) חָדַל (7) *a.* חוּשׁ *b.* חִישׁ (8) חָזַק hi. (9) יָדַע (10) יָפַע hi. (11) נָזַר ni. (12) נָטָה *a.* qal. *b.* hi. (13) פָּנָה (14) קִיץ hi. (15) קָרַב (16) *a.* קָשַׁב hi. *b.* קַשָּׁב *c.* קַשֻּׁב (17) *a.* שׂוּם, שִׂים *b.* שׂוּם לֵב (18) שִׁית (19) שָׁמַר *a.* qal. *b.* ni. (20) שָׁעָה (21) **τὸ προσέχον** סָרֵן (22) **πρ. ἰσχυρῶς** חָזַק

Ge. 4. 5. ἐπὶ δὲ Κάϊν . . . οὐ προσέσχε (20)
24. 6. πρόσεχε σεαυτῷ (19 b)
34. 3. προσέσχε τῇ ψυχῇ Δείνας (4)
Ex. 9. 21. ὃς δὲ μὴ προσέσχε . . . εἰς τὸ ῥῆμα κ. (17 a)
10. 28. πρόσεχε σεαυτῷ ἔτι (19 b)
19. 12. προσέχετε ἑαυτοῖς τοῦ ἀναβῆναι (19 b)
23. 21. πρόσεχε σεαυτῷ (19 b)
34. 11. πρόσεχε σὺ πάντα (19 a)
— 12. πρόσεχε σεαυτῷ (19 b)
Le. 22. 2. προσεχέτωσαν ἀπὸ τῶν ἁγίων (11)
Nu. 16. 15. μὴ πρόσχῃς εἰς τὴν θυσίαν αὐ. (13)
De. 1. 45. οὐδὲ προσέσχεν ὑμῖν (2)
4. 9. πρόσεχε σεαυτῷ (19 b)
— 23. B[1] R προσέχετε ὑμῖν [A B[2] ὑμεῖς] (19 b)
6. 12 : 8. 11 : 11. 16 : 12. 13, 19. πρόσεχε σεαυτῷ (19 b)
12. 23. πρόσεχε ἰσχυρῶς τοῦ μὴ φαγεῖν (22)
— 30 : 15. 9 : 24. 8. πρόσεχε σεαυτῷ (19 b)
32. 1. πρόσεχε, οὐρανέ, καὶ λαλήσω (2)
— 46. προσέχετε τῇ καρδίᾳ (17 a)
III Ki. 7. 30. καὶ τὰ προσέχοντα χαλκᾶ (21)
II Ch. 25. 16. πρόσεχε μὴ μαστιγωθῇς (6)
35. 21. πρόσεχε ἀπὸ τοῦ θ. τοῦ μετ' ἐμοῦ (6)
I Es. 1. 28. οὐ προσέχων ῥήμασιν Ἱερ.
II Es. 7. 23. προσέχετε [A -χε] μήτις ἐπιχειρήσῃ †
Ne. 1. 6. ἔστω δὴ τὸ οὖς σου προσέχον (16 b)
— 11. ἔστω τὸ οὖς σου προσέχον (16 b)
9. 34. οὐ προσέσχον τῶν ἐντολῶν σου (16 a)
To. 4. 12, 14. A B πρόσεχε σεαυτῷ
Es. 8. 13. προσέχειν εἰς τὰ μετὰ ταῦτα
Jb. 1. 8. προσέσχες τῇ διανοίᾳ σου κατὰ τοῦ παιδός [A θεράποντός] μου Ἰώβ (17 a)
2. 3. προσέσχες οὖν τῷ θεράποντί μου Ἰώβ (17 b)
7. 17. ἢ ὅτι προσέχεις τὸν νοῦν εἰς αὐτόν (18)
10. 3. βουλῇ δὲ ἀσεβῶν προσέσχες (10)
13. 6. κρίσιν [A -σει] δὲ χειλέων μου προσέχετε (16 a)
27. 6. δικαιοσύνῃ δὲ προσέχων οὐ μὴ προῶμαι (8)
29. 21. ἐμοῦ ἀκούσαντες [A πρεσβύτεροι ἀ.] προσέσχον †
33. 31. A πρόσεχε [B S ἐνωτίζου], Ἰώβ (16 a)
Ps. 5. 2. B S πρόσχες τῆς φωνῆς [A R τῇ φ.] τῆς δεήσεώς μου (16 a)
9. 38 (10. 17). τὴν ἑτοιμασίαν τῆς καρδίας αὐ. προσέσχε τὸ οὖς σου [A αὐ.] (16 a)
16 (17). 1. πρόσχες τῇ δεήσει μου (16 a)
21 (22). 1. ὁ θεὸς ὁ θεός μου, πρόσχες μοι –
— 19. εἰς τὴν ἀντίληψίν μου πρόσχες (7 a)
34 (35). 23. πρόσχες τῇ κρίσει μου (14)
37 (38). 22. πρόσχες εἰς τὴν βοήθειάν μου (7 a)
39 (40). 1. καὶ προσέσχε μοι (12 a)
— 13. εἰς τὸ βοηθῆσαί μοι πρόσχες [A σπεῦσον] (7 a)
54 (55). 2. πρόσχες μοι (16 a)
58 (59). 5. πρόσχες τοῦ ἐπισκέψασθαι πάντα τὰ ἔθνη (14)
60 (61). 1. S R πρόσχες τῇ προσευχῇ [B τῆς πρ.] μου (16 a)
65 (66). 19. B S[1] προσέσχε τῇ φωνῇ τῆς προσευχῆς [S[2] δεήσεώς] μου (16 a)
68 (69). 18. πρόσχες τῇ ψυχῇ μου (15)
69 (70). 1. εἰς τὴν βοήθειάν μου πρόσχες (7 a)
70 (71). 12. S R εἰς τὴν βοήθειάν μου πρόσχες (7 b*, 7 a)
76 (77). 1. καὶ προσέσχε μοι (2)
77 (78). 1. προσέχετε, λαός μου, τὸν νόμον μου (2)
79 (80). 1. ὁ ποιμαίνων τὸν Ἰσραήλ, πρόσχες (2)
80 (81). 11. Ἰσραὴλ οὐ προσέσχε μοι (1)
85 (86). 6. πρόσχες τῇ φωνῇ τῆς δεήσεώς μου (16 a)
129 (130). 2. γενηθήτω τὰ ὦτά σου προσέχοντα εἰς τὴν φωνὴν τῆς δεήσεώς μου (16 c)

Ps. 140 (141). 1. πρόσχες τῇ φωνῇ [S τῆς φ.] τῆς δεήσεώς μου (2)
141 (142). 1. A καὶ προσέσχεν μοι †
— 6. πρόσχες πρὸς [A εἰς] τὴν δέησίν μου (16 a)
Pr. 1. 24. ἐξέτεινον λόγους καὶ οὐ προσείχετε (16 a)
— 25. A S τοῖς δὲ ἐμοῖς ἐλέγχοις οὐ προσείχετε [B ἐλ. ἠπειθήσατε] (1)
— 30. οὐδὲ ἤθελον ἐμαῖς προσέχειν βουλαῖς (1)
4. 1. προσέχετε γνῶναι ἔννοιαν (16 a)
— 20. ἐμῇ ῥήσει πρόσεχε (16 a)
5. 1. ἐμῇ σοφίᾳ πρόσεχε (16 a)
— 2. μὴ πρόσεχε φαύλῃ γυναικί –
7. 24. πρόσεχε ῥήμασι [A ῥῆσιν] στόματός μου (16 a)
17. 4. δίκαιος δὲ οὐ προσέχει χείλεσι ψευδέσιν (2)
Ec. 4. 13. ὃς οὐκ ἔγνω τοῦ προσέχειν ἔτι (5)
Ca. 8. 13. ἑταῖροι προσέχοντες τῇ φωνῇ [S τὴν φ.] σου (16 a)
Wi. 8. 12. φθεγγομένῳ προσέξουσι
13. 1. οὔτε τοῖς ἔργοις προσχόντες [A S προσέχ.]
14. 30. προσχόντες [A S προσέχ.] εἰδώλοις
Si. 1. 29. ἐν τοῖς χείλεσί σου πρόσεχε
4. 15. A S ὁ προσέχων [B -ελθὼν] αὐτῇ κατασκηνώσει πεποιθώς
6. 13. ἀπὸ τῶν φίλων σου πρόσεχε
7. 24. πρόσεχε τῷ σώματι αὐτῶν
11. 33. πρόσεχε ἀπὸ κακούργου
13. 8. πρόσεχε μὴ ἀποπλανηθῇς
— 13. συντήρησον καὶ πρόσεχε σφοδρῶς
16. 24. ἐπὶ τῶν λόγων μου πρόσεχε τῇ καρδίᾳ σου
17. 14. προσέχετε ἀπὸ παντὸς ἀδίκου
18. 27. προσέξει ἀπὸ πλημμελείας
23. 27. οὐθὲν γλυκύτερον τοῦ προσέχειν ἐντολαῖς κυρίου
28. 16. ὁ προσέχων αὐτῇ οὐ μὴ εὕρῃ ἀνάπαυσιν
— 26. πρόσεχε μή πως ὀλισθήσῃς ἐν αὐτῇ
29. 20. πρόσεχε σεαυτῷ μὴ ἐμπέσῃς
32 (35). 1. θυσιάζων σωτηρίου ὁ προσέχων ἐντολαῖς
35 (32). 24. ὁ πιστεύων νόμῳ προσέχει ἐντολαῖς
37. 31. ὁ δὲ προσέχων προσθήσει ζωήν
Ho. 5. 1. προσέχετε, οἶκος Ἰσρ. (16 a)
Mi. 1. 2. προσεχέτω ἡ γῆ (16 a)
Za. 1. 4. οὐ προσέσχον τοῦ εἰσακοῦσαί μου (16 a)
7. 11. ἠπείθησαν τοῦ προσέχειν (16 a)
Ma. 3. 16. καὶ προσέσχε κύριος (16 a)
Is. 1. 10. προσέχετε νόμον θεοῦ (2)
— 23. κρίσιν χηρῶν [A S -ρας] οὐ προσέχοντες †
28. 23. προσέχετε καὶ ἀκούετε τοὺς λόγους μου (16 a)
32. 4. A S R προσέξει τοῦ ἀκούειν [B al.] (3)
49. 1. προσέχετε, ἔθνη (16 a)
55. 3. προσέχετε τοῖς ὠσὶν [A ὠτίοις] ὑμῶν (12 b)
58. 3. A οὐ προσέσχες [B S οὐκ ἔγνως] (9)
Je. 6. 19. τῶν λόγων [A τοῖς λ., S τῷ λ.] μου οὐ προσέσχον (16 a)
7. 24. οὐ προσέσχε [A -ον] τὸ οὖς αὐτῶν (12 b)
— 26. οὐ προσέσχε [S -ον] τὸ οὖς αὐτῶν (12 b)
25. 4. οὐ προσέσχετε [S -ατε] τοῖς ὠσὶν ὑμῶν (12 b)
Da. LXX. 9. 18. πρόσχες, κύριε, τὸ οὖς σου (12 b)
12. 10. καὶ οἱ διανοούμενοι προσέξουσιν (3)
Da. TH. 9. 19. πρόσχες, κύριε (16 a)
I Ma. 2. 68. προσέχετε εἰς τὰ προστάγματα τοῦ νόμου
7. 11. S R οὐ προσέσχον [A -εῖχον] τοῖς λόγοις αὐ.
10. 61. οὐ προσέσχεν αὐτοῖς ὁ βασ.
II Ma. 7. 25. τοῦ δὲ νεανίου μηδαμῶς προσέχοντος
III Ma. 2. 2. πρόσχες ἡμῖν καταπονουμένοις
IV Ma. 1. 1. ὅπως προθύμως προσέχητε τῇ φιλοσοφίᾳ

[**Aq.** Dt. 27. 9 : Jb. 16. 18 : Ps. 9. 38 (10. 17) : 16 (17). 1 : Pr. 2. 2 : Je. 6. 10, 19 : 18. 19.]
[**Sm.** Ex. 7. 22 : I Ki. 25. 25 : Jb. 16. 18 : Pr. 2. 2 : Ec. 7. 3 (2) : Is. 32. 4 : Je. 6. 10.]
[**Th.** Jb. 16. 18 : Pr. 2. 2 : Is. 7. 4.]
[**Sam.** Ex. 26. 5.]
[**Al.** I Ki. 15. 22 : Pr. 17. 4.]

προσεχόντως. (1) בְּחָכְמָה

Pr. 31. 24 (26). στόμα αὐτῆς διήνοιξε πρ. (1)

προσηγεῖσθαι.

II Ma. 15. 11. A προσηγησάμενος [R προσεξηγ.] ὄνειρον ἀξιόπιστον

προσήκειν. (1) בִּין

I Es. 5. 51. ὡς προσῆκον ἦν
Is. 32. 4. B προσήξει [A S R -έξ.] τῷ [A S τοῦ] ἀκούειν (1)
I Ma. 10. 39. R εἰς τὴν προσήκουσαν [S καθηκ., A προκαθήκ.] δαπάνην τοῖς ἁγίοις

II Ma. 3. 6. R καὶ μὴ προσήκειν [A -ενεγκεῖν] αὐτά

IV Ma. 4. 3. προσήκειν ταῦτα Σελεύκῳ τῷ βασ.

[Sm. Dt. 29. 26 (25).]

προσηκόντως.

IV Ma. 6. 33. αὐτῷ πρ. τὴν . . . προσνέμομεν ἐξουσίαν

προσηλοῦν.

III Ma. 4. 9. τοῖς ζυγοῖς τῶν πλοίων προσηλωμένοι τοὺς τραχήλους

προσηλυτεύειν. (1) גּוּר

Ez. 14. 7. ἐκ τῶν προσηλύτων τῶν προσηλυτευόντων ἐν τῷ Ἰσρ. [A *al.*] (1)

[Aq. Ps. 5. 5: 119 (120). 5.]

[Al. Le. 19. 34: 25. 6.]

προσηλύτευσις.

[Aq. Ge. 47. 9.]

προσήλυτος. (1) *a.* גֵּר *b.* גּוּר

Ex. 12. 48. ἐὰν δέ τις προσέλθῃ πρὸς ὑ. προσήλυτος (1 *a*)

— 49. τῷ προσελθόντι προσηλύτῳ [A *al.*] (1 *a*)

20. 10. ὁ πρ. ὁ παροικῶν ἐν σοί (1 *a*)

22. 21 (20). προσήλυτον οὐ κακώσετε (1 *a*)

— 21 (20). ἦτε γὰρ προσήλυτοι ἐν γῇ Αἰγ. (1 *a*)

23. 9. προσήλυτον οὐ θλίψετε (1 *a*)

— 9. οἴδατε τὴν ψυχὴν τοῦ πρ. (1 *a*)

— 9. προσήλυτοι ἦτε ἐν γῇ Αἰγ. (1 *a*)

— 12. ὁ υἱὸς τῆς παιδίσκης σου καὶ ὁ πρ. (1 *a*)

Le. 16. 29. ὁ πρ. ὁ προσκείμενος ἐν ὑμῖν (1 *a*)

17. 3. ἢ τῶν πρ. ἢ τῶν προσκειμ. ἐν ὑμῖν –

— 8. ἀπὸ τῶν υἱῶν τῶν πρ. (1 *a*)

— 10. τῶν πρ. τῶν προσκειμ. ἐν ὑμῖν (1 *a*)

— 12. ὁ πρ. ὁ προσκείμ. ἐν ὑμῖν (1 *a*)

— 13. τῶν πρ. τῶν προσκειμ. ἐν ὑμῖν (1 *a*)

— 15. ἢ ἐν τοῖς πρ. (1 *a*)

18. 26. ὁ προσγενόμ. πρ. ἐν ὑμῖν (1 *a*)

19. 10. τῷ πρ. καταλείψεις αὐτά (1 *a*)

— 33. προσήλυτος ἐν τῇ γῇ ὑμῶν (1 *a*)

— 34. ὁ πρ. ὁ προσπορευόμ. πρὸς ὑμᾶς (1 *a*)

— 34. προσήλυτοι ἐγενήθητε ἐν γῇ Αἰγ. (1 *a*)

20. 2. ἢ ἀπὸ τῶν γεγενημ. [A προσγεγενν.] πρ. (1 *a*)

22. 18. τῶν πρ. τῶν προσκειμ. πρὸς αὐτούς (1 *a*)

23. 22. τῷ πρ. ὑπολείψῃ αὐτά (1 *a*)

24. 16. ἐάν τε προσήλυτος ἐάν τε αὐτόχθων (1 *a*)

— 22. δικαίωσις μία ἔσται τῷ πρ. (1 *a*)

25. 23. προσήλυτοι καὶ πάροικοι ὑμεῖς ἐστε (1 *a*)

— 35. ἀντιλήψῃ αὐτοῦ ὡς προσηλύτου (1 *a*)

— 47. ἐὰν δὲ εὕρῃ ἡ χεὶρ τοῦ πρ. (1 *a*)

— 47. καὶ . . . πραθῇ τῷ πρ. . . . ἐκ γενετῆς προσηλύτῳ (1 *a*)

Nu. 9. 14. προσήλυτος ἐν τῇ γῇ ὑμῶν (1 *a*)

— 14. ὑμῖν καὶ τῷ πρ. (1 *a*)

15. 14. ἐὰν δὲ προσήλυτος . . . προσγένηται (1 *a*)

— 15. τοῖς πρ. τοῖς προσκειμ. ἐν ὑμῖν (1 *a*)

— 15. ὁ πρ. ἔσται ἔναντι κυρίου (1 *a*)

— 16. τῷ πρ. τῷ προσκειμ. ἐν ὑμῖν (1 *a*)

— 26. καὶ τῷ πρ. τῷ προσκειμ. [A *al.*] (1 *a*)

— 29. τῷ πρ. τῷ προσκειμ. ἐν αὐτοῖς (1 *a*)

— 30. ἢ ἀπὸ τῶν πρ. (1 *a*)

19. 10. καὶ τοῖς πρ. προσκειμένοις (1 *a*)

35. 15. τοῖς υἱοῖς Ἰσρ. καὶ τῷ πρ. (1 *a*)

De. 1. 16. καὶ ἀνὰ μέσον προσηλύτου αὐτοῦ (1 *a*)

5. 14. καὶ ὁ πρ. ὁ παροικῶν ἐν σοί (1 *a*)

10. 18. ποιῶν κρίσιν προσηλύτῳ †

— 18. ἀγαπᾷ τὸν πρ. [A *al.*] (1 *a*)

— 19. ἀγαπήσετε τὸν πρ. (1 *a*)

— 19. προσήλυτοι γὰρ ἦτε ἐν γῇ Αἰγύπτῳ (1 *a*)

12. 18. ὁ πρ. ὁ ἐν ταῖς πόλεσιν ὑμῶν –

14. 29: 16. 11, 14. ὁ πρ. καὶ ὁ ὀρφανός (1 *a*)

24. 14. ἢ ἐκ τῶν πρ. τῶν ἐν ταῖς πόλεσί σου (1 *a*)

— 17. οὐκ ἐκκλινεῖς κρίσιν προσηλύτου (1 *a*)

— 19, 20, 21. τῷ πρ. καὶ τῷ ὀρφανῷ (1 *a*)

26. 11. καὶ ὁ πρ. ὁ ἐν σοί (1 *a*)

— 12, 13. καὶ τῷ πρ. καὶ τῷ ὀρφανῷ (1 *a*)

27. 19. ὃς ἂν ἐκκλίνῃ κρίσιν προσηλύτου (1 *a*)

28. 43. B ὁ πρ. [A R ὅς ἐστιν] ἐν σοί (1 *a*)

29. 11 (10). ὁ πρ. ὁ ἐν μέσῳ τῆς παρεμβ. ὑμῶν (1 *a*)

31. 12. τὸν πρ. [A *add.* σου] τὸν ἐν ταῖς πόλεσιν (1 *a*)

Jo. 9. 1 (8. 33). καὶ ὁ πρ. καὶ ὁ αὐτόχθων (1 *a*)

— 1 (8. 35). τοῖς πρ. τοῖς προσπορευομ. [A προπ.] (1 *a*)

20. 9. καὶ τῷ πρ. τῷ προσκειμ. ἐν αὐτοῖς (1 *a*)

I Ch. 22. 2. συναγαγεῖν πάντας τοὺς πρ. (1 *a*)

II Ch. 2. 17 (16). συνήγαγε Σ. πάντας τοὺς ἄνδρας τοὺς πρ. (1 *a*)

15. 9. ἐξεκκλησίασε . . . τοὺς πρ. (1 *b*)

30. 25. καὶ οἱ πρ. οἱ εἰσελθόντες (1 *a*)

To. 1. 8. S καὶ ταῖς χήραις καὶ προσηλύτοις

Ps. 93 (94). 6. προσήλυτον ἐφόνευσαν (1 *a* ?)

145 (146). 9. κύριος φυλάσσει τοὺς πρ. (1 *a*)

Za. 7. 10. προσήλυτον καὶ πένητα μὴ καταδυναστεύετε (1 *a*)

Ma. 3. 5. τοὺς ἐκκλίνοντας κρίσιν προσηλύτου (1 *a*)

Is. 54. 15. προσήλυτοι προσελεύσονταί σοι †

Je. 7. 6: 22. 3. προσήλυτον καὶ ὀρφανὸν καὶ χήραν (1 *a*)

Ez. 14. 7. ἐκ τῶν πρ. τῶν προσηλυτευόντων [A -κειμένων] ἐν τῷ Ἰσραήλ (1 *a*)

22. 7. πρὸς τὸν πρ. ἀνεστρέφοντο [B¹ *al.*] (1 *a*)

— 29. πρὸς τὸν πρ. οὐκ ἀναστρεφόμενοι (1 *a*)

47. 22. βαλεῖτε αὐτὴν . . . ὑμῖν καὶ τοῖς πρ. (1 *a*)

— 23. ἔσονται ἐν φυλῇ προσηλύτων ἐν τοῖς πρ. τοῖς μετ' αὐτῶν (1 *b* ?, 1 *a*)

[Aq. Ex. 2. 22: 12. 19: Nu. 9. 14: Dt. 14. 20 (21): II Ki. 1. 13: Jb. 31. 32: Is. 14. 1: Ma. 3. 5.]

[Sm. Ex. 12. 19: Is. 14. 1: Ma. 3. 5.]

[Th. Ps. 93 (94). 6: Is. 14. 1: Ma. 3. 5.]

[Al. Ex. 22. 21 (20) *bis*: Le. 20. 2: Nu. 19. 10: Jo. 8. 33 (9. 6): I Ch. 29. 15.]

προσημαίνειν.

II Ma. 4. 23. Μενέλαον τὸν τοῦ προσημαινομ. Σ. ἀδ.

III Ma. 5. 13. τὴν προσημανθεῖσαν ὥραν διαφυγόντες

— 47. τὴν ἐπίπονον . . . τῶν προσεσημαμμένων καταστροφήν

προσημειοῦν.

IV Ma. 15. 19. καὶ τοὺς μυκτῆρας προσημειουμένους [A² προσσημ.] αὐτῶν τὸν θάνατον

προσήνεια.

[Sm. Ec. 9. 17.]

προσηνής.

Pr. 25. 25. ὥσπερ ὕδωρ ψυχρὸν ψυχῇ διψώσῃ προσηνές –

[Aq. Pr. 15. 4.]

πρόσθεμα. (1) יָסַף hi. (2) מוּסָב

Le. 19. 25. πρόσθεμα ὑμῖν τὰ γενήματα αὐ. (1)

Ez. 41. 7. κατὰ τὸ πρ. ἐκ τοῦ τοίχου [A οἴκου] (2)

[Sm. II Ki. 5. 9.]

πρόσθεσις.

Ez. 47. 13. ταῖς δώδεκα φυλαῖς . . . πρ. σχοινίσματος †

προσθήκη.

[Aq. Pr. 1. 9.]

[Sm. Ez. 27. 33.]

προσθλίβειν. (1) לָחַץ ni.

Nu. 22. 25. A R προσέθλιψεν ἑαυτήν [B αὐτόν] (1)

πρόσθλιψις.

[Aq. Ps. 42 (43). 2.]

προσιδεῖν.

Jb. 6. 15. οὐ προσεῖδόν με οἱ ἐγγύτατοί μου †

19. 14. S οὐ προσεῖδόν [A B -εποιήσαντό] με οἱ ἐγγύτατοί μου †

Wi. 17. 10. τὸν μηδαμόθεν φευκτὸν ἀέρα προσιδεῖν ἀρνούμενοι

προσιέναι (*accedere*).

IV Ma. 6. 14. προσιόντες αὐτῷ τινες τῶν τοῦ βασ.

14. 16. καὶ τὸν προσιόντα κωλύει

— 19. ἀπαμύνονται τοὺς προσιόντας

— 19. πλήσσουσι τοὺς προσιόντας τῇ νοσσιᾷ αὐ.

προσιέναι (*admittere*).

[Sm. Jb. 42. 9: Je. 6. 10.]

προσκαθιστάναι. (1) לָקַח

Jd. 14. 11. A προσκατέστησαν αὐτῷ ἑταίρους τριάκ. [B *al.*] (1)

προσκαίειν. (1) חָמַם

Ez. 24. 11. ὅπως προσκαυθῇ [A ἐκκ.] (1 ?)

πρόσκαιρος.

IV Ma. 15. 2. S²R τῆς ἑπτὰ υἱῶν σωτηρίας προσκαίρου [A -ους, S¹ προκ.]

— 8. ὑπερεῖδε τὴν τῶν τέκνων πρόσκαιρον σωτηρίαν

— 23. ἐπέτεινε τὴν πρ. φιλοτεκνίαν παριδεῖν

προσκαλεῖν. (1) בּוֹא (2) קָרָא *a.* qal. *b.* ni. (3) קָרָה ni.

Ge. 28. 1. προσκαλεσάμενος δὲ Ἰσ. τὸν Ἰακ. (2 *a*)

Ex. 3. 18. ὁ θ. τῶν Ἑβρ. προσκέκληται ὑμᾶς (3)

5. 3. ὁ θ. τῶν Ἑβρ. προσκέκληται ἡμᾶς (2 *b*)

I Ki. 26. 14. προσεκαλέσατο Δ. τὸν λαόν (2 *a*)

Es. 4. 5. προσεκαλέσατο Ἀχρ. τὸν εὐνοῦχον αὐ. (2 *a*)

8. 1. Μαρδ. προσεκλήθη ὑπὸ τοῦ βασ. (1)

Jb. 17. 14. A S² θάνατον προσεκαλεσάμην [S¹ -σα, B ἐπεκ.] πατέρα μου εἶναι (2 *a*)

19. 17. προσεκαλούμην δὲ κολακεύων υἱοὺς παλλακίδων μου †

Ps. 49 (50). 4. προσκαλέσεται τὸν οὐρανὸν ἄνω (2 *a*)

Pr. 9. 15. προσκαλουμένη τοὺς παριόντας (2 *a*)

Wi. 1. 16. προσεκαλέσαντο [S¹ -ατο] αὐτόν

18. 8. τούτῳ ἡμᾶς προσκαλεσάμενος ἐδόξασας

Si. 13. 9. προσκαλεσαμένου σε δυνάστου ὑποχωρῶν γίνου καὶ τόσῳ μᾶλλον προσκαλέσεταί σε [A σε προσκαλέσηται]

Am. 5. 8: 9. 6. ὁ προσκαλούμ. τὸ ὕδωρ τῆς θαλ. (2 *a*)

Jl. 2. 32 (3. 5). οὓς κύριος προσκέκληται (2 *a*)

II Ma. 4. 28. οἱ δύο ὑπὸ τοῦ βασ. προσεκλήθησαν

7. 25. προσκαλεσάμενος ὁ βασ. τὴν μητέρα

8. 1. προσεκαλοῦντο τοὺς συγγενεῖς

— 11. R ἀπέστειλε προσκαλούμενος [A προκ.] ἐπ' ἀγορασμόν

14. 5. προσκληθεὶς εἰς συνέδριον ὑπὸ τοῦ Δ.

— 12. R προσκαλεσάμενος [A προχειρησάμ.] δὲ εὐθέως Νικάνορα

III Ma. 5. 1. προσκαλεσάμενος Ἕρμωνα

— 18. A τὸν Ἕρμωνα προσκαλεσάμενος [R μεταπεμψάμ.]

— 37. τὸν δὲ Ἕρμωνα προσκαλεσάμενος

6. 30. τὸν ἐπὶ τῶν προσόδων προσκαλεσάμενος

προσκαρτερεῖν. (1) חָזַק hithpa.

Nu. 13. 21 (20). προσκαρτερήσαντες λήψεσθε (1)

To. 5. 8. S ἰδοὺ ἐγὼ προσκαρτερῶ [A B *al.*]

Da. Th. Su. 6. προσεκαρτέρουν ἐν τῇ οἰκίᾳ Ἰ.

προσκαταβαίνειν. (1) יָרַד

Ez. 31. 14. ἐν μέσῳ υἱῶν ἀνθρώπων προσκαταβαίνοντας [? πρὸς κ.] εἰς βόθρον (1)

προσκαταλαμβάνειν.

Ju. 2. 10. A προσκαταλήψῃ [B S προκ.] μοι πᾶν ὅριον

προσκαταλείπειν. (1) יָתַר hi.

Ex. 36. 7. καὶ προσκατέλιπον [A -έλειπον] (1)

προσκατατείνειν.

IV Ma. 9. 19. S προσεκατέτεινον [A R προσεπικατ.]

πρόσκαυμα.

Jl. 2. 6. πᾶν πρόσωπον ὡς πρόσκαυμα χύτρας †

Na. 2. 10 (11). τὸ πρόσωπον πάντων ὡς πρόσκαυμα χύτρας †

προσκεῖσθαι. (1) גּוּר (2) *a.* דָּבַק *b.* דָּבֵק (3) חָבַר (4) *a.* לָוָה ni. *b.* לִוָה (5) נֶגֶד פְּנֵי (6) עָזַר (7) שָׁעַן ni.

Ex. 10. 10. πονηρία πρόσκειται [A πρόκ.] ὑμῖν (5)

12. 49. A τῷ προσηλύτῳ τῷ προσκειμ. [B *al.*] (1)

Le. 16. 29. ὁ προσήλυτος ὁ προσκείμ. ἐν ὑμῖν (1)

17. 3. ἢ τῶν προσηλύτων ἢ τῶν προσκειμ. ἐν ὑ. –

— 8, 10. τῶν προσηλύτων τῶν προσκειμ. ἐν ὑμῖν (1)

— 12. ὁ προσήλυτος ὁ προσκ.·μ. ἐν ὑμῖν (1)

— 13. τῶν προσηλύτων τῶν προσκειμ. ἐν ὑ. (1)

22. 18. τῶν προσηλ. τῶν προσκειμ. πρὸς αὐτούς –

25. 6. τῷ παροίκῳ τῷ προσκειμ. πρὸς σέ (1)

Nu. 15. 15. τοῖς προσηλύτοις τοῖς προσκειμ. ἐν ὑμῖν (1)

— 16. τῷ προσηλύτῳ τῷ προσκειμ. ἐν ὑμῖν (1)

— 26. τῷ προσηλύτῳ τῷ προσκειμ. [A *al.*] (1)

— 29. τῷ προσηλύτῳ τῷ προσκειμ. ἐν αὐτοῖς (1)

19. 10. καὶ τοῖς προσηλύτοις προσκειμένοις [A τοῖς πρ.] (1)

21. 15. πρόσκειται τοῖς ὁρίοις Μωάβ (7)

De. 1. 36. διὰ τὸ πρ. αὐτὸν τὰ πρὸς κύριον †
4. 4. ὑμεῖς δὲ οἱ προσκείμ. κ. τῷ θ. ὑ. (2 *b*)
Jo. 20. 9. τῷ προσηλύτῳ τῷ προσκειμ. ἐν αὐτοῖς (1)
22. 5. καὶ πρ. αὐτῷ (2 *a*)
III Ki. 7. 30. **A** ἀπὸ πέραν ἀνδρὸς προσκείμεναι (4 *b*)
To. 1. 8. **S** προσηλύτοις τοῖς προσκειμ. τοῖς υἱοῖς Ἰσρ.
Jb. 26. 2. τίνι πρόσκεισαι (6)
Is. 56. 3. ὁ ἀλλογενὴς ὁ προσκείμ. πρὸς κύριον [**S** προσκ. κυρίῳ] (4 *a*)
— 6. τοῖς ἀλλογενέσι τοῖς προσκειμένοις κυρίῳ [**A** πρὸς κύριον] (4 *a*)
Ez. 14. 7. **A** τῶν προσηλύτων τῶν προσκειμένων ἐν Ἰσρ. [**B** *al.*] (1)
37. 16. τοὺς υἱοὺς Ἰσρ. [**A** αὐτῆς] τοὺς προσκειμ. ἐπ' [**A** πρὸς] αὐτόν (3)
— 16. **A** τοὺς υἱοὺς Ἰσραὴλ τοὺς προσκειμένους [**B** -τεθέντας] πρὸς αὐτόν (3)
— 19. τὰς φυλὰς Ἰσρ. τὰς προσκειμ. πρὸς αὐτόν (3)
[**Aq.** Ge. 29. 34.]
[**Al.** Le. 20. 2 : Nu. 19. 10.]

προσκεφάλαιον. (1) כֶּסֶת

I Es. 3. 8. ἔθηκαν ὑπὸ τὸ πρ. Δαρ.
Ez. 13. 18. ταῖς συρραπτούσαις προσκεφάλαια (1)
— 20. ἰδοὺ ἐγὼ ἐπὶ τὰ πρ. ὑμῶν (1)
[**Heb.** Ge. 47. 31.]

προσκεφαλῆς, *vid. sub* **πρός** *et* **κεφαλή**.

προσκήνιον.

Ju. 10. 22. ἐξῆλθεν εἰς τὸ πρ.

πρόσκλησις.

II Ma. 4. 14. **A** μετὰ τὴν τοῦ δίσκου πρ. [**R** πρόκλ.]

προσκλίνειν.

II Ma. 14. 24. ψυχικῶς τῷ ἀνδρὶ προσεκέκλιτο
[**Sm.** Ps. 39 (40). 2.]

προσκολλᾶν. (1) בָּקַשׁ pi. (2) דָּבַק *a.* qal. *b.* pu. *c.* hi. *d.* דְּבַק (3) קִרְבָה

Ge. 2. 24. **A** προσκολληθήσεται τῇ γυν. [**R** πρὸς τὴν γ.] αὐ. (2 *a*)
Le. 19. 31. τοῖς ἐπαοιδοῖς οὐ προσκολληθήσεσθε (1)
Nu. 36. 7, 9. ἐν τῇ κληρονομίᾳ . . . προσκολληθήσονται (2 *a*)
De. 11. 22. προσκολλᾶσθαι αὐτῷ (2 *a*)
13. 17 (18). οὐ προσκολληθήσεται οὐδέν (2 *a*)
28. 21. προσκολλήσαι κ. εἰς σὲ τὸν θάν. (2 *c*)
Jo. 23. 8. κ. τῷ θεῷ ἡμῶν προσκολληθήσεσθε (2 *a*)
Jd. 20. 45. **A** προσεκολλήθησαν ὀπίσω αὐτοῦ [**B** *al.*] (2 *c*)
Ru. 2. 21. **A R** μετὰ τῶν παιδαρίων . . . προσκολλήθητι [**B** κολλ.] (2 *a*)
— 23. προσεκολλήθη Ῥ. τοῖς κορασίοις (2 *a*)
II Ki. 23. 10. προσεκολλήθη ἡ χεὶρ αὐτοῦ πρὸς τὴν μάχαιραν (2 *a*)
Jb. 41. 8 (9). ἀνὴρ τῷ ἀδ. αὐ. προσκολληθήσεται (2 *b*)
Ps. 72 (73). 28. ἐμοὶ δὲ τὸ προσκολλᾶσθαι τῷ θεῷ ἀγαθόν ἐστι (3)
Si. 6. 34. αὐτῷ προσκολλήθητι
13. 16. τῷ ὁμοίῳ αὐτοῦ προσκολληθήσεται ἀνήρ
Ba. 3. 4. **A** προσεκολλήθη [**B** ἐκ.] ἡμῖν τὰ κακά
Ez. 29. 4. προσκολλήσω τοὺς ἰχθύας τοῦ ποταμοῦ σου (2 *c*)
Da. Th. 2. 43. οὐκ ἔσονται προσκολλώμενοι [**A** -ος] οὗτος μετὰ τούτου (2 *d*)
[**Aq.** Dt. 7. 7 : Jb. 41. 9.]
[**Sm.** Is. 56. 6 : Ez. 29. 4.]
[**Th.** Jb. 41. 9 : Is. 56. 3.]
[**Al.** I Ki. 14. 22.]

πρόσκομμα. (1) מוֹקֵשׁ (2) נֶגֶף (3) **πρόσκομμα τιθέναι** קוֹשׁ

Ex. 23. 33. οὗτοι ἔσονταί σοι πρόσκομμα (1)
34. 12. μή σοι γένηται πρ. ἐν ὑμῖν (1)
Ju. 8. 22. ἐσόμεθα εἰς πρόσκομμα
Si. 17. 25. καὶ σμίκρυνον πρόσκομμα
31 (34). 16. φυλακὴ ἀπὸ προσκόμματος
34 (31). 7. ξύλον προσκόμματός [**S**^{1} οὐδὲ προστάγματός] ἐστι τοῖς ἐνθυσιάζουσιν αὐτῷ
— 30. πληθύνει μέθη θυμὸν ἄφρονος εἰς πρόσκομμα
39. 24. οὕτως τοῖς ἀνόμοις προσκόμματα
Is. 8. 14. οὐχ ὡς λίθου προσκόμματι συναντήσεσθε (2)
Is. 29. 21. τοὺς ἐλέγχοντας ἐν πύλαις πρ. θήσουσιν (3)
Je. 3. 3. ἔσχες ποιμένας πολλοὺς εἰς πρ. σεαυτῇ †
[**Aq.** Is. 8. 14.]
[**Sm.** Is. 8. 14 : 57. 14.]
[**Th.** Is. 8. 14 : Ez. 20. 7 (P.).]

προσκοπεῖν.

[**Aq.** Nu. 24. 17.]

προσκοπεύειν.

[**Sm.** Jb. 15. 22.]

προσκόπησις.

[**Aq.**, **Sm.** Ez. 7. 7.]

προσκόπτειν. (1) כָּשַׁל ni. (2) נָגַף *a.* qal. *b.* ni. *c.* hithp. (3) רָהַב

Jd. 20. 32. **A** προσκόπτουσιν [**B** πίπτουσιν] ἐνώπιον ἡμῶν (2 *b*)
To. 11. 10. καὶ προσέκοπτεν
Ps. 90 (91). 12. μή ποτε προσκόψῃς πρὸς λίθον τὸν πόδα σου (2 *a*)
Pr. 3. 6. **S**^{2} ὁ δὲ πούς σου μὴ προσκόπτῃ –
— 23. ὁ δὲ πούς σου οὐ μὴ προσκόψῃ (2 *a*)
4. 19. οὐκ οἴδασι πῶς προσκόπτουσιν (1)
Si. 13. 23. κἂν προσκόψῃ
30. 13. ἵνα μὴ ἐν τῇ ἀσχημοσύνῃ σου προσκόψῃ [**A S** αὐτοῦ προσκόψῃς]
34 (31). 17. μὴ ἀπληστεύου μή ποτε προσκόψῃς
35 (32). 20. μὴ προσκόψῃς ἐν λιθώδεσι
Is. 3. 5. προσκόψει τὸ παιδίον πρὸς τὸν πρεσβύτην (3)
Je. 13. 16. πρὸ τοῦ προσκόψαι πόδας ὑμῶν ἐπ' ὄρη σκοτεινά (2 *c*)
Da. LXX. 11. 14. καὶ προσκόψουσι (1)
— 19. καὶ προσκόψει (1)
— 33. καὶ προσκόψουσι ῥομφαίᾳ (1)
III Ma. 5. 18. **A** ἐπὶ πλεῖον δὲ προσκοπτούσης [**R** προβαινούσης] τῆς ὁμιλίας
[**Aq.** Ps. 90 (91). 12.]
[**Sm.** Ps. 9. 4 : Is. 8. 15 : 59. 10.]
[**Al.** Le. 26. 37 : Dt. 28. 25.]

προσκρούειν. (1) נִיחַ

Jb. 40. 18 (23). προσκρούσει ὁ Ἰ. εἰς τὸ στόμα αὐ. (1)
Si. 13. 2. αὕτη προσκρούσει
II Ma. 13. 19. **R** ἐτροποῦτο προσέκρουεν [**A** προσενέκρουσεν]
[**Aq.** I Ki. 21. 13 (14).]
[**Th.** Ez. 3. 13.]

πρόσκρουσις.

[**Aq.** Pr. 29. 6.]

πρόσκρουσμα.

[**Th.** Ez. 26. 9.]

προσκυνεῖν. (1) זוּעַ (2) כָּרַע (3) נָשַׁק (4) *a.* סָגַד *b.* סְגִד (5) עָבַד (6) שָׁחָה hithpal.

Ge. 18. 2. προσεκύνησεν ἐπὶ τὴν γῆν (6)
19. 1. προσεκύνησε τῷ προσώπῳ (6)
22. 5. προσκυνήσαντες ἀναστρέψομεν (6)
23. 7. προσεκύνησε τῷ λαῷ τῆς γῆς (6)
— 12. προσεκύνησεν Ἀβ. ἐναντίον τοῦ λαοῦ (6)
24. 26. προσεκύνησε κυρίῳ (6)
— 48. προσεκύνησα κυρίῳ (6)
— 52. προσεκύνησεν ἐπὶ τὴν γῆν κυρίῳ (6)
27. 29. **A** προσκυνήσουσίν [**R** -σάτωσάν] σοι ἄρχοντες (6)
— 29. **A** προσκυνήσουσί σε [**R** σοι] οἱ υἱοί (6)
33. 3. προσεκύνησεν ἐπὶ τὴν γῆν ἑπτάκις (6)
— 6, 7 *bis.* καὶ προσεκύνησαν (6)
37. 7. προσεκύνησαν τὸ ἐμὸν δράγμα (6)
— 9. ὥσπερ . . . ἕνδεκα ἀστέρες προσεκύνουν με (6)
— 10. προσκυνῆσαί σοι ἐπὶ τὴν γῆν (6)
42. 6 : 43. 26. προσεκύνησαν αὐτῷ ἐπὶ πρόσωπον (6)
43. 28. κύψαντες προσεκύνησαν (6)
47. 31. προσεκύνησεν Ἰσρ. ἐπὶ τὸ ἄκρον τῆς ῥάβδου (6)
48. 12. προσεκύνησαν αὐτῷ ἐπὶ πρόσωπον (6)
49. 8. προσκυνήσουσί σοι [**A** σε] οἱ υἱοὶ τοῦ πατ. σου (6)
Ex. 4. 31. κύψας δὲ ὁ λαὸς προσεκύνησε (6)
11. 8. καὶ προσκυνήσουσί με (6)
Ex. 12. 27. κύψας ὁ λαὸς προσεκύνησε (6)
18. 7. καὶ προσεκύνησεν αὐτῷ (6)
20. 5. οὐ προσκυνήσεις αὐτοῖς (6)
23. 24. οὐ προσκυνήσεις τοῖς θεοῖς αὐτῶν (6)
24. 1. προσκυνήσουσι μακρόθεν τῷ κ. (6)
32. 8. καὶ προσκεκυνήκασιν αὐτῷ (6)
33. 10. προσεκύνησαν ἕκαστος ἀπὸ τῆς θύρας (6)
34. 8. κύψας ἐπὶ τὴν γῆν προσεκύνησε (6)
— 14. οὐ γὰρ μὴ προσκυνήσητε θεοῖς ἑτέροις (6)
Le. 26. 1. οὐδὲ λίθον σκοπὸν θήσετε . . . προσκυνῆσαι αὐτῷ (6)
Nu. 22. 31. προσεκύνησε τῷ προσώπῳ αὐτοῦ (6)
25. 2. προσεκύνησαν [**A** -σεν] τοῖς εἰδώλοις αὐτῶν (6)
De. 4. 19. μὴ . . . προσκυνήσῃς [**A** -σεις] αὐτοῖς (6)
5. 9. οὐ . . . προσκυνήσεις αὐτοῖς (6)
6. 13. **A** κ. τὸν θ. σου προσκυνήσεις [**B** φοβηθήσῃ] †
8. 19. **A B**^{2} **R** καὶ προσκυνήσῃς αὐτοῖς (6)
10. 20. **A** κ. τὸν θ. σου προσκυνήσεις [**B** φοβηθήσῃ] †
11. 16. καὶ προσκυνήσητε αὐτοῖς (6)
17. 3. καὶ προσκυνήσουσιν αὐτοῖς (6)
26. 10. προσκυνήσεις ἔναντι κ. τοῦ θ. σου (6)
29. 26 (25). **A** καὶ προσεκύνησαν αὐτοῖς (6)
30. 17. προσκυνήσῃς [**A** -σεις] θεοῖς ἑτ. (6)
32. 43. καὶ προσκυνησάτωσαν αὐτῷ –
Jo. 23. 7. οὐδὲ μὴ προσκυνήσητε [**B**^{1} -σετε] αὐτοῖς (6)
— 16. καὶ προσκυνήσητε αὐτοῖς (6)
Jd. 2. 2. οὐδὲ τοῖς θεοῖς αὐτῶν προσκυνήσετε [**A** οὐ μὴ προσκυνήσητε] –
— 12, 17. καὶ προσεκύνησαν αὐτοῖς (6)
— 19. καὶ πρ. αὐτοῖς (6)
6. 19. **A** καὶ προσεκύνησεν [**B** -ήγγισε] †
7. 15. προσεκύνησε κυρίῳ [**A** -ον] (6)
Ru. 2. 10. καὶ προσεκύνησεν (6)
— 10. **A** καὶ προσεκύνησεν αὐτόν –
I Ki. 1. 3. ἀνέβαινεν . . . πρ. καὶ θύειν (6)
— 19. προσκυνοῦσι τῷ κ. (6)
2. 36. ἥξει πρ. [**A** -νῆσαι] αὐτῷ (6)
15. 25, 30. προσκυνήσω κ. τῷ θεῷ σου (6)
— 31. προσεκύνησε τῷ κ. (6)
20. 41. προσεκύνησεν αὐτῷ τρίς (6)
24. 9 : 25. 23. καὶ προσεκύνησεν αὐτῷ (6)
25. 41. προσεκύνησεν ἐπὶ τὴν γῆν (6)
28. 14 : II Ki. 1. 2 : 9. 6. καὶ προσεκύνησεν αὐτῷ (6)
II Ki. 9. 8. καὶ προσεκύνησε Μ. (6)
12. 20 : 14. 4. καὶ προσεκύνησεν αὐτῷ (6)
14. 22. καὶ προσεκύνησε (6)
— 33. καὶ προσεκύνησεν αὐτῷ (6)
15. 5. τοῦ προσκυνῆσαι αὐτῷ (6)
— 32. οὗ προσεκύνησεν ἐκεῖ τῷ θ. (6)
16. 4. προσκυνήσας εὕροιμι χάριν (6)
18. 21. προσεκύνησε Χ. τῷ Ἰ. (6)
— 28 : 24. 20 : III Ki. 1. 16, 23, 31. προσεκύνησε τῷ βασ. (6)
III Ki. 1. 47. προσεκύνησεν ὁ βασ. ἐπὶ τὴν κοίτην (6)
— 53. **A R** προσεκύνησε τῷ βασ. [**B** *om.*] Σαλ. (6)
2. 13. καὶ προσεκύνησεν αὐτῇ [**A** -ήν] –
9. 6. καὶ προσκυνήσητε αὐτοῖς (6)
— 9. καὶ προσεκύνησαν αὐτοῖς (6)
16. 31. καὶ προσεκύνησεν αὐτῷ (6)
19. 18. ὃ οὐ προσεκύνησεν [**A** προσκυνήσει] αὐτῷ (3)
22. 54. καὶ προσεκύνησεν αὐτοῖς (6)
IV Ki. 2. 15. καὶ προσεκύνησαν αὐτῷ (6)
4. 37. προσεκύνησεν ἐπὶ τὴν γῆν (6)
5. 18. προσκυνῆσαι ἐκεῖ [**A** αὐτόν] (6)
— 18. προσκυνήσω ἐν οἴκῳ Ῥ. (6)
— 18. **B** ἐν τῷ πρ. αὐτὸν ἐν οἴκῳ Ῥ. (6)
17. 16. προσεκύνησαν π. τῇ δυνάμει τοῦ οὐρ. (6)
— 35. καὶ οὐ [**B**^{1} *om.*] προσκυνήσετε αὐτοῖς (6)
— 36. καὶ αὐτῷ προσκυνήσετε (6)
18. 22. προσκυνήσετε [**A** -σατε] ἐν Ἱερ. (6)
19. 37. αὐτοῦ προσκυνοῦντος ἐν οἴκῳ Μ. (6)
21. 3. προσεκύνησε πάσῃ τῇ δυνάμει τοῦ οὐρ. (6)
— 21. καὶ προσεκύνησεν αὐτοῖς (6)
I Ch. 16. 29. καὶ προσκυνήσατε κυρίῳ (6)
21. 21. προσεκύνησε τῷ Δ. (6)
29. 20. προσεκύνησαν κυρίῳ (6)
II Ch. 7. 3. καὶ προσεκύνησαν (6)
— 19. καὶ προσκυνήσητε αὐτοῖς (6)
— 22. καὶ προσεκύνησαν αὐτοῖς (6)
20. 18. προσκυνῆσαι κυρίῳ (6)
24. 17. προσεκύνησαν τὸν βασ. (6)
25. 14. **B** ἔστησεν ἐναντίον αὐτῶν πρ. [**A R** *al.*] (6)
29. 28. πᾶσα ἐκκλησία προσεκύνει (6)
— 29, 30. καὶ προσεκύνησαν (6)

II Ch. 32. 12. κατέναντι τοῦ θυσιαστ. τ. προσκυνήσετε (6)
33. 3. προσεκύνησε πάσῃ τῇ στρατιᾷ τοῦ οὐρ. (6)
I Es. 9. 47. προσεκύνησαν τῷ κυρίῳ
Ne. 8. 6. προσεκύνησαν τῷ κυρίῳ (6)
9. 3. ἦσαν . . . προσκυνοῦντες τῷ κ. θεῷ αὐτῶν (6)
— 6. σοὶ προσκυνοῦσιν αἱ στρατιαὶ τῶν οὐρ. (6)
To. 5. 13. ὡς ἐπορευόμεθα . . . πρ. [S *al.*]
Ju. 5. 8. προσεκύνησαν τῷ θεῷ τοῦ οὐρ.
6. 18. προσεκύνησαν τῷ θεῷ
8. 18. οἳ προσκυνοῦσι θεοῖς χειροποιήτοις
10. 8. καὶ προσεκύνησε τῷ θεῷ
— 23. προσεκύνησεν αὐτῷ
13. 17. προσεκύνησαν τῷ θεῷ
14. 7. προσεκύνησε τῷ προσώπῳ αὐτῆς
16. 18. προσεκύνησαν τῷ θεῷ
Es. 3. 2. προσεκύνουν αὐτῷ (2+6)
— 2. ὁ δὲ M. οὐ [A *om.*] προσεκύνει αὐτῷ (2+6)
— 5. οὐ προσκυνεῖ αὐτῷ M. (2+6)
4. 17. τὸ μὴ πρ. τὸν ὑπερήφανον Ἀμάν
— 17. οὐ προσκυνήσω οὐδένα
8. 13. προσκυνούμενον [A -ος] ὑπὸ πάντων
Jb. 1. 20. πεσὼν χαμαὶ προσεκύνησε [A S^2 πρ. τῷ κυρίῳ] (6)
Ps. 5. 7. προσκυνήσω πρὸς ναὸν ἅγιόν σου (6)
21 (22). 27. προσκυνήσουσιν ἐνώπιον αὐτοῦ (6)
— 29. προσεκύνησαν πάντες οἱ πίονες τῆς γῆς (6)
28 (29). 2. προσκυνήσατε τῷ κυρίῳ (6)
44 (45). 12. προσκυνήσουσιν [S^2 -σεις] αὐτῷ (6)
65 (66). 4. πᾶσα ἡ γῆ προσκυνησάτωσάν σοι (6)
71 (72). 11. προσκυνήσουσιν αὐτῷ πάντες οἱ βασιλεῖς (6)
80 (81). 9. οὐδὲ προσκυνήσεις θεῷ ἀλλοτρίῳ (6)
85 (86). 9. προσκυνήσουσιν ἐνώπιόν σου (6)
94 (95). 6. προσκυνήσωμεν καὶ προσπέσωμεν αὐτῷ (6)
95 (96). 9. προσκυνήσατε τῷ κυρίῳ (6)
96 (97). 7. πάντες οἱ προσκυνοῦντες [S^1 πεποιθότες ἐπὶ] τοῖς γλυπτοῖς (5)
— 7. προσκυνήσατε αὐτῷ πάντες οἱ ἄγγ. αὐ. (6)
98 (99). 5. προσκυνεῖτε τῷ ὑποποδίῳ τῶν ποδῶν αὐτοῦ (6)
— 9. προσκυνεῖτε εἰς ὄρος ἅγιον αὐτοῦ (6)
105 (106). 19. προσεκύνησαν τῷ γλυπτῷ (6)
131 (132). 7. A R προσκυνήσωμεν [S -σομεν] εἰς τὸν τόπον (6)
137 (138). 2. προσκυνήσω πρὸς ναὸν ἅγιόν σου (6)
Si. 50. 17. προσκυνῆσαι τῷ κυρίῳ αὐτῶν
Mi. 5. 13 (12). A R οὐκέτι μὴ προσκυνήσεις [B -σῃς] τοῖς ἔργοις (6)
Ze. 1. 5. καὶ τοὺς προσκυνοῦντας ἐπὶ τὰ δώματα [S εἴδωλα]. (6)
— 5. B S καὶ τοὺς προσκυνοῦντας καὶ τοὺς ὀμνύοντας (6)
2. 11. καὶ προσκυνήσουσιν αὐτῷ (6)
Za. 14. 16, 17. τοῦ προσκυνῆσαι τῷ βασ. κυρίῳ (6)
Is. 2. 8. A S προσεκύνησαν οἷς [S^1 ἃ] ἐποίησαν [B *om.* οἷς ἐ.] οἱ δάκτυλοι αὐ. (6)
— 20. ἃ ἐποίησαν πρ. (6)
27. 13. προσκυνήσουσι [A -σωσιν] τῷ κ. (6)
37. 38. ἐν τῷ αὐτὸν πρ. ἐν τῷ οἴκῳ Νασ. (6)
44. 15. καὶ προσκυνοῦσιν αὐτούς (6+4 *a*)
— 17. προσκυνεῖ [A S *add.* αὐτῷ] καὶ προσεύχεται (6+4 *a*)
— 19. προσκυνοῦσιν [S -νήσουσιν] αὐτῷ (4 *a*)
45. 14. προσκυνήσουσί σοι (6)
46. 6. κύψαντες προσκυνοῦσιν [S^1 -νεῖ] αὐτοῖς [A -ό, S -ῷ] (6)
49. 7. καὶ προσκυνήσουσιν [S -σωσιν] αὐτῷ (6)
— 23. προσκυνήσουσί σοι (6)
66. 23. τοῦ προσκυνῆσαι ἐνώπιον ἐμοῦ (6)
Je. 1. 16. προσεκύνησαν τοῖς ἔργοις τῶν χειρῶν αὐτῶν (6)
8. 2. A S R οἷς [B οἳ] προσεκύνησαν αὐτοῖς (6)
13. 10. τοῦ δουλεύειν αὐτοῖς καὶ τοῦ πρ. αὐτοῖς (6)
16. 11. B S προσεκύνησαν αὐτοῖς (6)
22. 9. προσεκύνησαν θεοῖς ἀλλοτρίοις (6)
25. 6. τοῦ δουλεύειν αὐτοῖς καὶ τοῦ πρ. αὐτοῖς (6)
33 (26). 2. πρ. ἐν οἴκῳ κυρίου (6)
Ep. Je. 5. ὄχλον ἔμπροσθεν καὶ ὄπισθεν αὐτῶν προσκυνοῦντας αὐτά
— 6. B σοὶ δεῖ πρ. [A *om.*]
Ez. 8. 16. προσκυνοῦσι [A -εκύνουν κατ' ἀνατολὰς] τῷ ἡλίῳ (6)
46. 2. προσκυνήσει ἐπὶ τοῦ προθύρου τῆς πύλης (6)
— 3. προσκυνήσει ὁ λαὸς τῆς γῆς (6)
Ez. 46. 9. ὁ εἰσπορευόμενος . . . πρ. (6)
Da. LXX. 2. 46. προσεκύνησε τῷ Δ. (4 *b*)
3. 5. πεσόντες προσκυνήσατε τῇ εἰκόνι (4 *b*)
— 6. πᾶς ὃς ἂν μὴ πεσὼν προσκυνήσῃ (4 *b*)
— 7. προσεκύνησαν τῇ εἰκόνι τῇ χρυσῇ (4 *b*)
— 10. ἵνα . . . πεσὼν προσκυνήσῃ τῇ εἰκόνι (4 *b*)
— 11. ὃς ἂν μὴ πεσὼν προσκυνήσῃ (4 *b*)
— 12. τῇ εἰκόνι σου . . . οὐ προσεκύνησαν (4 *b*)
— 14. καὶ τῇ εἰκόνι . . . οὐ προσκυνεῖτε (4 *b*)
— 15. προσκυνῆσαι τῇ εἰκόνι τῇ χρυσῇ (4 *b*)
— 15. μὴ προσκυνησάντων ὑμῶν (4 *b*)
— 18. οὔτε τῇ εἰκόνι σου . . . οὐ προσκυνοῦμεν (4 *b*)
— 28 (95). μηδὲ προσκυνήσωσι θεῷ ἑτέρῳ (4 *b*)
6. 26 (27). ἔστωσαν προσκυνοῦντες (1)
— 27 (28). ἔσομαι αὐτῷ προσκυνῶν –
Bel 3. καὶ προσεκύνει αὐτῷ
— 3. διὰ τί οὐ προσκυνεῖς τῷ Βήλ
— 23. προσκύνησον αὐτῷ
Da. TH. 2. 46. τῷ Δαν. προσεκύνησε (4 *b*)
3. 5. πίπτοντες προσκυνεῖτε τῇ εἰκόνι (4 *b*)
— 6. ὃς ἂν μὴ προσκυνήσῃ (4 *b*)
— 7. προσεκύνουν τῇ εἰκόνι τῇ χρυσῇ (4 *b*)
— 11. καὶ μὴ πεσὼν προσκυνήσῃ τῇ εἰκόνι (4 *b*)
— 12. τῇ εἰκόνι τῇ χρυσῇ . . . οὐ προσκυνοῦσι (4 *b*)
— 14. καὶ τῇ εἰκόνι τῇ χρυσῇ . . . οὐ προσκυνεῖτε (4 *b*)
— 15. ἵνα . . . πεσόντες προσκυνήσητε [A -νεῖτε] τῇ εἰκόνι (4 *b*)
— 15. ἐὰν δὲ μὴ προσκυνήσητε (4 *b*)
— 18. τῇ εἰκόνι ᾗ ἔστησας οὐ προσκυνοῦμεν (4 *b*)
— 27 (94). A B^2 προσεκύνησεν ὁ βασ. ἐνώπιον αὐτῶν τῷ κ. –
— 28 (95). μηδὲ προσκυνήσωσι [A *om.* μ. πρ.] παντὶ θεῷ (4 *b*)
Bel 4. ἐπορεύετο . . . προσκυνεῖν [B^2 κυνεῖν] αὐτῷ
— 4. Δαν. δὲ προσεκύνει τῷ θεῷ αὐ.
— 4. διὰ τί οὐ προσκυνεῖς τῷ Βήλ
— 24. προσκύνησον αὐτῷ
— 25. κ. τῷ θεῷ μου προσκυνήσω
I Ma. 4. 55. καὶ προσεκύνησαν
IV Ma. 5. 12. προσκυνήσας μου τὴν φιλάνθρωπον παρηγορίαν
[**Aq.** GE. 47. 31 : JO. 5. 14 (15) : PS. 5. 8 : 44 (45). 12 : IS. 36. 7 : 60. 14 : JE. 7. 2.]
[**Sm.** GE. 47. 31 : JO. 5. 14 (15) : JB. 31. 27 : PS. 2. 11 : 5. 8 : 44 (45). 12 : 65 (66). 4 : 80 (81). 10 : IS. 36. 7 : 60. 14 : JE. 7. 2.]
[**Th.** GE. 47. 31 : JO. 5. 14 (15) : PS. 44 (45). 12 : IS. 36. 7 : 60. 14 : JE. 7. 2.]

προσκύνησις.
Si. 50. 21. ἐδευτέρωσεν ἐν [A ἐπὶ] προσκυνήσει
III Ma. 3. 7. τὴν δὲ περὶ τῶν πρ. . . . διάστασιν

προσκύπτειν.
II Ma. 7. 27. προσκύψασα δὲ αὐτῷ

προσκυρεῖν.
I Ma. 10. 39. Πτολεμαΐδα καὶ τὴν προσκυροῦσαν αὐτῇ

προσλαλεῖν. (1) דָּבַר pi.
Ex. 4. 16. A B^2 αὐτός σοι προσλαλήσει [B^1 R λαλ.] (1)
Wi. 13. 17. οὐκ αἰσχύνεται τῷ ἀψύχῳ προσλαλῶν
[**Sm.** GE. 24. 63 (P.) : PS. 26 (27). 7 : 54 (55). 3 : 63 (64). 2 : LA. 3. 20.]

προσλαμβάνειν. (1) אָסַף (2) לָקַח (3) מָשָׁה hi. (4) עָשָׂה (5) קָרַב pi.
I Ki. 12. 22. B προσελάβετο ὑμᾶς ἑαυτῷ εἰς λαόν (4)
Ps. 17 (18). 16. προσελάβετό με [B^1 προσέλαβε] ἐξ ὑδάτων πολλῶν (3)
26 (27). 10. ὁ δὲ κύριος προσελάβετό με (1)
64 (65). 4. μακάριος ὃν ἐξελέξω καὶ προσελάβου (5)
72 (73). 24. μετὰ δόξης προσελάβου με (2)
Wi. 17. 11. ἀεὶ δὲ προσείληφε [S^2 προείληφεν] τὰ χαλεπά
II Ma. 8. 1. R τοὺς μεμενηκότας ἐν τῷ Ἰουδαισμῷ προσλαβόμενοι [A -λαμβανόμ.]
10. 15. τοὺς φυγαδευθέντας ἀπὸ Ἱερ. προσλαβόμενοι
[**Aq.** JB. 24. 2.]

προσλογίζεσθαι. (1) חָשַׁב *a.* ni. *b.* pi.
Le. 27. 18. προσλογιεῖται αὐτῷ ὁ ἱερεὺς τὸ ἀργ. (1 *b*)
Jo. 13. 3. προσλογίζεται ταῖς πέντε σατραπίαις (1 *a*)
Ps. 87 (88). 4. προσελογίσθην μετὰ τῶν καταβαινόντων εἰς λάκκον (1 *a*)
Si. 7. 16. μὴ προσλογίζου σεαυτὸν ἐν πλήθει ἁμαρτωλῶν
Ba. 3. 11. προσελογίσθης μετὰ τῶν εἰς ᾅδου
I Ma. 10. 38. S προσλογισθῆναι [A R πρὸς τὸ λογ.] τοῦ γενέσθαι ὑφ' ἕνα

προσμαρτυρεῖν.
III Ma. 5. 19. R τῶν φίλων αὐτῷ [A -ῶν] προσμαρτυρησάντων

προσμειδιᾶν.
IV Ma. 8. 4. προσεμειδίασεν αὐτοῖς

προσμένειν. (1) חוּל hi.
Jd. 3. 25. A προσέμειναν αἰσχυνόμενοι [B *al.*] (1)
To. 2. 2. S προσμενῶ [A B μένω] σε
Wi. 3. 9. οἱ πιστοὶ ἐν ἀγάπῃ προσμενοῦσιν αὐτῷ
III Ma. 7. 17. προσέμεινεν αὐτοὺς ὁ στόλος
[**Aq.** JB. 3. 9]
[**Sm.** EX. 24. 14.]

προσμηνύειν.
Wi. 18. 19. A οἱ γὰρ ὄνειροι . . . τοῦτο [S *om.*] προσεμήνυσαν [B S προεμ.]

προσμιγνύναι.
Pr. 14. 13. ἐν εὐφροσύναις οὐ προσμίγνυται λύπη †
II Ma. 15. 20. A προσμιξάντων [R συμμιξ.] τῶν πολεμίων

προσνέμειν.
IV Ma. 6. 33. τὴν τῆς ἡγεμονίας προσνέμομεν ἐξουσίαν

προσνοεῖν. (1) שׁוּר (2) הָוָה מִשְׁתַּכֵּל
Nu. 23. 9. ἀπὸ βουνῶν προσνοήσω [B^2 προν.] αὐτόν (1)
Jd. 3. 26. οὐκ ἦν ὁ προσνοῶν αὐτῷ –
To. 11. 6. προσενόησεν αὐτὸν ἐρχόμενον
Jb. 20. 9. οὐκέτι προσνοήσει αὐτὸν ὁ τόπος αὐτοῦ (1)
24. 15. A B S^2 οὐ προσνοήσει [S^1 προσθήσει, R προν.] με ὀφθαλμός (1)
Is. 63. 5. προσενόησα καὶ οὐθεὶς ἀντελαμβάνετο †
Da. TH. 7. 8. προσενόουν τοῖς κέρασιν αὐ. (2)
II Ma. 14. 9. A τῆς χώρας . . . προσνοήθητι [R προν.]
[**Th.** DA. 7. 8.]

πρόσοδος.
Pr. 28. 16. βασιλεὺς ἐνδεὴς προσόδων [S^2 χρημάτων] μέγας συκοφάντης †
II Ma. 3. 3. χορηγεῖν ἐκ τῶν ἰδίων πρ. πάντα
4. 8. καὶ προσόδου τινὸς ἄλλης τάλαντα ὀγδοήκοντα
9. 16. τὰς δὲ . . . συντάξεις ἐκ τῶν ἰδίων πρ. χορηγήσειν
14. 3. οὐδὲ πρὸς ἅγιον θυσιαστήριον ἔτι πρόσοδος
III Ma. 3. 16. τοῖς . . . ἱεροῖς ἀπονείμαντες προσόδους πλείστας
6. 30. τὸν ἐπὶ τῶν πρ. προσκαλεσάμενος
[**Al.** LE. 19. 25 : 25. 3 : 26. 20 : 27. 16.]

προσοδύρεσθαι.
Wi. 19. 3. προσοδυρόμενοι τάφοις νεκρῶν

προσόζειν. (1) בָּאַשׁ hi.
Ps. 37 (38). 5. προσώζεσαν καὶ ἐσάπησαν οἱ μώλωπές μου (1)

προσοίγειν.
Ge. 19. 6. τὴν δὲ θύραν προσέῳξεν †

προσοικεῖν. (1) גּוּר
Ez. 47. 22. A βαλεῖτε αὐτὴν . . . τοῖς προσοικοῦσιν [B παροικ.] ἐν μέσῳ ὑμῶν

προσονομάζειν.
II Ma. 6. 2. καὶ προσονομάσαι Διὸς Ὀλ.

προσοχή.
Wi. 6. 18. προσοχὴ δὲ νόμων βεβαίωσις ἀφθαρσίας
12. 20. μετὰ τοσαύτης ἐτιμώρησας προσοχῆς
Si. *prol.* 13. μετ' εὐνοίας καὶ προσοχῆς τὴν ἀνάγνωσιν ποιεῖσθαι
11. 18. ἔστι πλουτῶν ἀπὸ προσοχῆς

προσοχθίζειν. (1) גָּעַל *a.* qal. *b.* ni. (2) מָאַס (3) קוּא *a.* qal. *b.* hi. (4) קוּט *a.* qal. *b.* ni. (5) קִיץ (6) שָׁקַץ pi. (7) תָּעַב ni.
Ge. 27. 46. προσώχθικα τῇ ζωῇ μου (5)
Le. 18. 25. προσώχθισεν ἡ γῆ τοῖς ἐγκαθημ. [A *al.*] (3 *b*)

Le. 18. 28. ἵνα μὴ προσοχθίσῃ ὑμῖν ἡ γῆ (3 *b*)
— 28. ὃν τρόπον προσώχθισε τοῖς [A ἐν τ.] ἔθνεσι (3 *a*)
20. 22. οὐ μὴ προσοχθίσῃ ὑμῖν [A -ᾶς] ἡ γῆ (3 *b*)
26. 15. καὶ τοῖς κρίμασί μου προσοχθίσῃ ἡ ψυχή (1 *a*)
— 30. προσοχθιεῖ ἡ ψυχή μου ὑμῖν (1 *a*)
— 43. τοῖς προστάγμασί μου προσώχθισαν (1 *a*)
— 44. οὐδὲ προσώχθισα αὐτοῖς (1 *a*)
Nu. 21. 5. προσώχθισεν ἐν τῷ ἄρτῳ (5)
22. 3. προσώχθισε M. ἀπὸ προσώπου υἱῶν 'I. (5)
De. 7. 26. προσοχθίσματι προσοχθιεῖς (6)
II Ki. 1. 21. προσωχθίσθη θυρεὸς δυνατῶν [A *al.*] (1 *b*)
I Ch. 21. 6. A προσώχθισεν ὁ [B κατίσχυσε] λόγος . . . τὸν 'I. (7)
Ps. 21 (22). 24. οὐδὲ προσώχθισε τῇ δεήσει τοῦ πτωχοῦ (6)
35 (36). 4. τῇ δὲ κακίᾳ οὐ προσώχθισε (2)
94 (95). 10. προσώχθισα τῇ γενεᾷ ἐκείνῃ (4 *a*)
Si. 6. 25. μὴ προσοχθίσῃς τοῖς [S¹ ἐν τοῖς] δεσμοῖς αὐτῆς
25. 2. προσώχθισα σφόδρα τῇ ζωῇ αὐτῶν
38. 4. ἀνὴρ φρόνιμος οὐ προσοχθιεῖ αὐτοῖς
50. 25. ἐν δυσὶν ἔθνεσι προσώχθισεν ἡ ψυχή μου
Ez. 36. 31. προσοχθιεῖτε κατὰ [B² καὶ τὸ] πρόσωπον αὐ. (4 *b*)

[**Aq.** Ez. 23. 22.]
[**Th.** Ez. 6. 9 : 20. 43.]

προσόχθισμα (-ώχ.). (1) *a.* שָׁקַץ pi. *b.* שִׁקּוּץ (2) תּוֹעֵבָה

De. 7. 26. προσοχθίσματι προσοχθιεῖς (1 *a*)
III Ki. 11. 33. καὶ τῷ βασ. αὐ. προσοχθίσματι υἱῶν 'A. †
16. 32. ἐν οἴκῳ [A ἐνώπιον] τῶν πρ. αὐτοῦ †
18. 29. πρὸς τοὺς προφήτας τῶν πρ. –
IV Ki. 23. 13. τῇ 'Ἀστ. προσοχθίσματι Σιδωνίων καὶ τῷ X. προσοχθίσματι Μωάβ (1 *b*, 1 *b*)
— 24. καὶ πάντα τὰ πρ. τὰ γεγονότα (1 *b*)
Si. 27. 13. διήγησις μωρῶν προσόχθισμα [A S -ώχ.]
Ez. 5. 11. A ἐμίανας ἐν πᾶσι τοῖς πρ. [B βδελύγμασί] μου (1 *b*+2)
37. 23. A ἐν τοῖς πρ. αὐτῶν (1 *b*)
III Ma. 2. 18. ὡς καταπατοῦνται οἱ οἶκοι τῶν πρ.

[**Aq.** Dt. 29. 17 (16) : IV Ki. 1. 2 : Ez. 8. 10.]
[**Sm.** IV Ki. 1. 2 : Ez. 8. 10.]
[**Th.** IV Ki. 1. 2 : Ez. 5. 11 : 7. 20 : 20. 7 : 37. 23 (Sw.).]

προσοχυροῦν.

I Ma. 13. 48. προσωχύρωσεν αὐτήν
— 52. προσωχύρωσε τὸ ὄρος τοῦ ἱεροῦ

πρόσοψις. (1) זִיו (2) חָזוּ (3) רֵוּ

Da. LXX. 2. 31. καὶ ἡ πρ. αὐ. ὑπερφερὴς ἑστήκει (1)
— 31. καὶ ἡ πρ. τῆς εἰκόνος φοβερά (3)
7. 20. καὶ ἡ πρ. αὐ. ὑπερέφερε τὰ ἄλλα (2)
Da. TH. 2. 31. καὶ ἡ πρ. [A ὄψις] αὐ. ὑπερφερής (1)
II Ma. 6. 18. τὴν πρ. τοῦ προσώπου κάλλιστος τυγχάνων

[**Sm.** Le. 19. 27 : Hb. 1. 9.]

προσπαίειν.

[**Sm.** Ps. 90 (91). 12.]

προσπαίζειν. (1) רָקַד pi.

Jb. 21. 11. τὰ δὲ παιδία αὐτῶν προσπαίζουσιν [A -ζει αὐτοῖς] (1)
Si. 8. 4. μὴ πρόσπαιζε ἀπαιδεύτῳ

προσπαρακαλεῖν.

II Ma. 12. 31. προσπαρακαλέσαντες . . . πρὸς τὸ γένος εὐμενεῖς εἶναι

προσπάσσειν.

To. 11. 11. προσέπασε τὴν χολήν [S *al.*]

προσπίπτειν. (1) יָצָא (2) כָּרַע (3) נָגַע hi. (4) נָפַל

Ge. 33. 4. προσέπεσεν ἐπὶ τὸν τράχ. αὐ. (4)
Ex. 4. 25. προσέπεσε πρὸς τοὺς πόδας (3)
I Es. 2. 17. 'Ράθυμος ὁ τὰ προσπίπτοντα
— 25. 'Ραθύμῳ τῷ γράφοντι τὰ προσπίπτοντα
8. 8. A R προσπεσόντος δὲ τοῦ γραφέντος προστάγμ. [B *al.*]
I Es. 9. 47. προσπεσόντες ἐπὶ τὴν γῆν
Ju. 14. 7. προσέπεσε τοῖς ποσὶν 'I.
Es. 8. 3. προσέπεσε πρὸς τοὺς πόδας αὐτοῦ (4)
9. 4. προσέπεσε [S² ἐπέπ.] γὰρ τὸ πρόσταγμα –
Ps. 94 (95). 6. προσπέσωμεν αὐτῷ (2)
Pr. 25. 8. μὴ πρόσπιπτε εἰς μάχην ταχέως (1)
— 20. A S οὕτως προσπεσὸν πάθος σώματι [B ἐν σ.] καρδίαν λυπεῖ †
Si. 25. 21. μὴ προσπέσῃς ἐπὶ κάλλος [S² -ους] γυναικός
II Ma. 5. 11. προσπεσόντων δὲ τῷ βασιλεῖ
8. 12. τῷ δὲ 'I. προσέπεσε
9. 3. προσέπεσε τὰ κατὰ Νικάνορα
10. 26. ἐπὶ τὴν . . . κρηπῖδα προσπεσόντες
13. 1 : 14. 1. προσέπεσε τοῖς περὶ τὸν 'Ιούδαν
14. 28. προσπεσόντων δὲ τούτων τῷ N.
III Ma. 1. 16. A τῶν δὲ ἱερέων . . . προσπεσόντων [R *al.*]
3. 25. ἅμα τῷ προσπεσεῖν τὴν ἐπιστολὴν τήνδε
4. 1. ὅπου προσέπιπτε τοῦτο τὸ πρόσταγμα

[**Sm.** Ps. 24 (25). 1 : Je. 38 (45). 26 : Ez. 3. 13.]
[**Al.** Dt. 9. 18.]

προσπλάσσειν. (1) יָצַר

Is. 45. 9. S¹ τῷ προσπλάσαντι αὐτόν [B *al.*] (1 ?)

προσπλήρωμα.

[**Sm.** II Ch. 32. 5.]

προσπλοκή.

[**Aq.** Ex. 28. 32.]

προσποιεῖν. (1) הָלַל hithpo.

I Ki. 21. 13 (14). καὶ προσεποιήσατο (1)
Jb. 19. 14. οὐ προσεποιήσαντό [S -είδόν] με †
Si. 34 (31). 30. καὶ προσποιῶν τραύματα
Da. LXX. Su. 11. οὐ προσεποιεῖτο τὸ κακὸν τὸ ἔχον αὐτούς

προσπορεύεσθαι. (1) בּוֹא (2) גּוּר (3) *a.* הָלַךְ *b.* הָלַךְ לִפְנֵי (4) נָגַשׁ (5) *a.* קָרַב *b.* קָרֵב

Ex. 24. 14. προσπορευέσθωσαν αὐτοῖς (4)
28. 39 (43). ὅταν προσπορεύωνται λειτουργεῖν (4)
30. 20. ὅταν προσπορεύωνται . . . λειτουργεῖν (4)
36. 2. βουλομένους πρ. πρὸς τὰ ἔργα (5 *a*)
38. 27 (40. 32). ὅταν προσπορεύωνται πρὸς τὸ θυσιαστ. (5 *a*)
Le. 10. 9. προσπορευομ. ὑμῶν πρὸς τὸ θυσιαστ. –
19. 34. ὁ προσήλ. ὁ προσπορευόμ. πρὸς ὑμᾶς (2)
Nu. 1. 51. ὁ ἀλλογενὴς ὁ προσπορευόμ. ἀποθανέτω (5 *b*)
3. 38. A ὁ ἄλλογ. ὁ προσπορευόμ. [B ἁπτόμ.] ἀποθανεῖται (5 *b*)
4. 19. προσπορευομ. αὐτῶν πρὸς τὰ ἅγ. τῶν ἁγ. 'A. καὶ οἱ υἱοὶ αὐτοῦ προσπορευέσθωσαν [A εἰσπ.] (4, 1)
15. 26. A τῷ προσηλύτῳ καὶ τῷ προσπορευομ. [B *al.*] (2)
18. 7. ὁ ἀλλογ. ὁ προσπορευόμ. ἀποθανεῖται (5 *b*)
De. 20. 3. A ὑμεῖς προσπορεύεσθε [A πορ.] σήμερον (5 *b*)
Jo. 9. 1 (8. 35). τοῖς προσηλύτοις τοῖς προσπορευομ. [A προπ.] τῷ 'Iσρ. (3 *a*)
10. 24. A προσπορεύεσθε [B προπ.] (5 *a*)
I Ki. 17. 7. A προσπορεύετο [B προεπ.] αὐτοῦ (3 *b*)
II Ch. 13. 9. ὁ προσπορευόμ. πληρῶσαι τὰς χεῖρας (1)
II Es. 7. 17. A B καὶ πᾶν [R πάντα] προσπορευόμ. τοῦτον †
Ne. 10. 28 (29). καὶ πᾶς ὁ προσπορευόμ. †
To. 6. 17. ὅταν δὲ προσπορεύῃ [A -εύσῃ] αὐτῇ [S *al.*]
Es. 5. 1. S τὴν κεφ. τῆς ἅβρας τῆς προσπορευομ. [A B προπ.]
Pr. 16. 4 (15. 33). A S² προσπορεύεται δὲ ταπεινοῖς δόξα †
Si. 12. 14. οὕτως τὸν προσπορευόμ. ἀνδρὶ ἁμαρτωλῷ
I Ma. 9. 11. S¹ προσεπορεύοντο [A S² R προεπ.] τῆς δυνάμεως

προσπροάγειν.

I Es. 1. 33. A τά τε προσπροαχθέντα ὑπ' αὐτοῦ [B *al.*]

προσπταίειν.

[**Sm.** Ps. 90 (91). 12.]

πρόσπταισμα.

[**Sm.** Ex. 10. 7.]

προσπυροῦν.

II Ma. 14. 11. προσεπύρωσαν τὸν Δ.

προσραίνειν. (1) נָזָה hi.

Le. 4. 6. προσρανεῖ ἀπὸ τοῦ αἵματος (1)
8. 29 (30). προσέρρανεν ἐπὶ 'Ἀαρών (1)

προσράσσειν.

[**Aq.** Is. 27. 9.]

προσρηγνύναι.

[**Aq.** Ps. 2. 9.]

προσσημειοῦν.

IV Ma. 15. 19. A² τοὺς μυκτῆρας προσσημειουμένους [A¹ S R προσημ.] αὐτῶν τὸν θάνατον

προσσιελίζειν. (1) רָקַק

Le. 15. 8. ἐὰν δὲ προσσιελίσῃ [A -εγγίσῃ] (1)

προσστατεῖν.

I Ma. 14. 47. S¹ τοῦ προσστατῆσαι [A S² R προστ.] πάντων

προσταγή. (1) מִלָּה

Da. LXX. 3. 28 (95). τὴν γὰρ πρ. τοῦ βασ. ἠθέτησαν (1)

πρόσταγμα. (1) דָּבָר (2) דָּת (3) *a.* חֹק *b.* חֻקָּה (4) מִלָּה (5) מִצְוָה (6) מִשְׁמֶרֶת (7) מִשְׁפָּט (8) פֶּה (9) תּוֹרָה

Ge. 24. 50. A ἐξῆλθε τὸ πρ. [R πρᾶγμα] τοῦτο (1)
26. 5. ἐφύλαξε τὰ πρ. μου (6)
47. 26. ἔθετο αὐτοῖς 'I. εἰς πρόσταγμα (3 *a*)
Ex. 18. 16. συμβιβάζω αὐτοῖς τὰ πρ. τοῦ θ. (3 *a*)
— 20. διαμαρτύρῃ αὐτοῖς τὰ πρ. τοῦ θ. (3 *a*)
20. 6. τοῖς φυλάσσουσι τὰ πρ. μου (5)
Le. 4. 2. ἀπὸ τῶν πρ. κυρίου (5)
18. 4. τὰ πρ. μου φυλάξεσθε (3 *b*)
— 5. φυλάξεσθε πάντα τὰ πρ. μου (3 *b*)
— 26. B καὶ πάντα τὰ πρ. μου (7)
— 30. φυλάξετε τὰ πρ. μου (6)
19. 37. καὶ πάντα τὰ πρ. μου (7)
20. 8. φυλάξεσθε τὰ πρ. μου (3 *b*)
— 22. φυλάξασθε πάντα τὰ πρ. μου (3 *b*)
24. 12. διακρῖναι αὐτὸν διὰ προστάγματος κυρίου (8)
26. 3. ἐὰν τοῖς πρ. μου πορεύησθε (3 *b*)
— 14. μηδὲ ποιήσητε τὰ πρ. μου ταῦτα (5)
— 43. τοῖς πρ. μου προσώχθισαν (3 *b*)
— 46. ταῦτα . . . τὰ πρ. . . . μου [B² *om.*] (7)
Nu. 9. 18 *bis*, 20, 23 *bis* : 33. 38 : 36. 5. διὰ προστάγματος κυρίου (8)
De. 5. 10. τοῖς φυλάσσουσι τὰ πρ. μου (5)
11. 32. τοῦ ποιεῖν πάντα τὰ πρ. αὐτοῦ (3 *a*)
12. 1. καὶ ταῦτα τὰ πρ. (3 *a*)
15. 2. οὕτω τὸ πρ. τῆς ἀφέσεως (1)
19. 4. τοῦτο δὲ ἔσται τὸ πρ. τοῦ φονευτοῦ (1)
Jo. 8. 27. κατὰ πρόσταγμα κυρίου (1)
14. 14. διὰ τὸ αὐτὸν ἐπακολουθῆσαι τῷ πρ. κυρίου –
15. 13. διὰ [B¹ ἀπὸ] προστάγματος τοῦ θ. (8)
17. 4. διὰ προστάγματος κυρίου (8)
19. 50. διὰ προστάγματος τοῦ θ. (8)
21. 3. διὰ προστάγματος κυρίου (8)
— 40. B κατὰ [A R διὰ] πρόσταγμα [A -ατος] κυρίου –
22. 9. διὰ προστάγματος κυρίου (8)
Jd. 11. 39. ἐγένετο εἰς πρόσταγμα ἐν 'Iσρ. (3 *a*)
I Ki. 30. 25. ἐγένετο εἰς πρόσταγμα (3 *a*)
III Ki. 3. 3. πορεύεσθαι ἐν τοῖς πρ. Δ. (3 *b*)
— 14. φυλάσσειν τὰς ἐντ. μου καὶ τὰ πρ. μου [A τὰ πρ. μ. κ. τ. ἐ. μ.] (5 [3 *a*])
6. 12. A ἐὰν ὁδεύῃς τοῖς πρ. μου (3 *b*)
8. 58. φυλάσσειν . . . προστάγματα αὐτοῦ (3 *a*+7)
— 61. ὁσίως πορεύεσθαι ἐν τοῖς πρ. αὐτοῦ (3 *a*)
9. 4. καὶ τὰ πρ. μου . . . φυλάξῃς (3 *a*)
— 6. καὶ μὴ φυλάξητε . . . τὰ πρ. μου (3 *b*)
11. 11. οὐκ ἐφύλαξας τὰς ἐντ. μου καὶ τὰ πρ. μου [A τὰ πρ. μ. κ. τ. ἐ μ.] (3 *b*)
— 38. τοῦ φυλάξασθαι . . . τὰ πρ. σου (5)
I Ch. 16. 17. ἔστησεν αὐτὸν τῷ 'I. εἰς πρόσταγμα (3 *a*)
22. 13. τοῦ ποιεῖν τὰ πρ. (3 *a*)
26. 32. εἰς πᾶν πρ. κυρίου [A *al.*] (1)

I Ch. 29. 19. ποιεῖν . . . τὰ πρ. σου (3 a)
II Ch. 7. 17. B καὶ τὰ πρ. μου (3 a)
— 19. καὶ ἐγκαταλείπητε τὰ πρ. μου (3 b)
8. 10. A ἄρχοντες τῶν πρ. [B -στατῶν] βασ. Σ. †
19. 10. καὶ ἀνὰ μέσον προστάγματος (9)
29. 15. διὰ προστάγματος κυρίου (1)
— 25. δι' ἐντολῆς κυρίου τὸ πρ. (5)
30. 6. κατὰ τὸ πρ. τοῦ βασιλέως (5)
— 12. τοῦ ποιῆσαι κατὰ τὰ πρ. [A τὸ πρ.] (5)
31. 21. ἐν τοῖς πρ. ἐξεζήτησε τὸν θ. αὐ. (5)
33. 8. κατὰ . . . τὰ πρ. (3 a)
34. 31. τοῦ φυλάσσειν . . . προστάγματα [A τὰ πρ.] αὐ. (3 a)
35. 19. B ἐπὶ πάντα τὰ πρ. [A R παροργισμ.] –
— 25. ἔδωκαν αὐτὸν εἰς πρόσταγμα (3 a)
I Es. 1. 6. κατὰ τὸ πρ. τοῦ κυρίου
5. 55. A R κατὰ [B καὶ] τὸ πρ. τὸ γραφὲν αὐτοῖς
7. 4. διὰ προστάγματος τοῦ κυρίου
8. 8. A R προσπεσόντος δὲ τοῦ γραφέντος πρ. [B al.]
— 67. ἀπέδωκαν τὰ πρ. τοῦ βασ.
— 82. τὰ πρ. σου ἃ ἔδωκας
II Es. 7. 10. διδάσκειν ἐν 'Ισρ. προστάγματα (3 a)
— 11. βιβλίου λόγων ἐντολῶν κ. καὶ προσταγμάτων αὐ. (3 a)
Ne. 1. 7. οὐκ ἐφυλάξαμεν . . . τὰ πρ. (3 a)
9. 13. ἔδωκας αὐτοῖς . . . προστάγματα (3 a)
— 14. προστάγματα . . . ἐνετείλω αὐτοῖς (3 a)
10. 29 (30). S^2 R καὶ προστάγματα αὐτοῦ (3 a)
To. 1. 6. καθὼς γέγραπται . . . ἐν πρ. αἰωνίῳ
— 8. S κατὰ τὸ πρ. τὸ προστεταγμ. περὶ αὐτῶν
14. 9. A B τήρησον . . . τὰ πρ.
Es. 2. 4. B^1 ἤρεσε τῷ βασ. τὸ πρ. [A B^2 S R πρᾶγμα] (1)
— 8. ὅτε ἠκούσθη τὸ τοῦ βασ. πρ. (1)
— 20. καὶ ποιεῖν τὰ πρ. αὐτοῦ †
3. 13. B^1 τά τε τῶν βασ. παραπέμποντας διηνεκῶς προστάγματα [A B^2 S διατάγ.]
— 13. A ἀτάραχα παρέχουσιν . . . τὰ πρ. [B S πράγμ.]
4. 3. S^2 οὗ ἐξετίθετο τὸ πρ. τοῦ βασ. [A B S^1 τὰ γράμμ.] (1+2)
5. 1. κοινὸν τὸ πρ. ἡμῶν ἐστιν
8. 14. ἐξετέθη δὲ τὸ πρ. [A ἔκθεμα] (2)
— 17. B S^1 οὗ ἂν ἐξετέθη τὸ πρ. [S^2 al.] (1)
9. 4. προσέπεσε [S^2 ἐπέπ.] γὰρ τὸ πρ. τοῦ βασ. †
Jb. 4. 9. ἀπὸ προστάγματος κυρίου ἀπολοῦνται †
26. 10. πρόσταγμα ἐγύρωσεν ἐπὶ πρόσωπον ὕδατος (3 a)
— 13. προστάγματι δὲ ἐθανάτωσε δράκοντα ἀποστάτην †
39. 27. ἐπὶ δὲ [A ἢ ἐπὶ τῷ] σῷ πρ. ὑψοῦται ἀετός (8)
Ps. 2. 6 (7). διαγγέλλων τὸ πρ. κυρίου (3 a)
7. 6. ἐν προστάγματι ᾧ ἐνετείλω (7)
80 (81). 4. πρόσταγμα τῷ 'Ισραὴλ ἐστι (3 a)
93 (94). 20. ὁ πλάσσων κόπον ἐπὶ προστάγματι [A S^2 -μα] (3 a)
98 (99). 7. καὶ τὰ πρ. [S^1 τὸ πρ.] ἃ ἔδωκεν αὐτοῖς (3 a)
104 (105). 10. ἔστησεν αὐτὴν τῷ 'I. εἰς πρόσταγμα (3 a)
148. 6. πρόσταγμα ἔθετο (3 a)
Pr. 14. 27. πρόσταγμα κυρίου πηγὴ ζωῆς †
25. 2. A B^3 δόξα δὲ βασιλέως τιμᾷ προστάγματα [B^1 S R πράγματα] (1)
Si. 6. 37. διανοοῦ ἐν τοῖς πρ. κυρίου
34 (31). 7. S^1 οὐδὲ προστάγματός [A B S^2 ξύλον προσκόμματός] ἐστι τοῖς ἐνθυσιάζουσιν αὐτῷ
39. 16. πᾶν πρόσταγμα ἐν καιρῷ αὐτοῦ ἔσται
— 18. ἐν προστάγματι αὐτοῦ πᾶσα ἡ εὐδοκία
43. 13. προστάγματι αὐτοῦ κατέσπευσε [S -έπαυσεν] χιόνα
Am. 2. 4. τὰ πρ. αὐ. οὐκ ἐφυλάξαντο (3 a)
Za. 3. 8 (7). καὶ ἐν τοῖς πρ. μου φυλάξῃ (6)
Ma. 4. 4 (3. 22). καθότι ἐνετειλάμην . . . προστάγματα (3 a)
Is. 24. 5. ἤλλαξαν τὰ πρ. [A add. κυρίου] διαθήκην αἰώνιον (3 a)
26. 9. φῶς τὰ πρ. σου ἐπὶ τῆς γῆς (7)
56. 4. S^1 ὅσοι ἐὰν φυλάξωνται τὰ πρ. [A B S^2 σάββατά] μου †
Je. 5. 22. πρ. αἰώνιον καὶ οὐχ ὑπερβήσεται αὐτό (3 a)
— 24. κατὰ καιρὸν πληρώσεως προστάγματος θερισμοῦ (3 b)
39 (32). 23. ἐν τοῖς πρ. σου οὐκ ἐπορεύθησαν (9)
51 (44). 10. οὐκ ἀντείχοντο τῶν πρ. μου (9+3 b)
— 23. ἐν τοῖς πρ. αὐτοῦ . . . οὐκ ἐπορεύθητε (3 b)
Ba. 1. 18. πορεύεσθαι [A add. ἐν] τοῖς πρ. κυρίου
2. 10. πορεύεσθαι τοῖς πρ. κυρίου
— 33. R ἀπὸ πονηρῶν προσταγμάτων [A B πραγ.] αὐτῶν
4. 1. αὕτη ἡ βίβλος τῶν πρ. τοῦ θεοῦ
5. 8. ἐσκίασαν . . . τῷ 'Ισρ. προστάγματι τοῦ θ.
Ez. 11. 20. ὅπως ἐν τοῖς πρ. μου πορεύωνται (3 b)
18. 9. καὶ τοῖς πρ. μου πεπόρευται (3 b)
— 17. ἐν τοῖς πρ. μου ἐπορεύθη (3 b)
20. 11. ἔδωκα αὐτοῖς τὰ πρ. μου (3 b)
— 13. A ἐν τοῖς πρ. μου πορεύεσθε . . . ἐν τοῖς πρ. μου [B om. ἐν . . . μου] οὐκ ἐπορεύθησαν (–, 3 b)
— 16. ἐν τοῖς πρ. μου οὐκ ἐπορεύθησαν (3 b)
— 19. ἐν τοῖς πρ. μου πορεύεσθε (3 b)
— 21. ἐν τοῖς πρ. μου οὐκ ἐπορεύθησαν (3 b)
— 24. τὰ πρ. μου ἀπώσαντο (3 b)
— 25. ἔδωκα αὐτοῖς προστάγματα οὐ καλά (3 a)
33. 15. ἐν προστάγμασι [A -ατι] ζωῆς διαπορεύηται (3 b)
37. 24. ἐν τοῖς πρ. μου πορεύσονται (7)
43. 11. διαγράψεις . . . πάντα τὰ πρ. αὐ. . . . φυλάξονται . . . πάντα τὰ πρ. μου (3 b, 3 b)
— 18. ταῦτα τὰ πρ. τοῦ θυσιαστηρίου (3 b)
44. 5. κατὰ πάντα τὰ πρ. οἴκου κυρίου (3 b)
— 24. τὰ πρ. μου . . . φυλάξονται (3 b)
45. 14. τὸ πρ. [A τὰ πρ.] τοῦ ἐλαίου κοτύλην ἐλαίου (3 a)
46. 15 (14). πρ. [A add. αἰώνιον] διὰ παντὸς ποιήσετε τὸν ἀμνόν (3 b)
Da. LXX. 2. 15. τὸ πρ. ἐσήμανεν ὁ 'Αρ. (4)
3. 22. τὸ πρ. τοῦ βασ. ἤπειγε (4)
5. 7. ὁ βασ. ἐξέθηκε πρόσταγμα †
6. 12 (13). ἵνα μὴ ἀλλοιώσῃς τὸ πρ. –
8. 16. εἶπεν ὁ ἄνθρωπος ἐπὶ τὸ πρ. ἐκεῖνο –
9. 2. ὅτε ἐγένετο πρ. τῇ γῇ (1)
— 4. καὶ τοῖς φυλάσσουσι τὰ πρ. σου (5)
— 12. ἔστησεν ἡμῖν τὰ πρ. αὐ. (1)
— 23. ἐξῆλθε πρόσταγμα παρὰ κυρίου (1)
— 23. διανοήθητι τὸ πρ. (1)
— 25. εὑρήσεις προστάγματα ἀποκριθῆναι (1 ?)
10. 1. πρ. ἐδείχθη τῷ Δ. (1)
— 1. ἀληθὲς τὸ ὅραμα καὶ τὸ πρ. (1)
— 1. διανοηθήσεται τὸ πρ. (1)
— 11. διανοήθητι τοῖς πρ. (1)
— 11. ἐν τῷ λαλῆσαι αὐτὸν μετ' ἐμοῦ τὸ πρ. τοῦτο (1)
— 15. ἐν τῷ αὐτὸν λαλῆσαι μετ' ἐμοῦ τὰ πρ. ταῦτα (1)
12. 4. κάλυψον τὰ πρ. (1)
— 9. ἐσφραγισμένα τὰ πρ. (1)
I Ma. 1. 60. ἐθανάτωσαν κατὰ τὸ πρ.
2. 18. ποίησον τὸ πρ. τοῦ βασ.
— 23. κατὰ τὸ πρ. τοῦ βασ.
— 68. A R προσέχετε εἰς τὰ πρ. [S εἰς πρόσταγμα] τοῦ νόμου
6. 23. κατακολουθεῖν τοῖς πρ. αὐ.
— 56. S^1 παραλαβεῖν τὰ τῶν πρ. [A S^2 R al.]
10. 14. τῶν καταλιπόντων . . . τὰ πρ.
II Ma. 1. 4. διανοίξαι τὴν καρδίαν ὑμῶν . . . ἐν τοῖς πρ.
2. 2. A^2 R ἵνα μὴ ἐπιλάθωνται τῶν πρ. τοῦ κ.
7. 30. οὐχ ὑπακούω τοῦ πρ. τοῦ βασ.
— 30. τοῦ δὲ πρ. ἀκούω τοῦ νόμου
10. 8. ἐδογμάτισαν δὲ μετὰ κοινοῦ πρ.
III Ma. 4. 1. ὅπου προσέπιπτε τοῦτο τὸ πρ.
7. 2. A κατευθύνοντος ἡμῖν τοῦ μεγάλου θεοῦ τὰ πρ. [R al.]
— 11. τούς . . . τὰ θεῖα παραβεβηκότας προστάγματα
— 11. A μηδέποτε εὐνοήσειν μηδὲ τοῖς τοῦ βασ. πρ. [R πράγμασιν]
[Aq. Ps. 118 (119). 54, 56, 93, 100.]
[Sm. Ex. 12. 14 : 13. 10 : Le. 23. 41 : Dt. 4. 5 : 6. 17 : Jd. 5. 9 : Ps. 93 (94). 20 : 118 (119). 23, 54, 71, 118 : 147. 8 (19) : Pr. 31. 15.]
[Th. Jb. 26. 10 : Ps. 2. 7 : 118 (119). 54, 100 : Mi. 7. 11.]
[Al. Ps. 18 (19). 9 : 35 (36). 7 : 49 (50). 16 : 88 (89). 32 : 104 (105). 5, 45.]
[Quint. Ps. 118 (119). 56, 100.]

προσταράσσειν.
Si. 4. 3. καρδίαν παροργισμένην μὴ προσταράξῃς

προστάς. (1) מִסְדְּרוֹן
Jd. 3. 23. ἐξῆλθεν 'A. [A add. εἰς] τὴν πρ. (1)
[Aq. Ez. 40. 48.]

προστάσσειν, προστάττειν. (1) *a.* אָמַר *b.* אֲמַר (2) דִּבֵּר pi. (3) יָצָא דָבָר (4) מָנָה pi. (5) *a.* צִוָּה pi. *b.* מִצְוָה (6) שׂוּם טְעֵם (7) καθὼς προσέταξεν בְּמִפְקַד (8) τὰ προσταχθέντα מַאֲמַר

Ge. 47. 11. καθὰ προσέταξε Φαραώ (5 a)
50. 2. προσέταξεν 'I. τοῖς παισὶν αὐτοῦ (5 a)
Ex. 36. 6. καὶ προσέταξε M. (5 a)
Le. 10. 1. ὃ οὐ προσέταξε κύριος αὐτοῖς (5 a)
14. 4, 5, 36, 40. προστάξει ὁ ἱερεύς (5 a)
Nu. 5. 2. πρόσταξον τοῖς υἱοῖς 'Ισραήλ (5 a)
De. 17. 3. ἃ οὐ προσέταξε [A -ξα] (5 a)
18. 20. ὃ οὐ προσέταξα [A add. αὐτῷ] λαλῆσαι (5 a)
27. 1. καὶ προσέταξε M. (5 a)
Jo. 5. 14. τί προστάσσεις τῷ σῷ οἰκέτῃ (2)
I Ch. 12. 18. S^1 προσετάξατο [A B S^2 -δέξ.] αὐτοὺς Δ. †
II Ch. 31. 5. ὡς προσέταξε τὸν λόγον †
— 13. καθὼς προσέταξεν ὁ βασ. 'Εζ. (7)
I Es. 1. 52. προστάξαι ἀναβιβάσαι ἐπ' αὐτοὺς τοὺς βασ.
5. 71. οἷς προσέταξεν ἡμῖν Κῦρος
6. 11. τίνος ὑμῖν προστάξαντος
— 23. προσέταξεν ἐπισκέψασθαι
— 24. προσέταξε τὸν οἶκον . . . οἰκοδομῆσαι
— 27. προσέταξε δὲ ἐπιμεληθῆναι Σισίννῃ
— 32. καὶ προστάξαι [A -έταξεν] . . . ληφθῆναι ξύλον
7. 1. τοῖς ὑπὸ τοῦ βασ. Δ. προσταγεῖσιν
8. 10. προσέταξα τοὺς βουλομ. ἐκ τοῦ ἔθνους
— 19. προσέταξα τοῖς γαζοφύλαξι Συρίας
To. 1. 8. S κατὰ τὸ πρόσταγμα τὸ προστεταγμ.
Ju. 2. 13. καθότι προστέταχά σοι
— 15. A S καθότι προσέταξεν [B ἐκέλευσεν] αὐτῷ
6. 10. προσέταξεν 'Ολ. τοῖς δούλοις αὐ.
12. 7. A B προσέταξεν 'Ολ. τοῖς σωματοφύλαξι
Es. 1. 15. οὐκ ἐποίησε τὰ ὑπὸ τοῦ βασ. προσταχθέντα (8)
— 19. προσταξάτω βασιλικόν (3)
2. 23. καὶ προσέταξεν ὁ βασ. †
3. 2. οὕτως γὰρ προσέταξεν [A ἐπέτ.] ὁ βασ. (5 a)
— 12. A ὡς προσέταξεν [B S ἐπέτ.] 'Αμάν (5 a)
— 13. προστετάχαμεν οὖν τοὺς σημαινομ. ὑμῖν
— 14. προσετάγη πᾶσι τοῖς ἔθνεσιν †
Si. 3. 22. ἃ προσετάγη σοι
Jn. 2. 1. προσέταξε κύριος κήτει μεγάλῳ (4)
— 11. προσετάγη τῷ κήτει (1 a)
4. 6. προσέταξε κ. ὁ θ. κολοκύνθῃ (4)
— 7. προσέταξεν ὁ θεὸς σκώληκι ἑωθινῇ (4)
— 8. προσέταξεν ὁ θεὸς πνεύματι καύσωνος (4)
Is. 36. 21. διὰ τὸ προστάξαι τὸν βασιλέα (5 b)
55. 4. ἔδωκα αὐτὸν ἄρχοντα καὶ προστάσσοντα ἔθνεσιν (5 a)
Je. 34 (27). 4. S προστάξεις [A B συντ.] αὐτοῖς (5 a)
Da. LXX. Su. 32. καὶ προσέταξαν οἱ παράνομοι
— 42. καθὼς προσετάγη
2. 8. καθάπερ οὖν προστέταχα –
— 12. προσέταξεν ἐξαγαγεῖν πάντας τοὺς σοφούς (1 b)
— 14. ᾧ προσέταξεν ἐξαγαγεῖν τοὺς σοφιστάς †
3. 10. σύ, βασιλεῦ, προσέταξας (6)
— 13. προσέταξεν ἀγαγεῖν τὸν Σ. M. 'A. (1 b)
— (24). ὅτε αὐτοὺς ὁ βασ. προσέταξεν ἐμβληθῆναι
4. 11. προστέτακται γὰρ ἀπὸ τοῦ ὑψίστου –
Da. TH. Su. 18. ἐνέγκαι τὰ προστεταγμένα αὐταῖς
I Ma. 10. 37. καθὰ καὶ προσέταξεν ὁ βασ.
— 62. S R προσέταξεν [A add. αὐτοῖς] ὁ βασ.
II Ma. 5. 24. προστάξας τοὺς ἐν ἡλικίᾳ πάντας κατασφάξαι
6. 21. R ἐσθίοντα τὰ ὑπὸ τοῦ βασ. προστεταγμένα [A τετ.]
7. 3. προσέταξε τήγανα . . . ἐκπυροῦν
— 4. τὸν γενόμ. αὐ. προήγορον προσέταξε γλωσσοτομεῖν
8. 36. A τοῖς ὑπ' αὐτοῦ προστεταγμένοις [R προτ.] νόμοις
13. 4. προσέταξεν . . . προσαπολέσαι
14. 16. προστάξαντος δὲ τοῦ ἡγουμένου
15. 3. ὁ προστεταχὼς ἄγειν τὴν τῶν σαββάτων ἡμέραν
— 5. ὁ προστάσσων αἴρειν ὅπλα
— 30. προσέταξεν . . . τὴν τοῦ N. κεφαλὴν ἀποτεμόντας

III Ma. 3. 1. καὶ προστάξαι σπεύσαντας
— 25. προστετάχαμεν . . . ἀποστεῖλαι
4. 11. προσέταξεν αὐτοὺς . . . παρεμβαλεῖν
— 13. προσέταξε καὶ τούτοις
5. 3. ὁ μὲν τάδε προστάσσων
— 4. τὸ προσταγὲν . . . συνετέλει
— 19. τὸ προσταγὲν ἐπὶ τέλος ἠγηοχέναι
— 37. ποσάκις σοι δεῖ περὶ τούτων αὐτῶν προστάττειν
— 40. προστάσσων ἤδη τρίτον αὐτοὺς ἀφανίσαι
6. 27. A τὰ προστεταγμένα [R προπεπραγμ.] παραιτησάμενοι
7. 8. προστετάχαμεν ἑκάστῳ
[Sm. Ps. 32 (33). 9: 67 (68). 29.]
[Al. Ex. 18. 23.]

προστατεῖν.

I Ma. 14. 47. τοῦ προστατῆσαι [S[1] προσστ.] πάντων

προστάτης. (1) *a.* פְּקֻדָּה *b.* פָּקִיד (2) שַׂר

I Ch. 27. 31. πάντες οὗτοι πρ. ὑπαρχόντων Δ. (2)
29. 6. καὶ οἱ πρ. τῶν ἔργων (2)
II Ch. 8. 10. ἄρχοντες τῶν πρ. [A -ταγμάτων] βασιλέως Σ. (2)
24. 11. εἰσέφερον . . . πρὸς τοὺς πρ. τοῦ βασ. (1 *a*)
— 11. ἦλθεν . . . ὁ πρ. τοῦ ἱερέως τοῦ μεγ. (1 *b*)
I Es. 2. 12. παρεδόθησαν Σ. προστάτῃ τῆς Ἰουδ.
Si. 45. 24. προστάτην ἁγίων καὶ λαῷ [S[2] -οῦ] αὐτοῦ
II Ma. 3. 4. προστάτης τοῦ ἱεροῦ καθεσταμένος

προστιθέναι. (1) אָסַף *a.* qal. *b.* ni. (2) דָּבַק (3) חָבֵר (4) יָסַף *a.* qal. *b.* ni. *c.* hi. *d.* יֻסַף hoph. (5) לָוָה ni. (6) נָפַל (7) נָתַן (8) סָפָה *a.* qal. *b.* ni. (9) סָפַח ni. (10) עָבַד (11) רָבָה hi. (12) שׂוּם (13) שׁוּב (14) שִׁית (15) שָׁנָה

Ge. 4. 2. προσέθηκε τεκεῖν τὸν ἀδ. αὐ. (4 *c*)
— 12. οὐ προσθήσει τὴν ἰσχ. αὐ. δοῦναι (4 *c*)
8. 12. οὐ προσέθετο τοῦ ἐπιστρέψαι (4 *a*)
— 21. οὐ προσθήσω ἔτι τοῦ καταράσασθαι (4 *c*)
— 21. οὐ προσθήσω οὖν ἔτι πατάξαι (4 *c*)
18. 29. προσέθηκεν ἔτι λαλῆσαι πρὸς αὐτόν (4 *c*)
25. 1. προσθέμενος δὲ Ἀβ. (4 *c*)
— 8. προσετέθη πρὸς τὸν λαὸν αὐτοῦ (1 *b*)
— 17. προσετέθη πρὸς τὸ γένος αὐτοῦ (1 *b*)
30. 24. προσθέτω ὁ θ. μοι υἱὸν ἕτερον (4 *c*)
35. 29. προσετέθη πρὸς τὸ γένος αὐτοῦ (1 *b*)
37. 8. προσέθεντο ἔτι μισεῖν αὐτόν (4 *c*)
38. 5. προσθεῖσα ἔτεκεν υἱόν (4 *c*)
— 26. οὐ προσέθετο ἔτι τοῦ γνῶναι αὐτήν (4 *a*)
44. 23. A οὐ προσθήσεσθε ἔτι [R *om.*] ἰδεῖν (4 *c*)
49. 29. προστίθεμαι πρὸς τὸν ἐμὸν λαόν (1 *b*)
— 33. προσετέθη πρὸς τὸν λαὸν αὐ. (1 *b*)
Ex. 1. 10. προστεθήσονται καὶ οὗτοι (4 *b*)
5. 7. A R οὐκέτι προστεθήσεσθε [B -σεται] διδόναι ἄχ. (4 *c*)
8. 29 (25). μὴ προσθῇς ἔτι, Φ., ἐξαπατῆσαι (4 *c*)
9. 28. οὐκέτι προστεθήσεσθε [A προσθ.] μένειν (4 *c*)
— 34. προσέθετο τοῦ ἁμαρτάνειν (4 *c*)
10. 28. προσθεῖναι ἰδεῖν μου τὸ πρόσωπον (4 *c*)
11. 6. τοιαύτη οὐκέτι προστεθήσεται (4 *c*)
14. 13. οὐ προσθήσεσθε ἔτι ἰδεῖν αὐτούς (4 *c*)
23. 2. οὐ προστεθήσῃ [B[1] προσθ.] μετὰ πλήθους †
30. 15. ὁ πλουτῶν οὐ προσθήσει (11)
40. 23. A R προσέθηκεν [B προέθ.] . . . ἄρτους (10)
Le. 5. 16. τὸ ἐπίπεμπτον προσθήσει ἐπ' αὐτό (4 *c*)
6. 4 (5. 24). A[1] B τὸ πέμπτον [A[2] R ἐπίπ.] προσθήσει (4 *c*)
19. 14. οὐ προσθήσεις [A προθ.] σκάνδαλον (7)
22. 14. προσθήσει τὸ ἐπίπεμπτον αὐ. (4 *a*)
24. 8. R προσθήσεται [A B προθ.] ἔναντι κυρίου (10)
26. 18. προσθήσω τοῦ [A *om.*] παιδεῦσαι ὑμᾶς (4 *a*)
— 21. προσθήσω ὑμῖν πληγὰς ἑπτά (4 *a*)
27. 13. προσθήσεται τὸ ἐπίπεμπτον (4 *a*)
— 15. προσθήσει ἐπ' αὐτὸ τὸ ἐπίπεμπτον (4 *a*)
— 19, 27. προσθήσει τὸ ἐπίπεμπτον (4 *a*)
— 31. τὸ ἐπίπεμπτον προσθήσει (4 *c*)
Nu. 5. 7. τὸ ἐπίπεμπτον αὐτοῦ προσθήσει (4 *a*)
11. 25. καὶ οὐκέτι προσέθεντο (4 *a*)
16. 39 (17. 4). προσέθηκαν αὐτὰ περίθεμα †
18. 2. καὶ προστεθήτωσάν σοι [A *om.*] (5)
— 4. προστεθήσονται πρὸς σέ (5)

Nu. 20. 24. προστεθήτω Ἀ. πρὸς τὸν λαὸν αὐ. (1 *b*)
— 26. Ἀ. προστεθεὶς ἀποθανέτω ἐκεῖ (1 *b*)
22. 15. προσέθετο B. ἔτι ἀποστεῖλαι (4 *c*)
— 19. τί προσθήσει κύριος λαλῆσαι (4 *c*)
— 25. προσέθετο ἔτι μαστίξαι αὐτήν (4 *c*)
— 26. καὶ προσέθετο ὁ ἄγγελος τοῦ θ. (4 *c*)
27. 13. προστεθήσῃ πρὸς τὸν λαόν σου (1 *b*)
— 13. καθὰ προσετέθη Ἀ. (1 *b*)
31. 2. προστεθήσῃ πρὸς τὸν λαόν σου (1 *b*)
32. 14. προσθεῖναι ἔτι ἐπὶ τὸν θυμόν (8 *a*)
— 15. προσθεῖναι ἔτι καταλιπεῖν αὐτόν (4 *a*)
36. 3. προστεθήσεται [A -σονται] εἰς κληρονομίαν (4 *b*)
— 4. προστεθήσεται ἡ κληρονομία αὐ. (4 *b*)
De. 1. 11. προσθείη ὑμῖν ὡς ἐστέ (4 *c*)
3. 26. μὴ προσθῇς ἔτι λαλῆσαι (4 *c*)
4. 2. οὐ προσθήσετε [B[1] -σεσθε] πρὸς τὸ ῥῆμα (4 *a*)
5. 22 (19). καὶ οὐ προσέθηκε (4 *a*)
— 25 (22). ἐὰν προσθώμεθα [A -ῶμεν] ἡμεῖς ἀκοῦσαι (4 *a*)
12. 32 (13. 1). οὐ προσθήσεις [A[1] -σει] ἐπ' αὐτό (4 *c*)
13. 4 (5). αὐτῷ προστεθήσεσθε (2)
— 11 (12). οὐ προσθήσει [A -σουσιν] ἔτι ποιῆσαι (4 *c*)
17. 16. A R οὐ προσθήσεσθε [B -σεται] ἀποστρέψαι (4 *c*)
18. 16. οὐ προσθήσομεν ἀκοῦσαι (4 *c*)
19. 9. προσθήσεις σεαυτῷ ἔτι τρεῖς πόλεις (4 *a*)
— 20. οὐ προσθήσουσιν ἔτι ποιῆσαι (4 *c*)
20. 8. προσθήσουσιν οἱ γραμματεῖς λαλῆσαι (4 *a*)
23. 15 (16). ὃς προστέθειταί σοι †
25. 3. οὐ προσθήσουσιν (4 *c*)
— 3. ἐὰν δὲ προσθῇς [A -θῶσιν] μαστιγῶσαι (4 *c*)
28. 68. οὐ προσθήσει [A -σεσθε] ἔτι ἰδεῖν αὐτήν (4 *c*)
32. 50. προστέθητι πρὸς τὸν λαόν σου (1 *b*)
— 50. προσετέθη πρὸς τὸν λαὸν αὐ. (1 *b*)
Jo. 7. 12. A[2] B οὐ προσθήσω ἔτι εἶναι μεθ' ὑμῶν (4 *c*)
14. 8. προσετέθην [B[1] προσέθην] ἐπακολουθῆσαι κ. τῷ θ. μου †
— 9. προσετέθης [A -ην] ἐπακολουθῆσαι †
23. 12. καὶ προσθῆσθε [A ὑπολειφθῆτε] τοῖς ὑπολειφθεῖσιν ἔθνεσι (2)
— 13. οὐ μὴ προσθῇ κ. τοῦ ἐξολεθρεῦσαι (4 *c*)
Jd. 2. 3. A οὐ προσθήσω τοῦ μετοικίσαι [B *al.*] †
— 10. προσετέθησαν [B[1] -θη] πρὸς τοὺς πατέρας αὐτῶν (1 *b*)
— 21. οὐ προσθήσω τοῦ ἐξᾶραι ἄνδρα (4 *c*)
3. 12: 4. 1. προσέθεντο . . . ποιῆσαι τὸ πονηρόν (4 *c*)
8. 28. οὐ προσέθηκαν [A -έθεντο] ἆραι κεφ. αὐ. (4 *a*)
9. 37. προσέθετο ἔτι Γ. τοῦ λαλῆσαι (4 *c*)
10. 6. προσέθεντο . . . ποιῆσαι τὸ πονηρόν (4 *c*)
— 13. οὐ προσθήσω τοῦ σῶσαι ὑμᾶς (4 *c*)
11. 14. B καὶ προσέθηκεν ἔτι Ἰ. (4 *c*)
13. 1. προσέθηκαν [A -έθεντο] . . . ποιῆσαι τὸ πονηρόν (4 *c*)
— 21. οὐ προσέθηκεν . . . ὀφθῆναι (4 *a*)
18. 25. προσθήσουσι [A -σεις] ψυχήν σου (1 *a*)
20. 22. προσέθηκαν συνάψαι παράταξιν [A *al.*] (4 *c*)
— 23. εἰ προσθῶμεν ἐγγίσαι [A -θῶ προσεγγ.] (4 *c*)
— 28. εἰ προσθῶμεν [A -θῶ] ἔτι ἐξελθεῖν (4 *c*)
Ru. 1. 17. καὶ τάδε προσθείη (4 *c*)
I Ki. 3. 6. καὶ προσέθετο κύριος (4 *c*)
— 8. προσέθετο κύριος καλέσαι (4 *c*)
— 17. A R καὶ τάδε προσθείη (4 *c*)
— 21. προσέθετο κύριος δηλωθῆναι (4 *c*)
7. 13. οὐ προσέθετο ἔτι προσελθεῖν (4 *a*)
9. 8. προσέθετο τὸ παιδάριον ἀποκριθῆναι (4 *c*)
12. 19. B ὅτι προστεθείκαμεν . . . κακίαν (4 *a*)
— 25. B ὑμεῖς καὶ ὁ βασ. ὑμῶν προστεθήσεσθε (8 *b*)
14. 44. καὶ τάδε προσθείη (4 *c*)
15. 6. μὴ προσθῶ σε μετ' αὐτοῦ (4 *c*)
— 35. οὐ προσέθετο ἔτι Σαμ. ἰδεῖν (4 *a*)
18. 29. προσέθετο εὐλαβεῖσθαι ἀπὸ Δ. (4 *c*)
19. 8. προσέθετο ὁ πόλεμος γενέσθαι (4 *c*)
— 21. προσέθετο Σ. ἀποστεῖλαι ἀγγέλους τρίτους (4 *c*)
20. 13. καὶ τάδε προσθείη (4 *c*)
— 17. προσέθετο ἔτι Ἰ. ὀμόσαι (4 *c*)
23. 4. προσέθετο Δ. ἔτι ἐρωτῆσαι (4 *c*)
25. 22. καὶ τάδε προσθείη (4 *c*)
26. 10. καὶ προστεθῇ (8 *b*)
27. 1. προστεθήσομαι . . . εἰς χεῖρας Σ. (8 *b*)
— 4. οὐ προσέθετο ἔτι ζητεῖν αὐτόν (4 *c**, 4 *a*)
II Ki. 2. 22. προσέθετο ἔτι Ἀβ. λέγων (4 *c*)

II Ki. 2. 28. οὐ προσέθεντο ἔτι τοῦ πολεμεῖν (4 *a*)
3. 9. καὶ τάδε προσθείη αὐτῷ (4 *c*)
— 35. καὶ τάδε προσθείη (4 *c*)
5. 22. προσέθεντο ἔτι ἀλλόφυλοι τοῦ ἀναβῆναι (4 *c*)
7. 10. οὐ προσθήσει . . . τοῦ ταπεινῶσαι αὐτόν (4 *c*)
— 20. τί προσθήσει Δ. ἔτι τοῦ λαλῆσαι (4 *c*)
12. 8. προσθήσω σοι κατὰ [A καὶ] ταῦτα (4 *c*)
14. 10. οὐ [A *add.* μὴ] προσθήσει ἔτι ἅψασθαι αὐτοῦ (4 *c*)
18. 22. προσέθετο ἔτι Ἀχ. (4 *c*)
19. 13 (14). καὶ τάδε προσθείη (4 *c*)
24. 1. B[1] R προσέθετο ὀργὴν κ. ἐκκαῆναι [A B[2] *al.*] (4 *c*)
— 3. προσθείη κ. ὁ θ. πρὸς τὸν λαόν (4 *c*)
— 25. προσέθηκε Σ. ἐπὶ τὸ θυσιαστήριον –
III Ki. 2. 23. καὶ τάδε προσθείη (4 *c*)
10. 7. προστέθεικας ἀγαθὰ πρὸς αὐτά (4 *c*)
12. 11, 14. προσθήσω ἐπὶ τὸν κλοιὸν ὑμῶν (4 *c*)
16. 33. προσέθηκεν Ἀχ. τοῦ ποιῆσαι (4 *c*)
19. 2. καὶ τάδε προσθείη [A -ησαν] (4 *c*)
21 (20). 10. καὶ τάδε προσθείη [A -ησαν] (4 *c*)
IV Ki. 1. 11. προσέθετο [A -έθηκεν] ὁ βασ. (13)
— 13. προσέθετο [A -έθηκεν] ὁ βασ. (13)
6. 23. οὐ προσέθεντο ἔτι . . . τοῦ ἐλθεῖν (4 *a*)
— 31. καὶ τάδε προσθείη (4 *c*)
19. 30. προσθήσει τὸν διασεσωσμ. οἴκου Ἰ. (4 *a*)
20. 6. προσθήσω . . . πέντε καὶ δέκα ἔτη (4 *c*)
21. 8. οὐ προσθήσω τοῦ σαλεῦσαι τὸν πόδα (4 *c*)
22. 20. προστίθημί σε πρὸς τοὺς πατέρας σου (4 *c*)
24. 7. οὐ προσέθετο ἔτι . . . ἐξελθεῖν (4 *c*)
I Ch. 14. 13. προσέθεντο ἔτι ἀλλόφυλοι [S *al.*] (4 *c*)
17. 9. A B S οὐ προσθήσει ἀδικία [R *al.*] (4 *c*)
— 18. τί προσθήσει ἔτι Δ. πρὸς σέ (4 *c*)
21. 3. προσθείη κύριος ἐπὶ τὸν λαὸν αὐ. (4 *c*)
22. 14. καὶ πρὸς ταῦτα πρόσθες (4 *c*)
— 15. καὶ μετὰ σοῦ πρόσθες –
II Ch. 9. 6. προσέθηκας ἐπὶ τὴν ἀκοήν (4 *a*)
10. 11. προσθήσω ἐπὶ τὸν ζυγὸν ὑμῶν (4 *c*)
— 14. προσθήσω ἐπ' αὐτόν (4 *c*)
15. 9. προσετέθησαν πρὸς αὐτόν (6)
28. 13. προσθεῖναι [A προθ.] ἐπὶ ταῖς ἁμαρτ. ἡμῶν (4 *c*)
— 22. προσέθηκε τοῦ ἀποστῆναι (4 *c*)
33. 8. οὐ προσθήσω σαλεῦσαι τὸν πόδα Ἰσρ. (4 *c*)
34. 28. προστίθημί σε πρὸς τοὺς πατ. σου (4 *c*)
— 28. προστεθήσῃ πρὸς τὰ μνήματά σου (1 *b*)
I Es. 2. 7. σὺν τοῖς ἄλλοις τοῖς κατ' εὐχὰς προστεθειμ.
7. 6. καὶ οἱ λοιποὶ . . . οἱ προστεθέντες
9. 7. τοῦ προσθεῖναι ἁμαρτίας τῷ Ἰσρ.
II Es. 10. 10. τοῦ προσθεῖναι ἐπὶ πλημμέλειαν Ἰσρ. (4 *c*)
Ne. 13. 18. καὶ ὑμεῖς προστίθετε ὀργήν (4 *c*)
To. 5. 15. ἔτι προσθήσω [S ἐπιπρ.] σοι
12. 1. καὶ προσθεῖναι αὐτῷ δεῖ [S *al.*]
14. 2. προσέθετο φοβεῖσθαι κ. τὸν θεόν [S *al.*]
Ju. 14. 10. προσετέθη πρὸς [A S εἰς] τὸν οἶκον Ἰσρ.
16. 22. προσετέθη πρὸς τὸν λαὸν αὐτοῦ
Es. 8. 3. προσθεῖσα ἐλάλησε πρὸς τὸν βασ. (4 *c*)
9. 27. ἐπὶ τοῖς προστεθειμ. [A προτ.] ἐπ' αὐτῶν (5)
Jb. 13. 9. εἰ γὰρ . . . προστεθήσεσθε αὐτῷ [A ὁδῷ αὐ.] †
20. 9. καὶ οὐ προσθήσει [S[1] -σεται] (4 *c*)
27. 1. ἔτι δὲ προσθεὶς Ἰὼβ εἶπε τῷ προοιμίῳ (4 *c*)
— 19. καὶ οὐ προσθήσει (1 *b*)
29. 1. ἔτι δὲ προσθεὶς Ἰὼβ εἶπε τῷ προοιμίῳ (4 *c*)
— 22. ἐπὶ τῷ ἐμῷ ῥήματι οὐ προσέθεντο (15)
32. 13. εὕρομεν σοφίαν κυρίῳ προσθέμενοι †
34. 32. οὐ μὴ προσθήσω [A -θῶ] (4 *c*)
— 37. ἵνα μὴ προσθῶμεν ἐφ' ἁμαρτίαις ἡμῶν (4 *c*)
36. 1. προσθεὶς δὲ Ἐλιοὺς ἔτι λέγει (4 *c*)
39. 35 (40. 5). ἐπὶ δὲ τῷ δευτέρῳ οὐ προσθήσω (4 *c*)
42. 10. A προσέθηκεν δὲ ὁ κύριος τῷ Ἰ. τὰ διπλᾶ [B S *al.*] (4 *c*)
Ps. 9. 39 (10. 18). ἵνα μὴ προσθῇ ἔτι μεγαλαυχεῖν ἄνθρωπος (4 *c*)
40 (41). 8. μὴ ὁ κοιμώμενος οὐχὶ προσθήσει τοῦ ἀναστῆναι (4 *c*)
60 (61). 6. ἡμέρας ἐφ' ἡμέρας βασιλέως προσθήσεις ἔτη αὐτοῦ (4 *c*)
61 (62). 10. μὴ προστίθεσθε καρδίαν (14)
68 (69). 26. ἐπὶ τὸ ἄλγος τῶν τραυμάτων μου προσέθηκαν †
— 27. πρόσθες ἀνομίαν ἐπὶ τὴν ἀνομίαν αὐτῶν (7)
70 (71). 14. προσθήσω ἐπὶ πᾶσαν τὴν αἴνεσίν σου (4 *c*)

Ps. 76 (77). 7. καὶ οὐ προσθήσει τοῦ εὐδοκῆσαι ἔτι (4 c)
77 (78). 17. προσέθεντο ἔτι τοῦ ἁμαρτάνειν αὐτῷ (4 c)
85 (86). 14. S οὐ προσέθεντό [A B προέθ.] σε ἐνώπιον αὐτῶν (12)
88 (89). 22. υἱὸς ἀνομίας οὐ προσθήσει τοῦ κακῶσαι [A[1] S[1] οὐ κακώσει] αὐτόν –
113. 22 (115. 14). προσθείη κύριος ἐφ' ὑμᾶς (4 c)
119 (120). 3. τί προστεθείη σοι (4 c)
Pr. 3. 2. ἔτη ζωῆς καὶ εἰρήνην προσθήσουσί σοι (4 c)
9. 9. προσθήσει τοῦ δέχεσθαι (4 c)
— 11. προστεθήσεταί σοι ἔτη ζωῆς σου (4 c)
— 18. προστεθῇ δέ σοι ἔτη ζωῆς –
10. 22. οὐ μὴ προστεθῇ αὐτῇ λύπη ἐν καρδίᾳ (4 c)
— 27. φόβος κυρίου προστίθησιν ἡμέρας (4 c)
19. 1 (4). πλοῦτος προστίθησι φίλους πολλούς (4 c)
— 19. τὴν ψυχὴν αὐτοῦ προσθήσει (4 c)
24. 29 (30. 6). μὴ προσθῇς τοῖς λόγοις αὐτοῦ (4 a)
Ec. 1. 16. προσέθηκα [S προέθ.] σοφίαν (4 c)
— 18. ὁ προστιθεὶς [A προτ., S προσθεὶς] γνῶσιν [A γνώσει] προσθήσει ἄλγημα (4 c, 4 c)
2. 9. προσέθηκα παρὰ πάντας (4 c)
— 26. ἔδωκε περισπασμὸν τοῦ προσθεῖναι (1 a)
3. 14. ἐπ' αὐτῷ [A -ῶν] οὐκ ἔστι προσθεῖναι (4 c)
Si. *prol.* 12. S ὅπως οἱ φιλομαθεῖς . . . πολλῷ μᾶλλον ἔτι προσθήσουσιν [A B ἐπιπροσθῶσι]
3. 27. προσθήσει ἁμαρτίαν ἐφ' ἁμαρτίαις
5. 5. προσθεῖναι ἁμαρτίαν ἐφ' ἁμαρτίαις
17. 11. προσέθηκεν αὐτοῖς ἐπιστήμην
18. 5. τίς προσθήσει ἐκδιηγήσασθαι τὰ ἐλέη αὐτοῦ
— 6. οὐκ ἔστιν ἐλαττῶσαι οὐδὲ προσθεῖναι
19. 13. B S μή ποτε [S ἵνα μὴ] προσθῇ
21. 1. μὴ προσθῇς μηκέτι
— 15. αἰνέσει αὐτὸν καὶ ἐπ' αὐτὸν προσθήσει
37. 31. ὁ δὲ προσέχων προσθήσει ζωήν
42. 21. οὔτε προσετέθη οὔτε ἠλαττώθη
45. 20. προσέθηκεν Ἀαρὼν δόξαν
48. 23. προσέθηκε ζωὴν βασιλεῖ
Ho. 1. 6. οὐ μὴ προσθήσω ἔτι ἐλεῆσαι τὸν οἶκον Ἰ. (4 c)
9. 15. οὐ μὴ προσθήσω τοῦ ἀγαπῆσαι αὐτούς (4 c)
13. 2. προσέθεντο [A -ετο] τοῦ ἁμαρτάνειν (4 c)
Am. 3. 15. προστεθήσονται ἕτεροι οἶκοι πολλοί (8 a)
5. 1 (2). οὐκέτι μὴ προσθήσει [A -θῇ] τοῦ ἀναστῆναι (4 c)
7. 8. οὐκέτι μὴ προσθῶ [A -θήσω] τοῦ παρελθεῖν αὐτόν (4 c)
— 13. οὐκέτι προσθήσεις [A μὴ προσθῇς] τοῦ προφητεῦσαι (4 c)
8. 2. οὐ προσθήσω [A οὐκέτι μὴ προσθῶ] ἔτι τοῦ παρελθεῖν αὐτόν (4 c)
Jl. 2. 2. μετ' αὐτὸν οὐ προστεθήσεται (4 c)
Jn. 2. 5. προσθήσω τοῦ ἐπιβλέψαι [S[1] ἐπιστρ.] (4 c)
Na. 1. 15 (2. 1). οὐ μὴ προσθήσωσιν [A S -θῶσιν] ἔτι τοῦ διελθεῖν (4 c)
Ze. 3. 11. οὐκέτι μὴ προσθῇς τοῦ μεγαλαυχῆσαι (4 c)
Za. 14. 17. οὗτοι ἐκείνοις προστεθήσονται †
Is. 1. 5. τί ἔτι πληγῆτε προστιθέντες ἀνομίαν (4 c)
— 13. πατεῖν τὴν αὐλήν μου οὐ προσθήσεσθε (4 c)
7. 10. προσέθετο κύριος λαλῆσαι τῷ Ἄχαζ (4 c)
8. 5. προσέθετο Κύριος λαλῆσαί μοι ἔτι (4 c)
10. 20. οὐκέτι προστεθήσεται τὸ καταλειφθὲν Ἰσραήλ (4 c)
11. 11. προσθήσει ὁ κύριος τοῦ δεῖξαι (4 c)
14. 1. ὁ γειώρας προστεθήσεται πρὸς αὐτοὺς καὶ προστεθήσεται πρὸς [A ἐπὶ] τὸν οἶκον Ἰακώβ (5, 9)
23. 12. οὐκέτι μὴ προστεθῆτε [A S προσθ.] τοῦ ὑβρίζειν (4 c)
26. 15. πρόσθες αὐτοῖς κακά, κύριε, πρόσθες [S -θήσει] κακά (4 a, 4 a)
29. 14. προσθήσω τοῦ μεταθεῖναι (4 c)
30. 1. προσθεῖναι ἁμαρτίας ἐφ' ἁμαρτίας (8 a)
38. 5. προστίθημι πρὸς τὸν χρόνον σου ἔτη δέκα πέντε (4 c)
47. 1. οὐκέτι προστεθήσῃ κληθῆναι ἁπαλή (4 c)
50. 5 (4). προσέθηκέ μοι ὠτίον ἀκούειν †
51. 22. οὐ προσθήσῃ [S -σει] ἔτι πιεῖν αὐτό (4 c)
52. 1. οὐκέτι προστεθήσεται διελθεῖν διὰ σοῦ ἀπερίτμητος (4 c)
Je. 43 (36). 32. ἔτι προσετέθησαν αὐτῷ λόγοι πλείονες ὡς οὗτοι (4 b)
51. 33 (45. 3). προσέθηκε κύριος κόπον ἐπὶ πόνον μοι (4 a)

La. 4. 15. οὐ μὴ προσθῶσι τοῦ παροικεῖν (4 c)
— 16. οὐ προσθήσει ἐπιβλέψαι αὐτοῖς (4 c)
— 22. οὐ προσθήσει [A *add.* ἔτι] ἀποικίσαι (4 c)
Ez. 23. 5. A προσέθετο [B ἐπέθ.] ἐπὶ τοὺς ἐραστὰς αὐτῆς †
— 14. προσέθετο πρὸς τὴν πορνείαν αὐτῆς (4 c)
36. 12. οὐ μὴ προστεθῆτε [A -τεθήσεσθε] ἔτι ἀτεκνωθῆναι ἀπ' αὐτῶν (4 c)
37. 16. τοὺς υἱοὺς Ἰσρ. τοὺς προστεθέντας [A -κειμένους] πρὸς αὐτόν (3)
Da. LXX. 6. 28 (29). προσετέθη πρὸς τὸ γένος αὐ. –
10. 18. προσέθηκε καὶ ἥψατό μου (4 c)
Da. TH. 4. 33. μεγαλωσύνη περισσοτέρα προσετέθη μοι (4 d)
10. 18. προσέθετο καὶ ἥψατό μου (4 a)
11. 34. προστεθήσονται πρὸς [A ἐπ'] αὐτοὺς πολλοί (6)
Bel 1. προσετέθη πρὸς τοὺς πατέρας αὐ.
I Ma. 2. 43. προσετέθησαν αὐτοῖς
— 69. προσετέθη πρὸς τοὺς πατέρας αὐ.
3. 15. καὶ προσέθετο
— 41. S R προσετέθησαν [A -εγενήθ.] πρὸς αὐτούς
8. 1. S R ἐν πᾶσι τοῖς προστιθεμένοις [A -τεθειμ.] αὐτοῖς
— 1. A ὅσοι ἐὰν προστεθῶσιν αὐτοῖς
— 30. προσθεῖναι ἢ ἀφελεῖν
— 30. ὃ ἐὰν προσθῶσιν ἢ ἀφέλωσιν
9. 1. προσέθετο τὸν B. . . . ἀποστεῖλαι
— 72. οὐ προσέθετο ἔτι ἐλθεῖν εἰς τὰ ὅρια αὐ.
10. 30. τῶν τριῶν νομῶν τῶν προστιθεμένων αὐτῇ
— 38. τοὺς τρεῖς νομοὺς τοὺς προστεθέντας τῇ Ἰουδ.
— 38. προστεθήτω τῇ Ἰουδ.
— 88. προσέθετο δοξάσαι τὸν Ἰων.
11. 1. καὶ προσθεῖναι αὐτὴν τῇ βασ. αὐ.
— 34. προστεθήσαν τῇ Ἰουδ.
14. 30. προσετέθη πρὸς τὸν λαὸν αὐ.
[**Aq.** Ge. 30. 24: II Ki. 12. 8: Jb. 27. 1: 40. 27 (32): Ps. 40 (41). 9: 70 (71). 14: 119 (120). 3: Pr. 19. 19: Is. 11. 11: 26. 15: 29. 19: Je. 50 (27). 5.]
[**Sm.** Ge. 30. 24: II Ki. 12. 8: Jb. 13. 4: 23. 4: Ps. 60 (61). 7: 70 (71). 14: 119 (120). 3: Pr. 9. 2: Ca. 7. 9 (10): Is. 11. 11: 26. 15: 29. 19: Je. 50 (27). 5.]
[**Th.** Jd. 8. 28: 13. 1: II Ki. 12. 8: 24. 1: Jb. 27. 19: Pr. 19. 19: Is. 24. 20: 26. 15: 29. 19.]
[**Al.** Za. 2. 11 (15).]

πρόστιμον.
II Ma. 7. 36. τὰ πρ. τῆς ὑπερηφανίας ἀποίσῃ

πρόστομα (?). (1) אֶל־פְּנֵי
Ne. 2. 13. A B S καὶ πρόστομα [R πρὸς στόμα] πηγῆς (1)

προστρέπειν.
II Ma. 11. 7. A[1] προσετρέψατο [A[2] R προετρ.] τοὺς ἄλλους

προστρέχειν. (1) רוּץ
Ge. 18. 2. προσέδραμεν εἰς συνάντησιν αὐτοῖς (1)
33. 4. προσέδραμεν Ἡ. εἰς συνάντησιν αὐτῷ (1)
Nu. 11. 27. προσδραμὼν ὁ νεανίσκος (1)
To. 11. 9. προσδραμοῦσα Ἄννα [S *al.*]
— 10. προσέδραμεν αὐτῷ [S *al.*]
Pr. 18. 10. αὐτῷ δὲ προσδραμόντες δίκαιοι (1)

προστρίβειν.
[**Aq.** Ge. 3. 16 (15).]
[**Sm.** Pr. 6. 13.]

προσυμνεῖν.
II Ma. 15. 9. A προσυμνήσας [R προσυπομν.] δὲ αὐτούς

προσυμπλέκεσθαι. (1) גָּרָה hithpa.
Da. TH. 11. 10. A προσυμπλακήσονται [B συμπροσπλακήσεται] ἕως τῆς ἰσχύος αὐ. (1)

προσυπομιμνήσκειν.
II Ma. 15. 9. R προσυπομνήσας [A προσυμν.] δὲ αὐτούς

προσυστέλλεσθαι.
III Ma. 2. 29. εἰς τὴν προσυνεσταλμένην αὐθεντίαν

προσυψοῦν.
I Ma. 12. 36. προσυψῶσαι τὰ τείχη Ἱερ.

πρόσφατος. (1) זוּר (2) חָדָשׁ (3) לַח
Nu. 6. 3. σταφυλὴν πρόσφατον . . . οὐ φάγεται (3)
De. 32. 17. καινοὶ καὶ πρόσφατοι ἥκασιν (2?)
Ps. 80 (81). 9. οὐκ ἔσται ἐν σοὶ θεὸς πρ. (1)
Ec. 1. 9. οὐκ ἔστι πᾶν πρ. ὑπὸ τὸν ἥλιον (2)
Si. 9. 10. ὁ γὰρ πρ. οὐκ ἔστιν ἔφισος αὐτῷ

προσφάτως. (1) חָדָשׁ
De. 24. 5. ἐὰν δέ τις λάβῃ γυναῖκα πρ. (1)
Ju. 4. 3. πρ. ἦσαν ἀναβεβηκότες
— 5. πρ. ἦν τὰ πεδία αὐ. τεθερισμένα
Ez. 11. 3. οὐχὶ πρ. ᾠκοδόμηνται αἱ οἰκίαι †
II Ma. 14. 36. τόνδε τὸν πρ. κεκαθαρισμένον οἶκον

προσφέρειν. (1) בּוֹא hi. (2) זָבַח (3) נָגַשׁ hi. (4) נָשָׂא (5) עָלָה hi. (6) עָשָׂה (7) קָטַר hi. (8) *a.* קָרַב hi. *b.* קָרַב pa. *c.* aph. (9) רוּם hi. (10) שׁוּב hi. (11) מָצָא hi.
Ge. 4. 7. οὐκ ἐὰν ὀρθῶς προσενέγκῃς (4)
27. 25. καὶ προσήνεγκεν αὐτῷ (3)
— 31. προσήνεγκε τῷ πατρὶ αὐτοῦ (1)
43. 26. προσήνεγκαν αὐτῷ τὰ δῶρα (1)
Ex. 29. 3. προσοίσεις [B[1] -σει] αὐτὰ ἐπὶ τῷ κανῷ (8 a)
32. 6. προσήνεγκε θυσίαν σωτηρίου (3)
34. 26. B οὐ προσοίσεις [A R οὐχ ἑψήσεις] ἄρνα †
36. 3. προσεδέχοντο ἔτι τὰ προσφερόμ. †
— 6. ἐκωλύθη ὁ λαὸς ἔτι πρ. (1)
Le. 1. 2. A ἐὰν προσφέρῃ [B -αγάγῃ] δῶρα τῷ κ. (8 a)
— 2. προσοίσετε τὰ δῶρα ὑμῶν (8 a)
— 3. προσοίσει αὐτὸ δεκτόν (8 a)
— 5. προσοίσουσιν . . . τὸ αἷμα (8 a)
— 13. προσοίσει ὁ ἱερεὺς τὰ πάντα (8 a)
— 14. B ἐὰν δὲ . . . προσφέρῃς [A -ῃ, R -ει] δῶρον –
— 14. προσοίσει ἀπὸ τῶν τρυγόνων (8 a)
— 15. προσοίσει αὐτὸ [A *om.*] ὁ ἱερεύς (8 a)
2. 1. ἐὰν δὲ ψυχὴ προσφέρῃ δῶρον (8 a)
— 4. ἐὰν δὲ προσφέρῃ [A -ῃς] δῶρον (8 a)
— 8. προσοίσει τὴν θυσίαν (1)
— 8. προσοίσει πρὸς τὸν ἱερέα (8 a)
— 11. ἣν ἂν προσφέρητε κυρίῳ (8 a)
— 11. οὐ προσοίσετε ἀπ' αὐτοῦ (7)
— 12. προσοίσετε αὐτὰ κυρίῳ (8 a)
— 13. προσοίσετε κ. τῷ θεῷ ὑμῶν ἅλας (8 a)
— 14. ἐὰν δὲ προσφέρῃς [A -ῃ] θυσίαν (8 a)
— 14. προσοίσεις [A -σει] τὴν θυσίαν (8 a)
3. 6. ἄμωμον προσοίσει [A[1] -σεις] αὐτό (8 a)
— 9. προσοίσει . . . κάρπωμα τῷ θεῷ (8 a)
4. 23. προσοίσει τὸ δῶρον αὐτοῦ (1)
— 32. ἐὰν δὲ πρόβατον προσενέγκῃ (1)
— 32. θῆλυ ἄμωμον προσοίσει αὐτό (1)
6. 20 (13). B ὃ προσοίσουσι κυρίῳ (8 a)
— 33 (7. 3). πᾶν τὸ στέαρ αὐτοῦ προσοίσει (8 a)
— 38 (7. 8). ἧς προσφέρει αὐτός (8 a)
— 39 (7. 9). τοῦ ἱερέως τοῦ προσφέροντος αὐτήν (8 a)
7. 1 (11). ἣν προσοίσουσι κυρίῳ (8 a)
— 2 (12). ἐὰν μὲν περὶ αἰνέσεως προσφέρῃ αὐτήν (8 a)
— 2 (12). προσοίσει . . . ἄρτους ἐκ σεμιδάλεως (8 a)
— 3 (13). A[2] B προσοίσει τὰ δῶρα αὐτοῦ (8 a)
— 8 (18). οὐ δεχθήσεται αὐτῷ τῷ προσφέροντι αὐτό (8 a)
— 19 (29). ὁ προσφέρων θυσίαν σωτηρίου (8 a)
— 20 (30). προσοίσουσι τὰ καρπώμ. κυρίῳ (1)
— 20 (30). προσοίσει αὐτά (1)
— 23 (33). ὁ προσφέρων τὸ αἷμα τοῦ σωτηρίου (8 a)
— 28 (38). προσφέρειν τὰ δῶρα αὐτῶν (8 a)
8. 6. προσήνεγκε M. τὸν Ἀ. (8 a)
9. 2. προσένεγκε αὐτὰ ἔναντι κυρίου (8 a)
— 9. προσήνεγκαν . . . τὸ αἷμα (8 a)
— 12. προσήνεγκαν . . . τὸ αἷμα (11)
— 13. τὸ ὁλοκαύτωμα προσήνεγκαν (11)
— 15. προσήνεγκε τὸ δῶρον τοῦ λαοῦ (8 a)
— 16. προσήνεγκε τὸ ὁλοκαύτωμα (8 a)
— 17. προσήνεγκε τὴν θυσίαν (8 a)
— 18. προσήνεγκαν . . . τὸ αἷμα (11)
10. 1. προσήνεγκαν . . . πῦρ ἀλλότριον (8 a)
— 15. προσοίσουσιν ἀφόρισμα (1)
12. 6. προσοίσει ἀμνὸν ἐνιαύσιον (1)
— 7. προσοίσει ἔναντι κυρίου (8 a)
14. 23. καὶ προσοίσει αὐτά (1)
16. 9. καὶ προσοίσει περὶ ἁμαρτίας (6)
17. 4. A B ὥστε μὴ [R *om.*] προσενέγκαι δῶρον (8 a)

Le. 21. 6. τὰς γὰρ θυσίας κυρίου . . . προσφέρουσι (8 a)
— 8. τὰ δῶρα κ. τοῦ θ. ὑμῶν οὗτος προσφέρει (8 a)
— 17. οὐ προσελεύσεται πρ. [A -ρων] τὰ δῶρα (8 a)
— 21. τοῦ προσενεγκεῖν τὰς θυσίας (8 a)
— 21. τὰ δῶρα . . . οὐ προσελεύσεται προσενεγκεῖν (8 a)
22. 15. A ἃ αὐτοὶ προσφέρουσιν [B ἀφαιροῦσι] τῷ κ. (9)
— 18. ὃς ἂν προσενέγκῃ τὰ δῶρα αὐτοῦ (8 a)
— 18. ὅσα ἂν προσενέγκωσι τῷ θεῷ (8 a)
— 21. ὃς ἂν προσενέγκῃ θυσίαν σωτηρίου (8 a)
— 25. οὐ προσοίσετε τὰ δῶρα τοῦ θ. ὑμῶν (8 a)
23. 14. ἕως ἂν προσενέγκητε ὑμεῖς τὰ δῶρα (1)
— 15. ἧς ἂν προσενέγκητε τὸ δράγμα (1)
— 16. προσοίσετε θυσίαν νέαν τῷ κ. (8 a)
— 17. προσοίσετε ἄρτους ἐπίθεμα (1)
— 20. τῷ ἱερεῖ τῷ προσφέροντι αὐτά –
— 37. ὥστε προσενέγκαι καρπώματα τῷ κ. (8 a)
27. 9. ἀπὸ τῶν κτηνῶν τῶν προσφερομ. (8 a)
— 11. ἀφ' ὧν οὐ προσφέρεται [A -τε] ἀπ' αὐτῶν δῶρον (8 a)
Nu. 3. 4. προσφερόντων αὐτῶν πῦρ ἀλλότριον (8 a)
5. 9. ὅσα ἐὰν προσφέρωσι τῷ κ. (8 a)
— 15. προσοίσει [A οἴσει] τὸ δῶρον (1)
— 25. προσοίσει αὐτὴν πρὸς [A ἐπὶ] τὸ θυσιαστ. (8 a)
6. 13. προσοίσει αὐτὸς παρὰ τὰς θύρας (1)
— 16. προσοίσει ὁ ἱερεὺς ἔναντι κυρίου (8 a)
— 20. προσοίσει αὐτὰ ὁ ἱερεὺς ἐπίθεμα †
7. 2. προσήνεγκαν οἱ ἄρχοντες Ἰσρ. (8 a)
— 3. A προσήνεγκαν [B -ήγαγον] ἐναντίον τῆς σκηνῆς (8 a)
— 10. προσήνεγκαν . . . εἰς τὸν ἐγκαινισμόν (8 a)
— 10. προσήνεγκαν . . . τὰ δῶρα αὐτῶν (8 a)
— 11. προσοίσουσι τὰ δῶρα αὐτῶν (8 a)
— 12. ἦν ὁ προσφέρων ἐν τῇ ἡμέρᾳ τῇ πρώτῃ (8 a)
— 13. προσήνεγκε [S¹ -καν] τὸ δῶρον αὐτοῦ –
— 18. τῇ ἡμ. τῇ δευτ. προσήνεγκε Ναθ. (8 a)
— 19. προσήνεγκε [S¹ -καν] τὸ δῶρον αὐτοῦ (8 a)
9. 7. προσενέγκαι τὸ δῶρον κυρίῳ (8 a)
— 13. τὸ δῶρον κυρίῳ οὐ προσήνεγκε [A¹ -καν] (8 a)
15. 4. προσοίσει ὁ προσφέρων τὸ δῶρον αὐ. κυρίῳ θυσίαν (8 a, 8 a)
— 7. τὸ τρίτον τοῦ ἲν προσοίσετε (8 a)
— 9. προσοίσει . . . θυσίαν σεμιδάλεως (8 a)
— 13. προσενέγκαι καρπώματα (8 a)
16. 35. τοὺς προσφέροντας τὸ θυμίαμα (8 a)
— 38 (17. 3). προσηνέχθησαν ἔναντι κυρίου (8 a)
— 39 (17. 4). ὅσα προσήνεγκαν οἱ κατακεκαυμ. (8 a)
18. 15. ὅσα προσφέρουσι κυρίῳ (8 a)
26. 61. ἐν τῷ πρ. αὐτοὺς πῦρ ἀλλότριον (8 a)
28. 2. τὰ δῶρά μου . . . διατηρήσετε πρ. (8 a)
— 26. ὅταν προσφέρητε θυσίαν νέαν (8 a)
29. 8. προσοίσετε ὁλοκαυτώματα (8 a)
31. 50. προσενηνόχαμεν τὸ δῶρον κυρίῳ (8 a)
De. 17. 1. A οὐ προσοίσεις [B θύσεις] . . . μόσχον (2)
23. 18 (19). οὐ προσοίσεις μίσθωμα πόρνης (1)
Jd. 3. 17. προσήνεγκε τὰ δῶρα τῷ Ἐγ. (8 a)
— 18. προσφέρων τὰ δῶρα (8 a)
5. 25. προσήνεγκε [A -ήγγισεν] βούτυρον (8 a)
II Ki. 17. 29. καὶ προσήνεγκαν τῷ Δ. (3)
III Ki. 3. 1 (B), 4. 21 (A) (5. 1). B προσφέροντες [A -εγγίζοντες] δῶρα (3)
— 24. προσήνεγκαν τὴν μάχαιραν (1)
IV Ki. 16. 15. πρόσφερε τὴν ὁλοκαύτωσιν (7)
I Ch. 16. 1. προσήνεγκαν ὁλοκαυτώματα (8 a)
II Ch. 29. 7. ὁλοκαυτώματα οὐ προσήνεγκαν (5)
I Es. 1. 11. προσενεγκεῖν τῷ κυρίῳ
— 18. A προσενεχθῆναι [B προσαχθ.] τὰς θυσίας
4. 52. ἑπτὰ καὶ δέκα πρ. ἄλλα τάλαντα
5. 49. προσενέγκαι ἐπ' αὐτοῦ ὁλοκαυτώσεις
— 53. ἤρξαντο πρ. θυσίας τῷ θεῷ
6. 31. ὅπως προσφέρωνται σπονδαί
7. 7. προσήνεγκαν . . . ταύρους ἑκατόν
8. 15. ὥστε προσενεγκεῖν θυσίας
— 65. προσήνεγκαν θυσίας τῷ θεῷ
II Es. 6. 10. ἵνα ὦσιν προσφέροντες εὐωδίας (8 c)
— 17. προσήνεγκαν . . . μόσχους ἑκατόν (8 c)
7. 17. καὶ προσοίσεις αὐτά (8 b)
8. 35. προσήνεγκαν ὁλοκαυτώσεις (8 a)
Ju. 4. 14. προσέφερον [S προσφέροντες] τὴν ὁλοκαύτωσιν
9. 1. ἦν ἄρτι προσφερόμενον . . . τὸ θυμίαμα
12. 9. B προσηνέγκατο τὴν τροφὴν [A τρυφὴν] αὐ.
Jb. 1. 5. προσέφερε περὶ αὐτῶν θυσίας (5)
Ps. 71 (72). 10. αἱ νῆσοι δῶρα προσοίσουσι [S¹ -άξουσιν] (10)
Pr. 6. 8. ἧς τοὺς πόνους . . . προσφέρονται [A φέρ.] –
19. 24. B οὐδὲ τῷ στόματι οὐ μὴ προσενέγκῃ [A S -αγάγῃ, R -ενείκῃ] αὐτάς (10)
21. 27. καὶ γὰρ παρανόμως προσφέρουσιν αὐτάς (1)
Wi. 16. 21. τῇ δὲ τοῦ προσφερομένου ἐπιθυμίᾳ
Si. *prol.* 22. προσενέγκασθαί τινα [S¹ προεν.] σπουδήν
— 24. πολλὴν γὰρ ἀγρυπνίαν καὶ ἐπιστήμην προσενεγκάμενος
7. 9. ἐν τῷ προσενέγκαι με θεῷ ὑψίστῳ
32 (35). 2. ἀνταποδιδοὺς χάριν προσφέρων σεμίδαλιν
Am. 5. 25. μὴ σφάγια . . . προσηνέγκατέ μοι (3)
Ma. 1. 13. S² καὶ προσφέρετε [A B S¹ ἐὰν φέρητε] τὴν θυσίαν (1)
Je. 14. 12. ἐὰν προσενέγκωσιν ὁλοκαυτώματα (5)
Ep. Je. 41. προσενεγκάμενοι τὸν Βῆλον ἀξιοῦσι
Ez. 43. 23. προσοίσουσι μόσχον (8 a)
— 24. προσοίσετε ἐναντίον κυρίου (8 a)
44. 7. ἐν τῷ πρ. ὑμᾶς ἄρτους [A *add.* μου] (8 a)
— 15. τοῦ πρ. μοι θυσίαν (8 a)
— 27. προσοίσουσιν ἱλασμόν (8 a)
46. 4. τὰ ὁλοκαυτώμ. προσοίσει ὁ ἀφηγούμ. (8 a)
Da. LXX. 4. 34. τῷ ὑψίστῳ θυσίας προσοίσω –
— 34. προσφορὰν προσφέρετε αὐτῷ –
Da. TH. 7. 13. R προσηνέχθη αὐτῷ [B προσήχθη αὐ., A προσήγαγον αὐτόν] (8 c)
I Ma. 4. 56. προσήνεγκαν ὁλοκαυτώματα
7. 33. δεῖξαι αὐτῷ τὴν ὁλοκαύτωσιν τὴν προσφερομ. [S¹ προφ.]
12. 11. A R ἐφ' ὧν προσφέρομεν θυσιῶν [S -ίαν]
II Ma. 1. 8. προσηνέγκαμεν θυσίαν
3. 6. A καὶ μὴ προσενεγκεῖν [R -ήκειν] αὐτά
11. 18. ὅσα μὲν οὖν ἔδει καὶ τῷ βασ. προσενεχθῆναι
III Ma. 3. 10. καὶ πᾶν ἐκτενὲς προσοίσεσθαι
4. 17. R προσηνέγκαντο [A προην.] οἱ γραμματεῖς τῷ βασ.
7. 4. R προσφερόμενοι μή ποτε εὐσταθήσειν [A *al.*]
IV Ma. 11. 19. τοῖς νώτοις προσέφερον
[Sm. Is. 53. 7.]
[Th. Da. 7. 13.]
[Al. Le. 4. 4: 7. 15: Dt. 17. 1.]

προσφεύγειν.

[Sm. I Ki. 29. 3: Ez. 29. 16.]

προσφιλής.

Es. 5. 1. τὸ πρόσωπον αὐ. ἱλαρὸν ὡς προσφιλές [S προφ.]
Si. 4. 7. προσφιλῆ συναγωγῇ σεαυτὸν ποίει
20. 13. ὁ σοφὸς ἐν λόγῳ [A S -οις] ἑαυτὸν προσφιλῆ ποιήσει

προσφιλία.

[Aq. Ps. 44 (45). 1.]

προσφορά. (1) מִנְחָה (2) פָּנִים

III Ki. 7. 48. ἐφ' ἧς οἱ ἄρτοι τῆς πρ. (2)
I Es. 5. 52. μετὰ ταῦτα προσφορὰς ἐνδελεχισμοῦ
Ps. 39 (40). 6. προσφορὰν οὐκ ἠθέλησας (1)
Si. 14. 11. προσφορὰς κυρίῳ ἀξίως πρόσαγε
31 (34). 18. θυσιάζων ἐξ ἀδίκου προσφορὰ μεμωκημένη
— 19. οὐκ εὐδοκεῖ ὁ ὕψιστος ἐν προσφοραῖς ἀσεβῶν
32 (35). 1. ὁ συντηρῶν νόμον πλεονάζει προσφοράς [B² συμφ.]
— 6. προσφορὰ δικαίου λιπαίνει θυσιαστήριον
38. 11. λίπανον προσφορὰν ὡς μὴ ὑπάρχων
46. 16. ἐν προσφορᾷ ἀρνὸς γαλαθηνοῦ
50. 13. προσφορὰ κυρίου ἐν χερσὶν αὐτῶν
— 14. κοσμῆσαι προσφορὰν ὑψίστου παντοκράτορος
Da. LXX. 3. (38). οὐδὲ θυσία οὐδὲ προσφορά
4. 34. προσφορὰν προσφέρετε αὐτῷ –
Da. TH. 3. (38). A²B οὐδὲ προσφορὰ οὐδὲ θυμίαμα
[Aq., Th. Le. 1. 2.]
[Sm. Le. 1. 2: Ps. 140 (141). 2: Is. 57. 6: 66. 3: Je. 14. 12: Ez 20. 28.]
[Al. Le. 2. 1: 3. 16: 5. 12: 6. 18 (11): 7. 30: 8. 28: 23. 18: Nu. 5. 15: 16. 15.]

πρόσφορος.

[Sm. Is. 57. 6.]

προσφύγιον.

[Al. II Ki. 19. 42 (43).]

προσφύειν. (1) סְלֵק

Da. LXX. 7. 20. καὶ τοῦ ἑνὸς τοῦ ἄλλου τοῦ προσφυέντος (1)

προσφωνεῖν.

I Es. 2. 21. προσφωνῆσαι τῷ κυρίῳ βασ.
6. 6. μέχρις οὗ . . . προσφωνηθῆναι
— 22. προσφωνησάτω ἡμῖν περὶ τούτων
II Ma. 15. 15. διδόντα δὲ προσφωνῆσαι τάδε

προσχαίρειν. (1) שַׁעֲשֻׁעִים

Pr. 8. 30. ἐγὼ ἤμην ᾗ προσέχαιρε (1)

προσχεῖν. (1) זָרַק (2) שָׁפַךְ ni.

Ex. 24. 6. τὸ δὲ ἥμ. τοῦ αἵματος προσέχεε (1)
29. 16. προσχεεῖς πρὸς τὸ θυσιαστήριον (1)
— 21 (20). τὸ δὲ αἷμα τοῦ κριοῦ προσχεεῖς (1)
Le. 1. 5. προσχεοῦσι τὸ αἷμα (1)
— 11. προσχεοῦσιν . . . τὸ αἷμα αὐτοῦ (1)
3. 2, 8, 13. προσχεοῦσιν . . . τὸ αἷμα (1)
6. 32 (7. 2). καὶ τὸ αἷμα προσχεεῖ (1)
7. 4 (14). τῷ ἱερεῖ τῷ προσχέοντι τὸ αἷμα (1)
8. 18 (19), 23 (24). προσέχεε M. τὸ αἷμα (1)
9. 12. προσέχεεν ἐπὶ τὸ θυσιαστ. (1)
— 18. προσέχεε πρὸς τὸ θυσιαστ. (1)
17. 6. προσχεεῖ . . . τὸ αἷμα (1)
Nu. 18. 17. τὸ αἷμα αὐτῶν προσχεεῖς (1)
De. 12. 27. A R τὸ δὲ αἷμα . . . προσχεεῖς (2)
IV Ki. 16. 13. καὶ προσέχεε τὸ αἷμα (1)
— 15. A B πᾶν αἷμα . . . προσχεεῖς [R ἐκχ.] (1)
II Ch. 29. 22. προσέχεον ἐπὶ τὸ θυσιαστ. (1)
— 22. προσέχεαν [B¹ -ον] τὸ αἷμα (1)
35. 11. προσέχεαν οἱ ἱερεῖς τὸ αἷμα (1)
Ez. 43. 18. τοῦ . . . πρ. πρὸς αὐτὸ [A τὸ] αἷμα (1)
[Th. Ex. 29. 20.]

πρόσχεσις.

IV Ma. 15. 2. S κατὰ τὴν τοῦ τυράννου πρ. [A R ὑπόσχ.]

προσχρᾶσθαι.

Es. 8. 13. μὴ προσχρησάμενοι τοῖς ὑπὸ Ἀ. . . . ἀποσταλεῖσι γράμμασι

πρόσχωμα. (1) סֹלְלָה

II Ki. 20. 15. ἐξέχεαν πρόσχωμα [A πρόχ.] (1)
IV Ki. 19. 32. οὐ μὴ ἐκχέῃ πρὸς αὐτὴν πρόσχωμα (1)
Da. TH. 11. 15. ἐκχεεῖ πρόσχωμα (1)
[Aq. Is. 37. 33: Je. 6. 6: 32 (39). 24: 33 (40). 4: Ez. 4. 2: 17. 17: 21. 22 (27): 26. 8.]
[Sm. Is. 37. 33: Je. 6. 6: Ez. 4. 2.]
[Th. Is. 37. 33: Ez. 4. 2: 21. 22 (27): 26. 8.]

προσχωρεῖν. (1) נָפַל

I Ch. 12. 19. ἀπὸ Μαν. προσεχώρησαν πρὸς Δ. (1)
— 20. προσεχώρησαν αὐτῷ ἀπὸ Μαν. (1)
Je. 21. 9. προσχωρῆσαι πρὸς τοὺς Χαλδαίους (1)
I Ma. 10. 26. οὐ προσεχωρήσατε τοῖς ἐχθροῖς ἡ.

προσωθεῖν.

II Ma. 13. 6. τὸν ἱεροσυλίας ἔνοχον . . . προσωθοῦσιν εἰς ὄλεθρον

προσωπεῖον.

IV Ma. 15. 15. τὰς . . . σάρκας ὥσπερ προσωπεῖα [S¹ -ώτια] προκειμένας

πρόσωπον. (1) אֱנַף (2) אַף (3) מַרְאֶה (4) עֵינַיִם (5) פֶּה (6) פָּנִים (7) ἀπὸ προσώπου, ἀπὸ τοῦ πρ. *a.* מִפָּנִים *b.* מֵעַל פָּנִים *c.* מִלִּפְנֵי *d.* פָּנִים *e.* מֵאֵת פְּנֵי *f.* לִפְנֵי *g.* עַל אֹדוֹת *h.* מֵעִם פְּנֵי *i.* כְּנֶגֶד *j.* מִן קֳדָם (8) εἰς πρόσωπον, εἰς τὸ πρ. *a.* פָּנִים *b.* אֶל־פְּנֵי *c.* לִפְנֵי *d.* עַל־פְּנֵי *e.* בִּפְנֵי (9) ἐκ προσώπου, ἐκ τοῦ πρ. *a.* מִלִּפְנֵי *b.* מֵעִם פְּנֵי *c.* מֵאֵת פְּנֵי *d.* מִפְּנֵי *e.* לִפְנֵי *f.* מֵעַל פְּנֵי *g.* מִן קֳדָם (10) ἐκ τοῦ κατὰ πρόσωπον מִפְּנֵי (11) ἐν προσώπῳ לִפְנֵי (12) ἐπὶ προσώπου עַל פְּנֵי (13) ἐπὶ προσώπῳ עַל פְּנֵי (14) ἐπὶ πρόσωπον, ἐπὶ τὸ πρ. *a.* אַפַּיִם *b.* עַל פְּנֵי

c. אֶל פָּנִים d. לְפָנִים e. לְאַפַּיִם f. עַל אַפַּיִם g. פָּנִים h. עַל אֲנַף (15) **κατὰ πρόσωπον, κατὰ τὸ πρ.** a. מִפְּאַת פָּנִים b. עַל פָּנִים c. לְפָנִים d. אֶת פָּנִים e. אֶל מוּל פָּנִים f. מִמּוּל פָּנִים g. אֶל פָּנִים h. בְּפָנִים i. עַל שָׂפָה j. פָּנִים k. לְעֵינַיִם l. מִן קֳדָם m. נֶגֶד n. עַל אַפַּיִם o. פֵּאָה p. אֶל עֵבֶר פָּנִים (16) **τὰ κατὰ πρόσωπον** פֵּאָה (17) **κατὰ πρόσωπον ἔσω** פְּנִימָה (18) **πρὸ προσώπου, τὸ πρὸ προσώπου** a. לְפָנִים b. עַל פָּנִים c. מִפָּנִים d. כִּלְפָנִים e. פֵּאָה f. פָּנִים

Ge. 2. 6. ἐπότιζε πᾶν τὸ πρ. τῆς γῆς (6)
— 7. ἐνεφύσησεν εἰς τὸ πρ. αὐτοῦ (2)
3. 8. ἀπὸ προσώπου κ. τοῦ θ. (7 a)
— 19. ἐν ἱδρῶτι τοῦ πρ. σου (2)
4. 5. καὶ συνέπεσε τῷ πρ. (6)
— 6. ἵνα τί συνέπεσε τὸ πρ. σου (6)
— 14. ἀπὸ προσώπου τῆς γῆς καὶ ἀπὸ τοῦ πρ. σου (7 b, 6)
— 16. ἀπὸ προσώπου τοῦ θ. (7 c)
6. 7 : 7. 4. ἀπὸ προσώπου τῆς γῆς (7 b)
7. 23. ὃ ἦν ἐπὶ προσώπου πάσης τῆς γῆς (12)
8. 9. **A** ἐπὶ παντὶ πρ. [**R** πᾶν τὸ πρ.] πάσης τῆς γῆς (13 [14 b])
— 13. ἀπὸ προσώπου τῆς γῆς (7 d)
9. 23. τὸ πρ. αὐτῶν ὀπισθοφανές (6)
11. 4. ἐπὶ προσώπου πάσης τῆς γῆς (12)
— 8, 9. ἐπὶ πρόσωπον πάσης τῆς γῆς (14 b)
16. 6. **R** ἀπέδρα ἀπὸ προσώπου αὐτῆς (7 a)
— 8. **R** ἀπὸ προσώπου Σάρας τῆς κυρίας μου (7 a)
— 12. κατὰ πρόσωπον πάντων τῶν ἀδ. αὐτοῦ (15 b)
17. 3. ἔπεσεν Ἀ. ἐπὶ πρόσωπον αὐτοῦ (14 b)
— 17. ἔπεσεν Ἀ. ἐπὶ πρόσωπον (14 b)
18. 16. ἐπὶ πρόσωπον Σοδόμων (14 b)
19. 1. προσεκύνησε τῷ πρ. (2)
— 21. ἐθαύμασά σου τὸ πρ. (6)
— 28. ἐπέβλεψεν ἐπὶ πρόσωπον Σοδ. καὶ Γομ. (14 b)
— 28. ἐπὶ πρόσωπον τῆς γῆς τῆς περιχ. (14 b)
20. 16. εἰς τιμὴν τοῦ πρ. σου (4)
23. 8. θάψαι τὸν νεκρόν μου ἀπὸ προσώπου μου (7 c)
— 17. ὅς ἐστι κατὰ πρόσωπον Μαμβρῆ (15 c)
25. 18. ἥ ἐστι κατὰ πρόσωπον Αἰγ. (15 b)
— 18. κατὰ πρόσωπον πάντων τῶν ἀδ. αὐ. (15 b)
27. 30. ἀπὸ προσώπου Ἰσ. τοῦ πατρὸς αὐ. (7 e)
31. 2. εἶδεν Ἰ. τὸ πρ. Λάβαν (6)
— 5. ὁρῶ ἐγὼ τὸ πρ. τοῦ πατρὸς ὑμῶν (6)
32. 20 (21). ἐξιλάσομαι τὸ πρ. αὐτοῦ (6)
— 20 (21). ὄψομαι τὸ πρ. αὐτοῦ (6)
— 20 (21). προσδέξεται τὸ πρ. μου (6)
— 21 (22). προεπορεύοντο τὰ δῶρα κατὰ πρόσωπον αὐ. (15 b)
— 30 (31). εἶδον γὰρ θεὸν πρόσωπον πρὸς πρόσωπον (6, 6)
33. 10. εἶδον τὸ πρ. σου ὡς ἄν τις ἴδοι πρόσωπον θεοῦ (6, 6)
— 18. κατὰ πρόσωπον τῆς πόλεως (15 d)
35. 1. ἀπὸ προσώπου Ἠ. τοῦ ἀδ. σου (7 a)
— 7. ἀπὸ προσώπου Ἠ. τοῦ ἀδ. αὐτοῦ (7 a)
36. 6. ἀπὸ προσώπου Ἰ. τοῦ ἀδ. αὐτοῦ (7 a)
38. 15. κατεκαλύψατο γὰρ τὸ πρ. αὐτῆς (6)
40. 7. τί ὅτι τὰ πρ. ὑμῶν σκυθρωπά (6)
41. 46. **A** ἐξῆλθε δὲ Ἰ. ἐκ [**R** ἀπὸ] προσώπου Φ. (9 a [7 c])
— 56. ἐπὶ προσώπου πάσης τῆς γῆς (12)
42. 6. ἐπὶ πρόσωπον ἐπὶ τὴν γῆν (14 a)
43. 3. οὐκ ὄψεσθε τὸ πρ. μου (6)
— 5. οὐκ ὄψεσθέ μου τὸ πρ. (6)
— 26. ἐπὶ πρόσωπον ἐπὶ τὴν γῆν -
— 31. νιψάμενος τὸ πρ. (6)
44. 23. ἰδεῖν τὸ πρ. μου (6)
— 26. ἰδεῖν τὸ πρ. τοῦ ἀνθρ. (6)
— 29. ἐὰν οὖν λάβητε . . . ἐκ προσώπου μου (9 b)
46. 30. ἑώρακα τὸ πρ. σου (6)
48. 11. **A**^{2} **B** τοῦ πρ. σου οὐκ ἐστερήθην (6)
— 12. ἐπὶ πρόσωπον ἐπὶ τῆς γῆς (14 e)
50. 1. ἐπὶ τὸ πρ. [**A** τὸν τράχ.] τοῦ πατ. αὐ. (14 b)
Ex. 2. 15. ἀνεχώρησε δὲ Μ. ἀπὸ προσώπου Φ. (7 a)
3. 6. ἀπέστρεψε δὲ Μ. τὸ πρ. αὐτοῦ (6)
10. 11. ἐξέβαλον δὲ αὐτοὺς ἀπὸ προσώπου Φ. (7 e)
Ex. 10. 28. ἰδεῖν μου τὸ πρ. (6)
— 29. οὐκέτι ὀφθήσομαί σοι εἰς πρόσωπον (8 a)
14. 19. ἐξῆρε δὲ . . . ἀπὸ προσώπου αὐτῶν (7 a)
— 25. φύγωμεν ἀπὸ προσώπου Ἰσρ. (7 a)
16. 14. ἐπὶ πρόσωπον τῆς ἐρήμου (14 b)
23. 18. ὅταν γὰρ ἐκβάλω τὰ ἔθνη ἀπὸ προσώπου σου -
— 20. ἀποστέλλω . . . πρὸ προσώπου σου (18 a)
25. 19 (20). καὶ τὰ πρ. αὐτῶν εἰς ἄλληλα (6)
— 19 (20). εἰς τὸ ἱλαστ. ἔσονται τὰ πρ. τῶν χ. (6)
— 36 (37). φανοῦσιν ἐκ τοῦ ἑνὸς πρ. (6)
26. 9. κατὰ πρόσωπον τῆς σκηνῆς (15 e)
28. 25 (29). ἐπ᾽ ἀμφοτ. τοὺς ὤμους . . . κατὰ πρόσωπον -
— 33 (37). κατὰ πρόσωπον τῆς μίτρας ἔσται (15 e)
32. 34. προπορεύσεται πρὸ προσώπου σου (18 a)
33. 2. συναποστελῶ . . . πρὸ προσώπου [**A** πρότερόν] σου (18 a)
— 20. οὐ δυνήσῃ ἰδεῖν τὸ πρ. μου (6)
— 20. οὐ γὰρ μὴ ἴδῃ ἄνθρωπος τὸ πρ. μου -
— 23. τὸ δὲ πρ. μου οὐκ ὀφθήσεταί σοι (6)
34. 6. παρῆλθε κύριος πρὸ προσώπου αὐ. (18 b)
— 11. ἐκβάλλω πρὸ [**A** ἀπὸ] προσώπου ὑμῶν (18 c [7 a])
— 24. ὅταν γὰρ ἐκβάλω . . . πρὸ [**A** ἀπὸ] προσώπου σου (18 c [7 a])
— 29, 30. ἡ ὄψις τοῦ χρώματος τοῦ πρ. αὐτοῦ (6)
— 33. ἐπέθηκεν ἐπὶ τὸ πρ. αὐ. κάλυμμα (14 b)
— 35. εἶδον . . . τὸ πρ. Μ. (6)
— 35. κάλυμμα ἐπὶ τὸ πρ. ἑαυτοῦ (14 b)
36. 26 (39. 18). ἐπὶ τοὺς ὤμους . . . κατὰ πρόσωπον [**A** πρ. αὐ.] (15 e)
— 28 (39. 20). **A R** κατὰ πρόσωπον κατὰ τὴν συμβολήν (15 f)
38. 8 (37. 9). **A** κατὰ πρόσωπον αὐτῶν -
Le. 8. 9. ἐπέθηκεν . . . κατὰ πρόσωπον αὐτοῦ (15 e)
9. 24. ἔπεσαν ἐπὶ πρόσωπον (14 b)
10. 4. ἄρατε . . . ἐκ προσώπου τῶν ἁγίων (9 c)
— 18. κατὰ πρόσωπον ἔσω [**A** ἕως] φάγεσθε (17)
13. 41. ἐὰν δὲ κατὰ πρόσωπον μαδήσῃ (15 a)
16. 2. εἰς πρόσωπον τοῦ ἱλαστηρίου (8 b)
— 14, 15. κατὰ πρόσωπον τοῦ ἱλαστηρίου (15 c)
17. 10. ἐπιστήσω τὸ πρ. μου ἐπὶ τὴν ψυχήν (6)
18. 24. ἃ ἐγὼ ἐξαποστέλλω πρὸ προσώπου ὑμῶν (18 c)
19. 15. οὐ λήψῃ πρόσωπον πτωχοῦ οὐδὲ θαυμάσεις πρόσωπον δυνάστου (6, 6)
— 32. ἀπὸ πρ. πολιοῦ ἐξαναστήσῃ (7 a)
— 32. τιμήσεις πρόσωπον πρεσβυτέρου (6)
20. 3, 5. ἐπιστήσω τὸ πρ. μου ἐπὶ τὸν ἄνθρ. ἐκ. (6)
— 6. ἐπιστήσω τὸ πρ. μου ἐπὶ τὴν ψυχὴν ἐκ. (6)
26. 10. παλαιὰ ἐκ προσώπου νέων ἐξοίσετε (9 d)
— 17. ἐπιστήσω τὸ πρ. μου ἐφ᾽ ὑμᾶς (6)
Nu. 3. 38. κατὰ πρόσωπον τῆς σκηνῆς (15 c)
6. 25. ἐπιφάναι κύριος τὸ πρ. αὐτοῦ ἐπὶ σέ (6)
— 26. ἐπάραι κύριος τὸ πρ. αὐτοῦ ἐπὶ σέ (6)
8. 2, 3. κατὰ πρόσωπον τῆς λυχνίας (15 e)
12. 14. εἰ . . . ἐνέπτυσεν εἰς τὸ πρ. αὐ. (8 e)
14. 5. ἔπεσε Μ. . . . ἐπὶ πρόσωπον (14 b)
— 42. πρὸ προσώπου τῶν ἐχθρῶν ὑ. (18 a)
16. 4. ἔπεσεν ἐπὶ πρόσωπον (14 b)
— 22. ἔπεσαν ἐπὶ πρόσωπον αὐτῶν (14 b)
— 43 (17. 8). κατὰ πρόσωπον τῆς σκηνῆς τοῦ μαρτ. (15 g)
— 45 (17. 10). ἔπεσον ἐπὶ πρόσωπον αὐτῶν (14 b)
— 46 (17. 11) : 17. 9 (24). ἀπὸ προσώπου κυρίου (7 c)
19. 4. ἀπέναντι τοῦ πρ. τῆς σκηνῆς τοῦ μαρτ. (6)
— 16. ἐπὶ προσώπου [**A** -ον] τοῦ πεδίου (12 [14 b])
20. 6. ἀπὸ προσώπου τῆς συναγωγῆς (7 a)
— 6. ἔπεσον ἐπὶ πρόσωπον (14 b)
21. 11. ἥ ἐστι κατὰ πρόσωπον Μ. (15 b)
— 19 (20). τὸ βλέπον κατὰ πρόσωπον τῆς ἐρήμου (15 b)
22. 3. ἀπὸ προσώπου υἱῶν Ἰσρ. (7 a)
— 31. προσεκύνησε τῷ πρ. αὐτοῦ (2)
24. 1. ἀπέστρεψε τὸ πρ. αὐτοῦ (6)
27. 17. ἐξελεύσεται πρὸ προσώπου αὐτῶν (18 a)
— 17. εἰσελεύσεται πρὸ προσώπου αὐτῶν (18 a)
32. 21. ἕως ἂν ἐκτριβῇ . . . ἀπὸ προσώπου αὐτοῦ (7 a)
33. 52. ἀπολεῖτε . . . πρὸ προσώπου ὑμῶν (18 c)
— 55. ἐὰν δὲ μὴ ἀπολέσητε . . . ἀπὸ προσώπου ὑ. (7 a)
De. 1. 17. οὐκ ἐπιγνώσῃ πρόσωπον ἐν κρίσει (6)
— 17. οὐ μὴ ὑποστείλῃ πρόσωπον ἀνθρώπου (6)
De. 1. 21. παραδέδωκεν . . . πρὸ προσώπου ὑμῶν (18 a)
— 30. ὁ προπορευόμ. πρὸ προσώπου ὑμῶν (18 a)
2. 12. ἐξέτριψαν αὐτοὺς ἀπὸ προσώπου αὐτῶν (7 a)
— 21. ἀπώλεσεν αὐτοὺς κ. πρὸ [**A** ἀπὸ] προσώπου αὐ. (18 c [7 a])
— 22. ἐξέτριψαν τὸν Χ. ἀπὸ προσώπου αὐτῶν (7 a)
— 25. ἐπὶ πρόσωπον πάντων τῶν ἐθνῶν (14 b)
— 25. ὠδῖνας ἕξουσιν ἀπὸ προσώπου σου (7 a)
— 31. παραδοῦναι πρὸ προσώπου σου [**A** παρ. σοι] τὸν Σ. (18 a)
— 33. παρέδωκεν αὐτὸν . . . πρὸ προσώπου ἡμῶν (18 a)
3. 18. προπορεύεσθε πρὸ προσώπου τῶν ἀδ. ὑ. (18 a)
— 28. διαβήσεται πρὸ προσώπου τοῦ λαοῦ τ. (18 a)
4. 38. ἐξολεθρεῦσαι . . . πρὸ προσώπου σου (18 c)
5. 4. πρόσωπον κατὰ πρόσωπον ἐλάλησε (6, 6)
— 5. ἐφοβήθητε ἀπὸ προσώπου τοῦ π. (7 a)
— 7. θεοὶ ἕτ. πρὸ προσώπου μου [**A** al.] (18 b)
6. 15. μὴ . . . ἐξολεθρεύσῃ σε ἀπὸ προσώπου τῆς γῆς (7 b)
— 19. ἐκδιῶξαι . . . πρὸ προσώπου σου (18 c)
7. 1. καὶ ἐξάρῃ . . . ἀπὸ προσώπου σου (7 a)
— 6. ὅσα ἐπὶ προσώπου τῆς γῆς (12)
— 10. ἀποδιδοὺς τοῖς μισοῦσι κατὰ πρόσωπον (15 g)
— 10. κατὰ πρόσωπον ἀποδώσει αὐτοῖς (15 g)
— 19. οὓς σὺ φοβῇ ἀπὸ προσώπου αὐτῶν (7 a)
— 21. **A B**^{2} **R** οὐ τρωθήσῃ ἀπὸ προσώπου αὐ. (7 a)
— 22. καταναλώσει . . . ἀπὸ προσώπου σου (7 a)
— 24. οὐκ ἀντιστήσεται οὐδεὶς κατὰ πρόσωπόν σου (15 h)
8. 20. ἀπολλύει πρὸ προσώπου ὑμῶν (18 c)
9. 2. τίς ἀντιστήσεται κατὰ πρόσωπον υἱῶν Ἐ. (15 c)
— 3. προπορεύσεται πρὸ προσώπου σου (18 a)
— 3. ἀποστρέψει αὐτοὺς ἀπὸ [**A B**^{2} πρὸ] προσώπου σου (7 f [18 a])
— 4. ἐν τῷ ἐξαναλῶσαι . . . πρὸ [**B**^{1} ἀπὸ] προσώπου σου (18 d [7 c])
— 4. **A** ἐξολεθρεύσει αὐτοὺς πρὸ προσώπου σου (18 c)
— 5. ἐξολεθρεύσει αὐτοὺς ἀπὸ προσώπου σου (7 a)
10. 17. ὅστις οὐ θαυμάζει πρόσωπον (6)
11. 4. ὡς ἐπέκλυσε . . . ἐπὶ προσώπου αὐτῶν (12)
— 23. ἐκβαλεῖ . . . ἀπὸ προσώπου ὑμῶν (7 c)
— 25. οὐκ ἀντιστήσεται οὐδεὶς κατὰ πρόσωπον ὑ. (15 h)
— 25. ἐπιθήσει . . . ἐπὶ πρόσωπον [**A** -ου] π. τῆς γῆς (14 b [12])
12. 29. ἐὰν δὲ ἐξολεθρεύσῃ . . . ἀπὸ προσώπου σου (7 a)
— 30. μετὰ τὸ ἐξολεθρευθῆναι . . . ἀπὸ προσώπου σου (7 a)
14. 2. τῶν ἐθνῶν τῶν ἐπὶ προσώπου γῆς (12)
16. 19. οὐκ ἐπιγνώσονται πρόσωπον (6)
18. 12. **A R** ἐξολεθρεύσει . . . ἀπὸ πρωσώπου [**B** om.] σου (7 a)
20. 3. μηδὲ ἐκκλίνετε ἀπὸ προσώπου αὐτῶν (7 a)
— 19. εἰσελθεῖν ἀπὸ προσώπου σου (7 a)
22. 6. ἐὰν δὲ συναντήσῃς . . . πρὸ προσώπου σου (18 a)
23. 14 (15). παραδοῦναι . . . πρὸ προσώπου σου [**A** al.] (18 a)
25. 9. ἐμπτύσεται κατὰ [**A** εἰς τὸ] πρόσωπον αὐ. (15 h [8 e])
28. 7. συντετριμμένους πρὸ προσώπου σου (18 a)
— 7. φεύξονται ἀπὸ προσώπου σου (7 f)
— 25. φεύξῃ ἀπὸ προσώπου αὐτῶν (7 f)
— 50. ἔθνος ἀναιδὲς προσώπῳ ὅστις οὐ θαυμάσει πρόσωπον πρεσβύτου (6, 6)
— 60. ἣν διευλαβοῦ ἀπὸ προσώπου αὐτῶν (7 a)
30. 1. ἣν ἔδωκα πρὸ προσώπου σου (18 a)
— 15. δέδωκα πρὸ προσώπου σου (18 a)
— 19. δέδωκα πρὸ προσώπου ὑμῶν (18 a)
31. 3. ὁ προπορευόμ. πρὸ προσώπου σου (18 a)
— 3. ἐξολεθρεύσει . . . ἀπὸ προσώπου σου (7 c)
— 3. ὁ προπορευόμ. . . . πρὸ προσώπου σου (18 a)
— 6. μηδὲ πτοηθῇς ἀπὸ προσώπου αὐ. (7 a)
— 7. εἰσελεύσῃ πρὸ προσώπου τοῦ λαοῦ -
— 17, 18. ἀποστρέψω τὸ πρ. μου (6)
— 19. κατὰ πρόσωπον μαρτυροῦσα ἐν υἱοῖς Ἰσρ. [**A** al.] -
— 21. κατὰ πρόσωπον [**A** add. αὐτῶν] μαρτυροῦσα (15 c)
32. 20. ἀποστρέψω τὸ πρ. μου (6)
— 49. κατὰ πρόσωπον Ἱεριχώ (15 b)
33. 27. ἐκβαλεῖ ἀπὸ προσώπου σου ἐχθρόν (7 a)

De. 34. 1. ἥ ἐστιν ἐπὶ προσώπου [A -ον] Ἱερ. (12 [14 *b*])
— 10. πρόσωπον κατὰ πρόσωπον (6, 6)
Jo. 2. 10. κατεξήρανε ... ἀπὸ προσώπου ὑμῶν (7 *a*)
— 11. οὐκ ἔστη ... ἀπὸ προσώπου ὑμῶν (7 *a*)
3. 10. ὀλεθρεύσει ἀπὸ προσώπου ἡμῶν (7 *a*)
4. 5. προσαγάγετε ... πρὸ προσώπου κυρίου (18 *a*)
— 7. A² B ἐξέλιπεν ... ἀπὸ προσώπου κιβωτοῦ (7 *a*)
5. 1. ἀπὸ προσώπου τῶν υἱῶν Ἰσρ. (7 *a*)
— 14. Ἰ. ἔπεσεν ἐπὶ πρόσωπον (14 *c*)
6. 5. ἕκαστος κατὰ πρόσωπον (15 *m*)
7. 4. ἔφυγον ἀπὸ προσώπου ἀνδρῶν Γ. (7 *f*)
— 6. ἔπεσεν Ἰ. ... ἐπὶ πρόσωπον (14 *b*)
— 10. ἵνα τί ... πέπτωκας ἐπὶ πρόσωπόν σου (14 *b*)
— 12. κατὰ πρόσωπον τῶν ἐχθρῶν αὐ. (15 *c*)
— 12. A² κατὰ πρόσωπον [B ἔναντι] τῶν ἐχθρῶν αὐ. (15 *c*)
8. 5. φευξόμεθα ἀπὸ προσώπου αὐτῶν (7 *f*)
— 6. φεύγουσιν οὗτοι ἀπὸ προσώπου ἡμῶν (7 *f*)
— 10. ἀνέβησαν ... κατὰ πρόσωπον τοῦ λαοῦ (15 *c*)
— 15. ἀνεχώρησεν ... ἀπὸ προσώπου αὐτῶν (7 *f*)
9. 24. ἐξολεθρεῦσαι ... ἀπὸ προσώπου ὑμῶν (7 *a*)
— 24. ἐφοβήθημεν ... ἀπὸ προσώπου ὑμῶν (7 *a*)
10. 10. ἀπὸ προσώπου τῶν υἱῶν [A *om.* τ. υἱ.] Ἰσρ. (7 *f*)
— 11. ἀπὸ προσώπου τῶν υἱῶν Ἰσρ. (7 *a*)
— 12. ἀπὸ προσώπου υἱῶν [A *om.*] Ἰσρ. (7 *f*)
11. 6. μὴ φοβηθῇς ἀπὸ προσώπου αὐτῶν (7 *a*)
13. 3. τῆς κατὰ πρόσωπον Αἰγύπτου (15 *b*)
— 6. ἐξολεθρεύσω ἀπὸ προσώπου Ἰσρ. (7 *a*)
— 16. ἥ ἐστι κατὰ πρόσωπον φάραγγος Ἀρ. (15 *i*)
— 25. ἥ ἐστι κατὰ πρόσωπον Ἀ. (15 *b*)
15. 8. κατὰ πρόσωπον φάραγγος Ἐννόμ (15 *b*)
17. 7. ἥ ἐστι κατὰ πρόσωπον υἱῶν Ἀ. [A *al.*] (15 *b*)
18. 14. ἐπὶ πρόσωπον Βαιθωρών (14 *b*)
— 16. κατὰ πρόσωπον νάπης Σ. (15 *b*)
19. 11. ἥ ἐστι κατὰ πρόσωπον Ἰ. (15 *b*)
20. 6. A ἕως τῆς κατὰ πρόσωπον τῆς συναγ. (15 *c*)
23. 3. ὅσα ἐποίησε ... ἀπὸ προσώπου ἡμῶν (7 *a*)
— 5. ἐξολεθρεύσει ... ἀπὸ προσώπου ἡμῶν (7 *a*)
— 5. ἕως ἂν ἐξολεθρεύσῃ ... ἀπὸ προσώπου ὑμῶν (7 *c*)
— 9. ἐξολεθρεύσει ... ἀπὸ προσώπου ὑμῶν (7 *a*)
— 13. τοῦ ἐξολεθρεῦσαι ... ἀπὸ προσώπου ὑμῶν (7 *c*)
24. 8. ἐξωλεθρεύσατε ... ἀπὸ προσώπου ὑ. (7 *a*)
— 12. ἐξαπέστειλεν ... ἀπὸ προσώπου ἡ. (7 *a*)
— 18. ἐξέβαλε ... ἀπὸ προσώπου ἡμῶν (7 *a*)
Jd. 2. 3. ἐκ προσώπου ὑμῶν (9 *d*)
— 14. κατὰ πρόσωπον τῶν ἐχθρῶν αὐ. (15 *c*)
— 18. ἀπὸ [A πρὸ] προσώπου τῶν πολιορκούντων αὐτούς (7 *a* [18 *c*])
— 21. τοῦ ἐξᾶραι ἄνδρα ἐκ προσώπου αὐτῶν (9 *d*)
4. 19. A συνεκάλυψεν τὸ πρ. αὐτοῦ [B *al.*] –
5. 5. ἐσαλεύθησαν ἀπὸ προσώπου κυρίου ... ἀπὸ προσώπου κ. θεοῦ Ἰσρ. (7 *a*, 7 *a*)
6. 2. ἐποίησαν ἑαυτοῖς ἀπὸ προσώπου Μ. (7 *a*)
— 6. ἐπτώχευσεν Ἰ. ... ἀπὸ προσώπου Μ. (7 *a*)
— 7. ἐβόησαν ... ἀπὸ προσώπου Μ. [A *al.*] (7 *g*)
— 9. ἐξέβαλον αὐτοὺς ἐκ προσώπου ὑμῶν (9 *d*)
— 11. ἐκφυγεῖν ἀπὸ [A ἐκ] προσώπου τοῦ Μ. (7 *a* [9 *d*])
— 22. A R εἶδον ... πρόσωπον πρὸς [B *om.*] πρόσωπον (6, 6)
8. 28. A ἐνετράπη ... ἀπὸ προσώπου Ἰσρ. [B *al.*] (7 *f*)
9. 21. ᾤκησεν [A κατῴκ.] ... ἀπὸ προσώπου Ἀβ. (7 *a*)
— 39. A ἐξῆλθε Γ. ἀπὸ προσώπου τῶν ἀνδρ. Σ. [B *al.*] (7 *f*)
— 40. ἔφυγεν [A *om.*] ἀπὸ προσώπου αὐτοῦ (7 *a*)
11. 3. ἔφυγεν Ἰ. ἀπὸ [A ἐκ] προσώπου τῶν ἀδ. αὐ. (7 *a* [9 *d*])
— 23. ἀπὸ [A ἐκ] προσώπου λαοῦ αὐ. Ἰσρ. (7 *a* [9 *d*])
— 24. B ἀπὸ προσώπου ἡμῶν (7 *a*)
— 33. ἀπὸ προσώπου υἱῶν Ἰσρ. (7 *a*)
13. 20. ἔπεσον ἐπὶ πρόσωπον αὐτῶν (14 *b*)
16. 3. τοῦ [A ὅ ἐστιν] ἐπὶ προσώπου [A -ον] Χ. (12 [14 *b*])
18. 23. A ἐπέστρεψαν ... κατὰ [B τὸ] πρόσωπον αὐτῶν (15 *j* [6])
20. 2. ἐστάθησαν κατὰ πρόσωπον κυρίου [A *al.*] †

Jd. 20. 35. A ἐτρόπωσεν ... κατὰ πρόσωπον Ἰσρ. [B *al.*] (15 *c*)
Ru. 2. 10. ἔπεσεν ἐπὶ πρόσωπον αὐτῆς (14 *b*)
— 10. A καὶ προσεκύνησεν ἐπὶ πρόσωπον [B *om.* ἐπὶ πρ.] –
I Ki. 1. 14. πορεύου ἐκ προσώπου κυρίου –
— 18. τὸ πρ. αὐτῆς οὐ συνέπεσεν ἔτι (6)
— 22. ὀφθήσεται τῷ πρ. κυρίου (6)
2. 11. λειτουργῶν τῷ πρ. κυρίου –
4. 17. πέφευγεν ἀνὴρ Ἰσρ. ἐκ προσώπου ἀλλοφ. (9 *c*)
5. 3, 4. Δ. πεπτωκὼς ἐπὶ πρόσωπον αὐτοῦ (14 *d*)
7. 7. ἐφοβήθησαν ἀπὸ προσώπου ἀλλοφύλων (7 *a*)
8. 18. ἐκ προσώπου βασιλέως ὑμῶν (9 *a*)
9. 12. ἰδοὺ κατὰ πρόσωπον ὑμῶν (15 *c*)
13. 12. B τοῦ πρ. τοῦ κ. οὐκ ἐδεήθην (6)
14. 13. ἐπέβλεψαν κατὰ πρόσωπον Ἰ. (15 *c*)
— 25. κατὰ πρόσωπον τοῦ ἀγροῦ (15 *b*)
15. 7. ἐπάταξε Σ. τὸν Ἀ. ... ἐπὶ προσώπου Αἰγ. (12)
— 27. ἐπέστρεψε Σαμ. τὸ πρ. αὐτοῦ –
16. 7. A μὴ ἐπιστρέψῃς ἐπὶ τὸ πρ. αὐ. [B *al.*] (3)
— 7. ἄνθρωπος ὄψεται εἰς πρόσωπον (4)
— 8. παρῆλθε κατὰ πρόσωπον Σαμ. (15 *c*)
17. 24. A ἔφυγον ἐκ προσώπου αὐτοῦ (9 *d*)
— 49. ἔπεσεν ἐπὶ πρόσωπον αὐτοῦ (14 *b*)
18. 11. A ἐξέκλινεν Δ. ἀπὸ προσώπου αὐ. δίς (7 *a*)
— 12. ἐφοβήθη Σ. ἀπὸ προσώπου Δ. (7 *c*)
— 15. εὐλαβεῖτο ἀπὸ προσώπου αὐτοῦ (7 *a*)
— 16. ἐξεπορεύετο πρὸ προσώπου τοῦ λαοῦ (18 *a*)
19. 8. ἔφυγον ἐκ προσώπου αὐτοῦ (9 *d*)
— 10. ἀπέστη Δ. ἐκ προσώπου Σ. (9 *d*)
20. 15. ἕκαστον ἀπὸ προσώπου τῆς γῆς (7 *b*)
— 41. ἔπεσεν ἐπὶ πρόσωπον αὐτοῦ (14 *e*)
21. 6 (7). ἀλλ' ἢ ἄρτοι τοῦ πρ. [A προφήτου] οἱ ἀφῃρημένοι ἐκ προσώπου κυρίου (6, 9 *a*)
— 10 (11). ἔφυγεν ... ἐκ προσώπου Σ. (9 *d*)
— 12 (13). ἐφοβήθη σφόδρα ἀπὸ προσώπου Ἀ. (7 *a*)
— 13 (14). ἠλλοίωσε τὸ πρ. [A τὸν τρόπον] αὐ. †
22. 4. παρεκάλεσε τὸ πρ. τοῦ βασ. Μ. (6)
23. 5. ἔφυγον ἐκ προσώπου αὐτοῦ –
— 26. πορεύεσθαι ἀπὸ προσώπου Σ. (7 *a*)
24. 3. ζητεῖν τὸν Δ. ... ἐπὶ πρόσωπον Σ. (14 *b*)
— 9. ἔκυψε Δ. ἐπὶ πρόσωπον αὐτοῦ (14 *a*)
25. 10. ἐκ προσώπου τοῦ κυρίου αὐτοῦ (9 *d*)
— 23. ἔπεσεν ... ἐπὶ πρόσωπον αὐτῆς (14 *b*)
— 35. ᾑρέτισα τὸ πρ. σου (6)
— 41. προσεκύνησεν ... ἐπὶ πρόσωπον (14 *a*)
26. 1. κατὰ πρόσωπον τοῦ Ἰεσσ. (15 *b*)
— 3. τῷ ἐπὶ προσώπου τοῦ Ἰεσσ. (12)
— 20. ἐξ ἐναντίας προσώπου κυρίου (6)
28. 14. ἔκυψεν ἐπὶ πρόσωπον αὐτοῦ (14 *a*)
30. 16. ἐπὶ πρόσωπον πάσης τῆς γῆς (14 *b*)
31. 1. ἔφυγον ... ἐκ προσώπου τῶν ἀλλοφ. (9 *d*)
II Ki. 1. 2. A ἔπεσεν ἐπὶ πρόσωπον [B *om.* ἐ. πρ.] –
2. 22. πῶς ἀρῶ τὸ πρ. μου πρὸς Ἰωάβ (6)
— 24. ὅ ἐστιν ἐπὶ προσώπου Γαί (12)
3. 13. οὐκ ὄψει τὸ πρ. μου (6)
— 13. ἰδεῖν τὸ πρ. μου (6)
7. 9. ἐξωλέθρευσα ... ἀπὸ προσώπου σου (7 *a*)
— 15. ἀφ' ὧν ἀπέστησα ἐκ προσώπου μου (9 *a*)
— 23. τοῦ ἐκβαλεῖν σε ἐκ προσώπου τοῦ λαοῦ σου (9 *d*)
9. 6. ἔπεσεν ἐπὶ πρόσωπον αὐτοῦ (14 *b*)
10. 9. ἐκ τοῦ κατὰ πρόσωπον (10)
— 13. ἔφυγαν ἀπὸ προσώπου αὐτοῦ (7 *a*)
— 14. ἔφυγαν ἀπὸ προσώπου Ἀβ. (7 *a*)
— 18. ἔφυγε Σ. ἀπὸ προσώπου Ἰσρ. (7 *a*)
11. 11. ἐπὶ πρόσωπον τοῦ ἀγροῦ παρεμβάλλουσι (14 *b*)
14. 4. ἔπεσεν ἐπὶ πρόσωπον αὐτῆς (14 *f*)
— 7. ὥστε μὴ θέσθαι ... ἐπὶ προσώπου τῆς γῆς (12)
— 20. τὸ πρ. τοῦ ῥήματος τούτου (6)
— 22. ἔπεσεν Ἰ. ἐπὶ πρόσωπον αὐ. (14 *c*)
— 24. τὸ πρ. μου μὴ βλεπέτω (6)
— 24, 28. τὸ πρ. τοῦ βασ. οὐκ εἶδε (6)
— 32. τὸ πρ. τοῦ βασ. οὐκ εἶδον (6)
— 33. ἔπεσεν ἐπὶ πρόσωπον αὐτοῦ ... καὶ κατὰ πρόσωπον τοῦ βασ. (14 *f*, 15 *c*)
15. 14. οὐκ ἔστιν ἡμῖν σωτηρία ἀπὸ προσώπου Ἀβ. (7 *a*)
— 18. πορευόμενοι ἐπὶ πρόσωπον τοῦ βασ. (14 *b*)
— 23. παρεπορεύοντο ἐπὶ πρόσωπον ὁδὸν τὴν ἔρημον (14 *b*)
17. 11. τὸ πρ. σου πορευόμ. ἐν μέσῳ αὐτῶν (6)

II Ki. 17. 19. διεπέτασε ... ἐπὶ πρόσωπον τοῦ λάκκου (14 *b*)
18. 8. διεσπαρμένος ἐπὶ πρόσωπον πάσης τῆς γῆς (14 *b*)
— 28. προσεκύνησε τῷ βασ. ἐπὶ πρόσωπον αὐ. (14 *e*)
19. 4 (5). ἔκρυψε [A ἐπέκρ.] τὸ πρ. αὐτοῦ (6)
— 5 (6). A B τὸ πρ. [R τὰ πρ.] πάντων τῶν δούλων σου (6)
— 8 (9). εἰσῆλθε ... κατὰ πρόσωπον τοῦ βασ. (15 *c*)
— 18 (19). ἐπὶ πρόσωπον αὐ. ἐνώπιον [A *om.* αὐ. ἐ.] τοῦ βασ. (– [14 *d*])
21. 1. ἐζήτησε Δ. τὸ πρ. τοῦ κυρίου (6)
23. 11. ἔφυγεν ἐκ προσώπου ἀλλοφύλων (9 *d*)
24. 20. προσεκύνησε τῷ βασ. ἐπὶ πρόσωπον αὐ. (14 *a*)
III Ki. 1. 23. εἰσῆλθε κατὰ πρόσωπον [A τὸ πρ.] τοῦ βασ. (15 *c*)
— 23. προσεκύνησε τῷ βασ. κατὰ πρόσωπον αὐ. (15 *n*)
— 31. ἔκυψε Βηρσ. ἐπὶ πρόσωπον (14 *a*)
— 50. Ἀδ. ἐφοβήθη ἀπὸ προσώπου Σαλ. (7 *a*)
2. 7. ἐν τῷ με ἀποδιδράσκειν ἀπὸ προσώπου Ἀβ. (7 *a*)
— 14 (15). ἔθετο πᾶς Ἰσρ. τὸ πρ. αὐτοῦ (6)
— 15 (16). μὴ ἀποστρέψῃς τὸ πρ. σου (6)
— 16 (17). οὐκ ἀποστρέψει τὸ πρ. αὐτοῦ (6)
— 20. μὴ ἀποστρέψῃς τὸ πρ. σου (6)
— 29. ἐφοβήθην ἀπὸ προσώπου σου –
3. 15. κατὰ πρόσωπον τοῦ θυσιαστ. τοῦ κατὰ πρόσωπον κιβωτοῦ (15 *c*, –)
— 28. ἐφοβήθησαν ἀπὸ προσώπου τοῦ βασ. (7 *a*)
5. 3 (17). ἀπὸ προσώπου τῶν πολέμων (7 *a*)
6. 3. τὸ αἰλὰμ κατὰ πρόσωπον τοῦ ναοῦ (15 *b*)
— 3. A κατὰ πρόσωπον εἰς τὸ ὕψος τοῦ οἴκου (15 *b*)
— 3. κατὰ πρόσωπον τοῦ οἴκου (15 *b*)
— 19. κατὰ πρόσωπον τοῦ δαβίρ –
— 20. A εἰς πρόσωπον τοῦ δαβείρ (8 *c*)
— 20 (21). κατὰ πρόσωπον τοῦ δαβίρ (15 *c*)
— 36. B τοῦ οἴκου τοῦ κατὰ πρόσωπον τοῦ ναοῦ –
7. 36. ἐχόμενον ἕκαστον κατὰ πρόσωπον [A *add.* αὐτοῦ] ἔσω †
— 49. κατὰ πρόσωπον τοῦ δαβίρ (15 *c*)
— 6. ἐπὶ πρόσωπον αὐτῶν (14 *b*)
— 6. καὶ πάχος ἐπὶ πρόσωπον αὐ. (14 *b*)
— 12. A κατὰ πρόσωπον τοῦ ναοῦ –
8. 8. εἰς πρόσωπον τοῦ δαβίρ (8 *d*)
— 11. ἀπὸ προσώπου τῆς νεφέλης (7 *a*)
— 14. ἀπέστρεψεν ὁ βασ. τὸ πρ. αὐτοῦ (6)
— 22. κατὰ πρόσωπον τοῦ θυσιαστηρίου (15 *c*)
— 25. οὐκ ἐξαρθήσεταί σου ἀνὴρ ἐκ προσώπου μου (9 *a*)
— 31. κατὰ πρόσωπον τοῦ θυσιαστηρίου σου (15 *c*)
— 40. A ἐπὶ προσώπου πάσης [B *om.* πρ. π.] τῆς γῆς (12)
— 54. ἀπὸ προσώπου τοῦ θυσιαστηρίου κ. (7 *c*)
— 64. τὸ κατὰ πρόσωπον τοῦ οἴκου κυρίου (15 *c*)
9. 7. ἀπορρίψω ἐκ προσώπου μου (9 *f*)
— 25 (*cf.* 3. 1). A ἐθυμία αὐτὸς εἰς πρόσωπον κυρίου (8 *c*)
10. 24. ἐζήτουν τὸ πρ. Σαλ. (6)
11. 7. A ὃ ἐπὶ πρόσωπον Ἱερ. (14 *b*)
— 43 (B), 12. 2 (A). ἔφυγεν ἐκ προσώπου Σ. (9 *d*)
12. 8. τῶν παρεστηκότων πρὸ προσώπου αὐ. (18 *a*)
— 10. οἱ παρεστηκότες πρὸ προσώπου αὐ. –
— 30. ἐπορεύετο ... πρὸ προσώπου τῆς μιᾶς (18 *a*)
13. 6. B² R δεήθητι τοῦ πρ. [A τῷ πρ., B¹ *om.* τ. πρ.] κυρίου (6)
— 6. ἐδεήθη ... τοῦ πρ. κυρίου (6)
— 11. ἐπέστρεψαν τὸ πρ. τοῦ πατρὸς αὐτῶν –
— 34. εἰς ἀφανισμὸν ἀπὸ προσώπου τῆς γῆς (7 *b*)
14. 9. A ὅσοι ἐγένοντο εἰς πρόσωπόν σου (8 *c*)
— 24. ἀπὸ προσώπου υἱῶν Ἰσρ. (7 *a*)
17. 3. τοῦ ἐπὶ προσώπου τοῦ Ἰορδ. (12)
— 5. ἐκάθισεν ... ἐπὶ προσώπου [A -ον] τοῦ Ἰορδ. (12 [14 *b*])
— 14. A ἐπὶ προσώπου [B *om.*] τῆς γῆς (12)
18. 1. δώσω ὑετὸν ἐπὶ πρόσωπον τῆς γῆς (14 *b*)
— 7. καὶ ἔπεσεν ἐπὶ πρόσωπον αὐτοῦ (14 *b*)
— 39. ἔπεσε ... ἐπὶ πρόσωπον αὐ. [A *al.*] (14 *b*)
— 42. ἔθηκε τὸ [A *om.*] πρ. αὐ. ἀνὰ μέσον τῶν γον. (6)
19. 13. ἐπεκάλυψε τὸ πρ. αὐτοῦ (6)
20 (21). 4. συνεκάλυψε τὸ πρ. αὐτοῦ (6)
— 26. ἀπὸ προσώπου υἱῶν Ἰσρ. (7 *a*)
— 27. κατενύγη Ἀχ. ἀπὸ προσώπου τοῦ κ. †
— 29. κατενύγη Ἀχ. ἀπὸ προσώπου μου (7 *c*)
IV Ki. 1. 15. μὴ φοβηθῇς ἀπὸ προσώπου αὐ. (7 *a*)
3. 14. εἰ μὴ πρόσωπον Ἰ. ... λαμβάνω (6)
— 24. ἔφυγον ἀπὸ προσώπου αὐτῶν (7 *a*)

IV Ki. 4. 29. ἐπιθήσεις . . . ἐπὶ πρόσωπον τοῦ παιδαρίου (14 *b*)
— 31. ἐπέθηκεν . . . ἐπὶ πρόσωπον τοῦ παιδαρίου (14 *b*)
— 44. A ἔδωκεν εἰς πρόσωπον αὐτῶν (8 *c*)
5. 1. καὶ τεθαυμασμένος προσώπῳ (6)
— 15. A ἔστη εἰς πρόσωπον [B *om.* εἰς πρ., A ἐνώπιον] αὐτοῦ (8 *c*)
— 27. ἐξῆλθεν ἐκ προσώπου [A τοῦ πρ.] αὐτοῦ (9 *a*)
6. 32. ἀπέστειλεν ἄνδρα πρὸ προσώπου αὐ. (18 *d*)
8. 11. καὶ παρέστη τῷ πρ. αὐτοῦ (6)
— 15. περιέβαλεν ἐπὶ τὸ πρ. αὐτοῦ (14 *b*)
9. 7. ἐξολεθρεύσεις . . . ἐκ προσώπου σου –
— 14. ἀπὸ προσώπου Ἀζ. βασιλέως Σ. (7 *a*)
— 32. ἐπῆρε τὸ πρ. αὐτοῦ (6)
— 37. ὡς κοπρία ἐπὶ προσώπου τοῦ ἀγροῦ (12)
10. 4. οὐκ ἔστησαν κατὰ πρόσωπον αὐτοῦ (15 *c*)
11. 2. ἔκρυψεν αὐτὸν ἀπὸ προσώπου Γ. (7 *a*)
— 18. κατὰ πρόσωπον τῶν θυσιαστ. (15 *c*)
12. 17 (18). ἔταξεν Ἀζ. τὸ πρ. αὐτοῦ (6)
13. 4. ἐδεήθη Ἰ. τοῦ πρ. κυρίου (6)
— 14. B ἔκλαυσεν ἐπὶ προσώπου [A R -ον] αὐ. (12 [14 *b*])
— 23. οὐκ ἀπέρριψεν αὐτοὺς ἀπὸ τοῦ πρ. αὐ. (7 *b*)
14. 8. ὀφθῶμεν προσώποις (6)
— 11. ὤφθησαν προσώποις (6)
— 12. ἔπταισεν Ἰ. ἀπὸ προσώπου Ἰσρ. (7 *f*)
16. 3. ἀπὸ προσώπου τῶν υἱῶν Ἰσρ. (7 *a*)
— 14. προσήγαγε τὸ πρ. τοῦ οἴκου (6 ?)
— 18. ἀπὸ προσώπου βασιλέως Ἀσσ. (7 *a*)
17. 8. ἐκ [A ἀπὸ] προσώπου υἱῶν Ἰσρ. (9 *d* [7 *a*])
— 11. ἃ ἀπῴκισεν κ. ἐκ [A ἀπὸ] προσώπου αὐ. (9 *d* [7 *a*])
— 18. ἀπέστησεν αὐτοὺς ἀπὸ τοῦ πρ. αὐ. (7 *b*)
— 20. ἀπέρριψεν αὐτοὺς ἀπὸ προσώπου αὐ. (7 *a*)
— 23. μετέστησε κ. τὸν Ἰσρ. ἀπὸ προσώπου αὐ. (7 *b*)
18. 24. πῶς ἀποστρέψεις τὸ πρ. τοπάρχου ἑνός (6)
19. 6. A μὴ φοβοῦ ἀπὸ προσώπου [B *om.*] τῶν λόγων (7 *a*)
— 15. A προσηύξατο . . . εἰς πρόσωπον κυρίου (8 *c*)
21. 2. ἀπὸ προσώπου τῶν υἱῶν Ἰσρ. (7 *a*)
— 9. ἐκ προσώπου υἱῶν Ἰσρ. (9 *d*)
— 13. καταστρέφεται ἐπὶ πρόσωπον αὐ. (14 *b*)
22. 19. ἐνετράπης ἀπὸ προσώπου [B^{1} ἐν. τὸ πρ.] κυρίου (7 *a* [6])
23. 13. τὸν οἶκον τὸν ἐπὶ πρόσωπον Ἱερ. (14 *b*)
— 27. ἀποστήσω ἀπὸ τοῦ πρ. μου (7 *b*)
24. 3. ἀποστῆσαι αὐτὸν ἀπὸ τοῦ [A *om.*] πρ. αὐ. (7 *b*)
— 20. ἀπέρριψεν αὐτοὺς ἀπὸ προσώπου αὐ. (7 *b*)
25. 19. τῶν ὁρώντων τὸ πρ. τοῦ βασ. (6)
— 26. ἐφοβήθησαν ἀπὸ προσώπου τῶν Χ. (7 *a*)
I Ch. 5. 25. οὓς ἐξῆρεν ὁ θ. ἀπὸ προσώπου αὐ. (7 *a*)
10. 1. ἔφυγον ἀπὸ προσώπου ἀλλοφύλων (7 *a*)
11. 13. ἔφυγεν ἀπὸ προσώπου ἀλλοφύλων (7 *a*)
12. 1. ἔτι συνεχομένου ἀπὸ προσώπου Σ. (7 *a*)
— 8. πρόσωπον λέοντος πρόσωπα αὐτῶν (6, 6)
16. 4. ἔταξε κατὰ πρόσωπον τῆς κιβωτοῦ (15 *c*)
— 11. ζητήσατε τὸ πρ. αὐ. διὰ παντός (6)
— 27. δόξα . . . κατὰ πρόσωπον αὐτοῦ (15 *c*)
— 29. ἐνέγκατε κατὰ πρόσωπον [S τὸ πρ.] αὐτοῦ (15 *c*)
— 30. φοβηθήτω ἀπὸ προσώπου αὐτοῦ (7 *c*)
— 33. εὐφρανθήσεται . . . ἀπὸ προσώπου κυρίου (7 *c*)
17. 8. ἐξωλέθρευσα . . . ἀπὸ προσώπου σου (7 *a*)
— 21. τοῦ ἐκβαλεῖν ἀπὸ προσώπου λαοῦ σου (7 *a*)
— 25. τοῦ προσεύξασθαι κατὰ πρόσωπόν σου (15 *c*)
19. 10. τοῦ πολεμεῖν πρὸς αὐτὸν κατὰ πρόσωπον (15 *j*)
— 15. ἔφυγον . . . ἀπὸ προσώπου Ἀβ. καὶ ἀπὸ προσώπου Ἰ. (7 *a*, –)
— 18. ἔφυγε Σύρος ἀπὸ προσώπου Ἰσρ. (7 *c*)
— 19. ἐπταίκασιν ἀπὸ προσώπου Ἰσρ. (7 *f*)
21. 12. φεύγειν σε ἐκ προσώπου ἐχθρῶν σου (7 *a*)
— 16. ἔπεσε . . . ἐπὶ πρόσωπον αὐτῶν (14 *b*)
— 21. προσεκύνησε τῷ Δ. τῷ πρ. ἐπὶ τὴν γῆν (2)
— 30. ἀπὸ προσώπου τῆς ῥομφαίας ἀγγέλου κυρίου (7 *a*)
28. 8. κατὰ πρόσωπον πάσης ἐκκλησίας κυρίου (15 *k*)
29. 11. ἀπὸ προσώπου σου ταράσσεται πᾶς βασ. –
II Ch. 1. 13. πρὸ [A ἀπὸ] προσώπου τῆς σκηνῆς (18 *d* [7 *c*])
3. 4. κατὰ πρόσωπον τοῦ οἴκου μῆκος ἐπὶ πρόσωπον πλάτους τοῦ οἴκου (15 *b*, 14 *b*)
— 8. μῆκος αὐτοῦ ἐπὶ πρόσωπον (14 *b*)

II Ch. 3. 13. καὶ τὰ πρ. αὐτῶν εἰς τὸν οἶκον (6)
— 17. κατὰ πρόσωπον τοῦ ναοῦ (15 *b*)
4. 20. κατὰ πρόσωπον τοῦ δαβίρ (15 *c*)
5. 9. εἰς πρόσωπον τοῦ δαβίρ (8 *d*)
— 14. ἀπὸ προσώπου τῆς νεφέλης (7 *a*)
6. 3. ἐπέστρεψεν ὁ βασ. τὸ πρ. αὐτοῦ (6)
— 16. οὐκ ἐκλείψει σοι ἀνὴρ ἀπὸ προσώπου μου (7 *c*)
— 31. ἐπὶ προσώπου [A *add.* πάσης] τῆς γῆς (12)
— 36. παραδώσεις αὐτοὺς κατὰ πρόσωπον ἐχθρῶν (15 *c*)
— 42. A R μὴ ἀποστρέψῃς τὸ πρ. τοῦ χριστοῦ [B *om.* τ. χρ.] σου (6)
7. 3. ἔπεσον ἐπὶ πρόσωπον (14 *a*)
— 14. καὶ ζητήσωσι τὸ πρ. μου (6)
— 20. ἀποστρέψω ἐκ [A ἀπὸ] προσώπου μου (9 *f* [7 *b*])
9. 23. ἐζήτουν τὸ πρ. Σαλ. (6)
10. 2. ἔφυγεν ἀπὸ προσώπου Σαλ. (7 *a*)
12. 5. τοὺς συναχθέντας . . . ἀπὸ προσώπου Σ. (7 *a*)
13. 7. οὐκ ἀντέστη κατὰ πρόσωπον αὐτοῦ (15 *c*)
— 8. κατὰ πρόσωπον βασιλείας κυρίου (15 *c*)
— 16. ἔφυγον . . . ἀπὸ προσώπου Ἰ. (7 *a*)
19. 7. οὐδὲ θαυμάσαι πρόσωπον (6)
— 11. καὶ οἱ Λ. πρὸ προσώπου ὑμῶν (18 *a*)
20. 3. ἔδωκεν Ἰωσ. τὸ πρ. αὐτοῦ (6)
— 5. κατὰ πρόσωπον τῆς αὐλῆς τῆς καινῆς (15 *c*)
— 7. ἀπὸ προσώπου τοῦ λαοῦ σου Ἰσρ. (7 *c*)
— 15. ἀπὸ προσώπου τοῦ ὄχλου τοῦ πολλοῦ τ. (7 *a*)
— 18. κύψας Ἰωσ. ἐπὶ πρόσωπον αὐτοῦ (14 *a*)
22. 11. ἔκρυψεν αὐτὸν ἀπὸ προσώπου Γοθ. (7 *a*)
25. 17. A R ὀφθῶμεν προσώποις (6)
— 22. ἐτροπώθη Ἰ. κατὰ πρόσωπον Ἰσρ. (15 *c*)
28. 3. ἀπὸ προσώπου υἱῶν Ἰσρ. (7 *a*)
29. 6. ἀπέστρεψαν τὸ πρ. (6)
30. 9. οὐκ ἀποστρέψει τὸ πρ. αὐ. (6)
32. 2. καὶ τὸ [A κατὰ] πρ. αὐ. τοῦ πολεμῆσαι (6 [15 *j*])
— 7. μὴ πτοηθῆτε ἀπὸ προσώπου βασ. Ἀ. καὶ ἀπὸ προσώπου παντὸς τοῦ ἔθνους (7 *a*, 7 *c*)
— 21. ἀπέστρεψε μετὰ αἰσχύνης προσώπου [A *al.*] (6)
33. 2. ἀπὸ προσώπου τῶν υἱῶν Ἰσρ. (7 *a*)
— 9. ἀπὸ προσώπου υἱῶν Ἰσρ. (7 *a*)
— 12. ἐζήτησε τὸ πρ. θεοῦ τοῦ κ. αὐ. (6)
— 12. ἀπὸ προσώπου θεοῦ πατέρων αὐ. (7 *c*)
34. 4. τὰ [A *om.*] κατὰ πρόσωπον αὐ. θυσιαστήρια (15 *c*)
— 4. ἔρριψεν ἐπὶ πρόσωπον τῶν μνημάτων (14 *b*)
— 27. ἐταπεινώθης ἀπὸ προσώπου μου (7 *c*)
35. 19. ἀποστήσω ἀπὸ προσώπου μου –
— 22. οὐκ ἀπέστρεψεν Ἰ. τὸ πρ. αὐ. (6)
36. 5. τοῦ ἀποστῆναι αὐτὸν ἀπὸ προσώπου αὐ. –
— 12. οὐκ ἐνετράπη ἀπὸ προσώπου Ἱερ. (7 *c*)
I Es. 4. 39. οὐκ ἔστι . . . λαμβάνειν πρόσωπα
— 58. ἄρας τὸ πρ. εἰς τὸν οὐρανόν
8. 74. ἐντέτραμμαι κατὰ πρόσωπόν σου
II Es. 7. 14. ἀπὸ προσώπου τοῦ βασ. (7 *j*)
9. 6. ὑψῶσαι . . . τὸ πρ. μου πρὸς σέ (6)
— 7. καὶ ἐν αἰσχύνῃ προσώπου ἡμῶν (6)
10. 6. ἀπὸ προσώπου οἴκου τοῦ θεοῦ (7 *c*)
Ne. 1. 11. S^{2} μὴ ἀποστρέψῃς τὸ πρ. σου –
2. 2. διὰ τί τὸ πρ. σου πονηρόν (6)
— 3. διὰ τί οὐ μὴ γένηται πονηρὸν τὸ πρ. μου (6)
4. 9 (3). προφύλακας . . . ἀπὸ προσώπου αὐτῶν (7 *a*)
— 14 (8). μὴ φοβηθῆτε ἀπὸ προσώπου αὐ. (7 *a*)
5. 15. ἀπὸ προσώπου φόβου θεοῦ (7 *a*)
8. 6. προσεκύνησαν . . . ἐπὶ πρόσωπον (14 *a*)
10. 33 (34). εἰς ἄρτους τοῦ πρ. †
To. 2. 9. τὸ πρ. μου ἀκάλυπτον ἦν [S *al.*]
3. 6. S ἀπὸ προσώπου τῆς γῆς
— 6. μὴ ἀποστρέψῃς τὸ πρ. σου
— 12. τὸ πρ. μου εἰς σὲ δέδωκα [S *al.*]
4. 7. A B μὴ ἀποστρέψῃς τὸ πρ. σου
— 7. A B οὐ μὴ ἀποστραφῇ τὸ πρ. τοῦ θεοῦ
12. 16. ἔπεσον ἐπὶ πρόσωπον
13. 6. οὐ μὴ κρύψῃ τὸ πρ. αὐτοῦ
14. 10. S ἀπέδωκεν ὁ θ. τὴν τιμίαν κατὰ πρόσωπον αὐ.
Ju. 1. 7. κατὰ πρόσωπον παραλίας
— 11. ἐν ἀτιμίᾳ πρὸ προσώπου [A^{3} ἀπὸ πρ., S προσώπων] αὐ.
2. 5. ἐξελεύσῃ ἐκ τοῦ [S *om.*] πρ. μου
— 7. καλύψω πᾶν τὸ πρ. τῆς γῆς
— 14. ἐξῆλθεν Ὀλ. ἀπὸ προσώπου τοῦ κυρίου αὐ.
— 19. καλύψαι πᾶν τὸ πρ. τῆς γῆς

Ju. 2. 21. ἐπὶ πρόσωπον τοῦ πεδίου B.
— 23. τοὺς [S^{1} *om.*] κατὰ πρόσωπον τῆς ἐρήμου
— 25. κατὰ πρόσωπον τῆς Ἀραβίας
3. 2. καθὼς ἀρεστόν ἐστι τῷ [S^{1} ἐν] πρ. [S^{2} *om.* τῷ πρ.] σου
— 3. A B S^{1} παράκεινται πρὸ προσώπου σου
— 9. ἦλθε κατὰ πρόσωπον Ἐσ.
4. 2. ἐφοβήθησαν . . . ἀπὸ προσώπου αὐ.
— 6. κατὰ πρόσωπον τοῦ πεδίου τοῦ πλησίον [S *om.* τ. π. τ. πλ.] Δωθ.
— 11. ἔπεσον [A ἐπέθεντο] κατὰ πρόσωπον τοῦ ναοῦ
— 11. ἐξέτειναν τοὺς σάκκους αὐ. κατὰ πρόσωπον κυρίου
— 13. κατὰ πρόσωπον τῶν ἁγίων κυρίου
5. 8. ἐξέβαλον αὐτοὺς ἀπὸ προσώπου τῶν θ. αὐ.
— 10. ἐκάλυψε γὰρ τὸ πρ. τῆς γῆς Χ. λιμός
— 12. ἐξέβαλον αὐτοὺς . . . ἀπὸ προσώπου αὐτῶν
— 16. ἐξέβαλον ἐκ προσώπου αὐ. τὸν Χαν.
6. 3. ἐξολεθρεύσει αὐτοὺς ἀπὸ προσώπου τῆς γῆς
— 4. κατὰ πρόσωπον [A *add.* τῶν ποδῶν] ἡμῶν
— 5. οὐκ ὄψῃ ἔτι [S *om.*] τὸ πρ. μου
— 9. μὴ συμπεσέτω σου τὸ πρ.
— 19. ἐπίβλεψον ἐπὶ τὸ πρ. τῶν ἡγιασμ. σοι
7. 4. ἐκλείξουσιν οὗτοι τὸ πρ. τῆς γῆς πάσης
— 6. κατὰ πρόσωπον τῶν υἱῶν Ἰσρ.
— 15. οὐκ ἀπήντησαν [A οὐχ ὑπ.] τῷ πρ. σου
— 18. ἐκάλυψαν [S ἐπεκ.] πᾶν τὸ πρ. τῆς γῆς
8. 15. πρὸ προσώπου τῶν ἐχθρῶν ἡμῶν
9. 1. ἔπεσεν ἐπὶ πρόσωπον
10. 7. ἦν ἠλλοιωμένον τὸ πρ. αὐτῆς
— 12. ἀποδιδράσκω ἀπὸ προσώπου αὐτῶν
— 13. ἔρχομαι εἰς τὸ [S *om.*] πρ. Ὀλοφέρνου
— 13. δείξω πρὸ προσώπου αὐτοῦ ὁδόν
— 14. κατενόησαν τὸ πρ. αὐτῆς
— 15. A B καταβῆναι εἰς πρόσωπον τοῦ κυρίου [S *al.*]
— 23. ὡς δὲ ἦλθε κατὰ πρόσωπον αὐτοῦ Ἰ.
— 23. ἐπὶ τῷ κάλλει τοῦ πρ. αὐτῆς
— 23. καὶ πεσοῦσα ἐπὶ πρόσωπον
11. 5. λαλησάτω . . . κατὰ πρόσωπόν σου
— 11. ἐπιπεσεῖται θάν. ἐπὶ πρόσωπον [A S -ου] αὐ.
— 13. τοῖς παρεστηκόσιν . . . ἀπέναντι τοῦ πρ. τοῦ θ.
— 16. A B ἀπέδρων ἀπὸ προσώπου αὐτῶν
— 21. A B γυνὴ . . . ἐν καλῷ πρ. καὶ συνέσει λόγων
12. 12. A B αἰσχρὸν τῷ πρ. ἡμῶν
— 13. A B ἐξῆλθε B. ἀπὸ προσώπου Ὀλ.
— 13. A B δοξασθῆναι κατὰ πρόσωπον αὐτοῦ
13. 1. A B τοὺς παρεστῶτας ἐκ προσώπου τοῦ κυρίου
— 4. A B ἀπῆλθοσαν πάντες ἐκ προσώπου [A *add.* αὐτῆς]
— 16. ἠπάτησεν αὐτὸν τὸ πρ. μου
14. 3. φεύξονται ἀπὸ προσώπου ὑμῶν [S *om.*]
— 6. ἔπεσεν ἐπὶ πρόσωπον
— 7. προσεκύνησε τῷ πρ. αὐτῆς
15. 2. μένων κατὰ πρόσωπον τοῦ πλησίον
16. 7. ἐν κάλλει προσώπου αὐτῆς
— 8. A B S^{2} ἠλείψατο τὸ [A^{1} *om.*] πρ. αὐτῆς
— 15. ἀπὸ προσώπου σου . . . τακήσονται
— 20. κατὰ πρόσωπον τῶν ἁγίων
Es. 4. 5. S^{2} κατὰ πρόσωπον τῆς πύλης τῆς πόλεως –
5. 1. καὶ τὸ πρ. αὐτῆς ἱλαρόν
— 1. τὸ πρ. αὐ. πεπυρωμένον [S^{1} -πληρωμένη] δόξῃ
— 2. τὸ πρ. σου χαρίτων μεστόν
7. 8. διετράπη τῷ πρ. (6)
8. 13. τὸ δεύτ. τοῦ βασιλικοῦ θρόνου πρ.
— 15. S^{2} ἐκ προσώπου τοῦ βασ. (9 *a*)
9. 2. S^{2} κατὰ πρόσωπον αὐτῶν (15 *h*)
Jb. 1. 11. εἰς πρόσωπόν σε εὐλογήσει (8 *d*)
— 12. A ἐξῆλθεν ὁ διάβολος ἀπὸ προσώπου [B S παρὰ τοῦ] κυρίου (7 *h*)
2. 5. εἰς πρόσωπόν σε εὐλογήσει (8 *b*)
4. 15. πνεῦμα ἐπὶ πρόσωπόν μου ἐπῆλθεν (14 *b*)
6. 28. εἰσβλέψας [A ἐμβλ.] εἰς πρόσωπα ὑμῶν (6)
9. 24. πρόσωπα κριτῶν αὐ. συγκαλύπτει (6)
— 27. συγκύψας τῷ πρ. στενάξω (6)
11. 15. ἀναλάμψει σου τὸ πρ. (6)
13. 10. εἰ δὲ καὶ κρυφῇ πρόσωπα [A -ον] θαυμάσεσθε [A -σετε] (6)
— 20. ἀπὸ τοῦ πρ. σου οὐ [S *om.*] κρυβήσομαι (7 *a*)
14. 20. ἐπέστησας αὐτῷ τὸ πρ. (6)
15. 27. ἐκάλυψε τὸ πρ. αὐτοῦ ἐν στέατι αὐτοῦ (6)
16. 9 (8). κατὰ πρόσωπόν μου ἀνταπεκρίθη (15 *h*)
17. 12. A B S^{2} φῶς ἐγγὺς ἀπὸ προσώπου σκότους (7 *a*)

Jb. 18. 17. ὑπάρχει ὄνομα αὐτῷ ἐπὶ πρόσωπον ἐξωτέρω (14 *b*)
19. 8. ἐπὶ πρόσωπόν [S -ου, A δὲ ἀτραπούς] μου σκότος ἔθετο †
21. 31. τίς ἀπαγγελεῖ ἐπὶ προσώπου [A S^2 -ον] αὐτοῦ τὴν ὁδὸν αὐτοῦ (12 [14 *b*])
22. 8. ἐθαύμασας δέ τινων πρόσωπον [A S^2 -πα] (6)
23. 15. ἀπὸ προσώπου αὐ. κατασπουδασθῶ (7 *a*)
— 17. πρὸ [A *om.*] προσώπου [A -ον] δέ μου ἐκάλυψε γνόφος [A σκότος] (18 *c* [6])
24. 15. ἀποκρυβὴν προσώπου ἔθετο [A *al.*] (6)
— 18. ἐλαφρός ἐστιν ἐπὶ πρόσωπον [A -ου] ὕδατος (14 *b* [12])
26. 9. A B S^2 ὁ κρατῶν πρόσωπον θρόνου (6)
— 10. πρόσταγμα ἐγύρωσεν ἐπὶ πρόσωπον ὕδατος (14 *b*)
29. 24. φῶς τοῦ πρ. μου οὐκ ἀπέπιπτεν (6)
30. 10. A B S^2 ἀπὸ δὲ προσώπου μου οὐκ ἐφείσαντο πτύελον (7 *a*)
— 11. χαλινὸν τοῦ πρ. [S τῷ πρ.] μου (6)
32. 22. οὐ γὰρ ἐπίσταμαι θαυμάσαι πρόσωπα [A S -ον] †
33. 26. εἰσελεύσεται δὲ προσώπῳ ἱλαρῷ [A S^2 καθαρῷ] (6)
34. 19. ὃς οὐκ ἐπαισχυνθῇ πρόσωπον ἐντίμου . . . θαυμασθῆναι πρόσωπα [S -ον, A τὰ πρ.] αὐ. (6, †)
— 29. κρύψει πρόσωπον καὶ τίς ὄψεται αὐτόν (6)
38. 30. πρόσωπον δὲ ἀσεβοῦς τίς ἔπτηξε (6)
40. 8 (13). τὰ δὲ πρ. αὐτῶν ἀτιμίας ἔμπλησον (6)
41. 4 (5). τίς ἀποκαλύψει [A ἀνακ.] πρόσωπον ἐνδύσεως αὐτοῦ (6)
— 5 (6). πύλας προσώπου αὐτοῦ τίς ἀνοίξει (6)
42. 8. πρόσωπον αὐτοῦ λήψομαι (6)
Ps. 1. 4. ὃν ἐκρίπτει ὁ ἄνεμος ἀπὸ προσώπου τῆς γῆς –
3. *tit.* ὁπότε ἀπεδίδρασκεν ἀπὸ προσώπου Ἀβεσσαλώμ (7 *a*)
4. 6. ἐσημειώθη ἐφ' ἡμῖν τὸ φῶς τοῦ πρ. σου (6)
9. 3. ἀπολοῦνται ἀπὸ προσώπου σου (7 *a*)
— 26 (10. 5). ἀνταναιρεῖται τὰ κρίματά σου ἀπὸ προσώπου αὐτοῦ (7 *i*)
— 32 (10. 11). ἀπέστρεψε τὸ πρ. αὐτοῦ (6)
10 (11). 8. εὐθύτητα εἶδε τὸ πρ. αὐ. (6)
12 (13). 1. ἕως πότε ἀποστρέψεις τὸ πρ. σου ἀπ' ἐμοῦ (6)
15 (16). 11. πληρώσεις με εὐφροσύνης μετὰ τοῦ πρ. σου (6)
16 (17). 2. ἐκ προσώπου σου τὸ κρίμα μου ἐξέλθοι (9 *a*)
— 9. ἀπὸ προσώπου ἀσεβῶν τῶν ταλαιπωρησάντων με (7 *a*)
— 15. ὀφθήσομαι τῷ πρ. σου (6)
17 (18). 8. A S R πῦρ ἀπὸ προσώπου [B πῦρ ἐναντίον] αὐτοῦ κατεφλόγισεν (5)
— 42. ὡς χνοῦν κατὰ πρόσωπον ἀνέμου (15 *b*)
20 (21). 6. εὐφρανεῖς αὐτὸν ἐν χαρᾷ μετὰ τοῦ πρ. σου (6)
— 9. εἰς καιρὸν τοῦ πρ. σου (6)
— 12. ἑτοιμάσεις τὸ πρ. αὐτῶν (6)
21 (22). 24. οὐδὲ ἀπέστρεψε τὸ πρ. αὐτοῦ (6)
23 (24). 6. ζητούντων τὸ πρ. τοῦ θεοῦ Ἰακώβ (6)
26 (27). 8. ἐξεζήτησα τὸ πρ. σου τὸ πρ. σου, κύριε, ζητήσω (6, 6)
— 9. μὴ ἀποστρέψῃς τὸ πρ. σου ἀπ' ἐμοῦ (6)
29 (30). 7. ἀπέστρεψας δὲ τὸ πρ. σου (6)
30 (31). 16. ἐπίφανον τὸ πρ. σου ἐπὶ τὸν δοῦλόν σου (6)
— 20. ἐν ἀποκρύφῳ τοῦ πρ. σου (6)
— 22. ἀπέρριμμαι ἀπὸ προσώπου [S^1 *om.*] τῶν ὀφθαλμῶν σου (7 *i*)
33 (34). *tit.* ὁπότε ἠλλοίωσε τὸ πρ. αὐτοῦ †
— 5. τὰ πρ. ὑμῶν οὐ μὴ καταισχυνθῇ (6)
— 16. πρόσωπον δὲ κυρίου ἐπὶ ποιοῦντας κακά (6)
34 (35). 5. ὡσεὶ χνοῦς κατὰ πρόσωπον ἀνέμου (15 *c*)
37 (38). 3. ἀπὸ προσώπου τῆς ὀργῆς σου . . . ἀπὸ προσώπου τῶν ἁμαρτιῶν μου (7*a*, 7*a*)
— 5. ἀπὸ προσώπου τῆς ἀφροσύνης μου (7 *a*)
41 (42). 2. καὶ ὀφθήσομαι τῷ πρ. τοῦ θεοῦ (6)
— 5. σωτήριον τοῦ πρ. μου [S^1 σου] (6)
— 11. ἡ σωτηρία [A S^2 σωτήριον] τοῦ πρ. μου (6)
42 (43). 5. σωτήριον τοῦ πρ. μου (6)
43 (44). 3. καὶ ὁ φωτισμὸς τοῦ πρ. σου (6)
— 15. ἡ αἰσχύνη τοῦ πρ. μου ἐκάλυψέ με (6)
— 16. ἀπὸ προσώπου [S^1 φόβου] ἐχθροῦ (7 *a*)
— 24. ἵνα τί τὸ [A *om.*] πρ. σου ἀποστρέφεις (6)
44 (45). 12. τὸ πρ. σου λιτανεύσουσιν (6)
Ps. 45 (46). 5. βοηθήσει αὐτῇ ὁ θ. τῷ πρ. [A B^3 S^2 *al.*] †
49 (50). 21. B S^1 παραστήσω κατὰ πρόσωπόν σου [S^2 σου τὰς ἁμαρτίας σου] (15 *k*)
50 (51). 9. ἀπόστρεψον τὸ πρ. σου (6)
— 11. μὴ ἀπορρίψῃς με ἀπὸ τοῦ πρ. σου (7 *c*)
54 (55). 21. ἀπὸ ὀργῆς τοῦ πρ. αὐτοῦ (5)
56 (57). *tit.* ἐν τῷ αὐτὸν ἀποδιδράσκειν ἀπὸ προσώπου Σαούλ (7 *a*)
— 6. ὤρυξαν πρὸ προσώπου μου βόθρον (18 *a*)
59 (60). 4. τοῦ φυγεῖν ἀπὸ προσώπου τόξου (7 *a*)
60 (61). 3. πύργος ἰσχύος ἀπὸ προσώπου ἐχθροῦ (7 *a*)
66 (67). 1. ἐπιφάναι τὸ πρ. αὐτοῦ ἐφ' ἡμᾶς (6)
67 (68). 1. φυγέτωσαν οἱ μισοῦντες αὐτὸν ἀπὸ προσώπου αὐτοῦ (7 *a*)
— 2. ὡς τήκεται κηρὸς ἀπὸ προσώπου πυρὸς οὕτως ἀπόλοιντο οἱ ἁμαρτωλοὶ ἀπὸ προσώπου τοῦ θεοῦ (7 *a*, 7 *a*)
— 4. ταραχθήσονται ἀπὸ προσώπου αὐτοῦ (7 *f* ?)
— 8. οἱ οὐρανοὶ ἔσταξαν ἀπὸ προσώπου τοῦ θεοῦ (7 *a*)
— 8. A B S^2 ἀπὸ προσώπου τοῦ θεοῦ Ἰσραήλ (7 *a*)
68 (69). 7. ἐκάλυψεν ἐντροπὴ τὸ πρ. μου (6)
— 17. B^2 S R μὴ ἀποστρέψῃς τὸ πρ. σου (6)
— 29. B S^1 ἡ σωτηρία τοῦ πρ. [S^2 *om.* τοῦ πρ.] σου ἀντελάβετό μου –
77 (78). 55. ἐξέβαλεν ἀπὸ προσώπου αὐτῶν ἔθνη (7 *a*)
79 (80). 3, 7. ἐπίφανον τὸ πρ. σου (6)
— 16. ἀπὸ ἐπιτιμήσεως τοῦ πρ. σου ἀπολοῦνται (6)
— 19. ἐπίφανον τὸ πρ. σου (6)
81 (82). 2. πρόσωπα ἁμαρτωλῶν λαμβάνετε (6)
82 (83). 13. ὡς καλάμην κατὰ πρόσωπον ἀνέμου [S^1 πυρός] (15 *c*)
— 16. A πλήρωσον τὰ πρ. αὐ. ἀτιμίας καὶ ζητήσουσι τὸ πρ. [B S ὄνομά] σου (6, †)
83 (84). 9. ἐπίβλεψον ἐπὶ τὸ πρ. τοῦ χριστοῦ σου (14 *g*)
87 (88). 14. ἀποστρέφεις τὸ πρ. σου ἀπ' ἐμοῦ (6)
88 (89). 14. ἔλεος καὶ ἀλήθεια προπορεύσονται πρὸ προσώπου σου (18 *f*)
— 15. ἐν τῷ φωτὶ τοῦ πρ. σου πορεύσονται (6)
— 23. συγκόψω ἀπὸ προσώπου αὐτοῦ τοὺς ἐχθροὺς αὐτοῦ [A μου] (7 *a*)
89 (90). 8. εἰς φωτισμὸν τοῦ πρ. σου (6)
94 (95). 2. προφθάσωμεν τὸ πρ. αὐτοῦ (6)
95 (96). 9. σαλευθήτω ἀπὸ προσώπου αὐτοῦ πᾶσα ἡ γῆ (7 *a*)
— 13. ἀγαλλιάσονται . . . πρὸ [A S^2 ἀπὸ] προσώπου κυρίου (18 *a* [7 *f*])
96 (97). 5. ἐτάκησαν ἀπὸ προσώπου κυρίου ἀπὸ προσώπου κυρίου [S *om.*] πάσης τῆς γῆς (7 *c*, 7 *c*)
97 (98). 8. A S^2 ἀπὸ προσώπου κυρίου (7 *f*)
101 (102). 2. μὴ ἀποστρέψῃς τὸ πρ. σου ἀπ' ἐμοῦ (6)
— 10. ἀπὸ προσώπου τῆς ὀργῆς σου (7 *a*)
103 (104). 15. τοῦ ἱλαρῦναι πρόσωπον ἐν ἐλαίῳ (6)
— 29. ἀποστρέψαντος δέ σου τὸ πρ. (6)
— 30. ἀνακαινιεῖς τὸ πρ. τῆς γῆς (6)
104 (105). 4. ζητήσατε τὸ πρ. αὐτοῦ διὰ παντός (6)
113 (114). 7. ἀπὸ προσώπου κυρίου ἐσαλεύθη ἡ γῆ ἀπὸ προσώπου τοῦ θεοῦ Ἰ. (7 *c*, 7 *c*)
118 (119). 58. ἐδεήθην τοῦ πρ. σου (6)
— 135. τὸ πρ. σου ἐπίφανον ἐπὶ τὸν δοῦλόν σου (6)
131 (132). 10. μὴ ἀποστρέψῃς τὸ πρ. τοῦ χριστοῦ σου (6)
138 (139). 7. ἀπὸ τοῦ [S *om.*] πρ. σου ποῦ φύγω (7 *a*)
139 (140). 13. A S^2 κατοικήσουσιν εὐθεῖς σὺν [B S^1 ἐν] τῷ πρ. σου (6)
142 (143). 7. μὴ ἀποστρέψῃς τὸ πρ. σου ἀπ' ἐμοῦ (6)
147. 6 (17). κατὰ πρόσωπον ψύχους αὐτοῦ (15 *c*)
Pr. 2. 6. ἀπὸ προσώπου αὐτοῦ γνῶσις καὶ σύνεσις (5)
4. 3. ἀγαπώμενος ἐν προσώπῳ μητρός (11)
7. 13. ἀναιδεῖ δὲ προσώπῳ προσεῖπεν αὐτῷ (6)
— 15. ποθοῦσα τὸ σὸν πρ. εὕρηκά σε (6)
8. 30. εὐφραινόμην ἐν προσώπῳ αὐτοῦ (11)
15. 13. καρδίας εὐφραινομένης πρόσωπον θάλλει (6)
17. 24. πρόσωπον συνετὸν ἀνδρὸς σοφοῦ (6)
18. 5. θαυμάσαι πρόσωπον ἀσεβοῦς οὐ καλόν (6)
19. 6. πολλοὶ θεραπεύουσι πρόσωπα βασιλέων (6)
21. 29. ἀσεβὴς ἀνὴρ ἀναιδῶς ὑφίσταται προσώπῳ (6)
22. 26. μὴ δίδου σεαυτὸν εἰς ἐγγύην αἰσχυνόμενος πρόσωπον –
24. 38 (23). A B αἰδεῖσθαι πρόσωπον ἐν κρίσει οὐ καλόν (6)
25. 5. κτεῖνε ἀσεβεῖς ἐκ προσώπου βασιλέως (9 *e*)
Pr. 25. 7. ἢ ταπεινῶσαί [S -ωθῆναί] σε ἐν προσώπῳ δυνάστου (11)
— 23. πρόσωπον δὲ ἀναιδὲς γλῶσσαν ἐρεθίζει (6)
27. 17. ἀνὴρ δὲ παροξύνει πρόσωπον ἑταίρου (6)
— 19. ὥσπερ οὐχ ὅμοια πρόσωπα προσώποις (6, 6)
28. 21. ὃς οὐκ αἰσχύνεται πρόσωπα δικαίων (6)
29. 5. ὃς παρασκευάζεται ἐπὶ πρόσωπον τοῦ ἑαυτοῦ φίλου †
— 26. πολλοὶ θεραπεύουσι πρόσωπα ἡγουμένων (6)
Ec. 2. 26. πρὸ προσώπου αὐτοῦ ἔδωκε σοφίαν (18 *a*)
— 26. τοῦ δοῦναι τῷ ἀγαθῷ πρὸ προσώπου τοῦ θεοῦ (18 *a*)
3. 14. ἵνα φοβηθῶσιν ἀπὸ προσώπου αὐτοῦ (7 *c*)
5. 1. τοῦ ἐξενέγκαι λόγον πρὸ προσώπου τοῦ θεοῦ (18 *a*)
— 5. μὴ εἴπῃς πρὸ προσώπου [S τὸ πρ.] τοῦ θεοῦ (18 *a* [6])
7. 4 (3). A S ἐν κακίᾳ προσώπου ἀγαθυνθήσεται καρδία [B *om.*] (6)
— 27 (26). ἀγαθὸς πρὸ προσώπου τοῦ θεοῦ ἐξαιρεθήσεται ἀπ' αὐτῆς (18 *a*)
8. 1. σοφία ἀνθρώπου φωτιεῖ πρόσωπον [S τὸ πρ.] αὐτοῦ [A *om.*] (6)
— 1. ἀναιδὴς προσώπῳ αὐτοῦ μισηθήσεται (6)
— 3. ἀπὸ προσώπου αὐτοῦ πορεύσῃ (7 *a*)
— 12. ὅπως φοβῶνται ἀπὸ προσώπου αὐ. (7 *c*)
— 13. ὃς οὐκ ἔστι φοβούμενος ἀπὸ προσώπου τοῦ θεοῦ (7 *c*)
9. 2 (1). τὰ πάντα πρὸ προσώπου [S^1 πρὸς πρόσωπον] αὐτῶν (18 *a* [6])
10. 5. ἐξῆλθεν ἀπὸ προσώπου ἐξουσιάζοντος (7 *c*)
— 10. αὐτὸς πρόσωπον ἐτάραξε (6)
11. 1. A B^2 S R ἀπόστειλον τὸν ἄρτον σου ἐπὶ πρόσωπον τοῦ ὕδατος (14 *b*)
Ca. 7. 4 (5). σκοπεύων πρόσωπον Δαμασκοῦ (6)
Wi. 4. 19. B^2 ῥήξει αὐτοὺς ἀφώνους πρηνεῖς ἐπὶ πρόσωπον [A B^1 S R *om.* ἐ. πρ.]
5. 1. στήσεται . . . κατὰ πρόσωπον τῶν θλιψάντων αὐτόν
6. 7. οὐ γὰρ ὑποστελεῖται πρόσωπον ὁ πάντων δεσπότης
17. 4. φάσματα ἀμειδητοῖς κατηφῆ προσώποις ἐνεφανίζετο
Si. 4. 4. μὴ ἀποστρέψῃς τὸ πρ. σου ἀπὸ πτωχοῦ
— 22. μὴ λάβῃς πρόσωπον κατὰ τῆς ψυχῆς σου
— 27. μὴ λάβῃς πρόσωπον δυνάστου
6. 12. ἀπὸ τοῦ πρ. σου κρυβήσεται
7. 6. μή ποτε εὐλαβηθῇς ἀπὸ προσώπου δυνάστου
— 24. μὴ ἱλαρώσῃς πρὸς αὐτὰς [A -ὰ] τὸ πρ. σου
8. 11. μὴ ἐξαναστῇς ἀπὸ προσώπου ὑβριστοῦ
10. 5. προσώπῳ γραμματέως ἐπιθήσει δόξαν αὐτοῦ
12. 18. ἀλλοιώσει τὸ πρ. αὐτοῦ
13. 25. καρδία ἀνθρώπου ἀλλοιοῖ τὸ πρ. αὐτοῦ
— 26. ἴχνος καρδίας ἐν ἀγαθοῖς πρόσωπον ἱλαρόν
14. 8. ἀποστρέφων πρόσωπον καὶ ὑπερορῶν ψυχάς
16. 30. ἐκάλυψε τὸ πρ. αὐτῆς
17. 25. δεήθητι κατὰ πρόσωπον
18. 24. ἐν ἀποστροφῇ προσώπου
19. 11. ἀπὸ προσώπου λόγου ὠδινήσει μωρὸς ὡς ἀπὸ προσώπου βρέφους ἡ τίκτουσα
— 27. συγκύφων πρόσωπον καὶ ἑτεροκωφῶν
— 29. ἀπὸ ἀπαντήσεως προσώπου
20. 22. ἀπὸ ἄφρονος προσώπου ἀπολεῖ αὐτήν
21. 2. ὡς ἀπὸ προσώπου ὄφεως φεῦγε ἀπὸ ἁμαρτίας
— 22. αἰσχυνθήσεται ἀπὸ προσώπου
22. 25. ἀπὸ προσώπου αὐτοῦ οὐ μὴ κρυβῶ
25. 17. σκοτοῖ τὸ πρ. αὐτῆς ὡς σάκκον [A S ἄρκος]
— 23. καρδία ταπεινὴ καὶ πρόσωπον σκυθρωπόν
26. 4. ἐν παντὶ καιρῷ πρόσωπον ἱλαρόν
— 5. ἐπὶ τῷ τετάρτῳ προσώπῳ ἐδεήθην
— 17. κάλλος προσώπου ἐπὶ ἡλικίᾳ στασίμῃ
29. 27. ἔξελθε, πάροικε, ἀπὸ προσώπου δόξης
31 (34). 3. κατέναντι προσώπου ὁμοίωμα προσώπου
32 (35). 4. μὴ ὀφθῇς ἐν προσώπῳ κυρίου κενός
— 9. ἐν πάσῃ δόσει ἱλάρωσον τὸ πρ. σου
— 12. οὐκ ἔστι παρ' αὐτῷ δόξα προσώπου
— 13. οὐ λήψεται πρόσωπον ἐπὶ πτωχοῦ
34 (31). 6. ἐγενήθη ἀπώλεια αὐ. κατὰ πρόσωπον αὐ.
— 13. ἀπὸ παντὸς προσώπου δακρύει
36. 27 (24). κάλλος γυναικὸς ἱλαρύνει πρόσωπον
38. 8. εἰρήνη παρ' αὐτοῦ ἐστιν ἐπὶ προσώπου τῆς γῆς
40. 6. ὡς ἐκπεφευγὼς ἀπὸ προσώπου πολέμου
41. 20. ἀπὸ ἀποστροφῆς προσώπου συγγενοῦς
42. 1. μὴ λάβῃς πρόσωπον τοῦ ἁμαρτάνειν
45. 3. ἐδόξασεν αὐτὸν κατὰ πρόσωπον βασιλέων

Si. 45. 5. ἔδωκεν αὐτῷ κατὰ πρόσωπον ἐντολάς
50. 17. ἔπεσαν ἐπὶ πρόσωπον ἐπὶ τὴν γῆν
Ho. 2. 2 (4). ἐξαρῶ τὴν πορνείαν αὐ. ἐκ προσώπου μου (9 *d*)
5. 5. ταπεινωθήσεται ἡ ὕβρις τοῦ Ἰσρ. εἰς πρόσωπον αὐτοῦ (8 *e*)
— 15. ζητήσουσι [A ἐπιζ.] τὸ πρ. μου (6)
7. 2. ἀπέναντι τοῦ πρ. μου ἐγένοντο (6)
— 10. ταπεινωθήσεται ἡ ὕβρις Ἰσρ. εἰς πρόσωπον αὐτοῦ (8 *e*)
10. 7. ὡς φρύγανον ἐπὶ προσώπου [A -ον] ὕδατος (12 [14 *b*])
— 15. ἀπὸ προσώπου ἀδικίας [A *om.*] κακιῶν ὑμῶν (7 *a*)
11. 2. ἀπῴχοντο ἐκ προσώπου μου (9 *d*)
Am. 2. 9. ἐξῆρα τὸν Ἀμ. ἐκ προσώπου αὐτῶν (9 *d*)
5. 8. ἐκχέων αὐτὸ ἐπὶ πρόσωπον [A -ου] τῆς γῆς (14 *b* [12])
— 19. ἐὰν φύγῃ ἄνθρωπος ἐκ προσώπου τοῦ λέοντος (9 *d*)
9. 4. ἐὰν πορευθῶσιν . . . πρὸ προσώπου τῶν ἐχθρῶν αὐ. (18 *a*)
— 4. A στηριῶ τὸ πρ. [B τοὺς ὀφθ.] μου ἐπ' αὐτούς (4)
— 6. ἐκχέων αὐτὸ ἐπὶ πρόσωπον [A -ου] τῆς γῆς (14 *b* [12])
— 8. ἐξαρῶ αὐτὴν ἀπὸ προσώπου τῆς γῆς (7 *b*)
Mi. 1. 4. ὡς κηρὸς ἀπὸ προσώπου πυρός (7 *a*)
2. 13. διὰ τῆς διακοπῆς πρὸ προσώπου αὐτῶν (18 *a*)
— 13. ἐξῆλθεν ὁ βασ. αὐ. πρὸ προσώπου αὐτῶν (18 *a*)
3. 4. ἀποστρέψει τὸ πρ. αὐ. ἀπ' αὐτῶν (6)
6. 4. ἐξαπέστειλα πρὸ προσώπου σου τὸν Μ. (18 *a*)
Jl. 2. 3. ὡς παράδεισος τρυφῆς ἡ γῆ πρὸ προσώπου αὐτοῦ (18 *a*)
— 6. ἀπὸ προσώπου αὐτοῦ συντριβήσονται λαοί (7 *a*)
— 6. πᾶν πρ. ὡς πρόσκαυμα χύτρας (6)
— 10. πρὸ προσώπου αὐ. συγχυθήσεται ἡ γῆ (18 *a*)
— 11. πρὸ προσώπου δυνάμεως αὐτοῦ (18 *a*)
— 20. ἀφανιῶ τὸ πρ. αὐτοῦ (6)
Jn. 1. 3. τοῦ φυγεῖν εἰς Θ. ἐκ [A S ἀπὸ] προσώπου κυρίου (9 *a* [7 *c*])
— 3. ἐκ προσώπου κυρίου (9 *a*)
— 10. ἐκ προσώπου κυρίου ἦν φεύγων (9 *a*)
Na. 1. 5. ἀνεστάλη ἡ γῆ ἀπὸ προσώπου αὐ. (7 *a*)
— 6. ἀπὸ προσώπου ὀργῆς αὐτοῦ (7 *f*)
2. 1 (2). ἀνέβη ἐμφυσῶν εἰς πρόσωπόν σου (8 *d*)
— 10 (11). τὸ πρ. πάντων ὡς πρόσκαυμα χύτρας (6)
3. 5. ἀποκαλύψω τὰ ὀπίσω σου ἐπὶ τὸ [A *om.*] πρ. σου (14 *b*)
Hb. 1. 9. ἀνθεστηκότας προσώποις αὐ. ἐξ ἐναντίας (6)
2. 20. A S R εὐλαβείσθω ἀπὸ προσώπου αὐτοῦ [B *om.*] (7 *a*)
3. 5. πρὸ προσώπου αὐτοῦ πορεύσεται λόγος (18 *a*)
Ze. 1. 2. ἐκλιπέτω ἀπὸ προσώπου τῆς γῆς (7 *b*)
— 3. ἐξαρῶ τοὺς ἀνόμους ἀπὸ προσώπου τῆς γῆς (7 *b*)
— 7. εὐλαβεῖσθε ἀπὸ προσώπου κ. τοῦ θεοῦ (7 *a*)
2. 7. καταλύσουσιν ἀπὸ προσώπου υἱῶν Ἰ. –
Hg. 1. 12. ἐφοβήθη ὁ λαὸς ἀπὸ προσώπου κυρίου (7 *a*)
2. 15 (14). ἀπὸ προσώπου πόνων [S^{2} -νηριῶν] αὐ. –
Za. 2. 13 (17). εὐλαβείσθω πᾶσα σὰρξ ἀπὸ προσώπου κυρίου (7 *a*)
3. 1. ἑστῶτα πρὸ προσώπου ἀγγέλου κυρίου (18 *a*)
— 4 (3). εἱστήκει πρὸ προσώπου τοῦ ἀγγέλου (18 *a*)
— 5 (4). πρὸς τοὺς ἑστηκότας πρὸ προσώπου αὐτοῦ (18 *a*)
— 9 (8). οἱ καθήμενοι πρὸ προσώπου [A S *add.* σου] (18 *a*)
— 10 (9). ὃν ἔδωκα πρὸ προσώπου Ἰ. (18 *a*)
4. 7. τὸ ὄρος τὸ μέγα τὸ πρὸ προσώπου Ζ. (18 *a*)
5. 3. ἐπὶ πρόσωπον [A -ου] πάσης τῆς γῆς (14 *b* [12])
8. 21. δεηθῆναι τοῦ πρ. κυρίου (6)
— 21. ἐκζητῆσαι τὸ πρ. κυρίου παντοκράτορος –
— 22. ἐκζητῆσαι τὸ πρόσωπον κυρίου –
— 22. ἐξιλάσασθαι τὸ πρ. κυρίου (6)
14. 5. S^{3} ἀπὸ προσώπου [A B S^{1} ἐν ταῖς ἡμέραις] τοῦ σεισμοῦ (7 *a*)
— 20. ὡς φιάλαι πρὸ προσώπου τοῦ θυσιαστ. (18 *a*)
Ma. 1. 8. εἰ λήψεται πρόσωπόν σου (6)
— 9. ἐξιλάσκεσθε τὸ πρ. τοῦ θεοῦ ὑμῶν (6)
— 9. εἰ λήψομαι [S^{1} -ονται] ἐξ ὑμῶν πρόσωπα ὑμῶν (6)
2. 3. σκορπιῶ ἔνυστρον ἐπὶ τὰ πρ. ὑμῶν [S^{1} *om.* ἐ. τὰ πρ. ὑ.] (6)
Ma. 2. 5. ἀπὸ προσώπου ὀνόματός μου (7 *a*)
— 9. ἐλαμβάνετε πρόσωπα ἐν νόμῳ (6)
3. 1. ἐπιβλέψεται ὁδὸν πρὸ προσώπου μου (18 *a*)
— 14. πρὸ προσώπου κυρίου π. (18 *c*)
Is. 2. 10, 19, 21. ἀπὸ προσώπου τοῦ φόβου (7 *a*)
3. 9. ἡ αἰσχύνη τοῦ πρ. αὐτῶν ἀντέστη αὐτοῖς (6)
— 15. τὸ πρ. τῶν πτωχῶν καταισχύνετε (6)
— 19. ἀφελεῖ . . . τὸν κόσμον τοῦ πρ. αὐτῶν –
6. 2. ταῖς μὲν δυσὶ κατεκάλυπτον τὸ πρ. (6)
7. 16. καταλειφθήσεται ἡ γῆ . . . ἀπὸ προσώπου τῶν δύο βασιλέων [A πρ. αὐτῶν] (7 *a*)
8. 17. τὸν θ. τὸν ἀποστρέψαντα τὸ πρ. αὐ. (6)
9. 15 (14). καὶ τοὺς τὰ πρ. θαυμάζοντας (6)
13. 8. τὸ πρ. αὐτῶν ὡς φλὸξ μεταβαλοῦσιν (6)
16. 4. ἔσονται σκέπη ὑμῖν ἀπὸ προσώπου διώκοντος (7 *a*)
17. 9. ἀπὸ προσώπου τῶν υἱῶν Ἰσραήλ (7 *a*)
19. 1. σεισθήσεται τὰ χειροποίητα Αἰγ. ἀπὸ προσώπου αὐτοῦ (7 *a*)
— 16. ἐν τρόμῳ ἀπὸ προσώπου τῆς χειρὸς κυρίου σαβαώθ (7 *a*)
23. 17. B ἐπὶ πρόσωπον τῆς γῆς (14 *b*)
24. 1. ἀνακαλύψει τὸ πρ. αὐτῆς (6)
25. 8. ἀφεῖλε κ. ὁ θεὸς πᾶν δάκρυον ἀπὸ παντὸς προσώπου (6)
28. 25. ὅταν ὁμαλίσῃ τὸ πρ. αὐτῆς (6)
29. 22. οὐδὲ νῦν τὸ πρ. μεταβαλεῖ (6)
30. 28. λήψεται αὐτοὺς κατὰ πρ. αὐτῶν †
31. 8. φεύξεται οὐκ ἀπὸ προσώπου μαχαίρας [A διώκοντος] (7 *a*)
34. 15. εἶδον τὰ πρ. ἀλλήλων †
36. 9. πῶς δύνασθε ἀποστρέψαι εἰς πρ. τῶν τοπαρχῶν [A ἀ. τὸ πρ. τοπάρχου ἑνός] (8 *a* [6])
38. 2. ἀπέστρεψεν Ἐζεκίας τὸ πρ. αὐ. (6)
49. 23. ἐπὶ πρόσωπον τῆς γῆς προσκυνήσουσί σοι (14 *a*)
50. 6. τὸ δὲ πρ. μου οὐκ ἀπέστρεψα (6)
— 7. ἔθηκα τὸ πρ. μου ὡς στερεὰν πέτραν (6)
51. 13. ἐφόβου ἀεὶ . . . τὸ πρ. [S τοῦ πρ.] τοῦ θυμοῦ τοῦ θλίβοντός σε (6)
52. 12. S προπορεύσεται [A πορ.] γὰρ πρὸ προσώπου [A B πρότερος] ὑμῶν κ. (18 *a*)
53. 3. ἀπέστραπται τὸ πρ. αὐτοῦ (6)
54. 8. ἀπέστρεψα τὸ πρ. μου ἀπὸ σοῦ (6)
57. 1. ἀπὸ γὰρ προσώπου ἀδικίας ἦρται ὁ δίκαιος (7 *a*)
— 14. καθαρίσατε ἀπὸ προσώπου αὐτοῦ ὁδούς †
— 17. ἀπέστρεψα τὸ πρ. μου ἀπ' αὐτοῦ –
59. 2. ἀπέστρεψε τὸ πρ. [A S^{2} *add.* αὐτοῦ] (6)
62. 11. τὸ ἔργον αὐτοῦ πρὸ προσώπου αὐτοῦ (18 *a*)
63. 12. κατίσχυσεν ὕδωρ ἀπὸ προσώπου αὐτοῦ (7 *a*)
64. 2 (1). A R ὡς κηρὸς ἀπὸ προσώπου [B S *om.*] πυρὸς τήκεται . . . ἀπὸ προσώπου σου ἔθνη ταραχθήσονται (–, 7 *a*)
— 7 (6). ἀπέστρεψας τὸ πρ. σου ἀφ' ἡμῶν (6)
Je. 1. 8. μὴ φοβηθῇς ἀπὸ προσώπου αὐ. (7 *a*)
— 13. A B S^{2} τὸ πρ. αὐτοῦ ἀπὸ προσώπου βορρᾶ (6, 7 *a*)
— 14. ἀπὸ προσώπου βορρᾶ ἐκκαυθήσεται τὰ κακά –
— 15. A ἀπὸ προσώπου [B S *om.*] βορρᾶ τῆς γῆς –
— 17. μὴ φοβηθῇς ἀπὸ προσώπου αὐτῶν (7 *a*)
2. 27. ἔστρεψαν ἐπ' ἐμὲ νῶτα καὶ οὐ πρόσωπα αὐτῶν (6)
3. 12. οὐ στηριῶ τὸ πρ. μου ἐφ' ὑμᾶς (6)
4. 1. ἀπὸ τοῦ πρ. μου [A ἀπὸ πρ. αὐτοῦ] εὐλαβηθῇ (7 *a*)
— 4. ἀπὸ προσώπου πονηρίας ἐπιτηδευμάτων ὑμῶν (7 *a*)
— 26. ἀπὸ προσώπου κυρίου καὶ ἀπὸ προσώπου ὀργῆς θυμοῦ αὐτοῦ (7 *a*, 7 *a*)
5. 3. ἐστερέωσαν [A -ώθησαν] τὰ πρ. αὐ. (6)
— 22. ἀπὸ προσώπου μου οὐκ εὐλαβηθήσεσθε (7 *a*)
6. 7. ταλαιπωρία ἀκουσθήσεται ἐν αὐτῇ ἐπὶ πρόσωπον αὐτῆς (14 *b*)
7. 12. ἃ ἐποίησα αὐτῷ ἀπὸ προσώπου κακίας λαοῦ μου (7 *a*)
— 15. ἀπορρίψω ὑμᾶς ἀπὸ προσώπου μου (7 *b*)
— 19. ὅπως καταισχυνθῇ τὰ πρ. αὐτῶν (6)
8. 2. ἔσονται εἰς παράδειγμα ἐπὶ προσώπου [S -ον] τῆς γῆς (12 [14 *b*])
9. 7 (6). ποιήσω ἀπὸ προσώπου πονηρίας [S τῆς] θυγατρὸς λαοῦ μου (7 *a*)
— 13 (12). ὃν ἔδωκα πρὸ προσώπου αὐτῶν (18 *a*)
Je. 9. 22 (21). εἰς παράδειγμα ἐπὶ προσώπου τοῦ πεδίου τῆς γῆς ὑμῶν (12)
— 26 (25). ἐπὶ πάντα περικειρόμενον τὰ [S *om.*] κατὰ πρόσωπον αὐτοῦ (16 [15 *c*])
10. 2. φοβοῦνται αὐτὰ τοῖς πρ. αὐτῶν †
13. 17. κλαύσεται ἡ ψυχὴ ὑμῶν ἀπὸ προσώπου ὕβρεως (7 *a*)
— 26. ἀποκαλύψω τὰ ὀπίσω σου ἐπὶ τὸ [A ὀπίσθιά σ. κατὰ] πρ. σου (14 *b* [15 *b*])
14. 16. ἀπὸ προσώπου μαχαίρας καὶ τοῦ λιμοῦ (7 *a*)
15. 1. ἐὰν στῇ . . . πρὸ προσώπου μου (18 *a*)
— 17. εὐλαβούμην ἀπὸ προσώπου χειρός σου (7 *a*)
— 19. πρὸ προσώπου μου στήσῃ (18 *a*)
16. 4. εἰς παράδειγμα ἐπὶ προσώπου τῆς γῆς ἔσονται (12)
— 17. S^{1} οὐκ ἐκρύβησαν ἀπὸ προσώπου μου (7 *c*)
17. 16. τὰ ἐκπορευόμενα διὰ τῶν χειλέων μου πρὸ προσώπου σού ἐστι (6)
18. 17. διασπερῶ αὐτοὺς κατὰ πρόσωπον ἐχθρῶν αὐτῶν (15 *c*)
— 20. μνήσθητι ἑστηκότος μου κατὰ πρόσωπόν σου (15 *c*)
— 23. τὰς ἁμαρτίας [A *add.* τῶν πατέρων] αὐτῶν ἀπὸ προσώπου σου μὴ ἐξαλείψῃς (7 *c*)
21. 8. δέδωκα πρὸ προσώπου ὑμῶν τὴν ὁδὸν τῆς ζωῆς (18 *a*)
— 10. ἐστήρικα τὸ πρ. μου ἐπὶ τὴν πόλιν ταύτην εἰς κακά (6)
22. 25. ὧν σὺ εὐλαβῇ ἀπὸ προσώπου αὐτῶν (7 *a*)
23. 9. ἀπὸ προσώπου κυρίου καὶ ἀπὸ προσώπου εὐπρεπείας δόξης αὐτοῦ (7 *a*, 7 *a*)
— 10. ἀπὸ προσώπου τούτων ἐπένθησεν ἡ γῆ (7 *a*)
24. 1. κειμένους κατὰ πρόσωπον ναοῦ κ. (15 *c*)
26 (46). 16. ἀπὸ προσώπου μαχαίρας Ἑλλ. (7 *a*)
27 (50). 5. ὧδε γὰρ τὸ πρ. αὐτῶν δώσουσι (6)
— 8. ὥσπερ δράκοντες κατὰ πρόσωπον προβάτων (15 *c*)
— 16. ἀπὸ προσώπου μαχαίρας Ἑλληνικῆς (7 *a*)
— 44. στήσεται κατὰ πρ. μου (15 *c*)
28 (51). 51. κατεκάλυψεν ἀτιμία τὸ πρ. ἡμῶν (6)
— 64. A S R οὐ μὴ ἀναστῇ ἀπὸ προσώπου τῶν κακῶν [B Χαλδαίων] (7 *a*)
29 (49). 19. ὃς στήσεται κατὰ πρόσωπόν μου (15 *c*)
30 (49). 5. διασπαρήσεσθε ἕκαστος εἰς πρόσωπον αὐτοῦ (8 *c*)
— 10 (49. 32). κεκαρμένους [A B^{1} κεκραμ.] πρὸ προσώπου αὐτῶν (18 *c*)
31 (48). 44. ὁ φεύγων ἀπὸ προσώπου τοῦ φόβου (7 *a*)
32 (25). 16. μανήσονται ἀπὸ προσώπου τῆς μαχαίρας (7 *a*)
— 23. πᾶν περικεκαρμένον κατὰ πρόσωπον αὐ. (15 *c*)
— 26. πάσας βασιλείας τὰς ἐπὶ προσώπου τῆς γῆς (12)
— 27. S^{1} οὐ μὴ ἀναστῆτε ἀπὸ προσώπου τῆς μαχαίρας ἧς ἐγὼ ἀποστέλλω ἀπὸ προσώπου [A B S^{2} ἀνὰ μέσον] ὑμῶν (7 *a*, †)
— 33. ἐπὶ προσώπου τῆς γῆς ἔσονται (12)
— 37. παύσεται . . . ἀπὸ προσώπου ὀργῆς θυμοῦ μου (7 *a*)
— 38. ἀπὸ προσώπου τῆς μαχαίρας τῆς μεγάλης (7 *a*)
33 (26). 4. οἷς ἔδωκα κατὰ πρόσωπον ὑμῶν (15 *c*)
— 19. ἐδεήθησαν τοῦ πρ. κυρίου [A αὐτοῦ] (6)
35 (28). 16. ἐξαποστέλλω σε ἀπὸ προσώπου τῆς γῆς (7 *b*)
37 (30). 6. ἐστράφησαν πρόσωπα εἰς ἴκτερον (6)
— 20. τὰ μαρτύρια αὐ. κατὰ πρόσωπόν μου ὀρθωθήσεται (15 *c*)
38 (31). 36. ἐὰν παύσωνται οἱ νόμοι οὗτοι ἀπὸ προσώπου μου . . . καὶ τὸ γένος Ἰσρ. παύσεται γενέσθαι ἔθνος κατὰ πρόσωπόν μου (7 *c*, 15 *c*)
39 (32). 24. ἀπὸ προσώπου μαχαίρας (7 *a*)
— 31. ἀπαλλάξαι αὐτὴν ἀπὸ προσώπου μου (7 *b*)
— 33. ἀπέστρεψαν πρὸς μὲ νῶτον καὶ οὐ πρόσωπον (6)
40 (33). 5. ἀπέστρεψα τὸ πρ. μου ἀπ' αὐτῶν (6)
41 (34). 15. συνετέλεσαν διαθήκην κατὰ πρόσωπόν μου [S^{1} *om.* κ. πρ. μ.] (15 *c*)
— 18. ἣν ἐποίησαν κατὰ πρόσωπόν μου (15 *c*)
42 (35). 5. ἔδωκα κατὰ πρόσωπον αὐτῶν κεράμιον οἴνου (15 *c*)
— 11. B S^{2} ἀπὸ προσώπου τῆς δυνάμεως τῶν Χ. (7 *a*)
— 11. ἀπὸ προσώπου τῆς δυνάμεως τῶν Ἀσσ. (7 *a*)
— 19. παρεστηκὼς κατὰ πρόσωπόν μου (15 *c*)

Je. 43 (36). 7. ἴσως πεσεῖται ἔλεος αὐτῶν κατὰ πρόσωπον κυρίου (15 *c*)
— 9. ἐξεκκλησίασαν νηστείαν κατὰ πρόσωπον κυρίου (15 *c*)
— 22. ἐσχάρα πυρὸς κατὰ πρόσωπον αὐτοῦ (15 *c*)
44 (37). 11. ἀπὸ προσώπου τῆς δυνάμεως Φ. (7 *a*)
— 20. πεσέτω τὸ ἔλεός μου κατὰ πρόσωπόν σου (15 *c*)
45 (38). 9. τοῦ ἀποκτεῖναι τὸν ἄνθρωπον τοῦτον ἀπὸ προσώπου τοῦ λιμοῦ (7 *a*)
46 (39). 17. ὧν σὺ φοβῇ ἀπὸ προσώπου αὐτῶν (7 *a*)
47 (40). 9. μὴ φοβηθῆτε ἀπὸ προσώπου τῶν παίδων τῶν Χαλδαίων †
— 10. στῆναι κατὰ πρόσωπον τῶν Χ. (15 *c*)
48 (41). 9. ὃ ἐποίησεν . . . ἀπὸ προσώπου Βαασά [S *om.*] (7 *a*)
— 17 (18). τοῦ πορευθῆναι . . . ἀπὸ προσώπου τῶν Χαλδαίων (7 *a*)
— 18. ἐφοβήθησαν ἀπὸ προσώπου αὐτῶν (7 *a*)
49 (42). 2. πεσέτω δὴ τὸ ἔλεος ἡμῶν κατὰ πρόσωπόν σου (15 *c*)
— 11. μὴ φοβηθῆτε ἀπὸ προσώπου βασιλέως Βαβυλῶνος . . . οὗ ὑμεῖς φοβεῖσθε ἀπὸ προσώπου αὐτοῦ (7 *a*, 7 *a*)
— 15. ἐὰν ὑμεῖς δῶτε τὸ πρ. ὑμῶν εἰς Αἴγυπτον (6)
— 16. ἣν ὑμεῖς φοβεῖσθε ἀπὸ προσώπου αὐτῆς . . . οὗ ὑμεῖς λόγον ἔχετε ἀπὸ προσώπου αὐτοῦ –, –
— 17. οἱ θέντες τὸ πρ. αὐτῶν εἰς γῆν Αἰγύπτου (6)
51 (44). 3. ἀπὸ προσώπου πονηρίας αὐτῶν (7 *a*)
— 10. ὧν ἔδωκα κατὰ πρόσωπον τῶν πατέρων αὐ. (15 *c*)
— 11. ἐφίστημι τὸ πρ. μου (6)
— 22. ἀπὸ προσώπου πονηρίας πραγμάτων ὑμῶν (7 *a*)
— 23. ἀπὸ προσώπου ὧν ἐθυμιᾶτε (7 *a*)
52. 12. ἑστηκὼς κατὰ πρόσωπον τοῦ βασ. (15 *c*)
— 25. τοὺς [S *om.*] ἐν προσώπῳ τοῦ βασ. (6)
— 33. ἤσθιεν ἄρτον διὰ παντὸς κατὰ πρόσωπον αὐτοῦ (15 *c*)
Ba. 1. 15. ἡμῖν δὲ αἰσχύνη τῶν πρ.
— 18. οἷς ἔδωκε κατὰ πρόσωπον ἡμῶν
2. 6. ἡμῖν δὲ καὶ τοῖς πατράσιν ἡμῶν ἡ αἰσχύνη τῶν πρ.
— 8. οὐκ ἐδεήθημεν τοῦ πρ. κυρίου
— 10. οἷς ἔδωκε κατὰ πρόσωπον ἡμῶν
— 14. δὸς ἡμῖν χάριν κατὰ πρόσωπον τῶν ἀποικισάντων ἡμᾶς
— 19. καταβάλλομεν τὸν ἔλεον κατὰ πρόσωπόν σου
La. 1. 5. ἐπορεύθησαν ἐν αἰχμαλωσίᾳ κατὰ πρόσωπον [S αἰχ. ἐνώπιον] θλίβοντος (15 *c*)
— 6. ἐπορεύοντο ἐν οὐκ ἰσχύϊ κατὰ πρόσωπον [A ἰ. ἐνώπιον] διώκοντος (15 *c*)
— 22. εἰσέλθοι πᾶσα ἡ κακία αὐ. κατὰ πρόσωπόν σου (15 *c*)
2. 3. ἀπέστρεψεν . . . δεξιὰν αὐτοῦ ἀπὸ προσώπου ἐχθροῦ [S¹ *om.* δ. αὐ. ἀ. πρ. ἐ.] (7 *a*)
— 19. ἔκχεον ὡς ὕδωρ καρδίαν σου ἀπέναντι προσώπου [S τοῦ πρ.] κυρίου (6)
3. 35. τοῦ ἐκκλῖναι κρίσιν ἀνδρὸς κατέναντι προσώπου ὑψίστου (6)
4. 16. πρ. κυρίου μερὶς αὐτῶν . . . πρ. ἱερέων οὐκ ἔλαβον (6, 6)
— 20. πνεῦμα προσώπου ἡμῶν χριστὸς κύριος (2)
5. 9. ἀπὸ προσώπου ῥομφαίας τῆς ἐρήμου (7 *a*)
— 10. συνεσπάσθησαν ἀπὸ προσώπου καταιγίδων λιμοῦ (7 *a*)
Ep. Je. 13. ἐκμάσσονται τὸ πρ. αὐτῶν
— 21. οὐκ αἰσθάνονται μεμελανωμένοι τὸ πρ. αὐτῶν
Ez. 1. 6. τέσσαρα πρόσωπα τῷ ἑνί (6)
— 9 (8). καὶ τὰ πρ. αὐτῶν τῶν τεσσάρων (6)
— 9. A καὶ τὰ πρ. αὐ. [B *om.* κ. τὰ πρ. αὐ.] οὐκ ἐπεστρέφοντο . . . ἕκαστον ἀπέναντι [A B¹ κατέν.] τοῦ πρ. αὐτῶν ἐπορεύοντο (†, 6)
— 10. ὁμοίωσις τῶν πρ. αὐτῶν πρ. ἀνθρώπου [A *add.* αὐτοῖς] καὶ πρ. λέοντος . . . καὶ πρ. μόσχου . . . καὶ πρ. ἀετοῦ (6 *quinquiens*)
— 12. ἑκάτερον κατὰ πρόσωπον αὐτοῦ ἐπορεύετο (15 *p*)
— 23. A ἐπικαλύπτουσαι τῷ σώματι τὰ πρ. αὐτῶν [B *al.*] †
2. 1 (1. 28). A² B πίπτω ἐπὶ πρόσωπόν μου (14 *b*)
— 6. μηδὲ ἐκστῇς ἀπὸ προσώπου αὐτῶν . . . ἀπὸ προσώπου αὐτῶν μὴ ἐκστῇς (†, 7 *a*)

Ez. 3. 8. δέδωκα τὸ πρ. σου δυνατὸν κατέναντι τῶν πρ. αὐτῶν (6, 6)
— 9. μηδὲ πτοηθῇς ἀπὸ προσώπου αὐτῶν (7 *a*)
— 20. δώσω τὴν βάσανον εἰς πρόσωπον αὐτοῦ (8 *c*)
— 23. πίπτω ἐπὶ πρόσωπόν μου (14 *b*)
4. 1. θήσεις αὐτὴν πρὸ προσώπου σου (18 *a*)
— 3. ἑτοιμάσεις τὸ πρ. σου ἐπ' αὐτήν (6)
— 7. ἑτοιμάσεις τὸ πρ. σου (6)
6. 2. στήρισον τὸ πρ. σου ἐπὶ τὰ ὄρη Ἰσραήλ (6)
— 5. A κατὰ πρόσωπον τῶν εἰδώλων αὐ. (15 *c*)
— 9. κόψονται [A *add.* τὰ] πρόσωπα αὐτῶν (6)
7. 18. ἐπὶ πᾶν πρ. αἰσχύνη (6)
— 22. ἀποστρέψω τὸ πρ. μου ἀπ' αὐτῶν (6)
8. 11. Ἰεχ. . . . εἱστήκει πρὸ προσώπου αὐ. (18 *a*)
— 16. τὰ πρ. αὐτῶν ἀπέναντι (6)
9. 8. πίπτω ἐπὶ πρόσωπόν μου (14 *b*)
10. 14. A τέσσαρα πρόσωπα τῷ ἑνί· τὸ πρ. τοῦ ἑνὸς πρ. Χερούβ καὶ τὸ πρ. τοῦ δευτέρου πρ. ἀνθρώπου καὶ τὸ πρ. τοῦ τρίτου πρ. λέοντος καὶ τὸ τέταρτον πρ. ἀετοῦ (6 *quinquiens*, –, 6, 6)
— 21. τέσσαρα πρόσωπα τῷ ἑνί (6)
— 22. ὁμοίωσις τῶν πρ. αὐ. ταῦτα τὰ πρ. ἐστιν . . . αὐτὰ ἕκαστον κατὰ πρόσωπον αὐ. ἐπορεύοντο (6, 6, 15 *p*)
11. 13. πίπτω ἐπὶ πρόσωπόν μου (14 *b*)
12. 6. τὸ πρ. σου συγκαλύψεις (6)
— 12. τὸ πρ. αὐτοῦ συγκαλύψει (6)
13. 17. στήρισον τὸ πρ. σου (6)
14. 1. ἐκάθισαν πρὸ προσώπου μου (18 *a*)
— 3. τὴν κόλασιν τῶν ἀδικιῶν αὐτῶν ἔθηκαν πρὸ προσώπου αὐτῶν (6)
— 4. τὴν κόλασιν τῆς ἀδικίας αὐτοῦ τάξῃ πρὸ προσώπου αὐτοῦ (6)
— 6. ἐπιστρέψατε τὰ πρ. ὑμῶν [A *al.*] (6)
— 7. τὴν κόλασιν . . . τάξῃ πρὸ προσώπου αὐτοῦ (6)
— 8. στηριῶ τὸ πρ. μου (6)
— 15. ὁ διοδεύων ἀπὸ προσώπου τῶν θηρίων (7 *a*)
15. 7. δώσω [A στηριῶ] τὸ πρ. μου ἐπ' αὐτούς . . . ἐν τῷ στηρίσαι με τὸ πρ. μου ἐπ' αὐτούς (6, 6)
16. 5. ἀπερρίφης ἐπὶ πρόσωπον τοῦ πεδίου (14 *c*)
— 18. τὸ θυμίαμά μου ἔθηκας πρὸ προσώπου αὐτῶν (18 *a*)
— 19. ἔθηκας αὐτὰ πρὸ προσώπου αὐτῶν (18 *a*)
— 63. ἀπὸ προσώπου τῆς ἀτιμίας σου (7 *a*)
20. 1. ἐκάθισαν πρὸ προσώπου μου (18 *a*)
— 35. διακριθήσομαι . . . πρόσωπον κατὰ πρόσωπον (6, 6)
— 43. κόψεσθε τὰ πρ. ὑμῶν (6)
— 46 (21. 2). στήρισον τὸ πρ. σου ἐπὶ θαιμάν (6)
— 47 (21. 3). κατακαυθήσεται ἐν αὐτῇ πᾶν πρ. (6)
21. 2 (7). στήρισον τὸ πρ. σου (6)
— 16 (21). οὗ ἂν τὸ πρ. σου ἐξεγείρηται (6)
22. 30. ἐζήτουν . . . ἑστῶτα πρὸ προσώπου μου (18 *a*)
23. 24. δώσω πρὸ προσώπου αὐτῶν κρίμα (18 *a*)
— 41. τράπεζα κεκοσμημένη πρὸ προσώπου αὐτῆς (18 *a*)
25. 2. στήρισον τὸ πρ. σου (6)
27. 35. ἐδάκρυσε τὸ πρ. [A -σαν τῷ πρ.] αὐτῶν (6)
28. 21 : 29. 2. στήρισον τὸ πρ. σου (6)
29. 5. ἐπὶ πρόσωπον τοῦ πεδίου πεσῇ (14 *b*)
32. 10. ἐν τῷ πετᾶσθαι [A -θῆναι] τὴν ῥομφαίαν μου ἐπὶ πρόσωπα [A -ον] αὐτῶν (6 [14 *b*])
33. 27. οἱ ἐπὶ προσώπου τοῦ πεδίου (12)
34. 6. ἐπὶ προσώπου [A παντὶ προσώπῳ πάσης] τῆς γῆς διεσπάρη (12 [13])
35. 2. ἐπίστρεψον τὸ πρ. σου ἐπ' ὄρος Σηείρ (6)
36. 17. ἐγενήθη ἡ ὁδὸς αὐ. πρὸ προσώπου μου (18 *a*)
— 31. προσοχθιεῖτε κατὰ [B² καὶ τὸ] πρόσωπον αὐτῶν (15 *h* [6])
37. 2. πολλὰ σφόδρα ἐπὶ προσώπου τοῦ πεδίου (12)
38. 2. στήρισον τὸ πρ. σου ἐπὶ Γώγ (6)
— 20. σεισθήσονται ἀπὸ προσώπου κ. . . . οἱ ἄνθρ. οἱ ἐπὶ προσώπου τῆς γῆς (7 *a*, 12)
39. 5. ἐπὶ προσώπου τοῦ πεδίου πεσῇ (12)
— 14. τοὺς καταλελειμμ. ἐπὶ προσώπου τῆς γῆς (12)
— 23. ἀπέστρεψα τὸ πρ. μου (6)
— 24. ἀπέστρεψα τὸ πρ. μου ἀπ' αὐτῶν (6)
— 29. οὐκ ἀποστρέψω οὐκέτι τὸ πρ. μου (6)
40. 12. ἐπὶ πρόσωπον τῶν θεεὶμ [A κατὰ πρόσωπον τῷ θεέ] (14 *d* [15 *c*])
41. 4. κατὰ πρόσωπον τοῦ ναοῦ (15 *g*)
— 12. κατὰ πρόσωπον τοῦ ἀπολοίπου (15 *g*)
— 14. τὸ εὖρος κατὰ πρόσωπον τοῦ οἴκου (15 *j*)

Ez. 41. 15. κατὰ πρόσωπον τοῦ ἀπολοίπου τῶν κατόπισθεν (15 *g*)
— 18. δύο πρόσωπα τῷ [A τῶν] χερούβ (6)
— 19. πρ. ἀνθρώπου . . . πρ. λέοντος (6, 6)
— 21. κατὰ πρόσωπον τῶν ἁγίων ὅρασις (15 *j*)
— 22. αὕτη ἡ τράπεζα ἡ πρὸ προσώπου [A τρ. κατὰ πρόσωπον] κυρίου [B¹ *om.*] (18 *a* [15 *c*])
— 25. σπουδαῖα ξύλα κατὰ πρόσωπον τοῦ αἰλάμ (15 *g*)
42. 2. A κατὰ πρόσωπον [B *om.* κ. πρ.] ἐπὶ πήχεις ἑκατὸν μῆκος (15 *g*)
— 10. κατὰ πρόσωπον τοῦ νότου κατὰ πρόσωπον τοῦ ἀπολοίπου καὶ κατὰ πρόσωπον τοῦ διορίζοντος (†, 15 *g*, 15 *g*)
— 11. ὁ περίπατος κατὰ πρόσωπον αὐτῶν (15 *c*)
— 13. κατὰ πρόσωπον τῶν διαστημάτων (15 *g*)
— 17. διεμέτρησε τὸ κατὰ πρόσωπον τοῦ βορρᾶ †
— 18. διεμέτρησε τὸ κατὰ πρόσωπον θαλάσσης †
— 19. A διεμέτρησε κατὰ πρόσωπον [B δ. κατέναντι] τοῦ νότου –
43. 3 : 44. 4. πίπτω ἐπὶ πρόσωπόν μου (14 *c*)
44. 12. ἐλειτούργουν αὐτοῖς πρὸ προσώπου τῶν εἰδώλων αὐτῶν (18 *a*)
— 15. στήσονται πρὸ προσώπου μου (18 *a*)
45. 7. κατὰ πρόσωπον τῶν ἀπαρχῶν τῶν ἁγίων καὶ κατὰ πρόσωπον τῆς κατασχέσεως τῆς πόλεως (15 *g*, 15 *g*)
47. 1. τὸ πρ. τοῦ οἴκου ἔβλεπε [A ἐπέβλ.] κατ' ἀνατολάς (6)
48. 21. A εἰς τὴν κατάσχεσιν τῆς πόλεως κατὰ πρόσωπον [B *om.* κ. πρ.] . . . ἐπὶ πρόσωπον [B *om.* ἐ. πρ.] (15 *g*, 14 *b*)
Da. LXX. 1. 10. ἵνα μὴ ἴδῃ τὰ πρ. ὑμῶν διατετραμμένα (6)
2. 46. πεσὼν ἐπὶ πρόσωπον χαμαί (14 *h*)
3. 19. ἡ μορφὴ τοῦ πρ. αὐ. ἠλλοιώθη (1)
— (41). ζητοῦμεν τὸ πρ. σου
4. 19. τοὺς ὄντας ἐπὶ προσώπου πάσης τῆς γῆς –
— 31. ἠξίωσα . . . κατὰ πρόσωπον κυρίου –
6. 10 (11). ἔπιπτεν ἐπὶ πρόσωπον αὐ. †
— 12 (13). μηδὲ θαυμάσῃς πρόσωπον –
— 13 (14). δεόμενον τοῦ πρ. τοῦ θεοῦ αὐ. –
7. 10. ἐξεπορεύετο κατὰ πρόσωπον αὐ. ποταμὸς πυρός (15 *l*)
8. 5. ἤρχετο . . . ἐπὶ προσώπου τῆς γῆς (12)
— 17. ἔπεσα ἐπὶ πρόσωπόν μου (14 *b*)
— 18. ἐκοιμήθην ἐπὶ πρόσωπον χαμαί (14 *b*)
— 23. ἀναστήσεται βασιλεὺς ἀναιδὴς προσώπῳ (6)
9. 3. ἔδωκα τὸ πρ. μου ἐπὶ κύριον (6)
— 7. καὶ ἡμῖν ἡ αἰσχύνη τοῦ πρ. (6)
— 8. ἡμῖν ἡ αἰσχύνη τοῦ πρ. (6)
— 13. οὐκ ἐξεζητήσαμεν τὸ πρ. κ. θεοῦ ἡμῶν (6)
— 17. ἐπιβλεψάτω τὸ πρ. σου ἐπὶ τὸ ὄρος (6)
10. 6. τὸ πρ. αὐ. ὡσεὶ ὅρασις ἀστραπῆς (6)
— 9. ἤμην πεπτωκὼς ἐπὶ πρόσωπόν μου (14 *b*)
— 12. ἧς ἔδωκας τὸ πρ. σου †
— 15. ἔδωκα τὸ πρ. μου ἐπὶ τὴν γῆν (6)
11. 17, 18. δώσει τὸ πρ. αὐ. (6)
— 19. ἐπιστρέψει τὸ πρ. αὐ. (6)
— 22. συντρίψει ἀπὸ προσώπου αὐ. (7 *c*)
Da. TH. 1. 10. μήποτε ἴδῃ τὰ πρ. ὑμῶν σκυθρωπά (6)
2. 15. περὶ τίνος ἐξῆλθεν ἡ γνώμη . . . ἐκ προσώπου τοῦ βασ. (9 *g*)
— 31. εἰκὼν μία . . . ἑστῶσα πρὸ προσώπου σου –
— 46. ἔπεσεν ἐπὶ πρόσωπον (14 *h*)
3. 19. ἡ ὄψις τοῦ πρ. αὐ. ἠλλοιώθη (1)
— (41). ζητοῦμεν τὸ πρ. σου
5. 19. φοβούμενοι ἀπὸ προσώπου αὐ. (7 *k*)
— 24. ἐκ προσώπου αὐ. ἀπεστάλη ἀστράγαλος (9 *g*)
6. 26 (27). ἐκ προσώπου μου ἐτέθη δόγμα τοῦτο (9 *g*)
— 26 (27). φοβουμένους ἀπὸ προσώπου τοῦ θεοῦ Δ. (7 *k*)
7. 8. τρία κέρατα . . . ἐξερριζώθη ἀπὸ προσώπου αὐ. (7 *k*)
8. 5. ἐπὶ πρόσωπον πάσης τῆς γῆς (14 *b*)
— 17, 18. πίπτω ἐπὶ πρόσωπόν μου (14 *b*)
— 23. ἀναστήσεται βασιλεὺς ἀναιδὴς προσώπῳ (6)
9. 3. ἔδωκα τὸ πρ. μου πρὸς κ. τὸν θεόν (6)
— 7, 8. καὶ ἡμῖν ἡ αἰσχύνη τοῦ πρ. (6)
— 10. οἷς ἔδωκε κατὰ πρόσωπον ἡμῶν (15 *c*)
— 13. οὐκ ἐδεήθημεν τοῦ πρ. κυρίου (6)
— 17. ἐπίφανον τὸ πρ. σου ἐπὶ τὸ ἁγίασμά σου (6)
10. 6. καὶ τὸ πρ. αὐ. ὡς ἡ ὅρασις ἀστραπῆς (6)
— 9. καὶ τὸ πρ. μου ἐπὶ τὴν γῆν (6)
— 15. ἔδωκα τὸ πρ. μου ἐπὶ τὴν γῆν (6)

Da. TH. 11. 16. οὐκ ἔστιν ἑστὼς κατὰ πρόσωπον αὐ. (15 c)
— 17. τάξει τὸ πρ. αὐ. εἰσελθεῖν (6)
— 18, 19. ἐπιστρέψει τὸ πρ. αὐ. (6)
— 20. οὐκ ἐν προσώποις οὐδὲ ἐν πολέμῳ (2)
— 22. κατακλυσθήσονται ἀπὸ προσώπου αὐ. (7 c)
I Ma. 1. 18. ἐνετράπη [S^1 ἀπεστράφη] Πτ. ἀπὸ προσώπου αὐ.
— 22. τὸν κόσμον τὸν χρυσοῦν τὸν κατὰ πρόσωπον τοῦ λαοῦ
3. 22. συντρίψει αὐτοὺς πρὸ προσώπου ἡμῶν
— 53. πῶς δυνησόμεθα ὑποστῆναι κατὰ πρόσωπον αὐτῶν
4. 10. συντρίψει τὴν παρεμβ. τ. κατὰ πρόσωπον ἡμῶν
— 40. ἔπεσον ἐπὶ πρόσωπον ἐπὶ τὴν γῆν
— 55. ἔπεσον πᾶς ὁ λαὸς ἐπὶ πρόσωπον
— 57. κατεκόσμησαν τὸ κατὰ πρόσωπον τοῦ ναοῦ
— 61. ὀχύρωμα κατὰ πρόσωπον τῆς Ἰδ.
5. 7. συνετρίβησαν πρὸ προσώπου αὐτοῦ
— 21. συνετρίβη τὰ ἔθνη ἀπὸ προσώπου αὐτοῦ
— 34. ἔφυγον ἀπὸ προσώπου αὐτοῦ
— 37. S παρενέβαλε κατὰ πρόσωπον Ῥ. ἐκ προσώπου [A R πέραν] τοῦ χειμάρρου
— 43. συνετρίβησαν πρὸ προσώπου αὐ.
— 44. ὑποστῆναι κατὰ πρόσωπον Ἰ.
— 52. τὸ πεδίον τὸ μέγα κατὰ πρόσωπον Β.
— 55. αἷς ἦν Ἰ. . . . ἐν τῇ Γαλ. κατὰ πρόσωπον Πτ.
6. 6. A R ἀνετράπη [S ἐν.] ἀπὸ προσώπου αὐτῶν
7. 3. μή μοι δείξητε τὰ πρ. αὐ.
— 28. ἵνα ὑμῶν ἴδω τὰ πρ.
— 30. ἰδεῖν τὸ πρ. αὐτοῦ
— 36. ἔστησαν κατὰ πρόσωπον τοῦ θυσιαστηρίου
9. 16. S^1 συνετρίβη τὸ δεξιὸν κέρας κατὰ πρόσωπον [A S^2 R *al.*]
10. 72. οὐκ ἔστιν ὑμῖν στάσις . . . κατὰ πρόσωπον ἡμῶν
11. 12. A ἠλλοιώθη τὸ πρ. Ἀλ. [S R *al.*]
13. 13. παρενέβαλεν . . . κατὰ πρόσωπον τοῦ πεδίου
15. 39. παρεμβάλλειν κατὰ πρόσωπον τῆς Ἰουδ.
16. 6. παρενέβαλε κατὰ πρόσωπον αὐτῶν
II Ma. 4. 24. δοξάσας αὐτὸν τῷ πρ. τῆς ἐξουσίας
6. 18. τὴν πρόσοψιν τοῦ πρ. κάλλιστος τυγχάνων
7. 6. διὰ τῆς κατὰ πρόσωπον ἀντιμαρτυρούσης ᾠδῆς
14. 24. εἶχε τὸν Ἰ. διὰ παντὸς ἐν προσώπῳ
III Ma. 5. 33. τῷ πρ. συνεστάλη
6. 15. οὐκ ἀπέστρεψας τὸ πρ. σου ἀφ' ἡμῶν
— 18. ἐπιφάνας τὸ ἅγιον αὐ. πρ.
IV Ma. 6. 11. ἱδρῶν γέ τοι τὸ πρ.
[**Aq.** GE. 1. 2 *bis*, 20, 29 : 2. 6 : 4. 5 : 19. 21 : 32. 30 (31) : 46. 28 : 47. 6 : EX. 25. 29 (30) : LE. 23. 40 : NU. 3. 7 : DT. 21. 16 : 23. 14 (15) : JO. 4. 5 : 6. 1 : JD. 4. 14 : I KI. 2. 35 : 22. 4 : II KI. 6. 14 : III KI. 6. 20 : 9. 25 : 11. 7 : 14. 9 : 17. 14 : IV KI. 5. 15 : JB. 1. 11 : 2. 5 : 3. 24 : 4. 15 : 5. 10 : 8. 16 : 16. 8 : 20. 25 : 23. 15 : 42. 11 : PS. 5. 9 : 12 (13). 2 : 16 (17). 13 : 20 (21). 13 : 21 (22). 30 : 23 (24). 6 : 26 (27). 7 : 29 (30). 8 : 30 (31). 17, 21 : 33 (34). 1 : 37 (38). 4 : 41 (42). 6 : 42 (43). 5 : 59 (60). 6 : 71 (72). 5, 9 : 79 (80). 3 : 83 (84). 10 : 95 (96). 9 : 113 (114). 7 : 131 (132). 10 : 147. 6 (17) : PR. 8. 27 : 16. 15, 18 : 18. 5 : 27. 23 : 30. 30 : IS. 7. 2, 16 : 8. 4, 17 : 14. 21 : 23. 18 : 25. 7 : 30. 17 : 36. 7 : 40. 10 : 41. 2 : 51. 13 : 53. 2, 3 : 57. 1 : 64. 1 (63. 19) : JE. 15. 1 : 16. 17 : 18. 17, 23 : 23. 39 : 25. 38 (32. 24) : 27 (34). 5 : EZ. 1. 9 : 10. 21 : 14. 3 : 20. 35 : 48. 21 (Sw.) : MA. 1. 8 : 2. 3.]
[**Sm.** GE. 1. 2, 20, 29 : 19. 21 : 47. 6 : NU. 3. 7 : JO. 4. 5 : 6. 1 : I KI. 1. 19 : 13. 12 : 22. 4 : III KI. 17. 14 : IV KI. 3. 14 : 5. 15 : 16. 14 : JB. 1. 11 : 13. 8, 10 : 15. 27 : 16. 8 : 18. 17 : 24. 15, 17 (P.) : 42. 9 : PS. 9. 4 : 12 (13). 2 : 15 (16). 11 : 16 (17). 2, 13 : 20 (21). 7, 13 : 23 (24). 6 : 26 (27). 7 *bis* : 29 (30). 8 : 30 (31). 21 : 37 (38). 4 : 41 (42). 6 : 42 (43). 5 : 43 (44). 16, 17, 25 : 49 (50). 3 : 59 (60). 6 : 60 (61). 4 : 67 (68). 5, 9 *bis* : 68 (69). 8 : 83 (84). 10 : 89 (90). 8 : 95 (96). 9 : 103 (104). 15 : 131 (132). 10 : 139 (140). 14 : 147. 6 (17) : PR. 7. 13 : 16. 15 : 17. 24 : 18. 5 : 27. 23 : 30. 30 : CA. 8. 12 : IS. 6. 2 : 7. 16 : 8. 17 : 14. 21 : 25. 7, 8 : 30. 11, 17 : 36. 7, 9 : 64. 1 (63. 19) : JE. 18. 17 : 23. 39 : 25. 38 (32. 24) : 47 (29). 3 (Sw.) : EZ. 1. 9 : 20. 35 : 48. 21 (Sw.) : HB. 1. 9 : MA. 1. 8 : 2. 9.]
[**Th.** GE. 1. 2 *bis*, 20, 29 : 47. 6 : EX. 28. 25, 27 : NU. 3. 7 : DT. 7. 20 : 23. 14 (15) : JO. 4. 5 : 6. 1 : JD. 16. 3 : I KI. 22. 4 : III KI. 6. 20 : 17. 14 : JB. 9. 24 : 13. 8 : 15. 27 : 17. 12 : 18. 17 : 20. 25 : 23. 15 : 24. 15, 18 : 29. 24 : 42. 8 : PS. 12 (13). 2 : 33 (34). 1 (P.) : 41 (42). 6, 12 : 82 (83). 17 : 131 (132). 10 : PR. 6. 35 : 7. 13 : 8. 27 : 16. 15 : 18. 5 : 21. 29 : 27. 23 : 30. 30 : IS. 7. 16 : 14. 21 : 23. 17 : 25. 7 : 29. 22 : 30. 17 : 36. 7 : 41. 2 : 51. 13 : 63. 9 : 64. 1 (63. 19) : JE. 16. 17 : 21. 12 : 23. 39 : 25. 38 (32. 24) : 27 (34). 5 : 33 (40). 18 : 44 (51). 12 : EZ. 1. 8 (Sw.), 9 : 6. 5, 9 : 10. 14 *septiens*, 21 : 20. 35 : 30. 9 : 47. 18 : 48. 21, 21 (Sw.) : DA. 2. 46 : 7. 8 : 10. 9†.]
[**Heb.** GE. 47. 6 : EX. 23. 29 : III KI. 9. 7 : JB. 2. 5 : 13. 11 : 38. 30 : EZ. 20. 47 (21. 3).]
[**Al.** EX. 1. 12 : 3. 7 : 10. 8 : 23. 23 : 33. 11 *bis* : LE. 3. 8 : 4. 6, 17 : 14. 7 : 19. 15 : 22. 3 : DT. 34. 7 : JO. 1. 5 : 18. 1 : JB. 2. 7 : 9. 24 : PS. 9. 20 : 10 (11). 7 : 142 (143). 7 : PR. 27. 4 : EZ. 32. 4 : 42. 3 : HB. 3. 5.]
[**Quint.** PS. 23 (24). 6 : 29 (30). 8 : 33 (34). 1 : 41 (42). 6 : PR. 16. 15.]
[**Sext.** PS. 23 (24). 6 : 29 (30). 8 : 41 (42). 6.]

προσωποποιΐα.

[**Sm.** II KI. 14. 20.]

προσώτιον (?).

IV Ma. 15. 15. S^1 τὰς . . . σάρκας ὥσπερ προσώτια [A S^2 R -ωπεῖα] προκειμένας

προτάσσειν.

II Ma. 8. 36. R τοῖς ὑπ' αὐτοῦ προτεταγμένοις [A προστ.] νόμοις
[**Sm.** PS. 59 (60). 9.]

προτείνειν.

II Ma. 3. 20. προτείνουσαι τὰς χεῖρας εἰς τὸν οὐρανόν
7. 10. τὰς χεῖρας εὐθαρσῶς προέτεινε
14. 33. προτείνας τὴν δεξιὰν ἐπὶ τὸν νεώ
— 34. προτείναντες τὰς χεῖρας εἰς τὸν οὐρανόν
15. 12. τοῦτον τὰς χεῖρας προτείναντα
— 15. προτείναντα δὲ τὸν Ἱερ. τὴν δεξιάν
— 21. R προτείνας τὰς χεῖρας εἰς τὸν οὐρ. [A *al.*]
III Ma. 2. 1. τὰς χεῖρας προτείνας εὐτάκτως

προτείχισμα. (1) בִּנְיָן (2) חוֹמָה (3) חֵל (4) מַדְרֵגָה

II Ki. 20. 15. ἔστη ἐν τῷ πρ. (3)
III Ki. 20 (21). 23. καταφάγονται αὐτὴν ἐν τῷ πρ. (3)
II Ch. 32. 5. ᾠκοδόμησε . . . πρ. ἄλλο (2)
Ca. 2. 14. ἐν σκέπῃ τῆς πέτρας ἐχόμενα τοῦ πρ. (4)
Je. 52. 7. ἀνὰ μέσον τοῦ τείχους [A τῆς πύλης] καὶ τοῦ πρ. (2 ?)
La. 2. 8. ἐπένθησε τὸ πρ. (3)
Ez. 40. 5. διεμέτρησε τὸ πρ. (1)
42. 20. ἀνὰ μέσον τῶν ἁγίων καὶ ἀνὰ μέσον τοῦ πρ. †
48. 15. πρ. ἔσται τῇ πόλει †
[**Aq.** PS. 121 (122). 7.]

προτέρημα. (1) תִּפְאֶרֶת

Jd. 4. 9. οὐκ ἔσται τὸ πρ. σου (1)

πρότερον (*adv.*). (1) לְפָנִים (2) *a.* רִאשׁוֹן *b.* בָּרִאשֹׁנָה *c.* מֵרֵאשִׁית (3) **ἐν τῷ πρ.** לְמִבָּרִאשׁוֹנָה (4) קֶדֶם

Ge. 26. 1. χωρὶς τοῦ λιμοῦ τοῦ πρ. (2 *a*)
Le. 5. 8. προσάξει . . . τὸ περὶ τῆς ἁμαρτ. πρ. (2 *a*)
18. 27. R οἱ ὄντες πρότερον [A B -οι] ὑμῶν (1)
Nu. 6. 12. A αἱ ἡμέραι αἱ πρ. [B -αι] ἄλογοι ἔσονται (2 *a*)
De. 2. 12. B^1 ἐνεκάθητο ὁ Χ. πρ. [A B^2 R τὸ πρ.] (1)
Jo. 1. 14. A διαβήσεσθε . . . πρ. [B -οι] τῶν ἀδ. ὑμῶν (1)
III Ki. 13. 6. A ἐγένετο καθὼς πρ. [B τὸ πρ.] (2 *b*)
I Ch. 9. 2. οἱ κατοικοῦντες πρ. ἐν ταῖς κατασχέσ. αὐ. (2 *a*)
15. 13. ἐν τῷ πρ. ὑμᾶς εἶναι (3)
Ne. 13. 5. ἐκεῖ ἦσαν πρ. [B^2 τὸ πρ.] (1)
Ju. 8. 18. καθάπερ ἐγένετο ἐν ταῖς πρ. ἡμέραις
Ec. 7. 11 (10). A αἱ ἡμέραι αἱ πρ. [B S -αι] ἦσαν ἀγαθαὶ ὑπὲρ ταύτας (2 *a*)
Si. 12. 17. εὑρήσεις αὐτὸν πρότερον ἐκεῖ σου
37. 8. γνῶθι πρότερον τίς αὐτοῦ χρεία
46. 3. τίς πρότερον [A S -ος] αὐτοῦ οὕτως ἔστη
Is. 41. 22. τὰ πρ. [A S -α] τίνα ἦν εἴπατε (2 *a*)
46. 10. ἀναγγέλλων πρ. τὰ ἔσχατα (2 *c*)
61. 4. ἐξηρημωμένας πρ. [A -ας, S τὸ πρ.] ἐξαναστήσουσι (2 *a*)
Je. 11. 10. ἐπεστράφησαν ἐπὶ τὰς ἀδικίας τῶν πατέρων αὐ. τῶν πρ. [S -ων] (2 *a*)
37 (30). 20. A^1 εἰσελεύσονται οἱ υἱοὶ αὐ. ὡς πρ. [A^2 B S τὸ πρ.] (4)
40 (33). 11. A καθὰ [B S κατὰ τὸ] πρ. (2 *b*)
41 (34). 5. ἔκλαυσαν τοὺς πατέρας σου τοὺς βασιλεύσαντας πρ. σου (2 *a* + 1)
I Ma. 1. 1. A S ἐβασίλευσεν ἀντ' αὐτοῦ πρ. [R -ος]
5. 43. A διεπέρασεν πρὸς αὐτοὺς πρ. [S R *al.*]
12. 7. πρ. ἀπεστάλησαν ἐπιστολαί
— 16. A S ἀνανεώσασθαι τὴν . . . συμμαχίαν τὴν πρ. [R -αν]
14. 33. οὗ ἦν τὰ ὅπλα τῶν πολεμίων τὰ [S^1 τῶν] πρ.
15. 3. R ὡς ἦν πρ. [A S τὸ πρ.]
II Ma. 1. 22. R ὅ τε ἥλιος ἀνέλαμψε πρ. [A *om.*] ἐπινεφὴς ὤν
3. 30. τὸ μικρῷ πρ. δέους . . . γέμον ἱερόν
6. 29. τὴν μικρῷ πρ. εὐμένειαν πρὸς αὐτόν
9. 10. τὸν μικρῷ πρ. τῶν οὐρανίων ἄστρων ἅπτεσθαι δοκοῦντα
— 16. ὃν δὲ πρ. ἐσκύλευσεν ἅγιον νεών
10. 24. R ὁ πρ. [A πρῶτον] ἡττηθεὶς ὑπὸ τῶν Ἰ.
[**Aq.** GE. 28. 19.]
[**Sm.** EX. 5. 7.]

πρότερος. (1) *a.* לְפָנִים *b.* עַל־פָּנִים (2) מִן קֶדֶם (3) רִאשׁוֹן, רִאשֹׁן (4) **τὸ πρ.** *a.* בַּתְּחִלָּה *b.* לָרִאשֹׁנָה *c.* רִאשׁוֹן, רִאשֹׁן *d.* לְפָנִים *e.* רִאשֹׁנָה *f.* בָּרִאשֹׁנָה *g.* קֶדֶם

Ge. 13. 3. οὗ ἦν ἡ σκηνὴ αὐτοῦ τὸ πρ. (4 *a*)
28. 19. ἦν ὄνομα τῇ πόλει τὸ πρ. (4 *b*)
38. 28. οὗτος ἐξελεύσεται πρ. (3)
40. 13. κατὰ τὴν ἀρχήν σου τὴν πρ. (3)
Ex. 10. 14. προτέρα αὐτῆς οὐ γέγονε τοιαύτη ἀκρίς (1 *a*)
23. 28. ἀποστελῶ τὰς σφηκίας προτέρας σου (1 *a*)
33. 2. A συναποστελῶ τὸν ἄγγελόν μου πρ. [B πρὸ προσώπου] σου (1 *a*)
— 19. παρελεύσομαι πρότερός σου (1 *b*)
Le. 4. 21. κατέκαυσαν τὸν μόσχον τὸν πρ. (3)
18. 27. A B οἱ ὄντες πρ. [R -ρον] ὑμῶν (1 *a*)
26. 45. μνησθήσομαι αὐτῶν τῆς διαθήκης τῆς πρ. (3)
Nu. 6. 12. αἱ ἡμέραι αἱ πρ. [A -ρον] ἄλογοι ἔσονται (3)
10. 33. προεπορεύετο προτέρα αὐτῶν (1 *a*)
14. 14. σὺ πορεύῃ πρότερος αὐτῶν (1 *a*)
21. 26. ἐπολέμησε βασιλέα Μωὰβ τὸ πρ. (4 *c*)
32. 17. ἡμεῖς . . . πρότεροι τῶν υἱῶν Ἰσρ. (1 *a*)
— 30. καὶ τὰ κτήνη αὐτῶν πρότερα ὑμῶν –
De. 1. 22. ἀποστείλωμεν ἄνδρας προτέρους ἡμῶν (1 *a*)
— 33. ὃς προπορεύεται πρότερος ὑμῶν (1 *a*)
2. 10. οἱ Ὀμμὶν πρότεροι [A τὸ πρ.] ἐνεκάθηντο (1 *a* [4 *d*])
— 12. ἐνεκάθητο ὁ Χ. τὸ [B^1 *om.*] πρ. (4 *d*)
— 20. ἐπ' αὐτῆς κατῴκουν οἱ Ῥ. τὸ πρ. (4 *d*)
4. 32. ἐπερωτήσατε ἡμέρας πρ. τὰς γενομ. πρ. σου (3, 1 *a*)
9. 18. καθάπερ καὶ τὸ πρ. (4 *e*)
19. 14. A ἃ ἔστησαν οἱ πρ. [B πατέρες] σου (3)
24. 4. ὁ ἀνὴρ ὁ πρ. ὁ ἐξαποστείλας αὐτήν (3)
Jo. 1. 14. διαβήσεσθε . . . πρότεροι [A -ον] τῶν ἀδ. ὑ. (1 *a*)
3. 14. οἱ δὲ ἱερεῖς . . . πρότεροι τοῦ λαοῦ (1 *a*)
10. 14. οὐδὲ τὸ πρ. οὐδὲ τὸ ἔσχατον (4 *d*)
11. 10. ἦν δὲ Ἀ. τὸ πρ. ἄρχουσα (4 *d*)
14. 15. ἦν τὸ πρ. πόλις Ἀργόβ (4 *d*)
15. 15. ἦν τὸ πρ. πόλις γραμμάτων (4 *d*)
24. 12. ἐξαπέστειλε προτέραν ἡμῶν τὴν σφηκίαν (1 *a*)
Jd. 1. 10. τὸ πρ. Καριαθαρβοκσεφέρ [A *al.*] (4 *d*)
18. 29. ὄνομα τῆς πόλεως τὸ πρ. (4 *b*)
II Ki. 19. 20 (21). ἦλθον σήμερον πρότερος παντὸς Ἰσρ. (3)
III Ki. 13. 6. ἐγένετο καθὼς τὸ [A *om.*] πρ. (4 *f*)
I Ch. 29. 29. οἱ δὲ λοιποὶ λόγοι . . . οἱ πρ. (3)
Ne. 13. 5. B^2 ἐκεῖ ἦσαν τὸ [A B^1 S R *om.*] πρ. (4 *d*)
To. 6. 14. A B καθὼς καὶ οἱ πρ.
14. 5. οὐχ οἷος ὁ πρ. [S ὡς τὸν πρῶτον]
Ju. 5. 7. παρῴκησαν τὸ πρ. ἐν τῇ Μεσοπ.
9. 5. ἐποίησας τὰ πρ. ἐκείνων
Jb. 42. 5. ἀκοὴν μὲν ὠτὸς ἤκουόν σου τὸ πρ. –
Ec. 7. 11 (10). αἱ ἡμέραι αἱ πρ. [A -ρον] ἦσαν ἀγαθαὶ ὑπὲρ ταύτας (3)
Wi. 7. 29. φωτὶ συγκρινομένη εὑρίσκεται προτέρα
Si. 1. 4. προτέρα πάντων ἔκτισται σοφία
21. 1. περὶ τῶν πρ. σου δεήθητι

Si. 34 (31). 18. πρότερος αὐτῶν μὴ ἐκτείνῃς τὴν χεῖρά σου
41. 3. μνήσθητι προτέρων σου καὶ ἐσχάτων
46. 3. A S τίς πρότερος [B -ον] αὐτοῦ οὕτως ἔστη
Ho. 2. 7 (9). ἐπιστρέψω πρὸς τὸν ἄνδρα μου τὸν πρ. (3)
Is. 1. 26. ἐπιστήσω τοὺς κριτάς σου ὡς τὸ πρ. (4 *f*)
41. 22. A S τὰ πρ. [B -ρον] τίνα ἦν εἴπατε (3)
46. 9. μνήσθητε τὰ πρ. ἀπὸ τοῦ αἰῶνος (3)
48. 3. τὰ πρ. ἔτι ἀνήγγειλα (3)
— 7. οὐ προτέραις ἡμέραις ἤκουσας αὐτά (1 *a*?)
52. 4. εἰς Αἴγυπτον κατέβη ὁ λαός μου τὸ πρ. (4 *f*)
— 12. προπορεύσεται γὰρ πρ. [S πρὸ προσώπου] ὑμῶν κύριος (1 *a*)
61. 4. A ἐξηρημωμένας προτέρας [B -ρον, S τὸ πρ.] ἐξαναστήσουσι (3 [4 *c*])
65. 17. οὐ μὴ μνησθῶσι τῶν πρ. (3)
Je. 11. 10. S ἐπεστράφησαν ἐπὶ τὰς ἀδικίας τῶν πατ. αὐτῶν τῶν πρ. [A B -ον] (3)
35 (28). 8. οἱ προφῆται οἱ γεγονότες πρότεροί μου καὶ πρότεροι ὑμῶν (1 *a*, 1 *a*)
37 (30). 20. εἰσελεύσονται οἱ υἱοὶ αὐ. ὡς τὸ [A¹ *om.*] πρ. (4 *g*)
40 (33). 7. οἰκοδομήσω αὐτοὺς καθὼς καὶ τὸ πρ. (4 *f*)
— 11. κατὰ τὸ [A καθὰ] πρ. (4 *f*)
Da. LXX. Su. 12. τίς φανήσεται αὐτῇ πρότερος
— 52. ἃς ἐποίεις τὸ πρ.
3. 22. ἡ κάμινος ἐξεκαύθη ὑπὲρ τὸ πρ. ἑπταπλασίως -
Da. TH. Su. 52. ἃς ἐποίεις τὸ πρ.
7. 20. A καὶ ἐκτινάξαντος τῶν πρ. τρία [B τῶν πρώτων] (2)
11. 13. ἄξει ὄχλον πολὺν ὑπὲρ τὸν πρ. (3)
I Ma. 1. 1. R ἐβασίλευσεν ἀντ᾽ αὐτοῦ πρότερος [A S -ον]
3. 46. τόπος προσευχῆς εἰς M. τὸ πρ.
4. 47. ᾠκοδόμησαν τὸ θυσιαστ. καινὸν κατὰ τὸ πρ.
— 60. ὡς ἐποίησαν τὸ πρ.
5. 1. ἐνεκαινίσθη τὸ ἁγίασμα ὡς τὸ πρ.
— 40. ἐὰν διαβῇ πρὸς ἡμᾶς πρότερος
— 43. S R διεπέρασεν ἐπ᾽ αὐτοὺς πρότερος [A *al.*]
6. 7. καθὼς τὸ πρ. ἐκύκλωσαν τείχεσιν ὑψ.
— 59. τοῦ πορεύεσθαι τοῖς νομίμοις αὐ. ὡς τὸ πρ.
8. 24. ἐὰν δὲ ἐνστῇ πόλεμος Ῥώμῃ προτέρᾳ
— 27. ἐὰν ἔθνει Ἰ. συμβῇ προτέροις πόλεμος
9. 72. ἣν ᾐχμαλώτευσε τὸ πρ.
11. 27. ὅσα ἄλλα εἶχε τίμια τὸ πρ.
— 34. ὧν ἐλάμβανεν ὁ βασ. παρ᾽ αὐτῶν τὸ πρ.
— 39. Τρ. δὲ ἦν τῶν παρὰ Ἀλεξάνδρου τὸ πρ.
12. 3. ἀνανεώσασθαι . . . τὴν συμμαχίαν κατὰ τὸ πρ.
— 16. R ἀνανεώσασθαι τὴν . . . συμμαχίαν τὴν πρ. [A S -ον]
— 24. μετὰ δυνάμεως πολλῆς ὑπὲρ τὸ πρ.
14. 33. οὗ ἦν τὰ ὅπλα τῶν πολεμίων τὸ [S¹ τῶν] πρ.
— 34. ἐν ᾗ ᾤκουν οἱ πολέμιοι τὸ πρ.
15. 3. A S ὡς ἦν τὸ [R *om.*] πρ.
— 27. ὅσα συνέθετο αὐτῷ τὸ πρ.
II Ma. 11. 31. καθὰ καὶ τὸ πρ.
IV Ma. 9. 26. A R τὸν καθ᾽ ἡλικίαν τοῦ πρ. [S πρεσβυτέρου] δεύτερον
[**Aq.** Jo. 4. 11 : Je. 28 (35). 8 : 34 (41). 5.]
[**Sm.** Jo. 4. 11.]
[**Th.** Jo. 4. 11 : Da. 7. 20†.]

προτιθέναι. (1) יָסַף hi. (2) לָוָה ni. (3) נָתַן (4) עָרַךְ (5) שׂוּם (6) שִׁית

Ex. 29. 23. τῶν ἀζύμων τῶν προτεθειμ. ἔναντι κ. -
40. 4. προθήσεις τὴν πρόθεσιν αὐτῆς (4)
— 23. B προέθηκεν [A R προσέθ.] . . . ἄρτους (4)
Le. 19. 14. A οὐ προθήσεις [B προσθ.] σκάνδαλον (3)
24. 8. A B προθήσεται [B προσθ.] ἔναντι κυρίου (4)
II Ch. 28. 13. A προθεῖναι [B προσθ.] ἐπὶ ταῖς ἁμαρτ. ἡμῶν (1)
Es. 9. 27. A τοῖς προτεθειμένοις ἐφ᾽ ἑαυτῶν [B S *al.*] (2)
Ps. 53 (54). 3. οὐ προέθεντο τὸν θεὸν ἐνώπιον αὐτῶν (5)
85 (86). 14. οὐ προέθεντό [S προσέθ.] σε ἐνώπιον αὐτῶν (5)
100 (101). 3. οὐ προεθέμην [S² -ετιθ.] πρὸ ὀφθαλμῶν μου πρᾶγμα παράνομον (6)
Pr. 29. 24. ὅρκου προτεθέντος ἀκούσαντες -
Ec. 1. 16. S προέθηκα [A B προσέθ.] σοφίαν ἐπὶ πᾶσιν (1)
— 18. A ὁ προτιθεὶς [B προστ., S προσθεὶς] γνώσει [B S γνῶσιν] προσθήσει ἄλγημα (1)
Si. *prol.* 22. S¹ ἀναγκαιότατον προεθέμην [A B S² ἐθ.]
II Ma. 1. 8. προεθήκαμεν τοὺς ἄρτους
— 15. προθέντων αὐτὰ τῶν ἱερέων
III Ma. 2. 27. προέθετο δὲ δημοσίᾳ
IV Ma. 8. 12. A R προτεθῆναι [S τιθέναι] τὰ βασανιστήρια
— 13. τὰ ζώπυρα τοῦ πυρὸς οἱ δορυφόροι προέθεσαν
[**Sm.** I Ch. 21. 10 : Ps. 89 (90). 8 : Ec. 1. 13.]
[**Th.** Ez. 24. 2.]

προτιμᾶν.

II Ma. 15. 2. τῇ προτετιμημένῃ . . . μεθ᾽ ἁγιότητος ἡμέρᾳ
IV Ma. 1. 15. προτιμῶν τὸν σοφίας βίον [A λόγον]
[**Sm.** I Ki. 2. 29.]

προτομή. (1) רֹאשׁ

III Ki. 10. 19. καὶ προτομαὶ μόσχων τῷ θρόνῳ (1)
II Ma. 15. 35. A ἐξέδησε δὲ τὴν τοῦ N. πρ. [R κεφαλήν]
[**Aq.** I Ki. 19. 16.]

προτρέπεσθαι.

Wi. 14. 18. τοὺς ἀγνοοῦντας ἡ τοῦ τεχνίτου προετρέψατο φιλοτιμία
II Ma. 11. 7. A² R προετρέψατο [A¹ προσετρ.] τοὺς ἄλλους
IV Ma. 12. 7. τῆς μητρὸς τῇ Ἑβραΐδι φωνῇ προτρεψαμένης αὐτόν
15. 12. πάντας . . . ἐπὶ τὸν . . . προετρέπετο θάνατον
16. 13. ἐπὶ τὸν θάνατον αὐτοὺς προετρέπετο

προτρέχειν. (1) רוּץ (2) רוּץ לִפְנֵי

I Ki. 8. 11. καὶ προτρέχοντας τῶν ἁρμ. αὐτοῦ (2)
To. 11. 3. προδράμωμεν ἔμπροσθεν [S *om.*] τῆς γυναικός σου
Jb. 41. 13 (14). ἔμπροσθεν αὐτοῦ προτρέχει [B S τρέχει] ἀπώλεια (1)
I Ma. 16. 21. προδραμών τις ἀπήγγειλεν

προϋπάρχειν.

Jb. 42. 18. προϋπῆρχε δὲ αὐτῷ ὄνομα Ἰωβάβ
— 18. A προϋπῆρχεν δὲ τὸ ὄνομα αὐτοῦ Ἰωβάβ

προϋποτάσσεσθαι.

III Ma. 1. 2. παραλαβὼν τῶν προϋποτεταγμ. αὐτῷ ὅπλων [A¹ τόπων] Πτ. τὰ κράτιστα

προϋφιστάναι.

Wi. 19. 7. ἐκ δὲ προϋφεστῶτος ὕδατος ξηρᾶς ἀνάδυσις γῆς ἐθεωρήθη

προφαίνεσθαι.

II Ma. 3. 26. R ἕτεροι δὲ δύο προεφάνησαν [A ἐφ.] αὐτῷ νεανίαι
IV Ma. 4. 10. οὐρανόθεν ἔφιπποι προὐφάνησαν ἄγγελοι

προφανῶς.

Si. 51. 13. ἐζήτησα σοφίαν πρ. ἐν προσευχῇ μου
[**Al.** Le. 26. 43.]

προφασίζεσθαι. (1) אָמַר (2) אָנָה hithpa. (3) עָלַל hithpo.

IV Ki. 5. 7. προφασίζεται οὗτός μοι [A με] (2)
Ps. 140 (141). 4. τοῦ προφασίζεσθαι προφάσεις (3)
Pr. 22. 13. προφασίζεται καὶ λέγει ὀκνηρός (1)

πρόφασις. (1) *a.* עִלָּה *b.* עֲלִילָה

Ps. 140 (141). 4. τοῦ προφασίζεσθαι προφάσεις (1 *b*)
Pr. 18. 1. προφάσεις ζητεῖ †
Ho. 10. 4. λαλῶν ῥήματα προφάσεις ψευδεῖς †
Da. TH. 6. 4 (5). ἐζήτουν πρόφασιν εὑρεῖν (1 *a*)
— 4 (5). πᾶσαν πρ. . . . οὐχ εὗρον κατ᾽ αὐτοῦ (1 *a*)
— 5 (6). οὐχ εὑρήσομεν κατὰ Δ. . . . πρόφασιν (1 *a*)
[**Aq.** Jd. 14. 4.]
[**Sm.** I Ki. 2. 3.]

προφασιστικός. (1) עֲלִילָה

De. 22. 14. καὶ ἐπιθῇ αὐτῇ πρ. λόγους (1)
— 17. ἐπιτίθησιν αὐτῇ πρ. λόγους (1)

προφέρειν. (1) מָצָא ni.

To. 9. 5. προήνεγκε τὰ θυλάκια [S *al.*]
Pr. 10. 13. A S R ὃς ἐκ χειλέων προφέρει σοφίαν (1)
Si. *prol.* 22. S¹ προενέγκασθαι [A B S² προσεν. τινα] σπουδήν
I Ma. 7. 33. S¹ δεῖξαι αὐτῷ τὴν ὁλοκαύτωσιν τὴν προφερομένην [A S² R προσφ.]
III Ma. 1. 12. R οὐδαμῶς ἀπέλιπε προφερόμενος ἑαυτόν [A *al.*]
4. 17. A προηνέγκαντο [R προσην.] οἱ γραμματεῖς τῷ βασ.
5. 39. προεφέροντο τάδε
6. 28. A ἀπαραπόδιστον εὐστάθειαν . . . προφέρει [R παρέχει]
7. 4. A προφερόμενοι μηδέποτε εὐσταθήσειν [R *al.*]
— 11. προφερόμενοι τοὺς . . . τὰ θεῖα παραβεβηκότας προστάγματα
[**Sm.** Ps. 134 (135). 7.]

προφητεία (-ία). (1) חָזוֹן (2) נְבוּאָה

II Ch. 15. 8. ἐν τῷ ἀκοῦσαι . . . τὴν πρ. Ἀ. (2)
32. 32. γέγραπται ἐν τῇ πρ. Ἡσ. (1)
II Es. 5. 1. ἐπροφήτευσεν Ἀ. . . . προφητείαν †
6. 14. ἐν προφητείᾳ Ἀγγαίου (2)
Ne. 6. 12. ἡ πρ. λόγος κατ᾽ ἐμοῦ (2)
To. 2. 6. A B ἐμνήσθην τῆς πρ. Ἀ. [S *al.*]
Si. *prol.* 18. αἱ πρ. καὶ τὰ λοιπὰ τῶν βιβλίων
24. 33. ἔτι διδασκαλίαν ὡς προφητείαν ἐκχεῶ
36. 20 (17). ἔγειρον προφητείας τὰς ἐπ᾽ ὀνόματί σου
39. 1. ἐν προφητείαις ἀσχοληθήσεται
44. 3. ἀπηγγελκότες ἐν προφητείαις
46. 1. διάδοχος Μωυσῆ ἐν προφητείαις
— 20. ἐν προφητείᾳ [S -αις] ἐξαλεῖψαι [S -ει] ἀνομίαν λαοῦ
Je. 23. 31. S R τοὺς προφήτας τοὺς ἐκβάλλοντας προφητείας γλώσσης [A -είαν γλώσσῃ] -
Da. LXX. 11. 14. εἰς τὸ ἀναστῆσαι τὴν πρ. (1)
Bel *tit.* ἐκ προφητείας Ἀμβ.

προφητεύειν. (1) אָמַר (2) נָבָא *a.* ni. *b.* hithp. *c.* נְבָא ithpa.

Nu. 11. 25. καὶ ἐπροφήτευσαν (2 *b*)
— 26. ἐπροφήτευσαν ἐν τῇ παρεμβολῇ (2 *b*)
— 27. προφητεύουσιν ἐν τῇ παρεμβολῇ (2 *b*)
I Ki. 10. 5. καὶ αὐτοὶ προφητεύοντες (2 *b*)
— 6. προφητεύσεις μετ᾽ [A ἐπ᾽] αὐτῶν (2 *b*)
— 10. B ἐπροφήτευσεν [A R προεφ.] ἐν μέσῳ αὐτῶν (2 *b*)
— 11. A ἐν μέσῳ τῶν προφητῶν προφητεύων [B *om.*] (2 *a*)
— 13. καὶ συνετέλεσε προφητεύων (2 *b*)
18. 10. A προεφήτευσεν ἐν μέσῳ οἴκου αὐ. (2 *b*)
19. 20. A τὴν ἐκκλησίαν τῶν προφητῶν τῶν προφητευόντων [B *om.* τ. πρ.] (2 *a*)
— 20. καὶ προφητεύουσι (2 *b*)
— 21 *bis.* ἐπροφήτευσαν [A προεφ.] καὶ αὐτοί (2 *b*)
— 23. καὶ ἐπορεύετο προφητεύων [A *al.*] (2 *b*)
— 24. καὶ ἐπροφήτευσεν (2 *b*)
III Ki. 18. 29. B καὶ ἐπροφήτευσαν [A R -ον] (2 *b*)
22. 10. πάντες οἱ προφ. ἐπροφήτευον (2 *b*)
— 12. πάντες οἱ προφ. ἐπροφήτευον [A προεφ.] (2 *a*)
— 18. οὐ προφητεύει οὗτός μοι καλά (2 *b*)
II Ch. 18. 7. οὐκ ἔστι προφητεύων . . . εἰς ἀγαθά (2 *b*)
— 9. πάντες οἱ προφ. ἐπροφήτευον (2 *b*)
— 11. πάντες οἱ προφ. ἐπροφήτευον (2 *a*)
— 17. οὐ προφητεύει περὶ ἐμοῦ ἀγαθά (2 *b*)
20. 37. ἐπροφήτευσεν Ἐλ. (2 *b*)
I Es. 6. 1. ἐπροφήτευσεν Ἀγγαῖος
7. 3. προφητευόντων Ἀγγαίου καὶ Ζαχ.
II Es. 5. 1. ἐπροφήτευσεν Ἀγγαῖος (2 *c*)
Ju. 6. 2. ἐπροφήτευσας ἐν ἡμῖν
Wi. 14. 28. ἢ προφητεύουσι ψευδῆ
Si. 46. 20. μετὰ τὸ ὑπνῶσαι αὐτὸν προεφήτευσε [A S ἐπροφήτευσεν]
47. 1. ἀνέστη Νάθαν προφητεύειν ἐν ἡμέραις Δαυίδ
48. 13. ἐν κοιμήσει ἐπροφήτευσε τὸ σῶμα αὐτοῦ
Am. 2. 12. οὐ μὴ προφητεύσητε (2 *a*)
3. 8. τίς οὐ προφητεύσει (2 *a*)
7. 12. καὶ ἐκεῖ προφητεύσεις (2 *a*)
— 13. οὐκέτι προσθήσεις τοῦ προφητεῦσαι (2 *a*)
— 15. προφήτευσον ἐπὶ τὸν λαόν μου Ἰσρ. (2 *a*)
— 16. μὴ προφήτευε ἐπὶ τὸν Ἰσρ. (2 *a*)
Jl. 2. 28 (3. 1). προφητεύσουσιν οἱ υἱοὶ ὑμῶν (2 *a*)
Za. 13. 3. ἐὰν προφητεύσῃ ἄνθρωπος ἔτι (2 *a*)
— 3. A ἐν τῷ προφητεύειν αὐτόν -
— 3, 4. ἐν τῷ προφητεύειν αὐτόν (2 *a*)
Je. 2. 8. οἱ προφῆται ἐπροφήτευον [A -οντο] τῇ Βάαλ (2 *a*)
5. 31. οἱ προφῆται προφητεύουσιν ἄδικα (2 *a*)

Je. 11. 21. οὐ μὴ προφητεύσεις [A -ης] ἐπὶ τῷ ὀνόματι κυρίου (2 a)
14. 13. οἱ προφῆται αὐτῶν προφητεύουσι (1 ?)
— 14. ψευδῆ οἱ προφῆται προφητεύουσιν [S[1] -εύσ.] . . . προαιρέσεις καρδίας αὐ. αὐτοὶ προφητεύουσιν ὑμῖν (2 a, 2 b)
— 15. περὶ τῶν προφητῶν τῶν προφητευόντων ἐπὶ [A om.] τῷ ὀνόματί μου ψευδῆ (2 a)
— 16. ὁ λαὸς οἷς αὐτοὶ προφητεύουσιν αὐτοῖς (2 a)
19. 14. οὗ ἀπέστειλεν αὐτὸν κύριος ἐκεῖ τοῦ προφητεῦσαι (2 a)
20. 1. τοῦ Ἱερ. προφητεύοντος τοὺς λόγους τ. (2 a)
— 6. οἷς ἐπροφήτευσας αὐτοῖς ψευδῆ (2 a)
23. 13. ἐπροφήτευσαν διὰ τῆς Βάαλ (2 b)
— 21. αὐτοὶ ἐπροφήτευον [S -σαν] (2 a)
— 25. ἃ προφητεύουσιν [S al.] (2 a)
— 26. ἐν καρδίᾳ τῶν προφητῶν τῶν προφητευόντων ψευδῆ ἐν τῷ πρ. αὐτοὺς τὰ θελήματα τῆς καρδίας αὐ. (2 a, †)
— 32. ἐγὼ πρὸς τοὺς προφήτας τοὺς προφητεύοντας ἐνύπνια ψευδῆ (2 a)
25. 14 (49. 34). ἃ ἐπροφήτευσεν Ἱερεμίας †
32. 15 (25. 13). A ὅσα ἐπροφήτευσεν Ἱερεμίας (2 a)
32 (25). 30. προφητεύσεις ἐπ' αὐτοὺς τοὺς λόγους τούτους (2 a)
33 (26). 9. ἐπροφήτευσας [S add. ἐπὶ] τῷ ὀνόματι κυρίου (2 a)
— 11. ἐπροφήτευσε κατὰ τῆς πόλεως ταύτης (2 a)
— 12. ἀπέστειλέ με προφητεῦσαι (2 a)
— 20. ἄνθρωπος ἦν προφητεύων [A add. ἐπὶ] τῷ ὀνόματι κυρίου . . . καὶ ἐπροφήτευσε περὶ τῆς γῆς ταύτης (2 b, 2 a)
34 (27). 10. ψευδῆ αὐτοὶ προφητεύουσιν ὑμῖν (2 a)
— 14. ἄδικα αὐτοὶ προφητεύουσιν [S -σουσιν] ὑμῖν (2 a)
— 15. καὶ προφητεύουσι [A add. ἐπὶ] τῷ ὀνόματί μου (2 a)
— 15. καὶ οἱ προφῆται ὑμῶν οἱ προφητεύοντες ὑμῖν ἐπ' ἀδίκῳ ψευδῆ (2 a)
— 16. μὴ ἀκούετε τῶν λόγων τῶν προφητῶν τῶν προφητευόντων ὑμῖν [A add. ψευδῆ] . . . ὅτι ἄδικα αὐτοὶ προφητεύουσιν ὑμῖν (2 a, 2 a)
35 (28). 6. στῆσαι τὸν λόγον ὃν σὺ προφητεύεις (2 a)
— 8. ἐπροφήτευσαν ἐπὶ γῆς πολλῆς (2 a)
— 9. ὁ προφήτης ὁ προφητεύσας εἰς [S om.] εἰρήνην (2 a)
36 (29). 9. ἄδικα αὐτοὶ προφητεύουσιν ὑμῖν (2 a)
— 26. γενέσθαι ἐπιστάτην . . . παντὶ ἀνθρώπῳ προφητεύοντι (2 b)
— 27. συνελοιδορήσατε Ἱερεμίαν τὸν ἐξ Ἀναθὼθ τὸν προφητεύσαντα ὑμῖν (2 b)
— 31. ἐπροφήτευσεν ὑμῖν Σαμαίας (2 a)
39 (32). 3. A B S[2] διὰ τί σὺ προφητεύεις (2 a)
44 (37). 19. ποῦ εἰσιν οἱ προφῆται ὑμῶν οἱ προφητεύσαντες [A -εύοντες] ὑμῖν (2 a)
Ez. 4. 7. προφητεύσεις ἐπ' αὐτήν (2 a)
6. 2. προφήτευσον ἐπ' αὐτά (2 a)
11. 4. προφήτευσον ἐπ' αὐτοὺς προφήτευσον (2 a, 2 a)
— 13. ἐγένετο ἐν τῷ πρ. με (2 a)
12. 27. εἰς καιροὺς μακροὺς οὗτος προφητεύει (2 a)
13. 2. A προφήτευσον ἐπὶ τοὺς προφήτας τοῦ Ἰσραὴλ τοὺς προφητεύοντας καὶ ἐρεῖς τοῖς προφήταις τοῖς προφητεύουσιν ἀπὸ καρδίας αὐτῶν [B om. τοὺς πρ. . . . αὐ.] καὶ προφητεύσεις (2 a, †, †)
— 3. οὐαὶ τοῖς προφητεύουσιν ἀπὸ καρδίας αὐτῶν †
— 16. οἱ προφητεύοντες ἐπὶ Ἱερουσαλήμ (2 a)
— 17. ἐπὶ τὰς θυγατέρας τοῦ λαοῦ σου τὰς προφητευούσας ἀπὸ καρδίας αὐτῶν καὶ προφήτευσον ἐπ' αὐτάς (2 b, 2 a)
20. 46 (21. 2). προφήτευσον ἐπὶ δρυμόν (2 a)
21. 2 (7). προφήτευσον . . . καὶ προφητεύσεις ἐπὶ τὴν γῆν τοῦ Ἰσραήλ (–, 2 a)
— 9 (14). προφήτευσον καὶ ἐρεῖς (2 a)
— 14 (19). προφήτευσον καὶ κρότησον (2 a)
— 28 (33). προφήτευσον καὶ ἐρεῖς (2 a)
25. 2. προφήτευσον ἐπ' αὐτούς (2 a)
28. 21. προφήτευσον ἐπ' αὐτήν (2 a)
29. 2. προφήτευσον ἐπ' αὐτόν (2 a)
30. 2. προφήτευσον καὶ εἰπόν (2 a)
34. 2. προφήτευσον ἐπὶ τοὺς ποιμένας τοῦ Ἰσραὴλ προφήτευσον (2 a, 2 a)
35. 2. προφήτευσον εἰς [A ἐπ'] αὐτό (2 a)
36. 1. προφήτευσον ἐπὶ τὰ ὄρη Ἰσραήλ (2 a)
— 3. προφήτευσον καὶ εἰπόν (2 a)
Ez. 36. 6. προφήτευσον ἐπὶ τὴν γῆν τοῦ Ἰσραήλ (2 a)
37. 4. προφήτευσον ἐπὶ τὰ ὀστᾶ ταῦτα (2 a)
— 7. ἐπροφήτευσα . . . ἐγένετο [A add. φωνὴ] ἐν τῷ ἐμὲ προφητεῦσαι [A -εύειν] (2 a, 2 a)
— 9. προφήτευσον ἐπὶ τὸ πνεῦμα προφήτευσον (2 a, 2 a)
— 10. ἐπροφήτευσα καθότι ἐνετείλατό μοι (2 b)
— 12. προφήτευσον καὶ εἰπόν (2 a)
38. 2. προφήτευσον ἐπ' αὐτόν (2 a)
— 14. προφήτευσον, υἱὲ ἀνθρώπου (2 a)
39. 1. προφήτευσον ἐπὶ Γώγ (2 a)
[**Aq.** I Ch. 25. 3: Je. 14. 15: 26 (33). 18: 29 (36). 26: Ez. 13. 2 *bis*: 21. 2 (7) (Sw.).]
[**Sm.** I Ch. 25. 1, 3: Je. 26 (33). 18, 20: 29 (36). 26: Ez. 20. 46 (21. 2): 21. 2 (7) (Sw.): 38. 17.]
[**Th.** Je. 29 (36). 21: Ez. 13. 2 *bis*: 21. 2 (7) (Sw.): 38. 17.]

προφήτης. (1) חֹזֶה (2) *a*. נָבִיא *b*. נְבִיא (3) רֹאֶה

Ge. 20. 7. ὅτι προφήτης ἐστί (2 a)
Ex. 7. 1. Ἀ. ὁ ἀδ. σου ἔσται σου πρ. (2 a)
Nu. 11. 29. τίς δῴη πάντα τὸν λαὸν κ. προφήτας (2 a)
12. 6. ἐὰν γένηται προφήτης ὑμῶν κυρίῳ (2 a)
De. 13. 1 (2). ἐὰν δὲ ἀναστῇ ἐν σοὶ πρ. (2 a)
— 3 (4). οὐκ ἀκούσεσθε τῶν λόγων τοῦ πρ. ἐκ. (2 a)
— 5 (6). ὁ πρ. ἐκεῖνος . . . ἀποθανεῖται (2 a)
18. 15. προφήτην ἐκ τῶν ἀδελφῶν σου (2 a)
— 18. προφήτην ἀναστήσω αὐτοῖς (2 a)
— 19. ὅσα ἐὰν λαλήσῃ ὁ πρ. –
— 20. ὁ πρ. ὃς ἂν ἀσεβήσῃ λαλῆσαι (2 a)
— 20. ἀποθανεῖται ὁ πρ. ἐκεῖνος (2 a)
— 22. ὅσα ἐὰν λαλήσῃ ὁ πρ. (2 a)
— 22. ἐν ἀσεβείᾳ ἐλάλησεν ὁ πρ. (2 a)
34. 10. οὐκ ἀνέστη ἔτι προφήτης (2 a)
Jd. 6. 8. ἐξαπέστειλε κ. ἄνδρα πρ. (2 a)
I Ki. 3. 20. πιστὸς Σαμ. εἰς προφήτην τῷ κ. (2 a)
— 21. προφήτης γενέσθαι τῷ κ. –
9. 9. τὸν πρ. ἐκάλει ὁ λαὸς ἔμπροσθεν (2 a)
10. 5. ἀπαντήσεις χορῷ προφητῶν (2 a)
— 10. A ἔρχεται . . . εἰς τὸν βουνὸν τῶν πρ. [B om. τ. πρ.] –
— 10. χορὸς προφητῶν ἐξ ἐναντίας αὐτοῦ (2 a)
— 11. αὐτὸς ἐν μέσῳ τῶν πρ. (2 a)
— 11, 12. ἢ καὶ Σ. ἐν προφήταις (2 a)
19. 20. εἶδαν τὴν ἐκκλησίαν τῶν πρ. (2 a)
— 24. εἰ καὶ Σ. ἐν προφήταις (2 a)
21. 6 (7). A ἀλλ' ἢ ἄρτοι τοῦ πρ. [B προσώπου] †
22. 5. εἶπε Γὰδ ὁ πρ. πρὸς Δ. (2 a)
28. 6. οὐκ ἀπεκρίθη αὐτῷ . . . ἐν τοῖς πρ. (2 a)
— 15. καὶ ἐν χειρὶ τῶν πρ. (2 a)
II Ki. 7. 2. εἶπεν ὁ βασ. πρὸς Ν. τὸν πρ. (2 a)
12. 1. ἀπέστειλε κ. τὸν Ν. τὸν πρ. –
— 25. ἐν χειρὶ Ν. τοῦ πρ. (2 a)
24. 11. λόγος κ. ἐγένετο πρὸς Γ. τὸν πρ. (2 a)
III Ki. 1. 8. καὶ Νάθαν ὁ πρ. (2 a)
— 10. καὶ τὸν Ν. τὸν πρ. (2 a)
— 22. καὶ Νάθαν ὁ πρ. ἦλθε (2 a)
— 22. B[1] Ν. ὁ πρ. ἦλθεν (2 a ?)
— 23. ἰδοὺ Ν. ὁ πρ. (2 a)
— 32. καλέσατέ μοι . . . Ν. τὸν πρ. (2 a)
— 34. χρισάτω αὐτὸν . . . Ν. ὁ πρ. (2 a)
— 38. κατέβη . . . Ν. ὁ πρ. (2 a)
— 44. ἀπέστειλε μετ' αὐτοῦ . . . Ν. τὸν πρ. (2 a)
— 45. Σαδ. ὁ ἱερεὺς καὶ Ν. ὁ πρ. (2 a)
11. 29. Ἀχ. ὁ Σηλ. ὁ πρ. (2 a)
13. 11. πρ. εἷς πρεσβύτης (2 a)
— 18. κἀγὼ πρ. εἰμί (2 a)
— 20. ἐγένετο λόγος κ. πρὸς τὸν πρ. (2 a)
— 23. A ἐπέσαξεν αὐτῷ τὴν ὄνον τῷ πρ. [B om. τ. πρ.] (2 a)
— 25. οὗ ὁ πρ. ὁ πρεσβύτης κατῴκει (2 a)
— 29. B ἦρεν ὁ πρ. τὸ σῶμα (2 a)
— 29. ἐπέστρεψεν αὐτὸν . . . ὁ πρ. [A al.] (2 a)
— 30. A ἀνέπαυσεν τὸ νεκριμαῖον αὐ. ὁ πρ. –
14. 2. A ἰδοὺ ἐκεῖ Ἀχ. ὁ πρ. (2 a)
— 18. A ἐν χειρὶ δούλου αὐ. Ἀχ. τοῦ πρ. (2 a)
16. 7. A ἐν χειρὶ Ἰ. υἱοῦ Ἀν. τοῦ πρ. [B al.] (2 a)
— 12. καὶ πρὸς Ἰ. τὸν πρ. (2 a)
17. 1. εἶπεν Ἠλιοὺ ὁ πρ. –
18. 4. ἐν τῷ τύπτειν τὴν Ἰ. τοὺς πρ. κυρίου (2 a)
— 4. ἔλαβεν Ἀ. ἑκατὸν ἄνδρας πρ. (2 a)
— 13. ἐν τῷ ἀποκτείνειν Ἰ. τοὺς πρ. κυρίου (2 a)
— 13. ἔκρυψα ἀπὸ τῶν πρ. κυρίου (2 a)
— 19. A καὶ τοὺς πρ. τοῦ Β. [B al.] (2 a)
III Ki. 18. 19. τοὺς [A om.] πρ. τῆς αἰσχύνης (2 a ?)
— 19. καὶ τοὺς πρ. τῶν ἀλσῶν (2 a)
— 20. ἐπισυνήγαγε πάντας τοὺς πρ. (2 a)
— 22. ὑπολέλειμμαι προφήτης τοῦ κ. (2 a)
— 22. οἱ πρ. τοῦ Β. τετρακόσιοι . . . ἄνδρες (2 a)
— 22. καὶ οἱ πρ. τοῦ ἄλσους –
— 25. εἶπεν Ἠ. τοῖς πρ. τῆς αἰσχύνης (2 a)
— 29. ἐλάλησεν . . . πρὸς τοὺς πρ. τῶν προσοχθισμ. –
— 40. συλλάβετε τοὺς πρ. τοῦ Β. (2 a)
19. 1. ὡς ἀπέκτεινε τοὺς πρ. (2 a)
— 10, 14. τοὺς πρ. σου ἀπέκτειναν (2 a)
— 16. χρίσεις προφήτην (2 a)
21 (20). 13. πρ. εἷς προσῆλθε (2 a)
— 22. προσῆλθεν ὁ πρ. (2 a)
— 35. ἐκ τῶν υἱῶν τῶν πρ. (2 a)
— 38. ἐπορεύθη ὁ πρ. (2 a)
— 41. ὅτι ἐκ τῶν πρ. οὗτος (2 a)
22. 6. συνήθροισεν . . . πάντας τοὺς πρ. (2 a)
— 7. οὐκ ἔστιν ὧδε προφήτης τοῦ κ. (2 a)
— 10, 12. πάντες οἱ προφῆται ἐπροφήτευον (2 a)
— 13. λαλοῦσι πάντες οἱ πρ. . . . καλά (2 a)
— 22. εἰς τὸ στόμα πάντων τῶν πρ. αὐ. (2 a)
— 23. ἐν στόματι πάντων τῶν πρ. σου τούτων (2 a)
IV Ki. 2. 3. ἦλθον οἱ υἱοὶ τῶν πρ. (2 a)
— 3. A εἶπον . . . οἱ υἱοὶ τῶν πρ. [B om. οἱ υἱ. τ. πρ.] –
— 5. ἤγγισαν οἱ υἱοὶ τῶν πρ. (2 a)
— 7. καὶ πεντήκ. ἄνδρες υἱοὶ τῶν πρ. (2 a)
— 15. εἶδον αὐτὸν οἱ υἱοὶ τῶν πρ. (2 a)
3. 11. οὐκ ἔστιν ὧδε προφήτης τοῦ κ. (2 a)
— 13. δεῦρο πρὸς τοὺς πρ. τοῦ πατρός σου (2 a)
— 13. A R καὶ πρὸς τοὺς πρ. τῆς μητρός σου (2 a)
4. 1. γυνὴ μία ἀπὸ τῶν υἱῶν τῶν πρ. (2 a)
— 38. οἱ υἱοὶ τῶν πρ. ἐκάθηντο (2 a)
— 38. ἕψε ἕψεμα τοῖς υἱοῖς τῶν πρ. (2 a)
5. 3. ἐνώπιον τοῦ πρ. τοῦ θεοῦ (2 a)
— 8. ἐστὶ προφήτης ἐν Ἰσραήλ (2 a)
— 13. μέγαν λόγον ἐλάλησεν ὁ πρ. (2 a)
— 22. ἀπὸ τῶν υἱῶν τῶν πρ. (2 a)
6. 1. εἶπον οἱ υἱοὶ τῶν πρ. (2 a)
— 12. Ἐλ. ὁ πρ. ὁ [A Ἐλ. πρ.] ἐν Ἰσρ. (2 a)
9. 1. Ἐλ. ὁ πρ. ἐκάλεσεν ἕνα τῶν υἱῶν τῶν πρ. (2 a, 2 a)
— 4. ἐπορεύθη τὸ παιδάριον ὁ πρ. (2 a)
— 7. τὰ αἵματα τῶν δούλων μου τῶν πρ. (2 a)
10. 19. πάντες οἱ πρ. τοῦ Β. (2 a)
— 21 *bis*. B καὶ πάντες οἱ πρ. αὐτοῦ –
14. 25. ἐν χειρὶ δούλου αὐ. Ἰ. υἱοῦ Ἀμ. τοῦ πρ. (2 a)
17. 13. ἐν χειρὶ πάντων τῶν πρ. αὐτοῦ (2 a)
— 13. ἐν χειρὶ τῶν δούλων μου τῶν πρ. (2 a)
— 23. ἐν χειρὶ πάντων τῶν δούλων αὐ. τῶν πρ. (2 a)
19. 2. ἀπέστειλεν . . . πρὸς Ἡσ. τὸν πρ. (2 a)
20. 1. εἰσῆλθε πρὸς αὐτὸν Ἡσ. . . . ὁ πρ. (2 a)
— 11. ἐβόησεν Ἡσ. ὁ πρ. πρὸς κύριον (2 a)
— 14. εἰσῆλθεν Ἡσ. ὁ πρ. πρὸς τὸν βασ. (2 a)
21. 10. ἐν χειρὶ δούλων αὐτοῦ τῶν πρ. (2 a)
23. 2. καὶ οἱ ἱερεῖς καὶ οἱ πρ. (2 a)
— 18. μετὰ τῶν ὀστῶν τοῦ πρ. (2 a)
24. 2. ἐν χειρὶ τῶν δούλων αὐ. τῶν πρ. (2 a)
I Ch. 10. 13. ἀπεκρίνατο αὐτῷ Σαμ. ὁ πρ. –
16. 22. ἐν [S om.] τοῖς πρ. μου μὴ πονηρεύεσθε (2 a)
17. 1. εἶπε Δ. πρὸς Νάθαν τὸν πρ. (2 a)
26. 28. πάντων τῶν ἁγ. τοῦ θ. [A om. τ. θ.] Σαμ. τοῦ πρ. (3)
29. 29. ἐπὶ λόγων Ν. τοῦ πρ. (2 a)
II Ch. 9. 29. ἐπὶ τῶν λόγων Ν. τοῦ πρ. (2 a)
12. 5. Σαμ. ὁ πρ. ἦλθε πρὸς Ῥ. (2 a)
— 15. ἐν τοῖς λόγοις Σαμ. τοῦ πρ. (2 a)
13. 22. ἐπὶ βιβλίῳ τοῦ πρ. Ἀδδώ (2 a)
15. 8. τὴν προφητείαν Ἀ. τοῦ πρ. (2 a)
16. 7. ἦλθεν Ἀν. ὁ πρ. (3)
— 10. ἐθυμώθη Ἀσὰ τῷ πρ. (3)
18. 5. συνήγαγεν ὁ βασ. Ἰσρ. τοὺς πρ. (2 a)
— 6. οὐκ ἔστιν ὧδε πρ. τοῦ κ. ἔτι (2 a)
— 9, 11. πάντες οἱ πρ. ἐπροφήτευον (2 a)
— 12. ἐλάλησαν οἱ πρ. ἐν στόματι ἑνὶ ἀγαθά (2 a)
— 21. ἐν στόματι πάντων τῶν πρ. αὐτοῦ (2 a)
— 22. ἐν στόματι [A add. πάντων] τῶν πρ. σου τούτων (2 a)
19. 2. Ἰηοὺ ὁ τοῦ Ἀν. ὁ πρ. (1)
20. 20. ἐμπιστεύσατε ἐν προφήτῃ αὐ. (2 a)
21. 12. ἦλθεν . . . παρὰ Ἠ. τοῦ πρ. (2 a)
24. 19. ἀπέστειλε πρὸς αὐτοὺς προφήτας (2 a)
25. 15. ἀπέστειλεν αὐτῷ προφήτας (2 a)
— 16. ἐσιώπησεν ὁ πρ. (2 a)
26. 22. γεγραμμένοι ὑπὸ Ἰ. τοῦ πρ. (2 a)

II Ch. 28. 9. ἐκεῖ ἦν ὁ πρ. τοῦ κυρίου (2 a)
29. 25. B κατὰ τὴν ἐντ. . . . Γὰδ τοῦ πρ. [A R ὁρῶντος τῷ βασ.] καὶ N. τοῦ πρ. (1, 2 a)
— 25. ἐν χειρὶ τῶν πρ. (2 a)
— 30. ἐν λόγοις Δ. καὶ Ἀ. τοῦ πρ. (1)
32. 20. προσηύξατο . . . Ἠσ. υἱὸς Ἀ. ὁ πρ. (2 a)
— 32. ἐν τῇ προφητείᾳ Ἠσ. υἱοῦ Ἀ. τοῦ πρ. (2 a)
35. 15. Ἀ. καὶ Αἰ. καὶ Ἰδ. οἱ πρ. τοῦ βασ. (1)
— 18. ἀπὸ ἡμερῶν Σαμ. τοῦ πρ. (2 a)
36. 5. ἐν χειρὶ τῶν παίδων αὐ. τῶν πρ. –
— 12. ἀπὸ προσώπου Ἰερ. τοῦ πρ. (2 a)
— 15. A ἐν χειρὶ προφητῶν [R τῶν πρ.] αὐ. [B al.] †
— 16. ἐμπαίζοντες ἐν τοῖς πρ. αὐτοῦ (2 a)
I Es. 1. 20. ἀπὸ τῶν χρόνων Σαμ. τοῦ πρ.
— 28. ῥήμασιν Ἰερ. προφήτου
— 32. ἐθρήνησεν Ἰερ. ὁ πρ.
— 47. τῶν ῥηθέντων λόγων ὑπὸ Ἰερ. τοῦ πρ.
— 51. ἦσαν ἐκπαίζοντες τοὺς πρ. αὐτοῦ
6. 1. Ἀγγαῖος καὶ Ζαχ. . . . οἱ πρ.
— 2. συνόντων τῶν πρ. τοῦ κυρίου
7. 3. προφητευόντων Ἀ. καὶ Ζαχ. τῶν πρ.
8. 82. ἐν χειρὶ τῶν παίδων σου τῶν πρ.
II Es. 5. 1. ἐπροφήτευσεν Ἀ. ὁ πρ. (2 b)
— 2. μετ᾽ αὐτῶν οἱ πρ. τοῦ θεοῦ (2 b)
6. 14. ἐν προφητείᾳ Ἀγγ. τοῦ πρ. (2 b)
9. 11. ἐν χειρὶ δούλων σου τῶν πρ. (2 a)
Ne. 6. 7. προφήτας ἔστησας σεαυτῷ (2 a)
— 14. A S^2 R καὶ τῷ N. τῷ πρ. καὶ τοῖς καταλοίποις τῶν πρ. [B S^1 ἱερέων] (†, 2 a)
9. 26. τοὺς πρ. σου ἀπέκτειναν (2 a)
— 30. ἐν χειρὶ προφητῶν σου (2 a)
— 32. ὃς εὗρεν . . . τοὺς πρ. ἡμῶν (2 a)
To. 2. 6. S ἐμνήσθην τοῦ ῥήματος τοῦ πρ. [A B al.]
4. 12. A B υἱοὶ προφητῶν ἐσμέν
14. 4. ὅσα ἐλάλησεν Ἰωνᾶς ὁ πρ. [S al.]
— 4. S ὅσα ἐλάλησαν οἱ πρ. τοῦ Ἰσρ.
— 5. καθὼς ἐλάλησαν . . . οἱ πρ.
— 8. A B ἃ ἐλάλησεν ὁ πρ. Ἰωνᾶς
Ps. 50 (51). *tit.* ἐν τῷ ἐλθεῖν πρὸς αὐτὸν Νάθαν τὸν πρ. (2 a)
73 (74). 9. οὐκ ἔστιν ἔτι προφήτης (2 a)
104 (105). 15. ἐν τοῖς πρ. μου μὴ πονηρεύεσθε (2 a)
Wi. 7. 27. φίλους θεοῦ καὶ προφήτας κατασκευάζει
11. 1. εὐώδωσε τὰ ἔργα αὐ. ἐν χειρὶ προφήτου ἁγίου [A προφητῶν ἁγίων]
Si. *prol.* 1. πολλῶν καὶ μεγάλων ἡμῖν διὰ . . . τῶν πρ. . . . δεδομένων
— 8. ἑαυτὸν δοὺς εἴς τε τὴν . . . τῶν πρ. . . . ἀνάγνωσιν
36. 21 (18). οἱ πρ. σου ἐμπιστευθήτωσαν
44. 3. S^1 ἀπηγγελκότες ἐν προφητείαις [A B S^2 al.]
46. 13. ἠγαπημένος ὑπὸ κυρίου αὐ. Σαμουὴλ προφήτης κυρίου
— 15. ἐν πίστει αὐτοῦ ἠκριβάσθη προφήτης
48. 1. ἀνέστη Ἠλίας προφήτης ὡς πῦρ
— 8. ὁ χρίων . . . προφήτας διαδόχους μετ᾽ αὐτόν
— 22. ἃς ἐνετείλατο Ἠσαίας ὁ πρ. ὁ μέγας
49. 7. αὐτὸς ἐν μήτρᾳ ἡγιάσθη προφήτης
— 10. τῶν δώδεκα πρ. τὰ ὀστᾶ ἀναθάλοι
Ho. 4. 5. ἀσθενήσει προφήτης μετὰ σοῦ (2 a)
6. 6 (5). ἀπεθέρισα τοὺς πρ. ὑμῶν (2 a)
9. 7. ὥσπερ ὁ πρ. ὁ παρεξεστηκώς (2 a)
— 8. προφήτης παγὶς σκολιά (2 a)
12. 10 (11). λαλήσω πρὸς προφήτας (2 a)
— 10 (11). ἐν χερσὶ προφητῶν ὡμοιώθην (2 a)
— 13 (14). ἐν προφήτῃ ἀνήγαγε κ. τὸν Ἰσρ. (2 a)
— 13 (14). ἐν προφήτῃ διεφυλάχθη (2 a)
Am. 2. 11. ἔλαβον ἐκ τῶν υἱῶν ὑμῶν εἰς προφήτας (2 a)
— 12. τοῖς πρ. ἐνετέλλεσθε (2 a)
3. 7. πρὸς τοὺς δούλους αὐ. τοὺς πρ. (2 a)
7. 14. οὐκ ἤμην προφήτης ἐγὼ οὐδὲ υἱὸς προφήτου (2 a, 2 a)
— 15. B ἀνέλαβέ με κύριος ἐκ τῶν πρ. [A R προβάτων] †
Mi. 3. 5. τάδε λέγει κύριος ἐπὶ τοὺς πρ. (2 a)
— 6. δύσεται ὁ ἥλιος ἐπὶ τοὺς πρ. (2 a)
— 11. οἱ πρ. αὐ. μετὰ ἀργυρίου ἐμαντεύοντο (2 a)
Jn. *subscr.* A Ἰωνᾶς προφήτης [B S *om.*] –
Hb. 1. 1. ὃ εἶδεν Ἀμβ. ὁ πρ. (2 a)
3. 1. προσευχὴ Ἀμβ. τοῦ πρ. (2 a)
Ze. 3. 4. οἱ πρ. αὐ. πνευματόφοροι (2 a)
Hg. 1. 1, 3. ἐν χειρὶ Ἀ. τοῦ πρ. (2 a)
— 12. καὶ τῶν λόγων Ἀ. τοῦ πρ. (2 a)
2. 2 (1). ἐν χειρὶ Ἀ. τοῦ πρ. (2 a)
— 11 (10). ἐγένετο λόγος κ. πρὸς Ἀ. τὸν πρ. (2 a)
— 21 (20). ἐγένετο λόγος κ. . . . πρὸς Ἀ. τὸν πρ. –
Za. 1. 1. ἐγένετο λόγος κ. πρὸς Ζ. . . . τὸν πρ. (2 a)
— 4. οἷς ἐνεκάλεσαν αὐτοῖς οἱ πρ. ἔμπροσθεν (2 a)
— 5. οἱ πατέρες ὑμῶν ποῦ εἰσι καὶ οἱ πρ. (2 a)
— 6. ὅσα ἐγὼ ἐντέλλομαι . . . τοῖς δούλοις μου τοῖς πρ. (2 a)
— 7. ἐγένετο λόγος κυρίου πρὸς Ζ. . . . τὸν πρ. (2 a)
7. 3. λέγων . . . πρὸς τοὺς πρ. (2 a)
— 7, 12. ἐν χερσὶ τῶν πρ. τῶν ἔμπροσθεν (2 a)
8. 9. ἐκ στόματος τῶν πρ. (2 a)
13. 4. καταισχυνθήσονται οἱ πρ. (2 a)
— 5. οὐκ εἰμὶ προφήτης ἐγώ (2 a)
Ma. *subscr.* A S προφήτης ἄγγελος Μαλ. [B *al.*] –
Is. *inscr.* A Ἡσαΐας πρ. ιγ [B S *al.*] –
3. 2. ἀφελεῖ . . . δικαστὴν καὶ προφήτην (2 a)
9. 15 (14). καὶ προφήτην διδάσκοντα ἄνομα (2 a)
28. 7. ἱερεὺς καὶ πρ. ἐξέστησαν (2 a)
29. 10. καμμύσει τοὺς ὀφθαλμοὺς αὐτῶν καὶ τῶν πρ. αὐτῶν (2 a)
30. 10. οἱ λέγοντες τοῖς πρ. (3)
37. 2. πρὸς Ἡσαΐαν υἱὸν Ἀμὼς τὸν πρ. (2 a)
38. 1. ἦλθε πρὸς αὐτὸν Ἡσ. υἱὸς Ἀμὼς ὁ πρ. (2 a)
— 21. S^1 εἶπεν Ἡ. ὁ πρ. [A B S^2 *om.* ὁ πρ.] –
39. 3. ἦλθεν Ἡσαΐας ὁ πρ. (2 a)
subscr. A Ἡσαΐας πρ. [B S *om.*] –
Je. 1. 5. προφήτην εἰς ἔθνη τέθεικά σε (2 a)
2. 8. οἱ πρ. ἐπροφήτευον [A -οντο] τῇ Βάαλ (2 a)
— 26. αἰσχυνθήσονται . . . οἱ πρ. αὐ. (2 a)
— 30. μάχαιρα κατέφαγε τοὺς πρ. ὑμῶν (2 a)
4. 9. B S οἱ πρ. θαυμάσονται (2 a)
5. 13. οἱ πρ. ἡμῶν ἦσαν εἰς ἄνεμον (2 a)
— 31. οἱ πρ. προφητεύουσιν ἄδικα (2 a)
7. 25. ἐξαπέστειλα πρὸς ὑμᾶς πάντας τοὺς δούλους μου τοὺς πρ. (2 a)
8. 1. ἐξοίσουσι . . . τὰ ὀστᾶ προφητῶν [A S τῶν πρ. αὐ.] (2 a)
13. 13. πληρῶ . . . τοὺς πρ. . . . μεθύσματι (2 a)
14. 13. οἱ πρ. αὐτῶν προφητεύουσι (2 a)
— 14. ψευδῆ οἱ πρ. προφητεύουσιν (2 a)
— 15. περὶ τῶν προφητῶν [B^1 *add.* τῶν πρ.] τῶν προφητευόντων (2 a, [–])
— 15. ἐν λιμῷ συντελεσθήσονται οἱ πρ. (2 a)
— 18. ἱερεὺς καὶ πρ. ἐπορεύθησαν εἰς γῆν [A ἐπ. ὁδόν] (2 a)
18. 18. οὐκ ἀπολεῖται . . . λόγος ἀπὸ προφήτου (2 a)
23. 6 (9). ἐν τοῖς πρ. (2 a)
— 11. ἱερεὺς καὶ πρ. ἐμολύνθησαν (2 a)
— 13. ἐν τοῖς πρ. Σαμαρείας εἶδον ἀνομήματα (2 a)
— 14. ἐν τοῖς πρ. Ἰερουσαλὴμ ἑώρακα φρικτὰ μοιχωμένους (2 a)
— 15. ἀπὸ τῶν πρ. Ἰερουσαλὴμ ἐξῆλθε μολυσμὸς πάσῃ τῇ γῇ (2 a)
— 16. μὴ ἀκούετε τοὺς λόγους τῶν πρ. (2 a)
— 21. οὐκ ἀπέστελλον τοὺς πρ. (2 a)
— 25. ἤκουσα ἃ λαλοῦσιν οἱ πρ. [S *al.*] (2 a)
— 26. ἕως πότε ἔσται ἐν καρδίᾳ τῶν πρ. (2 a)
— 28. ὁ πρ. ἐν ᾧ τὸ ἐνύπνιόν ἐστι (2 a)
— 30. A S R ἐγὼ διὰ τοῦτο πρὸς τοὺς πρ. (2 a)
— 31. ἐγὼ πρὸς τοὺς πρ. (2 a)
— 32. ἐγὼ πρὸς τοὺς πρ. –
— 33. ἐὰν ἐρωτήσωσίν σε ὁ λαὸς οὗτος ἢ ἱερεὺς ἢ πρ. (2 a)
— 34. ὁ πρ. καὶ οἱ ἱερεῖς [A S ὁ ἱ.] καὶ ὁ λαός (2 a)
25. 4. ἀπέστελλον πρὸς ὑμᾶς τοὺς δούλους μου τοὺς πρ. (2 a)
28 (51). 59. ὃν ἐνετείλατο κ. Ἰερ. τῷ πρ. (2 a)
33 (26). 5. εἰσακούειν τῶν λόγων [A *add.* μου καὶ] τῶν παίδων μου τῶν πρ. (2 a)
34 (27). 15. ἀπολεῖσθε ὑμεῖς καὶ οἱ πρ. ὑ. (2 a)
— 16. μὴ ἀκούετε τῶν λόγων τῶν πρ. (2 a)
— 18. εἰ προφῆταί εἰσι (2 a)
35 (28). 8. οἱ πρ. οἱ γεγονότες πρότεροί μου καὶ πρότεροι ὑμῶν (2 a)
— 9. ὁ πρ. ὁ προφητεύσας εἰς εἰρήνην . . . γνώσονται τὸν πρ. (2 a, 2 a)
36 (29). 15. κατέστησεν ἡμῖν κ. προφήτας [A -ην] (2 a)
39 (32). 32. οἱ ἱερεῖς αὐτῶν καὶ οἱ πρ. αὐτῶν (2 a)
42 (35). 15. ἀπέστειλα πρὸς ὑμᾶς τοὺς παῖδάς [A δούλους] μου τοὺς πρ. (2 a)
44 (37). 19. ποῦ εἰσὶν οἱ πρ. ὑμῶν (2 a)
49 (42). 2. προσῆλθον . . . πρὸς [A ἐπὶ] Ἰερεμίαν τὸν πρ. (2 a)
50 (43). 6. ἔλαβε . . . Ἰερεμίαν τὸν πρ. (2 a)
51 (44). 4. ἀπέστειλα πρὸς ὑμᾶς τοὺς παῖδάς [A δούλους] μου τοὺς πρ. (2 a)
51. 31 (45. 1). ὃν ἐλάλησεν Ἰερεμίας ὁ πρ. (2 a)
subscr. Ἰερεμίας πρ. ιδ [B S *al.*] –
Ba. 1. 16. αἰσχύνη . . . τοῖς πρ. ἡμῶν
— 21. κατὰ πάντας τοὺς λόγους τῶν πρ.
2. 20. ἐν χειρὶ τῶν παίδων σου τῶν πρ.
— 24. ἐν χερσὶ τῶν παίδων σου τῶν πρ.
La. 2. 9. προφῆται αὐτῆς οὐκ εἶδον ὅρασιν (2 a)
— 14. προφῆταί σου εἴδοσάν σοι μάταια (2 a)
— 20. ἀποκτενεῖς . . . ἱερέα καὶ προφήτην (2 a)
4. 13. ἐξ ἁμαρτιῶν προφητῶν αὐ. (2 a)
— 16. προφήτας [A πρεσβύτας] οὐκ ἠλέησαν †
Ep. Je. *subscr.* A R Ἰερεμίας πρ. Βαροὺχ Θρῆνοι καὶ Ἐπιστολή [B *al.*]
Ez. *inscr.* A Ἰεζεκιὴλ προφήτης ιε [B *al.*] –
2. 5. γνώσονται ὅτι πρ. εἶ σύ (2 a)
7. 26. ζητηθήσεται ὅρασις ἐκ προφήτου (2 a)
13. 2. προφήτευσον ἐπὶ τοὺς πρ. τοῦ Ἰσραὴλ (2 a)
— 2. A ἐρεῖς τοῖς πρ. (2 a)
— 4. ὡς ἀλώπεκες ἐν ταῖς ἐρήμοις οἱ πρ. σου (2 a)
— 9. ἐκτενῶ τὴν χεῖρά μου ἐπὶ τοὺς πρ. (2 a)
— 16. οὐδὲ οἱ ἀλείφοντες αὐτὸν προφῆται τοῦ Ἰσραὴλ (2 a)
14. 4, 7. καὶ ἔλθῃ πρὸς τὸν πρ. (2 a)
— 9. ὁ πρ. ἐὰν πλανήσῃ [A -νηθῇ] . . . ἐγὼ κύριος πεπλάνηκα τὸν πρ. ἐκ. (2 a, 2 a)
— 10. ὁμοίως τῷ πρ. ἔσται (2 a)
22. 28. οἱ πρ. αὐ. ἀλείφοντες αὐτούς (2 a)
33. 33. πρ. ἦν ἐν μέσῳ αὐτῶν (2 a)
38. 17. A R διὰ χειρὸς τῶν δούλων μου τῶν [B *om.*] πρ. τοῦ Ἰσραὴλ (2 a)
subscr. A R Ἰεζεκιὴλ πρ. [B *om.*] –
Da. LXX. 3. (38). οὐκ ἔστιν ἐν τῷ καιρῷ τ. . . . πρ.
9. 2. ὅτε ἐγένετο πρόσταγμα . . . ἐπὶ Ἰερ. τὸν πρ. (2 a)
— 6. οὐκ ἠκούσαμεν τῶν παίδων σου τῶν πρ. (2 a)
— 10. διὰ τῶν παίδων σου τῶν πρ. (2 a)
— 24. συντελεσθῆναι τὰ ὁράματα καὶ προφήτην (2 a)
Da. TH. 3. (38). οὐκ ἔστιν ἐν τῷ καιρῷ τ. . . . πρ.
9. 2. ὃς ἐγενήθη λόγος κυρίου πρὸς Ἰερ. τὸν πρ. (2 a)
— 6. οὐκ εἰσηκούσαμεν τῶν δούλων σου τῶν πρ. (2 a)
— 10. ἐν χερσὶ τῶν δούλων αὐ. τῶν πρ. (2 a)
— 24. τοῦ σφραγίσαι ὅρασιν καὶ προφήτην (2 a)
Bel 33. ἦν Ἀμβ. ὁ πρ. ἐν τῇ Ἰουδαίᾳ
subscr. A R τέλος Δ. προφήτου [B *al.*]
I Ma. 4. 46. μέχρι τοῦ παραγενηθῆναι προφήτην
7. 16. S^2 ὃν ἔγραψεν ὁ πρ. [A S^1 R *al.*]
9. 27. ἀφ᾽ ἧς ἡμέρας οὐκ ὤφθη προφήτης
— 54. καθεῖλε τὰ ἔργα τῶν πρ.
14. 41. ἕως τοῦ ἀναστῆναι πρ. πιστόν
II Ma. 2. 1. εὑρίσκεται δὲ ἐν ταῖς ἀπογραφαῖς Ἰερ. ὁ πρ.
— 2. A^2 R ὡς ἐνετείλατο τοῖς μεταγενομένοις ὁ πρ.
— 4. A^2 R τὴν κιβωτὸν ἐκέλευσεν ὁ πρ. . . . συνακολουθεῖν
— 13. A τὰ περὶ τῶν βασ. καὶ πρ. βιβλία [R *om.*]
15. 9. παραμυθούμενος αὐτοὺς ἐκ . . . τῶν πρ.
— 14. Ἰερ. ὁ τοῦ θεοῦ πρ.
IV Ma. 18. 10. ὃς ἐδίδασκεν ὑμᾶς . . . τοὺς πρ.

[**Aq.** III Ki. 13. 23: 14. 2, 18: 18. 19: IV Ki. 3. 13: I Ch. 25. 1: Je. 6. 13: 14. 15: 23. 15 (Sw.): 26 (33). 7, 8, 11: 28 (35). 1, 9, 10, 11, 12, 17: 32 (39). 2: 37 (44). 3: 38 (45). 10: 47 (29). 1: 50 (27). 1: 51 (28). 59: Ez. 13. 2: Da. 9. 24.]
[**Sm.** I Ki. 9. 9: III Ki. 13. 23: IV Ki. 3. 13: Je. 26 (33). 7, 8, 11: 28 (35). 1, 9, 10, 11, 12 *bis*, 17: 32 (39). 2: 37 (44). 3: 47 (29). 1: Ez. 13. 4.]
[**Th.** IV Ki. 3. 13: Je. 8. 10: 23. 15 (Sw.), 37: 28 (35). 9, 10, 11, 17: 29 (36). 19: 32 (39). 2: 37 (44). 3: 38 (45). 9, 10: Ez. 13. 2, 3, 4: 22. 25: Da. 9. 24.]
[**Al.** I Ki. 28. 15.]
[**Sext.** Ps. 88 (89). 20.]

προφῆτις. (1) נְבִיאָה

Ex. 15. 20. λαβοῦσα δὲ Μ. ἡ πρ. (1)
Jd. 4. 4. Δεββώρα γυνὴ πρ. (1)
IV Ki. 22. 14: II Ch. 34. 22. ἐπορεύθη Χ. . . . πρὸς Ὄλδαν τὴν πρ. (1)
Is. 8. 3. προσῆλθον [A S -εν] πρὸς τὴν πρ. (1)

προφθάνειν. (1) קִדֵּם pi. (2) רוּץ hi.

I Ki. 20. 25. προέφθασε τὸν Ἰων. †
II Ki. 22. 6. προέφθασάν με σκληρότητες θανάτου (1)
— 19. προέφθασάν με ἡμέραι θλίψεώς μου (1)

IV Ki. 19. 32. οὐ προφθάσει αὐτὸν [A -ὴν] θυρεός (1)
Jb. 30. 27. προέφθασάν με ἡμέραι πτωχείας (1)
Ps. 16 (17). 13. πρόφθασον αὐτούς (1)
17 (18). 5. προέφθασάν με παγίδες θανάτου (1)
— 18. προέφθασάν με ἐν ἡμέρᾳ κακώσεώς μου (1)
20 (21). 3. προέφθασας αὐτὸν ἐν εὐλογίαις (1)
58 (59). 10. τὸ ἔλεος αὐτοῦ προφθάσει με (1)
67 (68). 25. προέφθασαν ἄρχοντες (1)
— 31. Αἰθιοπία προφθάσει χεῖρα αὐ. τῷ θ. (2)
87 (88). 13. ἡ προσευχή μου προφθάσει σε (1)
94 (95). 2. προφθάσωμεν τὸ πρόσωπον αὐτοῦ (1)
118 (119). 147. προέφθασα [S¹ -σάν με] ἐν ἀωρίᾳ (1)
— 148. προέφθασαν οἱ ὀφθαλμοί μου (1)
Si. 19. 27. ὅπου οὐκ ἐπεγνώσθη προφθάσει σε
Jn. 4. 2. προέφθασα τοῦ φυγεῖν (1)
I Ma. 10. 4. προφθάσωμεν τοῦ εἰρήνην θεῖναι
— 23. A R προέφθακεν [S -σεν] ἡμᾶς ὁ Ἀλ.
[**Aq.** Ps. 16 (17). 13 : Is. 37. 33.]
[**Sm.** Ps. 16 (17). 13 : 87 (88). 14 : Is. 37. 33.]
[**Th.** Is. 37. 33.]

προφιλής.

Es. 5. 1. S¹ τὸ πρόσωπον αὐ. ἱλαρὸν ὡς προφιλές [A B S² προσφ.]

προφυλακή. (1) דָּיֵק (2) סָכָךְ (3) קוֹבַע (4) *a.* שִׁמֻּר *b.* מִשְׁמָר

Ex. 12. 42. προφυλακή ἐστι τῷ κυρίῳ (4 *a*)
— 42. ἐκείνη ἡ νὺξ αὕτη πρ. κυρίῳ (4 *a*)
Nu. 32. 17. ἐνοπλισάμενοι προφυλακήν [A -ή] †
Ne. 4. 22 (16). ἔστω ὑμῖν ἡ νὺξ προφυλακή (4 *b*)
— 23 (17). καὶ οἱ ἄνδρες τῆς πρ. ὀπίσω μου (4 *b*)
7. 3. ἀνὴρ ἐν προφυλακῇ αὐτοῦ (4 *b*)
Ju. 7. 13. παρεμβαλοῦμεν . . . εἰς προφυλακήν [S τὴν πρ.]
10. 11. συνήντησεν αὐτῇ προφυλακὴ τῶν Ἀ.
14. 2. εἰς τὴν πρ. υἱῶν Ἀσσούρ
Na. 2. 5 (6). ἑτοιμάσουσι τὰς πρ. αὐ. (2)
Ez. 23. 24. A βαλεῖ ἐπὶ σὲ προφυλακήν [B *al.*] (3)
26. 8. δώσει ἐπὶ σὲ προφυλακήν (1)
38. 7. ἔσῃ μοι εἰς προφυλακήν (4 *b*)

προφύλαξ. (1) *a.* מִשְׁמָר *b.* מִשְׁמֶרֶת

Ne. 4. 9 (3). καὶ ἐστήσαμεν προφύλακας (1 *a*)
7. 3. στῆσον προφύλακας (1 *b*)
I Ma. 12. 27. ἐξέβαλε προφύλακας

προφυλάσσειν. (1) שָׁמַר hithpa.

II Ki. 22. 24. προφυλάξομαι ἀπὸ τῆς ἀνομίας μου (1)
[**Aq.** Ez. 33. 3.]
[**Sm.** Ez. 3. 17, 18, 20 : 33. 3.]

προχαλᾶσθαι.

IV Ma. 10. 19. S R προκεχάλασται [A κεχ.] ἡ γλῶσσα

προχειρεῖν, προχειρίζειν. (1) לָקַח (2) שָׁלַח

Ex. 4. 13. προχείρισαι δυνάμενον ἄλλον (2)
Jo. 3. 12. προχειρίσασθε ὑμῖν δώδεκα ἄνδρας (1)
Da. LXX. 3. 22. οἱ ἄνδρες οἱ προχειρισθέντες συμποδίσαντες αὐτούς –
II Ma. 3. 7. R προχειρισάμενος [A -ρησ.] Ἡλιόδωρον
8. 9. ὁ δὲ ταχέως προχειρισάμενος Νικάνορα
14. 12. A προχειρησάμενος [R προσκαλεσάμ.] δὲ εὐθέως τὸν Νικάνορα
[**Sm., Th.** Pr. 8. 23.]

πρόχειρος.

Pr. 11. 3. πρόχειρος δὲ γίνεται †

πρόχωμα. (1) סֹלְלָה

II Ki. 20. 15. A ἐξέχεαν πρόχωμα [B πρόσχ.] (1)

προχώρημα.

Ez. 32. 6. ποτισθήσεται ἡ γῆ ἀπὸ τῶν πρ. [A χ.] σου †
[**Aq., Sm., Th.** Ez. 32. 6.]

πρύτανις.

Wi. 13. 2. φωστῆρας οὐρανοῦ πρυτάνεις κόσμου θεοὺς ἐνόμισαν

πρώην. (1) בָּרִאשֹׁנָה

Jo. 8. 5. καθάπερ καὶ πρ. (1)

πρωΐ. (1) *a.* בֹּקֶר *b.* בַּבֹּקֶר *c.* לַבֹּקֶר *d.* לִפְנוֹת הַבֹּקֶר (2) בְּנָגְהָא (3) שַׁחַר (4) ἕως πρ., ἕως τὸ πρ. *a.* עַד עֲלוֹת הַשַּׁחַר *b.* עַד־בֹּקֶר, לַבְּקָרִים *c.* עַד־אוֹר הַבֹּקֶר *d.* עַד־הַבֹּקֶר (5) τὸ πρὸς πρ. πρ. לִפְנוֹת בֹּקֶר (6) נֶשֶׁף

Ge. 1. 5, 8, 13, 19, 23, 31. καὶ ἐγένετο πρωΐ (1 *a*)
19. 27. ὤρθρισε δὲ Ἀβ. τὸ πρωΐ (1 *b*)
20. 8. ὤρθρισεν Ἀβιμ. τὸ πρωΐ (1 *b*)
21. 14. ἀνέστη δὲ Ἀβ. τὸ πρωΐ (1 *b*)
22. 3. ἀναστὰς δὲ Ἀβ. τὸ πρωΐ (1 *b*)
24. 54. A ἀναστὰς πρωΐ [R τὸ πρ.] (1 *b*)
26. 31. ἀναστάντες τὸ πρωΐ (1 *b*)
28. 18. ἀνέστη Ἰακὼβ τὸ πρωΐ (1 *b*)
29. 25. ἐγένετο δὲ πρωΐ (1 *b*)
31. 55 (32. 1). ἀναστὰς δὲ Λ. τὸ πρωΐ (1 *b*)
32. 24 (25). ἐπάλαιεν ἄνθρ. μετ᾽ αὐτοῦ ἕως πρωΐ (4 *a*)
40. 6. εἰσῆλθεν δὲ πρὸς αὐτοὺς Ἰ. τὸ πρ. (1 *b*)
41. 8. ἐγένετο δὲ πρωΐ (1 *b*)
44. 3. τὸ πρωῒ διέφαυσε (1 *a*)
Ex. 7. 15. βάδισον πρὸς Φ. τὸ πρωΐ (1 *b*)
8. 20 (16) : 9. 13. ὄρθρισον τὸ πρωΐ (1 *b*)
10. 13. τὸ πρωῒ ἐγενήθη (1 *a*)
12. 10. οὐκ ἀπολείψεται . . . ἕως [A εἰς τὸ] πρωΐ (4 *b* [1 *a*])
— 10. τὰ δὲ καταλειπόμ. . . . ἕως πρωΐ (4 *b*)
— 22. οὐκ ἐξελεύσεσθε . . . ἕως πρωΐ (4 *b*)
— 46. A οὐ καταλείψετε . . . εἰς τὸ πρωΐ –
16. 7. πρωῒ ὄψεσθε τὴν δόξαν (1 *a*)
— 8. καὶ ἄρτους τὸ πρ. εἰς πλησμονήν (1 *a*)
— 12. τὸ πρ. πλησθήσεσθε ἄρτων (1 *b*)
— 13. τὸ πρ. ἐγένετο (1 *b*)
— 19. μηδεὶς καταλειπέτω . . . εἰς τὸ πρ. (1 *a*)
— 20. κατέλιπόν τινες . . . εἰς τὸ πρ. (1 *a*)
— 21. A R συνέλεξαν αὐτὸ πρ. πρ. [B *om.*] (1 *b*, 1 *b*)
— 23. καταλείπετε αὐτὸ . . . εἰς τὸ [A ἕως] πρ. (1 *a* [4 *b*])
— 24. A R κατελίποσαν . . . ἕως [B εἰς τὸ] πρ. (4 *b* [1 *a*])
18. 14. A ἀπὸ πρωῒ [B -ΐθεν] ἕως δείλης (1 *a*)
23. 18. οὐδὲ μὴ κοιμηθῇ στέαρ . . . ἕως πρωΐ (4 *b*)
24. 4. ὀρθρίσας δὲ M. τὸ πρ. [A¹ *om.* τὸ πρ.] (1 *b*)
27. 21. ἀφ᾽ ἑσπέρας ἕως πρωΐ (4 *b*)
29. 34. ἐὰν δὲ καταλειφθῇ . . . ἕως πρωΐ (4 *b*)
— 39. τὸν ἀμνὸν τὸν ἕνα ποιήσεις τὸ πρ. (1 *b*)
30. 7. θυμιάσει . . . τὸ πρωῒ πρωΐ (1 *b*, 1 *b*)
34. 2. γίνου ἕτοιμος εἰς τὸ πρ. (1 *a*)
— 4. A ὀρθρίσας M. τὸ πρ. [B *om.* τὸ πρ.] (1 *b*)
— 25. οὐ κοιμηθήσεται εἰς τὸ πρ. θύματα (1 *a*)
36. 3. A παρὰ τῶν φερόντων τὸ πρ. πρ. [B *om.*] (1 *b*, 1 *b*)
Le. 6. 9 (2). ὅλην τὴν νύκτα ἕως τὸ πρωΐ (4 *b*)
— 12 (5). καύσει . . . ξύλα τὸ πρ. πρ. [A B¹ *om.*] (1 *b*, 1 *b*)
— 20 (13). B τὸ ἥμισυ αὐτῆς τὸ πρ. (1 *b*)
7. 5 (15). οὐ καταλείψουσιν . . . εἰς τὸ πρ. (1 *a*)
19. 13. οὐ μὴ κοιμηθήσεται . . . ἕως πρωΐ (4 *b*)
22. 30. οὐκ ἀπολείψετε . . . εἰς τὸ πρ. (1 *a*)
24. 3. ἀπὸ ἑσπέρας ἕως πρωΐ (4 *b*)
— 4. ἕως εἰς [B¹ *om.*] τὸ [A *om.*] πρ. †
Nu. 9. 12. οὐ καταλείψουσιν . . . εἰς τὸ πρ. (1 *a*)
— 15. ὡς εἶδος πυρὸς ἕως πρωΐ (4 *b*)
— 21. ἀφ᾽ ἑσπέρας ἕως πρωΐ (4 *b*)
— 21. καὶ ἀναβῇ ἡ νεφέλη τὸ πρ. (1 *b*)
14. 40. ὀρθρίσαντες τὸ [B² εἰς τὸ] πρ. (1 *b* [1 *a*])
22. 13, 21. ἀναστὰς B. τὸ πρ. (1 *b*)
— 41. καὶ ἐγενήθη πρωΐ (1 *b*)
28. 4. τὸν ἀμνὸν τὸν ἕνα ποιήσεις τὸ πρ. (1 *b*)
De. 16. 4. οὐ κοιμηθήσεται . . . εἰς τὸ πρ. (1 *a*)
— 7. ἀποστραφήσῃ τὸ πρ. (1 *b*)
28. 67. τὸ πρ. ἐρεῖς (1 *b*)
— 67. πῶς ἂν γένοιτο πρωΐ (1 *a*)
Jo. 3. 1. ὤρθρισεν Ἰ. τὸ πρ. (1 *b*)
6. 11 (12). ἀνέστη Ἰ. τὸ πρ. (1 *b*)
7. 14. συναχθήσεσθε πάντες τὸ πρ. (1 *b*)
8. 10. ὀρθρίσας Ἰ. τὸ πρ. (1 *b*)
Jd. 6. 28. ὤρθρισαν . . . τὸ πρ. (1 *b*)
— 31. θανατωθήτω [A ἀποθανεῖται] ἕως πρωΐ (4 *b*)
9. 33. καὶ ἔσται τὸ πρ. (1 *b*)
— 35. A καὶ ἐγένετο πρωΐ –
16. 2. A ἕως φωτὸς πρωῒ μείνωμεν [B *al.*] (1 *a*)
19. 5. ὤρθρισαν τὸ πρ. (1 *b*)
Jd. 19. 8. ὤρθρισε τὸ πρ. (1 *b*)
— 25. ἐνέπαιζον . . . ἕως πρωΐ (4 *b*)
— 25. ὡς ἀνέβη τὸ πρ. [A *al.*] (3)
— 26. A ἦλθεν ἡ γυνὴ τὸ πρ. [B πρὸς τὸν ὄρθρον] (1 *d*)
— 27. ἀνέστη ὁ ἀνὴρ αὐ. τὸ πρ. (1 *b*)
20. 19. καὶ ἀνέστησαν . . . τὸ πρ. [A *om.* τὸ πρ.] (1 *b*)
Ru. 3. 13. καὶ ἔσται τὸ πρ. (1 *b*)
— 13. κοιμήθητι ἕως πρωΐ (4 *b*)
— 14. ἐκοιμήθη . . . ἕως πρωΐ (4 *b*)
I Ki. 1. 19. ὀρθρίζουσι τὸ πρ. (1 *b*)
3. 15. κοιμᾶται Σαμ. ἕως πρωΐ (4 *b*)
— 15. ὤρθρισε τὸ πρ. –
5. 4. ὅτε ὤρθρισαν τὸ πρ. (1 *b*)
9. 19. ἐξαποστελῶ σε πρ. (1 *b*)
11. 5. Σ. ἤρχετο μετὰ τὸ πρ. †
15. 12. καὶ ἐπορεύθη . . . πρ. (1 *b*)
17. 20. A ὤρθρισεν Δ. τὸ πρ. (1 *b*)
19. 2. φύλαξαι οὖν αὔριον πρ. (1 *b*)
— 11. τοῦ θανατῶσαι αὐτὸν πρ. (1 *b*)
20. 35. καὶ ἐγενήθη πρωΐ (1 *b*)
25. 22. εἰ ὑπολήψομαι . . . ἕως πρωΐ (4 *c*)
— 34. εἰ ὑπολειφθήσεται . . . ἕως φωτὸς τοῦ πρ. (1 *a*)
— 36. ἕως φωτὸς τοῦ πρ. (1 *a*)
— 37. καὶ ἐγένετο πρωΐ (1 *b*)
29. 10. ὄρθρισον τὸ πρ. (1 *b*)
— 11. A ἀπελθεῖν τὸ πρ. [B *om.* τὸ πρ.] (1 *b*)
II Ki. 11. 14. καὶ ἐγένετο πρ. (1 *b*)
13. 4. τὸ πρ. πρ. οὐκ ἀπαγγέλλεις μοι (1 *b*, 1 *b*)
17. 22. ἕως τοῦ φωτὸς τοῦ πρ. (1 *a*)
23. 4. ἀνατεῖλαι ἥλιος τὸ πρ. (1 *b*)
24. 11. ἀνέστη Δ. τὸ πρ. (1 *b*)
III Ki. 3. 21. ἀνέστην τὸ πρ. (1 *b*)
— 21. κατενόησα αὐτὸν πρ. [A τὸ πρ.] (1 *b*)
17. 6. ἔφερον αὐτῷ ἄρτους τὸ πρ. (1 *b*)
22. 35. ἀπὸ πρ. ἕως ἑσπέρας –
IV Ki. 3. 20. B καὶ ἐγένετο τὸ [A R *om.*] πρ. (1 *b*)
— 22. ὤρθρισαν τὸ πρ. (1 *b*)
7. 9. μένομεν ἕως φωτὸς τοῦ πρ. (1 *a*)
10. 8. θέτε αὐτὰς βουνοὺς δύο . . . εἰς πρωΐ (1 *a*)
— 9. καὶ ἐγένετο πρ. [A ἐν πρωΐᾳ] (1 *b*)
16. 15. ἔσται μοι εἰς τὸ [A *om.*] πρ. †
19. 35. ὤρθρισαν τὸ πρ. (1 *b*)
I Ch. 9. 27. τὸ πρ. πρ. [S *om.*] ἀνοίγειν τὰς θύρας (1 *c*, 1 *c*)
16. 40. τὸ πρ. καὶ τὸ ἑσπέρας (1 *c*)
23. 30. τοῦ στῆναι πρ. τοῦ αἰνεῖν (1 *b bis*)
II Ch. 2. 4 (3). τὸ πρ. καὶ τὸ δείλης (1 *c*)
13. 11. θυμιῶσι . . . πρ. καὶ δείλης (1 *b bis*)
20. 20. ὤρθρισαν [A *add.* τὸ] πρ. (1 *b*)
35. 12. καὶ οὕτως εἰς τὸ πρ. †
II Es. 3. 3. τὸ πρ. καὶ εἰς ἑσπέραν (1 *c*)
Jb. 1. 5. ἀνιστάμενος τὸ πρ. (1 *b*)
7. 4. ἀπὸ ἑσπέρας ἕως πρ. (6)
— 18. ἢ ἐπισκοπὴν αὐτοῦ ποιήσῃ ἕως [A *om.*] τὸ πρ. [S¹ *al.*] (4 *d* [1 *a*])
24. 17. ὁμοθυμαδὸν αὐτοῖς τὸ πρ. (1 *b*)
Ps. 5. 3. τὸ πρ. εἰσακούσῃ τῆς φωνῆς μου (1 *a*)
— 3. τὸ πρ. παραστήσομαί σοι (1 *a*)
29 (30). 5. καὶ εἰς τὸ πρ. ἀγαλλίασις (1 *a*)
45 (46). 5. A B³ S² βοηθήσει αὐτῇ ὁ θεὸς τῷ [A B³ τὸ] πρὸς πρ. πρ. [B¹ S¹ R προσώπῳ] (5)
48 (49). 14. κατακυριεύσουσιν αὐτῶν οἱ εὐθεῖς τὸ πρ. (1 *c*)
54 (55). 17. ἑσπέρας καὶ πρ. καὶ μεσημβρίας (1 *a*)
58 (59). 16. ἀγαλλιάσομαι τὸ πρ. τὸ ἔλεός σου (1 *c*)
87 (88). 13. τὸ πρ. ἡ προσευχή μου προφθάσει σε (1 *b*)
89 (90). 5. τὸ πρ. ὡσεὶ χλόη παρέλθοι (1 *b*)
— 6. τὸ πρ. ἀνθήσαι καὶ παρέλθοι (1 *b*)
— 14. ἐνεπλήσθημεν τὸ πρ. τοῦ ἐλέους σου (1 *b*)
91 (92). 2. τοῦ ἀναγγέλλειν τὸ πρ. τὸ ἔλεός σου (1 *b*)
142 (143). 8. ἀκουστὸν ποίησόν μοι τὸ πρ. τὸ ἔλεός σου (1 *b*)
Pr. 27. 14. ὃς ἂν εὐλογῇ φίλον τὸ πρ. (1 *b*)
Ec. 10. 16. οἱ ἄρχοντές σου πρωῒ [A ἐν πρωΐᾳ, S πρωΐας] ἐσθίουσι (1 *b*)
11. 6. ἐν τῷ πρωῒ [A S ἐν πρωΐᾳ] σπεῖρον τὸ σπέρμα σου (1 *a*)
Wi. 19. 22. S¹ οὐχ ὑπερεῖδες ἐν παντὶ καιρῷ καὶ τὸ πρωῒ [A B S² τόπῳ] παριστάμενος
Si. 34 (31). 20. ἀνέστη πρωΐ
47. 10. ἀπὸ πρωῒ [A S -ΐας] ἠχεῖν τὸ ἁγίασμα
Ho. 7. 6. πρωῒ ἐνεγενήθη [A ἐγ.] (1 *a*)

Am. 4. 4. ἠνέγκατε εἰς τὸ πρ. θυσίας ὑμῶν (1 a)
5. 8. ἐκτρέπων εἰς τὸ πρ. σκιάν (1 a)
8. 4. οἱ ἐκτρίβοντες εἰς τὸ πρ. πένητα –
Ze. 3. 3. οὐχ ὑπελίποντο εἰς τὸ πρ. (1 a)
— 5. πρ. πρ. δώσει κρίμα αὐτοῦ (1 b, 1 b)
Is. 5. 11. οὐαὶ οἱ ἐγειρόμ. τὸ πρ. (1 b)
14. 12. ὁ ἑωσφόρος ὁ πρ. ἀνατέλλων (3)
17. 11. τὸ δὲ πρ. ἐὰν σπείρῃς [A φυτεύσῃς] (1 b)
— 14. πρὶν ἢ πρ. καὶ οὐκ ἔσται (1 a)
21. 12. φυλάσσω τὸ πρ. καὶ τὴν νύκτα (1 a)
28. 19. πρ. πρ. παρελεύσεται ἡμέρας (1 b, 1 b)
37. 36. ἀναστάντες τὸ [S om.] πρ. (1 b)
38. 13. παρεδόθην ἕως πρ. ὡς λέοντι (4 b)
50. 4. ἔθηκέ μοι [A add. τὸ] πρ. [S³ add. πρ.] (1 b, [1 b])
Je. 20. 16. ἀκουσάτω κραυγῆς τὸ πρ. (1 b)
21. 12. κρίνατε [S add. τὸ] πρ. κρίμα (1 c)
31 (48). 33. πρ. οὐκ ἐπάτησαν †
Ez. 12. 8. ἐγένετο λόγος κυρίου πρὸς μὲ τὸ πρ. (1 b)
24. 18. ἐλάλησα πρὸς τὸν λαὸν τὸ πρ. (1 b)
— 18. καὶ ἐποίησα τὸ πρ. (1 b)
33. 22. B² R ὡς [A B¹ ἕως] ἦλθε πρὸς μὲ τὸ πρ. (1 b)
46. 13. πρ. ποιήσει αὐτόν (1 b)
— 14. τὸ πρ. ἕκτον τοῦ μέτρου (1 b bis)
— 15. τὸ ἔλαιον ποιήσετε τὸ [A om.] πρ. (1 b bis)
Da. LXX. 4. 15. ἀναστὰς τὸ πρ. ἐκ τῆς κοίτης μου –
— 30. ἕως δὲ πρ. πάντα τελεσθήσεται †
6. 16 (17). ἕως πρωῒ θάρρει –
— 19 (20). ὁ βασ. Δ. ὤρθρισε πρ. (2)
8. 14. ἕως ἑσπέρας καὶ πρ. (1 a)
— 26. τὸ ὅραμα τὸ ἑσπέρας καὶ πρ. (1 a)
Da. TH. 6. 19 (20). ὁ βασ. ἀνέστη τὸ πρ. (2)
8. 14. ἕως ἑσπέρας καὶ πρ. (1 a)
Bel 12. ἐλθὼν πρ. ἐὰν μὴ εὕρῃς
— 16. A R ὤρθρισεν ὁ βασ. τὸ [B om.] πρ.
I Ma. 3. 58. γίνεσθε ἕτοιμοι εἰς τὸ [S¹ om.] πρ.
4. 52. ὤρθρισαν τὸ πρ.
6. 33. ὤρθρισεν ὁ βασ. τὸ πρ.
11. 67. ὤρθρισαν τὸ πρ.
12. 29. οὐκ ἔγνωσαν ἕως πρ.
16. 5. ἀναστάντες τὸ πρ.
[Aq. III Ki. 17. 6: Is. 50. 4 (ἐν πρ.).]
[Sm. III Ki. 17. 6: Ps. 45 (46). 6 bis (P.): Is. 50. 4.]
[Th. III Ki. 17. 6: Jb. 24. 17: Ps. 45 (46). 6 bis: 109 (110). 3: Is. 38. 13.]

πρωΐθεν. (1) בֹּקֶר

Ex. 18. 13. ἀπὸ πρ. ἕως δείλης (1)
— 14. ἀπὸ πρ. [A πρωῒ] ἕως δείλης (1)
Ru. 2. 7. ἀπὸ πρ. καὶ ἕως ἑσπέρας (1)
II Ki. 2. 27. B ἐκ πρ. [A R -ϊόθεν] ἀνέβη ὁ λαός (1)
24. 15. ἀπὸ πρ. ἕως ὥρας [A om.] ἀρίστου (1)
III Ki. 18. 26. ἐκ πρ. ἕως μεσημβρίας (1)
Jb. 4. 20. ἀπὸ πρ. μέχρι [A S ἕως] ἑσπέρας (1)
Si. 18. 26. ἀπὸ πρ. ἕως ἑσπέρας μεταβάλλει καιρός (1)
I Ma. 9. 13. A R ἀπὸ πρ. ἕως [S μέχρι] ἑσπέρας
10. 80. ἐκ πρ. ἕως δείλης

πρώϊμος, πρόϊμος. (1) בִּכּוּרָה (2) *a.* יָרָה hi. *b.* יוֹרֶה (3) בְּרֵאשִׁית (4) כַּשַּׁחַר

De. 11. 14. δώσει τὸν ὑετὸν . . . πρ. (2 b)
Ho. 6. 4 (3). ἥξει ὡς ὑετὸς ἡμῖν πρ. (2 b?)
9. 10. ὡς σκοπὸν ἐν συκῇ πρώϊμον (3)
Jl. 2. 23. βρέξει ὑμῖν ὑετὸν πρ. (2 a)
Za. 10. 1. αἰτεῖσθε . . . ὑετὸν . . . πρώϊμον –
Is. 58. 8. ῥαγήσεται πρώϊμον τὸ φῶς σου (4)
Je. 5. 24. τὸν διδόντα ἡμῖν ὑετὸν πρώϊμον (2 b)
24. 2. ὡς τὰ σῦκα τὰ πρ. (1)
[Aq. Ps. 83 (84). 7.]
[Sm. Ge. 30. 41: Jb. 18. 13: Ec. 11. 6.]
[Th. Jb. 18. 13: Is. 28. 4.]
[Al. Ex. 23. 15: 34. 18: Nu. 13. 21 (20).]

πρωϊνός, πρωϊνός. (1) בֹּקֶר (2) τὸ πρ. בַּבֹּקֶר

Ge. 49. 27. τὸ πρ. ἔδεται ἔτι (2)
Ex. 29. 41. κατὰ τὴν θυσίαν τὴν πρ. (1)
Le. 9. 17. χωρὶς τοῦ ὁλοκαυτώματος τοῦ πρ. (1)
Nu. 28. 23. πλὴν τῆς ὁλοκαυτώσεως . . . τῆς πρ. (1)
I Ki. 11. 11. A ἐν φυλακῇ τῇ πρ. [B ἑωθινῇ] (1)
IV Ki. 16. 15. πρόσφερε τὴν ὁλοκαύτωσιν τὴν πρ. (1)
II Ch. 31. 3. εἰς τὰς ὁλοκαυτ. τὴν πρ. καὶ τὴν δειλινήν [A¹ al.] (1)
I Es. 1. 11. καὶ οὕτως τὸ πρ.
5. 50. ὁλοκαυτώματα . . . τὸ πρ. καὶ τὸ δειλινόν
Jb. 38. 12. ἢ ἐπὶ σοῦ συντέταχα φέγγος πρωϊνόν (1)

Ho. 6. 5 (4). τὸ δὲ ἔλεος ὑμῶν ὡς νεφέλη πρ. (1)
13. 3. ἔσονται ὡς νεφέλη πρ. (1)
Da. TH. 8. 26. A ἡ ὅρασις τῆς ἑσπέρας καὶ τῆς πρ. [B -ίας] (1)
[Sm. Pr. 11. 25.]

πρωϊόθεν. (1) בֹּקֶר

II Ki. 2. 27. A R ἐκ πρ. [B -ΐθεν] ἀνέβη ὁ λαός (1)

πρώϊος (*incl.* πρωΐα). (1) *a.* בֹּקֶר *b.* לַבֹּקֶר *c.* בַּבֹּקֶר

II Ki. 23. 4. A B ἐν θεῷ φωτὶ [R φ. θεοῦ] πρωΐας (1 a)
IV Ki. 10. 9. A καὶ ἐγένετο ἐν πρωΐᾳ [B ἐγ. πρωῒ] (1 a)
Ps. 64 (65). 8. ἐξόδους πρωΐας καὶ ἑσπέρας (1 a)
72 (73). 14. ὁ ἔλεγχός μου εἰς τὰς πρ. (1 a)
100 (101). 8. εἰς τὰς πρ. ἀπέκτενον πάντας τοὺς ἁμαρτωλοὺς τῆς γῆς (1 a)
129 (130). 6. S² ἀπὸ φυλακῆς πρ. ἐλπισάτω Ἰσρ. (1 b)
— 6. ἀπὸ φυλακῆς πρ. μέχρι νυκτός (1 b)
— 7. A ἀπὸ φυλακῆς πρ. –
Ec. 10. 16. S οἱ ἄρχοντές σου πρωΐας [A ἐν πρωΐᾳ, B πρωῒ] ἐσθίουσι (1 c [1 a])
11. 6. A S ἐν πρωΐᾳ [B ἐν τῷ πρωῒ] σπεῖρον τὸ σπέρμα σου (1 a)
Si. 47. 10. A S ἀπὸ πρωΐας [B πρωῒ] ἠχεῖν [S³ φωνῇ ἠ.] τὸ ἁγίασμα
La. 3. 22 (23). R μῆνας εἰς τὰς πρ. ἐλέησον (1 a)
— 23. R καινὰ εἰς τὰς πρ. (1 a)
Da. TH. 8. 26. ἡ ὅρασις τῆς ἑσπέρας καὶ τῆς πρ. [A -ινῆς] (1 a)
III Ma. 5. 24. προσδοκῶντα τὴν πρ. μετὰ σπουδῆς
[Aq. Jb. 7. 18: Ps. 45 (46). 6: 89 (90). 14: 129 (130). 6: Is. 33. 2: Ho. 7. 6.]
[Sm. Ps. 89 (90). 14: Is. 58. 8.]
[Th. Ps. 89 (90). 14: Is. 33. 2.]

πρωρεύς. (1) *a.* חֹבֵל *b.* רַב הַחֹבֵל

Jn. 1. 6. προσῆλθε πρὸς αὐτὸν ὁ πρ. (1 b)
Ez. 27. 29. οἱ πρ. τῆς θαλάσσης ἐπὶ τὴν γῆν [A τῆς γ.] στήσονται (1 a)

πρωταγωνιστής.

I Ma. 9. 11. καὶ οἱ πρ. πάντες οἱ δυνατοί
II Ma. 15. 30. ὁ . . . πρ. ὑπὲρ τῶν πολιτῶν

πρώταρχος.

II Ma. 10. 11. Φοινίκης στρατηγὸν πρώταρχον

πρωτεῖος.

[Sm. Jb. 22. 24: 28. 16: Ps. 44 (45). 10: 77 (78). 51: Ca. 5. 13.]

πρωτεύειν. (1) ποιεῖν πρωτεύειν *a.* גָּדַל pi. *b.* נָשָׂא pi.

Es. 5. 11. ὡς ἐποίησεν αὐτὸν πρ. [A πρῶτον] (1 a + 1 b)
II Ma. 6. 18. Ἐλ. τις τῶν πρωτευόντων γραμματέων ἀνήρ
13. 15. τὸν πρωτεύοντα τῶν ἐλεφάντων . . . συνέθηκε
[Aq. Za. 4. 7.]

πρώτιστος.

[Al. Dt. 21. 2.]

πρωτοβαθρεῖν. (1) שׂוּם אֶת־כִּסְאוֹ מֵעַל

Es. 3. 1. ἐπρωτοβάθρει πάντων τῶν φίλων αὐ. (1)

πρωτοβολεῖν. (1) בָּכַר pi.

Ez. 47. 12. τῆς καινότητος αὐτοῦ πρωτοβολήσει (1)

πρωτογενής. (1) בְּכוֹר

Ex. 13. 2. πᾶν πρωτότοκον πρ. (1)
Pr. 24. 70 (31. 2). πρωτογενές σοὶ λέγω, υἱέ –

πρωτογεννᾶν.

[Al. Ez. 47. 12 (Sw.).]

πρωτογέννημα, πρωτογένημα. (1) בִּכּוּרִים (2) רֵאשִׁית

Ex. 23. 16. ἑορτὴν θερισμοῦ πρωτογενημάτων (1)
— 19. τὰς ἀπαρχὰς τῶν πρ. τῆς γῆς σου (1)
34. 26. τὰ πρ. τῆς γῆς σου (2 + 1)
Le. 2. 14. θυσίαν πρωτογενημάτων τῷ κ. (1)
— 14. τὴν θυσίαν τῶν πρ. (1)
23. 17. πρωτογενημάτων τῷ κυρίῳ (1)
— 19. μετὰ τῶν ἄρτων τοῦ πρ. –

Le. 23. 20. μετὰ τῶν ἄρτων τοῦ πρ. (1)
Nu. 18. 13. τὰ πρ. πάντα ὅσα ἐν τῇ γῇ αὐ. (1)
IV Ki. 4. 42. ἤνεγκε . . . πρωτογενημάτων εἴκοσι ἄρτους (1)
Ne. 10. 35 (36). ἐνέγκαι τὰ πρ. τῆς γῆς ὑμῶν καὶ πρ. καρποῦ (1, 1)
To. 1. 6. S καὶ τὰ πρ.
Si. 45. 20. ἀπαρχὰς πρωτογενημάτων ἐμέρισεν αὐτοῖς
Ez. 44. 30. τὰ πρ. ὑμῶν δώσετε τῷ ἱερεῖ (2)
48. 14. οὐδὲ ἀφαιρεθήσεται τὰ πρ. τῆς γῆς (2)
I Ma. 3. 49. ἤνεγκαν . . . τὰ πρ.
[Aq. Ex. 34. 22: Is. 28. 4.]
[Sm., Th. Ex. 34. 22.]

πρωτόγονος. (1) בְּכוּרָה

Si. 36. 17 (14). ὃν πρωτογόνῳ [S² -τόκῳ] ὡμοίωσας
Mi. 7. 1. τοῦ φαγεῖν τὰ πρ. (1)

πρωτοκλίσιον (-κλησ.).

II Ma. 4. 21. R διὰ τὰ πρ. [A -κλήσια] Πτολεμαίου

● **πρωτοκουρά, πρωτοκουρία, πρωτοκυρία.**

To. 1. 6. S καὶ τὰς πρ. τῶν προβ. [A -κυρίας, R -κουρίας, B προκουρίας] ἔχων

πρωτολογία. (1) κατήγορος ἐν πρωτολογίᾳ רִאשׁוֹן בְּרִיב

Pr. 18. 17. δίκαιος ἑαυτοῦ κατήγορος ἐν πρωτολογίᾳ (1)

πρῶτον (*adv.*). (1) רִאשׁוֹן

I Ki. 2. 16. θυμιαθήτω πρῶτον . . . τὸ στέαρ –
14. 12. A ἀπεκρίθησαν . . . πρῶτον [B πρὸς] Ἰ. †
To. 4. 12. A B γυναῖκα πρ. λάβε
6. 17. S ἐξεγέρθητε πρ. [A B al.]
Si. 11. 7. νόησον πρῶτον καὶ τότε ἐπιτίμα
23. 23. πρῶτον μὲν γὰρ . . . ἠπείθησε
Is. 9. 1 (8. 23). τοῦτο πρ. πίε (1?)
11. 14. ἐπὶ Μωὰβ πρ. τὰς χεῖρας ἐπιβαλοῦσιν –
28. 25. A πρ. [B S τότε] σπείρει μικρὸν μελάνθιον –
43. 26. S λέγε σὺ τὰς ἀνομίας σου πρῶτον [A B -ος] –
II Ma. 10. 24. A ὁ πρ. [R πρότερον] ἡττηθεὶς ὑπὸ τῶν Ἰ.
14. 8. πρ. μὲν ὑπὲρ τῶν ἀνηκόντων τῷ βασ.
IV Ma. 1. 30. ἐπιθεώρει γε τοίνυν πρ.
6. 2. πρ. μὲν περιέδυσαν τὸν γεραιόν
[Aq., Th. Is. 65. 7: Je. 16. 18.]
[Sm. Is. 65. 7.]
[Heb. Ez. 47. 8 (Sw.).]

πρωτόπλαστος.

Wi. 7. 1. γηγενοῦς ἀπόγονος [S¹ -ον] πρωτοπλάστου
10. 1. αὕτη πρωτόπλαστον πατέρα κόσμου . . . διεφύλαξε

πρῶτος. (1) *a.* אֶחָד *b.* חַד (2) *a.* קֶדֶם *b.* קַדְמָנִי *c.* קַדְמַי *d.* קֳדָם (3) *a.* רִאשׁוֹן, רִאשׁוֹן *b.* בָּרִאשֹׁנָה *c.* רֹאשׁ *d.* רֵאשִׁית *e.* רִישׁוֹן *f.* רִאשׁוֹן (4) בַּתְּחִלָּה (5) ὁ μὴν ὁ πρ., ὁ πρ. μήν רִאשׁוֹן (6) ἐν πρώτοις רִאשֹׁנָה (7) ποιεῖν αὐτὸν πρῶτον *a.* גָּדַל pi. *b.* נָשָׂא pi. (8) ἐκ πρώτου לְפָנִים

Ge. 8. 5. τῇ πρ. τοῦ μηνός (1 a)
— 13. τοῦ μηνὸς τοῦ πρ. (5)
32. 17 (18). ἐνετείλατο τῷ πρ. (3 a)
— 19 (20). ἐνετείλατο τῷ πρ. –
33. 2. ἐποίησεν τὰς δύο παιδίσκας . . . ἐν πρώτοις (6)
41. 20. κατέφαγον . . . τὰς ἑπτὰ βόας τὰς πρ. (3 a)
Ex. 4. 8. τῆς φωνῆς τοῦ σημείου τοῦ πρ. (3 a)
12. 2. πρῶτός ἐστιν ὑμῖν ἐν τοῖς μησί (3 a)
— 15. ἀπὸ δὲ τῆς ἡμέρας τῆς πρ. (3 a)
— 15. ἀπὸ τῆς ἡμέρας τῆς πρ. (3 a)
— 16. ἡ ἡμέρα ἡ πρ. κληθήσεται ἁγία (3 a)
— 18. τῇ τεσσαρεσκαιδεκ. ἡμ. τοῦ μηνὸς τοῦ πρ. (5)
34. 1. δύο πλάκας λιθ. καθὼς καὶ αἱ πρ. (3 a)
— 1. ἐν [A ἐπὶ] ταῖς πλαξὶ ταῖς πρ. (3 a)
— 4. δύο πλάκας λιθ. καθάπερ καὶ αἱ πρ. (3 a)
40. 2. ἐν ἡμέρᾳ μιᾷ [A om.] τοῦ μηνὸς τοῦ πρ. (3 a)
— 17. ἐν τῷ μηνὶ τῷ πρ. (3 a)
Le. 9. 15. καθὰ καὶ τὸ πρ. (3 a)

Le. 23. 5. ἐν τῷ πρ. μηνί (3 *a*)
— 7. ἡ ἡμέρα ἡ πρ. κλητὴ ἁγία ἔσται (3 *a*)
— 11. τῇ ἐπαύριον τῆς πρ. †
— 35. ἡ ἡμέρα ἡ πρ. κλητὴ ἁγία (3 *a*)
— 39. τῇ ἡμέρᾳ τῇ πρ. ἀνάπαυσις (3 *a*)
— 40. AB^{1}λήψεσθε τῇ [B^{2}R τῇ ἡμέρᾳ τῇ] πρ. (3 *a*)
Nu. 2. 3. A R οἱ παρεμβάλλοντες πρῶτοι [B κατὰ νότον] (2 *d*)
— 9. πρῶτοι ἐξαροῦσι [A ἀναζεύξουσιν] (3 *a*)
7. 12. ὁ προσφέρων ἐν τῇ ἡμ. τῇ πρ. (3 *a*)
9. 1. ἐν τῷ μηνὶ τῷ πρ. (3 *a*)
— 3. τῇ τεσσαρεσκαιδεκ. ἡμ. τοῦ μηνὸς τοῦ πρ. †
10. 13. ἐξῆραν πρῶτοι διὰ φωνῆς κυρίου (3 *b*)
— 14. ἐξῆραν . . . πρῶτοι σὺν δυνάμει αὐτῶν (3 *b*)
20. 1 : 28. 16. ἐν τῷ μηνὶ τῷ πρ. (3 *a*)
28. 18. ἡ ἡμέρα ἡ πρ. ἐπίκλητος ἁγ. ἔσται (3 *a*)
29. 13. τῇ ἡμέρᾳ τῇ πρ. μόσχους –
33. 3. τῷ μηνὶ τῷ πρ. τῇ πεντεκαιδεκάτῃ ἡμ. τοῦ μηνὸς τοῦ πρ. (3 *a*, 3 *a*)
De. 10. 1. δύο πλάκας λιθ. ὥσπερ [A ὑπὲρ] τὰς πρ. (3 *a*)
— 2. ἃ ἦν ἐν ταῖς πλαξὶ ταῖς πρ. (3 *a*)
— 3. τὰς πλάκας λιθ. ὡς αἱ πρ. (3 *a*)
— 4. κατὰ τὴν γραφὴν τὴν πρ. (3 *a*)
13. 9 (10). αἱ χεῖρές σου ἔσονται ἐπ' αὐτὸν ἐν πρώτοις (3 *a*)
16. 4. τῇ ἡμέρᾳ τῇ πρ. (3 *a*)
17. 7. ἡ χεὶρ τῶν μαρτ. ἔσται ἐπ' αὐτῷ ἐν πρώτοις (3 *a*)
Jo. 4. 19. δεκάτῃ τοῦ μηνὸς τοῦ πρ. (3 *a*)
9. 1 (8. 33). εὐλογῆσαι τὸν λαὸν ἐν πρώτοις (3 *a*)
15. 21. A πόλις πρ. φυλῆς υἱῶν Ἰ. [B *al.*] †
18. 11. ἐξῆλθεν ὁ κλῆρος φυλῆς B. [A M.] πρ. –
Jd. 20. 22. ἐν τῇ ἡμέρᾳ τῇ πρ. (3 *a*)
— 32. ὡς τὸ πρ. [A καθὼς ἔμπροσθεν] (3 *b*)
— 39. ὡς ἡ παράταξις ἡ πρ. [A *al.*] (3 *a*)
Ru. 3. 10. τὸ ἔλεός σου τὸ ἔσχατον ὑπὲρ τὸ πρ. (3 *a*)
I Ki. *tit.* βασιλειῶν πρώτη
9. 22. ἐν πρώτοις τῶν κεκλημένων (3 *c*)
14. 14. ἐγενήθη ἡ πληγὴ ἡ πρ. (3 *a*)
15. 12. τὰ πρ. [A πρόβατα] τῶν σκύλων –
— 21. τὰ πρ. τοῦ ἐξολεθρεύματος (3 *d*)
17. 30. A κατὰ τὸ ῥῆμα τοῦ πρ. (3 *a*)
II Ki. 13. 15. B μείζων ἡ κακία ἡ ἐσχ. ἢ ἡ πρ. –
16. 23. ἐν ταῖς ἡμέραις ταῖς πρ. †
18. 27. ὁρῶ τὸν δρόμον τοῦ πρ. (3 *a*)
19. 43 (44). οὐκ ἐλογίσθη ὁ λόγος μου πρ. μοι (3 *a*)
20. 18. λόγον ἐλάλησαν ἐν πρώτοις (3 *a*)
21. 9. ἐθανατώθησαν . . . ἐν πρώτοις (3 *a*)
24. 25. μικρὸν ἦν ἐν πρώταις –
III Ki. 2. 35. εἰς ἱερέα πρ. ἀντὶ Ἀβ. –
3. 1. τὸν οἶκον κυρίου ἐν πρώτοις –
16. 23. ἐν τῷ ἔτει τῷ τριακοστῷ καὶ πρ. (1 *a*)
17. 13. ποίησόν μοι . . . ἐν πρώτοις (3 *a*)
18. 25. καὶ ποιήσατε πρῶτοι (3 *a*)
21 (20). 9. πάντα . . . ἐν πρώτοις [A *om.* ἐν πρ.] ποιήσω (3 *a*)
— 17. καὶ ἐξῆλθον . . . ἐν πρώτοις (3 *a*)
IV Ki. 1. 14. τοὺς δύο πεντηκοντάρχους τοὺς πρ. (3 *a*)
25. 18. τὸν Σαραίαν ἱερέα τὸν πρ. (3 *c*)
I Ch. 11. 6. πᾶς τύπτων Ἰεβ. ἐν πρώτοις (3 *a*)
— 6. ἀνέβη ἐπ' αὐτὴν ἐν πρώτοις Ἰωάβ (3 *a*)
— 11. πρῶτος [A πρωτότοκος] τῶν τριάκοντα (3 *c*)
12. 15. ἐν τῷ μηνὶ τῷ πρ. (3 *a*)
18. 17. υἱοὶ Δ. οἱ πρ. διάδοχοι τοῦ βασ. (3 *a*)
24. 7 : 25. 9. ἐξῆλθεν ὁ κλῆρος [A ὁλόκλ.] ὁ πρ. (3 *a*)
25. 28. ὁ εἰκοστὸς [A *add.* καὶ] πρ. Ὠ. (1 *a*)
27. 2. ἐπὶ τῆς διαιρέσεως τῆς πρ. τοῦ μηνὸς τοῦ πρ. (3 *a*, 3 *a*)
— 3. ἄρχων . . . τοῦ μηνὸς τοῦ πρ. (3 *a*)
— 33. καὶ Χ. ὁ πρ. φίλος τοῦ βασ. †
29. 21. τῇ ἐπαύριον τῆς πρ. ἡμέρας †
II Ch. 3. 3. A^{1}B ἡ διαμέτρησις ἡ πρ. (3 *a*)
9. 29. οἱ κατάλοιποι λόγοι Σ. οἱ πρ. (3 *a*)
12. 15. λόγοι Ῥ. οἱ πρ. (3 *a*)
16. 11. οἱ λόγοι Ἀσὰ οἱ πρ. (3 *a*)
17. 3. ἐν ὁδοῖς τοῦ πατρὸς αὐ. ταῖς πρ. (3 *a*)
20. 34. οἱ λοιποὶ λόγοι Ἰωσ. οἱ πρ. (3 *a*)
25. 26. οἱ λοιποὶ λόγοι Ἀμ. οἱ πρ. (3 *a*)
26. 20. ἐπέστρεψε . . . ὁ ἱερεὺς ὁ πρ. (3 *c*)
— 22. οἱ λοιποὶ λόγοι Ὀζ. οἱ πρ. (3 *a*)
27. 5. ἐν τῷ πρ. ἔτει –
28. 26. καὶ αἱ πράξεις αὐτοῦ αἱ πρ. (3 *a*)
29. 3. ἐν τῷ πρ. μηνί (3 *a*)

II Ch. 29. 17. τῇ ἡμέρᾳ τῇ πρ. [B^1 τρίτῃ] νουμηνίᾳ τοῦ μηνὸς τοῦ πρ. (1 *a*, 3 *a*)
— 17. τοῦ μηνὸς τοῦ πρ. (3 *a*)
35. 1. τῇ τεσσαρεσκαιδεκάτῃ τοῦ μηνὸς τοῦ πρ. (3 *a*)
— 27. οἱ λόγοι αὐ. οἱ πρ. (3 *a*)
36. 22. A R ἔτους πρ. Κύρου [B *om.*] βασ. Περσῶν (1 *a*)
I Es. 1. 1. τῇ τεσσαρεσκαιδ. ἡμ. τοῦ μηνὸς τοῦ πρ.
2. 1. βασιλεύοντος Κ. Περσῶν ἔτους πρ.
3. 17. ἤρξατο ὁ πρ.
5. 6. μηνὶ Νισὰν τοῦ πρ. μηνός
— 47. εἰς τὸ εὐρύχωρον τοῦ πρ. πυλῶνος
— 53. B ἀπὸ τῆς νουμηνίας τοῦ πρ. [A R ἑβδ.] μηνός
6. 17. ἐν δὲ τῷ πρ. ἔτει βασιλεύοντος Κύρου
— 24. ἔτους πρ. βασιλεύοντος Κύρου
7. 10. ἐν τῇ τεσσαρεσκαιδεκάτῃ τοῦ πρ. μηνός
8. 2. A R τοῦ Ἀαρὼν τοῦ ἱερέως τοῦ πρ. [B τ. πρ. ἱ.]
— 6. τῇ νουμηνίᾳ τοῦ πρ. μηνός
— 61. τῇ δωδεκάτῃ τοῦ πρ. [A *om.*] μηνός
9. 17. ἕως τῆς νουμηνίας τοῦ πρ. μηνός
II Es. 1. 1. ἐν τῷ πρ. ἔτει Κύρου (1 *a*)
3. 12. οἱ εἴδοσαν τὸν οἶκον τὸν πρ. (3 *a*)
5. 13 : 6. 3. ἐν ἔτει πρ. Κύρου (1 *b*)
6. 19. τῇ τεσσαρεσκαιδ. τοῦ μηνὸς τοῦ πρ. (3 *a*)
7. 5. R υἱοῦ Ἀαρὼν τοῦ ἱερέως τοῦ πρ. [A B πατρῴου] (3 *c*)
— 9. ἐν μιᾷ τοῦ μηνὸς τοῦ πρ. [A *al.*] (3 *a*)
— 9. ἐν δὲ τῇ πρ. τοῦ μηνὸς τοῦ πέμπτου [A *al.*] (1 *a*)
8. 31. ἐν τῇ δωδεκάτῃ τοῦ μηνὸς τοῦ πρ. (3 *a*)
10. 17. ἕως ἡμέρας μιᾶς τοῦ μηνὸς τοῦ πρ. (3 *a*)
Ne. 5. 15. τὰς βίας τὰς πρ. ἃς . . . ἐβάρυναν (3 *a*)
7. 5. οἱ ἀνέβησαν ἐν πρώτοις (3 *a*)
8. 18. ἀπὸ τῆς ἡμέρας τῆς πρ. (3 *a*)
12. 46. Ἀσὰφ . . . πρῶτος τῶν ᾀδόντων (3 *c**, †)
To. 5. 9. S ἐχαιρέτισεν αὐτὸν Τ. πρῶτος
7. 1. S ἐχαιρέτισαν αὐτὸν πρῶτοι [A B *al.*]
14. 5. S οὐχ ὡς τὸν πρ. [A B οἷος ὁ πρότερος]
Ju. 2. 1. δευτέρᾳ καὶ εἰκάδι τοῦ πρ. μηνός
Es. 1. 14. οἱ πρ. παρακαθήμ. τῷ βασιλεῖ (3 *a*)
3. 7. S^2 ἐν τῷ μηνὶ τῷ πρ. (3 *a*)
— 12. ἐκλήθησαν . . . μηνὶ πρώτῳ (3 *a*)
5. 11. A ὡς ἐποίησεν αὐτὸν πρῶτον [B S πρωτεύειν] (7 *a* + 7 *b*)
8. 9. ἐν τῷ πρ. [S^2 τρίτῳ] μηνί †
Jb. 8. 7. ἔσται οὖν τὰ μὲν πρ. σου ὀλίγα (3 *d*)
— 8. ἐπερώτησον γὰρ [A *om.*, S δὲ] γενεὰν πρώτην (3 *e**, 3 *a*)
15. 7. B S μὴ πρῶτος ἀνθρώπων [A -ος] ἐγενήθης [A R ἐγεννήθης] (3 *f**, 3 *a*)
18. 20. πρώτους δὲ ἔσχε θαῦμα (2 *b*)
23. 8. R εἰ γὰρ πρῶτος [B S εἰς γὰρ πρῶτα] πορεύσομαι [A ἐὰν γὰρ πορευθῶ εἰς τὰ πρ.] (2 *a*)
42. 11. ὅσοι ᾔδεισαν αὐτὸν ἐκ πρώτου [A *al.*] (8)
— 14. ἐκάλεσε τὴν μὲν πρ. Ἡμέραν (1 *a*)
— 17. πρῶτος Βαλὰκ ὁ τοῦ Βεώρ
Ps. 70 (71). *tit.* καὶ τῶν πρ. αἰχμαλωτισθέντων –
Pr. 20. 21. μερὶς ἐπισπουδαζομένη ἐν πρώτοις (3 *a*)
26. 18. ὁ δὲ ἀπαντήσας τῷ λόγῳ πρῶτος ὑποσκελισθήσεται †
Ec. 1. 11. οὐκ ἔστι μνήμη τοῖς πρ. (3 *a*)
Ca. 4. 14. μετὰ πάντων πρ. [A^1 τῶν] μύρων (3 *c*)
Wi. 7. 3. πρώτην φωνὴν τὴν ὁμοίαν πᾶσιν ἴσα [S ἅπασι] κλαίων
Si. 4. 17. διεστραμμένως πορεύεται μετ' αὐτοῦ ἐν πρώτοις
24. 28. οὐ συνετέλεσεν ὁ πρ. γνῶναι αὐτήν
34 (31). 17. παῦσαι πρῶτος χάριν παιδείας
45. 21. B ἄρτον πρώτοις [R ἐν πρ.] ἡτοίμασε πλησμονήν [A S *al.*]
Am. 6. 6. καὶ τὰ πρ. μύρα χριόμενοι (3 *d*)
Mi. 4. 8. ἡ πρ. βασιλεία ἐκ Βαβυλῶνος (3 *a*)
Jl. 2. 20. εἰς τὴν θάλασσαν τὴν πρ. (2 *b*)
Hg. 2. 10 (9). μεγάλη ἔσται ἡ δόξα . . . ἡ ἐσχάτη ὑπὲρ τὴν πρ. (3 *a*)
Za. 6. 2. ἐν τῷ ἅρματι τῷ πρ. ἵπποι πυρροί (3 *a*)
14. 8. τὸ ἥμισυ αὐ. εἰς τὴν θάλασσαν τὴν πρ. (2 *b*)
— 10. ἕως τοῦ τόπου τῆς πύλης τῆς πρ. (3 *a*)
Is. 11. 14. οἱ δὲ υἱοὶ Ἀ. πρῶτοι ὑπακούσονται –
41. 4. ἐγὼ θεὸς πρ. (3 *a*)
43. 18. μὴ [A *om.*] μνημονεύετε τὰ πρ. (3 *a*)
— 26. λέγε σὺ τὰς ἀνομίας σου πρῶτος [S -ον] –
— 27. οἱ πατέρες ὑμῶν πρῶτοι (3 *a*)
44. 6. ἐγὼ πρ. καὶ ἐγὼ μετὰ ταῦτα (3 *a*)
48. 12. ἐγώ εἰμι πρ. (3 *a*)

Is. 60. 9. πλοῖα Θαρσὶς ἐν πρώτοις (3 *a*)
65. 16. ἐπιλήσονται γὰρ τὴν θλῖψιν τὴν πρ. (3 *a*)
Je. 27 (50). 17. ὁ πρ. ἔφαγεν αὐτόν (3 *a*)
52. 24. ἔλαβεν ὁ ἀρχιμάγειρος τὸν ἱερέα τὸν πρ. [S^1 δεύτερον] (3 *c*)
Ez. 26. 1. A μιᾷ τοῦ μηνὸς τοῦ πρ. [B *om.* τ. πρ.] –
27. 17. πρῶτον μέλι . . . ἔδωκαν –
— 22. οὗτοι ἔμποροί σου μετὰ πρώτων ἡδυσμάτων (3 *c*)
29. 17. μιᾷ τοῦ μηνὸς τοῦ πρ. (5)
30. 20. ἐν τῷ πρ. μηνί (5)
32. 17. ἐν τῷ δωδεκάτῳ ἔτει τοῦ πρ. μηνός [A ἐν τῷ πρ. μηνί] –
40. 1. ἐν τῷ πρ. μηνί †
45. 18. ἐν τῷ πρ. μηνί (5)
— 21. ἐν τῷ πρ. [A *add.* μηνί] (3 *a* [5])
Da. LXX. 1. 21. ἦν Δ. ἕως τοῦ πρ. ἔτους τῆς βασ. Κύρου (1 *a*)
7. 1. ἔτους πρώτου βασιλεύσντος B. (1 *b*)
— 4. τὸ πρ. ὡσεὶ λέαινα (2 *c*)
— 8. τρία τῶν κεράτων τῶν πρ. ἐξηράνθησαν (2 *c*)
— 24. διοίσει κακοῖς ὑπὲρ τοὺς πρ. (2 *c*)
8. 1. μετὰ τὸ ἰδεῖν με τὴν πρ. (4)
— 21. αὐτὸς ὁ βασιλεὺς ὁ πρ. (3 *a*)
9. 1. ἔτους πρ. ἐπὶ Δαρ. (1 *a*)
— 2. τῷ πρ. ἔτει τῆς βασ. αὐ. (1 *a*)
10. 1. ἐν τῷ ἐνιαυτῷ τῷ πρ. Κύρου †
— 4. τῇ ἡμέρᾳ τῇ τετάρτῃ καὶ εἰκάδι τοῦ μηνὸς τοῦ πρ. (3 *a*)
— 12. ἀπὸ τῆς ἡμέρας τῆς πρ. (3 *a*)
— 13. εἷς τῶν ἀρχόντων τῶν πρ. (3 *a*)
— 21. ὑποδείξω σοι τὰ πρ. †
11. 1. ἐν τῷ ἐνιαυτῷ τῷ πρ. Κύρου (1 *a*)
— 13. πόλεως συναγωγὴν μείζονα παρὰ τὴν πρ. (3 *a*)
— 29. οὐκ ἔσται ὡς ἡ πρ. (3 *a*)
Da. TH. 7. 1. ἐν ἔτει πρ. [B^1 τρίτῳ] B. (1 *b*)
— 4. τὸ πρ. ὡσεὶ λέαινα (2 *c*)
— 20. τοῦ ἑτέρου τοῦ . . . ἐκτινάξαντος τῶν πρ. [A τῶν προτέρων τρία] †
8. 21. αὐτός ἐστιν ὁ βασιλεὺς ὁ πρ. (3 *a*)
9. 1. ἐν τῷ πρ. ἔτει Δαρείου (1 *a*)
10. 4. ἐν ἡμέρᾳ εἰκοστῇ καὶ τετάρτῃ τοῦ μηνὸς τοῦ πρ. (3 *a*)
— 12. B ἀπὸ τῆς πρ. ἡμέρας (3 *a*)
— 13. A εἷς τῶν ἀρχόντων τῶν πρ. [B *om.* τ. πρ.] (3 *a*)
11. 1. ἐν ἔτει πρ. Κύρου (1 *a*)
— 29. οὐκ ἔσται ὡς ἡ πρ. (3 *a*)
I Ma. *tit.* Μακκαβαίων πρῶτος
2. 18. πρόσελθε πρῶτος
3. 29. ἃ ἦσαν ἀφ' ἡμερῶν τῶν πρ.
6. 2. ὃς ἐβασίλευσε πρῶτος
— 6. ἐπορεύθη Λ. . . . ἐν πρώτοις
7. 13. πρῶτοι οἱ Ἀσ. ἦσαν ἐν υἱοῖς Ἰσρ.
— 43. ἔπεσεν αὐτὸς πρ.
9. 3. τοῦ μηνὸς τοῦ πρ. . . . παρενέβαλον
10. 41. ὡς ἐν τοῖς πρ. ἔτεσιν [S^1 ἔθνεσιν]
— 42. A ὡς ἐν τοῖς πρ. ἔθεσιν [? ἔτεσιν]
— 65. ἔγραψεν αὐτὸν τῶν πρ. φίλων
11. 27. ἐποίησεν αὐτὸν τῶν [S^1 *om.*] πρ. φίλων ἡγεῖσθαι
13. 42. ἔτους πρ. ἐπὶ Σίμωνος ἀρχιερέως μεγάλου
— 51. S ἔτους πρ. [A R ἑνὸς καὶ] ἑβδομηκοστοῦ
16. 6. καὶ διεπέρασε πρῶτος
II Ma. 5. 21. A τὴν μὲν γῆν πρ. [R πλωτὴν] . . . θέσθαι
7. 7. μεταλλάξαντος δὲ τοῦ πρ. τὸν τρόπον τοῦτον
— 8. τὴν ἑξῆς ἔλαβε βάσανον ὡς ὁ πρ.
8. 9. προχειρισάμενος Νικάνορα . . . τῶν πρ. φίλων
— 23. τῆς πρ. σπείρας αὐτὸς προηγούμενος
11. 7. αὐτὸς δὲ πρ. ὁ Μακκ.
12. 22. R ἐπιφανείσης δὲ τῆς Ἰούδα σπείρας πρ. [A *al.*]
14. 4. πρώτῳ καὶ ἑκατοστῷ καὶ πεντηκοστῷ ἔτει
15. 18. μέγιστος δὲ καὶ πρῶτος ὁ . . . φόβος
IV Ma. 5. 4. εἷς πρ. ἐκ τῆς ἀγέλης
8. 1. κατὰ τὴν πρ. πεῖραν ἐνικήθη

[**Aq.** IV Ki. 1. 14 : Jb. 29. 2 : Is. 9. 1 (8. 23) : 48. 12 : 61. 4 : Je. 25. 1.]
[**Sm.** Ge. 2. 8 : IV Ki. 1. 14 : Jb. 29. 2 : Ps. 67 (68). 34 : 76 (77). 6 : Ec. 11. 2 : Is. 9. 1 (8. 23) : 41. 22 : 48. 12 : Ez. 26. 1 : 31. 1.]
[**Th.** Ge. 2. 8 : II Ki. 23. 8 : IV Ki. 1. 14 : Is. 9. 1 (8. 23) : 48. 12 : Ez. 10. 11 : Da. 7. 20† : 10. 13† : 11. 29 : Za. 4. 7.]
[**Al.** Le. 9. 17 : 23. 15, 24 : Dt. 1. 3 : IV Ki. 1. 14.]

πρωτοστάτης (AB), **πρωτοστράτης** (S).
Jb. 15. 24. ὥσπερ στρατηγὸς πρ. πίπτων †

πρωτοτοκεῖν. (1) בָּכַר hi. (2) עוּל
I Ki. 6. 7, 10. δύο βόας πρωτοτοκούσας (2)
Je. 4. 31. φωνὴν ὡς ὠδινούσης ἤκουσα τοῦ στεναγμοῦ σου ὡς πρωτοτοκούσης (1)

πρωτοτοκεῖον, πρωτοτόκιον. (1) בְּכֹרָה
Ge. 25. 31. ἀπόδου μοι σήμερον τὰ πρ. σου ἐμοί (1)
— 32. ἵνα τί μοι ταῦτα τὰ πρ. (1)
— 33. ἀπέδοτο δὲ Ἡσαῦ τὰ πρ. τῷ Ἰ. (1)
— 34. ἐφαύλισεν Ἡ. τὰ πρ. (1)
27. 36. τά τε πρ. μου εἴληφε (1)
De. 21. 17. καὶ τούτῳ καθήκει τὰ πρ. (1)
I Ch. 5. 1. οὐκ ἐγενεαλογήθη εἰς πρωτοτοκεῖα (1)

πρωτοτοκεύειν. (1) בָּכַר pi.
De. 21. 16. οὐ δυνήσεται πρωτοτοκεῦσαι τῷ υἱῷ [A τὸν υἱ.] (1)
[Aq. Le. 27. 26.]

πρωτοτοκία.
[Aq. Ge. 25. 34: Dt. 21. 17.]
[Sm., Th. Dt. 21. 17.]
[Al. Ge. 43. 33.]

πρωτότοκος. (1) a. בְּכֹר ,בְּכוֹר b. בְּכֹרָה c. בְּכִירָה d. בִּכּוּרִים (2) פֶּטֶר (3) רֹאשׁ (4) ὁ υἱὸς ὁ πρ. רִאשׁוֹן
Ge. 4. 4. ἀπὸ τῶν πρ. τῶν προβάτων αὐτοῦ (1 b)
10. 15. τὸν Σιδῶνα πρ. αὐτοῦ (1 a)
22. 21. τὸν *Ὢξ πρωτότοκον (1 a)
25. 13. πρωτότοκος Ἰσμαήλ (1 a)
— 25. ἐξῆλθε δὲ ὁ υἱὸς ὁ πρ. (4)
27. 19. ἐγὼ Ἡσαῦ ὁ πρ. σου (1 a)
— 32. ὁ υἱός σου ὁ πρ. Ἡσαῦ (1 a)
35. 23. πρωτότοκος Ἰακὼβ Ῥουβήν (1 a)
36. 15. υἱοὶ Ἐλιφὰς πρωτοτόκου Ἡσαῦ (1 a)
38. 6. γυναῖκα *Ἢρ τῷ πρ. αὐτοῦ (1 a)
— 7. *Ἢρ πρωτότοκος Ἰούδα (1 a)
41. 51. ἐκάλεσε δὲ Ἰ. τὸ ὄνομα τοῦ πρ. (1 a)
43. 33. ὁ πρ. κατὰ τὰ πρεσβεῖα αὐτοῦ (1 a)
46. 8. πρωτότοκος Ἰακὼβ Ῥουβήν (1 a)
48. 18. οὗτος γὰρ ὁ πρ. (1 a)
49. 3. Ῥουβὴν πρωτότοκός μου (1 a)
Ex. 4. 22. υἱὸς πρ. μου Ἰσρ. (1 a)
— 23. ἀποκτενῶ τὸν υἱόν σου τὸν πρ. (1 a)
6. 14. υἱοὶ Ῥουβὴν πρωτοτόκου Ἰσρ. (1 a)
11. 5. τελευτήσει πᾶν πρ. (1 a)
— 5. ἀπὸ πρωτοτόκου Φ. . . . καὶ ἕως πρωτοτόκου [A τοῦ πρ.] τῆς θεραπαίνης . . . καὶ ἕως πρωτοτόκου παντὸς κτήνους (1 a ter)
12. 12. πατάξω πᾶν πρ. (1 a)
— 29. πᾶν πρ. ἐν γῇ Αἰγ. ἀπὸ πρωτοτόκου Φ. . . . ἕως πρωτοτόκου τῆς αἰχμαλωτίδος . . . καὶ ἕως πρωτοτόκου παντὸς [A κ. πᾶν πρ.] κτήνους (1 a quater)
13. 2. πᾶν πρ. πρωτογενές (1 a)
— 13. πᾶν πρ. ἀνθρώπου (1 a)
— 15. ἀπέκτεινε πᾶν πρ. . . . ἀπὸ πρωτοτόκων [A -ου] ἀνθρώπων ἕως πρωτοτόκων [A -ου] κτηνῶν (1 a ter)
— 15. B [R om.] πᾶν πρ. τῷ κυρίῳ –
— 15. πᾶν πρ. τῶν υἱῶν μου (1 a)
22. 29 (28). τὰ πρ. τῶν υἱῶν σου δώσεις ἐμοί (1 a)
34. 19. πᾶν [A om.] πρ. μόσχου καὶ πρ. προβάτου (2, –)
— 20. καὶ πρωτότοκον ὑποζυγίου (2)
— 20. πᾶν πρ. τῶν υἱῶν σου (1 a)
Le. 27. 26. πᾶν πρ. ὃ ἐὰν γένηται (1 a)
Nu. 1. 20. οἱ υἱοὶ Ῥουβὴν πρωτοτόκου Ἰσρ. (1 a)
3. 2. πρωτότοκος Ναδάβ (1 a)
— 12. ἀντὶ παντὸς πρ. (1 a)
— 13. ἐμοὶ γὰρ πᾶν πρ. (1 a)
— 13. ἐπάταξα πᾶν πρ. (1 a)
— 13. ἡγίασα ἐμοὶ πᾶν πρ. (1 a)
— 40. ἐπίσκεψαι πᾶν πρ. ἄρσεν (1 a)
— 41 bis. ἀντὶ πάντων τῶν πρ. (1 a)
— 42. πᾶν πρ. ἐν τοῖς υἱοῖς Ἰσρ. (1 a)
— 43. ἐγένοντο πάντα τὰ πρ. (1 a)
— 45. ἀντὶ πάντων τῶν πρ. (1 a)
— 46. ἀπὸ τῶν πρ. τῶν υἱῶν Ἰσρ. (1 a)
Nu. 3. 50. παρὰ τῶν πρ. τῶν υἱῶν Ἰσρ. (1 a)
8. 16. πᾶσαν μήτραν πρωτοτόκων πάντων (1 a)
— 17. ἐμοὶ πᾶν πρ. (1 a)
— 17. ἐπάταξα πᾶν πρ. (1 a)
— 18. ἀντὶ παντὸς πρ. (1 a)
18. 15. λυτρωθήσεται τὰ πρ. τῶν ἀνθρ. (1 a)
— 15. τὰ πρ. τῶν κτηνῶν τῶν ἀκαθ. (1 a)
— 17. πρωτότοκα μόσχων καὶ πρωτότοκα προβάτων καὶ πρωτότοκα αἰγῶν (1 a ter)
26. 5. Ῥουβὴν πρωτότοκος Ἰσραήλ (1 a)
33. 4. πᾶν πρ. ἐν γῇ Αἰγύπτῳ (1 a)
De. 12. 6. τὰ πρ. τῶν βοῶν ὑμῶν (1 b)
— 17: 14. 23. τὰ πρ. τῶν βοῶν σου (1 b)
15. 19. πᾶν πρ. ὃ ἐὰν τεχθῇ (1 a)
— 19. ἐν τῷ πρ. μόσχῳ σου (1 a)
— 19. τὰ πρ. [A τὸ πρ.] τῶν προβάτων σου (1 a)
21. 15. καὶ γένηται υἱὸς πρ. τῆς μισουμ. (1 a)
— 16. ὑπεριδὼν τὸν υἱὸν τῆς μισουμ. τὸν πρ. (1 a)
— 17. τὸν πρ. υἱὸν τῆς μισουμ. (1 a)
33. 17. πρωτότοκος ταύρου τὸ κάλλος αὐ. (1 a)
Jo. 6. 25 (26). ἐν τῷ πρ. αὐτοῦ θεμελιώσει αὐτήν (1 a)
— 25 (26). ἐν τῷ Ἀβ. τῷ πρ. ἐθεμελίωσεν αὐτήν –
17. 1. οὗτος πρ. τῷ Ἰ. τῷ Μ. πρ. Μαν. (1 a, 1 a)
Jd. 8. 20. εἶπεν Ἰ. τῷ πρ. αὐτοῦ (1 a)
I Ki. 8. 2. πρωτότοκος Ἰωήλ (1 a)
14. 49. ὄνομα τῇ πρ. Μ. (1 c)
17. 13. A Ἐλ. ὁ πρ. αὐτοῦ (1 a)
II Ki. 3. 2. ἦν ὁ πρ. αὐτοῦ Ἀμνών (1 a)
13. 21. πρωτότοκος αὐτοῦ ἦν –
19. 43 (44). πρωτότοκος ἐγὼ ἢ σύ –
III Ki. 16. 34. ἐν τῷ Ἀβ. τῷ πρ. αὐτοῦ (1 a)
IV Ki. 3. 27. ἔλαβε τὸν υἱὸν αὐ. τὸν πρ. (1 a)
I Ch. 1. 13. A Χαν. ἐγέννησεν τὸν Σιδ. πρωτότοκον (1 a)
— 29. A B αἱ γενέσεις πρωτοτόκου Ἰσμ. [R al.] (1 a)
2. 3. ἦν *Ἢρ ὁ πρ. Ἰ. πονηρός (1 a)
— 13. Ἰ. ἐγέννησε τὸν πρ. αὐ. τὸν Ἐλιάβ (1 a)
— 25. ἦσαν υἱοὶ Ἱερ. πρωτοτόκου [A -os] Ἐ. ὁ πρ. Ῥάμ (1 a, 1 a)
— 27. υἱοὶ Ῥὰμ πρωτοτόκου Ἱερ. (1 a)
— 42. Μαρ. ὁ [A om.] πρ. αὐτοῦ (1 a)
— 50. υἱοὶ Ὢρ πρωτοτόκου Ἐφρ. (1 a)
3. 1. ὁ πρ. Ἀμνὼν τῇ Ἀχ. (1 a)
— 15. υἱοὶ Ἰωσία πρωτότοκος Ἰωανάν (1 a)
4. 4. υἱοὶ *Ὢρ τοῦ [A om.] πρ. Ἐφρ. (1 a)
5. 1. υἱοὶ Ῥ. πρωτοτόκου Ἰσρ. (1 a)
— 1. οὗτος ὁ πρ. (1 a)
— 3. υἱοὶ Ῥ. πρωτοτόκου Ἰσρ. (1 a)
— 12. Ἰωὴλ πρωτότοκος [A ὁ πρ.] (3)
6. 28 (13). υἱοὶ Σαμ. ὁ πρ. Σανί (1 a)
8. 1. Βεν. ἐγέννησε Β. πρωτότοκον αὐ. (1 a)
— 30. υἱὸς αὐτῆς ὁ πρ. Ἀβδών (1 a)
— 38. Ἐζ. πρωτότοκος [A ὁ πρ.] αὐτοῦ †
— 39. Αἰλὰμ πρωτότοκος [A ὁ πρ.] αὐτοῦ (1 a)
9. 5. Ἀσαΐα πρωτότοκος [A ὁ πρ.] αὐτοῦ (1 a)
— 31. οὗτος ὁ πρ. τῷ Σαλώμ (1 a)
— 36. καὶ υἱὸς αὐ. ὁ πρ. Ἀβδών (1 a)
— 44. Ἐζ. πρωτότοκος αὐτοῦ †
11. 11. A πρωτότοκος [B S πρῶτος] τῶν τριάκοντα (3)
26. 2. Ζαχ. ὁ πρ. (1 a)
— 4. Σαμ. ὁ πρ. (1 a)
— 6. υἱοὶ τοῦ πρ. [A τῷ πρ.] Ῥωσαί †
— 10. οὐκ ἦν πρωτότοκος (1 a)
II Ch. 21. 3. A R ὅτι οὗτος ὁ [B om.] πρ. (1 a)
Ne. 10. 35 (37). καὶ τὰ πρ. υἱῶν ἡμῶν (1 b)
— 36 (37). καὶ τὰ πρ. τῶν βοῶν ἡμῶν (1 a)
To. 5. 13. A B ἀναφέροντες τὰ πρ.
Ps. 77 (78). 51. S[1] ἐπάταξε πᾶν πρ. ἐν γῇ Αἰγ. ἀπαρχὴν τῶν πρ. αὐ. ἐν τοῖς σκηνώμασι Χάμ [B S[2] al.] (1 a, †)
88 (89). 27. κἀγὼ πρωτότοκον θήσομαι αὐτόν (1 a)
104 (105). 36. ἐπάταξε πᾶν πρ. (1 a)
134 (135). 8. ὃς ἐπάταξε τὰ πρ. Αἰγύπτου (1 a)
135 (136). 10. τῷ πατάξαντι Αἴγυπτον σὺν τοῖς πρ. αὐτῶν (1 a)
Wi. 18. 13. ἐπὶ τῷ τῶν πρωτοτόκων ὀλέθρῳ
Si. 36. 17 (14). S[2] ὃν πρωτοτόκῳ [A B S[1] -γόνῳ] ὡμοίωσας
Mi. 6. 7. εἰ δῶ πρωτοτοκά μου (1 a)
Za. 12. 10. ὀδύνην ὡς ἐπὶ τῷ [A om.] πρ. (1 a)
Je. 38 (31). 9. Ἐφραὶμ πρ. μού ἐστιν (1 a)
Ez. 44. 30. καὶ τὰ πρ. πάντων (1 d)
IV Ma. 15. 18. A R οὐ μετέτρεψέ σε πρωτότοκος [S ὁ πρ.] ἀποπνέων [S[1] om.]
[Aq. Ge. 49. 3: Le. 27. 26: Dt. 25. 6.]
[Sm., Th. Ge. 49. 3: Le. 27. 26 bis.]
[Heb. Je. 2. 23.]

πταίειν. (1) יָקַשׁ ni. (2) נָגַף a. qal. b. ni.
De. 7. 25. μὴ πταίσῃς δι' αὐτό (1)
I Ki. 4. 2. ἔπταισεν ἀνὴρ Ἰσρ. ἐνώπιον ἀλλοφύλων (2 b)
— 3. κατὰ τί ἔπταισεν ἡμᾶς κύριος (2 a)
— 10. καὶ πταίει ἀνὴρ Ἰσρ. (2 b)
7. 10. B ἔπταισαν ἐνώπιον Ἰσρ. (2 b)
II Ki. 2. 17. καὶ ἔπταισεν Ἀβ. (2 b)
10. 15. ἔπταισεν ἔμπροσθεν Ἰσρ. (2 b)
— 19. ἔπταισαν ἔμπροσθεν Ἰσρ. (2 b)
18. 7. ἔπταισεν ἐκεῖ ὁ λαός (2 b)
III Ki. 8. 33. ἐν τῷ πταῖσαι τὸν λαόν σου Ἰσρ. (2 b)
IV Ki. 14. 12. καὶ ἔπταισεν Ἰούδας (2 b)
19. 26. B ἔπταισαν [A R ἔπτηξαν] καὶ κατῃσχύνθησαν †
I Ch. 19. 19. ἐπταίκασιν ἀπὸ προσώπου Ἰσρ. (2 b)
Si. 2. 8. οὐ μὴ πταίσῃ ὁ μισθὸς ὑμῶν
37. 12. ἐὰν πταίσῃς συναλγήσει σοι
II Ma. 14. 17. βραχέως δὲ διὰ τὴν . . . ἀφασίαν ἐπταικώς
[Sm. Ps. 63 (64). 9: Je. 6. 15.]
[Al. II Ch. 14. 12 (11).]

πταῖσμα. (1) מַגֵּפָה
I Ki. 6. 5 (4). πταῖσμα ἐν ὑμῖν (1)

πταρμός. (1) עֲטִישָׁה
Jb. 41. 9 (10). ἐν πταρμῷ αὐτοῦ ἐπιφαύσκεται φέγγος (1)
[Aq. Jb. 41. 10.]

πτελέα.
[Sm. Is. 41. 19.]

πτέρνα. (1) a. עָקֵב b. עָקֵב
Ge. 3. 15. σὺ τηρήσεις αὐτοῦ πτέρναν (1 a)
25. 26. ἐπειλημμένη τῆς πτ. Ἡσαῦ (1 a)
49. 17. δάκνων πτέρναν ἵππου (1 a)
Jo. 23. 13. καὶ εἰς ἥλους ἐν ταῖς πτ. ὑμῶν †
Jd. 5. 22. ἐνεποδίσθησαν [A ἀπεκόπησαν] πτ. ἵππου (1 a)
Ps. 48 (49). 5. ἡ ἀνομία τῆς πτ. μου κυκλώσει με (1 a)
55 (56). 6. τὴν πτ. μου φυλάξουσι (1 a)
Ca. 1. 8. ἔξελθε σὺ ἐν πτέρναις τῶν ποιμνίων (1 a)
Si. 12. 17. ὡς βοηθῶν ὑποσχάσει πτέρναν σου
Je. 9. 4 (3). πᾶς ἀδελφὸς πτέρνῃ πτερνιεῖ (1 b)
13. 22. παραδειγματισθῆναι τὰς πτ. σου (1 a)
[Aq. Ge. 49. 19: Ps. 40 (41). 10: Je. 13. 22.]
[Th. Ps. 40 (41). 10: Ho. 6. 8.]

πτερνίζειν. (1) עָקַב (2) קָבַע
Ge. 27. 36. ἐπτέρνικε γάρ με (1)
Ho. 12. 3 (4). ἐπτέρνισε τὸν ἀδελφὸν αὐ. (1)
Ma. 3. 8. μήτι [A S[3] εἰ] πτερνιεῖ ἄνθρωπος θεόν (2)
— 8. ὑμεῖς πτερνίζετέ με (2)
— 8. ἐν τίνι ἐπτερνίσαμέν [A -ίκ.] σε (2)
— 9. ἐμὲ ὑμεῖς πτερνίζετε (2)
Je. 9. 4 (3). πᾶς ἀδελφὸς πτέρνῃ πτερνιεῖ (1)

πτερνισμός. (1) a. עָקֵב b. עָקְבָה
IV Ki. 10. 19. Ἰοὺ ἐποίησεν ἐν πτερνισμῷ (1 b)
Ps. 40 (41). 9. ἐμεγάλυνεν ἐπ' ἐμὲ πτερνισμόν (1 a)
[Sm. Ps. 54 (55). 13.]

πτέρνον (?).
Si. 26. 18. S[1] πόδες ὡραῖοι ἐπὶ πτέρνοις εὐστάθμοις [A B S[2] στέρνοις εὐσταθοῦς]

πτερόν. (1) כָּנָף (2) נֹצָה
Le. 1. 16. ἀφελεῖ τὸν πρόλοβον σὺν τοῖς πτ. (2)
Ps. 103 (104). 12. S[1] ἐκ μέσου τῶν πτ. [A B S[2] πετρῶν] δώσουσι φωνήν †
Da. LXX. 7. 4. ἔχουσα πτερὰ ὡσεὶ ἀετοῦ (1)
— 4. ἐτίλη τὰ πτ. αὐτῆς (1)
— 6. καὶ πτερὰ τέσσαρα ἐπέτεινον ἐπάνω αὐτοῦ (1)
Da. Th. 7. 4. A B[2] ὡσεὶ λέαινα ἔχουσα πτερὰ [B[1] om. ἔ. πτ.] καὶ πτερὰ αὐτῆς ὡς ἀετοῦ (–, 1)
— 4. ἐξετίλη τὰ πτ. αὐ. (1)
— 6. καὶ αὐτῇ πτ. τέσσαρα πετεινοῦ (1)
[Aq. Ez. 17. 7.]
[Sm. Jb. 5. 7: 39. 13: Ez. 12. 14.]

πτεροφυεῖν. (1) עָלָה אֵבֶר

Is. 40. 31. πτεροφυήσουσιν ὡς ἀετοί (1)

πτερύγιον. (1) כָּנָף (2) סְנַפִּיר (3) קָצָה

Ex. 36. 27 (39. 19). ἐπέθηκαν ἐπὶ τὰ δύο πτ. (3)
Le. 11. 9. B ὅσα ἐστὶν αὐτοῖς πτερύγια (2)
— 10, 12. ὅσα οὐκ ἔστιν αὐτοῖς πτερύγια (2)
Nu. 15. 38. ἐπὶ τὰ πτ. τῶν ἱματίων αὐτῶν (1)
— 38. ἐπὶ τὰ κράσπεδα τῶν πτ. (1)
De. 14. 9. πάντα ὅσα ἐστὶν ἐν αὐτοῖς πτερύγια (2)
— 10. πάντα ὅσα οὐκ ἔστιν αὐτοῖς πτερύγια (2)
Ru. 3. 9. περιβαλεῖς τὸ πτ. σου (1)
I Ki. 15. 27. ἐκράτησε Σ. τοῦ πτ. τῆς διπλοΐδος αὐ. (1)
24. 5, 6. ἀφεῖλε τὸ πτ. τῆς διπλοΐδος (1)
— 12. τὸ πτ. τῆς διπλοΐδος σου (1)
— 12. ἀφῄρηκα τὸ πτ. (1)
III Ki. 6. 24, 24 (A R). καὶ πέντε πήχεων πτερυγίου (1)
— 24. ἀπὸ μέρους πτερυγίου αὐτοῦ (1)
— 24. A ἕως μέρους πτερυγίου αὐ. [R *al.*] (1)
Da. TH. 9. 27. A B[2] ἕως πτερυγίου ἀπὸ ἀφανισμοῦ (1)

[**Aq.** Dt. 22. 30 (23. 1): Jb. 39. 13: Ez. 5. 3: 28. 16.]
[**Heb.** Ez. 16. 8.]
[**Al.** Da. 9. 27.]

πτέρυξ. (1) אֵבֶר (2) כָּנָף

Ex. 19. 4. ὡσεὶ ἐπὶ πτερύγων ἀετῶν (2)
25. 19 (20). ἐκτείνοντες τὰς πτ. ἐπάνωθεν (2)
— 19 (20). συσκιάζοντες ἐν [A *om.*] ταῖς πτ. αὐ. (2)
38. 8 (37. 9). σκιάζοντα ταῖς πτ. αὐτῶν (2)
Le. 1. 17. ἐκκλάσει αὐτὸ ἐκ τῶν πτ. (2)
De. 32. 11. διεὶς τὰς πτ. αὐτοῦ (2)
Ru. 2. 12. πεποιθέναι ὑπὸ τὰς πτ. αὐτοῦ (2)
II Ki. 22. 11. ὤφθη ἐπὶ πτερύγων ἀνέμου (2)
III Ki. 6. 27. διεπέτασε τὰς πτ. αὐτῶν (2)
— 27. ἥπτετο πτ. μία τοῦ τοίχου καὶ πτέρυξ . . . ἥπτετο τοῦ τοίχου τοῦ δευτ. καὶ αἱ πτ. αὐ. αἱ ἐν μέσῳ τοῦ οἴκου ἥπτοντο πτέρυξ πτέρυγος [A *al.*] (2 *quinquiens*)
8. 6. ὑπὸ τὰς πτ. τῶν χερ. (2)
— 7. τὰ χερ. διαπεπετασμένα ταῖς πτ. (2)
I Ch. 28. 18. τῶν διαπεπετασμ. ταῖς πτ. –
II Ch. 3. 11. αἱ πτ. τῶν χερ. (2)
— 11. A R ἡ πτ. ἡ μία [B ἡ μ. πτ.] πήχεων πέντε (2)
— 11. ἡ πτ. ἡ ἑτέρα πήχεων πέντε ἁπτομένη τῆς πτ. τοῦ χερ. τοῦ ἑτ. (2, 2)
— 12. A ἡ πτ. τοῦ χερ. τοῦ ἑνός (2)
— 12. A ἡ πτ. ἡ ἑτέρα πήχεων πέντε ἁπτομένη τῆς πτ. τοῦ χ. τοῦ ἑτέρου (2, 2)
— 13. αἱ πτ. τῶν χερ. τούτων (2)
5. 7. ὑποκάτω τῶν πτ. τῶν χερ. (2)
— 8. διαπεπετακότα τὰς πτ. αὐτῶν (2)
Jb. 37. 3. τὸ φῶς αὐτοῦ ἐπὶ πτερύγων τῆς γῆς (2)
38. 13. ἐπιλαβέσθαι πτερύγων γῆς (2)
39. 13. πτέρυξ τερπομένων νεέλασσα (2)
— 26. ἱέραξ ἀναπετάσας τὰς πτ. ἀκίνητος (2)
Ps. 16 (17). 8. ἐν σκέπῃ τῶν πτ. σου σκεπάσεις με (2)
17 (18). 10. ἐπετάσθη ἐπὶ πτερύγων ἀνέμων (2)
35 (36). 7. ἐν σκέπῃ [S[1] εἰς σκέπην] τῶν πτ. σου ἐλπιοῦσι (2)
54 (55). 6. τίς δώσει μοι πτέρυγας (1)
56 (57). 1. ἐν τῇ σκιᾷ τῶν πτ. σου ἐλπιῶ (2)
60 (61). 4. σκεπασθήσομαι ἐν σκέπῃ τῶν πτ. σου (2)
62 (63). 7. ἐν τῇ σκέπῃ τῶν πτ. σου ἀγαλλιάσομαι (2)
67 (68). 13. πτέρυγες περιστερᾶς περιηργυρωμέναι (2)
90 (91). 4. ὑπὸ τὰς πτ. αὐτοῦ ἐλπιεῖς (2)
103 (104). 3. ὁ περιπατῶν ἐπὶ πτερύγων ἀνέμων (2)
138 (139). 9. ἐὰν ἀναλάβω τὰς πτ. μου (2)
Pr. 23. 5. κατεσκεύασται γὰρ αὐτῷ πτέρυγες [S[1] -ας] (2)
Ec. 10. 20. ὁ ἔχων τὰς [A S *om.*] πτ. ἀπαγγελεῖ λόγον σου (2)
Wi. 5. 11. βίᾳ ῥοίζου κινουμένων πτερύγων
Ho. 4. 19. συστροφὴ πνεύματος σὺ εἶ ἐν ταῖς πτ. αὐ. (2)
Za. 5. 9. πνεῦμα ἐν ταῖς [S[1] τοῖς] πτ. αὐ. (2)
— 9. A S εἶχον πτέρυγας ὡς πτέρυγας [B *om.* ὡς πτ.] ἔποπος (2, 2)
Ma. 4. 2 (3. 20). καὶ ἴασις ἐν ταῖς πτ. αὐ. (2)
Is. 6. 2 *bis.* ἓξ πτέρυγες τῷ ἑνί (2)
11. 12. συνάξει ἐκ τῶν τεσσάρων πτ. τῆς γῆς (2)
18. 1. οὐαὶ γῆς πλοίων πτέρυγες (2)
24. 16. ἀπὸ τῶν πτ. τῆς γῆς τέρατα ἠκούσαμεν (2)
Je. 29 (49). 22. ἐκτενεῖ τὰς πτ. (2)
Ez. 1. 6. τέσσαρες πτέρυγες τῷ ἑνί (2)
— 7. ἐλαφραὶ αἱ πτ. αὐτῶν –
— 8. χεὶρ ἀνθρώπου ὑποκάτωθεν τῶν πτ. αὐτῶν (2)
— 9. A αἱ πτ. αὐτῶν τῶν τεσσ. ἐχόμεναι [B *al.*] (2)
— 11. αἱ πτ. αὐτῶν ἐκτεταμέναι ἄνωθεν (2)
— 22. ἐκτεταμένον ἐπὶ τῶν πτ. αὐτῶν ἐπάνωθεν †
— 23. αἱ πτ. αὐτῶν ἐκτεταμέναι (2)
— 24. ἤκουον τὴν φωνὴν τῶν πτ. αὐτῶν . . . κατέπαυον αἱ πτ. αὐτῶν (2, 2)
— 25. A ἀνίεντο αἱ πτ. αὐτῶν –
3. 13. ἴδον φωνὴν πτερύγων τῶν ζῴων (2)
7. 2. τὸ πέρας ἥκει ἐπὶ τὰς τέσσαρας πτ. τῆς γῆς (2)
10. 5. φωνὴ τῶν πτ. τῶν χερ. ἠκούετο (2)
— 8. ὁμοίωμα χειρῶν ἀνθρώπων ὑποκάτωθεν τῶν πτ. αὐτοῦ (2)
— 12. αἱ πτ. αὐτῶν καὶ οἱ τροχοὶ πλήρεις ὀφθαλμῶν (2)
— 16. ἐν τῷ ἐξαίρειν τὰ χερ. τὰς πτ. αὐ. (2)
— 19. ἀνέλαβον τὰ χερ. τὰς πτ. αὐτῶν (2)
— 21. ὀκτὼ πτέρυγες τῷ ἑνὶ καὶ ὁμοίωμα χειρῶν ἀνθρώπου ὑποκάτωθεν τῶν πτ. αὐ. (2, 2)
11. 22. ἐξῆραν τὰ χερ. τὰς πτ. αὐτῶν (2)
16. 8. διεπέτασα τὰς πτ. μου ἐπὶ σέ (2)
29. 4. προσκολλήσω τοὺς ἰχθύας τοῦ ποταμοῦ σου πρὸς τὰς πτ. σου †
Da. LXX. 4. 31. αἱ τρίχες μου ἐγένοντο ὡς πτέρυγες ἀετοῦ –

[**Aq.** III Ki. 6. 27: Ps. 17 (18). 11 (P.): 60 (61). 5: Je. 48 (31). 40: Ez. 1. 8, 9: 17. 3.]
[**Sm.** III Ki. 6. 27: Ps. 17 (18). 11 (P.): 35 (36). 8: 54 (55). 7: 60 (61). 5: 62 (63). 8.]
[**Th.** III Ki. 6. 27: Jb. 37. 3: Ps. 17 (18). 11 (P.): Ez. 1. 8, 9, 25.]

πτερύσσεσθαι. (1) נָשַׁק hi.

Ez. 1. 23. αἱ πτέρυγες . . . πτερυσσόμεναι –
3. 13. ἴδον φωνὴν πτερύγων τῶν ζῴων πτερυσσομένων (1)

πτερωτός. (1) *a.* כָּנָף *b.* בַּעַל כָּנָף

Ge. 1. 21. καὶ πᾶν πετεινὸν πτερωτόν (1 *a*)
De. 4. 17. ὁμοίωμα παντὸς ὀρνέου πτ. (1 *a*)
Ps. 77 (78). 27. καὶ ὡσεὶ ἄμμον θαλασσῶν πετεινὰ πτερωτά (1 *a*)
148. 10. ἑρπετὰ καὶ πετεινὰ πτερωτά (1 *a*)
Pr. 1. 17. οὐ γὰρ ἀδίκως ἐκτείνεται δίκτυα πτερωτοῖς (1 *b*)
Ez. 1. 7. πτερωτοὶ οἱ πόδες αὐτῶν †

[**Sm.** Ps. 77 (78). 27: Is. 18. 1.]

πτηνός.

[**Aq.**, **Sext.** Jb. 5. 7.]

πτῆξις.

[**Aq.**, **Sm.**, **Th.** Pr. 18. 7: Ez. 32. 25.]

πτήσσειν. (1) חָתַת (2) עָרַץ

De. 1. 29. μὴ πτήξητε (2)
IV Ki. 19. 26. A R ἔπτηξαν [B ἔπταισαν] καὶ κατῃσχύνθησαν (1)
Jb. 38. 17. πυλωροὶ δὲ ᾅδου ἰδόντες σε ἔπτηξαν –
— 30. πρόσωπον δὲ ἀσεβοῦς τίς ἔπτηξε [A S ἔτηξεν] †
I Ma. 12. 28. S R ἔπτηξαν τῇ καρδίᾳ [A τὴν κ.] αὐ.
III Ma. 6. 13. πτηξάτω δὲ ἔθνη σὴν δύναμιν ἀνίκητον
IV Ma. 16. 20. οὐκ ἔπτηξε [S[1] ἔπηξεν]

[**Aq.** Ez. 2. 6.]
[**Sm.** I Ki. 28. 5: Jb. 37. 1: Ps. 26 (27). 1: Ez. 2. 6 (P.).]

πτίλλος (B[2]), **πτίλος** (AB[1]) (*adj.*). (1) תְּבַלֻּל

Le. 21. 20. ἢ πτίλος τοὺς ὀφθ. [A τοῖς ὀφθ.] (1)

πτίλος (*subst.*).

[**Sm.** Le. 1. 16: Jb. 39. 13: Ez. 17. 7.]
[**Th.** Le. 1. 16: Ez. 17. 7.]

πτισάνη.

[**Aq.**, **Sm.** II Ki. 17. 19.]

πτοεῖν. (1) חָרַד (2) חָתַת *a.* qal. *b.* ni. *c.* pi. *d.* hi. *e.* מְחִתָּה *f.* חַת (3) יָרֵא (4) מָסַס ni. (5) נָדַד (6) עָרַץ (7) פָּחַד (8) רָנַן

Ex. 19. 16. ἐπτοήθη πᾶς ὁ λαός (1)
De. 31. 6. μηδὲ πτοηθῇς ἀπὸ προσώπου αὐ. (6)
Jo. 7. 5. ἐπτοήθη ἡ καρδία τοῦ λαοῦ (4)
I Ch. 22. 13: 28. 20. μὴ φοβοῦ μηδὲ πτοηθῇς (2 *b*)
II Ch. 20. 15. μὴ φοβεῖσθε μηδὲ πτοηθῆτε (2 *b*)
— 17. A R μὴ φοβηθῆτε μηδὲ πτοηθῆτε [B πτ. μ. φ.] (2 *b* [3])
32. 7. μὴ πτοηθῆτε ἀπὸ προσώπου βασ. 'A. (3 + 2 *b*)
Ju. 16. 11. καὶ ἐπτοήθησαν [S[1] -όησαν]
Jb. 11. 16. καὶ οὐ πτοηθήσῃ –
23. 15. κατανοήσω καὶ πτοηθήσομαι ἐξ αὐτοῦ (7)
32. 15. ἐπτοήθησαν οὐκ ἀπεκρίθησαν ἔτι (2 *a*)
Pr. 13. 3. ὁ δὲ προπετὴς χείλεσι πτοήσει ἑαυτόν (2 *e*)
Am. 3. 6. καὶ λαὸς οὐ πτοηθήσεται (1)
Ob. 1. 9. πτοηθήσονται οἱ μαχηταί σου (2 *a*)
Hb. 2. 17. ταλαιπωρία θηρίων πτοήσει σε (2 *d*)
3. 7. πτοηθήσονται καὶ αἱ σκηναὶ γῆς M. (8)
— 16. ἐπτοήθη ἡ κοιλία [S[2] καρδία] μου (8)
Is. 31. 4. τὸ πλῆθος τοῦ θυμοῦ ἐπτοήθησαν †
Je. 1. 17. μηδὲ πτοηθῇς ἐναντίον αὐτῶν (2 *d*)
4. 25. πάντα τὰ πετεινὰ τοῦ οὐρανοῦ ἐπτοεῖτο [S[2] -ηντο] (5)
8. 9. ἐπτοήθησαν καὶ ἑάλωσαν (2 *a*)
17. 13. S[1] πτοηθείησαν οὗτοι καὶ μὴ πτοηθείην ἐγώ –, –
— 18. A μὴ πτοηθείην [B S καταισχυνθείην] ἐγώ †
— 18. πτοηθείησαν αὐτοὶ καὶ μὴ πτοηθείην [A *om.*] ἐγώ (2 *b*, 2 *b*)
21. 13. τίς πτοήσει ἡμᾶς (2 *b*)
23. 4. οὐ φοβηθήσονται ἔτι οὐδὲ πτοηθήσονται (2 *b*)
25. 16 (49. 37). πτοήσω αὐτούς (2 *d*)
26 (46). 5. B[2] R τί ὅτι αὐτοὶ πτοοῦνται [A B[1] S πτοῶνται] (2 *f*)
— 27. μηδὲ πτοηθῇς, Ἰσραήλ (2 *b*)
28 (51). 56. ἐπτόηται τὸ τόξον αὐτῶν (2 *c*)
Ez. 2. 5, 7. ἐὰν ἄρα ἀκούσωσιν ἢ πτοηθῶσι †
3. 9. μηδὲ πτοηθῇς ἀπὸ προσώπου αὐτῶν (2 *b*)
34. 28. A τὰ θηρία τῆς γῆς οὐκέτι μὴ πτοήσει [B φάγωσιν] αὐτούς †
I Ma. 7. 30. ἐπτοήθη ἀπ' αὐτοῦ

[**Aq.** Jb. 23. 15: Ps. 26 (27). 1: 52 (53). 6: 77 (78). 53: Pr. 3. 25: Is. 37. 27: Je. 1. 17: Ho. 3. 5.]
[**Sm.** Jb. 13. 11: Pr. 3. 25: Is. 64. 2 (1): Je. 1. 17.]
[**Th.** Jb. 23. 15: 32. 15: Pr. 3. 25: Is. 37. 27: Je. 1. 17: Ez. 2. 6: 3. 9 (P.).]
[**Al.** Ex. 19. 18: Jo. 1. 9.]

πτοή.

I Ma. 3. 25. A S ἡ πτ. ἔπιπτεν [R *al.*]
III Ma. 6. 17. A ἀκατάσχετον πτ. [R οἰμωγὴν] ποιῆσαι

πτόησις. (1) פַּחַד

Pr. 3. 25. οὐ φοβηθήσῃ πτόησιν ἐπελθοῦσαν (1)
Si. 50. 4. S[1] ὁ φροντίζων τὸ ἔλεον αὐ. ἀπὸ πτοήσεως [A B S[2] *al.*]
I Ma. 3. 25. R ἤρξατο . . . ἡ πτόησις ἐπιπίπτειν [A S *al.*]

[**Aq.** Ps. 30 (31). 12: 118 (119). 120: Ca. 3. 8: Je. 17. 17.]
[**Sm.** Ps. 30 (31). 12: Je. 17. 17: La. 3. 47.]

πτύειν. (1) יָרַק

Nu. 12. 14. εἰ ὁ πατὴρ αὐ. πτύων ἐνέπτυσεν (1)
Si. 28. 12. ἐὰν πτύσῃς ἐπ' [A εἰς] αὐτόν

[**Sm.** Jb. 30. 10.]
[**Sam.** Le. 15. 8.]

πτύελος. (1) רֹק

Jb. 7. 19. ἕως ἂν καταπίω τὸν πτ. μου (1)
30. 10. B S[2] οὐκ ἐφείσαντο πτύελον [A -ου] (1)

πτύξ.

[**Sm.** Is. 30. 8.]

πτύξις. (1) כֶּפֶל

Jb. 41. 4 (5). εἰς δὲ πτύξιν θώρακος αὐτοῦ (1)

πτύον.

[Sm. Is. 30. 24.]

πτυχή. (1) צֵלָע (2) קֶלַע

III Ki. 6. 34. δύο πτυχαὶ ἡ θύρα ἡ μία (1)
— 34. δύο πτυχαὶ ἡ θύρα ἡ δευτ. (2)
[Sm. Is. 30. 8.]

πτῶμα. (1) אֵיד (2) גְּוִיָּה (3) *a.* כִּשָּׁלוֹן *b.* מִכְשׁוֹל (4) מַפֶּלֶת (5) פֶּגֶר (6) פִּיד (7) פֶּרֶץ (8) שֶׁבֶר (9) שֹׁד

Jd. 14. 8. ἰδεῖν τὸ πτ. τοῦ λέοντος (4)
Ju. 8. 19. ἔπεσον πτῶμα μέγα
13. 20. A S ἐπεξῆλθες τῷ [B *om.*] πτ. ἡμῶν
Jb. 15. 23. μένει εἰς πτῶμα [S πτῶσιν] †
16. 15 (14). κατέβαλόν με πτῶμα [S[1] *om.*] ἐπὶ πτώματι (7, 7)
18. 12. πτῶμα δὲ αὐτῷ ἡτοίμασται ἐξαίσιον (1)
20. 5. εὐφροσύνη δὲ ἀσεβῶν πτῶμα ἐξαίσιον –
31. 29. εἰ δὲ καὶ ἐπιχαρὴς ἐγενόμην πτώματι [A S ἐπὶ πτ.] ἐχθρῶν μου (6)
33. 17. τὸ δὲ σῶμα αὐτοῦ ἀπὸ πτώματος [A ἀδικίας πτ.] ἐρρύσατο †
37. 16. ἐξαίσια δὲ πτώματα πονηρῶν †
Ps. 109 (110). 6. A R πληρώσει πτώματα [S -μα] (2)
Pr. 16. 18. πρὸ δὲ πτώματος κακοφροσύνη (3 *a*)
Wi. 4. 18. ἔσονται μετὰ τοῦτο εἰς πτῶμα ἄτιμον
Si. 31 (34). 16. καὶ βοήθεια ἀπὸ πτώματος [A πτώσεως]
34 (31). 6. πολλοὶ ἐδόθησαν εἰς πτῶμα
Is. 8. 14. οὐχ ὡς λίθου προσκόμματι συναντήσεσθε οὐδ' ὡς πέτρας πτώματι (3 *b*)
30. 13. παραχρῆμα πάρεστι τὸ πτ. (8)
— 14. τὸ πτ. αὐτῆς ἔσται ὡς σύντριμμα ἀγγείου (8)
51. 19. πτ. καὶ σύντριμμα (9)
Ba. 4. 33. εὐφράνθη ἐπὶ τῷ [A *om.*] πτ. σου
Ez. 6. 5. A δώσω τὰ πτ. τῶν υἱῶν Ἰσραὴλ κατὰ πρόσωπον τῶν εἰδώλων αὐτῶν (5)
II Ma. 9. 7. δυσχερεῖ πτώματι περιπεσόντα
[Aq. Nu. 14. 33.]
[Sm. Is. 8. 14: Je. 31 (38). 40: 36 (43). 30.]
[Th. Nu. 14. 33: Is. 8. 14: Ez. 6. 5.]

πτωματίζειν.

[Aq. Dt. 25. 1: I Ki. 30. 10, 21: Ps. 139 (140). 11.]

πτῶσις. (1) *a.* נָגַף *b.* נָגַף ni. *c.* מַגֵּפָה (2) *a.* מַפָּלָה *b.* נָפַל *c.* נֵפֶל *d.* מַפֶּלֶת (3) פֶּגֶר (4) תַּרְעֵלָה

Ex. 30. 12. οὐκ ἔσται ἐν αὐτοῖς πτ. (1 *a*)
Jd. 20. 39. πτώσει πίπτουσιν ἐνώπιον ἡ. [A *al.*] (1 *b*)
Ju. 10. 2. ἀνέστη ἀπὸ τῆς πτ.
Es. 4. 17. μὴ καταγελασάτωσαν [A γελ.] ἐν τῇ πτ. ἡμῶν
Jb. 15. 23. S μένει εἰς πτῶσιν [A B πτῶμα] †
Ps. 105 (106). 29. ἐπληθύνθη ἐν αὐτοῖς ἡ πτ. (1 *c*)
Si. 1. 21. ἡ γὰρ ῥοπὴ [S[1] ὀργὴ] τοῦ θυμοῦ αὐτοῦ πτῶσις αὐτῷ
3. 31. ἐν καιρῷ πτώσεως εὑρήσει στήριγμα
4. 19. παραδώσει αὐτὸν εἰς χεῖρας πτώσεως αὐτοῦ
— 22. μὴ ἐντραπῇς εἰς πτῶσίν σου
5. 13. γλῶσσα ἀνθρώπου πτῶσις αὐτῷ
11. 30. ὡς ὁ κατάσκοπος ἐπιβλέπει πτῶσιν
13. 13. μετὰ τῆς πτ. σου περιπατεῖς
20. 18. οὕτως πτῶσις κακῶν κατὰ σπουδὴν ἥξει
25. 7. καὶ βλέπων ἐπὶ πτώσει ἐχθρῶν
27. 29. οἱ εὐφραινόμενοι πτώσει εὐσεβῶν
31 (34). 16. A καὶ βοήθεια ἀπὸ πτώσεως [B S πτώματος]
50. 4. ὁ φροντίζων τοῦ λαοῦ αὐτοῦ ἀπὸ πτώσεως [S[1] *al.*]
Na. 3. 3. φωνὴ . . . βαρείας πτ. (3)
Za. 14. 12. A B S[3] αὕτη ἔσται ἡ πτ. (1 *c*)
— 15. αὕτη ἔσται ἡ πτ. τῶν ἵππων . . . κατὰ τὴν πτ. ταύτην (1 *c*, 1 *c*)
— 18. ἐπὶ τούτους ἔσται ἡ πτ. (1 *c*)
Is. 17. 1. ἔσται εἰς πτῶσιν καταλελειμμένη (2 *a*)
51. 17. τὸ ποτήριον γὰρ τῆς πτ. τὸ κόνδυ τοῦ θυμοῦ ἐξέπιες –
— 22. εἴληφα ἐκ τῆς χειρός σου τὸ ποτήριον τῆς πτ. (4)
Je. 6. 15. πεσοῦνται ἐν τῇ πτ. αὐτῶν (2 *b*)
29 (49). 21. ἀπὸ φωνῆς πτώσεως αὐτῶν (2 *c*)
Ba. 4. 31. δειλαῖοι οἱ . . . ἐπιχαρέντες τῇ σῇ πτ.
— 33. ἐχάρη ἐπὶ τῇ σῇ πτ.
Ez. 26. 15. ἀπὸ φωνῆς τῆς πτ. σου (2 *d*)
— 18. ἀπὸ ἡμέρας πτώσεώς σου (2 *d*)
27. 27. ἐν τῇ ἡμέρᾳ τῆς πτ. σου (2 *d*)
31. 13. ἐπὶ τὴν πτ. αὐτοῦ ἀνεπαύσαντο (2 *d*)
— 16. ἀπὸ τῆς φωνῆς τῆς πτ. αὐτοῦ (2 *d*)
32. 10. προσδεχόμενοι τὴν πτ. αὐτῶν ἀφ' ἡμέρας πτώσεως σου (†, 2 *d*)
III Ma. 6. 31. τον εἰς πτῶσιν αὐτοῖς . . . ἡτοιμασμένον τόπον
[Sm. Jb. 21. 20.]
[Al. Hb. 3. 5.]

πτωχεία, πτωχία. (1) מִסְכֵּנוּת (2) עֳנִי

De. 8. 9. οὐ μετὰ πτωχείας φάγῃ τὸν ἄρτον σου (1)
I Ch. 22. 14. κατὰ τὴν πτ. μου (2)
Jb. 26. 6. S[1] οὐκ ἔστι περιβόλαιον τῆς πτ. [S[2] τῇ πτ., A B τῇ ἀπωλείᾳ] †
30. 27. προέφθασάν με ἡμέραι πτωχείας (2)
36. 21. ἐξείλω ἀπὸ πτωχείας (2)
Ps. 30 (31). 10. ἠσθένησεν ἐν πτωχείᾳ ἡ ἰσχύς μου †
43 (44). 24. ἐπιλανθάνῃ τῆς πτωχείας ἡμῶν (2)
87 (88). 9. οἱ ὀφθαλμοί μου ἠσθένησαν ἀπὸ πτωχείας (2)
106 (107). 10. πεπεδημένους ἐν πτωχείᾳ (2)
— 41. ἐβοήθησε πένητι ἐκ πτωχείας (2)
Si. 10. 31. ὁ δὲ δοξαζόμ. ἐν πτωχείᾳ [S *al.*]
— 31. καὶ ἐν πτωχείᾳ ποσαχῶς [S[2] -απλῶς]
11. 12. καὶ πτωχείᾳ περισσεύει [S -εύων]
— 14. πτωχεία καὶ πλοῦτος παρὰ κυρίου ἐστί
13. 24. A S R πονηρὰ ἡ πτ. ἐν στόματι ἀσεβοῦς [B εὐσ.]
18. 25. μνήσθητι . . . πτωχείαν καὶ ἔνδειαν
22. 23. πίστιν κτῆσαι ἐν πτωχείᾳ μετὰ τοῦ πλησίον
Is. 48. 10. ἐξειλάμην δέ σε ἐκ καμίνου πτωχείας (2)
La. 3. 1. ἐγὼ ἀνὴρ ὁ βλέπων πτωχείαν (2)
— 19. ἐμνήσθην ἀπὸ πτωχείας μου (2)
[Sm. Jb. 36. 21.]
[Th. Jb. 30. 27: 36. 21.]
[Quint. Ps. 30 (31). 8.]

πτωχεύειν. (1) דָּלַל *a.* qal. *b.* ni. (2) יָרַשׁ *a.* qal. *b.* ni. (3) רוּשׁ

Jd. 6. 6. ἐπτώχευσεν Ἰσρ. σφόδρα (1 *b*)
14. 15. A ἡ πτωχεῦσαι ἐκαλέσατε ἡμᾶς [B *al.*] (2 *a*)
To. 4. 21. μὴ φοβοῦ . . . ὅτι ἐπτωχεύσαμεν
Ps. 33 (34). 10. πλούσιοι ἐπτώχευσαν (3)
78 (79). 8. ἐπτωχεύσαμεν σφόδρα (1 *a*)
Pr. 23. 21. πᾶς γὰρ μέθυσος καὶ πορνοκόπος πτωχεύσει (2 *b*)
[Sm. Pr. 13. 7.]

πτωχίζειν. (1) יָרַשׁ hi.

I Ki. 2. 7. κύριος πτωχίζει καὶ πλουτίζει (1)

πτωχός. (1) אֶבְיוֹן (2) *a.* דַּל *b.* דַּלָּה (3) חֵלְכָה (4) *a.* עָנִי *b.* עָנָו (5) עַרְעָר (6) קָטָן (7) רוּשׁ

Ex. 23. 11. ἔδονται οἱ πτ. τοῦ ἔθνους σου (1)
Le. 19. 10. τῷ πτ. . . . καταλείψεις αὐτά (4 *a*)
— 15. οὐ λήψῃ πρόσωπον πτωχοῦ (2 *a*)
23. 22. τῷ πτ. . . . ὑπολείψῃ αὐτά (4 *a*)
De. 24. 19. A τῷ πτ. καὶ [B *om.* τ. πτ. κ.] τῷ προσηλύτῳ –
Ru. 3. 10. εἴτοι πτωχὸς εἴτοι πλούσιος (2 *a*)
I Ki. 2. 8. ἀπὸ κοπρίας ἐγείρει πτωχόν (1)
II Ki. 22. 28. τὸν λαὸν τὸν πτ. σώσεις (4 *a*)
IV Ki. 24. 14. οὐχ ὑπελείφθη πλὴν οἱ πτ. (2 *b*)
25. 12. ἀπὸ τῶν πτ. τῆς γῆς (2 *b*)
To. 2. 2. S ὃν ἂν εὕρῃς πτωχόν [A B *al.*]
— 3. S ζητῆσαί τινα πτωχόν
4. 7. A B μὴ ἀποστρέψῃς . . . ἀπὸ παντὸς πτ.
Es. 1. 20. ἀπὸ πτωχοῦ ἕως πλουσίου (6)
9. 22. ἐξαποστέλλοντας μερίδας . . . τοῖς πτ. (1)
Jb. 22. 8. A S[2] ᾤκισας [A ἐκόμισας] δὲ πτωχοὺς [B S[1] τοὺς] ἐπὶ τῆς γῆς [S[4] τοὺς ἐ. τ. γ. πτ.] –
29. 12. διέσωσα γὰρ πτωχόν (4 *a*)
34. 28. κραυγὴν πτωχῶν εἰσακούσεται (4 *a*)
36. 6. κρίμα πτωχῶν δώσει (4 *a*)
Ps. 9. 18. οὐκ εἰς τέλος ἐπιλησθήσεται ὁ πτ. (1)
— 23 (10. 2). ἐμπυρίζεται ὁ πτ. (4 *a*)
Ps. 9. 30 (10. 9). ἐνεδρεύει τοῦ ἁρπάσαι πτωχὸν ἁρπάσαι πτωχόν (4 *a*, 4 *a*)
— 35 (10. 14). σοὶ ἐγκαταλέλειπται ὁ πτ. (3)
11 (12). 5. ἀπὸ τῆς ταλαιπωρίας τῶν πτ. (4 *a*)
13 (14). 6. βουλὴν πτωχοῦ κατῃσχύνατε (4 *a*)
21 (22). 24. οὐδὲ προσώχθισε τῇ δεήσει τοῦ πτ. (4 *a*)
24 (25). 16. μονογενὴς καὶ πτωχός εἰμι ἐγώ (4 *a*)
33 (34). 6. οὗτος ὁ πτ. ἐκέκραξε (4 *a*)
34 (35). 10. ῥυόμενος πτωχὸν ἐκ χειρὸς στερεωτέρων αὐ. καὶ πτωχὸν καὶ πένητα ἀπὸ τῶν διαρπαζόντων αὐτόν (4 *a*, 4 *a*)
36 (37). 14. τοῦ καταβαλεῖν πτωχὸν καὶ πένητα (4 *a*)
39 (40). 17. ἐγὼ δὲ πτωχὸς καὶ πένης εἰμί (4 *a*)
40 (41). 1. μακάριος ὁ συνίων ἐπὶ πτωχόν (2 *a*)
67 (68). 10. ἡτοίμασας ἐν τῇ χρηστότητί σου τῷ πτ. (4 *a*)
68 (69). 29. πτωχὸς καὶ ἀλγῶν εἰμι ἐγώ (4 *a*)
— 32. ἰδέτωσαν πτωχοί (4 *b*)
69 (70). 5. ἐγὼ δὲ πτωχὸς καὶ πένης (4 *a*)
71 (72). 2. καὶ τοὺς πτ. σου ἐν κρίσει (4 *a*)
— 4. ἐν δικαιοσύνῃ κρινεῖ τοὺς πτ. τοῦ λαοῦ (4 *a*)
— 12. ἐρρύσατο πτωχόν (1)
— 13. φείσεται πτωχοῦ καὶ πένητος (2 *a*)
73 (74). 21. πτωχὸς καὶ πένης αἰνέσουσι τὸ ὄνομά σου (4 *a*)
81 (82). 3. κρίνατε ὀρφανὸν καὶ πτωχόν [A S[2] *al.*] (2 *a*)
— 4. καὶ πτωχὸν ἐκ χειρὸς ἁμαρτωλοῦ ῥύσασθε (1)
85 (86). 1. πτωχὸς καὶ πένης εἰμὶ ἐγώ (4 *a*)
87 (88). 15. πτωχός εἰμι ἐγώ (4 *a*)
101 (102). *tit.* προσευχὴ τῷ πτ. (4 *a*)
— 17. S[1] ἐπέβλεψεν ἐπὶ τὴν προσευχὴν τῶν πτ. [A B S[2] ταπεινῶν] (5)
108 (109). 16. κατεδίωξεν ἄνθρωπον πένητα καὶ πτωχόν (1)
— 22. πτωχὸς καὶ πένης εἰμὶ ἐγώ (4 *a*)
112 (113). 7. ὁ ἐγείρων ἀπὸ γῆς πτωχόν (2 *a*)
131 (132). 15. τοὺς πτ. αὐτῆς χορτάσω ἄρτων (1)
139 (140). 12. ποιήσει κύριος τὴν κρίσιν τοῦ πτ. [S[2] τῶν πτ.] (4 *a*)
Pr. 13. 8. πτωχὸς δὲ οὐχ ὑφίσταται ἀπειλήν (7)
14. 20. φίλοι μισήσουσι φίλους πτωχούς (7)
— 21. ἐλεῶν δὲ πτωχοὺς μακαριστός (4 *a**, 4 *b*)
— 31. ὁ δὲ τιμῶν αὐτὸν ἐλεᾷ πτωχόν (1)
17. 5. ὁ καταγελῶν [A καταγγέλλων] πτωχοῦ (7)
19. 1 (4). ὁ δὲ πτ. καὶ ἀπὸ τοῦ ὑπάρχοντος φίλου λείπεται (2 *a*)
— 7. πᾶς ὃς ἀδελφὸν πτωχὸν μισεῖ [S[1] ποιεῖ] (7)
— 17. δανείζει θεῷ ὁ ἐλεῶν πτωχόν (2 *a*)
— 22. κρείσσων δὲ πτωχὸς δίκαιος (7)
22. 2. πλούσιος καὶ πτωχὸς συνήντησαν ἀλλήλοις (7)
— 7. πλούσιοι πτωχῶν ἄρξουσι (7)
— 9. ὁ ἐλεῶν πτωχὸν αὐτὸς διατραφήσεται τῶν γὰρ ἑαυτοῦ ἄρτων ἔδωκε τῷ πτ. (†, 2 *a*)
— 22. μὴ ἀποβιάζου πένητα πτωχὸς γάρ ἐστι (2 *a*)
28. 3. ἀνδρεῖος ἐν ἀσεβείαις συκοφαντεῖ πτωχούς (2 *a*)
— 6. κρείσσων πτωχὸς πορευόμενος ἐν ἀληθείᾳ (7)
— 8. τῷ ἐλεοῦντι πτωχοὺς συνάγει αὐτόν (2 *a*)
— 15. ὃς τυραννεῖ πτωχὸς ὢν ἔθνους πενιχροῦ (2 *a*)
— 27. ὃς δίδωσι πτωχοῖς οὐκ ἐνδεηθήσεται (7)
29. 7. πτωχῷ οὐχ ὑπάρχει νοῦς ἐπιγνώμων –
— 14. βασιλέως ἐν ἀληθείᾳ κρίνοντος πτωχούς (2 *a*)
31. 20. καρπὸν δὲ ἐξέτεινε πτωχῷ (1)
Si. 4. 1. τὴν ζωὴν τοῦ πτ. μὴ ἀποστερήσῃς
— 4. μὴ ἀποστρέψῃς τὸ πρόσωπόν σου ἀπὸ πτωχοῦ
— 8. κλῖνον πτωχῷ τὸ οὖς σου
7. 32. πτωχῷ ἔκτεινον τὴν χεῖρά σου
10. 22. ἔνδοξος καὶ πτωχὸς τὸ καύχημα αὐτῶν φόβος κυρίου
— 23. οὐ δίκαιον ἀτιμάσαι πτωχὸν συνετόν
— 30. πτωχὸς δοξάζεται δι' ἐπιστήμην [S[2] -ης] αὐτοῦ
13. 3. πτωχὸς ἠδίκηται
— 19. οὕτως νομαὶ πλουσίων πτωχοί
— 20. οὕτως βδέλυγμα πλουσίῳ πτωχός
— 21. S[1] πτωχὸς [A B S[2] ταπεινὸς] δὲ πεσὼν προσαπωθεῖται ὑπὸ φίλων
— 23. πτωχὸς ἐλάλησε
18. 33. μὴ γίνου πτωχὸς συμβολοκοπῶν ἐκ δανεισμοῦ
21. 5. δέησις πτωχοῦ ἐκ στόματος ἕως ὠτίων αὐτοῦ
25. 2. πτωχὸν ὑπερήφανον καὶ πλούσιον ψεύστην
26. 4. πλουσίου δὲ καὶ πτωχοῦ καρδία ἀγαθή
29. 9. A[1] χάριν ἐντολῆς ἀντιλαβοῦ πτωχοῦ [A[2] B S πένητος]

Si. 29. 22. κρείσσων βίος πτωχοῦ ὑπὸ σκέπην δοκῶν
30. 14. κρείσσων πτωχὸς ὑγιὴς καὶ ἰσχύων τῇ ἕξει
31 (34). 21. ἄρτος ἐπιδεομένων ζωὴ πτωχῶν
32 (35). 13. οὐ λήψεται πρόσωπον ἐπὶ πτωχοῦ
34 (31). 4. ἐκοπίασε πτωχὸς ἐν ἐλαττώσει βίου
38. 19. βίος πτωχοῦ κατὰ καρδίας
Am. 2. 7. ἐκονδύλιζον εἰς κεφαλὰς πτωχῶν (2 *a*)
4. 1. αἱ καταδυναστεύουσαι πτωχοὺς καὶ καταπατοῦσαι πένητας [A πέν. κ. κ. πτωχούς] (2 *a* [1])
5. 11. κατεκονδύλιζον πτωχοὺς [A εἰς κεφαλὰς πτωχῶν] (2 *a*)
8. 4. καταδυναστεύοντες πτωχοὺς ἀπὸ τῆς γῆς (4 *b**, 4 *a*)
— 6. τοῦ κτᾶσθαι ἐν ἀργυρίῳ καὶ πτωχοὺς (2 *a*)
Hb. 3. 14. ὡς ἔσθων πτωχὸς λάθρα (4 *a*)
Is. 3. 14. ἡ ἁρπαγὴ τοῦ πτ. ἐν τοῖς οἴκοις ὑμῶν (4 *a*)
— 15. τὸ πρόσωπον τῶν πτ. [S[1] τῷ πτ.] καταισχύνετε (4 *a*)
10. 2. ἐκκλίνοντες κρίσιν πτωχῶν (2 *a*)
14. 30. βοσκηθήσονται πτωχοὶ δι' αὐτοῦ (2 *a*)
— 30. πτωχοὶ δὲ ἄνθρωποι [A S ἄνδρες] ἐπ' εἰρήνης ἀναπαύσονται (1)
24. 6. πτωχοὶ ἔσονται οἱ ἐνοικοῦντες ἐν τῇ γῇ †
25. 3. εὐλογήσει σε ὁ λαὸς ὁ πτ. †
29. 19. ἀγαλλιάσονται πτωχοὶ [S οἱ πτ.] διὰ κύριον (4 *b*)
41. 17. ἀγαλλιάσονται οἱ πτ. καὶ οἱ ἐνδεεῖς (4 *a*)
58. 7. πτωχοὺς ἀστέγους εἴσαγε (4 *a*)
61. 1. εὐαγγελίσασθαι πτωχοῖς [S[1] ταπεινοῖς] ἀπέσταλκέ με (4 *b*)
Je. 5. 4. ἴσως πτωχοί εἰσι (2 *a*)
Ep. Je. 28. οὔτε πτωχῷ . . . μὴ μεταδῶσι
Ez. 16. 49. χεῖρα πτωχοῦ καὶ πένητος (4 *a*)
18. 12. πτωχὸν καὶ πένητα κατεδυνάστευσε (4 *a*)
22. 29. πτωχὸν καὶ πένητα καταδυναστεύοντες (4 *a*)
[**Aq.** Ps. 11 (12). 6 : 106 (107). 41 : Pr. 28. 3 : Is. 29. 19 : 41. 17 : Za. 11. 11.]
[**Sm.** Jb. 5. 16 : 24. 9 : Ps. 11 (12). 6 : 87 (88). 16 : Pr. 15. 15 : 22. 22 : Is. 11. 4 : 41. 17 : 66. 2 : Ez. 16. 49 : Hb. 3. 14 : Za. 9. 9.]
[**Th.** Jb. 5. 16 : Ps. 81 (82). 3 : Pr. 28. 3 : Is. 41. 17 : Je. 40 (47). 7.]
[**Al.** Pr. 31. 9 : Hb. 3. 14.]
[**Quint.** Za. 9. 9.]

πτωχοφανής.
[**Th.** Pr. 13. 7.]

πύγαργος. (1) דִּישֹׁן
De. 14. 5. καὶ δορκάδα καὶ πύγαργον [A *al.*]

πυγμή. (1) אֶגְרוֹף
Ex. 21. 18. λίθῳ ἢ πυγμῇ (1)
Is. 58. 4. τύπτετε πυγμαῖς ταπεινόν (1)

πύδαργος. (1) דִּישֹׁן
De. 14. 5. A τραγέλαφον καὶ πύδαργον [B *al.*] (1)

πυθμήν. (1) דֶּרֶךְ (2) קָנֶה (3) שָׂרִיג
Ge. 40. 10. ἐν δὲ τῇ ἀμπέλῳ τρεῖς π. (3)
— 12. οἱ τρεῖς π. τρεῖς ἡμέραι εἰσίν (3)
41. 5, 22. ἀνέβαινον ἐν π. ἑνί (2)
Pr. 14. 12. ἔρχεται εἰς πυθμένα ᾅδου (1)
16. 25. βλέπει εἰς πυθμένα ᾅδου (1)

πυκάζειν. (1) עָבֹת (2) *a.* רַעֲנָן pil. *b.* רַעֲנָן
Jb. 15. 32. ὁ ῥάδαμνος αὐτοῦ οὐ μὴ πυκάσῃ [A S -σει] (2 *a*)
Ps. 117 (118). 27. συστήσασθε ἑορτὴν ἐν τοῖς πυκάζουσιν (1)
Ho. 14. 9. ἐγὼ ὡς ἄρκευθος πυκάζουσα (2 *b*)
III Ma. 4. 5. R ἤγετο γὰρ γεραιῶν πλῆθος πολιᾷ πεπυκασμένων [A *al.*]
[**Sm.** Ez. 31. 3, 10.]

πύκασμα.
[**Sm.** Ps. 117 (118). 27 : Ez. 31. 14.]

πυκνός. (1) חֹרֶשׁ
Ez. 31. 3. A καὶ π. ἐν τῇ σκέπῃ (1)
III Ma. 1. 28. ἐκ δὲ τῆς πυκνοτάτης τε καὶ ἐμπόνου . . . κραυγῆς
4. 10. τῷ καθύπερθε π. σανιδώματι διακειμένῳ
IV Ma. 12. 12. πυκνοτέρῳ καὶ αἰωνίῳ πυρί
[**Th.** Ez. 31. 3 (Sw.).]

πυκνότερον (*adv.*).
Es. 8. 13. πολλοὶ . . . πυκνότερον τιμώμενοι
II Ma. 8. 8. πυκνότερον δὲ ἐν ταῖς εὐημερίαις προβαίνοντα
III Ma. 4. 12. πυκνότερον ἀποδύρεσθαι τὴν ἀκλεᾶ . . . ταλαιπωρίαν
7. 3. πυκνότερον ἡμῖν παρακείμενοι

πυκνοῦσθαι.
[**Al.** Ca. 1. 16.]

πύλη. (1) דֶּלֶת (2) סַף (3) פֶּתַח (4) שַׁעַר
Ge. 19. 1. ἐκάθητο παρὰ τὴν π. Σοδόμων (4)
28. 17. αὕτη ἡ π. τοῦ οὐρανοῦ (4)
34. 20. πρὸς τὴν π. τῆς πόλεως αὐ. (4)
— 24. πάντες οἱ ἐκπορευόμ. τὴν π. (4)
38. 14. ἐκάθισε πρὸς ταῖς π. Αἰνάν (3)
Ex. 27. 16. καὶ τῇ π. τῆς αὐλῆς (4)
32. 26. ἔστη δὲ Μ. ἐπὶ τῆς π. τῆς παρεμβ. (4)
— 27. ἀπὸ πύλης ἐπὶ πύλην [A -ης] (4, 4)
37. 13 (38. 15). κατὰ τὴν π. τῆς αὐλῆς (4)
— 14 (38. 16). A πᾶσαι αἱ π. αἱ τῆς αὐλῆς [B *al.*] †
— 16 (38. 18). τὸ καταπέτασμα [A -κάλυμμα] τῆς π. (4)
38. 20 (36. 36). καὶ τὴν π. [A τῇ π.] τῆς αὐλῆς –
39. 9 (38. 30). B τὰς βάσεις τῆς π. [A σκηνῆς, R αὐλῆς] –
— 9 (38. 30). τὰς βάσεις τῆς π. τῆς αὐλῆς (3 ?)
— 20 (40). τὸ καταπέτασμα . . . τῆς π. τῆς αὐλῆς (4)
Nu. 3. 26. τὸ καταπέτασμα τῆς π. τῆς αὐλῆς (3)
4. 32. τοὺς στύλους τοῦ καταπετάσμ. τῆς π. τῆς αὐλῆς –
De. 3. 5. πύλαι καὶ μοχλοί (1)
6. 9 : 11. 20. ἐπὶ τὰς φλιὰς . . . τῶν π. ὑμῶν (4)
12. 12. ὁ Λ. ὁ ἐπὶ τῶν π. ὑμῶν (4)
17. 5. A ἐπὶ τὴν π. ἐξάξεις [B *al.*] (4)
21. 19. καὶ ἐπὶ τὴν π. τοῦ τόπου [A τῆς πόλ.] (4)
22. 15. ἐξοίσουσι τὰ παρθένια . . . ἐπὶ τὴν π. (4)
— 24. ἐπὶ τὴν π. τῆς πόλεως αὐτῶν (4)
25. 7. ἀναβήσεται ἡ γυνὴ ἐπὶ τὴν π. (4)
Jo. 2. 5. ὡς δὲ ἡ π. ἐκλείετο ἐν τῷ σκότει (4)
— 7. ἡ π. ἐκλείσθη (4)
6. 25 (26). ἐπιστήσει τὰς π. αὐτῆς (1)
— 25 (26). ἐπέστησε τὰς [A *om.*] π. αὐτῆς –
7. 5. κατεδίωξαν αὐτοὺς ἀπὸ τῆς π. (4)
Jd. 9. 35. πρὸς τῇ θύρᾳ τῆς π. [A τῇ π.] τῆς πόλεως (4)
— 40. ἕως τῆς θύρας τῆς π. [A *al.*] (4)
— 44. παρὰ τὴν θύραν τῆς π. [A π. τὴν π.] τῆς πόλεως (4 [3 + 4])
16. 2. ἐν τῇ π. [A ἐπὶ τῆς π.] τῆς πόλεως (4)
— 3. τῶν θυρῶν τῆς π. τῆς πόλεως (4)
18. 16. παρὰ θύρας τῆς π. [A *al.*] (4)
Ru. 4. 1. ἀνέβη ἐπὶ τὴν π. (4)
— 11. πᾶς ὁ λαὸς οἱ ἐν τῇ π. (4)
I Ki. 4. 13. ἐπὶ τοῦ δίφρου παρὰ τὴν π. †
— 18. ἔπεσεν . . . ἐχόμενος τῆς π. (4)
17. 52. καὶ ἕως τῆς π. Ἀσκάλωνος (4)
— 52. ἔπεσον . . . ἐν τῇ ὁδῷ τῶν π. (4 ?)
21. 13 (14). ἐπίπτεν ἐπὶ τὰς θύρας τῆς π. (4)
II Ki. 3. 27. ἐκ πλαγίων τῆς π. (4)
10. 8. παρὰ τῇ θύρᾳ τῆς π. [B[2] πόλεως] (4)
11. 23. ἕως τῆς θύρας τῆς π. (4)
15. 2. ἀνὰ χεῖρα τῆς ὁδοῦ τῆς π. (4)
18. 4. ἀνὰ χεῖρα τῆς π. (4)
— 24. ἐκάθητο ἀνὰ μέσον τῶν δύο π. (4)
— 24. εἰς τὸ δῶμα τῆς π. (4)
— 26. ἐβόησεν ὁ σκοπὸς πρὸς τῇ π. †
— 33 (19. 1). εἰς τὸ ὑπερῷον τῆς π. (4)
19. 8 (9). ἐκάθισεν ἐν τῇ π. (4)
— 8 (9). κάθηται ἐν τῇ π. (4)
— 8 (9). R εἰσῆλθε . . . ἐπὶ τὴν π. [A B *om.* ἐ. τ. π.] –
23. 15, 16. ἐκ τοῦ λάκκου τοῦ ἐν Β. τοῦ ἐν τῇ π. (4)
III Ki. 12. 24. B εἰσελθούσης σου τὴν π. [R πόλιν] –
22. 10. ἐκάθηντο . . . ἐν ταῖς π. [A πύλεσιν] Σαμ. (3 + 4)
IV Ki. 7. 1. ἐν ταῖς π. Σαμαρείας (4)
— 10. ἐβόησαν πρὸς τὴν π. τῆς πόλεως †
— 17. κατέστησε . . . ἐπὶ τῆς π. (4)
— 17. συνεπάτησεν αὐτὸν . . . ἐν τῇ π. [A ἐπὶ τῆς π.] (4)
— 18. ἐν τῇ π. Σαμαρείας (4)
— 20. συνεπάτησεν αὐτὸν . . . ἐν τῇ π. (4)
10. 8. παρὰ τὴν θύραν τῆς π. [A πόλεως, B[2] π. πόλεως] (4)
11. 6. τὸ τρίτον ἐν τῇ [A *om.*] π. τῶν ὁδῶν (4)
— 6. τὸ τρίτον τῆς π. ὀπίσω τῶν παρατρεχόντων (4)
IV Ki. 11. 19. ὁδὸν πύλης τῶν παρατρεχόντων (4)
14. 13. ἐν τῇ π. Ἐφρ. ἕως πύλης [A τῆς π.] τῆς γωνίας (4, 4)
15. 35. ᾠκοδόμησε τὴν π. οἴκου κ. τὴν ἐπάνω (4)
23. 8. A B καθεῖλε τὸν οἶκον τῶν π. τὸν παρὰ τὴν θύραν τῆς π. Ἰησοῦ ἄρχοντος τῆς π. [R πόλεως] (4, 4, †)
— 8. ἐν τῇ π. τῆς πόλεως (4)
25. 4. ἐξῆλθον νυκτὸς ὁδὸν πύλης (4)
I Ch. 9. 18. ἐν τῇ π. τοῦ βασ. κατ' ἀνατολάς (4)
— 18. αὗται αἱ [A *om.*] π. τῶν παρεμβολῶν †
— 22. A B πάντες οἱ ἐκλεκτοὶ ταῖς π. [R ἐπὶ τῆς π.] ἐν ταῖς π. (†, 2)
— 23. οἱ υἱοὶ αὐ. ἐπὶ τῶν π. (4)
— 24. κατὰ τοὺς τέσσ. ἀνέμους ἦσαν αἱ π. †
— 26. ἐν πίστει εἰσὶ τέσσ. δυνατοὶ τῶν π. †
11. 17. ἐκ τοῦ λάκκου Βηθ. τοῦ ἐν τῇ π. (4)
— 18. A B S[2] ὃς ἦν ἐν τῇ π. (4)
16. 42. οἱ υἱοὶ Ἰδ. εἰς τὴν π. [S[1] πόλιν] (4)
22. 3. εἰς τοὺς ἥλους . . . τῶν π. (4)
26. 1. A R εἰς διαιρέσεις τῶν π. [B φυλῶν] †
— 12. τούτοις αἱ διαιρέσεις τῶν π. †
— 16. μετὰ τὴν π. παστοφορίου (4)
— 18. μετὰ τὴν π. τοῦ παστοφορίου –
II Ch. 8. 5. τείχη πύλαι καὶ μοχλοί (1)
— 14. κατὰ τὰς διαιρέσεις αὐ. εἰς πύλην καὶ πύλην (4, 4)
14. 7 (6). ποιήσωμεν . . . πύλας (1)
18. 9. ἐν τῷ εὐρυχώρῳ θύρας πύλης Σαμ. (4)
23. 4. καὶ εἰς τὰς π. τῶν εἰσόδων †
— 5. καὶ τὸ τρίτον ἐν τῇ π. τῇ μέσῃ (4)
— 15. διῆλθε διὰ τῆς π. τῶν ἱππέων (4)
— 19. ἔστησαν οἱ πυλωροὶ ἐπὶ τὰς π. (4)
— 20. εἰσῆλθε διὰ τῆς π. τῆς ἐσωτέρας (4)
24. 8. τεθήτω ἐν πύλῃ οἴκου κυρίου (4)
25. 23. ἀπὸ πύλης Ἐφρ. ἕως πύλης γωνίας (4, 4)
26. 9. R καὶ ἐπὶ τὴν π. τῆς γωνίας καὶ ἐπὶ τὴν π. τῆς φάραγγος [A B *al.*] (4, 4)
27. 3. ᾠκοδόμησε τὴν π. οἴκου κυρίου (4)
31. 2. λειτουργεῖν ἐν ταῖς π. [A *om.* ἐν τ. π.] (4)
32. 6. ἐπὶ [A εἰς] τὴν πλατεῖαν τῆς π. (4)
33. 14. A B[2] R τὴν εἴσοδον τὴν διὰ τῆς π. τῆς ἰχθυϊκῆς (4)
— 14. ἐκπορευομένων [A πορ.] τὴν π. τὴν κυκλόθεν –
34. 9. οἱ Λ. φυλάσσοντες τὴν π. (2)
35. 15. καὶ οἱ πυλωροὶ πύλης [A τῆς π.] καὶ πύλης (4, 4)
II Es. 2. 42. B υἱοὶ τῶν π. [A R -ρῶν] †
Ne. 1. 3. αἱ [A S[1] *om.*] πύλαι αὐτῆς ἐνεπρήσθησαν (4)
2. 3. αἱ π. αὐτῆς κατεβρώθησαν ἐν πυρί (4)
— 8. στεγάσαι τὰς π. (4)
— 13. ἐξῆλθον ἐν πύλῃ τοῦ γ. (4)
— 13. καὶ εἰς πύλην τῆς κοπρίας (4)
— 13. πύλαι αὐτῆς κατεβρώθησαν πυρί (4)
— 14. παρῆλθον ἐπὶ πύλην τοῦ αἰνά (4)
— 15. ἤμην ἐν πύλῃ [S τῇ π.] τῆς φάραγγος (4)
— 17. αἱ π. αὐ. ἐδόθησαν πυρί (4)
3. 1. ᾠκοδόμησαν τὴν π. τὴν προβατικήν (4)
— 3. τὴν π. τὴν ἰχθυηρὰν ᾠκοδόμησαν (4)
— 6. τὴν π. ἰασαναὶ ἐκράτησαν (4)
— 13. τὴν π. τῆς φάραγγος ἐκράτησαν (4)
— 13. A S[1] R ἕως τῆς [B S[2] *om.*] π. τῆς κοπρίας (4)
— 14. τὴν π. τῆς κοπρίας ἐκράτησε Μ. (4)
— 15. R τὴν δὲ π. τῆς πηγῆς ἠσφαλίσατο Σ. (4)
— 26. ἕως κήπου πύλης τοῦ ὕδατος (4)
— 28. ἀνώτερον πύλης τῶν ἵππων (4)
— 29. A S R φύλαξ τῆς π. [B φ. οἴκου] τῆς ἀνατολῆς (4)
— 31. ἀπέναντι πύλης τοῦ Μαφ. (4)
— 32. B S ἀνὰ μέσον ἀναβάσεως [A R *om.*] τῆς πύλης τῆς προβ. (4)
6. 1. οὐκ ἐπέστησα ἐν [S[1] ἐπί, S[2] *om.*] ταῖς π. (4)
7. 3. οὐκ ἀνοιγήσονται πύλαι Ἱερ. (4)
8. 1. τὸ πλάτος τὸ ἔμπροσθεν πύλης τοῦ ὕδ. (4)
— 16. καὶ ἕως πύλης [A οἴκου] Ἐφρ. (4)
11. 19. S[2] οἱ φυλάσσοντες ἐν ταῖς π. (4)
12. 31. S[2] ἐπάνω τοῦ τείχους τῆς π. τῆς κοπρίας (4)
— 37. καὶ Ἔσδρας . . . ἐπὶ πύλης (4)
— 37. A R ἕως τῆς [B S *om.*] π. τοῦ ὕδατος (4)
— 39. S[2] καὶ ὑπεράνω τῆς π. (4)
— 39. S[2] καὶ ἐπὶ τὴν π. τῆς ἰσανά (4)
— 39. S[2] R καὶ ἐπὶ τὴν [A B S[1] *om.*] π. τὴν ἰχθυηράν (4)
— 39. ἕως πύλης [S[2] τῆς π.] τῆς προβατικῆς (4)

Ne. 12. 39. S² ἐν πύλῃ τῆς φυλακῆς (4)
13. 19. ἡνίκα κατέστησαν πύλαι ἐν Ἱερ. (4)
— 19. ἔκλεισαν τὰς π. (1)
— 19. ἔστησα ἐπὶ τὰς π. (4)
— 22. φυλάσσοντες τὰς π. (4)
To. 11. 15. S ἐστὶν σύνεγγυς τῆς π. Νιν.
— 16. A S ἐξῆλθε . . . πρὸς τὴν π. [B τῇ π.] Νιν.
Ju. 1. 3. τοὺς πύργους . . . ἐπὶ ταῖς π. [S τὰς π.] αὐ.
— 4. ἐποίησε τὰς π. αὐτῆς π. διεγειρομένας
7. 22. καὶ ἐν ταῖς διόδοις τῶν π. [S ὁδῶν]
8. 33. στήσεσθε ἐπὶ τῆς π.
10. 6. ἐξήλθοσαν ἐπὶ τὴν π. τῆς πόλεως Β.
— 9. ἀνοῖξαί μοι τὴν π. τῆς πόλεως
13. 10. ἦλθοσαν πρὸς τὰς π. αὐτῆς
— 11. τοῖς φυλάσσουσιν ἐπὶ τῶν π.
— 11. ἀνοίξατε δὴ τὴν π.
— 12. τοῦ καταβῆναι ἐπὶ τὴν π. τῆς πόλεως αὐ.
— 13. ἤνοιξαν τὴν π.
Es. 4. 2. ἦλθεν ἕως τῆς π. [A αὐλῆς] τοῦ βασ. (4)
— 2. S² εἰσελθεῖν εἰς τὴν π. [A B S¹ αὐλὴν] (4)
— 6. S² κατὰ πρόσωπον τῆς π. τῆς πόλεως (4)
8. 13. πρὸς ταῖς Σούσων π. ἐσταυρῶσθαι
Jb. 3. 10. οὐ συνέκλεισε πύλας γαστρὸς μητρός μου (1)
38. 8. ἔφραξα δὲ θάλασσαν πύλαις (1)
— 10. περιθεὶς κλεῖθρα καὶ πύλας (1)
— 17. ἀνοίγονται δέ σοι φόβῳ πύλαι θανάτου (4)
41. 5 (6). πύλας προσώπου αὐτοῦ τίς ἀνοίξει (1)
Ps. 9. 13. ὁ ὑψῶν με ἐκ τῶν π. τοῦ θανάτου (4)
— 14. ἐν ταῖς π. τῆς θυγατρὸς Σιών (4)
23 (24). 7, 9. ἄρατε πύλας, οἱ ἄρχοντες ὑμῶν, καὶ ἐπάρθητε, πύλαι αἰώνιοι (4, 3)
68 (69). 12. οἱ καθήμενοι ἐν πύλῃ [S² -αις] (4)
72 (73). 28. ἐν ταῖς π. τῆς θυγατρὸς Σιών –
86 (87). 2. ἀγαπᾷ κύριος τὰς π. Σιών (4)
99 (100). 4. εἰσέλθατε εἰς τὰς π. αὐτοῦ (4)
106 (107). 16. συνέτριψε πύλας χαλκᾶς (1)
— 18. ἤγγισαν ἕως τῶν π. τοῦ θανάτου (4)
117 (118). 19. ἀνοίξατέ μοι πύλας δικαιοσύνης (4)
— 20. αὕτη ἡ π. τοῦ κυρίου (4)
126 (127). 5. A S¹ ὅταν λαλῶσι τοῖς ἐχθροῖς αὐτῶν ἐν πύλῃ [S² R -αις] (4)
147. 2 (13). ἐνίσχυσε τοὺς μοχλοὺς τῶν π. σου (4)
Pr. 1. 21. ἐπὶ δὲ πύλαις δυναστῶν παρεδρεύει ἐπὶ δὲ πύλαις πόλεως θαρροῦσα λέγει (–, 3+4)
8. 3. παρὰ γὰρ πύλαις δυναστῶν παρεδρεύει (4)
12. 13. ὁ δὲ συναντῶν ἐν πύλαις ἐκθλίψει ψυχάς –
22. 22. μὴ ἀτιμάσῃς ἀσθενῆ ἐν πύλαις (4)
24. 7. σοφία καὶ ἔννοια ἀγαθὴ ἐν πύλαις σοφῶν (4)
31. 23. περίβλεπτος δὲ γίνεται ἐν πύλαις [S ῥύμαις] ὁ ἀνὴρ αὐτῆς (4)
— 31. αἰνείσθω ἐν πύλαις ὁ ἀνὴρ αὐτῆς (4)
Ca. 7. 4 (5). ἐν πύλαις θυγατρὸς πολλῶν (4)
Wi. 6. 14. πάρεδρον γὰρ εὑρήσει τῶν π. [S¹ πλουτῶν] αὐτοῦ
16. 13. κατάγεις εἰς πύλας ᾅδου καὶ ἀνάγεις
Si. 49. 13. τοῦ . . . στήσαντος πύλας καὶ μοχλούς
Am. 5. 10. ἐμίσησαν ἐν πύλαις ἐλέγχοντα (4)
— 12. πένητας ἐν πύλαις ἐκκλίνοντες (4)
— 15. ἀποκαταστήσατε ἐν πύλαις κρίμα (4)
Mi. 1. 9. ἥψατο ἕως πύλης λαοῦ μου (4)
— 12. κατέβη κακὰ . . . ἐπὶ πύλας Ἱερ. (4)
2. 13. διῆλθον πύλην (4)
5. 1 (4. 14). B πατάξουσιν . . . τὰς π. [A R φυλὰς] τοῦ Ἰσρ. †
Ob. 1. 11. εἰσῆλθον εἰς [A *add.* τὰς] πύλας αὐ. (4)
— 13. μηδὲ εἰσέλθῃς εἰς πύλας λαῶν (4)
Na. 2. 6 (7). πύλαι τῶν πόλεων [S¹ ποταμῶν] διηνοίχθησαν (4)
3. 13. ἀνοιχθήσονται πύλαι τῆς γῆς σου (4)
Ze. 1. 10. φωνὴ κραυγῆς ἀπὸ πύλης ἀποκεντούντων (4)
Hg. 2. 15 (14). ἐμισεῖτε ἐν πύλαις ἐλέγχοντας –
Za. 8. 16. κρίμα εἰρηνικὸν κρίνατε ἐν ταῖς π. ὑμῶν (4)
14. 10. ἀπὸ τῆς π. Βεν. ἕως τοῦ τόπου [A *om.* τ. τ.] τῆς π. τῆς πρώτης ἕως τῆς π. τῶν γωνιῶν (4 *ter*)
Is. 14. 31. ὀλολύξατε, πύλαι πόλεων (4)
22. 7. οἱ δὲ ἱππεῖς ἐμφράξουσι τὰς π. σου (4)
— 8. καὶ ἀνακαλύψουσι τὰς π. Ἰούδα †
26. 2. ἀνοίξατε πύλας (4)
29. 21. πάντας δὲ τοὺς ἐλέγχοντας ἐν πύλαις (4)
38. 10. ἐν πύλαις ᾅδου καταλείψω τὰ ἔτη τὰ ἐπίλοιπα (4)
54. 12. θήσω . . . τὰς π. σου λίθους κρυστάλλου (4)
60. 11. ἀνοιχθήσονται αἱ π. σου διὰ παντός (4)
— 18. καὶ αἱ π. σου Γλύμμα (4)

Is. 62. 10. πορεύεσθε διὰ τῶν π. μου (4)
Je. 1. 15. ἐπὶ τὰ πρόθυρα τῶν π. Ἱερουσαλήμ (4)
14. 2. αἱ π. αὐτῆς ἐκενώθησαν (4)
15. 7. ἐν πύλαις λαοῦ μου ἠτεκνώθησαν (4)
17. 19. στῆθι ἐν ταῖς [A *om.*] π. υἱῶν λαοῦ σου . . . καὶ ἐν πάσαις ταῖς π. Ἱερ. (4, 4)
— 20. οἱ εἰσπορευόμ. ἐν ταῖς π. ταύταις (4)
— 21. A B S² μὴ ἐκπορεύεσθε ταῖς π. Ἱερ. (4)
— 24. τοῦ μὴ εἰσφέρειν βαστάγματα διὰ τῶν π. τῆς πόλεως ταύτης (4)
— 25. εἰσελεύσονται διὰ τῶν π. τῆς πόλεως ταύτης βασιλεῖς (4)
— 27. μὴ εἰσπορεύεσθαι ταῖς π. Ἱερουσαλὴμ . . . ἀνάψω πῦρ ἐν ταῖς π. αὐτῆς (4, 4)
19. 2. ὅ ἐστιν ἐπὶ τῶν προθύρων πύλης [A τῆς π., S πυλῶν] τῆς χαρσείθ (4)
— 3. A B οἱ εἰσπορευόμενοι ἐν ταῖς π. ταύταις –
20. 2. εἰς τὸν καταράκτην ὃς ἦν ἐν πύλῃ οἴκου (4)
22. 2. οἱ εἰσπορευόμενοι [A *add.* ἐν] ταῖς π. ταύταις [S τὰς π. τ.] (4)
— 4. εἰσελεύσονται ἐν ταῖς π. τοῦ οἴκου τούτου βασιλεῖς (4)
— 19. ῥιφήσεται ἐπέκεινα τῆς π. Ἱερουσαλήμ (4)
28 (51). 58. αἱ π. αὐτῆς αἱ ὑψηλαὶ ἐμπυρισθήσονται (4)
33 (26). 10. ἐκάθισαν ἐν προθύροις πύλης [A *add.* κυρίου] τῆς καινῆς (4)
38 (31). 38. ἕως πύλης [A τῆς π.] τῆς γωνίας (4)
— 40. ἕως γωνίας πύλης ἵππων ἀνατολῆς (4)
43 (36). 10. ἐν προθύροις πύλης τοῦ [A *om.* π. τ.] οἴκου κυρίου τῆς καινῆς (4)
44 (37). 13. ἐγένετο αὐτὸς ἐν πύλῃ Βενιαμίν (4)
45 (38). 7. ὁ βασ. ἦν ἐν τῇ π. [A αὐλῇ] Βεν. (4)
46 (39). 3. ἐκάθισαν ἐν πύλῃ [A τῇ π.] τῇ μέσῃ (4)
50 (43). 9. ἐν πύλῃ τῆς οἰκίας Φ. [A *om.*] (3)
51 (44). 6. ἐξεκαύθη ἐν πύλαις Ἰούδα †
52. 7. A ἐξῆλθον νυκτὸς κατὰ τὴν ὁδὸν τῆς π. [S¹ πόλεως] ἀνὰ μέσον τῆς π. [B S τοῦ τείχους] καὶ τοῦ προτειχίσματος (4, †)
La. 1. 4. πᾶσαι αἱ π. αὐτῆς ἠφανισμέναι (4)
2. 9. ἐνεπάγησαν εἰς γῆν πύλαι [A αἱ π.] αὐτῆς (4)
4. 12. εἰσελεύσεται . . . διὰ τῶν π. Ἱερ. (4)
5. 14. πρεσβῦται ἀπὸ πύλης κατέπαυσαν (4)
Ez. 8. 3. ἐπὶ τὰ πρόθυρα τῆς π. [A *add.* τῆς ἐσωτέρας] (4)
— 5. ἀπὸ βορρᾶ ἐπὶ τὴν π. (4)
— 14. εἰσήγαγέ με ἐπὶ τὰ πρόθυρα τῆς π. (4)
9. 2. ἀπὸ τῆς ὁδοῦ τῆς π. τῆς ὑψηλῆς (4)
10. 19. ἔστησαν ἐπὶ τὰ πρόθυρα τῆς π. οἴκου (4)
11. 1. ἤγαγέ με ἐπὶ τὴν π. τοῦ οἴκου κυρίου τὴν κατέναντι . . . ἐπὶ τῶν προθύρων τῆς π. (4, 4)
21. 15 (20). καὶ πληθυνθῶσιν οἱ ἀσθενοῦντες ἐπὶ πᾶσαν πύλην (4)
— 22 (27). τοῦ βαλεῖν χάρακα ἐπὶ τὰς π. αὐτῆς (4)
26. 10. εἰσπορευομένου αὐτοῦ τὰς π. σου (4)
40. 3. εἱστήκει ἐπὶ τῆς π. (4)
— 6. εἰσῆλθεν εἰς τὴν π. τὴν βλέπουσαν κατὰ ἀνατολὰς . . . διεμέτρησε τὸ αἰλὰμ τῆς π. (4, 4)
— 9. πλησίον τοῦ αἰλὰμ τῆς π. –
— 9. A διεμέτρησεν τὸ αἰλὰμ τῆς π. (4)
— 9. καὶ τὸ αἰλὰμ τῆς π. ἔσωθεν (4)
— 10. τὰ [A τὸ] θεὲ τῆς π. (4)
— 13. διεμέτρησε τὴν π. . . . αὕτη π. ἐπὶ πύλην (4, 3, 3)
— 14. τὸ αἴθριον τοῦ αἰλὰμ τῆς π. ἔξωθεν πήχεις εἴκοσι θεεὶμ [A ἔξ. εἰ. πέντε καὶ τὸ θεεμ] τῆς π. κύκλῳ (–, 4)
— 15. τὸ αἴθριον τῆς π. ἔξωθεν εἰς τὸ αἴθριον [A *add.* τῆς π. τοῦ] αἰλὰμ τῆς π. ἔσωθεν (4, [–], 4)
— 16. ἔσωθεν τῆς π. τῆς αὐλῆς (4)
— 18. αἱ στοαὶ κατὰ νώτου τῶν π. κατὰ τὸ μῆκος τῶν π. (4, 4)
— 19. ἀπὸ τοῦ αἰθρίου τῆς π. τῆς ἐξωτέρας ἔσωθεν ἐπὶ τὸ αἴθριον τῆς π. τῆς βλεπούσης ἔξω (4, †)
— 20. ἰδοὺ π. βλέπουσα πρὸς βορρᾶν (4)
— 21. κατὰ τὰ μέτρα τῆς π. τῆς βλεπούσης κατὰ ἀνατολάς (4)
— 22. καθὼς ἡ π. ἡ βλέπουσα κατὰ ἀνατολάς (4)
— 23. π. [A τῇ π.] τῇ αὐλῇ τῇ ἐσωτέρᾳ βλέπουσα ἐπὶ πύλην τοῦ βορρᾶ ὃν τρόπον τῆς π. τῆς βλεπούσης κατὰ ἀνατολάς . . . ἀπὸ πύλης ἐπὶ πύλην (4, 4, –, 4, 4)

Ez. 40. 24. π. βλέπουσα πρὸς νότον (4)
— 27. A R π. κατέναντι τῆς [B *om.*] π. τῆς αὐλῆς . . . διεμέτρησε τὴν αὐλὴν ἀπὸ πύλης ἐπὶ πύλην (4, –, 4, 4)
— 28. εἰσήγαγέ με εἰς τὴν αὐλὴν τὴν ἐσωτέραν τῆς π. τῆς πρὸς νότον καὶ διεμέτρησε τὴν π. (4, 4)
— 32. εἰσήγαγέ με εἰς τὴν π. τὴν βλέπουσαν κατὰ ἀνατολάς †
— 35. εἰσήγαγέ με εἰς τὴν π. τὴν πρὸς βορρᾶν (4)
— 38. ἐπὶ τῆς π. τῆς δευτέρας ἔκρυσις (4 ?)
— 39. A ἐν δὲ τῷ αἰλὰμ τῆς π. δύο τράπεζαι (4)
— 40. κατὰ νώτου τῆς δευτέρας καὶ τοῦ αἰλὰμ τῆς π. δύο τράπεζαι (4)
— 41. κατὰ νώτου τῆς π. (4)
— 44. κατὰ νώτου τῆς π. τῆς βλεπούσης πρὸς βορρᾶν . . . κατὰ νώτου τῆς π. τῆς πρὸς νότον (4, 4)
42. 1. κατέναντι τῆς π. τῆς πρὸς βορρᾶν †
— 3. αἱ π. τῆς αὐλῆς τῆς ἐσωτέρας –
— 15. καθ᾽ ὁδὸν τῆς π. τῆς βλεπούσης πρὸς [A B² κατ᾽] ἀνατολάς (4)
— 16. κατὰ νώτου τῆς π. τῆς βλεπούσης κατὰ ἀνατολάς –
43. 1. ἤγαγέ με ἐπὶ τὴν π. τὴν βλέπουσαν κατὰ ἀνατολάς (4)
— 2. A κατὰ τὴν ὁδὸν τῆς π. τῆς βλεπούσης [B ὁ. τὴν] πρὸς ἀνατολάς –
— 4. κατὰ τὴν ὁδὸν τῆς π. τῆς βλεπούσης κατὰ ἀνατολάς (4)
44. 1. κατὰ τὴν ὁδὸν τῆς π. τῶν ἁγίων τῆς ἐξωτέρας (4)
— 2. ἡ π. αὕτη κεκλεισμένη ἔσται (4)
— 3. κατὰ τὴν ὁδὸν τοῦ αἰλὰμ τῆς π. εἰσελεύσεται (4)
— 4. εἰσήγαγέ με κατὰ τὴν ὁδὸν τῆς π. τῆς πρὸς βορρᾶν (4)
— 11. θυρωροὶ ἐπὶ τῶν π. τοῦ οἴκου (4)
— 17. ἐν τῷ εἰσπορεύεσθαι αὐτοὺς τὰς π. τῆς αὐλῆς . . . ἀπὸ τῆς π. τῆς ἐσωτέρας αὐλῆς (4, 4)
45. 19. δώσει . . . ἐπὶ τὰς φλιὰς τῆς π. (4)
46. 1. π. ἡ ἐν τῇ αὐλῇ τῇ ἐσωτέρᾳ . . . ἔσται κεκλεισμένη (4)
— 2. κατὰ τὴν ὁδὸν τοῦ αἰλὰμ τῆς π. τῆς ἔσωθεν [A ἔξω.] . . . ἐπὶ τὰ πρόθυρα τῆς π. . . . ἐπὶ τοῦ προθύρου τῆς π. . . . ἡ π. οὐ μὴ κλεισθῇ (4 *quater*)
— 3. κατὰ τὰ πρόθυρα τῆς π. ἐκείνης (4)
— 8. κατὰ τὴν ὁδὸν τοῦ αἰλὰμ τῆς π. εἰσελεύσεται καὶ κατὰ τὴν ὁδὸν τῆς π. ἐξελεύσεται (4, †)
— 9. κατὰ τὴν ὁδὸν τῆς π. τῆς βλεπούσης [A *om.*] πρὸς βορρᾶν . . . κατὰ τὴν ὁδὸν τῆς π. τῆς πρὸς νότον . . . κατὰ τὴν ὁδὸν τῆς π. τῆς πρὸς νότον . . . κατὰ τὴν ὁδὸν τῆς π. τῆς πρὸς βορρᾶν οὐκ ἀναστρέψει κατὰ τὴν π. (4 *quinquiens*)
— 12. ἀνοίξει ἑαυτῷ τὴν π. τὴν βλέπουσαν κατ᾽ ἀνατολάς (4)
— 19. εἰς τὴν εἴσοδον τῆς κατὰ νώτου τῆς π. (4)
47. 2. κατὰ τὴν ὁδὸν τῆς π. τῆς πρὸς βορρᾶν . . . πρὸς τὴν π. τῆς αὐλῆς τῆς βλεπούσης κατ᾽ ἀνατολάς (4, 4)
48. 31. αἱ π. τῆς πόλεως ἐπ᾽ ὀνόμασι φυλῶν τοῦ Ἰσραὴλ πύλαι τρεῖς πρὸς βορρᾶν π. Ῥουβὴν μία καὶ π. Ἰούδα μία καὶ π. Λευὶ μία (4 *quinquiens*)
— 32. πύλαι τρεῖς π. Ἰωσὴφ μία καὶ π. Βενιαμὶν μία καὶ π. Δὰν μία (4 *quater*)
— 33. πύλαι τρεῖς π. Συμεὼν μία καὶ π. Ἰσσαχὰρ μία καὶ π. Ζαβουλὼν μία (4 *quater*)
— 34. πύλαι τρεῖς π. Γὰδ μία καὶ π. Ἀσὴρ μία καὶ π. Νεφθαλὶμ μία (4 *quater*)
Da. LXX. 8. 2. ἔτι ὄντος μου πρὸς τῇ π. Αἰ. †
— 3. ἑστῶτα ἀπέναντι τῆς π. †
— 6. ὃν εἶδον ἑστῶτα πρὸς τῇ π. †
I Ma. 4. 38. A R ἴδον . . . τὰς π. [S θύρας] κατακεκαυμένας
— 57. ἐνεκαίνισαν τὰς π.
5. 21. S R ἐδίωξεν αὐτοὺς ἕως τῆς π. [A τῶν πόλεων] Πτ.
— 47. ἐνέφραξαν τὰς π. λίθοις
9. 50. A R ἐν τείχεσιν ὑψηλοῖς καὶ πύλαις [S *al.*]
12. 48. ἀπέκλεισαν οἱ Πτ. τὰς π.
13. 33. καὶ περιετείχισε . . . πύλαις
15. 39. R ὀχυρῶσαι [S οἰκοδομῆσαι] τὰς π. [A *al.*]

II Ma. 10. 36. οἱ δὲ τὰς π. διέκοπτον
III Ma. 5. 48. R τῶν ἐλεφάντων ἐξιόντων περὶ [A ἐπὶ] πύλην
— 51. πρὸς πύλαις ᾅδου καθεστῶτας
6. 18. ἠνέῳξε τὰς οὐρανίους π.
IV Ma. 3. 13. λαθόντες τοὺς τῶν π. ἀκροφύλακας

[**Aq**. Nu. 4. 26: Dt. 12. 18: 15. 22: 23. 16 (17): Ps. 23 (24). 7: 68 (69). 13: Pr. 31. 31: Is. 26. 2: Je. 7. 2 *bis*: 15. 7: 17. 21: Ez. 40. 40: 44. 3 (P.).]
[**Sm**. Dt. 23. 16 (17): Ps. 23 (24). 7 *bis*: 68 (69). 13: 73 (74). 6: Is. 54. 12: Je. 7. 2 *bis*: Ez. 40. 9, 11, 15 *bis*, 27, 40: 44. 3 (P.): Mi. 5. 6 (5).]
[**Th**. Dt. 23. 16 (17): Jd. 16. 2: Is. 28. 6: Je. 7. 2 *bis*: 39 (46). 4: Ez. 44. 3 (P.).]
[**Al**. Dt. 5. 14: 11. 20.]

πυλών. (1) סַף (2) פֶּתַח (3) שַׁעַר

Ge. 43. 19. ἐλάλησαν αὐτῷ ἐν τῷ π. τοῦ οἴκου (2)
Jd. 18. 16. A παρὰ τὴν θύραν τοῦ π. [B *al.*] (3)
— 17. A παρὰ τῇ θύρᾳ τοῦ π. (3)
19. 26. A παρὰ τὴν θύραν τοῦ π. [B *om.* τ. π.] τοῦ οἴκου –
III Ki. 6. 8. ὁ π. τῆς πλευρᾶς τῆς ὑποκάτωθεν (2)
— 33. A οὕτως ἐποίησεν τῷ π. (2)
14. 27. οἱ φυλάσσοντες τὸν π. (2)
17. 10. εἰς τὸν π. τῆς πόλεως (2)
IV Ki. 11. 6 (5). φυλάξατε φυλακὴν . . . ἐν τῷ π. –
I Ch. 19. 9. παρὰ τὸν π. τῆς πόλεως (2)
26. 13. εἰς πυλῶνα καὶ πυλῶνα (3, 3)
II Ch. 3. 7. ἐχρύσωσε . . . τοὺς π. (1)
12. 10. τοὺς φυλάσσοντας τὸν π. τοῦ βασ. (2)
I Es. 1. 16. οἱ θυρωροὶ ἐφ᾽ ἑκάστου π.
5. 47. εἰς τὸ εὐρύχωρον τοῦ πρώτου π.
7. 9. οἱ θυρωροὶ ἐφ᾽ ἑκάστου π.
9. 38. A S R τοῦ πρὸς ἀνατολὰς τοῦ [B *om.*] ἱεροῦ π.
— 41. ἐν τῷ πρὸ τοῦ ἱεροῦ π.
Ze. 2. 14. A B S^2 κόρακες ἐν τοῖς π. αὐ. (1)
Ez. 33. 30. οἱ λαλοῦντες . . . ἐν τοῖς π. τῶν οἰκιῶν (2)
40. 9. τὸ αἰλὰμ τοῦ π. πλησίον τοῦ αἰλὰμ τῆς πύλης (3)
— 11. διεμέτρησε τὸ πλάτος τῆς θύρας τοῦ π. πηχῶν δέκα καὶ τὸ εὖρος τοῦ π. πηχῶν δέκα τριῶν (3, 3)
41. 2. τὸ εὖρος τοῦ π. πηχῶν δέκα καὶ ἐπωμίδες τοῦ π. πηχῶν πέντε (2, 2)
II Ma. 1. 8. ἐνεπύρισαν τὸν π.
3. 19. αἱ μὲν συνέτρεχον ἐπὶ τοὺς π.
8. 33. τοὺς ἐμπρήσαντας τοὺς ἱεροὺς π.

[**Sm**. Ez. 40. 9.]
[**Th**. Jd. 18. 16.]

πυλωρός. (1) שׁוֹעֵר (2) תָּרָע

I Ch. 9. 17. οἱ π. Σ. Ἀ. Τ. καὶ Δ. (1)
— 21. Ζαχ. . . . πυλωρὸς τῆς θύρας (1)
15. 18. καὶ μετ᾽ αὐτῶν . . . οἱ π. (1)
— 23. καὶ Βαρ. καὶ Ἐλ. πυλωροὶ τῆς κιβ. (1)
— 24. καὶ Ἀβδ. καὶ Ἰ. πυλωροὶ τῆς κιβ. (1)
16. 38. καὶ Ἀβδ. . . . καὶ Ὁσὰ εἰς πυλωρούς (1)
23. 5. καὶ τέσσαρες χιλιάδες πυλωροί [B^1 *om.*] (1)
26. 19. αὗται αἱ διαιρέσεις τῶν π. (1)
II Ch. 8. 14. καὶ οἱ π. κατὰ τὰς διαιρέσεις αὐ. (1)
23. 19. ἔστησαν οἱ π. ἐπὶ τὰς π. (1)
31. 14. καὶ Κωρὴ . . . ὁ π. κατὰ ἀνατολάς (1)
34. 13. γραμματεῖς καὶ κριταὶ καὶ πυλωροί (1)
35. 15. καὶ οἱ π. πύλης καὶ πύλης (1)
II Es. 2. 42. A R υἱοὶ τῶν π. [B πυλῶν] (1)
— 70: 7. 7. οἱ ᾄδοντες καὶ οἱ π. (1)
7. 24. ἐν . . . τοῖς Λ. ᾄδουσι πυλωροῖς (2)
10. 24. καὶ ἀπὸ τῶν π. (1)
Ne. 7. 1. ἐπεσκέπησαν οἱ π. (1)
— 45. οἱ π. υἱοὶ Σ. (1)
— 73. οἱ π. καὶ οἱ ᾄδοντες (1)
10. 28 (29). οἱ Λ. οἱ π. οἱ ᾄδοντες (1)
— 39 (40). καὶ οἱ π. καὶ οἱ ᾄδοντες (1)
11. 19. καὶ οἱ π. (1)
12. 25. S^2 φύλακες πυλωροὶ φυλακῆς (1)
— 25. ἐν τῷ συναγαγεῖν με τοὺς π. †
— 30. ἐκαθάρισαν . . . τοὺς π. †
— 45. καὶ τοὺς ᾄδοντας καὶ τοὺς π. (1)
— 47: 13. 5. τῶν ᾀδόντων καὶ τῶν π. (1)
Jb. 38. 17. πυλωροὶ δὲ ᾅδου ἰδόντες σε ἔπτηξαν †

πυνθάνεσθαι. (1) דָּרַשׁ

Ge. 25. 22. πυθέσθαι παρὰ κυρίου (1)
II Ch. 31. 9. ἐπυνθάνετο Ἐζ. τῶν ἱερέων (1)
32. 31. πυθέσθαι παρ᾽ αὐτοῦ τὸ τέρας (1)
I Es. 6. 11. ἐπυνθανόμεθα τῶν πρεσβυτέρων τούτων
Es. 3. 13. πυθομένου [A S^2 πυνθανομ.] δέ μου τῶν συμβούλων
6. 4. ἐν δὲ τῷ π. τὸν βασ. περὶ τῆς εὐνοίας Μ. –
Ca. 5. 9, 17. S πυνθάνονται τῆς νύμφης –
Da. LXX. 2. 15. ἐπυνθάνετο αὐτοῦ †
Da. TH. 2. 15. A καὶ ἐπυνθάνετο αὐτοῦ †
II Ma. 3. 9. ἐπυνθάνετο δὲ εἰ . . . ταῦτα οὕτως ἔχοντα τυγχάνει
III Ma. 1. 13. καὶ ἐπυνθάνετο
5. 18. ἐπυνθάνετο τίνος ἕνεκεν αἰτίας εἰάθησαν
— 27. ἀγνωσίᾳ κεκρατημένος ἐπυνθάνετο
IV Ma. 9. 27. εἰ φαγεῖν βούλοιτο πρὶν βασανίζεσθαι πυνθανόμενοι
11. 13. πυνθανομένου τοῦ τυράννου εἰ βούλοιτο

[**Sm**. IV Ki. 1. 2.]
[**Th**. Da. 2. 15†.]

πυξίον. (1) לוּחַ (2) עֶשֶׁת

Ex. 24. 12. δώσω σοι τὰ π. τὰ λίθινα (1)
Ca. 5. 14. κοιλία αὐτοῦ πυξίον ἐλεφάντινον (2)
Hb. 2. 2. γράψον . . . σαφῶς εἰς [A ἐπὶ] πυξίον (1)
Is. 30. 8. γράψον ἐπὶ πυξίου ταῦτα (1)

πύξος. (1) שִׁטָּה

Is. 41. 19. θήσω εἰς τὴν ἄνυδρον γῆν κέδρον καὶ πύξον (1 ?)

[**Sm**. Is. 41. 19: 60. 13.]

πῦρ. (1) אוּר (2) *a.* אֵשׁ *b.* אִשָּׁה (3) בְּעֵרָה (4) לַבָּה (5) לֶהָבָה (6) נוּר (7) רֶשֶׁף (8) שְׂרֵפָה

Ge. 11. 3. ὀπτήσωμεν αὐτὰς πυρί (8)
15. 17. R καὶ ἰδοὺ . . . λαμπάδες πυρός (2 *a*)
19. 24. κύριος ἔβρεξεν . . . θεῖον καὶ πῦρ (2 *a*)
22. 6. ἔλαβε δὲ καὶ τὸ π. (2 *a*)
— 7. ἰδοὺ τὸ π. καὶ τὰ ξύλα (2 *a*)
Ex. 3. 2. ὤφθη . . . ἐν πυρὶ φλογός [A φλογὶ πυρός] (4 [2 *a*])
— 2. ὁ βάτος καίεται πυρί (2 *a*)
9. 23. διέτρεχε τὸ π. ἐπὶ τῆς γῆς (2 *a*)
— 24. καὶ τὸ π. φλογίζον ἐν τῇ χαλάζῃ (2 *a*)
— 28. παυσάσθω τοῦ γενηθῆναι . . . πῦρ –
12. 8. φάγονται τὰ κρέα . . . ὀπτὰ πυρί (2 *a*)
— 9. ἀλλ᾽ ἢ ὀπτὰ πυρί (2 *a*)
— 10. ἐν πυρὶ κατακαύσετε (2 *a*)
13. 21. τὴν δὲ νύκτα ἐν στύλῳ πυρός (2 *a*)
— 22. καὶ ὁ στῦλος τοῦ π. νυκτός (2 *a*)
14. 24. ἐν στύλῳ πυρὸς καὶ νεφέλης (2 *a*)
19. 18. διὰ τὸ καταβεβηκέναι . . . τὸν θ. ἐν πυρί (2 *a*)
22. 6 (5). ἐὰν δὲ ἐξελθὸν πῦρ εὕρῃ ἀκάνθας (2 *a*)
— 6 (5). ὁ τὸ π. ἐκκαύσας (3)
24. 17. ὡσεὶ πῦρ φλέγον ἐπὶ τῆς κορυφῆς (2 *a*)
29. 14. τὰ δὲ κρέα . . . κατακαύσεις πυρί (2 *a*)
— 34. κατακαύσεις τὰ λοιπὰ πυρί (2 *a*)
32. 20. κατέκαυσεν αὐτὸν ἐν [A *om.* αὐ. ἐν] πυρί (2 *a*)
— 24. ἔρριψα εἰς τὸ π. (2 *a*)
34. 13. τὰ γλυπτὰ . . . κατακαύσετε ἐν [A *om.*] πυρί –
35. 3. οὐ καύσετε πῦρ (2 *a*)
40. 38. πῦρ ἦν ἐπ᾽ αὐτῆς νυκτός (2 *a*)
Le. 1. 7. ἐπιθήσουσιν . . . πῦρ ἐπὶ τὸ θυσιαστ. (2 *a*)
— 7. ἐπιστοιβάσουσι ξύλα ἐπὶ τὸ π. (2 *a*)
— 8, 12, 17: 3. 5. τὰ ξύλα τὰ ἐπὶ τοῦ π. (2 *a*)
4. 12. κατακαύσουσιν αὐτὸν . . . ἐν πυρί (2 *a*)
6. 9 (2). τὸ π. τοῦ θυσιαστηρίου καυθήσεται (2 *a*)
— 10 (3). ἣν ἂν καταναλώσῃ τὸ π. (2 *a*)
— 12 (5). πῦρ ἐπὶ τὸ θυσιαστ. καυθήσεται (2 *a*)
— 13 (6). πῦρ διὰ παντὸς καυθήσεται (2 *a*)
— 30 (23): 7. 7 (17), 9 (19). ἐν πυρὶ κατακαυθήσεται (2 *a*)
8. 17. κατέκαυσεν αὐτὰ πυρί [A *al.*] (2 *a*)
— 32. ἐν πυρὶ κατακαυθήσεται (2 *a*)
9. 11. κατέκαυσεν αὐτὰ πυρί (2 *a*)
— 24. ἐξῆλθε πῦρ παρὰ κυρίου (2 *a*)
10. 1. ἐπέθηκαν ἐπ᾽ αὐτὸ πῦρ (2 *a*)
— 1. προσήνεγκαν . . . πῦρ ἀλλότριον (2 *a*)
— 2. ἐξῆλθε πῦρ παρὰ κυρίου (2 *a*)
13. 24. κατάκαυμα πυρός (2 *a*)
Le. 13. 52, 55, 57. ἐν πυρὶ κατακαυθήσεται (2 *a*)
16. 1. ἐν τῷ προσάγειν αὐτοὺς π. ἀλλότριον –
— 12. τὸ πυρεῖον πλῆρες ἀνθράκων πυρός (2 *a*)
— 13. ἐπιθήσει τὸ θυμίαμα ἐπὶ τὸ π. (2 *a*)
— 27. κατακαύσουσιν αὐτὰ ἐν πυρί (2 *a*)
19. 6. ἐν πυρὶ κατακαυθήσεται (2 *a*)
20. 14. ἐν πυρὶ κατακαύσουσιν αὐτόν (2 *a*)
21. 9. ἐπὶ πυρὸς κατακαυθήσεται (2 *a*)
Nu. 3. 4. προσφερόντων αὐτῶν π. ἀλλότριον (2 *a*)
6. 18. ἐπιθήσει τὰς τρίχας ἐπὶ τὸ π. (2 *a*)
9. 15. ὡς εἶδος πυρὸς ἕως πρωΐ (2 *a*)
— 16. καὶ εἶδος πυρὸς τὴν νύκτα (2 *a*)
11. 1. ἐξεκαύθη ἐν αὐτοῖς πῦρ παρὰ κυρίου (2 *a*)
— 2. ἐκόπασε τὸ π. (2 *a*)
— 3. A B^2 ἐξεκαύθη ἐν αὐτοῖς πῦρ [B^1 R *om.*] (2 *a*)
14. 14. καὶ ἐν στύλῳ πυρὸς τὴν νύκτα (2 *a*)
16. 7. A B^2 R ἐπίθετε ἐπ᾽ αὐτὰ πῦρ (2 *a*)
— 18. B ἐπέθηκαν ἐπ᾽ αὐτὰ πῦρ (2 *a*)
— 35. πῦρ ἐξῆλθε παρὰ κυρίου (2 *a*)
— 37 (17. 2). τὸ π. τὸ ἀλλότριον τοῦτο σπεῖρον (2 *a*)
— 46 (17. 11). ἐπίθες ἐπ᾽ αὐτὸ πῦρ (2 *a*)
21. 28. πῦρ ἐξῆλθεν ἐξ Ἐσεβών (2 *a*)
— 30. προσεξέκαυσαν πῦρ ἐπὶ Μ. †
26. 10. ὅτε κατέφαγε τὸ π. τοὺς πεντήκ. καὶ διακοσίους (2 *a*)
— 61. ἐν τῷ προσφέρειν αὐτοὺς π. ἀλλότριον (2 *a*)
31. 10. ἐνέπρησαν ἐν [B^2 *om.*] πυρί (2 *a*)
— 23. ὃ διελεύσεται ἐν πυρί (2 *a*)
— 23. ὅσα ἐὰν μὴ διαπορεύηται διὰ πυρός (2 *a*)
De. 1. 33. ὁδηγῶν ὑμᾶς ἐν πυρὶ νυκτός (2 *a*)
4. 11. τὸ ὄρος ἐκαίετο πυρί (2 *a*)
— 12. ἐλάλησε κύριος . . . ἐκ μέσου τοῦ π. (2 *a*)
— 15. ᾗ ἐλάλησε κύριος . . . ἐκ μέσου τοῦ π. (2 *a*)
— 24. κ. ὁ θ. σου πῦρ καταναλίσκον ἐστί (2 *a*)
— 33. λαλοῦντος ἐκ μέσου τοῦ π. (2 *a*)
— 36. ἔδειξέ σοι τὸ π. αὐτοῦ τὸ μέγα (2 *a*)
— 36. τὰ ῥήμ. αὐ. ἤκουσας ἐκ μέσου τοῦ π. (2 *a*)
5. 4. ἐλάλησε κύριος . . . ἐκ μέσου τοῦ π. (2 *a*)
— 5. ἐφοβήθητε ἀπὸ προσώπου τοῦ π. (2 *a*)
— 22 (19). ἐλάλησε κύριος . . . ἐκ μέσου τοῦ π. (2 *a*)
— 23 (20). ὡς ἠκούσατε . . . ἐκ μέσου τοῦ π. †
— 23 (20). τὸ ὄρος ἐκαίετο πυρί (2 *a*)
— 24 (21). ἠκούσαμεν ἐκ μέσου τοῦ π. (2 *a*)
— 25 (22). ἐξαναλώσει ἡμᾶς τὸ π. τὸ μέγα τοῦτο (2 *a*)
— 26 (23). λαλοῦντος ἐκ μέσου τοῦ π. (2 *a*)
7. 5. τὰ γλυπτὰ . . . κατακαύσετε πυρί (2 *a*)
— 25. τὰ γλυπτὰ . . . καύσετε [A κατακ.] πυρί (2 *a*)
9. 3. πῦρ καταναλίσκον ἐστίν (2 *a*)
— 10. A^2 ἐκ μέσου τοῦ π. (2 *a*)
— 15. τὸ ὄρος ἐκαίετο πυρί (2 *a*)
— 21. κατέκαυσα αὐτὸν ἐν πυρί (2 *a*)
10. 4. οὓς ἐλάλησε . . . ἐκ μέσου τοῦ π. (2 *a*)
12. 3. τὰ γλυπτὰ . . . κατακαύσετε πυρί (2 *a*)
— 31. κατακαίουσιν ἐν πυρί (2 *a*)
13. 16 (17). ἐμπρήσεις τὴν πόλιν ἐν πυρί (2 *a*)
18. 10. περικαθαίρων . . . ἐν πυρί (2 *a*)
— 16. καὶ τὸ π. τὸ μέγα τοῦτο (2 *a*)
32. 22. πῦρ ἐκκέκαυται ἐκ τοῦ θυμοῦ μου (2 *a*)
Jo. 6. 23 (24). A ἐνεπυρίσθη ἐν πυρί [B *al.*] (2 *a*)
7. 15. κατακαυθήσεται ἐν πυρί (2 *a*)
8. 19. ἐνέπρησαν τὴν πόλιν ἐν πυρί (2 *a*)
— 28. ἐνεπύρισεν Ἰ. τὴν πόλιν ἐν πυρί –
11. 6. κατακαύσεις ἐν [A *om.*] πυρί (2 *a*)
— 9. A B ἐνέπρησεν ἐν [R *om.*] πυρί (2 *a*)
— 11. τὴν Ἀ. ἐνέπρησαν ἐν πυρί (2 *a*)
16. 10. ἐνέπρησεν αὐτὴν ἐν πυρί –
Jd. 1. 8. τὴν πόλιν ἐνέπρησαν ἐν πυρί (2 *a*)
6. 21. ἀνέβη [A -ήφθη] πῦρ ἐκ τῆς πέτρας (2 *a*)
9. 15. ἐξέλθῃ πῦρ ἀπ᾽ ἐμοῦ [A ἐκ τῆς ῥάμνου] (2 *a*)
— 20. ἐξέλθοι πῦρ ἀπὸ [A ἐξ] Ἀβιμ. (2 *a*)
— 20. ἐξέλθοι πῦρ ἀπὸ ἀνδρῶν Σικ. (2 *a*)
— 49. καὶ ἐνεπύρισαν [A -έπρησαν] . . . ἐν πυρί (2 *a*)
— 52. τοῦ ἐμπρῆσαι αὐτὸν ἐν πυρί (2 *a*)
12. 1. τὸν οἶκόν σου ἐμπρήσομεν . . . ἐν πυρί (2 *a*)
14. 15. μή ποτε κατακαύσωμέν [A ἐμπυρίσ.] σε . . . ἐν πυρί (2 *a*)
15. 5. ἐξέκαυσε [A -ῆψεν] πῦρ (2 *a*)
— 6. ἐνέπρησαν [A -πύρισαν] . . . ἐν πυρί (2 *a*)
— 14. ὃ ἐξεκαύθη ἐν πυρί [A ἡνίκα ἂν ὀσφρανθῇ πυρός] (2 *a*)
16. 9. ἐν τῷ ὀσφρανθῆναι αὐτὸ πυρός (2 *a*)
18. 27. τὴν πόλιν ἐνέπρησαν ἐν πυρί [A *om.* ἐν π.] (2 *a*)

Jd. 20. 48. ἐνέπρησαν [A ἐξαπέστειλαν] ἐν πυρί (2 a)
I Ki. 2. 28. τὰ πάντα τοῦ π. υἱῶν Ἰσρ. (2 b)
30. 1. R ἐνεπύρισαν [B -εν, A -ἐπρησεν] αὐτὴν ἐν πυρί (2 a)
— 3. ἐμπεπύρισται ἐν πυρί (2 a)
— 14. τὴν Σ. ἐνεπυρίσαμεν ἐν πυρί (2 a)
II Ki. 14. 30. ἐμπρήσατε αὐτὴν ἐν πυρί (2 a)
— 30. ἐνεπύρισαν . . . τὴν μερίδα ἐν πυρί (2 a)
— 31. ἵνα τί ἐνεπύρισαν . . . τὴν μερίδα τὴν ἐμὴν ἐν πυρί (2 a)
22. 9. πῦρ ἐκ στόματος αὐτοῦ κατέδεται (2 a)
— 13. ἐξεκαύθησαν ἄνθρακες πυρός (2 a)
23. 7. καὶ ἐν πυρὶ καύσει (2 a)
III Ki. 9. 16. A ἐνέπρησεν αὐτὴν ἐν πυρί (2 a)
15. 13. καὶ ἐνέπρησε πυρί –
16. 18. A ἐνεπύρισαν . . . ἐν πυρί [B om. ἐν π.] (2 a)
18. 23. καὶ πῦρ μὴ ἐπιθέτωσαν (2 a)
— 23. καὶ πῦρ οὐ μὴ ἐπιθῶ (2 a)
— 24. ὃς ἐὰν ἐπακούσῃ ἐν πυρί (2 a)
— 25. πῦρ μὴ ἐπιθῆτε (2 a)
— 36. ἐπάκουσόν μου σήμερον ἐν πυρί [A al.] –
— 38. ἔπεσε πῦρ παρὰ κυρίου (2 a)
— 38. τὸν χοῦν ἐξέλειξε τὸ π. –
19. 12. μετὰ τὸν συσσεισμὸν πῦρ (2 a)
— 12. οὐκ ἐν τῷ π. κύριος (2 a)
— 12. μετὰ τὸ π. φωνὴ αὔρας λεπτῆς (2 a)
IV Ki. 1. 10. καταβήσεται πῦρ ἐκ τοῦ οὐρ. (2 a)
— 10. κατέβη πῦρ ἐκ τοῦ οὐρ. (2 a)
— 12. καταβήσεται πῦρ ἐκ τοῦ οὐρ. (2 a)
— 12, 14. κατέβη πῦρ ἐκ τοῦ οὐρ. (2 a)
2. 11. ἅρμα πυρὸς καὶ ἵπποι πυρός (2 a, 2 a)
6. 17. καὶ ἅρμα πυρὸς περικύκλῳ Ἐλ. (2 a)
8. 12. τὰ ὀχυρώμ. αὐ. ἐξαποστελεῖς ἐν πυρί (2 a)
16. 3. A R τὸν υἱὸν αὐ. διῆγεν ἐν [B om.] πυρί (2 a)
17. 17. διῆγον τοὺς υἱοὺς αὐ. . . . ἐν πυρί (2 a)
— 31. κατέκαιον τοὺς υἱοὺς αὐ. ἐν πυρί (2 a)
19. 18. ἔδωκαν τοὺς θεοὺς αὐ. εἰς τὸ π. (2 a)
21. 6. διῆγε τοὺς υἱοὺς αὐτοῦ ἐν πυρί (2 a)
23. 10. τοῦ διαγαγεῖν ἄνδρα τὸν υἱὸν αὐ. . . . ἐν πυρί (2 a)
— 11. τὸ ἅρμα τοῦ ἡλίου κατέκαυσε πυρί (2 a)
25. 9. A ἐνέπρησεν ἐν πυρί [B om. ἐν π.] (2 a)
I Ch. 14. 12. κατακαῦσαι [A add. αὐτοὺς] ἐν πυρί (2 a)
21. 26. ἐπήκουσεν αὐτῷ ἐν πυρί (2 a)
II Ch. 7. 1. τὸ π. κατέβη ἐκ τοῦ οὐρανοῦ (2 a)
— 3. ἑώρων καταβαῖνον τὸ πῦρ (2 a)
28. 3. διῆγε τὰ τέκνα αὐ. διὰ πυρός (2 a)
33. 6. διήγαγε τὰ τέκνα αὐ. ἐν πυρί (2 a)
35. 13. ὤπτησαν τὸ φασὲκ ἐν πυρί (2 a)
36. 19. τὰς βάρεις αὐτῆς ἐνέπρησεν ἐν πυρί (2 a)
I Es. 1. 12. R ὤπτησαν τὸ πάσχα [A B add. ἐν] πυρί
— 55. τοὺς πύργους αὐ. ἐνεπύρισαν ἐν πυρί
6. 24. ὅπου ἐπιθύουσι διὰ πυρὸς ἐνδελεχοῦς
Ne. 1. 3. ἐνεπρήσθησαν ἐν πυρί (2 a)
2. 3. κατεβρώθησαν ἐν πυρί (2 a)
— 13. A S κατεβρώθησαν ἐν [B om.] πυρί (2 a)
— 17. αἱ πύλαι αὐ. ἐδόθησαν πυρί (2 a)
9. 12. καὶ ἐν στύλῳ πυρὸς τὴν νύκτα (2 a)
— 19. καὶ τὸν στῦλον τοῦ π. τὴν νύκτα (2 a)
Ju. 13. 13. ἅψαντες πῦρ εἰς φαῦσιν
16. 17. δοῦναι πῦρ καὶ σκώληκας
Es. 8. 13. δόρατι καὶ πυρὶ καταναλωθήσεται
Jb. 1. 16. πῦρ ἔπεσεν ἐκ τοῦ οὐρανοῦ (2 a)
15. 34. πῦρ δὲ καύσει [A κατακ.] οἴκους δωροδεκτῶν (2 a)
20. 26. κατέδεται αὐτὸν πῦρ ἄκαυστον [A ἄσβεστον] (2 a)
22. 20. τὸ κατάλειμμα αὐτῶν καταφάγεται πῦρ (2 a)
28. 5. ὑποκάτω αὐτῆς ἐστράφη ὡσεὶ πῦρ (2 a)
31. 12. πῦρ γάρ ἐστι καιόμενον (2 a)
41. 10 (11). διαρριπτοῦνται ἐσχάραι πυρός (2 a)
— 11 (12). καπνὸς καμίνου καιομένης πυρὶ [A φλογὶ] ἀνθράκων †
Ps. 10 (11). 7. πῦρ καὶ θεῖον καὶ πνεῦμα καταιγίδος (2 a)
17 (18). 8. πῦρ ἀπὸ προσώπου αὐτοῦ κατεφλόγισεν (2 a)
— 12. χάλαζα καὶ ἄνθρακες πυρός (2 a)
20 (21). 9. θήσεις αὐτοὺς ὡς κλίβανον πυρός (2 a)
— 9. καταφάγεται αὐτοὺς πῦρ (2 a)
28 (29). 7. φωνὴ κυρίου διακόπτοντος φλόγα πυρός (2 a)
38 (39). 3. ἐν τῇ μελέτῃ μου ἐκκαυθήσεται πῦρ (2 a)
Ps. 45 (46). 9. θυρεοὺς κατακαύσει ἐν πυρί (2 a)
49 (50). 3. πῦρ ἐναντίον αὐτοῦ καυθήσεται (2 a)
57 (58). 8. ἔπεσε πῦρ †
65 (66). 12. διήλθομεν διὰ πυρὸς καὶ ὕδατος (2 a)
67 (68). 2. ὡς τήκεται κηρὸς ἀπὸ προσώπου πυρός (2 a)
73 (74). 7. ἐνεπύρισαν ἐν πυρὶ τὸ ἁγιαστήριόν σου εἰς τὴν γῆν (2 a)
77 (78). 14. B S^2 καὶ ὅλην τὴν νύκτα ἐν φωτισμῷ πυρός [S^1 φωτός] (2 a)
— 21. πῦρ ἀνήφθη ἐν Ἰακώβ (2 a)
— 48. καὶ τὴν ὕπαρξιν αὐτῶν τῷ π. (7)
— 63. τοὺς νεανίσκους αὐτῶν κατέφαγε πῦρ (2 a)
78 (79). 5. ἐκκαυθήσεται ὡς πῦρ ὁ ζῆλός σου (2 a)
79 (80). 16. ἐμπεπυρισμένη πυρί (2 a)
82 (83). 13. S^1 ὡς καλάμην κατὰ πρόσωπον πυρός [A B S^2 ἀνέμου] †
— 14. ὡσεὶ πῦρ ὃ διαφλέξει δρυμόν (2 a)
88 (89). 46. ἐκκαυθήσεται ὡς πῦρ ἡ ὀργή σου (2 a)
96 (97). 3. πῦρ ἐναντίον αὐτοῦ προπορεύσεται (2 a)
103 (104). 4. καὶ τοὺς λειτουργοὺς αὐτοῦ πῦρ φλέγον [A^2 πυρὸς φλέγα] (2 a)
104 (105). 32. πῦρ καταφλέγον ἐν τῇ γῇ αὐτῶν (2 a)
— 39. καὶ πῦρ τοῦ φωτίσαι αὐτοῖς τὴν νύκτα (2 a)
105 (106). 18. ἐξεκαύθη πῦρ ἐν τῇ συναγωγῇ αὐτῶν (2 a)
117 (118). 12. ἐξεκαύθησαν ὡς πῦρ ἐν ἀκάνθαις (2 a)
139 (140). 10. πεσοῦνται ἐπ' αὐτοὺς ἄνθρακες πυρός [A S^2 al.] (2 a)
148. 8. πῦρ χάλαζα χιὼν κρύσταλλος (2 a)
Pr. 6. 27. ἀποδήσει τις πῦρ ἐν κόλπῳ (2 a)
— 28. ἢ περιπατήσει τις ἐπ' ἀνθράκων πυρός –
16. 27. ἐπὶ δὲ τῶν ἑαυτοῦ χειλέων θησαυρίζει [S^1 -εται, A ὀρύσσει] πῦρ (2 a)
24. 51 (30. 16). ὕδωρ καὶ πῦρ οὐ μὴ εἴπωσιν (2 a)
25. 22. ἄνθρακας πυρὸς [A om.] σωρεύσεις –
26. 20. ἐν πολλοῖς ξύλοις θάλλει πῦρ (2 a)
— 21. ἐσχάρα ἄνθραξι καὶ ξύλα πυρί (2 a)
Ca. 8. 6. περίπτερα πυρὸς [S^2 πυρὸς ἄνθρακες πυρὸς] φλόγες αὐτῆς (2 a [2 a, –])
Wi. 10. 6. δίκαιον . . . ἐρρύσατο φυγόντα πῦρ καταβάσιον πενταπόλεως
13. 2. ἢ πῦρ ἢ πνεῦμα ἢ ταχινὸν ἀέρα
16. 16. καὶ πυρὶ καταναλισκόμενοι
— 17. ἐν τῷ . . . ὕδατι πλεῖον ἐνήργει τὸ πῦρ
— 19. ὑπὲρ τὴν πυρὸς δύναμιν φλέγει
— 22. χιὼν δὲ καὶ κρύσταλλος ὑπέμεινε πῦρ
— 22. τοὺς τῶν ἐχθρῶν [A ἐθνῶν] καρποὺς κατέφθειρε πῦρ
— 27. τὸ γὰρ ὑπὸ πυρὸς μὴ [S^1 om.] φθειρόμενον
17. 5. πυρὸς μὲν οὐδεμία βία κατίσχυε φωτίζειν
19. 20. πῦρ ἴσχυσεν ἐν ὕδατι τῆς ἰδίας δυνάμεως
Si. 2. 5. ἐν πυρὶ δοκιμάζεται χρυσός
3. 30. πῦρ φλογιζόμενον ἀποσβέσει ὕδωρ
7. 17. ἐκδίκησις ἀσεβοῦς πῦρ καὶ σκώληξ
8. 3. μὴ ἐπιστοιβάσῃς ἐπὶ τὸ π. αὐτοῦ ξύλα
— 10. μὴ ἐμπυρισθῇς ἐν πυρὶ φλογὸς αὐτοῦ
9. 8. ἐκ τούτου φιλία ὡς πῦρ ἀνακαίεται
11. 32. ἀπὸ σπινθῆρος πυρὸς πληθύνεται ἀνθρακιά
15. 16. παρέθηκέ σοι πῦρ καὶ ὕδωρ
16. 6. ἐν συναγωγῇ ἁμαρτωλῶν ἐκκαυθήσεται πῦρ
21. 9. ἡ συντέλεια αὐτῶν φλὸξ πυρός
22. 24. πρὸ πυρὸς ἀτμὶς καμίνου καὶ καπνός
23. 16. ψυχὴ θερμὴ ὡς πῦρ καιόμενον
— 16. οὐ μὴ παύσηται ἕως ἂν ἐκκαύσῃ πῦρ
28. 10. κατὰ τὴν ὕλην πυρὸς [S^2 τοῦ π.]
— 11. ἔρις κατασπευδομένη ἐκκαίει πῦρ
33 (36). 9. ἐν ὀργῇ πυρὸς καταβρωθήτω
38. 28. ἀτμὶς πυρὸς πήξει [A S τήξει] σάρκας αὐτοῦ
39. 26. ὕδωρ πῦρ καὶ σίδηρος
— 29. πῦρ καὶ χάλαζα καὶ λιμὸς καὶ θάνατος
40. 30. ἐν κοιλίᾳ αὐτοῦ πῦρ καήσεται
43. 21. ἀποσβέσει χλόην ὡς πῦρ
45. 19. καταναλῶσαι ἐν πυρὶ φλογὸς αὐτοῦ [A S -οὺς]
48. 1. ἀνέστη Ἠλίας προφήτης ὡς πῦρ
— 3. κατήγαγεν οὕτως τρὶς πῦρ
— 9. ὁ ἀναληφθεὶς ἐν λαίλαπι [A λαμπάδι] πυρός
50. 9. ὡς πῦρ καὶ λίβανος ἐπὶ πυρίου
51. 4. R ἀπὸ πνιγμοῦ πυρὸς [A B S -ᾶς] κυκλόθεν καὶ ἐκ μέσου πυρός
Ho. 7. 6. ἀνεκαύθη ὡς πυρὸς [A πῦρ] φέγγος (2 a)
— 7. A πάντες ἐθερμάνθησαν ὡς κλίβανος πυρός [B om.] –
— 7. A κατέφαγεν πῦρ τοὺς κριτὰς αὐ. [B al.] –
8. 14. ἐξαποστελῶ πῦρ εἰς τὰς πόλεις αὐ. (2 a)
Am. 1. 4. ἐξαποστελῶ πῦρ εἰς τὸν οἶκον Ἀ. (2 a)
— 7. ἐξαποστελῶ πῦρ ἐπὶ τὰ τείχη Γ. (2 a)
— 10. ἐξαποστελῶ πῦρ ἐπὶ τὰ τείχη Τύρου (2 a)
— 12. ἐξαποστελῶ πῦρ εἰς Θ. (2 a)
— 14. ἀνάψω πῦρ ἐπὶ τὰ τείχη Ῥ. (2 a)
2. 2. ἐξαποστελῶ πῦρ ἐπὶ Μ. (2 a)
— 5. ἐξαποστελῶ πῦρ ἐπὶ Ἰ. (2 a)
4. 10. ἀνήγαγον ἐν πυρὶ τὰς παρεμβολάς †
— 11. ὡς δαλὸς ἐξεσπασμένος ἐκ πυρός (8)
5. 6. ὅπως μὴ ἀναλάμψῃ ὡς πῦρ ὁ οἶκος Ἰ. (2 a)
7. 4. ἐκάλεσε τὴν δίκην ἐν πυρὶ κύριος (2 a)
Mi. 1. 4. ὡς κηρὸς ἀπὸ προσώπου πυρός (2 a)
— 7. ἐμπρήσουσιν ἐν πυρί (2 a)
6. 10. πῦρ καὶ οἶκος ἀνόμου †
Jl. 1. 19. πῦρ ἀνήλωσε τὰ ὡραῖα τῆς ἐρήμου (2 a)
— 20. πῦρ κατέφαγε τὰ ὡραῖα τῆς ἐρήμου (2 a)
2. 3. τὰ ἔμπροσθεν αὐτοῦ πῦρ ἀναλίσκον (2 a)
— 5. ὡς φωνὴ φλογὸς πυρὸς κατεσθιούσης καλάμην (2 a)
— 30 (3. 3). αἷμα καὶ πῦρ καὶ ἀτμίδα καπνοῦ (2 a)
Ob. 1. 18. ἔσται ὁ οἶκος Ἰ. πῦρ (2 a)
Na. 2. 3 (4). ἄνδρας δυνατοὺς ἐμπαίζοντας ἐν πυρί (2 a)
— 4 (5). ἡ ὅρασις αὐ. ὡς λαμπάδες πυρός –
3. 13. καταφάγεται πῦρ τοὺς μοχλούς σου (2 a)
— 15. καταφάγεταί σε πῦρ (2 a)
Hb. 2. 13. ἐξέλιπον λαοὶ ἱκανοὶ ἐν πυρί (2 a)
Ze. 1. 18. ἐν πυρὶ ζήλου αὐτοῦ (2 a)
3. 8. ἐν πυρὶ ζήλου μου (2 a)
Za. 2. 5 (9). ἔσομαι . . . τεῖχος πυρὸς κυκλόθεν (2 a)
3. 3 (2). ὡς δαλὸς ἐξεσπασμένος ἐκ πυρός (2 a)
9. 4. ἐν πυρὶ καταναλωθήσεται (2 a)
11. 1. καταφαγέτω πῦρ τὰς κέδρους σου (2 a)
12. 6. ὡς δαλὸν πυρὸς ἐν ξύλοις καὶ ὡς λαμπάδα πυρὸς ἐν [S^1 om. ξ. . . . ἐν] καλάμῃ (2 a, 2 a)
13. 9. διάξω τὸ τρίτον διὰ πυρός (2 a)
Ma. 3. 2. εἰσπορεύεται ὡς πῦρ χωνευτηρίου (2 a)
Is. 1. 31. A S αἱ ἐργασίαι αὐτῶν ὡς σπινθῆρες πυρός [B om.] –
4. 5. ὡς καπνοῦ καὶ φωτὸς πυρὸς καιομένου νυκτός (2 a)
5. 24. καυθήσεται καλάμη ὑπὸ ἄνθρακος πυρός (2 a)
6. 6. A ἐν τῇ χειρὶ εἶχεν ἄνθρακα πυρός [B S om.] –
9. 18 (17). καυθήσεται ὡς π. ἡ ἀνομία καὶ ὡς ἄγρωστις ξηρὰ βρωθήσεται ὑπὸ πυρός (2 a, –)
— 19 (18). ἔσται ὁ λαὸς ὡς ὑπὸ πυρὸς κατακεκαυμένος (2 a)
10. 16. π. καιόμενον καυθήσεται (2 a)
— 17. ἔσται τὸ φῶς τοῦ Ἰσραὴλ εἰς π. καὶ ἁγιάσει αὐτὸν ἐν πυρὶ καιομένῳ (2 a, 5)
26. 11. π. τοὺς ὑπεναντίους ἔδεται (2 a)
29. 6. φλὸξ πυρὸς κατεσθίουσα (2 a)
30. 14. ὄστρακον ἐν ᾧ π. ἀρεῖς [S^1 om.] (2 a)
— 27. ἡ ὀργὴ τοῦ θυμοῦ ὡς π. ἔδεται (2 a)
— 33. ξύλα κείμενα π. καὶ ξύλα πολλά (2 a)
33. 11. π. κατέδεται ὑμᾶς (2 a)
— 14. πῦρ καίεται (2 a)
37. 19. ἐνέβαλον τὰ εἴδωλα αὐτῶν εἰς τὸ π. (2 a)
43. 2. ἐὰν διέλθῃς διὰ πυρός (2 a)
44. 16. τὸ ἥμισυ αὐτοῦ κατέκαυσεν ἐν πυρί . . . εἶδον π. (2 a, 1)
— 19. τὸ ἥμισυ αὐτοῦ κατέκαυσεν ἐν πυρί (2 a)
47. 14. ὡς φρύγανα ἐπὶ πυρὶ κατακαυθήσονται . . . ἔχεις ἄνθρακας πυρός (2 a, 1)
50. 11. S πάντες ὑμεῖς π. καίετε καὶ κατισχύσατε φλόγα πυρὸς [A B om.]· πορεύεσθε τῷ φωτὶ τοῦ π. [S^1 πρὸς] ὑμῶν (2 a, –, 2 a)
64. 2 (1). ὡς κηρὸς ἀπὸ προσώπου πυρὸς τήκεται καὶ κατακαύσει π. τοὺς ὑπεναντίους (2 a, 2 a)
65. 5. π. καίεται ἐν αὐτῷ πάσας τὰς ἡμέρας (2 a)
66. 15. κύριος ὡς π. ἥξει . . . ἀποδοῦναι . . . ἀποσκορακισμὸν αὐτοῦ ἐν φλογὶ πυρός (2 a, 2 a)
— 16. ἐν γὰρ τῷ π. κυρίου κριθήσεται [A καταναλωθ.] πᾶσα ἡ γῆ (2 a)
— 24. τὸ π. αὐτῶν οὐ σβεσθήσεται (2 a)
Je. 4. 4. μὴ ἐξέλθῃ ὡς π. ὁ θυμός μου (2 a)
— 26. A R πᾶσαι αἱ πόλεις ἐμπεπυρισμέναι πυρὶ [B S om.] –
5. 14. δέδωκα τοὺς λόγους μου εἰς τὸ στόμα σου π. (2 a)
6. 23. παρατάξεται ὡς [S παρατάξεως] π. εἰς πόλεμον πρὸς σέ †

Je. 6. 29. ἐξέλιπε φυσητὴρ ἀπὸ πυρός [A τῆς γῆς] (2 a)
7. 18. οἱ πατέρες αὐτῶν καίουσι π. (2 a)
— 31. τοῦ κατακαίειν τοὺς υἱοὺς αὐτῶν . . . ἐν πυρί (2 a)
11. 16. ἀνήφθη π. ἐπ' αὐτήν [A ἐν αὐτῇ] (2 a)
15. 14. π. ἐκκέκαυται ἐκ τοῦ θυμοῦ μου (2 a)
17. 27. ἀνάψω π. ἐν ταῖς πύλαις αὐτῆς (2 a)
19. 5. τοῦ κατακαίειν τοὺς υἱοὺς αὐτῶν ἐν πυρί (2 a)
20. 9. ἐγένετο ὡς π. καιόμενον (2 a)
21. 10. κατακαύσει αὐτὴν ἐν πυρί (2 a)
— 12. ὅπως μὴ ἀναφθῇ ὡς π. ἡ ὀργή μου (2 a)
— 14. ἀνάψω π. ἐν τῷ δρυμῷ αὐτῆς (2 a)
22. 7. ἐμβαλοῦσιν εἰς τὸ π. (2 a)
23. 29. οὐκ ἰδοὺ [A S om.] οἱ λόγοι μου ὥσπερ [A add. φλέγον] π. (2 a)
27 (50). 32. ἀνάψω π. ἐν τῷ δρυμῷ αὐτῆς (2 a)
— 42. ἱππάσονται παρεσκευασμένοι ὥσπερ π. †
28 (51). 32. τὰ συστήματα αὐτῶν ἐνέπρησαν ἐν πυρί [A al.] (2 a)
30 (49). 2. βωμοὶ αὐτῆς ἐν πυρὶ κατακαυθήσονται (2 a)
— 16 (49. 27). καύσω π. ἐν τείχει Δαμασκοῦ (2 a)
36 (29). 22. οὓς ἀπετηγάνισε . . . ἐν πυρί (2 a)
39 (32). 29. καύσουσι τὴν πόλιν ταύτην ἐν πυρί (2 a)
41 (34). 2. καύσει αὐτὴν ἐν πυρί (2 a)
— 22. κατακαύσουσιν αὐτὴν ἐν πυρί (2 a)
43 (36). 22. ἐσχάρα πυρὸς κατὰ πρόσωπον αὐτοῦ †
— 23. ἔρριπτεν εἰς τὸ π. τὸ ἐπὶ τῆς ἐσχάρας ἕως ἐξέλιπε πᾶς ὁ χάρτης εἰς τὸ π. τὸ ἐπὶ τῆς ἐσχάρας (2 a, 2 a)
44 (37). 8. A R καύσουσιν αὐτὴν ἐν [B S om.] πυρί (2 a)
— 10. καύσουσι τὴν πόλιν ταύτην ἐν πυρί (2 a)
45 (38). 17. ἡ πόλις αὕτη οὐ μὴ κατακαυθῇ ἐν πυρί (2 a)
— 18. καύσουσιν αὐτὴν ἐν πυρί (2 a)
50 (43). 12. καύσει π. ἐν οἰκίαις τῶν θεῶν αὐτῶν (2 a)
— 13. τὰς οἰκίας αὐτῶν κατακαύσει ἐν πυρί (2 a)
52. 13. πᾶσαν οἰκίαν μεγάλην ἐνέπρησεν ἐν πυρί (2 a)
Ba. 1. 2. ἐνέπρησαν αὐτὴν ἐν πυρί
4. 35. π. γὰρ ἐπελεύσεται αὐτῇ παρὰ τοῦ αἰωνίου
La. 1. 13. ἐξ ὕψους αὐτοῦ ἀπέστειλε π. (2 a)
2. 3. ἀνῆψεν ἐν [A om.] Ἰακὼβ ὡς π. φλόγα (2 a)
— 4. ἐξέχεεν ὡς π. τὸν θυμὸν αὐτοῦ (2 a)
4. 11. ἀνῆψε π. ἐν Σιών (2 a)
Ep. Je. 55. ὅταν ἐμπέσῃ εἰς οἰκίαν θεῶν . . . π. [A om.]
— 63. τό τε π. ἐξαποσταλὲν ἄνωθεν . . . ποιεῖ τὸ συνταχθέν
Ez. 1. 4. καὶ π. ἐξαστράπτον καὶ ἐν τῷ μέσῳ αὐ. ὡς ὅρασις [A ὁμοίωμα] ἠλέκτρου ἐν μέσῳ τοῦ π. (2 a, 2 a)
— 13. ὅρασις ὡς [A om.] ἀνθράκων πυρὸς καιομένων . . . καὶ φέγγος τοῦ π. καὶ ἐκ τοῦ π. ἐξεπορεύετο [A add. ὡς] ἀστραπή (2 a ter)
— 27. A ὡς ὅρασις πυρὸς ἔσωθεν αὐτοῦ (2 a)
— 27. ἴδον ὡς ὅρασιν πυρός (2 a)
5. 2. τὸ τέταρτον ἐν [A^1 τὸ ἐν] πυρὶ ἀνακαύσεις (1)
— 4. ῥίψεις αὐτοὺς εἰς μέσον τοῦ π. καὶ κατακαύσεις αὐτοὺς ἐν πυρί· ἐξ αὐτῆς ἐξελεύσεται π. (2 a ter)
8. 2. ἀπὸ τῆς ὀσφύος αὐτοῦ καὶ ἕως κάτω π. (2 a)
10. 2. πλῆσον τὰς δράκας [A χεῖράς] σου ἀνθράκων πυρός (2 a)
— 6. λάβε π. ἐκ μέσου τῶν τροχῶν (2 a)
— 7. ἐξέτεινε τὴν χεῖρα αὐ. εἰς μέσον τοῦ π. (2 a)
15. 4. A^2 R ὃ [A^1 B om.] πυρὶ δέδοται . . . ἀναλίσκει τὸ π. (2 a, 2 a)
— 5. ἐὰν καὶ [A add. μὴ] π. αὐτὸ ἀναλώσῃ (2 a)
— 6. ὃ δέδωκα αὐτὸ πυρί [A τῷ π.] (2 a)
— 7. ἐκ τοῦ π. ἐξελεύσονται καὶ π. αὐτοὺς καταφάγεται (2 a, 2 a)
16. 41. ἐμπρήσουσι τοὺς οἴκους σου [A add. ἐν] πυρί (2 a)
19. 12. π. ἀνήλωσεν αὐτήν (2 a)
— 14. ἐξῆλθε π. ἐκ ῥάβδου ἐκλεκτῶν αὐτῆς (2 a)
20. 31. A ἐν τοῖς ἀφορισμοῖς υἱῶν ὑ. ἐν πυρὶ [B al.] (2 a)
— 47 (21. 3). ἀνάπτω ἐν σοὶ π. (2 a)
21. 31 (36). ἐν πυρὶ ὀργῆς μου ἐμφυσήσω ἐπὶ σέ (2 a)
— 32 (37). ἐν πυρὶ ἔσῃ κατάβρωμα (2 a)
22. 20. A μόλιβδος εἰς μέσον καμίνου πυρός [B om.] –

Ez. 22. 20. τοῦ ἐκφυσῆσαι εἰς αὐτὸ π. (2 a)
— 21, 31. ἐν πυρὶ ὀργῆς μου (2 a)
23. 25. τοὺς καταλοίπους σου π. καταφάγεται [A σ. ἐμπρήσουσιν ἐν πυρί] (2 a)
24. 10. ἀνακαύσω [A ἐκκ.] τὸ π. (2 a)
28. 18. ἐξάξω π. ἐκ μέσου σου (2 a)
30. 8. ὅταν δῶ π. ἐπ' Αἴγυπτον (2 a)
— 14. δώσω π. ἐπὶ Τάνιν (2 a)
— 16. δώσω π. ἐπ' Αἴγυπτον (2 a)
36. 5. ἐν πυρὶ θυμοῦ μου ἐλάλησα (2 a)
38. 19. ἐν πυρὶ τῆς ὀργῆς μου (2 a)
— 22. π. καὶ θεῖον βρέξω ἐπ' αὐτόν (2 a)
39. 6. ἀποστελῶ π. ἐπὶ Γώγ [A σέ] (2 a)
— 9. καύσουσιν ἐν αὐτοῖς π. ἑπτὰ ἔτη (2 a)
— 10. τὰ ὅπλα κατακαύσουσι πυρί (2 a)
Da. LXX. Su. 62. ἔρριψε πῦρ διὰ μέσου αὐτῶν
3. 6, 11, 15. εἰς τὴν κάμινον τοῦ π. τὴν καιομ. (6)
— 17. ἐκ τῆς καμίνου τοῦ π. τῆς καιομένης (6)
— 20. εἰς τὴν κάμινον τοῦ π. τὴν καιομένην (6)
— (25). ἐξωμολογεῖτο τῷ κ. . . . ἐν μέσῳ τῷ π.
— (49). ἐξετίναξε τὴν φλόγα τοῦ π.
— (50). οὐχ ἥψατο αὐτῶν καθόλου τὸ π.
— (66). εὐλογεῖτε, πῦρ καὶ καῦμα, τὸν κ.
— (88). ἐκ τοῦ π. ἐλυτρώσατο ἡμᾶς
— 24 (91). οὐχὶ ἄνδρας τρεῖς ἐβάλομεν εἰς μέσον τοῦ π. (6)
— 25 (92). ἄνδρας τέσσαρας λελυμένους περιπατοῦντας ἐν τῷ π. (6)
— 26 (93). τὴν θύραν τῆς καμίνου καιομένης τῷ π. (6)
— 26 (93). ἐξέλθετε ἐκ τοῦ π. –
— 26 (93). ἐξῆλθον οἱ ἄνδρες ἐκ μέσου τοῦ π. (6)
— 27 (94). οὐχ ἥψατο τὸ π. τοῦ σώματος αὐ. (6)
— 27 (94). οὐδὲ ὀσμὴ τοῦ π. ἦν ἐν αὐτοῖς (6)
7. 9. ὁ θρόνος ὡσεὶ φλὸξ πυρός (6)
— 9. τροχοὶ αὐ. πῦρ καιόμενον (6)
— 10. ποταμὸς πυρὸς ἕλκων (6)
— 10. ἐξεπορεύετο κατὰ πρόσωπον αὐ. ποταμὸς πυρός –
— 11. ἐδόθη εἰς καῦσιν πυρός (2 a)
10. 6. οἱ ὀφθαλμοὶ αὐ. ὡσεὶ λαμπάδες πυρός (2 a)
Da. TH. 3. 6, 11, 15. εἰς τὴν κάμινον τοῦ π. τὴν καιομένην (6)
— 17. ἐκ τῆς καμίνου τοῦ π. τῆς καιομένης (6)
— 20. εἰς τὴν κάμινον τοῦ π. τὴν καιομένην (6)
— 21. εἰς τὸ μέσον τῆς καμίνου τοῦ π. τῆς καιομένης (6)
— 22. A τοὺς ἄνδρας ἐκ. . . . ἀπέκτεινεν ἡ φλὸξ τοῦ π. (6)
— 23. A εἰς μέσον τῆς καμίνου τοῦ π. [B om. τοῦ π.] τῆς καιομ. (6)
— (24). ἀνοίξας τὸ στόμα αὐ. ἐν μέσῳ τοῦ π.
— (49). ἐξετίναξε τὴν φλόγα τοῦ π.
— (50). οὐχ ἥψατο αὐτῶν τὸ καθόλου τὸ π.
— (66). εὐλογεῖτε, πῦρ καὶ καῦμα, τὸν κ.
— (88). ἐκ μέσου πυρὸς ἐρρύσατο ἡμᾶς
— 24 (91). εἰς μέσον τοῦ π. (6)
— 25 (92). περιπατοῦντας ἐν μέσῳ τοῦ π. (6)
— 26 (93). πρὸς τὴν θύραν τῆς καμίνου τοῦ π. τῆς καιομ. (6)
— 26 (93). ἐξῆλθον . . . ἐκ μέσου τοῦ π. (6)
— 27 (94). οὐκ ἐκυρίευσε τὸ πῦρ τοῦ σώματος αὐ. (6)
— 27 (94). ὀσμὴ πυρὸς οὐκ ἦν ἐν αὐτοῖς (6)
— 28 (95). παρέδωκαν τὰ σώματα αὐ. εἰς πῦρ –
7. 9. ὁ θρόνος αὐ. φλὸξ πυρός (6)
— 9. οἱ τροχοὶ αὐ. πῦρ φλέγον (6)
— 10. ποταμὸς πυρὸς εἷλκεν ἔμπροσθεν αὐτοῦ (6)
— 11. τὸ σῶμα αὐ. ἐδόθη εἰς καῦσιν πυρός (6)
10. 6. οἱ ὀφθαλμοὶ αὐ. ὡσεὶ λαμπάδες πυρός (2 a)
I Ma. 1. 31. ἐνεπύρισεν αὐτὴν πυρί
— 56. A R ἐνεπύρισαν [S add. ἐν] πυρί
5. 5. ἐνεπύρισε τοὺς πύργους αὐ. ἐν πυρί
— 28. ἐνέπρησεν αὐτὴν πυρί
— 35. ἐνέπρησεν αὐτὴν ἐν πυρί
— 44. τὸ τέμενος ἐνεπύρισαν ἐν πυρί
— 68. S R τὰ γλυπτὰ . . . κατέκαυσε πυρί [A om.]
6. 31. A R ἐνεπύρισαν αὐτὰς ἐν [S om.] πυρί
— 39. κατηύγαζεν ὡς λαμπάδες πυρός [S^1 om.]
10. 84. S R τὸ ἱερὸν Δ. . . . ἐνεπύρισε πυρί [A ἐν π.]
11. 61. ἐνεπύρισε τὰ περιπόλια αὐ. ἐν πυρί
16. 10. ἐνεπύρισεν αὐτὴν ἐν πυρί
II Ma. 1. 18. ἵνα καὶ αὐτοὶ ἄγητε . . . τοῦ π.
— 19. λαβόντες ἀπὸ τοῦ π. τοῦ θυσιαστηρίου
— 20. τοὺς ἐκγόνους . . . ἔπεμψεν ἐπὶ τὸ π.

II Ma. 1. 20. μὴ εὑρηκέναι πῦρ
— 33. οὗ τὸ π. ἔκρυψαν
2. 1. A^2 R ἐκέλευσε τοῦ π. λαβεῖν
— 10. κατέβη πῦρ ἐκ τοῦ οὐρανοῦ
— 10. καταβὰν τὸ π. ἀνήλωσε τὰ ὁλοκαυτώματα
9. 7. πῦρ πνέων τοῖς θυμοῖς
10. 3. πῦρ ἐκ τούτων λαβόντες
13. 8. οὗ τὸ π. ἁγνὸν ἦν
14. 41. καὶ κελευόντων πῦρ προσάγειν
III Ma. 2. 5. πυρὶ καὶ θείῳ κατέφλεξας
— 29. χαράσσεσθαι καὶ διὰ πυρὸς εἰς τὸ σῶμα
5. 43. ἰσόπεδον πυρὶ καὶ δόρατι θήσεσθαι
— 43. R τὸν ἄβατον αὐ. ἡμῖν ναὸν πυρὶ πρηνέα [A al.]
6. 6. πυρὶ τὴν ψυχὴν αὐθαιρέτως δεδωκότας
IV Ma. 5. 32. τὸ π. ἐκφύσα σφοδρότερον
6. 24. ἐπὶ τὸ π. αὐτὸν ἦγαγον
7. 10. ὦ . . . πυρὸς εὐτονώτερε πρεσβῦτα
— 12. διὰ τοῦ π. ὑπερτηκόμενος
8. 13. ὡς δὲ . . . τὰ ζώπυρα τοῦ π. οἱ δορυφόροι προέθεσαν
9. 9. καρτερήσεις . . . βάσανον διὰ πυρός [S^2 om. διὰ π.]
— 19. R ταῦτα λέγοντι πῦρ ὑπέστρωσαν [A S al.]
— 22. ὥσπερ ἐν πυρὶ μετασχηματιζόμενος
10. 14. οὐχ οὕτω καυστικώτερον ἔχετε κατ' ἐμοῦ τὸ πῦρ
11. 18. S ὑπεκαίετο πυρί [A R om.]
— 26. τὸ π. σου ψυχρὸν ἡμῖν
12. 12. ταμιεύεταί σε . . . πυκνοτέρῳ καὶ αἰωνίῳ π.
13. 5. οἱ τῶν μὲν διὰ πυρὸς ἀλγηδόνων οὐκ ἐπεστράφησαν
14. 9. A R καὶ τοῦτο ταῖς διὰ πυρὸς [S τοῦ π.] ὀδύναις
— 10. A R ἡ τοῦ π. οὖσα [S οὐ. ἡ τ. π.] δύναμις
15. 15. τὰς σάρκας . . . περὶ τὸ π. τηκομένας
16. 3. ἡ M. ἐκφλεγομένη κάμινος λαβροτάτῳ π.
— 21. εἰς κάμινον πυρὸς ἀπεσφενδονήθησαν
18. 12. τοὺς ἐν πυρὶ Ἀν. καὶ Ἀζ. καὶ Μισ.
— 14. κἂν διὰ πυρὸς διέλθῃς
— 20. πῦρ φλέξας [S^1 σβέσας]

[**Aq.** Le. 2. 14: Dt. 33. 2: Jb. 1. 16: 20. 26: 41. 10, 11: Ps. 103 (104). 4: 117 (118). 12: Ca. 8. 6: Is. 54. 16: 66. 15: Je. 6. 23: 51 (28). 58: Ez. 1. 27, 27 (P.): 24. 12: 28. 16: Da. 3. 23: Za. 3. 2.]
[**Sm.** Le. 2. 14: IV Ki. 16. 3: 23. 10: Jb. 20. 26 (P.): 41. 11: Ps. 17 (18). 14: 38 (39). 4: 88 (89). 47: 117 (118). 12: Pr. 26. 20: Is. 9. 5 (4): 31. 9: 54. 16: 64. 2 (1): 66. 15: Je. 51 (28). 58: Am. 1. 14: Za. 3. 2.]
[**Th.** Le. 2. 3: 24. 9: Jd. 15. 14: Jb. 1. 16: 20. 26: 22. 20: 41. 11: Ps. 17 (18). 14: Pr. 16. 27: Is. 30. 27: 54. 16: 64. 2 (1) *bis*: 66. 15: Je. 17. 4 (Sw.): 39 (46). 8: 48 (31). 45: 51 (28). 58: Ez. 1. 27, 27 (P.): 20. 31 (Sw.): Da. 3. 21, 22†, (88): 7. 9, 10: Am. 1. 14.]
[**Al.** Le. 6. 17 (10): 7. 35: Nu. 16. 18: 31. 23: IV Ki. 1. 12: Jb. 1. 16: Ps. 45 (46). 10: Ez. 20. 31.]
[**Sext.** Ca. 8. 6.]
[**Heb.** Ez. 20. 47 (21. 3).]

πυρά.

Ju. 7. 5. A B S^2 καὶ ἀνακαύσαντες πυράς
Wi. 17. 6. διεφαίνετο δ' αὐτοῖς μόνον αὐτομάτη πυρὰ φόβου πλήρης
Si. 51. 4. A B S ἀπὸ πνιγμοῦ πυρᾶς [R -ὸς] κυκλόθεν
I Ma. 12. 28. καὶ ἀνέκαυσαν πυράς
II Ma. 1. 22. ἀνήφθη π. μεγάλη
7. 5. τῇ π. προσάγειν ἔμπνουν
10. 36. καὶ πυρὰς ἀνάψαντες
IV Ma. 17. 1. ἑαυτὴν ἔρριψε κατὰ τῆς π.

[**Th.** Is. 30. 33.]
[**Al.** Nu. 19. 6.]

πυραμίς.

I Ma. 13. 28. ἔστησεν ἑπτὰ πυραμίδας

πυργόβαρις. (1) אַרְמוֹן

Ps. 121 (122). 7. καὶ εὐθηνία ἐν ταῖς [S^1 τοῖς] π. σου (1)

πύργος. (1) מִגְדָּל (2) מְצוּרָה (3) מַשְּׂאֵת

Ge. 11. 4. οἰκοδομήσωμεν ἑαυτοῖς . . . πύργον (1)
— 5. κατέβη κύριος ἰδεῖν . . . τὸν π. (1)
— 8. ἐπαύσαντο οἰκοδομοῦντες . . . τὸν π. –

Ge. 35. 16 (21). ἐπέκεινα τοῦ π. Γαδέρ (1)
Jd. 8. 9. κατασκάψω τὸν π. τοῦτον (1)
— 17. τὸν π. Φ. κατέστρεψε [A -έσκαψεν] (1)
9. 46, 47. A R πάντες οἱ ἄνδρες πύργου [B -ων] Σ. (1)
— 49. πάντες οἱ ἄνδρες πύργου Σ. (1)
— 51. π. ἰσχυρὸς ἦν [A ἦν ὑψηλός] (1)
— 51. ἀνέβησαν ἐπὶ τὸ δῶμα τοῦ π. (1)
— 52. ἦλθεν Ἀβ. ἕως τοῦ π. (1)
— 52. ἕως τῆς θύρας τοῦ π. (1)
20. 38. A πύργου τοῦ καπνοῦ τῆς πόλεως [B *al.*] (3)
— 40. A ὁ π. ἤρξατο ἀναβαίνειν [B *al.*] (3)
IV Ki. 9. 17. ἀνέβη ἐπὶ τὸν π. (1)
17. 9: 18. 8. ἀπὸ πύργου φυλασσόντων (1)
I Ch. 27. 25. ἐπὶ τῶν θησαυρῶν τῶν . . . ἐν τοῖς π. (1)
II Ch. 14. 7 (6). ποιήσωμεν . . . πύργους (1)
26. 9. ᾠκοδόμησεν Ὀζ. πύργους [A -ον] (1)
— 10. καὶ ᾠκοδόμησε πύργους (1)
— 15. τοῦ εἶναι ἐπὶ τῶν π. (1)
27. 4: 32. 5. ᾠκοδόμησε . . . πύργους (1)
I Es. 1. 55. τοὺς π. αὐ. ἐνεπύρισαν ἐν πυρί
4. 4. κατεργάζονται . . . τοὺς π.
Ne. 3. 1. ἕως πύργου τῶν ἑκατὸν ἡγίασαν ἕως πύργου Ἀναμ. (1, 1)
— 11. ἕως πύργου τῶν θανουρίμ (1)
— 19. μέτρον δεύτερον πύργου ἀναβάσεως †
— 25. ὁ π. ὁ ἐξέχων ἐκ τοῦ οἴκου τοῦ βασ. (1)
— 26. καὶ ὁ π. ὁ ἐξέχων (1)
— 27. ἐξ ἐναντίας τοῦ π. τοῦ μεγάλου (1)
12. 38. S^{2} ὑπεράνω τοῦ π. τῶν θεννουρίμ (1)
— 39. καὶ πύργῳ [A -ου] Ἀναμ. (1)
— 39. S^{2} ἀπὸ πύργου τοῦ Ἠηά [? μηά] (1)
To. 13. 12. S πάντες οἱ ἀνατρέποντες τοὺς π. σου
— 16. καὶ οἱ π. καὶ οἱ προμαχῶνες [S *al.*]
Ju. 1. 3. τοὺς π. αὐτοῦ ἔστησεν [S -ῆς κατέστ.]
— 14. ἐκράτησε τῶν π.
7. 5. A B S^{2} ἀνακαύσαντες πυρὰς ἐπὶ τοὺς π. αὐ.
— 32. ἐπὶ τὰ τείχη καὶ τοὺς π. τῆς πόλεως αὐ.
Ps. 47 (48). 12. διηγήσασθε ἐν τοῖς π. αὐτῆς (1)
60 (61). 3. πύργος ἰσχύος ἀπὸ προσώπου ἐχθροῦ (1)
Ca. 4. 4. ὡς πύργος Δαυὶδ τράχηλός σου (1)
7. 4 (5). ὁ τράχηλός σου ὡς πύργος ἐλεφάντινος (1)
— 4 (5). μυκτήρ σου ὡς πύργος τοῦ Λιβάνου (1)
8. 10. A S R μαστοί μου ὡς [B *om.*] πύργοι (1)
Si. 49. 12. A B^{1} ᾠκοδόμησαν πύργον [B^{2} S R οἶκον] (1)
Mi. 4. 8. καὶ σὺ πύργος ποιμνίου αὐχμώδης (1)
Za. 14. 10. καὶ ἕως τοῦ π. Ἀν. (1)
Is. 2. 15. ἐπὶ πάντα πύργον ὑψηλόν (1)
5. 2. ᾠκοδόμησα πύργον ἐν μέσῳ αὐτοῦ (1)
9. 10 (9). οἰκοδομήσωμεν ἑαυτοῖς πύργον –
10. 9. οὗ ὁ π. ᾠκοδομήθη †
29. 3. θήσω περὶ [A ἐπὶ] σὲ πύργους (2)
30. 25. ὅταν πέσωσι πύργοι (1)
Je. 38 (31). 38. ἀπὸ πύργου Ἀναμεήλ (1)
Ez. 26. 4. καταβαλοῦσι [A καθελ.] τοὺς π. σου (1)
— 9. τοὺς π. σου καταβαλεῖ (1)
27. 11. φύλακες ἐν τοῖς π. σου ἦσαν (1)
Da. LXX. 4. 26. ἐπὶ τῶν π. αὐ. διεπορεύετο –
I Ma. 1. 33. ᾠκοδόμησαν τὴν πόλιν Δ. . . . π. ὀχυροῖς
4. 60. ᾠκοδόμησαν . . . π. ὀχυρούς
5. 5. A S συνεκλείσθησαν [A διεκλ.] . . . εἰς τοὺς π. [R ἐν τοῖς π.]
— 5. ἐνεπύρισε τοὺς π. αὐ. ἐν πυρί
— 65. τοὺς π. αὐ. ἐνεπύρισεν
6. 37. π. ξύλινοι ἐπ' αὐτοὺς [S^{1} *al.*]
13. 33. A καὶ περιετείχισε π. ὑψηλοῖς . . . καὶ πύργοις [S R *om.* κ. π.]
— 43. ἐπάταξε π. ἕνα
16. 10. ἔφυγον εἰς τοὺς π.
II Ma. 10. 18. συμφυγόντων δὲ . . . εἰς δύο πύργους ὀχυρούς
— 20. ὑπό τινων τῶν ἐν τοῖς π. ἐπείσθησαν
— 22. τοὺς δύο π. κατελάβετο
— 36. ἐνεπίμπρων τοὺς π.
13. 5. ἔστι δὲ ἐν τῷ τόπῳ πύργος
14. 41. τῶν δὲ πληθῶν μελλόντων τὸν π. καταλαβέσθαι
III Ma. 2. 27. ἐπὶ τοῦ κατὰ τὴν αὐλὴν π.
IV Ma. 13. 6. S R προβλῆτες λιμένων πύργοι [A *al.*]

[**Aq.** Ge. 35. 21: Ps. 47 (48). 13: 60 (61). 4: Pr. 18. 10: Ez. 29. 10: 30. 6.]
[**Sm.** Ps. 60 (61). 4: Ez. 29. 10: 30. 6.]
[**Th.** Jd. 9. 46: Pr. 18. 10.]

πυρεῖον, πυρίον. (1) מַחְתָּה
Ex. 27. 3. καὶ ποιήσεις . . . τὸ π. αὐτοῦ (1)
38. 22 (1). ἐποίησε . . . ἐκ τῶν π. τῶν χαλκῶν –
— 23 (3). ἐποίησε . . . τὸ π. αὐτοῦ (1 ?)
— 24 (4). ἔργον δικτυωτὸν κάτωθεν τοῦ π. †
Le. 10. 1. λαβόντες . . . ἕκαστος τὸ π. αὐτοῦ (1)
16. 12. λήψεται τὸ π. (1)
Nu. 4. 14. καὶ τὰ π. καὶ τὰς κρεάγρας (1)
16. 6. λάβετε ὑμῖν αὐτοῖς πυρεῖα (1)
— 17. λάβετε ἕκαστος τὸ π. αὐτοῦ (1)
— 17. A^{2} B προσάξετε . . . ἕκαστος τὸ π. αὐ. (1)
— 17. A^{2} B πεντήκοντα καὶ διακόσια π. (1)
— 17, 17 (18). A^{2} B ἕκαστος τὸ π. αὐτοῦ (1)
— 37 (17. 2). ἀνέλεσθε τὰ π. τὰ χαλκᾶ (1)
— 38 (17. 3). ἡγίασαν τὰ π. τῶν ἁμαρτωλῶν τούτων (1)
— 39 (17. 4). ἔλαβεν . . . τὰ π. τὰ χαλκᾶ (1)
— 46 (17. 11). λάβε τὸ π. (1)
IV Ki. 25. 15. καὶ τὰ π. καὶ τὰς φιάλας (1)
II Ch. 4. 11. ἐποίησε Χ. . . . τὰ π. †
— 21. καὶ τὰ π. χρυσίου καθαροῦ –
Si. 50. 9. ὡς πῦρ καὶ λίβανος ἐπὶ πυρίου

[**Aq., Sm., Th.** Ex. 25. 37 (38).]
[**Al.** Nu. 16. 18.]

πυρετός. (1) קַדַּחַת
De. 28. 22. ἐν ἀπορίᾳ καὶ πυρετῷ (1)

πυρίζειν (?), *vid. sub* **πυρρίζειν.**

πυρίκαυστος. (1) *a.* שְׂרוּף אֵשׁ *b.* שְׂרֵפָה מַאֲכֹלֶת אֵשׁ *c.* שְׂרֵפַת אֵשׁ
Is. 1. 7. αἱ πόλεις ὑμῶν πυρίκαυστοι (1 *a*)
— 22. A αἱ πόλεις ὑμῶν πυρίκαυστοι –
9. 5 (4). εἰ ἐγένοντο πυρίκαυστοι (1 *b*)
64. 11 (10). ἡ δόξα . . . ἐγενήθη π. (1 *c*)

πύρινος. (1) אֵשׁ
Si. 48. 9. ὁ ἀναλημφθεὶς . . . ἐν ἅρματι ἵππων πυρίνων
Ez. 28. 14. ἐγενήθης [A *om.*] ἐν μέσῳ λίθων π. (1)
— 16. ἤγαγέ σε τὸ χερ. ἐκ μέσου λίθων π. (1)

[**Sm.** Dt. 33. 2: Ps. 103 (104). 4: Ca. 8. 6.]

πυρίον, *vid. sub* **πυρεῖον.**

πυρίπνους.
III Ma. 6. 34. R τὴν π. τόλμαν ἀκλεῶς ἐσβεσμένοι [A *al.*]

πυρισμός. (1) אֵשׁ
Jo. 6. 23 (24). R ἐνεπρήσθη ἐν πυρισμῷ [A B *al.*] (1)

πυριφλεγής.
Wi. 18. 3. πυριφλεγῆ στῦλον . . . παρέσχες
III Ma. 3. 29. πᾶς δὲ τόπος . . . π. γινέσθω

πυρόβολον.
I Ma. 6. 51. ἔστησεν ἐκεῖ . . . πυρόβολα

πυρογενής.
Wi. 17. 5. S^{2} οὔτε πυρογενεῖς [A B S^{1} *om.*] ἄστρων ἔκλαμπροι φλόγες

πυρόν, πύρον.
[**Aq.** Ex. 29. 18: 30. 20: Le. 2. 3, 9, 16: 3. 9: 24. 9: Dt. 18. 1.]
[**Sm.** Le. 3. 9.]
[**Th.** Ex. 29. 18: 30. 20: Le. 2. 9, 16: 3. 9.]
[**Al.** Le. 3. 3, 11, 16: 7. 25, 30: 8. 21: 21. 6, 21: 22. 27: 23. 8, 13.]

πυρόπνους.
III Ma. 6. 34. A πυρόπνουν τόλμαν ἀκμαίως ἐσβεσμένοι [R *al.*]

πυρός. (1) דָּגָן (2) *a.* חִטָּה *b.* חִנְטִין
Ge. 30. 14. ἐν ἡμέραις θερισμοῦ πυρῶν (2 *a*)
Ex. 9. 32. ὁ δὲ π. καὶ ἡ ὀλύρα οὐκ ἐπλήγησαν (2 *a*)
29. 2. σεμίδαλιν ἐκ πυρῶν ποιήσεις αὐτά (2 *a*)
34. 22. ἀρχὴν θερισμοῦ πυροῦ [A -ῶν] (2 *a*)
De. 8. 8. γῆ πυροῦ καὶ κριθῆς (2 *a*)
32. 14. μετὰ στέατος νεφρῶν πυροῦ (2 *a*)
Jo. 3. 15. ὡσεὶ ἡμέραι θερισμοῦ πυρῶν –
Jd. 6. 11. A ἐράβδιζεν πυροὺς [B *al.*] (2 *a*)
15. 1. ἐν ἡμέραις θερισμοῦ πυρῶν (2 *a*)
Ru. 2. 23. τὸν θερισμὸν . . . τῶν π. (2 *a*)
I Ki. 6. 13. ἐθέριζον θερισμὸν πυρῶν (2 *a*)
I Ki. 12. 17. οὐχὶ θερισμὸς πυρῶν σήμερον (2 *a*)
II Ki. 4. 6. ἐκάθαιρε πυρούς (2 *a*)
17. 28. καὶ πυροὺς καὶ κριθάς (2 *a*)
24. 15. ἡμέραι θερισμοῦ πυρῶν –
III Ki. 5. 11 (25). εἴκοσι χιλιάδας κόρους πυροῦ (2 *a*)
I Ch. 21. 20. Ὀρνὰ ἦν ἀλοῶν πυρούς (2 *a*)
II Ch. 2. 10 (9). A R κόρων πυροῦ [B *om.*] εἴκοσι χιλιάδας (2 *a*)
27. 5. δέκα χιλιάδας κόρων πυροῦ (2 *a*)
I Es. 6. 30. πυρὸν καὶ ἅλα καὶ οἶνον
8. 20. ἕως πυροῦ κόρων ἑκατόν
II Es. 6. 9. πυροὺς ἅλας οἶνον (2 *b*)
7. 22. ἕως πυροῦ κόρων ἑκατόν (2 *b*)
Ne. 13. 12. ἤνεγκαν δεκάτην τοῦ [A *om.*] π. (1)
Ju. 2. 27. ἐν ἡμέραις θερισμοῦ πυρῶν
3. 3. A B καὶ πᾶν πεδίον πυρῶν
Jb. 31. 40. ἀντὶ πυροῦ ἄρα ἐξέλθοι μοι κνίδη (2 *a*)
Ps. 80 (81). 16. ἐψώμισεν αὐτοὺς ἐκ στέατος πυροῦ (2 *a*)
147. 3 (14). καὶ στέαρ πυροῦ ἐμπιπλῶν σε (2 *a*)
Si. 39. 26. S R ἅλα καὶ σεμίδαλις πυροῦ [A B -ός]
Jl. 1. 11. θρηνεῖτε κτήματα ὑπὲρ πυροῦ (2 *a*)
Is. 28. 25. πάλιν σπείρει [A^{1} *om.*] πυρόν (2 *a*)
Je. 12. 13. σπείρατε πυρούς (2 *a*)
48 (41). 8. εἰσὶν ἡμῖν θησαυροὶ ἐν ἀγρῷ πυροὶ καὶ κριθαί (2 *a*)
Ez. 4. 9. λάβε σεαυτῷ πυρούς (2 *a*)
45. 13. ἀπὸ τοῦ γομὸρ τοῦ π. (2 *a*)

[**Aq.** III Ki. 5. 11 (25): Je. 41 (48). 8.]
[**Sm.** Ps. 77 (78). 24: Je. 41 (48). 8.]

πυροῦν. (1) אָדַם (2) בָּחַר ni. (3) צָרַף *a.* qal. *b.* ni. (4) תּוֹעָפוֹת
II Ki. 22. 31. τὸ ῥῆμα κυρίου κραταιὸν πεπυρωμ. (3 *a*)
Ju. 8. 27. καθὼς ἐκείνους ἐπύρωσεν
Es. 5. 1. τὸ πρόσωπον αὐτοῦ πεπυρωμένον [S^{1} -πληρωμένη] δόξῃ
Jb. 22. 25. καθαρὸν δὲ ἀποδώσει σε ὥσπερ ἀργύριον πεπυρωμένον (4)
Ps. 11 (12). 6. ἀργύριον πεπυρωμένον δοκίμιον τῇ γῇ (3 *a*)
16 (17). 3. ἐπύρωσάς με (3 *a*)
17 (18). 30. τὰ λόγια κυρίου πεπυρωμένα (3 *a*)
25 (26). 2. πύρωσον τοὺς νεφρούς μου (3 *a*)
65 (66). 10. ἐπύρωσας ἡμᾶς ὡς πυροῦται τὸ ἀργύριον (3 *a*, 3 *a*)
104 (105). 19. τὸ λόγιον τοῦ κ. ἐπύρωσεν αὐτόν (3 *a*)
— 20 (19). S^{1} τὸ λόγιον τοῦ κ. ἐπύρωσεν αὐτόν –
118 (119). 140. πεπυρωμένον τὸ λόγιόν σου σφόδρα (3 *a*)
Pr. 10. 20. ἄργυρος πεπυρωμένος [A πεπωρ.] γλῶσσα δικαίου (2)
24. 28 (30. 5). πάντες γὰρ λόγοι θεοῦ πεπυρωμένοι (3 *a*)
Ec. 12. 11. A S ὡς ἧλοι πεπυρωμένοι [B πεφυτευμένοι] †
Za. 13. 9. πυρώσω αὐτοὺς ὡς πυροῦται τὸ ἀργύριον (3 *a*, 3 *a*)
Is. 1. 25. πυρώσω [A S *add.* σε] εἰς καθαρόν (3 *a*)
Je. 9. 7 (6). πυρώσω αὐτοὺς καὶ δοκιμῶ αὐτούς (3 *a*)
La. 4. 7. ἐπυρώθησαν [A ἐτυρ.] ὑπὲρ λίθους σαπφείρου (1)
Da. Th. 11. 35. τοῦ πυρῶσαι αὐτούς (3 *a*)
12. 10. καὶ πυρωθῶσι καὶ ἁγιασθῶσι πολλοί (3 *b*)
II Ma. 4. 37. πυρωθεὶς τοῖς θυμοῖς
10. 3. πυρώσαντες λίθους
— 35. πυρωθέντες τοῖς θυμοῖς
14. 45. πεπυρωμένος τοῖς θυμοῖς
III Ma. 4. 2. στεναγμοῖς πεπυρωμένης τῆς . . . καρδίας
IV Ma. 9. 17. πυροῦτε τὰς σάρκας
11. 19. ὀβελίσκους ὀξεῖς πυρώσαντες

[**Aq.** Jd. 7. 4: Is. 1. 25: Je. 6. 29.]
[**Sm.** Is. 1. 25: Je. 6. 29.]
[**Th.** Jd. 7. 4: Is. 1. 25.]

πυροφόρος.
Ob. 1. 18. οὐκ ἔσται πυροφόρος [A S^{2} πυρφ.] τῷ οἴκῳ Ἠ. †

πυρπνεῖν (?).
Wi. 11. 18. S ἤτοι πυρπνέον [A B -όον] φυσῶντας ἆσθμα

πυρπνόος.

Wi. 11. 18. ἤτοι πυρπνόον [S -έον] φυσῶντας ἆσθμα

πυρπολεῖν.

IV Ma. 7. 4. τὴν ἱερὰν ψυχὴν . . . πυρπολούμενος

πυρράκης. (1) אַדְמוֹנִי, אַדְמֹנִי

Ge. 25. 25. ἐξῆλθε δὲ ὁ υἱὸς ὁ πρωτότ. π. (1)

I Ki. 16. 12. καὶ οὗτος π. (1)

17. 42. καὶ αὐτὸς π. μετὰ κάλλους ὀφθ. (1)

πυρρίζειν, πυρίζειν. (1) אֲדַמְדָּם

Le. 13. 19. οὐλὴ λευκὴ . . . ἢ πυρρίζουσα (1)

— 42. ἁφὴ λευκὴ ἢ πυρρίζουσα (1)

— 43. ἡ ὄψις . . . λευκὴ ἢ πυρρίζουσα [A^{1} πυρίζ.] (1)

— 49. καὶ γένηται ἡ ἁφὴ . . . πυρρίζουσα [A πυρίζ.] (1)

14. 37. B^{2}R κοιλάδας χλωριζούσας ἢ πυρριζούσας [A B^{1} *om.* ἢ π.] (1)

πυρρός. (1) אָדֹם

Ge. 25. 30. ἀπὸ τοῦ ἑψέματος τοῦ π. τούτου (1)

Nu. 19. 2. λαβέτωσαν . . . δάμαλιν π. ἄμωμον (1)

IV Ki. 3. 22. τὰ ὕδατα π. ὡσεὶ αἷμα (1)

5. 17. R ἐκ τῆς γῆς τῆς π. [A *al.*] –

Ca. 5. 10. ἀδελφιδός μου λευκὸς καὶ πυρρός (1)

Za. 1. 8. ἀνὴρ ἐπιβεβηκὼς ἐπὶ ἵππον π. (1)

— 8. ὀπίσω αὐτοῦ ἵπποι π. (1)

6. 2. ἐν τῷ ἅρματι τῷ πρώτῳ ἵπποι π. (1)

[Sm. Is. 1. 18 : La. 4. 7.]

πυρροῦσθαι.

[Aq., Sm., Th. Ex. 25. 5.]

πυρσεύειν.

Jb. 20. 10. B S αἱ δὲ χεῖρες αὐ. πυρσεύσαισαν [A ψηλαφήσουσιν] ὀδύνας [B^{1} S^{1} -αις] †

Pr. 16. 28. λαμπτῆρα δόλου [S χόλου] πυρσεύσει [A S -εύει] κακοῖς –

πυρφόρος. (1) כִּידוֹן

Jb. 41. 20 (21). καταγελᾷ δὲ σεισμοῦ πυρφόρου (1 ?)

Ob. 1. 18. A S^{2} οὐκ ἔσται πυρφόρος τῷ οἴκῳ Ἡ. [B S^{1} *al.*] †

πυρώδης.

Si. 43. 4. ἥλιος . . . ἀτμίδας πυρώδεις ἐμφυσῶν

πύρωμα.

[Aq. Jb. 41. 12 (P.).]

πύρωσις. (1) כּוּר (2) שִׁדָּפוֹן

Pr. 27. 21. δοκίμιον ἀργυρίῳ καὶ χρυσῷ πύρωσις (1)

Am. 4. 9. ἐπάταξα ὑμᾶς ἐν πυρώσει (2)

[Sm. Je. 30 (37). 13.]

πυρωτής. (1) צָרַף

Ne. 3. 8. R Ὀζ. υἱὸς Ἀρ. πυρωτῶν (1)

[Aq., Sm. Is. 41. 7 : Je. 6. 29.]

πω. * οὔ πω.

Ge. 15. 16*†: 18. 12*: 29. 7*.

III Ma. 5. 26*†.

[Aq. Ex. 10. 7*.]

[Sm. Ex. 10. 7*: I Ki. 3. 3*, 7*.]

πώγων. (1) זָקָן

Le. 13. 29. ἁφὴ λέπρας . . . ἐν τῷ π. (1)

— 30. λέπρα τοῦ π. ἐστι (1)

Le. 14. 9. τὴν κεφαλὴν αὐτοῦ καὶ τὸν π. (1)

19. 27. οὐδὲ φθερεῖτε τὴν ὄψιν τοῦ π. ὑμῶν (1)

21. 5. τὴν ὄψιν τοῦ π. οὐ ξυρήσονται (1)

I Ki. 21. 13 (14). τὰ σίελα αὐ. κατέρρει ἐπὶ τὸν π. αὐ. (1)

II Ki. 10. 4. ἐξύρησε τοὺς π. αὐτῶν (1)

— 5. ἕως τοῦ ἀνατεῖλαι τοὺς π. ὑμῶν (1)

20. 9. ἐκράτησεν . . . τοῦ π. Ἀμ. (1)

I Ch. 19. 5. ἕως τοῦ ἀνατεῖλαι τοὺς π. ὑμῶν (1)

I Es. 8. 71. τῆς κεφαλῆς καὶ τοῦ π.

II Es. 9. 3. ἔτιλλον . . . ἀπὸ τοῦ π. μου (1)

Ps. 132 (133). 2. τὸ καταβαῖνον ἐπὶ πώγωνα τὸν π. τὸν Ἀαρών (1, 1)

Is. 7. 20. τὸν π. ἀφελεῖ (1)

Je. 31 (48). 37. πᾶς π. ξυρηθήσεται (1)

48 (41). 5. ἦλθοσαν ἄνδρες . . . ἐξυρημένοι πώγωνας (1)

Ep. Je. 31. τοὺς π. ἐξυρημένους [A -νοι]

Ez. 5. 1. ἐπάξεις αὐτὴν . . . ἐπὶ τὸν π. σου (1)

[Aq. I Ki. 17. 35: Ps. 132 (133). 2 *bis*: Je. 48 (31). 37.]

[Sm. I Ki. 17. 35: Ps. 132 (133). 2: Je. 48 (31). 37.]

[Th. Le. 19. 27: I Ki. 17. 35.]

πωλεῖν. (1) מָכַר *a.* qal. *b.* ni. (2) שָׁבַר *a.* qal. *b.* hi.

Ge. 41. 56. ἐπώλει πᾶσι τοῖς Αἰγυπτίοις (2 *a*)

42. 6. οὗτος ἐπώλει παντὶ τῷ λαῷ (2 *b*)

Ex. 21. 8. οὐ κύριός ἐστι π. αὐτήν (1 *a*)

Ne. 5. 8. τοὺς πωλουμ. τοῖς ἔθνεσιν (1 *b*)

— 8. πωλεῖτε τοὺς ἀδελφοὺς ἡμῶν (1 *a*)

13. 16. καὶ πᾶσαν πρᾶσιν πωλοῦντες (1 *a*)

Jl. 3 (4). 3. τὰ κοράσια ἐπώλουν ἀντὶ οἴνου (1 *a*)

Na. 3. 4. ἡ πωλοῦσα ἔθνη ἐν τῇ πορνείᾳ αὐ. (1 *a*)

Za. 11. 5. οἱ πωλοῦντες αὐτὰ ἔλεγον (1 *a*)

Is. 24. 2. ἔσται ὁ ἀγοράζων ὡς ὁ πωλῶν (1 *a*)

Ez. 7. 12. ὁ πωλῶν μὴ θρηνείτω (1 *a*)

— 13. ὁ κτώμενος πρὸς τὸν πωλοῦντα οὐκέτι μὴ ἐπιστρέψει †

I Ma. 12. 36. A R ὅπως μήτε ἀγοράζωσι μήτε πωλῶσιν [S^{2} -λήσωσιν]

13. 49. καὶ ἀγοράζειν καὶ πωλεῖν

II Ma. 5. 24. τὰς δὲ γυναῖκας καὶ νεωτέρους πωλεῖν

8. 14. τὰ περιλελειμμένα πάντα ἐπώλουν

[Aq. Ge. 25. 31: Ex. 21. 7.]

[Sm. Pr. 11. 26.]

[Al. Le. 25. 14.]

πῶλος. (1) בֵּן (2) יַעֲלָה (3) עַיִר

Ge. 32. 15 (16). ὄνους εἴκοσι πώλους δέκα (3)

49. 11. δεσμεύων πρὸς ἄμπελον τὸν π. αὐ. καὶ τῇ ἕλικι τὸν π. τῆς ὄνου αὐ. (3, 1)

Jd. 10. 4. ἐπιβαίνοντες ἐπὶ τριάκοντα δύο πώλους (3)

12. 13 (14). ἐπιβαίνοντες ἐπὶ ἑβδομήκοντα πώλους (3)

Pr. 5. 19. πῶλος σῶν χαρίτων ὁμιλείτω σοι (2)

Za. 9. 9. ἐπὶ ὑποζύγιον καὶ π. νέον (3)

[Aq. Ca. 2. 9: Is. 30. 6: Za. 9. 9.]

[Sm., Th. Is. 30. 6: Za. 9. 9.]

[Quint. Za. 9. 9.]

πωμάζειν.

[Sm. Ps. 139 (140). 10.]

πώποτε. (1) מִיָּמִים

I Ki. 25. 28. οὐχ εὑρεθήσεται ἐν σοὶ π. (1)

Ju. 12. 20. ὅσον οὐκ ἔπιε π. [A *om.*]

Da. LXX. Bel 6. οὐθὲν βέβρωκε πώποτε οὗτος

Da. TH. Su. 27. π. οὐκ ἐρρέθη λόγος τοιοῦτος

Bel 7. A οὐδὲ πέπωκεν π. [B *al.*]

πωροῦν. (1) כָּהָה

Jb. 17. 7. B πεπώρωνται [A S^{2} πεπήρ.] γὰρ ἀπὸ ὀργῆς οἱ ὀφθαλμοί μου (1)

Pr. 10. 20. A ἄργυρος πεπωρωμένος [B S πεπυρ.] γλῶσσα δικαίου †

πως. * εἴ πως.

II Ki. 14. 15*: 16. 12*.

III Ki. 18. 5 (ἐάν πως): 21 (20). 31*.

IV Ki. 19. 4*.

Jb. 20. 23*†.

Si. 28. 26 (μή πως).

Jn. 1. 6*†.

Je. 28 (51). 8*.

I Ma. 4. 10*†.

[Aq. Ge. 16. 2*: Jb. 1. 5*.]

[Sm. Ge. 16. 2*: 32. 20 (21) (ἐάν πως): Is. 6. 10 (μή πως).]

[Th. Jb. 20. 23*: Is. 47. 12*.]

[Al. Ez. 2. 5 (ἐάν πως).]

πῶς. * πῶς ἄν.

Ge. 39. 9: 43. 27: 44. 8*, 34.

Ex. 6. 12, 30: 33. 16.

De. 1. 12: 2. 7: 7. 17: 12. 30: 18. 21: 25. 18: 28. 67* *bis*: 29. 16 (15)†: 31. 27: 32. 30.

Jo. 9. 7.

Jd. 16. 15.

Ru. 2. 11: 3. 18.

I Ki. 16. 2: 23. 3.

II Ki. 1. 5, 14, 19, 25, 27: 2. 22: 6. 9: 11. 11: 12. 18: 23. 3.

III Ki. 12. 6.

IV Ki. 6. 15: 10. 4: 17. 28†: 18. 24.

I Ch. 13. 12.

II Ch. 10. 6.

I Es. 3. 18: 4. 12, 32.

Ne. 2. 17: 8. 15†.

To. 5. 2: 11. 2.

Ju. 8. 14.

Es. 3. 13*: 8. 6 *bis*: 9. 12, 24†.

Jb. 9. 2: 11. 5*: 21. 34: 25. 4: 27. 10†: 33. 12.

Ps. 10 (11). 1: 72 (73). 11, 19: 136 (137). 4.

Pr. 4. 19: 5. 12: 15. 11: 20. 24*.

Ec. 2. 16: 4. 11.

Ca. 5. 3 *bis*.

Wi. 5. 5: 6. 22: 11. 8, 9, 25: 13. 9: 16. 4: 19. 10.

Si. 25. 3*: 49. 11.

Ob. 1. 6.

Ze. 3. 1 (2. 15).

Hg. 2. 4 (3).

Is. 1. 21: 7. 13: 14. 4, 12: 19. 11: 20. 6: 36. 9: 40. 20.

Je. 2. 21, 23: 8. 8: 9. 19: 12. 5 *bis*: 27 (50). 23 *bis*: 28 (51). 41 *bis*: 29 (47). 7: 30. 14 (49. 25): 31 (48). 14, 17, 39 *bis*.

La. 1. 1: 2. 1: 4. 1, 2.

Ep. Je. 40, 44, 46, 49, 56.

Ez. 26. 17: 33. 10.

Da. LXX., TH. 10. 17.

I Ma. 3. 17†, 53: 4. 9†: 9. 21.

IV Ma. 1. 5: 2. 24: 13. 5: 14. 13.

[Aq. Jd. 16. 15: Ps. 72 (73). 11: Je. 12. 5: 48 (31). 39: 50 (27). 23.]

[Sm. Jb. 11. 8*: Ps. 72 (73). 11: Je. 12. 5: 48 (31). 39: 50 (27). 23.]

[Th. Jd. 16. 15: Ps. 72 (73). 11: Jn. 2. 5.]

[Heb. Jb. 15. 14.]

[Al. Ez. 2. 5 (?).]

P

ῥαβά. (1) עֲרָבָה

Je. 52. 7. S ὁδὸν εἰς ῥ. [A B *al.*] (1)

ῥαββίμ.

[**Aq.** Je. 41 (48). 12.]

ῥαβδίζειν. (1) חָבַט

Jd. 6. 11. Γ. ὁ υἱὸς αὐ. ῥαβδίζων σῖτον [A ἐράβδιζεν πυρούς] (1)
Ru. 2. 17. ἐρράβδισεν ἃ συνέλεξε (1)

[**Aq.** Dt. 24. 22 (20) : Is. 27. 12 : 28. 27.]
[**Sm., Th.** Is. 27. 12.]
[**Al.** Is. 28. 27.]

ῥαβδίον.

Ez. 21. 21 (26). A τοῦ ἀναβράσαι ῥαβδία [B -δον] †

[**Aq.** Is. 11. 1.]
[**Th.** Pr. 14. 3.]

ῥάβδος. (1) חֹטֶר (2) מַטֶּה (3) מַקֵּל (4) מִשְׁעֶנֶת (5) עֵץ (6) שֵׁבֶט (7) שַׁרְבִיט

Ge. 30. 37. ἔλαβε δὲ ἑαυτῷ Ἰ. ῥ. στυρακίνην χλωράν (3)
— 37. R ἐφαίνετο ἐπὶ ταῖς [A τοῖς] ῥ. τὸ λευκόν (3)
— 38. παρέθηκε τὰς ῥ. (3)
— 38. ἐνώπιον τῶν ῥ. ἐλθόντων αὐτῶν †
— 38. ἐγκισσήσωσι τὰ πρόβατα εἰς τὰς ῥ. †
— 39. ἐνεκίσσων τὰ πρόβατα εἰς τὰς ῥ. (3)
— 41. ἔθηκεν Ἰ. τὰς ῥ. ἐναντίον τῶν προβάτων (3)
— 41. τοῦ ἐγκισσῆσαι αὐτὰ κατὰ τὰς ῥ. (3)
32. 10 (11). ἐν γὰρ τῇ ῥ. μου διέβην τὸν Ἰορδ. τοῦτον (3)
38. 18. καὶ τὴν ῥ. τὴν ἐν τῇ χειρί σου (2)
— 25. ἐπίγνωθι τίνος . . . ἡ ῥ. αὕτη (2)
47. 31. προσεκύνησεν Ἰσρ. ἐπὶ τὸ ἄκρον τῆς ῥ. αὐ. †
Ex. 4. 2. ὁ δὲ εἶπε, Ῥάβδος (2)
— 4. καὶ ἐγένετο ῥάβδος ἐν τῇ χειρὶ αὐ. (2)
— 17. τὴν ῥ. ταύτην τὴν στραφεῖσαν εἰς ὄφιν (2)
— 20. ἔλαβε δὲ M. τὴν ῥ. τὴν παρὰ τοῦ θεοῦ (2)
7. 9. λάβε τὴν ῥ. (2)
— 10. ἔρριψεν Ἀ. τὴν ῥ. (2)
— 12. ἔρριψαν ἕκαστος τὴν ῥ. αὐ. (2)
— 12. κατέπιεν ἡ ῥ. ἡ Ἀ. τὰς ἐκείνων ῥ. (2, 2)
— 15. τὴν ῥ. τὴν στραφεῖσαν εἰς ὄφιν (2)
— 17. τύπτω τῇ ῥ. τῇ ἐν τῇ χειρί μου (2)
— 19. λάβε τὴν ῥ. σου (2)
— 20. ἐπάρας τῇ ῥ. [A Ἀ. τὴν ῥ.] αὐ. (2)
8. 5 (1), 16 (12). ἔκτεινον τῇ χειρὶ τὴν ῥ. σου (2)
— 17 (13). ἐξέτεινεν οὖν Ἀ. τῇ χειρὶ τὴν ῥ. (2)
10. 13. ἐπῆρε M. τὴν ῥ. (2)
14. 16. ἔπαρον τῇ ῥ. [A τὴν ῥ.] σου (2)
17. 5. καὶ τὴν ῥ. . . . λάβε (2)
— 9. καὶ ἡ ῥ. τοῦ θεοῦ ἐν τῇ χειρί μου (2)
21. 19. περιπατήσῃ ἔξω ἐπὶ ῥάβδου (4)
— 20. ἐὰν δέ τις πατάξῃ τὸν παῖδα αὐ. . . . ἐν ῥάβδῳ (6)
Le. 27. 32. ὃ ἐὰν ἔλθῃ ἐν τῷ ἀριθμῷ ὑπὸ τὴν ῥ. (6)
Nu. 17. 2 (17). λάβε παρ' αὐτῶν ῥάβδον ῥάβδον κατ' οἴκους πατριῶν . . . δώδεκα ῥάβδους (2 *ter*)
— 2 (17). ἑκάστου τὸ ὄνομα αὐ. ἐπίγραψον ἐπὶ τῆς ῥ. (2)
— 3 (18). τὸ ὄν. Ἀ. ἐπίγραψον ἐπὶ τῆς ῥ. Λ. (2)
— 3 (18). ἔστι γὰρ ῥ. μία (2)
— 5 (20). ἡ ῥ. αὐ. ἐκβλαστήσει (2)
— 6 (21). ἔδωκαν αὐτῷ . . . ῥάβδον τῷ ἄρχοντι τῷ ἑνὶ ῥάβδον κατ' ἄρχοντα . . . δώδεκα ῥάβδους (2 *ter*)
— 6 (21). ἡ ῥ. Ἀ. ἀνὰ μέσον τῶν ῥ. αὐ. (2, 2)
— 7 (22). ἀπέθηκε M. τὰς ῥ. ἔναντι κυρίου (2)
— 8 (23). ἐβλάστησεν ἡ ῥ. Ἀ. (2)
— 9 (24). ἐξήνεγκε M. πάσας τὰς ῥ. (2)
— 9 (24). A R ἔλαβον [B ἔβαλεν] ἕκαστος τὴν ῥ. αὐ. (2)
— 10 (25). ἀπόθες τὴν ῥ. Ἀ. (2)
20. 8. λάβε τὴν ῥ. σου (2)
Nu. 20. 9. ἔλαβε M. τὴν ῥ. τὴν ἀπέναντι κυρίου (2)
— 11. ἐπάταξε τὴν πέτραν τῇ ῥ. δίς (2)
22. 23. A R ἐπάταξε τὴν ὄνον ἐν [B *om.*] τῇ ῥ. -
— 27. ἔτυπτε τὴν ὄνον τῇ ῥ. (3)
Jd. 5. 14. ἐν ῥάβδῳ διηγήσεως γραμματέως [A *al.*] (6)
6. 21. ἐξέτεινεν . . . τὸ ἄκρον τῆς ῥ. (4)
I Ki. 17. 43. σὺ ἔρχῃ ἐπ' ἐμὲ ἐν ῥάβδῳ (3)
II Ki. 7. 14. ἐλέγξω αὐτὸν ἐν ῥάβδῳ ἀνδρῶν (6)
23. 21. R κατέβη πρὸς αὐτὸν ἐν ῥάβδῳ [B τῷ δόρατι] (6)
III Ki. 8. 1. A σὺν πάσας κεφαλὰς τῶν ῥ. (2)
IV Ki. 18. 21. πέποιθας σαυτῷ ἐπὶ τὴν ῥ. τὴν καλαμίνην (4)
I Ch. 11. 23. κατέβη ἐπ' αὐτὸν B. ἐν ῥάβδῳ (6)
To. 5. 17. οὐχὶ ἡ [S αὐτὸς] ῥ. τῆς χειρὸς ἡμῶν ἐστιν
Es. 4. 11. ᾧ ἐκτείνει ὁ βασ. τὴν χρυσῆν ῥ. (7)
5. 2. ἄρας τὴν χρυσῆν ῥ. (7)
8. 4. ἐξέτεινε δὲ . . . τὴν ῥ. τὴν χρυσῆν (7)
Jb. 9. 34. ἀπαλλαξάτω ἀπ' ἐμοῦ τὴν ῥ. (6)
Ps. 2. 9. ποιμανεῖς αὐτοὺς ἐν ῥάβδῳ σιδηρᾷ (6)
22 (23). 4. ἡ ῥ. σου καὶ ἡ βακτηρία σου αὗταί [A αὐτά] με παρεκάλεσαν (6)
44 (45). 6. ῥάβδος εὐθύτητος ἡ ῥ. τῆς βασιλείας σου (6, 6)
73 (74). 2. ἐλυτρώσω ῥάβδον κληρονομίας σου (6)
88 (89). 32. ἐπισκέψομαι ἐν ῥάβδῳ τὰς ἀνομίας αὐτῶν (6)
109 (110). 2. ῥάβδον δυνάμεως ἐξαποστελεῖ (2)
124 (125). 3. οὐκ ἀφήσει κύριος τὴν ῥ. τῶν ἁμαρτωλῶν (6)
Pr. 10. 13. ῥάβδῳ τύπτει ἄνδρα ἀκάρδιον (6)
22. 15. ῥάβδος δὲ καὶ παιδεία μακρὰν ἀπ' αὐτοῦ (6)
23. 13. ἐὰν πατάξῃς αὐτὸν ῥάβδῳ (6)
— 14. σὺ μὲν γὰρ πατάξεις αὐτὸν ῥάβδῳ (6)
26. 3. οὕτως ῥάβδος ἔθνει παρανόμῳ (6)
Si. 30. 33 (33. 24). ῥάβδος καὶ φορτία ὄνῳ
Ho. 4. 12. ἐν ῥάβδοις αὐ. ἀπήγγελλον αὐτῷ (3)
Mi. 5. 1 (4. 14). ἐν ῥάβδῳ πατάξουσιν (6)
7. 14. ποίμαινε λαόν σου ἐν ῥάβδῳ σου (6)
Na. 1. 13. συντρίψω τὴν ῥ. αὐ. ἀπὸ σοῦ †
Za. 8. 4. ἕκαστος τὴν ῥ. αὐ. ἔχων (4)
11. 7. λήψομαι ἐμαυτῷ δύο ῥάβδους (3)
— 10. λήψομαι τὴν ῥ. μου τὴν καλήν (3)
— 14. ἀπέρριψα τὴν ῥ. τὴν δευτέραν (3)
Is. 9. 4 (3). καὶ ἡ ῥ. ἡ ἐπὶ τοῦ τραχήλου αὐτῶν τὴν γὰρ ῥ. τῶν ἀπαιτούντων διεσκέδασεν (2, 6)
10. 5. ἡ ῥ. τοῦ θυμοῦ μου (6)
— 15. ὡς ἂν τις ἄρῃ ῥάβδον (6 + 2)
— 24. ἐν ῥάβδῳ πατάξει σε (6)
11. 1. ἐξελεύσεται ῥ. ἐκ τῆς ῥίζης Ἰεσσαί (1)
28. 27. ῥάβδῳ τινάσσετα. τὸ μελάνθιον (2)
36. 6. πεποιθὼς εἶ ἐπὶ τὴν ῥ. τὴν καλαμίνην τὴν τεθλασμένην ταύτην (4)
Je. 31 (48). 17. συνετρίβη βακτηρία εὐκλεὴς ῥ. μεγαλώματος (3)
La. 3. 1. ἐν ῥάβδῳ θυμοῦ αὐτοῦ ἐπ' ἐμέ (6)
Ez. 7. 10. εἰ καὶ ἡ ῥ. ἤνθηκεν (2)
19. 11. ἐγένετο αὕτη [A -νοντο αὐτῇ] ῥ. (2)
— 12. ἐξηράνθη ἡ ῥ. ἰσχύος αὐτῆς (2)
— 14. ἐξῆλθε πῦρ ἐκ ῥάβδου ἐκλεκτῶν αὐτῆς . . . οὐκ ἦν ἐν αὐτῇ ῥ. ἰσχύος (2, 2)
20. 37. διάξω ὑμᾶς ὑπὸ τὴν ῥ. μου (6)
21. 21 (26). τοῦ ἀναβράσαι ῥάβδον [A -δία] †
29. 6. ἐγενήθης ῥ. καλαμίνη (4)
37. 16. λάβε σεαυτῷ ῥάβδον . . . ῥάβδον δευτέραν λήψῃ σεαυτῷ . . . ῥάβδον Ἐφραΐμ (5 *ter*)
— 17. συνάψεις αὐτὰς πρὸς ἀλλήλας σαυτῷ εἰς ῥάβδον μίαν (5)
— 19. ἔσονται εἰς ῥάβδον μίαν (5)
— 20. ἔσονται αἱ ῥ. . . . ἐν τῇ χειρί σου (5)
39. 9. ῥάβδοις χειρῶν καὶ λόγχαις (3)
Da. LXX. Bel 25. ἀνελῶ τὸν δράκοντα ἄνευ . . . ῥάβδου
Da. TH. Bel 26. ἀποκτενῶ τὸν δράκοντα ἄνευ . . . ῥάβδου

[**Aq.** Nu. 1. 21, 47 : III Ki. 8. 1 : Ps. 73 (74). 2 : Je. 10. 16 : Ez. 4. 16 : 7. 11 : Za. 11. 10.]
[**Sm.** Ge. 30. 41 : Jd. 5. 14 : I Ki. 14. 27 : Is. 10. 24 : 14. 5 : Je. 51 (28). 19.]
[**Th.** Ge. 47. 31 : Nu. 21. 18 : Jd. 5. 14 : Pr. 10. 13 : Je. 10. 16 : Ez. 7. 10 : 21. 10 (15).]
[**Al.** Le. 26. 13, 26.]

ῥαβομόγ, ῥαβσαρίς.

[**Sm., Th.** Je. 39 (46). 13.]

ῥαβώθ. (1) עַרְבוֹת

IV Ki. 25. 5. A ἐν ῥ. Ἱερ. [B *al.*] (1)

ῥαγάς. (1) נַהֲלֹל

Is. 7. 19. εἰς τὰ σπήλαια καὶ εἰς [A S σπ. ἐπὶ] πᾶσαν ῥαγάδα (1)

ῥάγμα. (1) בְּקִיעַ

Am. 6. 12 (11). πατάξει . . . τὸν οἶκον τὸν μικρὸν ῥάγμασιν [A ῥήγμασιν] (1)

ῥάδαμνος. (1) יוֹנֶקֶת (2) כִּפָּה

Jb. 8. 16. ἐκ σαπρίας αὐτοῦ ὁ ῥ. αὐτοῦ ἐξελεύσεται (1)
14. 7. ὁ ῥ. αὐτοῦ οὐ μὴ ἐκλείπῃ (1)
15. 32. ὁ ῥ. αὐτοῦ οὐ μὴ πυκάσῃ (2)
40. 17 (22). σκιάζονται δὲ ἐν αὐτῷ δένδρα μεγάλα σὺν ῥαδάμνοις [S[1] ῥάμνοις] †

ῥᾴδιος.

II Ma. 2. 26. καὶ ἡμῖν μὲν . . . οὐ ῥᾴδιον
4. 17. ἀσεβεῖν γὰρ εἰς τοὺς θείους νόμους οὐ ῥᾴδιον

ῥαθέμ.

[**Heb.** III Ki. 19. 5.]

ῥαθμέν. (1) רֹתֶם

III Ki. 19. 4. ἐκάθισεν ὑποκάτω ῥ. [A ῥαμάθ] (1)

ῥᾳθυμεῖν. (1) רָאָה hithpa.

Ge. 42. 1. ἵνα τί ῥᾳθυμεῖτε (1)
Ju. 1. 16. A S R καὶ ἦν ἐκεῖ ῥᾳθυμῶν
Si. 35 (32). 11. καὶ μὴ ῥᾳθύμει [A ἀθ.]
II Ma. 6. 4. ὑπὸ τῶν ἐθνῶν ἐπεπλήρωτο ῥᾳθυμούντων

ῥᾳθυμία.

III Ma. 4. 8. ἀντὶ εὐωχίας καὶ νεωτερικῆς ῥ.

ῥαίνειν, ῥανίζειν. (1) זָרַק (2) נָזָה hi. (3) נָזַל

Ex. 29. 21. καὶ ῥανεῖς ἐπὶ Ἀ. (2)
Le. 4. 17. καὶ ῥανεῖ ἑπτάκις ἔναντι κυρίου (2)
5. 9. ῥανεῖ ἀπὸ τοῦ αἵματος (2)
8. 11. ἔρρανεν ἀπ' αὐτοῦ ἐπὶ τὸ θυσιαστήριον (2)
14. 16. ῥανεῖ [A -ιεῖ] τῷ δακτύλῳ ἑπτάκις (2)
— 27. ῥανεῖ ὁ ἱερεὺς τῷ δακτύλῳ τῷ δεξιῷ (2)
16. 14. ῥανεῖ τῷ δακτύλῳ ἐπὶ τὸ ἱλαστήριον (2)
— 14. κατὰ πρόσωπον τοῦ ἱλαστηρίου ῥανεῖ ἑπτάκις (2)
— 15. ῥανεῖ τὸ αἷμα αὐ. ἐπὶ τὸ ἱλαστήριον (2)
— 19. ῥανεῖ ἐπ' αὐτοῦ ἀπὸ τοῦ αἵματος (2)
Nu. 19. 4. ῥανεῖ ἀπέναντι τοῦ προσώπου τῆς σκηνῆς (2)
Is. 45. 8. αἱ νεφέλαι ῥανάτωσαν [A ῥαινέτ.] δικαιοσύνην (3)
Ez. 36. 25. ῥανῶ ἐφ' ὑμᾶς ὕδωρ καθαρόν (1)

[**Th.** Le. 8. 11.]
[**Al.** Jb. 26. 8.]

ῥάκος. (1) בֶּגֶד (2) סְחָבָה

Es. 4. 17. βδελύσσομαι αὐτὸ ὡς ῥάκος καταμηνίων
Is. 64. 6 (5). ὡς ῥ. ἀποκαθημένης πᾶσα ἡ δικαιοσύνη ἡμῶν (1)
Je. 45 (38). 11. ἔλαβεν ἔκειθεν παλαιὰ ῥάκη (2)

[**Th.** Je. 38 (45). 12.]

ῥακώδης. (1) קְרָעִים
Pr. 23. 21. ἐνδύσεται διερρηγμένα καὶ ῥακώδη (1)

ῥαμά. (1) רָאמָה
Za. 14. 10. ῥαμὰ δὲ ἐπὶ τόπου μενεῖ (1)

ῥαμάθ.
III Ki. 19. 4. A ἐκάθισεν ὑποκάτω ῥ. [B ῥαθμέν] †

ῥάμμα. (1) חוּט
Jd. 16. 12. A ἔσπασεν αὐτὰ . . . ὡς ῥάμμα (1)
[Aq. Ge. 14. 23.]

► **ῥάμνος.** (1) אָטָד
Jd. 9. 14. εἶπαν πάντα τὰ ξύλα τῇ ῥ. [A al.] (1)
— 15. εἶπεν ἡ ῥ. πρὸς τὰ ξύλα (1)
— 15. A ἐξέλθῃ πῦρ ἐκ τῆς ῥ. [B al.] (1)
Jb. 40. 17 (22). S[1] σκιάζονται δὲ ἐν αὐτῷ δένδρα μεγάλα σὺν ῥάμνοις [A B S[2] ῥαδάμνοις] †
Ps. 57 (58). 9. B S[1] πρὸ τοῦ συνεῖναι [B[2]R -ιέναι] τὰς ἀκάνθας ὑμῶν τὴν ῥ. [S[2] τῇ ῥ.] (1)
Ep. Je. 71. τὸν αὐτὸν τρόπον καὶ τῇ ἐν κήπῳ ῥ.
[Aq., Th. Jd. 9. 14.]
[Sm. Ps. 57 (58). 10.]
[Al. Ge. 50. 10, 11.]

ῥανίς.
Wi. 11. 22. ὡς ῥανὶς δρόσου ὀρθρινή

ῥαντίζειν. (1) חָטָא pi. (2) נָזָה
Le. 6. 27 (20). ὃς ἐὰν ῥαντισθῇ ἐπ᾽ αὐτό (2)
IV Ki. 9. 33. ἐρραντίσθη τοῦ αἵματος αὐ. (2)
Ps. 50 (51). 7. ῥαντιεῖς με ὑσσώπῳ (1)
[Aq. Le. 8. 11 : Is. 52. 15 : 63. 3.]
[Sm. Is. 63. 3.]
[Th. Is. 52. 15.]

ῥαντισμός. (1) נִדָּה
Nu. 19. 9. ὕδωρ ῥαντισμοῦ ἅγνισμά ἐστι (1)
— 13, 20. ὕδωρ ῥαντισμοῦ οὐ περιερραντίσθη (1)
— 21. ὁ περιρραίνων ὕδωρ ῥαντισμοῦ (1)
— 21. ὁ ἁπτόμενος τοῦ ὕδατος τοῦ ῥ. (1)
Za. 13. 1. A S[2] καὶ εἰς τὸν ῥ. [B S[1] χωρισμόν] (1)
[Aq. Za. 13. 1.]

ῥαντός. (1) נָקֹד (2) עָקֹד (3) σποδοειδὴς ῥαντός *a.* בָּרֹד *b.* טָלֻא
Ge. 30. 32. B καὶ πᾶν διάλευκον καὶ ῥ. [A al.] (1)
— 33. πᾶν ὃ ἐὰν μὴ ᾖ ῥαντὸν καὶ διάλευκον (1)
— 35. διέστειλεν . . . τοὺς τράγους τοὺς ῥ. . . . καὶ πάσας τὰς αἶγας τὰς ῥ. (2, 1)
— 39. ἔτικτον τὰ πρόβατα . . . σποδοειδῆ ῥαντά (3 *b*)
31. 10. καὶ ποικίλοι καὶ σποδοειδεῖς ῥαντοί (3 *a*)
— 12. καὶ ποικίλους καὶ σποδοειδεῖς ῥαντούς (3 *a*)
[Sext. Ca. 1. 11.]

ῥαπίζειν.
Jd. 16. 25. B καὶ ἐρράπιζον αὐτόν –
I Es. 4. 31. ἐρράπιζε τὸν βασ. τῇ ἀριστερᾷ
Ho. 11. 4. ὡς ῥαπίζων ἄνθρωπος ἐπὶ τὰς σιαγόνας αὐ. †

ῥάπισμα. (1) מְרַט
Is. 50. 6. τὰς δὲ σιαγόνας μου εἰς ῥαπίσματα (1)

ῥάπτειν. (1) תָּפַר
Ge. 3. 7. ἔρραψαν φύλλα συκῆς (1)
Jb. 16. 16 (15). σάκκον ἔρραψαν ἐπὶ βύρσης μου [A S[2] al.] (1)
Ec. 3. 7. καιρὸς τοῦ ῥάψαι (1)

ῥαπτός. (1) טָלֻא
Ez. 16. 16. ἐποίησας σεαυτῇ εἴδωλα ῥαπτά (1)

ῥασείμ, ῥασίμ, ῥασσείμ. (1) חֲרָשִׁים (2) רָצִים
IV Ki. 11. 4. A R τοὺς ἑκατοντάρχους . . . τῶν [B τὸν] ῥ. (2)
— 19. ἔλαβε . . . τὸν ῥ. (2)
I Ch. 4. 14. A τὸν Ἰ. πατέρα γῆς ῥ. [B al.] (1)
[Th. IV Ki. 11. 4.]

ῥάσσειν. (1) נָטַשׁ (2) נָפַל hi. (3) רָטַשׁ pu. (4) שָׁלַךְ hoph.
Ju. 9. 8. σὺ ῥάξον [S σύνρ.] αὐτῶν τὴν ἰσχύν
16. 10. B S[1] Μῆδοι τὸ θράσος αὐ. ἐρράχθησαν [A S[2] ἐταράχ.]
Is. 9. 11 (10). ῥάξει ὁ θεὸς τοὺς ἐπανισταμένους †
13. 16. τὰ τέκνα αὐ. ῥάξουσιν [S[1] om.] ἐνώπιον αὐτῶν (3)
Je. 23. 33. ῥάξω ὑμᾶς (1)
— 39. λαμβάνω καὶ ῥάσσω ὑμᾶς (1)
Da. LXX. 8. 10. ἐρράχθη ἐπὶ τὴν γῆν (2)
— 11. τὰ ὄρη τὰ ἀπ᾽ αἰῶνος ἐρράχθη (4)
Da. TH. 8. 11. B δι᾽ αὐτὸν θυσία ἐράχθη [A R ἐταράχθη] (4)

ῥασών.
[Heb. Ma. 2. 13.]

ῥαφά. (1) רָפָא (2) רָפָה
II Ki. 21. 16. ὃς ἦν ἐν τοῖς ἐκγόνοις τοῦ ῥ. (2)
— 18. ἐν τοῖς ἐκγόνοις τοῦ ῥ. (2)
— 20. καί γε αὐτὸς ἐτέχθη τῷ ῥ. (2)
— 22. ἐτέχθησαν . . . τῷ ῥ. (2)
I Ch. 20. 8. B οὗτος ἐγένετο ῥ. [A R al.] (1)

ῥαφαείμ, ῥαφαΐμ.
[Aq. Jb. 26. 5 : Is. 14. 9 : 26. 19.]
[Th. Is. 14. 9.]
[Al. I Ch. 11. 15 : 14. 9.]

ῥαφαείν, ῥαφαΐν.
[Aq. Jb. 26. 5 : Pr. 9. 18 : 21. 16 : Is. 26. 14.]
[Quint. Pr. 9. 18.]

ῥαφιδευτής. (1) רֹקֵם.
Ex. 27. 16. καὶ βύσσου κεκλωσμένης τῇ ποικιλίᾳ τοῦ ῥ. (1)

ῥαφιδευτός. (1) רָקַם
Ex. 37 (38). 23. τὰ ὑφαντὰ καὶ τὰ [A om.] ῥ. (1)

ῥάχις. (1) גֶּרֶם
I Ki. 5. 4. ἡ ῥ. Δαγὼν ὑπελείφθη –
— 5. A πλὴν ἡ ῥ. Γαζεέ –
Jb. 40. 13 (18). ἡ δὲ ῥ. αὐτοῦ σίδηρος [A ὡς σ.] χυτός (1)

ῥαψάρτης (?).
[Aq. Je. 51 (28). 27.]

ῥεβωμά.
[Aq. Je. 39 (46). 13.]

ῥέγχειν. (1) רָדַם ni.
Jn. 1. 5. καὶ ἔρεγχε
— 6. τί σὺ ῥέγχεις [S[1] -ει]

ῥεῖθρον.
[Aq. Ex. 1. 22 : 7. 19, 24 : Jb. 28. 10.]
[Sm. Jb. 20. 17 : 28. 10 : Ps. 68 (69). 3 : 77 (78). 44 : Is. 27. 12.]
[Al. Ex. 2. 5 : 4. 9 : 7. 15 : 8. 5 (1).]

ῥεῖν. (1) הָלַךְ (2) זוּב (3) מָקַק ni. (4) נוּב (5) נָזַל (6) רָעַף
Ex. 3. 8, 17. εἰς γῆν ῥέουσαν γάλα καὶ μέλι (2)
13. 5. γῆν ῥέουσαν γάλα καὶ μέλι (2)
33. 3. εἰς γῆν ῥέουσαν γάλα καὶ μέλι (2)
Le. 15. 3. ῥέων γόνον ἐκ σώματος αὐτοῦ (2)
— 19. ἥτις ἐὰν ᾖ ῥέουσα αἵματι (2)
— 25. ἐὰν ῥέῃ ῥύσει αἵματος (2)
— 25. ἐὰν καὶ ῥέῃ μετὰ τὴν ἄφεδρον αὐ. (2)
20. 24 : Nu. 13. 28 (27). γῆν ῥέουσαν γάλα καὶ μέλι (2)
Nu. 14. 8. ἥτις ἐστὶ ῥέουσα γάλα καὶ μέλι (2)
16. 13, 14. εἰς γῆν ῥέουσαν γάλα καὶ μέλι (2)
De. 6. 3 : 11. 9 : 26. 9. γῆν ῥέουσαν γάλα καὶ μέλι (2)
26. 10. γῆν ῥέουσαν γάλα καὶ μέλι –
— 15 : 27. 3 : 31. 20 : Jo. 5. 6. γῆν ῥέουσαν γάλα καὶ μέλι (2)
Jb. 36. 28. ῥυήσονται παλαιώματα (5)
38. 30. ἣ καταβαίνει ὥσπερ ὕδωρ ῥέον †
Ps. 61 (62). 10. πλοῦτος ἐὰν ῥέῃ (4)
77 (78). 20 : 104 (105). 41. καὶ ἐρρύησαν ὕδατα (2)
147. 7 (18). καὶ ῥυήσεται ὕδατα (5)
Pr. 3. 20. νέφη δὲ ἐρρύησαν δρόσους [S[2] -ῳ] (6)
Ca. 4. 16. ῥευσάτωσαν ἀρώματά μου (5)
Wi. 16. 29. ῥυήσεται ὡς ὕδωρ ἄχρηστον
Si. 46. 8. εἰς γῆν ῥέουσαν γάλα καὶ μέλι
Jl. 3 (4). 18. οἱ βουνοὶ ῥυήσονται γάλα (1)
— 18. πᾶσαι αἱ ἀφέσεις Ἰ. ῥυήσονται ὕδατα (1)
Za. 14. 12. οἱ ὀφθ. αὐ. ῥυήσονται ἐκ τῶν ὀπῶν αὐ. (3)
Is. 48. 21. ῥυήσεται ὕδωρ (2)
Je. 9. 18 (17). τὰ βλέφαρα ὑμῶν ῥείτω ὕδωρ (5)
11. 5 : 39 (32). 22. γῆν ῥέουσαν γάλα καὶ μέλι (2)
Ba. 1. 20. γῆν ῥέουσαν γάλα καὶ μέλι
Ez. 20. 6, 15. γῆν ῥέουσαν γάλα καὶ μέλι (2)
[Aq. Le. 15. 4, 6 : Nu. 5. 2 : Ca. 4. 16.]
[Sm. Le. 15. 4, 6 : Nu. 5. 2 : Jb. 36. 28 : Ez. 7. 17 : 21. 7 (12).]
[Th. Le. 15. 4, 6 : Nu. 5. 2 : Jb. 36. 28.]
[Al. Le. 15. 2 : 22. 4.]
[Quint. Ca. 4. 15.]
[Sext. Ps. 26 (27). 2 : Ca. 4. 15.]

ῥεμβασμός.
Wi. 4. 12. ῥεμβασμὸς ἐπιθυμίας μεταλλεύει νοῦν ἄκακον

ῥέμβεσθαι.
Pr. 7. 12. χρόνον γάρ τινα ἔξω ῥέμβεται –
[Aq. Ps. 118 (119). 176.]
[Sm. I Ki. 23. 13 : Ps. 58 (59). 16 : 118 (119). 118 : Ca. 1. 7.]

ῥεμβεύειν. (1) סָבַב
Is. 23. 16. ῥέμβευσον, πόλις πόρνη (1)
[Aq. Je. 31 (38). 22 : 49 (30). 4.]
[Quint. Ho. 8. 6.]

ῥεμελέ.
IV Ki. 14. 7. B ἐπάταξε τὴν Ἐ. ἐν ῥ. [A R al.] †

ῥεῦμα.
Si. 39. 13. ὡς ῥόδον φυόμενον ἐπὶ ῥεύματος ἀγροῦ [A S ὑγροῦ]

ῥῆγμα. (1) בְּקִיעַ (2) קְרָעִים
III Ki. 11. 30. διέρρηξεν αὐτὸ δώδεκα ῥήγματα (2)
— 31. λάβε σεαυτῷ δέκα ῥήγματα (2)
— 31. A δώσω σοι δέκα ῥήγματα [B σκῆπτρα] †
12. 24. B ῥῆξον αὐτὸ δώδεκα ῥήγματα –
— 24. R λάβε σεαυτῷ δέκα [B δώδεκα] ῥήγματα –
IV Ki. 2. 12. διέρρηξεν αὐτὰ εἰς δύο ῥήγματα (2)
Am. 6. 12 (11). A πατάξει . . . τὸν οἶκον τὸν μικρὸν ῥήγμασιν [B ῥάγμασιν] (1)
[Sm. Is. 22. 9.]

ῥηγνύναι (*incl.* **ῥήσσειν**). (1) בָּקַע *a.* qal. *b.* ni. *c.* pi. *d.* hoph. *e.* hithpa. (2) הָרַס ni. (3) נָתַק ni. (4) פָּצַח (5) קָרַע *a.* qal. *b.* ni. (6) ῥ. φωνήν נָעָה
Ge. 7. 11. ἐρράγησαν πᾶσαι αἱ πηγαὶ τῆς ἀβ. (1 *b*)
Ex. 14. 16. καὶ ῥῆξον αὐτήν (1 *a*)
28. 28 (32). ἵνα μὴ ῥαγῇ (5 *b*)
Nu. 16. 31. ἐρράγη ἡ γῆ (1 *b*)
Jo. 9. 13. καὶ οὗτοι ἐρρώγασι (1 *e*)
Jd. 15. 19. ἔρρηξεν ὁ θεὸς τὸν λάκκον [A al.] (1 *a*)
III Ki. 1. 40. ἐρράγη ἡ γῆ ἐν τῇ φωνῇ αὐ. (1 *b*)
11. 31. ῥήσσω τὴν βασ. ἐκ χειρὸς Σ. (5 *a*)
12. 24. B ῥῆξον αὐτὸ δώδεκα ῥήγματα –
13. 3. τὸ θυσιαστήριον ῥήγνυται (5 *b*)
— 5. τὸ θυσιαστήριον ἐρράγη (5 *b*)
14. 8. A ἔρρηξα σὺν τὸ βασίλειον ἀπὸ τοῦ οἴκου Δ. (5 *a*)
IV Ki. 22. 11. A ἔρρηξεν [B διέρρ.] τὰ ἱμάτια ἑαυτοῦ (5 *a*)
25. 4. ἐρράγη ἡ πόλις (1 *b*)
I Es. 8. 71. B ἔρρηξα [A R διέρρ.] τὰ ἱμάτια
Ne. 9. 11. τὴν θάλασσαν ἔρρηξας ἐνώπιον αὐτῶν (1 *a*)
Jb. 1. 20. R ἔρρηξε [A B S διέρρηξεν] τὰ ἱμάτια ἑαυτοῦ (5 *a*)
2. 12. ῥήξαντες ἕκαστος τὴν ἑαυτοῦ στολήν (5 *a*)
6. 5. εἰ δὲ καὶ ῥήξει φωνὴν βοῦς ἐπὶ φάτνης (6)
15. 13. θυμὸν ἔρρηξας ἔναντι κυρίου †
17. 11. A B S[2] ἐρράγη δὲ τὰ ἄρθρα τῆς καρδίας μου (3)
26. 8. οὐκ ἐρράγη νέφος ὑποκάτω αὐτοῦ (1 *b*)
28. 10. A B S δίνας δὲ ποταμῶν ἔρρηξεν [R διέρρηξε] (1 *c*)
31. 37. εἰ μὴ ῥήξας αὐτὴν ἀπέδωκα †
32. 19. ὥσπερ φυσητὴρ [S[1] -ῆς] χαλκέως ἐρρηγώς [S[1] om., A δεδεμένος καὶ κατερρ.] (1 *b*)
Ps. 140 (141). 7. S[2] ὡσεὶ πάχος γῆς ἐρράγη [A B S[1] διερράγη] (1 *a*)
Pr. 3. 20. ἐν αἰσθήσει ἄβυσσοι ἐρράγησαν (1 *b*)
Ec. 3. 7. καιρὸς τοῦ ῥῆξαι (5 *a*)
Wi. 4. 19. ῥήξει αὐτοὺς ἀφώνους πρηνεῖς

► = additional entry on page xxvi

Si. 19. 10. οὐ μή σε ῥήξει
Hb. 3. 10 (9). ποταμῶν [S^{2} -ῷ] ῥαγήσεται γῆ (1 c)
Is. 5. 27. οὐδὲ μὴ ῥαγῶσιν οἱ ἱμάντες τῶν ὑποδημάτων αὐτῶν (3)
33. 23. ἐρράγησαν τὰ σχοινία σου †
35. 6. ἐρράγη ἐν τῇ ἐρήμῳ ὕδωρ (1 b)
49. 13. ῥηξάτωσαν τὰ ὄρη εὐφροσύνην (4)
52. 9. ῥηξάτω εὐφροσύνην [S -νη] ἅμα τὰ ἔρημα Ἰερουσαλήμ (4)
54. 1. ῥῆξον καὶ βόησον (4)
58. 8. ῥαγήσεται πρώϊμον τὸ φῶς σου (1 b)
59. 5. ᾠὰ ἀσπίδων ἔρρηξαν (1 c)
Je. 46 (39). 2. ἐρράγη ἡ πόλις (1 d)
Ez. 13. 11. καὶ ῥαγήσεται (1 c)
— 13. ῥήξω πνοὴν ἐξαίρουσαν (1 c)
38. 20. ῥαγήσεται [A -σονται] τὰ ὄρη (2)
1 Ma. 4. 39. S ἔρρηξαν [A R διέρρ.] τὰ ἱμάτια αὐ.

[Aq. III Ki. 14. 8: Ps. 34 (35). 15: Is. 64. 1 (63. 19): Ez. 26. 10.]
[Sm. Ps. 140 (141). 7: Is. 19. 3: 63. 12: 64. 1 (63. 19).]
[Th. Jb. 26. 8: Is. 54. 1: 59. 5: 64. 1 (63. 19).]

ῥῆμα. (1) *a.* אֵמֶר *b.* אֹמֶר *c.* אִמְרָה *d.* אֶמְרָה *e.* מַאֲמַר (2) *a.* דָּבָר *b.* דִּבֵּר pi. (3) מִלָּה (4) מִצְוָה (5) מַשָּׂא (6) פֶּה (7) פִּתְגָם (8) ῥ. πονηρά דִּבָּה

Ge. 15. 1. μετὰ δὲ τὰ ῥ. ταῦτα ἐγενήθη ῥῆμα κυρίου πρὸς Ἅ. (2 a, 2 a)
18. 14. μὴ ἀδυνατήσει παρὰ τῷ θεῷ ῥῆμα (2 a)
— 25. μηδαμῶς σὺ ποιήσεις ὡς τὸ ῥ. τοῦτο (2 a)
19. 21. ἐθαύμασά σου τὸ πρόσωπον καὶ ἐπὶ τῷ ῥ. τούτῳ (2 a)
20. 8. ἐλάλησε πάντα τὰ ῥ. ταῦτα (2 a)
21. 11. σκληρὸν δὲ ἐφάνη τὸ ῥ. σφόδρα (2 a)
— 12. A μὴ σκληρὸν ἔστω τὸ ῥ. [R om. τὸ ῥ.] –
— 26. R τίς ἐποίησέ σοι τὸ ῥ. τοῦτο [A al.] (2 a)
22. 1. καὶ ἐγένετο μετὰ τὰ ῥ. ταῦτα (2 a)
— 16. οὗ εἵνεκεν ἐποίησας τὸ ῥ. τοῦτο (2 a)
— 20. ἐγένετο δὲ μετὰ τὰ ῥ. ταῦτα (2 a)
24. 9. ὤμοσεν αὐτῷ περὶ τοῦ ῥ. τούτου (2 a)
— 28. ἀνήγγειλεν . . . κατὰ τὰ ῥ. ταῦτα (2 a)
— 30. ὅτε ἤκουσε τὰ ῥ. Ῥ. (2 a)
— 33. ἕως τοῦ λαλῆσαί με τὰ ῥ. μου (2 a)
— 52. ἐν τῷ ἀκοῦσαι . . . τῶν ῥ. τούτων (2 a)
— 66. διηγήσατο . . . π. τὰ ῥ. ἃ ἐποίησεν (2 a)
27. 34. ἡνίκα ἤκουσεν Ἡ. τὰ ῥ. τοῦ πατρὸς αὐ. (2 a)
— 42. ἀπηγγέλη δὲ Ῥεβέκκᾳ τὰ ῥ. Ἡ. (2 a)
29. 12. ἀπήγγειλε τῷ πατρὶ αὐ. κατὰ τὰ ῥ. ταῦτα –
30. 31. ἐὰν ποιήσῃς μοι τὸ ῥ. τοῦτο (2 a)
— 34. ἔστω κατὰ τὸ ῥ. σου (2 a)
31. 1. ἤκουσε δὲ Ἰ. τὰ ῥ. τῶν υἱῶν Λ. (2 a)
32. 19 (20). κατὰ τὸ ῥ. τοῦτο λαλήσατε (2 a)
34. 14. R ποιῆσαι τὸ ῥ. [A om. τὸ ῥ.] τοῦτο (2 a)
— 19. τοῦ ποιῆσαι τὸ ῥ. τοῦτο (2 a)
37. 8. καὶ ἕνεκεν τῶν ῥ. αὐ. (2 a)
— 11. ὁ δὲ πατὴρ αὐ. διετήρησε τὸ ῥ. (2 a)
38. 10. A πονηρὸν δὲ ἐφάνη τὸ ῥ. [R om. τὸ ῥ.] –
39. 7. καὶ ἐγένετο μετὰ τὰ ῥ. ταῦτα (2 a)
— 9. πῶς ποιήσω τὸ ῥ. τὸ πονηρὸν τοῦτο –
— 17. ἐλάλησεν αὐτῷ κατὰ τὰ ῥ. ταῦτα (2 a)
— 19. ὡς ἤκουσεν . . . τὰ ῥ. τῆς γυναικὸς αὐ. (2 a)
40. 1. ἐγένετο δὲ μετὰ τὰ ῥ. ταῦτα (2 a)
41. 28. τὸ δὲ ῥ. ὃ εἴρηκα Φαραώ (2 a)
— 32. ἀληθὲς ἔσται τὸ ῥ. τὸ παρὰ τοῦ θεοῦ (2 a)
— 37. R ἤρεσε δὲ τὸ ῥ. [A τὰ ῥ.] ἐναντίον Φ. (2 a)
42. 16. ἕως τοῦ φανερὰ γενέσθαι τὰ ῥ. ὑμῶν (2 a)
— 20. πιστευθήσονται τὰ ῥ. ὑμῶν (2 a)
44. 2. ἐγενήθη δὲ κατὰ τὸ ῥ. Ἰ. (2 a)
— 6. εἶπεν αὐτοῖς κατὰ τὰ ῥ. ταῦτα (2 a)
— 7. ἵνα τί λαλεῖ ὁ κύριος κατὰ τὰ ῥ. ταῦτα (2 a)
— 7. R ποιῆσαι κατὰ [A^{2} om.] τὸ ῥ. τοῦτο (2 a)
— 17. μή μοι γένοιτο ποιῆσαι τὸ ῥ. τοῦτο –
— 18. λαλησάτω ὁ παῖς σου ῥῆμα (2 a)
— 24. ἀπηγγείλαμεν αὐτῷ τὰ ῥ. τοῦ κυρίου (2 a)
47. 30. ἐγὼ ποιήσω κατὰ τὸ ῥ. σου (2 a)
48. 1. ἐγένετο δὲ μετὰ τὰ ῥ. ταῦτα (2 a)
Ex. 2. 14. εἰ οὕτως ἐμφανὲς γέγονε τὸ ῥ. τοῦτο (2 a)
— 15. ἤκουσε δὲ Φ. τὸ ῥ. τοῦτο (2 a)
4. 15. δώσεις τὰ ῥ. μου εἰς τὸ στόμα αὐ. (2 a)
— 28. ἀνήγγειλε . . . πάντα τὰ ῥ. [A σημεῖα] †
— 30. ἐλάλησεν Ἀ. πάντα τὰ ῥ. ταῦτα (2 a)
8. 26 (22). B^{1} οὐ δυνατὸν γενέσθαι οὕτως τὸ ῥ. τοῦτο [A B^{2} R om. τὸ ῥ. τ.] –
Ex. 9. 5. A^{2} B ποιήσει κύριος τὸ ῥ. τοῦτο (2 a)
— 6. A^{2} B ἐποίησε κύριος τὸ ῥ. τοῦτο (2 a)
— 20. ὁ φοβούμενος τὸ ῥ. κυρίου (2 a)
— 21. ὃς δὲ μὴ προσέσχε τῇ διανοίᾳ εἰς τὸ ῥ. κυρίου (2 a)
12. 24. φυλάξασθε τὸ ῥ. τοῦτο (2 a)
14. 12. οὐ τοῦτο ἦν τὸ ῥ. (2 a)
16. 16. τοῦτο τὸ ῥ. ὃ συνέταξε κύριος (2 a)
— 23. B^{1} R οὐ [A B^{2} om.] τοῦτο τὸ ῥ. ἐστιν –
— 32. τοῦτο τὸ ῥ. ὃ συνέταξε κύριος (2 a)
17. 1. διὰ ῥήματος κυρίου (6)
18. 17. οὐκ ὀρθῶς σὺ ποιεῖς τὸ ῥ. τοῦτο (2 a)
— 18. B βαρύ σοι τὸ ῥ. τοῦτο (2 a)
— 22. τὸ δὲ ῥ. τὸ ὑπέρογκον ἀνοίσουσιν ἐπὶ σέ (2 a)
— 23. ἐὰν τὸ ῥ. τοῦτο ποιήσῃς (2 a)
— 26. πᾶν δὲ ῥ. ὑπέρογκον ἀνεφέροσαν ἐπὶ M. [A al.] (2 a)
— 26. πᾶν δὲ ῥ. ἐλαφρὸν ἐκρίνοσαν αὐτοί (2 a)
19. 6. ταῦτα τὰ ῥ. ἐρεῖς τοῖς υἱοῖς Ἰσρ. (2 a)
— 9. ἀνήγγειλε δὲ M. τὰ ῥ. τοῦ λαοῦ (2 a)
23. 7. ἀπὸ παντὸς ῥ. ἀδίκου ἀποστήσῃ (2 a)
— 8. καὶ λυμαίνεται ῥήματα δίκαια (2 a)
— 22. ταῦτα τὰ ῥ. ἐρεῖς τοῖς υἱοῖς Ἰσρ. –
24. 3. διηγήσατο τῷ λαῷ πάντα τὰ ῥ. τοῦ θ. (2 a)
— 4. ἔγραψε M. πάντα τὰ ῥ. κυρίου (2 a)
33. 4. ἀκούσας ὁ λαὸς τὸ ῥ. τὸ πονηρὸν τοῦτο (2 a)
34. 1. γράψω ἐπὶ τῶν πλακῶν τὰ ῥ. (2 a)
— 27. γράψον σεαυτῷ τὰ ῥ. ταῦτα (2 a)
— 28. ἔγραψεν ἐπὶ τῶν πλακῶν τὰ ῥ. ταῦτα (2 a)
35. 4. τοῦτο τὸ ῥ. ὃ συνέταξε κύριος (2 a)
Le. 4. 13. καὶ λάθῃ ῥῆμα ἐξ ὀφθαλμῶν τῆς συναγωγῆς (2 a)
8. 5. τοῦτό ἐστι τὸ ῥ. τοῦτό ἐστιν (2 a)
9. 6. τοῦτο τὸ ῥ. ὃ εἶπε κύριος ποιήσατε (2 a)
10. 7. ἐποίησαν κατὰ τὸ ῥ. M. (2 a)
17. 2. τοῦτο τὸ ῥ. ὃ ἐνετείλατο κύριος (2 a)
Nu. 11. 14. βαρύτερόν [A βαρύ] μοί ἐστι τὸ ῥ. τοῦτο –
— 24. ἐλάλησε πρὸς τὸν λαὸν τὰ ῥ. κυρίου (2 a)
13. 28 (26). ἀπεκρίθησαν αὐτοῖς ῥῆμα (2 a)
14. 20. ἵλεως αὐτοῖς εἰμι κατὰ τὸ ῥ. σου (2 a)
— 36. ἐξενέγκαι ῥ. πονηρὰ περὶ [A ἐπὶ] τῆς γῆς (8)
— 39. ἐλάλησε M. τὰ ῥ. ταῦτα (2 a)
— 41. ἵνα τί ὑμεῖς παραβαίνετε τὸ ῥ. κυρίου (6)
15. 31. τὸ ῥ. [B^{1} τὰ ῥ.] κυρίου ἐφαύλισε (2 a)
22. 7. εἶπαν αὐτῷ τὰ ῥ. B. (2 a)
— 18. οὐ δυνήσομαι παραβῆναι τὸ ῥ. κ. τοῦ θεοῦ (6)
— 20. τὸ ῥ. ὃ ἐὰν λαλήσω [A εἴπω] πρὸς σέ (2 a)
— 35. τὸ ῥ. ὃ ἐὰν εἴπω πρὸς σέ (2 a)
— 38. τὸ ῥ. ὃ ἐὰν ἐμβάλῃ ὁ θεός (2 a)
23. 3. καὶ ῥῆμα . . . ἀναγγελῶ σοι (2 a)
— 5. ἐνέβαλεν ὁ θ. ῥῆμα εἰς τὸ στόμα B. (2 a)
— 16. καὶ ἐνέβαλε ῥῆμα εἰς τὸ στόμα αὐ. (2 a)
— 26. τὸ ῥ. ὃ ἐὰν λαλήσῃ ὁ θεός †
24. 13. οὐ δυνήσομαι παραβῆναι τὸ ῥ. κυρίου (6)
27. 14. παρέβητε τὸ ῥ. μου (6)
30. 2. τοῦτο τὸ ῥ. ὃ συνέταξε κύριος (2 a)
— 3. οὐ βεβηλώσει τὸ ῥ. αὐ. (2 a)
31. 16. κατὰ τὸ ῥ. B. (2 a)
— 16. ὑπεριδεῖν τὸ ῥ. κυρίου –
32. 20. ἐὰν ποιήσητε κατὰ τὸ ῥ. τοῦτο (2 a)
33. 2. διὰ ῥήματος κυρίου (6)
36. 6. τοῦτο τὸ ῥ. ὃ συνέταξε κύριος (2 a)
De. 1. 14. καλὸν τὸ ῥ. ὃ ἐλάλησας ποιῆσαι (2 a)
— 17. τὸ ῥ. ὃ ἐὰν σκληρὸν ᾖ ἀφ' ὑμῶν (2 a)
— 23. ἤρεσεν ἐναντίον μου τὸ ῥ. (2 a)
— 26. ἠπειθήσατε τῷ ῥ. κ. τοῦ θεοῦ ἡμῶν (6)
— 43. παρέβητε τὸ ῥ. κυρίου (6)
2. 7. οὐκ ἐπεδεήθης ῥήματος (2 a)
4. 1. A ἄκουε . . . τῶν ῥ. [B κριμάτων] †
— 2. οὐ προσθήσετε πρὸς τὸ ῥ. (2 a)
— 10. ἀκουσάτωσαν τὰ ῥ. μου (2 a)
— 12. ἐλάλησε . . . φωνὴν ῥημάτων (2 a)
— 13. ἀνήγγειλεν ὑμῖν . . . τὰ δέκα ῥ. (2 a)
— 32. εἰ γέγονε κατὰ τὸ ῥ. τὸ μέγα τοῦτο (2 a)
— 36. καὶ τὰ ῥ. αὐ. ἤκουσας (2 a)
5. 5. ἀναγγεῖλαι ὑμῖν τὰ ῥ. κυρίου [A al.] (2 a)
— 22 (19). τὰ ῥ. ταῦτα ἐλάλησε κύριος (2 a)
6. 6. ἔσται τὰ ῥ. ταῦτα . . . ἐν τῇ καρδίᾳ σου (2 a)
8. 3. ἀλλ' ἐπὶ παντὶ τῷ ῥ. τῷ ἐκπορευομ. –
9. 23. ἠπειθήσατε τῷ ῥ. κ. τοῦ θεοῦ ὑμῶν (6)
10. 2. γράψεις ἐπὶ τὰς πλάκας τὰ ῥ. (2 a)
11. 18. ἐμβαλεῖτε τὰ ῥ. ταῦτα εἰς τὴν καρδίαν ὑμῶν (2 a)
12. 32 (13. 1). πᾶν ῥ. ὃ ἐγὼ ἐντέλλομαι (2 a)
13. 11 (12). κατὰ τὸ ῥ. τὸ πονηρὸν [A τὸ πον. ῥ.] τοῦτο (2 a)
De. 15. 9. μὴ γένηται ῥ. κρυπτὸν ἐν τῇ καρδίᾳ σου (2 a)
— 10. διὰ τὸ ῥ. τοῦτο εὐλογήσει σε κύριος (2 a)
— 11. ἐντέλλομαι ποιεῖν [A om.] τὸ ῥ. τοῦτο –
— 15. ἐντέλλομαι ποιεῖν τὸ ῥ. τοῦτο (2 a)
17. 1. ἐν ᾧ ἐστιν ἐν αὐτῷ μῶμος πᾶν ῥ. πονηρόν (2 a)
— 4. καὶ ἰδοὺ ἀληθῶς γέγονε τὸ ῥ. (2 a)
— 8. ἐὰν δὲ ἀδυνατήσῃ ἀπὸ σοῦ ῥῆμα (2 a)
— 8. ῥήματα κρίσεως ἐν ταῖς πόλεσιν ὑ. (2 a)
— 10. A ποιήσεις κατὰ τὸ ῥ. [B πρᾶγμα] (6 + 2 a)
— 11. οὐκ ἐκκλινεῖς ἀπὸ τοῦ ῥ. (2 a)
18. 18. δώσω τὰ ῥ. [A τὸ ῥ.] μου ἐν τῷ στόματι αὐ. (2 a)
— 20. λαλῆσαι ἐπὶ τῷ ὀνόματί μου ῥῆμα (2 a)
— 21. πῶς γνωσόμεθα τὸ ῥ. (2 a)
— 22. A καὶ μὴ γένηται τὸ ῥ. [B om. τὸ ῥ.] (2 a)
— 22. τοῦτο τὸ ῥ. ὃ οὐκ ἐλάλησε κύριος (2 a)
19. 7. ἐγώ σοι ἐντέλλομαι τὸ ῥ. τοῦτο –
— 15. στήσεται πᾶν ῥ. (2 a)
— 20. ποιῆσαι κατὰ τὸ ῥ. τὸ πονηρὸν τοῦτο (2 a)
23. 9 (10). φυλάξῃ ἀπὸ παντὸς ῥ. [A πράγματος] πονηροῦ (2 a)
24. 18. ποιεῖν τὸ ῥ. τοῦτο (2 a)
— 20. ποιεῖν τὸ ῥ. τοῦτο –
— 22. ποιεῖν τὸ ῥ. τοῦτο (2 a)
28. 58. ποιεῖν πάντα τὰ ῥ. τοῦ νόμου τούτου (2 a)
29. 19 (18). ἐὰν ἀκούσῃ τὰ ῥ. τῆς ἀρᾶς ταύτης (2 a)
— 29 (28). ποιεῖν πάντα τὰ ῥ. τοῦ νόμου τούτου (2 a)
30. 1. ὡς ἂν ἔλθωσιν ἐπὶ σὲ πάντα τὰ ῥ. ταῦτα (2 a)
— 14. ἐγγύς σού ἐστι τὸ ῥ. σφόδρα (2 a)
31. 9. ἔγραψε M. [A add. πάντα] τὰ ῥ. τοῦ νόμου τούτου –
— 19. γράψατε τὰ ῥ. τῆς ᾠδῆς ταύτης –
— 30. ἐλάλησε M. . . . τὰ ῥ. τῆς ᾠδῆς ταύτης (2 a)
32. 1. ἀκουέτω ἡ γῆ ῥήματα ἐκ στόματός μου (1 a)
— 2. καταβήτω ὡς δρόσος τὰ ῥ. μου (1 c)
— 51. ἠπειθήσατε τῷ ῥ. μου –
34. 5. ἐτελεύτησε M. . . . διὰ ῥήματος κυρίου (6)
Jo. 1. 13. μνήσθητε τὸ ῥ. (2 a)
— 18. ὅστις μὴ ἀκούσῃ τῶν ῥ. σου (2 a)
2. 21. κατὰ τὸ ῥ. ὑμῶν ἔστω (2 a)
3. 9. ἀκούσατε τὸ ῥ. κυρίου (2 a)
8. 8. κατὰ τὸ ῥ. τοῦτο ποιήσετε (2 a)
9. 2 (8. 34). ἀνέγνω Ἰ. πάντα τὰ ῥ. τοῦ νόμου τούτου (2 a)
— 2 (8. 35). οὐκ ἦν ῥῆμα ἀπὸ πάντων (2 a)
14. 6. σὺ ἐπίστῃ τὸ ῥ. (2 a)
— 10. ἐλάλησε κύριος τὸ ῥ. τοῦτο πρὸς M. (2 a)
— 12. σὺ ἀκήκοας τὸ ῥ. τοῦτο –
21. 43. οὐ διέπεσεν ἀπὸ πάντων τῶν ῥ. τῶν καλῶν (2 a)
22. 24. ἕνεκεν εὐλαβείας ῥήματος (2 a)
23. 15. ἥκει πρὸς ἡμᾶς πάντα τὰ ῥ. τὰ καλά [A^{1} κακά] (2 a)
— 15. ἐπάξει . . . πάντα τὰ ῥ. τὰ πονηρά (2 a)
24. 26. ἔγραψε τὰ ῥ. ταῦτα (2 a)
Jd. 5. 29. A ἀπεκρίνατο ἐν ῥήμασιν αὐτῆς [B al.] (1 a)
6. 29. τίς ἐποίησε τὸ ῥ. [A πρᾶγμα] τοῦτο (2 a)
— 29. ἐποίησε τὸ ῥ. [A πρᾶγμα] τοῦτο (2 a)
8. 1. τί τὸ ῥ. τοῦτο ἐποίησας ἡμῖν (2 a)
11. 10. κατὰ τὸ ῥ. σου οὕτω ποιήσομεν (2 a)
— 37. A ποιησόν μοι τὸ ῥ. τοῦτο [B al.] (2 a)
13. 12. A ἐλθόντος τοῦ ῥ. σου [B al.] (2 a)
— 17. ὅτι ἔλθοι τὸ ῥ. σου [A al.] (2 a)
18. 7. A καὶ μὴ δυναμένους λαλῆσαι ῥῆμα [B al.] (2 a)
— 10. οὐκ ἔστιν ἐκεῖ ὑστέρημα παντὸς ῥ. (2 a)
19. 24. μὴ ποιήσητε τὸ ῥ. τῆς ἀφροσύνης τ. (2 a)
— 30. A εἰ γέγονεν κατὰ τὸ ῥ. τοῦτο –
20. 9. τοῦτο τὸ ῥ. ὃ ποιηθήσεται (2 a)
Ru. 3. 18. πῶς οὐ πεσεῖται ῥῆμα (2 a)
— 18. ἕως ἂν τελέσῃ τὸ ῥ. (2 a)
1 Ki. 2. 23. A ἵνα τί ποιεῖτε κατὰ τὸ ῥ. τοῦτο ὃ ἐγὼ ἀκούω ῥ. πονηρά [B om. ῥ. π.] (2 a, 2 a)
3. 1. ῥῆμα κυρίου ἦν τίμιον (2 a)
— 7. πρὶν . . . ἀποκαλυφθῆναι αὐτῷ ῥῆμα κυρίου (2 a)
— 11. ποιῶ τὰ ῥ. μου ἐν Ἰσρ. (2 a)
— 17. τί τὸ ῥ. τὸ λαληθὲν πρὸς σέ (2 a)
— 17. ἐὰν κρύψῃς ἀπ' ἐμοῦ ῥῆμα (2 a)
4. 16. τί τὸ γεγονὸς ῥ. (2 a)
8. 6. πονηρὸν τὸ ῥ. ἐν ὀφθαλμοῖς Σαμ. (2 a)
— 10. εἶπε Σαμ. πᾶν τὸ ῥ. τοῦ κυρίου (2 a)
9. 10. ἀγαθὸν τὸ ῥ. (2 a)
— 21. ἵνα τί ἐλάλησας πρὸς ἐμὲ κατὰ τὸ ῥ. τοῦτο (2 a)

I Ki. 9. 27. ἄκουσον [A ἀκουστόν σοι] ῥῆμα θεοῦ (2 a)
10. 2. ἀποτετίνακται τὸ ῥ. τῶν ὄνων (2 a)
— 16. τὸ δὲ ῥ. τῆς βασ. οὐκ ἀπήγγειλεν αὐτῷ (2 a)
11. 5. διηγοῦνται αὐτῷ τὰ ῥ. (2 a)
— 6. B ὡς ἤκουσε τὰ ῥ. (2 a)
12. 16. ἴδετε τὸ ῥ. τὸ μέγα τοῦτο (2 a)
14. 12. γνωριοῦμεν ὑμῖν ῥῆμα (2 a)
— 42. οὐκ ἔστι τὸ ῥ. τοῦτο –
15. 10. ἐγενήθη ῥῆμα κυρίου πρὸς Σαμ. (2 a)
— 23. ἐξουδένωσας τὸ ῥ. κυρίου (2 a)
— 24. παρέβην . . . τὸ ῥ. σου (2 a)
— 26. ἐξουδένωσας τὸ ῥ. κυρίου (2 a)
17. 11. ἤκουσε Σ. . . . τὰ ῥ. τοῦ ἀλλοφύλου ταῦτα (2 a)
— 23. A ἐλάλησεν κατὰ τὰ ῥ. ταῦτα (2 a)
— 27. A εἶπεν αὐτῷ ὁ λαὸς κατὰ τὸ ῥ. τοῦτο (2 a)
— 29. A οὐχὶ ῥῆμά ἐστιν (2 a)
— 30. A εἶπεν κατὰ τὸ ῥ. τοῦτο (2 a)
— 30. A ἀπεκρίθη αὐτῷ ὁ λαὸς κατὰ τὸ ῥ. τοῦ πρώτου (2 a)
18. 8. πονηρὸν ἐφάνη τὸ ῥ. ἐν ὀφθαλμοῖς Σ. (2 a)
— 20. A εὐθύνθη τὸ ῥ. ἐν ὀφθαλμοῖς αὐ. [B *al.*] (2 a)
— 23. ἐλάλησαν . . . τὰ [A κατὰ τὰ] ῥ. ταῦτα (2 a)
— 24. ἀπήγγειλαν . . . κατὰ τὰ ῥ. ταῦτα (2 a)
— 26. ἀπαγγέλλουσιν . . . τὰ ῥ. ταῦτα (2 a)
19. 7. ἀπήγγειλεν αὐτῷ πάντα τὰ ῥ. ταῦτα (2 a)
20. 2. A^{2} οὐ μὴ ποιήσῃ ὁ πατήρ μου ῥῆμα μέγα ἢ ῥῆμα μικρόν [A^{1} B *al.*] (2 a, 2 a)
— 2. τί ὅτι κρύψει ὁ πατήρ μου τὸ ῥ. τοῦτο (2 a)
— 23. τὸ ῥ. ὃ ἐλαλήσαμεν ἐγὼ καὶ σύ (2 a)
21. 2 (3). ἐντέταλταί μοι ῥῆμα σήμερον (2 a)
— 2 (3). μηδεὶς γνώτω τὸ ῥ. (2 a)
— 8 (9). ἦν τὸ ῥ. τοῦ βασ. κατὰ σπουδήν [A κατασπεῦδον] (2 a)
— 12 (13). ἔθετο Δ. τὰ ῥ. ἐν τῇ καρδίᾳ αὐ. (2 a)
22. 15. οὐκ ᾔδει . . . ῥ. μικρὸν ἢ μέγα (2 a)
24. 7. εἰ ποιήσω τὸ ῥ. τοῦτο (2 a)
— 17. ὡς συνετέλεσε Δ. τὰ ῥ. ταῦτα λαλῶν (2 a)
25. 9. A R λαλοῦσι . . . κατὰ [B καὶ] πάντα τὰ ῥ. ταῦτα (2 a)
— 12. ἀνήγγειλαν τῷ Δ. κατὰ [A *add.* πάντα] τὰ ῥ. ταῦτα (2 a)
— 36. οὐκ ἀπήγγειλεν αὐτῷ ῥ. μικρὸν ἢ μέγα (2 a)
— 37. ἀπήγγειλεν ἡ γυνὴ αὐ. τὰ ῥ. ταῦτα (2 a)
26. 16. οὐκ ἀγαθὸν τὸ ῥ. τοῦτο (2 a)
— 19. ἀκουσάτω . . . τὸ ῥ. τοῦ δούλου αὐ. (2 a)
28. 18. διὰ τοῦτο τὸ ῥ. ἐποίησε κύριός σοι (2 a)
II Ki. 2. 6. A R ἐποιήσατε τὸ ῥ. τοῦτο (2 a)
3. 11. ἀποκριθῆναι τῷ Ἀβ. ῥῆμα (2 a)
7. 4. ἐγένετο ῥῆμα κυρίου πρὸς Ν. (2 a)
— 25. ῥῆμα ὃ ἐλάλησας (2 a)
11. 11. εἰ ποιήσω τὸ ῥ. τοῦτο (2 a)
— 22. ἀπήγγειλε . . . πάντα τὰ ῥ. τοῦ πολέμου –
— 25. μὴ πονηρὸν ἔστω ἐν ὀφθαλμοῖς σου τὸ ῥ. τοῦτο (2 a)
— 27. πονηρὸν ἐφάνη τὸ ῥ. (2 a)
12. 6. ἐποίησε τὸ ῥ. τοῦτο (2 a)
— 12. κἀγὼ ποιήσω τὸ ῥ. τοῦτο (2 a)
— 14. παρώξυνας . . . ἐν τῷ ῥ. τούτῳ (2 a)
— 21. τί τὸ ῥ. τοῦτο (2 a)
13. 20. τοῦ λαλῆσαι εἰς τὸ ῥ. τοῦτο (2 a)
— 33. μὴ θέσθω . . . ῥῆμα [A τὸ ῥ.] (2 a)
14. 3. λαλήσεις πρὸς αὐτὸν κατὰ τὸ ῥ. τοῦτο (2 a)
— 12. λαλησάτω δὴ ἡ δούλη σου . . . ῥῆμα (2 a)
— 15. λαλῆσαι . . . τὸ ῥ. τοῦτο (2 a)
— 15. εἴ πως ποιήσει ὁ βασ. τὸ ῥ. τῆς δούλης αὐ. (2 a)
— 18. μὴ δὴ κρύψῃς ἀπ' ἐμοῦ ῥῆμα (2 a)
— 20. ἕνεκεν τοῦ περιελθεῖν τὸ πρόσωπον τοῦ ῥ. τούτου (2 a)
15. 6. ἐποίησεν Ἀβ. κατὰ τὸ ῥ. τοῦτο (2 a)
— 11. οὐκ ἔγνωσαν πᾶν ῥ. (2 a)
— 28. ἕως τοῦ ἐλθεῖν ῥῆμα παρ' ὑμῶν (2 a)
— 35. πᾶν ῥ. ὃ ἐὰν ἀκούσῃς (2 a)
— 36. πᾶν ῥ. ὃ ἐὰν ἀκούσητε (2 a)
17. 6. A R κατὰ τὸ ῥ. τοῦτο [B *add.* ὃ] ἐλάλησεν Ἀχ. (2 a)
— 19. καὶ οὐκ ἐγνώσθη ῥῆμα (2 a)
19. 10 (11). τὸ ῥ. παντὸς Ἰσρ. ἦλθε πρὸς τὸν βασ. –
22. 31. τὸ ῥ. κυρίου κραταιὸν πεπυρωμ. (1 c)
24. 10. A ἐποίησα τὸ ῥ. τοῦτο [B *al.*] –
— 13. τί ἀποκριθῶ τῷ ἀποστείλαντί με ῥῆμα (2 a)
III Ki. 1. 27. εἰ διὰ τοῦ κυρίου μου τοῦ βασ. γέγονε τὸ ῥ. τοῦτο (2 a)

III Ki. 2. 27. πληρωθῆναι τὸ ῥ. κυρίου (2 a)
3. 1 (2. 38). ἀγαθὸν τὸ ῥ. ὃ ἐλάλησας (2 a)
— 1 (2. 42). A ἀγαθὸν τὸ ῥ. ὃ ἤκουσα (2 a)
— 10. ᾐτήσατο Σαλ. τὸ ῥ. τοῦτο (2 a)
— 11. ᾐτήσω παρ' ἐμοῦ τὸ ῥ. τοῦτο (2 a)
— 12. A R πεποίηκα κατὰ [B *om.*] τὸ ῥ. σου (2 a)
8. 20. ἀνέστησε κύριος τὸ ῥ. αὐ. (2 a)
— 26. πιστωθήτω δὴ τὸ ῥ. σου (2 a)
— 59. ῥῆμα ἡμέρας ἐν ἡμέρᾳ ἐνιαυτοῦ (2 a)
11. 41. B τὰ λοιπὰ τῶν ῥ. [A R λόγων] Σαλ. (2 a)
— 41. ἐν βιβλίῳ ῥημάτων Σαλ. (2 a)
12. 15. ὅπως στήσῃ τὸ ῥ. αὐ. (2 a)
— 24. παρ' ἐμοῦ γέγονε τὸ ῥ. τοῦτο (2 a)
— 24. κατὰ τὸ ῥ. κυρίου (2 a)
— 24. B ῥῆμα κυρίου μετ' αὐτοῦ –
— 24 (*cf.* A 14. 13). B εὑρέθη ἐν αὐτῷ ῥ. καλὸν περὶ τοῦ κυρίου –
— 24. B ἀποκριθήσομαι ὑμῖν ῥῆμα –
— 24. B τί ἀποκριθῶ τῷ λαῷ ῥῆμα –
— 24. B ἤρεσε τὸ ῥ. ἐνώπιον Ῥ. –
— 24. B ἐγένετο ῥῆμα κυρίου πρὸς Σαμ. –
— 24. B παρ' ἐμοῦ γέγονε τὸ ῥ. τοῦτο –
— 24. B κατὰ τὸ ῥ. κυρίου –
13. 3. τοῦτο τὸ ῥ. ὃ ἐλάλησε κύριος [A *al.*] †
— 18. ἄγγελος λελάληκε πρὸς μὲ ἐν ῥήματι κυρίου (2 a)
— 21. παρεπίκρανας τὸ ῥ. κυρίου (6)
— 26. ὃς παρεπίκρανε τὸ ῥ. κυρίου (6)
— 26. A κατὰ τὸ ῥ. κυρίου (2 a)
— 32. γινόμενον ἔσται τὸ ῥ. (2 a)
— 33. μετὰ τὸ ῥ. τοῦτο (2 a)
— 34. ἐγένετο τὸ ῥ. τοῦτο εἰς ἁμαρτίαν (2 a)
14. 5. A τοῦ ἐκζητῆσαι ῥῆμα παρὰ σοῦ (2 a)
— 13. A εὑρέθη ἐν αὐτῷ ῥ. καλὸν περὶ τοῦ κυρίου (2 a)
— 18. A κατὰ τὸ ῥ. κυρίου (2 a)
— 19. A περισσὸν ῥημάτων Ἰερ. (2 a)
— 19. A ἐπὶ βιβλίου ῥημάτων τῶν ἡμερῶν (2 a)
15. 5. A ἐκτὸς ἐν ῥήματι Οὐρίου (2 a)
— 29. B κατὰ τὸ ῥ. κυρίου (2 a)
16. 12. κατὰ τὸ ῥ. ὃ ἐλάλησε κύριος [A *al.*] (2 a)
— 34. κατὰ τὸ ῥ. κυρίου (2 a)
17. 2. ἐγένετο ῥῆμα [A λόγος] κυρίου πρὸς Ἠ. (2 a)
— 5. B κατὰ τὸ ῥ. κυρίου (2 a)
— 8. ἐγένετο ῥῆμα κυρίου πρὸς Ἠ. (2 a)
— 13. ποίησον κατὰ τὸ ῥ. σου (2 a)
— 15. A ἐποίησεν κατὰ τὸ ῥ. Ἠ. [B *al.*] (2 a)
— 16. κατὰ τὸ ῥ. κυρίου (2 a)
— 17. A ἐγένετο μετὰ τὰ ῥ. [B *om.* τὰ ῥ.] ταῦτα (2 a)
— 24. ῥῆμα κυρίου ἐν στόματί σου ἀληθινόν (2 a)
18. 1. ῥῆμα κυρίου ἐγένετο πρὸς Ἠ. (2 a)
— 24. καλὸν τὸ ῥ. ὃ ἐλάλησας (2 a)
19. 9. ῥῆμα κυρίου πρὸς αὐτόν (2 a)
20 (21). 1. A ἐγένετο μετὰ τὰ ῥ. ταῦτα (2 a)
— 28. ἐγένετο ῥῆμα κυρίου ἐν χειρὶ δούλου αὐ. Ἠ. (2 a)
21 (20). 9. τὸ δὲ ῥ. τοῦτο οὐ δυνήσομαι ποιῆσαι (2 a)
— 24. τὸ ῥ. τοῦτο ποίησον (2 a)
22. 19. ἄκουε ῥῆμα κυρίου (2 a)
— 38. κατὰ τὸ ῥ. κυρίου (2 a)
IV Ki. 1. 16. A τοῦ ἐκζητῆσαι ἐν ῥήματι αὐ. (2 a)
— 17. ἀπέθανε κατὰ τὸ ῥ. κυρίου (2 a)
2. 22. κατὰ τὸ ῥ. Ἐλ. (2 a)
3. 12. ἔστιν [A *add.* σὺν] αὐτῷ ῥῆμα (2 a)
4. 41. οὐκ ἐγενήθη ἔτι ἐκεῖ ῥ. πονηρόν (2 a)
— 44. κατὰ τὸ ῥ. κυρίου (2 a)
5. 14. κατὰ τὸ ῥ. Ἐλ. (2 a)
— 17 (18). ἀλλ' ἢ τῷ κυρίῳ τῷ ῥ. τούτῳ (2 a)
6. 18. κατὰ τὸ ῥ. Ἐλ. (2 a)
7. 2. μὴ ἔσται τὸ ῥ. τοῦτο (2 a)
— 16. κατὰ τὸ ῥ. κυρίου (2 a)
— 19. A R μὴ [B οὐ μὴ] ἔσται τὸ ῥ. τοῦτο (2 a)
8. 2. ἐποίησε κατὰ τὸ ῥ. Ἐλ. (2 a)
— 13. ὅτι ποιήσει τὸ ῥ. τοῦτο (2 a)
9. 25. A κύριος ἔλαβεν ἐπ' αὐτὸν τὸ ῥ. [B λῆμμα] τοῦτο (5)
— 26. κατὰ τὸ ῥ. κυρίου (2 a)
10. 10. οὐ πεσεῖται ἀπὸ τοῦ ῥ. κυρίου (2 a)
— 17. κατὰ τὸ ῥ. κυρίου (2 a)
14. 25. κατὰ τὸ ῥ. κ. θεοῦ Ἰσρ. (2 a)
17. 12. οὐ ποιήσετε τὸ ῥ. τοῦτο κυρίῳ (2 a)
20. 4. ῥῆμα κυρίου ἐγένετο πρὸς αὐτόν (2 a)
— 17. οὐχ ὑπολειφθήσεται ῥῆμα (2 a)
22. 9. ἀπέστρεψε τῷ βασ. ῥῆμα (2 a)

IV Ki. 23. 1 (22. 20). ἐπέστρεψαν . . . τὸ ῥ. (2 a)
— 16. κατὰ τὸ ῥ. κυρίου (2 a)
24. 13. κατὰ τὸ ῥ. κυρίου †
I Ch. 11. 19. τοῦ ποιῆσαι τὸ ῥ. τοῦτο –
18. 4. S^{1} ὑπελείπετο ἐξ αὐτῶν εἴκοσι ῥήματα [A B S^{2} ἑκατὸν ἅρματα] †
21. 4. R τὸ δὲ ῥ. τοῦ βασ. ἴσχυσεν [A ἐκραταιώθη] (2 a)
II Ch. 6. 17. πιστωθήτω δὴ τὸ ῥ. σου (2 a)
11. 4. παρ' ἐμοῦ ἐγένετο τὸ ῥ. τοῦτο (2 a)
36. 22. μετὰ τὸ πληρωθῆναι ῥῆμα κυρίου (2 a)
I Es. 1. 28. οὐ προσέχων ῥήμασιν Ἰερ.
— 57. εἰς ἀναπλήρωσιν τοῦ ῥ. τοῦ [A ἀ. λόγου] κυρίου
2. 1. εἰς συντέλειαν ῥήματος κυρίου
3. 5. οὗ ἐὰν φανῇ τὸ ῥ. αὐ. σοφώτερον τοῦ ἑτέρου
8. 72. ὅσοι ποτὲ ἐπεκινοῦντο ἐπὶ τῷ ῥ. κυρίου
9. 55. ἐνεφυσιώθησαν ἐν τοῖς ῥ.
II Es. 5. 7. R ῥήμασιν [A B ῥῆσιν] ἀπέστειλαν πρὸς αὐτόν (7)
— 11. A R τοιοῦτο [B τοῦτο] τὸ [A *om.*] ῥ. ἀπεκρίθησαν (7)
6. 9. κατὰ τὸ ῥ. ἱερέων τῶν ἐν Ἰερ. (1 e)
— 11. ὃς ἀλλάξει τὸ ῥ. τοῦτο (7)
7. 1. A B καὶ μετὰ τὰ ῥ. [R *add.* ταῦτα] (2 a)
10. 4. ἐπὶ σὲ τὸ ῥ. (2 a)
— 5. τοῦ ποιῆσαι κατὰ τὸ ῥ. τοῦτο (2 a)
— 9. ἀπὸ θορύβου αὐ. περὶ τοῦ ῥ. (2 a)
— 12. μέγα τοῦτο τὸ ῥ. σου (2 a)
— 13. τοῦ ἀδικῆσαι ἐν τῷ ῥ. τούτῳ (2 a)
— 14. τοῦ ἀποστρέψαι ὀργὴν . . . περὶ τοῦ ῥ. τούτου (2 a)
— 16. ἐκζητῆσαι τὸ ῥ. (2 a)
Ne. 2. 19. τί τὸ ῥ. τοῦτο ὃ ὑμεῖς ποιεῖτε (2 a)
5. 12. ποιῆσαι ὡς τὸ ῥ. τοῦτο (2 a)
— 13. ἐποίησεν ὁ λαὸς τὸ ῥ. τοῦτο [S^{2} τὸν λόγον τοῦτον] (2 a)
6. 4. B S ἀπέστειλαν πρὸς μὲ ὡς τὸ ῥ. τοῦτο (2 a)
11. 24. S^{2} εἰς πᾶν ῥῆμα [A B S^{1} χρῆμα] τῷ λαῷ (2 a)
To. 2. 6. S ἐμνήσθην τοῦ ῥ. τοῦ προφήτου [A B *al.*]
12. 11. οὐ μὴ κρύψω ἀφ' ὑμῶν πᾶν ῥ.
14. 4. S πιστεύω ἐγὼ τῷ ῥ. τοῦ θεοῦ [A B *al.*]
— 4. S οὐ μηθὲν ἐλαττονωθῇ ἐκ πάντων τῶν ῥ.
— 4. S οὐ μὴ διαπέσῃ ῥῆμα ἐκ τῶν λόγων
Ju. 1. 11. ἐφαύλισαν . . . τὸ ῥ. Ναβ.
2. 6. ἠπείθησαν τῷ ῥ. τοῦ στόματός μου
— 13. οὐ παραβήσῃ ἕν τι τῶν ῥ. τοῦ κυρίου σου
3. 5. ἀπήγγειλαν αὐτῷ κατὰ τὰ ῥ. ταῦτα
6. 4. οὐ ματαιωθήσεται τὰ ῥ. τῶν λόγων [S τοῦ στόματος] αὐ.
— 9. οὐδὲν διαπεσεῖται τῶν ῥ. μου
— 17. ἀπήγγειλεν αὐτοῖς τὰ ῥ. τῆς συνεδρίας Ὀλ. καὶ πάντα τὰ ῥ. ὅσα ἐλάλησεν
7. 28. ἵνα μὴ ποιήσῃ κατὰ τὰ ῥ. ταῦτα
— 31. ποιήσω κατὰ τὰ ῥ. ὑμῶν
8. 8. ὃς ἐπήνεγκεν αὐτῇ ῥ. πονηρόν
— 9. ἤκουσε τὰ [B^{1} *om.*] ῥ. τοῦ λαοῦ τὰ πονηρά
10. 1. ὡς . . . συνετέλεσε πάντα τὰ ῥ. ταῦτα
— 13. τοῦ ἀναγγεῖλαι ῥήματα ἀληθείας
— 14. ὡς δὲ ἤκουσαν οἱ ἄνδρες τὰ ῥ. αὐ. [S ταῦτα]
— 16. ἀνάγγειλον κατὰ τὰ ῥ. σου
11. 5. δέξαι τὰ ῥ. τῆς δούλης σου
— 9. ἠκούσαμεν τὰ ῥ. αὐ.
13. 3. A B ἐλάλησε κατὰ τὰ ῥ. ταῦτα
14. 19. A R ὡς δὲ ἤκουσαν ταῦτα [B S *om.*] τὰ ῥ.
Es. 1. 12. S^{2} κατὰ τὸ ῥ. τοῦ βασ. (2 a)
— 17. διηγήσατο αὐτοῖς τὰ ῥ. τῆς βασιλίσσης (2 a)
5. 14. ἤρεσε τὸ ῥ. τῷ Ἀ. (2 a)
Jb. 2. 9. εἰπόν τι ῥῆμα εἰς [A πρὸς] κύριον †
4. 2. ἰσχὺν δὲ ῥημάτων σου τίς ὑποίσει (3)
— 4. ἀσθενοῦντάς τε ἐξανέστησας ῥήμασι (3)
— 12. εἰ δέ τι ῥῆμα ἀληθινὸν ἐγεγόνει ἐν λόγοις σου (2 a)
6. 3. ἀλλ' ὡς ἔοικε τὰ ῥ. μού ἐστι φαῦλα (2 a)
— 6. εἰ δὲ καὶ ἔστι γεῦμα ἐν ῥήμασι κενοῖς †
— 10. οὐ γὰρ ἐψευσάμην ῥήματα ἅγια [A ἐν ῥήματι ἁγίου] θεοῦ μου (1 a)
— 25. ἀλλ' ὡς ἔοικε φαῦλα ἀληθινοῦ ῥήματα (1 a)
— 25. A οὐ γὰρ παρ' ὑμῶν ῥῆμα οὐδὲ [B S *om.* ῥ. οὐδὲ] ἰσχὺν αἰτοῦμαι †
— 26. οὐδὲ ὁ ἔλεγχος ὑμῶν ῥήμασί με [A τὰ ῥ. μου] παύσει οὐδὲ γὰρ ὑμῶν φθέγμα [A -ματος] ῥήματος [S^{1} τὸ ῥ.] ἀνέξομαι (3, 1 a)
8. 10. A ἢ οὐχ οὗτοί σε διδάξουσιν ῥήματα [B S *om.*] –

Jb. 8. 10. καὶ ἐκ καρδίας ἐξάξουσι [A διδάξουσιν] ῥήματα (3)
9. 14. ἡ διακρινεῖ τὰ ῥ. μου (2 a)
10. 1. ἐπαφήσω ἐπ' αὐτὸν τὰ ῥ. μου [A al.] †
11. 3. μὴ πολὺς ἐν ῥήμασι γίνου †
12. 11. R οὖς [A B S νοῦς] μὲν γὰρ ῥήματα διακρίνει (3)
13. 17. ἀκούσατε τὰ ῥ. μου (3)
15. 3. ἐλέγχων ἐν ῥήμασιν οἷς οὐ δεῖ [A al.] (2 a)
— 4. συνετελέσω δὲ ῥήματα τοιαῦτα †
— 5. ἔνοχος εἶ ῥήμασι στόματός σου οὐδὲ διέκρινας ῥήματα [B² S¹ ῥῆμα] δυναστῶν †, †
— 13. ἐξήγαγες δὲ ἐκ στόματος ῥήματα τοιαῦτα (3)
16. 3. τί γὰρ μὴ τάξις ἐστὶ ῥήμασι πνεύματος (2 a)
— 5. εἶτ' ἐναλοῦμαι ὑμῖν ῥήμασι [A λόγοις] (6)
19. 4. λαλῆσαι ῥήματα ἃ [A S ῥῆμα ὃ] οὐκ ἔδει τὰ δὲ ῥ. μου πλανᾶται –, –
— 23. τίς γὰρ ἂν δῴη γραφῆναι τὰ ῥ. μου (3)
22. 22. ἀνάλαβε τὰ ῥ. αὐτοῦ ἐν καρδίᾳ σου (1 a)
23. 5. A S² γνώμην δὲ ῥήματα [B S¹ ἰάματα] (3)
— 12. ἐν δὲ κόλπῳ μου ἔκρυψα ῥήματα αὐτοῦ (1 a+6)
24. 25. τίς ... θήσει εἰς οὐδὲν τὰ ῥ. μου (3)
26. 4. τίνι ἀνήγγειλας ῥήματα (3)
27. 3. A² πνεῦμα δὲ θεῖον ἔτι περιόν μοι ἐν ῥήμασίν μου [B S al.] †
29. 22. ἐπὶ τῷ ἐμῷ ῥ. οὐ προσέθεντο (2 a)
32. 1 (31. 40). ἐπαύσατο Ἰὼβ ῥήμασιν (2 a)
— 11. ἐνωτίζεσθέ μου τὰ ῥ. (2 a)
— 12. B S² ἀνταποκρινόμενος ῥήματα [A -ασιν] αὐτοῦ ἐξ ὑμῶν (1 a)
— 14. λαλῆσαι τοιαῦτα ῥήματα (3+1 a)
— 18. πλήρης γάρ εἰμι ῥημάτων (3)
33. 1. ἄκουσον, Ἰώβ, τὰ ῥ. μου (3)
— 3. καθαρά μου ἡ καρδία ῥήμασι [A ἐν ῥ.] (1 a)
— 8. φωνὴν ῥημάτων σου ἀκήκοα (3)
— 13. διὰ τί ... οὐκ ἐπακήκοέ μου πᾶν ῥῆμα [A ἐν παντὶ ῥήματι] (2 a)
34. 16. ἐνωτίζου φωνὴν ῥημάτων (3)
— 34. ἀνὴρ δὲ σοφὸς ἀκήκοέ μου τὸ ῥ. –
— 35. τὰ ῥ. αὐτοῦ [A σου] οὐκ ἐν ἐπιστήμῃ (2 a)
— 37. πολλὰ λαλούντων [A -οῦσιν] ῥήματα ἐναντίον τοῦ κυρίου (1 a)
35. 16. ἐν ἀγνωσίᾳ ῥήματα βαρύνει (3)
36. 4. καὶ οὐκ ἄδικα ῥήματα (3)
38. 2. συνέχων δὲ ῥήματα ἐν καρδίᾳ (3)
42. 3. φειδόμενος δὲ ῥημάτων –
— 7. μετὰ τὸ λαλῆσαι τὸν κύριον πάντα τὰ ῥ. ταῦτα [A om.] τῷ Ἰὼβ (2 a)
Ps. 5. 1. τὰ ῥ. μου ἐνώτισαι, κύριε (1 a)
16 (17). 6. εἰσάκουσον τῶν ῥ. μου (1 c)
18 (19). 2. ἡμέρα τῇ ἡμέρᾳ ἐρεύγεται ῥῆμα (1 b)
— 4. εἰς τὰ πέρατα τῆς οἰκουμ. τὰ ῥ. αὐ. (3)
35 (36). 3. τὰ ῥ. τοῦ στόματος αὐ. ἀνομία (2 a)
51 (52). 4. B S ἠγάπησας πάντα τὰ [S² om.] ῥ. καταποντισμοῦ (2 a)
53 (54). 2. ἐνώτισαι τὰ ῥ. τοῦ στόματός μου (1 a)
55 (56). 10. ἐπὶ τῷ θεῷ αἰνέσω ῥῆμα (2 a)
67 (68). 11. κύριος δώσει ῥῆμα (1 b)
76 (77). 8. S² συνετέλεσεν ῥῆμα (1 b)
77 (78). 1. κλίνατε τὸ οὖς ὑμῶν εἰς τὰ ῥ. τοῦ στόματός μου (1 a)
137 (138). 1. R ἤκουσας πάντα [S om.] τὰ ῥ. τοῦ στόματός μου –
— 4. ἤκουσαν πάντα τὰ ῥ. τοῦ στόματός σου (1 a)
140 (141). 6. ἀκούσονται τὰ [S¹ om.] ῥ. μου (1 a)
Pr. 3. 1. τὰ δὲ ῥ. μου τηρείτω σὴ καρδία (4)
4. 5. A μηδὲ ἐκκλίνῃς ἀπὸ ῥημάτων στόματός μου (1 a)
7. 24. πρόσεχε ῥήμασι [A ῥῆσιν] στόματός μου (1 a)
8. 8. μετὰ δικαιοσύνης πάντα τὰ ῥ. [A κρίματα] τοῦ στόματός μου (1 a)
17. 27. ὃς φείδεται ῥῆμα προέσθαι σκληρόν (1 a)
Ec. 1. 1. ῥήματα ἐκκλησιαστοῦ υἱοῦ Δαυίδ (2 a)
7. 30 (8. 1). τίς οἶδε λύσιν ῥήματος (2 a)
8. 5. οὐ γνώσεται ῥ. πονηρόν (2 a)
Wi. 6. 25. παιδεύεσθε τοῖς ῥ. μου
16. 26. τὸ ῥ. σου τοὺς σοὶ πιστεύοντας διατηρεῖ
Si. 2. 15. οὐκ ἀπειθήσουσι ῥημάτων [S¹ τῶν ῥ.] αὐ. [A al.]
4. 24. γνωσθήσεται ... παιδεία ἐν ῥήματι γλώσσης [S¹ γλωσσώδους]
12. 12. ἐπὶ τῶν ῥ. μου κατανυγήσῃ
16. 28. οὐκ ἀπειθήσουσι τοῦ ῥ. [S² τῶν ῥ.] αὐ.
Si. 39. 7. αὐτὸς ἀνομβρήσει ῥήματα σοφίας αὐτοῦ
— 17. ἐν ῥήματι στόματος αὐτοῦ ἀποδοχεῖα ὑδάτων
41. 16. ἐντράπητε ἐπὶ τῷ ῥ. μου
46. 15. A S ἐγνώσθη ἐν ῥήμασιν [B πίστει] αὐτοῦ
47. 8. ῥήματι δόξης ἐν πάσῃ καρδίᾳ αὐτοῦ ὕμνησε
Ho. 6. 6 (5). ἀπέκτεινα αὐτοὺς ἐν ῥήματι [A -ασιν] στόματός μου (1 a)
10. 4. λαλῶν ῥήματα προφάσεις ψευδεῖς (2 a)
Za. 1. 13. τῷ λαλοῦντι ἐν ἐμοὶ ῥ. καλά (2 a)
Is. 8. 20. ἵνα εἴπωσιν οὐχ ὡς τὸ ῥ. τοῦτο (2 a)
14. 28. ἐγενήθη τὸ ῥ. τοῦτο (5)
15. 1. τὸ ῥ. [A ὅραμα] τὸ κατὰ τῆς Μωαβίτιδος (5)
16. 13. A S R τοῦτο τὸ [B om.] ῥ. ὃ ἐλάλησε κύριος (2 a)
17. 1. τὸ ῥ. τὸ κατὰ Δαμασκοῦ (5)
22. 1. τὸ ῥ. [A ὅραμα] τῆς φάραγγος Σιών (5)
23. 1. τὸ ῥ. [A S ὅραμα] Τύρου (5)
29. 11. ἔσται ὑμῖν τὰ ῥ. πάντα ταῦτα ὡς οἱ λόγοι τοῦ βιβλίου †
38. 7. ποιήσει ὁ θεὸς τὸ ῥ. τοῦτο (2 a)
40. 8. τὸ δὲ ῥ. τοῦ θεοῦ ἡμῶν μένει (2 a)
42. 16. ταῦτα τὰ ῥ. [A add. ἃ] ποιήσω (2 a)
44. 26. ἱστῶν ῥήματα παιδὸς αὐτοῦ (2 a)
55. 11. οὕτως ἔσται τὸ ῥ. μου (2 a)
58. 9. ἐὰν ἀφέλῃς ἀπὸ σοῦ ... ῥ. γογγυσμοῦ (2 b)
59. 21. τὰ ῥ. ἃ ἔδωκα εἰς τὸ στόμα [S¹ τὴν καρδίαν] σου οὐ μὴ ἐκλίπῃ (2 a)
66. 5. ἀκούσατε ῥήματα [A S τὸ ῥ.] κυρίου (2 a)
Je. 1. 1. τὸ ῥ. τοῦ θεοῦ ὃ ἐγένετο ἐπὶ Ἱερεμίαν (2 a)
5. 14. ἐλαλήσατε τὸ ῥ. τοῦτο (2 a)
6. 10. τὸ ῥ. κυρίου ἐγένετο αὐτοῖς εἰς ὀνειδισμόν (2 a)
7. 23. τὸ ῥ. τοῦτο ἐνετειλάμην αὐτοῖς (2 a)
9. 8 (7). δόλια τὰ ῥ. τοῦ στόματος αὐτῶν (2 b)
16. 10. ὅταν ἀναγγείλῃς ... ἅπαντα τὰ ῥ. τ. (2 a)
18. 20. συνελάλησαν ῥήματα κατὰ τῆς ψυχῆς μου †
23. 33. S¹ ὑμεῖς ἐστε τὸ ῥ. [A B S² λῆμμα] (5)
33 (26). 2. μὴ ἀφέλῃς ῥ. (2 a)
42 (35). 14. ἔστησαν ῥ. υἱοὶ Ἰωναδάβ (2 a)
45 (38). 14. μὴ δὴ κρύψῃς ἀπ' ἐμοῦ ῥ. (2 a)
49 (42). 4. οὐ μὴ κρύψω ἀφ' ὑμῶν ῥ. (2 a)
Ba. 4. 37. ἔρχονται ... τῷ ῥ. τοῦ ἁγίου
5. 5. ἴδε σου συνηγμένα τὰ τέκνα ... τῷ ῥ. τοῦ ἁγίου
La. 2. 17. συνετέλεσε ῥήματα αὐτοῦ (1 d)
Ez. 33. 31. ἀκούουσι τὰ ῥ. σου (2 a)
— 32. ἀκούσονταί σου τὰ ῥ. [A al.] (2 a)
38. 10. ἀναβήσεται ῥήματα ἐπὶ τὴν καρδίαν σου (2 a)
Da. LXX. 1. 17. σύνεσιν ἐν παντὶ ῥ. –
2. 9. ἐὰν τὸ ῥ. εἴπητέ μοι †
7. 25. ῥήματα εἰς τὸν ὕψιστον λαλήσει (3)
— 28. τὸ ῥ. ἐν καρδίᾳ μου ἐστήριξα (3)
10. 12. εἰσηκούσθη τὸ ῥ. σου (2 a)
— 12. εἰσῆλθον τῷ ῥ. σου (2 a)
Da. TH. 1. 20. ἐν παντὶ ῥ. σοφίας (2 a)
2. 8. ἀπέστη ἀπ' ἐμοῦ τὸ ῥ. (3)
— 9. ῥ. ψευδὲς ... συνέθεσθε εἰπεῖν (3)
— 10. ὅστις τὸ ῥ. τοῦ βασ. δυνήσεται γνωρίσαι (3)
— 10. ῥ. τοιοῦτο οὐκ ἐπερωτᾷ ἐπαοιδόν (3)
— 15. A ἐγνώρισε δὲ τὸ ῥ. Ἀρ. τῷ Δαν. [B al.] (3)
— 17. τοῖς φίλοις αὐ. τὸ ῥ. ἐγνώρισε (3)
3. 16. περὶ τοῦ ῥ. τούτου ἀποκριθῆναί σοι (7)
— 22. τὸ ῥ. τοῦ βασ. ὑπερίσχυεν (3)
— 28 (95). τὸ ῥ. τοῦ βασ. ἠλλοίωσαν (3)
4. 14. καὶ ῥῆμα [A λόγος] ἁγίων τὸ ἐπερώτημα (1 e)
5. 26. τοῦτο τὸ σύγκριμα τοῦ ῥ. (3)
6. 14 (15). ὡς τὸ ῥ. ἤκουσε (3)
7. 28. τὸ ῥ. ἐν τῇ καρδίᾳ μου διετήρησα (3)
9. 23. ἐννοήθητι ἐν τῷ ῥ. (2 a)
10. 9. A ἐν τῷ ἀκοῦσαί με φωνὴν ῥημάτων [B om. φ. ῥ.] αὐ. (2 a)
Bel 9. γινέσθω κατὰ τὸ ῥ. σου
I Ma. 1. 50. A R κατὰ τὸ ῥ. [S τὸν λόγον] τοῦ βασ.
5. 14. ἀπαγγέλλοντες κατὰ τὰ ῥ. ταῦτα
— 37. μετὰ δὲ τὰ ῥ. ταῦτα

[Aq. Ge. 20. 10: 41. 32: Ex. 2. 10 (P.): 4. 10: 16. 4: 18. 14: Dt. 22. 14: Jo. 2. 14: III Ki. 13. 26: 14. 5, 13, 18, 19 *bis*: 15. 5: 17. 17: 21 (20). 1: IV Ki. 1. 16: 17. 11: Jb. 6. 3: 33. 13: 38. 12 (P.): Ps. 18 (19). 4: 21 (22). 2: 32 (33). 4, 6: 34 (35). 20: 55 (56). 5, 11: 63 (64). 4: 90 (91). 6: 118 (119). 49, 57, 105, 116: 129 (130). 5: 147. 8 (19): Pr. 25. 2, 11: Is. 9. 8 (7): 39. 2, 4: Je. 32 (39). 17: 38 (45). 5, 14, 27: 40 (47). 3: 44 (51). 4, 20: Ez. 20. 8: Da. 10. 1: Mi. 2. 7.]
[Sm. Jo. 2. 14: II Ki. 14. 20: Jb. 23. 5: Ps. 5. 2: Pr. 6. 1 *bis*: 25. 2: 27. 11: Da. 3. 22 (Sw.), 28 (95) (Sw.).]
[Th. Jo. 2. 14: Jd. 11. 37: 13. 12: II Ki. 12. 12: III Ki. 2. 42: 13. 26: 17. 17: Jb. 22. 28: 32. 12: 35. 16: Ps. 5. 2: Pr. 7. 5: 24. 26: 25. 11: 31. 1: Is. 24. 3: 32. 9: 39. 2, 4: Je. 11. 6: 40 (47). 3: Da. 2. 10: 3. 22, 28 (95): 10. 9†.]
[Al. Ex. 22. 9 (8): Nu. 3. 16: 22. 8: 35. 30: Dt. 1. 32: 17. 9, 10: 22. 26: II Ch. 36. 22: Ec. 7. 30 (8. 1).]
[Quint. Ps. 34 (35). 20: 129 (130). 5.]

ῥῆσις. (1) אֵמֶר (2) דָּבָר (3) פִּתְגָם
II Es. 5. 7. A B ῥῆσιν [R ῥήμασιν] ἀπέστειλαν πρὸς αὐτόν (3)
Pr. 1. 6. ῥήσεις τε σοφῶν καὶ αἰνίγματα (2)
— 23. προήσομαι ὑμῖν ἐμῆς πνοῆς ῥῆσιν –
2. 1. ἐὰν δεξάμενος ῥῆσιν ἐμῆς ἐντολῆς κρύψῃς (1)
4. 5. μηδὲ παρίδῃς ῥῆσιν ἐμοῦ στόματος (1)
— 20. υἱέ, ἐμῇ ῥήσει πρόσεχε (2)
7. 24. A πρόσεχε ῥῆσιν [B S ῥήμασι] στόματός μου (1)
15. 26. ἁγνῶν δὲ ῥήσεις σεμναί (1)
19. 27. μελετήσει ῥήσεις κακάς (1)
24. 70 (31. 2). τί; ῥήσεις θεοῦ –
27. 27. παρ' ἐμοῦ ἔχεις ῥήσεις ἰσχυράς †
[Sm. Jb. 34. 31: Ps. 17 (18). 31: 18 (19). 4: 28 (29). 9: 67 (68). 12: 76 (77). 9: 137 (138). 2: 140 (141). 6: Pr. 1. 2: 19. 7: Ec. 8. 2: Is. 32. 9.]
[Th. Pr. 19. 7.]

ῥήσσειν, *vid. sub* **ῥηγνύναι.**

ῥητίνη (ῥιτ.). (1) צְרִי
Ge. 37. 25. ἔγεμον θυμιαμάτων καὶ ῥητίνης (1)
43. 11. καταγάγετε τῷ ἀνθρ. δῶρα τῆς ῥ. (1)
Je. 8. 22. μὴ ῥ. οὐκ ἔστιν ἐν Γαλαάδ (1)
26 (46). 11. λάβε ῥητίνην τῇ παρθένῳ (1)
28 (51). 8. λάβετε ῥητίνην τῇ διαφθορᾷ αὐτῆς (1)
Ez. 27. 17. ἔλαιον καὶ ῥητίνην ἔδωκαν (1)

ῥητός. (1) דָּבָר
Ex. 9. 4. οὐ τελευτήσει ἀπὸ πάντων τῶν τοῦ Ἰσρ. ῥητόν (1)
22. 9 (8). κατὰ πᾶν ῥ. ἀδίκημα (1)
[Aq. Pr. 31. 1.]
[Sm. Is. 39. 2.]

ῥηχάβ. (1) רֶכֶב
Jd. 1. 19. ῥ. διεστείλατο αὐτοῖς (1)

ῥῖγος. (1) דַּלֶּקֶת
De. 28. 22. πατάξαι σε κύριος ἐν [A om.] ... ῥίγει (1)
Da. LXX. 3. (67). εὐλογεῖτε ῥῖγος καὶ ψῦχος τὸν κ.

ῥίζα. (1) אֵב (2) גֶּזַע (3) כֵּן (4) מְכוּרָה (5) שֹׁרֶשׁ (6) **ῥίζαν βάλλειν** שָׁרַשׁ hi. (7) **ἐκ ῥιζῶν ἀπολλύναι** שָׁרַשׁ pi.
De. 29. 18 (17). μή τίς ἐστιν ἐν ὑμῖν ῥίζα ἄνω φύουσα (5)
IV Ki. 19. 30. προσθήσει ... ῥίζαν κάτω (5)
I Es. 8. 78. καταλειφθῆναι ἡμῖν ῥίζαν
— 87. ἔδωκας ἡμῖν τοιαύτην ῥ.
— 88. ἕως τοῦ μὴ καταλιπεῖν ῥίζαν
— 89. κατελείφθημεν γὰρ ῥίζα ἐν τῇ σήμερον
To. 5. 13. ἐκ ῥ. καλῆς εἶ [A S al.]
Ju. 6. 13. ἀφῆκαν ἐρριμμένον ὑπὸ τὴν ῥ. τοῦ ὄρους
7. 12. ἡ ἐκπορεύεται ἐκ τῆς ῥ. τοῦ ὄρους
Jb. 5. 3. ἐγὼ δὲ ἑώρακα ἄφρονας ῥίζαν βάλλοντας (6)
8. 12. A B S² ἔτι ὂν ἐπὶ ῥίζης (1 ?)
13. 27. εἰς δὲ ῥίζας τῶν ποδῶν μου ἀφίκου (5)
14. 8. ἐὰν γὰρ γηράσῃ ἐν γῇ ἡ ῥ. αὐτοῦ (5)
18. 16. ὑποκάτωθεν αἱ ῥ. αὐτοῦ ξηρανθήσονται (5)
19. 28. ῥίζαν λόγου εὑρήσομεν ἐν αὐτῷ (5)
28. 9. κατέστρεψε δὲ ἐκ ῥιζῶν ὄρη (5)
29. 19. ἡ ῥ. διήνοικται ἐπὶ ὕδατος (5)
30. 4. A B² S R ῥίζας ξύλων ἐμασῶντο (5)
31. 12. οὐ δ' ἂν ἐπέλθῃ ἐκ ῥιζῶν ἀπώλεσεν (7)
Ps. 79 (80). 9. κατεφύτευσας τὰς ῥ. αὐτῆς (5)
Pr. 12. 3. αἱ δὲ ῥ. τῶν δικαίων οὐκ ἐξαρθήσονται (5)
— 12. αἱ δὲ ῥ. τῶν εὐσεβῶν ἐν ὀχυρώμασι (5)
Wi. 3. 15. ἀδιάπτωτος ἡ ῥ. τῆς φρονήσεως
4. 3. ἐκ νόθων μοσχευμάτων οὐ δώσει ῥίζαν εἰς βάθος
7. 20. διαφορὰς φυτῶν καὶ δυνάμεις ῥιζῶν

Wi. 15. 3. εἰδέναι σου τὸ κράτος ῥίζα ἀθανασίας
Si. 1. 6. ῥίζα σοφίας τίνι ἀπεκαλύφθη
— 20. ῥίζα σοφίας φοβεῖσθαι τὸν κύριον
10. 15. ῥίζας ἐθνῶν ἐξέτιλεν ὁ κύριος
23. 25. οὐ διαδώσουσι τὰ τέκνα αὐτῆς εἰς ῥίζαν
40. 15. ῥίζαι ἀκάθαρτοι ἐπ' ἀκροτόμου πέτρας
47. 22. ἔδωκε . . . τῷ Δαυὶδ ἐξ αὐτοῦ ῥίζαν
Ho. 9. 16. τὰς ῥ. αὐ. ἐξηράνθη (5)
14. 6. βαλεῖ τὰς ῥ. αὐ. (5)
Am. 2. 9. καὶ τὰς ῥ. αὐ. ὑποκάτωθεν (5)
Ma. 4. 1 (3. 19). οὐ μὴ ὑπολειφθῇ ἐξ αὐτῶν ῥίζα (5)
Is. 5. 24. ἡ ῥ. αὐτῶν ὡς χνοῦς ἔσται (5)
11. 1. ἐξελεύσεται ῥάβδος ἐκ τῆς ῥ. Ἰεσσαὶ καὶ ἄνθος ἐκ τῆς ῥ. ἀναβήσεται (2, 5)
— 10. ἔσται ἐν τῇ ἡμέρᾳ ἐκείνῃ ἡ ῥ. τοῦ Ἰεσσαί (5)
37. 31. φυήσουσι ῥίζαν κάτω (5)
40. 24. οὐδὲ μὴ ῥιζωθῇ εἰς τὴν γῆν ἡ ῥ. αὐτῶν (2)
53. 2. ὡς ῥ. ἐν γῇ διψώσῃ (5)
Je. 17. 8. ἐπὶ ἰκμάδα βαλεῖ ῥίζαν [**A S** -ας] αὐτοῦ (5)
Ez. 16. 3. ἡ ῥ. σου . . . ἐκ γῆς Χαναάν (4)
17. 6. ῥίζαι [**A** αἱ ῥ.] αὐτῆς ὑποκάτω αὐτῆς ἦσαν (5)
— 7. ῥίζαι [**A** αἱ ῥ.] αὐτῆς πρὸς αὐτόν (5)
— 9. οὐχὶ αἱ ῥ. τῆς ἁπαλότητος αὐτῆς καὶ ὁ καρπὸς σαπήσεται . . . τοῦ ἐκσπάσαι αὐτὴν ἐκ ῥιζῶν αὐτῆς (5, 5)
31. 7. ἐγενήθησαν αἱ ῥ. αὐ. εἰς ὕδωρ πολύ (5)
Da. LXX. 4. 12. ῥίζαν μίαν ἄφετε αὐτοῦ (5)
— 23. ἡ ῥ. τοῦ δένδρου ἡ ἀφεθεῖσα (5)
11. 7. ἀναστήσεται φυτὸν ἐκ τῆς ῥ. αὐ. (5)
— 20. ἀναστήσεται ἐκ τῆς ῥ. αὐ. φυτὸν βασιλείας (3)
Da. TH. 2. 41. ἀπὸ τῆς ῥ. τῆς σιδηρᾶς ἔσται ἐν αὐτῇ †
4. 12. τὴν φυὴν τῶν ῥ. αὐ. ἐν τῇ γῇ ἐάσατε (5)
— 20. τὴν φυὴν τῶν ῥ. αὐ. ἐάσατε ἐν τῇ γῇ (5)
— 23. ἐάσατε τὴν φυὴν τῶν ῥ. [**A** *om.* τ. ῥ.] τοῦ δένδρου (5)
11. 7. ἀναστήσεται ἐκ τοῦ ἄνθους τῆς ῥ. αὐ. (5)
— 20. ἀναστήσεται ἐκ τῆς ῥ. αὐ. φυτόν (3)
I Ma. 1. 10. ἐξῆλθεν ἐξ αὐτῶν ῥίζα ἁμαρτωλός
[**Aq.** Le. 25. 47 : Jb. 36. 30 : Is. 53. 2.]
[**Sm.** Jb. 30. 4 : 36. 30 : Ps. 79 (80). 10 : Is. 53. 2.]
[**Th.** Jb. 8. 17 : 18. 16 : 19. 28 : 29. 19 : Is. 53. 2 : Da. 2. 41.]

ῥιζοβολεῖν.

[**Sm.** Ps. 79 (80). 10.]

ῥιζοῦν. (1) שֵׁרֵשׁ *a.* poel. *b.* poal.

Si. 3. 28. φυτὸν γὰρ πονηρίας ἐρρίζωκεν ἐν αὐτῷ
24. 12. ἐρρίζωσα ἐν λαῷ δεδοξασμένῳ [**S**[2] δεδοκιμασμένῳ]
Is. 40. 24. οὐδὲ μὴ ῥιζωθῇ εἰς τὴν γῆν ἡ ῥίζα αὐτῶν (1 *a*)
Je. 12. 2. ἐφύτευσας αὐτοὺς καὶ ἐρριζώθησαν [**A S** -ωσαν] (1 *b*)
[**Aq.**, **Sm.**, **Th.** Is. 27. 6.]

ῥίζωμα. (1) *a.* שֹׁרֶשׁ *b.* שֵׁרֵשׁ pi.

Jb. 36. 30. ῥιζώματα [**A** -μα] τῆς θαλ. ἐκάλυψεν (1 *a*)
Ps. 51 (52). 5. καὶ τὸ ῥ. σου ἐκ γῆς ζώντων (1 *b*)
[**Th.** Jb. 36. 30.]

ῥίζωσις.

[**Sm.** Ez. 17. 5.]

ῥιμείμ.

[**Aq.** Is. 34. 7.]

ῥιμός (?).

[**Aq.** Dt. 32. 14.]

ῥινητός.

[**Sm.** Je. 10. 5.]

ῥινόκερως.

[**Aq.** Jb. 39. 9 : Ps. 28 (29). 6.]

ῥίξ (?).

[**Aq.** I Ki. 13. 21.]

ῥιπίζειν. (1) נְשָׂא

Da. LXX. 2. 35. ἐρρίπισεν αὐτὰ ὁ ἄνεμος (1)

ῥιπιστός. (1) רָוַח pu.

Je. 22. 14. ὑπερῷα ῥιπιστὰ διεσταλμένα θυρίσι (1)
[**Sm.**, **Th.** Je. 22. 14 (Sw.).]

ῥιπτάζεσθαι.

[**Aq.** Is. 51. 20.]

ῥίπτειν, ῥιπτεῖν. (1) זָרַק (2) יָרָה (3) יָרַט (4) כָּסָה (5) מָטַר hi. (6) נָפַל *a.* qal. *b.* hi. (7) צָנַף (8) *a.* רָמָה *b.* רְמָא, רָמָה pe. *c.* ithp. (9) שָׁלַח pi. (10) שָׁלַךְ *a.* hi. *b.* hoph.

Ge. 21. 15. ἔρριψε τὸ παιδίον ὑποκάτω μιᾶς ἐλάτης (10 *a*)
37. 20. ῥίψομεν αὐτὸν εἰς ἕνα τῶν λάκκων (10 *a*)
— 24. ἔρριψαν εἰς τὸν λάκκον (10 *a*)
Ex. 1. 22. πᾶν ἄρσεν . . . εἰς τὸν ποταμὸν ῥίψατε (10 *a*)
4. 3. ῥίψον αὐτὴν ἐπὶ τὴν γῆν (10 *a*)
— 3. ἔρριψεν αὐτὴν ἐπὶ τὴν γῆν (10 *a*)
7. 9. ῥίψον [**A** *add.* αὐτὴν] ἐπὶ τὴν γῆν (10 *a*)
— 10. ἔρριψεν Ἀ. τὴν ῥάβδον (10 *a*)
— 12. ἔρριψαν [**A** -εν] ἕκαστος τὴν ῥάβδον αὐ. (10 *a*)
15. 1. ἵππον . . . ἔρριψεν εἰς θάλασσαν (8 *a*)
— 4. τὴν δύναμιν αὐ. ἔρριψεν εἰς θάλασσαν (2)
— 21. ἵππον . . . ἔρριψεν εἰς θάλασσαν (8 *a*)
32. 19. ἔρριψεν ἀπὸ τῶν χειρῶν αὐ. τὰς δύο πλάκας (10 *a*)
— 24. καὶ ἔρριψα εἰς τὸ πῦρ (10 *a*)
De. 9. 17. ἔρριψα αὐτὰς ἀπὸ τῶν δύο χειρῶν μου (10 *a*)
— 21. ἔρριψα τὸν κονιορτὸν εἰς τὸν χειμάρρουν (10 *a*)
Jo. 8. 29. ἔρριψαν αὐτὸν εἰς τὸν βόθρον (10 *a*)
10. 27. ἔρριψαν αὐτοὺς εἰς τὸ σπήλαιον (10 *a*)
Jd. 4. 22. Σ. ἐρριμμένος [**A** πεπτωκὼς] νεκρός (6 *a*)
8. 25. **A** ἔρριψεν [**B** ἔβαλεν] ἐκεῖ ἀνὴρ ἐνώτιον (10 *a*)
9. 17. **A** ἔρριψεν [**B** ἐξέρρ.] τὴν ψυχὴν αὐ. (10 *a*)
— 53. ἔρριψε γυνὴ μία κλάσμα (10 *a*)
15. 15. **A** εὗρε σιαγόνα ὄνου ἐρριμμένην ἐν τῇ ὁδῷ [**B** *al.*] †
— 17. ἔρριψε τὴν σιαγόνα (10 *a*)
II Ki. 11. 21. οὐχὶ γυνὴ ἔρριψε κλάσμα μύλου (10 *a*)
— 22. οὐχὶ γυνὴ ἔρριψεν ἐπ' αὐτὸν κλάσμα μύλου –
18. 17. ἔρριψεν αὐτὸν [**A** *om.*] εἰς χάσμα μέγα (10 *a*)
20. 21. ἡ κεφαλὴ αὐτοῦ ῥιφήσεται (10 *b*)
III Ki. 13. 24. ἦν τὸ σῶμα αὐ. ἐρριμμένον ἐν τῇ ὁδῷ (10 *b*)
— 25. εἶδον τὸ θνησιμαῖον ἐρριμμένον ἐν τῇ ὁδῷ (10 *b*)
— 28. εὗρε τὸ σῶμα αὐ. ἐρριμμένον ἐν τῇ ὁδῷ (10 *b*)
14. 9. **A** ἐμὲ ἔρριψας ὀπίσω σώματός σου (10 *a*)
IV Ki. 2. 16. καὶ ἔρριψεν αὐτὸν ἐν τῷ Ἰ. (10 *a*)
— 21. καὶ ἔρριψεν ἐκεῖ ἅλα (10 *a*)
3. 25. ἔρριψαν ἀνὴρ τὸν λίθον (10 *a*)
6. 6. καὶ ἔρριψεν ἐκεῖ (10 *a*)
7. 15. ὧν ἔρριψε Συρία (10 *a*)
9. 25. ῥίψαι αὐτὸν ἐν τῇ μερίδι ἀγροῦ Ν. (10 *a*)
— 26. ῥίψον αὐτὸν ἐν τῇ μερίδι (10 *a*)
10. 25. καὶ ἔρριψαν οἱ παρατρέχοντες (10 *a*)
13. 21. ἔρριψαν τὸν ἄνδρα ἐν τῷ τάφῳ Ἐλ. (10 *a*)
23. 6. ἔρριψε τὸν χοῦν αὐ. εἰς τὸν τάφον (10 *a*)
— 12. ἔρριψε τὸν χοῦν αὐ. εἰς τὸν χειμάρρουν (10 *a*)
II Ch. 30. 14. καὶ ἔρριψαν εἰς τὸν χειμάρρουν Κ. (10 *a*)
34. 4. καὶ ἔρριψεν ἐπὶ πρόσωπον τῶν μνημάτων (1)
Ne. 9. 11. τοὺς καταδιώξαντας αὐτοὺς ἔρριψας εἰς βυθόν (10 *a*)
— 26. ἔρριψαν τὸν νόμον σου ὀπίσω σώματος αὐ. (10 *a*)
13. 8. ἔρριψα πάντα τὰ σκεύη οἴκου Τ. (10 *a*)
To. 1. 17. εἴ τινα . . . ἐθεώρουν . . . ἐρριμμένον
2. 3. εἷς ἐκ τοῦ γένους ἡμῶν . . . ἔρριπται ἐν τῇ ἀγορᾷ
Ju. 6. 13. καὶ ἀφῆκαν ἐρριμμένον [**A** ῥεριμμ.]
14. 15. εὗρεν αὐτὸν . . . ἐρριμμένον νεκρόν
Jb. 16. 12 (11). ἐπὶ δὲ ἀσεβέσιν [**A** -βεῖς] ἔρριψέ με (3)
— 16 (15). **A S**[2] σάκκον ἔρριψαν [**B S**[1] **R** ἔρραψαν] ἐπὶ βύρσης [**A** -ῃ] μου †
20. 23. **A S**[1] ῥίψαι [**B S**[2] νίψαι] ἐπ' αὐτὸν ὀδύνας (5)
Ps. 87 (88). 5. ὡσεὶ τραυματίαι ἐρριμμένοι [**A S**[2] *om.*] καθεύδοντες ἐν τάφῳ –
Wi. 5. 22. πλήρεις ῥιφήσονται χάλαζαι
11. 14. τὸν γὰρ ἐν ἐκθέσει πάλαι ῥιφέντα
18. 18. ἄλλος ἀλλαχῇ ῥιφεὶς [**A** ῥιφθεὶς] ἡμίθνητος
Si. 10. 9. ἐν ζωῇ ἔρριψα τὰ ἐνδόσθια αὐ. [**S**[2] *al.*]
Jl. 1. 7. ἐξηρεύνησεν αὐτὴν καὶ ἔρριψεν (10 *a*)
Za. 5. 8. ἔρριψεν αὐτὴν ἐν μέσῳ τοῦ μέτρου (10 *a*)
— 8. ἔρριψε τὸν λίθον τοῦ μολίβου εἰς τὸ στόμα αὐ. (10 *a*)
Is. 14. 19. ῥιφήσῃ ἐν τοῖς ὄρεσιν (10 *b*)
Is. 22. 18. ῥίψει σε εἰς χώραν μεγάλην (7)
33. 12. ὡς ἄκανθα ἐν ἀγρῷ ἐρριμμένη (4)
34. 3. οἱ δὲ τραυματίαι αὐτῶν ῥιφήσονται (10 *b*)
Je. 14. 16. ἔσονται ἐρριμμένοι ἐν ταῖς ὁδοῖς (10 *b*)
22. 19. ῥιφήσεται ἐπέκεινα τῆς πύλης Ἰερ. (10 *a*)
27 (50). 30. οἱ ἄνδρες οἱ πολεμισταὶ αὐτῆς ῥιφήσονται †
28 (51). 63. ῥίψεις αὐτὸ εἰς μέσον τοῦ Εὐφράτου (10 *a*)
33 (26). 23. ἔρριψεν αὐτὸν εἰς τὸ μνῆμα (10 *a*)
43 (36). 23. ἔρριπτεν εἰς τὸ πῦρ (10 *a*)
— 30. τὸ θνησιμαῖον αὐτοῦ ἔσται ἐρριμμένον [**A** ῥεριμμ.] (10 *b*)
45 (38). 6. ἔρριψαν αὐτὸν εἰς λάκκον Μελχίου (10 *a*)
— 11. ἔρριψεν αὐτὰ πρὸς Ἰερ. εἰς τὸν λάκκον (9)
— 26. ῥίπτω ἐγὼ τὸ ἔλεός μου κατ' ὀφθαλμοὺς τοῦ βασιλέως (6 *b*)
48 (41). 9. εἰς ὃ ἔρριψεν ἐκεῖ Ἰσμ. πάντας (10 *a*)
Ep. Je. 71. νεκρῷ ἐρριμμένῳ ἐν σκότει
Ez. 5. 4. ῥίψεις αὐτοὺς εἰς μέσον τοῦ πυρός (10 *a*)
7. 19. ῥιφήσεται ἐν ταῖς πλατείαις (10 *a*)
19. 12. ἐπὶ γῆν ἐρρίφη (10 *b*)
28. 17. ἐπὶ τὴν γῆν ἔρριψά σε (10 *a*)
Da. LXX. Su. 62. ἔρριψαν εἰς φάραγγα
— 62. ἔρριψε πῦρ διὰ μέσου αὐτῶν
4. 15. εἰλκύσθη καὶ ἐρρίφη –
6. 5 (6). ἵνα . . . ῥιφῇ εἰς τὸν λάκκον τῶν λεόντων –
— 7 (8), 12 (13). ῥιφήσεται εἰς τὸν λάκκον (8 *c*)
— 14 (15). εἶπεν ῥιφῆναι τὸν Δ. εἰς τὸν λάκκον –
— 17. Δαν. ἐρρίφη εἰς τὸν λάκκον (8 *b*)
— 22 (23). ἔρριψάς με εἰς τὸν λάκκον –
— 24 (25). ἐρρίφησαν τοῖς λέουσι (8 *b*)
8. 12. ἐρρίφη χαμαὶ ἡ δικαιοσύνη (10 *a*)
Da. TH. 8. 7. ἔρριψεν αὐτὸν ἐπὶ τὴν γῆν (10 *a*)
— 12. ἐρρίφη χαμαὶ ἡ δικαιοσύνη (10 *a*)
9. 18. ῥιπτοῦμεν τὸν οἰκτιρμὸν ἡμῶν ἐνώπιόν σου (6 *b*)
— 20. ἔτι ἐμοῦ . . . ῥιπτοῦντος τὸν ἔλεόν μου (6 *b*)
I Ma. 5. 43. ἔρριψαν τὰ ὅπλα αὐ.
7. 44. ῥίψαντες τὰ ὅπλα αὐ.
11. 4. ἔδειξαν αὐτῷ . . . τὰ σώματα ἐρριμμένα
— 51. ἔρριψαν τὰ ὅπλα
II Ma. 3. 15. πρὸ τοῦ θυσιαστηρίου . . . ῥίψαντες ἑαυτούς
— 29. καὶ ὁ μὲν . . . ἔρριπτο
III Ma. 5. 50. πρηνεῖς ὁμοθυμαδὸν ῥίψαντες ἑαυτούς
6. 7. τὸν . . . λέουσι κατὰ γῆς ῥιφέντα θηρσὶ βοράν
IV Ma. 12. 20. ἑαυτὸν ἔρριψε κατὰ τῶν τηγάνων
17. 1. ἑαυτὴν ἔρριψε κατὰ τῆς πυρᾶς
[**Aq.** III Ki. 14. 9 : Je. 36 (43). 23 : 38 (45). 26 : Ez. 30. 23 : Jn. 2. 4 : Za. 11. 13 *bis.*]
[**Sm.** Je. 36 (43). 23 : Za. 11. 13 *bis.*]
[**Th.** Jd. 8. 25 : Je. 36 (43). 23 : 42 (49). 9 : Jn. 2. 4.]
[**Al.** IV Ki. 9. 25 : Ec. 3. 5.]

ῥίς. (1) אַף

Jb. 27. 3. **B S**[1] πνεῦμα δὲ θεῖον τὸ περιόν μοι ἐν ῥινί [**S**[2] ῥισίν, **A**[2] ῥήμασί μου] (1)
40. 19 (24). ἐνσκολιευόμενος τρήσει ῥῖνα (1)
— 20 (25). περιθήσεις δὲ φορβέαν περὶ ῥῖνα αὐτοῦ †
Ps. 113. 14 (115. 6) : 134 (135). 17 (**A**). ῥῖνας ἔχουσι (1)
Pr. 11. 22. ὥσπερ ἐνώτιον [**S**[2] ἐ. χρυσοῦν] ἐν ῥινὶ ὑός (1)
Ca. 7. 8 (9). ὀσμὴ ῥινός σου ὡς μῆλα (1)
Wi. 2. 2. καπνὸς ἡ πνοὴ ἐν ῥισὶν ἡμῶν
15. 15. οὔτε ῥῖνες εἰς συνολκὴν ἀέρος
Is. 37. 29. ἐμβαλῶ φιμὸν εἰς τὴν ῥ. σου (1)
[**Sm.**, **Th.** Jb. 40. 19 (24).]

ῥόα. (1) רִמּוֹן

Ex. 28. 29 (33). ὡσεὶ ἐξανθούσης ῥόας –
36. 32 (39. 24). ὡς ἐξανθούσης ῥόας –
Nu. 13. 24 (23). καὶ ἀπὸ τῶν ῥ. (1)
20. 5. οὐδὲ ἄμπελοι οὔτε ῥόαι (1)
De. 8. 8. ἄμπελοι συκαῖ ῥόαι (1)
I Ki. 14. 2. ἐκάθητο . . . ὑπὸ τὴν ῥ. (1)
III Ki. 7. 18. δύο στίχοι ῥοῶν χαλκῶν δεδικτυωμένοι (1 ?)
— 20. **A** καὶ τῶν ῥ. πέντε στίχοι κύκλῳ (1)
— 42. τὰς ῥ. τετρακοσίας ἀμφοτέροις τοῖς δικτύοις (1)
— 42. δύο στίχοι ῥοῶν τῷ δικτύῳ τῷ ἑνί (1)
IV Ki. 25. 17. **A R** καὶ ῥόαι ἐπὶ τοῦ χωθάρ [**B** *al.*] (1)
To. 1. 7. **S** καὶ τὴν δεκάτην . . . ῥοῶν [**A B** *al.*]

Ca. 4. 3. ὡς λέπυρον ῥόας [A τῆς ῥ.] μῆλόν σου (1)
— 13. A[1] S[2] R ἀποστολαί σου παράδεισος ῥοῶν [A[2] B S[1] om.] (1)
6. 6 (7). ὡς λέπυρον τῆς [B[1] om.] ῥ. μῆλόν σου (1)
— 10 (11). ἐξήνθησαν [A εἰ ἤνθ.] αἱ ῥ. (1)
7. 12 (13). ἤνθησαν αἱ ῥ. (1)
8. 2. ποτιῶ σε . . . ἀπὸ νάματος ῥοῶν (1)
Jl. 1. 12. ῥόα καὶ φοῖνιξ καὶ μῆλον (1)
Hg. 2. 20 (19). καὶ ἡ συκῆ καὶ ἡ ῥ. (1)
Je. 52. 22. δίκτυον καὶ ῥόαι ἐπὶ τοῦ γείσους κύκλῳ . . . τῷ στύλῳ τῷ δευτέρῳ ὀκτὼ ῥόαι (1, 1)
— 23. ἦσαν αἱ ῥ. ἐνενήκοντα ἓξ τὸ ἓν μέρος καὶ ἦσαν αἱ πᾶσαι ῥ. ἑκατόν (1, 1)
Ez. 19. 10. ὡς ἄνθος ἐν ῥόᾳ †
[Aq., Sm., Th. Ca. 4. 13.]

ῥόαξ (?).

Ez. 40. 40. A B κατὰ νώτου τοῦ ῥ. [R ῥύα.] †

ῥοβογμά.

[Th. Je. 39 (46). 13.]

ῥόδον.

Es. 1. 6. κύκλῳ ῥ. [A δόρα] πεπασμένα [S[1] πεπλ.] †
Wi. 2. 8. στεψώμεθα ῥόδων κάλυξι
Si. 24. 14. ὡς φυτὰ ῥόδου ἐν Ἱερ.
39. 13. βλαστήσατε ὡς ῥόδον φυόμενον ἐπὶ ῥεύματος ἀγροῦ [A S ὑγροῦ]
50. 8. ὡς ἄνθος ῥόδων ἐν ἡμέραις νέων

ῥοδοφόνος.

III Ma. 7. 17. A εἰς Πτ. τὴν ὀνομαζομένην . . . ῥοδοφόνον [R al.]

ῥοδοφόρος.

III Ma. 7. 17. R εἰς Πτ. τὴν ὀνομαζομένην . . . ῥοδοφόρον [A al.]

ῥοιζεῖν, ῥοίζεσθαι. (1) יָרָה *a.* qal. *b.* hi. (2) נָזַל

IV Ki. 13. 17. A ῥοίζησον καὶ ἐροίζησεν [B al.] (1 *a*, 1 *b*)
Ca. 4. 15. φρέαρ ὕδατος . . . ῥοιζοῦντος ἀπὸ τοῦ Λιβάνου (2)
[Aq. Ge. 31. 51: Ex. 19. 13: I Ki. 31. 3 *bis*: IV Ki. 13. 17 *bis*: Ps. 63 (64). 8: Is. 37. 33.]
[Sm. I Ki. 31. 3: Is. 29. 4.]
[Th. I Ki. 31. 3.]

ῥοῖζος.

Wi. 5. 11. πνεῦμα . . . σχιζόμενον βίᾳ ῥοίζου κινουμένων πτερύγων
Ez. 47. 5. A ὕδωρ ἕως ῥοῖζος χειμάρρου [B al.] †
Da. Th. Bel 36. ἐν τῷ ῥ. τοῦ πνεύματος αὐτοῦ
II Ma. 9. 7. ἀπὸ τοῦ ἅρματος φερομένου ῥοίζῳ

ῥοΐσκος. (1) פַּעֲמוֹן (2) רִמּוֹן

Ex. 28. 29 (33). ῥοΐσκους ἐξ ὑακίνθου (2)
— 29 (33). τὸ αὐτὸ εἶδος ῥοΐσκους χρυσοῦς (2)
— 30 (34). παρὰ ῥοΐσκον χρυσοῦν κώδωνα (1)
36. 32 (39. 24). ὡς ἐξανθούσης ῥόας ῥοΐσκους (2)
— 33 (39. 25). ἀνὰ μέσον τῶν ῥ. (2)
— 34 (39. 26). κώδων χρυσοῦς καὶ ῥοΐσκος (2)
II Ch. 3. 16. ἐποίησε ῥοΐσκους ἑκατόν (2)
4. 13. καὶ δύο γένη ῥοΐσκων ἐν τῷ δικτύῳ τῷ ἐνί (2)
Si. 45. 9. ἐκύκλωσεν αὐτὸν ῥοΐσκοις
[Aq., Sm., Th. Ex. 39. 25 (36. 33).]

ῥομφαία. (1) חֲנִית (2) חֶרֶב (3) מַאֲכֶלֶת

Ge. 3. 24. ἔταξε . . . τὴν φλογίνην ῥ. (2)
Ex. 5. 21. δοῦναι ῥομφαίαν εἰς τὰς χεῖρας αὐ. (2)
32. 27. θέσθε ἕκαστος τὴν ἑαυτοῦ ῥ. ἐπὶ τὸν μηρόν (2)
Nu. 22. 23. καὶ τὴν ῥ. ἐσπασμ. ἐν τῇ χειρὶ αὐ. (2)
31. 8. τὸν B. . . . ἀπέκτειναν ἐν ῥομφαίᾳ [A -αις] (2)
Jo. 5. 12 (13). καὶ ἡ ῥ. ἐσπασμ. ἐν τῇ χειρὶ αὐ. (2)
6. 20 (21). ἐν στόματι ῥομφαίας (2)
8. 24. ἐν στόματι ῥομφαίας [B[2] μαχαίρας] (2)
24. 12. οὐκ ἐν τῇ ῥ. σου οὐδὲ ἐν τῷ τόξῳ σου (2)
Jd. 1. 8. ἐν στόματι ῥομφαίας [A μαχαίρας] (2)
— 25: 4. 15, 16. ἐν στόματι ῥομφαίας (2)
7. 14. ῥομφαία Γ. υἱοῦ Ἰ. (2)
— 20. ῥομφαία τῷ κυρίῳ καὶ τῷ Γ. (2)
— 22. ἔθηκε κύριος τὴν ῥ. ἀνδρὸς [A al.] (2)
Jd. 8. 10. ἑκατὸν εἴκοσι χιλιάδες ἀνδρῶν σπωμένων ῥομφαίαν (2)
— 20. οὐκ ἔσπασε τὸ παιδάριον τὴν ῥ. αὐ. [A al.] (2)
9. 54. σπάσον τὴν ῥ. μου [A al.] (2)
18. 27. ἐπάταξαν αὐτοὺς ἐν στόματι ῥομφαίας (2)
19. 29. ἔλαβε τὴν ῥ. [A μάχαιραν] (3)
20. 2. ἕλκοντες [A σπωμένων] ῥομφαίαν (2)
— 15. ἕλκων [A σπωμένων] ῥομφαίαν (2)
— 17. ἀνδρῶν ἑλκόντων [A σπωμένων] ῥομφαίαν (2)
— 25. B[2] R πάντες οὗτοι ἕλκοντες [A ἐσπασμένοι] ῥομφαίαν (2)
— 35. πάντες οὗτοι εἷλκον [A σπώμενοι] ῥομφαίαν (2)
— 37. ἐν στόματι ῥομφαίας (2)
— 46. ἀνδρῶν ἑλκόντων [A σπωμένων] ῥομφαίαν (2)
— 48. ἐπάταξαν αὐτοὺς ἐν στόματι ῥομφαίας (2)
21. 10. ἐν στόματι ῥομφαίας (2)
I Ki. 2. 33. πεσοῦνται ἐν ῥομφαίᾳ ἀνδρῶν -
13. 19. B μὴ ποιήσωσιν οἱ Ἑβρ. ῥομφαίαν (2)
— 22. B οὐχ εὑρέθη ῥομφαία καὶ δόρυ (2)
14. 20. ἐγένετο ῥομφαία ἀνδρὸς ἐπὶ τὸν πλησίον αὐ. (2)
15. 8. ἀπέκτειν εν ἐν στόματι ῥομφαίας (2)
— 33. καθότι ἠτέκνωσε γυναῖκας ἡ ῥ. σου (2)
17. 39. ἔζωσε τὸν Δ. τὴν ῥ. αὐ. [A al.] (2)
— 45. σὺ ἔρχῃ πρὸς μὲ ἐν ῥομφαίᾳ (2)
— 47. οὐκ ἐν ῥομφαίᾳ καὶ δόρατι σῴζει κύριος (2)
— 50. A ῥομφαία οὐκ ἦν ἐν χειρὶ Δ. (2)
— 51. ἔλαβε τὴν ῥ. αὐ. (2)
18. 4. A καὶ ἕως τῆς ῥ. αὐ. (2)
21. 8 (9). εἰ ἔστιν ἐνταῦθα . . . ῥομφαία (2)
— 8 (9). τὴν ῥ. μου . . . οὐκ εἴληφα (2)
— 9 (10). ἰδοὺ ἡ ῥ. Γ. τοῦ ἀλλοφύλου (2)
22. 10. τὴν ῥ. Γ. τοῦ ἀλλοφύλου ἔδωκεν αὐτῷ (2)
— 13. δοῦναι . . . ῥομφαίαν (2)
— 19. ἐπάταξεν ἐν στόματι ῥομφαίας (2)
— 19. A ἐν στόματι ῥομφαίας (2)
25. 13. ζώσασθε ἕκαστος τὴν ῥ. αὐ. (2)
31. 4. σπάσαι τὴν ῥ. σου (2)
— 4. ἔλαβε Σ. τὴν ῥ. (2)
— 5. ἐπέπεσε καὶ αὐτὸς ἐπὶ τὴν ῥ. αὐ. (2)
II Ki. 1. 12. ἐπλήγησαν ἐν ῥομφαίᾳ (2)
— 22. ῥομφαία Σ. οὐκ ἀνέκαμψε κενή (2)
2. 26. μὴ εἰς νῖκος καταφάγεται ἡ [A om.] ῥ. (2)
3. 29. μὴ ἐκλίποι . . . πίπτων ἐν ῥομφαίᾳ (2)
12. 9. τὸν Οὐ. . . . ἐπάταξας ἐν ῥομφαίᾳ (2)
— 9. αὐτὸν ἀπέκτεινας ἐν ῥομφαίᾳ υἱῶν Ἀμμὼν (2)
— 10. οὐκ ἀποστήσεται ῥομφαία ἐκ τοῦ οἴκου σου (2)
23. 8. B οὗτος ἐσπάσατο τὴν ῥ. αὐ. -
24. 9. ἀνδρῶν δυνάμεως σπωμένων ῥομφαίαν (2)
III Ki. 1. 51. εἰ οὐ θανατώσει τὸν δοῦλον αὐ. ἐν ῥομφαίᾳ (2)
2. 8. εἰ θανατώσω σε ἐν ῥομφαίᾳ (2)
— 32. καὶ ἀπέκτεινεν αὐτοὺς ἐν ῥομφαίᾳ (2)
3. 1 (2. 8). εἰ θανατωθήσεται ἐν ῥομφαίᾳ (2)
19. 1. ἀπέκτεινε τοὺς προφήτας ἐν ῥομφαίᾳ (2)
— 10. τοὺς προφήτας σου ἀπέκτειναν ἐν ῥομφαίᾳ (2)
— 14. τοὺς προφήτας σου ἀπέκτειναν ἐν ῥομφαίᾳ [A -αις] (2)
— 17. τὸν σῳζόμενον ἐκ ῥομφαίας Ἀ. (2)
— 17. B τὸν σῳζόμενον ἐκ ῥομφαίας Ἰ. (2)
IV Ki. 3. 23. αἷμα τοῦτο τῆς ῥ. †
— 26. ἑπτακοσίους ἄνδρας ἐσπασμένους ῥομφαίαν (2)
6. 22. οὓς ᾐχμαλώτευσας ἐν ῥομφαίᾳ σου (2)
8. 12. τοὺς ἐκλεκτοὺς αὐ. ἐν ῥομφαίᾳ ἀποκτενεῖς (2)
10. 25. ἐπάταξαν αὐτοὺς ἐν στόματι ῥομφαίας (2)
11. 15. θανατωθήσεται ῥομφαίᾳ (2)
— 20. τὴν Γ. ἐθανάτωσαν ἐν ῥομφαίᾳ (2)
19. 7. καταβαλῶ αὐτὸν ἐν ῥομφαίᾳ (2)
I Ch. 10. 4. σπάσαι τὴν ῥ. σου (2)
— 4. ἔλαβε Σ. τὴν ῥ. (2)
— 5. ἔπεσε καὶ αὐτὸς ἐπὶ τὴν ῥ. αὐ. (2)
11. 11. ἐσπάσατο τὴν ῥ. αὐ. ἅπαξ (1)
— 20. ἐσπάσατο τὴν ῥ. αὐ. (1)
21. 12. ἢ τρεῖς ἡμέρας ῥομφαίαν κυρίου (2)
— 16. καὶ ἡ ῥ. αὐ. ἐσπασμένη (2)
— 27. κατέθηκε τὴν ῥ. εἰς τὸν κολεόν (2)
— 30. ἀπὸ προσώπου τῆς ῥ. ἀγγέλου κυρίου (2)
II Ch. 20. 9. ἐὰν ἐπέλθῃ ἐφ' ἡμᾶς κακὰ ῥομφαία (2)
21. 4. ἀπέκτεινε πάντας τοὺς ἀδ. αὐ. ἐν ῥομφαίᾳ (2)
II Ch. 32. 21. κατέβαλον αὐτὸν ἐν ῥομφαίᾳ (2)
36. 17. ἀπέκτεινε τοὺς νεανίσκους αὐ. ἐν ῥομφαίᾳ (2)
I Es. 1. 53. ἀπέκτειναν τοὺς νεανίσκους αὐ. ἐν ῥομφαίᾳ
— 56. ἀπήγαγε μετὰ [A ἀπὸ] ῥομφαίας εἰς Βαβ.
4. 23. λαμβάνει ἄνθρωπος τὴν ῥ. αὐ.
8. 77. παρεδόθημεν . . . εἰς ῥομφαίαν
II Es. 9. 7. παρεδόθημεν . . . ἐν ῥομφαίᾳ (2)
Ne. 4. 13 (7). ἔστησα τὸν λαὸν . . . μετὰ ῥομφαιῶν αὐ. (2)
— 18 (12). ἀνὴρ ῥομφαίαν αὐ. ἐζωσμένος (2)
Ju. 1. 12. ἀνελεῖν τῇ [S ἐν τῇ] ῥ. αὐ.
2. 27. ἐπάταξε . . . ἐν [S om.] στόματι ῥομφαίας
7. 14. πρὶν ἐλθεῖν τὴν ῥ. ἐπ' αὐτούς
8. 19. ἐδόθησαν εἰς ῥομφαίαν
9. 2. ᾧ ἔδωκας ἐν χειρὶ ῥομφαίαν
11. 10. οὐ [A ὃς, S οὐδὲ] κατισχύει ῥομφαία ἐπ' αὐτούς
16. 5. A R καὶ τοὺς νεανίσκους μου ἀνελεῖν ἐν [B S om.] ῥομφαίᾳ
Ps. 7. 12. τὴν ῥ. αὐτοῦ στιλβώσει (2)
9. 6. τοῦ ἐχθροῦ ἐξέλιπον αἱ ῥ. εἰς τέλος †
16 (17). 13. ῥομφαίαν [S[2] -ας] σου ἀπὸ ἐχθρῶν τῆς χειρός σου (2)
21 (22). 20. ῥῦσαι ἀπὸ ῥομφαίας τὴν ψυχήν μου (2)
34 (35). 3. ἔκχεον ῥομφαίαν [A ῥ. σου] (1)
36 (37). 14. ῥομφαίαν ἐσπάσαντο οἱ ἁμαρτωλοί (2)
— 15. ἡ ῥ. αὐ. εἰσέλθοι εἰς τὴν καρδίαν [S[1] εἰς ψυχήν, S[2] εἰς τὰς καρδίας] αὐ. (2)
43 (44). 3. οὐ γὰρ ἐν τῇ ῥ. αὐτῶν ἐκληρονόμησαν γῆν (2)
— 6. ἡ ῥ. μου οὐ σώσει με (2)
44 (45). 3. περίζωσαι τὴν ῥ. σου ἐπὶ τὸν μηρόν σου (2)
58 (59). 7. καὶ ῥομφαία ἐν τοῖς χείλεσιν αὐτῶν (2)
62 (63). 10. B S[2] παραδοθήσονται εἰς χεῖρας ῥομφαίας (2)
63 (64). 3. οἵτινες ἠκόνησαν ὡς ῥομφαίαν τὰς γλώσσας αὐτῶν (2)
75 (76). 3. ὅπλον καὶ ῥομφαίαν καὶ πόλεμον (2)
77 (78). 62. συνέκλεισεν εἰς ῥομφαίαν τὸν λαὸν αὐτοῦ (2)
— 64. οἱ ἱερεῖς αὐτῶν ἐν ῥομφαίᾳ ἔπεσαν (2)
88 (89). 43. ἀπέστρεψας τὴν βοήθειαν τῆς ῥ. αὐτοῦ (2)
143 (144). 10. ἐκ ῥομφαίας πονηρᾶς ῥῦσαί με (2)
149. 6. καὶ ῥ. δίστομοι ἐν ταῖς χερσὶν αὐ. (2)
Ca. 3. 8. πάντες κατέχοντες ῥομφαίαν . . . ἀνὴρ ῥομφαία [S -αν] αὐ. ἐπὶ μηρὸν αὐ. (2, 2)
Wi. 5. 20. ὀξυνεῖ δὲ ἀπότομον ὀργὴν εἰς ῥομφαίαν
Si. 21. 3. ὡς ῥομφαία δίστομος πᾶσα ἀνομία
22. 21. ἐπὶ φίλον ἐὰν σπάσῃς ῥομφαίαν
26. 28. ὁ κύριος ἑτοιμάσει εἰς ῥομφαίαν αὐτόν
39. 30. ῥομφαία ἐκδικοῦσα [S[2] ἐκδιώκ.] εἰς ὄλεθρον ἀσεβεῖς
40. 9. θάνατος καὶ αἷμα καὶ ἔρις καὶ ῥομφαία
46. 2. ὡς ἐδοξάσθη ἐν . . . τῷ ἐκκλῖναι [A S ἐκτεῖναι] ῥομφαίαν ἐπὶ πόλεις
Ho. 1. 7. οὐδὲ ἐν ῥομφαίᾳ οὐδὲ ἐν πολέμῳ (2)
2. 18 (20). ῥομφαίαν καὶ πόλεμον συντρίψω (2)
7. 16. πεσοῦνται ἐν ῥομφαίᾳ οἱ ἄρχοντες αὐ. (2)
11. 6. A B ἠσθένησεν ῥομφαία [R ἐν ῥ.] (2)
14. 1. ἐν ῥομφαίᾳ πεσοῦνται αὐτοί (2)
Am. 1. 11. ἕνεκα τοῦ διῶξαι αὐτοὺς ἐν ῥομφαίᾳ τὸν ἀδ. αὐ. (2)
4. 10. ἀπέκτεινα ἐν ῥομφαίᾳ τοὺς νεανίσκους ὑμῶν (2)
7. 9. ἀναστήσομαι ἐπὶ τὸν οἶκον Ἰ. ἐν ῥομφαίᾳ (2)
— 11. ἐν ῥομφαίᾳ τελευτήσει Ἱερ. (2)
— 17. ἐν ῥομφαίᾳ πεσοῦνται (2)
9. 1. τοὺς καταλοίπους αὐ. ἐν ῥομφαίᾳ ἀποκτενῶ (2)
— 4. ἐκεῖ ἐντελοῦμαι τῇ ῥ. (2)
— 10. ἐν ῥομφαίᾳ τελευτήσουσι (2)
Mi. 4. 3. κατακόψουσι τὰς ῥ. αὐ. εἰς ἄροτρα (2)
— 3. οὐκέτι μὴ ἀντάρῃ ἔθνος ἐπ' ἔθνος ῥομφαίαν (2)
5. 6 (5). ποιμανοῦσι τὸν Ἀσσοὺρ ἐν ῥομφαίᾳ (2)
6. 14. εἰς ῥομφαίαν παραδοθήσονται (2)
Jl. 3 (4). 10. συγκόψατε τὰ ἄροτρα ὑμῶν εἰς ῥομφαίας (2)
Na. 2. 13 (14). τοὺς λέοντάς σου καταφάγεται ῥομφαία (2)
3. 3. φωνὴ . . . στιλβούσης ῥομφαίας (2)
— 15. ἐξολεθρεύσει σε ῥομφαία (2)
Ze. 2. 12. τραυματίαι ῥομφαίας μού ἐστε (2)
Hg. 1. 11. ἐπάξω ῥομφαίαν ἐπὶ τὴν γῆν †

Hg. 2. 23 (22). καταβήσονται ... ἕκαστος ἐν ῥομφαίᾳ (2)
Za. 9. 13. ψηλαφήσω σε ὡς ῥομφαίαν μαχητοῦ (2)
13. 7. ῥομφαία, ἐξεγέρθητι ἐπὶ τοὺς ποιμένας μου (2)
Is. 66. 16. ἐν τῇ ῥ. αὐτοῦ πᾶσα σάρξ (2)
Je. 5. 17. ἀλοήσουσι τὰς πόλεις τὰς ὀχυρὰς ὑμῶν . . . ἐν ῥομφαίᾳ (2)
6. 25. ῥ. [S ἡ ῥ.] τῶν ἐχθρῶν παροικεῖ κυκλόθεν (2)
14. 18. A ἰδοὺ τραυματίαι ῥομφαίας [B S μαχαίρας] (2)
45 (38). 2. ἀποθανεῖται ἐν ῥομφαίᾳ καὶ ἐν λιμῷ (2)
46 (39). 18. ἐν ῥομφαίᾳ οὐ μὴ πέσῃς (2)
49 (42). 16. ἡ ῥ. . . . εὑρήσει ὑμᾶς (2)
— 17. ἐκλείψουσιν ἐν τῇ ῥ. (2)
— 22. ἐν ῥομφαίᾳ καὶ ἐν λιμῷ ἐκλείψετε (2)
50 (43). 11. οὓς εἰς ῥομφαίαν εἰς ῥομφαίαν [S[1] om. εἰς ῥ.] (2, 2)
51 (44). 12. πεσοῦνται ἐν ῥομφαίᾳ (2)
— 13. ὡς ἐπεσκεψάμην ἐπὶ Ἱερ. ἐν ῥομφαίᾳ (2)
— 18. ἐν ῥομφαίᾳ καὶ ἐν λιμῷ ἐξελίπομεν (2)
— 27. ἐκλείψουσι . . . ἐν ῥομφαίᾳ (2)
— 28. οἱ σεσωσμένοι ἀπὸ ῥομφαίας (2)
Ba. 2. 25. ἀπεθάνοσαν . . . ἐν λιμῷ καὶ ἐν ῥομφαίᾳ
La. 2. 21. ἐν ῥομφαίᾳ καὶ ἐν λιμῷ ἀπέκτεινας (2)
4. 9. καλοὶ ἦσαν οἱ τραυματίαι ῥομφαίας (2)
5. 9. ἀπὸ προσώπου ῥομφαίας τῆς ἐρήμου (2)
Ez. 5. 1. λάβε σεαυτῷ ῥομφαίαν ὀξεῖαν (2)
— 2. τὸ τέταρτον κατακόψεις ἐν ῥομφαίᾳ (2)
— 12. τὸ τέταρτόν σου ἐν ῥομφαίᾳ πεσοῦνται (2)
— 17. ῥομφαίαν ἐπάξω ἐπὶ σὲ κυκλόθεν (2)
6. 3. ἐπάγω ἐφ' ὑμᾶς ῥομφαίαν (2)
— 8. ἐν τῷ γενέσθαι ἐξ ὑμῶν ἀνασωζομένους ἐκ ῥομφαίας (2)
— 11. ἐν ῥομφαίᾳ . . . πεσοῦνται (2)
— 12. ὁ ἐγγὺς ἐν ῥομφαίᾳ πεσεῖται [A τελευτήσει] (2 ?)
7. 15. ὁ πόλεμος ἐν ῥομφαίᾳ ἔξωθεν . . . ὁ ἐν τῷ πεδίῳ ἐν ῥομφαίᾳ τελευτήσει (2, 2)
11. 8. ῥομφαίαν φοβεῖσθε καὶ ῥομφαίαν ἐπάξω (2, 2)
— 10. ἐν ῥομφαίᾳ πεσεῖσθε (2)
12. 14. ῥομφαίαν ἐκκενώσω [A ἐκχεῶ] ὀπίσω αὐτῶν (2)
— 16. ὑπολείψομαι ἐξ αὐτῶν ἄνδρας ἀριθμῷ ἐκ ῥομφαίας (2)
14. 17. ῥομφαίαν ἐὰν ἐπάγω . . . καὶ εἴπω, Ῥ. διελθάτω (2, 2)
— 21. ἐὰν . . . ῥομφαίαν . . . ἐξαποστείλω (2)
17. 21. ἐν ῥομφαίᾳ πεσοῦνται (2)
21. 9 (14). ῥ. ῥ., ὀξύνου (2, 2)
— 11 (16). ἐξηκονήθη ἡ [A om.] ῥ. (2)
— 12 (17). ἐπὶ ῥομφαίᾳ [B[2] ἐπεὶ ῥομφαία] ἐγένετο ἐν τῷ λαῷ μου (2)
— 14 (19). διπλασίασον ῥομφαίαν· ἡ τρίτη ῥ. τραυματιῶν ἐστι ῥ. τραυματιῶν ἡ μεγάλη (2 ter)
— 15 (20). παραδέδονται εἰς σφάγια ῥομφαίας (2)
— 19 (24). τοῦ εἰσελθεῖν ῥομφαίαν βασιλέως Βαβυλῶνος (2)
— 20 (25). τοῦ εἰσελθεῖν ῥομφαίαν ἐπὶ Ῥαββάθ (2)
— 28 (33). ῥ. ῥ. ἐσπασμένη εἰς [A ἑτοιμάζου ἐσ.] σφάγια (2, 2)
23. 10. αὐτὴν ἐν ῥομφαίᾳ ἀπέκτειναν (2)
— 25. τοὺς καταλοίπους σου ἐν ῥομφαίᾳ καταβαλοῦσιν (2)
24. 21 : 25. 13. ἐν ῥομφαίᾳ πεσοῦνται (2)
29. 8. ἐπάγω ἐπὶ σὲ ῥομφαίαν (2)
— 10. δώσω γῆν Αἰγ. εἰς . . . ῥομφαίαν [A om.] †
30. 24. δώσω τὴν ῥ. μου εἰς τὴν χεῖρα αὐ. (2)
— 25. ἐν τῷ δοῦναι τὴν ῥ. μου εἰς χεῖρας βασιλέως Βαβ. (2)
32. 10. ἐν τῷ πετᾶσθαι τὴν [A -θῆναι] ῥ. μου (2)
— 11. ῥ. βασιλέως Βαβυλῶνος ἥξει σοι (2)
33. 2. ἐφ' ἣν ἂν ἐπάγω ῥομφαίαν [A al.] (2)
— 3. ἴδῃ τὴν ῥ. ἐρχομένην (2)
— 4. καὶ ἐπέλθῃ ἡ ῥ. [A al.] (2)
— 6. ἐὰν ἴδῃ τὴν ῥ. ἐρχομένην . . . καὶ ἐλθοῦσα ἡ ῥ. λάβῃ ἐξ αὐτῶν ψυχήν (2, 2)
— 26. A ἔστητε ἐπὶ τῇ ῥ. ὑμῶν (2)
Da. LXX. Su. 59. τὴν ῥ. ἕστηκεν ἔχων
11. 33. καὶ προσκόψουσι ῥομφαίᾳ
— 44. ἐξελεύσεται ἐν . . . ῥομφαίᾳ –
Da. TH. Su. 59. μένει γὰρ ὁ ἄγγελος τοῦ θ. τὴν ῥ. ἔχων
11. 33. ἀσθενήσουσιν ἐν ῥομφαίᾳ (2)
I Ma. 2. 9. οἱ νεανίσκοι αὐ. ἐν ῥομφαίᾳ ἐχθροῦ

I Ma. 3. 3. σκεπάζων παρεμβολὴν ἐν ῥομφαίᾳ
4. 15. ἔπεσον ἐν ῥομφαίᾳ
— 33. κατάβαλε αὐτοὺς ῥομφαίᾳ ἀγαπώντων σε
5. 28. ἀπέκτεινε πᾶν ἀρσενικὸν ἐν στόματι ῥομφαίας
— 51. ἀπώλεσε πᾶν ἀρσενικὸν ἐν στόματι ῥομφαίας
7. 38. πεσέτωσαν ἐν ῥομφαίᾳ
— 46. ἔπεσον πάντες ῥομφαίᾳ
8. 23. ῥομφαία . . . μακρυνθείη ἀπ' αὐτῶν
9. 73. κατέπαυσε ῥομφαία ἐξ Ἰσρ.
12. 48. πάντας . . . ἀπέκτειναν ἐν ῥομφαίᾳ
II Ma. 15. 15. παραδοῦναι τῷ Ἰ. ῥ. χρυσῆν
— 16. λάβε τὴν ἁγίαν ῥ.
[**Aq.** I Ki. 17. 50 : Je. 14. 15 : 44 (51). 12 : Ez. 5. 12 (P.) : 21. 3 (8) : 32. 20 : 35. 5.]
[**Sm.** I Ki. 17. 50 : Ez. 35. 5.]
[**Th.** Ex. 5. 3 : 20. 25 : I Ki. 17. 50 : II Ki. 12. 10 : Ps. 75 (76). 4 : Je. 14. 15 : 29 (36). 18 : 44 (51). 12 : Ez. 5. 12 (Sw.) : 7. 14 (P.) : 35. 5.]
[**Al.** Le. 26. 6, 7 : Nu. 22. 31.]
[**Quint.**, **Sext.** Ps. 75 (76). 4.]

ῥόπαλον. (1) מֵפִיץ
Pr. 25. 18. ῥόπαλον καὶ μάχαιρα (1)

ῥοπή. (1) פֶּלֶס (2) שַׁחַק
Jo. 13. 22. καὶ τὸν B. . . . ἀπέκτειναν ἐν τῇ ῥ. †
Pr. 16. 11. ῥοπὴ ζυγοῦ δικαιοσύνη παρὰ κυρίῳ (1)
Wi. 11. 22. ὡς ῥοπὴ ἐκ πλαστίγγων
18. 12. πρὸς μίαν ῥ. ἡ ἐντιμοτέρα γένεσις αὐτῶν διεφθάρη
Si. 1. 21. ἡ γὰρ ῥ. [S[1] ὀργὴ] τοῦ θυμοῦ αὐτοῦ πτῶσις αὐτῷ
Is. 40. 15. ὡς ῥ. ζυγοῦ ἐλογίσθησαν (2)
III Ma. 5. 48. ὑστάτην βίου ῥοπὴν αὐτοῖς ἐκείνην δόξαντες εἶναι
[**Aq.** Jb. 37. 18 : Pr. 8. 28.]
[**Sm.** Is. 40. 12.]
[**Th.** Ps. 61 (62). 10.]
[**Heb.** Jb. 20. 5.]

ῥοποπώλης, *vid. sub* **ῥωποπώλης.**

ῥοῦς.
Si. 4. 26. μὴ βιάζου ῥοῦν ποταμοῦ
[**Aq.** Ps. 68 (69). 3.]

ῥοών. (1) הֲדַדְרִמּוֹן
Za. 12. 11. ὡς κοπετὸς ῥοῶνος ἐν πεδίῳ ἐκκοπτομένου (1)

ῥοώς, ῥώς. (1) רֹאשׁ
II Ki. 15. 32. ἦν Δ. ἐρχόμενος ἕως τοῦ ῥ. (1)
16. 1. παρῆλθε βραχύ τι ἀπὸ τῆς ῥ. (1)
Ez. 38. 2. στήρισον τὸ πρόσωπόν σου ἐπὶ Γὼγ . . . ἄρχοντα ῥ. Μεσόχ (1)
— 3 : 39. 1. ἐγὼ ἐπὶ σὲ ἄρχοντα ῥ. Μεσόχ (1)
[**Sm.**, **Th.** Ez. 38. 2.]

ῥύαξ.
Ez. 40. 40. κατὰ νώτον τοῦ ῥ. [A B ῥόα.] τῶν ὁλοκαυτωμάτων †

ῥύδην.
II Ma. 3. 25. φερόμενος δὲ ῥ.

ῥύεσθαι. (1) גָּאַל (2) חָלַץ *a.* ni. *b.* pi.
(3) יָשַׁע hi. (4) מָלַט *a.* ni. *b.* pi.
(5) נָצַל *a.* ni. *b.* hi. *c.* נְצַל aph.
(6) נָצַר (7) פָּדָה (8) פָּלַט pi. (9) פָּצָה
(10) שׁוּב
Ge. 48. 16. ὁ ἄγγελος ὁ ῥυόμενός με (1)
Ex. 2. 17. ἀναστὰς δὲ M. ἐρρύσατο αὐτάς (3)
— 19. ἄνθρωπος Αἰγύπτιος ἐρρύσατο ἡμᾶς (5 *b*)
5. 23. οὐκ ἐρρύσω τὸν λαόν σου (5 *b*)
6. 6. ῥύσομαι ὑμᾶς ἐκ τῆς δουλείας (5 *b*)
12. 27. τοὺς δὲ οἴκους ἡμῶν ἐρρύσατο (5 *b*)
14. 30. ἐρρύσατο κύριος τὸν Ἰσρ. (3)
Jo. 22. 22. μὴ ῥύσαιτο ἡμᾶς (3)
— 31. ἐρρύσασθε τοὺς υἱοὺς Ἰσρ. ἐκ χειρὸς κυρίου (5 *b*)
Jd. 6. 9. B ἐρρυσάμην ὑμᾶς ἐκ χειρὸς Αἰγ. (5 *b*)
8. 34. τοῦ ῥυσαμένου αὐτοὺς ἐκ χειρὸς πάντων (5 *b*)
9. 17. ἐρρύσατο [A ἐξείλατο] ὑμᾶς ἐκ χειρὸς M. (5 *b*)
11. 26. διὰ τί οὐκ ἐρρύσω αὐτούς [A al.] (5 *b*)
18. 28. καὶ οὐκ ἦν ὁ ῥυόμενος [A al.] (5 *b*)
II Ki. 12. 7. ἐρρυσάμην σε ἐκ χειρὸς Σ. (5 *b*)

II Ki. 14. 16. ῥυσάσθω τὴν δούλην αὐ. (5 *b*)
19. 9 (10). ἐρρύσατο ἡμᾶς ἐκ χειρὸς ἀπὸ ἀλλοφύλων (5 *b*)
— 9 (10). ἐρρύσατο [B ἐξείλατο] ἡμᾶς ἐκ χειρὸς ἀλλοφύλων (4 *b*)
22. 18. ἐρρύσατό με ἐξ ἐχθρῶν μου (5 *b*)
— 44. ῥύσῃ με ἐκ μάχης λαῶν (8)
— 49. ἐξ ἀνδρὸς ἀδικημάτων ῥύσῃ με (5 *b*)
IV Ki. 18. 32. κύριος ῥύσεται ὑμᾶς (5 *b*)
— 33. μὴ ῥυόμενοι ἐρρύσαντο οἱ θεοὶ . . . τὴν ἑαυτοῦ χώραν (5 *b*, 5 *b*)
19. 11. καὶ σὺ ῥυσθήσῃ (5 *a*)
23. 18. ἐρύσθησαν [A εὑρέθησαν] τὰ ὀστᾶ αὐ. (4 *b*)
I Es. 8. 61. ἐρρύσατο ἡμᾶς ἀπὸ τῆς εἰσόδου
II Es. 8. 31. ἐρρύσατο ἡμᾶς ἀπὸ χειρὸς ἐχθροῦ (5 *b*)
Ne. 9. 28. ἐρρύσω αὐτοὺς ἐν οἰκτιρμοῖς σου πολλοῖς (5 *b*)
To. 4. 10. A B ἐλεημοσύνη ἐκ θανάτου ῥύεται
12. 9. ἐλεημοσύνη ἐκ θανάτου ῥύεται
14. 11. A B δικαιοσύνη ῥύεται [S al.]
Ju. 6. 3. οὐ ῥύσεται αὐτοὺς ὁ θεὸς αὐ.
Es. 4. 8. ῥῦσαι ἡμᾶς ἐκ θανάτου –
— 17. ἡμᾶς δὲ ῥῦσαι ἐν χειρί σου
— 17. ῥῦσαι ἡμᾶς ἐκ χειρὸς τῶν πονηρευομ.
— 17. ῥῦσαί με ἐκ τοῦ φόβου μου
10. 3. ἐρρύσατο κύριος ἡμᾶς
Jb. 5. 20. ἐν λιμῷ ῥύσεταί σε ἐκ θανάτου (7)
— 20. A ἐκ χειρὸς σιδήρου ῥύσεταί [B S λύσει] σε –
6. 23. ὥστε . . . ἐκ χειρὸς δυναστῶν ῥύσασθαί με (7)
22. 30. ῥύσεται ἀθῷον (4 *b*)
33. 17. τὸ δὲ σῶμα αὐτοῦ ἀπὸ πτώματος [A ἀδικίας πτ.] ἐρρύσατο †
— 30. ἐρρύσατο τὴν ψυχήν μου ἐκ θανάτου †
Ps. 6. 4. ῥῦσαι τὴν ψυχήν μου (2 *b*)
7. 1. καὶ ῥῦσαί με (5 *b*)
16 (17). 13. ῥῦσαι τὴν ψυχήν μου ἀπὸ ἀσεβοῦς (8)
17 (18). *tit.* ἐν ἡμέρᾳ ᾗ ἐρρύσατο αὐτὸν κ. (5 *b*)
— 17. ῥύσεταί με ἐξ ἐχθρῶν μου δυνατῶν (5 *b*)
— 19. ῥύσεταί με ὅτι ἠθέλησέ με (2 *b*)
— 20. A B S[1] ῥύσεταί με ἐξ ἐχθρῶν μου δυνατῶν –
— 29. ἐν σοὶ ῥυσθήσομαι ἀπὸ πειρατηρίου †
— 43. ῥῦσαί με ἐξ ἀντιλογιῶν λαοῦ [A al.] (8)
— 48. ἀπὸ ἀνδρὸς ἀδίκου ῥύσῃ [A S[2] ῥῦσαί] με (5 *b*)
21 (22). 4. ἤλπισαν καὶ ἐρρύσω αὐτούς (8)
— 8. ῥυσάσθω αὐτόν (8)
— 20. ῥῦσαι ἀπὸ ῥομφαίας τὴν ψυχήν μου (5 *b*)
24 (25). 20. καὶ ῥῦσαί με (5 *b*)
30 (31). 1. ἐν τῇ δικαιοσύνῃ σου ῥῦσαί με (8)
— 15. ῥῦσαί με ἐκ χειρὸς ἐχθρῶν μου (5 *b*)
32 (33). 19. ῥύσασθαι ἐκ θανάτου τὰς ψυχὰς αὐτῶν (5 *b*)
33 (34). 4. ἐκ πασῶν τῶν παροικιῶν [A S[2] θλίψεων] μου ἐρρύσατό με (5 *b*)
— 7. καὶ ῥύσεται αὐτοὺς [A -όν] (2 *b*)
— 17. ἐκ πασῶν τῶν θλίψεων αὐτῶν ἐρρύσατο αὐτούς (5 *b*)
— 19. ἐκ πασῶν αὐτῶν ῥύσεται αὐτοὺς ὁ κύριος (5 *b*)
34 (35). 10. ῥυόμενος πτωχόν (5 *b*)
36 (37). 40. A B S[2] καὶ ῥύσεται αὐτούς (8)
38 (39). 8. ἀπὸ πασῶν τῶν ἀνομιῶν μου ῥῦσαί [S[1] καθάρισόν] με (5 *b*)
39 (40). 13. εὐδόκησον, κύριε, τοῦ ῥύσασθαί με (5 *b*)
40 (41). 1. ῥύσεται αὐτὸν ὁ [S om.] κύριος (4 *b*)
42 (43). 1. ἀπὸ ἀνθρώπου ἀδίκου καὶ δολίου ῥῦσαί με (8)
49 (50). 22. καὶ μὴ ᾖ ὁ ῥυόμενος (5 *b*)
50 (51). 14. ῥῦσαί με ἐξ αἱμάτων (5 *b*)
53 (54). 7. ἐκ πάσης θλίψεως ἐρρύσω με (5 *b*)
55 (56). 13. ἐρρύσω τὴν ψυχήν μου ἐκ θανάτου (5 *b*)
56 (57). 4. ἐρρύσατο τὴν ψυχήν μου –
58 (59). 2. ῥῦσαί με ἐκ τῶν ἐργαζομένων τὴν ἀνομίαν (5 *b*)
59 (60). 5. ὅπως ἂν ῥυσθῶσιν οἱ ἀγαπητοί σου (2 *a*)
68 (69). 14. ῥυσθείην ἐκ τῶν μισούντων με (5 *a*)
— 18. ἕνεκα τῶν ἐχθρῶν μου ῥῦσαί με (7)
70 (71). 2. ἐν τῇ δικαιοσύνῃ σου ῥῦσαί με (5 *b*)
— 4. ῥῦσαί με ἐκ χειρὸς ἁμαρτωλοῦ (8)
— 11. οὐκ ἔστιν ὁ ῥυόμενος (5 *b*)
71 (72). 12. ἐρρύσατο πτωχόν (5 *b*)
78 (79). 9. ῥῦσαι ἡμᾶς (5 *b*)
80 (81). 7. καὶ ἐρρυσάμην σε (2 *b*)
81 (82). 4. καὶ πτωχὸν ἐκ χειρὸς ἁμαρτωλοῦ ῥύσασθε (5 *b*)
85 (86). 13. ἐρρύσω τὴν ψυχήν μου (5 *b*)
88 (89). 48. ῥύσεται τὴν ψυχὴν αὐτοῦ (4 *b*)

Ps. 90 (91). 3. ῥύσεταί σε ἐκ παγίδος θηρευτῶν (5 *b*)
— 14. ἐπ' ἐμὲ ἤλπισε καὶ ῥύσομαι αὐτόν (8)
96 (97). 10. ἐκ χειρὸς ἁμαρτωλῶν ῥύσεται αὐτούς (5 *b*)
105 (106). 43. πλεονάκις ἐρρύσατο αὐτούς (5 *b*)
106 (107). 6. ἐκ τῶν ἀναγκῶν αὐτῶν ἐρρύσατο αὐτούς (5 *b*)
— 20. ἐρρύσατο αὐτοὺς ἐκ τῶν διαφθορῶν αὐτῶν (4 *b*)
107 (108). 6. ὅπως ἂν ῥυσθῶσιν οἱ ἀγαπητοί σου (2 *a*)
108 (109). 22 (21). ῥῦσαί με (5 *b*)
114 (116). 4. ῥῦσαι τὴν ψυχήν μου (4 *b*)
118 (119). 170. **S R** ῥῦσαί [**A** ζῆσόν] με (5 *b*)
119 (120). 2. ῥῦσαι τὴν ψυχήν μου (5 *b*)
123 (124). 7. ἐρρύσθη ἐκ τῆς παγίδος τῶν θηρευόντων . . . ἡμεῖς ἐρρύσθημεν (4 *a*, 4 *a*)
139 (140). 1. ἀπὸ ἀνδρὸς ἀδίκου ῥῦσαί με (6)
— 4. **A** ἀπὸ ἀνθρώπου ἀδίκου ῥῦσαί με [**B S** *al.*] (6)
141 (142). 6. ῥῦσαί με ἐκ τῶν καταδιωκόντων με (5 *b*)
143 (144). 7. ῥῦσαί με ἐξ ὑδάτων πολλῶν (5 *b*)
— 11. ἐκ ῥομφαίας πονηρᾶς ῥῦσαί με (9)
Pr. 2. 12. ἵνα ῥύσηταί σε ἀπὸ ὁδοῦ κακῆς (5 *b*)
6. 31. πάντα τὰ ὑπάρχοντα αὐτοῦ δοὺς ῥύσεται ἑαυτόν –
10. 2. δικαιοσύνη δὲ ῥύσεται ἐκ θανάτου (5 *b*)
11. 4. **A** δικαιοσύνη ῥύσεται ἀπὸ θανάτου (5 *b*)
— 6. **B** δικαιοσύνη ἀνδρῶν ὀρθῶν ῥύεται [**A S**[2] ῥύσ.] αὐτούς (5 *b*)
12. 6. στόμα δὲ ὀρθῶν ῥύσεται αὐτούς (5 *b*)
13. 17. ἄγγελος δὲ σοφὸς [**S**[1] πιστὸς] ῥύσεται αὐτόν †
14. 25. ῥύσεται ἐκ κακῶν ψυχὴν μάρτυς πιστός (5 *b*)
22. 23. ῥύσῃ σὴν ἄσυλον ψυχήν †
23. 14. τὴν δὲ ψυχὴν αὐτοῦ ἐκ θανάτου ῥύσῃ (5 *b*)
24. 11. ῥῦσαι ἀγομένους εἰς θάνατον (5 *b*)
Wi. 2. 18. ῥύσεται αὐτὸν ἐκ χειρὸς ἀνθεστηκότων
10. 6. αὕτη δίκαιον ἐξαπολλυμένων ἀσεβῶν ἐρρύσατο
— 9. σοφία δὲ τοὺς θεραπεύσαντας αὐτὴν ἐκ πόνων ἐρρύσατο
— 13. ἐξ ἁμαρτίας ἐρρύσατο αὐτόν
— 15. αὕτη λαὸν ὅσιον . . . ἐρρύσατο
16. 8. σὺ εἶ ὁ ῥυόμενος ἐκ παντὸς κακοῦ
19. 9. αἰνοῦντές σε, κύριε, τὸν ῥυόμενον [**A** ῥυσάμ.] αὐτούς
Si. 29. 17. ἀχάριστος ἐν διανοίᾳ ἐγκαταλείψει ῥυσάμενον
40. 24. ὑπὲρ ἀμφότερα ἐλεημοσύνη ῥύσεται [**A S** ῥύεται]
Ho. 13. 14. ἐκ χειρὸς ᾅδου ῥύσομαι [**A** *add.* αὐτούς] (7)
Mi. 4. 10. ἐκεῖθεν ῥύσεταί σε (5 *a*)
5. 6 (5). καὶ ῥύσεται ἐκ τοῦ Ἀσσούρ (5 *b*)
Is. 1. 17. ῥύσασθε ἀδικούμενον †
5. 29. οὐκ ἔσται ὁ ῥυόμενος αὐτούς [**A** *om.*] (5 *b*)
25. 4. ἀπὸ ἀνθρώπων πονηρῶν ῥύσῃ αὐτούς –
— 5. **S** ῥύσῃ αὐτούς †
36. 14. οὐ δύνηται ῥύσασθαι ὑμᾶς [**AS** *al.*] (5 *b*)
— 15. ῥύσεται ὑμᾶς ὁ θεός (5 *b*)
— 18. ὁ θεὸς ῥύσεται ὑμᾶς (5 *b*)
— 18. μὴ ἐρρύσαντο οἱ θεοὶ τῶν ἐθνῶν ἕκαστος τὴν ἑαυτοῦ χώραν (5 *b*)
— 19. μὴ ἐδύναντο ῥύσασθαι Σαμάρειαν (5 *b*)
— 20. ἐρρύσατο τὴν γῆν αὐ. ἐκ χειρός μου ὅτι ῥύσεται ὁ θ. τὴν Ἱερ. (5 *b*, 5 *b*)
37. 11. **B** σὺ ῥυσθήσῃ (5 *a*)
— 12. μὴ ἐρρύσαντο αὐτοὺς οἱ θεοὶ τῶν ἐθνῶν (5 *b*)
38. 6. ἐκ χειρὸς βασιλέως Ἀσσυρίων ῥύσομαί [**A S** σώσω] σε (5 *b*)
44. 6. καὶ [**A S** ὁ] ῥυσάμενος αὐτὸν θεός (1)
47. 4. ὁ ῥυσάμενός σε κύριος σαβαώθ (1)
48. 17. οὕτω λέγει κύριος ὁ ῥυσάμενός σε (1)
— 20. ἐρρύσατο κ. τὸν δοῦλον [**A** λαὸν] αὐ. (1)
49. 7. λέγει κύριος ὁ ῥυσάμενός [**S** ῥυόμ.] σε (1)
— 25. τοὺς υἱούς σου ῥύσομαι (3)
— 26. ἐγὼ κύριος [**A** *om.*] ὁ ῥυσάμενός σε (1)
50. 2. μὴ οὐκ ἰσχύει ἡ χείρ μου τοῦ ῥύσασθαι (7)
51. 10. ἡ θεῖσα τὰ βάθη τῆς θαλάσσης ὁδὸν διαβάσεως ῥυομένοις (1)
52. 9. ἐρρύσατο Ἱερουσαλήμ (1)
54. 5. καὶ ὁ ῥυσάμενός σε (1)
— 8. εἶπεν ὁ ῥυσάμενός σε κύριος (1)
59. 20. ἥξει ἕνεκεν Σιὼν ὁ [**S**[1] *om.*] ῥυόμενος (1)
Is. 63. 5. ἐρρύσατο αὐτοὺς ὁ βραχίων μου (3)
— 16. ῥῦσαι ἡμᾶς (1)
Ep. Je. 36. ἐκ θανάτου ἄνθρωπον οὐ μὴ ῥύσωνται
— 54. οὐδὲ μὴ ῥύσωνται ἀδίκημα [**A** -κούμενον]
Ez. 3. 19. σὺ τὴν ψυχήν σου ῥύσῃ [**A** ἐρύσω] (5 *b*)
— 21. σὺ τὴν σεαυτοῦ ψυχὴν ῥύσῃ (5 *b*)
13. 21, 23. ῥύσομαι τὸν λαόν μου (5 *b*)
14. 18. οὐ μὴ ῥύσωνται υἱοὺς οὐδὲ θυγατέρας (5 *b*)
— 20. ῥύσονται τὰς ψυχὰς αὐτῶν (5 *b*)
33. 9. **A** τὴν ψυχήν σου ἐρρύσω [**B** *al.*] (5 *b*)
37. 23. ῥύσομαι αὐτοὺς ἀπὸ πασῶν τῶν ἀνομιῶν αὐτῶν (3)
Da. LXX. 3. (88). ἐρρύσατο ἡμᾶς ἐκ μέσου καιομένης φλογός
8. 4. οὐκ ἦν ὁ ῥυόμενος ἐκ τῶν χειρῶν αὐ. (5 *b*)
— 7. οὐκ ἦν ὁ ῥυόμ. τὸν κριὸν ἀπὸ τοῦ τράγου (5 *b*)
— 11. ῥύσεται τὴν αἰχμαλωσίαν †
Da. TH. 3. 17. ἐκ τῶν χειρῶν σου, βασιλεῦ, ῥύσεται ἡμᾶς (10)
— (88). ἐρρύσατο ἡμᾶς
— (88). ἐκ μέσου πυρὸς ἐρρύσατο ἡμᾶς
— 29 (96). ὅστις δυνήσεται ῥύσασθαι οὕτως (5 *c*)
6. 27 (28). ἀντιλαμβάνεται καὶ ῥύεται (5 *c*)
8. 11. ἕως οὗ ὁ ἀρχιστράτηγος ῥύσηται τὴν αἰχμαλωσίαν †
11. 45. οὐκ ἔστιν ὁ ῥυόμενος αὐτόν †
I Ma. 2. 60. ἐρρύσθη ἐκ στόματος λεόντων
5. 17. ῥῦσαι τοὺς ἀδ. σου
12. 15. ἐρρύσθημεν ἀπὸ τῶν ἐχθρῶν
16. 2. ῥύσασθαι τὸν Ἰσρ. πλεονάκις
II Ma. 8. 14. ῥύσασθαι τοὺς . . . πεπραμένους
III Ma. 2. 12. καὶ ἐρρύσω αὐτούς
— 32. ἐπειρῶντο ἑαυτοὺς ῥύσασθαι
5. 8. καὶ ῥύσασθαι αὐτούς
6. 6. ἐρρύσω μέχρι τριχὸς ἀπημάντους
— 10. ῥυσάμενος ἡμᾶς ἀπὸ ἐχθρῶν χειρός
— 11. οὐδὲ ὁ θεὸς αὐ. ἐρρύσατο αὐτούς
— 39. ἀπταίστους αὐτοὺς ἐρρύσατο ὁμοθυμαδόν

[**Aq.** Ex. 5. 23: I Ki. 30. 22: Jb. 5. 19: Ps. 30 (31). 3: 32 (33). 16, 19: Pr. 11. 9: Is. 37. 11: 57. 13: Je. 15. 21: 39 (46). 18 *bis*: Ez. 33. 9: Za. 3. 2.]
[**Sm.** II Ki. 4. 9: Ps. 17 (18). 44: 55 (56). 8: 77 (78). 42: Pr. 11. 8: Is. 37. 11: 58. 11: Je. 15. 21.]
[**Th.** Ex. 5. 23: Is. 35. 9: 37. 11: 57. 13: Je. 15. 21: Ez. 33. 9: Da. 8. 11.]
[**Al.** Ps. 43 (44). 27: Pr. 19. 19: Hb. 3. 13.]
[**Quint.** Ps. 32 (33). 16, 19.]

ῥυθμίζειν. (1) תָּאַר pi.

Is. 44. 13. ἐν κόλλῃ ἐρρύθμισεν αὐτό (1)
[**Th.** Is. 44. 12.]

ῥυθμός. (1) חַמּוּק (2) מַעֲשֶׂה (3) תַּבְנִית

Ex. 28. 15. κατὰ τὸν ῥ. τῆς ἐπωμίδος (2)
IV Ki. 16. 10. ἀπέστειλεν . . . τὸν ῥ. αὐ. (3)
Ca. 7. 1 (2). ῥυθμοὶ μηρῶν σου ὅμοιοι ὁρμίσκοις (1)
Wi. 17. 18. ἢ ῥυθμὸς ὕδατος πορευομένου βίᾳ
19. 18. ὥσπερ ἐν ψαλτηρίῳ φθόγγοι τοῦ ῥ. τὸ ὄνομα διαλλάσσουσι

ῥυθμοῦν.

[**Sm.** Is. 44. 12.]

ῥύμη. (1) רְחוֹב

To. 13. 18. ἐροῦσι πᾶσαι αἱ ῥ. αὐτῆς ἀλληλούϊα [**S** *al.*]
Pr. 31. 23. **S** περίβλεπτος δὲ γίνεται ἐν ῥύμαις [**A B** πύλαις] †
Si. 9. 7. **S**[1] μὴ περιβλέπου ἐν ῥύμαις πόλεως καὶ ἐν ταῖς ῥ. [**A B S**[2] ἐρήμοις] αὐτῆς μὴ πλανῶ
Is. 15. 3. κόπτεσθε . . . ἐν ταῖς ῥ. αὐτῆς (1)

ῥυπαρός. (1) צוֹא

Za. 3. 4 (3). Ἰ. ἦν ἐνδεδυμένος ἱμάτια ῥ. (1)
— 5 (4). ἀφέλετε τὰ ἱμάτια τὰ ῥ. ἀπ' αὐτοῦ (1)

ῥύπος. (1) טָמֵא (2) צֵאָה (3) שַׁחַת

Jb. 9. 31. ἱκανῶς ἐν ῥύπῳ με ἔβαψας (3)
11. 15. ἐκδύσῃ δὲ ῥύπον †
14. 4. τίς γὰρ καθαρὸς ἔσται ἀπὸ ῥύπου (1)
Is. 4. 4. ἐκπλυνεῖ κύριος τὸν ῥ. τῶν υἱῶν (2)
[**Aq.** Ex. 32. 25: Is. 30. 22.]
[**Th.** Pr. 30. 12.]

ῥύπτειν.

[**Heb.** Ez. 21. 21 (26).]

ῥύσις. (1) *a.* זוֹב *b.* זוֹב (2) מָקוֹר (3) קֶרֶה (4) תְּעָלָה

Le. 15. 2. ᾧ ἐὰν γένηται ῥύσις ἐκ τοῦ σώματος αὐ. (1 *a*)
— 2. ἡ ῥ. αὐ. ἀκάθαρτός ἐστι [**A** *al.*] (1 *b*)
— 3. ἐκ τῆς ῥ. ἧς συνέστηκε τὸ σῶμα αὐ. διὰ τῆς ῥ. (1 *b*, 1 *b*)
— 3. πᾶσαι αἱ ἡμέραι ῥύσεως σώματος αὐ. –
— 3. ᾗ συνέστηκε τὸ σῶμα αὐ. διὰ τῆς ῥ. (1 *b*)
— 13. ἐὰν δὲ καθαρισθῇ ὁ γονορρυὴς ἐκ τῆς ῥ. αὐ. (1 *b*)
— 15. ἐξιλάσεται περὶ αὐτοῦ . . . ἀπὸ [**A** περὶ] τῆς ῥ. αὐ. (1 *b*)
— 19. ἔσται ἡ ῥ. αὐ. ἐν τῷ σώματι αὐ. (1 *b*)
— 25. ἐὰν ῥέῃ ῥύσει αἵματος (1 *b*)
— 25. πᾶσαι αἱ ἡμέραι ῥύσεως ἀκαθαρσίας αὐ. (1 *b*)
— 26. πάσας τὰς ἡμέρας τῆς ῥ. (1 *b*)
— 28. ἐὰν δὲ καθαρισθῇ ἀπὸ τῆς ῥ. (1 *b*)
— 30. ἐξιλάσεται . . . ἀπὸ ῥύσεως ἀκαθαρσίας αὐ. (1 *b*)
— 33. ὁ γονορρυὴς ἐν τῇ ῥ. αὐ. (1 *b*)
20. 18. ἀπεκάλυψε τὴν ῥ. τοῦ αἵματος αὐτῆς (2)
De. 23. 10 (11). ὃς οὐκ ἔσται καθαρὸς ἐκ ῥύσεως αὐ. νυκτός (3)
Jb. 38. 25. τίς δὲ ἡτοίμασεν ὑετῷ λάβρῳ ῥύσιν (4)
[**Al.** Le. 20. 18.]

ῥῦσις.

Si. 51. 9. ὑπὲρ θανάτου [**A** ἀπὸ ἀθανάτου] ῥύσεως ἐδεήθην

ῥύστης. (1) פָּלַט pi.

Ps. 17 (18). 2. κύριος στερέωμά μου καὶ καταφυγή μου καὶ ῥ. μου (1)
— 48. ὁ ῥ. μου ἐξ ἐχθρῶν [**A** ἐ. μου] ὀργίλων (1)
69 (70). 5. βοηθός μου καὶ ῥύστης μου εἶ σύ (1)
143 (144). 2. ἀντιλήπτωρ μου καὶ ῥύστης μου (1)
III Ma. 7. 23. εὐλογητὸς ὁ ῥ. Ἰσρ.
[**Aq., Sm., Th.** Ps. 17 (18). 49.]

ῥωκεείμ, ῥωκείμ. (1) רַקָּחִים

Ne. 3. 8. **A R** Ἀν. υἱὸς τοῦ ῥ. [**B S** Ἰωακείμ] (1)

ῥωμαλέος.

II Ma. 12. 27. νεανίαι δὲ πρὸ τῶν τειχῶν καθεστῶτες ῥ.

ῥώμη.

Pr. 6. 8. καίπερ οὖσα τῇ ῥ. ἀσθενής –
II Ma. 3. 26. τῇ ῥ. μὲν ἐκπρεπεῖς
III Ma. 2. 4. ῥώμῃ καὶ θράσει πεποιθότες
3. 14. **R** καὶ τῇ ἡμετέρᾳ δὲ ῥ. . . . ἀχθείσης [**A** *al.*]

ῥώννυσθαι.

II Ma. 9. 20. **R** εἰ [**A** *om.*] ἔρρωσθε
11. 21. ἔρρωσθε
— 28. **R** εἰ [**A** *om.*] ἔρρωσθε
— 33. ἔρρωσθε
III Ma. 1. 4. τῶν πραγμάτων μᾶλλον ἐρρωμένων τῷ Ἀντ.
3. 12. χαίρειν καὶ ἐρρῶσθαι
— 13. ἔρρωμαι δὲ καὶ αὐτὸς ἐγώ
7. 1. χαίρειν καὶ ἐρρῶσθαι
— 2. ἐρρώμεθα δὲ καὶ αὐτοί
— 9. ἔρρωσθε

ῥώξ. (1) נֹקֶף (2) פֶּרֶט (3) תִּירוֹשׁ

Le. 19. 10. οὐδὲ τοὺς ῥ. τοῦ ἀμπελῶνός σου συλλέξεις (2)
Is. 17. 6. ὡς ῥῶγες ἐλαίας δύο ἢ τρεῖς (1)
65. 8. ὃν τρόπον εὑρεθήσεται ὁ ῥ. ἐν τῷ βότρυϊ (3)

ῥωποπώλης (ῥοβ., ῥοπ.). (1) רָכַל

III Ki. 10. 15. **A** χωρὶς τῶν φόρων . . . τῶν ἐμπόρων τῶν ῥ. [**B** *om.* τ. ῥ.] (1)
Ne. 3. 31. καὶ οἱ ῥ. ἀπέναντι πύλης τοῦ Μ. (1)
— 32. ἐκράτησαν οἱ χαλκεῖς καὶ οἱ ῥ. (1)
[**Aq.** III Ki. 10. 15: Ez. 27. 8.]

ῥώς, *vid.* **ῥοώς.**

ῥωσαί.

I Ch. 26. 6. ῥ. εἰς τὸν οἶκον τὸν πατρικὸν αὐ. †

Σ

σααρείμ.

[**Heb.** Is. 26. 2.]

σαβαείν (-είμ). (1) צְבִי

Da. TH. 11. 41. εἰσελεύσεται εἰς τὴν γῆν τοῦ σ. (1)
— 45. εἰς ὄρος σ. [**A** σαβεὶν] ἅγιον (1)
[**Th.** Da. 11. 45.]

σαβάτ.

[**Quint.** Ps. 73 (74). 2.]

σαβάχ. (1) שְׂבָכָה

IV Ki. 25. 17. **A** τὸ ὕψος τοῦ χωθὰρ τριῶν πήχεων σ. [**B** *al.*] (1)

σαβαχά. (1) שְׂבָכָה

IV Ki. 25. 17. **R** καὶ τὸ ὕψος τοῦ χωθὰρ τριῶν πήχεων σ. [**A B** *al.*] (1)
— 17. **A R** τῷ στύλῳ τῷ δευτέρῳ ἐπὶ τῷ σ. [**B** γαβ.] (1)
[**Aq.** Je. 52. 22.]

σαβαχώθ.

[**Al.** II Ch. 4. 12.]

σαβαώθ. (1) צְבָאוֹת

Jo. 6. 16 (17). ἔσται ἡ πόλις ἀνάθεμα . . . κυρίῳ σ. [**A** *al.*] –
I Ki. 1. 3. θύειν κυρίῳ τῷ θεῷ σαβ. (1)
— 11. ἀδ. κύριε ἐλωὲ σαβ. (1)
— 20. παρὰ κυρίου θεοῦ σαβ. ᾐτησάμην αὐτόν –
15. 2. τάδε εἶπε κύριος σαβ. (1)
17. 45. ἐν ὀνόματι κυρίου θεοῦ σαβ. [**A** σαβ. θ.] (1)
I Es. 9. 46. **A R** τῷ κυρίῳ θεῷ τῷ ὑψίστῳ θεῷ σαβ. [**B** *al.*]
Za. 13. 2. λέγει κύριος σ. [**A** *om.*] (1)
Is. 1. 9. εἰ μὴ κύριος σ. ἐγκατέλιπεν ἡμῖν σπέρμα (1)
— 24. τάδε λέγει κύριος ὁ δεσπότης σ. (1)
2. 12. ἡμέρα γὰρ κυρίου σ. ἐπὶ πάντα ὑβριστήν (1)
3. 1. ὁ δεσπότης κύριος σ. ἀφελεῖ ἀπὸ Ἱερουσαλὴμ . . . ἰσχύοντα καὶ ἰσχύουσαν (1)
5. 7. ὁ γὰρ ἀμπελὼν κυρίου σ. οἶκος τοῦ Ἰσρ. (1)
— 9. ἠκούσθη γὰρ εἰς τὰ ὦτα κυρίου σ. ταῦτα (1)
— 16. ὑψωθήσεται κύριος σ. ἐν κρίματι (1)
— 24. οὐ γὰρ ἠθέλησαν τὸν νόμον κυρίου σ. (1)
— 25. ἐθυμώθη ὀργῇ [**S** ὠργίσθη θυμῷ] κύριος σ. –
6. 3. ἅγιος ἅγιος ἅγιος κύριος σ. (1)
— 5. τὸν βασιλέα κύριον σ. εἶδον (1)
7. 7. τάδε λέγει κύριος σ. –
8. 18. παρὰ κυρίου σ. (1)
9. 7 (6). ὁ ζῆλος κυρίου σ. ποιήσει ταῦτα (1)
10. 16. ἀποστελεῖ κύριος σ. . . . ἀτιμίαν (1)
— 24. τάδε λέγει κύριος σ. (1)
— 33. ὁ δεσπότης κύριος σ. συνταράσσει τοὺς ἐνδόξους (1)
13. 4. κύριος σ. ἐντέταλται ἔθνει ὁπλομάχῳ (1)
— 13. διὰ θυμὸν ὀργῆς κυρίου σ. (1)
14. 22. λέγει κύριος σ. (1)
— 22. **S** τάδε λέγει κύριος σ. [**A B** *om.*] –
— 24 : 17. 3. τάδε λέγει κύριος σ. (1)
18. 7. ἀνενεχθήσεται δῶρα κυρίῳ σ. . . . οὗ τὸ ὄνομα κυρίου σ. [**S** *add.* ἐπεκλήθη] (1, 1)
19. 4. τάδε λέγει κύριος σ. (1)
— 12. τί βεβούλευται κύριος σ. ἐπ' Αἴγυπτον (1)
— 16. ἀπὸ προσώπου τῆς χειρὸς κυρίου σ. (1)
— 17. **R** διὰ τὴν βουλὴν [**A** *add.* κυρίου σ.] ἣν βεβούλευται κύριος σ. [**A B S** *om.*] ἐπ' αὐτήν ([1], –)
— 18. **R** ὀμνύντες [**A** S^3 -ύουσαι] τῷ ὀνόματι κυρίου σ. [**A B S** *om.*] (1)
— 25. ἣν εὐλόγησε κύριος σ. (1)
21. 6. S^4 οὕτως εἶπε πρὸς μὲ κύριος σ. [**A B** S^1 *al.*] –
— 10. ἃ ἤκουσα παρὰ κυρίου σ. (1)
22. 5. πλάνησις [S^1 *om.*] παρὰ κυρίου σ. (1)
— 12. ἐκάλεσε κύριος κύριος σ. ἐν τῇ ἡμέρᾳ ἐκείνῃ κλαυθμόν (1)
Is. 22. 14. ἐν τοῖς ὠσὶ κυρίου σ. (1)
— 15. τάδε λέγει κύριος σ. [A^1 -ών] (1)
— 17. κύριος σ. . . . ἐκτρίψει ἄνδρα –
— 25. τάδε λέγει κύριος σ. (1)
23. 9. κύριος σ. ἐβουλεύσατο παραλῦσαι (1)
— 11. κύριος σ. ἐνετείλατο περὶ Χαναάν –
25. 6. ποιήσει κύριος σ. πᾶσι τοῖς ἔθνεσιν (1)
28. 5. ἔσται κύριος σ. ὁ στέφανος τῆς ἐλπίδος (1)
— 22. συντετμημένα πράγματα ἤκουσα παρὰ κυρίου σ. (1)
— 29. ταῦτα παρὰ κυρίου σ. ἐξῆλθε τὰ τέρατα (1)
29. 5 (6). ὡς στιγμὴ παραχρῆμα παρὰ κυρίου σ. (1)
31. 4. καταβήσεται κύριος σ. (1)
— 5. ὑπερασπιεῖ κύριος σ. [**A** *om.*] (1)
37. 16. κύριος [**A S** -ιε] σ. ὁ θεὸς Ἰσραήλ (1)
— 32. ὁ ζῆλος κυρίου σ. ποιήσει ταῦτα (1)
39. 5. ἄκουσον τὸν λόγον κυρίου σ. (1)
44. 6. καὶ [**A** ὁ] ῥυσάμενος αὐτὸν θεὸς σ. (1)
45. 13. εἶπε κύριος σ. (1)
— 14. οὕτως λέγει κύριος σ. –
47. 4. ὁ ῥυσάμενός σε κύριος σ. (1)
48. 2. κύριος σ. ὄνομα αὐτῷ (1)
51. 15. κύριος σ. ὄνομά μοι (1)
54. 5. κύριος σ. ὄνομα αὐτῷ (1)
Je. 26 (46). 10. **A** θυσία τῷ κυρίῳ σ. [**B S** *om.*] (1)
[**Heb.** III Ki. 19. 14.]

σαβαών.

Is. 22. 15. A^1 τάδε λέγει κύριος σ. [A^2 **B S** -ώθ] †

σαββατίζειν. (1) שָׁבַת

Ex. 16. 30. ἐσαββάτισεν ὁ λαὸς τῇ ἡμ. τῇ ἑβδόμῃ (1)
Le. 23. 32. σαββατιεῖτε τὰ σάββατα ὑμῶν (1)
26. 35 (34). σαββατιεῖ ἡ γῆ (1)
— 35. σαββατιεῖ ἃ οὐκ ἐσαββάτισεν (1, 1)
II Ch. 36. 21. ἕως τοῦ προσδέξασθαι τὴν γῆν τὰ σάββατα αὐ. σαββατίσαι –
— 21. **A R** πάσας τὰς ἡμέρας ἐρημώσεως αὐ. σαββατίσαι (1)
I Es. 1. 58. πάντα τὸν χρόνον τῆς ἐρημώσεως αὐ. σαββατιεῖ
II Ma. 6. 6. ἦν δ' οὔτε σαββατίζειν
[**Aq.** Le. 25. 2.]

σάββατον. (1) *a.* שַׁבָּת *b.* שַׁבָּתוֹן

Ex. 16. 23. σάββατα ἀνάπαυσις ἁγία τῷ κ. αὔριον (1 *b*)
— 25. ἔστι γὰρ σάββατα σήμερον τῷ κ. (1 *a*)
— 26. τῇ δὲ ἡμέρᾳ τῇ ἑβδόμῃ σάββατα (1 *a*)
— 29. **A** ἔδωκεν ὑμῖν τὴν ἡμ. τ. καὶ τὰ σ. [**B** *om.* κ. τὰ σ., **R** *al.*] (1 *a*)
20. 8. μνήσθητι τὴν ἡμέραν τῶν σ. (1 *a*)
— 10. τῇ δὲ ἡμέρᾳ τῇ ἑβδόμῃ σάββατα (1 *a*)
31. 13. τὰ σ. μου φυλάξεσθε (1 *a*)
— 14. φυλάξεσθε τὰ σ. [**A** *al.*] (1 *a*)
— 15. τῇ δὲ ἡμέρᾳ τῇ ἑβδόμῃ σάββατα (1 *a*)
— 15. **A** ὅστις ποιήσει ἔργον τῇ ἡμέρᾳ τοῦ σ. [**B** *al.*] (1 *a*)
— 16. φυλάξουσιν οἱ υἱοὶ Ἰσρ. τὰ σ. (1 *a*)
35. 2. σάββατα ἀνάπαυσις κυρίῳ [**A** *al.*] (1 *a*)
— 3. τῇ ἡμέρᾳ τῶν σ. (1 *a*)
Le. 16. 31. σάββατα σαββάτων ἀνάπαυσις αὕτη ἔσται ὑμῖν (1 *a*, –)
19. 3, 30. τὰ σ. μου φυλάξεσθε (1 *a*)
23. 3. τῇ ἡμέρᾳ τῇ ἑβδ. σάββατα ἀνάπαυσις (1 *a*)
— 3. σάββατά ἐστι τῷ κ. (1 *a*)
— 15. ἀπὸ τῆς ἐπαύριον τῶν σ. (1 *a*)
— 32. σάββατα σαββάτων ἔσται ὑμῖν (1 *a*, 1 *b*)
— 32. σαββατιεῖτε τὰ σ. ὑμῶν (1 *a*)
— 38. πλὴν τῶν σ. κυρίου (1 *a*)
24. 8. τῇ ἡμέρᾳ τῶν σ. προθήσεται (1 *a*)
25. 2. ἀναπαύσεται ἡ γῆ . . . σάββατα τῷ κ. (1 *a*)
— 4. τῷ δὲ ἔτει τῷ ἑβδ. σάββατα ἀνάπαυσις ἔσται τῇ γῇ σάββατα τῷ κ. (1 *a*, 1 *a*)
— 6. ἔσται τὰ σ. τῆς γῆς βρώματά σοι (1 *a*)
Le. 26. 2. τὰ σ. μου φυλάξεσθε (1 *a*)
— 34. εὐδοκήσει ἡ γῆ τὰ σ. αὐ. (1 *a*)
— 35 (34). εὐδοκήσει ἡ γῆ τὰ σ. αὐ. (1 *a*)
— 35. σαββατιεῖ ἃ οὐκ ἐσαββάτισεν ἐν τοῖς σ. ὑμῶν (1 *a*)
— 43. προσδέξεται ἡ γῆ τὰ σ. αὐ. (1 *a*)
Nu. 15. 32. τῇ ἡμέρᾳ τῶν σ. [**A** τοῦ σ.] (1 *a*)
— 33. **B** τῇ ἡμέρᾳ τῶν σ. –
28. 9. τῇ ἡμέρᾳ τῶν σ. (1 *a*)
— 10. ὁλοκαύτωμα σαββάτων [**A** -ου] ἐν τοῖς σ. (1 *a*, 1 *a*)
De. 5. 12. φύλαξαι τὴν ἡμέραν τῶν σ. (1 *a*)
— 14. σάββατα κ. τῷ θεῷ σου (1 *a*)
— 15. ὥστε φυλάσσεσθαι τὴν ἡμέραν τῶν σ. (1 *a*)
IV Ki. 4. 23. οὐ νεομηνία οὐδὲ σάββατον (1 *a*)
11. 6 (5). τὸ τρίτον ἐξ ὑμῶν εἰσελθέτω τὸ σ. (1 *a*)
— 7. πᾶς ὁ ἐκπορευόμενος τὸ σ. [**A** *om.* τὸ σ.] (1 *a*)
— 9. καὶ τοὺς εἰσπορευομ. τὸ σ. (1 *a*)
— 9. **A R** μετὰ τῶν ἐκπορευομ. τὸ σ. (1 *a*)
I Ch. 9. 32. τοῦ ἑτοιμάσαι σάββατον κατὰ σάββατον [S^1 *om.* κατὰ σ.] (1 *a*, 1 *a*)
23. 31 : II Ch. 2. 4 (3). ἐν τοῖς σ. καὶ ἐν ταῖς νεομηνίαις (1 *a*)
II Ch. 8. 13. ἐν τοῖς σ. καὶ ἐν τοῖς μησί (1 *a*)
23. 4. τὸ τρίτον ἐξ ὑμῶν εἰσπορευέσθωσαν τὸ σ. (1 *a*)
— 8. ἀπ' ἀρχῆς τοῦ σ. ἕως ἐξόδου τοῦ σ. (1 *a*, 1 *a*)
31. 3. ὁλοκαυτώσεις εἰς σάββατα (1 *a*)
36. 21. ἕως τοῦ προσδέξασθαι τὴν γῆν τὰ σ. αὐ. (1 *a*)
I Es. 1. 58. ἕως τοῦ εὐδοκῆσαι τὴν γῆν τὰ σ. αὐ.
5. 52. καὶ μετὰ ταῦτα . . . θυσίας σαββάτων
Ne. 9. 14. τὸ σ. σου τὸ ἅγιον ἐγνώρισας αὐτοῖς (1 *a*)
10. 31 (32). ἐν ἡμέρᾳ τοῦ σ. ἀποδόσθαι (1 *a*)
— 31 (32). οὐκ ἀγοράσωμεν παρ' αὐτῶν ἐν σαββάτῳ (1 *a*)
— 33 (34). εἰς ὁλοκαύτωμα τοῦ ἐνδελεχισμοῦ τῶν σ. (1 *a*)
13. 15. εἶδον ἐν Ἰ. πατοῦντας ληνοὺς ἐν τῷ [**A** *om.*] σ. (1 *a*)
— 15. ἐν ἡμέρᾳ τοῦ σ. (1 *a*)
— 16. **B** S^2 καὶ πᾶσαν πρᾶσιν πωλοῦντες ἐν [**A** S^1 **R** *om.*] τῷ σ. (1 *a*)
— 17. καὶ βεβηλοῦτε τὴν ἡμέραν τοῦ σ. (1 *a*)
— 18. βεβηλῶσαι τὸ σ. (1 *a*)
— 19. ἡνίκα κατέστησαν πύλαι ἐν Ἱερ. πρὸ τοῦ σ. (1 *a*)
— 19. ὥστε μὴ ἀνοιγῆναι αὐτὰς ἕως ὀπίσω τοῦ σ. (1 *a*)
— 19. ὥστε μὴ αἴρειν βαστάγματα ἐν ἡμέρᾳ τοῦ σ. (1 *a*)
— 21. οὐκ ἤλθοσαν ἐν σαββάτῳ (1 *a*)
— 22. ἁγιάζειν τὴν ἡμέραν τοῦ σ. (1 *a*)
Ju. 8. 6. χωρὶς προσαββάτων καὶ σαββάτων [A^1 *om.* κ. σ.]
10. 2. ἐν ταῖς ἡμέραις τῶν σ.
Ps. 23 (24). *tit.* **A R** ψαλμὸς τῷ Δ. τῆς μιᾶς σαββάτου [**B** -ων, **S** *om.* τῆς μ. σ.] –
37 (38). *tit.* εἰς ἀνάμνησιν περὶ σαββάτου [**A** τοῦ σ.] –
47 (48). *tit.* δευτέρᾳ σαββάτου [**A** *al.*] –
91 (92). *tit.* εἰς τὴν ἡμέραν τοῦ σ. [**S** προσαββ.] (1 *a*)
92 (93). *tit.* **A** εἰς τὴν ἡμέραν τοῦ σ. [**B S** προσαββ.] –
93 (94). *tit.* **B S** τετράδι σαββάτων [**A R** -ου] –
Ho. 2. 11 (13). ἀποστρέψω . . . τὰ σ. αὐ. (1 *a*)
Am. 6. 3. καὶ ἐφαπτόμενοι σ. ψευδῶν †
8. 5. πότε διελεύσεται . . . τὰ σ. (1 *a*)
Is. 1. 13. τὰ σ. . . . οὐκ ἀνέχομαι (1 *a*)
56. 2. φυλάσσων τὰ σ. μὴ βεβηλοῦν (1 *a*)
— 4. ὅσοι ἂν φυλάξωνται τὰ σ. [S^1 προστάγματά] μου (1 *a*)
— 6. πάντας τοὺς φυλασσομένους τὰ σ. μου (1 *a*)
58. 13. ἐὰν ἀποστρέψῃς τὸν πόδα σου ἀπὸ τῶν σ. . . . καὶ καλέσεις τὰ σ. [S^1 τὸ σ.] τρυφερά (1 *a*, 1 *a*)
66. 23. ἔσται . . . σάββατον ἐκ σαββάτου (1 *a*, 1 *a*)
Je. 17. 21, 22 (**A B** S^2). ἐν τῇ ἡμέρᾳ τῶν σ. (1 *a*)
— 22. ἁγιάσατε τὴν ἡμέραν τῶν σ. (1 *a*)

Je. 17. 24. ἐν τῇ ἡμέρᾳ τῶν σ. (1 *a*)
— 24. A B S² καὶ ἁγιάζειν τὴν ἡμέραν τῶν σ. (1 *a*)
— 27. τοῦ ἁγιάζειν τὴν ἡμέραν τῶν σ. . . . ἐν τῇ ἡμέρᾳ τῶν σ. (1 *a*, 1 *a*)
La. 2. 6. ἐπελάθετο κύριος ἃ ἐποίησεν ἐν Σιὼν ἑορτῆς καὶ σαββάτου (1 *a*)
Ez. 20. 12. τὰ σ. μου ἔδωκα αὐτοῖς (1 *a*)
— 13. τὰ σ. μου ἐβεβήλωσαν σφόδρα (1 *a*)
— 16. τὰ σ. μου ἐβεβήλουν (1 *a*)
— 20. τὰ σ. μου ἁγιάζετε (1 *a*)
— 21, 24. τὰ σ. μου ἐβεβήλουν (1 *a*)
22. 8. τὰ σ. μου ἐβεβήλουν ἐν σοι (1 *a*)
— 26. ἀπὸ τῶν σ. μου παρεκάλυπτον τοὺς ὀφθαλμοὺς αὐτῶν (1 *a*)
— 26. A τὰ σ. μου ἐβεβήλουν [B *al.*] –
23. 38. τὰ σ. μου ἐβεβήλουν (1 *a*)
44. 24. τὰ σ. μου ἁγιάσουσι (1 *a*)
45. 17. ἐν τοῖς σ. καὶ ἐν πάσαις ταῖς ἑορταῖς οἴκου Ἰσραήλ (1 *a*)
46. 1. ἐν τῇ ἡμέρᾳ τῶν σ. ἀνοιχθῇ (1 *a*)
— 3. ἐν τοῖς σ. καὶ ἐν ταῖς νουμηνίαις (1 *a*)
— 4, 12. ἐν τῇ ἡμέρᾳ τῶν σ. (1 *a*)
I Ma. 1. 39. τὰ σ. αὐ. εἰς ὀνειδισμόν [S¹ *om.* εἰς ὀν.]
— 43. ἐβεβήλωσαν τὸ σ. [A² ἁγίασμα]
— 45. καὶ βεβηλῶσαι σάββατα
2. 32. ἐν τῇ ἡμέρᾳ τῶν σ.
— 34. βεβηλῶσαι τὴν ἡμέραν τῶν σ.
— 38. ἀνέστησαν ἐπ' αὐτοὺς ἐν τῷ πολέμῳ τοῖς [S¹ *om.*] σ.
— 41. τῇ ἡμέρᾳ τῶν σ.
6. 49. σάββατον ἦν τῇ γῇ
9. 34, 43. τῇ ἡμέρᾳ τῶν σ.
10. 34. πᾶσαι αἱ ἑορταὶ καὶ τὰ σ.
II Ma. 5. 25. ἕως τῆς ἁγίας ἡμέρας τοῦ σ.
8. 26. ἦν γὰρ ἡ πρὸ τοῦ σ. δίκη
— 27. περὶ τὸ σ. ἐγίνοντο περισσῶς εὐλογοῦντες
— 28. μετὰ δὲ τὸ σ.
12. 38. αὐτόθι τὸ σ. διῆγεν
15. 3. ἄγειν τὴν τῶν σ. ἡμέραν
[**Aq.** Le. 25. 2, 8: Ez. 20. 12.]
[**Sm.** Le. 25. 8.]
[**Th.** Le. 25. 8: IV Ki. 11. 9: Is. 58. 13: Ez. 22. 26†: Ho. 2. 11 (13).]
[**Al.** Le. 23. 3, 11, 15 *bis*, 16, 24, 39.]
[**Quint.** IV Ki. 11. 9.]

σαββείρ, σαβείρ. (1) צְבִי

Da. Th. 11. 16. A B στήσεται ἐν τῇ γῇ τοῦ σ. [R -εί] (1)
[**Th.** Da. 11. 16.]

σαβεί, σαβείν. (1) צְבִי

Da. Th. 11. 16. R στήσεται ἐν τῇ γῇ τοῦ σ. [A B -είρ] (1)
— 45. A εἰς ὄρος σ. [B -αεὶν] ἅγιον (1)
[**Th.** Da. 11. 16.]

σαβέκ. (1) סְבַךְ

Ge. 22. 13. κριὸς εἰς κατεχόμενος ἐν φυτῷ σ. (1)
[**Th.** Ge. 22. 13.]

σαγή.

II Ma. 3. 25. καλλίστη σ. διακεκοσμημένος

σαγήνη. (1) חֵרֶם (2) *a.* מִכְמֶרֶת *b.* מִכְמֹרֶת

Ec. 7. 27 (26). σαγῆναι καρδία αὐτῆς (1)
Hb. 1. 15. συνήγαγεν αὐτὸν ἐν ταῖς σ. αὐ. (2 *a*)
— 16. θύσει τῇ σ. [A τῷ ἀμφιβλήστρῳ] αὐ. (1)
— 16. A θυμιάσει τῇ σ. [B S τῷ ἀμφιβλήστρῳ] αὐ. (2 *a*)
Is. 19. 8. στενάξουσι . . . οἱ βάλλοντες σαγήνας (2 *b*)
Ez. 26. 5. ψυγμὸς σαγηνῶν ἔσται (1)
— 14. ψυγμὸς σαγηνῶν ἔσῃ (1)
47. 10. ψυγμὸς σαγηνῶν ἔσται (1)
[**Sm.** Ps. 9. 30 (10. 9): Ez. 12. 13.]

σάγμα. (1) כַּר

Ge. 31. 34. ἐνέβαλεν αὐτὰ εἰς τὰ σ. τῆς καμήλου (1)

σάγος.

[**Th.** Jd. 4. 18.]

σαδδαΐ. (1) שַׁדַּי

Ez. 10. 5. ὡς φωνὴ θεοῦ σ. λαλοῦντος (1)
[**Aq.**, **Th.** Ez. 1. 24.]
[**Sm.** Jb. 6. 4: Ez. 1. 24.]
[**Heb.** Jb. 6. 4.]

σαδημώθ. (1) שְׁדֵמוֹת

IV Ki. 23. 4. A R κατέκαυσεν αὐτὰ . . . ἐν σ. [B σαλ.] (1)

σαδηρώθ. (1) שְׂדֵרוֹת

IV Ki. 11. 8. R ὁ εἰσπορευόμενος εἰς τὰς σ. [A B *al.*] (1)
— 15. A ἐξαγάγετε αὐτὴν ἔσωθεν τὴν σ. [B *al.*] (1)

σαδίκ.

[**Heb.** Is. 26. 2.]

σαθρός. (1) רָקָבוֹן

Jb. 41. 18 (19). χαλκὸν δὲ ὥσπερ ξύλον σαθρόν (1)
Wi. 14. 1. τοῦ φέροντος αὐτὸν πλοίου [A ξύλου] σαθρότερον ξύλον ἐπιβοᾶται

σαθροῦν. (1) רָעַץ

Jd. 10. 8. A ἐσάθρωσαν [B ἔθλιψαν] καὶ ἔθλασαν τοὺς υἱοὺς Ἰσρ. (1)

σακαχαρθαί.

IV Ki. 25. 17. B καὶ τὸ ὕψος τοῦ χωθὰρ τριῶν πήχεων σ. [A R *al.*] †

σάκκος. (1) שַׂק

Ge. 37. 34. ἐπέθετο σάκκον ἐπὶ τὴν ὀσφὺν αὐ. (1)
42. 25. ἀποδοῦναι τὸ ἀργ. ἑκάστου εἰς τὸν σ. αὐ. (1)
— 35. ἐν τῷ κατακενοῦν αὐτοὺς τοὺς σ. αὐ. (1)
— 35. ἦν ἑκάστου ὁ δεσμὸς τοῦ ἀργ. ἐν τῷ σ. αὐ. (1)
Le. 11. 32. ἀπὸ παντὸς σκεύους ξυλίνου . . . ἢ σάκκου (1)
Jo. 9. 4. λαβόντες σ. παλαιοὺς ἐπὶ τῶν ὤμων αὐ. (1)
II Ki. 3. 31. περιζώσασθε σάκκους (1)
21. 10. ἔλαβε Ῥ. . . . τὸν σ. (1)
III Ki. 20 (21). 16. περιεβάλετο σάκκον –
— 27. καὶ ἐζώσατο σάκκον (1)
— 27. B καὶ περιεβάλετο σάκκον (1)
21 (20). 31. ἐπιθώμεθα δὴ σάκκους (1)
— 32. περιεζώσαντο σάκκους (1)
IV Ki. 6. 30. εἶδεν ὁ λαὸς τὸν σ. (1)
19. 1. περιεβάλετο σάκκον (1)
— 2. ἀπέστειλεν . . . τοὺς πρεσβυτ. τῶν ἱ. περιβεβλημένους σάκκους (1)
I Ch. 21. 16. ἔπεσε Δ. καὶ οἱ πρεσβύτ. περιβεβλημένοι ἐν σάκκοις (1)
Ne. 9. 1. συνήχθησαν οἱ υἱοὶ Ἰσρ. . . . ἐν σάκκοις (1)
— 1. S¹ ἐχωρίσθησαν οἱ υἱοὶ Ἰσρ. . . . ἐν σάκκοις (1?)
Ju. 4. 10. ἐπέθεντο σάκκους ἐπὶ τὰς ὀσφύας αὐ.
— 11. ἐξέτειναν τοὺς σ. αὐ. κατὰ πρόσωπον κυρίου
— 11. τὸ θυσιαστήριον σάκκῳ περιέβαλον
— 14. σάκκους περιεζωσμένοι τὰς ὀσφύας αὐ.
8. 5. ἐπέθηκεν ἐπὶ τὴν ὀσφὺν αὐ. σάκκον
— 31. S εἰς πλήρωσιν τῶν σ. [A B λάκκων] ἡμῶν
9. 1. ἐγύμνωσεν ὃν ἐνεδιδύσκετο σάκκον
10. 3. περιείλατο τὸν σ.
Es. 4. 1. ἐνεδύσατο σάκκον (1)
— 2. οὐ γὰρ ἦν αὐτῷ ἐξὸν . . . σάκκον ἔχοντι (1)
— 3. σάκκον καὶ σποδὸν ἔστρωσαν ἑαυτοῖς (1)
— 4. καὶ ἀφελέσθαι αὐτοῦ τὸν σ. (1)
Jb. 16. 16 (15). σάκκον ἔρραψαν [A -ψαν] (1)
Ps. 29 (30). 11. διέρρηξας τὸν σ. μου (1)
34 (35). 13. ἐνεδυσάμην σάκκον (1)
68 (69). 11. ἐθέμην τὸ ἔνδυμά μου σάκκον (1)
Si. 25. 17. σκοτοῖ τὸ πρόσωπον αὐτῆς ὡς σάκκον [A S ἄρκος]
Am. 8. 10. ἀναβιβῶ ἐπὶ πᾶσαν ὀσφὺν σάκκον (1)
Jl. 1. 8. ὑπὲρ νύμφην περιεζωσμένην σάκκον (1)
— 13. ὑπνώσατε ἐν σάκκοις (1)
Jn. 3. 5. ἐνεδύσαντο σάκκους (1)
— 6. περιεβάλετο σάκκον (1)
— 8. περιεβάλοντο σάκκους (1)
Is. 3. 24. περιζώσῃ σάκκον [S¹ -οι] (1)
15. 3. περιζώσασθε σάκκους (1)
20. 2. ἄφελε τὸν σ. ἀπὸ τῆς ὀσφύος σου (1)
22. 12. ἐκάλεσε κύριος . . . ζῶσιν σάκκων (1)
32. 11. A S περιζώσασθε σάκκους [B *om.*] τὰς ὀσφύας –
37. 1. περιεβάλετο σάκκον (1)
— 2. τοὺς πρεσβυτέρους τῶν ἱερέων περιβεβλημένους σάκκους (1)
50. 3. ὡς σάκκον θήσω τὸ περιβόλαιον αὐτοῦ (1)
58. 5. σάκκον καὶ σποδὸν ὑποστρώσῃ (1)
Je. 4. 8. περιζώσασθε σάκκους (1)
Je. 6. 26. περίζωσαι σάκκον (1)
30 (49). 3. περιζώσασθε σάκκους (1)
31 (48). 37. ἐπὶ πάσης ὀσφύος σ. (1)
Ba. 4. 20. ἐνεδυσάμην δὲ σάκκον τῆς δεήσεώς μου
La. 2. 10. περιεζώσαντο σάκκους (1)
Ez. 7. 18. περιζώσονται σάκκους (1)
27. 31. A περιζῶνται σάκκον (1)
Da. LXX. 9. 3. ἐν νηστείαις καὶ σάκκῳ καὶ σποδῷ (1)
Da. Th. 9. 3. ἐν νηστείαις καὶ σάκκῳ (1)
I Ma. 2. 14. περιεβάλοντο σάκκους
3. 47. περιεβάλοντο σάκκους
II Ma. 3. 19. σάκκους κατὰ τὰς ὁδοὺς ἐπλήθυνον
10. 25. τὰς ὀσφύας σάκκοις ζώσαντες
[**Aq.** Ps. 34 (35). 13: 68 (69). 12.]
[**Sm.** Ge. 42. 27, 28: Ps. 34 (35). 13: 68 (69). 12.]
[**Th.** Ez. 27. 31.]

σακχώ.

I Ch. 28. 20. B καὶ σ. [A R ζ.] αὐ. καὶ τὰ ὑπερῷα –

σαλαμείν (-μίν).

Jo. 22. 29. θυσιαστήριον . . . ταῖς θυσίαις σ. –

σαλασία (-σεία). (1) שָׁלִישִׁיָּה

Je. 31 (48). 34. B ἔδωκαν . . . ἀγγελίαν σ. [A -ία σαλισία, S² ἀ. εἰς σαλισά] (1)

σαλαχώθ.

[**Al.** I Ch. 26. 16.]

σαλεύειν. (1) נָעַשׁ *a.* qal. *b.* hithp. (2) זוּעַ (3) זָלַל ni. (4) חִיל, חוּל (5) חָפַז ni. (6) לָכַד (7) מוּג *a.* qal. *b.* hithp. (8) מוּד pil. (9) מוּט *a.* qal. *b.* ni. (10) מָסַס ni. (11) מָעַד (12) *a.* נוּד hi. *b.* נִיד pe. (13) נוּט (14) נוּעַ *a.* qal. *b.* ni. *c.* hi. (15) נָטָה (16) סוּר hi. (17) עָנָה pi. (18) פָּלַץ hithp. (19) צָעַן (20) רָנַז (21) רָחַף (22) רַעַל (23) רָעַם

Jd. 5. 5. ὄρη ἐσαλεύθησαν (3)
II Ki. 22. 37. οὐκ ἐσαλεύθησαν τὰ σκέλη μου (11)
IV Ki. 17. 20. καὶ ἐσάλευσεν αὐτοὺς (17)
21. 8. οὐ προσθήσω τοῦ σαλεῦσαι τὸν πόδα Ἰσρ. (12 *a*)
I Ch. 16. 30. καὶ μὴ σαλευθήτω (9 *b*)
II Ch. 33. 8. οὐ προσθήσω σαλεῦσαι τὸν πόδα Ἰσρ. (16)
Ju. 12. 16. A B ἐσαλεύθη ἡ ψυχὴ αὐ.
16. 15. ὄρη γὰρ . . . σαλευθήσεται [S¹ ἐσαλεύθησαν σ., S² ἐσ.]
Jb. 9. 6. οἱ δὲ στῦλοι αὐτῆς σαλεύονται (18)
28. 4. R ἐκ βροτῶν ἐσαλεύθησαν [A B S *om.*] (14 *a*)
41. 14 (15). οὐ σαλευθήσεται (9 *b*)
Ps. 9. 27 (10. 6). οὐ μὴ σαλευθῶ ἀπὸ γενεᾶς εἰς γενεὰν ἄνευ κακοῦ (9 *b*)
12 (13). 4. ἐὰν σαλευθῶ (9 *b*)
14 (15). 5. ὁ ποιῶν ταῦτα οὐ σαλευθήσεται (9 *b*)
15 (16). 8. ἐκ δεξιῶν μού ἐστιν ἵνα μὴ σαλευθῶ (9 *b*)
16 (17). 5. A S ἵνα μὴ σαλευθῶσιν [B -θῇ] τὰ διαβήματά μου (9 *b*)
17 (18). 7. ἐσαλεύθη . . . ἡ γῆ καὶ τὰ θεμέλια τῶν ὀρέων . . . ἐσαλεύθησαν (1 *a*, 1 *b*)
20 (21). 7. ἐν τῷ ἐλέει τοῦ ὑψίστου οὐ μὴ σαλευθῇ [S¹ -θῶ] (9 *b*)
25 (26). 1. ἐπὶ τῷ κυρίῳ ἐλπίζων οὐ μὴ σαλευθῶ [A S ἀσθενήσω] (11)
29 (30). 6. οὐ μὴ σαλευθῶ εἰς τὸν αἰῶνα (9 *b*)
32 (33). 8. ἀπ' αὐτοῦ δὲ σαλευθήτωσαν †
35 (36). 11. χεὶρ ἁμαρτωλῶν μὴ σαλεύσαι [A S² -σει] με (12 *a*)
37 (38). 16. ἐν τῷ σαλευθῆναι πόδας μου (9 *a*)
45 (46). 5. ὁ θεὸς ἐν μέσῳ αὐτῆς οὐ σαλευθήσεται (9 *b*)
— 6. ἐσαλεύθη ἡ γῆ (7 *a*)
47 (48). 5. ἐταράχθησαν ἐσαλεύθησαν (5)
59 (60). 2. S R ὅτι ἐσαλεύθη [B -ησαν] (9 *a*)
61 (62). 2. οὐ μὴ σαλευθῶ ἐπὶ πλεῖον (9 *b*)
72 (73). 2. ἐμοῦ δὲ παρὰ μικρὸν ἐσαλεύθησαν οἱ πόδες (15)
76 (77). 18. ἐσαλεύθη . . . ἡ γῆ (20)
81 (82). 5. σαλευθήσονται [S² -ήτωσαν] πάντα τὰ θεμέλια τῆς γῆς (9 *b*)

Ps. 92 (93). 1. ἥτις οὐ σαλευθήσεται (9 b)
93 (94). 18. σεσάλευται ὁ πούς μου (9 a)
95 (96). 9. σαλευθήτω ἀπὸ προσώπου αὐτοῦ πᾶσα ἡ γῆ (4)
— 10. ἥτις οὐ σαλευθήσεται (9 b)
— 11. σαλευθήτω ἡ θάλασσα (23)
96 (97). 4. ἐσαλεύθη ἡ γῆ (4)
97 (98). 7. σαλευθήτω ἡ θάλασσα (23)
98 (99). 1. σαλευθήτω ἡ γῆ (13)
106 (107). 27. ἐσαλεύθησαν ὡς ὁ μεθύων (14 a)
108 (109). 10. σαλευόμενοι μεταναστήτωσαν οἱ υἱοὶ αὐτοῦ (14 a)
— 25. ἐσάλευσαν κεφαλὰς αὐτῶν (14 c)
111 (112). 6. εἰς τὸν αἰῶνα οὐ σαλευθήσεται (9 b)
113 (114). 7. ἀπὸ προσώπου κυρίου ἐσαλεύθη ἡ γῆ (4)
124 (125). 1. οὐ σαλευθήσεται εἰς τὸν αἰῶνα (9 b)
Pr. 3. 26. ἐρείσει σὸν πόδα ἵνα μὴ σαλευθῇς (6)
Ec. 12. 3. ᾗ ἐὰν σαλευθῶσι φύλακες τῆς οἰκίας (2)
Wi. 4. 4. ὑπὸ ἀνέμου σαλευθήσεται
— 19. σαλεύσει αὐτοὺς ἐκ θεμελίων
Si. 13. 21. πλούσιος σαλευόμενος στηρίζεται ὑπὸ φίλων
16. 18. ἄβυσσος καὶ γῆ σαλευθήσονται [S² -εύονται] ἐν τῇ ἐπισκοπῇ αὐτοῦ
26. 7. βοοζύγιον σαλευόμενον γυνὴ πονηρά
28. 14. γλῶσσα τρίτη πολλοὺς ἐσάλευσε
29. 18. ἐσάλευσεν αὐτοὺς ὡς κῦμα θαλάσσης
43. 16. ἐν ὀπτασίαις αὐτοῦ σαλευθήσεται [A S -σονται] ὄρη
48. 12. ἐν ἡμέραις αὐτοῦ οὐκ ἐσαλεύθη ὑπὸ ἄρχοντος
— 19. τότε ἐσαλεύθησαν καρδίαι καὶ χεῖρες αὐτῶν
Am. 8. 12. σαλευθήσονται [A -σεται] ὕδατα (14 a)
9. 5. ὁ ἐφαπτόμενος τῆς γῆς καὶ σαλεύων αὐτήν (7 a)
Mi. 1. 4. σαλευθήσεται τὰ ὄρη ὑποκάτωθεν αὐτοῦ (10)
Na. 1. 5. **A B S²** οἱ βουνοὶ ἐσαλεύθησαν (7 b)
3. 12. ἐὰν σαλευθῶσι (14 b)
Hb. 2. 16. καρδία σαλεύθητι [**A S³** *al.*] †
3. 6. ἐσαλεύθη ἡ γῆ (8)
Za. 12. 2. ὡς πρόθυρα σαλευόμενα πᾶσι τοῖς λαοῖς κύκλῳ (22)
Is. 7. 2. ὃν τρόπον ἐν δρυμῷ ξύλον ὑπὸ πνεύματος σαλευθῇ (14 a)
33. 20. **A¹** αἱ οὐ μὴ σαλευθῶσιν [**A² B S** σεισθ.] (19)
40. 20. καὶ ἵνα μὴ σαλεύηται (9 b)
Je. 23. 9. ἐσαλεύθη πάντα τὰ ὀστᾶ μου (21)
28 (51). 7. διὰ τοῦτο ἐσαλεύθησαν †
La. 4. 14. ἐσαλεύθησαν ἐγρήγοροι αὐτῆς (14 a)
— 15. ἀνήφθησαν καί γε ἐσαλεύθησαν (14 a)
Da. TH. 4. 11. σαλευθήτωσαν τὰ θηρία ὑποκάτωθεν αὐτοῦ (12 b)
I Ma. 4. 32. σαλευθήτωσαν τῇ συντριβῇ αὐ.
6. 8. καὶ ἐσαλεύθη σφόδρα
— 41. καὶ ἐσαλεύοντο
9. 13. **S R** ἐσαλεύθη ἡ γῆ ἀπὸ τῆς φωνῆς τῶν παρεμβ. [**A** *al.*]
[**Aq.** Ge. 4. 12 : Ex. 20. 18 : 28. 28 : Nu. 32. 13 : Ps. 58 (59). 16 : Is. 7. 2 : Je. 50 (27). 3 : 51 (28). 58 *bis*.]
[**Sm.** Ge. 4. 12 : Pr. 10. 30 : 12. 3 : Is. 14. 9 : 54. 10.]
[**Th.** Ge. 4. 12, 16 : I Ki. 1. 13 : Jb. 28. 4 : 41. 15 : Pr. 10. 30 : Is. 24. 20 : 54. 10 *bis* : 64. 1 (63. 19) : Je. 10. 10 : Ez. 27. 28.]
[**Quint.** Ps. 45 (46). 3 : 61 (62). 3.]
[**Sext.** Ps. 25 (26). 1.]
[**Heb.** Ge. 4. 12.]

σαλευτόν.
[**Al.** Dt. 6. 8 : 11. 18.]

σαλημώθ.
IV Ki. 23. 4. κατέκαυσεν αὐτὰ . . . ἐν σ. [**A R** σαδ.] †

σαλισά, σαλισία. (1) שָׁלִישָׁה
Je. 31 (48). 34. **S³** ἀγγελίαν εἰς σαλισά [**A** σαλισία, **B** σαλασία] (1)

σάλος. (1) זַעַף (2) מוֹט (3) נִידָה (4) נָשָׂא (5) סְעָרָה
Ps. 54 (55). 22. οὐ δώσει εἰς τὸν αἰῶνα σάλον τῷ δικαίῳ (2)
65 (66). 9. καὶ μὴ δόντος εἰς σάλον τοὺς πόδας μου (2)
88 (89). 9. τὸν δὲ σ. τῶν κυμάτων αὐτῆς (4)
120 (121). 3. μὴ δῷς εἰς σάλον τὸν πόδα σου (2)
Si. 40. 5. θυμὸς καὶ ζῆλος καὶ ταραχὴ καὶ σάλος
Jn. 1. 15. ἔστη ἡ θάλασσα ἐκ τοῦ σάλου [**A** -ους] αὐ. (1)
Za. 9. 14. πορεύσεται ἐν σάλῳ ἀπειλῆς αὐ. (5)
La. 1. 8. εἰς σάλον ἐγένετο (3)
[**Sm.** Jb. 39. 24 : Ps. 59 (60). 5 : Je. 15. 4 : Ez. 12. 18.]
[**Th.** Ps. 120 (121). 3 : Is. 24. 20 : 51. 17 : Je. 29 (36). 18 : Ez. 12. 18.]

σάλπιγξ. (1) חֲצֹצְרָה, חֲצוֹצְרָה (2) יוֹבֵל (3) קֶרֶן (4) שׁוֹפָר (5) תָּקוֹעַ (6) תְּרוּעָה
Ex. 19. 13. αἱ φωναὶ καὶ αἱ σ. καὶ ἡ νεφέλη (2)
— 16. φωνὴ τῆς σ. ἤχει μέγα (4)
— 19. ἐγίνοντο δὲ αἱ φωναὶ τῆς σ. προβαίνουσαι (4)
20. 18. πᾶς ὁ λαὸς ἑώρα . . . τὴν φωνὴν τῆς σ. (4)
Le. 23. 24. μνημόσυνον σαλπίγγων (6)
25. 9. διαγγελεῖτε σάλπιγγος φωνῇ (4)
— 9. διαγγελεῖτε σάλπιγγι (4)
Nu. 10. 2. ποίησον σεαυτῷ δύο σάλπιγγας (1)
— 8. σαλπιοῦσι ταῖς σ. (1)
— 9. σημανεῖτε [**A** σαλπιεῖτε] ταῖς σ. (1)
— 10. σαλπιεῖτε ταῖς σ. (1)
31. 6. καὶ αἱ σ. τῶν σημασιῶν (1)
Jo. 6. 4 (5). ὡς ἂν σαλπίσητε τῇ σ. (3+2+4)
— 7 (8). ἑπτὰ ἱερεῖς ἔχοντες ἑπτὰ σ. ἱεράς (4+2)
— 12 (13). οἱ φέροντες τὰς σ. τὰς ἑπτὰ [**A** *al.*] (4+2)
— 13. οἱ ἱερεῖς ἐσάλπισαν ταῖς σ. (4)
— 19 (20). ἐσάλπισαν ταῖς [**A** τοῖς] σ. (4)
— 19 (20). ὡς δὲ ἤκουσεν ὁ λαὸς τῶν σ. [**A** *al.*] (4)
I Ki. 13. 3. **B** Σ. σάλπιγγι σαλπίζει (4)
II Ki. 2. 28. ἐσάλπισεν Ἰ. τῇ σ. (4)
6. 15. μετὰ κραυγῆς καὶ μετὰ φωνῆς σάλπιγγος (4)
IV Ki. 11. 14. οἱ ᾠδοὶ καὶ αἱ σ. πρὸς τὸν βασ. (1)
— 14. καὶ πᾶς ὁ λαὸς . . . σαλπίζων ἐν σάλπιγξι (1)
12. 13 (14). ἧλοι φιάλαι καὶ σάλπιγγες (1)
I Ch. 13. 8. ἐν κυμβάλοις καὶ ἐν σάλπιγξι (1)
15. 24. σαλπίζοντες ταῖς σ. (1)
— 28. ἀνάγοντες τὴν κιβωτὸν . . . ἐν σάλπιγξι (1)
16. 6. Βαν. καὶ Ὀζ. οἱ ἱερεῖς ἐν ταῖς σ. (1)
— 42. καὶ μετ᾽ αὐτῶν σάλπιγγες (1)
II Ch. 5. 12. σαλπίζοντες ταῖς [**A** *om.*] σ. (1)
— 13. ὕψωσαν φωνὴν ἐν σάλπιγξι (1)
7. 6. οἱ ἱερεῖς σαλπίζοντες ταῖς σ. -
13. 12. μεθ᾽ ἡμῶν . . . αἱ [**A** *om.*] σ. τῆς σημασίας (1)
— 14. οἱ ἱερεῖς ἐσάλπισαν ταῖς σ. (1)
15. 14. ὤμοσαν ἐν κυρίῳ . . . ἐν σάλπιγξι (1)
20. 28. εἰσῆλθον . . . ἐν σάλπιγξιν (1)
23. 13. ἐπὶ τῆς εἰσόδου οἱ ἄρχοντες καὶ αἱ σ. (1)
— 13. ἐσάλπισαν ταῖς [**A** ἐν] σ. (1)
29. 26. ἔστησαν . . . οἱ ἱερεῖς ταῖς σ. (1)
— 27. καὶ σάλπιγγες [**A** αἱ σ.] πρὸς τὰ ὄργανα Δ. (1)
— 28. καὶ σάλπιγγες [**A** αἱ σ.] σαλπίζουσαι (1)
I Es. 5. 59. ἔστησαν οἱ ἱερεῖς . . . μετὰ μουσικῶν καὶ σαλπίγγων
— 64. καὶ πολλοὶ διὰ σαλπίγγων
— 65. ὥστε τὸν λαὸν μὴ ἀκούειν τῶν σ.
— 66. ἐπιγνῶναι τίς ἡ φωνὴ τῶν σ.
II Es. 3. 10. ἔστησαν οἱ ἱερεῖς . . . ἐν σάλπιγξι (1)
Ne. 8. 15. ὅπως σημαίνωσι σάλπιγξιν †
12. 35. ἀπὸ υἱῶν τῶν ἱερέων ἐν [**A** *om.*] σάλπιγξι (1)
— 41. **S²** καὶ οἱ ἱερεῖς . . . ἐν σάλπιγξιν (1)
Jb. 39. 24. ἕως ἂν σημάνῃ σάλπιγξ (4)
— 25. σάλπιγγος δὲ σημαινούσης (4)
Ps. 46 (47). 5. κύριος ἐν φωνῇ σάλπιγγος (4)
80 (81). 3. σαλπίσατε ἐν νεομηνίᾳ σάλπιγγι (4)
97 (98). 6. ἐν σάλπιγξιν ἐλαταῖς καὶ φωνῇ σάλπιγγος κερατίνης (1, 4)
150. 3. αἰνεῖτε αὐτὸν ἐν ἤχῳ σάλπιγγος (4)
Si. 50. 16. ἐν σάλπιγξιν ἐλαταῖς ἤχησαν
Ho. 5. 8. σαλπίσατε σάλπιγγι ἐπὶ τοὺς βουνούς (4)
Am. 2. 2. μετὰ φωνῆς σάλπιγγος (4)
3. 6. εἰ φωνήσει σάλπιγξ ἐν πόλει (4)
Jl. 2. 1, 15. σαλπίσατε σάλπιγγι ἐν Σιών (4)
Ze. 1. 16. ἡμέρα σάλπιγγος καὶ κραυγῆς (4)
Za. 9. 14. ἐν σάλπιγγι σαλπιεῖ (4)
Is. 18. 3. ὡς σάλπιγγος φωνὴ ἀκουστὸν ἔσται (4)
27. 13. σαλπιοῦσι [**A** *add.* ἐν] τῇ σ. τῇ μεγάλῃ (4)
58. 1. ὡς σάλπιγγι [**A** -γα, **S** -γος] ὕψωσον τὴν φωνήν σου (4)
Je. 4. 5. σημάνατε ἐπὶ τῆς γῆς σάλπιγγι (4)
— 19. φωνὴν σάλπιγγος ἤκουσεν ἡ ψυχή μου (4)
Je. 4. 21. ἀκούων φωνὴν σαλπίγγων (4)
6. 1. ἐν [**A** ἐκ] Θεκουὲ σημάνατε σάλπιγγι (4)
— 17. ἀκούσατε τῆς φωνῆς τῆς σ. (4)
28 (51). 27. σαλπίσατε ἐν ἔθνεσι σάλπιγγι (4)
49 (42). 14. φωνὴν σάλπιγγος οὐ μὴ ἀκούσωμεν (4)
Ez. 7. 14. σαλπίσατε ἐν σάλπιγγι (5)
33. 3. καὶ σαλπίσῃ τῇ σ. (4)
— 4. καὶ ἀκούσῃ ὁ ἀκούσας τὴν φωνὴν τῆς σ. (4)
— 5. τὴν φωνὴν τῆς σ. ἀκούσας οὐκ ἐφυλάξατο (4)
— 6. καὶ μὴ σημάνῃ [**A** *add.* τῷ λαῷ] τῇ σ. (4)
Da. LXX. 3. 5. ὅταν ἀκούσητε τῆς φωνῆς τῆς σ. (3)
— 7. ὅτε ἤκουσαν . . . τῆς φωνῆς τῆς σ. (3)
— 10. ὃς ἂν ἀκούσῃ τῆς φωνῆς τῆς σ. (3)
— 15. ἅμα τῷ ἀκοῦσαι τῆς σ. (3)
Da. TH. 3. 5. ᾗ ἂν ὥρᾳ ἀκούσητε φωνῆς [**A** τῆς φ. τῆς] σάλπιγγος (3)
— 7. ὅταν ἤκουον οἱ λαοὶ τῆς φωνῆς τῆς σ. (3)
— 10. ὃς ἂν ἀκούσῃ τῆς φωνῆς τῆς σ. (3)
— 15. ὡς ἂν ἀκούσητε τῆς φωνῆς τῆς σ. (3)
I Ma. 3. 54. ἐσάλπισαν ταῖς σ.
4. 40. ἐσάλπισαν ταῖς σ. τῶν σημασιῶν
5. 31. ἡ κραυγὴ τῆς πόλεως ἀνέβη . . . σάλπιγξι [**S¹** ἡ σ., **S²** καὶ σάλπιγξ]
— 33. ἐσάλπισαν ταῖς σ.
— 33. **S¹** καὶ ἐβόησαν ταῖς σ.
6. 33. καὶ ἐσάλπισαν ταῖς σ.
7. 45. ἐσάλπισαν ὀπίσω αὐτῶν ταῖς σ. τῶν σημασιῶν
9. 12. ἐφώνουν ταῖς σ.
— 13. ἐσάλπισαν . . . ταῖς σ.
16. 8. ἐσάλπισαν ταῖς σ.
II Ma. 15. 25. μετὰ σαλπίγγων καὶ παιάνων προσῆγον
[**Sm.** Jb. 39. 24 : Je. 49 (30). 2.]
[**Al.** Ez. 21. 22 (27).]

σαλπίζειν. (1) חָצַר (2) רוּעַ hi. (3) תָּקַע
a. qal. *b.* ni.
Nu. 10. 3. **B¹** σαλπίσεις [**A B² R** -ιεῖς] ἐν αὐταῖς (3 a)
— 4. ἐὰν δὲ ἐν μιᾷ σαλπίσωσι (3 a)
— 5. καὶ σαλπιεῖτε σημασίαν (3 a)
— 6. σαλπιεῖτε σημασίαν δευτέραν (3 a)
— 6. σαλπιεῖτε σημασίαν τρίτην -
— 6. σαλπιεῖτε σημασίαν τετάρτην -
— 6. σημασίᾳ σαλπιοῦσιν ἐν τῇ ἐξάρσει αὐ. (3 a)
— 7. σαλπιεῖτε καὶ οὐ σημασίᾳ (3 a)
— 8. σαλπιοῦσι ταῖς σάλπιγξι (3 a)
— 9. **A** σαλπιεῖτε [**B** σημανεῖτε] ταῖς σάλπιγξι (2)
— 10. σαλπιεῖτε ταῖς σάλπιγξιν (3 a)
Jo. 6. 4. ὡς ἂν σαλπίσητε τῇ σάλπιγγι (3 a)
— 8 (9). καὶ οἱ ἱερεῖς . . . σαλπίζοντες (3 a)
— 13. οἱ ἱερεῖς ἐσάλπισαν ταῖς σάλπιγξι (3 a)
— 15 (16). ἐσάλπισαν οἱ ἱερεῖς (3 a)
— 19 (20). ἐσάλπισαν ταῖς σάλπιγξιν οἱ ἱερεῖς (3 a)
Jd. 3. 27 : 6. 34. ἐσάλπισεν ἐν κερατίνῃ (3 a)
7. 18. σαλπιῶ ἐν τῇ κερατίνῃ (3 a)
— 18. πάντες μετ᾽ ἐμοῦ σαλπιεῖτε (3 a)
— 19. ἐσάλπισαν ἐν ταῖς κερατίναις (3 a)
— 20. ἐσάλπισαν αἱ τρεῖς ἀρχαὶ ἐν ταῖς κερατίναις (3 a)
— 20. τὰς κερατίνας τοῦ σαλπίζειν (3 a)
— 22. ἐσάλπισαν ἐν ταῖς τριακοσίαις κερατίναις [**A** *al.*] (3 a)
I Ki. 13. 3. **B** Σ. σάλπιγγι σαλπίζει (3 a)
II Ki. 2. 28. ἐσάλπισεν Ἰ. τῇ σάλπιγγι (3 a)
18. 16. ἐσάλπισεν Ἰ. ἐν κερατίνῃ (3 a)
20. 1. ἐσάλπισε τῇ κερατίνῃ (3 a)
— 22. ἐσάλπισεν ἐν κερατίνῃ (3 a)
III Ki. 1. 34. σαλπίσατε κερατίνῃ (3 a)
— 39. ἐσάλπισε τῇ κερατίνῃ (3 a)
IV Ki. 9. 13. καὶ ἐσάλπισαν ἐν κερατίνῃ (3 a)
11. 14. καὶ πᾶς ὁ λαὸς . . . σαλπίζων ἐν σάλπιγξι (3 a)
I Ch. 15. 24. σαλπίζοντες ταῖς σάλπιγξιν (1)
II Ch. 5. 12. ἱερεῖς ἑκατὸν εἴκοσι σαλπίζοντες ταῖς σάλπιγξι (1)
— 13. ἐγένετο μία φωνὴ ἐν τῷ σαλπίζειν (1)
7. 6. καὶ οἱ ἱερεῖς σαλπίζοντες ταῖς σάλπιγξιν (1)
13. 14. οἱ ἱερεῖς ἐσάλπισαν ταῖς σάλπιγξι (1)
23. 13. ἐσάλπισαν ταῖς [**A** ἐν] σάλπιγξι (3 a)
29. 28. καὶ σάλπιγγες σαλπίζουσαι (1)
I Es. 5. 62. πᾶς ὁ λαὸς ἐσάλπισαν
— 65. ὁ γὰρ ὄχλος ἦν ὁ σαλπίζων μεγάλως

Ne. 4. 18 (12). καὶ ὁ σαλπίζων ἐν τῇ κερατίνῃ ἐχόμενα αὐτοῦ (3 *a*)
Ps. 80 (81). 3. σαλπίσατε ἐν νεομηνίᾳ σάλπιγγι (3 *a*)
Ho. 5. 8. σαλπίσατε σάλπιγγι (3 *a*)
Jl. 2. 1, 15. σαλπίσατε σάλπιγγι ἐν Σιών (3 *a*)
Za. 9. 14. ἐν σάλπιγγι σαλπιεῖ (3 *a*)
Is. 27. 13. σαλπιοῦσι τῇ σάλπιγγι τῇ μεγ. (3 *b*)
44. 23. σαλπίσατε τὰ θεμέλια τῆς γῆς (2)
Je. 28 (51). 27. σαλπίσατε ἐν ἔθνεσι [S[1] *om.* σ. ἐν ἔ.] σάλπιγγι (3 *a*)
Ez. 7. 14. σαλπίσατε ἐν σάλπιγγι (3 *a*)
33. 3. καὶ σαλπίσῃ [A -σει] τῇ σάλπιγγι (3 *a*)
I Ma. 3. 54. ἐσάλπισαν ταῖς σάλπιγξι
4. 13. ἐσάλπισαν οἱ παρὰ Ἰούδα
— 40. ἐσάλπισαν ταῖς σάλπιγξι τῶν σημασιῶν
5. 33. A ἐσάλπισεν [S R -σαν] ταῖς σάλπιγξι
6. 33. A R ἐσάλπισαν [S -εν] ταῖς σάλπιγξι
7. 45. A R ἐσάλπισαν [S -ιζον] ὀπίσω αὐτῶν
9. 13. ἐσάλπισαν . . . ταῖς σ.
16. 8. ἐσάλπισαν ταῖς σάλπιγξι
[**Aq.**, **Sm.** Je. 6. 1.]

σαλπισμός.
[**Th.** Nu. 23. 21.]
[**Al.** Le. 23. 24.]

σαλώμ.
[**Heb.** Is. 26. 3 *bis.*]

σαμβύκη. (1) *a.* סַבְּכָא *b.* שַׂבְּכָא
Da. LXX. 3. 5. ὅταν ἀκούσητε τῆς φωνῆς . . . σαμβύκης (1 *a*)
— 7. ὅτε ἤκουσαν . . . τῆς φωνῆς . . . σαμβύκης (1 *b*)
— 10. ὃς ἂν ἀκούσῃ τῆς φωνῆς . . . σαμβύκης (1 *b*)
— 15. ἅμα τῷ ἀκοῦσαι . . . σαμβύκης (1 *b*)
Da. TH. 3. 5. ᾗ ἂν ὥρᾳ ἀκούσητε φωνῆς . . . σαμβύκης (1 *a*)
— 7. ὅταν ἤκουον οἱ λαοὶ τῆς φωνῆς . . . σαμβύκης (1 *b*)
— 10. ὃς ἂν ἀκούσῃ τῆς φωνῆς . . . σαμβύκης (1 *b*)
— 15. ὡς ἂν ἀκούσητε τῆς φωνῆς . . . σαμβύκης (1 *b*)

σαμθέχ.
[**Th.** Is. 47. 2.]

σανδάλιον. (1) נַעַל
Jo. 9. 5. καὶ τὰ σ. αὐ. παλαιά (1)
Ju. 10. 4. ἔλαβε σανδάλια εἰς τοὺς πόδας αὐ.
16. 9. τὸ σ. αὐ. ἥρπασεν ὀφθαλμὸν αὐ.
Is. 20. 2. τὰ σ. σου ὑπόλυσαι ἀπὸ τῶν ποδῶν σου (1)

σανίδωμα.
III Ma. 4. 10. τῷ καθύπερθε πυκνῷ σ. διακειμένῳ

σανιδωτός. (1) לוּחַ
Ex. 27. 8. κοῖλον σανιδωτὸν ποιήσεις αὐτό (1)

σανίς. (1) דֶּלֶת (2) לוּחַ
IV Ki. 12. 9 (10). R ἔτρησε τρώγλην ἐπὶ τῆς σ. αὐ. [A B *al.*] (1)
Ca. 8. 9. διαγράψωμεν ἐπ' αὐτὴν σανίδα κεδρίνην (2)
Ez. 27. 5. ταινίαι σανίδων κυπαρίσσου [A -στίνων] ἐκ τοῦ Λιβάνου ἐλήφθησαν (2)
[**Aq.** Ex. 26. 15, 18: Ez. 27. 6.]
[**Sm.** Ex. 26. 15, 18: 35. 11: Ca. 8. 9: Ez. 27. 5.]
[**Th.** Ex. 26. 15, 18: 35. 11: 39. 33 (14).]

σαπρία. (1) בְּאשׁ (2) רִמָּה
Jb. 2. 9. σύ τε αὐτὸς ἐν σαπρίᾳ σκωλήκων κάθησαι –
7. 5. φύρεται δέ μου τὸ σῶμα ἐν σαπρίᾳ σκωλήκων (2)
8. 16. ἐκ σαπρίας αὐτοῦ ὁ ῥάδαμνος αὐτοῦ ἐξελεύσεται †
17. 14. μητέρα δέ μου καὶ ἀδελφὴν σαπρίαν (2)
21. 26. σαπρία δὲ αὐτοὺς ἐκάλυψεν (2)
25. 6. ἄνθρωπος σαπρία καὶ υἱὸς ἀνθρώπου σκώληξ (2)
Jl. 2. 20. B ἀναβήσεται σαπρία [A[2] S R ἡ σ.] αὐ. (1)
Is. 28. 21. ἡ σ. [A S πικρία] αὐτοῦ ἀλλοτρία †
II Ma. 9. 9. A πᾶν τὸ στρατόπεδον βαρύνεσθαι τὴν σ. [R τῇ σ.]
[**Aq.** Is. 5. 2: Am. 4. 10.]

σαπρίζειν.
[**Aq.**, **Sm.** Ex. 5. 21.]
[**Al.** IV Ki. 8. 11.]

σαπριοῦν. (1) בָּאַשׁ hi.
Ec. 10. 1. μυῖαι θανατοῦσαι σαπριοῦσι σκευασίαν ἐλαίου ἡδύσματος (1)

σαπρός.
[**Sam.** Le. 27. 14, 33.]

σάπφειρος. (1) סַפִּיר
Ex. 24. 10. ὡσεὶ ἔργον πλίνθου σαπφείρου [A -ος] (1)
28. 18: 36. 18 (39. 11). ἄνθραξ καὶ σάπφειρος καὶ ἴασπις (1)
To. 13. 16. οἰκοδομηθήσεται Ἱερ. σαπφείρῳ [S *al.*]
Jb. 28. 6. τόπος σαπφείρου οἱ λίθοι αὐ. (1)
— 16. ἐν ὄνυχι τιμίῳ καὶ σαπφείρῳ (1)
Ca. 5. 14. πυξίον ἐλεφάντινον ἐπὶ λίθου σαπφείρου (1)
Is. 54. 11. ἑτοιμάζω . . . τὰ θεμέλιά σου σάπφειρον (1)
La. 4. 7. ὑπὲρ λίθους σαπφείρου τὸ απόσπασμα αὐ. (1)
Ez. 1. 26. ὡς ὅρασις λίθου σαπφείρου (1)
9. 2. ζώνη σαπφείρου ἐπὶ τῆς ὀσφύος αὐ. †
10. 1. ὡς λίθος σαπφείρου ὁμοίωμα θρόνου (1)
28. 13. ἐνδέδεσαι . . . σάπφειρον καὶ ἴασπιν (1)
[**Sm.** La. 4. 7.]

σαράβαρα. (1) סַרְבָּלִין
Da. LXX. 3. 27 (94). τὰ σ. αὐ. οὐκ ἠλλοιώθησαν (1)
Da. TH. 3. 21. ἐπεδήθησαν σὺν τοῖς σ. αὐ. (1)
— 27 (94). τὰ σ. αὐ. οὐκ ἠλλοιώθη (1)
[**Aq.** Da. 3. 21.]
[**Th.** Da. 3. 21, 27 (94).]

σαραφεί, *cf.* **σαρεφί, σεραφείν.** (1) צִרְפִּי
Ne. 3. 31. B Μελχεία υἱὸς τοῦ σαρ. [A S R *al.*] (1)

σαραφείν. (1) שְׂרָפִים
Is. 6. 6. S[1] ἀπεστάλην πρὸς μὲ ἓν τῶν σ. [A B S[2] *al.*] (1)

σάρδιον. (1) אֹדֶם (2) שֹׁהַם
Ex. 25. 6 (7). καὶ λίθους σαρδίου (2)
28. 17. σάρδιον τοπάζιον καὶ σμάραγδος (1)
35. 8 (9). οἴσουσι . . . λίθους σαρδίου (2)
36. 17 (39. 10). σάρδιον καὶ τοπάζιον καὶ σμάραγδος (1)
Pr. 25. 11. μῆλον χρυσοῦν ἐν ὁρμίσκῳ σαρδίου †
— 12. εἰς ἐνώτιον χρυσοῦν καὶ σάρδιον πολυτελὲς δέδεται †
Ez. 28. 13. ἐνδέδεσαι σ. καὶ τοπάζιον (1)
[**Sam.** Ex. 28. 9.]

σαρδονύχιον.
[**Al.** Jb. 28. 16.]

σαρεφί. (1) צִרְפִּי
Ne. 3. 31. A R Μελχ. υἱὸς τοῦ σ. [B S *al.*] (1)

σαρημώθ. (1) שְׁרֵמוֹת
Je. 38 (31). 40. S[1] πάντες σ. ἕως νάχαλ Κεδρών [A B S[2] *al.*] (1*, †)

σάρκινος. (1) בָּשָׂר
II Ch. 32. 8. μετ' αὐτοῦ βραχίονες σ. (1)
Es. 4. 17. θαυμασθῆναι βασιλέα σάρκινον εἰς αἰῶνα
Pr. 24. 23 (29. 27). μάχαιρα γλῶσσα βασιλέως καὶ οὐ σαρκίνη –
Ez. 11. 19. δώσω αὐτοῖς καρδίαν σαρκίνην (1)
36. 26. δώσω ὑμῖν καρδίαν σαρκίνην (1)

σαρκοφαγεῖν.
IV Ma. 5. 26. τὰ δὲ ἐναντιωθησόμενα ἐκώλυσε σαρκοφαγεῖν

σαρκοφαγία.
IV Ma. 5. 7. διὰ τί γὰρ . . . τὴν τοῦδε τοῦ ζῴου σ. βδελύττῃ
— 14. ἐπὶ τὴν ἔκθεσμον σ. ἐποτρύνοντος τοῦ τυράννου

σάρξ. (1) *a.* בָּשָׂר *b.* בְּשַׂר (2) לְחוּם (3) שְׁאֵר
Ge. 2. 21. ἀνεπλήρωσε σάρκα ἀντ' αὐτῆς (1 *a*)
— 23. τοῦτο νῦν . . . σὰρξ ἐκ τῆς σ. μου (1 *a*, 1 *a*)
— 24. ἔσονται οἱ δύο εἰς σ. μίαν (1 *a*)
6. 3. διὰ τὸ εἶναι αὐτοὺς σάρκας (1 *a*)
Ge. 6. 12. κατέφθειρε πᾶσα σ. τὴν ὁδὸν αὐ. (1 *a*)
— 17. καταφθεῖραι πᾶσαν σ. (1 *a*)
— 19. ἀπὸ πάντων τῶν θηρίων καὶ ἀπὸ πάσης σ. (1 *a*)
7. 15. δύο δύο . . . ἀπὸ πάσης σ. (1 *a*)
— 16. τὰ εἰσπορευόμενα . . . ἀπὸ πάσης σ. εἰσῆλθεν (1 *a*)
— 21. ἀπέθανε πᾶσα σ. κινουμένη ἐπὶ τῆς γῆς (1 *a*)
8. 17. καὶ πᾶσα σ. ἀπὸ πετεινῶν ἕως κτηνῶν (1 *a*)
— 21. πατάξαι πᾶσαν σ. ζῶσαν –
9. 11. οὐκ ἀποθανεῖται πᾶσα σ. ἔτι (1 *a*)
— 15. ἀνὰ μέσον πάσης ψυχῆς ζώσης ἐν πάσῃ σ. (1 *a*)
— 15. ὥστε ἐξαλεῖψαι πᾶσαν σ. (1 *a*)
— 16. ἀνὰ μέσον π. ψυχῆς ζώσης ἐν πάσῃ σ. (1 *a*)
— 17. ἧς διεθέμην . . . ἀνὰ μέσον πάσης σ. (1 *a*)
17. 11. περιτμηθήσεσθε τὴν σ. τῆς ἀκροβυστίας ὑμῶν (1 *a*)
— 13. ἔσται ἡ διαθήκη μου ἐπὶ τῆς σ. ὑμῶν (1 *a*)
— 14. ὃς οὐ περιτμηθήσεται τὴν σ. τῆς ἀκροβυστίας αὐ. (1 *a*)
— 24. ἡνίκα περιέτεμε τὴν σ. τῆς ἀκροβυστίας αὐ. (1 *a*)
— 25. ἡνίκα περιετμήθη τὴν σ. τῆς ἀκροβυστίας αὐ. (1 *a*)
29. 14. ἐκ τῆς σ. μου εἶ σύ (1 *a*)
34. 24. περιετέμοντο τὴν σ. τῆς ἀκροβυστίας αὐ. –
37. 27. σὰρξ ἡμῶν ἐστιν (1 *a*)
40. 19. φάγεται τὰ ὄρνεα τοῦ οὐρ. τὰς σ. σου (1 *a*)
41. 2. καὶ ἐκλεκταὶ ταῖς σ. (1 *a*)
— 3, 4. καὶ λεπταὶ ταῖς σ. (1 *a*)
— 4. R καὶ τὰς ἐκλεκτὰς ταῖς σ. [A *om.* τ. σ.] –
— 18. καὶ ἐκλεκταὶ ταῖς σ. (1 *a*)
— 19. καὶ λεπταὶ ταῖς σ. (1 *a*)
Ex. 4. 7. ἀπεκατέστη εἰς τὴν χρόαν τῆς σ. αὐ. (1 *a*)
30. 32. ἐπὶ σάρκα ἀνθρώπου οὐ χρισθήσεται (1 *a*)
Le. 4. 11. καὶ πᾶσαν αὐτοῦ τὴν σ. (1 *a*)
12. 3. περιτεμεῖ τὴν σ. τῆς ἀκροβυστίας αὐ. (1 *a*)
13. 10. ἀπὸ τοῦ ὑγιοῦς τῆς σ. τῆς ζώσης (1 *a*)
— 18. σὰρξ ἐὰν γένηται ἐν τῷ δέρματι αὐ. ἕλκος (1 *a*)
— 24. σὰρξ ἐὰν γένηται ἐν τῷ δέρμ. αὐ. κατάκαυμα πυρός (1 *a*)
— 38. ἐὰν γένηται ἐν δέρματι τῆς σ. αὐ. αὔγασμα (1 *a*)
— 39. ἐν δέρματι τῆς σ. αὐ. αὐγάσματα (1 *a*)
— 39. ἐξανθεῖ ἐν τῷ δέρματι τῆς σ. αὐ. –
— 43. ὡς εἶδος λέπρας ἐν δέρματι τῆς σ. αὐ. (1 *a*)
17. 11, 14. ἡ γὰρ ψυχὴ πάσης σ. αἷμα αὐτοῦ ἐστι (1 *a*)
— 14. αἷμα πάσης σ. οὐ φάγεσθε (1 *a*)
— 14. ἡ ψυχὴ πάσης σ. αἷμα αὐτοῦ ἐστι (1 *a*)
18. 6. πρὸς πάντα οἰκεῖα σαρκὸς αὐ. (1 *a*)
21. 5. ἐπὶ τὰς σ. αὐ. οὐ κατατεμοῦσιν ἐντομίδας (1 *a*)
25. 49. ἢ ἀπὸ τῶν οἰκείων τῶν σ. αὐ. ἐκ τῆς φυλῆς [A *add.* τῆς σ.] αὐ. (1 *a*, [–])
26. 29. φάγεσθε τὰς σ. τῶν υἱῶν ὑμῶν (1 *a*)
— 29. καὶ τὰς σ. τῶν θυγ. ὑμῶν φάγεσθε (1 *a*)
Nu. 12. 12. κατεσθίει τὸ ἥμισυ τῶν σ. αὐ. (1 *a*)
16. 22. θεὸς τῶν πνευμάτων καὶ πάσης σ. (1 *a*)
18. 15. πᾶν διανοῖγον μήτραν ἀπὸ πάσης σ. (1 *a*)
27. 16. ὁ θεὸς τῶν πνευμάτων καὶ πάσης σ. (1 *a*)
De. 5. 26 (23). τίς γὰρ σὰρξ ἥτις ἤκουσε φωνήν (1 *a*)
28. 55. ὥστε δοῦναι ἑνὶ αὐτῶν ἀπὸ τῶν σ. τῶν τέκνων αὐ. (1 *a*)
Jd. 8. 7. ἀλοήσω [A καταξανῶ] τὰς σ. ὑμῶν (1 *a*)
9. 2. σὰρξ ὑμῶν εἰμι (1 *a*)
I Ki. 17. 44. δώσω τὰς σ. σου τοῖς πετεινοῖς τοῦ οὐρ. (1 *a*)
II Ki. 5. 1. ὀστᾶ σου καὶ σάρκες σου ἡμεῖς (1 *a*)
19. 12 (13). ὀστᾶ μου καὶ σάρκες μου ὑμεῖς (1 *a*)
— 13 (14). οὐχὶ ὀστοῦν μου καὶ σάρξ μου σύ (1 *a*)
IV Ki. 4. 34. διεθερμάνθη ἡ σ. τοῦ παιδαρίου (1 *a*)
5. 10. ἐπιστρέψει ἡ σ. σού σοι (1 *a*)
— 14. ἐπέστρεψεν ἡ σ. αὐ. ὡς σὰρξ παιδαρίου μικροῦ (1 *a*, 1 *a*)
6. 30. εἶδεν ὁ λαὸς τὸν σάκκον ἐπὶ τῆς σ. αὐ. (1 *a*)
9. 36. καταφάγονται οἱ κύνες τὰς σ. Ἰεζ. (1 *a*)
I Ch. 11. 1. σάρκες σου ἡμεῖς (1 *a*)
Ne. 5. 5. ὡς σὰρξ ἀδελφῶν ἡμῶν σὰρξ ἡμῶν (1 *a*, 1 *a*)
Ju. 2. 3. ἔκρινον ὀλεθρεῦσαι πᾶσαν σ.
10. 13. οὐ διαφωνήσει τῶν ἀνδρῶν αὐ. σ. μία
14. 10. περιετέμετο τὴν σ. τῆς ἀκροβυστίας αὐ.
16. 17. δοῦναι . . . σκώληκας εἰς σάρκας αὐτῶν
Jb. 2. 5. ἅψαι τῶν ὀστῶν αὐτοῦ καὶ τῶν σ. αὐτοῦ (1 *a*)
4. 15. ἔφριξαν δέ μου τρίχες καὶ σάρκες (1 *a*)
6. 12. ἢ αἱ σ. μού εἰσι χάλκεαι (1 *a*)
13. 14. ἀναλαβὼν τὰς σ. μου τοῖς ὀδοῦσι (1 *a*)

Jb. 14. 22. αἱ σ. αὐτοῦ ἤλγησαν (1 *a*)
16. 19 (18). γῆ μὴ ἐπικαλύψῃς ἐφ' αἵματι τῆς [**A** *om.*] σ. μου –
19. 20. ἐν δέρματί μου ἐσάπησαν αἱ [**A** *om.*] σ. μου (1 *a*)
— 22. ἀπὸ δὲ σαρκῶν μου οὐκ ἐμπίπλασθε (1 *a*)
21. 6. ἔχουσι δέ μου τὰς σ. ὀδύναι (1 *a*)
31. 31. τίς ἂν δῴη ἡμῖν τῶν σ. αὐ. πλησθῆναι (1 *a*)
33. 21. ἕως ἂν σαπῶσιν αὐτοῦ αἱ σ. (1 *a*)
— 25. ἁπαλυνεῖ δὲ αὐτοῦ τὰς σ. (1 *a*)
34. 15. τελευτήσει πᾶσα σὰρξ ὁμοθυμαδόν (1 *a*)
41. 14 (15). σάρκες δὲ σώματος [**S** *om.*] αὐτοῦ κεκόλληνται †
Ps. 15 (16). 9. ἡ σ. μου κατασκηνώσει ἐπ' ἐλπίδι (1 *a*)
26 (27). 2. τοῦ φαγεῖν τὰς σ. μου (1 *a*)
27 (28). 7. ἀνέθαλεν ἡ σ. μου †
37 (38). 3, 7. οὐκ ἔστιν ἴασις ἐν [S^1 *om.*] τῇ σ. μου (1 *a*)
55 (56). 4. οὐ φοβηθήσομαι τί ποιήσει μοι σάρξ (1 *a*)
62 (63). 1. ποσαπλῶς σοι ἡ σ. μου (1 *a*)
64 (65). 2. πρὸς σὲ πᾶσα σὰρξ ἥξει (1 *a*)
72 (73). 26. ἐξέλιπεν ἡ καρδία μου καὶ ἡ σ. μου (3)
77 (78). 27. ἔβρεξεν ἐπ' αὐτοὺς ὡσεὶ χοῦν σάρκας (3)
— 39. ἐμνήσθη ὅτι σάρξ εἰσι (1 *a*)
78 (79). 2. τὰς σ. τῶν ὁσίων σου τοῖς θηρίοις τῆς γῆς (1 *a*)
83 (84). 2. ἡ καρδία μου καὶ ἡ σ. μου ἠγαλλιάσαντο ἐπὶ θεὸν ζῶντα (1 *a*)
101 (102). 5. ἐκολλήθη τὸ ὀστοῦν μου τῇ σ. μου (1 *a*)
108 (109). 24. ἡ σ. μου ἠλλοιώθη δι' ἔλαιον (1 *a*)
118 (119). 120. καθήλωσον ἐκ τοῦ φόβου σου τὰς σ. μου (1 *a*)
135 (136). 25. ὁ διδοὺς τροφὴν πάσῃ σαρκί (1 *a*)
144 (145). 21. εὐλογείτω πᾶσα σ. τὸ ὄνομα τὸ ἅγιον αὐτοῦ (1 *a*)
Pr. 3. 22. ἔσται δὲ ἴασις ταῖς σ. σου –
4. 22. καὶ πάσῃ σαρκὶ [**A** S^2 σ. αὐτοῦ] ἴασις (1 *a*)
5. 11. ἡνίκα ἂν κατατριβῶσι σάρκες σώματός σου (1 *a*)
26. 10. πολλὰ χειμάζεται πᾶσα σὰρξ ἀφρόνων –
Ec. 2. 3. εἰ ἡ καρδία μου ἑλκύσει ὡς οἶνον τὴν σ. μου (1 *a*)
4. 5. καὶ ἔφαγε τὰς σ. αὐτοῦ (1 *a*)
5. 5. τοῦ ἐξαμαρτῆσαι τὴν σ. σου (1 *a*)
11. 10. πάραγε πονηρίαν ἀπὸ σαρκός σου (1 *a*)
12. 12. μελέτη πολλὴ κόπωσις σαρκός (1 *a*)
Wi. 7. 2. ἐν κοιλίᾳ μητρὸς ἐγλύφην σάρξ
12. 5. σπλαγχνοφάγων ἀνθρωπίνων σαρκῶν
19. 21. οὐκ ἐμάραναν σάρκας ἐμπεριπατούντων
Si. 1. 10. μετὰ πάσης σαρκὸς κατὰ τὴν δόσιν αὐτοῦ
13. 16. πᾶσα σὰρξ κατὰ γένος συνάγεται
14. 17. πᾶσα σὰρξ ὡς ἱμάτιον παλαιοῦται
— 18. οὕτως γενεὰ σαρκὸς καὶ αἵματος
17. 4. ἔθηκε τὸν φόβον αὐτοῦ ἐπὶ πάσης σαρκός
— 31. πονηρὸς ἐνθυμηθήσεται σάρκα [**A** B^2 *al.*]
18. 13. ἔλεος δὲ κυρίου ἐπὶ πᾶσαν σάρκα
19. 12. βέλος πεπηγὸς ἐν μηρῷ σαρκός
23. 16. ἄνθρωπος πόρνος ἐν σώματι σαρκὸς αὐτοῦ
25. 26. ἀπὸ τῶν σ. σου ἀπότεμε αὐτήν
28. 5. αὐτὸς σὰρξ ὢν διατηρεῖ μῆνιν
30. 29 (33. 20). μὴ ἀλλάξῃς σεαυτὸν πάσῃ [**A** S^2 ἐν π.] σαρκί
— 38 (33. 29). μὴ περισσεύσῃς ἐν [**A S** ἐπὶ] πάσῃ σαρκί
34 (31). 1. ἀγρυπνία πλούτου ἐκτήκει σάρκας
38. 28. ἀτμὶς πυρὸς πήξει [**A S** τήξει] σάρκας αὐτοῦ
39. 19. ἔργα πάσης σαρκὸς ἐνώπιον αὐτοῦ
40. 8. μετὰ πάσης σαρκὸς ἀπὸ ἀνθρώπου ἕως κτήνους
41. 3. τοῦτο τὸ κρίμα παρὰ κυρίου πάσῃ σαρκί
44. 18. ἵνα μὴ ἐξαλειφθῇ κατακλυσμῷ [**A** *om.*] πᾶσα σάρξ
— 20. ἐν σαρκὶ αὐτοῦ ἔστησε [**S** ἐζήτησεν] διαθήκην
— 27. ἐν ὀφθαλμοῖς πάσης σαρκός
45. 4. ἐξελέξατο αὐτὸν ἐκ πάσης σαρκός
46. 19. ἕως ὑποδημάτων ἀπὸ πάσης σαρκὸς οὐκ εἴληφα
Ho. 9. 12. σάρξ μου ἐξ αὐτῶν †
Mi. 3. 2. ἁρπάζοντες . . . τὰς σ. αὐ. ἀπὸ τῶν ὀστέων αὐ. (3)
— 3. ὃν τρόπον κατέφαγον τὰς σ. τοῦ λαοῦ μου (3)
— 3. ἐμέλισαν ὡς σάρκας εἰς λέβητα †
Jl. 2. 28 (3. 1). ἐκχεῶ ἀπὸ τοῦ πνεύματός μου ἐπὶ πᾶσαν σ. (1 *a*)
Ze. 1. 17. ἐκχεεῖ . . . τὰς σ. αὐ. ὡς βόλβιτα (2)
Za. 2. 13 (17). εὐλαβείσθω πᾶσα σ. ἀπὸ προσώπου κυρίου (1 *a*)
Za. 11. 9. κατεσθιέτωσαν ἕκαστος τὰς σ. τοῦ πλησίον αὐ. (1 *a*)
14. 12. τακήσονται αἱ [S^1 *om.*] σ. αὐ. (1 *a*)
Is. 9. 20 (19). ἔσθων τὰς σ. τοῦ βραχίονος αὐ. (1 *a*)
10. 18. καταφάγεται ἀπὸ ψυχῆς ἕως σαρκῶν (1 *a*)
31. 3. ἵππων σάρκας καὶ οὐκ ἔστι βοήθεια (1 *a*)
40. 5. ὄψεται πᾶσα σ. τὸ σωτήριον τοῦ θεοῦ (1 *a*)
— 6. πᾶσα σ. χόρτος (1 *a*)
49. 26. φάγονται οἱ θλίψαντές σε τὰς σ. αὐ. . . . καὶ αἰσθανθήσεται πᾶσα σ. (1 *a*, 1 *a*)
66. 16. καὶ ἐν τῇ ῥομφαίᾳ αὐτοῦ πᾶσα σ. (1 *a*)
— 23. ἥξει πᾶσα σ. τοῦ προσκυνῆσαι (1 *a*)
— 24. ἔσονται εἰς ὅρασιν πάσῃ σαρκί (1 *a*)
Je. 9. 26 (25). πάντα τὰ ἔθνη ἀπερίτμητα σαρκί –
12. 12. οὐκ ἔστιν εἰρήνη πάσῃ σαρκί (1 *a*)
17. 5. στηρίσει σάρκα [S^2 -ας] βραχίονος αὐτοῦ ἐπ' αὐτόν (1 *a*)
19. 9. ἔδονται τὰς σ. τῶν υἱῶν αὐτῶν καὶ τὰς σ. τῶν θυγατέρων αὐτῶν καὶ ἕκαστος τὰς σ. τοῦ πλησίον αὐτοῦ ἔδονται (1 *a ter*)
32 (25). 31. κρίνεται αὐτὸς πρὸς πᾶσαν σ. (1 *a*)
39 (32). 27. ἐγὼ κύριος ὁ θεὸς πάσης σαρκός (1 *a*)
51. 35 (45. 5). ἐπάγω κακὰ ἐπὶ πᾶσαν σάρκα (1 *a*)
Ba. 2. 3. τοῦ φαγεῖν ἡμᾶς ἄνθρωπον σάρκας υἱοῦ αὐτοῦ καὶ ἄνθρωπον σάρκας θυγατρὸς αὐτοῦ
La. 3. 4. ἐπαλαίωσε σάρκα [**A** τὰς σ.] μου (1 *a*)
Ez. 11. 19. ἐκσπάσω τὴν καρδίαν τὴν λιθίνην ἐκ τῆς σ. αὐτῶν (1 *a*)
20. 48 (21. 4). **A R** ἐπιγνώσεται [**B** -σονται] πᾶσα σ. (1 *a*)
21. 4 (9). ἐξελεύσεται τὸ ἐγχειρίδιόν μου . . . ἐπὶ πᾶσαν σάρκα (1 *a*)
— 5 (10). ἐπιγνώσεται πᾶσα σ. (1 *a*)
— 7 (12). ἐκψύξει πᾶσα σ. –
23. 20. ὡς ὄνων αἱ σ. αὐτῶν (1 *a*)
32. 5. δώσω τὰς σ. σου ἐπὶ τὰ ὄρη (1 *a*)
36. 26. ἀφελῶ τὴν καρδίαν τὴν λιθίνην ἐκ τῆς σ. ὑμῶν (1 *a*)
37. 6. ἀνάξω ἐφ' ὑμᾶς σάρκας (1 *a*)
— 8. νεῦρα καὶ σάρκες ἐφύοντο [**A** ἀνεφ.] (1 *a*)
44. 7. τοῦ εἰσαγαγεῖν ὑμᾶς υἱοὺς ἀλλογενεῖς . . . ἀπεριτμήτους σαρκὶ . . . ἐν τῷ προσφέρειν ὑμᾶς ἄρτους [**A** *add.* μου καὶ] σάρκας καὶ αἷμα (1 *a*, †)
— 9. ἀλλογενὴς . . . ἀπερίτμητος σαρκὶ οὐκ εἰσελεύσεται (1 *a*)
Da. LXX. 2. 11. οὗ οὐκ ἔστι κατοικητήριον μετὰ πάσης σ. (1 *b*)
4. 31. ἠλλοιώθη ἡ σ. μου –
7. 5. κατάφαγε σ. πολλάς (1 *b*)
Bel 4. καὶ ἔχοντα πάσης σ. κυρείαν
Da. TH. 1. 15. ὡράθησαν αἱ ἰδέαι αὐ. . . . ἰσχυραὶ ταῖς σ. (1 *a*)
2. 11. ὧν οὐκ ἔστιν ἡ κατοικία μετὰ πάσης σ. (1 *b*)
4. 9. ἐξ αὐτοῦ ἐτρέφετο πᾶσα σ. (1 *b*)
7. 5. φάγε σ. πολλάς (1 *b*)
Bel 5. καὶ ἔχοντα πάσης σ. κυρείαν
I Ma. 7. 17. σάρκας [S^1 κρέας] ὁσίων σου . . . ἐξέχεαν
II Ma. 9. 9. ὥστε . . . τὰς σ. αὐ. διαπίπτειν
IV Ma. 6. 6. ἀπεξαίνετο ταῖς μάστιξι τὰς σ.
7. 13. καὶ περικεχαλασμένων δὲ τῶν σ.
— 18. κρατεῖν τῶν τῆς σ. παθῶν
9. 17. πυροῦτε τὰς σ.
— 20. περὶ τοὺς ἄξονας τοῦ ὀργάνου περιέρρεον αἱ σ.
— 28. τὴν σ. πᾶσαν . . . οἱ παρδάλειοι θῆρες ἀπέσυραν
10. 8. ἑώρα τὰς ἑαυτοῦ σ. περιλακιζομένας
15. 15. τὰς σ. τῶν τέκνων ἑώρα περὶ τὸ πῦρ τηκομένας
— 15. τὰς τῶν κεφ. μέχρι τῶν περὶ τὰ γένεια σ.
— 20. ἐπὶ σαρξὶ τέκνων ὁρῶσα σάρκας τέκνων ἀποκεκομμένας [S^3 -καιομ.]

[**Aq.** Ps. 62 (63). 2 : 118 (119). 120 : Is. 31. 3 : 58. 7 : Ez. 10. 12 : 23. 20.]
[**Sm.** Ge. 41. 2 : Le. 17. 14 : Jb. 39. 30 : Ps. 26 (27). 2 : 62 (63). 2 : 108 (109). 24 : 118 (119). 120 : Is. 10. 18 : 31. 3 : 58. 7 : Ez. 10. 12 : 23. 20.]
[**Th.** Jb. 31. 31 : Ps. 62 (63). 2 : Is. 31. 3 : 58. 7 : Ez. 10. 12 : 23. 20 : Da. 1. 15.]
[**Al.** Le. 6. 10 (3) : 13. 3, 10, 15, 24 : 15. 7 : 17. 11 : 20. 19.]

σασών.

[**Heb.** Ps. 44 (45). 9.]

σατάν. (1) שָׂטָן

III Ki. 11. 14. ἤγειρε κύριος σ. τῷ Σαλ. (1)
— 14 (25). **B** ἦσαν σ. τῷ Ἰσρ. [**A** *al.*] (1)
— 23. **A** ἤγειρε κ. σ. τῷ Σ. (1)

[**Aq.** Nu. 22. 22 : I Ki. 29. 4 : Jb. 1. 6 : Za. 3. 1.]
[**Sm., Th.** I Ki. 29. 4 : Za. 3. 1.]
[**Heb.** Nu. 22. 22.]

σατανή.

[**Th.** Le. 19. 19.]

σάτον.

Hg. 2. 17 (16). ὅτε ἐνεβάλλετε εἰς κυψέλην κριθῆς εἴκοσι σάτα –
— 17 (16). καὶ ἐγένετο κριθῆς δέκα σάτα –

[**Aq.** Ge. 18. 6 : I Ki. 25. 18 : Is. 27. 8 *bis.*]
[**Sm.** Ge. 18. 6 : Is. 27. 8 *bis.*]
[**Al.** Le. 5. 11 : 6. 20 (13).]

σατραπεία (-πία). (1) מְדִינָה (2) סֶרֶן

Jo. 13. 3. προσλογίζεται ταῖς πέντε σ. τῶν Φ. (2)
Jd. 3. 3. τὰς πέντε σ. τῶν ἀλλοφύλων (2)
16. 18. **A** ἀνέβησαν πρὸς αὐτὴν πᾶσαι αἱ σ. [**B** *al.*] (2)
I Ki. 6. 18. **A** κατ' ἀριθμὸν πασῶν τῶν πόλεων τῶν ἀλλοφ. τῶν πέντε σ. [**B** -πῶν] (2)
I Es. 3. 2. ἐν ταῖς ἑκατὸν εἴκοσι ἑπτὰ σατραπείαις
Es. 8. 9. ἐγράφη . . . ἑκατὸν εἴκοσι ἑπτὰ σατραπείαις (1)
— 13. τοῖς . . . ἑκατὸν εἴκοσι ἑπτὰ σατραπείαις [S^1 -παις] χωρῶν ἄρχουσι
II Ma. 9. 25. ἀνατρέχων εἰς τὰς ἐπάνω σ.

σατράπης. (1) אֲחַשְׁדַּרְפְּנִין (2) סְגַן (3) סֶרֶן (4) פֶּחָה (5) רָזַן (6) שַׂר

Jd. 5. 3. ἐνωτίσασθε, σατράπαι (5)
16. 5. **A** ἀνέβησαν πρὸς αὐτὴν οἱ σ. [**B** ἄρχοντες] (3)
— 8. **A** ἀνήνεγκαν αὐτῇ οἱ σ. [**B** ἄρχοντες] . . . ἑπτὰ νευράς (3)
— 18. **A** ἀπέστειλεν πάντας τοὺς σ. [**B** *al.*] (3)
— 23. **A** οἱ σ. [**B** ἄρχοντες] τῶν ἀλλοφύλων συνήχθησαν (3)
— 27. **A** ἐκεῖ πάντες οἱ σ. [**B** ἄρχοντες] τῶν ἀλλοφ. (3)
— 30. **A** ἔπεσεν ὁ οἶκος ἐπὶ τοὺς σ. [**B** ἄρχοντας] (3)
I Ki. 5. 8. συνάγουσι τοὺς [**A** τοὺς πάντας] σ. τῶν ἀλλοφ. (3)
— 11. συνάγουσι τοὺς [**A** πάντας τοὺς] σ. τῶν ἀλλοφ. (3)
6. 5 (4). κατ' ἀριθμὸν τῶν σ. τῶν ἀλλοφύλων (3)
— 12. οἱ σ. τῶν ἀλλοφ. ἐπορεύοντο ὀπίσω αὐτῆς (3)
— 16. καὶ οἱ πέντε σ. τῶν ἀλλοφ. ἑώρων (3)
— 18. κατ' ἀριθμὸν πασῶν πόλεων τῶν ἀλλοφ. τῶν πέντε σ. [**A** -πιῶν] (3)
7. 7. ἀνέβησαν σατράπαι ἀλλοφύλων ἐπὶ Ἰσρ. (3)
29. 2. σατράπαι τῶν ἀλλοφύλων παρεπορεύοντο (3)
— 3. εἶπον οἱ σ. τῶν ἀλλοφύλων (6)
— 6. ἐν ὀφθαλμοῖς τῶν σ. (3)
— 7. ἐν ὀφθαλμοῖς τῶν σ. τῶν ἀλλοφύλων (3)
— 9. οἱ σ. τῶν ἀλλοφύλων λέγουσιν (6)
III Ki. 10. 15. καὶ τῶν σ. τῆς γῆς (4)
21 (20). 24. θοῦ ἀντ' αὐτῶν σατράπας (4)
II Ch. 9. 14. πλὴν . . . σατραπῶν τῆς γῆς (4)
I Es. 3. 2. ἐποίησε δοχὴν μεγάλην . . . πᾶσι τοῖς σ.
— 14. ἐκάλεσε πάντας τοὺς . . . σατράπας
— 21. οὐ μέμνηται βασιλέα οὐδὲ σατράπην
4. 47. πρὸς πάντας τοὺς οἰκονόμους . . . καὶ σ.
— 49. πάντα δυνατὸν καὶ σ. . . . μὴ ἐπελεύσεσθαι
Ju. 2. 14. S^1 ἐκάλεσε . . . τοὺς σ. [**A B** S^2 *al.*]
5. 2. **A B** καὶ πάντας σ. τῆς παραλίας
Es. 1. 3. δοχὴν ἐποίησε . . . τοῖς ἄρχουσι τῶν σ. †
8. 9. ὅσα ἐνετείλατο . . . τοῖς ἄρχουσι τῶν σ. (4 ?)
— 9. **R** ἑκατὸν εἴκοσι ἑπτὰ σατράπαις [**A B S** -πείαις] κατὰ χώραν καὶ χώραν †
— 13. S^1 τοῖς . . . ἑκατὸν εἴκοσι ἑπτὰ σατράπαις [**A B** S^2 -πείαις] χωρῶν ἄρχουσι
— 13. **A** S^2 καὶ σατράπαις [**B** S^1 *om.*] τοῖς τὰ ἡμέτερα φρονοῦσι
9. 3. οἱ γὰρ ἄρχοντες τῶν σ. †
Da. LXX. 3. 2. ἐπισυναγαγεῖν . . . σατράπας στρατηγούς (1)

Da. LXX. 6. 1 (2). κατέστησε σατράπας . . . ἐπὶ πάσης τῆς βασ. αὐ. (1)
— 3 (4). καταστῆσαι . . . σατράπας ἑκατὸν εἴκοσι ἑπτά (1 ?)
— 14 (15). ἐξελέσθαι αὐτὸν . . . ἀπὸ τῶν χειρῶν τῶν σ. –
— 19 (20). παρέλαβε μεθ' ἑαυτοῦ τοὺς σ. –
Da. TH. 2. 48. κατέστησεν αὐτὸν . . . ἄρχοντα σατραπῶν (2)
3. 27 (94). συνάγονται οἱ σ. (1)
6. 1 (2). κατέστησεν . . . σατράπας ἑκατὸν εἴκοσι (1)
— 2 (3). τοῦ ἀποδιδόναι αὐτοῖς τοὺς σ. λόγον (1)
— 4 (5). οἱ σ. ἐζήτουν πρόφασιν εὑρεῖν (1)
— 6 (7). οἱ σ. παρέστησαν τῷ βασ. (1)
— 7 (8). συνεβουλεύσαντο πάντες . . . σατράπαι (1)
[Th. Da. 2. 48 : 6. 3†.]

σαυλασαῦ.
[Heb. Is. 28. 13 *bis*.]

σαῦρα. (1) חֹמֶט
Le. 11. 30. καλαβώτης καὶ σαῦρα καὶ ἀσπάλαξ (1)

σαυτοῦ, *vid.* **σεαυτοῦ.**

σαφής.
Wi. 7. 22. ἔστι γὰρ ἐν [A *om.*] αὐτῇ πνεῦμα . . . σαφές
Da. LXX., TH. Su. 48. οὐδὲ τὸ σ. ἐπιγνόντες
II Ma. 12. 40. τοῖς δὲ πᾶσι σαφὲς ἐγένετο
IV Ma. 3. 6. ἔστι γοῦν τοῦτο . . . σαφέστερον ἐπιλογίσασθαι

σαφούν.
[Heb. Ps. 47 (48). 3.]

σαφφώθ (σαφώθ). (1) סִפִּים (2) שְׁפוֹת
II Ki. 17. 29. ἤνεγκαν . . . σαφφὼθ βοῶν (2)
Je. 52. 19. A B S τὰ [S R τὰς] σ. [R ἀπφ.] καὶ τὰς μασμαρὼθ (1)

σαφῶς. (1) בָּאֵר pi. (2) כּוּן ni.
De. 13. 14 (15). B ἀληθῶς [A R -ῆς] σ. ὁ λόγος (2)
27. 8. γράψεις . . . πάντα τὸν νόμον τ. σ. σφόδρα (1)
Hb. 2. 2. γράψον ὅρασιν καὶ σ. εἰς πυξίον (1)
II Ma. 4. 33. σ. ἐπεγνωκὼς ὁ 'O.
III Ma. 4. 20. συνέβη σ. αὐτὸν περὶ τούτου πιστωθῆναι

σαχών (AR), σαχώχ (B).
II Es. 8. 18. ἀνὴρ σ. ἀπὸ υἱῶν M. †

σαών. (1) שָׁאוֹן
Je. 26 (46). 17. σ. ἐσβεὶ ἐμω. (1)
[Aq. Je. 46 (26). 17.]
[Th. Je. 48 (31). 45.]

σβεννύναι. (1) דָּעַךְ (2) כָּבָה *a.* qal. *b.* pi. (3) נָכָא ni.
Le. 6. 9 (2). οὐ σβεσθήσεται –
— 12 (5). καὶ οὐ σβεσθήσεται (2 *a*)
— 13 (6). οὐ σβεσθήσεται (2 *a*)
II Ki. 14. 7. σβέσουσι τὸν ἄνθρακά μου (2 *b*)
21. 17. οὐ μὴ σβέσῃς τὸν λύχνον 'Ισρ. (2 *b*)
IV Ki. 22. 17. καὶ οὐ σβεσθήσεται (2 *a*)
II Ch. 29. 7. ἔσβεσαν τοὺς λύχνους (2 *b*)
34. 25. καὶ οὐ σβεσθήσεται (2 *a*)
Es. 4. 17. καὶ σβέσαι δόξαν οἴκου σου
Jb. 4. 10. γαυρίαμα δὲ δρακόντων ἐσβέσθη †
16. 16 (15). τὸ δὲ σθένος μου ἐν γῇ ἐσβέσθη [A εἰς γῆν ἔσβεσαν] †
18. 5. φῶς ἀσεβῶν σβεσθήσεται (1)
— 6. ὁ δὲ λύχνος ἐπ' αὐτῷ σβεσθήσεται (1)
21. 17. ἀσεβῶν λύχνος σβεσθήσεται [S¹ οὐ σβ.] (1)
30. 8. κλέος ἐσβεσμένον [S¹ -ων] ἀπὸ [A ἐπὶ] γῆς (3)
34. 26. ἔσβεσε δὲ ἀσεβεῖς †
40. 7 (12). ὑπερήφανον δὲ σβέσον †
Pr. 10. 7. ὄνομα δὲ ἀσεβοῦς σβέννυται †
13. 9. φῶς δὲ ἀσεβῶν σβέννυται (1)
20. 20. κακολογοῦντος πατέρα ἢ μητέρα σβεσθήσεται λαμπτήρ (1)
24. 20. λαμπτὴρ δὲ ἀσεβῶν σβεσθήσεται (1)
Ca. 8. 7. ὕδωρ πολὺ οὐ δυνήσεται σβέσαι τὴν ἀγάπην (2 *b*)
Wi. 2. 3. οὗ σβεσθέντος τέφρα ἀποβήσεται τὸ σῶμα
16. 17. ἐν τῷ πάντα σβεννύντι ὕδατι
Si. 23. 16. οὐ μὴ σβεσθῇ ἕως ἂν καταποθῇ
28. 12. ἐὰν πτύσῃς ἐπ' [A εἰς] αὐτὸν σβεσθήσεται
— 23. καὶ οὐ μὴ σβεσθῇ
Am. 5. 6. οὐκ ἔσται ὁ σβέσων τῷ οἴκῳ 'Ισρ. (2 *b*)
Is. 1. 31. οὐκ ἔσται ὁ σβέσων (2 *b*)
34. 10. οὐ σβεσθήσεται εἰς τὸν αἰῶνα χρόνον (2 *a*)
42. 3. λίνον καπνιζόμενον οὐ σβέσει (2 *b*)
— 4. S¹ οὐ σβεσθήσεται [A B S² θραυσθ.] †
43. 17. ἐσβέσθησαν ὡς λίνον ἐσβεσμένον [S² -ων] (1, 2 *a*)
66. 24. τὸ πῦρ αὐτῶν οὐ σβεσθήσεται (2 *a*)
Je. 4. 4. οὐκ ἔσται ὁ σβέσων (2 *b*)
7. 20. A οὐ σβεσθήσεται καὶ οὐκ ἔσται ὁ σβέσων [B S *al.*] (2 *a*, –)
17. 27. οὐ σβεσθήσεται (2 *a*)
21. 12. καυθήσεται καὶ οὐκ ἔσται ὁ σβέσων (2 *b*)
Ez. 20. 47 (21. 3). οὐ σβεσθήσεται ἡ φλὸξ ἡ ἐξαφθεῖσα (2 *a*)
— 48 (21. 4). οὐ σβεσθήσεται [A *add.* ἔτι] (2 *a*)
32. 7. κατακαλύψω ἐν τῷ σβεσθῆναί σε οὐρανόν (2 *b*)
III Ma. 6. 34. A καὶ πυρόπνουν τόλμαν ἀκμαίως ἐσβεσμένοι [R *al.*]
IV Ma. 3. 17. καὶ σβέσαι τὰς τῶν οἴστρων φλεγμονάς
9. 20. τοῖς τῶν ἰχώρων ἐσβέννυτο σταλαγμοῖς
18. 20. S¹ πῦρ πύροις σβέσας λέβησιν ὠμοῖς [AS²R *al.*]
[Aq. I Ki. 3. 3.]
[Sm. I Ki. 3. 3 : Pr. 21. 14.]

σβεστικός.
Wi. 19. 20. ὕδωρ τῆς σβ. δυνάμεως [A S φύσεως] ἐπελανθάνετο

σεαυτοῦ, σαυτοῦ.
Ge. 6. 14, 19, 21 *bis* : 8. 17† : 14. 21 : 19. 17 : 24. 6 : 28. 2 : 31. 24, 29 : 40. 14.
Ex. 10. 28 : 12. 24† : 17. 5, 9 : 18. 21 : 20. 4 : 23. 21 : 28. 1 : 30. 34 : 32. 13 : 33. 13, 18 : 34. 1, 12, 17, 27.
Le. 9. 2, 7 : 19. 18, 19, 34 : 22. 23† : 25. 8.
Nu. 5. 19 : 10. 2, 2† : 13. 3 (2) : 18. 2 : 21. 8 : 27. 18.
De. 4. 9 : 5. 8 : 6. 12 : 7. 25 : 8. 11 : 9. 27 : 10. 1 *bis* : 11. 16 : 12. 13, 19, 30 : 15. 9 : 16. 9, 13, 18, 21 *bis*, 22 : 17. 15 *ter* : 19. 2, 7, 9† : 20. 14 : 21. 11 : 22. 7, 12 : 24. 8 : 27. 2 : 28. 36 : 32. 37 (σαυτῶν)†.
Jo. 2. 18 : 5. 2 : 8. 1†, 2 *bis* : 17. 15.
Jd. 4. 6 : 17. 2†.
Ru. 3. 3† : 4. 6, 8.
I Ki. 2. 16 : 9. 3 : 19. 11 : 20. 8 : 21. 9 (10) : 22. 13†.
II Ki. 2. 21 *bis* : 7. 23, 24 : 12. 9 : 19. 7 (8) : 20. 6† : 24. 12, 13†.
III Ki. 3. 1 (2. 36), 5, 11, 11†, 11 : 8. 53 *bis* : 11. 31 : 12. 24† *bis* : 13. 18 : 14. 9† : 17. 13 : 20 (21). 7 (σαυτοῦ γενοῦ) : 21 (20). 34.
IV Ki. 4. 3 : 6. 7 : 18. 21, 23, 24†.
I Ch. 17. 22 : 21. 10, 11, 23.
II Ch. 1. 11.
Ne. 6. 7 : 9. 10.
To. 4. 9†, 12†, 13†, 14† : 5. 3 : 6. 4† : 9. 2.
Ju. 2. 5.
Es. 4. 13, 17.
Jb. 5. 27 : 10. 13† : 22. 23, 29 : 38. 11.
Ps. 54 (55). 10† : 79 (80). 15, 17.
Pr. 2. 1 : 3. 7 : 4. 13, 24 : 7. 1, 4 : 9. 12 : 22. 20, 26 : 24. 67 (30. 32) : 25. 10, 17.
Ca. 1. 8.
Si. 1. 30 : 3. 18 : 4. 7, 27 : 6. 2, 3†, 31 : 7. 7, 16, 25† : 9. 1 : 12. 12 : 14. 11 : 18. 20, 23† : 29. 20 : 30. 21, 29 (33. 20), 40 (33. 31)† : 34 (31). 15 : 38. 21.
Ho. 1. 2 : 6. 12 (11).
Na. 3. 11, 14†.
Za. 11. 15.
Is. 7. 11 : 8. 1 : 21. 6† : 22. 16, 16†, 16 : 63. 14.
Je. 2. 22, 28 : 3. 3 : 6. 26 : 13. 1 : 22. 14 : 26 (46). 19 : 34 (27). 2† : 38 (31). 21 : 39 (32). 7, 8†, 20, 25 : 43 (36). 2, 28† : 50 (43). 9 : 51. 35 (45. 5)†.
Ba. 2. 11.
La. 2. 18 : 3. 44.
Ez. 3. 21† : 4. 1, 3, 9 *bis* : 5. 1 *bis* : 12. 3, 5 : 16. 16, 17, 24 *bis*, 52 : 21. 19 (24) : 24. 2 : 28. 4, 23† : 31. 2 : 33. 9† : 37. 16 *bis*, 17 : 38. 7.
Da. LXX. Su. 55 : 9. 15, 19.
Da. TH. Su. 55, 59 : 9. 15.
I Ma. 5. 17 : 12. 45.
IV Ma. 5. 12 : 6. 14 : 10. 13.
[Aq. Dt. 10. 11 : III Ki. 3. 11 : 14. 9 : Ca. 1. 8 : Is. 7. 11 : 40. 9 : Je. 16. 2 : 30 (37). 2 : 31 (38). 21 (Sw.) : 32 (39). 8 : 46 (26). 14 : Ez. 5. 1.]
[Sm. Ex. 30. 23 : III Ki. 3. 11 : Ps. 48 (49). 19 : 88 (89). 8 : Pr. 24. 27 : Is. 7. 11 : 40. 9 : Je. 13. 21 : 16. 2 : 30 (37). 2 : 38 (45). 10 : Ez. 16. 61.]
[Th. Jb. 22. 29 : Is. 7. 11 : 40. 9 : 57. 8 : Je. 30 (37). 2 : Ez. 5. 1.]
[Al. Ex. 33. 18.]
[Quint. Ho. 6. 11.]

σεβάζεσθαι.
[Aq. Ho. 10. 5.]

σεβαρείμ.
[Al. Jo. 7. 5.]

σέβασμα.
Wi. 14. 20. τὸν πρὸ ὀλίγου τιμηθέντα ἄνθρωπον νῦν σέβασμα ἐλογίσαντο
15. 17. κρείττων γάρ ἐστι τῶν σ. [A σεβημ.] αὐτοῦ
Da. TH. Bel 27. ἴδετε τὰ σ. ὑμῶν

σέβειν. (1) *a.* יָרֵא verb. *b.* adj. *c.* יִרְאָה (2) עָבַד
Jo. 4. 24. ἵνα ὑμεῖς σέβησθε κ. τὸν θεὸν ἡμῶν (1 *a*)
22. 25. ἵνα μὴ σέβωνται κύριον (1 *a*)
24. 33. ἐσέβοντο οἱ υἱ. 'Ισρ. τὴν 'Ἀστ. –
Jb. 1. 9. μὴ δωρεὰν 'Ιὼβ σέβεται τὸν κύριον (1 *b*)
Wi. 15. 6. κακῶν ἐρασταὶ . . . καὶ οἱ ποθοῦντες καὶ οἱ σεβόμενοι
— 18. καὶ τὰ ζῷα δὲ τὰ ἔχθιστα σέβονται
Jn. 1. 9. τὸν κ. θεὸν τοῦ οὐρ. ἐγὼ σέβομαι [S³ φοβοῦμαι] (1 *b*)
Is. 29. 13. μάτην δὲ σέβονταί με (1 *c*)
66. 14. A S γνωσθήσεται ἡ χεὶρ κυρίου τοῖς σεβομένοις [B φοβουμ.] αὐτόν (2)
Da. LXX. 3. (33). ὄνειδος ἐγενήθη . . . τῶν σεβομένων σε
— (90). εὐλογεῖτε, πάντες οἱ σεβόμ. τὸν κ., τὸν θεόν
Bel 2. ὃ ἐσέβοντο οἱ Βαβυλώνιοι
— 3. ὁ βασ. ἐσέβετο αὐτόν
— 4. οὐδένα σέβομαι ἐγώ
— 22. καὶ ἐσέβοντο οἱ Βαβυλώνιοι
— 26. οὐ ταῦτα σέβεσθε, βασιλεῦ
Da. TH. 3. (33). ὄνειδος ἐγενήθη . . . τοῖς σεβομένοις σε
— (90). εὐλογεῖτε, πάντες οἱ σεβόμ. τὸν κ., τὸν θεόν
Bel 4. ὁ βασ. ἐσέβετο αὐτόν
— 5. οὐ σέβομαι εἴδωλα χειροποίητα
— 23. ἐσέβοντο αὐτὸν οἱ Βαβυλώνιοι
II Ma. 1. 3. εἰς τὸ σέβεσθαι αὐτὸν
III Ma. 3. 4. σεβόμενοι δὲ τὸν θεόν
IV Ma. 5. 24. ὥστε μόνον τὸν ὄντα θεὸν σέβειν μεγαλοπρεπῶς
8. 14. ἣν σέβεσθε δίκην
[Th. Da. 3. (33) : 14. 22.]

σέβημα.
Wi. 15. 17. A κρείττων γάρ ἐστι τῶν σ. [B S σεβασμ.] αὐτοῦ

σεειρείμ.
[Th. Le. 17. 7.]

σείειν. (1) נוּד hithp. (2) נוּעַ (3) צָעַן (4) רָגַז *a.* qal. *b.* hi. (5) רָעַשׁ *a.* qal. *b.* ni. *c.* hi. (6) תָּעָה (7) סָעַר
Jd. 5. 4. γῆ ἐσείσθη (5 *a*)
II Ki. 22. 8. ἐσείσθη ἡ γῆ (5 *a*)
I Es. 4. 36. πάντα τὰ ἔργα σείεται
Jb. 9. 6. ὁ σείων τὴν ὑπ' οὐρανὸν ἐκ θεμελίων (4 *b*)
— 28. σείομαι πᾶσι τοῖς μέλεσιν †
Ps. 67 (68). 8. γῆ ἐσείσθη (5 *a*)
Pr. 24. 56 (30. 21). διὰ τριῶν σείεται ἡ γῆ (4 *a*)
Am. 1. 14. σεισθήσεται ἐν ἡμέραις συντελείας αὐ. †
9. 1. σεισθήσεται τὰ πρόπυλα (5 *a*)
Jl. 2. 10 : 3 (4). 16 (A B S). σεισθήσεται ὁ οὐρανός (5 *a*)
Na. 1. 5. τὰ ὄρη ἐσείσθησαν ἀπ' αὐτοῦ (5 *a*)

Hb. 2. 16. καὶ σείσθητι †
3. 14. σεισθήσονται ἐν αὐτῇ (7)
Hg. 2. 7 (6). σείσω τὸν οὐρανόν (5 *c*)
— 22 (21). σείω [S^{2} σείσω] τὸν οὐρανόν (5 *c*)
Is. 10. 14 (13). σείσω πόλεις κατοικουμένας †
13. 13. ἡ γῆ σεισθήσεται ἐκ τῶν θεμελίων αὐτῆς (5 *a*)
14. 16. οὗτος ὁ ἄνθρωπος . . . σείων βασιλεῖς (5 *c*)
17. 4. τὰ πίονα τῆς δόξης αὐτοῦ σεισθήσεται †
19. 1. σεισθήσεται τὰ χειροποίητα Αἰγύπτου (2)
24. 18. σεισθήσεται τὰ θεμέλια τῆς γῆς (5 *a*)
— 20. σεισθήσεται ὡς ὀπωροφυλάκιον ἡ γῆ (1)
28. 7. ἐσείσθησαν ἀπὸ τῆς μέθης (6)
33. 20. σκηναὶ αἳ οὐ μὴ σεισθῶσιν [A^{1} σαλευθ.] (3)
Je. 8. 16. ἐσείσθη πᾶσα ἡ γῆ (5 *a*)
27 (50). 46. σεισθήσεται ἡ γῆ (5 *b*)
28 (51). 29. ἐσείσθη ἡ γῆ καὶ ἐπόνεσε (5 *a*)
29 (49). 21. **A** ἐσείσθη [**B S** ἐφοβήθη] ἡ γῆ (5 *a*)
Ez. 26. 10. σεισθήσεται τὰ τείχη σου (5 *a*)
— 15. σεισθήσονται αἱ νῆσοι (5 *a*)
31. 16. ἐσείσθησαν τὰ ἔθνη (5 *c*)
38. 20. σεισθήσονται ἀπὸ προσώπου κυρίου οἱ ἰχθύες (5 *a*)
Da. LXX. 2. 40. σεισθήσεται πᾶσα ἡ γῆ †
I Ma. 1. 28. ἐσείσθη ἡ γῆ ἐπὶ τοὺς κατοικοῦντας αὐτήν
9. 13. **A** ἐσείσθη [**S R** ἐσαλεύθη] ἡ γῆ ἀπὸ τῶν παρεμβολῶν αὐ.
II Ma. 3. 25. **A** ἔσεισεν τῷ ʽΗλ. τὰς ἐμπροθεσίους ὁπλάς [**R** *al.*]
[**Aq.** Ps. 17 (18). 8 : 76 (77). 19 : Je. 10. 10 : 51 (28). 29.]
[**Sm.** Jb. 3. 17 : 41. 21 : Ps. 45 (46). 4 : 67 (68). 9 : 76 (77). 19 : Je. 50 (27). 34 : Ez. 27. 28.]
[**Th.** Ps. 76 (77). 19 : Is. 24. 20.]
[**Al.** Je. 10. 10 : Hb. 3. 6, 9.]

σειρά. (1) חֶבֶל (2) מַחְלָפוֹת
Jd. 16. 13. ἐὰν ὑφάνῃς τὰς ἑπτὰ σ. τῆς κεφαλῆς μου (2)
— 14. ἔλαβε Δ. τὰς ἑπτὰ σ. τῆς κεφ. αὐ. [**A** *al.*] –
— 19. ἐξύρησε τὰς ἑπτὰ σ. τῆς κεφ. αὐ. [**A** *al.*] (2)
Pr. 5. 22. σειραῖς δὲ τῶν ἑαυτοῦ ἁμαρτιῶν ἕκαστος σφίγγεται (1)

σειρήν. (1) *a.* יַעֲנָה *b.* בַּת יַעֲנָה (2) תַּן
Jb. 30. 29. ἀδελφὸς γέγονα σειρήνων (2)
Mi. 1. 8. ποιήσεται . . . πένθος ὡς θυγατέρων σειρήνων (1 *a*)
Is. 13. 21. ἀναπαύσονται ἐκεῖ σειρῆνες (1 *b*)
34. 13. ἔσται ἐπαύλεις σειρήνων (2)
43. 20. εὐλογήσουσί με τὰ θηρία τοῦ ἀγροῦ σειρῆνες (2)
Je. 27 (50). 39. κατοικήσουσιν ἐν αὐτῇ θυγατέρες σειρήνων (1 *a*)
[**Aq.** Ps. 43 (44). 20 : Is. 13. 22 : 35. 7 : 43. 20 : Je. 9. 11 (10) : Mi. 1. 8 : Ma. 1. 3.]
[**Sm.** Is. 13. 22 : 35. 7 : 43. 20 : Je. 9. 11 (10) : 14. 6 : 49. 33 (30. 11) : 50 (27). 39 : La. 4. 3.]
[**Th.** Is. 13. 22.]

σειρήνιος.
IV Ma. 15. 21. οὐχ οὕτως σ. μελῳδίαι . . . ἐφέλκονται

σειρομάστης (σιρ.). (1) חֲנִית (2) רֹמַח
Nu. 25. 7. λαβὼν σειρομάστην ἐν τῇ χειρί (2)
Jd. 5. 8. **A** σκέπη νεανίδων σειρομαστῶν [**B** *al.*] –
— 8. **A** ἀνήφθη καὶ σειρομάστης [**B** *al.*] (2)
III Ki. 18. 28. ἐν μαχαίραις καὶ σειρομασταῖς (2)
IV Ki. 11. 10. ἔδωκεν ὁ ἱ. τοῖς ἑκατοντάρχοις τοὺς σ. (1)
Jl. 3 (4). 10. συγκόψατε . . . τὰ δρέπανα ὑμῶν εἰς σειρομαστάς [B^{1} -μάστρας] (2)
[**Th.** Jd. 5. 8.]

σειρομάστρα (?). (1) רֹמַח
Jl. 3 (4). 10. B^{1} συγκόψατε . . . τὰ δρέπανα ὑμῶν εἰς σειρομάστρας [**A** B^{2} **S** -τας] (1)

σειρωτός.
[**Sm.**, **Th.** Ex. 28. 32.]

σείς, σῖς.
[**Aq.** Je. 8. 7.]
[**Th.** Is. 38. 14.]

σεῖσμα (σῆσμα).
Si. 27. 4. **R** ἐν σείσματι [**A B S** σήσμ.] κοσκίνου διαμένει κοπρία

σεισμός. (1) סְעָרָה (2) רַעַשׁ
Es. 1. 1. ἰδοὺ . . . βρονταὶ καὶ σεισμός
Jb. 41. 20 (21). καταγελᾷ δὲ σεισμοῦ πυρφόρου (2)
Am. 1. 1. πρὸ δύο ἐτῶν τοῦ σ. (2)
Na. 3. 2. φωνὴ σεισμοῦ τροχῶν (2)
Za. 14. 5. ἐν ταῖς ἡμέραις [S^{3} ἀπὸ προσώπου] τοῦ σ. (2)
Is. 15. 5. βοᾷ σύντριμμα καὶ σεισμός †
29. 6. ἐπισκοπὴ γὰρ ἔσται μετὰ βροντῆς [**A** κραυγῆς] καὶ σεισμοῦ (2)
Je. 10. 22. καὶ σ. μέγας ἐκ γῆς βορρᾶ (2)
23. 19. ἰδοὺ σ. παρὰ κυρίου (1)
29 (47). 3. ἀπὸ σεισμοῦ τῶν ἁρμάτων αὐτοῦ (2)
Ez. 3. 12. ἤκουσα κατόπισθέν μου φωνὴν σεισμοῦ μεγάλου (2)
— 13. φωνὴ τοῦ σ. (2)
37. 7. ἰδοὺ σ. (2)
38. 19. ἔσται σ. μέγας ἐπὶ γῆς Ἰσραήλ (2)
IV Ma. 17. 3. ὑπήνεγκας τὸν διὰ τῶν βασάνων σ.
[**Aq.** Ez. 3. 14 (P.) : 12. 18.]
[**Sm.** Is. 9. 5 (4) : 28. 19.]
[**Th.** Jb. 39. 24 : Ez. 3. 14 (P.).]

σεῖστρον.
[**Aq.**, **Sm.** II Ki. 6. 5.]

σείφ (σίφ). (1) סוּף
Jd. 11. 16. ἕως θαλάσσης σ. [**A** ἐρυθρᾶς] (1)

σειών, *vid. sub* **σιών.**

σέλ.
[**Heb.** Ps. 3. 3 : 7. 6 : 9. 17 : 19 (20). 4 : 74 (75). 4 : 75 (76). 4, 10.]

σελά.
[**Quint.** Hb. 3. 3.]

σελήνη. (1) יָרֵחַ (2) לְבָנָה
Ge. 37. 9. ὥσπερ ὁ ἥλιος καὶ ἡ σ. . . . προσεκύνουν με (1)
De. 4. 19. ἰδὼν τὸν ἥλιον καὶ τὴν σ. (1)
17. 3. καὶ ἐλθόντες λατρεύσωσι . . . τῇ σ. (1)
Jo. 10. 12. στήτω . . . ἡ σ. κατὰ φάραγγα Αἰ. (1)
— 13. ἔστη . . . ἡ σ. ἐν στάσει (1)
IV Ki. 23. 5. καὶ τοὺς θυμιῶντας . . . τῇ σ. (1)
Jb. 25. 5. εἰ σελήνη [**A** σελήνην δὲ] συντάσσει (1)
31. 26. ἢ οὐχ ὁρῶμεν ἥλιον . . . σελήνην δὲ φθίνουσαν (1)
Ps. 8. 3. σελήνην καὶ ἀστέρας ἃ σὺ ἐθεμελίωσας (1)
71 (72). 5. καὶ πρὸ τῆς σ. γενεὰς γενεῶν (1)
— 7. ἕως οὗ ἀνταναιρεθῇ ἡ σ. (1)
73 (74). 16. **B** S^{1} σὺ κατηρτίσω ἥλιον καὶ σελήνην [S^{2} κατ. φαῦσιν καὶ ἥ.] †
88 (89). 37. ὡς ἡ σ. κατηρτισμένη εἰς τὸν αἰῶνα (1)
103 (104). 19. ἐποίησε σελήνην εἰς καιρούς (1)
120 (121). 6. οὐδὲ ἡ σ. τὴν νύκτα (1)
135 (136). 9. τῷ ποιήσαντι . . . τὴν σ. (1)
148. 3. αἰνεῖτε αὐτὸν ἥλιος καὶ σελήνη (1)
Ec. 12. 2. ἕως οὗ μὴ σκοτισθῇ . . . ἡ σ. (1)
Ca. 6. 9 (10). τίς αὕτη . . . καλὴ ὡς σελήνη (2)
Si. 27. 11. ὁ δὲ ἄφρων ὡς σελήνη ἀλλοιοῦται
43. 6. ἡ σ. ἐν πᾶσιν εἰς καιρὸν αὐτῆς
— 7. ἀπὸ σελήνης σημεῖον ἑορτῆς
50. 6. ὡς σελήνη πλήρης ἐν ἡμέραις
Jl. 2. 10. ὁ ἥλιος καὶ ἡ σ. συσκοτάσουσι (1)
— 31 (3. 4). μεταστραφήσεται . . . ἡ σ. εἰς αἷμα (1)
3 (4). 15. ὁ ἥλιος καὶ ἡ σ. συσκοτάσουσι (1)
Hb. 3. 11. ἡ σ. ἔστη ἐν τῇ τάξει αὐ. (1)
Is. 13. 10. ἡ σ. οὐ δώσει τὸ φῶς αὐτῆς (1)
24. 23. **S** ἐντραπήσεται ἡ σ. (2)
30. 26. ἔσται τὸ φῶς τῆς σ. ὡς τὸ φῶς τοῦ ἡλίου (2)
60. 19. οὐδὲ ἀνατολὴ σελήνης φωτιεῖ σοι τὴν νύκτα (1)
— 20. ἡ σ. σοι οὐκ ἐκλείψει (1)
Je. 8. 2. ψύξουσιν αὐτὰ πρὸς τὸν ἥλιον καὶ τὴν σ. (1)
38 (31). 35. κύριος ὁ δοὺς . . . σελήνην . . . εἰς φῶς [S^{1} *al.*] (1)
Ep. Je. 60. ἥλιος μὲν γὰρ καὶ σ. καὶ ἄστρα
— 67. **A R** οὔτε φωτιοῦσιν ὡς ἡ [**B** *om.*] σ.
Ez. 32. 7. σ. οὐ μὴ φάνῃ τὸ φῶς [**A** ἡ σ. οὐ δώσει τὸ φάος] αὐτῆς (1)
Da. LXX. 3. (62). εὐλογεῖτε, ἥλιος καὶ σελήνη, τὸν κ.
4. 9. ὁ ἥλιος καὶ ἡ σ. ἦν –
Da. TH. 3. (62). εὐλογεῖτε, ἥλιος καὶ σελήνη, τὸν κ.
IV Ma. 17. 5. οὐχ οὕτω σελήνη κατ᾽ οὐρανὸν . . . σεμνὴ καθέστηκεν
[**Aq.** Dt. 33. 14 : Jb. 25. 5 : 39. 2 : Ps. 71 (72). 5, 7 : Is. 60. 19.]
[**Sm.** Dt. 33. 14 : Jb. 25. 5 : 39. 2 : Ps. 71 (72). 5, 7 : Is. 24. 23.]
[**Th.** Dt. 33. 14 : Jb. 25. 5 : 39. 2.]
[**Sext.** Ps. 73 (74). 16.]
[**Al.** Hb. 3. 11.]

σελίς. (1) דֶּלֶת
Je. 43 (36). 23. ἀναγινώσκοντος Ἰουδὶν τρεῖς σελίδας καὶ τέσσαρας (1)

σέμ.
[**Heb.** Ge. 28. 19.]

σεμίδαλις. (1) סֹלֶת (2) קֶמַח
Ge. 18. 6. φύρασον τρία μέτρα σεμιδάλεως (2+1)
Ex. 29. 2. σεμίδαλιν ἐκ πυρῶν ποιήσεις αὐτά (1)
— 40. δέκατον σεμιδάλεως πεφυραμένης (1)
Le. 2. 1. σεμίδαλις ἔσται τὸ δῶρον αὐ. (1)
— 2. δραξάμενος . . . ἀπὸ τῆς σ. (1)
— 4. δῶρον κυρίῳ ἐκ σεμιδάλεως (1)
— 5. σεμίδαλις πεφυραμένη ἐν ἐλαίῳ (1)
— 7. B^{2} **R** σεμίδαλις [**A** B^{1} *om.*] ἐν ἐλαίῳ ποιηθήσεται (1)
5. 11. οἴσει . . . τὸ δέκατον τοῦ οἰφὶ σεμιδάλεως [**A** -λιν] (1)
— 13. ὡς ἡ θυσία τῆς σ. –
6. 15 (8). ἀφελεῖ . . . ἀπὸ τῆς σ. τῆς θυσίας (1)
— 20 (13). **B** τὸ δέκατον τοῦ οἰφὶ σεμιδάλεως (1)
7. 2 (12). ἄρτους ἐκ σεμιδάλεως ἀναπεποιημένους †
— 2 (12). A^{2} **B** καὶ σεμίδαλιν πεφυραμένην ἐν ἐλαίῳ (1)
9. 4. καὶ σ. πεφυραμένην ἐν ἐλαίῳ †
14. 10. λήψεται . . . τρία δέκατα σεμιδάλεως (1)
— 21. λήψεται . . . δέκατον σεμιδάλεως (1)
23. 13. δύο δέκατα σεμιδάλεως ἀναπεποιημένης (1)
— 17. ἐκ δύο δεκάτων σεμιδάλεως ἔσονται (1)
24. 5. λήψεσθε σεμίδαλιν (1)
Nu. 6. 15. καὶ κανοῦν ἀζύμων σεμιδάλεως ἄρτους (1)
7. 13, 19, 25, 31, 37, 43, 49, 55, 61, 67, 73, 79. ἀμφότερα πλήρη σεμιδάλεως (1)
8. 8. **B** καὶ τούτου θυσίαν σεμιδάλεως [**A R** -λιν] (1)
15. 4. προσοίσει . . . θυσίαν σεμιδάλεως (1)
— 6. ποιήσεις θυσίαν σεμιδάλεως (1)
— 9. προσοίσει . . . θυσίαν σεμιδάλεως (1)
28. 5. ποιήσεις τὸ δέκατον τοῦ οἰφὶ σεμίδαλιν (1)
— 9. καὶ δύο δέκατα σεμιδάλεως (1)
— 12. τρία δέκατα σεμιδάλεως (1)
— 12. καὶ δύο δέκατα σεμιδάλεως (1)
— 13. δέκατον σεμιδάλεως ἀναπεποιημένης (1)
— 20. καὶ θυσία αὐ. σ. ἀναπεποιημένη (1)
— 28 : 29. 3, 9. ἡ θυσία αὐ. σ. ἀναπεποιημένη (1)
29. 14. αἱ θυσίαι αὐ. σ. ἀναπεποιημένη (1)
I Ki. 1. 24. ἀνέβη . . . ἐν . . . ἄρτοις καὶ οἰφὶ σεμιδάλεως (2)
III Ki. 3. 1 (*cf.* 4. 22 [5. 2]). **B** τριάκοντα κόροι σεμιδάλεως (1)
4. 22 (5. 2). τριάκοντα κόροι σεμιδάλεως (1)
IV Ki. 7. 1. μέτρον σεμιδάλεως σίκλου (1)
— 16. ἐγένετο μέτρον σεμιδάλεως σίκλου (1)
— 18. μέτρον σεμιδάλεως σίκλου (1)
I Ch. 9. 29. καθεσταμένοι . . . ἐπὶ τῆς σ. (1)
23. 29. εἰς τὴν σ. τῆς θυσίας (1)
Si. 32 (35). 2. ἀνταποδιδοὺς χάριν προσφέρων σεμίδαλιν
38. 11. δὸς εὐωδίαν καὶ μνημόσυνον σεμιδάλεως
39. 26. **S R** ἅλα καὶ σεμίδαλις πυροῦ [**A B** πυρός]
Is. 1. 13. ἐὰν φέρητε σεμίδαλιν †
66. 3. ὁ δὲ ἀναφέρων σεμίδαλιν ὡς αἷμα ὕειον †
Ez. 16. 13. σεμίδαλιν καὶ ἔλαιον καὶ μέλι ἔφαγες (1)
— 19. σεμίδαλιν . . . ἐψώμισά σε (1)
46. 14. τοῦ ἀναμίξαι τὴν σ. (1)
Da. LXX. Bel 2. σεμιδάλεως ἀρτάβαι δέκα δύο
Da. TH. Bel 3. σεμιδάλεως ἀρτάβαι δώδεκα
II Ma. 1. 8. προσηνέγκαμεν θυσίαν καὶ σεμίδαλιν
[**Al.** Ez. 45. 24.]

σεμμαθέχ.
[**Aq.** Is. 47. 2.]

σεμνολογεῖν.
IV Ma. 7. 9. τὴν ἁγιαστίαν σεμνολογήσας

σεμνός. (1) נָגִיד (2) נֹעַם

Jd. 11. 35. A ἐμπεποδεστάτη καὶ σεμνοτάτη [B al.] †
Pr. 6. 8. τήν τε ἐργασίαν ὡς σεμνὴν ποιεῖται –
8. 6. σεμνὰ [S^1 πολλὰ] γὰρ ἐρῶ (1)
15. 26. ἁγνῶν δὲ ῥήσεις σεμναί (2)
II Ma. 6. 11. κατὰ δόξαν τῆς σεμνοτάτης ἡμέρας
— 28. ὑπὲρ τῶν σ. καὶ ἁγίων νόμων
8. 15. ἕνεκα τῆς ἐπ' αὐτοὺς ἐπικλήσεως τοῦ σ. . . . ὀνόματος αὐ.
IV Ma. 5. 36. οὐδὲ μιανεῖς μου τὸ σ. γήρως στόμα
7. 15. ὦ . . . σ. πολιᾶς καὶ βίου νομίμου
17. 5. οὐχ οὕτω σελήνη κατ' οὐρανὸν . . . σεμνὴ καθέστηκεν

σεμνότης.

II Ma. 3. 12. τῇ τοῦ τετιμημ. . . . ἱεροῦ σεμνότητι

σεμνῶς.

IV Ma. 1. 17. δι' ἧς τὰ θεῖα σ. . . . μανθάνομεν

σενσερώθ.

II Ch. 3. 16. A ἐποίησε σ. [B σερσ.] ἐν τῷ δαβείρ †

σεραφείν, σεραφείμ (-φίμ). (1) צְרֹפִי (2) שְׂרָפִים

Ne. 3. 31. S Μελχ. υἱὸς τοῦ σεραφείν [A B al.] (1)
Is. 6. 2. σ. εἱστήκεισαν κύκλῳ αὐτοῦ (2)
— 6. ἀπεστάλη πρὸς μὲ ἓν τῶν σ. [S^1 al.] (2)
[Sm. Is. 6. 2.]

σερσερώθ. (1) שַׁרְשְׁרוֹת

II Ch. 3. 16. ἐποίησε σ. [A σενσ.] ἐν τῷ δαβείρ (1)

σεττίμ.

[Aq. Dt. 10. 3.]

σευτλίον.

Is. 51. 20. οἱ καθεύδοντες ἐπ' ἄκρου πάσης ἐξόδου ὡς σ. ἡμίεφθον †

σεφηλά. (1) שְׁפֵלָה

II Ch. 26. 10. κτήνη πολλὰ ὑπῆρχεν αὐτῷ ἐν σ. (1)
Ob. 1. 19. καὶ οἱ ἐν τῇ σ. τοὺς ἀλλοφύλους (1)
Je. 39 (32). 44 : 40 (33). 13 (BS). ἐν πόλεσι τῆς σ. (1)
I Ma. 12. 38. ᾠκοδόμησε τὴν 'Α. ἐν τῇ σ. [S^1 σ. πεδινῇ]
[Aq. Je. 17. 26.]

σεωρίμ.

[Heb. Ho. 3. 2 *bis.*]

σηείμ.

[Th. Is. 23. 13.]

σήθ.

[Al. Le. 13. 10, 19 : 14. 56.]

σηκός.

II Ma. 14. 33. τόνδε τὸν τοῦ θεοῦ σ. εἰς πεδίον ποιήσω

σήκωμα.

[Th. Is. 28. 17.]

σημαία (-μεία). (1) אוֹת (2) נֵס

Nu. 2. 2. κατὰ σημαίας [A τὰς σ.] κατ' οἴκους πατριῶν αὐ. (1)
Is. 30. 17. ὡς σημαίαν φέρων ἐπὶ βουνοῦ (2)

σημαίνειν. (1) זָהַר hi. (2) *a.* יָדַע hi. *b.* יְדַע aph. (3) מָלַל (4) נָגַד hi. (5) רוּעַ hi. (6) תָּקַע

Ex. 18. 20. σημανεῖς αὐτοῖς τὰς ὁδοὺς (2 *a*)
Nu. 10. 9. σημανεῖτε [A σαλπιεῖτε] ταῖς σάλπιγξι (5)
Jo. 6. 7 (8). σημαινέτωσαν εὐτόνως (6)
Jd. 7. 21. καὶ ἐσήμαναν (5)
II Ch. 13. 12. αἱ σάλπιγγες τῆς σημασίας τοῦ σημαίνειν ἐφ' ἡμᾶς (5)
I Es. 2. 4. ἐσήμηνέ μοι οἰκοδομῆσαι αὐτῷ
8. 49. πάντων ἐσημάνθη [A ὀνομάσθη] ἡ ὀνοματογραφία
II Es. 3. 11. B πᾶς ὁ λαὸς ἐσήμαινον φωνὴν μεγάλην [A R al.] (5)
Ne. 8. 15. B S^1 ὅπως σημαίνωσι [A S^2 R -μάν.] σάλπιγξιν †
Es. 2. 22. καὶ ἐσήμανεν Ἐσθηρ (4)
3. 13. προστετάχαμεν οὖν τοὺς σημαινομένους ὑμῖν
Jb. 39. 24. ἕως ἂν σημάνῃ [A -νιεῖ] σάλπιγξ †
— 25. σάλπιγγος δὲ σημαινούσης –
Pr. 6. 13. σημαίνει δὲ ποδί (3)
Ca. 2. 9. S ἡ νύμφη . . . σημαίνουσα αὐταῖς τὸν νυμφίον –
5. 10. S ἡ νύμφη σημαίνει τὸν ἀδελφιδόν –
Za. 10. 8. σημανῶ αὐτοῖς †
Je. 4. 5. σημάνατε ἐπὶ τῆς γῆς σάλπιγγι (6)
6. 1. ἐν [A ἐκ] Θεκουὲ σημάνατε σάλπιγγι (6)
Ez. 33. 3. καὶ σημάνῃ τῷ λαῷ (1)
— 6. καὶ μὴ σημάνῃ [A *add.* τῷ λαῷ] τῇ σάλπ. (6)
Da. LXX. 2. 15. τότε τὸ πρόσταγμα ἐσήμανεν (2 *b*)
— 23. ἐσήμανάς μοι ὅσα ἠξίωσα (2 *b*)
— 30. ἐσημάνθη μοι ἃ ὑπέλαβες (2 *b*)
— 45. ἐσήμανε τῷ βασιλεῖ τὰ ἐσόμενα (2 *b*)
II Ma. 2. 1. A^2 R ὡς σεσήμανται
11. 17. ἠξίουν περὶ τῶν δι' αὐτοῦ σημαινομένων
[Sm. Ps. 46 (47). 2 : 97 (98). 4 : 99 (100). 1.]
[Al. Nu. 10. 10 : Ps. 65 (66). 1 : 94 (95). 2 : Is. 42. 13.]

σημανίζειν (?).

Jb. 39. 24. A ἕως ἂν σημανιεῖ [B S -άνῃ] σάλπιγξ †

σημασία. (1) יוֹבֵל (2) *a.* סַפַּחַת *b.* מִסְפַּחַת (3) תְּרוּעָה (4) ἀφέσεως σ. יוֹבֵל

Le. 13. 2. οὐλὴ σημασίας [A -α] τηλαυγής (2 *a*)
— 6. σημασία γάρ ἐστιν (2 *b*)
— 7. ἐὰν δὲ μεταβαλοῦσα μεταπέσῃ ἡ σ. (2 *b*)
— 8. μετέπεσεν ἡ σ. ἐν τῷ δέρματι (2 *b*)
14. 56. οὗτος ὁ νόμος . . . σημασίας (2 *a*)
25. 10. ἐνιαυτὸς ἀφέσεως σ. αὕτη ἔσται ὑμῖν (4)
— 11. ἀφέσεως σημασία [B^1 -ας] αὕτη (4)
— 12. ἀφέσεως σημασία ἐστίν (4)
— 13. τῆς ἀφέσεως σημασίᾳ αὐτῆς ἐπανελεύσεται (4)
— 15. B μετὰ τὴν σ. κτήσῃ (1)
Nu. 10. 5. σαλπιεῖτε σημασίαν (3)
— 6. σαλπιεῖτε σ. δευτέραν (3)
— 6. σαλπιεῖτε σ. τρίτην –
— 6. σαλπιεῖτε σ. τετάρτην –
— 6. σημασίᾳ σαλπιοῦσιν ἐν τῇ ἐξάρσει αὐ. (3)
— 7. σαλπιεῖτε καὶ οὐ σημασίᾳ †
29. 1. ἡμέρα σημασίας ἔσται ὑμῖν (3)
31. 6. καὶ αἱ σάλπιγγες τῶν σ. (3)
I Ch. 15. 28. ἀνάγοντες τὴν κιβωτὸν . . . ἐν σημασίᾳ (3)
II Ch. 13. 12. μεθ' ἡμῶν . . . αἱ σάλπιγγες τῆς σ. (3)
II Es. 3. 12. καὶ ὄχλος ἐν σημασίᾳ μετ' εὐφροσύνης (3)
— 13. ἐπιγινώσκων φωνὴν σημασίας τῆς εὐφροσύνης (3)
I Ma. 4. 40. A R ἐσάλπισαν ταῖς σάλπιγξι τῶν σ. [S σημείων]
7. 45. ἐσάλπισαν . . . ταῖς σάλπιγξι τῶν σ.
[Aq. Ps. 32 (33). 3.]
[Sm. Nu. 23. 21 : Jb. 8. 21 : Ps. 26 (27). 6 : 32 (33). 3 : 88 (89). 16 : 150. 5.]

σημεῖον. (1) *a.* אוֹת *b.* אֵת (2) מוֹעֵד (3) מוֹפֵת (4) מַשְׂאֵת (5) נֵס (6) צִיּוּן (7) תָּו (8) תִּקְוָה

Ge. 1. 14. ἔστωσαν εἰς σημεῖα (1 *a*)
4. 15. ἔθετο κ. ὁ θεὸς σημεῖον τῷ Κ. (1 *a*)
9. 12. τοῦτο τὸ σ. τῆς διαθήκης (1 *a*)
— 13. ἔσται εἰς σημεῖον διαθήκης (1 *a*)
— 17. τοῦτο τὸ σ. τῆς διαθήκης (1 *a*)
17. 11. ἔσται ἐν σημείῳ διαθήκης (1 *a*)
Ex. 3. 12. τοῦτό σοι τὸ σ. (1 *a*)
4. 8. μηδὲ εἰσακούσωσι τῆς φωνῆς τοῦ σ. τοῦ πρώτου (1 *a*)
— 8. πιστεύσουσί σοι τῆς φωνῆς τοῦ σ. τοῦ ἐσχάτου (1 *a*)
— 9. ἐὰν μὴ πιστεύσωσί σοι τοῖς δυσὶ σ. τ. (1 *a*)
— 17. ἐν ᾗ ποιήσεις ἐν αὐτῇ τὰ σ. (1 *a*)
— 28. A καὶ πάντα τὰ σ. [B ῥήματα] (1 *a*)
— 30. ἐποίησε τὰ σ. ἐναντίον τοῦ λαοῦ (1 *a*)
7. 3. πληθυνῶ τὰ σ. μου [A *om.*] (1 *a*)
— 9. δότε ἡμῖν σημεῖον (3)
8. 23 (19). A ἔσται τὸ σ. [B *om.* τὸ σ.] τοῦτο ἐπὶ τῆς γῆς (1 *a*)
10. 1. ἵνα ἑξῆς ἐπέλθῃ τὰ σ. [A *add.* μου] ταῦτα (1 *a*)
— 2. καὶ τὰ σ. μου ἃ ἐποίησα ἐν αὐτοῖς (1 *a*)
Ex. 11. 9. ἵνα πληθύνων πληθύνω μου τὰ σ. (3)
— 10. ἐποίησαν πάντα τὰ σ. [A^1 al.] (3)
12. 13. ἔσται τὸ αἷμα ὑμῖν ἐν σημείῳ (1 *a*)
13. 9. ἔσται σοι σημεῖον ἐπὶ τῆς χειρός σου (1 *a*)
— 16. ἔσται εἰς σημεῖον ἐπὶ τῆς χειρός σου (1 *a*)
31. 13. σημεῖόν ἐστι παρ' ἐμοί (1 *a*)
— 17. σημεῖόν ἐστιν ἐν ἐμοὶ αἰώνιον (1 *a*)
Nu. 14. 11. ἕως τίνος οὐ πιστεύουσί μοι ἐν πᾶσι τοῖς σ. [A θαυμασίοις] (1 *a*)
— 22. οἱ ὁρῶντες τὴν δόξαν μου καὶ τὰ σ. (1 *a*)
16. 38 (17. 3). ἐγένοντο εἰς σημεῖον (1 *a*)
17. 10 (25). σημεῖον [A εἰς σ.] τοῖς υἱοῖς τῶν ἀνηκόων (1 *a*)
21. 8. θὲς αὐτὸν ἐπὶ σημείου (5)
— 9. ἔστησεν αὐτὸν ἐπὶ σημείου (5)
26. 10. ἐγενήθησαν ἐν σημείῳ (5)
De. 4. 34. λαβεῖν ἑαυτῷ ἔθνος . . . ἐν σημείοις (1 *a*)
6. 8. ἀφάψεις αὐτὰ εἰς σημεῖον (1 *a*)
— 22. ἔδωκε κύριος σημεῖα (1 *a*)
7. 19. μνησθήσῃ . . . τὰ σ. (1 *a*)
11. 3. οὐδὲ ἴδοσαν . . . τὰ σ. αὐ. (1 *a*)
— 18. ἀφάψετε αὐτὰ εἰς σημεῖον (1 *a*)
13. 1 (2). καὶ δῷ σοι σημεῖον ἢ τέρας (1 *a*)
— 2 (3). καὶ ἔλθῃ τὸ σ. ἢ τὸ τέρας (1 *a*)
26. 8. ἐξήγαγεν ἡμᾶς . . . ἐν σημείοις (1 *a*)
28. 46. ἔσται ἐν σοὶ σημεῖα (1 *a*)
29. 3 (2). τὰ σ. καὶ τὰ τέρατα τὰ μεγάλα ἐκεῖνα (1 *a*)
34. 11. ἐν πᾶσι τοῖς σ. καὶ τέρασιν (1 *a*)
Jo. 2. 18. θήσεις τὸ σ. (8 ?)
4. 6. ἵνα ὑπάρχωσιν ὑμῖν οὗτοι εἰς σ. κείμενον διὰ παντός (1 *a*)
24. 5. A ἐπάταξεν τὴν Αἰγ. ἐν σημείοις [B al.] –
Jd. 6. 17. A ποιήσεις μοι σημεῖον [B al.] (1 *a*)
20. 38. σημεῖον ἦν τοῖς υἱοῖς 'Ισρ. [A al.] (2)
I Ki. 2. 34. καὶ τοῦτό σοι τὸ σ. (1 *a*)
10. 1. καὶ τοῦτό σοι τὸ σ. –
— 7. ὅταν ἥξει τὰ σ. ταῦτα ἐπὶ σέ (1 *a*)
— 9. καὶ ἦλθε πάντα τὰ σ. (1 *a*)
14. 10. τοῦτο ἡμῖν τὸ σ. (1 *a*)
IV Ki. 19. 29. τοῦτό σοι τὸ σ. (1 *a*)
20. 8. τί τὸ σ. (1 *a*)
— 9. τοῦτο τὸ σ. παρὰ κυρίου (1 *a*)
II Ch. 32. 24. σημεῖον ἔδωκεν αὐτῷ (3)
Ne. 9. 10. καὶ ἔδωκας σημεῖα (1 *a*)
To. 5. 2. S τί σημεῖον δῶ αὐτῷ
Es. 4. 17. B S βδελύσσομαι τὸ σ. τῆς ὑπερηφανίας μου
10. 3. ἐποίησεν ὁ θεὸς τὰ σ.
Jb. 21. 29. τὰ σ. αὐτῶν οὐκ ἀπαλλοτριώσετε [S -ται, A -ωθήσεται] (1 *a*)
Ps. 64 (65). 8. φοβηθήσονται . . . ἀπὸ τῶν σ. σου (1 *a*)
73 (74). 4. B^2 S R ἔθεντο τὰ σ. αὐτῶν σημεῖα (1 *a*, 1 *a*)
— 9. τὰ σ. ἡμῶν οὐκ εἴδομεν (1 *a*)
77 (78). 43. ὡς ἔθετο ἐν Αἰγύπτῳ τὰ σ. αὐτοῦ (1 *a*)
85 (86). 17. ποίησον μετ' ἐμοῦ σημεῖον (1 *a*)
104 (105). 27. τοὺς λόγους τῶν σ. αὐτοῦ (1 *a*)
134 (135). 9. ἐξαπέστειλε σημεῖα καὶ τέρατα (1 *a*)
Wi. 5. 11. οὐχ εὑρέθη σημεῖον ἐπιβάσεως
— 13. ἀρετῆς μὲν σημεῖον οὐδὲν ἔσχομεν δεῖξαι
8. 8. σημεῖα καὶ τέρατα προγινώσκει
10. 16. φοβεροῖς ἐν τέρασι καὶ σημείοις
Si. 33 (36). 6. ἐγκαίνισον σημεῖα
42. 19. ἐνέβλεψεν εἰς σημεῖον αἰῶνος
43. 6. ἀνάδειξιν χρόνων καὶ σημεῖον αἰῶνος
— 7. ἀπὸ σελήνης σημεῖον ἑορτῆς
45. 3. ἐν λόγοις αὐτοῦ σημεῖα κατέπαυσεν
Jl. 2. 30 (3. 3). S^3 δώσω τέρατα . . . καὶ σημεῖα [A B S^1 al.] –
Is. 7. 11. αἴτησαι σεαυτῷ σ. (1 *a*)
— 14. δώσει κύριος αὐτὸς [A^2 -οῖς] ὑμῖν σ. (1 *a*)
8. 18. ἔσται [A S *add.* εἰς] σημεῖα καὶ τέρατα (1 *a*)
11. 12. ἀρεῖ σ. εἰς τὰ ἔθνη (5)
13. 2. ἐπ' ὄρους πεδινοῦ ἄρατε σ. (5)
18. 3. ἡ χώρα αὐτῶν ὡσεὶ [B^1 ὡς εἰς] σ. ἀπὸ ὄρους ἀρθῇ (5)
19. 20. ἔσται εἰς σ. εἰς τὸν αἰῶνα κυρίῳ (1 *a*)
20. 3. ἔσται εἰς [A S *om.*] σημεῖα [S^1 -ον] (1 *a*)
33. 23. οὐκ ἀρεῖ σ. (5)
37. 30. τοῦτο δέ σοι τὸ σ. (1 *a*)
38. 7. τοῦτο δέ σοι τὸ σ. παρὰ κυρίου (1 *a*)
— 22. τοῦτο τὸ σ. πρὸς 'Εζ. [A S τοῦτο τὸ σ.] (1 *a*)
44. 25. τίς ἕτερος διασκεδάσει σημεῖα ἐγγαστριμύθων (1 *a*)

Is. 55. 13. ἔσται κ. εἰς ὄνομα καὶ εἰς σ. αἰώνιον (1 *a*)
66. 19. καταλείψω ἐπ' αὐτῶν σ. [A S^{3} -α] (1 *a*)
Je. 6. 1. ὑπὲρ B. ἄρατε σ. (4)
10. 2. ἀπὸ τῶν σ. [S^{1} θηρίων] τοῦ οὐρανοῦ μὴ φοβεῖσθε (1 *a*)
28 (51). 12. ἐπὶ τειχέων Βαβυλῶνος ἄρατε σ. (5)
— 27. ἄρατε σ. ἐπὶ τῆς γῆς (5)
31 (48). 9. δότε σημεῖα [A -ον] τῇ Μωάβ †
39 (32). 20. ὃς [A ὅσα] ἐποίησας σημεῖα (1 *a*)
— 21. ἐν σημείοις καὶ ἐν τέρασιν (1 *a*)
51 (44). 29. τοῦτο ὑμῖν τὸ σημεῖον (1 *a*)
Ba. 2. 11. ἐν σημείοις καὶ ἐν τέρασι
Ep. Je. 67. σημεῖά τε ἐν ἔθνεσιν
Ez. 4. 3. σ. ἐστι τοῦτο τοῖς υἱοῖς Ἰσραήλ (1 *a*)
9. 4. δὸς σ. ἐπὶ τὰ μέτωπα (7)
— 6. ἐφ' οὓς ἐστι τὸ σ. (7)
20. 12. τοῦ εἶναι εἰς σ. (1 *a*)
— 20. ἔστω εἰς σ. (1 *a*)
39. 15. οἰκοδομήσει παρ' αὐτὸ σ. (6)
Da. LXX. 3. 32 (99). τὰ σ. . . . ἤρεσεν ἐναντίον μου ἀναγγεῖλαι ὑμῖν (1 *b*)
4. 34. ποιεῖ σημεῖα καὶ τέρατα -
— 34. καὶ ποιῆσαι σημεῖα -
5. 10. ἐκάλεσε τὴν βασίλισσαν περὶ τούτου σ. -
Da. TH. 3. 32 (99). τὰ σ. καὶ τὰ τέρατα (1 *b*)
6. 27 (28). ποιεῖ σημεῖα καὶ τέρατα (1 *b*)
I Ma. 4. 40. **S** ἐσάλπισαν ταῖς σάλπιγξι τῶν σ. [**A R** -μασιῶν]
II Ma. 6. 13. μεγάλης εὐεργεσίας σημεῖόν ἐστιν
15. 35. καὶ φανερὸν τῆς τοῦ κ. βοηθείας σ.
III Ma. 6. 32. χοροὺς συνίσταντο εὐφροσύνης εἰρηνικῆς σημεῖον

[**Aq.** Jo. 2. 12 : Ps. 73 (74). 4 *bis*, 9 : Is. 7. 11, 14 : 8. 18 : 30. 17 : Je. 6. 1.]
[**Sm.** Jo. 2. 12 : Ps. 59 (60). 6 : 73 (74). 4, 9 : 77 (78). 43 : Is. 7. 11, 14 : 8. 18 : 38. 22 : Ez. 9. 4.]
[**Th.** Jo. 2. 12 : Ps. 73 (74). 4 *bis*, 9 : Is. 7. 11 : 8. 18 : 30. 17.]
[**Al.** Ex. 13. 20.]

σημειοσκοπεῖσθαι.

[**Sm.** Dt. 18. 10 : Mi. 5. 12 (11).]

σημειοσκόπος.

[**Al.** I Ki. 28. 3, 9.]

σημειοῦν. (1) נָשָׂא

Ps. 4. 6. ἐσημειώθη ἐφ' ἡμᾶς τὸ φῶς τοῦ προσώπου σου (1)

[**Aq.** Ps. 59 (60). 6 : Ez. 9. 4.]
[**Sm.** Ez. 9. 4.]
[**Th.** Is. 59. 19 : Ez. 9. 4.]

σημείωσις. (1) נֵס

Ps. 59 (60). 4. ἔδωκας τοῖς φοβουμένοις σε σημείωσιν (1)

σήμερον. (1) *a.* הַיּוֹם *b.* כַּיּוֹם *c.* הַיּוֹם הַזֶּה *d.* בַּיּוֹם (2) ἡ σ. ἡμέρα, ἡ ἡμ. ἡ σ. *a.* הַיּוֹם *b.* הַיּוֹם הַזֶּה (3) ὡς σ. *a.* כַּיּוֹם *b.* כַּיּוֹם הַזֶּה *c.* כְּהַיּוֹם (4) τὸ τῆς σ. הַיּוֹם (5) ἐν τῇ σ. *a.* הַיּוֹם *b.* הַיּוֹם הַזֶּה (6) ἐν τῇ σ. ἡμέρᾳ הַיּוֹם (7) καθὼς ἔχεις σ. כַּיּוֹם הַזֶּה (8) ὥσπερ καὶ σ. כְּהַיּוֹם הַזֶּה (9) καθὰ καὶ σ. בַּיּוֹם הַזֶּה (10) ἐν ταῖς σ. ἡμέραις הַיּוֹם (11) ἡ σ. *a.* הַיּוֹם *b.* הַיּוֹם הַזֶּה

Ge. 4. 14. εἰ ἐκβαλεῖς με σ. ἀπὸ προσώπου τῆς γῆς (1 *a*)
19. 38 (37), 39 (38). ἕως τῆς σ. ἡμέρας (2 *a*)
21. 26. οὐδὲ ἐγὼ ἤκουσα ἀλλὰ σ. (1 *a*)
22. 14. ἵνα εἴπωσι σ. (1 *a*)
24. 12. εὐόδωσον ἐναντίον ἐμοῦ σ. (1 *a*)
— 42. ἐλθὼν σήμερον ἐπὶ τὴν πηγήν (1 *a*)
25. 31. ἀπόδου μοι σ. τὰ πρωτοτοκεῖά σου ἐμοί (1 *b*)
— 33. ὄμοσόν μοι σ. (1 *b*)
26. 33. ἕως τῆς σ. ἡμέρας (2 *b*)
30. 16. πρὸς ἐμὲ εἰσελεύσῃ σ. -
— 32. παρελθάτω τὰ πρόβατά σου σ. (1 *a*)
31. 43. τί ποιήσω ταύταις σ. (1 *a*)
— 46. ὁ βουνὸς οὗτος μαρτυρεῖ . . . σ. -
35. 4. ἕως τῆς σ. ἡμέρας -
Ge. 35. 20. **A** ἕως τῆς σ. ἡμέρας [**R** *al.*] (2 *a*)
40. 7. τί ὅτι τὰ πρόσωπα ὑμῶν σκυθρωπὰ σ. (1 *a*)
41. 9. τὴν ἁμαρτίαν μου ἀναμιμνήσκω σ. (1 *a*)
— 41. καθίστημί σε σ. ἐπὶ πάσης γῆς Αἰγ. -
42. 13. ὁ νεώτερος μετὰ τοῦ πατρὸς ἡμῶν σ. (1 *a*)
— 32. ὁ δὲ μικρότερος μετὰ τοῦ πατρὸς ἡμῶν σ. (1 *a*)
47. 23. κέκτημαι ὑμᾶς . . . σ. τῷ Φ. (1 *a*)
50. 20. ὅπως ἂν γενηθῇ ὡς σ. (3 *b*)
Ex. 2. 18. διὰ τί ἐταχύνατε τοῦ παραγενέσθαι σ. (1 *a*)
5. 7. **A** καὶ τὸ τῆς σ. -
— 14. καὶ τὸ τῆς σ. (4)
13. 4. ἐν γὰρ τῇ σ. ὑμεῖς ἐκπορεύεσθε (5 *a*)
14. 13. ἣν ποιήσει ἡμῖν σ. (1 *a*)
— 13. ὃν τρόπον γὰρ ἑωράκατε τοὺς Αἰγ. σ. (1 *a*)
16. 25. φάγετε σ. (1 *a*)
— 25. ἔστι γὰρ σάββατα σ. τῷ κυρίῳ (1 *a*)
19. 10. ἅγνισον αὐτοὺς σ. καὶ αὔριον (1 *a*)
32. 29. ἐπληρώσατε τὰς χ. ὑμῶν σ. κυρίῳ (1 *a*)
Le. 9. 4. σ. κύριος ὀφθήσεται ἐν ὑμῖν (1 *a*)
10. 19. εἰ σ. προσαγηόχασι τὰ περὶ τῆς ἁμαρτίας αὐ. (1 *a*)
— 19. καὶ φάγομαι τὰ περὶ τῆς ἁμαρτίας σ. (1 *a*)
Nu. 22. 30. ἕως τῆς σ. ἡμέρας [**A** *al.*] (2 *b*)
De. 1. 10. ἰδού ἐστε σ. ὡσεὶ τὰ ἄστρα (1 *a*)
— 39. ὅστις οὐκ οἶδε σ. ἀγαθὸν ἢ κακόν (1 *a*)
2. 18. παραπορεύσῃ σ. τὰ ὅρια M. (1 *a*)
4. 1. ὅσα ἐγὼ διδάσκω ὑμᾶς σ. ποιεῖν -
— 2. **B**^{2} ὃ ἐγὼ ἐντέλλομαι ὑμῖν σ. [**A B**^{1} **R** *om.*] -
— 2. ὅσα ἐγὼ ἐντέλλομαι ὑμῖν σ. -
— 4. ζῆτε πάντες ἐν τῇ σ. (5 *a*)
— 8. ὃν ἐγὼ δίδωμι . . . σ. (1 *a*)
— 26. διαμαρτύρομαι ὑμῖν σ. (1 *a*)
— 38. καθὼς ἔχεις σ. (7)
— 39. καὶ γνώσῃ σ. (1 *a*)
— 40. ὅσας ἐγὼ ἐντέλλομαί σοι σ. (1 *a*)
5. 3. ὑμεῖς ὧδε πάντες ζῶντες σ. (1 *a*)
6. 2. ἃς ἐγὼ ἐντέλλομαί σοι σ. -
— 6. ὅσα ἐγὼ ἐντέλλομαί σοι σ. (1 *a*)
— 24. ἵνα ζῶμεν ὥσπερ καὶ σ. (8)
7. 9. **B**^{1} καὶ γνώσεσθε σ. [**A B**^{2} **R** *al.*] -
— 11. ὅσα ἐγὼ ἐντέλλομαί σοι σ. ποιεῖν (1 *a*)
8. 1. ἃς ἐγὼ ἐντέλλομαι ὑμῖν σ. (1 *a*)
— 11. ὅσα ἐγὼ ἐντέλλομαί σοι σ. (1 *a*)
— 18. ἵνα στήσῃ τὴν διαθήκην . . . ὡς σ. (3 *b*)
— 19. διαμαρτύρομαι ὑμῖν σ. (1 *a*)
9. 1. διαβαίνεις σ. τὸν Ἰορδ. (1 *a*)
— 3. καὶ γνώσῃ σ. (1 *a*)
— 6. καὶ γνώσῃ σ. [**A** *om.*] -
10. 13. ὅσα ἐγὼ ἐντέλλομαί σοι σ. (1 *a*)
11. 2. καὶ γνώσεσθε σ. (1 *a*)
— 4. ἕως τῆς σ. ἡμέρας (2 *b*)
— 7. ὅσα ἐποίησεν ὑμῖν σ. -
— 8. ὅσας ἐγὼ ἐντέλλομαί σοι σ. (1 *a*)
— 13. ἃς ἐγὼ ἐντέλλομαί σοι σ. (1 *a*)
— 22. ἃς ἐγὼ ἐντέλλομαί σοι σ. ποιεῖν -
— 26. δίδωμι ἐνώπιον ὑμῶν σ. τὴν εὐλογίαν (1 *a*)
— 27. ὅσας ἐγὼ ἐντέλλομαι ὑμῖν σ. (1 *a*)
— 28. ὅσα ἐγὼ ἐντέλλομαι ὑμῖν σ. (1 *a*)
— 32. ὅσας ἐγὼ δίδωμι ἐνώπιον ὑμῶν σ. (1 *a*)
12. 8. ἃ ἡμεῖς ποιοῦμεν ὧδε σ. (1 *a*)
— 11. ὅσα ἐγὼ ἐντέλλομαι ὑμῖν σ. -
— 14. ὅσα ἐγὼ ἐντέλλομαί σοι σ. -
— 32 (13. 1). ὃ ἐγὼ ἐντέλλομαι ὑμῖν σ. -
13. 18 (19) : 15. 5. ὅσας ἐγὼ ἐντέλλομαί σοι σ. (1 *a*)
19. 9. ἃς ἐγὼ ἐντέλλομαί σοι σ. (1 *a*)
20. 3. ὑμεῖς πορεύεσθε σ. εἰς τὸν πόλεμον (1 *a*)
26. 3. ἀναγγέλλω σ. κ. τῷ θεῷ μου (1 *a*)
— 17. τὸν θεὸν εἵλου σ. εἶναί σου θεόν (1 *a*)
— 18. κύριος εἵλατό σε σ. (1 *a*)
27. 1. ὅσας ἐγὼ ἐντέλλομαι ὑμῖν σ. (1 *a*)
— 4. οὓς ἐγὼ ἐντέλλομαί σοι σ. (1 *a*)
— 10. ὅσα ἐγὼ ἐντέλλομαί σοι σ. (1 *a*)
28. 1. ἃς ἐγὼ ἐντέλλομαί σοι σ. (1 *a*)
— 13. ὅσα ἐγὼ ἐντέλλομαί σοι σ. φυλάσσειν (1 *a*)
— 14. ὧν ἐγὼ ἐντέλλομαί σοι σ. (1 *a*)
— 15. ὅσας ἐγὼ ἐντέλλομαί σοι σ. (1 *a*)
29. 10 (9). ἑστήκατε πάντες σ. ἐναντίον κ. τοῦ θεοῦ ὑμῶν (1 *a*)
— 12 (11). ὅσα κ. ὁ θ. σου διατίθεται πρὸς σὲ σ. (1 *a*)
— 15 (14). τοῖς ὧδε οὖσι μεθ' ἡμῶν σ. (1 *a*)
— 15 (14). τοῖς μὴ οὖσιν μεθ' ὑμῶν ὧδε σ. (1 *a*)
30. 2. ὅσα ἐγὼ ἐντέλλομαί σοι σ. (1 *a*)
— 8. ὅσας ἐγὼ ἐντέλλομαί σοι σ. (1 *a*)
— 11. ἣν ἐγὼ ἐντέλλομαί σοι σ. (1 *a*)
De. 30. 15. δέδωκα πρὸ προσώπου σου σ. τὴν ζωήν (1 *a*)
— 16. ἃς ἐγὼ ἐντέλλομαί σοι σ. (1 *a*)
— 18. ἀναγγέλλω σοι σ. (1 *a*)
— 19. διαμαρτύρομαι ὑμῖν σ. (1 *a*)
31. 2. ἑκατὸν καὶ εἴκοσι ἐτῶν ἐγώ εἰμι σ. (1 *a*)
— 21. ὅσα ποιοῦσιν ὧδε σ. (1 *a*)
— 27. ἔτι γὰρ ἐμοῦ ζῶντος μεθ' ὑμῶν σ. (1 *a*)
32. 46. οὓς ἐγὼ διαμαρτύρομαι ὑμῖν σ. (1 *a*)
Jo. 4. 9. εἰσὶν ἐκεῖ ἕως τῆς σ. ἡμέρας (2 *b*)
5. 8 (9). ἐν τῇ σ. ἡμέρᾳ ἀφεῖλον (6)
6. 24 (25). ἕως τῆς σ. ἡμέρας (2 *b*)
7. 19. δὸς δόξαν σ. τῷ κυρίῳ θεῷ Ἰσρ. -
— 25. καθὰ καὶ σ. (9)
9. 27 : 10. 27. ἕως τῆς σ. ἡμέρας (2 *b*)
13. 13. ἕως τῆς σ. ἡμέρας [**A** *al.*] (2 *b*)
14. 10. ἰδοὺ ἐγὼ σ. ὀγδοήκοντα καὶ πέντε ἐτῶν (1 *a*)
— 11. ἔτι εἰμὶ σ. ἰσχύων (1 *a*)
— 14. **A** ἕως τῆς σ. ἡμέρας [**B** *al.*] (2 *b*)
22. 3. ἕως τῆς σ. ἡμέρας (2 *b*)
— 16. ἀποστραφῆναι σ. ἀπὸ κυρίου (1 *a*)
— 18. ἀπεστράφητε σ. ἀπὸ κυρίου (1 *a*)
— 18. ἐὰν ἀποστῆτε σ. [**A**^{1} *om.*] ἀπὸ κυρίου (1 *a*)
— 29. **B** ἐν ταῖς σ. ἡμέραις [**A R** τῇ σ. ἡ.] (10 [6])
— 31. σ. ἐγνώκαμεν (1 *a*)
24. 15. ἐκλέξασθε ὑμῖν αὐτοῖς σ. (1 *a*)
— 27. ὅ τι ἐλάλησε πρὸς ὑμᾶς σ. -
— 30. ἕως τῆς σ. ἡμέρας -
Jd. 6. 17. ποιήσεις μοι σ. πᾶν [**A** *al.*] †
9. 18. ὑμεῖς ἐπανέστητε . . . σ. (1 *a*)
11. 27. κρίναι κύριος ὁ κρίνων σ. (1 *a*)
19. 9. **A** κατάλυσον ὧδε ἔτι σ. [**B** *al.*] (1 *a*)
21. 3. τοῦ ἐπισκεπῆναι σ. ἀπὸ Ἰσρ. φυλὴν μίαν (1 *a*)
— 6. ἐξεκόπη σ. φυλὴ μία ἀπὸ Ἰσρ. (1 *a*)
Ru. 2. 19. ποῦ συνέλεξας σ. (1 *a*)
— 19. μεθ' οὗ ἐποίησα σ. (1 *a*)
3. 18. ἕως ἂν τελέσῃ τὸ ῥῆμα σ. (1 *a*)
4. 9, 10. μάρτυρες ὑμεῖς σ. (1 *a*)
— 14. ὃς οὐ κατέλυσέ σοι σ. τὸν ἀγχιστέα (1 *a*)
I Ki. 4. 3. κατὰ τί ἔπταισεν ἡμᾶς κ. σ. (1 *a*)
— 8 (7). ἐξελοῦ ἡμᾶς, κύριε, σ. -
— 16. πέφευγα ἐκ τῆς παρατάξεως σ. (1 *a*)
9. 12. θυσία σ. τῷ λαῷ ἐν B. (1 *a*)
— 19. φάγε μετ' ἐμοῦ σ. (1 *a*)
— 20. περὶ τῶν ὄνων σου τῶν ἀπολωλυιῶν σ. τριταίων (1 *a*)
— 27. στῆθι ὡς σ. (3 *a*)
10. 2. ὡς ἂν ἀπέλθῃς σ. ἀπ' ἐμοῦ (1 *a*)
— 19. ὑμεῖς σ. ἐξουδενήκατε τὸν θεόν (1 *a*)
11. 13. σ. ἐποίησε κύριος σωτηρίαν (1 *a*)
12. 5. μάρτυς χριστὸς αὐ. σ. (1 *c*)
— 17. οὐχὶ θερισμὸς πυρῶν σ. (1 *a*)
14. 28. ὃς φάγεται ἄρτον σ. (1 *a*)
— 30. ἔφαγεν ἔσθων σ. ὁ λαός (1 *a*)
— 38. ἐν τίνι γέγονεν ἡ ἁμαρτία αὕτη σ. (1 *a*)
— 41. τί ὅτι οὐκ ἀπεκρίθης τῷ δούλῳ σου σ. -
— 44. θανάτῳ ἀποθανῇ σ. -
— 45. εἰ σ. θανατωθήσεται -
15. 28. διέρρηξε κ. τὴν βασ. σου . . . ἐκ χειρός σου σ. (1 *a*)
16. 5. εὐφράνθητε μετ' ἐμοῦ σ. †
17. 10. ὠνείδισα τὴν παράταξιν Ἰσρ. σ. (1 *c*)
— 36. ἀφελῶ σ. ὄνειδος ἐξ Ἰσρ. -
— 45 (46). ἣν ὠνείδισας σ. (1 *c*)
— 45 (46). ἀποκλείσει σε κ. σ. -
18. 21. **A** ἐν ταῖς δυσὶν ἐπιγαμβρεύσεις μοι σ. (1 *a*)
20. 27. οὐ παραγέγονεν ὁ υἱὸς Ἰ. καὶ ἐχθὲς καὶ σ. (1 *a*)
21. 2 (3). ὁ βασ. ἐντέταλταί μοι ῥῆμα σ. -
— 5 (6). ἁγιασθήσεται σ. διὰ τὰ σκεύη μου (1 *a*)
22. 15. ἦ σ. ἦργμαι ἐρωτᾶν αὐτῷ διὰ τοῦ θ. (1 *a*)
24. 11. παρέδωκέ σε κ. σ. εἰς χεῖράς μου (1 *a*)
— 12. γνῶθι καὶ ἴδε σ. -
— 19. ἀπήγγειλάς μοι σ. (1 *a*)
— 19. ὡς ἀπέκλεισέ με κ. σ. εἰς χεῖράς σου -
— 20. καθὼς πεποίηκας σ. (1 *c*)
25. 10. σ. πεπληθυμμένοι εἰσὶν οἱ δοῦλοι (1 *a*)
— 32. **A** ὃς ἀπέστειλέ σε σ. [**R** σ. ἐν ταύτῃ, **B** *al.*] (1 *c* [1 *a*])
— 33. ἡ ἀποκωλύσασά με σ. ἐν ταύτῃ (1 *a*)
— 34. ὃς ἀπεκώλυσέ με σ. -
26. 8. ἀπέκλεισε κ. σ. τὸν ἐχθρόν σου (1 *a*)
— 19. ἐξέβαλόν με σ. (1 *a*)
— 21. ἐν τῇ σ. μεματαίωμαι (5 *b*)
— 23. παρέδωκέ σε κ. σ. [**A** *om.*] εἰς χεῖράς μου (1 *a*)

I Ki. 26. 24. καθὼς ἐμεγαλύνθη ἡ ψυχή σου σ. ἐν ταύτῃ (1 *a*)
27. 10. ἐπὶ τίνα ἐπέθεσθε σ. (1 *a*)
29. 6. ἕως τῆς σ. ἡμέρας [A ἡ. τῆς σ.] (2 *b*)
30. 13. ἠνωχλήθην ἐγὼ σ. τριταῖος (1 *a*)
— 25. ἐγένετο εἰς πρόσταγμα . . . ἕως τῆς σ. (11 *b*)
II Ki. 3. 8. ἐποίησα σ. ἔλεος μετὰ τοῦ οἴκου Σ. (1 *a*)
— 8. ἐπιζητεῖς ἐπ' ἐμὲ . . . σ. (1 *a*)
— 39. ἐγώ εἰμι συγγενὴς σ. (1 *a*)
6. 8. A ἕως τῆς σ. ἡμέρας [B *al.*] (2 *b*)
— 20. τί δεδόξασται σ. ὁ βασ. Ἰσρ. (1 *a*)
— 20. ὃς ἀπεκαλύφθη σ. (1 *a*)
11. 12. κάθισον ἐνταῦθα καί γε σ. (1 *a*)
14. 22. σ. ἔγνω ὁ δοῦλός σου (1 *a*)
15. 20. σ. κινήσω σε μεθ' ἡμῶν (1 *a*)
— 20. B σ. μετακινήσω σε μεθ' ἡμῶν (1 *a* ?)
16. 3. σ. ἐπιστρέψουσί μοι οἶκος Ἰσρ. (1 *a*)
18. 31. ἔκρινέ σοι κ. σ. (1 *a*)
19. 5 (6). κατῄσχυνας σ. τὸ πρόσωπον π. τῶν δούλων σου τῶν ἐξαιρουμ. σε σ. (1 *a*, 1 *a*)
— 6 (7). καὶ ἀνήγγειλας σ. (1 *a*)
— 6 (7). ὅτι ἔγνωκα σ. (1 *a*)
— 6 (7). πάντες ἡμεῖς σ. νεκροί (1 *a*)
— 7 (8). εἰ μὴ ἐκπορεύσῃ σ. –
— 20 (21). ἦλθον σ. πρότερος (1 *a*)
— 22 (23). γίνεσθέ μοι σ. εἰς ἐπίβουλον (1 *a*)
— 22 (23). σ. οὐ θανατωθήσεταί τις ἀνήρ (1 *a*)
— 22 (23). οὐκ οἶδα εἰ σ. βασιλεύω ἐγώ (1 *a*)
— 35 (36). υἱὸς ὀγδοήκοντα ἐτῶν ἐγώ εἰμι σ. (1 *a*)
III Ki. 1. 25. κατέβη σ. (1 *a*)
— 48. ὃς ἔδωκε σ. ἐκ τοῦ σπέρματός σου (1 *a*)
— 51. ὀμοσάτω μοι σ. Σαλ. (1 *b*)
2. 24. σ. θανατωθήσεται Ἀδ. (1 *a*)
— 31. ἐξαρεῖς σ. τὸ αἷμα –
5. 7 (21). εὐλογητὸς σ. ὁ θεὸς σ. (1 *a*)
8. 15. εὐλογητὸς κ. ὁ θεὸς Ἰσρ. σ. –
— 28. ἧς ὁ δοῦλός σου προσεύχεται . . . σ. (1 *a*)
— 56. εὐλογητὸς κύριος σ. –
18. 15. σ. ὀφθήσομαι αὐτῷ (1 *a*)
— 36. ἐπάκουσόν μου σ. ἐν πυρί [A *al.*] (1 *a*)
21 (20). 13. δίδωμι αὐτὸν σ. εἰς χεῖράς σάς (1 *a*)
22. 5. ἐπερωτήσατε δὴ σ. τὸν κύριον (1 *b*)
IV Ki. 2. 3. κύριος σ. λαμβάνει τὸν κύριόν σου (1 *a*)
— 5. σ. λαμβάνει κύριος τὸν κύριόν σου (1 *a*)
4. 23. τί ὅτι σὺ πορεύῃ πρὸς αὐτὸν σ. (1 *a*)
6. 28. φαγόμεθα αὐτὸν σ. (1 *a*)
— 31. εἰ στήσεται ἡ κεφ. Ἐλ. ἐπ' αὐτῷ σ. (1 *a*)
I Ch. 29. 5. πληρῶσαι τὰς χεῖρας αὐ. σ. κυρίῳ (1 *a*)
II Ch. 6. 19. τοῦ ἐπακοῦσαι τῆς δεήσεως . . . σ. –
10. 7. ἐὰν ἐν τῇ σ. γένῃ εἰς ἀγαθὸν τῷ λαῷ τ. –
18. 4. ζήτησον δὴ σ. τὸν κύριον (1 *b*)
35. 21. οὐκ ἐπὶ σὲ ἥκω σ. (1 *a*)
— 25. εἶπαν . . . θρῆνον ἐπὶ Ἰωσ. ἕως τῆς σ. (11 *a*)
I Es. 8. 77. μέχρι τῆς σ. ἡμέρας
— 89. κατελείφθημεν γὰρ ῥίζα ἐν τῇ σ.
Ne. 1. 6. ἣν ἐγὼ προσεύχομαι ἐνώπιόν σου σ. (1 *a*)
— 11. εὐόδωσον δὴ τῷ παιδί σου σ. (1 *a*)
4. 2 (3. 34). R σ. ἰάσονται τοὺς λίθους (1 *d*)
5. 11. ἐπιστρέψατε δὴ αὐτοῖς ὡς σ. ἀγροὺς αὐ. (3 *c*)
9. 36. ἰδού ἐσμεν σ. δοῦλοι (1 *a*)
To. 6. 10. σ. αὐλισθησόμεθα παρὰ Ῥαγ. [S *al.*]
7. 12. S δέδοταί σοι ἀπὸ τῆς σ.
Ju. 6. 2. ἐπροφήτευσας ἐν ἡμῖν καθὼς σ.
7. 28 : 8. 12, 18. ἐν τῇ ἡμέρᾳ τῇ σ.
8. 29. οὐκ ἐν τῇ σ. [S[1] σῇ μερίμνῃ] ἡ σοφία σου πρόδηλός ἐστιν
12. 18. A B ἐμεγαλύνθη τὸ ζῆν μου ἐν ἐμοὶ σ.
13. 11. καθὰ καὶ σ. ἐποίησε
— 17. ἐν τῇ ἡμέρᾳ τῇ σ.
Es. 1. 18. οὕτως σ. αἱ τυραννίδες αἱ λοιπαί (1 *c*)
5. 4. ἡμέρα μου ἐπίσημος σ. ἐστιν –
— 4. ἣν ποιήσω σ. (1 *a* ?)
Ps. 2. 7. ἐγὼ σ. γεγέννηκά σε (1 *a*)
94 (95). 7. σ. ἐὰν τῆς φωνῆς αὐτοῦ ἀκούσητε (1 *a*)
Pr. 7. 14. σ. ἀποδίδωμι τὰς εὐχάς μου (1 *a*)
Si. 10. 10. βασιλεὺς σ. καὶ [S[1] καὶ αὐτὸς] αὔριον τελευτήσει
20. 15. σ. δανιεῖ καὶ αὔριον ἀπαιτήσει [A ἀποτίσει]
38. 22. ἐμοὶ ἐχθὲς καὶ σοὶ σ.
47. 7. ἕως σ. συνέτριψεν αὐτῶν κέρας
Is. 10. 32. παρακαλεῖτε σ. ἐν ὁδῷ τοῦ μεῖναι (1 *a*)
37. 3. ἡμέρα θλίψεως . . . ἡ σ. ἡμέρα (2 *b*)
38. 19. ἀπὸ γὰρ τῆς σ. παιδία ποιήσω (11 *a*)
58. 4. ἵνα τί μοι νηστεύετε ὡς σ. (3 *a*)
Je. 1. 10. καθέστακά σε σ. ἐπὶ ἔθνη (1 *c*)
— 18. τέθεικά σε ἐν τῇ σ. ἡμέρᾳ ὡς πόλιν ὀχυράν (6)
Je. 41 (34). 15. ἐπέστρεψαν σ. ποιῆσαι τὸ εὐθές (1 *a*)
Ba. 3. 8. ἡμεῖς σ. ἐν τῇ ἀποικίᾳ ἡμῶν
Ez. 2. 3. ἕως τῆς σ. ἡμέρας (2 *b*)
8. 9. A ἃς οὗτοι ποιοῦσιν ὧδε σ. [B *om.*] –
20. 29. ἕως τῆς σ. ἡμέρας (2 *b*)
— 31. ἕως τῆς σ. ἡμέρας (2 *a*)
24. 2. ἀπὸ τῆς ἡμέρας τῆς σ. (2 *b*)
Da. LXX. Su. 55. σχίσει σου τὴν ψυχὴν σ.
3. (37). ἐσμὲν ταπεινοὶ ἐν πάσῃ τῇ γῇ σ.
— (40). γενέσθω ἡμῶν ἡ θυσία ἐνώπιόν σου σ.
Da. TH. 3. (37). ἐσμὲν ταπεινοὶ ἐν πάσῃ τῇ γῇ σ.
— (40). γενέσθω θυσία ἡμῶν ἐνώπιόν σου σ.
I Ma. 2. 63. σ. ἐπαρθήσεται
3. 17. ἐκλελύμεθα ἀσιτοῦντες σ.
4. 10. καὶ συντρίψει τὴν παρεμβολὴν ταύτην . . . σ.
5. 32. πολεμήσατε σ. ὑπὲρ τῶν ἀδελφῶν ὑμῶν
6. 26. παρεμβεβλήκασι σ. ἐπὶ τὴν ἄκραν
7. 42. σύντριψον τὴν παρεμβολὴν ταύτην . . . σ.
9. 30. νῦν οὖν σε ᾑρετισάμεθα σ.
→ 44. οὐ γάρ ἐστι σ. ὡς ἐχθές
10. 20. καθεστάκαμέν σε σ. ἀρχιερέα τοῦ ἔθνους σου
— 30. ἀφίημι ἀπὸ τῆς σ. καὶ ἐπέκεινα
— 30. ἀπὸ τῆς σ. ἡμέρας καὶ εἰς τὸν ἅπαντα χρόνον
13. 39. ἕως τῆς σ. ἡμέρας
16. 2. ἀπὸ νεότητος ἕως τῆς σ. ἡμέρας
III Ma. 5. 20. τὸ τῆς σ. ὕπνῳ χάριν ἔχειν αὐτούς
6. 13. πτηξάτω δὲ ἔθνη σὴν δύναμιν ἀνίκητον σ.

[**Aq.** Ex. 16. 25 : 32. 29 : 34. 11 : Ps. 2. 7 : Je. 42 (49). 19.]
[**Sm.** Ex. 16. 25 : 32. 29 : 34. 11 : I Ki. 14. 38 : 17. 10 : III Ki. 8. 24 : Is. 38. 19 : Je. 44 (51). 2, 6.]
[**Th.** Ex. 16. 25 : 32. 29 : 34. 11 : Je. 40 (47). 4.]
[**Al.** III Ki. 1. 51.]

σηνίθ.

[**Heb.** Ma. 2. 13.]

σηπεδών.

[**Sm.** Jb. 13. 28.]

σήπειν. (1) כָּלָה (2) מָקַק ni.

Jb. 16. 8 (7). κατάκοπόν με πεποίηκε μωρὸν σεσηπότα †
19. 20. ἐν δέρματί μου ἐσάπησαν αἱ σάρκες μου †
33. 21. ἕως ἂν σαπῶσιν αὐτοῦ αἱ σάρκες (1)
40. 7 (12). σῆψον δὲ ἀσεβεῖς παραχρῆμα †
Ps. 37 (38). 5. ἐσάπησαν οἱ μώλωπές μου (2)
Si. 14. 19. πᾶν ἔργον σηπόμενον ἐκλείπει
Ep. Je. 72. ἀπό . . . τῆς μαρμάρου τῆς ἐπ' αὐτοὺς [A -ῶν] σηπομένης
Ez. 17. 9. οὐχὶ . . . ὁ καρπὸς σαπήσεται †

[**Aq.** Pr. 10. 7.]
[**Sm.** Pr. 10. 7 : Ec. 10. 1.]

σήπη.

Si. 19. 3. A B[1] S[2] σήπη [S[1] σῆπες, B[3] R σῆτες] καὶ σκώληκες κληρονομήσουσιν αὐτόν [S[1] τὴν γῆν]

[**Al.** Jb. 17. 14 : 21. 26.]

σής. (1) סָס (2) עָשׁ (3) רָקָב

Jb. 4. 19. ἔπαισεν αὐτοὺς σητὸς τρόπον (2)
27. 18. ἀπέβη δὲ ὁ οἶκος αὐ. ὥσπερ σῆτες [A -ός] (2)
— 20. S[1] συνήντησαν αὐτῷ ὥσπερ σῆτες αἱ ὀδύναι [A B S[c] *al.*] †
32. 22. εἰ δὲ μὴ καὶ ἐμὲ σῆτες ἔδονται †
Pr. 14. 30. σὴς δὲ ὀστέων καρδία αἰσθητική (3)
25. 20. ὥσπερ σὴς ἐν [A S *om.*] ἱματίῳ –
Si. 19. 3. B[3] R σῆτες [A B[1] S[2] σήπη, S[1] σῆπες] καὶ σκώληκες κληρονομήσουσιν αὐτόν [S[1] τὴν γῆν]
42. 13. ἀπὸ γὰρ ἱματίων ἐκπορεύεται σής
Mi. 7. 4. ὡς σὴς ἐκτρώγων †
Is. 33. 1. ὡς σ. ἐφ' ἱματίου [S -ίῳ] †
50. 9. σ. [A ὡς σ.] καταφάγεται ὑμᾶς (2)
51. 8. ὡς ἔρια βρωθήσεται ὑπὸ σητός (1)

σητόβρωτος. (1) אָכַל עָשׁ

Jb. 13. 28. ἣ ὥσπερ ἱμάτιον σητόβρωτον (1)

σήψ.

Si. 19. 3. S[1] σῆπες [A B[1] S[2] σήπη, B[3] R σῆτες] καὶ σκώληκες κληρονομήσουσιν αὐτόν [S[1] τὴν γῆν]

σῆψις. (1) רִמָּה

Is. 14. 11. ὑποκάτω σου στρώσουσι σῆψιν (1)

[**Aq.** Jb. 17. 14 (P.) : Ho. 5. 12.]
[**Sm.** Ho. 5. 12.]

σθένειν (σθάνειν).

III Ma. 3. 8. βοηθεῖν μὲν οὐκ ἔσθενον

σθένος. (1) גְּבוּרָה (2) שְׁאָגָה

Jb. 4. 10. σθένος λέοντος φωνὴ δὲ λεαίνης (2)
16. 16 (15). τὸ δὲ σθ. μου ἐν γῇ ἐσβέσθη †
26. 14. σθένος δὲ βροντῆς αὐτοῦ τίς οἶδεν ὁπότε ποιήσει (1)
III Ma. 2. 2. θράσει καὶ σθένει πεφρυασμένου

[**Sm.** Ps. 26 (27). 1.]

σιαγόνιον. (1) לְחִי

De. 18. 3. δώσει τῷ ἱ. . . . τὰ σ. (1)

σιαγών. (1) לְחִי (2) פֶּה

Jd. 15. 14. ἦλθον ἕως σιαγόνος (1)
— 15. εὗρε σιαγόνα ὄνου ἐξερριμμένην (1)
— 16. ἐν σιαγόνι ὄνου ἐξαλείφων ἐξήλειψα αὐτούς (1)
— 16. ἐν τῇ σ. τοῦ [A ἐν σ.] ὄνου ἐπάταξα χιλίους ἄνδρας (1)
— 17. ἔρριψε τὴν σ. ἐκ τῆς χειρὸς αὐ. (1)
— 17. ἀναίρεσις σιαγόνος (1)
— 19. τὸν λάκκον τὸν ἐν τῇ σ. [A τὸ τραῦμα τῆς σ.] (1)
— 19. ἥ ἐστιν ἐν σιαγόνι [A *al.*] (1)
III Ki. 22. 24 : II Ch. 18. 23. ἐπάταξε τὸν Μ. ἐπὶ τὴν σ. (1)
Jb. 21. 5. χεῖρα θέντες ἐπὶ σιαγόνι [A στόμα] (2)
Ps. 31 (32). 9. ἐν χαλινῷ καὶ κημῷ τὰς σ. αὐ. ἄγξαι †
Ca. 1. 10. τί ὡραιώθησαν σιαγόνες σου (1)
5. 13. σιαγόνες αὐτοῦ ὡς φιάλαι τοῦ ἀρώματος (1)
Si. 32 (35). 15. οὐχὶ δάκρυα χήρας ἐπὶ σιαγόνα [A -όνι, S -ας] καταβαίνει
Ho. 11. 4. ὡς ῥαπίζων ἄνθρωπος ἐπὶ τὰς σ. αὐ. (1)
Mi. 5. 1 (4. 14). πατάξουσιν ἐπὶ σιαγόνα [A -ας] τὰς φυλὰς τοῦ Ἰσρ. (1)
Is. 50. 6. τὰς δὲ σ. μου εἰς ῥαπίσματα (1)
La. 1. 2. τὰ δάκρυα αὐτῆς ἐπὶ τῶν σ. αὐτῆς (1)
3. 30. δώσει τῷ παίοντι αὐτὸν σιαγόνα (1)
Ez. 29. 4. δώσω παγίδας εἰς τὰς σ. σου (1)

[**Aq.** Dt. 34. 7 : Jd. 15. 9, 19 : Jb. 16. 10 : Ps. 3. 8 : Is. 30. 28 : Mi. 5. 1 (4. 14).]
[**Sm.** Dt. 34. 7 : Jd. 15. 9, 19 : Ps. 3. 8 : Mi. 5. 1 (4. 14).]
[**Th.** Dt. 34. 7 : Jd. 15. 9, 19 : Jb. 40. 21 (26) : Is. 30. 28 : Ez. 38. 4 : Mi. 5. 1 (4. 14).]

σιβύνη, *vid. sub* **ζιβύνη.**

σίγα. (1) שׁוּעַ

Is. 32. 5. οὐκέτι μὴ εἴπωσιν οἱ ὑπηρέται σου, Σίγα (1)

σιγᾶν. (1) דָּמַם (2) הַס (3) חָרַשׁ *a.* qal. *b.* hi. (4) חָשָׁה *a.* qal. *b.* hi.

Ex. 14. 14. καὶ ὑμεῖς σιγήσετε (3 *b*)
Jd. 18. 9. A ἐνεπεριεπατήσαμεν . . . ἕως σιγῆσαι –
I Es. 3. 24. ἐσίγησεν οὕτως εἴπας
4. 12. καὶ ἐσίγησεν
To. 6. 1. S ἐσίγησεν [A B ἐπαύσατο] κλαίουσα
10. 6. σίγα μὴ λόγον ἔχε
— 7. σίγα μὴ πλάνα με [S *al.*]
Ps. 31 (32). 3. ὅτι ἐσίγησα (3 *b*)
38 (39). 2. ἐσίγησα ἐξ ἀγαθῶν (4 *b*)
49 (50). 21. ταῦτα ἐποίησας καὶ ἐσίγησα (3 *b*)
82 (83). 1. μὴ σιγήσῃς μηδὲ καταπραΰνῃς (3 *a*)
106 (107). 29. ἐσίγησαν τὰ κύματα αὐτῆς (4 *a*)
Ec. 3. 7. καιρὸς τοῦ σιγᾶν (4 *a*)
Wi. 8. 12. σιγῶντά με περιμενοῦσι
Si. 13. 23. πάντες ἐσίγησαν
20. 7. ἄνθρωπος σοφὸς σιγήσει [S σιωπήσει] ἕως καιροῦ
Am. 6. 11 (10). καὶ ἐρεῖ, Σίγα (2)
La. 3. 49. οὐ σιγήσομαι [A σιωπήσ.] τοῦ μὴ εἶναι ἔκνηψιν (1)
I Ma. 11. 5. καὶ ἐσίγησεν ὁ βασ.

[**Aq.** Ps. 27 (28). 1 : 36 (37). 7 : 38 (39). 3 : Is. 42. 14 : Je. 8. 14 : 50 (27). 30.]
[**Sm.** Jd. 3. 19 : Jb. 33. 33 : Ps. 27 (28). 1 : 108 (109). 1 : Is. 23. 2 : Je. 8. 14 : Ez. 24. 17.]
[**Al.** Jd. 18. 19.]

σιγή.

Wi. 18. 14. ἡσύχου γὰρ σιγῆς περιεχούσης τὰ πάντα
III Ma. 3. 23. βδελύσσονται λόγῳ τε καὶ σιγῇ τοὺς . . . διακειμένους

[**Aq.**, **Sext.** Ps. 21 (22). 3.]
[**Sm.** Ps. 21 (22). 3 : 38 (39). 3.]
[**Th.** Ps. 21 (22). 3 : Is. 62. 7.]

σιγηρός.

Pr. 18. 18. ἀντιλογίας παύει σιγηρός [S² κλῆρος] †
Si. 26. 14. δόσις κυρίου γυνὴ σιγηρά

σίγχος.

[**Sm.** La. 1. 8 (Sw.).]

σιδήραιος, σιδήρεος, *vid. sub* **σιδηροῦς.**

σιδήριον. (1) בַּרְזֶל

De. 19. 5. καὶ ἐκπεσὸν τὸ σ. ἀπὸ τοῦ ξύλου (1)
IV Ki. 6. 5. τὸ σ. ἐξέπεσεν εἰς τὸ ὕδωρ (1)
— 6. ἐπεπόλασε τὸ σ. [A -ρον] (1)
Jb. 19. 24. S ἐν γραφείῳ σιδηρίῳ [A B -ρῷ] (1)
Ec. 10. 10. ἐὰν ἐκπέσῃ τὸ σ. (1)

[**Sm.**, **Th.** Jb. 41. 22.]

σιδηρόδεσμος.

III Ma. 4. 9. θηρίων τρόπον ἀγόμενοι σιδηροδέσμοις ἀνάγκαις

σίδηρον. (1) בַּרְזֶל

IV Ki. 6. 6. A ἐπεπόλασε τὸ σ. [B -ριον] (1)

σίδηρος. (1) בַּרְזֶל (2) נְחֻשְׁתָּן (3) חֶרֶב (4) מוֹרָה (5) פַּרְזֶל (6) **τέκτων σιδήρου** חָרָשׁ

Ge. 4. 22. χαλκεὺς χαλκοῦ καὶ σιδήρου (1)
Nu. 31. 22. πλὴν τοῦ χρυσίου . . . καὶ σιδήρου (1)
35. 16. ἐὰν δὲ ἐν σκεύει σιδήρου πατάξῃ αὐτόν (1)
De. 8. 9. γῆ ἧς οἱ λίθοι σίδηρος (1)
20. 19. ἐπιβαλεῖν ἐπ' αὐτὰ σίδηρον (2)
27. 5. οὐκ ἐπιβαλεῖς ἐπ' αὐτὸ σίδηρον (1)
33. 25. σίδηρος καὶ χαλκὸς τὸ ὑπόδημα αὐ. ἔσται (1)
Jo. 6. 18 (19). χρυσίον . . . ἢ σίδηρος ἅγιον ἔσται τῷ κ. (1)
— 23 (24). πλὴν ἀργυρίου . . . καὶ σιδήρου (1)
9. 2 (8. 31). ἐφ' οὓς οὐκ ἐπεβλήθη σίδηρος (1)
17. 16. καὶ σίδηρος τῷ Χαν. τῷ κατοικοῦντι ἐν αὐτῷ (1)
22. 8. ἀργύριον καὶ χρυσίον καὶ σίδηρον [A *om.* κ. σ.] (1)
Jd. 13. 5. σίδηρος ἐπὶ τὴν κεφ. αὐ. οὐκ ἀναβήσεται (4)
16. 17. σίδηρος οὐκ ἀνέβη ἐπὶ τὴν κεφ. μου [A *al.*] (4)
I Ki. 1. 11. σίδηρος οὐκ ἀναβήσεται ἐπὶ τὴν κεφ. αὐ. (4)
13. 19. B τέκτων σιδήρου οὐχ εὑρίσκετο (6)
17. 5. πέντε χιλιάδες σίκλων χαλκοῦ καὶ σιδήρου –
— 7. ἡ λόγχη αὐ. ἑξακοσίων σίκλων σιδήρου (1)
II Ki. 23. 7. καὶ πλῆρες σιδήρου (1)
III Ki. 8. 51. ἐκ μέσου χωνευτηρίου σιδήρου (1)
I Ch. 22. 3. καὶ σ. πολὺν εἰς τοὺς ἥλους (1)
— 14. ἡτοίμασα . . . χαλκὸν καὶ σίδηρον (1)
— 16. ἐν . . . χαλκῷ καὶ ἐν σιδήρῳ (1)
29. 2. ἡτοίμακα . . . σίδηρον (1)
— 7. καὶ σιδήρου ταλάντων χιλιάδας ἑκατόν (1)
II Ch. 2. 7 (6). εἰδότα τοῦ ποιῆσαι . . . ἐν τῷ σ. (1)
— 14 (13). εἰδότα ποιῆσαι . . . ἐν σιδήρῳ (1)
24. 12. ἐμισθοῦντο . . . χαλκεῖς σιδήρου [A *om.* χ. σ.] (1)
Ju. 6. 6. τότε διελεύσεται ὁ σ. τῆς στρατιᾶς μου
9. 8. καταβαλεῖν σιδήρῳ κέρας θυσιαστηρίου σου
Jb. 5. 20. ἐκ χειρὸς σιδήρου λύσει σε (3)
15. 22. ἐντέταλται [A -ακται] γὰρ ἤδη εἰς χεῖρας σιδήρου (3)
20. 24. οὐ μὴ σωθῇ ἐκ χειρὸς σιδήρου (1)
28. 2. σίδηρος μὲν γὰρ ἐκ γῆς γίνεται (1)
39. 22. οὐ μὴ ἀποστραφῇ ἀπὸ [A *om.*] σιδήρου [A -ον] (3)
40. 13 (18). ἡ δὲ ῥάχις αὐτοῦ σίδηρος [A ὡς σ.] χυτός (1)
41. 18 (19). ἥγηται μὲν γὰρ σίδηρον ἄχυρα (1)
Ps. 104 (105). 18. σίδηρον διῆλθεν ἡ ψυχὴ αὐτοῦ (1)
106 (107). 10. πεπεδημένους ἐν πτωχείᾳ καὶ σιδήρῳ (1)
Pr. 27. 17. σίδηρος σίδηρον ὀξύνει (1, 1)
Wi. 13. 15. ἐν τοίχῳ ἔθηκεν αὐτὸ ἀσφαλισάμενος σιδήρῳ
Si. 22. 15. βῶλον σιδήρου [A S¹ -οῦν] εὔκοπον ὑπενεγκεῖν
38. 28. καταμανθάνων ἀργῷ σιδήρῳ [A S *al.*]
39. 26. ὕδωρ πῦρ [A S² καὶ π.] καὶ σίδηρος
48. 17. ὤρυξε σιδήρῳ ἀκρότομον
Is. 44. 12. ὤξυνε τέκτων σίδηρον (1)
60. 17. ἀντὶ δὲ σιδήρου οἴσω σοι ἀργύριον . . . ἀντὶ δὲ λίθων σίδηρον (1, 1)
Je. 6. 28. χαλκὸς καὶ σ. πάντες διεφθαρμένοι εἰσίν (1)
15. 12. εἰ γνωσθήσεται σ. (1)
Ez. 22. 18. ἀναμεμιγμένοι πάντες χαλκῷ καὶ σιδήρῳ (1)
— 20. εἰσδέχεται ἄργυρος καὶ χαλκὸς καὶ σ. (1)
27. 12. σίδηρον καὶ κασσίτερον . . . ἔδωκαν τὴν ἀγοράν σου (1)
— 19. ἐξ Ἀσὴλ σ. εἰργασμένος [A -ον εἰργασμένον] (1)
Da. LXX. 2. 33. μέρος μέν τι σιδήρου (5)
— 35. λεπτὰ ἐγένετο ἅμα ὁ σ. καὶ τὸ ὄστρακον (5)
— 40. βασιλεία τετάρτη ἰσχυρὰ ὡς ὁ σ. ὥσπερ ὁ σ. ὁ δαμάζων πάντα καὶ ὡς ὁ σ. πᾶν δένδρον ἐκκόπτων (5 *ter*)
— 41. μέρος δέ τι σιδήρου (5)
— 41. καθάπερ εἶδες τὸν σ. ἀναμεμιγμένον (5)
— 43. ὡς εἶδες τὸν σ. ἀναμεμιγμένον (5)
— 43. ὥσπερ οὐδὲ ὁ σ. δύναται συγκραθῆναι (5)
— 45. συνηλόησε τὸ ὄστρακον τὸν σ. (5)
Bel 25. ἀνελῶ τὸν δράκοντα ἄνευ σιδήρου
Da. Th. 2. 35. ἐλεπτύνθησαν εἰσάπαξ τὸ ὄστρακον ὁ σ. (5)
— 40. βασιλεία τετάρτη ἔσται ἰσχυρὰ ὡς ὁ σ. (5)
— 40. ὃν τρόπον ὁ σ. λεπτύνει . . . πάντα (5)
— 41. ὃν τρόπον εἶδες τὸν σ. ἀναμεμιγμένον (5)
— 43. εἶδες τὸν σ. ἀναμεμιγμένον τῷ ὀστράκῳ (5)
— 43. καθὼς ὁ σ. οὐκ ἀναμίγνυται (5)
— 45. ἐλέπτυνε τὸ ὄστρακον τὸν σ. (5)
IV Ma. 14. 19. καθάπερ σιδήρῳ τῷ κέντρῳ πλήσσουσι

[**Aq.** Je. 15. 12 *bis* : Da. 2. 41 (Sw.).]
[**Sm.** Ps. 104 (105). 18 : Je. 15. 12 *bis* : Da. 2. 41 (Sw.).]
[**Th.** Da. 2. 40.]

σιδηροῦς. (1) בַּרְזֶל (2) פַּרְזֶל

Le. 26. 19. θήσω τὸν οὐρανὸν ὑμῖν σιδηροῦν (1)
De. 3. 11. ἡ κλίνη αὐ. κλίνη σ. (1)
4. 20. ἐξήγαγεν ὑμᾶς . . . ἐκ τῆς καμίνου τῆς σ. (1)
28. 23. ἔσται . . . ἡ γῆ ἡ ὑποκάτω σου σιδηρᾶ (1)
— 48. ἐπιθήσει κλοιὸν σ. ἐπὶ τὸν τράχηλόν σου (1)
Jd. 4. 3. ἐννακόσια ἅρματα σιδηρᾶ ἦν αὐτῷ (1)
— 13. ἐννακόσια ἅρματα σ. (1)
II Ki. 12. 31. καὶ ἔθηκεν . . . ἐν τοῖς τριβόλοις τοῖς σ. (1)
— 31. A R καὶ ὑποτομεῦσι σιδηροῖς (1)
III Ki. 6. 7. πᾶν σκεῦος σ. οὐκ ἠκούσθη (1)
22. 11. ἐποίησεν ἑαυτῷ Σεδ. υἱὸς Χ. κέρατα σ. (1)
I Ch. 20. 3. διέπρισε . . . ἐν σκεπάρνοις σ. (1)
II Ch. 18. 10. ἐποίησεν ἑαυτῷ Σεδ. υἱὸς Χ. κέρατα σ. (1)
Jb. 19. 24. ἐν γραφείῳ σιδηρῷ [S -ίῳ] καὶ μολίβῳ (1)
Ps. 2. 9. ποιμανεῖς αὐτοὺς ἐν ῥάβδῳ σιδηρᾷ (1)
106 (107). 16. μοχλοὺς σ. συνέθλασεν (1)
149. 8. καὶ τοὺς ἐνδόξους αὐ. ἐν χειροπέδαις σ. (1)
Si. 22. 15. A S¹ βῶλον σιδηροῦν [B S² -ρου] εὔκοπον ὑπενεγκεῖν
28. 20. ὁ γὰρ ζυγὸς αὐτῆς ζυγὸς σιδηροῦς
Am. 1. 3. ἔπριζον πρίοσι σιδηροῖς τὰς ἐν γαστρὶ ἐχούσας (1)
Mi. 4. 13. τὰ κέρατά σου θήσομαι σιδηρᾶ (1)
Is. 45. 2. μοχλοὺς σιδηροῦς συγκλάσω (1)
48. 4. νεῦρον σιδηροῦν ὁ τράχηλός σου (1)
Je. 11. 4. ἐκ γῆς Αἰγύπτου ἐκ καμίνου τῆς σ. (1)
35 (28). 13. ποιήσω ἀντ' αὐτῶν κλοιοὺς σιδηροῦς (1)
— 14. ζυγὸν σιδηροῦν ἔθηκα ἐπὶ τὸν τράχηλον πάντων τῶν ἐθνῶν (1)
Ez. 4. 3. λάβε σεαυτῷ τήγανον σιδηροῦν καὶ θήσεις αὐτὸ τοῖχον σιδηροῦν (1, 1)
Da. LXX. 2. 33. τὰ δὲ σκέλη σ. (2)
— 34. ἐπάταξε τὴν εἰκόνα ἐπὶ τοὺς πόδας τοὺς σ. (2)
— 42. μέρος μέν τι σιδηροῦν (2)
7. 7. ἔχον ὀδόντας σ. μεγάλους (2)
— 19. οἱ ὀδόντες αὐ. σ. (2)
Da. Th. 2. 33. αἱ κνημαὶ σ. οἱ πόδες μέρος μέν τι σιδηροῦν (2, 2)
— 34. ἐπάταξε τὴν εἰκόνα ἐπὶ τοὺς πόδας τοὺς σ. (2)
Da. Th. 2. 41. μέρος δέ τι σιδηροῦν (2)
— 41. ἀπὸ τῆς ῥίζης τῆς σ. ἔσται ἐν αὐτῇ (2)
— 42. μέρος μέν τι σιδηροῦν (2)
4. 12. ἐν δεσμῷ σ. . . . κοιτασθήσεται (2)
— 20. ἐν δεσμῷ σ. . . . αὐλισθήσεται (2)
5. 4. ᾔνεσαν τοὺς θεοὺς τοὺς . . . σ. (2)
— 23. τοὺς θεοὺς τοὺς . . . σ. . . . ᾔνεσας (2)
7. 7. καὶ οἱ ὀδόντες αὐ. σ. (2)
— 19. οἱ ὀδόντες αὐ. σ. (2)
II Ma. 11. 9. σ. τείχη τιτρώσκειν ὄντες ἕτοιμοι
III Ma. 3. 25. ἀποστεῖλαι πρὸς ἡμᾶς ἐν δεσμοῖς σ.
IV Ma. 8. 13. ὡς δὲ . . . χεῖρας σ. . . . προέθεσαν
9. 26. σιδηρᾶς [S¹ -έας] ἐναρμοσάμενοι χεῖρας
— 27. ταῖς σ. [S¹ -αίαις] χερσὶν ἐπισπασάμενοι
11. 10. καὶ ταῦτα ποδάγραις σ. ἐφαρμόσαντες

[**Aq.** Je. 1. 18 : 17. 1.]
[**Sm.** Jb. 40. 13 (18) : Je. 17. 1 : Am. 1. 3.]
[**Th.** Je. 1. 18 : 17. 1 : Da. 2. 41.]
[**Al.** Jd. 1. 19.]

σιείμ.

[**Aq.** Is. 34. 14 : Je. 50 (27). 39.]
[**Sm.**, **Th.** Is. 34. 14.]

σιείν.

[**Aq.**, **Sm.**, **Th.** Is. 13. 21.]

σίελον (-ος). (1) רִיר

I Ki. 21. 13 (14). τὰ σ. αὐ. κατέρρει ἐπὶ τὸν πώγωνα αὐ. (1)
Is. 40. 15. ὡς σίελος [A¹ -ον] λογισθήσονται [A² *al.*] †

σίκερα. (1) שֵׁכָר

Le. 10. 9. οἶνον καὶ σίκερα οὐ πίεσθε (1)
Nu. 6. 3. ἀπὸ οἴνου καὶ σίκερα (1)
— 3. ὄξος ἐκ σίκερα οὐ πίεται (1)
28. 7. σπείσεις σπονδὴν σίκερα κυρίῳ (1)
De. 14. 26. A R ἐπὶ οἴνῳ ἢ ἐπὶ σίκερα (1)
29. 6 (5). οἶνον καὶ σίκερα οὐκ ἐπίετε (1)
Jd. 13. 4, 7. A μὴ πίῃς . . . σίκερα [B μέθυσμα] (1)
— 14. A B σίκερα [R *om.*] μέθυσμα [A *om.*] μὴ πιέτω (1)
Is. 5. 11. οὐαὶ οἱ . . . τὸ σ. διώκοντες (1)
— 22. οὐαὶ . . . οἱ δυνάσται οἱ κεραννύντες τὸ σ. (1)
24. 9. πικρὸν ἐγένετο τὸ σ. τοῖς πίνουσιν (1)
28. 7. ἐπλανήθησαν διὰ τὸ σ. . . . ἐξέστησαν διὰ τὸ σ. [A S *om.* δ. τ. σ.] . . . ἐσείσθησαν ἀπὸ τῆς μέθης [A S *add.* τοῦ σ.] (1, 1, [1])
29. 9. κραιπαλήσατε οὐκ ἀπὸ σ. οὐδὲ ἀπὸ οἴνου (1)

[**Th.** Jd. 13. 7 : Is. 29. 9.]

σίκιμα. (1) שְׁכֶם

Ge. 48. 22. δίδωμί σοι σ. ἐξαίρετον (1)

σίκλος. (1) שֶׁקֶל

Ex. 30. 23. τὸ ἄνθος σμύρνης ἐκλεκτῆς πεντακοσίους σ. –
— 24. καὶ ἴρεως πεντακοσίους σ. τοῦ ἁγίου (1)
39. 1 (38. 24). ἑπτακόσιοι εἴκοσι σίκλοι κατὰ τὸν σ. τὸν ἅγιον (1, 1)
— 2. (38. 25). καὶ χίλιοι ἑπτακόσιοι ἑβδομήκοντα πέντε σίκλοι (1)
— 2 (38. 26). δραχμὴ μία τῇ κεφαλῇ τὸ ἥμισυ τοῦ σ. κατὰ τὸν σ. τὸν ἅγιον (1, 1)
— 6 (38. 28). τοὺς χιλίους . . . σ. ἐποίησαν εἰς τὰς ἀγκύλας –
— 7 (38. 29). καὶ χίλιοι πεντακόσιοι σ. [A *al.*] (1)
Le. 5. 15. τιμῆς ἀργυρίου σίκλων τῷ σ. [A τοῦ σ.] τῶν ἁγίων (1, 1)
Nu. 3. 47. λήψῃ πέντε σίκλους (1)
— 47. εἴκοσι ὀβολοὺς τοῦ σ. [A *al.*] (1)
— 50. χιλίους τριακοσίους ἑξήκοντα πέντε σίκλους [A *om.*] κατὰ τὸν σ. τὸν ἅγιον (–, 1)
7. 13, 19, 25, 31, 37, 43, 49, 55, 61, 67, 73, 79. ἑβδομήκοντα σίκλων κατὰ τὸν σ. τὸν ἅγιον (1, 1)
— 85. τριάκοντα καὶ ἑκατὸν σίκλων τὸ τρυβλίον τὸ ἕν –
— 85. ἑβδομήκοντα σίκλων ἡ φιάλη ἡ μία –
— 85. A B δισχίλιοι καὶ τετρακόσιοι σ. [R *add.* σίκλοι] ἐν τῷ σ. τῷ ἁγίῳ (–, [–], 1)
— 86. A ἐν τῷ σ. τῶν ἁγίων (1)
18. 16. ἡ συντίμησις πέντε σίκλων κατὰ τὸν σ. τὸν ἅγιον (1, 1)
31. 52. ἑπτακόσιοι καὶ πεντήκοντα σίκλοι (1)

De. 22. 19. ζημιώσουσιν αὐτὸν ἑκατὸν σίκλους †
Jd. 8. 26. A σ. χίλιοι καὶ ἑπτακόσιοι χρυσοῦ [B *al.*] –
I Ki. 9. 8. εὕρηται . . . τέταρτον σίκλου ἀργυρίου (1)
13. 21. B τὰ δὲ σκεύη ἦν τρεῖς σίκλοι εἰς τὸν ὀδόντα †
17. 5. πέντε χιλιάδες σίκλων χαλκοῦ (1)
— 7. ἡ λόγχη αὐ. ἑξακοσίων σ. σιδήρου (1)
II Ki. 14. 26. ἔστησε τὴν τρίχα τῆς κεφ. αὐ. διακοσίους σ. ἐν τῷ σ. τῷ βασιλικῷ (1, †)
18. 12. ἵστημι ἐπὶ τὰς χεῖράς μου χιλίους σ. ἀργυρίου –
21. 16. καὶ ὁ σταθμὸς τοῦ δόρατος αὐ. τριακοσίων σ. –
24. 24. ἐν ἀργυρίῳ σίκλων πεντήκοντα (1)
IV Ki. 6. 25. B^2 ἐγενήθη κεφαλὴ ὄνου πεντήκοντα σίκλων [A B^1 R *om.*] ἀργυρίου –
7. 1. μέτρον σεμιδάλεως σίκλου (1)
— 1. A B^2 R καὶ δίμετρον κριθῶν σίκλου (1)
— 16. καὶ ἐγένετο μέτρον σεμιδάλεως σίκλου (1)
— 16. καὶ δίμετρον κριθῶν σίκλου (1)
— 18. δίμετρον κριθῆς σίκλου (1)
— 18. μέτρον σεμιδάλεως σίκλου (1)
15. 20. πεντήκοντα σίκλους [A σ. ἀργυρίου] τῷ ἀνδρὶ τῷ ἑνί (1)
I Ch. 21. 25. ἔδωκε Δ. . . . σίκλους χρυσίου ὁλκῆς ἑξακοσίους –
II Ch. 3. 9. πεντήκοντα σίκλοι χρυσίου (1)
Is. 7. 23. οὗ ἐὰν ὦσι χίλιαι ἄμπελοι χιλίων σίκλων †
Je. 39 (32). 9. ἔστησα αὐτῷ ἑπτὰ σίκλους καὶ δέκα [S ἑ. κ. δ. σ.] ἀργυρίου (1)
Ez. 4. 10. φάγεσαι . . . εἴκοσι σίκλους τὴν ἡμέραν (1)
45. 12. πέντε [A οἱ π.] σίκλοι πέντε καὶ [A *add.* οἱ δέκα] σίκλοι δέκα καὶ πεντήκοντα σίκλοι ἡ μνᾶ ἔσται ὑμῖν (1 *ter*)
I Ma. 10. 40. δέκα πέντε χιλιάδας σίκλων ἀργυρίου
— 42. πεντακισχιλίους σίκλους ἀργυρίου
[**Th.** Ex. 38. 25 (39. 2): Nu. 3. 47.]
[**Al.** Le. 27. 3, 16.]

σικυήρατον (-ήλ.). (1) מִקְשָׁה
Is. 1. 8. ὡς ὀπωροφυλάκιον ἐν σικυηράτῳ (1)
Ep. Je. 70. ἐν σικυηράτῳ προβασκάνιον οὐδὲν φυλάσσον

σίκυος, σίκυον. (1) קִשֻּׁאָה
Nu. 11. 5. B^2 R ἐμνήσθημεν . . . τοὺς σ. [A B^1 -ας] (1)
13. 24 (23). B^1 ἀπὸ τῶν ῥοῶν καὶ ἀπὸ τῶν σ. [A B^2 R συκῶν] †

σίκυς. (1) קִשֻּׁאָה
Nu. 11. 5. A B^1 ἐμνήσθημεν . . . τοὺς σ. [B^2 R -ους] (1)

σικχαίνειν.
[**Aq.** Ge. 27. 46: Ex. 1. 12: Nu. 21. 5: Is. 7. 16.]
[**Al.** Pr. 3. 11.]

σίκχος.
[**Sm.** La. 1. 8: Ez. 7. 19, 20 *bis*: 11. 18: 20. 7.]

σινδόνιον.
[**Sm.** Ru. 3. 15.]

σινδών. (1) סָדִין
Jd. 14. 12. δώσω ὑμῖν τριάκοντα σινδόνας (1)
— 13. A δώσετε ὑμεῖς ἐμοὶ τριάκοντα σινδόνας [B ὀθόνια] (1)
Pr. 31. 24. σινδόνας ἐποίησε (1)
I Ma. 10. 64. A καὶ περιβεβλημένον αὐτὸν σινδόνα [S R πορφύραν]

σινώχ.
[**Aq.** Je. 29 (36). 26.]

σῖς, *vid.* σείς.

σισόη. (1) ποιεῖν σισόην נָקַף hi.
Le. 19. 27. οὐ ποιήσετε σισόην (1)

σιταρκισμός.
[**Al.** Ge. 43. 2.]

σιτεῖσθαι.
II Ma. 5. 27. τὴν χορτώδη τροφὴν σιτούμενοι διετέλουν

σιτευτός. (1) אָבַס (2) מַרְבֵּק (3) שׁוֹר (4) שֵׁנִי
Jd. 6. 25. A λάβε τὸν μόσχον τὸν σ. [B ταῦρον] (3)
— 28. A ὁ μόσχος ὁ σ. ἀνηνεγμένος [B *al.*] (4)
III Ki. 4. 23 (5. 3, *cf.* 3. 1 B). καὶ ἑκατὸν πρόβατα . . . σιτευτά (1)
Je. 26 (46). 21. ὥσπερ μόσχοι σιτευτοὶ τρεφόμενοι ἐν αὐτῇ (2)
[**Aq.** II Ki. 6. 13: Pr. 15. 17.]
[**Th.** Pr. 15. 17.]

σίτησις.
[**Sm.** Jb. 30. 4: Ps. 131 (132). 15.]

σιτίζειν.
[**Aq.** Le. 1. 16.]

σιτίον. (1) לֶחֶם
Pr. 24. 57 (30. 22). καὶ ἄφρων πλησθῇ σιτίων (1)

σιτιστός.
[**Sm.** Ps. 21 (22). 13: Je. 46 (26). 21.]

σιτοβολών.
Ge. 41. 56. ἀνέῳξε δὲ Ἰ. πάντας τοὺς σ. †

σιτοδεία (-δία). (1) רָעָב
Le. 26. 26. ἐν τῷ θλίψαι ὑμᾶς σιτοδείᾳ [A^2 -αν] ἄρτων †
Ne. 9. 15. B^1 ἄρτον . . . ἔδωκας αὐτοῖς εἰς σιτοδείαν [A B^3 -δοτίαν, S^2 -δοτείαν, S^1 -δοινα ?] αὐτῶν (1)
[**Aq.** Ps. 36 (37). 19.]

σιτοδοσία.
Ge. 42. 19. ἀπαγάγετε τὸν ἀγορασμὸν τῆς σ. ὑμῶν †
— 33. τὸν δὲ ἀγορασμὸν τῆς σ. ὑμῶν λαβόντες †

σιτοδοτεία (-τία) (?).
Ne. 9. 15. A B^3 ἄρτον . . . ἔδωκας αὐτοῖς εἰς σιτοδοτείαν [B^1 -δείαν, S^1 -δοινα ?] αὐτῶν †

σιτοδοχεῖον.
[**Sm.** Jl. 1. 17.]

σιτομετρεῖν. (1) כּוּל pilp.
Ge. 47. 12. ἐσιτομέτρει Ἰ. τῷ πατρὶ αὐ. . . . σῖτον (1)
— 14. καὶ ἐσιτομέτρει αὐτοῖς –

σιτοποιός. (1) אֹפֶה
Ge. 40. 17. ἔργον σιτοποιοῦ (1)
— 20. R ἐμνήσθη . . . τῆς ἀρχῆς τοῦ σ. [A ἀρχισ.] (1)

σῖτος. (1) אֹכֶל (2) בַּר (3) דָּגָן (4) חִטָּה (5) לֶחֶם (6) עָבוּר (7) עֲרִיסָה (8) שֶׁבֶר (9) σ. ὥριμος גָּדִישׁ
Ge. 27. 28. καὶ πλῆθος σίτου καὶ οἴνου (3)
— 37. σίτῳ καὶ οἴνῳ ἐστήρισα αὐτόν (3)
41. 35. συναχθήτω ὁ σ. (2)
— 49. συνήγαγεν Ἰ. σῖτον (2)
42. 2. ἐστὶ σῖτος ἐν Αἰγύπτῳ (8)
— 3. πρίασθαι σῖτον ἐξ Αἰγ. (2)
— 25. ἐμπλῆσαι τὰ ἀγγεῖα αὐ. σίτου (2)
— 26. ἐπιθέντες τὸν σ. ἐπὶ τοὺς ὄνους αὐ. (8)
43. 2. ἡνίκα συνετέλεσαν καταφαγεῖν τὸν σ. (8)
44. 2. καὶ τὴν τιμὴν τοῦ σ. αὐ. (8)
47. 12. ἐσιτομέτρει . . . σῖτον κατὰ σῶμα (5)
— 13. σῖτος δὲ οὐκ ἦν ἐν πάσῃ τῇ γῇ (5)
— 14. πᾶν τὸ ἀργύριον . . . τοῦ σ. οὗ ἠγόραζον (8)
Nu. 18. 12. σίτου ἀπαρχὴ αὐτῶν [A *al.*] (3)
— 27. λογισθήσεται . . . ὡς σῖτος ἀπὸ ἅλω (3)
De. 7. 13. εὐλογήσει . . . τὸν σ. σου (3)
11. 14. εἰσοίσεις τὸν σ. σου (3)
12. 17. τὸ ἐπιδέκατον τοῦ σ. σου (3)
14. 23. οἴσετε τὰ ἐπιδέκατα τοῦ σ. σου (3)
15. 14. ἀπὸ τῶν προβάτων σου καὶ ἀπὸ τοῦ σ. †
18. 4. καὶ τὰς ἀπαρχὰς τοῦ σ. σου . . . δώσεις αὐτῷ (3)
28. 51. ὥστε μὴ καταλιπεῖν σοι σῖτον (3)
33. 28. ἐπὶ σίτῳ καὶ οἴνῳ [A σίτου κ. οἴνου] (3)
Jo. 5. 10 (11). ἐφάγοσαν ἀπὸ τοῦ σ. τῆς γῆς ἄζυμα (6)
— 11 (12). μετὰ τὸ βεβρωκέναι αὐτοὺς ἐκ τοῦ σ. τῆς γῆς (6)
Jd. 6. 11. Γ. ὁ υἱὸς αὐ. ῥαβδίζων σῖτον [A *al.*] (4)
IV Ki. 18. 32. σίτου καὶ οἴνου καὶ ἄρτου (3)
I Ch. 21. 23. δέδωκα . . . τὸν σ. εἰς θυσίαν (4)
II Ch. 2. 10 (9). δέδωκα σῖτον εἰς δόματα (4)
— 15 (14). τὸν σ. . . . ἀποστειλάτω τοῖς παισὶν αὐ. (4)
31. 5. ἐπλεόνασεν Ἰσρ. ἀπαρχὴν σίτου (3)
32. 28. εἰς τὰ γεννήματα σίτου (3)
Ne. 5. 2, 3. λημψόμεθα σῖτον (3)
— 10. ἐθήκαμεν ἑαυτοῖς ἀργύριον καὶ σῖτον (3)
— 11. καὶ ἀπὸ τοῦ ἀργυρίου τὸν σ. (3)
10. 37 (38). καὶ τὴν ἀπαρχὴν σίτων ἡμῶν (7)
— 39 (40). ἀπαρχὰς τοῦ [S^1 *om.*] σ. (3)
13. 5. A B^2 S καὶ τὴν δεκάτην τοῦ σ. (3)
To. 1. 7. S καὶ τὴν δεκάτην τοῦ οἴνου καὶ τοῦ σ. [A B *al.*]
Ju. 11. 13. καὶ τὰς ἀπαρχὰς τοῦ σ.
Jb. 3. 24. πρὸ γὰρ τῶν σ. μου στεναγμὸς ἥκει (5)
5. 26. ὥσπερ σῖτος ὥριμος κατὰ καιρὸν θεριζόμενος (9)
6. 5. ἀλλ' ἢ τὰ σῖτα ζητῶν †
— 7. βρόμον γὰρ ὁρῶ τὰ σῖτά μου (5)
12. 11. λάρυγξ δὲ σῖτα γεύεται (1)
15. 23. κατατέτακται δὲ εἰς σῖτα γυψίν (5)
30. 4. οἵτινες [A ὧν] ἅλιμα ἦν αὐτῶν τὰ σῖτα (5)
33. 20. πᾶν δὲ βρωτὸν σίτου οὐ μὴ δύνηται προσδέξασθαι (5)
38. 41. τὰ σῖτα ζητοῦντες (1)
39. 29. ἐκεῖσε ὢν ζητεῖ τὰ σῖτα (1)
Ps. 4. 7. ἀπὸ καρποῦ σίτου καὶ οἴνου (3)
64 (65). 13. αἱ κοιλάδες πληθυνοῦσι σῖτον (2)
Pr. 3. 10. ἵνα πίμπληται τὰ ταμιεῖά σου πλησμονῆς σίτῳ [A S^2 -ου] –
4. 17. οἵδε γὰρ σιτοῦνται σῖτα ἀσεβείας (5)
11. 26. ὁ συνέχων σῖτον ὑπολείποιτο αὐτὸν τοῖς ἔθνεσιν (2)
20. 4. ὁ δανειζόμενος σῖτον ἐν ἀμητῷ –
31. 26 (27). σῖτα δὲ ὀκνηρὰ οὐκ ἔφαγε (5)
Ca. 7. 2 (3). κοιλία σου θημωνιὰ σίτου (4)
Ho. 2. 8 (10). ἔδωκα αὐτῇ τὸν σ. (3)
— 9 (11). κομιοῦμαι τὸν σ. μου (3)
— 22 (24). ἡ γῆ ἐπακούσεται τὸν σ. (3)
7. 14. ἐπὶ σίτῳ καὶ οἴνῳ κατετέμνοντο (3)
9. 1. ἠγάπησας δόματα ἐπὶ πάντα ἅλωνα σίτου (3)
14. 8. μεθυσθήσονται σίτῳ (3)
Jl. 1. 10. τεταλαιπώρηκε σῖτος (3)
— 17. ἐξηράνθη σῖτος (3)
2. 19. ἐξαποστέλλω ὑμῖν τὸν σ. (3)
— 24. πλησθήσονται αἱ ἅλωνες σίτου (2)
Hg. 1. 11. ἐπάξω ῥομφαίαν . . . ἐπὶ τὸν σ. (3)
Za. 9. 17. σῖτος νεανίσκοις (3)
Is. 36. 17. ὡς ἡ γῆ ὑμῶν γῆ σίτου καὶ οἴνου (3)
62. 8. εἰ ἔτι δώσω τὸν σ. σου (3)
Je. 23. 28. τί τὸ ἄχυρον πρὸς τὸν σ. (2)
38 (31). 12. ἥξουσιν . . . ἐπὶ γῆν σίτου καὶ οἴνου (3)
La. 2. 12. ποῦ σ. καὶ οἶνος (3)
Ez. 27. 17. ἐν σίτου πράσει καὶ μύρων (4)
36. 29. καλέσω τὸν σ. (3)
I Ma. 8. 26. οὐδὲ ἐπαρκέσουσι σῖτον
— 28. τοῖς συμμαχοῦσιν οὐ δοθήσεται σῖτος
[**Aq.** Ps. 64 (65). 14 (P.).]
[**Sm.** III Ki. 5. 11 (25): Jb. 31. 40: Pr. 11. 26.]
[**Th.** Ps. 64 (65). 14: Pr. 11. 26.]
[**Al.** Ge. 45. 23.]
[**Quint.** Ho. 7. 14.]

σιτοῦν. (1) לֶחֶם
Pr. 4. 17. οἵδε γὰρ σιτοῦνται σῖτα ἀσεβείας (1)

σιών (σειών). (1) צִיּוֹן
Is. 32. 2. φανήσεται ἐν σ. (1)
[**Th.** Is. 32. 2.]

σιών (? σειρών). (1) שַׂהֲרֹנִים
Jd. 8. 26. A πλὴν τῶν σ. [B *al.*] (1)

σιωπᾶν. (1) אָלַם ni. (2) דָּמָה (3) דָּמַם (4) *a.* הַס *b.* הָסָה pi. (5) חָדַל (6) חָרַשׁ hi. (7) חָשָׁה *a.* qal. *b.* hi. (8) סָכַת hi.
Nu. 30. 15. ἐὰν δὲ σιωπῶν παρασιωπήσῃ αὐτῇ (6)
— 15. ἐσιώπησεν αὐτῇ τῇ ἡμέρᾳ (6)
De. 27. 9. σιώπα καὶ ἄκουε (8)
Jd. 3. 19. εἶπεν Ἐ. πρὸς αὐτόν, Σιώπα [A *al.*] (4 *a*)
18. 9. A καὶ ὑμεῖς σιωπᾶτε [B ἡσυχάζετε] (7 *b*)

III Ki. 22. 3. ἡμεῖς σιωπῶμεν λαβεῖν αὐτήν (7 b)
IV Ki. 2. 3. κἀγὼ ἔγνωκα σιωπᾶτε (7 b)
— 5. καί γε ἐγὼ ἔγνων σιωπᾶτε (7 b)
7. 9. καὶ ἡμεῖς σιωπῶμεν (7 b)
II Ch. 25. 16. ἐσιώπησεν ὁ προφήτης (5)
I Es. 4. 41. ἐσιώπησε τοῦ λαλεῖν
Ne. 8. 11. σιωπᾶτε . . . καὶ μὴ καταπίπτετε (4 b)
Jb. 16. 7 (6). ἐὰν δὲ καὶ σιωπήσω (5)
18. 3. διὰ τί δὲ ὥσπερ τετράποδα σεσιωπήκαμεν ἐναντίον σου †
29. 21. ἐσιώπησαν δὲ ἐπὶ τῇ ἐμῇ βουλῇ (3)
30. 27. ἡ κοιλία μου ἐξέζεσε καὶ οὐ σιωπήσεται (3)
41. 3 (4). οὐ σιωπήσομαι δι' αὐτόν (6)
Si. 19. 31. ἔστι σιωπῶν καὶ αὐτὸς φρόνιμος
20. 5. ἔστι σιωπῶν εὑρισκόμενος σοφός
— 6. ἔστι σιωπῶν οὐ γὰρ ἔχει ἀπόκρισιν καὶ ἔστι σιωπῶν εἰδὼς καιρόν
— 7. S ἄνθρωπος σοφὸς σιωπήσει [A B σιγήσει] ἕως καιροῦ
35 (32). 8. γίνου ὡς [A *om.*] γινώσκων καὶ ἅμα σιωπῶν
Am. 5. 13. ὁ συνίων ἐν τῷ καιρῷ ἐκ. σιωπήσεται [A¹ -ηθήσεται] (3)
Is. 36. 21. ἐσιώπησαν καὶ οὐδεὶς ἀπεκρίθη (6)
42. 14. ἐσιώπησα μὴ καὶ ἀεὶ σιωπήσομαι [S -ωμαι] (7 b, 6)
62. 1. διὰ Σιὼν οὐ σιωπήσομαι [S¹ -ωμαι] (7 a)
— 6. διὰ τέλους οὐ σιωπήσονται (7 a)
64. 12 (11). ἀνέσχου, κύριε, καὶ ἐσιώπησας (7 a)
65. 6. οὐ σιωπήσω [A -σομαι] ἕως ἂν ἀποδώσω (7 a)
Je. 4. 19. οὐ σιωπήσομαι (6)
45 (38). 27. A ἐσιώπησαν [B S ἀπεσ.] (6)
La. 2. 10. ἐσιώπησαν πρεσβύτεροι θυγατρὸς Σιών (3)
— 18. μὴ σιωπήσαιτο [S¹ -σέτω, S² -σάτω] θυγάτηρ ὁ ὀφθαλμός σου (3)
3. 28. καθήσεται κατὰ μόνας καὶ σιωπήσεται (3)
— 49. A οὐ σιωπήσωμαι [B σιγήσ.] (2)
Da. LXX. 10. 15. καὶ ἐσιώπησα (1)
IV Ma. 10. 18. σιωπώντων ἀκούει ὁ θεός

[**Aq.** I Ki. 14. 9 : Ps. 4. 5 : 21 (22). 3 (P.) : 30 (31). 18 : 34 (35). 15 : Is. 6. 5 : 23. 2 : Je. 14. 17 : 47 (29). 6 : 51 (28). 6.]
[**Sm.** Ps. 30 (31). 18 : 38 (39). 3 : 142 (143). 12 : Is. 6. 5 : 41. 1 : 47. 5 : Je. 38 (45). 27 : 47 (29). 5 : 51 (28). 6 : Am. 6. 10.]
[**Th.** Jb. 30. 27 : 41. 4 : Ps. 4. 5 : Is. 6. 5.]
[**Al.** Le. 10. 3.]

σιωπή. (1) הַס

Si. 41. 19. ἀπὸ ἀσπαζομένων περὶ σιωπῆς
Am. 8. 3. ἐπιρρίψω σιωπήν (1)

[**Aq.** Ps. 38 (39). 3.]
[**Th.** Ps. 21 (22). 3 (P.)]
[**Quint.** Ps. 21 (22). 3.]

σιωπηλός.

[**Sm.** Is. 47. 2.]

σιώπησις. (1) צַמָּה

Ca. 4. 1. ὀφθαλμοί σου περιστεραὶ ἐκτὸς τῆς σ. σου (1)
— 3. ὡς λέπυρον ῥόας μῆλόν σου ἐκτὸς τῆς σ. σου (1)
6. 6 (7). ὡς λέπυρον τῆς ῥόας μῆλόν σου ἐκτὸς τῆς σ. σου (1)

σκάζειν.

[**Sm.** I Ki. 17. 39 : Ps. 34 (35). 15 : 37 (38). 18.]

σκαλεύειν.

[**Aq.** III Ki. 20 (21). 38 : Ps. 63 (64). 7 : 76 (77). 7.]

σκάλευσις.

[**Aq.** Ps. 63 (64). 7.]

σκάλιστρον.

[**Aq.**, **Sm.** Je. 43 (50). 10.]

σκάλλειν. (1) חָפַשׂ pi.

Ps. 76 (77). 6. S¹ R ἔσκαλλον [S² -εν, B¹ -αλεν, B² -αλον, B⁴ -αλαν] τὸ πνεῦμά μου (1)

[**Aq.** Ps. 118 (119). 85.]
[**Th.** Ps. 76 (77). 7.]

σκαμβός. (1) עִקֵּשׁ

Ps. 100 (101). 3. οὐκ ἐκολλήθη μοι καρδία σκαμβή (1)

[**Sm.** Pr. 2. 15 : Je. 17. 9.]

σκαμβοῦσθαι.

[**Aq.**, **Th.** Is. 59. 8.]

σκανδαλίζειν. (1) כָּשַׁל ni.

Si. 9. 5. μή ποτε σκανδαλισθῇς [S -ίσῃ σε] ἐν τοῖς ἐπιτιμίοις αὐτῆς
23. 8. λοίδορος καὶ ὑπερήφανος σκανδαλισθήσονται ἐν αὐτοῖς
35 (32). 15. ὁ ὑποκρινόμενος σκανδαλισθήσεται ἐν αὐτῷ
Da. LXX. 11. 41. καὶ πολλαὶ σκανδαλισθήσονται (1)

[**Aq.** Ps. 63 (64). 9 : Pr. 4. 12 : Is. 40. 30 : 63. 13 : Da. 11. 41.]
[**Sm.** Is. 8. 21 : Ma. 2. 8.]
[**Th.** Ma. 2. 8.]

σκάνδαλον. (1) דֳּפִי (2) כֶּסֶל (3) מוֹקֵשׁ (4) מִכְשׁוֹל

Le. 19. 14. ἀπέναντι τυφλοῦ οὐ προσθήσεις σκάνδαλον (4)
Jo. 23. 13. ἔσονται ὑμῖν . . . εἰς σκάνδαλα (3)
Jd. 2. 3. οἱ θεοὶ αὐ. ἔσονται ὑμῖν εἰς σκάνδαλον (3)
8. 27. A ἐγένετο τῷ Γ. . . . εἰς σκάνδαλον [B σκῶλον] (3)
I Ki. 18. 21. ἔσται αὐτῷ εἰς σκάνδαλον (3)
25. 31. οὐκ ἔσται . . . σκάνδαλον τῷ κ. μου (4)
Ju. 5. 1. ἔθηκαν ἐν τοῖς πεδίοις σκάνδαλα
— 20. ἔστιν ἐν αὐτοῖς σκ. τοῦτο
12. 2. A B ἵνα μὴ γένηται σκάνδαλον
Ps. 48 (49). 13. αὕτη ἡ ὁδὸς αὐτῶν σκάνδαλον αὐτοῖς (2)
49 (50). 20. κατὰ τοῦ υἱοῦ τῆς μητρός σου ἐτίθεις σκάνδαλον (1)
68 (69). 22. γενηθήτω ἡ τράπεζα αὐτῶν . . . εἰς σκάνδαλον (3)
105 (106). 36. ἐγενήθη αὐτοῖς εἰς σκάνδαλον (3)
118 (119). 165. οὐκ ἔστιν αὐτοῖς σκάνδαλον (4)
139 (140). 5. ἐχόμενα τρίβου σκάνδαλον ἔθεντό μοι (3)
140 (141). 9. ἀπὸ σκανδάλων [A -ου] τῶν ἐργαζομένων τὴν ἀνομίαν (3)
Wi. 14. 11. εἰς σκάνδαλα ψυχαῖς ἀνθρώπων
Si. 7. 6. θήσεις σκάνδαλον ἐν εὐθύτητί σου
27. 23. ἐν τοῖς λόγοις σου δώσει σκάνδαλον
Ho. 4. 17. ἔθηκεν ἑαυτῷ σκάνδαλα †
I Ma. 5. 4. οἳ ἦσαν τῷ λαῷ . . . εἰς σκάνδαλον

[**Aq.** Is. 8. 14 : 57. 14 : Ez. 3. 20 : 7. 19 : 14. 3.]
[**Sm.** Jb. 28. 8 : Pr. 13. 14 : 14. 27 : 22. 25 : 29. 6 : Is. 8. 14 *bis* : Ez. 3. 20 : 7. 19 : Ze. 1. 3.]
[**Th.** Jd. 8. 27 : Ps. 68 (69). 23 : Pr. 13. 14 : 14. 27 : Is. 8. 14 : Ez. 3. 20.]
[**Al.** Dt. 7. 16.]
[**Quint.** Pr. 14. 27.]

σκανδαλοῦν.

[**Aq.** Ps. 26 (27). 2 : 30 (31). 11 : Is. 8. 15 : 59. 14 : 63. 13 : Ma. 2. 8.]

σκάπτειν. (1) עָדַר ni.

Is. 5. 6. οὐ μὴ τμηθῇ οὐδὲ μὴ σκαφῇ (1)

[**Aq.** Ps. 39 (40). 7.]
[**Quint.** Ps. 140 (141). 7.]

σκασμός.

[**Aq.** Ps. 34 (35). 15.]

σκαφεῖον (-φιον).

[**Sm.**, **Al.** I Ki. 13. 20.]

σκάφη.

Da. LXX. Bel 32. ἔχων ἄρτους ἐντεθρυμμένους ἐν σκάφῃ
Da. TH. Bel 33. ἐνέθρυψεν ἄρτους εἰς σκάφην

σκάφος.

II Ma. 12. 3. εἰς τὰ παρακατασταθέντα ὑπ' αὐτῶν σκ.
— 6. τὰ σκ. κατέφλεξε

σκεδαννύναι.

[**Al.** II Ki. 21. 17.]

σκελίζειν.

Je. 10. 18. σκελίζω τοὺς κατοικοῦντας τὴν γῆν τ. †

[**Aq.** Jb. 8. 3.]
[**Th.** Pr. 19. 3.]

σκελισμός.

[**Aq.** Je. 14. 14.]

σκέλος. (1) יָרֵךְ (2) כְּרָעַיִם (3) קַרְסֹל (4) *a.* רֶגֶל *b.* מַרְגְּלוֹת (5) *a.* שׁוֹק *b.* שָׁק

Le. 11. 21. ἔχει σκέλη ἀνώτερον τῶν ποδῶν αὐ. (2)
I Ki. 17. 6. κνημῖδες χαλκαῖ ἐπάνω τῶν σκ. αὐ. (4 a)
II Ki. 22. 37. οὐκ ἐσαλεύθησαν τὰ σκ. μου (3)
Pr. 26. 7. ἀφελοῦ πορείαν σκελῶν (5 a)
Am. 3. 12. ὅταν ἐκσπάσῃ . . . ἐκ στόματος τοῦ λέοντος δύο σκέλη (2)
Ez. 1. 7. τὰ σκ. αὐτῶν ὀρθά (4 a)
16. 25. διήγαγες τὰ σκ. σου παντὶ παρόδῳ (4 a)
24. 4. σκέλος καὶ ὦμον ἐκσεσαρκισμένα (1)
Da. LXX. 2. 33. τὰ δὲ σκ. σιδηρᾶ (5 b)
Da. TH. 10. 6. καὶ τὰ σκ. ὡς ὅρασις χαλκοῦ στίλβοντος (4 b)
IV Ma. 10. 6. A καὶ τὰ σκ. . . . περιέλκων [S R -έκλων]

[**Al.** Le. 1. 13.]

σκεπάζειν. (1) הָיָה (2) חָבָא hi. (3) *a.* חָסָה *b.* חָסָה בְּצֵל (4) חָפָה (5) כָּסָה pi. (6) סָכַךְ *a.* qal. *b.* hi. (7) סָתַר *a.* ni. *b.* hi. *c.* hithp. (8) עוּר hi. (9) פָּסַח עַל (10) צָפַן (11) שָׂכַךְ

Ex. 2. 2. ἐσκέπασαν αὐτὸ μῆνας τρεῖς (10)
12. 13. καὶ σκεπάσω ὑμᾶς (9)
— 27. ὡς ἐσκέπασε τοὺς οἴκους τῶν υἱῶν Ἰσρ. (9)
33. 22. σκεπάσω τῇ χειρί μου ἐπὶ σέ (11)
40. 3. σκεπάσεις τὴν κιβωτόν (6 a)
— 21. ἐσκέπασε τὴν κιβωτὸν τοῦ μαρτ. (6 b)
Nu. 9. 20. ὅταν σκεπάσῃ ἡ νεφέλη . . . ἐπὶ τῆς σκηνῆς (1)
De. 13. 8 (9). οὐδ' οὐ μὴ σκεπάσῃς αὐτόν (5)
32. 11. ὡς ἀετὸς σκεπάσαι νοσσιὰν αὐ. (8?)
33. 27. A² B² R σκεπάσει σε [A¹ -σεις, B¹ -σις] θεοῦ ἀρχή †
I Ki. 23. 26. ἦν Δ. σκεπαζόμενος πορεύεσθαι †
26. 1. Δ. σκεπάζεται μεθ' ἡμῶν (7 c)
— 24. καὶ σκεπάσαι με [A *al.*] –
Ne. 3. 14. ἐσκέπασαν αὐτήν –
Ju. 8. 15. ἐν αἷς θέλει σκεπάσαι [A καὶ πάσαις] ἡμέραις
Ps. 16 (17). 8. ἐν σκέπῃ τῶν πτερύγων σου σκεπάσεις με (7 b)
26 (27). 5. ἐσκέπασέ με ἐν ἀποκρύφῳ τῆς σκηνῆς αὐτοῦ (7 b)
30 (31). 20. σκεπάσεις αὐτοὺς ἐν σκηνῇ (10)
60 (61). 4. σκεπασθήσομαι ἐν σκέπῃ τῶν πτερύγων σου (3 a)
63 (64). 2. ἐσκέπασάς [S² σκέπασόν] με ἀπὸ συστροφῆς πονηρευομένων (7 b)
90 (91). 14. σκεπάσω αὐτὸν ὅτι ἔγνω τὸ ὄνομά μου †
Wi. 5. 16. τῇ δεξιᾷ σκεπάσει αὐτούς
19. 8. οἱ τῇ σῇ σκεπαζόμενοι χειρί
Si. 2. 13. διὰ τοῦτο οὐ σκεπασθήσεται
14. 27. σκεπασθήσεται ὑπ' [A S¹ ἀπ'] αὐτῆς ἀπὸ καύματος
22. 25. φίλον σκεπάσαι οὐκ αἰσχυνθήσομαι
28. 19. μακάριος ὁ σκεπασθεὶς ἀπ' αὐτῆς
48. 12. ὃς ἐν λαίλαπι ἐσκεπάσθη
Ze. 2. 3. ὅπως σκεπασθῆτε ἐν ἡμέρᾳ ὀργῆς κυρίου (7 a)
Is. 4. 5. πάσῃ τῇ δόξῃ [A *add.* κυρίου] σκεπασθήσεται (4)
28. 15. τῷ ψεύδει σκεπασθησόμεθα (7 a)
30. 2. τοῦ . . . σκεπασθῆναι ὑπὸ Αἰγυπτίων (3 b)
49. 2. S¹ ὑπὸ τὴν σκέπην . . . ἐσκέπασέν [A B S² ἔκρυψέ] με (2)
— 2. A S³ ἐν τῇ φαρέτρᾳ αὐτοῦ ἐσκέπασέν [B S¹ ἔκρυψέ] με (7 b)
51. 16. ὑπὸ τὴν σκιὰν [S σκέπην] τῆς χειρός μου σκεπάσω σε (5)
I Ma. 3. 3. σκεπάζων παρεμβολὴν ἐν ῥομφαίᾳ
6. 37. πύργοι ξύλινοι ἐπ' αὐτοὺς ὀχυροὶ σκεπαζόμενοι
11. 16. τοῦ σκεπασθῆναι αὐτὸν ἐκεῖ
II Ma. 10. 30. καὶ σκεπάζοντες ταῖς ἑαυτῶν πανοπλίαις
III Ma. 3. 27. ὃς δ' ἂν σκεπάσῃ τινὰ τῶν Ἰουδ.

III Ma. 3. 29. οὗ ἐὰν φωραθῇ τὸ σύνολον σκεπαζόμενος Ἰουδαῖος
[Aq. Ex. 25. 19 (20): Ez. 28. 16.]
[Sm. Ex. 2. 2: Ps. 26 (27). 5: 30 (31). 21: 87 (88). 7: Ez. 28. 16.]
[Th. Dt. 33. 12.]
[Al. Nu. 6. 11: Ps. 19 (20). 2: 58 (59). 11: 105 (106). 11.]
[Quint., Sext. Ps. 26 (27). 5.]

σκέπαρνον. (1) חָרִיץ (2) מַעֲצָד
I Ch. 20. 3. διέπρισε . . . ἐν σκ. σιδηροῖς (1)
Is. 44. 12. σκεπάρνῳ εἰργάσατο αὐτό (2)
[Aq., Sm., Th. Je. 10. 3.]

σκέπασις.
De. 33. 27. B¹ σκέπασις θεοῦ ἀρχῇ [A B² R al.] †

σκεπαστής. (1) סִתְרָה
Ex. 15. 2. βοηθὸς καὶ σκεπαστὴς ἐγένετό μοι †
De. 32. 38. γενηθήτωσαν ὑμῖν σκεπασταί (1)
Ju. 9. 11. ἀπεγνωσμένων σκεπαστής
Ps. 70 (71). 6. ἐκ κοιλίας μητρός μου σύ μου εἶ σκεπαστής †
Si. 51. 2. σκεπαστὴς καὶ βοηθὸς ἐγένου μοι
III Ma. 6. 9. R τῶν ὅλων σκεπαστά [A δικαστά]
[Quint. Ps. 83 (84). 12.]

σκεπαστός.
[Aq. Nu. 7. 3: Is. 66. 20.]

σκέπαστρον.
[Sm. Jb. 24. 15.]

σκέπειν. (1) אֹהֶל (2) פֵּרֵשׂ
Ex. 26. 7. A ποιήσεις δέρρεις τριχίνας σκέπειν [B -ην] (1)
Jb. 26. 9. A σκέπων [B S ἐκπετάζων] ἐπ' αὐτὸν νέφος αὐτοῦ (2)
[Sm. Jb. 10. 21: Ps. 62 (63). 8: Pr. 11. 13: 12. 16: Ec. 7. 13 (12) *bis*: Ca. 4. 3: 6. 6 (7).]

σκεπεινός. (1) צְחִיחִי
Ne. 4. 13 (7). κατόπισθεν τοῦ τείχους ἐν τοῖς σκ. (1)

σκέπη. (1) אֹהֶל (2) אֶרֶב (3) הַצָּלָה (4) חָגוּ (5) מַחְסֶה (6) מָסָךְ (7) סֵתֶר (8) *a.* צֵל *b.* צָלַל hi.
Ge. 19. 8. R εἰσῆλθον ὑπὸ τὴν σκ. [A στέγην] τῶν δοκῶν μου (8 *a*)
Ex. 26. 7. ποιήσεις δέρρεις τριχίνας σκέπην [A -ειν] (1)
Jd. 5. 8. A σκέπη νεανίδων σειρομαστῶν [B al.] †
9. 15. A πεποίθατε ἐν τῇ σκ. μου [B al.] (8 *a*)
I Ki. 25. 20. καταβαινούσης ἐν σκέπῃ τοῦ ὄρους (7)
Es. 4. 14. βοήθεια καὶ σκέπη ἔσται τοῖς Ἰουδ. (3)
Jb. 21. 28. ποῦ ἐστιν ἡ [A om.] σκ. τῶν σκηνωμάτων τῶν ἀσεβῶν (1)
24. 8. παρὰ τὸ μὴ ἔχειν ἑαυτοὺς σκέπην (5)
37. 8. B S εἰσῆλθε δὲ θηρία ὑπὸ [R ὑπὸ τὴν] σκέπην [A -ης] (2)
Ps. 16 (17). 8. ἐν σκέπῃ τῶν πτερύγων σου (8 *a*)
35 (36). 7. ἐν σκέπῃ [S¹ εἰς σκέπην] τῶν πτερύγων σου ἐλπιοῦσι (8 *a*)
60 (61). 4. ἐν σκέπῃ τῶν πτερύγων σου (7)
62 (63). 7. ἐν τῇ σκ. τῶν πτερύγων σου (8 *a*)
90 (91). 1. ἐν σκέπῃ τοῦ θεοῦ τοῦ οὐρανοῦ αὐλισθήσεται (8 *a*)
104 (105). 39. διεπέτασε νεφέλην εἰς σκέπην αὐτοῖς (6)
120 (121). 5. κύριος σκέπη σου ἐπὶ χεῖρα δεξιάν σου (8 *a*)
Ca. 2. 14. σὺ περιστερά μου ἐν σκέπῃ τῆς πέτρας (4)
Wi. 10. 17. ἐγένετο αὐτοῖς εἰς σκέπην ἡμέρας
Si. 6. 14. φίλος πιστὸς σκέπη κραταιά
— 29. ἔσονταί σοι αἱ πέδαι εἰς σκέπην ἰσχύος
14. 26. θήσει τὰ τέκνα αὐ. ἐν τῇ [A om.] σκ. [S¹ σκηνῇ] αὐ.
29. 22. κρείσσων βίος πτωχοῦ ὑπὸ σκέπην δοκῶν
31 (34). 16. σκέπη ἀπὸ καύσωνος καὶ σκέπη ἀπὸ μεσημβρίας
Ho. 4. 13. ὅτι καλὸν σκέπη (8 *a*)
14. 8. καθιοῦνται ὑπὸ τὴν σκ. αὐ. (8 *a*)
Is. 4. 6. ἐν σκέπῃ καὶ ἐν ἀποκρύφῳ (5)
16. 3. ποιεῖτε σκέπην πένθους (8 *a*)
— 4. ἔσονται σκ. ὑμῖν ἀπὸ προσώπου διώκοντος (7)
Is. 25. 4. τοῖς ἀθυμήσασι δι' ἔνδειαν σκ. . . . σκ. διψώντων (5, 8 *a*)
28. 2. ὡς χάλαζα καταφερομένη οὐκ ἔχουσα σκέπην [S¹ om. οὐκ ἔ. σκ.] †
30. 3. ἔσται γὰρ ὑμῖν σκ. [A S ἡ σκ.] Φαραὼ †
49. 2. ὑπὸ τὴν σκ. τῆς χειρὸς αὐτοῦ ἔκρυψέ με [S¹ al.] (8 *a*)
51. 16. S² ὑπὸ τὴν σκ. τῆς χειρός μου σκεπάσω σε [A B S¹ al.] (8 *a*)
Ep. Je. 68. δύνανται ἐκφυγόντα εἰς σκέπην αὑτὰ ὠφελῆσαι
Ez. 31. 3. A καὶ πυκνὸς ἐν τῇ σκ. (8 *b*)
— 12. κατέβησαν ἀπὸ τῆς σκ. αὐτῶν (8 *a*)
— 17. οἱ κατοικοῦντες ὑπὸ τὴν σκ. αὐτοῦ (8 *a*)
I Ma. 9. 38. ἐκρύβησαν ὑπὸ τὴν σκ. τοῦ ὄρους
II Ma. 5. 9. ὡς διὰ τὴν συγγένειαν τευξόμενος σκέπης
13. 17. διὰ τὴν ἐπαρήγουσαν αὐτῷ τοῦ κ. σκέπην
III Ma. 5. 6. οἱ δὲ πάσης σκέπης ἔρημοι δοκοῦντες εἶναι
[Aq. Ge. 31. 34: 35. 21: Ex. 35. 11: 39. 32 (10): 40. 6, 26 (24): Nu. 3. 7: 4. 25: II Ki. 7. 6: Jb. 8. 22: 11. 14: Ps. 26 (27). 5, 6: 77 (78). 51: 90 (91). 10: Is. 38. 12: 40. 22: 54. 2.]
[Sm. Ex. 35. 11: 39. 32 (10): 40. 6: Nu. 14. 9: II Ki. 7. 6: III Ki. 19. 4: Ps. 26 (27). 6: 30 (31). 21 *bis*: 31 (32). 7: 60 (61). 5: 90 (91). 1: Ca. 2. 3.]
[Th. Ex. 35. 11: 39. 33 (14): 40. 6, 29: Jd. 5. 8: II Ki. 1. 21: Is. 25. 5: 28. 17: 30. 2: Je. 48 (31). 45: Ez. 31. 3 (Sw.).]
[Al. Ex. 26. 36: Le. 6. 10 (3).]
[Quint. Ps. 26 (27). 5.]

σκέπτεσθαι. (1) חָזָה (2) רָאָה
Ge. 41. 33. σκέψαι ἄνθρωπον φρόνιμον (2)
Ex. 18. 21. καὶ σὺ σεαυτῷ σκέψαι . . . ἄνδρας δυνατούς (1)
Za. 11. 13. σκέψομαι [A σκέψαι αὐτό, S³ σκέψαι] εἰ δόκιμόν ἐστιν †
Da. LXX. Bel 15. σκέψαι μή τί σοι ἀσύμφωνον γεγένηται

σκευάζειν.
Si. 49. 1. ἐσκευασμένον [S -ου] ἔργῳ [A -ον] μυρεψοῦ
III Ma. 5. 31. τήνδε θηρσὶν ἀγρίοις ἐσκεύασαν δαψιλῆ θοῖναν
[Sm. Ex. 23. 19.]
[Th. Is. 57. 14: 62. 10.]

σκευασία.
Ec. 10. 1. μυῖαι θανατοῦσαι σαπριοῦσι σκευασίαν [S¹ σκεύασιν] ἐλαίου [B S¹ -ον] ἡδύσματος †
[Th. Ez. 24. 10.]

σκεύασις.
Ec. 10. 1. S¹ μυῖαι θανατοῦσαι σαπριοῦσι σκεύασιν [A B S² σκευασίαν] ἐλαίου [B S¹ -ον] ἡδύσματος †

σκεύασμα.
Ju. 15. 11. ἔδωκαν τῇ Ἰ. . . . πάντα τὰ σκ. [A S κατασκ.] αὐ.

σκευαστής.
[Aq. Is. 32. 5.]

σκευαστός. (1) יֻצַּר hoph.
Is. 54. 17. πᾶν σκεῦος σκευαστὸν [S¹ τὸν] ἐπὶ σὲ οὐκ εὐοδώσω [A π. σκ. φθαρτὸν ἐ. δὲ σὲ οὐκ εὐδοκήσω] (1)

σκευή.
III Ma. 5. 45. R φοβεραῖς κατεσκευασμένα σκευαῖς [A al.]
[Sm. Is. 61. 10.]

σκεῦος. (1) כְּלִי (2) מָאן
Ge. 24. 53. ἐξενέγκας ὁ παῖς σκ. ἀργυρᾶ (1)
27. 3. λάβε τὸ σκ. (1)
31. 37. ἠρεύνησας πάντα τὰ σκ. τοῦ οἴκου μου (1)
— 37. τί εὗρες ἀπὸ πάντων τῶν σκ. τοῦ οἴκου μου (1)
45. 20. μὴ φείσησθε . . . τῶν σκ. (1)
Ex. 3. 22. αἰτήσει γυνὴ . . . σκ. ἀργυρᾶ (1)
11. 2. αἰτησάτω ἕκαστος . . . σκ. ἀργυρᾶ (1)
12. 35. ᾔτησαν παρὰ τῶν Αἰγ. σκ. ἀργυρᾶ (1)
22. 7 (6). ἐὰν δέ τις δῷ . . . σκεύη φυλάξαι (1)
Ex. 25. 8 (9). καὶ τὸ παράδειγμα πάντων τῶν σκ. αὐ. (1)
— 38 (39). πάντα τὰ σκ. ταῦτα τάλαντον χρυσίου καθαροῦ [A al.] (1)
27. 3. πάντα τὰ σκ. αὐ. ποιήσεις χαλκᾶ (1)
30. 27. A R καὶ πάντα τὰ σκ. αὐ. (1)
— 27. καὶ πάντα τὰ σκ. αὐ. (1)
— 27. B καὶ πάντα τὰ σκ. αὐ. (1)
— 28. καὶ πάντα αὐτοῦ τὰ σκ. (1)
— 28 (27): 31. 8 *bis*: 35. 15 (13), 15 (16) (A), 16 (14), 17 (16) (B). καὶ πάντα τὰ σκ. αὐ. (1)
35. 22. ἤνεγκαν . . . πᾶν σκ. χρυσοῦν (1)
38. 12 (37. 16). ἐποίησε τὰ σκ. τῆς τραπέζης (1)
— 23 (3). ἐποίησε πάντα τὰ σκ. τοῦ θυσιαστηρίου (1)
39. 10 (38. 31). A B² R καὶ πάντα τὰ σκ. τοῦ θυσιαστ. –
— 12 (32). ἐποίησαν σκεύη εἰς τὸ λειτουργεῖν –
— 14 (33). ἤνεγκαν . . . τὰ σκ. αὐ. (1)
— 16 (38). τὸ θυσιαστ. καὶ πάντα τὰ σκ. αὐ. –
— 18 (36). B καὶ πάντα τὰ αὐτῆς σκ. [A² αὐ. τὰ σκ.] (1)
— 21 (40). καὶ πάντα τὰ σκ. τῆς σκηνῆς (1)
40. 9. καὶ πάντα τὰ σκ. [B¹ om.] αὐ. (1)
— 10. καὶ πάντα τὰ σκ. αὐτοῦ (1)
Le. 6. 28 (21). σκ. ὀστράκινον . . . συντριβήσεται (1)
— 28 (21). ἐὰν δὲ ἐν σκ. χαλκῷ ἑψεθῇ (1)
8. 11. A B καὶ πάντα τὰ σκ. αὐ. [R π. τὰ ἐν αὐτῷ] (1)
— 11. R καὶ πάντα τὰ σκ. αὐ. [A B π. τὰ ἐν αὐτῇ] –
11. 32. ἀπὸ παντὸς σκ. ξυλίνου ἢ ἱματίου (1)
— 32. πᾶν σκ. ὃ ἐὰν ποιηθῇ ἔργον ἐν αὐτῷ (1)
— 33. παν. σκ. ὀστράκινον εἰς ὃ ἐὰν πέσῃ (1)
13. 49. ἢ ἐν παντὶ σκ. ἐργασίμῳ δέρματος (1)
— 52, 53, 57. ἢ ἐν παντὶ σκ. δερματίνῳ (1)
— 58. ἢ πᾶν σκ. δερμάτινον ὃ πλυθήσεται (1)
— 59. οὗτος ὁ νόμος ἀφῆς λέπρας . . . παντὸς σκ. δερματίνου (1)
14. 50. σφάξει τὸ ὀρνίθιον τὸ ἓν εἰς σκ. ὀστράκινον (1)
15. 4. πᾶν σκ. ἐφ' ὃ ἂν καθίσῃ ἐπ' αὐτό (1)
— 6. ὁ καθήμενος ἐπὶ τοῦ σκ. (1)
— 12. σκ. ὀστράκινον . . . συντριβήσεται (1)
— 12. σκ. ξύλινον νιφήσεται ὕδατι (1)
— 22. πᾶς ὁ ἁπτόμενος παντὸς σκ. (1)
— 23. ἢ ἐπὶ τοῦ σκ. οὗ ἐὰν καθίσῃ ἐπ' αὐτῷ (1)
— 26. πᾶν σκ. ἐφ' ὃ ἂν καθίσῃ ἐπ' αὐτό (1)
Nu. 1. 50. καὶ ἐπὶ πάντα τὰ σκ. αὐ. (1)
— 50. αὐτοὶ ἀροῦσι . . . πάντα τὰ σκ. αὐ. (1)
3. 8. φυλάξουσι πάντα τὰ σκ. τῆς σκηνῆς (1)
— 31. καὶ ἡ φυλακὴ αὐ. . . . τὰ σκ. τοῦ ἁγίου (1)
— 36. καὶ πάντα τὰ σκ. αὐ. (1)
4. 10. ἐμβαλοῦσιν αὐτὴν καὶ πάντα τὰ σκ. αὐ. (1)
— 12. λήψονται πάντα τὰ σκ. τὰ λειτουργικά (1)
— 14. ἐπιθήσουσιν ἐπ' αὐτὸ πάντα τὰ σκ. [A *add.* αὐτοῦ] . . . καὶ πάντα τὰ σκ. τοῦ θυσιαστηρίου (1, 1)
— 15. A B² R καὶ πάντα τὰ σκ. τὰ ἅγια (1)
— 25. B² ἀρεῖ τὰ σκ. [A B¹ R τὰς δέρρεις] τῆς σκηνῆς †
— 26. καὶ πάντα τὰ σκ. τὰ λειτουργικά (1)
— 32. καὶ πάντα τὰ σκ. αὐ. (1)
— 32. καὶ πάντα τὰ σκ. τῆς φυλακῆς (1)
7. 1. ἡγίασεν . . . πάντα τὰ σκ. αὐ. καὶ τὸ θυσιαστ. καὶ πάντα τὰ σκ. αὐ. (1, 1)
— 85. πᾶν τὸ ἀργύριον τῶν σκ. (1)
18. 3. πρὸς τὰ σκ. τὰ ἅγια . . . οὐ προσελεύσονται (1)
19. 15. καὶ πᾶν σκ. ἀνεῳγμένον (1)
— 17. ἐκχεοῦσιν . . . ὕδωρ ζῶν εἰς σκεῦος (1)
— 18. περιρανεῖ . . . ἐπὶ τὰ σκ. (1)
31. 6. καὶ τὰ σκ. τὰ ἅγια (1)
— 20. πᾶν σκ. δερμάτινον . . . καὶ πᾶν σκ. ξύλινον ἀφαγνιεῖτε (1, 1)
— 50. ὃ εὗρε σκ. χρυσοῦν (1)
— 51. ἔλαβε M. . . . πᾶν σκ. εἰργασμένον (1)
35. 16. ἐὰν δὲ ἐν σκεύει σιδήρου πατάξῃ αὐτόν (1)
— 18. ἐὰν δὲ ἐν σκ. ξυλίνῳ . . . πατάξῃ αὐτόν (1)
— 20. καὶ ἐπιρίψει ἐπ' αὐτὸν πᾶν σκ. [B² *om.* π. σκ.] –
— 22. ἢ ἐπιρίψῃ ἐπ' αὐτὸν πᾶν σκ. (1)
De. 1. 41. ἀναλαβόντες ἕκαστος τὰ σκ. τὰ πολεμικὰ αὐ. (1)
22. 5. οὐκ ἔσται σκεύη ἀνδρὸς ἐπὶ γυναικί (1)
Jo. 7. 11. ἐνέβαλον εἰς τὰ σκ. αὐ. (1)

Jd. 9. 54. τὸ παιδάριον τὸ αἶρον τὰ σκ. αὐ. (1)
18. 11. ἐζωσμένοι σκεύη παρατάξεως [A *al.*] (1)
— 16. οἱ ἀνεζωσμένοι τὰ σκ. τῆς παρατάξεως [A *al.*] (1)
— 17. A περιεζωσμένοι σκ. πολεμικά (1)
Ru. 2. 9. πορευθήσῃ εἰς τὰ σκ. (1)
I Ki. 6. 8. τὰ σκ. τὰ χρυσᾶ ἀποδώσετε αὐτῇ (1)
— 15. ἀνήνεγκαν . . . τὰ ἐπ' αὐτῆς σκ. τὰ χρυσᾶ (1)
8. 12. καὶ ποιεῖν σκ. πολεμικὰ αὐ. καὶ σκεύη ἁρμάτων αὐ. (1, 1)
10. 22. κέκρυπται ἐν τοῖς σκ. (1)
13. 20. B ἕκαστος τὸ θέριστρον αὐ. καὶ τὸ σκ. †
— 21. B τὰ δὲ σκ. ἦν τρεῖς σίκλοι εἰς τὸν ὀδόντα †
14. 1. B τῷ παιδαρίῳ τῷ αἴροντι τὰ σκ. αὐ. (1)
— 6. B τὸ παιδάριον τὸ αἶρον τὰ σκ. αὐ. (1)
— 7. B εἶπεν αὐτῷ ὁ αἴρων τὰ σκ. αὐ. (1)
— 12. ἀπεκρίθησαν . . . πρὸς τὸν αἴροντα τὰ σκ. αὐ. (1)
— 12. εἶπεν 'I. πρὸς τὸν αἴροντα τὰ σκ. αὐ. (1)
— 13. καὶ ὁ αἴρων τὰ σκ. αὐ. μετ' αὐτοῦ (1)
— 13. ὁ αἴρων τὰ σκ. αὐ. ἐπεδίδου ὀπίσω αὐτοῦ (1)
— 14. ἣν ἐπάταξεν 'Ιων. καὶ ὁ αἴρων τὰ σκ. αὐ. (1)
— 17. οὐχ εὑρίσκετο 'Ιων. καὶ ὁ αἴρων τὰ σκ. αὐ (1)
16. 21. ἐγενήθη αὐτῷ αἴρων τὰ [A *om.*] σκ. αὐ. (1)
17. 22. A ἀφῆκεν Δ. τὰ σκ. αὐ. (1)
— 54. τὰ σκ. αὐ. ἔθηκεν ἐν τῷ σκηνώματι αὐ. (1)
20. 40. B ἔδωκε τὰ σκ. ἐπὶ τὸ παιδάριον (1)
21. 5 (6). ἁγιασθήσεται σήμερον διὰ τὰ σκ. μου (1)
— 8 (9). τὰ σκ. [A σκ. μου] οὐκ εἴληφα (1)
25. 13. οἱ διακόσιοι ἐκάθισαν μετὰ τῶν σκ. (1)
30. 24. ἡ μερὶς τοῦ καθημένου ἐπὶ τὰ σκ. (1)
31. 4. εἶπε Σ. πρὸς τὸν αἴροντα τὰ σκ. αὐ. (1)
— 4. οὐκ ἐβούλετο ὁ αἴρων τὰ σκ. αὐ. (1)
— 5. εἶδεν ὁ αἴρων τὰ σκ. αὐ. (1)
— 6. ἀπέθανε Σ. . . . καὶ ὁ αἴρων τὰ σκ. αὐ. (1)
— 9. ἐξέδυσαν τὰ σκ. αὐ. (1)
— 10. ἀνέθηκαν τὰ σκ. αὐ. εἰς τὸ 'Ασταρτεῖον (1)
II Ki. 1. 27. ἀπώλοντο σκ. πολεμικά (1)
8. 8. ἐν αὐτῷ ἐποίησε . . . πάντα τὰ σκ. -
— 10. ἐν ταῖς χερσὶν αὐ. ἦσαν σκ. ἀργυρᾶ καὶ σκ. χρυσᾶ καὶ σκ. χαλκᾶ (1 *ter*)
17. 28. B καὶ σκεύη κεράμου (1)
18. 15. δέκα παιδάρια αἴροντα τὰ σκ. 'I. (1)
23. 37 (36). Γ. ὁ Βηθ. αἴρων τὰ σκ. 'I. (1)
24. 22. τὰ σκ. τῶν βοῶν εἰς ξύλα (1)
III Ki. 6. 7. πᾶν σκ. σιδηροῦν οὐκ ἠκούσθη (1)
7. 45. καὶ πάντα τὰ σκ. ἃ ἐποίησε X. (1)
— 48 (47). ἔλαβεν ὁ βασ. Σαλ. τὰ σκ. [A *al.*] (1)
— 48. A ἐποίησεν ὁ βασ. Σ. πάντα τὰ σκ. [B *al.*] (1)
— 51. A R τὰ σκ. [B *om.* τὰ σκ.] ἔδωκεν εἰς τοὺς θησαυρούς (1)
8. 4. καὶ τὰ [A πάντα τὰ] σκ. τὰ ἅγια τὰ ἐν τῷ σκηνώματι (1)
10. 21. πάντα τὰ σκ. τὰ ὑπὸ τοῦ Σ. γεγονότα [A *al.*] (1)
— 21. πάντα τὰ σκ. οἴκου δρυμοῦ τοῦ Λιβ. (1)
— 25. A ἔφερον . . . σκ. ἀργυρᾶ καὶ [B *om.* σκ. ἀργ. κ.] σκ. χρυσᾶ (1, 1)
15. 15. τοὺς κίονας αὐ. εἰσήνεγκεν . . . καὶ σκεύη (1)
19. 21. ἥψησεν αὐτὰ ἐν τοῖς σκ. τῶν βοῶν [A *al.*] (1)
IV Ki. 4. 3. αἴτησον σεαυτῇ σκεύη ἔξωθεν . . . σκ. κενά (1, 1)
— 4. ἀποχεεῖς εἰς [A πάντα] τὰ σκ. ταῦτα (1)
— 5 (6). ἕως ἐπλήσθησαν τὰ σκ. (1)
— 6. ἐγγίσατε ἔτι πρὸς μὲ τὸ [A *om.*] σκ. (1)
— 6. οὐκ ἔστιν ἔτι σκεῦος (1)
7. 15. πᾶσα ἡ ὁδὸς πλήρης . . . σκευῶν (1)
11. 8. καὶ τὸ σκ. αὐ. ἐν χειρὶ αὐ. (1)
— 11. καὶ τὸ σκ. αὐ. ἐν τῇ χειρὶ αὐ. (1)
12. 11 (12). A τὰ ἔργα τῶν ἐπὶ σκευῶν [? ἐπισκ.] οἴκου κυρίου [B *al.*] †
— 13 (14). πᾶν σκ. χρυσοῦν καὶ σκ. ἀργυροῦν (1, 1)
14. 14. ἔλαβε . . . πάντα τὰ σκ. (1)
20. 13. ἔδειξεν αὐτοῖς . . . τὸν οἶκον τῶν σκ. (1)
23. 4. ἐξαγαγεῖν . . . πάντα τὰ σκ. (1)
24. 13. συνέκοψε πάντα τὰ σκ. τὰ χρυσᾶ (1)
25. 14. πάντα τὰ σκ. τὰ χαλκᾶ . . . ἔλαβε (1)
— 16. οὐκ ἦν σταθμὸς τοῦ χαλκοῦ πάντων τῶν σκ. (1)
I Ch. 9. 28. ἐξ αὐτῶν ἐπὶ τὰ σκ. τῆς λειτουργίας (1)
— 29. ἐξ αὐτῶν καθεσταμένοι ἐπὶ τὰ σκ. καὶ ἐπὶ πάντα [A S π. τὰ] σκ. τὰ ἅγια (1, 1)
10. 4. εἶπε Σ. τῷ αἴροντι τὰ σκ. αὐ. (1)
— 4. οὐκ ἐβούλετο ὁ αἴρων τὰ σκ. αὐ. (1)
— 5. εἶδεν ὁ αἴρων τὰ σκ. αὐ. (1)
— 9. ἔλαβον . . . τὰ σκ. αὐ. (1)

I Ch. 10. 10. ἔθηκαν τὰ σκ. αὐ. ἐν οἴκῳ θεοῦ αὐ. (1)
11. 39. αἴρων σκεύη υἱῷ Σαρ. (1)
12. 33. ἐκπορευόμενοι . . . ἐν πᾶσι σκ. πολεμικοῖς (1)
— 37. ἀπὸ 'P. . . . ἐν πᾶσι σκ. πολεμικοῖς (1)
18. 8. ἐποίησε Σαλ. . . . τὰ σκ. τὰ χαλκᾶ (1)
— 11 (10). καὶ πάντα σκ. ἀργυρᾶ καὶ χρυσᾶ (1)
22. 19. τοῦ εἰσενέγκαι . . . σκ. τὰ ἅγια τοῦ θεοῦ (1)
23. 26. οὐκ ἦσαν αἴροντες . . . τὰ πάντα [A π. τὰ] σκ. αὐ. (1)
28. 13. καὶ τῶν ἀποθηκῶν τῶν λειτουργησίμων σκ. (1)
II Ch. 4. 11. ἐποίησε . . . πάντα τὰ σκ. αὐ. -
— 16. καὶ πάντα τὰ σκ. αὐ. ἃ ἐποίησε X. (1)
— 18. ἐποίησε Σ. πάντα τὰ σκ. ταῦτα (1)
— 19. ἐποίησε Σ. πάντα τὰ σκ. οἴκου κυρίου (1)
5. 1. εἰσήνεγκε Σ. . . . τὰ σκ. (1)
— 5. ἔλαβον . . . πάντα τὰ σκ. τὰ ἅγια (1)
9. 20. καὶ πάντα τὰ σκ. τοῦ βασ. Σαλ. χρυσίου (1)
— 20. καὶ πάντα τὰ σκ. οἴκου δρυμοῦ τοῦ Λιβ. (1)
— 24. ἔφερον . . . σκ. ἀργυρᾶ καὶ σκ. χρυσᾶ (1, 1)
15. 18. εἰσήνεγκε . . . χρυσίον καὶ σκεύη (1)
20. 25. εὗρον . . . σκ. ἐπιθυμητά (1)
23. 7. ἀνδρὸς σκεῖος σκεῦος [A *om.*] ἐν χειρὶ αὐ. (1, -)
24. 14. ἐποίησαν σκεύη εἰς οἶκον κυρίου σκ. λειτουργικά (1, 1)
25. 24. πάντα τὰ σκ. τὰ εὑρεθέντα ἐν οἴκῳ κυρίου (1)
28. 24. ἀπέστησεν Ἄ. τὰ σκ. οἴκου κυρίου (1)
29. 18. ἡγνίσαμεν . . . τὰ σκ. αὐ. (1)
— 18. καὶ τὴν τράπεζαν τῆς προθέσεως καὶ τὰ σκ. αὐ. (1)
— 19. καὶ πάντα τὰ σκ. ἃ ἐμίανεν Ἄ. (1)
32. 27. καὶ εἰς σκ. ἐπιθυμητά (1)
36. 7. μέρος τῶν σκ. οἴκου κυρίου ἀπήνεγκεν (1)
— 10. μετὰ τῶν σκ. τῶν ἐπιθυμητῶν οἴκου κυρίου (1)
— 18. καὶ πάντα τὰ σκ. οἴκου θεοῦ (1)
— 19. καὶ πᾶν σκ. ὡραῖον εἰς ἀφανισμόν (1)
I Es. 1. 41. ἀπὸ τῶν ἱερῶν σκ. τοῦ κυρίου λαβὼν Ναβ.
— 45. ἅμα τοῖς ἱεροῖς σκ. τοῦ κυρίου
— 54. A καὶ πάντα τὰ ἱερὰ σκ. τοῦ κυρίου . . . καὶ τὰ σκεύη κιβωτοῦ [B τὰς κιβωτοὺς] τοῦ κ.
2. 10. B ἐξήνεγκε τὰ ἅγια [A R ἱερὰ] σκ. τοῦ κυρίου
— 13. καὶ ἄλλα σκ. χίλια
— 14. τὰ δὲ πάντα σκ. ἐκομίσθη
4. 44. καὶ πάντα τὰ σκ. τὰ ληφθέντα ἐξ 'Ιερ.
— 57. ἐξαπέστειλε πάντα τὰ σκ.
6. 18. καὶ τὰ ἱερὰ σκ. τὰ χρυσᾶ
— 19. ἀπήνεγκε πάντα τὰ σκ. ταῦτα [A *al.*]
— 26. καὶ τὰ ἱερὰ σκεύη τοῦ οἴκου κυρίου
8. 17. B καὶ κατὰ [A R *om.*] τὰ ἱερὰ σκ. σου τὰ διδόμενα
— 55. ἔστησα αὐτοῖς . . . τὰ ἱερὰ σκ. τοῦ οἴκου
— 56. καὶ σκ. ἀργυρᾶ ταλάντων ἑκατόν
— 57. καὶ σκ. χαλκᾶ ἀπὸ χρηστοῦ χαλκοῦ στίλβοντα χρυσοειδῆ σκ. δέκα
— 58. καὶ τὰ σκ. τὰ ἅγια . . . εὐχὴ τῷ κυρίῳ
— 60. τὰ σκ. τὰ ἐν 'Ιερ. ἤνεγκαν εἰς τὸ ἱερόν
II Es. 1. 6. ἐνίσχυσαν . . . ἐν σκεύεσιν ἀργυρίου (1)
— 7. ἐξήνεγκε τὰ σκ. οἴκου (1)
— 10. καὶ σκ. ἕτερα χίλια (1)
— 11. πάντα τὰ σκ. τῷ χρυσῷ (1)
5. 14. B καὶ τὰ σκ. τοῦ θεοῦ τὰ ἀργυρᾶ [A R *al.*] (2)
— 15. πάντα τὰ σκ. λάβε (2)
6. 5. καὶ τὰ σκ. οἴκου τοῦ θεοῦ τὰ ἀργυρᾶ (2)
7. 19. τὰ σκ. τὰ διδόμενά σοι . . . παράδος (2)
8. 25. ἔστησα αὐτοῖς . . . τὰ σκ. ἀπαρχῆς οἴκου θεοῦ ἡμῶν (1)
— 26. ἔστησα . . . σκ. ἀργυρᾶ ἑκατόν (1)
— 27. σκεύη χαλκοῦ στίλβοντος ἀγαθοῦ διάφορα (1)
— 28. καὶ τὰ σκ. ἅγια (1)
— 30. ἐδέξαντο . . . σταθμὸν . . . τῶν σκ. (1)
— 33. ἐστήσαμεν . . . τὰ σκ. (1)
Ne. 7. 71. S^2 ἔδωκαν . . . ἀργυρᾶ σκ. δισχίλια [S^1 *al.*] †
10. 39 (40). καὶ ἐκεῖ σκ. τὰ ἅγια (1)
12. 36. S^2 καὶ ἀδ. αὐ. . . . ἐν σκεύεσιν [A B S^1 *om.* ἐν σκ.] (1)
13. 5. A B^2 S ἐκεῖ ἦσαν . . . διδόντες . . . τὰ σκ. (1)
— 8. ἔρριψα πάντα τὰ σκ. οἴκου T. (1)
— 9. ἐπέστρεψα ἐκεῖ σκεύη οἴκου τοῦ θεοῦ (1)
To. 10. 11. S παρέδωκεν T. . . . σκεύη [A B *al.*]
Ju. 4. 3. καὶ τὰ σκ. . . . ἡγιασμένα ἦν
7. 5. ἀναλαβόντες ἕκαστος τὰ σκ. τὰ πολεμικὰ αὐ.
14. 2. ἀναλήψεσθε ἕκαστος τὰ σκ. τὰ πολεμικὰ ὑμῶν
16. 19. ἀνέθηκεν 'I. πάντα τὰ σκ. 'Ολ.

Jb. 28. 17. τὸ ἄλλαγμα αὐτῆς σκεύη χρυσᾶ (1)
Ps. 2. 9. ὡς σκεῦος [A S^2 -η] κεραμέως συντρίψεις αὐτούς (1)
7. 13. ἐν αὐτῷ ἡτοίμασε σκεύη θανάτου (1)
30 (31). 12. ἐγενήθην ὡσεὶ σκεῦος ἀπολωλός (1)
70 (71). 22. B ἐξομολογήσομαί σοι ἐν σκεύει ψαλμοῦ [S *om.* ἐν σκ. ψ.] τὴν ἀλήθειάν σου (1)
Ec. 9. 18. ἀγαθὴ σοφία ὑπὲρ σκεύη πολέμου (1)
Wi. 13. 11. κατεσκεύασε χρήσιμον σκεῦος εἰς ὑπηρεσίαν ζωῆς
15. 7. ἀνεπλάσατο τά τε τῶν καθαρῶν ἔργων δοῦλα σκεύη
— 13. ὕλης γεώδους εὔθραυστα σκεύη . . . δημιουργῶν
Si. 27. 5. σκεύη κεραμέως δοκιμάζει κάμινος
38. 28. κατέναντι ὁμοιώματος σκεύους οἱ ὀφθ. αὐ.
43. 2. σκεῦος θαυμαστὸν ἔργον ὑψίστου
— 8. σκεῦος παρεμβολῶν ἐν ὕψει
45. 8. ἐστερέωσεν αὐτὸν σκεύεσιν [S ἐν σκ.] ἰσχύος
50. 9. ὡς σκεῦος χρυσίου ὁλοσφύρητον
Ho. 8. 8. ἐγένετο ἐν τοῖς ἔθνεσιν ὡς σκ. ἄχρηστον (1)
13. 15. καταξηρανεῖ . . . πάντα τὰ σκ. τὰ ἐπιθυμητὰ αὐ. (1)
Jn. 1. 5. ἐκβολὴν ἐποιήσαντο τῶν σκ. (1)
Na. 2. 9 (10). B S βεβάρυνται ἐπὶ [A S ὑπὲρ] πάντα σκ. [A R τὰ σκ.] τὰ ἐπιθυμητὰ αὐ. (1)
Za. 11. 15. λάβε σεαυτῷ σκ. ποιμενικὰ ποιμένος ἀπείρου [A *al.*] (1)
Is. 10. 28. ἐν Μαχμὰς θήσει τὰ σκ. αὐ. (1)
39. 2. ἔδειξεν αὐτοῖς . . . πάντας τοὺς οἴκους τῶν σκ. τῆς γάζης [S^1 *al.*] (1)
52. 11. ἀφορίσθητε, οἱ φέροντες τὰ σκ. κυρίου (1)
54. 16. ἐκφέρων σκεῦος εἰς ἔργον (1)
— 17. πᾶν σκ. σκευαστὸν ἐπὶ σὲ οὐκ εὐοδώσω [A S^1 *al.*] (1)
65. 4. μεμολυμμένα πάντα τὰ σκ. αὐτῶν (1)
Je. 22. 28. ὡς σκεῦος οὗ οὐκ ἔστι χρεία αὐτοῦ (1)
26 (46). 19. σκεύη ἀποικισμοῦ ποίησον σεαυτῇ (1)
27 (50). 25. ἐξήνεγκε τὰ σκ. ὀργῆς αὐτοῦ (1)
28 (51). 20. διασκορπίζεις σύ μοι σκεύη πολέμου (1)
30. 7 (49. 29). πάντα τὰ σκ. αὐτῶν καὶ καμήλους αὐτῶν λήψονται ἑαυτοῖς (1)
31 (48). 12. τὰ σκ. αὐτοῦ λεπτυνοῦσι (1)
34 (27). 16. σκεύη οἴκου κ. ἐπιστρέψει ἐκ Βαβ. (1)
— 19. τῶν ἐπιλοίπων [S ὑπολ.] σκ. . . . εἰς Βαβυλῶνα εἰσελεύσεται (1)
35 (28). 3. ἀποστρέψω εἰς τὸν τόπον τοῦτον τὰ σκ. οἴκου κυρίου (1)
— 6. τοῦ ἐπιστρέψαι τὰ σκ. οἴκου κυρίου (1)
52. 18. καὶ πάντα τὰ σκ. τὰ χαλκᾶ (1)
Ba. 1. 8. ἐν τῷ λαβεῖν αὐτὸν τὰ σκ. οἴκου κυρίου . . . σκεύη ἀργυρᾶ ἃ ἐποίησε Σεδεκίας
Ep. Je. 17. ὥσπερ γὰρ σκεῦος ἀνθρώπου συντριβέν
— 59. σκ. ἐν οἰκίᾳ χρήσιμον
Ez. 9. 1. εἶχε τὰ σκ. τῆς ἐξολεθρεύσεως (1)
12. 3. ποίησον σεαυτῷ σκεύη αἰχμαλωσίας (1)
— 4. ἐξοίσεις τὰ σκ. σου σκεύη αἰχμαλωσίας (1, 1)
— 7. σκεύη ἐξήνεγκα [A ἐ. ὡς σκ.] αἰχμαλωσίας (1, 1)
15. 3. τοῦ κρεμάσαι ἐπ' αὐτὸν [A -οῦ] πᾶν σκ. (1)
16. 17. ἔλαβες τὰ σκ. τῆς καυχήσεώς σου (1)
— 39 : 23. 26. λήψονται τὰ σκ. τῆς καυχήσεώς σου (1)
27. 13. σκεύη χαλκᾶ ἔδωκαν τὴν ἐμπορίαν σου (1)
40. 42. ἐπ' αὐτὰ ἐπιθήσουσι τὰ σκ. [A *al.*] (1)
Da. LXX. 1. 2. μέρος τι τῶν ἱερῶν σκ. τοῦ κ. (1)
— 2. ἀπήνεγκεν αὐτὰ . . . καὶ τὰ σκ. (1)
5. 2. εἶπεν ἐνέγκαι τὰ σκ. τὰ χρυσᾶ (2)
— 23. τὰ σκ. τοῦ οἴκου τοῦ θεοῦ τοῦ ζῶντος ἠνέχθη σοι (2)
11. 8. μετὰ τῶν σκ. τῶν ἐπιθυμημάτων αὐ. (1)
Da. TH. 1. 2. ἀπὸ μέρους τῶν σκ. οἴκου τοῦ θ. (1)
— 2. τὰ σκ. εἰσήνεγκεν εἰς τὸν οἶκον (1)
5. 2. ἐνεγκεῖν τὰ σκ. τὰ χρυσᾶ (2)
— 3. ἠνέχθησαν τὰ σκ. τὰ χρυσᾶ (2)
— 23. τὰ σκ. τοῦ οἴκου αὐ. ἤνεγκας ἐνώπιόν σου (2)
11. 8. πᾶν σκ. ἐπιθυμητὸν αὐ. . . . οἴσει (1)
I Ma. 1. 21. ἔλαβε . . . πάντα τὰ σκ. αὐ.
— 23. ἔλαβε . . . τὰ σκ. τὰ ἐπιθυμητά
2. 9. τὰ σκ. τῆς δόξης αἰχμάλωτα ἀπήχθη
3. 3. συνεζώσατο τὰ σκ. τὰ πολεμικὰ αὐ.
— 12. A καὶ ἔλαβον τὰ σκ. [S R σκῦλα] αὐ.
4. 30. εἰς χεῖρας . . . τοῦ αἴροντος τὰ σκ. αὐ.
— 49. A ἐποίησαν τὰ σκ. τὰ [S R ἐπ. σκ.] ἅγια καινά

I Ma. 6. 12. ἔλαβον πάντα τὰ σκ. τὰ ἀργυρᾶ
9. 40. A ἔλαβον πάντα τὰ σκ. [S R σκῦλα] αὐ.
14. 10. ἔταξεν αὐτὰς ἐν σκεύεσιν ὀχυρώσεως
— 15. ἐπλήθυνε τὰ σκ. τῶν ἁγίων
15. 26. ἀπέστειλεν αὐτῷ . . . σκ. ἱκανά
II Ma. 4. 48. οἱ περὶ . . . τῶν ἱερῶν σκ. προηγορήσαντες
5. 16. ταῖς μιεραῖς χερσὶ τὰ ἱερὰ σκ. λαμβάνων
9. 16. καὶ τὰ ἱερὰ σκ. πολυπλάσια πάντα ἀποδώσειν

[**Aq.** Ge. 49. 5 : Ex. 31. 9 : Dt. 24. 2 (23. 25) : I Ki. 17. 40 : 21. 5 (6) : III Ki. 10. 25 : Ec. 9. 18 : Is. 18. 2 : 39. 2 : 54. 16, 17 : 61. 10 : Je. 18. 4 : 25. 34 (32. 20) : 52. 20 : Ez. 9. 2 : 12. 7 *bis* : 32. 27.]
[**Sm.** Ex. 31. 9 : 39. 37 (17) : I Ki. 17. 40 : III Ki. 10. 25 : Jb. 28. 17 : Is. 13. 5 : 18. 2 : 39. 2 : 54. 16, 17 : 66. 20 : Je. 18. 4 : 25. 34 (32. 20) : 52. 20 : Ez. 9. 2 : 12. 7 *bis* : 32. 27.]
[**Th.** Ex. 31. 9 : 38. 3 (23) : 39. 37 (17) : I Ki. 17. 40 : 21. 5 (6) : III Ki. 10. 25 : Jb. 28. 17 : Pr. 20. 15 : Is. 18. 2 : 22. 24 *bis* : 39. 2 : 54. 16, 17 : Je. 27 (34). 18, 19, 21 : Ez. 12. 7 *bis* : 32. 27 : Da. 1. 2.]
[**Heb.** Ge. 49. 5.]
[**Al.** I Ki. 6. 11.]

σκέψις.

[**Sm.** Ps. 63 (64). 3.]

σκηνή. (1) אֹהֶל (2) חָצֵר (3) מִשְׁכָּן
(4) *a.* סֹךְ *b.* סֻכָּה *c.* סִכּוּת

Ge. 4. 20. ὁ πατὴρ οἰκούντων ἐν σκηναῖς (1)
12. 8. ἔστησεν ἐκεῖ τὴν σκ. αὐ. (1)
13. 3. οὗ ἦν ἡ σκ. αὐ. τὸ πρότερον (1)
— 4. A οὗ ἐποίησεν ἐκεῖ τὴν σκ. [R ἀρχήν] †
— 5. R πρόβατα καὶ βόες καὶ σκηναί [A κτήνη] (1)
18. 1. καθημένου αὐτοῦ ἐπὶ τῆς θύρας τῆς σκ. αὐ. (1)
— 2. προσέδραμεν . . . ἀπὸ τῆς θύρας τῆς σκ. αὐ. (1)
— 6. ἔσπευσεν Ἀβ. ἐπὶ τὴν σκ. (1)
— 9. ἰδοὺ ἐν τῇ σκ. (1)
— 10. Σάρρα δὲ ἤκουσε πρὸς τῇ θύρᾳ τῆς σκ. (1)
25. 16. ταῦτα τὰ ὀνόμ. αὐ. ἐν ταῖς σκ. αὐ. (2)
26. 25. ἔπηξεν ἐκεῖ τὴν σκ. αὐ. (1)
31. 25. ἔπηξε τὴν σκ. αὐ. ἐν τῷ ὄρει (1)
33. 17. Ἰ. ἀπαίρει εἰς Σκηνάς (4 *b*)
— 17. τοῖς κτήνεσιν αὐ. ἐποίησε σκηνάς (4 *b*)
— 17. ἐκάλεσε τὸ ὄν. τοῦ τόπου ἐκ. Σκηναί (4 *b*)
— 19. οὗ ἔστησεν ἐκεῖ τὴν σκ. αὐ. (1)
35. 16 (21). ἔπηξε τὴν σκ. αὐ. (1)
Ex. 18. 7. εἰσήγαγεν αὐτοὺς εἰς τὴν σκ. (1)
25. 8 (9). τὸ παράδειγμα τῆς σκ. (3)
26. 1. τὴν σκ. ποιήσεις δέκα αὐλαίας (3)
— 6. καὶ ἔσται ἡ σκ. μία (3)
— 7. σκέπην ἐπὶ τῆς σκ. (3)
— 9. κατὰ πρόσωπον τῆς σκ. (1)
— 12. ἐν ταῖς δέρρεσι τῆς σκ. (1)
— 12. A R τὸ πλεονάζον τῶν δέρρεων τῆς σκ. –
— 12. ὑποκαλύψεις [A ἐπικ.] ὀπίσω τῆς σκ. (3)
— 13. ἐκ τοῦ μήκους τῶν δέρρεων τῆς σκ. [A *al.*] (1)
— 13. ἔσται συγκαλύπτον ἐπὶ τὰ πλάγια τῆς σκ. (3)
— 14. ποιήσεις κατακάλυμμα τῇ σκηνῇ (1)
— 15. ποιήσεις στύλους τῇ σκ. (3)
— 17. οὕτως ποιήσεις πᾶσι τοῖς στ. τῆς σκ. (3)
— 18. ποιήσεις στύλους τῇ σκ. (3)
— 22. ἐκ τῶν ὀπίσω τῆς σκ. (3)
— 23. ἐπὶ τῶν γωνιῶν τῆς σκ. (3)
— 26. ἐκ τοῦ ἑνὸς μέρους τῆς σκ. (3)
— 27. τῷ ἑνὶ [A *om.*] κλίτει τῆς σκ. τῷ δευτέρῳ (3)
— 27. τῷ κλίτει τῆς σκ. τῷ πρὸς θάλασσαν (3)
— 30. ἀναστήσεις τὴν σκ. (3)
— 35. ἐπὶ μέρους τῆς σκ. τὸ πρὸς νότον (3)
— 35. ἐπὶ μέρους τῆς σκ. τὸ πρὸς βορρᾶν –
— 36. B[2] R ποιήσεις ἐπίσπαστρον τῇ θύρᾳ τῆς σκ. [A B[1] *al.*] (1)
27. 9. ποιήσεις αὐλὴν τῇ σκ. (3)
— 21. ἐν τῇ σκ. τοῦ μαρτυρίου (1)
28. 39 (43). ὅταν εἰσπορεύωνται εἰς τὴν σκ. τοῦ μαρτυρίου (1)
29. 4, 10. ἐπὶ τὰς θύρας τῆς σκ. τοῦ μαρτυρίου (1)
— 10. παρὰ τὰς θύρας τῆς σκ. τοῦ μαρτυρίου –
— 11. B παρὰ τὰς θύρας τῆς σκ. τοῦ μαρτυρίου (1)
— 30. ὃς εἰσελεύσεται εἰς τὴν σκ. τοῦ μαρτ. (1)
— 32. παρὰ τὰς θύρας τῆς σκ. τοῦ μαρτυρίου (1)
— 42. ἐπὶ θύρας τῆς σκ. τοῦ μαρτυρίου (1)
— 44. ἁγιάσω τὴν σκ. τοῦ μαρτυρίου (1)
30. 16. εἰς τὸ κάτεργον τῆς σκ. τοῦ μαρτυρίου (1)

Ex. 30. 18. θήσεις αὐτὸν ἀνὰ μέσον τῆς σκ. τοῦ μαρτ. (1)
— 20. ὅταν εἰσπορεύωνται εἰς τὴν σκ. τοῦ μαρτ. (1)
— 21. ὅταν εἰσπορεύωνται εἰς τὴν σκ. τοῦ μαρτ. –
— 26. A B χρίσεις ἐξ αὐτοῦ τὴν σκ. τοῦ μαρτυρίου καὶ τὴν κιβ. [R *add.* τῆς σκ.] τοῦ μαρτ. (1, [–])
— 27. B καὶ τὴν σκ. τοῦ μαρτυρίου –
— 36. ἐν τῇ σκ. τοῦ μαρτυρίου (1)
31. 7. ποιήσουσι . . . τὴν σκ. τοῦ μαρτυρίου (1)
— 7. καὶ τὴν διασκευὴν τῆς σκ. (1)
33. 7. λαβὼν M. τὴν σκ. αὐ. (1)
— 7. ἐκλήθη σκηνὴ μαρτυρίου (1)
— 7. ἐξεπορεύετο εἰς τὴν σκ. (1)
— 8. ἡνίκα δ' ἂν εἰσεπορεύετο M. εἰς τὴν σκ. (1)
— 8. παρὰ τὰς θύρας τῆς σκ. αὐ. (1)
— 8. ἕως τοῦ εἰσελθεῖν αὐτὸν εἰς τὴν σκ. (1)
— 9. ὡς δ' ἂν εἰσῆλθε M. εἰς τὴν σκ. (1)
— 9. ἵστατο ἐπὶ τὴν θύραν τῆς σκ. (1)
— 10. ἐπὶ τῆς θύρας τῆς σκ. (1)
— 10. ἀπὸ τῆς θύρας τῆς σκ. αὐ. (1)
— 11. οὐκ ἐξεπορεύετο ἐκ τῆς σκ. (1)
35. 11. ἐργαζέσθω . . . τὴν σκ. (3+1)
— 21. εἰς πάντα τὰ ἔργα τῆς σκ. τοῦ μαρτυρίου (1)
37. 1 (36. 8). ἐποίησαν τῇ σκ. δέκα αὐλαίας (3)
— 5 (36. 37). τὸ καταπέτασμα τῆς θύρας [A[1] *om.* τ. θ.] τῆς σκ. τοῦ μαρτ. (1)
— 14 (38. 16). πᾶσαι αἱ αὐλαῖαι τῆς σκ. [A *al.*] (2)
— 19 (38. 21). αὕτη ἡ σύνταξις τῆς σκ. τοῦ μαρτυρίου (3)
38. 19 (36. 36). ἐποίησε καὶ τοὺς κρίκους τῆς σκ. χρυσοῦς [A *al.*] –
— 20 (36. 36). ἐχώνευσε τὰς κεφαλίδας τὰς ἀργυρᾶς τῆς σκ. [A[2] τοῖς στύλοις, A[1] *om.* τ. σκ.] –
— 20 (36. 36). τὰς κεφαλίδας τὰς χαλκᾶς τῆς θύρας τῆς σκ. –
— 21 (20). A ἐποίησε τοὺς πασσάλους τῆς σκ. [B *al.*] (3)
— 26 (8). παρὰ τὰς θύρας τῆς σκ. τοῦ μαρτυρίου (1)
— 27 (40. 32). εἰσπορευομένων αὐτῶν εἰς τὴν σκ. τοῦ μαρτ. (1)
39. 4 (38. 27). εἰς τὴν χώνευσιν τῶν ἑκατὸν κεφαλίδων τῆς σκ. †
— 8 (38. 30). τὰς βάσεις τῆς θύρας τῆς σκ. τοῦ μαρτυρίου (1)
— 9 (38. 30). A καὶ τὰς βάσεις τῆς σκ. [B πύλης, R αὐλῆς] κύκλῳ –
— 9 (38. 31). καὶ τοὺς πασσάλους τῆς σκ. (2)
— 9 (38. 31). B[1] καὶ τοὺς πασσάλους τῆς σκ. [A B[2] R αὐλῆς] (3)
— 10 (38. 31). καὶ πάντα τὰ ἐργαλεῖα τῆς σκ. τοῦ μαρτ. (2)
— 14 (33). ἤνεγκαν . . . τὴν σκ. (1)
— 20 (40). τὸ καταπέτασμα τῆς θύρας τῆς σκ. (2)
— 21 (40). καὶ πάντα τὰ σκεύη τῆς σκ. (3)
— 21 (40). εἰς τὰ ἔργα τῆς σκ. τοῦ μαρτ. (1)
40. 2. στήσεις τὴν σκ. τοῦ μαρτυρίου (3+1)
— 5. ἐπὶ τὴν θύραν τῆς σκ. τοῦ μαρτυρίου (3)
— 6. παρὰ τὰς θύρας τῆς σκ. τοῦ μαρτυρίου (3+1)
— 6 (8). περιθήσεις τὴν σκ. [A αὐλήν] (2)
— 9. χρίσεις τὴν σκ. (3)
— 12. ἐπὶ τὰς θύρας τῆς σκ. τοῦ μαρτυρίου (1)
— 17. ἐστάθη ἡ σκ. (3)
— 18. ἔστησε M. τὴν σκ. (3)
— 19. ἐξέτεινε τὰς αὐλαίας ἐπὶ τὴν σκ. (3)
— 19. ἐπέθηκε τὸ κατακάλυμμα τῆς σκ. (1)
— 21. εἰσήνεγκε τὴν κιβ. εἰς τὴν σκ. (3)
— 22. ἐπέθηκε τὴν τράπεζαν εἰς τὴν σκ. τοῦ μαρτ. ἐπὶ τὸ κλίτος τῆς σκ. τοῦ μαρτ. . . . ἔξωθεν τοῦ καταπετάσμ. τῆς σκ. (1, 3, –)
— 24. ἔθηκε τὴν λυχνίαν εἰς τὴν σκ. τοῦ μαρτ. εἰς τὸ κλίτος τῆς σκ. τὸ πρὸς νότον (1, 3)
— 26. ἔθηκε τὸ θυσιαστ. τὸ χρυσοῦν ἐν τῇ σκ. τοῦ μαρτ. (1)
— 29. A[2] B παρὰ τὰς θύρας τῆς σκ. (3+1)
— 33. B ἔστησε τὴν αὐλὴν κύκλῳ τῆς σκ. (3)
— 34. ἐκάλυψεν ἡ νεφέλη τὴν σκ. τοῦ μαρτ. (1)
— 34. δόξης κυρίου ἐπλήσθη ἡ σκ. (3)
— 35. εἰσελθεῖν εἰς τὴν σκ. τοῦ μαρτυρίου (1)
— 35. δόξης κυρίου ἐπλήσθη ἡ σκ. (3)
— 36. ἡνίκα δ' ἂν ἀνέβη ἡ νεφέλη ἀπὸ τῆς σκ. (3)
— 38. νεφέλη γὰρ ἦν ἐπὶ τῆς σκ. ἡμέρας (3)
Le. 1. 1. ἐλάλησε κ. αὐτῷ ἐκ τῆς σκ. τοῦ μαρτ. (1)

Le. 1. 3. πρὸς τὴν θύραν τῆς σκ. τοῦ μαρτυρίου (1)
— 5. τὸ ἐπὶ τῶν θυρῶν τῆς σκ. τοῦ μαρτυρίου (1)
3. 2, 8, 13. παρὰ τὰς θύρας τῆς σκ. τοῦ μαρτ. (1)
4. 4. παρὰ τὴν θύραν τῆς σκ. τοῦ μαρτυρίου (1)
— 5. εἰσοίσει αὐτὸ ἐπὶ τὴν σκ. τοῦ μαρτ. (1)
— 7. ὅ ἐστιν ἐν τῇ σκ. τοῦ μαρτυρίου (1)
— 7, 14. παρὰ τὰς θύρας τῆς σκ. τοῦ μαρτυρίου (1)
— 16. εἰσοίσει . . . εἰς τὴν σκ. τοῦ μαρτυρίου (1)
— 18. ὅ ἐστιν ἐν τῇ σκ. τοῦ μαρτυρίου (1)
— 18. τῶν πρὸς τῇ θύρᾳ τῆς σκ. τοῦ μαρτυρίου (1)
6. 16 (9), 26 (19). ἐν αὐλῇ τῆς σκ. τοῦ μαρτ. (1)
— 30 (23). ὧν ἐὰν εἰσενεχθῇ . . . εἰς τὴν σκ. τοῦ μαρτ. (1)
8. 3. ἐκκλησίασον ἐπὶ τὴν θύραν τῆς σκ. τοῦ μαρτ. (1)
— 4. ἐξεκκλησίασε τὴν συναγ. ἐπὶ τὴν θύραν τῆς σκ. (1)
— 11. ἔχρισε τὴν σκ. –
— 31. ἐν τῇ αὐλῇ τῆς σκ. τοῦ μαρτυρίου (1)
— 33. ἀπὸ τῆς θύρας τῆς σκ. τοῦ μαρτυρίου (1)
— 35. ἐπὶ τὴν θύραν τῆς σκ. τοῦ μαρτυρίου (1)
9. 5. ἀπέναντι τῆς σκ. τοῦ μαρτυρίου (1)
— 23. εἰσῆλθε . . . εἰς τὴν σκ. τοῦ μαρτυρίου (1)
10. 7. ἀπὸ τῆς θύρας τῆς σκ. τοῦ μαρτυρίου (1)
— 9. ἡνίκα ἂν εἰσπορεύησθε εἰς τὴν σκ. τοῦ μαρτ. (1)
12. 6 : 14. 11, 23. ἐπὶ τὴν θύραν τῆς σκ. τοῦ μαρτυρίου (1)
15. 14. ἐπὶ τὰς θύρας τῆς σκ. τοῦ μαρτυρίου (1)
— 29. ἐπὶ τὴν θύραν τῆς σκ. τοῦ μαρτυρίου (1)
— 31. ἐν τῷ μιαίνειν αὐτοὺς τὴν σκ. μου τὴν ἐν αὐτοῖς (3)
16. 7. παρὰ τὴν θύραν τῆς σκ. τοῦ μαρτυρίου (1)
— 16. οὕτω ποιήσει τῇ σκ. [B[1] τὴν σκ.] τοῦ μαρτυρίου (1)
— 17. πᾶς ἄνθρ. οὐκ ἔσται ἐν τῇ σκ. τοῦ μαρτ. (1)
— 20. συντελέσει ἐξιλασκόμενος . . . τὴν σκ. τοῦ μαρτ. (1)
— 23. εἰσελεύσεται Ἀ. εἰς τὴν σκ. τοῦ μαρτυρίου (1)
— 33. ἐξιλάσεται . . . τὴν σκ. τοῦ μαρτυρίου (1)
17. 4. ἐπὶ τὴν θύραν τῆς σκ. τοῦ μαρτυρίου (1)
— 4. ἐπὶ τὴν θύραν τῆς σκ. τοῦ μαρτυρίου (1 ?)
— 4. ὥστε μὴ προσενέγκαι δῶρον κυρίῳ ἀπέναντι τῆς σκ. κυρίου (3)
— 5. ἐπὶ τὰς θύρας τῆς σκ. τοῦ μαρτυρίου (1)
— 6. παρὰ τὰς θύρας τῆς σκ. τοῦ μαρτυρίου (1)
— 9. ἐπὶ τὴν θύραν τῆς σκ. τοῦ μαρτυρίου (1)
19. 21. παρὰ τὴν θύραν τῆς σκ. τοῦ μαρτυρίου (1)
23. 34. ἑορτὴ σκηνῶν ἑπτὰ ἡμέρας τῷ κ. (4 *b*)
— 42. ἐν σκηναῖς κατοικήσετε ἑπτὰ ἡμέρας (4 *b*)
— 42. πᾶς ὁ αὐτόχθων ἐν Ἰσρ. κατοικήσει ἐν σκηναῖς (4 *b*)
— 43. ἐν σκηναῖς κατῴκισα τοὺς υἱοὺς Ἰσρ. (4 *b*)
24. 3. ἐν τῇ σκ. τοῦ μαρτυρίου (1)
26. 11. R θήσω τὴν σκ. [A B διαθήκην] μου ἐν ὑμῖν (3)
Nu. 1. 1. ἐν τῇ σκ. τοῦ μαρτυρίου (1)
— 50. ἐπίστησον τοὺς Λ. ἐπὶ τὴν σκ. τοῦ μαρτ. (3)
— 50. αὐτοὶ ἀροῦσι τὴν σκ. (3)
— 50. κύκλῳ τῆς σκ. παρεμβαλοῦσι (3)
— 51. ἐν τῷ ἐξαίρειν τὴν σκ. (3)
— 51. ἐν τῷ παρεμβάλλειν τὴν σκ. (3)
— 53. παρεμβαλέτωσαν . . . κύκλῳ τῆς σκ. τοῦ μαρτ. (3)
— 53. τὴν φυλακὴν τῆς σκηνῆς τοῦ μαρτ. (3)
2. 2. κύκλῳ τῆς σκ. τοῦ μαρτυρίου (1)
— 17. ἀρθήσεται ἡ σκ. τοῦ μαρτυρίου (1)
3. 7. ἔναντι τῆς σκ. τοῦ μαρτυρίου (1)
— 7. ἐργάζεσθαι τὰ ἔργα τῆς σκ. (3)
— 8. πάντα τὰ σκεύη τῆς σκ. τοῦ μαρτυρίου (1)
— 8. κατὰ πάντα τὰ ἔργα τῆς σκ. (3)
— 10. καταστήσεις ἐπὶ τῆς σκ. τοῦ μαρτυρίου –
— 23. ὀπίσω τῆς σκ. παρεμβαλοῦσι (3)
— 25. ἡ φυλακὴ υἱῶν Γ. ἐν τῇ σκ. τοῦ μαρτ. ἡ σκ. (1, 3)
— 25. καὶ τὸ κατακάλυμμα τῆς θύρας τῆς σκ. τοῦ μαρτ. (1)
— 26. τῆς πύλης τῆς αὐλῆς τῆς οὔσης ἐπὶ τῆς σκ. (3)
— 29. παρεμβαλοῦσιν ἐκ πλαγίων τῆς σκ. (3)
— 35. ἐκ πλαγίων τῆς σκ. παρεμβαλοῦσι (3)
— 36. τὰς κεφαλίδας τῆς σκ. (3)
— 38. κατὰ πρόσωπον τῆς σκ. τοῦ μαρτυρίου (3+1)
4. 3. ποιῆσαι πάντα τὰ ἔργα ἐν τῇ σκ. τοῦ μαρτ. (1)
— 4. ταῦτα τὰ ἔργα τῶν υἱῶν K. ἐν τῇ σκ. τοῦ μαρτ. (1)

Nu. 4. 5. A κατακαλύψουσιν ἐν αὐτῷ τὴν σκ. [B κιβωτόν] †
— 15. ταῦτα ἀροῦσιν . . . ἐν τῇ σκ. τοῦ μαρτ. (1)
— 16. ἡ ἐπισκοπὴ ὅλης τῆς σκ. (3)
— 23. ποιεῖν τὰ ἔργα αὐ. ἐν τῇ σκ. [A ἔ. τῆς σκ.] τοῦ μαρτ. (1)
— 25. ἀρεῖ τὰς δέρρεις [B^{2} τὰ σκεύη] τῆς σκ. καὶ τὴν σκ. τοῦ μαρτ. . . . καὶ τὸ κάλυμμα τῆς θύρας τῆς σκ. τοῦ μαρτ. (3, 1, 1)
— 26. A B^{2} R ὅσα ἐπὶ τῆς σκ. τοῦ μαρτυρίου (3)
— 28. αὕτη ἡ λειτουργία . . . ἐν τῇ σκ. τοῦ μαρτ. (1)
— 30. λειτουργεῖν τὰ ἔργα τῆς σκ. τοῦ μαρτ. (1)
— 31. B^{1} κατὰ πάντα τὰ ἔργα τῶν [A B^{2} R αὐτῶν] ἐν τῇ σκ. (1)
— 31. τὰς κεφαλίδας τῆς σκ. (3)
— 31. A καὶ τὸ κατακάλυμμα τῆς σκ. [B *om.* τ. σκ.] –
— 31. καὶ τὸ κατακάλυμμα τῆς θύρας τῆς σκ. –
— 33. αὕτη ἡ λειτουργία . . . ἐν τῇ σκ. τοῦ μαρτ. (1)
— 35. καὶ ποιεῖν ἐν τῇ σκ. τοῦ μαρτ. [A *al.*] (1)
— 37. πᾶς ὁ λειτουργῶν ἐν τῇ σκ. τοῦ μαρτ. (1)
— 39. ποιεῖν τὰ ἔργα ἐν τῇ σκ. τοῦ μαρτ. (1)
— 41. πᾶς ὁ λειτουργῶν ἐν τῇ σκ. τοῦ μαρτ. (1)
— 43. πρὸς τὰ ἔργα τῆς σκ. τοῦ μαρτυρίου (1)
— 47. τὰ ἔργα τὰ αἰρόμενα ἐν τῇ σκ. τοῦ μαρτ. (1)
5. 17. ἐπὶ τοῦ ἐδάφους τῆς σκ. τοῦ μαρτυρίου (3)
6. 10. οἴσει . . . ἐπὶ τὰς θύρας τῆς σκ. τοῦ μαρτ. (1)
— 13. προσοίσει αὐτὸς παρὰ τὰς θύρας τῆς σκ. τοῦ μαρτ. (1)
— 18. παρὰ τὰς θύρας τῆς σκ. τοῦ μαρτυρίου (1)
7. 1. ὥστε ἀναστῆσαι τὴν σκ. (3)
— 3. προσήγαγον ἐναντίον τῆς σκ. (3)
— 5. πρὸς τὰ ἔργα τὰ λειτουργικὰ τῆς σκ. τοῦ μαρτ. (1)
— 89. ἐν τῷ εἰσπορεύεσθαι Μ. εἰς τὴν σκ. τοῦ μαρτ. (1)
8. 9. προσάξεις τοὺς Λ. ἔναντι τῆς σκ. τοῦ μαρτ. (1)
— 15. ἐργάζεσθαι τὰ ἔργα τῆς σκ. τοῦ μαρτ. (1)
— 19, 22. ἐν τῇ σκ. τοῦ μαρτυρίου (1)
— 24. ἐνεργεῖν ἐν τῇ σκ. τοῦ μαρτυρίου (1)
— 26. ἐν τῇ σκ. τοῦ μαρτυρίου (1)
9. 15. ᾗ ἐστάθη ἡ σκ. (3)
— 15. ἐκάλυψεν ἡ νεφέλη τὴν σκ. (3)
— 15. ἦν ἐπὶ τῆς σκ. [A γῆς] ὡς εἶδος πυρός (3)
— 17. ἡνίκα ἀνέβη ἡ νεφέλη ἀπὸ τῆς σκ. (1)
— 18. ἐν αἷς σκιάζει ἡ νεφέλη ἐπὶ τῆς σκ. (3)
— 19. ὅταν ἐφέλκηται ἡ νεφέλη ἐπὶ τῆς σκ. (3)
— 20. ὅταν σκεπάσῃ ἡ νεφέλη . . . ἐπὶ τῆς σκ. (3)
10. 3. ἐπὶ τὴν θύραν τῆς σκ. τοῦ μαρτυρίου (1)
— 11. ἀνέβη ἡ νεφέλη ἀπὸ τῆς σκ. τοῦ μαρτ. (3)
— 17. καθελοῦσι τὴν σκ. (3)
— 17. αἴροντες τὴν σκ. (3)
— 21. στήσουσι τὴν σκ. (3)
11. 16. ἄξεις αὐτοὺς πρὸς τὴν σκ. τοῦ μαρτ. (1)
— 24. ἔστησεν αὐτοὺς κύκλῳ τῆς σκ. (1)
— 26. οὐκ ἦλθον πρὸς τὴν σκ. (1)
12. 4. B ἐξέλθατε ὑμεῖς οἱ τρεῖς τὴν [A R εἰς τὴν] σκ. (1)
— 5 (4). ἐξῆλθον οἱ τρεῖς εἰς τὴν σκ. τοῦ μαρτ. –
— 5. ἔστη ἐπὶ τῆς θύρας τῆς σκ. (1)
— 10. ἡ νεφέλη ἀπέστη ἀπὸ τῆς σκ. (1)
14. 10. ἡ δόξα κυρίου ὤφθη . . . ἐπὶ τῆς σκ. τοῦ μαρτ. (1)
16. 9. λειτουργεῖν τὰς λειτουργίας τῆς σκ. κυρίου (3)
— 9. παρίστασθαι ἔναντι τῆς σκ. [A συναγωγῆς] †
— 18. A^{2} B ἔστησαν παρὰ τὰς θύρας τῆς σκ. τοῦ μαρτ. (1)
— 19. A^{2} B παρὰ τὴν θύραν τῆς σκ. τοῦ μαρτυρίου (1)
— 26. ἀποσχίσθητε ἀπὸ τῶν σκ. τῶν ἀνθρώπων τῶν σκληρῶν τ. (1)
— 27. ἀπέστησαν ἀπὸ τῆς σκ. Κ. (3)
— 27. παρὰ τὰς θύρας τῶν σκ. [A σκηνωμάτων] αὐ. (1)
— 30. καταπίεται . . . τὰς σκ. αὐ. –
— 42 (17. 7). ὥρμησαν ἐπὶ τὴν σκ. τοῦ μαρτ. (1)
— 43 (17. 8). εἰσῆλθε Μ. καὶ Ἀ. κατὰ πρόσωπον τῆς σκ. (1)
— 50 (17. 15). ἐπὶ τὴν θύραν τῆς σκ. τοῦ μαρτ. (1)
17. 4 (19). θήσει αὐτὰς ἐν τῇ σκ. τοῦ μαρτυρίου (1)
— 7 (22). ἀπέθηκε Μ. τὰς ῥάβδους . . . ἐν τῇ σκ. τοῦ μαρτ. (1)
— 8 (23). εἰσῆλθε Μ. καὶ Ἀ. εἰς τὴν σκ. τοῦ μαρτ. (1)

Nu. 17. 13 (28). πᾶς ὁ ἁπτόμενος τῆς σκ. κυρίου (3)
18. 2. ἀπέναντι τῆς σκ. τοῦ μαρτυρίου (1)
— 3. καὶ τὰς φυλακὰς τῆς σκ. [A *add.* σου] (1)
— 4. φυλάξονται τὰς φυλακὰς τῆς σκ. (1)
— 4. κατὰ πάσας τὰς λειτουργίας τῆς σκ. (1)
— 6. λειτουργεῖν τὰς λειτουργίας τῆς σκ. τοῦ μαρτ. (1)
— 21. ὅσα αὐτοὶ λειτουργοῦσι . . . ἐν τῇ σκ. τοῦ μαρτ. (1)
— 22. οὐ προσελεύσονται ἔτι οἱ υἱοὶ Ἰσρ. εἰς τὴν σκ. (1)
— 23. τὴν λειτουργίαν τῆς σκ. τοῦ μαρτ. (1)
— 31. τῶν λειτουργιῶν ὑμῶν τῶν ἐν τῇ σκ. τοῦ μαρτ. (1)
19. 4. ἀπέναντι τοῦ προσώπου τῆς σκ. τοῦ μαρτυρίου (1)
— 13. τὴν σκ. κυρίου ἐμίανεν (3)
20. 6. ἐπὶ τὴν θύραν τῆς σκ. τοῦ μαρτυρίου (1)
24. 5. αἱ σκ. σου, Ἰακώβ (1)
— 6. ὡσεὶ σκηναὶ ἃς ἔπηξε κύριος †
25. 6. παρὰ τὴν θύραν τῆς σκ. τοῦ μαρτυρίου (1)
27. 2. ἐπὶ τῆς θύρας τῆς σκ. τοῦ μαρτυρίου (1)
31. 30. τοῖς φυλάσσουσι τὰς φυλακὰς ἐν τῇ σκ. κυρίου (3)
— 47. τοῖς φυλάσσουσι τὰς φυλακὰς τῆς σκ. κυρίου (3)
— 54. εἰσήνεγκεν αὐτὰ εἰς τὴν σκ. τοῦ μαρτ. (1)
De. 1. 27. διεγογγύζετε ἐν ταῖς σκ. ὑμῶν (1)
11. 6. κατέπιεν αὐτοὺς . . . καὶ τὰς σκ. αὐ. (1)
16. 13. ἑορτὴν σκηνῶν [A τῶν σκ.] ποιήσεις σεαυτῷ (4 *b*)
31. 14. στῆτε παρὰ τὰς θύρας τῆς σκ. τοῦ μαρτ. (1)
— 14. A B^{2} R καὶ ἐπορεύθη Μ. καὶ Ἰ. εἰς τὴν σκ. τοῦ μαρτ. –
— 14. A B^{2} R ἔστησαν παρὰ τὰς θύρας τῆς σκ. τοῦ μαρτ. (1)
— 15. ἔστη παρὰ τὰς θύρας τῆς σκ. τοῦ μαρτ. –
— 15. ἔστη ὁ στῦλος τῆς νεφέλης παρὰ τὰς θύρας τῆς σκ. (1)
Jo. 7. 21. ἐγκέκρυπται ἐν τῇ σκ. μου (1)
— 22. ἔδραμον εἰς τὴν σκ. (1)
— 22. ταῦτα ἦν κεκρυμμ. εἰς τὴν σκ. [A *al.*] (1)
— 23. ἐξήνεγκαν αὐτὰ ἐκ τῆς σκ. (1)
— 24. ἀνήγαγεν αὐτὸν . . . καὶ τὴν σκ. αὐ. (1)
18. 1. ἔπηξαν ἐκεῖ τὴν σκ. τοῦ μαρτυρίου (1)
19. 51. παρὰ τὰς θύρας τῆς σκ. τοῦ μαρτυρίου (1)
22. 19. οὗ κατασκηνοῖ ἐκεῖ ἡ σκ. [A κιβωτὸς] κυρίου (3)
— 29. ὅ ἐστιν ἐναντίον τῆς σκ. αὐ. (3)
24. 25. ἐνώπιον τῆς σκ. τοῦ θεοῦ Ἰσρ. –
Jd. 4. 11. ἔπηξε τὴν σκ. αὐ. (1)
— 17. ἔφυγε τοῖς ποσὶν αὐ. εἰς σκηνὴν Ἰ. (1)
— 18. ἐξέκλινε πρὸς αὐτὴν εἰς τὴν σκ. (1)
— 20. στῆθι δὴ ἐπὶ τὴν θύραν τῆς σκ. (1)
— 21. ἔλαβεν Ἰ. . . . τὸν πάσσαλον τῆς σκ. (1)
5. 24. ἀπὸ γυναικῶν ἐν σκηναῖς εὐλογηθείη [A *al.*] (1)
6. 5. αἱ σκ. αὐ. παρεγίνοντο [A *al.*] (1)
7. 8. ἐξαπέστειλεν ἄνδρα εἰς σκηνὴν [A τὸ σκήνωμα] αὐ. (1)
— 13. ἦλθεν ἕως τῆς σκ. (1)
— 13. ἔπεσεν ἡ σκ. (1)
8. 11. ὁδὸν τῶν σκηνούντων ἐν σκηναῖς [A *al.*] (1)
I Ki. 2. 22. A παρὰ τὴν θύραν τῆς σκ. τοῦ μαρτ. (1)
II Ki. 6. 17. ἀνέθηκαν αὐτὴν . . . εἰς μέσον τῆς σκ. (1)
7. 2. ἡ κιβωτὸς τοῦ θ. κάθηται ἐν μέσῳ τῆς σκ. †
— 6. ἤμην ἐμπεριπατῶν . . . ἐν σκηνῇ (3)
11. 11. κατοικοῦσιν ἐν σκηναῖς (4 *b*)
16. 22. ἔπηξαν τὴν σκ. τῷ Ἀβ. (1)
22. 12. ἡ σκ. αὐ. σκότος ὑδάτων (4 *b*)
III Ki. 1. 39. ἔλαβε . . . τὸ κέρας τοῦ ἐλαίου ἐκ τῆς σκ. (1)
2. 29. ἔφυγεν Ἰ. εἰς τὴν σκ. τοῦ κυρίου (1)
— 30. ἦλθε Βαν. υἱὸς Ἰ. . . . εἰς τὴν σκ. τοῦ κ. (1)
12. 5. οὐκ ἐξολεθρευθήσονται ἀπὸ τῶν σκ. [A κτηνῶν] †
21 (20). 12. πίνων ἦν αὐτὸς . . . ἐν σκηναῖς (4 *b*)
IV Ki. 7. 7. ἐγκατέλιπον τὰς σκ. αὐ. (1)
— 8. εἰσῆλθον εἰς σκ. μίαν (1)
— 8. εἰσῆλθον εἰς σκ. ἄλλην (1)
— 10. καὶ αἱ σκ. αὐ. ὡς εἰσίν (1)
10. 14. B^{2} ἔσφαξαν αὐτοὺς ἐν τῇ σκ. [A B^{1} R *al.*] †
I Ch. 5. 10. κατοικοῦντες ἐν σκηναῖς (1)
6. 32 (17). ἐναντίον τῆς σκ. οἴκου μαρτυρίου (3)

I Ch. 6. 48 (33). εἰς πᾶσαν ἐργασίαν λειτουργίας σκηνῆς οἴκου τοῦ θεοῦ (3)
9. 19. φυλάσσοντες τὰς φυλακὰς τῆς σκ. (1)
— 21. πυλωρὸς τῆς θύρας τῆς σκ. τοῦ μαρτ. (1)
— 23. ἐν οἴκῳ τῆς σκ. τοῦ φυλάσσειν (1)
15. 1. ἐποίησεν αὐτῇ σκηνήν (1)
16. 1. ἀπηρείσατο αὐτὴν ἐν μέσῳ τῆς σκ. (1)
— 39. ἐναντίον τῆς [S *om.*] σκ. κυρίου (3)
17. 5. ἤμην ἐν σκηνῇ (1)
21. 29. σκηνὴ κυρίου . . . ἐν Β. ἐν Γ. (3)
23. 26. οὐκ ἦσαν αἴροντες τὴν σκ. (3)
— 32. φυλάξουσι τὰς φυλακὰς σκηνῆς τοῦ μαρτ. (1)
II Ch. 1. 3. οὗ ἐκεῖ ἦν ἡ σκ. τοῦ μαρτυρίου τοῦ θ. (1)
— 4. ἡτοίμασεν αὐτῇ σκηνὴν εἰς Ἱερ. (1)
— 5. ἐκεῖ ἦν ἔναντι τῆς σκ. κυρίου (3)
— 6. ἐπὶ τὸ θυσιαστ. τὸ χαλκοῦν . . . τὸ ἐν τῇ σκ. (1)
— 13. B πρὸ προσώπου σκηνῆς [A R τῆς σκ. τοῦ] μαρτυρίου (1)
5. 5. ἔλαβον . . . τὴν σκ. τοῦ μαρτ. καὶ πάντα τὰ σκεύη τὰ ἅγια τὰ ἐν τῇ σκ. (1, 1)
8. 13. ἐν τῇ ἑορτῇ τῶν σκ. (4 *b*)
14. 15 (14). σκηνὰς κτήσεων . . . ἐξέκοψαν (1)
24. 6. ἐξεκκλησίασε τὸν Ἰσρ. εἰς τὴν σκ. τοῦ μαρτυρίου (1)
29. 6. ἀπέστρεψαν τὸ πρόσωπον ἀπὸ τῆς σκ. κυρίου (3)
II Es. 3. 4. ἐποίησαν τὴν ἑορτὴν τῶν σκ. (4 *b*)
8. 29. ἕως στῆτε . . . εἰς σκηνὰς οἴκου κυρίου †
Ne. 8. 14. ὅπως κατοικήσωσιν οἱ υἱ. Ἰσρ. ἐν σκηναῖς (4 *b*)
— 15. A^{2} B S ποιῆσαι σκηνὰς κατὰ τὸ γεγραμμ. (4 *b*)
— 16. ἐποίησαν ἑαυτοῖς σκηνάς (4 *b*)
— 17. ἐποίησαν . . . σκηνάς [S^{1} ἐν σκηναῖς] (4 *b*)
— 17. καὶ ἐκάθισαν ἐν σκηναῖς (4 *b*)
To. 13. 10. ἵνα πάλιν ἡ [A *om.*] σκ. αὐτοῦ οἰκοδομηθῇ [S *al.*]
Ju. 3. 3. A B καὶ πᾶσαι αἱ μάνδραι τῶν σκ. ἡμῶν
5. 22. πᾶς ὁ λαὸς ὁ κυκλῶν τὴν σκ. [A -ῳ τῆς σκ.]
6. 10. οἳ ἦσαν παρεστηκότες ἐν τῇ σκ. αὐ. [S παρ. αὐτῷ]
7. 18. καὶ αἱ σκ. καὶ αἱ ἀπαρτίαι αὐ.
8. 5. ἐποίησεν ἑαυτῇ σκηνήν
— 36. ἀποστρέψαντες ἐκ τῆς σκ.
10. 15. πρόσελθε ἐπὶ τὴν σκ. αὐ.
— 17. ἤγαγον αὐτὰς ἐπὶ τὴν σκ. Ὀλ.
— 18. ἐκύκλουν αὐτὴν . . . ἔξω τῆς σκ. Ὀλ.
— 20. εἰσήγαγον αὐτὴν εἰς τὴν σκ.
12. 5. A B ἠγάγοσαν αὐτὴν . . . εἰς τὴν σκ.
— 9. B παρέμενε τῇ [A ἐν τῇ] σκ.
13. 1. A B συνέκλεισε τὴν σκ. ἔξωθεν
— 2. B ὑπελείφθη δὲ Ἰ. μόνη ἐν τῇ σκ. [A *om.* ἐν τῇ σκ.]
14. 3. συνδραμοῦνται ἐπὶ τὴν σκ. Ὀλ.
— 13. παρεγένοντο ἐπὶ τὴν σκ. Ὀλ.
— 14. ἔκρουσε τὴν αὐλαίαν τῆς σκ.
— 17. εἰσῆλθεν εἰς τὴν σκ.
15. 11. ἔδωκαν τῇ Ἰ. τὴν σκ. Ὀλ.
Jb. 5. 24. ἡ δὲ δίαιτα τῆς σκ. σου οὐ μὴ ἁμάρτῃ [A *al.*] †
8. 14. ἀράχνη δὲ αὐτοῦ ἀποβήσεται ἡ σκ. †
18. 15. κατασκηνώσει ἐν τῇ σκηνῇ αὐτοῦ (1)
36. 30 (29). ἰσότητα σκηνῆς αὐτοῦ ἰδοὺ ἐκτενεῖ (4 *b*)
Ps. 17 (18). 11. A^{2} B S κύκλῳ αὐτοῦ ἡ σκ. αὐ. (4 *b*)
26 (27). 5. ἔκρυψέ με ἐν σκηνῇ (4 *a*)
— 5. ἐσκέπασέ με ἐν ἀποκρύφῳ τῆς σκ. αὐτοῦ (1)
— 6. ἔθυσα ἐν τῇ σκ. αὐτοῦ θυσίαν ἀλαλαγμοῦ (1)
28 (29). *tit.* ψαλμὸς τῷ Δαυὶδ ἐξοδίου σκηνῆς –
30 (31). 20. σκεπάσεις αὐτοὺς ἐν σκηνῇ (4 *b*)
41 (42). 4. διελεύσομαι ἐν τόπῳ σκηνῆς θαυμαστῆς (4 *a* ?)
59 (60). 6. τὴν κοιλάδα τῶν σκ. διαμετρήσω (4 *b*)
77 (78). 60. ἀπώσατο τὴν σκ. Σηλώμ (3)
107 (108). 7. A R τὴν κοιλάδα τῶν σκ. [S σκηνωμάτων] διαμετρήσω (4 *b*)
117 (118). 15. φωνὴ ἀγαλλιάσεως καὶ σωτηρίας ἐν σκηναῖς δικαίων (1)
Pr. 14. 11. σκηναὶ δὲ κατορθούντων στήσονται (1)
Wi. 9. 8. μίμημα σκηνῆς ἁγίας
11. 2. ἐν ἀβάτοις ἔπηξαν σκηνάς
Si. 14. 25. στήσει τὴν σκ. αὐτοῦ κατὰ χεῖρας αὐτῆς
— 26. S^{1} στήσει τὰ τέκνα αὐτοῦ ἐν τῇ σκ. [A B S^{2} σκέπῃ] αὐτῆς
24. 8. ὁ κτίσας με κατέπαυσε τὴν σκ. μου

Si. 24. 10. ἐν σκηνῇ ἁγίᾳ ἐνώπιον αὐτοῦ ἐλειτούργησα
— 15. ὡς λιβάνου ἀτμὶς ἐν σκηνῇ
Ho. 12. 9 (10). κατοικιῶ σε ἐν σκηναῖς (1)
Am. 5. 26. ἀνελάβετε τὴν σκ. τοῦ Μ. (4 c)
9. 11. ἀναστήσω τὴν σκ. Δ. τὴν πεπτωκυῖαν (4 b)
Jn. 4. 5. ἐποίησεν ἑαυτῷ ἐκεῖ σκηνήν (4 b)
Hb. 3. 7. πτοηθήσονται καὶ αἱ [S om.] σκ. γῆς Μαδ. †
Is. 1. 8. ὡς σκηνὴ ἐν ἀμπελῶνι (4 b)
16. 5. καθιεῖται . . . ἐν σκηνῇ Δ. (1)
22. 16. ἔγραψας σεαυτῷ ἐν πέτρᾳ σκηνήν (3)
33. 20. σκηναὶ αἳ οὐ μὴ σεισθῶσιν οὐδὲ μὴ κινηθῶσιν οἱ πάσσαλοι τῆς σκ. αὐτῆς (1, –)
38. 12. ἀπῆλθεν ἀπ' ἐμοῦ ὥσπερ ὁ σκηνὴν καταλύων πήξας (1)
40. 22. διατείνας ὡς σκηνὴν κατοικεῖν (1)
54. 2. πλάτυνον τὸν τόπον τῆς σκ. σου (1)
Je. 4. 20. τεταλαιπώρηκεν ἡ σκ. [A -αί] (1)
6. 3. πήξουσιν ἐπ' αὐτὴν σκηνὰς κύκλῳ (1)
10. 20. ἡ σκ. σου ἐταλαιπώρησεν (1)
— 20. οὐκ ἔστιν ἔτι τόπος τῆς σκ. μου (1)
30. 7 (49. 29). σκηνὰς αὐτῶν καὶ τὰ πρόβατα αὐτῶν λήψονται (1)
42 (35). 7. ἐν σκηναῖς οἰκήσετε (1)
— 10. ᾠκήσαμεν ἐν σκηναῖς (1)
La. 2. 4. ἐν [A om.] σκηνῇ θυγατρὸς Σιών (1)
Da. LXX. 11. 45. στήσει αὐτοῦ τὴν σκ. τότε (1)
Da. TH. 11. 45. πήξει τὴν σκ. αὐ. (1)
II Ma. 2. 4. A² R τὴν σκ. . . . ἐκέλευσεν . . . αὐτῷ συνακολουθεῖν
— 5. τὴν σκ. . . . εἰσήνεγκεν ἐκεῖ
10. 6. τὴν τῶν σκ. ἑορτὴν . . . ἦσαν νεμόμενοι
12. 12. εἰς τὰς σκ. ἐχωρίσθησαν
III Ma. 1. 2. διεκομίσθη νύκτωρ ἐπὶ τὴν τοῦ Πτ. σκ.
— 3. ἄσημόν τινα κατέκλινεν ἐν τῇ σκ.
IV Ma. 3. 8. ἐπὶ τὴν βασίλειον σκ. ἦλθε
[Aq. Ge. 24. 67: Ex. 26. 6 *bis*: Le. 8. 10: Nu. 3. 7: Jb. 31. 31: Ca. 1. 5: Is. 54. 2: Je. 4. 20: 30 (37). 18: Ez. 25. 4: 41. 1.]
[Sm. Ex. 12. 37: 35. 18: 38. 31 (39. 9): 40. 26 (24): Nu. 3. 7 *bis*: 4. 25, 26 *bis*: Dt. 5. 30 (27): I Ki. 26. 5, 7: Jb. 8. 22: 11. 14: 18. 14: 29. 4: 31. 31: 36. 29: 40. 26 (31): Ps. 18 (19). 5: 26 (27). 5: 41 (42). 5: 51 (52). 7: 60 (61). 5: 68 (69). 26: 77 (78). 28: 90 (91). 10: Ca. 1. 5, 8: Is. 28. 20: 33. 20: 38. 12: 54. 2: Je. 35 (42). 7: 37 (44). 10: Ez. 25. 4: Da. 11. 45: Am. 5. 26.]
[Th. Ex. 38. 31 (39. 9): 40. 26 (24), 28, 30: Le. 8. 10: Nu. 3. 7 *bis*: Jd. 6. 5: I Ki. 9. 22: Jb. 8. 22: 11. 14: 18. 14, 15: 31. 31: 36. 29: Is. 33. 20: 38. 12: 54. 2: Ez. 25. 4: Da. 11. 45.]
[Al. Ge. 31. 33 *bis*, 34: Ex. 13. 20: Jb. 18. 15: Hb. 3. 7.]
[Heb. Ex. 26. 36: Jb. 18. 15.]
[Sam. Ex. 38. 8 (26).]

σκηνοπηγία (-εία). (1) סֻכָּה
De. 16. 16. καὶ ἐν τῇ ἑορτῇ τῆς σκ. (1)
31. 10. ἐν ἑορτῇ σκηνοπηγίας (1)
I Es. 5. 51. ἠγάγοσαν τὴν τῆς [A ἡγ. τὰς] σκ. ἑορτήν
Za. 14. 16. τοῦ ἑορτάζειν τὴν ἑορτὴν τῆς σκ. (1)
— 18. τοῦ ἑορτάσαι τὴν ἑορτὴν τῆς σκ. (1)
— 19. ἑορτάσαι τὴν ἑορτὴν τῆς σκ. (1)
I Ma. 10. 21. ἐν ἑορτῇ σκηνοπηγίας
II Ma. 1. 9. ἵνα ἄγητε τὰς ἡμέρας τῆς σκ.
— 18. ἵνα καὶ αὐτοὶ ἄγητε σκηνοπηγίας

σκηνοποιεῖν.
[Sm. Is. 13. 20: 22. 15.]

σκηνοποιΐα.
[Al. Dt. 31. 10.]

σκῆνος.
Wi. 9. 15. βρίθει τὸ γεῶδες σκ. νοῦν πολυφρόντιδα

σκηνοῦν. (1) אָהַל (2) שָׁכַן
Ge. 13. 12. R ἐσκήνωσεν [A ἐνσκ.] ἐν Σοδόμοις (1)
Jd. 5. 17. B Γ. ἐν τῷ πέραν τοῦ Ἰ. ἐσκήνωσε [A R *al.*] (2)
— 17. ἐπὶ διεξόδοις αὐ. σκηνώσει [A *al.*] (2)
8. 11. ὁδὸν τῶν σκηνούντων [A ὁ. κατοικούντων] ἐν σκηναῖς (2)
III Ki. 8. 12. A κύριος εἶπεν τοῦ σκηνῶσαι ἐν γνόφῳ (2)
[Aq. Ex. 24. 16: 25. 7 (8): III Ki. 8. 12: Jb. 11. 14: 26. 5: 38. 19: Ps. 64 (65). 5: 67 (68). 7: 138 (139). 9: Is. 22. 15.]
[Sm. Ex. 25. 7 (8): Jb. 11. 14.]
[Th. Ex. 25. 7 (8): Jb. 11. 14: 38. 19.]
[Al. Ex. 29. 45.]

σκήνωμα. (1) אֹהֶל (2) מִשְׁכְּנוֹת (3) מִשְׁכָּן (4) סֻכָּה (5) שֹׁךְ
Nu. 16. 27. A παρὰ τὰς θύρας τῶν σκ. [B σκηνῶν] αὐ. (1)
De. 33. 18. καὶ Ἰσσ. ἐν τοῖς σκ. αὐ. (1)
Jo. 3. 14. ἀπῆρεν ὁ λαὸς ἐκ τῶν σκ. αὐ. (1)
Jd. 7. 8. A ἐξαπέστειλεν ἄνδρα εἰς τὸ σκ. [B εἰς σκηνὴν] αὐ. (1)
19. 9. πορεύσῃ εἰς τὸ σκ. σου (1)
20. 8. οὐκ ἀπελευσόμεθα ἀνὴρ εἰς σκήνωμα [A τὸ σκ.] αὐ. (1)
I Ki. 4. 10. ἔφυγεν ἕκαστος εἰς σκήνωμα αὐ. (1)
13. 2. B ἐξαπέστειλεν ἕκαστον εἰς τὸ σκ. αὐ. (1)
17. 54. τὰ σκεύη αὐ. ἔθηκεν ἐν τῷ σκ. αὐ. (1)
II Ki. 7. 23. ἔθνη καὶ σκηνώματα †
18. 17. πᾶς Ἰσρ. ἔφυγεν ἀνὴρ εἰς τὸ σκ. αὐ. (1)
19. 8 (9). Ἰσρ. ἔφυγεν ἀνὴρ εἰς τὰ σκ. αὐ. (1)
20. 1. ἀνὴρ εἰς τὰ σκ. σου (1)
— 22. ἀνὴρ εἰς τὰ σκ. αὐ. (1)
III Ki. 2. 28. ἔφυγεν Ἰ. εἰς τὸ σκ. τοῦ κυρίου (1)
8. 4. καὶ τὸ σκ. τοῦ μαρτυρίου καὶ τὰ σκεύη τὰ ἅγια τὰ ἐν τῷ σκ. τοῦ μαρτ. (1, 1)
— 66. ἀπῆλθεν ἕκαστος εἰς τὰ σκ. αὐ. χαίροντες (1)
9. 19. A πάσας τὰς πόλεις τῶν σκ. (2)
12. 16. ἀπότρεχε, Ἰσρ., εἰς τὰ σκ. σου (1)
— 16. ἀπῆλθεν Ἰσρ. εἰς τὰ σκ. αὐ. (1)
— 24. B εἰς τὰ σκ. σου Ἰσρ. –
— 24. B ἀπῆλθεν ἕκαστος εἰς τὸ σκ. αὐ. –
IV Ki. 8. 21. ἔφυγεν ὁ λαὸς εἰς τὰ σκ. αὐ. (1)
13. 5. ἐκάθισαν οἱ υἱοὶ Ἰσρ. ἐν τοῖς σκ. αὐ. (1)
14. 12. ἔφυγεν ἀνὴρ εἰς τὸ σκ. αὐ. (1)
I Ch. 5. 20. οἱ Ἀγ. καὶ πάντα τὰ σκ. αὐ. †
II Ch. 7. 10. ἀπέστειλε τὸν λαὸν εἰς τὰ σκ. αὐ. (1)
10. 16. εἰς τὰ σκ. σου, Ἰσρ. (1)
— 16. ἐπορεύθη πᾶς Ἰσρ. εἰς τὰ σκ. αὐ. (1)
11. 14. ἐγκατέλιπον οἱ Λ. τὰ σκ. τῆς κατασχέσεως αὐ. †
21. 9. ἔφυγεν ὁ λαὸς εἰς τὰ σκ. αὐ. –
25. 22. ἔφυγεν ἕκαστος εἰς τὸ σκ. (1)
I Es. 1. 50. καθότι ἐφείδετο . . . τοῦ σκ. αὐ.
Ju. 2. 26. ἐνέπρησε τὰ σκ. αὐ.
9. 8. μιᾶναι τὸ σκ. τῆς καταπαύσεως τοῦ ὀνόμ. τῆς δόξης σου
10. 18. διεβοήθη γὰρ εἰς τὰ σκ. ἡ παρουσία αὐ.
14. 7. εὐλογημένη σὺ ἐν παντὶ σκ. Ἰ.
15. 1. ὡς ἤκουσαν οἱ ἐν τοῖς σκ. [S τῷ σκ.] ὄντες
Jb. 21. 28. ἡ σκέπη τῶν σκ. τῶν ἀσεβῶν (3)
39. 6. ἐθέμην . . . τὰ σκ. αὐτοῦ ἁλμυρίδα (3)
Ps. 14 (15). 1. τίς παροικήσει ἐν τῷ σκ. σου (1)
18 (19). 4. ἐν τῷ ἡλίῳ ἔθετο τὸ σκ. αὐτοῦ (1)
25 (26). 8. καὶ τόπον σκηνώματος δόξης σου (3)
42 (43). 3. ἤγαγόν με . . . εἰς τὰ σκ. σου (3)
45 (46). 4. ἡγίασε τὸ σκ. αὐτοῦ ὁ ὕψιστος (3)
48 (49). 11. σκηνώματα αὐτῶν εἰς γενεὰν καὶ γενεάν (3)
51 (52). 5. B S¹ μεταναστεύσαι σε ἀπὸ σκηνώματος [S² τοῦ σκ. σου] (1)
60 (61). 4. παροικήσω ἐν τῷ σκ. σου (1)
68 (69). 25. ἐν τοῖς σκ. αὐ. μὴ ἔστω ὁ κατοικῶν (1)
73 (74). 7. ἐβεβήλωσαν τὸ σκ. τοῦ ὀνόμ. σου (3)
77 (78). 28. κύκλῳ τῶν σκ. αὐτῶν (3)
— 51. ἐν τοῖς σκ. Χάμ (1)
— 55. B³ S R κατεσκήνωσεν ἐν τοῖς σκ. αὐ. τὰς φυλὰς [B¹ ταῖς φ.] τοῦ Ἰσραήλ (1)
— 60. σκήνωμα αὐτοῦ οὗ κατεσκήνωσεν ἐν ἀνθρώποις (1)
— 67. ἀπώσατο τὸ σκ. Ἰωσήφ (1)
82 (83). 6. τὰ σκ. τῶν Ἰδουμαίων (1)
83 (84). 1. ὡς ἀγαπητὰ τὰ σκ. σου (3)
— 10. μᾶλλον ἢ οἰκεῖν με ἐπὶ [A S² ἐν] σκηνώμασιν ἁμαρτωλῶν (1)
86 (87). 2. ἀγαπᾷ κ. τὰς πύλας Σιὼν ὑπὲρ πάντα τὰ σκ. Ἰακώβ (3)
90 (91). 10. μάστιξ οὐκ ἐγγιεῖ τῷ σκ. σου (1)
105 (106). 25. ἐγόγγυσαν ἐν τοῖς σκ. αὐτῶν (1)
Ps. 107 (108). 7. S τὴν κοιλάδα τῶν σκ. [A R σκηνῶν] ἐκμετρήσω (4)
119 (120). 5. κατεσκήνωσα μετὰ τῶν σκ. Κηδάρ (1)
131 (132). 3. εἰ εἰσελεύσομαι εἰς σκήνωμα οἴκου μου (1)
— 5. σκήνωμα τῷ θεῷ Ἰακώβ (3)
— 7. εἰσελευσώμεθα εἰς τὰ σκ. αὐ. (3)
Ca. 1. 5. ὡς σκηνώματα Κηδάρ (1)
— 8. ποίμαινε τὰς ἐρίφους σου ἐπὶ σκηνώμασι τῶν ποιμένων (3)
Ho. 9. 6. ἄκανθαι ἐν τοῖς σκ. αὐ. (1)
Hb. 1. 6. τοῦ κατακληρονομῆσαι σκηνώματα οὐκ αὐτοῦ (3)
3. 7. εἶδον σκηνώματα Αἰθιόπων (1)
Za. 12. 7. σώσει κύριος τὰ σκ. Ἰ. (1)
Ma. 2. 12. ἕως καὶ ταπεινωθῇ ἐκ σκηνωμάτων Ἰ. (1)
Je. 9. 19 (18). ἀπερρίψαμεν τὰ σκ. ἡμῶν (3)
28 (51). 30. ἐνεπυρίσθη τὰ σκ. αὐτῆς (3)
La. 2. 6. διεπέτασεν ὡς ἄμπελον τὸ σκ. αὐτοῦ (5)
Ez. 25. 4. δώσουσιν ἐν σοὶ τὰ σκ. αὐτῶν (3)
I Ma. 9. 66. ἐπάταξεν Ὀδ. καὶ τοὺς ἀδ. αὐ. . . . ἐν τῷ σκ. αὐ.
II Ma. 10. 6. ἦγον ἡμέρας ὀκτὼ σκηνωμάτων τρόπον
[Aq. Ex. 1. 11: Ps. 18 (19) 5: Je. 30 (37). 18.]
[Sm. Ex. 1. 11.]
[Th. Jb. 39. 6: Ps. 18 (19). 5: 77 (78). 60: Je. 30 (37). 18.]
[Al. Ge. 9. 27: Jb. 5. 24.]
[Quint. Ps. 18 (19). 5.]

σκήνωσις.
II Ma. 14. 35. A ναὸν τῆς σῆς σκ. ἐν ἡμῖν γενέσθαι [R *al.*]
[Aq., Th., Quint. Ps. 42 (43). 3.]
[Sm. Ps. 25 (26). 8: 42 (43). 3: 77 (78). 51, 60 *bis*.]

σκῆπτρον (*incl.* σκῆπτον). (1) מוֹטָה (2) מַטֶּה (3) שֵׁבֶט
Jd. 5. 14. A ἐπολέμει μοι . . . ἐν σκήπτρῳ [B *al.*] (3)
I Ki. 2. 28. ἐξελεξάμην τὸν οἶκον τοῦ πατρός σου ἐκ πάντων τῶν [A om.] σκ. (3)
9. 21. οὐχὶ ἀνδρὸς Ἰεμ. ἐγώ εἰμι τοῦ μικροῦ σκ. φυλῆς Ἰσρ. (3)
— 21. καὶ τῆς φυλῆς τῆς ἐλαχίστης ἐξ ὅλου σκ. Βεν. (3)
10. 19. κατάστητε ἐνώπιον κυρίου κατὰ τὰ σκ. ὑμῶν (3)
— 20. προσήγαγε Σαμ. πάντα τὰ σκ. Ἰσρ. (3)
— 20. κατακληροῦται σκῆπτρον Βεν. (3)
— 21. προσάγει σκῆπτρον Βεν. εἰς φυλάς (3)
14. 27. ἐξέτεινε τὸ ἄκρον τοῦ σκ. αὐ. (2)
— 27. B¹ ἔβαψεν αὐτὸ εἰς τὸ σκ. [A B² R κηρίον] τοῦ μέλιτος †
— 43. ἐγευσάμην ἐν ἄκρῳ τῷ σκ. τῷ ἐν τῇ χειρί μου βραχὺ μέλι (2)
15. 17. ἡγούμενος σκήπτρου φυλῆς Ἰσρ. (3)
III Ki. 8. 16. οὐκ ἐξελεξάμην . . . ἐν ἑνὶ σκ. Ἰσρ. (3)
11. 13. σκῆπτρον ἓν δώσω τῷ υἱῷ σου (3)
— 31. δώσω σοι δέκα σκῆπτρα [A ῥήγματα] (3)
— 32. δύο σκῆπτρα ἔσονται αὐτῷ (3)
— 35. δώσω σοι τὰ δέκα σκ. (3)
— 36. τῷ δὲ υἱῷ αὐ. δώσω τὰ [A om.] δύο σκ. (3)
12. 20. οὐκ ἦν ὀπίσω οἴκου Δ. παρὲξ σκήπτρου Ἰ. (3)
— 21. ἐξεκκλησίασε . . . σκῆπτρον Βεν. (3)
— 24. B συνάγεται ἐκεῖ πᾶν σκ. Ἐφρ. –
— 24. B πορεύονται ὀπίσω αὐτοῦ πᾶν σκ. Ἰ. καὶ πᾶν σκ. Βεν. –, –
II Es. 9. 13. S² κατέπαυσας τὸ σκ. ἡμῶν †
Es. 4. 17. μὴ παραδῷς, κύριε, τὸ σκ. σου
Wi. 6. 21. εἰ οὖν ἥδεσθε ἐπὶ θρόνοις καὶ σκήπτροις
7. 8. προέκρινα αὐτὴν σκήπτρων καὶ θρόνων
10. 14. ἤνεγκεν αὐτῷ σκῆπτρα βασιλείας
Si. 32 (35). 18. ἕως . . . σκῆπτρα ἀδίκων [A δικαίων] συντρίψῃ
Hb. 3. 9. ἐνέτεινας τόξον σου ἐπὶ σκῆπτρα [A τὰ σκ., S¹ σκῆπτα] (2)
Za. 10. 11. σκῆπτρον Αἰγύπτου περιαιρεθήσεται (3)
Ep. Je. 14. σκῆπτρον ἔχει ὡς ἄνθρωπος κριτὴς χώρας
Ez. 30. 18. ἐν τῷ συντρῖψαί με ἐκεῖ τὰ σκ. Αἰγύπτου (1?)
[Aq. Ge. 49. 10: Jo. 3. 12: Ps. 44 (45). 7 *bis*: 121 (122). 4: Is. 28. 27: 63. 17: Je. 10. 16: 48 (31). 17.]
[Sm. Nu. 24. 17: I Ki. 10. 20: Ps. 73 (74). 2: Is. 28. 27: Je. 48 (31). 17: Ez. 19. 14.]
[Th. III Ki. 11. 31: Is. 28. 27: Je. 48 (31). 17.]

σκιά. (1) צֵל (2) צַלְמָוֶת (3) σκιὰ θανάτου צַלְמָוֶת

Jd. 9. 15. ὑπόστητε ἐν τῇ σκ. μου [A *al.*] (1)
— 36. τὴν σκ. τῶν ὀρέων σὺ βλέπεις (1)
IV Ki. 20. 9. πορεύσεται ἡ σκ. δέκα βαθμούς (1)
— 10. κοῦφον τὴν σκ. κλῖναι δέκα βαθμούς (1)
— 10. ἐπιστραφήτω ἡ σκ. . . . δέκα βαθμούς (1)
— 11. ἐπέστρεψεν ἡ σκ. . . . δέκα βαθμούς (1)
I Ch. 29. 15. ὡς σκιὰ αἱ ἡμέραι ἡμῶν ἐπὶ γῆς (1)
Jb. 3. 5. ἐκλάβοι δὲ αὐτὴν σκότος καὶ σκιὰ θανάτου (3)
7. 2. ἢ ὥσπερ θεράπων . . . τετευχὼς σκιᾶς (1)
8. 9. σκιὰ γάρ ἐστιν ἡμῶν ἐπὶ τῆς γῆς ὁ βίος (1)
12. 22. ἐξήγαγε δὲ εἰς φῶς σκιὰν θανάτου (3)
14. 2. ἀπέδρα δὲ ὥσπερ σκιά (1)
15. 29. οὐ μὴ βάλῃ ἐπὶ τὴν γῆν σκιάν †
16. 17 (16). ἐπὶ δὲ βλεφάροις μου σκιά [A S² σκ. θανάτου] (2 [3])
24. 17. τὸ πρωῒ σκιὰ θανάτου [A πρ. διεσκέδασεν] ὅτι ἐπιγνώσεται τάραχος σκιᾶς [A S¹ -ὰ] θανάτου (3, 3)
28. 3. λίθος σκοτία καὶ σκιὰ θανάτου (3)
Ps. 22 (23). 4. ἐὰν γὰρ καὶ πορευθῶ ἐν μέσῳ σκιᾶς θανάτου (3)
43 (44). 19. ἐπεκάλυψεν ἡμᾶς σκιὰ θανάτου (3)
56 (57). 1. ἐν τῇ σκ. τῶν πτερύγων σου ἐλπιῶ (1)
79 (80). 10. ἐκάλυψεν ὄρη ἡ σκ. αὐτῆς (1)
87 (88). 6. ἐν σκοτεινοῖς καὶ ἐν σκιᾷ θανάτου †
101 (102). 11. αἱ ἡμέραι μου ὡσεὶ σκιὰ [S² -αὶ] ἐκλίθησαν (1)
106 (107). 10. καθημένους ἐν σκότει καὶ σκιᾷ θανάτου (3)
— 14. ἐξήγαγεν αὐτοὺς ἐκ σκότους καὶ σκιᾶς θανάτου (3)
108 (109). 23. ὡσεὶ σκιὰ ἐν τῷ ἐκκλῖναι αὐτὴν ἀντανηρέθην (1)
143 (144). 4. αἱ ἡμέραι αὐτοῦ ὡσεὶ σκιὰ [A¹ S² σκιαὶ] παράγουσι (1)
Ec. 7. 1 (6. 12). ἐποίησεν αὐτὰ ἐν σκιᾷ [S² ἕως σκιᾶς] (1)
— 13 (12). ἐν σκιᾷ αὐτῆς ἡ σοφία [S² τῆς σ.] ὡς σκιὰ ἀργυρίου (1, 1)
8. 13. οὐ μακρυνεῖ ἡμέρας ἐν [S¹ ὡς ἐν] σκιᾷ (1)
Ca. 2. 3. ἐν τῇ σκ. αὐτοῦ ἐπεθύμησα (1)
— 17 : 4. 6. ἕως οὗ . . . κινηθῶσιν αἱ σκ. (1)
Wi. 2. 5. σκιᾶς γὰρ πάροδος ὁ βίος [A¹ B² S καιρὸς] ἡμῶν
5. 9. παρῆλθεν ἐκεῖνα πάντα ὡς σκιά
Si. 31 (34). 2. ὡς δρασσόμενος σκιᾶς
Am. 5. 8. ἐκτρέπων εἰς τὸ πρωῒ σκιάν (2)
Jn. 4. 5. ἐκάθητο ὑποκάτω αὐτῆς ἐν σκιᾷ (1)
— 6. τοῦ εἶναι σκιὰν [S² εἰς σκ.] ὑπεράνω τῆς κεφ. αὐ. (1)
Is. 4. 6. ἔσται εἰς σκιὰν ἀπὸ καύματος (1)
9. 2 (1). οἱ κατοικοῦντες ἐν χώρᾳ [A S² *add.* καὶ] σκιᾷ θανάτου (3)
38. 8. στρέψω τὴν σκ. τῶν ἀναβαθμῶν . . . οὓς κατέβη ἡ σκ. (1, –)
51. 16. ὑπὸ τὴν σκ. [S² σκέπην] τῆς χειρός σου σκεπάσω σε [A *al.*] (1)
Je. 6. 4. ἐκλείπουσιν αἱ σκ. τῆς ἡμέρας [A ἑσπέρας] (1)
13. 16. ἐκεῖ σκιὰ θανάτου (3)
Ba. 1. 12. ζησόμεθα ὑπὸ τὴν σκ. Ναβουχοδονόσορ . . . καὶ ὑπὸ τὴν σκ. Βαλτάσαρ
La. 4. 20. ἐν τῇ σκ. αὐτοῦ ζησόμεθα (1)
Ez. 17. 23. ὑπὸ τὴν σκ. αὐτοῦ ἀναπαύσεται (1)
31. 6. ἐν τῇ σκ. [A ὑπὸ τὴν σκ.] αὐτοῦ κατῴκησε (1)

[**Aq.** Nu. 14. 9 : Jb. 28. 3 : 34. 22 : Ps. 43 (44). 20 : 90 (91). 1 : 106 (107). 10 : Is. 30. 2 : Je. 2. 6.]
[**Sm.** Jb. 24. 17 : 28. 3 : Ps. 35 (36). 8 : 43 (44). 20 : 90 (91). 1 : 106 (107). 10 : Ca. 2. 17 : Is. 30. 2 : 32. 2 : Je. 2. 6.]
[**Th.** Nu. 14. 9 : Jb. 24. 17 *bis* : 28. 3 : 34. 22 : Ps. 67 (68). 15 : 106 (107). 10 : Je. 2. 6 : Ho. 13. 3.]
[**Quint.** Ps. 43 (44). 20.]
[**Sext.** Ps. 106 (107). 10.]

σκιαγρ φος (-ογρ.).

Wi. 15. 4. σκιαγράφων πόνος ἄκαρπος

σκιάδιον.

Is. 66. 20. ἐν λαμπήναις ἡμιόνων μετὰ σκιαδίων †

σκιάζειν. (1) חָפַף (2) טָלַל aph. (3) סָכַךְ (4) פָּרַשׂ (5) שָׁכַן

Ex. 38. 8 (37. 9). σκιάζοντα ταῖς πτέρυξιν αὐ. (4+3)
Nu. 9. 18. ἐν αἷς σκιάζει ἡ νεφέλη ἐπὶ τῆς σκηνῆς (5)
— 22. B τῆς νεφέλης σκιαζούσης (5)
10. 34. ἡ νεφέλη ἐγένετο σκιάζουσα ἐπ' αὐτοῖς –
24. 6. ὡσεὶ νάπαι σκιάζουσαι †
De. 33. 12. ὁ θεὸς σκιάζει ἐπ' αὐτῷ (1)
II Ki. 20. 6. καὶ σκιάσει τοὺς ὀφθ. ἡμῶν †
I Ch. 28. 18. τῶν χερ. τῶν . . . σκιαζόντων ἐπὶ τῆς κιβ. (3)
Jb. 36. 28. ἐσκίασε δὲ νέφη ἐπὶ ἀμυθήτῳ βροτῷ [A S² *al.*] †
40. 17 (22). σκιάζονται δὲ ἐν [A *om.*] αὐτῷ δένδρα μεγάλα (3)
Wi. 19. 7. ἡ τὴν παρεμβολὴν σκιάζουσα νεφέλη [A τῇ τὴν παρεμβολὴν σκιαζούσῃ νεφέλῃ]
Jn. 4. 6. τοῦ σκιάζειν αὐτῷ ἀπὸ τῶν κακῶν αὐ. †
Is. 4. 5. πάντα τὰ περικύκλῳ αὐτῆς σκιάσει νεφέλη –
Ba. 5. 8. ἐσκίασαν δὲ καὶ οἱ δρυμοί
Da. LXX. 4. 9. ὑποκάτω αὐτοῦ ἐσκίαζον πάντα τὰ θηρία (2)

[**Sm.** Jb. 24. 17.]
[**Al.** Ex. 24. 15.]

σκιάς.

[**Al.** I Ki. 10. 2.]

σκιογράφος, *vid.* **σκιαγράφος.**

σκιρροῦσθαι.

[**Aq.** Is. 27. 1.]

σκιρτᾶν. (1) פּוּשׁ (2) רָצַץ hithpo. (3) רָקַד

Ge. 25. 22. ἐσκίρτων δὲ τὰ παιδία ἐν αὐτῇ (2)
Ps. 113 (114). 4. τὰ ὄρη ἐσκίρτησαν ὡσεὶ κριοί (3)
— 6. ἐσκιρτήσατε ὡσεὶ κριοί (3)
Wi. 17. 19. σκιρτώντων ζῴων δρόμος ἀθεώρητος
Jl. 1. 17. ἐσκίρτησαν δαμάλεις ἐπὶ ταῖς φάτναις αὐ. †
Ma. 4. 2 (3. 20). σκιρτήσετε [A -ατε] ὡς μοσχάρια (1)
Je. 27 (50). 11. ἐσκιρτᾶτε ὡς βοΐδια ἐν βοτάνῃ (1)

[**Sm.** II Ki. 6. 16 : Pr. 7. 22.]
[**Heb.** Je. 2. 23.]

σκιρτοποιεῖν.

[**Th.**, **Quint.**, **Sext.** Ps. 28 (29). 6.]

σκιρτοῦν.

[**Aq.**, **Sext.** Ps. 28 (29). 6.]

σκληροκαρδία. (1) עָרְלַת לֵבָב

De. 10. 16. περιτεμεῖσθε τὴν σκλ. ὑμῶν (1)
Si. 16. 10. τοὺς ἐπισυναχθέντας ἐν σκληροκαρδίᾳ αὐ.
Je. 4. 4. περιτέμεσθε [A S¹ -ιέλεσθε] τὴν σκλ. ὑμῶν (1)

σκληροκάρδιος. (1) עִקֶּשׁ־לֵב (2) קְשֵׁה־לֵב

Pr. 17. 20. ὁ δὲ σκλ. οὐ συναντᾷ ἀγαθοῖς (1)
Si. 16. 9. S¹ ταῦτα πάντα ἐποίησεν ἔθνεσιν σκληροκαρδίοις
Ez. 3. 7. πᾶς ὁ οἶκος Ἰσρ. . . . σκληροκάρδιοι (2)

[**Sm.** Is. 46. 12.]

σκληροπρόσωπος. (1) קְשֵׁה פָנִים

Ez. 2. 4. A υἱοὶ σκληροπρόσωποι (1)

[**Aq.** Ez. 2. 4 (Sw.).]
[**Th.** Ez. 2. 4.]

σκληρός. (1) אַמִּיץ (2) עַז (3) פָּרִיץ (4) *a.* קָשֶׁה *b.* קָשָׁה qal. *c.* ni. *d.* hi. (5) רָשָׁע (6) **σκληρὸν φαίνεσθαι** *a.* חָרָה *b.* רָעַע hi. (7) **σκληρὸν εἶναι** *a.* קָשָׁה בְּעֵינֵי *b.* רָעַע hi. (8) **σκληρὸς γίνεσθαι** קָשָׁה hi.

Ge. 21. 11. σκληρὸν δὲ ἐφάνη τὸ ῥῆμα σφόδρα (6 *b*)
— 12. μὴ σκληρὸν ἔστω τὸ ῥῆμα ἐναντίον σου (7 *b*)
42. 7. ἐλάλησεν αὐτοῖς σκληρά (4 *a*)
— 30. λελάληκεν . . . πρὸς ἡμᾶς σκληρά (4 *a*)
45. 5. μηδὲ σκληρὸν ὑμῖν φανήτω (6 *a*)
49. 3. σκληρὸς φέρεσθαι καὶ σκληρὸς αὐθάδης †, †
Ex. 1. 14. κατωδύνων αὐ. τὴν ζωὴν ἐν τοῖς ἔργοις τοῖς σκλ. (4 *a*)
6. 9. οὐκ εἰσήκουσαν . . . ἀπὸ τῶν ἔργων τῶν σκλ. (4 *a*)
Nu. 16. 26. ἀπὸ τῶν σκηνῶν τῶν ἀνθρώπων τῶν σκλ. τούτων (5)
De. 1. 17. τὸ ῥῆμα ὃ ἐὰν σκληρὸν ᾖ ἀφ' ὑμῶν (7 *a*)
15. 18. οὐ σκληρὸν ἔσται ἐναντίον σου (7 *a*)
26. 6. ἐπέθηκαν ἡμῖν ἔργα σκλ. (4 *a*)
31. 27. ἐπίσταμαι . . . τὸν τράχηλόν σου τὸν σκλ. (4 *a*)
Jd. 2. 19. οὐκ ἀπέρριψαν . . . τὰς ὁδοὺς αὐ. τὰς σκλ. [A *al.*] (4 *a*)
I Ki. 1. 15. γυνὴ ἡ σκλ. ἡμέρα ἐγώ εἰμι (4 *a*)
5. 7. σκληρὰ χεὶρ αὐ. ἐφ' ἡμᾶς (4 *b*)
25. 3. καὶ ὁ ἄνθρωπος σκλ. καὶ πονηρός [A π. κ. σκλ.] (4 *a*)
II Ki. 2. 17. ἐγένετο ὁ πόλεμος σκλ. ὥστε λίαν (4 *a*)
3. 39. οἱ δὲ ἄνδρες οὗτοι . . . σκληρότεροί μού εἰσιν (4 *a*)
III Ki. 12. 4. κούφισον ἀπὸ τῆς δουλείας τοῦ πατρός σου τῆς σκλ. (4 *a*)
— 13. ἀπεκρίθη ὁ βασ. πρὸς τὸν λαὸν σκληρά (4 *a*)
— 24. B σκληρὰ ἐγὼ ἐπαποστέλλω ἐπὶ σέ –
14. 6. A ἐγώ εἰμι ἀπόστολος πρὸς σὲ σκληρός (4 *a*)
II Ch. 10. 4. ἄφες ἀπὸ τῆς δουλείας τοῦ πατρός σου τῆς σκλ. (4 *a*)
— 13. ἀπεκρίθη ὁ βασ. σκληρά (4 *a*)
I Es. 2. 27. βασιλεῖς ἰσχυροὶ καὶ σκλ. ἦσαν ἐν Ἰερ.
To. 13. 12. S οἳ ἐροῦσιν λόγον σκλ. [A B *al.*]
Ju. 9. 13. οἳ . . . ἐβουλεύσαντο σκληρά
Jb. 9. 4. τίς σκληρὸς γενόμενος ἐναντίον αὐτοῦ ὑπέμεινεν (8)
22. 21. γενοῦ δὴ σκληρὸς ἐὰν ὑπομείνῃς †
Ps. 16 (17). 4. ἐγὼ ἐφύλαξα ὁδοὺς σκληράς (3)
59 (60). 3. ἔδειξας τῷ λαῷ σου σκληρά (4 *a*)
Pr. 17. 27. ὃς φείδεται ῥῆμα προέσθαι σκληρὸν ἐπιγνώμων –
27. 16. βορέας σκληρὸς ἄνεμος †
28. 14. ὁ δὲ σκλ. τὴν καρδίαν ἐμπεσεῖται κακοῖς (4 *d*)
29. 19. λόγοις οὐ παιδευθήσεται οἰκέτης σκληρός [S¹ σκληροτράχηλος] –
Ec. 7. 18 (17). μὴ γίνου σκληρός †
Ca. 8. 6. σκληρὸς [A -ὸν] ὡς ᾅδης ζῆλος (4 *a*)
Wi. 11. 4. ἴαμα δίψης ἐκ λίθου σκληροῦ
Si. 3. 26. καρδία σκληρὰ κακωθήσεται ἐπ' ἐσχάτων
— 27. καρδία σκληρὰ βαρυνθήσεται πόνοις
30. 8. ἵππος ἀδάμαστος ἀποβαίνει σκληρός
Ze. 1. 14. φωνὴ ἡμέρας κυρίου . . . σκληρὰ τέτακται †
Is. 5. 30. ἰδοὺ σκότος σκληρὸν ἐν τῇ ἀπορίᾳ αὐτῶν †
8. 12. μή ποτε εἴπωσι [A S -πητε], Σκληρὸν πᾶν γὰρ . . . σκληρόν ἐστι †, †
— 21. ἥξει ἐφ' ὑμᾶς σκληρὰ λιμός (4 *c*)
14. 3. ἀναπαύσει σε κύριος ἀπὸ [A S² ἐκ] . . . τῆς δουλείας σου τῆς σκλ. (4 *a*)
19. 4. εἰς χεῖρας ἀνθρώπων κυρίων σκληρῶν καὶ βασιλεῖς σκληροὶ κυριεύσουσιν αὐτῶν (4 *a*, 2)
21. 2. φοβερὸν τὸ ὅραμα καὶ σκληρὸν ἀνηγγέλη μοι (4 *a*)
27. 8. οὐ σὺ ἦσθα μελετῶν τῷ πνεύματι τῷ σκλ. (4 *a*)
28. 2. ἰσχυρὸν καὶ σκληρὸν ὁ θυμὸς κ. (1)
48. 4. γινώσκω ὅτι σκληρὸς εἶ [B¹ *al.*] (4 *a*)
Je. 12. 14. A τάδε λέγει κύριος περὶ πάντων τῶν γειτόνων τῶν σκλ. [B S πονηρῶν] †
Ba. 2. 33. ἀποστρέψουσιν ἀπὸ τοῦ νώτου αὐ. τοῦ σκλ.
Da. LXX. 11. 32. μιανοῦσιν ἐν σκληρῷ λαῷ †
II Ma. 6. 30. σκληρὰς ὑποφέρω κατὰ σῶμα ἀλγηδόνας

[**Aq.** Ex. 18. 26 : III Ki. 14. 6 : Pr. 15. 1 : Is. 27. 1.]
[**Sm.** Ex. 18. 26 : Is. 19. 4 : 27. 1.]
[**Th.** Ge. 49. 3 *bis* : Is. 27. 1, 8.]

σκληρότης. (1) חָרוֹן (2) מוֹקֵשׁ (3) קְשִׁי

De. 9. 27. μὴ ἐπιβλέψῃς ἐπὶ τὴν σκλ. τοῦ λαοῦ τούτου (3)
II Ki. 22. 6. προέφθασάν με σκληρότητες θανάτου (2)
Is. 4. 6. ἐν ἀποκρύφῳ ἀπὸ [A *om.*] σκληρότητος καὶ ὑετοῦ †
28. 27. οὐ μετὰ σκληρότητος καθαίρεται τὸ μελάνθιον (1)

[**Sext.** Ps. 36 (37). 35.]

σκληροτράχηλος. (1) *a.* קְשֵׁה־עֹרֶף *b.* מַקְשֶׁה עֹרֶף

Ex. 33. 3. διὰ τὸ λαόν σκλ. σε εἶναι (1 *a*)
— 5. ὑμεῖς λαὸς σκλ. (1 *a*)
34. 9. ὁ λαὸς γὰρ σκλ. ἐστι (1 *a*)
De. 9. 6. λαὸς σκλ. εἶ (1 *a*)

De. 9. 13. λαὸς σκλ. ἐστι (1 a)
Pr. 29. 1. κρείσσων ἀνὴρ ἐλέγχων ἀνδρὸς σκληροτραχήλου (1 b)
— 19. S[1] λόγοις οὐ παιδευθήσεται οἰκέτης σκληροτράχηλος [A B S[2] σκληρός] –
Si. 16. 11. κἂν ᾖ εἷς σκληροτράχηλος
Ba. 2. 30. λαὸς σκλ. ἐστι
[Sm., Th. Ex. 32. 9.]

σκληρύνειν. (1) חָזַק *a.* qal. *b.* pi. (2) כָּבֵד hi. (3) קָשָׁה *a.* qal. *b.* hi. *c.* קָשֶׁה (4) קָשַׁח hi.

Ge. 49. 7. ὅτι ἐσκληρύνθη (3 a)
Ex. 4. 21. σκληρυνῶ τὴν καρδίαν αὐ. (1 b)
7. 3. σκληρυνῶ τὴν καρδίαν Φ. (3 b)
— 22. B ἐσκλήρυνεν [A R -ύνθη] ἡ καρδία Φ. (1 a)
8. 19 (15). ἐσκληρύνθη ἡ καρδία Φ. (1 a)
9. 12. A[2]B ἐσκλήρυνε δὲ κύριος τὴν καρδίαν Φ. (1 b)
— 35. ἐσκληρύνθη ἡ καρδία Φ. (1 a)
10. 1. ἐσκλήρυνα [A ἐβάρυνα] αὐτοῦ τὴν καρδίαν (2)
— 20. ἐσκλήρυνε κύριος τὴν καρδίαν Φ. (1 b)
— 27 : 11. 10. ἐσκλήρυνε δὲ κύριος τὴν καρδίαν Φ. (1 b)
13. 15. ἐσκλήρυνε Φ. ἐξαποστεῖλαι ἡμᾶς (3 b)
14. 4. σκληρυνῶ τὴν καρδίαν Φ. (1 b)
— 8. ἐσκλήρυνε κύριος τὴν καρδίαν Φ. (1 b)
— 17. σκληρυνῶ τὴν καρδίαν Φ. (1 b)
De. 2. 30. ἐσκλήρυνε κ. ὁ θεὸς ἡμῶν τὸ πνεῦμα αὐ. (3 b)
10. 16. τὸν τράχηλον ὑμῶν οὐ σκληρυνεῖτε (3 b)
Jd. 4. 24. ἐπορεύετο χεὶρ . . . πορευομένη καὶ σκληρυνομένη (3 c)
II Ki. 19. 43 (44). ἐσκληρύνθη ὁ λόγος ἀνδρὸς Ἰ. (3 a)
IV Ki. 2. 10. ἐσκλήρυνας τοῦ αἰτήσασθαι (3 b)
17. 14. ἐσκλήρυναν τὸν νῶτον αὐ. (3 b)
II Ch. 10. 4. ὁ πατήρ σου ἐσκλήρυνε τὸν ζυγὸν ἡμῶν (3 b)
30. 8. μὴ σκληρύνητε τὰς καρδίας [A τοὺς τραχήλους] ὑμῶν (3 b)
36. 13. ἐσκλήρυνε τὸν τράχηλον αὐ. (3 b)
I Es. 1. 48. σκληρύνας αὐτοῦ τὸν τράχηλον
Ne. 9. 16, 17. ἐσκλήρυναν τὸν τράχηλον αὐ. (3 b)
— 29. τράχηλον αὐ. ἐσκλήρυναν (3 b)
Ps. 89 (90). 6. σκληρυνθείη καὶ ξηρανθείη †
94 (95). 8. μὴ σκληρύνητε τὰς καρδίας ὑμῶν (3 b)
Si. 30. 12. μή ποτε σκληρυνθεὶς ἀπειθήσῃ σοι
Is. 63. 17. ἐσκλήρυνας τὰς καρδίας ἡμῶν (4)
Je. 7. 26. ἐσκλήρυναν [S[1] -α] τὸν τράχηλον αὐτῶν (3 b)
17. 23. ἐσκλήρυναν τὸν τράχηλον αὐτῶν (3 b)
19. 15. ἐσκλήρυναν τὸν τράχηλον [S αὐχένα] αὐτῶν (3 b)
I Ma. 2. 30. A S ἐσκληρύνθη [R ἐπληθύνθη] ἐπ' αὐτοὺς τὰ κακά
[Al. I Ki. 12. 20.]

σκληρῶς. (1) חָרָה (2) *a.* קָשָׁה hi. *b.* קָשֶׁה

Ge. 35. 17. ἐν τῷ σκληρῶς αὐτὴν τίκτειν (2 a)
I Ki. 20. 7. ἐὰν σκλ. ἀποκριθῇ σοι (1)
— 10. ἐὰν ἀποκριθῇ ὁ πατήρ σου σκλ. (2 b)
Is. 22. 3. οἱ ἁλόντες σκλ. δεδεμένοι εἰσί –
III Ma. 4. 19. ἀπειλήσαντος δὲ αὐτοῖς σκληρότερον
7. 6. ἐπὶ τούτοις σκληρότερον διαπειλησάμενοι

σκνίψ. (1) *a.* כִּנָּה *b.* כִּנָּם

Ex. 8. 16 (12). ἔσονται σκνῖφες ἔν τε τοῖς ἀνθρώποις (1 a)
— 17 (13). ἐγένοντο οἱ σκν. ἐν τοῖς ἀνθρώποις (1 b)
— 17 (13). ἐν παντὶ χώματι τῆς γῆς ἐγένοντο οἱ σκν. (1 a)
— 18 (14). ἐξαγαγεῖν τὸν σκν. (1 a)
— 18 (14). ἐγένοντο οἱ σκν. ἐν τοῖς ἀνθρώποις (1 b)
— 18 (14). B* ἐν παντὶ χώματι τῆς γῆς ἐγένοντο οἱ σκν. –
Ps. 104 (105). 31. καὶ σκνῖπες ἐν πᾶσι τοῖς ὁρίοις αὐτῶν (1 a)
Wi. 19. 10. ἀντὶ μὲν γενέσεως ζῴων ἐξήγαγεν ἡ γῆ σκνῖπα [A S[2] σκνῖφας]
[Al. Ex. 8. 17 (13).]

σκολαβρίζειν. (1) דָּכָא hithp.

Jb. 5. 4. A σκολαβρισθείησαν [B S κολ.] δὲ ἐπὶ θύραις ἡσσόνων (1)

σκολιάζειν. (1) הָפַךְ ni. (2) לוּז ni.

Pr. 10. 8. ὁ δὲ ἄστεγος χείλεσι σκολιάζων ὑποσκελισθήσεται –
14. 2. ὁ δὲ σκολιάζων ταῖς ὁδοῖς αὐτοῦ (2)
17. 16 (20). ὁ δὲ σκολιάζων τοῦ μαθεῖν (1)

σκολιός. (1) הֲפַכְפַּךְ (2) סָרַר (3) עָקֹב (4) עֲקַלְקַלּוֹת (5) *a.* עִקֵּשׁ *b.* עִקְּשׁוּת *c.* מַעֲקַשִּׁים (6) פָּתַל ni. (7) תָּהֳלָה (8) תַּהְפֻּכָה (9) σκολιὸς ἀποβαίνειν עָקַשׁ hi. (10) σκολιαῖς ὁδοῖς πορεύεσθαι נֶעְקַשׁ דְּרָכַיִם

De. 32. 5. γενεὰ σκ. καὶ διεστραμμένη (5 a)
Jb. 4. 18. κατὰ δὲ ἀγγέλων αὐτοῦ σκολιόν τι ἐπενόησε (7)
9. 7. B S κατὰ δὲ ἀγγέλων αὐτοῦ σκολιόν τι ἐπενόησεν –
— 20. ἐάν τε ὦ ἄμεμπτος σκολιὸς ἀποβήσομαι (9)
Ps. 77 (78). 8. γενεὰ σκολιὰ καὶ παραπικραίνουσα (2)
Pr. 2. 15. ὧν αἱ τρίβοι σκολιαί (5 a)
4. 24. περίελε σεαυτοῦ σκολιὸν στόμα (5 b)
8. 8. οὐδὲν ἐν αὐτοῖς σκολιόν (6)
16. 27 (26). ὁ μέντοι σκ. ἐπὶ τῷ ἑαυτοῦ στόματι φορεῖ τὴν ἀπώλειαν –
— 28. ἀνὴρ σκολιὸς διαπέμπεται κακά (8)
21. 8. πρὸς τοὺς σκ. σκολιὰς ὁδοὺς ἀποστέλλει ὁ θεός (–, 1)
22. 5. τρίβολοι καὶ παγίδες ἐν ὁδοῖς σκολιαῖς (5 a)
— 14. ἀποστρέφειν δὲ δεῖ ἀπὸ ὁδοῦ σκολιᾶς καὶ κακῆς –
23. 33. τὸ στόμα σου τότε λαλήσει σκολιά (8)
28. 18. ὁ δὲ σκολιαῖς ὁδοῖς πορευόμενος (10)
Wi. 1. 3. σκολιοὶ γὰρ λογισμοὶ χωρίζουσιν ἀπὸ θεοῦ
13. 13. ξύλον σκολιὸν καὶ ὄζοις συμπεφυκός
16. 5. δήγμασί τε σκολιῶν διεφθείροντο ὄφεων
Ho. 9. 8. παγὶς σκολιὰ ἐπὶ πάσας τὰς ὁδοὺς αὐ. †
Is. 27. 1. ἐπὶ τὸν δράκοντα ὄφιν σκολιόν (4)
40. 4. ἔσται πάντα [A *om.*] τὰ σκ. εἰς εὐθεῖαν (3)
42. 16. ποιήσω . . . τὰ σκ. εἰς εὐθεῖαν (5 c)
[Aq. Je. 17. 9.]
[Sm. Jb. 5. 13 : Is. 27. 1.]

σκολιότης.

Ez. 16. 5. τῇ σκ. τῆς ψυχῆς σου †
[Aq. Ps. 80 (81). 13 : Je. 13. 10.]
[Sm. Ps. 124 (125). 5.]

σκολιοῦσθαι.

[Sm. Is. 59. 8.]

σκολιῶς. (1) רָכִיל

Je. 6. 28. πάντες ἀνήκοοι πορευόμενοι σκ. (1)

σκόλοψ. (1) סִיר (2) סִלּוֹן (3) שֵׂךְ

Nu. 33. 55. σκόλοπες ἐν τοῖς ὀφθ. ὑμῶν (3)
Si. 43. 19. παγεῖσα γίνεται σκολόπων ἄκρα
Ho. 2. 6 (8). φράσσω τὴν ὁδὸν αὐ. ἐν σκόλοψι (1)
Ez. 28. 24. σκόλοψ πικρίας καὶ ἄκανθα ὀδύνης (2)

σκοπεῖν.

Es. 8. 13. σκοπεῖν δὲ ἔξεστιν
II Ma. 4. 5. τὸ δὲ σύμφορον κοινῇ . . . σκοπῶν

σκόπελον. (1) צִיּוּן

IV Ki. 23. 17. τί τὸ σκ. ἐκεῖνο (1)
[Aq. Je. 31 (38). 21.]

σκόπελος.

[Sm. Je. 31 (38). 21.]

σκοπεύειν. (1) נָבַט hi. (2) נָצַב ni. (3) פָּלַס pi. (4) צָפָה *a.* qal. *b.* pi.

Ex. 33. 8. σκοπεύοντες ἕκαστος παρὰ τὰς θύρας τῆς σκηνῆς αὐ. (2)
I Ki. 4. 13. καὶ ἰδοὺ Ἡ. . . . σκοπεύων τὴν ὁδόν (4 b)
Jb. 39. 29. πόρρωθεν οἱ ὀφθ. αὐ. σκοπεύουσι (1)
Pr. 5. 21. εἰς δὲ πάσας τὰς τροχιὰς αὐτοῦ [A -οὺς] σκοπεύει (3)
15. 3. σκοπεύουσι κακούς τε καὶ ἀγαθούς (4 a)
Ca. 7. 4 (5). ὡς πύργος τοῦ Λιβάνου σκοπεύων πρόσωπον Δαμασκοῦ (4 a)
Na. 2. 1 (2). σκόπευσον ὁδόν (4 b)
[Aq. Je. 48 (31). 19.]
[Sm. Pr. 31. 27.]
[Th. Jb. 39. 29.]

σκόπευσις.

[Aq. Ho. 5. 1.]

σκοπευτής.

[Aq. Is. 52. 8 : 56. 10 : Ez. 3. 17.]

σκοπή.

Si. 37. 14. ἑπτὰ σκοποὶ ἐπὶ μετεώρου καθήμενοι ἐπὶ σκοπῆς
[Sm. Dt. 3. 27.]

σκοπιά. (1) מַשְׂכִּית (2) *a.* צָפָה qal. *b.* pi. *c.* מִצְפֶּה *d.* מִצְפָּה

Nu. 23. 14. παρέλαβεν αὐτὸν εἰς ἀγροῦ σκοπιάν (2 a)
33. 52. ἐξαρεῖτε τὰς σκ. αὐ. (1)
Jd. 10. 17. παρενέβαλον ἐν τῇ σκ. [A Μασσ.] (2 d)
11. 29. παρῆλθε τὴν σκ. Γαλ. (2 c)
— 29. A καὶ ἀπὸ σκοπιᾶς Γαλ. (2 c)
III Ki. 15. 22. ᾠκοδόμησεν ἐν αὐτοῖς . . . τὴν σκ. (2 d)
II Ch. 20. 24. Ἰ. ἦλθεν ἐπὶ τὴν σκ. τῆς ἐρήμου (2 c)
Si. 40. 6. ἀπ' ἐκείνου ἐν ὕπνοις ὡς ἐν ἡμέρᾳ σκοπιᾶς
Ho. 5. 1. παγὶς ἐγενήθητε τῇ σκ. (2 d)
Mi. 7. 4. ἐν ἡμέρᾳ σκοπιᾶς (2 b)
Is. 21. 8. κάλεσον Οὐρίαν εἰς τὴν σκ. (2 c)
41. 9. ἐκ τῶν σκ. αὐτῆς ἐκάλεσά σε †
[Aq. Ps. 72 (73). 7.]
[Al. I Ki. 22. 3.]

σκοπός. (1) מַטָּרָה (2) מַשְׂכִּית (3) צָפָה *a.* qal. *b.* pi.

Le. 26. 1. οὐδὲ λίθον σκοπὸν θήσετε ἐν τῇ γῇ ὑμῶν (2)
I Ki. 14. 16. εἶδον οἱ σκ. τοῦ Σ. ἐν Γ. Βεν. (3 a)
II Ki. 13. 34. ἦρε τὸ παιδάριον ὁ σκ. τοὺς ὀφθ. αὐ. (3 a)
— 34. παρεγένετο ὁ σκ. –
18. 24. ἐπορεύθη ὁ σκ. εἰς τὸ δῶμα τῆς πύλης (3 a)
— 25. ἀνεβόησεν ὁ σκ. (3 a)
— 26. εἶδεν ὁ σκ. ἄνδρα ἕτερον τρέχοντα (3 a)
— 26. ἐβόησεν ὁ σκ. πρὸς τῇ πύλῃ (3 a)
— 27. εἶπεν ὁ σκ. (3 a)
IV Ki. 9. 17. ὁ σκ. ἀνέβη ἐπὶ τὸν πύργον Ἰ. (3 a)
— 18, 20. ἀπήγγειλεν ὁ σκ. (3 a)
Jb. 16. 13 (12). κατέστησέ με ὥσπερ σκοπόν (1)
Wi. 5. 12. ὡς βέλους βληθέντος ἐπὶ σκοπόν
— 21. ὡς ἀπὸ εὐκύκλου τόξου τῶν νεφῶν ἐπὶ σκοπὸν ἁλοῦνται
Si. 37. 14. ἑπτὰ σκοποὶ ἐπὶ μετεώρου καθήμενοι ἐπὶ σκοπῆς
Ho. 9. 8. σκοπὸς Ἐφρ. μετὰ θεοῦ (3 a)
— 10. ὡς σκοπὸν ἐν συκῇ πρώϊμον εἶδον πατέρας αὐ. †
Na. 3. 12. συκαῖ σκοποὺς [B[2] καρποὺς] ἔχουσαι †
Is. 21. 6. βαδίσας σεαυτῷ στῆσον σκοπόν (3 b)
Je. 6. 17. καθέστακα ἐφ' ὑμᾶς σκοπούς (3 a)
La. 3. 12. ἐστήλωσέ με ὡς σκοπὸν εἰς βέλος (1)
Ez. 3. 17. σκοπὸν δέδωκά σε τῷ οἴκῳ Ἰσραήλ (3 a)
33. 2. δῶσιν αὐτὸν ἑαυτοῖς εἰς [A *om.*] σκοπόν (3 a)
— 6. ὁ σκ. ἐὰν ἴδῃ τὴν ῥομφαίαν . . . τὸ αἷμα ἐκ χειρὸς τοῦ σκ. ἐκζητήσω (3 a, 3 a)
— 7. σκοπὸν δέδωκά σε τῷ οἴκῳ Ἰσραήλ (3 a)
[Aq. I Ki. 20. 20.]
[Sm., Th. Is. 52. 8 : 56. 10.]

σκορακισμός.

Si. 41. 19. ἀπὸ σκορακισμοῦ λήψεως καὶ δόσεως

σκόρδον. (1) שׁוּם

Nu. 11. 5. ἐμνήσθημεν . . . τὰ σκ. (1)

σκορπίδιον.

I Ma. 6. 51. ἔστησεν ἐκεῖ . . . σκορπίδια

σκορπίζειν. (1) זוּר (2) זָרָה pi. (3) נַעַר (4) פּוּץ hi. (5) פָּזַר pi. (6) פָּרַד ni.

II Ki. 22. 15. καὶ ἐσκόρπισεν αὐτούς (4)
Ne. 4. 19 (13). σκορπιζόμεθα ἐπὶ τοῦ τείχους (6)
To. 3. 4. ἐν οἷς ἐσκορπίσμεθα [S *al.*]
13. 5. οὗ ἐὰν σκορπισθῆτε [A ἐσκ.] ἐν αὐτοῖς [S *al.*]
14. 4. οἱ ἀδελφοὶ ἡμῶν . . . σκορπισθήσονται [S *al.*]
Ju. 7. 32. ἐσκόρπισε τὸν λαὸν εἰς τὴν ἑαυ. παρεμβολήν
Jb. 39. 15. ἐπελάθετο ὅτι ποὺς σκορπιεῖ (1 ?)
Ps. 17 (18). 14. καὶ ἐσκόρπισεν αὐτούς (4)
111 (112). 9. ἐσκόρπισεν ἔδωκε τοῖς πένησιν (5)
143 (144). 6. καὶ σκορπιεῖς αὐτούς (4)

Wi. 17. 3. ἀφεγγεῖ λήθης παρακαλύμματι ἐσκορπίσθησαν [S διεσκ., A ἐσκοτίσθησαν]
Si. 48. 15. ἐσκορπίσθησαν [A S διεσκ.] ἐν πάσῃ τῇ γῇ
Hb. 3. 10. σκορπίζων ὕδατα πορείας †
Za. 11. 16. τὸ ἐσκορπισμένον [A διεσκ.] οὐ μὴ ζητήσῃ (3)
Ma. 2. 3. σκορπιῶ ἔνυστρον ἐπὶ τὰ πρόσωπα ὑμῶν [S¹ *al.*] (2)
Ez. 5. 12. εἰς πάντα ἄνεμον σκορπιῶ [A διασπερῶ] αὐτούς (2)
I Ma. 4. 4. ἕως ἔτι αἱ δυνάμεις ἐσκορπισμέναι ἦσαν
6. 54. ἐσκορπίσθησαν ἕκαστος εἰς τὸν τόπον αὐ.
7. 6. A S¹ ἡμᾶς ἐσκόρπισεν [S² R -αν] ἀπὸ τῆς γῆς ἡμῶν
10. 83. ἡ ἵππος ἐσκορπίσθη ἐν τῷ πεδίῳ
II Ma. 14. 13. τοὺς δὲ σὺν αὐτῷ σκορπίσαι
[**Aq.** Dt. 4. 27 : 28. 64 : Ps. 52 (53). 6 : 140 (141). 7 : Pr. 11. 24.]
[**Sm.** Jb. 38. 32 : Ps. 140 (141). 7 : Pr. 11. 24 : Je. 49 (30). 5 : Hb. 3. 14.]
[**Th.** I Ki. 30. 16 : Jb. 39. 15 : Pr. 11. 24.]
[**Al.** I Ki. 14. 34.]

σκορπίος. (1) עַקְרָב
De. 8. 15. οὗ ὄφις δάκνων καὶ σκορπίος (1)
III Ki. 12. 11, 14. παιδεύσω ὑμᾶς ἐν σκορπίοις (1)
— 24. B κατάρξω ὑμᾶς ἐν σκορπίοις –
II Ch. 10. 11, 14. παιδεύσω ὑμᾶς ἐν σκορπίοις (1)
Si. 26. 7. ὁ κρατῶν αὐτῆς ὡς ὁ δρασσόμενος σκορπίου
39. 30. θηρίων ὀδόντες καὶ σκορπίοι καὶ ἔχεις
Ez. 2. 6. ἐν μέσῳ σκορπίων σὺ κατοικεῖς (1)
IV Ma. 11. 10. ἐπὶ τὸν τροχὸν σκορπίου τρόπον ἀνακλώμενος

σκορπισμός.
[**Aq., Sm., Th.** Je. 25. 34 (32. 20).]

σκοτάζειν. (1) חָשַׁךְ *a.* qal. *b.* hi. (2) קָדַר hi.
Ps. 104 (105). 28. ἐξαπέστειλε σκότος καὶ ἐσκότασε (1 *b*)
Ec. 12. 3. σκοτάσουσιν αἱ βλέπουσαι ἐν ταῖς ὀπαῖς (1 *a*)
Mi. 6. 14. σκοτάσει ἐν σοι †
La. 4. 8. ἐσκότασεν ὑπὲρ ἀσβόλην τὸ εἶδος αὐτῶν (1 *a*)
5. 17. ἐσκότασαν οἱ ὀφθαλμοὶ ἡμῶν (1 *a*)
Ez. 31. 15. ἐσκότασεν ἐπ' αὐτὸν [A ἐπένθησεν αὐ.] ὁ Λίβανος (2)
[**Aq.** Ex. 10. 15.]
[**Sm.** Ex. 10. 15 : Ec. 12. 2.]
[**Th.** Mi. 6. 14.]

σκοτασμός.
[**Aq.** Is. 59. 9.]
[**Sm.** Ps. 87 (88). 19 : Ca. 1. 5.]

σκοτεινός (-τιν.). (1) כְּאֲפֵלָה (2) *a.* חֹשֶׁךְ *b.* חֲשֵׁכָה *c.* מַחְשָׁךְ (3) נֶשֶׁף (4) סָתַר pa. (5) **σκ. λόγος** מְלִיצָה
Ge. 15. 12. φόβος σκ. μέγας ἐπιπίπτει αὐτῷ (2 *b*)
IV Ki. 5. 24. ἦλθεν εἰς τὸ σκ. †
Jb. 10. 21. πρὸ τοῦ με πορευθῆναι . . . εἰς γῆν σκοτεινήν (2 *a*)
15. 23. ἡμέρα δὲ σκοτεινὴ αὐτὸν στροβήσει (2 *a*)
24. 11. A S² ἐν σκοτεινοῖς [B S¹ στενοῖς] ἀδίκως ἐνήδρευσαν †
Ps. 17 (18). 11. σκοτεινὸν ὕδωρ ἐν νεφέλαις ἀέρων (2 *b*)
87 (88). 6. ἐν σκοτεινοῖς καὶ ἐν σκιᾷ θανάτου (2 *c*)
142 (143). 3. ἐκάθισέ με ἐν σκοτεινοῖς (2 *c*)
Pr. 1. 6. νοήσει τε παραβολὴν καὶ σκοτεινὸν λόγον (5)
4. 19. αἱ δὲ ὁδοὶ τῶν ἀσεβῶν σκοτειναί (1)
Is. 45. 3. δώσω σοι θησαυροὺς σκ. ἀποκρύφους (2 *a*)
— 19. οὐκ ἐν κρυφῇ λελάληκα οὐδὲ ἐν τόπῳ γῆς σκοτεινῷ (2 *a*)
48. 16. A S¹ οὐδὲ ἐν τόπῳ γῆς σκοτεινῷ –
Je. 13. 16. πρὸ τοῦ προσκόψαι πόδας ὑμῶν ἐπ' ὄρη σκοτεινά (3)
La. 3. 6. A ἐν σκοτεινοῖς ἐκάθισέ με ἐν σκοτεινοῖς αἰῶνος [B *al.*] (2 *c*, †)
Da. LXX. 2. 22. ἀνακαλύπτων τὰ βαθέα καὶ σκ. (4)
[**Aq.** Ps. 87 (88). 7 : Je. 13. 17.]
[**Sm.** Jb. 38. 2 : Ps. 87 (88). 7 : 138 (139). 12 : La. 4. 8 : Ez. 8. 12.]
[**Th.** Pr. 22. 29.]
[**Heb.** Jb. 10. 22.]
[**Quint.** Ps. 87 (88). 7.]

σκοτία. (1) אֹפֶל (2) חֹשֶׁךְ
Jb. 28. 3. A S R λίθος σκοτία [B -ίας] καὶ σκιὰ θανάτου (1)
Mi. 3. 6. σκοτία ὑμῖν ἔσται ἐκ μαντείας (2)
Is. 16. 3. ἐν μεσημβρινῇ σκοτίᾳ φεύγουσιν †
[**Aq.** Is. 25. 7.]
[**Sm.** Ge. 1. 5 : Ez. 12. 7.]
[**Th.** Jb. 28. 3 : Is. 25. 7 : 59. 9.]

σκοτίζειν. (1) *a.* חָשַׁךְ qal. *b.* hi. *c.* מַחְשָׁךְ
Ps. 68 (69). 23. σκοτισθήτωσαν οἱ ὀφθ. αὐ. (1 *a*)
73 (74). 20. B² S ἐπληρώθησαν οἱ ἐσκοτισμένοι [B¹ R -ωμένοι] τῆς γῆς οἴκων ἀνομιῶν (1 *c*)
138 (139). 12. A B² S τὸ σκότος οὐ σκοτισθήσεται ἀπὸ σοῦ (1 *b*)
Ec. 12. 2. ἕως οὗ μὴ σκοτισθῇ ὁ ἥλιος (1 *a*)
Wi. 17. 3. A ἀφεγγεῖ λήθης παρακαλύμματι ἐσκοτίσθησαν [B ἐσκορπίσθησαν, S διεσκορπίσθησαν]
Is. 13. 10. σκοτισθήσεται τοῦ ἡλίου ἀνατέλλοντος (1 *a*)
III Ma. 4. 10. πάντοθεν ἐσκοτισμένοι τοὺς ὀφθαλμούς
[**Aq.** Ps. 73 (74). 20.]
[**Sm.** Ps. 28 (29). 8 (P.) : 73 (74). 20 (P.).]

σκοτομήνη (-μένη). (1) אֹפֶל
Ps. 10 (11). 3. B² S R τοῦ κατατοξεῦσαι ἐν σκοτομήνῃ [A -ωμένῃ, B¹ -μένῃ] τοὺς εὐθεῖς τῇ καρδίᾳ
[**Aq.** I Ki. 30. 17 : Jb. 28. 3.]
[**Sm.** Pr. 20. 20.]
[**Th.** Ps. 10 (11). 2.]

σκοτομηνία.
[**Aq.** Jb. 3. 6.]

σκότος. (1) *a.* אֹפֶל *b.* אֲפֵלָה (2) *a.* חֹשֶׁךְ *b.* חָשַׁךְ *c.* חֲשֵׁכָה *d.* חֲשֵׁיכָה *e.* מַחְשָׁךְ *f.* חָשׁוֹךְ (3) נֶשֶׁף (4) עֵיפָה (5) עָנָן (6) עֲרָפֶל (7) צַלְמָוֶת (8) קַדְרוּת (9) **σκ. δεινόν** שֶׁבֶץ
Ge. 1. 2. καὶ σκότος ἐπάνω τῆς ἀβύσσου (2 *a*)
— 4. διεχώρισεν ὁ θ. . . . ἀνὰ μέσον τοῦ σκ. (2 *a*)
— 5. τὸ σκ. ἐκάλεσε νύκτα (2 *a*)
— 18. διαχωρίζειν . . . ἀνὰ μέσον τοῦ σκότους (2 *a*)
Ex. 10. 21. γενηθήτω σκότος ἐπὶ γῆν Αἰγ. ψηλαφητὸν σκ. (2 *a*, 2 *a*)
— 22. ἐγένετο σκότος γνόφος θύελλα (2 *a*)
14. 20. καὶ ἐγένετο σκότος καὶ γνόφος (5)
De. 4. 11. σκότος γνόφος θύελλα (2 *a*)
5. 22 (19). σκότος γνόφος θύελλα (5)
28. 29. ὡσεί τις ψηλαφήσαι τυφλὸς ἐν τῷ σκ. (1 *b*)
Jo. 2. 5. ὡς δὲ ἡ πύλη ἐκλείετο ἐν τῷ σκ. (2 *a*)
II Ki. 1. 9. κατέσχε με σκ. δεινόν (9)
22. 12. B ἔθετο σκότος ἀποκρυφὴν [AR -ὴν] αὐ. (2 *a*)
— 12. ἡ σκηνὴ αὐ. σκότος ὑδάτων †
— 29. κύριος ἐκλάμψει μοι τὸ σκ. μου (2 *a*)
IV Ki. 7. 5. ἀνέστησαν ἐν τῷ σκ. (3)
— 7. ἀπέδρασαν ἐν τῷ σκ. (3)
I Es. 4. 24. ἐν σκότει βαδίζει
To. 4. 10. B οὐκ ἐάσει ἐλθεῖν εἰς τὸ σκ. [A R *al.*]
5. 9. S ἐν τῷ σκ. κεῖμαι
14. 10. ἤγαγεν αὐτὸν εἰς τὸ [A *om.*] σκ. [S *al.*]
— 10. A B αὐτὸς κατέβη εἰς τὸ σκ.
Es. 1. 1. ἡμέρα σκότους καὶ γνόφου
Jb. 3. 4. ἡ νὺξ [A ἡμέρα] ἐκείνη εἴη σκότος (2 *a*)
— 5. ἐκλάβοι δὲ αὐτὴν σκότος (2 *a*)
— 6. A B S² ἀπενέγκοιτο αὐτὴν σκότος (1 *a*)
5. 14. ἡμέρας [A ἐν ἡμέρᾳ] συναντήσεται αὐτοῖς σκότος (2 *a*)
10. 21 (22). πρὸ τοῦ με πορευθῆναι . . . εἰς γῆν σκότους αἰωνίου (4+1 *a*+7)
12. 22. ἀνακαλύπτων βαθέα ἐκ σκότους (2 *a*)
— 25. ψηλαφήσαισαν σκότος καὶ μὴ φῶς (2 *a*)
15. 22. μὴ πιστευέτω ἀποστραφῆναι ἀπὸ σκότους (2 *a*)
— 30. οὐδὲ μὴ ἐκφύγῃ τὸ [A *om.*] σκ. (2 *a*)
17. 12. A B S² φῶς ἐγγὺς ἀπὸ προσώπου σκότους (2 *a*)
18. 6. τὸ φῶς αὐτοῦ σκότος ἐν διαίτῃ (2 *b*)
— 18. ἀπώσειεν αὐτὸν ἐκ φωτὸς εἰς σκότος (2 *a*)
19. 8. ἐπὶ πρόσωπόν [A δὲ ἀτραπούς] μου σκότος ἔθετο (2 *a*)
20. 26. πᾶν δὲ σκότος αὐτῷ ὑπομείναι (2 *a*)
Jb. 22. 11. τὸ φῶς σοι σκότος [A S εἰς σκ.] ἀπέβη (2 *a*)
23. 17. οὐ γὰρ ᾔδειν ὅτι ἐπελεύσεταί μοι σκότος [A γνόφος] (2 *a*)
— 17. A πρόσωπον δέ μου καλύψει σκότος [B S *al.*] (1 *a*)
24. 14. παρέδωκεν αὐτοὺς εἰς σκότος †
— 15. ὀφθαλμὸς μοιχοῦ ἐφύλαξε σκότος (3)
— 16. διώρυξεν ἐν σκότει οἰκίας (2 *a*)
26. 10. μέχρι συντελείας φωτὸς μετὰ σκότους (2 *a*)
28. 3. τάξιν ἔθετο σκότει (2 *a*)
29. 3. ὅτε . . . ἐπορευόμην ἐν σκότει (2 *a*)
37. 15. φῶς ποιήσας ἐκ σκότους (5)
38. 19. σκότους δὲ ποῖος ὁ τόπος (2 *a*)
Ps. 17 (18). 11. ἔθετο σκότος ἀποκρυφὴν αὐτοῦ (2 *a*)
— 28. φωτιεῖς τὸ σκ. μου (2 *a*)
34 (35). 6. γενηθήτω ἡ ὁδὸς αὐτῶν σκότος (2 *a*)
54 (55). 5. B² S R ἐκάλυψέ με σκότος †
81 (82). 5. ἐν σκότει διαπορεύονται (2 *c*)
87 (88). 12. μὴ γνωσθήσεται ἐν τῷ σκ. τὰ θαυμάσιά σου (2 *a*)
90 (91). 6. ἀπὸ πράγματος διαπορευομένου ἐν σκότει (1 *a*)
103 (104). 20. ἔθου σκότος καὶ ἐγένετο νύξ (2 *a*)
104 (105). 28. ἐξαπέστειλε σκότος καὶ ἐσκότασε (2 *a*)
106 (107). 10. καθημένους ἐν σκότει (2 *a*)
— 14. ἐξήγαγεν αὐτοὺς ἐκ σκότους (2 *a*)
111 (112). 4. ἐξανέτειλεν ἐν [A¹ τοῖς ἐν] σκότει φῶς τοῖς εὐθέσιν (2 *a*)
138 (139). 11. ἄρα σκότος καταπατήσει με (2 *a*)
— 12. A B² S R τὸ σκ. οὐ σκοτισθήσεται ἀπὸ σοῦ (2 *a*)
— 12. ὡς τὸ σκ. αὐτῆς οὕτως καὶ τὸ φῶς αὐτῆς (2 *d*)
Pr. 2. 13. τοῦ πορεύεσθαι ἐν ὁδοῖς σκότους (2 *a*)
7. 8 (9). λαλοῦντι ἐν σκότει ἑσπερινῷ (3)
20. 20. αἱ δὲ κόραι τῶν ὀφθαλμῶν αὐτοῦ ὄψονται [S ἔσονται] σκότος (2 *a*)
Ec. 2. 13. ὡς περισσεία τοῦ φωτὸς ὑπὲρ τὸ σκ. (2 *a*)
— 14. ὁ ἄφρων ἐν σκότει πορεύεται (2 *a*)
5. 16. πᾶσαι αἱ ἡμέραι αὐτοῦ ἐν σκότει (2 *a*)
6. 4. ἐν σκότει πορεύεται καὶ ἐν σκότει ὄνομα αὐτοῦ καλυφθήσεται (2 *a*, 2 *a*)
11. 8. μνησθήσεται τὰς ἡμέρας τοῦ σκ. (2 *a*)
Wi. 17. 2. δέσμιοι σκότους καὶ μακρᾶς πεδῆται νυκτός
— 17. μιᾷ γὰρ ἁλύσει σκότους πάντες ἐδέθησαν
— 21. εἰκὼν τοῦ μέλλοντος αὐτοὺς διαδέχεσθαι σκ. ἑαυτοῖς δὲ ἦσαν βαρύτεροι σκότους
18. 4. ἄξιοι . . . φυλακισθῆναι ἐν [A B¹ S *om.*] σκότει [S¹ -ους]
19. 17. ἀχανεῖ περιβληθέντες σκότει
Si. 23. 18. σκότος κύκλῳ μου
Am. 5. 18. αὕτη ἐστὶ σκότος καὶ οὐ φῶς (2 *a*)
— 20. οὐχὶ σκότος ἡ ἡμέρα τοῦ κυρίου (2 *a*)
Mi. 7. 8. ἐὰν καθίσω ἐν τῷ σκ. (2 *a*)
Jl. 2. 2. ἡμέρα σκότους καὶ γνόφου (2 *a*)
— 31 (3. 4). ὁ ἥλιος μεταστραφήσεται εἰς σκότος (2 *a*)
Na. 1. 8. τοὺς ἐχθροὺς αὐ. διώξεται σκότος (2 *a*)
Ze. 1. 15. ἡμέρα σκότους καὶ γνόφου (2 *a*)
Is. 5. 20. οἱ τιθέντες τὸ σκ. φῶς καὶ τὸ φῶς σκ. (2 *a*, 2 *a*)
— 30. ἰδοὺ σκ. σκληρὸν ἐν τῇ ἀπορίᾳ αὐτῶν (2 *a*)
8. 22. ἀπορία στενὴ καὶ σκ. [S *om.* κ. σκ.] θλῖψις καὶ στενοχωρία καὶ σκ. [A *al.*] (2 *c*, 1 *b*)
9. 2 (1). ὁ λαὸς ὁ πορευόμενος [A καθήμ.] ἐν σκότει (2 *a*)
29. 15. ἔσται ἐν σκότει τὰ ἔργα αὐτῶν (2 *e*)
— 18. ἀκούσονται . . . οἱ ἐν τῷ σκ. (1 *a*)
42. 7. ἐξαγαγεῖν . . . καθημένους ἐν σκότει (2 *a*)
— 16. ποιήσω αὐτοῖς τὸ σκ. εἰς φῶς (2 *e*)
45. 7. ἐγὼ ὁ κατασκευάσας φῶς καὶ ποιήσας σκ. (2 *a*)
47. 1. A S εἴσελθε εἰς τὸ σκ. [B *al.*] †
— 5. εἴσελθε εἰς τὸ σκ. (2 *a*)
49. 9. λέγοντα . . . τοῖς ἐν τῷ σκ. ἀνακαλυφθῆναι (2 *a*)
50. 3. ἐνδύσω τὸν οὐρανὸν σκότος (8)
— 10. οἱ πορευόμενοι ἐν σκότει (2 *c*)
58. 10. ἀνατελεῖ ἐν τῷ σκ. τὸ φῶς σου καὶ τὸ σκ. σου ὡς μεσημβρία (2 *a*, 1 *b*)
59. 9. φῶς ἐγένετο αὐτοῖς σκ. (2 *a*)
60. 2. σκ. [A S *add.* καὶ γνόφος] καλύψει γῆν (2 *a*)
Je. 13. 16. τεθήσονται εἰς σκότος (6)
28 (51). 34. κατέλαβέ με σκ. λεπτόν –
La. 3. 2. ἀπήγαγέ με εἰς σκότος καὶ οὐ φῶς (2 *a*)
Ep. Je. 71. νεκρῷ ἐρριμμένῳ ἐν σκότει ἀφωμοίωνται
Ez. 32. 8. δώσω σκότος ἐπὶ τὴν γῆν (2 *a*)

Da. LXX., TH. 2. 22. γινώσκων τὰ ἐν τῷ σκ. (2 *f*)
3. (72). εὐλογεῖτε, φῶς καὶ σκότος, τὸν κ.
II Ma. 3. 27. πολλῷ σκ. περιχυθέντα
[**Aq.** Ge. 1. 2, 4, 5 : Ex. 14. 20 : Jb. 3. 6† : Ez. 8. 12.]
[**Sm.** Ex. 14. 20 : Ps. 138 (139). 11, 12 *bis* : Is. 32. 14 : 59. 9, 10 (σκότῳ) : Ez. 8. 12 (Sw.).]
[**Th.** Ge. 1. 2, 5 : Jb. 17. 12 : Ez. 8. 12 : 12. 7.]
[**Sam.** Ex. 14. 20.]
[**Heb.** Jb. 10. 22.]
[**Al.** Jb. 18. 6 : 26. 9 : Ps. 138 (139). 11.]
[**Sext.** Ps. 10 (11). 2.]

σκοτοῦν. (1) *a.* חָשַׁךְ *b.* מַחְשָׁךְ (2) קָדַר (3) שָׁחַר

Jd. 4. 21. ἐξεστὼς ἐσκοτώθη [A *al.*] †
Jb. 3. 9. σκοτωθείη τὰ ἄστρα τῆς νυκτὸς ἐκείνης (1 *a*)
30. 30. τὸ δὲ δέρμα μου ἐσκότωται [A μεμελάνωται] μεγάλως (3)
Ps. 73 (74). 20. B[1] R ἐπληρώθησαν οἱ ἐσκοτωμένοι [B[2] S -ισμένοι] τῆς γῆς οἴκων ἀνομιῶν (1 *b*)
Ec. 10. 15. A μόχθος τοῦ ἄφρονος σκοτώσει αὐτόν [B S *al.*] †
Si. 25. 17. πονηρία γυναικὸς . . . σκοτοῖ τὸ πρόσωπον αὐτῆς
Je. 8. 21. ἐπὶ συντρίμματι θυγατρὸς λαοῦ μου ἐσκοτώθην (2)
14. 2. ἐσκοτώθησαν ἐπὶ τῆς γῆς (2)

σκοτώδης.

[**Aq.** Mi. 4. 8.]

σκοτωμένη (?). (1) אֹפֶל

Ps. 10 (11). 3. A τοῦ κατατοξεῦσαι ἐν σκοτωμένῃ [B[1] -ομένῃ, B[2] S R -ομήνῃ] τοὺς εὐθεῖς τῇ καρδίᾳ (1)

σκυβαλίζειν.

Si. 26. 28. ἄνδρες συνετοὶ ἐὰν σκυβαλισθῶσιν

σκύβαλον.

Si. 27. 4. οὕτως σκύβαλα ἀνθρώπου ἐν λογισμῷ αὐτοῦ
[**Sm.** Ez. 4. 12, 15.]

σκυθρωπάζειν. (1) קָדַר (2) רוּחַ נְכֵאָה (3) שָׁמֵם

Ps. 34 (35). 14. ὡς πενθῶν καὶ σκυθρωπάζων οὕτως ἐταπεινούμην (1)
37 (38). 6. ὅλην τὴν ἡμέραν σκυθρωπάζων ἐπορευόμην (1)
41 (42). 9 : 42 (43). 2. ἵνα τί σκυθρωπάζων πορεύομαι (1)
Pr. 15. 13. ἐν δὲ λύπαις οὔσης σκυθρωπάζει (2)
Je. 19. 8. πᾶς ὁ παραπορευόμενος ἐπ' αὐτῆς σκυθρωπάσει (3)
27 (50). 13. πᾶς ὁ διοδεύων διὰ Βαβυλῶνος σκυθρωπάσει [S[1] κυκλωπ.] (3)
[**Aq.** Je. 8. 21 : 14. 2.]
[**Sm.** III Ki. 20 (21). 43 : Je. 14. 2.]
[**Th.** Ez. 31. 15.]

σκυθρωπός. (1) זָעֵף (2) רַע

Ge. 40. 7. τί ὅτι τὰ πρόσωπα ὑμῶν σκυθρωπὰ σήμερον (2)
Ne. 2. 1. S[2] καὶ ἤμην σκυθρωπός (2)
Si. 25. 23. πρόσωπον σκυθρωπὸν καὶ πληγὴ καρδίας γυνὴ πονηρά
Da. TH. 1. 10. μή ποτε ἴδῃ τὰ πρόσωπα ὑμῶν σκυθρωπά (1)
[**Sm.** Ge. 40. 6 : Ps. 37 (38). 7 : 41 (42). 10.]
[**Th.** Da. 1. 10.]

σκυθρωπῶς.

III Ma. 5. 34. ὁ καθ' εἷς δὲ τῶν φίλων σκ. ὑπεκρέων
[**Sm.** Ps. 34 (35). 14.]

σκύλαξ.

[**Aq.** Ge. 49. 9.]
[**Al.** Ps. 16 (17). 12.]

σκυλεία (-λία).

I Ma. 4. 23. ἀνέστρεψεν ἐπὶ τὴν σκ. τῆς παρεμβολῆς

σκυλεύειν. (1) בָּזַז (2) נָצַל pi. (3) נָשָׂא (4) פָּשַׁט pi. (5) שָׁלַל

Ex. 3. 22. σκυλεύσατε [A συσκευάσετε] τοὺς Αἰγ. (2)
12. 36. ἐσκύλευσαν τοὺς Αἰγ. (2)
I Ch. 10. 8. τοῦ σκυλεύειν [A -εῦσαι] τοὺς τραυματίας (4)
II Ch. 14. 13 (12). ἐσκύλευσαν σκῦλα πολλά (3)
— 14 (13). ἐσκύλευσαν πάσας τὰς πόλεις αὐ. (1)
20. 25. ἦλθεν . . . σκυλεῦσαι τὰ σκῦλα αὐ. (1)
— 25. B καὶ ἐσκύλευσεν [A R -σαν] ἐν αὐτοῖς (2)
— 25. σκυλευόντων αὐτῶν τὰ σκῦλα (1)
25. 13. ἐσκύλευσε σκῦλα πολλά (1)
28. 8. σκῦλα πολλὰ ἐσκύλευσαν ἐξ αὐτῶν (1)
Ju. 2. 27. τὰς πόλεις αὐ. ἐσκύλευσε
4. 1. ὃν τρόπον ἐσκύλευσε πάντα τὰ ἱερὰ αὐ.
16. 5. καὶ τὰς παρθένους μου σκυλεῦσαι
Wi. 10. 20. δίκαιοι ἐσκύλευσαν ἀσεβεῖς
Hb. 2. 8. διότι ἐσκύλευσας ἔθνη πολλά (5)
— 8. σκυλεύσουσι πάντες οἱ ὑπολελειμμένοι λαοί (5)
Za. 2. 8 (12). ἐπὶ τὰ ἔθνη τὰ σκυλεύσαντα ὑμᾶς (5)
Is. 8. 3. ταχέως σκύλευσον †
Ez. 26. 12. σκυλεύσει τὰ ὑπάρχοντά [A τὸν πλοῦτόν] σου (1)
29. 19. σκυλεύσει τὰ σκῦλα αὐτῆς (1)
30. 24. σκυλεύσει τὰ σκῦλα αὐτῆς †
38. 12. σκυλεῦσαι σκῦλα αὐτῶν [A *om.*] (1)
— 13. σκυλεῦσαι σκῦλα . . . τοῦ σκυλεῦσαι σκῦλα (1, 5)
39. 10. σκυλεύσουσι τοὺς σκυλεύσαντας αὐτούς (1, 1)
I Ma. 3. 20. τοῦ σκυλεῦσαι ἡμᾶς
5. 68. ἐσκύλευσε τὰ σκῦλα τῶν πόλεων
11. 61. καὶ ἐσκύλευσεν αὐτάς
II Ma. 9. 16. ὃν δὲ πρότερον ἐσκύλευσεν ἅγιον νεώ
[**Aq.** Ex. 3. 22.]
[**Sm.** Ex. 3. 22 : Ca. 6. 12 (7. 1) : 7. 1 (2).]
[**Th.** Is. 59. 15.]
[**Al.** Jd. 5. 30.]

σκύλευσις.

[**Heb.** Jb. 15. 21.]

σκυλευτής.

[**Aq.** Ez. 23. 15, 23.]

σκυλμός.

III Ma. 3. 25. μετὰ ὕβρεως καὶ σκυλμῶν
4. 6. R ὡς ἐσπαραγμένοι σκυλμοῖς [A σκύμνοις] ἀλλοεθνέσι
7. 5. δεσμίους καταγαγόντες αὐτοὺς μετὰ σκυλμῶν

σκῦλον. (1) *a.* בַּז *b.* בִּזָּה (2) מַלְקוֹחַ (3) שָׁלָל

Ex. 15. 9. μεριῶ σκῦλα (3)
Nu. 31. 11. ἔλαβον . . . πάντα τὰ σκ. αὐ. (2)
— 12. καὶ ἤγαγον πρὸς Μ. . . . τὰ σκ. (2)
— 26. λάβε τὸ κεφάλαιον τῶν σκ. τῆς αἰχμαλωσίας (2)
— 27. διελεῖτε τὰ σκ. (2)
De. 2. 35. τὰ σκ. τῶν πόλεων ἐλάβομεν (3)
3. 7. τὰ σκ. τῶν πόλεων ἐπρονομεύσαμεν ἑαυτοῖς (3)
7. 16. φάγῃ πάντα τὰ σκ. τῶν ἐθνῶν -
13. 16 (17). πάντα τὰ σκ. αὐ. συνάξεις (3)
— 16 (17). καὶ πάντα τὰ σκ. αὐ. πανδημεί (3)
Jo. 8. 27. πλὴν τῶν σκ. τῶν ἐν τῇ πόλει (3)
11. 14. πάντα τὰ σκ. αὐ. ἐπρονόμευσαν ἑαυτοῖς (3)
Jd. 5. 30. οὐχ εὑρήσουσιν αὐτὸν διαμερίζοντα σκῦλα (3)
— 30. σκῦλα βαμμάτων τῷ Σ. (3)
— 30. σκῦλα βαμμάτων ποικιλίας (3)
— 30. τῷ τραχήλῳ αὐ. σκῦλα [A *al.*] (3)
8. 24. δότε μοι ἀνὴρ ἐνώτιον ἐκ [A τῶν] σκύλων αὐ. (3)
— 25. ἔβαλεν ἐκεῖ ἀνὴρ ἐνώτιον σκύλων αὐ. [A *al.*] (3)
I Ki. 14. 30. ἔφαγεν . . . τῶν σκ. τῶν ἐχθρῶν αὐ. (3)
— 32. ἐκλίθη ὁ λαὸς εἰς τὰ σκ. (3)
15. 12. τὰ πρῶτα τῶν σκ. ὧν ἤνεγκεν -
— 19. τοῦ θέσθαι ἐπὶ τὰ σκ. (3)
— 21. ἔλαβεν ὁ λαὸς τῶν σκ. [A κύκλων] ποίμνια (3)
23. 3. εἰς τὰ σκ. τῶν ἀλλοφ. εἰσπορευσόμεθα †
30. 16. ἑορτάζοντες ἐν πᾶσι τοῖς σκ. τοῖς μεγάλοις (3)
— 19. οὐ διεφώνησεν αὐτοῖς . . . ἀπὸ τῶν σκ. (3)
— 20. καὶ ἀπήγαγεν ἔμπροσθεν τῶν σκ. †
— 20. καὶ τοῖς σκ. ἐκείνοις ἐλέγετο -
— 20. ταῦτα τὰ [A *om.*] σκ. Δ. (3)
I Ki. 30. 22. οὐ δώσομεν αὐτοῖς ἐκ τῶν σκ. (3)
— 26. ἀπέστειλε τοῖς πρεσβυτέροις τῶν σκ. 'Ι. (3)
— 26. ἰδοὺ ἀπὸ [A ὑμῖν εὐλογία ἀπὸ] τῶν σκ. τῶν ἐχθρῶν κ. (3)
II Ki. 3. 22. σκ. πολλὰ ἔφερον μετ' αὐτῶν (3)
8. 12. καὶ ἐκ τῶν σκ. 'Αδρ. (3)
12. 30. σκῦλα τῆς πόλεως ἐξήνεγκε πολλὰ σφόδρα (3)
IV Ki. 3. 23. καὶ νῦν ἐπὶ τὰ σκ., Μωάβ (3)
I Ch. 20. 2. σκῦλα τῆς πόλεως ἐξήνεγκε πολλὰ σφόδρα (3)
II Ch. 14. 13 (12). ἐσκύλευσαν σκ. πολλά (3)
— 14 (13). πολλὰ σκ. ἐγενήθη αὐτοῖς (1 *b*)
15. 11. A ἀπὸ τῶν σκ. [B *om.* ἀ. τ. σκ.] ὧν ἤνεγκαν (3)
20. 25. ἦλθεν . . . σκυλεῦσαι τὰ σκ. αὐ. (3)
— 25. καὶ εὗρον . . . σκῦλα †
— 25. σκυλευόντων αὐτῶν τὰ σκ. (3)
24. 23. πάντα τὰ σκ. αὐ. ἀπέστειλαν τῷ βασ. Δ. (3)
25. 13. ἐσκύλευσε σκ. πολλά (1 *b*)
28. 8. σκ. πολλὰ ἐσκύλευσαν ἐξ αὐτῶν (3)
— 8. ἤνεγκαν τὰ σκ. εἰς Σαμ. (3)
— 14. ἀφῆκαν οἱ πολεμισταὶ . . . τὰ σκ. (1 *b*)
— 15. πάντας τοὺς γυμνοὺς περιέβαλον ἀπὸ τῶν σκ. (3)
Ju. 9. 4. ἔδωκας . . . πάντα τὰ σκ. εἰς διαίρεσιν
Es. 8. 11. S[2] καὶ τὰ σκ. αὐ. εἰς προνομήν (3)
Ps. 67 (68). 12. καὶ ὡραιότητι τοῦ οἴκου διελέσθαι σκῦλα (3)
118 (119). 162. ὡς ὁ εὑρίσκων σκῦλα πολλά (3)
Pr. 1. 13. πλήσωμεν δὲ οἴκους ἡμετέρους [S -ων] σκύλων (3)
16. 19. ὃς διαιρεῖται σκῦλα μετὰ ὑβριστῶν (3)
31. 11. ἡ τοιαύτη καλῶν σκύλων οὐκ ἀπορήσει (3)
Za. 2. 9 (13). ἔσονται σκῦλα τοῖς δουλεύουσιν αὐτοῖς (3)
14. 1. διαμερισθήσονται τὰ σκ. σου ἐν σοί (3)
Is. 8. 1. τοῦ ὀξέως προνομὴν ποιῆσαι σκύλων (1 *a*)
— 4. λήψεται . . . τὰ σκ. Σαμ. (3)
9. 3 (2). ὃν τρόπον [A S *add.* εὐφραίνονται] οἱ διαιρούμενοι σκῦλα (3)
10. 6. συντάξω ποιῆσαι σκῦλα καὶ προνομήν (3)
33. 4. συναχθήσεται τὰ σκ. ὑμῶν (3)
49. 24. μὴ λήψεταί τις παρὰ γίγαντος σκῦλα (2)
— 25. λήψεται σκῦλα (2)
53. 12. τῶν ἰσχυρῶν μεριεῖ σκῦλα (3)
Je. 21. 9. ἔσται ἡ ψυχὴ αὐτοῦ εἰς σκῦλα (3)
Ez. 7. 21. παραδώσω αὐτὰ . . . εἰς σκῦλα (3)
29. 19. σκυλεύσει τὰ σκ. αὐτῆς (1 *b*)
30. 24. σκυλεύσει τὰ σκ. αὐτῆς †
38. 12. σκυλεῦσαι σκῦλα αὐτῶν [A *om.*] (1 *a*)
— 13. σκυλεῦσαι σκῦλα . . . τοῦ σκυλεῦσαι σκῦλα (1 *a*, 3)
Da. LXX. 11. 24. σκῦλα καὶ χρήματα αὐτοῖς δώσει (3)
Da. TH. 11. 24. σκῦλα καὶ ὕπαρξιν αὐτοῖς διασκορπιεῖ (3)
I Ma. 1. 3. ἔλαβε σκῦλα πλήθους ἐθνῶν
— 19. ἔλαβε τὰ σκ. γῆς Αἰγύπτου
— 31. ἔλαβε τὰ σκ. τῆς πόλεως
— 35. συναγαγόντες τὰ σκ. 'Ιερ.
2. 10. ποῖον ἔθνος . . . οὐκ ἐκράτησε τῶν σκ. αὐ.
3. 12. S R ἔλαβον τὰ σκ. [A σκεύη] αὐ.
4. 17. μὴ ἐπιθυμήσητε τῶν σκ.
— 18. A λάβετε σκῦλα [S R τὰ σκ.]
5. 3. S R ἔλαβε τὰ σκ. [A ἀγκύλα] αὐ.
— 22. ἔλαβε τὰ σκ. αὐ.
— 28. ἔλαβε πάντα τὰ σκ. αὐ.
— 35. ἔλαβε τὰ σκ. αὐ.
— 51. ἔλαβε τὰ σκ. αὐτῆς
— 68. ἐσκύλευσε τὰ σκ. τῶν πόλεων
6. 6. S R ἐνίσχυσαν . . . σκ. πολλοῖς [A *om.* σκ. π.]
7. 47. ἔλαβον τὰ σκ.
9. 40. S R ἔλαβον πάντα τὰ σκ. [A σκεύη] αὐ.
10. 84. ἔλαβε τὰ σκ. αὐ.
— 87. ἔχοντες σκ. πολλά
11. 48. ἐλάβοσαν σκ. πολλά
— 51. ἔχοντες σκ. πολλά
12. 31. ἔλαβε τὰ σκ. αὐ.
II Ma. 8. 27. τὰ σκ. ἐκδύσαντες τῶν πολεμίων
— 28. τοῖς ὀρφανοῖς μερίσαντες ἀπὸ τῶν σκ.
— 31. τὰ δὲ λοιπὰ τῶν σκ. ἤνεγκαν εἰς 'Ιερ.
[**Aq.** Is. 33. 23 : Je. 38 (45). 2 : 45. 5 (51. 35) : 49. 32 (30. 10).]
[**Sm.** Ge. 49. 27 : Is. 33. 23.]
[**Al.** Jd. 5. 30.]
[**Heb.** Je. 21. 9.]

σκύμνος. (1) בֵּן (2) *a.* גּוּר *b.* גּוֹר (3) כְּפִיר (4) *a.* לָבִיא *b.* לְבִיָּא *c.* לְבִי (5) **σκ. λέοντος** *a.* כְּפִיר *b.* לַיִשׁ

Ge. 49. 9. *σκύμνος λέοντος Ἰούδα* (2 *a*)
— 9. *ἐκοιμήθης ὡς λέων καὶ ὡς σκύμνος* (4 *a*)
Nu. 23. 24. *λαὸς ὡς σκύμνος ἀναστήσεται* (4 *a*)
24. 9. *ἀνεπαύσατο ὡς λέων καὶ ὡς σκύμνος* (4 *a*)
De. 33. 22. *Δὰν σκύμνος λέοντος* (2 *a*)
Jd. 14. 5. *σκύμνος λέοντος ὠρυόμενος* (3)
Jb. 4. 11. *σκύμνοι δὲ λεόντων ἔλιπον ἀλλήλους* (1)
Ps. 16 (17). 12. *ὡσεὶ σκύμνος οἰκῶν ἐν ἀποκρύφοις* (3)
56 (57). 4. *ἐρρύσατο τὴν ψυχήν μου ἐκ μέσου σκύμνων* (4 *c*)
103 (104). 21. *σκύμνοι ὠρυόμενοι ἁρπάσαι* (3)
Pr. 24. 65 (30. 30). *σκύμνος λέοντος ἰσχυρότερος κτηνῶν* (5 *b*)
Ho. 13. 8. *καταφάγονται αὐτοὺς ἐκεῖ σκύμνοι δρυμοῦ* (4 *a*)
Am. 3. 4. *εἰ δώσει σκύμνος φωνὴν αὐ.* (3)
Mi. 5. 8 (7). *καὶ ὡς σκύμνος ἐν ποιμνίοις προβάτων* (3)
Jl. 1. 6. *καὶ αἱ μύλαι αὐ. σκύμνου* (4 *a*)
Na. 2. 11 (12). *καὶ ἡ νομὴ ἡ οὖσα τοῖς* [**A** *ἐν τοῖς*] *σκ.* (3)
— 11 (12). *τοῦ εἰσελθεῖν ἐκεῖ σκύμνον* [**A S**^{2} *-ος*] *λέοντος* (2 *a*)
— 12 (13). *λέων ἥρπασε τὰ ἱκανὰ τοῖς σκ. αὐ.* (2 *b*)
Is. 5. 29. *παρέστηκαν ὡς σκύμνοι* [**A S** *-ος*] *λέοντος* (5 *a*)
30. 6. *λέων καὶ σκ. λέοντος* (5 *b*)
31. 4. *ὃν τρόπον βοήσῃ ὁ λέων ἢ ὁ σκ.* (3)
Je. 28 (51). 38. *καὶ ὡς σκύμνοι λεόντων* (2 *b*)
La. 4. 3. *ἐθήλασαν σκύμνοι αὐτῶν θυγατέρας λαοῦ μου* (2 *a*)
Ez. 19. 2. *τί ἡ μήτηρ σου σκύμνος . . . ἐν μέσῳ λεόντων ἐπλήθυνε σκύμνους αὐτῆς* (4 *b*, 2 *a*)
— 3. *ἀπεπήδησεν* [**A** *ἀπεδήμησεν*] *εἷς τῶν σκ. αὐτῆς* (2 *a*)
— 5. *ἔλαβεν ἄλλον ἐκ τῶν σκ. αὐτῆς* (2 *a*)
I Ma. 3. 4. *καὶ ὡς σκ. ἐρευγόμενος εἰς θήραν*
III Ma. 4. 6. **A** *ὡς ἐσπαραγμέναι σκύμνοις* [**R** *σκυλμοῖς*] *ἀλλοεθνέσι*
[**Sm.** Ge. 49. 9.]

σκυτάλη. (1) בַּד (2) פֶּלֶךְ

Ex. 30. 4. *ἔσονται ψαλίδες ταῖς σκ.* (1)
— 5. *ποιήσεις σκυτάλας ἐκ ξύλων ἀσήπτων* (1)
II Ki. 3. 29. *μὴ ἐκλίποι . . . κρατῶν σκυτάλης* [**A** *-ῃ*] (2)
III Ki. 12. 24. **B** *ἔδωκεν αὐτὸν Σ. εἰς ἄρχοντα σκυτάλης* –
[**Al.** Ge. 30. 37 : Za. 11. 7.]

σκύφος.

[**Aq.** Ge. 44. 2 : Ex. 25. 30 (31) : Je. 35 (42). 5.]
[**Sm.** Je. 35 (42). 5.]

σκωληκίασις.

[**Sm., Th.** Jb. 17. 14.]

σκώληξ. (1) רִמָּה (2) *a.* תּוֹלָע *b.* תּוֹלֵעָה *c.* תּוֹלַעַת

Ex. 16. 20. *ἐξέζεσε σκώληκας* (2 *a*)
— 24. *οὐδὲ σκώληξ ἐγένετο ἐν αὐτοῖς* (1)
De. 28. 39. *καταφάγεται αὐτὰ ὁ σκ.* (2 *c*)
Ju. 16. 17. *δοῦναι . . . σκώληκας εἰς σάρκας αὐτῶν*
Jb. 2. 9. *σύ τε αὐτὸς ἐν σαπρίᾳ σκωλήκων κάθησαι* –
7. 5. *φύρεται δέ μου τὸ σῶμα ἐν σαπρίᾳ σκωλήκων* (1)
25. 6. *καὶ υἱὸς ἀνθρώπου σκώληξ* (2 *b*)
Ps. 21 (22). 6. *ἐγὼ δέ εἰμι σκώληξ* (2 *c*)
Pr. 12. 4. *ὥσπερ δὲ ἐν ξύλῳ σκώληξ* †
25. 20. *ὥσπερ σὴς ἐν ἱματίῳ καὶ σκώληξ ξύλῳ* –
Si. 7. 17. *ἐκδίκησις ἀσεβοῦς πῦρ καὶ σκώληξ*
10. 11. *κληρονομήσει ἑρπετὰ καὶ θηρία καὶ* [**B S**^{1} *om.*] *σκώληκας* [**S**^{2} *-ες*, **S**^{1} *om.*]
19. 3. *σκώληκες κληρονομήσουσιν αὐτόν* [**S**^{1} *τὴν γῆν*]
Jn. 4. 7. *προσέταξεν ὁ θεὸς σκώληκι* (2 *c*)
Is. 14. 11. *τὸ κατακάλυμμά σου σκώληξ* (2 *b*)
66. 24. *ὁ γὰρ σκ. αὐ. οὐ τελευτήσει* (2 *c*)
I Ma. 2. 62. *ἡ δόξα αὐ. . . . εἰς σκώληκας*
II Ma. 9. 9. *ὥστε καὶ ἐκ τοῦ σώματος τοῦ δυσσεβοῦς σκώληκας ἀναζεῖν*
[**Aq.** Ex. 25. 4 : 28. 5 : 35. 23, 35 : Is. 41. 14.]
[**Sm.** Ps. 77 (78). 47 : Is. 41. 14 : Ez. 32. 5.]
[**Th.** Jb. 25. 6 : Is. 41. 14.]
[**Sept.** Hb. 2. 11.]

σκῶλον. (1) *a.* כָּשַׁל hi. *b.* מִכְשׁוֹל (2) מוֹקֵשׁ

Ex. 10. 7. *ἕως τίνος ἔσται τοῦτο ἡμῖν σκῶλον* (2)
De. 7. 16. *σκῶλον τοῦτό ἐστί σοι* (2)
Jd. 8. 27. *ἐγένετο τῷ Γ. . . . εἰς σκῶλον* [**A** *σκάνδαλον*] (2)
11. 35. **A** *εἰς σκῶλον ἐγένου ἐν ὀφθαλμοῖς μου* [**B** *al.*] †
II Ch. 28. 23. *ἐγένοντο αὐτῷ εἰς σκῶλον* (1 *a*)
Is. 57. 14. *ἄρατε σκῶλα ἀπὸ τῆς ὁδοῦ τοῦ λαοῦ μου* (1 *b*)
[**Aq.** Ps. 68 (69). 23 : Pr. 18. 7 : 20. 25 : 22. 25 : Is. 8. 14.]
[**Sm., Th.** Pr. 18. 7.]
[**Al.** Jo. 23. 13.]

σκωλοῦσθαι.

[**Aq.** Ho. 9. 8.]
[**Al.** Dt. 7. 25.]

σκώπτειν.

Si. 10. 10. *μακρὸν ἀρρώστημα σκώπτει ἰατρός* [**S**^{2} *-όν*]

σκωρία.

[**Sm.** Ps. 118 (119). 119 : Is. 1. 25 : Ez. 22. 18 *bis*, 19.]

σμαραγδίτης. (1) בַּהַט

Es. 1. 6. *ἐπὶ λιθοστρώτου σμαραγδίτου λίθου* [**A** *al.*] (1)

σμάραγδος. (1) בַּהַט (2) בָּרֶקֶת (3) יָהֲלֹם (4) שֹׁהַם

Ex. 28. 9. *λήψῃ τοὺς δύο λίθους λίθους σμαράγδου* (4)
— 17. *σάρδιον τοπάζιον καὶ σμάραγδος* (1)
35. 13. **B** *ἐργαζέσθω . . . τοὺς λίθους* [**AR** *add.* *τοὺς*] *τῆς σμ.* –
— 27. *ἤνεγκαν τοὺς λίθους τῆς σμ.* (4)
36. 13 (39. 6). *ἐποίησαν ἀμφοτέρους τοὺς λίθους τῆς σμ.* (4)
— 17 (39. 10). *σάρδιον καὶ τοπάζιον καὶ σμάραγδος* (2)
To. 13. 16. *οἰκοδομηθήσεται Ἱερ. σαπφείρῳ καὶ σμαράγδῳ* [**S** *al.*]
Ju. 10. 21. *ὃ ἦν ἐκ . . . σμαράγδου*
Es. 1. 6. **A** *ἐπὶ λιθοστρώτους σμαράγδου* [**B S** *al.*] (1)
Si. 35 (32). 6. *ἐν κατασκευάσματι χρυσῷ σφραγὶς σμαράγδου*
Ez. 28. 13. *ἐνδέδεσαι . . . σμάραγδον καὶ ἄνθρακα* (3)

σμῆγμα, σμῖγμα. (1) תַּמְרוּק

Es. 2. 3. *δοθήτω σμῆγμα* [**A**^{2} *σμῖγμα*, **A**^{1} *σμῖσμα*] (1)
— 9. *ἔσπευσεν αὐτῇ δοῦναι τὸ σμ.* (1)
— 12. *καὶ ἐν τοῖς σμ. τῶν γυναικῶν* (1)
Da. Th. Su. 17. *ἐνέγκατε δή μοι . . . σμήγματα* [**A** *-μα*]

σμήχειν.

[**Al.** Le. 6. 28 (21).]

σμικρότατος, *vid. sub* **μικρός.**

σμικρύνειν, *vid. sub* **μικρύνειν.**

σμῖλαξ (-ας).

Na. 1. 10. *ὡς σμ.* [**S**^{1} *-ας*] *περιπλεκομένη βρωθήσεται* †
Je. 26 (46). 14. *κατέφαγε μάχαιρα τὴν σμ. σου* †

σμίλη.

[**Sm.** Je. 36 (43). 23.]

σμιρίτης (σμυρ.), **σμίριτος.**

Jb. 41. 6 (7). *ὥσπερ σμιρίτης* [**A** *-ος*, **R** *σμυρίτης*] *λίθος* †

σμῖσμα, *vid. sub* **σμῆγμα.**

σμοώχ.

[**Heb.** Is. 26. 3.]

σμυρίτης, *vid.* **σμιρίτης.**

σμύρνα (ζμ.). (1) מוֹר, מֹר

Ex. 30. 23. *τὸ ἄνθος σμύρνης ἐκλεκτῆς* (1)
Ps. 44 (45). 8. *σμύρνα καὶ στακτή* [**S**^{2} *al.*] (1)
Ca. 3. 6. *τεθυμιαμένη σμύρναν καὶ λίβανον* (1)
4. 6. *πορεύσομαι ἐμαυτῷ πρὸς τὸ ὄρος τῆς σμ.* (1)
— 14. *σμύρνα ἀλὼθ* [**S** *ἀλόη*] *μετὰ πάντων πρώτων μύρων* (1)
5. 1. *ἐτρύγησα σμύρναν* [**S** *σταφυλήν*] *μου* (1)
Ca. 5. 5. *χεῖρές μου ἔσταξαν σμύρναν δάκτυλοί μου σμύρναν πλήρη* (1, 1)
— 13. *χείλη αὐτοῦ κρίνα στάζοντα σμύρναν πλήρη* (1)
Si. 24. 15. *ὡς σμύρνα ἐκλεκτὴ διέδωκα εὐωδίαν* [**A S**^{1} *al.*]
[**Aq.** Ca. 1. 13 : 4. 6.]
[**Sm.** Ca. 1. 13.]

σμύρνινος. (1) מֹר

Es. 2. 12. *ἀλειφόμεναι ἐν σμ. ἐλαίῳ* [**A** *ἀλ. σμ. ἔλαιον*] (1)

σοάμ (**R**), **σοόμ** (**AB**). (1) שֹׁהַם

I Ch. 29. 2. *ἡτοίμακα . . . λίθους σ.*

σοόρ.

[**Aq., Th.** Ez. 27. 18.]

σόρ. (1) צוֹר

Je. 21. 13. *ἐγὼ πρὸς σὲ τὸν κατοικοῦντα τὴν κοιλάδα σ.* (1)

σορός. (1) אָרוֹן

Ge. 50. 26. *καὶ ἔθηκαν ἐν τῇ σ. ἐν Αἰγ.* (1)
Jb. 21. 32. **A** *ἐπὶ σορῷ* [**S** *σωρῷ*, **B** *σωρῶν*] *ἠγρύπνησεν* †
[**Th.** Jb. 21. 32†.]

σός.

Ge. 14. 23 : 20. 7 : 21. 13 : 30. 27 : 31. 32 : 33. 9
Ex. 5. 15, 23 : 8. 23 (19) : 32. 13.
Le. 18. 10†.
De. 3. 24 : 22. 9†.
Jo. 5. 14.
I Ki. 22. 15† : 25. 6.
II Ki. 9. 2 : 15. 34†.
III Ki. 21 (20). 4, 13, 28.
I Ch. 29. 14 *bis*.
I Es. 4. 59†, 59.
Ju. 3. 4† : 8. 29†.
Jb. 3. 3† : 15. 6 : 32. 20† : 39. 26, 27.
Ps. 30 (31). 14† : 73 (74). 16 *bis* : 88 (89). 11 *bis*, 13 : 115. 7 (116. 16), 7 (116. 16)† : 118 (119). 91†, 94.
Pr. 1. 9 *bis*, 14, 15† : 2. 10†, 10 : 3. 1, 3, 5, 9 *bis*, 22, 22†, 26, 29 : 4. 4, 9, 20, 21†, 23, 26, 27 : 5. 1, 3, 8, 9, 10 *bis*, 15 *bis*, 16 *ter*, 19, 21† : 6. 1 *bis*, 3, 3†, 4 *bis*, 21 *bis*, 25 : 7. 3, 4, 15 : 9. 18 : 22. 17 *bis*, 18, 23, 25 : 23. 4, 5, 16, 19, 26 *bis* : 24. 14, 43 (28) *bis*, 71 (31. 3)†, 71 (31. 3), 76 (31. 8), 77 (31. 9) : 25. 8†, 17 : 27. 2 *bis*, 10, 23, 27 : 28. 17.
Ec. 5. 5†.
Wi. 9. 4, 5 : 11. 26 : 12. 15 : 14. 3, 6 : 16. 11, 12, 15, 21 : 18. 21 : 19. 6†, 6, 8.
Si. 8. 19† : 38. 22.
Is. 4. 1 : 10. 16 *bis*.
Je. 38 (31). 16, 17 : 43 (36). 3†.
Ba. 4. 31, 33 : 5. 3.
Da. LXX. 9. 18.
II Ma. 14. 35.
III Ma. 2. 6, 8, 9† : 5. 29 : 6. 5, 13.
IV Ma. 9. 6.
[**Aq.** Ps. 118 (119). 91 : Pr. 31. 3.]
[**Sm.** Ge. 18. 25 : Jd. 4. 9 : Ps. 88 (89). 14 : Pr. 31. 3.]
[**Th.** Pr. 31. 3.]

σουαρείμ.

[**Th.** Je. 29 (36). 17.]

σουμήν.

[**Heb.** Ge. 1. 8.]

σούρ.

[**Sm.** Is. 10. 26.]

σούχινος.

[**Aq.** III Ki. 10. 11.]

σοφία. (1) *a.* בִּינָה *b.* תְּבוּנָה (2) דַּעַת (3) חָכְמָה (4) מוּסָר (5) מַחֲשֶׁבֶת (6) שֵׂכֶל

Ex. 28. 3. **R** *οὓς ἐνέπλησα πνεύματος σοφίας* [**A B** *om.*] (3)
31. 3. *ἐνέπλησα αὐτὸν πνεῦμα θεῖον σοφίας* (3)
35. 26. *αἷς ἔδοξε τῇ διανοίᾳ αὐ. ἐν σοφίᾳ* (3)
— 31. **B**^{1} *ἐνέπλησεν αὐτὸν πνεῦμα* [**A B**^{2} **R** *add.* *θεῖον*] *σοφίας* (3)

Ex. 35. 33. ποιεῖν ἐν παντὶ ἔργῳ σοφίας (5)
— 35. ἐνέπλησεν αὐτοὺς σοφίας (3)
36. 1. ᾧ ἐδόθη σοφία (3)
— 2. καὶ πάντας τοὺς ἔχοντας τὴν σ. †
De. 4. 6. αὕτη ἡ σ. ὑμῶν (3)
II Ki. 14. 20. καθὼς σοφία ἀγγέλου τοῦ θ. (3)
20. 22. ἐλάλησε πρὸς πᾶσαν τὴν πόλιν ἐν τῇ σ. αὐ. (3)
III Ki. 2. 6. ποιήσεις κατὰ τὴν σ. σου (3)
3. 1 (*cf.* 4. 29 [5. 9]). ἔδωκε κύριος . . . σ. πολλὴν σφόδρα (1 *b*)
4. 29 [5. 9]. ἔδωκε κ. φρόνησιν τῷ Σ. καὶ σ. [A σ. τ. Σ. κ. φρόνησιν] πολλὴν σφόδρα (1 *b* [3])
— 30 (5. 10). A ἐπληθύνθη ἡ σ. Σαλ. σφόδρα [B *al.*] (3)
— 34 (5. 14). ἀκοῦσαι τῆς σ. Σαλ. (3)
— 34 (5. 14). ὅσοι ἤκουον τῆς σ. [A τὴν σ.] αὐ. (3)
5. 12 (26). κύριος ἔδωκε σοφίαν τῷ Σαλ. (3)
10. 7. A προστέθεικας σοφίαν καὶ [B *om.* σ. κ.] ἀγαθά (3)
I Ch. 22. 12. δῴη σοι σοφίαν καὶ σύνεσιν κύριος (6)
28. 21. πᾶς πρόθυμος ἐν σοφίᾳ (3)
II Ch. 1. 10. σοφίαν καὶ σύνεσιν δός μοι (3)
— 11. ᾔτησας σεαυτῷ σοφίαν καὶ σύνεσιν (3)
— 11 (12). τὴν σ. καὶ τὴν σύνεσιν δίδωμί σοι (3)
9. 3. εἶδε βασίλισσα Σ. τὴν σ. Σαλ. (3)
— 5. ὃν ἤκουσα . . . περὶ τῆς σ. σου (3)
— 6. οὐκ ἀπηγγέλη μοι ἥμισυ τοῦ πλήθους τῆς σ. σου (3)
— 7. ἀκούουσιν σοφίαν σου (3)
— 22. ἐμεγαλύνθη Σ. . . . πλούτῳ καὶ σοφίᾳ (3)
— 23. ἀκοῦσαι τῆς σ. αὐ. (3)
I Es. 3. 7. δεύτερος καθιεῖται Δαρείου διὰ τὴν σ. αὐ.
4. 59. παρὰ σοῦ ἡ σ.
— 60. ὃς ἔδωκάς μοι σοφίαν
8. 23. κατὰ τὴν σ. τοῦ θεοῦ ἀνάδειξον
II Es. 7. 25. ὡς ἡ σ. τοῦ θεοῦ ἐν χειρί σου (3)
Ju. 8. 29. οὐκ ἐν τῇ σήμερον ἡ σοφία σου πρόδηλός ἐστιν
11. 8. ἠκούσαμεν γὰρ τὴν σ. σου
— 20. A B ἐθαύμασαν ἐπὶ τῇ σ. αὐ.
Jb. 4. 21. παρὰ τὸ μὴ ἔχειν αὐτοὺς σοφίαν (3)
8. 10. A καὶ ἀναγγελοῦσίν σοι σύνεσιν σοφίας [B S *al.*] –
11. 6. εἶτα ἀναγγελεῖ σοι δύναμιν σοφίας (3)
— 20. A παρ' αὐτῷ γὰρ σοφία καὶ δύναμις –
12. 2. ἢ μεθ' ὑμῶν τελευτήσει σοφία (3)
— 12. ἐν πολλῷ χρόνῳ σοφία [A σ. εὑρίσκεται] (3)
— 13. παρ' αὐτῷ σοφία καὶ δύναμις (3)
13. 5. ἀποβήσεται ὑμῖν σοφία [A εἰς σοφίαν] (3)
15. 8. εἰς δέ σε ἀφίκετο σοφία (3)
26. 3. οὐχ ᾧ πᾶσα σ. [A ᾧ ἡ π. σ.] (3)
28. 12. ἡ δὲ σ. πόθεν εὑρέθη (3)
— 18. ἕλκυσον σοφίαν ὑπὲρ τὰ ἐσώτατα (3)
— 20. ἡ δὲ σ. πόθεν εὑρέθη (3)
— 28. ἡ θεοσέβειά ἐστι σοφία (3)
32. 7. A R ἐν πολλοῖς δὲ ἔτεσιν [B S *add.* οὐκ] οἴδασι σοφίαν (3)
— 13. εὕρομεν σοφίαν κυρίῳ προσθέμενοι (3)
33. 33. A S διδάξω σε σοφίαν [B *om.*] (3)
38. 36. A τίς δὲ ἔδωκε γυναιξὶν ὑφάσματος σοφίαν ἢ ποικιλτικὴν σοφίας [B S *om.*] ἐπιστήμην (3, –)
— 37. τίς δὲ ὁ ἀριθμῶν νέφη σοφίᾳ (3)
39. 17. κατεσιώπησεν [S^1 -έπηξεν] αὐτῇ ὁ θεὸς σοφίαν (3)
Ps. 36 (37). 30. στόμα δικαίου μελετήσει σοφίαν (3)
48 (49). 3. τὸ στόμα μου λαλήσει σοφίαν (3)
50 (51). 6. τὰ κρύφια τῆς σ. σου ἐδήλωσάς μοι (3)
89 (90). 12. καὶ τοὺς πεπαιδευμένους [A S^2 -δημένους] τῇ καρδίᾳ ἐν σοφίᾳ (3)
103 (104). 24. πάντα ἐν σοφίᾳ ἐποίησας (3)
106 (107). 27. πᾶσα ἡ σ. αὐτῶν κατεπόθη (3)
110 (111). 10. ἀρχὴ σοφίας φόβος κυρίου (3)
Pr. 1. 2. γνῶναι σοφίαν καὶ παιδείαν (3)
— 7. ἀρχὴ σοφίας φόβος κυρίου (2)
— 7. σοφίαν δὲ καὶ παιδείαν ἀσεβεῖς ἐξουθενήσουσιν (3)
— 20. σοφία ἐν ἐξόδοις ὑμνεῖται (3)
— 29. ἐμίσησαν γὰρ σοφίαν [A παιδείαν] (2)
2. 2. ὑπακούσεται σοφίας τὸ οὖς σου (3)
— 3. ἐὰν γὰρ τὴν σ. ἐπικαλέσῃ (1 *a*)
— 6. κύριος δίδωσι σοφίαν (3)
— 10. ἐὰν γὰρ ἔλθῃ ἡ [S^1 *om.*] σ. εἰς σὴν διάνοιαν (3)

Pr. 3. 5. ἐπὶ δὲ σῇ σοφίᾳ μὴ ἐπαίρου (1 *a*)
— 13. μακάριος ἄνθρωπος ὃς εὗρε σοφίαν (3)
— 19. ὁ θεὸς τῇ σ. ἐθεμελίωσε τὴν γῆν (3)
4. 5. S^2 κτῆσαι σοφίαν καὶ σύνεσιν (3)
— 5. A κτῆσαι σοφίαν κτῆσαι σύνεσιν (3 ?)
— 11. ὁδοὺς γὰρ σοφίας διδάσκω σε (3)
5. 1. ἐμῇ σοφίᾳ πρόσεχε (3)
6. 8. τὴν σ. τιμήσασα προήχθη –
7. 4. εἰπὸν τὴν σ. [S^1 τῇ σ.] σὴν ἀδελφὴν εἶναι (3)
8. 1. σὺ τὴν σ. κηρύξεις (3)
— 11. κρείσσων γὰρ σοφία λίθων πολυτελῶν (3)
— 12. ἐγὼ ἡ σ. κατεσκήνωσα βουλήν (3)
— 12. B^1 κρείσσων γὰρ σοφία λίθων πολυτελῶν –
— 33. A ἀκούσατε σοφίαν [S^2 παιδείαν] καὶ σοφίσθητε (4)
9. 1. ἡ σ. ᾠκοδόμησεν ἑαυτῇ οἶκον (3)
— 10. ἀρχὴ σοφίας φόβος κυρίου (3)
10. 13. A S R ὃς ἐκ χειλέων προφέρει σοφίαν (3)
— 23. ἡ δὲ σ. ἀνδρὶ τίκτει φρόνησιν (3)
— 31. στόμα δικαίου ἀποστάζει σοφίαν (3)
11. 2. στόμα δὲ ταπεινῶν μελετᾷ σοφίαν (3)
14. 6. ζητήσεις σοφίαν παρὰ κακοῖς (3)
— 8. σοφία πανούργων ἐπιγνώσεται τὰς ὁδοὺς αὐτοῦ (3)
— 33. ἐν καρδίᾳ ἀγαθῇ ἀνδρὸς [S^2 ἀναπαύσεται] σοφία (3)
16. 4 (15. 33). φόβος κυρίου παιδεία καὶ σοφία (3)
— 16. νοσσιαὶ σοφίας αἱρετώτεραι χρυσίου (3)
17. 16. κτήσασθαι γὰρ σοφίαν [A -ας] ἀκάρδιος οὐ δυνήσεται (3)
— 28. ἀνοήτῳ ἐπερωτήσαντι σοφίαν [S^1 -α, A *om.*] σοφία λογισθήσεται –, †
18. 2. οὐ χρείαν ἔχει σοφίας ἐνδεὴς φρενῶν (1 *b*)
20. 29. κόσμος νεανίαις σοφία †
21. 30. οὐκ ἔστι σοφία οὐκ ἔστιν ἀνδρεία (3)
22. 4. γενεὰ σοφίας φόβος κυρίου †
24. 3. μετὰ σοφίας οἰκοδομεῖται οἶκος (3)
— 7. σοφία καὶ ἔννοια ἀγαθὴ ἐν πύλαις σοφῶν (3)
— 14. οὕτως αἰσθήσῃ σοφίαν [A -ας] τῇ σῇ ψυχῇ (3)
— 26 (30. 3). θεὸς δεδίδαχέ με σοφίαν (3)
— 73 (31. 5). ἵνα μὴ πιόντες ἐπιλάθωνται τῆς σ. †
28. 26. ὃς δὲ πορεύεται σοφίᾳ σωθήσεται (3)
29. 3. ἀνδρὸς φιλοῦντος σοφίαν εὐφραίνεται πατὴρ αὐτοῦ (3)
— 15. πληγαὶ καὶ ἔλεγχοι διδόασι σοφίαν (3)
Ec. 1. 13. τοῦ κατασκέψασθαι ἐν τῇ σ. (3)
— 16. προσέθηκα [S προέθ.] σοφίαν ἐπὶ πᾶσιν (3)
— 16 (17). ἔδωκα καρδίαν μου τοῦ γνῶναι σοφίαν (3)
— 16. καρδία μου εἶδε πολλὰ σοφίαν καὶ γνῶσιν (3)
— 18. ἐν πλήθει σοφίας πλῆθος γνώσεως (3)
2. 3. καρδία μου ὡδήγησεν [S^2 ὡδ. με] ἐν σοφίᾳ (3)
— 9. σοφία μου ἐστάθη μοι (3)
— 12. ἐπέβλεψα ἐγὼ τοῦ ἰδεῖν σοφίαν (3)
— 13. ἐστὶ περισσεία τῇ σ. ὑπὲρ τὴν ἀφροσύνην (3)
— 21. μόχθος αὐτοῦ ἐν σοφίᾳ (3)
— 26. τῷ ἀνθρώπῳ τῷ ἀγαθῷ πρὸ προσώπου αὐτοῦ ἔδωκε σοφίαν (3)
7. 11 (10). οὐκ ἐν σοφίᾳ ἐπηρώτησας (3)
— 12 (11). ἀγαθὴ σ. μετὰ κληρονομίας (3)
— 13 (12). ἐν σκιᾷ αὐτῆς ἡ σ. [S^2 τῆς σ.] ὡς σκιὰ ἀργυρίου καὶ περισσεία γνώσεως τῆς σ. [S^1 τῇ σ.] ζωοποιήσει [S ἡ σ. ζ.] τὸν παρ' αὐτῆς [S^2 ἔχοντα αὐτήν] (3, –, [3])
— 20 (19). ἡ σ. βοηθήσει τῷ σοφῷ (3)
— 24 (23). πάντα ταῦτα ἐπείρασα ἐν σοφίᾳ [A S τῇ σ.] (3)
— 26 (25). τοῦ ζητῆσαι σοφίαν καὶ ψῆφον (3)
8. 1. σοφία ἀνθρώπου φωτιεῖ πρόσωπον αὐ. (3)
— 16. ἔδωκα τὴν καρδίαν μου τοῦ γνῶναι τὴν σ. (3)
9. 10. οὐκ ἔστι . . . σοφία ἐν ᾅδῃ (3)
— 13. τοῦτο εἶδον σοφίαν ὑπὸ τὸν ἥλιον (3)
— 15. διασώσῃ αὐτὸς τὴν πόλιν ἐν τῇ σ. αὐτοῦ (3)
— 16. ἀγαθὴ σ. ὑπὲρ δύναμιν (3)
— 16. σοφία τοῦ πένητος ἐξουδενωμένη (3)
— 18. ἀγαθὴ σ. ὑπὲρ σκεύη πολέμου (3)
10. 1. A B^2 S R τίμιον ὀλίγον [B^1 ὁ λόγος] σοφίας ὑπὲρ δόξαν ἀφροσύνης μεγάλην (3)
— 10. περισσεία τῷ ἀνδρὶ οὐ σοφία [A S *al.*] (3)
Wi. *tit.* σοφία Σαλωμών
1. 4. εἰς κακότεχνον ψυχὴν οὐκ εἰσελεύσεται σοφία

Wi. 1. 5. A ἅγιον γὰρ πνεῦμα σοφίας [B S παιδείας] φεύξεται δόλον
— 6. φιλάνθρωπον γὰρ πνεῦμα σοφία [A -ίας]
3. 11. σοφίαν γὰρ καὶ παιδείαν ὁ ἐξουθενῶν ταλαίπωρος
6. 9. ἵνα μάθητε σοφίαν καὶ μὴ παραπέσητε
— 12. λαμπρὰ καὶ ἀμάραντός ἐστιν ἡ σ.
— 20. ἐπιθυμία ἄρα σοφίας ἀνάγει ἐπὶ βασιλείαν [S^1 *al.*]
— 21. τιμήσατε σοφίαν
— 22. τί [S^1 τίς] δέ ἐστι σοφία
— 23. οὗτος οὐ κοινωνήσει σοφίᾳ
7. 7. ἦλθέ μοι πνεῦμα σοφίας
— 12. αὐτῶν ἡγεῖται σοφία
— 15. αὐτὸς καὶ τῆς σ. ὁδηγός ἐστι
— 22. ἡ γὰρ πάντων τεχνῖτις ἐδίδαξέ με σοφία
— 24. πάσης γὰρ κινήσεως κινητικώτερον σοφία
— 28. οὐθὲν γὰρ ἀγαπᾷ ὁ θεὸς εἰ μὴ τὸν σοφίᾳ συνοικοῦντα
— 30. σοφίας [A -ίαν, S^1 -ία] δὲ οὐκ ἀντισχύει [A S οὐ κατισχ.] κακία
8. 5. τί σοφίας πλουσιώτερον [S τιμιώτ.] τῆς τὰ πάντα ἐργαζομένης [S^1 περιεργ.]
— 17. ἐστὶν ἀθανασία ἐν [S^1 *om.*] συγγενείᾳ σοφίας
9. 2. καὶ τῇ σ. σου κατεσκεύασας ἄνθρωπον
— 4. δός μοι τὴν τῶν σῶν θρόνων πάρεδρον σοφίαν
— 6. τῆς ἀπὸ σοῦ σ. ἀπούσης εἰς οὐδὲν λογισθήσεται
— 9. μετὰ σοῦ ἡ σ. ἡ εἰδυῖα τὰ ἔργα σου
— 17. εἰ μὴ σὺ ἔδωκας σοφίαν
— 18. καὶ τῇ σ. [S σ. σου] ἐσώθησαν
10. 4. κατακλυζομένην γῆν πάλιν διέσωσε σοφία
— 8. σοφίαν γὰρ παροδεύσαντες οὐ μόνον ἐβλάβησαν
— 9. σοφία δὲ τοὺς θεραπεύσαντας αὐτὴν ἐκ πόνων ἐρρύσατο
— 21. ἡ σ. ἤνοιξε στόμα κωφῶν
14. 2. τεχνῖτις δὲ σοφία κατεσκεύασεν
— 5. θέλεις δὲ μὴ ἀργὰ εἶναι τὰ τῆς σ. σου [S *om.*] ἔργα
subscr. σοφία Σολομῶντος
Si. *prol.* 4. ὑπὲρ ὧν δέον ἐστὶν ἐπαινεῖν τὸν Ἰσραὴλ παιδείας καὶ σοφίας
— 10. τῶν εἰς παιδείαν καὶ σοφίαν ἀνηκόντων
1. 1. σοφία Σειράχ [A S Ἰησοῦ υἱοῦ Σιράχ]
— 1. πᾶσα σοφία παρὰ κυρίου
— 3. ἄβυσσον καὶ σοφίαν τίς ἐξιχνιάσει
— 4. προτέρα πάντων ἔκτισται σοφία
— 6. ῥίζα σοφίας τίνι ἀπεκαλύφθη
— 14. ἀρχὴ σοφίας φοβεῖσθαι τὸν θεόν
— 16. πλησμονὴ σοφίας φοβεῖσθαι τὸν κύριον
— 18. στέφανος σοφίας φόβος κυρίου
— 20. ῥίζα σοφίας φοβεῖσθαι τὸν κύριον
— 24. ἐν θησαυροῖς σοφίας παραβολὴ ἐπιστήμης
— 25. ἐπιθυμήσας σοφίαν διατήρησον ἐντολάς
— 26. σοφία γὰρ καὶ παιδεία φόβος κυρίου
4. 11. ἡ σ. υἱοὺς ἑαυτῇ [A S αὐτῆς] ἀνύψωσε
— 24. ἐν γὰρ λόγῳ γνωσθήσεται σοφία
6. 18. ἕως πολιῶν εὑρήσεις σοφίαν [S χάριν]
— 22. σοφία γὰρ κατὰ τὸ ὄνομα αὐτῆς ἐστι
— 37. ἡ ἐπιθυμία τῆς σ. σου [A S *om.*] δοθήσεταί σοι
8. 8. S παρ' αὐτῶν μαθήσῃ σοφίαν [A B παιδείαν]
11. 1. σοφία ταπεινοῦ ἀνύψωσε κεφαλήν
14. 20. ὃς ἐν σοφίᾳ τελευτήσει [S^2 μελετήσει]
15. 3. ὕδωρ σοφίας ποτίσει αὐτόν
— 10. ἐν γὰρ σοφίᾳ ῥηθήσεται αἶνος
— 18. πολλὴ σοφία [A S^2 ἡ σ.] τοῦ κυρίου
18. 28. πᾶς συνετὸς ἔγνω σοφίαν
19. 20. πᾶσα σοφία φόβος κυρίου καὶ ἐν πάσῃ σοφίᾳ ποίησις νόμου
— 22. οὐκ ἔστι σοφία πονηρίας ἐπιστήμη
— 23. ἔστιν ἄφρων ἐλαττούμενος σοφίᾳ
20. 30. σοφία κεκρυμμένη καὶ θησαυρὸς ἀφανής
— 31. ἄνθρωπος ἀποκρύπτων τὴν σ. αὐτοῦ
21. 11. συντέλεια τοῦ φόβου κυρίου σοφία
— 18. ὡς οἶκος ἠφανισμένος οὕτως μωρῷ σοφία
22. 6. μάστιγες καὶ παιδεία ἐν παντὶ καιρῷ σοφίας [S^1 -ία]
23. 2. ἐπὶ τῆς καρδίας μου παιδείαν [A -ας] σοφίας
24. 1. αἴνεσις σοφίας
— 1. ἡ [S^1 *om.*] σ. αἰνέσει ψυχὴν αὐτῆς
— 25. ὁ πιμπλῶν ὡς Φεισὼν σοφίαν
25. 5. ὡς ὡραία γερόντων σοφία
— 10. ὡς μέγας ὁ εὑρὼν σοφίαν

Si. 27. 11. διήγησις εὐσεβοῦς [A σοφοῦ] διὰ παντὸς σοφία
31 (34). 8. σοφία στόματι πιστῷ τελείωσις
34 (31). 11. A τὰς ἐλεημοσύνας αὐτοῦ ἐκδιηγήσεται σοφία [B S ἐκκλησία]
37. 20. S^1 οὗτος πάσης σοφίας [A B S^2 τροφῆς] καθυστερήσει
— 21. πάσης σοφίας ἐστερήθη
38. 24. σοφία γραμματέως ἐν εὐκαιρίᾳ σχολῆς
39. 1. σοφίαν πάντων ἀρχαίων [S^1 ἀρχόντων] ἐκζητήσει
— 7. αὐτὸς ἀνομβρήσει ῥήματα σοφίας αὐτοῦ
— 10. τὴν σ. αὐτοῦ διηγήσονται ἔθνη [B^1 S^1 -νει]
40. 20. ὑπὲρ ἀμφότερα ἀγάπησις [S -σεις] σοφίας [S -ίαν]
41. 14. σοφία δὲ κεκρυμμένη καὶ θησαυρὸς ἀφανής
— 15. ἄνθρωπος ἀποκρύπτων τὴν σ. αὐτοῦ
42. 21. τὰ μεγαλεῖα τῆς σ. αὐτοῦ ἐκόσμησε
43. 33. τοῖς εὐσεβέσιν ἔδωκε σοφίαν
44. 15. σοφίαν αὐτῶν διηγήσονται λαοί
45. 26. δῴη ὑμῖν σοφίαν ἐν καρδίᾳ ὑμῶν
50. 27. ὃς ἀνώμβρησε σοφίαν [S^1-ας] ἀπὸ καρδίας αὐ.
51. 13. ἐζήτησα σοφίαν προφανῶς ἐν προσευχῇ μου
— 17. τῷ διδόντι μοι [A *om.*] σοφίαν δώσω δόξαν
subscr. σοφία Ἰησοῦ υἱοῦ Σειράχ
Is. 10. 13. ἐν τῇ σ. τῆς συνέσεως [A τῇ συν. τῆς σ.] ἀφελῶ ὅρια ἐθνῶν (3, [†])
11. 2. πνεῦμα σοφίας καὶ συνέσεως (3)
29. 14. ἀπολῶ τὴν σ. τῶν σοφῶν (3)
33. 6. A S R ἐκεῖ [B ἥκ.] σ. καὶ ἐπιστήμη (3)
50. 4. A κύριος δίδωσί μοι γλῶσσαν σοφίας [B S παιδείας] †
Je. 8. 9. σ. τίς ἐστιν ἐν αὐτοῖς (3)
9. 23 (22). μὴ καυχάσθω ὁ σοφὸς ἐν τῇ σ. αὐτοῦ (3)
10. 12. ὁ ἀνορθώσας τὴν οἰκουμ. ἐν τῇ σ. αὐ. (3)
28 (51). 15. ἑτοιμάζων οἰκουμένην ἐν τῇ σ. αὐ. (3)
29 (49). 7. οὐκ ἔστιν ἔτι σ. ἐν Θ. . . . ᾤχετο σ. αὐ. (3, 3)
Ba. 3. 12. ἐγκατέλιπες τὴν πηγὴν τῆς σ.
— 23. ὁδὸν δὲ [A τῆς] σοφίας οὐκ ἔγνωσαν
Da. LXX. 1. 4. νεανίσκους . . . ἐπιστήμονας ἐν πάσῃ σ. (3)
— 17. ἔδωκε σύνεσιν . . . ἐν πάσῃ σ. –
2. 20. ἡ σ. καὶ ἡ μεγαλωσύνη αὐτοῦ ἐστι (3)
— 21. διδοὺς σοφοῖς σοφίαν (3)
— 23. σοφίαν καὶ φρόνησιν ἔδωκάς μοι (3)
— 30. οὐ παρὰ τὴν σ. τὴν οὖσαν ἐν ἐμοί (3)
Da. TH. 1. 4. καὶ συνιέντας ἐν πάσῃ σ. (3)
— 17. φρόνησιν ἐν πάσῃ γραμματικῇ καὶ σ. (3)
— 20. ἐν παντὶ ῥήματι σοφίας καὶ ἐπιστήμης (3)
2. 20. ἡ σ. καὶ ἡ σύνεσις αὐτοῦ ἐστι (3)
— 21. διδοὺς σοφίαν τοῖς σοφοῖς (3)
— 23. σοφίαν καὶ δύναμιν δέδωκάς μοι (3)
— 30. οὐκ ἐν σοφίᾳ τῇ οὔσῃ ἐν ἐμοί (3)
5. 14. σ. περισσὴ εὑρέθη ἐν σοί (3)
II Ma. 2. 9. σοφίαν ἔχων ἀνήνεγκε θυσίαν
IV Ma. 1. 15. A νοῦς . . . προτιμῶν τὸν σοφίας λόγον [S R βίον]
— 16. σοφία δὴ τοίνυν ἐστὶ γνῶσις θείων . . . πραγμάτων
— 18. τῆς δὲ σ. ἰδέαι καθεστᾶσι
[**Aq.** III Ki. 4. 30 (5. 10) : Jb. 11. 6 : 12. 2, 12 : 28. 18 : Pr. 2. 2 : 4. 7 *bis* : 10. 13 : 14. 6, 33 : 18. 4 : Ez. 28. 4, 12.]
[**Sm.** III Ki. 4. 30 (5. 10) : Jb. 11. 6 : 12. 2, 12 : 28. 18 : Pr. 2. 2 : 4. 7 *bis* : 10. 13 : 11. 2 : 14. 6 : 17. 24 : 18. 4 : Ec. 1. 16 : 2. 3, 15 : 7. 13 (12) *bis*, 24 (23) : 10. 10 : Is. 33. 6 : Ez. 28. 4, 12.]
[**Th.** III Ki. 4. 30 (5. 10) : Jb. 28. 18 : 33. 33 : Pr. 2. 2 : 4. 7 *bis* : 8. 1 : 10. 13 : 11. 2 : 13. 10 : 14. 33 : 18. 4 : 23. 23 : 30. 24 : Ez. 28. 4, 12.]
[**Al.** Dt. 34. 9 : III Ki. 7. 14 (2) : Pr. 31. 26.]
[**Quint.** Pr. 18. 4.]

σοφίζειν. (1) בִּין (2) חָכַם *a.* qal. *b.* pi. *c.* hi. *d.* hithp.

I Ki. 3. 8. καὶ ἐσοφίσατο Ἡ. (1)
III Ki. 4. 31 (5. 11). ἐσοφίσατο ὑπὲρ πάντας τοὺς ἀνθρώπους (2 *a*)
— 31 (5. 11). ἐσοφίσατο ὑπὲρ Γ. –
Ps. 18 (19). 7. ἡ μαρτυρία κυρίου πιστὴ σοφίζουσα νήπια (2 *c*)
104 (105). 22. καὶ τοὺς πρεσβυτέρους αὐτοῦ σοφίσαι (2 *b*)
118 (119). 98. ὑπὲρ τοὺς ἐχθρούς μου ἐσόφισάς με τὴν ἐντολήν σου (2 *b*)
Pr. 8. 33. A S^2 καὶ σοφίσθητε (2 *a*)
16. 17. ὁ δὲ φυλάσσων ἐλέγχους σοφισθήσεται –
Ec. 2. 15. ἵνα τί ἐσοφισάμην (2 *a*)
— 19. ᾧ ἐσοφισάμην ὑπὸ τὸν ἥλιον (2 *a*)
7. 17 (16). μηδὲ σοφίζου περισσά (2 *d*)
— 24 (23). εἶπα, Σοφισθήσομαι (2 *a*)
Si. 7. 5. παρὰ βασιλεῖ μὴ σοφίζου
10. 26. μὴ σοφίζου ποιῆσαι τὸ ἔργον σου
18. 29. συνετοὶ ἐν λόγοις καὶ αὐτοὶ ἐσοφίσαντο
35 (32). 4. ἀκαίρως μὴ σοφίζου
37. 20. ἔστι σοφιζόμενος ἐν λόγοις μισητός
38. 24. ὁ ἐλασσούμενος πράξει αὐτοῦ σοφισθήσεται
— 25. τί σοφισθήσεται [A τίς ὀφθήσεται] ὁ κρατῶν ἀρότρου
— 31. ἕκαστος ἐν τῷ ἔργῳ αὐτοῦ σοφίζεται
47. 14. ὡς ἐσοφίσθης ἐν νεότητί σου
50. 28. ὁ θεὶς αὐτὰ ἐπὶ καρδίαν αὐτοῦ σοφισθήσεται
[**Aq.** Dt. 32. 29 : Jb. 35. 11 : Ps. 57 (58). 6.]
[**Sm.** Ps. 57 (58). 6 : Pr. 21. 11.]
[**Th.** Jb. 35. 11 : Pr. 30. 24.]
[**Al.** Pr. 13. 18, 20 : Za. 9. 2.]

σοφιστής. (1) *a.* חָכָם *b.* חַכִּים (2) חַרְטֻמִּים

Ex. 7. 11. συνεκάλεσε δὲ Φ. τοὺς σ. Αἰγ. (1 *a*)
Da. LXX. 1. 20. σοφωτέρους δεκαπλασίως ὑπὲρ τοὺς σ. (2)
2. 14. ἐξαγαγεῖν τοὺς σ. τῆς Βαβυλωνίας (1 *b*)
— 18. ὅπως μὴ ἐκδοθῶσι . . . ἅμα τοῖς σ. Βαβ. (1 *b*)
— 24. ἀποκτεῖναι πάντας τοὺς σ. τῆς Βαβ. (1 *b*)
— 24. τοὺς μὲν σ. τῆς Βαβ. μὴ ἀπολέσῃς (1 *b*)
— 48. καὶ ἡγούμενον πάντων τῶν σ. Βαβ. (1 *b*)
4. 15. ἐκάλεσα τὸν Δαν. τὸν ἄρχοντα τῶν σ. –
— 34. ἀποδεῖξαι ὑμῖν καὶ τοῖς σ. ὑμῶν –
[**Th.** Ge. 41. 24.]

σοφός. (1) בִּין ni. (2) *a.* חָכָם *b.* חַכִּים (3) חַרְטֹם (4) נָכֹחַ (5) σ. εἶναι חָכַם (6) σοφώτερος εἶναι *a.* הוֹסִיף לֶקַח *b.* חָכַם (7) γίγνεσθαι σοφώτερος חָכַם (8) σ. γίγνεσθαι חָכַם

Ge. 41. 8. ἐκάλεσε . . . πάντας τοὺς σ. αὐ. (2 *a*)
Ex. 28. 3. λάλησον πᾶσι τοῖς σ. τῇ διανοίᾳ (2 *a*)
35. 10. πᾶς σ. τῇ καρδίᾳ ἐν ὑμῖν ἐλθὼν (2 *a*)
— 25. πᾶσα γυνὴ σ. τῇ διανοίᾳ ταῖς χερσὶ νήθειν (2 *a*)
36. 1. καὶ πᾶς σ. τῇ διανοίᾳ (2 *a*)
— 4. καὶ παρεγίνοντο πάντες οἱ σ. (2 *a*)
— 8. ἐποίησε πᾶς σ. [A *add.* τῇ διανοίᾳ] (2 *a*)
De. 1. 13. δότε ἑαυτοῖς ἄνδρας σ. (2 *a*)
— 15. ἔλαβον ἐξ ὑμῶν ἄνδρας σ. (2 *a*)
4. 6. ἰδοὺ λαὸς σ. . . . τὸ ἔθνος τὸ μέγα τοῦτο (2 *a*)
16. 19. τὰ γὰρ δῶρα ἀποτυφλοῖ ὀφθαλμοὺς σοφῶν (2 *a*)
32. 6. λαὸς μωρὸς καὶ οὐχὶ σ. (2 *a*)
Jd. 5. 29. αἱ σ. ἄρχουσαι αὐ. ἀπεκρίθησαν [A *al.*] (2 *a*)
I Ki. 16. 18. καὶ ὁ ἀνὴρ . . . σοφὸς [A συνετὸς] λόγῳ (1)
II Ki. 13. 3. καὶ Ἰων. ἀνὴρ σ. σφόδρα (2 *a*)
14. 2. ἔλαβεν ἐκεῖθεν γυναῖκα σ. (2 *a*)
— 20. καὶ ὁ κύριός μου σ. (2 *a*)
20. 16. ἐβόησε γυνὴ σ. ἐκ τοῦ τείχους (2 *a*)
III Ki. 2. 9. ἀνὴρ σ. εἶ σύ (2 *a*)
3. 1 (4. 20). B ἦν ὁ βασ. Σ. φρόνιμος σφόδρα καὶ σ. –
— 12. δέδωκά σοι καρδίαν φρονίμην καὶ σ. [A σ. κ. φρ.] (1 [2 *a*])
I Ch. 22. 15. καὶ πᾶς σ. ἐν παντὶ ἔργῳ (2 *a*)
II Ch. 2. 7 (6). ἀπόστειλόν μοι ἄνδρα σ. (2 *a*)
— 7 (6). μετὰ τῶν σ. τῶν μετ' ἐμοῦ ἐν Ἰ. (2 *a*)
— 12 (11). ὃς ἔδωκε τῷ Δ. . . . υἱὸν σ. (2 *a*)
— 13 (12). ἀπέσταλκά σοι ἄνδρα σ. (2 *a*)
— 14 (13). μετὰ τῶν σ. σου καὶ σοφῶν Δ. κυρίου μου (2 *a*, 2 *a*)
I Es. 3. 5. οὗ ἐὰν φανῇ τὸ ῥῆμα αὐ. σοφώτερον τοῦ ἑτέρου
— 9. οὗ ὁ λόγος αὐ. σοφώτερος
4. 42. ὃν τρόπον εὑρέθης σοφώτερος
5. 6. ὃς ἐλάλησεν ἐπὶ Δαρ. . . . λόγους σ.
Jb. 5. 13. ὁ καταλαμβάνων σοφοὺς ἐν τῇ φρονήσει (2 *a*)
9. 4. σοφὸς γάρ ἐστι διανοίᾳ (2 *a*)
15. 2. πότερον [A τίνα ἄρα] σοφὸς ἀπόκρισιν δώσει (2 *a*)
— 18. ἃ σοφοὶ ἐροῦσι [A ἀνήγγειλαν] (2 *a*)
Jb. 21. 22. A αὐτὸς δὲ σοφοὺς [B S φόνους] διακρίνει †
32. 9. οὐχ οἱ πολυχρόνιοί εἰσι σοφοί (5)
33. 31. A ἀκούσατέ μου, σοφοί –
34. 2. ἀκούσατέ μου, σοφοί (2 *a*)
— 34. ἀνὴρ δὲ σοφὸς [A φρόνιμος] ἀκήκοέ μου τὸ ῥῆμα (2 *a*)
37. 24. φοβηθήσονται δὲ αὐτὸν καὶ οἱ σοφοὶ καρδίᾳ (2 *a*)
Ps. 48 (49). 10. ὅταν ἴδῃ σοφοὺς ἀποθνήσκοντας (2 *a*)
57 (58). 5. φαρμάκου τε φαρμακευομένου παρὰ σοφοῦ †
106 (107). 43. τίς σοφὸς καὶ φυλάξει ταῦτα (2 *a*)
Pr. 1. 5. τῶνδε γὰρ ἀκούσας σοφὸς σοφώτερος ἔσται (2 *a*, 6 *a*)
— 6. ῥήσεις τε σοφῶν καὶ αἰνίγματα (2 *a*)
3. 35. δόξαν σοφοὶ κληρονομήσουσιν (2 *a*)
6. 6. γενοῦ ἐκείνου σοφώτερος (7)
9. 8. ἔλεγχε σοφὸν καὶ ἀγαπήσει σε (2 *a*)
— 9. δίδου σοφῷ ἀφορμὴν καὶ σοφώτερος ἔσται (2 *a*, 6 *b*)
— 12. ἐὰν σοφὸς γένῃ σεαυτῷ σοφὸς ἔσῃ καὶ τοῖς πλησίον (8, 5)
10. 1. υἱὸς σοφὸς εὐφραίνει πατέρα (2 *a*)
— 4. υἱὸς πεπαιδευμένος σοφὸς ἔσται –
— 8. σοφὸς καρδίᾳ δέξεται ἐντολάς (2 *a*)
— 14. σοφοὶ κρύψουσιν αἴσθησιν (2 *a*)
12. 15. εἰσακούει δὲ συμβουλίας σοφός (2 *a*)
— 18. γλῶσσαι δὲ σοφῶν ἰῶνται (2 *a*)
13. 10. οἱ δὲ ἑαυτῶν ἐπιγνώμονες σοφοί †
— 13. οἰκέτῃ δὲ σοφῷ εὔοδοι ἔσονται πράξεις –
— 14. νόμος σοφοῦ πηγὴ ζωῆς (2 *a*)
— 17. ἄγγελος δὲ σοφὸς [S^1 πιστὸς] ῥύσεται αὐτόν †
— 20. συμπορευόμενος σοφοῖς σοφὸς ἔσῃ [A ἔσται] (2 *a*, 5)
14. 1. σοφαὶ γυναῖκες ᾠκοδόμησαν οἴκους (2 *a*)
— 3. χείλη δὲ σοφῶν φυλάσσει αὐτούς (2 *a*)
— 7. ὅπλα δὲ αἰσθήσεως χείλη σοφά †
— 16. σοφὸς φοβηθεὶς ἐξέκλινεν ἀπὸ κακοῦ (2 *a*)
— 24. στέφανος σοφῶν πανοῦργος (2 *a*)
15. 2. γλῶσσα σοφῶν καλὰ ἐπίσταται (2 *a*)
— 7. χείλη σοφῶν δέδεται αἰσθήσει (2 *a*)
— 12. μετὰ δὲ σοφῶν οὐχ ὁμιλήσει (2 *a*)
— 20. υἱὸς σοφὸς εὐφραίνει πατέρα (2 *a*)
16. 14. ἀνὴρ δὲ σοφὸς ἐξιλάσεται αὐτόν (2 *a*)
— 21. τοὺς σ. καὶ συνετοὺς φαύλους καλοῦσιν (2 *a*)
— 23. καρδία σοφοῦ νοήσει τὰ ἀπὸ τοῦ ἰδίου στόματος (2 *a*)
17. 24. πρόσωπον συνετὸν ἀνδρὸς σοφοῦ †
18. 15. ὦτα δὲ σοφῶν ζητεῖ ἔννοιαν (2 *a*)
19. 20. ἵνα σοφὸς γένῃ ἐπ' ἐσχάτων σου (8)
20. 1. A S^2 πᾶς δὲ ὁ συμμενόμενος [S -μιγνύμενος] αὐτῇ οὐκ ἔσται σοφός (5)
— 26. λικμήτωρ ἀσεβῶν βασιλεὺς σοφός (2 *a*)
21. 11. συνιὼν δὲ σοφὸς δέξεται γνῶσιν (2 *a*)
— 20. θησαυρὸς ἐπιθυμητὸς ἀναπαύσεται ἐπὶ στόματος σοφοῦ (2 *a*)
— 22. πόλεις ὀχυρὰς ἐπέβη σοφός (2 *a*)
22. 17. λόγοις σοφῶν παράβαλλε σὸν οὖς (2 *a*)
23. 15. ἐὰν σοφὴ γένηταί σου ἡ καρδία (8)
— 19. σοφὸς γίνου (8)
— 24. ἐπὶ δὲ υἱῷ σοφῷ εὐφραίνεται ἡ ψυχὴ αὐτοῦ (2 *a*)
24. 5. κρείσσων σοφὸς ἰσχυροῦ (2 *a*)
— 7. σοφία καὶ ἔννοια ἀγαθὴ ἐν πύλαις σοφῶν –
— 7. σοφοὶ οὐκ ἐκκλίνουσιν ἐκ στόματος κυρίου –
— 38 (23). ταῦτα δὲ λέγω ὑμῖν τοῖς σ. ἐπιγινώσκειν (2 *a*)
— 41 (26). A S^2 χείλη δὲ φιλήσουσιν ἀποκρινόμενα λόγους σοφούς [B S^1 ἀγαθούς] (4)
— 59 (30. 24). ταῦτα δέ ἐστι σοφώτερα τῶν σ. (2 *a*, †)
25. 12. λόγος σοφὸς εἰς εὐήκοον οὖς (2 *a*)
26. 5. ἵνα μὴ φαίνηται σοφὸς παρ' ἑαυτῷ (2 *a*)
— 12. εἶδον ἄνδρα δόξαντα παρ' ἑαυτῷ σοφὸν εἶναι (2 *a*)
— 16. σοφώτερος ἑαυτῷ ὀκνηρὸς φαίνεται (2 *a*)
27. 11. σοφὸς γίνου, υἱέ (8)
28. 11. σοφὸς παρ' ἑαυτῷ ἀνὴρ πλούσιος (2 *a*)
29. 8. σοφοὶ δὲ ἀπέστρεψαν [S -έκρυψαν] ὀργήν (2 *a*)
— 9. ἀνὴρ σοφὸς κρίνει ἔθνη (2 *a*)
— 11. σοφὸς δὲ ταμιεύεται κατὰ μέρος (2 *a*)

Pr. 31. 27 (26). B S^1 τὸ στόμα δὲ ἀνοίγει σοφοῖς [A S^2 R -ῶς] †
Ec. 2. 14. τοῦ σ. οἱ ὀφθαλμοὶ αὐ. ἐν κεφ. αὐ. (2 a)
— 16. οὐκ ἔστιν ἡ μνήμη τοῦ σ. μετὰ τοῦ ἄφρονος (2 a)
— 16. πῶς ἀποθανεῖται ὁ [S om.] σ. μετὰ τοῦ ἄφρονος (2 a)
— 19. τίς οἶδεν εἰ σοφὸς ἔσται ἢ ἄφρων (2 a)
4. 13. ἀγαθὸς παῖς πένης καὶ σ. (2 a)
6. 8. περισσεία τῷ σ. ὑπὲρ τὸν ἄφρονα (2 a)
7. 5 (4). καρδία σοφῶν ἐν οἴκῳ πένθους (2 a)
— 6 (5). ἀγαθὸν τὸ ἀκοῦσαι ἐπιτίμησιν σοφοῦ (2 a)
— 8 (7). ἡ συκοφαντία περιφέρει σοφόν (2 a)
— 20 (19). ἡ σοφία βοηθήσει τῷ σ. (2 a)
— 30 (8. 1). τίς οἶδε σοφούς (2 a)
8. 5. καιρὸν κρίσεως γινώσκει καρδία σοφοῦ (2 a)
— 17. ὅσα ἂν εἴπῃ σοφὸς [A S ὁ σ.] τοῦ γνῶναι (2 a)
9. 1. ὡς [A S^2 ὅτι] οἱ δίκαιοι καὶ οἱ [S^1 om. καὶ οἱ] σ. (2 a)
— 11. οὐ τῷ σοφῷ [A S τοῖς σ.] ἄρτος (2 a)
— 15. καὶ εὕρῃ ἐν αὐτῇ ἄνδρα πένητα σοφόν [A καὶ σ.] (2 a)
— 17. λόγοι σοφῶν ἐν ἀναπαύσει ἀκούονται (2 a)
10. 2. καρδία σοφοῦ εἰς δεξιὸν αὐτοῦ (2 a)
— 12. λόγοι [S^2 λόγοις] στόματος σοφοῦ χάρις (2 a)
12. 9. ἐγένετο ἐκκλησιαστὴς σοφός (2 a)
— 11. λόγοι σοφῶν ὡς τὰ βούκεντρα (2 a)
Wi. 4. 17. ὄψονται γὰρ τελευτὴν σοφοῦ
6. 24. πλῆθος δὲ σοφῶν σωτηρία κόσμου
7. 15. τῶν σ. διορθωτής
Si. 1. 8. εἷς ἐστι σοφὸς φοβερὸς σφόδρα
3. 29. οὖς ἀκροατοῦ ἐπιθυμία σοφοῦ
6. 33. ἐὰν κλίνῃς [S ἐκκλ.] τὸ οὖς σου σοφὸς ἔσῃ
— 34. τίς σοφὸς αὐτῷ προσκολλήθητι
7. 19. μὴ ἀστόχει γυναικὸς σοφῆς καὶ ἀγαθῆς
8. 8. μὴ παρίδῃς διήγημα σοφῶν
9. 14. μετὰ σοφῶν συμβουλεύου
— 17. ὁ ἡγούμενος λαοῦ σοφὸς ἐν λόγῳ αὐτοῦ
10. 1. κριτὴς σοφὸς παιδεύσει τὸν λαὸν αὐτοῦ
— 25. οἰκέτῃ σοφῷ [S^1 συνετῷ] ἐλεύθεροι λειτουργήσουσι
18. 27. ἄνθρωπος σοφὸς ἐν παντὶ εὐλαβηθήσεται
20. 5. ἔστι σιωπῶν εὑρισκόμενος σοφός
— 7. ἄνθρωπος σοφὸς σιγήσει ἕως καιροῦ
— 13. ὁ σ. ἐν λόγῳ ἑαυτὸν προσφιλῆ ποιήσει
— 27. ὁ σ. ἐν λόγοις προάξει ἑαυτόν
— 29. ξένια καὶ δῶρα ἀποτυφλοῖ ὀφθαλμοὺς σοφῶν
21. 13. γνῶσις σοφοῦ ὡς κατακλυσμὸς πληθυνθήσεται
— 15. λόγον σοφὸν ἐὰν ἀκούσῃ ἐπιστήμων
— 26. καρδία δὲ σοφῶν [A φρονίμων] στόμα αὐτῶν
27. 11. A διήγησις σοφοῦ [B S εὐσεβοῦς] διὰ παντὸς σοφία
36 (33). 2. ἀνὴρ σοφὸς οὐ μισήσει νόμον
37. 22. ἔστι σοφὸς τῇ ἰδίᾳ ψυχῇ
— 23. ἀνὴρ σοφὸς τὸν ἑαυτοῦ λαὸν παιδεύσει
— 24. ἀνὴρ σοφὸς πλησθήσεται εὐλογίας
— 26. ὁ σ. ἐν τῷ λαῷ αὐτοῦ κληρονομήσει πίστιν
44. 4. σοφοὶ λόγοι ἐν [A ἐν λόγοις] παιδείᾳ αὐτῶν
Ho. 14. 10. τίς σοφὸς καὶ συνήσει ταῦτα (2 a)
Ob. 1. 8. ἀπολῶ σοφοὺς ἐκ τῆς Ἰδουμ. (2 a)
Is. 3. 3. ἀφελεῖ . . . σοφὸν ἀρχιτέκτονα (2 a)
19. 11. οἱ σ. σύμβουλοι τοῦ βασιλέως (2 a)
— 12. ποῦ εἰσι νῦν οἱ σ. σου (2 a)
29. 14. ἀπολῶ τὴν σοφίαν τῶν σ. (2 a)
31. 2. A B S αὐτὸς σ. [R -φῶς] ἤγεν ἐπ' αὐτοὺς κακά (2 a)
Je. 4. 22. σοφοί εἰσι τοῦ κακοποιῆσαι (2 a)
8. 8. σοφοί ἐσμεν ἡμεῖς (2 a)
— 9. ᾐσχύνθησαν σοφοί (2 a)
9. 17 (16). πρὸς τὰς σ. ἀποστείλατε (2 a)
— 23 (22). μὴ καυχάσθω ὁ σ. ἐν τῇ σοφίᾳ αὐτοῦ (2 a)
16. 16. A ἀποστελῶ τοὺς σ. [B S πολλοὺς] θηρευτάς †
28 (51). 57. μεθύσει μέθῃ . . . τοὺς σ. αὐτῆς (2 a)
Ez. 27. 8. οἱ σ. σου Σὸρ . . . κυβερνῆταί σου (2 a)
— 9. οἱ σ. αὐτῶν ἦσαν ἐν σοί (2 a)
28. 3. μὴ σοφώτερος εἶ σὺ τοῦ Δανιήλ (2 a)
— 3. ἢ σοφοὶ οὐκ ἐπαίδευσάν σε †
Da. LXX. 1. 4. νεανίσκους . . . συνετοὺς καὶ σ. †
— 19. οὐχ εὑρέθη ἐν τοῖς σ. ὅμοιος τῷ Δαν. †
— 20. κατέλαβεν αὐτοὺς σοφωτέρους δεκαπλασίως –
Da. LXX. 1. 20. ἀνέδειξεν αὐτοὺς σοφούς –
2. 10. τοιοῦτο πρᾶγμα οὐκ ἐπερωτᾷ πάντα σοφόν (3)
— 12. ἐξαγαγεῖν πάντας τοὺς σ. τῆς Βαβ. (2 b)
— 21. διδοὺς σοφοῖς σοφίαν (2 b)
— 25. εὕρηκα ἄνθρωπον σ. –
— 27. οὐκ ἔστι σοφῶν . . . ἡ δήλωσις (2 b)
5. 12. ὁ ἄνθρωπος ἐπιστήμων ἦν καὶ σ. καὶ ὑπερέχων πάντας τοὺς σ. Βαβυλῶνος †, –
Da. TH. 2. 12. ἀπολέσαι πάντας τοὺς σ. Βαβ. (2 b)
— 13. οἱ σ. ἀπεκτέννοντο (2 b)
— 14. ἀναιρεῖν τοὺς σ. Βαβυλῶνος (2 b)
— 18. ὅπως ἂν μὴ ἀπόλωνται . . . μετὰ τῶν ἐπιλοίπων σ. Βαβυλῶνος (2 b)
— 21. διδοὺς σοφίαν τοῖς σ. (2 b)
— 24. ἀπολέσαι τοὺς σ. Βαβυλῶνος (2 b)
— 24. τοὺς σ. Βαβυλῶνος μὴ ἀπολέσῃς (2 b)
— 27. τὸ μυστήριον . . . οὐκ ἔστι σοφῶν (2 b)
— 48. κατέστησεν αὐτὸν . . . ἐπὶ πάντας τοὺς σ. Βαβυλῶνος (2 b)
4. 3. τοῦ εἰσαγαγεῖν ἐνώπιόν μου πάντας τοὺς σ. Βαβυλῶνος (2 b)
— 15. πάντες οἱ σ. τῆς βασ. μου οὐ δύνανται (2 b)
5. 7. εἶπε τοῖς σ. Βαβυλῶνος (2 b)
— 8. εἰσεπορεύοντο πάντες οἱ σ. τοῦ βασ. (2 b)
— 15. εἰσῆλθον ἐνώπιόν μου οἱ σ. (2 b)
IV Ma. 7. 23. A R μόνος γὰρ ὁ [S om.] σ. . . . ἐστι τῶν παθῶν κύριος
[Aq. Ex. 28. 8: Jb. 15. 2: Pr. 3. 7: 10. 13: 13. 1, 20: 14. 24: 16. 23: 17. 28: 21. 22: Ec. 7. 20 (19), 30 (8. 1): 9. 1: Je. 8. 9: 9. 12 (11): 10. 7, 9: Ob. 1. 8 (P.).]
[Sm. Jb. 15. 2: Ps. 48 (49). 11: Pr. 3. 7: 10. 13: 13. 1, 20: 16. 23: 17. 28: 21. 22: Ec. 7. 24 (23), 30 (8. 1): 9. 1: Da. 2. 48 (Sw.): Ho. 13. 13 (Sw.).]
[Th. Ps. 57 (58). 6: Pr. 3. 7: 10. 13: 13. 1, 20: 14. 24: 16. 23: 21. 22: Je. 10. 7, 9: Da. 2. 48: Ho. 13. 13 (Sw.): Ob. 1. 8 (P.).]
[Al. Ge. 41. 8: Le. 4. 15.]

σοφοῦν.
Ps. 145 (146). 8. κύριος σοφοῖ τυφλούς †

σοφῶς. (1) a. בְּחָכְמָה b. חָכָם
Pr. 31. 27 (26). A S^2 R τὸ στόμα δὲ ἀνοίγει σ. [B S^1 -οῖς] (1 a)
Is. 31. 2. R αὐτὸς σ. [A B S -φὸς] ἤγεν ἐπ' αὐτοὺς κακά (1 b)
40. 20. σ. ζητήσει [A -τεῖ] πῶς στήσει (1 b)

σπάδων. (1) סָרִיס
Ge. 37. 36. τῷ Πετρεφῇ τῷ σπ. Φ. ἀρχιμαγείρῳ (1)
Is. 39. 7. ποιήσουσι σπάδοντας ἐν τῷ οἴκῳ τοῦ βασιλέως (1)
[Al. Le. 22. 24.]

σπαθαρικόν.
[Sm. Is. 3. 23.]

σπαθαρίσκος.
[Al. Ge. 38. 14.]

σπαίρειν.
IV Ma. 15. 15. τοὺς . . . δακτύλους ἐπὶ γῆς σπαίροντας [A S^2 al.]
[Sm. Jb. 26. 11.]

σπάλαξ. (1) תִּנְשֶׁמֶת
Le. 11. 30. A^2 καλαβώτης καὶ σαῦρα καὶ σπ. [A^1 om., B ἀσπ.] (1)

σπᾶν. (1) מָרַט (2) נָתַק pi. (3) עוּר pil. (4) פָּתַח (5) שָׁלַף
Nu. 22. 23. καὶ τὴν ῥομφαίαν ἐσπασμένην ἐν τῇ χειρὶ αὐ. (5)
— 31. ὁρᾷ . . . τὴν μάχαιραν ἐσπασμένην ἐν τῇ χειρὶ αὐ. (5)
Jo. 5. 12 (13). καὶ ἡ ῥομφαία ἐσπασμένη ἐν τῇ χειρὶ αὐ. (5)
Jd. 8. 10. ἑκατὸν εἴκοσι χιλιάδες ἀνδρῶν σπωμένων [A ἐσπασμένων] ῥομφαίαν (5)
— 20. οὐκ ἔσπασε τὸ παιδάριον τὴν ῥομφαίαν αὐ. [A al.] (5)
9. 54. σπάσον τὴν ῥομφαίαν μου [A al.] (5)
16. 12. A ἔσπασεν αὐτὰ ἀπὸ τῶν βραχιόνων αὐ. [B al.] (2)
Jd. 20. 2. A τετρακόσιαι χιλιάδες ἀνδρῶν πεζῶν σπωμένων ῥομφαίαν [B al.] (5)
— 15. A εἴκοσι καὶ πέντε χιλιάδες ἀνδρῶν σπωμένων ῥομφαίαν [B al.] (5)
— 17. A τετρακόσιαι χιλιάδες ἀνδρῶν σπωμένων [B ἑλκόντων] ῥομφαίαν (5)
— 25. A πάντες οὗτοι ἐσπασμένοι [B^2 ἕλκοντες] ῥομφαίαν (5)
— 35. A πάντες οὗτοι σπώμενοι [B ἕλκον] ῥομφαίαν (5)
— 46. A εἴκοσι καὶ πέντε χιλιάδες ἀνδρῶν σπωμένων ῥομφαίαν [B al.] (5)
I Ki. 31. 4. σπάσαι τὴν ῥομφαίαν σου (5)
II Ki. 23. 8. B ἐσπάσατο τὴν ῥομφαίαν αὐ. –
24. 9. ὀκτακόσιαι χιλιάδες ἀνδρῶν δυνάμεως σπωμένων ῥομφαίαν (5)
IV Ki. 3. 26. ἑπτακοσίους ἄνδρας ἐσπασμένους ῥομφαίαν (5)
I Ch. 10. 4. σπάσαι τὴν ῥομφαίαν σου (5)
11. 11, 20. ἐσπάσατο [A^1 ἐσπᾶτο] τὴν ῥομφαίαν αὐ. (3)
21. 5. ἑκατὸν χιλιάδες ἀνδρῶν ἐσπασμένων μάχαιραν (5)
— 5. A R ὀγδοήκοντα χιλιάδες ἀνδρῶν ἐσπασμένων μάχαιραν (5)
— 16. ἡ ῥομφαία αὐ. ἐσπασμένη ἐν τῇ χειρὶ αὐ. (5)
I Es. 3. 22. μετ' οὐ πολὺ σπῶνται μαχαίρας
Ps. 36 (37). 14. ῥομφαίαν ἐσπάσαντο οἱ ἁμαρτωλοί (4)
151. 7. σπασάμενος τὴν παρ' αὐτοῦ μάχαιραν
Wi. 7. 3. ἔσπασα τὸν κοινὸν ἀέρα
Si. 22. 21. ἐπὶ φίλον ἐὰν σπάσῃς ῥομφαίαν
Ez. 21. 28 (33). ῥομφαία [A add. ἑτοιμάζου] ἐσπασμένη εἰς [A om.] σφάγια καὶ ἐσπασμένη εἰς συντέλειαν (4, 1)
26. 15. ἐν τῷ σπάσαι μάχαιραν ἐν μέσῳ σου †
[Aq. Ec. 10. 9.]

σπανίζειν. (1) אָזַל
IV Ki. 14. 26. εἶδε κ. . . . ὀλιγοστοὺς τοὺς . . . ἐσπανισμένους –
Ju. 11. 12. καὶ ἐσπανίσθη πᾶν ὕδωρ
Jb. 14. 11. χρόνῳ γὰρ σπανίζεται θάλασσα (1)
Da. LXX. 9. 24. καὶ τὰς ἀδικίας σπανίσαι †
[Al. Le. 13. 51: 14. 44.]

σπάνιος. (1) σπάνιον εἰσάγειν יָקַר hi.
Pr. 25. 17. σπάνιον εἴσαγε σὸν πόδα πρὸς σεαυτοῦ φίλον (1)
[Sm. I Ki. 3. 1.]

σπάνις.
Ju. 8. 9. ὠλιγοψύχησεν ἐπὶ [A S ἐν] τῇ σπ. τῶν ὑδάτων
[Aq. Dt. 28. 20: Ma. 2. 2.]
[Sm. Pr. 14. 28.]

σπάραγμα.
[Al. Le. 19. 28.]

σπαραγμός.
[Sm. Is. 51. 17.]

σπαράσσειν. (1) גָּעַשׁ hithp. (2) הָמָה (3) שָׁלַךְ hi.
II Ki. 22. 8. καὶ ἐσπαράχθησαν [A ἐταρ.] (1)
Je. 4. 19. σπαράσσεται ἡ καρδία μου (2)
Da. LXX. 8. 7. ἐσπάραξεν αὐτὸν ἐπὶ τὴν γῆν (3)
III Ma. 4. 6. ὡς ἐσπαραγμέναι σκύμνοις ἀλλοεθνέσιν
[Aq. Je. 46 (26). 7.]
[Sm. Je. 25. 16 (32. 2).]
[Th. Za. 12. 3.]

σπάργανον. (1) חָתַל hoph.
Wi. 7. 4. ἐν σπαργάνοις ἀνετράφην [A ἀνεστρ.]
Ez. 16. 4. σπαργάνοις οὐκ ἐσπαργανώθης (1)

σπαργανοῦν. (1) a. חָתַל pu. b. חֲתֻלָּה
Jb. 38. 9. ὁμίχλῃ δὲ αὐτὴν ἐσπαργάνωσα (1 b)
Ez. 16. 4. σπαργάνοις οὐκ ἐσπαργανώθης (1 a)

σπαρτίον. (1) חוּט (2) פָּתִיל (3) קַו
Ge. 14. 23. ἀπὸ σπαρτίου ἕως σφαιρωτῆρος (1)
Jo. 2. 18. τὸ σπ. τὸ κόκκινον τοῦτο ἐκδήσεις (1)
Jd. 16. 12. διέσπασεν αὐτὰ . . . ὡς σπαρτίον [A al.] (1)
Jb. 38. 5. ἢ τίς ὁ ἐπαγαγὼν σπαρτίον ἐπ' αὐτῆς (3)

Ec. 4. 12. τὸ σπ. τὸ ἔντριτον οὐ ταχέως ἀπορραγήσεται (1)
Ca. 4. 3. ὡς σπαρτίον τὸ κόκκινον χείλη σου (1)
6. 5 (6). ὡς σπαρτίον τὸ κόκκινον χεῖλη σου –
Is. 34. 11. ἐπιβληθήσεται ἐπ' αὐτὴν σπ. γεωμετρίας ἐρήμου (3)
Je. 52. 21. σπ. δώδεκα πήχεων περιεκύκλου αὐτόν (1)
Ez. 40. 3. ἐν τῇ χειρὶ αὐτοῦ ἦν σπ. οἰκοδόμων (2)
[**Aq.** Ez. 27. 19.]
[**Al.** III Ki. 7. 15 (3).]

σπάρτος.

[**Sm.** Is. 28. 17.]

σπασμός.

II Ma. 5. 3. καὶ μαχαιρῶν σπασμούς

σπαταλᾶν. (1) שָׁקַט hi.

Si. 21. 15. ἤκουσεν ὁ σπαταλῶν καὶ ἀπήρεσεν αὐτῷ
Ez. 16. 49. ἐν εὐθηνίᾳ [A *add.* οἴνου] ἐσπατάλων (1)

σπατάλη.

Si. 27. 13. ὁ γέλως αὐτῶν ἐν σπατάλῃ [S ὡς σπατάλη] ἁμαρτίας
[**Sm.** Ec. 2. 8: Ca. 7. 6 (7).]
[**Al.** Ca. 7. 6 (7): Is. 13. 22.]

σπαταλός.

[**Sm.** Dt. 28. 54.]

σπεῖρα.

Ju. 14. 11. ἐξήλθοσαν κατὰ σπείρας [A -αν]
II Ma. 8. 23. τῆς πρώτης σπ. αὐτὸς προηγούμενος
12. 20. κατέστησεν αὐτοὺς ἐπὶ τῶν σπ.
— 22. A ἐπιφανείσης δὲ τῆς Ἰ. σπ. πρώτου [R -ης]

σπείρειν. (1) זָרָה (2) זָרַע *a.* qal. *b.* ni. *c.* pu. *d.* hi. *e.* זֶרַע *f.* מִזְרָע (3) זָרַק (4) נָדַח ni. (5) פּוּץ *a.* qal. *b.* hi. (6) פִּזֵּר pi. (7) שׂוּם

Ge. 1. 11, 12. σπεῖρον σπέρμα κατὰ γένος (2 *d*)
— 29. R πᾶν χόρτον σπόριμον σπεῖρον [A -ων] σπέρμα (2 *a*)
26. 12. ἔσπειρε δὲ Ἰ. ἐν τῇ γῇ ἐκείνῃ (2 *a*)
47. 19. ἵνα σπείρωμεν –
— 23. σπείρατε τὴν γῆν (2 *a*)
Ex. 23. 10. ἓξ ἔτη σπερεῖς τὴν γῆν σου (2 *a*)
— 16. ὧν ἐὰν σπείρῃς ἐν τῷ ἀγρῷ σου (2 *a*)
32. 20. B[1] R ἔσπειρεν αὐτὸν ὑπὸ [A B[2] ἐπὶ] τὸ ὕδωρ (1)
Le. 11. 37. πᾶν σπέρμα σπόριμον ὃ σπαρήσεται (2 *b*)
25. 3. ἓξ ἔτη σπερεῖς τὸν ἀγρόν σου (2 *a*)
— 4. τὸν ἀγρόν σου οὐ σπερεῖς (2 *a*)
— 11. οὐ σπερεῖτε (2 *a*)
— 20. ἐὰν μὴ σπείρωμεν (2 *a*)
— 22. σπερεῖτε τὸ ἔτος τὸ ὄγδοον (2 *a*)
26. 16. σπερεῖτε διὰ κενῆς τὰ σπέρματα ὑμῶν (2 *a*)
Nu. 16. 37 (17. 2). τὸ πῦρ τὸ ἀλλότριον τοῦτο σπεῖρον ἐκεῖ (1)
20. 5. τόπος οὗ οὐ σπείρεται [A σπερεῖται] (2 *e*)
De. 11. 10. ὅταν σπείρωσι τὸν σπόρον (2 *a*)
21. 4. οὐδὲ σπείρεται (2 *b*)
22. 9. B ὃ ἐὰν σπείρῃ [A R -ῃς] μετὰ τοῦ γενήματος (2 *a*)
29. 23 (22). πᾶσα ἡ γῆ αὐ. οὐ σπαρήσεται (2 *b*)
Jd. 6. 3. ἐὰν ἔσπειραν οἱ υἱοὶ Ἰσρ. [A *al.*] (2 *a*)
9. 45. B ἔσπειρεν εἰς [A R αὐτὴν] ἅλας (2 *a*)
I Es. 4. 6. ὅταν σπείρωσι
Jb. 4. 8. οἱ δὲ σπείροντες αὐτὰ ὀδύνας θεριοῦσιν ἑαυτοῖς (2 *a*)
31. 8. σπείραιμι [A -οιμι] ἄρα καὶ ἄλλοι φάγοισαν [A φάγονται] (2 *a*)
Ps. 106 (107). 37. ἔσπειραν ἀγρούς (2 *a*)
125 (126). 5. οἱ σπείροντες ἐν δάκρυσιν (2 *a*)
Pr. 11. 21. ὁ δὲ σπείρων δικαιοσύνην λήψεται μισθὸν πιστόν (2 *c*)
— 24. εἰσὶν οἱ τὰ ἴδια σπείροντες πλείονα ποιοῦσιν (6)
22. 8. ὁ σπείρων φαῦλα θερίσει κακά (2 *a*)
Ec. 11. 4. A R τηρῶν ἄνεμον οὐ σπείρει [B S σπερεῖ] (2 *a*)
— 6. σπεῖρον τὸ σπέρμα σου (2 *a*)
Si. 6. 19. ὡς . . . ὁ [S[1] *om.*] σπείρων πρόσελθε αὐτῇ
7. 3. μὴ σπεῖρε ἐπ' αὔλακας ἀδικίας
Ho. 2. 23 (25). σπερῶ αὐτὴν ἐμαυτῷ ἐπὶ τῆς γῆς (2 *a*)
Ho. 8. 7. ἀνεμόφθορα ἔσπειραν (2 *a*)
10. 12. σπείρατε ἑαυτοῖς εἰς δικαιοσύνην (2 *a*)
Mi. 6. 15. σὺ σπερεῖς καὶ οὐ μὴ ἀμήσῃς (2 *a*)
Na. 1. 14. οὐ σπαρήσεται ἐκ τοῦ ὀνόμ. σου ἔτι (2 *b*)
Ze. 3. 10. S[2] προσδέξομαι τοὺς ἱκετεύοντάς με τῶν ἐσπαρμένων [B S[1] *al.*] (5 *a*)
Hg. 1. 6. ἐσπείρατε πολλά (2 *a*)
Za. 10. 9. σπερῶ αὐτοὺς ἐν λαοῖς (2 *a*)
Is. 5. 10. ὁ σπείρων ἀρτάβας ἕξ (2 *e*)
17. 11. τὸ δὲ πρωῒ ἐὰν σπείρῃς [A φυτεύσῃς] (2 *e*)
19. 7. πᾶν τὸ σπειρόμενον διὰ τοῦ ποταμοῦ ξηρανθήσεται (2 *f*)
28. 25. σπείρει μικρὸν μελάνθιον . . . καὶ πάλιν σπείρει [A *om.*] πυρόν (5 *b*, 3 + 7)
32. 20. μακάριοι οἱ σπείροντες ἐπὶ πᾶν ὕδωρ (2 *a*)
37. 30. φάγε τοῦτον τὸν ἐνιαυτὸν ἃ ἔσπαρκας . . . τῷ δὲ τρίτῳ σπείραντες ἀμήσατε (†, 2 *a*)
40. 24. οὐδὲ μὴ σπείρωσιν [A *al.*] (2 *c*)
55. 10. δῷ σπέρμα τῷ σπείροντι (2 *a*)
Je. 4. 3. μὴ σπείρητε [S -ετε] ἐπ' ἀκάνθαις (2 *a*)
12. 13. σπείρατε [A ἐσπ.] πυρούς (2 *a*)
37 (30). 17. ἐσπαρμένη ἐκλήθης (4)
38 (31). 27. σπερῶ [S σπείρω] τὸν Ἰσρ. καὶ τὸν Ἰ. σπέρμα ἀνθρώπου (2 *a*)
42 (35). 7. σπέρμα οὐ μὴ σπείρητε (2 *a*)
Ez. 36. 9. B καὶ σπαρήσεσθε (2 *b*)
IV Ma. 10. 2. ὁ αὐτός με τοῖς ἀποθανοῦσιν ἔσπειρε πατήρ
15. 15. S[2] τοὺς . . . δακτύλους ἐπὶ γῆς σπείροντας [A S[1] R *al.*]
[**Aq.** Ec. 11. 4: Is. 28. 24 (Sw.): Je. 2. 2: 50 (27). 16.]
[**Sm.** Pr. 22. 8: Ec. 11. 4: Is. 28. 24: Je. 50 (27). 16.]
[**Th.** Pr. 22. 8: Ec. 11. 4: Je. 2. 2.]

σπειρηδόν.

II Ma. 5. 2. καὶ λόγχας σπ. ἐξωπλισμένους
12. 20. διατάξας τὴν περὶ αὐτὸν στρατιὰν σπ.

σπείρωμα.

[**Aq.** Je. 43 (50). 10.]

σπένδειν. (1) נָסַךְ *a.* qal. *b.* pi. *c.* hi. *d.* hoph. *e.* נְסַךְ pa. *f.* נֶסֶךְ

Ge. 35. 14. ἔσπεισεν ἐπ' αὐτὴν σπονδήν (1 *c*)
Ex. 25. 28 (29). ἐν [B[1] *om.*] οἷς σπείσεις ἐν αὐτοῖς (1 *d*)
30. 9. σπονδὴν οὐ σπείσεις [A -σεται] ἐπ' αὐτοῦ (1 *a*)
38. 12 (37. 16). ἐν οἷς σπείσει [A -εις] ἐν αὐτοῖς (1 *d*)
Nu. 4. 7. τὰ σπονδεῖα ἐν οἷς σπένδει (1 *f*)
28. 7. σπείσεις σπονδὴν σίκερα κυρίῳ (1 *c*)
II Ki. 23. 16. ἔσπεισεν [A ἔπ.] αὐτὸ τῷ κυρίῳ (1 *c*)
III Ki. 21 (20). 33. καὶ ἐσπείσαντο †
IV Ki. 16. 13. A καὶ ἔσπεισεν τὴν σπονδὴν αὐ. [B *al.*] (1 *c*)
I Ch. 11. 18. καὶ ἔσπεισεν αὐτὸ τῷ κυρίῳ (1 *b*)
Si. 50. 15. ἔσπεισεν ἐξ αἵματος σταφυλῆς
Ho. 9. 4. οὐκ ἔσπεισαν τῷ κυρίῳ οἶνον (1 *a*)
Je. 7. 18. ἔσπεισαν [A σπεῖσαι] σπονδὰς θεοῖς ἀλλοτρίοις (1 *c*)
19. 13. ἔσπεισαν σπονδὰς θεοῖς ἀλλοτρίοις (1 *c*)
39 (32). 29. ἔσπενδον σπονδὰς θεοῖς ἑτέροις (1 *c*)
51 (44). 17. σπένδειν αὐτῇ σπονδάς (1 *c*)
— 19 *bis.* ἐσπείσαμεν αὐτῇ σπονδάς (1 *c*)
— 25. σπένδειν αὐτῇ σπονδάς (1 *c*)
Ez. 20. 28. ἔσπεισαν ἐκεῖ τὰς σπονδὰς αὐτῶν (1 *c*)
Da. Th. 2. 46. εὐωδίας εἶπε σπεῖσαι αὐτῷ (1 *e*)
IV Ma. 3. 16. ἔσπεισε τὸ πόμα τῷ θεῷ
[**Aq.** Ps. 15 (16). 4: Je. 44 (51). 18 (Sw.).]
[**Sm.** Je. 44 (51). 18.]
[**Th.** Je. 44 (51). 18 (Sw.): Da. 2. 46.]

σπέρμα. (1) *a.* זֶרַע *b.* זֵרוּעַ *c.* זְרַע *d.* זֵרְעִים *e.* זֵרְעֹנִים *f.* זְרַע (2) נִין (3) ὁ οἰκεῖος τοῦ σπ. בָּשָׂר (4) אַחֲרִית (5) בֵּן (6) נֶכֶד

Ge. 1. 11. σπεῖρον σπέρμα κατὰ γένος (1 *a*)
— 11. οὗ τὸ σπ. αὐ. ἐν αὐτῷ κατὰ γένος (1 *a*)
— 12. σπεῖρον σπέρμα κατὰ γένος (1 *a*)
— 12. οὗ τὸ σπ. αὐ. ἐν αὐτῷ κατὰ γένος (1 *a*)
— 29. πᾶν χόρτον σπόριμον σπεῖρον σπέρμα (1 *a*)
— 29. ὃ ἔχει ἐν ἑαυτῷ καρπὸν σπέρματος σπορίμου (1 *a*)
Ge. 3. 15. ἔχθραν θήσω . . . ἀνὰ μέσον τοῦ σπ. σου καὶ ἀνὰ μέσον τοῦ σπ. αὐτῆς (1 *a*, 1 *a*)
4. 25. ἐξανέστησε γάρ μοι ὁ θ. σπ. ἕτερον (1 *a*)
7. 3. διαθρέψαι σπέρμα ἐπὶ πᾶσαν τὴν γῆν (1 *a*)
8. 22. σπέρμα καὶ θερισμὸς . . . οὐ καταπαύσουσι (1 *a*)
9. 9. ἀνίστημι τὴν διαθήκην μου ὑμῖν καὶ τῷ σπ. ὑμῶν (1 *a*)
12. 7. τῷ σπ. σου δώσω τὴν γῆν ταύτην (1 *a*)
13. 15. σοὶ δώσω αὐτὴν καὶ τῷ σπ. σου (1 *a*)
— 16. ποιήσω τὸ σπ. σου ὡς τὴν ἄμμον τῆς γῆς (1 *a*)
— 16. τὸ σπ. σου ἀριθμηθήσεται (1 *a*)
— 17. σοὶ δώσω αὐτὴν καὶ τῷ σπ. σου –
15. 3. R ἐπειδὴ ἐμοὶ οὐκ ἔδωκας σπέρμα (1 *a*)
— 5. R οὕτως ἔσται τὸ σπ. σου (1 *a*)
— 13. πάροικον ἔσται τὸ σπ. σου ἐν γῇ οὐκ ἰδίᾳ (1 *a*)
— 18. τῷ σπ. σου δώσω τὴν γῆν ταύτην (1 *a*)
16. 10. πληθυνῶ τὸ σπ. σου (1 *a*)
17. 7. καὶ ἀνὰ μέσον τοῦ σπ. σου μετὰ σέ (1 *a*)
— 7. εἶναί σου θεὸς καὶ τοῦ σπ. σου μετὰ σέ (1 *a*)
— 8. δώσω σοι καὶ τῷ σπ. σου μετὰ σὲ τὴν γῆν (1 *a*)
— 9. σὺ καὶ τὸ σπ. σου μετὰ σέ (1 *a*)
— 10. καὶ ἀνὰ μέσον τοῦ σπ. σου μετὰ σέ (1 *a*)
— 12. ὃς οὐκ ἔστιν ἐκ τοῦ σπ. σου (1 *a*)
— 19. καὶ τῷ σπ. αὐ. μετ' αὐτόν (1 *a*)
19. 32, 34. ἐξαναστήσωμεν ἐκ τοῦ πατρὸς ἡμῶν σπέρμα (1 *a*)
21. 12. ἐν Ἰ. κληθήσεταί σοι σπέρμα (1 *a*)
— 13. σπέρμα σόν ἐστιν (1 *a*)
— 23. μὴ ἀδικήσειν με μηδὲ τὸ σπ. μου (2)
22. 17. πληθυνῶ τὸ σπ. σου (1 *a*)
— 17. κληρονομήσει τὸ σπ. σου τὰς πόλεις (1 *a*)
— 18. ἐνευλογηθήσονται ἐν τῷ σπ. σου πάντα τὰ ἔθνη (1 *a*)
24. 7. S τῷ σπ. σου δώσω τὴν γῆν ταύτην [A R *al.*] (1 *a*)
— 60. κληρονομησάτω τὸ σπ. σου τὰς πόλεις (1 *a*)
26. 3. τῷ σπ. σου δώσω πᾶσαν τὴν γῆν ταύτην (1 *a*)
— 4. πληθυνῶ τὸ σπ. σου (1 *a*)
— 4. δώσω τῷ σπ. σου πᾶσαν τὴν γῆν ταύτην (1 *a*)
— 4. ἐνευλογηθήσονται ἐν τῷ σπ. σου πάντα τὰ ἔθνη (1 *a*)
— 24. πληθυνῶ τὸ σπ. σου (1 *a*)
28. 4. σοὶ καὶ τῷ σπ. σου μετὰ σέ (1 *a*)
— 13. σοὶ δώσω αὐτὴν καὶ τῷ σπ. σου (1 *a*)
— 14. ἔσται τὸ σπ. σου ὡς ἡ ἄμμος (1 *a*)
— 14. ἐνευλογηθήσονται ἐν σοὶ . . . καὶ ἐν τῷ σπ. σου (1 *a*)
32. 12 (13). θήσω τὸ σπ. σου ὡς τὴν ἄμμον (1 *a*)
35. 12. τῷ σπ. σου μετὰ σὲ δώσω τὴν γῆν ταύτην (1 *a*)
38. 8. ἀνάστησον σπέρμα τῷ ἀδ. σου (1 *a*)
— 9. οὐκ αὐτῷ ἔσται τὸ σπ. (1 *a*)
— 9. τοῦ μὴ δοῦναι σπέρμα τῷ ἀδ. αὐ. (1 *a*)
46. 6. καὶ πᾶν τὸ σπ. αὐ. μετ' αὐτοῦ (1 *a*)
— 7. πᾶν τὸ σπ. αὐ. ἤγαγεν εἰς Αἴγ. (1 *a*)
47. 19. δὸς σπέρμα [A -ατα] ἵνα σπείρωμεν (1 *a*)
— 23. λάβετε αὐτοῖς σπέρμα [A -ατα] (1 *a*)
— 24. ἔσται ὑμῖν αὐτοῖς εἰς σπέρμα [A -ατα] (1 *a*)
48. 4. δώσω σοι τὴν γῆν ταύτην καὶ τῷ σπ. σου (1 *a*)
— 11. ἔδειξέ μοι ὁ θ. καὶ τὸ σπ. σου (1 *a*)
— 19. τὸ σπ. αὐ. ἔσται εἰς πλῆθος ἐθνῶν (1 *a*)
Ex. 16. 31. ἦν δὲ ὡς σπέρμα κορίου λευκόν (1 *a*)
28. 39 (43). νόμιμον αἰώνιον αὐτῷ καὶ τῷ σπ. αὐ. (1 *a*)
32. 13. πολυπληθυνῶ τὸ σπ. ὑμῶν (1 *a*)
— 13. A ἣν εἶπας δοῦναι τῷ σπ. αὐ. [B *al.*] (1 *a*)
33. 1. τῷ σπ. ὑμῶν δώσω αὐτήν (1 *a*)
Le. 11. 37. ἐὰν δὲ ἐπιπέσῃ . . . ἐπὶ πᾶν σπ. σπόριμον (1 *a*)
— 38. ἐὰν δὲ ἐπιχυθῇ ὕδωρ ἐπὶ πᾶν σπ. (1 *a*)
15. 16. ᾧ ἐὰν ἐξέλθῃ ἐξ αὐτοῦ κοίτη σπέρματος (1 *a*)
— 17. ἐφ' ὃ ἐὰν ᾖ ἐπ' αὐτὸ κοίτη σπέρματος (1 *a*)
— 18. ἐὰν κοιμηθῇ ἀνὴρ μετ' αὐτῆς κοίτην σπέρματος (1 *a*)
— 32. ἐάν τινι ἐξέλθῃ ἐξ αὐτοῦ κοίτη σπέρματος (1 *a*)
18. 20. οὐ δώσεις κοίτην σπέρματός σου (1 *a*)
— 21. ἀπὸ τοῦ σπ. σου οὐ δώσεις (1 *a*)
19. 20. ἐάν τις κοιμηθῇ . . . κοίτην σπέρματος (1 *a*)
20. 2. ὃς ἂν δῷ [A *add.* ἀπὸ] τοῦ σπ. αὐ. ἄρχοντι (1 *a*)
— 3. τοῦ σπ. αὐ. ἔδωκεν ἄρχοντι (1 *a*)
— 4. ἐν τῷ δοῦναι αὐτὸν τοῦ σπ. αὐ. (1 *a*)
21. 15. οὐ βεβηλώσει τὸ σπ. αὐ. ἐν τῷ λαῷ αὐ. (1 *a*)
— 21. ᾧ ἐστιν ἐν αὐτῷ μῶμος ἐκ τοῦ σπ. Ἀ. (1 *a*)

Le. 22. 3. ὃς ἂν προσέλθῃ ἀπὸ [A B² *add.* παντὸς] τοῦ [A *om.*] σπ. ὑ. (1 *a*)
— 4. ἄνθρωπος ἐκ τοῦ σπ. Ἀ. τοῦ ἱερέως (1 *a*)
— 4. ᾧ ἂν ἐξέλθῃ ἐξ αὐτοῦ κοίτη σπέρματος (1 *a*)
— 13. σπέρμα δὲ μὴ ᾖν αὐτῇ (1 *a*)
26. 16. σπερεῖτε διὰ κενῆς τὰ σπ. ὑμῶν (1 *a*)
27. 30. πᾶσα δεκάτη τῆς γῆς ἀπὸ τοῦ σπ. τῆς γῆς (1 *a*)
Nu. 5. 13. καὶ κοιμηθῇ τις μετ' αὐτῆς κοίτην σπέρματος (1 *a*)
— 28. ἐκσπερματιεῖ σπέρμα (1 *a*)
11. 7. τὸ δὲ μάννα ὡσεὶ σπέρμα κορίου ἐστί (1 *a*)
14. 24. τὸ σπ. αὐ. κληρονομήσει αὐτήν (1 *a*)
16. 40 (17. 5). ὃς οὐκ ἔστιν ἐκ τοῦ σπ. Ἀ. (1 *a*)
18. 19. διαθήκη . . . σοὶ καὶ τῷ σπ. σου μετὰ σέ (1 *a*)
21. 30. τὸ σπ. αὐ. ἀπολεῖται †
23. 10. τίς ἐξηκριβάσατο τὸ σπ. Ἰ. †
— 10. γένοιτο τὸ σπ. μου ὡς τὸ σπ. τούτων (4, †)
24. 7. ἐξελεύσεται ἄνθρωπος ἐκ τοῦ σπ. αὐ. (1 *a*?)
— 20. τὸ σπ. αὐ. ἀπολεῖται (4)
25. 13. ἔσται αὐτῷ καὶ τῷ σπ. αὐ. (1 *a*)
De. 1. 8. δοῦναι αὐτοῖς καὶ τῷ σπ. αὐ. μετ' αὐτούς (1 *a*)
3. 3. ἕως τοῦ μὴ καταλιπεῖν αὐτοῦ σπέρμα †
4. 37 : 10. 15. ἐξελέξατο τὸ σπ. αὐ. μετ' αὐτοὺς ὑμᾶς (1 *a*)
11. 9. δοῦναι αὐτοῖς καὶ τῷ σπ. αὐ. μετ' αὐτούς (1 *a*)
14. 22. παντὸς γεννήματος τοῦ σπ. σου (1 *a*)
22. 9. ἵνα μὴ ἁγιασθῇ . . . τὸ σπ. (1 *a*)
25. 5. σπέρμα δὲ μὴ ᾖ αὐτῷ (5)
28. 38. σπ. πολὺ ἐξοίσεις εἰς τὸ πεδίον (1 *a*)
— 46. ἔσται ἐν σοὶ σημεῖα καὶ τέρατα ἐν [A καὶ ἐν] τῷ σπ. σου (1 *a*)
— 59. παραδοξάσει κ. . . . τὰς πληγὰς τοῦ σπ. σου (1 *a*)
30. 6. περικαθαριεῖ κ. . . . τὴν καρδίαν τοῦ σπ. σου (1 *a*)
— 6. A² καὶ τὸ σπ. σου –
— 19. ἵνα ζῇς σὺ καὶ τὸ σπ. σου (1 *a*)
31. 21. οὐ γὰρ μὴ ἐπιλησθῇ ἀπὸ στόματος . . . τοῦ σπ. αὐ. (1 *a*)
34. 4. τῷ σπ. ὑμῶν δώσω αὐτήν (1 *a*)
Jo. 24. 3. ἐπλήθυνα αὐτοῦ σπέρμα [A τὸ σπ. αὐ.] (1 *a*)
Ru. 4. 12. ἐκ τοῦ σπ. οὗ δώσει κύριος (1 *a*)
I Ki. 1. 11. ἐὰν . . . δῷς τῇ δούλῃ σου σπέρμα ἀνδρῶν (1 *a*)
2. 20. ἀποτίσαι σοι κ. σπέρμα (1 *a*)
— 31. ἐξολεθρεύσω τὸ σπ. σου καὶ τὸ σπ. οἴκου πατρός σου †, †
8. 15. τὰ σπ. [A τὸ σπ.] ὑμῶν . . . ἀποδεκατώσει (1 *a*)
20. 42. A B κύριος ἔσται μάρτυς . . . ἀνὰ μέσον τοῦ σπ. σου [R μου καὶ ἀνὰ μέσον τοῦ σπ. σου] (1 *a*, [1 *a*])
24. 22. οὐκ ἐξολεθρεύσεις τὸ σπ. μου (1 *a*)
II Ki. 4. 8. ἐκ Σ. τοῦ ἐχθροῦ σου καὶ ἐκ τοῦ σπ. αὐ. (1 *a*)
7. 12. ἀναστήσω τὸ σπ. σου μετὰ σέ (1 *a*)
22. 51. τῷ Δ. καὶ τῷ σπ. αὐ. (1 *a*)
III Ki. 1. 48. ὃς ἔδωκε σήμερον ἐκ τοῦ σπ. μου –
2. 33. καὶ εἰς κεφαλὴν τοῦ σπ. αὐ. (1 *a*)
— 33. τῷ Δ. καὶ τῷ σπ. αὐ. . . . γένοιτο εἰρήνη (1 *a*)
3. 1. υἱὸς τοῦ [A *om.*] σπ. τοῦ Ἱεμ. –
11. 14 (24). B Ἀ. ὁ Ἰδουμ. ἐκ τοῦ σπ. τῆς βασ. (1 *a*)
— 39. A κακουχήσω τὸ σπ. Ἰσρ. διὰ ταύτην (1 *a*)
18. 32. θάλασσαν χωροῦσαν δύο μετρητὰς σπέρματος (1 *a*)
IV Ki. 5. 27. ἡ λέπρα Ν. κολληθήσεται . . . ἐν τῷ σπ. σου (1 *a*)
11. 1. ἀπώλεσε πᾶν τὸ σπ. τῆς βασ. (1 *a*)
14. 27. ἐξαλεῖψαι τὸ σπ. Ἰσρ. †
17. 20. ἀπεώσαντο τὸν κ. ἐν παντὶ σπ. Ἰσρ. (1 *a*)
25. 25. ἦλθεν . . . ἐκ τοῦ σπ. τῶν βασ. (1 *a*)
I Ch. 16. 13. σπέρμα Ἰσρ. παῖδες αὐ. (1 *a*)
17. 11. ἀναστήσω τὸ σπ. σου μετὰ σέ (1 *a*)
II Ch. 20. 7. καὶ ἔδωκας αὐτὴν σπέρματι Ἀβρ. (1 *a*)
22. 10. ἀπώλεσε πᾶν τὸ σπ. τῆς βασ. (1 *a*)
I Es. 8. 70. ἐπεμίγη τὸ σπ. τὸ ἅγιον
— 88. ἕως τοῦ μὴ καταλιπεῖν ῥίζαν καὶ σπέρμα
II Es. 2. 59. οὐκ ἠδυνάσθησαν τοῦ ἀναγγεῖλαι . . . σπέρμα αὐ. (1 *a*)
9. 2. παρήχθη σπ. τὸ ἅγιον (1 *a*)
Ne. 7. 61. οὐκ ἠδυνάσθησαν ἀπαγγεῖλαι . . . σπέρμα αὐ. (1 *a*)
9. 8. δοῦναι αὐτῷ τὴν γῆν . . . καὶ τῷ σπ. αὐ. (1 *a*)
To. 1. 1. Τωβεὶτ . . . ἐκ τοῦ σπ. Ἀσιήλ
— 9. ἐκ τοῦ σπ. τῆς πατριᾶς ἡμῶν
4. 12. A B γυναῖκα πρῶτον λάβε ἀπὸ τοῦ σπ. τῶν πατέρων σου
To. 4. 12. A B τὸ σπ. αὐτῶν κληρονομήσει γῆν
6. 17. S ἔστιν αὐτῷ ἀδελφὴ ἐκ τοῦ σπ. τοῦ οἴκου τοῦ πατρὸς αὐ.
8. 6. ἐκ τούτων ἐγενήθη τὸ ἀνθρώπων σπ. [S *al.*]
13. 16. S τὸ κατάλιμμα τοῦ σπ. μου
Es. 9. 27. προσεδέχοντο . . . ἐπὶ τῷ σπ. αὐ. (1 *a*)
Jb. 5. 24. A ἐν εἰρήνῃ τὸ σπ. σου [B S *al.*] †
— 25. γνώσῃ δὲ ὅτι πολὺ τὸ σπ. σου (1 *a*)
Ps. 17 (18). 50. καὶ τῷ σπ. αὐτοῦ ἕως αἰῶνος (1 *a*)
20 (21). 10. καὶ τὸ σπ. αὐτῶν ἀπὸ υἱῶν ἀνθρώπων (1 *a*)
21 (22). 23. ἅπαν τὸ σπ. Ἰακώβ, δοξάσατε αὐτὸν φοβηθήτωσαν αὐτὸν ἅπαν τὸ σπ. Ἰσραήλ (1 *a*, 1 *a*)
— 30. τὸ σπ. μου δουλεύσει αὐτῷ (1 *a*)
24 (25). 13. τὸ σπ. αὐτοῦ κληρονομήσει γῆν (1 *a*)
36 (37). 25. οὐδὲ τὸ σπ. αὐτοῦ ζητοῦν ἄρτους (1 *a*)
— 26. τὸ σπ. αὐτοῦ εἰς εὐλογίαν ἔσται (1 *a*)
— 28. σπέρμα ἀσεβῶν ἐξολεθρευθήσεται (1 *a*)
68 (69). 36. τὸ σπ. τῶν δούλων αὐτοῦ καθέξουσιν αὐτήν (1 *a*)
88 (89). 4. ἕως τοῦ αἰῶνος ἑτοιμάσω τὸ σπ. σου (1 *a*)
— 29. θήσομαι εἰς τὸν αἰῶνα τοῦ αἰῶνος τὸ σπ. αὐτοῦ (1 *a*)
— 36. τὸ σπ. αὐτοῦ εἰς τὸν αἰῶνα μενεῖ (1 *a*)
101 (102). 28. τὸ σπ. αὐτῶν εἰς τὸν αἰῶνα κατευθυνθήσεται (1 *a*)
104 (105). 6. σπέρμα Ἀβραὰμ δοῦλοι αὐτοῦ (1 *a*)
105 (106). 27. τοῦ καταβαλεῖν τὸ σπ. αὐτῶν ἐν τοῖς ἔθνεσι (1 *a*)
111 (112). 2. δυνατὸν ἐν τῇ γῇ ἔσται τὸ σπ. αὐτοῦ (1 *a*)
125 (126). 6. A S¹ ἔκλαιον αἴροντες [S² R βάλλοντες] τὰ σπ. αὐτῶν (1 *a*)
Pr. 11. 18. σπέρμα δὲ δικαίων μισθὸς ἀληθείας (1 *c*)
Ec. 11. 6. σπεῖρον τὸ σπ. σου (1 *a*)
Wi. 3. 16. ἐκ παρανόμου κοίτης σπέρμα ἀφανισθήσεται
7. 2. παγεὶς ἐν αἵματι ἐκ σπέρματος ἀνδρός
10. 15. σπέρμα ἄμεμπτον ἐρρύσατο ἐξ ἔθνους θλιβόντων
12. 11. σπέρμα γὰρ ἦν κατηραμένον ἀπ' ἀρχῆς
14. 6. ἀπέλιπεν αἰῶνι σπέρμα γενέσεως
Si. 1. 15. μετὰ τοῦ σπ. αὐτῶν ἐμπιστευθήσεται
10. 19. σπέρμα ἔντιμον ποῖον; σπέρμα ἀνθρώπου· σπέρμα ἔντιμον ποῖον; οἱ φοβούμενοι τὸν κύριον. σπέρμα ἄτιμον ποῖον; σπέρμα ἀνθρώπου· σπέρμα ἄτιμον ποῖον οἱ παραβαίνοντες ἐντολάς
41. 6. μετὰ τοῦ σπ. αὐτῶν ἐνδελεχιεῖ ὄνειδος
44. 11. μετὰ τοῦ σπ. αὐτῶν διαμενεῖ ἀγαθὴ κληρονομία
— 12. ἔστη σπέρμα [A S τὸ σπ.] αὐτῶν καὶ τὰ τέκνα αὐτῶν δι' [S² μετ'] αὐτούς
— 13. ἕως αἰῶνος μενεῖ σπέρμα αὐτῶν
— 21. ἐνευλογηθῆναι ἔθνη ἐν τῷ [A S *om.*] σπ. αὐτοῦ
— 21. A B S² ὡς ἄστρα ἀνυψῶσαι τὸ σπ. αὐτοῦ
45. 15. ἐν [A S *om.*] τῷ σπ. αὐτοῦ ἐν ἡμέραις οὐρανοῦ
— 21. ἃς ἔδωκεν αὐτῷ τε καὶ τῷ σπ. αὐτοῦ
— 24. ἵνα αὐτῷ ᾖ καὶ τῷ σπ. αὐτοῦ ἱερωσύνης μεγαλεῖον
— 25. κληρονομία Ἀαρὼν [A αὐτῷ, S αὐτῶν] καὶ τῷ σπ. αὐτοῦ
46. 9. τὸ σπ. αὐτοῦ κατέσχε κληρονομίαν
47. 20. ἐβεβήλωσας τὸ σπ. σου
— 22. σπέρμα [A τὸ σπ.] τοῦ ἀγαπήσαντος αὐτὸν οὐ μὴ ἐξάρῃ
— 23. κατέλιπε μετ' αὐτὸν ἐκ τοῦ σπ. αὐτοῦ λαοῦ ἀφροσύνην
Ma. 2. 15. τί ἄλλο ἢ σπέρμα ζητεῖ ὁ θεός (1 *a*)
Is. 1. 4. σπ. πονηρόν (1 *a*)
— 9. εἰ μὴ κύριος σαβαὼθ ἐγκατέλιπεν ἡμῖν σπέρμα †
14. 20. οὐ μὴ μείνῃς εἰς τὸν αἰῶνα χρόνον σπ. πονηρόν (1 *a*)
— 22. ἀπολῶ αὐτῶν ὄνομα καὶ κατάλειμμα καὶ σπέρμα (2+6)
— 29. ἐκ γὰρ σπέρματος ὄφεως ἐξελεύσεται ἔκγονα ἀσπίδων †
— 30. ἀνελεῖ δὲ λιμῷ τὸ σπ. σου †
15. 9. ἀρῶ τὸ σπ. Μωάβ †
17. 5. σπέρμα σταχύων ἀμήσῃ †
— 10. φυτεύσεις φύτευμα ἄπιστον καὶ σπ. ἄπιστον †
23. 3. σπέρμα μεταβόλων (1 *a*)
30. 23. τότε ἔσται ὁ ὑετὸς τῷ σπ. τῆς γῆς σου (1 *a*)
31. 9. μακάριος ὃς ἔχει ἐν Σιὼν σπέρμα †
33. 2. ἐγενήθη τὸ σπ. τῶν ἀπειθούντων εἰς ἀπώλειαν †
Is. 37. 31. ποιήσουσι σπέρμα ἄνω †
41. 8. ὃν ἐξελεξάμην σπέρμα Ἀβραάμ (1 *a*)
43. 5. ἀπὸ ἀνατολῶν ἄξω τὸ σπ. σου (1 *a*)
44. 3. ἐπιθήσω τὸ πνεῦμά μου ἐπὶ τὸ σπ. σου (1 *a*)
45. 19. οὐκ εἶπα τῷ σπ. Ἰακώβ (1 *a*)
— 26 (25). ἐνδοξασθήσεται πᾶν τὸ σπ. τῶν υἱῶν Ἰσραήλ (1 *a*)
48. 14. τοῦ ἆραι σπέρμα Χαλδαίων †
— 19. ἐγένετο ἂν ὡς ἡ ἄμμος τὸ σπ. σου (1 *a*)
53. 10. ἡ ψυχὴ ὑμῶν ὄψεται σπ. μακρόβιον (1 *a*)
54. 3. τὸ σπ. σου ἔθνη κληρονομήσει (1 *a*)
55. 10. καὶ δῷ σπέρμα τῷ σπείροντι (1 *a*)
57. 3. σπέρμα μοιχῶν καὶ πόρνης (1 *a*)
— 4. σπέρμα ἄνομον (1 *a*)
58. 7. ἀπὸ τῶν οἰκείων τοῦ σπ. σου οὐχ ὑπερόψῃ (3)
59. 21. B¹ καὶ ἐκ τοῦ σπ. [A B² S R στόματος] τοῦ σπ. σου (†, 1 *a*)
61. 9. γνωσθήσεται ἐν τοῖς ἔθνεσι τὸ σπ. αὐτῶν . . . οὗτοί εἰσι σπέρμα ηὐλογημένον ὑπὸ θεοῦ (1 *a*, 1 *a*)
— 11. καὶ ὡς κῆπος [A -ον] τὰ σπ. αὐτοῦ (1 *b*)
65. 9. ἐξάξω τὸ ἐξ Ἰακὼβ σπ. (1 *a*)
— 23. σπ. εὐλογημένον ὑπὸ θεοῦ ἐστι (1 *a*)
66. 22. οὕτω στήσεται τὸ σπ. ὑμῶν (1 *a*)
Je. 7. 15. ἀπέρριψα τοὺς ἀδελφοὺς ὑμῶν πᾶν τὸ σπ. Ἐφραίμ (1 *a*)
22. 30. οὐ μὴ αὐξηθῇ ἐκ τοῦ [S *om.*] σπ. αὐτοῦ (1 *a*)
23. 8. συνήγαγεν ἅπαν τὸ σπ. Ἰσρ. (1 *a*)
26 (46). 27. τὸ σπ. σου ἐκ τῆς αἰχμαλωσίας αὐτῶν (1 *a*)
27 (50). 16. ἐξολεθρεύσατε σπέρμα ἐκ Βαβ. (1 *c*)
38 (31). 27. σπερῶ τὸν Ἰσρ. καὶ τὸν Ἰ. σπέρμα ἀνθρώπων καὶ σπέρμα κτήνους (1 *a*, 1 *a*)
42 (35). 7. σπέρμα οὐ μὴ σπείρητε (1 *a*)
— 9. σπ. οὐκ ἐγένετο ἡμῖν (1 *a*)
Ez. 17. 5. ἔλαβεν ἀπὸ τοῦ σπ. τῆς γῆς (1 *a*)
— 13. λήψεται ἐκ τοῦ σπ. τῆς βασιλείας (1 *a*)
20. 5. ἐγνωρίσθην τῷ σπ. οἴκου Ἰακώβ (1 *a*)
31. 17. τὸ σπ. αὐτοῦ . . . ἀπώλοντο †
43. 19. δώσεις τοῖς ἱερεῦσι . . . τοῖς ἐκ τοῦ σπ. Σαδδούκ (1 *a*)
44. 22. ἀλλ' ἢ παρθένον ἐκ τοῦ σπ. Ἰσραήλ (1 *a*)
Da. LXX. Su. 56. διὰ τί διεστραμμένον τὸ σπ. σου
3. (36). πολυπληθῦναι τὸ σπ. αὐ.
Da. TH. Su. 56. σπέρμα Χαν. καὶ οὐκ Ἰούδα
1. 3. εἰσαγαγεῖν . . . ἀπὸ τοῦ σπ. τῆς βασιλείας (1 *a*)
— 12. δότωσαν ἡμῖν ἀπὸ τῶν σπ. (1 *d*)
— 16. ἐδίδου αὐτοῖς σπέρματα (1 *e*)
2. 43. συμμιγεῖς ἔσονται ἐν σπέρματι ἀνθρώπων (1 *f*)
3. (36). πληθῦναι τὸ σπ. αὐ.
9. 1. ἀπὸ τοῦ σπ. τῶν Μήδων (1 *a*)
11. 6. οὐ στήσεται τὸ σπ. αὐ. †
— 31. σπέρματα ἐξ αὐτοῦ ἀναστήσονται †
I Ma. 5. 62. οὐκ ἦσαν ἐκ τοῦ σπ. τῶν ἀνδρῶν ἐκείνων
7. 14. A R ἄνθρωπος ἱερεὺς ἐκ τοῦ [S *om.*] σπ. Ἀ.
II Ma. 7. 17. ὡς σὲ καὶ τὸ σπ. σου βασανιεῖ
III Ma. 6. 3. ἔπιδε ἐπὶ Ἀβραὰμ σπέρμα
IV Ma. 18. 1. ὦ τῶν Ἀβραμιαίων σπ. ἀπόγονοι παῖδες Ἰσρ.

[**Aq.** Ge. 1. 29 : Ex. 32. 13 : III Ki. 11. 39 : Pr. 11. 21 : Is. 1. 4 : 6. 13 : 41. 8 : 59. 21 *bis* : Je. 29 (36). 32 : 31 (38). 36 : 36 (43). 31.]
[**Sm.** Ge. 1. 29 *bis* : Ps. 21 (22). 31 : 88 (89). 5, 30 : Is. 1. 4 : 6. 13 : 41. 8 : 59. 21 *bis* : Je. 29 (36). 32 : Da. 11. 6 (Sw.).]
[**Th.** Ge. 1. 29 *ter* : Is. 1. 4 : 6. 13 : 33. 2 : 59. 21 *bis* : Je. 30 (37). 10 : 33 (40). 22, 26 *ter* : Da. 1. 12 : 2. 43 : 3. (36) : 11. 6, 31 : 13. 56.]
[**Sam.** Ex. 16. 31.]
[**Al.** Le. 22. 4.]

σπερμαίνειν.

[**Aq.** Ge. 1. 29.]
[**Th.** Ge. 1. 29 *bis.*]

σπερματίζειν. (1) גִּבְעֹל (2) זָרַע hi.

Ex. 9. 31. τὸ δὲ λίνον σπερματίζον (1)
Le. 12. 2. γυνὴ ἥτις ἐὰν σπερματισθῇ (2)
[**Aq.** Ge. 1. 11, 12.]
[**Sm.** Ge. 1. 11, 12, 29 *bis.*]
[**Al.** Le. 12. 2.]

σπερματισμός.

Le. 18. 23. οὐ δώσεις τὴν κοίτην σου εἰς σπερματισμόν –

σπεύδειν. (1) אָמַץ hithp. (2) בָּהַל
a. ni. b. pi. c. pu. d. בְּהַל ithpe.
(3) דָּחַף a. qal. b. ni. (4) חוּשׁ (5) חָפַז
(6) a. מָהַר pi. b. מָהִיר

Ge. 18. 6. ἔσπευσεν 'Αβ. ἐπὶ τὴν σκηνὴν (6 a)
— 6. σπεῦσον καὶ φύρασον (6 a)
19. 22. σπεῦσον οὖν τοῦ σωθῆναι ἐκεῖ (6 a)
24. 18, 20. καὶ ἔσπευσε (6 a)
— 46. σπεύσασα καθεῖλε τὴν ὑδρίαν (6 a)
44. 11. καὶ ἔσπευσαν (6 a)
45. 9. σπεύσαντες οὖν ἀνάβητε (6 a)
Ex. 15. 15. τότε ἔσπευσαν ἡγεμόνες 'Εδώμ (2 a)
34. 8. σπεύσας M. κύψας ἐπὶ τὴν γῆν (6 a)
Jo. 4. 10. καὶ ἔσπευσεν ὁ λαός (6 a)
8. 14. ἔσπευσε καὶ ἐξῆλθεν (6 a)
— 19. σπεύσαντες ἐνέπρησαν τὴν πόλιν (6 a)
Jd. 5. 22. σπουδῇ ἔσπευσαν ἰσχυροὶ αὐ. [A *al.*] †
20. 41. ἔσπευσαν ἄνδρες Βεν. [A *al.*] (2 a)
I Ki. 4. 14. ὁ ἄνθρωπος σπεύσας εἰσῆλθε (6 a)
— 16. καὶ ὁ ἀνὴρ σπεύσας προσῆλθε πρὸς 'H. –
20. 38. ταχύνας σπεῦσον καὶ μὴ στῇς (4)
23. 27. σπεῦδε καὶ δεῦρο (6 a)
25. 18. καὶ ἔσπευσεν 'Αβ. (6 a)
— 23. ἔσπευσε καὶ κατεπήδησεν (6 a)
— 34. εἰ μὴ ἔσπευσας (6 a)
28. 20. καὶ ἔσπευσε Σ. (6 a)
— 21. ἔσπευσε [A ἔσπευδεν] σφόδρα (2 a)
— 24. ἔσπευσε καὶ ἔθυσεν αὐτήν (6 a)
II Ki. 4. 4. ἐν τῷ σπεύδειν αὐτὸν καὶ ἀναχωρεῖν (5)
17. 16. διαβαίνων σπεῦσον †
III Ki. 18. 7. καὶ 'Αβδ. ἔσπευσε †
21 (20). 41. καὶ ἔσπευσε (6 a)
IV Ki. 9. 13. καὶ ἀκούσαντες ἔσπευσαν (6 a)
— 16. A καὶ ἔσπευσεν [B ἱππ.] †
II Ch. 10. 18. ἔσπευσε τοῦ ἀναβῆναι εἰς τὸ ἅρμα (1)
24. 5. καὶ σπεύσατε λαλῆσαι (6 a)
— 5. R καὶ οὐκ ἔσπευσαν [A B ἐπίστευσαν] οἱ Λ. (6 a)
26. 20. αὐτὸς ἔσπευσεν ἐξελθεῖν (3 b)
Ju. 10. 15. σπεύσασα καταβῆναι εἰς πρόσωπον τοῦ κυρίου ἡμῶν
12. 14. A B πᾶν . . . σπεύσασα ποιήσω
Es. 2. 9. ἔσπευσε δοῦναι αὐτῇ τὸ σμῆγμα (2 b)
3. 15. ἐσπεύδετο δὲ τὸ πρᾶγμα (3 a)
8. 14. σπεύδοντες τὰ ὑπὸ τοῦ βασ. λεγόμενα ἐπιτελεῖν (2 c + 3 a)
Ps. 39 (40). 13. A εἰς τὸ βοηθῆσαί μοι σπεῦσον [B S πρόσχες] (4)
69 (70). 1. B[1] S[2] εἰς τὸ βοηθῆσαί μοι σπεῦσον [S[1] θέλησον] (4)
Pr. 7. 23. σπεύδει δὲ ὥσπερ ὄρνεον εἰς παγίδα (6 a)
28. 22. σπεύδει πλουτεῖν ἀνὴρ βάσκανος (2 a)
Ec. 5. 1. μὴ σπεῦδε [S σπεύσῃς] ἐπὶ στόματί σου (2 b)
7. 10 (9). μὴ σπεύσῃς ἐν πνεύματί σου τοῦ θυμοῦσθαι (2 b)
Wi. 4. 14. ἔσπευσεν ἐκ μέσου πονηρίας
18. 21. σπεύσας γὰρ ἀνὴρ ἄμεμπτος προεμάχησε
Si. 2. 2. μὴ σπεύσῃς ἐν καιρῷ ἐπαγωγῆς
11. 11. ἔστι κοπιῶν καὶ πονῶν καὶ σπεύδων
33 (36). 8. σπεῦσον καιρόν
Mi. 4. 1. σπεύσουσι πρὸς αὐτὸ λαοί †
Na. 2. 5 (6). σπεύσουσιν ἐπὶ τὰ τείχη αὐ. (6 a)
Is. 16. 5. καθιεῖται . . . σπεύδων δικαιοσύνην (6 b)
Je. 4. 6. σπεύσατε μὴ στῆτε †
38 (31). 20. ἔσπευσα ἐπ' αὐτῷ †
Ez. 30. 9. ἐξελεύσονται ἄγγελοι σπεύδοντες –
Da. LXX. Su. 12. ἔκλεπτον ἀλλήλους σπεύδοντες
3. 24 (91). καὶ ἀνέστη σπεύσας (2 d)
5. 6. ἔσπευσεν οὖν ὁ βασ. –
I Ma. 11. 53. S[1] ἐσπεύσατο [A S[2] R ἐψεύσ.] πάντα
II Ma. 4. 14. ἔσπευδον μετέχειν τῆς . . . παρανόμου χορηγίας
9. 14. ἣν σπεύδων παρεγένετο ἰσόπεδον ποιῆσαι
11. 37. διὸ σπεύσατε
III Ma. 3. 1. καὶ προστάξαι σπεύδοντας συναγαγεῖν πάντας
IV Ma. 3. 8. S ἔσπευδεν [A R *om.*] ἱδρῶν
14. 5. ἐπὶ τὸν διὰ τῶν βασάνων θάνατον ἔσπευδον
16. 20. ἔσπευδε τὸν ἐθνοπάτορα υἱὸν σφαγιάσαι 'Ισ.

[Aq. Ps. 37 (38). 23 : 39 (40). 14 : 54 (55). 9 : 89 (90). 7 : Is. 28. 16.]
[Sm. Jb. 9. 26 : Ps. 37 (38). 23 : 41 (42). 2 : 67 (68). 32 : 89 (90). 7 : 118 (119). 150 : Pr. 28. 20 : Ec. 8. 3 : Is. 28. 16 : Ho. 6. 3.]
[Th. Ps. 37 (38). 23 : 54 (55). 9 : Is. 28. 16 : Ez. 30. 9.]
[Al. Pr. 28. 20.]

σπήλαιον. (1) a. מְעָרָה b. מָעוֹר (2) נְצָר
(3) סָעִיף (4) τὸ διπλοῦν σπ. מַכְפֵּלָה

Ge. 19. 30. ᾤκησεν ἐν τῷ σπ. (1 a)
23. 9. δότω μοι τὸ σπ. τὸ διπλοῦν (1 a)
— 11. τὸ σπ. τὸ ἐν αὐτῷ σοὶ δίδωμι (1 a)
— 17. ὃς ἦν ἐν τῷ διπλῷ σπ. (4)
— 17. καὶ τὸ σπ. ὃ ἦν αὐτῷ (1 a)
— 19. ἐν τῷ σπ. τοῦ ἀγροῦ τῷ διπλῷ (1 a)
— 20. καὶ τὸ σπ. ὃ ἦν αὐτῷ (1 a)
25. 9. ἔθαψαν αὐτὸν . . . εἰς τὸ σπ. τὸ διπλοῦν (1 a)
— 10. τὸ σπ. ὃ ἐκτήσατο 'Αβ. –
49. 29. θάψατέ με . . . ἐν τῷ σπ. (1 a)
— 30. ἐν τῷ σπ. τῷ διπλῷ τῷ ἀπέναντι M. (1 a)
— 30. ὃ ἐκτήσατο 'Αβρ. τὸ σπ. †
— 32. ἐν κτήσει . . . τοῦ σπ. τοῦ ὄντος ἐν αὐτῷ (1 a)
50. 13. ἔθαψαν αὐτὸν εἰς τὸ σπ. τὸ διπλοῦν (1 a)
— 13. ὃ ἐκτήσατο 'Αβ. τὸ σπ. †
Jo. 10. 16. κατεκρύβησαν εἰς τὸ σπ. (1 a)
— 17. εὕρηνται . . . κεκρυμμένοι ἐν τῷ σπ. (1 a)
— 18. κυλίσατε λίθους ἐπὶ τὸ στόμα τοῦ σπ. (1 a)
— 22. ἀνοίξατε τὸ σπ. (1 a)
— 22. ἐξαγάγετε τοὺς πέντε βασ. τ. ἐκ τοῦ σπ. (1 a)
— 23. A B[2] ἐξηγάγοσαν τοὺς πέντε βασ. ἐκ τοῦ σπ. (1 a)
— 27. ἔρριψαν αὐτοὺς εἰς τὸ σπ. (1 a)
— 27. ἐκύλισαν λίθους ἐπὶ τὸ σπ. (1 a)
Jd. 6. 2. ἐποίησαν ἑαυτοῖς . . . τὰ σπ. [A *al.*] (1 a)
15. 8. A κατέβη παρὰ τῷ χειμάρρῳ ἐν τῷ σπ. 'H. [B *al.*] (3)
I Ki. 13. 6. B ἐκρύβη ὁ λαὸς ἐν τοῖς σπ. (1 a)
22. 1. ἔρχεται εἰς τὸ σπ. τὸ 'Οδ. [A *al.*] (1 a)
24. 4. καὶ ἦν ἐκεῖ σπήλαιον (1 a)
— 4. ἐσώτερον τοῦ σπ. ἐκάθηντο (1 a)
— 8. A ἀνέστη Σ. ἐκ τοῦ σπ. [B *om.* ἐκ τ. σπ.] (1 a)
— 9. ἀνέστη Δ. ὀπίσω αὐτοῦ ἐκ τοῦ σπ. [A *al.*] (1 a)
— 11. παρέδωκέ σε κ. σήμερον εἰς χεῖράς μου ἐν τῷ σπ. (1 a)
II Ki. 23. 13. κατέβησαν . . . εἰς τὸ σπ. 'Οδ. (1 a)
III Ki. 18. 4. ἔκρυψεν αὐτοὺς κατὰ πεντήκοντα ἐν σπηλαίῳ (1 a)
— 13. ἔκρυψα . . . ἑκατὸν ἄνδρας . . . ἐν σπηλαίῳ (1 a)
19. 9. εἰσῆλθεν ἐκεῖ εἰς τὸ σπ. (1 a)
— 13. ἔστη ὑπὸ τὸ σπήλαιον [A τὸ σπ.] (1 a)
I Ch. 11. 15. κατέβησαν . . . εἰς τὸ σπ. 'Οδ. (1 a)
Ju. 16. 23. ἔθαψαν αὐτὴν ἐν τῷ σπ. τοῦ ἀνδρὸς αὐ.
Ps. 56 (57). *tit.* ἐν τῷ αὐτὸν ἀποδιδράσκειν ἀπὸ προσώπου Σαοὺλ εἰς τὸ σπ. (1 a)
141 (142). *tit.* ἐν τῷ εἶναι αὐτὸν ἐν τῷ σπ. (1 a)
Hb. 2. 15. ὅπως ἐπιβλέπῃ ἐπὶ τὰ σπ. αὐ. (1 b)
Is. 2. 19. εἰσενέγκαντες εἰς τὰ σπ. (1 a)
7. 19. ἐλεύσονται . . . εἰς τὰ σπ. †
32. 14. ἔσονται αἱ κῶμαι σπήλαια ἕως τοῦ αἰῶνος (1 a)
33. 16. οἰκήσει ἐν ὑψηλῷ σπ. πέτρας ἰσχυρᾶς †
65. 4. ἐν τοῖς μνήμασι καὶ ἐν τοῖς σπ. κοιμῶνται (2)
Je. 4. 29. εἰσέδυσαν εἰς τὰ σπ. †
7. 11. μὴ σπήλαιον λῃστῶν ὁ οἶκός μου (1 a)
12. 9. μὴ σπήλαιον ὑαίνης [A λῃστῶν] ἡ κληρονομία μου ἐμοί †
— 9. B S ἡ σπήλαιον κύκλῳ αὐτῆς †
27 (50). 26. ἐρευνήσατε αὐτὴν ὡς σπήλαιον [S *om.* ὡς σπ.] †
Ez. 33. 27. τοὺς ἐν τοῖς σπ. θανάτῳ ἀποκτενῶ (1 a)
II Ma. 6. 11. ἕτεροι δὲ πλησίον συνδραμόντες εἰς τὰ σπ.
10. 6. τὴν τῶν σκηνῶν ἑορτὴν . . . ἐν τοῖς σπ. . . . ἦσαν νεμόμενοι
[Sm. II Ki. 2. 24 : Is. 32. 14.]
[Th. I Ki. 23. 14, 19 : 24. 1.]
[Al. Je. 12. 9.]

σπιθαμή. (1) גֹּמֶד (2) זֶרֶת

Ex. 28. 16. A B[2] R σπιθαμῆς τὸ μῆκος αὐ. (2)
— 16. σπιθαμῆς τὸ εὖρος (2)
36. 16 (39. 9). σπιθαμῆς τὸ μῆκος καὶ σπιθαμῆς τὸ εὖρος διπλοῦν (2, 2)
Jd. 3. 16. σπιθαμῆς τὸ μῆκος αὐ. (1)
I Ki. 17. 4. ὕψος αὐ. τεσσάρων πήχεων καὶ σπιθαμῆς (2)
Is. 40. 12. τίς ἐμέτρησε . . . τὸν οὐρανὸν σπιθαμῇ (2)
Ez. 43. 13. χεῖλος ἐπὶ τὸ χεῖλος αὐτοῦ κυκλόθεν σπιθαμῆς (2)
[Aq. Is. 40. 12.]
[Sm. Ps. 38 (39). 6 : Is. 40. 12.]
[Th. Jd. 3. 16 : Is. 40. 12.]

σπιλοῦν.

Wi. 15. 4. οὐδὲ σκιαγράφων πόνος ἄκαρπος εἶδος σπιλωθὲν [S[1] σπιν.] χρώμασι διηλλαγμένοις [S[1] -οι]
[Sam. Le. 15. 3.]

σπίλωμα.

[Aq. Is. 13. 12.]

σπινθήρ. (1) a. נִיצוֹץ b. נָצַץ

Wi. 2. 2. ὁ λόγος σπινθὴρ ἐν κινήσει καρδίας ἡμῶν
3. 7. ὡς σπινθῆρες ἐν καλάμῃ διαδραμοῦνται
11. 18. δεινοὺς ἀπ' ὀμμάτων σπινθῆρας ἀστράπτοντας
Si. 11. 32. ἀπὸ σπινθῆρος πυρὸς πληθύνεται ἀνθρακιά
28. 12. ἐὰν φυσήσῃς σπινθῆρα [A εἰς σπ.] ἐκκαήσεται
42. 22. ὡς σπινθῆρός ἐστι θεωρῆσαι [S σπ. ἐπιθ.]
Is. 1. 31. αἱ ἐργασίαι αὐτῶν ὡς σπινθῆρες [A S *add.* πυρός] (1 a)
Ez. 1. 7. σπινθῆρες ὡς ἐξαστράπτων χαλκός (1 b)
[Aq., Sm. Is. 1. 31.]

σπίνθραξ.

[Sext. Ca. 8. 6 *bis*.]

σπινοῦν (?).

Wi. 15. 4. S[1] εἶδος σπινωθὲν [A B S[2] σπιλ.] χρώμασιν διηλλαγμένοι

σπλάγχνα. (1) בֶּטֶן (2) רַחַם

Pr. 12. 10. τὰ δὲ σπλ. τῶν ἀσεβῶν ἀνελεήμονα (2)
26. 22. οὗτοι δὲ τύπτουσιν εἰς ταμιεῖα σπλάγχνων [S[2] κοιλίας] (1)
Wi. 10. 5. ἐπὶ τέκνου σπλάγχνοις ἰσχυρὸν ἐφύλαξεν
Si. 30. 7. ἐπὶ πάσῃ βοῇ ταραχθήσεται σπλάγχνα αὐτοῦ
36 (33). 5. τροχὸς ἁμάξης σπλάγχνα μωροῦ
Je. 28 (51). 13. ἥκει τὸ πέρας σου ἀληθῶς εἰς [A S ἐπὶ] τὰ σπλ. σου †
Ba. 2. 17. ὧν ἐλήφθη τὸ πνεῦμα αὐ. ἀπὸ τῶν σπλ. αὐ.
II Ma. 9. 5. ἔλαβεν αὐτὸν ἀνήκεστος τῶν σπλ. ἀλγηδών
— 6. τὸν . . . ἑτέρων σπλάγχνα βασανίσαντα
IV Ma. 5. 30. καὶ τὰ σπλ. μου τήξεις
10. 8. καὶ κατὰ σπλάγχνων σταγόνας αἵματος ἀπορρεούσας
11. 19. ἀπ' αὐτοῦ τὰ σπλ. διέκαιον
14. 13. A R πρὸς τὴν τῶν [S *add.* τέκνων] σπλ. συμπάθειαν
15. 23. τὰ σπλ. αὐ. . . . ἐπέτεινε
— 29. τοῦ διὰ σπλάγχνων ἀγῶνος ἀθλοφόρε
[Aq., Sm. Ge. 43. 30 : Is. 63. 15 : Am. 1. 11.]
[Th. Is. 63. 15 : Am. 1. 11.]
[Al. Hb. 3. 16.]

σπλαγχνίζειν.

Pr. 17. 5. A ὁ δὲ σπλαγχνιζόμενος [B S ἐπισπλ.] ἐλεηθήσεται –
II Ma. 6. 8. τὴν αὐτὴν ἀγωγὴν . . . ἄγειν καὶ σπλαγχνίζειν
[Sm. I Ki. 23. 21 : Ez. 24. 21.]

σπλαγχνισμός.

II Ma. 6. 7. ἦγον δὲ μετὰ πικρᾶς ἀνάγκης . . . ἐπὶ σπλαγχνισμόν
— 21. οἱ δὲ πρὸς τῷ παρανόμῳ σπλ. τεταγμένοι
7. 42. τὰ μὲν οὖν περὶ τοὺς σπλ. . . . δεδηλώσθω

σπλαγχνοφάγος.

Wi. 12. 5. σπλαγχνοφάγων ἀνθρωπίνων σαρκῶν

σποδιά. (1) אֵפֶר (2) דֶּשֶׁן (3) עָפָר

Le. 4. 12. οὗ ἐκχεοῦσι τὴν σπ. (2)
— 12. ἐπὶ τῆς ἐκχύσεως τῆς σπ. καυθήσεται (2)
Nu. 19. 10. ὁ συνάγων τὴν σπ. [A σποδὸν] τῆς δαμάλεως (1)
— 17. λήψονται . . . ἀπὸ τῆς σπ. (3)
[Sm., Th. Je. 31 (38). 40.]
[Heb. Jb. 14. 8.]
[Quint. Ho. 7. 8.]

σποδοειδής. (1) σπ. ῥαντός *a.* בָּרֹד *b.* טָלֻא
Ge. 30. 39. ἔτικτον τὰ πρόβατα διάλευκα . . . καὶ σπ. ῥαντά (1 *b*)
31. 10. διάλευκοι καὶ ποικίλοι καὶ σπ. ῥαντοί (1 *a*)
— 12. διαλεύκους καὶ ποικίλους καὶ σπ. ῥαντούς (1 *a*)

σποδός. (1) אֵפֶר (2) דֶּשֶׁן
Ge. 18. 27. ἐγὼ δέ εἰμι γῆ καὶ σποδός (1)
Le. 1. 16. ἐκβαλεῖ αὐτὸ . . . εἰς τὸν τόπον τῆς σπ. (2)
Nu. 19. 9. συνάξει ἄνθρωπος καθαρὸς τὴν σπ. τῆς δαμάλεως (1)
— 10. A ὁ συνάγων τὴν σπ. [B σποδιὰν] τῆς δαμάλεως (1)
II Ki. 13. 19. ἔλαβε Θ. σποδόν (1)
— 19. B ἐπέθηκε σποδὸν [A R *om.*] ἐπὶ τὴν κεφ. αὐ. (1 ?)
Ne. 9. 1. R καὶ σποδῷ ἐπὶ κεφαλῆς αὐτῶν †
Ju. 4. 15. ἦν σποδὸς ἐπὶ τὰς κιδάρεις αὐ.
9. 1. ἐπέθετο σποδὸν ἐπὶ τὴν κεφ. αὐ.
Es. 4. 1. κατεπάσατο σποδόν (1)
— 2. σάκκον ἔχοντι καὶ σποδόν –
— 3. σάκκον καὶ σποδὸν ἔστρωσαν ἑαυτοῖς (1)
— 17. σποδοῦ . . . ἔπλησεν τὴν κεφ. αὐ.
Jb. 13. 12. ἀποβήσεται δὲ ὑμῶν τὸ γαυρίαμα ἴσα σποδῷ (1)
30. 19. ἐν γῇ καὶ σποδῷ μου ἡ μερίς (1)
42. 6. ἥγημαι δὲ ἐμαυτὸν γῆν καὶ σποδόν (1)
Ps. 101 (102). 9. σποδὸν ὡσεὶ ἄρτον ἔφαγον (1)
147. 5 (16). ὁμίχλην ὡσεὶ σποδὸν πάσσοντος (1)
Wi. 15. 10. σποδὸς ἡ καρδία αὐτοῦ
Si. 10. 9. τί ὑπερηφανεύεται γῆ καὶ σποδός
17. 32. οἱ ἄνθρωποι πάντες γῆ καὶ σποδός
40. 3. ἕως τεταπεινωμένου ἐν γῇ καὶ σποδῷ
Jn. 3. 6. ἐκάθισεν ἐπὶ σποδοῦ (1)
Ma. 4. 3 (3. 21). ἔσονται σποδὸς ὑποκάτω τῶν ποδῶν ὑμῶν (1)
Is. 44. 20. σποδὸς ἡ καρδία αὐτῶν (1)
58. 5. σάκκον καὶ σποδὸν ὑποστρώσῃ (1)
61. 3. δοθῆναι . . . δόξαν ἀντὶ σποδοῦ (1)
Je. 6. 26. κατάπασαι ἐν σποδῷ [A κ. σποδόν] (1)
La. 3. 16. ἐψώμισέ με σποδόν (1)
Ez. 27. 30. σποδὸν στρώσονται [A ὑποστρ.] (1)
28. 18. δώσω σε [A *add.* εἰς] σποδόν (1)
Da. LXX. 9. 3. ἐν νηστείαις καὶ σάκκῳ καὶ σποδῷ (1)
Bel 13. καταστῆσαι ὅλον τὸν ναὸν σποδῷ
Da. TH. 9. 3. A ἐν νηστείαις . . . καὶ σποδῷ [B *om.* κ. σπ.] (1)
I Ma. 3. 47. περιεβάλοντο . . . σποδὸν ἐπὶ τὰς κεφ. αὐ.
4. 39. ἐπέθεντο σποδὸν ἐπὶ τὴν κεφ. αὐ.
II Ma. 4. 41. R τινὲς δὲ ἐκ τῆς παρακειμ. σπ. [A ἐπόδου] δρασσόμενοι
13. 5. πύργος πεντήκοντα πήχεων πλήρης σποδοῦ
— 5. ὄργανον . . . πάντοθεν ἀπόκρημνον εἰς τὴν σπ.
— 8. οὗ τὸ πῦρ ἁγνὸν ἦν καὶ ἡ σπ.
— 8. ἐν σποδῷ τὸν θάνατον ἐκομίσατο
III Ma. 1. 18. R σποδῷ καὶ κόνει τὰς κεφ. πασάμεναι [A *al.*]
[Aq. III Ki. 20 (21). 38 : Jb. 2. 8 : 42. 6.]
[Sm. III Ki. 20 (21). 38 : Jb. 2. 8.]
[Th. Da. 9. 3†.]
[Al. Le. 6. 10 (3), 11 (4).]

σποδοῦσθαι.
Ju. 4. 11. ἐσποδώσαντο τὰς κεφαλὰς αὐ.

σπονδεῖον, σπόνδιον. (1) קְשָׂת
Ex. 25. 28 (29). ποιήσεις . . . τὰ σπ. (1)
38. 12 (37. 16). ἐποίησε . . . τὰ σπ. (1)
Nu. 4. 7. ἐπιβαλοῦσιν ἐπ' αὐτὴν . . . τὰ σπ. (1)
I Ch. 28. 17. καὶ τῶν κρεαγρῶν καὶ σπονδείων (1 ?)
I Es. 2. 13. σπ. χρυσᾶ χίλια σπ. ἀργυρᾶ χίλια
Si. 50. 15. ἐξέτεινεν ἐπὶ σπονδείου χεῖρα αὐτοῦ
I Ma. 1. 22. ἔλαβε . . . τὰ σπ.
[Aq. Je. 52. 17 (Sw.).]
[Sm. Je. 52. 19.]
[Th. Je. 52. 17 (Sw.), 19.]

σπονδή. (1) *a.* נֶסֶךְ, נֵסֶךְ *b.* נָסִיךְ *c.* נָסַךְ
Ge. 35. 14. ἔσπεισεν ἐπ' αὐτὴν σπονδήν (1 *a*)
Ex. 29. 40. καὶ σπονδὴν τὸ τέταρτον τοῦ εἲν (1 *a*)
— 41. κατὰ τὴν σπ. αὐ. (1 *a*)
30. 9. σπονδὴν οὐ σπείσεις [A -σεται] ἐπ' αὐτοῦ (1 *a*)
Le. 23. 13. A B^{1} σπονδὴ [B^{2} R -ὴν] αὐ. τὸ τέταρτον τοῦ ἲν οἴνου (1 *a*)
— 18. καὶ αἱ θυσίαι αὐ. καὶ αἱ σπ. αὐ. (1 *a*)
Le. 23. 37. ὥστε προσενέγκαι . . . σπονδὰς αὐ. (1 *a*)
Nu. 6. 15. B θυσία αὐ. καὶ σπονδὴ αὐ. [A R *al.*] (1 *a*)
— 17. ποιήσει ὁ ἱ. . . . τὴν σπ. αὐ. (1 *a*)
7. 87. αἱ θυσίαι αὐ. καὶ αἱ σπ. αὐ. –
15. 5, 7, 10 (A B^{2} R). καὶ οἶνον εἰς σπονδήν (1 *a*)
— 24. καὶ σπονδὴν αὐ. κατὰ τὴν σύνταξιν (1 *a*)
28. 7. καὶ σπονδὴν [A -ή] αὐ. τὸ τέταρτον τοῦ ἲν (1 *a*)
— 7. σπείσεις σπονδὴν σίκερα κυρίῳ (1 *a*)
— 8. κατὰ τὴν σπ. αὐ. ποιήσετε (1 *a*)
— 9. εἰς θυσίαν καὶ σπονδήν (1 *a*)
— 10. καὶ τὴν σπ. αὐ. (1 *a*)
— 14. ἡ σπ. αὐ. τὸ ἥμισυ τοῦ ἲν (1 *a*)
— 15. καὶ ἡ σπ. αὐ. (1 *a*)
— 24. ποιήσεις τὴν σπ. αὐ. (1 *a*)
— 31. καὶ τὰς σπ. [A αἱ σπ.] αὐ. (1 *a*)
29. 6. αἱ θυσίαι αὐ. καὶ αἱ σπ. αὐ. –
— 6. αἱ θυσίαι αὐ. καὶ αἱ σπ. αὐ. (1 *a*)
— 11. ἡ θυσία αὐ. καὶ ἡ σπ. αὐ. (1 *a*)
— 16. αἱ θυσίαι αὐ. καὶ αἱ σπ. αὐ. (1 *a*)
— 18. ἡ θυσία αὐ. καὶ ἡ σπ. αὐ. (1 *a*)
— 19. αἱ θυσίαι αὐ. καὶ αἱ σπ. αὐ. (1 *a*)
— 21. B καὶ ἡ σπ. αὐ. (1 *a*)
— 22, 24, 25, 27, 28, 30, 31, 33, 34, 37, 38. αἱ θυσίαι αὐ. καὶ αἱ σπ. αὐ. (1 *a*)
— 39. τὰς θυσίας ὑμῶν καὶ τὰς σπ. ὑμῶν (1 *a*)
De. 32. 38. καὶ ἐπίνετε τὸν οἶνον τῶν σπ. αὐ. (1 *b*)
IV Ki. 16. 13. ἐθυμίασε . . . τὴν σπ. αὐ. [A *al.*] (1 *a*)
— 15. πρόσφερε . . . τὴν [A *om.*] σπ. αὐ. (1 *a*)
I Ch. 29. 21. ἀνήνεγκεν . . . τὰς σπ. αὐ. (1 *a*)
II Ch. 29. 35. καὶ τῶν σπ. τῆς ὁλοκαυτώσεως (1 *a*)
I Es. 6. 31. ὅπως προσφέρωνται σπονδαί
II Es. 7. 17. καὶ θυσίας αὐ. καὶ σπονδὰς αὐ. (1 *c*)
Es. 4. 17. οὐδὲ ἔπιον οἶνον σπονδῶν
Jl. 1. 9. ἐξῆρται . . . σπονδὴ ἐξ οἴκου κυρίου (1 *a*)
— 13. ἀπέσχηκεν ἐξ οἴκου θεοῦ ὑμῶν . . . σπονδή (1 *a*)
2. 14. καὶ ὑπολείψεται . . . σπονδὴν κ. τῷ θεῷ ἡμῶν (1 *a*)
Is. 57. 6. ἐκείνοις ἐξέχεας σπονδάς [S^{1} πόδας] (1 *a*)
Je. 7. 18 : 19. 13. ἔσπεισαν σπονδὰς θεοῖς ἀλλοτρίοις (1 *a*)
39 (32). 29. ἔσπενδον σπονδὰς θεοῖς ἑτέροις (1 *a*)
51 (44). 17. σπένδειν αὐτῇ σπονδάς (1 *a*)
— 19 *bis.* ἐσπείσαμεν αὐτῇ σπονδάς (1 *a*)
— 25. σπένδειν αὐτῇ σπονδάς (1 *a*)
Ez. 20. 28. A R ἔσπεισαν ἐκεῖ τὰς [B *om.*] σπ. αὐτῶν (1 *a*)
45. 17. αἱ σπ. [A *add.* ἔσονται] ἐν ταῖς ἑορταῖς (1 *a*)
Da. LXX. 2. 46. σπονδὰς ποιῆσαι αὐτῷ †
9. 27. ἀρθήσεται ἡ θυσία καὶ ἡ σπ. †
Da. TH. 9. 27. ἀρθήσεταί μου θυσία καὶ σπονδή †
I Ma. 1. 45. κωλῦσαι . . . σπονδὴν ἐκ τοῦ ἁγιάσματος
[Aq. Ps. 15 (16). 4 : Je. 44 (51). 18 (Sw.).]
[Sm. Je. 44 (51). 18.]
[Th. Je. 44 (51). 18 (Sw.) : Da. 9. 27.]

σπόνδυλος (?).
IV Ma. 10. 8. S ἐκ σπονδύλων [A R σφονδ.] ἐκμελιζόμενος
[Sm. I Ki. 4. 18.]

σπορά. (1) זֶרַע
IV Ki. 19. 29. καὶ ἔτει τρίτῳ σπορά (1)
I Ma. 10. 30. ἀντὶ τοῦ τρίτου τῆς σπ.

σπόριμος. (1) *a.* זֶרַע *b.* זֵרוּעַ
Ge. 1. 29. πᾶν χόρτον σπόριμον σπεῖρον σπέρμα (1 *a*)
— 29. ὃ ἔχει ἐν ἑαυτῷ καρπὸν σπέρματος σπορίμου (1 *a*)
Le. 11. 37. ἐὰν δὲ ἐπιπέσῃ . . . ἐπὶ πᾶν σπέρμα σπ. [A^{1} *om.*] (1 *b*)
Si. 40. 22. S^{1} ὑπὲρ ἀμφότερα χλόην σπορίμου [A B S^{2} σπόρου]
[Sm. I Ki. 8. 15 : Ez. 17. 5.]

σπόριον (?). (1) מִגְרָשׁ
I Ch. 6. 58 (43). A καὶ τὴν 'I. καὶ τὰ σπ. [B περισπ.] αὐ. (1)

σπόρος. (1) *a.* זֶרַע *b.* זֵרַע (2) חָרִישׁ (3) יְבוּל
Ex. 34. 21. τῷ σπ. καὶ τῷ ἀμήτῳ κατάπαυσις (2)
Le. 26. 5. ὁ τρύγητος καταλήψεται τὸν σπ. (1 *a*)
— 20. οὐ δώσει ἡ γῆ ὑμῶν τὸν σπ. αὐ. (3)
27. 16. ἔσται ἡ τιμὴ κατὰ τὸν σπ. αὐ. (1 *a*)
De. 11. 10. ὅταν σπείρωσι τὸν σπ. (1 *a*)
Jb. 21. 8. ὁ σπ. αὐτῶν κατὰ ψυχήν (1 *a*)
39. 12. ἀποδώσει σοι τὸν σπ. (1 *a*)
Si. 40. 22. ὑπὲρ ἀμφότερα χλόην σπόρου [S^{1} σπορίμου]
Am. 9. 13. περκάσει ἡ σταφυλὴ ἐν τῷ σπ. (1 *a*)
Is. 28. 24. σπόρον προετοιμάσει (1 *b*)
32. 10. A S πέπαυται ὁ σπ. [B *om.* ὁ σπ.] †
[Al. Ma. 2. 3.]

σπουδάζειν. (1) אוּץ hi. (2) בָּהַל *a.* ni. *b.* pi. *c.* hi. (3) חָשָׁה
Ge. 19. 15. R ἐσπούδαζον [A ἐπεσπ.] οἱ ἄγγελοι τὸν Λ. (1)
Ju. 13. 1. A B ἐσπούδασαν οἱ δοῦλοι αὐ. ἀναλύειν
— 12. ἐσπούδασαν τοῦ καταβῆναι
Jb. 4. 5. σὺ ἐσπούδασας [A -ακας] (2 *a*)
21. 6. ἐάν τε γὰρ μνησθῶ ἐσπούδακα (2 *a*)
22. 10. ἐσπούδασέ σε πόλεμος ἐξαίσιος (2 *b*)
23. 14 (15). διὰ τοῦτο ἐπ' αὐτῷ ἐσπούδακα [A -κειν] (2 *a*)
— 16. ὁ δὲ παντοκράτωρ ἐσπούδασέ με [A -ακεν ἐπ' ἐμέ] (2 *c*)
31. 5. εἰ δὲ καὶ ἐσπούδασεν ὁ πούς μου εἰς δόλον (3)
Ec. 8. 2 (3). περὶ λόγου ὅρκου θεοῦ [A S *om.*] μὴ σπουδάσῃς (2 *a*)
Is. 21. 3. ἐσπούδασα [S^{1} -αν] τοῦ [A S τὸ] μὴ βλέπειν (2 *a*)
III Ma. 7. 10. οὐκ ἐσπούδασαν εὐθέως περὶ τὴν ἄφοδον
[Sm., Th. Pr. 20. 21.]
[Al. Ex. 5. 7 (P.).]

σπουδαῖος.
Ez. 41. 25. σπουδαῖα ξύλα κατὰ πρόσωπον τοῦ αἰλάμ †

σπουδαιότης.
III Ma. 1. 9. τῇ σπ. . . . καταπληγείς

σπουδαίως.
Wi. 2. 6. χρησώμεθα τῇ κτίσει ὡς νεότητι [A S^{1} -τητος] σπ.

σπουδασμός.
[Th. Ez. 27. 36.]

σπουδή. (1) *a.* בְּהִילוּ *b.* בֶּהָלָה *c.* בָּהַל ni. *d.* בְּהַל ithpe. (2) בְּעָתָה (3) חִפָּזוֹן (4) מַהֵר pi. (5) נָחַץ (6) רֶגַע
Ex. 12. 11. ἔδεσθε αὐτὸ μετὰ σπουδῆς (3)
— 33. κατεβιάζοντο οἱ Αἰγ. τὸν λαὸν σπουδῇ (4)
De. 16. 3. ἐν σπουδῇ ἐξήλθετε ἐξ Αἰγ. (3)
Jd. 5. 22. σπουδῇ ἔσπευσαν ἰσχυροὶ αὐ. [A *al.*] †
I Ki. 21. 8 (9). ἦν τὸ ῥῆμα τοῦ βασ. κατὰ σπουδὴν [A κατασπεῦδον] (5)
I Es. 2. 30. ἀναζεύξαντες εἰς 'Ιερ. κατὰ σπουδὴν
6. 10. τὰ ἔργα ἐκεῖνα ἐπὶ σπουδῆς [A -ὴν] γινόμενα
II Es. 4. 23. B ἐπορεύθησαν ἐν [A R *om.*] σπουδῇ εἰς 'Ιερ. (1 *a*)
Ps. 77 (78). 33. καὶ τὰ ἔτη αὐτῶν μετὰ σπουδῆς (1 *b*)
Wi. 14. 17. ἵνα τὸν ἀπόντα . . . κολακεύωσι διὰ τῆς [A *om.*] σπ.
19. 2. μετὰ σπουδῆς προπέμψαντες αὐτούς
Si. *prol.* 22. προσενέγκασθαί τινα [S^{1} προεν.] σπουδήν
20. 18. πτῶσις κακῶν κατὰ σπουδὴν ἥξει
21. 5. τὸ κρίμα αὐτοῦ κατὰ σπουδὴν ἔρχεται
27. 3. ἐὰν μὴ ἐν φόβῳ κυρίου κρατήσῃ κατὰ σπουδήν
43. 22. ἴασις πάντων [S^{2} πάγων] κατὰ σπουδὴν ὁμίχλη
Ze. 1. 18. συντέλειαν καὶ σπουδὴν ποιήσει (1 *c*)
Je. 8. 15. εἰς καιρὸν ἰάσεως καὶ ἰδοὺ σπ. (2)
15. 8. ἐπέρριψα ἐπ' αὐτὴν . . . σπουδήν (1 *b*)
La. 4. 6. ἐμεγαλύνθη ἀνομία . . . ὥσπερ σπ. (6)
Ez. 7. 11. οὐ μετὰ θορύβου οὐδὲ μετὰ σπουδῆς †
Da. LXX. 2. 25. κατὰ σπουδὴν εἰσήγαγε τὸν Δαν. (1 *d*)
10. 7. ἀπέδρασαν ἐν σπουδῇ †
Da. TH. Su. 50. ἀνέστρεψε πᾶς ὁ λαὸς μετὰ σπουδῆς
2. 25. ἐν σπουδῇ εἰσήγαγε τὸν Δ. (1 *d*)
3. 24 (91). ἐξανέστη ἐν σπουδῇ (1 *d*)
6. 19 (20). καὶ ἐν σπουδῇ ἦλθεν ἐπὶ τὸν λάκκον (1 *d*)
9. 27. A B^{2} ἕως συντελείας καὶ σπουδῆς †
11. 44. σπουδαὶ ταράξουσιν αὐτόν –

I Ma. 6. 63. ἀπῆρε κατὰ σπουδήν
II Ma. 14. 43. διὰ τὴν τοῦ ἀγῶνος σπ.
III Ma. 4. 15. ἐγένετο μὲν οὖν ἡ τούτων ἀπογραφὴ μετὰ πικρᾶς σπ.
5. 24. προσδοκῶντα τὴν πρωΐαν μετὰ σπουδῆς
— 27. μετὰ σπουδῆς τετέλεσται
[**Aq.** Is. 65. 23: Je. 15. 8: 18. 7, 9: Da. 3. 24 (91).]
[**Sm.** Ec. 11. 10: Is. 65. 23.]
[**Th.** Is. 33. 11: 65. 23: Ez. 12. 18: Da. 3. 24 (91): 11. 36†.]
[**Al.** Le. 26. 16: Je. 31 (38). 2: Da. 9. 27.]

σταγετός.
[**Aq.** Pr. 19. 13.]

σταγών. (1) דֶּלֶף (2) מַר (3) *a.* נָטָף *b.* נָטַף hi. (4) רְבִיבִים
Jb. 36. 27. ἀριθμηταὶ [S -οι, S¹ ἀναρ.] δὲ αὐτῷ σταγόνες ὑετοῦ (3 *a*)
Ps. 64 (65). 10. ἐν ταῖς στ. αὐτῆς εὐφρανθήσεται ἀνατέλλουσα (4)
71 (72). 6. ὡσεὶ σταγόνες στάζουσαι ἐπὶ τὴν γῆν (4)
Pr. 27. 15. σταγόνες ἐκβάλλουσιν ἄνθρωπον . . . ἐκ τοῦ οἴκου αὐτοῦ (1)
Si. 1. 2. σταγόνας ὑετοῦ . . . τίς ἐξαριθμήσει
18. 10. ὡς σταγὼν ὕδατος ἀπὸ θαλάσσης
Mi. 2. 11. ἔσται ἐκ τῆς στ. τοῦ λαοῦ τούτου (3 *b*)
Is. 40. 15. εἰ πάντα τὰ ἔθνη ὡς στ. ἀπὸ κάδου . . . ἐλογίσθησαν (2)
IV Ma. 10. 8. καὶ κατὰ σπλάγχνων σταγόνας αἵματος ἀπορρεούσας
[**Sm.** Pr. 19. 13.]

στάδιον, στάδιος.
Da. LXX. Su. 37. κυκλοῦντες τὸ στ. εἴδομεν ταύτην
4. 9. οἱ κλάδοι αὐ. τῷ μήκει ὡς σταδίων τριάκοντα —
II Ma. 11. 5. B ἀπέχοντι ὡσεὶ σταδίους [A σχοίνους] πέντε
12. 9. σταδίων ὄντων διακοσίων τεσσαράκοντα
— 10. ἀποσπάσαντες σταδίους ἐννέα
— 16. τὸ πλάτος ἔχουσαν σταδίους δύο
— 17. ἀποσπάσαντες σταδίους ἑπτακοσίους πεντήκοντα
— 29. ἀπέχουσαν ἀπὸ Ἱερ. σταδίους ἑξακοσίους

στάζειν. (1) דָּלַף (2) זַרְזִיף (3) מָצָה (4) נָטַף (5) נָתַךְ *a.* qal. *b.* ni.
Ex. 9. 33. ἡ χάλαζα καὶ ὁ ὑετὸς οὐκ ἔσταξεν [A -αν] οὐκέτι (5 *b*)
Jd. 5. 4. ὁ οὐρανὸς ἔσταξε δρόσους [A *al.*] (4)
— 4. αἱ νεφέλαι ἔσταξαν ὕδωρ (4)
6. 38. ἔσταξε δρόσος ἀπὸ τοῦ πόκου [A *al.*] (3)
II Ki. 21. 10. ἕως ἔσταξεν ἐπ' αὐτοὺς ὕδωρ (5 *b*)
II Ch. 12. 7. οὐ μὴ στάξῃ ὁ θυμός μου ἐν Ἱερ. (5 *a*)
Jb. 16. 21 (20). B S² ἔναντι δὲ αὐτοῦ στάζοι [A στάξαι] μου ὁ ὀφθαλμός (1)
Ps. 67 (68). 8. οἱ οὐρανοὶ ἔσταξαν ἀπὸ προσώπου τοῦ θεοῦ (4)
71 (72). 6. ὡσεὶ σταγόνες στάζουσαι ἐπὶ τὴν γῆν (2)
Ec. 10. 18. ἐν ἀργίᾳ χειρῶν στάξει [A στενάξει] ἡ οἰκία (1)
Ca. 5. 5. χεῖρές μου ἔσταξαν σμύρναν (4)
— 13. χείλη αὐτοῦ κρίνα στάζοντα σμύρναν πλήρη (4)
Je. 49 (42). 18. καθὼς ἔσταξεν ὁ θυμός μου ἐπὶ τοὺς κατοικοῦντας Ἱερουσαλὴμ οὕτως στάξει ὁ θυμός μου ἐφ' ὑμᾶς (5 *b*, 5 *a*)
51 (44). 6. ἔσταξεν ἡ ὀργή μου καὶ ὁ θυμός μου (5 *a*)
[**Aq.** Je. 7. 20: Da. 9. 27.]
[**Sm.** Je. 7. 20: Da. 9. 27: Na. 1. 6.]
[**Th.** Jd. 5. 4: Na. 1. 6.]
[**Quint.**, **Sext.** Ps. 118 (119). 28.]
[**Al.** Da. 9. 27.]

σταθμᾶσθαι.
[**Aq.** Jb. 28. 25: Is. 40. 13.]

σταθμίζειν.
[**Aq.** Jb. 28. 25: 31. 6: Ps. 74 (75). 4: Pr. 24. 12: Is. 33. 18: 55. 2.]
[**Sm.** Jb. 6. 2: Za. 11. 12.]
[**Al.** Ex. 22. 17 (16).]

στάθμιον. (1) אֶבֶן (2) *a.* מִשְׁקָל *b.* שֶׁקֶל *c.* מִשְׁקֶלֶת *d.* מִשְׁקוֹל
Le. 19. 35. ἐν μέτροις καὶ ἐν σταθμίοις (2 *a*)
— 36. ζυγὰ δίκαια καὶ στ. δίκαια . . . ἔσται ὑμῖν (1)
27. 25. πᾶσα τιμὴ ἔσται στ. ἁγίοις (2 *b*)
De. 25. 13. οὐκ ἔσται . . . στάθμιον καὶ στάθμιον (1, 1)
— 15. στ. ἀληθινὸν καὶ δίκαιον ἔσται σοι (1)
IV Ki. 21. 13. ἐκτενῶ . . . τὸ στ. [A -ον] οἴκου Ἀχ. (2 *c*)
Pr. 11. 1. στάθμιον δὲ δίκαιον δεκτὸν αὐτῷ (1)
16. 11. τὰ δὲ ἔργα αὐτοῦ στάθμια δίκαια (1)
20. 10. στάθμιον μέγα καὶ μικρόν (1)
— 23. βδέλυγμα κυρίῳ δισσὸν στάθμιον (1)
Si. 42. 4. περὶ ἀκριβείας ζυγοῦ καὶ σταθμίων
Am. 8. 5. τοῦ μεγαλῦναι στάθμιον [A -ια] (2 *b*)
Mi. 6. 11. καὶ ἐν μαρσίππῳ στάθμια δόλου (1)
Ez. 4. 10. A φάγεσαι ἐν σταθμίῳ [B -μῷ] (2 *d*)
5. 1. λήψῃ ζυγὸν σταθμίων (2 *a*)
45. 12. τὰ στ. εἴκοσι ὀβολοί (2 *b*)
[**Aq.** Is. 28. 17: Ez. 5. 1.]
[**Sm.** Pr. 17. 8.]
[**Th.** Pr. 16. 11.]
[**Al.** Le. 27. 3, 25.]

σταθμόν (?). (1) מִשְׁקֶלֶת
IV Ki. 21. 13. A ἐκτενῶ . . . τὸ στ. [B -μιον] οἴκου Ἀχ. (1)

σταθμός. (1) מְזוּזָה (2) מָלוֹן (3) מַסַּע (4) סַף (5) פֶּלֶס (6) *a.* שֶׁקֶל *b.* מִשְׁקָל *c.* מִשְׁקֶלֶת *d.* מִשְׁקוֹל
Ge. 43. 21. τὸ ἀργύριον ἡμῶν ἐν σταθμῷ ἀπεστρέψαμεν (6 *b*)
Ex. 12. 7. καὶ θήσουσιν ἐπὶ τῶν δύο στ. (1)
— 22. καὶ ἐπ' ἀμφοτέρων τῶν στ. (1)
— 23. ὄψεται τὸ αἷμα . . . ἐπ' ἀμφοτέρων τῶν στ. (1)
21. 6. προσάξει αὐτὸν . . . ἐπὶ τὸν στ. (1)
Le. 26. 26. ἀποδώσουσι τοὺς ἄρτους ὑμῶν ἐν σταθμῷ (6 *b*)
27. 3. πεντήκοντα δίδραχμα ἀργυρίου τῷ στ. τῷ ἁγίῳ (6 *a*)
Nu. 33. 1. B οὗτοι στ. [A R οἱ στ.] τῶν υἱῶν Ἰσρ. (3)
— 2. ἔγραψε M. . . . τοὺς στ. αὐ. (3)
— 2. οὗτοι στ. [A οἱ στ.] τῆς πορείας αὐ. (3)
De. 15. 17. A² ἐπὶ τὸν στ. —
Jd. 8. 26. ἐγένετο ὁ στ. τῶν ἐνωτίων τῶν χρυσῶν (6 *b*)
16. 3. ἐπελάβετο τῶν θυρῶν . . . σὺν τοῖς δυσὶ στ. [A *al.*] (1)
I Ki. 17. 5. καὶ ὁ στ. τοῦ θώρακος αὐτοῦ (6 *b*)
II Ki. 12. 30. καὶ ὁ στ. αὐ. τάλαντον χρυσίου (6 *b*)
21. 16. καὶ ὁ στ. τοῦ δόρατος αὐ. τριακοσίων σίκλων (6 *b*)
III Ki. 7. 47. οὐκ ἦν σταθμὸς τοῦ χαλκοῦ —
— 47. οὐκ ἦν τέρμα τῶν στ. τοῦ χαλκοῦ (6 *b*)
— 48. A οὐκ ἦν σταθμὸς τοῦ χαλκοῦ (6 *b*)
10. 14. ἦν ὁ [A *om.*] στ. τοῦ χρυσίου (6 *b*)
IV Ki. 12. 9 (10). οἱ ἱερεῖς οἱ φυλάσσοντες τὸν στ. (4)
22. 4. ὃ συνήγαγον οἱ φυλάσσοντες τὸν στ. (4)
23. 4. ἐνετείλατο . . . τοῖς φυλάσσουσι τὸν στ. [A *om.* τ. στ.] (4)
25. 16. οὐκ ἦν σταθμὸς τοῦ χαλκοῦ (6 *b*)
— 18. τοὺς τρεῖς τοὺς φυλάσσοντας τὸν στ. (4)
I Ch. 20. 2. εὑρέθη ὁ στ. αὐ. τάλαντον χρυσίου (6 *b*)
22. 3. οὐκ ἦν σταθμός (6 *b*)
— 14. οὗ οὐκ ἔστι σταθμός (6 *b*)
28. 14. καὶ τὸν στ. τῆς ὁλκῆς αὐ. (6 *b*)
— 16. ἔδωκεν αὐτῷ ὁμοίως τὸν στ. τῶν τραπεζῶν (6 *b*)
— 17. A B² R καὶ τὸν [B¹ *om.*] στ. τῶν χρυσῶν . . . ἑκάστου στ. (6 *b*, 6 *b*)
— 18. τὸν τοῦ θυσιαστ. . . . στ. ὑπέδειξεν αὐτῷ (6 *b*)
II Ch. 9. 13. ἦν ὁ στ. τοῦ χρυσίου (6 *b*)
II Es. 8. 30. ἐδέξαντο οἱ ἱ. . . . σταθμὸν τοῦ ἀργ. (6 *b*)
— 34. ἐν ἀριθμῷ καὶ ἐν σταθμῷ τὰ πάντα (6 *b*)
— 34. ἐγράφη πᾶς ὁ στ. (6 *b*)
Jb. 28. 25. εἰδὼς . . . ἀνέμων σταθμόν [A *al.*] (6 *b*)
Pr. 8. 34. τηρῶν σταθμοὺς ἐμῶν εἰσόδων (1)
Wi. 11. 20. πάντα . . . ἀριθμῷ καὶ σταθμῷ διέταξας
Si. 6. 15. οὐκ ἔστι σταθμὸς τῆς καλλονῆς αὐτοῦ
16. 25. ἐκφαίνω ἐν σταθμῷ παιδείαν
26. 15. οὐκ ἔστι σταθμὸς πᾶς ἄξιος ἐγκρατοῦς ψυχῆς
28. 25. τοῖς λόγοις σου ποίησον ζυγὸν καὶ σταθμόν
42. 7. ὃ ἐὰν παραδιδῷς ἐν ἀριθμῷ καὶ σταθμῷ
Is. 28. 17. ἡ δὲ ἐλεημοσύνη μου εἰς σταθμούς (6 *c*)
40. 12. τίς ἔστησε τὰ ὄρη σταθμῷ (5)
46. 6. στήσουσιν ἐν σταθμῷ —
57. 8. ὀπίσω τῶν στ. τῆς θύρας σου (1)
Je. 9. 2 (1). τίς δῴη μοι ἐν τῇ ἐρήμῳ σταθμὸν ἔσχατον (2)
52. 20. οὐκ ἦν σταθμὸς τοῦ χαλκοῦ αὐ. (6 *b*)
Ez. 4. 10. φάγεσαι ἐν σταθμῷ [A -μίῳ] (6 *d*)
— 16. φάγονται ἄρτον ἐν σταθμῷ (6 *b*)
[**Aq.** Dt. 11. 20: Pr. 16. 11: Je. 35 (42). 4: 52. 24.]
[**Sm.** Je. 35 (42). 4: 52. 24.]
[**Th.** Je. 35 (42). 4.]
[**Al.** Le. 5. 15 *bis*: Nu. 7. 13: 33. 1: II Ki. 21. 16.]

σταθμοῦν.
III Ki. 6. 23. δέκα πήχεων μέγεθος ἐσταθμωμένον [A -ων] —

σταθμοῦχος.
[**Sm.** Ex. 3. 22.]

σταῖς. (1) בָּצֵק
Ex. 12. 34. ἀνέλαβε δὲ ὁ λαὸς τὸ στ. (1)
— 39. ἔπεψαν τὸ στ. (1)
II Ki. 13. 8. ἔλαβε τὸ στ. [A στέαρ] (1)
Je. 7. 18. αἱ γυναῖκες αὐτῶν τρίβουσι σταῖς [S² στέας] (1)
[**Sm.** Je. 7. 18.]

στακτή. (1) אֲהָלוֹת (2) לֹט (3) מֹר (4) נָטָף (5) נֹפֶת
Ge. 37. 25. οἱ κάμηλοι αὐ. ἔγεμον . . . στακτῆς (2)
43. 11. καταγάγετε . . . θυμίαμα καὶ στακτήν (2)
Ex. 30. 34. λάβε σεαυτῷ . . . στακτήν (4)
III Ki. 10. 25: II Ch. 9. 24: ἔφερον . . . στακτὴν καὶ ἡδύσματα †
Ps. 44 (45). 8. στακτὴ [S² -ὴν] καὶ κασία [S² -αν] (1)
Ca. 1. 13. ἀπόδεσμος τῆς στ. ἀδελφιδός μου ἐμοί (3)
Si. 24. 15. ὡς χαλβάνη καὶ ὄνυξ καὶ στακτή
Is. 39. 2. ἔδειξεν αὐτοῖς τὸν οἶκον . . . τῆς στ. —
Ez. 27. 16. στακτὴν καὶ ποικίλματα (5)
[**Sm.** Ez. 27. 19.]

σταλαγμός.
IV Ma. 9. 20. τοῖς τῶν ἰχώρων ἐσβέννυτο σταλαγμοῖς

σταλάζειν. (1) נָטַף hi.
Mi. 2. 11. ἐστάλαξέ σοι εἰς οἶνον καὶ μέθυσμα (1)
[**Aq.** Mi. 2. 6 *ter*.]

στάμνος. (1) בַּקְבֻּק (2) צִנְצֶנֶת
Ex. 16. 33. λάβε στ. χρυσοῦν ἕνα (2)
III Ki. 12. 24 (*cf.* A 14. 3). B λάβε εἰς τὴν χεῖρά σου . . . στάμνον μέλιτος (1)
— 24. B ἔλαβεν . . . στάμνον μέλιτος
— 24. B ἵνα τί μοι ἐνήνοχας . . . στάμνον μέλιτος
14. 3. A λάβε εἰς τὴν χεῖρά σου . . . στάμνον μέλιτος (1)
Da. LXX. Bel 32. ἔχων . . . στάμνον οἴνου κεκερασμένου
[**Aq.** III Ki. 14. 3.]

στασιάζειν.
Ju. 7. 15. ἀνθ' ὧν ἐστασίασαν
II Ma. 4. 30. συνέβη Ταρσεῖς καὶ Μαλλώτας στασιάζειν
14. 6. πολεμοτροφοῦσι καὶ στασιάζουσιν
[**Aq.** Is. 19. 2.]
[**Sm.** Ps. 74 (75). 5 *bis*.]

στάσιμος.
Si. 26. 17. κάλλος προσώπου ἐπὶ ἡλικίᾳ σταασίμῃ

στάσις. (1) הָדָם (2) מָנוֹחַ (3) מָעוֹז (4) מַצָּב (5) מַתְכֹּנֶת (6) *a.* עַמּוּד *b.* מַעֲמָד *c.* עֹמֶד *d.* עָמַד (7) קִים (8) רִיב
De. 28. 65. οὐδ' οὗ μὴ γένηται στάσις τῷ ἴχνει τοῦ ποδός σου (2)
Jo. 10. 13. ἔστη ὁ ἥλιος καὶ ἡ σελήνη ἐν στάσει (6 *d*)
Jd. 9. 6. πρὸς τῇ βαλάνῳ τῇ εὑρετῇ τῆς στ. τῆς ἐν Σικ. (4)
III Ki. 10. 5. καὶ τὴν στ. λειτουργῶν αὐ. (6 *b*)

I Ch. 28. 2. οἰκοδομῆσαι . . . στάσιν ποδῶν κυρίου ἡμῶν (1)
II Ch. 9. 4. εἶδε . . . στάσιν λειτουργῶν αὐ. (6 *b*)
23. 13. ὁ βασ. ἐπὶ τῆς στ. αὐ. (6 *a*)
24. 13. ἀνέστησαν τὸν οἶκον κ. ἐπὶ τὴν στ. αὐ. (5)
30. 16. ἔστησαν ἐπὶ τὴν στ. αὐ. (6 *c*)
35. 10. ἔστησαν οἱ ἱερεῖς ἐπὶ τὴν στ. αὐ. (6 *c*)
— 15. καὶ οἱ ψαλτῳδοὶ υἱοὶ Ἀ. ἐπὶ τῆς στ. αὐ. (6 *b*)
Ne. 8. 7. καὶ ὁ λαὸς ἐν τῇ στ. αὐ. (6 *c*)
9. 3. B S ἔστησαν ἐπὶ στάσει [A R τῇ στ.] αὐ. (6 *c*)
— 6. ἐποίησας . . . πᾶσαν τὴν στ. αὐ. †
13. 11. ἔστησα αὐτοὺς ἐπὶ τῇ [A *om.*] στ. αὐ. (6 *c*)
Pr. 17. 14. προηγεῖται δὲ τῆς ἐνδείας στάσις (8)
Si. 36 (33). 12. ἀνέστρεψεν αὐτοὺς ἀπὸ στάσεως [A ἀποστ.] αὐτῶν
Na. 3. 11. ζητήσεις σεαυτῇ στάσιν ἐξ ἐχθρῶν (3)
Is. 22. 19. ἀφαιρεθήσῃ . . . ἐκ τῆς στ. σου (6 *b*)
Ez. 1. 28. A² B οὕτως ἡ στ. τοῦ φέγγους κυκλόθεν †
Da. LXX. 6. 7 (8). στάσιν ἐστήσαμεν (7)
8. 17. ἔστη ἐχόμενός μου τῆς στάσεως (6 *c*)
Da. TH. 6. 7 (8). στῆσαι στάσει βασιλικῇ [A τοῦ στ. στάσιν β.] (7)
— 15 (16). τοῦ πᾶν ὁρισμὸν καὶ στάσιν . . . οὐ δεῖ παραλλάξαι (7)
8. 17. ἔστη ἐχόμενος [A ἀνὰ μέσον] τῆς στ. μου (6 *c*)
10. 11. στῆθι ἐπὶ τῇ στ. σου (6 *c*)
I Ma. 7. 18. παρέβησαν γὰρ τὴν στ.
10. 72. οὐκ ἔστιν ὑμῖν στάσις ποδὸς κατὰ πρόσωπον ἡμῶν
III Ma. 1. 23. ἐπὶ τὴν αὐτὴν τῆς δεήσεως παρῆσαν στ.
[**Aq.** Jo. 4. 3: Je. 44 (51). 29: Ez. 20. 6, 15.]
[**Sm.** Jo. 4. 3: Jb. 16. 18: Ps. 68 (69). 3: Is. 6. 13: 29. 3: Ez. 20. 6.]
[**Th.** Jo. 4. 3: I Ki. 13. 23: 14. 1: Je. 44 (51). 29: Da. 10. 11.]
[**Al.** I Ki. 10. 5.]

στατήρ.

[**Aq.** Ex. 30. 13: 38. 24 (39. 1): Nu. 3. 47 *bis*: I Ki. 17. 7.]
[**Sm.** Ex. 21. 32: 30. 13: Nu. 3. 47 *bis*: Ez. 4. 10.]
[**Al.** Ge. 23. 15: I Ki. 9. 8.]

σταυροῦν. (1) תָּלָה

Es. 7. 9. σταυρωθήτω ἐπ' αὐτοῦ (1)
8. 13. διὰ τὸ αὐτὸν . . . ἐσταυρῶσθαι σὺν τῇ πανοικίᾳ

σταφίς. (1) עֲנָב יָבֵשׁ (2) עֲנָב (3) צִמּוּק

Nu. 6. 3. σταφίδα οὐ φάγεται (1)
I Ki. 25. 18. καὶ ἔλαβε . . . γομὸρ ἐν σταφίδος (3)
30. 12. A διδόασιν αὐτῷ . . . διακοσίους σταφίδας [B *om.* δ. στ.] (3)
II Ki. 16. 1. καὶ ἐπ' αὐτοῖς . . . ἑκατὸν σταφίδες (3)
III Ki. 14. 3. A λάβε εἰς τὴν χεῖρά σου . . . σταφίδας –
I Ch. 12. 40. ἔφερον αὐτοῖς . . . σταφίδας (3)
Ho. 3. 1. φιλοῦσι πέμματα μετὰ σταφίδος [A -ων] (2)
[**Aq.** I Ki. 30. 12: III Ki. 14. 3.]
[**Sm.** I Ki. 30. 12.]

σταφυλή. (1) עֲנָב

Ge. 40. 10. πέπειροι οἱ βότρυες σταφυλῆς (1)
— 11. ἔλαβον τὴν στ. (1)
49. 11. πλυνεῖ . . . ἐν αἵματι σταφυλῆς τὴν περιβολὴν αὐ. (1)
Le. 25. 5. τὴν στ. τοῦ ἁγιάσματός σου οὐκ ἐκτρυγήσεις (1)
Nu. 6. 3. ὅσα κατεργάζεται ἐκ σταφυλῆς οὐ πίεται (1)
— 3. σταφυλὴν πρόσφατον . . . οὐ φάγεται (1)
13. 21 (20). ἡμέραι ἔαρος πρόδρομοι σταφυλῆς (1)
— 24 (23). ἔκοψαν ἐκεῖθεν . . . βότρυν σταφυλῆς (1)
De. 23. 24 (25). A² B φάγῃ σταφυλήν (1)
32. 14. αἷμα σταφυλῆς ἔπιεν οἶνον (1)
— 32. σταφυλὴ [A ἡ στ.] αὐ. σταφυλὴ χολῆς (1, 1)
III Ki. 12. 24. B λάβε εἰς τὴν χεῖρά σου . . . σταφυλὴν –
— 24. B ἔλαβεν εἰς τὴν χεῖρα αὐ. . . . σταφυλὴν –
— 24. B ἵνα τί μοι ἐνήνοχας . . . σταφυλὴν –
Ne. 13. 15. καὶ οἶνον καὶ σταφυλὴν (1)
Ca. 5. 1. S ἐτρύγησα σταφυλήν [A B σμύρναν] μου †
Si. 39. 26. αἷμα σταφυλῆς καὶ ἔλαιον καὶ ἱμάτιον
50. 15. ἔσπεισεν ἐξ αἵματος σταφυλῆς
51. 15. ἐξ ἄνθους ὡς περκαζούσης σταφυλῆς
Ho. 9. 10. ὡς σταφυλὴν ἐν ἐρήμῳ εὗρον τὸν Ἰσρ. (1)
Am. 9. 13. περκάσει ἡ στ. ἐν τῷ σπόρῳ (1)
Is. 5. 2, 4. ἔμεινα τοῦ ποιῆσαι σταφυλὴν (1)
Je. 8. 13. οὐκ ἔστι στ. ἐν ταῖς ἀμπέλοις (1)
Ez. 36. 8. τὴν στ. καὶ τὸν καρπὸν ὑμῶν †
I Ma. 6. 34. τοῖς ἐλέφανσιν ἔδειξαν αἷμα σταφυλῆς
[**Aq.**, **Sm.** Nu. 6. 3.]
[**Al.** Nu. 13. 21 (20).]

στάχυς. (1) מְלִילָה (2) קָמָה (3) שִׁבֹּלֶת

Ge. 41. 5. ἑπτὰ στάχυες ἀνέβαινον (3)
— 6. ἄλλοι δὲ ἑπτὰ στάχυες λεπτοί (3)
— 7. κατέπιον οἱ ἑπτὰ στ. οἱ λεπτοὶ . . . τοὺς ἑπτὰ στ. τοὺς ἐκλεκτούς (3, 3)
— 22. ὥσπερ ἑπτὰ στάχυες ἀνέβαινον (3)
— 23. ἄλλοι δὲ ἑπτὰ στάχυες λεπτοί (3)
— 24. κατέπιον οἱ ἑπτὰ στ. οἱ λεπτοὶ . . . τοὺς ἑπτὰ στ. τοὺς καλούς (3, 3)
— 26. οἱ ἑπτὰ στ. οἱ καλοὶ ἑπτὰ ἔτη ἐστί (3)
— 27. καὶ οἱ ἑπτὰ στ. οἱ λεπτοί (3)
Ex. 22. 6 (5). καὶ προσεμπρήσῃ ἅλωνας ἢ στάχυς (2)
De. 23. 25 (26). A² B συλλέξεις ἐν ταῖς χερσί σου στάχυς (1)
Jd. 12. 6. εἰπὸν δὴ Στάχυς [A *al.*] (3)
15. 5. ἐξαπέστειλεν ἐν τοῖς στ. [A *al.*] (2)
— 5. A ἐνεπύρισε τοὺς στ. [B *al.*] –
— 5. καὶ ἕως στ. ὀρθῶν [A *al.*] (2)
Ru. 2. 2. συνάξω ἐν τοῖς στ. (3)
Jb. 24. 24. ὥσπερ στάχυς ἀπὸ καλάμης αὐτόματος ἀποπεσών (3)
Is. 17. 5. σπέρμα σταχύων ἀμήσῃ . . . ἐάν τις συναγάγῃ στάχυν (3, 3)
[**Aq.** Jd. 12. 6.]

στεάζειν.

[**Al.** Ps. 19 (20). 4.]

στέαρ, *cf.* στῆρ. (1) חֵלֶב (2) פֶּדֶר

Ge. 4. 4. ἤνεγκε καὶ αὐτὸς . . . ἀπὸ τῶν στ. αὐ. (1)
Ex. 23. 18. οὐδὲ μὴ κοιμηθῇ στέαρ τῆς ἑορτῆς μου (1)
29. 13. λήψῃ πᾶν τὸ στ. τὸ ἐπὶ τῆς κοιλίας . . . καὶ τὸ στ. τὸ ἐπ' αὐτῶν (1, 1)
— 22. λήψῃ ἀπὸ τοῦ κριοῦ τὸ στ. αὐ. καὶ τὸ στ. τὸ κατακαλύπτον τὴν κοιλίαν (1, 1)
— 22. καὶ τοὺς δύο νεφροὺς καὶ τὸ στ. τὸ ἐπ' αὐτῶν (1)
Le. 1. 8. ἐπιστοιβάσουσιν . . . τὸ στ. ἐπὶ τὰ ξύλα (2)
— 12. διελοῦσιν αὐτὸ . . . καὶ τὸ στ. (2)
3. 3. τὸ στ. τὸ κατακαλύπτον τὴν κοιλίαν (1)
— 3. καὶ πᾶν τὸ στ. τὸ ἐπὶ τῆς κοιλίας (1)
— 4. καὶ τὸ στ. τὸ ἐπ' αὐτῶν (1)
— 9. προσοίσει . . . τὸ στ. (1)
— 9. A B καὶ τὸ στ. [R *add.* τὸ κατακαλύπτον τὴν κοιλίαν καὶ πᾶν τὸ στ. τὸ ἐπὶ] τῆς κοιλίας (1, [1])
— 10. καὶ τὸ στ. τὸ ἐπ' αὐτῶν (1)
— 14. ἀνοίσει . . . τὸ στ. τὸ κατακαλύπτον τὴν κοιλίαν (1)
— 14. A² B καὶ πᾶν τὸ στ. τὸ ἐπὶ τῆς κοιλίας (1)
— 15. καὶ πᾶν [A *om.*] τὸ στ. τὸ ἐπ' αὐτῶν (1)
— 16. πᾶν τὸ στ. τῷ κυρίῳ (1)
— 17. πᾶν στ. . . . οὐκ ἔδεσθε (1)
4. 8. πᾶν τὸ στ. [A τὸ πᾶν στ.] τοῦ μόσχου (1)
— 8. τὸ στ. τὸ κατακαλύπτον τὰ ἐνδόσθια (1)
— 8. πᾶν τὸ στ. τὸ ἐπὶ τῶν ἐνδοσθίων (1)
— 9. καὶ τὸ στ. τὸ ἐπ' αὐτῶν (1)
— 19. τὸ πᾶν στ. περιελεῖ ἀπ' αὐτοῦ (1)
— 26. τὸ πᾶν στ. αὐ. ἀνοίσει . . . ὥσπερ τὸ στ. θυσίας σωτηρίου (1, 1)
— 31. πᾶν τὸ στ. περιελεῖ (1)
— 31. ὃν τρόπον περιαιρεῖται στέαρ (1)
— 35. πᾶν αὐτοῦ τὸ στ. περιελεῖ (1)
— 35. ὃν τρόπον περιαιρεῖται στέαρ προβάτου (1)
6. 12 (5). ἐπιθήσει ἐπ' αὐτὸ τὸ στ. τοῦ σωτηρίου (1)
— 33 (7. 3). πᾶν τὸ στ. αὐ. προσοίσει (1)
— 33 (7. 3). καὶ πᾶν τὸ στ. τὸ κατακαλύπτον τὰ ἐνδόσθια (1)
— 33 (7. 3). καὶ πᾶν τὸ στ. τὸ ἐπὶ τῶν ἐνδοσθίων –
— 34 (7. 4). καὶ τὸ στ. τὸ ἐπ' αὐτῶν (1)
7. 13 (23). πᾶν στ. βοῶν . . . οὐκ ἔδεσθε (1)
— 14 (24). καὶ στέαρ θνησιμαίων [A -ον] . . . ποιηθήσεται (1)
— 15 (25). πᾶς ὁ ἔσθων στέαρ (1)
— 20 (30). τὸ στ. τὸ ἐπὶ τοῦ στηθυνίου (1)
— 21 (31). ἀνοίσει ὁ ἱερεὺς τὸ στ. (1)
— 23 (33). ὁ προσφέρων . . . τὸ στ. τὸ ἀπὸ τῶν υἱῶν Ἀ. (1)
Le. 8. 16. ἔλαβε M. πᾶν τὸ [A *om.*] στ. (1)
— 16. καὶ τὸ στ. τὸ ἐπ' αὐτῶν (1)
— 19 (20). ἀνήνεγκε M. . . . τὸ στ. (2)
— 24 (25). καὶ ἔλαβε τὸ στ. (1)
— 24 (25). καὶ τὸ στ. τὸ ἐπὶ τῆς κοιλίας (1)
— 24 (25). καὶ τὸ στ. τὸ ἐπ' αὐτῶν (1)
— 25 (26). καὶ ἐπέθηκεν ἐπὶ τὸ στ. (1)
9. 10. καὶ τὸ στ. . . . ἀνήνεγκεν (1)
— 19. καὶ τὸ στ. τὸ ἀπὸ τοῦ μόσχου (1)
— 19. καὶ τὸ στ. τὸ κατακαλύπτον ἐπὶ τῆς κοιλίας –
— 19. καὶ τὸ στ. τὸ ἐπ' αὐτῶν –
— 20. ἐπέθηκε τὰ στ. ἐπὶ τὰ στηθύνια (1)
— 20. ἀνήνεγκαν τὰ στ. ἐπὶ τὸ θυσιαστήριον (1)
— 24. καὶ κατέφαγε . . . τὰ στ. (1)
10. 15. ἐπὶ τῶν καρπωμ. τῶν στ. (1)
16. 25. τὸ στ. τὸ περὶ τῶν ἁμαρτιῶν ἀνοίσει (1)
17. 6. ἀνοίσει τὸ στ. εἰς ὀσμὴν εὐωδίας (1)
Nu. 18. 17. τὸ στ. ἀνοίσεις κάρπωμα (1)
De. 32. 14. μετὰ στέατος ἀρνῶν καὶ κριῶν (1)
— 14. μετὰ στέατος νεφρῶν πυροῦ (1)
— 38. ὧν τὸ στ. τῶν θυσιῶν αὐ. ἠσθίετε (1)
Jd. 3. 22. ἀπέκλεισε τὸ στ. κατὰ τῆς φλογός [A φλεβός] (1)
I Ki. 2. 15. πρὶν θυμιαθῆναι τὸ στ. (1)
— 16. θυμιαθήτω πρῶτον ὡς καθήκει τὸ στ. (1)
15. 22. καὶ ἡ ἐπακρόασις ὑπὲρ στέαρ κριῶν (1)
II Ki. 1. 22. ἀπὸ στέατος δυνατῶν (1)
13. 8. A ἔλαβε τὸ στ. [B σταῖς] †
III Ki. 8. 64. ἐποίησεν ἐκεῖ . . . τὰ στ. τῶν εἰρηνικῶν (1)
II Ch. 7. 7. ἐποίησεν ἐκεῖ . . . τὰ στ. τῶν σωτηρίων (1)
— 7. οὐκ ἐξεποίει δέξασθαι . . . τὰ στ. (1)
29. 35. ἐν τοῖς στ. τῆς τελειώσεως τοῦ σωτηρίου (1)
35. 14. ἐν τῷ ἀναφέρειν τὰ στ. (1)
I Es. 1. 14. οἱ γὰρ ἱερεῖς ἀνέφερον τὰ στ.
Ju. 16. 16. ἐλάχιστον πᾶν στ. εἰς ὁλοκαύτωμά σοι
Jb. 15. 27. ἐκάλυψε τὸ πρόσωπον αὐτοῦ ἐν στέατι αὐτοῦ (1)
21. 24. τὰ δὲ ἔγκατα αὐτοῦ πλήρης στέατος †
Ps. 16 (17). 10. τὸ στ. αὐτῶν συνέκλεισαν (1)
62 (63). 5. ὡσεὶ στέατος καὶ πιότητος ἐμπλησθείη ἡ ψυχή μου (1)
72 (73). 7. ἐξελεύσεται ὡς ἐκ στέατος ἡ ἀδικία αὐτῶν (1)
80 (81). 16. ἐψώμισεν αὐτοὺς ἐκ στέατος πυροῦ (1)
147. 3 (14). στέαρ πυροῦ ἐμπιπλῶν σε (1)
Si. 47. 2. ὥσπερ στέαρ ἀφωρισμένον ἀπὸ σωτηρίου
Ho. 7. 4. ἀπὸ φυράσεως στέατος †
Is. 1. 11. στέαρ ἀρνῶν . . . οὐ βούλομαι (1)
34. 6. ἐπαχύνθη ἀπὸ στέατος [A S *add.* ἀρνῶν] . . . καὶ ἀπὸ στέατος τράγων καὶ κριῶν (1, 1)
— 7. ἀπὸ τοῦ στ. αὐτῶν ἐμπλησθήσεται (1)
43. 24. οὐδὲ τὸ [A S¹ *om.*] στ. τῶν θυσιῶν σου ἐπεθύμησα (1)
55. 1. φάγετε [A S πίετε] ἄνευ ἀργυρίου καὶ τιμῆς οἴνου καὶ στέαρ †
Ez. 39. 19. φάγεσθε στέαρ εἰς πλησμονήν (1)
44. 15. τοῦ προσφέρειν μοι θυσίαν στέαρ καὶ αἷμα (1)
Da. LXX. Bel 26. λαβὼν ὁ Δαν. . . . στέαρ
Da. TH. Bel 27. R ἔλαβεν ὁ Δαν. πίσσαν καὶ στέαρ [A B στῆρ]
[**Aq.** Ge. 45. 18: Ps. 72 (73). 7: 118 (119). 70.]
[**Sm.** Jb. 15. 27: Ps. 16 (17). 10: 118 (119). 70.]
[**Th.** Jb. 15. 27.]

στέας, *vid. sub* **σταῖς.**

στεατοῦσθαι. (1) מְרִיא

Ez. 39. 18. οἱ μόσχοι ἐστεατωμένοι πάντες (1)
[**Aq.**, **Sm.**, **Th.** Je. 5. 28.]

στεγάζειν. (1) עָמַד hi. (2) קָרָה pi.

II Ch. 34. 11. στεγάσαι τοὺς οἴκους (2)
Ne. 2. 8. στεγάσαι τὰς πύλας (2)
3. 3. ἐστέγασαν αὐτὴν καὶ ἐστέγασαν [A ἔστησαν] θύρας αὐ. (2, 1)
— 6. ἐστέγασαν αὐτήν (2)
Ps. 103 (104). 3. ὁ στεγάζων ἐν ὕδασι τὰ ὑπερῷα αὐτοῦ (2)

στέγειν.

Si. 8. 17. οὐ γὰρ δυνήσεται λόγον στέξαι

στέγη. (1) מִכְסֶה (2) צֵל

Ge. 8. 13. ἀπεκάλυψε Νῶε τὴν στ. τῆς κιβωτοῦ (1)
19. 8. A εἰσῆλθον ὑπὸ τὴν στ. [B σκέπην] τῶν δοκῶν μου (2)
I Es. 6. 4. καὶ τὴν στ. ταύτην . . . ἐπιτελεῖτε
Ez. 40. 43. ἕξουσι . . . ἐπὶ τὰς τραπέζας ἐπάνωθεν στέγας –
IV Ma. 17. 3. σὺ στέγη ἐπὶ τοῦ στύλου τῶν παίδων γενναίως ἱδρυμένη

στεγνός.

Pr. 31. 26 (27). στεγναὶ διατριβαὶ οἴκων αὐτῆς †

στέγος.

Ep. Je. 11. δώσουσι δὲ ἀπ' αὐτῶν καὶ ταῖς ἐπὶ τοῦ στ. [A τ.] πόρναις

στεῖρος, στεῖρα. (1) עֲקָרָה, עֲקֶרֶת (2) στεῖραν ποιεῖν עָצַר

Ge. 11. 30. ἦν Σάρα στεῖρα (1)
25. 21. ὅτι στεῖρα ἦν (1)
29. 31. Ῥαχὴλ δὲ ἦν στεῖρα (1)
Ex. 23. 26. οὐκ ἔσται . . . στεῖρα ἐπὶ τῆς γῆς σου (1)
De. 7. 14. οὐκ ἔσται ἐν ὑμῖν . . . στεῖρα (1)
Jd. 13. 2. καὶ γυνὴ αὐ. στεῖρα (1)
— 3. ἰδοὺ σὺ στεῖρα (1)
I Ki. 2. 5. στεῖρα ἔτεκεν ἑπτά (1)
Jb. 24. 21. στεῖραν δὲ οὐκ εὖ ἐποίησε [A al.] (1)
Ps. 112 (113). 9. ὁ κατοικίζων στεῖραν ἐν οἴκῳ (1)
Wi. 3. 13. μακαρία στεῖρα ἡ ἀμίαντος
Is. 54. 1. εὐφράνθητι, στεῖρα ἡ οὐ τίκτουσα (1)
66. 9. γεννῶσαν καὶ στεῖραν ἐποίησα (2)
[Aq. Dt. 7. 14.]

στειροῦν.

Si. 42. 10. μή ποτε στειρώσῃ [A S -ωθῇ]

στέλεχος. (1) גֶּזַע (2) עֲבֹת (3) עָלֶה (4) פֹּארָה (5) תִּימָרָה (6) στ. φοινίκων תָּמָר

Ge. 49. 21. Νεφθ. στ. ἀνειμένον †
Ex. 15. 27. ἦσαν ἐκεῖ . . . , ἑβδομήκοντα στελέχη φοινίκων (6)
Nu. 33. 9. ἐν Αἰ. . . . ἑβδομήκοντα στελέχη φοινίκων (6)
Jb. 14. 9 (8). τὸ στ. αὐτοῦ ἀπὸ ὀσμῆς ὕδατος ἀνθήσει (1)
29. 18. ὥσπερ στέλεχος φοίνικος πολὺν χρόνον βιώσω †
Ca. 3. 6. τίς αὕτη . . . ὡς στελέχη καπνοῦ τεθυμιαμένη σμύρναν (5)
Si. 50. 12. ἐκύκλωσαν αὐτὸν ὡς στελέχη φοινίκων
Je. 17. 8. ἔσται ἐπ' [A ἐν] αὐτῷ στελέχη ἀλσώδη (3)
Ez. 19. 11. ὑψώθη . . . ἐν μέσῳ στελεχῶν [A -έων] (2)
31. 12. συνετρίβη τὰ στ. αὐτοῦ (4)
— 13. ἐπὶ τὰ στ. αὐτοῦ ἐγίνοντο πάντα τὰ θηρία (4)

στέλλεσθαι. (1) חָתַת ni.

Pr. 31. 24 (26). τάξιν ἐστείλατο τῇ γλώσσῃ αὐτῆς –
Wi. 7. 14. πρὸς θεὸν ἐστείλαντο φιλίαν
14. 1. πλοῦν τις πάλιν στελλόμενος
Ma. 2. 5. καὶ ἀπὸ προσώπου ὀνόματός μου στέλλεσθαι αὐτόν (1)
II Ma. 5. 1. τὴν δευτέραν ἄφοδον ὁ Ἀντ. εἰς Αἴγυπτον ἐστείλατο
III Ma. 1. 19. αἱ δὲ καὶ προσαρτίως ἐσταλμέναι
4. 11. τοῖς ἐκ τούτων εἰς τὴν χώραν στελλομένοις
[Aq. Ge. 8. 1.]

στέμφυλλον (-υλον). (1) חַרְצָן

Nu. 6. 4. οἶνον ἀπὸ στεμφύλλων ἕως γιγάρτου οὐ φάγεται (1)
[Aq. Ps. 118 (119). 119 : Is. 1. 25.]

στεναγμός. (1) אֲנָחָה (2) אֲנָקָה (3) הֵרוֹן (4) נְאָקָה (5) נְהָמָה (6) צָרָה

Ge. 3. 16. πληθυνῶ . . . τὸν στ. σου (3)
Ex. 2. 24. εἰσήκουσεν ὁ θ. τὸν στ. αὐ. (4)
6. 5. εἰσήκουσα τὸν στ. τῶν υἱῶν Ἰσρ. (4)
Jd. 2. 18. παρεκλήθη κ. ἀπὸ τοῦ στ. αὐ. (4)
To. 3. 1. S ἠρξάμην προσεύχεσθαι μετὰ στεναγμῶν [A B al.]
Ju. 14. 16. ἐβόησε . . . μετὰ . . . στεναγμοῦ
Jb. 3. 24. πρὸ γὰρ τῶν σίτων μου στεναγμὸς ἥκει (1)
23. 2. ἡ χεὶρ αὐτοῦ βαρεῖα γέγονεν ἐπ' ἐμῷ στ. [A S[1] al.] (1)
Ps. 6. 6. ἐκοπίασα ἐν τῷ στ. μου (1)
11 (12). 5. ἀπὸ τοῦ στ. τῶν πενήτων (2)
30 (31). 10. καὶ τὰ ἔτη μου ἐν στεναγμοῖς (1)
37 (38). 8. ὠρυόμην ἀπὸ στεναγμοῦ τῆς καρδίας μου (5)
— 9. ὁ στ. μου οὐκ ἐκρύβη ἀπὸ σοῦ (1)
78 (79). 11. εἰσελθέτω ἐνώπιόν σου ὁ στ. τῶν πεπεδημένων (2)
101 (102). 5. ἀπὸ φωνῆς τοῦ στ. μου (1)
— 20. τοῦ ἀκοῦσαι τὸν στ. τῶν πεπεδημένων (2)
Wi. 11. 12. στεναγμὸς μνημῶν τῶν παρελθουσῶν [A S -όντων]
Si. 27. 14. S[1] ἡ μάχη αὐτῶν στεναγμὸς [A B S[2] ἐμφραγμὸς] ὠτίων
Ma. 2. 13. ἐκαλύπτετε δάκρυσι τὸ θυσιαστήριον . . . καὶ στεναγμῷ ἐκ κόπων (2)
Is. 35. 10: 51. 11. ἀπέδρα ὀδύνη καὶ λύπη καὶ στεναγμός (1)
Je. 4. 31. φωνῆς ὡς ὠδινούσης ἤκουσα τοῦ στ. σου (6)
51. 33 (45. 3). ἐκοιμήθην ἐν στεναγμοῖς (1)
La. 1. 22. πολλοὶ οἱ στ. μου (1)
Ez. 24. 17. στεναγμὸς αἵματος †
III Ma. 1. 18. στεναγμῶν ἐνεπίμπλων τὰς πλατείας
4. 2. A στεναγμοῖς πεπυρωμένης πάντοθεν αὐ. τῆς καρδίας [R al.]
[Aq. Jb. 3. 24 : Ps. 30 (31). 11 : Je. 45. 3 (51. 33).]
[Th. Je. 45. 3 (51. 33) : Ez. 30. 24.]
[Al. Pr. 19. 12.]

στενάζειν. (1) אָבַל (2) אָנָה (3) אָנַח ni. (4) אָנַק (5) הָמָה (6) זָעַק (7) נוּד (8) עָנַם (9) שָׁוַע pi.

To. 3. 1. S καὶ στενάξας ἔκλαυσα [A B al.]
Jb. 9. 27. συγκύψας τῷ προσώπῳ στενάξω †
18. 20. ἐπ' αὐτῷ ἐστέναξαν ἔσχατοι –
23. 2. A στενάζω δὲ ἐπ' ἐμαυτόν [B S al.] †
24. 12. ψυχὴ δὲ νηπίων ἐστέναξε μέγα (9)
30. 25. ἐστέναξα ἰδὼν ἄνδρα ἐν ἀνάγκαις (8)
31. 38. εἰ ἐπ' ἐμοί ποτε ἡ γῆ ἐστέναξεν (6)
Ec. 10. 18. A ἐν ἀργίᾳ χειρῶν στενάξει [B S στάξει] ἡ οἰκία †
Wi. 5. 3. R διὰ στενοχωρίαν πνεύματος στενάζοντες [A B -άξονται, S -άξουσιν]
Si. 16. 3. S[2] στενάξεις γὰρ πένθει ἀώρῳ
30. 20. στενάζων ὥσπερ εὐνοῦχος περιλαμβάνων παρθένον καὶ στενάζων
36. 30 (27). οὗ οὐκ ἔστι γυνὴ στενάξει πλανώμενος
Na. 3. 7. τίς στενάξει αὐτήν [A ἀπὸ σοῦ] (7)
Is. 19. 8. στενάξουσιν οἱ ἁλιεῖς καὶ στενάξουσι πάντες οἱ βάλλοντες ἄγκιστρον (2, 1)
21. 2. νῦν στενάξω καὶ παρακαλέσω ἐμαυτόν †
24. 7. στενάξουσι πάντες οἱ εὐφραινόμενοι τὴν ψυχήν (3)
30. 15. ὅταν ἀποστραφεὶς στενάξῃς [A -ῃ] †
46. 8. μνήσθητε ταῦτα καὶ στενάξατε †
59. 11. ὡς ἀποθνήσκοντες στενάξουσιν (5)
Je. 38 (31). 19. ἐστέναξα [S μετεστ.] ἐφ' ἡμέρας [S -αις] αἰσχύνης †
La. 1. 8. αὐτὴ στενάζουσα καὶ ἀπεστράφη [A add. εἰς τὰ] ὀπίσω (3)
— 21. ἀκούσατε δὴ ὅτι στενάζω ἐγώ (3)
Ez. 21. 6 (11). ἐν ὀδύναις στενάξεις (3)
— 7 (12). ἕνεκα τίνος σὺ στενάζεις (3)
26. 15. ἐν τῷ στενάξαι τραυματίας (4)
— 16. στενάξουσιν ἐπὶ σέ †
28. 19. στενάξουσιν [A στυγνάσουσιν] ἐπὶ σέ †
I Ma. 1. 26. καὶ ἐστέναξαν ἄρχοντες
IV Ma. 9. 21. ὁ μεγαλόφρων . . . νεανίας οὐκ ἐστέναξεν
[Aq. Pr. 5. 11 : Je. 51 (28). 52.]
[Sm. Pr. 5. 11 : Ez. 24. 17.]
[Th. Pr. 5. 11 : Ez. 30. 24.]

στενακτός.

Ez. 5. 15. ἔσῃ στενακτή †

στένειν. (1) אָנַח ni. (2) נוּעַ (3) קָדַר

Ge. 4. 12. στένων καὶ τρέμων ἔσῃ ἐπὶ τῆς γῆς (2)
— 14. ἔσομαι στένων καὶ τρέμων ἐπὶ τῆς γῆς (2)
Jb. 10. 1. στένων ἐπαφήσω ἐπ' αὐτὸν τὰ ῥήματά μου [A al.] †
30. 28. στένων πεπόρευμαι ἄνευ φιμοῦ (3)
Pr. 28. 28. ἐν τόποις ἀσεβῶν στένουσι δίκαιοι †
29. 2. ἀρχόντων δὲ ἀσεβῶν στένουσιν ἄνδρες (1)
[Sm. Jb. 6. 5.]
[Th. Ma. 2. 13.]

στενός. (1) לַחַץ (2) a. מְצָד b. מְצוּדָה (3) צַר, צָר (4) ἀπορία στ. צָרָה

Nu. 22. 26. ὑπέστη ἐν τόπῳ στ. (3)
I Ki. 23. 14. καὶ ἐκάθισεν . . . ἐν τοῖς στ. (2 a)
— 19. οὐκ ἰδοὺ Δ. κέκρυπται . . . ἐν τοῖς στ. (2 a)
24. 1. ἐκάθισεν ἐν τοῖς στ. Ἐνγ. (2 a)
— 23. ἀνέβησαν εἰς τὴν Μ. στενήν (2 b)
II Ki. 24. 14. στενά [A -όν?] μοι πάντοθεν σφόδρα ἐστίν (3)
IV Ki. 6. 1. ὁ τόπος . . . στενὸς ἀφ' ἡμῶν (3)
I Ch. 21. 13. στενά μοι καὶ τὰ τρία σφόδρα (3)
Ju. 4. 7. στενῆς τῆς προσβάσεως [S[1] ἀναβ., A S[2] διαβ.] οὔσης
Jb. 18. 12. ἔλθοισαν ἐν [A ἔλθοι] λιμῷ στενῷ †
24. 11. ἐν στενοῖς [A S[2] σκοτεινοῖς] ἀδίκως ἐνήδρευσαν †
Pr. 23. 27. καὶ φρέαρ στενὸν ἀλλότριον (3)
Za. 10. 11. διελεύσονται ἐν θαλάσσῃ στενῇ (3)
Is. 8. 22. ἰδοὺ ἀπορία στενή [A al.] (4)
30. 20. δώσει κ. ὑμῖν . . . ὕδωρ στενόν (1)
49. 20. στ. μοι ὁ τόπος (3)
Je. 37 (30). 7. χρόνος στ. ἐστι τῷ Ἰακώβ (3)
Ba. 3. 1. ψυχὴ ἐν στενοῖς καὶ πνεῦμα ἀκηδιῶν
Da. Th. Su. 22. στενά μοι πάντοθεν
[Aq. I Ki. 28. 15 : Jb. 41. 7 : Ps. 30 (31). 10 : 68 (69). 18 : Is. 59. 19.]
[Sm. I Ki. 28. 15 : Is. 28. 20.]
[Th. Is. 28. 20.]
[Al. Jb. 18. 11.]

στενότης.

II Ma. 12. 21. διὰ τὴν πάντων τῶν τόπων στ.

στενοῦσθαι.

[Aq. Pr. 4. 12.]
[Th. Is. 38. 12.]

στενοχωρεῖν. (1) אוּץ (2) אָלַץ pi. (3) צָרַר (4) קָצַר

Jo. 17. 15. εἰ στενοχωρεῖ σε τὸ ὄρος τὸ Ἐφρ. (1)
Jd. 16. 16. καὶ ἐστενοχώρησεν [A παρηνώχλησεν] αὐτόν (2)
Is. 28. 19 (20). μάθετε ἀκούειν στενοχωρούμενοι (4)
49. 19. στενοχωρήσει [S[1] -ῃ] ἀπὸ τῶν κατοικούντων (3)
IV Ma. 11. 11. τὸ πνεῦμα στενοχωρούμενος
[Sm. I Ki. 22. 2 : Is. 29. 2.]

στενοχωρία. (1) מָצוֹר (2) צוּקָה (3) ὁ ἐν (τῇ) στενοχωρίᾳ (ὤν) אֲשֶׁר מוּצָק לָהּ

De. 28. 53, 55, 57. ἐν τῇ στ. σου καὶ ἐν τῇ θλίψει σου (1)
Es. 1. 1. ἰδοὺ . . . θλίψις καὶ στενοχωρία [A om.]
4. 17. ἐνεδύσατο ἱμάτια στενοχωρίας
Wi. 5. 3. διὰ στενοχωρίαν πνεύματος
Si. 10. 26. μὴ δοξάζου ἐν καιρῷ στενοχωρίας σου
Is. 8. 22. θλίψις καὶ στ. καὶ σκότος (2)
— 22 (23). οὐκ ἀπορηθήσεται ὁ ἐν στενοχωρίᾳ [S[2] τῇ στ.] ὢν [A om.] (3)
30. 6. ἐν τῇ θλίψει καὶ [A S add. ἐν] τῇ στ. (2)
I Ma. 2. 53. ἐν καιρῷ στενοχωρίας αὐ.
13. 3. αὐτοὶ οἴδατε . . . τὰς στ. [S[1] om. τ. στ.]
III Ma. 2. 10. ἐὰν . . . καταλάβῃ ἡμᾶς στενοχωρία
[Aq., Sm. Is. 30. 6, 20.]
[Th. Ps. 118 (119). 143 : Is. 30. 6, 20.]

στενῶς. (1) צַר

I Ki. 13. 6. B εἶδεν ὅτι στ. αὐτῷ μὴ προσάγειν αὐτόν (1)

στέργειν.

Si. 27. 17. στέρξον φίλον καὶ πιστώθητι μετ' αὐτοῦ
[Th. Dt. 15. 7.]

στερεῖν. (1) זוּר (2) מָנַע

Ge. 30. 2. ὃς ἐστέρησέ σε καρπὸν κοιλίας (2)
48. 11. A[2] B τοῦ προσώπου σου οὐκ ἐστερήθην †

Nu. 24. 11. B^1 ἐστέρεσέν [AB^{2}R -ησέ] σε κύρ. ος τῆς δόξης (2)
Es. 8. 13. τῆς ἀρχῆς στερῆσαι [S^1 -έσαι] ἡμᾶς
Jb. 22. 7. πεινώντων ἐστέρησας ψωμόν (2)
Ps. 20 (21). 2. τὴν δέησιν [S^2 θέλησιν] τῶν χειλέων αὐτοῦ οὐκ ἐστέρησας αὐτόν (2)
77 (78). 30. οὐκ ἐστερήθησαν ἀπὸ τῆς ἐπιθυμίας αὐτῶν (1)
83 (84). 11. S^2 κύριος οὐ στερήσει [A B S^1 οὐχ ὑστερήσει] τὰ ἀγαθὰ τοὺς πορευομένους ἐν ἀκακίᾳ (2)
Wi. 18. 4. ἄξιοι μὲν γὰρ ἐκεῖνοι [A -ου] στερηθῆναι φωτός
Si. 7. 21. μὴ στερήσῃς αὐτὸν ἐλευθερίας
28. 15. B^1 ἐστέρεσεν [A -αν, B^2 R -ησεν] αὐτὰς τῶν πόνων αὐτῶν
37. 21. πάσης σοφίας ἐστερήθη
II Ma. 3. 29. πάσης ἐστερημένος ἐλπίδος
13. 10. τοῖς τοῦ νόμου . . . στερεῖσθαι μέλλουσι
III Ma. 1. 12. καὶ εἰ ἐκεῖνοι ἐστέρηνται ταύτης τῆς τιμῆς
2. 33. καὶ τῆς κοινῆς συναναστροφῆς . . . ἐστέρουν
5. 32. τὸ ζῆν ἀντὶ τούτων ἐστερήθης
IV Ma. 4. 7. εἰ οἱ . . . πιστεύσαντες . . . στερηθήσονται
12. 6. αὐτὴν ἐλεήσας τοσούτων υἱῶν στερηθεῖσαν
[Aq. Pr. 6. 32.]
[Sm. Jb. 31. 39.]

στερέμνιος.
[Aq. Ge. 41. 2.]

στερεοκάρδιος. (1) חֲזַק־לֵב
Ez. 2. 4. A υἱοὶ σκληροπρόσωποι καὶ στ. (1)
[Aq. Ez. 2. 4 (Sw.).]
[Th. Ez. 2. 4.]

στερεός. (1) אַדִּיר (2) אַכְזָרִי (3) אָנַשׁ (4) חָזָק (5) חַלָּמִישׁ (6) מִקְשָׁה (7) στ. πέτρα a. צוּר b. צַר c. חַלָּמִישׁ
Ex. 38. 14 (37. 17). ἐποίησε τὴν λυχνίαν . . . στερεὰν τὸν καυλόν (6)
— 16 (37. 22). καὶ τὸ ἐνθέμιον . . . στ. ὅλον χρυσοῦν (6 ?)
Le. 14. 42. A B λήψονται λίθους ἀπεξυσμένους στ. [R ἑτέρους] †
Nu. 8. 4. αὕτη ἡ κατασκευὴ τῆς λυχνίας στερεὰ χρυσῆ . . . στερεὰ ὅλη (6, 6)
De. 32. 13. καὶ ἔλαιον ἐκ στ. πέτρας (5)
I Ki. 4. 8. ἐκ χειρὸς τῶν θεῶν τῶν στ. τούτων (1)
Ps. 34 (35). 10. ῥυόμενος πτωχὸν ἐκ χειρὸς [A om.] στερεωτέρων αὐτοῦ (4)
Is. 2. 21. τοῦ εἰσελθεῖν εἰς τὰς τρώγλας τῆς στ. πέτρας (7 a)
5. 28. ὡς στερεὰ πέτρα ἐλογίσθησαν (7 b)
17. 5. ἐάν τις συναγάγῃ στάχυν ἐν φάραγγι στερεᾷ †
50. 7. ἔθηκα τὸ πρόσωπόν μου ὡς στερεὰν πέτραν (7 c)
51. 1. ἐμβλέψατε εἰς τὴν στ. πέτραν (7 a)
Je. 15. 18. ἡ πληγή μου στερεά (3)
20. 13. A S ἐκ χειρὸς στερεωτέρων [B om.] πονηρευομένων [A αὐτοῦ] †
37 (30). 14. πληγὴν ἐχθροῦ ἔπαισά σε παιδείαν στερεάν (2)
38 (31). 11. ἐξείλατο αὐτὸν ἐκ χειρὸς στερεωτέρων αὐτοῦ (4)
[Aq. Dt. 8. 15: 32. 31 *bis*: II Ki. 2. 16: Ps. 26 (27). 5: 27 (28). 1: 30 (31). 3: 60 (61). 3: 61 (62). 8: 73 (74). 15: Is. 8. 14: 30. 29: Je. 49. 19 (29. 20): Hb. 1. 12.]
[Sm. II Ki. 2. 16: Ps. 60 (61). 3: 72 (73). 4: Ez. 13. 10.]
[Quint. Ps. 27 (28). 1: 30 (31). 3, 4.]

στερεοῦν. (1) אָמֵץ (2) חָזַק a. qal. b. pi. (3) טָפַח pi. (4) כּוּן ni. (5) מִבְצָר (6) נָטָה (7) נָצַב ni. (8) עָלַץ (9) עָצַם (10) עָשָׂה ni. (11) רָקַע a. qal. b. hi. (12) תָּכַן pi.
I Ki. 2. 1. ἐστερεώθη ἡ καρδία μου ἐν κυρίῳ (8)
6. 18. ἐκ πόλεως ἐστερεωμένης καὶ ἕως κώμης τοῦ Φ. (5)
Jb. 37. 18. A στερεωθεὶς [B S -ώσις, R -ώσεις] μετ' αὐτοῦ εἰς παλαιώματα (11 b)
Ps. 17 (18). 17. ἐστερεώθησαν ὑπὲρ ἐμέ (1)
32 (33). 6. τῷ λόγῳ τοῦ κυρίου οἱ οὐρανοὶ ἐστερεώθησαν (10)
74 (75). 3. ἐγὼ ἐστερέωσα τοὺς στύλους αὐτῆς (12)
92 (93). 1. ἐστερέωσε τὴν οἰκουμένην (4)
135 (136). 6. τῷ στερεώσαντι τὴν γῆν ἐπὶ τῶν ὑδάτων (11 a)
Si. 3. 2. κρίσιν μητρὸς ἐστερέωσεν ἐφ' υἱοῖς
26. 10. ἐπὶ θυγατρὶ ἀδιατρέπτῳ στερέωσον φυλακήν
29. 3. στερέωσον λόγον καὶ πιστώθητι μετ' αὐτοῦ
34 (31). 11. στερεωθήσεται τὰ ἀγαθὰ αὐτοῦ
39. 28. ἐν θυμῷ αὐτῶν ἐστερέωσαν [S^2 -εν] μάστιγας αὐτῶν
42. 11. ἐπὶ θυγατρὶ ἀδιατρέπτῳ στερέωσον φυλακήν
— 17. ἃ ἐστερέωσε κύριος ὁ παντοκράτωρ
— 25. ἓν τοῦ ἑνὸς ἐστερέωσε τὰ ἀγαθά
45. 8. ἐστερέωσεν αὐτὸν σκεύεσιν [S ἐν σκ.] ἰσχύος
50. 1. ἐν ἡμέραις αὐτοῦ ἐστερέωσε τὸν ναόν
Ho. 13. 4. B στερεῶν [A R ὁ στ.] τὸν οὐρανόν —
Am. 4. 13. στερεῶν βροντὴν καὶ κτίζων πνεῦμα †
Is. 42. 5. ὁ θεὸς . . . ὁ στερεώσας τὴν γῆν (11 a)
44. 24. ἐστερέωσα τὴν γῆν (11 a)
45. 12. τῇ χειρί μου ἐστερέωσα τὸν οὐρανόν (6)
48. 13. ἡ δεξιά μου ἐστερέωσε τὸν οὐρανόν (3)
51. 6. ὁ οὐρανὸς ὡς καπνὸς ἐστερεώθη †
Je. 5. 3. ἐστερέωσαν [A -ώθησαν] τὰ πρόσωπα αὐτῶν ὑπὲρ πέτραν (2 b)
10. 4. ἥλοις ἐστερέωσαν αὐτά (2 b)
52. 6. ἐστερεώθη ὁ λιμὸς ἐν τῇ πόλει (2 a)
La. 2. 4. ἐστερέωσε δεξιὰν αὐτοῦ ὡς ὑπεναντίος (7)
Ez. 4. 7. τὸν βραχίονά σου στερεώσεις †
Da. LXX. 8. 24. στερεωθήσεται ἡ ἰσχὺς αὐ. (9)
I Ma. 9. 62. A καὶ ἐστερέωσεν [S R -αν] αὐτήν
10. 50. ἐστερέωσε τὸν πόλεμον σφόδρα
[Aq. I Ki. 13. 21: Jb. 37. 18: Pr. 16. 30: Is. 26. 4.]
[Sm. Ps. 26 (27). 14: 30 (31). 25: 88 (89). 22.]
[Th. Pr. 16. 30.]
[Al. Ex. 14. 17.]
[Sext. Ps. 74 (75). 4.]

στερέωμα. (1) סֶלַע (2) רָקִיעַ (3) שַׁחַק
Ge. 1. 6. γενηθήτω στερέωμα ἐν μέσῳ τοῦ ὕδατος (2)
— 7. ἐποίησεν ὁ θ. τὸ στ. (2)
— 7. ὃ ἦν ὑποκάτω τοῦ στ. (2)
— 7. ἀνὰ μέσον τοῦ ὕδατος τοῦ ἐπάνω τοῦ στ. (2)
— 8. ἐκάλεσεν ὁ θ. τὸ στ. οὐρανόν (2)
— 14. γενηθήτωσαν φωστῆρες ἐν τῷ στ. τοῦ οὐρ. (2)
— 15. ἔστωσαν εἰς φαῦσιν ἐν τῷ στ. τοῦ οὐρ. (2)
— 17. ἔθετο αὐτοὺς ὁ θ. ἐν τῷ στ. τοῦ οὐρ. (2)
— 20. πετεινὰ πετόμενα . . . κατὰ τὸ στ. τοῦ οὐρ. (2)
Ex. 24. 10. ὥσπερ εἶδος στερεώματος τοῦ οὐρ. †
De. 33. 26. καὶ ὁ μεγαλοπρεπὴς τοῦ στ. (3)
I Es. 8. 81. δοῦναι ἡμῖν στερέωμα ἐν τῇ Ἰ.
Es. 9. 29. τό τε στ. τῆς ἐπιστολῆς τῶν Φρ. †
— 30. S^1 τό τε στ. τῆς ἐπιστολῆς —
Ps. 17 (18). 2. κύριος στερέωμά μου (1)
18 (19). 1. ποίησιν δὲ χειρῶν αὐτοῦ ἀναγγέλλει τὸ στ. (2)
70 (71). 3. στερέωμά μου καὶ καταφυγή μου εἶ σύ (1)
72 (73). 4. καὶ στερέωμα ἐν τῇ μάστιγι αὐτῶν †
150. 1. αἰνεῖτε αὐτὸν ἐν στερεώματι δυνάμεως αὐτοῦ (2)
Si. 43. 1. γαυρίαμα ὕψους στερέωμα καθαριότητος
— 8. ἐν στερεώματι οὐρανοῦ ἐκλάμπων
Ez. 1. 22. ὁμοίωμα ὑπὲρ κεφαλῆς . . . ὡσεὶ στερέωμα (2)
— 23. ὑποκάτωθεν τοῦ στ. αἱ πτέρυγες αὐτῶν ἐκτεταμέναι (2)
— 25. φωνὴ ὑπεράνωθεν τοῦ στ. (2)
— 26. A ὑπεράνω τοῦ στ. τοῦ ὑπὲρ κεφαλῆς αὐτῶν (2)
10. 1. ἐπάνω τοῦ στ. τοῦ ὑπὲρ κεφαλῆς τῶν χερουβίμ (2)
13. 5. οὐκ ἔστησαν ἐν στερεώματι †
Da. LXX. 3. (56). εὐλογητὸς εἶ ἐν τῷ στ. τοῦ οὐρανοῦ
Da. TH. 3. (56). εὐλογητὸς εἶ ἐν τῷ στ. τοῦ οὐρανοῦ
12. 3. ὡς ἡ λαμπρότης τοῦ στ. (2)
I Ma. 9. 14. τὸ στ. τῆς παρεμβολῆς ἐν τοῖς δεξιοῖς
[Aq. Ge. 1. 6, 8, 20: Ps. 150. 1: Ez. 4. 16.]
[Sm. Ge. 1. 6, 8, 20: Jb. 37. 18: Ps. 150. 1: Ez. 4. 16.]
[Th. Ge. 1. 6, 8, 20: Ez. 1. 26: 4. 16: Da. 3. (56): 12. 3.]
[Al. Ex. 14. 27.]

στερεωματίζειν.
[Aq. II Ki. 22. 43.]

στερέωσις. (1) רָקַע hi.
Jb. 37. 18. B S στερέωσις [R -σεις, A -ωθεὶς] μετ' αὐτοῦ εἰς παλαιώματα (1)
Si. 28. 10. κατὰ τὴν στ. τῆς μάχης ἐκκαυθήσεται

στερίσκειν. (1) חָסֵר pi.
Ec. 4. 8. στερίσκω τὴν ψυχήν μου ἀπὸ ἀγαθωσύνης (1)

στέρνον.
Si. 26. 18. πόδες ὡραῖοι ἐπὶ στέρνοις εὐσταθοῦς [S^1 πτέρνοις εὐστάθμοις]

στερρῶς.
[Sm., Th. Pr. 20. 21.]

στεφάνη. (1) זֵר (2) מִסְגֶּרֶת (3) מַעֲקֶה (4) עֲטָרָה
Ex. 25. 23 (24). ποιήσεις αὐτῇ στεφάνην παλαιστοῦ (1)
— 24 (25). ποιήσεις στρεπτὸν κυμάτιον τῇ στ. κύκλῳ (2)
— 25 (27). ἐπιθήσεις . . . ὑπὸ τὴν στ. (2)
27. 3. ποιήσεις στεφάνην τῷ θυσιαστηρίῳ †
30. 3. ποιήσεις αὐτῷ στρεπτὴν στ. χρυσῆν κύκλῳ (1)
— 4. ποιήσεις ὑπὸ τὴν στρεπτὴν στ. αὐ. (1)
De. 22. 8. ποιήσεις στεφάνην τῷ δώματί σου (3)
Za. 6. 11. S^1 ποιήσεις στεφάνην [A B S^2 -ους] (4)
Je. 52. 18. τὴν στ. καὶ τὰς φιάλας †
[Sm. Ex. 25. 10 (11): 37 (38). 2.]
[Th. Ex. 37. 12 (38. 11) *bis*, 14 (38. 11).]
[Al. Ex. 25. 26 (27).]

στεφανηφορεῖν.
Wi. 4. 2. ἐν τῷ αἰῶνι στεφανηφοροῦσα πομπεύει [A^1 στεφανηφόρους ἀποπέμπει]

στεφανηφόρος.
Wi. 4. 2. A^1 στεφανηφόρους ἀποπέμπει [A^{2}BS *al.*]

στέφανος. (1) אַבְנֵט (2) כָּלִיל (3) לִוְיָה (4) עֲטָרָה
II Ki. 12. 30. ἔλαβε τὸν στ. Μ. τοῦ βασ. αὐ. (4)
I Ch. 20. 2. ἔλαβε Δ. τὸν στ. Μ. βασιλέως αὐ. (4)
Ju. 3. 7. ἐδέξαντο αὐτὸν . . . μετὰ στεφάνων
15. 13. ἠκολούθει πᾶς ἀνὴρ Ἰσρ. . . . μετὰ στεφάνων
Es. 8. 15. καὶ στέφανον ἔχων χρυσοῦν (4)
Jb. 19. 9. ἀφεῖλε δὲ στέφανον ἀπὸ κεφαλῆς μου (4)
31. 36. ἐπ' ὤμοις ἂν περιθέμενος στέφανον [A ὡς στ.] (4)
Ps. 20 (21). 3. ἔθηκας ἐπὶ τὴν κεφαλὴν αὐτοῦ στέφανον ἐκ λίθου τιμίου (4)
64 (65). 11. εὐλογήσεις τὸν στ. τοῦ ἐνιαυτοῦ τῆς χρηστότητός σου †
Pr. 1. 9. στέφανον [S^1 -ος] γὰρ χαρίτων δέξῃ [A ἕξῃ] σῇ κορυφῇ (3)
4. 9. ἵνα δῷ τῇ σῇ κεφαλῇ στέφανον χαρίτων στεφάνῳ [S^1 τρεφ.] δὲ τρυφῆς ὑπερασπίσῃ σου (3, 4)
12. 4. γυνὴ ἀνδρεία στέφανος τῷ ἀνδρὶ αὐτῆς (4)
14. 24. στέφανος σοφῶν πανοῦργος (4)
16. 31. στέφανος καυχήσεως γῆρας (4)
17. 6. στέφανος γερόντων τέκνα τέκνων (4)
Ca. 3. 11. ἴδετε ἐν τῷ βασιλεῖ Σαλ. ἐν τῷ στ. (4)
Si. 1. 11. φόβος κυρίου . . . στέφανος ἀγαλλιάματος
— 18. στέφανος σοφίας φόβος κυρίου
6. 31. στέφανον ἀγαλλιάματος περιθήσεις σεαυτῷ
15. 6. στέφανον ἀγαλλιάματος . . . κατακληρονομήσει
25. 6. στέφανος γερόντων πολυπειρία
35 (32). 2. ἵνα . . . εὐκοσμίας χάριν λάβῃς στέφανον [A S^1 τὸν στ.]
40. 4. ἀπὸ φοροῦντος . . . στέφανον
45. 12. στέφανον χρυσοῦν ἐπάνω κιδάρεως
50. 12. κυκλόθεν αὐτοῦ στέφανος ἀδελφῶν
Za. 6. 11. ποιήσεις στεφάνους [S^1 -ην] (4)
— 14. ὁ δὲ στ. ἔσται τοῖς ὑπομένουσι (4)
Is. 22. 17. ἀφελεῖ . . . τὸν στ. σου τὸν ἔνδοξον †
— 21. τὸν στ. σου δώσω αὐτῷ (1)
28. 1. οὐαὶ τῷ στ. τῆς ὕβρεως (4)
— 3. καταπατηθήσεται ὁ στ. τῆς ὕβρεως (4)
— 5. ἔσται κύριος σαβαὼθ ὁ στ. τῆς ἐλπίδος (4)

Is. 62. 3. ἔσῃ στέφανος κάλλους ἐν χειρὶ κυρίου (4)
Je. 13. 18. καθῃρέθη ἀπὸ κεφαλῆς ὑμῶν στέφανος δόξης ὑμῶν (4)
La. 2. 15. A B^2 S στέφανος δόξης [B^1 R *om.*] εὐφροσύνης (2)
5. 16. ἔπεσεν ὁ στ. ἡμῶν τῆς κεφαλῆς (4)
Ep. Je. 9. κατασκευάζουσι στεφάνους
Ez. 16. 12. ἔδωκα . . . στέφανον καυχήσεως (4)
21. 26 (31). ἐπέθου τὸν στ. αὐτῇ (4)
23. 42. ἐδίδοσαν . . . στέφανον καυχήσεως ἐπὶ τὰς κεφαλὰς αὐτῶν (4)
28. 12. στέφανος κάλλους . . . ἐγενήθης (2)
I Ma. 1. 22. ἔλαβε . . . τοὺς στ.
4. 57. κατεκόσμησαν τὸ κατὰ πρόσωπον τοῦ ναοῦ στ. χρυσοῖς
10. 20. ἀπέστειλεν αὐτῷ . . . στ. χρυσοῦν
— 29. ἀφίημι πάντας τοὺς Ἰ. . . . ἀπὸ τῶν στ.
11. 35. καὶ τοὺς ἀνήκοντας ἡμῖν στ.
13. 37. τὸν στ. τὸν χρυσοῦν . . . κεκομίσμεθα
— 39. ἀφίεμεν δὲ ὑμῖν . . . τὸν στ.
II Ma. 14. 4. προσάγων αὐτῷ στ. χρυσοῦν
[**Aq.** Pr. 14. 24: Is. 28. 1: 61. 3, 10.]
[**Sm.** Is. 28. 1: 61. 10: Ez. 24. 17, 23.]
[**Th.** Pr. 14. 24: Is. 28. 1: 61. 3: Ez. 27. 3.]
[**Sam.** Ex. 37 (38). 2.]
[**Al.** Le. 8. 9.]

στεφανοῦν. (1) עָטַר *a.* qal. *b.* pi.

Ju. 15. 13. ἐστεφανώσαντο [A -ατο] τὴν ἐλαίαν
Ps. 5. 12. ὡς ὅπλῳ εὐδοκίας ἐστεφάνωσας ἡμᾶς (1 *a*)
8. 5. δόξῃ καὶ τιμῇ ἐστεφάνωσας αὐτόν (1 *b*)
102 (103). 4. τὸν στεφανοῦντά σε ἐν ἐλέει (1 *b*)
Ca. 3. 11. ᾧ ἐστεφάνωσεν αὐτὸν ἡ μήτηρ αὐτοῦ (1 *b*)
III Ma. 3. 28. καὶ τῆς ἐλευθερίας στεφανωθήσεται
IV Ma. 17. 15. τοὺς ἑαυτῆς ἀθλητὰς στεφανοῦσα
[**Aq.** Ps. 5. 13.]
[**Sm.** Ps. 5. 13: 141 (142). 8.]
[**Al.** Dt. 24. 22 (20).]

στέφειν.

Wi. 2. 8. στεψώμεθα ῥόδων κάλυξι
[**Aq.** Ps. 8. 6.]
[**Th.** Pr. 14. 18.]

στέφος.

III Ma. 4. 8. βρόχους ἀντὶ στεφέων τοὺς αὐχένας περιπεπλεγμένοι

στηθοδεσμίς. (1) קִשֻּׁרִים

Je. 2. 32. μὴ ἐπιλήσεται . . . παρθένος τὴν στ. αὐτῆς (1)

στῆθος. (1) גָּחוֹן (2) חֲדִי (3) לֵב

Ge. 3. 14. ἐπὶ τῷ στ. σου . . . πορεύσῃ (1)
Ex. 28. 23 (29). ἐπὶ τοῦ λογείου τῆς κρίσεως ἐπὶ τοῦ στ. (3)
— 26 (30). ἔσται ἐπὶ τοῦ στ. Ἀ. (3)
— 26 (30). οἴσει Ἀ. τὰς κρίσεις . . . ἐπὶ τοῦ στ. (3)
Jb. 39. 20. δόξαν δὲ στηθέων αὐτοῦ τόλμῃ †
Pr. 6. 10. ὀλίγον δὲ ἐναγκαλίζῃ χερσὶ στήθη †
24. 48 (33). ὀλίγον δὲ ἐναγκαλίζομαι χερσὶ στήθη †
Da. LXX. 2. 32. τὸ στ. καὶ οἱ βραχίονες ἀργυροῖ (2)
Da. TH. 2. 32. τὸ στ. καὶ οἱ βραχίονες αὐ. ἀργυροῖ (2)
[**Aq.** Le. 11. 42: Je. 17. 1.]
[**Sm.** Pr. 3. 3: 7. 3: Je. 17. 1.]
[**Th.** Je. 17. 1: 31 (38). 33.]

στηθύνιον (-θήν.) (1) חָזֶה

Ex. 29. 26. λήψῃ τὸ στ. ἀπὸ τοῦ κριοῦ (1)
— 27. ἁγιάσεις τὸ στ. ἀφόρισμα (1)
Le. 7. 20 (30). τὸ στέαρ τὸ ἐπὶ τοῦ στ. (1)
— 21 (31). ἔσται τὸ στ. Ἀ. (1)
— 24 (34). τὸ γὰρ στ. τοῦ ἐπιθέματος . . . εἴληφα (1)
8. 28 (29). λαβὼν Μ. τὸ στ. (1)
9. 20. ἐπέθηκε τὰ στέατα ἐπὶ τὰ στ. (1)
— 21. τὸ στ. . . . ἀφεῖλεν Ἀ. ἀφαίρεμα (1)
10. 14. τὸ στ. τοῦ ἀφορίσματος . . . φάγεσθε (1)
— 15. τὸ στ. τοῦ ἀφορίσματος . . . προσοίσουσιν (1)
Nu. 6. 20. ἅγιον ἔσται τῷ ἱ. ἐπὶ τοῦ στ. τοῦ ἐπιθέματος (1)
18. 18. καθὰ καὶ τὸ στ. τοῦ ἐπιθέματος (1)

στήκειν. (1) יָצַב hithp. (2) כּוּן ni. (3) עָמַד

Ex. 14. 13. A στήκετε [B στῆτε] καὶ ὁρᾶτε (1)
Jd. 16. 26. B ἐφ' οἷς ὁ οἶκος στήκει ἐπ' αὐτούς [A R *al.*] (2)
III Ki. 8. 11. οὐκ ἠδύναντο οἱ ἱ. στήκειν [A στῆναι] (3)
[**Aq.**, **Th.** Jo. 10. 19.]

στήλη. (1) בָּמָה (2) *a.* מַצֵּבָה *b.* מַצֶּבֶת *c.* נְצִיב

Ge. 19. 26. καὶ ἐγένετο στήλη ἁλός (2 *c*)
28. 18. ἔστησεν αὐτὸν στήλην (2 *a*)
— 22. ὃν ἔστησα στήλην (2 *a*)
31. 13. ᾧ ἤλειψάς μοι ἐκεῖ στήλην (2 *a*)
— 45. ἔστησεν αὐτὸν στήλην (2 *a*)
— 48 (51). ἡ στ. αὕτη ἣν ἔστησα (2 *a*)
— 48 (52). μαρτυρεῖ ἡ στ. αὕτη (2 *a*)
— 51. R μάρτυς ἡ στ. αὕτη (2 *a*?)
— 52. μηδὲ σὺ διαβῇς πρὸς μὲ . . . τὴν στ. ταύτην (2 *a*)
35. 14. ἔστησεν Ἰ. στήλην . . . στ. λιθίνην (2 *a*, 2 *b*)
— 20. ἔστησεν Ἰ. στήλην (2 *a*)
— 20. αὕτη ἐστὶν στήλη μνημείου Ῥαχήλ (2 *b*)
Ex. 23. 24. συντρίβων συντρίψεις τὰς στ. αὐ. (2 *a*)
29. 29. A ἡ στ. [B στολὴ] τοῦ ἁγίου ἥ ἐστιν Ἀ. †
34. 13. τὰς στ. αὐ. συντρίψετε (2 *a*)
Le. 26. 1. οὐδὲ στήλην ἀναστήσετε ὑμῖν (2 *a*)
— 30. ἐρημώσω τὰς στ. ὑμῶν (1)
Nu. 21. 28. κατέπιε στήλας Ἀρνῶν (1)
22. 41. ἀνεβίβασεν αὐτὸν ἐπὶ τὴν στ. τοῦ Β. (1)
33. 52. πάσας τὰς στ. αὐ. ἐξαρεῖτε (1)
De. 7. 5. τὰς στ. αὐ. συντρίψετε (2 *a*)
12. 3. συντρίψετε τὰς στ. αὐ. (2 *a*)
16. 22. οὐ στήσεις σεαυτῷ στήλην (2 *a*)
II Ki. 18. 18. B ἔστησεν ἑαυτῷ τὴν στ. –
— 18. τὴν στ. [A στήλωσιν] τὴν ἐν τῇ κοιλάδι τοῦ βασ. (2 *b*)
— 18. A ἐκάλεσε τὴν στ. ἐπὶ τῷ ὀνόμ. αὐ. (2 *b*)
— 18. ἐκάλεσε τὴν στ. Χεὶρ Ἀβ. †
III Ki. 14. 23. ᾠκοδόμησαν ἑαυτοῖς . . . στήλας (2 *a*)
IV Ki. 1. 18 (3. 2). ἀπέστησε τὰς στ. τοῦ Β. (2 *a*)
3. 2. B μετέστησε τὰς στ. τοῦ Β. (2 *a*)
10. 26. R ἐξήνεγκαν τὴν στ. [A B στολὴν] τοῦ Β. (2 *a*)
— 27. κατέσπασαν τὰς στ. τοῦ Β. (2 *a*)
17. 10. ἐστήλωσαν ἑαυτοῖς στήλας (2 *a*)
18. 4. συνέτριψε τὰς [A πάσας τὰς] στ. (2 *a*)
23. 14: II Ch. 14. 3 (2). συνέτριψε τὰς στ. (2 *a*)
II Ch. 31. 1. συνέτριψαν τὰς στ. (2 *a*)
33. 3. ἔστησε στήλας τοῖς Β. †
Wi. 10. 7. ἀπιστούσης ψυχῆς μνημεῖον ἑστηκυῖα στήλη ἁλός
Si. 45. 10. S στήλῃ [A B στολῇ] ἁγίᾳ χρυσῷ καὶ ὑακίνθῳ
Ho. 10. 1. ᾠκοδόμησε στήλας (2 *a*)
— 2. ταλαιπωρήσουσιν αἱ στ. αὐ. (2 *a*)
Mi. 5. 13 (12). ἐξολεθρεύσω . . . τὰς στ. σου (2 *a*)
Is. 19. 19. στήλη πρὸς τὸ ὅριον αὐτῆς τῷ κυρίῳ (2 *a*)
Ez. 8. 3. οὗ ἦν ἡ στ. τοῦ κτωμένου †
I Ma. 14. 27. A καὶ ἔθεντο ἐν στήλῃ [S R -αις]
III Ma. 2. 27. ἐπὶ τοῦ κατὰ τὴν αὐλὴν πύργου στήλην ἀναστήσας
7. 20. ἃς καὶ ἀνιερώσαντες ἐν στήλῃ
[**Aq.**, **Sm.** Je. 43 (50). 13.]
[**Th.** Ez. 26. 11.]
[**Al.** Ge. 31. 51, 52.]

στηλογραφία. (1) מִכְתָּם

Ps. 15 (16). *tit.* στηλογραφία τῷ Δαυίδ (1)
55 (56). *tit.*: 56 (57). *tit.*: 57 (58). *tit.*: 58 (59). *tit.* τῷ Δαυὶδ εἰς στηλογραφίαν (1)
59 (60). *tit.* εἰς στηλογραφίαν τῷ Δαυίδ (1)
[**Quint.** Ps. 55 (56). 1.]

στηλοῦν. (1) יָצַב hithp. (2) *a.* נָצַב ni. *b.* hi. *c.* נְצִיב (3) תָּקַע

Jd. 18. 16. A ἐστηλωμένοι παρὰ τὴν θύραν [B *al.*] (2 *a*)
— 17. A ὁ ἱερεὺς ἐστηλωμένος παρὰ τῇ θύρᾳ [B *al.*] (2 *a*)
I Ki. 17. 16. A ἐστηλώθη τεσσαράκοντα ἡμέρας (1)
II Ki. 1. 19. στήλωσον, Ἰσρ., ὑπὲρ τῶν τεθνηκότων [A *al.*] †
II Ki. 8. 14. A ἔθηκεν ἐστηλωμένους (2 *c*)
18. 17. ἐστήλωσεν ἐπ' αὐτὸν σωρὸν λίθων μέγαν σφόδρα (2 *b*)
— 18. ἐστήλωσεν αὐτήν (2 *b*)
— 30. στηλώθητι ὧδε [A *om.*] (1)
23. 12. ἐστηλώθη ἐν μέσῳ τῆς μερίδος (1)
III Ki. 9. 23. A οὗτοι οἱ ἄρχοντες οἱ ἐστηλωμένοι (2 *a*)
22. 48. βασιλεὺς οὐκ ἦν ἐν Ἐ. ἐστηλωμένος (2 *a*)
IV Ki. 17. 10. ἐστήλωσαν ἑαυτοῖς στήλας (2 *b*)
Is. 22. 23. B^1 στηλῶ [A B^2 S R στήσω] αὐτὸν ἄρχοντα (3)
La. 3. 12. ἐστήλωσέ με ὡς σκοπὸν εἰς βέλος (2 *b*)
[**Aq.** II Ki. 8. 6: III Ki. 9. 23: 22. 48: Ps. 38 (39). 6: 44 (45). 10: 73 (74). 17.]
[**Sm.** La. 2. 4.]
[**Th.** Ps. 73 (74). 17.]
[**Al.** Ge. 28. 13: Jd. 5. 30: I Ki. 3. 10.]

στήλωμα.

[**Aq.** Jd. 9. 6.]
[**Th.** Is. 6. 13.]

στήλωσις. (1) מַצֶּבֶת

II Ki. 18. 18. A τὴν στ. [B στήλην] τὴν ἐν τῇ κοιλάδι τοῦ βασ. (1)
[**Aq.** Is. 6. 13.]

στήμων. (1) שְׁתִי

Le. 13. 48. ἢ ἐν στήμονι ἢ ἐν κρόκῃ (1)
— 49, 51. ἢ ἐν τῷ στ. ἢ ἐν τῇ κρόκῃ (1)
— 52. κατακαύσει τὸ ἱμάτιον ἢ τὸν στ. (1)
— 53. ἢ ἐν τῷ στ. ἢ ἐν τῇ κρόκῃ (1)
— 55. ἐστήρισται ἐν τῷ ἱματίῳ ἢ ἐν τῷ στ. †
— 56. ἀπορρήξει αὐτὸ . . . ἀπὸ τοῦ στ. (1)
— 57. ἐὰν δὲ ὀφθῇ ἔτι . . . ἐν τῷ στ. (1)
— 58. τὸ ἱμάτιον ἢ ὁ στ. (1)
— 59. οὗτος ὁ νόμος ἁφῆς λέπρας . . . στήμονος (1)

στῆρ, *cf.* **στέαρ.**

Da. TH. Bel 27. A B ἔλαβε Δαν. πίσσαν καὶ στῆρ [R στέαρ]

στήριγμα (-ισμα). (1) אֵמוּן (2) יָתֵד (3) מַטֶּה

II Ki. 20. 19. ἐγώ εἰμι εἰρηνικὰ τῶν στ. Ἰσρ. (1)
IV Ki. 25. 11. τὸ λοιπὸν τοῦ στ. μετῆρε Ν. †
II Es. 9. 8. A B^2 R δοῦναι ἡμῖν στήριγμα [? -ισμα, B^1 σωτήρισμα, B^3 σωτηρίαγμα] (2)
To. 8. 6. ἔδωκας αὐτῷ βοηθὸν Εὔαν στήριγμα τὴν γυναῖκα αὐ.
Ps. 71 (72). 16. ἔσται στήριγμα ἐν τῇ γῇ †
104 (105). 16. πᾶν στήριγμα ἄρτου συνέτριψεν (3)
Si. 3. 31. ἐν καιρῷ πτώσεως εὑρήσει στήριγμα
31 (34). 15. A B^2 S τίς αὐτοῦ στήριγμα [B^1 R τίς ἀντιστήριγμα αὐτοῦ]
— 16. ὑπερασπισμὸς δυναστείας καὶ στήριγμα ἰσχύος
49. 15. ἡγούμενος ἀδελφῶν στήριγμα λαοῦ
Ez. 4. 16. συντρίβω στ. ἄρτου ἐν Ἰερουσαλήμ (3)
5. 16. συντρίψω στ. ἄρτου σου (3)
7. 11. συντρίψει στ. ἀνόμου (3)
14. 13. συντρίψω [A *add.* ἀπ'] αὐτῆς στ. ἄρτου (3)
I Ma. 2. 43. καὶ ἐγένοντο αὐτοῖς εἰς στήριγμα
6. 18. ζητοῦντες . . . στήριγμα τοῖς ἔθνεσι
10. 23. τοῦ φιλίαν καταλαβέσθαι τοῖς Ἰ. εἰς στήριγμα
[**Aq.** Ez. 40. 12, 14 (P.), 16 *bis*, 24, 26 (P.): 41. 3.]
[**Sm.** Is. 3. 1.]
[**Al.** Le. 26. 26.]

στηριγμός.

[**Sm.** Is. 3. 1.]

στηρίζειν. (1) *a.* אֱמוּנָה *b.* אֹמְנָה (2) נִטַּר (3) נָפַל hi. (4) נָצַב *a.* hiph. *b.* hoph. (5) נָתַן (6) סָמַךְ *a.* qal. *b.* ni. *c.* pi. (7) סָעַד (8) סָפַח hithp. (9) שׂוּם, שִׂים (10) תָּמַךְ (11) תָּקַע

Ge. 27. 37. σίτῳ καὶ οἴνῳ ἐστήρισα αὐτόν (6 *a*)
28. 12. κλίμαξ ἐστηριγμένη ἐν τῇ γῇ (4 *b*)

Ex. 17. 12. ἐστήριζον τὰς χ. αὐτοῦ (10)
— 12. ἐγένοντο αἱ χεῖρες M. ἐστηριγμέναι (1 a)
Le. 13. 55. ἐστήρισται ἐν τῷ ἱματίῳ †
Jd. 19. 5. στήρισον τὴν καρδίαν σου ψωμῷ ἄρτου (7)
— 8. στήρισον δὴ τὴν καρδίαν σου (7)
I Ki. 26. 19. ἐξέβαλόν με σήμερον μὴ ἐστηρίσθαι ἐν κληρονομίᾳ κυρίου (8)
IV Ki. 18. 16. συνέκοψεν Ἐζ. . . . τὰ ἐστηριγμένα (1 b)
— 21. ὃς ἂν στηριχθῇ ἀνὴρ ἐπ' αὐτήν (6 b)
Jb. 20. 7. A ὅταν γὰρ δοκῇ ἤδη ἐστηρίχθαι [B S κατεστ.] †
Ps. 50 (51). 12. πνεύματι ἡγεμονικῷ στήρισόν με (6 a)
103 (104). 15. ἄρτος καρδίαν ἀνθρώπου στηρίζει (7)
110 (111). 8. ἐστηριγμέναι εἰς τὸν αἰῶνα τοῦ αἰῶνος (6 a)
111 (112). 8. ἐστήρικται ἡ καρδία αὐτοῦ (6 a)
Pr. 15. 25. ἐστήρισε [S[1] ἔστησεν] δὲ ὅριον χήρας (4 a)
16. 30. στηρίζων δὲ ὀφθαλμοὺς αὐτοῦ †
27. 20. βδέλυγμα κυρίῳ στηρίζων ὀφθαλμόν –
Ca. 2. 5. στηρίσατέ με ἐν μύροις (6 c)
Si. 3. 9. εὐλογία γὰρ πατρὸς στηρίζει οἴκους τέκνων
5. 10. ἴσθι ἐστηριγμένος ἐν συνέσει σου
6. 37. αὐτὸς στηριεῖ τὴν καρδίαν σου
13. 21. πλούσιος σαλευόμ. στηρίζεται ὑπὸ φίλων
15. 4. στηριχθήσεται [A S -ισθήσεται] ἐπ' αὐτήν
22. 16. καρδία ἐστηριγμένη ἐπὶ διανοήματος βουλῆς
24. 10. οὕτως ἐν Σιὼν ἐστηρίχθην
38. 34. κτίσμα αἰῶνος στηρίσουσι [S οὐ στηρίζουσιν]
39. 32. ἐξ ἀρχῆς ἐστηρίχθην [S[1] -ίσθην]
40. 19. τέκνα καὶ οἰκοδομὴ πόλεως στηρίζουσιν ὄνομα
42. 17. στηριχθῆναι ἐν δόξῃ αὐτοῦ τὸ πᾶν
Am. 9. 4. στηριῶ τοὺς ὀφθ. μου ἐπ' αὐτούς (9)
Is. 22. 25. κινηθήσεται ὁ ἄνθρωπος ὁ ἐστηριγμένος ἐν τόπῳ πιστῷ (11)
59. 16. τῇ ἐλεημοσύνῃ ἐστηρίσατο (6 a)
Je. 3. 12. οὐ στηριῶ τὸ πρόσωπόν μου ἐφ' ὑμᾶς (3)
17. 5. στηρίσει σάρκα βραχίονος αὐτοῦ ἐπ' αὐτόν (9)
21. 10. ἐστήρικα [A -σα, S[3] -ξα] τὸ πρόσωπόν μου ἐπὶ τὴν πόλιν ταύτην εἰς κακά (9)
24. 6. στηριῶ τοὺς ὀφθαλμούς μου ἐπ' αὐτούς (9)
Ez. 6. 2. στήρισον τὸ πρόσωπόν σου ἐπὶ τὰ ὄρη (9)
13. 17. στήρισον τὸ πρόσωπόν σου (9)
14. 8. στηριῶ τὸ πρόσωπόν μου ἐπὶ τὸν ἄνθρωπον ἐκεῖνον (5)
15. 7. A στηριῶ [B δώσω] τὸ πρόσωπόν μου ἐπ' αὐτούς (5)
— 7. ἐν τῷ στηρίσαι με τὸ πρόσωπόν μου ἐπ' αὐτούς (9)
20. 46 (21. 2). στήρισον τὸ πρόσωπόν σου ἐπὶ θαιμάν (9)
21. 2 (7): 25. 2: 28. 21: 29. 2: 38. 2. στήρισον τὸ πρόσωπόν σου (9)
Da. LXX. 7. 28. τὸ ῥῆμα ἐν καρδίᾳ μου ἐστήριξα (2)
I Ma. 2. 17. A R καὶ ἐστηριγμένος ἐν [S -ισμ.] υἱοῖς
— 49. A R νῦν ἐστηρίχθη [S -ίσθη] ὑπερηφανία
14. 14. ἐστήρισε πάντας τοὺς ταπεινοὺς τοῦ λαοῦ αὐ.
— 26. A R ἐστήρισε [S -ισται] γὰρ αὐτός
IV Ma. 17. 5. καὶ ἐστήρισαι ἐν οὐρανῷ σὺν αὐτοῖς
[Aq. Is. 26. 3: 63. 5.]
[Sm. Ps. 103 (104). 15: Pr. 8. 30: Is. 49. 16: 63. 5.]
[Th. Jd. 16. 29: Pr. 8. 30.]

στήρισμα, *vid. sub* **στήριγμα.**

στιβαρός. (1) כָּבֵד
Ez. 3. 6. οὐδὲ στιβαροὺς τῇ γλώσσῃ ὄντας (1)

στιβαρῶς.
Hb. 2. 6. καὶ βαρύνων τὸν κλοιὸν αὐ. στ. †

στιβάς.
[Aq. Ez. 46. 23.]

στίβι *cf.* **στίμμι.** (1) פּוּךְ
Je. 4. 30. ἐὰν ἐγχρίσῃ στ. [A στίμῃ] τοὺς ὀφθαλμούς σου (1)
[Aq., Sm., Th. Is. 54. 11.]

στιβίζεσθαι, *vid.* **στιμίζεσθαι.**

στίγμα. (1) נְקֻדָּה
Ca. 1. 11. ὁμοιώματα χρυσίου ποιήσομέν σοι μετὰ στιγμάτων τοῦ ἀργυρίου (1)
[Al. Jd. 5. 30.]

στιγμή. (1) פֶּתַע
Is. 29. 5. ἔσται ὡς στ. παραχρῆμα παρὰ κυρίου σαβαώθ (1)
II Ma. 9. 11. κατὰ στιγμὴν ἐπιτεινόμενος ταῖς ἀλγηδόσι

στικτός. (1) קַעֲקַע
Le. 19. 28. γράμματα στ. οὐ ποιήσετε ἐν ὑμῖν (1)

στίλβειν. (1) לַהַב (2) צָהַב hoph. (3) קָלַל
III Ki. 7. 47. A οὐκ ἦν τέρμα τῶν σταθμῶν τοῦ χαλκοῦ στίλβοντος [B *om.*] –
I Es. 8. 57. παρέδωκεν αὐτοῖς . . . στίλβοντα χρυσοειδῆ σκεύη δώδεκα
II Es. 8. 27. σκεύη χαλκοῦ στίλβοντος ἀγαθοῦ διάφορα (2)
Na. 3. 3. φωνὴ . . . στιλβούσης ῥομφαίας (1)
Ep. Je. 24. οὐ μὴ στίλψωσιν
Ez. 21. 29 (33). ἐγείρου ὅπως στίλβῃς †
40. 3. ὡσεὶ ὅρασις χαλκοῦ στίλβοντος –
Da. TH. 10. 6. ὡς ὅρασις χαλκοῦ στίλβοντος (3)
I Ma. 6. 39. ὡς δὲ ἔστιλβεν ὁ ἥλιος
— 39. ἔστιλβε τὰ ὄρη ἀπ' αὐτῶν
[Sm. Jd. 5. 10: Ps. 103 (104). 15.]

στιλβός.
[Sm. Le. 13. 36: Ez. 27. 18.]

στιλβοῦν. (1) לָטַשׁ
Ps. 7. 12. τὴν μάχαιραν αὐτοῦ στιλβώσει [A -σιν] (1)
[Th. Ez. 21. 10 (15).]

στίλβωσις. (1) בָּרָק
Ps. 7. 12. A τὴν ῥομφαίαν αὐ. στίλβωσιν [B S -σει] . . . ἐνέτεινε †
Ez. 21. 10 (15). ὅπως γένῃ εἰς στίλβωσιν (1)
— 15 (20). εὖ γέγονεν εἰς στίλβωσιν (1)

στιλπνότης.
[Aq. Dt. 7. 13: Za. 4. 14.]

στίμη. (1) פּוּךְ
Je. 4. 30. A ἐὰν ἐγχρίσῃ στίμῃ [B S στίβι] τοὺς ὀφθαλμούς σου (1)

στιμίζεσθαι (στιβ., στιμμ.). (1) כָּחַל (2) שׂוּם בַּפּוּךְ
IV Ki. 9. 30. B[1] ἐστιμίσατο [R -ιμμ., A B[2] ἐστιβ.] τοὺς ὀφθ. αὐ. (2)
Ez. 23. 40. ἐστιβίζου τοὺς ὀφθαλμούς σου (1)
[Aq., Th. Ez. 23. 40.]

στίμμι.
[Aq., Sm., Th. Is. 54. 11.]

στίππινος, στιππόϊνος, στιππύϊνος. (1) פִּשְׁתָּה
Le. 13. 47. ἐν ἱματίῳ ἐρεῷ ἢ ἐν ἱματίῳ στ. (1)
— 59. οὗτος ὁ νόμος ἁφῆς λέπρας ἱματίου ἐρεοῦ ἢ στ. [A *om.* ἐ. ἢ στ.] (1)

στιππύον, στυππεῖον, στύππιον. (1) נְעֹרֶת (2) פֵּשֶׁת (3) καλάμη στιππύου נְעֹרֶת
Jd. 15. 14. ὡσεὶ στιππύον ὃ ἐξεκαύθη ἐν πυρί [A *al.*] (2)
16. 9. ὡς εἴ τις ἀποσπάσοι στρέμμα στιππύου [A *al.*] (1)
Si. 21. 9. στυππεῖον συνηγμένον συναγωγὴ [A εἰσαγ.] ἀνόμων
Is. 1. 31. ἔσται ἡ ἰσχὺς αὐτῶν ὡς καλάμη στιππύου (3)
Da. LXX. 3. (46). οἱ δὲ ὑπέκαιον ὑποκάτωθεν αὐτῶν . . . στιππύον
Da. TH. 3. (46). καίοντες τὴν κάμινον . . . στιππύον
[Al. Le. 13. 48.]

στίφος.
[Sm. Ca. 6. 9 (10).]

στιχίζειν.
Ez. 42. 3. A B ἐξέδραι . . . ἐστιχισμέναι [R ἐστοιχ.] –

στίχος. (1) טוּר
Ex. 28. 17. στίχος λίθων ἔσται (1)
— 17. τοπάζιον καὶ σμάραγδος ὁ στ. ὁ εἷς (1)
— 18. καὶ ὁ στ. ὁ δεύτερος (1)
— 19. καὶ ὁ στ. ὁ τρίτος (1)
— 20. καὶ ὁ στ. ὁ τέταρτος (1)
— 20. ἔστωσαν κατὰ στίχον αὐ. †
Ex. 36. 17 (39. 10). στίχος λίθων (1)
— 17 (39. 10). ὁ στ. ὁ εἷς (1)
— 18 (39. 11). ὁ στ. ὁ δεύτερος (1)
— 19 (39. 12). ὁ στ. ὁ τρίτος (1)
— 20 (39. 13). ὁ στ. ὁ τέταρτος (1)
III Ki. 6. 36. τρεῖς στίχους ἀπελεκήτων (1)
— 36. καὶ στίχος κατειργασμένης κέδρου (1)
7. 18. δύο στίχοι ῥοῶν χαλκῶν . . . στίχος ἐπὶ στίχον (1, –, –)
— 20. A καὶ τῶν ῥοῶν πέντε στίχοι κύκλῳ (1)
— 24. A δύο στίχοι τῶν ὑποστηριγμάτων (1)
— 42. δύο στίχοι ῥοῶν τῷ δικτύῳ τῷ ἑνί (1)
— 2. καὶ τριῶν στίχων στύλων κεδρίνων (1)
— 3. καὶ πέντε ὁ στ. (1)
— 12. τρεῖς στίχοι ἀπελεκήτων καὶ στίχος κεκολαμμένης (1, 1)

στοά. (1) אַתִּיק (2) מְזוּזָה (3) רִצְפָּה
III Ki. 6. 31 (33). στοαὶ τετραπλῶς (2)
Ez. 40. 18. αἱ [A *om.*] στ. κατὰ νώτου τῶν πυλῶν (3)
42. 3. ἀντιπρόσωποι στοαὶ τρισσαί (1)
— 5. οὕτως στοαὶ δύο [A *om.*] –

στοιβάζειν. (1) עָרַךְ (2) רָפַד pi.
Le. 1. 7. A B[2] στοιβάσουσιν [B[1] R ἐπιστ.] ξύλα ἐπὶ τὸ πῦρ (1)
6. 12 (5). στοιβάσει ἐπ' αὐτοῦ τὴν ὁλοκαύτωσιν (1)
Jo. 2. 6. ἐν τῇ λινοκαλάμῃ τῇ ἐστοιβασμ. αὐτῇ ἐπὶ τοῦ δώμ. (1)
III Ki. 18. 33. ἐστοίβασε τὰς σχίδακας (1)
— 33. καὶ ἐστοίβασεν ἐπὶ τὸ θυσιαστήριον –
Ca. 2. 5. στοιβάσατέ με [A *om.*] ἐν μήλοις (2)
[Sm. Ps. 119 (120). 4.]
[Th. Ps. 49 (50). 21: Pr. 9. 2.]
[Al. Le. 24. 3, 8.]

στοίβασις.
[Al. Le. 24. 6.]

στοιβή (στυβή). (1) גָּדִישׁ (2) נַעֲצוּץ (3) עֲרֵמָה
Jd. 15. 5. A ἀπὸ στυβῆς καὶ ἕως ἑστῶτος [B *al.*] (1)
Ru. 3. 7. ἦλθε κοιμηθῆναι ἐν μερίδι τῆς στ. (3)
Is. 55. 13. ἀντὶ τῆς στ. ἀναβήσεται κυπάρισσος (2)
[Sm. Is. 55. 13.]
[Th. Jd. 15. 5.]

στοιχεῖν. (1) כָּשֵׁר
Ec. 11. 6. οὐ γινώσκεις ποῖον στοιχήσει [S -σῃ] (1)

στοιχεῖον.
Wi. 7. 17. εἰδέναι . . . ἐνέργειαν στοιχείων
19. 18. δι' ἑαυτῶν γὰρ τὰ στ. μεθαρμοζόμενα
IV Ma. 12. 13. ἐκ τῶν αὐτῶν γεγονότας στ.

στοιχείωσις.
II Ma. 7. 22. τὴν ἑκάστου στ. οὐκ ἐγὼ διερρύθμισα

στοιχίζειν.
Ez. 42. 3. R ἐξέδραι . . . ἐστοιχισμέναι [A B ἐστιχ.] –

στολή. (1) אַדֶּרֶת (2) אֵפוֹד (3) בֶּגֶד (4) חֲלִיפָה (5) חֲלִיצָה (6) כֻּתֹּנֶת (7) לָבַשׁ, לְבוּשׁ (8) מְעִיל (9) עֵרֶךְ (10) שַׂלְמָה (11) שִׂמְלָה (12) αἱ στ. τῶν δοξῶν עֲדִי
Ge. 27. 15. λαβοῦσα Ῥεβ. τὴν στ. Ἠ. (3)
35. 2. ἀλλάξατε τὰς στ. ὑμῶν (11)
41. 14. ἤλλαξαν τὴν στ. αὐ. (11)
— 42. ἐνέδυσεν αὐτὸν στ. βυσσίνην (3)
45. 22. πᾶσιν ἔδωκε δισσὰς στ. καὶ τῷ Βεν. . . . πέντε ἀλλασσούσας στ. (11, 11)
49. 11. πλυνεῖ ἐν οἴνῳ τὴν στ. αὐ. (7)
Ex. 28. 2. ποιήσεις στ. ἁγίαν Ἀ. τῷ ἀδ. σου (3)
— 3. ποιήσουσι τὴν στ. τὴν ἁγίαν Ἀ. (3)
— 4. αὗται αἱ στ. ἃς ποιήσουσι (3)
— 4. ποιήσουσι στ. ἁγίας Ἀ. (3)
29. 5. λαβὼν τὰς στ. (3)
— 21. B καὶ ἐπὶ τὴν στ. αὐ. (3)
— 21. ῥανεῖς . . . ἐπὶ τὰς στ. τῶν υἱῶν αὐ. (3)
— 21. ἁγιασθήσεται αὐτὸς καὶ ἡ στ. αὐ. . . . καὶ αἱ στ. τῶν υἱῶν αὐ. (3, 3)
— 29. ἡ στ. [A στήλη] τοῦ ἁγίου ἥ ἐστιν Ἀαρών (3)
31. 10. ποιήσουσι . . . τὰς στ. τὰς λειτουργικὰς Ἀ. καὶ τὰς στ. τῶν υἱῶν αὐ. (3, 3)

Ex. 33. 5. ἀφέλεσθε τὰς στ. τῶν δοξῶν [B¹ *om.* τ. δ.] ὑμῶν (12)
35. 18 (19). ἐργαζέσθω . . . τὰς στ. τὰς ἁγίας Ἀ. τοῦ ἱερέως καὶ τὰς στ. ἐν αἷς λειτουργήσουσιν (3, 3)
— 21. εἰς πάσας τὰς στ. τοῦ ἁγίου (3)
36. 8 (39. 1). ἐποίησε . . . τὰς στ. τῶν ἁγίων (3)
39. 13 (1). ἐποίησαν στ. λειτουργικὰς Ἀ. (3)
— 14 (33). ἤνεγκαν τὰς στ. πρὸς Μ. †
— 19 (41). καὶ τὰς στ. τοῦ ἁγίου . . . καὶ τὰς στ. τῶν υἱῶν αὐ. (3, 3)
40. 13. ἐνδύσεις Ἀ. τὰς στ. τὰς ἁγίας (3)
Le. 6. 11 (4). ἐκδύσεται τὴν στ. αὐ. (3)
— 11 (4). ἐνδύσεται στ. ἄλλην (3)
8. 2. λάβε . . . τὰς στ. αὐ. (3)
— 29 (30). προσέρρανεν ἐπὶ Ἀ. καὶ τὰς στ. αὐ. . . . καὶ τὰς στ. τῶν υἱῶν αὐ. (3, 3)
— 30. B²R ἡγίασεν . . . τὰς στ. αὐ. . . . καὶ τὰς στ. τῶν υἱῶν αὐ. (3, 3)
16. 23. ἐκδύσεται τὴν στ. τὴν λινῆν (3)
— 24. ἐνδύσεται τὴν στ. αὐ. (3)
— 32. ἐνδύσεται τὴν στ. τὴν λινῆν στ. ἁγίαν (3, 3)
Nu. 20. 26. ἔκδυσον Ἀ. τὴν στ. αὐ. (3)
De. 22. 5. οὐδὲ μὴ ἐνδύσηται ἀνὴρ στ. γυναικείαν (11)
Jd. 14. 12. δώσω ὑμῖν . . . τριάκοντα στολὰς ἱματίων (4)
— 13. δώσετε ὑμεῖς ἐμοὶ . . . τριάκοντα ἀλλασσομένας [A *om.*] στολὰς ἱματίων (4)
— 19. A ἔλαβε τὰς στ. [B τὰ ἱμάτια] αὐ. (5)
— 19. ἔδωκε τὰς στ. [A *om.* τ. στ.] τοῖς ἀπαγγείλασι (4)
17. 10. δώσω σοι . . . στολὴν [A ζεῦγος] ἱματίων (9)
II Ki. 6. 14. καὶ ὁ Δ. ἐνδεδυκὼς στ. ἔξαλλον (2)
IV Ki. 5. 5. ἔλαβεν . . . δέκα ἀλλασσομένας στ. (3)
— 22. δὸς δὴ αὐτοῖς . . . δύο ἀλλασσομένας στ. (3)
— 23. A καὶ δύο ἀλλασσομένας στ. –
— 23. ἔλαβε . . . δύο ἀλλασσομένας στ. (3)
10. 26. A B ἐξήνεγκαν τὴν στ. [R στήλην] τοῦ B. †
I Ch. 15. 27. καὶ Δ. περιεζωσμένος ἐν στ. βυσσίνῃ (8)
— 27. καὶ ἐπὶ Δ. στ. βυσσίνη (2)
II Ch. 5. 12. τῶν ἐνδεδυμένων στ. βυσσίνας –
18. 9. καὶ ἐνδεδυμένοι στολάς (3)
23. 13. διέρρηξε Γ. τὴν στ. αὐ. (3)
I Es. 4. 17. ποιοῦσι τὰς στ. τῶν ἀνθρώπων
— 54. ἔγραψε δὲ καὶ . . . τὴν ἱερατικὴν στ.
5. 45. δοῦναι . . . στ. ἱερατικὰς ἑκατόν
Ju. 10. 7. καὶ τὴν στ. μεταβεβληκυῖαν
16. 8. A B S² ἐξεδύσατο γὰρ στολὴν χηρεύσεως αὐ.
— 8. ἔλαβε στ. λινῆν εἰς ἀπάτην αὐ.
Es. 5. 1. πᾶσαν [A τὴν, S² *add.* τὴν] στ. τῆς ἐπιφανείας αὐ. ἐνεδύκει
6. 8. ἐνεγκάτωσαν . . . στ. βυσσίνην (7)
— 11. ἔλαβε δὲ Ἀ. τὴν στ. (7)
8. 15. ἐξῆλθεν ἐστολισμένος τὴν βασιλικὴν στ. (7)
Jb. 2. 12. ῥήξαντες ἕκαστος τὴν ἑαυτοῦ στ. (8)
9. 31. ἐβδελύξατο δέ με ἡ στ. (10)
30. 13. ἐξέδυσαν γάρ μου τὴν στ. †
— 18. ἐπελάβετό μου τῆς στ. (7)
37. 17. σοῦ δὲ ἡ στ. θερμή (3)
Si. 6. 29. A R οἱ κλοιοὶ [B S κλάδοι] αὐτῆς εἰς στολὴν δόξης
— 31. στολὴν δόξης ἐνδύσῃ αὐτήν
45. 7. R περιέζωσεν αὐτὸν στολὴν [A περιστολῇ, BS περιστολὴν] δόξης
— 10. στολῇ [S στήλῃ] ἁγίᾳ χρυσῷ καὶ ὑακίνθῳ
50. 11. ἐν τῷ ἀναλαμβάνειν αὐτὸν στολὴν δόξης
Jn. 3. 6. περιείλατο τὴν στ. αὐ. ἀφ' ἑαυτοῦ (1)
Is. 9. 5 (4). πᾶσαν στολὴν ἐπισυνηγμένην δόλῳ . . . ἀποτίσουσι †
22. 17. ἀφελεῖ τὴν στ. σου †
— 21. ἐνδύσω αὐτὸν τὴν στ. σου (6)
63. 1. οὕτως ὡραῖος ἐν στολῇ (7)
Je. 52. 33. ἤλλαξε τὴν στ. τῆς φυλακῆς αὐτοῦ (3)
Ba. 4. 20. ἐξεδυσάμην τὴν στ. τῆς εἰρήνης
5. 1. ἔκδυσαι, Ἰερουσαλήμ, τὴν στ. τοῦ πένθους
Ez. 10. 2. πρὸς τὸν ἄνδρα τὸν ἐνδεδυκότα τὴν στ. †
— 6. τῷ ἀνδρὶ τῷ ἐνδεδυκότι τὴν στ. τὴν ἁγίαν †
— 7. εἰς τὰς χεῖρας τοῦ ἐνδεδυκότος τὴν στ. τὴν ἁγίαν †
44. 17. στολὰς λινᾶς ἐνδύσονται (3)
— 19. ἐκδύσονται τὰς στ. αὐτῶν . . . ἐνδύσονται στολὰς ἑτέρας καὶ οὐ μὴ ἁγιάσωσι τὸν λαὸν ἐν ταῖς στ. αὐτῶν (3 *ter*)
I Ma. 6. 15. ἔδωκεν αὐτῷ . . . τὴν στ. αὐ.
10. 21. ἐνεδύσατο Ἰων. τὴν ἁγίαν στ.
I Ma. 14. 9. ἐνεδύσαντο . . . στολὰς πολέμου
II Ma. 3. 15. ἐν ταῖς ἱερατικαῖς στ. ῥίψαντες ἑαυτοὺς
5. 2. ἱππεῖς διαχρύσους στ. ἔχοντας
[**Aq.** Jo. 7. 21.]
[**Sm., Th.** Ex. 39. 1 (13).]
[**Al.** Jd. 14. 12.]
[**Quint.** IV Ki. 23. 7.]

στολίζειν. (1) לָבַשׁ *a.* pu. *b.* hi. *c.* לְבַשׁ

I Es. 1. 2. στήσας τοὺς ἱερεῖς . . . ἐστολισμένους
5. 59. ἔστησαν οἱ ἱερεῖς ἐστολισμένοι
7. 9. ἔστησαν οἱ ἱερεῖς . . . ἐστολισμένοι
II Es. 3. 10. ἔστησαν οἱ ἱερεῖς ἐστολισμένοι (1 *a*)
Ju. 10. 3. ἐν αἷς ἐστολίζετο [S ἐκοσμεῖτο]
Es. 4. 4. ἀπέστειλε στολίσαι τὸν Μαρδ. (1 *b*)
6. 9. στολισάτω [S² -ωσαν] τὸν ἄνθρωπον (1 *b*)
— 11. B S ἐστόλισε τὸν Μαρδ. (1 *b*)
8. 15. ἐξῆλθεν ἐστολισμένος τὴν βασιλικὴν στολήν –
Da. LXX. 5. 7. στολιεῖ αὐτὸν πορφύραν (1 *c*)
— 16. στολιῶ σε πορφύραν (1 *c*)
II Ma. 3. 33. ἐφάνησαν . . . ἐν ταῖς αὐταῖς ἐσθήσεσιν ἐστολισμένοι

στολισμός. (1) בֶּגֶד (2) מַלְבּוּשׁ

II Ch. 9. 4. εἶδε . . . στολισμὸν αὐ. (2)
Si. 19. 30. στολισμὸς ἀνδρὸς . . . ἀναγγέλλει τὰ περὶ αὐτοῦ [A ἐμοῦ]
Ez. 42. 14. μὴ ἅπτωνται τοῦ στ. αὐτῶν (1)
[**Aq., Sm.** IV Ki. 10. 22.]

στολιστής.

IV Ki. 10. 22. ἐξήνεγκεν αὐτοῖς ὁ στ. †

στόλος.

I Ma. 1. 17. εἰσῆλθεν εἰς Αἴγυπτον . . . ἐν στ. μεγάλῳ
II Ma. 12. 9. ὑφῆψε τὸν λιμένα σὺν τῷ στ.
14. 1. μετὰ πλήθους ἰσχυροῦ καὶ στόλου
III Ma. 7. 17. ἐν ᾗ προσέμεινεν αὐτοὺς ὁ στ.

στόμα. (1) פֶּה (2) פֵּם (3) שָׂפָה
(4) **τὸ ἐξελθὸν ἐκ τοῦ στ.** דָּבָר

Ge. 4. 11. ἣ ἔχανε τὸ στ. αὐ. (1)
8. 11. εἶχε φύλλον ἐλαίας κάρφος ἐν τῷ στ. αὐ. (1)
24. 57. ἐπερωτήσωμεν τὸ στ. αὐ. (1)
29. 2. λίθος δὲ ἦν μέγας ἐπὶ τῷ στ. τοῦ φρέατος (1)
— 3. ἀπεκύλιον τὸν λίθον ἀπὸ τοῦ στ. τοῦ φρέατος (1)
— 3. ἀπεκαθίστων τὸν λίθον ἐπὶ τὸ στ. τοῦ φρέατος (1)
— 8. καὶ ἀποκυλίσωσι τὸν λίθον ἀπὸ τοῦ στ. τοῦ φρέατος (1)
— 10. ἀπεκύλισε τὸν λίθον ἀπὸ τοῦ στ. τοῦ φρέατος (1)
34. 26. ἀπέκτειναν ἐν στόματι μαχαίρας (1)
41. 40. ἐπὶ τῷ στ. σου ὑπακούσεται πᾶς ὁ λαός μου (1)
42. 27. ἦν ἐπάνω τοῦ στ. τοῦ μαρσίππου (1)
44. 1. ἐμβάλατε ἑκάστου τὸ ἀργ. ἐπὶ τοῦ στ. τοῦ μαρσίππου αὐ. (1)
45. 12. τὸ στ. μου τὸ λαλοῦν πρὸς ὑμᾶς (1)
Ex. 4. 11. τίς ἔδωκε στόμα ἀνθρώπῳ (1)
— 12. ἀνοίξω τὸ στ. σου (1)
— 15. δώσεις τὰ ῥήματά μου εἰς τὸ στ. αὐ. (1)
— 15. A B² R ἀνοίξω τὸ στ. σου καὶ τὸ στ. αὐ. (1, 1)
— 16. αὐτὸς ἔσται σου στόμα (1)
13. 9. ὅπως ἂν γένηται ὁ νόμος κυρίου ἐν τῷ στ. σου (1)
23. 13. οὐδὲ μὴ ἀκουσθῇ ἐκ τοῦ στ. ὑμῶν (1)
Le. 13. 45. περὶ τὸ στ. αὐ. περιβαλέσθω (3)
Nu. 4. 27. κατὰ στόμα Ἀ. καὶ τῶν υἱῶν αὐ. (1)
12. 8. στόμα κατὰ στόμα λαλήσω αὐτῷ (1, 1)
16. 30. ἀνοίξασα ἡ γῆ τὸ στ. αὐ. (1)
22. 28. ἤνοιξεν ὁ θ. τὸ στ. τῆς ὄνου (1)
— 38. ὁ ἐὰν βάλῃ ὁ θ. εἰς τὸ στ. [A τὴν καρδίαν] μου (1)
23. 5. B¹ ἐνέβαλεν ὁ θ. ῥῆμα εἰς στόμα [A B² R τὸ στ.] Βαλ. (1)
— 12. ὅσα ἐὰν ἐμβάλῃ ὁ θ. εἰς τὸ στ. μου (1)
— 16. ἐνέβαλε ῥῆμα εἰς τὸ στ. αὐ. (1)
26. 10. ἀνοίξασα ἡ γῆ τὸ στ. αὐ. (1)
27. 21. ἐπὶ τῷ στ. αὐ. ἐξελεύσονται καὶ ἐπὶ τῷ στ. αὐ. εἰσελεύσονται (1, 1)
30. 3. ὅσα ἂν ἐξέλθῃ ἐκ τοῦ στ. αὐ. (1)
32. 24. τὸ ἐκπορευόμενον ἐκ τοῦ στ. ὑμῶν (1)
Nu. 33. 7. παρενέβαλον ἐπὶ στόμα Εἰ. (1)
De. 8. 3. ἐπὶ παντὶ ῥήμ. τῷ ἐκπορευομ. διὰ στόματος θεοῦ (1)
11. 6. ἀνοίξασα ἡ γῆ τὸ στ. αὐ. (1)
18. 18. δώσω τὰ ῥήματά μου ἐν τῷ στόματι αὐ. (1)
19. 15. ἐπὶ στόματος δύο μαρτύρων καὶ ἐπὶ στόματος τριῶν μαρτύρων (1, 1)
21. 5. ἐπὶ τῷ στ. [A ὀνόματι] αὐ. ἔσται πᾶσα ἀντιλογία (1)
23. 23 (24). ὁ ἐλάλησας τῷ στ. σου [A¹ *om.* τ. στ. σ.] (1)
30. 14. ἐγγύς σου ἐστὶ τὸ ῥῆμα σφόδρα ἐν τῷ στ. σου (1)
31. 19. ἐμβαλεῖτε αὐτὴν εἰς τὸ στ. αὐ. (1)
— 21. B οὐ γὰρ μὴ ἐπιλησθῇ ἀπὸ στόματος [A R *add.* αὐ. καὶ ἀπὸ στόματος] τοῦ σπέρματος αὐ. (1, [–])
32. 1. ἀκουέτω ἡ γῆ ῥήματα ἐκ στόματός μου (1)
Jo. 1. 8. οὐκ ἀποστήσεται ἡ βίβλος . . . ἐκ τοῦ στ. σου (1)
6. 20 (21). ἀνεθεμάτισεν αὐτὴν . . . ἐν στόματι ῥομφαίας (1)
8. 24. ἐπάταξεν αὐτὴν ἐν στόματι ῥομφαίας (1)
10. 18. κυλίσατε λίθους ἐπὶ τὸ στ. τοῦ σπηλαίου (1)
— 28, 30, 32. ἐφόνευσαν αὐτὴν ἐν στόματι ξίφους (1)
— 33. ἐπάταξεν αὐτὸν Ἰ. ἐν στόματι ξίφους –
— 35. ἐφόνευσεν αὐτὴν ἐν στόματι ξίφους (1)
— 37. ἐπάταξεν αὐτὴν ἐν στόματι ξίφους (1)
— 39. ἐπάταξαν αὐτὴν ἐν στόματι ξίφους (1)
11. 11. A ἀπέκτειναν πᾶν ἐμπνέον . . . ἐν στόματι ξίφους [B *al.*] (1)
— 12. ἀνεῖλεν αὐτοὺς ἐν στόματι ξίφους (1)
— 14. αὐτοὺς δὲ πάντας ἐξωλέθρευσαν ἐν στόματι ξίφους (1)
19. 47. ἐπάταξαν αὐτὴν ἐν στόματι μαχαίρας (1)
Jd. 1. 8. ἐπάταξαν αὐτὴν ἐν στόματι ῥομφαίας (1)
— 25. ἐπάταξαν τὴν πόλιν ἐν στόματι ῥομφαίας (1)
4. 15. ἐξέστησε κ. τὸν Σ. . . . ἐν στόματι ῥομφαίας (1)
— 16. ἔπεσε πᾶσα παρεμβολὴ Σ. ἐν στόματι ῥομφ. (1)
7. 6. τῶν λαψάντων ἐν χειρὶ αὐ. πρὸς τὸ στ. αὐ. [A *al.*]
9. 38. ποῦ ἐστι τὸ στ. σου (1)
11. 35. ἤνοιξα κατὰ σοῦ τὸ στ. μου [A *al.*] (1)
— 36. ἤνοιξας τὸ στ. σου πρὸς κύριον (1)
— 36. ὃν τρόπον ἐξῆλθεν ἐκ στόματός σου (1)
14. 8. συναγωγὴ μελισσῶν ἐν τῷ στ. τοῦ λέοντος †
— 9. A ἐξεῖλεν αὐτὸ εἰς τὸ στ. [B εἰς χεῖρας] †
— 9. B ἀπὸ τοῦ στ. τοῦ λέοντος ἐξεῖλε τὸ μέλι [A *al.*] †
18. 19. ἐπίθες τὴν χεῖρά σου ἐπὶ τὸ στ. σου (1)
— 27. ἐπάταξαν αὐτοὺς ἐν στόματι ῥομφαίας (1)
20. 37. ἐπάταξαν τὴν πόλιν ἐν στόματι ῥομφαίας (1)
— 48. ἐπάταξαν αὐτοὺς ἐν στόματι ῥομφαίας (1)
21. 10. πατάξατε τοὺς οἰκοῦντας Ἰ. Γ. ἐν στόματι ῥομφαίας (1)
I Ki. 1. 12. ἐφύλαξε τὸ στ. αὐ. (1)
— 23. τὸ ἐξελθὸν ἐκ τοῦ στ. σου (4)
2. 1. ἐπλατύνθη ἐπ' ἐχθροὺς μου τὸ στ. μου (1)
— 3. μὴ ἐξελθάτω μεγαλορημοσύνη ἐκ τοῦ στ. ὑμῶν (1)
— 23. ὃ ἐγὼ ἀκούω ἐκ στόματος παντὸς τοῦ λαοῦ κυρίου –
12. 14. ἐὰν . . . μὴ ἐρίσητε τῷ στ. κυρίου (1)
— 15. ἐὰν δὲ . . . ἐρίσητε τῷ στ. κυρίου (1)
14. 26. οὐκ ἦν ἐπιστρέφων τὴν χεῖρα αὐ. εἰς τὸ στ. αὐ. (1)
— 27. ἐπέστρεψε τὴν χεῖρα αὐ. εἰς τὸ στ. αὐ. (1)
15. 8. πάντα τὸν λαὸν . . . ἀπέκτεινεν ἐν στόματι ῥομφ. (1)
17. 35. καὶ ἐξέσπασα ἐκ τοῦ στ. αὐ. (1)
22. 19. A τὴν Ν. . . . ἐπάταξεν ἐν στόματι ῥομφαίας . . . ἕως . . . ὄνου καὶ προβάτου ἐν στόματι ῥομφαίας [B *om.* ἐν στ. ῥ.] (1, 1)
II Ki. 1. 16. τὸ στ. σου ἀπεκρίθη κατὰ σοῦ (1)
13. 32. ἐπὶ στόματος Ἀβ. ἦν κείμενος (1)
14. 3. ἔθηκεν Ἰ. τοὺς λόγους ἐν τῷ στ. [A εἰς τὸ στ.] αὐ. (1)
— 13. ἡ ἐκ στόματος τοῦ βασ. ὁ λόγος οὗτος †
— 19. ἔθετο ἐν τῷ στ. [A στ. μου] τῆς δούλης σου (1)

II Ki. 15. 14. ἵνα μὴ ... πατάξῃ τὴν πόλιν στόματι μαχαίρας (1)
17. 5. ἀκούσωμεν τί ἐν τῷ στ. αὐ. (1)
18. 25. εὐαγγέλια ἐν τῷ στ. αὐ. (1)
22. 9. πῦρ ἐκ στόματος αὐ. κατέδεται (1)
III Ki. 7. 31. A καὶ στόμα αὐ. ἔσωθεν τῆς κεφαλίδος (1)
— 31. A καὶ στόμα αὐ. στρογγυλοῦν (1)
— 31. A καί γε ἐπὶ στόματος αὐ. διατορεύματα (1)
8. 15. ὃς ἐλάλησεν ἐν τῷ [A om.] στ. αὐ. (1)
— 24. ἐλάλησας ἐν τῷ [A om.] στ. σου (1)
17. 1. ὅτι εἰ μὴ διὰ στόματος λόγου μου (1)
— 24. ῥῆμα κυρίου ἐν στόματί σου ἀληθινόν (1)
19. 18. καὶ πᾶν στ. ὃ οὐ προσεκύνησεν αὐτῷ (1)
21 (20). 33. ἀνέλεξαν τὸν λόγον ἐκ τοῦ στ. αὐ. †
22. 13. λαλοῦσι πάντες οἱ προφῆται ἐν στόματι ἑνί (1)
— 22. ἔσομαι πνεῦμα ψευδὲς εἰς τὸ στ. [A ἐν στόματι] πάντων τῶν προφητῶν αὐ. (1)
— 23. ἔδωκε κ. πνεῦμα ψευδὲς ἐν στόματι πάντων τῶν προφητῶν σου τούτων (1)
IV Ki. 4. 34. ἔθηκε τὸ στ. αὐ. ἐπὶ τὸ στ. αὐ. (1, 1)
10. 21. ἐπλήσθη ὁ οἶκος τοῦ B. στόμα εἰς στόμα (1, 1)
— 25. ἐπάταξαν αὐτοὺς ἐν στόματι ῥομφαίας (1)
21. 16. ἕως οὗ ἔπλησε τὴν Ἱερ. στόμα εἰς στόμα (1, 1)
23. 35. τοῦ δοῦναι τὸ ἀργύριον ἐπὶ στόματος Φ. (1)
I Ch. 16. 12. τέρατα καὶ κρίματα τοῦ στ. αὐ. (1)
II Ch. 6. 4. ὃς ἐλάλησεν ἐν στόματι αὐ. (1)
— 15. ἐλάλησας ἐν στόματι [A τῷ στ.] σου (1)
18. 12. ἐλάλησαν οἱ προφῆται ἐν στ. ἑνὶ ἀγαθά (1)
— 21. ἔσομαι πνεῦμα ψευδὲς ἐν στόματι πάντων τῶν προφητῶν αὐ. (1)
— 22. ἔδωκε κύριος πνεῦμα ψευδὲς ἐν στόματι τῶν προφητῶν σου τούτων (1)
35. 22. οὐκ ἤκουσε τῶν λόγων N. διὰ στόματος θεοῦ (1)
36. 4. B τοῦ δοῦναι τὸ ἀργύριον ἐπὶ στόμα Φ. –
— 12. οὐκ ἐνετράπη ... ἐκ στόματος κυρίου (1)
— 21. τοῦ πληρωθῆναι λόγον κ. διὰ στόματος Ἱερ. (1)
— 22. μετὰ τὸ πληρωθῆναι ῥῆμα κ. διὰ στόματος Ἱερ. (1)
I Es. 1. 28. οὐ προσέχων ῥήμασιν Ἱερ. προφήτου ἐκ στόματος κυρίου
— 47. τῶν ῥηθέντων λόγων ὑπὸ Ἱερ. τοῦ προφήτου ἐκ στόματος τοῦ κυρίου
— 57. εἰς ἀναπλήρωσιν τοῦ ῥήμ. τοῦ κ. ἐν στόματι Ἱερ.
2. 1. εἰς συντέλειαν ῥήματος κυρίου ἐν στόματι Ἱερ.
4. 19. χάσκοντες τὸ στ. θεωροῦσιν αὐτήν
— 31. ὁ βασ. χάσκων τὸ στ. ἐθεώρει αὐτήν
— 46. ἣν ηὔξω ... ἐκ στόματός σου
II Es. 1. 1. τοῦ τελεσθῆναι λόγον κ. ἀπὸ στόματος Ἱερ. (1)
8. 17. ἔθηκα ἐν στόματι αὐ. λόγους (1)
9. 11. ὧν ἔπλησαν αὐτὴν ἀπὸ στόματος ἐπὶ στόμα (1, 1)
Ne. 2. 13. R καὶ πρὸς στόμα [A B S πρόστ.] πηγῆς τῶν συκῶν †
9. 20. τὸ μάννα σου οὐκ ἀφυστέρησας ἀπὸ στόματος αὐ. (1)
To. 13. 6. A S R ἐξομολογήσασθε αὐτῷ ἐν ὅλῳ τῷ στ. [B σώματι] ὑμῶν
Ju. 2. 2. συνετέλεσε πᾶσαν τὴν κακίαν τῆς γῆς ἐκ τοῦ στ. αὐ.
— 3. οἱ οὐκ ἠκολούθησαν τῷ λόγῳ τοῦ στ. αὐ.
— 6. ἠπείθησαν τῷ ῥήματι τοῦ στ. μου
— 27. ἐπάταξε πάντας τοὺς νεανίσκους αὐ. ἐν στόματι ῥομφαίας
5. 5. ἀκουσάτω δὴ ... ἐκ στόματος τοῦ δούλου σου
— 5. οὐκ ἐξελεύσεται ψεῦδος ἐκ τοῦ στ. τοῦ δούλου σου
6. 4. S οὐ ματαιωθήσεται τὰ ῥήματα τοῦ στ. [A B τῶν λόγων] αὐ.
8. 21. R ζητήσει τὴν βεβήλωσιν αὐ. ἐκ τοῦ στ. [A B S αἵματος] ἡμῶν
15. 13. μετὰ στεφάνων καὶ ὕμνων ἐν τῷ στ. αὐ. [S *al.*]
Es. 4. 17. μὴ ἀφανίσῃς στόμα [A τὸ στ., S^1 τὸ αἷμα] αἰνούντων σοι
— 17. ἐξᾶραι ὁρισμὸν στόματός σου
— 17. ἐμφράξαι στόμα [S -ατα] αἰνούντων σοι
— 17. ἀνοῖξαι στόμα ἐθνῶν
Es. 4. 17. δὸς λόγον εὔρυθμον εἰς τὸ στ. μου
7. 8. S^2 ὁ λόγος ἐξῆλθεν ἐκ τοῦ στ. τοῦ βασ. (1)
Jb. 1. 15. A τοὺς παῖδας ἐπάταξαν ἐν στόματι μαχαίρας [B S *al.*] (1)
3. 1. ἤνοιξεν Ἰὼβ τὸ στ. αὐτοῦ (1)
5. 16. ἀδίκου δὲ στόμα ἐμφραχθείη (1)
6. 4. S βέλη γὰρ κυρίου ἐν τῷ στ. [A B σώματί] μού ἐστιν †
7. 11. οὐδὲ ἐγὼ φείσομαι τῷ στ. μου (1)
— 11. A S^2 ἀνοίξω τὸ στ. μου [B S^1 *al.*] †
8. 2. πνεῦμα πολυρρῆμον τοῦ στ. σου (1)
— 21. ἀληθινῶν δὲ στόμα ἐμπλήσει γέλωτος (1)
9. 20. ἐὰν γὰρ ὦ δίκαιος τὸ στ. μου ἀσεβήσει (1)
13. 6. ἀκούσατε ἔλεγχον τοῦ [A S om.] στ. μου –
15. 5. ἔνοχος εἶ ῥήμασι στόματός σου (1)
— 6. ἐλέγξαι σε τὸ σὸν στ. καὶ μὴ ἐγώ (1)
— 13. ἐξήγαγες δὲ ἐκ στόματος ῥήματα τοιαῦτα (1)
16. 6 (5). εἴη δὲ ἰσχὺς ἐν τῷ στ. μου (1)
19. 16. στόμα δέ μου ἐδέετο (1)
20. 12. ἐὰν γλυκανθῇ ἐν στόματι αὐτοῦ κακία (1)
21. 5. A χεῖρα θέντες ἐπὶ στόμα [B S σιαγόνι] (1)
22. 22. ἔκλαβε δὲ ἐκ στόματος αὐτοῦ ἐξηγορίαν (1)
23. 4. τὸ δὲ στ. μου ἐμπλήσαι [A ἐμπλ. με, S^2 -ήσω] ἐλέγχων (1)
27. 4. A οὐ μὴ λαλήσει τὸ στ. μου ἄδικα [B S *al.*] (3)
29. 9. δάκτυλον ἐπιθέντες ἐπὶ στόματι (1)
— 13. στόμα δὲ χήρας με εὐλόγησε †
31. 27. εἰ δὲ χεῖρά μου ἐπιθεὶς ἐπὶ στόματί μου ἐφίλησα (1)
32. 5. οὐκ ἔστιν ἀπόκρισις ἐν στόματι τῶν τριῶν ἀνδρῶν (1)
33. 2. ἰδοὺ γὰρ ἤνοιξα τὸ στ. μου (1)
35. 16. Ἰὼβ ματαίως ἀνοίγει τὸ στ. αὐτοῦ (1)
36. 16. προσεπιπάτησέ σε ἐκ στόματος ἐχθροῦ (1)
37. 2. μελέτη ἐκ στόματος αὐτοῦ ἐξελεύσεται (1)
39. 34 (40. 4). χεῖρα θήσω ἐπὶ στόματί μου (1)
40. 18 (23). προσκρούσει ὁ Ἰ. εἰς τὸ στ. αὐ. (1)
41. 10 (11). ἐκ στόματος αὐτοῦ ἐκπορεύονται λαμπάδες καιόμεναι (1)
— 12 (13). φλὸξ δὲ ἐκ στόματος αὐτοῦ ἐκπορεύεται (1)
Ps. 5. 9. οὐκ ἔστιν ἐν τῷ [S^1 om.] στ. αὐτῶν ἀλήθεια (1)
8. 2. ἐκ στόματος νηπίων καὶ θηλαζόντων (1)
9. 28 (10. 7). οὗ ἀρᾶς τὸ στ. αὐτοῦ γέμει (1)
13 (14). 3. B S ὧν τὸ στ. ἀρᾶς καὶ πικρίας γέμει –
16 (17). 3. ὅπως ἂν μὴ λαλήσῃ τὸ στ. μου τὰ ἔργα τῶν ἀνθρώπων (1)
— 10. τὸ στ. αὐτῶν ἐλάλησεν ὑπερηφανίαν (1)
18 (19). 14. ἔσονται εἰς εὐδοκίαν τὰ λόγια τοῦ στ. μου (1)
21 (22). 13. ἤνοιξαν ἐπ' ἐμὲ τὸ στ. αὐτῶν (1)
— 21. σῶσόν με ἐκ στόματος λέοντος (1)
31 (32). 2. οὐδέ ἐστιν ἐν τῷ στ. αὐτοῦ δόλος †
32 (33). 6. καὶ τῷ πνεύματι τοῦ στ. αὐ. πᾶσα ἡ δύναμις αὐ. (1)
33 (34). 1. διὰ παντὸς ἡ αἴνεσις αὐτοῦ ἐν τῷ στ. μου (1)
34 (35). 21. ἐπλάτυναν ἐπ' ἐμὲ τὸ στ. αὐτῶν (1)
35 (36). 3. τὰ ῥήματα τοῦ στ. αὐτοῦ ἀνομία (1)
36 (37). 30. στόμα δικαίου μελετήσει σοφίαν (1)
37 (38). 13. ὡσεὶ ἄλαλος οὐκ ἀνοίγων τὸ στ. αὐτοῦ (1)
— 14. A S^2 R οὐκ ἔχων ἐν τῷ [B S^1 om.] στ. αὐτοῦ ἐλεγμούς (1)
38 (39). 1. ἐθέμην τῷ στ. μου φυλακήν (1)
— 9. οὐκ ἤνοιξα τὸ στ. μου (1)
39 (40). 3. ἐνέβαλεν εἰς τὸ στ. μου ᾆσμα καινόν (1)
48 (49). 3. τὸ στ. μου λαλήσει σοφίαν (1)
— 13. ἐν τῷ στ. αὐτῶν εὐλογήσουσι [A S^2 -δοκήσουσιν] (1)
49 (50). 16. καὶ ἀναλαμβάνεις τὴν διαθήκην μου διὰ στόματός σου (1)
— 19. τὸ στ. σου ἐπλεόνασε κακίαν (1)
50 (51). 15. τὸ στ. μου ἀναγγελεῖ τὴν αἴνεσίν σου (1)
53 (54). 2. ἐνώτισαι τὰ ῥήματα τοῦ στ. μου (1)
57 (58). 6. συνέτριψε τοὺς ὀδόντας αὐτῶν ἐν τῷ στ. αὐτῶν (1)
58 (59). 7. ἀποφθέγξονται ἐν τῷ στ. αὐτῶν (1)
— 12. ἁμαρτίαν στόματος αὐτῶν (1)
61 (62). 4. τῷ στ. αὐτῶν εὐλόγουν (1)
62 (63). 5. S^2 χείλη ἀγαλλιάσεως αἰνέσει τὸ στ. μου [B S^1 ὄνομά σου] (1)
— 11. ἐνεφράγη στόμα λαλούντων ἄδικα (1)
Ps. 65 (66). 14. ἐλάλησε τὸ στ. μου ἐν τῇ θλίψει μου (1)
— 17. πρὸς αὐτὸν τῷ στ. μου ἐκέκραξα (1)
68 (69). 15. S R μηδὲ συσχέτω ἐπ' ἐμὲ φρέαρ τὸ [B om.] στ. αὐτοῦ (1)
70 (71). 8. πληρωθήτω τὸ στ. μου αἰνέσεως (1)
— 15. τὸ στ. μου ἐξαγγελεῖ τὴν δικαιοσύνην σου (1)
72 (73). 9. ἔθεντο εἰς οὐρανὸν τὸ στ. αὐτῶν (1)
77 (78). 1. κλίνατε τὸ οὖς ὑμῶν εἰς τὰ ῥήματα τοῦ στ. μου (1)
— 2. ἀνοίξω ἐν παραβολαῖς τὸ στ. μου (1)
— 30. ἔτι τῆς βρώσεως αὐ. οὔσης ἐν τῷ στ. αὐ. (1)
— 36. ἠγάπησαν αὐτὸν ἐν τῷ στ. αὐτῶν (1)
80 (81). 10. πλάτυνον τὸ στ. σου (1)
88 (89). 1. ἀπαγγελῶ τὴν ἀλήθειάν σου ἐν τῷ στ. μου (1)
104 (105). 5. καὶ τὰ κρίματα τοῦ στ. αὐτοῦ (1)
106 (107). 42. SR πᾶσα ἀνομία ἐμφράξει τὸ [A om.] στ. αὐτῆς (1)
108 (109). 2. στόμα ἁμαρτωλοῦ καὶ στόμα δολίου ἐπ' ἐμὲ ἠνοίχθη (1, 1)
— 30. ἐξομολογήσομαι τῷ κυρίῳ σφόδρα ἐν τῷ στ. μου (1)
113. 13 (115. 5). στόμα ἔχουσι (1)
118 (119). 13. ἐξήγγειλα πάντα τὰ κρίματα τοῦ στ. σου (1)
— 43. μὴ περιέλῃς ἐκ τοῦ στ. μου λόγον ἀληθείας ἕως σφόδρα (1)
— 72. ἀγαθός μοι ὁ νόμος τοῦ στ. σου (1)
— 88. φυλάξω τὰ μαρτύρια τοῦ στ. σου (1)
— 103. ὑπὲρ μέλι τῷ στ. μου (1)
— 108. τὰ ἑκούσια τοῦ στ. μου εὐδόκησον δή (1)
— 131. τὸ στ. μου ἤνοιξα (1)
125 (126). 2. ἐπλήσθη χαρᾶς τὸ στ. ἡμῶν (1)
134 (135). 16. στόμα ἔχουσι καὶ οὐ λαλήσουσιν (1)
— 17. οὐδὲ γάρ ἐστι πνεῦμα ἐν τῷ στ. αὐτῶν (1)
137 (138). 1. S R ἤκουσας τὰ ῥήματα τοῦ στ. μου –
— 4. ἤκουσαν πάντα τὰ ῥήματα τοῦ στ. σου (1)
140 (141). 3. θοῦ, κύριε, φυλακὴν τῷ στ. μου (1)
143 (144). 8, 11. ὧν τὸ στ. ἐλάλησε ματαιότητα (1)
144 (145). 21. αἴνεσιν κυρίου λαλήσει τὸ στ. μου (1)
Pr. 3. 16. ἐκ τοῦ στ. αὐτῆς ἐκπορεύεται δικαιοσύνη –
4. 5. μηδὲ παρίδῃς ῥῆσιν ἐμοῦ στόματος (1 ?)
— 5. A μηδὲ ἐκκλίνῃς ἀπὸ ῥημάτων στόματός μου (1)
— 24. περίελε σεαυτοῦ σκολιὸν στόμα (1)
6. 2. ἁλίσκεται χείλεσιν ἰδίου στόματος (1)
7. 24. πρόσεχε ῥήμασι [A ῥῆσιν] στόματός μου (1)
8. 8. μετὰ δικαιοσύνης πάντα τὰ ῥήματα [A κρίματα] τοῦ στ. μου (1)
— 29. A S^2 ὕδατα οὐ παρελεύσονται στόματος αὐτοῦ (1)
10. 6. στόμα δὲ ἀσεβῶν καλύψει πένθος ἄωρον (1)
— 11. στόμα δὲ ἀσεβοῦς καλύψει ἀπώλεια (1)
— 14. στόμα δὲ προπετοῦς ἐγγίζει συντριβῇ (1)
— 31. στόμα δικαίου ἀποστάζει σοφίαν (1)
— 32. στόμα δὲ ἀσεβῶν ἀποστρέφεται [S^2 καταστρ.] (1)
11. 2. στόμα δὲ ταπεινῶν μελετᾷ σοφίαν –
— 9. ἐν στόματι ἀσεβῶν παγὶς πολίταις (1)
— 10 (11). στόμασι δὲ ἀσεβῶν κατεσκάφη (1)
12. 6. στόμα δὲ ὀρθῶν ῥύσεται αὐτούς (1)
— 8. στόμα συνετοῦ ἐγκωμιάζεται ὑπὸ ἀνδρός (1)
— 14. ἀπὸ καρπῶν στόματος ψυχὴ ἀνδρὸς πλησθήσεται ἀγαθῶν (1)
13. 3. ὃς φυλάσσει τὸ ἑαυτοῦ στ. τηρεῖ τὴν ἑαυτοῦ ψυχήν (1)
14. 3. ἐκ στόματος ἀφρόνων βακτηρία ὕβρεως (1)
15. 2. στόμα δὲ ἀφρόνων ἀναγγέλλει κακά (1)
— 14. στόμα δὲ ἀπαιδεύτων [S^1 ἀσεβῶν] γνώσεται κακά (†*, 1)
— 28. στόμα δὲ ἀσεβῶν ἀποκρίνεται κακά (1)
16. 10. ἐν δὲ κρίσει οὐ μὴ πλανηθῇ τὸ στ. αὐτοῦ (1)
— 17. ἀγαπῶν δὲ ζωὴν αὐτοῦ φείσεται στόματος αὐτοῦ –
— 23. καρδία σοφοῦ νοήσει τὰ ἀπὸ τοῦ [S^1 om.] ἰδίου στ. (1)
— 27 (26). ὁ μέντοι σκολιὸς ἐπὶ τῷ ἑαυτοῦ στ. φορεῖ τὴν ἀπώλειαν (1)
18. 6. τὸ δὲ στ. αὐτοῦ τὸ θρασὺ θάνατον ἐπικαλεῖται (1)
— 7. στόμα ἄφρονος συντριβὴ αὐτῷ (1)
— 20. ἀπὸ καρπῶν στόματος ἀνὴρ πίμπλησι κοιλίαν αὐτοῦ (1)
19. 24. οὐδὲ τῷ στ. οὐ μὴ προσενέγκῃ αὐτάς (1)

Pr. 19. 28. στόμα δὲ ἀσεβῶν καταπίεται κρίσεις (1)
21. 20. θησαυρὸς ἐπιθυμητὸς ἀναπαύσεται ἐπὶ στόματος σοφοῦ †
— 23. ὃς φυλάσσει τὸ στ. αὐτοῦ (1)
22. 14. βόθρος βαθὺς στόμα παρανόμου (1)
23. 33. τὸ στ. σου τότε λαλήσει σκολιά †
24. 7. σοφοὶ οὐκ ἐκκλίνουσιν ἐκ στόματος κυρίου (1 ?)
— 76 (31. 8). ἄνοιγε σὸν στόμα λόγῳ θεοῦ (1)
— 77 (31. 9). ἄνοιγε σὸν στόμα (1)
26. 7. καὶ παρανομίαν ἐκ στόματος ἀφρόνων (1)
— 15. οὐ δυνήσεται ἐπενεγκεῖν ἐπὶ [A S^{2} εἰς τὸ] στόμα (1)
— 28. στόμα δὲ ἄστεγον ποιεῖ ἀκαταστασίας (1)
27. 2. ἐγκωμιαζέτω σε ὁ πέλας καὶ μὴ τὸ σὸν στόμα (1)
— 21. ἀνὴρ δὲ δοκιμάζεται διὰ στόματος ἐγκωμιαζόντων αὐτόν (1)
31. 24 (26). στόμα [S -ατα] αὐτῆς διήνοιξε (1)
— 27 (26). τὸ στ. δὲ [A στ. δὲ αὐτῆς] ἀνοίγει σοφῶς (1 ?)
Ec. 5. 1. μὴ σπεῦδε ἐπὶ στόματί σου (1)
— 5. μὴ δῷς τὸ στόμα [A^{1a} αἷμα] σου τοῦ ἐξαμαρτῆσαι τὴν σάρκα σου (1)
6. 7. πᾶς μόχθος ἀνθρώπου εἰς στόμα αὐ. (1)
8. 2. στόμα βασιλέως φύλαξον (1)
10. 12. λόγοι [S^{2} λόγοις] στόματος σοφοῦ χάρις (1)
— 13. ἀρχὴ λόγων στόματος αὐτοῦ ἀφροσύνη (1)
— 13. A S R ἐσχάτη στόματος [B *om.*] αὐτοῦ περιφέρεια πονηρά (1)
Ca. 1. 2. φιλησάτω με ἀπὸ φιλημάτων στόματος αὐτοῦ (1)
Wi. 1. 11. στόμα δὲ καταψευδόμενον ἀναιρεῖ ψυχήν
8. 12. χεῖρα ἐπιθήσουσιν ἐπὶ στόμα [S^{1} τὸ στ.] αὐ.
10. 21. ἡ σοφία ἤνοιξε στόμα κωφῶν
Si. 1. 29. μὴ ὑποκριθῇς ἐν στόμασιν [S -ατι] ἀνθρώπων
5. 12. ἡ χείρ σου ἔστω ἐπὶ στόματί [S τῷ στ.] σου
8. 11. ἵνα μὴ ἐγκαθίσῃ ὡς ἔνεδρον τῷ στ. σου
13. 24. πονηρὰ ἡ πτωχεία ἐν στόμασιν [A S -ατι] ἀσεβοῦς
14. 1. ὃς οὐκ ὠλίσθησεν ἐν στόματι [A τῷ στ.] αὐ.
15. 5. ἐν μέσῳ ἐκκλησίας ἀνοίξει στόμα [A S τὸ στ.] αὐτοῦ
— 9. οὐχ ὡραῖος αἶνος ἐν στόματι ἁμαρτωλοῦ
20. 15. ἀνοίξει τὸ στ. αὐτοῦ ὡς κῆρυξ
— 19. ἐν στόματι ἀπαιδεύτων ἐνδελεχισθήσεται
— 20. ἀπὸ στόματος μωροῦ ἀποδοκιμασθήσεται παραβολή
— 24. ἐν στόματι ἀπαιδεύτων ἐνδελεχισθήσεται
— 29. ὡς φιμὸς ἐν στόματι ἀποτρέπει [A -έμει] ἐλεγμούς
21. 5. δέησις πτωχοῦ ἐκ στόματος ἕως ὠτίων αὐτοῦ
— 17. στόμα φρονίμου ζητηθήσεται ἐν ἐκκλησίᾳ
— 26. ἐν στόματι μωρῶν ἡ καρδία αὐτῶν καρδία δὲ σοφῶν [A φρονίμων] στόμα αὐτῶν
22. 22. ἐπὶ φίλον ἐὰν ἀνοίξῃς στόμα μὴ εὐλαβηθῇς
— 27. τίς δώσει μοι ἐπὶ στόμα [A -ατί, S^{2} τῷ στ.] μου φυλακήν
23. 7. B παιδεία στόματος
— 7. παιδείαν στόματος ἀκούσατε, τέκνα
— 9. ὅρκῳ μὴ ἐθίσῃς τὸ στ. σου
— 13. ἀπαιδευσίαν ἀσυρῆ μὴ συνεθίσῃς τὸ στ. σου
24. 2. ἐν ἐκκλησίᾳ ὑψίστου στόμα [S τὸ στ.] αὐτῆς ἀνοίξει
— 3. ἐγὼ ἀπὸ στόματος ὑψίστου ἐξῆλθον
26. 12. ὡς διψῶν ὁδοιπόρος τὸ [S^{2} *om.*] στ. ἀνοίγει
27. 23. ἀπέναντι τῶν ὀφθαλμῶν σου γλυκανεῖ στόμα σου [A S τὸ στ. αὐτοῦ]
— 23. ὕστερον δὲ διαστρέψει τὸ στ. αὐτοῦ
28. 12. ἀμφότερα ἐκ τοῦ στ. σου ἐκπορεύεται [A S ἐξελεύσ.]
— 18. πολλοὶ ἔπεσαν ἐν στόματι μαχαίρας
— 24. S περίφραξον τὸ στ. [A B κτῆμά] σου ἀκάνθαις
— 25. τῷ στ. σου ποίησον θύραν καὶ μοχλόν
29. 24. οὐκ ἀνοίξει [A S -εις] στόμα
30. 18. ἀγαθὰ ἐκκεχυμένα ἐπὶ στόματι κεκλεισμένῳ
31 (34). 8. σοφία στόματι πιστῷ τελείωσις
37. 22. οἱ καρποὶ τῆς συνέσεως αὐτοῦ ἐπὶ στόματος [S -τι] πιστοί
39. 5. S R ἀνοίξει τὸ [A B *om.*] στ. αὐτοῦ ἐν προσευχῇ
— 17. ἐν ῥήματι στόματος αὐτοῦ ἀποδοχεῖα ὑδάτων
— 35. ἐν πάσῃ καρδίᾳ καὶ στόματι ὑμνήσατε
40. 30. ἐν στόματι ἀναιδοῦς γλυκανθήσεται ἐπαίτησις [S ἀπ.]
49. 1. ἐν παντὶ στόματι ὡς μέλι γλυκανθήσεται

Si. 51. 25. ἤνοιξα τὸ στ. μου καὶ ἐλάλησα
Ho. 2. 17 (19). ἐξαρῶ τὰ ὀνόματα τῶν Β. ἐκ στόματος αὐ. (1)
6. 6 (5). ἀπέκτεινα αὐτοὺς ἐν ῥήματι στόματός μου (1)
Am. 3. 12. ὅταν ἐκσπάσῃ . . . ἐκ στόματος τοῦ λέοντος δύο σκέλη (1)
Mi. 3. 5. καὶ οὐκ ἐδόθη εἰς τὸ στ. αὐ. (1)
4. 4. τὸ στ. κυρίου παντοκράτορος ἐλάλησε ταῦτα (1)
6. 12. B ὑψώθη [A R -θη] ἐν τῷ στ. αὐ. (1)
7. 16. ἐπιθήσουσι χεῖρας ἐπὶ τὸ [A *om.*] στ. αὐ. (1)
Jl. 1. 5. ἐξῆρθη ἐκ στόματος [A τοῦ στ.] ὑμῶν εὐφροσύνη (1)
Na. 3. 12. πεσοῦνται εἰς στόμα ἔσθοντος (1)
Ze. 3. 13. οὐ μὴ εὑρεθῇ ἐν τῷ [A *om.*] στ. αὐ. γλῶσσα δολία (1)
Za. 5. 8. ἔρριψε τὸν λίθον . . . εἰς τὸ στ. αὐ. (1)
8. 9. τῶν ἀκουόντων . . . τοὺς λόγους τούτους ἐκ στόματος τῶν προφητῶν (1)
9. 7. ἐξαρῶ τὸ αἷμα αὐ. ἐκ στόματος αὐ. (1)
14. 12. ἡ γλῶσσα αὐ. τακήσεται ἐν τῷ στ. αὐ. (1)
Ma. 2. 6. νόμος ἀληθείας ἦν ἐν τῷ στ. αὐ. (1)
— 7. νόμον ἐκζητήσουσιν ἐκ στόματος αὐ. (1)
Is. 1. 20. τὸ γὰρ στ. κυρίου ἐλάλησε ταῦτα (1)
5. 14. διήνοιξε τὸ στ. αὐτοῦ τοῦ μὴ διαλιπεῖν (1)
6. 7. ἥψατο τοῦ στ. μου (1)
9. 12 (11). τοὺς κατεσθίοντας τὸν Ἰσραὴλ ὅλῳ τῷ στ. (1)
— 17 (16). πᾶν στ. λαλεῖ ἄδικα (1)
11. 4. πατάξει γῆν τῷ λόγῳ τοῦ στ. αὐτοῦ (1)
24. 3. τὸ γὰρ στ. κυρίου ἐλάλησε ταῦτα –
25. 8. τὸ γὰρ στ. κυρίου ἐλάλησε –
26. 21. A ἀνακαλύψει ἡ γῆ τὸ στ. [B S αἷμα] αὐτῆς †
29. 13. ἐγγίζει μοι ὁ λαὸς οὗτος ἐν τῷ στ. αὐτοῦ [A S *om.* ἐν τ. στ. αὐ.] (1)
45. 23. εἰ μὴ ἐξελεύσεται ἐκ τοῦ στ. μου δικαιοσύνη (1)
48. 3. ἐκ τοῦ στ. μου ἐξῆλθε (1)
49. 2. ἔθηκε τὸ στ. μου ὡς μάχαιραν ὀξεῖαν (1)
51. 16. θήσω τοὺς λόγους μου εἰς τὸ στ. σου (1)
52. 15. συνέξουσι [A -άξ.] βασιλεῖς τὸ στ. αὐτῶν (1)
53. 7. οὐκ ἀνοίγει τὸ στ. . . . οὕτως οὐκ ἀνοίγει τὸ στ. αὐ. (1, 1)
— 9. οὐδὲ δόλον [A S^{2} εὑρέθη δόλος] ἐν τῷ στ. αὐτοῦ (1)
55. 11. ὁ ἐὰν ἐξέλθῃ ἐκ τοῦ στ. μου (1)
57. 4. ἐπὶ τίνα ἠνοίξατε τὸ στ. ὑμῶν (1)
58. 13. οὐδὲ λαλήσεις λόγον ἐν ὀργῇ ἐκ τοῦ στ. σου †
— 14. τὸ γὰρ στ. κυρίου ἐλάλησε ταῦτα (1)
59. 21. τὰ ῥήματα ἃ ἔδωκα εἰς τὸ στ. [S^{1} τὴν καρδίαν] σου οὐ μὴ ἐκλίπῃ ἐκ τοῦ στ. σου καὶ ἐκ τοῦ στ. τοῦ σπέρματός σου [B^{1} *al.*] (1 *ter*)
Je. 1. 9. ἥψατο τοῦ στ. μου . . . δέδωκα τοὺς λόγους μου εἰς τὸ στ. σου (1, 1)
4. 1. ἐὰν περιέλῃ τὰ βδελύγματα αὐτοῦ ἐκ στόματος αὐτοῦ [A *om.* ἐκ στ. αὐ.] –
5. 14. δέδωκα τοὺς λόγους μου εἰς τὸ στ. σου πῦρ (1)
7. 28. ἐξέλιπεν ἡ πίστις ἐκ στόματος αὐτῶν (1)
9. 8 (7). δόλια τὰ ῥήματα τοῦ στ. αὐτῶν (1)
— 12 (11). λόγος στόματος κυρίου πρὸς αὐτόν (1)
— 20 (19). δεξάσθω τὰ ὦτα ὑμῶν λόγους στόματος αὐτοῦ (1)
12. 2. ἐγγὺς εἶ σὺ τοῦ στ. αὐτῶν (1)
15. 19. ὡς στόμα μου ἔσῃ (1)
21. 7. κατακόψουσιν αὐτοὺς ἐν στόματι μαχαίρας (1)
23. 16. καὶ οὐκ ἀπὸ στόματος κυρίου (1)
28 (51). 44. ἐξοίσω ἃ κατέπιεν ἐκ τοῦ στ. αὐ. (1)
31 (48). 28. περιστεραὶ νοσσεύουσαι ἐν πέτραις στόματι βοθύνου (1)
39 (32). 4. λαλήσει στόμα αὐ. πρὸς στόμα αὐ. (1, 1)
41 (34). 3. A στόμα αὐ. μετὰ τοῦ στ. σου λαλήσει (1, 1)
43 (36). 4. ἔγραψεν ἀπὸ στόματος Ἱερεμίου πάντας τοὺς λόγους κυρίου (1)
— 18. ἀπὸ στόματος αὐτοῦ ἀνήγγειλέ μοι Ἱερεμίας πάντας τοὺς λόγους τούτους (1)
— 27. οὓς ἔγραψε Βαροὺχ ἀπὸ στόματος Ἱερ. (1)
— 32. ἔγραψεν ἐπ' αὐτῷ ἀπὸ στόματος Ἱερ. (1)
51 (44). 17. ὃς ἐξελεύσεται ἐκ τοῦ στ. ἡμῶν (1)
— 25. ὑμεῖς γυναῖκες τῷ στ. ὑμῶν ἐλαλήσατε (1)
— 26. ἐὰν γένηται ἔτι ὄνομά μου ἐν τῷ στ. παντὸς Ἰούδα (1)

Je. 51. 31 (45. 1). ἔγραφε τοὺς λόγους τούτους . . . ἀπὸ στόματος Ἱερεμίου (1)
La. 1. 18. στόματος [A S τὸ στ.] αὐτοῦ παρεπίκρανα (1)
2. 16. διήνοιξαν ἐπὶ σὲ στόμα αὐτῶν (1)
3. 38. ἐκ στόματος ὑψίστου οὐκ ἐξελεύσεται τὰ κακὰ καὶ τὸ ἀγαθόν (1)
— 46. διήνοιξαν ἐφ' ἡμᾶς τὸ [A *om.*] στ. αὐ. (1)
Ez. 2. 8. χάνε τὸ στ. σου (1)
3. 2. διήνοιξε τὸ στ. μου (1)
— 3. τὸ στ. σου φάγεται . . . ἐγένετο ἐν τῷ στ. μου ὡς μέλι (†, 1)
— 17. A^{2} B ἀκούσῃ ἐκ στόματός μου λόγον (1)
— 27. ἀνοίξω τὸ στ. σου (1)
4. 14. οὐδὲ εἰσελήλυθεν εἰς τὸ στ. μου πᾶν κρέας ἕωλον [A^{2} B^{1} βέβηλον] (1)
16. 56. ἦν Σόδομα ἡ ἀδελφή σου εἰς ἀκοὴν ἐν τῷ στ. σου (1)
— 63. μὴ ᾖ σοι ἔτι ἀνοῖξαι τὸ στ. σου [A *om.*] (1)
21. 22 (27). τοῦ διανοῖξαι στόμα ἐν βοῇ (1)
24. 22. ἀπὸ στόματος αὐτῶν οὐ παρακληθήσεσθε (3)
— 27. διανοιχθήσεται τὸ στ. σου (1)
29. 21. σοὶ δώσω στόμα ἀνεῳγμένον (1)
33. 7. ἀκούσῃ ἐκ στόματός μου λόγον (1)
— 22. ἤνοιξέ μου τὸ στ. . . . ἀνοιχθέν μου τὸ στ. οὐ συνεσχέθη [A -εκλείσθη] ἔτι (1,1)
— 31. ψεῦδος ἐν τῷ στ. αὐτῶν (1)
34. 10. ἐξελοῦμαι τὰ πρόβατά μου ἐκ τοῦ στ. αὐτῶν (1)
35. 13. ἐμεγαλορρημόνησας ἐπ' ἐμὲ τῷ στ. σου (1)
Da. LXX. Su. 60. ἐκ τοῦ ἰδίου στ. ὁμολόγους αὐτοὺς κατέστησεν ἀμφοτέρους ψευδομάρτυρας
3. (25). ἀνοίξας τὸ στ. αὐ.
— (33). οὐκ ἔστιν ἡμῖν ἀνοῖξαι τὸ στ.
— (51). ὡς ἐξ ἑνὸς στόματος ὕμνουν
4. 28. ἔτι τοῦ λόγου ἐν τῷ στ. τοῦ βασ. ὄντος (2)
6. 17 (18). καὶ ἐτέθη εἰς τὸ στ. τοῦ λάκκου (2)
— 18 (19). ἀπέκλεισε τὰ στ. τῶν λεόντων –
— 19 (20). ἔστη ἐπὶ τοῦ στ. τοῦ λάκκου τῶν λεόντων –
7. 5. τρία πλευρὰ ἦν ἐν τῷ στ. αὐ. (2)
— 8, 20. καὶ στόμα λαλοῦν μεγάλα (2)
10. 3. οἶνος οὐκ εἰσῆλθεν εἰς τὸ στ. μου (1)
— 5. καὶ τὸ στ. αὐ. ὡσεὶ θαλάσσης –
— 16. ἤνοιξα τὸ στ. μου (1)
Bel 26. ἐνέβαλεν εἰς τὸ στ. τοῦ δράκοντος
Da. TH. Su. 61. συνέστησεν αὐτοὺς Δ. ἐκ τοῦ στ. αὐ.
3. (24). ἀνοίξας τὸ στ. αὐ. . . . εἶπεν
— (33). οὐκ ἔστιν ἡμῖν ἀνοῖξαι τὸ στ. ἡμῶν
— (51). οἱ τρεῖς ὡς ἐξ ἑνὸς στ. ὕμνουν
4. 28. ἔτι τοῦ λόγου ἐν στόματι τοῦ βασ. ὄντος (2)
6. 17 (18). καὶ ἐπέθηκαν ἐπὶ τὸ στ. τοῦ λάκκου (2)
— 18 (19). ἔκλεισεν ὁ θεὸς τὰ στ. τῶν λεόντων –
— 20 (21). ἐξελέσθαι σε ἐκ στόματος τῶν λεόντων –
— 22 (23). ἐνέφραξε τὰ στ. τῶν λεόντων (2)
7. 5. καὶ τρεῖς πλευραὶ ἐν τῷ στ. αὐ. (2)
— 8, 20. καὶ στόμα λαλοῦν μεγάλα (2)
10. 3. οἶνος οὐκ εἰσῆλθεν εἰς τὸ στ. μου (1)
— 16. B ἤνοιξα τὸ στ. μου (1)
Bel 27. καὶ ἔδωκεν εἰς τὸ στ. τοῦ δράκοντος
I Ma. 2. 60. ἐρρύσθη ἐκ στόματος λεόντων
5. 28. ἀπέκτεινε πᾶν ἀρσενικὸν ἐν στόματι ῥομφαίας
— 51. ἀπώλεσε πᾶν ἀρσενικὸν ἐν στόματι ῥομφαίας
9. 55. ἀπεφράγη τὸ στ. αὐ.
III Ma. 2. 20. δὸς αἰνέσεις ἐν τῷ στ. τῶν καταπεπτωκότων
4. 16. καὶ βεβήλῳ στ.
IV Ma. 5. 36. οὐδὲ μιανεῖς μου τὸ σεμνὸν γῆρως στόμα

[**Aq.** Ex. 4. 10 : Dt. 17. 6 : Jo. 6. 10 : I Ki. 13. 21 : III Ki. 8. 24 : Jb. 21. 5 : Ps. 8. 3 : 17 (18). 9 : 38 (39). 2 : 132 (133). 2 : 140 (141). 7 : 149. 6 : Pr. 2. 6 : 4. 24 : 10. 11 : 11. 9 : 30. 20, 32 : Is. 5. 14 : 6. 7 : 29. 13 : 41. 15 *bis* : 59. 21 (Sw.) : 62. 2 : Je. 12. 2 : 22. 28 (Sw.) : 48 (31). 28.]

[**Sm.** Ex. 14. 9 : Nu. 31. 8 : Dt. 9. 23 : Jo. 6. 10 : Jd. 14. 9 : I Ki. 1. 12 : III Ki. 8. 24 : IV Ki. 21. 16 : Jb. 9. 20 : 16. 5 : 21. 5 : 31. 27 : Ps. 16 (17). 10 : 17 (18). 9 : 31 (32). 2 : 37 (38). 15 : 38 (39). 2, 10 : 54 (55). 22 : 58 (59). 8, 13 : 62 (63). 6 : 65 (66). 17 : 68 (69). 16 : 70 (71). 8 : 72 (73). 9 : 140 (141). 7 : Pr. 2. 6 : 6. 1, 12 : 8. 13 : 10. 11 : 11. 9 : 26. 7, 9 : 30. 20 : Ec. 5. 1 : Is. 5. 14 : 29. 13 : 59. 21 (Sw.) : 62. 2 : Je. 9. 12 (11).]

[**Th.** Dt. 1. 26 : 9. 23 : Jo. 6. 10 : I Ki. 17.

37 : Jb. 21. 5 : Pr. 2. 6 : 4. 24 : 6. 12 : 8. 13, 29 : 11. 9 : 20. 17 : 30. 20, 32 : Is. 5. 14 : 6. 7 : 10. 14 : 22. 25 : 29. 13 : 59. 21 (Sw.) : 62. 2 : Da. 4. 28 : 6. 18.]
[**Al.** Ge. 43. 21 : Le. 24. 12 : II Ch. 36. 22 : Ps. 9. 28 (10. 7) : Pr. 8. 13 : 18. 4 : Hb. 3. 16.]
[**Quint.** Pr. 2. 6.]

στομίζεσθαι.
[**Aq.** Jb. 39. 30.]

στομίς. (1) מַחְלְפוֹת
Pr. 24. 37 (30. 14). A S *καὶ τὰς μύλας στομίδας* [B *τομ.*] (1)

στομοῦσθαι.
[**Sm.** Is. 41. 15.]

στόμωμα.
Si. 34 (31). 26. *κάμινος δοκιμάζει στόμωμα ἐν βαφῇ*
[**Aq.** I Ki. 13. 21.]

στοργή.
III Ma. 5. 32. *διὰ τὴν τῆς συστροφίας στ.*
IV Ma. 14. 13. *πολύπλοκός ἐστιν ἡ τῆς φιλοτεκνίας στ.*
— 14. *ὁμοίαν τὴν πρὸς τὰ ἐξ αὐτῶν γεννώμ. . . . στ. ἔχει*
— 17. *ἀλγοῦντα τῇ στ.*

στοχάζεσθαι. (1) כּוּן hi.
De. 19. 3. *στόχασαί σοι τὴν ὁδόν* (1)
Wi. 13. 9. *ἵνα δύνωνται στοχάσασθαι τὸν αἰῶνα*
Si. 9. 14. *κατὰ τὴν ἰσχύν σου στόχασαι τοὺς* [A *τῷ*] *πλησίον*
II Ma. 14. 8. *τῶν ἰδίων πολιτῶν στοχασάμενος*

στοχαστής. (1) קֹסֵם
Is. 3. 2. *ἀφελεῖ . . . στοχαστὴν καὶ πρεσβύτερον* (1)

στραγγαλᾶσθαι.
To. 2. 3. A B^{2} *εἷς . . . ἐστραγγαλημένος* [B^{1} *-ωμένος*] *ἔρριπται* [S *al.*]
— 3. S *καὶ αὐτόθι νῦν ἐστραγγάληται* [A B *al.*]

στραγγαλιά. (1) אֲגֻדָּה (2) עֲקַלְקַל
Ps. 124 (125). 5. A *τοὺς δὲ ἐκκλίνοντας εἰς τὰς στρ. ἀπάξει κύριος* (2)
Is. 58. 6. *διάλυε στραγγαλιὰς βιαίων συναλλαγμάτων* (1)
[**Sm., Th.** Is. 58. 6.]

στραγγαλίς. (1) נְטִיפוֹת
Jd. 8. 26. *παρὲξ τῶν μηνίσκων καὶ τῶν στρ.* [A *al.*] (1)

στραγγαλιώδης. (1) עִקֵּשׁ
Pr. 8. 8. S^{2}R *οὐδὲν ἐν αὐτοῖς* [R *οὐδὲν ἑαυτοῖς*] *σκολιὸν οὐδὲ στραγγαλιῶδες* [A B S^{1} *-λῶδες*] (1)

στραγγαλοῦσθαι.
To. 2. 3. B^{1}R *εἷς ἐκ τοῦ γένους ἡμῶν ἐστραγγαλωμένος* [A B^{2} *-ημένος*, S *al.*]

στραγγαλώδης. (1) עִקֵּשׁ
Pr. 8. 8. A B S^{1} *οὐδὲν ἐν αὐτοῖς σκολιὸν οὐδὲ στραγγαλῶδες* [S^{2}R *-λιῶδες*] (1)

στραγγεύεσθαι.
[**Sm.** Ge. 19. 16 : Pr. 18. 9 : 24. 10 : Hb. 2. 3.]

στραγγίζειν. (1) מָצָה ni.
Le. 1. 15. *στραγγιεῖ τὸ αἷμα* (1)
[**Aq., Sm., Th.** Jd. 6. 38.]

στρατεία, *vid. sub* **στρατιά.**

στρατεύειν. (1) יָצָא (2) מָהַהּ hithp. (3) צָבָא
Jd. 19. 8. *στράτευσον* [A *-εύθητι*] *ἕως κλῖναι τὴν ἡμέραν* (2)
II Ki. 15. 28. *ἐγώ εἰμι στρατεύομαι ἐν Ἀρ.* (2)
I Es. 4. 6. *ὅσοι οὐ στρατεύονται*
Pr. 24. 62 (30. 27). *στρατεύει* [A *ἐκστρ.*] *ἀφ' ἑνὸς κελεύσματος εὐτάκτως* (1)
Is. 29. 7. *πάντες οἱ στρατευόμενοι* [A S^{2} *-σάμ.*] *ἐπὶ Ἰερουσαλήμ* (3)
II Ma. 15. 17. *διέγνωσαν μὴ στρατεύεσθαι*
IV Ma. 9. 23. *ἱερὰν καὶ εὐγενῆ στρατείαν στρατεύσασθε* [S *ἐστρ.*]
18. 6. S *ἐστράτευσεν* [A R *ἐστρατοπέδευσεν*] *ἐπὶ Πέρσας*
[**Aq.** Ex. 38. 8 (26) : Nu. 8. 24.]
[**Sm.** Ex. 38. 8 (26).]

στράτευμα.
Ju. 11. 8. *καὶ θαυμαστὸς ἐν στρατεύμασι πολέμου*
I Ma. 9. 34. *ἦλθεν αὐτὸς καὶ πᾶν τὸ στρ. αὐ.*
II Ma. 5. 24. *ἔπεμψε δὲ τὸν μυσάρχην Ἀπ. μετὰ στρατεύματος*
8. 21. *τετραμερές τι ἐποίησε τὸ στρ.*
12. 38. *Ἰ. δὲ ἀναλαβὼν τὸ στρ.*
13. 13. *πρὶν εἰσβαλεῖν τὸ στρ. τοῦ βασ. ἐπὶ τὴν Ἰουδ.*
IV Ma. 5. 1. *τῶν στρ. αὐτῷ παρεστηκότων κυκλόθεν*
[**Sm.** Ps. 43 (44). 10 : 107 (108). 12.]
[**Al.** I Ki. 13. 3.]

στράτευσις.
[**Sm.** Ps. 59 (60). 12 : 107 (108). 12.]

στρατηγεῖν.
II Ma. 10. 32. *στρατηγοῦντος ἐκεῖ Χαιρέου*
14. 31. *γενναίως ὑπὸ τοῦ ἀνδρὸς ἐστρατήγηται*

στρατήγημα.
II Ma. 14. 29. *εὔκαιρον ἐτήρει στρατηγήματι τοῦ ἐπιτελέσαι*

στρατηγία (-εια). (1) צָבָא
III Ki. 2. 35. *ἔδωκεν ὁ βασ. τὸν Βαν. . . . ἐπὶ τὴν στρ.* (1)
Ju. 5. 3. R *ἡγούμενος στρατηγίας* [A B *στρατιᾶς*] *αὐ.*

στρατηγός. (1) אֲחַשְׁדַּרְפְּנִים (2) מֶלֶךְ (3) *a.* סָגָן *b.* סְגַן (4) סֶרֶן (5) שַׂר
I Ki. 29. 3. *εἶπεν Ἀ. πρὸς τοὺς στρ. τῶν ἀλλοφ.* (5)
— 4. *ἐλυπήθησαν ἐπ' αὐτῷ οἱ στρ. τῶν ἀλλοφ.* (5)
I Ch. 11. 6. *ἔσται εἰς ἄρχοντα καὶ εἰς στρατηγόν* (5)
12. 19. *ἐν βουλῇ ἐγένετο παρὰ τῶν στρ. τῶν ἀλλοφ.* (4)
II Ch. 32. 21. *ἐξέτριψε πάντα δυνατὸν . . . καὶ στρατηγόν* (5)
I Es. 3. 2. *καὶ πᾶσι τοῖς σατράπαις καὶ στρατηγοῖς*
— 14. *ἐκάλεσε πάντας τοὺς . . . στρατηγούς*
4. 47. *πρὸς πάντας τοὺς οἰκονόμους . . . καὶ στρ.*
Ne. 2. 16. A S^{2} R *καὶ τοῖς στρ.* [S^{1} *βασιλεῦσιν*, B *om. κ. τ. στρ.*] . . . *οὐκ ἀπήγγειλα* (3 *a*)
4. 14 (8). A S^{2} R *καὶ πρὸς τοὺς στρ.* (3 *a*)
12. 40. S^{2} *καὶ τὸ ἥμισυ τῶν στρ. μετ' ἐμοῦ* (3 *a*)
13. 11. S^{2} *ἐμαχεσάμην τοῖς στρ.* [A B S^{1} *om. τ. στρ.*] (3 *a*)
Ju. 2. 14. *ἐκάλεσε . . . τοὺς στρ.*
5. 2. *ἐκάλεσε . . . τοὺς στρ.* [A^{2} *add. υἱοὺς*] *Ἀ.*
7. 8. *καὶ οἱ στρ. τῆς παραλίας*
14. 3. *ἐγεροῦσι τοὺς στρ. τῆς δυνάμεως Ἀσσ.*
— 12. A B^{1} *οἱ δὲ ἦλθον ἐπὶ τοὺς* [B^{2}S R *om.*] *στρ.*
Es. 3. 12. *ὡς ἐπέταξεν Ἀ. τοῖς στρ.* (2)
Jb. 15. 24. *ὥσπερ στρ. πρωτοστάτης πίπτων* (2)
Je. 28 (51). 23. *διασκορπιῶ ἐν σοὶ ἡγεμόνας καὶ στρατηγούς σου* (3 *a*)
— 28. *ἀναβιβάσατε ἐπ' αὐτὴν . . . πάντας τοὺς στρ. αὐτοῦ* (3 *a*)
— 57. *μεθύσει μέθῃ . . . τοὺς στρ. αὐτῆς* [A *om. κ. τ. στρ. αὐ.*] (3 *a*)
Ez. 23. 6. *ἐπὶ τοὺς Ἀσσυρίους . . . ἡγουμένους καὶ στρατηγούς* (3 *a*)
— 12. *ἐπὶ τοὺς υἱοὺς τῶν Ἀσσυρίων ἐπέθετο ἡγουμένους καὶ στρατηγούς* (3 *a*)
— 23. *ἐπάξω . . . ἡγεμόνας καὶ στρατηγούς* (3 *a*)
32. 30. *πάντες στρατηγοὶ Ἀσσούρ* †
Da. LXX. 3. 2. *ἐπισυναγαγεῖν . . . σατράπας στρατηγούς* (3 *b*)
— 3. *τότε συνήχθησαν . . . στρατηγοί* (3 *b*)
10. 13. *ὁ στρ. βασιλέως Περσῶν ἀνθειστήκει* (5)
— 13. *αὐτὸν ἐκεῖ κατέλιπον μετὰ τοῦ στρ. τοῦ βασ. Περσῶν* (2 ?)
— 20. *διαμάχεσθαι μετὰ τοῦ στρ. βασιλέως τῶν Π.* (5)
— 20. *στρατηγὸς Ἑλλήνων εἰσεπορεύετο* (5)
Da. Th. 3. 2. *ἀπέστειλε συναγαγεῖν . . . τοὺς στρ.* (3 *b*)
— 3. *συνήχθησαν . . . στρατηγοί* (3 *b* ?)
— 27 (94). *συνάγονται . . . οἱ στρ.* (3 *b*)
Da. Th. 6. 7 (8). *συνεβουλεύσαντο πάντες . . . στρατηγοί* (3 *b*)
I Ma. 8. 10. *ἀπέστειλαν ἐπ' αὐτοὺς στρ. ἕνα*
10. 65. *ἔθετο αὐτὸν στρατηγόν*
11. 59. *Σίμωνα . . . κατέστησε στρατηγόν*
13. 42. *ἐπὶ Σίμωνος ἀρχιερέως μεγάλου καὶ στρατηγοῦ*
14. 42. *τοῦ εἶναι ἐπ' αὐτῶν στρατηγόν*
— 47. *καὶ εἶναι στρατηγὸς καὶ ἐθνάρχης*
16. 11. *ἦν καθεσταμένος στρατηγός*
II Ma. 3. 5. *τὸν κατ' ἐκεῖνον τὸν καιρὸν . . . Φοινίκης στρατηγόν*
4. 4. *Ἀπολλώνιον . . . ἕως τῶν Κοίλης Φοινίκης . . . στρατηγόν*
8. 8. *πρὸς Πτ. τὸν Κοίλης Συρίας . . . στρ.*
— 9. *συνέστησαν . . . Γοργίαν ἄνδρα στρ.*
9. 19. *βασιλεὺς Ἀντίοχος καὶ στρατηγός*
10. 11. *Κοίλης δὲ Συρίας καὶ Φοινίκης στρατηγὸν πρώταρχον*
— 14. *Γ. δὲ γενόμενος στρ. τῶν τόπων*
12. 2. *τῶν δὲ κατὰ τόπον στρ. Τιμ. καὶ Ἀπ.*
— 32. *ὥρμησαν ἐπὶ Γοργίαν τὸν τῆς Ἰδουμ. στρ.*
13. 24. *κατέλειπε στρατηγὸν ἀπὸ Πτ.*
14. 12. *καὶ στρατηγὸν ἀναδείξας τῆς Ἰουδ.*
III Ma. 3. 12. *τοῖς . . . κατὰ τόπον στρ. . . . χαίρειν*
4. 4. *ὑπὸ τῶν κατὰ πόλιν στρ. . . . ἐξαπεστέλλοντο*
— 18. *ὡς ἀδυνάτου καθεστῶτος πᾶσιν τοῖς ἐπ' Αἴγυπτον στρ.*
6. 41. *ἔγραψεν . . . πρὸς τοὺς κατὰ πόλιν στρ.*
7. 1. *βασιλεὺς Πτ. Φ. τοῖς κατ' Αἴγυπτον στρ.*
IV Ma. 4. 2. *πρὸς Ἀπ. τὸν Συρίας . . . στρ.*
[**Sm.** Da. 2. 48 (Sw.).]
[**Heb.** Ez. 32. 30 (P.).]

στρατιά (-εία). (1) חַיִל (2) מֶמְשָׁלָה (3) מַסַּע (4) צָבָא
Ex. 14. 4. *ἐνδοξασθήσομαι . . . ἐν πάσῃ τῇ στρ. αὐ.* (1)
— 9. *καὶ οἱ ἱππεῖς καὶ ἡ στρ. αὐ.* (1)
— 17. *ἐνδοξασθήσομαι . . . ἐν πάσῃ τῇ στρ. αὐ.* (1)
Nu. 10. 28. *αὗται αἱ στρ. υἱῶν Ἰσρ.* (3)
De. 20. 9. *καταστήσουσιν ἄρχοντας τῆς στρ.* (4)
Jd. 8. 6. A *δώσομεν τῇ στρ.* [B *δυνάμει*] *σου ἄρτους* (4)
II Ki. 3. 23. *Ἰ. καὶ πᾶσα ἡ στρ. αὐ. ἤχθησαν* (4)
8. 16. *Ἰ. υἱὸς Σαρ. ἐπὶ τῆς στρ.* (4)
III Ki. 4. 4. A *Βαν. υἱὸς Ἰ. ἐπὶ τῆς στρ.* [R *δυνάμεως*] (4)
11. 15. *ἐν τῷ πορευθῆναι Ἰ. ἄρχοντα τῆς στρ.* [A *δυνάμεως*] (4)
— 21. *τέθνηκεν Ἰ. ὁ ἄρχων τῆς στρ.* (4)
16. 16. *ἐβασίλευσαν ἐν Ἰσρ. τὸν Ζ. τὸν ἡγούμενον τῆς στρ.* (4)
21 (20). 39. *ἐξῆλθεν ἐπὶ τὴν στρ. τοῦ πολέμου* †
22. 19. *πᾶσα ἡ στρ. τοῦ οὐρ. εἱστήκει περὶ αὐτόν* (4)
I Ch. 12. 14. *οὗτοι ἐκ τῶν υἱῶν Γὰδ ἄρχοντες τῆς στρ.* (4)
— 21. *ἦσαν ἡγούμενοι ἐν τῇ στρ.* (4)
— 23. *ταῦτα τὰ ὀνόματα τῶν ἀρχόντων τῆς στρ.* (4)
18. 15. *Ἰ. υἱὸς Σαρ. ἐπὶ τῆς στρ.* (4)
19. 8. *ἀπέστειλε . . . πᾶσαν τὴν στρ. τῶν δυνατῶν* (4)
20. 1. *ἤγαγεν Ἰ. πᾶσαν τὴν δύναμιν τῆς στρ.* (4)
28. 1. A R *καὶ τοὺς μαχητὰς τῆς στρ.* [B *om. τ. στρ.*] *ἐν Ἰερ.* (1)
II Ch. 32. 9. *καὶ πᾶσα ἡ στρ. μετ' αὐτοῦ* (2)
33. 3. *προσεκύνησε πάσῃ τῇ στρ. τοῦ οὐρανοῦ* (4)
— 5. B *ᾠκοδόμησε θυσιαστήρια τῇ πάσῃ* [A R *π. τῇ*] *στρ. τοῦ οὐρ.* (4)
Ne. 9. 6. *σοὶ προσκυνοῦσιν αἱ στρ. τῶν οὐρανῶν* (4)
Ju. 3. 10. S *εἰς τὸ συλλέξαι πᾶσαν τὴν στρ.* [A B *ἀπαρτίαν*]
5. 3. A B *ἡγούμενος στρατιᾶς* [R *στρατηγίας*] *αὐ.*
— 24. *εἰς κατάβρωμα πάσης τῆς στρ. σου*
6. 6. *διελεύσεται ὁ σίδηρος τῆς στρ. μου*
7. 1. *παρήγγειλεν Ὀλ. πάσῃ τῇ στρ. αὐ.*
— 18. *καὶ ἡ λοιπὴ στρ. τῶν Ἀσσ. παρενέβαλον*
Ho. 13. 4. *οὐ αἱ χεῖρες ἔκτισαν πᾶσαν τὴν στρ. τοῦ οὐρ.* −
Ze. 1. 5. *καὶ τοὺς προσκυνοῦντας . . . τῇ στρ. τοῦ οὐρ.* (4)
Je. 7. 18. *τοῦ ποιῆσαι χαυῶνας τῇ στρ. τοῦ οὐρανοῦ* †
8. 2. *ψύξουσιν αὐτὰ . . . πρὸς πᾶσαν τὴν στρ. τοῦ οὐρανοῦ* (4)

Je. 19. 13. ἐθυμίασαν . . . πάσῃ τῇ στρ. τοῦ οὐρ. (4)
I Ma. 2. 66. οὗτος ὑμῖν ἔσται ἄρχων στρατιᾶς
11. 70. ἄρχοντες τῆς στρ. τῶν δυνάμεων
II Ma. 8. 24. τὸ πλεῖον μέρος τῆς τοῦ N. στρ.
12. 20. διατάξας τὴν περὶ αὐτὸν στρ. σπειρηδόν
13. 14. περὶ δὲ M. ἐποιήσατο τὴν στρ.
15. 20. καὶ τῆς στρ. ἐκταγείσης
III Ma. 5. 3. συναγαγὼν τοὺς μάλιστα . . . τῆς στρ.
6. 4. σὺν τῇ ὑπερηφάνῳ στρ. ποντοβρόχους ἀπώλεσας
IV Ma. 4. 10. **A** ἀνιόντος τε μετὰ καθωπλισμένης στρ. [**S R** τῆς στρ.]
9. 23. ἱερὰν καὶ εὐγενῆ στρατείαν στρατεύσασθε
16. 14. **S**[1] μήτηρ καὶ εὐσεβοῦς στρατιᾶς
[**Aq**. Ex. 12. 41 : Nu. 1. 20 : 8. 24 : Dt. 4. 19 : 17. 3 : I Ki. 1. 3 : II Ki. 5. 10 : 10. 7 : Jb. 7. 1 : 10. 17 : Ps. 32 (33). 6 : 68 (69). 7 : 83 (84). 13 : 148. 2 : Is. 1. 9, 24 : 3. 15 : 5. 7 : 10. 23 : 34. 2, 4 *bis* : 40. 2, 26 : Je. 49. 26 (30. 15) : Da. 10. 1.]
[**Sm**. Nu. 1. 20 : I Ki. 1. 3 : II Ki. 10. 7 : Jb. 25. 3 : Ps. 67 (68). 12, 13 : 148. 2 : Is. 5. 7 : 34. 4 : 40. 26 : Za. 9. 8.]
[**Th**. II Ki. 10. 7 : III Ki. 4. 4† : Is. 34. 4 : 40. 26.]
[**Al**. I Ki. 15. 2 : Am. 3. 13.]

στρατιώτης.
II Ki. 23. 8. **B**[1] **R** ἐσπάσατο τὴν ῥομφ. αὐ. ἐπὶ ὀκτακοσίους στρ. [**A B**[2] *al.*] †
II Ma. 5. 12. ἐκέλευσε τοῖς στρ. κόπτειν
14. 39. ἀπέστειλε στρατιώτας . . . συλλαβεῖν αὐτόν
III Ma. 3. 12. τοῖς . . . κατὰ τόπον . . . στρ. χαίρειν
IV Ma. 3. 7. πολλοὺς αὐτῶν ἀπέκτεινε μετὰ τῶν τοῦ ἔθνους στρ.
— 12. δύο νεανίσκοι στρ. καρτεροί
17. 23. ἀνεκήρυξε τοῖς στρ. αὐ. . . . τὴν ἐκείνων ὑπομονήν

στρατιῶτις.
IV Ma. 16. 14. ὦ μήτηρ δι' εὐσέβειαν θεοῦ στρατιῶτι

στρατοκῆρυξ.
III Ki. 22. 36. ἔστη ὁ στρ. †

στρατοπεδεία (-δία). (1) מָלוֹן
Jo. 4. 3. θέτε αὐτοὺς ἐν τῇ στρ. ὑμῶν (1)
II Ma. 13. 14. **R** ἐποιήσατο περὶ M. τὴν στρ. [**A** στρατιάν]

στρατοπεδεύειν. (1) חָנָה (2) נָסַע (3) שָׁכַן
Ge. 12. 9. ἐστρατοπέδευσεν ἐν τῇ ἐρήμῳ (2)
Ex. 13. 20. ἐστρατοπέδευσαν ἐν 'O. (1)
14. 2. στρατοπεδευσάτωσαν ἀπέναντι τῆς ἐπαύλεως (1)
— 2. στρατοπεδεύσεις ἐπὶ τῆς θαλάσσης (1)
— 10. οἱ Αἰγ. ἐστρατοπέδευσαν ὀπίσω αὐτῶν (2)
Nu. 24. 2. καθορᾷ τὸν 'Ισρ. ἐστρατοπεδευκότα κατὰ φυλάς (3)
De. 1. 40. ἐστρατοπεδεύσατε εἰς τὴν ἔρημον (2)
Pr. 4. 15. ἐν ᾧ ἂν τόπῳ [**S**[1] *om.*] στρατοπεδεύσωσι †
II Ma. 9. 23. καθ' οὓς καιροὺς εἰς τοὺς ἄνω τόπους ἐστρατοπέδευσεν
15. 17. **R** διέγνωσαν μὴ στρατοπεδεύεσθαι [**A** στρατεύεσθαι]
IV Ma. 3. 8. περὶ ἣν ὁ πᾶς τῶν προγόνων στρατὸς ἐστρατοπεδεύκει
18. 6. **A R** ἐστρατοπέδευσεν [**S** ἐστράτευσεν] ἐπὶ Πέρσας

στρατοπεδίον (?).
IV Ma. 3. 13. **A**[1] κατὰ πᾶν τὸ τῶν πολεμίων στρ. [**A**[2] **S R** -δον]

στρατόπεδον (-ος). (1) חַיִל
Wi. 12. 8. **A R** ἀπέστειλάς τε προδρόμους τοῦ στρ. [**B S** τοὺς στρατοπέδους] σου σφῆκας
Je. 41 (34). 1. πᾶν τὸ στρ. αὐτοῦ καὶ πᾶσα ἡ γῆ ἀρχῆς αὐτοῦ ἐπολέμουν (1)
48 (41). 12. ἤγαγον ἅπαν τὸ στρ. αὐτῶν †
II Ma. 8. 12. μεταδόντος . . . τὴν παρουσίαν τοῦ στρ.
9. 9. πᾶν τὸ στρ. βαρύνεσθαι τὴν σαπρίαν
III Ma. 6. 17. ἀκατάσχετον πτοὴν ποιῆσαι παντὶ τῷ στρ.
IV Ma. 3. 13. διεξῄεσαν . . . κατὰ πᾶν τὸ τῶν πολεμίων στρ. [**A**[1] -διον]
[**Sm**. I Ki. 23. 3 : Jb. 29. 25.]
[**Al**. Ps. 26 (27). 3.]

στρατός.
I Ma. 4. 35. **R** πλεονάσας τὸν γενηθέντα στρατόν [**A S** *al.*]
II Ma. 8. 35. εὐημερηκὼς ἐπὶ τῇ τοῦ στρ. διαφθορᾷ
IV Ma. 3. 8. περὶ ἣν ὁ πᾶς τῶν προγόνων στρ. ἐστρατοπεδεύκει
4. 5. μετὰ . . . βαρυτάτου στρ. προσελθών
— 11. ὅπως . . . τὸν ἐπουράνιον ἐξευμενίσωνται στρ.

στρέβλευμα.
[**Sm., Th**. Pr. 6. 12.]

στρέβλη (-α).
Si. 30. 35 (33. 26). καὶ οἰκέτῃ κακούργῳ στρέβλαι
IV Ma. 7. 4. τὴν ἱερὰν ψυχὴν . . . στρέβλαις πυρπολούμενος
— 14. τῷ 'Ισακείῳ λογισμῷ τὴν πολυκέφαλον στρ. ἠκύρωσεν
8. 11. πλὴν τοῦ μετὰ στρεβλῶν ἀποθανεῖν
— 24. μηδὲ κενοδοξήσωμεν ἐπὶ τῇ ἑαυτῶν στρ.
9. 22. ὑπέμεινεν εὐγενῶς τὰς στρ.
14. 12. τὰς ἐφ' ἑνὶ ἑκάστῳ τῶν τέκνων στρ.
15. 24. καὶ τὴν τῶν στρ. [**S**[1] τέκνων] πολύπλοκον ποικιλίαν
— 25. **A** καὶ φιλοτεκνίαν καὶ τέκνων στρέβλαν [**S R** -ας]

στρεβλοκάρδιος.
[**Aq**., Pr. 11. 20.]
[**Sm., Th**. Pr. 11. 20 : 17. 20.]

στρεβλός. (1) עִקֵּשׁ (2) רְמִיָּה
II Ki. 22. 27. μετὰ στρεβλοῦ στρεβλωθήσῃ [**A** διαστρέψεις] (1)
Ps. 17 (18). 26. μετὰ στρεβλοῦ διαστρέψεις (1)
77 (78). 57. μετεστράφησαν εἰς τόξον στρεβλόν (2)
Si. 36. 25 (22). καρδία στρεβλὴ δώσει λύπην
[**Aq**. Is. 58. 5.]
[**Sm**. Pr. 8. 13 : 23. 33.]
[**Th**. Pr. 2. 15 : 8. 13.]
[**Al**. Le. 21. 20 : Ps. 100 (101). 4.]

στρεβλότης.
[**Aq**. Pr. 4. 24 : 6. 14.]
[**Th**. Pr. 4. 24.]
[**Al**. Pr. 6. 14.]

στρεβλοῦν. (1) פָּתַל hithpa.
II Ki. 22. 27. μετὰ στρεβλοῦ στρεβλωθήσῃ [**A** διαστρέψεις] (1)
III Ma. 4. 14. στρεβλωθέντας δὲ παρηγγελμέναις αἰκίαις
IV Ma. 9. 17. στρεβλοῦτε τὰ ἄρθρα
12. 4. διὰ γὰρ ἀπείθειαν στρεβλωθέντες τεθνήκασι
— 11. καὶ τοὺς τῆς εὐσεβείας ἀσκητὰς στρεβλῶσαι
15. 14. καθ' ἕνα στρεβλούμενον . . . ὁρῶσα μήτηρ
[**Aq**. Jb. 9. 20 : Is. 19. 15.]
[**Sm**. Pr. 10. 9 : Da. 10. 16 (Sw.).]

στρεβλωτήριον.
IV Ma. 8. 13. ὡς δὲ . . . στρεβλωτήρια . . . προέθεσαν
[**Sm**. Je. 20. 2.]

στρέμμα. (1) פָּתִיל (2) קֶשֶׁר
Jd. 16. 9. ὡς εἴ τις ἀποσπάσοι στρέμμα στυππίου [**A** *al.*] (1)
IV Ki. 15. 30. **B** συνέστρεψε στρέμμα [**A R** σύστρ.] 'Ω. (2)

στρεπτός. (1) גְּדִלִים (2) גֻּלָּה (3) **στρ. κυμάτιον** זֵר (4) **στρ. στεφάνη** זֵר
Ex. 25. 10 (11). ποιήσεις αὐτῇ κυμάτια χρυσᾶ στρ. (3)
— 23 (24). ποιήσεις αὐτῇ στρ. κυμάτια χρυσᾶ [**A** *al.*] (3)
— 24 (25). ποιήσεις στρ. κυμάτιον (3)
30. 3. ποιήσεις αὐτῷ στρ. στεφάνην χρυσῆν (4)
— 4. ποιήσεις ὑπὸ τὴν στρ. στεφάνην αὐ. (4)
De. 22. 12. στρεπτὰ ποιήσεις σεαυτῷ (1)
III Ki. 7. 41. στύλους δύο καὶ τὰ στρ. τῶν στύλων (2)
— 41. τοῦ καλύπτειν ἀμφότερα τὰ στρ. τῶν γλυφῶν (2)
— 42. περικαλύπτειν ἀμφότερα τὰ ὄντα τὰ στρ. τῆς μεχ. (2)
Es. 4. 17. **A**[2] **B S** ἔπλησε στρεπτῶν τριχῶν αὐ.
[**Aq**. Ge. 38. 18.]
[**Quint**. Ca. 1. 11.]

στρέφειν. (1) גָּלִיל (2) גָּרַר hithpo. (3) הָפַךְ *a.* qal. *b.* ni. *c.* hithpa. (4) סָבַב *a.* qal. *b.* hi. (5) פָּנָה *a.* qal. *b.* hi. (6) שִׁית (7) שׁוּב *a.* qal. *b.* hi.
Ge. 3. 24. τὴν φλογίνην ῥομφαίαν τὴν στρεφομ. (3 *c*)
Ex. 4. 17. τὴν ῥάβδον ταύτην τὴν στραφεῖσαν εἰς ὄφιν –
7. 15. τὴν ῥάβδον τὴν στραφεῖσαν εἰς ὄφιν (3 *b*)
De. 3. 1. **B**[1] στραφέντες [**A B**[2] **R** ἐπιστρ.] ἀνέβημεν ὁδὸν τὴν εἰς B. (5 *a*)
Jd. 7. 13. μαγὶς ἄρτου κριθίνου στρεφομένη [**A** κυλιομ.] (3 *c*)
I Ki. 10. 6. στραφήσῃ [**A** -ει] εἰς ἄνδρα ἄλλον (3 *b*)
14. 47. οὗ ἂν ἐστράφη [**B**[2] ἀνεστρ.] ἐσῴζετο (5 *a*)
III Ki. 2. 14 (15). ἐστράφη ἡ βασ. (4 *a*)
6. 34. καὶ δύο πτυχαὶ ἡ θύρα ἡ δευτ. στρεφόμενα (1)
18. 37. ἔστρεψας [**A** ἐπέστρ.] τὴν καρδίαν τοῦ λαοῦ τ. ὀπίσω (4 *b*)
I Es. 4. 34. στρέφεται ἐν τῷ κύκλῳ τοῦ οὐρανοῦ
Ne. 13. 2. **B S** ἔστρεψεν [**A R** ἐπέστρ.] ὁ θ. ἡμῶν τὴν κατάραν εἰς εὐλογίαν (3 *a*)
To. 2. 6. στραφήσονται αἱ ἑορταὶ ὑμῶν εἰς πένθος
Es. 4. 8. **A** ὡς ἐστράφης [**B S** ἐτρ.] ἐν χειρί μου –
— 17. στρέψον τὸ πένθος ἡμῶν εἰς εὐωχίαν
— 17. στρέψον τὴν βουλὴν αὐ. ἐπ' αὐτούς
9. 22. ἐν ᾧ ἐστράφη [**A S** ἐγράφη] αὐτοῖς (3 *b*)
Jb. 28. 5. ὑποκάτω αὐτῆς ἐστράφη ὡσεὶ πῦρ (3 *b*)
34. 25. στρέψει νύκτα (3 *a*)
41. 16 (17). στραφέντος δὲ αὐτοῦ φόβος θηρίοις (6)
Ps. 29 (30). 11. ἔστρεψας τὸν κοπετόν μου εἰς χαρὰν ἐμοί (3 *a*)
31 (32). 4. ἐστράφην εἰς ταλαιπωρίαν (3 *b*)
40 (41). 3. ὅλην τὴν κοίτην αὐτοῦ ἔστρεψας ἐν τῇ ἀρρωστίᾳ αὐτοῦ (3 *a*)
77 (78). 9. ἐστράφησαν ἐν ἡμέρᾳ πολέμου (3 *a*)
113 (114). 3. ὁ 'Ιορδάνης ἐστράφη εἰς τὰ ὀπίσω (4 *a*)
— 5. **A S**[2] **R** ἐστράφης [**S**[1] ἀνεχώρησας] εἰς τὰ ὀπίσω (4 *a*)
— 8. τοῦ στρέψαντος τὴν πέτραν εἰς λίμνας ὑδάτων (3 *a*)
Pr. 12. 7. οὗ ἐὰν στραφῇ ὁ ἀσεβὴς ἀφανίζεται (3 *a*)
26. 14. ὥσπερ θύρα στρέφεται ἐπὶ τοῦ στρόφιγγος [**A** τῷ στρ.] (4 *a*)
Si. 6. 28. στραφήσεταί σοι εἰς εὐφροσύνην
34 (31). 20. **S**[1] καὶ στρεφόμενος [**A B S**[2] στρόφος] μετὰ ἀνδρὸς ἀπλήστου
36 (33). 5. ὡς ἄξων στρεφόμενος ὁ διαλογισμὸς αὐτοῦ
Ze. 3. 20. **B**[1] ἐν τῷ στρέφειν [**A B**[2] **S** ἐπιστρ.] με τὴν αἰχμαλωσίαν ὑμῶν (7 *a*)
Is. 34. 9. στραφήσονται αὐτῆς αἱ φάραγγες εἰς πίσσαν (3 *b*)
38. 8. **B**[2] **R** στρέψω [**A B**[1] **S** -φω] τὴν σκιὰν τῶν ἀναβαθμῶν (7 *b*)
63. 10. ἐστράφη αὐτοῖς εἰς ἔχθραν (3 *b*)
Je. 2. 21. πῶς ἐστράφης [**A** -η] εἰς πικρίαν (3 *b*)
— 27. ἔστρεψαν [**S** ἐπέστρ.] ἐπ' ἐμὲ νῶτα (5 *a*)
31 (48). 39. πῶς ἔστρεψε νῶτον Μωάβ (5 *b*)
37 (30). 6. ἐστράφησαν πρόσωπα εἰς ἴκτερον (3 *b*)
— 23. ἐξῆλθεν [**S** ἐπῆλθεν] ὀργὴ στρεφομένη (2)
38 (31). 13. στρέψω [**S**[1] ἐπιστρ.] τὸ πένθος αὐτῶν εἰς χαρμονήν [**A** εὐφροσύνην] (3 *a*)
41 (34). 15. **A** ἔστρεψαν [**B S** ἐπέστρ.] σήμερον ποιῆσαι τὸ εὐθές (7 *a*)
La. 1. 20. ἡ καρδία μου ἐστράφη ἐν ἐμοί (3 *b*)
5. 15. ἐστράφη εἰς πένθος ὁ χορὸς ἡμῶν (3 *b*)
Ez. 4. 8. μὴ [**A** οὐ μὴ] στραφῇς ἀπὸ τοῦ πλευροῦ σου (3 *b*)
Da. Th. 10. 16. ἐστράφη τὰ ἐντός μου ἐν ἐμοί (3 *b*)
I Ma. 1. 39. αἱ ἑορταὶ αὐ. ἐστράφησαν [**S**[1] -φη] εἰς πένθος
— 40. τὸ ὕψος αὐ. ἐστράφη εἰς πένθος
2. 63. **R** ἔστρεψεν [**A S** ἐπέστρ.] εἰς τὸν χοῦν αὐ.
[**Aq**. Le. 13. 13 : Ps. 31 (32). 4 : Pr. 17. 20 : Ze. 3. 9.]
[**Sm**. Pr. 17. 20 : Ez. 4. 3.]
[**Th**. Jb. 34. 25 : Ps. 31 (32). 4 : Pr. 17. 20 : Is. 38. 8 : Ez. 47. 6 (Sw.) : Da. 10. 16 : Ze. 3. 9.]
[**Quint., Sext**. Ps. 31 (32). 4.]

στρηνιᾶν.
[**Sm**. Is. 61. 6.]

στρῆνος. (1) שַׁאֲנָן
IV Ki. 19. 28. τὸ στρ. σου ἀνέβη ἐν τοῖς ὠσί μου (1)

στρῆξις (?).
[Al. Le. 26. 9.]

στρίφνος.
Jb. 20. 18. ὥσπερ στρίφνος [A στρύχνον, S^{2} στρύχνος] ἀμάσητος [A -ον] †

στροβεῖν. (1) בָּעַת pi.
Jb. 9. 34. ὁ δὲ φόβος αὐτοῦ μή με στροβείτω (1)
13. 11. πότερον οὐχὶ δῖνα [A δειλία] αὐτοῦ στροβήσει ὑμᾶς (1)
15. 23 (24). ἡμέρα δὲ σκοτεινὴ αὐτὸν στροβήσει (1)
33. 7. οὐχ ὁ φόβος μού σε στροβήσει (1)

στρογγύλος. (1) עָגֹל
III Ki. 7. 23. στρογγύλον κύκλῳ τὸ αὐτό (1)
— 31. A καὶ διάπηγα αὐ. τετράγωνα οὐ στρογγύλα (1)
— 35. στρογγύλον κύκλῳ ἐπὶ τῆς κεφαλῆς τῆς μεχ. (1)
II Ch. 4. 2. ἐποίησε τὴν θάλασσαν . . . στρογγύλην κυκλόθεν (1)
[Aq. Ez. 1. 7.]

στρογγυλοῦν. (1) עָגֹל
III Ki. 7. 31. A καὶ στόμα αὐ. στρογγυλοῦν (1)

στρογγύλωμα.
[Al. I Ki. 19. 16.]

στρογγύλωσις. (1) מַעְגָּל
I Ki. 17. 20. A ἦλθεν εἰς τὴν στρ. (1)
[Aq., Sm., Th. I Ki. 26. 5.]

στρουθίζειν.
[Th. Is. 10. 14: 38. 14.]

στρουθίον. (1) יָעֵן (2) עָגוּר (3) צִפּוֹר
To. 2. 10. στρουθία ἐν τῷ τοίχῳ ἐστί [S al.]
— 10. ἀφώδευσαν τὰ στρ. θερμὸν εἰς τοὺς ὀφθαλμούς μου [S al.]
Jb. 40. 24 (29). ἢ δήσεις αὐτὸν ὥσπερ στρουθίον παιδίῳ –
Ps. 10 (11). 2. μεταναστεύου ἐπὶ τὰ ὄρη ὡς στρουθίον (3)
83 (84). 3. στρουθίον εὗρεν ἑαυτῷ οἰκίαν (3)
101 (102). 7. ἐγενήθην ὡσεὶ στρ. μονάζον (3)
103 (104). 17. ἐκεῖ στρουθία ἐννοσσεύσουσι (3)
123 (124). 7. ἡ ψυχὴ ἡμῶν ὡς στρουθίον ἐρρύσθη ἐκ τῆς παγίδος τῶν θηρευόντων (3)
Ec. 12. 4. ἀναστήσεται εἰς φωνὴν τοῦ στρ. (3)
Je. 8. 7. στρουθία ἐφύλαξαν καιροὺς εἰσόδων ἑαυτῶν (2 ?)
La. 3. 52. θηρεύοντες ἐθήρευσάν με ὡς στρουθίον (3)
4. 3. ὡς στρουθίον ἐν ἐρήμῳ (1)
[Sm. Ps. 103 (104). 17: Ec. 12. 4: Is. 31. 5.]
[Al. Le. 14. 4.]

στρουθοκάμηλος.
[Aq. Dt. 14. 14 (15): Is. 13. 21: 34. 13: 43. 20: Mi. 1. 8.]
[Sm. Jb. 30. 29: Is. 13. 21: 34. 13: 43. 20: Je. 50 (27). 39: La. 4. 3: Mi. 1. 8.]
[Th. Is. 43. 20.]
[Al. Le. 11. 16 (15).]

στρουθός. (1) *a.* בַּת הַיַּעֲנָה ,בַּת יַעֲנָה *b.* יַעֲנָה (2) דְּרוֹר (3) תַּן
Le. 11. 15 (16): De. 14. 15. καὶ στρουθὸν καὶ γλαῦκα καὶ λάρον (1 a)
Jb. 30. 29. ἀδελφὸς γέγονα σειρήνων ἑταῖρος δὲ στρουθῶν (1 a)
Pr. 26. 2. ὥσπερ ὄρνεα πέταται καὶ στρουθοί (2)
Is. 34. 13. ἔσται ἐπαύλεις σειρήνων καὶ αὐλὴ στρουθῶν (1 a)
43. 20. σειρῆνες καὶ θυγατέρες στρουθῶν (1 b)
Je. 10. 22. εἰς ἀφανισμὸν καὶ κοίτην στρουθῶν (3 ?)
30. 11 (49. 33). ἔσται ἡ αὐλὴ διατριβὴ στρουθῶν (3 ?)
[Aq. Ps. 83 (84). 4: Je. 50 (27). 39.]
[Th. Jb. 30. 29.]

στροφεύς. (1) גָּלִיל (2) מְחַבְּרוֹת
III Ki. 6. 34. ἡ θύρα ἡ μία καὶ στροφεῖς αὐτῶν (1)
I Ch. 22. 3. σίδηρον πολὺν εἰς . . . τοὺς στρ. ἡτοίμασε Δ. (2)
[Aq. Pr. 26. 14.]

στροφή.
Pr. 1. 3. δέξασθαί τε στροφὰς λόγων †
Wi. 8. 8. ἐπίσταται στροφὰς λόγων
Si. 39. 2. ἐν στροφαῖς παραβολῶν συνεισελεύσεται
[Th. Is. 29. 16.]

στρόφιγξ. (1) צִיר
Pr. 26. 14. ὥσπερ θύρα στρέφεται ἐπὶ τοῦ στρ. [A τῷ στρ.] (1)

στρόφος.
Si. 34 (31). 20. πόνος ἀγρυπνίας . . . καὶ στρόφος [S^{1} στρεφόμενος] μετὰ ἀνδρὸς ἀπλήστου

στροφωτός. (1) סָבַב ho.
Ez. 41. 23 (24). τοῖς δυσὶ θυρώμασι τοῖς στρ. (1)

στρυφαλίς (στρυνφ.). (1) חָרִיץ
I Ki. 17. 18. A καὶ τὰς δέκα στρ. τοῦ γάλακτος τ. εἰσοίσεις (1)

στρύχνος.
Jb. 20. 18. A ὥσπερ στρύχνον [S^{2} -ος, B S^{1} στρίφνος] ἀμάσητον [B S -ος] †

στρῶμα. (1) מִשְׁכָּב
Pr. 22. 27. λήψονται τὸ στρ. τὸ ὑπὸ τὰς πλευράς σου (1)
[Aq. III Ki. 6. 10: IV Ki. 8. 15.]
[Sm. IV Ki. 8. 15.]

στρωμνή. (1) יָצוּעַ (2) מִפְרָשׂ (3) עֶרֶשׂ (4) תַּחַת
Ge. 49. 4. τότε ἐμίανας τὴν στρ. (1)
Ju. 9. 3. καὶ τὴν στρ. αὐ. ἣ ᾐδέσατο
13. 9. ἀπεκύλισε τὸ σῶμα αὐ. ἀπὸ τῆς στρ.
Es. 1. 6. καὶ στρωμναὶ διαφανεῖς [S ἐπιφ., A στρωμνῆς ἐπιφανοῦς] –
Jb. 17. 13. ἐν δὲ γνόφῳ ἔστρωταί μου ἡ στρ. (1)
41. 21 (22). ἡ στρ. αὐτοῦ ὀβελίσκοι ὀξεῖς (4)
Ps. 6. 6. ἐν δάκρυσί μου τὴν στρ. μου βρέξω (3)
62 (63). 6. εἰ ἐμνημόνευόν σου ἐπὶ τῆς στρ. μου (1)
131 (132). 3. εἰ ἀναβήσομαι ἐπὶ κλίνης στρωμνῆς μου (1)
Am. 6. 4. κατασπαταλῶντες ἐπὶ ταῖς στρ. αὐ. (3)
Ez. 27. 7. βύσσος . . . ἐγένετό σοι στρωμνή (2)
[Sm. Ps. 62 (63). 7: Is. 28. 20.]

στρωννύειν, στρωννύναι. (1) חָלַל pi. (2) יָצַע ho. (3) כָּבַד (4) מָחַץ (5) מְשֻׂכָה (6) פָּלַשׁ hithpa. (7) רָפַד pi.
To. 7. 17. S ἔστρωσεν εἰς τὸ ταμεῖον [A B al.]
Ju. 12. 15. A B ἔστρωσεν αὐτῇ κατέναντι Ὀλ.
Es. 4. 3. σάκκον καὶ σποδὸν ἔστρωσαν [S^{2} ὑπέστρ.] ἑαυτοῖς (2)
Jb. 17. 13. ἐν δὲ γνόφῳ ἔστρωταί μου ἡ στρωμνή (7)
26. 12. ἐπιστήμῃ δὲ ἔστρωται [A S -ωσεν] τὸ κῆτος (4)
Pr. 7. 16. ἀμφιτάποις δὲ ἔστρωκα τοῖς ἀπ' Αἰγ. –
15. 19. ὁδοὶ ἀεργῶν ἐστρωμέναι ἀκάνθαις (5)
Is. 14. 11. ὑποκάτω σου στρώσουσι σῆψιν (2)
Ez. 23. 41. ἐκάθου ἐπὶ κλίνης ἐστρωμένης (3)
27. 30. σποδὸν στρώσονται [A ὑποστρ.] (6)
28. 7. στρώσουσι τὸ κάλλος σου εἰς ἀπώλειαν (1)
[Aq. Is. 51. 14: Je. 48 (31). 12.]
[Sm. Je. 48 (31). 12.]
[Al. Ex. 14. 6.]

στρωτήρ.
[Quint. Ca. 1. 17.]

στρώτης.
[Aq. Je. 48 (31). 12.]

στυβή, *vid. sub* **στοιβή.**

στυγεῖν.
II Ma. 5. 8. στυγούμενος ὡς τῶν νόμων ἀποστάτης
III Ma. 2. 31. τὰς τῆς πόλεως εὐσεβείας ἐπιβάθρας στυγοῦντες

στυγνάζειν. (1) שָׁמֵם *a.* qal. *b.* hi.
Ez. 27. 35. ἐστύγνασαν ἐπὶ σέ (1 a)
28. 19. A στυγνάσουσιν [B στενάξουσιν] ἐπὶ σέ (1 a)
32. 10. στυγνάσουσιν ἐπὶ σὲ ἔθνη πολλά [A om.] (1 b)

στυγνός. (1) στ. γίνεσθαι בְּנַס (2) שׁוֹבָב
Wi. 17. 5. καταυγάζειν ὑπέμενον τὴν στυγνὴν ἐκείνην νύκτα
Is. 57. 17. ἐπορεύθη στυγνὸς ἐν ταῖς ὁδοῖς αὐτοῦ (2)
Da. LXX. 2. 12. τότε ὁ βασ. στ. γενόμενος (1)

στῦλος. (1) אֶדֶן (2) כֹּתֶרֶת (3) מַצֵּבָה (4) *a.* עַמֻּד *b.* עַמּוּד (5) קֶרֶשׁ
Ex. 13. 21. ἡμέρας μὲν ἐν στύλῳ νεφέλης (4 b)
— 21. τὴν δὲ νύκτα ἐν στύλῳ πυρός (4 b)
— 22. οὐκ ἐξέλιπε δὲ ὁ στ. τῆς νεφέλης ἡμέρας καὶ ὁ στ. τοῦ πυρὸς νυκτός (4 b, 4 b)
14. 19. ἐξῆρε δὲ καὶ ὁ στ. τῆς νεφέλης (4 b)
— 24. ἐν στύλῳ πυρὸς καὶ νεφέλης (4 b)
19. 9. παραγίνομαι πρὸς σὲ ἐν στύλῳ νεφέλης †
26. 15. ποιήσεις στύλους τῇ σκηνῇ (5)
— 16. δέκα πήχεων ποιήσεις τὸν στ. τὸν ἕνα (5)
— 16. τὸ πλάτος τοῦ στ. τοῦ ἑνός (5)
— 17. δύο ἀγκωνίσκους τῷ στ. τῷ ἑνί (5)
— 17. οὕτως ποιήσεις πᾶσι τοῖς στ. τῆς σκηνῆς (5)
— 18. ποιήσεις στύλους τῇ σκηνῇ εἴκοσι στύλους (5, 5)
— 19. τεσσαράκοντα βάσεις ἀργ. ποιήσεις τοῖς εἴκοσι στ. (5)
— 19. δύο βάσεις τῷ στ. τῷ ἑνί (5)
— 19. B^{2} δύο βάσεις τῷ στ. τῷ ἑνί (5)
— 20. τὸ κλίτος τὸ δεύτερον . . . εἴκοσι στύλους (5)
— 21. δύο βάσεις τῷ στ. τῷ ἑνί (5)
— 21. A R δύο βάσεις τῷ στ. τῷ ἑνί (5)
— 22. ποιήσεις ἓξ στύλους (5)
— 23. δύο στύλους ποιήσεις (5)
— 25. ἔσονται ὀκτὼ στῦλοι (5)
— 25. δύο βάσεις τῷ ἑνὶ στ. [A στ. τῷ ἑνί] (5)
— 25. καὶ δύο βάσεις τῷ στ. τῷ ἑνί (5)
— 26. μοχλοὺς . . . πέντε τῷ ἑνὶ στ. (5)
— 27. καὶ πέντε μοχλοὺς τῷ στ. τῷ ἑνί [A al.] (5)
— 27. καὶ πέντε μοχλοὺς τῷ στ. τῷ ὀπισθίῳ (5)
— 28. ὁ μοχλὸς ὁ μέσος ἀνὰ μέσον τῶν στ. (5)
— 29. τοὺς στ. καταχρυσώσεις χρυσίῳ (5)
— 32. ἐπιθήσεις αὐτὸ ἐπὶ τεσσάρων στ. (4 b)
— 33. B^{1} R θήσεις τὸ καταπέτασμα ἐπὶ τῶν στ. [A B^{2} τοὺς στ.] †
— 37. ποιήσεις τῷ καταπετάσματι πέντε στύλους (4 b)
27. 10. καὶ οἱ [A om.] στ. αὐ. εἴκοσι (4 b)
— 11. καὶ οἱ στ. αὐ. εἴκοσι (4 b)
— 11. καὶ αἱ ψαλίδες τῶν στ. (4 b)
— 12. στῦλοι αὐτῶν δέκα (4 b)
— 13. στῦλοι αὐτῶν δέκα –
— 14, 15. στῦλοι αὐτῶν τρεῖς (4 b)
— 16. στῦλοι αὐτῶν τέσσαρες (4 b)
— 17. πάντες οἱ στ. τῆς αὐλῆς κύκλῳ (4 b)
33. 9. κατέβαινεν ὁ στ. τῆς νεφέλης (4 b)
— 10. ἑώρα πᾶς ὁ λαὸς τὸν στ. τῆς νεφέλης (4 b)
35. 11. ἐργαζέσθω . . . τοὺς στ. (4 b)
— 12 (17). ἐργαζέσθω . . . τοὺς στ. αὐ. (4 b)
37. 4 (36. 36). ἐπέθηκαν αὐτὸ ἐπὶ τέσσαρας στ. ἀσήπτους (4 b)
— 6 (36. 38). καὶ τοὺς στ. αὐ. πέντε (4 b)
— 8 (38. 10), 9 (38. 11) (A^{2} B). καὶ οἱ στ. αὐ. εἴκοσι (4 b)
— 10 (38. 12). A^{2} B στῦλοι αὐτῶν δέκα (4 b)
— 12 (38. 14). A^{2} B καὶ οἱ στ. αὐ. τρεῖς (4 b)
— 13 (38. 15). στῦλοι [A οἱ στ.] αὐ. τρεῖς (4 b)
— 15 (38. 17). καὶ αἱ βάσεις τῶν στ. αὐ. χαλκαῖ (4 b)
— 15 (38. 17). καὶ οἱ στ. περιηργυρωμένοι ἀργυρίῳ †
— 15 (38. 17). πάντες οἱ στ. τῆς αὐλῆς (4 b)
— 17 (38. 19). καὶ οἱ στ. αὐ. τέσσαρες (4 b)
38. 18 (36. 34). περιηργύρωσε τοὺς στ. (5)
— 18 (36. 34). ἐχώνευσε τῷ στ. [A τοῖς στ.] δακτυλίους χρυσοῦς –
— 18 (36. 36). κατεχρύσωσε τοὺς στ. τοῦ καταπετάσματος –
— 19 (36. 36). A ἐποίησε τοὺς στ. τῆς σκηνῆς χρυσοῦς [B al.] (4 b ?)
— 20 (36. 36). A^{2} ἐχώνευσε τὰς κεφαλίδας τὰς ἀργυρᾶς τοῖς στ. [B τῆς σκηνῆς, A^{1} om. τ. στ.] –

Ex. 38. 20 (36. 36). ἀγκύλας ἐποίησε τοῖς στ. [A *om.* τ. στ.] ἀργυρᾶς ἐπὶ τῶν στ. –, –
39. 6 (38. 28). ἐποίησαν εἰς τὰς ἀγκύλας τοῖς στ. [A τῶν στ.] (4 *b*)
— 14 (33). ἤνεγκαν . . . τοὺς στ. (4 *b*)
— 20 (40). τὰ ἱστία τῆς αὐλῆς καὶ τοὺς στ. (4 *b*)
40. 18. ἔστησε τοὺς στ. [A *add.* αὐ.] (4 *b*)
Nu. 3. 36. καὶ τοὺς στ. αὐ. (4 *b*)
— 37. καὶ τοὺς στ. τῆς αὐλῆς κύκλῳ (4 *b*)
4. 31. καὶ τοὺς στ. αὐ. (4 *b*)
— 31. καὶ οἱ στ. αὐ. –
— 32. καὶ τοὺς στ. τῆς αὐλῆς κύκλῳ (4 *b*)
— 32. καὶ τοὺς στ. τοῦ καταπετάσματος τῆς πύλης –
12. 5. κατέβη κύριος ἐν στύλῳ νεφέλης (4 *b*)
14. 14. ἐν στύλῳ νεφέλης σὺ πορεύῃ (4 *b*)
— 14. καὶ ἐν στύλῳ πυρὸς τὴν νύκτα (4 *b*)
De. 31. 15. A κατέβη κύριος ἐν στύλῳ νεφέλης [B *al.*] (4 *b*)
— 15. ἔστη ὁ στ. τῆς νεφέλης παρὰ τὰς θύρας (4 *b*)
Jd. 16. 25. A ἔστησαν αὐτὸν ἀνὰ μέσον τῶν δύο στ. [B τ. κιόνων] (4 *b*)
— 26. A ποίησον ψηλαφῆσαί με ἐπὶ τοὺς στ. [B *al.*] (4 *b*)
— 29. A περιέλαβε Σ. τοὺς δύο στ. [B *al.*] (4 *b*)
20. 40. τὸ σύσσημον ἀνέβη . . . ὡς στῦλος καπνοῦ [A *al.*] (4 *b*)
II Ki. 8. 8. ἐν αὐτῷ ἐποίησε . . . τοὺς στ. –
III Ki. 3. 1. ἐποίησε Σαλ. . . . τοὺς στ. –
7. 15. A R ἐχώνευσε τοὺς δύο στ. τῷ αἰ. [B *al.*] (4 *b*)
— 15. ὀκτὼ καὶ δέκα πήχεις τὸ ὕψος τοῦ στ. (4 *b*)
— 15. τὸ πάχος τοῦ στ. –
— 15. B οὕτως στῦλος [A R ὁ στ.] ὁ δεύτερος (4 *b*)
— 16. δοῦναι ἐπὶ τὰς κεφαλὰς τῶν στ. (4 *b*)
— 17. περικαλύψαι τὸ ἐπίθεμα τῶν στ. (4 *b*)
— 21. ἔστησε τοὺς στ. τοῦ αἰ. τοῦ ναοῦ (4 *b*)
— 21. ἔστησε τὸν στ. τὸν ἕνα (4 *b*)
— 21. ἔστησε τὸν στ. τὸν δεύτερον (4 *b*)
— 19. ἐπὶ τῶν κεφαλῶν τῶν στ. ἔργον κρίνου (4 *b*)
— 20. μέλαθρον ἐπ' ἀμφοτέρων τῶν στ. (4 *b*)
— 22. A ἐτελειώθη τὸ ἔργον τῶν στ. (4 *b*)
— 41. στύλους δύο καὶ τὰ στρεπτὰ τῶν στύλων ἐπὶ τῶν κεφ. τῶν στ. δύο (4 *b*, 2, 4 *b*)
— 41. ἀμφότ. τὰ στρεπτὰ τῶν γλυφῶν τὰ ὄντα ἐπὶ τῶν στ. (4 *b*)
— 42. ἀμφότ. τὰ ὄντα τὰ στρεπτὰ τῆς μεχ. ἐπ' ἀμφοτ. τοῖς στ. (4 *b*)
— 45. καὶ οἱ στ. τεσσαράκοντα καὶ ὀκτώ –
— 2. καὶ τριῶν στίχων στ. κεδρίνων (4 *b*)
— 2. καὶ ὠμίαι κέδριναι τοῖς στ. (4 *b*)
— 3. ἐπὶ τῶν πλευρῶν τῶν στ. (4 *b*)
— 3. καὶ ἀριθμὸς τῶν στ. τεσσαράκοντα –
— 6. καὶ τὸ αἰ. τῶν στ. (4 *b*)
— 6. καὶ στῦλοι καὶ πάχος ἐπὶ πρόσωπον αὐ. (4 *b*)
IV Ki. 11. 14. ὁ βασ. εἱστήκει ἐπὶ τοῦ στ. (4 *b*)
23. 3. ἔστη ὁ βασ. πρὸς τὸν στ. (4 *b*)
25. 13. τοὺς [A εἰς τοὺς] στ. τοὺς χαλκοῦς . . . συνέτριψαν (4 *b*)
— 16. στύλους δύο ἡ θάλασσα ἡ μία (4 *b*)
— 17. ὕψος τοῦ στ. τοῦ ἑνός (4 *b*)
— 17. καὶ κατὰ τὰ αὐτὰ τῷ στ. τῷ δευτέρῳ (4 *b*)
I Ch. 18. 8. ἐποίησε Σαλ. . . . τοὺς στ. (4 *b*)
II Ch. 3. 15. ἐποίησεν ἔμπροσθεν τοῦ τοίχου στύλους δύο (4 *b*)
— 16. καὶ ἔδωκεν ἐπὶ τῶν κεφαλῶν τῶν στ. (4 *b*)
— 17. ἔστησε τοὺς στ. (4 *b*)
4. 12. στύλους δύο καὶ ἐπ' αὐτῶν γωλάθ (4 *b*)
— 12. ἐπὶ τῶν κεφαλῶν τῶν στ. δύο (4 *b*)
— 12. ἅ ἐστιν ἐπὶ τῶν κεφαλῶν τῶν στ. (4 *b*)
— 13. ἅ ἐστιν ἐπάνω τῶν στ. (4 *b*)
34. 31. ἔστη ὁ βασ. ἐπὶ τὸν στ. (4 *a*)
Ne. 9. 12. ἐν στύλῳ νεφέλης ὡδήγησας αὐτοὺς ἡμέρας καὶ ἐν στύλῳ πυρὸς τὴν νύκτα (4 *b*, 4 *b*)
— 19. τὸν στ. τῆς νεφέλης οὐκ ἐξέκλινας ἀπ' αὐτῶν (4 *b*)
— 19. καὶ τὸν στ. τοῦ πυρὸς τὴν νύκτα (4 *b*)
Ju. 13. 9. ἀφεῖλε τὸ κωνώπιον ἀπὸ τῶν στ.
Es. 1. 6. ἐπὶ στύλοις παρίνοις καὶ λιθίνοις (4 *b*)
Jb. 9. 6. οἱ δὲ στ. αὐτῆς σαλεύονται (4 *b*)
26. 11. στῦλοι οὐρανοῦ ἐπετάσθησαν (4 *b*)
38. 6. A ἐπὶ τίνος δὲ οἱ στ. [B S κρίκοι] αὐτῆς πεπήγασι (1)
Ps. 74 (75). 3. ἐγὼ ἐστερέωσα τοὺς στ. αὐτῆς (4 *b*)
98 (99). 7. ἐν στύλῳ νεφέλης ἐλάλει πρὸς αὐτούς (4 *b*)

Pr. 9. 1. ὑπήρεισε στύλους ἑπτά (4 *b*)
Ca. 3. 10. στύλους αὐτοῦ ἐποίησεν ἀργύριον (4 *b*)
5. 15. κνῆμαι αὐτοῦ στῦλοι μαρμάρινοι (4 *b*)
Wi. 18. 3. πυριφλεγῆ στῦλον . . . παρέσχες
Si. 24. 4. ὁ θρόνος μου ἐν στύλῳ νεφέλης
26. 18. στῦλοι χρύσεοι [A -έως] ἐπὶ βάσεως ἀργυρᾶς
36. 29 (26). καὶ στῦλον ἀναπαύσεως
Je. 50 (43). 13. συντρίψει τοὺς στ. Ἡλίου πόλεως (3)
52. 17. τοὺς στ. τοὺς χαλκοῦς . . . συνέτριψαν (4 *b*)
— 20. οἱ στ. δύο καὶ ἡ θάλασσα μία (4 *b*)
— 21. οἱ στ. τριάκοντα πέντε πηχῶν ὕψος τοῦ στ. τοῦ ἑνός (4 *b*, 4 *b*)
— 22. τῷ στ. τῷ δευτέρῳ ὀκτὼ ῥόαι τῷ πήχει (4 *b*)
Ep. Je. 59. ξύλινος στ. ἐν βασιλείοις
Ez. 40. 49. στῦλοι ἦσαν ἐπὶ τὸ αἰλάμ (4 *b*)
42. 6. στύλους οὐκ εἶχον καθὼς οἱ στ. τῶν ἐξωτέρων [A ἐξεδρῶν] (4 *b*, 4 *b*)
I Ma. 13. 29. περιθεὶς στύλους μεγάλους
— 29. ἐποίησεν ἐπὶ τοῖς στ. πανοπλίας
IV Ma. 17. 3. ἐπὶ τοῦ στ. [S τοὺς στ.] τῶν παίδων γενναίως ἱδρυμένη
[**Aq.** Ex. 26. 32: Jd. 16. 29: III Ki. 7. 20 (9): Ps. 74 (75). 4: Je. 1. 18.]
[**Sm.** Ex. 26. 32: 35. 17: Jd. 16. 29: III Ki. 7. 20 (9): Ps. 74 (75). 4: Je. 52. 21.]
[**Th.** Ex. 26. 32: 38. 10 (37. 8), 11 (37. 9), 12 (37. 10): Jd. 16. 29: III Ki. 7. 20 (9): Je. 1. 18: 27 (34). 19.]
[**Quint.**, **Sext.** Ps. 74 (75). 4.]

στυππεῖον, στυππίον, *vid. sub* στιππύον.

στυράκινος. (1) לִבְנֶה

Ge. 30. 37. ἔλαβε δὲ αὐτῷ Ἰ. ῥάβδον στ. χλωράν (1)

στύραξ.

[**Aq.** Ge. 37. 25: 43. 11.]
[**Sm.** Ge. 43. 11.]

σύ, *passim.*

σὺ εἶ (*subjectum verbi*). (1) אַתָּה

II Ki. 7. 29. A B σὺ εἶ, κύριέ μου κύριε, ἐλάλησας [R *al.*] (1)

συγγελᾶν.

Si. 30. 10. μὴ συγγελάσῃς αὐτῷ ἵνα μὴ συνοδυνηθῇς

συγγένεια (-νία). (1) דּוֹדָה (2) טַף (3) מוֹלֶדֶת (4) מִשְׁפָּחָה (5) נִין (6) תּוֹלֵדֹת

Ge. 12. 1. ἔξελθε . . . ἐκ τῆς σ. σου (3)
50. 8. καὶ ἡ σ. αὐ. [A τὴν σ.] (2)
Ex. 6. 14. αὕτη ἡ σ. Ῥουβήν (4)
— 16. ταῦτα τὰ ὀνόμ. τῶν υἱῶν Λ. κατὰ συγγενείας αὐ. (6)
— 19. B οὗτοι οἶκοι πατριῶν Λ. κατὰ συγγένειαν [A R -ας] αὐ. (6)
12. 21. λάβετε . . . πρόβατον κατὰ συγγένειαν ὑμῶν (4)
Le. 20. 5. ἐπιστήσω τὸ πρόσωπόν μου ἐπὶ . . . τὴν σ. αὐ. (4)
— 20. A B² R ἀσχημοσύνην τῆς σ. [B¹ -νοῦς] αὐ. ἀπεκάλυψεν (1)
Nu. 1. 2. κατὰ συγγενείας [A *add.* αὐτῶν] (4)
— 20, 22, 26, 28, 30, 32, 34, 36, 24, 38, 40, 42. κατὰ συγγενείας αὐ. (6)
3. 15. A κατὰ συγγενείας αὐτῶν (4 ?)
4. 44. A ἡ ἐπίσκεψις τῆς σ. [B *om.* τ. σ.] αὐ. –
Jo. 6. 22 (23). ἐξηγάγοσαν . . . τὴν [A πᾶσαν τ.] σ. αὐ. (4)
Jd. 1. 25. τὴν σ. αὐ. ἐξαπέστειλαν (4)
9. 1. ἐλάλησε . . . πρὸς πᾶσαν σ. οἴκου πατρὸς μητρὸς αὐ. (4)
13. 2. ἀπὸ δήμου συγγενείας τοῦ Δ. [A *al.*] (4)
17. 7. A ἐκ τῆς σ. Ἰ. (4)
— 9. A ἐκ τῆς σ. Ἰ. [B *al.*] –
18. 2. A ἐξαπέστειλαν . . . ἐκ τῶν σ. αὐ. [B *al.*] (4)
— 11. A ἀπῆραν ἐκεῖθεν ἐκ συγγενείας τοῦ Δάν [B *al.*] (4)
— 19. A ἢ γενέσθαι σε ἱερέα . . . συγγενείας ἐν Ἰσρ. [B *al.*] (4)
21. 24. περιεπάτησαν . . . ἀνὴρ . . . εἰς συγγένειαν [A τὴν σ.] αὐ. (4)
Ru. 2. 1. ὁ δὲ ἀνὴρ δυνατὸς ἰσχύϊ ἐκ τῆς σ. Ἀβ. (4)
— 3. τοῦ ἐκ συγγενείας Ἀβ. (4)
I Ki. 18. 18. A τίς ἡ ζωὴ τῆς σ. σου (4)
II Ki. 16. 5. ἀνὴρ ἐξεπορεύετο ἐκ συγγενείας οἴκου Σ. (4)

To. 1. 22. S καὶ ἐκ τῆς σ. μου
Jb. 32. 2. Ἐλιοὺς . . . ὁ Βουζίτης ἐκ τῆς σ. Ῥάμ (4)
Ps. 73 (74). 8. B S¹ ἡ σ. [S² αἱ σ.] αὐτῶν ἐπὶ τὸ αὐτό (5)
Wi. 8. 17. ἐστιν ἀθανασία ἐν [S¹ *om.*] συγγενείᾳ σοφίας
Is. 38. 12. οὐκέτι μὴ ἴδω ἄνθρωπον ἐξέλιπεν [A S *om.*] ἐκ τῆς σ. μου †
II Ma. 5. 9. ὡς διὰ τὴν σ. τευξόμενος σκέπης
IV Ma. 10. 3. A R οὐκ ἐξόμνυμαι τὴν εὐγενῆ . . . σ. [S εὐγενίαν]
[**Aq.** Le. 25. 47: Dt. 29. 18 (17): I Ki. 20. 29: Ps. 21 (22). 28: 95 (96). 7: 106 (107). 41: Ez. 20. 32.]
[**Sm.** Ps. 21 (22). 28: 95 (96). 7: 106 (107). 41.]
[**Th.** Jd. 17. 7: 18. 19: I Ki. 20. 29: Ps. 95 (96). 7.]
[**Al.** Ex. 6. 15: Nu. 2. 34: I Ki. 10. 21.]
[**Heb.** Ps. 95 (96). 7.]

συγγενεύς (?).

I Ma. 10. 89. A S² δίδοσθαι τοῖς σ. [S¹ R -νέσιν] τῶν βασ.

συγγενής. (1) *a.* דּוֹד *b.* דּוֹדָה (2) מִשְׁפָּחָה

Le. 18. 14. συγγενὴς γάρ σού ἐστιν (1 *b*)
20. 20. B¹ ὃς ἂν κοιμηθῇ μετὰ τῆς σ. αὐ. ἀσχημοσύνην τῆς σ. [A B² R συγγενείας] αὐ. ἀπεκάλυψεν (1 *b*, 1 *a*)
25. 45. καὶ ἀπὸ τῶν σ. αὐτῶν (2)
II Ki. 3. 39. ἐγώ εἰμι συγγενὴς σήμερον †
I Es. 3. 7. συγγενὴς Δαρείου κληθήσεται
4. 42. συγγενής μου κληθήσῃ
To. 3. 15. S οὔτε συγγενὴς αὐτῷ ὑπάρχει [A B *al.*]
6. 10. αὐτὸς σ. σού ἐστι [S *al.*]
Si. 41. 20. ἀπὸ ἀποστροφῆς προσώπου συγγενοῦς
Ez. 22. 6. ἕκαστος πρὸς τοὺς σ. αὐτοῦ συνεφύροντο †
Da. Th. Su. 30. ἦλθεν αὐτὴ . . . καὶ πάντες οἱ σ. αὐ.
— 63. μετὰ Ἰ. τοῦ ἀνδρὸς αὐ. καὶ τῶν σ. πάντων
I Ma. 10. 89. S¹ δίδοσθαι τοῖς σ. [A S² R -νεῦσι] τῶν βασ.
11. 31. ἧς ἐγράψαμεν Λ. τῷ σ. ἡμῶν
II Ma. 5. 6. τὴν εἰς τοὺς σ. εὐημερίαν
8. 1. προσεκαλοῦντο τοὺς σ.
11. 1. Λυσίας ἐπίτροπος τοῦ βασ. καὶ συγγενής
— 35. ὑπὲρ ὧν Λ. ὁ σ. τοῦ βασ. συνεχώρησεν ὑμῖν
12. 39. καὶ μετὰ τῶν σ. ἀποκαταστῆσαι
15. 18. ἔτι δὲ ἀδελφῶν καὶ συγγενῶν
III Ma. 5. 39. οἱ δὲ συνανακείμενοι τοῖς σ. . . . θαυμάζοντες
— 44. ἀναλύσαντες οἱ φίλοι καὶ σ.
— 49. περιπλεκόμενοι τοῖς σ.
[**Sm.** Ge. 15. 2.]
[**Al.** Le. 25. 25.]

συγγίνεσθαι. (1) הָיָה עִם (2) יָדַע

Ge. 19. 5. ἵνα συγγενώμεθα αὐτοῖς (2)
39. 10. τοῦ συγγενέσθαι αὐτῇ (1)
Ju. 12. 16. A B ἦν κατεπιθυμος σφόδρα τοῦ συγγενέσθαι μετ' αὐτῆς
Da. Th. Su. 11. ἤθελον συγγενέσθαι αὐτῇ
— 39. ἰδόντες συγγινομένους αὐτούς
[**Al.** Le. 20. 16.]

συγγινώσκειν.

II Ma. 14. 31. συγγνοὺς δὲ ὁ ἕτερος
IV Ma. 8. 22. συγγνώσεται δὲ ἡμῖν καὶ ἡ θεία δίκη

συγγνώμη.

Si. *prol.* 14. συγγνώμην ἔχειν ἐφ' οἷς ἂν δοκῶμεν τῶν κατὰ τὴν ἑρμηνείαν πεφιλοπονημένων τισὶ τῶν λέξεων ἀδυναμεῖν [B¹ S¹ *om.*]
3. 13. κἂν ἀπολείπῃ σύνεσιν συγγνώμην ἔχε
II Ma. 14. 20. φανείσης ὁμοιοψήφου σ.

συγγνωμονεῖν.

IV Ma. 5. 13. A συγγνωμονήσειέν σοι ἐπὶ πᾶσιν [S R *al.*]

συγγνωστός.

Wi. 6. 6. ὁ γὰρ ἐλάχιστος συγγνωστός [S¹ εὔγν.] ἐστιν ἐλέους
13. 8. πάλιν δὲ οὐδ' αὐτοὶ συγγνωστοί

συγγράφειν.

Si. *prol.* 10. προήχθη καὶ αὐτὸς συγγράψαι τι [S περὶ] τῶν εἰς παιδείαν καὶ σοφίαν ἀνηκόντων
[**Aq.**, **Sm.** Ec. 12. 10.]

συγγραφεύς.

II Ma. 2. 28. τὸ μὲν διακριβοῦν . . . τῷ σ. παραχωρήσαντες

συγγραφή. (1) סֵפֶר

To. 7. 14. ἔγραψε συγγραφήν
Jb. 31. 35. συγγραφὴν δὲ ἣν εἶχον κατά τινος (1)
Is. 58. 6. πᾶσαν συγγραφὴν ἄδικον διάσπα †
I Ma. 13. 42. γράφειν ἐν ταῖς σ.
14. 43. ὅπως γράφωνται . . . πᾶσαι σ. [S² αἱ σ.]
[Sm. Is. 58. 6.]

συγγυμνασία.

Wi. 8. 18. ἐν συγγυμνασίᾳ ὁμιλίας αὐτῆς φρόνησις

συγκαθῆσθαι. (1) יָשַׁב

Ps. 100 (101). 6. τοῦ συγκαθῆσθαι αὐτοὺς μετ' ἐμοῦ (1)

συγκαθίζειν. (1) יָשַׁב (2) רְבַץ

Ge. 15. 11. συνεκάθισεν αὐτοῖς Ἄβραμ †
Ex. 18. 13. συνεκάθισε M. κρίνειν τὸν λαόν (1)
Nu. 22. 27. συνεκάθισεν ὑποκάτω B. (2)
I Es. 9. 6. συνεκάθισαν [A -εν] πᾶν τὸ πλῆθος
— 16. A συνεκάθισαν [B -εκλείσθησαν] . . . ἐτάσαι τὸ πρᾶγμα
Je. 16. 8. οὐκ εἰσελεύσῃ συγκαθίσαι [A τοῦ κ.] μετ' αὐτῶν (1)

συγκαθυφαίνεσθαι.

Is. 3. 23. ἀφελεῖ . . . σὺν χρυσῷ καὶ ὑακίνθῳ συγκαθυφασμένα †

συγκαίειν. (1) אָכַל (2) דָּלַק hi. (3) חָמַר poalal. (4) חֲרִישִׁי (5) נָכָה hi. (6) עָתַם ni.

Ge. 31. 40. ἐγενόμην τῆς ἡμέρας συγκαιόμενος τῷ καύσωνι (1)
III Ki. 7. 49. A καὶ τὰς λυχνίας . . . συγκαιομένας [B -κλειομ.] †
Jb. 16. 17 (16). ἡ γαστήρ μου συγκέκαυται ἀπὸ κλαυθμοῦ (3)
Ps. 120 (121). 6. A S² R ἡμέρας ὁ ἥλιος οὐ συγκαύσει [S¹ οὐκ ἐκκαύσει] σε (5)
Pr. 24. 23 (29. 27). συγκαίει [S ἐκκαίει] ὥσπερ φλόξ –
Jn. 4. 8. προσέταξεν ὁ θ. πνεύματι καύσωνος συγκαίοντι (4)
Is. 5. 11. ὁ γὰρ οἶνος αὐτοὺς συγκαύσει (2)
— 24. συγκαυθήσεται ὑπὸ φλογὸς ἀνειμένης †
9. 19 (18). διὰ θυμὸν ὀργῆς κυρίου συγκέκαυται [A συγκαυθήσεται] ἡ γῆ ὅλη (6)
[Aq. Ca. 1. 6.]
[Sm. Jb. 32. 18.]

συγκαλεῖν. (1) קָרָא a. qal. b. ni.

Ex. 7. 11. συνεκάλεσε δὲ Φ. τοὺς σοφιστὰς Αἰγ. (1 a)
Jo. 9. 22. συνεκάλεσεν αὐτοὺς Ἰ. (1 a)
10. 24. συνεκάλεσεν Ἰ. πάντα Ἰσρ. (1 a)
22. 1. τότε συνεκάλεσεν Ἰ. τοὺς υἱοὺς Ῥ. (1 a)
23. 2. συνεκάλεσεν Ἰ. πάντας τοὺς υἱοὺς Ἰσρ. (1 a)
24. 1. συνεκάλεσε τοὺς πρεσβυτέρους αὐ. (1 a)
Ju. 2. 2. συνεκάλεσε πάντας τοὺς θεράποντας αὐ.
6. 16. B συνεκάλεσεν [A S R -αν] πάντας τοὺς πρεσβυτ. τῆς πόλεως
13. 12. συνεκάλεσαν τοὺς πρεσβυτέρους τῆς πόλεως
Pr. 9. 3. συγκαλοῦσα μετὰ ὑψηλοῦ κηρύγματος ἐπὶ κρατῆρα (1 a)
Za. 3. 11 (10). συγκαλέσετε ἕκαστος τὸν πλησίον αὐ. (1 a)
Is. 62. 12. S¹ συνεκλήθη [A B S² σὺ δὲ κληθήσῃ] Ἐπιζητουμένη πόλις (1 b)
Je. 1. 15. R συγκαλῶ πάσας τὰς βασιλείας ἀπὸ βορρᾶ τῆς γῆς (1 a)
La. 2. 3. B συνεκάλεσεν [A S R -έκλασεν] ἐν ὀργῇ θυμοῦ αὐ. †
II Ma. 15. 31. συγκαλεσάμενος τοὺς ὁμοεθνεῖς

συγκάλυμμα. (1) כָּנָף

De. 22. 30 (23. 1). οὐκ ἀποκαλύψει συγκάλυμμα τοῦ πατρὸς αὐ. (1)
27. 20. ἀπεκάλυψε συγκάλυμμα τοῦ πατρὸς αὐ. (1)

συγκαλύπτειν. (1) נָהַר (2) חָפַשׂ hithpa. (3) כָּסָה pi. (4) סָבַב hi. (5) סָרַח

Ge. 9. 23. συνεκάλυψαν τὴν γύμνωσιν τοῦ πατρὸς αὐ. (3)
Ex. 26. 13. ἔσται συγκαλύπτον ἐπὶ τὰ πλάγια τῆς σκηνῆς (5)
Nu. 4. 14. συγκαλύψουσι τὸν λουτῆρα –
Jd. 4. 18. A συνεκάλυψεν αὐτὸν ἐν τῇ δέρρει αὐ. [B al.] (3)
— 19. A συνεκάλυψε τὸ πρόσωπον αὐ. [B al.] (3)
— 21. A καὶ συνεκάλυψεν αὐτὸν ἐν τῇ δέρρει αὐ. –
I Ki. 28. 8. καὶ συνεκαλύψατο [A περιεκ.] Σ. (2)
III Ki. 20 (21). 4. συνεκάλυψε τὸ πρόσωπον αὐ. (4)
22. 30. συγκαλύψομαι [A -ψόν με] (2)
— 30. συνεκαλύψατο βασιλεὺς Ἰσρ. (2)
IV Ki. 4. 35. A συνεκάλυψεν [B -έκαμψεν] ἐπὶ τὸ παιδάριον (1)
II Ch. 4. 12. δίκτυα δύο συγκαλύψαι τὰς κεφαλὰς τῶν χ. (3)
— 13. τοῦ συγκαλύψαι τὰς δύο γωλὰθ τῶν χ. (3)
5. 8. B συνεκάλυπτε τὰ χερ. τὴν [A R ἐπὶ τὴν] κιβ. (3)
18. 29. συνεκαλύψατο βασιλεὺς Ἰσρ. (2)
Jb. 9. 24. πρόσωπα κριτῶν αὐ. συγκαλύπτει (3)
Ps. 68 (69). 10. S² συνεκάλυψα [B S¹ -έκαμψα] ἐν νηστείᾳ τὴν ψυχήν μου †
Pr. 26. 26. S¹ συγκαλύπτει δὲ τὰς ἑαυτοῦ ἁμαρτίας [A B S² al.] †
Si. 26. 8. ἀσχημοσύνην αὐτῆς οὐ συγκαλύψει
Ez. 12. 6. τὸ πρόσωπόν σου συγκαλύψεις (3)
— 12. τὸ πρόσωπον αὐτοῦ συγκαλύψει (3)
Da. LXX. Su. 39. ὁ δὲ νεανίσκος ἔφυγε συγκεκαλυμμένος
[Sm. Jd. 4. 19.]
[Th. Jb. 9. 24.]

συγκάμπτειν. (1) נָהַר (2) כָּרַע (3) מָעַד hi.

Jd. 5. 27. A ἀνὰ μέσον τῶν ποδῶν αὐ. συγκάμψας [B al.] (2)
IV Ki. 4. 35. συνέκαμψεν [A -εκάλυψεν] ἐπὶ τὸ παιδάριον (1)
Ps. 68 (69). 10. B S¹ συνέκαμψα [S² -εκάλυψα] ἐν νηστείᾳ τὴν ψυχήν μου †
— 23. τὸν νῶτον αὐτῶν διὰ παντὸς σύγκαμψον (3)
[Th. Jd. 5. 27.]

συγκαταβαίνειν. (1) יָרַד

Ps. 48 (49). 17. A B οὐδὲ συγκαταβήσεται αὐτῷ ἡ δόξα [S² δ. τοῦ οἴκου] αὐ. (1)
Wi. 10. 13. συγκατέβη αὐτῷ εἰς λάκκον
Da. LXX. 3. (49). ἄγγελος δὲ κυρίου συγκατέβη
Da. TH. 3. (49). ὁ δὲ ἄγγελος κυρίου συγκατέβη
[Aq., Sm. Ps. 48 (49). 18.]

συγκαταγηράσκειν.

To. 8. 7. ἐλεῆσαί με καὶ αὐτῇ συγκαταγηρᾶσαι [A -σομαι, S al.]

συγκαταγνύναι.

[Sm. Ps. 28 (29). 5 bis: 67 (68). 24: Ez. 6. 9.]

συγκατακληρονομεῖν. (1) אָחַז ni.

Nu. 32. 30. συγκατακληρονομηθήσονται ἐν ὑμῖν (1)

συγκαταμιγνύναι. (1) בּוֹא

Jo. 23. 12. ἐὰν γὰρ . . . συγκαταμιγῆτε αὐτοῖς (1)

συγκατατίθεσθαι. (1) כָּרַת (2) שִׁית יָד

Ex. 23. 1. οὐ συγκαταθήσῃ μετὰ τοῦ ἀδίκου (2)
— 32. οὐ συγκαταθήσῃ αὐτοῖς . . . διαθήκην (1)
Da. TH. Su. 20. συγκατάθου ἡμῖν

συγκαταφέρεσθαι.

Is. 30. 30. ὡς ὕδωρ καὶ χάλαζα συγκαταφερομένη βίᾳ †

συγκατεσθίειν.

Is. 9. 18 (17). συγκαταφάγεται τὰ κύκλῳ τῶν βουνῶν πάντα †

σύγκεισθαι. (1) קָשַׁר

I Ki. 22. 8. σύγκεισθε πάντες ὑμεῖς ἐπ' ἐμέ (1)
Si. 43. 26. ἐν λόγῳ αὐτοῦ σύγκειται πάντα
[Aq., Sm. Ez. 27. 24.]
[Th. Ez. 27. 24 (P.).]

συγκεντεῖν.

II Ma. 12. 23. συγκεντῶν τοὺς ἀλιτηρίους

συγκεραννύναι. (1) עָרַב ithpa.

Da. LXX. 2. 43. ὥσπερ οὐδὲ ὁ σίδηρος δύναται συγκραθῆναι τῷ ὀστράκῳ (1)
II Ma. 15. 39. οἶνος ὕδατι συγκερασθεὶς

συγκερατίζεσθαι. (1) נָגַח hithpa.

Da. LXX. 11. 40. συγκερατισθήσεται αὐτῷ ὁ βασ. Αἰγύπτου (1)
Da. TH. 11. 40. συγκερατισθήσεται μετὰ τοῦ βασ. τοῦ νότου (1)

συγκεραυνοῦν.

II Ma. 1. 16. συνεκεραύνωσαν τὸν ἡγεμόνα

συγκλᾶν. (1) גָּדַע a. qal. b. ni. c. pi. (2) קָצַץ pi.

Ps. 45 (46). 9. συγκλάσει ὅπλον (2)
74 (75). 10. πάντα τὰ κέρατα τῶν ἁμαρτωλῶν συγκλάσω [B² συνθλάσω] (1 c)
75 (76). 3. B¹ ἐκεῖ συγκλάσει τὰ κέρατα –
106 (107). 16. S μοχλοὺς σιδηροῦς συνέκλασεν [A R -έθλασεν] (1 c)
Si. 28. 17. πληγὴ δὲ γλώσσης συγκλάσει ὀστᾶ
Is. 45. 2. μοχλοὺς σιδηροῦς συγκλάσω (1 c)
Je. 27 (50). 23. A S πῶς συνεκλάσθη [B ἐκλ.] καὶ συνετρίβη ἡ σφῦρα πάσης τῆς γῆς (1 b)
La. 2. 3. A S R συνέκλασεν [B -εκάλεσεν] ἐν ὀργῇ θυμοῦ αὐτοῦ πᾶν κέρας Ἰσραήλ (1 a)
Ez. 29. 7. συνέκλασας αὐτῶν πᾶσαν ὀσφύν †
[Aq. I Ki. 24. 8.]
[Sm. Jb. 26. 12: Ez. 6. 4.]
[Th. Ps. 74 (75). 11.]
[Al. Ps. 45 (46). 10.]

σύγκλασις.

[Th. Pr. 19. 29.]

συγκλασμός. (1) קְצָפָה

Jl. 1. 7. ἔθετο . . . τὰς συκᾶς μου εἰς συγκλασμόν (1)

συγκλείειν. (1) אָלַם ni. (2) סָגַר a. qal. b. ni. c. pu. d. hi. e. מַסְגֵּר (3) סָכַךְ hi. (4) עָצַר (5) קָצַח pi. (6) צוּר (7) צָרַר

Ge. 16. 2. συνέκλεισέ με κύριος τοῦ μὴ τίκτειν (4)
20. 18. R συγκλείων [A om.] συνέκλεισε κ. ἔξωθεν πᾶσαν μήτραν (4, 4)
Ex. 14. 3. συγκέκλεικε γὰρ αὐτοὺς ἡ ἔρημος (2 a)
Jo. 6. 1. καὶ Ἰερ. συγκεκλεισμένη καὶ ὠχυρωμένη (2 a)
20. 5. οὐ συγκλείσουσιν τὸν φονεύσαντα (2 d)
I Ki. 1. 6. συνέκλεισε [A συναπέκλ.] κ. τὰ περὶ τὴν μήτραν αὐ. (2 a)
III Ki. 6. 20. περιέσχεν αὐτὸ χρυσίῳ συγκεκλεισμένῳ (2 a)
7. 49. καὶ τὰς λυχνίας . . . συγκλειομένας [A -καιομ.] (2 a)
10. 21. πάντα τὰ σκεύη . . . χρυσίῳ συγκεκλεισμένα [B¹ -οι, A -ῳ] (2 a)
11. 27. συνέκλεισε τὸν φραγμὸν τῆς πόλεως Δ. (2 a)
12. 24. B συνέκλεισε τὴν πόλιν Δ. –
IV Ki. 24. 14. ἀπῴκισε . . . τὸν συγκλείοντα (2 e)
— 16. καὶ τὸν τέκτονα καὶ τὸν συγκλείοντα (2 e)
I Es. 9. 16. συνεκλείσθησαν [A -εκάθισαν] . . . ἐτάσαι τὸ πρᾶγμα
To. 8. 4. A B ὡς δὲ συνεκλείσθησαν ἀμφότεροι [S al.]
Ju. 5. 1. τὰς διόδους τῆς ὀρεινῆς συνέκλεισαν
13. 1. A B συνέκλεισε τὴν σκηνὴν ἔξωθεν
Jb. 3. 10. οὐ συνέκλεισε πύλας γαστρὸς μητρός μου (2 a)
— 23. συνέκλεισε γὰρ ὁ θεὸς κατ' αὐτοῦ (3)
Ps. 16 (17). 10. τὸ στέαρ αὐτῶν συνέκλεισαν (2 a)
30 (31). 8. οὐ συνέκλεισάς με εἰς χεῖρας ἐχθροῦ (2 d)
34 (35). 3. σύγκλεισον ἐξ ἐναντίας τῶν καταδιωκόντων με (2 a)
77 (78). 50. τὰ κτήνη αὐτῶν εἰς θάνατον συνέκλεισε (2 d)
— 62. συνέκλεισεν εἰς ῥομφαίαν τὸν λαὸν αὐτοῦ (2 d)
Pr. 4. 12. οὐ συγκλεισθήσεταί σου τὰ διαβήματα (7)
Si. 29. 12. σύγκλεισον ἐλεημοσύνην ἐν τοῖς ταμείοις σου
Am. 1. 6. τοῦ συγκλεῖσαι εἰς τὴν Ἰδουμαίαν (2 d)
— 9. συνέκλεισαν αἰχμαλωσίαν τοῦ Σαλ. εἰς τὴν Ἰδουμ. (2 d)
Mi. 3. 3. A τὰ ὀστᾶ αὐ. συνέκλεισαν [B -έθλασαν] (5)
Ob. 1. 14. μηδὲ συγκλείσῃς τοὺς φεύγοντας αὐτοῦ (2 d)
Ma. 1. 10. συγκλεισθήσονται θύραι (2 a)
Is. 45. 1. πόλεις οὐ συγκλεισθήσονται (2 b)
Je. 13. 19. πόλεις αἱ πρὸς νότον συνεκλείσθησαν (2 c)
21. 4. τοὺς Χαλδ. τοὺς συγκεκλεικότας [A συγκλείοντας] ὑμᾶς ἔξωθεν τοῦ τείχους (6)
— 9. πρὸς τοὺς Χαλδ. τοὺς συγκεκλεικότας ὑμᾶς (6)

Ez. 4. 3. συγκλείσεις αὐτήν (6)
33. 22. A ἀνοιχθέν μου τὸ στόμα οὐ συνεκλείσθη [B -εσχέθη] ἔτι (1 ?)
I Ma. 3. 18. συγκλεισθῆναι πολλοὺς ἐν χερσὶν ὀλίγων
4. 31. σύγκλεισον τὴν παρεμβολὴν ταύτην
5. 5. S R συνεκλείσθησαν [A διεκλ.] ὑπ' αὐτοῦ
6. 18. ἦσαν συγκλείοντες τὸν Ἰσρ.
— 49. οὐκ ἦν αὐτοῖς ἐκεῖ διατροφὴ τοῦ συγκεκλεῖσθαι ἐν αὐτῇ
11. 65. καὶ συνέκλεισεν αὐτήν
15. 25. συνέκλεισε τὸν Τρ. τοῦ εἰσπορεύεσθαι
II Ma. 1. 15. συγκλείσαντες τὸ ἱερόν
8. 25. ἀνέλυσαν ἀπὸ τῆς χώρας συγκλειόμενοι
12. 7. τοῦ δὲ χωρίου συγκλεισθέντος
[Aq. Ez. 21. 12 (17): 35. 5.]
[Sm. Ge. 2. 21: I Ki. 23. 20: Jb. 26. 13: Is. 24. 22: 27. 1: Ez. 35. 5.]
[Th. Le. 13. 4, 5: Ez. 35. 5.]
[Al. Le. 13. 4, 26: I Ki. 23. 12 *bis*.]

σύγκλεισμα. (1) מִסְגֶּרֶת
III Ki. 7. 29. καὶ ἐπὶ τὰ σ. [A -κλίματα] αὐ. (1)
— 35. καὶ τὰ σ. αὐ. (1)
— 36. καὶ τὰ σ. αὐ. χερ. (1)
IV Ki. 16. 17. συνέκοψεν ὁ βασ. τὰ σ. [A *al.*] (1)

συγκλεισμός. (1) *a.* סָגוּר *b.* מִסְגֶּרֶת (2) מָצוֹר
II Ki. 5. 24. ἐν τῷ ἀκοῦσαί σε τὴν φωνὴν τοῦ σ. †
22. 46. σφαλοῦσιν ἐκ τῶν σ. αὐτῶν (1 *b*)
Jb. 28. 15. οὐ δώσει συγκλεισμὸν ἀντ' αὐτῆς (1 *a*)
Ho. 13. 8. διαρρήξω συγκλεισμὸν καρδίας αὐ. (1 *a*)
Mi. 7. 17. συγχυθήσονται ἐν συγκλεισμῷ αὐ. (1 *b*)
Ez. 4. 3. ἔσται ἐν συγκλεισμῷ (2)
— 7. εἰς τὸν [A *om.*] σ. Ἰερουσαλὴμ ἑτοιμάσεις τὸ πρόσωπόν σου (2)
— 8. ἕως οὗ συντελεσθῶσιν ἡμέραι τοῦ σ. σου (2)
5. 2. κατὰ τὴν πλήρωσιν τῶν ἡμερῶν τοῦ σ. (2)
I Ma. 6. 21. ἐξῆλθον ἐξ αὐτῶν ἐκ τοῦ σ.
[Sm. Ps. 141 (142). 8: Is. 24. 22: Je. 37 (44). 16.]
[Th. Jb. 28. 15.]
[Al. Je. 37 (44). 16.]

συγκλειστός. (1) *a.* סָגַר *b.* מִסְגֶּרֶת
III Ki. 7. 28. συγκλειστὸν αὐτοῖς καὶ συγκλειστὸν ἀνὰ μέσον τῶν ἐξεχομένων (1 *b*, 1 *b*)
— 50. τὰ τρυβλία καὶ αἱ θυΐσκαι χρυσαῖ συγκλειστά (1 *a*)

συγκληρονομεῖν.
Si. 22. 23. ἵνα ἐν τῇ κληρονομίᾳ αὐτοῦ συγκληρονομήσῃς

σύγκλητος. (1) קָרִיא
Nu. 16. 2. σύγκλητοι βουλῆς καὶ ἄνδρες ὀνομαστοί (1)

σύγκλιμα.
III Ki. 7. 29. A καὶ ἐπὶ τὰ σ. [B -κλείσματα] αὐ. †

συγκλύζειν, συγκλύειν. (1) שָׁטַף
Ca. 8. 7. ποταμοὶ οὐ συγκλύσουσιν αὐτήν (1)
Wi. 5. 22. ποταμοὶ δὲ συγκλύσουσιν [A συγκλύουσιν] ἀποτόμως
Is. 43. 2. ποταμοὶ οὐ συγκλύσουσί σε (1)

συγκοιτάζεσθαι.
[Aq. Dt. 28. 30.]

σύγκοιτος. (1) שֹׁכֶבֶת חֵיק
Mi. 7. 5. ἀπὸ τῆς σ. φύλαξαι (1)
[Aq. Ps. 44 (45). 10.]

συγκολάπτειν.
[Aq. Le. 22. 24.]

συγκολλᾶν.
Si. 22. 7. συγκολλῶν ὄστρακον [S -ων] ὁ διδάσκων μωρόν

συγκόλλημα.
[Th. Ex. 38. 11 (37. 9), 12 (37. 10).]

συγκομιδή.
[Sm. Ex. 23. 16.]

συγκομίζεσθαι. (1) עָלָה
Jb. 5. 26. ὥσπερ θιμωνία ἅλωνος καθ' ὥραν συγκομισθεῖσα (1)

συγκόπτειν. (1) כָּתַת *a.* qal. *b.* pi. (2) נָכָה hi. (3) נָפַץ pi. (4) קָצָה pi. (5) קָצַץ pi. (6) שָׁחַק
Ge. 34. 30. συγκόψουσί με (2)
Ex. 30. 36. συγκόψεις ἐκ τούτων λεπτόν (6)
De. 9. 21. καὶ συνέκοψα [A -έτριψα] αὐτόν (1 *a*)
IV Ki. 10. 32. ἤρξατο κ. συγκόπτειν ἐν τῷ Ἰσρ. (4)
16. 17. συνέκοψεν ὁ βασ. τὰ συγκλείσματα [A *al.*] (5)
18. 16. συνέκοψεν Ἐζ. τὰς θύρας ναοῦ (5)
24. 13. συνέκοψε πάντα τὰ σκεύη τὰ χρυσᾶ (5)
Ju. 5. 22. εἶπαν . . . συγκόψαι αὐτόν
Ps. 88 (89). 23. συγκόψω ἀπὸ προσώπου αὐτοῦ τοὺς ἐχθροὺς αὐτοῦ [A μου] (1 *a*)
128 (129). 4. συνέκοψεν αὐχένας ἁμαρτωλῶν (5)
Jl. 3 (4). 10. συγκόψατε τὰ ἄροτρα ὑμῶν εἰς ῥομφαίας (1 *a*)
Is. 2. 4. συγκόψουσι τὰς μαχαίρας αὐτῶν εἰς ἄροτρα (1 *b*)
Je. 31 (48). 12. τὰ κέρατα αὐτοῦ συγκόψουσι (3)
[Aq. Je. 50 (27). 23.]
[Sm. Ps. 88 (89). 24: Je. 50 (27). 23.]

σύγκρασις. (1) סִיג
Ez. 22. 19. ἐγένεσθε εἰς σύγκρασιν μίαν (1)

συγκρατεῖν.
[Sm. Ps. 16 (17). 5.]

σύγκριμα. (1) גְּזֵרָה (2) פְּשַׁר
Jd. 18. 9. A κατὰ σύγκριμα τῶν Σιδ. –
Si. 35 (32). 5. σύγκριμα μουσικῶν ἐν συμποσίῳ [A -ίᾳ] οἴνου
— 17. κατὰ τὸ θέλημα αὐτοῦ εὑρήσει σύγκριμα
Da. LXX. 5. 7. ἀπαγγεῖλαι τὸ σ. τῆς γραφῆς –
— 7. τὸ σ. τῆς γραφῆς οὐκ ἐδύναντο συγκρῖναι –
— 7. ὃς ἂν ὑποδείξῃ τὸ σ. τῆς γραφῆς (2)
— 8. τὸ σ. τῆς γραφῆς ἀπαγγεῖλαι (2)
— 9. ἀπαγγεῖλαι τῷ βασ. τὸ σ. τῆς γραφῆς –
— 12. συγκρίματα ὑπέρογκα ὑπέδειξε †
— 16. δύνῃ μοι ὑποδεῖξαι τὸ σ. τῆς γραφῆς (2)
— 26. τοῦτο τὸ σ. τῆς γραφῆς (2)
— 30. τὸ σ. ἐπῆλθε Βαλτ. τῷ βασ. –
Da. Th. 2. 25. ὅστις τὸ σ. τῷ βασ. ἀναγγελεῖ (2)
4. 14. διὰ συγκρίματος εἴρ ὁ λόγος (1)
— 15. τὸ σ. εἰπόν (2)
— 15. οὐ δύνανται τὸ σ. αὐ. δηλῶσαί μοι (2)
— 21. καὶ σύγκριμα ὑψίστου ἐστίν (1)
5. 26. τοῦτο τὸ σ. τοῦ ῥήματος (2)
I Ma. 1. 57. τὸ σ. τοῦ βασ. ἐθανάτου αὐτόν
[Th. Da. 2. 25.]

συγκρίνειν. (1) פָּרַשׁ pu. (2) *a.* פָּתַר *b.* פְּשַׁר pe. *c.* pa.
Ge. 40. 8. ὁ συγκρίνων αὐτὸ οὐκ ἔστιν (2 *a*)
— 16. ὀρθῶς συνέκρινε (2 *a*)
— 22. καθὰ συνέκρινεν αὐτοῖς Ἰ. (2 *a*)
41. 12. καὶ συνέκρινεν ἡμῖν (2 *a*)
— 13. καθὼς συνέκρινεν ἡμῖν (2 *a*)
— 15. ὁ συγκρίνων αὐτὸ οὐκ ἔστιν (2 *a*)
— 15. ἀκούσαντά σε ἐνύπνια συγκρῖναι αὐτά (2 *a*)
Nu. 15. 34. οὐ γὰρ συνέκριναν τί ποιήσωσιν αὐτόν (1)
Wi. 7. 29. φωτὶ συγκρινομένη εὑρίσκεται προτέρα
15. 18. ἀνοίᾳ γὰρ συγκρινόμενα τῶν ἄλλων ἐστὶ χείρονα
Da. LXX. 5. 7. τὸ σύγκριμα τῆς γραφῆς οὐκ ἐδύναντο συγκρῖναι –
Da. Th. 5. 12. συγκρίνων ἐνύπνια (2 *c*)
— 16. δύνασαι κρίματα συγκρῖναι [A -ειν] (2 *b*)
I Ma. 10. 71. συγκριθῶμεν ἑαυτοῖς ἐκεῖ
[Al. Le. 16. 22.]

σύγκρισις. (1) מִשְׁפָּט (2) *a.* פִּתְרוֹן *b.* פְּשַׁר (3) שֵׁבֶר
Ge. 40. 12. τοῦτο ἡ σ. αὐτοῦ (2 *a*)
— 18. αὕτη ἡ σ. αὐτοῦ (2 *a*)
Nu. 9. 3. κατὰ τὴν σ. αὐ. ποιήσεις αὐτό (1)
29. 6. κατὰ τὴν σ. αὐ. (1)
— 11. κατὰ τὴν σ. –
— 18, 21, 24, 27, 30, 33, 37. κατὰ τὴν σ. αὐ. (1)
Jd. 7. 15. ὡς ἤκουσε . . . τὴν σ. αὐ. (3)
18. 7. A κατὰ τὴν σ. τῶν Σιδ. [B *al.*] (1)
Wi. 7. 8. πλοῦτον οὐδὲν ἡγησάμην ἐν συγκρίσει αὐτῆς
Da. LXX. 2. 4. φράσομεν τὴν σ. αὐ. (2 *b*)
— 5. ἐὰν μὴ . . . τὴν τούτου σ. δηλώσητέ μοι (2 *b*)
— 6. ἐὰν δὲ . . . τὴν τούτου σ. ἀναγγείλητε (2 *b*)
— 9. ἐὰν μὴ . . . τὴν τούτου σ. δηλώσητε –
— 26. δυνήσῃ δηλῶσαί μοι . . . τὴν τούτου σ. (2 *b*)
4. 15. ὑπέδειξέ μοι πᾶσαν τὴν σ. αὐ. –
— 16. καὶ ἡ σ. αὐ. τοῖς ἐχθροῖς σου ἐπέλθοι (2 *b*)
5. 17. καὶ αὐτὴ ἡ σ. αὐ. (2 *b*)
Da. Th. 2. 4. τὴν σ. ἀναγγελοῦμεν (2 *b*)
— 5. ἐὰν μὴ γνωρίσητέ μοι . . . τὴν σ. (2 *b*)
— 6. ἐὰν δὲ . . . τὴν σ. αὐ. γνωρίσητέ μοι (2 *b*)
— 6. τὴν σ. αὐ. ἀπαγγείλατέ μοι (2 *b*)
— 7. τὴν σ. αὐ. ἀναγγελοῦμεν (2 *b*)
— 9. τὴν σ. αὐ. ἀναγγελεῖτέ μοι (2 *b*)
— 16. καὶ τὴν σ. αὐ. ἀναγγείλῃ τῷ βασ. (2 *b*)
— 24. τὴν σ. τῷ βασ. ἀναγγελῶ (2 *b*)
— 26. εἰ δύνασαί μοι ἀναγγεῖλαι . . . τὴν σ. αὐ. (2 *b*)
— 30. ἕνεκεν τοῦ τὴν σ. τῷ βασ. γνωρίσαι (2 *b*)
— 36. τὴν σ. αὐ. ἐροῦμεν ἐνώπιον τοῦ βασ. (2 *b*)
— 45. καὶ πιστὴ ἡ σ. αὐ. (2 *b*)
4. 3. ὅπως τὴν σ. τοῦ ἐνυπνίου γνωρίσωσί μοι (2 *b*)
— 4. τὴν σ. αὐ. οὐκ ἐγνώρισάν μοι (2 *b*)
— 6. τὴν σ. αὐ. εἰπόν μοι (2 *b*)
— 16. A ἡ σ. μὴ κατασπευσάτω σε (2 *b*)
— 16. καὶ ἡ σ. αὐ. τοῖς ἐχθροῖς σου (2 *b*)
— 21. τοῦτο ἡ σ. αὐτοῦ (2 *b*)
5. 7. ὃς ἂν . . . τὴν σ. [A σ. αὐ.] γνωρίσῃ μοι (2 *b*)
— 8. οὐκ ἠδύναντο . . . τὴν σ. γνωρίσαι τῷ βασ. (2 *b*)
— 12. τὴν σ. αὐ. ἀναγγελεῖ σοι (2 *b*)
— 15. ἵνα . . . τὴν σ. αὐ. γνωρίσωσί μοι (2 *b*)
— 16. B ἐὰν . . . τὴν σ. αὐ. γνωρίσῃς μοι [A R *al.*] (2 *b*)
— 17. τὴν σ. αὐτῆς γνωρίσω σοι (2 *b*)
7. 16. τὴν σ. τῶν λόγων ἐγνώρισέ μοι (2 *b*)
[Th. Da. 4. 16†.]

συγκροτεῖν. (1) נָקַשׁ (2) סָפַק
Nu. 24. 10. συνεκρότησε ταῖς χερσὶν αὐ. (2)
Da. Th. 5. 6. τὰ γόνατα αὐ. συνεκροτοῦντο (1)

συγκρούειν.
[Sm. Ps. 108 (109). 11.]
[Al. Is. 29. 1.]

σύγκρουσις.
[Sm. Ez. 3. 13.]

συγκρουσμός.
I Ma. 6. 41. A πάντες οἱ ἀκούοντες . . . συγκρουσμοὺς [S R -οῦ] τῶν ὅπλων

συγκρύπτειν.
II Ma. 14. 30. συνεκρύπτετο τὸν Νικ.
[Aq. Jb. 10. 13: Ps. 26 (27). 5: 30 (31). 20, 21: 82 (83). 4: Pr. 10. 14.]

συγκτίζειν.
Si. 1. 14. μετὰ πιστῶν ἐν μήτρᾳ συνεκτίσθη αὐτοῖς

συγκύπτειν. (1) עָזַב
Jb. 9. 27. συγκύψας τῷ προσώπῳ στενάξω (1 ?)
Si. 12. 11. ἐὰν ταπεινωθῇ καὶ πορεύηται συγκεκυφώς
19. 26. ἔστι πονηρευόμενος συγκεκυφὼς μελανίᾳ
[Al. IV Ki. 4. 35.]

συγκυρεῖν. (1) בַּת (2) חֶבֶל (3) יָד (4) מִגְרָשׁ
Nu. 21. 25. ἐν Ἐσ. καὶ ἐν πάσαις ταῖς συγκυρούσαις αὐτῇ (1)
35. 4. τὰ συγκυροῦντα τῶν πόλεων (4)
De. 2. 37. πάντα τὰ συγκυροῦντα χειμάρρου [A -ῳ] Ἰ. (3)
3. 4. B^1 πάντα τὰ συγκυροῦντα [A B^2 R *om.*] περίχωρα Ἀργόβ (2)
I Ma. 11. 34. καὶ πάντα τὰ συγκυροῦντα αὐτοῖς
[Sm. Ec. 9. 11.]

συγκύρημα.
[Sm. I Ki. 20. 26: Ps. 90 (91). 6.]

συγκυρία.
[Sm. I Ki. 6. 9.]

συγκύφειν.
Si. 19. 27. συγκύφων [B^1 S^2 -κρύφων] πρόσωπον

συγχαίρειν. (1) צָחַק

Ge. 21. 6. ὃς γὰρ ἐὰν ἀκούσῃ συγχαρεῖταί μοι (1)
III Ma. 1. 8. R καὶ ἐπὶ τοῖς συμβεβηκόσι συγχαρησομένους [A χαρ.]

συγχεῖν. (1) בָּלַל (2) הָלַל hithpo. (3) הָמַם (4) חָרָה (5) נָכָה hi. (6) נָכַר pi. (7) סַר (8) עָצַר (9) רָגַז

Ge. 11. 7. συγχέωμεν ἐκεῖ αὐτῶν τὴν γλῶσσαν (1)
— 9. συνέχεε κύριος τὰ χείλη πάσης τῆς γῆς (1)
I Ki. 7. 10. B συνεχύθησαν καὶ ἔπταισαν (3)
III Ki. 20 (21). 4. A ἦλθεν Ἀχ. πρὸς οἶκον αὐ. συγκεχυμένος [B al.] (7)
21 (20). 43. ἀπῆλθεν ὁ βασ. Ἰσρ. συγκεχυμένος (7)
IV Ki. 14. 26. A εἶδε κ. . . . ὀλιγοστοὺς συγκεχυμένους [B al.] (8)
Jb. 30. 17. νυκτὶ δέ μου τὰ ὀστᾶ συγκέχυται [A συνέθλασαν] (6)
Wi. 10. 5. ἐν ὁμονοίᾳ πονηρίας ἐθνῶν συγχυθέντων
Am. 3. 15. συγχεῶ καὶ πατάξω τὸν οἶκον τὸν περίπτερον (5)
Mi. 7. 17. συγχυθήσονται ἐν συγκλεισμῷ αὐ. (9)
Jl. 2. 1. συγχυθήτωσαν [A συναχθήτ.] πάντες (9)
— 10. συγχυθήσεται ἡ γῆ (9)
Jn. 4. 1. καὶ συνεχύθη (4)
Na. 2. 4 (5). συγχυθήσονται [A[1] -νυθ.] τὰ ἅρματα (2)
I Ma. 4. 27. ὁ δὲ ἀκούσας συνεχύθη
II Ma. 10. 30. συγχυθέντες ἀορασίᾳ
13. 23. συνεχύθη τοὺς Ἰουδ. παρεκάλεσεν
14. 28. συνεκέχυτο καὶ δυσφόρως ἔφερεν
[**Sm.** Ps. 54 (55). 3: Je. 4. 23.]

συγχρᾶσθαι.

[**Al.** I Ki. 30. 19.]

συγχρονεῖν, συγχρονίζειν.

Si. *prol.* 21. παραγενηθεὶς εἰς Αἴγυπτον καὶ συγχρονίσας [A -ήσας]

σύγχυσις. (1) בָּבֶל (2) מְהוּמָה

Ge. 11. 9. ἐκλήθη τὸ ὄνομα αὐ. Σύγχυσις (1)
I Ki. 5. 6. ἐγένετο σύγχυσις [A χύσις] θανάτου μεγάλη –
— 12 (11). ἐγενήθη σύγχυσις [A σ. θανάτου] ἐν ὅλῃ τῇ πόλει (2)
14. 20. σ. μεγάλη σφόδρα (2)
[**Aq.** Jb. 37. 18.]
[**Sm.** Is. 34. 11: Je. 5. 30.]

συγχωνεύειν.

[**Aq.** Na. 1. 6.]

συγχωννύναι.

[**Aq.** Ex. 8. 14 (10).]

συγχωρεῖν.

Da. LXX. Bel 25. συνεχώρησεν αὐτῷ ὁ βασ.
II Ma. 4. 9. R ἐὰν συγχωρηθῇ [A ἐπιχορηγηθῇ] . . . γυμνάσιον
11. 15. συνεχώρησεν ὁ γραμματεύς
— 18. ἃ δὲ ἦν ἐνδεχόμενα συνεχώρησεν
— 24. συγχωρηθῆναι αὐτοῖς τὰ νόμιμα
— 35. ὑπὲρ ὧν Λ. ὁ συγγενὴς τοῦ βασ. συνεχώρησεν ὑμῖν

συγχωρητέον.

II Ma. 2. 31. τῷ τὴν μετάφρασιν ποιουμένῳ συγχωρητέον

συζευγνύναι. (1) חָבַר

Ez. 1. 11. ἑκατέρῳ δύο συνεζευγμέναι πρὸς ἀλλήλας (1)
— 23. A ἑκάστῳ δύο συνεζευγμέναι [B al.] –

συζητεῖν, συνζητεῖν. (1) בָּקַשׁ pi.

Ne. 2. 4. A B[1] περὶ τίνος τοῦτο συνζητεῖς [B[2] ℵ R σὺ ζ.] (1)

συζυγής.

III Ma. 4. 8. οἱ δὲ τούτων σ. βρόχους . . . περιπεπλεγμένοι

συζυγία.

[**Aq.** Ez. 23. 17.]

σύζυγος.

[**Aq.** Ez. 23. 21.]

συζωννύναι.

Le. 8. 8. καὶ συνέζωσεν αὐτόν †
I Ma. 3. 3. συνεζώσατο τὰ σκεύη τὰ πολεμικὰ αὐ.

συκάμινον. (1) שִׁקְמָה

Am. 7. 14. ἀλλ' ἢ . . . κνίζων συκάμινα (1)

συκάμινος. (1) שִׁקְמָה

III Ki. 10. 27. τὰς κέδρους ἔδωκεν ὡς συκαμίνους (1)
I Ch. 27. 28. καὶ ἐπὶ τῶν σ. τῶν ἐν τῇ πεδινῇ (1)
II Ch. 1. 15. ἔθηκεν . . . τὰς κέδρους ἐν τῇ Ἰ. ὡς συκαμίνους (1)
9. 27. ἔδωκεν . . . τὰς κέδρους ὡς συκαμίνους (1)
Ps. 77 (78). 47. καὶ τὰς σ. αὐτῶν ἐν τῇ πάχνῃ (1)
Is. 9. 10 (9). κόψωμεν συκαμίνους (1)
[**Th.** Am. 7. 14.]

συκεών, *vid. sub* **συκών.**

συκῆ. (1) תְּאֵנָה

Ge. 3. 7. ἔρραψαν φύλλα συκῆς (1)
Nu. 13. 24 (23). A B[2] R ἀπὸ τῶν ῥοῶν καὶ ἀπὸ τῶν σ. [B[1] σικύων] (1)
20. 5. οὐδὲ συκαῖ οὐδὲ ἄμπελοι (1)
De. 8. 8. ἄμπελοι συκαῖ ῥόαι (1)
Jd. 9. 10. εἶπον τὰ ξύλα τῇ σ. (1)
— 11. εἶπεν αὐτοῖς ἡ σ. (1)
III Ki. 3. 1 (B), 4. 25 (A) [5. 5]. ἕκαστος . . . ὑπὸ τὴν σ. αὐ. (1)
IV Ki. 18. 31. ἀνὴρ τὴν σ. αὐ. φάγεται (1)
Ne. 2. 13. πρὸς στόμα πηγῆς τῶν σ. †
Ps. 104 (105). 33. ἐπάταξε . . . τὰς συκᾶς αὐ. (1)
Pr. 27. 18. ὃς φυτεύει συκῆν (1)
Ca. 2. 13. ἡ σ. ἐξήνεγκεν ὀλύνθους αὐτῆς (1)
Ho. 2. 12 (14). ἀφανιῶ . . . τὰς σ. αὐ. (1)
9. 10. ὡς σκοπὸν ἐν συκῇ πρώϊμον εἶδον πατέρας αὐ. (1)
Mi. 4. 4. ἀναπαύσεται . . . ἕκαστος ὑποκάτω συκῆς αὐ. (1)
Jl. 1. 7. ἔθετο . . . τὰς σ. μου εἰς συγκλασμόν (1)
— 12. αἱ σ. ὠλιγώθησαν (1)
2. 22. συκῆ καὶ ἄμπελος ἔδωκαν τὴν ἰσχὺν αὐ. (1)
Na. 3. 12. πάντα τὰ ὀχυρώμ. σου συκαῖ σκοποὺς ἔχουσαι (1)
Hb. 3. 17. συκῆ οὐ καρποφορήσει (1)
Hg. 2. 20 (19). ἡ ἄμπελος καὶ ἡ σ. καὶ ἡ ῥόα (1)
Za. 3. 11 (10). ὑποκάτω ἀμπέλου καὶ ὑποκάτω συκῆς (1)
Is. 34. 4. ὡς πίπτει φύλλα ἀπὸ συκῆς (1)
36. 16. φάγεσθε ἕκαστος . . . τὰς σ. (1)
Je. 8. 13. οὐκ ἔστι σῦκα ἐν ταῖς σ. (1)
I Ma. 14. 12. A R ἐκάθισεν ἕκαστος ὑπὸ . . . τὴν σ. αὐ. [ℵ *om.* τ. σ. αὐ.]
[**Aq., Sm.** Is. 34. 4.]
[**Al.** Hb. 3. 17.]

συκήρατος, συκηέρατος (?).

Ep. Je. 70. B ὥσπερ γὰρ ἐν συκηράτῳ [A συκηερ., R σικυηρ.] προβασκάνιον

συκόμορος.

[**Aq., Sm.** Ps. 77 (78). 47: Is. 9. 10 (9): Am. 7. 14.]
[**Th.** Is. 9. 10 (9).]

σῦκον. (1) תְּאֵנָה (2) πρόδρομος σύκου בִּכּוּרָה

IV Ki. 20. 7. λαβέτωσαν παλάθην σύκων (1)
Ne. 13. 15. καὶ οἶνον καὶ σταφυλὴν καὶ σῦκα (1)
To. 1. 7. ℵ[2] καὶ τῶν σ.
Is. 28. 4. ὡς πρόδρομος σύκου ὁ ἰδὼν αὐτό (2)
38. 21. λάβε παλάθην ἐκ [ℵ *om.*] σύκων (1)
Je. 8. 13. οὐκ ἔστι σῦκα ἐν ταῖς συκαῖς (1)
24. 1. ἔδειξέ μοι κύριος δύο καλάθους σύκων (1)
— 2. ὁ κάλαθος ὁ εἷς σύκων χρηστῶν σφόδρα ὡς τὰ σ. τὰ πρώϊμα (1, 1)
— 2. καὶ ὁ κάλαθος ὁ ἕτερος σύκων πονηρῶν σφόδρα (1)
— 3. A B[3] R εἶπα, Σῦκα [B[1] ℵ *om.*, A *add.* καὶ τὰ, ℵ[2] *add.* τὰ] σῦκα τὰ χρηστὰ χρηστὰ λίαν (1, 1)
— 5. ὡς τὰ σ. τὰ χρηστὰ ταῦτα οὕτως ἐπιγνώσομαι τοὺς ἀποικισθέντας Ἰουδαίους (1)
— 8. ὡς τὰ σ. τὰ πονηρὰ ἃ οὐ βρωθήσεται (1)
[**Sm.** Je. 24. 3 (Sw.).]
[**Th.** Je. 29 (36). 17.]

συκοφαντεῖν. (1) גָּלַל hithpo. (2) *a.* עָשַׁק *b.* עֲשׁוּקִים (3) שָׁקַר pi.

Ge. 43. 18. τοῦ συκοφαντῆσαι ἡμᾶς (1)
Le. 19. 11. οὐ συκοφαντήσει ἕκαστος τὸν πλησίον (3)
Jb. 35. 9. ἀπὸ πλήθους συκοφαντούμενοι κεκράξονται (2 *b*)
Ps. 118 (119). 122. μὴ συκοφαντησάτωσάν με ὑπερήφανοι (2 *a*)
Pr. 14. 31: 22. 16. ὁ συκοφαντῶν πένητα (2 *a*)
28. 3. ἀνδρεῖος ἐν ἀσεβείαις συκοφαντεῖ πτωχούς (2 *a*)
Ec. 4. 1. ἰδοὺ δάκρυον τῶν συκοφαντουμένων (2 *a*)
— 1. ἀπὸ χειρὸς συκοφαντούντων αὐτοὺς ἰσχύς (2 *a*)
[**Aq.** Ge. 26. 20: Le. 6. 2 (5. 21): Dt. 24. 16 (14): Jb. 10. 3: Ps. 118 (119). 121: Pr. 28. 3: Je. 50 (27). 33: Ez. 22. 29.]
[**Sm.** Le. 6. 2 (5. 21): Dt. 24. 16 (14): Ec. 4. 1: Is. 52. 4: Je. 50 (27). 33: Ez. 22. 29 *bis*.]
[**Th.** Le. 6. 2 (5. 21): Dt. 24. 16 (14): Jb. 35. 9: Pr. 28. 3.]
[**Al.** Le. 19. 13: I Ki. 12. 3: I Ch. 16. 21: Jb. 10. 3.]

συκοφάντης. (1) עָשַׁק *a.* qal. *b.* מַעֲשַׁקּוֹת

Ps. 71 (72). 4. ταπεινώσει συκοφάντην (1 *a*)
Pr. 28. 16. βασιλεὺς ἐνδεὴς προσόδων μέγας συκοφάντης (1 *b*)

συκοφαντία (-εία). (1) עָנַשׁ (2) *a.* עֲשׁוּקִים *b.* עֹשֶׁק

Ps. 118 (119). 134. λύτρωσαί με ἀπὸ συκοφαντίας ἀνθρώπων (2 *b*)
Ec. 4. 1. εἶδον συμπάσας [ℵ πάσας] τὰς σ. (2 *a*)
5. 7. ἐὰν συκοφαντίαν πένητος . . . ἴδῃς ἐν χώρᾳ (2 *b*)
7. 8 (7). ἡ σ. περιφέρει σοφόν (2 *b*)
Am. 2. 8. οἶνον ἐκ συκοφαντιῶν ἔπινον (1)
[**Aq.** Ge. 26. 20: Le. 6. 4 (5. 23): Is. 33. 15: 38. 14: Je. 6. 6: 22. 17: Ez. 22. 29.]
[**Sm.** Le. 6. 4 (5. 23): Jb. 35. 9: Ps. 72 (73). 8: Is. 33. 15: Je. 22. 17: Ez. 22. 12, 29.]
[**Th.** Le. 6. 4 (5. 23): Is. 33. 15: Ez. 22. 12.]

συκών (συκεών). (1) תְּאֵנָה

Am. 4. 9. συκῶνας ὑμῶν . . . κατέφαγεν ἡ κάμπη (1)
Je. 5. 17. κατέδονται . . . τοὺς σ. ὑμῶν (1)

συλᾶν.

Ep. Je. 18. ὅπως ὑπὸ τῶν λῃστῶν μὴ συληθῶσι
[**Aq.** Ex. 3. 22.]

συλλαλεῖν. (1) דָּבַר pi. (2) שִׂיחַ

Ex. 34. 35. ἕως ἂν εἰσέλθῃ συλλαλεῖν αὐτῷ (1)
III Ki. 12. 14. A καὶ συνελάλησεν πρὸς αὐτούς (1)
Pr. 6. 22. ἵνα ἐγειρομένῳ συλλαλῇ [A -λήσω] σοι (2)
Is. 7. 6. συλλαλήσαντες αὐτοῖς ἀποστρέψομεν αὐτούς †
Je. 18. 20. συνελάλησαν ῥήματα κατὰ τῆς ψυχῆς μου †

συλλαμβάνειν. (1) *a.* הָרָה *b.* הָרֶה (2) חִיל pul. (3) לָכַד *a.* qal. *b.* ni. (4) לָקַח (5) נָקַשׁ (6) קָמַט pu. (7) תָּפַשׂ *a.* qal. *b.* ni. (8) σ. ἐν γαστρί הָרָה

Ge. 4. 1. A συνέλαβεν καὶ ἔτεκεν τὸν K. [R *al.*] (1 *a*)
— 17. συλλαβοῦσα ἔτεκε τὸν Ἑ. (1 *a*)
— 25. συλλαβοῦσα ἔτεκεν υἱόν –
16. 4. καὶ συνέλαβε (1 *a*)
19. 36. συνέλαβον αἱ δύο θυγατέρες Λώτ (1 *a*)
21. 2. συλλαβοῦσα ἔτεκε . . . υἱόν (1 *a*)
25. 21. R συνέλαβεν [A ἔλ.] ἐν γαστρὶ Ῥεβ. (8)
29. 32. καὶ συνέλαβε Λεία (1 *a*)
— 33. συνέλαβε πάλιν Λεία (1 *a*)
— 34. καὶ συνέλαβεν ἔτι (1 *a*)
— 35. συλλαβοῦσα ἔτι ἔτεκεν υἱόν (1 *a*)
30. 5. συνέλαβε B. ἡ παιδίσκη Ῥ. (1 *a*)
— 7. συνέλαβεν ἔτι B. (1 *a*)
— 10. καὶ συνέλαβε Z. –
— 12. καὶ συνέλαβεν ἔτι Z. –
— 17. συλλαβοῦσα ἔτεκε τῷ Ἰ. υἱὸν πέμπτον (1 *a*)
— 19. συνέλαβεν ἔτι Λεία (1 *a*)
— 23. συλλαβοῦσα ἔτεκε τῷ Ἰ. υἱόν (1 *a*)
38. 3. συλλαβοῦσα ἔτεκεν υἱόν (1 *a*)
— 4. συλλαβοῦσα ἔτι ἔτεκεν υἱόν (1 *a*)

Ex. 12. 4. συλλήψεται μεθ' ἑαυτοῦ τὸν γείτονα (4)
Nu. 5. 13. καὶ αὐτὴ μὴ ᾖ συνειλημμένη (7 b)
De. 21. 19. συλλαβόντες [B[1] om.] αὐτὸν ὁ πατὴρ αὐ. καὶ ἡ μήτηρ αὐ. (7 a)
Jo. 8. 23. τὸν βασ. τῆς Γ. συνέλαβον ζῶντα (7 a)
Jd. 7. 25. συνέλαβον τοὺς ἄρχοντας Μ. (3 a)
8. 14. συνέλαβε [A -ον] παιδάριον ἀπὸ τῶν ἀνδρῶν Σ. (3 a)
13. 3. καὶ συλλήψῃ [A τέξῃ] υἱόν (1 a)
15. 4. συνέλαβε τριακοσίας ἀλώπεκας (3 a)
I Ki. 1. 20. καὶ συνέλαβε (1 a)
2. 21. A καὶ συνέλαβεν (1 a)
4. 19. νύμφη αὐ. γυνὴ Φ. συνειληφυῖα τοῦ τεκεῖν (1 b)
15. 8. συνέλαβε τὸν 'A. βασιλέα 'Aμ. ζῶντα (7 a)
23. 26. παρενέβαλον . . . συλλαβεῖν αὐτούς (7 a)
II Ki. 12. 24. καὶ συνέλαβε –
III Ki. 13. 4. συλλάβετε αὐτόν (7 a)
18. 40. συλλάβετε τοὺς προφήτας τοῦ B. (7 a)
— 40. καὶ συνέλαβον αὐτούς (7 a)
21 (20). 18. συλλαβεῖν [A -βετε] αὐτοὺς ζῶντας (7 a)
— 18. ζῶντας συλλαβεῖν [A -βετε] αὐτούς (7 a)
IV Ki. 7. 12. συλληψόμεθα αὐτοὺς ζῶντας (7 a)
10. 14. συλλάβετε αὐτοὺς ζῶντας (7 a)
— 14. A καὶ συνελάβοντο αὐτοὺς ζῶντας (7 a)
14. 7. συνέλαβε τὴν πέτραν ἐν τῷ πολέμῳ (7 a)
— 13. τὸν 'Aμ. . . . συνέλαβεν [A ἔλ.] 'I. (7 a)
16. 9. καὶ συνέλαβεν αὐτήν (7 a)
17. 6. συνέλαβε βασιλεὺς 'Ασσυρίων τὴν Σαμ. (3 a)
18. 10. καὶ συνελήφθη Σαμ. (3 b)
— 13. καὶ συνέλαβεν αὐτάς (7 a)
25. 6. συνέλαβον τὸν βασ. (7 a)
I Es. 1. 38. Ζαρ. δε τὸν ἀδελφὸν αὐ. συλλαβών
Ju. 6. 9. A οὐ συλληφθήσονται [B S ληφθ.]
— 10. προσέταξεν . . . συλλαβεῖν τὸν 'Aχ.
— 11. συνέλαβον αὐτὸν οἱ δοῦλοι αὐ.
10. 12. συνέλαβον αὐτήν
Jb. 22. 16. οἱ συνελήφθησαν ἄωροι (6)
39. 13. ἐὰν συλλάβῃ ἀσίδα καὶ νέσσα †
Ps. 7. 14. συνέλαβε πόνον (1 a)
9. 15. συνελήφθη ὁ ποὺς αὐτῶν (3 b)
— 16. συνελήφθη ὁ ἁμαρτωλός (5)
— 23 (10. 2). συλλαμβάνονται ἐν διαβουλίοις (7 b)
34 (35). 8. ἡ θήρα ἣν ἔκρυψαν συλλαβέτω αὐτούς (3 a)
50 (51). 5. ἐν ἀνομίαις συνελήφθην (2)
58 (59). 12. συλληφθήτωσαν ἐν τῇ ὑπερηφανίᾳ αὐτῶν (3 b)
Ec. 7. 27 (26). ἁμαρτάνων συλληφθήσεται ἐν αὐτῇ (3 b)
Ca. 3. 4. εἰς ταμεῖον τῆς συλλαβούσης με (1 a)
8. 2. εἰς ταμεῖον τῆς συλλαβούσης με †
Ho. 1. 3. συνέλαβε καὶ ἔτεκεν αὐτῷ υἱόν (1 a)
— 6. συνέλαβεν ἔτι καὶ ἔτεκε θυγατέρα (1 a)
— 8. συνέλαβεν ἔτι καὶ ἔτεκεν υἱόν (1 a)
Am. 3. 5. ἄνευ τοῦ συλλαβεῖν τι (3 a)
Is. 36. 1. A καὶ συνέλαβεν [B S ἔλ.] αὐτάς (7 a)
Je. 5. 26. καὶ συνελαμβάνοσαν (3 a)
6. 11. ἀνὴρ καὶ γυνὴ συλληφθήσονται (3 b)
29 (49). 16. συνέλαβεν ἰσχὺν βουνοῦ ὑψηλοῦ (7 a)
31 (48). 7. σὺ συλληφθήσῃ (3 b)
— 41. τὰ ὀχυρώματα συνελήφθη (7 b)
— 44. συλληφθήσεται ἐν τῇ παγίδι (3 b)
33 (26). 8. συνελάβοσαν [S[2] -βον] αὐτὸν οἱ ἱερεῖς (7 a)
— 23. A συνελάβοσαν αὐτόν –
39 (32). 24. ὄχλος ἥκει εἰς τὴν πόλιν συλλαβεῖν αὐτήν (3 a)
41 (34). 2. συλλήψεται αὐτήν –
— 3. A S R συλλήψει συλληφθήσῃ [B -σει] (7 b)
43 (36). 26. συλλαβεῖν τὸν Βαρούχ (4)
44 (37). 8. συλλήψονται αὐτήν (3 a)
— 13. συνέλαβε τὸν 'Iερεμίαν (7 a)
— 14. συνέλαβε Σαρουία τὸν 'Iερεμίαν (7 a)
45 (38). 3. συλλήψεται [A -ονται, S[1] λήψεται] αὐτήν (3 a)
— 23. ἐν χειρὶ βασιλέως Βαβ. συλληφθήσῃ [A al.] (7 b)
— 28. ἕως χρόνου οὗ συνελήφθη 'Iερουσαλήμ (3 b)
52. 9. συνέλαβον τὸν βασιλέα (7 a)
La. 4. 20. συνελήφθη ἐν ταῖς διαφθοραῖς αὐ. (3 b)
Ez. 12. 13. συλληφθήσεται ἐν τῇ περιοχῇ μου (7 b)
19. 4. ἐν τῇ διαφθορᾷ αὐτῶν συνελήφθη (7 b)
— 8. ἐν διαφθορᾷ αὐτῶν συνελήφθη (7 b)
Da. TH. 11. 15. συλλήψεται πόλεις ὀχυράς (3 a)
— 18. καὶ συλλήψεται πολλάς (3 a)

Da. TH. Bel 21. συνέλαβε [A -ετο] τοὺς ἱερεῖς
I Ma. 5. 26. πολλοὶ ἐξ αὐτῶν συνειλημμένοι εἰσίν
— 27. ἐν ταῖς λοιπαῖς πόλεσι τῆς Γαλ. εἰσὶ συνειλημμένοι
7. 2. συνέλαβον [S[1] -οντο] αἱ δυνάμεις τὸν 'Aντ.
— 16. συνέλαβεν ἐξ αὐτῶν ἑξήκοντα ἄνδρας
— 19. καὶ συνέλαβε [S[1] -έβαλεν] πολλούς
9. 36. καὶ συνέλαβον 'Iωάννην
— 58. συλλήψεται αὐτοὺς πάντας
— 60. ὅπως συλλάβωσι τὸν 'Iων.
— 61. A συνέλαβον [R -οντο, S -έβαλον] ἀπὸ τῶν ἀνδρῶν τῆς χώρας
12. 40. AR ἐζήτει πόρον τοῦ [S om. π. τ.] συλλαβεῖν αὐτόν
— 48. καὶ συνέλαβον αὐτόν
— 50. συνελήφθη καὶ ἀπώλωλε
14. 2. συλλαβεῖν αὐτὸν ζῶντα
— 3. καὶ συνέλαβεν αὐτόν
16. 22. συνέλαβε τοὺς ἄνδρας τοὺς ἐλθόντας
II Ma. 7. 1. ἑπτὰ ἀδελφοὺς . . . συλληφθέντας ἀναγκάζεσθαι
14. 39. ἀπέστειλε στρατιώτας . . . συλλαβεῖν αὐτόν
— 40. ἔδοξε γὰρ ἐκεῖνον συλλαβών
III Ma. 1. 5. πολλοὺς δὲ καὶ δοριαλώτους συλλημφθῆναι
IV Ma. 16. 15. ὅτε συνελήφθης μετὰ τῶν παίδων
17. 1. ὅτε ἔμελλε καὶ αὐτὴ συλλαμβάνεσθαι
[Aq. IV Ki. 10. 14 : Jb. 15. 35 : Pr. 11. 6 : Is. 7. 14 : 33. 11 : Je. 6. 12 : Ez. 21. 23 (28).]
[Sm. Ru. 1. 12 : II Ki. 8. 4 : Ps. 58 (59). 13 : 68 (69). 23 : Pr. 5. 22 : 11. 6 : Ca. 2. 15 : Is. 7. 14 : 8. 15 : Je. 22. 19 : Ez. 21. 24 (29).]
[Th. Jb. 22. 16 : 39. 13 : Pr. 11. 6 : Is. 51. 20.]
[Heb. Jb. 15. 7.]
[Al. Ec. 9. 12.]

συλλέγειν. (1) אָסַף (2) לָקַח (3) לָקַט *a.* qal. *b.* pi. *c.* hithpa. (4) **ὁ τὰ δράγματα συλλέγων** עָמַר pi. (5) קָטַף (6) קָשַׁשׁ po.

Ge. 31. 46. συλλέγετε λίθους (3 a)
— 46. συνέλεξαν λίθους (2)
Ex. 5. 11. συλλέγετε ἑαυτοῖς ἄχυρα (2)
16. 4. συλλέξουσι τὸ τῆς ἡμέρας εἰς ἡμέραν (3 a)
— 16. ἕκαστος σὺν τοῖς συσκηνίοις ὑμῶν συλλέξατε (2)
— 17. συνέλεξαν ὁ τὸ πολὺ καὶ ὁ τὸ ἔλαττον (3 a)
— 18. ἕκαστος . . . παρ' ἑαυτῷ συνέλεξαν [A[2] -εν] (3 a)
— 21. συνέλεξαν αὐτὸ πρωΐ (3 a)
— 22. συνέλεξαν τὰ δέοντα διπλᾶ (3 a)
— 26. ἓξ ἡμέρας συλλέξετε (3 a)
— 27. ἐξήλθοσάν τινες ἐκ τοῦ λαοῦ συλλέξαι (3 a)
Le. 19. 9. τὰ ἀποπίπτοντα τοῦ θερισμοῦ σου οὐ [B[1] om.] συλλέξεις (3 b)
— 10. οὐδὲ τοὺς ῥῶγας τοῦ ἀμπελῶνός σου συλλέξεις (3 b)
23. 22. τὰ ἀποπίπτοντα τοῦ θερισμοῦ σου οὐ συλλέξεις (3 b)
Nu. 11. 8. καὶ συνέλεγον (3 a)
15. 32. εὗρον ἄνδρα συλλέγοντα ξύλα (6)
— 33. οἱ εὑρόντες συλλέγοντα [B[1] -ες] ξύλα (6)
De. 23. 25 (26). B συλλέξεις [A[2] συνάξεις] ἐν ταῖς χερσί σου στάχυς (5)
Jd. 1. 7. ἦσαν συλλέγοντες τὰ ὑποκάτω τῆς τραπέζης μου (3 b)
11. 3. A συνελέγοντο πρὸς τὸν 'I. ἄνδρες λιτοί [B al.] (3 c)
Ru. 2. 3. συνέλεξεν ἐν τῷ ἀγρῷ (3 b)
— 7. συλλέξω δὴ καὶ συνάξω (3 b)
— 8. μὴ πορευθῇς ἐν ἀγρῷ συλλέξαι ἑτέρῳ (3 a)
— 15. καὶ ἀνέστη τοῦ συλλέγειν (3 b)
— 15. ἀνὰ μέσον τῶν δραγμάτων συλλεγέτω (3 b)
— 16. καὶ φάγεται καὶ συλλέξει (3 b)
— 17. συνέλεξεν ἐν τῷ ἀγρῷ (3 b)
— 17. ἐρράβδισεν ἃ συνέλεξεν (3 b)
— 18. εἶδεν ἡ πενθερὰ αὐ. ἃ συνέλεξεν (3 b)
— 19. ποῦ συνέλεξας σήμερον (3 b)
— 23. προσεκολλήθη 'Pοὺθ . . . συλλέγειν (3 b)
III Ki. 10. 26. A συνέλεξεν Σ. ἅρματα (1)
17. 10. γυνὴ χήρα συνέλεγε ξύλα (6)
— 12. συλλέγω δύο ξυλάρια (6)
IV Ki. 4. 39. ἐξῆλθεν εἰς τὸν ἀγρὸν συλλέξαι ἀριώθ (3 b)
— 39. συνέλεξεν ἀπ' αὐτῆς τολύπην ἀγρίαν (3 b)

Ju. 3. 10. εἰς τὸ συλλέξαι πᾶσαν τὴν ἀπαρτίαν [S στρατιάν]
4. 3. πᾶς ὁ λαὸς συνελέλεκτο τῆς 'Iουδαίας
Ps. 103 (104). 28. δόντος σου αὐτοῖς συλλέξουσιν (3 a)
128 (129). 7. ὁ τὰ δράγματα συλλέγων (4)
Ca. 6. 1 (2). καὶ συλλέγειν κρίνα (3 a)
Je. 7. 18. οἱ υἱοὶ αὐτῶν συλλέγουσι [S[1] -έξ.] ξύλα (3 b)
III Ma. 1. 21. ποικίλη δὲ ἦν τῶν εἰς τοῦτο συλλεγέντων ἡ δέησις
[Aq. Ge. 49. 33 : Dt. 32. 50 : Ps. 25 (26). 9 : 26 (27). 10 : 34 (35). 15 : 38 (39). 7 : 49 (50). 5 : Pr. 30. 4 : Ec. 2. 26 : Is. 52. 12 : 57. 1 *bis* : 60. 20 : Mi. 4. 11.]
[Sm. Jb. 39. 12 : Ze. 2. 1.]
[Th. Ps. 38 (39). 7.]
[Sext. Ps. 26 (27). 10.]

σύλλεγμα.

[Al. Le. 23. 22.]

σύλληψις. (1) *a.* הָרָה *b.* הֵרָיוֹן (2) *a.* לָכַד *b.* מַלְכֹּדֶת (3) תָּפַשׂ

Jb. 18. 10. ἡ σ. αὐτοῦ ἐπὶ τρίβων (2 b)
Ho. 9. 11. αἱ δόξαι αὐ. ἐκ τόκων . . . καὶ συλλήψεων (1 b)
Je. 18. 22. ἐνεχείρησαν λόγον εἰς σύλληψίν μου (2 a)
20. 17. ἡ μήτρα συλλήψεως αἰωνίας (1 a)
41 (34). 3. συλλήψει συλληφθήσῃ (3)
[Aq. Ge. 3. 17 (16) : Ho. 9. 11.]
[Sm., Th., Quint. Ho. 9. 11.]

συλλογή. (1) יַלְקוּט

I Ki. 17. 40. ἐν τῷ καδίῳ τῷ ποιμενικῷ τῷ ὄντι αὐτῷ εἰς συλλογήν (1)
[Aq. Ex. 23. 16 : I Ki. 2. 36 : Is. 32. 10.]

συλλογίζειν. (1) בִּין hithpal. (2) חָשַׁב *a.* pi. *b.* hithpa.

Le. 25. 27. συλλογιεῖται [A -τε] τὰ ἔτη τῆς πράσεως αὐ. (2 a)
— 50. συλλογιεῖται [A -τε] πρὸς τὸν κεκτημ. αὐτόν (2 a)
— 52. συλλογιεῖται [A -τε] αὐτῷ κατὰ τὰ ἔτη αὐ. (2 a)
Nu. 23. 9. ἐν ἔθνεσιν οὐ συλλογισθήσεται (2 b)
Is. 43. 18. τὰ ἀρχαῖα μὴ συλλογίζεσθε (1)

συλλογισμός. (1) רֹאשׁ

Ex. 30. 12. ἐὰν λάβῃς τὸν σ. τῶν υἱῶν 'Iσρ. (1)
Wi. 4. 20. ἐλεύσονται ἐν συλλογισμῷ ἁμαρτημάτων αὐτῶν δειλοί
[Th. Pr. 1. 4.]

σύλλογος.

[Th. Ps. 1. 5.]

συλλοιδορεῖν. (1) נָעַר

Je. 36 (29). 27. διὰ τί συνελοιδορήσατε [S ἐλ.] 'Iερεμίαν (1)

συλλοχᾶν.

I Ma. 4. 28. συνελόχησεν [S[1] -ευδόκησεν] . . . ἑξήκοντα χιλιάδας

συλλοχισμός. (1) יָחַשׂ hithpa.

I Ch. 9. 1. καὶ πᾶς 'Iσρ. ὁ σ. αὐ. (1)

συλλύειν.

I Ma. 13. 47. συνελύθη Σ. αὐτοῖς
II Ma. 11. 14. A ἔπεισε συλλύεσθαι [R -λύσ.] ἐπὶ πᾶσι τοῖς δικαίοις
13. 23. συνελύθη καὶ θυσίαν προσήγαγεν

συλλυπεῖσθαι. (1) נוּד

Ps. 68 (69). 20. ὑπέμεινα συλλυπούμενον (1)
Is. 51. 19. τίς σοι συλλυπηθήσεται (1)
[Sm. Ps. 68 (69). 21.]

συμβαίνειν. (1) בּוֹא (2) הָיָה (3) מָצָא (4) עָשָׂה *a.* qal. *b.* ni. (5) קָרָא *a.* qal. *b.* hi. (6) קָרָה (7) **ποιεῖν συμβῆναι** קָרָא hi.

Ge. 41. 13. οὕτω καὶ συνέβη (2)
42. 4. μή ποτε συμβῇ αὐτῷ μαλακία (5 a)

Ge. 42. 29. ἀπήγγειλαν αὐτῷ πάντα τὰ συμβεβηκότα αὐτοῖς (6)
— 38. συμβήσεται αὐτὸν μαλακισθῆναι (5 a)
44. 29. ἐὰν οὖν . . . συμβῇ αὐτῷ μαλακία (6)
Ex. 1. 10. ἡνίκα ἂν συμβῇ ἡμῖν πόλεμος (5 a)
3. 16. ὅσα συμβέβηκεν ὑμῖν ἐν Αἰγ. (4 a)
24. 14. ἐάν τινι συμβῇ κρίσις †
Le. 10. 19. καὶ συμβέβηκέ μοι ταῦτα (5 a)
De. 18. 22. καὶ μὴ γένηται καὶ μὴ συμβῇ (1)
Jo. 2. 23. διηγήσαντο αὐτῷ πάντα τὰ συμβεβηκότα αὐτοῖς (3)
I Es. 1. 25. συνέβη Φ. βασιλέα Αἰγ. ἐλθόντα πόλεμον ἐγεῖραι
8. 86. τὰ συμβαίνοντα πάντα ἡμῖν γίνεται
To. 3. 7. ἐν τῇ αὐτῇ ἡμέρᾳ συνέβη . . . Σάρρᾳ
12. 20. S γράψατε πάντα ταῦτα τὰ συμβάντα ὑμῖν [A B *al.*]
14. 4. S πάντα συμβήσεται τοῖς καιροῖς αὐ.
Ju. 6. 16. ἐπηρώτησεν αὐτὸν Ὀζ. τὸ συμβεβηκός
Es. 2. 11. τί Ἐσθηρ συμβήσεται [A -βαίνει] (4 b)
6. 13. διηγήσατο Ἀ. τὰ συμβεβηκότα αὐτῷ (6)
Jb. 1. 22. ἐν τούτοις πᾶσι τοῖς συμβεβηκόσιν αὐτῷ –
2. 10. ἐν πᾶσι τούτοις τοῖς συμβεβηκόσιν αὐτῷ –
42. 11. ἤκουσαν δὲ . . . πάντα τὰ συμβεβηκότα αὐτῷ –
Wi. 19. 4. τῶν συμβεβηκότων ἀμνηστίαν ἐνέβαλεν
Si. 22. 26. B^2R εἰ κακά μοι συμβῇ [A -βέβηκεν, B^1 -βήσεται, S^1 συνέβη, S^2 συμβαίη] δι' αὐτόν
37. 9. ἰδεῖν τὸ συμβησόμενόν σοι
Is. 3. 11. πονηρὰ κατὰ τὰ ἔργα τῶν χειρῶν αὐτοῦ συμβήσεται αὐτῷ (4 b)
41. 22. ἀναγγειλάτωσαν ὑμῖν ἃ συμβήσεται (6)
Je. 39 (32). 23. AB^2S^2R ἐποίησαν [B^1S^1 *om.*] συμβῆναι αὐτοῖς πάντα τὰ κακὰ ταῦτα (7 [5 b])
Da. LXX. 2. 1. συνέβη εἰς ὁράματα . . . ἐμπεσεῖν τὸν βασ. –
Da. TH. Su. 26. ἰδεῖν [A *l.* τί] τὸ συμβεβηκὸς αὐτῇ
I Ma. 4. 26. ἀπήγγειλαν τῷ Λ. πάντα τὰ συμβεβηκότα
5. 25. A διηγήσαντο αὐτοῖς ἅπαντα τὰ συμβεβηκότα [S R -βάντα] τοῖς ἀδ. αὐ.
8. 27. ἐὰν ἔθνει Ἰουδαίων συμβῇ πρότεροις πόλεμος
II Ma. 3. 2. συνέβαινε καὶ αὐτοὺς τοὺς βασ. τιμᾶν τὸν τόπον
4. 30. συνέβη Ταρσεῖς καὶ Μαλλώτας στασιάζειν
5. 2. συνέβη δὲ . . . φαίνεσθαι . . . τρέχοντας ἱππεῖς
— 18. εἰ δὲ μὴ συνέβη προσενέχεσθαι
7. 1. συνέβη δὲ καὶ ἑπτὰ ἀδελφοὺς . . . συλλημφθέντας
9. 2. συνέβη τροπωθέντα τὸν Ἀντ.
— 7. συνέβη δὲ καὶ πεσεῖν αὐτόν
10. 5. συνέβη . . . τὸν καθαρισμὸν γενέσθαι τοῦ ναοῦ
12. 24. καὶ τούτους ἀλογηθῆναι συμβήσεται
— 34. παραταξαμένους δὲ συνέβη πεσεῖν ὀλίγους τῶν Ἰουδ.
13. 7. τὸν παράνομον συνέβη θανεῖν
III Ma. 1. 3. ὃν συνέβη κομίσασθαι τὴν ἐκείνου κόλασιν
— 5. συνέβη τοὺς ἀντιπάλους . . . διαφθαρῆναι
— 8. καὶ ἐπὶ τοῖς συμβεβηκόσι χαρησομένους
— 8. συνέβη μᾶλλον αὐτὸν προθυμηθῆναι
4. 19. συνέβη σαφῶς αὐτὸν περὶ τούτου πιστωθῆναι
IV Ma. 4. 14. δηλώσων τῷ βασ. τὰ συμβάντα αὐτῷ
[**Sm.** Jb. 34. 11 : Ec. 8. 14 *bis* : 9. 3.]

συμβάλλειν. (1) גָּרָה hithpa. (2) זוּל (3) סוּת hi.

Ge. 30. 8. A συνεβάλετό μοι ὁ θ. [R *al.*] †
II Ch. 25. 19. ἵνα τί συμβάλλεις ἐν κακίᾳ (1)
Wi. 5. 8. τί πλοῦτος μετὰ ἀλαζονείας συμβέβληται ἡμῖν
Si. 22. 1. λίθῳ ἠρδαλωμένῳ συνεβλήθη [S^2 ἐλιθοβολήθη] ὀκνηρός
— 2. βολβίτῳ κοπρίων [A S -ίῳ] συνεβλήθη [S^2 ἐβλ.] ὀκνηρός
Is. 46. 6. οἱ συμβαλλόμενοι χρυσίον ἐκ μαρσυππίου (2)
Je. 50 (43). 3. συμβάλλει σε πρὸς ἡμᾶς (3)
I Ma. 4. 34. καὶ συνέβαλλον ἀλλήλοις
7. 19. S^1 συνέβαλεν [A S^2 R -έλαβε] πολλούς
9. 61. S συνέβαλον [A -έλαβον, R -ελάβοντο] ἀπὸ τῶν ἀνδρῶν τῆς χώρας
II Ma. 8. 23. συνέβαλε τῷ Νικάνορι
14. 17. συμβεβληκὼς ἦν τῷ Νικάνορι
[**Aq.** Ge. 14. 3.]
[**Sm.** Jb. 35. 3 : Is. 19. 2.]

σύμβαμα.
[**Sm.** Ec. 3. 19.]

συμβασιλεύειν.
I Es. 8. 26. A ἐναντίον τοῦ βασ. καὶ τῶν συμβασιλευόντων [R -βουλ., B *al.*]

συμβαστάζειν. (1) סָלָה pu.
Jb. 28. 16. οὐ συμβασταχθήσεται χρυσίῳ Σ. (1)
— 19. χρυσίῳ καθαρῷ οὐ συμβασταχθήσεται (1)
[**Sm.** Ex. 18. 22 : Nu. 18. 1.]
[**Th.** Ex. 18. 22 : Jb. 7. 13 : 28. 16, 19.]

συμβιβάζειν. (1) בִּין hi. (2) יָדַע hi. (3) יָרָה hi. (4) שָׂכַל hi.
Ex. 4. 12. συμβιβάσω σε ὃ μέλλεις λαλῆσαι (3)
— 15. συμβιβάσω ὑμᾶς ἃ ποιήσετε (3)
18. 16. συμβιβάζω αὐτοὺς τὰ προστάγματα τοῦ θ. (2)
Le. 10. 11. συμβιβάσεις τοὺς υἱοὺς Ἰσρ. πάντα τὰ νόμιμα (3)
De. 4. 9. συμβιβάσεις τοὺς υἱούς σου (2)
Jd. 13. 8. συμβιβασάτω [A φωτισάτω] ἡμᾶς (3)
Ps. 31 (32). 8. συμβιβῶ σε ἐν ὁδῷ ταύτῃ ᾗ πορεύσῃ (3)
Is. 40. 13. ὃς συμβιβᾷ [A S^2 -άσει] αὐτόν (2)
— 14. συνεβίβασεν αὐτόν (1)
Da. TH. 9. 22. ἐξῆλθον συμβιβάσαι σε σύνεσιν (4)
[**Aq., Al.** Pr. 6. 13.]
[**Th.** Is. 55. 4.]

συμβιοῦσθαι.
Si. 13. 5. ἐὰν ἔχῃς συμβιώσεταί σοι

συμβίωσις.
Wi. 8. 3. εὐγένειαν δοξάζει συμβίωσιν θεοῦ ἔχουσα
— 9. ἔκρινα τοίνυν ταύτην ἀγαγέσθαι πρὸς συμβίωσιν
— 16. οὐδὲ ὀδύνην ἡ σ. αὐτῆς
Si. 31 (34). 22. φονεύων τὸν πλησίον ὁ ἀφαιρούμενος συμβίωσιν [A S ἐμβ.]

συμβιωτής.
Da. LXX. Bel 1. συμβιωτὴς τοῦ βασ. Βαβυλῶνος
— 29. ἐκάλεσε τοὺς σ. αὐ.
Da. TH. Bel 2. ἦν Δ. συμβιωτὴς τοῦ βασ.

σύμβλημα. (1) דֶּבֶק
Is. 41. 7. σ. καλόν ἐστιν (1)
[**Sm.** Jb. 40. 13 (18).]

σύμβλησις. (1) טַבַּעַת
Ex. 26. 24. εἰς σ. [A συμβολήν] μίαν (1)

συμβοηθός. (1) עָזַר
III Ki. 21 (20). 16. βασιλεῖς συμβοηθοὶ μετ' αὐτοῦ (1)

συμβολή. (1) טַבַּעַת (2) *a.* חֹבֶרֶת *b.* מַחְבֶּרֶת (3) מִכְסָה (4) קָצָה
Ex. 26. 4. B^1 ἐκ τοῦ ἑνὸς μέρους τὴν [A B^2R εἰς τὴν] σ. (2 a)
— 4. πρὸς τῇ σ. τῇ δευτέρᾳ (2 b)
— 5. κατὰ τὴν σ. τῆς δευτέρας (2 b)
— 10. τῆς ἀνὰ μέσον κατὰ συμβολήν [A τὴν σ.] (2 a)
— 24. A εἰς σ. [B σύμβλησιν] μίαν (1)
28. 28 (32). τὴν σ. συνυφασμένην ἐξ αὐτοῦ †
36. 25 (39. 18). καὶ εἰς τὰς δύο σ. τὰ δύο ἐμπλόκια (4)
— 28 (39. 20). A R κατὰ τὴν σ. ἄνωθεν τῆς συνυφῆς τῆς ἐπωμίδος (2 b)
Pr. 23. 20. μηδὲ ἐκτείνου συμβολαῖς †
Si. 18. 32. μηδὲ προσδεθῇς [A S^1 -δεηθῇς] συμβολῇ [A -ῆς, S^2 τῇ σ.] αὐτῆς
Is. 23. 18. εἰς συμβολὴν μνημόσυνον ἔναντι κυρίου (3)
[**Th.** Ex. 28. 27.]
[**Sam.** Ex. 26. 5.]

συμβολοκοπεῖν. (1) זָלַל
De. 21. 20. συμβολοκοπῶν οἰνοφλυγεῖ (1)
Si. 9. 9. μὴ συμβολοκοπήσῃς μετ' αὐτῆς ἐν οἴνῳ
18. 33. μὴ γίνου πτωχὸς συμβολοκοπῶν ἐκ δανεισμοῦ
[**Aq.** Dt. 21. 20.]
[**Th.** Pr. 23. 20.]

συμβολοκόπος.
[**Aq., Th.** Pr. 23. 21 : 28. 7.]
[**Sm.** Pr. 23. 21.]

σύμβολον.
Wi. 2. 9. καταλίπωμεν σύμβολα τῆς εὐφροσύνης
16. 6. B σύμβολον [A S R -βουλον] ἔχοντες σωτηρίας
Ho. 4. 12. ἐν συμβόλοις ἐπηρώτων †

σύμβολος.
II Ki. 8. 17 (18). A καὶ B. υἱὸς Ἰ. σύμβολος [B -βουλος] –
II Es. 7. 14. A ἀπὸ προσώπου . . . τῶν ἑπτὰ σ. [B -βούλων] †
8. 25. A ἃ ὕψωσεν ὁ βασ. καὶ οἱ σ. [A^2B -βουλοι] αὐ. †

συμβόσκειν. (1) גּוּר
Is. 11. 6. συμβοσκηθήσεται λύκος μετὰ ἀρνός (1)

συμβουλεύειν. (1) יָעַץ *a.* qal. *b.* ni. *c.* יָעַט ithpa. (2) סוּת hi. (3) שָׂכַל
Ex. 18. 19. καὶ συμβουλεύσω σοι (1 a)
Nu. 24. 14. συμβουλεύσω σοι τί ποιήσει (1 a)
Jo. 15. 18. καὶ συνεβουλεύσατο αὐτῷ (2)
II Ki. 17. 11. οὕτως συμβουλεύων [A *om.*] ἐγὼ συνεβούλευσα [A -ατο] (–, 1 a)
— 15. οὕτως καὶ οὕτως συνεβούλευσεν Ἀχ. τῷ Ἀβ. (1 a)
— 15. οὕτως καὶ οὕτως συνεβούλευσα ἐγώ (1 a)
III Ki. 1. 12. συμβουλεύσω σοι δὴ συμβουλίαν (1 a)
12. 8. ἃ συνεβουλεύσαντο αὐτῷ (1 a)
— 8. συνεβουλεύσατο μετὰ τῶν παιδαρίων (1 b)
— 9. τί ὑμεῖς συμβουλεύετε [A βουλ.] (1 b)
— 13. ἃ συνεβουλεύσαντο αὐτῷ (1 a)
— 24. B συμβουλεύσομαι μετ' αὐτῶν –
— 24. B καθὼς συνεβούλευσαν αὐτῷ οἱ σύντροφοι αὐ. –
II Ch. 10. 8. οἱ συνεβουλεύσαντο αὐτῷ (1 a)
— 8. συνεβουλεύσατο μετὰ τῶν παιδαρίων (1 b)
I Es. 8. 26. R ἐναντίον τοῦ βασ. καὶ τῶν συμβουλευόντων [A B *al.*]
Jb. 26. 3. τίνι συμβεβούλευσαι [S^1 βεβ.] (1 a)
Si. 8. 17. μετὰ μωροῦ μὴ συμβουλεύου
9. 14. μετὰ σοφῶν συμβουλεύου [A S βουλ.]
37. 7. ἔστι συμβουλεύων εἰς ἑαυτόν
Is. 33. 18. ποῦ εἰσὶν οἱ συμβουλεύοντες (3)
— 19. ᾧ οὐ συνεβουλεύσατο [A -σαν, S -σαντο] †
40. 14. πρὸς τίνα συνεβουλεύσατο (1 b)
Je. 43 (36). 16. συνεβουλεύσαντο ἕκαστος πρὸς τὸν πλησίον αὐτοῦ †
45 (38). 15. ἐὰν συμβουλεύσω σοι (1 a)
Da. TH. 6. 7 (8). συνεβουλεύσαντο πάντες οἱ ἐπὶ τῆς βασιλείας σου (1 c)
I Ma. 9. 59. συνεβουλεύσαντο αὐτῷ
— 69. τοῖς ἀνδράσι τοῖς ἀνόμοις τοῖς συμβουλεύσασιν αὐτῷ
IV Ma. 1. 1. συμβουλεύσαιμ' ἂν ὑμῖν ὀρθῶς
5. 6. συμβουλεύσαιμ' ἄν σοι ταῦτα
8. 5. οὐ μόνον συμβουλεύω μὴ μανῆναι
— 29. τὸν τύραννον συμβουλεύοντα αὐτοῖς μιαροφαγῆσαι
[**Aq.** Jb. 26. 3 : Pr. 12. 20 : 15. 22.]
[**Sm.** Jb. 26. 3 : Ps. 82 (83). 4 : Pr. 15. 22 : Ez. 11. 2.]
[**Th.** Pr. 12. 20 : 13. 10 : 15. 22.]

συμβουλευτής.
I Es. 8. 11. καθάπερ δέδοκται . . . τοῖς ἑπτὰ φίλοις συμβουλευταῖς

συμβουλευτικός.
[**Sm.** Pr. 14. 17.]

συμβουλία. (1) עֵצָה
III Ki. 1. 12. συμβουλεύσω σοι δὴ συμβουλίαν (1)
II Ch. 25. 16. οὐκ ἐπήκουσας τῆς σ. μου (1)
To. 4. 18. A B συμβουλίαν παρὰ παντὸς φρονίμου ζήτησον
— 18. A B μὴ καταφρονήσῃς ἐπὶ πάσης σ. χρησίμης

Ps. 118 (119). 24. A S^{2} ἡ σ. [S^{1} R αἱ σ.] μου τὰ δικαιώματά σου †
Pr. 12. 15. εἰσακούει δὲ συμβουλίας σοφός (1)
Si. 6. 23. μὴ ἀπαναίνου τὴν σ. μου
37. 11. μὴ ἔπεχε ἐπὶ τούτοις περὶ πάσης [A *om.*] σ.
IV Ma. 6. 16. ὥσπερ πικρότερον διὰ τῆς σ. αἰκισθεὶς
[**Sm.** Ps. 72 (73). 24.]

συμβούλιον.
IV Ma. 17. 17. S καὶ ὅλον τὸ σ. [A R συνέδριον] αὐ.
[**Th.** Pr. 15. 22.]

σύμβουλος. (1) *a.* יָעַץ *b.* אִישׁ עֵצָה *c.* יֹעֵץ
II Ki. 8. 17 (18). B υἱὸς Ἰ. σύμβουλος [A -βολος] –
15. 12. ἀπέστειλεν Ἀβ. τῷ Ἀχ. τῷ Θ. σύμβουλον [A τῷ σ.] Δ. (1 *a*)
III Ki. 3. 1. B καὶ Κ. υἱὸς Ν. ὁ σ. –
I Ch. 27. 32. καὶ Ἰων. ὁ πατράδελφος Δ. σύμβουλος (1 *a*)
— 33. Ἀχ. σύμβουλος τοῦ βασ. (1 *a*)
II Ch. 22. 3. μήτηρ αὐ. ἦν σύμβουλος τοῦ ἁμαρτάνειν (1 *a*)
— 4. ἦσαν αὐτῷ . . . σύμβουλοι (1 *a*)
25. 16. μὴ σύμβουλον τοῦ βασ. δέδωκά σε (1 *a*)
I Es. 8. 55. οὕτως ἐδωρήσατο ὁ βασ. καὶ οἱ σ. αὐ.
II Es. 7. 14. ἀπὸ προσώπου . . . τῶν ἑπτὰ σ. [A -βόλων] (1 *c*)
— 15. ὁ βασιλεὺς καὶ οἱ σ. ἠκουσιάσθησαν (1 *c*)
— 28. ἐν ὀφθαλμοῖς τοῦ βασ. καὶ τῶν σ. αὐ. (1 *a*)
8. 25. ἃ ὕψωσεν ὁ βασ. καὶ οἱ σ. [A^{1} -βολοι] αὐ. (1 *a*)
Es. 3. 13. πυθομένου δέ μου τῶν σ.
Jb. 15. 8. R ἢ συμβούλῳ σοι ἐχρήσατο ὁ θεός –
Wi. 8. 9. ἔσται μοι σύμβουλος ἀγαθῶν
16. 6. A S R σύμβουλον [B σύμβολον] ἔχοντες σωτηρίας
Si. 6. 6. οἱ δὲ σ. σου εἷς ἀπὸ χιλίων
37. 7. πᾶς σύμβουλος ἐξαίρει βουλήν
— 8. ἀπὸ συμβούλου φύλαξον τὴν ψυχήν σου
42. 21. καὶ οὐ προσεδεήθη οὐδενὸς σ. [S^{1} ἀνδρὸς σ.]
Is. 1. 26. καὶ τοὺς σ. σου ὡς τὸ ἀπ' ἀρχῆς (1 *a*)
3. 3. ἀφελεῖ . . . θαυμαστὸν σύμβουλον (1 *a*)
9. 6 (5). A S^{2} θαυμαστὸς σ. ἰσχυρός (1 *a*)
19. 11. οἱ σοφοὶ σ. τοῦ βασιλέως (1 *a*)
40. 13. τίς αὐτοῦ σ. ἐγένετο (1 *b*)
Ez. 27. 27. οἱ κυβερνῆταί σου καὶ οἱ σ. σου †
II Ma. 7. 25. παρῄνει γενέσθαι τοῦ μειρακίου σύμβουλον
IV Ma. 9. 2. εἰ μὴ τῇ τοῦ νόμου εὐπειθείᾳ συμβούλῳ . . . χρησαίμεθα
— 3. σύμβουλε τύραννε παρανομίας
15. 25. τῇ ἑαυτῆς ψυχῇ δεινοὺς ὁρῶσα σ.
[**Aq.** Jb. 12. 17 : Is. 9. 6 (5).]

συμβραβεύειν.
I Es. 9. 14. συνεβράβευσαν αὐτοῖς

συμβράσσειν.
II Ma. 5. 8. R εἰς Αἴγυπτον συνεβράσθη [A ἐξεβρ.]

συμμαχεῖν. (1) עָזַר
Jo. 1. 14. καὶ συμμαχήσετε αὐτοῖς (1)
I Ch. 12. 21. συνεμάχησαν τῷ Δ. ἐπὶ τὸν γ. (1)
I Ma. 8. 25. συμμαχήσει τὸ ἔθνος τῶν Ἰουδαίων
— 27. συμμαχήσουσιν οἱ Ῥωμαῖοι ἐκ ψυχῆς
— 28. καὶ τοῖς συμμαχοῦσιν οὐ δοθήσεται σῖτος
10. 47. καὶ συνεμάχουν αὐτῷ πάσας τὰς ἡμέρας
11. 43. οἳ συμμαχήσουσί μοι
15. 19. ἵνα μὴ συμμαχῶσι τοῖς πολεμοῦσιν αὐτούς
— 26. ἀπέστειλεν αὐτῷ Σ. δισχιλίους ἄνδρας ἐκλεκτοὺς συμμαχῆσαι αὐτῷ
II Ma. 11. 13. τοῦ δυναμένου θεοῦ συμμαχοῦντος αὐτοῖς
III Ma. 7. 6. A ὡς πατέρα ὑπὲρ υἱῶν διὰ παντὸς συμμαχοῦντα [R ὑπερμ.]
IV Ma. 3. 4. τὸ μὴ καμφθῆναι . . . δύναται ὁ λογισμὸς συμμαχῆσαι

συμμαχία.
Ju. 3. 6. ἔλαβεν ἐξ αὐτῶν εἰς συμμαχίαν ἄνδρας ἐπιλέκτους
7. 1. οἳ παρεγένοντο ἐπὶ τὴν σ. αὐ.
Is. 16. 4. ἤρθη ἡ σ. σου †
I Ma. 8. 17. στῆσαι αὐτοῖς φιλίαν καὶ συμμαχίαν
— 20. στῆσαι μεθ' ὑμῶν συμμαχίαν
— 22. μνημόσυνον εἰρήνης καὶ συμμαχίας
11. 60. ἠθροίσθησαν . . . εἰς συμμαχίαν
12. 3. ἀνανεώσασθαι . . . τὴν σ.
I Ma. 12. 8. ἐν αἷς διεσαφεῖτο περὶ συμμαχίας
— 16. ἀνανεώσασθαι τὴν . . . σ. τὴν πρότερον
14. 18. A R τοῦ ἀνανεώσασθαι πρὸς αὐτὸν . . . τὴν [S *om.*] σ.
— 24. εἰς τὸ στῆσαι πρὸς αὐτοὺς τὴν σ.
15. 17. ἀνανεούμενοι τὴν ἐξ ἀρχῆς φιλίαν καὶ σ.
II Ma. 4. 11. ὑπὲρ φιλίας καὶ συμμαχίας πρὸς τοὺς Ῥωμ.
III Ma. 3. 14. τῇ τῶν θεῶν ἀπροπτώτῳ σ.
— 21. διά τε τὴν σ. καὶ τὰ πεπιστευμ. . . . πράγματα

σύμμαχος.
I Ma. 8. 20. καὶ γραφῆναι ἡμᾶς συμμάχους
— 24. ἐὰν δὲ ἐνστῇ πόλεμος . . . πᾶσι τοῖς σ. αὐ.
— 31. A R ἐπὶ τοὺς φίλους ἡμῶν τοὺς σ. [S σ. ἡμῶν] Ἰουδ.
9. 60. ἀπέστειλεν ἐπιστολὰς λάθρα πᾶσι τοῖς σ. αὐ.
10. 6. καὶ εἶναι αὐτὸν σύμμαχον αὐ.
— 16. ποιήσωμεν αὐτὸν φίλον καὶ σύμμαχον ἡμῶν
12. 14. παρενοχλεῖν ὑμῖν καὶ τοὺς λοιποὺς σ.
14. 40. προσαγορεύονται Ἰουδ. ὑπὸ Ῥωμ. . . . σύμμαχοι
15. 17. ἦλθον πρὸς ἡμᾶς φίλοι ἡμῶν καὶ σύμμαχοι
II Ma. 8. 24. γενομένου δὲ αὐτοῖς τοῦ παντοκράτορος συμμάχου
10. 16. ἀξιώσαντες τὸν θεὸν σύμμαχον αὐτοῖς γενέσθαι
11. 10. τὸν ἀπ' οὐρανοῦ σύμμαχον ἔχοντες
12. 36. ἐπικαλεσάμενος ὁ Ἰ. τὸν κύριον σύμμαχον φανῆναι
[**Sm.** Ps. 82 (83). 9.]

συμμένειν.
Pr. 20. 1. A πᾶς δὲ ὁ συμμενόμενος [S^{2} -μιγνύμενος αὐτῇ] οὐκ ἔσται σοφός †

συμμερίζεσθαι. (1) חָלַק
Pr. 29. 24. S^{2} ὃς συμμερίζεται [A B μερ., S^{1} ἐρίζεται] κλέπτῃ (1)

συμμετέχειν.
II Ma. 5. 20. αὐτὸς ὁ τόπος συμμετασχὼν τοῦ ἔθνους

συμμετρία.
[**Aq.** Ex. 30. 32.]

σύμμετρος. (1) מִדָּה
Je. 22. 14. ᾠκοδόμησας σεαυτῷ οἶκον σύμμετρον (1)

συμμιαίνειν.
Ba. 3. 10. συνεμιάνθης τοῖς νεκροῖς

συμμιγής. (1) עָרַב ithpa.
Da. LXX. 2. 43. συμμιγεῖς ἔσονται εἰς γένεσιν ἀνθρώπων (1)
Da. TH. 2. 43. συμμιγεῖς ἔσονται ἐν σπέρματι ἀνθρώπων (1)

συμμιγνύναι. (1) בָּלַל hithpo. (2) חָבַר hithpa. (3) עָרַב (4) קָרַב (5) שָׁנָה
Ex. 14. 20. οὐ συνέμιξαν ἀλλήλοις (4)
Pr. 11. 15. ὅταν συμμίξῃ δικαίῳ (3)
20. 1. S^{2} πᾶς δὲ ὁ συμμιγνύμενος αὐτῇ [A -μενόμενος] οὐκ ἔσται σοφός (5)
Ho. 7. 8. Ἐφρ. ἐν τοῖς λαοῖς αὐ. συνεμίγνυτο [A συνανεμ.] (1)
Da. TH. 11. 6. μετὰ τὰ ἔτη αὐ. συμμιγήσονται [A ἀποσυμμ.] (2)
II Ma. 3. 7. συμμίξας δὲ Ἀπ. τῷ βασιλεῖ
13. 3. συνέμιξε δὲ αὐτοῖς καὶ Μενέλαος
15. 20. R καὶ ἤδη συμμιξάντων [A προσμ.] τῶν πολεμίων
— 26. συνέμιξαν τοῖς πολεμίοις
[**Aq.** Ge. 11. 9.]
[**Sm.** Pr. 14. 10.]
[**Th.** Ez. 27. 9.]

σύμμικτος. (1) עָרַב *a.* qal. *b.* עֶרֶב *c.* מַעֲרָב
Ju. 1. 16. A S R καὶ πᾶς ὁ σ. αὐ.
Na. 3. 17. ἐξήλατο ὡς ἀττέλεβος ὁ σ. σου †
Je. 27 (50). 37. μάχαιραν . . . ἐπὶ τὸν σ. τὸν ἐν μέσῳ αὐτῆς (1 *b*)
32 (25). 20. ἐπότισα . . . πάντας τοὺς σ. (1 *b*)
— 24. πάντας τοὺς σ. τοὺς καταλύοντας ἐν τῇ ἐρήμῳ (1 *b*)
Ez. 27. 16. ἀπὸ πλήθους τοῦ σ. σου †
Ez. 27. 17. ῥητίνην ἔδωκαν εἰς τὸν σ. σου (1 *c*)
— 19. ἐν τῷ σ. σού ἐστι (1 *c*)
— 25. ἔμποροί σου ἐν τῷ πλήθει ἐν τῷ σ. σου (1 *c*)
— 27. ὁ μισθός σου καὶ τῶν σ. [A σου ἐν τῷ σ.] σου (1 *c*)
— 27. καὶ οἱ σ. σου ἐκ τῶν σ. σου (1 *a*, 1 *c*)
— 33. ἀπὸ τοῦ σ. σου ἐπλούτισας πάντας (1 *c*)
— 34. ἐν βάθει ὕδατος ὁ σ. σου (1 *c*)
[**Th.** Ez. 27. 9, 13, 27.]

σύμμιξις. (1) תַּעֲרוּבָה
IV Ki. 14. 14. ἔλαβε . . . τοὺς υἱοὺς τῶν σ. (1)
II Ch. 25. 24. καὶ τοὺς υἱοὺς τῶν σ. (1)
[**Aq.** I Ki. 17. 18.]

συμμίσγειν.
I Ma. 11. 22. συμμίσγειν εἰς Πτολεμαΐδα τὴν ταχίστην
II Ma. 14. 14. συνέμισγον ἀγεληδὸν τῷ Νικάνορι
— 16. R συμμίσγουσιν [A -μίσσει] αὐτοῖς ἐπὶ κώμην Δ.

συμμισοπονηρεῖν.
II Ma. 4. 36. συμμισοπονηρούντων καὶ τῶν Ἑλλήνων

συμμίσσειν.
II Ma. 14. 16. A συμμίσσει [R -μίσγουσιν] αὐτοῖς ἐπὶ κώμην Λ.

συμμολύνεσθαι. (1) גָּאַל hithpa.
Da. LXX. 1. 8. ἵνα μὴ συμμολυνθῇ (1)

συμπάθεια.
IV Ma. 6. 13. τὰ δὲ ἐν συμπαθείᾳ τῆς συνηθείας ὄντες
14. 13. πρὸς τὴν τῶν σπλάγχνων σ.
— 14. ὁμοίαν τὴν πρὸς τὰ ἐξ αὐτῶν γεννώμ. σ. . . . ἔχει
— 18. ἐπιδεικνύναι τὴν πρὸς τὰ τέκνα σ.
— 20. A οὐχὶ τὴν Ἀβρ. . . . μητέρα μετεκίνησε τῇ σ. τέκνων [S R *al.*]
15. 7. ἠναγκασμένη τὴν εἰς αὐτοὺς ἔχειν σ.
— 11. τῶν . . . εἰς συμπάθειαν ἑλκόντων τὴν μητέρα

συμπαθεῖν.
IV Ma. 5. 25. A R ἡμῖν συμπαθεῖ . . . ὁ τοῦ κόσμου κτίστης [S *al.*]
13. 23. καθεστηκυίας τῆς φιλαδελφίας συμπαθούσης
[**Sm.** I Ki. 22. 8 : Jb. 2. 11.]

συμπαθής. (1) אָבֵל
Jb. 29. 25. A ὃν τρόπον συμπαθεῖς παρακαλῶν [B S *al.*] (1)
IV Ma. 5. 25. S κατὰ φύσιν ἡμῖν συμπαθῆ [A R *al.*]
13. 23. R καθεστηκυίας τῆς φιλαδελφίας συμπαθοῦς [A S *al.*]
— 23. συμπαθέστερον ἔσχον τὴν πρὸς ἀλλήλους ὁμόνοιαν [S *al.*]
15. 4. διὰ τὸ . . . τὰς μητέρας καθεστάναι συμπαθεστέρας

συμπαίζειν.
Si. 30. 9. σύμπαιξον αὐτῷ καὶ λυπήσει σε

συμπαράγειν.
To. 12. 12. R ὡσαύτως συμπαρήγμην [A B -ήμην] σοι

συμπαραγίνεσθαι. (1) לָוָה ni.
Ps. 82 (83). 8. καὶ γὰρ καὶ Ἀσσοὺρ συμπαρεγένετο μετ' αὐτῶν (1)

συμπαραλαμβάνειν. (1) סָפָה ni. (2) קָרָא (3) שָׁלַח
Ge. 19. 17. μή ποτε συμπαραλημφθῇς (1)
Jb. 1. 4. συμπαραλαμβάνοντες ἅμα καὶ τὰς τρεῖς ἀδελφὰς αὐτῶν (3 + 2)
III Ma. 1. 1. καὶ τὴν ἀδ. Ἀρσινόην συμπαραλαβών

συμπαραμένειν.
Ps. 71 (72). 5. συμπαραμενεῖ τῷ ἡλίῳ †

συμπαρεῖναι.
To. 12. 12. A B συμπαρήμην [R -ήγμην] σοι
Pr. 8. 27. συμπαρήμην αὐτῷ †
Wi. 9. 10. ἵνα συμπαροῦσά μοι κοπιάσῃ
[**Sm.** Jb. 38. 4.]

συμπαριστάναι. (1) יָצַב hithpa.
Ps. 93 (94). 16. τίς συμπαραστήσεταί μοι (1)

σύμπας. (1) כֹּל (2) ἡ σύμπασα *a.* אֶרֶץ *b.* תֵּבֵל

I Ki. 2. 22. A καὶ ἤκουσεν σύμπαντα [B om.] (1)
III Ki. 9. 9. A ἐπήγαγεν κ. ἐπ' αὐτοὺς σ. [B om.] τὴν κακίαν τ. (1)
15. 18. A R ἔλαβεν 'A. σ. [B om.] τὸ ἀργύριον (1)
— 29. A ἐπάταξε τὸν σ. οἶκον 'Ιερ. [B al.] (1)
21 (20). 15. A ἐπεσκέψατο σ. τὸν λαὸν [B al.] (1)
Es. 4. 7. S^2 ὑπέδειξεν αὐτῷ σύμπαν [A B S^1 om.] τὸ γεγονός (1)
Jb. 2. 2. ἐμπεριπατήσας τὴν σύμπασαν [A γῆν] πάρειμι †
25. 2. ὁ ποιῶν τὴν σύμπασαν ἐν ὑψίστῳ †
Ps. 38 (39). 5. τὰ σ. ματαιότης (1)
103 (104). 28. τὰ σ. [S^1 πάντα] πλησθήσονται χρηστότητος -
118 (119). 91. τὰ σ. δοῦλα σά (1)
144 (145). 9. S^2 χρηστὸς κύριος τοῖς σ. [B S^1 ὑπομένουσι, A ὑπομένουσιν αὐτόν] (1)
Ec. 1. 14. εἶδον σύμπαντα [B S σὺν π.?] τὰ ποιήματα [S^1 om. τὰ π.] τὰ πεποιημένα (1)
2. 18. ἐμίσησα ἐγὼ σύμπ. [A S σὺν π.] μόχθον [S τὸν μ.] μου (1)
3. 11. τὰ [A S^2 om.] σύμπ. ἃ [S^1 om.] ἐποίησε καλά (1)
— 11. σύμπ. [A S σὺν] τὸν αἰῶνα ἔδωκεν ἐν καρδίᾳ αὐ. -
4. 1. εἶδον συμπ. [S πάσας, A σὺν π.] τὰς συκοφαντίας (1)
— 2. ἐπῄνεσα ἐγὼ σύμπ. [A S σὺν] τοὺς τεθνηκότας -
— 4. εἶδον ἐγὼ σύμπ. [S σὺν πάντα] τὸν μόχθον καὶ σύμπ. [A S σὺν πᾶσαν] ἀνδρείαν τοῦ ποιήματος (1, 1)
— 15. εἶδον σύμπαντας τοὺς ζῶντας (1)
7. 16 (15). R σύμπαντα [B τὰ πάντα, S^1 σὺν τὰ πάντα, A S^2 σὺν πάντα] εἶδον [S^2 ἃ εἶδον] ἐν ἡμέραις ματαιότητός μου (1)
8. 9. σύμπαν [A σὺν πᾶν] τοῦτο εἶδον (1)
— 17. εἶδον σύμπ. [A S σὺν πάντα] τὰ ποιήματα τοῦ θεοῦ (1)
— 17 (9. 1). σύμπαν [A S σὺν πᾶν] τοῦτο ἔδωκα εἰς καρδίαν μου καὶ καρδία μου σύμπαν [A S σὺν πᾶν] εἶδε τοῦτο (1, 1)
9. 11. ἀπάντημα συναντήσεται σύμπασιν [A S τοῖς πᾶσιν] αὐτοῖς (1)
10. 19. S^2 ἐπακούσεται τὰ σ. [A B S^1 al.] (1)
11. 5. ὅσα ποιήσει τὰ σύμπαντα (1)
12. 14. σύμπαν [A S σὺν πᾶν] τὸ ποίημα ὁ θεὸς ἄξει ἐν κρίσει (1)
Na. 1. 5. ἀνεστάλη ἡ γῆ ἀπὸ προσώπου αὐ. ἡ σ. (2 *b*)
Hb. 2. 14. A ἐμπλησθήσεται ἡ σ. [B S om.] γῆ -
Is. 11. 9. ἐνεπλήσθη ἡ σ. τοῦ γνῶναι τὸν κύριον (2 *a*)
Ez. 7. 14. κρίνατε τὰ σ. (1)
27. 13. ἡ 'Ελλὰς καὶ ἡ σ. [A τὰ σ.] †
II Ma. 3. 12. τοῦ τετιμημ. κατὰ τὸν σ. κόσμον ἱεροῦ
7. 38. τὴν ἐπὶ τὸ σ. ἡμῶν γένος δικαίως ἐπηγμένην
8. 9. R τὸ σ. τῶν 'Ιουδ. ἐξᾶραι γένος [A al.]
12. 7. τὸ σ. τῶν 'Ιοππιτῶν ἐκριζῶσαι πολίτευμα
14. 8. τὸ σ. ἡμῶν γένος οὐ μικρῶς ἀκληρεῖ
[Aq. Ge. 1. 29, 31: 31. 34: Le. 8. 10: III Ki. 15. 18, 29: Ps. 3. 8: 63 (64). 7 (P.): 144 (145). 9: Ca. 8. 7: Je. 11. 6: 20. 5: 45. 4 (51. 34): Ez. 18. 11.]
[Sm. Ps. 63 (64). 7: 144 (145). 9: Ec. 4. 4: Je. 31 (38). 40: 45. 4 (51. 34): 50 (27). 26: Ez. 20. 40.]
[Th. III Ki. 15. 18: Ps. 144 (145). 9.]
[Sext. Ps. 103 (104). 28.]

συμπάσχειν.
[Al. I Ki. 22. 8.]

συμπατεῖν. (1) דּוּשׁ (2) *a.* רָמַס *b.* מִרְמָס (3) רָפַס

IV Ki. 7. 17, 20. συνεπάτησεν αὐτὸν ὁ λαὸς ἐν τῇ πύλῃ (2 *a*)
9. 33. καὶ συνεπάτησαν αὐτήν (2 *a*)
14. 9. συνεπάτησαν τὸν ἀκάνα (2 *a*)
Na. 3. 14. συμπατήθητι [A -πάτει] ἐν ἀχύροις (2 *a*)
Da. TH. 7. 7, 19. τὰ ἐπίλοιπα τοῖς ποσὶν αὐ. συνεπάτει (3)
— 23. καὶ συμπατήσει αὐτήν (1)
Da. TH. 8. 7. καὶ συνεπάτησεν αὐτόν (2 *a*)
— 10. καὶ συνεπάτησαν αὐτά [A -ηθη] (2 *a*)
— 13. ἕως πότε . . . ἡ δύναμις συμπατηθήσεται (2 *b*)
[Aq. Ps. 43 (44). 6: Is. 18. 7.]
[Sm. Ps. 43 (44). 6.]

συμπείθειν.
II Ma. 13. 26. συνέπεισε καὶ κατεπράϋνεν
III Ma. 7. 3. συνέπεισαν ἡμᾶς

συμπενθεῖν.
[Sm. Je. 48 (31). 17.]

συμπεραίνειν. (1) קָצָה
Hb. 2. 10. συνεπέρανας λαοὺς πολλούς (1)

συμπεριλαμβάνειν. (1) צָרַר
Ez. 5. 3. A R συμπεριλήψῃ [B -ει] αὐτοὺς τῇ ἀναβολῇ σου (1)

συμπεριπλέκειν.
[Aq., Th. Pr. 7. 18.]

συμπεριφέρεσθαι.
Pr. 5. 19. ἐν γὰρ τῇ ταύτης [A ταύτῃ τῇ] φιλίᾳ συμπεριφερόμενος †
11. 29. ὁ μὴ συμπεριφερόμενος τῷ ἑαυτοῦ οἴκῳ †
Si. 25. 1. γυνὴ καὶ ἀνὴρ ἑαυτοῖς συμπεριφερόμενοι
II Ma. 9. 27. συσταθέντα τῇ ἐμῇ προαιρέσει συμπεριενεχθήσεσθαι ὑμῖν
III Ma. 3. 20. τῇ τούτων ἀνοίᾳ συμπεριενεχθέντες

συμπίνειν. (1) שָׁתָה עִם
Es. 7. 1. συμπιεῖν τῇ βασιλίσσῃ (1)
[Sm. Jd. 5. 11.]

συμπίπτειν. (1) הָרַס ni. (2) יָרַד (3) נָגַשׂ ni. (4) נָטַשׁ ni. (5) נָפַל (6) פָּחַד hi. (7) פָּשַׁט

Ge. 4. 5. συνέπεσε τῷ προσώπῳ (5)
— 6. ἵνα τί συνέπεσε τὸ πρ. σου (5)
I Ki. 1. 18. τὸ πρόσωπον αὐ. οὐ συνέπεσεν ἔτι †
17. 32. μὴ δὴ συμπεσέτω καρδία τοῦ κ. μου (5)
II Ki. 5. 18. συνέπεσαν εἰς τὴν κοιλάδα τῶν Τιτάνων (4)
— 22. συνέπεσαν ἐν τῇ κοιλάδι τῶν Τιτάνων (4)
I Ch. 14. 9. συνέπεσον [A S -αν] ἐν [S om.] τῇ κοιλάδι τῶν γιγάντων (7)
— 13. συνέπεσαν ἔτι ἐν τῇ κοιλάδι τῶν γιγάντων (7)
Ju. 6. 9. μὴ συμπεσέτω [A -άτω] σου τὸ πρόσωπον
Jb. 4. 14. A^1 μεγάλως μου τὰ ὀστᾶ συνέπεσεν [A^2 B S al.] (6)
Is. 3. 5. συμπεσεῖται ὁ λαός (3)
— 8. ἡ 'Ιουδαία συμπέπτωκε (5)
34. 7. συμπεσοῦνται οἱ ἁδροὶ μετ' αὐτῶν (2)
64. 11 (10). πάντα ἔνδοξα ἡμῶν συνέπεσε †
Ez. 30. 4. συμπεσοῦνται [A πεσ.] τετραυματισμένοι ἐν Αἰγύπτῳ καὶ συμπεσεῖται τὰ θεμέλια αὐτῆς (5, 1)
I Ma. 6. 10. συμπέπτωκα τῇ καρδίᾳ ἀπὸ τῆς μερίμνης
[Aq. Dt. 9. 25.]
[Sm. Je. 51 (28). 49.]

συμπλάσσειν.
[Aq. Is. 45. 9 (Sw.).]

συμπλέκειν. (1) נַבְלוּת (2) בָּלַע hithpa. (3) חָבַר pu. (4) חָבַשׁ (5) לָבַט ni. (6) עָלָה (7) פָּלַס pi. (8) שָׂרַג *a.* pu. *b.* hithpa. (9) שָׁקַק hithpalp.

Ex. 28. 22. ποιήσεις . . . κροσσοὺς συμπεπλεγμ. (1)
36. 11 (39. 4). εἰς ἄλληλα συμπεπλεγμένα [A -ον] καθ' ἑαυτό (3)
— 22 (39. 15). ἐποίησαν . . . κροσσοὺς συμπεπλεγμένους (1)
— 29 (39. 21). συμπεπλεγμένους εἰς τὸ ὕφασμα τῆς ἐπωμίδος -
Jb. 40. 12 (17). τὰ δὲ νεῦρα αὐτοῦ [A αὐ. ὥσπερ σχοινία] συμπέπλεκται (8 *a*)
Ps. 57 (58). 2. ἀδικίαν αἱ χεῖρες ὑμῶν συμπλέκουσιν (7)
Pr. 20. 1. πᾶς δὲ ἄφρων τοιούτοις συμπλέκεται -
— 3. πᾶς δὲ ἄφρων τοιούτοις συμπλέκεται (2)
Ho. 4. 14. ὁ λαὸς ὁ συνίων συνεπλέκετο μετὰ πόρνης (5)
Na. 2. 4 (5). συμπλακήσονται ἐν ταῖς πλατείαις (9)
Za. 14. 13. συμπλακήσεται ἡ χεὶρ αὐ. πρὸς τὴν χεῖρα τοῦ πλησίον αὐ. (6)
La. 1. 14. ἐν χερσί μου συνεπλάκησαν (8 *b*)
Ez. 24. 17. οὐκ ἔσται τὸ τρίχωμά σου συμπεπλεγμένον ἐπὶ σέ (4)
[Sm., Th., Al. Jb. 8. 17.]

συμπλεκτός.
Ex. 36. 31 (39. 23). τὸ δὲ περιστόμιον . . . διϋφασμένον συμπλ. †

συμπλημμελεῖν.
[Aq., Sm., Th., Quint. Ho. 4. 15.]

συμπληροῦν. (1) מָלֵא
Je. 25. 12. A ἐν τῷ συμπληρωθῆναι [B S πλ.] τὰ ἑβδομήκοντα ἔτη (1)

συμπλήρωσις. (1) מָלֵא pi.
II Ch. 36. 21. εἰς συμπλήρωσιν ἐτῶν ἑβδομήκοντα (1)
I Es. 1. 58. εἰς συμπλήρωσιν ἐτῶν ἑβδομήκοντα
Da. TH. 9. 2. εἰς συμπλήρωσιν ἐρημώσεως 'Ιερ. (1)
[Th. Da. 9. 2.]

συμπλοκή.
III Ki. 16. 28 (22. 46 [47]). B καὶ τὰ λοιπὰ τῶν σ. -
[Al. III Ki. 22. 47.]

συμποδίζειν. (1) דָּקַר (2) כְּפַת *a.* pe. *b.* pa. (3) כָּרַע *a.* qal. *b.* hi. (4) עָקַד (5) רָגַל tiph.

Ge. 22. 9. συμποδίσας 'I. τὸν υἱὸν αὐ. (4)
To. 8. 3. S συνεπόδισεν αὐτὸν ἐκεῖ [A B al.]
Ps. 17 (18). 39. συνεπόδισας πάντας τοὺς ἐπανισταμένους ἐπ' ἐμὲ ὑποκάτω μου (3 *b*)
19 (20). 8. αὐτοὶ συνεποδίσθησαν (3 *a*)
77 (78). 31. τοὺς ἐκλεκτοὺς τοῦ 'Ισραὴλ συνεπόδισεν (3 *b*)
Pr. 20. 11. ἐν τοῖς ἐπιτηδεύμασιν αὐτοῦ συμποδισθήσεται νεανίσκος μετὰ ὁσίου †
Ho. 11. 3. συνεπόδισα τὸν 'Εφρ. (5)
Za. 13. 3. καὶ συμποδιοῦσιν [S^3 -δίσουσιν] αὐτόν (1 ?)
Da. LXX. 3. 20. ἐπέταξε συμποδίσαντας τὸν Σ. (2 *b*)
— 21. τότε οἱ ἄνδρες ἐκεῖνοι συνεποδίσθησαν (2 *a*)
— 22. οἱ ἄνδρες οἱ προχειρισθέντες συμποδίσαντες αὐτούς -
— 23 (22). τοὺς μὲν οὖν ἄνδρας τοὺς συμποδίσαντας τοὺς περὶ τὸν 'Αζ. †

συμποιεῖν.
I Es. 6. 28. ἵνα συμποιῶσι τοῖς ἐκ τῆς αἰχμαλωσίας

συμπολεμεῖν. (1) לָחַם ni.
De. 32. 23. τὰ βέλη μου συμπολεμήσω [A συντελέσω] εἰς αὐτούς †
Jo. 10. 14. κύριος συνεπολέμησε τῷ 'Ισρ. (1)
— 42. κ. ὁ θ. 'Ισρ. συνεπολέμει τῷ 'Ισρ. (1)
Wi. 5. 20. S συνπολεμήσει [A B συνεκπ.] δὲ αὐτῷ ὁ κόσμος ἐπὶ τοὺς παράφρονας

συμπονεῖν.
Si. 37. 5. ἑταῖρος φίλῳ συμπονεῖ χάριν γαστρός

συμπορεύεσθαι. (1) בּוֹא *a.* qal. *b.* hi. *c.* מָבוֹא (2) הָלַךְ (3) פַּעַם (4) רָעָה

Ge. 13. 5. Λὼτ τῷ συμπορευομ. μετὰ 'Αβ. (2)
14. 24. τῆς μερίδος τῶν ἀνδρῶν τῶν συμπορευθέντων μετ' ἐμοῦ (2)
18. 16. 'Αβ. δὲ συνεπορεύετο μετ' αὐτῶν (2)
Ex. 33. 15. A εἰ μὴ σὺ αὐτὸς συμπορεύσῃ μεθ' ἡμῶν [B al.] (2)
— 16. A B^2 R συμπορευομένου σου μεθ' ἡμῶν (2)
34. 9. συμπορευθήτω ὁ κύριός μου μεθ' ἡμῶν (2)
Nu. 14. 14. B^1 συμπορεύῃ [A B^2 R σὺ πορ.] πρότερος αὐτῶν (2)
16. 25. συνεπορεύθησαν μετ' αὐτοῦ (2)
22. 35. συμπορεύθητι μετὰ τῶν ἀνθρώπων (2)
De. 31. 8. κύριος ὁ συμπορευόμενος [A συμπροπορ.] μετὰ σοῦ (2)
— 11. ἐν τῷ συμπορεύεσθαι πάντα 'Ισρ. (1 *a*)
Jo. 10. 24. τοὺς ἐναρχομ. τοῦ πολέμου τοὺς συμπορευομ. αὐτῷ (2)

Jd. 11. 8. A συμπορεύσῃ ἡμῖν [B *al.*] (2)
— 40. A συνεπορεύοντο [B ἐπορ.] αἱ θυγατέρες Ἰσρ. (2)
13. 25. A ἤρξατο πνεῦμα κ. συμπορεύεσθαι [B συνεκπ.] αὐτῷ (3)
I Es. 8. 10. συμπορεύεσθαί σοι εἰς Ἱερ.
To. 1. 3. A καὶ τῷ ἔθνει μου τοῖς συμπορευομ. μετ' ἐμοῦ [B S *al.*]
5. 3. ὃς συμπορεύσεταί σοι [S *al.*]
— 8. A B ὃς συμπορεύσεταί μοι
— 11. A B ὃς συμπορεύσεται μετὰ τοῦ υἱοῦ σου
— 13. S συνεπορεύοντό μοι εἰς Ἱερ. [A B *al.*]
— 16. ὁ ἄγγελος αὐτοῦ συμπορευθήτω ὑμῖν [S *al.*]
— 21. ἄγγελος γὰρ ἀγαθὸς συμπορεύσεται [A -εύεται, S συνελεύσεται] αὐτῷ
Jb. 1. 4. συμπορευόμενοι δὲ οἱ υἱοὶ αὐτοῦ πρὸς ἀλλήλους (2)
Pr. 13. 20. συμπορευόμενος [A ὁ σ.] σοφοῖς σοφὸς ἔσῃ [A S² ἔσται] (2)
— 20. ὁ δὲ συμπορευόμ. [A συνρεμβόμ.] ἄφροσι γνωσθήσεται (4)
Ez. 33. 31. ὡς συμπορεύεται λαός (1 *c*)
Da. LXX. 11. 6. καὶ τῶν συμπορευομένων μετ' αὐτοῦ (1 *b*)

συμπορπᾶν. (1) סָבַב ho.
Ex. 36. 13 (39. 6). ἐποίησαν ἀμφοτ. τοὺς λίθους . . . συμπεπορπημένους (1)

συμποσία.
Si. 35 (32). 5. A σύγκριμα μουσικῶν ἐν συμποσίᾳ [B S -ίῳ] οἴνου
III Ma. 5. 15. ὑπέδειξε τὸν τῆς σ. καιρὸν ἤδη παρατρέχοντα
— 16. τοὺς παραγεγονότας ἐπὶ τὴν σ.
— 17. τὸ παρὸν τῆς σ. . . . εἰς εὐφροσύνην καταθέσθαι μέρος
7. 20. κατὰ τὸν τῆς σ. τόπον

συμποσιάζειν.
[Aq. Dt. 21. 20.]

συμπόσιον. (1) מִשְׁתֵּה הַיַּיִן
Es. 4. 17. οὐκ ἐδόξασα συμπόσιον βασιλέως
7. 7. ἐξανέστη ἀπὸ τοῦ σ. (1)
Si. 34 (31). 31. ἐν συμποσίῳ οἴνου μὴ ἐλέγξῃς τὸν πλησίον
35 (32). 5. σύγκριμα μουσικῶν ἐν συμποσίῳ [A -ίᾳ] οἴνου
49. 1. ὡς μουσικὰ ἐν συμποσίῳ οἴνου
I Ma. 16. 16. ἐπεισῆλθοσαν τῷ Σίμωνι εἰς τὸ σ.
II Ma. 2. 27. καθάπερ τῷ παρασκευάζοντι συμπόσιον
III Ma. 4. 16. συμπόσια ἐπὶ πάντων τῶν εἰδώλων συνιστάμενος
5. 36. συστησάμενος πᾶν τὸ σ.
6. 33. περὶ τούτων συμπόσιον βαρὺ συνάγων
[Aq. Is. 1. 22.]
[Sm., Quint. Ho. 4. 18.]

συμπότης.
III Ma. 2. 25. διά τε τῶν προαποδεδειγμένων σ.

συμπραγματεύεσθαι.
III Ma. 3. 10. ἤδη δὲ καί τινες γείτονες . . . καὶ συμπραγματευόμενοι

συμπράσσειν.
[Sm. II Ki. 3. 9.]

συμπροπέμπειν. (1) שָׁלַח pi.
Ge. 12. 20. συμπροπέμψαι αὐτὸν καὶ τὴν γυν. αὐ. (1)
18. 16. συνεπορεύετο μετ' αὐτῶν συμπροπέμπων αὐτούς (1)

συμπροπορεύεσθαι. (1) הָלַךְ
De. 31. 8. A κύριος ὁ συμπροπορευόμ. [B συμπορ.] μετὰ σοῦ (1)

συμπροσεῖναι. (1) חָבַר (2) לָוָה
Ps. 93 (94). 20. μὴ συμπροσέσται [A S² -έστω] σοι θρόνος ἀνομίας (1)
Ec. 8. 15. συμπροσέσται αὐτῷ ἐν μόχθῳ αὐτοῦ (2)
[Sm. Ec. 8. 15.]

συμπροσπλέκειν. (1) גָּרָה hithpa.
Da. TH. 11. 10. συμπροσπλακήσεται [A προσυμπλακήσονται] ἕως τῆς ἰσχύος αὐ. (1)

σύμπτωμα. (1) מִקְרֶה (2) קֶטֶב
I Ki. 6. 9. σύμπτωμα τοῦτο γέγονεν ἡμῖν (1)
20. 26. σύμπτωμα φαίνεται μὴ καθαρὸς εἶναι (1)
Ps. 90 (91). 6. ἀπὸ συμπτώματος καὶ δαιμονίου μεσημβρινοῦ (2)
Pr. 27. 9. καταρρήγνυται δὲ ὑπὸ συμπτωμάτων ψυχή †
[Aq. Ge. 42. 4.]

σύμπτωσις.
[Al. Ge. 44. 29.]

συμφαγεῖν, *vid. sub* **συνεσθίειν.**

συμφέρειν. (1) *a.* טוֹב *b.* טוֹבָה (2) נָאוָה (3) שָׁוָה
De. 23. 6 (7). οὐ προσαγορεύσεις . . . συμφέροντα αὐτοῖς (1 *b*)
Es. 3. 8. οὐ συμφέρει τῷ βασ. ἐᾶσαι αὐτούς (3)
Pr. 19. 10. οὐ συμφέρει ἄφρονι τρυφή (2)
31. 19. τοὺς πήχεις [A S² τὰς χεῖρας] αὐτῆς ἐκτείνει ἐπὶ τὰ συμφέροντα †
Si. 12. 14. A οὕτως τὸν . . . συμφερόμενον [B S συμφυρ.] ἐν ταῖς ἁμαρτίαις αὐτοῦ
30. 19. τί συμφέρει κάρπωσις εἰδώλῳ
37. 28. οὐ γὰρ πάντα πᾶσι συμφέρει
Je. 33 (26). 14. ποιήσατέ μοι ὡς συμφέρει (1 *a*)
Ba. 4. 3. μὴ δῷς . . . τὰ συμφέροντά σοι ἔθνει ἀλλοτρίῳ
II Ma. 4. 5. R τὸ δὲ συμφέρον [A -φορον] . . . σκοπῶν
11. 15. τοῦ συμφέροντος φροντίζων
III Ma. 6. 24. λάθρα μηχανώμενοι τὰ μὴ συμφέροντα τῇ βασιλείᾳ
IV Ma. 5. 11. φιλοσοφήσεις τὴν τοῦ συμφέροντος ἀλήθειαν
[Sm. II Ki. 17. 14: Ps. 118 (119). 71: Ec. 7. 1 (6. 12).]
[Al. Jb. 13. 9.]

συμφερόντως.
IV Ma. 1. 17. δι' ἧς . . . τὰ ἀνθρώπινα σ. μανθάνομεν

συμφεύγειν.
I Ma. 10. 84. S² καὶ τοὺς συμφεύγοντας εἰς αὐτὸ [A S¹ R *al.*]
II Ma. 10. 18. συμφυγόντων δὲ οὐκ ἔλαττον τῶν ἐννακισχιλίων
— 32. συνέφυγεν εἰς Γ.
12. 6. τοὺς δὲ ἐκεῖ συμφυγόντας ἐξεκέντησε

συμφλέγειν. (1) לִהֵט pi.
Is. 42. 25. οἱ συμφλέγοντες αὐτοὺς κύκλῳ (1)

συμφλογίζειν.
II Ma. 6. 11. μηνυθέντες τῷ Φιλ. συνεφλογίσθησαν
[Th. Is. 42. 25.]

συμφορά.
Es. 8. 13. περιέβαλε συμφοραῖς ἀνηκέστοις
Wi. 14. 21. ἢ συμφορᾷ ἢ τυραννίδι δουλεύσαντες ἄνθρωποι
18. 21. πέρας ἐπέθηκε τῇ σ.
Si. 32 (35). 1. B² ὁ συντηρῶν νόμον πλεονάζει συμφορᾶς [A B¹ S R προσφ.]
II Ma. 6. 12. μὴ συστέλλεσθαι διὰ τὰς σ.
— 16. παιδεύων δὲ μετὰ συμφορᾶς
9. 6. τὸν πολλαῖς καὶ ξενιζούσαις σ. ἑτέρων σπλάγχνα βασανίσαντα
14. 14. τὰς τῶν Ἰουδ. . . . σ. ἰδίας εὐημερίας δοκοῦντες ἔσεσθαι
— 40. τούτοις ἐνεργάσασθαι συμφοράν
IV Ma. 3. 21. A πολυτρόπως [S R -οις] ἐχρήσαντο συμφοραῖς
[Aq. Ze. 1. 15.]
[Sm. Ez. 7. 26 *bis.*]

συμφοράζειν. (1) חִיל
Is. 13. 8. συμφοράσουσιν ἕτερος πρὸς τὸν ἕτερον (1)

σύμφορος.
II Ma. 4. 5. τὸ δὲ σ. κοινῇ . . . σκοπῶν
[Sm. Ec. 2. 3.]

συμφράσσειν.
Is. 27. 12. συμφράξει [S συνταρ.] ὁ θεὸς ἀπὸ τῆς διώρυγος †
[Sm. Ps. 20 (21). 12.]

συμφρονεῖν.
III Ma. 3. 2. ἀνθρώποις συμφρονοῦσιν εἰς κακοποίησιν

συμφρύγειν. (1) חָרַר *a.* qal. *b.* ni.
Jb. 30. 30. A τὰ δὲ ὀστᾶ μου ἀπὸ καύματος συνεφρύγη [S² -ησαν, B S¹ *om.*] (1 *a*)
Ps. 101 (102). 3. τὰ ὀστᾶ μου . . . συνεφρύγησαν (1 *b*)
Ez. 24. 10. A τὰ ὀστᾶ συμφρυγήσονται (1 *b*)
— 11. A ὅπως συμφρυγῇ [B *al.*] (1 *a*)
IV Ma. 3. 11. αὐτὸν ἀλόγιστος ἐπιθυμία τοῦ . . . ὕδατος . . . συνέφρυγε [S¹ διέφρ.]
[Th. Jb. 30. 30: Ez. 24. 10 (Sw.).]

συμφρυγίζειν. (1) חָרַר ni.
Ps. 101 (102). 3. R τὰ ὀστᾶ μου ὡσεὶ φρύγιον συνεφρύγισαν [A B S *al.*]

συμφρυγμός.
[Al. Le. 26. 16.]

συμφύειν.
Wi. 13. 13. ξύλον σκολιὸν καὶ ὄζοις συμπεφυκός [S¹ -ώς]

σύμφυλος.
[Aq. Za. 13. 7.]

συμφύρειν. (1) הָיָה (2) פָּרַד pi.
Si. 12. 14. οὕτως τὸν . . . συμφυρόμενον [A συμφερ.] ἐν ταῖς ἁμαρτίαις αὐτοῦ
Ho. 4. 14. μετὰ τῶν πορνῶν συνεφύροντο (2)
Ez. 22. 6. συνεφύροντο [A συνανεφ., B² ἐνεφύραντο] ἐν σοί (1)

συμφυτεῖν.
I Ma. 10. 84. S¹ καὶ τοὺς συμφυτοῦντας εἰς αὐτό [A S² R *al.*]

σύμφυτος. (1) *a.* בָּצַר *b.* בָּצִיר (2) מוּג hithp.
Es. 7. 7. S² εἰς τὸν κῆπον τὸν σ. [A B S¹ *om.* τ. σ.] †
— 8. S² ἐκ τοῦ κήπου τοῦ σ. [A B S¹ *om.* τ. σ.] †
Am. 9. 13. πάντες οἱ βουνοὶ σύμφυτοι ἔσονται (2 ?)
Za. 11. 2. κατεσπάσθη ὁ δρυμὸς ὁ σ. (1 *a**, 1 *b*)
III Ma. 3. 22. τῇ σ. κακοηθείᾳ τὸ καλὸν ἀπωσάμενοι
[Sm. Ez. 19. 11.]

συμφωνεῖν. (1) אוּת ni. (2) חָבַר (3) נוּחַ
Ge. 14. 3. πάντες οὗτοι συνεφώνησαν (2)
IV Ki. 12. 8 (9). συνεφώνησαν οἱ ἱερεῖς (1)
Is. 7. 2. συνεφώνησεν Ἀρὰμ πρὸς τὸν Ἐφραΐμ (3)
IV Ma. 14. 6. πρὸς τὸν ὑπὲρ αὐτῆς συνεφώνησαν θάνατον

συμφωνία. (1) *a.* סוּמְפֹּנְיָה *b.* סוּמְפֹּנְיָא *c.* סִיפֹּנְיָא
Da. LXX. 3. 5. ὅταν ἀκούσητε τῆς φωνῆς . . . συμφωνίας (1 *a*)
— 15. ἅμα τῷ ἀκοῦσαι . . . συμφωνίας (1 *a*)
Da. TH. 3. 5. A ᾗ ἂν ὥρᾳ ἀκούσητε φωνῆς . . . συμφωνίας [B *om.*] (1 *a*)
— 7. A ὅταν ἤκουον οἱ λαοὶ τῆς φωνῆς . . . συμφωνίας [B *om.*] –
— 10. A ὃς ἂν ἀκούσῃ τῆς φωνῆς . . . συμφωνίας [B *om.*] (1 *b*, 1 *c**)
— 15. ὡς ἂν ἀκούσητε τῆς φωνῆς . . . συμφωνίας (1 *a*)
IV Ma. 14. 3. A ἐναρμόστους περὶ τῆς εὐσεβείας τῶν ἑπτὰ ἀδ. συμφωνίας [S R *al.*]
[Th. Da. 3. 5†.]

σύμφωνος. (1) לְעֻמַּת
Ec. 7. 15 (14). A S τοῦτο σύμφωνον [B σὺν τούτῳ συμφώνως] τούτῳ [A B τοῦτο] ἐποίησεν [S ὁ ἐπ.] ὁ θεός (1)
IV Ma. 7. 7. ὦ σύμφωνε νόμου
14. 7. ὦ πανάγιε συμφώνων ἀδελφῶν ἑβδομάς

συμφώνως. (1) לְעֻמַּת
Ec. 7. 15 (14). σὺν τούτῳ σ. [A S τοῦτο σύμφωνον] τοῦτο [S τούτῳ] ἐποίησεν [S ὁ ἐπ.] ὁ θεός (1)
IV Ma. 14. 6. σ. τοῖς τῆς ψυχῆς ἀφηγήμασι κινοῦνται
[Aq. Ez. 3. 8: 11. 22.]
[Th. Ex. 28. 27.]

συμψᾶν. (1) אָסַף ni. (2) סָחַב

Je. 22. 19. συμψησθεὶς [A S -ψηθ.] ῥιφήσεται ἐπέκεινα τῆς πύλης Ἰερουσαλήμ (2)
29 (49). 20. ἐὰν μὴ συμψηθῶσι [A -ψηφισθ., S συνῶσιν] τὰ ἐλάχιστα τῶν προβάτων (2)
31 (48). 33. συνεψήσθη [A -ψήθη] χαρμοσύνη (1)
[Aq. Je. 50 (27). 45.]
[Sm. Je. 46 (26). 15 : 49. 20 (29. 21).]

συμψηφίζειν.

Je. 29 (49). 20. A ἐὰν μὴ συμψηφισθῶσι [B -ηθ., S συνῶσιν] τὰ ἐλάχιστα τῶν προβάτων †

σύν. I. *c. gen.* (=אֶת־).

Ec. 9. 15.

II. *c. dat.* * ὁ σύν.

Ex. 6. 26 : 7. 4 *bis* : 10. 9 *bis* : 11. 1 : 12. 9, 51 : 15. 19 : 16. 16† : 29. 17 : 36. 10 (39. 3), 10 (39. 3)† *bis* : 40. 36.
Le. 1. 16 : 2. 2, 16 : 3. 4, 9, 10, 15 : 4. 9, 11 : 6. 15 (8) *bis*, 34 (7. 4) : 14. 31.
Nu. 1. 3, 45†, 52 : 2. 3, 9, 10†, 16, 18, 24, 25, 31†, 32 : 10. 12, 14, 18, 22, 25, 28 : 19. 5 : 31. 6, 8 : 32. 33 : 33. 1 : 34. 2.
De. 32. 25 : 33. 2.
Jo. 6. 23 (24) : 11. 21 : 21. 13*†.
Jd. 3. 27 : 7. 4† *bis* : 9. 28 : 16. 3†, 3, 13†, 14† : 18. 22*† : 20. 44†, 46†.
I Ki. 7. 9 : 14. 32, 33, 34 : 30. 10†.
II Ki. 6. 4.
III Ki. 6. 5†, 12† : 8. 5† : 13. 19† : 21 (20). 20†.
IV Ki. 3. 12† : 15. 19† : 17. 15†.
I Ch. 16. 32 : 28. 1†.
II Ch. 30. 6.
I Es. 1. 32 : 2. 7 : 5. 58 : 8. 14†, 77 *ter*, 93 : 9. 36.
II Es. 4. 7†.
Ne. 5. 18 : 8. 13† : 9. 19†.
To. 9. 5† : 12. 13†.
Ju. 2. 5 : 11. 18† : 16. 15.
Es. 3. 13 : 5. 14 : 8. 13 *bis*.
Jb. 24. 2 : 33. 26 : 39. 25 : 40. 17 (22).
Ps. 33 (34). 3 : 54 (55). 18 : 119 (120). 4 : 135 (136). 10 : 139 (140). 13† : 140 (141). 4.
Pr. 24. 23 (29. 27).
Ec. 7. 15 (14)†.
Wi. 14. 10.
Ho. 4. 3 *quater*.
Am. 6. 8.
Mi. 2. 11 : 7. 13†.
Is. 3. 23 : 10. 34 : 29. 1 : 60. 8.
Je. 20. 4 : 23. 9† : 48 (41). 15†.
Ba. 5. 9.
Ez. 1. 20, 21 : 12. 19 : 16. 37, 61 : 17. 7, 10 : 25. 4† : 30. 12† : 32. 15, 30.
Da. LXX. Su. 30, 54 : 3. 21 : 4. 13.
Da. TH. 1. 10† : 3. 17† : 9. 26.
I Ma. 3. 14*, 40 : 5. 5, 23, 44 : 7. 1† : 9. 60*† : 10. 24, 85, 87 : 13. 45 : 15. 10, 13.
II Ma. 1. 14* : 3. 24 : 5. 26, 27 : 7. 5, 7, 12*, 29 : 8. 1*, 12*, 20 : 9. 15 : 10. 1*, 19* : 11. 6 : 12. 3*†, 3, 9 : 13. 1, 2, 13, 14*, 15 : 14. 13* : 15. 8*, 28, 30.
III Ma. 1. 18, 22, 27 : 2. 7 : 3. 25 : 5. 47 : 6. 4, 16.
IV Ma. 10. 7 : 12. 8* : 13. 26 : 17. 2, 5† *bis* : 18. 8, 10, 23.
[Aq. Ge. 1. 30 : 5. 22, 24 : 6. 10 (9) : Ex. 35. 23 : Le. 8. 10 : Nu. 8. 26 : Jo. 8. 2 (P.), 18 : I Ki. 14. 18 : III Ki. 6. 12 : IV Ki. 17. 15 : Jb. 12. 2 : Ps. 9. 7 : 119 (120). 4 : Pr. 8. 18 : Is. 16. 14 : 39. 2 : 40. 10 : 41. 6, 7 *bis* : 45. 9 : 63. 11 : 66. 10 : Je. 6. 15 : 12. 5 *bis* : Ez. 1. 21 (P.) : 32. 21, 25, 29 : 33. 30 : Da. 3. 33 (100) (Sw.) : 11. 2 (Sw.) : Hb. 3. 13 : Za. 12. 10 : Ma. 2. 3.]
[Sm. Ge. 4. 1 : 6. 18 (P.) : 9. 4 : Le. 1. 16 : 26. 39 : Jo. 8. 2 (P.), 18 *bis* : I Ki. 14. 18 : III Ki. 6. 12 : Jb. 12. 2 : 40. 17 (22) : Ps. 9. 7 : 23. 2 : 74 (75). 4 : 95 (96). 11 : 97 (98). 7 : 138 (139). 16 : 140 (141). 4 : Is. 16. 14 : 63. 3 : Ez. 17. 9 : 32. 25, 29 : Ze. 1. 3.]
[Th. Le. 1. 16 : III Ki. 6. 5, 12 : Ps. 95 (96). 11 : Is. 16. 14 : 22. 6 : Je. 8. 12 : Ez. 1. 21 (P.) : 25. 6 : 32. 25, 29 : 33. 30 : Da. 3. 21 : 9. 26.]
[Al. Le. 4. 6 : Nu. 10. 28 : 25. 6 : Ps. 11 (12). 5 : Ca. 3. 1 : Je. 12. 5 : Ez. 32. 25.]
[Quint. Hb. 3. 13.]

III. *a. c. acc.* = אֵת, אֶת־, *cf.* σύμπας.

III Ki. 8. 1† : 9. 15†, 16†, 24†, 25† : 14. 8†.
Es. 6. 10†.
Ec. 1. 14† : 2. 12†, 17, 18† : 3. 10, 11†, 17 *bis* : 4. 1†, 2†, 3†, 4† *bis* : 5. 6† : 7. 16 (15)†, 27 (26), 30 (29) : 8. 8, 9†, 15, 17†, 17, 17 (9. 1)† *bis* : 10. 19† : 11. 7 : 12. 9, 14†.
[Aq. Ge. 1. 1 *bis*, 4, 16 *bis*, 27 : 2. 7 : 20. 10 : 31. 52 : 36. 24 : Ex. 2. 14 : 3. 9 : 9. 14 : 14. 20 : 28. 5 : Dt. 14. 14 : 27. 1 : Jo. 7. 2 : III Ki. 8. 1 : 9. 15, 24, 25 : 14. 8 : 20 (21). 15 : Is. 27. 1 : 49. 21 (Sw.) : Je. 14. 22 : 16. 10 (Sw.) : 19. 4 *bis*, 8, 11, 12 (Sw.) : 20. 5 (Sw.) : 22. 1, 4 (Sw.), 5 : 23. 21, 24 (Sw.) *bis*, 25 (Sw.) : 24. 10 : 25. 13, 15 (32. 1), 17 (32. 3) (Sw.) *bis*, 20 (32. 6) *bis*, 22 (32. 8) *bis*, 23 (32. 9) (Sw.), 24 (32. 10), 25 (32. 11) (Sw.), 26 (32. 12) : 26 (33). 6 : 28 (35). 10 : 32 (39). 9 : Ez. 6. 14 : 7. 3 : 9. 7, 9 : 11. 18, 25 : 20. 12, 28 : Da. 8. 7 : 10. 1 (Sw.) : 11. 2 (Sw.).]
[Sm. Je. 28 (35). 10 : 32 (39). 9 : 35 (42). 18 (Sw.) : La. 2. 2.]
[Th. Is. 49. 21 (Sw.) : Je. 25. 20 (32. 6), 20 (32. 6) (Sw.), 24 (32. 10) : 28 (35). 10 : 32 (39). 9, 14 (Sw.).]
[Al. Je. 47 (29). 4.]

b. c. acc.

Jb. 22. 22†.
[Aq. Is. 37. 11 (Sw.).]

συνάγειν. (1) אָסַף *a.* qal. *b.* ni. *c.* pi.
d. pu. *e.* hithpa. *f.* אֹסֶף *g.* אָסִף
(2) אָצַר *a.* qal. *b.* ni. (3) אָתָא
(4) בּוֹא hi. (5) בָּלַע (6) דָּגַר (7) חוּשׁ hi.
(8) חָטַב (9) חָשַׂף (10) יָסַד ni.
(11) יָסַף hi. (12) יָעַד ni. (13) יָצָא hi.
(14) יָצַב hithpa. (15) כָּמַס (16) כָּנַס
a. qal. *b.* hithpa. *c.* כְּנַשׁ pe. *d.* ithpe.
(17) לָקַט *a.* qal. *b.* pi. *c.* pu. (18) מָנַע
(19) נָגַע hi. (20) נָהַר (21) נוּחַ hi.
(22) נוּס hi. (23) נָצַל hi. (24) נָקַב ni.
(25) נָתַן (26) סָפָה *a.* qal. *b.* ni. *c.* hi.
(27) סָפַר (28) עוּז hi. (29) עָלָה hi.
(30) עָמַד hi. (31) פָּדָה (32) צָבַר
(33) צָעַק ni. (34) קָבַץ *a.* qal. *b.* ni.
c. pi. *d.* pu. *e.* hithpa. (35) קָהַל *a.* ni.
b. hi. (36) קָוָה *a.* ni. *b.* pi. *c.* מִקְוֶה
(37) קִיץ (38) קָטַף (39) קָפַץ (40) קָצִיר
(41) קָרַב *a.* ni. *b.* hi. (42) קָשַׁר
(43) קָשַׁשׁ *a.* po. *b.* hithpo. (44) רָנַן
(45) שָׂכַר hithpa. (46) שָׁעַר hithpa.
(47) שׁוּב pil. (48) שָׁמַר (49) τοὺς
μισθοὺς συνάγειν שָׂכַר hithpa. (50) חָסַן ni.

Ge. 1. 9. συναχθήτω τὸ ὕδωρ ... εἰς συναγωγὴν μίαν (36 *a*)
— 9. συνήχθη τὸ ὕδωρ ... εἰς τὰς συναγωγὰς αὐ. –
6. 21. καὶ συνάξεις πρὸς σεαυτόν (1 *a*)
29. 3. συνήγοντο ἐκεῖ πάντα τὰ ποίμνια (1 *b*)
— 7. οὔπω ὥρα συναχθῆναι τὰ κτήνη (1 *b*)
— 8. ἕως τοῦ συναχθῆναι πάντας τοὺς ποιμένας (1 *b*)
— 22. συνήγαγε δὲ Λ. πάντας τοὺς ἄνδρας (1 *a*)
34. 30. συναχθέντες ἐπ' ἐμέ (1 *b*)
37. 35. συνήχθησαν δὲ πάντες οἱ υἱοὶ αὐ. †
41. 35. συναγαγέτωσαν πάντα τὰ βρώματα (34 *a*)
— 35. συναχθήτω ὁ σῖτος (32)
— 35. A βρώματα ἐν ταῖς πόλεσι συναχθήτω [B φυλαχθήτω] (48)
— 48. συνήγαγε πάντα τὰ βρώματα (34 *a*)
— 49. συνήγαγεν Ἰ. σῖτον (32)
47. 14. συνήγαγε δὲ Ἰ. πᾶν τὸ ἀργύριον (17 *b*)
49. 1. συνάχθητε ἵνα ἀναγγείλω (1 *b*)
— 2. συνάχθητε [A ἀθροίσθητε] καὶ ἀκούσατέ μου (34 *b*)
Ex. 3. 16. συνάγαγε τὴν γερουσίαν (1 *a*)
Ex. 4. 29. συνήγαγον τὴν γερουσίαν τῶν υἱῶν Ἰσρ. (1 *a*)
5. 7. συναγαγέτωσαν ἑαυτοῖς ἄχυρα (43 *a*)
— 12. συναγαγεῖν καλάμην εἰς ἄχυρα (43 *a*)
8. 5 (1). A συνάγαγε [B ἀνάγ.] τοὺς βατράχους (29)
— 14 (10). συνήγαγον αὐτοὺς θιμωνιὰς θιμωνιάς (32)
9. 19. κατάσπευσον συναγαγεῖν τὰ κτήνη σου (28)
— 20. συνήγαγε τὰ κτήνη αὐ. εἰς τοὺς οἴκους (22)
16. 5. ὃ ἐὰν συναγάγωσι [A εἰσενέγκωσι] (17 *a*)
— 16. συναγάγετε ἀπ' αὐτοῦ ἕκαστος (17 *a*)
23. 10. συνάξεις [A[1] εἰσάξεις] τὰ γεννήματα αὐ. (1 *a*)
Le. 25. 3. συνάξεις τὸν καρπὸν αὐ. (1 *a*)
— 20. μηδὲ συναγάγωμεν τὰ γεννήματα ἡμῶν (1 *a*)
Nu. 1. 18. πᾶσαν τὴν συναγωγὴν συνήγαγον [A *al.*] (35 *b*)
8. 9. συνάξεις πᾶσαν συναγωγὴν υἱῶν Ἰσρ. (35 *b*)
10. 3. συναχθήσεται πᾶσα ἡ συναγωγή (12)
— 7. ὅταν συναγάγητε τὴν συναγωγήν (35 *b*)
11. 16. συνάγαγέ μοι ἑβδομήκοντα ἄνδρας (1 *a*)
— 22. A[2] B ἢ πᾶν τὸ ὄψος τῆς θαλ. συναχθήσεται αὐτοῖς (1 *b*)
— 24. συνήγαγεν ἑβδομήκοντα ἄνδρας (1 *a*)
— 32. συνήγαγον τὴν ὀρτυγομήτραν (1 *a*)
— 32. ὁ τὸ ὀλίγον συνήγαγε δέκα κόρους (1 *a*)
19. 9. συνάξει ἄνθρωπος καθαρὸς τὴν σποδόν (1 *a*)
— 10. ὁ συνάγων τὴν σποδιὰν τῆς δαμάλεως (1 *a*)
21. 16. B συνάγαγε τὸν λαόν (1 *a*)
— 23. συνήγαγε Σ. πάντα τὸν λαὸν αὐ. (1 *a*)
De. 13. 16 (17). πάντα τὰ σκῦλα αὐ. συνάξεις [B[2] -ει] (34 *a*)
16. 13. ἐν τῷ συναγαγεῖν σε ἐκ τῆς ἅλωνός σου (1 *a*)
19. 5. συναγαγεῖν ξύλα (8)
22. 2. συνάξεις αὐτὸν ἔνδον εἰς τὴν οἰκίαν σου (1 *a*)
23. 25 (26). A[2] συνάξεις [B συλλέξεις] ἐν ταῖς χερσί σου στάχυς (38)
30. 3. καὶ πάλιν συνάξει σε (34 *c*)
— 4. ἐκεῖθεν συνάξει σε (34 *c*)
32. 23. συνάξω εἰς αὐτοὺς κακά (26 *c*)
— 34. οὐκ ἰδοὺ ταῦτα συνῆκται παρ' ἐμοί (15)
33. 5. συναχθέντων ἀρχόντων λαῶν (1 *e*)
— 21. συνηγμένων ἅμα ἀρχηγοῖς λαῶν (3)
Jo. 2. 18. τὸν δὲ πατέρα σου . . . συνάξεις πρὸς σεαυτήν (1 *a*)
7. 14. συναχθήσεσθε [A -αι] πάντες τὸ πρωΐ (41 *a*)
10. 6. συνηγμένοι εἰσὶν ἐφ' ἡμᾶς πάντες οἱ βασ. (34 *b*)
24. 1. συνήγαγεν Ἰ. πάσας φυλὰς Ἰσρ. (1 *a*)
Jd. 3. 13. συνήγαγε [A προσήγ.] πρὸς ἑαυτὸν πάντας τοὺς υἱοὺς Ἀ. (1 *a*)
6. 33. υἱοὶ ἀνατολῶν συνήχθησαν ἐπὶ τὸ αὐτό (1 *b*)
7. 23 (22). A καὶ συνηγμένη ἕως χείλους B. [B *al.*] †
9. 6. συνήχθησαν πάντες ἄνδρες Σικίμων (1 *b*)
— 47. συνήχθησαν πάντες οἱ ἄνδρες πύργων Σ. (34 *e*)
10. 17. συνήχθησαν [A ἐξῆλθον] οἱ υἱοὶ Ἰσρ. (1 *b*)
11. 20. συνῆξε [A -ήγαγεν] Σ. πάντα τὸν λαὸν αὐ. (1 *a*)
12. 1. A συνήχθησαν οἱ υἱοὶ Ἐφρ. (33)
16. 23. οἱ ἄρχοντες τῶν ἀλλοφύλων συνήχθησαν (1 *b*)
19. 15. οὐκ ἦν ἀνὴρ συνάγων αὐτοὺς [A *al.*] (1 *c*)
— 18. οὐκ ἔστιν ἀνὴρ συνάγων με εἰς τὴν οἰκίαν (1 *c*)
20. 11. συνήχθη πᾶς ἀνὴρ Ἰσρ. (1 *b*)
— 14. συνήχθησαν οἱ υἱ. Βεν. (1 *b*)
Ru. 2. 2. συνάξω ἐν τοῖς στάχυσι (17 *b*)
— 7. συνάξω ἐν τοῖς δράγμασιν (1 *a*)
I Ki. 5. 8, 11. συνάγουσι τοὺς σατράπας τῶν ἀλλοφ. (1 *a*)
7. 6. συνήχθησαν εἰς Μ. (34 *b*)
13. 5. B οἱ ἀλλόφυλοι συνάγονται εἰς πόλεμον (1 *b*)
— 11. B οἱ ἀλλόφυλοι συνήχθησαν εἰς Μ. (1 *b*)
14. 19. συνάγαγε τὰς χεῖράς σου (1 *a*)
— 52. συνήγαγεν αὐτοὺς πρὸς αὐτόν (1 *a*)
17. 1. συνάγουσιν ἀλλόφυλοι τὰς παρεμβολὰς αὐ. (1 *a*)
— 1. συνάγονται εἰς Σ. τῆς Ἰδουμ. (1 *b*)
— 2. Σ. καὶ οἱ ἄνδρες Ἰσρ. συνάγονται (1 *b*)
22. 2. συνήγοντο πρὸς αὐτόν (34 *e*)
II Ki. 3. 34. συνήχθη πᾶς ὁ λαός (11)
6. 1. συνήγαγεν ἔτι Δ. πάντα νεανίαν (1 *a*)
10. 15. συνήχθησαν ἐπὶ τὸ αὐτό (1 *b*)
— 16. συνήγαγε τὴν Συρίαν (13)
— 17. συνήγαγε τὸν πάντα Ἰσρ. (1 *a*)
11. 27. συνήγαγεν αὐτὴν εἰς τὸν οἶκον αὐ. (1 *a*)
12. 28. συνάγαγε τὸ κατάλοιπον τοῦ λαοῦ (1 *a*)
— 29. συνήγαγε Δ. πάντα τὸν λαόν (1 *a*)
14. 14. ὃ οὐ συναχθήσεται (1 *b*)
17. 11. συναγόμενος συναχθήσεται ἐπὶ σὲ πᾶς Ἰσρ. (1 *b*, 1 *b*)

II Ki. 17. 13. ἐὰν εἰς τὴν πόλιν συναχθῇ (1 *b*)
21. 13. συνήγαγε τὰ ὀστᾶ τῶν ἐξηλιασμένων (1 *a*)
23. 9. συνήχθησαν ἐκεῖ εἰς πόλεμον (1 *b*)
— 11. συνήχθησαν οἱ ἀλλόφυλοι εἰς Θ. (1 *b*)
III Ki. 7. 23. καὶ συνηγμένοι τρεῖς καὶ τριάκοντα ἐν πήχει †
12. 24. B συνάγεται ἐκεῖ πᾶν σκῆπτρον Ἐφρ. –
18. 20. A συνήγαγεν [B ἐπισ.] πάντας τοὺς προφήτας (34 *a*)
IV Ki. 5. 11. A συνάξει [B ἀποσυν.] τὸ λεπρόν (1 *a*)
19. 25. συνήγαγον [A καὶ ἤγ.] αὐτήν (4)
22. 4. ὃ συνήγαγον οἱ φυλάσσοντες τὸν σταθμόν (1 *a*)
— 20. συναχθήσῃ εἰς τὸν τάφον σου (1 *b*)
23. 1. συνήγαγε πρὸς ἑαυτὸν πάντας τοὺς πρεσβυτ. Ἰ. (1 *a*)
I Ch. 11. 13. συνήχθησαν ἐκεῖ εἰς πόλεμον (1 *b*)
13. 2. συναχθήσονται πρὸς ἡμᾶς (34 *b*)
15. 3. A συνήγαγεν [B S ἐξεκκλησίασε] Δ. τὸν πάντα Ἰσρ. (35 *b*)
— 4. A^2 B S συνήγαγε Δ. τοὺς υἱοὺς Ἀ. (1 *a*)
19. 7. συνήχθησαν ἐκ τῶν πόλεων αὐ. (1 *b*)
— 17. συνήγαγε τὸν πάντα Ἰσρ. (1 *a*)
22. 2. εἶπε Δ. συναγαγεῖν πάντας τοὺς προσηλύτους (16 *a*)
23. 2. συνήγαγε τοὺς πάντας ἄρχοντας Ἰσρ. (1 *a*)
II Ch. 1. 14. συνήγαγε Σ. ἅρματα (1 *a*)
2. 2 (1). συνήγαγε Σ. ἑβδομήκοντα χιλιάδας ἀνδρῶν (27)
— 16 (15). A συνάξεις [B σὺ ἄξεις] αὐτὰ εἰς Ἱερ. (29)
— 17 (16). συνήγαγε Σ. πάντας τοὺς ἄνδρας (27)
10. 6. συνήγαγεν ὁ βασ. Ῥ. τοὺς πρεσβυτ. †
11. 13. συνήχθησαν πρὸς αὐτόν (14)
12. 5. πρὸς τοὺς ἄρχοντας Ἰ. τοὺς συναχθέντας εἰς Ἱερ. (1 *b*)
13. 7. συνήχθησαν πρὸς αὐτὸν ἄνδρες λοιμοί (34 *b*)
15. 10. συνήχθησαν εἰς Ἱερ. (34 *b*)
18. 5. συνήγαγεν ὁ βασ. Ἰσρ. τοὺς προφήτας (34 *a*)
20. 4. καὶ συνήχθη Ἰούδας (34 *b*)
23. 2. B συνήγαγεν [A R -ον] τοὺς Λ. (34 *a*)
24. 5. συνήγαγε τοὺς ἱερεῖς (34 *a*)
— 5. συναγάγετε ἀπὸ παντὸς Ἰσρ. ἀργύριον (34 *a*)
— 11. συνήγαγον ἀργύριον πολύ (1 *a*)
25. 5. συνήγαγεν Ἀμ. τὸν οἶκον Ἰ. (34 *a*)
29. 15. B^1 συνήγαγεν [A B^2 R -ον] τοὺς ἀδελφοὺς αὐ. (1 *a*)
— 20. συνήγαγε τοὺς ἄρχοντας τῆς πόλεως (1 *a*)
30. 3. ὁ λαὸς οὐ συνήχθη εἰς Ἱερ. (1 *b*)
— 13. συνήχθησαν εἰς Ἱερ. λαὸς πολύς (1 *b*)
32. 4. συνήγαγε λαὸν πολύν (34 *b*)
— 6. συνήχθησαν πρὸς αὐτόν (34 *a*)
34. 9. ὃ συνήγαγον οἱ Λ. (1 *a*)
— 29. συνήγαγε τοὺς πρεσβυτέρους Ἰ. (1 *a*)
I Es. 4. 18. ἐὰν δὲ συναγάγωσι χρυσίον
5. 47. συνήχθησαν ὁμοθυμαδὸν εἰς τὸ εὐρύχωρον
8. 14. καὶ πᾶν χρυσίον . . . συναχθῆναι [A^1 *al.*]
— 27. συνήγαγον ἐκ τοῦ Ἰσρ. ἄνδρας
— 41. B συναγαγὼν [A R -ήγαγον] αὐτοὺς ἐπὶ τὸν λεγόμ. Θ. ποταμόν
9. 3. ἐγένετο κήρυγμα . . . συναχθῆναι εἰς Ἱερ.
— 38. συνήχθη πᾶν τὸ πλῆθος ὁμοθυμαδόν
II Es. 3. 1. συνήχθη ὁ λαὸς ὡς ἀνὴρ εἷς (1 *b*)
7. 28. συνῆξα ἀπὸ Ἰσρ. ἄρχοντας (34 *a*)
8. 15. συνῆξα αὐτοὺς πρὸς τὸν ποταμόν (34 *a*)
— 20. πάντες συνήχθησαν ἐν ὀνόμασι (24)
9. 4. συνήχθησαν πρὸς μέ (1 *b*)
10. 1. συνήχθησαν πρὸς αὐτὸν ἀπὸ Ἰσρ. (34 *b*)
— 7. S^2 τοῦ συναχθῆναι [R -αθροισθῆναι] εἰς Ἱερ. (34 *b*)
— 9. συνήχθησαν πάντες ἄνδρες Ἰ. (34 *b*)
Ne. 1. 9. ἐκεῖθεν συνάξω αὐτούς (34 *c*)
4. 8 (2). συνήχθησαν πάντες ἐπὶ τὸ αὐτό (42)
— 20 (14). ἐκεῖ συναχθήσεσθε πρὸς ἡμᾶς (34 *b*)
5. 16. καὶ πάντες οἱ συνηγμένοι ἐκεῖ ἐπὶ τὸ ἔργον (34 *a*)
6. 2. συναχθῶμεν ἐπὶ τὸ αὐτὸ ἐν ταῖς κώμαις (12)
— 10. συναχθῶμεν εἰς οἶκον τοῦ θεοῦ (12)
7. 5. συνῆξα τοὺς ἐντίμους (34 *a*)
8. 1. συνήχθησαν πᾶς ὁ λαός (1 *b*)
— 13. συνήχθησαν οἱ ἄρχοντες τῶν πατριῶν (1 *b*)
9. 1. συνήχθησαν οἱ υἱοὶ Ἰσρ. ἐν νηστείᾳ (1 *b*)
12. 25. ἐν τῷ συναγαγεῖν με τοὺς πυλωρούς (1 *g*)
— 28. συνήχθησαν [S^1 ἤχθ.] οἱ υἱοὶ τῶν ᾀδόντων (1 *b*)
Ne. 12. 44. καὶ τοῖς συνηγμένοις ἐν αὐτοῖς ἄρχουσι τῶν πόλεων (16 *a*)
13. 11. καὶ συνήγαγον αὐτούς (34 *c*)
To. 6. 5. S συνήγαγεν τὴν χολήν
13. 5. συνάξει ἡμᾶς ἐκ πάντων τῶν ἐθνῶν [S *al.*]
— 13. συναχθήσονται καὶ εὐλογήσουσι τὸν κ. [S *al.*]
Ju. 1. 6. S συνήχθησαν [A B συνῆλθον] ἔθνη πολλά
Es. 2. 8. συνήχθησαν κοράσια πολλά [S *al.*] (34 *b*)
9. 15. συνήχθησαν οἱ Ἰουδαῖοι (35 *a*)
— 16. συνήχθησαν καὶ [A -αχθέντες] ἑαυτοῖς ἐβοήθουν (35 *a*)
— 18. οἱ δὲ Ἰουδ. . . . συνήχθησαν (35 *a*)
10. 3. A τὰ συναχθέντα [B S ἐπισ.] ἀπολέσαι τὸ ὄνομα τῶν Ἰουδ. –
Jb. 5. 5. ἃ γὰρ ἐκεῖνοι συνήγαγον [A ἐθέρισαν] (40)
20. 13. συνάξει αὐτὴν ἐν μέσῳ τοῦ λάρυγγος αὐτοῦ (18)
— 15. πλοῦτος ἀδίκως συναγόμενος ἐξεμεθήσεται (5)
27. 16. ἐὰν συναγάγῃ ὥσπερ γῆν ἀργύριον (32)
Ps. 2. 2. συνήχθησαν ἐπὶ τὸ αὐτὸ κατὰ τοῦ κυρίου (10)
15 (16). 4. οὐ μὴ συναγάγω τὰς συναγωγὰς αὐτῶν ἐξ αἱμάτων †
30 (31). 13. ἐν τῷ συναχθῆναι [A S ἐπισυν.] αὐτοὺς ἅμα ἐπ' ἐμέ (10)
32 (33). 7. συνάγων ὡσεὶ ἀσκὸν ὕδατα θαλάσσης (16 *a*)
34 (35). 15. κατ' ἐμοῦ εὐφράνθησαν καὶ συνήχθησαν (1 *b*)
— 15. συνήχθησαν ἐπ' ἐμὲ μάστιγες (1 *b*)
38 (39). 6. οὐ γινώσκει τίνι συνάξει [A^2 -άγει] αὐτά (1 *a*)
40 (41). 6. ἡ καρδία αὐτοῦ συνήγαγεν ἀνομίαν ἑαυτῷ (34 *a*)
46 (47). 9. ἄρχοντες λαῶν συνήχθησαν (1 *b*)
47 (48). 4. οἱ βασιλεῖς τῆς γῆς συνήχθησαν (12)
49 (50). 5. συναγάγετε αὐτῷ τοὺς ὁσίους αὐτοῦ (1 *a*)
101 (102). 22. ἐν τῷ συναχθῆναι [A S^2 ἐπισυν.] λαοὺς ἐπὶ τὸ αὐτό (34 *b*)
103 (104). 22. A S καὶ συνήχθησαν [B -αχθήσονται] (1 *b*)
106 (107). 3. ἐκ τῶν χωρῶν συνήγαγεν αὐτούς (34 *c*)
Pr. 9. 12. συνάγει δὲ χερσὶν ἀκαρπίαν –
10. 10. συνάγει ἀνδράσι λύπας (25)
11. 24. εἰσὶ δὲ καὶ οἱ συνάγοντες [S^2 σ. τὰ ἀλλότρια] ἐλαττονοῦνται (9 ?)
13. 11. ὁ δὲ συνάγων ἑαυτῷ μετ' εὐσεβείας πληθυνθήσεται (34 *a*)
24. 27 (30. 4). τίς συνήγαγεν ἀνέμους ἐν κόλπῳ (1 *a*)
27. 25. σύναγε [A συνάγαγε] χόρτον ὀρεινόν (1 *b*)
28. 8. τῷ ἐλεοῦντι πτωχοὺς συνάγει αὐτόν (34 *a v.* 34 *c*)
31. 14. συνάγει δὲ αὕτη τὸν βίον [A S^2 πλοῦτον] (4)
Ec. 2. 8. συνήγαγόν μοι καί γε ἀργύριον (16 *a*)
— 26. τοῦ προσθεῖναι καὶ τοῦ [S *om.*] συναγαγεῖν (16 *a*)
3. 5. καιρὸς τοῦ συναγαγεῖν λίθους (16 *a*)
Si. 13. 16. πᾶσα σὰρξ κατὰ γένος συνάγεται
14. 4. ὁ συνάγων ἀπὸ τῆς ψυχῆς αὐτοῦ συνάγει ἄλλοις
21. 8. S R ὡς ὁ [A B *om.*] συνάγων αὐτοῦ τοὺς λίθους εἰς χειμῶνα
— 9. στυππεῖον συνηγμένον συναγωγὴ [A εἰσαγ.] ἀνόμων
25. 3. ἐν [A ἃ ἐν] νεότητι οὐ συναγήοχας
33 (36). 11. σύναγε [A -άγαγε] πάσας φυλὰς Ἰακώβ
47. 18. συνήγαγες ὡς κασσίτερον τὸ χρυσίον
Ho. 1. 11 (2. 2). συναχθήσονται οἱ υἱοὶ Ἰούδα (34 *b*)
10. 10. συναχθήσονται ἐπ' αὐτοὺς λαοί (1 *d*)
Am. 3. 9. συνάχθητε ἐπὶ τὸ ὄρος Σαμαρείας (1 *b*)
Mi. 1. 7. ἐκ μισθωμάτων πορνείας συνήγαγε (34 *c*)
2. 11 (12). συναγόμενος συναχθήσεται Ἰ. σὺν πᾶσιν (1 *a*, 1 *a*)
4. 6. συνάξω τὴν συντετριμμένην (1 *a*)
— 12. συνήγαγεν αὐτοὺς ὡς δράγματα ἅλωνος (34 *c*)
5. 7 (6). ὅπως μὴ συναχθῇ μηδείς (36 *b*)
7. 1. ἐγενήθην ὡς συνάγων καλάμην (1 *f*)
Jl. 1. 14. συναγάγετε πρεσβυτέρους (1 *a*)
2. 1. A συναχθήτωσαν [B S συγχυθήτ.] πάντες (44)
— 16. συναγάγετε λαόν (1 *a*)
— 16. συναγάγετε νήπια θηλάζοντα μαστούς (1 *a*)
3 (4). 2. συνάξω πάντα τὰ ἔθνη (34 *c*)
— 11. συνάχθητε [S^1 -θήσεται] ἐκεῖ (34 *b*)
Hb. 1. 9. συνάξει ὡς ἄμμον αἰχμαλωσίαν (1 *a*)
— 15. συνήγαγεν αὐτὸν ἐν ταῖς σαγήναις αὐ. (1 *a*)
2. 16. A B S^2 συνήχθη ἀτιμία ἐπὶ τὴν δόξαν σου –
Ze. 2. 1. συνάχθητε καὶ συνδέθητε (43 *b*)
Ze. 3. 18. συνάξω τοὺς συντετριμμένους (1 *a*)
Hg. 1. 6. ὁ τοὺς μισθοὺς συνάγων [S -αγαγὼν] συνήγαγεν εἰς δεσμὸν τετρυπημένον (49, 45)
Za. 2. 6 (10). ἐκ τῶν τεσσάρων ἀνέμων τοῦ οὐρ. συνάξω ὑμᾶς †
9. 3. A S^2 R συνήγαγε [B S^1 *om.*] χρυσίον –
14. 14. συνάξει τὴν ἰσχὺν πάντων τῶν λαῶν κυκλόθεν (1 *d*)
Is. 11. 12. συνάξει τοὺς ἀπολομένους Ἰσρ. καὶ τοὺς διεσπαρμ. Ἰ. συνάξει (1 *a*, 34 *c*)
13. 4. φωνὴ βασιλέων καὶ ἐθνῶν συνηγμένων (1 *b*)
— 14. οὐκ ἔσται ὁ συνάγων (34 *c*)
— 15. οἵτινες συνηγμένοι εἰσί (26 *b*)
17. 5. ἐάν τις συναγάγῃ ἀμητὸν ἑστηκότα . . . ἐάν τις συναγάγῃ στάχυν (1 *a*, 17 *b*)
18. 6. συναχθήσεται ἐπ' αὐτοὺς τὰ πετεινά (37)
23. 18. οὐκ αὐτοῖς συναχθήσεται (2 *b* + 50)
24. 22. συνάξουσι συναγωγὴν αὐτῆς [A *om.* σ. αὐ.] εἰς δεσμωτήριον (1 *d*)
27. 12. συναγάγετε κατὰ ἕνα [A S *add.* ἕνα] τοὺς υἱοὺς Ἰσραήλ (17 *c*)
28. 20. ἀσθενοῦμεν τοῦ ἡμᾶς συναχθῆναι (16 *b*)
29. 1. συναγάγετε γεννήματα ἐνιαυτὸν ἐπὶ ἐνιαυτόν (26 *a*)
— 7. πάντες οἱ συνηγμένοι ἐπ' αὐτήν †
33. 4. συναχθήσεται τὰ σκῦλα ὑμῶν . . . ὃν τρόπον ἐάν τις συναγάγῃ ἀκρίδας (1 *d*, 1 *f*)
34. 16. τὸ πνεῦμα αὐ. συνήγαγεν αὐτά [A -άς] (34 *c*)
35. 10. καὶ συνηγμένοι διὰ κύριον (31)
39. 6. ὅσα συνήγαγον οἱ πατέρες σου (2 *a*)
40. 11. τῷ βραχίονι αὐτοῦ συνάξει ἄρνας (34 *c*)
43. 5. ἀπὸ δυσμῶν συνάξω σε (34 *c*)
— 9. πάντα τὰ ἔθνη συνήχθησαν ἅμα καὶ συναχθήσονται ἄρχοντες ἐξ αὐτῶν (34 *b*, 1 *b*)
44. 11. κωφοὶ ἀπὸ ἀνθρώπων συναχθήτωσαν πάντες (34 *e*)
45. 20. συνάχθητε καὶ ἥκετε (34 *b*)
48. 14. συναχθήσονται πάντες (34 *b*)
49. 5. τοῦ συναγαγεῖν τὸν Ἰακὼβ πρὸς αὐτὸν . . . συναχθήσομαι καὶ δοξασθήσομαι (47, 1 *b*)
— 18. συνήχθησαν καὶ ἦλθοσαν πρὸς σέ (34 *b*)
52. 12. S^1 καὶ ὁ συνάγων [A B S^2 ἐπισ.] ὑμᾶς κ. ὁ θ. Ἰσρ. (1 *c*)
— 15. A συνάξουσιν [B S -έξ.] βασιλεῖς τὸ στόμα αὐτῶν (39)
56. 8. εἶπε κ. ὁ συνάγων τοὺς διεσπαρμ. Ἰσρ. ὅτι συνάξω ἐπ' αὐτὸν συναγωγήν (34 *c*, 34 *c*)
60. 4. ἴδε συνηγμένα τὰ τέκνα σου (34 *b*)
— 7. πάντα τὰ πρόβατα Κηδὰρ συναχθήσονται [S *add.* σοι] (34 *b*)
— 22. ἐγὼ κύριος κατὰ καιρὸν συνάξω αὐτούς (7)
62. 9. οἱ συναγαγόντες [A S συνάγοντες] φάγονται αὐτὰ . . . καὶ οἱ συναγαγόντες [A S^2 συνάγοντες] πίονται αὐτά [S^1 *al.*] (1 *c*, 34 *c*)
66. 18. ἔρχομαι συναγαγεῖν πάντα τὰ ἔθνη (34 *c*)
Je. 3. 17. συναχθήσονται πάντα τὰ ἔθνη εἰς αὐτήν (36 *a*)
4. 5. εἴπατε, Συνάχθητε (1 *b*)
7. 21. τὰ ὁλοκαυτώματα ὑμῶν συναγάγετε (26 *a*)
8. 10 (13). συνάξουσι τὰ γεννήματα αὐτῶν (1 *a*)
— 14. συνάχθητε καὶ εἰσέλθωμεν εἰς τὰς πόλεις (1 *b*)
— 15. συνήχθημεν εἰς εἰρήνην (36 *b*)
9. 22 (21). οὐκ ἔσται ὁ συνάγων (1 *c*)
10. 17. συνήγαγεν ἔξωθεν τὴν ὑπόστασίν σου (1 *a*)
12. 9. συναγάγετε [B^1 συνάγετε] πάντα τὰ θηρία τοῦ ἀγροῦ (1 *a*)
17. 11. συνήγαγεν ἃ οὐκ ἔτεκε (6)
21. 4. R συνάξω αὐτοὺς [A B S *om.* σ. αὐ.] εἰς τὸ μέσον τῆς πόλεως ταύτης (1 *a*)
23. 7. S^1 ὃς συνήγαγε τὸν λαὸν Ἰσρ. [A B S^2 *al.*] (29)
— 8. ὃς συνήγαγε τὸ σπέρμα Ἰσραήλ (29 + 4)
27 (50). 7. νομὴ δικαιοσύνης τῷ συναγαγόντι τοὺς πατέρας αὐτῶν (36 *c*)
28 (51). 44. οὐ μὴ συναχθῶσι πρὸς αὐτὴν ἔτι τὰ ἔθνη (20)
29 (49). 14. συνάχθητε [S^1 -ῆναι] καὶ παραγένεσθε εἰς αὐτήν (34 *e*)
30 (49). 5. οὐκ ἔστιν ὁ συνάγων (34 *c*)
37 (30). 21. συνάξω αὐτούς (41 *b*)
38 (31). 8. συνάξω αὐτοὺς ἀπ' [A ἐπ'] ἐσχάτου τῆς γῆς (34 *c*)
— 10. ὁ λικμήσας τὸν Ἰσραὴλ συνάξει αὐτόν (34 *c*)

Je. 39 (32). 37. συνάγω αὐτοὺς ἐκ πάσης τῆς γῆς (34 c)
47 (40). 10. A συναγάγετε οἶνον καὶ ὀπώραν καὶ συναγάγετε [BS om.] ἔλαιον (1 a, –)
— 12. συνήγαγον οἶνον καὶ ὀπώραν πολλὴν σφόδρα (1 a)
— 15. διασπαρῇ πᾶς Ἰούδα οἱ [S^1 om.] συνηγμένοι πρὸς σέ [A al.] (34 b)
Ba. 1. 6. συνήγαγον ἀργύριον
4. 37. ἔρχονται συνηγμένοι ἀπὸ ἀνατολῶν
5. 5. ἴδε σου συνηγμένα τὰ τέκνα
Ez. 11. 17. A^2 B συνάξω αὐτοὺς ἐκ τῶν χωρῶν (1 a)
13. 5. συνήγαγον ποίμνια †
16. 31. ἐγένου ὡς πόρνη συνάγουσα μισθώματα †
— 37. A ἐπὶ σὲ συνάγω [B ἐπισυνάγω] πάντας τοὺς ἐραστάς σου (34 c)
— 37. συνάξω αὐτοὺς ἐπὶ σὲ κυκλόθεν (34 c)
22. 20. συνάξω καὶ χωνεύσω [A^1 ἐπαφήσω] ὑμᾶς (21)
28. 25. συνάξω τὸν Ἰσραήλ (34 c)
29. 5. οὐ μὴ συναχθῇς (1 b)
— 13. συνάξω Αἰγυπτίους ἀπὸ τῶν ἐθνῶν (34 c)
34. 12. A συνάξω [B ἀπελάσω] αὐτὰ ἀπὸ παντὸς τόπου (23)
— 13. συνάξω αὐτοὺς ἀπὸ [A ἐκ] τῶν χωρῶν (34 c)
37. 21. συνάξω αὐτοὺς ἀπὸ πάντων τῶν περικύκλῳ αὐτῶν (34 c)
38. 4. συνάξω σε (47 + 13)
— 7. R ἡ συναγωγή σου ἡ συνηγμένη [A B οἱ σ.] μετὰ σοῦ (35 a)
— 8. συνηγμένων ἀπὸ ἐθνῶν πολλῶν (34 d)
— 12. ἐπ᾽ ἔθνος συνηγμένον ἀπὸ ἐθνῶν πολλῶν (1 d)
— 13. συνήγαγες συναγωγήν σου (35 b)
39. 2. A συνάξω σε . . . καὶ συνάξω [B ἀν.] σε (47, 4)
— 17. συνάχθητε καὶ ἔρχεσθε συνάχθητε (34 b, 1 b)
— 27. ἐν τῷ . . . συναγαγεῖν με αὐτοὺς (34 c)
Da. LXX. 3. 3. τότε συνήχθησαν ὕπατοι (16 d)
— 27 (94). συνήχθησαν οἱ ὕπατοι (16 d)
6. 23 (24). συνήχθησαν πᾶσαι αἱ δυνάμεις –
11. 10. συνάξει συναγωγὴν ὄχλου πολλοῦ (1 a)
— 13. συνάξει πόλεως συναγωγήν (30)
— 34. συνάξουσιν ἰσχὺν βραχεῖαν †
12. 12. συνάξει εἰς ἡμέρας χιλίας (19)
Bel 27. συνήχθησαν οἱ ἀπὸ τῆς χώρας πάντες
Da. TH. 3. 2. ἀπέστειλε συναγαγεῖν τοὺς ὑπάτους (16 c)
— 3. καὶ συνήχθησαν οἱ τοπάρχαι (16 d)
— 3. A καὶ συνήχθησαν οἱ τοπάρχαι –
— 27 (94). συνάγονται οἱ σατράπαι (16 d)
11. 10. οἱ υἱοὶ αὐ. συνάξουσιν ὄχλον (1 a)
— 40. συναχθήσεται ἐπ᾽ αὐτὸν βασ. τοῦ βορρᾶ (46)
I Ma. 1. 4. συνῆξε δύναμιν ἰσχυρὰν σφόδρα
— 35. συναγαγόντες τὰ σκῦλα Ἰερ.
2. 16. Ματτ. καὶ οἱ υἱοὶ αὐ. συνήχθησαν
— 42. συνήχθησαν πρὸς αὐτοὺς συναγωγὴ Ἰουδαίων
3. 9. καὶ συνήγαγεν ἀπολλυμένους
— 10. καὶ συνήγαγεν Ἀπ. ἔθνη
— 27. συνήγαγε τὰς δυνάμεις πάσας
— 31. καὶ συναγαγεῖν ἀργύριον πολύ
— 46. συνήχθησαν καὶ ἦλθοσαν εἰς Μ.
— 52. τὰ ἔθνη συνῆκται ἐφ᾽ ἡμᾶς
4. 37. συνήχθη ἡ παρεμβολὴ πᾶσα
5. 37. συνήγαγε Τιμ. παρεμβολὴν ἄλλην
— 45. συνήγαγεν Ἰ. πάντα Ἰσρ.
6. 20. S^2 R καὶ συνήχθησαν ἅμα
— 28. συνήγαγε πάντας τοὺς φίλους αὐ.
7. 22. συνήχθησαν πρὸς αὐτὸν πάντες
9. 7. οὐκ εἶχε καιρὸν συναγαγεῖν αὐτούς
— 13. A ἐγένετο ὁ πόλεμος συνηγμένος [S R -ημμ.]
— 63. συνήγαγε πᾶν τὸ πλῆθος αὐ.
10. 2. συνήγαγε δυνάμεις πολλὰς σφόδρα
— 6. ἔδωκεν αὐτῷ ἐξουσίαν συναγαγεῖν δυνάμεις
— 8. ἔδωκεν αὐτῷ ὁ βασ. ἐξουσίαν συναγαγεῖν δυνάμεις
— 21. καὶ συνήγαγε δυνάμεις
— 48. συνήγαγεν Ἀλ. ὁ βασ. δυνάμεις μεγάλας
— 61. A συνήχθησαν [S R ἐπισ.] ἐπ᾽ αὐτὸν ἄνδρες λοιμοί
— 69. συνήγαγε δύναμιν μεγάλην
11. 20. συνήγαγεν Ἰων. τοὺς ἐκ τῆς Ἰουδ.
12. 37. συνήχθησαν τοῦ οἰκοδομεῖν
13. 1. συνήγαγε Τρ. δύναμιν πολλήν
— 6. συνήχθησαν πάντα τὰ ἔθνη
— 10. συνήγαγε πάντας τοὺς ἄνδρας
14. 1. συνήγαγε Δημ. ὁ βασ. τὰς δυνάμεις αὐ.
— 7. συνήγαγεν αἰχμαλωσίαν πολλήν
— 7. S συνήγαγεν [A R ἐκυρίευσε] Γαζ.
I Ma. 15. 12. R συνῆκται ἐπ᾽ αὐτὸν τὰ κακά [A S al.]
II Ma. 2. 7. ἕως ἂν συνάγῃ ὁ θεὸς ἐπισυναγωγὴν τοῦ λαοῦ
8. 1. τοὺς μεμενηκότας ἐν τῷ Ἰουδαϊσμῷ . . . συνήγαγον
— 16. συναγαγὼν δὲ ὁ Μ. τοὺς περὶ αὐτὸν ὄντας
10. 21. συναγαγὼν τοὺς ἡγουμένους τοῦ λαοῦ
— 24. συναγαγὼν ξένας δυνάμεις παμπληθεῖς
14. 23. τοὺς δὲ συναχθέντας ἀγελαίους ὄχλους ἀπέλυσε
III Ma. 1. 28. ἐκ δὲ τῆς . . . τῶν ὄχλων συναγομένης κραυγῆς
3. 1. καὶ προστάξαι σπεύδοντας συναγαγεῖν πάντας
5. 3. συναγαγὼν τοὺς μάλιστα τῶν φίλων
6. 33. περὶ τούτων συμπόσιον βαρὺ συνάγων
[**Aq.** Ps. 32 (33). 7: 45 (46). 7: 49 (50). 5: Ec. 2. 26: Je. 8. 2: 16. 5: 25. 33 (32. 19): 48 (31). 33: Ez. 5. 16: Na. 3. 18.]
[**Sm.** Ge. 49. 33: II Ki. 14. 14: Ps. 32 (33). 7: 34 (35). 15: 45 (46). 7: 49 (50). 5: 55 (56). 7: Pr. 6. 8: 10. 5: 30. 4: Is. 57. 1 *bis*: 60. 20: Je. 21. 4: Mi. 4. 11: Na. 3. 18.]
[**Th.** II Ki. 14. 14: Jb. 39. 12: Ps. 46 (47). 10: 49 (50). 5: Is. 28. 20: 54. 7: 57. 1 *bis*: 60. 20: Je. 21. 4 (Sw.): 25. 33 (32. 19): Ez. 5. 16 (Sw.): Da. 3. 3: Na. 3. 18.]
[**Al.** Ge. 9. 14: Le. 19. 25: 23. 39: Nu. 12. 14: Dt. 4. 10: 11. 14: 28. 38.]
[**Heb.** Ps. 49 (50). 5.]
[**Quint.** Ps. 32 (33). 7.]

συναγελάζειν.

IV Ma. 18. 23. εἰς πατέρων χορὸν συναγελάζονται [S^1 al.]

σύναγμα. (1) אֲסֻפָּה

Ec. 12. 11. A S^1 οἱ παρὰ τῶν σ. [S^2 συνταγμάτων, B συνθεμάτων] ἐδόθησαν (1)

συναγωγή. (1) אָסַף *a.* qal. *b.* אָסִיף *c.* אֲסֵפָה (2) בַּיִת (3) בֵּן (4) גַּל (5) הָמוֹן (6) חַיִל (7) מָחוֹל (8) מַחֲנֶה (9) מִקְוֶה (10) מָקוֹם (11) מִשְׁכָּן (12) סוֹד (13) עֵדָה (14) עַם (15) עַם הַקָּהָל (16) קָבַץ ni. (17) *a.* קָהָל *b.* קְהִלָּה (18) קְהַל עֵדָה (19) תִּקְוָה

Ge. 1. 9. συναχθήτω τὸ ὕδωρ . . . εἰς σ. μίαν (10)
— 9. συνήχθη τὸ ὕδωρ . . . εἰς τὰς σ. αὐ. –
28. 3. ἔσῃ εἰς συναγωγὰς ἐθνῶν (17 a)
35. 11. συναγωγαὶ ἐθνῶν ἔσονται ἐκ σοῦ (17 a)
48. 4. ποιήσω σε εἰς συναγωγὰς ἐθνῶν (17 a)
Ex. 12. 3. λάλησον πρὸς πᾶσαν σ. υἱῶν Ἰσρ. (13)
— 6. πᾶν τὸ πλῆθος συναγωγῆς υἱῶν Ἰσρ. (13)
— 19. ἐξολεθρευθήσεται ἡ ψυχὴ ἐκ. ἐκ συναγωγῆς Ἰσρ. (13)
— 47. πᾶσα σ. υἱῶν Ἰσρ. ποιήσει αὐτό (13)
16. 1. ἦλθοσαν πᾶσα σ. υἱῶν Ἰσρ. (13)
— 2. διεγόγγυζε πᾶσα σ. υἱῶν Ἰσρ. (13)
— 3. ἀποκτεῖναι πᾶσαν τὴν σ. ταύτην (17 a)
— 6. εἶπε Μ. καὶ Ἀ. πρὸς πᾶσαν σ. υἱῶν Ἰσρ. –
— 9. εἰπὸν πάσῃ σ. υἱῶν Ἰσρ. (13)
— 10. ἡνίκα δὲ ἐλάλει Ἀ. πάσῃ σ. υἱῶν Ἰσρ. (13)
— 22. πάντες οἱ ἄρχοντες τῆς σ. (13)
17. 1. ἀπῆρε πᾶσα σ. υἱῶν Ἰσρ. (13)
23. 16. ἐν τῇ σ. τῶν ἔργων σου (1 a)
34. 22. B καὶ ἀρχὴν [A R ἑορτὴν] συναγωγῆς μεσοῦντος τοῦ ἐνιαυτοῦ (1 b)
— 31. καὶ πάντες οἱ ἄρχοντες τῆς σ. (13)
35. 1. συνήθροισε Μ. πᾶσαν [A add. τὴν] σ. υἱῶν Ἰσρ. (13)
— 4. εἶπε Μ. πρὸς πᾶσαν σ. υἱῶν Ἰσραήλ (13)
— 20. καὶ ἐξῆλθε πᾶσα σ. υἱῶν Ἰσρ. (13)
38. 22 (2). τοῖς καταστασιάσασι μετὰ τῆς Κ. συναγωγῆς –
39. 2 (38. 25). παρὰ τῶν ἐπεσκεμμένων ἀνδρῶν τῆς σ. (13)
Le. 4. 13. ἐὰν δὲ πᾶσα σ. Ἰσρ. ἀγνοήσῃ ἀκουσίως (13)
— 13. καὶ λάθῃ ῥῆμα ἐξ ὀφθαλμῶν τῆς σ. (17 a)
— 14. προσάξει ἡ σ. μόσχον (17 a)
— 15. ἐπιθήσουσιν οἱ πρεσβύτεροι τῆς σ. τὰς χεῖρας αὐ. (13)
— 21. ἁμαρτία συναγωγῆς ἐστιν (17 a)
8. 3. πᾶσαν τὴν σ. ἐκκλησίασον (13)
Le. 8. 4. ἐξεκκλησίασε τὴν σ. (13)
— 5. εἶπε Μ. τῇ σ. (13)
9. 5. προσῆλθε πᾶσα σ. (13)
10. 3. ἐν πάσῃ τῇ [B^1 om.] σ. δοξασθήσομαι (14)
— 6. ἐπὶ πᾶσαν τὴν σ. ἔσται θυμός (13)
— 17. ἵνα ἀφέλητε τὴν ἁμαρτίαν τῆς σ. (13)
11. 36. πλὴν πηγῶν ὑδάτων . . . καὶ συναγωγῆς ὕδατος (9)
16. 5. παρὰ τῆς σ. τῶν υἱῶν Ἰσρ. λήψεται δύο χιμάρους (13)
— 17. καὶ περὶ πάσης σ. υἱῶν Ἰσρ. (17 a)
— 33. περὶ πάσης σ. ἐξιλάσεται (15)
19. 2. λάλησον τῇ σ. τῶν υἱῶν Ἰσρ. (13)
22. 18. λάλησον . . . πάσῃ σ. Ἰσρ. (3)
24. 14. λιθοβολήσουσιν αὐτὸν πᾶσα ἡ σ. (13)
— 16. A B^1 λιθοβολείτω αὐτὸν πᾶσα [B^2 R add. ἡ] σ. Ἰσρ. (13)
Nu. 1. 2. λάβετε ἀρχὴν πάσης σ. [A add. υἱῶν] Ἰσρ. (13)
— 16. οὗτοι ἐπίκλητοι τῆς σ. (13)
— 18. πᾶσαν τὴν [A om.] σ. συνήγαγον (13)
5. 2. A ἐξαποστειλάτωσαν ἐκ τῆς σ. [B παρεμβολῆς] (8)
8. 9. συνάξεις πᾶσαν σ. υἱῶν Ἰσρ. (13)
— 20. Μ. καὶ Ἀ. καὶ πᾶσα σ. υἱῶν Ἰσρ. (13)
10. 2. ἔσονταί σοι ἀνακαλεῖν τὴν σ. (13)
— 3. συναχθήσεται πᾶσα ἡ σ. (13)
— 7. ὅταν συναγάγητε τὴν σ. (17 a)
13. 27 (26). ἦλθον . . . πρὸς πᾶσαν σ. υἱῶν Ἰσρ. (13)
— 27 (26). ἀπεκρίθησαν αὐτοῖς ῥῆμα καὶ πάσῃ σ. [A τῇ σ.] (13)
14. 1. ἀναλαβοῦσα πᾶσα ἡ σ. ἐνέδωκε φωνήν (13)
— 2. εἶπαν πρὸς αὐτοὺς πᾶσα ἡ σ. (13)
— 5. ἐναντίον πάσης σ. υἱῶν Ἰσρ. (18)
— 7. εἶπαν πρὸς πᾶσαν σ. υἱῶν Ἰσρ. (13)
— 10. εἶπε πᾶσα ἡ σ. καταλιθοβολῆσαι αὐτοὺς (13)
— 27. ἕως τίνος τὴν σ. τὴν πονηρὰν ταύτην (13)
— 35. εἰ μὴν οὕτως ποιήσω τῇ σ. τῇ πονηρᾷ τ. (13)
— 36. διεγόγγυσαν κατ᾽ αὐτῆς πρὸς τὴν σ. (13)
15. 14 (15). οὕτως ποιήσει ἡ σ. κυρίῳ (17 a)
— 24. ἐὰν ἐξ ὀφθαλμῶν τῆς σ. γενηθῇ ἀκουσίως (13)
— 24. καὶ ποιήσει πᾶσα ἡ σ. μόσχον ἕνα (13)
— 25. ἐξιλάσεται . . . περὶ πάσης σ. υἱῶν Ἰσρ. (13)
— 26. ἀφεθήσεται κατὰ πᾶσαν σ. [A ἀφ. πᾶσα ἡ σ.] (13)
— 33. προσήγαγον αὐτὸν . . . πρὸς πᾶσαν σ. υἱῶν Ἰσρ. (13)
— 35. λιθοβολήσατε αὐτὸν λίθοις πᾶσα ἡ σ. (13)
— 36. ἐξήγαγον αὐτὸν πᾶσα ἡ σ. (13)
— 36. ἐλιθοβόλησεν αὐτὸν πᾶσα ἡ σ. λίθοις –
16. 2. ἀρχηγοὶ συναγωγῆς (13)
— 3. πᾶσα ἡ σ. πάντες ἅγιοι (13)
— 3. διὰ τί κατανίστασθε ἐπὶ τὴν σ. κυρίου (17 a)
— 5. ἐλάλησε . . . πρὸς πᾶσαν αὐτοῦ τὴν σ. (13)
— 6. Κ. καὶ πᾶσα ἡ σ. αὐ. (13)
— 9. διέστειλεν ὁ θ. Ἰσρ. ὑμᾶς ἐκ συναγωγῆς Ἰσρ. (13)
— 9. A παρίστασθαι ἔναντι τῆς σ. [B σκηνῆς] (13)
— 11. σὺ καὶ πᾶσα ἡ σ. σου (13)
— 16. ἁγίασον τὴν σ. σου (13)
— 19. A^2 B ἐπισυνέστησεν ἐπ᾽ αὐτοὺς Κ. τὴν πᾶσαν αὐτοῦ σ. (13)
— 19. ὤφθη ἡ δόξα κυρίου πάσῃ τῇ σ. (13)
— 21. ἀποσχίσθητε ἐκ μέσου τῆς σ. ταύτης (13)
— 22. ἐπὶ πᾶσαν τὴν σ. ὀργὴ κυρίου (13)
— 24. λάλησον τῇ σ. (13)
— 24. ἀναχωρήσατε κύκλῳ ἀπὸ τῆς σ. Κ. (11)
— 26. ἐλάλησε πρὸς τὴν σ. (13)
— 33. ἀπώλοντο ἐκ μέσου τῆς σ. (17 a)
— 42 (17. 7). ἐν τῷ ἐπισυστρέφεσθαι τὴν σ. ἐπὶ Μ. (13)
— 45 (17. 10). ἐκχωρήσατε ἐκ μέσου τῆς σ. τ. (13)
— 47 (17. 12). ἔδραμεν εἰς τὴν σ. (17 a)
19. 9. ἔσται τῇ σ. υἱῶν Ἰσρ. (13)
— 20. ἐξολεθρευθήσεται ἡ ψυχὴ ἐκ. ἐκ μέσου τῆς σ. (17 a)
20. 1. ἦλθον οἱ υἱοὶ Ἰσρ. πᾶσα ἡ σ. (13)
— 2. οὐκ ἦν ὕδωρ τῇ σ. (13)
— 4. ἵνα τί ἀνηγάγετε τὴν σ. κυρίου (17 a)
— 6. ἦλθε Μ. καὶ Ἀ. ἀπὸ προσώπου τῆς σ. (17 a)
— 8. B ἐκκλησίασον τῇ σ. [A R τὴν σ.] (13)
— 8. ποτιεῖτε τὴν σ. (13)
— 10. ἐξεκκλησίασε Μ. καὶ Ἀ. τὴν σ. (17 a)
— 11. ἔπιεν ἡ σ. (13)
— 12. οὐκ εἰσάξετε ὑμεῖς τὴν σ. ταύτην (17 a)

Nu. 20. 22. B[1] παρεγένοντο οἱ υἱοὶ Ἰσρ. πᾶσα σ. [A B[2] R ἡ σ.] (13)
— 25. ἀναβίβασον αὐτοὺς . . . ἔναντι πάσης τῆς σ. –
— 27. ἀνεβίβασεν αὐτὸν . . . ἐναντίον πάσης τῆς σ. (13)
— 29. εἶδε πᾶσα ἡ σ. (13)
22. 4. νῦν ἐκλείξει ἡ σ. αὕτη πάντας (17 a)
25. 6. ἐναντίον πάσης σ. υἱῶν Ἰσρ. (13)
— 7. ἐξανέστη ἐκ μέσου τῆς σ. (13)
26. 2. λάβε τὴν ἀρχὴν πάσης σ. [A τῆς σ.] υἱῶν Ἰσρ. (13)
— 9. οὗτοι ἐπίκλητοι τῆς σ. (13)
— 9. οἱ ἐπισυστάντες . . . ἐν τῇ σ. K. (13)
— 10. B[1] κατέπιεν αὐτοὺς καὶ K. ἐν τῇ σ. [A B[2] R τῷ θανάτῳ τῆς σ.] (13)
27. 2. στᾶσαι . . . ἔναντι πάσης σ. [A τῆς σ.] (13)
— 3. οὐκ ἦν ἐν μέσῳ τῆς σ. . . . ἐν τῇ σ. K. (13, 13)
— 14. ἐν τῷ ἀντιπίπτειν τὴν σ. (13)
— 16. ἐπισκεψάσθω . . . ἄνθρωπον ἐπὶ τῆς σ. ταύτης (13)
— 17. οὐκ ἔσται ἡ σ. κυρίου ὡσεὶ πρόβατα (13)
— 19. ἐντελῇ αὐτῷ ἔναντι πάσης σ. (13)
— 21. αὐτὸς . . . καὶ πᾶσα ἡ σ. (13)
— 22. ἔστησεν αὐτὸν . . . ἐναντίον πάσης σ. (13)
31. 13. καὶ πάντες οἱ ἄρχοντες τῆς σ. (13)
— 16. ἐγένετο ἡ πληγὴ ἐν τῇ σ. κυρίου (13)
— 26. καὶ οἱ ἄρχοντες τῶν πατριῶν τῆς σ. (13)
— 27. καὶ ἀνὰ μέσον πάσης σ. [A τῆς σ.] (13)
— 43. ἐγένετο τὸ ἡμίσευμα ἀπὸ [A τὸ] τῆς σ. (13)
32. 2. εἶπαν . . . πρὸς τοὺς ἄρχοντας τῆς σ. (13)
— 15. ἀνομήσετε εἰς ὅλην τὴν σ. ταύτην (14)
35. 12. ἕως ἂν στῇ ἔναντι τῆς σ. (13)
— 24. καὶ κρινεῖ ἡ σ. (13)
— 25. ἐξελεῖται ἡ σ. τὸν φονεύσαντα (13)
— 25. A B[2] R ἀποκαταστήσουσιν αὐτὸν ἡ σ. (13)
De. 5. 22 (19). ἐλάλησε κ. πρὸς πᾶσαν σ. ὑμῶν (17 a)
33. 4. κληρονομίαν συναγωγαῖς Ἰ. (17 b)
Jo. 9. 15. ὤμοσαν αὐτοῖς οἱ ἄρχοντες τῆς σ. (13)
— 18. A ὤμοσαν αὐτοῖς π. οἱ ἄρχοντες τῆς σ. [B om. τ. σ.] (13)
— 18. διεγόγγυσαν πᾶσα ἡ σ. (13)
— 19. εἶπαν οἱ ἄρχοντες πάσῃ [A om.] τῇ σ. (13)
— 21. ἔσονται ξυλοκόποι . . . πάσῃ τῇ σ. (13)
— 27. κατέστησεν αὐτοὺς . . . ὑδροφόρους πάσῃ τῇ σ. (13)
18. 1. ἐξεκκλησιάσθη πᾶσα σ. υἱῶν Ἰσρ. (13)
20. 4. A ἐπιστρέψουσιν αὐτὸν ἡ σ. πρὸς αὐτούς †
— 6. A ἕως τῆς κατὰ πρόσωπον τῆς σ. [B al.] (13)
— 9. ἕως ἂν καταστῇ ἔναντι τῆς σ. (13)
22. 16. τάδε λέγει πᾶσα ἡ σ. κυρίου (13)
— 17. ἐγενήθη πληγὴ ἐν τῇ σ. κυρίου (13)
— 20. ἐπὶ πᾶσαν σ. [A τὴν σ.] Ἰσρ. ἐγενήθη ὀργή (13)
— 30. πάντες οἱ ἄρχοντες τῆς σ. Ἰσρ. (13)
Jd. 14. 8. συναγωγὴ [A συστροφὴ] μελισσῶν ἐν τῷ στόματι τοῦ λέοντος (13)
20. 1. ἐξεκκλησιάσθη ἡ [A πᾶσα ἡ σ.] (13)
21. 10. ἀπέστειλεν ἐκεῖ ἡ σ. δώδεκα χιλιάδας (13)
— 13. ἀπέστειλε πᾶσα ἡ σ. (13)
— 16. εἶπον οἱ πρεσβύτεροι τῆς σ. (13)
III Ki. 8. 5. A καὶ πᾶσα σ. Ἰσρ. [B al.] (13)
12. 20. ἐκάλεσεν αὐτὸν εἰς τὴν σ. (13)
— 21. ἐξεκκλησίασε τὴν σ. Ἰ. (2)
II Ch. 5. 6. ὁ βασ. Σαλ. καὶ πᾶσα σ. Ἰσρ. (13)
II Es. 10. 14. B S[1] ἐλθέτωσαν εἰς καιροὺς ἀπὸ συναγωγῶν [A S[2] R συνταγῶν] †
Es. 10. 3. μετὰ συναγωγῆς καὶ χαρᾶς καὶ εὐφροσύνης –
Jb. 8. 17. ἐπὶ συναγωγὴν [A -ῇ] λίθων κοιμᾶται (4)
Ps. 7. 7. συναγωγὴ λαῶν κυκλώσει σε (13)
15 (16). 4. οὐ μὴ συναγάγω τὰς σ. αὐτῶν ἐξ αἱμάτων †
21 (22). 16. συναγωγὴ πονηρευομένων περιέσχον με (13)
39 (40). 10. οὐκ ἔκρυψα τὸ ἔλεός σου . . . ἀπὸ συναγωγῆς πολλῆς (17 a)
61 (62). 8. B S[2] ἐλπίσατε ἐπ' αὐτὸν πᾶσα συναγωγὴ λαοῦ †
67 (68). 30. ἡ σ. τῶν ταύρων ἐν ταῖς δαμάλεσι τῶν λαῶν (13)
73 (74). 2. μνήσθητι τῆς σ. σου (13)
81 (82). 1. ὁ θεὸς ἔστη ἐν συναγωγῇ θεῶν (13)
85 (86). 14. συναγωγὴ κραταιῶν ἐζήτησαν τὴν ψυχήν μου [S[1] al.] (13)
105 (106). 17. ἐκάλυψεν ἐπὶ τὴν σ. Ἀβειρών (13)
Ps. 105 (106). 18. ἐξεκαύθη πῦρ ἐν τῇ σ. αὐτῶν (13)
110 (111). 1. ἐν βουλῇ εὐθέων καὶ συναγωγῇ (13)
Pr. 5. 14. ἐν μέσῳ ἐκκλησίας καὶ συναγωγῆς (13)
21. 16. ἐν συναγωγῇ γιγάντων ἀναπαύσεται (17 a)
Si. 1. 30. ἐν μέσῳ συναγωγῆς καταβαλεῖ σε
4. 7. προσφιλῆ συναγωγῇ σεαυτὸν ποίει
16. 6. ἐν συναγωγῇ ἁμαρτωλῶν ἐκκαυθήσεται πῦρ
21. 9. στυππεῖον συνηγμένον συναγωγὴ [A εἰσαγ.] ἀνόμων
24. 23. κληρονομίαν συναγωγαῖς Ἰακώβ
34 (31). 3. ἐκοπίασε πλούσιος ἐν συναγωγῇ χρημάτων
41. 18. ἀπὸ συναγωγῆς καὶ λαοῦ περὶ ἀνομίας
43. 20. ἐπὶ πᾶσαν συναγωγὴν ὕδατος καταλύσει
45. 18. ἄνδρες οἱ περὶ Δ. καὶ Ἀβ. καὶ ἡ σ. Κορέ
46. 14. ἐν νόμῳ κυρίου ἔκρινε συναγωγήν
Ob. 1. 13. μηδὲ ἐπίδῃς καὶ σὺ τὴν σ. αὐ. †
Ze. 3. 8. τὸ κρίμα μου εἰς συναγωγὰς ἐθνῶν (17 a)
Za. 9. 12. καθήσεσθε ἐν ὀχυρώμασι δέσμιοι τῆς σ. (19)
Is. 19. 6. ξηρανθήσεται πᾶσα σ. ὕδατος †
22. 6. καὶ σ. παρατάξεως †
24. 22. συνάξουσι συναγωγὴν αὐτῆς [A om. σ. αὐ.] εἰς δεσμωτήριον (1 c)
37. 25. ἠρήμωσα ὕδατα καὶ πᾶσαν σ. ὕδατος †
56. 8. συνάξω ἐπ' αὐτὸν συναγωγήν (16)
Je. 6. 11. ἐκχεῶ . . . ἐπὶ συναγωγὴν νεανίσκων ἅμα (12)
27 (50). 9. ἐγείρω ἐπὶ Βαβυλῶνα συναγωγὰς ἐθνῶν (17 a)
33 (26). 17. εἶπαν πάσῃ τῇ σ. τοῦ λαοῦ (17 a)
38 (31). 4. ἐξελεύσῃ μετὰ συναγωγῆς παιζόντων (7)
— 13. χαρήσονται παρθένοι ἐν συναγωγῇ νεανίσκων (7)
51 (44). 15. θυμιῶσιν αἱ γυναῖκες αὐτῶν . . . σ. μεγάλη (17 a)
Ez. 26. 7. μετὰ . . . συναγωγῆς ἐθνῶν πολλῶν [A πολλῆς ἐ.] σφόδρα (17 a)
27. 27. πᾶσα σ. [A ἡ σ.] σου ἐν μέσῳ σου πεσοῦνται (17 a)
— 34. πᾶσα ἡ σ. σου ἐν μέσῳ σου (17 a)
32. 22. ἐκεῖ Ἀσσοὺρ καὶ πᾶσα ἡ σ. αὐτοῦ (17 a)
— 23. ἐγενήθη ἡ σ. αὐτοῦ (17 a)
37. 10. ἔστησαν . . . σ. πολλὴ [A μεγάλη] σφόδρα (6)
38. 4. συνάξω σε . . . συναγωγῇ πολλῇ (17 a)
— 7. σὺ καὶ πᾶσα ἡ σ. σου (17 a)
— 13. συνήγαγες συναγωγήν σου (17 a)
— 15. σ. μεγάλη καὶ δύναμις πολλή (17 a)
Da. LXX. Su. 28. ἐλθόντες ἐπὶ τὴν σ. τῆς πόλεως
— 41. ἐπίστευσεν αὐτοῖς ἡ σ. πᾶσα
— 51. εἶπε Δαν. τῇ σ.
— 60. πᾶσα ἡ σ. ἀνεβόησεν ἐπὶ τῷ νεωτέρῳ
8. 25. ποιήσει συναγωγὴν χειρὸς †
11. 10. συνάξει συναγωγὴν ὄχλου πολλοῦ (5)
— 11. παραδοθήσεται ἡ σ. εἰς τὰς χεῖρας αὐ. (5)
— 12. λήψεται τὴν σ. (5)
— 13. συνάξει πόλεως συναγωγήν (5)
Da. TH. Su. 41. ἐπίστευσεν αὐτοῖς ἡ σ.
— 60. ἀνεβόησε πᾶσα ἡ σ. φωνῇ μεγάλῃ
I Ma. 2. 42. A R συνήχθησαν πρὸς αὐτοὺς συναγωγὴ Ἀσιδαίων [S πᾶσα σ. Ἰουδ.]
3. 44. A ἠθροίσθησαν ἡ σ. [S R al.]
7. 12. ἐπισυνήχθησαν . . . συναγωγὴ γραμματέων
14. 28. ἐπὶ συναγωγῆς μεγάλης ἱερέων
[Aq. Nu. 3. 7: Jb. 15. 34: Ps. 1. 5: 73 (74). 8: 81 (82). 1: 85 (86). 14: Je. 15. 17: Ho. 7. 12.]
[Sm. Nu. 3. 7 *bis*: Ps. 74 (75). 3: 85 (86). 14: Is. 57. 13: Je. 15. 17: Ez. 32. 3.]
[Th. Nu. 3. 7: Jb. 15. 34: Is. 24. 22 (Sw.).]
[Al. Nu. 16. 3, 46 (17. 11): Dt. 11. 6.]

συνᾴδειν. (1) אָמַר

Ho. 7. 2. A ὅπως συνᾴδουσιν ὡς συνᾴδοντες τῇ καρδίᾳ αὐ. [B al.] (1, –)

συναθροίζειν. (1) הוּן hi. (2) יָעַד ni. (3) מָגוֹר (4) נוּעַ (5) קָבַץ *a.* qal. *b.* ni. *c.* hithpa. (6) קָהַל *a.* ni. *b.* hi. (7) עוּשׁ

Ex. 35. 1. συνήθροισε M. πᾶσαν συναγωγήν (6 b)
Nu. 16. 11. πᾶσα ἡ συναγωγή σου ἡ συνηθροισμένη πρὸς τὸν θ. (2)
20. 2. A συνηθροίσθησαν [B ἠθρ.] ἐπὶ M. καὶ Ἀ. (6 a)
De. 1. 41. συναθροισθέντες ἀνεβαίνετε εἰς τὸ ὄρος (1)
Jo. 22. 12. συνηθροίσθησαν πάντες οἱ υἱοὶ Ἰσρ. (6 a)
Jd. 12. 4. A συνήθροισεν Ἰ. πάντας τοὺς ἄνδρας Γ. [B al.] (5 a)
I Ki. 4. 1. συναθροίζονται ἀλλόφυλοι εἰς πόλεμον –
7. 7. συνηθροίσθησαν πάντες οἱ υἱοὶ Ἰσρ. (5 c)
8. 4. συναθροίζονται ἄνδρες Ἰσρ. (5 c)
25. 1. συναθροίζονται πᾶς Ἰσρ. (5 b)
28. 1. συναθροίζονται ἀλλόφυλοι (5 a)
— 4. συναθροίζονται οἱ ἀλλόφυλοι (5 b)
— 4. συναθροίζει Σ. πάντα ἄνδρα Ἰσρ. (5 a)
29. 1. συναθροίζουσιν [A -ονται] ἀλλόφυλοι π. τὰς παρεμβολὰς αὐ. (5 a)
II Ki. 2. 25. συναθροίζονται υἱοὶ Βεν. (5 c)
— 30. συνήθροισε [A -αν] πάντα τὸν λαόν (5 a)
3. 21. συναθροίσω πρὸς κύριόν μου τὸν βασ. πάντα Ἰ. (5 a)
III Ki. 11. 14 (24). συνηθροίσθησαν ἐπ' αὐτὸν ἄνδρες (5 a)
12. 24. B συνήθροισεν ἐκεῖ τὰς φυλὰς τοῦ Ἰσρ. –
— 24. B συνήθροισε Ῥ. πάντα ἄνδρα Ἰ. –
18. 19. συνάθροισον πρὸς μὲ πάντα Ἰσρ. (5 a)
21 (20). 1. συνήθροισεν υἱὸς Ἀ. πᾶσαν τὴν δύναμιν αὐ. (5 a)
22. 6. συνήθροισεν ὁ βασιλεὺς Ἰσρ. πάντας τοὺς προφήτας (5 a)
IV Ki. 10. 18. R συνήθροισεν [A B ἐζήλωσεν] Ἰ. πάντα τὸν λαόν (5 a)
II Es. 10. 7. R τοῦ συναθροισθῆναι [S[2] -αχθῆναι] εἰς Ἱερ. (5 b)
Am. 4. 8. συναθροισθήσονται δύο καὶ τρεῖς πόλεις (4)
Jl. 3 (4). 11. συναθροίζεσθε καὶ εἰσπορεύεσθε (7)
Je. 20. 10. ἤκουσα ψόγον πολλῶν συναθροιζομένων κυκλόθεν (3)
I Ma. 1. 52. συνηθροίσθησαν ἀπὸ τοῦ λαοῦ . . . πολλοί
3. 44. R συνηθροίσθη ἡ συναγωγή [A S al.]
II Ma. 10. 24. τοὺς τῆς Ἀ. γενομ. ἵππους συναθροίσας οὐκ ὀλίγους
11. 2. συναθροίσας περὶ τὰς ὀκτὼ μυριάδας
III Ma. 5. 24. τὰ δὲ κατὰ τὴν πόλιν πλήθη συνήθροιστο
— 34. τοὺς συνηθροισμένους ἀπέλυσαν
7. 3. τοὺς ὑπὸ τὴν βασιλείαν Ἰουδ. συναθροίσαντας
[Aq. IV Ki. 10. 18: Is. 8. 9.]
[Sm. Ps. 49 (50). 5: Is. 8. 9.]
[Th. Is. 8. 9.]
[Al. Le. 8. 3: Nu. 16. 42 (17. 7): Dt. 4. 10.]

συναινεῖν.

III Ma. 5. 21. πάντες . . . οἱ παρόντες ὁμοῦ συναινέσαντες
6. 41. συναινέσας δὲ αὐτοῖς ὁ βασ.
7. 12. R ὁ δὲ τἀληθὲς αὐτοὺς λέγειν . . . συναινέσας [A παραιν.]
[Th. Je. 5. 31.]

συναίρειν. (1) עָזַב

Ex. 23. 5. συναρεῖς [B[2] -εγερεῖς, A ἐγερεῖς] αὐτὸ μετ' αὐτοῦ (1)

συναιρεῖν.

[Sm. Ps. 25 (26). 9.]

συναιτεῖν. (1) פָּגַשׁ ni.

Pr. 22. 2. A πλούσιος καὶ πτωχὸς συνήτησαν [B S -ήντησαν] αὐτοῖς (1)

συνακολουθεῖν.

II Ma. 2. 4. τὴν κιβωτὸν ἐκέλευσεν . . . αὐτῷ συνακολουθεῖν
— 6. προσελθόντες τινὲς τῶν συνακολουθούντων

συναλγεῖν.

Si. 37. 12. ἐὰν πταίσῃς συναλγήσει σοι

συναλίζεσθαι.

[Al. Ps. 140 (141). 4.]

συναλλαγή.

[Aq. Ez. 16. 8: 27. 9, 13, 16, 17, 27, 33, 34.]
[Sm. Ru. 4. 7.]

συνάλλαγμα.

Is. 58. 6. διάλυε στραγγαλιὰς βιαίων συναλλαγμάτων †
I Ma. 13. 42. γράφειν ἐν ταῖς συγγραφαῖς καὶ συναλλάγμασιν [S[1] -ατα]

συναλοᾶν (-λοιᾶν). (1) דָּקַק aph.

Da. LXX. 2. 45. συνηλόησε τὸ ὄστρακον τὸν σίδηρον (1)

συναναβαίνειν. (1) עָלָה

Ge. 50. 7. συνανέβησαν μετ' αὐτοῦ πάντες οἱ παῖδες Φ. (1)
— 9. συνανέβησαν μετ' αὐτοῦ καὶ ἅρματα (1)
— 14. οἱ συναναβάντες [A *add.* πάντες] θάψαι τὸν πατ. αὐ. (1)
Ex. 12. 38. ἐπίμικτος πολὺς συνανέβη αὐτοῖς (1)
24. 2. ὁ δὲ λαὸς οὐ συναναβήσεται μετ' αὐτῶν (1)
33. 3. οὐ γὰρ μὴ συναναβῶ μετὰ σοῦ (1)
Nu. 13. 32 (31). οἱ ἄνθρωποι οἱ συναναβάντες μετ' αὐτοῦ (1)
Jo. 14. 8. A οἱ ἀδ. οἱ συναναβάντες μετ' ἐμοῦ [B *al.*] (1)
Jd. 6. 3. οἱ υἱοὶ ἀνατολῶν συνανέβαινον αὐτοῖς [A *al.*] (1)
II Ch. 18. 2. τοῦ συναναβῆναι μετ' αὐτοῦ εἰς 'Ρ. (1)
I Es. 5. 3. ἐποίησεν αὐτοῖς συναναβῆναι μετ' ἐκείνων
8. 5. συνανέβησαν ἐκ τῶν υἱῶν 'Ισρ.
— 27. ὥστε συναναβῆναί μοι

συναναβιβάζειν.

[Al. Ge. 50. 25.]

συνανακεῖσθαι.

III Ma. 5. 39. οἱ δὲ συνανακείμενοι συγγενεῖς

συναναλαμβάνειν.

[Aq. Ex. 9. 24.]

συναναμιγνύναι (-μίσγειν). (1) בָּלַל hithpo.

Ho. 7. 8. A 'Εφρ. ἐν τοῖς λαοῖς αὐ. συνανεμίγνυτο [B συνεμ.] (1)
Ez. 20. 18. ἐν τοῖς ἐπιτηδεύμασιν αὐτῶν μὴ συναναμίσγεσθε [A -μίγνυσθε] –
[Th. Pr. 20. 19.]

συνανάμιξις. (1) חָבַר hithpa.

Da. TH. 11. 23. ἀπὸ τῶν σ. πρὸς αὐτὸν ποιήσει δόλον (1)

συναναμίσγειν, *vid.* **συναναμιγνύναι.**

συναναπαύεσθαι. (1) רָבַץ

Is. 11. 6. πάρδαλις συναναπαύσεται ἐρίφῳ (1)

συναναπλέκειν.

[Aq. Jb. 39. 13.]

συναναστρέφειν. (1) פָּתַל ni.

Ge. 30. 8. συνανεστράφην τῇ ἀδελφῇ μου (1)
Si. 41. 5. τέκνα . . . συναναστρεφόμενα παροικίαις ἀσεβῶν
Ba. 3. 37. ἐν τοῖς ἀνθρώποις συνανεστράφη
[Aq. Ge. 30. 8.]

συναναστροφή.

Wi. 8. 16. οὐ γὰρ ἔχει πικρίαν ἡ σ. αὐτῆς
III Ma. 2. 31. ἀπὸ τῆς ἐσομένης τῷ βασ. σ.
— 33. καὶ τῆς κοινῆς σ. . . . ἐστέρουν
3. 5. τῇ δὲ . . . εὐπραξίᾳ κοσμοῦντες τὴν σ.
[Aq. Ge. 30. 8.]

συναναφέρεσθαι. (1) עָלָה hi.

Ge. 50. 25. συνανοίσετε τὰ ὀστᾶ μου ἐντεῦθεν (1)
Ex. 13. 19. συνανοίσετέ μου τὰ ὀστᾶ ἐντεῦθεν (1)
II Ki. 6. 18. συνετέλεσε Δ. συναναφέρων τὰς ὁλοκαυτώσεις (1)

συναναφύρεσθαι. (1) הָיָה

Ez. 22. 6. A συνανεφύροντο [B^1 R συνεφ., B^2 ἐνεφύραντο] ἐν σοί (1)

συναντᾶν. (1) *a.* בּוֹא *b.* בּוֹא לְ (2) לְמוּל, לְמוֹל (3) מָצָא (4) נָגַע (5) נָשַׂג hi. (6) פָּגַע (7) פָּגַשׁ *a.* qal. *b.* ni. *c.* pi. (8) קָבַץ ni. (9) קָדַם pi. (10) קָרָא *a.* qal. *b.* ni. (11) קָרָה *a.* qal. *b.* ni. (12) **συναντήσας σοι** לִקְרַאת בּוֹאֲךָ

Ge. 32. 1 (2). συνήντησαν αὐτῷ οἱ ἄγγελοι τοῦ θ. (6)
— 17 (18). ἐάν σοι συναντήσῃ 'Ησαῦ (7 *a*)
46. 28. τὸν δὲ 'I. ἀπέστειλεν . . . συναντῆσαι αὐτῷ †
Ex. 4. 24. συνήντησεν αὐτῷ ἄγγελος κυρίου (7 *a*)
— 27. καὶ συνήντησεν αὐτῷ (7 *a*)
5. 3. μή ποτε συναντήσῃ [A -σει] ἡμῖν θάνατος (6)
— 20. συνήντησαν δὲ M. καὶ 'Ααρών (6)
7. 15. ἔσῃ συναντῶν αὐτῷ (10 *a*)
23. 4. ἐὰν δὲ συναντήσῃς τῷ βοῒ τοῦ ἐχθροῦ σου (6)
Nu. 23. 16. συνήντησεν ὁ θ. τῷ B. (11 *b*)
35. 19. ὅταν συναντήσῃ αὐτῷ οὗτος (6)
— 21. ἐν τῷ συναντῆσαι αὐτῷ (6)
De. 22. 6. ἐὰν δὲ συναντήσῃς νοσσιᾷ ὀρνέων (10 *b*)
23. 4 (5). παρὰ τὸ μὴ συναντῆσαι αὐτοὺς ὑμῖν (9)
31. 29. A καὶ συναντήσεται ὑμῖν τὰ κακά [B *al.*] (10 *a*)
Jo. 2. 16. μὴ συναντήσωσιν ὑμῖν οἱ καταδιώκοντες (6)
11. 20. συναντᾶν εἰς πόλεμον πρὸς 'Ισρ. (10 *a*)
Jd. 8. 21. συνάντησον [A ἀπάντ.] ἡμῖν (6)
15. 12. μή ποτε συναντήσητε ἐν ἐμοὶ ὑμεῖς [A *al.*] (6)
18. 25. μή ποτε συναντήσωσιν ἐν ἡμῖν ἄνδρες [A *al.*] (6)
20. 41. συνήντησεν ἐπ' αὐτοὺς ἡ πονηρία [A *al.*] (4)
II Ki. 2. 13. A συναντῶσιν αὐτοῖς ἐπὶ τὴν κρήνην τὴν Γ. (7 *a*)
18. 9. συνήντησεν 'Αβ. ἐνώπιον τῶν παίδων Δ. (10 *b*)
Ne. 12. 38. S^2 ἡ δευτέρα ἐπορεύετο συναντῶσα αὐτοῖς (2)
13. 2. οὐ συνήντησαν τοῖς υἱοῖς 'Ισρ. ἐν ἄρτῳ (9)
Ju. 1. 6. συνήντησεν [A -εν] πρὸς αὐτόν
10. 11. συνήντησεν αὐτῇ προφυλακὴ τῶν 'Ασσ.
Jb. 3. 12. ἵνα τί δὲ συνήντησέν μοι τὰ γόνατα (9)
— 25. φόβος γὰρ . . . ὃν ἐδεδοίκειν συνήντησέ μοι (1 *b*)
4. 12. A οὐδὲν ἂν τούτων κακῶν συνήντησέν μοι [B S *al.*] –
— 14. φρίκη μοι συνήντησε (10 *a*)
5. 14. ἡμέρας [A ἐν ἡμέρᾳ] συναντήσεται αὐτοῖς σκότος (7 *c*)
27. 20. συνήντησαν [A κοιμηθέντι συναντήσονται] αὐτῷ (5)
30. 26. συνήντησάν μοι μᾶλλον ἡμέραι κακῶν (1 *a*)
39. 22. συναντῶν βασιλεῖ [A βέλει] καταγελᾷ †
41. 17 (18). ἐὰν συναντήσωσιν αὐτῷ λόγχαι (5)
Ps. 84 (85). 10. ἔλεος καὶ ἀλήθεια συνήντησαν (7 *b*)
Pr. 7. 10. ἡ δὲ γυνὴ συναντᾷ αὐτῷ (10 *a*)
9. 18. ἐπὶ πέταυρον ᾅδου συναντᾷ (10 *a*)
12. 13. ὁ δὲ συναντῶν ἐν πύλαις ἐκθλίψει ψυχάς –
— 23. καρδία δὲ ἀφρόνων συναντήσεται ἀραῖς (10 *a*)
17. 20. ὁ δὲ σκληροκάρδιος οὐ συναντᾷ ἀγαθοῖς (3)
20. 30. ὑπώπια καὶ συντρίμματα συναντᾷ κακοῖς †
22. 2. πλούσιος καὶ πτωχὸς συνήντησαν [A -ητ.] ἀλλήλοις (7 *b*)
24. 7. ἀπαιδεύτοις συναντᾷ θάνατος (10 *a*)
Ec. 2. 14. συνάντημα ἓν συναντήσεται τοῖς πᾶσιν αὐτοῖς (11 *a*)
— 15. καί γε ἐμοὶ συναντήσεταί μοι [S^2 *om.*] (11 *a*)
9. 11. ἀπάντημα συναντήσεται σύμπασιν αὐτοῖς (11 *a*)
Is. 8. 14. οὐχ ὡς λίθου προσκόμματι συναντήσεσθε –
14. 9. ὁ ᾅδης κάτωθεν ἐπικράνθη συναντήσας σοι (12)
21. 14. συναντᾶτε τοῖς φεύγουσι (9)
34. 14. συναντήσουσι δαιμόνια ὀνοκενταύροις (7 *a*)
— 15. ἐκεῖ συνήντησαν ἔλαφοι (8)
64. 5 (4). συναντήσεται γὰρ τοῖς ποιοῦσι [S ὑπομένουσι] τὸ δίκαιον (6)
I Ma. 4. 29. καὶ συνήντησεν αὐτοῖς 'I.
5. 25. συνήντησαν τοῖς Ναβ.
7. 39. συνήντησεν αὐτῷ δύναμις Συρίας
10. 74. συνήντησεν αὐτῷ Σ.
11. 2. A R καὶ συνήντων [S -ουν] αὐτῷ
— 2. ἐντολὴ ἦν 'Αλ. τοῦ βασ. συναντᾶν αὐτῷ
— 6. συνήντησεν 'Ιων. τῷ βασ.
— 64. συνήντησεν αὐτοῖς [S^1 -αν ἑαυ.]
[Aq. Is. 51. 19: 60. 18: Je. 32 (39). 23.]
[Sm. Is. 51. 19: 60. 18: 64. 5 (4).]
[Th. Pr. 17. 12.]
[Al. Nu. 17. 4 (19).]

συναντή. (1) קָרָא

III Ki. 18. 16. ἐπορεύθη 'Αβδ. εἰς συναντὴν [A -ησιν] τῷ 'Αχ. (1)
IV Ki. 2. 15. ἦλθον εἰς συναντὴν [A -ησιν] αὐ. (1)
5. 26. ὅτε ἐπέστρεψεν . . . εἰς συναντήν [A -ησίν] σοι (1)

συνάντημα. (1) מַגֵּפָה (2) מִקְרֶה (3) נֶגַע

Ex. 9. 14. ἐξαποστέλλω πάντα τὰ σ. μου (1)
III Ki. 8. 37. πᾶν σ. πᾶν πόνον (3)
Ec. 2. 14. συνάντημα ἓν συναντήσεται τοῖς πᾶσιν αὐτοῖς (2)
— 15. ὡς συνάντημα τοῦ ἄφρονος (2)
3. 19. A R καί γε αὐτοῖς συνάντημα [B οὐ σ., S ὡς σ.] υἱῶν τοῦ ἀνθρώπου καὶ συνάντημα κτήνους σ. ἓν αὐτοῖς [S^2 τοῖς πᾶσιν] (2 *ter*)
9. 2. συνάντημα ἓν τῷ δικαίῳ καὶ τῷ ἀσεβεῖ (2)
— 3. συνάντημα ἓν τοῖς πᾶσι (2)
[Aq. I Ki. 6. 9: Is. 57. 13.]
[Al. Ec. 12. 11.]

συνάντησις. (1) אֲגֻדָּה (2) פָּנִים (3) קָרָא

Ge. 14. 17. R ἐξῆλθε δὲ βασιλεὺς Σοδ. εἰς συνάντησιν αὐτῷ (3)
18. 2. προσέδραμεν εἰς συνάντησιν αὐτοῖς (3)
19. 1. ἀνέστη εἰς συνάντησιν αὐτοῖς (3)
24. 17. ἐπέδραμε δὲ ὁ παῖς εἰς συνάντησιν αὐτῆς (3)
— 65. ὁ πορευόμ. ἐν τῷ πεδίῳ εἰς συνάντησιν ἡμῖν (3)
29. 13. ἔδραμεν εἰς συνάντησιν αὐτοῦ (3)
30. 16. ἐξῆλθε Λ. εἰς συνάντησιν αὐτῷ (3)
32. 6 (7). ἔρχεται εἰς συνάντησίν σοι (3)
33. 4. προσέδραμεν 'H. εἰς συνάντησιν αὐτῷ (3)
46. 29. ἀνέβη εἰς συνάντησιν 'Ισρ. τῷ πατρὶ αὐ. (3)
Ex. 4. 14. ἐξελεύσεται εἰς συνάντησίν σοι (3)
— 27. πορεύθητι εἰς συνάντησιν Μωυσεῖ (3)
5. 20. ἐρχομένοις εἰς συνάντησιν αὐτοῖς (3)
18. 7. ἐξῆλθε δὲ M. εἰς συνάντησιν τῷ γαμβρῷ (3)
19. 17. ἐξήγαγε M. τὸν λαὸν εἰς [A B^2 *add.* τὴν] συνάντησιν τοῦ θ. (3)
Nu. 20. 18. ἐξελεύσομαι εἰς συνάντησίν σοι (3)
— 20. ἐξῆλθεν 'E. εἰς συνάντησιν αὐτῷ (3)
21. 33. ἐξῆλθεν Ὤγ . . . εἰς συνάντησιν αὐτοῖς (3)
22. 34. ἀνθέστηκας ἐν τῇ ὁδῷ εἰς συνάντησιν [A *add.* μοι] (3)
— 36. ἐξῆλθεν εἰς συνάντησιν αὐτῷ (3)
23. 3. εἴ μοι φανεῖται ὁ θ. ἐν συναντήσει (3)
24. 1. οὐκ ἐπορεύθη . . . εἰς συνάντησιν τοῖς οἰωνοῖς (3)
31. 13. ἐξῆλθε M. . . . εἰς συνάντησιν αὐτοῖς (3)
De. 1. 44. ἐξῆλθεν ὁ 'Αμ. . . . εἰς συνάντησιν ὑμῖν (3)
2. 32. ἐξῆλθε Σ. . . . εἰς συνάντησιν ἡμῖν (3)
3. 1. ἐξῆλθεν Ὤγ . . . εἰς συνάντησιν ἡμῖν (3)
29. 7 (6). ἐξῆλθε . . . εἰς συνάντησιν ἡμῖν (3)
Jo. 8. 5. ὡς ἂν ἐξέλθωσιν . . . εἰς συνάντησιν ἡμῖν (3)
— 14. ἐξῆλθεν εἰς συνάντησιν αὐτοῖς (3)
— 22. ἐξήλθοσαν ἐκ τῆς πόλεως εἰς συνάντησιν (3)
9. 11. πορεύθητε εἰς συνάντησιν αὐτῶν (3)
Jd. 4. 18. ἐξῆλθεν 'I. εἰς συνάντησιν Σ. [A *al.*] (3)
— 22. ἐξῆλθεν 'I. εἰς συνάντησιν αὐτῷ [A *al.*] (3)
6. 35. ἀνέβη εἰς συνάντησιν αὐτῶν [A *al.*] (3)
7. 24. κατάβητε εἰς συνάντησιν M. [A *al.*] (3)
11. 31. ὃς ἂν ἐξέλθῃ . . . εἰς συνάντησίν [A ἀπάντ.] μου (3)
14. 5. ὠρυόμενος εἰς συνάντησιν [A ἀπάντ.] αὐτοῦ (3)
15. 14. καὶ ἔδραμον εἰς συνάντησιν αὐτοῦ [A *al.*] (3)
19. 3. ηὐφράνθη εἰς συνάντησιν αὐ. [A *al.*] (3)
20. 25. ἐξῆλθον οἱ υἱοὶ Βεν. εἰς συνάντησιν αὐτοῖς [A *al.*] (3)
— 31. ἐξῆλθον οἱ υἱοὶ Βεν. εἰς συνάντησιν τοῦ λαοῦ [A *al.*] (3)
I Ki. 17. 48. καὶ ἐπορεύθη εἰς συνάντησιν Δ. (3)
18. 6. ἐξῆλθον αἱ χορεύουσαι εἰς συνάντησιν Δ. –
23. 28. ἐπορεύθη εἰς συνάντησιν τῶν ἀλλοφ. (3)
25. 20. κατέβαινον εἰς συνάντησιν αὐτῆς (3)
II Ki. 2. 25. ἐγενήθησαν εἰς σ. μίαν (1)
5. 23. οὐκ ἀναβήσῃ εἰς συνάντησιν αὐτῶν –
III Ki. 12. 24. B ἐξελεύσονταί σοι εἰς συνάντησιν –
18. 7. ἦλθεν 'H. εἰς συνάντησιν αὐ. (3)
— 16. A ἐπορεύθη 'Αβδ. εἰς συνάντησιν [B -ήν] τῷ 'Αχ. (3)
— 16. ἐπορεύθη εἰς συνάντησιν 'H. (3)
IV Ki. 1. 3. ἀναστὰς δεῦρο εἰς συνάντησιν τῶν ἀγγέλων (3)
— 6. ἀνὴρ ἀνέβη εἰς συνάντησιν ἡμῶν (3)
— 7. τίς ἡ κρίσις τοῦ ἀνδρὸς τοῦ ἀναβάντος εἰς συνάντησιν ὑμῖν (3)

IV Ki. 2. 15. A ἦλθον εἰς συνάντησιν [B -ὴν] αὐ. (3)
5. 26. A ὅτε ἐπέστρεψεν . . . εἰς συνάντησίν [B -ήν] σοι (3)
II Ch. 14. 10 (9). ἐξῆλθεν 'A. εἰς συνάντησιν αὐτῷ (2)
35. 20. ἐπορεύθη βασιλεὺς Ἰωσ. εἰς συνάντησιν αὐτῷ (3)
To. 11. 16. ἐξῆλθε Τωβ. εἰς συνάντησιν τῇ νύμφῃ αὐ. [S *al.*]
Ju. 2. 6. ἐξελεύσῃ εἰς συνάντησιν πάσῃ τῇ γῇ [S *al.*]
Ps. 58 (59). 4. ἐξεγέρθητι εἰς συνάντησίν μου (3)
151. 6. ἐξῆλθον εἰς συνάντησιν τῷ ἀλλοφύλῳ
Pr. 7. 15. ἐξῆλθον εἰς συνάντησίν [B[1] ὑπάντ.] σοι (3)
Za. 2. 3 (7). ἐξεπορεύετο εἰς συνάντησιν αὐτῷ [A S *al.*] (3)
Is. 7. 3. ἔξελθε εἰς συνάντησιν Ἄχαζ (3)
21. 14. εἰς συνάντησιν διψῶντι ὕδωρ φέρετε (3)
I Ma. 3. 11. καὶ ἐξῆλθεν εἰς συνάντησιν αὐτῷ
— 16. ἐξῆλθεν Ἰ. εἰς συνάντησιν αὐτῷ ὀλιγοστός
— 17. A τὴν παρεμβολὴν ἐρχομ. εἰς συνάντησιν αὐτῷ [S -ῶν, R -οῖς]
5. 39. ἐπορεύθη Ἰ. εἰς συνάντησιν αὐτῶν
— 59. ἐξῆλθε Γ. . . . εἰς συνάντησιν αὐτοῖς
6. 48. ἀνέβαινον εἰς συνάντησιν αὐτῶν
7. 31. ἐξῆλθεν εἰς συνάντησιν τῷ Ἰούδᾳ
9. 11. ἔστησαν εἰς συνάντησιν αὐτοῖς
— 39. A R ἐξῆλθε . . . εἰς συνάντησιν [S ὑπάντ.] αὐ.
10. 2. ἐξῆλθεν εἰς συνάντησιν αὐτῷ
— 59. ἐλθεῖν εἰς συνάντησιν [S[2] τὴν σ.] αὐτῷ
— 86. ἐξῆλθον οἱ ἐκ τῆς πόλεως εἰς συνάντησιν αὐτῷ
16. 5. δύναμις πολλὴ εἰς συνάντησιν αὐτοῖς
III Ma. 5. 2. εἰσαγαγεῖν πρὸς συνάντησιν τοῦ μόρου τῶν Ἰουδ.
[**Aq.** I Ki. 20. 26.]

συναντίζειν.
[**Aq.** Mi. 2. 8.]

συναντιλαμβάνεσθαι. (1) כּוּן ni. (2) נָשָׂא
Ge. 30. 8. R συναντελάβετό μου [A συνεβάλετό μοι] ὁ θ. †
Ex. 18. 22. καὶ συναντιλήψονταί σοι [A σου] (2)
Nu. 11. 17. συναντιλήψονται μετὰ σοῦ τὴν ὁρμὴν τοῦ λαοῦ (2)
Ps. 88 (89). 21. ἡ γὰρ χείρ μου συναντιλήψεται αὐτῷ (1)

συνάντισμα.
[**Aq.** Dt. 23. 10 (11).]

συναπάγειν. (1) לָקַח
Ex. 14. 6. πάντα τὸν λαὸν αὐ. συναπήγαγε (1)

συναπέρχεσθαι.
[**Sm.** Ec. 5. 14.]

συναποθνήσκειν.
Si. 19. 10. ἀκήκοας λόγον συναποθανέτω σοι

συναποκλείειν. (1) סָגַר
I Ki. 1. 5. A συναπέκλεισεν [B ἀπ.] τὰ περὶ τὴν μήτραν αὐ. (1)
— 6. A συναπέκλεισαν [B συνέκλ.] κ. τὰ περὶ τὴν μήτραν αὐ. (1)

συναποκρύπτειν.
Ep. Je. 48. ποῦ συναποκρυβῶσι μετ' αὐτῶν

συναπολλύναι. (1) אָסַף (2) סָפָה *a.* qal. *b.* ni. (3) קְטַל ithpa.
Ge. 18. 23. μὴ συναπολέσῃς δίκαιον μετὰ ἀσεβοῦς (2 *a*)
19. 15. ἵνα μὴ συναπόλῃ ταῖς ἀνομίαις τῆς πόλεως (2 *b*)
Nu. 16. 26. μὴ συναπόλησθε ἐν πάσῃ τῇ ἁμαρτίᾳ αὐ. (2 *b*)
De. 29. 19 (18). ἵνα μὴ συναπολέσῃ ὁ ἁμαρτωλὸς τὸν ἀναμάρτητον (2 *a*)
Ps. 25 (26). 9. μὴ συναπολέσῃς μετὰ ἀσεβῶν τὴν ψυχήν μου (1)
27 (28). 3. μετὰ ἐργαζομένων ἀδικίαν μὴ συναπολέσῃς με –
Wi. 10. 3. ἄδικος . . . ἀδελφοκτόνοις συναπώλετο θυμοῖς
Si. 8. 15. τῇ ἀφροσύνῃ αὐτοῦ συναπολῇ
Da. LXX. 2. 13. ἐζητήθη . . . χάριν τοῦ συναπολέσθαι (3)
[**Sm.** I Ki. 12. 25.]

συναποστέλλειν. (1) שָׁלַח
Ex. 33. 2. συναποστελῶ τὸν ἄγγελόν μου (1)
— 12. ὃν συναποστελεῖς μετ' ἐμοῦ (1)
I Es. 5. 2. συναπέστειλε μετ' αὐτῶν ἱππεῖς χιλίους

συνάπτειν. (1) אָסַר (2) אָפַד (3) בּוֹא hi. (4) נָגָה hithpa. (5) דָּבַק hi. (6) חָבַר *a.* qal. *b.* pi. (7) נָגַע *a.* qal. *b.* hi. (8) נָקַף hi. (9) נָשַׁק (10) עָרַךְ (11) פָּגַע (12) קָרַב pi. (13) קָשַׁר (14) σ. πόλεμον, σ. εἰς πόλεμον נָגָה hithpa.
Ex. 26. 6. συνάψεις τὰς αὐλαίας (6 *b*)
— 9. συνάψεις τὰς πέντε δέρρεις (6 *b*)
— 10. ἐπὶ τοῦ χείλους τῆς δέρρεως τῆς συναπτούσης τῆς δευτέρας (6 *a*)
— 11. συνάψεις τοὺς κρίκους ἐκ τῶν ἀγκυλῶν (3)
— 11. συνάψεις τὰς δέρρεις (6 *b*)
29. 5. A R συνάψεις αὐτὸ τὸ λογεῖον (2)
De. 2. 5. μὴ συνάψητε πρὸς αὐτοὺς πόλεμον (14)
— 9. μὴ συνάψητε πρὸς αὐτοὺς πόλεμον (4)
— 19. μὴ συνάψητε αὐτοῖς εἰς πόλεμον (14)
— 24. σύναπτε πρὸς αὐτὸν πόλεμον (4)
Jo. 17. 10. ἐπὶ Ἀ. συνάψουσιν ἐπὶ βορρᾶν (11)
19. 11. συνάψει ἐπὶ B. εἰς τὴν φάραγγα (11)
— 22. συνάψει τὰ ὅρια ἐπὶ Γ. (11)
— 26. συνάψει τῷ Καρμήλῳ (11)
— 27, 34. συνάψει τῷ Ζαβ. (11)
— 34. καὶ Ἀ. συνάψει κατὰ θάλασσαν (11)
Jd. 20. 20. συνῆψαν αὐτοῖς ἐπὶ Γ. [A *al.*] (10)
— 22. προσέθηκαν συνάψαι παράταξιν [A *al.*] (10)
— 22. ἐν τῷ τόπῳ ὅπου συνῆψαν [A *al.*] (10)
— 30. συνῆψαν πρὸς τὴν Γ. [A *al.*] (10)
— 33. καὶ συνῆψαν ἐν B. Θ. [A *al.*] (10)
I Ki. 14. 22. συνάπτουσι καὶ αὐτοὶ ὀπίσω αὐτῶν εἰς πόλεμον (5)
31. 2. συνάπτουσιν ἀλλόφυλοι τῷ Σ. (5)
II Ki. 1. 6. οἱ ἱππάρχαι συνῆψαν αὐτῷ (5)
III Ki. 16. 20. τὰς συνάψεις αὐ. ἃς συνῆψεν (13)
21 (20). 14. τίς συνάψει τὸν πόλεμον (1)
IV Ki. 10. 34. καὶ τὰς συνάψεις ἃς συνῆψεν –
Ne. 3. 19. μέτρον δεύτερον πύργου ἀναβάσεως τῆς συναπτούσης τῆς γωνίας (9 ?)
Si. 32 (35). 16. ἡ δέησις αὐτοῦ ἕως νεφελῶν συνάψει
Is. 5. 8. οὐαὶ οἱ συνάπτοντες οἰκίαν πρὸς οἰκίαν (7 *b*)
15. 8. συνῆψε γὰρ ἡ βοὴ τὸ ὅριον [A ὅρος] τῆς Μωαβίτιδος (8)
16. 8. οὐ μὴ συνάψητε (7 *a*)
Ez. 37. 17. συνάψεις αὐτὰς πρὸς ἀλλήλας σαυτῷ (12)
Da. TH. 11. 25. ὁ βασ. τοῦ νότου συνάψει πόλεμον (4)
I Ma. 4. 14. καὶ συνῆψαν
5. 7. συνῆψε πρὸς αὐτοὺς πολέμους πολλούς
— 19. μὴ συνάψητε πόλεμον πρὸς τὰ ἔθνη
— 21. συνῆψε πολέμους πολλοὺς πρὸς τὰ ἔθνη
7. 43. συνῆψαν αἱ παρεμβολαὶ εἰς πόλεμον
9. 13. S R ἐγένετο ὁ πόλεμος συνημμένος [A -ηγμ.]
— 47. συνῆψεν ὁ πόλεμος
10. 49. συνῆψαν [S[1] -εν] πόλεμον οἱ δύο βασ.
— 53. συνῆψα πρὸς αὐτὸν μάχην
— 78. συνῆψαν αἱ παρεμβολαὶ ὀπίσω αὐτοῦ
— 82. A R συνῆψε [S -αν] πρὸς τὴν φάλαγγα
11. 69. καὶ συνῆψαν πόλεμον
13. 14. συνάπτειν αὐτῷ μέλλει εἰς πόλεμον
15. 14. A R τὰ πλοῖα ἀπὸ θαλάσσης συνῆψαν
[**Aq.** Ez. 3. 13.]
[**Sm.** Jb. 3. 6: 38. 31: Ps. 93 (94). 20: 118 (119). 63.]
[**Th.** Is. 28. 20.]
[**Al.** Le. 19. 19.]

συναριθμεῖν. (1) כָּסַס
Ex. 12. 4. ἕκαστος τὸ ἀρκοῦν αὐτῷ συναριθμήσεται (1)

συναρπαγή.
[**Sm.** Ps. 34 (35). 20.]

συναρπάζειν. (1) לָקַח
Pr. 6. 25. μηδὲ συναρπασθῇς [A -σῃς] ἀπὸ τῶν αὐτῆς βλεφάρων (1)
II Ma. 3. 27. συναρπάσαντες καὶ εἰς φορεῖον ἐνθέντες
4. 41. συναρπάσαντες οἱ μὲν πέτρους
IV Ma. 5. 4. πολλῶν δὲ συναρπασθέντων

συναρχία (-εία).
Es. 3. 13. πρὸς τὸ μὴ κατατίθεσθαι τὴν . . . σ.

συνασπίζειν.
III Ma. 3. 10. πίστεις ἐδίδουν συνασπιεῖν

συναυλίζεσθαι. (1) בּוֹא
Pr. 22. 24. φίλῳ δὲ ὀργίλῳ μὴ συναυλίζου (1)

συναύξειν.
II Ma. 4. 4. συναύξοντα τὴν κακίαν τοῦ Σ.
IV Ma. 13. 27. τῶν τῆς ἀρετῆς ἠθῶν τὰ . . . φίλτρα συναυξόντων [S[1] -άντων]

συνάφεια.
[**Aq.** Ge. 3. 17 (16).]
[**Sm.** Ps. 121 (122). 3.]

συναφιστάναι.
To. 1. 5. A B S[2] πᾶσαι αἱ φυλαὶ αἱ συναποστᾶσαι [S[1] *al.*]

σύναψις. (1) קֶשֶׁר
III Ki. 16. 20. τὰς σ. αὐ. ἃς συνῆψεν (1)
IV Ki. 10. 34. καὶ τὰς σ. ἃς συνῆψεν –

συνδάκνειν.
To. 11. 12. A B ὡς δὲ συνεδήχθησαν

συνδεῖν. (1) דָּבַק hi. (2) פָּנָה hi. (3) קָשַׁר ni. (4) קָשַׁשׁ (5) שָׁבַץ *a.* pu. *b.* מִשְׁבְּצוֹת (6) תָּקַע ni.
Ex. 14. 25. συνέδησε τοὺς ἄξονας τῶν ἁρμάτων αὐ. †
28. 20. συνδεδεμένα ἐν χρυσίῳ (5 *a*)
36. 20 (39. 13). συνδεδεμένα [A *add.* ἐν] χρυσίῳ (5 *b*)
Jd. 15. 4. A συνέδησεν [B ἐπέστρεψε] κέρκον πρὸς κέρκον (2)
I Ki. 18. 1. A ἡ ψυχὴ Ἰ. συνεδέθη τῇ ψυχῇ Δ. (3)
Jb. 17. 3. A B S[2] τῇ χειρί μου συνδεθήτω (6)
Si. 36 (33). 4. σύνδησον παιδείαν
Ze. 2. 1. συνάχθητε καὶ συνδέθητε [S[2] -δέήθ.] (4)
Ez. 3. 26. τὴν γλῶσσάν σου συνδήσω (1)
[**Aq.** Ge. 44. 30: Dt. 6. 8: 11. 18: I Ki. 22. 8, 13: Pr. 3. 3: 6. 21: 7. 3: Am. 7. 10.]
[**Sm.** Ps. 117 (118). 27.]
[**Th.** Jb. 17. 3: Pr. 6. 21.]

συνδειπνεῖν. (1) אָכַל (2) לָחַם אֶת־לֶחֶם
Ge. 43. 32. καὶ τοῖς Αἰγ. τοῖς συνδειπνοῦσι μετ' αὐτοῦ (1)
Pr. 23. 6. μὴ συνδείπνει ἀνδρὶ βασκάνῳ (2)

σύνδειπνος.
Si. 9. 16. ἄνδρες δίκαιοι ἔστωσαν σύνδειπνοί σου

συνδεῖσθαι.
Ze. 2. 1. S[2] συνάχθητε καὶ συνδεήθητε [A B S[1] -δέθ.] †

σύνδεσμος. (1) בַּיִת (2) חַרְצֻבּוֹת (3) מוֹטָה (4) סָגַר (5) קֶטֶר (6) קֶשֶׁר
III Ki. 6. 10. συνέσχε τὸν σ. [A ἔνδ.] (1)
14. 24. σύνδεσμος ἐγενήθη ἐν τῇ γῇ †
IV Ki. 11. 14. καὶ ἐβόησε, Σύνδεσμος σύνδεσμος (6, 6)
12. 20 (21). A B[2] R ἔδησαν πάντα σ. [B[1] δεσμόν] (6)
Jb. 41. 6 (7). σύνδεσμος [A -οι] δὲ αὐ. ὥσπερ σμυρίτης λίθος (4)
Is. 58. 6. λῦε πάντα σύνδεσμον ἀδικίας (2)
— 9. ἐὰν ἀφέλῃς ἀπὸ σοῦ σύνδεσμον (3)
Je. 11. 9. εὑρέθη σ. τοῖς ἀνδράσιν [A πόλεσιν] Ἰούδα (6)
Da. TH. 5. 6. οἱ σ. τῆς ὀσφύος αὐ. διελύοντο (5)
— 12. καὶ λύων συνδέσμους (5)
[**Aq.** Ca. 7. 1 (2): Ho. 5. 13.]
[**Sm.** Ca. 7. 1 (2): Hb. 2. 11.]
[**Th.** I Ki. 22. 8: Is. 58. 6: Je. 11. 9: Da. 5. 16†: Hb. 2. 11.]
[**Quint.** Hb. 2. 11.]

συνδιαιτεῖσθαι.
[Sm. Ps. 54 (55). 15.]

συνδιώκειν.
II Ma. 8. 25. συνδιώξαντες δὲ αὐτοὺς ἐφ' ἱκανόν

συνδοιάζειν, *cf.* **συνδυάζειν.** (1) לָחַם
Ps. 140 (141). 4. A^{1}B οὐ μὴ συνδοιάσω [A^{2} S^{2} -δυάσω, S^{1} ἐνδυάσω] μετὰ τῶν ἐκλεκτῶν αὐτοῦ (1)

σύνδουλος. (1) כְּנָת
II Es. 4. 7. ἔγραψεν . . . τοῖς λοιποῖς σ. [A *al.*] (1)
— 9. καὶ οἱ κατάλοιποι σ. ἡμῶν (1)
— 17. ἀπέστειλεν ὁ βασ. πρὸς . . . τοὺς καταλοίπους σ. αὐ. (1)
— 23. ἐνώπιον Ῥ. καὶ Σ. γραμματέως συνδούλων αὐ. (1)
5. 3, 6: 6. 6, 13. Σαθ. καὶ οἱ σ. αὐ. (1)

συνδραμεῖν, *vid. sub* **συντρέχειν.**

συνδρομή.
Ju. 10. 18. ἐγένετο συνδρομὴ ἐν π. τῇ παρεμβολῇ
III Ma. 3. 8. θεωροῦντες . . . σ. ἀπροσκόπους γινομένας

συνδυάζειν. (1) לָחַם
Ps. 140 (141). 4. A^{2} S^{2} οὐ μὴ συνδυάσω [A^{1} B -δοιάσω, S^{1} ἐνδυάσω] μετὰ τῶν ἐκλεκτῶν αὐτοῦ (1)
[Sm. I Ki. 26. 19.]

συνεγγίζειν.
Si. 32 (35). 17. ἕως συνεγγίσῃ οὐ μὴ παρακληθῇ
II Ma. 10. 25. συνεγγίζοντος αὐτοῦ
— 27. συνεγγίσαντες δὲ τοῖς πολεμίοις
11. 5. καὶ συνεγγίσας Βεθσ.

σύνεγγυς. (1) מוּל
De. 3. 29. ἐνεκαθήμεθα ἐν νάπῃ σύνεγγυς οἴκου Φ. (1)
To. 11. 15. S ἐστὶν σύνεγγυς τῆς πύλης Νιν.
Si. 14. 24. ὁ καταλύων σ. τοῦ οἴκου αὐτῆς
26. 12. ἀπὸ παντὸς ὕδατος τοῦ σ. πίεται
51. 6. ἡ ζωή μου ἦν σ. ᾅδου κάτω [S^{2} κατωτάτου]
[Al. Le. 18. 6.]

συνεγείρειν. (1) עוּר pil. (2) עָזַב
Ex. 23. 5. B^{2} συνεγερεῖς [B^{1} R συναρεῖς, A ἐγ.] αὐτὸ μετ' αὐτοῦ (2)
Is. 14. 9. συνηγέρθησάν σοι πάντες οἱ γίγαντες (1)
IV Ma. 2. 14. καὶ τὰ πεπτωκότα συνεγείρων

συνεδρεύειν.
Si. 11. 9. ἐν κρίσει ἁμαρτωλῶν μὴ συνέδρευε
23. 14. A B^{4} R ἀνὰ μέσον γὰρ μεγιστάνων συνεδρεύεις [B^{1} -ει, S -σεις]
42. 12. ἐν μέσῳ γυναικῶν μὴ συνέδρευε
Da. LXX. Su. 28. συνήδρευσαν οἱ ὄντες ἐκεῖ πάντες

συνεδρία (-εία).
Ju. 6. 1. ὁ θόρυβος τῶν ἀνδρῶν τῶν κύκλῳ τῆς σ.
— 17. ἀπήγγειλεν αὐτοῖς τὰ ῥήματα τῆς σ. Ὀλ.
11. 9. ὃν ἐλάλησεν Ἀχ. ἐν τῇ σ. σου

συνεδριάζειν. (1) סוֹד
Pr. 3. 32. ἐν δὲ δικαίοις οὐ συνεδριάζει (1)

συνέδριον. (1) דִּין (2) מַת (3) סוֹד (4) קָהָל
Ps. 25 (26). 4. οὐκ ἐκάθισα μετὰ συνεδρίου ματαιότητος [A -as] (2)
Pr. 11. 13. ἀνὴρ δίγλωσσος ἀποκαλύπτει βουλὰς ἐν συνεδρίῳ (3)
15. 22. ὑπερτίθενται λογισμοὺς οἱ μὴ τιμῶντες συνέδρια (3)
22. 10. ἔκβαλε ἐκ συνεδρίου λοιμόν –
— 10. ὅταν γὰρ καθίσῃ ἐν συνεδρίῳ (1)
24. 7. λογίζονται ἐν συνεδρίοις –
26. 26. εὔγνωστος ἐν συνεδρίοις [A S^{2} -ίῳ] (4)
27. 22. ἐὰν μαστιγοῖς ἄφρονα ἐν μέσῳ συνεδρίου [A -ῳ] ἀτιμάζων †
31. 23. ἡνίκα ἂν καθίσῃ ἐν συνεδρίῳ –
Je. 15. 17. οὐκ ἐκάθισα ἐν συνεδρίῳ αὐτῶν παιζόντων (3)
II Ma. 14. 5. προσκληθεὶς εἰς συνέδριον
IV Ma. 17. 17. καὶ ὅλον τὸ σ. [S συμβούλιον] αὐτῶν
[Al. Ps. 1. 1.]

σύνεδρος.
Jd. 5. 10. B πορευόμενοι ἐπὶ ὁδοὺς συνέδρων [A *al.*] †
IV Ma. 5. 1. προκαθίσας γέ τοι μετὰ τῶν σ.

συνεθίζειν.
Si. 23. 9. ὀνομασίᾳ τοῦ ἁγίου [A S^{2} ὑψίστου] μὴ συνεθισθῇς
— 13. ἀπαιδευσίαν ἀσυρῆ μὴ συνεθίσῃς [S^{1} ἐθ.] τὸ στόμα σου
— 15. ἄνθρωπος συνεθιζόμενος λόγοις ὀνειδισμοῦ

συνειδέναι. (1) יָדַע
Le. 5. 1. καὶ οὗτος μάρτυς ἢ ἑώρακεν ἢ σύνοιδεν (1)
Jb. 27. 6. οὐ γὰρ σύνοιδα ἐμαυτῷ ἄτοπα πράξας †
I Ma. 4. 21. A οἱ δὲ ταῦτα συνειδότες [S R -ιδόντες]
II Ma. 4. 41. A συνειδότες [R -ιδόντες] δὲ καὶ τὴν ἐπίθεσιν τοῦ Λ.
III Ma. 2. 8. R οἳ καὶ συνειδότες [A -ιδόντες] ἔργα σῆς χειρός

συνείδησις. (1) מַדָּע
Ec. 10. 20. ἐν συνειδήσει σου βασιλέα μὴ καταράσῃ (1)
Wi. 17. 11. προσείληφε [S^{2} προείληφεν] τὰ χαλεπὰ συνεχομένη τῇ σ.
Si. 42. 18. S ἔγνω γὰρ ὁ ὕψιστος πᾶσαν συνείδησιν [A B εἴδησιν]

συνείκειν.
IV Ma. 8. 6. παρακαλῶ συνείξαντάς μοι τῆς ἐμῆς ἀπολαῦσαι φιλίας

συνεῖναι. (1) יָדַע
I Es. 6. 2. συνόντων τῶν προφητῶν τοῦ κ. βοηθούντων αὐτοῖς
8. 50. A R ἡμῖν τε καὶ τοῖς συνοῦσιν ἡμῖν [B *om.* σ. ἡ.] τέκνοις ἡμῶν
Jb. 36. 29. ἐὰν συνῇ [A S^{2} -ῇς] ἀπέκτασις [A S^{2} -ιν] νεφέλης †
Ps. 57 (58). 9. B^{1} S πρὸ τοῦ συνεῖναι [B^{2} R -ιέναι] τὰς ἀκάνθας ὑμῶν τὴν ῥάμνον [S^{2} τῇ ῥ.] †
Pr. 5. 19. συνέστω σοι ἐν παντὶ καιρῷ
Je. 3. 20. ὡς ἀθετεῖ γυνὴ εἰς τὸν συνόντα αὐτῇ (1)
II Ma. 9. 4. τῆς ἐξ οὐρανοῦ δὴ κρίσεως συνούσης αὐτῷ
[Sm. Jb. 37. 18: Ps. 72 (73). 23: 88 (89). 22, 25: Is. 57. 1.]
[Th. Is. 57. 1.]

συνειπεῖν. (1) זָמַן *a.* aph. *b.* ithpa.
Da. LXX. Su. 38. τότε συνειπάμεθα ἀλλήλοις
2. 9. συνείπασθε γὰρ λόγους ψευδεῖς ποιήσασθαι (1 *a**, 1 *b*)

συνεισέρχεσθαι. (1) בּוֹא עִם
Ex. 21. 3. ἐὰν δὲ γυνὴ συνεισέλθῃ μετ' αὐτοῦ †
Es. 2. 13. παραδώσει αὐτὴν συνεισέρχεσθαι αὐτῷ (1)
Jb. 22. 4. καὶ συνεισελεύσεταί σοι εἰς κρίσιν (1)
Si. 39. 2. ἐν στροφαῖς παραβολῶν συνεισελεύσεται
I Ma. 12. 48. S πάντας τοὺς συνεισελθόντας [A συνελθ., R εἰσελθ.] αὐτῷ

συνεισφορά.
[Sam. Ex. 23. 16.]

συνεκκεντεῖν.
II Ma. 5. 26. τοὺς ἐλθόντας πάντας ἐπὶ τὴν θεωρίαν συνεξεκέντησε

συνεκπολεμεῖν. (1) לָחַם ni.
De. 1. 30. συνεκπολεμήσει αὐτοὺς μεθ' ὑμῶν (1)
20. 4. συνεκπολεμῆσαι ὑμῖν τοὺς ἐχθροὺς ὑμῶν (1)
Jo. 10. 14. R κύριος συνεξεπολέμησε [A B συνεπ.] τῷ Ἰσρ. (1)
Wi. 5. 20. συνεκπολεμήσει [S συνπ.] δὲ αὐτῷ ὁ κόσμος ἐπὶ τοὺς παράφρονας

συνεκπορεύεσθαι. (1) יָצָא (2) פַּעַם
Jd. 11. 3. A συνεξεπορεύοντο [B ἐξῆλθον] μετ' αὐτοῦ (1)
13. 25. ἤρξατο πνεῦμα κυρίου συνεκπορεύεσθαι [A συμπ.] αὐτῷ (2)

συνεκτικός.
[Aq. Da. 6. 2.]

συνεκτοκίζειν.
[Sm. Is. 66. 9.]

συνεκτρέφεσθαι. (1) גָּדַל
II Ch. 10. 8. μετὰ τῶν παιδαρίων τῶν συνεκτραφέντων μετ' αὐτοῦ (1)

συνεκτρίβειν.
Wi. 11. 19. οὐ μόνον ἡ βλάβη ἠδύνατο συνεκτρῖψαι [A S^{2} ἐκτρ.] αὐτούς

συνέκτροφος.
I Ma. 1. 6. ἐκάλεσε τοὺς παῖδας αὐ. . . . τοὺς σ. αὐ.

συνεκφαίνειν.
III Ma. 4. 1. R μετὰ παρρησίας συνεκφαινομένης [A νῦν ἐκφ.] ἀπεχθείας

συνελαύνειν.
II Ma. 4. 26. εἰς τὴν Ἀμμανῖτιν χώραν συνήλαστο
— 42. πάντας δὲ εἰς φυγὴν συνήλασαν
5. 5. τῶν δὲ ἐπὶ τῷ τείχει συνελασθέντων

συνέλευσις. (1) צְרִיחַ
Jd. 9. 46. ἦλθον εἰς συνέλευσιν Βαιθ. [A *al.*] (1)
— 49. καὶ ἐπέθηκαν ἐπὶ τὴν σ. [A τὸ ὀχύρωμα] (1)
— 49. ἐνεπύρισαν ἐπ' αὐτοὺς τὴν σ. [A *al.*] (1)
[Aq. Ps. 1. 1.]
[Sm. Ps. 1. 5.]
[Th. Jd. 9. 49.]

συνέλκειν. (1) מָשַׁךְ
Ps. 27 (28). 3. μὴ συνελκύσῃς μετὰ ἁμαρτωλῶν τὴν ψυχήν μου [S με μετὰ ἁμ.] (1)
[Sm. Ps. 27 (28). 3.]

συνεξαίρειν.
[Th., Al. Jb. 4. 21.]

συνεξέρχεσθαι. (1) יָצָא
Ju. 2. 20. πολὺς ὁ ἐπίμικτος . . . συνεξῆλθον [S -εν] αὐτοῖς
Pr. 22. 10. συνεξελεύσεται αὐτῷ νεῖκος (1)

συνεξορμᾶν.
I Es. 8. 11. συνεξορμάσθωσαν [A -άτωσαν]

συνεπαίρεσθαι.
[Sm. Ez. 1. 19, 20.]

συνεπακολουθεῖν. (1) מָלֵא pi.
Nu. 32. 11. οὐ γὰρ συνεπηκολούθησαν ὀπίσω μου (1)
— 12. B συνεπηκολούθησεν [A R -αν] ὀπίσω κυρίου (1)

συνεπεῖναι (?).
[Aq. Is. 38. 12.]

συνέπεσθαι.
II Ma. 15. 2. τῶν δὲ κατὰ ἀνάγκην συνεπομένων αὐτῷ Ἰουδαίων
III Ma. 5. 48. R καὶ τῆς συνεπομένης [A ἐπ.] ἐνόπλου δυνάμεως
6. 21. ἐπὶ τὰς συνεπομένας ἐνόπλους δυνάμεις

συνεπίθεσις.
[Aq. Ps. 118 (119). 118.]

συνεπισκέπτεσθαι. (1) פָּקַד *a.* qal. *b.* hothpa.
Nu. 1. 47. A οὐ συνεπεσκέπησαν [B οὐκ ἐπεσκ.] ἐν τοῖς υἱοῖς Ἰσρ. (1 *b*)
— 49. ὅρα τὴν φυλὴν Λ. οὐ συνεπισκέψῃ (1 *a*)
2. 33. οἱ δὲ Λ. οὐ συνεπεσκέπησαν ἐν [A *om.*] αὐτοῖς (1 *b*)
26. 62. οὐ γὰρ συνεπεσκέπησαν ἐν μέσῳ υἱῶν Ἰσρ. (1 *b*)

συνεπίστασθαι. (1) חָזָה
Jb. 9. 35. οὐ γὰρ οὕτω συνεπίσταμαι [A S^{2} σ. ἐμαυτῷ ἄδικον] †
19. 27. ἃ ἐγὼ ἐμαυτῷ συνεπίσταμαι (1)

συνεπισχύειν. (1) עָזַר
II Ch. 32. 3. B συνεπίσχυσεν [A R -αν] αὐτῷ (1)
Es. 8. 13. καὶ συνεπισχύειν αὐτοῖς –
[Sm. Je. 5. 31.]

συνεπιτιθέναι. (1) נָכַר pi. (2) עָזַר (3) שִׁית (4) שָׁלַח
Nu. 12. 11. μὴ συνεπιθῇ ἡμῖν ἁμαρτίαν (3)
De. 32. 27. ἵνα μὴ συνεπιθῶνται οἱ ὑπεναντίοι (1)

Ps. 3. 6. A S τῶν κύκλῳ [A -ων] συνεπιτιθεμένων [B ἐπιτιθ.] μοι (3)
Ob. 1. 13. A B^1 S^2 R μηδὲ συνεπιθῇ ἐπὶ τὴν δύναμιν αὐ. (4)
Za. 1. 15. ἐπὶ τὰ ἔθνη τὰ συνεπιτιθέμενα †
— 15. αὐτοὶ δὲ συνεπέθεντο εἰς κακά (2)

συνεργεῖν.

I Es. 7. 2. συνεργοῦντες τοῖς πρεσβυτέροις τῶν Ἰ.
I Ma. 12. 1. ὁ καιρὸς αὐτῷ συνεργεῖ

συνεργός.

II Ma. 8. 7. τὰς νύκτας . . . συνεργοὺς ἐλάμβανε
14. 5. καιρὸν δὲ λαβὼν τῆς ἰδίας ἀνοίας συνεργόν
[Th. Is. 38. 12.]

συνερίζειν.

II Ma. 8. 30. A τοῖς περὶ Τιμ. καὶ Β. συνερίσαντες [R al.]

συνέρχεσθαι. (1) אָסַף ni. (2) בּוֹא (3) הָלַךְ (4) חָבַק pi. (5) יָעַד ni. (6) נָגַשׁ ni. (7) קָבַץ hithpa.

Ex. 32. 26. συνῆλθον [A -οσαν] οὖν . . . πάντες οἱ υἱοὶ Λ. (1)
Jo. 9. 2. συνήλθοσαν [A -ον] ἐπὶ τὸ αὐτό (7)
11. 5. συνῆλθον πάντες οἱ βασ. (5)
To. 5. 9. S εἰ δυνήσῃ συνελθεῖν αὐτῷ
— 21. S ἄγγελος γὰρ ἀγαθὸς συνελεύσεται αὐτῷ [A B al.]
11. 4. συνῆλθεν ὁ κύων ὄπισθεν αὐτῶν [S al.]
12. 1. ὅρα . . . μισθὸν τῷ ἀνθρώπῳ τῷ συνελθόντι σοι [S al.]
Ju. 1. 6. συνῆλθον [A -αν, S -ήχθησαν] ἔθνη πολλά
— 11. οὐ συνῆλθον [S -οσαν] αὐτῷ εἰς τὸν πόλεμον
Jb. 6. 29. πάλιν τῷ δικαίῳ συνέρχεσθε †
40. 26 (31). πᾶν δὲ πλωτὸν συνελθὸν οὐ μὴ ἐνέγκωσι βύρσαν μίαν οὐρᾶς αὐτοῦ †
Pr. 5. 20. B μηδὲ συνέρχου [A S R -έχου] ἀγκάλαις τῆς μὴ ἰδίας [A ταῖς μὴ ἰδίαις] (4)
23. 35. ἵνα ἐλθὼν ζητήσω μεθ' ὧν συνελεύσομαι †
29. 13. δανειστοῦ καὶ χρεωφειλετοῦ ἀλλήλοις [A -ων] συνελθόντων (6)
Wi. 7. 2. ἐκ σπέρματος ἀνδρὸς καὶ ἡδονῆς ὕπνῳ [S -ου] συνελθούσης
Za. 8. 21. συνελεύσονται [S^1 -οδεύσ.] κατοικοῦντες πέντε πόλεις (3)
— 21. S^1 συνελεύσονται κατοικοῦντες πέντε πόλεις (3)
Je. 3. 18. συνελεύσονται [A -σεται] οἶκος Ἰ. ἐπὶ τὸν οἶκον τοῦ Ἰ. (3)
Ez. 33. 30. συνέλθωμεν καὶ ἀκούσωμεν (2)
Da. TH. Su. 28. ὡς συνῆλθεν ὁ λαὸς πρὸς τὸν ἄνδρα αὐ. Ἰ.
I Ma. 9. 14. συνῆλθον αὐτῷ πάντες οἱ εὔψυχοι τῇ καρδίᾳ
12. 47. χίλιοι δὲ συνῆλθον αὐτῷ
— 48. A πάντας τοὺς συνελθόντας [S συνεισελθ., R εἰσελθ.] μετ' αὐτοῦ
15. 10. συνῆλθον πρὸς αὐτὸν πᾶσαι αἱ δυνάμεις
II Ma. 3. 24. ὥστε πάντας τοὺς κατατολμήσαντας συνελθεῖν
[Sm. Ge. 14. 3 : Ps. 82 (83). 5.]

συνεσθίειν. (1) אָכַל (2) בָּרָה

Ge. 43. 32. οὐ γὰρ ἐδύναντο οἱ Αἰγ. συνεσθίειν . . . ἄρτους (1)
Ex. 18. 12. συμφαγεῖν [A φ.] ἄρτον μετὰ τοῦ γαμβροῦ M. (1)
II Ki. 12. 17. οὐ συνέφαγεν αὐτοῖς ἄρτον (2)
Ps. 100 (101). 5. τούτῳ οὐ συνήσθιον †
[Sm. Ps. 40 (41). 10 : 140 (141). 4 : Ob. 7.]

σύνεσις. (1) בִּין a. ni. b. hi. c. בִּינָה d. תְּבוּנָה (2) גְּבוּרָה (3) a. דַּעַת b. מַדָּע c. מַנְדַּע (4) חָכְמָה (5) טַעַם (6) שָׂכַל a. hi. b. שֵׂכֶל, שֶׂכֶל c. שִׂכְלְתָנוּ d. מַשְׂכִּיל (7) **διδόναι σύνεσιν** בִּין hi.

Ex. 31. 3. ἐνέπλησα αὐτὸν πνεῦμα θεῖον . . . συνέσεως (1 d)
— 6. καὶ παντὶ συνετῷ καρδίᾳ δέδωκα σύνεσιν (4)
35. 31. ἐνέπλησεν αὐτὸν πνεῦμα . . . συνέσεως (1 d)
Ex. 35. 35. ἐνέπλησεν αὐτοὺς . . . συνέσεως [A om.] (4)
De. 4. 6. αὕτη ἡ σοφία ὑμῶν καὶ ἡ σ. (1 c)
34. 9. ἐνεπλήσθη πνεύματος συνέσεως (4)
I Ki. 25. 3. καὶ ἡ γυνὴ αὐ. ἀγαθὴ συνέσει [A τῇ σ.] (6 b)
III Ki. 7. 14. πεπληρωμένος τῆς τέχνης καὶ συνέσεως (1 d)
I Ch. 12. 32. γινώσκοντες σύνεσιν εἰς τοὺς καιρούς (1 c)
22. 12. δῴη σοι σοφίαν καὶ σύνεσιν κύριος (1 c)
28. 19. κατὰ τὴν περιγενηθεῖσαν αὐτῷ σ. (6 a)
II Ch. 1. 10. σοφίαν καὶ σύνεσιν δός μοι (3 b)
— 11. ᾔτησας σεαυτῷ σοφίαν καὶ σύνεσιν (3 b)
— 11 (12). τὴν σοφίαν καὶ τὴν σ. δίδωμί σοι (3 b)
2. 12 (11). B υἱὸν . . . ἐπιστάμενον σύνεσιν καὶ ἐπιστήμην [A R ἐ. κ. σ.] (6 b [1 c])
— 13 (12). ἄνδρα σοφὸν καὶ εἰδότα σύνεσιν (1 c)
30. 22. καὶ τῶν συνιόντων σ. ἀγαθὴν τῷ κ. (6 b)
I Es. 1. 33. τὸ καθ' ἓν πραχθὲν . . . τῆς σ. αὐ.
Ju. 8. 29. ἔγνω πᾶς ὁ λαὸς τὴν σ. σου
11. 21. A B ἐν καλῷ προσώπῳ καὶ συνέσει λόγων
Jb. 6. 30. ἢ ὁ λάρυγξ μου οὐχὶ σύνεσιν μελετᾷ †
8. 10. A καὶ ἀναγγελοῦσίν σοι σύνεσιν σοφίας [B S om. σοι σ. σ.] –
12. 13. αὐτῷ [A παρ' αὐτῷ] βουλὴ καὶ σύνεσις (1 d)
— 16. αὐτῷ [A παρ' αὐτῷ] ἐπιστήμη καὶ σύνεσις †
— 20. σύνεσιν δὲ πρεσβυτέρων ἔγνω (5)
15. 2. πότερον [A τίνα ἄρα] σοφὸς ἀπόκρισιν δώσει συνέσεως πνεῦμα [A B^1 S^2 -ατος] (3 a)
20. 3. πνεῦμα ἐκ τῆς σ. [A σ. σου] ἀποκρίνεταί μοι (1 c)
21. 22. πότερον οὐχὶ ὁ κύριός ἐστιν ὁ διδάσκων σύνεσιν (3 a)
22. 2. πότερον οὐχὶ ὁ κύριός ἐστιν ὁ διδάσκων σύνεσιν †
28. 20. ποῖος δὲ τόπος ἐστὶ τῆς [A om.] σ. (1 c)
32. 11. A ἐνωτισάμην μέχρι συνέσεως ὑμῶν (1 d)
33. 3. σύνεσις δὲ χειλέων μου καθαρὰ νοήσει (3 a)
34. 35. Ἰὼβ δὲ οὐκ ἐν συνέσει ἐλάλησε [A -σας] (3 a)
38. 4. εἰ ἐπίστῃ σύνεσιν (1 c)
39. 17. οὐκ [S^1 om.] ἐμέρισεν αὐτῇ ἐν τῇ σ. (1 c)
Ps. 31 (32). *tit.* συνέσεως [A ψαλμὸς] τῷ Δ. (6 d)
— 9. ὡς ἵππος καὶ ἡμίονος οἷς οὐκ ἔστι σύνεσις (1 b)
41 (42). *tit.* εἰς τὸ τέλος εἰς σύνεσιν (6 d)
42 (43) *tit.* A εἰς τὸ τέλος συνέσεως τοῖς υἱοῖς Κορέ –
43 (44). *tit.* εἰς σύνεσιν [A om. εἰς σ.] ψαλμὸς [S om.] (6 d)
44 (45). *tit.* B S τοῖς υἱοῖς Κορὲ εἰς σύνεσιν ᾠδή (6 d)
48 (49). 3. καὶ ἡ μελέτη τῆς καρδίας μου σύνεσιν [B^2 -σεις] (1 d)
51 (52). *tit.* εἰς τὸ τέλος συνέσεως τῷ Δαυίδ (6 d)
52 (53). *tit.* εἰς τὸ τέλος ὑπὲρ μαελὲθ συνέσεως τῷ Δαυίδ (6 d)
53 (54). *tit.*: 54 (55). *tit.* εἰς τὸ τέλος ἐν ὕμνοις συνέσεως τῷ Δαυίδ (6 d)
73 (74). *tit.*: 77 (78). *tit.* συνέσεως τῷ Ἀσάφ (6 d)
77 (78). 72. B S^1 ἐν τῇ σ. [S^2 ταῖς σ.] τῶν χειρῶν αὐτοῦ ὡδήγησεν αὐτούς (1 d)
87 (88). *tit.* συνέσεως Αἰμὰν τῷ Ἰσραηλίτῃ (6 d)
88 (89). *tit.* συνέσεως Αἰθὰν τῷ Ἰσραηλίτῃ (6 d)
110 (111). 10. σύνεσις δὲ ἀγαθὴ πᾶσι τοῖς ποιοῦσιν αὐτήν (6 b)
135 (136). 5. τῷ ποιήσαντι τοὺς οὐρανοὺς ἐν συνέσει (1 d)
141 (142). *tit.* συνέσεως τῷ Δαυίδ (6 d)
146 (147). 5. τῆς σ. αὐτοῦ οὐκ ἔστιν ἀριθμός (1 d)
Pr. 1. 7. σ. δὲ ἀγαθὴ πᾶσι τοῖς ποιοῦσιν αὐτήν –
2. 2. παραβαλεῖς καρδίαν σου εἰς σύνεσιν (1 d)
— 3. καὶ τῇ σ. δῷς φωνήν σου (1 d)
— 6. ἀπὸ προσώπου αὐτοῦ γνῶσις καὶ σύνεσις [A -σεις] (1 d)
4. 5. S^2 κτῆσαι σοφίαν καὶ σύνεσιν (1 c)
— 5. A κτῆσαι σοφίαν κτῆσαι σύνεσιν (1 c)
9. 6. κατορθώσατε ἐν γνώσει σύνεσιν (1 c)
— 10. βουλὴ ἁγίων σύνεσις (1 c)
13. 15. σύνεσις ἀγαθὴ δίδωσι χάριν (6 b)
24. 3. μετὰ συνέσεως ἀνορθοῦται (1 d)
Wi. 4. 11. ἡρπάγη μὴ κακία ἀλλάξῃ σύνεσιν αὐ.
9. 5. ἐλάσσων ἐν συνέσει κρίσεως καὶ νόμων
13. 13. S^2 R ἐμπειρίᾳ συνέσεως [A B S^1 ἀνέσεως] ἐτύπωσεν αὐτό
Si. 1. 4. σύνεσις φρονήσεως ἐξ αἰῶνος
— 19. ἐπιστήμην καὶ γνῶσιν συνέσεως ἐξώμβρησε
Si. 1. 23. χείλη πιστῶν [A S πολλῶν] ἐκδιηγήσεται σύνεσιν αὐτοῦ
3. 13. κἂν ἀπολείπῃ σύνεσιν συγγνώμην ἔχε
— 23. πλείονα γὰρ συνέσεως ἀνθρώπων ὑπεδείχθη σοι
5. 10. ἴσθι ἐστηριγμένος ἐν συνέσει σου
— 12. εἰ ἔστι σοι σύνεσις
6. 35. παροιμίαι συνέσεως μὴ ἐκφευγέτωσάν σε
8. 9. παρ' αὐτῶν μαθήσῃ σύνεσιν
10. 3. πόλις οἰκισθήσεται ἐν συνέσει δυναστῶν
13. 22. ἐφθέγξατο σύνεσιν
14. 20. ὃς ἐν συνέσει αὐτοῦ διαλεχθήσεται [A διαδεχθ.]
15. 3. ψωμιεῖ αὐτὸν ἄρτον συνέσεως
17. 7. ἐπιστήμην συνέσεως ἐνέπλησεν αὐτούς
19. 24. A κρείττων ἡττώμενος ἐν συνέσει ἔμφοβος ἢ περισσεύων ἐν συνέσει [B S φρονήσει]
22. 11. A B^1 S ἐξέλιπε γὰρ σύνεσιν [B^2 R -ις]
— 17. καρδία ἡδρασμένη ἐπὶ διανοίας [A S^2 -ᾳ] συνέσεως
24. 26. ὁ ἀναπληρῶν ὡς Εὐφράτης σύνεσιν
25. 2. γέροντα μοιχὸν ἐλαττούμενον συνέσει
31 (34). 9. ὁ πολύπειρος ἐκδιηγήσεται σύνεσιν
— 11. πλείονα τῶν λόγων μου σύνεσίς μου
37. 22. οἱ καρποὶ τῆς σ. αὐ. ἐπὶ στόματος πιστοί
— 23. οἱ καρποὶ τῆς σ. αὐτοῦ πιστοί
39. 6. πνεύματι συνέσεως ἐμπλησθήσεται [A S^2 -πλήσει αὐτόν]
— 9. αἰνέσουσι τὴν σ. αὐτοῦ πολλοί
44. 3. βουλεύσονται ἐν συνέσει αὐτῶν
— 4. ἐν διαβουλίοις καὶ συνέσει γραμματείας λαοῦ
47. 14. ἐνεπλήσθης ὡς ποταμὸς συνέσεως
— 23. ἐλασσούμενον συνέσει Ῥοβοάμ
50. 27. παιδείαν συνέσεως . . . ἐχάραξα
Ho. 2. 15 (17). διανοῖξαι σύνεσιν αὐ. †
Ob. 1. 7. οὐκ ἔστι σύνεσις αὐτοῖς (1 d)
— 8. ἀπολῶ . . . σύνεσιν ἐξ ὄρους Ἠσαῦ (1 d)
Is. 3. 20. A καὶ τὴν σ. [B S σύνθ.] τοῦ κόσμου τῆς δόξης †
10. 13. ἐν τῇ σοφίᾳ τῆς σ. [A τῇ συνέσεως τῆς σοφίας] ἀφελῶ ὅρια ἐθνῶν (1 a [4])
11. 2. πνεῦμα σοφίας καὶ συνέσεως (1 c)
27. 11. οὐ γὰρ λαός ἐστιν ἔχων σύνεσιν (1 c)
29. 14. τὴν σ. τῶν συνετῶν κρύψω (1 c)
— 24. γνώσονται οἱ πλανώμενοι τῷ πνεύματι σύνεσιν (1 c)
33. 19. οὐκ ἔστι τῷ ἀκούοντι σ. (1 c)
40. 14. ὁδὸν συνέσεως τίς ἔδειξεν αὐτῷ (1 d)
47. 10. ἡ σ. τούτων ἔσται (4+3 a)
53. 11. πλάσαι τῇ σ. (3 a)
56. 11. εἰσὶ πονηροὶ οὐκ εἰδότες σύνεσιν (1 b)
Je. 28 (51). 15. ἐν τῇ σ. αὐτοῦ ἐξέτεινε τὸν οὐρανόν (1 d)
Ba. 3. 14. μάθε . . . ποῦ ἐστιν σ.
— 23. οἵ τε [A οὔτε] υἱοὶ Ἄγαρ οἱ ἐκζητοῦντες τὴν σ. . . . καὶ οἱ ἐκζητηταὶ τῆς σ.
— 32. ἐξεῦρεν αὐτὴν τῇ σ. αὐτοῦ
Da. LXX. Su. 42. ἔδωκεν . . . πνεῦμα συνέσεως νεωτέρῳ ὄντι Δαν.
— 64. ἔσται ἐν αὐτοῖς πνεῦμα . . . συνέσεως
1. 17. τοῖς νεανίσκοις ἔδωκεν ὁ κύριος . . . σύνεσιν (6 a)
— 17. τῷ Δαν. ἔδωκε σύνεσιν (7)
— 20. ἐν παντὶ λόγῳ καὶ συνέσει (4)
2. 21. διδοὺς . . . σύνεσιν τοῖς ἐν ἐπιστήμῃ οὖσιν (3 c)
Da. TH. 1. 17. ἔδωκεν αὐτοῖς ὁ θ. σύνεσιν (6 a)
2. 20. ἡ σοφία καὶ ἡ σ. αὐτοῦ ἐστι (2)
— 21. διδοὺς . . . φρόνησιν τοῖς εἰδόσι σύνεσιν (1 c)
5. 11. σύνεσις εὑρέθη ἐν αὐτῷ (6 c+4)
— 12. πνεῦμα περισσὸν ἐν αὐτῷ . . . καὶ σύνεσις (6 c)
— 14. A B^2 σύνεσις [B^1 om.] . . . εὑρέθη ἐν σοί (6 c)
8. 15. ἐζήτουν σύνεσιν (1 c)
9. 22. ἐξῆλθον συμβιβάσαι σε σύνεσιν (1 c)
10. 1. σύνεσις ἐδόθη αὐτῷ ἐν τῇ ὀπτασίᾳ (1 c)

[Aq. Jb. 22. 2 : Pr. 1. 2 : 2. 3 : 4. 1, 7 : 7. 4 : 9. 6 : 23. 4 : Je. 10. 12 : 49. 7 (29. 8) : Da. 10. 1.]
[Sm. Jb. 39. 17 : Ps. 43 (44). 1 : 44 (45). 1 : 48 (49). 4 : 52 (53). 1 : 53 (54). 1 : 54 (55). 1 : Pr. 1. 2 : 4. 7 : 9. 6 : 28. 16 : Is. 28. 19 : 29. 24 : Je. 30 (37). 24.]
[Th. Jb. 20. 3 : 22. 2 : 28. 13 : 39. 17 : Ps. 48 (49). 4 : 52 (53). 1 : 77 (78). 72 : Pr. 1. 2 : 4. 7 : 7. 4 : 8. 1 : 23. 4, 23 : Da. 2. 20 : 10. 1.]
[Al. Ps. 48 (49). 4 : Pr. 8. 14.]

συνεταιρίζεσθαι.

[Aq. Ps. 107 (108). 10.]

συνεταιρίς. (1) *a.* רֵעָה *b.* רְעוּת
Jd. 11. 37. ἐγώ εἰμι καὶ αἱ σ. μου (1 *a*, 1 *b**)
— 38. ἐπορεύθη αὐτὴ καὶ αἱ σ. αὐ. (1 *a*)

συνέταιρος. (1) חָבֵר (2) מֵרֵעַ
Jd. 15. 2. A ἔδωκα αὐτὴν τῷ σ. σου [B *al.*] (2)
— 6. A ἔδωκεν αὐτὴν τῷ σ. αὐ. [B *al.*] (2)
I Es. 6. 3. καὶ Σαθρ. καὶ οἱ σ. [A σ. αὐτοῦ]
— 7. καὶ Σαθρ. καὶ οἱ σ. οἱ ἐν Συρίᾳ
— 27. καὶ Σαθραβουζάνῃ καὶ τοῖς σ.
7. 1. καὶ Σαθρ. καὶ οἱ σ.
Da. LXX. 2. 17. τοῖς σ. ὑπέδειξε πάντα (1)
3. (25). ἐξωμολογεῖτο τῷ κ. ἅμα τοῖς σ. αὐ.
5. 6. οἱ σ. κύκλῳ αὐτοῦ ἐκαυχῶντο †
[Sm. Ge. 26. 26.]
[Th. Jd. 15. 6.]

συνετίζειν. (1) בִּין hi. (2) יָעַץ (3) שָׂכַל hi.
Ne. 8. 7. ἦσαν συνετίζοντες τὸν λαόν (1)
— 9. B συνέτιζον [A S R καὶ οἱ συνετίζοντες] τὸν λαόν (1)
9. 20. τὸ πνεῦμά σου τὸ ἀγαθὸν ἔδωκας συνετίσαι αὐτούς (3)
Ps. 15 (16). 7. εὐλογήσω τὸν κύριον τὸν συνετίσαντά με (2)
31 (32). 8. συνετιῶ σε (3)
118 (119). 27. ὁδὸν δικαιωμάτων σου συνέτισόν με (1)
— 34, 73, 125. συνέτισόν με (1)
— 130. συνετιεῖ νηπίους (1)
— 144. συνέτισόν με (1)
— 169. κατὰ τὸ λόγιόν σου συνέτισόν με (1)
Je. 9. 12 (11). S² συνετιῶ [B S¹ συνέτω, A συνιεῖται] τοῦτο (1)
Da. LXX. 8. 16. συνέτισον ἐκεῖνον τὴν ὅρασιν (1)
Da. TH. 8. 16. συνέτισον ἐκεῖνον τὴν ὅρασιν (1)
9. 22. καὶ συνέτισέ με (1)
10. 14. ἦλθον συνετίσαι σε (1)
[Aq. Dt. 32. 29.]
[Sm. Ge. 3. 6 (5): Ps. 31 (32). 8: 72 (73). 17: Is. 40. 14.]
[Th. I Ki. 3. 8: Da. 8. 16.]

συνετός. (1) בִּין *a.* qal. *b.* ni. *c.* hi. (2) חָכָם (3) חֲכַם־לֵב (4) יָדַע (5) נְדִיבָה (6) עָרוּם (7) שָׂכַל *a.* hi. *b.* שֵׂכֶל (8) **συνετὸς καρδίας (-ᾳ)** אִישׁ לֵבָב
Ge. 41. 33. σκέψαι ἄνθρωπον φρόνιμον καὶ σ. (2)
— 39. ἄνθρωπος φρονιμώτερός σου καὶ συνετώτερος (2)
Ex. 31. 6. καὶ παντὶ σ. καρδίᾳ δέδωκα σύνεσιν (2)
De. 1. 13. δότε ἑαυτοῖς ἄνδρας . . . συνετούς (4)
— 15. ἔλαβον ἐξ ὑμῶν ἄνδρας . . . συνετούς (4)
I Ki. 16. 18. A καὶ ὁ ἀνὴρ συνετὸς . . . καὶ συνετὸς [B σοφὸς] λόγῳ (†, 1 *b*)
IV Ki. 11. 9. ὅσα ἐνετείλατο Ἰ. ὁ σ. †
I Ch. 15. 22. ὅτι συνετὸς ἦν (1 *c*)
27. 32. καὶ Ἰων. . . , ἄνθρωπος σ. (1 *c*)
Jb. 34. 10. συνετοὶ καρδίας [A -ᾳ] ἀκούσατέ μου (8)
— 34. συνετοὶ καρδίας [A S² -ᾳ] ἐροῦσι ταῦτα (8)
Pr. 12. 8. στόμα συνετοῦ ἐγκωμιάζεται ὑπὸ ἀνδρός (7 *b*)
— 23. ἀνὴρ συνετὸς θρόνος αἰσθήσεως (6)
15. 24. ὁδοὶ ζωῆς διανοήματα συνετοῦ (7 *a*)
16. 20. συνετὸς ἐν πράγμασιν εὑρετὴς ἀγαθῶν (7 *a*)
— 21. τοὺς σοφοὺς καὶ σ. φαύλους καλοῦσιν (3)
17. 24. πρόσωπον συνετὸν ἀνδρὸς σοφοῦ (1 *c*)
23. 9. μή ποτε μυκτηρίσῃ τοὺς σ. λόγους σου (7 *b*)
28. 7. φυλάσσει νόμον υἱὸς συνετός (1 *c*)
31. 30. γυνὴ γὰρ συνετὴ εὐλογεῖται –
Ec. 9. 11. οὐ τοῖς σ. πλοῦτος (1 *b*)
Si. 3. 29. καρδία συνετοῦ διανοηθήσεται παραβολὴν
6. 36. ἐὰν ἴδῃς συνετὸν ὄρθριζε πρὸς αὐτόν
7. 21. A S R οἰκέτην συνετὸν [B ἀγαθὸν] ἀγαπάτω σου ἡ ψυχή
— 25. ἀνδρὶ συνετῷ δώρησαι αὐτήν
9. 15. μετὰ συνετῶν ἔστω ὁ διαλογισμός σου
10. 1. ἡγεμονία συνετοῦ τεταγμένη ἔσται
— 23. οὐ δίκαιον ἀτιμάσαι πτωχὸν συνετόν
— 25. S¹ οἰκέτῃ συνετῷ [A B S² σοφῷ] ἐλεύθεροι λειτουργήσουσι
16. 4. ἀπὸ γὰρ ἑνὸς συνετοῦ συνοικισθήσεται πόλις
18. 28. πᾶς συνετὸς ἔγνω σοφίαν
— 29. συνετοὶ ἐν λόγοις καὶ αὐτοὶ ἐσοφίσαντο
Si. 19. 2. οἶνος καὶ γυναῖκες ἀποστήσουσι συνετούς
21. 16. ἐπὶ δὲ χείλους συνετοῦ εὑρεθήσεται χάρις [A *om.*, S² παραβολή]
— 18. S¹ γνῶσις συνετοῦ [A B S² ἀσυν.] ἀδιεξέταστοι λόγοι
25. 8. μακάριος ὁ συνοικῶν γυναικὶ συνετῇ
26. 28. ἄνδρες συνετοὶ ἐὰν σκυβαλισθῶσιν
36 (33). 3. ἄνθρωπος συνετὸς ἐμπιστεύσει νόμῳ
36. 24 (21). οὕτως καρδία συνετὴ λόγους ψευδεῖς
Ho. 14. 10. ἢ συνετὸς καὶ ἐπιγνώσεται αὐτά (1 *b*)
Is. 3. 3. ἀφελεῖ . . . συνετὸν ἀκροατήν (1 *b*)
5. 21. οὐαὶ οἱ σ. ἐν ἑαυτοῖς (2)
19. 11. υἱοὶ συνετῶν, ἡμεῖς υἱοὶ βασιλέων (2)
29. 14. τὴν σύνεσιν τῶν σ. κρύψω (1 *b*)
32. 8. οἱ δὲ εὐσεβεῖς συνετὰ ἐβουλεύσαντο (5 ?)
Je. 4. 22. υἱοὶ ἄφρονές εἰσι καὶ οὐ συνετοί (1 *b*)
9. 12 (11). τίς ὁ ἄνθρωπος ὁ σ. [A *al.*] (2)
18. 18. οὐκ ἀπολεῖται . . . βουλὴ ἀπὸ συνετοῦ [S¹ -ῶν] (2)
27 (50). 9. ὡς βολὶς μαχητοῦ συνετοῦ (7 *a*)
— 35. ἐπὶ τοὺς μεγιστᾶνας αὐτῆς καὶ ἐπὶ τοὺς σ. αὐτῆς (2)
29 (49). 7. ἀπώλετο βουλὴ ἐκ συνετῶν (1 *a*)
Da. LXX. 1. 4. νεανίσκους . . . σ. καὶ σοφούς (1 *c*)
6. 3 (4). ἦν ἔνδοξος καὶ ἐπιστήμων καὶ σ. –
Da. TH. 11. 33. οἱ σ. τοῦ λαοῦ συνήσουσιν εἰς πολλά (7 *a*)
[Aq. Dt. 4. 6: Pr. 10. 13: 14. 33: Is. 3. 3: Je. 10. 7.]
[Sm. I Ki. 18. 14: Ps. 118 (119). 100: Pr. 1. 2: 10. 13: 17. 24: 19. 14: Is. 3. 3: Je. 50 (27). 9.]
[Th. Pr. 10. 13: 14. 33: 17. 10: Is. 3. 3.]
[Quint. Pr. 17. 28.]

συνετῶς. (1) חָכָם (2) מַשְׂכִּיל (3) **συνετῶς ποιεῖν** בִּין hi.
Ps. 46 (47). 7. ψάλατε σ. (2)
Is. 29. 16. οὐ σ. με ἐποίησας (3)
Je. 9. 12 (11). A τίς ὁ ἄνθρωπος σ. [B S *al.*] (1)

συνευδοκεῖν.
I Ma. 1. 57. εἴ τις συνευδόκει τῷ νόμῳ
4. 28. S¹ συνευδόκησεν [A S² R -ελόχησεν] . . . ἑξήκοντα χιλιάδας
II Ma. 11. 24. τοὺς Ἰουδ. μὴ συνευδοκοῦντας τῇ . . . μεταθέσει
— 35. καὶ ἡμεῖς συνευδοκοῦμεν

συνευφραίνεσθαι. (1) שָׂמַח
Pr. 5. 18. συνευφραίνου μετὰ γυναικὸς τῆς ἐκ νεότητός σου (1)

συνέχειν. (1) אָחַז (2) אָטַר (3) אָלַם ni. (4) בִּין (5) חָבַק pi. (6) חָבַר (7) **δύνασθαι σ.** כּוּל hi. (8) כָּלָא ni. (9) לָכַד *a.* ni. *b.* hithpa. (10) מָנַע (11) עָבַר (12) עָצַר *a.* qal. *b.* ni. *c.* מַעְצוֹר (13) צוּר (14) צָרַר (15) קָפַץ (16) **συνεχόμενος ἐκ** בְּפַתִּיל (17) חָזַק hi.
Ge. 8. 2. συνεσχέθη ὁ ὑετὸς ἀπὸ τοῦ οὐρ. (8)
Ex. 26. 3. A πέντε δὲ αὐλαῖαι ἔσονται συνεχόμεναι [A ἐξ ἀλλήλων ἐχόμ.] (6)
— 3. καὶ πέντε αὐλαῖαι ἔσονται συνεχόμεναι (6)
28. 7. δύο ἐπωμίδες συνέχουσαι ἔσονται [A *al.*] (6)
36. 11 (39. 4). ἐπωμίδας συνεχούσας ἐξ ἀμφοτέρων τῶν μερῶν (6)
— 29 (39. 21). συνεχομένους ἐκ τῆς ὑακίνθου (16)
De. 11. 17. καὶ συσχῇ τὸν οὐρανόν (12 *a*)
I Ki. 14. 6. B οὐκ ἔστι τῷ κ. συνεχόμενον (12 *c*)
21. 7 (8). ἐκεῖ ἦν ἐν τῶν παιδαρίων τοῦ Σ. . . . συνεχόμενος νεεσσαράν (12 *b*)
23. 8. συνέχειν τὸν Δ. καὶ τοὺς ἄνδρας αὐ. (13)
II Ki. 20. 3. καὶ ἦσαν συνεχόμεναι . . . χῆραι ζῶσαι (14)
24. 21. B συνεσχέθη [A -έσθη, R συσχεθῇ] ἡ θραῦσις (12 *b*)
— 25. συνεσχέθη [A -έσθη] ἡ θραῦσις (12 *b*)
III Ki. 6. 10. συνέσχε τὸν σύνδεσμον (1)
6. 15. B¹ ἐκοιλοστάθμησε συνεχόμενος [A B³ R -α] ξύλοις –
8. 35. ἐν τῷ συσχεθῆναι τὸν οὐρ. (12 *b*)
III Ki. 20 (21). 21. ἐξολεθρεύσω . . . συνεχόμενον . . . ἐν Ἰσρ. (12 *a*)
IV Ki. 9. 8. ἐξολεθρεύσεις . . . συνεχόμενον . . . ἐν Ἰσρ. (12 *a*)
14. 26. εἶδε κ. . . . ὀλίγους τοὺς συνεχομένους [A *al.*] (12 *a*)
I Ch. 12. 1. ἔτι συνεχομένου ἀπὸ προσώπου Σ. υἱοῦ Κ. (12 *a*)
II Ch. 6. 26. ἐν τῷ συσχεθῆναι τὸν οὐρανόν (12 *b*)
7. 13. ἐὰν συσχῶ τὸν οὐρανόν (12 *a*)
I Es. 9. 17. A τὰ κατὰ τοὺς ἄνδρας τοὺς συνέχοντας [R ἐπισ., B ἐπισυναχθέντας] γυναῖκας ἀλλογενεῖς
Ne. 6. 10. αὐτὸς συνεχόμενος (12 *a*)
Jb. 2. 9. αἵ με νῦν συνέχουσιν –
3. 24. δακρύω δὲ ἐγὼ συνεχόμενος φόβῳ †
7. 11. ἀνοίξω πικρίαν ψυχῆς μου συνεχόμενος [A S² *al.*] –
10. 1. πικρίᾳ ψυχῆς μου συνεχόμενος –
31. 23. φόβος γὰρ κυρίου συνέσχε [A -εῖχέν] με †
34. 14. εἰ γὰρ βούλοιτο συνέχειν [S² συσχεῖν] –
36. 8. οἱ πεπεδημένοι ἐν χειροπέδαις συσχεθήσονται (9 *a*)
38. 2. συνέχων δὲ ῥήματα ἐν καρδίᾳ –
41. 8 (9). συνέχονται [A -ωνται] καὶ οὐ μὴ ἀποσπασθῶσιν [S¹ πάθωσιν] (9 *b*)
Ps. 68 (69). 15. μηδὲ συσχέτω ἐπ' ἐμὲ φρέαρ τὸ στόμα αὐτοῦ (2)
76 (77). 9. ἢ συνέξει ἐν τῇ ὀργῇ αὐτοῦ τοὺς οἰκτιρμοὺς αὐτοῦ (15)
Pr. 5. 20. A S R μηδὲ συνέχου [B -έρχου] ἀγκάλαις τῆς μὴ ἰδίας [A ταῖς μὴ ἰδίαις] (5)
11. 26. ὁ συνέχων σῖτον (10)
Wi. 1. 7. τὸ συνέχον τὰ πάντα γνῶσιν ἔχει φωνῆς
17. 11. προσείληφε [S² προείληφεν] τὰ χαλεπὰ συνεχομένη τῇ συνειδήσει
— 20. ἀνεμποδίστοις συνείχετο ἔργοις
Mi. 7. 18. οὐ συνέσχεν εἰς μαρτύριον ὀργὴν αὐ. (17)
Is. 52. 15. συνέξουσι [A -άξ.] βασιλεῖς τὸ στόμα αὐτῶν (15)
Je. 2. 13. οὐ δυνήσονται ὕδωρ σ. (7)
23. 9. ὡς ἄνθρωπος συνεχόμενος ἀπὸ οἴνου (11)
Ez. 33. 22. τὸ στόμα οὐ συνεσχέθη [A -εκλείσθη] ἔτι (3)
43. 8. ἔδωκαν τὸν τοῖχόν μου ὡς συνεχόμενον ἐμοῦ καὶ αὐτῶν (4)
I Ma. 13. 15. A R συνέχομεν [S -είχ.] αὐτόν
II Ma. 9. 2. ἐπεχείρησεν . . . τὴν πόλιν συνέχειν
10. 10. A συντέμνοντες τὰ συνέχοντα τῶν πολέων κακὰ [R *al.*]
IV Ma. 15. 32. ταῖς τῶν υἱῶν βασάνοις συνεχομένη
[Aq. I Ki. 21. 5 (6), 7 (8): 22. 2: Je. 20. 9: 32 (39). 2: 39 (46). 15.]
[Sm. Ge. 16. 2: I Ki. 16. 14: Is. 37. 25: 66. 9: Je. 20. 9.]
[Th. I Ki. 21. 5 (6): 22. 2: Je. 39 (46). 15.]
[Al. Jb. 20. 13.]

συνήθεια (-θία).
IV Ma. 2. 12. τῆς φίλων σ. δεσπόζει
6. 13. τὰ δὲ ἐν συμπαθείᾳ τῆς σ. [S¹ τὴν σ.] ὄντες
13. 22. αὔξονται σφοδρότερον διὰ . . . τῆς καθ' ἡμέραν σ.
— 27. τῆς φύσεως καὶ τῆς σ. καὶ τῶν τῆς ἀρετῆς ἠθῶν
[Sm. Pr. 17. 9.]

συνήθης.
[Sm. Ps. 54 (55). 14: Pr. 17. 9: Je. 13. 21.]

συνηθίζειν.
Si. 9. 4. B² μετὰ λυριζούσης μὴ συνήθιζε [A B¹ S R *al.*]

σύνηθος.
II Ma. 3. 31. ταχὺ δέ τινες τῶν τοῦ Ἡλ. σ.

συνήθως.
[Aq., Th. Ps. 44 (45). 18 (P.).]

συνήλικος. (1) כְּגִיל
Da. TH. 1. 10. παρὰ τὰ παιδάρια τὰ σ. ὑμῶν [A *al.*] (1)
[Th. Da. 1. 10.]

συνηχεῖν.
III Ma. 6. 17. τοὺς παρακειμ. αὐλῶνας συνηχήσαντας
[Sm. Ps. 58 (59). 7: 82 (83). 3.]

συνθέλειν. (1) אָבָה

De. 13. 8 (9). οὐ συνθελήσεις αὐτῷ (1)

σύνθεμα. (1) אֲסֻפָּה

Ec. 12. 11. οἱ παρὰ τῶν σ. [A S[1] συναγμάτων, S[2] συνταγμάτων] ἐδόθησαν (1)

σύνθεσις. (1) בֹּשֶׂם (2) מַתְכֹּנֶת (3) סַם (4) קְטֹרֶת

Ex. 30. 32. κατὰ τὴν σ. ταύτην οὐ ποιηθήσεται (2)
— 35. A[2] ἔργον μυρεψοῦ μεμιγμένον συνθέσεως [B om.] –
— 37. κατὰ τὴν σ. ταύτην οὐ ποιήσετε (2)
31. 11. καὶ τὸ θυμίαμα τῆς σ. τοῦ ἁγίου (3)
35. 19 (15). καὶ τὸ θυμίαμα τῆς σ. (3)
— 28. καὶ τὸ λογεῖον καὶ τὰς σ. [A λ. τῆς σ.] (1)
— 28. ἤνεγκαν . . . τὴν σ. τοῦ θυμιάματος (4)
38. 25 (37. 29). ἐποίησε . . . τὴν σ. τοῦ θυμιάματος (4)
39. 16 (38). καὶ τὸ θυμίαμα τῆς σ. (3)
40. 27. ἐθυμίασεν ἐπ' αὐτοῦ τὸ θυμίαμα τῆς σ. (3)
Le. 4. 7. ἐπὶ τὰ κέρατα τοῦ θυσ. τοῦ θυμιάματος τῆς σ. (3)
— 18. ἐπὶ τὰ κέρατα τοῦ θυσ. τῶν θυμιαμάτων τῆς σ. –
16. 12. πλήσει τὰς χεῖρας θυμιάματος σ. λεπτῆς (3)
Nu. 4. 16. καὶ τὸ θυμίαμα τῆς σ. (3)
II Ch. 13. 11. θυμιῶσι . . . θυμίαμα συνθέσεως (3)
Si. 49. 1. μνημόσυνον 'I. εἰς σύνθεσιν θυμιάματος
Is. 3. 20. ἀφελεῖ . . . τὴν σ. [A σύνεσιν] τοῦ κόσμου τῆς δόξης †
[**Aq.** Is. 57. 9.]
[**Th.** Ex. 35. 8.]
[**Al.** Ex. 27. 5: Le. 24. 7.]

σύνθετος. (1) סַם

Ex. 30. 7. θυμιάσει . . . θυμίαμα σ. λεπτόν (1)

συνθήκη. (1) בְּרִית (2) חָזֶה (3) *a.* יָשָׁר *b.* מֵישָׁרִים (4) מַסֵּכָה

IV Ki. 17. 15. A ἀπέρριψαν . . . τὴν σ. αὐ. (1)
Wi. 1. 16. συνθήκην ἔθεντο πρὸς αὐτόν
12. 21. ὧν τοῖς πατράσιν . . . συνθήκας ἔδωκας ἀγαθῶν ὑποσχέσεων
Is. 28. 15. ἐποιήσαμεν . . . μετὰ τοῦ θανάτου συνθήκας (2)
30. 1. ἐποιήσατε . . . συνθήκας οὐ διὰ τοῦ πνεύματός μου (4)
Da. LXX. 11. 6. εἰσελεύσεται . . . ποιήσασθαι συνθήκας (3 *b*)
— 17. συνθήκας μετ' αὐτοῦ ποιήσεται (3 *a*)
Da. TH. 11. 6. τοῦ ποιῆσαι συνθήκας μετ' αὐτοῦ (3 *b*)
I Ma. 10. 26. ἐπεὶ συνετηρήσατε τὰς [S[1] τὰ] πρὸς ἡμᾶς σ.
II Ma. 12. 1. γενομένων δὲ τῶν σ. τούτων
13. 25. ἐδυσφόρουν περὶ τῶν σ. οἱ Πτ.
14. 20. ἐπένευσαν ταῖς σ.
— 26. συνιδὼν . . . τὰς γενομένας σ.
— 27. ἔγραψε Νικάνορι ὑπὲρ μὲν τῶν σ.
[**Aq.** Ge. 6. 19 (18): Dt. 9. 15: III Ki. 6. 19: IV Ki. 17. 15: Ps. 24 (25). 10, 14: Is. 42. 6: 55. 3: 59. 21: 61. 8: Je. 11. 2, 6: Da. 9. 27: Ho. 12. 1 (2).]
[**Sm.** Ge. 6. 19 (18): Le. 24. 8: Ps. 24 (25). 10, 14: 43 (44). 18: 54 (55). 21: 88 (89). 40: 110 (111). 5: Is. 28. 15, 18: 42. 6: 59. 21: 61. 8: Je. 11. 2, 6: Ez. 20. 37: Da. 9. 27: Ho. 12. 1 (2).]
[**Th.** III Ki. 6. 19: Ps. 24 (25). 14: Is. 42. 6: 59. 21: Da. 11. 6.]
[**Al.** Ge. 17. 2: Le. 5. 1: Dt. 4. 23.]

σύνθημα (-εμα).

Jd. 12. 6. A εἴπατε δὴ σύνθημα [B *al.*] †
II Ma. 8. 23. δοὺς σύνθημα θεοῦ βοηθείας
13. 15. ἀναδοὺς δὲ τοῖς περὶ αὐτὸν σύνθημα θεοῦ νίκην
[**Sm.** Jd. 20. 38.]

συνθλᾶν. (1) נִדַּע pi. (2) מָחַץ (3) נִקֵּר pi. (4) נָתַץ (5) פִּצַּח pi. (6) רָצַץ *a.* qal. *b.* pi. *c.* hi.

Jd. 5. 26. A καὶ συνέθλασεν [B *al.*] (2)
9. 53. A συνέθλασεν [B ἔκλασε] τὸ κρανίον αὐ. (6 *c*)
Jb. 30. 17. A νύκτες δέ μου τὰ ὀστᾶ συνέθλασαν [B S *al.*] (3)
Ps. 57 (58). 6. τὰς μύλας τῶν λεόντων συνέθλασεν κύριος (4)
67 (68). 21. συνθλάσει κεφαλὰς ἐχθρῶν αὐ. (2)
73 (74). 14. S σὺ συνέθλασας τὴν κεφαλὴν τοῦ δράκοντος [B[2] R *al.*] (6 *b*)
74 (75). 10. B[2] πάντα τὰ κέρατα τῶν ἁμαρτωλῶν συνθλάσω [B[1] S R συγκλάσω] (1)
106 (107). 16. A R μοχλοὺς σιδηροῦς συνέθλασεν [S -έκλασεν] (1)
109 (110). 5. συνέθλασεν ἐν ἡμέρᾳ ὀργῆς αὐτοῦ βασιλεῖς (2)
— 6. συνθλάσει κεφαλὰς ἐπὶ γῆς πολλῶν (2)
Mi. 3. 3. τὰ ὀστέα αὐ. συνέθλασαν [A -έκλεισαν] (5)
Is. 42. 3. A κάλαμον συντεθλασμένον [B τεθλ.] οὐ συντρίψει (6 *a*)
[**Aq.** Ge. 25. 22: Ps. 73 (74). 14.]
[**Sm.** Ps. 43 (44). 20: 50 (51). 19 *bis*.]
[**Th.** Ps. 41 (42). 11.]

συνθλίβειν. (1) רָצַץ

Ec. 12. 6. A S καὶ συνθλιβῇ [B -τριβῇ] τὸ ἀνθέμιον (1)
Si. 34 (31). 14. μὴ συνθλίβου αὐτῷ ἐν τρυβλίῳ
I Ma. 15. 14. A συνέθλιβε [R ἔθλ.] τὴν πόλιν
[**Al.** I Ki. 12. 3.]

συνθραύειν.

[**Sm.** Ec. 12. 6.]

συνιδεῖν.

Da. LXX. 3. 14. οὓς καὶ συνιδὼν Ναβ. †
I Ma. 4. 21. S οἱ δὲ ταῦτα συνιδόντες [A R -ειδότες]
— 21. συνιδόντες δὲ καὶ τὴν 'Ιούδα παρεμβολήν
II Ma. 4. 41. R συνιδόντες [A -ειδότες] δὲ καὶ τὴν ἐπίθεσιν τοῦ Λ.
14. 26. συνιδὼν τὴν πρὸς ἀλλήλους εὔνοιαν
— 30. διεξαγαγόντα συνιδὼν τὸν N. τὰ πρὸς αὐτόν
15. 21. συνιδὼν ὁ Μακκ. τὴν τῶν πληθῶν παρουσίαν
III Ma. 2. 8. οἳ καὶ συνιδόντες ἔργα σῆς χειρός
5. 50. τὰς . . . ἀντιλήψεις ἐξ οὐρανοῦ συνιδόντες
6. 23. συνιδὼν πρηνεῖς ἅπαντας εἰς τὴν ἀπώλειαν

συνίειν, συνιέναι. (1) בִּין *a.* qal. *b.* hi. *c.* hithpal. (2) חוּשׁ (3) יָדַע (4) כּוּן (5) רָאָה (6) שָׂכַל *a.* qal. *b.* hi. (7) שָׁמַר

Ex. 35. 35. πάντα συνιέναι ποιῆσαι τὰ ἔργα τοῦ ἁγίου –
36. 1. συνιέναι ποιεῖν πάντα τὰ ἔργα (3)
De. 29. 9 (8). ἵνα συνῆτε πάντα ὅσα ποιήσετε (6 *b*)
32. 7. A[2] B σύνετε ἔτη γενεῶν γενεαῖς (1 *a*)
— 29. οὐκ ἐφρόνησαν συνιέναι (6 *b*)
Jo. 1. 7. ἵνα συνῇς ἐν πᾶσιν (6 *b*)
— 8. A ἵνα συνῇς [B εἰδῇς] ποιεῖν (7)
— 8. καὶ τότε συνήσεις (6 *b*)
I Ki. 2. 10. συνίειν καὶ γινώσκειν τὸν κύριον –
18. 5. A ἐν πᾶσιν οἷς ἀπέστειλεν αὐτὸν Σ. συνῆκεν (6 *b*)
— 14. ἦν Δ. ἐν πάσαις ταῖς ὁδοῖς αὐ. συνίων (6 *b*)
— 15. αὐτὸς συνίει σφόδρα (6 *b*)
— 30. A συνῆκεν Δ. παρὰ πάντας τοὺς δούλους Σ. (6 *a*)
II Ki. 12. 19. καὶ συνῆκε Δ. (5)
III Ki. 2. 3. B[1] ἵνα συνήσεις [B[2] R -ῃς, A -ίῃς] ἃ ποιήσεις (6 *b*)
3. 9. τοῦ συνίειν [A -ιέναι] ἀνὰ μέσον ἀγαθοῦ καὶ κακοῦ (1 *b*)
— 11. τοῦ συνίειν τοῦ εἰσακούειν κρίμα (1 *b*)
IV Ki. 18. 7. ἐν πᾶσιν οἷς ἐποίει συνῆκε (6 *b*)
I Ch. 25. 7. δεδιδαγμένοι ᾄδειν κυρίῳ πᾶς συνίων (1 *b*)
II Ch. 20. 17. ταῦτα σύνετε †
26. 5. ἐν ταῖς ἡμ. Ζαχ. τοῦ συνίοντος ἐν φόβῳ κυρίου (1 *b*)
30. 22. καὶ τῶν συνιόντων σύνεσιν ἀγαθὴν τῷ κ. (6 *b*)
34. 12. πᾶς Λευίτης πᾶς συνίων ἐν ὀργάνοις ᾠδῶν (1 *b*)
II Es. 8. 15. συνῆκα ἐν τῷ λαῷ (1 *a*)
— 16. B ἀπέστειλα . . . τῷ 'E. συνίοντας [A R -ἐντας] (1 *b*)
Ne. 8. 2. καὶ πᾶς ὁ συνίων ἀκούειν (1 *b*)
— 3. καὶ αὐτοὶ συνιέντες (1 *b*)
— 8. συνῆκεν ὁ λαὸς ἐν τῇ ἀναγνώσει (1 *b*)
— 12. συνῆκαν ἐν τοῖς λόγοις (1 *b*)
Ne. 10. 28 (29). πᾶς ὁ εἰδὼς καὶ συνίων (1 *b*)
13. 7. A B[2] S συνῆκα ἐν τῇ πονηρίᾳ (1 *a*)
To. 3. 8. οὐ συνίεις ἀποπνίγουσά σου τοὺς ἄνδρας [S *al.*]
Jb. 15. 9. τί συνίεις σὺ ὃ οὐ καὶ ἡμεῖς [A *al.*] (1 *a*)
20. 2. οὐχὶ συνίετε [A S[2] -ιέναι] μᾶλλον ἢ καὶ ἐγώ (2 ?)
31. 1. οὐ συνήσω ἐπὶ παρθένον [A -ων] (1 *c*)
32. 12. μέχρι [A ἕως] ὑμῶν συνήσω (1 *c*)
36. 4. ἀδίκως συνίεις †
— 29. A S[2] ἐὰν συνῇς ἐπέκτασιν νεφέλης [B S[1] *al.*] (1 *a*)
38. 31. συνῆκας δὲ δεσμὸν Πλειάδος [A *al.*] †
Ps. 2. 10. καὶ νῦν, βασιλεῖς, σύνετε (6 *b*)
5. 1. σύνες τῆς κραυγῆς [A τῇ κρ.] μου (1 *a*)
13 (14). 2. A[2] B S εἰ ἔστι συνίων ἢ ἐκζητῶν τὸν θεόν (6 *b*)
18 (19). 12. παραπτώματα τίς συνήσει (1 *a*)
27 (28). 5. οὐ συνῆκαν [A -κα] εἰς τὰ ἔργα κυρίου (1 *a*)
32 (33). 15. ὁ συνιεὶς [S[2] σ. εἰς, B[2] -ίων] πάντα τὰ ἔργα αὐ. (1 *b*)
35 (36). 3. οὐκ ἐβουλήθη συνιέναι [S[1] -εῖναι] τοῦ ἀγαθῦναι (6 *b*)
40 (41). 1. μακάριος ὁ [S *om.*] συνίων ἐπὶ πτωχόν (6 *b*)
48 (49). 12. ἄνθρωπος ἐν τιμῇ ὢν οὐ συνῆκε †
— 20. ἄνθρωπος ἐν τιμῇ ὢν οὐ συνῆκε (1 *a*)
49 (50). 22. σύνετε δὴ ταῦτα (1 *a*)
52 (53). 2. τοῦ ἰδεῖν εἰ ἔστι συνίων ἢ ἐκζητῶν τὸν θεόν (6 *b*)
57 (58). 9. B[2] R πρὸ τοῦ συνιέναι [B[1] S -εῖναι] τὰς ἀκάνθας ὑμῶν τὴν ῥάμνον [S[2] τῇ ῥ.] (1 *a*)
63 (64). 9. τὰ ποιήματα αὐτοῦ συνῆκαν (6 *b*)
72 (73). 17. B S[1] συνῶ εἰς τὰ ἔσχατα [S[2] ἔ. αὐτῶν] (1 *a*)
81 (82). 5. οὐκ ἔγνωσαν οὐδὲ συνῆκαν (1 *a*)
91 (92). 6. ἀσύνετος οὐ συνήσει ταῦτα (1 *a*)
93 (94). 7. οὐδὲ συνήσει ὁ θεὸς τοῦ 'Ιακώβ (1 *a*)
— 8. σύνετε δή, ἄφρονες ἐν τῷ λαῷ (1 *a*)
100 (101). 2. A S R συνήσω ἐν ὁδῷ [B ᾠδῇ] ἀμώμῳ (6 *b*)
105 (106). 7. οὐ συνῆκαν τὰ θαυμάσιά σου (6 *b*)
106 (107). 43. συνήσουσιν τὰ ἐλέη τοῦ κ. (1 *c*)
118 (119). 95. τὰ μαρτύριά σου συνῆκα (1 *c*)
— 99. ὑπὲρ πάντας τοὺς διδάσκοντάς με συνῆκα (6 *b*)
— 100. ὑπὲρ πρεσβυτέρους συνῆκα (1 *c*)
— 104. ἀπὸ τῶν ἐντολῶν σου συνῆκα (1 *c*)
138 (139). 2. σὺ συνῆκας τοὺς διαλογισμούς μου ἀπὸ μακρόθεν (1 *a*)
Pr. 2. 5. τότε συνήσεις φόβον κυρίου (1 *a*)
— 9. τότε συνήσεις δικαιοσύνην καὶ κρίμα (1 *a*)
8. 9. πάντα ἐνώπια τοῖς συνιοῦσι (1 *b*)
21. 11. συνίων δὲ σοφὸς δέξεται γνῶσιν (6 *b*)
— 12. συνίει δίκαιος καρδίας ἀσεβῶν (6 *b*)
— 29. ὁ δὲ εὐθὴς αὐτὸς συνίει τὰς ὁδοὺς αὐτοῦ (1 *a*, 4*)
28. 5. ἄνδρες κακοὶ οὐ συνήσουσι [B[2] S νοήσουσιν] κρίμα οἱ δὲ ζητοῦντες τὸν κύριον συνήσουσιν ἐν παντί (1 *a*, 1 *a*)
29. 7. A S[2] ὁ δὲ ἀσεβὴς οὐ συνήσει [B S[1] νοεῖ] γνῶσιν (1 *a*)
Wi. 3. 9. οἱ πεποιθότες ἐπ' αὐτῷ συνήσουσιν ἀλήθειαν (1)
6. 1. ἀκούσατε οὖν, βασιλεῖς, καὶ σύνετε
9. 11. οἶδε γὰρ ἐκείνη πάντα καὶ συνίει
Ho. 4. 14. ὁ λαὸς ὁ συνίων συνεπλέκετο μετὰ πόρνης (1 *a*)
14. 10. τίς σοφὸς καὶ συνήσει (1 *a*)
Am. 5. 13. ὁ συνίων ἐν τῷ καιρῷ ἐκ. σιωπήσεται (6 *b*)
Mi. 4. 12. οὐ συνῆκαν τὴν βουλὴν αὐ. (1 *b*)
Is. 1. 3. ὁ λαός με οὐ συνῆκεν (1 *c*)
6. 9. ἀκοῇ ἀκούσετε καὶ οὐ μὴ συνῆτε (1 *a*)
— 10. καὶ τῇ καρδίᾳ συνῶσι (1 *a*)
7. 9. ἐὰν μὴ πιστεύσητε οὐδὲ μὴ συνῆτε †
43. 10. ἵνα γνῶτε . . . καὶ συνῆτε [S[3] *om.* κ. σ.] (1 *a*)
52. 13. συνήσει ὁ παῖς μου (6 *b*)
— 15. οἳ οὐκ ἀκηκόασι συνήσουσι (1 *c*)
59. 15. μετέστησαν τὴν διάνοιαν τοῦ σ. [A S[1] -εῖναι] †
Je. 9. 12 (11). συνετῶ [A συνιεῖται, S[2] συνετιῶ] τοῦτο (1 *a*)
— 24 (23). A[2] B S συνίειν καὶ γινώσκειν ὅτι ἐγώ εἰμι κύριος (6 *b*)

Je. 20. 12. κύριε δοκιμάζων δίκαια συνίων νεφρούς (5)
23. 5. βασιλεύσει βασιλεὺς καὶ συνήσει (6 b)
29 (49). 20. S ἐὰν μὴ συνῶσιν [B συμψηθῶσι, A συμψηφισθῶσι] τὰ ἐλάχιστα τῶν προβάτων †
Ba. 3. 21. οὐδὲ συνῆκαν τρίβους αὐτῆς
Da. LXX. 11. 33. συνήσουσιν εἰς πολλούς (1 a)
— 35. ἐκ τῶν συνιέντων διανοηθήσονται (6 b)
12. 3. οἱ συνιέντες φανοῦσιν (6 b)
Da. TH. 1. 4. καὶ συνιέντας ἐν πάσῃ σοφίᾳ (6 b)
— 17. συνῆκεν ἐν πάσῃ ὁράσει (1 b)
8. 5. ἐγὼ ἤμην συνίων (1 b)
— 17. A B² σύνες [B¹ om.], υἱὲ ἀνθρώπου (1 b)
— 23. ἀναστήσεται βασιλεὺς . . . συνίων προβλήματα (1 b)
— 27. οὐκ ἦν ὁ συνίων (1 b)
9. 2. συνῆκα . . . τὸν ἀριθμὸν τῶν ἐτῶν (1 a)
— 13. τοῦ συνιέναι ἐν πάσῃ ἀληθείᾳ σου (6 b)
— 23. σύνες ἐν τῇ ὀπτασίᾳ (1 b)
— 25. γνώσῃ καὶ συνήσεις (6 b)
10. 11. σύνες ἐν τοῖς λόγοις (1 b)
— 12. ἔδωκας τὴν καρδίαν σου τοῦ συνεῖναι (1 b)
11. 30. συνήσει ἐπὶ τοὺς καταλιπόντας διαθήκην ἁγίαν (1 b)
— 33. οἱ συνετοὶ τοῦ λαοῦ συνήσουσιν εἰς πολλά (1 a)
— 35. ἀπὸ τῶν συνιέντων ἀσθενήσουσι (6 b)
— 37. B¹ ἐπὶ παντὸς θεοῦ [A B² R -ας θ.] . . . οὐ συνήσει (1 a)
— 37. ἐπὶ πᾶν θεὸν οὐ συνήσει (1 a)
12. 3. οἱ συνιέντες λάμψουσιν (6 b)
— 8. καὶ οὐ συνῆκα (1 a)
— 10. οὐ συνήσουσιν [A νοήσ.] πάντες ἄνομοι (1 a)
— 10. οἱ νοήμονες συνήσουσι (1 a)
[Aq. Jb. 28. 8: 34. 16: 36. 29: Ps. 27 (28). 5: 31 (32). 9: 32 (33). 15: 91 (92). 7: Pr. 14. 15: 17. 10: 24. 12: Is. 57. 1: Je. 9. 17 (16): 30 (37). 24: Da. 10. 1: 11. 37 *bis*.]
[Sm. I Ki. 3. 8: Jb. 28. 23: 34. 16: Ps. 27 (28). 5: 91 (92). 7: Is. 6. 10: Je. 30 (37). 24: Da. 12. 10: Ze. 2. 1.]
[Th. Jb. 31. 1: 32. 12: 36. 29: 37. 14: 38. 18: Ps. 93 (94). 8: 118 (119). 100: Is. 28. 19: Da. 9. 23: 11. 30, 37 *bis*: 12. 3, 10.]

συνισοῦν.
[Quint. Ps. 93 (94). 20.]

συνιστάναι (-ιστᾶν). (1) אָסַר (2) חָתַם hi. (3) יָקשׁ (4) כּוּן pil. (5) מִקְוֶה (6) עָבַר (7) עָמַד (8) פָּקַד (9) צָוָה pi. (10) קָהַל ni. (11) שָׁלַח pi.
Ge. 40. 4. συνέστησεν ὁ ἀρχιδεσμώτης τῷ Ἰ. αὐτούς (8)
Ex. 7. 19. καὶ ἐπὶ πᾶν συνεστηκὸς ὕδωρ αὐ. (5)
32. 1. συνέστη ὁ λαὸς ἐπὶ Ἀ. (10)
Le. 15. 3. ἧς συνέστηκε τὸ σῶμα αὐ. (2)
— 3. ᾗ συνέστηκε τὸ σῶμα αὐ. διὰ τῆς ῥύσεως (2 ?)
Nu. 16. 3. B¹ συνέστησαν ὀπίσω [A B² R ἐπὶ] M. καὶ Ἀ. (10)
27. 23. καὶ συνέστησεν αὐτόν (9)
32. 28. συνέστησεν αὐτοῖς M. (9)
I Ki. 17. 26. A εἶπε Δ. πρὸς τοὺς ἄνδρας τοὺς συνεστηκότας μετ' αὐ. (7)
I Es. 1. 29. συνεστήσατο πρὸς αὐτὸν πόλεμον
2. 23. B καὶ οἱ Ἰ. . . . πολιορκίας συνεσταμένοι [A R -ιστάμενοι]
Jb. 28. 23. ὁ θεὸς εὖ συνέστησεν αὐτῆς τὴν ὁδόν †
Ps. 38 (39). 1. ἐν τῷ συστῆναι τὸν ἁμαρτωλὸν ἐναντίον μου †
106 (107). 36. συνεστήσαντο πόλεις κατοικεσίας (4)
117 (118). 27. συστήσασθε ἑορτὴν ἐν τοῖς πυκάζουσιν (1)
140 (141). 9. φύλαξόν με ἀπὸ παγίδος ἧς συνεστήσαντό μοι (3)
Pr. 6. 14. ὁ τοιοῦτος ταραχὰς συνίστησι πόλει (11)
26. 26. ὁ κρύπτων ἔχθραν συνίστησι δόλον –
Wi. 7. 14. διὰ τὰς ἐκ παιδείας δωρεὰς συσταθέντες
Je. 5. 27. S ὡς παγὶς συνεσταμένη [A B ἐφεστ.] πλήρης πετεινῶν –
Da. LXX. 7. 21. τὸ κέρας ἐκ. πόλεμον συνιστάμενον πρὸς τοὺς ἁγίους (6)
Da. TH. Su. 61. συνέστησεν αὐτοὺς Δ. ἐκ. τοῦ στόματος αὐ.
3. (24). συστὰς Ἀζ. προσηύξατο οὕτως
I Ma. 1. 2. συνεστήσατο πολέμους πολλούς
— 18. συνεστήσατο πόλεμον πρὸς Πτ.
2. 32. S R συνεστήσαντο [A -εστείλαντο] πρὸς αὐτοὺς πόλεμον
— 44. συνεστήσαντο δύναμιν
3. 3. συνεστήσατο πολέμους
10. 54. A συστήσωμεν [S R νῦν στήσομεν] πρὸς αὐτὸν φιλίαν
12. 43. συνέστησεν [S¹ -έταξεν] αὐτὸν πᾶσι τοῖς φίλοις αὐ.
II Ma. 4. 9. καὶ ἐφηβίαν αὐτῷ συστήσασθαι
— 24. ὁ δὲ συσταθεὶς τῷ βασιλεῖ
— 30. τοιούτων δὲ συνεστηκότων
8. 9. συνέστησαν δὲ αὐτῷ καὶ Γοργίαν
9. 25. ὃν . . . τοῖς πλείστοις ὑμῶν . . . συνίστων
— 27. A ἐπιεικῶς καὶ φιλανθρώπως συσταθέντα τῇ ἐμῇ προαιρέσει [R *al.*]
14. 15. τὸν ἄχρι αἰῶνος συστήσαντα τὸν αὐτοῦ λαόν
15. 6. διεγνώκει κοινὸν . . . συστήσασθαι τρόπον
III Ma. 1. 19. δρόμον ἄτακτον συνίσταντο
2. 26. ὥστε δυσφημίας ἐν τοῖς τόποις συνίστασθαι
4. 1. δημοτελὴς συνίστατο . . . εὐωχία
— 16. συμπόσια ἐπὶ πάντων τῶν εἰδώλων συνιστάμενος
— 18. τῶν μὲν κατὰ τὰς οἰκίας ἔτι συνεστηκότων
5. 36. συστησάμενος πᾶν τὸ συμπόσιον
6. 31. κώθωνα σωτήριον συστησάμενοι
— 32. χοροὺς συνίσταντο
— 35. συστησάμενοι τὸν προειρημένον χρόνον
— 38. συνίστανται δὲ αὐτῶν τὴν ἀπώλειαν
[Aq. Ge. 1. 9.]
[Sm. Ge. 1. 9: Ps. 2. 2: 8. 3: 74 (75). 4: 137 (138). 3.]
[Al. I Ki. 14. 48.]
[Sext. Ps. 8. 3.]

συνίστωρ. (1) שָׂהֵד
Jb. 16. 20 (19). A B S² ὁ δὲ σ. μου ἐν ὑψίστοις (1)

συννέφεια.
[Th. Jb. 3. 5.]

συννεφεῖν. (1) עָנַן pi.
Ge. 9. 14. ἐν τῷ συννεφεῖν με νεφέλας ἐπὶ τὴν γῆν (1)
[Sm. Jb. 37. 21.]

συννεφής. (1) עָרַף
De. 33. 28. ὁ οὐρανός σοι συννεφὴς δρόσῳ [A *al.*] (1)

συννοεῖν.
II Ma. 5. 6. οὐ συννοῶν τὴν εἰς τοὺς συγγενεῖς εὐημερίαν δυσημερίαν εἶναι τὴν μεγίστην
11. 13. συννοήσας ἀνικήτους εἶναι τοὺς Ἑβρ.
14. 3. συννοήσας ὅτι . . . οὐκ ἔστιν αὐτῷ σωτηρία

σύννους.
I Es. 8. 71. καὶ ἐκάθισα σύννους
[Sm. Da. 4. 16.]

σύννυμφος. (1) יְבֶמֶת
Ru. 1. 15. ἀνέστρεψε σύννυμφός [A ἡ σ.] σου (1)
— 15. ἐπιστράφητι δὴ καὶ σὺ ὀπίσω τῆς σ. σου (1)

συνοδεύειν. (1) הָלַךְ
To. 5. 16. S ὁ ἄγγελος αὐ. συνοδεύσαι ὑμῖν [A B *al.*]
Wi. 6. 23. οὔτε μὴν φθόνῳ τετηκότι συνοδεύσω
Za. 8. 21. S¹ συνοδεύσονται [A B S³ -ελεύσ.] κατοικοῦντες πόλεις πολλάς (1)
[Sm. Ge. 33. 12.]

συνοδία (-εία). (1) יָחַשׂ *a.* hithpa. *b.* יַחַשׂ
Ne. 7. 5. συνῆξα . . . τὸν λαὸν εἰς συνοδίας (1 a)
— 5. εὗρον βιβλίον τῆς σ. (1 b)
— 64. ἐζήτησαν γραφὴν αὐ. τῆς σ. (1 a)

σύνοδος. (1) עֲצֶרֶת
De. 33. 14. καὶ ἀπὸ συνόδων μηνῶν †
III Ki. 15. 13. καθὼς ἐποίησε σύνοδον †
I Es. 1. 8. B² καὶ ἡ σ. [A B¹ Ἡσυῆλος] οἱ ἐπιστάται τοῦ ἱεροῦ
Je. 9. 2 (1). πάντες μοιχῶνται σ. ἀθετούντων (1)
[Sm. Ps. 67 (68). 31: 81 (82). 1.]
[Al. I Ki. 10. 5.]

συνοδυνᾶσθαι.
Si. 30. 10. μὴ συγγελάσῃς αὐτῷ ἵνα μὴ συνοδυνηθῇς

συνοικεῖν. (1) בּוֹא אֶל (2) בָּעַל (3) הָיָה לְ (4) יָבַם pi.
Ge. 20. 3. αὕτη δέ ἐστι συνῳκηκυῖα ἀνδρί (2)
De. 22. 13. καὶ συνοικήσῃ αὐτῇ (1)
24. 1. B καὶ συνοικήσῃ [A² -σει] αὐτῇ (2)
25. 5. καὶ συνοικήσει αὐτῇ (4)
Jd. 14. 20. A συνῴκησεν ἡ γυνὴ Σ. τῷ νυμφαγωγῷ αὐ. [B *al.*] (3)
I Es. 8. 70. A R συνῴκησαν [*cod.* -ήκ., B -κισαν] γὰρ μετὰ τῶν θυγ. αὐ.
— 84. R τὰς θυγ. ὑμῶν μὴ συνοικήσητε [A B -κίσ.] τοῖς υἱοῖς αὐ.
9. 7. B συνοικήσατε [A R -ῳκίσ.] γυναιξὶν ἀλλογενέσι [A *al.*]
— 36. B συνῴκησαν γυναιξὶν ἀλλογενέσιν [A R *al.*]
Pr. 19. 14. B² παρὰ δὲ θεοῦ συνοικεῖ [A B¹ S ἁρμόζεται] γυνὴ ἀνδρί †
Wi. 7. 28. οὐθὲν γὰρ ἀγαπᾷ ὁ θεὸς εἰ μὴ τὸν σοφίᾳ συνοικοῦντα
Si. 25. 8. μακάριος ὁ συνοικῶν γυναικὶ συνετῇ
— 16. A S² συνοικῆσαι λέοντι καὶ δράκοντι εὐδοκῆσαι [B S¹ -ήσω] ἢ συνοικῆσαι [B S¹ ἐνοικ.] μετὰ γυναικὸς πονηρᾶς
42. 9. συνῳκηκυῖα [S² σ. ἀνδρὶ] μή ποτε μισηθῇ
— 10. συνῳκηκυῖα μή ποτε στειρώσῃ [A S -ωθῇ]
Is. 62. 5. ὡς συνοικῶν νεανίσκος παρθένῳ (2)
II Ma. 1. 14. ὡς γὰρ συνοικῶν αὐτῇ παρεγένετο
[Aq. Ge. 30. 20.]
[Sm. Pr. 30. 23.]
[Al. Le. 16. 16.]

συνοίκησις.
To. 7. 14. S ἔγραψε συγγραφὴν βιβλίου συνοικήσεως [A B *om.* β. σ.]

συνοικίζειν. (1) בָּעַל *a.* qal. *b.* ni.
De. 21. 13. καὶ συνοικισθήσῃ αὐτῇ (1 a)
22. 22. κοιμώμενος μετὰ γυναικὸς συνῳκισμένης ἀνδρί (1 a)
I Es. 8. 70. B συνῴκισαν [A R -ησαν] τὰς [? τινας, A μετὰ] τῶν θυγ. αὐ.
— 84. A B τὰς θυγ. ὑμῶν μὴ συνοικίσητε [R -κήσ.] τοῖς υἱοῖς αὐ.
— 93. A R συνῳκίσαμεν γυναῖκας ἀλλογενεῖς [B *al.*]
9. 7. A R συνῳκίσατε [B -οικήσ.] γυναιξὶν ἀλλογενέσι [A *al.*]
— 36. A R συνῴκισαν γυναῖκας ἀλλογενεῖς [B *al.*]
Si. 16. 4. ἀπὸ γὰρ ἑνὸς συνετοῦ συνοικισθήσεται πόλις
Is. 62. 4. B ἡ γῆ σου συνοικισθήσεται (1 b)
[Sm. Ge. 3. 13 (12): Is. 62. 4 *bis*.]
[Th. Is. 62. 4 *bis*.]

συνοικοδομεῖν.
I Es. 5. 68. συνοικοδομήσομεν ὑμῖν

συνολκή.
Wi. 15. 15. οὔτε ῥῖνες εἰς συνολκὴν ἀέρος

σύνολος.
Es. 8. 13. πᾶσα δὲ πόλις ἢ χώρα τὸ σ.
Si. 9. 9. μετὰ ὑπάνδρου γυναικὸς μὴ κάθου τὸ σ.
III Ma. 3. 29. οὗ ἐὰν φωραθῇ τὸ σ. σκεπαζόμενος Ἰουδαῖος
4. 3. τίς τὸ σύνολον οἰκτιστος τόπος
— 11. τὸ σ. καταξιῶσαι περιβόλῳ
7. 8. μηθὲν αὐτοὺς τὸ σ. καταβλάπτοντος
— 9. ἐὰν . . . ἐπιλυπήσωμεν αὐτοὺς τὸ σ.
— 21. τὸ σ. ὑπὸ μηδενὸς διασεισθέντες τῶν ὑπαρχόντων
[Sm. Dt. 32. 5.]

συνόμιλος.
[Sm. Jb. 19. 19.]

συνομολογεῖν.
IV Ma. 13. 1. συνομολογεῖται πανταχόθεν

συνορᾶν.
II Ma. 2. 24. συνορῶντες γὰρ τὸ χύμα τῶν ἀριθμῶν
4. 4. συνορῶν Ὀ. τὸ χαλεπὸν τῆς φιλονεικίας
5. 17. οὐ συνορῶν ὅτι . . . ἀπώργισται
7. 4. τῶν λοιπῶν ἀδ. καὶ τῆς μητρὸς συνορώντων
— 20. ἀπολλυμένους υἱοὺς ἑπτὰ συνορῶσα
8. 8. συνορῶν δὲ ὁ Φ. . . . εἰς προκοπὴν ἐρχόμενον τὸν ἄνδρα

συνούλωσις. (1) אֲרֻכָה

Je. 40 (33). 6. ἀνάγω αὐτῇ [A ἐπάγω ἐπ' αὐτοὺς] συνούλωσιν (1)
[Aq. Je. 30 (37). 17.]
[Sm. Je. 30 (37). 13, 17.]
[Th. Is. 58. 8.]

συνουσιασμός.

Si. 23. 6. κοιλίας ὄρεξις καὶ συνουσιασμὸς μὴ καταλαβέτωσάν με
IV Ma. 2. 3. ἀκμάζων πρὸς συνουσιασμόν

συνοχή. (1) מָצוֹר (2) שׁוֹאָה

Jd. 2. 3. ἔσονται ὑμῖν εἰς συνοχάς †
Jb. 30. 3. οἱ φεύγοντες ἄνυδρον ἐχθὲς συνοχὴν (2)
38. 28. A τίς δέ ἐστιν ὁ τετοκὼς συνοχὰς καὶ [B S om. σ. καὶ] βώλους δρόσου –
Mi. 5. 1 (4. 14). συνοχὴν ἔταξεν ἐφ' ὑμᾶς (1)
Je. 52. 5. ἦλθεν ἡ πόλις εἰς συνοχήν (1)
[Aq. Ps. 24 (25). 17 : 118 (119). 143 : Je. 37 (44). 15 : Ez. 7. 25.]
[Sm. Jb. 38. 16 : Ps. 106 (107). 39 : Pr. 30. 16.]
[Th. Ez. 7. 25.]

συνρ. *vid. sub* συρρ.

συνταγή. (1) זָמַן pu. (2) מוֹעֵד

Jd. 20. 38. A ἡ σ. ἦν ἀνδρὶ Ἰσρ. [B *al.*] (2)
II Es. 10. 14. A S^2 R ἐλθέτωσαν εἰς καιροὺς ἀπὸ συνταγῶν [B S^1 συναγωγῶν] (1)
[Aq. Nu. 3. 7 : 4. 25 : 1 Ki. 9. 24 : 13. 8 : 20. 35 : Ps. 73 (74). 4 : 74 (75). 3 : Is. 33. 20 : Ez. 16. 58 : 22. 9 : 23. 27, 29, 44, 48 : 24. 13 (Sw.).]
[Sm. Nu. 3. 7 : 4. 25 : 1 Ki. 13. 8 : Pr. 1. 26 : Ez. 24. 13 (Sw.).]
[Th. 1 Ki. 20. 35 : Ez. 24. 13 (P.).]

σύνταγμα. (1) אֲסֻפָּה (2) סוֹד

Jb. 15. 8. ἢ σύνταγμα κυρίου ἀκήκοας (2)
Ec. 12. 11. S^2 οἱ παρὰ τῶν σ. [A S^1 συναγμάτων, B συνθεμάτων] ἐδόθησαν (1)
II Ma. 2. 23. πειρασόμεθα δι' ἑνὸς σ. ἐπιτεμεῖν
[Aq. Ec. 12. 11.]
[Sm. 1 Ki. 20. 35.]
[Th. Jb. 38. 33.]

σύνταξις. (1) אֲרֻחָה (2) חֹק (3) מִשְׁפָּט (4) עֲבֹדָה (5) פָּקַד (6) *a.* תָּכַן *b.* מַתְכֹּנֶת

Ex. 5. 8. τὴν σ. τῆς πλινθείας . . . ἐπιβαλεῖς αὐτοῖς (6 *b*)
— 11. οὐ γὰρ ἀφαιρεῖται ἀπὸ τῆς σ. ὑμῶν οὐθέν (4)
— 14. διὰ τί οὐ συνετελέσατε τὰς σ. ὑμῶν τῆς πλινθείας (2)
— 18. τὴν σ. τῆς πλινθείας ἀποδώσετε (6 *a*)
37. 19 (38. 21). αὕτη ἡ σ. τῆς σκηνῆς τοῦ μαρτ. (5)
Nu. 9. 14. κατὰ τὴν σ. αὐ. ποιήσει αὐτό (3)
15. 24. καὶ σπονδὴν αὐ. κατὰ τὴν σ. [A σ. αὐ.] (3)
III Ki. 4. 28 (5. 8). ἕκαστος κατὰ τὴν σ. αὐ. (3)
I Es. 6. 29. ἀπὸ τῆς φορολογίας . . . σύνταξιν δίδοσθαι
Je. 52. 34. ἡ σ. αὐτῷ ἐδίδοτο διὰ παντός (1)
I Ma. 4. 35. τὴν γενομ. τροπὴν τῆς αὐτοῦ συντάξεως
II Ma. 9. 16. τὰς δὲ ἐπιβαλλούσας πρὸς τὰς θυσίας σ.
15. 38. εὐθίκτως τῇ σ.
— 39. τέρπει τὰς ἀκοὰς τῶν ἐντυγχανόντων τῇ σ.
[Sm. Ge. 47. 22 : Le. 24. 9 : Ps. 41 (42). 4 : Je. 52. 34 *bis.*]
[Th. Pr. 31. 15 : Je. 52. 34 *bis.*]

συνταράσσειν. (1) בְּהַל pa. (2) בִּלַּע pi. (3) הָמָה (4) הָמַם (5) חָבַט (6) כָּמַר ni. (7) סָעַף pi. (8) פָּצַם pi. (9) רָגַז (10) שְׁבַשׁ ithpa.

Ex. 14. 24. συνετάραξε τὴν παρεμβολὴν τῶν Αἰγ. (4)
II Ki. 22. 8. τὰ θεμέλια τοῦ οὐρ. συνεταράχθησαν [A ἐτ.] (9)
Ps. 17 (18). 14. συνετάραξεν αὐτούς (4)
20 (21). 9. ἐν ὀργῇ αὐτοῦ [A σου] συνταράξει [A -εις] αὐτούς (2)
41 (42). 5, 11 : 42 (43). 5. ἵνα τί συνταράσσεις με (3)
59 (60). 2. καὶ συνετάραξας αὐτήν (8)
64 (65). 7. S R ὁ συνταράσσων τὸ κύτος [B ὕδωρ] τῆς θαλάσσης †
Ps. 143 (144). 6. συνταράξεις αὐτούς (4)
Ho. 11. 8. συνεταράχθη ἡ μεταμέλειά μου (6)
Is. 10. 33. συνταράσσει [S -άξει] τοὺς ἐνδόξους (7)
27. 12. S συνταράξει [A B συμφρ.] ὁ θεὸς ἀπὸ τῆς διώρυγος τοῦ ποταμοῦ (5)
Da. Th. 4. 2. αἱ ὁράσεις τῆς κεφ. μου συνετάραξάν με (1)
— 16 : 5. 6. οἱ διαλογισμοὶ αὐ. συνετάρασσον αὐτόν (1)
5. 9. οἱ μεγιστᾶνες αὐ. συνεταράσσοντο [A -ον αὐτόν] (10)
7. 28. οἱ διαλογισμοί μου ἐπὶ πολὺ συνετάρασσόν με (1)
I Ma. 3. 6. πάντες οἱ ἐργάται τῆς ἀνομίας συνεταράχθησαν
[Th. Da. 7. 15.]

συντάσσειν. (1) אָמַר (2) *a.* דִּבֵּר pi. *b.* דָּבָר (3) חָבַר hithpa. (4) טָרַף hi. (5) יָעַד ni. (6) יָצַר (7) פָּקַד pu. (8) צִוָּה *a.* pi. *b.* pu.

Ge. 18. 19. συντάξει τοῖς υἱοῖς αὐ. (8 *a*)
26. 11. συνέταξε δὲ Ἀβ. παντὶ τῷ λαῷ αὐ. (8 *a*)
Ex. 1. 17. καθότι συνέταξεν αὐταῖς ὁ βασ. Αἰγ. (2 *a*)
— 22. συνέταξε δὲ Φ. παντὶ τῷ λαῷ αὐ. (8 *a*)
5. 6. συνέταξε δὲ Φ. τοῖς ἐργοδιώκταις (8 *a*)
6. 13. συνέταξεν αὐτοῖς πρὸς Φ. (8 *a*)
9. 12. A^2 B καθὰ συνέταξε κύριος (2 *a*)
12. 35. καθὰ συνέταξεν αὐτοῖς Μ. (2 *b*)
16. 16. ὃ συνέταξε κύριος (8 *a*)
— 24. καθὼς συνέταξεν αὐτοῖς Μ. (8 *a*)
— 32. ὃ συνέταξε κύριος (8 *a*)
— 34. ὃν τρόπον συνέταξε κύριος τῷ Μ. (8 *a*)
19. 7. οὓς συνέταξεν αὐτοῖς ὁ θ. (8 *a*)
27. 20. σύνταξον τοῖς υἱοῖς Ἰσρ. (8 *a*)
31. 6. ὅσα συνέταξά σοι (8 *a*)
— 13. σύνταξον τοῖς υἱοῖς Ἰσρ. (2 *a*)
34. 4. καθότι συνέταξεν αὐτῷ κύριος (8 *a*)
35. 4. ὃ συνέταξε κύριος (8 *a*)
— 10. ὅσα συνέταξε κύριος (8 *a*)
— 29. ὅσα συνέταξε κύριος ποιῆσαι αὐτά (8 *a*)
36. 1. ὅσα συνέταξε κύριος (8 *a*)
— 5. ὅσα συνέταξε κύριος ποιῆσαι (8 *a*)
— 8 (39. 1), 12 (39. 5), 14 (39. 7), 29 (39. 21), 34 (39. 26). καθὰ συνέταξε κύριος τῷ Μ. (8 *a*)
— 37 (39. 29), 40 (39. 31). ὃν τρόπον συνέταξε κύριος τῷ Μ. (8 *a*)
37. 19 (38. 21). καθὰ συνετάγη Μωυσῇ (7)
— 20 (38. 22). καθὰ συνέταξε κύριος τῷ Μ. (8 *a*)
38. 27 (40. 32). καθάπερ συνέταξε κύριος τῷ Μ. (8 *a*)
39. 11 (32). καθὰ συνέταξε κύριος τῷ Μ. (8 *a*)
— 22 (42). ὅσα συνέταξε κύριος τῷ Μ. (8 *a*)
— 23 (43). ὃν τρόπον συνέταξε κύριος τῷ Μ. (8 *a*)
40. 16. A ὅσα συνέταξεν κύριος [B *al.*] (8 *a*)
— 19. καθὰ συνέταξε κύριος τῷ Μ. (8 *a*)
— 21, 23, 25. ὃν τρόπον συνέταξε κύριος τῷ Μ. (8 *a*)
— 27. καθάπερ [A ὃν τρόπον] συνέταξε κ. τῷ Μ. (8 *a*)
Le. 8. 4. ὃν τρόπον συνέταξεν αὐτῷ κύριος (8 *a*)
— 9. ὃν τρόπον συνέταξε κύριος τῷ Μ. (8 *a*)
— 13. καθάπερ συνέταξε κύριος τῷ Μ. (8 *a*)
— 17. ὃν τρόπον συνέταξε κύριος τῷ Μ. (8 *a*)
— 31. ὃν τρόπον συντέτακταί μοι (8 *a*)
— 36. οὓς συνέταξε κύριος τῷ Μ. (8 *a*)
9. 21 : 10. 15. ὃν τρόπον συνέταξε κύριος τῷ Μ. (8 *a*)
10. 18. ὃν τρόπον μοι συνέταξε κύριος (8 *a*)
13. 54. καὶ συντάξει ὁ ἱερεύς (8 *a*)
16. 34 : 24. 23. καθὰ συνέταξε κ. τῷ Μ. (8 *a*)
Nu. 1. 19. ὃν τρόπον συνέταξε κ. τῷ Μ. (8 *a*)
2. 34. ὅσα συνέταξε κ. τῷ Μ. [A *al.*] (8 *a*)
3. 16. ὃν τρόπον [A καθὰ] συνέταξεν αὐτοῖς κύριος (8 *b*)
— 51 : 4. 49. ὃν τρόπον συνέταξε κ. τῷ Μ. (8 *a*)
8. 3 (A B^2 R), 22 : 9. 5. καθὰ συνέταξε κ. τῷ Μ. (8 *a*)
15. 23. καθὰ συνέταξε κ. πρὸς ὑμᾶς [A κ. ὑμῖν] (8 *a*)
— 23. ἧς συνέταξε κύριος πρὸς ὑμᾶς (8 *a*)
— 36. καθὰ συνέταξε κ. τῷ Μ. [A *al.*] (8 *a*)
17. 11 (26). καθὰ [A ὅσα] συνέταξε κ. τῷ Μ. (8 *a*)
19. 2. ὅσα συνέταξε κύριος (8 *a*)
20. 9, 27. καθὰ συνέταξε κύριος (8 *a*)
26. 4. ὃν τρόπον συνέταξε κ. τῷ Μ. (8 *a*)
27. 11. καθὰ συνέταξε κ. τῷ Μ. (8 *a*)
— 23. καθάπερ συνέταξε κ. τῷ Μ. (2 *a*)
Nu. 30. 2. τοῦτο τὸ ῥῆμα ὃ συνέταξε κύριος (8 *a*)
31. 21. ὃ συνέταξε κ. τῷ Μ. (8 *a*)
— 31, 41. καθὰ συνέταξε κ. τῷ Μ. (8 *a*)
— 47. ὃν τρόπον συνέταξε κ. τῷ Μ. (8 *a*)
34. 13. B^1 ὃν τρόπον συνέταξε κ. τῷ Μ. [A B^2 R *om.* τ. Μ.] (8 *a*)
35. 2. σύνταξον τοῖς υἱ. Ἰσρ. (8 *a*)
36. 2. τῷ κυρίῳ συνέταξε κύριος (8 *b*)
— 6. ὃ συνέταξε κ. ταῖς θυγατράσι Σαλπ. (8 *a*)
— 10. ὃν τρόπον συνέταξε κ. Μωυσῇ [A πρὸς Μωυσῆν] (8 *a*)
De. 4. 23. A B^1 ὧν συνέταξε [B^2 R *add.* σοι] κ. ὁ θεός σου (8 *a*)
5. 15. συνέταξέ σοι [A σε] κ. ὁ θεός σου (8 *a*)
Jo. 4. 3. σύνταξον αὐτοῖς (8 *a*)
— 8. καθάπερ συνέταξε κ. τῷ Ἰ. (2 *a*)
8. 27. ὃν τρόπον συνέταξε κ. τῷ Ἰ. (8 *a*)
— 29. συνέταξεν Ἰ. (8 *a*)
9. 24. ὅσα συνέταξε κ. ὁ θεός σου Μωυσῇ (8 *a*)
11. 12. ὃν τρόπον συνέταξε Μ. (8 *a*)
— 15. ὃν τρόπον συνέταξε κ. τῷ Μ. (8 *a*)
— 15. ὧν συνέταξεν αὐτῷ Μ. (8 *a*)
24. 30. καθὰ συνέταξεν αὐτοῖς κύριος –
III Ki. 8. 5. A οἱ συντεταγμένοι ἐπ' αὐτὸν σὺν αὐτῷ (5)
I Es. 2. 16. καὶ οἱ λοιποὶ οἱ τούτοις συντασσόμενοι
— 25. ἀντέγραψε . . . τοῖς λοιποῖς τοῖς συντασσομ.
— 30. οἱ τούτοις συντασσόμενοι . . . ἤρξαντο κωλύειν
6. 4. τίνος ὑμῖν συντάξαντος
Ju. 2. 16. ὃν τρόπον πολέμου πλῆθος συντάσσεται
4. 8. καθὰ συνέταξεν αὐτοῖς Ἰ. ὁ ἱερεύς
7. 16. συνέταξε ποιεῖν καθὰ ἐλάλησαν
10. 9. συνέταξαν τοῖς νεανίσκοις ἀνοῖξαι αὐτῇ
12. 1. συνέταξε καταστρῶσαι αὐτῇ
Jb. 25. 5. εἰ σελήνη [A σελήνην δὲ] συντάσσει –
37. 6. ἐποίησε γὰρ μεγάλα . . . συντάσσων χιόνι (1)
— 13. ταῦτα συντέτακται παρ' αὐτοῦ ἐπὶ τῆς γῆς –
38. 12. ἢ ἐπὶ σοῦ συντέταχα φέγγος πρωϊνόν (8 *a*)
42. 9. καθὼς συνέταξεν αὐτοῖς ὁ κύριος (2 *a*)
Pr. 24. 31 (30. 8). σύνταξον δέ μοι τὰ δέοντα (4)
Is. 10. 6. τῷ ἐμῷ λαῷ συντάξω ποιῆσαι σκῦλα (8 *a*)
13. 3. ἐγὼ συντάσσω (8 *a*)
27. 4. ἐποίησε κύριος πάντα ὅσα συνέταξε †
37. 26. ἐξ ἡμερῶν ἀρχαίων συνέταξα (6 ?)
Je. 33 (26). 2. οὓς συνέταξά σοι (8 *a*)
— 8. ἃ συνέταξεν αὐτῷ κύριος λαλῆσαι (8 *a*)
34 (27). 4. συντάξεις [S προστ.] αὐτοῖς πρὸς τοὺς κυρίους αὐτῶν εἰπεῖν (8 *a*)
36 (29). 23. ὃν οὐ συνέταξα αὐτοῖς (8 *a*)
39 (32). 13. συνέταξα τῷ Βαρουχ (8 *a*)
— 35. ἃ οὐ συνέταξα αὐτοῖς (8 *a*)
41 (34). 22. ἰδοὺ ἐγὼ συντάσσω (8 *a*)
44 (37). 21. συνέταξεν ὁ βασιλεύς (8 *a*)
Ba. 1. 20. ἡ ἀρὰ ἣν συνέταξε κύριος τῷ Μωυσῇ
5. 7. συνέταξε γὰρ ὁ θεὸς ταπεινοῦσθαι πᾶν ὄρος
Ep. Je. 63. τό τε πῦρ . . . ποιεῖ τὸ συνταχθέν
Da. LXX. 11. 23. μετὰ τῆς διαθήκης καὶ δήμου συνταγέντος μετ' αὐτοῦ (3)
Da. Th. Su. 14. κοινῇ συνετάξαντο καιρόν
I Ma. 11. 40. S ὅσα συνέτασσεν [A R -ετέλεσε] ὁ Δ.
12. 43. S^1 συνέταξεν [A S^2 R -έστησεν] αὐτὸν πᾶσι τοῖς φίλοις αὐ.
15. 41. καθὰ συνέταξεν αὐτῷ ὁ βασ.
II Ma. 9. 4. συνέταξε τὸν ἁρματηλάτην
[Aq. Ex. 25. 21 (22) : Jb. 37. 6 : Am. 3. 3.]
[Sm. Ex. 25. 21 (22) : 1 Ki. 20. 20 : 21. 2 (3) : Jb. 2. 11 : Ps. 47 (48). 5.]
[Th. Ex. 25. 21 (22).]
[Al. Ex. 12. 28 : 29. 43 : Nu. 30. 3 : Je. 47 (29). 7.]

συντέλεια. (1) אַחֲרִית (2) אָסִיף (3) בֶּצַע (4) חָרַץ ni. (5) כָּלָה *a.* pi. *b.* subst. *c.* תִּכְלָה *d.* תַּכְלִית (6) *a.* כֹּל *b.* כָּלִיל *c.* כּוּל hi. (7) מִסְפָּר (8) סוּפָה (9) קֵץ (10) קָצֶב (11) תָּמַם (12) תְּקוּפָה

Ex. 23. 16. καὶ ἑορτὴν συντελείας ἐπ' ἐξόδου τοῦ ἐνιαυτοῦ (2)
De. 11. 12. ἕως συντελείας [A τῆς σ.] τοῦ ἐνιαυτοῦ (1)

Jo. 4. 8. ἐν τῇ σ. τῆς διαβάσεως τῶν υἱῶν Ἰσρ. (7)
Jd. 20. 40. B ἀνέβη ἡ [A R *om.*] σ. τῆς πόλεως (6 *b*)
I Ki. 8. 3. ἐξέκλιναν ὀπίσω τῆς σ. (3)
20. 41. ἔκλαυσεν . . . ἕως σ. μεγάλης †
III Ki. 6. 21 (22). ἕως συντελείας παντὸς τοῦ οἴκου (11)
— 25. ἐν μέτρῳ ἑνὶ σ. μία (10)
— 25. B ἀμφοτέροις σ. μία [A R *om.* σ. μ.] –
IV Ki. 13. 17. πατάξει τὴν Σ. . . . ἕως συντελείας (5 *a*)
— 19. τότε ἂν ἐπάταξας τὴν Σ. ἕως συντελείας (5 *a*)
II Ch. 24. 23. μετὰ τὴν σ. τοῦ ἐνιαυτοῦ (12)
I Es. 2. 1. εἰς συντέλειαν ῥήματος κυρίου
6. 20. οὐκ ἔλαβε συντέλειαν
II Es. 9. 14. μὴ παροξυνθῇς ἐν ἡμῖν ἕως συντελείας (5 *a*)
Ne. 9. 31. οὐκ ἐποίησας αὐτοὺς συντέλειαν (5 *b*)
Es. 4. 17. εἰς συντέλειαν αὐτοῦ
Jb. 26. 10. μέχρι συντελείας φωτὸς μετὰ σκότους (5 *d*)
30. 2. ἐπ' αὐτοὺς ἀπώλετο συντέλεια †
Ps. 58 (59). 13. BS^1 διαγγελήσονται συντέλειαι [S^2 ἐν συντελείᾳ] ἐν ὀργῇ συντελείας (5 *a*, 5 *a*)
118 (119). 96. πάσης συντελείας εἶδον πέρας (5 *c*)
Si. 11. 27. ἐν συντελείᾳ ἀνθρώπου ἀποκάλυψις ἔργων αὐτοῦ
16. 3. S^2 ἐξαίφνης αὐτῶν συντέλειαν γνώσεται
21. 9. ἡ σ. αὐτῶν φλὸξ πυρός
— 11. συντέλεια τοῦ φόβου κυρίου σοφία
22. 8. ἐπὶ συντελείᾳ ἐρεῖ, Τί ἐστιν
30. 32 (33. 23). ἐν ἡμέρᾳ συντελείας ἡμερῶν ζωῆς σου
37. 11. μετὰ μισθίου ἐφεστίου περὶ συντελείας
38. 28. καρδίαν αὐτοῦ δώσει εἰς συντέλειαν ἔργων καὶ ἡ ἀγρυπνία αὐτοῦ κοσμῆσαι ἐπὶ συντελείας
39. 28. ἐν καιρῷ συντελείας ἰσχὺν ἐκχέουσι
40. 14. οἱ παραβαίνοντες εἰς συντέλειαν ἐκλείψουσιν [A -θλίψουσιν]
43. 7. φωστὴρ μειούμενος ἐπὶ συντελείας [A S^1 -ᾳ]
— 27. συντέλεια λόγων τὸ πᾶν ἐστιν αὐτός
45. 8. ἐνέδυσεν αὐτὸν συντέλειαν καυχήματος
47. 10. ἐκόσμησε καιροὺς μέχρι συντελείας
50. 11. ἐν τῷ . . . ἐνδιδύσκεσθαι αὐτὸν συντέλειαν καυχήματος [A καύματος]
— 14. συντέλειαν λειτουργῶν ἐπὶ βωμῶν
Am. 1. 14. σεισθήσεται ἐν ἡμέραις συντελείας αὐ. (8)
8. 8. ἀναβήσεται ὡς ποταμὸς συντέλεια (6 *a*)
9. 5. ἀναβήσεται ὡς ποταμὸς συντέλεια αὐ. (6 *a*)
Na. 1. 3. ἐν συντελείᾳ . . . ἡ ὁδὸς αὐ. (8)
— 8. συντέλειαν ποιήσεται (5 *b*)
— 9. συντέλειαν αὐτὸς ποιήσεται (5 *b*)
Hb. 1. 9. συντέλεια [S^3 -αν] εἰς ἀσεβεῖς ἥξει (6 *a*)
— 15. συντέλειαν ἐν ἀγκίστρῳ ἀνέσπασε (6 *a*)
3. 19. τάξει τοὺς πόδας μου εἰς συντέλειαν †
Ze. 1. 18. συντέλειαν καὶ σπουδὴν ποιήσει (5 *b*)
Je. 1. 3. S ἕως συντελείας [A B *om.*] ἑνδεκάτου ἔτους τοῦ Σεδ. (11)
4. 27. συντέλειαν δὲ οὐ μὴ ποιήσω (5 *b*)
5. 10. συντέλειαν δὲ μὴ ποιήσητε (5 *b*)
— 18. οὐ μὴ ποιήσω ὑμᾶς εἰς συντέλειαν (5 *b*)
26 (46). 28. ποιήσω συντέλειαν ἐν παντὶ ἔθνει (5 *b*)
Ez. 11. 13. εἰς συντέλειαν σὺ ποιεῖς τοὺς καταλοίπους (5 *b*)
13. 13. ἐν θυμῷ ἐπάξω εἰς συντέλειαν (5 *b*)
20. 17. οὐκ ἐποίησα αὐτοὺς εἰς συντέλειαν (5 *b*)
21. 28 (33). ῥομφαία . . . ἐσπασμένη εἰς συντέλειαν (6 *c*)
22. 12. συντελέσω συντέλειαν κακίας σου †
Da. LXX. 4. 25. ἐπὶ συντελείᾳ τῶν λόγων –
— 28. ἐπὶ συντελείας τοῦ λόγου αὐ. –
— 32. ἐπὶ συντελείᾳ τῶν ἑπτὰ ἐτῶν –
8. 19. εἰς ὥρας καιροῦ συντελείας μενεῖ (9)
9. 26. ἥξει ἡ σ. αὐ. μετ' ὀργῆς καὶ καιροῦ συντελείας [R *al.*] (9, 9)
— 27. καὶ κατὰ συντέλειαν καιρῶν –
— 27. ἕως καιροῦ συντελείας πολέμου –
— 27. ἔσται ἕως συντελείας (5 *b*)
— 27. συντέλεια δοθήσεται ἐπὶ τὴν ἐρήμωσιν (4)
11. 6. εἰς συντέλειαν ἐνιαυτῶν ἄξει αὐτούς (9)
— 13. κατὰ συντέλειαν καιροῦ ἐνιαυτοῦ (9)
— 27. ἔτι γὰρ συντέλεια εἰς καιρόν (9)
— 35. ἕως καιροῦ συντελείας (9)
— 36. εἰς αὐτὸν γὰρ συντέλεια γίνεται (4)
— 40. καθ' ὥραν συντελείας (9)

Da. LXX. 11. 45. ἥξει ὥρα τῆς σ. αὐ. (9)
12. 4. ἕως καιροῦ συντελείας (9)
— 6. πότε οὖν συντέλεια ὧν εἴρηκάς μοι (9)
— 7. ἕως καιροῦ συντελείας –
— 7. ἡ σ. χειρῶν ἀφέσεως λαοῦ ἁγίου (5 *a*)
— 13. εἰς ἀναπλήρωσιν συντελείας (9)
— 13. εἰς συντέλειαν ἡμερῶν (9)
Da. TH. 9. 27. A B^2 ἕως συντελείας καὶ σπουδῆς (5 *b*)
— 27. ἕως τῆς [A *om.*] σ. καιροῦ συντέλεια δοθήσεται (5 *b*, 4)
11. 36. εἰς γὰρ συντέλειαν γίνεται (4)
12. 4. ἕως καιροῦ συντελείας (9)
— 13. εἰς ἀναπλήρωσιν συντελείας (9)
— 13. εἰς συντέλειαν ἡμερῶν (9)
I Ma. 3. 42. εἰς ἀπώλειαν καὶ συντέλειαν
[**Aq.** Is. 28. 22 : Ez. 23. 12 : Da. 9. 27.]
[**Sm.** Je. 30 (37). 11 : Da. 9. 27.]
[**Th.** Jb. 30. 2 : Da. 9. 27 *bis* : 11. 36 : 12. 13 *bis*.]
[**Al.** II Ch. 36. 22 : Da. 9. 27.]
[**Quint.** Ps. 29 (30). 6 : 34 (35). 20.]

συντελεῖν. (1) אָסַף (2) בָּלָה pi. (3) בָּצַע *a.* qal. *b.* pi. *c.* בֶּצַע (4) גָּמַר (5) גָּרַע (6) חָתַם (7) כָּלָה *a.* qal. *b.* pi. *c.* pu. *d.* כָּלָה subst. *e.* כִּלָּיוֹן (8) *a.* כֹּל *b.* כָּלִיל (9) כָּרַת (10) מוּת (11) מָלֵא *a.* qal. *b.* pi. (12) נָקַף hi. (13) סוּף (14) עָשָׂה *a.* qal. *b.* ni. (15) שָׁלֵם *a.* qal. *b.* pi. (16) תָּמַם *a.* qal. *b.* hi. *c.* hithpa. (17) συντέλειαν συντελεῖν בָּצַע pi. (18) πονηρὰ συντελεῖν רָעַע hi.

Ge. 2. 1. συνετελέσθησαν ὁ οὐρανὸς καὶ ἡ γῆ (7 *c*)
— 2. συνετέλεσεν ὁ θ. . . . τὰ ἔργα αὐ. (7 *b*)
6. 16. εἰς πῆχυν συντελέσεις αὐτὴν ἄνωθεν (7 *b*)
17. 22. συνετέλεσε δὲ λαλῶν πρὸς αὐτόν (7 *b*)
18. 21. εἰ κατὰ τὴν κραυγὴν αὐ. . . . συντελοῦνται (14 *a* + 7 *d*)
24. 15. πρὸ τοῦ συντελέσαι αὐτὸν λαλοῦντα (7 *b*)
— 45. πρὸ τοῦ συντελέσαι με λαλοῦντα (7 *b*)
29. 27. συντέλεσον οὖν τὰ ἕβδομα ταύτης (11 *b*)
43. 2. ἡνίκα συνετέλεσαν καταφαγεῖν (7 *b*)
44. 5. A πονηρὰ συντετέλεσθε [R -τετελέκατε] (18)
49. 5. συνετέλεσαν ἀδικίαν †
Ex. 5. 13. συντελεῖτε τὰ ἔργα τὰ καθήκοντα (7 *b*)
— 14. διὰ τί οὐ συνετελέσατε τὰς συντάξεις ὑμῶν (7 *b*)
36. 2. ὥστε συντελεῖν αὐτά (14 *a*)
40. 33. συνετέλεσε M. πάντα τὰ ἔργα (7 *b*)
Le. 16. 20. συντελέσει ἐξιλασκόμενος τὸ ἅγιον (7 *b*)
19. 9. B^2 R οὐ συντελέσετε τὸν θερισμὸν ὑμῶν (7 *b*)
23. 22. οὐ συντελέσετε τὸ λοιπὸν τοῦ θερισμοῦ (7 *b*)
— 39. ὅταν συντελέσητε τὰ γεννήματα τῆς γῆς (1)
Nu. 4. 15. συντελέσουσιν Ἀ. καὶ οἱ υἱοὶ αὐ. καλύπτοντες (7 *b*)
7. 1. ᾗ ἡμέρᾳ συνετέλεσε M. (7 *b*)
De. 26. 12. ἐὰν δὲ συντελέσῃς ἀποδεκατῶσαι (7 *b*)
31. 1. συνετέλεσε M. λαλῶν πάντας τοὺς λόγους τ. †
— 24. ἡνίκα δὲ συνετέλεσε M. γράφων (7 *b*)
32. 23. A τὰ βέλη μου συντελέσω [B συμπολεμήσω] εἰς αὐτούς (7 *b*)
— 45. A συνετέλεσεν [B ἐξετ.] M. λαλῶν παντὶ Ἰσρ. (7 *b*)
34. 8. συνετελέσθησαν αἱ ἡμέραι πένθους (16 *a*)
Jo. 3. 17. ἕως συνετέλεσε πᾶς ὁ λαὸς διαβαίνων τὸν Ἰ. (16 *a*)
4. 1. ἐπεὶ συνετέλεσε πᾶς ὁ λαὸς διαβαίνων τὸν Ἰ. (16 *a*)
— 10. ἕως οὗ συνετέλεσεν Ἰ. πάντα (16 *a*)
— 11. ὡς συνετέλεσε πᾶς ὁ λαὸς διαβῆναι (16 *a*)
21. 40. συνετέλεσεν Ἰ. διαμερίσας τὴν γῆν –
Jd. 3. 18. ἡνίκα συνετέλεσεν Ἀ. προσφέρων (7 *b*)
15. 17. A ἡνίκα συνετέλεσεν λαλῶν [B *al.*] (7 *b*)
Ru. 2. 23. ἕως οὗ συνετέλεσε τὸν θερισμὸν τῶν κριθῶν (7 *a*)
3. 3. ἕως οὗ συντελέσαι αὐτὸν φαγεῖν (7 *b*)
I Ki. 10. 13. καὶ συνετέλεσε προφητεύων (7 *b*)
13. 10. B ὡς συνετέλεσεν ἀναφέρων τὴν ὁλοκαύτωσιν (7 *b*)
15. 18. ἕως συντελέσῃς [A -σεις] αὐτούς (7 *b*)
18. 1. A ὡς συνετέλεσεν λαλῶν πρὸς Σ. (7 *b*)

I Ki. 20. 7. συντετέλεσται ἡ κακία παρ' αὐτοῦ (7 *a*)
— 9. συντετέλεσται ἡ κακία παρὰ τοῦ πατρός μου (7 *a*)
— 33. συντετέλεσται ἡ κακία αὕτη παρὰ τοῦ πατρὸς αὐ. (7 *d*)
— 34. συνετέλεσεν ἐπ' αὐτὸν ὁ πατὴρ αὐ. †
24. 17. ὡς συνετέλεσε Δ. τὰ ῥήματα ταῦτα λαλῶν (7 *b*)
25. 17. συντετέλεσται ἡ κακία εἰς τὸν κύριον ἡμῶν (7 *a*)
II Ki. 6. 18. συνετέλεσε Δ. συναναφέρων (7 *b*)
11. 19. ἐν τῷ συντελέσαι πάντας τοὺς λόγους (7 *b*)
13. 36. ἡνίκα συνετέλεσε λαλῶν (7 *b*)
21. 5. ὁ ἀνὴρ συνετέλεσεν ἐφ' ἡμᾶς (7 *b*)
22. 38. ἕως συντελέσω αὐτούς (7 *b*)
III Ki. 1. 41. καὶ αὐτοὶ συνετέλεσαν φαγεῖν (7 *b*)
3. 1. ἕως συντελέσαι αὐτὸν τὸν οἶκον κυρίου (7 *b*)
— 1 (5. 15). ἐποίησε καὶ συνετέλεσε –
— 1 (9. 25). συνετέλεσε τὸν οἶκον (15 *b*)
— 1. A ἕως οὗ συνετέλεσεν οἰκοδομῶν (7 *b*)
4. 34 (3. 1). B ἕως συντελέσαι αὐτὸν τὸν οἶκον κυρίου (7 *b*)
6. 1 (38). συνετελέσθη ὁ οἶκος (7 *a*)
— 3. καὶ συνετέλεσεν αὐτόν –
— 9, 14 (A). καὶ συνετέλεσεν αὐτόν (7 *b*)
7. 40. συνετέλεσε X. ποιῶν πάντα τὰ ἔργα (7 *b*)
— 1. A συνετέλεσεν ὅλον τὸν οἶκον αὐ. (7 *b*)
8. 1. B^1 ὡς συνετέλεσε [B^2 ἐν τῷ συντελέσαι] Σαλ. –
— 53. ὡς συνετέλεσε τοῦ οἰκοδομῆσαι αὐτόν –
— 54. ὡς συνετέλεσε Σ. προσευχόμενος (7 *b*)
9. 1. B^1 ὡς συνετέλεσε Σ. οἰκοδομεῖν [A B^2 -ῶν] (7 *b*)
22. 11. κερατιεῖς τὴν Σ. ἕως συντελεσθῇ (7 *b*)
IV Ki. 10. 25. ὡς συνετέλεσε ποιῶν τὴν ὁλοκαύτωσιν (7 *b*)
I Ch. 16. 2. συνετέλεσε Δ. ἀναφέρων ὁλοκαυτώματα (7 *b*)
27. 24. καὶ οὐ συνετέλεσε (7 *b*)
28. 20. ἕως τοῦ συντελέσαι σε πᾶσαν ἐργασίαν (7 *a*)
II Ch. 4. 11. συνετέλεσε X. ποιῆσαι πᾶσαν τὴν ἐργασίαν (7 *b*)
— 22 (5. 1). συνετελέσθη πᾶσα ἡ ἐργασία (15 *a*)
7. 1. ὡς συνετέλεσε Σ. προσευχόμενος (7 *b*)
— 11. συνετέλεσε Σ. τὸν οἶκον κυρίου (7 *b*)
18. 10. ἕως ἂν συντελεσθῇ (7 *b*)
20. 23. ὡς συνετέλεσαν τοὺς κατοικοῦντας Σ. (7 *b*)
24. 14. ὡς συνετέλεσαν (7 *b*)
29. 17. τῇ ἡμέρᾳ τῇ τρισκαιδεκάτῃ . . . συνετέλεσαν (7 *b*)
— 28. ἕως οὗ συνετελέσθη [A^1 -λεσεν] ἡ ὁλοκαύτωσις (7 *a*)
— 29. ὡς συνετέλεσαν ἀναφέροντες (7 *b*)
— 34. ἕως οὗ συνετελέσθη τὸ ἔργον (7 *a*)
30. 22. συνετέλεσαν τὴν ἑορτὴν τῶν ἀζύμων †
31. 1. ὡς συνετελέσθη πάντα ταῦτα (7 *b*)
— 7. ἐν τῷ ἑβδόμῳ μηνὶ συνετελέσθησαν (7 *b*)
34. 8. A ὅτε συνετέλεσεν [B *om.* ὅτε σ.] τοῦ καθαρίσαι –
I Es. 1. 17. συνετελέσθη τὰ τῆς θυσίας τοῦ κυρίου
— 56. συνετέλεσαν πάντα τὰ ἔνδοξα αὐ. ἀχρειῶσαι
2. 19. ἐὰν οὖν . . . τὰ τείχη συντελεσθῇ
— 27. καὶ οἱ ἄνθρωποι . . . πολέμους ἐν αὐτῇ συντελοῦντες
6. 10. καὶ ἐν πάσῃ δόξῃ . . . συντελούμενα
7. 4. καὶ συνετέλεσαν ταῦτα
— 5. συνετελέσθη ὁ οἶκος
To. 8. 1. ὅτε δὲ συνετέλεσαν δειπνοῦντες [S *al.*]
— 11. S ὅτε συνετέλεσαν ὀρύσσοντες τὸν τάφον
— 17. συντέλεσον τὴν ζωὴν αὐτῶν
— 19. S εἶπε συντελεῖν αὐτούς
— 20. A B πρὶν ἢ συντελεσθῆναι τὰς ἡμέρας τοῦ γάμου
10. 1. S ὅτε συνετελέσθησαν αἱ ἡμέραι [A B *al.*]
— 7. συνετελέσθησαν αἱ δέκα τέσσαρες ἡμέραι τοῦ γάμου
12. 20. γράψατε πάντα τὰ συντελεσθέντα [S *al.*]
14. 1. S συνετελέσθησαν οἱ λόγοι τῆς ἐξομολογήσεως T. [A B *al.*]
— 4. S πάντα ἃ εἶπεν ὁ θ. συντελεσθήσεται
— 10. S δόλος πολὺς συντελεῖται ἐν αὐτῇ
Ju. 2. 2. συνετέλεσε πᾶσαν τὴν κακίαν τῆς γῆς
— 4. ὡς συνετέλεσε τὴν βουλὴν αὐ.
10. 1. ὡς . . . συνετέλεσε πάντα τὰ ῥήματα ταῦτα
15. 4. τοὺς ἀπαγγέλλοντας ὑπὲρ τῶν συντετελεσμένων

Es. 3. 13. τὰ χείριστα συντελοῦν κακά
4. 1. ἐπιγνοὺς τὸ συντελούμενον (14 *b*)
8. 13. ὅσα ἐστὶ . . . ἀνοσίως συντετελεσμένα
Jb. 1. 5. ὡς ἂν συνετελέσθησαν αἱ ἡμέραι τοῦ πότου (12)
14. 14. ζήσεται συντελέσας ἡμέρας τοῦ βίου αὐτοῦ (8 *a*)
15. 4. συνετελέσω δὲ ῥήματα τοιαῦτα ἔναντι τοῦ κυρίου (5)
19. 27. παρὰ γὰρ κυρίου ταῦτά μοι συνετελέσθη †
— 27. πάντα δέ μοι συντετέλεσται ἐν κόλπῳ [S[1] κόπῳ] (7 *a*)
21. 13. συνετέλεσαν δὲ ἐν ἀγαθοῖς τὸν βίον αὐτῶν (2*, 7 *b*)
33. 27. οἷα συνετέλουν [A -ούμην] †
35. 14. ὁρατὴς ἐστι τῶν συντελούντων τὰ ἄνομα †
36. 11. συντελέσουσι τὰς ἡμέρας αὐτῶν ἐν ἀγαθοῖς (7 *b*)
Ps. 7. 9. συντελεσθήτω δὴ πονηρία ἁμαρτωλῶν (4)
76 (77). 8. S[2] συνετέλεσεν ῥῆμα (4)
118 (119). 87. παρὰ βραχὺ συνετέλεσάν με ἐν τῇ γῇ (7 *b*)
Pr. 1. 19. αὗται αἱ ὁδοί εἰσι πάντων τῶν συντελούντων τὰ ἄνομα (3 *a*)
8. 31. ὅτε ἐνευφραίνετο τὴν οἰκουμένην συντελέσας †
22. 8. πληγὴν δὲ ἔργων αὐτοῦ συντελέσει (7 *a*)
— 8. ματαιότητα δὲ ἔργων αὐτοῦ συντελέσει (7 *a* ?)
Si. 18. 7. A R ὅταν συντελέσει [B -σηται, S -σῃ] ἄνθρωπος
23. 20. οὕτως καὶ μετὰ τὸ συντελεσθῆναι [A τελ.]
24. 28. οὐ συνετέλεσεν ὁ πρῶτος γνῶναι αὐτήν
31 (34). 8. ἄνευ ψεύδους συντελεσθήσεται νόμος
38. 8. οὐ μὴ συντελέσῃ [A S -εσθῇ] ἔργα αὐτοῦ
— 27. S[2] καὶ ἡ ἀγρυπνία αὐ. συντελέσαι [A B S[1] τελ.] ἔργον
— 30. καρδίαν ἐπιδώσει [S αὐτοῦ δώσει] συντελέσαι τὸ χρῖσμα [B[1] χάρισμα]
45. 19. συνετελέσθησαν ἐν θυμῷ ὀργῆς
50. 19. ἕως συντελεσθῇ [S[2] συνετελ.] κόσμος κυρίου
Ho. 13. 2. ἔργα τεκτόνων συντετελεσμένα αὐτοῖς (8 *a*)
Am. 7. 2. ἐὰν συντελέσῃ τοῦ καταφαγεῖν (7 *b*)
Mi. 2. 1. ἅμα τῇ ἡμέρᾳ συνετέλουν αὐτά (14 *a*)
Jl. 2. 8. καὶ οὐ μὴ συντελεσθῶσι [S[3] -σωσιν, A -σουσιν] (3 *a*)
Na. 2. 1. συντετέλεσται ἐξῆρται (8 *a*)
Za. 5. 4. καὶ συντελέσει αὐτόν (7 *b*)
Ma. 3. 9. τὸ ἔτος συνετελέσθη (8 *a*)
Is. 1. 28. οἱ ἐγκαταλιπόντες τὸν κύριον συντελεσθήσονται (7 *a*)
8. 8. ἢ δυνατὸν συντελέσασθαί [A -λέσαι] τι †
10. 12. ὅταν συντελέσῃ κύριος πάντα ποιῶν (3 *b*)
— 23 (22). λόγον συντελῶν καὶ συντέμνων ἐν δικαιοσύνῃ (7 *e*)
16. 4. A συνετελέσθη ταλαιπωρία (7 *a*)
18. 5. ὅταν συντελεσθῇ ἄνθος (16 *a*)
28. 22. συντετελεσμένα καὶ συντετμημένα πράγματα ἤκουσα (7 *d*)
32. 6. τοῦ σ. ἄνομα (14 *a*)
44. 24. ἐγὼ κύριος ὁ συντελῶν πάντα [A ταῦτα] (14 *a*)
46. 10. ἅμα συνετελέσθη (14 *b*)
55. 11. A S ἕως ἂν συντελεσθῇ [B τελ.] (14 *a*)
Je. 5. 3. A B S[2] συνετέλεσας αὐτούς (7 *b*)
6. 11. οὐ συνετέλεσα αὐτούς †
— 13. πάντες συνετελέσαντο [A -σαν] ἄνομα (3 *a*)
13. 19. συνετέλεσαν [A S -εν] ἀποικίαν τελείαν (8 *a*)
14. 12. ἐν θανάτῳ ἐγὼ συντελέσω [S -λῶ] αὐτούς (7 *b*)
— 15. ἐν λιμῷ συντελεσθήσονται οἱ προφῆται (16 *c*)
15. 16. συντέλεσον αὐτούς †
16. 4. ἐν λιμῷ συντελεσθήσονται (7 *a*)
41 (34). 8. μετὰ τὸ συντελέσαι τὸν βασιλέα Σεδεκίαν διαθήκην (9)
— 15. συνετέλεσαν διαθήκην κατὰ πρόσωπόν μου (9)
La. 2. 17. συνετέλεσε ῥήματα αὐτοῦ (3 *b*)
3. 22. R οὐ συνετελέσθησαν οἱ οἰκτιρμοὶ αὐτοῦ . . . οὐ συνετελέσθημεν ὅτι οὐ συνετελέσθησαν οἱ οἰκτιρμοὶ αὐτοῦ (7 *a*, 16 *a* ?, 7 *a* ?)
4. 11. συνετέλεσε κύριος θυμὸν αὐτοῦ (7 *b*)
Ep. Je. 62. συντελοῦσι τὸ ταχθέν
Ez. 4. 6. συντελέσεις ταῦτα [A αὐτὰ πάντα] (7 *b*)
— 8. ἕως οὗ συντελεσθῶσιν ἡμέραι τοῦ συγκλεισμοῦ σου (7 *b*)

Ez. 5. 12. τὸ τέταρτόν σου ἐν λιμῷ συντελεσθήσεται (7 *a*)
— 13. συντελεσθήσεται ὁ θυμός μου . . . ἐν τῷ συντελέσαι με τὴν ὀργήν μου (7 *a*, 7 *b*)
6. 12. ἐν λιμῷ συντελεσθήσεται καὶ συντελέσω τὴν ὀργήν μου ἐπ' αὐτούς (10, 7 *b*)
7. 8. συντελέσω τὸν θυμόν μου ἐν σοί (7 *b*)
— 15. τοὺς δ' ἐν τῇ πόλει λιμὸς καὶ θάνατος συντελέσει †
11. 15. πᾶς ὁ οἶκος τοῦ Ἰσραὴλ συντετέλεσται (8 *a*)
13. 14. συντελεσθήσεσθε [A -σεται] μετ' ἐλέγχων (7 *a*)
— 15. συντελέσω τὸν θυμόν μου ἐπὶ τὸν τοῖχον (7 *b*)
16. 14. συντετελεσμένον ἦν ἐν εὐπρεπείᾳ (8 *b*)
20. 8. τοῦ συντελέσαι ὀργήν μου ἐν αὐτοῖς (7 *b*)
— 21. B τοῦ συντελέσαι τὴν ὀργήν μου (7 *b*)
22. 12. συνετελέσω συντέλειαν κακίας σου (17)
— 13. ἐφ' οἷς συντετέλεσαι οἷς ἐποίησας (3 *c*)
— 31. τοῦ συντελέσαι [A *add.* αὐτοὺς] τὰς ὁδοὺς αὐ. (7 *b*)
23. 32. τοῦ συντελέσαι μέθην †
42. 15. συνετελέσθη ἡ διαμέτρησις τοῦ οἴκου ἔσωθεν (7 *b*)
43. 23. μετὰ τὸ συντελέσαι σε τὸν ἐξιλασμόν (7 *b*)
Da. LXX. 5. 27. συντέτμηται καὶ συντετέλεσται †
9. 24. συντελεσθῆναι τὴν ἁμαρτίαν (7 *b*)
— 24. συντελεσθῆναι τὰ ὁράματα (6)
10. 3. ἕως τοῦ συντελέσαι με τὰς τρεῖς ἑβδομάδας (11 *a*)
11. 36. ἕως ἂν συντελεσθῇ ἡ ὀργή (7 *a*)
12. 7. συντελεσθήσεται πάντα ταῦτα (7 *a*)
Da. TH. 4. 30. ὁ λόγος συνετελέσθη ἐπὶ Ναβ. (13)
9. 24. τοῦ συντελεσθῆναι [A -λέσαι] ἁμαρτίαν (7 *b*)
11. 16. A συντελεσθήσεται [B τελ.] ἐν τῇ χειρὶ αὐ. (7 *a*)
— 36. μέχρις οὗ συντελεσθῇ ἡ ὀργή (7 *a*)
12. 7. ἐν τῷ συντελεσθῆναι [A -λέσαι] διασκορπισμόν (7 *b*)
I Ma. 8. 31. ὧν ὁ βασ. Δημ. συντελεῖται εἰς αὐτούς
10. 5. ὧν συνετελέσαμεν πρὸς αὐτόν
11. 40. A R ὅσα συνετέλεσε [S -έτασσεν ὁ] Δ.
16. 1. ἃ συνετέλει [S -λεσεν] K.
II Ma. 3. 32. κακουργίαν τινὰ . . . ὑπὸ τῶν Ἰουδ. συντετελέσθαι
4. 3. ὥστε καὶ διά τινος . . . φόνους συντελεῖσθαι
5. 5. αἰφνιδίως ἐπὶ τὴν πόλιν συνετελέσατο ἐπίθεσιν
8. 17. τὴν ἀνόμως εἰς τὸν ἅγιον τόπον συντετελεσμένην . . . ὕβριν
12. 3. τηλικοῦτο συνετέλεσαν τὸ δυσσέβημα
13. 8. ἐπεὶ γὰρ συνετελέσατο πολλὰ . . . ἁμαρτήματα
III Ma. 5. 4. τὸ προσταγὲν ἀραρότως Ἕρμων συνετέλει
— 43. τῶν συντελούντων ἐκεῖ θυσίαν
7. 4. μέχρι ἂν συντελεσθῇ τοῦτο
[**Aq.** Ps. 77 (78). 33 : Is. 52. 15 : Je. 10. 25 : 26 (33). 8 : 51 (28). 63 : Ez. 24. 10 : Da. 9. 24.]
[**Sm.** Ps. 58 (59). 14 : 76 (77). 9 : Is. 24. 13 : 33. 1 : 61. 8 : Je. 10. 25 : 26 (33). 8 : 51 (28). 63 : Ez. 17. 13 : 27. 4 : Da. 2. 46 (Sw.).]
[**Th.** II Ki. 21. 2 : Jb. 36. 11 : Je. 10. 25 : Da. 9. 24 : 11. 16† : 12. 7, 7†.]
[**Al.** Le. 26. 16 : II Ch. 18. 10 : Ps. 137 (138). 8 : Is. 16. 4.]

συντελμᾶν (?).

Is. 28. 22. A συντετελμημένα [B S -τετμημ.] πράγματα ἤκουσα †

συντέμνειν. (1) חָרַץ *a.* qal. *b.* ni. (2) חָתַךְ ni. (3) כָּלָה

Is. 10. 23 (22). λόγον συντελῶν καὶ συντέμνων ἐν δικαιοσύνῃ (1 *a*)
— 23. λόγον συντετμημένον ποιήσει κύριος (3 + 1 *b*)
28. 22. συντετμημένα [A -τετελμημ.] πράγματα κυρίου παρὰ κυρίου σαβαώθ (1 *b*)
Da. LXX. 5. 27. συντέτμηται καὶ συντετέλεσται †
Da. TH. 9. 24. ἑβδομήκοντα ἑβδομάδες συνετμήθησαν (2)
— 26. ἕως τέλους πολέμου συντετμημένου τάξει (1 *b*)
II Ma. 10. 10. συντέμνοντες τὰ συνέχοντα τῶν πολέμων κακά
[**Aq.** II Ki. 5. 24 : Pr. 12. 24 : Is. 28. 27.]
[**Sm.** II Ki. 5. 24.]
[**Th.** Pr. 21. 5 : Da. 9. 24, 26.]

συντηρεῖν. (1) נָצַר (2) קִיֵּם (3) שָׁמַר

To. 1. 11. συνετήρησα τὴν ψυχήν μου μὴ φαγεῖν
3. 15. ἵνα συντηρήσω ἐμαυτὴν αὐτῷ γυναῖκα
Pr. 15. 4. ὁ δὲ συντηρῶν αὐτὴν πλησθήσεται πνεύματος †
Si. 2. 15. οἱ ἀγαπῶντες αὐτὸν συντηρήσουσι τὰς ὁδοὺς [S[2] ἐντολὰς] αὐτοῦ
4. 20. συντήρησον καιρὸν καὶ φύλαξαι ἀπὸ πονηροῦ
6. 26. συντήρησον [A S τηρ.] τὰς ὁδοὺς αὐτῆς
13. 12. ἀνελεήμων ὁ μὴ συντηρῶν λόγους
— 13. συντήρησον καὶ πρόσεχε σφοδρῶς
15. 15. ἐὰν θέλῃς συντηρήσεις [S[1] -ῃς] ἐντολάς
17. 22. χάριν ἀνθρώπου ὡς κόρην συντηρήσει
27. 12. εἰς μέσον ἀσυνέτων συντήρησον καιρόν
28. 3. ἄνθρωπος ἀνθρώπῳ συντηρεῖ ὀργήν
32 (35). 1. ὁ συντηρῶν νόμον πλεονάζει προσφοράς
37. 12. ὃν ἂν ἐπιγνῷς συντηροῦντα ἐντολάς
39. 2. διηγήσεις ἀνδρῶν ὀνομαστῶν συντηρήσει
41. 14. παιδείαν ἐν εἰρήνῃ συντηρήσατε
44. 20. ὃς συνετήρησε νόμον ὑψίστου
Ez. 18. 19. πάντα τὰ νόμιμά μου συνετήρησε (3)
Da. LXX. 3. 23. αὐτοὶ δὲ συνετηρήθησαν –
— (30). οὐδὲ συνετηρήσαμεν –
4. 23. ὁ τόπος τοῦ θρόνου σού σοι συντηρηθήσεται (2)
— 25. τοὺς λόγους ἐν τῇ καρδίᾳ συνετήρησε –
Da. TH. 3. (30). οὐδὲ συνετηρήσαμεν –
7. 28. A τὸ ῥῆμα ἐν τῇ καρδίᾳ μου συνετήρησα [B διετ.] (1)
I Ma. 8. 12. S R συνετήρησαν [A σ. αὐτοῖς] φιλίαν
10. 20. καὶ συντηρεῖν φιλίαν πρὸς ἡμᾶς
— 26. R ἐπεὶ συνετηρήσατε [A S ἐπισυν.] τὰς πρὸς ἡμᾶς συνθήκας
— 27. A R τοῦ συντηρῆσαι [S σ. τι] πρὸς ἡμᾶς πίστιν
11. 33. φίλοις ἡμῶν καὶ συντηροῦσι τὰ πρὸς ἡμᾶς δίκαια
14. 35. ἣν συνετήρησε τῷ ἔθνει αὐ.
II Ma. 3. 1. τῶν νόμων ὅτι κάλλιστα συντηρουμένων
9. 26. ἕκαστον συντηρεῖν τὴν οὖσαν εὔνοιαν
10. 12. τὸ δίκαιον συντηρεῖν προηγούμενος
11. 19. ἐὰν μὲν οὖν συντηρήσητε τὴν εἰς τὰ πράγματα εὔνοιαν
12. 42. συντηρεῖν αὐτοὺς ἀναμαρτήτους εἶναι
[**Aq.** Ps. 18 (19). 14.]
[**Sm.** Jb. 21. 30 : 27. 18.]

συντιθέναι. (1) זְמַן *a.* aph. *b.* ithpa. (2) קָשַׁר (3) שָׁלַם hi.

I Ki. 22. 13. ἵνα τί συνέθου κατ' ἐμοῦ (2)
III Ki. 16. 28 (22. 44 [45]). B ἃ συνέθεντο Ἰωσ. (3)
To. 9. 5. S καὶ συνέθηκαν αὐτά [A B *al.*]
Da. LXX. Su. 19. συνθέμενοι προσήλθοσαν αὐτῇ
Da. TH. 2. 9. ῥῆμα ψευδὲς . . . συνέθεσθε εἰπεῖν (1 *a**, 1 *b*)
I Ma. 9. 70. τοῦ συνθέσθαι πρὸς αὐτὸν εἰρήνην
11. 9. συνθώμεθα πρὸς ἑαυτοὺς διαθήκην
15. 27. A ὅσα ἐσυνέθετο [S R συνέθ.] αὐτῷ τὸ πρότερον
II Ma. 8. 31. πάντα συνέθηκαν εἰς τοὺς ἐπικαίρους τόπους
13. 15. τὸν πρωτεύοντα τῶν ἐλεφάντων . . . συνέθηκε
IV Ma. 4. 16. συνθέμενον [S[1] -ος] δώσειν
[**Sm.** I Ki. 22. 8 *bis* : II Ki. 3. 21 : Jb. 38. 37 : Is. 54. 11 : Lz. 24. 5.]
[**Th.** Jb. 38. 37 (P.).]
[**Al.** Le. 24. 4.]

συντίμησις. (1) עֵרֶךְ

Le. 27. 4. τῆς δὲ θηλείας ἔσται ἡ σ. τριάκοντα δίδραχμα (1)
— 18. ἀνθυφαιρεθήσεται ἀπὸ τῆς σ. αὐ. (1)
Nu. 18. 16. ἡ σ. πέντε σίκλων (1)
IV Ki. 12. 4 (5). ἀργύριον συντιμήσεως ἀνὴρ ἀργύριον λαβὼν συντιμήσεως [A *al.*] (†, 1)
23. 35. ἀνὴρ κατὰ τὴν σ. αὐ. ἔδωκαν τὸ ἀργύριον (1)

συντομή.

[**Aq.** Is. 28. 22.]

σύντομος.

Wi. 14. 14. σύντομον αὐτῶν τέλος ἐπενοήθη
II Ma. 2. 31. τὸ δὲ σ. τῆς λέξεως μεταδιώκειν
IV Ma. 14. 10. σύντομος ἡ τοῦ πυρὸς οὖσα δύναμις
[**Aq.** Pr. 19. 13.]

συντόμως. (1) בְּלֹא מִשְׁפָּט
Pr. 13. 23. ἄδικοι δὲ ἀπολοῦνται σ. (1)
23. 28. οὗτος γὰρ σ. ἀπολεῖται †
III Ma. 5. 25. αὐτοῖς βοηθῆσαι σ.

συντρέφεσθαι. (1) כְּגִיל
Da. LXX. 1. 10. παρὰ τοὺς συντρεφομ. ὑμῖν νεανίας (1)
IV Ma. 13. 21. ἀφ' ὧν συντρέφονται [S συστρ.] . . . φιλάδελφοι ψυχαί
— 24. τῷ δικαίῳ συντραφέντες [S^{1} συστρ.] βίῳ

συντρέχειν. (1) רָצָה עִם
Ju. 6. 16. συνέδραμον . . . εἰς τὴν ἐκκλησίαν
13. 13. καὶ συνέδραμον πάντες
14. 3. συνδραμοῦνται ἐπὶ τὴν σκηνὴν 'Ολ.
15. 12. συνέδραμε πᾶσα γυνὴ 'Ισρ. τοῦ ἰδεῖν αὐτήν
Ps. 49 (50). 18. συνέτρεχες αὐτῷ (1)
II Ma. 3. 19. αἱ μὲν συνέτρεχον ἐπὶ τοὺς πυλῶνας
6. 11. ἕτεροι δὲ πλησίον συνδραμόντες εἰς τὰ σπήλαια

συντρίβειν. (1) גָּדַע *a.* qal. *b.* ni.
(2) דָּכָא ni. (3) הָרַס (4) זוּרָה (5) חִיל
(6) חָתַת *a.* qal. *b.* ni. (7) טָרַף (8) כָּשַׁל
a. qal. *b.* ni. (9) כָּתַת (10) נָגַף ni.
(11) נָכָה hi. (12) נָפַץ pi. (13) פָּצַע
(14) צָלַע (15) קָרַם (16) רָטַשׁ pi.
(17) רָמַס (18) רָצַץ *a.* qal. *b.* pi.
(19) שָׁבַר *a.* qal. *b.* ni. *c.* pi. *d.* שֶׁבֶר
(20) שָׁבַת ni. (21) שָׁטַף *a.* qal. *b.* ni.
c. שֶׁטֶף (22) שָׁמַד ni. (23) שָׁמֵם ni.
(24) שָׁסַע pi. (25) תְּבַר

Ge. 19. 9. ἤγγισαν συντρῖψαι τὴν θύραν (19 *a*)
49. 24. συνετρίβη μετὰ κράτους τὰ τόξα αὐ. †
Ex. 9. 25. πάντα τὰ ξύλα . . . συνέτριψεν ἡ χάλαζα (19 *c*)
12. 10. ὀστοῦν οὐ συντρίψεται ἀπ' αὐτοῦ –
— 46. ὀστοῦν οὐ συντρίψετε [A -αι] ἀπ' αὐτοῦ (19 *a*)
15. 3. κύριος συντρίβων πολέμους †
— 7. συνέτριψας τοὺς ὑπεναντίους (3)
22 10 (9). καὶ συντριβῇ ἢ τελευτήσῃ (19 *b*)
— 14 (13). καὶ συντριβῇ ἢ ἀποθάνῃ (19 *b*)
23. 24. συντρίβων συντρίψεις τὰς στήλας αὐ. (19 *c*, 19 *c*)
32. 19. συνέτριψεν αὐτὰς ὑπὸ τὸ ὄρος (19 *c*)
34. 1. αἷς [A ἃς] συνέτριψας (19 *c*)
— 13. τὰς στήλας αὐ. συντρίψετε (19 *c*)
Le. 6. 28 (21). σκεῦος ὀστράκινον . . . συντριβήσεται (19 *b*)
11. 33. καὶ αὐτὸ συντριβήσεται (19 *a*)
15. 12. σκεῦος ὀστράκινον . . . συντριβήσεται (19 *b*)
22. 22. A^{2} B τυφλὸν ἢ συντετριμμένον . . . οὐ προσάξουσι (19 *a*)
26. 13. συνέτριψα τὸν δεσμὸν τοῦ ζυγοῦ ὑ. (19 *a*)
— 19. συντρίψω τὴν ὕβριν τῆς ὑπερηφανίας ὑμῶν (19 *a*)
Nu. 9. 12. ὀστοῦν οὐ συντρίψουσιν [A -τρίψεται] ἀπ' αὐτοῦ (19 *a*)
De. 1. 42. οὐ μὴ συντριβῆτε ἐνώπιον τῶν ἐχθρῶν ὑ. (10)
7. 5. τὰς στήλας αὐ. συντρίψετε (19 *c*)
9. 17. καὶ συνέτριψα [A σ. αὐτὰς] ἐναντίον ὑμῶν (19 *c*)
— 21. A καὶ συνέτριψα [B -έκοψα] αὐτόν (9)
10. 2. ἃς [A αἷς] συνέτριψας (19 *c*)
12. 3. συντρίψετε τὰς στ. αὐ. (19 *c*)
28. 7. παραδῷ κ. ὁ θ. σου τοὺς ἐχθρούς σου . . . συντετριμμένους (10)
33. 20. συντρίψας βραχίονα καὶ ἄρχοντα (7)
Jo. 7. 5. συνέτριψαν αὐτοὺς ἀπὸ τοῦ καταφεροῦς (11)
10. 10. συνέτριψεν αὐτοὺς κ. συντρίψει μεγάλῃ [A *al.*] (11)
— 12. ἡνίκα συνέτριψεν αὐτοὺς ἐν Γ. –
— 12. συνετρίβησαν ἀπὸ προσώπου υἱῶν 'Ισρ. –
Jd. 2. 2. τὰ γλυπτὰ αὐ. συντρίψετε –
7. 20. συνέτριψαν τὰς ὑδρίας (19 *a*)
14. 6. συνέτριψεν αὐτὸν ὡσεὶ συντρίψει ἔριφον [A *al.*] (24, 24)

I Ki. 4. 18. συνετρίβη ὁ νῶτος αὐ. (19 *b*)
III Ki. 13. 26. A καὶ συνέτριψεν αὐτόν (19 *a*)
— 28. B καὶ οὐ συνέτριψε τὸν ὄνον (19 *a*)
16. 28 (22. 48 [49]). B συνετρίβη ἡ ναῦς ἐν Γ. (19 *b*)
19. 11. πνεῦμα μέγα . . . συντρῖβον πέτρας (19 *c*)
21 (20). 37. καὶ συνέτριψε (13)
22. 49. A συνετρίβησαν νῆες ἐν 'A. (19 *b*)
IV Ki. 1. 18 (3. 2). καὶ συνέτριψεν αὐτάς –
11. 18. τὰς εἰκόνας αὐ. συνέτριψαν ἀγαθῶς (19 *c*)
18. 4 : 23. 14. συνέτριψε τὰς στήλας (19 *c*)
23. 15. συνέτριψε τοὺς λίθους αὐ. †
25. 13. τὴν θάλασσαν τὴν χαλκῆν . . . συνέτριψαν (19 *c*)
II Ch. 14. 3 (2). συνέτριψε τὰς στήλας (19 *c*)
— 13 (12). συνετρίβησαν ἐνώπιον κυρίου (19 *b*)
20. 37. συνετρίβη τὰ πλοῖά σου (19 *b*)
31. 1. συνέτριψαν τὰς στήλας (19 *c*)
34. 4. τὰ χωνευτὰ συνέτριψε (19 *c*)
Ne. 2. 13. ἤμην συντρίβων ἐν τῷ τείχει 'Ιερ. (19 *a*)
— 15. ἤμην συντρίβων ἐν τῷ τείχει (19 *a*)
4. 10 (4). συνετρίβη ἡ ἰσχὺς τῶν ἐχθρῶν (8 *a*)
Ju. 9. 7. σὺ εἶ κύριος συντρίβων πολέμους
16. 3. θεὸς συντρίβων πολέμους κύριος
Jb. 24. 20. συντριβείη δὲ πᾶς ἄδικος (19 *b*)
29. 17. συνέτριψα δὲ μύλας ἀδίκων (19 *c*)
31. 22. ὁ δὲ βραχίων μου ἀπὸ τοῦ ἀγκῶνος συντριβείη (19 *b*)
38. 11. ἐν σεαυτῇ συντριβήσεταί σου τὰ κύματα †
— 15. βραχίονα δὲ ὑπερηφάνων συνέτριψας (19 *b*)
Ps. 2. 9. ὡς σκεῦος κεραμέως συντρίψεις αὐτούς (12)
3. 7. ὀδόντας ἁμαρτωλῶν συνέτριψας (19 *c*)
9. 36 (10. 15). σύντριψον τὸν βραχίονα τοῦ ἁμαρτωλοῦ (19 *a*)
28 (29). 5. φωνὴ κυρίου συντρίβοντος κέδρους (19 *a*)
— 5. συντρίψει κύριος τὰς κέδρους τοῦ Λιβ. (19 *c*)
33 (34). 18. ἐγγὺς κύριος τοῖς συντετριμμένοις τὴν καρδίαν (19 *b*)
— 20. ἓν ἐξ αὐτῶν οὐ συντριβήσεται (19 *b*)
36 (37). 15. A S^{2} R τὰ τόξα αὐτῶν συντριβείη [B S^{1} -ησαν] (19 *b*)
— 17. βραχίονες ἁμαρτωλῶν συντριβήσονται (19 *b*)
45 (46). 9. τόξον συντρίψει (19 *c*)
47 (48). 7. ἐν πνεύματι βιαίῳ συντρίψεις [A -ει] πλοῖα Θαρσίς (19 *c*)
50 (51). 17. θυσία τῷ θ. πνεῦμα συντετριμμ. καρδίαν συντετριμμ. καὶ τεταπεινωμ. ὁ θ. οὐκ ἐξουδενώσει (19 *b*, 19 *b*)
57 (58). 6. B^{1} S^{1} R ὁ θεὸς συνέτριψε [B^{2} S^{2} -τρίψει] τοὺς ὀδόντας αὐτῶν (3)
73 (74). 13. σὺ συνέτριψας τὰς κεφαλὰς τῶν δρακόντων (19 *c*)
— 14. B^{2} R σὺ συνέτριψας τὰς κεφαλὰς τοῦ δράκοντος [S *al.*] (18 *b*)
75 (76). 3. συνέτριψε τὰ κράτη τῶν τόξων (19 *c*)
104 (105). 16. πᾶν στήριγμα ἄρτου συνέτριψεν (19 *a*)
— 33. συνέτριψε πᾶν ξύλον ὁρίου αὐτῶν (19 *c*)
106 (107). 16. συνέτριψε πύλας χαλκᾶς (19 *c*)
123 (124). 7. ἡ παγὶς συνετρίβη (19 *b*)
146 (147). 3. ὁ ἰώμενος τοὺς συντετριμμένους τὴν καρδίαν [S^{2} τῇ κ.] (19 *a*)
Pr. 6. 16. συντρίβεται [S^{1} -βῇ] δὲ δι' ἀκαθαρσίαν ψυχῆς †
17. 10. συντρίβει ἀπειλὴ καρδίαν φρονίμου (6 *b*)
24. 23 (29. 27). ὃς δ' ἂν παραδοθῇ συντριβήσεται –
25. 15. γλῶσσα δὲ μαλακὴ συντρίβει ὀστᾶ (19 *a*)
26. 10. συντρίβεται γὰρ ἡ ἔκστασις αὐτῶν †
Ec. 12. 6. καὶ συντριβῇ [A S -θλιβῇ] τὸ ἀνθέμιον τοῦ χρυσίου καὶ συντριβῇ ὑδρία (18 *a*, 19 *b*)
Si. 13. 2. καὶ αὕτη συντριβήσεται
21. 14. ἔγκατα μωροῦ ὡς ἀγγεῖον συντετριμμένον
27. 2. ἀνὰ μέσον πράσεως καὶ ἀγορασμοῦ συντριβήσεται ἁμαρτία
32 (35). 18. A S R ἕως ἂν συντρίψῃ [B -ει] ὀσφὺν ἀνελεημόνων
— 18. ἕως . . . σκῆπτρα ἀδίκων [A δικαίων] συντρίψῃ
33 (36). 10. σύντριψον κεφαλὰς ἀρχόντων ἐχθρῶν
47. 7. ἕως σήμερον συνέτριψεν αὐτῶν κέρας
Ho. 1. 5. συντρίψω τὸ τόξον τοῦ 'Ισρ. (19 *a*)
2. 18 (20). πόλεμον συντρίψω ἀπὸ τῆς γῆς (19 *a*)
Am. 1. 5. συντρίψω μοχλοὺς Δαμασκοῦ (19 *a*)
Mi. 4. 6. συνάξω τὴν συντετριμμένην (14)
— 7. θήσομαι τὴν συντετριμμένην εἰς ὑπόλειμμα (14)
Jl. 2. 6. ἀπὸ προσώπου αὐ. συντριβήσονται λαοί (5)

Jn. 1. 4. τὸ πλοῖον ἐκινδύνευε συντριβῆναι [A S^{3} *al.*] (19 *b*)
Na. 1. 13. συντρίψω τὴν ῥάβδον αὐ. ἀπὸ σοῦ (19 *a*)
Ze. 3. 18. B S συνάξω τοὺς συντετριμμένους [A R σ. σου] –
Za. 11. 16. τὸ συντετριμμένον οὐ μὴ ἰάσηται (19 *b*)
Is. 1. 28. συντριβήσονται οἱ ἄνομοι (19 *d*)
8. 15. πεσοῦνται καὶ συντριβήσονται (19 *b*)
10. 33. οἱ ὑψηλοὶ τῇ ὕβρει συντριβήσονται (1 *a*)
13. 18. τοξεύματα νεανίσκων συντρίψουσι (16)
14. 5. συνέτριψε κύριος τὸν ζυγὸν τῶν ἁμαρτωλῶν (19 *a*)
— 12. συνετρίβη εἰς τὴν γῆν ὁ ἀποστέλλων πρὸς πάντα τὰ ἔθνη (1 *b*)
— 29. συνετρίβη γὰρ ὁ ζυγὸς τοῦ παίοντος ὑμᾶς (19 *b*)
21. 9. A S R τὰ χειροποίητα αὐτῆς συνετρίβησαν [B -η] εἰς τὴν γῆν (19 *c*)
28. 13. συντριβήσονται καὶ κινδυνεύσουσι (19 *b*)
38. 13. συνέτριψε πάντα τὰ ὀστᾶ μου (19 *c*)
42. 3. κάλαμον τεθλασμένον οὐ συντρίψει (19 *a*)
— 13. συντρίψει πόλεμον †
45. 2. θύρας χαλκᾶς συντρίψω (19 *c*)
46. 1. συνετρίβη Ναβὼ [A S Δαγών] (15)
57. 15. διδοὺς ζωὴν τοῖς συντετριμμένοις τὴν καρδίαν (2)
59. 5. συντρίψας οὔριον εὗρε (4)
61. 1. ἰάσασθαι τοὺς συντετριμμένους τὴν καρδίαν [A S τῇ κ.] (19 *b*)
Je. 2. 13. ὤρυξαν ἑαυτοῖς λάκκους συντετριμμ. (19 *b*)
— 20. ἀπ' αἰῶνος συνέτριψας τὸν ζυγόν σου (19 *a*)
5. 5. ὁμοθυμαδὸν συνέτριψαν ζυγόν (19 *a*)
13. 17. συνετρίβη τὸ ποίμνιον κυρίου †
14. 17. συντρίμματι συνετρίβη θυγάτηρ λαοῦ μου (19 *b*)
17. 18. δισσὸν σύντριμμα σύντριψον αὐτούς (19 *a*)
19. 10. συντρίψεις τὸν βικόν (19 *a*)
— 11. οὕτως συντρίψω τὸν λαὸν τοῦτον . . . καθὼς συντρίβεται ἄγγος ὀστράκινον (19 *a*, 19 *a*)
22. 20. συνετρίβησαν πάντες οἱ ἐρασταί σου (19 *b*)
23. 9. συνετρίβη ἡ καρδία μου ἐν ἐμοὶ . . . ἐγενήθην ὡς ἀνὴρ συντετριμμένος (19 *b*, †)
25. 14 (49. 35). συνετρίβη [A S συντριβήτω] τὸ τόξον Αἰλάμ (19 *a*)
27 (50). 23. συνετρίβη ἡ σφῦρα πάσης τῆς γῆς (19 *b*)
28 (51). 8. ἄφνω ἔπεσε B. καὶ συνετρίβη (19 *b*)
— 30. συνετρίβησαν οἱ μοχλοὶ αὐτῆς (19 *b*)
31 (48). 4. συνετρίβη Μωάβ (19 *b*)
— 17. πῶς συνετρίβη βακτηρία εὐκλεής (19 *b*)
— 20. κατῃσχύνθη Μωὰβ ὅτι συνετρίβη (6 *a*)
— 25. τὸ ἐπίχειρον αὐτοῦ συνετρίβη (19 *b*)
— 38. συνέτριψα [A S^{3} *add.* τὸν Μωάβ, S^{1} -έστρεψα] . . . ὡς ἀγγεῖον (19 *a*)
35 (28). 2. συνέτριψα τὸν ζυγὸν τοῦ βασ. B. (19 *a*)
— 4. συντρίψω [A -έτριψα] τὸν ζυγὸν βασιλέως Βαβυλῶνος (19 *a*)
— 10. συνέτριψεν αὐτούς (19 *a*)
— 11. συντρίψω τὸν ζυγὸν βασιλέως Βαβ. (19 *a*)
— 12. μετὰ τὸ συντρῖψαι 'Αν. τοὺς κλοιούς (19 *a*)
— 13. κλοιοὺς ξυλίνους συνέτριψας (19 *a*)
37 (30). 8. συντρίψω τὸν ζυγὸν ἀπὸ τοῦ τραχήλου αὐτῶν (19 *a*)
50 (43). 13. συντρίψει τοὺς στύλους 'Ηλίου πόλεως (19 *c*)
52. 17. τοὺς στύλους τοὺς χαλκοῦς . . . συνέτριψαν οἱ Χαλδαῖοι (19 *c*)
La. 1. 15. τοῦ συντρῖψαι ἐκλεκτούς μου (19 *a*)
2. 7. συνέτριψεν ἐν χειρὶ ἐχθροῦ τεῖχος †
— 9. συνέτριψε μοχλοὺς αὐτῆς (19 *c*)
3. 4. ὀστέα μου συνέτριψεν (19 *c*)
Ep. Je. 17. ὥσπερ γὰρ σκεῦος ἀνθρώπου συντριβέν
Ez. 4. 16. συντρίβω στήριγμα ἄρτου ἐν 'Ιερ. (19 *a*)
5. 16. συντρίψω στήριγμα ἄρτου σου (19 *a*)
6. 4. συντριβήσονται τὰ θυσιαστήρια ὑμῶν (23+19 *b*)
— 6. συντριβήσονται τὰ εἴδωλα ὑμῶν (19 *b*+20)
7. 11. συντρίψει στήριγμα ἀνόμου –
14. 13. συντρίψω [A *add.* ἀπ'] αὐτῆς στήριγμα ἄρτου (19 *a*)
26. 2. εὖγε συνετρίβη (19 *b*)
27. 26. τὸ πνεῦμα τοῦ νότου συνέτριψέ σε (19 *a*)
— 34. συνετρίβης ἐν θαλάσσῃ (19 *b*)
29. 7. ὅτε ἐπανεπαύσαντο ἐπὶ σὲ συνετρίβης (19 *b*)
30. 8. συντριβῶσι [A -βήσονται] πάντες οἱ βοηθοῦντες αὐτῇ (19 *b*)

Ez. 30. 18. ἐν τῷ συντρῖψαί με ἐκεῖ τὰ σκῆπτρα Αἰγύπτου (19 *a*)
— 21. τοὺς βραχίονας Φαραὼ βασιλέως Αἰγύπτου συνέτριψα (19 *a*)
— 22. A συντρίψω τοὺς βραχίονας αὐτοῦ τοὺς ἰσχυροὺς καὶ τοὺς τεταμ. καὶ τοὺς συντριβομ. [B *om.* κ. τ. σ.] (19 *a*, 19 *b*)
31. 12. συνετρίβη τὰ στελέχη αὐτοῦ (19 *b*)
32. 12. συντριβήσεται πᾶσα ἡ ἰσχὺς αὐτῆς (22)
— 28. A ἐν μέσῳ ἀπεριτμήτων συντριβήσῃ [B *om.*] (19 *b*)
34. 4. τὸ συντετριμμένον οὐ κατεδήσατε (19 *b*)
— 16. τὸ συντετριμμένον καταδήσω (19 *b*)
— 27. ἐν τῷ συντρῖψαί με τὸν ζυγὸν [A *add.* τοῦ κλοιοῦ] αὐτῶν (19 *a*)
Da. LXX. 2. 42. μέρος τι ἔσται συντετριμμένον (25)
3. (39). ἐν ψυχῇ συντετριμμένῃ . . . προσδεχθείημεν
— (44). καὶ ἡ ἰσχὺς αὐ. συντριβείη
8. 7. συνέτριψε τὰ δύο κέρατα αὐ. (19 *c*)
— 7. καὶ συνέτριψεν αὐτόν (17)
— 8. συνετρίβη αὐτοῦ τὸ κέρας τὸ μέγα (19 *b*)
— 22. *cod.* τὰ συντριβέντα [R τοῦ συντριβέντος] . . . τέσσαρα κέρατα (19 *b*)
11. 4. συντριβήσεται ἡ βασιλεία αὐ. (19 *b*)
— 20. ἐν ἡμέραις ἐσχάταις συντριβήσεται (19 *b*)
— 22. τοὺς βραχίονας τοὺς συντριβέντας συντρίψει (21 *c*, 21 *b*+19 *b*)
— 34. ὅταν συντρίβωνται (8 *b*)
Da. TH. 2. 42. καὶ ἀπ' αὐτῆς ἔσται συντριβόμενον (25)
3. (39). ἐν ψυχῇ συντετριμμένῃ . . . προσδεχθείημεν
— (44). καὶ ἡ ἰσχὺς αὐ. συντριβείη
8. 7. συνέτριψεν ἀμφότερα τὰ κέρατα αὐ. (19 *c*)
— 8. συνετρίβη τὸ κέρας αὐ. τὸ μέγα (19 *b*)
— 22. καὶ τοῦ συντριβέντος οὗ ἔστησαν (19 *b*)
— 25. ὡς ᾠὰ χειρὶ συντρίψει (19 *b*)
11. 4. συντριβήσεται καὶ διαιρεθήσεται (19 *b*)
— 20. ἐν ταῖς ἡμέραις ἐκ. συντριβήσεται (19 *b*)
— 22. καὶ συντριβήσονται (19 *b*)
— 26. καὶ συντρίψουσιν αὐτόν (19 *a*)
— 40. καὶ συντρίψει καὶ παρελεύσεται (21 *a*)
I Ma. 3. 22. συντρίψει αὐτοὺς πρὸ προσώπου ἡμῶν
— 23. καὶ συνετρίβη Σ.
4. 10. καὶ συντρίψει τὴν παρεμβολὴν ταύτην
— 14. καὶ συνετρίβησαν τὰ ἔθνη
— 30. ὁ συντρίψας τὸ ὅρμημα τοῦ δυνατοῦ
— 36. συνετρίβησαν οἱ ἐχθροὶ ἡμῶν
5. 7. συνετρίβησαν πρὸ προσώπου αὐ.
— 21. συνετρίβη τὰ ἔθνη ἀπὸ προσώπου αὐ.
— 43. συνετρίβησαν πρὸ προσώπου αὐ. πάντα τὰ ἔθνη
7. 42. A συνέτριψεν [SR σύντριψον] τὴν παρεμβολὴν ταύτην
— 43. συνετρίβη ἡ παρεμβολὴ Νικάνορος
8. 4. ἕως συνέτριψαν αὐτούς
— 5. συνέτριψαν αὐτοὺς ἐν πολέμῳ
— 6. καὶ συνετρίβη ἀπ' αὐτῶν
9. 7. συνετρίβη τῇ καρδίᾳ
— 15. συνετρίβη τὸ δεξιὸν κέρας ἀπ' αὐτῶν
— 16. συνετρίβη τὸ δεξιὸν κέρας
— 68. συνετρίβη ὑπ' αὐτῶν
10. 52. καὶ συνέτριψα τὸν Δημ.
— 53. καὶ συνετρίβη αὐτός
— 82. A συνετρίβησαν ἀπ' [S R ὑπ'] αὐτοῦ
13. 51. συνετρίβη ἐχθρὸς μέγας ἐξ Ἰσρ.
14. 13. οἱ βασ. συνετρίβησαν
II Ma. 12. 28. τὸν μετὰ κράτους συντρίβοντα τὰς τῶν πολεμίων ὀλκάς
III Ma. 2. 20. τῶν . . . συντετριμμένων τὰς ψυχάς
[**Aq.** I Ki. 2. 5: III Ki. 13. 26: 22. 49: Jb. 38. 15: Ps. 47 (48). 8: 68 (69). 21: 73 (74). 13: Pr. 29. 1: Is. 53. 5: Je. 50 (27). 23: Ez. 6. 4, 9: 33. 12.]
[**Sm.** Jb. 38. 15: Is. 27. 11: Je. 50 (27). 23.]
[**Th.** Jd. 4. 23: III Ki. 13. 26: Pr. 29. 1: Is. 66. 2: Ez. 6. 4, 9: 30. 24: Da. 8. 22: 11. 40.]
[**Al.** Le. 26. 26: Jo. 7. 5: III Ki. 22. 49: Ps. 10 (11). 3: Je. 13. 19.]

συντριβή. (1) מְחִתָּה (2) *a.* שָׁבַר ni. *b.* שֶׁבֶר, שֵׁבֶר *c.* שִׁבָּרוֹן *d.* מִשְׁבָּר (3) שֹׁד
Pr. 6. 15. διακοπὴ καὶ συντριβὴ ἀνίατος (2 *a*)
— 16. S^1 συντριβὴ [A B S^2 -βεται] δὲ δι' ἀκαθαρσίαν ψυχῆς †
10. 14. στόμα δὲ προπετοῦς ἐγγίζει συντριβῇ (1)
Pr. 10. 15. συντριβὴ δὲ ἀσεβῶν πενία (1)
— 29. συντριβὴ δὲ τοῖς ἐργαζομένοις κακά (1)
14. 28. ἐν δὲ ἐκλείψει λαοῦ συντριβὴ δυνάστου (1)
16. 18. πρὸ συντριβῆς ἡγεῖται ὕβρις (2 *b*)
17. 16 (19). ζητεῖ συντριβήν (2 *b*)
18. 7. στόμα ἄφρονος συντριβὴ αὐτῷ (1)
— 12. πρὸ συντριβῆς ὑψοῦται καρδία ἀνδρός (2 *b*)
Ho. 13. 13. οὐ μὴ ὑποστῇ ἐν συντριβῇ τέκνων (2 *d*)
Am. 6. 6. οὐκ ἔπασχον οὐδὲν ἐπὶ τῇ σ. Ἰ. (2 *b*)
Na. 3. 19. οὐκ ἔστιν ἴασις τῇ σ. σου (2 *b*)
Is. 13. 6. σ. παρὰ τοῦ θεοῦ ἥξει (3)
65. 14. ἀπὸ συντριβῆς πνεύματος ὑμῶν ὀλολύξετε (2 *b*)
Je. 4. 6. κακὰ ἐγὼ ἐπάγω ἀπὸ βορρᾶ καὶ συντριβὴν μεγάλην (2 *b*)
6. 1. σ. μεγάλη γίνεται (2 *b*)
27 (50). 22. σ. μεγάλη ἐν γῇ Χαλδαίων (2 *b*)
28 (51). 54. σ. μεγάλη ἐν γῇ [A ἐκ γῆς] Χαλδ. (2 *b*)
La. 2. 13. ἐμεγαλύνθη ποτήριον συντριβῆς σου (2 *b*)
3. 47. ἔπαρσις καὶ σ. (2 *b*)
Ez. 21. 6 (11). καταστέναξον ἐν συντριβῇ ὀσφύος σου (2 *c*)
I Ma. 4. 32. σαλευθήτωσαν τῇ σ. αὐ.
[**Aq.** Pr. 16. 18.]
[**Sm.** Pr. 17. 19: Is. 51. 19: Ez. 32. 9.]
[**Th.** Pr. 17. 19.]

σύντριμμα. (1) עַצֶּבֶת (2) פֶּצַע (3) *a.* שֶׁבֶר, שֵׁבֶר *b.* שִׁבָּרוֹן (4) שֹׁד
Le. 21. 19. ᾧ ἐστὶν ἐν αὐτῷ σύντριμμα χειρὸς ἢ σύντριμμα ποδός (3 *a*, 3 *a*)
24. 20. σύντριμμα ἀντὶ συντρίμματος (3 *a*, 3 *a*)
Nu. 32. 14. B^2 R σύντριμμα [A B^1 σύστρεμμα] ἀνθρώπων ἁμαρτωλῶν †
II Ki. 15. 12. ἐγένετο σ. [A σύστρεμμα] ἰσχυρόν †
Jb. 9. 17. πολλὰ δέ μου τὰ σ. πεποίηκε διὰ κενῆς (2)
Ps. 13 (14). 3. BS^1 σύντριμμα καὶ ταλαιπωρία ἐν ταῖς ὁδοῖς αὐτῶν –
59 (60). 2. ἴασαι τὰ σ. αὐτῆς (3 *a*)
146 (147). 3. δεσμεύων τὰ σ. αὐτῶν (1)
Pr. 20. 30. συντρίμματα συναντᾷ κακοῖς (2)
23. 29. τίνι συντρίμματα διὰ κενῆς (2)
Wi. 3. 3. ἡ ἀφ' ἡμῶν πορεία σύντριμμα
Si. 40. 9. A B^2 S R λιμὸς καὶ σύντριμμα καὶ μάστιξ
Am. 9. 9. οὐ μὴ πέσῃ σύντριμμα ἐπὶ τὴν γῆν †
Is. 15. 5. βοᾷ σ. καὶ σεισμός (3 *a*)
22. 4. παρακαλεῖν με ἐπὶ τὸ σ. τῆς θυγατρὸς τοῦ γένους μου (4)
28. 12. τοῦτο τὸ ἀνάπαυμα τῷ πεινῶντι καὶ τοῦτο τὸ σ. †
30. 14. τὸ πτῶμα αὐτῆς ἔσται ὡς σ. ἀγγείου ὀστρακίνου (3 *a*)
— 26. ὅταν ἰάσηται κύριος τὸ σ. τοῦ λαοῦ αὐ. (3 *a*)
51. 19. πτῶμα καὶ σ. (3 *a*)
59. 7. σ. καὶ ταλαιπωρία ἐν ταῖς ὁδοῖς αὐτῶν (4)
60. 18. οὐδὲ σ. οὐδὲ ταλαιπωρία ἐν τοῖς ὁρίοις σου (4)
Je. 3. 22. ἰάσομαι τὰ σ. ὑμῶν [A ἰ. αὐτούς] †
6. 14. ἰῶντο τὸ σ. τοῦ λαοῦ μου ἐξουθενοῦντες (3 *a*)
8. 21. ἐπὶ συντρίμματι θυγατρὸς λαοῦ μου ἐσκοτώθην (3 *a*)
10. 19. οὐαὶ ἐπὶ συντρίμματί σου (3 *a*)
14. 17. συντρίμματι συνετρίβη θυγάτηρ λαοῦ μου (3 *a*)
17. 18. δισσὸν σ. σύντριψον αὐτούς (3 *b*)
31 (48). 3. ὄλεθρον καὶ σ. μέγα (3 *a*)
— 5. κραυγὴν συντρίμματος ἠκούσατε [S -σα] (3 *a*)
37 (30). 12. ἀνέστησα σ. (3 *a*)
La. 2. 11. ἐπὶ τὸ σ. τῆς θυγατρὸς λαοῦ μου (3 *a*)
3. 48. ἐπὶ τὸ σ. τῆς θυγατρὸς τοῦ λαοῦ μου (3 *a*)
4. 10. ἐν τῷ σ. τῆς θυγατρὸς τοῦ λαοῦ μου (3 *a*)
I Ma. 2. 7. A ἰδεῖν τὰ σ. [S R τὸ σ.] τοῦ λαοῦ μου καὶ τὸ σ. τῆς πόλεως τῆς ἁγίας
[**Aq.** Je. 14. 17: 30 (37). 12, 15.]
[**Sm.** Je. 14. 17: 30 (37). 12.]
[**Th.** Je. 8. 11: 30 (37). 15.]

συντριμμός. (1) *a.* שֶׁבֶר *b.* מִשְׁבָּר (2) שֹׁד
II Ki. 22. 5. περιέσχον με συντριμμοὶ θανάτου (1 *b*)
Am. 5. 9. ὁ διαιρῶν συντριμμὸν ἐπὶ ἰσχύν (2)
Mi. 2. 8. τοῦ ἀφελέσθαι ἐλπίδα συντριμμὸν πολέμου †
Ze. 1. 10. καὶ σ. μέγας ἀπὸ τῶν βουνῶν (1 *a*)
Je. 4. 20. ταλαιπωρίαν [A *add.* καὶ] συντριμμὸν ἐπικαλεῖται (1 *a*)
[**Aq.** Ps. 41 (42). 8: Is. 15. 5.]
[**Al.** Je. 4. 20 *bis*.]

σύντριψις. (1) מַכָּה
Jo. 10. 10. συνέτριψεν αὐτοὺς κ. σ. μεγάλῃ [A σ. μεγάλην] (1)

συντροφία.
III Ma. 5. 32. R διὰ τὴν τῆς σ. [A συστρ.] στοργήν
IV Ma. 13. 22. A R αὔξονται σφοδρότερον διὰ συντροφίας [S -αν]

σύντροφος.
III Ki. 12. 24. B εἰσήγαγε τοὺς σ. αὐ. –
— 24. B εἶπαν οἱ σ. αὐ. –
— 24. B καθὼς συνεβούλευσαν αὐτῷ οἱ σ. αὐ. –
I Ma. 1. 6. R ἐκάλεσε τοὺς παῖδας αὐ. . . . τοὺς σ. [A S συνεκτρ.]
II Ma. 9. 29. παρεκομίζετο δὲ τὸ σῶμα Φ. ὁ σ. αὐ.

συντροχάζειν. (1) רָצַץ ni.
Ec. 12. 6. καὶ συντροχάσῃ ὁ τροχὸς ἐπὶ τὸν λάκκον (1)

συντυγχάνειν.
II Ma. 8. 14. τοὺς . . . πρὶν συντυχεῖν πεπραμένους

συνυφαίνειν. (1) מִלֵּא pi. (2) עָשָׂה
Ex. 28. 28 (32). τὴν συμβολὴν συνυφασμένην ἐξ αὐτοῦ †
36. 10 (39. 3). ὥστε συνυφᾶναι σὺν τῇ ὑακίνθῳ (2)
— 17 (39. 10). συνυφάνθη ἐν αὐτῷ ὕφασμα (1)

συνυφή. (1) חֵשֶׁב
Ex. 36. 28 (39. 20). κατὰ τὴν συμβολὴν ἄνωθεν τῆς σ. τῆς ἐπωμίδος (1)

συνωμοσία.
[**Sm.** Ez. 22. 25.]

συνωμότης. (1) בַּעַל בְּרִית
Ge. 14. 13. οἳ ἦσαν συνωμόται τοῦ Ἀβ. (1)

συνωρίς, *vid.* **ξυνωρίς.**

σύρειν. (1) זָחַל (2) סָחַב (3) שָׁטַף
De. 32. 24. μετὰ θυμοῦ συρόντων ἐπὶ γῆν (1)
II Ki. 17. 13. συροῦμεν αὐτὴν ἕως εἰς τὸν χειμάρρουν (2)
Mi. 7. 17. λείξουσι χοῦν ὡς ὄφις σύροντες γῆν (1)
Is. 3. 16. ἅμα σύρουσαι τοὺς χιτῶνας †
28. 2. ὡς ὕδατος πολὺ πλῆθος σῦρον χώραν (3)
30. 28. ὡς ὕδωρ ἐν φάραγγι σῦρον (3)
IV Ma. 6. 1. ἔσυραν ἐπὶ τὰ βασανιστήρια τὸν Ἐλ.
[**Sm.** Mi. 7. 17.]
[**Al.** Ge. 49. 17: Nu. 23. 3.]

σύριγμα. (1) *a.* שְׁרוּקוֹת *b.* שְׁרִיקוֹת
Je. 18. 16. τοῦ τάξαι τὴν γῆν αὐτῶν εἰς ἀφανισμὸν καὶ σ. [A εἰς σύρρηγμα] αἰώνιον (1 *a**, 1 *b*)

συριγμός, *vid. sub* **συρισμός.**

σύριγξ. (1) מַשְׁרוֹקִיתָא
Da. LXX. 3. 5. ὅταν ἀκούσητε τῆς φωνῆς . . . σύριγγος (1)
— 7. ὅτε ἤκουσαν . . . τῆς φωνῆς . . . σύριγγος (1)
— 10. ὃς ἂν ἀκούσῃ τῆς φωνῆς . . . σύριγγος (1)
— 15. ἅμα τῷ ἀκοῦσαι . . . σύριγγος (1)
Da. TH. 3. 5. ᾗ ἂν ὥρᾳ ἀκούσητε φωνῆς . . . σύριγγος (1)
— 7. ὅταν ἤκουον οἱ λαοὶ τῆς φωνῆς . . . σύριγγος (1)
— 10. ὃς ἂν ἀκούσῃ τῆς φωνῆς . . . σύριγγος (1)
— 15. ὡς ἂν ἀκούσητε τῆς φωνῆς . . . σύριγγος (1)
[**Al.** Jd. 5. 16.]

συρίζειν. (1) שָׁרַק
III Ki. 9. 8. ἐκστήσεται καὶ συριεῖ (1)
Jb. 27. 23. συριεῖ αὐτὸν ἐκ τοῦ τόπου αὐτοῦ (1)
Wi. 17. 18. εἴ τε πνεῦμα συρίζον [S^1 διασ.]
Ze. 3. 1 (2. 15). πᾶς ὁ διαπορευόμ. δι' αὐτῆς συριεῖ (1)
Is. 5. 26. συριεῖ αὐτοὺς [A S -οῖς] ἀπ' ἄκρου τῆς γῆς (1)
7. 18. συριεῖ κύριος μυίαις (1)
Je. 19. 8. συριεῖ ὑπὲρ πάσης τῆς πληγῆς αὐτῆς (1)
26 (46). 22. φωνὴ ὡς ὄφεως συρίζοντος [A^1 -ες] †
27 (50). 13. συριοῦσιν ἐπὶ πᾶσαν τὴν πληγὴν αὐτῆς (1)
29 (49). 17. πᾶς ὁ παραπορευόμενος ἐπ' αὐτὴν συριεῖ (1)
La. 2. 15. ἐσύρισαν καὶ ἐκίνησαν τὴν κεφαλὴν αὐτῶν (1)

La. 2. 16. ἐσύρισαν καὶ ἔβρυξαν ὀδόντας (1)
Ez. 27. 36. ἔμποροι ἀπὸ ἐθνῶν ἐσύρισάν σε (1)
[Aq. Is. 5. 26: 7. 18: Je. 50 (27). 13.]
[Sm. Is. 5. 26: Je. 50 (27). 13: Ez. 27. 36.]

συρισμός (-ιγμός). (1) a. שְׁרֵקָה b. שְׁרִיקוֹת

Jd. 5. 16. B τοῦ ἀκοῦσαι συρισμοῦ ἀγγέλων [R ἀγελῶν, A al.] (1 b)
II Ch. 29. 8. ἔδωκεν αὐτοὺς . . . εἰς συρισμόν [A -ιγμόν] (1 a)
Wi. 17. 9. ἑρπετῶν συριγμοῖς [A S[1] -ισμοῖς] ἐκσεσοβημένοι [A ἐκπεφοβ.]
Mi. 6. 16. ὅπως παραδῶ . . . τοὺς κατοικοῦντας αὐτὴν εἰς συρισμόν (1 a)
Je. 19. 8. ABS[3] κατάξω τὴν πόλιν τ. . . . εἰς συριγμόν [S[1] -ισμόν] (1 a)
25. 9. δώσω αὐτοὺς . . . εἰς συριγμόν [S[1] -ισμόν] (1 a)
32 (25). 18. τοῦ θεῖναι αὐτὰς . . . εἰς συριγμόν [S[1] -ισμόν] (1 a)
[Aq., Sm. Je. 18. 16.]
[Th. Je. 29 (36). 18.]
[Al. Jd. 5. 16.]

συρράπτειν. (1) תָּפַר pi.

Jb. 14. 12. ἕως ἂν ὁ οὐρανὸς οὐ μὴ συρραφῇ [A οὐρ. παλαιωθῇ] †
Ez. 13. 18. οὐαὶ ταῖς συρραπτούσαις προσκεφάλαια (1)
[Sm. Ez. 13. 18.]
[Al. Jb. 10. 11.]

συρράσσειν (συνρ.).

Ju. 9. 8. S σύνραξον [A B σὺ ῥάξον] αὐτῶν τὴν ἰσχύν

συρρεῖν.

[Sm. Je. 51 (28). 44.]

συρρέμβεσθαι (συνρ.). (1) רָעָה

Pr. 13. 20. A ὁ δὲ συνρεμβόμενος [B S συμπορευόμενος] ἄφροσι γνωσθήσεται (1)
[Al. Pr. 13. 20.]

σύρρηγμα.

Je. 18. 16. A εἰς ἀφανισμὸν καὶ εἰς σ. [B S κ. σύριγμα] αἰώνιον †

σῦς. (1) חֲזִיר

Ps. 79 (80). 13. ἐλυμήνατο αὐτὴν σῦς [A S[2] ὗς] ἐκ δρυμοῦ (1)

συσκέπτεσθαι.

[Sm. Ps. 2. 2: 30 (31). 14.]

συσκευάζειν. (1) נָצַל pi.

Ex. 3. 22. A συσκευάσετε [B σκυλεύσατε] τοὺς Αἰγ. (1)

σύσκεψις.

[Sm. Ps. 63 (64). 3.]

συσκήνιος. (1) אֲשֶׁר בְּאֹהֶל

Ex. 16. 16. ἕκαστος σὺν τοῖς σ. ὑμῶν συλλέξατε [A al.] (1)

σύσκηνος. (1) גַּר בַּיִת (2) אֲשֶׁר בְּאֹהֶל

Ex. 3. 22. αἰτήσει γυνὴ παρὰ γείτονος καὶ συσκήνου αὐ. (1)
16. 16. A ἕκαστος ἐν τοῖς σ. ὑμῶν συλλέξατε [B al.] (2)

συσκιάζειν. (1) a. סָכַךְ b. מָסַךְ (2) δένδρον συσκιάζον אֵלָה

Ex. 25. 19 (20). συσκιάζοντες ἐν [A om.] ταῖς πτέρυξιν αὐ. (1 a)
Nu. 4. 5. καθελοῦσι τὸ καταπέτασμα τὸ συσκιάζον (1 b)
Ho. 4. 13. ἔθυον ὑποκάτω . . . δένδρου συσκιάζοντος (2)
[Aq. Ez. 28. 16.]
[Th. Ex. 39. 34 (21): Ez. 28. 16: Ho. 4. 13.]

συσκιασμός.

[Aq. Ps. 26 (27). 5: 30 (31). 21: 59 (60). 8: Am. 5. 26.]
[Al. Ex. 13. 20.]

σύσκιος. (1) רַעֲנָן

III Ki. 14. 23. καὶ ὑποκάτω παντὸς ξύλου σ. (1)
Ca. 1. 16. πρὸς κλίνη ἡμῶν σύσκιος (1)
Ez. 6. 13. ὑποκάτω δένδρου συσκίου (1)
[Aq. Ps. 41 (42). 5.]
[Sm. Za. 14. 20.]
[Th. Ez. 6. 13 (Sw.).]

συσκοτάζειν. (1) חָשַׁךְ a. qal. b. hi. (2) קָדַר a. qal. b. hi. c. hithpa.

III Ki. 18. 45. ὁ οὐρανὸς συνεσκότασε νεφέλαις (2 c)
Am. 5. 8. ἡμέραν εἰς νύκτα συσκοτάζων (1 b)
8. 9. συσκοτάσει ἐπὶ τῆς γῆς ἐν ἡμέρᾳ τὸ φῶς (1 b)
Mi. 3. 6. συσκοτάσει ἐπ' αὐτοὺς ἡ ἡμέρα (2 a)
6. 14. R συσκοτάσει [A B σκοτ.] ἐν σοί †
Jl. 2. 10: 3 (4). 15. ὁ ἥλιος καὶ ἡ σελήνη συσκοτάσουσι (2 a)
Je. 4. 28. συσκοτασάτω ὁ οὐρανὸς ἄνωθεν (2 a)
13. 16. δότε τῷ κυρίῳ θεῷ ὑμῶν δόξαν πρὸ τοῦ συσκοτάσαι (1 b)
Ez. 30. 18. ἐν Ταφναις συσκοτάσει ἡ ἡμέρα (1 a)
32. 7. συσκοτάσω τὰ ἄστρα αὐτοῦ (2 b)
— 8. πάντα τὰ φαίνοντα φῶς . . . συσκοτάσουσιν ἐπὶ σέ (2 b)
[Sm. I Ki. 30. 17.]
[Th. Mi. 6. 14.]

συσπᾶν.

La. 5. 10. συνεσπάσθησαν ἀπὸ προσώπου καταιγίδων λιμοῦ —
[Aq., Sm. Is. 38. 12.]
[Al. IV Ki. 14. 7.]

συσσείειν. (1) חוּל hi. (2) פָּחַד hi. (3) רָעַשׁ hi.

Jb. 4. 14. A[2] S μεγάλως μου τὰ ὀστᾶ συνέσεισεν [A[1] -έπεσεν, B διέσεισε] (2)
Ps. 28 (29). 8. φωνὴ κυρίου συσσείοντος ἔρημον συσσείσει κύριος τὴν ἔρημον K. (1, 1)
59 (60). 2. συνέσεισας τὴν γῆν (3)
Si. 16. 19. ἅμα τὰ ὄρη καὶ τὰ θεμέλια τῆς γῆς . . . τρόμῳ συσσείονται
Hg. 2. 8 (7). συσσείσω πάντα τὰ ἔθνη (3)

συσσεισμός. (1) a. סַעַר b. סְעָרָה (2) צְעָדָה (3) רַעַשׁ (4) שְׂעָרָה

III Ki. 19. 11. μετὰ τὸ πνεῦμα συσσεισμός (3)
— 12 (11). οὐκ ἐν τῷ σ. κύριος (3)
— 12. μετὰ τὸν σ. πῦρ (3)
IV Ki. 2. 1. ἐν τῷ ἀνάγειν κύριον ἐν συσσεισμῷ τὸν Ἠ. (1 b)
— 11. ἀνελήφθη Ἠ. ἐν συσσεισμῷ (1 b)
I Ch. 14. 15. ἐν τῷ ἀκοῦσαί σε τὴν φωνὴν τοῦ σ. (2)
Si. 22. 16. ἱμάντωσις ξυλίνη . . . ἐν συσσεισμῷ οὐ διαλυθήσεται
Na. 1. 3. ἐν συσσεισμῷ ἡ ὁδὸς αὐ. (4)
Za. 14. 5. R ἐν ταῖς ἡμέραις τοῦ σ. [A B S σεισμοῦ] (3)
Je. 23. 19. ὀργὴ ἐκπορεύεται [A[2] -πορευομένη] εἰς συσσεισμόν (1 a)
[Aq. Jb. 21. 18: 37. 9: Pr. 1. 27: Is. 5. 28.]

σύσσημον. (1) מַשְׂאֵת (2) נֵס

Jd. 20. 38. ἀνενέγκαι αὐτοὺς σύσσημον καπνοῦ [A al.] (1)
— 40. τὸ σ. ἀνέβη ἐπὶ πλεῖον [A al.] (1)
Is. 5. 26. ἀρεῖ σύσσημον ἐν τοῖς ἔθνεσι τοῖς μακράν (2)
49. 22. εἰς τὰς νήσους ἀρῶ σύσσημόν μου (2)
62. 10. ἐξάρατε σύσσημον εἰς τὰ ἔθνη (2)
[Aq. Ps. 59 (60). 6: Is. 11. 10: 33. 23: 59. 19.]
[Sm. Is. 11. 10: 33. 23: Je. 6. 1.]
[Th. Is. 33. 23.]

συσσύρειν.

II Ma. 5. 16. ταῖς βεβήλοις χερσὶ συσσύρων
[Aq. I Ki. 12. 25: 15. 6.]
[Sm. I Ki. 26. 10.]

συστάς.

[Aq. Jb. 38. 28.]

σύστασις. (1) קָהָל

Ge. 49. 6. ἐπὶ τῇ σ. αὐ. μὴ ἐρίσαι τὰ ἥπατά μου (1)
I Es. 5. 73. καὶ συστάσεις [A ἐπισ.] ποιούμενοι
Wi. 7. 17. εἰδέναι σύστασιν κόσμου
III Ma. 2. 9. σύστασιν ποιησάμενος αὐτοῦ

συστέλλειν. (1) כָּנַע ni.

Jd. 8. 28. συνεστάλη [A ἐνετράπη] M. ἐνώπιον υἱῶν Ἰσρ. (1)
11. 33. συνεστάλησαν [A ἐνετράπησαν] οἱ υἱοὶ Ἀ. (1)
Si. 4. 31. μὴ ἔστω ἡ χείρ σου . . . ἐν τῷ ἀποδιδόναι συνεσταλμένη
I Ma. 2. 32. A συνεστείλαντο [S R -εστήσαντο] πρὸς αὐτοὺς πόλεμον
3. 6. συνεστάλησαν οἱ ἄνομοι ἀπὸ τοῦ φόβου αὐ.
5. 3. καὶ συνέστειλεν αὐτούς
II Ma. 6. 12. μὴ συστέλλεσθαι διὰ τὰς συμφοράς
III Ma. 5. 33. τῷ προσώπῳ συνεστάλη
[Sm. Ps. 72 (73). 21.]

σύστεμα (σύστημα). (1) אֲגַם (2) מִקְוֶה (3) a. נְצִיב b. מַצָּב (4) תְּעָלָה

Ge. 1. 10. τὰ σ. τῶν ὑδάτων ἐκάλεσε θαλάσσας (2)
II Ki. 23. 14. τὸ δὲ σ. τῶν ἀλλοφύλων τότε ἐν B. (3 b)
I Ch. 11. 16. καὶ τὸ σ. [A ὑπόστ.] τῶν ἀλλοφ. τότε ἐν B. (3 a)
Je. 28 (51). 32. τὰ σ. αὐτῶν ἐνέπρησαν ἐν πυρί (1)
Ez. 31. 4. τὰ σ. αὐτῆς ἐξαπέστειλεν (4)
II Ma. 8. 5. γενόμενος δὲ ὁ Μακκ. ἐν συστέματι
15. 12. κατεύχεσθαι τῷ παντὶ τῶν Ἰουδ. συστήματι
III Ma. 3. 9. μὴ γὰρ οὕτω παροραθήσεσθαι τηλικοῦτο σ.
7. 3. τοὺς ὑπὸ τὴν βασ. Ἰουδ. συναθροίσαντας τὰ σ.
[Aq. Ge. 1. 10: 49. 10.]
[Sm. Ge. 1. 10: I Ki. 14. 1.]
[Th. Ge. 1. 10: I Ki. 19. 20.]
[Al. IV Ki. 3. 16 *bis*.]

συστολή.

[Aq. Ez. 7. 7.]

συστράτευμα. (1) קֶשֶׁר

IV Ki. 14. 19. A συνεστράφησαν ἐπ' αὐτὸν συστράτευμα [B σύστρεμμα] (1)

σύστρεμμα. (1) גְּדוּד (2) קֶשֶׁר (3) תַּרְבּוּת

Nu. 32. 14. A B[1] σύστρεμμα [B[2] R σύντριμμα] ἀνθρώπων ἁμαρτωλῶν (3)
II Ki. 4. 2. δύο ἄνδρες ἡγούμενοι συστρεμμάτων (1)
15. 12. A ἐγένετο σ. [B σύντριμμα] ἰσχυρόν (2)
III Ki. 11. 14 (24). ἦν ἄρχων συστρέμματος (1)
IV Ki. 14. 19. συνεστράφησαν ἐπ' αὐτὸν σύστρεμμα [A συστράτευμα] (2)
15. 30. A R συνέστρεψε σύστρεμμα [B στρέμμα] Ὠ. (2)
II Es. 8. 3. καὶ μετ' αὐτοῦ τὸ σ. †
[Aq. Je. 6. 11: Ez. 22. 25.]
[Th. I Ki. 30. 8.]

συστρέφειν. (1) הָלַךְ hithpa. (2) חוּל hithpa. (3) כָּמַר ni. (4) לָקַט hithpa. (5) צָרַר (6) קָבַץ (7) קָשַׁר a. qal. b. hithpa.

Ge. 43. 30. συνεστρέφετο γὰρ τὰ ἔντερα αὐ. (3)
Jd. 11. 3. συνεστράφησαν [A -ελέγοντο] πρὸς Ἰ. ἄνδρες κενοί (4)
12. 4. συνέστρεψεν Ἰ. πάντας τοὺς ἄνδρας Τ. [A al.] (6)
II Ki. 15. 31. καὶ Ἀχ. ἐν τοῖς συστρεφομ. μετὰ Ἀβ. (7 a)
III Ki. 16. 9. συνέστρεψεν ἐπ' αὐτὸν Ζ. (7 a)
— 16. συνεστράφη Ζ. (7 a)
IV Ki. 9. 14. συνεστράφη Ἰ. . . . πρὸς Ἰ. (7 b)
10. 9. συνεστράφην ἐπὶ τὸν κύριόν μου (7 a)
14. 19. συνεστράφησαν ἐπ' αὐτὸν σύστρεμμα (7 a)
15. 10. συνεστράφησαν ἐπ' αὐτόν (7 a)
— 15. ἡ συστροφὴ αὐ. ᾗ [A ἣν] συνεστράφη (7 a)
— 25. συνεστράφη ἐπ' αὐτὸν Φ. (7 a)
— 30. συνέστρεψε σύστρεμμα Ὠ. (7 a)
21. 23. συνεστράφησαν οἱ παῖδες Ἀ. πρὸς αὐτόν (7 a)
— 24. ἐπάταξεν ὁ λαὸς τῆς γῆς πάντας τοὺς συστραφέντας ἐπὶ τὸν βασ. Ἀ. (7 a)
Pr. 24. 27 (30. 4). τίς συνέστρεψεν ὕδωρ ἐν ἱματίῳ (5)
Si. 38. 29. κεραμεὺς . . . συστρέφων ἐν ποσὶν αὐτοῦ τροχόν [S[2] πηλόν]
Mi. 1. 7. ἐκ μισθωμάτων πορνείας συνέστρεψεν †
Is. 33. 18. A S ποῦ ἐστιν ὁ ἀριθμῶν τοὺς συστρεφομένους [B τρ.] †
Je. 23. 19. συστρεφομένη ἐπὶ τοὺς ἀσεβεῖς ἥξει (2)
31 (48). 38. S[1] συνέστρεψα . . . ὡς ἀγγεῖον [A B S[2] al.] †
Ez. 1. 13. ὡς ὄψις λαμπάδων συστρεφομένων (1)
13. 20. ἐφ' ἃ ὑμεῖς συστρέφετε ἐκεῖ ψυχάς †
Da. Th. Bel 28. συνεστράφησαν ἐπὶ τὸν βασ.
I Ma. 12. 50. S R καὶ ἐπορεύοντο συνεστραμμένοι [A -εμμ.]
II Ma. 14. 30. συστρέψας οὐκ ὀλίγους τῶν περὶ αὐτόν

IV Ma. 13. 21. S ἀφ' οὗ συστρέφονται [A R συντρ.] . . . φιλάδελφοι ψυχαί
— 24. S¹ τῷ δικαίῳ συστραφέντες [A S² R συντρ.] βίῳ
[Aq. Pr. 6. 8.]
[Sm. Is. 59. 5 : Je. 47 (29). 5.]
[Th. I Ki. 22. 13.]
[Al. I Ki. 22. 8.]

συστροφή. (1) סוֹד (2) עֵדָה (3) צָרַר (4) קֶשֶׁר (5) **συστροφὰς ποιεῖσθαι** קָשַׁר

Jd. 14. 8. A συστροφὴ [B συναγωγὴ] μελισσῶν ἐν τῷ στόματι τοῦ λέοντος (2)
IV Ki. 15. 15. καὶ ἡ σ. αὐ. ἣ συνεστράφη (4)
Ps. 63 (64). 2. B² S R ἐσκέπασάς με ἀπὸ συστροφῆς πονηρευομένων (1)
Si. 43. 17. καταιγὶς βορέου καὶ συστροφὴ πνεύματος
Ho. 4. 19. συστροφὴ πνεύματος σὺ εἶ (3)
13. 12. συστροφὴν ἀδικίας Ἐφρ. (3)
Am. 7. 10. συστροφὰς ποιεῖται κατὰ σοῦ Ἀ. (5)
Je. 4. 16. συστροφαὶ ἔρχονται ἐκ γῆς μακρόθεν †
Ez. 13. 21. οὐκέτι ἔσονται ἐν χερσὶν ὑμῶν εἰς συστροφήν †
I Ma. 14. 44. ἐπισυστρέψαι συστροφὴν ἐν τῇ χώρᾳ
III Ma. 5. 41. καὶ πληθύουσα συστροφαῖς ἤδη
[Aq. Ps. 30 (31). 14 : 33 (34). 5 : 54 (55). 16 : Is. 66. 4.]
[Sm. I Ki. 19. 20 : II Ki. 2. 25 : Jb. 38. 28 : Ps. 54 (55). 16 : 67 (68). 31.]
[Th. Is. 60. 6 : Ez. 22. 25.]
[Al. I Ki. 10. 10.]

συστροφία.

III Ma. 5. 32. διὰ τὴν τῆς σ. στοργήν

συσφίγγειν. (1) אָפַד (2) קָפַץ (3) רָכַס (4) שָׁנַס pi.

Ex. 36. 29 (39. 21). συνέσφιγξε τὸ λογεῖον (3)
Le. 8. 8 (7). καὶ συνέσφιγξεν αὐτὸν ἐν αὐτῇ (1)
De. 15. 7. B οὐδ' οὐ μὴ συσφίγξῃς [A R -εις] τὴν χεῖρά σου (2)
III Ki. 18. 46. συνέσφιγξε τὴν ὀσφὺν αὐ. (4)
[Aq., Sm. Ex. 28. 39 : 39. 6 (36. 13).]
[Th. Ex. 28. 11, 28, 39 : 39. 6 (36. 13).]

συσφιγκτήρ.

[Sm. Ps. 44 (45). 14.]

σύσφιγκτος.

[Aq., Sm. Ex. 28. 4, 14.]
[Th. Ex. 28. 25.]

συχνεών.

[Aq. Ge. 22. 13.]

συχνός.

II Ma. 5. 9. ὁ συχνοὺς τῆς πατρίδος ἀποξενώσας

σφαγή. (1) *a.* הָרַג *b.* הֲרֵגָה (2) חֶרֶב (3) *a.* טָבַח *b.* טֶבַח *c.* טִבְחָה (4) כִּיד (5) קֶטֶל

Jb. 10. 16. ἀγρεύομαι γὰρ ὥσπερ λέων εἰς σφαγήν †
21. 20. ἴδοισαν οἱ ὀφθαλμοὶ αὐ. τὴν ἑαυτοῦ σφ. (4)
27. 14. εἰς σφαγὴν ἔσονται (2)
Ps. 43 (44). 22. ἐλογίσθημεν ὡς πρόβατα σφαγῆς (3 *c*)
Pr. 7. 22. ὥσπερ δὲ βοῦς ἐπὶ σφαγὴν ἄγεται (3 *b*)
Ob. 1. 10 (9). διὰ τὴν σφ. . . . ἀδελφοῦ σου Ἰ. (5)
Za. 11. 4. ποιμαίνετε τὰ πρόβατα τῆς σφ. (1 *b*)
— 7. ποιμανῶ τὰ πρόβατα [S² τὸ πρ.] τῆς σφ. (1 *b*)
Is. 34. 2. τοῦ . . . παραδοῦναι αὐτοὺς εἰς σφαγήν (3 *b*)
— 6. σφ. μεγάλη ἐν τῇ Ἰδουμαίᾳ (3 *b*)
53. 7. ὡς πρόβατον ἐπὶ σφαγὴν ἤχθη (3 *b*)
65. 12. πάντες ἐν [S *om.*] σφαγῇ πεσεῖσθε (3 *b*)
Je. 12. 3. ἅγνισον αὐτοὺς εἰς ἡμέραν σφαγῆς αὐτῶν (1 *b*)
15. 3. τὴν μάχαιραν εἰς σφαγήν (1 *a*)
19. 6. πολυάνδριον τῆς σφ. (1 *b*)
27 (50). 27. καταβήτωσαν εἰς σφαγήν (3 *b*)
28 (51). 40. καταβίβασον [S¹ -σω] αὐτοὺς ὡς ἄρνας εἰς σφαγήν (3 *a*)
31 (48). 15. κατέβησαν εἰς σφαγήν (3 *b*)
32 (25). 34. ἐπληρώθησαν αἱ ἡμέραι ὑμῶν εἰς σφαγήν (3 *a*)
Ez. 21. 15 (20). εἰ γέγονεν εἰς σφαγήν (3 *b*)

II Ma. 5. 6. ἐποιεῖτο σφαγὰς τῆς πόλεως
— 13. παρθένων τε καὶ νηπίων σφαγαί
12. 16. ἀμυθήτους ἐποιήσαντο σφαγάς
[Aq. Je. 7. 32 : 11. 19.]
[Sm. Ps. 41 (42). 11 : Is. 30. 25 : Je. 7. 32 : 11. 19.]
[Th. Je. 12. 3.]

σφαγιάζειν.

IV Ma. 13. 12. σφαγιασθῆναι . . . ὑπέμεινεν ὁ Ἰσ.
16. 20. τὸν ἐθνοπάτορα υἱὸν σφαγιάσαι Ἰσ.

σφάγιον. (1) זֶבַח (2) טֶבַח (3) נְדָבָה

Le. 22. 23. A² B σφάγια ποιήσεις αὐτὰ σεαυτῷ (3)
Am. 5. 25. μὴ σφάγια . . . προσηνέγκατέ μοι (1)
Ez. 21. 10 (15). ὅπως σφάξῃς σφάγια (2)
— 15 (20). παραδέδονται [A παραδοθήσονται] εἰς σφάγια ῥομφαίας †
— 28 (33). ῥομφαία [A *add.* ἑτοιμάζου] ἐσπασμένη εἰς [A *om.*] σφάγια (2)
[Al. Ge. 43. 16.]

σφάζειν. (1) הָרַג (2) זָבַח (3) *a.* טָבַח *b.* מַטְבֵּחַ (4) שָׁחַט *a.* qal. *b.* ni. (5) שָׁסַף pi.

Ge. 22. 10. σφάξαι τὸν υἱὸν αὐ. (4 *a*)
37. 31. ἔσφαξαν ἔριφον αἰγῶν (4 *a*)
43. 16. σφάξον θύματα καὶ ἑτοίμασον (3 *a*)
Ex. 12. 6. σφάξουσιν αὐτὸ πᾶν τὸ πλῆθος (4 *a*)
22. 1 (21. 37). ἐὰν δέ τις . . . σφάξῃ [A *add.* αὐτὸ] (3 *a*)
29. 11. B σφάξεις τὸν μόσχον (4 *a*)
— 16, 20. καὶ σφάξεις αὐτόν (4 *a*)
34. 25. οὐ σφάξεις ἐπὶ ζύμῃ αἷμα θυμιαμάτων μου (4 *a*)
Le. 1. 5. σφάξουσι τὸν μόσχον ἔναντι κυρίου (4 *a*)
— 11. σφάξουσιν αὐτὸ ἐκ πλαγίων τοῦ θυσιαστ. (4 *a*)
3. 2. σφάξει αὐτὸ ἐναντίον κυρίου (4 *a*)
— 8. σφάξει αὐτὰ παρὰ τὰς θύρας τῆς σκηνῆς (4 *a*)
— 13. σφάξουσιν αὐτὸ ἔναντι κυρίου (4 *a*)
4. 4. σφάξει τὸν μόσχον ἐνώπιον κυρίου (4 *a*)
— 15. A B² R σφάξουσι τὸν μόσχον ἔναντι κυρίου (4 *a*)
— 24. σφάξουσιν αὐτὸ ἐν τόπῳ οὗ σφάζουσι τὰ ὁλοκαυτώματα (4 *a*, 4 *a*)
— 29. σφάξουσι τὴν χίμαιραν τὴν τῆς ἁμαρτίας (4 *a*)
— 29. ἐν τῷ τόπῳ οὗ σφάζουσι τὰ ὁλοκαυτώμ. –
— 33. σφάξουσιν αὐτὸ ἐν τόπῳ οὗ σφάζουσι τὰ ὁλοκαυτώματα (4 *a*, 4 *a*)
6. 25 (18). ἐν τόπῳ οὗ σφάζουσι τὸ ὁλοκαύτωμα σφάξουσι τὰ περὶ τῆς ἁμαρτίας (4 *b*, 4 *b*)
— 32 (7. 2). οὗ σφάζουσι τὸ ὁλοκαύτωμα (4 *a*)
— 32 (7. 2). σφάξουσι τὸν κριὸν τῆς πλημμελείας (4 *a*)
8. 15. καὶ ἔσφαξεν αὐτόν (4 *a*)
— 18 (19). ἔσφαξε Μ. τὸν κριόν (4 *a*)
— 22 (23). καὶ ἔσφαξεν αὐτόν (4 *a*)
9. 8. ἔσφαξε τὸ μοσχάριον (4 *a*)
— 12. ἔσφαξε τὸ ὁλοκαύτωμα (4 *a*)
— 15. καὶ ἔσφαξεν αὐτό (4 *a*)
— 18. ἔσφαξε τὸν μόσχον (4 *a*)
14. 5. σφάξουσι τὸ ὀρνίθιον τὸ ἕν (4 *a*)
— 6. εἰς τὸ αἷμα τοῦ ὀρνιθίου τοῦ σφαγέντος (4 *a*)
— 13. σφάξουσι τὸν ἀμνὸν ἐν τόπῳ οὗ σφάζουσι τὰ ὁλοκαυτώματα (4 *a*, 4 *a*)
— 19. σφάξει ὁ ἱ. τὸ ὁλοκαύτωμα (4 *a*)
— 25. σφάξει τὸν ἀμνὸν τῆς πλημμελείας (4 *a*)
— 50. σφάξει τὸ ὀρνίθιον τὸ ἕν (4 *a*)
— 51. βάψει αὐτὸ εἰς τὸ αἷμα τοῦ ὀρνιθίου τοῦ ἐσφαγμ. (4 *a*)
16. 11. σφάξει τὸν μόσχον τὸν περὶ τῆς ἁμαρτίας (4 *a*)
— 15. σφάξει τὸν χίμαρον τὸν περὶ τῆς ἁμαρτίας (4 *a*)
17. 3. ὃς ἐὰν σφάξῃ μόσχον (4 *a*)
— 3. ὃς ἂν σφάξῃ ἔξω τῆς παρεμβολῆς (4 *a*)
— 4. ὃς ἂν σφάξῃ ἔξω –
— 5. ὅσας ἂν αὐτοὶ σφάξουσιν [A -ωσιν] ἐν τοῖς πεδίοις (2)
22. 28. αὐτὴν καὶ τὰ παιδία αὐ. οὐ σφάξεις (4 *a*)
Nu. 11. 22. A² B μὴ πρόβατα καὶ βόες σφαγήσονται αὐτοῖς (4 *b*)

Nu. 11. 32. B ἔσφαξαν [A R ἔψυξαν] ἑαυτοῖς ψυγμούς †
19. 3. σφάξουσιν αὐτὴν ἐνώπιον αὐτοῦ (4 *a*)
De. 28. 31. ὁ μόσχος σου ἐσφαγμένος ἐναντίον σου (3 *a*)
Jd. 12. 6. A σφάζουσιν αὐτοὺς ἐπὶ τὰς διαβάσεις τοῦ Ἰ. [B *al.*] (4 *a*)
I Ki. 1. 25. ἔσφαξεν ὁ πατὴρ αὐ. τὴν θυσίαν –
— 25. ἔσφαξε τὸν μόσχον (4 *a*)
14. 32. καὶ ἔσφαξεν ἐπὶ τὴν γῆν (4 *a*)
— 34. καὶ σφαζέτω [A σφαξάτω] ἐπὶ τούτου (4 *a*)
— 34. καὶ ἔσφαζον [A ἔσφαξεν] ἐκεῖ (4 *a*)
15. 33. ἔσφαξε Σαμ. τὸν Ἀ. ἐνώπιον κυρίου (5)
III Ki. 18. 40. καὶ ἔσφαξεν αὐτοὺς ἐκεῖ (4 *a*)
IV Ki. 10. 7. καὶ ἔσφαξαν αὐτούς (4 *a*)
— 14. καὶ ἔσφαξαν αὐτοὺς εἰς B. (4 *a*)
25. 7. τοὺς υἱοὺς Σεδ. ἔσφαξε (4 *a*)
II Es. 6. 20. ἔσφαξαν τὸ πάσχα τοῖς πᾶσιν υἱοῖς τῆς ἀποικεσίας (4 *a*)
Ps. 36 (37). 14. τοῦ σφάξαι τοὺς εὐθεῖς τῇ καρδίᾳ (3 *a*)
Pr. 9. 2. ἔσφαξε τὰ ἑαυτῆς θύματα (3 *a*)
Is. 14. 21. ἑτοίμασον τὰ τέκνα σου σφαγῆναι (3 *b*)
22. 13. ἐποιήσαντο εὐφροσύνην καὶ ἀγαλλίαμα σφάζοντες μόσχους (1)
57. 5. σφάζοντες τὰ τέκνα αὐτῶν (4 *a*)
Je. 19. 7. σφάξω τὴν βουλὴν Ἰούδα †
48 (41). 7. ἔσφαξεν αὐτοὺς εἰς τὸ φρέαρ (4 *a*)
52. 10. ἔσφαξε βασιλεὺς Βαβ. τοὺς υἱοὺς Σεδ. (4 *a*)
— 10. πάντας τοὺς ἄρχοντας Ἰ. ἔσφαξεν (4 *a*)
Ez. 16. 21. ἔσφαξας τὰ τέκνα σου (4 *a*)
21. 10 (15). ὅπως σφάξῃς σφάγια . . . σφάζε (3 *a*, †)
23. 39. ἐν τῷ σφ. αὐτοὺς τὰ τέκνα αὐτῶν (4 *a*)
34. 3. τὸ παχὺ σφάζετε [A ἐσφ.] (2)
40. 39. ὅπως σφάζωσιν ἐν αὐτῇ [A σφ. τὴν ὁλοκαύτωσιν καὶ] τὰ ὑπὲρ ἁμαρτίας (4 *a*)
— 41. ἐπ' αὐτὰ σφάξουσι τὰ θύματα (4 *a*)
— 42. ἐν οἷς σφάζουσιν ἐκεῖ τὰ ὁλοκαυτώμ. (4 *a*)
44. 11. οὗτοι σφάξουσι τὰ ὁλοκαυτώμ. (4 *a*)
I Ma. 1. 2. καὶ ἔσφαξε βασιλεῖς
2. 24. ἔσφαξεν αὐτὸν ἐπὶ τὸν βωμόν
II Ma. 5. 14. οὐχ ἧττον δὲ τῶν ἐσφαγμ. ἐπράθησαν
[Aq., Sm. Is. 66. 3.]
[Th. Is. 66. 3 : Je. 39 (46). 6 *bis*.]
[Al. II Ch. 29. 22.]

σφαῖρα.

[Aq., Th. Is. 29. 3.]

σφαιρωτήρ (σφυρ.). (1) כַּפְתּוֹר (2) שְׂרוֹךְ

Ge. 14. 23. ἀπὸ σπαρτίου ἕως σφαιρωτῆρος ὑποδήματος (2)
Ex. 25. 30 (31). οἱ κρατῆρες καὶ οἱ σφ. (1)
— 32 (33). ἐν τῷ ἑνὶ καλαμίσκῳ σφαιρωτήρ (1)
— 33 (34). ἐν τῷ ἑνὶ καλαμίσκῳ σφαιρωτῆρες [A -ήρ] (1)
— 34. A οἱ σφ. καὶ τὰ κρίνα αὐ. (1)
— 34 (35). ὁ σφ. ὑπὸ τοὺς δύο καλαμίσκους (1)
— 34 (35). A¹ B σφαιρωτὴρ ὑπὸ τοὺς τέσσαρας καλαμίσκους (1)
— 35 (36). οἱ σφ. καὶ οἱ καλαμίσκοι ἐξ αὐτῆς ἔστωσαν (1)

σφακελίζειν. (1) כָּלָה *a.* pi. *b.* כָּלָה

Le. 26. 16. σφακελίζοντας τοὺς ὀφθ. ὑ. (1 *a*)
De. 28. 32. οἱ ὀφθ. σου βλέψονται σφακελίζοντες εἰς αὐτά (1 *b*)

σφακτής.

[Aq. Da. 2. 14 (Sw.).]

σφαλερός. (1) נוּעַ

Pr. 5. 6. σφαλεραὶ δὲ αἱ τροχιαὶ αὐτῆς (1)

σφάλλειν. (1) מוּט (2) נָטַשׁ ni. (3) שָׂכַל pi. (4) שָׁלַךְ hi.

De. 32. 35. ὅταν σφαλῇ ὁ πούς αὐ. (1)
II Ki. 22. 46. σφαλοῦσιν ἐκ τῶν συγκλεισμῶν αὐ. †
I Es. 4. 27. πολλοὶ ἀπώλοντο καὶ ἐσφάλησαν
Jb. 18. 7. σφάλαι δὲ [A καὶ σφαλείη] αὐτοῦ ἡ βουλή (4)
21. 10. καὶ οὐκ ἔσφαλε (3)
Wi. 10. 8. ἵνα ἐν οἷς ἐσφάλησαν μηδὲ λαθεῖν δυνηθῶσι
Si. 13. 22. πλουσίου σφαλέντος πολλοὶ ἀντιλήπτορες
— 22. ταπεινὸς ἔσφαλε [A -λη]
36. 31 (28). εὐζώνῳ λῃστῇ σφαλλομένῳ [A S ἀφαλλ.] ἐκ πόλεως εἰς πόλιν

Am. 5. 2. παρθένος τοῦ Ἰσρ. ἔσφαλεν ἐπὶ τῆς γῆς αὐ. (2)
[Aq. Ps. 14 (15). 5 : 29 (30). 7 : 45 (46). 3, 7 : 61 (62). 3, 7 : Pr. 10. 30 : Is. 54. 10.]
[Sm. Ex. 10. 16 : Jb. 4. 4 : Ps. 14 (15). 5 : 26 (27). 2 : 61 (62). 7 : 65 (66). 9.]

σφάλμα. (1) מוֹקֵשׁ
Pr. 29. 25. ἀσέβεια ἀνδρὶ δίδωσι σφάλμα (1)

σφαλμός.
[Aq. Ps. 120 (121). 3 : Is. 58. 6 *bis*, 9 : Ez. 9. 9.]

σφενδονᾶν. (1) קָלַע pi.
I Ki. 17. 49. καὶ ἐσφενδόνησε (1)
25. 29. ψυχὴν ἐχθρῶν σου σφενδονήσεις (1)
[Aq., Sm. Je. 10. 18.]

σφενδόνη. (1) מַרְגֵּמָה (2) קֶלַע
I Ki. 17. 40. ἔθετο . . . σφενδόνην αὐ. ἐν τῇ χειρὶ αὐ. (2)
— 50. A ἐκραταίωσεν Δ. ὑπὲρ τὸν ἀλλόφυλον ἐν τῇ σφ. (2)
25. 29. σφενδονήσεις ἐν μέσῳ τῆς σφ. (2)
II Ch. 26. 14. καὶ τόξα καὶ σφενδόνας εἰς λίθους (2)
Ju. 9. 7. ἤλπισαν . . . ἐν . . . σφενδόνῃ
Pr. 26. 8. ὃς ἀποδεσμεύει λίθον ἐν σφενδόνῃ (1)
Si. 47. 4. ἐν τῷ ἐπᾶραι χεῖρα ἐν λίθῳ σφενδόνης
Za. 9. 15. καταχώσουσιν αὐτοὺς ἐν λίθοις σφενδόνης (2)
I Ma. 6. 51. εἰς τὸ βάλλεσθαι . . . σφενδόνας
[Aq., Sm., Th. I Ki. 17. 50 : Je. 41. 20.]

σφενδονήτης (-ηστής). (1) *a.* קַלָּע *b.* קֹלֵעַ
Jd. 20. 16. πάντες οὗτοι σφενδονῆται (1 *a*)
IV Ki. 3. 25. ἐκύκλωσαν οἱ σφ. (1 *b*)
I Ch. 12. 2. καὶ σφενδονῆται ἐν λίθοις καὶ τόξοις –
Ju. 6. 12. πᾶς ἀνὴρ σφ. διεκράτησαν τὴν ἀνάβασιν αὐ.
I Ma. 9. 11. οἱ σφ. . . . προεπορεύοντο τῆς δυνάμεως

σφηκία. (1) צִרְעָה
Ex. 23. 28. ἀποστελῶ τὰς σφ. προτέρας σου (1)
De. 7. 20. A B² R τὰς σφ. ἀποστελεῖ κ. ὁ θεός σου εἰς αὐτούς (1)
Jo. 24. 12. ἐξαπέστειλε προτέραν ἡμῶν τὴν σφ. (1)

σφήν.
IV Ma. 8. 13. ὡς δὲ . . . σφῆνας . . . προέθεσαν
11. 10. A τὴν ὀσφὺν αὐ. ἐπὶ τὸν τροχιαῖον σφ. κατέκαμψαν [S R *al.*]

σφηνοῦν. (1) אָחַז (2) נָעַל
Jd. 3. 23. καὶ ἐσφήνωσε (2)
— 24. αἱ θύραι τοῦ ὑπερῴου ἐσφηνωμέναι [A ἀποκεκλεισμέναι] (2)
Ne. 7. 3. καὶ σφηνούσθωσαν [S² -νοίσθ., S¹ -νοίσθω] (1)

σφήξ.
Wi. 12. 8. ἀπέστειλάς τε προδρόμους τοῦ στρατοπέδου [B S τοὺς στρ.] σου σφῆκας
[Heb. Is. 7. 18.]

σφίγγειν. (1) צוּר (2) תָּמַךְ ni.
IV Ki. 12. 10 (11). ἔσφιγξαν καὶ ἠρίθμησαν τὸ ἀργύριον (1)
Pr. 5. 22. σειραῖς δὲ τῶν ἑαυτοῦ ἁμαρτιῶν ἕκαστος σφίγγεται (2)
[Aq. Ex. 28. 11.]
[Sm. Pr. 6. 21 : Is. 1. 6.]

σφιγγία.
Si. 11. 18. ἔστι πλουτῶν ἀπὸ προσοχῆς καὶ σφιγγίας αὐτοῦ

σφιγκτήρ.
[Aq. Ex. 28. 13 : 39. 16 (36. 23) : II Ki. 1. 9.]
[Sm. Ex. 28. 13.]

σφόδρα. (1) הֵיטֵב (2) *a.* מְאֹד *b.* מְאֹד מְאֹד *c.* בִּמְאֹד מְאֹד *d.* עַד־מְאֹד *e.* עַד־לִמְאֹד (3) מָלֵא ni. (4) שַׂגִּיא (5) **ἕως σφόδρα** *a.* עַד לִמְאֹד *b.* עַד לְמַעְלָה (6) **σφόδρα σφόδρα** בִּמְאֹד מְאֹד (7) **σφόδρα λίαν** עַד־מְאֹד

Ge. 7. 18. ἐπληθύνετο σφ. ἐπὶ τῆς γῆς (2 *a*)
— 19. R τὸ δὲ ὕδωρ ἐπεκράτει σφ. σφ. [A σφοδρῶς] (2 *a*, 2 *a*)
12. 14. καλὴ ἦν σφ. (2 *a*)
13. 2. Ἀβρὰμ δὲ ἦν πλούσιος σφ. κτήνεσι (2 *a*)
— 13. ἁμαρτωλοὶ ἐναντίον τοῦ θεοῦ σφ. (2 *a*)
15. 1. R ὁ μισθός σου πολὺς ἔσται σφ. [A *al.*] (2 *a*)
17. 2. πληθυνῶ σε σφ. (2 *c*)
— 6. R αὐξανῶ σε σφ. σφ. [A *om.*] (6 [2 *c*])
— 20. πληθυνῶ αὐτὸν σφ. (2 *c*)
18. 20. καὶ αἱ ἁμαρτίαι αὐ. μεγάλαι σφ. (2 *a*)
19. 9. παρεβιάζοντο τὸν ἄνδρα τὸν Λὼτ σφ. (2 *a*)
20. 8. ἐφοβήθησαν δὲ πάντες οἱ ἄνθρωποι σφ. (2 *a*)
21. 11. σκληρὸν δὲ ἐφάνη τὸ ῥῆμα σφ. (2 *a*)
24. 16. ἦν καλὴ τῇ ὄψει σφ. (2 *a*)
— 35. εὐλόγησε τὸν κύριόν μου σφ. (2 *a*)
26. 13. μέγας ἐγίνετο σφ. (2 *a*)
— 16. δυνατώτερος ἡμῶν ἐγένου σφ. (2 *a*)
27. 33. ἐξέστη δὲ Ἰ. ἔκστασιν μεγάλην σφ. (2 *d*)
— 34. φωνὴν μεγάλην καὶ πικρὰν σφ. (2 *d*)
29. 17. R καὶ ὡραία τῇ ὄψει σφ. [A *om.*] –
30. 43. ἐπλούτησεν ὁ ἄνθρωπος σφ. σφ. (2 *a*, 2 *a*)
32. 7 (8). ἐφοβεῖτο δὲ Ἰ. σφ. (2 *a*)
34. 7. λυπηρὸν ἦν αὐτοῖς σφ. (2 *a*)
— 12. πληθύνατε τὴν φερνὴν σφ. (2 *a*)
39. 6. ἦν Ἰ. . . . ὡραῖος τῇ ὄψει σφ. –
41. 31. ἰσχυρὸς γὰρ ἔσται σφ. (2 *a*)
— 49. σῖτον ὡσεὶ τὴν ἄμμον τῆς θαλ. πολὺν σφ. (2 *a*)
47. 13. ἐνίσχυσε γὰρ ὁ λιμὸς σφ. (2 *a*)
— 27. ἐπληθύνθησαν σφ. (2 *a*)
50. 9. ἐγένετο ἡ παρεμβολὴ μεγάλη σφ. (2 *a*)
— 10. κοπετὸν μέγαν καὶ ἰσχυρὸν σφ. (2 *a*)
Ex. 1. 7. κατίσχυον σφ. σφ. (6)
— 12. καὶ ἴσχυον σφ. [A¹ *om.*] σφ. –
— 20. καὶ ἴσχυε σφ. (2 *a*)
9. 3. θάνατος μέγας σφ. (2 *a*)
— 18. ὕω . . . χάλαζαν πολλὴν σφ. (2 *a*)
— 24. ἡ δὲ χάλαζα πολλὴ σφ. [A *add.* σφ.] (2 *a*, [–])
10. 14. καὶ κατέπαυσεν . . . πολλὴ σφ. (2 *a*)
11. 3. ὁ ἄνθρ. Μ. μέγας ἐγενήθη σφ. (2 *a*)
12. 38. καὶ κτήνη πολλὰ σφ. (2 *a*)
14. 10. καὶ ἐφοβήθησαν σφ. (2 *a*)
19. 18. ἐξέστη πᾶς ὁ λαὸς σφ. (2 *a*)
— 19. ἐγίνοντο δὲ αἱ φωναὶ . . . προβαίνουσαι ἰσχυρότεραι σφ. (2 *a*)
Nu. 11. 10. ἐθυμώθη ὀργῇ κύριος σφ. (2 *a*)
— 33. ἐπάταξε κ. τὸν λαὸν πληγὴν μεγάλην σφ. (2 *a*)
12. 3. ὁ ἄνθρωπος Μ. πραῢς σφ. (2 *a*)
13. 29 (28). πόλεις ὀχυραὶ τετειχισμέναι μεγάλαι σφ. (2 *a*)
14. 7. ἡ γῆ . . . ἀγαθή ἐστι σφ. σφ. (2 *a*, 2 *a*)
— 39. ἐπένθησεν ὁ λαὸς σφ. (2 *a*)
16. 15. ἐβαρυθύμησε Μ. σφ. (2 *a*)
22. 3. ἐφοβήθη Μ. τὸν λαὸν σφ. (2 *a*)
32. 1. κτήνη πλῆθος ἦν . . . πλῆθος [A *add.* πολὺ] σφ. (2 *a*)
De. 2. 4. εὐλαβηθήσονται ὑμᾶς σφ. (2 *a*)
3. 5. πλὴν τῶν πόλεων τῶν Φ. τῶν πολλῶν σφ. (2 *a*)
4. 9. φύλαξον τὴν ψυχήν σου σφ. (2 *a*)
— 15. φυλάξεσθε σφ. τὰς ψυχὰς ὑμῶν (2 *a*)
6. 3. ἵνα πληθυνθῆτε σφ. (2 *a*)
9. 20. A ἐθυμώθη κύριος σφ. [B *al.*] (2 *a*)
— 21. συνέκοψα αὐτὸν καταλέσας σφ. [A *al.*] (1)
13. 14 (15). καὶ ἐρευνήσεις σφ. (1)
17. 4. καὶ ἐκζητήσεις σφ. (1)
— 17. χρυσίον οὐ πληθυνεῖ ἑαυτῷ σφ. [B¹ *al.*] (2 *a*)
20. 15. οὕτω ποιήσεις πάσας τὰς πόλεις τὰς μακρὰν οὔσας σου σφ. (2 *a*)
24. 8. φυλάξῃ σφ. ποιεῖν (2 *a*)
27. 8. γράψεις . . . πάντα τὸν νόμον τ. σαφῶς σφ. (1)
28. 54. ὁ τρυφερὸς σφ. βασκανεῖ τῷ ὀφθ. αὐ. τὸν ἀδ. (2 *a*)
— 56. A ἡ ἁπαλὴ ἐν ὑμῖν καὶ ἡ τρυφερὰ σφ. [B *om.*] –
29. 28 (27). ἐν . . . παροξυσμῷ μεγάλῳ σφ. –
30. 14. ἔστι σου ἐγγὺς τὸ ῥῆμα σφ. (2 *a*)
Jo. 3. 16. ἔστη πῆγμα ἐν ἀφεστηκὸς μακρὰν σφ. σφοδρῶς [A² *om.*, A¹ *al.*] (2 *a*)
6. 17 (18). φυλάξασθε σφ. ἀπὸ τοῦ ἀναθέματος [A *al.*] –
9. 9. ἐκ γῆς μακρόθεν σφ. ἥκασιν (2 *a*)
— 13. πεπαλαίωται ἀπὸ τῆς πολλῆς ὁδοῦ σφ. (2 *a*)
— 22. μακρὰν ἀπὸ σοῦ ἐσμεν σφ. (2 *a*)
— 24. ἐφοβήθημεν σφ. περὶ τῶν ψυχῶν ἡμῶν (2 *a*)
10. 2. ἐφοβήθησαν ἀπ᾽ αὐτῶν σφ. (2 *a*)
— 20. κόπτοντες αὐτοὺς κοπὴν μεγάλην σφ. (2 *a*)
11. 4. ἵπποι καὶ ἅρματα πολλὰ σφ. (2 *a*)
22. 5. φυλάξασθε σφ. ποιεῖν τὰς ἐντολάς (2 *a*)
— 8. καὶ κτήνη πολλὰ σφ. καὶ ἀργύριον (2 *a*)
— 8. A καὶ ἱματισμὸν πολὺν σφ. [B *om.*] (2 *a*)
23. 6. κατισχύσατε οὖν σφ. φυλάσσειν (2 *a*)
— 11. φυλάξασθε σφ. τοῦ ἀγαπᾶν (2 *a*)
Jd. 2. 15. ἐξέθλιψεν αὐτοὺς σφ. (2 *a*)
3. 17. καὶ Ἐ. ἀνὴρ ἀστεῖος σφ. (2 *a*)
6. 6. ἐπτώχευσεν Ἰσρ. σφ. (2 *a*)
10. 9. B ἐθλίβη Ἰσρ. σφ. [A R *al.*] (2 *a*)
11. 33. ἐπάταξεν αὐτοὺς . . . πληγὴν μεγάλην σφ. (2 *a*)
12. 2. ὁ λαός μου καὶ οἱ υἱοὶ Ἀ. σφ. [A *al.*] (2 *a*)
13. 6. καὶ εἶδος αὐτοῦ . . . φοβερὸν σφ. [A *al.*] (2 *a*)
15. 18. ἐδίψησε σφ. (2 *a*)
18. 9. καὶ ἰδοὺ ἀγαθὴ σφ. (2 *a*)
19. 11. ἡ ἡμέρα προβεβήκει σφ. (2 *a*)
Ru. 1. 13. A ἐπικράνθη μοι σφ. [B *om.*] ὑπὲρ ὑμᾶς (2 *a*)
— 20. ἐπικράνθη ἐν ἐμοὶ ὁ ἱκανὸς σφ. (2 *a*)
I Ki. 2. 17. ἦν ἡ ἁμαρτία . . . τῶν παιδαρίων μεγάλη σφ. (2 *a*)
— 22. καὶ Ἠ. πρεσβύτης σφ. (2 *a*)
3. 21. καὶ Ἠ. πρεσβύτης σφ. –
4. 10. ἐγένετο πληγὴ μεγάλη σφ. (2 *a*)
5. 9. τάραχος μέγας σφ. (2 *a*)
— 12 (11). σύγχυσις ἐν ὅλῃ τῇ πόλει βαρεῖα σφ. (2 *a*)
6. 19. ἐπάταξε κ. ἐν τῷ λαῷ πληγὴν μεγάλην σφ. –
11. 6. ἐθυμώθη ἐπ᾽ αὐτοὺς ὀργὴ αὐ. σφ. (2 *a*)
12. 18. B ἐφοβήθησαν πᾶς ὁ λαὸς τὸν κ. σφ. (2 *a*)
14. 20. σύγχυσις μεγάλη σφ. (2 *a*)
— 31. ἐκοπίασεν ὁ λαὸς σφ. (2 *a*)
16. 21. ἠγάπησεν αὐτὸν σφ. (2 *a*)
17. 11, 24 (A). καὶ ἐφοβήθησαν σφ. (2 *a*)
18. 15. αὐτὸς συνίει σφ. (2 *a*)
— 30. A ἐτιμήθη τὸ ὄνομα αὐ. σφ. (2 *a*)
19. 2 (1). Ἰ. ὁ υἱὸς Σ. ᾑρεῖτο τὸν Δ. σφ. (2 *a*)
— 4. καὶ τὰ ποιήματα αὐ. ἀγαθὰ σφ. (2 *a*)
— 8. ἐπάταξεν ἐν αὐτοῖς πληγὴν μεγάλην σφ. –
20. 30. ἐθυμώθη ὀργῇ Σ. ἐπὶ Ἰων. σφ. –
21. 12 (13). ἐφοβήθη σφ. ἀπὸ προσώπου Ἀ. (2 *a*)
25. 2. καὶ ὁ ἄνθρωπος μέγας σφ. (2 *a*)
— 3. καὶ ἡ γυνὴ . . . ἀγαθὴ τῷ εἴδει σφ. –
— 15. καὶ οἱ ἄνδρες ἀγαθοὶ ἡμῖν σφ. (2 *a*)
— 36. καὶ αὐτὸς μεθύων ἕως σφ. (2 *a*)
26. 21. ἠγνόηκα πολλὰ σφ. (2 *a*)
27. 12. ἐπιστεύθη Δ. ἐν τῷ Ἀ. σφ. –
28. 5. ἐξέστη ἡ καρδία αὐ. σφ. (2 *a*)
— 15. θλίβομαι σφ. (2 *a*)
— 20. ἐφοβήθη σφ. ἀπὸ τῶν λόγων Σαμ. (2 *a*)
— 21. ἔσπευσε σφ. (2 *a*)
30. 6. ἐθλίβη Δ. σφ. (2 *a*)
31. 4. ἐφοβήθη σφ. (2 *a*)
II Ki. 1. 26. ὡραιώθης μοι σφ. (2 *a*)
3. 8. A² B ἐθυμώθη σφ. Ἀβ. περὶ τοῦ λόγου Μ. (2 *a*)
8. 8. ἔλαβεν . . . χαλκὸν πολὺν σφ. (2 *a*)
10. 5. ἦσαν οἱ ἄνδρες ἠτιμασμένοι σφ. (2 *a*)
11. 2. καὶ ἡ γυνὴ καλὴ τῷ εἴδει σφ. (2 *a*)
12. 2. τῷ πλουσίῳ ἦν . . . βουκόλια πολλὰ σφ. (2 *a*)
— 5. ἐθυμώθη ὀργῇ Δ. σφ. [A *add.* σφ.] τῷ ἀνδρί (2 *a*, [–])
— 30. σκῦλα τῆς πόλεως ἐξήνεγκε πολλὰ σφ. (2 *a*)
13. 1. ἀδελφὴ καλὴ τῷ εἴδει σφ. –
— 3. καὶ Ἰων. ἀνὴρ σοφὸς σφ. (2 *a*)
— 15. ἐμίσησεν αὐτὴν Ἀ. μῖσος μέγα σφ. (2 *a*)
— 21. ἐθυμώθη σφ. (2 *a*)
— 36. A R ἔκλαυσαν κλαυθμὸν μέγαν σφ. [B *om.*] (2 *a*)
14. 25. ὡς Ἀβ. οὐκ ἦν ἀνὴρ ἐν παντὶ Ἰσρ. αἰνετὸς σφ. (2 *a*)
— 27. αὕτη ἦν γυνὴ καλὴ σφ. –
17. 8. δυνατοί εἰσι σφ. –
18. 17. ἐστήλωσεν ἐπ᾽ αὐτὸν σωρὸν λίθων μέγαν σφ. (2 *a*)
19. 32 (33). καὶ Β. ἀνὴρ πρεσβύτερος σφ. (2 *a*)
— 32 (33). ἀνὴρ μέγας ἐστὶ σφ. (2 *a*)
24. 10. ἥμαρτον σφ. ὃ ἐποίησα (2 *a*)
— 10. ἐμωράνθην σφ. (2 *a*)
— 14. στενά μοι πάντοθεν σφ. ἐστίν (2 *a*)
— 14. πολλοὶ οἱ οἰκτιρμοὶ αὐ. σφ. –
III Ki. 1. 4. ἡ νεᾶνις καλὴ ἕως σφ. (2 *a*)
— 6. καί γε αὐτὸς ὡραῖος τῇ ὄψει σφ. (2 *a*)

III Ki. 1. 15. ὁ βασ. πρεσβύτης σφ. (2 *a*)
2. 12. ἡτοιμάσθη ἡ βασ. αὐ. σφ. (2 *a*)
3. 1 (*cf.* 4. 29 [5. 9]). ἔδωκε κύριος . . . σοφίαν πολλὴν σφ. (2 *a*)
— 1 (4. 29 [5. 9]). R ἐπληθύνθη ἡ φρόνησις Σ. σφ. [A B *om.*] –
— 1 (4. 20). B ἦν ὁ βασ. Σ. φρόνιμος σφ. –
— 1 (B), 4. 20 (A). Ἰ. καὶ Ἰσρ. πολλοὶ σφ. [A *om.*] –
4. 29 (5. 9). ἔδωκε κ. . . . σοφίαν πολλὴν σφ. (2 *a*)
— 30 (5. 10). ἐπληθύνθη Σαλ. σφ. –
5. 7 (21). ἐχάρη σφ. (2 *a*)
7. 47. οὗ ἐποίησε πάντα τὰ ἔργα τ. ἐκ πλήθους σφ. (2 *b*)
— 48 (47). A ἀπὸ τοῦ πλήθους σφ. σφ. (2 *a*, 2 *a*)
10. 2. ἐν δυνάμει βαρείᾳ σφ. (2 *a*)
— 2. κάμηλοι αἴρουσαι . . . χρυσὸν πολὺν σφ. (2 *a*)
— 10. ἔδωκε τῷ Σ. . . . ἡδύσματα πολλὰ σφ. (2 *a*)
— 11. ἤνεγκε ξύλα πελεκητὰ πολλὰ σφ. (2 *a*)
11. 19. εὗρεν Ἀ. χάριν ἐναντίον Φ. σφ. (2 *a*)
12. 24. B ἠρρώστησε τὸ παιδάριον αὐ. ἀρρωστίᾳ κραταιᾷ σφ. (2 *a*)
17. 17. ἦν ἡ ἀρρωστία αὐ. κραταιὰ σφ. (2 *a*)
18. 3. Ἀβδ. ἦν φοβούμενος τὸν κύριον σφ. (2 *a*)
20 (21). 26. καὶ ἐβδελύχθη σφ. (2 *a*)
IV Ki. 10. 4. A ἐφοβήθησαν σφ. σφ. [B *om.*] (2 *a*, 2 *a*)
14. 26. εἶδε κ. τὴν ταπείνωσιν Ἰσρ. πικρὰν σφ. (2 *a*)
17. 18. ἐθυμώθη κύριος σφ. ἐν τῷ Ἰσρ. (2 *a*)
21. 16. αἷμα ἀθῷον ἐξέχεε Μαν. πολὺ σφ. (2 *a*)
I Ch. 10. 4. ἐφοβεῖτο σφ. (2 *a*)
16. 25. μέγας κύριος καὶ αἰνετὸς σφ. (2 *a*)
18. 8. ἔλαβε Δ. χαλκὸν πολὺν σφ. (2 *a*)
19. 5. ἦσαν ἠτιμωμένοι σφ. (2 *a*)
20. 2. σκῦλα τῆς πόλεως ἐξήνεγκε πολλὰ σφ. (2 *a*)
21. 8. ἡμάρτηκα σφ. (2 *a*)
— 8. ἐματαιώθην σφ. (2 *a*)
— 13. στενά μοι καὶ τὰ τρία σφ. (2 *a*)
— 13. πολλοὶ οἱ οἰκτιρμοὶ αὐ. σφ. (2 *a*)
II Ch. 4. 18. ἐποίησε Σ. πάντα τὰ σκεύη ταῦτα εἰς πλῆθος σφ. (2 *a*)
7. 8. ἐκκλησία μεγάλη σφ. (2 *a*)
9. 1. ἐν δυνάμει βαρείᾳ σφ. (2 *a*)
11. 12. κατίσχυσεν αὐτὰς εἰς πλῆθος σφ. (2 *a*)
16. 8. εἰς ἱππεῖς εἰς πλῆθος σφ. (2 *a*)
— 12. ἕως σφ. ἐμαλακίσθη (5 *b*)
— 14. B ἐποίησαν αὐτῷ ἐκφορὰν μεγάλην σφ. [A R ἕως σφ.] (2 *e* [5 *a*])
24. 24. παρέδωκεν εἰς τὰς χεῖρας αὐ. δύναμιν πολλὴν σφ. (2 *a*)
25. 10. ἐθυμώθησαν σφ. ἐπὶ Ἰούδαν (2 *a*)
30. 13. συνήχθησαν . . . ἐκκλησία πολλὴ σφ. (2 *a*)
32. 27. ἐγένετο τῷ Ἐζ. . . . δόξα πολλὴ σφ. (2 *a*)
— 29. ἔδωκεν αὐτῷ κ. ἀποσκευὴν πολλὴν σφ. (2 *a*)
33. 12. καὶ ἐταπεινώθη σφ. (2 *a*)
— 14. καὶ ὕψωσε σφ. (2 *a*)
35. 23. ἐπόνεσα σφ. (2 *a*)
I Es. 8. 91. ἐπισυνήχθησαν . . . ὄχλος πολὺς σφ.
II Es. 10. 1. συνήχθησαν . . . ἐκκλησία πολλὴ σφ. (2 *a*)
Ne. 2. 2. ἐφοβήθην πολὺ σφ. (2 *a*)
4. 7 (1). πονηρὸν αὐτοῖς ἐφάνη σφ. (2 *a*)
5. 6. ἐλυπήθην σφ. (2 *a*)
6. 16. ἐπέπεσε φόβος [S φ. μέγας] σφ. (2 *a*)
13. 8. πονηρόν μοι ἐφάνη σφ. (2 *a*)
To. 3. 10. ταῦτα ἀκούσασα ἐλυπήθη σφ. [S *al.*]
6. 17. ἡ ψυχὴ αὐτοῦ ἐκολλήθη σφ. αὐτῇ [S *al.*]
Ju. 1. 6. R συνῆλθον ἔθνη πολλὰ σφ. [A B S *om.*]
— 12. ἐθυμώθη Ναβ. ἐπὶ πᾶσαν τὴν γῆν τ. σφ.
— 16. A S R πλῆθος ἀνδρῶν πολεμιστῶν πολὺ σφ.
2. 17. ἔλαβε . . . πλῆθος πολὺ σφ.
— 18. καὶ ἀργύριον ἐξ οἴκου βασιλέως [A S^{2} *add.* πολὺ] σφ. [S^{1} *om.* ἐξ . . . σφ.]
— 28. ἐφοβήθησαν αὐτὸν σφ.
4. 2. ἐφοβήθησαν σφ. σφ. [A S *om.*]
5. 2. ὠργίσθη θυμῷ σφ.
— 9. ἐπληθύνθησαν . . . ἐν κτήνεσι πολλοῖς σφ.
— 18. ἐξωλεθρεύθησαν . . . ἐπὶ πολὺ σφ.
6. 20. ἐπῄνεσαν αὐτὸν σφ.
7. 2. καὶ ἡ δύναμις αὐ. . . . πλῆθος πολὺ σφ.
— 4. ἐταράχθησαν σφ.
— 18. ἦσαν εἰς πλῆθος πολὺ σφ.
8. 7. ἦν . . . ὡραία τῇ ὄψει σφ.
— 8. ἐφοβεῖτο τὸν θεὸν σφ.
— 30. ὁ λαὸς ἐδίψησε σφ.
Ju. 10. 4. ἐκαλλωπίσατο σφ.
— 7. ἐθαύμασαν ἐπὶ τῷ κάλλει αὐ. ἐπὶ πολὺ σφ.
— 14. ἦν ἐναντίον αὐτῶν θαυμάσιον τῷ κάλλει σφ.
12. 16. A B ἦν κατεπίθυμος σφ. τοῦ συγγενέσθαι μετ' αὐτῆς
— 20. A B ἔπιεν οἶνον πολὺν σφ.
13. 17. ἐξέστη πᾶς ὁ λαὸς σφ.
14. 10. ἐπίστευσε τῷ θεῷ σφ.
— 19. ἐταράχθη ἡ ψυχὴ αὐτῶν σφ.
— 19. ἐγένετο αὐτῶν . . . βοὴ μεγάλη σφ.
15. 6. καὶ ἐπλούτησαν σφ.
— 7. ἦν γὰρ πλῆθος πολὺ σφ.
16. 23. ἦν προβαίνουσα μεγάλη σφ.
Es. 2. 7. S^{2} καὶ ὡραῖον τῇ ὄψει σφ. –
3. 5. ἐθυμώθη σφ. (3)
4. 17. τὸ σῶμα αὐ. ἐταπείνωσε σφ.
5. 1. καὶ ἦν φοβερὸς σφ.
— 9. ἐθυμώθη σφ. (3)
Jb. 1. 3. ὑπηρεσία πολλὴ σφ. (2 *a*)
2. 13. ἑώρων γὰρ τὴν πληγὴν δεινὴν οὖσαν καὶ μεγάλην σφ. (2 *a*)
32. 2. ὠργίσθη δὲ τῷ Ἰὼβ σφ. –
— 3. καὶ κατὰ τῶν τριῶν δὲ φίλων ὠργίσθη σφ. –
35. 15. οὐκ ἔγνω παράπτωμά τι σφ. (2 *a*)
Ps. 6. 3. ἡ ψυχή μου ἐταράχθη σφ. (2 *a*)
— 10. ταραχθείησαν σφ. [B^{3} S^{2} *om.*] πάντες οἱ ἐχθροί μου (2 *a*)
— 10. αἰσχυνθείησαν [A S^{2} καταισχ.] σφ. διὰ τάχους –
20 (21). 1. ἐπὶ τῷ σωτηρίῳ σου ἀγαλλιάσεται σφ. (2 *a*)
30 (31). 11. καὶ τοῖς γείτοσί μου σφ. (2 *a*)
36 (37). 23. A τὴν ὁδὸν αὐτοῦ θελήσει σφ. [B S *om.*] –
37 (38). 8. ἐταπεινώθην ἕως σφ. (2 *a*)
45 (46). 1. βοηθὸς ἐν θλίψεσι ταῖς εὑρούσαις ἡμᾶς σφ. (2 *a*)
46 (47). 9. τοῦ θεοῦ οἱ κραταιοὶ τῆς γῆς σφ. ἐπήρθησαν (2 *a*)
47 (48). 1. μέγας κύριος καὶ αἰνετὸς σφ. (2 *a*)
49 (50). 3. κύκλῳ αὐτοῦ καταιγὶς σφ. (2 *a*)
77 (78). 29. ἐνεπλήσθησαν σφ. (2 *a*)
— 59. ἐξουδένωσε σφ. τὸν Ἰσραήλ (2 *a*)
78 (79). 8. ἐπτωχεύσαμεν σφ. (2 *a*)
91 (92). 5. σφ. ἐβαθύνθησαν [A B^{1} S^{1} ἐβαρύνθ.] οἱ διαλογισμοί σου (2 *a*)
92 (93). 5. τὰ μαρτύριά σου ἐπιστώθησαν σφ. (2 *a*)
95 (96). 4. μέγας κύριος καὶ αἰνετὸς σφ. (2 *a*)
96 (97). 9. σφ. ὑπερυψώθης ὑπὲρ [S ἐπὶ] πάντας τοὺς θεούς (2 *a*)
103 (104). 1. ἐμεγαλύνθης σφ. (2 *a*)
104 (105). 24. ηὔξησε τὸν λαὸν αὐτοῦ σφ. (2 *a*)
106 (107). 38. ἐπληθύνθησαν σφ. (2 *a*)
108 (109). 30. ἐξομολογήσομαι τῷ κυρίῳ σφ. (2 *a*)
111 (112). 1. A^{2} S R ἐν ταῖς ἐντολαῖς αὐτοῦ θελήσει σφ. [A^{1} *om.*] (2 *a*)
115. 1 (116. 10). ἐγὼ δὲ ἐταπεινώθην σφ. (2 *a*)
118 (119). 4. σὺ ἐνετείλω τὰς ἐντολάς σου φυλάξασθαι σφ. (2 *a*)
— 8. μή με ἐγκαταλίπῃς ἕως σφ. (2 *a*)
— 43. μὴ περιέλῃς ἐκ τοῦ στόματός μου λόγον ἀληθείας ἕως σφ. (2 *a*)
— 47. A R αἷς ἠγάπησα [S -σας] σφ. [S^{2} *om.*] –
— 48. A S^{1} ἃς ἠγάπησα σφ. [S^{2} R *om.*] –
— 51. A R ὑπερήφανοι παρηνόμουν ἕως σφ. (2 *a*)
— 96. πλατεῖα ἡ ἐντολή σου σφ. (2 *a*)
— 107. ἐταπεινώθην ἕως σφ. (2 *a*)
— 138. ἐνετείλω δικαιοσύνην τὰ μαρτύριά σου καὶ ἀλήθειαν σφ. (2 *a*)
— 140. πεπυρωμένον τὸ λόγιόν σου σφ. (2 *a*)
— 156. S^{1} οἱ οἰκτιρμοί σου πολλοί, κύριε, σφ. [A S^{2} R *om.*] –
— 167. ἠγάπησεν αὐτὰ σφ. (2 *a*)
138 (139). 14. ἡ ψυχή μου γινώσκει σφ. (2 *a*)
141 (142). 6. ἐταπεινώθην σφ. (2 *a*)
144 (145). 3. μέγας ὁ κύριος καὶ αἰνετὸς σφ. (2 *a*)
Si. 1. 8. εἷς ἐστι σοφὸς φοβερὸς σφ.
6. 20. ὡς τραχεῖα [B^{1} ταχ.] ἐστὶ σφ. τοῖς ἀπαιδεύτοις
7. 17. ταπείνωσον σφ. τὴν ψυχήν σου
11. 6. πολλοὶ δυνάσται ἠτιμάσθησαν σφ.
17. 26. σφ. μίσησον βδέλυγμα
25. 2. προσώχθισα σφ. τῇ ζωῇ αὐτῶν
39. 16. τὰ ἔργα κυρίου πάντα ὅτι καλὰ σφ.
43. 11. σφ. ὡραῖον ἐν τῷ αὐγάσματι αὐτοῦ
— 29. φοβερὸς κύριος καὶ σφ. μέγας
Si. 47. 24. ἐπληθύνθησαν αἱ ἁμαρτίαι αὐτῶν σφ.
51. 24. αἱ ψυχαὶ ὑμῶν διψῶσι σφ.
Jl. 2. 11. πολλή ἐστι σφ. ἡ παρεμβολὴ αὐ. (2 *a*)
— 11. μεγάλη ἡμέρα τοῦ κ. μεγάλη καὶ ἐπιφανὴς σφ. (2 *a*)
Ob. 1. 2. ἠτιμωμένος σὺ εἶ σφ. (2 *a*)
Jn. 4. 4, 9. εἰ σφόδρα λελύπησαι σύ (1)
— 9. σφ. λελύπημαι ἐγὼ ἕως θανάτου (1)
Na. 2. 1 (2). ἄνδρισαι τῇ ἰσχύϊ σφ. (2 *a*)
Ze. 1. 14. ἐγγὺς ἡμέρα κ. ἡ μεγ. ἐγγὺς καὶ ταχεῖα σφ. (2 *a*)
Za. 9. 2. ἐφρόνησαν σφ. (2 *a*)
— 5. καὶ ὀδυνηθήσεται σφ. (2 *a*)
— 9. χαῖρε σφ. (2 *a*)
14. 4. σχισθήσεται . . . χάος μέγα σφ. [A *al.*] (2 *a*)
— 14. συνάξει . . . ἱματισμὸν εἰς πλῆθος σφ. (2 *a*)
Is. 16. 6. ὑβριστὴς σφ. τὴν ὑπερηφανίαν ἐξῆρα [A B^{2} S^{3} -ας] (2 *a*)
31. 1. ἐφ' ἵπποις πλῆθος σφ. (2 *a*)
47. 6. τοῦ πρεσβυτέρου ἐβάρυνας τὸν ζυγὸν σφ. (2 *a*)
— 9. ἐν τῇ ἰσχύϊ τῶν ἐπαοιδῶν σου σφ. (2 *a*)
52. 13. δοξασθήσεται σφ. (2 *a*)
64. 9 (8). μὴ ὀργίζου ἡμῖν σφ. (2 *d*)
— 12 (11). ἐταπείνωσας ἡμᾶς σφ. (2 *d*)
Je. 2. 10. νοήσατε σφ. (2 *a*)
— 12. ἔφριξεν ἐπὶ πλεῖον σφ. (2 *a*)
— 36. κατεφρόνησας σφ. τοῦ δευτερῶσαι τὰς ὁδούς σου (2 *a*)
9. 19 (18). κατῃσχύνθημεν σφ. (2 *a*)
14. 17. πληγὴ ὀδυνηρὰ σφ. (2 *a*)
18. 13. ἃ ἐποίησε σφ. παρθένος Ἰ. (2 *a*)
20. 11. ᾐσχύνθησαν σφ. (2 *a*)
24. 2. ὁ κάλαθος ὁ εἷς σύκων χρηστῶν σφ. (2 *a*)
— 2. ὁ κάλαθος ὁ ἕτερος σύκων πονηρῶν σφ. (2 *a*)
27 (50). 12. ᾐσχύνθη ἡ μήτηρ ὑμῶν σφ. (2 *a*)
31 (48). 16. πονηρία αὐτοῦ ταχεῖα σφ. (2 *a*)
— 29. A ὕβρισε σφ. [B S λίαν] (2 *a*)
47 (40). 12. συνήγαγον οἶνον καὶ ὀπώραν πολλὴν σφ. (2 *a*)
La. 5. 22. ὠργίσθης ἐφ' ἡμᾶς ἕως σφ. (2 *a*)
Ez. 9. 9. ἀδικία . . . μεμεγάλυνται σφ. σφ. (6)
16. 13. A ἐγένου καλὴ σφ. σφ. [B *om.*] (6 [2 *c*])
20. 13. τὰ σάββατά μου ἐβεβήλωσαν σφ. (2 *a*)
26. 7. μετὰ . . . συναγωγῆς ἐθνῶν πολλῶν [A πολλῆς ἐ.] σφ. –
27. 25. ἐβαρύνθης σφ. (2 *a*)
37. 2. πολλὰ σφ. ἐπὶ προσώπου τοῦ πεδίου [A *add.* καὶ ἰδοὺ] ξηρὰ σφ. (2 *a*, 2 *a*)
— 10. συναγωγὴ πολλὴ [A μεγάλη] σφ. (2 *b*)
40. 2. ἔθηκέ με ἐπ' ὄρος ὑψηλὸν σφ. (2 *a*)
47. 7. δένδρα πολλὰ σφ. [A *om.*] ἔνθεν καὶ ἔνθεν (2 *a*)
— 9. ἔσται ἐκεῖ ἰχθὺς πολὺς σφ. (2 *a*)
— 10. πλῆθος πολὺ σφ. (2 *a*)
Da. LXX. Su. 2. ᾗ ὄνομα Σ. θυγ. Χ. καλὴ σφ.
— 4. ἦν Ἰ. πλούσιος σφ.
— 31. ἦν δὲ ἡ γυνὴ τρυφερὰ σφ.
2. 31. ἦν ἡ εἰκὼν ἐκείνη μεγάλη σφ. –
3. (25). ὑποκαιομένης τῆς καμίνου ὑπὸ τῶν Χ. σφ. –
4. 15. σφ. ἐθαύμασα ἐπὶ τούτοις –
6. 14 (15). τότε ὁ βασ. σφ. ἐλυπήθη (4)
7. 28. σφ. ἐκστάσει περιειχόμην (4)
8. 8. ὁ τράγος τῶν αἰγῶν κατίσχυσε σφ. (2 *d*)
11. 25. ἐν ὄχλῳ ἰσχυρῷ σφ. λίαν (7)
Bel 18. ἐγέλασε Δαν. σφ.
Da. TH. Su. 2. ᾗ ὄνομα Σουσ. θυγ. Χελκ. καλὴ σφ.
— 4. ἦν Ἰ. πλούσιος σφ.
— 27. κατῃσχύνθησαν οἱ δοῦλοι σφ.
— 31. ἡ δὲ Σουσ. ἦν τρυφερὰ σφ.
8. 8. ὁ τράγος τῶν αἰγῶν ἐμεγαλύνθη ἕως σφ. (2 *a*)
11. 25. ἐν δυνάμει μεγάλῃ καὶ ἰσχυρᾷ σφ. (2 *d*)
Bel 30. ἐπείγουσιν αὐτὸν σφ.
I Ma. 1. 4. συνῆξε δύναμιν ἰσχυρὰν σφ.
— 64. ἐγένετο ὀργὴ μεγάλη ἐπὶ Ἰσρ. σφ.
2. 14. καὶ ἐπένθησαν σφ.
— 39. A R ἐπένθησαν ἐπ' αὐτοὺς ἕως σφ. [S *al.*]
3. 27. A S^{2} R παρεμβολὴν ἰσχυρὰν σφ.
— 31. ἠπορεῖτο τῇ ψυχῇ αὐ. σφ.
— 41. ἔλαβον . . . χρυσίον πολὺ σφ.
4. 21. ἐδειλώθησαν σφ.
— 58. ἐγενήθη εὐφροσύνη μεγάλη ἐν τῷ λαῷ σφ.
5. 1. A ὠργίσθη [S R -ησαν] σφ.
— 38. ἐπισυνηγμένοι εἰσὶ . . . δύναμις πολλὴ σφ.
— 45. συνήγαγεν . . . παρεμβολὴν μεγάλην σφ.
— 46. αὕτη ἡ πόλις μεγάλη . . . ὀχυρὰ σφ.

I Ma. 5. 63. ἐδοξάσθησαν σφ. ἐναντίον παντὸς Ἰσρ.
6. 2. καὶ τὸ ἱερὸν τὸ ἐν αὐτῇ πλούσιον σφ.
— 8. καὶ ἐσαλεύθη σφ.
— 41. ἦν γὰρ ἡ παρεμβολὴ μεγάλη σφ.
7. 48. ηὐφράνθη ὁ λαὸς σφ.
8. 4. καὶ ὁ τόπος ἦν μακρὰν ἀπέχων ἀπ' αὐτῶν σφ.
— 6. ἔχοντα . . . δύναμιν πολλὴν σφ.
— 13. καὶ ὑψώθησαν σφ.
— 19. καὶ ἡ ὁδὸς πολλὴ σφ.
9. 6. καὶ ἐφοβήθησαν σφ.
— 22. πολλὰ γὰρ ἦν σφόδρα
— 24. ἐγενήθη λιμὸς μεγάλη σφ.
— 68. ἔθλιβον αὐτὸν σφ.
10. 2. συνήγαγε δυνάμεις πολλὰς σφ.
— 46. ἔθλιψεν αὐτοὺς σφ.
— 50. ἐστερέωσε τὸν πόλεμον σφ.
— 68. καὶ ἐλυπήθη σφ.
11. 53. ἔθλιβεν αὐτὸν σφ.
12. 52. καὶ ἐφοβήθησαν σφ.
13. 22. ἦν χιὼν πολλὴ σφ.
— 49. καὶ ἐπείνασαν σφ.
14. 16. ἐλυπήθησαν σφ.
16. 7. ἡ δὲ ἵππος τῶν ὑπεναντίων πολλὴ σφ.
— 22. ἐξέστη σφ.
II Ma. 3. 11. σφ. ἀνδρὸς ἐν ὑπεροχῇ κειμένου
14. 37. καὶ σφόδρα καλῶς ἀκούων
III Ma. 5. 51. ἀνεβόησαν φωνῇ μεγάλῃ σφ.
IV Ma. 3. 8. ἱδρῶν καὶ σφ. κεκμηκώς
8. 2. σφ. περιπαθῶς ἐκέλευσεν ἄλλους . . . ἀγαγεῖν

[**Aq.** Ge. 1. 31 : 4. 5 : Nu. 12. 3 : Jo. 1. 7 : I Ki. 31. 3 : II Ki. 2. 17 : IV Ki. 10. 4 : Jb. 1. 3 : Ps. 6. 11 : 45 (46). 2 : 46 (47). 10 : 49 (50). 3 : Is. 56. 12 : Je. 49. 30 (30. 8) : 50 (27). 12 (Sw.) : Ez. 37. 10 (Sw.), 10 (P.).]
[**Sm.** Ge. 1. 31 : Nu. 12. 3 : Jo. 1. 7 : I Ki. 31. 3 : II Ki. 2. 17 : Jb. 1. 3 : 35. 15 : Ps. 6. 11 : 45 (46). 2 : 77 (78). 29, 59 : 78 (79). 8 : 91 (92). 6 : 103 (104). 1 : 115. 1 (116. 10) : 118 (119). 96 : 141 (142). 7 : Is. 16. 6 : Je. 48 (31). 29 : 49. 30 (30. 8) : 50 (27). 12 (Sw.) : Ez. 37. 10 (Sw.), 10 (P.).]
[**Th.** Nu. 12. 3 : Jo. 1. 7 : I Ki. 31. 3 : IV Ki. 10. 4 : Jb. 35. 15 : Ps. 6. 11 : 49 (50). 3 : Is. 56. 12 : Je. 50 (27). 12 (Sw.) : Ez. 37. 10 (Sw.), 10 (P.).]
[**Al.** I Ki. 18. 8.]
[**Sept.** Ps. 49 (50). 3.]
[**Hebr.** Ge. 13. 2.]

σφοδρός. (1) אַדִּיר (2) חָזָק מְאֹד (3) עַז

Ex. 10. 19. μετέβαλε κύριος ἄνεμον ἀπὸ θαλάσσης σφοδρόν (2)
15. 10. ἔδυσαν ὡσεὶ μόλιβος ἐν ὕδατι σφ. (1)
Ne. 9. 11. ὡσεὶ λίθον ἐν ὕδατι σφ. (3)
Wi. 18. 5. ἀπώλεσας ἐν ὕδατι σφ.
[**Al.** Ge. 41. 31.]

σφοδρῶς (σφοδρότερον). (1) מְאֹד

Ge. 7. 19. A τὸ δὲ ὕδωρ ἐπεκράτει σφόδρα σφ. [R -ρα] (1)
Jo. 3. 16. ἔστη πῆγμα ἐν ἀφεστηκὸς μακρὰν σφόδρα [A¹ *om.*] σφ. [A² *om.*] (1)
Si. 13. 13. συντήρησον καὶ πρόσεχε σφ.
IV Ma. 5. 32. τὸ πῦρ ἐκφύσα σφοδρότερον
6. 11. καὶ ἐπασθμαίνων σφ.
13. 22. αὔξονται σφοδρότερον διὰ συντροφίας

σφόνδυλος. (1) עֹרֶף

Le. 5. 8. ἀποκνίσει ὁ ἱ. τὴν κεφ. αὐ. ἀπὸ τοῦ σφ. (1)
IV Ma. 10. 8. A R ἐκ σφονδύλων [S σπονδ.] ἐκμελιζόμενος

σφραγίζειν. (1) חָתַם *a.* qal. *b.* ni. *c.* pi. *d.* חֲתַם (2) סָתַם (3) תָּמַם hi.

De. 32. 34. καὶ ἐσφράγισται ἐν τοῖς θησαυροῖς μου (1 *a*)
III Ki. 20 (21). 8. ἐσφραγίσατο τῇ σφραγῖδι αὐ. (1 *a*)
IV Ki. 22. 4. σφράγισον τὸ ἀργύριον +
I Es. 3. 8. γράψαντες ἕκαστος τὸν ἑαυτοῦ λόγον ἐσφραγίσαντο
Ne. 10. 1 (2). ἐπὶ τῶν σφραγιζόντων [S² ἐσφραγισμένων] Νεεμ. (1 *a*)
To. 7. 14. A R καὶ ἐσφραγίσατο [B -αντο]
Es. 3. 10. σφραγίσαι κατὰ τῶν γεγραμμένων –
8. 8. καὶ σφραγίσατε τῷ δακτυλίῳ μου (1 *a*)
— 8. καὶ σφραγισθῇ τῷ δακτυλίῳ μου (1 *b*)
— 10. ἐσφραγίσθη τῷ δακτυλίῳ αὐ. (1 *a*)

Jb. 14. 17. ἐσφράγισας δέ μου τὰς ἀνομίας [A τὰ ἁμαρτήματα, S τὰς ἁμαρτίας] ἐν βαλαντίῳ (1 *a*)
24. 16. ἡμέρας ἐσφράγισαν ἑαυτούς (1 *c*)
Ca. 4. 12. κῆπος κεκλεισμένος πηγὴ ἐσφραγισμ. (1 *a*)
Is. 8. 16. φανεροὶ ἔσονται οἱ σφραγιζόμενοι [S ἐσφραγισμ.] τὸν νόμον (1 *a*)
29. 11. ὡς οἱ λόγοι τοῦ βιβλίου τοῦ ἐσφραγισμένου τούτου (1 *a*)
— 11. οὐ δύναμαι ἀναγνῶναι ἐσφράγισται γάρ (1 *a*)
Je. 39 (32). 10. ἐσφραγισάμην [A S διεσφρ.] καὶ διεμαρτυράμην μάρτυρας (1 *a*)
— 11. ἔλαβον τὸ βιβλίον τῆς κτήσεως τὸ ἐσφραγισμένον (1 *a*)
— 25. ἐσφραγισάμην καὶ ἐπεμαρτυράμην μάρτυρας –
— 44. γράψεις βιβλίον καὶ σφραγιῇ (1 *a*)
Da. LXX. 6. 17 (18). καὶ ἐσφραγίσατο ὁ βασ. (1 *d*)
12. 4. σφράγισαι τὸ βιβλίον (1 *a*)
— 9. ἐσφραγισμένα τὰ προστάγματα (1 *a*)
Bel 13. καὶ τότε σφραγισάμενος τὸν ναὸν ἐκέλευσε σφραγίσαι τῷ τοῦ βασ. δακτυλίῳ
Da. TH. 6. 17 (18). καὶ ἐσφραγίσατο ὁ βασ. (1 *d*)
8. 26. σφράγισον τὴν ὅρασιν (2)
9. 24. τοῦ σφραγίσαι ἁμαρτίας [A ὅρασιν ἁ.] (1 *a**, 3)
— 24. τοῦ σφραγίσαι ὅρασιν (1 *a*)
12. 4. σφράγισον τὸ βιβλίον [A τοὺς λόγους] (1 *a*)
— 9. ἐσφραγισμένοι οἱ λόγοι (1 *a*)
Bel 11. καὶ σφράγισον τῷ δακτυλίῳ σου
— 14. καὶ ἐσφραγίσαντο ἐν [A -σαν] τῷ δακτυλίῳ τοῦ βασ.

[**Aq.** Le. 15. 3 : Is. 8. 16 : Je. 32 (39) 44.]
[**Sm.** Is. 8. 16 : Je. 32 (39). 44.]
[**Th.** Le. 15. 3 : Jb. 24. 16 : Da. 9. 24 *bis*.]
[**Heb.** Ex. 4. 26.]
[**Al.** Da. 8. 23.]

σφραγίς. (1) חוֹתָם, חֹתָם (2) חָח

Ex. 28. 11. γλύμμα σφραγῖδος διαγλύψεις τοὺς δύο λίθους (1)
— 21. γλυφαὶ σφραγίδων . . . ἔστωσαν εἰς δέκα δύο φυλάς (1)
— 32 (36). ἐκτυπώσεις ἐν αὐτῷ ἐκτύπωμα σφραγῖδος (1)
35. 22. ἤνεγκαν σφραγῖδας (2)
36. 13 (39. 6). ἐκκεκολαμμένους ἐκκόλαμμα σφραγῖδος (1)
— 21 (39. 14). ἐγγεγραμμένα εἰς σφραγῖδας [A *al.*] (1)
— 39 (39. 30). γράμματα ἐκτετυπωμένα σφραγῖδος [A *al.*] (1)
III Ki. 20 (21). 8. ἐσφραγίσατο τῇ σφρ. αὐ. (1)
To. 9. 5. προήνεγκε τὰ θυλάκια ἐν ταῖς σφρ. [S *al.*]
Ca. 8. 6. θές με ὡς σφραγῖδα ἐπὶ τὴν καρδίαν σου ὡς σφραγῖδα ἐπὶ τὸν βραχίονά σου (1, 1)
Si. 17. 22. ἐλεημοσύνη ἀνδρὸς ὡς σφραγὶς μετ' αὐτοῦ
22. 27. ἐπὶ τῶν χειλέων μου σφραγῖδα πανοῦργον [A S -ων]
35 (32). 5. σφραγὶς ἄνθρακος ἐπὶ κόσμῳ χρυσῷ
— 6. ἐν κατασκευάσματι χρυσῷ σφραγὶς σμαράγδου
38. 27. οἱ γλύφοντες γλύμματα [S¹ γράμματα] σφραγίδων
42. 6. ἐπὶ γυναικὶ πονηρᾷ καλὸν σφραγίς
45. 11. λίθοις πολυτελέσι γλύμματος σφραγῖδος
— 12. ἐκτύπωμα σφραγῖδος ἁγιάσματος
49. 11. αὐτὸς ὡς σφραγὶς ἐπὶ δεξιᾶς χειρός
Hg. 2. 24 (23). θήσομαί σε ὡς [A εἰς] σφραγῖδα (1)
Da. LXX. Bel 15. ἐπίδετε τὰς σφρ. ὑμῶν
— 16. εὗρον ὡς ἦν ἡ σφρ.
— 16. ἀπέβαλον τὴν σφρ.
Da. TH. Bel 17. σῷοι [A -αι] αἱ σφρ., Δαν.
IV Ma. 7. 15. ὃν πιστὴ θανάτου σφρ. ἐτελείωσεν

[**Aq.** Ge. 38. 18 : Jb. 41. 7 : Je. 22. 24 : Ez. 28. 12.]
[**Sm.** Jb. 24. 16 : Ca. 8. 6 : Je. 22. 24.]
[**Th.** Je. 22. 24.]

σφῦρα. (1) הַלְמוּת (2) *a.* מַקָּבָה *b.* מַקֶּבֶת (3) פַּטִּישׁ

Jd. 4. 21. ἔθηκε τὴν σφ. ἐν τῇ χειρὶ αὐ. (2 *b*)
5. 26. καὶ δεξιὰν αὐ. εἰς σφῦραν κοπιώντων [A *al.*] (1)
III Ki. 6. 7. σφῦρα . . . οὐκ ἠκούσθη ἐν τῷ οἴκῳ (2 *a*)
Si. 38. 28. φωνὴ σφύρης καινιεῖ [A κενιεῖ] τὸ οὖς αὐτοῦ

Is. 41. 7. χαλκεὺς τύπτων σφύρῃ [S¹ -ᾳ] (3)
Je. 10. 4. ἀργυρίῳ καὶ χρυσίῳ κεκαλλωπισμένα ἐν σφύραις (2 *a*)
27 (50). 23. συνετρίβη ἡ σφ. πάσης τῆς γῆς (3)
[**Aq.** Jd. 5. 26 : Jb. 41. 21 : Is. 41. 7 : 44. 12.]
[**Sm.** Is. 41. 7.]
[**Th.** Jb. 41. 21.]

σφυρεύς.

[**Al.** III Ki. 7. 14 (2).]

σφυροκοπεῖν. (1) הָלַם

Jd. 5. 26. καὶ ἐσφυροκόπησε [A ἀπέτεμε] Σισ. (1)
[**Aq.** Jd. 5. 26.]

σφυροκοπία.

[**Sm.** Pr. 19. 29.]

σφυροκόπος. (1) לָטַשׁ

Ge. 4. 22. ἦν σφυροκόπος χαλκεὺς χαλκοῦ (1)
[**Th.** Is. 41. 7.]

σφυρόν. (1) תּוֹתָח

Jb. 41. 20 (21). ὡς καλάμη ἐλογίσθησαν σφυρά [S² -άν, S⁴ -αί] (1)

σφυρωτήρ, *vid.* **σφαιρωτήρ.**

σχάζειν. (1) עָלָה

Am. 3. 5. εἰ σχασθήσεται [A¹ χασθ.] παγὶς ἐπὶ τῆς γῆς (1)

σχεδία. (1) דֹּבְרוֹת (2) רַפְסֹדוֹת

III Ki. 5. 9 (23). θήσομαι αὐτὰ σχεδίας (1)
II Ch. 2. 16 (15). ἄξομεν αὐτὰ σχεδίαις (2)
I Es. 5. 55. διαφέρειν σχεδίας εἰς τὸν Ἰόππης λιμένα
Wi. 14. 5. διελθόντες κλύδωνα σχεδίᾳ διεσώθησαν
— 6. ἡ ἐλπὶς τοῦ κόσμου ἐπὶ σχεδίας καταφυγοῦσα
III Ma. 4. 11. τούτων δὲ ἐπὶ τὴν λεγομένην σχ. ἀχθέντων

σχεδιάζειν.

Ba. 1. 19. ἐσχεδιάζομεν [A -άσαμεν] πρὸς τὸ μὴ ἀκούειν τῆς φωνῆς αὐτοῦ

σχεδόν.

II Ma. 5. 2. σχ. ἐφ' ἡμέρας τεσσαράκοντα
III Ma. 5. 14. μεσούσης δὲ ἤδη δεκάτης ὥρας σχ.
— 45. τὰ θηρία σχ. . . . εἰς κατάστημα μανιῶδες ἀνηγοχώς

σχετλιάζειν.

IV Ma. 3. 12. ἐπὶ τῇ τοῦ βασ. ἐπιθυμίᾳ σχετλιαζόντων
4. 7. A R τοῦ ἔθνους πρὸς τὸν λόγον σχετλιάσαντος [S -ζοντος]
[**Sm.** Ez. 6. 11.]

σχέτλιος.

II Ma. 15. 5. ἐπιτελέσαι τὸ σχ. αὐτοῦ βούλημα

σχῆμα. (1) פַּת

Is. 3. 17. κύριος ἀνακαλύψει [A ἀποκ.] τὸ σχ. αὐτῶν (1)

σχίδαξ. (1) עֵץ

III Ki. 18. 33. ἐστοίβασε τὰς σχ. (1)
— 33. B ἐπέθηκε τὰς [A R ἐπὶ τὰς] σχ. (1)
— 33 (34). ἐπιχέετε . . . ἐπὶ τὰς σχ. (1)
— 38. κατέφαγε . . . τὰς σχ. (1)

σχίζα. (1) חֵץ (2) חֵצִי

I Ki. 20. 20. τρισσεύσω ταῖς σχ. ἀκοντίζων (1)
— 21. A R εὑρέ μοι τὴν σχ. [B γοῦζαν] (1)
— 22 (21). ὧδε ἡ σχ. ἀπὸ σοῦ καὶ ὧδε (1)
— 22. ὧδε ἡ σχ. ἀπὸ σοῦ καὶ ἐπέκεινα (1)
— 36. εὑρέ μοι τὰς σχ. (1)
— 36. ἠκόντιζε τῇ σχ. [A -ει] (2)
— 37. ἦλθε τὸ παιδάριον ἕως τοῦ τόπου τῆς σχ. (2)
— 37. ἐκεῖ ἡ σχ. ἀπὸ σοῦ καὶ ἐπέκεινα (2)
— 38. ἀνέλεξε τὸ παιδάριον τὰς σχ. (2*, 1)
— 38. A B² R καὶ ἤνεγκε τὰς σχ. –
I Ma. 10. 80. ἐξετίναξαν τὰς σχ. εἰς τὸν λαόν

σχίζειν. (1) בָּקַע *a.* qal. *b.* ni. *c.* pi. (2) קָרַע

Ge. 22. 3. σχίσας ξύλα (1 *c*)
Ex. 14. 21. ἐσχίσθη [A διεσχ.] τὸ ὕδωρ (1 *b*)
I Ki. 6. 14. σχίζουσι τὰ ξύλα τῆς ἁμάξης (1 *c*)

Ec. 10. 9. σχίζων ξύλα κινδυνεύσει [S -εύει] ἐν αὐτοῖς (1 a)
Wi. 5. 11. πνεῦμα . . . σχιζόμενον βίᾳ ῥοίζου κινουμένων πτερύγων
Za. 14. 4. BS σχισθήσεται τὸ ὄρος τῶν ἐλαιῶν (1 b)
Is. 36. 22. εἰσῆλθεν Ἐλιακεὶμ . . . καὶ Σομνᾶς . . . ἐσχισμένοι τοὺς χιτῶνας (2)
37. 1. ἔσχισε τὰ ἱμάτια (2)
48. 21. σχισθήσεται πέτρα (1 a)
Da. LXX. Su. 55. σχίσει σου τὴν ψυχὴν σήμερον
Da. TH. Su. 55. σχίσει σε μέσον
I Ma. 6. 45. ἐσχίζοντο ἀπ' αὐτοῦ ἔνθα καὶ ἔνθα
[Aq. Ps. 77 (78). 15 : Is. 59. 5 *bis* : 63. 12 : Ez. 13. 13.]
[Sm. Ez. 13. 13.]
[Th. Is. 19. 3.]
[Al. Ex. 14. 16.]

σχῖνος.
Da. LXX. Su. 54. εἶπεν ὁ ἀσεβής, Ὑπὸ σχῖνον
Da. TH. Su. 54. ὁ δὲ εἶπεν, Ὑπὸ σχῖνον
[Th. Da. 13. 54.]

σχισμή. (1) מְעָרָה (2) סָעִיף (3) קֶצֶב
Jn. 2. 7. ἔδυ ἡ κεφαλή μου εἰς σχισμὰς ὀρέων (3)
Is. 2. 19. εἰς τὰ σπήλαια καὶ εἰς τὰς σχ. τῶν πετρῶν (1)
— 21. τοῦ εἰσελθεῖν . . . εἰς τὰς σχ. τῶν πετρῶν (2)

σχιστός. (1) שָׂרִיק
Is. 19. 9. αἰσχύνη λήψεται τοὺς ἐργαζομένους τὸ λίνον τὸ σχ. (1)

σχοινίον. (1) חֶבֶל (2) נִקְפָּה (3) παλαιὰ σχοινία חֲבָלִים
II Ki. 8. 2. διεμέτρησεν αὐτοὺς ἐν σχοινίοις (1)
17. 13. λήψεται πᾶς Ἰσρ. . . . σχοινία (1)
III Ki. 21 (20). 31. ἐπιθώμεθα δὴ . . . σχοινία ἐπὶ τὰς κεφ. ἡμῶν (1)
— 32. ἔθεσαν σχοινία ἐπὶ τὰς κεφ. αὐ. (1)
Es. 1. 6. τεταμένοις [S¹ τεταγμ.] ἐπὶ σχ. βυσσίνοις (1)
Jb. 18. 10. κέκρυπται ἐν τῇ γῇ σχοινίον [S² τὸ σχ.] αὐτοῦ (1)
36. 8. συσχεθήσονται ἐν σχοινίοις [S² -ῳ] πενίας (1)
40. 12 (17). A τὰ δὲ νεῦρα αὐτοῦ ὥσπερ σχοινία [BS om. ὥσπερ σχ.] συμπέπλεκται †
Ps. 15 (16). 6. σχοινία ἐπέπεσάν μοι ἐν τοῖς κρατίστοις (1)
77 (78). 55. ἐκληροδότησεν αὐτοὺς ἐν σχοινίῳ κληροδοσίας (1)
118 (119). 61. σχοινία ἁμαρτωλῶν περιεπλάκησάν μοι (1)
139 (140). 5. σχοινία διέτειναν παγίδας τοῖς ποσί μου (1)
Ec. 12. 6. ἕως ὅτου μὴ [S om.] ἀνατραπῇ τὸ [AS om.] σχ. τοῦ ἀργυρίου (1)
Am. 2. 8. τὰ ἱμάτια αὐ. δεσμεύοντες σχοινίοις †
7. 17. ἡ γῆ σου ἐν σχοινίῳ καταμετρηθήσεται (1)
Mi. 2. 4. μερὶς λαοῦ μου κατεμετρήθη ἐν σχοινίῳ †
— 5. οὐκ ἔσται σοι βάλλων σχοινίον (1)
Za. 2. 1 (5). ἐν τῇ χειρὶ αὐ. σχ. γεωμετρικόν (1)
Is. 3. 24. ἀντὶ ζώνης σχοινίῳ [S -ίον] ζώσῃ (2)
5. 18. οὐαὶ οἱ ἐπισπώμενοι τὰς ἁμαρτίας ὡς σχοινίῳ μακρῷ (1)
33. 20. οὐδὲ τὰ σχ. αὐτῆς οὐ μὴ διαρραγῶσιν (1)
— 23. ἐρράγησαν τὰ σχ. σου (1)
Je. 45 (38). 11. ἔλαβεν ἐκεῖθεν παλαιὰ ῥάκη καὶ παλαιὰ σχοινία (3 ?)
— 12. ταῦτα θὲς ὑποκάτω τῶν σχ. (1)
— 13. εἵλκυσαν αὐτὸν [A add. ἐν] τοῖς σχ. (1)
Ep. Je. 43. αἱ δὲ γυναῖκες περιθέμεναι σχοινία . . . οὔτε τὸ σχ. αὐτῆς διερράγη
Ez. 27. 24. θησαυροὺς ἐκλεκτοὺς δεδεμένους σχοινίοις (1)
[Aq. Jo. 2. 15 : Pr. 5. 22 : Je. 10. 20 : 38 (45). 6.]
[Sm. Jo. 2. 15 : II Ki. 8. 2 *bis* : Jb. 12. 18 : 38. 5 : Ec. 12. 6 : Is. 5. 18 : 33. 23 : Je. 38 (45). 6, 12.]
[Th. Jo. 2. 15 : Je. 38 (45). 6 (Sw.), 11.]

σχοίνισμα. (1) a. חֶבֶל b. חֲבַל (2) מֵיתָר
De. 32. 9. σχοίνισμα κληρονομίας αὐ. Ἰσρ. (1 a)
Jo. 17. 14. διὰ τί ἐκληρονόμησας ἡμᾶς . . . σχ. ἕν (1 a)
19. 29. A ἔσται ἡ διέξοδος αὐ. ἡ θάλασσα καὶ ἀπὸ τοῦ σχ. [B al.] (1 a)
II Ki. 8. 2. B τὰ δύο σχοινίσματα τοῦ θανατῶσαι (1 a)
— 2. τὰ δύο σχοινίσματα ἐζώγρησεν (1 a)
III Ki. 4. 13. τούτῳ σχοίνισμα Ἐρ. (1 a)
I Ch. 16. 18. σχοίνισμα κληρονομίας ὑμῶν (1 a)
Ps. 104 (105). 11. σχοίνισμα κληρονομίας ὑμῶν (1 a)
Ze. 2. 5. οὐαὶ οἱ κατοικοῦντες τὸ σχ. τῆς θαλ. (1 a)
— 7. ἔσται τὸ σχ. τῆς θαλ. τοῖς καταλοίποις οἴκου Ἰ. (1 a)
Za. 11. 7. τὴν ἑτέραν ἐκάλεσα Σχοίνισμα (1 b)
— 14. ἀπέρριψα τὴν ῥάβδον τὴν δευτ. τὸ σχ. (1 b)
Is. 54. 2. μάκρυνον τὰ σχ. σου (2)
Ez. 47. 13. ταῖς δώδεκα φυλαῖς . . . πρόσθεσις σχοινίσματος (1 a)
[Aq. Dt. 3. 4 : Ze. 2. 6 : Za. 11. 7.]
[Sm. I Ki. 10. 5 : Za. 11. 7.]
[Th. Dt. 3. 4 : Jo. 2. 15.]
[Al. I Ki. 10. 10.]

σχοινισμός. (1) חֶבֶל
Jo. 17. 5. ἔπεσεν ὁ σχ. αὐ. ἀπὸ Ἀ. (1)

σχοῖνος. (1) עֵט (2) a. שְׁבוּל b. שְׁבִיל
Ps. 138 (139). 3. τὴν σχ. μου ἐξιχνίασας †
Mi. 6. 5. τί ἀπεκρίθη αὐτῷ Βαλ. . . . ἀπὸ τῶν σχ. †
Jl. 3 (4). 18. ποτιεῖ τὸν χειμάρρουν τῶν σχ. †
Je. 8. 8. εἰς μάτην ἐγενήθη σχ. ψευδὴς γραμματεῦσιν (1)
18. 15. ἀσθενήσουσιν ἐν ταῖς ὁδοῖς αὐτῶν σχοίνους αἰωνίους (2 a*, 2 b)
II Ma. 11. 5. Ἱεροσολύμων δὲ ἀπέχοντι ὡσεὶ σχοίνους πέντε
[Aq. Ps. 44 (45). 2.]

σχολάζειν. (1) רָפָה a. ni. b. hi.
Ex. 5. 8. σχολάζουσι γάρ (1 a)
— 17. σχολάζετε σχολασταί ἐστε (1 a)
Ps. 45 (46). 10. σχολάσατε καὶ γνῶτε (1 b)
[Aq. Pr. 19. 27 : Ma. 3. 1.]
[Sm. II Ki. 8. 18 : II Ch. 31. 11 : Pr. 19. 27 : Is. 57. 14 : Ma. 3. 1.]
[Th. Jb. 6. 28 : Pr. 19. 27.]

σχολαστής. (1) רָפָה ni.
Ex. 5. 17. σχολάζετε σχολασταί ἐστε (1)

σχολή. (1) κατὰ σχολήν לְאִטִּי
Ge. 33. 14. ἐνισχύσω ἐν τῇ ὁδῷ κατὰ σχολὴν τῆς πορεύσεως (1)
Pr. 28. 19. ὁ δὲ διώκων σχολὴν πλησθήσεται πενίας †
Si. 38. 24. σοφία γραμματέως ἐν εὐκαιρίᾳ σχολῆς

σώζειν. (1) בָּרַח (2) חָיָה a. qal. b. pi. c. hi. (3) חָסָה (4) יָדַע (5) יָשַׁע a. ni. b. hi. c. יֵשַׁע d. יְשׁוּעָה e. מוֹשָׁעוֹת f. יֵשׁ מוֹשִׁיעַ (6) מָלַט a. ni. b. pi. c. hi. (7) נָצַל a. ni. b. pi. c. hi. (8) עָזַר (9) פָּדָה a. qal. b. ni. (10) פָּלַט a. pi. b. פָּלִיט c. פְּלֵיטָה d. מִפְלָט e. פָּלִיט (11) רָאָה (12) שָׁבַב pu. (13) שָׂרִיד (14) שׁוּב (15) שֵׁיזִב (16) שָׁלַם pu.
Ge. 19. 17. σώζων σῶζε τὴν σεαυτοῦ ψυχήν (–, 6 a)
— 17. εἰς τὸ ὄρος σώζου (6 a)
— 20. A ἐκεῖ σωθήσομαι [B διασ.] (6 a)
— 22. σπεῦσον οὖν τοῦ σωθῆναι ἐκεῖ (6 a)
32. 8 (9). ἔσται ἡ παρεμβολὴ ἡ δευτέρα εἰς τὸ σώζεσθαι (10 c)
— 30 (31). ἐσώθη μου ἡ ψυχή (7 a)
47. 25. σέσωκας ἡμᾶς (2 c)
Nu. 24. 19. ἀπολεῖ σωζόμενον ἐκ πόλεως (13)
De. 33. 29. λαὸς σωζόμενος ὑπὸ κυρίου (5 a)
Jo. 8. 22 : 10. 33. ἕως τοῦ μὴ καταλειφθῆναι αὐτῶν σεσωσμένον (13)
10. 40. οὐ κατέλιπον αὐτῶν σεσωσμένον [A al.] (13)
Jd. 2. 16. ἔσωσεν αὐτοὺς κύριος (5 b)
— 18. ἔσωσεν αὐτοὺς ἐκ χειρὸς ἐχθρῶν αὐ. [A al.] (5 b)
3. 9. καὶ ἔσωσεν αὐτούς (5 b)
— 31. ἔσωσε καί γε αὐτὸς τὸν Ἰσρ. (5 b)
6. 14. σώσεις τὸν Ἰσρ. ἐκ χειρὸς Μ. (5 b)
— 15. ἐν τίνι σώσω τὸν Ἰσρ. (5 b)
— 31. ἡ ὑμεῖς σώσετε [A σώζετε] αὐτόν (5 b)
Jd. 6. 36. εἰ σὺ σώζεις ἐν χειρί μου τὸν Ἰσρ. (5 f)
— 37. σώσεις [A σώζεις] ἐν χειρί μου τὸν Ἰσρ. (5 b)
7. 2. ἡ χείρ μου ἔσωσέ με (5 b)
— 7. σώσω ὑμᾶς (5 b)
8. 22. ἔσωσας [A σέσωκας] ἡμᾶς ἐκ χειρὸς Μ. (5 b)
10. 1. ἀνέστη μετὰ Ἀβ. τοῦ σῶσαι τὸν Ἰσρ. Θ. (5 b)
— 12. ἔσωσα ὑμᾶς ἐκ χειρὸς αὐτῶν (5 b)
— 13. οὐ προσθήσω τοῦ σῶσαι ὑμᾶς (5 b)
— 14. σωσάτωσαν ὑμᾶς ἐν καιρῷ θλίψεως ὑμῶν (5 b)
12. 2. οὐκ ἐσώσατέ με ἐκ χειρὸς αὐτῶν (5 b)
— 3. A οὐκ ἦν ὁ σώζων [B al.] (5 b)
13. 5. ἄρξεται σῶσαι [A σώζειν] τὸν Ἰσρ. (5 b)
I Ki. 4. 3. σώσει ἡμᾶς ἐκ χειρὸς ἐχθρῶν ἡμῶν (5 b)
7. 8. καὶ σώσει ἡμᾶς ἐκ χειρὸς ἀλλοφύλων (5 b)
9. 16. σώσει τὸν λαόν μου (5 b)
10. 1. σώσεις αὐτὸν ἐκ χειρὸς ἐχθρῶν αὐ. –
— 27. τίς σώσει ἡμᾶς οὗτος (5 b)
11. 3. ἐὰν μὴ ᾖ ὁ σώζων ἡμᾶς (5 b)
14. 6. B σώζειν ἐν πολλοῖς ἢ ἐν ὀλίγοις (5 b)
— 22 (23). ἔσωσε κ. ἐν τῇ ἡμέρᾳ ἐκ. τὸν Ἰσρ. (5 b)
— 39. ζῇ κύριος ὁ σώσας τὸν Ἰσρ. (5 b)
— 47. οὗ ἂν ἐστράφη ἐσώζετο †
17. 47. οὐκ ἐν ῥομφαίᾳ . . . σώζει κύριος (5 b)
19. 11. ἐὰν μὴ σὺ σώσῃς [A -εις] τὴν ψυχὴν σαυτοῦ (6 b)
— 12. ἔφυγε καὶ σώζεται (6 a)
— 18. A ἔφυγε καὶ ἐσώθη [B διεσ.] (6 a)
23. 2. AR σώσεις [B πατάξεις] τὴν Κ. (5 b)
— 5. ἔσωσε Δ. τοὺς κατοικοῦντας Κ. (5 b)
25. 26. καὶ σώζειν τὴν χεῖρά σού σοι (5 b)
— 31. καὶ σῶσαι χεῖρα κυρίου μου αὐτῷ (5 b)
— 33. καὶ σῶσαι χεῖρά μου ἐμοί (5 b)
27. 1. ἐὰν μὴ σωθῶ εἰς γῆν ἀλλοφύλων (6 a)
— 1. σωθήσομαι ἐκ χειρὸς αὐ. (6 a)
30. 17. οὐκ ἐσώθη [A οὐ περιεσ.] ἐξ αὐτῶν ἀνήρ (6 a)
II Ki. 3. 18. σώσω τὸν Ἰσρ. ἐκ χειρὸς ἀλλοφύλων (5 b)
8. 6, 14. ἔσωσε κύριος τὸν Δ. ἐν πᾶσιν (5 b)
10. 11. ἐσόμεθα τοῦ σῶσαί σε (5 b)
— 19. τοῦ σῶσαι ἔτι τοὺς υἱοὺς Ἀ. (5 b)
14. 4. σῶσον, βασιλεῦ, σῶσον (5 b, –)
22. 3. ἐξ ἀδίκου σώσεις με (5 b)
— 4. ἐκ τῶν ἐχθρῶν μου σωθήσομαι (5 a)
— 28. τὸν λαὸν τὸν πτωχὸν σώσεις (5 b)
III Ki. 13. 31. ἵνα σωθῶσι τὰ ὀστᾶ μου –
18. 40. μηθεὶς σωθήτω ἐξ αὐτῶν (6 a)
19. 17. τὸν σωζόμ. ἐκ ῥομφαίας Ἀζ. (6 a)
— 17. B τὸν σωζόμ. ἐκ ῥομφαίας Ἰ. (6 a)
21 (20). 20. σώζεται υἱὸς Ἀ. (6 a)
IV Ki. 6. 26. σῶσον, κύριε βασιλεῦ (5 b)
— 27. μή σε σώσαι [A -σῃ] κύριος (5 b)
— 27. πόθεν σώσω σε (5 b)
14. 27. ἔσωσεν αὐτοὺς ἐκ χειρὸς Ἱερ. (5 b)
16. 7. σῶσόν με ἐκ χειρὸς βασιλέως Συρίας (5 b)
19. 19. σῶσον ἡμᾶς ἐκ χειρὸς αὐ. (5 b)
— 34. A τοῦ σῶσαι αὐτήν (5 b)
— 37. ἐσώθησαν [A διεσ.] εἰς γῆν Ἀρ. (6 a)
20. 6. ἐκ χειρὸς βασιλέων Ἀσσ. σώσω σε (7 c)
I Ch. 11. 14. καὶ ἔσωσεν αὐτήν (7 c)
16. 35. BS ἔσωσεν [AR σῶσον] ἡμᾶς, ὁ θ. τῆς σωτηρίας ἡμῶν (5 b)
18. 6. AB ἔσωζεν [SR ἔσωσεν] κύριος Δαυίδ (5 b)
— 13. BS ἔσωζε [A ἔσωσεν] κ. [AR add. τὸν Δ.] ἐν πᾶσιν (5 b)
19. 12. σώσω σε (5 b)
II Ch. 14. 11 (10). σώζειν ἐν πολλοῖς καὶ ἐν ὀλίγοις (8)
16. 7. ἐσώθη δύναμις Σ. ἀπὸ τῆς χειρός σου (6 a)
18. 31. κύριος ἔσωσεν αὐτόν (8)
20. 9. ἀκούσῃ καὶ σώσεις (5 b)
— 24. οὐκ ἦν σωζόμενος (10 c)
32. 8. τοῦ σώζειν καὶ τοῦ πολεμεῖν τὸν πόλεμον ἡμῶν (8)
— 11. κ. ὁ θεὸς ἡμῶν σώσει ὑμᾶς (7 c)
— 13, 14. σῶσαι τὸν λαὸν αὐ. ἐκ χειρός μου (7 c)
— 14. σῶσαι ὑμᾶς ἐκ χειρός μου (7 c)
— 15. τοῦ σῶσαι τὸν λαὸν αὐ. ἐκ χειρός μου (7 c)
— 15. οὐ μὴ σώσει ὑμᾶς ἐκ χειρός μου (7 c)
— 22. ἔσωσε κύριος Ἐζεκίαν (5 b)
33. 7. A σωθήτω [B θήσω] τὸ ὄνομά μου εἰς τὸν αἰῶνα †
II Es. 8. 22. σῶσαι ἡμᾶς ἀπὸ ἐχθροῦ (8)
Ne. 1. 2. ἠρώτησα αὐτοὺς περὶ τῶν σωθέντων (10 c)
9. 27. ἔσωσας αὐτοὺς ἐκ χειρὸς θλιβόντων αὐτούς (5 b)

To. 5. 13. S ὑγιαίνων ἔλθοις καὶ σωζόμενος [A B *om.* κ. σ.]
6. 17. σώσει ὑμᾶς καὶ ἐλεήσει [S *al.*]
— 17. σὺ αὐτὴν σώσεις
14. 7. S πάντες οἱ υἱοὶ τοῦ Ἰσρ. οἱ σωζόμενοι
— 10. B Ἀχιάχαρον μὲν ἔσωσεν [A Ἀχιάχαρος μὲν ἐσώθη]
— 10. ἐσώθη ἐκ παγίδος θανάτου [S *al.*]
Ju. 10. 15. σέσωκας τὴν ψυχήν σου
Es. 4. 11. οὗτος σωθήσεται (2 *a*)
— 13. σωθήσῃ [A S^2 -σομαι] μόνη ἐν τῇ βασ. (6 *a*)
— 17. ἐν τῷ θέλειν σε σῶσαι τὸν Ἰσρ.
8. 6. πῶς δυνήσομαι σωθῆναι (11)
10. 3. οἱ βοήσαντες πρὸς τὸν θεὸν καὶ σωθέντες
— 3. ἔσωσε κύριος τὸν λαὸν αὐ.
Jb. 1. 15, 16. σωθεὶς δὲ ἐγὼ μόνος [A καὶ ἐσώθην ἐγὼ μόνος] (6 *a*)
— 17, 19. ἐσώθην δὲ ἐγὼ μόνος (6 *a*)
6. 23. ὥστε σῶσαί με ἐξ ἐχθρῶν [A ἐκ χειρὸς κακῶν] (6 *b*)
18. 19. οὐδὲ σεσωσμένος [S^1 -ον] ἐν τῇ ὑπ᾽ οὐρανὸν ὁ οἶκος αὐτοῦ (13)
20. 20. ἐν ἐπιθυμίᾳ αὐτοῦ οὐ σωθήσεται (6 *b*)
— 24. οὐ μὴ σωθῇ ἐκ χειρὸς σιδήρου (1)
22. 29. κύφοντα ὀφθαλμοῖς σώσει (5 *b*)
27. 8. πεποιθὼς [A μὴ π.] ἐπὶ κύριον ἄρα [A εἰ ἄρα] σωθήσεται †
33. 28. σῶσον ψυχήν μου (9 *a*)
35. 14. καὶ [A ὃς] σώσει με †
40. 9 (14). δύναται ἡ δεξιά σου σῶσαι (5 *b*)
Ps. 3. 7. σῶσόν με, ὁ θεός μου (5 *b*)
6. 4. σῶσόν με ἕνεκεν τοῦ ἐλέους σου (5 *b*)
7. 1. σῶσόν με ἐκ πάντων τῶν διωκόντων με (5 *b*)
— 2. μὴ ὄντος λυτρουμένου μηδὲ σώζοντος (7 *c*)
— 10. τοῦ θεοῦ τοῦ σώζοντος τοὺς εὐθεῖς τῇ καρδίᾳ (5 *b*)
11 (12). 1. σῶσόν με, κύριε (5 *b*)
16 (17). 7. ὁ σώζων τοὺς ἐλπίζοντας ἐπὶ σέ (5 *b*)
17 (18). 3. ἐκ τῶν ἐχθρῶν μου σωθήσομαι (5 *a*)
— 27. σὺ λαὸν ταπεινὸν σώσεις (5 *b*)
— 41. οὐκ ἦν ὁ σώζων (5 *b*)
19 (20). 6. ἔσωσε κύριος τὸν χριστὸν αὐτοῦ (5 *b*)
— 9. σῶσον τὸν βασιλέα (5 *b*)
21 (22). 5. πρὸς σὲ ἐκέκραξαν καὶ ἐσώθησαν (6 *a*)
— 8. σωσάτω αὐτὸν ὅτι θέλει αὐτόν (7 *c*)
— 21. σῶσόν με ἐκ στόματος λέοντος (5 *b*)
27 (28). 9. σῶσον τὸν λαόν σου (5 *b*)
29 (30). 3. ἔσωσάς με ἀπὸ [S^1 ἐκ] τῶν καταβαινόντων εἰς λάκκον (2 *b*)
30 (31). 2. καὶ εἰς οἶκον καταφυγῆς τοῦ σῶσαί με (5 *b*)
— 7. ἔσωσας ἐκ τῶν ἀναγκῶν τὴν ψυχήν μου (4)
— 16. σῶσόν με ἐν τῷ ἐλέει σου (5 *b*)
32 (33). 16. οὐ σώζεται βασιλεὺς διὰ πολλὴν δύναμιν καὶ γίγας οὐ σωθήσεται ἐν πλήθει ἰσχύος αὐτοῦ (5 *a*, 7 *a*)
— 17. ἐν δὲ πλήθει δυνάμεως αὐτοῦ οὐ σωθήσεται (6 *b*)
33 (34). 6. ἐκ πασῶν τῶν θλίψεων αὐτοῦ ἔσωσεν αὐτόν (5 *b*)
— 18. τοὺς ταπεινοὺς τῷ πνεύματι σώσει (5 *b*)
35 (36). 6. ἀνθρώπους καὶ κτήνη σώσεις (5 *b*)
36 (37). 40. καὶ σώσει αὐτούς (5 *b*)
43 (44). 3. ὁ βραχίων αὐτῶν οὐκ ἔσωσεν αὐτούς (5 *b*)
— 6. ἡ ῥομφαία μου οὐ σώσει με (5 *b*)
— 7. A B^3 S ἔσωσας γὰρ ἡμᾶς ἐκ τῶν θλιβόντων ἡμᾶς (5 *b*)
53 (54). 1. ἐν τῷ ὀνόματί σου σῶσόν με (5 *b*)
54 (55). 8. προσεδεχόμην τὸν σώζοντά με ἀπὸ ὀλιγοψυχίας (10 *d*)
55 (56). 7. ὑπὲρ τοῦ μηθενὸς σώσεις αὐτούς (10 *a*)
56 (57). 3. καὶ ἔσωσέ με (5 *b*)
58 (59). 2. ἐξ ἀνδρῶν αἱμάτων σῶσόν με (5 *b*)
59 (60). 5. σῶσον τῇ δεξιᾷ σου (5 *b*)
67 (68). 20. ὁ θεὸς ἡμῶν ὁ θεὸς τοῦ σώζειν (5 *e*)
68 (69). 1. σῶσόν με, ὁ θεός (5 *b*)
— 14. σῶσόν με ἀπὸ πηλοῦ (7 *c*)
— 35. ὁ θεὸς σώσει τὴν Σιών (5 *b*)
69 (70). *tit.* (1). εἰς τὸ σῶσαί με κύριον (7 *c*)
70 (71). 2. καὶ σῶσόν με (5 *b*)
— 3. καὶ εἰς τόπον ὀχυρὸν τοῦ σῶσαί με (5 *b*)
71 (72). 4. σώσει [B^1 -εις] τοὺς υἱοὺς τῶν πενήτων (5 *b*)
— 13. ψυχὰς πενήτων σώσει (5 *b*)
75 (76). 9. B^1 S^1 R τοῦ σῶσαι πάντας τοὺς πραεῖς τῇ καρδίᾳ [B^2 S^2 τῆς γῆς] (5 *b*)

Ps. 79 (80). 2. ἐλθὲ εἰς τὸ σῶσαι ἡμᾶς (5 *d*)
— 3, 7, 19. καὶ σωθησόμεθα (5 *a*)
85 (86). 2. σῶσον τὸν δοῦλόν σου (5 *b*)
— 16. σῶσον τὸν υἱὸν τῆς παιδίσκης σου (5 *b*)
97 (98). 1. ἔσωσεν αὐτῷ ἡ δεξιὰ αὐτοῦ (5 *b*)
105 (106). 8. ἔσωσεν αὐτοὺς ἕνεκεν τοῦ ὀνόματος αὐτοῦ (5 *b*)
— 10. ἔσωσεν αὐτοὺς ἐκ χειρὸς μισούντων (5 *b*)
— 21. ἐπελάθοντο τοῦ θεοῦ τοῦ σώζοντος αὐτούς (5 *b*)
— 47. σῶσον ἡμᾶς, κύριε ὁ θεὸς ἡμῶν (5 *b*)
106 (107). 13, 19. ἐκ τῶν ἀναγκῶν αὐτῶν ἔσωσεν αὐτούς (5 *b*)
107 (108). 6. σῶσον τῇ δεξιᾷ σου (5 *b*)
108 (109). 26. σῶσόν με κατὰ τὸ ἔλεός σου (5 *b*)
— 31. τοῦ σῶσαι ἐκ τῶν καταδιωκόντων τὴν ψυχήν μου (5 *b*)
114 (116). 6. ἐταπεινώθην καὶ ἔσωσέ με (5 *b*)
117 (118). 25. ὦ κύριε, σῶσον δή (5 *b*)
118 (119). 94. σῶσόν με (5 *b*)
— 117. καὶ σωθήσομαι (5 *a*)
— 146. σῶσόν με (5 *b*)
— 173. γενέσθω ἡ χείρ σου τοῦ σῶσαί με (8)
137 (138). 7. ἔσωσέ με ἡ δεξιά σου (5 *b*)
144 (145). 19. καὶ σώσει αὐτούς (5 *b*)
Pr. 6. 3. ποίει . . . καὶ σώζου (7 *a*)
— 5. ἵνα σώζῃ ὥσπερ δορκὰς ἐκ βρόχων (7 *a*)
10. 25. δίκαιος δὲ ἐκκλίνας σώζεται εἰς τὸν αἰῶνα †
11. 31. εἰ ὁ μὲν δίκαιος μόλις σώζεται (16)
15. 24. ἵνα ἐκκλίνας ἐκ τοῦ ᾅδου σωθῇ †
— 27. ὁ δὲ μισῶν δώρων λήψεις σώζεται (2 *a*)
19. 7. ὃς δὲ ἐρεθίζει λόγους οὐ σωθήσεται †
28. 26. ὃς δὲ πορεύεται σοφίᾳ σωθήσεται (6 *a*)
29. 25. ὃς δὲ πέποιθεν ἐπὶ τῷ δεσπότῃ [S σωτῆρι] σωθήσεται (12)
Wi. 9. 18. τῇ σοφίᾳ [S σ. σου] ἐσώθησαν
10. 4. A S κατακλυζομένην γῆν πάλιν ἔσωσεν [B διέσωσε] σοφία
14. 4. δύνασαι ἐκ παντὸς σώζειν
16. 7. ὁ γὰρ ἐπιστραφεὶς οὐ διὰ τὸ θεωρούμενον ἐσώζετο
18. 5. ἑνὸς ἐκτεθέντος τέκνου καὶ σωθέντος
Si. 2. 11. σώζει ἐν καιρῷ θλίψεως
3. 1. οὕτως ποιήσατε ἵνα σωθῆτε
31 (34). 13. ἡ γὰρ ἐλπὶς αὐτῶν ἐπὶ τὸν σώζοντα αὐτούς
33 (36). 9. ἐν ὀργῇ πυρὸς καταβρωθήτω ὁ σωζόμενος [S^1 ὁ μὴ σ., S^2 ὁ ἀσεβὴς ὁ σ.]
51. 8. σώζεις αὐτοὺς ἐκ χειρὸς ἐθνῶν [A S ἐχθρῶν]
— 12. ἔσωσας γάρ με ἐξ ἀπωλείας
Ho. 1. 7. σώσω αὐτοὺς ἐν κυρίῳ θεῷ αὐ. (5 *b*)
— 7. οὐ σώσω αὐτοὺς ἐν τόξῳ (5 *b*)
13. 4. σώζων οὐκ ἔστι παρὲξ ἐμοῦ (5 *b*)
14. 4. Ἀσσοὺρ οὐ μὴ σώσῃ [A -σει] ἡμᾶς (5 *b*)
Am. 2. 14. B οὐ μὴ σώσει τὴν ψυχὴν αὐ. (6 *b*)
— 15. B οὐ μὴ σώσει [A R -σῃ] τὴν ψυχὴν αὐ. (6 *b*)
Mi. 6. 9. σώσει φοβουμένους τὸ ὄνομα αὐ. †
Jl. 2. 32 (3. 5). πᾶς ὃς ἂν ἐπικαλέσηται . . . σωθήσεται (6 *a*)
Ob. 1. 21. A ἀναβήσονται ἄνδρες σεσωσμένοι [B S *al.*] (5 *b*)
Hb. 1. 2. καὶ οὐ σώσεις (5 *b*)
3. 13. τοῦ σῶσαι τὸν χριστόν σου (5 *c*)
Ze. 3. 17. ὁ δυνατὸς σώσει σε (5 *b*)
— 19. σώσω τὴν ἐκπεπιεσμένην (5 *b*)
Za. 8. 7. σώζω [A ἀνασ.] τὸν λαόν μου (5 *b*)
9. 9. ἔρχεταί σοι δίκαιος καὶ σώζων (5 *a*)
— 16. σώσει αὐτοὺς κ. ὁ θεὸς αὐ. (5 *b*)
10. 6. τὸν οἶκον Ἰ. σώσω (5 *b*)
12. 7. σώσει [A δώσει] κύριος τὰ σκηνώματα Ἰ. (5 *b*)
Ma. 3. 15. καὶ ἐσώθησαν (6 *a*)
Is. 1. 27. σωθήσεται ἡ αἰχμαλωσία αὐτῆς (9 *b*)
10. 20. οἱ σωθέντες τοῦ Ἰακώβ (10 *c*)
— 22. τὸ κατάλειμμα αὐτῶν σωθήσεται (14)
12. 2. B^2 S^1 σωθήσομαι ἐν αὐτῷ †
14. 32. σωθήσονται οἱ ταπεινοὶ τοῦ λαοῦ (3)
15. 7. μὴ καὶ οὕτως μέλλει σωθῆναι †
19. 20. ὃς σώσει αὐτοὺς κρίνων σώσει αὐτούς (5 *b*, 7 *c*)
20. 6. οὐκ ἠδύναντο σωθῆναι ἀπὸ βασιλέως Ἀσσυρίων καὶ πῶς ἡμεῖς σωθησόμεθα (7 *a*, 6 *a*)
25. 9. B σώσει ἡμᾶς (5 *b*)
30. 15. τότε σωθήσῃ (5 *a*)
31. 5. περιποιήσεται καὶ σώσει (6 *c*)

Is. 33. 22. κύριος οὗτος ἡμᾶς σώσει (5 *b*)
34. 15. ἔσωσεν ἡ γῆ τὰ παιδία αὐτῆς μετὰ ἀσφαλείας (6 *b*)
35. 4. αὐτὸς ἥξει καὶ σώσει ἡμᾶς (5 *b*)
37. 20. σῶσον ἡμᾶς ἐκ χειρὸς αὐ. (5 *b*)
— 32. οἱ σωζόμενοι ἐξ [A ἐπ᾽] ὄρους Σιών (10 *c*)
— 35. τοῦ σῶσαι αὐτὴν δι᾽ ἐμέ (5 *b*)
38. 6. A S σώσω [B ῥύσομαί] σε (7 *c*)
43. 3. ἐγὼ κύριος . . . ὁ σώζων σε (5 *b*)
— 11. οὐκ ἔστι πάρεξ ἐμοῦ σώζων (5 *b*)
— 12. ἀνήγγειλα καὶ ἔσωσα (5 *b*)
45. 17. σώζεται ὑπὸ κ. σωτηρίαν αἰώνιον (5 *a*)
— 20. βουλεύσασθε ἅμα, οἱ σωζόμενοι ἀπὸ τῶν ἐθνῶν . . . πρὸς θεοὺς οἳ οὐ σώζουσιν [A S -ωσιν] (10 *b*, 5 *b*)
— 22. A^2 B S σωθήσεσθε οἱ ἀπ᾽ ἐσχάτου τῆς γῆς (5 *a*)
46. 2. οὐ δυνήσονται σωθῆναι ἀπὸ πολέμου (6 *b*)
— 4. ἀναλήψομαι καὶ σώσω ὑμᾶς (6 *b*)
— 7. ἀπὸ κακῶν οὐ μὴ σώσῃ [A -ει] αὐτόν (5 *b*)
47. 13. σωσάτωσάν σε οἱ ἀστρολόγοι (5 *b*)
49. 24. ἐὰν αἰχμαλωτεύσῃ τις ἀδίκως σωθήσεται (6 *a*)
— 25. λαμβάνων δὲ παρὰ ἰσχύοντος σωθήσεται (6 *a*)
51. 14. ἐν γὰρ τῷ σώζεσθαί σε οὐ στήσεται †
59. 1. μὴ οὐκ ἰσχύει ἡ χεὶρ κυρίου τοῦ σῶσαι (5 *b*)
60. 16. ἐγὼ κύριος ὁ σώζων σε (5 *b*)
63. 9. αὐτὸς [A S^1 *add.* κύριος] ἔσωσεν αὐτούς (5 *b*)
66. 19. ἐξαποστελῶ ἐξ αὐτῶν σεσωσμένους εἰς τὰ ἔθνη (10 *b*)
Je. 2. 27. ἀνάστα καὶ σῶσον ἡμᾶς (5 *b*)
— 28. σώσουσιν ἐν καιρῷ τῆς κακώσεώς σου (5 *b*)
4. 14. ἵνα σωθῇς (5 *a*)
11. 12. S^2 οἱ [A B *om.*] μὴ σώσουσιν αὐτούς (5 *b*)
14. 8. σώζεις [S -σεις] ἐν καιρῷ κακῶν (5 *b*)
— 9. ὡς ἀνὴρ οὐ δυνάμενος σ. (5 *b*)
15. 20. μετὰ σοῦ εἰμι τοῦ σ. σε (5 *b*)
17. 14. A^2 B S σῶσόν με καὶ σωθήσομαι (5 *b*, 5 *a*)
23. 6. ἐν ταῖς ἡμέραις αὐτοῦ [A ἐκείναις] καὶ σωθήσεται Ἰούδας (5 *a*)
26 (46). 27. ἐγὼ ἰδοὺ σώζων [A S ἐ. σώζω] σε μακρόθεν (5 *b*)
31 (48). 6. σώσατε τὰς ψυχὰς ὑμῶν (6 *b*)
— 8. οὐ μὴ σωθῇ (6 *a*)
— 19. ἐρώτησον φεύγοντα καὶ σωζόμενον (6 *a*)
37 (30). 7. ἀπὸ τούτου σωθήσεται (5 *a*)
38 (31). 7. ἔσωσε κύριος τὸν λαὸν αὐτοῦ (5 *b*)
39 (32). 4. A B S^2 Σεδεκίας οὐ μὴ σωθῇ ἐκ χειρὸς τῶν Χαλδαίων (6 *a*)
41 (34). 3. σὺ οὐ μὴ σωθῇς ἐκ χειρὸς αὐ. (6 *a*)
— 11. S ἔσωσαν [A B ἐῶσαν] αὐτοὺς εἰς παῖδας †
45 (38). 18, 23. σὺ οὐ μὴ σωθῇς (6 *a*)
46 (39). 17. σώσω σε ἐν τῇ ἡμέρᾳ ἐκείνῃ (7 *c*)
— 18. σώζων σώσω σε (6 *b*, 6 *b*)
48 (41). 15. ἐσώθη σὺν [S ἐν] ὀκτὼ ἀνθρώποις (6 *a*)
49 (42). 11. σ. ὑμᾶς ἐκ χειρὸς αὐτῶν (7 *c*)
— 17. οὐκ ἔσται αὐτῶν οὐθεὶς σωζόμενος ἀπὸ τῶν κακῶν (13 + 10 *e*)
51 (44). 14. οὐκ ἔσται σεσωσμένος οὐδεὶς τῶν ἐπιλοίπων Ἰούδα (10 *e* + 13)
— 28. οἱ σεσωσμένοι ἀπὸ ῥομφαίας (10 *e*)
La. 2. 13. τίς σώσει [A S *add.* σε] †
4. 18 (17). ἀπεσκοπεύσαμεν εἰς ἔθνος οὐ σῶζον (5 *b*)
Ep. Je. 49. οὔτε σώζουσιν ἑαυτοὺς ἐκ πολέμου
Ez. 14. 14. ἐν τῇ δικαιοσύνῃ αὐτῶν σωθήσονται (7 *b*)
— 16. εἰ υἱοὶ ἢ θυγατέρες σωθήσονται ἀλλ᾽ ἢ αὐτοὶ μόνοι σωθήσονται (7 *c*, 7 *a*)
— 18. αὐτοὶ μόνοι σωθήσονται (7 *a*)
17. 15. A παραβαίνων διαθήκην εἰ σωθήσεται [B διασ.] (6 *a*)
— 18. πάντα ταῦτα ἐποίησεν αὐτῷ μὴ σωθήσεται (6 *a*)
33. 12. δίκαιος οὐ μὴ δύνηται σωθῆναι (2 *a*)
34. 22. σώσω τὰ πρόβατά μου (5 *b*)
36. 29. σώσω ὑμᾶς ἐκ πασῶν τῶν ἀκαθαρσιῶν ὑμῶν (5 *b*)
Da. LXX. Su. 62. ἐσώθη αἷμα ἀναίτιον
3. (88). ἔσωσεν ἡμᾶς ἐκ χειρὸς θανάτου
— 28 (95). καὶ ἔσωσε τοὺς παῖδας αὐ. (15)
6. 20 (21). σέσωκέ σε ἀπὸ τῶν λεόντων (15)
— 22 (23). σέσωκέ με ὁ θ. ἀπὸ τῶν λεόντων –
— 27 (28). τὰ γὰρ εἴδωλα τὰ χειροποίητα οὐ δύνανται σῶσαι –
11. 41. σωθήσονται ἀπὸ χειρὸς αὐ. (6 *a*)
Da. TH. Su. 60. εὐλόγησαν τῷ θ. τῷ σώζοντι τοὺς ἐλπίζοντας ἐπ᾽ αὐτόν

Da. TH. Su. 62. καὶ ἐσώθη αἷμα ἀναίτιον
3. (88). ἐκ χειρὸς θανάτου ἔσωσεν ἡμᾶς
12. 1. σωθήσεται ὁ λαός σου (6 a)
I Ma. 2. 44. ἔφυγον εἰς τὰ ἔθνη σωθῆναι
— 59. ἐσώθησαν ἐκ φλογός
3. 18. οὐκ ἔστι διαφορὰ . . . σώζειν ἐν πολλοῖς
4. 9. ἐσώθησαν οἱ πατέρες ἡμῶν
— 11. ἔστιν ὁ λυτρούμενος καὶ σώζων [S^1 om. κ. σ.] τὸν Ἰσρ.
6. 44. τοῦ σῶσαι τὸν λαὸν αὐ.
9. 9. A R σώζωμεν [S^1 -ομεν, S^2 σώσομεν] τὰς ἑαυτῶν ψυχάς
— 21. πῶς ἔπεσε δυνατὸς σώζων τὸν Ἰσρ.
10. 83. εἰσῆλθον εἰς B. . . . τοῦ σωθῆναι
11. 48. ἔσωσαν τὸν βασ.
II Ma. 1. 11. ἐκ μεγάλων κινδύνων ὑπὸ τοῦ θεοῦ σεσωσμένοι
2. 17. ὁ δὲ θεὸς ὁ σώσας τὸν πάντα λαὸν αὐ.
11. 12. A τραυματίαι γυμνοὶ δὲ ἐσώθησαν [R γ. διεσ.]
IV Ma. 4. 12. πᾶσί τε ἀνθρώποις ὑμνήσειν σωθείς
5. 6. ὅπως ἀπογευσάμενος τῶν ὑείων σώζοιο
6. 15. A R σὺ δὲ . . . σώθητι [S σώζοιο]
— 27. παρόν μοι σώζεσθαι
10. 1. ὅπως ἀπογευσάμενος σώζοιο
— 13. σῶζε σεαυτόν
15. 3. A R τὴν εὐσέβειαν . . . τὴν σώζουσαν [S ζῶσαν] εἰς αἰώνιον ζωήν
— 27. A S^2 R οὐκ ἐπέγνω τὴν σώζουσαν ἑπτὰ υἱοὺς . . . σωτηρίαν
[Aq. Jb. 5. 13: Ps. 30 (31). 3: 32 (33). 16: 54 (55). 17: 117 (118). 25: Is. 45. 15: Ez. 3. 18.]
[Sm. Jb. 34. 9: Ps. 30 (31). 3: 54 (55). 17: 114 (116). 6: 117 (118). 25: 137 (138). 7: Pr. 24. 11: Is. 25. 9: 30. 15: 38. 20: 45. 15: 47. 15: 63. 1: 64. 5 (4): Je. 31 (38). 2: 51 (28). 50: Ob. 21.]
[Th. Jb. 20. 20: 33. 28: Ps. 54 (55). 17: 97 (98). 1: 117 (118). 25: Is. 25. 9: 38. 6, 14: 45. 15: 63. 9: Je. 30 (37). 10, 11: 33 (40). 16.]
[Al. Ex. 14. 30: Jo. 10. 37: Ps. 43 (44). 8: 145 (146). 3: Is. 59. 16.]
[Heb. Jb. 1. 15.]
[Quint. Ps. 32 (33). 16: 54 (55). 17: 117 (118). 25.]
[Sext. Ps. 54 (55). 17: Hb. 3. 13.]

σωλήν.
[Sm. Jb. 40. 13 (18).]

σῶμα. (1) בָּשָׂר (2) *a.* גַּו *b.* גֵּו *c.* גְּוִיָּה
(3) גּוּפָה (4) גֶּשֶׁם (5) חַיִל (6) טַף
(7) נְבֵלָה (8) נֶפֶשׁ (9) עוֹר (10) פֶּגֶר
(11) שְׁאֵר (12) οἱ περὶ τὸ σ. מְשָׁרְתִים

Ge. 15. 11. κατέβη δὲ ὄρνεα ἐπὶ τὰ σ. (10)
34. 29. πάντα τὰ σ. αὐ. . . . ᾐχμαλώτευσαν (5)
36. 6. ἔλαβε δὲ Ἡ. . . . πάντα τὰ σ. τοῦ οἴκου αὐ. (8)
47. 12. ἐσιτομέτρει . . . σῖτον κατὰ σῶμα (6)
— 18. οὐχ ὑπολείπεται . . . ἀλλ' ἢ τὸ ἴδιον σ. (2 c)
Le. 6. 10 (3). περισκελὲς λινοῦν ἐνδύσεται περὶ [A om.] τὸ σ. αὐ. (1)
14. 9. λούσεται τὸ σ. αὐ. ὕδατι (1)
15. 2. ᾧ ἐὰν γένηται ῥύσις ἐκ τοῦ σ. αὐ. (1)
— 3. ῥέων γόνον ἐκ σώματος αὐ. (1)
— 3. ἧς συνέστηκε τὸ σ. αὐ. διὰ τῆς ῥύσεως (1)
— 3. πᾶσαι αἱ ἡμέραι ῥύσεως σώματος αὐ. –
— 3. ᾗ συνέστηκε τὸ σ. αὐ. διὰ τῆς ῥύσεως (1)
— 11. λούσεται τὸ σ. ὕδατι –
— 13. λούσεται τὸ σ. ὕδατι (1)
— 16. λούσεται ὕδατι πᾶν τὸ σ. αὐ. (1)
— 19. ἔσται ἡ ῥύσις αὐ. ἐν τῷ σ. αὐ. (1)
— 21. λούσεται τὸ σ. αὐ. ὕδατι –
— 27. λούσεται τὸ σ. ὕδατι –
16. 4. λούσεται ὕδατι πᾶν τὸ σ. αὐ. (1)
— 24, 26, 28. λούσεται τὸ σ. αὐ. ὕδατι (1)
17. 16. καὶ τὸ σ. μὴ λούσηται ὕδατι (1)
19. 28. ἐντομίδας οὐ ποιήσετε . . . ἐν τῷ σ. ὑμῶν (1)
22. 6. ἐὰν μὴ λούσηται τὸ σ. αὐ. ὕδατι (1)
Nu. 8. 7. ἐπελεύσεται ξυρὸν ἐπὶ πᾶν τὸ σ. αὐ. (1)
19. 7. λούσεται τὸ σ. αὐ. ὕδατι (1)
— 8. λούσεται τὸ σ. αὐ. (1)
De. 21. 23. οὐ κοιμηθήσεται τὸ σ. αὐ. ἐπὶ τοῦ ξύλου (7)
De. 23. 11 (12). λούσεται τὸ σ. αὐ. ὕδατι –
Jo. 8. 29. καθείλοσαν τὸ σ. αὐτοῦ (7)
I Ki. 31. 10. τὸ σ. αὐ. κατέπηξαν ἐν τῷ τείχει B. (2 c)
— 12. ἔλαβον τὸ σ. Σ. καὶ τὸ σ. Ἰ. τοῦ υἱοῦ αὐ. (2 c, 2 c)
III Ki. 13. 22. οὐ μὴ εἰσέλθῃ τὸ σ. σου εἰς τὸν τάφον (7)
— 24. ἦν τὸ σ. αὐ. ἐρριμμένον ἐν τῇ ὁδῷ (7)
— 24. ὁ λέων εἱστήκει παρὰ τὸ σ. [A al.] (7)
— 28. εὗρε τὸ σ. αὐ. ἐρριμμένον ἐν τῇ ὁδῷ (7)
— 28. εἱστήκεισαν παρὰ τὸ σ. (7)
— 28. οὐκ ἔφαγεν ὁ λέων τὸ σ. (7)
— 29. B ἦρεν ὁ προφήτης τὸ σ. (7)
14. 9. A ἐμὲ ἔρριψας ὀπίσω σώματός σου (2 a)
20 (21). 27. ἐζώσατο σάκκον ἐπὶ τὸ σ. αὐ. [A om. ἐ. τὸ σ. αὐ.] (1)
IV Ki. 19. 35. ἰδοὺ πάντες σώματα νεκρά (10)
I Ch. 10. 12. ἔλαβον τὸ [S om.] σ. Σ. καὶ τὸ σ. [A τὰ σ.] τῶν υἱῶν αὐ. (3, 3)
28. 1. τοὺς ἄρχοντας τῶν ἐφημεριῶν τῶν περὶ τὸ σ. τοῦ βασ. (12)
I Es. 3. 4. οἱ φυλάσσοντες τὸ σ. τοῦ βασ.
Ne. 9. 26. ἔρριψαν τὸν νόμον σου ὀπίσω σώματος αὐ. (2 a)
— 37. A B S^2 ἐπὶ τὰ σ. ἡμῶν ἐξουσιάζουσι (2 c)
To. 1. 18. ἐζητήθη ὑπὸ τοῦ βασιλέως τὰ σ. [S ἔκλεπτον τὰ σ. αὐ.]
10. 11. ἔδωκεν αὐτῷ . . . σώματα [S al.]
11. 15. S εὐλογῶν τὸν θεὸν ἐν ὅλῳ τῷ σ. αὐ.
13. 6. B ἐξομολογεῖσθε αὐτῷ ἐν ὅλῳ τῷ σ. [A S R στόματι] ὑμῶν
Ju. 10. 3. περιεκλύσατο τὸ σ. ὕδατι
13. 9. ἀπεκύλισε τὸ σ. αὐ.
Es. 4. 17. B τὸ σ. [A S R add. αὐτῆς] ἐταπείνωσε σφόδρα
9. 14. τὰ σ. [S^1 om. τὰ σ.] τῶν υἱῶν Ἀ. κρεμάσαι –
Jb. 3. 17. ἐκεῖ ἀνεπαύσαντο κατάκοποι τῷ [A om.] σ. †
6. 4. βέλη γὰρ κυρίου ἐν τῷ σ. [S στόματί] μού ἐστιν †
7. 5. φύρεται δέ μου τὸ σ. ἐν σαπρίᾳ σκωλήκων (1)
— 15. A τὴν δὲ ψυχήν μου ἀπὸ τοῦ σ. μου [B S al.] †
13. 12. τὸ δὲ σ. πήλινον †
18. 15. A κατασκηνώσει . . . ἐν σώματι [B S νυκτί] αὐτοῦ †
19. 26. A S^2 ἀναστήσει δέ μου τὸ σ. [B S^1 al.] (9)
20. 25. διεξέλθοι δὲ διὰ σώματος αὐτοῦ βέλος (2 b)
33. 17. τὸ δὲ σ. αὐτοῦ ἀπὸ πτώματος [A ἀδικίας πτ.] ἐρρύσατο (2 b)
— 24. ἀνανεώσει δὲ αὐτοῦ τὸ σ. –
36. 28. οὐδὲ διαλλάσσεταί σου ἡ καρδία ἀπὸ σώματος [A τοῦ σ.] –
40. 27 (32). μνησθεὶς πόλεμον τὸν γινόμενον ἐν σώματι [A τῷ σ.] αὐτοῦ –
41. 14 (15). σάρκες δὲ σώματος [S om.] αὐτοῦ κεκόλληνται (1)
Ps. 39 (40). 6. σῶμα δὲ κατηρτίσω μοι †
Pr. 3. 8. τότε ἴασις ἔσται τῷ σ. σου †
5. 11. ἡνίκα ἂν κατατριβῶσι σάρκες σώματός σου (11)
11. 17. ἐξολλύει δὲ αὐτοῦ σῶμα ὁ ἀνελεήμων (11)
25. 20. A S οὕτως προσπεσὸν πάθος σώματι [B ἐν σ.] καρδίαν λυπεῖ †
Wi. 1. 4. οὐδὲ κατοικήσει ἐν σώματι κατάχρεῳ ἁμαρτίας
2. 3. οὗ σβεσθέντος τέφρα ἀποβήσεται τὸ σῶμα
8. 20. ἀγαθὸς ὢν ἦλθον εἰς σῶμα ἀμίαντον
9. 15. φθαρτὸν γὰρ σῶμα βαρύνει ψυχήν
18. 22. ἐνίκησε δὲ τὸν ὄχλον οὐκ ἰσχύϊ τοῦ σ.
Si. 7. 24. πρόσεχε τῷ σ. αὐτῶν
23. 16. ἄνθρωπος πόρνος ἐν σώματι σαρκὸς αὐτοῦ
30. 14. πλούσιος μεμαστιγωμένος εἰς σῶμα αὐτοῦ
— 15. σῶμα εὔρωστον ἢ ὄλβος ἀμέτρητος
— 16. οὐκ ἔστι πλοῦτος βελτίων ὑγιείας σώματος
38. 16. κατὰ δὲ τὴν κρίσιν αὐτοῦ περίστειλον τὸ σ. αὐτοῦ
41. 11. πένθος ἀνθρώπων ἐν σώμασιν [S^1 -ατι] αὐτῶν
44. 14. τὸ σ. [A S τὰ σ.] αὐτῶν ἐν εἰρήνῃ ἐτάφη
47. 19. ἐνεξουσίασθης ἐν τῷ σ. σου
48. 13. ἐν κοιμήσει ἐπροφήτευσε τὸ σ. αὐτοῦ
51. 2. ἐλυτρώσω τὸ σ. μου ἐξ ἀπωλείας
Na. 3. 3. ἀσθενήσουσιν ἐν τοῖς σ. αὐ. (2 c)
Is. 37. 36. εὗρον πάντα τὰ σ. νεκρά (10)
Ep. Je. 22. ἐπὶ τὸ σ. αὐτῶν . . . ἐφίπτανται
Ez. 1. 11. δύο ἐπεκάλυπτον ἐπάνω τοῦ σ. αὐτῶν (2 c)
Ez. 1. 23. ἐπικαλύπτουσαι τὰ σ. [A τῷ σ. τὰ πρόσωπα] αὐτῶν (2 c)
23. 35. ἀπέρριψάς με ὀπίσω τοῦ σώματός σου (2 a)
Da. LXX. 1. 15. ἐφάνη . . . ἡ ἕξις τοῦ σ. κρείσσων (1)
3. 27 (94). οὐχ ἥψατο τὸ πῦρ τοῦ σ. αὐ. (4)
— 28 (95). παρέδωκαν τὰ σ. αὐ. εἰς ἐμπυρισμόν (4)
4. 13. καὶ . . . τὸ σ. αὐ. ἀλλοιωθῇ –
7. 11. ἀπώλετο τὸ σ. αὐτοῦ (4)
Bel 31. ἐχορηγεῖτο αὐτοῖς . . . σώματα δύο
Da. TH. 3. 27 (94). οὐκ ἐκυρίευσε τὸ πῦρ τοῦ σ. αὐ. (4)
— 28 (95). παρέδωκαν τὰ σ. αὐ. εἰς πῦρ (4)
4. 30: 5. 21. ἀπὸ τῆς δρόσου τοῦ οὐρ. τὸ σ. αὐ. ἐβάφη (4)
7. 11. τὸ σ. αὐ. ἐδόθη εἰς καῦσιν πυρός (4)
10. 6. καὶ τὸ σ. αὐ. ὡσεὶ θαρσείς (2 c)
Bel 32. ἐδίδοτο αὐτοῖς τὴν ἡμέραν δύο σώματα
I Ma. 11. 4. A R καὶ τὰ [S om.] σ. ἐρριμμένα
II Ma. 3. 17. περιεκέχυτο γὰρ . . . φρικασμὸς σώματος
6. 30. σκληρὰς ὑποφέρω κατὰ σῶμα ἀλγηδόνας
7. 7. πρὸ τοῦ τιμωρηθῆναι κατὰ μέλος τὸ σ.
— 37. σῶμα καὶ ψυχὴν προδίδωμι
8. 11. ἐπ' ἀγορασμὸν Ἰουδαίων σ.
— 11. ἐνενήκοντα σώματα ταλάντου παραχωρήσειν
9. 7. πάντα τὰ μέλη τοῦ σ. ἀποστρεβλοῦσθαι
— 9. ὥστε καὶ ἐκ τοῦ σ. τοῦ δυσσεβοῦς σκώληκας ἀναζεῖν
— 29. παρεκομίζετο δὲ τὸ σ. Φίλιππος
12. 26. κατέσφαξε μυριάδας σωμάτων δύο πεντακισχιλίους
— 39. τὰ σ. τῶν προπεπτωκότων ἀνακομίσασθαι
14. 38. σῶμα . . . ὑπὲρ τοῦ Ἰουδαϊσμοῦ παραβεβλημένος
15. 30. ὁ καθ' ἅπαν σώματι καὶ ψυχῇ πρωταγωνιστής
III Ma. 2. 29. καὶ διὰ πυρὸς εἰς τὸ σ. παρασήμῳ Διονύσῳ κισσοφύλλῳ
6. 20. ὑπόφρικον καὶ τὸ τοῦ βασ. σ. ἐγενήθη
IV Ma. 1. 20. R περὶ τὸ σ. καὶ [A S om. π. τὸ σ. κ.] περὶ τὴν ψυχὴν πέφυκε
— 27. κατὰ δὲ τὸ σ. παντοφαγία
— 28. δυοῖν τοῦ σ. καὶ τῆς ψυχῆς φυτῶν ὄντων
— 35. πάντα τὰ τοῦ σ. κινήματα
3. 18. τὰς τῶν σ. ἀλγηδόνας . . . καταπαλαῖσαι
6. 7. ἀπὸ τοῦ μὴ φέρειν τὸ σ. τὰς ἀλγηδόνας
7. 13. A λελυμένων ἤδη τῶν τοῦ σ. πόνων [S R τόνων]
10. 4. A R προσαγάγετε τῷ σ. μου
— 20. τὰ τοῦ σ. μέλη ἀκρωτηριαζόμεθα
11. 11. καὶ τὸ σ. ἀγχόμενος
13. 13. χρήσωμεν τῇ περὶ τὸν νόμον φυλακῇ τὰ σ.
14. 10. ταχέως διέλυσε τὰ σ.
17. 1. ἵνα μὴ ψαύσειέ τι τοῦ σώματος ἑαυτῆς
18. 3. προϊέμενοι τὰ σ. τοῖς πόνοις
[Aq. III Ki. 14. 9: Jb. 41. 7: Is. 51. 23.]
[Sm. Nu. 14. 33: I Ki. 17. 46: Je. 33 (40). 5: Da. 10. 6.]
[Th. Jb. 18. 15†: Pr. 26. 3: Da. 3. 28 (95): 4. 22†: 10. 6.]
[Al. Le. 1. 8: 26. 30.]

σωματικός.
IV Ma. 1. 32. τῶν δὲ ἐπιθυμιῶν αἱ μέν εἰσι ψυχικαὶ αἱ δὲ σ.
3. 1. οὐ γὰρ τῶν ἑαυ. παθῶν ὁ λογισμὸς ἐπικρατεῖν φαίνεται ἀλλὰ τῶν σ. [S^1 al.]

σωματοποιεῖν. (1) רָפָא pi.
Ez. 34. 4. τὸ κακῶς ἔχον οὐκ ἐσωματοποιήσατε (1)

σωματοφύλαξ.
I Es. 3. 4. οἱ τρεῖς νεανίσκοι οἱ σ. οἱ φυλάσσοντες τὸ σῶμα τοῦ βασ.
Ju. 12. 7. A B προσέταξεν Ὀλ. τοῖς σ.
III Ma. 2. 23. οἵ τε φίλοι καὶ σ.

σωμήρ.
[Heb. Is. 26. 2.]

σῷος.
Da. TH. Bel 17. σῷοι [A -αι] αἱ σφραγίδες, Δαν.
— 17. ὁ δὲ εἶπε, Σῷοι, βασιλεῦ
II Ma. 3. 15. ταῦτα σῷα διαφυλάξαι
— 22. τὰ πεπιστευμένα . . . σῷα διαφυλάσσειν
12. 24. ἐξαφεῖναι ὡς σῷον αὐτόν
III Ma. 2. 7. τοὺς δὲ ἐμπιστεύσαντας . . . σῴους διεκόμισας

σώρ.
[**Heb.** Is. 26. 4.]

σωρεύειν. (1) חָתָה
Ju. 15. 11. ἐσώρευσεν αὐτὰ ἐπ' αὐτῶν
Pr. 25. 22. ἄνθρακας πυρὸς [A *om.*] σωρεύσεις ἐπὶ τὴν κεφαλὴν αὐτοῦ (1)
[**Aq., Sm., Th.** Ex. 15. 8.]

σώρευμα.
[**Al.** Ge. 31. 47.]

σωρηδόν.
Wi. 18. 23. σ. γὰρ ἤδη πεπτωκότων ἐπ' ἀλλήλων νεκρῶν

σωρήκ (-ηχ). (1) שֹׂרֵק
Is. 5. 2. ἐφύτευσα ἄμπελον σ. (1)
[**Aq.** Ez. 17. 6.]

σωρός. (1) גָּדִישׁ (2) גַּל (3) עֲרֵמָה
Jo. 7. 26. ἐπέστησαν αὐτῷ σωρὸν λίθων μέγαν (2)
8. 29. ἐπέστησαν αὐτῷ σωρὸν λίθων (2)
II Ki. 18. 17. ἐστήλωσεν ἐπ' αὐτὸν σωρὸν λίθων μέγαν σφόδρα (2)
II Ch. 31. 6. **A R** καὶ ἔθηκαν σωροὺς σωρούς [B *om.*] (3, 3)
— 7. **B** ἤρξαντο οἱ θεμέλιοι σωροὶ θεμελιοῦσθαι [**A R** *al.*] (3)
— 8. εἶδον τοὺς σ. (3)
— 9. ἐπυνθάνετο . . . ὑπὲρ τῶν σ. (3)
Jb. 21. 32. αὐτὸς ἐπὶ σωρῶν [**A S** -ῷ] ἠγρύπνησεν (1)
IV Ma. 9. 20. ὁ σ. τῆς ἀνθρακιᾶς τοῖς τῶν ἰχώρων ἐσβέννυτο σταλαγμοῖς
[**Aq.** Ge. 31. 52 : Ex. 8. 14 (10) *bis* : Jo. 3. 13 : Ho. 12. 11 (12).]
[**Sm.** Ca. 7. 2 (3) : Je. 50 (27). 26.]
[**Th.** Jo. 3. 13 : Jb. 21. 32.]
[**Al.** Ge. 31. 47, 51, 52 : Le. 1. 16 : Jb. 5. 26.]
[**Quint.** Ps. 32 (33). 7.]

σωσανείμ.
[**Heb.** Ps. 44 (45). 1.]

σωτήρ. (1) *a.* יָשַׁע hi. *b.* יְשׁוּעָה *c.* יֶשַׁע
De. 32. 15. ἀπέστη ἀπὸ θεοῦ σωτῆρος αὐ. (1 *b*)
Jd. 3. 9. ἤγειρε κ. σωτῆρα τῷ 'Ισρ. (1 *a*)
— 15. ἤγειρεν αὐτοῖς σωτῆρα τὸν 'Α. (1 *a*)
12. 3. οὐκ εἶ σωτήρ [A *al.*] (1 *a*)
I Ki. 10. 19. ὃς αὐτὸς ἐστιν ὑμῶν σωτήρ (1 *a*)
I Ch. 16. 35. **S**[1] ὁ θεὸς ὁ σ. [**A B S**[2] τῆς σωτηρίας] ἡμῶν (1 *c*)
Ne. 9. 27. ἔδωκας αὐτοῖς σωτῆρας [A -ρίας] (1 *a*)
Ju. 9. 11. ἀπηλπισμένων σωτήρ
Es. 5. 1. ἐπικαλεσαμένη τὸν πάντων ἐπόπτην θεὸν καὶ σ.
8. 13. τόν τε ἡμέτερον σ. . . . αἰτησάμενος
Ps. 23 (24). 5. καὶ ἐλεημοσύνην παρὰ θεοῦ σωτῆρος αὐτοῦ (1 *c*)
24 (25). 5. σὺ εἶ ὁ θεὸς ὁ σ. μου (1 *c*)
26 (27). 1. κύριος φωτισμός μου καὶ σωτήρ μου (1 *c*)
— 9. μὴ ὑπερίδῃς [**S**[2] ἐγκαταλίπῃς] με, ὁ θεὸς ὁ σ. μου (1 *c*)
61 (62). 2, 6. αὐτὸς θεός μου καὶ σωτήρ μου (1 *b*)
64 (65). 5. ἐπάκουσον ἡμῶν, ὁ θεὸς ὁ σ. ἡμῶν (1 *c*)
78 (79). 9. βοήθησον ἡμῖν, ὁ θεὸς ὁ σ. ἡμῶν (1 *c*)
94 (95). 1. ἀλαλάξωμεν τῷ θεῷ τῷ σ. ἡμῶν (1 *c*)
Pr. 29. 25. **S** ὃς δὲ πέποιθεν ἐπὶ τῷ σ. [**A B** δεσπότῃ] σωθήσεται †
Wi. 16. 7. διὰ σὲ τὸν πάντων σ.
Si. 51. 1. αἰνέσω σε [A *om.*] θεὸν τὸν σ. μου
Mi. 7. 7. ὑπομενῶ ἐπὶ τῷ θεῷ τῷ σ. μου (1 *c*)
Hb. 3. 18. χαρήσομαι ἐπὶ τῷ θεῷ τῷ σ. μου (1 *c*)
Is. 12. 2. ὁ θεός μου σ. μου (1 *b*)
17. 10. κατέλιπες τὸν θεὸν τὸν σ. σου (1 *c*)
25. 9. **S**[1] εὐφρανθησόμεθα ἐπὶ τῷ σ. [**A B S**[2] τῇ σωτηρίᾳ] ἡμῶν (1 *b*)
45. 15. **A S R** ὁ θεὸς τοῦ 'Ισραὴλ σ. [B *om.*] (1 *a*)
— 21. **A**[2] **B S** δίκαιος καὶ σ. οὐκ ἔστι [**A**[2] ἔστιν ἄλλος] πάρεξ ἐμοῦ (1 *a*)
— 22. **A**[2] δίκαιος καὶ σ. οὐκ ἔστιν πάρεξ ἐμοῦ –
62. 11. ὁ σ. σοι παραγέγονεν [**A S** -γίνεται] (1 *b*)
Ba. 4. 22. ἥξει ὑμῖν ἐν τάχει παρὰ τοῦ αἰωνίου σ. ὑμῶν
I Ma. 4. 30. εὐλογητὸς εἶ, ὁ σ. 'Ισρ.
III Ma. 6. 29. τὸν ἅγιον σ. θεὸν αὐ. ηὐλόγουν
III Ma. 6. 32. τὸν 'Ισρ. σωτῆρα . . . αἰνοῦντες θεόν
7. 16. τῷ θεῷ τῶν πατέρων αὐ. ἁγίῳ σ. τοῦ 'Ισρ.
[**Aq.** Ps. 26 (27). 9 : Is. 19. 20 : 47. 15.]
[**Sm.** Ps. 24 (25). 5 : Is. 19. 20 : 32. 5 : 47. 15.]
[**Th.** Is. 12. 2 : 19. 20 : 47. 15.]
[**Sext.** Ps. 17 (18). 36.]

σωτηρία. (1) *a.* יָשַׁע, יֵשַׁע *b.* יְשׁוּעָה *c.* יֶשַׁע hi. (2) פְּלֵיטָה (3) שְׁלִי (4) *a.* שָׁלוֹם *b.* שֶׁלֶם (5) תְּשׁוּעָה (6) תּוּשִׁיָּה, תֻּשִׁיָּה
Ge. 26. 31. ἀπῴχοντο ἀπ' αὐτοῦ μετὰ σωτηρίας (4 *a*)
28. 21. καὶ ἀποστρέψῃ με μετὰ σωτηρίας (4 *a*)
44. 17. ἀνάβητε μετὰ σωτηρίας πρὸς τὸν πατέρα ὑ. (4 *a*)
49. 18. τὴν σ. περιμένων κυρίου (1 *b*)
Ex. 14. 13. ὁρᾶτε τὴν σ. τὴν παρὰ τοῦ θεοῦ (1 *b*)
15. 2. σκεπαστὴς ἐγένετό μοι εἰς σωτηρίαν (1 *b*)
Nu. 6. 14. **B**[1] καὶ κριὸν ἕνα ἄμωμον εἰς σωτηρίαν [**A B**[2] **R** -ον] (4 *b*)
Jd. 15. 18. εὐδόκησας . . . τὴν σ. τὴν μεγάλην τ. (5)
I Ki. 2. 1. εὐφράνθην ἐν σωτηρίᾳ σου (1 *b*)
11. 9. αὔριον ὑμῖν ἡ σ. (5)
— 13. σήμερον ἐποίησε κύριος σωτηρίαν ἐν 'Ισρ. (5)
14. 45. ὁ ποιήσας τὴν σ. τὴν μεγάλην ταύτην (1 *b*)
19. 5. ἐποίησε κύριος σ. μεγάλην (5)
II Ki. 10. 11. ἔσεσθέ μοι εἰς σωτηρίαν (1 *b*)
15. 14. οὐκ ἔστιν ἡμῖν σ. ἀπὸ προσώπου 'Αβ. (2)
19. 2 (3). ἐγένετο ἡ σ. . . . εἰς πένθος (5)
22. 3. καὶ κέρας σωτηρίας μου (1 *a*)
— 3. καὶ καταφυγή μου σωτηρίας [**A**[1] -α] μου (1 *c*)
— 36. ἔδωκάς μοι ὑπερασπισμὸν σωτηρίας μου (1 *a*)
— 47. ὁ φύλαξ τῆς σ. μου (1 *a*)
— 51. μεγαλύνων σωτηρίας βασιλέως αὐ. (1 *b*)
23. 5. πᾶσα σ. μου καὶ πᾶν θέλημα (1 *a*)
— 10, 12. ἐποίησε κύριος σ. μεγάλην (5)
IV Ki. 13. 5. ἔδωκε κύριος σωτηρίαν τῷ 'Ισρ. (1 *c*)
— 17. βέλος σωτηρίας τῷ κυρίῳ (5)
— 17. βέλος σωτηρίας ἐν Συρίᾳ (5)
I Ch. 11. 14. ἐποίησε κ. σ. μεγάλην (5)
16. 23. ἀναγγείλατε . . . σωτηρίαν [**A S** τὸ σωτήριον] αὐ. (1 *b*)
— 35. ἔσωσεν [A σῶσον] ἡμᾶς ὁ θεὸς τῆς σ. [**S**[1] ὁ σωτὴρ] ἡμῶν (1 *a*)
19. 12. ἔσῃ μοι εἰς σωτηρίαν (5)
II Ch. 6. 41. ἱερεῖς σου . . . ἐνδύσαιντο σωτηρίαν (5)
12. 7. δώσω αὐτοὺς ὡς μικρὸν εἰς σωτηρίαν (2)
20. 17. ἴδετε τὴν σ. κυρίου μεθ' ὑμῶν (1 *b*)
II Es. 9. 8. τοῦ καταλιπεῖν ἡμῖν εἰς σωτηρίαν (2)
— 13. ἔδωκας ἡμῖν σωτηρίαν (2)
Ne. 9. 27. **A** ἔδωκας αὐτοῖς σωτηρίας [**B S** -ρας] (1 *c*)
To. 5. 16. **S** συνοδεῦσαι ὑμῖν μετὰ σωτηρίας [**A B** *al.*]
6. 17. **S** ἵνα ἔλεος γένηται καὶ σωτηρία ἐφ' ὑμᾶς [**A B** *al.*]
8. 4. **S** ὅπως ποιήσῃ ἐφ' ἡμᾶς ἔλεος καὶ σωτηρίαν [**A B** *al.*]
— 5. **S** ὅπως γένηται αὐτοῖς σωτηρία
— 17. **S** ποίησον αὐτοῖς . . . ἔλεος καὶ σωτηρίαν [**A B** *om.* κ. σ.]
14. 4. **S** ἐν τῇ Μ. ἔσται σωτηρία [**A B** εἰρήνη]
Ju. 8. 17. ἀναμένοντες τὴν παρ' αὐτοῦ σ.
11. 3. ἥκεις γὰρ εἰς σωτηρίαν
Es. 4. 11. οὐκ ἔστιν αὐτῷ σωτηρία –
— 17. ηὐδόκουν φιλεῖν πέλματα ποδῶν αὐ. πρὸς σωτηρίαν 'Ισρ.
8. 13. ὅπως . . . σωτηρία ἡμῖν
Jb. 2. 9. προσδεχόμενος τὴν ἐλπίδα τῆς σ. μου –
5. 4. πόρρω γένοιντο [A ἐγένοντο] οἱ υἱοὶ αὐτῶν ἀπὸ σωτηρίας (1 *a*)
11. 20. σωτηρία δὲ αὐτοὺς ἀπολείψει †
13. 16. τοῦτό μοι ἀποβήσεται εἰς σωτηρίαν (1 *b*)
20. 20. οὐκ ἔστιν αὐτοῦ σωτηρία τοῖς ὑπάρχουσιν [A *al.*] (3)
30. 15. ὥσπερ νέφος ἡ σ. μου [**A** μου παρῆλθεν] (1 *b*)
— 22. ἀπέρριψάς με ἀπὸ σωτηρίας (†*, 6)
Ps. 3. 2. οὐκ ἔστι σωτηρία αὐτῷ ἐν τῷ θεῷ αὐτοῦ (1 *b*)
— 8. τοῦ κυρίου ἡ σ. (1 *b*)
11 (12). 5. **B S**[1] θήσομαι ἐν σωτηρίᾳ [**A S**[2] **R** -ίῳ] (1 *a*)
17 (18). 2. **A S R** ὑπερασπιστής μου καὶ κέρας σωτηρίας μου [B *om.*] (1 *a*)
— 35. ἔδωκάς μοι ὑπερασπισμὸν σωτηρίας μου (1 *a*)
— 46. ὑψωθήτω ὁ θεὸς τῆς σ. μου (1 *a*)
— 50. μεγαλύνων τὰς σ. τοῦ βασ. αὐ. [**S**[2] *om.*] (1 *b*)
19 (20). 6. ἐν δυναστείαις ἡ σ. τῆς δεξιᾶς αὐτοῦ (1 *a*)
21 (22). 1. μακρὰν ἀπὸ τῆς σ. μου οἱ λόγοι τῶν παραπτωμάτων μου (1 *b*)
32 (33). 17. ψευδὴς ἵππος εἰς σωτηρίαν (5)
Ps. 34 (35). 3. σωτηρία σου ἐγώ εἰμι (1 *b*)
36 (37). 39. σωτηρία δὲ τῶν δικαίων παρὰ κυρίου (5)
37 (38). 22. κύριε τῆς σ. μου (5)
41 (42). 11. ἡ σ. [**A S**[2] σωτήριον] τοῦ προσώπου μου (1 *b*)
43 (44). 4. ὁ ἐντελλόμενος τὰς σ. 'Ιακώβ (1 *b*)
50 (51). 14. ὁ θεὸς ὁ θεὸς τῆς σ. μου (5)
59 (60). 11. ματαία σωτηρία ἀνθρώπου (5)
68 (69). 13. ἐν ἀληθείᾳ τῆς σ. σου (1 *a*)
— 29. **B S**[1] ἡ σ. τοῦ προσώπου [**S**[2] *om.* τοῦ πρ.] σου ἀντελάβετό μου (1 *b*)
70 (71). 15. ὅλην τὴν ἡμέραν τὴν σ. σου (5)
73 (74). 12. εἰργάσατο σωτηρίαν ἐν μέσῳ τῆς γῆς (1 *b*)
87 (88). 1. κύριε ὁ θ. τῆς σωτηρίας μου (1 *b*)
88 (89). 26. θεός μου καὶ ἀντιλήπτωρ τῆς σ. μου (1 *b*)
107 (108). 12. ματαία σωτηρία ἀνθρώπου (5)
117 (118). 14. ἐγένετό μοι εἰς σωτηρίαν (1 *b*)
— 15. φωνὴ ἀγαλλιάσεως καὶ σωτηρίας ἐν σκηναῖς δικαίων (1 *b*)
— 21. ἐγένου μοι εἰς σωτηρίαν (1 *b*)
— 28. ἐγένου μοι εἰς σωτηρίαν –
118 (119). 155. μακρὰν ἀπὸ ἁμαρτωλῶν σωτηρία [**S**[1] ἡ σ.] (1 *b*)
131 (132). 16. τοὺς ἱερεῖς αὐτῆς ἐνδύσω σωτηρίαν (1 *a*)
139 (140). 7. κύριε κύριε, δύναμις τῆς σ. μου (1 *b*)
143 (144). 10. τῷ διδόντι τὴν [A *om.*] σ. τοῖς βασιλεῦσι (5)
145 (146). 3. οἷς οὐκ ἔστι σωτηρία (5)
149. 4. ὑψώσει πραεῖς ἐν σωτηρίᾳ (1 *b*)
Pr. 2. 7. θησαυρίζει τοῖς κατορθοῦσι σωτηρίαν (6)
11. 14. σωτηρία δὲ ὑπάρχει ἐν πολλῇ βουλῇ (5)
Wi. 5. 2. ἐκστήσονται ἐπὶ τῷ παραδόξῳ τῆς σ.
6. 24. πλῆθος δὲ σοφῶν σωτηρία κόσμου
16. 6. **ASR** σύμβουλον [**B** -βολον] ἔχοντες σωτηρίας
18. 7. προσεδέχθη [**A** προσδεχθῇ] ὑπὸ λαοῦ σου σωτηρία μὲν δικαίων
Si. 4. 23. μὴ κωλύσῃς λόγον ἐν καιρῷ σωτηρίας
40. 7. ἐν καιρῷ σωτηρίας αὐτοῦ ἐξηγέρθη
46. 1. ὃς ἐγένετο . . . μέγας ἐπὶ σωτηρίᾳ ἐκλεκτῶν αὐτοῦ
Ob. 1. 17. ἐν δὲ τῷ ὄρει Σιὼν ἔσται σωτηρία [**A S**[3] ἡ σ.] (2)
Hb. 3. 8. καὶ ἡ ἱππασία σου σωτηρία (1 *b*)
— 13. ἐξῆλθες εἰς σωτηρίαν λαοῦ σου (1 *a*)
Is. 12. 1. **S**[1] ὠργίσθης μοι εἰς σωτηρίαν [**A B S**[2] *om.* εἰς σ.] –
— 2. ἐγένετό μοι εἰς σωτηρίαν (1 *b*)
25. 9. εὐφρανθησόμεθα ἐπὶ τῇ σ. [**S**[1] τῷ σωτῆρι] ἡμῶν (1 *b*)
26. 18. πνεῦμα σωτηρίας σου ἐποιήσαμεν ἐπὶ τῆς γῆς (1 *b*)
33. 2. ἡ δὲ σ. ἡμῶν ἐν καιρῷ θλίψεως (1 *b*)
— 6. ἐν θησαυροῖς ἡ σ. ἡμῶν (1 *b*)
38. 20. θεὲ [**A S** κύριε] τῆς σ. μου (1 *c*)
45. 17. σώζεται ὑπὸ κ. σωτηρίαν αἰώνιον (5)
46. 13. τὴν σ. τὴν παρ' ἐμοῦ οὐ βραδυνῶ (5)
— 13. δέδωκα ἐν Σιὼν σωτηρίαν τῷ 'Ισραὴλ (5)
47. 15. σοὶ δὲ οὐκ ἔσται σ. (1 *c*)
49. 6. τοῦ εἶναί σε εἰς σωτηρίαν (1 *b*)
— 8. ἐν ἡμέρᾳ σωτηρίας ἐβοήθησά σοι (1 *b*)
52. 7. ἀκουστὴν ποιήσω τὴν σ. σου (1 *b*)
— 10. ὄψονται πάντα ἄκρα τῆς γῆς τὴν σ. τὴν παρὰ τοῦ θεοῦ ἡμῶν (1 *b*)
59. 11. ἀνεμείναμεν κρίσιν καὶ οὐκ ἔστι σ. (1 *b*)
63. 1. **S**[1] διαλέγομαι δικαιοσύνην καὶ κρίσιν σωτηρίας [**A B S**[2] -ίου] (1 *c*)
— 8. ἐγένετο αὐτοῖς εἰς σωτηρίαν (1 *c*)
Je. 3. 23. διὰ κυρίου θεοῦ ἡμῶν ἡ σ. τοῦ [**A** τῷ] 'Ισραὴλ (5)
32 (25). 35. ἀπολεῖται . . . σ. ἀπὸ τῶν κριῶν τῶν προβάτων (2)
37 (30). 6. ἐν ᾧ καθέξουσιν ὀσφὺν καὶ σωτηρίαν –
38 (31). 22. ἔκτισε κύριος σωτηρίαν εἰς καταφύτευσιν καινὴν ἐν σωτηρίᾳ [**S** εἰς σωτηρίαν] περιελεύσονται ἄνθρωποι –, †
Ba. 4. 22. ἤλπισα ἐπὶ τῷ αἰωνίῳ τὴν σ. ὑμῶν
— 24. ὄψονται ἐν τάχει τὴν παρὰ τοῦ θεοῦ ὑμῶν σ.
— 29. ἐπάξει ὑμῖν τὴν αἰώνιον εὐφροσύνην μετὰ τῆς σ. ὑμῶν
Da. TH. 11. 42. γῆ Αἰγ. οὐκ ἔσται εἰς σωτηρίαν (2)
I Ma. 3. 6. εὐοδώθη σωτηρία ἐν χειρὶ αὐ.
4. 25. ἐγενήθη σ. μεγάλη τῷ 'Ισρ.
5. 62. οἷς ἐδόθη σωτηρία 'Ισρ. διὰ χειρὸς αὐ.
II Ma. 3. 29. πάσης ἐστερημένος ἐλπίδος καὶ σωτηρίας
— 32. προσήγαγε θυσίαν ὑπὲρ τῆς τοῦ ἀνδρὸς σ.

II Ma. 7. 25. τοῦ μειρακίου σύμβουλον ἐπὶ σωτηρίᾳ
11. 6. ἀγαθὸν ἄγγελον ἀποστεῖλαι πρὸς σωτηρίαν τῷ Ἰσρ.
12. 25. ἕνεκα τῆς τῶν ἀδελφῶν σ.
13. 3. οὐκ ἐπὶ σωτηρίας τῆς πατρίδος
14. 3. οὐκ ἔστιν αὐτῷ σωτηρία
III Ma. 6. 13. δυνάμεις ἔχων ἐπὶ σωτηρίαν Ἰ. γένους
— 33. ἐπὶ τῇ παραδόξῳ γενηθείσῃ αὐτῶν σωτηρίᾳ
— 36. οὐ πότου χάριν . . . σωτηρίας δέ
7. 16. παντελῆ σ. ἀπόλυσιν ἐσχηκότες
— 22. ποιήσαντος τελέως ἐπὶ σωτηρίᾳ αὐτῶν
IV Ma. 9. 4. τὸν ἐπὶ τῇ παρανόμῳ σ. ἡμῶν ἔλεον
12. 6. **A R** ὅπως αὐτὴν . . . παρορμήσειεν ἐπὶ τὴν σ. [**S** *al.*]
15. 2. τῆς ἑπτὰ υἱῶν σ. προκαίρου
— 8. ὑπερεῖδε τὴν τῶν τέκνων πρόσκαιρον σ.
— 27. **A S**^{2} **R** τὴν σώζουσαν ἑπτὰ υἱοὺς . . . σ.
[**Aq.** Ps. 17 (18). 36 : 21 (22). 2 : 41 (42). 6 : Is. 46. 13 : 52. 7 : 60. 18 : Je. 11. 12 : 14. 8 : 31 (38). 22 : Ez. 16. 4 : Hb. 3. 13 *bis*.]
[**Sm.** Ge. 45. 5 : II Ki. 11. 7 : Jb. 5. 11 : Ps. 17 (18). 36 : 21 (22). 2 : 26 (27). 9 : 32 (33). 17 : 41 (42). 6 : 42 (43). 2, 5 : 43 (44). 5 : 59 (60). 13 : 67 (68). 21 : 70 (71). 15 : 105 (106). 4 : Pr. 24. 6 : Is. 28. 29 : 33. 6 : 46. 13 : 52. 7 : 56. 1 : 60. 18.]
[**Th.** Jb. 12. 16 : 30. 22 : Ps. 17 (18). 17, 36 : 21 (22). 2 : 41 (42). 12† : 105 (106). 4 : Pr. 24. 6 : Is. 37. 32 : Je. 11. 12 : 31 (38). 22 *bis* : Ez. 16. 4.]
[**Al.** Ge. 49. 18 : I Ki. 10. 8 : Ps. 11 (12). 6 : 145 (146). 3 : Hb. 3. 8, 13.]
[**Quint.** Ps. 21 (22). 2 : 42 (43). 5 (P.) : Hb. 3. 13 *bis*.]
[**Sext.** Ps. 21 (22). 2.]

σωτηρίαγμα (?). (1) יָתֵר

II Es. 9. 8. **B**^{3} δοῦναι ἡμῖν σωτηρίαγμα [**A B**^{1} *al.*] (1)

σωτήριον. (1) *a.* יֵשַׁע, יֶשַׁע *b.* יְשׁוּעָה *c.* יָשַׁע hi. (2) *a.* שָׁלוֹם *b.* שֶׁלֶם (3) תְּשׁוּעָה (4) (ἡ) θυσία (τοῦ) σωτηρίου שֶׁלֶם (5) τὸ τοῦ σ. שֶׁלֶם

Ge. 41. 16. οὐκ ἀποκριθήσεται τὸ σ. Φ. (2 *a*)
Ex. 20. 24. θύσετε ἐπ' αὐτοῦ . . . τὰ σ. ὑμῶν (2 *b*)
24. 5. ἔθυσαν θυσίαν σωτηρίου τῷ θεῷ μοσχάρια (2 *b*)
29. 28. ἀπὸ τῶν θυμάτων τῶν σ. τῶν υἱῶν Ἰσρ. (2 *b*)
32. 6. προσήνεγκε θυσίαν σωτηρίου (4)
Le. 3. 1. **AB**^{1} ἐὰν δὲ θυσίαν [**B**^{2}**R** -*a*] σωτηρίου τὸ δῶρον αὐ. (2 *b*)
— 3. προσάξουσιν ἀπὸ τῆς θυσίας τοῦ σ. (2 *b*)
— 6. θυσίαν σωτηρίου τῷ κυρίῳ (2 *b*)
— 9. προσοίσει ἀπὸ τῆς θυσίας τοῦ σ. (2 *b*)
4. 10. ἀπὸ τοῦ μόσχου τοῦ τῆς θυσίας τοῦ σ. (2 *b*)
— 26. ὥσπερ τὸ στέαρ θυσίας σωτηρίου (2 *b*)
— 31. περιαιρεῖται στέαρ ἀπὸ θυσίας σωτηρίου (2 *b*)
— 35. ὃν τρόπον περιαιρεῖται . . . ἐκ τῆς θυσίας τοῦ σ. (2 *b*)
6. 12 (5). ἐπιθήσει ἐπ' αὐτὸ τὸ στέαρ τοῦ σ. (2 *b*)
7. 1 (11). οὗτος ὁ νόμος θυσίας σωτηρίου (2 *b*)
— 3 (13). ἐπὶ θυσίᾳ αἰνέσεως σωτηρίου (2 *b*)
— 4 (14). τῷ ἱερεῖ τῷ προσχέοντι τὸ αἷμα τοῦ σ. (2 *b*)
— 5 (15). τὰ κρέα θυσίας αἰνέσεως σωτηρίου (2 *b*)
— 10 (20). ἥτις ἐὰν φάγῃ ἀπὸ τῶν κρεῶν τῆς θυσίας τοῦ σ. (2 *b*)
— 11 (21). ἀπὸ τῶν κρεῶν τῆς θυσίας τοῦ σ. (2 *b*)
— 19 (29). ὁ προσφέρων θυσίαν σωτηρίου (2 *b*)
— 19 (29). καὶ ἀπὸ τῆς θυσίας τοῦ σ. (2 *b*)
— 22 (32). ἀπὸ τῶν θυσιῶν τοῦ σ. ὑμῶν (2 *b*)
— 23 (33). ὁ προσφέρων τὸ αἷμα τοῦ σ. (2 *b*)
— 24 (34). εἴληφα . . . ἀπὸ τῶν θυσιῶν τοῦ σ. ὑμῶν (2 *b*)
— 27 (37). οὗτος ὁ νόμος . . . τῆς θυσίας τοῦ σ. (2 *b*)
9. 4. καὶ κριὸν εἰς θυσίαν σωτηρίου (4)
— 18. τὸν κριὸν τῆς θυσίας τοῦ σ. τῆς τοῦ λαοῦ (2 *b*)
— 22. ποιήσας . . . τὰ [**A** *om.*] τοῦ σ. [5 [2 *b*])
10. 14. ἀπὸ τῶν θυσιῶν τοῦ σ. τῶν υἱῶν Ἰσρ. (2 *b*)
17. 4. ὥστε ποιῆσαι αὐτὸ εἰς ὁλοκαύτωμα ἢ σωτήριον –
— 5. θύσουσι θυσίαν σωτηρίου (2 *b*)
19. 5. ἐὰν θύσητε θυσίαν σωτηρίου τῷ κ. (2 *b*)
22. 21. ὃς ἂν προσενέγκῃ θυσίαν σωτηρίου τῷ κ. (2 *b*)
23. 19. καὶ δύο ἀμνοὺς ἐνιαυσίους εἰς θυσίαν σωτηρίου (2 *b*)
Nu. 6. 14. καὶ κριὸν ἕνα ἄμωμον εἰς σωτήριον [**B**^{1} -*αν*] (2 *b*)
Nu. 6. 17. τὸν κριὸν ποιήσει θυσίαν σωτηρίου κυρίῳ (2 *b*)
— 18. ὅ ἐστιν ὑπὸ τὴν θυσίαν τοῦ σ. (2 *b*)
7. 17, 23, 29, 35, 41, 47, 53, 59, 65, 71, 77, 83. εἰς θυσίαν σωτηρίου δαμάλεις δύο (2 *b*)
— 88. πᾶσαι αἱ βόες εἰς θυσίαν σωτηρίου (2 *b*)
10. 10. καὶ ἐπὶ ταῖς θυσίαις τῶν σ. ὑμῶν (2 *b*)
15. 8. εἰς σωτήριον κυρίῳ (2 *b*)
29. 39. τὰς σπονδὰς ὑμῶν καὶ τὰ σ. ὑμῶν (2 *b*)
De. 27. 7. θύσεις ἐκεῖ θυσίαν σωτηρίου [**A** *al.*] (4)
Jo. 9. 2 (8. 31). ἀνεβίβασεν ἐκεῖ . . . θυσίαν σωτηρίου (4)
22. 23. ὥστε ποιῆσαι ἐπ' αὐτοῦ θυσίαν σωτηρίου (2 *b*)
— 27. καὶ ἐν ταῖς θυσίαις τῶν σ. (2 *b*)
— 29. θυσιαστήριον . . . τῇ θυσίᾳ τοῦ σ. [**A** τῶν σ.] –
Jd. 20. 26 : 21. 4. **A** ἀνήνεγκαν ὁλοκαυτώματα σωτηρίου [**B** *al.*] (2 *b*)
I Ch. 16. 1. προσήνεγκαν ὁλοκαυτώματα καὶ σωτηρίου (2 *b*)
— 2. ἀναφέρων ὁλοκαυτώματα καὶ σωτηρίου (2 *b*)
— 23. **A S** ἀναγγείλατε . . . τὸ σ. [**B** σωτηρίαν] αὐ. (1 *b*)
21. 26. ἀνήνεγκεν ὁλοκαυτώματα καὶ σωτηρίου (2 *b*)
II Ch. 7. 7. ἐποίησεν ἐκεῖ . . . τὰ στέατα τῶν σ. (2 *b*)
29. 35. ἐν τοῖς στέασι τῆς τελειώσεως τοῦ σ. (2 *b*)
30. 22. θύοντες θυσίας σωτηρίου (2 *b*)
31. 2. καὶ εἰς τὴν θυσίαν τοῦ σ. (4)
33. 16. ἐθυσίασεν ἐπ' αὐτὸ θυσίαν σωτηρίου (2 *b*)
I Es. 8. 65. τράγους ὑπὲρ σωτηρίου δώδεκα
Ps. 9. 14. ἀγαλλιάσομαι [**S**^{2} -*σόμεθα*] ἐπὶ [**A** ἐν] τῷ σ. σου (1 *b*)
11 (12). 5. **A S**^{2} **R** θήσομαι ἐν σωτηρίῳ [**B S**^{1} -*ίᾳ*] (1 *a*)
12 (13). 5. ἀγαλλιάσεται ἡ καρδία μου ἐν [**A S** ἐπὶ] τῷ σ. σου (1 *b*)
13 (14). 7. τίς δώσει ἐκ Σιὼν τὸ σ. τοῦ Ἰσραήλ (1 *b*)
19 (20). 5. ἀγαλλιασόμεθα [**B**^{1} -*σώμεθα*] ἐν [**A** ἐπὶ] τῷ σ. σου (1 *b*)
20 (21). 1. ἐπὶ τῷ σ. σου ἀγαλλιάσεται σφόδρα (1 *b*)
— 5. μεγάλη ἡ δόξα αὐτοῦ ἐν τῷ σ. σου (1 *b*)
27 (28). 8. καὶ ὑπερασπιστὴς τῶν σ. τοῦ χριστοῦ αὐτοῦ ἐστι (1 *b*)
34 (35). 9. τερφθήσεται ἐπὶ τῷ σ. αὐτοῦ (1 *b*)
39 (40). 10. τὸ σ. σου εἶπα (3)
— 16. οἱ ἀγαπῶντες τὸ σ. σου (3)
41 (42). 5. σωτήριον τοῦ προσώπου μου [**S**^{1} σου] (1 *b*)
— 11. **A S**^{2} σωτήριον [**B S**^{1} ἡ σωτηρία] τοῦ προσώπου μου (1 *b*)
42 (43). 5. σωτήριον τοῦ προσώπου μου (1 *b*)
49 (50). 23. ᾗ δείξω αὐτῷ τὸ σ. τοῦ θεοῦ (1 *a*)
50 (51). 12. ἀπόδος μοι τὴν ἀγαλλίασιν τοῦ σ. σου (1 *a*)
52 (53). 6. τίς δώσει ἐκ Σιὼν τὸ σ. τοῦ Ἰσραήλ (1 *b*)
61 (62). 1. παρ' αὐτοῦ γὰρ τὸ σ. μου (1 *b*)
— 7. ἐπὶ τῷ θεῷ τὸ σ. μου (1 *a*)
66 (67). 2. ἐν πᾶσιν ἔθνεσι τὸ σ. σου (1 *b*)
67 (68). 19. κατευοδώσει ἡμῖν ὁ θεὸς τῶν σ. ἡμῶν (1 *b*)
69 (70). 4. οἱ ἀγαπῶντες τὸ σ. σου (1 *b*)
77 (78). 22. οὐδὲ ἤλπισαν ἐπὶ τὸ σ. αὐτοῦ (1 *b*)
84 (85). 4. ἐπίστρεψον ἡμᾶς, ὁ θεὸς τῶν σ. ἡμῶν (1 *a*)
— 7. τὸ σ. σου δῴης ἡμῖν (1 *a*)
— 9. ἐγγὺς τῶν φοβουμένων αὐτὸν τὸ σ. αὐτοῦ (1 *a*)
90 (91). 16. δείξω αὐτῷ τὸ σ. μου (1 *b*)
95 (96). 2. εὐαγγελίζεσθε ἡμέραν ἐξ ἡμέρας τὸ σ. αὐτοῦ (1 *b*)
97 (98). 2. ἐγνώρισε κύριος τὸ σ. αὐτοῦ (1 *b*)
— 3. εἴδοσαν πάντα τὰ πέρατα τῆς γῆς τὸ σ. τοῦ θεοῦ ἡμῶν (1 *b*)
105 (106). 4. ἐπισκέψαι ἡμᾶς ἐν τῷ σ. σου (1 *b*)
115. 4 (116. 13). ποτήριον σωτηρίου λήψομαι (1 *b*)
118 (119). 41. **S**^{2} **R** τὸ σ. σου κατὰ τὸν λόγον [**A** κατὰ λόγιον, **S**^{1} κατὰ τὸ ἔλεός] σου (3)
— 81. ἐκλείπει εἰς τὸ σ. σου ἡ ψυχή μου (3)
— 123. οἱ ὀφθαλμοί μου ἐξέλιπον εἰς τὸ σ. σου (1 *b*)
— 166. προσεδόκων τὸ σ. σου (1 *b*)
— 174. ἐπεπόθησα τὸ σ. σου (1 *b*)
Si. 32 (35). 1. θυσιάζων [**A**^{2} -*ία*] σωτηρίου ὁ προσέχων ἐντολαῖς
39. 18. οὐκ ἔστιν ὃς ἐλαττώσει τὸ σ. αὐτοῦ
47. 2. ὥσπερ στέαρ ἀφωρισμένον ἀπὸ σωτηρίου
50. 15. **S**^{2} ἐξέχεεν εἰς θεμελία θυσιαστηρίου σωτηρίου [**A B S**^{1} *om.*] ὀσμὴν εὐωδίας
Am. 5. 22. **A** σωτηρίου [**B** -*ους*] ἐπιφανείας ὑμῶν οὐκ ἐπιβλέψομαι (2 *b*)
Jn. 2. 10. ἀποδώσω σοι σωτηρίου [**A S**^{2} ἀ. εἰς σωτήριόν μου] (1 *b*)
Is. 12. 3. ἐκ τῶν πηγῶν τοῦ σ. (1 *b*)
26. 1. σωτήριον [**A S** *add.* ἡμῖν] θήσει τὸ τεῖχος (1 *b*)
33. 20. ἰδοὺ Σιὼν ἡ πόλις τὸ σ. ἡμῶν †
38. 11. οὐ μὴ ἴδω τὸ σ. τοῦ θεοῦ –
— 11. **B** οὐκέτι μὴ ἴδω τὸ σ. τοῦ Ἰσρ. ἐπὶ γῆς –
40. 5. ὄψεται πᾶσα σὰρξ τὸ σ. τοῦ θεοῦ †
51. 5. ἐξελεύσεται ὡς φῶς τὸ σ. μου (1 *a*)
— 6. τὸ δὲ σ. μου εἰς τὸν αἰῶνα ἔσται (1 *b*)
— 8. τὸ δὲ σ. μου εἰς γενεὰς γενεῶν (1 *b*)
56. 1. ἤγγικε γὰρ τὸ σ. μου παραγίνεσθαι (1 *b*)
59. 17. περιέθετο περικεφαλαίαν [**S** *add.* ὡς] σωτηρίου (1 *b*)
60. 6. τὸ σ. κυρίου εὐαγγελιοῦνται [**S** *add.* σοι] †
— 18. κληθήσεται Σωτήριον τὰ τείχη σου (1 *b*)
61. 10. ἐνέδυσε γάρ με ἱμάτιον σωτηρίου (1 *a*)
62. 1. τὸ δὲ σ. μου ὡς λαμπὰς καυθήσεται (1 *b*)
63. 1. διαλέγομαι . . . κρίσιν σωτηρίου [**S**^{1} -*ίας*] (1 *c*)
La. 3. 26. ἡσυχάσει εἰς τὸ σ. κυρίου (3)
Ez. 43. 27. ποιήσουσιν οἱ ἱερεῖς . . . τὰ τοῦ σ. ὑμῶν (5)
45. 15. εἰς σωτηρίου [**A** -*ον*] τοῦ ἐξιλάσκεσθαι (2 *b*)
— 17. ποιήσει . . . τὰ ὁλοκαυτώματα καὶ τὰ τοῦ σ. (5)
46. 2. ποιήσουσιν οἱ ἱερεῖς . . . τὰ τοῦ σ. αὐ. (2 *b*)
— 12. ὁλοκαύτωμα σωτηρίου τῷ κυρίῳ . . . τὰ τοῦ σ. αὐτοῦ (2 *b*, 5)
I Ma. 4. 56. ἔθυσαν θυσίαν σωτηρίου
III Ma. 6. 30. ἐν εὐφροσύνῃ πάσῃ σωτήρια ἀγαγεῖν
7. 18. ἐποίησαν πότον σωτηρίου
IV Ma. 11. 7. **A R** ἐλπίδα εἶχες παρὰ θεῷ σωτηρίου
[**Aq.** Ps. 26 (27). 1 : 61 (62). 8 : Is. 26. 1.]
[**Sm.** Ps. 11 (12). 6 : 26 (27). 1 : 49 (50). 23 : Is. 46. 13.]
[**Th.** Is. 46. 13.]

σωτήριος. (1) שֶׁלֶם

Wi. 1. 14. σωτήριοι αἱ γενέσεις τοῦ κόσμου
Am. 5. 22. σ. [**A** -*ου*] ἐπιφανείας ὑμῶν οὐκ ἐπιβλέψομαι (1)
III Ma. 6. 31. κώθωνα σωτήριον συστησάμενοι
7. 18. **R** ἐποίησαν πότον σ. [**A** -*ίου*]
IV Ma. 12. 6. **S** ἐπὶ τὴν σ. εὐπείθειαν [**A R** *al.*]
15. 26. δύο ψήφους . . . θανατηφόρον τε καὶ σ.

σωτήρισμα (?). (1) יָתֵר

II Es. 9. 8. **B**^{1} δοῦναι ἡμῖν σωτήρισμα [**A B**^{2} *al.*] (1)

σωφείρ, σωφέρ. (1) שׁוֹפָר

I Ch. 15. 28. ἀνάγοντες τὴν κιβ. . . . ἐν φωνῇ σ. (1)

σωφρονίζειν.

[**Aq.** Is. 38. 16.]

σωφρόνως.

Wi. 9. 11. ὁδηγήσει με ἐν ταῖς πράξεσί μου σ.

σωφροσύνη.

Es. 3. 13. σωφροσύνῃ παρ' ἡμῖν [**A** -*ης ὁ παρ' ὑμῖν*] διενέγκας
Wi. 8. 7. σωφροσύνην [**A** -*ης*] γὰρ καὶ φρόνησιν ἐκδιδάσκει
II Ma. 4. 37. διὰ τὴν τοῦ μεταλλαχότος σ.
IV Ma. 1. 3. τῶν σωφροσύνης κωλυτικῶν παθῶν
— 6. τῶν τῆς δικαιοσύνης . . . καὶ σ. . . . ἐναντίων
— 18. εἰδέαι καθεστᾶσι φρόνησις . . . καὶ σωφροσύνη
— 30. διὰ τῶν κωλυτικῶν τῆς σ. ἔργων
— 31. σωφροσύνη δὴ τοίνυν ἐστὶν ἐπικράτεια τῶν ἐπιθυμιῶν
5. 23. σωφροσύνην τε γὰρ ἡμᾶς ἐκδιδάσκει
[**Sm.** Ec. 10. 4.]

σώφρων.

IV Ma. 1. 35. ὑπὸ τοῦ σ. νοὸς ἀνακαμπτόμενα
2. 2. ταύτῃ γοῦν ὁ σ. Ἰ. ἐπαινεῖται
— 16. πάντα γὰρ ταῦτα τὰ κακοήθη πάθη ὁ σ. νοῦς ἀπωθεῖται
— 18. δυνατὸς γὰρ ὁ σ. νοῦς . . . κατὰ τῶν παθῶν ἀριστεῦσαι
— 23. βασιλεύσει βασιλείαν σώφρονα
3. 17. δυνατὸς γὰρ ὁ σ. νοῦς νικῆσαι
— 19. ἐπὶ τὴν ἀπόδειξιν τῆς ἱστορίας τοῦ σ. λογισμοῦ
7. 23. **A R** μόνος γὰρ ὁ . . . σ. καὶ ἀνδρεῖός ἐστι τῶν παθῶν κύριος [**S** *al.*]
15. 10. δίκαιοί τε γὰρ ἦσαν καὶ σ.

T

ταβεῖν.

IV Ki. 25. 12. ὑπέλιπεν . . . εἰς τ. [A γηβεῖν] †

τάγμα. (1) דֶּגֶל (2) חַיָּה (3) רַגְלִי

Nu. 2. 2. ἄνθρωπος ἐχόμενος αὐτοῦ κατὰ τάγμα (1)
— 3. τάγμα παρεμβολῆς Ἰ. (1)
— 10. τάγμα παρεμβολῆς Ῥ. (1)
— 17. A κατὰ τάγμα αὐ. [B καθ᾽ ἡγεμονίαν] (1)
— 18. τάγμα παρεμβολῆς Ἐφρ. (1)
— 25. τάγμα παρεμβολῆς Δάν (1)
— 31. ἐξαροῦσι κατὰ τάγμα αὐ. (1)
— 34. παρενέβαλον κατὰ τάγμα αὐ. (1)
10. 14. ἐξῆραν τάγμα παρεμβολῆς υἱῶν Ἰ. (1)
— 18. ἐξῆραν τάγμα παρεμβολῆς Ῥ. (1)
— 22. ἐξαροῦσι τάγμα παρεμβολῆς Ἐφρ. (1)
— 25. ἐξαροῦσι τάγμα παρεμβολῆς υἱῶν Δάν (1)
I Ki. 4. 10. τριάκοντα χιλιάδες ταγμάτων (3)
15. 4. τετρακοσίας χιλιάδας ταγμάτων (3)
— 4. τριάκοντα χιλιάδας ταγμάτων –
II Ki. 23. 13. καὶ τάγμα τῶν ἀλλοφύλων (2)
Es. 3. 13. B^1 τοῦ τεταγμένου ἐπὶ τῶν τ. [A B^2 S πραγμάτων]

[**Aq.**, **Th.** Ex. 28. 17 : Nu. 2. 17.]
[**Sm.** Ex. 28. 17 : Nu. 2. 17 : Ca. 6. 3 (4).]
[**Al.** Nu. 29. 39 : 30. 3 : Jb. 1. 17.]

ταινία.

Ez. 27. 5. ταινίαι σανίδων κυπαρίσσου [A -ιστίνων] . . . ἐλήφθησαν †

τακτικός. (1) נְּבַר (2) סָרַךְ

Da. Th. 6. 2 (3). κατέστησεν . . . ἐπάνω αὐτῶν τακτικοὺς τρεῖς (2)
— 4 (5). οἱ τ. . . . ἐζήτουν πρόφασιν εὑρεῖν (2)
— 5 (6). καὶ εἶπον οἱ τ. (1)
— 6 (7). τότε οἱ τ. . . . παρέστησαν τῷ βασ. (2)

[**Th.** Da. 6. 2, 3†.]

τακτός. (1) שַׁאֲנָן

Jb. 12. 5. εἰς χρόνον γὰρ τακτὸν ἡτοίμαστο πεσεῖν (1)

ταλαιπωρεῖν. (1) עָוָה ni. (2) שָׁדַד *a.* qal. *b.* ni. *c.* pu. *d.* po.

Ps. 16 (17). 9. ἀπὸ προσώπου ἀσεβῶν [A -οῦς] τῶν ταλαιπωρησάντων [S^1 -ρισ.] με (2 *a*)
37 (38). 6. ἐταλαιπώρησα καὶ κατεκάμφθην (1)
Ho. 10. 2. ταλαιπωρήσουσιν αἱ στῆλαι αὐ. (2 *d*)
Mi. 2. 4. ταλαιπωρίᾳ ἐταλαιπωρήσαμεν (2 *b*)
Jl. 1. 10. τεταλαιπώρηκε τὰ πεδία (2 *c*)
— 10. τεταλαιπώρηκε σῖτος (2 *c*)
Za. 11. 2. μεγάλως μεγιστᾶνες ἐταλαιπώρησαν (2 *c*)
— 3. τεταλαιπώρηκεν ἡ μεγαλωσύνη αὐ. (2 *c*)
— 3. τεταλαιπώρηκε τὸ φρύαγμα τοῦ Ἰορδ. (2 *c*)
Is. 33. 1. οὐαὶ τοῖς ταλαιπωροῦσιν ὑμᾶς (2 *a*)
Je. 4. 13. οὐαὶ ἡμῖν ὅτι ταλαιπωροῦμεν (2 *c*)
— 20. τεταλαιπώρηκε πᾶσα ἡ γῆ (2 *c*)
— 20. ἄφνω τεταλαιπώρηκεν ἡ σκηνή (2 *c*)
9. 19 (18). πῶς ἐταλαιπωρήσαμεν (2 *c*)
10. 20. ἡ σκηνή σου ἐταλαιπώρησεν (2 *c*)
12. 12. ἐν τῇ ἐρήμῳ ἦλθον ταλαιπωροῦντες (2 *a*)
III Ma. 5. 5. τὰς τῶν ταλαιπωρούντων ἐδέσμευον χεῖρας

[**Aq.** Je. 4. 20 : 49. 10 (29. 11), 28 (30. 6) : 51 (28). 56.]
[**Sm.** Is. 21. 2 : 33. 1 *bis.*]
[**Th.** Je. 49. 10 (29. 11).]

ταλαιπωρία. (1) מַהֲמֹרוֹת (2) מַחְשָׁךְ (3) נוּשׁ (4) שָׁאוֹן (5) שֶׁבֶר (6) *a.* שֹׁד *b.* שָׁדַד (7) *a.* שׁוֹאָה *b.* מְשׁוֹאָה

Jb. 5. 21. A οὐ φοβηθήσῃ ἀπὸ ταλαιπωρίας (6 *a*)
— 21 (22). A ἐλεύσεται ταλαιπωρία (6 *a*)
30. 3. οἱ φεύγοντες . . . ταλαιπωρίαν (7 *b*)
Ps. 11 (12). 5. ἀπὸ [S^2 ἕνεκεν] τῆς τ. τῶν πτωχῶν . . . νῦν ἀναστήσομαι (6 *a*)
13 (14). 3. B S^1 σύντριμμα καὶ ταλαιπωρία ἐν ταῖς ὁδοῖς αὐτῶν –
31 (32). 4. ἐστράφην εἰς ταλαιπωρίαν †
39 (40). 2. ἀνήγαγέ με ἐκ λάκκου ταλαιπωρίας (4)
68 (69). 20. ὀνειδισμὸν προσεδόκησεν ἡ ψυχή μου καὶ ταλαιπωρίαν (3)
87 (88). 18. καὶ τοὺς γνωστούς μου ἀπὸ ταλαιπωρίας (2)
139 (140). 10. ἐν ταλαιπωρίαις οὐ μὴ ὑποστῶσιν (1)
Ho. 9. 6. πορεύονται ἐκ ταλαιπωρίας Αἰγύπτου (6 *a*)
Am. 3. 10. οἱ θησαυρίζοντες . . . ταλαιπωρίαν ἐν ταῖς χώραις αὐ. (6 *a*)
5. 9. ταλαιπωρίαν ἐπὶ ὀχύρωμα ἐπάγων (6 *a*)
Mi. 2. 4. ταλαιπωρίᾳ ἐταλαιπωρήσαμεν (6 *b*)
Jl. 1. 15. ὡς ταλαιπωρία ἐκ ταλαιπωρίας ἥξει (6 *a*, †)
Hb. 1. 3. ἵνα τί ἔδειξάς μοι . . . ταλαιπωρίαν [A *al.*] (6 *a*)
2. 17. ταλαιπωρία θηρίων πτοήσει σε (6 *a*)
Ze. 1. 15. S^3 ἡμέρα ταλαιπωρίας [ABS^1 ἀωρίας] καὶ ἀφανισμοῦ (7 *a*)
Is. 16. 4. A συνετελέσθη τ. (6 *a*)
47. 11. ἥξει ἐπὶ σὲ τ. –
59. 7. σύντριμμα καὶ τ. ἐν ταῖς ὁδοῖς αὐτῶν (3)
60. 18. οὐδὲ τ. ἐν τοῖς ὁρίοις σου (5)
Je. 4. 20. ταλαιπωρίαν [A *add.* καὶ] συντριμμὸν ἐπικαλεῖται (5)
6. 7. ἀσέβεια καὶ τ. ἀκουσθήσεται ἐν αὐτῇ (6 *a*)
— 26. ἥξει τ. ἐφ᾽ ὑμᾶς (6 *b*)
15. 8. ἐπήγαγον . . . ταλαιπωρίαν ἐν μεσημβρίᾳ (6 *b*)
20. 8. ἀθεσίαν καὶ ταλαιπωρίαν ἐπικαλέσομαι (6 *a*)
28 (51). 35. ἔξωσάν με . . . αἱ τ. μου †
— 56. ἦλθεν ἐπὶ Βαβυλῶνα τ. (6 *b*)
Ez. 45. 9. ἀδικίαν καὶ ταλαιπωρίαν ἀφέλεσθε (6 *a*)
II Ma. 6. 9. παρῆν οὖν ὁρᾶν τὴν ἐνεστῶσαν τ.
III Ma. 4. 12. ἀποδύρεσθαι τὴν ἀκλεῆ τῶν ἀδ. τ.

[**Aq.** Dt. 7. 15 : 28. 60 : Jb. 13. 21 (P.) : Ze. 1. 15.]
[**Sm.** Ps. 17 (18). 19 : 54 (55). 11 : 72 (73). 5 : 93 (94). 20 : 106 (107). 39 : Is. 51. 19 : Je. 20. 8.]
[**Th.** Jb. 13. 27 : Ps. 31 (32). 4.]
[**Quint.** Ps. 31 (32). 4.]
[**Al.** Is. 16. 4.]

ταλαιπωρίζειν. (1) שָׁדַד

Ps. 16 (17). 9. S^1 ἀπὸ προσώπου ἀσεβῶν τῶν ταλαιπωρισάντων [A B S^2 -ρησ.] με (1)

[**Sm.** Is. 21. 2 : 33. 1 *bis.*]
[**Th.** Is. 33. 1.]

ταλαίπωρος. (1) שָׁדַד (2) ποιεῖν ταλαίπωρον שָׁדַד

Jd. 5. 27. A ἐκεῖ ἔπεσεν ταλαίπωρος [B ἐξοδευθείς] (1)
To. 7. 7. S ὢ ταλαιπώρων κακῶν ὅτι ἐτυφλώθη [A B *al.*]
13. 10. ἀγαπῆσαι ἐν σοὶ τοὺς [S πάντας τ.] τ.
Ps. 136 (137). 8. θυγάτηρ Βαβυλῶνος ἡ τ. (1)
Wi. 3. 11. σοφίαν γὰρ καὶ παιδείαν ὁ ἐξουθενῶν ταλαίπωρος
13. 10. ταλαίπωροι δὲ καὶ ἐν νεκροῖς αἱ ἐλπίδες αὐτῶν
Is. 33. 1. ὑμᾶς δὲ οὐδεὶς ποιεῖ ταλαιπώρους (2)
II Ma. 4. 47. τοῖς δὲ τ. . . . τούτοις θάνατον ἀπέκρινε
III Ma. 5. 5. A τὰς τῶν τ. [A -ρούντων] ἐδέσμευον χεῖρας
— 22. εἰς τὸ παντοίους μηχανᾶσθαι τοῖς τ. δοκοῦσιν ἐμπαιγμούς
— 47. θεάσασθαι τὴν . . . ταλαίπωρον τῶν προσεσημαμμένων καταστροφήν
IV Ma. 16. 7. ὢ . . . τ. γαλακτοτροφίαι

[**Aq.** Is. 30. 22 : Je. 4. 30.]
[**Sm.** Je. 4. 30.]
[**Th.** Jd. 5. 27 : Je. 4. 30 (Sw.).]

ταλαμών, *vid. sub* **τελαμών**.

τάλαντον. (1) אֵיפָה (2) *a.* כִּכָּר *b.* כִּכַּר

Ex. 25. 38 (39). πάντα τὰ σκεύη ταῦτα τάλαντον χρυσίου καθαροῦ [A *al.*] (2 *a*)
39. 1 (38. 24). πᾶν τὸ χρυσίον . . . ἐννέα καὶ εἴκοσι τάλαντα (2 *a*)
— 2 (38. 25). ἀργυρίου ἀφαίρεμα . . . ἑκατὸν τάλαντα (2 *a*)
— 4 (38. 27). ἐγενήθη τὰ ἑκατὸν τ. τοῦ ἀργυρίου (2 *a*)
— 5 (38. 27). ἑκατὸν κεφαλίδες εἰς τὰ ἑκατὸν τ. (2 *a*)
— 5 (38. 27). τάλαντον [A τ. ἓν] τῇ κεφαλίδι (2 *a*)
— 7 (38. 29). καὶ ὁ χαλκὸς . . . ἑβδομήκοντα τάλαντα (2 *a*)
II Ki. 12. 30. ὁ σταθμὸς αὐ. τάλαντον χρυσίου (2 *a*)
III Ki. 9. 14. ἤνεγκε X. τῷ Σ. ἑκατὸν καὶ εἴκοσι τάλαντα χρυσίου (2 *a*)
— 28. ἔλαβον ἐκεῖθεν χρυσίου ἑκατὸν εἴκοσι τάλαντα (2 *a*)
10. 10. ἔδωκε τῷ Σαλ. ἑκατὸν εἴκοσι τάλαντα χρυσίου (2 *a*)
— 14. ἑξακόσια καὶ ἑξήκοντα ἓξ τάλαντα χρυσίου (2 *a*)
16. 24. ἐν δύο ταλάντων ἀργυρίου (2 *a*)
21 (20). 39. ἢ τάλαντον ἀργυρίου στήσεις (2 *a*)
IV Ki. 5. 5. ἔλαβεν ἐν τῇ χειρὶ αὐ. δέκα τάλαντα ἀργυρίου (2 *a*)
— 22. δὸς δὴ αὐτοῖς τάλαντον ἀργυρίου (2 *a*)
15. 19. M. ἔδωκε τῷ Φ. χίλια τ. ἀργυρίου (2 *a*)
18. 14. τριακόσια τ. ἀργυρίου καὶ τριάκοντα τάλαντα χρυσίου (2 *a*, 2 *a*)
23. 33. B ἔδωκεν ἑκατὸν τάλαντα ἀργυρίου καὶ ἑκατὸν τάλαντα χρυσίου [A R *al.*] (2 *a*, 2 *a*)
I Ch. 19. 6. ἀπέστειλεν . . . χίλια τ. ἀργυρίου (2 *a*)
20. 2. εὑρέθη ὁ σταθμὸς αὐ. τάλαντον χρυσίου (2 *a*)
22. 14. ἡτοίμασα . . . χρυσίου ταλάντων ἑκατὸν χιλιάδας καὶ ἀργυρίου ταλάντων χιλίας χιλιάδας (2 *a*, 2 *a*)
29. 4. τρισχίλια τ. χρυσίου . . . καὶ ἑπτακισχίλια τ. ἀργυρίου (2 *a*, 2 *a*)
— 7. ἔδωκαν . . . χρυσίου τ. πεντακισχίλια . . . καὶ ἀργυρίου ταλάντων δέκα χιλιάδας καὶ χαλκοῦ τ. μύρια ὀκτακισχίλια καὶ σιδήρου ταλάντων χιλιάδας ἑκατόν (2 *a quater*)
II Ch. 3. 8. ἐχρύσωσεν αὐτὸν . . . εἰς τ. ἑξακόσια (2 *a*)
8. 18. ἔλαβον ἐκεῖθεν τὰ [A *om.*] τετρακόσια καὶ πεντήκοντα τάλαντα χρυσίου (2 *a*)
9. 9. ἔδωκε τῷ βασ. ἑκατὸν εἴκοσι τάλαντα χρυσίου (2 *a*)
— 13. ἦν ὁ σταθμὸς . . . ἑξακόσια ἑξήκοντα ἓξ τάλαντα χρυσίου (2 *a*)
25. 6. ἐμισθώσατο . . . ἑκατὸν ταλάντων ἀργυρίου (2 *a*)
— 9. τί ποιήσω τὰ ἑκατὸν τ. (2 *a*)
27. 5. ἐδίδουν αὐτῷ . . . ἑκατὸν τάλαντα ἀργυρίου (2 *a*)
36. 3. ἑκατὸν τάλαντα ἀργυρίου καὶ τάλαντον χρυσίου (2 *a*, 2 *a*)
I Es. 1. 36. ἀργυρίου ταλάντοις ἑκατὸν καὶ χρυσίου ταλάντῳ ἑνί
3. 21. πάντα διὰ ταλάντων ποιεῖ λαλεῖν
4. 51. δοθῆναι κατ᾽ ἐνιαυτὸν τάλαντα εἴκοσι
— 52. ἄλλα τ. δέκα κατ᾽ ἐνιαυτόν
8. 20. ἕως ἀργυρίου ταλάντων ἑκατόν
— 56. στήσας . . . ἀργυρίου τάλαντα ἑξακόσια
— 56. καὶ σκεύη ἀργυρᾶ ταλάντων ἑκατόν
— 56. A R χρυσίου ταλάντων ἑκατόν
II Es. 7. 22. ἕως ἀργυρίου ταλάντων ἑκατόν [B^1 *om.*] (2 *b*)
8. 26. ἔστησα . . . ἀργυρίου τ. ἑξακόσια καὶ πεντήκοντα . . . καὶ τάλαντα χρυσίου ἑκατόν (2 *a*, 2 *a*)

To. 1. 14. παρεθέμην Γαβαήλῳ . . . ἀργυρίου τάλαντα δέκα [S al.]
4. 20. B ἐπιδεικνύω σοι τὰ δέκα τ. τοῦ ἀργυρίου [A S R al.]
Es. 1. 7. κυλίκιον . . . ἀπὸ τ. τρισμυρίων –
3. 9. διαγράψω . . . τ. μύρια (2 a)
4. 7. εἰς τὴν γάζαν μυρίων τ. –
Za. 5. 7. ἰδοὺ τάλαντον μολίβου ἐξαιρόμενον (2 a)
— 7. A μία γυνὴ ἐκάθητο ἐν μέσῳ τοῦ τ. [B S μέτρου] (1)
I Ma. 11. 28. ἐπηγγείλατο αὐτῷ τ. τριακόσια
13. 16. ἀπόστειλον ἀργυρίου ἑκατὸν τάλαντα
— 19. A R ἀπέστειλε . . . τὰ ἑκατὸν τ. [S al.]
15. 31. δότε ἀντ' αὐτῶν πεντακόσια τ. ἀργυρίου
— 31. καὶ τῶν φόρων τῶν πόλεων ἄλλα τ. πεντακόσια
— 35. τούτων δώσομεν τάλαντα ἑκατόν
II Ma. 3. 11. τὰ δὲ πάντα ἀργυρίου τετρακόσια τ.
4. 8. ἐπαγγειλάμενος . . . τάλαντα ἑξήκοντα
— 8. καὶ προσόδου τινὸς ἄλλης τάλαντα ὀγδοήκοντα
— 24. ὑπερβάλλων τὸν Ἰ. τάλαντα ἀργυρίου τριακόσια
5. 21. ἀπενεγκάμενος ἐκ τοῦ ἱεροῦ τάλαντα
8. 10. τὸν φόρον . . . ὄντα τ. δισχιλίων
— 11. ἐνενήκοντα σώματα ταλάντου παραχωρήσειν
IV Ma. 4. 17. δώσειν . . . τρισχίλια ἑξακόσια ἑξήκοντα τάλαντα

τάλας.
Wi. 15. 14. τάλανες ὑπὲρ ψυχὴν νηπίου [A ψυχὰς νηπίων]
Is. 6. 5. ὦ τ. ἐγώ –
IV Ma. 8. 17. ὦ τάλανες ἡμεῖς
12. 4. σὺ . . . τάλας βασανισθεὶς καὶ αὐτὸς τεθνήξῃ

ταμίας. (1) ὁ τ. אֲשֶׁר עַל־הַבַּיִת
Is. 22. 15. πορεύου . . . πρὸς Σομνᾶν τὸν τ. [A γραμματέα] (1)

ταμιεῖον (ταμεῖον, ταμίον). (1) אֹסֶם (2) חֶדֶר (3) מָזוּ (4) תָּוֶךְ
Ge. 43. 30. εἰσελθὼν δὲ εἰς τὸ τ. (2)
Ex. 8. 3 (7. 28). εἰσελεύσονται . . . εἰς τὰ τ. τῶν κοιτώνων σου (2)
De. 28. 8. ἀποστεῖλαι κ. . . . τὴν εὐλογίαν ἐν τοῖς τ. σου (1)
32. 25. καὶ ἐκ τῶν τ. φόβος (2)
Jd. 3. 24. μή ποτε ἀποκενοῖ τοὺς πόδας αὐ. ἐν τῷ τ. τῷ θερινῷ [A al.] (2)
15. 1. εἰσελεύσομαι πρὸς τὴν γυν. μου εἰς τὸ τ. [A τὸν κοιτῶνα] (2)
16. 9. τὸ ἔνεδρον αὐτῇ ἐκάθητο ἐν τῷ τ. (2)
— 12. B τὰ ἔνεδρα ἐξῆλθεν ἐκ τοῦ τ. –
— 12. A τὸ ἔνεδρον ἐκάθητο ἐν τῷ τ. (2)
II Ki. 13. 10. εἰσένεγκε τὸ βρῶμα εἰς τὸ τ. (2)
III Ki. 1. 15. εἰσῆλθε B. πρὸς τὸν βασ. εἰς τὸ τ. (2)
21 (20). 30. εἰσῆλθεν . . . εἰς τὸ τ. (2)
22. 25. B¹ ὅταν εἰσέλθῃς ταμεῖον τοῦ τ. τοῦ κρυφίου [A B² R κρυβῆναι] (2, 2)
IV Ki. 6. 12. οὓς ἐὰν λαλήσῃς ἐν τῷ τ. τοῦ κοιτῶνός σου (2)
9. 2. εἰσάξεις αὐτὸν εἰς τὸ τ. ἐν ταμείῳ [A τῷ τ.] (2, 2)
11. 2. ἐν τῷ τ. τῶν κλινῶν (2)
II Ch. 18. 24. εἰσελεύσῃ ταμεῖον ἐκ ταμείου (2, 2)
22. 11. ἔδωκεν αὐτὸν . . . εἰς ταμεῖον [A τὸ τ.] κλινῶν (2)
To. 7. 16. ἑτοίμασον τὸ ἕτερον τ. [S τ. τὸ ἕ.]
— 17. S ἔστρωσεν εἰς τὸ τ. [A B al.]
8. 1. S εἰσήγαγον αὐτὸν εἰς τὸ τ. [A B al.]
— 4. S ἀπέκλεισαν τὴν θύραν τοῦ τ. [A B al.]
Jb. 9. 9. ὁ ποιῶν . . . ταμεῖα νότου (2)
37. 9. ἐκ ταμιείων ἐπέρχονται [A ἐξέρχ.] ὀδύναι (2)
Ps. 104 (105). 30. A S¹ R ἐν τοῖς τ. τῶν βασιλέων [B S² -είων] αὐ. (2)
143 (144). 13. τὰ τ. αὐτῶν πλήρη (3)
Pr. 3. 10. ἵνα πίμπληται τὰ τ. σου πλησμονῆς σίτῳ [A S² -ου] (1)
7. 27. κατάγουσαι εἰς τὰ [A S² om.] τ. τοῦ θανάτου (2)
20. 27. ὃς ἐρευνᾷ ταμεῖα κοιλίας (2)
— 30. πληγαὶ δὲ εἰς ταμεῖα [S¹ τὰ τ.] κοιλίας (2)
24. 4. μετὰ αἰσθήσεως ἐμπίμπλανται ταμεῖα (2)
26. 22. οὗτοι δὲ τύπτουσιν εἰς ταμεῖα σπλάγχνων [S² κοιλίας] (2)
Ec. 10. 20. ἐν ταμείοις κοιτώνων σου μὴ καταράσῃ πλούσιον (2)
Ca. 1. 4. εἰσήνεγκέ με ὁ βασ. εἰς τὸ τ. αὐ. (2)
3. 4. εἰσήγαγον αὐτὸν . . . εἰς ταμεῖον τῆς συλλαβούσης με (2)
8. 2. εἰσάξω σε [S¹ om. εἰσ. σε] . . . εἰς ταμεῖον τῆς συλλαβούσης με –
Si. 29. 12. σύγκλεισον ἐλεημοσύνην ἐν τοῖς τ. σου
Is. 26. 20. εἴσελθε εἰς τὰ τ. σου (2)
42. 22. ἡ γὰρ παγὶς ἐν τοῖς τ. πανταχοῦ †
Ez. 28. 16. ἔπλησας [A ἐπλήθυνας] τὰ τ. σου ἀνομίας (4)
[Th. Jd. 16. 12.]

ταμιεύεσθαι. (1) שָׁבַח pi.
Pr. 29. 11. σοφὸς δὲ ταμιεύεται κατὰ μέρος (1)
IV Ma. 12. 12. ταμιεύεταί [S -εύσ.] σε ἡ θεία δίκη

τανύειν. (1) נָטָה
Jb. 9. 8. ὁ τανύσας τὸν οὐρανὸν μόνος (1)
Si. 43. 12. χεῖρες ὑψίστου ἐτάνυσαν αὐτό

τάξις. (1) דִּבְרָה (2) זְבֻל (3) מוּצָק (4) מַחֲנֶה (5) מְסִלָּה (6) מָקוֹם (7) פֹּעַל (8) קֵץ (9) תּוֹרָה
Nu. 1. 52. ἀνὴρ ἐν τῇ ἑαυτοῦ τάξει (4)
Jd. 5. 20. A ἐκ τῆς τ. αὐ. ἐπολέμησαν [B al.] (5)
III Ki. 7. 37. τάξιν μίαν [A -ις μία] καὶ μέτρον ἐν πάσαις (3)
I Es. 1. 5. στάντες ἐν τῷ ἁγίῳ . . . ἐν τάξει
— 15. ἦσαν ἐπὶ τῆς τ. αὐ.
Jb. 16. 3. τί γὰρ μὴ τάξις ἐστὶ ῥήμασι πνεύματος (8)
24. 5. ὑπὲρ ἐμοῦ ἐξελθόντες τὴν ἑαυτῶν τάξιν [S πρᾶξιν, A τῇ ἑ. πράξει] (7)
28. 3. τάξιν ἔθετο σκότει (8)
36. 28. οἴδασι δὲ κοίτης τάξιν –
38. 12. ἑωσφόρος δὲ εἶδε τὴν ἑαυτοῦ τ. (6)
Ps. 109 (110). 4. σὺ ἱερεὺς εἰς τὸν αἰῶνα κατὰ τὴν τ. Μελχισεδέκ (1)
Pr. 31. 24 (26). τάξιν ἐστείλατο τῇ γλώσσῃ αὐτῆς (9)
Hb. 3. 11. ἡ σελήνη ἔστη ἐν τῇ [S¹ om.] τ. αὐ. (2)
Da. TH 9. 26. ἕως τέλους πολέμου συντετμημένου τάξει –
II Ma. 1. 19. τάξιν ἔχοντες ἄνυδρον
8. 22. τάξας ἀδελφοὺς αὐ. προηγουμένους ἑκατέρας τάξεως
9. 18. ἔχουσαν ἱκετηρίας τάξιν
10. 36. εἰσδεξάμενοι δὲ τὴν λοιπὴν τ.
13. 21. Ῥόδοκος ἐκ τῆς Ἰουδαϊκῆς τ.
[**Aq.** Jb. 28. 13 : 41. 4.]
[**Sm.** Pr. 7. 10 : Je. 30 (37). 18.]
[**Al.** Is. 22. 19.]

ταπεινός. (1) אֶבְיוֹן (2) דַּךְ (3) דַּכָּא (4) דַּל (5) τ. εἶναι מוּךְ (6) עָמֹק (7) *a.* עָנִי *b.* עָנָו (8) עַרְעָר (9) צָנַע (10) רוּשׁ (11) *a.* שָׁפָל *b.* שְׁפֵלָה *c.* שָׁפֵל qal. *d.* hi. *e.* שֵׁפֶל (12) תַּחְתִּי
Le. 13. 3. καὶ ἡ ὄψις τῆς ἁφῆς ταπεινὴ ἀπὸ τοῦ δέρματος (6)
— 4. καὶ ταπεινὴ μὴ ᾖ ἡ ὄψις αὐ. ἀπὸ τοῦ δέρμ. αὐ. (6)
— 20. ἡ ὄψις ταπεινοτέρα τοῦ δέρματος (11 a)
— 21. καὶ ταπεινὸν μὴ ᾖ ἀπὸ τοῦ δέρματος τοῦ χρωτός (11 a)
— 25. καὶ ἡ ὄψις αὐ. ταπεινὴ ἀπὸ τοῦ δέρματος (6)
— 26. καὶ ταπεινὸν μὴ ᾖ ἀπὸ τοῦ δέρματος (11 a)
14. 37. καὶ ἡ ὄψις αὐ. ταπεινοτέρα τῶν τοίχων (11 a)
27. 8. ἐὰν δὲ ταπεινὸς ᾖ τῇ τιμῇ (5)
Jo. 11. 16. ἔλαβεν Ἰ. . . . τὰ τ. [A πεδινά] (11 b)
Jd. 1. 15. ἔδωκεν αὐτῇ . . . λύτρωσιν ταπεινῶν (12)
6. 15. A ἡ χιλιάς μου ταπεινοτέρα ἐν Μαν. [B al.] (4)
I Ki. 18. 23. κἀγὼ ἀνὴρ τ. (10)
Ju. 9. 11. ταπεινῶν εἶ θεός
16. 11. τότε ἠλάλαξαν οἱ τ. μου
Es. 1. 1. οἱ τ. ὑψώθησαν
Jb. 5. 11. τὸν ποιοῦντα ταπεινοὺς εἰς ὕψος (11 a)
12. 21. ταπεινοὺς δὲ ἰάσατο †
Ps. 9. 39 (10. 18). κρῖναι ὀρφανῷ καὶ ταπεινῷ (2)
17 (18). 27. σὺ λαὸν ταπεινὸν σώσεις (7 a)
Ps. 33 (34). 18. τοὺς τ. τῷ πνεύματι σώσει (3)
81 (82). 3. ταπεινὸν καὶ πένητα δικαιώσατε (7 a)
101 (102). 17. ἐπέβλεψεν ἐπὶ τὴν προσευχὴν τῶν τ. [S¹ πτωχῶν] (8)
112 (113). 6. καὶ τὰ τ. ἐφορῶν (11 d)
137 (138). 6. τὰ τ. ἐφορᾷ (11 a)
Pr. 3. 34. ταπεινοῖς δὲ δίδωσι χάριν (7 a*, 7 b)
11. 2. στόμα δὲ ταπεινῶν μελετᾷ σοφίαν (9)
16. 1 (15. 33). S² προσπορεύεται δὲ ταπεινοῖς δόξα [A al.] –
— 4 (2). πάντα τὰ ἔργα τοῦ τ. φανερὰ παρὰ τῷ θεῷ –
24. 37 (30. 14). ὥστε ἀναλίσκειν καὶ κατεσθίειν τοὺς τ. ἀπὸ τῆς γῆς (7 a)
Ec. 10. 6. πλούσιοι [S πλ. μεγάλοι] ἐν ταπεινῷ καθήσονται (11 e)
Si. 3. 20. ὑπὸ τῶν τ. δοξάζεται
10. 15. ἐφύτευσε ταπεινοὺς ἀντ' αὐτῶν
11. 1. σοφία ταπεινοῦ ἀνύψωσε κεφαλήν
12. 5. εὖ ποίησον τῷ [A S om.] τ.
13. 21. ταπεινὸς [S¹ πτωχὸς] δὲ πεσὼν προσαπωθεῖται ὑπὸ φίλων
— 22. ταπεινὸς ἔσφαλε [A -άλη]
25. 23. καρδία ταπεινὴ καὶ πρόσωπον σκυθρωπόν
29. 8. πλὴν ἐπὶ ταπεινῷ μακροθύμησον
32 (35). 17. προσευχὴ ταπεινοῦ νεφέλας διῆλθε
Am. 2. 7. ὁδὸν ταπεινῶν ἐξέκλιναν (7 b)
8. 6. τοῦ κτᾶσθαι . . . ταπεινὸν ἀντὶ ὑποδημάτων (1)
Hb. 1. 6. S¹ τὸ ἔθνος τὸ πικρὸν [A ταχινὸν] καὶ τὸ τ. [A πικρόν, B S² ταχινόν] †
Ze. 2. 3. ζητήσατε τὸν κ., πάντες ταπεινοὶ γῆς (7 b)
3. 12. ὑπολείψομαι ἐν σοὶ λαὸν πραῢν καὶ τ. (4)
Is. 2. 11. ὁ δὲ ἄνθρωπος τ. (11 c)
11. 4. κρινεῖ ταπεινῷ κρίσιν καὶ ἐλέγξει τοὺς τ. [S ἐνδόξους] τῆς γῆς (4, 7 b)
14. 32. δι' αὐτοῦ σωθήσονται οἱ τ. τοῦ λαοῦ (7 a)
18. 7. S δῶρα κυρίῳ σαβαὼθ ἐκ λαοῦ . . . ταπεινοῦ [A B al.] –
25. 4. ἐγένου γὰρ πάσῃ πόλει ταπεινῇ βοηθός (4)
26. 6. πατήσουσιν αὐτοὺς [A -ὰς] πόδες πραέων καὶ ταπεινῶν (4)
32. 7. καταφθεῖραι ταπεινοὺς . . . διασκεδάσαι λόγους [A -γισμοὺς] ταπεινῶν ἐν κρίσει (7 b*, 7 a, 1)
49. 13. τοὺς τ. τοῦ λαοῦ αὐτοῦ παρεκάλεσεν (7 a)
54. 11. ταπεινὴ καὶ ἀκατάστατος οὐ παρεκλήθης [S al.] (7 a)
58. 4. τύπτετε πυγμαῖς ταπεινόν †
61. 1. S¹ εὐαγγελίσασθαι ταπεινοῖς [A B S² πτωχοῖς] (7 b)
66. 2. ἐπὶ τίνα ἐπιβλέψω ἀλλ' ἢ ἐπὶ τὸν τ. (7 a)
Je. 22. 16. οὐκ ἔκριναν κρίσιν ταπεινῷ [A -ῶν] (7 a)
Ez. 17. 24. ἐγὼ κύριος ὁ . . . ὑψῶν ξύλον τ. (11 a)
21. 26 (31). ὕψωσας τὸ τ. (11 a)
29. 14. ἔσται ἀρχὴ τ. παρὰ πάσας τὰς ἀρχάς (11 a)
Da. LXX. 3. (37). ἐσμὲν ταπεινοὶ ἐν πάσῃ τῇ γῇ σήμερον
— (87). εὐλογεῖτε, ὅσιοι καὶ ταπεινοὶ καρδίᾳ, τὸν κ.
Da. TH. 3. (37). ἐσμὲν ταπεινοὶ ἐν πάσῃ τῇ γῇ σήμερον
— (87). εὐλογεῖτε, ὅσιοι καὶ ταπεινοὶ τῇ καρδίᾳ, τὸν κ.
I Ma. 6. 40. καί τινες ἐπὶ τὰ τ.
14. 14. ἐστήρισε πάντας τοὺς τ. τοῦ λαοῦ αὐ.
[**Aq.** II Ki. 6. 22 : Ps. 55 (56). 1 : 56 (57). 1 : 59 (60). 1 : Is. 35. 4 : Ez. 29. 15.]
[**Sm.** II Ki. 6. 22 : Ec. 10. 6 : Ez. 29. 15.]
[**Th.** Jd. 6. 15 : Is. 11. 4 : 19. 10 : Ez. 29. 15.]
[**Al.** Pr. 15. 33 : Is. 61. 1.]

ταπεινότης.
Si. 13. 20. βδέλυγμα ὑπερηφάνῳ ταπεινότης [A -νωσις]

ταπεινοῦν. (1) *a.* אָנָה *b.* אֲנִיָּה *c.* תַּאֲנִיָּה (2) בָּלָה pi. (3) דַּךְ (4) דָּכָא *a.* pi. *b.* hithp. (5) דָּכָה *a.* qal. *b.* ni. *c.* pi. (6) דָּלַל (7) זָלַל (8) יָנָה *a.* pi. *b.* hi. (9) כָּאָה ni. (10) כָּנַע *a.* ni. *b.* hi. (11) כָּרַע (12) *a.* מוּךְ *b.* מָכַךְ qal. *c.* ni. (13) נָפַל (14) עָנָה *a.* qal. *b.* ni. *c.* pi. *d.* pu.

e. hi. *f.* hithp. *g.* עֲנָה *h.* עָנִי (15) עָצַב
(16) רוּשׁ hithpal. (17) שׁוּחַ (18) שָׁחַח
a. qal. *b.* ni. *c.* hi. (19) שָׁחַת hi.
(20) שָׁפֵל *a.* qal. *b.* hi. *c.* שְׁפַל aph.

Ge. 15. 13. καὶ ταπεινώσουσιν αὐτούς (14 *c*)
16. 9. R ταπεινώθητι ὑπὸ τὰς χεῖρας αὐ. (14 *f*)
31. 50. εἰ ταπεινώσεις τὰς θυγατέρας μου (14 *c*)
34. 2. καὶ ἐταπείνωσεν αὐτήν (14 *c*)
Ex. 1. 12. καθότι δὲ αὐτοὺς ἐταπείνουν (14 *c*)
Le. 16. 29. ταπεινώσατε τὰς ψυχὰς ὑμῶν (14 *c*)
— 31 : 23. 27. ταπεινώσετε τὰς ψυχὰς ὑμῶν (14 *c*)
23. 29. πᾶσα ψυχὴ ἥτις μὴ ταπεινωθήσεται (14 *d*)
— 32. ταπεινώσετε τὰς ψυχὰς ὑμῶν (14 *c*)
25. 39. ἐὰν δὲ ταπεινωθῇ ὁ ἀδελφός σου (12 *a*)
De. 21. 14. ἐταπείνωσας αὐτήν (14 *c*)
22. 24. ἐταπείνωσε τὴν γυναῖκα τοῦ πλησίον (14 *c*)
— 29. ἀνθ' ὧν ἐταπείνωσεν αὐτήν (14 *c*)
26. 6. καὶ ἐταπείνωσαν ἡμᾶς (14 *c*)
Jd. 4. 23. A ἐταπείνωσε κ. ὁ θεὸς τὸν Ἰ. [B *al.*] (10 *b*)
5. 13. A ταπείνωσόν μοι τοὺς ἰσχυροτέρους μου [B *al.*] †
12. 2. A ἐταπείνουν με σφόδρα [B *al.*] –
16. 5. τοῦ [A ὥστε] ταπεινῶσαι αὐτόν (14 *c*)
— 6. τοῦ ταπεινωθῆναί σε (14 *c*)
— 19. ἤρξατο ταπεινῶσαι αὐτόν [A -νοῦσθαι] (14 *c*)
19. 24. καὶ ταπεινώσατε αὐτάς (14 *c*)
20. 5. τὴν παλλακήν μου ἐταπείνωσαν (14 *c*)
Ru. 1. 21. καὶ κύριος ἐταπείνωσέ με (14 *a*)
I Ki. 2. 7. κύριος . . . ταπεινοῖ καὶ ἀνυψοῖ (20 *b*)
7. 13. ἐταπείνωσε κ. τοὺς ἀλλοφύλους (10 *a*)
12. 8. ἐταπείνωσεν αὐτοὺς Αἴγυπτος –
26. 9. μὴ ταπεινώσῃς [A διαφθείρῃς] αὐτόν (19)
II Ki. 7. 10. τοῦ ταπεινῶσαι αὐτόν (14 *c*)
13. 12. μὴ ταπεινώσῃς με (14 *c*)
— 14. καὶ ἐταπείνωσεν αὐτήν (14 *c*)
— 22. οὗ ἐταπείνωσε Θ. τὴν ἀδ. αὐ. (14 *c*)
— 32. ἧς ἐταπείνωσε Θ. τὴν ἀδ. αὐ. (14 *c*)
22. 28. ὀφθαλμοὺς ἐπὶ μετεώρων ταπεινώσεις (20 *b*)
III Ki. 8. 35. ὅταν ταπεινώσῃς αὐτούς (14 *e*)
I Ch. 4. 10. τοῦ μὴ ταπεινῶσαί με (15)
17. 9. οὐ προσθήσει ἀδικία τοῦ ταπεινῶσαι αὐτόν (2)
— 10. ἐταπείνωσα ἅπαντας τοὺς ἐχθρούς σου (10 *b*)
20. 4. καὶ ἐταπείνωσεν αὐτόν (10 *a*)
II Ch. 6. 26. ταπεινώσεις αὐτούς (14 *e*)
13. 18. ἐταπεινώθησαν οἱ υἱοὶ Ἰσρ. (10 *a*)
28. 19. ἐταπείνωσε κύριος τὸν Ἰούδαν (10 *b*)
32. 26. ἐταπεινώθη Ἐζ. ἀπὸ τοῦ ὕψους τῆς καρδίας αὐ. (10 *a*)
33. 12. καὶ ἐταπεινώθη σφόδρα (10 *a*)
— 23. οὐκ ἐταπεινώθη ἐναντίον κυρίου ὡς ἐταπεινώθη Μαν. (10 *a*, 10 *a*)
34. 27. ἐταπεινώθης ἀπὸ προσώπου μου (10 *a*)
— 27. καὶ ἐταπεινώθης ἐναντίον μου (10 *a*)
II Es. 8. 21. τοῦ ταπεινωθῆναι ἐνώπιον θεοῦ ἡμῶν (14 *f*)
To. 4. 19. B ὃ [A S R ὃν] ἐὰν θέλῃ ταπεινοῖ
Ju. 4. 9. ἐταπείνουσαν [S -ωσαν] τὰς ψυχὰς αὐ.
5. 11. ἐταπείνωσαν [A S -εν] αὐτούς
Es. 4. 17. τὸ σῶμα αὐ. ἐταπείνωσε σφόδρα
6. 13. ἤρξαι ταπεινοῦσθαι ἐνώπιον αὐτοῦ (13)
Jb. 22. 12. τοὺς δὲ ὕβρει φερομένους ἐταπείνωσε †
— 23. ἐὰν δὲ . . . ταπεινώσῃς σεαυτὸν ἔναντι κυρίου –
— 29. ὅτι ἐταπείνωσας σεαυτόν (20 *b*)
24. 9. ἐκπεπτωκότα δὲ ἐταπείνωσαν †
31. 10. τὰ δὲ νήπιά μου ταπεινωθείη (11)
34. 25. A R καὶ ταπεινωθήσονται [B S -σεται] (4 *b*)
40. 6 (11). πάντα δὲ ὑβριστὴν ταπείνωσον (20 *b*)
Ps. 9. 31 (10. 10). ἐν τῇ παγίδι αὐτοῦ ταπεινώσει αὐτόν (5 *a*)
17 (18). 27. ὀφθαλμοὺς ὑπερηφάνων ταπεινώσεις (20 *b*)
34 (35). 13. ἐταπείνουν ἐν νηστείᾳ τὴν ψυχήν μου (14 *c*)
— 14. ὡς πενθῶν καὶ σκυθρωπάζων οὕτως ἐταπεινούμην (18 *a*)
37 (38). 8. ἐταπεινώθην ἕως σφόδρα (5 *b*)
38 (39). 2. ἐκωφώθην καὶ ἐταπεινώθην †
43 (44). 19. ἐταπείνωσας ἡμᾶς ἐν τόπῳ κακώσεως (5 *c*)
— 25. ἐταπεινώθη εἰς χοῦν ἡ ψυχὴ ἡμῶν (17)
50 (51). 8. ἀγαλλιάσονται ὀστᾶ τεταπεινωμένα (5 *c*)
— 17. καρδίαν . . . τεταπεινωμένην ὁ θεὸς οὐκ ἐξουδενώσει (5 *b*)

Ps. 54 (55). 19. ταπεινώσει αὐτοὺς ὁ ὑπάρχων πρὸ τῶν αἰώνων (14 *c*)
71 (72). 4. ταπεινώσει συκοφάντην (4 *a*)
73 (74). 21. μὴ ἀποστραφήτω τεταπεινωμένος (3)
74 (75). 7. τοῦτον ταπεινοῖ (20 *b*)
80 (81). 14. ἐν τῷ μηδενὶ ἂν τοὺς ἐχθροὺς αὐτῶν ἐταπείνωσα (10 *b*)
87 (88). 15. ὑψωθεὶς δὲ ἐταπεινώθην †
88 (89). 10. σὺ ἐταπείνωσας ὡς τραυματίαν ὑπερήφανον (4 *a*)
89 (90). 15. ἀνθ' ὧν ἡμερῶν ἐταπείνωσας ἡμᾶς (14 *c*)
93 (94). 5. τὸν λαόν σου, κύριε, ἐταπείνωσαν (4 *a*)
104 (105). 18. ἐταπείνωσαν ἐν πέδαις τοὺς πόδας αὐτοῦ (14 *c*)
105 (106). 42. ἐταπεινώθησαν ὑπὸ τὰς χεῖρας αὐτῶν (10 *a*)
— 43. ἐταπεινώθησαν ἐν ταῖς ἀνομίαις αὐτῶν (12 *b*)
106 (107). 12. ἐταπεινώθη ἐν κόποις ἡ καρδία αὐτῶν (10 *b*)
— 17. διὰ γὰρ τὰς ἀνομίας αὐτῶν ἐταπεινώθησαν (14 *f*)
114 (116). 6. ἐταπεινώθην καὶ ἔσωσέ με (6)
115. 1 (116. 10). ἐγὼ δὲ ἐταπεινώθην σφόδρα (14 *a*)
118 (119). 67. πρὸ τοῦ με ταπεινωθῆναι (14 *a*)
— 71. ἀγαθόν μοι ὅτι ἐταπείνωσάς με (14 *d*)
— 75. ἀληθείᾳ ἐταπείνωσάς με (14 *c*)
— 107. ἐταπεινώθην ἕως σφόδρα (14 *b*)
141 (142). 6. ἐταπεινώθην σφόδρα (6)
142 (143). 3. ἐταπείνωσεν εἰς τὴν γῆν τὴν ζωήν μου (4 *a*)
146 (147). 6. ταπεινῶν δὲ ἁμαρτωλοὺς ἕως τῆς γῆς (20 *b*)
Pr. 10. 4. πενία ἄνδρα ταπεινοῖ †
13. 7. εἰσὶν οἱ ταπεινοῦντες ἑαυτοὺς ἐν πολλῷ πλούτῳ (16)
18. 12. καὶ πρὸ δόξης ταπεινοῦται (14 *g*)
25. 7. ἢ ταπεινῶσαί [S -ωθῆναί] σε ἐν προσώπῳ δυνάστου (20 *b*)
29. 23. ὕβρις ἄνδρα ταπεινοῖ (20 *b*)
Ec. 10. 18. ἐν ὀκνηρίαις ταπεινωθήσεται ἡ δόκωσις (12 *c*)
12. 4. ταπεινωθήσονται πᾶσαι αἱ θυγατέρες τοῦ ᾄσματος (18 *b*)
Si. 2. 17. ἐνώπιον αὐτοῦ ταπεινώσουσι τὰς ψυχὰς αὐτῶν
3. 18. τοσούτῳ ταπεινοῦ σεαυτόν
4. 7. μεγιστᾶνι [S² πρεσβυτέρῳ] ταπείνου τὴν κεφαλήν σου
6. 12. ἐὰν ταπεινωθῇς ἔσται κατὰ σοῦ
7. 11. ἔστι γὰρ ὁ ταπεινῶν καὶ ἀνυψῶν
— 17. ταπείνωσον σφόδρα τὴν ψυχήν σου
12. 11. ἐὰν ταπεινωθῇ καὶ πορεύηται συγκεκυφώς
13. 8. μὴ ταπεινωθῇς ἐν εὐφροσύνῃ σου
18. 21. πρὶν ἀρρωστῆσαί σε ταπεινώθητι
29. 5. ἐπὶ τῶν χρημάτων τοῦ πλησίον ταπεινώσει φωνήν
31 (34). 26. τί ὠφέλησεν ἐν τῷ ταπεινωθῆναι αὐτόν
36 (33). 12. ἀπ' αὐτῶν ἡγίασε καὶ ἐταπείνωσε [A καὶ πρὸς αὐτὸν ἤγγισεν]
40. 3. καὶ ἕως τεταπεινωμένου ἐν γῇ καὶ σποδῷ
Ho. 2. 15 (17). καὶ ταπεινωθήσεται ἐκεῖ (14 *a*)
5. 5. ταπεινωθήσεται ἡ ὕβρις τοῦ Ἰσρ. (14 *a*)
7. 10. ταπεινωθήσεται ἡ ὕβρις Ἰσρ. (14 *a*)
14. 9. ἐγὼ ἐταπείνωσα αὐτόν (14 *a*)
Ma. 2. 12. ἕως καὶ ταπεινωθῇ ἐκ σκηνωμάτων Ἰ. (14 *a*)
Is. 1. 25. A S² πάντας ὑπερηφάνους ταπεινώσω [S¹ *om.*] –
2. 9. ἐταπεινώθη ἀνήρ (20 *a*)
— 11. ταπεινωθήσεται τὸ ὕψος τῶν ἀνθρώπων (18 *a*)
— 12. καὶ ταπεινωθήσονται (20 *a*)
— 17. ταπεινωθήσεται πᾶς ἄνθρωπος (18 *a*)
3. 9 (8). ἐταπεινώθη ἡ δόξα αὐτῶν †
— 17. ταπεινώσει ὁ θεὸς ἀρχούσας θυγατέρας Σιών †
— 25 (26). πεσοῦνται καὶ ταπεινωθήσονται (1 *a*)
5. 15. ταπεινωθήσεται ἄνθρωπος . . . οἱ ὀφθαλμοὶ οἱ μετέωροι ταπεινωθήσονται (18 *b*, 20 *a*)
10. 33. οἱ ὑψηλοὶ ταπεινωθήσονται (20 *a*)
13. 11. ὕβριν ὑπερηφάνων ταπεινώσω (20 *b*)
25. 11. ἐταπείνωσε τοῦ ἀπολέσαι καὶ ταπεινώσει τὴν ὕβριν αὐτοῦ (†, 20 *b*)
— 12. τὸ ὕψος τῆς καταφυγῆς τοῦ τοίχου σου ταπεινώσει (18 *c* + 20 *b*)
26. 5. ταπεινώσας κατήγαγες τοὺς ἐνοικοῦντας (18 *c*)
29. 4. ταπεινωθήσονται εἰς τὴν γῆν οἱ λόγοι σου (20 *a*)

Is. 40. 4. πᾶν ὄρος καὶ βουνὸς ταπεινωθήσεται (20 *a*)
51. 21. ἄκουε, τεταπεινωμένη (14 *h*)
— 23. εἰς τὰς χεῖρας . . . τῶν ταπεινωσάντων σε (8 *b*)
57. 9. ἐταπεινώθης [S¹ -η] ἕως ᾅδου (20 *b*)
58. 3. ἐταπεινώσαμεν τὰς ψυχὰς ἡμῶν (14 *c*)
— 5. τ. ἄνθρωπον τὴν ψυχὴν αὐτοῦ (14 *c*)
— 10. ψυχὴν τεταπεινωμένην ἐμπλήσῃς (14 *b*)
60. 14. πορεύσονται πρὸς σὲ . . . υἱοὶ ταπεινωσάντων σε (14 *c*)
64. 12 (11). ἐταπείνωσας ἡμᾶς σφόδρα (14 *c*)
Je. 13. 18. ταπεινώθητε καὶ καθίσατε [A *om.* κ. κ.] (20 *b*)
38 (31). 37. ἐὰν ταπεινωθῇ τὸ ἔδαφος τῆς γῆς κάτω †
Ba. 5. 7. συνέταξε . . . ταπεινοῦσθαι πᾶν ὄρος
La. 1. 5. κύριος ἐταπείνωσεν αὐτήν (8 *b*)
— 8. πάντες οἱ δοξάζοντες αὐτὴν ἐταπείνωσαν αὐτήν (7)
— 12. φθεγξάμενος ἐν ἐμοὶ ἐταπείνωσέ με κύριος (8 *b*)
2. 5. ἐπλήθυνε τῇ θυγατρὶ Ἰούδα ταπεινουμένην [A S -ον] καὶ τεταπεινωμένην (1 *c*, 1 *b*)
3. 32. ὁ ταπεινώσας οἰκτειρήσει (8 *b*)
— 33. ἐταπείνωσεν υἱοὺς ἀνδρός (8 *a*)
— 34. τοῦ ταπεινῶσαι ὑπὸ τοὺς πόδας αὐτοῦ πάντας δεσμίους (4 *a*)
5. 11. γυναῖκας ἐν Σιὼν ἐταπείνωσαν (14 *c*)
Ez. 17. 24. ἐγὼ κύριος ὁ ταπεινῶν ξύλον ὑψηλόν (20 *b*)
21. 26 (31). ἐταπείνωσας τὸ ὑψηλόν (20 *b*)
22. 10. ἐν ἀκαθαρσίαις ἀποκαθημένην [A -ης] ἐταπείνουν (14 *c*)
— 11. ἕκαστος τὴν ἀδελφὴν αὐτοῦ . . . ἐταπείνουν ἐν σοί (14 *c*)
Da. LXX. 3. (39). ἐν . . . πνεύματι τεταπεινωμένῳ προσδεχθείημεν
7. 24. τρεῖς βασιλεῖς ταπεινώσει (20 *c*)
10. 12. καὶ ταπεινωθῆναι ἐναντίον κ. τοῦ θεοῦ σου (14 *f*)
Da. TH. 4. 34. πάντας τοὺς πορευομ. ἐν ὑπερηφανίᾳ δύναται ταπεινῶσαι (20 *c*)
5. 19. οὓς ἠβούλετο αὐτὸς ἐταπείνου (20 *c*)
— 22. οὐκ ἐταπείνωσας τὴν καρδίαν σου (20 *c*)
7. 24. τρεῖς βασιλεῖς ταπεινώσει (20 *c*)
11. 30. καὶ ταπεινωθήσεται (9)
I Ma. 12. 15. ἐταπεινώθησαν οἱ ἐχθροὶ ἡμῶν
II Ma. 8. 35. ταπεινωθεὶς ὑπὸ τῶν καθ' αὐτὸν νομιζομ. ἐλαχίστων εἶναι

[**Aq.** Pr. 29. 23 : Is. 2. 12 : 10. 33 : 19. 10 : 32. 19 : 57. 9 : Ez. 24. 12 (Sw.).]
[**Sm.** Le. 25. 25, 35 : Ps. 74 (75). 8 : 88 (89). 11 (P.) : Pr. 17. 22 : 29. 23 : Is. 2. 12 : 10. 33 : 29. 4 : 32. 19 : 37. 13 : 53. 4 : 57. 9 : Ez. 24. 12 (P.).]
[**Th.** Jb. 5. 4 : 22. 29 : 34. 25 : Pr. 29. 23 : Is. 2. 12 : 10. 33 : 19. 10 : 25. 5 : 53. 4 : 57. 9 : Je. 17. 4 (Sw.) : 44 (51). 10 : Ez. 24. 12 (Sw.) : Da. 7. 25† : 11. 30.]
[**Al.** Ex. 22. 21 (20) : Jd. 3. 30 : Ps. 38 (39). 12 : Hb. 3. 6.]
[**Quint.** Ps. 42 (43). 5.]

ταπεινοφορεῖν. (1) שָׁוָה pi.

Ps. 130 (131). 2. A εἰ μὴ ἐταπεινοφόρουν [S R -φρόνουν] (1)

ταπεινοφρονεῖν. (1) שָׁוָה pi.

Ps. 130 (131). 2. S R εἰ μὴ ἐταπεινοφρόνουν [A -φόρουν] (1)
[**Sm.** Jb. 22. 29.]

ταπεινόφρων. (1) שְׁפַל־רוּחַ

Pr. 29. 23. A S¹ R τοὺς δὲ τ. ἐρείδει [B ἐρίζει, S² ἐγείρει] δόξῃ κύριος (1)
[**Aq.** Ps. 15 (16). 1.]
[**Sm.** Ps. 15 (16). 1 : 55 (56). 1 : 56 (57). 1 : 59 (60). 1.]
[**Al.** Pr. 29. 23.]

ταπείνωσις. (1) דַּכָּא (2) *a.* עֳנִי *b.* תַּעֲנִית
c. עָנוּ *d.* עָנִי (3) עֹצֶר (4) שֵׁפֶל

Ge. 16. 11. ἐπήκουσε κύριος τῇ τ. σου (2 *a*)
29. 32. εἶδέ μου κύριος τὴν τ. (2 *a*)
31. 42. τὴν τ. μου . . . εἶδεν ὁ θ. (2 *a*)
41. 52. ἐν γῇ ταπεινώσεώς μου (2 *a*)
De. 26. 7. εἶδε τὴν τ. ἡμῶν (2 *a*)
I Ki. 1. 11. B ἐὰν . . . ἐπιβλέψῃς τὴν [A R ἐπὶ τὴν] τ. τῆς δούλης σου (2 *a*)
9. 16. ἐπέβλεψα ἐπὶ τὴν τ. τοῦ λαοῦ μου –
II Ki. 16. 12. εἴ πως ἴδοι κ. ἐν τῇ τ. μου †

IV Ki. 14. 26. εἶδε κ. τὴν τ. Ἰσρ. πικρὰν σφόδρα (2 *a*)
II Es. 9. 5. ἀνέστην ἀπὸ ταπεινώσεώς [A τῆς τ.] μου (2 *b*)
Ne. 9. 9. εἶδες τὴν τ. [S² κακίαν] τῶν πατέρων ἡμῶν (2 *a*)
Ju. 6. 19. ἐλέησον τὴν τ. τοῦ γένους ἡμῶν
7. 32. ἦσαν ἐν τ. πολλῇ
13. 20. διὰ τὴν τ. τοῦ γένους ἡμῶν
Es. 4. 8. μνησθεῖσα ἡμερῶν ταπεινώσεώς σου –
Ps. 9. 13. ἴδε τὴν τ. μου ἐκ τῶν ἐχθρῶν μου (2 *a*)
21 (22). 21. καὶ ἀπὸ κεράτων μονοκερώτων τὴν τ. μου †
24 (25). 18. ἴδε τὴν τ. μου (2 *a*)
30 (31). 7. ἐπεῖδες τὴν τ. μου (2 *a*)
89 (90). 3. μὴ ἀποστρέψῃς ἄνθρωπον εἰς ταπείνωσιν (1)
118 (119). 50. αὕτη με παρεκάλεσεν ἐν τῇ τ. μου (2 *a*)
— 92. τότε ἂν ἀπωλόμην ἐν τῇ τ. μου (2 *a*)
— 153. ἴδε τὴν τ. μου (2 *a*)
135 (136). 23. A S² R ἐν τῇ τ. ἡμῶν ἐμνήσθη ἡμῶν ὁ κύριος (4)
Pr. 16. 19. κρείσσων πραΰθυμος [A πρόθ.] μετὰ ταπεινώσεως (2 *d**, 2 *c*)
Ec. 10. 19. τοῦ ἀργυρίου ταπεινώσει [A S² *om.*] ἐπακούσεται τὰ πάντα –
Si. 2. 4. ἐν ἀλλάγμασι ταπεινώσεώς σου μακροθύμησον
— 5. ἄνθρωποι δεκτοὶ ἐν καμίνῳ ταπεινώσεως
11. 12. ἀνώρθωσεν αὐτὸν ἐκ ταπεινώσεως αὐτοῦ
13. 20. A βδέλυγμα ὑπερηφάνῳ ταπείνωσις [B S -νότης]
20. 11. ἔστιν ὃς ἀπὸ ταπεινώσεως ἦρε κεφαλήν
Is. 40. 2. ἐπλήσθη ἡ τ. αὐτῆς †
53. 8. ἐν τῇ τ. ἡ κρίσις αὐτοῦ ἤρθη [S¹ ἦχθη] (3)
Je. 2. 24. ἐν τῇ τ. αὐτῆς εὑρήσουσιν αὐτήν †
La. 1. 3. μετῳκίσθη Ἰ. ἀπὸ ταπεινώσεως αὐ. (2 *a*)
— 7. ἐμνήσθη Ἰερ. ἡμερῶν ταπεινώσεως αὐ. (2 *a*)
— 9. ἴδε, κύριε, τὴν τ. μου (2 *a*)
Da. TH. 3. (39). ἐν . . . πνεύματι ταπεινώσεως προσδεχθείημεν
I Ma. 3. 51. καὶ οἱ ἱερεῖς σου ἐν πένθει καὶ ταπεινώσει
III Ma. 2. 12. ἐβοήθησας αὐτοῖς ἐν τῇ τ.
[**Aq., Sm.** Is. 32. 19.]
[**Th.** Je. 2. 24: Da. 3. (39).]
[**Quint.** Ps. 92 (93). 3: 131 (132). 1.]
[**Sext.** Ps. 92 (93). 3.]

ταράσσειν. (1) בָּהַל *a.* ni. *b.* pi. *c.* בְּהַל pa. *d.* ithpa. (2) בּוּךְ ni. (3) בָּלַע pi. (4) בָּעַת ni. (5) בָּקַק ni. (6) גָּעַשׁ *a.* qal. *b.* hithp. (7) דָּלַח (8) הוּם hi. (9) *a.* הָמָה *b.* הָמוֹן (10) *a.* זָעַף *b.* זָעֵף (11) חָגַג (12) חִיל, חוּל *a.* qal. *b.* hithpalp. (13) חָלַל (14) חָמַר *a.* qal. *b.* poalal. *c.* חֹמֶר (15) חָרֵד (16) כָּמַר ni. (17) כָּרַע hi. (18) לָהַט (19) לָפַת ni. (20) מָהַהּ hithp. (21) מָהַר pi. (22) מוּג ni. (23) מוּר hi. (24) נָדַד hithpo. (25) נָפַל hi. (26) סָחַר pilp. (27) סַר (28) עָוָה pi. (29) עָוַת pi. (30) עָרַץ hi. (31) עָשֵׁשׁ (32) פָּעַם *a.* ni. *b.* hithp. (33) פָּרַד hithpo. (34) צָהַל (35) צָמַת pilp. (36) קָלַל *a.* pilp. *b.* hithpalp. (37) רָגַז (38) רָנַע (39) רָעַע hithp. (40) רָעַשׁ (41) רָפַשׂ (42) שָׁחָה hi. (43) שָׁחַח hithpo. (44) שָׁלַל hithpo. (45) שָׁמֵם hithpo. (46) τὸ τεταραγμένον ὕδωρ מִרְפָּשׂ

Ge. 19. 16. καὶ ἐταράχθησαν (20)
40. 6. καὶ ἦσαν τεταραγμένοι (10 *a*)
41. 8. ἐταράχθη ἡ ψυχὴ αὐ. (32 *a*)
42. 28. ἐταράχθησαν πρὸς ἀλλήλους (15)
43. 30. ἐταράχθη δὲ Ἰ. (21)
45. 3. ἐταράχθησαν γάρ (1 *a*)
De. 2. 25. οἵτινες ἀκούσαντες τὸ ὄνομά σου ταραχθήσονται (37)
Jd. 11. 35. ταραχῇ ἐτάραξάς με [A *al.*] (17)
Ru. 3. 8. ἐξέστη ὁ ἀνὴρ καὶ ἐταράχθη (19)
I Ki. 14. 16. ἡ παρεμβολὴ τεταραγμένη ἔνθεν καὶ ἔνθεν (22)
II Ki. 18. 33 (19. 1). ἐταράχθη ὁ βασ. (37)
22. 8. ἐταράχθη καὶ ἐσείσθη ἡ γῆ (6 *a**, 6 *b*)
— 8. A τὰ θεμέλια τοῦ οὐρ. ἐταράχθησαν [B συνετ.] (37)
— 8. A καὶ ἐταράχθησαν [B ἐσπαρ.] (6 *b*)
III Ki. 3. 26. ἐταράχθη ἡ μήτρα αὐ. ἐπὶ τῷ υἱῷ αὐ. (16)
20 (21). 4. ἐγένετο τὸ πνεῦμα Ἀχ. τεταραγμένον [A *al.*] (27 + 10 *b*)
— 5. τί τὸ πνεῦμά σου τεταραγμένον (27)
I Ch. 29. 11. ἀπὸ προσώπου σου τάρασσεται πᾶς βασιλεύς †
To. 12. 16. ἐταράχθησαν οἱ δύο
Ju. 4. 2. περὶ Ἰερ. . . . ἐταράχθησαν
7. 4. οἱ δὲ υἱοὶ Ἰσρ. . . . ἐταράχθησαν σφόδρα
14. 7. ἀκούσαντες τὸ ὄνομά σου ταραχθήσονται
— 19. ἐταράχθη ἡ ψυχὴ αὐτῶν σφόδρα
16. 10. A S² Μῆδοι τὸ θράσος αὐ. ἐταράχθησαν [B S¹ ἐρράχθ.]
Es. 1. 1. ἐταράχθη πᾶν ἔθνος δίκαιον
3. 15. ἐταράσσετο δὲ ἡ πόλις (2)
4. 4. ἐταράχθη ἀκούσασα τὸ γεγονός (12 *b*)
5. 2. ἐταράχθη ἡ καρδία μου
— 2. ὁ βασ. ἐταράσσετο
7. 6. Ἀ. δὲ ἐταράχθη ἀπὸ τοῦ βασ. (4)
Jb. 8. 3. ἢ ὁ τὰ πάντα ποιήσας ταράξει τὸ δίκαιον (29)
19. 6. κύριός ἐστιν ὁ ταράξας [A S² *add.* με] (29)
34. 10. ἔναντι παντοκράτορος ταράξαι τὸ δίκαιον †
— 12. ἢ ὁ παντοκράτωρ ταράξει κρίσιν [A τὸ δίκαιον] (29)
37. 1. ἐταράχθη ἡ καρδία μου (15)
Ps. 2. 5. ἐν τῷ θυμῷ αὐτοῦ ταράξει αὐτούς (1 *b*)
6. 2. ἐταράχθη τὰ ὀστᾶ μου (1 *a*)
— 3. ἡ ψυχή μου ἐταράχθη σφόδρα (1 *a*)
— 7. ἐταράχθη ἀπὸ θυμοῦ ὁ ὀφθαλμός μου (31)
— 10. ταραχθείησαν σφόδρα πάντες οἱ ἐχθροί μου (1 *a*)
17 (18). 7. τὰ θεμέλια τῶν ὀρέων ἐταράχθησαν (37)
29 (30). 7. ἐγενήθην τεταραγμένος (1 *a*)
30 (31). 9. ἐταράχθη ἐν θυμῷ ὁ ὀφθαλμός μου (31)
— 10. τὰ ὀστᾶ μου ἐταράχθησαν (31)
37 (38). 10. ἡ καρδία μου ἐταράχθη (26)
38 (39). 6. B³ S² R πλὴν μάτην ταράσσεται [A B¹ S¹ -ονται] (9 *a*)
— 11. πλὴν μάτην ταράσσεται [A S *om.*] πᾶς ἄνθρωπος –
41 (42). 6. πρὸς ἐμαυτὸν ἡ ψυχή μου ἐταράχθη (43)
45 (46). 2. ἐν τῷ ταράσσεσθαι τὴν γῆν (23)
— 3. ἐταράχθησαν τὰ ὕδατα αὐ. [S¹ τὰ κύματα] ἐταράχθησαν [A -θη] τὰ ὄρη ἐν τῇ κραταιότητι αὐ. (14 *a*, 40)
— 6. ἐταράχθησαν ἔθνη (9 *a*)
47 (48). 5. ἐταράχθησαν ἐσαλεύθησαν (1 *a*)
54 (55). 2. ἐταράχθην ἀπὸ φωνῆς ἐχθροῦ (8)
— 4. ἡ καρδία μου ἐταράχθη ἐν ἐμοί (12 *a*)
56 (57). 4. ἐκοιμήθην τεταραγμένος (18)
63 (64). 8. ἐταράχθησαν πάντες οἱ θεωροῦντες αὐτούς (24)
64 (65). 7. ταραχθήσονται τὰ ἔθνη (9 *b*)
67 (68). 4. B ταραχθήσονται [S -ήτωσαν] ἀπὸ προσώπου αὐτοῦ †
75 (76). 5. ἐταράχθησαν πάντες οἱ ἀσύνετοι τῇ καρδίᾳ (44)
76 (77). 4. ἐταράχθην καὶ οὐκ ἐλάλησα (32 *a*)
— 16. ἐταράχθησαν ἄβυσσοι (37)
82 (83). 15. ἐν τῇ ὀργῇ σου ταράξεις αὐτούς (1 *b*)
— 17. ταραχθήτωσαν εἰς τὸν αἰῶνα τοῦ αἰῶνος (1 *a*)
87 (88). 16. B οἱ φοβερισμοί σου ἐτάραξάν [A S R ἐξετ.] με (35)
89 (90). 7. ἐν τῷ θυμῷ σου ἐταράχθημεν (1 *a*)
103 (104). 29. ἀποστρέψαντος δέ σου τὸ πρόσωπον ταραχθήσονται (1 *a*)
106 (107). 27. ἐταράχθησαν ἐσαλεύθησαν ὡς ὁ μεθύων (11)
108 (109). 22. ἡ καρδία μου τετάρακται ἐντός μου (13)
118 (119). 60. ἡτοιμάσθην καὶ οὐκ ἐταράχθην (20)
142 (143). 4. ἐν ἐμοὶ ἐταράχθη ἡ καρδία μου (45)
Pr. 12. 25. φοβερὸς λόγος καρδίαν ταράσσει ἀνδρὸς δικαίου (42)
Ec. 10. 10. καὶ αὐτὸς πρόσωπον ἐτάραξε (36 *a*)
Wi. 5. 2. ἰδόντες ταραχθήσονται φόβῳ δεινῷ
11. 6. ἀντὶ μὲν πηγῆς ἀενάου ποταμοῦ αἵματι λυθρώδει ταραχθέντες [A S -ος]
16. 6. εἰς νουθεσίαν δὲ πρὸς ὀλίγον ἐταράχθησαν [S¹ -η]
Wi. 17. 4. S ἦχοι δὲ ταράσσοντες [B¹ ἐκτ., A B² R καταράσσοντες] αὐτοὺς περιεκόμπουν
Si. 28. 9. ἀνὴρ ἁμαρτωλὸς ταράξει φίλους
30. 7. ἐπὶ πάσῃ βοῇ ταραχθήσεται σπλάγχνα αὐτοῦ
51. 21. ἡ κοιλία μου ἐταράχθη ἐκζητῆσαι αὐτήν
Ho. 6. 9 (8). πόλις . . . ταράσσουσα ὕδωρ †
Am. 8. 8. ἐπὶ τούτοις οὐ ταραχθήσεται ἡ γῆ (37)
Hb. 3. 2. ἐν τῷ ταραχθῆναι τὴν ψυχήν μου –
— 15. τοὺς ἵππους σου ταράσσοντας ὕδωρ πολύ (14 *c*)
— 16. ὑποκάτωθέν μου ἐταράχθη ἡ ἕξις μου (37)
Is. 3. 12. τὸν τρίβον τῶν ποδῶν ὑ. ταράσσουσιν (3)
8. 12. οὐδὲ μὴ ταραχθῆτε (30)
13. 8. ταραχθήσονται οἱ πρέσβεις (1 *a*)
14. 31. κεκραγέτωσαν πόλεις τεταραγμέναι (22)
17. 12. οὕτως ταραχθήσεσθε (9 *a*)
19. 3. ταραχθήσεται τὸ πνεῦμα τῶν Αἰγυπτίων (5)
24. 14. ταραχθήσεται τὸ ὕδωρ τῆς θαλάσσης (34)
— 19. ταραχῇ ταραχθήσεται ἡ γῆ (39 + 33)
30. 28. τοῦ ταράξαι ἔθνη †
51. 15. ὁ θεός σου ὁ ταράσσων τὴν θάλασσαν (38)
64. 2 (1). ἀπὸ προσώπου σου ἔθνη ταραχθήσονται (37)
Je. 4. 24. εἶδον . . . πάντας τοὺς βουνοὺς ταρασσομένους (36 *b*)
5. 22. ταραχθήσεται καὶ οὐ δυνήσεται [A -ηθήσ.] (6 *b*)
La. 1. 20. ἡ κοιλία μου ἐταράχθη (14 *b*)
2. 11. ἐταράχθη ἡ καρδία μου (14 *b*)
3. 9. ἐτάραξεν ἄρκος ἐνεδρεύουσα (28)
Ez. 26. 18. A ταραχθήσονται νῆσοι ἐν τῇ θαλ. (1 *a*)
30. 16. ταραχῇ ταραχθήσεται Συήνη [A *al.*] (12 *a*)
32. 2. ἐτάρασσες ὕδωρ τοῖς ποσί σου (7)
— 13. οὐ μὴ ταράξῃ αὐτὸ ποὺς ἀνθρώπου (7)
34. 18. τὸ λοιπὸν τοῖς ποσὶν ὑμῶν ἐταράσσετε [B² -ο] (41)
— 19. τὸ τεταραγμένον ὕδωρ ὑπὸ τῶν ποδῶν ὑμῶν ἔπινον (46)
Da. LXX. 2. 1. καὶ ταραχθῆναι ἐν τῷ ἐνυπνίῳ αὐ. (32 *b*)
7. 15. ἐτάρασσόν με οἱ διαλογισμοί μου (1 *c*)
11. 12. καὶ ταράξει πολλούς (25)
— 44. ἀκοὴ ταράξει αὐτόν (1 *b*)
Da. TH. 4. 2. ἐταράχθην ἐπὶ τῆς κοίτης μου †
— 2. R αἱ ὁράσεις τῆς κεφ. μου ἐτάραξάν [A B συνετ.] με (1 *c*)
5. 9. ὁ βασ. B. ἐταράχθη [A πολὺ ἐτ.] (1 *d*)
— 10. μὴ ταρασσέτωσάν σε οἱ διαλογισμοί σου (1 *c*)
7. 15. αἱ ὁράσεις τῆς κεφ. μου ἐτάρασσόν με (1 *c*)
8. 11. A R θυσία ἐταράχθη [B *al.*] †
11. 44. σπουδαὶ ταράξουσιν αὐτόν (1 *b*)
I Ma. 3. 5. τοὺς ταράσσοντας τὸν λαὸν αὐτοῦ ἐφλόγισε
7. 22. πάντες οἱ ταράσσοντες τὸν λαὸν αὐ.
11. 24. A ἐτάραξεν τὰ πλείονα [S R *al.*]
II Ma. 15. 19. ταρασσομένοις τῆς ἐν ὑπαίθρῳ προσβολῆς
III Ma. 1. 17. οἱ κατὰ τὴν πόλιν ἀπολειπόμενοι ταραχθέντες ἐξεπήδησαν
[**Aq.** Jo. 7. 25: I Ki. 14. 29: Pr. 11. 29: 15. 27: Je. 5. 22: 33 (40). 9: 50 (27). 34: 51 (28). 29, 32: Ez. 32. 10.]
[**Sm.** Ex. 15. 14: Dt. 7. 23: Jo. 7. 25: I Ki. 14. 29: 28. 15: Jb. 5. 13: 22. 10: 23. 15: 38. 11 (P.): Ps. 47 (48). 6: Pr. 11. 17, 29: 15. 27: 27. 6: Ca. 5. 4: Is. 5. 25: 13. 13: 14. 16: 28. 7, 28: 32. 11: 54. 10: Je. 5. 22: 31 (38). 20: 50 (27). 34: 51 (28). 32: Ez. 32. 13.]
[**Th.** Jo. 7. 25: I Ki. 14. 29: Jb. 37. 1: Pr. 11. 29: 15. 27: 27. 6: Is. 5. 25: 13. 8: 28. 17, 28: 32. 11: Ez. 26. 18: Da. 7. 15.]
[**Heb.** Jb. 13. 11.]
[**Al.** Pr. 15. 27: Je. 5. 22: Hb. 3. 7, 10, 15, 16.]

ταραχή. (1) בַּלָּהָה (2) בְּעָתָה (3) זַעֲוָה (4) *a.* חוּל *b.* חַלְחָלָה (5) חִפָּזוֹן (6) חָרַר pil. (7) כָּרַע hi. (8) מִדְיָן (9) מְדָן (10) מְהוּמָה (11) עַוָּתָה (12) רֹכֶס (13) רָעָה

Jd. 11. 35. ταραχῇ ἐτάραξάς με [A *al.*] (7)
Jb. 24. 17. A S² ἐπιγνώσεται ταραχὰς [B S¹ -χος] σκιᾶς [A S¹ -ὰ] θανάτου (1)
Ps. 30 (31). 20. κατακρύψεις αὐτοὺς . . . ἀπὸ ταραχῆς ἀνθρώπων (12)
Pr. 6. 14. ὁ τοιοῦτος ταραχὰς συνίστησι πόλει (9*, 8)
26. 21. ἀνὴρ δὲ λοίδορος εἰς ταραχὴν μάχης (6)

Wi. 14. 25. R φθορὰ ἀπιστία ταραχή [A B S -χος]
17. 8. οἱ γὰρ ὑπισχνούμενοι . . . ταραχὰς ἀπελαύνειν ψυχῆς νοσούσης [S¹ *al.*]
Si. 11. 34. διαστρέψει σε ἐν ταραχαῖς [S -ῇ]
40. 5. θυμὸς καὶ ζῆλος καὶ ταραχὴ καὶ σάλος
Ho. 5. 12. ἐγὼ ὡς ταραχὴ τῷ Ἐφρ. †
Is. 22. 5. ἡμέρα ταραχῆς [S¹ -χους] (10)
24. 19. ταραχῇ ταραχθήσεται ἡ γῆ (13)
52. 12. οὐ μετὰ ταραχῆς ἐξελεύσεσθε (5)
Je. 14. 19. ἰδοὺ τ. (2)
La. 3. 59. ἴδες, κύριε, τὰς τ. μου (11)
Ez. 23. 46. δὸς ἐν αὐταῖς [A ἐπ' αὐτὰς] ταραχήν (3)
30. 4. ἔσται τ. ἐν γῇ [A τῇ] Αἰθιοπίᾳ (4 *b*)
— 9. ἔσται τ. ἐν αὐτοῖς [A Αἰγύπτῳ] (4 *b*)
— 16. S R τ. [B -ὴν] ταραχθήσεται Συήνη [A *al.*] (4 *a*)
Da. LXX. 11. 7. καὶ ποιήσει ταραχήν †
II Ma. 3. 30. τὸ μικρῷ πρότερον . . . ταραχῆς γέμον ἱερόν
10. 30. διεκόπτοντο ταραχῆς πεπληρωμένοι
11. 25. τοῦτο τὸ ἔθνος ἐκτὸς ταραχῆς εἶναι
13. 16. τὴν παρεμβολὴν δέους καὶ ταραχῆς ἐπλήρωσαν
15. 29. γενομένης δὲ κραυγῆς καὶ ταραχῆς
III Ma. 3. 8. τ. ἀπροσδόκητον περὶ τοὺς ἄνδρας θεωροῦντες
— 24. αἰφνιδίου μετέπειτα ταραχῆς ἐνστάσης ἡμῖν
6. 19. τὴν δύναμιν τῶν ὑπεναντίων ἐπλήρωσαν ταραχῆς

[**Aq.** Ez. 32. 10.]
[**Sm.** Dt. 7. 23 : I Ki. 5. 11 : Ps. 29 (30). 8 : Is. 30. 7.]
[**Th.** Jb. 24. 17†.]
[**Al.** Ps. 54 (55). 23.]

τάραχος. (1) בַּלָּהָה (2) מְהוּמָה (3) עָכַר

Jd. 11. 35. καὶ σὺ ἦς ἐν τῷ τ. μου [A *al.*] (3)
I Ki. 5. 9. γίνεται χεὶρ κ. τῇ πόλει τ. μέγας σφόδρα (2)
Es. 1. 1. ἰδοὺ . . . τάραχος ἐπὶ τῆς γῆς
— 1. ἰδοὺ . . . τ. μέγας ἐπὶ τῆς γῆς
Jb. 24. 17. ἐπιγνώσεται τάραχος [A S² -ὰς] σκιᾶς [A S¹ -ὰ] θανάτου (1)
Wi. 14. 26. φθορὰ ἀπιστία τάραχος
Is. 22. 5. S¹ ἡμέρα ταράχους [A B S² -χῆς] (2)

[**Sm.** Is. 30. 7.]
[**Th.** Jb. 24. 17†.]

ταραχώδης. (1) הָוָה

Ps. 90 (91). 3. καὶ ἀπὸ λόγου ταραχώδους (1)
Wi. 17. 9. εἰ μηδὲν αὐτοὺς ταραχῶδες [S² τερατῶδες] ἐφόβει

ταριχεύειν.

Ep. Je. 28. αἱ γυναῖκες ἀπ' αὐτῶν ταριχεύουσαι

ταρσός. (1) כַּף

Wi. 5. 11. πληγῇ δὲ ταρσῶν μαστιζόμενον πνεῦμα κοῦφον
Da. Th. 10. 10. A καὶ ταρσοὺς χειρῶν μου (1)

[**Aq.** Nu. 6. 19 : Dt. 28. 56 : I Ki. 25. 29 : Ps. 9. 17 : 77 (78). 72 : 90 (91). 12 : 118 (119). 109 : 127 (128). 2 : Is. 49. 16 : 55. 12 : Da. 10. 10.]
[**Sm.** Da. 10. 10.]
[**Th.** Da. 10. 10†.]
[**Al.** Dt. 2. 5.]

τάρταρος.

Jb. 40. 15 (20). ἐποίησε χαρμονὴν τετράποσιν ἐν τῷ τ. †
41. 23 (24). τὸν δὲ τ. τῆς ἀβύσσου ὥσπερ αἰχμάλωτον †
Pr. 24. 51 (30. 16). καὶ τάρταρος καὶ γῆ οὐκ ἐμπιπλαμένη ὕδατος

τάσσειν. (1) אָחַז (2) דָּגַל ni. (3) הָלַךְ hi.
(4) יָעַד *a.* qal. *b.* ni. *c.* מוֹעֵד (5) נָשָׂא
(6) נָתַן (7) עָמַד hi. (8) פָּאַר hithp.
(9) צָוָה pi. (10) רָשַׁם (11) שׂוּם, שִׂים
(12) שׁוּב hi. (13) שִׁית

Ge. 3. 24. ἔταξε τὰ χερουβίν –
Ex. 8. 9 (5). τάξαι πρός με (8)
— 12 (8). ὡς ἐτάξατο Φ. (11)
29. 43. τάξομαι ἐκεῖ τοῖς υἱοῖς Ἰσρ. (4 *b*)
Jd. 18. 31. A ἔταξαν [B ἔθηκαν] αὐτοῖς τὸ γλυπτόν (11)
20. 30. A ἔταξεν Ἰσρ. πρὸς τὸν Βεν. [B *al.*] †
— 36. A ὁ ἔταξαν πρὸς τὴν Γ. [B *al.*] (11)
— 36. A ὁ ἔταξαν πρὸς τὴν Γ. (11 ?)
I Ki. 20. 35. καθὼς ἐτάξατο εἰς τὸ μαρτύριον Δ. (4 *c* ?)
22. 7. εἰ . . . πάντας ὑμᾶς τάξει ἑκατοντάρχους (11)
II Ki. 7. 11. ὧν ἔταξα κριτὰς ἐπὶ τὸν λαόν μου (9)
20. 5. οὗ ἐτάξατο αὐτῷ (4 *a*)
23. 23. ἔταξεν αὐτὸν Δ. πρὸς [B¹ εἰς] τὰς ἀκοὰς αὐ. (11)
III Ki. 2. 5. ἔταξε τὰ αἵματα πολέμου ἐν εἰρήνῃ (11)
IV Ki. 10. 24. ἔταξεν ἑαυτῷ ἔξω ὀγδοήκοντα ἄνδρας (11)
— 27. A R ἔταξαν [B ἐπάταξεν] αὐτὸν εἰς λυτρῶνας (11)
12. 17 (18). ἔταξεν Ἀζ. τὸ πρόσωπον αὐ. (11)
I Ch. 16. 4. ἔταξε . . . ἐκ τῶν Λ. λειτουργοῦντας (6)
— 7. ἔταξε Δ. ἐν ἀρχῇ τοῦ αἰνεῖν τὸν κ. (6)
17. 10. ὧν ἔταξα κριτὰς ἐπὶ τὸν λαόν μου Ἰσρ. (9)
II Ch. 31. 2. ἔταξεν Ἐζ. τὰς ἐφημερίας τῶν ἱ. (7)
I Es. 1. 15. κατὰ τὰ ὑπὸ Δ. τεταγμένα
To. 1. 21. ἔταξεν Ἀχιάχαρον . . . ἐπὶ πᾶσαν τὴν ἐκλογιστίαν τῆς βασιλείας
5. 6. S ἀπέχει ὁδὸν ἡμερῶν δύο τεταγμένων
Es. 1. 6. S¹ καρπασίνοις τεταγμένοις [A B S² τεταμ.] ἐπὶ σχοινίοις βυσσίνοις (1)
3. 13. ὑπὸ Ἀ. τοῦ τεταγμένου ἐπὶ τῶν πραγμάτων
8. 13. πολλοὺς τῶν ἐπ' ἐξουσίαις τεταγμένων
Jb. 14. 13. ἕως ἂν . . . τάξῃ μοι χρόνον (13)
30. 22. ἔταξας δέ με ἐν ὀδύναις (5)
31. 24. εἰ ἔταξα χρυσίον εἰς χοῦν μου (11)
36. 13. ὑποκριταὶ καρδίᾳ τάξουσι θυμόν (11)
Ca. 2. 4. τάξατε ἐπ' ἐμὲ ἀγάπην †
6. 3 (4). θάμβος ὡς τεταγμέναι (2)
— 9 (10). θάμβος ὡς τεταγμέναι [B² -η] (2)
Si. 10. 1. ἡγεμονία συνετοῦ τεταγμένη ἔσται
Ho. 2. 3 (5). τάξω αὐτὴν ὡς γῆν ἄνυδρον (13)
— 14 (16). τάξω αὐτὴν ὡς ἔρημον (3)
Mi. 5. 1 (4. 14). συνοχὴν ἔταξεν ἐφ' ὑμᾶς (11)
Hb. 1. 12. εἰς κρίμα τέταχας αὐτό (11)
2. 9. τοῦ τάξαι εἰς ὕψος νοσσιὰν αὐ. (11)
3. 19. τάξει τοὺς πόδας μου εἰς συντέλειαν (11)
Ze. 1. 14. φωνὴ ἡμέρας κυρίου . . . σκληρὰ τέτακται †
Hg. 1. 5. τάξατε δὴ τὰς καρδίας ὑμῶν εἰς τὰς ὁδοὺς ὑμῶν (11)
2. 19 (18). A S² τάξατε [B S¹ ὑποτ.] δὴ τὰς καρδίας ὑμῶν (11)
Za. 7. 12. τὴν καρδίαν αὐ. ἔταξαν ἀπειθῆ (11)
— 14. ἔταξαν γῆν ἐκλεκτὴν εἰς ἀφανισμόν (11)
10. 3. τάξει αὐτοὺς ὡς ἵππον εὐπρεπῆ αὐ. (11)
— 4. καὶ ἀπ' αὐτοῦ ἔταξε †
Ma. 1. 3. ἔταξα τὰ ὅρια αὐ. εἰς ἀφανισμόν (11)
Is. 38. 1. τάξαι περὶ τοῦ οἴκου σου (9)
Je. 2. 15. ἔταξαν τὴν γῆν αὐτοῦ εἰς ἔρημον (13)
3. 19. A S R τάξω σε εἰς τέκνα [B ἔθνη] (13)
5. 22. τὸν τάξαντα ἄμμον ὅριον τῇ θαλάσσῃ (11)
7. 30. ἔταξαν τὰ βδελύγματα αὐτῶν ἐν τῷ οἴκῳ (11)
10. 22. τοῦ τάξαι τὰς πόλεις Ἰ. εἰς ἀφανισμόν (11)
11. 13. ἐτάξατε [A S -ξαν] βωμοὺς θυμιᾶν τῇ Βααλ (11)
18. 16. τοῦ τάξαι τὴν γῆν αὐτῶν εἰς ἀφανισμόν (11)
19. 8. A τάξω [B S κατάξω] τὴν πόλιν ταύτην εἰς ἀφανισμόν (11)
La. 3. 21. ταύτην τάξω εἰς τὴν καρδίαν μου (12)
Ep. Je. 62. συντελοῦσι τὸ ταχθέν
Ez. 4. 2. τάξεις τὰς βελοστάσεις κύκλῳ (11)
14. 4, 7. τὴν κόλασιν τῆς ἀδικίας αὐτοῦ τάξῃ πρὸ προσώπου αὐτοῦ (11)
16. 14. ἐν τῇ ὡραιότητι ᾗ ἔταξα ἐπὶ σέ (11)
17. 5. ἐπιβλεπόμενον ἔταξεν αὐτό (11)
19. 5. λέοντα ἔταξεν αὐτόν (11)
20. 28. ἔταξαν ἐκεῖ ὀσμὴν εὐωδίας (11)
24. 7. ἐπὶ λεωπετρίαν τέταχα αὐτό (11)
40. 4. τάξον εἰς τὴν καρδίαν σου πάντα (11)
44. 5. τάξον εἰς τὴν καρδίαν σου (11)
— 5. τάξεις τὴν καρδίαν σου εἰς τὴν εἴσοδον (11)
— 14. A καὶ τάξουσιν [B κατάξ.] αὐτοὺς φυλάσσειν (6)
Da. Th. 6. 12 (13). οὐχ ὁρισμὸν ἔταξας (10)
— 13 (14). A περὶ τοῦ ὁρισμοῦ οὗ ἔταξας (10)
9. 27. A B² τάξαι ἐπὶ ἀφανισμῷ –
11. 17. τάξει τὸ πρόσωπον αὐ. εἰσελθεῖν (11)
I Ma. 5. 27. εἰς αὔριον τάσσονται
12. 26. οὕτως τάσσονται ἐπιπεσεῖν ἐπ' αὐτούς
I Ma. 14. 10. A R ἔταξεν αὐτὰς ἐν σκεύεσιν ὀχυρώσεως [S *al.*]
15. 41. A R ἔταξεν [S ἀπέτ.] ἐκεῖ ἱππεῖς
II Ma. 3. 14. ταξάμενος δὲ ἡμέραν
6. 21. οἱ δὲ πρὸς τῷ παρανόμῳ σπλαγχνισμῷ τεταγμένοι
— 21. ἐσθίοντα τὰ ὑπὸ τοῦ βασ. τεταγμένα
8. 22. τάξας ἀδελφοὺς αὐ. προηγουμένους ἑκατέρας τάξεως
— 27. ἀρχὴν ἐλέους τάξαντος αὐτοῖς
10. 28. οἱ δὲ καθηγεμόνα τῶν ἀγώνων ταττόμενοι τὸν θυμόν
14. 21. ἐτάξαντο δὲ ἡμέραν
15. 20. τῆς δὲ ἵππου κατὰ κέρας τεταγμένης
III Ma. 5. 14. ὁ πρὸς ταῖς κλήσεσι τεταγμένος
7. 1. καὶ πᾶσι τοῖς τεταγμένοις ἐπὶ πραγμάτων

[**Aq.** Ca. 2. 4 : Is. 30. 33 : 40. 18.]
[**Sm.** II Ki. 7. 23 : 8. 14 : Jb. 14. 5 : 24. 25 : 32. 14 : 37. 15 : 38. 11 : Ps. 8. 2 : 9. 21 : 11 (12). 6 : 16 (17). 11 : 18 (19). 5 : 20 (21). 13 : 38 (39). 9 : 43 (44). 11 : 47 (48). 14 : 48 (49). 15 : 61 (62). 11 : 65 (66). 2, 9 : 68 (69). 12 : 72 (73). 9, 18 : 80 (81). 6 : 83 (84). 7 : 87 (88). 7, 9 : 106 (107). 41 : Pr. 27. 23 : 30. 26 : Ec. 8. 16, 17 (9. 1) : Je. 12. 10 : 52. 32 : Ez. 3. 17 : 7. 20 : 13. 17 : 21. 2 (7) : 25. 2 : 29. 2.]
[**Th.** Jd. 18. 21, 31 : Jb. 31. 24 : 36. 13 : Je. 33 (40). 25 : Ez. 6. 2 : Da. 6. 13† : 9. 26.]
[**Al.** Le. 27. 2 : Nu. 30. 3 : Ps. 12 (13). 3 : 140 (141). 2 : Da. 9. 27 : Hb. 3. 16.]

ταυρηδόν.

IV Ma. 15. 19. τοὺς ὀφθ. ἑνὸς ἑκάστου θεωροῦσα τ. ἐπὶ τῶν βασάνων ὁρῶντας

ταῦρος. (1) אַבִּיר (2) אֶלֶף (3) מְרִיא
(4) פַּר (5) שׁוֹר

Ge. 32. 15 (16). ἔλαβεν . . . ταύρους δέκα (4)
49. 6. ἐνευροκόπησαν ταῦρον (5)
Ex. 21. 28. ἐὰν δὲ κερατίσῃ ταῦρος ἄνδρα (5)
— 28. λίθοις λιθοβοληθήσεται ὁ τ. (5)
— 28. ὁ δὲ κύριος τοῦ τ. ἀθῷος ἔσται (5)
— 29. ἐὰν δὲ ὁ τ. κερατιστὴς ᾖ (5)
— 29. ὁ τ. λιθοβοληθήσεται (5)
— 32. ἐὰν δὲ παῖδα κερατίσῃ ὁ τ. (5)
— 32. ὁ τ. λιθοβοληθήσεται (5)
— 35. ἐὰν δὲ κερατίσῃ τινος ταῦρος τὸν ταῦρον τοῦ πλησίον (5, 5)
— 35. ἀποδώσονται τὸν τ. τὸν ζῶντα (5)
— 35. τὸν τ. τὸν τεθνηκότα διελοῦνται –
— 36. ἐὰν δὲ γνωρίζηται ὁ τ. (5)
— 36. ἀποτίσει ταῦρον ἀντὶ ταύρου (5, 5)
De. 32. 14. υἱῶν ταύρων καὶ τράγων †
33. 17. πρωτότοκος ταύρου τὸ κάλλος αὐ. (5)
Jd. 6. 4. οὐδὲ ἐν τοῖς ποιμνίοις ταῦρον [A *al.*] (5)
— 25. λάβε τὸν μόσχον τὸν τ. [A σιτευτόν] (5)
I Es. 6. 29. εἰς ταύρους καὶ κριοὺς καὶ ἄρνας
7. 7. προσήνεγκαν . . . ταύρους ἑκατόν
8. 14. A² B εἰς ταύρους καὶ κριοὺς καὶ ἄρνας
— 65. A R ταύρους δώδεκα ὑπὲρ παντὸς Ἰσρ.
Ps. 21 (22). 12. ταῦροι πίονες περιέσχον με †
49 (50). 13. μὴ φάγομαι κρέα ταύρων (1)
67 (68). 30. ἡ συναγωγὴ τῶν τ. ἐν ταῖς δαμάλεσι τῶν λαῶν (1)
Si. 6. 2. ἵνα μὴ διαρπαγῇ [S ἁρπ.] ὡς ταῦρος ἡ ψυχή σου
38. 25. ἡ διήγησις αὐ. ἐν υἱοῖς ταύρων
Is. 1. 11. αἷμα ταύρων καὶ τράγων (4)
5. 17. βοσκηθήσονται οἱ διηρπασμένοι ὡς ταῦροι †
11. 6. τ. καὶ λέων ἅμα βοσκηθήσονται (3)
30. 24. οἱ τ. ὑμῶν . . . φάγονται ἄχυρα (2)
34. 7. συμπεσοῦνται . . . οἱ κριοὶ καὶ οἱ τ. (1)
Je. 27 (50). 11. ἐκερατίζετε ὡς ταῦροι (1)
Da. LXX. 3. (40). ἐν ὁλοκαυτώμασι κριῶν καὶ ταύρων
Da. Th. 3. (40). ἐν ὁλοκαυτώσει κριῶν καὶ ταύρων

[**Sm.** I Ki. 1. 24 : Ps. 21 (22). 13 : 68 (69). 32.]
[**Th.** Pr. 14. 4 : Is. 34. 7.]

ταφέθ (-έτ). (1) תֹּפֶת

IV Ki. 23. 10. ἐμίανε τὸν τ. [A θοφθά] (1)
Je. 7. 31. ᾠκοδόμησαν τὸν βωμὸν τοῦ τ. (1)
— 32. βωμὸς τοῦ τ. (1)
— 32. θάψουσιν ἐν τῷ [A *add.* ταφῳ] τ. (1)
19. 14. A ἀπὸ τῆς διαπτώσεως τοῦ τόπου τ. [B S *om.* τ. τ. τ.] (1)

ταφή. (1) חֲנֻטִים (2) *a.* קָבַר *b.* קְבוּרָה *c.* קֶבֶר

Ge. 50. 3. οὕτω γὰρ καταριθμοῦνται αἱ ἡμέραι τῆς τ. (1)
De. 21. 23. ταφῇ θάψετε αὐτό (2 *a*)
34. 6. οὐκ οἶδεν οὐδεὶς τὴν τ. [A τελευτὴν] αὐ. (2 *b*)
II Ch. 26. 23. ἐν τῷ πεδίῳ τῆς [A μετὰ τῆς] τ. τῶν βασ. (2 *b*)
Jb. 17. 1. A B S² δέομαι δὲ ταφῆς (2 *c*)
Ec. 6. 3. καί γε ταφὴ [S ἀφὴ] οὐκ ἐγένετο αὐτῷ (2 *b*)
Si. 38. 16. μὴ ὑπερίδῃς τὴν τ. αὐτοῦ
40. 1. ἕως ἡμέρας ἐπὶ ταφῇ [A ἡ. ἐπιταφῆς, S² ἡ. ἐπιστραφῇ] εἰς μητέρα πάντων
Na. 1. 14. χωνευτὰ θήσομαι ταφήν σου (2 *c*)
Is. 53. 9. δώσω τοὺς πονηροὺς ἀντὶ τῆς τ. αὐτοῦ (2 *c*)
57. 2. ἔσται ἐν εἰρήνῃ ἡ τ. αὐτοῦ †
Je. 22. 19. ταφὴν ὄνου [S οὐ] ταφήσεται (2 *b*)
Ez. 32. 23. A R ἡ τ. αὐτῶν ἐν βάθει βόθρου (2 *c*)
— 23. A οἳ ἔδωκαν τὰς τ. αὐτῆς ἐν μηροῖς λάκκου (2 *c*)
— 23. A ὑπερκύκλῳ τῆς τ. αὐτοῦ (2 *b*)
Da. LXX. Bel 30. καὶ μηδὲ ταφῆς τύχῃ
II Ma. 9. 15. ὡς διεγνώκει μηδὲ ταφῆς ἀξιῶσαι

[**Aq.** Ez. 32. 23.]
[**Th.** Ez. 32. 23 *bis*.]
[**Al.** Ez. 32. 25.]

ταφνοῦν (?). (1) סָפַן

III Ki. 7. 3. A ἐτάφνωσεν [B ἐφάτνωσε] τὸν οἶκον (1)

τάφος. (1) *a.* קֶבֶר *b.* קְבוּרָה *c.* קָבַר

Ge. 23. 4. δότε οὖν μοι κτῆσιν τάφου (1 *a*)
— 20. εἰς κτῆσιν τάφου παρὰ τῶν υἱῶν Χέτ (1 *a*)
47. 30. θάψεις με ἐν τῷ τ. αὐ. (1 *b*)
Jd. 8. 32. ἐτάφη ἐν τῷ τ. Ἰ. (1 *a*)
16. 31. ἔθαψαν αὐτὸν . . . ἐν τῷ τ. Μαν. (1 *a*)
I Ki. 10. 2. εὑρήσεις δύο ἄνδρας πρὸς τοῖς τ. Ῥ. (1 *b*)
II Ki. 2. 32. θάπτουσιν αὐτὸν ἐν τῷ τ. τοῦ πατρὸς αὐ. (1 *a*)
3. 32. ἔκλαυσεν ἐπὶ τοῦ τ. αὐ. (1 *a*)
4. 12. τὴν κεφ. Ἰ. ἔθαψαν ἐν τῷ τ. Ἀβ. (1 *a*)
17. 23. ἐτάφη ἐν τῷ τ. [A οἴκῳ] τοῦ πατρὸς αὐ. (1 *a*)
19. 37 (38). ἀποθανοῦμαι . . . παρὰ τῷ τ. τοῦ πατρός μου (1 *a*)
21. 14. ἔθαψαν τὰ ὀστᾶ Σ. . . . ἐν τῷ τ. K. (1 *a*)
III Ki. 13. 22. οὐ μὴ εἰσέλθῃ τὸ σῶμά σου εἰς τὸν τ. τῶν πατ. σου (1 *a*)
— 30. τοῦ θάψαι αὐτὸν ἐν τῷ τ. ἑαυ. (1 *a*)
— 31. θάψατέ με ἐν τῷ τ. τούτῳ (1 *a*)
14. 13. A οὗτος μόνος εἰσελεύσεται τῷ Ἰερ. πρὸς τάφον (1 *a*)
IV Ki. 9. 28. ἔθαψαν αὐτὸν ἐν τῷ τ. αὐ. (1 *b*)
13. 21. ἔρριψαν τὸν ἄνδρα ἐν τῷ τ. Ἐλ. (1 *a*)
21. 26. ἔθαψαν αὐτὸν ἐν τῷ τ. αὐ. (1 *b*)
22. 20. συναχθήσῃ εἰς τὸν τ. [A τόπον] σου (1 *a*)
23. 6. ἔρριψε τὸν χοῦν αὐ. εἰς τὸν τ. τῶν υἱῶν τοῦ λαοῦ (1 *a*)
— 16. εἶδε τοὺς τ. ἐκεῖ (1 *a*)
— 16. ἔλαβε τὰ ὀστᾶ ἐκ τῶν τ. (1 *a*)
— 16. ἦρε τοὺς ὀφθ. αὐ. ἐπὶ τὸν τ. τοῦ ἀνθρ. τοῦ θεοῦ –
— 30. ἔθαψαν αὐτὸν ἐν τῷ τ. αὐ. (1 *b*)
II Ch. 21. 20. καὶ οὐκ ἐν τάφοις τῶν βασ. (1 *a*)
24. 25. οὐκ ἔθαψαν αὐτὸν ἐν τῷ τ. τῶν βασ. (1 *a*)
28. 27. οὐκ εἰσήνεγκαν αὐτὸν εἰς τοὺς τ. τῶν βασ. Ἰσρ. (1 *a*)
32. 33. ἐν ἀναβάσει τάφων υἱῶν Δ. (1 *a*)
I Es. 1. 31. ἐτάφη ἐν τῷ πατρικῷ τ.
Ne. 3. 16. ἕως κήπου τάφου Δαυίδ (1 *a*)
To. 4. 4. θάψον αὐτὴν παρ' ἐμοὶ ἐν ἑνὶ τ.
— 17. A B ἔκχεον τοὺς ἄρτους σου ἐπὶ τὸν τ. τῶν δικαίων
6. 14. κατάξω τὴν ζωὴν τοῦ πατρός μου καὶ τῆς μητρός μου . . . εἰς τὸν τ. αὐ.
8. 9. ὤρυξε τάφον
— 11. S ὅτε συνετέλεσαν ὀρύσσοντες τὸν τ.
— 18. χῶσαι τὸν τ.
Jb. 5. 26. ἐλεύσῃ δὲ ἐν τάφῳ (1 *a*)
6. 10. εἴη δέ μου πόλις [A μοι ἡ πόλις μου] τάφος †
21. 32. αὐτὸς εἰς τάφους ἀπηνέχθη (1 *a*)
Ps. 5. 9. τάφος ἀνεῳγμένος ὁ λάρυγξ αὐτῶν (1 *a*)
13 (14). 3. B S¹ τάφος ἀνεῳγμένος ὁ λάρυγξ αὐτῶν –
Ps. 48 (49). 11. οἱ τ. αὐτῶν οἰκίαι αὐτῶν εἰς τὸν αἰῶνα (1 *a*)
67 (68). 6. τοὺς κατοικοῦντας ἐν τάφοις †
87 (88). 5. καθεύδοντες ἐν τάφῳ (1 *a*)
— 11. μὴ διηγήσεταί τις ἐν τάφῳ τὸ ἔλεός σου (1 *a*)
Ec. 8. 10. εἶδον ἀσεβεῖς εἰς τάφους εἰσαχθέντας (1 *c*)
Wi. 19. 3. προσοδυρόμενοι τάφοις νεκρῶν
Si. 30. 18. θέματα βρωμάτων παρακείμενα ἐπὶ τάφῳ
Je. 7. 32. A θάψουσιν ἐν τῷ τ. [B S *om.*] ταφέθ –
8. 1. ἐξοίσουσι τὰ ὀστᾶ . . . ἐκ τῶν τ. αὐτῶν (1 *a*)
20. 17. ἐγένετό μοι ἡ μήτηρ μου τ. μου (1 *a*)
Ez. 37. 13. ἐν τῷ ἀνοῖξαί με τοὺς τ. ὑμῶν τοῦ ἀναγαγεῖν με ἐκ τῶν τ. τὸν λαόν μου (1 *a*, 1 *a*)
I Ma. 2. 70. ἔθαψαν αὐτὸν οἱ υἱοὶ αὐ. ἐν τάφοις πατέρων αὐ.
9. 19. ἔθαψαν αὐτὸν ἐν τῷ τ. τῶν πατέρων αὐ.
13. 27. ᾠκοδόμησε Σ. ἐπὶ τὸν τ. τοῦ πατρὸς αὐ.
— 30. οὗτος ὁ τ. ὃν ἐποίησεν
II Ma. 5. 10. R οὔτε πατρῴου τάφου [A νόμου] μετέσχε
12. 39. ἀποκαταστῆσαι εἰς τοὺς πατρῴους τ.
III Ma. 6. 31. τὸν εἰς . . . τάφον ἡτοιμασμένον τόπον

[**Aq.** III Ki. 14. 13: Is. 65. 4: Je. 5. 16 (Sw.): Ez. 32. 22, 25.]
[**Sm.** Ps. 87 (88). 6: Is. 65. 4: Je. 31 (38). 40: Ez. 32. 25.]
[**Th.** Je. 5. 16 (Sw.): Ez. 32. 25.]

τάφρος. (1) פַּתַח

Mi. 5. 6 (5). ποιμανοῦσι . . . τὴν γῆν τοῦ N. ἐν τῇ τ. αὐ. (1 ?)

[**Sm.** Ez. 17. 17: 21. 22 (27): 26. 8.]
[**Quint.** IV Ki. 20. 20.]

τάχα.

Wi. 13. 6. αὐτοὶ τάχα πλανῶνται
14. 19. ὁ μὲν γὰρ τάχα κρατοῦντι βουλόμενος ἀρέσαι

ταχέως. (1) *a.* מָהַר pi. *b.* מְהֵרָה *c.* בִּמְהֵרָה (2) רָגַע hi.

Jd. 9. 48. τ. ποιήσατε ὡς ἐγώ (1 *a*)
II Ki. 17. 18. ἐπορεύθησαν οἱ δύο τ. (1 *b*)
— 21. διάβητε τ. τὸ ὕδωρ (1 *b*)
IV Ki. 1. 11. τ. κατάβηθι (1 *b*)
Es. 6. 10. S² τ. λάβε σὺν τὸ ἔνδυμα (1 *a*)
Pr. 25. 8. μὴ πρόσπιπτε εἰς μάχην τ. (1 *a*)
Ec. 4. 12. A S R τὸ σπαρτίον τὸ ἔντριτον οὐ τ. [B ταχὺ] ἀπορραγήσεται (1 *c*)
Wi. 4. 16. νεότης [A -ητος] τελεσθεῖσα τ. [S¹ *om.*] πολυετὲς γῆρας ἀδίκου
6. 5. φρικτῶς καὶ τ. ἐπιστήσεται ὑμῖν
— 15. ὁ ἀγρυπνήσας δι' αὐτὴν τ. ἀμέριμνος ἔσται
14. 15. τοῦ ταχέως ἀφαιρεθέντος τέκνου
— 28. ἢ ἐπιορκοῦσι ταχέως
Jl. 3 (4). 4. τ. ἀνταποδώσω τὸ ἀνταπόδομα ὑμῶν (1 *b*)
Is. 8. 3. τ. σκύλευσον (1 *a*)
Je. 27 (50). 44. τ. ἐκδιώξω αὐτούς (2)
Da. LXX. 2. 16. εἰσῆλθε τ. πρὸς τὸν βασ. –
II Ma. 2. 18. τ. ἡμᾶς ἐλεήσει
4. 48. τ. οὖν τὴν ἄδικον ζημίαν ὑπέσχον
6. 23. τ. λέγων προπέμπειν εἰς τὸν ᾅδην
7. 10. τὴν γλῶσσαν αἰτηθεὶς τ. προέβαλλεν
8. 9. ὁ δὲ τ. προχειρισάμενος Νικάνορα
14. 27. τὸν Μακκ. δέσμιον ἐξαποστέλλειν εἰς Ἀντ. τ.
— 44. τῶν δὲ τ. ἀναποδισάντων
III Ma. 2. 23. τ. αὐτὸν ἐξείλκυσαν
IV Ma. 4. 22. τ. ἐπ' αὐτοὺς ἀνέζευξεν
10. 21. σὲ δὲ τ. μετελεύσεται ὁ θεός
12. 9. τ. ἔλυσαν αὐτόν
14. 10. τ. διέλυσε τὰ σώματα

[**Aq.** Jo. 2. 5: Ps. 30 (31). 3.]
[**Sm.** Jo. 2. 5: Ps. 15 (16). 4.]
[**Th.** Jo. 2. 5.]

ταχίζειν.

[**Al.** Hb. 3. 19.]

ταχινός. (1) מָהַר *a.* ni. *b.* pi. (2) **τ. εἶναι** מָהַר pi.

Pr. 1. 16. A καὶ ταχινοὶ [S² τ. εἰσὶ] τοῦ ἐκχέαι αἷμα (1 *b* [2])
Wi. 13. 2. ἢ πῦρ ἢ πνεῦμα ἢ ταχινὸν ἀέρα
Si. 11. 22. ἐν ὥρᾳ ταχινῇ ἀναθάλλει εὐλογίαν αὐτοῦ
18. 26. πάντα ἐστὶ ταχινὰ ἔναντι κυρίου
Hb. 1. 6. τὸ ἔθνος τὸ πικρὸν [A ταχινὸν] καὶ τὸ τ. [A πικρὸν, S¹ ταπεινὸν] ([†], 1 *a*)
Is. 59. 7. οἱ πόδες . . . ταχινοὶ ἐκχέαι αἷμα (1 *b*)

[**Aq.**, **Sm.** Ps. 44 (45). 2.]

τάχος. (1) יָעֵף (2) *a.* מָהַר pi. *b.* מְהֵרָה (3) **τὸ τ.** *a.* מְהֵרָה *b.* מָהַר pi. (4) **ἐν τάχει** *a.* מָהַר pi. *b.* מְהֵרָה *c.* כִּמְעַט (5) **διὰ τάχους** רָגַע

Ex. 32. 7. B βάδιζε τὸ τ. ἐντεῦθεν [A R *al.*] –
Nu. 16. 46 (17. 11). ἀπένεγκε τὸ τ. εἰς τὴν παρεμβολήν (3 *a*)
De. 7. 4. ἐξολεθρεύσει σε τὸ τ. (3 *b*)
— 22. οὐ δυνήσῃ ἐξαναλῶσαι αὐτοὺς τὸ τ. (3 *b*)
9. 3. A R ἀπολεῖ αὐτοὺς ἐν τάχει [B *om.* ἐν τ.] (4 *a*)
— 12. κατάβηθι τὸ τ. ἐντεῦθεν (3 *b*)
11. 17. καὶ ἀπολεῖσθε ἐν τάχει (4 *b*)
28. 20. ἕως ἂν ἀπολέσῃ σε ἐν τάχει (4 *a*)
— 24. ἕως ἂν ἀπολέσῃ σε ἐν τάχει [A *om.* ἐν τ.] –
— 63. ἐξαρθήσεσθε ἐν τάχει [A *om.* ἐν τ.] –
Jo. 8. 18. τὰ ἔνεδρα ἐξαναστήσονται ἐν τάχει –
— 19. τὰ ἔνεδρα ἐξανέστησαν ἐν τάχει (4 *b*)
10. 6. ἀνάβηθι πρὸς ἡμᾶς τὸ τ. (3 *a*)
Jd. 2. 23. τοῦ μὴ ἐξᾶραι αὐτὰ τὸ τ. (3 *b*)
7. 9. A κατάβηθι τὸ τ. [B *om.* τὸ τ.] –
9. 54. A ἐβόησε τὸ τ. [B ἐβ. ταχὺ] πρὸς τὸ παιδάριον (3 *a*)
I Ki. 23. 22. οὐ ἔσται ὁ ποὺς αὐ. ἐν τάχει –
III Ki. 22. 9. B τάχος [A R τὸ τ.] Μιχαίαν υἱὸν Ἰ. (2 *a* [3 *b*])
I Ch. 12. 8. ὡς δορκάδες ἐπὶ τῶν ὀρέων τῷ τ. [A ἐν τ.] (2 *a*)
II Ch. 18. 8. τάχος Μιχαίαν υἱὸν Ἰ. (2 *a*)
Es. 8. 13. τοῦ . . . θεοῦ διὰ τάχους ἀποδόντος αὐτῷ κρίσιν
Ps. 2. 12. ὅταν ἐκκαυθῇ ἐν τάχει ὁ θυμὸς αὐτοῦ (4 *c*)
6. 10. αἰσχυνθείησαν [A S² καταισχ.] σφόδρα διὰ τάχους (5)
147. 4 (15). ἕως τάχους [S¹ ὡς ταχὺς] δραμεῖται ὁ λόγος αὐτοῦ (2 *b*)
Wi. 18. 14. νυκτὸς ἐν ἰδίῳ τάχει μεσαζούσης
Si. 11. 21. διὰ τάχους ἐξάπινα πλουτίσαι πένητα
27. 3. ἐν τάχει καταστραφήσεται αὐτοῦ ὁ οἶκος
Is. 5. 19. τὸ τ. ἐγγισάτω ἃ ποιήσει (3 *b*)
Ba. 4. 22. ἣ ἥξει ὑμῖν ἐν τάχει
— 24. ὄψονται ἐν τάχει τὴν παρὰ τοῦ θεοῦ ὑμῶν σωτηρίαν
— 25. ὄψει αὐτοῦ τὴν ἀπώλειαν ἐν τάχει
Ez. 29. 5. καταβαλῶ σε ἐν τάχει †
Da. LXX. 9. 21. τάχει φερόμενος προσήγγισέ μοι (1)
I Ma. 6. 27. ἐὰν μὴ προκαταλάβῃ αὐτοὺς διὰ τάχους
III Ma. 3. 23. διὰ τάχους ἡμᾶς καταστρέψαι τὰ πράγματα
5. 43. ἰσόπεδον πυρὶ καὶ δόρατι στήσεσθαι διὰ τάχους
— 43. καὶ τὸν ἄβατον ἡμῖν αὐτῶν ναὸν πυρὶ πρήσαντα ἐν τάχει
6. 9. τάχος ἐπιφάνηθι τοῖς ἁγίοις Ἰσρ. γένους

ταχυκάρδιος.

[**Th.** Is. 35. 4.]

ταχύνειν. (1) מָהַר *a.* qal. *b.* pi. *c.* מְהֵרָה

Ge. 18. 7. ἐτάχυνε τοῦ ποιῆσαι αὐτό (1 *b*)
41. 32. ταχυνεῖ ὁ θ. τοῦ ποιῆσαι αὐτό (1 *b*)
45. 13. ταχύναντες καταγάγετε τὸν πατέρα μου (1 *b*)
Ex. 2. 18. διὰ τί ἐταχύνατε τοῦ παραγενέσθαι (1 *b*)
Jd. 13. 10. ἐτάχυνεν ἡ γυνή (1 *b*)
I Ki. 9. 12. A τάχυνον [B *om.*] νῦν (1 *b*)
17. 48. A καὶ ἐτάχυνε Δ. (1 *b*)
20. 38. ταχύνας σπεῦσον καὶ μὴ στῇς (1 *c*)
25. 42. A καὶ ἐτάχυνε (1 *b*)
II Ki. 15. 14. ταχύνατε τοῦ πορευθῆναι ἵνα μὴ ταχύνῃ (1 *b*, 1 *b*)
19. 16 (17). ἐτάχυνε Σ. υἱὸς Γ. (1 *b*)
Ps. 15 (16). 4. μετὰ ταῦτα ἐτάχυναν (1 *a*)
30 (31). 2. τάχυνον τοῦ ἐξελέσθαι με (1 *c*)
105 (106). 13. ἐτάχυναν ἐπελάθοντο τῶν ἔργων αὐτοῦ (1 *b*)
Ec. 5. 1. καρδία σου μὴ ταχυνάτω [A S -έτω] τοῦ ἐξενέγκαι λόγον (1 *b*)
Si. 43. 13. ταχύνει ἀστραπὰς κρίματος αὐτοῦ

I Ma. 2. 35. A R ἐτάχυναν [S -εν] ἐπ' αὐτοὺς πόλεμον
13. 10. ἐτάχυνε τοῦ τελέσαι τὰ τείχη Ἰερ.
[Aq. I Ki. 25. 42 : Pr. 6. 18 : Is. 9. 1 (8. 23) : 32. 4 : 51. 13, 14 : 59. 7 : Je. 9. 18 (17) : 47 (29). 6 : 49. 30 (30. 8).]
[Sm. IV Ki. 9. 13 : Ps. 78 (79). 8 : Pr. 6. 18 : Is. 9. 1 (8. 23) : 59. 7.]
[Th. Ps. 15 (16). 4 : Pr. 6. 18 : Is. 9. 1 (8. 23) : 32. 4 : Je. 9. 18 (17).]
[Al. Ge. 43. 30 : I Ki. 25. 18 : 28. 19 : IV Ki. 9. 13.]

ταχύς (*incl.* ταχύ *adv.*, τάχιον, θᾶττον, τάχιστα). (1) אוּץ (2) *a.* מָהַר pi. *b.* מְהֵרָה *c.* מָהִיר *d.* בִּמְהֵרָה (3) קָרוֹב (4) רָגַע hi.

Ge. 27. 20. τί τοῦτο ὃ ταχὺ εὗρες (2 *a*)
Ex. 32. 8 : De. 9. 12. παρέβησαν ταχὺ ἐκ τῆς ὁδοῦ (2 *a*)
De. 9. 16. A παρέβητε ταχὺ [B *om.*] ἀπὸ τῆς ὁδοῦ (2 *a*)
Jd. 2. 17. ἐξέκλιναν ταχὺ ἐκ τῆς ὁδοῦ (2 *a*)
9. 54. ἐβόησε ταχὺ [A τὸ τάχος] πρὸς τὸ παιδάριον (2 *b*)
II Ki. 17. 16. ἀποστείλατε ταχύ (2 *b*)
I Es. 4. 34. καὶ ταχὺς τῷ δρόμῳ ὁ ἥλιος
II Es. 7. 6. καὶ αὐτὸς γραμματεὺς τ. ἐν νόμῳ M. (2 *c*)
Ps. 36 (37). 2. ὡσεὶ χόρτος ταχὺ ἀποξηρανθήσονται καὶ ὡσεὶ λάχανα χλόης ταχὺ ἀποπεσοῦνται (2 *b*, –)
68 (69). 17. ταχὺ ἐπάκουσόν μου (2 *a*)
78 (79). 8. ταχὺ προκαταλαβέτωσαν ἡμᾶς οἱ οἰκτιρμοί σου (2 *a*)
101 (102). 2. ταχὺ εἰσάκουσόν [S ἐπάκ.] μου (2 *a*)
137 (138). 3. ταχὺ ἐπάκουσόν μου –
142 (143). 7. ταχὺ εἰσάκουσόν μου (2 *a*)
147. 4 (15). S[1] ὡς ταχὺς [A B S[2] ἕως τάχους] δραμεῖται ὁ λόγος αὐ. (2 *b*)
Pr. 12. 19. μάρτυς δὲ ταχὺς γλῶσσαν ἔχει ἄδικον (4)
20. 25. παγὶς ἀνδρὶ ταχύ τι τῶν ἰδίων ἁγιάσαι †
29. 20. ἐὰν ἴδῃς ἄνδρα ταχὺν [B[2] τραχὺν] ἐν λόγοις (1)
Ec. 4. 12. B τὸ σπαρτίον τὸ ἔντριτον οὐ ταχὺ [A S R ταχέως] ἀπορραγήσεται (2 *d*)
8. 11. τῶν ποιούντων τὸ [A *om.*] πονηρὸν ταχύ (2 *b*)
Wi. 13. 9. τὸν τούτων δεσπότην πῶς τάχιον οὐχ εὗρον
Si. 4. 29. A S[1] μὴ γίνου ταχὺς [B τραχὺς, S[2] θρασὺς] ἐν γλώσσῃ σου
5. 11. γίνου ταχὺς ἐν ἀκροάσει σου
6. 7. μὴ ταχὺ ἐμπιστεύσῃς αὐτῷ
— 19. ταχὺ φάγεσαι τῶν γενημάτων αὐτῆς
— 20. B[1] ὡς ταχεῖά [A B[3] S R τραχ.] ἐστι σφόδρα τοῖς ἀπαιδεύτοις
19. 4. ὁ ταχὺ ἐμπιστεύων κοῦφος καρδίᾳ
21. 22. ποὺς μωροῦ ταχὺς εἰς οἰκίαν
48. 20. ὁ ἅγιος ἐξ οὐρανοῦ ταχὺ ἐπήκουσεν αὐτῶν
Na. 1. 14. ὅτι ταχεῖς †
Ze. 1. 14. ἐγγὺς ἡμέρα κυρίου . . . ἐγγὺς καὶ ταχεῖα σφόδρα (2 *a*)
Ma. 3. 5. ἔσομαι μάρτυς τ. ἐπὶ τὰς φαρμακούς (2 *a*)
Is. 5. 26. ταχὺ κούφως ἔρχονται (2 *b*)
9. 1 (8. 23). ταχὺ ποίει χώρα Ζαβουλών †
14. 1 (13. 22). ταχὺ ἔρχεται καὶ οὐ χρονιεῖ (3)
32. 4. ταχὺ [A[1] *om.*] μαθήσονται λαλεῖν εἰρήνην (2 *a*)
49. 17. ταχὺ οἰκοδομηθήσῃ (2 *a*)
51. 5. ἐγγίζει ταχὺ ἡ δικαιοσύνη μου –
58. 8. τὰ ἰάματά σου ταχὺ ἀνατελεῖ (2 *b*)
Je. 29 (49). 19. ταχὺ ἐκδιώξω αὐτοὺς ἀπ' αὐτῆς (4)
31 (48). 16. πονηρία αὐτοῦ ταχεῖα σφόδρα (2 *a*)
I Ma. 2. 40. νῦν τάχιον ἡμᾶς ὀλεθρεύσουσιν
11. 22. συμμίσγειν εἰς Πτολεμαΐδα τὴν ταχίστην
II Ma. 3. 31. ταχὺ δέ τινες τῶν τοῦ Ἡλ. συνήθων ἠξίουν
4. 31. θᾶττον οὖν ὁ βασ. ἧκε
5. 21. θᾶττον εἰς τὴν Ἀντ. ἐχωρίσθη
7. 37. ἵλεως ταχὺ τῷ ἔθνει γενέσθαι
14. 11. θᾶττον οἱ λοιποὶ φίλοι δυσμενῶς ἔχοντες
III Ma. 1. 8. ὡς τάχιστα πρὸς αὐτοὺς παραγενέσθαι
2. 20. ταχὺ προκαταλαβέτωσαν οἱ οἰκτιρμοί σου
— 23. R ταχεῖαν καὶ [A *om.* τ. κ.] ὀξεῖαν ἰδόντες τὴν καταλαβοῦσαν αὐτὸν εὔθυναν

IV Ma. 4. 5. ταχὺ εἰς τὴν πατρίδα ἡμῶν . . . προσελθών
[Aq. Ps. 68 (69). 18 : Je. 27 (34). 16.]
[Sm. I Ki. 28. 20 : Jb. 7. 6 : Ps. 30 (31). 3 : Pr. 25. 8 : Je. 27 (34). 16.]
[Th. Je. 27 (34). 16.]
[Quint. Ps. 30 (31). 3.]

ταών. (1) תֻּכִּיִּים

III Ki. 10. 22. A ναῦς ἐκ Θ. . . . πιθήκων καὶ ταώνων [B *al.*] (1)
[Al. Le. 11. 18.]

τε. * ἐάν τε ** ἐάν τε γάρ.

Ge. 2. 20†, 25 : 3. 8 : 13. 17 : 20. 11 : 24. 27† : 27. 3, 36 : 31. 44†, 52** : 34. 26, 28, 29, 30 : 37. 10 : 41. 10, 13 : 43. 11† : 48. 13.
Ex. 1. 11 : 6. 20, 23 : 7. 19 : 8. 16 (12), 17 (13)† *bis*, 18 (14)† : 9. 3†, 9, 10†, 22 : 10. 8 : 12. 19 : 14. 26 : 19. 13* *bis* : 20. 11† : 22. 4 (3)†, 9 (8) : 28. 1 : 31. 17† : 33. 16, 16† : 35. 34 : 38. 12 (37. 16)†.
Le. 1. 10 : 3. 1* *bis* : 7. 16 (26) : 9. 24 : 24. 16* *bis* : 26. 16 : 27. 26* *bis*.
Nu. 15. 27† : 20. 19† : 25. 8 : 26. 60.
De. 4. 26 : 5. 14† : 8. 19† : 18. 3* *bis* : 22. 22† : 30. 19 : 31. 28.
Jo. 22. 13.
III Ki. 12. 28†.
IV Ki. 13. 6† : 19. 12.
I Ch. 28. 14.
II Ch. 2. 12 (11)†.
I Es. 1. 1†, 33 : 2. 18 : 3. 19 *ter* : 4. 53 : 5. 46 : 6. 16, 26† : 8. 11, 13, 14†, 24* *bis*, 50, 51† : 9. 41†.
II Es. 7. 26*† *quater*.
To. 8. 21† : 10. 7†.
Es. 1. 1† : 3. 12, 13 *bis* : 7. 4 : 8. 11†, 13 *bis*, 13†, 13, 13† : 9. 6, 11†, 21†, 25†, 29† : 10. 1†, 2.
Jb. 1. 5† : 2. 9† : 4. 4† *bis* : 5. 9 : 6. 18† : 9. 4, 10, 15**†, 16†, 20, 27** : 10. 14**, 15**, 15**† : 11. 18 : 12. 5, 7† : 14. 21*† : 19. 15† : 21. 6** : 26. 13† : 28. 25† : 30. 4† : 34. 24 : 37. 13*† *ter* : 39. 11†.
Ps. 17 (18). 43† : 48 (49). 2 : 57 (58). 5†.
Pr. 1. 2 *bis*, 3, 4, 5†, 6 *bis* : 3. 3† : 6. 8 *bis*, 33 : 7. 21 : 8. 13 : 15. 3 : 23. 20†.
Ec. 12. 14*† *bis*.
Wi. 1. 3† : 3. 17**, 18*† : 4. 2 : 6. 7 : 7. 6, 13†, 13, 16, 21 : 8. 19 : 10. 2, 14, 20 : 12. 5, 8 : 13. 13† : 15. 5, 6, 7 *bis*, 9, 10 : 16. 5 : 17. 6†, 17 (εἴ τε γάρ), 18 (εἴ τε).
Si. *prol.* 7 : 13. 25*†, 25* : 40. 3† : 41. 4 (εἴ τε) *ter* : 45. 21†.
Is. 16. 3 : 30. 21 (εἴ τε) *bis* : 37. 12.
Je 29 (49). 10†.
Ba. 3. 23†.
Ep. Je. 7, 8, 11†, 18, 20, 27†, 46, 46†, 51†, 54, 56†, 63†, 67, 72 *bis*.
Ez. 40. 20 : 41. 18†.
Da. LXX. 3. 7 *bis*, 10, 15 *bis*.
Da. TH. Su. 22* *bis* : 2. 38 : 3. 5, 5†, 7, 7†, 10, 10†, 15, 15†.
I Ma. 6. 1† : 8. 7 : 11. 34† : 12. 11†, 21 : 14. 25†.
II Ma. 1. 14, 18, 19†, 21, 22†, 23, 23† : 2. 20 : 3. 1, 10, 12†, 21 : 4. 1, 32 : 5. 13 *bis* : 10. 8†, 17, 17† : 11. 20, 25, 26 : 12. 14, 16, 18†, 22, 23†, 29†, 43, 45 (εἴ τε ?)† : 15. 20†, 21.
III Ma. 1. 1†, 4, 12, 13†, 16, 18, 18†, 20, 22, 23†, 23, 28 : 2. 23, 25†, 29, 32, 33† : 3. 10, 15†, 21, 23 : 4. 8† : 5. 5 *bis*, 13†, 35, 48 : 6. 8, 30, 32†, 34, 35, 41† : 7. 7, 14†, 20.
IV Ma. 1. 3, 4, 8, 20, 28, 29† : 2. 23 : 4. 2, 7, 7 (οἵ τε ἦν), 10 *bis*, 12, 22 : 5. 23 : 7. 4† : 8. 3, 13 *ter* : 9. 29 : 15. 4, 10, 22†, 25†, 26 : 17. 24 : 18. 11†, 12†.
[Aq. Le. 27. 26* *bis*.]
[Sm. Ge. 1. 30 *bis* : Le. 27. 26* *bis* : Ps. 48 (49). 3 : 86 (87). 5 : Ec. 9. 1 (πρός τε δέ) : 12. 14* *bis* : Mi. 2. 6.]
[Th. Jb. 37. 13*.]
[Al. II Ch. 13. 19 : Ps. 54 (55). 23 : Je. 12. 5.]
[Heb. Jb. 10. 16**.]

τέ.

Ez. 39. 12. κληθήσεται τὸ τὲ [A γαὶ] Τὸ πολυάνδριον τοῦ Γώγ †
Ez. 39. 15. B[1] ἕως ὅτου θάψωσιν . . . εἰς τὸ τὲ [A B[2] γαί] †

τέγος.

Ep. Je. 11. A δώσουσι δὲ ἀπ' αὐτῶν καὶ ταῖς ἐπὶ τοῦ τ. [B στ.] πόρναις
[Aq. Nu. 25. 8.]

τεθνήκειν (?). (1) מוּת

Ex. 21. 35. B τὸν ταῦρον τὸν τεθνήκοντα [A R -κότα] διελοῦνται (1)

τείνειν. (1) אָחַז (2) דָּרַךְ (3) מָשַׁךְ (4) רָבַב

I Ch. 5. 18. ἄνδρες . . . τείνοντες [A ἐντ.] τόξον (2)
8. 40. ἦσαν υἱοὶ Αἰ. . . . τείνοντες τόξον (2)
II Ch. 18. 33. ἀνὴρ ἔτεινε [A ἐνέτ.] τόξον εὐστόχως (3)
Es. 1. 6. καρπασίνοις τεταμένοις [S[1] τεταγμένοις] ἐπὶ σχοινίοις βυσσίνοις (1)
Pr. 7. 16. κειρίαις τέτακα τὴν κλίνην μου (4)
Je. 27 (50). 14. πάντες τείνοντες τόξον (2)
28 (51). 3. τεινέτω ὁ τείνων τὸ τόξον αὐτοῦ (2, 2)
Ez. 30. 22. συντρίψω τοὺς βραχίονας αὐτοῦ . . . τοὺς τεταμένους †
III Ma. 5. 25. τείνοντες τὰς χεῖρας εἰς τὸν οὐρανόν
[Sm. Ps. 57 (58). 8.]

τειχήρης. (1) *a.* בָּצוּר *b.* מִבְצָר (2) חוֹמָה (3) *a.* מָצוֹר *b.* מְצוּרָה

Nu. 13. 20 (19). εἰ ἐν τειχήρεσιν ἢ ἐν ἀτειχίστοις (1 *b*)
De. 9. 1. κληρονομῆσαι . . . πόλεις μεγάλας καὶ τ. (1 *a*)
Jo. 19. 35. καὶ αἱ πόλεις τ. τῶν Τυρίων (1 *b*)
III Ki. 4. 13. ἑξήκοντα πόλεις μεγάλαι τ. (2)
II Ch. 11. 5. ᾠκοδόμησε πόλεις τ. ἐν τῇ Ἰ. (3 *a*)
— 10. καὶ ᾠκοδόμησε . . . πόλεις τ. (3 *b*)
— 11. ὠχύρωσεν αὐτὰς τειχήρεις [A τείχεσιν] (3 *b*)
14. 6 (5). πόλεις τ. ἐν γῇ Ἰ. (3 *b*)
32. 1. παρενέβαλεν ἐπὶ τὰς πόλεις τὰς τ. (1 *a*)
33. 14. ἐν πάσαις ταῖς πόλεσι ταῖς τ. (1 *a*)
Je. 4. 5. εἰσέλθωμεν [A -θατε] εἰς τὰς πόλεις τὰς τ. [A ὀχυράς] (1 *b*)

τειχίζειν. (1) *a.* בָּצַר *b.* מִבְצָר (2) חוֹמָה (3) מָצַד (4) מְצוּרָה

Le. 25. 29. οἰκίαν οἰκητὴν ἐν πόλει τετειχισμένῃ (2)
Nu. 13. 29 (28). καὶ πόλεις ὀχυραὶ τετειχισμ. (1 *a*)
32. 17. κατοικήσει . . . ἐν πόλεσι τετειχισμ. (1 *b*)
De. 1. 28. πόλεις μεγάλαι καὶ τετειχισμ. ἕως τοῦ οὐρ. (1 *a*)
I Ki. 27. 8. ἡ ἀπὸ Γ. τετειχισμένων †
II Ch. 21. 3. μετὰ πόλεων τετειχισμένων ἐν Ἰ. (4)
Ju. 4. 5. ἐτειχίσαντο [A S -αν] τὰς ἐν αὐτοῖς κώμας
5. 1. ἐτείχισαν πᾶσαν κορυφὴν ὄρους ὑψηλοῦ
Ho. 8. 14. Ἰ. ἐπλήθυνε πόλεις τετειχισμένας (1 *a*)
Ez. 17. 4. εἰς πόλιν τετειχισμένην ἔθετο αὐτά †
33. 27. τοὺς ἐν ταῖς τετειχισμέναις . . . ἀποκτενῶ (3)
[Sm. I Ki. 6. 18 : Is. 58. 12.]

τειχιστής. (1) גֹּדֵר

IV Ki. 12. 12 (13). ἐξέδοσαν . . . τοῖς τ. (1)
22. 6. ἔδωκεν αὐτὸ . . . τοῖς τ. (1)

τεῖχος. (1) חוֹמָה (2) חָרוּץ (3) מְצוּרָה (4) חֵל (5) שׁוּר (6) קִיר

Ex. 14. 22. τὸ ὕδωρ αὐτοῖς τεῖχος ἐκ δεξιῶν καὶ τεῖχος ἐξ εὐωνύμων (1, –)
— 29. τὸ δὲ ὕδωρ αὐτοῖς τεῖχος ἐκ δεξιῶν καὶ τεῖχος ἐξ εὐωνύμων (1, –)
15. 8. ἐπάγη ὡσεὶ τεῖχος τὰ ὕδατα †
Le. 25. 30. ἐν πόλει τῇ ἐχούσῃ τεῖχος (1)
— 31. αἷς οὐκ ἔστιν ἐν αὐταῖς τεῖχος κύκλῳ (1)
Nu. 35. 4. ἀπὸ τείχους τῆς πόλεως καὶ ἔξω (4)
De. 3. 5. πᾶσαι πόλεις ὀχυραὶ τ. ὑψηλά (1)
28. 52. ἕως ἂν καθαιρεθῶσι τὰ τ. [A τ. σου] τὰ ὑψηλά (1)
Jo. 6. 5. πεσεῖται αὐτόματα τὰ τ. τῆς πόλεως (1)
— 19 (20). ἔπεσεν ἅπαν τὸ τ. κύκλῳ (1)
I Ki. 25. 16. ὡς τεῖχος ἦσαν περὶ ἡμᾶς (1)
31. 10. τὸ σῶμα αὐ. κατέπηξαν ἐν τῷ τ. B. (1)
— 12. ἔλαβον τὸ σῶμα Σ. . . . ἀπὸ τείχους B. (1)

ΙΙ Ki. 11. 20. τοξεύσουσιν ἀπάνωθεν τοῦ τ. (1)
— 21. οὐχὶ γυνὴ ἔρριψε κλάσμα . . . ἐπάνωθεν τοῦ τ. (1)
— 21. ἵνα τί προσηγάγετε πρὸς τὸ τ. (1)
— 22. πληγήσεσθε ἀπὸ τοῦ τ. –
— 22. οὐχὶ γυνὴ ἔρριψεν . . . ἀπὸ τοῦ τ. –
— 22. ἵνα τί προσηγάγετε πρὸς τὸ τ. –
— 24. ἐτόξευσαν . . . ἀπάνωθεν τοῦ τ. (1)
18. 24. ἐπορεύθη ὁ σκοπὸς . . . πρὸς τὸ τ. (1)
20. 15. ἐνοοῦσαν καταβαλεῖν τὸ τ. (1)
— 16. ἐβόησε γυνὴ σοφὴ ἐκ τοῦ τ. †
— 21. ἡ κεφ. αὐ. ῥιφήσεται πρὸς σὲ διὰ τοῦ τ. (1)
22. 30. ἐν τῷ θεῷ μου ὑπερβήσομαι τεῖχος (5)
ΙΙΙ Ki. 3. 1. ἕως συντελέσαι αὐτὸν . . . τὸ τ. Ἱερ. (1)
— 1. μετὰ τὸ οἰκοδομῆσαι αὐτὸν . . . τὸ τ. Ἱερ. –
— 1. A οἰκοδομῶν . . . τὸ τ. Ἱερ. κύκλῳ (1)
4. 34 (3. 1). B ἕως συντελέσαι αὐτὸν . . . τὸ τ. Ἱερ. (1)
7. 23. B^1 ἀπὸ τοῦ τ. [A B^2 R χείλους] αὐ. ἕως τοῦ χείλους αὐ. †
10. 22 (9. 15). οἰκοδομῆσαι [A τοῦ περιφράξαι] . . . τὸ τ. Ἱερ. (1)
21 (20). 30. ἔπεσε τὸ τ. (1)
ΙV Ki. 3. 27. ἀνήνεγκεν αὐτὸν ὁλοκαύτωμα ἐπὶ τοῦ τ. (1)
6. 26. ἦν ὁ βασ. Ἰσρ. διαπορευόμενος ἐπὶ τοῦ τ. (1)
— 30. διεπορεύετο ἐπὶ τοῦ τ. (1)
14. 13. καθεῖλεν ἐν τῷ [A om.] τ. Ἱερ. (1)
18. 26. ἐν τοῖς ὠσὶ τοῦ λαοῦ τοῦ ἐπὶ τοῦ τ. (1)
— 27. οὐχὶ ἐπὶ τοὺς ἄνδρας τοὺς καθημ. ἐπὶ τοῦ τ. (1)
25. 4. ὁδὸν πύλης τῆς ἀνὰ μέσον τῶν τ. (1)
— 10. A τὸ τ. Ἱερ. κύκλῳ κατέλυσαν (1)
ΙΙ Ch. 8. 5. τείχη πύλαι καὶ μοχλοί (1)
11. 11. A ὠχύρωσεν αὐτὰς τείχεσιν [B -χήρεις] (3)
14. 7 (6). ποιήσωμεν τείχη (1)
25. 23. κατέσπασεν ἀπὸ τοῦ τ. Ἱερ. . . . τετρακοσίους πήχεις (1)
26. 6. κατέσπασε τὰ τ. Γ. καὶ τὰ τ. Ἰ. καὶ τὰ τ. Ἀζ. (1 *ter*)
27. 3. καὶ ἐν τείχει αὐ. Ὀ. ᾠκοδόμησε πολλά (1)
32. 5. ᾠκοδόμησε πᾶν τὸ τ. τὸ κατεσκαμμένον (1)
— 18. ἐπὶ λαὸν Ἱερ. τὸν ἐπὶ τοῦ τ. (1)
33. 14. μετὰ ταῦτα ᾠκοδόμησε τεῖχος (1)
36. 19. κατέσκαψε τὸ τ. Ἱερ. (1)
Ι Es. 1. 55. ἔλυσαν τὰ τ. Ἱερ.
2. 18. τὰ τ. θεραπεύουσι
— 19. ἐὰν οὖν . . . τὰ τ. συντελεσθῇ
— 24. ἐὰν . . . τὰ ταύτης τείχη ἀνασταθῇ
4. 4. κατεργάζονται . . . τὰ τ.
ΙΙ Es. 4. 12. τὰ τ. αὐ. κατηρτισμένοι εἰσί (5)
— 13. ἐὰν . . . τὰ τ. αὐ. καταρτισθῶσι (5)
— 16. ἐὰν . . . τὰ τ. αὐ. καταρτισθῇ (5)
Ne. 1. 3. καὶ τείχη [S^2 τὰ τ.] Ἱερ. καθῃρημένα (1)
2. 8. καὶ εἰς τὸ τ. τῆς πόλεως (1)
— 13. ἤμην συντρίβων ἐν τῷ τ. Ἱερ. (1)
— 15. ἤμην ἀναβαίνων ἐν τῷ τ. –
— 15. ἤμην συντρίβων ἐν τῷ τ. (1)
— 17. διοικοδομήσωμεν τὸ τ. Ἱερ. (1)
3. 8. B ἕως τείχους [A S R τοῦ τ.] τοῦ πλατέως (1)
— 13. καὶ χιλίους πήχεις ἐν τῷ τ. (1)
— 15. καὶ τὸ τ. κολυμβήθρας τῶν κωδίων (1)
— 27. καὶ ἕως τοῦ τ. τοῦ Ὀ. (1)
4. 1 (3. 33). οἰκοδομοῦμεν τὸ τ. (1)
— 3 (3. 35). οὐχὶ . . . καθελεῖ τὸ τ. λίθων αὐ. (1)
— 7 (1). ἀνέβη ἡ φυὴ τοῖς τ. Ἱερ. (1)
— 10 (4). οὐ δυνησόμεθα οἰκοδομεῖν ἐν τῷ τ. (1)
— 13 (7). εἰς τὰ κατώτατα τοῦ τόπου κατόπισθεν τοῦ τ. (1)
— 15 (9). ἐπεστρέψαμεν πάντες ἡμεῖς εἰς τὸ τ. (1)
— 17 (11). τῶν οἰκοδομούντων ἐν τῷ τ. (1)
— 19 (13). σκορπιζόμεθα ἐπὶ τοῦ τ. (1)
5. 16. ἐν ἔργῳ τοῦ τ. τούτων οὐκ ἐκράτησα (1)
6. 1. ᾠκοδομήθη τὸ τ. (1)
— 6. διὰ τοῦτο σὺ οἰκοδομεῖς τὸ τ. (1)
— 15. ἐτελέσθη τὸ τ. (1)
7. 1. ἡνίκα ᾠκοδομήθη τὸ τ. (1)
12. 27. ἐν ἐγκαινίοις τείχους Ἱερ. (1)
— 30. ἐκαθάρισαν . . . τὸ τ. (1)
— 31. ἀνήνεγκαν τοὺς ἄρχοντας Ἰ. ἐπάνω τοῦ τ. (1)
— 31. S^2 R διῆλθον ἐκ δεξιῶν ἐπάνω τοῦ τ. (1)
— 37. ἐν ἀναβάσει τοῦ τ. (1)
— 38. S^2 τὸ ἥμισυ τοῦ λαοῦ ἐπάνω τοῦ τ. (1)
— 38. S^2 καὶ ἕως τοῦ τ. τοῦ πλατέος (1)
13. 21. διὰ τί ὑμεῖς αὐλίζεσθε ἀπέναντι τοῦ τ. (1)

To. 1. 17. ἐρριμμένον ὀπίσω [A ἐπὶ] τοῦ τ. Νινευῆ
13. 12. S καὶ κατασπῶντες τὰ τ. σου
— 16. οἰκοδομηθήσεται . . . τὰ τ. σου [S al.]
Ju. 1. 2. ᾠκοδόμησεν . . . τείχη ἐκ λίθων λελαξευμένων
— 2. ἐποίησε τὸ ὕψος [A μῆκος] τοῦ τ.
7. 32. ἐπὶ τὰ τ. . . . τῆς πόλεως αὐ. ἀπῆλθον
14. 1. κρεμάσατε αὐτὴν ἐπὶ τῆς ἐπάλξεως τοῦ τ. ὑμῶν
— 11. ἐκρέμασαν τὴν κεφ. Ὀλ. ἐκ τοῦ τ.
Jb. 6. 10. ἐφ' ἧς ἐπὶ τειχέων ἡλλόμην †
Ps. 17 (18). 29. ἐν τῷ θεῷ μου ὑπερβήσομαι τεῖχος (5)
50 (51). 18. οἰκοδομηθήτω τὰ τ. Ἱερουσαλήμ (1)
54 (55). 10. κυκλώσει αὐτὴν ἐπὶ τὰ τ. αὐτῆς (1)
Pr. 1. 21. ἐπ' ἄκρων δὲ τειχέων κηρύσσεται †
25. 28. ὥσπερ πόλις τὰ τ. καταβεβλημένη –
28. 4. περιβάλλουσιν ἑαυτοῖς τεῖχος †
Ca. 5. 7. ἦραν τὸ θέριστρόν μου ἀπ' ἐμοῦ φύλακες τῶν τ. (1)
— 9. S οἱ φύλακες τῶν τ. πυνθάνονται τῆς νύμφης –
8. 9. εἰ τεῖχός ἐστιν (1)
— 10. ἐγὼ τεῖχος καὶ μαστοί μου ὡς πύργοι (1)
Si. 49. 13. τοῦ ἐγείραντος ἡμῖν τείχη [S^1 χείλη] πεπτωκότα
Am. 1. 7. ἐξαποστελῶ πῦρ ἐπὶ τὰ τ. Γάζης (1)
— 10. ἐξαποστελῶ πῦρ ἐπὶ τὰ τ. Τύρου (1)
— 12. καταφάγεται θεμέλια τειχέων αὐ. †
— 14. ἀνάψω πῦρ ἐπὶ τὰ τ. Ῥ. (1)
7. 7. ἑστηκὼς ἐπὶ τ. ἀδαμαντίνου (1)
Jl. 2. 7. ἀναβήσονται ἐπὶ τὰ τ. (1)
— 9. ἐπὶ τῶν τ. δραμοῦνται (1)
Na. 2. 5 (6). σπεύσουσιν ἐπὶ τὰ τ. αὐ. (1)
— 8 (9). A ἦν κολυμβήθρα ὕδατος τείχη ὕδατα αὐ. [B S al.] †
3. 8. καὶ ὕδωρ τὰ τ. αὐ. (1)
Za. 2. 5 (9). ἔσομαι αὐτῇ . . . τεῖχος πυρὸς κυκλόθεν (1)
Is. 2. 15. ἐπὶ πᾶν τ. ὑψηλόν (1)
8. 7. περιπατήσει ἐπὶ πᾶν τ. ὑμῶν †
15. 1. νυκτὸς γὰρ ἀπολεῖται τὸ τ. τῆς Μ. (4)
16. 11. τὰ ἐντός μου ὡς τ. [A S add. ὃ] ἐνεκαίνισας (4)
22. 10. εἰς ὀχυρώματα τείχους [A S τοῦ τ.] τῇ πόλει (1)
— 11. ἐποιήσατε ἑαυτοῖς ὕδωρ ἀνὰ μέσον τῶν [S^1 om.] δύο τ. (1)
24. 23. πεσεῖται τὸ τ. †
26. 1. σωτήριον [A S add. ἡμῖν] θήσει τὸ [A S om.] τ. (1)
27. 3 (4). ἡμέρας δὲ πεσεῖται τ. [A S τὸ τ.] †
30. 13. ὡς τ. πίπτον παραχρῆμα πόλεως (1)
36. 11. εἰς τὰ ὦτα τῶν ἀνθρώπων ἐπὶ τῷ τ. (1)
— 12. οὐχὶ πρὸς τοὺς ἀνθρώπους [A ἄνδρας] τοὺς καθημένους ἐπὶ τῷ τ. (1)
49. 16. ἐζωγράφηκά σου τὰ τ. (1)
56. 5. δώσω . . . ἐν τῷ τ. μου τόπον (1)
60. 10. οἰκοδομήσουσιν ἀλλογενεῖς τὰ τ. σου (1)
— 18. κληθήσεται Σωτήριον τὰ τ. σου (1)
62. 6. ἐπὶ τῶν τ. σου . . . κατέστησα φύλακας (1)
Je. 1. 15. ἐπὶ πάντα τὰ τ. τὰ κύκλῳ αὐτῆς (1)
— 18. τέθεικά σε . . . ὡς τ. χαλκοῦν (1)
15. 20. δώσω σε τῷ λαῷ τούτῳ ὡς τ. ὀχυρόν (1)
21. 4. πρὸς τοὺς Χαλδαίους τοὺς συγκεκλεικότας ὑμᾶς ἔξωθεν τοῦ τ. (1)
27 (50). 15. κατεσκάφη τὸ τ. αὐτῆς (1)
28 (51). 12. ἐπὶ τειχέων Βαβ. ἄρατε σημεῖον (1)
— 53. ἐὰν ὀχυρώσῃ τὰ τ. [B^2 ὕψη, A S^2 ὀ. ὕψος] ἰσχύϊ [A S -ύος] αὐτῆς †
— 58. τ. Βαβυλῶνος ἐπλατύνθη (1)
30 (49). 27. καύσω πῦρ ἐν τείχει Δαμασκοῦ (1)
37 (30). 18. A οἰκοδομηθήσεται πόλις ἐπὶ τ. [B S τὸ ὕψος] αὐτῆς (6)
52. 7. ἀνὰ μέσον τοῦ τ. [A τῆς πύλης] καὶ τοῦ προτειχίσματος (1)
— 14. πᾶν τ. [A add. ἐν] Ἱερ. κύκλῳ καθεῖλεν (1)
La. 2. 7. συνέτριψεν ἐν χειρὶ ἐχθροῦ τ. βάρεων αὐτῆς (1)
— 8. διαφθεῖραι τ. θυγατρὸς Σιών (1)
— 8. τ. ὁμοθυμαδὸν ἠσθένησε (1)
— 18. τείχη [S^1 add. θυγατρὸς] Σιών (1)
Ez. 26. 4. καταβαλοῦσι τὰ τ. Σόρ (1)
— 9. τὰ τ. σου καὶ τοὺς πύργους σου καταβαλεῖ (1)
— 10. σεισθήσεται τὰ τ. σου (1)
— 12. καταβαλεῖ τὰ τ. σου (1)

Ez. 27. 11. ἡ δύναμίς σου ἐπὶ τῶν τ. σου (1)
33. 30. οἱ λαλοῦντες περὶ σοῦ παρὰ τὰ τ. (4)
38. 11. ἐν ᾗ [A αἷς] οὐχ ὑπάρχει τ. οὐδὲ μοχλοί (1)
— 20. πᾶν τ. ἐπὶ τὴν γῆν πεσεῖται (1)
40. 13. A διεμέτρησε τὴν πύλην ἀπὸ τοῦ τ. [B τοίχου] τοῦ θεέ †
Da. LXX. 4. 26. ἐπὶ τῶν τ. τῆς πόλεως . . . περιεπάτει –
Da. TH. 9. 25. οἰκοδομηθήσεται πλατεῖα καὶ τεῖχος [A περίτ.] (2)
Ι Ma. 1. 31. καθεῖλε . . . τὰ τ. αὐ. κύκλῳ
— 33. ᾠκοδόμησαν τὴν πόλιν Δ. τ. μεγάλῳ
4. 60. ᾠκοδόμησαν . . . κυκλόθεν τ. ὑψηλά
6. 7. τὸ ἁγίασμα . . . ἐκύκλωσαν τ. ὑψηλοῖς
— 62. καθελεῖν τὸ τ. κυκλόθεν
9. 50. ἐν τ. ὑψηλοῖς καὶ πύλαις [S^1 al.]
— 54. καθαιρεῖν τὸ τ. τῆς αὐλῆς τῶν ἁγίων
10. 11. οἰκοδομεῖν τὰ τ.
— 45. τοῦ οἰκοδομηθῆναι τὰ τ. Ἱερ.
— 45. τοῦ οἰκοδομῆσαι τὰ τ. ἐν τῇ Ἰουδ.
12. 36. προσυψῶσαι τὰ τ. Ἱερ.
— 37. A ἔπεσεν τοῦ τ. τοῦ χειμάρρου [S R al.]
13. 10. ἐτάχυνε τοῦ τελέσαι τὰ τ. Ἱερ.
— 33. καὶ περιετείχισε . . . τ. μεγάλοις
— 45. ἀνέβησαν . . . ἐπὶ τὸ τ.
14. 37. ὕψωσε τὰ τ. Ἱερ.
16. 23. καὶ τῆς οἰκοδομῆς τῶν τ.
ΙΙ Ma. 3. 19. αἱ δὲ ἐπὶ τὰ τ.
5. 5. τῶν δὲ ἐπὶ τῷ τ. συνελασθέντων
6. 10. κατὰ τοῦ τ. ἐκρήμνισαν
10. 17. πάντας τε τοὺς ἐπὶ τῷ τ. μαχομένους ἠμύναντο
— 35. προσβαλόντες τῷ τ.
11. 9. σιδηρᾶ τ. τιτρώσκειν ὄντες ἕτοιμοι
12. 13. ὀχυρὰν καὶ τείχεσι περιπεφραγμένην
— 14. πεποιθότες τῇ τῶν τ. ἐρυμνότητι
— 15. ἐνέσεισαν θηριωδῶς τῷ τ.
— 27. πρὸ τῶν τ. καθεστῶτες
14. 43. ἀναδραμὼν γενναίως ἐπὶ τὸ τ.
ΙΙΙ Ma. 1. 29. τὰ τ. καὶ τὸ πᾶν ἔδαφος ἠχεῖν
[**Aq.** Ge. 49. 6 : Jo. 2. 15 *bis* : Is. 60. 18 : Je. 39 (46). 4 : 52. 4, 7 : Ez. 21. 22 (27) : 26. 4, 8 : 27. 11 : 42. 20.]
[**Sm.** Ge. 49. 6 : Jo. 2. 15 *bis* : Ps. 54 (55). 11 : Is. 16. 7, 11 : 25. 12 : 60. 18 : Je. 39 (46). 4 : 52. 7 : La. 2. 7 : Ez. 26. 4 : 27. 11.]
[**Th.** Jo. 2. 15 *bis* : Je. 39 (46). 4, 8 : Ez. 4. 3 : 26. 4, 9 : 27. 11.]
[**Heb.** Ge. 49. 6.]

τεκμήριον.

Wi. 5. 11. οὐθὲν εὑρίσκεται τεκμήριον πορείας
19. 13. οὐκ ἄνευ τῶν γεγονότων [A S προγεγ.] τ. τῇ βίᾳ τῶν κεραυνῶν
ΙΙΙ Ma. 3. 24. τεκμηρίοις καλῶς πεπεισμένοι

τέκνον. (1) אַחֲרִית (2) בַּיִת (3) בֵּן (4) בַּר (5) דּוֹר (6) טַף (7) יֶלֶד (8) עוֹלֵל (9) פְּרִי־בֶטֶן (10) צֶאֱצָאִים (11) τέκνα ποιεῖν יָלַד

Ge. 3. 16. ἐν λύπαις τέξῃ τέκνα (3)
17. 16. δώσω σοι ἐξ αὐτῆς τέκνον (3)
22. 7. τί ἐστι, τέκνον (3)
— 8. ὁ θ. ὄψεται ἑαυτῷ πρόβατον εἰς ὁλοκάρπωσιν, τέκνον (3)
27. 13. ἐπ' ἐμὲ ἡ κατάρα σου, τέκνον (3)
— 18. τίς εἶ σύ, τέκνον (3)
— 20. τί τοῦτο ὃ ταχὺ εὗρες, ὦ τέκνον (3)
— 21. ψηλαφήσω σε, τέκνον (3)
— 25. φάγομαι ἀπὸ τῆς θήρας σου, τέκνον (3)
— 26. φίλησόν με, τέκνον (3)
— 37. σοὶ δὲ τί ποιήσω, τέκνον (3)
— 43. νῦν οὖν, τέκνον, ἄκουσον (3)
30. 1. δός μοι τέκνα (3)
31. 16. ἡμῖν ἔσται καὶ τοῖς τ. ἡμῶν (3)
— 43. τί ποιήσω . . . τοῖς τ. αὐ. (3)
32. 11 (12). καὶ μητέρα ἐπὶ τέκνοις (3)
33. 6. R προσήγγισαν . . . τὰ τ. [A παιδία] αὐ. (7)
— 7. προσήγγισε Λ. καὶ τὰ τ. αὐ. (7)
43. 29. ὁ θεὸς ἐλεήσαι σε, τέκνον (3)
48. 19. οἶδα, τέκνον, οἶδα (3)
49. 3. ἰσχύς μου καὶ ἀρχὴ τέκνων μου †
Ex. 10. 2. εἰς τὰ ὦτα τῶν τ. ὑμῶν καὶ τοῖς τ. τῶν τ. ὑμῶν (3 *ter*)
17. 3. ἀποκτεῖναι ἡμᾶς καὶ τὰ τ. ἡμῶν (3)

Ex. 20. 5. ἀποδιδοὺς ἁμαρτίας πατέρων ἐπὶ τέκνα (3)
34. 7. ἐπάγων ἀνομίας πατέρων ἐπὶ τέκνα καὶ ἐπὶ τέκνα τέκνων (3 *ter*)
Le. 25. 41. καὶ τὰ τ. αὐτοῦ μετ' αὐτοῦ (3)
— 46. καταμεριεῖτε αὐτοὺς τοῖς τ. ὑμῶν (3)
Nu. 14. 18. ἀποδιδοὺς ἁμαρτίας πατέρων ἐπὶ τέκνα (3)
— 23. τὰ τ. αὐ. ἅ ἐστι μετ' ἐμοῦ ὧδε –
16. 27. αἱ γυναῖκες αὐ. καὶ τὰ τ. αὐ. (3)
De. 2. 34. ἐξωλεθρεύσαμεν . . . τὰ τ. αὐ. (6)
3. 19. αἱ γυναῖκες ὑμῶν καὶ τὰ τ. ὑμῶν (6)
5. 9. ἀποδιδοὺς ἁμαρτίας πατέρων ἐπὶ τέκνα (3)
11. 19. διδάξετε αὐτὰ τὰ τ. ὑμῶν (3)
21. 17. οὗτός ἐστιν ἀρχὴ τέκνων αὐ. †
22. 6. οὐ λήψῃ τὴν μητέρα μετὰ τῶν τ. (3)
24. 16. οὐκ ἀποθανοῦνται πατέρες ὑπὲρ τέκνων (3)
28. 54. καὶ τὰ καταλελειμμένα τ. [A τὰ τ.] ἃ ἂν καταλειφθῇ (3)
— 55. ἀπὸ τῶν σαρκῶν τῶν τ. αὐ. (3)
— 57. καὶ τὸ τ. [A τ. αὐτῆς] ὃ ἂν τέκῃ (3)
29. 11 (10). A αἱ γυναῖκες ὑμῶν καὶ τὰ τ. [B ἔκγονα] ὑμῶν (6)
— 29 (28). τὰ δὲ φανερὰ ἡμῖν καὶ τοῖς τ. ἡμῶν (3)
32. 5. ἡμάρτοσαν οὐκ αὐτῷ τέκνα μωμητά (3)
33. 24. εὐλογημένος ἀπὸ τέκνων Ἀ. (3)
Jo. 14. 9. σοὶ ἔσται ἐν κλήρῳ καὶ τοῖς τ. σου (3)
22. 24. ἵνα μὴ εἴπωσιν αὔριον τὰ τ. ὑμῶν τοῖς τ. ἡμῶν (3, 3)
— 27. A καὶ ἀνὰ μέσον τῶν τ. [B γενεῶν] ἡμῶν μεθ' ἡμᾶς (5)
— 27. καὶ οὐκ ἐροῦσι τὰ τ. ὑμῶν τοῖς τ. ἡμῶν (3, 3)
— 28. A μαρτύριόν ἐστιν . . . ἀνὰ μέσον τῶν τ. [B υἱῶν] ἡμῶν †
Jd. 18. 21. ἔθηκαν τὰ τ. . . . ἔμπροσθεν αὐτῶν [A *al.*] (6)
I Ki. 1. 8. οὐκ ἀγαθὸς ἐγώ σοι ὑπὲρ δέκα τέκνα (3)
2. 5. ἡ πολλὴ ἐν τέκνοις ἠσθένησε (3)
— 24. μή, τέκνα, ὅτι οὐκ ἀγαθὴ ἡ ἀκοή (3)
3. 9. κάθευδε, τέκνον –
— 16. εἶπεν Ἡ. πρὸς Σαμ., Σαμ. τέκνον (3)
4. 16. τί τὸ γεγονὸς ῥῆμα, τέκνον (3)
6. 7. δύο βόας πρωτοτοκούσας ἄνευ τῶν τ. †
— 7. ἀπαγάγετε τὰ τ. ἀπὸ ὄπισθεν αὐτῶν (3)
— 10. τὰ τ. αὐ. ἀπεκώλυσαν εἰς οἶκον (3)
14. 32. ἔλαβεν ὁ λαὸς . . . τέκνα βοῶν (3)
24. 17 : 26. 17. ἡ φωνή σου αὕτη, τέκνον Δ. (3)
26. 21. ἐπίστρεφε, τέκνον Δ. (3)
— 25. εὐλογημένος σύ, τέκνον [A *add.* Δ.] (3)
30. 22. τὰ τ. αὐ. ἀπαγέσθωσαν (3)
III Ki. 8. 25. πλὴν ἐὰν φυλάξωνται τὰ τ. σου τὰς ὁδοὺς αὐ. (3)
9. 6. ἐὰν δὲ . . . ἀποστραφῆτε ὑμεῖς καὶ τὰ τ. ὑ. ἀπ' ἐμοῦ (3)
10. 22 (9. 21). τὰ τ. αὐ. τὰ ὑπολελειμμ. μετ' αὐτούς (3)
12. 24 (*cf.* A 14. 3). B λάβε . . . κολλύρια τοῖς τ. αὐ. –
14. 3. A λάβε . . . κολλυρίδα τοῖς τ. αὐ. –
15. 4. B ἵνα στήσῃ τέκνα [A R τὰ τ.] αὐ. μετ' αὐτόν (3)
17. 12. ποιήσω αὐτὸ ἐμαυτῇ καὶ τοῖς τ. μου (3)
— 13. σαυτῇ δὲ καὶ τοῖς τ. σου ποιήσεις (3)
— 15. ἤσθιεν αὐτὴ καὶ αὐτὸς καὶ τὰ τ. αὐ. (2)
21 (20). 3. τὰ τ. σου ἐμά ἐστι (3)
— 5. A R τὰ τ. σου [B *om.* τὰ τ. σ.] δώσεις ἐμοί (3)
IV Ki. 2. 24. A καὶ εἶπε, Τέκνα παραβάσεως –
I Ch. 2. 30. ἀπέθανε Σ. οὐκ ἔχων τέκνα (3)
— 32. ἀπέθανεν Ἰ. οὐκ ἔχων τέκνα (3)
22. 7. τέκνον, ἐμοὶ ἐγένετο ἐπὶ ψυχῇ (3)
II Ch. 25. 4. οὐκ ἀποθανοῦνται πατέρες ὑπὲρ τέκνων (3)
28. 3. διῆγε τὰ τ. αὐ. διὰ πυρός (3)
30. 9. τὰ τ. ὑμῶν ἔσονται ἐν οἰκτιρμοῖς (3)
33. 6. διήγαγε τὰ τ. αὐ. ἐν πυρί (3)
35. 7. ἐρίφους ἀπὸ τῶν τ. τῶν αἰγῶν (3)
I Es. 4. 53. ὑπάρχειν τὴν ἐλευθερίαν . . . τοῖς τ. αὐ.
8. 50. B ἡμῖν τε καὶ τοῖς [A R *add.* συνοῦσιν ἡμῖν] τ. ἡμῶν
— 84. A τὰς θυγ. αὐ. μὴ συνοικίσητε τοῖς τ. ὑμῶν [B *al.*]
— 84. A τὰς θυγ. ἡμῶν μὴ δῶτε τοῖς τ. αὐ. [B *al.*]
— 85. R καὶ κατακληρονομήσητε τοῖς τ. [A B υἱοῖς] ὑμῶν
— 93. ἐκβαλεῖν πάσας τὰς γυν. ἡμῶν . . . σὺν τοῖς τ. αὐ.

I Es. 9. 36. ἀπέλυσαν αὐτὰς σὺν τέκνοις
II Es. 8. 21. ζητῆσαι . . . ὁδὸν εὐθεῖαν . . . τοῖς τ. ἡμῶν (6)
Ne. 12. 43. καὶ τὰ τ. αὐ. ηὐφράνθησαν (7)
To. 3. 15. S οὐχ ὑπάρχει αὐτῷ ἕτερον τ. [A B αὐ. παιδίον]
4. 12. A B εὐλογήθησαν ἐν τοῖς τ. αὐτῶν
7. 18. θάρσει, τέκνον [S θύγατερ]
10. 5. οὐ μέλει μοι, τέκνον [S *al.*]
— 12. B εὐοδώσει ὑμᾶς, τέκνα [A S *al.*]
— 13. S τέκνον καὶ ἀδελφὲ ἠγαπημένε [A B *al.*]
— 13. S ἴδοιμί σου τέκνα [A B *al.*]
11. 14. S εἶδόν σε, τέκνον
12. 1. ὅρα, τέκνον [S *al.*]
14. 3. τέκνον, λάβε τοὺς υἱούς σου [S *al.*]
— 4. ἄπελθε εἰς τὴν Μηδίαν, τέκνον [S *al.*]
— 8. τέκνον, ἄπελθε ἀπὸ Νινευῆ [S *al.*]
— 10. τέκνον, ἴδε τί ἐποίησεν [S *al.*]
Ju. 7. 14. καὶ αἱ γυναῖκες αὐ. καὶ τὰ τ. αὐ.
— 27. καὶ τὰς γυναῖκας καὶ τὰ τ. ἡμῶν ἐκλειπούσας τὰς ψυχὰς αὐ.
— 32. τὰ τ. εἰς τοὺς οἴκους αὐ. ἀπέστειλε
Es. 3. 13. πάντας σὺν γυναιξὶ καὶ τέκνοις ἀπολέσαι –
7. 4. ἡμεῖς καὶ τὰ τ. ἡμῶν εἰς παῖδας –
9. 25. ἐκρεμάσθη αὐτὸς καὶ τὰ τ. αὐ. (3)
Jb. 5. 25. τὰ δὲ τ. σου ἔσται ὥσπερ τὸ παμβότανον τοῦ ἀγροῦ (10)
21. 8. τὰ δὲ τ. αὐτῶν ἐν ὀφθαλμοῖς (10)
39. 4. ἀπορρήξουσι τὰ τ. αὐτῶν (3)
— 16. ἀπεσκλήρυνε τὰ τ. ἑαυτῆς ὥστε μὴ ἑαυτήν (3)
Ps. 33 (34). 11. δεῦτε, τέκνα, ἀκούσατέ μου (3)
65 (66). 5. B[1] δεῦτε, τέκνα [B[2] S R *om.*] –
77 (78). 4. οὐκ ἐκρύβη ἀπὸ τῶν τ. αὐτῶν (3)
108 (109). 13. γενηθήτω τὰ τ. αὐτοῦ εἰς ἐξολέθρευσιν (1)
112 (113). 9. A S[2] R μητέρα ἐπὶ τέκνοις [S[1] μ. τέκνων] εὐφραινομένην [S[1] -ων, S[2] -η] (3)
Pr. 7. 7. ὃν ἂν ἴδῃ τῶν ἀφρόνων τ. νεανίαν ἐνδεῆ φρενῶν (3)
14. 26. τοῖς δὲ τ. αὐτοῦ καταλείπει ἔρεισμα (3)
17. 6. στέφανος γερόντων τέκνα τέκνων καύχημα δὲ τέκνων πατέρες αὐτῶν (3 *ter*)
24. 27 (30. 4). τί ὄνομα τοῖς τ. αὐτοῦ (3)
— 70 (31. 2). τί, τέκνον, τηρήσεις (4)
— 70 (31. 2). τί, τέκνον ἐμῆς κοιλίας; τί, τέκνον ἐμῶν εὐχῶν (4, 4)
31. 28. ἡ δὲ ἐλεημοσύνη αὐ. ἀνέστησε τὰ τ. αὐ. (3)
Wi. 3. 12. πονηρὰ τὰ τ. αὐτῶν
— 16. τέκνα δὲ μοιχῶν ἀτέλεστα ἔσται
4. 6. ἐκ γὰρ ἀνόμων ὕπνων τέκνα γεννώμενα
10. 5. ἐπὶ τέκνου σπλάγχνοις ἰσχυρὸν ἐφύλαξεν
12. 5. τέκνων τε φονέας ἀνελεήμονας
13. 17. περὶ δὲ . . . τέκνων προσευχόμενος [S εὐχ.]
14. 15. ἀώρῳ γὰρ πένθει τρυχόμενος πατὴρ τοῦ ταχέως ἀφαιρεθέντος τέκνου
16. 21. τὴν σὴν γλυκύτητα πρὸς τέκνα ἐνεφάνισε
18. 5. ἑνὸς ἐκτεθέντος τέκνου καὶ σωθέντος
— 5. τὸ αὐτῶν ἀφεῖλω πλῆθος τέκνων
Si. 2. 1. τέκνον, εἰ προσέρχῃ δουλεύειν κυρίῳ θεῷ
3. 1. ἐμοῦ τοῦ πατρὸς ἀκούσατε, τέκνα
— 2. ὁ γὰρ κύριος ἐδόξασε πατέρα ἐπὶ τέκνοις
— 5. ὁ τιμῶν πατέρα εὐφρανθήσεται ὑπὸ τέκνων [A ἐπὶ τέκνοις]
— 9. εὐλογία γὰρ πατρὸς στηρίζει οἴκους τέκνων
— 11. ὄνειδος τέκνοις μήτηρ ἐν ἀδοξίᾳ
— 12. τέκνον, ἀντιλαβοῦ ἐν γήρᾳ πατρός σου
— 17. τέκνον, ἐν πραΰτητι τὰ ἔργα σου διέξαγε
4. 1. τέκνον, τὴν ζωὴν τοῦ πτωχοῦ μὴ ἀποστερήσῃς
6. 18. τέκνον, ἐκ νεότητός σου ἐπίλεξαι παιδείαν
— 23. ἄκουσον, τέκνον, καὶ δέξαι γνώμην μου
— 32. ἐὰν θέλῃς, τέκνον, παιδευθήσῃ
7. 23. τέκνα σοί ἐστι παίδευσον αὐτά
10. 28. τέκνον, ἐν πραΰτητι δόξασον τὴν ψυχήν σου
11. 10. τέκνον, μὴ περὶ πολλὰ ἔστωσαν αἱ πράξεις σου
— 28. ἐν τέκνοις αὐτοῦ γνωσθήσεται ἀνήρ [A *om.*]
14. 11. τέκνον, καθὼς ἐὰν ἔχῃς εὖ ποίει σεαυτόν
— 26. θήσει τὰ τ. αὐ. ἐν τῇ σκέπῃ αὐ.
16. 1. μὴ ἐπιθύμει τέκνων [S[2] -ον] πλῆθος ἀχρήστων [A -ον]
— 3. ἀποθανεῖν ἄτεκνον ἢ ἔχειν τέκνα ἀσεβῆ
— 24. ἄκουσόν μου, τέκνον
18. 15. τέκνον, ἐν ἀγαθοῖς μὴ δῷς μῶμον
21. 1. τέκνον, ἥμαρτες μὴ προσθῇς μηκέτι
23. 7. παιδείαν στόματος ἀκούσατε, τέκνα

Si. 23. 23. ἐξ ἀλλοτρίου ἀνδρὸς τέκνα παρέστησεν
— 24. ἐπὶ τὰ τ. αὐτῆς ἐπισκοπὴ ἔσται
— 25. οὐ διαδώσουσι τὰ τ. αὐτῆς εἰς ῥίζαν
25. 7. ἄνθρωπος εὐφραινόμενος ἐπὶ τέκνοις
30. 1. περὶ τέκνων
— 9. τιθήνησον τέκνον καὶ ἐκθαμβήσει σε
— 30 (33. 21). κρεῖσσον γάρ ἐστι τὰ τ. δεηθῆναί σου
34 (31). 22. ἄκουσόν μου, τέκνον
35 (32). 22. ἀπὸ τῶν τ. σου φύλαξαι
37. 27. τέκνον, ἐν τῇ ζωῇ σου πείρασον τὴν ψυχήν σου
38. 9. τέκνον, ἐν ἀρρωστήματί σου μὴ παράβλεπε
— 16. τέκνον, ἐπὶ νεκρῷ κατάγαγε δάκρυα
40. 19. τέκνα καὶ οἰκοδομὴ πόλεως στηρίζουσιν ὄνομα
— 28. τέκνον, ζωὴν ἐπαιτήσεως μὴ βιώσῃς
41. 5. τέκνα βδελυκτὰ γίνεται τέκνα ἁμαρτωλῶν
— 6. τέκνων ἁμαρτωλῶν ἀπολεῖται κληρονομία
— 7. πατρὶ ἀσεβεῖ μέμψεται τέκνα
— 14. παιδείαν ἐν εἰρήνῃ συντηρήσατε, τέκνα
42. 5. περὶ παιδείας τέκνων πολλῆς
44. 9. τὰ τ. αὐτῶν μετ' αὐτούς
— 12. ἔστη . . . τὰ τ. αὐτῶν δι' [S[2] μετ'] αὐτούς
47. 20. ἐπαγαγεῖν ὀργὴν ἐπὶ τὰ τ. σου
Ho. 1. 2. λάβε σεαυτῷ . . . τέκνα πορνείας (7)
2. 4 (6). τὰ τ. αὐ. οὐ μὴ ἐλεήσω (3)
— 4 (6). τέκνα πορνείας ἐστίν (3)
4. 6. ἐπιλήσομαι τέκνων σου (3)
5. 7. τ. ἀλλότρια ἐγεννήθησαν αὐτοῖς (3)
9. 12. ἐὰν ἐκθρέψωσι τὰ τ. αὐ. (3)
— 13. εἰς θήραν παρέστησαν τὰ τ. αὐ. †
— 13. τοῦ ἐξαγαγεῖν εἰς ἀποκέντησιν τὰ τ. αὐ. (3)
10. 9. πόλεμος ἐπὶ τὰ [A *om.*] τ. ἀδικίας (3)
— 14. μητέρα ἐπὶ τέκνοις ἠδάφισαν (3)
11. 1. ἐξ Αἰγύπτου μετεκάλεσα τὰ τ. αὐ. (3)
— 10. ἐκστήσονται τέκνα ὑδάτων (3)
13. 13. οὐ μὴ ὑποστῇ ἐν συντριβῇ τέκνων (3)
Mi. 1. 16. κεῖραι ἐπὶ τὰ τ. τὰ τρυφερά σου (3)
Jl. 1. 3. τοῖς τ. ὑμῶν διηγήσασθε (3)
— 3. καὶ τὰ τ. ὑμῶν τοῖς τ. αὐ. (3, 3)
— 3. καὶ τὰ τ. αὐ. εἰς γενεὰν ἑτέραν (3)
2. 23. τὰ τ. Σιών, χαίρετε (3)
Za. 9. 13. ἐξεγερῶ τὰ τ. σου, Σ., ἐπὶ τὰ τ. τῶν Ἑλλήνων (3, 3)
10. 7. τὰ τ. αὐ. ὄψονται (3)
— 9. ἐκθρέψουσι τὰ τ. αὐ. (3)
Is. 2. 6. τέκνα πολλὰ ἀλλόφυλα ἐγενήθη αὐτοῖς (7)
13. 16. τὰ τ. αὐτῶν ῥάξουσιν (8)
— 18. τὰ τ. ὑμῶν οὐ μὴ ἐλεήσωσιν οὐδὲ ἐπὶ τοῖς τ. σου φείσονται οἱ ὀφθαλμοὶ αὐτῶν (9, 3)
14. 21. ἑτοίμασον τὰ τ. σου σφαγῆναι (3)
27. 6. οἱ ἐρχόμενοι τέκνα Ἰακώβ †
29. 23. ὅταν ἴδωσι τὰ τ. αὐτῶν τὰ ἔργα μου (7)
30. 1. οὐαί, τέκνα ἀποστάται (3)
39. 7. ἀπὸ τῶν τ. σου . . . λήψονται (3)
44. 3. ἐπιθήσω . . . τὰς εὐλογίας μου ἐπὶ τὰ τ. σου (10)
51. 18. οὐκ ἦν ὁ παρακαλῶν σε ἀπὸ πάντων τῶν τ. σου (3)
54. 1. πολλὰ τὰ τ. τῆς ἐρήμου (3)
— 13. ἐν πολλῇ εἰρήνῃ τὰ τ. σου (3)
57. 4. οὐχ ὑμεῖς ἐστε τέκνα ἀπωλείας (7)
— 5. σφάζοντες τὰ τ. αὐτῶν ἐν ταῖς φάραγξιν (7)
60. 4. ἴδε συνηγμένα τὰ τ. σου †
— 9. ἀγαγεῖν τὰ τ. σου μακρόθεν (3)
63. 8. τέκνα οὐ μὴ ἀθετήσωσι (3)
65. 23. A οὐδὲ τέκνα ποιήσουσιν [BS οὐ τεκνοπ.] (11)
Je. 2. 30. μάτην ἐπάταξα τὰ τ. ὑμῶν (3)
3. 19. A S R τάξω σε εἰς τέκνα [B ἔθνη] (3)
19. 2. εἰς τὸ πολυάνδριον υἱῶν τῶν τ. αὐτῶν †
38 (31). 17. μόνιμον τοῖς σοῖς τ. (1)
— 29. οἱ ὀδόντες τῶν τ. ἡμωδίασαν (3)
39 (32). 18. ἀποδιδοὺς ἁμαρτίας πατέρων εἰς κόλπους τέκνων αὐτῶν (3)
— 39. εἰς ἀγαθὸν αὐτοῖς καὶ τοῖς τ. αὐτῶν (3)
42 (35). 14. ὃ ἐνετείλατο τοῖς τ. αὐτοῦ (3)
45 (38). 23. τὰ τ. σου ἐξάξουσι πρὸς τοὺς Χαλδ. (3)
Ba. 4. 12. ἠρημώθην διὰ τὰς ἁμαρτίας τῶν τ. μου
— 19. βαδίζετε, τέκνα
— 21. θαρρεῖτε, τέκνα
— 25. τέκνα, μακροθυμήσατε
— 27. θαρσήσατε, τέκνα
— 32. αἷς ἐδούλευσαν τὰ τ. σου
5. 5. ἴδε σου συνηγμένα τὰ τ.
Ez. 5. 10. πατέρες φάγονται τέκνα . . . καὶ τέκνα φάγονται πατέρας (3, 3)

Ez. 16. 21. ἔσφαξας τὰ τ. σου (3)
— 36. ἐν τοῖς αἵμασι τῶν τ. σου (3)
— 45. ἡ ἀπωσαμ. τὸν ἄνδρα αὐ. καὶ τὰ τ. αὐ. (3)
— 45. αἱ ἀπωσάμ. τοὺς ἄνδρας αὐ. καὶ τὰ τ. αὐ. (3)
18. 2. οἱ ὀδόντες τῶν τ. ἐγομφίασαν (3)
20. 18. εἶπα πρὸς τὰ τ. αὐτῶν ἐν τῇ ἐρήμῳ (3)
— 21. τὰ τ. αὐτῶν ἐν τοῖς προστάγμασί μου οὐκ ἐπορεύθησαν (3)
23. 37. τὰ τ. αὐτῶν . . . διήγαγον αὐτοῖς δι᾽ ἐμπύρων (3)
— 39. ἐν τῷ σφάζειν αὐτοὺς τὰ τ. αὐτῶν τοῖς εἰδώλοις αὐτῶν (3)
Da. LXX. 6. 24 (25). αὐτοὶ καὶ αἱ γυναῖκες αὐ. καὶ τὰ τ. αὐ. (3)
Bel 9. ἱερεῖς ἑβδομήκοντα χωρὶς γυναικῶν καὶ τέκνων
Da. TH. Su. 30. ἦλθεν αὐτὴ . . . καὶ τὰ τ. αὐ.
Bel 10. ἐκτὸς γυναικῶν καὶ τέκνων [A *al.*]
— 15. οἱ δὲ ἱερεῖς ἦλθον . . . καὶ τὰ τ. αὐ.
— 21. συνέλαβε τοὺς ἱερεῖς . . . καὶ τὰ τ. αὐ.
I Ma. 1. 32. ᾐχμαλώτευσαν . . . τὰ τ.
— 38. τὰ τ. αὐ. ἐγκατέλιπον αὐτήν
— 40. S[1] κατὰ τὰ τ. αὐ. ἐπλήσθη ἡ γῆ ἀτιμίᾳ [A S[2] R *al.*]
— 60. τὰς γυναῖκας τὰς περιτετμηκυίας τὰ τ. αὐ.
2. 38. ἀπέθανον αὐτοὶ . . . καὶ τὰ τ. αὐ.
— 50. καὶ νῦν, τέκνα, ζηλώσατε τῷ νόμῳ
— 64. καὶ ὑμεῖς, τέκνα, ἰσχύσατε
3. 20. τοῦ ἐξᾶραι ἡμᾶς . . . καὶ τὰ τ. ἡμῶν
5. 13. ᾐχμαλωτίκασι . . . τὰ τ. αὐ.
— 23. σὺν ταῖς γυναιξὶ καὶ τοῖς τ.
— 45. καὶ τὰς γυναῖκας αὐ. καὶ τὰ τ. αὐ.
8. 10. ᾐχμαλώτισαν . . . τὰ τ. αὐ.
13. 6. A R περὶ τῶν γυναικῶν καὶ τῶν τ. ἡμῶν [S κ. τέκνων ὑμῶν]
— 45. σὺν ταῖς γυναιξὶ καὶ τοῖς τ.
II Ma. 5. 13. γυναικῶν καὶ τέκνων ἀφανισμός
6. 10. περιτετμηκυῖαι τὰ τ.
7. 28. ἀξιῶ σε, τέκνον
9. 20. τὰ τ. . . . κατὰ γνώμην ἔσται ὑμῖν
12. 3. ἐμβῆναι . . . σὺν γυναιξὶ καὶ τέκνοις
— 21. R προεξαπέστειλε . . . τὰ τ. [A *om.* τὰ τ.]
15. 18. ἦν γὰρ ὁ περὶ γυναικῶν καὶ τέκνων
III Ma. 1. 4. βοηθεῖν ἑαυτοῖς τε καὶ τοῖς τ.
— 20. τὰ δὲ νεογνὰ τῶν τ.
3. 25. σὺν ταῖς γυναιξὶ καὶ τέκνοις
6. 3. ἔπιδε . . . ἐφ᾽ ἡγιασμένου τέκνα Ἰ.
7. 2. ἐρρώμεθα δὲ καὶ αὐτοὶ καὶ τὰ τ. ἡμῶν
IV Ma. 2. 11. τῆς τέκνων φιλίας κυριεύει
14. 12. τὰς ἐφ᾽ ἑνὶ ἑκάστῳ τῶν τ. στρέβλας
— 13. S πρὸς τὴν τῶν τ. [A R *om.*] σπλάγχνων συμπάθειαν
— 17. καθ᾽ ὃν δύναται τρόπον βοηθεῖ τοῖς τ.
— 18. ἐπιδεικνύναι τὴν πρὸς τὰ τ. συμπάθειαν
— 20. οὐχὶ τὴν Ἀβρ. . . . μητέρα μετεκίνησε συμπάθεια τέκνων
15. 1. ὦ λογισμὲ τέκνων
— 1. εὐσέβεια μητρὶ τέκνων ποθεινοτέρα
— 8. ὑπερεῖδε τὴν τῶν τ. πρόσκαιρον σωτηρίαν
— 15. τὰς σάρκας τῶν τ. ἑώρα περὶ τὸ πῦρ τηκομένας
— 20. ἐπὶ σαρξὶ τέκνων ὁρῶσα σάρκας τέκνων ἀποκεκομμένας
— 20. πολυάνδριον ὁρῶσα τῶν τέκνων χωρίον
— 21. τέκνων φωναὶ μετὰ βασάνων μητέρα φωνούντων
— 24. ἑπτὰ τέκνων ὁρῶσα ἀπώλειαν
— 24. S[1] καὶ τὴν τῶν τ. [A S[2] R στρεβλῶν] πολύπλοκον ποικιλίαν
— 25. καὶ φιλοτεκνίαν καὶ τέκνων στρέβλας
— 26. θανατηφόρον τε καὶ σωτήριον ὑπὲρ τέκνων [S[1] *al.*]
16. 1. τὰς μέχρι θανάτου βασάνους ὁρῶσα τῶν τ.
— 9. οὐκ ὄψομαι ὑμῶν τέκνα
17. 7. A[2] S R οἱ θεωροῦντες μητέρα ἑπτὰ τέκνων
18. 6. ἔλεγε δὲ . . . ταῦτα ἡ δικαία τοῖς τ.

[**Aq.** III Ki. 14. 3: Ps. 2. 7: Pr. 31. 28.]
[**Sm.** Jb. 5. 7: 17. 5: 28. 8: 39. 4: Ps. 89 (90). 16: Pr. 31. 28: Is. 29. 23: Ze. 3. 10.]
[**Th.** Ge. 49. 3: III Ki. 15. 4: IV Ki. 2. 24: Jb. 17. 5: 39. 4, 16: Pr. 31. 28.]
[**Al.** Nu. 20. 4: Dt. 11. 21: Ez. 20. 31.]

τεκνοποιεῖν. (1) בָּנָה ni. (2) יָלַד *a.* qal. *b.* hi. (3) **οὐκ ἐτεκνοποίει** אֵין לָהּ וָלָד

Ge. 11. 30. καὶ οὐκ ἐτεκνοποίει (3)
16. 2. ἵνα τεκνοποιήσεις ἐξ αὐτῆς (1)
30. 3. ἵνα τεκνοποιήσωμαι κἀγὼ ἐξ αὐτῆς (1)
Is. 65. 23. οὐδὲ τεκνοποιήσουσιν [A τέκνα π.] εἰς κατάραν (2 *a*)
Je. 12. 2. ἐτεκνοποιήσαντο [A -αν] καὶ ἐποίησαν [S *om.* κ. ἐ.] καρπόν †
36 (29). 6. τεκνοποιήσατε [S -σασθε] υἱούς (2 *b*)
38 (31). 8. S R τεκνοποιήσει [A B -σῃ] ὄχλον πολύν (2 *a*)

τεκνοῦν.

[**Sm.** Ge. 16. 2.]

τεκνοφόνος.

Wi. 14. 23. ἢ γὰρ τεκνοφόνους τελετὰς . . . ἄγοντες

τεκταίνειν. (1) *a.* חָרַשׁ *b.* חָרַשׁ (2) שִׁית

Ps. 128 (129). 3. ἐπὶ τοῦ νώτου μου ἐτέκταινον οἱ ἁμαρτωλοί (1 *a*)
Pr. 3. 29. μὴ τεκτήνῃ [A S[2] -αινε] ἐπὶ σὸν φίλον κακά (1 *a*)
6. 14. διεστραμμένῃ καρδίᾳ τεκταίνεται [B[2] κατασκευάζει] κακά (1 *a*)
— 18. καρδία τεκταινομένη λογισμοὺς κακούς (1 *a*)
11. 27. τεκταινόμενος ἀγαθὰ ζητεῖ χάριν ἀγαθήν †
12. 20. δόλος ἐν καρδίᾳ τεκταινομένου κακά (1 *a*)
14. 22. πλανώμενοι τεκταίνουσι κακά· ἔλεον δὲ καὶ ἀλήθειαν τεκταίνουσιν ἀγαθοί (1*a*, 1*a*)
26. 24. ἐν δὲ τῇ καρδίᾳ τεκταίνεται δόλους (2)
Si. 11. 33. πονηρὰ γὰρ τεκταίνει [S[1] -νεται]
27. 22. διανεύων ὀφθαλμῷ τεκταίνει [S[2] -νεται] κακά
Ba. 3. 18. οἱ τὸ ἀργύριον τεκταίνοντες . . . ἠφανίσθησαν
Ez. 21. 31 (36). εἰς χεῖρας ἀνδρῶν βαρβάρων τεκταινόντων διαφθοράς (1 *b*)

[**Aq.**, **Sm.**, **Th.** Pr. 12. 20.]

τεκτονικός. (1) **τὰ ἔργα τὰ τ.** חֲרֹשֶׁת

Ex. 31. 5. καὶ εἰς τὰ ἔργα τὰ τ. τῶν ξύλων (1)

τέκτων. (1) *a.* חָרָשׁ *b.* חָרָשׁ (2) **ἀνὴρ τ.** חָרָשׁ

I Ki. 13. 19. B τέκτων σιδήρου οὐχ εὑρίσκετο (1 *a*)
II Ki. 5. 11. ἀπέστειλε . . . τέκτονας ξύλων καὶ τέκτονας λίθων (1 *a*, 1 *a*)
III Ki. 7. 14. καὶ ὁ πατὴρ αὐ. . . . τέκτων χαλκοῦ (1 *b*)
IV Ki. 12. 11 (12). ἐξέδοσαν τοῖς τ. τῶν ξύλων (1 *a*)
22. 6. ἔδωκεν αὐτὸ . . . τοῖς τ. (1 *a*)
24. 14. ἀπῴκισε . . . πᾶν τέκτονα (1 *a*)
— 16. καὶ τὸν τ. καὶ τὸν συγκλείοντα (1 *a*)
I Ch. 4. 14. τέκτονες ἦσαν (1 *a*)
14. 1. ἀπέστειλε Χ. . . . τέκτονας ξύλων (1 *a*)
22. 15. οἰκοδόμοι λίθων καὶ τέκτονες ξύλων (1 *a*)
II Ch. 24. 12. ἐμισθοῦντο λατόμους καὶ τέκτονας (1 *a*)
34. 11. καὶ ἔδωκαν τοῖς τ. (1 *a*)
I Es. 5. 54. ἔδωκαν ἀργύριον τοῖς λατόμοις καὶ τ.
II Es. 3. 7. ἔδωκαν ἀργύριον . . . τοῖς τ. (1 *a*)
Pr. 14. 22. οὐκ ἐπίστανται ἔλεον καὶ πίστιν τέκτονες κακῶν (1 *b*)
— 22. ἐλεημοσύναι δὲ καὶ πίστεις παρὰ τέκτοσιν ἀγαθοῖς (1 *b*)
Wi. 13. 11. εἰ δὲ καί τις ὑλοτόμος τέκτων . . . ἐκπρίσας περιέξυσεν . . . πάντα τὸν φλοιὸν αὐτοῦ
Si. 38. 27. οὕτως πᾶς τέκτων καὶ ἀρχιτέκτων
Ho. 8. 6. καὶ αὐτὸ τέκτων ἐποίησε (1 *a*)
13. 2. ἔργα τεκτόνων συντετελεσμένα αὐτοῖς (1 *a*)
Za. 1. 20 (2. 3). ἔδειξέ μοι κύριος τέσσαρας τέκτονας (1 *a*)
Is. 40. 19. μὴ εἰκόνα ἐποίησε τ. (1 *a*)
— 20. ξύλον γὰρ ἄσηπτον ἐκλέγεται τ. (1 *a*)
41. 7. ἴσχυσεν ἀνὴρ τ. (2)
44. 12. ὤξυνε τ. σίδηρον –
— 13. ἐκλεξάμενος τ. ξύλον ἔστησεν αὐτό (1 *b*)
Je. 10. 3. ἔργον τέκτονος καὶ χώνευμα (1 *a*)
Ep. Je. 8. γλῶσσα γὰρ αὐτῶν ἐστι κατεξυσμένη ὑπὸ τέκτονος
— 45. ὑπὸ τεκτόνων καὶ χρυσοχόων κατεσκευασμένα εἰσίν

[**Aq.** Is. 41. 7: 54. 16: Je. 10. 9.]
[**Sm.** Jb. 41. 22: Is. 41. 7: 54. 16.]
[**Th.** Jb. 41. 22: Is. 41. 7: 54. 16: Je. 10. 9.]
[**Al.** I Ch. 4. 14: Is. 44. 11.]
[**Quint.** Ho. 8. 6.]

τελαμών (**ταλ.**). (1) אֵפֶר

III Ki. 21 (20). 38. κατεδήσατο τελαμῶνι τοὺς ὀφθ. αὐ. (1)
— 41. ἀφεῖλε τὸν τ. ἀπὸ τῶν ὀφθ. αὐ. (1)

[**Aq.** Is. 3. 18.]

τελεῖν. (1) גָּמַר (2) יָצָא schaph. (3) כָּלָה *a.* qal. *b.* pi. (4) עָשָׂה (5) סוּף (6) צָמַד ni. (7) קָדַשׁ (8) *a.* שָׁלֵם *b.* שָׁלַם

Nu. 25. 3. ἐτελέσθη [A -ησαν] Ἰσρ. τῷ Βεελφ. (6)
— 5. τὸν οἰκεῖον αὐ. τὸν τετελεσμένον τῷ Β. (6)
Ru. 2. 21. ἕως ἂν τελέσωσιν ὅλον τὸν ἀμητόν (3 *b*)
3. 18. ἕως ἂν τελέσῃ τὸ ῥῆμα (3 *b*)
II Ki. 22. 39. A καὶ τελέσω αὐτούς (3 *b*)
I Es. 6. 4. B[1] τίνες εἰσὶν οἱ οἰκοδόμοι οἱ ταῦτα τελοῦντες [A B[2] R ἐπιτ.]
8. 68. καὶ τούτων τελεσθέντων
II Es. 1. 1. B[1] τοῦ τελεσθῆναι [B[2] τ. λόγον, A R τ. λόγον κυρίου] ἀπὸ στόματος Ἰερ. (3 *a*)
5. 16. καὶ οὐκ ἐτελέσθη (8 *b*)
6. 15. ἐτέλεσαν τὸν οἶκον τοῦτον (2)
7. 12. B τετέλεστο [A -αι, R -θω] λόγος (1)
9. 1. ὡς ἐτελέσθη ταῦτα (3 *b*)
10. 17. ἐτέλεσαν ἐν πᾶσιν ἀνδράσιν (3 *b*)
Ne. 6. 15. ἐτελέσθη τὸ τεῖχος (8 *a*)
To. 7. 8. B τελεσθήτω [A στήτω] τὸ πρᾶγμα
Ju. 8. 34. ἕως τοῦ τελεσθῆναι ἃ ἐγὼ ποιῶ
Ps. 105 (106). 28. ἐτελέσθησαν τῷ Βεελφεγώρ (6)
Wi. 4. 16. νεότης [A -ητος] τελεσθεῖσα ταχέως [S[1] *om.*] πολυετὲς γῆρας ἀδίκου
Si. 7. 25. ἔσῃ τετελεκὼς [S[1] -λειωκὼς] ἔργον μέγα
23. 20. A οὕτως καὶ μετὰ τὸ τελεσθῆναι [B S συντελ.]
38. 27. ἡ ἀγρυπνία αὐτοῦ τελέσαι [S[2] συντ.] ἔργον
Ho. 4. 14. μετὰ τῶν τετελεσμένων ἔθυον (7)
Is. 55. 11. ἕως ἂν τελεσθῇ [A S συντ.] (4)
Da. LXX. 4. 30. πάντα τελεσθήσεται ἐπὶ σέ (5)
Da. TH. 11. 16. τελεσθήσεται [A συντ.] ἐν τῇ χειρὶ αὐ. (3 *a*)
I Ma. 4. 51. ἐτέλεσαν πάντα τὰ ἔργα
13. 10. ἐτάχυνε τοῦ τελέσαι τὰ τείχη Ἰερ.
II Ma. 4. 23. περὶ πραγμάτων ἀναγκαίων ὑπομνηματισμοὺς τελέσοντας
III Ma. 5. 27. τὸ διασαφούμ. ἔτι αὐτῷ μετὰ σπουδῆς τετέλεσται

[**Aq.** Dt. 28. 32, 65: Ps. 30 (31). 11: 49 (50). 2: 58 (59). 14 *bis*: 68 (69). 4: 71 (72). 20: Pr. 30. 1: Ez. 27. 11: Da. 9. 24 *bis*.]
[**Th.** Da. 11. 16†.]

τέλειος. (1) *a.* שָׁלֵם *b.* שָׁלֵם *c.* שָׁלוֹם (2) תַּכְלִית (3) *a.* תָּמִים *b.* תֹּם *c.* תָּם

Ge. 6. 9. τέλειος ὢν ἐν τῇ γενέσει αὐ. (3 *a*)
Ex. 12. 5. πρόβατον τ. ἄρσεν ἐνιαύσιον ἔσται ὑμῖν (3 *a*)
De. 18. 13. τέλειος ἔσῃ ἐναντίον κ. τοῦ θεοῦ σου (3 *a*)
Jd. 20. 26: 21. 4. ἀνήνεγκαν ὁλοκαυτώσεις καὶ τελείας [A *al.*] (1 *a*)
I Ki. 17. 40. B ἐξελέξατο ἑαυτῷ πέντε λίθους τ. [A *om.*, R λείους] †
II Ki. 22. 26. μετὰ ἀνδρὸς τ. τελειωθήσῃ (3 *a*)
III Ki. 8. 61. ἔστωσαν αἱ καρδίαι ἡμῶν τ. (1 *b*)
11. 4. οὐκ ἦν ἡ καρδία αὐ. τ. μετὰ κ. θεοῦ αὐ. (1 *b*)
— 10. B οὐδ᾽ ἦν ἡ καρδία αὐ. τ. μετὰ κυρίου –
15. 3. οὐκ ἦν ἡ καρδία αὐ. τ. μετὰ κ. θεοῦ αὐ. (1 *b*)
— 14. ἡ καρδία Ἀ. ἦν τ. μετὰ κυρίου (1 *b*)
I Ch. 25. 8. κλήρους ἐφημεριῶν . . . τελείων καὶ μανθανόντων †
28. 9. δούλευε αὐτῷ ἐν καρδίᾳ τ. (1 *b*)
II Es. 2. 63. ἕως ἀναστῇ ἱερεὺς . . . τοῖς τ. (3 *b*)
Ps. 138 (139). 22. τέλειον μῖσος ἐμίσουν αὐτούς (2)
Ca. 5. 2. ἀδελφή μου περιστερά μου τελεία μου (3 *c*)
6. 8 (9). μία ἐστὶ περιστερά μου τελεία μου (3 *c*)
Wi. 9. 6. κἂν γάρ τις ᾖ τέλειος ἐν υἱοῖς ἀνθρώπων
Si. 44. 17. Νῶε εὑρέθη τέλειος δίκαιος
Je. 13. 19. συνετέλεσαν ἀποικίαν τελείαν (1 *c*)

[**Aq.** Ge. 17. 1: Le. 3. 9: III Ki. 15. 14: Ps. 17 (18). 33: 18 (19). 8: 55 (56). 1: 56 (57). 1: 59 (60). 1: Pr. 11. 1: 28. 18: Ez. 28. 15.]
[**Sm.** III Ki. 15. 14: Ps. 118 (119). 20: Pr. 10. 29: Is. 42. 19: Ez. 27. 3: Am. 1. 6.]
[**Th.** III Ki. 15. 14: Pr. 10. 29: 28. 18: Am. 1. 6: Ma. 2. 13.]
[**Al.** Le. 9. 3: 23. 18.]
[**Quint.**, **Sext.** Ps. 1. 1.]

τελειότης. (1) *a.* תָּמִים *b.* תֻּמָּה

Jd. 9. 16, 19. εἰ ἐν ἀληθείᾳ καὶ τελειότητι ἐποιήσατε (1 *a*)

Pr. 11. 3. A τελειότης εὐθείων ὁδηγήσει αὐτούς (1 b)
Wi. 6. 15. τὸ γὰρ ἐνθυμηθῆναι περὶ αὐτῆς φρονήσεως τελειότης
12. 17. ἀπιστούμενος ἐπὶ δυνάμεως τελειότητι
Je. 2. 2. S ἐμνήσθην . . . ἀγάπης τελειότητός [A B -ώσεώς] σου †
[Aq. Ex. 28. 30.]
[Sm. Ex. 28. 30: Dt. 33. 8: Jb. 12. 2: Ps. 25 (26). 11: 83 (84). 12.]
[Th. Ex. 28. 30: Pr. 11. 3.]
[Al. Le. 3. 3: 4. 10, 26: I Ki. 14. 41.]
[Heb. Jb. 2. 3.]
[Quint. Ps. 25 (26). 1, 11.]

τελειοῦν. (1) כָּלָה (2) כָּלַל (3) מָלֵא pi. (4) מִלֵּא אֶת־יָדוֹ (5) עָשָׂה ni. (6) שָׁלֵם (7) תָּמַם *a.* qal. *b.* hithpa.

Ex. 29. 9. τελειώσεις 'Α. τὰς χεῖρας αὐ. (3)
— 29. καὶ τελειῶσαι τὰς χεῖρας αὐτῶν (3)
— 33. τελειῶσαι τὰς χεῖρας αὐ. (3)
— 35. τελειώσεις αὐτῶν τὰς χεῖρας (3)
Le. 4. 5. ὁ ἱερεὺς ὁ χριστὸς ὁ τετελειωμένος τὰς χεῖρας –
8. 33. τελειώσει τὰς χεῖρας ὑμῶν (3)
16. 32. A B[1] ὃν ἂν τελειώσουσι [B[2] R -σωσι] τὰς χεῖρας αὐ. (3)
21. 10. τοῦ ἐλαίου τοῦ χριστοῦ καὶ τετελειωμένου (4)
Nu. 3. 3. οὓς ἐτελείωσαν τὰς χεῖρας αὐ. (3)
II Ki. 22. 26. μετὰ ἀνδρὸς τελείου τελειωθήσῃ (7 b)
III Ki. 7. 22. A ἐτελειώθη τὸ ἔργον τῶν στ. (7 a)
14. 10. A ὡς τελειωθῆναι αὐτόν (7 a)
II Ch. 8. 16. A ἀφ' ἧς ἡμέρας ἐτελειώθη [B ἐθεμελιώθη] †
— 16. ἕως οὗ ἐτελείωσε Σ. τὸν οἶκον κυρίου (1 + 6)
Ne. 6. 3. ὡς ἂν τελειώσω αὐτό †
— 16. τελειωθῆναι τὸ ἔργον τοῦτο (5)
Ju. 10. 8. τελειῶσαι τὰ ἐπιτηδεύματά σου
Wi. 4. 13. τελειωθεὶς ἐν ὀλίγῳ ἐπλήρωσε χρόνους μακρούς
Si. 7. 25. S[1] ἔσῃ τετελεικὼς [A B S[2] -λεκὼς] ἔργον μέγα
— 32. ἵνα τελειωθῇ ἡ εὐλογία σου
34 (31). 10. τίς ἐδοκιμάσθη ἐν αὐτῷ καὶ ἐτελειώθη
50. 19. τὴν λειτουργίαν αὐτοῦ ἐτελείωσαν [S[1] ἐλειτούργησαν]
Ez. 27. 11. οὗτοι ἐτελείωσάν σου τὸ κάλλος (2)
Da. LXX. 3. (40). καὶ τελειῶσαι ὄπισθέν σου
IV Ma. 7. 15. ὃν πιστὴ θανάτου σφραγὶς ἐτελείωσεν
[Aq. Nu. 14. 33: Dt. 2. 14: I Ki. 16. 11: III Ki. 14. 10: Ps. 39 (40). 7 (P.): Da. 9. 24.]
[Sm. Jd. 17. 5: Ps. 39 (40). 7 (P.): 101 (102). 28.]
[Th. Ps. 16 (17). 5: 39 (40). 7 (P.).]
[Al. Ge. 47. 18.]
[Quint., Sext. Ps. 39 (40). 7 (P.).]

τελείωμα.
[Aq. Jb. 12. 2.]

τελείως.
Ju. 11. 6. τ. πρᾶγμα ποιήσει μετὰ σοῦ ὁ θεός
II Ma. 12. 42. ἀξιώσαντες τὸ γεγονὸς ἁμάρτημα τ. ἐξαλειφθῆναι
III Ma. 3. 26. τ. ἡμῖν τὰ πράγματα . . . κατασταθήσεσθαι
7. 22. R τὰ μεγαλεῖα τοῦ μεγίστου θεοῦ ποιήσαντος τ. [A *al.*]

τελείωσις. (1) מִלֻּאִים (2) ἡ θυσία τῆς τ. שְׁלָמִים מִלֻּאִים (3) ἡ τ. τοῦ σωτηρίου שְׁלָמִים

Ex. 29. 22. ἔστι γὰρ τελείωσις αὕτη (1)
— 26. λήψῃ τὸ στηθύνιον ἀπὸ τοῦ κριοῦ τῆς τ. (1)
— 27. ὃς ἀφήρηται ἀπὸ τοῦ κριοῦ τῆς τ. (1)
— 31. τὸν κριὸν τῆς τ. λήψῃ (1)
— 34. ἀπὸ τῶν κρεῶν τῆς θυσίας τῆς τ. (2)
Le. 7. 27 (37). οὗτος ὁ νόμος . . . τῆς τ. (1)
8. 21 (22). προσήγαγε . . . κριὸν [A *add.* τῆς] τελειώσεως (1)
— 25 (26). ἀπὸ τοῦ κανοῦ τῆς τ. †
— 27 (28). ἐπὶ τὸ ὁλοκαύτωμα τῆς τ. (1)
— 28 (29). ἀπὸ τοῦ κριοῦ τῆς τ. (1)
— 31. ἐν τῷ κανῷ τῆς τ. (1)
— 33. A B[1] ἕως ἡμέρα πληρωθῇ [B[2] R *add.* ἡμέρα] τελειώσεως ὑμῶν (1)
II Ch. 29. 35. ἐν τοῖς στέασι τῆς τ. τοῦ σωτηρίου (3)
Ju. 10. 9. ἐξελεύσομαι εἰς τελείωσιν τῶν λόγων
Si. 31 (34). 8. σοφία στόματι πιστῷ τελείωσις
Je. 2. 2. ἐμνήσθην . . . ἀγάπης τελειώσεώς [S -ότητός] σου †
II Ma. 2. 9. ἀνήνεγκε θυσίαν . . . τῆς τ. τοῦ ἱεροῦ
[Aq. Le. 8. 8: Dt. 31. 24.]
[Th. Le. 8. 8.]
[Al. Le. 4. 35: 6. 12 (5): 7. 29: 8. 33.]
[Sam. Nu. 29. 35.]

τέλεος.
III Ma. 1. 22. οὐκ ἠνείχοντο τέλεον αὐτοῦ ἐπικειμένου
[Aq. Ps. 12 (13). 2.]

τελεσιουργεῖν.
Pr. 19. 7. ὁ πολλὰ κακοποιῶν τελεσιουργεῖ κακίαν –

τέλεσις.
[Aq. Ps. 118 (119). 96.]

τέλεσμα.
[Al. Ps. 134 (135). 7.]

τελεσφορεῖν.
IV Ma. 13. 20. διὰ τῆς αὐτῆς ψυχῆς τελεσφορηθέντες
[Sm. Ps. 64 (65). 10: Is. 37. 27.]

τελεσφόρος. (1) קָדֵשׁ
De. 23. 18. οὐκ ἔσται τελεσφόρος ἀπὸ θυγ. 'Ισρ. (1)

τελετή. (1) *a.* קָדֵשׁ *b.* מִקְדָּשׁ
III Ki. 15. 12. ἀφεῖλε τὰς τ. ἀπὸ τῆς γῆς (1 a)
Wi. 12. 4. ἐπὶ τῷ ἔχθιστα πράσσειν . . . τελετὰς ἀνοσίους
14. 15. παρέδωκε τοῖς ὑποχειρίοις μυστήρια καὶ τελετάς
— 23. ἢ γὰρ τεκνοφόνους τελετὰς . . . ἄγοντες
Am. 7. 9. αἱ τ. τοῦ 'Ισρ. ἐρημωθήσονται (1 b)
III Ma. 2. 30. ἐν τοῖς κατὰ τελετὰς μεμυημένοις ἀναστρέφεσθαι
[Sm. III Ki. 14. 24: IV Ki. 23. 7.]

τελευταῖος. (1) אַחֲרִית
Pr. 14. 12. τὰ δὲ τ. αὐ. ἔρχεται εἰς πυθμένα ᾅδου (1)
— 13. τελευταῖα δὲ χαρὰ [A -ᾶς] εἰς πένθος ἔρχεται (1)
16. 25. τὰ μέντοι τ. αὐτῶν βλέπει εἰς πυθμένα ᾅδου (1)
20. 21. ἐν τοῖς τ. οὐκ εὐλογηθήσεται (1)
III Ma. 5. 49. βρέφη τελευταῖον ἕλκοντα γάλα
[Aq. Jo. 15. 21: Ps. 60 (61). 3: Is. 37. 24: 41. 5, 9: 56. 11.]
[Sm. I Ki. 9. 27: Ec. 9. 3.]
[Th. I Ki. 9. 27.]

τελευτᾶν. (1) גָּוַע (2) מוּת *a.* qal. *b.* hoph. (3) נָפַל

Ge. 6. 17. ὅσα ἐὰν ᾖ ἐπὶ τῆς γῆς τελευτήσει (1)
25. 32. πορεύομαι τελευτᾶν (2 a)
30. 1. τελευτήσω ἐγώ (2 a)
44. 31. καὶ ἔσται . . . τελευτήσει (2 a)
50. 5. A ὥρκισέ με πρὸ τοῦ τελευτῆσαι [B *al.*] –
— 16. ὥρκισε πρὸ τοῦ τελευτῆσαι αὐτόν (2 a)
— 26. ἐτελεύτησεν 'Ι. ἐτῶν ἑκατὸν δέκα (2 a)
Ex. 1. 6. ἐτελεύτησε δὲ 'Ι. (2 a)
2. 23. ἐτελεύτησεν ὁ βασ. Αἰγ. (2 a)
4. 18. ἐτελεύτησεν ὁ βασ. Αἰγ. –
7. 18. οἱ ἰχθύες οἱ ἐν τῷ ποταμῷ τελευτήσουσι (2 a)
— 21. οἱ ἰχθύες οἱ ἐν τῷ ποταμῷ ἐτελεύτησαν (2 a)
8. 13 (9). ἐτελεύτησαν οἱ βάτραχοι (2 a)
9. 4. οὐ τελευτήσει ἀπὸ πάντων τῶν τοῦ 'Ι. υἱῶν ῥητόν (2 a)
— 6. A[2]B ἐτελεύτησε πάντα τὰ κτήνη τῶν Αἰγ. (2 a)
— 6. A[2] B ἀπὸ δὲ τῶν κτηνῶν . . . οὐκ ἐτελεύτησεν οὐδέν (2 a)
— 7. A[2] B οὐκ ἐτελεύτησεν ἀπὸ πάντων τῶν κτηνῶν . . . οὐδέν (2 a)
— 19. καὶ τὰ κτήνη . . . τελευτήσει (2 a)
11. 5. τελευτήσει πᾶν πρωτότοκον (2 a)
19. 12. πᾶς ὁ ἁψάμ. τοῦ ὄρους θανάτῳ τελευτήσει (2 b)
21. 16 (17). τελευτήσει θανάτῳ [A θ. τελευτάτω] (2 b)
— 17 (16). θανάτῳ τελευτάτω [A θανατούσθω] (2 b)
— 34. τὸ δὲ τετελευτηκὸς [A τεθνηκὸς] αὐτῷ ἔσται (2 a)
— 35. καὶ τελευτήσῃ [A -σει] (2 a)
— 36. ὁ δὲ τετελευτηκὼς αὐτῷ ἔσται (2 a)
Ex. 22. 10 (9). καὶ συντριβῇ ἢ τελευτήσῃ [A τελευτήσει ἢ σ.] (2 a)
35. 2. πᾶς ὁ ποιῶν ἔργον ἐν αὐτῇ τελευτάτω (2 b)
Le. 16. 1. μετὰ τὸ τελευτῆσαι τοὺς δύο υἱοὺς 'Α. (2 a)
— 1. καὶ ἐτελεύτησαν (2 a)
21. 11. ἐπὶ πάσῃ ψυχῇ τετελευτηκυίᾳ (2 a)
24. 16. ἐν τῷ ὀνομάσαι αὐτὸν τὸ ὄν. κυρίου τελευτάτω (2 b)
Nu. 3. 4. ἐτελεύτησε N. καὶ 'Αβ. (2 a)
6. 6. ἐπὶ πάσῃ ψυχῇ τετελευτηκυίᾳ (2 a)
20. 1. ἐτελεύτησεν ἐκεῖ M. (2 a)
35. 16. ἐὰν δὲ . . . πατάξῃ αὐτὸν καὶ τελευτήσῃ (2 a)
De. 17. 5. καὶ τελευτήσουσιν (2 a)
25. 5. A οὐκ ἔσται ἡ γυνὴ τοῦ τετελευτηκότος [B τεθνηκότος] ἔξω (2 a)
— 6. ἔσται τὸ παιδίον . . . ἐκ τοῦ ὀνόματος τοῦ τετελευτηκότος (2 a)
32. 50. τελεύτα ἐν τῷ ὄρει (2 a)
34. 5. ἐτελεύτησε M. οἰκέτης κυρίου (2 a)
— 7. ἐν τῷ τελευτᾶν [A -τῆσαι] αὐτόν (2 a)
Jo. 1. 2. M. ὁ θεράπων μου τετελεύτηκε (2 a)
24. 33. 'Ελ. υἱὸς 'Α. ὁ ἀρχιερεὺς ἐτελεύτησε (2 a)
Jd. 2. 8. ἐτελεύτησεν 'I. υἱὸς Ναυή (2 a)
I Ch. 29. 28. ἐτελεύτησεν ἐν γήρει καλῷ (2 a)
II Ch. 13. 20. καὶ ἐτελεύτησε (2 a)
16. 13. ἐτελεύτησεν ἐν τῷ τριακοστῷ ἔτει τῆς βασ. αὐ. (2 a)
24. 15. καὶ ἐτελεύτησεν ὢν ἑκατὸν καὶ τριάκοντα ἐτῶν ἐν τῷ τελευτᾶν αὐτόν (2 a, 2 a)
Ju. 8. 3. ἐτελεύτησεν ἐν Βαιτ.
Jb. 1. 19. καὶ ἐτελεύτησαν [S[1] -εν] (2 a)
2. 9. καὶ τελεύτα (2 a)
3. 11. διὰ τί γὰρ ἐν κοιλίᾳ οὐκ ἐτελεύτησα (2 a)
4. 21. A καὶ ἐτελεύτησαν [B S ἐξηράνθησαν] (2 a)
12. 2. ἢ μεθ' ὑμῶν τελευτήσει σοφία (2 a)
14. 8. ἐν δὲ πέτρᾳ [A ἐὰν δὲ πέτραις] τελευτήσῃ [A -σει] (2 a)
— 10. ἀνὴρ δὲ τελευτήσας ᾤχετο (2 a)
21. 25. ὁ δὲ τελευτᾷ ὑπὸ πικρίας ψυχῆς (2 a)
27. 15. B S R θανάτῳ τελευτήσουσι [A -σωσιν] †
34. 15. τελευτήσει πᾶσα σὰρξ ὁμοθυμαδόν (1)
42. 17. ἐτελεύτησεν 'Ιὼβ πρεσβύτερος [S -ύτης] (2 a)
Pr. 5. 23. οὗτος τελευτᾷ μετὰ ἀπαιδεύτων (2 a)
10. 21. ἐν ἐνδείᾳ τελευτῶσιν [S[1] -τήσωσιν] (2 a)
11. 7. τελευτήσαντος ἀνδρὸς δικαίου (2 a)
15. 10. οἱ δὲ μισοῦντες ἐλέγχους τελευτῶσιν αἰσχρῶς (2 a)
Wi. 3. 18. ἐάν τε ὀξέως τελευτήσωσιν [S[1] -σουσιν]
4. 7. δίκαιος δὲ ἐὰν φθάσῃ τελευτῆσαι
Si. 8. 7. μνήσθητι ὅτι πάντες τελευτῶμεν
10. 10. βασιλεὺς σήμερον καὶ αὔριον τελευτήσει
14. 13. πρὶν σε τελευτῆσαι εὖ ποίει φίλῳ
— 18. ἡ μὲν τελευτᾷ ἑτέρα δὲ γεννᾶται
— 20. μακάριος ἀνὴρ ὃς ἐν σοφίᾳ τελευτήσει [S[2] μελετήσει]
23. 17. οὐ μὴ κοπάσῃ ἕως ἂν τελευτήσῃ [A -σει]
30. 4. ἐτελεύτησεν αὐτοῦ ὁ πατήρ
37. 31. δι' ἀπληστίαν πολλοὶ ἐτελεύτησαν
Am. 7. 11. ἐν ῥομφαίᾳ τελευτήσει 'Ιερ. (2 a)
— 17. ἐν γῇ ἀκαθάρτῳ τελευτήσεις (2 a)
9. 10. ἐν ῥομφαίᾳ τελευτήσουσι πάντες ἁμαρτωλοὶ λαοῦ μου (2 a)
Is. 66. 24. ὁ γὰρ σκώληξ αὐτῶν οὐ τελευτήσει [A -τᾷ] (2 a)
Je. 11. 22. τελευτήσουσιν ἐν λιμῷ (2 a)
Ez. 6. 12. A ὁ ἐγγὺς ἐν ῥομφαίᾳ τελευτήσει [B πεσεῖται] ὁ δὲ μακρὰν ἐν θανάτῳ τελευτήσει (3, 2 a)
7. 15. ὁ [A οἱ] ἐν τῷ πεδίῳ ἐν ῥομφαίᾳ τελευτήσει [A -σουσι] (2 a)
12. 13. ἐκεῖ τελευτήσει (2 a)
17. 16. μετ' αὐτοῦ ἐν μέσῳ Βαβ. τελευτήσει (2 a)
18. 17. οὐ τελευτήσει ἐν ἀδικίαις πατρὸς αὐτοῦ (2 a)
I Ma. 9. 29. ἀφ' οὗ ὁ ἀδ. σου 'Ιούδας τετελεύτηκε
II Ma. 6. 30. μέλλων δὲ ταῖς πληγαῖς τελευτᾶν
7. 5. ἀλλήλους παρεκάλουν . . . γενναίως τελευτᾶν
— 14. γενόμενος πρὸς τῷ τελευτᾶν
— 41. ἐσχάτη δὲ τῶν υἱῶν ἡ μήτηρ ἐτελεύτησε
III Ma. 1. 23. καὶ θαρραλέως ὑπὸ τοῦ πατρῴου νόμου τελευτᾶν
IV Ma. 4. 15. τελευτήσαντος δὲ Σελεύκου τοῦ βασ.
6. 22. εὐγενῶς ὑπὲρ τῆς εὐσεβείας τελευτᾶτε
11. 13. τελευτήσαντος δὲ καὶ τούτου
18. 9. ἐτελεύτησεν ὁ πατήρ
[Aq., Th. Je. 14. 15: Ez. 18. 17.]
[Sm. Ez. 18. 17.]

τελευτή. (1) אַחֲרִית (2) *a.* מָוֶת *b.* מוֹת

Ge. 27. 2. οὐ γινώσκω τὴν ἡμέραν τῆς τ. μου (2 *a*)
De. 31. 29. ἔσχατον τῆς τ. μου (2 *a*)
33. 1. ἣν εὐλόγησε . . . πρὸ τῆς [A *om.*] τ. αὐ. (2 *a*)
34. 6. A οὐκ οἶδεν οὐδεὶς τὴν τ. [B ταφὴν] αὐ. †
Jo. 1. 1. μετὰ τὴν τ. Μωυσῆ (2 *b*)
Jd. 1. 1. μετὰ τὴν τ. Ἰησοῦ (2 *b*)
I Ch. 22. 5. ἡτοίμασε Δ. . . . ἔμπροσθεν τῆς τ. αὐ. (2 *a*)
II Ch. 24. 17. μετὰ τὴν τ. Ἰ. (2 *b*)
26. 21. ἕως ἡμέρας τῆς τ. αὐ. (2 *a*)
Pr. 24. 14. ἔσται καλὴ ἡ τ. σου (1)
Wi. 2. 1. οὐκ ἔστιν ἴασις ἐν τελευτῇ ἀνθρώπου
— 5. οὐκ ἔστιν ἀναποδισμὸς [S ἀνταπ.] τῆς τ. ἡμῶν
4. 17. ὄψονται γὰρ τελευτὴν σοφοῦ
5. 4. ἐλογισάμεθα . . . τὴν τ. αὐτοῦ ἄτιμον [S^1 -μίαν]
Si. 1. 13. ἐν ἡμέρᾳ τελευτῆς αὐτοῦ
11. 26. ἐν ἡμέρᾳ τελευτῆς ἀποδοῦναι ἀνθρώπῳ
— 28. πρὸ τελευτῆς μὴ μακάριζε μηδένα
18. 24. μνήσθητι θυμοῦ ἐν ἡμέραις τελευτῆς [S *al.*]
30. 5. ἐν τῇ τ. αὐτοῦ οὐκ ἐλυπήθη
— 32 (33. 23). ἐν καιρῷ τελευτῆς διάδος κληρονομίαν
40. 2. ἐπίνοια προσδοκίας ἡμέρα τελευτῆς
46. 20. ὑπέδειξε βασιλεῖ τὴν τ. αὐτοῦ
48. 14. ἐν τελευτῇ θαυμάσια τὰ ἔργα αὐτοῦ
Ba. 3. 25. οὐκ ἔχει τελευτήν
I Ma. 9. 23. μετὰ τὴν τ. Ἰ.
II Ma. 10. 9. τὰ μὲν τῆς Ἀντιόχου . . . τ. οὕτως εἶχε
15. 39. ἐνταῦθα δὲ ἔσται ἡ τ.

τελέως.

III Ma. 7. 22. τὰ μεγαλεῖα τοῦ μεγ. θεοῦ ποιήσαντος τ.

τελίσκεσθαι. (1) קָדֵשׁ

De. 23. 18. καὶ οὐκ ἔσται τελισκόμενος (1)

τέλμα.

[**Aq.**, **Sm.** Je. 38 (45). 22.]
[**Al.** Ps. 134 (135). 7.]

τέλος. (1) *a.* מֶכֶס *b.* מִכְסָה (2) מַס (3) סוֹף (4) *a.* קֵץ *b.* קָצֶה *c.* קְצָת (5) **διὰ τέλους** תָּמִיד (6) **εἰς (τὸ) τέλος** *a.* כָּלָה *b.* כַּלֵּה *c.* לְכָלָה *d.* נֶצַח *e.* לַמְנַצֵּחַ *f.* לָנֶצַח *g.* לָעַד *h.* עַד־תֻּמָּם (7) **εἰς τέλος ἡμέρας μιᾶς** כְּיוֹם תָּמִים (8) **ἕως εἰς (τὸ) τέλος** *a.* עַד־לְכַלֵּה *b.* תָּמַם *c.* עַד־תֻּמָּם

Ge. 46. 4. ἀναβιβάσω σε εἰς τέλος †
Ex. *subscr.* R τέλος τῆς ἐξόδου [A B *al.*]
Le. 27. 23. λογιεῖται πρὸς αὐτὸν ὁ ἱ. τὸ τ. τῆς τιμῆς (1 *b*)
Nu. 17. 13 (28). ἕως εἰς τέλος ἀποθάνωμεν (8 *b*)
31. 28 ἀφελεῖτε τέλος [A τὸ τ.] κυρίῳ (1 *a*)
— 37. ἐγένετο τὸ τ. κυρίῳ (1 *a*)
— 38, 39. καὶ τὸ τ. κυρίῳ (1 *a*)
— 40. καὶ τὸ τ. αὐ. κυρίῳ (1 *a*)
— 41. ἔδωκε Μ. τὸ τ. κυρίῳ (1 *a*)
subscr. R τέλος τῶν ἀριθμῶν
De. 31. 24, 30. ἕως εἰς τέλος (8 *c*)
subscr. R τέλος τοῦ δευτερονομίου
Jo. 3. 16. ἕως εἰς τὸ τ. ἐξέλιπε (8 *b*)
8. 24. οὗ κατεδίωξαν αὐτοὺς ἀπ' αὐτῆς εἰς [A ἕως εἰς] τέλος (6 *h* [8 *c*])
10. 13. οὐ προεπορεύετο . . . εἰς τέλος ἡμέρας μιᾶς (7)
— 20. κόπτοντες αὐτοὺς κοπὴν μεγάλην σφόδρα ἕως εἰς τέλος (8 *c*)
Jd. 11. 39. ἐν τέλει τῶν [A μετὰ τέλος] δύο μηνῶν (4 *a*)
subscr. R τέλος τῶν κριτῶν [A B *al.*]
Ru. *subscr.* A R τέλος τῆς Ῥούθ [B *al.*]
II Ki. 15. 7. ἀπὸ τέλους τεσσαράκοντα ἐτῶν (4 *a*)
24. 8. ἀπὸ τέλους ἐννέα μηνῶν καὶ εἴκοσι ἡμερῶν (4 *b*)
IV Ki. 8. 3. μετὰ τὸ τ. τῶν ἑπτὰ ἐτῶν (4 *b*)
18. 10. ἀπὸ τέλους τριῶν ἐτῶν (4 *b*)
19. 23. A εἰς μέρος τέλους αὐ. δρυμοῦ [B *al.*] (4 *b**, 4 *a*)
I Ch. 28. 9. καταλείψει σε εἰς τέλος (6 *g*)
29. 19. τοῦ ἐπὶ τέλος ἀγαγεῖν τὴν κατασκευὴν τοῦ οἴκου σου †
II Ch. 12. 12. καὶ οὐκ εἰς καταφθορὰν εἰς τέλος (6 *c*)
18. 2. κατέβη διὰ τέλους ἐτῶν (4 *a*)
31. 1. κατέσπασαν τὰ ὑψηλὰ . . . ἕως εἰς τέλος (8 *a*)
subscr. R τέλος τῶν παραλειπομένων [A B *al.*]
Ne. 13. 6. B^2 S μετὰ τέλος [A R τὸ τ. τῶν] ἡμερῶν (4 *a*)
Ju. 7. 30. οὐ γὰρ ἐγκαταλείψει ἡμᾶς εἰς τέλος
14. 13. ἵνα ἐξολεθρευθῶσιν εἰς τέλος
subscr. R τέλος τῆς Ἰ. [A B S *al.*]
Es. 3. 13. ὅπως . . . ἀτάραχα παρέχωσιν ἡμῖν διὰ τέλους τὰ πράγματα
10. 1. A S ἔγραψε δὲ ὁ βασ. τέλη [B *al.*] (2)
subscr. R τέλος τῆς Ἐσθήρ [A B S *al.*]
Jb. 6. 9. εἰς τέλος δὲ μή με ἀνελέτω †
14. 20. ὦσας αὐτὸν εἰς τέλος (6 *f*)
20. 7. τότε εἰς τέλος ἀπολεῖται (6 *f*)
— 28. ἑλκύσαι τὸν οἶκον αὐ. ἀπώλεια εἰς τέλος †
23. 3. καὶ ἔλθοιμι εἰς τέλος †
— 7. ἐξαγάγοι δὲ εἰς τέλος τὸ κρίμα μου (6 *f*)
Ps. 4. *tit.* εἰς τὸ τ. ἐν ψαλμοῖς ᾠδὴ [A τ. ψαλμὸς] τῷ Δαυίδ (6 *e*)
5. *tit.* εἰς τὸ τ. ὑπὲρ τῆς κληρονομούσης (6 *e*)
6. *tit.* εἰς τὸ τ. ἐν ὕμνοις ὑπὲρ τῆς ὀγδόης (6 *e*)
8. *tit.* εἰς τὸ τ. ὑπὲρ τῶν ληνῶν (6 *e*)
9. *tit.* εἰς τὸ τ. ὑπὲρ τῶν κρυφίων τοῦ υἱοῦ (6 *e*)
— 6. τοῦ ἐχθροῦ ἐξέλιπον αἱ ῥομφαῖαι εἰς τέλος (6 *f*)
— 18. A S^2 οὐκ εἰς τέλος ἐπιλησθήσεται ὁ πτωχὸς ἡ ὑπομονὴ τῶν πενήτων οὐκ ἀπολεῖται εἰς τέλος [B S^1 τὸν αἰῶνα] (6 *f*, 6 *g*)
— 32 (10. 11). τοῦ μὴ βλέπειν εἰς τέλος (6 *f*)
10 (11). *tit.* εἰς τὸ τ. ψαλμὸς τῷ Δαυίδ (6 *e*)
11 (12). *tit.* εἰς τὸ τ. ὑπὲρ τῆς ὀγδόης (6 *e*)
12 (13). *tit.* εἰς τὸ τ. ψαλμὸς τῷ Δαυίδ (6 *e*)
— 1. ἕως πότε, κύριε, ἐπιλήσῃ μου εἰς τέλος (6 *d*)
13 (14). *tit.* εἰς τὸ τ. ψαλμὸς τῷ Δαυίδ (6 *e*)
15 (16). 11. τερπνότητες [A -ότης] ἐν τῇ δεξιᾷ σου εἰς τέλος (6 *d*)
17 (18). *tit.* εἰς τὸ τ. τῷ παιδὶ κυρίου τῷ Δαυίδ (6 *e*)
— 35. ἡ παιδεία σου ἀνώρθωσέ με εἰς τέλος [S^1 *om.* εἰς τ.] –
18 (19). *tit.*: 19 (20). *tit.*: 20 (21). *tit.* εἰς τὸ τ. ψαλμὸς τῷ Δαυίδ (6 *e*)
21 (22). *tit.* εἰς τὸ τ. ὑπὲρ τῆς ἀναλήψεως τῆς ἑωθινῆς (6 *e*)
29 (30). *tit.* εἰς τὸ τ. [A S *om.* εἰς τὸ τ.] ψαλμὸς ᾠδῆς –
30 (31). *tit.* εἰς τὸ τ. ψαλμὸς τῷ Δαυίδ (6 *e*)
35 (36). *tit.* εἰς τὸ τ. τῷ δούλῳ κυρίου τῷ Δαυίδ [A *al.*] (6 *e*)
36 (37). *tit.* A εἰς τὸ τ. ψαλμὸς τῷ Δ. [B S *al.*] –
37 (38). 6. κατεκάμφθην ἕως τέλους †
38 (39). *tit.* εἰς τὸ τ. τῷ Ἰδιθούν (6 *e*)
39 (40). *tit.* εἰς τὸ τ. τῷ Δαυὶδ ψαλμός (6 *e*)
40 (41). *tit.* εἰς τὸ τ. ψαλμὸς τῷ Δαυίδ (6 *e*)
41 (42). *tit.* εἰς τὸ τ. εἰς σύνεσιν (6 *e*)
42 (43). *tit.* A εἰς τὸ τ. συνέσεως τοῖς υἱοῖς Κορέ –
43 (44). *tit.* εἰς τὸ τ. τοῖς υἱοῖς Κορέ (6 *e*)
— 23. μὴ ἀπώσῃ εἰς τέλος (6 *f*)
44 (45). *tit.* εἰς τὸ τ. ὑπὲρ τῶν ἀλλοιωθησομένων τοῖς υἱοῖς Κορέ [A *al.*] (6 *e*)
45 (46). *tit.* εἰς τὸ τ. ὑπὲρ τῶν υἱῶν Κορέ [A S *al.*] (6 *e*)
46 (47). *tit.* εἰς τὸ τ. ὑπὲρ τῶν υἱῶν Κορὲ ψαλμός [A *al.*] (6 *e*)
47 (48). *tit.* A εἰς τὸ τ. ψαλμὸς τῷ Δαυίδ [B S *al.*] †
48 (49). *tit.* εἰς τὸ τ. τοῖς υἱοῖς Κορὲ ψαλμός [A *al.*] (6 *e*)
— 9. ζήσεται εἰς τέλος (6 *f*)
49 (50). *tit.* A εἰς τὸ τ. ψαλμὸς τῷ Δ. [B S *al.*] –
50 (51). *tit.* εἰς τὸ τ. ψαλμὸς τῷ Δαυίδ (6 *e*)
51 (52). *tit.* εἰς τὸ τ. συνέσεως τῷ Δαυίδ (6 *e*)
— 5. ὁ θεὸς καθελεῖ σε εἰς τέλος (6 *f*)
52 (53). *tit.* εἰς τὸ τ. ὑπὲρ μαελέθ (6 *e*)
53 (54). *tit.*: 54 (55). *tit.* εἰς τὸ τ. ἐν ὕμνοις (6 *e*)
55 (56). *tit.* εἰς τὸ τ. ὑπὲρ τοῦ λαοῦ τοῦ ἀπὸ τῶν ἁγίων μεμακρυμμένου (6 *e*)
56 (57). *tit.*, 57 (58). *tit.*, 58 (59). *tit.* εἰς τὸ τ. μὴ διαφθείρῃς (6 *e*)
59 (60). *tit.* εἰς τὸ τ. τοῖς ἀλλοιωθησομένοις ἔτι (6 *e*)
Ps. 60 (61). *tit.* εἰς τὸ τ. ἐν ὕμνοις (6 *e*)
61 (62). *tit.* εἰς τὸ τ. ὑπὲρ Ἰδιθούν (6 *e*)
63 (64). *tit.* εἰς τὸ τ. ψαλμὸς τῷ Δαυίδ (6 *e*)
64 (65). *tit.* εἰς τὸ τ. ψαλμὸς τῷ Δαυὶδ ᾠδή (6 *e*)
65 (66). *tit.* εἰς τὸ τ. ᾠδὴ ψαλμοῦ ἀναστάσεως [S *om.*] (6 *e*)
66 (67). *tit.* εἰς τὸ τ. ἐν ὕμνοις (6 *e*)
67 (68). *tit.* εἰς τὸ τ. τῷ Δαυὶδ ψαλμὸς ᾠδῆς (6 *e*)
— 16. καὶ γὰρ ὁ κ. κατασκηνώσει εἰς τέλος (6 *f*)
68 (69). *tit.* εἰς τὸ τ. ὑπὲρ τῶν ἀλλοιωθησομ. (6 *e*)
69 (70). *tit.* εἰς τὸ τ. τῷ Δαυὶδ εἰς ἀνάμνησιν (6 *e*)
72 (73). 6. S^2 ἐκράτησεν αὐτοὺς ἡ ὑπερηφανία εἰς τέλος [B S^1 *om.* εἰς τ.] –
73 (74). 1. ἵνα τί ἀπώσω ὁ θεὸς εἰς τέλος (6 *f*)
— 3. ἔπαρον τὰς χεῖράς σου ἐπὶ τὰς ὑπερηφανίας αὐτῶν εἰς τέλος (6 *d*)
— 10. παροξυνεῖ ὁ ὑπεναντίος τὸ ὄνομά σου εἰς τέλος (6 *f*)
— 11. καὶ τὴν δεξιάν σου ἐκ μέσου τοῦ κόλπου σου εἰς τέλος (6 *b*)
— 19. τῶν ψυχῶν τῶν πενήτων σου μὴ ἐπιλάθου εἰς τέλος (6 *f*)
74 (75). *tit.* εἰς τὸ τ. μὴ διαφθείρῃς (6 *e*)
75 (76). *tit.* εἰς τὸ τ. ἐν ὕμνοις (6 *e*)
76 (77). *tit.* εἰς τὸ τ. ὑπὲρ Ἰδιθούν (6 *e*)
— 8. ἢ εἰς τέλος ἀποκόψει τὸ ἔλεος (6 *f*)
78 (79). 5. ἕως πότε, κύριε, ὀργισθήσῃ εἰς τέλος (6 *f*)
79 (80). *tit.* εἰς τὸ τ. ὑπὲρ τῶν ἀλλοιωθησομ. (6 *e*)
80 (81). *tit.* εἰς τὸ τ. ὑπὲρ τῶν ληνῶν [A ἀλλοιωθησομένων] (6 *e*)
83 (84). *tit.* εἰς τὸ τ. ὑπὲρ τῶν ληνῶν (6 *e*)
84 (85). *tit.* εἰς τὸ τ. τοῖς υἱοῖς Κορὲ ψαλμός (6 *e*)
87 (88). *tit.* εἰς τὸ τ. [S *om.* εἰς τὸ τ.] ὑπὲρ μαελὲθ τοῦ ἀποκριθῆναι (6 *e*)
88 (89). 46. ἕως πότε, κύριε, ἀποστρέφεις [R -ῃ, B -ψεις] εἰς τέλος (6 *f*)
102 (103). 9. οὐκ εἰς τέλος ὀργισθήσεται (6 *f*)
108 (109). *tit.* εἰς τὸ τ. ψαλμὸς τῷ Δ. (6 *e*)
138 (139). *tit.* B S εἰς τὸ τ. ψαλμὸς τῷ Δαυίδ [A *al.*] (6 *e*)
139 (140). *tit.* εἰς τὸ τ. τῷ Δαυὶδ ψαλμός (6 *e*)
Ec. 3. 11. ἀπ' ἀρχῆς καὶ μέχρι τέλους (3)
7. 3 (2). τοῖτο τέλος [A τὸ τ.] παντὸς ἀνθρώπου (3)
12. 13. τέλος λόγου τὸ πᾶν ἄκουε (3)
Wi. 3. 19. γενεᾶς γὰρ ἀδίκου χαλεπὰ τὰ τ.
7. 18. ἀρχὴν καὶ τέλος καὶ μεσότητα χρόνων
11. 14. ἐπὶ τέλει τῶν ἐκβάσεων ἐθαύμασαν
14. 14. σύντομον αὐτῶν τέλος [A τὸ τ.] ἐπενοήθη
16. 5. οὐ μέχρι τέλους ἔμεινεν ἡ ὀργή σου
19. 1. τοῖς δὲ ἀσεβέσι μέχρι τέλους ἀνελεήμων θυμὸς ἐπέστη
Si. 10. 13. κατέστρεψεν εἰς τέλος αὐτούς
12. 11. οὐκ εἰς τέλος κατίωσε
43. 26. δι' αὐτὸν εὐοδία [A -δοκία] τέλος [S^2 -ους] αὐτοῦ
Am. 9. 8. οὐκ εἰς τέλος ἐξαρῶ τὸν οἶκον Ἰ. †
Hb. 1. 4. οὐ διεξάγεται εἰς τέλος κρίμα (6 *f*)
3. 13. S^2 εἰς τέλος [A B S^1 *om.* εἰς τ.] διάψαλμα –
Is. 19. 15. ὃ ποιήσει . . . ἀρχὴν καὶ τ. †
62. 6. οἳ διὰ τέλους οὐ σιωπήσονται (5)
Ba. 3. 17. οὐκ ἔστι τ. τῆς κτήσεως αὐτῶν
Ez. 15. 4. ἐκλείπει εἰς τ. †
— 5. πῦρ αὐτὸ ἀναλώσῃ εἰς τ. †
20. 40. δουλεύσουσί μοι πᾶς οἶκος Ἰσραὴλ εἰς τ. (6 *a*)
22. 30. τοῦ μὴ εἰς τ. ἐξαλεῖψαι αὐτήν –
36. 10. πᾶν οἶκον Ἰσραὴλ εἰς τ. (6 *a*)
Da. LXX. 3. (34). μὴ παραδῷς ἡμᾶς εἰς τέλος
7. 26. καὶ ἀπολέσαι ἕως τέλους (3)
9. 27. ἐν τῷ τ. τῆς ἑβδομάδος ἀρθήσεται ἡ θυσία –
Da. TH. 1. 15. μετὰ τὸ τ. τῶν δέκα ἡμερῶν (4 *c*)
— 18. μετὰ τὸ τ. τῶν ἡμερῶν (4 *c*)
2. 34. καὶ ἐλέπτυνεν αὐτοὺς εἰς τέλος –
3. 19. ἕως οὗ εἰς τέλος ἐκκαῇ –
— (34). μὴ δὴ παραδῷς ἡμᾶς εἰς τέλος
4. 31. μετὰ τὸ τ. τῶν ἡμερῶν (4 *c*)
6. 26 (27). καὶ ἡ κυρεία αὐ. ἕως τέλους (3)
7. 26. τοῦ ἀπολέσαι ἕως τέλους (3)
9. 26. ἕως τέλους πολέμου συντετμημένου (4 *a*)
11. 13. εἰς τὸ τέλος τῶν καιρῶν ἐνιαυτῶν (4 *a*)
Bel *subscr.* A R τέλος Δαν. προφήτου [B Δαν.]
I Ma. 10. 31. αἱ δεκάται καὶ τὰ τ.
11. 35. τὰ ἄλλα . . . τῶν τ. τῶν ἀνηκόντων ἡμῖν
II Ma. 5. 5. καὶ τέλος ἤδη καταλαμβανομένης τῆς πόλεως
— 7. τὸ δὲ τ. τῆς ἐπιβουλῆς αἰσχύνην λαβών

II Ma. 6. 15. πρὸς τέλος ἀφικομένων ἡμῶν τῶν ἁμαρτιῶν
8. 29. εἰς τέλος καταλλαγῆναι τοῖς αὐτοῦ δούλοις
13. 16. τὸ τ. τὴν παρεμβολὴν δέους . . . ἐπλήρωσαν
III Ma. 1. 26. τέλος ἐπιθήσειν δοκῶν τῷ προειρημένῳ
3. 14. ἐπιστρατείας . . . κατὰ λόγον ἐπὶ τέλος ἀχθείσης
4. 14. στρεβλωθέντας δὲ . . . τὸ τ. ἀφανίσαι
— 15. ἀνήνυτον λαμβάνουσα τὸ τ.
5. 19. τὸ προσταγὲν ἐπὶ τέλος ἁγιοχέναι
— 49. εἶναι τὸ τ. τῆς ἀθλιωτάτης προσδοκίας
IV Ma. 12. 4. τῆς μὲν τῶν ἀδ. σου ἀπονοίας τὸ [S[1] om.] τ. ὁρᾷς
[**Aq.** Ge. 6. 14 (13) : Jb. 6. 11 : 16. 3 : 28. 3 : Ec. 4. 8, 16 : Is. 9. 7 (6) : Je. 42 (49). 7.]
[**Sm.** Ps. 12 (13). 2 : 43 (44). 24 : 67 (68). 17 : 88 (89). 47 : Ec. 4. 16 : 7. 9 (8) : Is. 19. 15 : 25. 8 : 33. 20 : 57. 16 : Am. 1. 11.]
[**Th.** Jo. 15. 21 : Jd. 11. 39 : Ps. 11 (12). 1 : 73 (74). 1 : Is. 28. 28 : Da. 1. 15 : 9. 26 : 11. 13 : Am. 1. 11 : Mi. 7. 18.]
[**Sam.** Nu. 31. 26.]
[**Al.** Jo. 3. 2 : Jd. 5. 26 : Ps. 9. 19 : 47 (48). 11 : 48 (49). 20 : 66 (67). 8 : 97 (98). 3 : Da. 11. 13.]
[**Sext.** Ps. 3. 3 : 9. 1 : 19 (20). 4 : 38 (39). 6 : 75 (76). 4, 10 : Am. 1. 11.]
[**Heb.** Ez. 47. 11 (Sw.).]

τελωνεῖσθαι.

I Ma. 13. 39. εἴ τι ἄλλο ἐτελωνεῖτο ἐν Ἱερ. μηκέτι τελωνείσθω

τέμαχος.

[**Al.** I Ki. 17. 18.]

τέμενος. (1) אוֹב (2) הֵיכָל (3) חַמָּן

IV Ki. 21. 6. B[3] R ἐποίησε τεμένη [A B[1] al.] (1)
Ho. 8. 14. ᾠκοδόμησαν τεμένη (2)
Ez. 6. 4. συντριβήσονται . . . τὰ τ. ὑμῶν (3)
— 6. καὶ ἐξαρθῇ τὰ τ. ὑμῶν (3)
I Ma. 1. 47. οἰκοδομῆσαι . . . τεμένη
5. 43. ἔφυγον εἰς τὸ τ.
— 44. τὸ τ. ἐνεπύρισαν ἐν πυρί
II Ma. 1. 15. R εἰς τὸν περίβολον τοῦ τ. [A -ου]
10. 2. ἔτι δὲ τεμένη καθεῖλαν
11. 3. καθὼς τὰ λοιπὰ τῶν ἐθνῶν τ.
III Ma. 1. 7. καὶ τοῖς τ. δωρεὰς ἀπονείμας
— 13. αὐτὸν εἰσερχόμενον εἰς πᾶν τ.
[**Aq., Th.** Is. 27. 9 : Ez. 6. 4.]
[**Sm.** Is. 27. 9.]

τέμνειν. (1) *a.* נָזַר *b.* נָזַר ithpe. (2) זָמַר *a.* qal. *b.* ni. (3) רָקַע pi.

Ex. 36. 10 (39. 3). ἐτμήθη τὰ πέταλα τοῦ χρυσίου τρίχες (3)
Le. 25. 3. ἓξ ἔτη τεμεῖς τὴν ἄμπελόν σου (2 *a*)
— 4. τὴν ἄμπελόν σου οὐ τεμεῖς (2 *a*)
IV Ki. 6. 4. ἔτεμνον τὰ ξύλα (1 *a*)
Wi. 5. 12. τμηθεὶς ὁ ἀὴρ εὐθέως εἰς ἑαυτὸν ἀνελύθη
Is. 5. 6. οὐ μὴ τμηθῇ οὐδὲ μὴ σκαφῇ (2 *b*)
Da. LXX. 2. 34. ἐτμήθη λίθος ἐξ ὄρους (1 *b*)
— 45. ἐξ ὄρους τμηθῆναι λίθον (1 *b*)
Da. TH. 2. 34. A ἕως οὗ ἐτμήθη λίθος . . . ἄνευ χειρῶν [B al.] (1 *b*)
— 45. ἀπὸ ὄρους ἐτμήθη λίθος (1 *b*)
IV Ma. 9. 17. τέμνετέ μου τὰ μέλη
10. 19. προκεχάλασται ἡ γλῶσσα τέμνε
[**Aq.** Da. 9. 26.]
[**Sm.** Ps. 89 (90). 10 : Is. 10. 18 : Da. 9. 26.]
[**Th.** Da. 2. 34†.]
[**Al.** Ez. 16. 4.]

τενοντοκοπεῖν.

[**Aq.** Ex. 34. 20.]

τενοντοῦν.

[**Aq.** Ex. 13. 13 : Dt. 21. 4 : Is. 66. 3.]

τένων.

IV Ma. 9. 27. ἀπὸ τῶν τ. . . . ἐπισπασάμενοι
[**Aq.** Dt. 9. 6 (?) : I Ki. 4. 18.]
[**Sm.** Je. 7. 26.]
[**Al.** Le. 5. 8.]
[**Heb.** Jb. 16. 12.]

τέρας. (1) מוֹפֵת (2) *a.* פֶּלֶא *b.* פָּלָא hi. (3) שַׁמָּה (4) תְּמַהּ

Ex. 4. 21. ὅρα πάντα τὰ τ. (1)
7. 3. πληθυνῶ . . . τὰ τ. [A add. μου] (1)
Ex. 7. 9. δότε ἡμῖν . . . τέρας (1)
11. 9. ἵνα πληθύνων πληθύνω μου . . . τὰ τ. (1)
— 10. ἐποίησαν . . . τὰ τ. ταῦτα (1)
15. 11. ποιῶν τέρατα (2 *a*)
De. 4. 34. λαβεῖν ἑαυτῷ ἔθνος . . . ἐν τέρασι (1)
6. 22. ἔδωκε κύριος . . . τ. μεγάλα καὶ πονηρά (1)
7. 19. μνησθήσῃ . . . τὰ τ. (1)
11. 3. οὐδὲ ἴδοσαν . . . τὰ τ. αὐ. †
13. 1 (2). καὶ δῷ σοι σημεῖον ἢ τέρας (1)
— 2 (3). καὶ ἔλθῃ τὸ σημεῖον ἢ τὸ τ. (1)
26. 8. ἐξήγαγεν ἡμᾶς . . . ἐν τέρασι (1)
28. 46. ἔσται ἐν σοὶ σημεῖα καὶ τέρατα (1)
29. 3 (2). τὰ σημεῖα καὶ τὰ τ. τὰ μεγάλα ἐκεῖνα (1)
34. 11. ἐν πᾶσι τοῖς σημείοις καὶ τέρασιν (1)
III Ki. 13. 3. δώσει ἐν τῇ ἡμέρᾳ ἐκ. τέρας (1)
— 3. A τοῦτο τ. [B τὸ ῥῆμα] ὃ ἐλάλησε κύριος (1)
— 5. κατὰ τὸ τ. ὃ ἔδωκεν ὁ ἄνθρωπος τοῦ θ. (1)
I Ch. 16. 12. τέρατα καὶ κρίματα τοῦ στόματος αὐ. (1)
II Ch. 32. 31. πυθέσθαι παρ' αὐτοῦ τὸ τ. (1)
Ne. 9. 10. ἔδωκας σημεῖα καὶ τέρατα [A S om. κ. τ.] ἐν Αἰγ. (1)
Es. 10. 3. ἐποίησεν ὁ θεὸς . . . τὰ τ. τὰ μεγάλα
Ps. 45 (46). 8. ἃ ἔθετο τέρατα ἐπὶ τῆς γῆς (3)
70 (71). 7. ὡσεὶ τέρας ἐγενήθην τοῖς πολλοῖς (1)
77 (78). 43. καὶ τὰ τ. αὐτοῦ ἐν πεδίῳ Τάνεως (1)
104 (105). 5. τὰ τ. αὐτοῦ καὶ τὰ κρίματα τοῦ στόματος αὐτοῦ (1)
— 27. καὶ τῶν τ. ἐν γῇ Χάμ (1)
134 (135). 9. ἐξαπέστειλε σημεῖα καὶ τέρατα (1)
Wi. 8. 8. σημεῖα καὶ τέρατα προγινώσκει
10. 16, 19 (S[1]). φοβεροῖς ἐν τέρασι καὶ σημείοις
17. 15. τὰ μὲν τέρασιν ἠλαύνοντο φαντασμάτων
19. 8. θεωρήσαντες θαυμαστὰ τέρατα
Si. 45. 19. ἐποίησεν αὐτοῖς [S ἐν αὐ.] τέρατα
48. 14. ἐν ζωῇ αὐτοῦ ἐποίησε τέρατα
Jl. 2. 30 (3. 3). δώσω τέρατα ἐν οὐρανῷ (1)
Is. 8. 18. ἔσται [A S add. εἰς] σημεῖα καὶ τέρατα (1)
20. 3. ἔσται εἰς [A S om.] σημεῖα καὶ τέρατα τοῖς Αἰγυπτίοις (1)
24. 16. τέρατα ἠκούσαμεν †
28. 29. παρὰ κυρίου σαβαὼθ ἐξῆλθε τὰ τ. (2 *b*)
Je. 39 (32). 20. ἐποίησας σημεῖα καὶ τέρατα (1)
— 21. ἐν σημείοις καὶ ἐν τέρασιν (1)
Ba. 2. 11. ἐξήγαγες τὸν λαόν σου . . . ἐν τέρασι
Ez. 12. 6. τ. δέδωκά σε τῷ οἴκῳ Ἰσραήλ (1)
— 11. ἐγὼ τέρατα ποιῶ (1)
24. 24. ἔσται Ἰεζεκιὴλ ὑμῖν εἰς τ. (1)
— 27. ἔσῃ αὐτοῖς εἰς τ. (1)
Da. LXX. 3. 32 (99). τὰ τ. . . . ἤρεσεν ἐναντίον μου ἀναγγεῖλαι ὑμῖν (4)
4. 34. ποιεῖ σημεῖα καὶ τέρατα –
Da. TH. 3. 32 (99). τὰ τ. . . . ἤρεσεν ἐναντίον ἐμοῦ ἀναγγεῖλαι ὑμῖν (4)
6. 27 (28). ποιεῖ σημεῖα καὶ τέρατα (4)
[**Aq.** Is. 8. 18 : Ez. 11. 1 (P.) : Za. 3. 8.]
[**Sm.** Ps. 70 (71). 7 : 77 (78). 43 : Is. 8. 18 : Ez. 11. 1 (P.).]
[**Th.** Is. 8. 18.]

τεράστιος.

[**Sm.** Nu. 13. 34 (33) : Ps. 25 (26). 7 : 39 (40). 6 : 76 (77). 12 : 87 (88). 11 : 97 (98). 1 : 106 (107). 8 : 118 (119). 18.]

τερατεύεσθαι.

III Ma. 1. 14. κακῶς αὐτὸ τοῦτο τερατεύεσθαι

τερατοποιός.

II Ma. 15. 21. ἐπεκαλέσατο τὸν τ. κύριον
III Ma. 6. 32. τὸν . . . τ. αἰνοῦντες θεόν

τερατοσκόπος. (1) יִדְּעֹנִי (2) מוֹפֵת

De. 18. 11. ἐγγαστρίμυθος καὶ τερατοσκόπος (1)
Za. 3. 9 (8). ἄνδρες τ. εἰσί (2)

τερατώδης.

Wi. 17. 9. S[1] εἰ μηδὲν αὐτοὺς τερατῶδες [A B S[2] ταραχῶδες] ἐφόβει

τεραφείν.

[**Aq.** Ez. 21. 21 (26) (P.).]

τερέβινθος, τερέμινθος, τέρμινθος. (1) *a.* אַיִל *b.* אַלָּה *c.* אֵלָה (2) בָּטְנָה

Ge. 14. 6. ἕως τῆς τ. τῆς Φ. (1 *a*)
43. 11. καταγάγετε . . . τερέμινθον καὶ κάρυα (2)
Jo. 17. 9. τερέμινθος [A ἡ τερέβ.] τῷ Ἐφρ. †
Jo. 24. 26. ἔστησεν αὐτὸν Ἰ. ὑπὸ τὴν τ. (1 *b*)
Jd. 6. 11. ἐκάθισεν ὑπὸ τὴν τ. [A al.] (1 *c*)
— 19. ἐξήνεγκεν αὐτὰ . . . ὑπὸ τὴν τ. [A δρῦν] (1 *c*)
Si. 24. 16. A S ὡς τερέβινθος [B -μινθος] ἐξέτεινα κλάδους μου
Is. 1. 30. ὡς τ. ἀποβεβληκυῖα τὰ φύλλα (1 *c*)
6. 13. πάλιν ἔσται εἰς προνομὴν ὡς τ. (1 *c*)
[**Aq.** I Ki. 21. 9 (10) : Ez. 6. 13 : Ho. 4. 13.]

τέρετρον. (1) מַקָּבָה

Is. 44. 12. ἐν τερέτρῳ ἔστησεν [A ἔτρησεν] αὐτό (1)
[**Sm.** Is. 44. 12.]

τέρμα. (1) εἶναι τ. חָקַר ni. (2) קֶצֶב

III Ki. 7. 37. A μέτρον ἓν τέρμα ἓν [B om. τ. ἓν] πάσαις (2)
— 47. οὐκ ἦν τέρμα τῶν σταθμῶν (1)
Wi. 12. 27. τὸ τ. τῆς καταδίκης ἐπ' αὐτοὺς ἐπῆλθε

τέρπειν. (1) עָלַז (2) רָנַן *a.* qal. *b.* hi. *c.* רְנָנָה (3) שִׂישׂ (4) שָׂמַח pi.

Jb. 39. 13. πτέρυξ τερπομένων νεέλασσα (2 *c*)
Ps. 34 (35). 9. τερφθήσεται ἐπὶ τῷ σωτηρίῳ αὐτοῦ (3)
64 (65). 8. ἐξόδους πρωΐας καὶ ἑσπέρας τέρψεις (2 *b*)
67 (68). 3. τερφθήτωσαν ἐν εὐφροσύνῃ (3)
118 (119). 14. ἐν τῇ ὁδῷ τῶν μαρτυρίων σου ἐτέρφθην (3)
Pr. 27. 9. θυμιάμασι τέρπεται καρδία (4)
Wi. 1. 13. οὐδὲ τέρπεται ἐπ' ἀπωλείᾳ ζώντων
13. 3. ὧν εἰ μὲν τῇ καλλονῇ τερπόμενοι θεοὺς ὑπελάμβανον
Si. 1. 12. φόβος κυρίου τέρψει καρδίαν
26. 13. χάρις γυναικὸς τέρψει τὸν ἄνδρα αὐτῆς
Ze. 3. 14. S[1] τέρπου [A B S[2] κατατ.] ἐξ ὅλης τῆς καρδίας σου (1)
Za. 2. 10 (14). τέρπου καὶ εὐφραίνου (2 *a*)
II Ma. 15. 39. τὸ τῆς κατασκευῆς τοῦ λόγου τέρπει τὰς ἀκοάς
[**Sm.** Ge. 4. 4 : Ps. 118 (119). 143.]
[**Th.** Is. 54. 1.]

τερπνός. (1) נָעִים

Ps. 80 (81). 2. ψαλτήριον τερπνὸν μετὰ κιθάρας (1)
132 (133). 1. ἰδοὺ δὴ τί καλὸν ἢ τί τερπνόν (1)
[**Sext.** Ca. 1. 16.]

τερπνότης. (1) *a.* נָעִים *b.* נֹעַם

Ps. 15 (16). 11. τερπνότητες [A S[4] -ότης] ἐν τῇ δεξιᾷ σου εἰς τέλος (1 *a*)
26 (27). 4. τοῦ θεωρεῖν με τὴν τ. κυρίου (1 *b*)
[**Th.** Ps. 118 (119). 143.]
[**Al.** Ps. 140 (141). 4.]

τέρψις. (1) רִנָּה

III Ki. 8. 28. A B ἀκούειν τῆς τ. [R al.] (1)
Wi. 8. 18. ἐν φιλίᾳ αὐτῆς τέρψις ἀγαθή
— 18. S[1] ἐν πόνοις χειρῶν αὐτῆς τέρψις [A B S[2] πλοῦτος] ἀνεκλιπής
Ze. 3. 17. εὐφρανθήσεται ἐπὶ σὲ ἐν τέρψει (1)
I Ma. 3. 45. ἐξήρθη τέρψις ἐξ Ἰ.
III Ma. 4. 6. ἀντὶ τέρψεως μεταλαβοῦσαι γόους

τεσσαράκοντα (-ερ.)

Ge. 5. 13 : 7. 4 *bis*, 12 *bis*, 17 *bis* : 8. 6 : 18. 28 *bis*, 29 *bis* : 25. 20 : 26. 34 : 32. 15 (16) : 47. 28 : 50. 3.
Ex. 16. 35 : 24. 18 *bis* : 26. 19, 21 : 34. 28 *bis*.
Le. 25. 8.
Nu. 1. 21, 33, 25, 41 : 2. 11, 15, 19, 28 : 13. 26 (25) : 14. 33, 34 *bis* : 26. 7, 18, 47, 50† : 32. 13 : 35. 6, 7.
De. 2. 7 : 8. 4 : 9. 9 *bis*, 11 *bis*, 18 *bis*, 25 *bis* : 10. 10 *bis* : 25. 3 : 29. 5 (4).
Jo. 5. 5 : 14. 7 : 21. 39.
Jd. 3. 11† : 5. 8, 32 (31) : 8. 28 : 12. 6, 13 (14) : 13. 1.
I Ki. 17. 16†.
II Ki. 2. 10 : 5. 4 : 10. 18 : 15. 7.
III Ki. 2. 11 : 3. 1 (B), 4, 26 [5. 6] (A) : 6. 2†, 17 : 7. 38, 45, 3 : 10. 26† : 11. 42 : 14. 21 : 15. 10 : 19. 8 *bis*.
IV Ki. 2. 24 : 8. 9, 17† : 10. 14 : 12. 1 (2) : 14. 23.
I Ch. 5. 18 : 12. 36 : 19. 18 : 29. 27.
II Ch. 9. 30 : 12. 13 : 24. 1.
I Es. 5. 12†, 12, 14†, 18†, 19†, 22, 25, 27†, 42, 43.
II Es. 2. 8, 10, 24†, 25, 34, 38, 41†, 66.

Ne. 5. 15 : 7. 13, 15, 28, 29†, 36, 41, 44, 62, 67, 68† : 9. 21 : 11. 13.
To. 1. 21†.
Ju. 1. 4.
Jb. 42. 16.
Ps. 94 (95). 10.
Am. 2. 10 : 5. 25.
Ez. 4. 6 : 29. 11, 12†, 13 : 41. 2, 4 : 46. 22.
Da. LXX. 3. (47).
Da. TH. 3. (47) : 12. 11† : Bel 3.
I Ma. 3. 39 : 12. 41.
II Ma. 5. 2 : 10. 33† : 12. 9.
III Ma. 4. 15 : 6. 38.
[**Aq.**, **Sm.** I Ki. 4. 18 : III Ki. 6. 17 : 7. 38 (24) : Ps. 94 (95). 10 : Jn. 3. 4.]
[**Th.** I Ki. 4. 18 : III Ki. 6. 17 : Je. 52. 30 : Da. 14. 2 : Jn. 3. 4.]
[**Al.** Jd. 5. 8.]

τεσσαρακονταδύο, *vid. sub* τεσσαράκοντα *et* δύο.

τεσσαρακονταεννέα, *vid. sub* τεσσαράκοντα *et* ἐννέα.

τεσσαρακονταεπτά, *vid. sub* τεσσαράκοντα *et* ἑπτά.

τεσσαρακονταοκτώ, *vid. sub* τεσσαράκοντα *et* ὀκτώ.

τεσσαρακονταπέντε, *vid. sub* τεσσαράκοντα *et* πέντε.

τεσσαρακοντατρεῖς, *vid. sub* τεσσαράκοντα *et* τρεῖς.

τεσσαρακοστός. (1) אַרְבָּעִים

Nu. 33. 38. *ἐν τῷ τ. ἔτει τῆς ἐξόδου τῶν υἱῶν Ἰσρ.* (1)
De. 1. 3. *ἐν τῷ τ. ἔτει* (1)
Jo. 14. 10. *τοῦτο τ. καὶ πέμπτον ἔτος* (1)
III Ki. 6. 1. *ἐν τῷ τ. καὶ τετρακοσιοστῷ ἔτει* †
I Ch. 26. 31. *ἐν τῷ τ. ἔτει τῆς βασ. αὐ.* (1)
II Ch. 16. 13. A *ἐν τῷ τ. καὶ ἑνὶ ἔτει τῆς βασ. αὐ.* [B *al.*] (1)
I Ma. 1. 20. *ἐν τῷ ἑκατοστῷ καὶ τ. καὶ τρίτῳ ἔτει*
— 54. *τῷ πέμπτῳ καὶ τ. . . . ἔτει*
2. 70. *ἐν τῷ ἕκτῳ καὶ τ. καὶ ἑκατοστῷ ἔτει*
3. 37. *ἔτους ἑβδόμου καὶ τ. καὶ ἑκατοστοῦ*
4. 52. *ὁ μὴν Χ. τοῦ ὀγδόου καὶ τ. καὶ ἑκατοστοῦ ἔτους*
6. 16. *ἔτους ἐνάτου καὶ τ. καὶ ἑκατοστοῦ*
II Ma. 11. 21, 33, 38. *ἔτους ἑκατοστοῦ τ. ὀγδόου*
13. 1. *τῷ δὲ ἐνάτῳ καὶ τ. καὶ ἑκατοστῷ ἔτει*

τέσσαρες (-ερ.). * ἐπὶ τέσσαρα.

Ge. 2. 10 : 11. 16 : 14. 9 : 31. 41 : 47. 24.
Ex. 22. 1 (21. 37) : 25. 11 (12) *bis*, 25 (26), 25 (26)†, 25 (26), 33 (34), 34 (35)†, 34 (35) : 26. 2†, 8, 32 *bis* : 27. 2, 4 *bis*, 16 *bis* : 37. 2 (36. 9), 4 (36. 36) *bis*, 17 (38. 19) *bis* : 38 (37). 3, 3† : 38. 10 (37. 13), 24 (5) *bis*.
Le. 11. 20*, 21*, 23, 27*, 42*† : 27. 5†.
Nu. 1. 27, 29 : 2. 4, 6 : 7. 7, 8, 88 : 16. 49 (17. 14) : 25. 9 : 26. 25, 18†, 43 : 29. 13, 15, 17, 20, 23, 26, 29, 32.
De. 3. 11 : 22. 12.
Jo. 15. 36 : 19. 7 : 21. 18, 22, 24, 29, 31, 35†, 36, 37.
Jd. 9. 34 (*τέτρασιν*†) : 11. 40 : 20. 47†.
I Ki. 4. 2 : 17. 4† : 27. 7.
II Ki. 21. 20, 22.
III Ki. 7. 15 *bis*, 19, 27, 30 *bis*, 32†, 34 *bis*, 35†, 38† : 8. 65† : 10. 26† : 15. 33 : 18. 33 (34).
IV Ki. 6. 25† : 7. 3.
I Ch. 3. 5 : 5. 18 : 7. 1, 7 : 9. 24, 26 : 20. 6, 8 : 21. 20 : 23. 4, 5, 5†, 10, 12 : 25. 5 : 26. 17, 17†, 18 *ter* : 27. 1, 2, 4, 5, 7, 8, 9, 10, 11, 12, 13, 14, 15.
II Ch. 9. 25 : 13. 21.
I Es. 5. 12†, 14, 26, 41.
II Es. 2. 7, 15, 31, 40, 64, 65†.
Ne. 7. 12, 20†, 23, 34†, 43, 66 : 11. 18.
To. 2. 10† : 8. 19† *bis*, 20† *bis* : 9. 2†, 5† : 10. 7.
Ju. 7. 20 : 8. 4.
Jb. 1. 19.
Pr. 24. 59 (30. 24).
Si. 37. 18.
Am. 1. 3, 6, 9, 11, 13 : 2. 1, 4, 6.
Za. 1. 18 (2. 1), 20 (2. 3), 21 (2. 4) : 2. 6 (10) : 6. 1, 5.
Is. 11. 12 : 17. 6.
Je. 15. 3 : 25. 15 (49. 36) *bis* : 43 (36). 23 : 52. 21.
Ez. 1. 5, 6 *bis*, 8, 9, 10 *ter*, 11, 15, 16†, 17, 18 : 7. 2 : 10. 9, 10, 11, 12, 14†, 21 : 14. 21 : 37. 9 : 40. 41 *bis*, 42, 47, 48 : 41. 5 : 42. 20 : 43. 14, 15, 16, 17 *ter*, 20 *bis* : 45. 19 : 46. 21, 22 *bis*, 23 : 48. 16 *bis*.
Da. LXX. Su. 30 : 3. 25 (92) : 7. 2, 3, 6 *bis*, 17 : 8. 8 *bis*, 22 *bis* : 11. 4 : Bel 2.
Da. TH. 1. 17 : 3. 25 (92) : 7. 2, 3, 6 *bis*, 17 *bis* : 8. 8 *bis*, 22 *bis* : 11. 4.
I Ma. 11. 57 : 13. 28†.
II Ma. 5. 14 : 10. 33†.
IV Ma. 1. 18†.
[**Aq.** Ex. 28. 17 : III Ki. 8. 65 : Je. 15. 3 : Ez. 10. 21 *bis* : 37. 9 : 42. 20.]
[**Sm.** Ex. 28. 17 : Pr. 30. 21.]
[**Th.** Ex. 25. 25 (26) : 28. 17 : 37. 13 (38. 11) *ter* : Jd. 9. 34 : Ez. 10. 14, 21 *bis*.]

τεσσαρεσκαίδεκα, *vid. sub* τέσσαρες *et* δέκα.

τεσσαρεσκαιδέκατος (-ισκ.). (1) אַרְבַּע עֶשְׂרֵה, אַרְבָּעָה עָשָׂר

Ge. 14. 5. *ἐν δὲ τῷ τ. ἔτει* (1)
Ex. 12. 6. *ἕως τῆς τ. τοῦ μηνὸς τούτου* (1)
— 18. *τῇ τ. ἡμέρᾳ τοῦ μηνὸς τοῦ πρώτου* (1)
Le. 23. 5. *ἐν τῇ τ. ἡμέρᾳ τοῦ μηνός* (1)
Nu. 9. 3. *τῇ τ. ἡμέρᾳ τοῦ μηνὸς τοῦ πρώτου* (1)
— 5. *τῇ τ. ἡμέρᾳ τοῦ μηνός* (1)
— 11. *ἐν τῇ τ. ἡμέρᾳ* (1)
28. 16. *τ. ἡμέρᾳ τοῦ μηνός* (1)
Jo. 5. 9 (10). *τῇ* [A *om.*] *τ. ἡμέρᾳ τοῦ μηνός* (1)
IV Ki. 18. 13. *τῷ τ. ἔτει τοῦ βασ. Ἐζ.* (1)
25. 1. A *τεσσαρεσκαιδεκάτῃ τοῦ μηνός* †
I Ch. 24. 13. *τῷ Ἰ. ὁ τ.* (1)
25. 21. *ὁ τ. Ματταθίας* (1)
II Ch. 30. 15. *τῇ τ. τοῦ μηνὸς τοῦ δευτέρου* (1)
35. 1. *τῇ τ. τοῦ μηνὸς τοῦ πρώτου* (1)
I Es. 1. 1. *τῇ τ. ἡμέρᾳ τοῦ μηνὸς τοῦ πρώτου*
7. 10. *ἐν τῇ τ. τοῦ πρώτου μηνός*
II Es. 6. 19. *τῇ τ. τοῦ μηνὸς τοῦ πρώτου* (1)
Es. 3. 7. *ἔπεσεν ὁ κλῆρος εἰς τὴν τ. τοῦ μηνός* –
— 13. *τῇ τ. τοῦ δωδεκάτου μηνὸς Ἀ.*
9. 1. S^{1} *τεσσαρεσκαιδεκάτῃ* [A B S^{2} *τρισκαιδ.*] *τοῦ μηνός* †
— 15. *τῇ τ.* [S^{2} *τρισκαιδ.*] *τοῦ Ἀ.* (1)
— 16. A *τῇ τ.* [B S *τρισκαιδ.*] *τοῦ Ἀ.* –
— 16. S^{1} *καὶ τεσσαρεσκαιδεκάτῃ* –
— 17. *τῇ τ. τοῦ αὐτοῦ μηνός* †
— 17. A *τῇ τ. τοῦ αὐτοῦ μηνός* (1)
— 18. *καὶ τῇ τ.* (1)
— 19. *ἄγουσι τὴν τ. τοῦ Ἀ.* (1)
— 21. *ἄγειν τε τὴν τ.* [S^{1} *τῇ τ.*] *. . . τοῦ Ἀ.* (1)
10. 3. *τῇ τ. . . . τοῦ αὐτοῦ μηνός*
Is. 36. 1. *τοῦ τ. ἔτους βασιλεύοντος Ἐζεκίου* (1)
Ez. 40. 1. *ἐν τῷ τ. ἔτει* (1)
45. 21. *τεσσαρεσκαιδεκάτῃ τοῦ μηνός* (1)
III Ma. 6. 40. *μέχρι τῆς τ.*

τεταγμένως.

I Ma. 6. 40. *ἤρχοντο ἀσφαλῶς καὶ τ.*

τεταρταῖος. (1) רְבִיעִי

II Ki. 3. 4. A *καὶ ὁ τ.* [B -τος] *Ὁ. υἱὸς Φ.* (1)

τέταρτος. (1) אַרְבַּע, אַרְבָּעָה (2) *a.* רְבִיעִי *b.* רֶבַע *c.* רְבַע *d.* רֹבַע (3) τ. γενεά רִבֵּעַ

Ge. 1. 19. *καὶ ἐγένετο . . . ἡμέρα τετάρτη* (2 *a*)
2. 14. *ὁ δὲ ποταμὸς ὁ τ. οὗτος Εὐφράτης* (2 *a*)
15. 16. R *τ. δὲ γενεᾷ ἀποστραφήσονται ὧδε* (2 *a*)
Ex. 20. 5. *ἕως τρίτης καὶ τ. γενεᾶς* [A *al.*] (3)
28. 20. *καὶ ὁ στίχος ὁ τ.* (2 *a*)
29. 40. *τῷ τ.* [A *τοῦ τ.*] *τοῦ εἶν* (2 *b*)
— 40. *καὶ σπονδὴν τὸ τ. τοῦ εἶν* (2 *a*)
34. 7. *ἐπὶ τρίτην καὶ τ. γενεάν* (3)
36. 20 (39. 13). *ὁ στίχος ὁ τ.* (2 *a*)
Le. 19. 24. *τῷ ἔτει τῷ τ. ἔσται πᾶς ὁ καρπὸς αὐ.* (2 *a*)
23. 13. *σπονδὴν αὐ. τὸ τ. τοῦ εἶν οἴνου* (2 *a*)
Nu. 7. 30. *τῇ ἡμέρᾳ τῇ τ.* (2 *a*)
10. 6. *σαλπιεῖτε σημασίαν τ.* –
Nu. 14. 18. B *ἕως τρίτης καὶ τετάρτης* [A R *add. γενεᾶς*] (2 *c* [3])
15. 4. *ἐν ἐλαίῳ ἐν τετάρτῳ τοῦ ἲν* [A *al.*] (2 *a*)
— 5. *τὸ τ. τοῦ ἲν ποιήσετε* (2 *a*)
28. 5. *ἐν ἐλαίῳ ἐν τετάρτῳ τοῦ ἲν* (2 *a*)
— 7. *καὶ σπονδὴν αὐ. τὸ τ. τοῦ ἲν* (2 *a*)
— 14. *καὶ τὸ τ. τοῦ ἲν ἔσται τῷ ἀμνῷ τῷ ἑνί* (2 *a*)
29. 23. *τῇ ἡμέρᾳ τῇ τ.* (2 *a*)
De. 5. 9. *ἐπὶ τρίτην καὶ τ. γενεάν* (3)
Jo. 15. 7. *ἐπὶ τὸ τ. τῆς φάραγγος Ἀ.* †
19. 17. *τῷ Ἰσσ. ἐξῆλθεν ὁ κλῆρος ὁ τ.* (2 *a*)
Jd. 14. 15. *ἐν τῇ ἡμέρᾳ τῇ τ.* †
19. 5. *τῇ ἡμέρᾳ τῇ τ.* (2 *a*)
I Ki. 9. 8. *εὕρηται . . . τέταρτον σίκλου ἀργυρίου* (2 *b*)
II Ki. 3. 4. *καὶ ὁ τ.* [A -ταῖος] *Ὁ. υἱὸς Φ.* (2 *a*)
III Ki. 6. 1. *τῷ ἔτει τῷ τ.* (2 *a*)
— 1 (37). *ἐν τῷ ἔτει τῷ τ.* (2 *a*)
15. 8. B *ἐν τῷ εἰκοστῷ καὶ τ. ἔτει τοῦ Ἰερ.* –
— 9. B *ἐν τῷ ἐνιαυτῷ τῷ τ. καὶ εἰκοστῷ* [A R. *al.*] †
22. 41. *ἔτει τ. τῷ Ἀχ. ἐβασίλευσεν* (1)
IV Ki. 6. 25. *τέταρτον τοῦ κάβου κόπρου περιστερῶν* [A *al.*] (2 *d*)
10. 30 : 15. 12. *υἱοὶ τ. καθήσονταί σοι* (2 *a*)
18. 9. *ἐν τῷ ἔτει τῷ τ. βασιλεῖ Ἐζ.* (2 *a*)
I Ch. 2. 14. *Ναθ. ὁ τ.* (2 *a*)
3. 2. *ὁ τ. Ἀδ. υἱὸς Ἀ.* (2 *a*)
— 15. *ὁ τ. Σαλούμ* (2 *a*)
8. 2. *Βεν. ἐγέννησε . . . Νωὰ τὸν τ.* (2 *a*)
12. 10. *Μασ. ὁ τ.* (2 *a*)
23. 19. *Ἰ. ὁ τ.* (2 *a*)
24. 8. *τῷ Σ. ὁ τ.* (2 *a*)
— 18. A R *τῷ Μ. ὁ τ. καὶ εἰκοστός* (1)
— 23. *Ἰ. ὁ τ.* (2 *a*)
25. 11. *ὁ τ. Ἰεσδρεί* (2 *a*)
— 31. *ὁ εἰκοστὸς τ. Ῥομ.* (1)
26. 2. A R *Ἰ. ὁ τ.* [B *al.*] (2 *a*)
— 4. A R *Σ. ὁ τ.* [B *al.*] (2 *a*)
— 11. A R *Ζαχ. ὁ τ.* [B *al.*] (2 *a*)
27. 7. *ὁ τ. εἰς τὸν μῆνα τὸν τ.* (2 *a*, 2 *a*)
II Ch. 3. 2. *ἐν τῷ ἔτει τῷ τ. τῆς βασ. αὐ.* (1)
20. 26. *τῇ ἡμέρᾳ τῇ τ.* (2 *a*)
I Es. 8. 62. A R *τῇ δὲ ἡμέρᾳ τῇ τ.*
II Es. 8. 33. *τῇ ἡμέρᾳ τῇ τ.* (2 *a*)
Ne. 9. 1. *ἐν ἡμέρᾳ εἰκοστῇ καὶ τ.* [S *τ. κ. εἰκάδι*] *τοῦ μηνός* (1)
Ju. 12. 10. A B *ἐν τῇ ἡμέρᾳ τῇ τ.*
Es. 10. 3. *ἔτους τ. βασιλεύοντος Πτολεμαίου*
Jb. 42. 16. *εἶδεν Ἰὼβ . . . τετάρτην γενεάν* (1)
Pr. 24. 50 (30. 15). *ἡ τ. οὐκ ἠρκέσθη εἰπεῖν* (1)
— 53 (30. 18). *τὸ τ. οὐκ ἐπιγινώσκω* (1)
— 56 (30. 21). *τὸ δὲ τ. οὐ δύναται φέρειν* (1)
— 64 (30. 29). *τέταρτον* [A S *τὸ τ.*] *ὃ καλῶς διαβαίνει* (1)
Si. 26. 5. *ἐπὶ τῷ τ. προσώπῳ ἐδεήθην* [S^{1} *ἐδόθην*, A S^{2} *ἐφοβήθην*]
Za. 6. 3. *ἐν τῷ ἅρματι τῷ τ. ἵπποι ποικίλοι ψαροί* (2 *a*)
7. 1. *ἐν τῷ τ. ἔτει* (1)
Je. 25. 1. A B S^{2} *ἐν τῷ ἔτει τῷ τ. τοῦ Ἰωακείμ* (2 *a*)
26 (46). 2. *ἐν τῷ ἔτει τῷ τ. Ἰωακείμ* (2 *a*)
28 (51). 59. *ἐν τῷ ἔτει τῷ τ.* [A *τῷ ε.*] *τῆς βασιλείας αὐτοῦ* (2 *a*)
35 (28). 1. *ἐν τῷ τ. ἔτει* [A *add. βασιλεύοντος*] *Σεδεκία* (2 *a*)
43 (36). 1. *ἐν τῷ ἐνιαυτῷ τῷ τ. Ἰωακείμ* (2 *a*)
46 (39). 2. *ἐν τῷ μηνὶ τῷ τ.* (2 *a*)
51. 31 (45. 1). *ἐν τῷ ἐνιαυτῷ τῷ τ. Ἰωακείμ* (2 *a*)
Ez. 1. 1. *ἐν τῷ* [B^{1} *om. ἐν τῷ*] *τ. μηνί* (2 *a*)
5. 2. *τὸ τ. ἐν πυρὶ ἀνακαύσεις* †
— 2. *λήψῃ τὸ τ. . . . τὸ τ. κατακόψεις . . . τὸ τ. διασκορπιεῖς τῷ πνεύματι* †, –, †
— 12. *τὸ τ. σου ἐν θανάτῳ ἀναλωθήσεται καὶ τὸ τ. σου ἐν λιμῷ συντελεσθήσεται . . . καὶ τὸ τ. σου εἰς πάντα ἄνεμον σκορπιῶ αὐτοὺς καὶ τὸ τ. σου ἐν ῥομφαίᾳ πεσοῦνται* †, –, †, †
10. 14. A *τὸ τ. πρόσωπον ἀετοῦ*
Da. LXX. 2. 40. *καὶ βασιλεία τ. ἰσχυρὰ ὡς ὁ σίδηρος* (2 *a*)
3. 25 (92). *ἡ ὅρασις τοῦ τ. ὁμοίωμα ἀγγέλου θεοῦ* (2 *a*)
7. 7. *ἐθεώρουν . . . θηρίον τ. φοβερόν* (2 *a*)
— 19. *ἐξακριβάσασθαι περὶ τοῦ θηρίου τοῦ τ.* (2 *a*)
— 23. *ἐρρέθη μοι περὶ τοῦ θηρίου τοῦ τ.* (2 *a*)
— 23. *βασιλεία τ. ἔσται ἐπὶ τῆς γῆς* (2 *a*)

Da. LXX. 10. 4. τῇ ἡμέρᾳ τῇ τ. καὶ εἰκάδι (1)
11. 2. ὁ τ. πλουτήσει πλοῦτον μέγαν (2 *a*)
Da. TH. 2. 40. βασιλεία τ. ἔσται ἰσχυρά (2 *a*)
3. 25 (92). ἡ ὅρασις τοῦ τ. ὁμοία υἱῷ θεοῦ (2 *a*)
7. 7. ἰδοὺ θηρίον τ. φοβερόν (2 *a*)
— 19. ἐζήτουν ἀκριβῶς περὶ τοῦ θηρίου τοῦ τ. (2 *a*)
— 23. τὸ θηρίον τὸ τ. βασιλεία τ. ἔσται (2 *a*, 2 *a*)
10. 4. ἐν ἡμέρᾳ εἰκοστῇ καὶ τ. τοῦ μηνὸς τοῦ πρώτου (1)
11. 2. ὁ τ. πλουτήσει πλοῦτον μέγαν (2 *a*)
I Ma. 15. 10. ἔτους τ. καὶ ἑβδομηκοστοῦ καὶ ἑκατοστοῦ
II Ma. 7. 13. τὸν τ. ὡσαύτως ἐβασάνιζον
11. 21. R Διὸς Κορινθίου εἰκοστῇ τετάρτῃ [A *al.*]
III Ma. 6. 38. ἕως τῆς τ. τοῦ Ἐπιφί
IV Ma. *tit.* Μακκαβαίων τέταρτος
10. 12. τὸν τ. ἐπεσπῶντο
[**Aq.** Ez. 5. 12 (P.): Za. 8. 19.]
[**Sm.** Za. 8. 19.]
[**Th.** Ez. 5. 12: 10. 14: Da. 3. 25 (92): Za. 8. 19.]

τετράγωνος. (1) רָבַע *a.* qal. *b.* pu. *c.* רְבִיעִי
Ge. 6. 14. κιβωτὸν ἐκ ξύλων τ. †
Ex. 27. 1. τ. ἔσται τὸ θυσιαστήριον (1 *a*)
28. 16. ποιήσεις αὐτὸ τ. (1 *a*)
30. 2. τετράγωνον ἔσται (1 *a*)
36. 16 (39. 9). τετράγωνον διπλοῦν ἐποίησαν τὸ λογεῖον (1 *a*)
III Ki. 7. 31. καὶ διάπηγα αὐ. τετράγωνα (1 *b*)
— 5. καὶ αἱ χῶραι τετράγωνοι μεμελαθρωμέναι (1 *a*)
Ez. 41. 21. τὸ ἅγιον καὶ ὁ ναὸς ἀναπτυσσόμενος [A -ενα] τετράγωνα (1 *a*)
43. 16. τὸ ἀριὴλ . . . τετράγωνον ἐπὶ τὰ τέσσαρα μέρη αὐτοῦ (1 *a*)
— 17. A τὸ εὖρος τετράγωνον [B *om.*] –
45. 2. πεντακόσιοι ἐπὶ πεντακοσίους τετράγωνον (1 *b*)
48. 20. τετράγωνον ἀφοριεῖτε αὐτοῦ τὴν ἀπαρχήν (1 *c*)
I Ma. 10. 11. οἰκοδομεῖν τὰ τείχη . . . ἐκ λίθων τ. [S[1] -πόδων, S[3] -πέδων]

τετράδραχμον.
Jb. 42. 11. τετράδραχμον χρυσοῦ καὶ ἀσήμου [A S χρυσοῦν ἄσημον] †

τετραίνειν. (1) נָקַב (2) רָנַן
IV Ki. 12. 9 (10). ἔτρησε τρώγλην ἐν τῇ τρώγλῃ αὐ. (1)
18. 21. καὶ τρήσει [A τρυγήσει] αὐτήν (1)
Jb. 40. 19 (24). ἐνσκολιευόμενος τρήσει ῥῖνα (1)
Pr. 23. 27. πίθος γὰρ τετρημένος ἐστὶν ἀλλότριος οἶκος †
Is. 35. 6. S[1] τρανήσεται γλῶσσα μογιλάλων [A B S[2] *al.*] (2)
36. 6. R τρήσει αὐτήν (1)
44. 12. A S[3] ἐν τερέτρῳ ἔτρησεν [B S[1] ἔστησεν] αὐτό †
[**Th.** Jb. 40. 19 (24), 21 (26): Is. 36. 6.]

τετρακισμύριοι.
Jo. 4. 13.

τετρακισχίλιοι.
Nu. 26. 18†.
I Ch. 12. 26.
Jb. 42. 12.
Ez. 48. 16 *bis*, 30, 32, 33, 34.
II Ma. 8. 20: 13. 15†.
[**Th.** Je. 52. 30.]
[**Al.** Jo. 4. 13.]

τετρακόσιοι.
Ge. 11. 13: 15. 13: 23. 15, 16: 32. 6 (7): 33. 1.
Ex. 12. 40, 41: 39. 7 (38. 29)† *bis*.
Nu. 1. 29, 31†, 37, 43: 2. 6, 8, 9, 16, 21†, 23, 30†: 7. 85: 26. 25†, 47†, 43†.
Jd. 20. 2, 17: 21. 12.
I Ki. 15. 4†: 22. 2: 23. 13: 25. 13: 27. 2†: 30. 9†, 10, 17.
III Ki. 7. 42: 9. 28†: 18. 19†, 19 *bis*, 22, 22†: 22. 6.
IV Ki. 14. 13: 15. 25.
I Ch. 21. 5†.
II Ch. 1. 14: 4. 13: 8. 18: 13. 3: 18. 5: 25. 23†.
I Es. 2. 13, 14: 5. 9†, 14, 15, 20, 28†, 43: 7. 7.
II Es. 1. 10†, 11: 2. 4†, 15, 28†, 67: 6. 17.
Ne. 7. 69†: 11. 6.
Da. TH. 8. 14†.
II Ma. 3. 11: 12. 33.
[**Aq.** III Ki. 18. 19.]
[**Th.** II Ki. 24. 9: Da. 8. 14†.]
[**Al.** Nu. 26. 50.]

τετρακοσιοστός. (1) אַרְבַּע מֵאוֹת
III Ki. 6. 1. ἐν τῷ τεσσερακοστῷ καὶ τ. ἔτει (1)

τετραμερής.
II Ma. 8. 21. τετραμερές τι ἐποίησε τὸ στράτευμα

τετραμερῶς.
[**Sm.** Ez. 1. 8.]

τετράμηνον. (1) אַרְבָּעָה חֳדָשִׁים
Jd. 19. 2. A ἐγένετο ἐκεῖ ἡμέρας τετράμηνον [B *al.*] (1)
20. 47. A ἐκάθισαν ἐν τῇ πέτρᾳ Ῥ. τετράμηνον [B *al.*] (1)

τετράπεδος. (1) מַחְצֵב
II Ch. 34. 11. ἀγόρασαι λίθους τ. [A -πόδους] (1)
Je. 52. 4. B[2] S R περιῳκοδόμησαν αὐτὴν τετραπέδοις [A B[1] -πόδοις] †
I Ma. 10. 11. S[3] οἰκοδομεῖν τὰ τείχη . . . ἐκ λίθων τ. [S[1] -πόδων, A R -γώνων]

τετραπλάσιος.
[**Aq.**, **Th.** II Ki. 12. 6.]

τετραπλασίως.
[**Sm.** II Ki. 12. 6.]

τετραπλῶς.
III Ki. 6. 31 (33). στοαὶ τ. †

τετράποδος, *vid. sub* **τετράπεδος.**

τετράπους. (1) בְּהֵמָה (2) חַיָּה
Ge. 1. 24. ἐξαγαγέτω ἡ γῆ . . . τετράποδα (1)
34. 23. τὰ τ. αὐ. οὐχ ἡμῶν ἔσται (1)
Ex. 8. 16 (12). ἔσονται σκνῖφες . . . ἐν τοῖς τ. –
— 17 (13). ἐν τοῖς ἀνθρώποις καὶ ἐν τοῖς τ. (1)
— 18 (14). ἐγένοντο οἱ σκνῖφες . . . ἐν τοῖς τ. (1)
9. 9. ἔσται . . . ἐπὶ τὰ τ. ἕλκη (1)
— 9. ἔν τε τοῖς ἀνθρώποις καὶ ἐν τοῖς τ. –
— 10. A[2] B ἐν τοῖς ἀνθρώποις καὶ ἐν τοῖς τ. (1)
Le. 7. 11 (21). ἢ ἀπὸ ἀκαθαρσίας ἀνθρώπου ἢ τῶν τ. τῶν ἀκαθάρτων (1)
18. 23. πρὸς πᾶν τ. οὐ δώσεις τὴν κοίτην σου (1)
— 23. γυνὴ οὐ στήσεται πρὸς πᾶν τ. (1)
20. 15. ὃς ἂν δῷ κοιτασίαν αὐ. ἐν τετράποδι (1)
— 15. τὸ τ. ἀποκτενεῖτε (1)
27. 27. ἐὰν δὲ τῶν τ. τῶν ἀκαθάρτων (1)
Nu. 35. 3. B καὶ πᾶσι τοῖς τ. αὐ. (2)
Jb. 12. 7. ἐρώτησον τετράποδα ἐάν σοι εἴπωσι (1)
18. 3. διὰ τί δὲ ὥσπερ τετράποδα σεσιωπήκαμεν (1)
35. 11. ὁ διορίζων με ἀπὸ τετραπόδων γῆς (1)
40. 15 (20). ἐποίησε χαρμονὴν τετράποσιν ἐν τῷ ταρτάρῳ (2)
41. 16 (17). φόβος θηρίοις τετράποσιν ἐπὶ γῆς ἀλλομένοις †
Is. 30. 6. ἡ ὅρασις τῶν τ. τῶν ἐν τῇ ἐρήμῳ (1)
40. 16. πάντα τὰ τ. οὐχ ἱκανὰ εἰς ὁλοκάρπωσιν (2)
Ba. 3. 32. ἐνέπλησεν αὐτὴν κτηνῶν τετραπόδων
Da. LXX. 3. (81). εὐλογεῖτε, τετράποδα . . . τὸν κ.
IV Ma. 1. 34. ἐνύδρων ἐπιθυμοῦντες . . . καὶ τετραπόδων

τετραπρόσωπος.
[**Sm.** Ez. 1. 15.]
[**Al.** Ez. 1. 17.]

τετράς. (1) אַרְבָּעָה (2) רְבִיעִי
Ps. 93 (94). *tit.* ψαλμὸς [A ψ. ᾠδῆς] τῷ Δαυὶδ τετράδι σαββάτου –
Hg. 2. 1 (1. 15). τῇ τ. καὶ εἰκάδι τοῦ μηνὸς τοῦ ἕκτου (1)
— 11 (10). τετράδι καὶ εἰκάδι τοῦ ἐνάτου μηνός (1)
— 19 (18). ἀπὸ τῆς τ. καὶ εἰκάδος τοῦ ἐνάτου μηνός (1)
— 21 (20). τετράδι καὶ εἰκάδι τοῦ μηνός (1)
Za. 1. 7. τῇ τ. καὶ εἰκάδι τῷ ἑνδεκάτῳ μηνί (1)
7. 1. τετράδι [A τῇ τ. καὶ εἰκάδι] τοῦ μηνὸς τοῦ ἐνάτου (1)
8. 19. νηστεία ἡ τ. καὶ νηστεία ἡ πέμπτη (2)
Je. 52. 31. ἐν τῇ τ. καὶ εἰκάδι τοῦ μηνός †
II Ma. 11. 21. Διὸς Κορινθίου τετράδι καὶ εἰκάδι

τετράστιχος. (1) אַרְבָּעָה טוּרִים
Ex. 28. 17: 36. 17 (39. 10). ὕφασμα κατάλιθον τ. (1)
Wi. 18. 24. πατέρων δόξαι ἐπὶ τετραστίχου λίθου [A -ων] γλυφῆς [S[1] -ῇ]

τέττιξ.
[**Sm.** Je. 8. 7.]

τεῦχος.
[**Sm.** Ps. 39 (40). 8: Is. 8. 1: Ez. 2. 9.]

τέφρα.
To. 6. 16. A B λήψῃ τέφραν θυμιαμάτων
— 16. S ἐπίθες ἐπὶ τὴν τ. τῶν θυμιαμάτων
8. 2. A B ἔλαβε τὴν τ. τῶν θυμιαμάτων
— 2. S καὶ ἐπέθηκεν ἐπὶ τὴν τ. τοῦ θυμιάματος
Wi. 2. 3. οὗ σβεσθέντος τέφρα ἀποβήσεται τὸ σῶμα
Da. TH. Bel 14. ἤνεγκαν τέφραν
[**Th.** Da. 14. 13.]

τεχνάζεσθαι. (1) מָשַׁל hi.
Is. 46. 5. τεχνάσασθε οἱ πλανώμενοι (1)

τεχνᾶσθαι.
Wi. 13. 11. τεχνησάμενος εὐπρεπῶς [S εὐτρ.] κατεσκεύασε χρήσιμον σκεῦος

τέχνη. (1) חָכְמָה (2) מַעֲשֶׂה (3) עֲבוֹדָה
Ex. 28. 11. ἔργον λιθουργικῆς τ. †
30. 25. μύρον μυρεψικὸν τέχνῃ μυρεψοῦ (2)
III Ki. 7. 14. καὶ πεπληρωμένος τῆς τ. (1)
I Ch. 28. 21. πᾶς πρόθυμος ἐν σοφίᾳ κατὰ πᾶσαν τ. (3)
Wi. 13. 10. χρυσὸν καὶ ἄργυρον τέχνης ἐμμελέτημα [S[2] -ματα]
14. 4. ἵνα κἂν ἄνευ τέχνης τις ἐπιβῇ
— 19. ἐξεβιάσατο τῇ τ. τὴν ὁμοιότητα ἐπὶ τὸ κάλλιον
17. 7. μαγικῆς δὲ ἐμπαίγματα κατέκειτο τέχνης
Si. 38. 34. ἡ δέησις αὐτῶν ἐν ἐργασίᾳ τέχνης
Da. LXX. 1. 17. φρόνησιν ἐν πάσῃ γραμματικῇ τ. (1)
[**Sm.** Ec. 9. 11.]
[**Al.** Ex. 32. 4.]

τέχνημα.
[**Al.** Le. 8. 7.]

τεχνίτης. (1) אָמָן (2) חָצַב (3) חָרָשׁ
De. 27. 15. ἔργον χειρῶν τεχνιτῶν [A -ου] (3)
IV Ki. 12. 12 (13). A ἐξέδοσαν . . . τοῖς τ. [B *om.* τ. τ.] (2 ?)
I Ch. 22. 15. τεχνῖται καὶ οἰκοδόμοι λίθων (2)
29. 5. διὰ χειρὸς τεχνιτῶν (3)
Ca. 7. 1 (2). ἔργον [A ἔργῳ χειρῶν] τεχνίτου (1)
Wi. 8. 6. A R τίς αὐτῆς τῶν ὄντων μᾶλλόν ἐστι τεχνίτης [B S -ῖτις]
13. 1. οὔτε . . . ἐπέγνωσαν τὸν τ.
14. 2. R τεχνίτης [A B S -ῖτις] δὲ σοφίᾳ κατεσκεύασεν
— 18. ἡ τοῦ τ. προετρέψατο φιλοτιμία
Si. 9. 17. ἐν χειρὶ τεχνιτῶν ἔργον ἐπαινεσθήσεται
45. 11. κεκλωσμένῃ κόκκῳ ἔργῳ τεχνίτου
Je. 10. 9. ἔργα τεχνιτῶν πάντα (3)
24. 1. μετὰ τὸ ἀποικίσαι Ναβ. . . . τοὺς τ. (3)
36 (29). 2. ἐξελθόντος . . . δεσμώτου καὶ τεχνίτου (3)
Ep. Je. 45. ὃ βούλονται οἱ τ. αὐτὰ γενέσθαι [A *om.* οἱ τ. αὐ. γ.]
[**Aq.** Ho. 8. 6.]

τεχνῖτις.
Wi. 7. 22. ἡ γὰρ πάντων τ. ἐδίδαξέ με σοφία
8. 6. B S τίς αὐτῆς τῶν ὄντων μᾶλλόν ἐστι τεχνῖτις [A R -ίτης]
14. 2. τεχνῖτις δὲ σοφία κατεσκεύασεν

τηγανίζειν.
II Ma. 7. 5. αὐτὸν . . . ἐκέλευσε . . . τηγανίζειν

τήγανον. (1) *a.* חֲבִתִּים *b.* מַחֲבַת (2) מַשְׂרֵת
(3) λάγανον ἀπὸ τηγάνου אֲשִׁישָׁה
Le. 2. 5. ἐὰν δὲ θυσία ἀπὸ τηγάνου τὸ δῶρόν σου (1 *b*)
6. 21 (14). B ἐπὶ τηγάνου ἐν ἐλαίῳ ποιηθήσεται (1 *b*)
— 39 (7. 9). ἥτις ποιηθήσεται . . . ἐπὶ τηγάνου (1 *b*)
II Ki. 6. 19. διεμέρισε . . . ἑκάστῳ . . . λάγανον ἀπὸ τηγάνου (3)

II Ki. 13. 9. ἔλαβε τὸ τ. (2)
I Ch. 9. 31. ἐπὶ τὰ ἔργα τῆς θυσίας τοῦ τ. τοῦ μεγάλου ἱερέως (1 *a*)
23. 29. εἰς τήγανον καὶ εἰς τὴν πεφυραμένην (1 *b*)
Ez. 4. 3. λάβε σεαυτῷ τ. σιδηροῦν (1 *b*)
II Ma. 7. 3. προσέταξε τήγανα καὶ λέβητας ἐκπυροῦν
— 5. τῆς δὲ ἀτμίδος ἐφ' ἱκανὸν διδούσης τοῦ τ.
IV Ma. 8. 13. ὡς δὲ . . . τήγανα . . . προέθεσαν
12. 10. δραμὼν ἐπὶ πλησίον τῶν τ.
— 20. ἑαυτὸν ἔρριψε κατὰ τῶν τ.

τήκειν. (1) בָּקַע hithp. (2) דְּאָבוֹן (3) זָרַב pu. (4) כָּלָה *a*. qal. *b*. pi. (5) מוּג *a*. ni. *b*. hithp. (6) מָזֶה (7) מָסָה hi. (8) *a*. מָסַס ni. *b*. תֶּמֶס (9) מָקַק *a*. ni. *b*. hi. (10) נָזַל (11) נָתַךְ ni. (12) שָׁחַח (13) תָּמַם hi.

Ex. 15. 15. ἐτάκησαν πάντες οἱ κατοικοῦντες Χ. (5 *a*)
16. 21. ἡνίκα δὲ διεθέρμαινεν ὁ ἥλιος ἐτήκετο (8 *a*)
Le. 26. 39. ἐν τῇ γῇ τῶν ἐχθρῶν αὐ. τακήσονται (9 *a*)
De. 28. 65. δώσει σοι κύριος . . . τηκομένην ψυχήν (2)
32. 24. τηκόμενοι λιμῷ (6)
Jo. 5. 1. ἐτάκησαν [A κατετ.] αὐτῶν αἱ διάνοιαι (8 *a*)
Jd. 15. 14. ἐτάκησαν δεσμοὶ αὐ. ἀπὸ χειρῶν αὐ. [A *al.*] (8 *a*)
II Ki. 17. 10. οὗ ἡ καρδία . . . τηκομένη τακήσεται (8 *a*, 8 *a*)
Ju. 7. 14. τακήσονται ἐν τῷ λιμῷ
16. 15. ὡς κηρὸς τακήσονται [A -σεται]
Jb. 6. 17. καθὼς τακεῖσα [A τακεὶς] θέρμης γενομένης (3)
7. 5. τήκω δὲ βώλακας γῆς ἀπὸ ἰχῶρος ξύων [A ξέων] †
11. 20. ὀφθαλμοὶ δὲ ἀσεβῶν τακήσονται (4 *a*)
17. 5. A B S² ὀφθαλμοὶ δὲ ἐφ' υἱοῖς ἐτάκησαν (4 *a*)
31. 16. A χήρας δὲ τὸν ὀφθαλμὸν οὐκ ἔτηξα [B S ἐξέτ.] (4 *b*)
38. 30. A S πρόσωπον δὲ ἀσεβοῦς τίς ἔτηξεν [B ἔπτηξε] †
42. 6. ἐφαύλισα ἐμαυτὸν καὶ ἐτάκην –
Ps. 21 (22). 14. ἐγενήθη ἡ καρδία μου ὡσεὶ κηρὸς τηκόμενος (8 *a*)
57 (58). 8. ὡσεὶ κηρὸς ὁ [S² *om.*] τακεὶς (8 *b*)
67 (68). 2. ὡς τήκεται κηρὸς ἀπὸ προσώπου πυρός (8 *a*)
74 (75). 3. ἐτάκη ἡ γῆ (5 *a*)
96 (97). 5. τὰ ὄρη ὡσεὶ κηρὸς ἐτάκησαν (8 *a*)
106 (107). 26. ἡ ψυχὴ αὐτῶν ἐν κακοῖς ἐτήκετο (5 *b*)
111 (112). 10. τοὺς ὀδόντας αὐτοῦ βρύξει καὶ τακήσεται (8 *a*)
147. 7 (18). καὶ τήξει αὐτά (7)
Wi. 1. 16. φίλον ἡγησάμενοι αὐτὸν ἐτάκησαν
6. 23. οὔτε μὴν φθόνῳ τετηκότι συνοδεύσω
16. 22. χιὼν δὲ καὶ κρύσταλλος . . . οὐκ ἐτήκετο
— 27. ὑπὸ βραχείας ἀκτῖνος ἡλίου θερμαινόμενον ἐτήκετο
— 29. ἀχαρίστου γὰρ ἐλπὶς ὡς χειμέριος [A S -ρινὴ] πάχνη τακήσεται
Si. 38. 28. A S ἀτμὶς πυρὸς τήξει [B πήξει] σάρκας αὐτοῦ
Mi. 1. 4. αἱ κοιλάδες τακήσονται (1)
Na. 1. 6. ὁ θυμὸς αὐ. τήκει ἀρχάς (11)
Hb. 3. 6. S¹ ἐτάκη [A B S³ διετ.] ἔθνη †
— 6. ἐτάκησαν βουνοὶ αἰώνιοι πορείας αἰωνίας αὐ. (12)
Za. 14. 12. τακήσονται αἱ σάρκες αὐ. (9 *b*)
— 12. ἡ γλῶσσα αὐ. τακήσεται ἐν τῷ στόματι αὐ. (9 *a*)
Is. 24. 23. τακήσεται ἡ πλίνθος †
34. 4. B τακήσονται πᾶσαι αἱ δυνάμεις τῶν οὐρ. (9 *a*)
64. 1 (63. 19). καὶ τακήσονται (10)
— 1. ὡς κηρὸς ἀπὸ προσώπου [B S² *om.*] πυρὸς τήκεται †
Je. 6. 29. πονηρία αὐτῶν οὐκ ἐτάκη †
Ez. 4. 17. A B¹ τακήσονται [B²R ἐντ.] ἐν ταῖς ἀδικίαις αὐτῶν (9 *a*)
24. 10. ὅπως τακῇ [A ἐκτ.] τὰ κρέα (13)
— 11. καὶ τακῇ ἐν μέσῳ ἀκαθαρσίας αὐτῆς [A *al.*] (11)
33. 10. ἐν αὐταῖς ἡμεῖς τηκόμεθα (9 *a*)
Ma. 4. 32. τῆξον θράσος ἰσχύος αὐ.
III Ma. 6. 8. τόν τε . . . ἐν γαστρὶ κήτους Ἰ. τηκόμενον ἀφιδών
IV Ma. 5. 30. A S¹ καὶ τὰ σπλάγχνα μου τήξεις [R -ῃς, S² -ειας]
15. 15. τὰς σάρκας τῶν τέκνων ἑώρα περὶ τὸ πῦρ τηκομένας
[Aq. Le. 26. 39 *bis*: Jo. 2. 9: I Ki. 15. 9: Ps. 57 (58). 9: Is. 19. 1: 34. 3, 4: Ez. 21. 7 (12).]
[Sm. Le. 26. 39 *bis*: Jo. 2. 9: Is. 19. 1: 34. 4: 64. 2 (1): Ez. 24. 11 (P.).]
[Th. Le. 26. 39 *bis*: Jo. 2. 9: Ps. 57 (58). 9: Is. 19. 1: 34. 3, 4: 64. 2 (1): Ez. 24. 11 (P.): Am. 7. 7 *bis*.]

τηκτός.

Wi. 19. 21. οὐδὲ τηκτὸν εὔτηκτον κρυσταλλοειδὲς γένος ἀμβροσίας τροφῆς

τηλαύγημα. (1) בַּהֶרֶת

Le. 13. 23. ἐὰν δὲ κατὰ χώραν μείνῃ τὸ τ. (1)
[Sm. Le. 13. 28.]

τηλαυγής. (1) *a*. בָּהִיר *b*. בַּהֶרֶת (2) בַּר

Le. 13. 2. οὐλὴ σημασίας [A -α] τηλαυγής (1 *b*)
— 4. ἐὰν δὲ τηλαυγὴς λευκὴ ᾖν (1 *b*)
— 19. καὶ γένηται . . . τηλαυγὴς λευκαίνουσα (1 *b*)
— 24. τὸ ὑγιασθὲν τοῦ κατακαύματος αὐγάζον τ. λευκόν (1 *b*)
Jb. 37. 21. τηλαυγές ἐστιν ἐν τοῖς παλαιώμασιν (1 *a*)
Ps. 18 (19). 8. ἡ ἐντολὴ κυρίου τηλαυγὴς φωτίζουσα ὀφθαλμούς (2)
[Aq. Le. 13. 4: Jb. 37. 21.]

τηλαύγησις. (1) נֹגַהּ

Ps. 17 (18). 12. ἀπὸ τῆς τ. ἐνώπιον αὐτοῦ αἱ νεφέλαι διῆλθον (1)

τηλικοῦτος.

II Ma. 12. 3. τηλικοῦτο συνετελέσαν τὸ δυσσέβημα
III Ma. 3. 9. μὴ γὰρ οὕτω παροραθήσεσθαι τ. σύστεμα
IV Ma. 16. 4. κατέσβεσε τοσαῦτα καὶ τηλικαῦτα πάθη

τημελεῖν.

[Sm. Ps. 30 (31). 4: Is. 40. 11.]

τηνικαῦτα.

IV Ma. 2. 22†.

τηρεῖν. (1) נָטַר (2) נָצַר (3) צָפַן (4) קוּם hi. (5) שְׁכַח aph. (6) שָׁמַע (7) שָׁמַר

Ge. 3. 15. αὐτός σου τηρήσει κεφαλήν †
— 15. σὺ τηρήσεις αὐτοῦ πτέρναν †
I Ki. 15. 11. τοὺς λόγους μου οὐκ ἐτήρησε [A ἔστησεν] (4)
I Es. 4. 11. τηροῦσι κύκλῳ περὶ αὐτόν
II Es. 8. 29. ἀγρυπνεῖτε καὶ τηρεῖτε (7)
To. 14. 9. τήρησον τὸν νόμον [S *al.*]
Ju. 12. 16. A B ἐτήρει καιρὸν τοῦ ἀπατῆσαι αὐτήν
Pr. 2. 11. ἔννοια δὲ ὁσία τηρήσει σε (2)
3. 1. τὰ δὲ ῥήματά μου τηρείτω σὴ καρδία (2)
— 21. τήρησον δὲ ἐμὴν βουλὴν καὶ ἔννοιαν (2)
4. 6. ἐράσθητι αὐτῆς καὶ τηρήσει σε (2)
— 23. πάσῃ φυλακῇ τήρει σὴν καρδίαν (2)
7. 5. ἵνα σε τηρήσῃ ἀπὸ γυναικὸς ἀλλοτρίας (7)
8. 34. τηρῶν σταθμοὺς ἐμῶν εἰσόδων (7)
13. 3. ὃς φυλάσσει τὸ ἑαυτοῦ στόμα τηρεῖ τὴν ἑαυτοῦ ψυχήν (7)
16. 3 (15. 32). ὁ δὲ τηρῶν ἐλέγχους ἀγαπᾷ ψυχὴν αὐτοῦ (6)
— 17. ὃς φυλάσσει τὰς ἑαυτοῦ ὁδοὺς τηρεῖ τὴν ἑαυτοῦ ψυχήν (7)
19. 16. ὃς φυλάσσει ἐντολὴν τηρεῖ τὴν ἑαυτοῦ ψυχήν (7)
23. 18. ἐὰν γὰρ τηρήσῃς αὐτά –
— 26. οἱ δὲ σοὶ ὀφθ. ἐμὰς ὁδοὺς τηρείτωσαν (†*, 2)
24. 70 (31. 2). τί, τέκνον, τηρήσεις [S² *om.*] –
25. 10. ἃς τήρησον σεαυτῷ –
Ec. 11. 4. τηρῶν ἄνεμον οὐ σπείρει (7)
Ca. 3. 3. εὕροσάν με οἱ τηροῦντες (7)
7. 13 (14). πάντα ἀκρόδρυα . . . ἀδελφιδέ μου, ἐτήρησά σοι (3)
8. 11. ἔδωκε τὸν ἀμπελῶνα αὐτοῦ τοῖς τηροῦσιν (1)
— 12. οἱ διακόσιοι [S δισχίλιοι] τοῖς τηροῦσι τὸν καρπὸν αὐτοῦ (1)
Wi. 10. 5. ἐτήρησεν αὐτὸν ἄμεμπτον θεῷ
Si. 6. 26. A S ἐν ὅλῃ δυνάμει σου τήρησον [B συντήρ.] τὰς ὁδοὺς αὐτῆς
29. 1. ὁ ἐπισχύων τῇ χειρὶ αὐτοῦ τηρεῖ [A ποιεῖ] ἐντολάς
38. 34. B κτίσμα αἰῶνος τηρήσουσιν [A S R *al.*]
Je. 20. 10. τηρήσατε τὴν ἐπίνοιαν αὐτοῦ (7)
Da. LXX. 6. 11 (12). ἐτήρησαν τὸν Δαν. (5)
9. 4. τηρῶν τὴν διαθήκην . . . τοῖς ἀγαπῶσί σε (7)
I Ma. 4. 61. ἀπέταξαν ἐκεῖ δύναμιν τηρεῖν αὐτό
— 61. ὠχύρωσαν αὐτὸ τηρεῖν τὴν Β.
6. 50. ἐπέταξεν ἐκεῖ φρουρὰν τηρεῖν αὐτήν
II Ma. 14. 29. εὔκαιρον ἐτήρει στρατηγήματι
[Sm. Le. 13. 26: I Ki. 9. 24.]
[Th. Pr. 16. 17.]
[Al. Le. 19. 18: Nu. 23. 9: Pr. 3. 26.]

τηρεύς.

[Al. Le. 11. 17.]

τήρησις.

Wi. 6. 18. ἀγάπη δὲ τήρησις [S -εις] νόμων αὐτῆς
Si. 35 (32). 23. τοῦτό ἐστι τήρησις ἐντολῶν [A -ῆς]
I Ma. 5. 18. κατέλιπεν Ἰώσ. . . . εἰς τήρησιν
II Ma. 3. 40. τὰ μὲν κατὰ Ἡλ. καὶ τὴν τοῦ γαζοφυλακίου τ.
III Ma. 5. 44. διέτασσον τὰς δυνάμεις . . . πρὸς τὴν τ.

τιάρα. (1) כַּרְבְּלָא (2) סָרַח

Ez. 23. 15. A τιάραι βαπταὶ [B παραβαπτὰ καὶ] ἐπὶ τῶν κεφαλῶν αὐτῶν (2)
Da. LXX. 3. 21. ἔχοντες . . . τὰς τ. αὐ. ἐπὶ τῶν κεφαλῶν αὐ. (1)
Da. TH. 3. 21. σὺν τοῖς σαραβάροις αὐ. καὶ τιάραις (1)
[Sm. II Ki. 6. 14.]

τίειν. (1) שׁוּב hi. (2) שָׁלֵם pi. (3) **ζημίαν τίειν** עָנַשׁ ni.

Pr. 20. 22. τίσομαι τὸν ἐχθρόν (2)
24. 22. ἐξαίφνης γὰρ τίσονται τοὺς ἀσεβεῖς †
— 44 (29). τίσομαι δὲ αὐτὸν ἅ με ἠδίκησεν (1)
27. 12. ἄφρονες δὲ ἐπελθόντες ζημίαν τίσουσιν (3)
[Sm. I Ki. 18. 25.]

τιθασός.

[Sm. Je. 11. 19.]

τιθέναι. (1) אָסַף (2) בּוֹא hi. (3) יָצַג hi. (4) יָצַק hi. (5) יָשַׂם (6) יָשַׁב hi. (7) כּוּן hi. (8) כָּרַת (9) מוּר hi. (10) נָגַע hi. (11) נוּחַ *a*. hi. *b*. hoph. (12) נָחָה hi. (13) *a*. נְחַת pi. *b*. נְחַת aph. (14) נָפַל hi. (15) נָשָׂא (16) נָתַן (17) סָבַב hi. (18) עָלָה hi. (19) עָשָׂה (20) פָּקַד hi. (21) צָוָה pi. (22) קוּם *a*. qal. *b*. hi. (23) רוּם hi. (24) רְמָה peil. (25) שׂוּם, שִׂים *a*. qal. *b*. pe. (26) שָׁוָה pi. (27) שִׁית (28) שָׁמַר (29) שָׁתַת (30) תָּקַע (31) **ἀσεβῆ τ.** רָשַׁע hi. (32) **ἀσφαλῆ τ.** עָזַז (33) **τ. γέφυραν** קִיר (34) **ζήτημα τ.** דָּרַשׁ ni. (35) **καθαρὸν τ.** כּוּן hi. (36) **πρόσκομμα τ.** קוֹשׁ (37) סָבַל poal.

Ge. 1. 17. ἔθετο αὐτοὺς ὁ θ. ἐν τῷ στερεώματι (16)
2. 8. ἔθετο ἐκεῖ τὸν ἄνθρωπον (25 *a*)
— 15. ἔθετο αὐτὸν ἐν τῷ παραδείσῳ (11 *a*)
3. 15. ἔχθραν θήσω ἀνὰ μέσον σοῦ (27)
4. 15. ἔθετο κ. ὁ θεὸς σημεῖον τῷ Κ. (25 *a*)
9. 13. τὸ τόξον μου τίθημι ἐν τῇ νεφέλῃ (16)
15. 10. ἔθηκεν αὐτὰ ἀντιπρόσωπα ἀλλήλοις (16)
17. 2. θήσομαι τὴν διαθήκην μου ἀνὰ μέσον ἐμοῦ (16)
— 5. πατέρα πολλῶν ἐθνῶν τέθεικά σε (16)
— 6. θήσω σε εἰς ἔθνη (16)
24. 2. θὲς τὴν χεῖρά σου ὑπὸ τὸν μηρόν σου (25 *a*)
— 9. ἔθηκεν ὁ παῖς τὴν χεῖρα αὐ. (25 *a*)
28. 11. R καὶ ἔθηκε [A ἐπέθ.] πρὸς κεφαλῆς αὐτοῦ (25 *a*)

Gc. 28. 18. A ὃν ἔθηκεν [R ὑπέθ.] ἐκεῖ πρὸς κεφαλῆς αὐ. (25 a)
30. 41. ἔθηκεν Ἰ. τὰς ῥάβδους ἐναντίον τῶν προβάτων (25 a)
— 42. οὐκ ἐτίθει (25 a)
31. 37. θὲς ὧδε ἐναντίον τῶν ἀδελφῶν σου (25 a)
32. 12 (13). θήσω τὸ σπέρμα σου ὡς τὴν ἄμμον (25 a)
33. 2. R ἔθετο [A ἐποίησεν] τὰς δύο παιδίσκας . . . ἐν πρώτοις (25 a)
40. 3. ἔθετο αὐτοὺς ἐν φυλακῇ (16)
41. 10. ἔθετο ἡμᾶς ἐν φυλακῇ (16)
— 48. ἔθηκε τὰ βρώματα ἐν ταῖς πόλεσι (16)
— 48. βρώματα τῶν πεδίων . . . ἔθηκεν ἐν αὐτῇ (16)
42. 17. ἔθετο αὐτοὺς ἐν φυλακῇ (1)
— 30. ἔθετο ἡμᾶς ἐν φυλακῇ (16)
47. 26. ἔθετο αὐτοῖς Ἰ. εἰς πρόσταγμα (25 a)
48. 20. ἔθηκε τὸν Ἐφρ. ἔμπροσθεν τοῦ Μ. (25 a)
50. 26. καὶ ἔθηκαν [A *add.* αὐτὸν] ἐν τῇ σορῷ (5)
Ex. 2. 3. ἔθηκεν αὐτὴν εἰς τὸ ἕλος (25 a)
12. 7. καὶ θήσουσιν ἐπὶ τῶν δύο σταθμῶν (16)
15. 25. ἐκεῖ ἔθετο αὐτῷ δικαιώματα (25 a)
23. 18. A^2 οὐ θήσεις [A^1 θυμιάσεις, B θύσεις] ἐπὶ ζύμῃ †
— 31. θήσω τὰ ὅριά σου (27)
26. 33. θήσεις τὸ καταπέτασμα ἐπὶ τῶν στύλων (16)
— 35. θήσεις τὴν τράπεζαν ἔξωθεν τοῦ καταπετάσματος (25 a)
— 35. A B^2 R τὴν τράπεζαν θήσεις [B^1 ἐπιθ.] ἐπὶ μέρους τῆς σκηνῆς (16)
28. 12. A R θήσεις τοὺς δύο λίθους (25 a)
— 24. θήσεις ἐπὶ τὸ λογεῖον τῆς κρίσεως (16)
29. 6. θήσεις [A B^2 ἐπιθ.] τὴν μίτραν ἐπὶ τὴν κεφ. αὐ. (25 a)
— 12. A^2 B καὶ θήσεις ἐπὶ τῶν κεράτων (16)
30. 6. θήσεις αὐτὸ ἀπέναντι τοῦ καταπετάσματος (16)
— 18. θήσεις αὐτὸν ἀνὰ μέσον τῆς σκ. (16)
— 36. θήσεις ἀπέναντι τῶν μαρτυρίων (16)
32. 27. θέσθε ἕκαστος τὴν ἑαυ. ῥομφαίαν (25 a)
33. 22. θήσω σε εἰς ὀπὴν τῆς πέτρας (25 a)
34. 10. τίθημί σοι διαθήκην (8)
— 12, 15. μή ποτε θῇς [A διαθῇ] διαθήκην (8)
— 26. τὰ πρωτογεννήμ. τῆς γῆς σου θήσεις [A εἰσοίσεις] εἰς τὸν οἶκον (2)
— 27. τέθειμαί [B^2 τίθεμαί] σοι διαθήκην (8)
40. 3. A R θήσεις τὴν κιβωτὸν τοῦ μαρτυρίου (25 a)
— 5. θήσεις τὸ θυσιαστήριον τὸ χρυσοῦν (16)
— 5. A θήσεις τὸ κάλυμμα τοῦ καταπετάσματος [B *al.*] (25 a)
— 6. τὸ θυσιαστ. τῶν καρπωμάτων θήσεις (16)
— 21. A^1 ἔθηκε [A^2 B ἐπέθ.] τὸ κατακάλυμμα (25 a)
— 22. A B^2 ἔθηκε [B^1 R ἐπέθ.] τὴν τράπεζαν (16)
— 24. ἔθηκε τὴν λυχνίαν εἰς τὴν σκηνήν (25 a)
— 26. ἔθηκε τὸ θυσιαστ. τὸ χρυσοῦν (25 a)
— 29. τὸ θυσιαστ. τῶν καρπωμάτων ἔθηκε (25 a)
Le. 10. 1. A ἔθηκαν [B ἐπέθ.] ἐπ' αὐτὸ πῦρ (16)
17. 5. A θήσουσι [B θύσ.] θυσίαν σωτηρίου †
26. 11. θήσω τὴν διαθήκην μου ἐν ὑμῖν (16)
— 19. θήσω τὸν οὐρανὸν ὑμῖν σιδηροῦν (16)
— 30. θήσω τὰ κῶλα ὑ. ἐπὶ τὰ κῶλα τῶν εἰδώλων ὑ. (16)
— 31. θήσω τὰς πόλεις ὑμῶν ἐρήμους (16)
Nu. 17. 4 (19). θήσεις αὐτὰς ἐν τῇ σκηνῇ τοῦ μαρτυρίου (11 a)
24. 21. ἐὰν θῇς ἐν πέτρᾳ τὴν νοσσιάν σου (25 a)
— 23. ὅταν θῇ [B^1 ἔλθῃ] ταῦτα ὁ θ. (25 a)
De. 14. 28. θήσεις αὐτὸ ἐν ταῖς πόλεσί σου (11 a)
26. 4. θήσει αὐτὸν ἀπέναντι τοῦ θυσιαστηρίου (11 a)
27. 15. θήσει αὐτὸ ἐν ἀποκρύφῳ (25 a)
31. 26. θήσετε αὐτὸ ἐκ πλαγίων τῆς κιβωτοῦ (25 a)
Jo. 2. 18. θήσεις τὸ σημεῖον –
4. 3. θέτε [A θήσετε] αὐτοὺς ἐν τῇ στρατοπεδείᾳ ὑμῶν (11 a)
— 18. ἔθηκαν τοὺς πόδας ἐπὶ τῆς γῆς †
7. 23. ἔθηκαν αὐτὰ ἔναντι κυρίου (4)
8. 28. χῶμα ἀοίκητον εἰς τὸν αἰῶνα ἔθηκεν αὐτήν (25 a)
21. 40. ἔθηκεν [A -αν] αὐτὰς ἐν Θ. –
22. 25. ὅρια ἔθηκε κύριος (16)
24. 30. ἐκεῖ ἔθηκαν μετ' αὐτοῦ εἰς τὸ μνῆμα –
Jd. 1. 28. A ἔθετο [B ἐποίησε] τὸν Χαν. εἰς φόρον (25 a)
4. 21. ἔθηκε τὴν σφῦραν ἐν τῇ χειρὶ αὐ. (25 a)
— 21. A ἔθηκεν τὸν πάσσαλον ἐν τῇ γνάθῳ αὐ. [B *al.*] (30)

Jd. 6. 18. καὶ θήσω ἐνώπιόν σου (11 a)
— 19. τὰ κρέα ἔθηκεν ἐν τῷ κοφίνῳ [A *al.*] (25 a)
— 20. θὲς πρὸς τὴν πέτραν ἐκείνην (11 a)
— 37. τίθημι τὸν πόκον τοῦ ἐρίου ἐν τῇ ἅλωνι [A *al.*] (3)
7. 22. ἔθηκε [A ἔθετο] κ. τὴν ῥομφαίαν ἀνδρὸς ἐν τῷ πλησίον αὐτοῦ (25 a)
8. 31. ἔθηκε τὸ ὄνομα αὐ. Ἀβ. [A *al.*] (25 a)
— 33. ἔθηκαν ἑαυτοῖς τῷ Β. διαθήκην [A *al.*] (25 a)
9. 24. τοῦ θεῖναι ἐπὶ Ἀβ. τὸν ἀδ. αὐ. [A *al.*] (25 a)
— 25. ἔθηκαν αὐτῷ οἱ ἄνδρες Σικ. ἐνεδρεύοντας [A *al.*] (25 a)
— 48. καὶ ἔθηκεν ἐπ' ὤμων αὐ. [A *al.*] (25 a)
11. 11. ἔθηκαν αὐτὸν ὁ λαὸς ἐπ' αὐτοὺς εἰς κεφαλήν (25 a)
12. 3. ἔθηκα [A ἐθέμην] τὴν ψυχήν μου ἐν χειρί μου (25 a, 5*)
15. 4. ἔθηκε λαμπάδα μίαν ἀνὰ μέσον τῶν δύο κέρκων (25 a)
16. 3. καὶ ἔθηκεν ἐπὶ ὤμων αὐ. [A *al.*] (25 a)
— 3. καὶ ἔθηκεν αὐτὰ ἐκεῖ –
18. 21. ἔθηκαν τὰ τέκνα . . . ἔμπροσθεν αὐτῶν [A *al.*] (25 a)
— 31. ἔθηκαν [A ἔταξαν] ἑαυτοῖς τὸ γλυπτόν (25 a)
19. 30. B ἔθεσθε ὑμῖν αὐτοί [A R *al.*] (25 a)
20. 29. ἔθηκαν οἱ υἱοὶ Ἰσρ. ἔνεδρα τῇ Γ. (25 a)
— 36. B ὃ ἔθηκεν ἐπὶ τὴν Γ. [A R *al.*] (25 a)
Ru. 4. 16. καὶ ἔθηκεν [A *add.* αὐτὸ] εἰς τὸν κόλπον αὐ. (27)
I Ki. 6. 8. θήσετε αὐτὴν ἐπὶ τὴν ἅμαξαν (16)
— 8. καὶ οὐ θήσετε ἐν θέματι βερσεχθάν (25 a)
— 11. ἔθεντο τὴν κιβωτὸν κ. ἐπὶ τὴν ἅμαξαν (25 a)
— 15. καὶ ἔθεντο ἐπὶ τὸν λίθον τοῦ μεγάλου (25 a)
8. 11. καὶ θήσεται αὐτοὺς ἐν ἅρμασιν αὐ. (25 a)
— 12. καὶ θέσθαι αὐτοὺς ἑαυτῷ χιλιάρχους (25 a)
9. 20. μὴ θῇς τὴν καρδίαν σου αὐταῖς (25 a)
— 22. ἔθετο αὐτοῖς ἐκεῖ τόπον (16)
— 23. ἣν εἶπά σοι θεῖναι αὐτὴν παρὰ σοί (25 a)
— 24. εἰς μαρτύριον τέθειταί [A -θεσταί] σοι (28)
10. 25. καὶ ἔθηκεν ἐνώπιον κυρίου (11 a)
11. 2. καὶ θήσομαι ὄνειδος ἐπὶ Ἰσρ. (25 a)
— 11. ἔθετο Σ. τὸν λαὸν εἰς τρεῖς ἀρχάς (25 a)
12. 2. A^1 γεγήρακα καὶ θήσομαι [A^2 B καθήσ.] †
15. 19. τοῦ θέσθαι ἐπὶ τὰ σκῦλα –
17. 40. ἔθετο αὐτοὺς ἐν τῷ καδίῳ (25 a)
— 54. τὰ σκεύη αὐ. ἔθηκεν ἐν τῷ σκηνώματι αὐ. (25 a)
19. 5. ἔθετο τὴν ψυχὴν αὐ. ἐν τῇ χειρὶ αὐ. (25 a)
— 13. καὶ ἔθετο [A ἔθηκεν] ἐπὶ τὴν κλίνην (25 a)
— 13. ἧπαρ τῶν αἰγῶν ἔθετο πρὸς κεφαλῆς αὐ. (25 a)
21. 12 (13). ἔθετο [A ἔθηκε] Δ. τὰ ῥήματα ἐν τῇ καρδίᾳ αὐ. (25 a)
22. 13. θέσθαι αὐτὸν ἐπ' ἐμὲ εἰς ἐχθρόν (22 a)
25. 18. καὶ ἔθετο ἐπὶ τοὺς ὄνους (25 a)
— 25. μὴ δὴ θέσθω ὁ κ. μου καρδίαν αὐ. (25 a)
28. 2. ἀρχισωματοφύλακα θήσομαί σε (25 a)
— 21. ἐθέμην τὴν ψυχήν μου ἐν τῇ χειρί μου (25 a)
29. 10. λόγον λοιμὸν μὴ θῇς ἐν καρδίᾳ σου –
II Ki. 7. 10. θήσομαι τόπον τῷ λαῷ μου (25 a)
8. 6. ἔθετο Δ. φρουράν (25 a)
— 14. ἔθετο ἐν τῇ Ἰδουμαίᾳ φρουράν (25 a)
— 14. A ἔθηκεν ἑστηλωμένους (25 a)
10. 19. B^2 καὶ ἔθεντο διαθήκην –
11. 16. ἔθηκε τὸν Οὐρ. εἰς τὸν τόπον (16)
12. 31. καὶ ἔθηκεν ἐν τῷ πρίονι (25 a)
13. 20. μὴ θῇς τὴν καρδίαν σου (27)
— 33. μὴ θέσθω ὁ κ. μου ὁ βασ. ἐπὶ τὴν καρδίαν αὐ. ῥῆμα (25 a)
14. 3. ἔθηκεν Ἰ. τοὺς λόγους ἐν τῷ στόματι [A εἰς τὸ στ.] αὐ. (25 a)
— 7. ὥστε μὴ θέσθαι τῷ ἀνδρί μου κατάλειμμα (25 a)
— 19. ἔθετο ἐν τῷ στόματι τῆς δούλης σου π. τοὺς λόγους τ. (25 a)
18. 3 *bis*. οὐ θήσουσιν ἐφ' ἡμᾶς καρδίαν (25 a)
19. 19 (20). τοῦ θέσθαι τὸν βασ. εἰς τὴν καρδίαν αὐ. (25 a)
— 28 (29). ἔθηκας τὸν δοῦλόν σου ἐν τοῖς ἐσθίουσι (27)
20. 18. ἃ ἔθεντο οἱ πιστοὶ τοῦ Ἰσρ. –
22. 12. ἔθετο σκότος ἀποκρυφὴν αὐ. (27)
— 34. τιθεὶς τοὺς πόδας μου ὡς ἐλάφων (26)
23. 5. διαθήκην γὰρ αἰώνιον ἔθετό μοι (25 a)
— 7. B θήσονται αἰσχύνην αὐ. [A R *al.*] †
III Ki. 2. 15. ἐπ' ἐμὲ ἔθετο πᾶς Ἰσρ. τὸ πρόσωπον αὐ. (25 a)

III Ki. 2. 19. ἐτέθη θρόνος τῇ μητρὶ τοῦ βασ. (25 a)
— 24. ὃς . . . ἔθετό με ἐπὶ τὸν θρόνον Δ. (6)
5. 9 (23). θήσομαι αὐτὰ σχεδίας (25 a)
6. 27. A ἔθηκεν ἀμφότερα τὰ χερ. [B *al.*] (16)
7. 39. ἔθετο τὰς πέντε μεχ. (16)
8. 9. ἃς ἔθηκε Μ. ἐν Χ. (11 a)
— 21. ἐθέμην ἐκεῖ τόπον τῇ κιβωτῷ (25 a)
9. 3. τοῦ θέσθαι τὸ ὄνομά μου ἐκεῖ (25 a)
10. 9. ἔθετό σε βασιλέα ἐπ' αὐτούς (25 a)
— 26. ἔθετο αὐτὰς ἐν ταῖς πόλεσι τῶν ἁρμάτων (12)
11. 36. τοῦ θέσθαι τὸ ὄνομά μου ἐκεῖ (25 a)
12. 29. B ἔθετο τὴν μίαν εἰς [A R ἐν] Β. (25 a)
13. 31. παρὰ τὰ ὀστᾶ αὐ. θέτε με (11 a)
14. 21. θέσθαι τὸ ὄνομα αὐ. ἐκεῖ (25 a)
18. 42. ἔθηκε τὸ πρόσωπον αὐ. ἀνὰ μέσον τῶν γονάτων αὐ. (25 a)
19. 2. θήσομαι τὴν ψυχήν σου καθὼς ψυχὴν ἑνός (25 a)
21 (20). 12. ἔθεντο χάρακα ἐπὶ τὴν πόλιν (25 a)
— 24. θοῦ ἀντ' αὐτῶν σατράπας (25 a)
— 32. ἔθεσαν [A ἔθηκαν] σχοινία ἐπὶ τὰς κεφ. αὐ. –
— 34. ἐξόδους θήσεις σαυτῷ ἐν Δαμ. (25 a)
— 34. καθὼς ἔθετο ὁ πατήρ μου ἐν Σαμ. (25 a)
22. 27. θέσθαι τοῦτον ἐν φυλακῇ (25 a)
IV Ki. 2. 20. θέτε ἐκεῖ ἅλα (25 a)
4. 10. θῶμεν αὐτῷ ἐκεῖ κλίνην (25 a)
— 34. ἔθηκε τὸ στόμα αὐ. ἐπὶ τὸ στόμα αὐ. (25 a)
5. 1. A ἐν αὐτῷ ἔθηκεν [B ἔδωκε] κ. σωτηρίαν Συρίας (16)
8. 11. καὶ ἔθηκεν ἕως αἰσχύνης (25 a)
9. 13. καὶ ἔθηκαν ὑποκάτω αὐτοῦ (25 a)
10. 7. ἔθηκαν τὰς κεφ. αὐ. ἐν καρτάλλοις (25 a)
— 8. θέτε αὐτὰς βουνοὺς δύο (25 a)
11. 18. ἔθηκεν ὁ ἱ. ἐπισκόπους (25 a)
13. 7. ἔθεντο αὐτοὺς ὡς χοῦν (25 a)
17. 29. καὶ ἔθηκαν ἐν οἴκῳ τῶν ὑψηλῶν (11 a)
— 34. οὗ ἔθηκε τὸ ὄνομα αὐ. Ἰσρ. (25 a)
18. 11. ἔθηκεν αὐτοὺς ἐν Ἀ. (12)
19. 28. θήσω τὰ ἄγκιστρά μου ἐν τοῖς μυκτῆρσί σου (25 a)
21. 4. ἐν Ἰερ. θήσω τὸ ὄνομά μου [A *al.*] (25 a)
— 7. ἔθηκε τὸ γλυπτὸν τοῦ ἄλσους ἐν τῷ οἴκῳ [A *al.*] (25 a)
— 7. θήσω τὸ ὄνομά μου εἰς τὸν αἰῶνα (25 a)
24. 17. A ἔθηκεν [B ἐπέθ.] τὸ ὄνομα αὐ. Σ. (17)
I Ch. 10. 10. ἔθηκαν τὰ σκεύη αὐ. ἐν οἴκῳ θεοῦ αὐ. (25 a)
— 10. τὴν κεφ. αὐ. ἔθηκαν ἐν οἴκῳ Δ. (30)
14. 3. S^1 ἐτέθησαν [A B S^2 ἐτέχθ.] Δ. ἔτι υἱοί †
17. 9. θήσομαι τόπον τῷ λαῷ μου Ἰσρ. (25 a)
— 21. τοῦ θέσθαι αὐτῷ ὄνομα μέγα (25 a)
18. 6. ἔθετο Δ. φρουράν (25 a)
— 13. ἔθετο ἐν τῇ κοιλάδι φρουράς (25 a)
II Ch. 1. 15. ἔθηκεν ὁ βασ. τὸ χρυσίον . . . ἐν Ἰερ. ὡς λίθους (16)
3. 16. A καὶ ἔθηκεν [B ἔδωκεν] ἐπὶ τῶν κεφ. τῶν στύλων (16)
— 16. A R καὶ ἔθηκεν [B ἐπέθ.] ἐπὶ τῶν χαλαστῶν (16)
4. 6. ἔθηκε [A ἐπέθ.] τοὺς πέντε ἐκ δεξιῶν (16)
— 7. καὶ ἔθηκεν ἐν τῷ ναῷ (16)
— 8. καὶ ἔθηκεν ἐν τῷ ναῷ (11 a)
— 10. τὴν θάλ. ἔθηκεν ἀπὸ γωνίας τοῦ οἴκου (16)
5. 10. ἃς ἔθηκε Μ. ἐν Χ. (16)
6. 11. ἔθηκα ἐκεῖ τὴν κιβωτόν (25 a)
— 13. ἔθηκεν αὐτὴν ἐν μέσῳ τῆς αὐλῆς τοῦ ἱεροῦ (16)
9. 25. ἔθετο αὐτοὺς ἐν πόλεσι τῶν ἁρμάτων (11 a)
24. 8. τεθήτω ἐν πύλῃ οἴκου κυρίου ἔξω (16)
31. 6. καὶ ἔθηκαν σωρούς (16)
32. 6. ἔθετο ἄρχοντας τοῦ πολέμου ἐπὶ τὸν λαόν (16)
33. 7. ἔθηκε τὸ γλυπτὸν τὸ χωνευτόν (25 a)
— 7. θήσω [A σωθήτω] τὸ ὄνομά μου εἰς τὸν αἰῶνα (25 a)
35. 3. ἔθηκαν τὴν κιβωτὸν τὴν ἁγ. εἰς τὸν οἶκον (16)
36. 7. ἔθηκεν αὐτὰ ἐν τῷ ναῷ αὐ. (16)
I Es. 3. 8. καὶ ἔθηκαν ὑπὸ τὸ προσκεφάλαιον Δαρ.
6. 9. ξύλων τιθεμένων ἐν τοῖς τοίχοις
— 26. ὅπως τεθῇ ἐκεῖ
II Es. 4. 19. παρ' ἐμοῦ ἐτέθη γνώμη (25 b)
— 21. θέτε γνώμην καταργῆσαι τοὺς ἄνδρας ἐκ. (25 b)
5. 3, 9. τίς ἔθηκεν ὑμῖν γνώμην (25 b)
— 13. B Κῦρος βασιλεὺς ἔθηκεν [A R ἔθετο] γνώμην (25 b)

II Es. 5. 15. θὲς αὐτὰ ἐν οἴκῳ τῷ ἐν Ἰερ. (13 *b*)
— 17. A R ἀπὸ βασιλέως Κύρου ἐτέθη [B ἐγένετο] γνώμη (25 *b*)
6. 1. τότε Δαρ. ὁ βασ. ἔθηκε γνώμην (25 *b*)
— 3. Κῦρος ὁ βασιλεὺς ἔθηκε γνώμην (25 *b*)
— 3. ἔθηκεν ἔπαρμα ὕψος πήχεις ἑξήκοντα (37)
— 5. ἐπὶ τόπου ἐτέθη [A τεθῇ] ἐν οἴκῳ τοῦ θεοῦ (13 *b*)
— 8, 11. ἀπ' ἐμοῦ ἐτέθη γνώμη (25 *b*)
— 12. ἐγὼ Δαρ. ἔθηκα γνώμην (25 *b*)
7. 13. ἀπ' ἐμοῦ ἐτέθη γνώμη (25 *b*)
— 21. ἔθηκα γνώμην πάσαις ταῖς γάζαις (25 *b*)
8. 17. ἔθηκα ἐν στόματι αὐ. λόγους (25 *a*)
Ne. 5. 10. ἐθήκαμεν ἑαυτοῖς ἀργύριον †
7. 71. B S^2 ἔθηκαν [S^1 ἔδωκα, A R ἔδωκαν] εἰς θησαυρὸν τοῦ ἔτους (16)
To. 2. 4. S καὶ εἰς ἓν τῶν οἰκιδίων ἔθηκα [A B *al.*]
5. 3. S καὶ ἔθηκα μετὰ τοῦ ἀργυρίου
6. 4. A B λαβὼν . . . τὴν χολὴν θὲς ἀσφαλῶς [S *al.*]
14. 11. S ἔθηκαν αὐτὸν ἐπὶ τὴν κλίνην [A B *al.*]
Ju. 1. 14. τὸν κόσμον αὐ. ἔθηκεν εἰς ὄνειδος αὐτῆς
2. 2. ἔθετο μετ' αὐτῶν τὸ μυστήριον τῆς βουλῆς αὐ.
5. 1. ἔθηκαν [A^1 -α] ἐν τοῖς πεδίοις σκάνδαλα
— 11. ἔθεντο [A ἔθετο] αὐτοὺς εἰς δούλους
6. 7. θήσουσί σε ἐν μιᾷ τῶν πόλεων
8. 23. εἰς ἀτιμίαν θήσει αὐτήν
9. 1. S^2 ἔθετο [A B S^1 ἐπέθ.] σποδὸν ἐπὶ τὴν κεφ. αὐ.
11. 19. θήσω τὸν δίφρον σου ἐν μέσῳ αὐτῆς
12. 1. A B οὗ ἐτίθετο τὰ ἀργυρώματα αὐ.
15. 11. S ἔθηκεν [A B ἐπέθ.] ἐπὶ τὴν ἡμίονον αὐ.
16. 5. τὰ θηλάζοντά μου θήσειν εἰς ἔδαφος
Es. 4. 4. A ὁ δὲ οὐκ ἐτίθη [S^2 -ει, B S^1 ἐπείσθη] †
— 17. ἵνα μὴ θῶ δόξαν ἀνθρώπου ὑπεράνω δόξης θεοῦ
— 17. ἔθηκαν τὰς χεῖρας αὐ.
9. 24. καθὼς ἔθετο ψήφισμα (14)
Jb. 7. 20. διὰ τί ἔθου με κατεντευκτήν σου (25 *a*)
10. 12. ζωὴν δὲ καὶ ἔλεος ἔθου παρ' ἐμοί (19)
11. 13. εἰ γὰρ σὺ καθαρὰν ἔθου τὴν καρδίαν σου (35)
13. 14. ψυχὴν δέ μου θήσω ἐν χειρί (25 *a*)
— 27. ἔθου δέ μου τὸν πόδα ἐν κωλύματι [A κυκλώματι] (25 *a*)
14. 5. εἰς χρόνον ἔθου καὶ οὐ μὴ ὑπερβῇ (19)
17. 6. A B S^2 ἔθου δέ με θρύλημα ἐν ἔθνεσι (3)
— 12. A B S^2 νύκτα εἰς ἡμέραν ἔθηκα [A -αν] (25 *a*)
19. 8. ἐπὶ πρόσωπόν [A δὲ ἀτραπούς] μου σκότος ἔθετο (25 *a*)
— 23. τεθῆναι δὲ αὐτὰ ἐν βιβλίῳ εἰς τὸν αἰῶνα (16)
20. 4. ἀφ' οὗ ἐτέθη ἄνθρωπος ἐπὶ τῆς γῆς (25 *a*)
21. 5. χεῖρα θέντες ἐπὶ σιαγόνι [A στόμα] (25 *a*)
22. 24. θήσῃ [A -εις] ἐπὶ χώματι ἐν πέτρᾳ (27)
24. 15. ἀποκρυβὴν προσώπου ἔθετο (25 *a*)
— 25. τίς . . . θήσει [S^1 -εις] εἰς οὐδὲν τὰ ῥήματά μου (25 *a*)
28. 3. τάξιν ἔθετο σκότει (25 *a*)
29. 2. τίς ἄν με θείη κατὰ μῆνα ἔμπροσθεν ἡμερῶν [A *al.*] (16)
— 7. ἐν δὲ πλατείαις ἐτίθετό μου ὁ δίφρος (7)
31. 1. διαθήκην ἐθέμην τοῖς ὀφθαλμοῖς [S^1 ἀδελφοῖς] μου (8)
— 25. εἰ δὲ καὶ ἐπ' ἀναριθμήτοις ἐθέμην χεῖρά μου †
32. 3. ἔθεντο αὐτὸν εἶναι ἀσεβῆ (31)
33. 3. A σύνεσις δὲ χειλέων μου καθαρὰν θήσει [B S *om.*] †
— 11. ἔθετο δὲ ἐν ξύλῳ [A κυκλώματι] τὸν πόδα μου (25 *a*)
34. 19. οὐδὲ οἶδε τιμὴν θέσθαι ἁδροῖς θαυμασθῆναι πρόσωπα αὐτῶν [A *al.*] †
— 23. οὐκ ἐπ' ἄνδρα θήσει ἔτι (25 *a*)
36. 28. ὥραν ἔθετο κτήνεσιν –
37. 12. A ἐν τοῖς κατωτάτω θεὶς ἔργα αὐτῶν [B S *al.*] †
— 15. ὁ θεὸς ἔθετο ἔργα αὐτοῦ (25 *a*)
38. 5. τίς ἔθετο τὰ μέτρα αὐτῆς (25 *a*)
— 9. ἐθέμην δὲ αὐτῇ νέφος ἀμφίασιν (25 *a*)
— 10. ἐθέμην δὲ αὐτῇ ὅρια †
— 14. καὶ λαλητὸν αὐτὸν ἔθου ἐπὶ γῆς †
39. 6. ἐθέμην δὲ τὴν δίαιταν αὐτοῦ ἔρημον (25 *a*)
— 34 (40. 4). χεῖρα θήσω ἐπὶ στόματί μου (25 *a*)
40. 23 (28). θήσεται δὲ μετὰ σοῦ διαθήκην (8)
Ps. 11 (12). 5. θήσομαι ἐν σωτηρίῳ [B S^1 -ίᾳ] (27)
12 (13). 2. ἕως τίνος θήσομαι βουλὰς ἐν ψυχῇ μου (27)

Ps. 16 (17). 11. τοὺς ὀφθαλμοὺς αὐτῶν ἔθεντο ἐκκλῖναι ἐν τῇ γῇ (27)
17 (18). 11. ἔθετο σκότος ἀποκρυφὴν αὐτοῦ (27)
— 32. ἔθετο ἄμωμον τὴν ὁδόν μου (16)
— 34. ἔθου τόξον χαλκοῦν τοὺς βραχίονάς μου (13 *a*)
18 (19). 4. ἐν τῷ ἡλίῳ ἔθετο τὸ σκήνωμα αὐτοῦ (25 *a*)
20 (21). 3. ἔθηκας ἐπὶ τὴν κεφαλὴν αὐτοῦ στέφανον ἐκ λίθου τιμίου (27)
— 9. θήσεις αὐτοὺς ὡς κλίβανον πυρὸς εἰς καιρὸν τοῦ προσώπου σου (27)
— 12. θήσεις αὐτοὺς νῶτον (27)
32 (33). 7. τιθεὶς ἐν θησαυροῖς ἀβύσσους [S^2 -οις] (16)
38 (39). 1. ἐθέμην τῷ στόματί μου φυλακήν (28)
— 5. παλαιὰς [A B^2 S^2 παλαιστὰς] ἔθου τὰς ἡμέρας μου (16)
43 (44). 13. ἔθου ἡμᾶς ὄνειδος [A εἰς ὄ.] τοῖς γείτοσιν ἡμῶν (25 *a*)
— 14. A B S^2 ἔθου ἡμᾶς εἰς παραβολὴν ἐν τοῖς ἔθνεσι (25 *a*)
45 (46). 8. ἃ ἔθετο τέρατα ἐπὶ τῆς γῆς (25 *a*)
47 (48). 13. θέσθε τὰς καρδίας ὑμῶν εἰς τὴν δύναμιν αὐτῆς (27)
48 (49). 14. ὡς πρόβατα ἐν ᾅδῃ ἔθεντο [S ἔθετο] (29)
49 (50). 18. μετὰ μοιχῶν τὴν μερίδα σου ἐτίθεις –
— 20. κατὰ τοῦ υἱοῦ τῆς μητρός σου ἐτίθεις σκάνδαλον (16)
51 (52). 7. ὃς οὐκ ἔθετο τὸν θεὸν βοηθὸν αὐτοῦ (25 *a*)
55 (56). 8. ἔθου τὰ δάκρυά μου ἐνώπιόν σου (25 *a*)
65 (66). 9. τοῦ θεμένου τὴν ψυχήν μου εἰς ζωήν (25 *a*)
— 11. B S^1 ἔθου θλίψεις ἐνώπιον [S^2 R ἐπὶ τὸν νῶτον] ἡμῶν (25 *a*)
68 (69). 11. ἐθέμην τὸ ἔνδυμά μου σάκκον (16)
72 (73). 9. ἔθεντο εἰς οὐρανὸν τὸ στόμα αὐτῶν (29)
— 18. διὰ τὰς δολιότητας ἔθου αὐτοῖς (27)
— 28. τίθεσθαι ἐν τῷ κυρίῳ τὴν ἐλπίδα μου (29)
73 (74). 4. B^2 S R ἔθεντο τὰ σημεῖα αὐτῶν σημεῖα (25 *a*)
77 (78). 5. S^1 νόμον ἔθετο ἐν Ἰσραὴλ ὃν ἔθετο [B S^2 ἐνετείλατο] τοῖς πατράσιν ἡμῶν (25 *a*, 21)
— 7. ἵνα θῶνται ἐπὶ τὸν θεὸν τὴν ἐλπίδα αὐ.
— 43. ὡς ἔθετο ἐν Αἰγύπτῳ τὰ σημεῖα αὐ. (25 *a*)
78 (79). 1. ἔθεντο Ἰερ. εἰς ὀπωροφυλάκιον (25 *a*)
— 2. ἔθεντο τὰ θνησιμαῖα τῶν δούλων σου βρώματα τοῖς πετεινοῖς τοῦ οὐρανοῦ (16)
79 (80). 6. ἔθου ἡμᾶς εἰς ἀντιλογίαν (25 *a*)
80 (81). 5. μαρτύριον ἐν τῷ Ἰ. ἔθετο αὐτόν (25 *a*)
82 (83). 11. θοῦ τοὺς ἄρχοντας αὐτῶν ὡς τὸν Ὠρὴβ καὶ Ζήβ (27)
— 13. θοῦ αὐτοὺς ὡς τροχόν (27)
83 (84). 3. οὗ θήσει τὰ νοσσία ἑαυτῆς (27)
— 6. εἰς τόπον ὃν ἔθετο (27)
84 (85). 13. θήσει εἰς ὁδὸν τὰ διαβήματα αὐ. (25 *a*)
87 (88). 6. ἔθεντό [S^1 -ετό] με ἐν λάκκῳ κατωτάτῳ (29)
— 8. ἔθεντό με βδέλυγμα ἑαυτοῖς (29)
88 (89). 19. ἐθέμην βοήθειαν ἐπὶ δυνατόν (26)
— 25. θήσομαι ἐν θαλάσσῃ χεῖρα αὐτοῦ (25 *a*)
— 27. κἀγὼ πρωτότοκον θήσομαι αὐτόν (25 *a*)
— 29. θήσομαι εἰς τὸν αἰῶνα τοῦ αἰῶνος τὸ σπέρμα αὐτοῦ (25 *a*)
— 40. ἔθου τὰ ὀχυρώματα αὐτοῦ δειλίαν (25 *a*)
89 (90). 8. ἔθου τὰς ἀνομίας ἡμῶν ἐνώπιόν σου (29)
90 (91). 9. τὸν ὕψιστον ἔθου καταφυγήν σου (25 *a*)
103 (104). 3. ὁ τιθεὶς νέφη τὴν ἐπίβασιν αὐ. (25 *a*)
— 9. ὅριον ἔθου ὃ οὐ παρελεύσονται (25 *a*)
— 20. ἔθου σκότος καὶ ἐγένετο νύξ (27)
104 (105). 27. ἔθετο ἐν [B^1 S^1 *om.*] αὐτοῖς τοὺς λόγους τῶν σημείων αὐτοῦ (25 *a*)
— 32. ἔθετο τὰς βροχὰς αὐτῶν χάλαζαν (16)
106 (107). 33. ἔθετο ποταμοὺς εἰς ἔρημον (25 *a*)
— 35. ἔθετο ἔρημον εἰς λίμνας [S λιμένας] ὑδάτων (25 *a*)
— 41. ἔθετο ὡς πρόβατα πατριάς (25 *a*)
108 (109). 5. ἔθεντο κατ' ἐμοῦ κακὰ ἀντὶ ἀγαθῶν (25 *a*)
109 (110). 1. ἕως ἂν θῶ τοὺς ἐχθρούς σου ὑποπόδιον τῶν ποδῶν σου (27)
118 (119). 110. ἔθεντο ἁμαρτωλοὶ παγίδα μοι (16)
131 (132). 11. ἐκ καρποῦ τῆς κοιλίας σου θήσομαι ἐπὶ τὸν θρ. σου (27)
138 (139). 5. ἔθηκας ἐπ' ἐμὲ τὴν χεῖρά σου (27)
139 (140). 5. σκάνδαλον ἔθεντό μοι (27)
140 (141). 3. θοῦ [S^1 ἔθου], κύριε, φυλακὴν τῷ στόματί μου (27)

Ps. 147. 3 (14). ὁ τιθεὶς τὰ ὅριά σου εἰρήνην (25 *a*)
148. 6. πρόσταγμα ἔθετο (16)
Pr. 2. 18. ἔθετο γὰρ παρὰ τῷ θανάτῳ τὸν οἶκον αὐτῆς †
8. 28. ὡς ἀσφαλεῖς ἐτίθει πηγὰς τῆς ὑπ' οὐρανόν (32)
— 29. A S^2 ἐν τῷ τιθέναι αὐτὸν τῇ θαλάσσῃ ἀκριβασμὸν αὐτοῦ (25 *a*)
22. 28. ἃ ἔθεντο οἱ πατέρες σου (19)
23. 10. A ἃ ἔθεντο οἱ πατέρες σου –
Ec. 7. 22 (21). εἰς πάντας λόγους . . . μὴ θῇς [S δῷς] καρδίαν σου (16)
Ca. 1. 6. ἔθεντό με φυλάκισσαν ἐν ἀμπελῶσιν (25 *a*)
6. 11 (12). ἔθετό με ἅρματα Ἀμιναδάβ (25 *a*)
8. 6. θές με ὡς σφραγῖδα ἐπὶ τὴν καρδίαν σου (25 *a*)
Wi. 1. 16. συνθήκην ἔθεντο πρὸς αὐτόν
4. 15. μηδὲ θέντες ἐπὶ διανοίᾳ τὸ τοιοῦτο
6. 22. θήσω εἰς τὸ ἐμφανὲς τὴν γνῶσιν αὐτῆς
10. 21. γλώσσας νηπίων ἔθηκε τρανάς
13. 15. ἐν τοίχῳ ἔθηκεν αὐτό
Si. *prol.* 22. ἀναγκαιότατον ἐθέμην [S^1 προεθ.] αὐτός
7. 6. θήσεις σκάνδαλον ἐν εὐθύτητί σου
14. 26. θήσει [A S^1 καὶ στήσει] τὰ τέκνα αὐτοῦ ἐν τῇ σκέπῃ [S^1 σκηνῇ] αὐτῆς
17. 4. ἔθηκε τὸν φόβον αὐτοῦ ἐπὶ πάσης σαρκός
— 8. ἔθηκε τὸν ὀφθαλμὸν αὐ. ἐπὶ τὰς καρδίας αὐτῶν
29. 11. θὲς τὸν θησαυρόν σου κατ' ἐντολὰς ὑψίστου
36 (33). 9. ἐξ αὐτῶν ἔθηκεν εἰς ἀριθμὸν ἡμερῶν
44. 18. διαθῆκαι αἰῶνος ἐτέθησαν πρὸς αὐτόν
50. 28. A B S^2 θεὶς [S^1 R ὁ θ.] αὐτὰ ἐπὶ καρδίαν αὐτοῦ σοφισθήσεται
Ho. 1. 11 (2. 2). θήσονται ἑαυτοῖς ἀρχὴν μίαν (25 *a*)
2. 3 (5). θήσω [A -σομαι] αὐτὴν ἔρημον (25 *a*)
— 12 (14). θήσομαι αὐτὰ εἰς μαρτύριον (25 *a*)
4. 7. τὴν δόξαν αὐ. εἰς ἀτιμίαν θήσομαι [A -σω] (9)
— 17. ἔθηκεν ἑαυτῷ σκάνδαλα (11 *a*)
11. 8. ὡς Ἀδαμὰ θήσομαί σε (25 *a*)
13. 1. ἔθετο αὐτὰ τῇ Βάαλ †
Am. 5. 7. δικαιοσύνην εἰς γῆν ἔθηκεν (11 *a*)
8. 10. θήσομαι αὐτὸν ὡς πένθος ἀγαπητοῦ (25 *a*)
Mi. 1. 6. θήσομαι Σαμ. εἰς ὀπωροφυλάκιον (25 *a*)
— 7. πάντα τὰ εἴδωλα αὐ. θήσομαι εἰς ἀφανισμόν (25 *a*)
2. 12. ἐπὶ τὸ αὐτὸ θήσομαι τὴν ἀποστροφὴν αὐ. (25 *a*)
4. 7. θήσομαι τὴν συντετριμμένην εἰς ὑπόλειμμα (25 *a*)
— 13. τὰ κέρατά σου θήσομαι σιδηρᾶ (25 *a*)
— 13. τὰς ὁπλάς σου θήσομαι χαλκᾶς (25 *a*)
Jl. 1. 7. ἔθετο τὴν ἄμπελόν μου εἰς ἀφανισμόν (25 *a*)
Ob. 1. 4. ἐὰν ἀνὰ μέσον τῶν ἄστρων θῇς νοσσιάν σου (25 *a*)
— 7. ἔθηκαν ἔνεδρα ὑποκάτω σου (25 *a*)
Na. 1. 14. θήσομαί σε ταφήν σου (25 *a*)
3. 6. θήσομαί σε εἰς παράδειγμα (25 *a*)
Hb. 3. 4. ἔθετο ἀγάπησιν κραταιὰν ἰσχύος αὐ. †
Ze. 2. 13. θήσει [S^3 -σω] τὴν Νιν. εἰς ἀφανισμὸν ἄνυδρον (25 *a*)
3. 19. A S^2 καὶ θήσομαι αὐτοὺς εἰς καύχημα [B S^1 *al.*] (25 *a*)
Hg. 1. 7. θέσθε τὰς καρδίας ὑμῶν εἰς τὰς ὁδοὺς ὑμῶν (25 *a*)
2. 16 (15). θέσθε δὴ εἰς [A S^3 ἐπὶ] τὰς καρδίας ὑμῶν (25 *a*)
— 16 (15). πρὸ τοῦ θεῖναι λίθον ἐπὶ λίθον (25 *a*)
— 19 (18). θέσθε ἐν ταῖς καρδίαις ὑμῶν (25 *a*)
— 24 (23). θήσομαί σε ὡς [A εἰς] σφραγῖδα (25 *a*)
Za. 5. 11. θήσουσιν αὐτὸ ἐκεῖ ἐπὶ τὴν ἑτοιμασίαν αὐ. (11 *b*)
9. 12. A καὶ θήσονται [B S^2 καθήσεσθε, S^1 καθήσεται] ἐν ὀχυρώματι †
12. 2. τίθημι τὴν Ἰερ. ὡς πρόθυρα σαλευόμενα (25 *a*)
— 3. θήσομαι τὴν Ἰερ. λίθον καταπατούμενον (25 *a*)
— 6. θήσομαι τοὺς χιλιάρχους Ἰ. ὡς δαλὸν πυρός (25 *a*)
Ma. 1. 1. θέσθε δὴ ἐπὶ τὰς καρδίας ὑμῶν –
2. 2. ἐὰν μὴ θῆσθε [S^2 θέσθε] εἰς τὴν καρδίαν ὑμῶν (25 *a*)
— 2. οὐ τίθεσθε εἰς [S^3 ἐπὶ] τὴν καρδίαν ὑμῶν (25 *a*)
Is. 5. 20. οὐαὶ . . . οἱ τιθέντες τὸ σκότος φῶς . . . οἱ τιθέντες τὸ πικρὸν γλυκύ (25 *a*, 25 *a*)
10. 6. θεῖναι αὐτὰς εἰς κονιορτόν (25 *a*)
— 28. ἐν Μαχμὰς θήσει τὰ σκεύη αὐτοῦ (20)
13. 9. θεῖναι τὴν οἰκουμένην ἔρημον (25 *a*)
14. 13. θήσω τὸν θρόνον μου (23)
— 17. ὁ θεὶς τὴν οἰκουμένην ὅλην ἔρημον (25 *a*)

Is. 14. 23. θήσω τὴν Βαβυλωνίαν ἔρημον . . . θήσω αὐτὴν πηλοῦ βάραθρον (25 a, –)
22. 18. θήσει τὸ ἅρμα σου τὸ καλὸν εἰς ἀτιμίαν †
25. 2. ἔθηκας πόλεις εἰς χῶμα (25 a)
26. 1. σωτήριον θήσει τὸ τεῖχος (27)
27. 4. τίς με θήσει φυλάσσειν καλάμην (16)
— 9. ὅταν θῶσι [A θῶ] πάντας τοὺς λίθους τῶν βωμῶν κατακεκομμένους (25 a)
28. 15. ἐθήκαμεν ψεῦδος τὴν ἐλπίδα ἡμῶν (25 a)
— 17. θήσω κρίσιν εἰς ἐλπίδα (25 a)
29. 3. θήσω περὶ [A ἐπὶ] σὲ πύργους (22 b)
— 21. τοὺς ἐλέγχοντας ἐν πύλαις πρόσκομμα θήσουσιν (36)
37. 25. ἔθηκα γέφυραν (33)
41. 7. θήσουσιν αὐτὰ καὶ οὐ κινηθήσονται –
— 15. ὡς χνοῦν [A χοῦν] θήσεις (25 a)
— 19. θήσω εἰς τὴν ἄνυδρον γῆν κέδρον (16)
42. 4. ἕως ἂν θῇ ἐπὶ τῆς γῆς κρίσιν (25 a)
— 15. θήσω ποταμοὺς εἰς νήσους (25 a)
— 25. οὐδὲ ἔθεντο ἐπὶ ψυχήν (25 a)
46. 7. ἐὰν δὲ θῶσιν αὐτὸ ἐπὶ τοῦ τόπου αὐ. (11 a)
49. 2. ἔθηκε τὸ στόμα μου ὡς μάχαιραν (25 a)
— 2. ἔθηκέ με ὡς βέλος ἐκλεκτόν (25 a)
— 6. A S τέθεικά [B δέδωκά] σε εἰς φῶς ἐθνῶν (16)
— 11. θήσω πᾶν ὄρος εἰς ὁδόν (25 a)
50. 2. θήσω ποταμοὺς ἐρήμους (25 a)
— 3. ὡς σάκκον θήσω [S^1 om.] τὸ περιβόλαιον αὐτοῦ (25 a)
— 4. ἔθηκέ μοι πρωΐ †
— 7. ἔθηκα τὸ πρόσωπόν μου ὡς στερεὰν πέτραν (25 a)
51. 3. B S θήσω τὰ ἔρημα αὐτῆς ὡς παράδεισον (25 a)
— 10. ἡ θεῖσα τὰ βάθη τῆς θαλάσσης ὁδόν (25 a)
— 16. θήσω τοὺς λόγους μου εἰς τὸ στόμα σου (25 a)
— 23. ἔθηκας ἴσα τῇ γῇ τὰ μέσα [A S μετάφρενά] σου (25 a)
54. 12. θήσω τὰς ἐπάλξεις σου ἴασπιν (25 a)
57. 8. ὀπίσω τῶν σταθμῶν τῆς θύρας σου ἔθηκας μνημόσυνά σου (25 a)
60. 15. θήσω σε ἀγαλλίαμα αἰώνιον (25 a)
63. 11. ποῦ ἐστιν ὁ θεὶς ἐν αὐτοῖς τὸ πνεῦμα τὸ ἅγιον (25 a)
Je. 1. 5. προφήτην εἰς ἔθνη τέθεικά σε (16)
— 15. θήσουσιν ἕκαστος τὸν θρόνον αὐτοῦ (16)
— 18. τέθεικά σε . . . ὡς πόλιν ὀχυράν (16)
2. 7. τὴν κληρονομίαν μου [A καὶ] ἔθεσθε εἰς βδέλυγμα (25 a)
4. 7. τοῦ θεῖναι τὴν γῆν εἰς ἐρήμωσιν [S^1 al.] (25 a)
9. 11 (10). τὰς πόλεις Ἰούδα εἰς ἀφανισμὸν θήσομαι (16)
10. 4. B θήσουσιν αὐτά †
12. 11. ἐτέθη [A ἐγενήθη] εἰς ἀφανισμὸν ἀπωλείας (25 a)
— 11. οὐκ ἔστιν ἀνὴρ τιθέμενος ἐν καρδίᾳ (25 a)
13. 16. τεθήσονται εἰς σκότος (27)
22. 6. ἐὰν μὴ θῶ σε εἰς ἔρημον (27)
25. 12. θήσομαι αὐτοὺς εἰς ἀφανισμὸν αἰώνιον (25 a)
— 17 (49. 38). θήσω τὸν θρόνον μου ἐν Αἰλάμ (25 a)
27 (50). 3. θήσει τὴν γῆν αὐτῆς εἰς ἀφανισμόν (27)
28 (51). 16. εἰς φωνὴν ἔθετο ἦχος ὕδατος (16)
— 29. τοῦ θεῖναι τὴν γῆν Βαβ. εἰς ἀφανισμόν (25 a)
31 (48). 6. B S^1 θέσθε [A S^2 R ἔσεσθε] ὥσπερ ὄνος ἄγριος †
32 (25). 18. τοῦ θεῖναι αὐτὰς εἰς ἐρήμωσιν (16)
35 (28). 14. ζυγὸν σιδηροῦν ἔθηκα ἐπὶ τὸν τράχηλον (16)
39 (32). 14. θήσεις [S^1 καθήσεις, S^3 καταθ.] αὐτὸ [A S om.] εἰς ἀγγεῖον (16)
— 34. ἔθηκαν τὰ μιάσματα αὐτῶν ἐν τῷ οἴκῳ (25 a)
41 (34). 13. B S ἐθέμην [A R διεθ.] διαθήκην (8)
45 (38). 12. ταῦτα θὲς ὑποκάτω τῶν σχοινίων (25 a)
47 (40). 4. θήσω τοὺς ὀφθαλμούς μου ἐπὶ σέ (25 a)
49 (42). 17. οἱ θέντες τὸ πρόσωπον αὐτῶν εἰς γῆν Αἰγύπτου (25 a)
50 (43). 10. θήσει αὐτοῦ τὸν θρόνον ἐπάνω τῶν λίθων τούτων (25 a)
Ba. 2. 26. ἔθηκας τὸν οἶκον . . . ὡς ἡ ἡμέρα αὕτη
La. 3. 11. ἔθετό με ἠφανισμένην (25 a)
— 45. ἔθηκας ἡμᾶς ἐν μέσῳ τῶν λαῶν (25 a)
Ez. 4. 1. θήσεις αὐτὴν πρὸ προσώπου σου (16)
— 3. θήσεις αὐτὸ τοῖχον σιδηροῦν (16)
— 4. θήσεις τὰς ἀδικίας τοῦ οἴκου Ἰσραὴλ ἐπ' αὐτοῦ (25 a)
— 6. ἡμέραν εἰς ἐνιαυτὸν τέθεικά σοι (16)
5. 5. ἐν μέσῳ τῶν ἐθνῶν τέθεικα αὐτήν (25 a)
Ez. 5. 14. θήσομαί σε εἰς ἔρημον (16)
6. 14. θήσομαι τὴν γῆν εἰς ἀφανισμόν (16)
7. 20. ἐκλεκτὰ κόσμου εἰς ὑπερηφανίαν ἔθεντο αὐτά (25 a)
13. 14. θήσω αὐτὸν ἐπὶ τὴν γῆν (10)
14. 3. ἔθεντο τὰ διανοήματα αὐ. ἐπὶ τὰς καρδίας αὐ. καὶ τὴν κόλασιν τῶν ἀδικιῶν αὐ. ἔθηκαν πρὸ προσώπου αὐ. (18, 16)
— 4. ὃς ἂν θῇ τὰ διανοήματα αὐτοῦ ἐπὶ τὴν καρδίαν αὐτοῦ (18)
— 7. θῆται [A θῇ] τὰ ἐνθυμήματα αὐτοῦ ἐπὶ τὴν καρδίαν αὐτοῦ (18)
— 8. θήσομαι [A -σω] αὐτὸν εἰς ἔρημον †
16. 18. τὸ θυμίαμά μου ἔθηκας πρὸ προσώπου αὐτῶν (16)
— 19. ἔθηκας αὐτὰ πρὸ προσώπου αὐτῶν (16)
— 38. θήσω [A -σομαί] σε ἐν αἵματι θυμοῦ [A τῷ αἵ. σου] (16)
17. 4. εἰς πόλιν τετειχισμένην ἔθετο αὐτά (25 a)
18. 12. εἰς τὰ εἴδωλα ἔθετο τοὺς ὀφθαλμοὺς αὐτοῦ (15)
— 15. τοὺς ὀφθ. αὐ. οὐκ ἔθετο εἰς τὰ ἐνθυμήμ. (15)
19. 9. ἔθεντο αὐτὸν ἐν κημῷ (16)
21. 27 (32). ἀδικίαν ἀδικίαν ἀδικίαν [A B^3 om.] θήσομαι αὐτήν (25 a)
25. 13. θήσομαι αὐτὴν ἔρημον (16)
28. 14. ἔθηκά σε ἐν ὄρει ἁγίῳ θεοῦ (16)
30. 24. A θήσω [B δώσω] τὴν ῥομφαίαν μου εἰς τὴν χεῖρα αὐτοῦ (16)
32. 27. ἔθηκαν τὰς μαχαίρας αὐ. ὑπὸ τὰς κεφ. (16)
35. 9. ἐρημίαν αἰώνιον θήσομαί σε (16)
36. 37. A ἔτι τοῦτο ζήτημα θήσομαι [B τ. ζητηθήσομαι] (34)
37. 1. ἔθηκέ με ἐν μέσῳ τοῦ πεδίου (11 a)
— 14. θήσομαι ὑμᾶς ἐπὶ τὴν γῆν ὑμῶν (11 a)
— 26. θήσω τὰ ἅγιά μου ἐν μέσῳ αὐτῶν (16)
40. 2. ἔθηκέ με ἐπ' ὄρος ὑψηλόν (11 a)
42. 13. B ἐκεῖ θήσουσι τὰ ἅγια τῶν ἁγίων (11 a)
43. 8. ἐν τῷ τ. αὐτοὺς τὸ πρόθυρόν μου (16)
44. 19. θήσουσιν αὐτὰς ἐν ταῖς ἐξέδραις τῶν ἁγίων (11 a)
— 30. τοῦ θεῖναι εὐλογίας ὑμῶν ἐπὶ τοὺς οἴκους ὑμῶν (11 a)
Da. LXX. 6. 17 (18). καὶ ἐτέθη εἰς τὸ στόμα τοῦ λάκκου (25 b)
7. 9. ἕως ὅτε θρόνοι ἐτέθησαν (24)
8. 11. ἔθηκεν αὐτὴν ἕως χαμαὶ ἐπὶ τὴν γῆν –
Bel 35. ἔθηκεν αὐτὸν ἐπάνω τοῦ λάκκου
Da. TH. Su. 34. ἔθηκαν τὰς χεῖρας ἐπὶ τὴν κεφ. αὐ.
1. 8. ἔθετο Δ. ἐπὶ τὴν καρδίαν αὐ. (25 a)
3. 10. σύ, βασιλεῦ, ἔθηκας δόγμα (25 b)
4. 3. δι' ἐμοῦ ἐτέθη δόγμα (25 b)
6. 26 (27). ἐκ προσώπου μου ἐτέθη δόγμα τοῦτο (25 b)
7. 9. θρόνοι ἐτέθησαν (24)
Bel 11. καὶ τὸν οἶνον κεράσας θές
— 36. ἔθηκεν αὐτὸν εἰς Βαβυλῶνα
I Ma. 1. 34. ἔθηκαν ἐκεῖ ἔθνος ἁμαρτωλόν
— 53. ἔθετο τὸν Ἰσρ. ἐν κρυφίοις
9. 51. A ἔθεντο [S R ἔθετο] φρουρὰν ἐν αὐτοῖς
— 52. A ἔθεντο [S R ἔθετο] ἐν αὐταῖς δυνάμεις
— 53. A ἔθεντο [S R ἔθετο] αὐτοὺς ἐν τῇ ἄκρᾳ
10. 4. τοῦ εἰρήνην θεῖναι μετ' αὐτῶν πρὶν ἢ θεῖναι αὐτὸν μετὰ Ἀλ.
— 65. ἔθετο αὐτὸν στρατηγόν
11. 37. καὶ τεθήτω ἐν τῷ ὄρει τῷ ἁγίῳ
— 66. ἔθετο ἐπ' αὐτὴν φρουράν
12. 34. ἔθετο ἐκεῖ φρουράν
13. 33. ἔθετο βρώματα ἐν τοῖς ὀχυρώμασι
— 53. ἔθετο αὐτὸν ἡγούμενον τῶν δυνάμεων πασῶν
14. 3. A S^2 R ἔθετο αὐτὸν ἐν φυλακῇ
— 23. τοῦ θέσθαι τὸ ἀντίγραφον τῶν λόγων αὐ. ἐν τοῖς ἀποδεδειγμ. . . . βιβλίοις
— 27. A καὶ ἔθεντο ἐν στήλῃ [S R -αις]
— 33. ἔθετο ἐκεῖ φρουρὰν ἄνδρας Ἰουδ.
— 34. ὅσα ἐπιτήδεια . . . ἔθετο ἐν αὐτοῖς
— 35. A R ἔθεντο [S ἔθετο] αὐτὸν ἡγούμενον αὐτῶν
— 46. θέσθαι Σίμωνι ποιῆσαι
— 48. τὴν γραφὴν τ. εἶπον θέσθαι ἐν δέλτοις χαλκαῖς
— 48. A καὶ θῆσαι [S R στῆσαι] αὐτὰς ἐν περιβόλῳ
— 49. τὰ δὲ ἀντίγραφα αὐ. θέσθαι ἐν τῷ γαζοφυλακίῳ
II Ma. 4. 15. τὰς μὲν πατρῴας τιμὰς ἐν οὐδενὶ τιθέμενοι
— 34. A δεξιὰς θεὶς [? δεξιασθεὶς] μεθ' ὅρκων [R al.]
5. 21. τὸ πέλαγος πορευτὸν θέσθαι
7. 12. ὡς ἐν οὐδενὶ τὰς ἀλγηδόνας ἐτίθετο
II Ma. 14. 21. ἔθεσαν δίφρους
III Ma. 1. 17. ἄδηλον τιθέμενοι τὸ γινόμενον
2. 24. μετὰ ἀπειλῆς δὲ πικρᾶς θέμενος ἀνέλυσε
5. 43. R ἰσόπεδον πυρὶ καὶ δόρατι θήσεσθαι [A στήσ.]
6. 34. εἰς ὄλεθρον καὶ οἰωνοβρώτους αὐτοὺς ἔσεσθαι τιθέμενοι
IV Ma. 4. 23. δόγμα ἔθετο
8. 12. S ἐκέλευσεν εἰς τὸ ἔμπροσθεν τιθέναι [A R προτεθῆναι] τὰ βασανιστήρια

[Aq. Ex. 24. 6: 40. 3, 30: Dt. 7. 15: I Ki. 6. 8: 9. 24: 22. 4: IV Ki. 9. 13: Jb. 1. 17: 13. 27: 17. 12: Ps. 9. 21: 18 (19). 5: 20 (21). 13: 38 (39). 9: 45 (46). 9: 48 (49). 15: 51 (52). 9: 65 (66). 2, 11: 73 (74). 4: 83 (84). 4, 7: 87 (88). 7: 90 (91). 9: 106 (107). 41: Pr. 23. 2: 27. 23: Is. 41. 19: 49. 6: 51. 23: 57. 1, 7: 62. 7: Je. 9. 8 (7): 40 (47). 10: 42 (49). 15 *bis*: 51 (28). 25: Ez. 6. 2: 13. 17: 19. 5: 21. 2 (7), 19 (24), 27 (32): 25. 2: 29. 2: 36. 37: Da. 3. 12 (Sw.).]

[Sm. Ge. 19. 16: 30. 41, 42: Ex. 40. 3, 30: I Ki. 6. 8: 22. 4: III Ki. 6. 19, 27: IV Ki. 9. 13: 12. 17 (18): 16. 14: 21. 7: Ps. 9. 35 (10. 14): 55 (56). 9: 65 (66). 11: 73 (74). 4: 84 (85). 14: 90 (91). 9: Is. 49. 6: 50. 4: 51. 23: 57. 1, 7: 62. 7: Je. 9. 8 (7): 42 (49). 15 *bis*: Ez. 6. 2: 7. 4: 21. 27 (32): 23. 24: 36. 37.]

[Th. Ex. 28. 26†: 40. 3, 28, 30: Jd. 1. 28: 9. 25: I Ki. 22. 4: Jb. 17. 12: 22. 24: 24. 15, 25: 34. 23: 37. 12†: Ps. 18 (19). 5: 73 (74). 4: Pr. 8. 29: 23. 2: 27. 23: Ca. 1. 6: Is. 26. 12 (Sw.): 38. 13: 41. 19: 49. 6: 51. 23: 57. 1, 7: 62. 7: Je. 12. 11: 38 (45). 12: 39 (46). 12: 44 (51). 12: Ez. 13. 17: 20. 28: 21. 2 (7), 27 (32): 23. 24: 25. 2: 29. 2: 36. 37.]

[Al. Ge. 44. 21: Dt. 11. 18: I Ki. 22. 15: II Ki. 20. 19: Jb. 26. 9: Is. 26. 12.]

[Heb. IV Ki. 16. 14.]

[Quint. IV Ki. 16. 14: Ps. 18 (19). 5: 90 (91). 9: Ca. 6. 11 (12).]

τιθηνεῖν. (1) אָמַן

Si. 30. 9. τιθήνησον τέκνον καὶ ἐκθαμβήσει σε
La. 4. 5. R οἱ τιθηνούμενοι ἐπὶ κόκκων [B -ῳ, A κόλπων] περιεβάλλοντο [A -έλαβον] κοπρίας (1)
III Ma. 3. 15. τιθηνήσασθαι τὰ κατοικοῦντα Κοίλην Συρίαν . . . ἔθνη
[Aq. Is. 60. 4.]

τιθηνία (S -ιος).

IV Ma. 16. 7. ὢ . . . ἄκαρποι τ.

τιθηνίζεσθαι.

[Aq. Is. 53. 2.]

τιθηνός. (1) אָמַן

Nu. 11. 12. ὡσεὶ ἄραι τιθηνὸς τὸν θηλάζοντα (1)
Ru. 4. 16. ἐγενήθη αὐτῷ εἰς τιθηνόν (1)
II Ki. 4. 4. B^1 ἦρεν αὐτὸν ὁ [A B^2 R ἡ] τ. αὐ. (1)
IV Ki. 10. 1. ἀπέστειλεν . . . πρὸς τοὺς τ. Ἀχ. (1)
— 5. ἀπέστειλαν . . . οἱ τ. πρὸς Ἰ. (1)
Is. 49. 23. ἔσονται βασιλεῖς τιθηνοί σου (1)
III Ma. 1. 20. αἵ τε πρὸς τούτοις μητέρες καὶ τιθηνοί
[Aq. Ge. 24. 59.]

τιθηνοῦσθαι.

[Aq. Pr. 8. 30.]

τιθίζεσθαι.

[Aq. Is. 53. 2.]

τίκτειν. (1) הָרָה (2) יָלַד *a.* qal. *b.* ni. *c.* pu. *d.* hi. *e.* hoph. *f.* יִלּוֹד *g.* לֵדָה (3) מָלַט hi.

Ge. 3. 16. ἐν λύπαις τέξῃ τέκνα (2 a)
4. 1. ἔτεκε τὸν Κ. (2 a)
— 2. προσέθηκε τεκεῖν τὸν ἀδ. αὐ. τὸν Ἅ. (2 a)
— 17. συλλαβοῦσα ἔτεκε τὸν Ἑ. (2 a)
— 20. ἔτεκεν Ἀ. τὸν Ἰ. (2 a)
— 22. Σ. δὲ ἔτεκε καὶ αὐτὴ τὸν Θ. (2 a)
— 25. συλλαβοῦσα ἔτεκεν υἱόν (2 a)
16. 1. Σάρα δὲ . . . οὐκ ἔτικτεν αὐτῷ (2 a)
— 2. συνέκλεισέ με κύριος τοῦ μὴ τίκτειν (2 a)
— 11. καὶ τέξῃ υἱόν (2 a)

Ge. 16. 15. ἔτεκεν Ἄ. τῷ Ἀβ. υἱόν (2 a)
— 15. ὃν ἔτεκεν αὐτῷ Ἄ. (2 a)
— 16. ἡνίκα ἔτεκεν Ἄ. τὸν Ἰσμ. τῷ Ἀβ. (2 a)
17. 17. R εἰ ἡ Σ. ἐνενήκοντα ἐτῶν τέξεται [A *al.*] (2 a)
— 19. Σάρρα ἡ γυνή σου τέξεταί σοι υἱόν (2 a)
— 21. ὃν τέξεται σοι Σάρρα (2 a)
18. 13. ἆρά γε ἀληθῶς τέξομαι (2 a)
19. 37. ἔτεκεν ἡ πρεσβυτέρα υἱόν (2 a)
— 39 (38). ἔτεκε δὲ καὶ ἡ νεωτέρα υἱόν (2 a)
20. 17. καὶ ἔτεκον (2 a)
21. 2. ἔτεκε Σ. τῷ Ἀβ. υἱὸν εἰς τὸ γῆρας (2 a)
— 3. ὃν ἔτεκεν αὐτῷ Σ. (2 a)
— 7. ἔτεκον υἱὸν ἐν τῷ γήρει μου (2 a)
22. 20. τέτοκε Μ. καὶ αὐτὴ υἱοὺς Ν. (2 a)
— 23. οὓς ἔτεκε Μ. τῷ Ν. (2 a)
— 24. ἔτεκε καὶ αὐτὴ τὸν Τ. (2 a)
24. 15. Ῥεβ. ἐξεπορεύετο ἡ τεχθεῖσα Βαθ. (2 c)
— 24. ὃν ἔτεκεν αὐτῷ Ν. (2 a)
— 36. ἔτεκε Σάρρα . . . υἱὸν ἕνα (2 a)
— 47. ὃν ἔτεκεν αὐτῷ Μ. (2 a)
25. 2. ἔτεκε δὲ αὐτῷ τὸν Ζ. (2 a)
— 12. ὃν ἔτεκεν Ἄ. (2 a)
— 24. ἐπληρώθησαν αἱ ἡμέραι τοῦ τεκεῖν αὐτήν (2 a)
— 26. R ὅτε ἔτεκεν [A ἐγέννησεν] αὐτοὺς Ῥεβ. (2 a)
29. 32. ἔτεκεν υἱὸν τῷ Ἰ. (2 a)
— 33. ἔτεκεν υἱὸν δεύτερον τῷ Ἰ. (2 a)
— 34. καὶ ἔτεκεν υἱόν (2 a)
— 34. τέτοκα γὰρ αὐτῷ τρεῖς υἱούς (2 a)
— 35. συλλαβοῦσα ἔτι ἔτεκεν υἱόν (2 a)
— 35. ἔστη τοῦ τίκτειν (2 a)
30. 1. οὐ τέτοκε τῷ Ἰ. (2 a)
— 3. τέξεται ἐπὶ τῶν γονάτων μου (2 a)
— 5. ἔτεκε τῷ Ἰ. υἱόν (2 a)
— 7. ἔτεκεν υἱὸν δεύτερον τῷ Ἰ. (2 a)
— 9. ἔστη τοῦ τίκτειν (2 a)
— 10. ἔτεκε τῷ Ἰ. υἱόν (2 a)
— 12. ἔτεκεν ἔτι τῷ Ἰ. υἱὸν δεύτερον (2 a)
— 17. συλλαβοῦσα ἔτεκε τῷ Ἰ. υἱὸν πέμπτον (2 a)
— 19. ἔτεκεν υἱὸν ἕκτον τῷ Ἰ. (2 a)
— 20. τέτοκα γὰρ αὐτῷ υἱοὺς ἕξ (2 a)
— 21. ἔτεκε θυγατέρα (2 a)
— 21. A ἔστη τοῦ τίκτειν –
— 23. ἔτεκε τῷ Ἰ. υἱόν (2 a)
— 25. ὡς ἔτεκε Ῥ. τὸν Ἰ. (2 a)
— 39. ἔτικτον τὰ πρόβατα διάλευκα (2 a)
— 42. A ἡνίκα γὰρ ἔτεκον τὰ πρόβατα [R *al.*] †
31. 8. τέξεται πάντα τὰ πρόβατα ποικίλα (2 a)
— 8. τέξεται πάντα τὰ πρόβατα λευκά (2 a)
— 43. τί ποιήσω . . . τοῖς τέκνοις αὐ. οἷς ἔτεκον (2 a)
34. 1. ἣν ἔτεκε τῷ Ἰ. (2 a)
35. 16. ἔτεκε Ῥαχήλ (2 a)
— 17. ἐν τῷ σκληρῶς αὐτὴν τίκτειν (2 a)
36. 4. ἔτεκε δὲ Ἀδὰ τῷ Ἡ. τὸν Ἐλ. (2 a)
— 4. Βασ. ἔτεκε τὸν Ῥαγ. (2 a)
— 5. Ὀλ. ἔτεκε τὸν Ἰ. (2 a)
— 12. ἔτεκε τῷ Ἐλ. τὸν Ἀμαλήκ (2 a)
— 14. ἔτεκε δὲ τῷ Ἡ. τὸν Ἰ. (2 a)
38. 3. συλλαβοῦσα ἔτεκεν υἱόν (2 a)
— 4. συλλαβοῦσα ἔτι ἔτεκεν υἱόν (2 a)
— 5. προσθεῖσα ἔτι ἔτεκεν υἱόν (2 a)
— 5. ἡνίκα ἔτεκεν αὐτούς (2 a)
— 27. A ἡνίκα ἔτεκεν [R ἔτικτε] (2 a)
— 28. ἐν τῷ τίκτειν αὐτήν (2 a)
41. 50. οὓς ἔτεκεν αὐτῷ Ἀσ. (2 a)
44. 27. δύο ἔτεκέ μοι ἡ γυνή (2 a)
46. 15. οὓς ἔτεκε τῷ Ἰ. (2 a)
— 18. ἣ ἔτεκε τούτους τῷ Ἰ. (2 a)
— 20. οὓς ἔτεκεν αὐτῷ Ἀσ. (2 a)
— 20. οὓς ἔτεκεν αὐτῷ ἡ παλλακὴ ἡ Σύρα –
— 22. R οὓς ἔτεκε τῷ Ἰ. [A *al.*] (2 c)
— 25. ἣ ἔτεκε τούτους τῷ Ἰ. (2 a)
50. 23. ἐτέχθησαν ἐπὶ μηρῶν Ἰ. (2 c)
Ex. 1. 16. ὅταν . . . ὦσι πρὸς τῷ τίκτειν †
— 19. τίκτουσι γὰρ πρὶν ἢ εἰσελθεῖν . . . τὰς μαίας †
— 19. καὶ ἔτικτον (2 a)
— 22. ὃ ἐὰν τεχθῇ τοῖς Ἑβρ. (2 f)
2. 2. καὶ ἔτεκεν ἄρσεν (2 a)
— 22. ἔτεκεν υἱόν (2 a)
6. 23. ἔτεκεν αὐτῷ τόν τε Ν. (2 a)
— 25. ἔτεκεν αὐτῷ τὸν Φ. (2 a)
21. 4. ἐὰν δὲ . . . τέκῃ αὐτῷ υἱούς (2 a)
Le. 12. 2. καὶ τέκῃ ἄρσεν (2 a)
— 5. ἐὰν δὲ θῆλυ τέκῃ (2 a)
— 7. οὗτος ὁ νόμος τῆς τικτούσης ἄρσεν (2 a)

Le. 22. 27. ὡς ἂν τεχθῇ (2 b)
Nu. 11. 12. ἡ ἐγὼ ἔτεκον [A τέτοκα] αὐτούς (2 a)
26. 59. ἣ ἔτεκε τούτους τῷ Λ. (2 a)
— 59. καὶ ἔτεκε τῷ Ἀμβρὰμ τὸν Ἀ. (2 a)
— 60. A ἐτέχθησαν [B ἐγεννήθησαν] τῷ Ἀ. ὅ τε Ν. (2 b)
De. 15. 19. ὃ ἐὰν τεχθῇ ἐν ταῖς βουσί σου (2 b)
21. 15. καὶ τέκωσιν αὐτῷ ἡ ἠγαπημ. καὶ ἡ μισουμ. (2 a)
25. 6. τὸ παιδίον ὃ ἐὰν τέκῃ [A ἂν τεχθῇ] (2 a)
28. 57. καὶ τὸ τέκνον ὃ ἂν τέκῃ (2 a)
Jd. 8. 31. ἔτεκεν αὐτῷ καί γε αὐτὴ υἱόν (2 a)
11. 1. A καὶ ἔτεκε τῷ Γ. τὸν Ἰ. [B *al.*] (2 d)
— 2. ἔτεκεν ἡ γυνὴ Γ. αὐτῷ υἱούς (2 a)
13. 2. καὶ οὐκ ἔτεκε [A ἔτικτεν] (2 a)
— 3. καὶ οὐ τέτοκας (2 a)
— 3. A καὶ τέξῃ [B συλλήψῃ] υἱόν (2 a)
— 5, 7. καὶ τέξῃ υἱόν (2 a)
— 8. τί ποιήσωμεν τῷ παιδίῳ τῷ τικτομ. (2 c)
— 24. ἔτεκεν ἡ γυνὴ υἱὸν [A *om.*] (2 a)
18. 29. ὃς ἐτέχθη [A ἐγενήθη] τῷ Ἰσρ. (2 c)
Ru. 1. 12. καὶ τέξομαι υἱούς (2 a)
4. 12. ὃν ἔτεκε Θ. τῷ Ἰ. (2 a)
— 13. καὶ ἔτεκεν [A ἐγέννησεν] υἱόν (2 a)
— 15. ἡ νύμφη ἡ ἀγαπήσασά σε ἔτεκεν αὐτόν (2 a)
— 17. ἐτέχθη υἱὸς τῇ Ν. (2 c)
I Ki. 1. 20. καὶ ἔτεκεν υἱόν (2 a)
2. 5. στεῖρα ἔτεκεν ἑπτά (2 a)
— 21. ἔτεκεν ἔτι τρεῖς υἱούς (2 a)
4. 19. συνειληφυῖα τοῦ τεκεῖν (2 a)
— 19. ἔκλαυσε καὶ ἔτεκεν (2 a)
— 20. υἱὸν τέτοκας (2 a)
II Ki. 3. 2. ἐτέχθησαν τῷ Δ. υἱοί (2 b, 2 c*)
— 5. οὗτοι ἐτέχθησαν τῷ Δ. (2 c)
11. 27. ἔτεκεν αὐτῷ υἱόν (2 a)
12. 14. ὁ υἱός σου ὁ τεχθείς σοι θανάτῳ ἀποθανεῖται (2 f)
— 15. ὃ ἔτεκεν ἡ γυνὴ Οὐρ. τῷ Δ. (2 a)
— 24. καὶ ἔτεκεν υἱόν (2 a)
14. 27. ἐτέχθησαν τῷ Ἀβ. τρεῖς υἱοί (2 b)
— 27. τίκτει αὐτῷ τὸν Ἀβ. –
21. 8. οὓς ἔτεκε τῷ Σαούλ (2 a)
— 8. οὓς ἔτεκε τῷ Ἐ. (2 a)
— 20. αὐτὸς ἐτέχθη τῷ Ῥ. (2 c)
— 22. οἱ τέσσαρες οὗτοι ἐτέχθησαν [A *om.*] ἀπόγονοι (2 c)
III Ki. 1. 6. καὶ αὐτὸν ἔτεκεν ὀπίσω Ἀβ. (2 a)
3. 17. καὶ ἐτέκομεν ἐν τῷ οἴκῳ (2 a)
— 18. τεκούσης μου καὶ ἔτεκε καὶ ἡ γυνὴ αὕτη (2 a, 2 a)
— 21. οὐκ ἦν ὁ υἱός μου ὃν ἔτεκον (2 a)
11. 20. ἔτεκεν αὐτῷ ἡ ἀδ. Θ. τῷ Ἀ. τὸν Γ. (2 a)
12. 24. B ἔτεκε τῷ Ἰερ. τὸν Ἀ. υἱὸν αὐ. –
13. 2. υἱὸς τίκτεται τῷ οἴκῳ Δ. (2 b)
IV Ki. 4. 17. καὶ ἔτεκεν υἱόν (2 a)
19. 3. ἰσχὺς οὐκ ἔστι τῇ τικτούσῃ (2 a)
I Ch. 1. 32. καὶ ἔτεκεν [A *add.* υἱὸν] αὐτῷ τὸν Ζ. (2 a)
— 36. A ἔτεκεν αὕτη τὸν Ἀμ. [B *al.*] –
2. 4. ἔτεκεν αὐτῷ τὸν Φ. (2 a)
— 9. οἱ ἐτέχθησαν αὐτῷ (2 b)
— 19. καὶ ἔτεκεν αὐτῷ τὸν Ὢρ (2 a)
— 21. ἔτεκεν αὐτῷ τὸν Σ. (2 a)
— 24. ἔτεκεν αὐτῷ τὸν Ἀ. (2 a)
— 29. ἔτεκεν αὐτῷ τὸν Ἀχ. (2 a)
— 35. ἔτεκεν αὐτῷ τὸν Ἐθθεί (2 a)
3. 1. υἱοὶ Δ. οἱ τεχθέντες αὐτῷ ἐν Χ. (2 b)
— 5. οὗτοι ἐτέχθησαν αὐτῷ ἐν Ἰερ. (2 b)
4. 6. ἔτεκεν αὐτῷ Ἀ. τὸν Ὠ. (2 a)
— 9. ἔτεκον ὡς γάβης (2 a)
— 18. ἔτεκε τὸν Ἰ. (2 a)
7. 14. ὃν ἔτεκεν ἡ παλλακὴ αὐ. ἡ Σύρα (2 a)
— 14. ἔτεκε τὸν Μ. πατέρα Γαλ. (2 a)
— 16. ἔτεκε Μ. γυνὴ Μ. υἱόν (2 a)
— 18. ἔτεκε τὸν Ἰσ. (2 a)
— 21. ἄνδρες Γὲθ οἱ τεχθέντες ἐν γῇ (2 b)
— 23. καὶ ἔτεκεν υἱόν (2 a)
14. 3. ἐτέχθησαν [S[1] ἐτέθ.] Δ. ἔτι υἱοί (2 d)
— 4. ταῦτα τὰ ὀνόματα αὐτῶν τῶν τεχθέντων (2 a)
22. 9. υἱὸς τίκτεταί σοι (2 b)
26. 6. τῷ Σαμ. υἱῷ αὐ. ἐτέχθησαν υἱοί (2 b)
II Ch. 11. 19. ἔτεκεν [A -ον] αὐτῷ υἱούς (2 a)
— 20. ἔτεκεν αὐτῷ τὸν Ἀ. (2 a)
Jb. 38. 28. τίς δέ ἐστιν ὁ τετοκὼς βώλους δρόσου (2 d)
— 29. πάχνην δὲ ἐν οὐρανῷ τίς τέτοκεν (2 a)
Ps. 7. 14. A S R ἔτεκεν ἀνομίαν [B ἀδικίαν] (2 a)
21 (22). 31. ἀναγγελοῦσι τὴν δικαιοσύνην αὐτοῦ λαῷ τῷ τεχθησομένῳ (2 b)

Ps. 47 (48). 6. ἐκεῖ ὠδῖνες ὡς τικτούσης (2 a)
77 (78). 6. ὅπως ἂν γνῷ γενεὰ ἑτέρα υἱοὶ οἱ τεχθησόμενοι (2 b)
Pr. 3. 28. οὐ γὰρ οἶδας τί τέξεται ἡ ἐπιοῦσα –
10. 23. ἡ δὲ σοφία ἀνδρὶ τίκτει φρόνησιν –
17. 25. B[2] S[2] R καὶ ὀδύνη τῇ τεκούσῃ αὐτόν [A B[1] S[1] -οῦ] (2 a)
19. 13. A καὶ ὀδύνη τῇ τεκούσῃ αὐτοῦ –
23. 25. χαιρέτω ἡ τεκοῦσά σε (2 a)
27. 1. οὐ γὰρ γινώσκεις τί τέξεται ἡ ἐπιοῦσα (2 a)
Ec. 3. 2. καιρὸς τοῦ τεκεῖν (2 a)
Ca. 6. 8 (9). S[2] R ἐκλεκτή ἐστι τῇ τεκούσῃ αὐτήν [A B S[1] -ῆς] (2 a)
8. 5. B[3] S[2] R ἐκεῖ ὠδίνησέ σε ἡ τεκοῦσά σε [A B[1] S[1] σου] (2 a)
Si. 8. 18. οὐ γὰρ γινώσκεις τί τέξεται
19. 11. ὡς ἀπὸ προσώπου βρέφους ἡ τίκτουσα
48. 19. ὤδίνησαν ὡς αἱ τίκτουσαι
Ho. 1. 3. ἔτεκεν αὐτῷ υἱόν (2 a)
— 6. ἔτεκε θυγατέρα (2 a)
— 8. ἔτεκεν υἱόν (2 a)
2. 5 (7). κατῄσχυνεν ἡ τεκοῦσα αὐτά (1)
13. 13. ὠδῖνες ὡς τικτούσης ἥξουσιν αὐτῷ (2 a)
Mi. 4. 9. κατεκράτησάν σου ὠδῖνες ὡς τικτούσης (2 a)
— 10. ἔγγιζε, θυγάτηρ Σιών, ὡς τίκτουσα (2 a)
5. 3 (2). δώσει αὐτοὺς ἕως καιροῦ τικτούσης τέξεται (2 a, 2 a)
Is. 7. 14. τέξεται υἱόν (2 a)
8. 3. ἔτεκεν υἱόν (2 a)
13. 8. ὠδῖνες αὐτοὺς ἕξουσιν ὡς γυναικὸς τικτούσης (2 a)
21. 3. ὠδῖνες ἔλαβόν με ὡς τὴν τίκτουσαν (2 a)
23. 4. οὐκ ὤδινον οὐδὲ ἔτεκον (2 a)
26. 17. ἡ ὠδίνουσα ἐγγίζει [A S[2] *add.* τοῦ] τεκεῖν (2 a)
— 18. ὠδινήσαμεν καὶ ἐτέκομεν (2 a)
37. 3. ἥκει ἡ ὠδὶν τῇ τικτούσῃ ἰσχὺν δὲ οὐκ ἔχει τοῦ τεκεῖν (†, 2 g)
42. 14. ὡς ἡ τίκτουσα ἐκαρτέρησα (2 a)
51. 18. ἀπὸ πάντων τῶν τέκνων σου ὧν ἔτεκες (2 a)
54. 1. εὐφράνθητι στεῖρα ἡ οὐ τίκτουσα (2 a)
59. 4. τίκτουσιν ἀνομίαν (2 d)
66. 7. πρὶν τὴν ὠδίνουσαν τεκεῖν (2 a)
— 7. ἔτεκεν ἄρσεν (3)
— 8. ἐτέχθη ἔθνος εἰσάπαξ ὅτι ὤδινε καὶ ἔτεκε Σιὼν τὰ παιδία αὐτῆς (2 b, 2 a)
Je. 6. 24. ὠδῖνες ὡς τικτούσης (2 a)
8. 21. κατίσχυσάν με ὠδῖνες ὡς τικτούσης –
13. 21. καθέξουσί σε καθὼς γυναῖκα τίκτουσαν (2 g)
14. 5. ἔλαφοι ἐν ἀγρῷ ἔτεκον [A -οσαν] (2 a)
15. 9. ἐκενώθη ἡ τίκτουσα ἑπτά (2 a)
— 10. ὡς τινά με ἔτεκες ἄνδρα δικαζόμενον (2 a)
16. 3. περὶ τῶν μητέρων αὐτῶν τῶν τετοκυιῶν αὐτούς (2 a)
17. 11. συνήγαγεν ἃ οὐκ ἔτεκε (2 a)
20. 14. ἐν ᾗ ἐτέχθην [A ἐγενήθην] ἐν αὐτῇ ἡ ἡμέρα ἐν ᾗ [S ἡ. ᾗ] ἔτεκέν με ἡ μήτηρ μου (2 c, 2 a)
— 15. ἐτέχθη σοι ἄρσην [B S -σεν] (2 c)
22. 23. ἐν τῷ ἐλθεῖν σοι ὀδύνας [A ὠδῖνας] ὡς τικτούσης (2 a)
— 26. ἀπορρίψω [A παραδώσω] σε καὶ τὴν μητέρα σου τὴν τεκοῦσάν σε εἰς γῆν οὗ οὐκ ἐτέχθης ἐκεῖ (2 a, 2 c)
27 (50). 12. A R ἐντράπη ἡ τεκοῦσα ὑμᾶς (2 a)
— 43. ὠδῖνες ὡς τικτούσης (2 a)
37 (30). 6. ἴδετε εἰ ἔτεκεν ἄρσεν (2 a)
Ez. 16. 4, 5. ἐν ᾗ ἡμέρᾳ ἐτέχθης (2 e)
23. 4. ἔτεκον υἱοὺς καὶ θυγατέρας (2 a)
III Ma. 1. 18. σὺν ταῖς τεκούσαις ἐξώρμησαν
IV Ma. 16. 6. ἥτις ἑπτὰ παῖδας τεκοῦσα

[**Aq.** Ge. 33. 13: Dt. 25. 6: Jb. 15. 35: Ps. 2. 7: 7. 15: 86 (87). 4, 5, 6: 89 (90). 2: Is. 7. 14: Je. 15. 10: 30 (37). 6: 49. 24 (30. 13).]

[**Sm.** Ge. 4. 2: Ex. 1. 19: Jb. 25. 4: Ps. 47 (48). 7: 86 (87). 4, 5, 6: 89 (90). 2: Ca. 8. 5: Is. 7. 14: 66. 7, 9: Je. 15. 10: 30 (37). 6: 50 (27). 12.]

[**Th.** Ex. 1. 19: Jd. 13. 3: Is. 33. 11: 54. 1: Je. 14. 5: 30 (37). 6: 49. 24 (30. 13): 50 (27). 12.]

[Al. Ex. 6. 20: Ps. 86 (87). 4.]

τίλλειν. (1) מָרַט *a.* qal. *b.* pu. *c.* מְרַט

II Es. 9. 3. ἔτιλλον ἀπὸ τῶν τριχῶν τῆς κεφαλῆς μου (1 a)
Is. 18. 7. ἐκ λαοῦ τεθλιμμένου καὶ τετιλμένου (1 b)
Da. LXX. 7. 4. ἐτίλη τὰ πτερὰ αὐ. (1 c)

τιμᾶν. (1) הָדַר (2) יָקַר (3) כָּבֵד *a.* pi.
b. pu. (4) נָשָׂא pi. (5) *a.* עָרַךְ hi.
b. עָרַךְ (6) שָׁקַל

Ex. 20. 12. τίμα τὸν πατέρα σου (3 *a*)
Le. 19. 32. τιμήσεις πρόσωπον πρεσβυτέρου (1)
27. 8 *bis*. τιμήσεται αὐτὸν ὁ ἱερεύς (5 *a*)
— 12. τιμήσεται [A -σει] αὐτὸ ὁ ἱερεύς (5 *a*)
— 12. καθότι ἂν τιμηθήσεται [A -μήσεται, R -μήσηται] ὁ ἱ. (5 *b*)
— 14. τιμήσεται αὐτὴν ὁ ἱερεύς (5 *a*)
— 14. ὡς ἂν τιμήσεται αὐτὴν ὁ ἱερεύς (5 *a*)
Nu. 22. 17. ἐντίμως γὰρ τιμήσω σε (3 *a*)
— 37. ὄντως οὐ δυνήσομαι τιμῆσαί σε (3 *a*)
24. 11. τιμήσω σε (3 *a*)
De. 5. 16. τίμα τὸν πατέρα σου (3 *a*)
I Ki. 18. 30. A ἐτιμήθη τὸ ὄνομα αὐ. σφόδρα (2)
I Es. 8. 26. καὶ ἐμὲ ἐτίμησεν
To. 4. 3. τίμα αὐτὴν πάσας τὰς ἡμέρας τῆς ζωῆς σου [S *al.*]
10. 13. τίμα τοὺς πενθερούς σου [S *al.*]
11. 1. S εὐοδωθῇ σοι τιμᾶν αὐτούς
Es. 8. 12. πολλοὶ τῇ πλείστῃ . . . χρηστότητι πυκνότερον τιμώμενοι
9. 3. οἱ βασιλικοὶ γραμματεῖς ἐτίμων [S¹ τιμῶνται] τοὺς Ἰουδ. (4)
Ps. 138 (139). 17. ἐμοὶ δὲ λίαν ἐτιμήθησαν οἱ φίλοι σου (2)
Pr. 3. 9. τίμα τὸν κύριον ἀπὸ σῶν δικαίων πόνων (3 *a*)
4. 8. τίμησον αὐτὴν ἵνα σε περιλάβῃ (3 *a*)
6. 8. τὴν σοφίαν τιμήσασα προήχθη –
7. 2. τίμα τὸν κύριον καὶ ἰσχύσεις –
14. 31. ὁ δὲ τιμῶν αὐτὸν ἐλεᾷ πτωχόν (3 *a*)
15. 22. ὑπερτίθενται λογισμοὺς οἱ μὴ τιμῶντες συνέδρια –
25. 2. δόξα δὲ βασιλέως τιμᾷ πράγματα [A B³ προστάγματα] †
— 27. τιμᾶν δὲ χρὴ λόγους ἐνδόξους †
27. 18. ὃς δὲ φυλάσσει τὸν ἑαυτοῦ κύριον τιμηθήσεται (3 *b*)
— 26. τίμα πεδίον ἵνα ὦσί σοι ἄρνες †
Wi. 4. 2. A παροῦσάν τε τιμῶσιν [B S μιμοῦνται] αὐτήν
6. 21. τιμήσατε σοφίαν
14. 15. A S R τὸν τότε νεκρὸν ἄνθρωπον νῦν ὡς θεὸν ἐτίμησε [B -σαν]
— 17. οὓς ἐν ὄψει μὴ δυνάμενοι τιμᾶν ἄνθρωποι
— 17. ἐμφανῆ εἰκόνα τοῦ τιμωμένου βασιλέως ἐποίησαν
— 20. τὸν πρὸ ὀλίγου τιμηθέντα ἄνθρωπον
Si. 3. 3. ὁ τιμῶν πατέρα ἐξιλάσεται ἁμαρτίας
— 5. ὁ τιμῶν πατέρα εὐφρανθήσεται ὑπὸ τέκνων [A ἐπὶ τέκνοις]
— 8. ἐν ἔργῳ καὶ λόγῳ τίμα τὸν πατέρα σου
38. 1. τίμα ἰατρὸν πρὸς τὰς χρείας [A S χρ. αὐτοῦ] τιμαῖς αὐτοῦ [S² *om.* τ. αὐτοῦ]
Is. 29. 13. ἐν τοῖς χείλεσιν αὐτῶν τιμῶσί με (3 *a*)
55. 2. ἵνα τί τιμᾶσθε ἀργυρίου (6)
Da. LXX. 11. 38. θεὸν . . . τιμήσει ἐν χρυσίῳ (3 *a*)
II Ma. 3. 2. συνέβαινε καὶ αὐτοὺς τοὺς βασ. τιμᾶν τὸν τόπον
— 12. τῇ τοῦ τετιμημ. . . . ἱεροῦ σεμνότητι
13. 23. ἐτίμησε τὸν νεῴ
III Ma. 3. 16. τιμῆσαι τὸ ἱερὸν τῶν ἀλιτηρίων
— 17. καὶ τοῖς ἐκπρεπέσιν . . . ἀνθήμασι τιμῆσαι
IV Ma. 17. 20. τετίμηνται οὐ μόνον οὖν ταύτῃ τῇ τ.
[**Aq.** Ps. 71 (72). 14: Za. 11. 13.]
[**Sm.** Ex. 23. 3: I Ki. 15. 30: 25. 35: II Ki. 10. 3: Ps. 44 (45). 10.]
[**Th.** Ps. 44 (45). 13.]
[**Al.** Ps. 138 (139). 17.]

τιμή. (1) הָדָר (2) הוֹד (3) הוֹן (4) *a.* יְקָר
b. יָקָר *c.* יְקַר (5) כָּבוֹד (6) כֶּסֶף
(7) מְחִיר (8) מֶכֶר (9) עֹז (10) עֵרֶךְ
(11) שְׂאֵת (12) τιμὴν ἑαυτῷ περιτιθέναι
כָּבֵד hithp.

Ge. 20. 16. ταῦτα ἔσται σοι εἰς τιμὴν τοῦ προσώπου σου †
44. 2. καὶ τὴν τ. τοῦ σίτου αὐ. (6)
Ex. 28. 2. στολὴν ἁγίαν . . . εἰς τιμὴν καὶ δόξαν (5)
— 36 (40). κιδάρεις ποιήσεις αὐτοῖς εἰς τιμήν (5)
34. 20. τιμὴν δώσεις †
Le. 5. 15. τιμῆς ἀργυρίου σίκλων (10)
— 18. κριὸν ἄμωμον . . . τιμῆς ἀργυρίου (10)
6. 5 (5. 25). οἴσει τῷ κυρίῳ κριὸν . . . τιμῆς (10)
27. 2. ὥστε τιμὴν τῆς ψυχῆς αὐ. τῷ κυρίῳ (10)
— 3. ἔσται ἡ τ. τοῦ ἄρσενος . . . ἔσται αὐτοῦ ἡ τ. πεντήκοντα δίδραχμα (10, 10)
— 5. ἔσται ἡ τ. τοῦ ἄρσενος εἴκοσι δίδραχμα (10)
— 6. ἔσται ἡ τ. τοῦ ἄρσενος πέντε δίδραχμα (10)
— 7. ἔσται ἡ τ. πέντε καὶ δέκα δίδραχμα (10)
— 8. B¹ ἐὰν δὲ ταπεινὸς ᾖ [AB²R *add.* τῇ] τιμῇ (10)
— 13. προσθήσεται τὸ ἐπίπεμπτον πρὸς τὴν τ. αὐ. (10)
— 15. τὸ ἐπίπεμπτον τοῦ ἀργυρίου τῆς τ. [A *om.* τ. τ.] (10)
— 16. ἔσται ἡ τ. κατὰ τὸν σπόρον αὐ. (10)
— 17. κατὰ τὴν τ. αὐτοῦ στήσεται (10)
— 19. προσθήσει τὸ ἐπίπεμπτον τοῦ ἀργ. πρὸς τὴν τ. αὐ. (10)
— 23. λογιεῖται πρὸς αὐτὸν ὁ ἱ. τὸ τέλος τῆς τ. (10)
— 23. καὶ ἀποδώσει τὴν τ. (10)
— 25. πᾶσα τ. ἔσται σταθμίοις ἁγίοις (10)
— 27. ἀλλάξει κατὰ τὴν τ. αὐ. (10)
Nu. 20. 19. δώσω τιμήν σοι (8)
II Ch. 1. 16. καὶ ἡ τ. τῶν ἐμπόρων τοῦ βασ. †
32. 33. τιμὴν ἔδωκαν αὐτῷ (5)
Es. 1. 20. περιθήσουσι τιμὴν τοῖς ἀνδράσιν ἑαυτῶν (4 *a*)
8. 16. S² τοῖς δὲ Ἰουδ. ἐγένετο . . . τιμή [A B S¹ *om.*] (4 *a*)
Jb. 31. 39. εἰ δὲ καὶ τὴν ἰσχὺν αὐτῆς ἔφαγον μόνος ἄνευ τιμῆς (6)
34. 19. οὐδὲ οἶδε τιμὴν θέσθαι ἁδροῖς [A *al.*] †
37. 22. ἐπὶ τούτοις μεγάλη ἡ δόξα καὶ τιμὴ παντοκράτορος (2 ?)
40. 5 (10). δόξαν δὲ καὶ τιμὴν ἀμφίασαι (1)
Ps. 8. 5. δόξῃ καὶ τιμῇ [A -ήν] ἐστεφάνωσας αὐτόν (1)
28 (29). 1. ἐνέγκατε τῷ κυρίῳ δόξαν καὶ τιμήν (9)
43 (44). 12. ἀπέδου τὸν λαόν σου ἄνευ τιμῆς (3)
44 (45). 9. ἐξ ὧν ηὔφρανάν σε θυγατέρες βασιλέων ἐν τῇ τ. σου (4 *b*)
48 (49). 8. καὶ τὴν τ. τῆς λυτρώσεως τῆς ψυχῆς αὐτοῦ (4 *c*)
— 12, 20. ἄνθρωπος ἐν τιμῇ ὢν οὐ συνῆκε (4 *a*)
61 (62). 4. τὴν τ. μου ἐβουλεύσαντο ἀπώσασθαι (11)
95 (96). 7. ἐνέγκατε τῷ κυρίῳ δόξαν καὶ τιμήν (9)
98 (99). 4. A B S² τιμὴ βασιλέως κρίσιν ἀγαπᾷ (9)
Pr. 6. 26. τιμὴ γὰρ πόρνης ὅση καὶ ἑνὸς ἄρτου †
12. 9. τιμὴν ἑαυτῷ περιτιθείς (12)
22. 9. νίκην καὶ τιμὴν περιποιεῖται ὁ δῶρα δούς –
26. 1. οὐκ ἔστιν ἄφρονι τιμή (5)
Ec. 7. 9 (8). B S¹ ἀγαθὸν μακρόθυμος ὑπὲρ ὑψηλὸν πνεύματι τιμῆς [A S² R πνεύματι] †
Wi. 8. 10. καὶ τιμὴν παρὰ πρεσβυτέροις ὁ νέος
Si. 3. 11. ἡ γὰρ δόξα ἀνθρώπου ἐκ τιμῆς πατρὸς αὐτοῦ
10. 28. δὸς αὐτῇ τιμὴν [S¹ -ῇ] κατὰ τὴν ἀξίαν αὐτῆς
38. 1. τίμα ἰατρὸν πρὸς τὰς χρείας τιμαῖς αὐτοῦ [S² *om.* τ. αὐ.]
45. 12. καύχημα τιμῆς ἔργον ἰσχύος
Is. 10. 16. ἀποστελεῖ . . . εἰς τὴν σὴν τ. ἀτιμίαν (5)
11. 10. ἔσται ἡ ἀνάπαυσις αὐτοῦ τ. (5)
14. 18. ἐκοιμήθησαν ἐν τιμῇ (5)
35. 2. καὶ ἡ τ. τοῦ Καρμήλου (1)
55. 1. φάγετε [A S πίετε] ἄνευ ἀργυρίου καὶ τιμῆς οἴνου (7)
Ep. Je. 25. ἐκ πάσης τιμῆς ἠγορασμένα ἐστίν
Ez. 22. 25. οἱ ἀφηγούμενοι . . . τιμὰς λαμβάνοντες [A δῶρα ἐλάμβανον] (4 *a*)
Da. LXX. 1. 9. ἔδωκε κ. τῷ Δ. τιμήν †
2. 37. τὴν τ. καὶ τὴν δόξαν ἔδωκεν (4 *a*)
4. 27. εἰς τιμὴν τῆς δόξης μου (4 *a*)
7. 14. ἐδόθη αὐτῷ . . . τ. βασιλική (4 *a*)
Da. TH. 2. 6. τ. πολλὴν λήψεσθε παρ' ἐμοῦ (4 *a*)
4. 27. εἰς τιμὴν τῆς δόξης μου (4 *a*)
— 33. εἰς τὴν τ. τῆς βασιλείας μου ἦλθον (4 *a*)
5. 18. τὴν τ. . . . ἔδωκε Ναβ. τῷ πατρί σου (4 *a*)
— 20. ἡ τ. ἀφῃρέθη ἀπ' αὐτοῦ (4 *a*)
7. 14. αὐτῷ ἐδόθη . . . ἡ τ. (4 *a*)
I Ma. 1. 39. S² R ἡ [A *om.*] τιμὴ αὐτῆς [S¹ *om.* τ. αὐ.] εἰς ἐξουδένωσιν
10. 29. ἀφίημι πάντας τοὺς Ἰ. ἀπὸ . . . τῆς τ. τοῦ ἁλός
14. 21. ἀπήγγειλαν ἡμῖν περὶ τῆς δόξης ὑμῶν καὶ τ.
II Ma. 4. 15. τὰς μὲν πατρῴας τιμὰς ἐν οὐδενὶ τιθέμενοι
II Ma. 5. 16. πρὸς αὔξησιν καὶ δόξαν τοῦ τόπου καὶ τιμήν
9. 21. ὑμῶν τὴν τ. . . . ἐμνημόνευον φιλοστόργως
III Ma. 1. 12. καὶ εἰ ἐκεῖνοι ἐστέρηνται ταύτης τῆς τ.
IV Ma. 1. 10. τῶν δὲ τ. μακαρίσαιμ' ἄν
11. 6. ταῦτα τιμῶν οὐ βασάνων ἐστὶν ἄξια
17. 20. τετίμηνται οὐ μόνον οὖν ταύτῃ τῇ τ.
[**Aq.** Je. 20. 5: Za. 11. 13.]
[**Sm.** Ps. 43 (44). 13: 65 (66). 2: 72 (73). 24: Pr. 25. 27.]
[**Th.** Da. 7. 14.]
[**Al.** Ge. 49. 3: Nu. 18. 8: I Ki. 6. 5.]

τίμημα. (1) עֵרֶךְ

Le. 27. 27. πραθήσεται κατὰ τὸ τ. αὐ. (1)
[**Sm.** Jb. 28. 13.]

τίμησις.

[**Al.** Ps. 43 (44). 13.]

τίμιος. (1) חֵפֶץ (2) *a.* יָקָר *b.* יַקִּיר *c.* יְקָר
(3) רָחוֹק (4) λίθος τ. פָּז

I Ki. 3. 1. ῥῆμα κυρίου ἦν τίμιον (2 *a*)
II Ki. 12. 30. ὁ σταθμὸς αὐ. τάλαντον χρυσίου καὶ λίθου τ. (2 *a*)
III Ki. 6. 1 (5. 17 [31]). B¹ αἴρουσι λίθους μεγάλους τ. [A B² R *al.*] (2 *a*)
7. 14. A καὶ ὁ πατὴρ αὐ. ἀνὴρ τ. [B Τύριος] †
— 9. πάντα ταῦτα ἐκ λίθων τ. (2 *a*)
— 10. τὴν τεθεμελιωμένην ἐν τιμίοις λίθοις μεγάλοις (2 *a*)
— 11. καὶ ἐπάνωθεν τιμίοις [A λίθοις τ.] (2 *a*)
10. 2. κάμηλοι αἴρουσαι . . . λίθον τ. (2 *a*)
— 10. ἔδωκε τῷ Σ. . . . λίθον τ. (2 *a*)
— 11. ἤνεγκε . . . λίθον τ. (2 *a*)
I Ch. 20. 2. καὶ ἐν αὐτῷ λίθος τ. (2 *a*)
29. 2. ἡτοίμακα . . . πάντα λίθον τ. (2 *a*)
II Ch. 3. 6. ἐκόσμησε τὸν οἶκον λίθοις τ. (2 *a*)
9. 1. κάμηλοι αἴρουσαι . . . λίθον τ. (2 *a*)
— 9. ἔδωκε τῷ βασ. . . . λίθον τ. (2 *a*)
— 10. ἔφερον . . . λίθον τ. (2 *a*)
32. 27. θησαυροὺς ἐποίησεν . . . τοῦ λίθου τοῦ τ. (2 *a*)
II Es. 4. 10. ὧν ἀπῴκισεν Ἀσ. ὁ μέγας καὶ ὁ τ. (2 *b*)
To. 13. 16. S καὶ λίθῳ τ. πάντα τὰ τείχη σου [A B *al.*]
Jb. 28. 10. A πᾶν δὲ τίμιον ἴδεν αὐτοῦ ὁ ὀφθαλμός [B S *al.*] (2 *c*)
— 16. οὐ συμβασταχθήσεται . . . ἐν ὄνυχι τιμίῳ (2 *a*)
Ps. 18 (19). 10. ἐπιθυμητὰ ὑπὲρ χρυσίον καὶ λίθον τίμιον πολύν (4)
20 (21). 3. στέφανον ἐκ λίθου τιμίου (4)
115. 6 (116. 15). τίμιος ἐναντίον κυρίου ὁ θάνατος τῶν ὁσίων (2 *a*)
Pr. 3. 15. τιμιωτέρα δέ ἐστι λίθων πολυτελῶν (2 *a*)
— 15. πᾶν δὲ τίμιον οὐκ ἄξιον αὐτῆς ἐστι (1)
6. 26. γυνὴ δὲ ἀνδρῶν τιμίας ψυχὰς ἀγρεύει (2 *a*)
8. 11. πᾶν δὲ τίμιον οὐκ ἄξιον αὐτῆς ἐστιν (1)
— 19. βέλτιον ἐμὲ καρπίζεσθαι ὑπὲρ χρυσίον καὶ λίθον τίμιον [A τ. πολύν] (4)
12. 27. κτῆμα δὲ τίμιον ἀνὴρ καθαρός (2 *a*)
20. 6. μέγα ἄνθρωπος καὶ τίμιον ἀνὴρ ἐλεήμων †
24. 4. ἐμπίμπλανται ταμιεῖα ἐκ παντὸς πλούτου τιμίου καὶ καλοῦ (2 *a*)
31. 10. τιμιωτέρα δέ ἐστι λίθων πολυτελῶν ἡ τοιαύτη (3)
Ec. 10. 1. τίμιον ὀλίγον [B¹ ὁ λόγος] σοφίας (2 *a*)
Wi. 4. 8. γῆρας γὰρ τίμιον οὐ τὸ πολυχρόνιον
8. 5. S τί σοφίας τιμιώτερον [A B πλουσιώτ.] τῆς τὰ πάντα ἐργαζομένης [S¹ περιεργ.]
12. 7. ἡ [S¹ *om.*] παρὰ σοὶ πασῶν [S² πάντων] τιμιωτάτη γῆ
Ho. 11. 7. ὁ θ. ἐπὶ τὰ τ. αὐ. θυμωθήσεται †
Is. 60. 6. A S¹ φέροντες . . . λίθον τίμιον [B S² *om.* λ. τ.] –
Je. 15. 19. S² R ἐὰν ἐξαγάγῃς τίμιον ἀπὸ ἀναξίου [A B S¹ ἀξ.] (2 *a*)
La. 4. 2. υἱοὶ Σιὼν οἱ τίμιοι οἱ ἐπηρμένοι ἐν χρυσίῳ (2 *a*)
Da. TH. 11. 38. θεὸν . . . δοξάσει ἐν . . . λίθῳ τ. (2 *a*)
I Ma. 11. 27. ὅσα ἄλλα εἶχε τίμια τὸ πρότερον
IV Ma. 5. 35. οὐδὲ ἐξαρνήσομαί σε, ἱερωσύνη τιμία
[**Aq.** Ps. 35 (36). 8: Pr. 1. 13: Ez. 27. 22.]
[**Sm.** Ps. 35 (36). 8: 71 (72). 14: Pr. 1. 13: Ca. 5. 11: Ez. 27. 22: 28. 13.]
[**Th.** Jb. 28. 16: Pr. 1. 13: 20. 15: Ez. 27. 22.]
[**Quint.** Ps. 35 (36). 8.]
[**Al.** Ps. 138 (139). 17.]

τιμιοῦν.
[**Aq.** Ps. 71 (72). 14.]

τιμογραφεῖν. (1) עָרַךְ hi.
IV Ki. 23. 35. ἐτιμογράφησαν τὴν γῆν

τιμωρεῖν. (1) שָׁכַל pi.
Jd. 5. 14. A λαὸς 'Εφρ. ἐτιμωρήσατο αὐτούς [B *al.*] †
Pr. 22. 3. πανοῦργος ἰδὼν πονηρὸν τιμωρούμενον κραταιῶς –
Wi. 12. 20. εἰ γὰρ ἐχθροὺς παίδων σου . . . μετὰ τοσαύτης ἐτιμώρησας [A -σω] προσοχῆς
18. 8. ὡς γὰρ ἐτιμωρήσω τοὺς ὑπεναντίους
Ez. 5. 17. τιμωρήσομαί σε (1)
14. 15. τιμωρήσομαι αὐτήν (1)
II Ma. 7. 7. πρὸ τοῦ τιμωρηθῆναι κατὰ μέλος τὸ σῶμα
IV Ma. 9. 24. τιμωρήσειε τὸν ἀλάστορα τύραννον
12. 19. σὲ δὲ . . . καὶ θανόντα τιμωρήσεται
17. 21. καὶ τὸν τύραννον τιμωρηθῆναι
18. 5. ὁ τύραννος 'Αντ. καὶ ἐπὶ γῆς τετιμώρηται
[**Sm.** I Ki. 14. 24 : Ps. 8. 3 : 43 (44). 17 : Je. 5. 29.]
[**Th.** Jd. 5. 14.]

τιμωρητής.
II Ma. 4. 16. πολεμίους καὶ τιμωρητὰς ἔσχον

τιμωρία. (1) מַהֲלֻמוֹת (2) פִּיד (3) תַּמְרוּרִים
I Es. 8. 24. ἐάν τε καὶ θανάτῳ ἐάν τε καὶ τιμωρίᾳ
Pr. 19. 29. καὶ τιμωρίαι ὁμοίως ἄφροσιν (1)
24. 22. τὰς δὲ τ. ἀμφοτέρων τίς γνώσεται (2)
Wi. 19. 13. αἱ τ. τοῖς ἁμαρτωλοῖς ἐπῆλθον
Je. 38 (31). 21. ποίησον τιμωρίαν (3 ?)
Da. LXX. 2. 18. παρήγγειλε δέησιν καὶ τιμωρίαν –
II Ma. 6. 12. λογίζεσθαι δὲ τὰς τ. μὴ πρὸς ὄλεθρον
— 26. εἰ γὰρ . . . ἐξελοῦμαι τὴν ἐξ ἀνθρώπων τ.
III Ma. 2. 6. ποικίλαις καὶ πολλαῖς ἐδοκίμασας τιμωρίαις
4. 4. ἐπὶ ταῖς ἐξάλλοις τ.
— 13. μὴ λειπομένοις . . . τῆς ἐκείνων τ.
7. 3. κολάζεσθαι ξενιζούσαις ἀποστάντων τιμωρίαις
IV Ma. 4. 24. πάσας τὰς ἑαυτοῦ ἀπειλὰς καὶ τ. ἑώρα καταλυομένας
5. 10. ἔτι κἀμοῦ καταφρονήσεις ἐπὶ τῇ ἰδίᾳ τ.
11. 3. A R ὅπως . . . ὀφειλήσῃς τῇ οὐρανίῳ δίκῃ τιμωρίαν [S *al.*]
[**Sm.** Ps. 17 (18). 48 : 68 (69). 23 : Je. 20. 10 : 50 (27). 34.]
[**Al.** II Ki. 4. 8.]

τίναγμα. (1) חָזִיז
Jb. 28. 26. καὶ ὁδὸν ἐν τινάγματι φωνάς [A^1 -ῆς] (1)

τινάσσειν. (1) חָבַט ni.
Is. 28. 27. ῥάβδῳ τινάσσεται [A S ἐκτ.] τὸ μελάνθιον (1)

τις. (1) אַחַד (2) אִישׁ (3) אֲשֶׁר (4) בְּ׳ (5) כָּל־דָּבָר (6) מְאוּמָה (7) מִי (8) נָא (9) רַב (10) τι αὐτοῦ קָצֵהוּ (11) ἐάν τις, εἴ τις *a.* אֲשֶׁר *b.* מַה־ *c.* מָה דִי *d.* מִי *e.* אִישׁ אִישׁ *f.* מַה־שֶּׁ׳ (12) μή τι מָה־ (13) ὁτιοῦν τι מְאוּמָה
Ge. 6. 5. πᾶς τις διανοεῖται ἐν τῇ καρδίᾳ αὐ. –
13. 16. εἰ δύναταί τις ἐξαριθμῆσαι τὴν ἄμμον (2)
14. 13. παραγενόμενος δὲ τῶν ἀνασωθέντων τις –
18. 30. μή τι, κύριε, ἐὰν λαλήσω (8)
— 32. μή τι, κύριε, ἐὰν λαλήσω ἔτι ἅπαξ (8)
19. 12. A ἔστιν τίς σοι ὧδε [R *al.*] (7)
— 12. ἢ εἴ τίς σοι ἄλλος ἐστὶν ἐν τῇ πόλει †
20. 9. μή τι ἡμάρτομεν εἰς σέ (12)
26. 10. μικροῦ ἐκοιμήθη τις τοῦ γένους μου (1)
27. 44. οἴκησον μετ' αὐτοῦ ἡμέρας τινάς (1)
33. 10. ὡς ἄν τις ἴδοι πρόσωπον θεοῦ –
37. 34. A ἐπένθει τὸν υἱὸν αὐ. ἡμέρας τινάς [R πολλάς] (9)
38. 1. ἕως πρὸς ἄνθρωπόν τινα 'Οδολλαμίτην –
39. 11. ἐγένετο δὲ τοιαύτη τις ἡμέρα †
Ex. 2. 1. ἦν δέ τις ἐκ τῆς φυλῆς Λ. (2)
— 11. ὁρᾷ ἄνθρωπον Αἰγ. τύπτοντά τινα 'Εβρ. (2)
12. 44. A πάντα οἰκέτην τινός [B *om.*] (2)
— 48. ἐὰν δέ τις προσέλθῃ πρὸς ὑμᾶς –
16. 20. κατέλιπόν τινες ἀπ' αὐτοῦ (2)
Ex. 16. 27. ἐξήλθοσάν τινες ἐκ τοῦ λαοῦ –
19. 12. καὶ θιγεῖν τι αὐτοῦ (10)
21. 7. ἐὰν δέ τις ἀποδῶται τὴν ἑαυ. θυγ. οἰκέτιν (2)
— 12. ἐὰν δὲ πατάξῃ τίς τινα (–, 2)
— 14. ἐὰν δέ τις ἐπιθῆται τῷ πλησίον (2)
— 17 (16). ὃς ἐὰν κλέψῃ τίς τινα τῶν υἱῶν 'Ισρ. (–, 2)
— 18. A καὶ πατάξῃ τις τὸν πλησίον [B *al.*] (2)
— 20. ἐὰν δέ τις πατάξῃ τὸν παῖδα αὐ. (2)
— 26. ἐὰν δέ τις πατάξῃ τὸν ὀφθ. τοῦ οἰκέτου αὐ. (2)
— 33. ἐὰν δέ τις ἀνοίξῃ λάκκον (2)
— 35. B^1 ἐὰν δὲ κερατίσῃ τίς [A B^2 R *om.*] τινος ταῦρος ταῦρον τοῦ πλησίον (–, 2)
22. 1 (21. 37). ἐὰν δέ τις κλέψῃ μόσχον (2)
— 5 (4). ἐὰν δὲ καταβοσκήσῃ τις ἀγρόν (2)
— 7 (6). ἐὰν δέ τις δῷ τῷ πλησίον ἀργύριον (2)
— 10 (9). ἐὰν δέ τις δῷ τῷ πλησίον ὑποζύγιον (2)
— 14 (13). ἐὰν δὲ αἰτήσῃ τις παρὰ τοῦ πλησίον (2)
— 16 (15). ἐὰν δὲ ἀπατήσῃ τις παρθένον ἀμνήστευτον (2)
24. 14. ἐάν τινι συμβῇ κρίσις (11 *d*)
32. 24. εἴ [A *om.*] τινι ὑπάρχει χρυσία (11 *d*, [7])
— 33. εἴ τις ἡμάρτηκεν ἐνώπιόν μου (11 *d* + 11 *a*)
33. 11. B ὡς εἴ τις λαλήσει [A R -σαι] (11 *a*)
Le. 4. 2. καὶ ποιήσῃ ἕν τι ἀπ' αὐτῶν –
5. 4. καὶ ἁμάρτῃ ἕν τι τούτων –
6. 2 (5. 21). ἢ ἠδίκησέ τι τὸν πλησίον –
13. 2. ἀνθρώπῳ ἐάν τινι [A τ. ἐ.] γένηται . . . οὐλή –
— 40. ἐὰν δέ τινι μαδήσῃ ἡ κεφ. αὐ. (2)
15. 24. ἐὰν δὲ κοίτῃ κοιμηθῇ τις μετ' αὐτῆς (2)
— 32. ἐάν τινι ἐξέλθῃ ἐξ αὐτοῦ κοίτη σπέρματος (11 *a*)
19. 20. ἐάν τις κοιμηθῇ μετὰ γυναικός (2)
— 33. ἐὰν δέ τις προσέλθῃ ὑμῖν προσήλυτος –
20. 2. ἐάν τις ἀπὸ τῶν υἱῶν 'Ισρ. (11 *e*)
— 11. ἐάν τις κοιμηθῇ μετὰ γυναικὸς τοῦ πατρὸς αὐ. (2)
— 12. ἐάν τις κοιμηθῇ μετὰ νύμφης αὐ. (2)
24. 19. ἐάν τις δῷ μῶμον τῷ πλησίον (2)
25. 26. ἐὰν δὲ μὴ ᾖ τινι ὁ ἀγχιστεύων (2)
— 29. ἐὰν δέ τις ἀποδῶται οἰκίαν (2)
— 51. ἐὰν δέ τινι πλεῖον τῶν ἐτῶν ᾖ –
Nu. 5. 13. καὶ κοιμηθῇ τις μετ' αὐτῆς κοίτην σπέρματος (2)
— 19. εἰ μὴ κεκοίμηταί τις μετὰ σοῦ (2)
— 20. καὶ ἔδωκέ τις τὴν κοίτην αὐ. ἐν σοί (2)
6. 9. ἐὰν δέ τις ἀποθάνῃ ἐπ' αὐτῷ ἐξάπινα –
11. 1. κατέφαγε μέρος τι τῆς παρεμβολῆς –
22. 38. δυνατὸς ἔσομαι λαλῆσαί τι (6)
— 41. ἔδειξεν αὐτῷ ἐκεῖθεν μέρος τι τοῦ λαοῦ –
23. 13. μέρος τι αὐτοῦ ὄψῃ –
33. 6. ὅ ἐστι μέρος τι [B^1 *om.*] τῆς ἐρήμου –
De. 1. 31. ὡς εἴ τις [A *om.*] τροφοφορήσαι ἄνθρωπος τὸν υἱὸν αὐ. (11 *a*)
— 35. εἰ ὄψεταί τις . . . τὴν ἀγαθὴν ταύτην γῆν (2)
8. 5. ὡς εἴ τις ἄνθρωπος παιδεύσαι τὸν υἱὸν αὐ. (11 *a*)
21. 3. A εἴ τις [B ἥτις] οὐχ εἵλκυσε ζυγόν (11 *a*)
— 18. ἐὰν δέ τινι ᾖ υἱὸς ἀπειθής (2)
— 22. ἐὰν δὲ γένηται ἔν τινι ἁμαρτία (2)
22. 13. ἐὰν δέ τις λάβῃ γυναῖκα (2)
— 26. ὡς εἴ τις ἐπαναστῇ ἄνθρωπος ἐπὶ τὸν πλησίον (11 *a*)
— 28. ἐὰν δέ τις εὕρῃ τὴν παῖδα (2)
24. 1 (A^2 B), 5. ἐὰν δέ τις λάβῃ γυναῖκα (2)
— 10. A ἐὰν ὀφείλημα ᾖ . . . ὀφείλημα ὁτιοῦν τι [B *om.*] (13)
28. 29. ὡς εἴ τις [A *om.*] ψηλαφήσαι τυφλός (11 *a*)
29. 18 (17). μή τίς ἐστιν ἐν ὑμῖν ἀνήρ –
— 18 (17). μή τίς ἐστιν ἐν ὑμῖν ῥίζα –
Jo. 2. 20. ἐὰν δέ τις ἡμᾶς ἀδικήσῃ –
Jd. 4. 20. A ἐάν τις [B ἀνὴρ] ἔλθῃ πρὸς σέ (2)
16. 9. ὡς εἴ τις ἀποσπάσοι στρέμμα στυππίου [A *al.*] (11 *a*)
I Ki. 10. 12. καὶ ἀπεκρίθη τις αὐτῶν (2)
14. 6. B εἴ τι ποιήσαι κύριος ἡμῖν –
— 29. R ἐγευσάμην βραχύ τι [A B *om.*] τοῦ μέλιτος τ. –
24. 20. εἰ εὕροιτό τις τὸν ἐχθρὸν αὐ. [A *al.*] (2)
II Ki. 3. 35. οὐ μὴ γεύσωμαι ἄρτου ἢ ἀπὸ παντός τινος (6)
13. 2. τοῦ ποιῆσαί τι αὐτῇ (6)
16. 1. Δ. παρῆλθε βραχύ τι ἀπὸ τῆς 'Ρ. –
— 23. R ὃν τρόπον ἐπερωτήσῃ τις [A B *om.*] (–*, 2)
19. 22 (23). οὐ θανατωθήσεταί τις ἀνήρ (2)
III Ki. 3. 5. αἴτησαί τι αἴτημα σεαυτῷ †
III Ki. 12. 24. B αἴτησαί τι αἴτημα –
— 31. ἐποίησεν ἱερεῖς μέρος τι ἐκ τοῦ λαοῦ –
19. 5. ἰδού τις ἥψατο αὐτοῦ †
21 (20). 20. A σώζεται υἱὸς 'Α. . . . σὺν ἱππεῦσίν τισιν –
IV Ki. 5. 20. λήψομαι παρ' αὐτοῦ τι (6)
6. 8. εἰς τὸν τόπον τόνδε τινὰ ἐλ. παρεμβαλῶ †
9. 35. οὐχ εὗρον ἐν αὐτῇ ἄλλο τι –
23. 10. A μιανεῖ τις τὸν Τ. [B *al.*] –
I Es. 2. 5. εἴ τίς ἐστιν οὖν ὑμῶν ἐκ τοῦ ἔθνους αὐ.
6. 32. ὅσοι ἐὰν παραβῶσί τι τῶν γεγραμμένων
8. 22. A R ἐπιβαλεῖν τι τούτοις [B *al.*]
— 70. B συνῴκισάν τινας [*cod.* τὰς] τῶν θυγ. αὐ. [A *al.*]
— 78. κατὰ πόσον τι ἐγενήθη ἡμῖν ἔλεος
II Es. 6. 8. μή ποτέ τι ποιήσητε †
7. 18. A R καὶ εἴ τι [B ἔτι] ἐπὶ σὲ . . . ἠγαθύνθη (11 *c*)
— 23. B^1 προσέχετε ἐπιχειρῆσαι μήτι [A B^2 R *al.*] †
Ne. 5. 2. ἦσάν τινες λέγοντες (3)
— 3, 4. εἰσί τινες λέγοντες (3)
To. 1. 17. εἴ τινα . . . ἐθεώρουν τεθνηκότα
— 18. εἴ τινα ἀπέκτεινε Σενν.
— 19. S εἷς τις τῶν ἐκ τῆς Νιν. [A B *al.*]
2. 3. S ζητῆσαί τινα πτωχὸν τῶν ἀδ. ἡμῶν
— 4. ἀνειλόμην αὐτὸν εἴς τι οἴκημα [S *al.*]
6. 7. ἐάν τινα ὀχλῇ δαιμόνιον [S *al.*]
Ju. 2. 13. οὐ παραβήσῃ ἕν τι τῶν ῥημάτων τοῦ κ. σου
Es. 3. 13. ἀναμεμίχθαι δυσμενῆ λαόν τ.
Jb. 1. 1. ἄνθρωπός τις [A] ἦν ἐν χώρᾳ τῇ Αὐσ. –
2. 9. εἰπόν τι ῥῆμα –
4. 12. εἰ δέ τι ῥῆμα ἀληθινὸν ἐγεγόνει –
— 18. κατὰ δὲ ἀγγέλων αὐτοῦ σκολιόν τι ἐπενόησε –
5. 1. εἴ τις σοι ὑπακούσεται –
— 1. εἴ τινα ἀγγέλων ὄψῃ (11 *d*)
— 27. εἴ τι ἔπραξας [A B^2 S^1 *al.*] –
6. 2. εἰ γάρ τις ἱστῶν στήσαι μου τὴν ὀργήν [A *al.*] –
— 22. μή τι ὑμᾶς ᾔτησα –
— 24. εἴ τι πεπλάνημαι (11 *b*)
9. 7. B S κατὰ δὲ ἀγγέλων αὐτοῦ σκολιόν τι ἐπενόησεν –
11. 14. εἰ ἄνομόν τί ἐστιν ἐν χερσί σου –
14. 17. εἴ τι ἄκων παρέβην –
22. 8. ἐθαύμασας δέ τινων πρόσωπον –
25. 3. μὴ γάρ τις ὑπολάβοι –
27. 10. μὴ ἔχει τινὰ [S^1 τι, A *om.*] παρρησίαν –
31. 35. ἣν εὗρον κατά τινος (2)
35. 15. οὐκ ἔγνω παράπτωμά τι σφόδρα –
Ps. 8. 5. ἠλάττωσας αὐτὸν βραχύ τι παρ' ἀγγέλους –
28 (29). 9. ἐν τῷ ναῷ αὐ. πᾶς τις λέγει δόξαν –
87 (88). 11. μὴ διηγήσεταί τις ἐν τάφῳ τὸ ἔλεός σου –
Pr. 6. 27. ἀποδήσει τις πῦρ ἐν κόλπῳ (2)
— 28. ἢ περιπατήσει τις ἐπ' ἀνθράκων πυρός (2)
— 30. ἐὰν ἁλῷ τις κλέπτων –
7. 12. χρόνον γάρ τινα ἔξω ῥέμβεται –
15. 23. οὐδὲ μὴ εἴπῃ καίριόν τι –
17. 28. ἐνεὸν δέ τις ἑαυτὸν ποιήσας –
20. 25. παγὶς ἀνδρὶ ταχύ τι τῶν ἰδίων ἁγιάσαι –
21. 25. οὐ γὰρ προαιροῦνται αἱ χεῖρες αὐ. ποιεῖν τι –
23. 7. εἴ τις καταπίοι τρίχα –
25. 26. εἴ τις πηγὴν φράσσοι –
— 28. ὃς οὐ μετὰ βουλῆς τι πράσσει –
Ec. 6. 10. εἰ [A ἤ] τι ἐγένετο ἤδη (11 *f*)
Wi. 8. 7. εἰ δικαιοσύνην ἀγαπᾷ τις
— 8. εἰ δὲ καὶ πολυπειρίαν ποθεῖ τις
9. 6. κἂν γάρ τις ᾖ τέλειος
11. 16. δι' ὧν τις ἁμαρτάνει
— 24. οὐδὲ γὰρ ἂν μισῶν τι κατεσκεύασας
— 25. πῶς δὲ ἔμεινεν ἄν τι [S *al.*]
12. 11. οὐδὲ εὐλαβούμενός τινα . . . ἄδειαν ἐδίδους
13. 11. εἰ δὲ καί τις ὑλοτόμος τέκτων
— 14. ἢ ζῴῳ τινὶ εὐτελεῖ ὡμοίωσεν αὐτό
14. 1. πλοῦν τις πάλιν στελλόμενος
— 4. ἵνα κἂν ἄνευ τέχνης τις ἐπιβῇ
16. 21. πρὸς ὅ τις ἐβούλετο μετεκιρνᾶτο
17. 17. εἴ τε γὰρ γεωργὸς ἦν τις
19. 15. ἀλλ' ἥ τις [? ἥτις] ἐπισκοπὴ ἔσται αὐτῶν
Si. *prol.* 10. συγγράψαι τι [S περὶ] τῶν εἰς παιδείαν
— 15. τισὶ τῶν λέξεων ἀδυναμεῖν
— 22. προσενέγκασθαί τινα [S *om.*] σπουδήν
10. 24. οὐκ ἔστιν αὐτῶν τις μείζων
16. 17. μὴ ἐξ ὕψους τίς μου μνησθήσεται [S^1 *al.*]
19. 13. εἴ τι ἐποίησε [A S^2 *al.*]
23. 16. S^2 ἕως ἂν καταπίῃ τι [A B S^1 -ποθῇ]
29. 26. εἴ τι ἐν τῇ χειρί σου

Si. 48. 16. τινὲς μὲν αὐτῶν ἐποίησαν τὸ ἀρεστόν
— 16. τινὲς δὲ ἐπλήθυναν ἁμαρτίας
Am. 3. 4. ἐὰν μὴ ἁρπάσῃ τι –
— 5. ἄνευ τοῦ συλλαβεῖν τι –
Mi. 7. 5. φύλαξαι τοῦ ἀναθέσθαι τι αὐτῇ –
Hb. 1. 5. ἐάν τις ἐκδιηγῆται –
Za. 9. 17. εἴ τι ἀγαθὸν αὐτοῦ καὶ εἴ τι καλὸν αὐτοῦ (11 *b*, 11 *b*)
Ma. 3. 8. μή τι [A S[3] εἰ] πτερνιεῖ ἄνθρωπος θεόν –
Is. 5. 8. ἵνα τοῦ πλησίον ἀφέλωνταί τι †
8. 8. ἢ δυνατὸν συντελέσασθαί τι †
10. 15. ὡς ἄν τις ἄρῃ ῥάβδον –
17. 5. ὃν τρόπον ἐάν τις συναγάγῃ ἀμητόν –
— 5. ὃν τρόπον ἐάν τις συναγάγῃ στάχυν –
24. 13. ὃν τρόπον ἐάν τις καλαμήσηται ἐλαίαν –
33. 4. ὃν τρόπον ἐάν τις συναγάγῃ ἀκρίδας –
49. 24. μὴ λήψεταί τις παρὰ γίγαντος σκῦλα –
— 24. ἐὰν αἰχμαλωτεύσῃ τις ἀδίκως –
— 25. ἐάν τις αἰχμαλωτεύσῃ γίγαντα –
57. 8. πλεῖόν τι ἕξεις –
— 17. βραχύ τι ἐλύπησα αὐτόν –
63. 18. S[1] ἵνα μικρόν τι [A B S[2] *om.*] κληρονομήσωμεν –
66. 13. ὡς εἴ τινα μήτηρ παρακαλέσει (2)
Je. 13. 13. B S πληρῶ . . . τοὺς κατοικοῦντας ἐν Ἱερ. μεθ' ὑμᾶς τι [A R μεθύσματι] †
23. 24. εἰ κρυβήσεταί τις [A ἄνθρωπος] ἐν κρυφαίοις (2)
— 40. A εἴ τις οὐκ ἐπιλησθήσεται [B S *al.*] (11 *a*)
39 (32). 27. μὴ ἀπ' ἐμοῦ κρυβήσεταί τι [A ἔτι] (5)
43 (36). 32. S[1] ἐπί τι [A B S[2] ἔτι] προσετέθησαν αὐτῷ λόγοι †
44 (37). 10. ἐὰν . . . καταλειφθῶσί τινες ἐκκεκεντημένοι (4+2)
Ep. Je. 18. ὥσπερ τινὶ ἠδικηκότι βασιλέα
— 24. ἐὰν μή τις ἐκμάξῃ τὸν ἰόν
— 27. ἐάν τις αὐτὸ ὀρθὸν στήσῃ
— 32. ὥσπερ τινὲς ἐν περιδείπνῳ νεκροῦ
— 34. ἐὰν κακὸν πάθωσιν ὑπό τινος
— 35. ἐάν τις αὐτοῖς εὐχὴν εὐξάμενος μὴ ἀποδῷ
— 43. ὅταν δέ τις αὐτῶν ἐφελκυσθεῖσα ὑπό τινος τῶν παραπορευομ. κοιμηθῇ
Ez. 16. 5. τοῦ παθεῖν τι ἐπὶ σοί –
27. 33. πόσον τινὰ [A καὶ τίνα] εὗρες μισθόν †
Da. LXX. 1. 2. καὶ μέρος τι τῶν ἱερῶν σκευῶν τοῦ κ. –
2. 11. εἰ μή τις [*cod.* τι] ἄγγελος –
— 33. μέρος μέν τι σιδήρου μέρος δέ τι ὀστράκινον –, –
— 41. μέρος μέν τι ὀστράκου κεραμικοῦ –
— 41. μέρος δέ τι σιδήρου –
— 42. μέρος μέν τι σιδηροῦν –
— 42. μέρος δέ τι ὀστράκινον –
— 42. μέρος δέ τι τῆς βασ. ἔσται ἰσχυρόν –
— 42. μέρος τι ἔσται συντετριμμένον –
3. 12. εἰσὶ δέ τινες ἄνδρες Ἰουδαῖοι –
4. 34. ὅσοι ἂν καταληφθῶσι λαλοῦντές τι –
6. 7 (8). ἢ ἀξιώσῃ ἀξίωμά τι παρὰ παντὸς θεοῦ –
— 12 (13). ἵνα μὴ ἐλαττώσῃς τι τῶν εἰρημένων –
Bel 1. ἄνθρωπός τις ἦν ἱερεύς –
— 13. καὶ τοῖς δακτυλίοις τινῶν ἐνδόξων ἱερέων
— 15. σκέψαι μή τι σοι ἀσύμφωνον γεγένηται
Da. TH. 2. 33. A R οἱ πόδες μερος μέν τι σιδηροῦν μέρος δέ τι [B *om.* δέ τι] ὀστράκινον –, –
— 41. μέρος μέν τι ὀστράκινον μέρος δέ τι σιδηροῦν –, –
— 42. μέρος μέν τι σιδηροῦν μέρος δέ τι ὀστράκινον –, –
— 42. μέρος τι τῆς βασιλείας ἔσται ἰσχυρόν –
I Ma. 1. 13. A R προεθυμήθησάν τινες ἀπὸ [S *om.*] τοῦ λαοῦ
— 57. ὅπου εὑρίσκετο παρά τινι βιβλίον διαθήκης
— 57. εἴ τις συνευδόκει τῷ νόμῳ
4. 19. ὤφθη μέρος τι ἐκκύπτον ἐκ τοῦ ὄρους
6. 5. ἦλθεν ἀπαγγέλλων τις αὐτῷ
— 21. ἐκολλήθησαν αὐτοῖς τινες τῶν ἀσεβῶν
— 40. ἐξετάθη μέρος τι τῆς παρεμβολῆς [S[1] *al.*]
— 40. καί τινες ἐπὶ τὰ ταπεινά
7. 19. συνέλαβε . . . τινας τοῦ λαοῦ
10. 14. ὑπελείφθησάν τινες τῶν καταλιπόντων τὸν νόμον
— 27. S συντηρῆσαί τι [A R τοῦ σ.] πρὸς ἡμᾶς πίστιν
— 35. S καὶ παρενοχλεῖν τινα αὐτῶν περί τινος [A R παντὸς] πράγματος

I Ma. 11. 21. ἐπορεύθησάν τινες μισοῦντες τὸ ἔθνος αὐ.
— 25. ἐνετύγχανον κατ' αὐτοῦ τινες ἄνομοι
13. 39. εἴ τι ἄλλο ἐτελωνεῖτο
— 40. εἴ τινες ἐπιτήδειοι ὑμῶν γραφῆναι
14. 44. ἀθετῆσαί τι τούτων
— 45. ἢ ἀθετήσῃ τι τούτων
15. 3. ἐπειδή τινες λοιμοὶ κατεκράτησαν τῆς βασ.
— 21. εἴ τινες οὖν λοιμοὶ διαπεφεύγασιν
— 33. ἔν τινι καιρῷ κατεκρατήθη
16. 16. ἀπέκτειναν . . . τινας [S[1] τινα] τῶν παιδαρίων
— 21. S R προδραμών τις [A *om.*] ἀπήγγειλεν Ἰωάννῃ
II Ma. 2. 6. προσελθόντες τινὲς τῶν συνακολουθούντων
3. 4. Σίμων δέ τις ἐκ τῆς Βεν. φυλῆς
— 11. τινὰ δὲ καὶ Ὑρκανοῦ
— 17. περιεκέχυτο γὰρ ἐπὶ τὸν ἄνδρα δέος τι
— 19. τινὲς δὲ διὰ τῶν θυρίδων διέκυπτον
— 25. R ὤφθη γάρ τις ἵππος αὐτοῖς [A *al.*]
— 31. ταχὺ δέ τινες τῶν τοῦ Ἡλ. συνήθων
— 32. κακουργίαν τινὰ περὶ τὸν Ἡλ.
— 37. ποῖός τις εἴη ἐπιτήδειος
— 38. εἴ τινα ἔχεις πολέμιον
— 38. διὰ τὸ περὶ τὸν τόπον ἀληθῶς εἶναί τινα θεοῦ δύναμιν
4. 3. διά τινος τῶν ὑπὸ τοῦ Σ. δεδοκιμασμένων
— 8. καὶ προσόδου τινὸς ἄλλης τάλαντα ὀγδοήκοντα
— 13. R ἦν δ' οὕτως ἀκμή τις [A τοῦ] Ἑλληνισμοῦ
— 32. χρυσώματά τινα τῶν τοῦ ἱεροῦ νοσφισάμενος
— 40. προηγησαμένου τινὸς Αὐρανοῦ
— 41. τινὲς δὲ ἐκ τῆς παρακειμ. σποδοῦ δρασσόμενοι
— 42. τινὰς δὲ κατέβαλον
— 46. ἀπολαβὼν ὁ Πτ. εἴς τι περίστυλον
6. 18. Ἐλ. τις τῶν πρωτευόντων γραμματέων
8. 7. R λαλιά τις τῆς εὐανδρίας αὐ. διεχεῖτο [A *al.*]
— 21. τετραμερές τι ἐποίησε τὸ στράτευμα
— 33. R καὶ τινας ἄλλους ὑφῆψαν [A *al.*]
9. 24. ἐάν τι παράδοξον ἀποβαίη καὶ προσαπέλθῃ τι δυσχερές
10. 11. ἀνέδειξεν ἐπὶ τῶν πραγμάτων Λυσίαν τινά
— 20. ὑπό τινων τῶν ἐν τοῖς πύργοις ἐπείσθησαν
— 20. εἴασάν τινας διαρρυῆναι
— 37. καὶ τὸν Τιμ. ἀποκεκρυμμένον ἔν τινι λάκκῳ
11. 36. πέμψατέ τινα παραχρῆμα
— 37. πέμψατέ τινας
12. 13. ἐπέβαλε δὲ καὶ ἐπί τινα πόλιν
— 18. καταλελοιπότα δὲ φρουρὰν ἔν τινι τόπῳ
— 35. Δωσίθεος δέ τις τῶν τοῦ Βακ.
— 35. τῶν ἱππέων τινὸς Θρᾳκῶν ἐπενεχθέντος αὐτῷ
13. 6. ἢ καί τινων ἄλλων κακῶν ὑπεροχὴν πεποιημένον
14. 3. Ἄλκιμος δέ τις προγεγονὼς ἀρχιερεύς
— 37. Ῥαζεὶς δέ τις τῶν ἀπὸ Ἱερ. πρεσβυτέρων
— 45. στὰς ἐπί τινος πέτρας ἀπορρῶγος
15. 11. ὑπέρ τι πάντας ηὔφρανεν
— 13. θαυμαστὴν δέ τινα . . . εἶναι τὴν περὶ αὐτὸν ὑπεροχήν
III Ma. 1. 2. Θεόδ. δέ τις ἐκπληρῶσαι τὴν ἐπιβουλὴν διανοηθείς
— 3. ἄσημόν τινα κατέκλινεν ἐν τῇ σκηνῇ
— 9. καὶ τῶν ἑξῆς τι τῷ τόπῳ ποιήσας
— 14. καί τις ἀπρονοήτως ἔφη
— 15. γενομένου δέ φησι τούτου διά τινα [? τίνα] αἰτίαν
— 28. ἀνεικαστός τις ἦν βοή
2. 3. τοὺς ὕβρει καὶ ἀγερωχίᾳ τι πράσσοντας
— 30. ἐὰν δέ τινες ἐξ αὐτῶν προαιρῶνται
— 31. ὡς μεγάλης τινὸς κοινωνήσοντες εὐκλείας
3. 4. R χωρισμὸν ἐποίουν ἐπί τινων [A *al.*]
— 7. καὶ μέγα τι τοῖς πράγμασιν ἐναντιουμένους
— 10. ἤδη δὲ καί τινες γείτονές τε καὶ φίλοι . . . μυστικῶς τινας ἐπισπώμενοι
— 27. ὃς δ' ἂν σκεπάσῃ τινὰ τῶν Ἰουδ.
4. 4. καί τινας τῶν ἐχθρῶν λαμβάνοντας . . . τὸν κοινὸν ἔλεον
6. 1. Ἐλ. δέ τις ἀνὴρ ἐπίσημος
— 13. A ἔν τινι μὲ δυνάμει ἔχων [R *al.*]
7. 3. τῶν φίλων τινὲς . . . πυκνότερον ἡμῖν παρακείμενοι
— 9. ἐάν τι κακοτεχνήσωμεν πονηρόν
— 22. τοὺς ἔχοντάς τι
IV Ma. 1. 5. ἴσως εἴποιεν ἄν τινες [S[2] εἴποι ἄν τις]
— 24. ἐὰν ἐνοηθῇ τις
2. 7. τίνα τρόπον μονοφάγος τις ὢν . . . μεταπαιδεύεται
— 8. κἂν φιλάργυρός τις ᾖ

IV Ma. 2. 9. κἂν φειδωλός τις ᾖ
— 17. οὐ θυμῷ τι κατ' αὐτῶν ἐποίησεν
— 24. εἴποι τις ἄν [S[1] *al.*]
3. 2. ἐπιθυμίαν τις ὑμῶν οὐ δύναται ἐκκόψαι
— 3. θυμόν τις οὐ δύναται ἐκκόψαι
— 4. κακοήθειάν τις ὑμῶν οὐ δύναται ἐκκόψαι
— 11. ἀλλά τις . . . ἀλόγιστος ἐπιθυμία τοῦ . . . ὕδατος
— 21. τότε δή τινες πρὸς τὴν κοινὴν νεωτερίσαντες ὁμόνοιαν
4. 1. Σίμων γάρ τις πρὸς Ὀνίαν ἀντιπολιτευόμενος
— 23. A R εἴ τινες [S τις] αὐτῶν φάνοιεν
5. 1. προκαθίσας . . . ἐπί τινος ὑψηλοῦ τόπου
— 3. εἰ δέ τινες [S[1] τις] μὴ θέλοιεν μιαροφαγῆσαι
— 13. εἰ καί τίς ἐστι τῆσδε τῆς θρησκείας ἐποπτικὴ δύναμις
6. 8. λάξ γέ τοι τῶν πικρῶν τις δορυφόρων
— 14. προσιόντες αὐτῷ τινες τῶν τοῦ βασ.
7. 17. ἴσως δ' ἂν εἴποιέν τινες
— 20. τὸ φαίνεσθαί τινας παθοκρατεῖσθαι
8. 16. εἰ δειλόψυχοί τινες ἦσαν
10. 4. A R εἴ τι ἔχετε κολαστήριον
12. 8. R εἴπω τι [A S *om.*] τῷ βασ.
16. 10. οὐδ' ἂν ἀποθάνω θάπτοντα τῶν υἱῶν ἔξω τινά
— 12. οὐδ' ἵνα μὴ ἀποθάνωσιν ἀπέτρεπεν αὐτῶν τινα
17. 1. ἔλεγον δὲ καὶ τῶν δορυφόρων τινές
— 1. A ἵνα μὴ ψαύσειέν τι [S R τις] τοῦ σώματος ἑαυτῆς
— 7. A εἰ δὲ ἐξὸν ἡμῖν ἦν ὥσπερ τινος [S R ἐπί τ.] ζωγραφῆσαι τὴν . . . εὐσέβειαν

[**Aq.** Ex. 2. 14: 21. 18, 33: Jd. 4. 14: I Ki. 21. 2 (3): 29. 3: IV Ki. 6. 8: Jb. 4. 1: 7. 1: 10. 3: 11. 7: 14. 14: 15. 2, 8: 23. 6: 26. 5: 38. 28: 40. 26 (31): Pr. 24. 12: Is. 7. 13: 66. 8, 9: Je. 15. 10: 23. 39 (Sw.): Ez. 13. 7, 12: Am. 9. 7 *bis*: Mi. 2. 7: Za. 3. 2.]

[**Sm.** Ex. 2. 14: 15. 11 *bis*: 21. 18: Ru. 4. 1: IV Ki. 6. 8: Jb. 4. 16: 6. 6: 21. 22: 22. 29: 39. 32 (40. 2): 40. 3 (8): Ec. 1. 10 *bis*: 4. 12: 7. 7 (6): 10. 5: Je. 15. 10: 20. 7: 23. 39 (Sw.): 26 (33). 20: 44 (51). 14: Da. 2. 10 (Sw.): 8. 13: Am. 9. 7.]

[**Th.** Ex. 21. 18, 33: I Ki. 21. 2 (3): Jb. 14. 14: 35. 15: Is. 1. 23: Je. 8. 10 *bis*: 15. 10: Da. 2. 42.]

[**Al.** I Ki. 22. 7: Jb. 10. 3: 13. 9.]

[**Heb.** Ez. 47. 3.]

τίς. (1) אֵיךְ (2) אָנָה (3) אַף (4) אֲשֶׁר (5) הִנֵּה c. suff. (6) זֶה (7) מַדּוּעַ (8) *a.* מָה, מַה־, מַה, מָה־, מֶה, מֶה־ *b.* מַה־זֶּה *c.* לָמָּה, לָמָה *d.* מִי, מִי־ *e.* מָן, מַן־ (9) διὰ τί *a.* אֲשֶׁר *b.* מַדּוּעַ *c.* מֶה, מַה־ *d.* לָמֶה *e.* לָמָּה, לָמָה *f.* לָמָּה־זֶּה (10) εἰς τί לָמָּה, לָמָה (11) ἕως τίνος *a.* כַּמָּה *b.* מָתַי *c.* עַד־אָנָה *d.* עַד־מָתַי (12) ἵνα τί *a.* מַדּוּעַ *b.* מַה־ *c.* לָמֶה *d.* לָמָּה, לָמָה *e.* לָמָּה זֶּה (13) ἵνα τί τοῦτο *a.* מַדּוּעַ *b.* לָמָּה (14) κατὰ τί *a.* בַּמָּה *b.* לָמָּה (15) μέχρι τίνος *a.* עַד־אָן *b.* עַד אָנָה (16) τί ὅτι *a.* אֵיךְ *b.* מַדּוּעַ *c.* מַה־ *d.* מַה־זֶּה *e.* לָמֶה *f.* לָמָּה *g.* לָמָּה זֶּה (17) τί τοῦτο *a.* מֶה, מֶה־ *b.* מַזֶּה (18) τί οὗτοι מָהֵם (19) τί ὑμεῖς מַלָּכֶם (20) ὡς τί מַדּוּעַ

Ge. 2. 19. ἰδεῖν τί καλέσει αὐτά (8 *a*)
3. 1. τί ὅτι εἶπεν ὁ θ. (3)
— 11. τίς ἀνήγγειλέ σοι ὅτι γυμνὸς εἶ (8 *d*)
— 13. τί τοῦτο ἐποίησας (8 *a*)
4. 6. ἵνα τί περίλυπος ἐγένου (12 *d*)
— 6. ἵνα τί συνέπεσε τὸ πρόσωπόν σου (12 *d*)
— 10. τί πεποίηκας (8 *a*)
12. 18. τί τοῦτο ἐποίησάς μοι (8 *a*)
— 19. ἵνα τί εἶπας ὅτι ἀδελφή μού ἐστι (12 *d*)
15. 2. R τί μοι δώσεις (8 *a*)
— 8. κατὰ τί γνώσομαι (14 *a*)
18. 13. R τί [A *om.*] ὅτι ἐγέλασε Σάρρα (16 *g*)
20. 9. τί τοῦτο ἐποίησας ἡμῖν (17 *a*)
— 10. τί ἐνιδὼν ἐποίησας τοῦτο (8 *a*)

Ge. 21. 7. τίς ἀναγγελεῖ τῷ Ἀβ. (8 *d*)
— 17. τί ἐστιν, Ἄ. (8 *a*)
— 26. τίς ἐποίησε τὸ πρᾶγμα τοῦτο (8 *d*)
— 29. τί εἰσιν αἱ ἑπτὰ ἀμνάδες (8 *a*)
22. 7. τί ἐστι, τέκνον (5)
23. 15. ἀνὰ μέσον ἐμοῦ καὶ σοῦ τί ἂν εἴη τοῦτο (8 *a*)
24. 23. θυγάτηρ τίνος εἶ (8 *d*)
— 31. ἵνα τί ἕστηκας ἔξω (12 *d*)
— 47. τίνος θυγάτηρ εἶ (8 *d*)
— 65. τίς ἐστιν ὁ ἄνθρωπος ἐκεῖνος (8 *d*)
25. 22. ἵνα τί μοι τοῦτο (12 *d*)
— 32. ἵνα τί μοι ταῦτα τὰ πρωτοτοκεῖα (12 *d*)
26. 9. τί ὅτι εἶπας (16 *a*)
— 10. τί τοῦτο ἐποίησας ἡμῖν (8 *a*)
— 27 ἵνα τί ἤλθατε πρὸς μέ (12 *a*)
27. 18. τίς εἶ σὺ, τέκνον (8 *d*)
— 20. τί τοῦτο ὃ ταχὺ εὗρες (8 *a*)
— 32. τίς εἶ σύ (8 *d*)
— 33. τίς οὖν ὁ θηρεύσας μοι θήραν (8 *d*)
— 37. σοὶ δὲ τί ποιήσω (8 *a*)
— 46. ἵνα τί μοι ζῆν (12 *d*)
29. 15. τίς ὁ μισθός σού ἐστι (8 *a*)
— 25. τί τοῦτο ἐποίησάς μοι (8 *a*)
— 25. ἵνα τί παρελογίσω με (12 *d*)
30. 31. τί σοι δώσω (8 *a*)
31. 11. τί ἐστι (5)
— 26. τί ἐποίησας (8 *a*)
— 26. ἵνα τί κρυβῇ ἀπέδρας -
— 30. ἵνα τί ἔκλεψας τοὺς θεούς μου (12 *d*)
— 32. ἐπίγνωθι τί ἐστι τῶν σῶν παρ᾽ ἐμοί (8 *a*)
— 36. τί τὸ ἀδίκημά μου καὶ τί τὸ ἁμάρτημά μου (8 *a*, 8 *a*)
— 37. τί εὗρες ἀπὸ πάντων τῶν σκευῶν τοῦ οἴκου σου (8 *a*)
— 43. τί ποιήσω ταύταις σήμερον (8 *a*)
32. 17 (18). τίνος εἶ (8 *d*)
— 17 (18). τίνος ταῦτα τὰ προπορευόμενά σου (8 *d*)
— 27 (28). τί τὸ ὄνομά σου ἐστιν (8 *a*)
— 29 (30). ἵνα τί σὺ ἐρωτᾷς τὸ ὄνομά μου (12 *e*)
33. 5, 8. τί ταῦτά σοί ἐστιν (8 *d*)
— 15. ἵνα τί τοῦτο (12 *d*)
37. 10. τί τὸ ἐνύπνιον τοῦτο (8 *a*)
— 15. τί ζητεῖς (8 *a*)
— 20. ὀψόμεθα τί ἐστι τὰ ἐνύπνια αὐ. (8 *a*)
— 26. τί χρήσιμον ἐὰν ἀποκτείνωμεν (8 *a*)
38. 16. τί μοι δώσεις (8 *a*)
— 18. τίνα τὸν ἀρραβῶνά σοι δώσω (8 *a*)
— 25. A ἐκ τοῦ ἀνθρώπου τίνος ταῦτά ἐστιν [R *al.*] (4)
— 25. ἐπίγνωθι τίνος ὁ δακτύλιος (8 *d*)
— 29. τί διεκόπη διὰ σὲ φραγμός (8 *a*)
40. 7. τί ὅτι τὰ πρόσωπα ὑμῶν σκυθρωπά (16 *b*)
42. 1. ἵνα τί ῥαθυμεῖτε (12 *d*)
— 28. τί τοῦτο ἐποίησεν ὁ θεὸς ἡμῖν (8 *a*)
43. 6. τί ἐκακοποιήσατέ μοι (8 *c*)
— 22. οὐκ οἴδαμεν τίς ἐνέβαλε τὸ ἀργύριον (8 *d*)
44. 4. τί ὅτι ἀνταπεδώκατέ μοι πονηρά (16 *f*)
— 5. ἵνα τί ἐκλέψατέ μου τὸ κόνδυ -
— 7. ἵνα τί λαλεῖ ὁ κύριος (12 *d*)
— 15. τί τὸ πρᾶγμα τοῦτο ἐποιήσατε (8 *a*)
— 16. τί ἀντεροῦμεν τῷ κυρίῳ (8 *a*)
— 16. τί λαλήσωμεν ἢ τί δικαιωθῶμεν (8 *a*, 8 *a*)
46. 2. τί ἐστιν (5)
— 33. τί τὸ ἔργον ὑμῶν ἐστιν (8 *a*)
47. 3. τί τὸ ἔργον ὑμῶν (8 *a*)
— 15. ἵνα τί ἀποθνήσκομεν ἐναντίον σου (12 *d*)
48. 8. τίνες σοι οὗτοι (8 *d*)
49. 1. τί ἀπαντήσει ὑμῖν ἐπ᾽ ἐσχάτων τῶν ἡμερῶν (4)
— 9. τίς ἐγερεῖ αὐτόν (8 *d*)
Ex. 1. 18. τί ὅτι ἐποιήσατε τὸ πρᾶγμα τοῦτο (16 *b*)
2. 4. μαθεῖν τί [A *om.*] τὸ ἀποβησόμενον αὐτῷ (8 *a*)
— 13. διὰ τί σὺ τύπτεις τὸν πλησίον (9 *e*)
— 14. τίς σε κατέστησεν ἄρχοντα (8 *d*)
— 18. διὰ τί [A τί ὅτι] ἐταχύνατε τοῦ παραγενέσθαι (9 *b* [16 *b*])
— 20. ἵνα τί καταλελοίπατε τὸν ἄνθρ. (12 *e*)
3. 3. A τί [B *om.*] ὅτι οὐ κατακαίεται ὁ βάτος (16 *b*)
— 4. τί ἐστιν (5)
— 11. τίς εἰμι ἐγὼ ὅτι πορεύσομαι (8 *d*)
— 13. τί ὄνομα αὐτῷ (8 *a*)
— 13. τί ἐρῶ πρὸς αὐτούς (8 *a*)
4. 1. τί ἐρῶ πρὸς αὐτούς -
— 2. τί τοῦτό ἐστι τὸ ἐν τῇ χειρί σου (17 *b**, 8 *a*)
— 11. τίς ἔδωκε στόμα ἀνθρώπῳ (8 *d*)
— 11. τίς ἐποίησε δύσκωφον καὶ κωφόν (8 *d*)
5. 2. τίς ἐστιν οὗ εἰσακούσομαι τῆς φωνῆς αὐ. (8 *d*)

Ex. 5. 4. ἵνα τί . . . διαστρέφετε τὸν λαόν μου (12 *d*)
— 14. διὰ τί οὐ συνετελέσατε τὰς συντάξεις ὑμῶν (9 *b*)
— 15. ἵνα τί οὕτως ποιεῖς τοῖς σοῖς οἰκέταις (12 *d*)
— 22. τί [A διὰ τί] ἐκάκωσας τὸν λαὸν τοῦτον (8 *c* [9 *e*])
— 22. ἵνα τί ἀπέσταλκάς με (12 *e*)
10. 3. ἕως τίνος οὐ βούλει ἐντραπῆναί με (11 *d*)
— 7. ἕως τίνος ἔσται τοῦτο ἡμῖν σκῶλον (11 *d*)
— 8. τίνες δὲ καὶ τίνες εἰσὶν οἱ πορευόμενοι (8 *d*, 8 *d*)
— 26. οὐκ οἴδαμεν τί λατρεύσωμεν κ. τῷ θεῷ ἡ. (8 *a*)
12. 26. τίς ἡ λατρεία αὕτη (8 *a*)
13. 14. τί τοῦτο (8 *a*)
14. 5. τί τοῦτο ἐποιήσαμεν (8 *a*)
— 11. τί τοῦτο ἐποίησας ἡμῖν (8 *a*)
— 15. τί βοᾷς πρὸς μέ (8 *a*)
15. 11. τίς ὅμοιός σοι ἐν θεοῖς (8 *d*)
— 11. τίς ὅμοιός σοι (8 *d*)
— 24. τί πιόμεθα (8 *a*)
16. 7, 8. ἡμεῖς δὲ τί ἐσμεν (8 *a*)
— 15. τί ἐστι τοῦτο (8 *e*)
— 15. οὐ γὰρ ᾔδεισαν τί ἦν (8 *a*)
— 28. ἕως τίνος οὐ βούλεσθε εἰσακούειν (11 *c*)
17. 2. τί λοιδορεῖσθέ μοι (8 *a*)
— 2. τί πειράζετε κύριον (8 *a*)
— 3. ἵνα τί τοῦτο ἀνεβίβασας ἡμᾶς (12 *d*)
— 4. τί ποιήσω τῷ λαῷ τούτῳ (8 *a*)
18. 14. τί τοῦτο ὃ σὺ ποιεῖς τῷ λαῷ (8 *a*)
— 14. διὰ τί σὺ κάθησαι μόνος (9 *b*)
22. 27 (26). ἐν τίνι κοιμηθήσεται (8 *a*)
32. 1. οὐκ οἴδαμεν τί γέγονεν αὐτῷ (8 *a*)
— 11. ἵνα τί, κύριε, θυμοῖ ὀργῇ (12 *d*)
— 21. τί ἐποίησέ σοι ὁ λαὸς οὗτος (8 *a*)
— 23. οὐκ οἴδαμεν τί γέγονεν αὐτῷ (8 *a*)
— 24. A τίνι [B εἴ τινι] ὑπάρχει χρυσία (8 *d*)
— 26. τίς πρὸς κύριον (8 *d*)
Le. 6. 4 (5. 24). τίνος ἐστὶν αὐτῷ ἀποδώσει (4)
10. 17. διὰ τί οὐκ ἐφάγετε τὸ περὶ τῆς ἁμαρτίας (9 *b*)
14. 35. ἥξει τίνος αὐτοῦ ἡ οἰκία (4)
21. 17. τίνι ἐὰν ᾖ ἐν αὐτῷ μῶμος (4)
25. 20. τί φαγόμεθα ἐν τῷ ἔτει τῷ ἑβδ. τ. (8 *a*)
Nu. 5. 7. ἀποδώσει τίνι ἐπλημμέλησεν αὐτῷ (4)
9. 8. ἀκούσομαι τί ἐντελεῖται κύριος (8 *a*)
11. 4. τίς ἡμᾶς ψωμιεῖ κρέα (8 *d*)
— 11. ἵνα τί ἐκάκωσας τὸν θεράποντά σου (12 *d*)
— 11. διὰ τί οὐχ εὕρηκα χάριν ἐναντίον σου (9 *e*)
— 18. τίς ἡμᾶς ψωμιεῖ κρέα (8 *d*)
— 20. ἵνα τί ἡμῖν ἐξελθεῖν ἐξ Αἰγ. (12 *e*)
— 29. τίς δῴη πάντα τὸν λαὸν κυρίου προφήτας (8 *d*)
12. 8. διὰ τί οὐκ ἐφοβήθητε (9 *b*)
13. 19 (18). ὄψεσθε τὴν γῆν τίς ἐστι (8 *a*)
— 20 (19). καὶ τίς ἡ γῆ εἰς ἣν οὗτοι ἐγκάθηνται (8 *a*)
— 20 (19). καὶ τίνες αἱ πόλεις εἰς ἃς οὗτοι κατοικοῦσιν (8 *a*)
— 21 (20). καὶ τίς ἡ γῆ ἢ πίων ἢ παρειμένη (8 *a*)
14. 3. ἵνα τί κύριος εἰσάγει ἡμᾶς (12 *d*)
— 11. ἕως τίνος παροξύνει με ὁ λαὸς οὗτος (11 *c*)
— 11. ἕως τίνος οὐ πιστεύουσί μοι (11 *c*)
— 27. ἕως τίνος τὴν συναγωγὴν τὴν πονηρὰν τ. (11 *d*)
— 41. ἵνα τί ὑμεῖς παραβαίνετε τὸ ῥῆμα κυρίου (12 *e*)
15. 34. οὐ γὰρ συνέκριναν τί ποιήσωσιν αὐτόν (8 *a*)
16. 3. διὰ τί κατανίστασθε ἐπὶ τὴν συναγωγὴν κ. (9 *b*)
— 11. καὶ Ἀ. τίς [A τί] ἐστιν (8 *a*)
20. 4. ἵνα τί ἀνηγάγετε τὴν συναγωγὴν κυρίου (12 *d*)
— 5. ἵνα τί τοῦτο ἀνήγαγες ἡμᾶς ἐξ Αἰγ. (13 *b*)
21. 5. ἵνα τί τοῦτο ἐξήγαγες ἡμᾶς ἐξ Αἰγ. (13 *b*)
22. 9. τί οἱ ἄνθρωποι οὗτοι παρὰ σοί (8 *d*)
— 19. γνώσομαι τί προσθήσει κύριος λαλῆσαι (8 *a*)
— 28. τί ἐποίησά σοι (8 *a*)
— 32. διὰ τί ἐπάταξας τὴν ὄνον σου τοῦτο τρίτον (8 *a*)
— 37. διὰ τί οὐκ ἤρχου πρὸς μέ (9 *e*)
23. 8. τί ἀράσωμαι ὃν μὴ ἀρᾶται κύριος (8 *a*)
— 8. τί καταράσωμαι ὃν μὴ καταρᾶται ὁ θ. (8 *a*)
— 10. τίς ἐξηκριβάσατο τὸ σπέρμα Ἰ. (8 *d*)
— 10. τίς ἐξαριθμήσεται δήμους Ἰσρ. -
— 11. τί πεποίηκάς μοι (8 *a*)
— 17. τί ἐλάλησε κύριος (8 *a*)
— 23. τί ἐπιτελέσει ὁ θεός (8 *a*)
24. 9. τίς ἀναστήσει αὐτόν (8 *d*)
— 14. συμβουλεύσω σοι τί ποιήσει ὁ λαὸς οὗτος (4)
— 23. τίς ζήσεται ὅταν θῇ ταῦτα ὁ θεός (8 *d*)
31. 15. ἵνα τι ἐζωγρήσατε πᾶν θῆλυ †
32. 7. ἵνα τί διαστρέφετε τὰς διανοίας τῶν υἱῶν Ἰσρ. (12 *d*)
De. 3. 24. τίς γάρ ἐστι θεὸς ἐν τῷ οὐρ. (8 *d*)

De. 5. 26 (23). τίς γὰρ σὰρξ ἥτις ἤκουσε φωνήν (8 *d*)
— 29 (26). τίς δώσει εἶναι οὕτως τὴν καρδίαν αὐτῶν (8 *d*)
6. 20. τί [A τίνα] ἐστι τὰ μαρτύρια (8 *a*)
9. 2. τίς ἀντιστήσεται κατὰ πρόσωπον υἱῶν Ἐ. (8 *d*)
10. 12. τί κύριος ὁ θεός σου αἰτεῖται παρὰ σοῦ (8 *a*)
20. 5. τίς ὁ ἄνθρωπος ὁ οἰκοδομήσας οἰκίαν καινήν (8 *d*)
— 6. τίς ὁ ἄνθρωπος ὅστις ἐφύτευσεν ἀμπελῶνα (8 *d*)
— 7. τίς ὁ ἄνθρωπος ὅστις μεμνήστευται γυναῖκα (8 *d*)
— 8. τίς ὁ ἄνθρωπος ὁ φοβούμενος (8 *d*)
29. 18 (17). τίνος ἡ διάνοια ἐξέκλινεν ἀπὸ κ. τοῦ θ. ὑμῶν (4)
— 24 (23). διὰ τί ἐποίησε κ. οὕτως τῇ γῇ ταύτῃ (8 *a*)
— 24 (23). τίς ὁ θυμὸς τῆς ὀργῆς ὁ μέγας οὗτος (8 *a*)
30. 12. τίς ἀναβήσεται ἡμῖν εἰς τὸν οὐρ. (8 *d*)
— 13. A B^2 τίς διαπεράσει ἡμῖν (8 *d*)
32. 20. δείξω τί ἔσται αὐτοῖς (8 *a*)
33. 29. τίς ὅμοιός σοι (8 *d*)
Jo. 4. 6. A B τί εἰσιν οἱ λίθοι οὗτοι ἡμῖν (8 *a*)
—21. τί εἰσιν οἱ λίθοι οὗτοι (8 *a*)
5. 14. τί προστάσσεις τῷ σῷ οἰκέτῃ (8 *a*)
7. 7. ἵνα [A διὰ] τί διεβίβασεν ὁ παῖς σου τὸν λαὸν τ. (12 *d* [9 *e*])
— 8. καὶ τί ἐρῶ (8 *a*)
— 9. τί ποιήσεις τὸ ὄνομά σου τὸ μέγα (8 *a*)
— 10. ἵνα τί τοῦτο σὺ πέπτωκας (12 *d*)
— 19. ἀνάγγειλόν μοι τί ἐποίησας (8 *a*)
— 25. τί ὠλέθρευσας ἡμᾶς (8 *a*)
9. 22. διὰ τί παρελογίσασθέ με (9 *e*)
15. 18. τί ἐστί σοι (8 *a*)
17. 14. διὰ τί ἐκληρονόμησας ἡμᾶς κλῆρον ἕνα (9 *b*)
18. 3. ἕως τίνος ἐκλυθήσεσθε (11 *c*)
22. 16. τίς ἡ πλημμέλεια αὕτη (8 *a*)
— 24. τί ὑμῖν κ. τῷ θεῷ Ἰσρ. (8 *a*)
24. 15. ἐκλέξασθε ὑμῖν αὐτοῖς σήμερον τίνι λατρεύσητε (8 *d*)
Jd. 1. 1. τίς ἀναβήσεται ἡμῖν πρὸς τοὺς Χαν. (8 *d*)
— 14. τί ἐστί σοι (8 *a*)
5. 16. εἰς τί ἐκάθισαν [A ἵνα τί μοι κάθησαι] (10 [12 *d*])
— 17. Δὰν εἰς [A ἵνα] τί παροικεῖ πλοίοις (10 [12 *d*])
— 28. A διὰ τί ἠσχάτισεν τὸ ἅρμα αὐ. [B *al.*] (9 *b*)
— 28. A διὰ τί ἐχρόνισαν ἴχνη ἁρμάτων αὐ. [B *al.*] (9 *b*)
6. 13. εἰς [A ἵνα] τί εὗρεν ἡμᾶς τὰ κακὰ ταῦτα (10 [12 *d*])
— 15. ἐν τίνι σώσω τὸν Ἰσρ. (8 *a*)
— 29. τίς ἐποίησε τὸ ῥῆμα τοῦτο (8 *d*)
7. 3. τίς ὁ φοβούμενος καὶ δειλός (8 *d*)
— 10 (11). ἀκούσῃ τί λαλήσουσι (8 *a*)
8. 1. τί το ῥῆμα τοῦτο ἐποίησας ἡμῖν (8 *a*)
— 2. τί ἐποίησα νῦν (8 *a*)
— 3. τί ἠδυνήθην ποιῆσαι ὡς ὑμεῖς (8 *a*)
9. 2. τί τὸ ἀγαθὸν ὑμῖν [A *al.*] (8 *a*)
— 28. τίς [A τί] ἐστιν Ἀβ. καὶ τίς ἐστιν υἱὸς Σ. (8 *d*, 8 *d*)
— 28. τί ὅτι δουλεύσομεν αὐτῷ ἡμεῖς [A *al.*] (16 *b*)
— 29. τίς δῴη τὸν λαὸν τ. ἐν χειρί μου (8 *d*)
— 38. τίς [A ποῦ] ἐστιν Ἀβ. (8 *d*)
— 48. A τί [B ὃ] εἴδετέ με ποιοῦντα (8 *a*)
10. 18. τίς ὁ ἀνήρ (8 *d*)
11. 7. διὰ τί [A τί ὅτι] ἤλθατε πρὸς μέ (9 *b* [16 *b*])
— 12. τί ἐμοὶ καὶ σοί (8 *a*)
— 26. διὰ τί [A διότι] οὐκ ἐρρύσω αὐτούς (9 *b*)
12. 1. διὰ τί παρῆλθες [A τί ὅτι ἐπορεύθης] (9 *b* [16 *b*])
— 3. εἰς [A ἵνα] τί ἀνέβητε (10 [12 *d*])
13. 8. συμβιβασάτω ἡμᾶς τί ποιήσωμεν (8 *a*)
— 12. τίς ἔσται κρίσις [A τί ἔσται τὸ κρίμα] τοῦ παιδίου (8 *a*)
— 17. τί τὸ ὄνομά σοι (8 *d*)
— 18. εἰς [A ἵνα] τί τοῦτο ἐρωτᾷς τὸ ὄνομά μου (10 [12 *d*])
14. 14. τί βρωτὸν ἐξῆλθεν ἐκ βιβρώσκοντος [A *al.*] -
— 18. τί γλυκύτερον μέλιτος (8 *a*)
— 18. τί ἰσχυρότερον λέοντος (8 *a*)
15. 6. τίς ἐποίησε ταῦτα (8 *d*)
— 10. εἰς [A ἵνα] τί ἀνέβητε ἐφ᾽ ἡμᾶς (10 [12 *d*])
— 11. τί τοῦτο [A ἵνα τί ταῦτα] ἐποίησας ἡμῖν (8 *a* [12 *b*])
16. 5. ἴδε ἐν τίνι ἡ ἰσχὺς αὐ. ἡ μεγάλη καὶ ἐν τίνι δυνησόμεθα αὐτῷ (8 *a*, 8 *a*)
— 6. ἐν τίνι ἡ ἰσχύς σου ἡ μεγάλη (8 *a*)
— 6, 10, 13. ἐν τίνι δεθήσῃ (8 *a*)
— 15. ἐν τίνι ἡ ἰσχύς σου ἡ μεγάλη (8 *a*)

Jd. 18. 3. τίς ἤνεγκέ σε ὧδε (8 *d*)
— 3. σὺ τί ποιεῖς ἐν τῷ τόπῳ τούτῳ (8 *a*)
— 3. καὶ τί σοι ὧδε (8 *a*)
— 8. τί ὑμεῖς κάθησθε (8 *a*)
— 14. A γνῶτε τί [B ὅ τι] ποιήσετε (8 *a*)
— 18. τί ὑμεῖς ποιεῖτε (8 *a*)
— 23. τί ἐστί σοι ὅτι ἐβόησας (8 *a*)
— 24. καὶ τί μοι ἔτι (8 *a*)
— 24. καὶ τί τοῦτο λέγετε πρὸς μέ, Τί κράζεις [A *al.*] (8 *a*, 8 *a*)
20. 12. τίς ἡ πονηρία αὕτη (8 *a*)
— 18. τίς ἀναβήσεται ἡμῖν (8 *d*)
21. 3. εἰς [A ἵνα] τί . . . ἐγενήθη αὕτη (10 [12 *d*])
— 5. τίς οὐκ ἀνέβη ἐν τῇ ἐκκλησίᾳ (8 *d*+4)
— 7. τί ποιήσωμεν αὐτοῖς τοῖς περισσοῖς (8 *a*)
— 8. τίς εἷς ἀπὸ φυλῶν Ἰσρ. (8 *d*)
— 16. τί ποιήσωμεν τοῖς περισσοῖς εἰς γυναῖκας (8 *a*)
Ru. 1. 11. ἵνα τί πορεύεσθε μετ' ἐμοῦ (12 *d*)
— 19. A αὕτη τί [B *om.*] ἐστι N. –
— 21. ἵνα τί καλεῖτέ με N. (12 *d*)
2. 5. τίνος ἡ νεᾶνις αὕτη (8 *d*)
— 10. τί ὅτι εὗρον χάριν (16 *b*)
3. 9. τίς [B[1] τί] εἶ σύ (8 *d*)
— 16. A τίς εἶ, θυγάτηρ [B *al.*] (8 *d*)
I Ki. 1. 8. τί ἐστί σοι ὅτι κλαίεις (16 *e*)
— 8. ἵνα [A διὰ] τί οὐκ ἐσθίεις (12 *c* [9 *d*])
— 8. ἵνα τί τύπτει σε ἡ καρδία σου (12 *c*)
2. 16. A τί [B ὅτι] νῦν δώσεις †
— 23. ἵνα τί ποιεῖτε κατὰ τὸ ῥῆμα τοῦτο (12 *d*)
— 25. τίς προσεύξεται ὑπὲρ αὐτοῦ (8 *d*)
— 29. ἵνα τί ἐπέβλεψας ἐπὶ τὸ θυμίαμά μου (12 *d*)
3. 17. τί τὸ ῥῆμα τὸ λαληθὲν πρὸς σέ (8 *a*)
4. 3. κατὰ τί ἔπταισεν ἡμᾶς κ. σήμερον (14 *b*)
— 6. τίς ἡ κραυγὴ ἡ μεγάλη αὕτη (8 *a*)
— 8. τίς ἐξελεῖται ἡμᾶς ἐκ χειρὸς τῶν θεῶν (8 *d*)
— 14. τίς ἡ βοὴ τῆς φωνῆς ταύτης (8 *a*)
— 16 (15). τίς ἡ φωνὴ τοῦ ἤχου τούτου –
— 16. τί τὸ γεγονὸς ῥῆμα, τέκνον (8 *a*)
5. 8. τί ποιήσωμεν κιβωτῷ θεοῦ Ἰσρ. (8 *a*)
— 10. τί ἀπεστρέψατε πρὸς ἡμᾶς τὴν κιβωτόν –
6. 2. τί ποιήσωμεν τῇ κιβωτῷ κυρίου (8 *a*)
— 2. ἐν τίνι ἀποστελοῦμεν αὐτήν (8 *a*)
— 4. τί τὸ τῆς βασάνου ἀποδώσομεν αὐτῇ (8 *a*)
— 6. ἵνα τί βαρύνετε τὰς καρδίας ὑμῶν (12 *d*)
— 20. τίς δυνήσεται διελθεῖν (8 *d*)
— 20. πρὸς τίνα ἀναβήσεται κιβωτὸς κυρίου (8 *d*)
9. 7. τί οἴσομεν τῷ ἀνθρώπῳ τοῦ θεοῦ (8 *a*)
— 20. τίνι τὰ ὡραῖα τοῦ Ἰσρ. (8 *d*)
— 21. ἵνα τί ἐλάλησας πρὸς ἐμέ (12 *d*)
10. 2. τί ποιήσω ὑπὲρ τοῦ υἱοῦ μου (8 *a*)
— 11. τί τοῦτο τὸ γεγονὸς τῷ υἱῷ K. (8 *a*)
— 12. καὶ τίς πατὴρ αὐτοῦ (8 *d*)
— 15. ἀπάγγειλον δή μοι τί εἶπέ σοι Σαμ. (8 *a*)
— 27. τίς σώσει ἡμᾶς οὗτος (8 *a*)
11. 5. τί ὅτι κλαίει ὁ λαός (8 *a*)
— 12. τίς ὁ εἴπας ὅτι Σαμ. οὐ βασιλεύσει ἡμῶν (8 *d*)
12. 3. μόσχον τίνος εἴληφα ἢ ὄνον τίνος εἴληφα ἢ τίνα κατεδυνάστευσα ὑμῶν ἢ τίνα ἐξεπίεσα ἢ ἐκ χειρὸς τίνος εἴληφα ἐξίλασμα (8 *d quinquiens*)
13. 11. B τί πεποίηκας (8 *a*)
14. 17. ἴδετε τίς [A τί ὃ] πεπόρευται ἐξ ἡμῶν (8 *d*)
— 38. ἐν τίνι γέγονεν ἡ ἁμαρτία αὕτη σήμερον (8 *a*)
— 41. τί [A *om.*] ὅτι οὐκ ἀπεκρίθης –
— 43. ἀπάγγειλόν μοι τί πεποίηκας (8 *a*)
15. 14. καὶ τίς ἡ φωνὴ τοῦ ποιμνίου τούτου (8 *a*)
— 19. ἵνα τί οὐκ ἤκουσας φωνῆς κυρίου (12 *d*)
17. 8. τί ἐκπορεύεσθε παρατάξασθαι (8 *c*)
— 26. A τίς ἀλλόφυλος ὁ ἀπερίτμητος αὐτός (8 *d*)
— 28. A ἵνα τί τοῦτο κατέβης (12 *d*)
— 28. A ἐπὶ τίνα ἀφῆκας τὰ μικρὰ πρόβατα ἐκεῖνα (8 *d*)
— 29. A τί ἐποίησα νῦν (8 *a*)
— 36. τίς ὁ ἀπερίτμητος οὗτος –
— 55, 56. A υἱὸς τίνος ὁ νεανίσκος οὗτος (8 *d*)
— 58. A υἱὸς τίνος εἶ (8 *d*)
18. 8. A τί αὐτῷ πλὴν ἡ βασιλεία †
— 18. A τίς ἐγὼ εἰμι (8 *d*)
— 18. A τίς ἡ ζωὴ τῆς συγγενείας σου (8 *d*)
19. 5. ἵνα τί ἁμαρτάνεις εἰς αἷμα ἀθῷον (12 *d*)
— 17. ἵνα τί οὕτως παρελογίσω με (12 *d*)
20. 1. τί πεποίηκα (8 *a*)
— 1. τί τὸ ἀδίκημά μου (8 *a*)
— 1. τί ἡμάρτηκα ἐνώπιον τοῦ πατρός σου (8 *a*)
— 2. τί ὅτι κρύψει ὁ πατήρ μου τὸ ῥῆμα τοῦτο (16 *b*)
I Ki. 20. 4. τί ἐπιθυμεῖ ἡ ψυχή σου (8 *a*)
— 4. τί [A *om.*] ποιήσω σοι –
— 8. ἵνα τί οὕτως εἰσάγεις με (12 *d*)
— 10. τίς ἀπαγγείλῃ μοι (8 *d*)
— 27. τί ὅτι οὐ παραγέγονεν ὁ υἱὸς Ἰ. (16 *b*)
— 32. ἵνα τί ἀποθνήσκει (12 *d*)
— 32. τί πεποίηκε (8 *a*)
21. 1 (2). τί ὅτι σὺ μόνος (16 *b*)
— 14 (15). ἵνα τί εἰσηγάγετε αὐτὸν πρὸς μέ (12 *d*)
22. 3. ἕως ὅτου γνῶ τί [A ὅ τι] ποιήσει μοι ὁ θ. (8 *a*)
— 13. ἵνα τί συνέθου κατ' ἐμοῦ (12 *d*)
— 14. καὶ τίς ἐν πᾶσι τοῖς δούλοις σου ὡς Δ. πιστός (8 *d*)
24. 10. ἵνα τί ἀκούεις τῶν λόγων τοῦ λαοῦ (12 *d*)
— 15. ὀπίσω τίνος σὺ ἐκπορεύῃ (8 *d*)
— 15. ὀπίσω τίνος καταδιώκεις σύ (8 *d*)
25. 10. τίς ὁ Δ. καὶ τίς ὁ υἱὸς Ἰ. (8 *d*, 8 *d*)
— 17. ἴδε σὺ τί ποιήσεις (8 *a*)
26. 6. τίς εἰσελεύσεται μετ' ἐμοῦ πρὸς Σ. (8 *d*)
— 9. τίς ἐποίσει χεῖρα αὐ. ἐπὶ χριστὸν κυρίου (8 *d*)
— 14. τίς εἶ σὺ ὁ καλῶν (8 *d*)
— 15. τίς ὡς σὺ ἐν Ἰσρ. (8 *d*)
— 15. διὰ τί οὐ φυλάσσεις τὸν κ. σου τὸν Βασ. (9 *e*)
— 18. ἵνα τί τοῦτο καταδιώκει ὁ κύριος (12 *d*)
— 18. τί [A *om.*] ἡμάρτηκα (8 *a*)
— 18. τί εὑρέθη ἐν ἐμοὶ ἀδίκημα (8 *a*)
27. 5. ἵνα τί κάθηται ὁ δοῦλός σου ἐν πόλει (12 *d*)
— 10. ἐπὶ τίνα ἐπέθεσθε σήμερον –
28. 9. ἵνα τί σὺ παγιδεύεις τὴν ψυχήν μου (12 *d*)
— 11. τίνα ἀναγάγω σοι (8 *d*)
— 12. ἵνα τί παρελογίσω με (12 *d*)
— 13. εἰπὸν τίνα ἑώρακας (8 *a*)
— 14. τί ἔγνως (8 *a*)
— 15. ἵνα τί παρηνώχλησάς μοι (12 *d*)
— 15. γνωρίσαι μοι τί ποιήσω (8 *a*)
— 16. ἵνα τί ἐπερωτᾷς με (12 *d*)
29. 3. τίνες οἱ διαπορευόμενοι οὗτοι (8 *a*)
— 4. ἐν τίνι διαλλαγήσεται οὗτος τῷ κυρίῳ αὐ. (8 *a*)
— 8. τί πεποίηκά σοι (8 *a*)
— 8. τί εὗρες ἐν τῷ δούλῳ σου (8 *a*)
30. 13. τίνος σὺ εἶ (8 *d*)
— 24. τίς ἐπακούσεται ὑμῶν τῶν λόγων τ. (8 *d*)
II Ki. 1. 4. τίς ὁ λόγος οὗτος (8 *a*)
— 8. τίς εἶ σύ (8 *d*)
3. 7. τί ὅτι εἰσῆλθες πρὸς τὴν παλλακήν (16 *b*)
— 24. τί τοῦτο ἐποίησας (17 *a*)
— 24. ἵνα τί ἐξαπέσταλκας αὐτόν (12 *e*)
6. 20. τί δεδόξασται σήμερον ὁ Βασ. Ἰσρ. (8 *a*)
7. 7. A τί [B ὅτι, R ἵνα τί] οὐκ ᾠκοδομήκατέ μοι οἶκον κέδρινον (8 *c* [12 *d*])
— 18. τίς εἰμι ἐγὼ . . . καὶ τίς ὁ οἶκός μου (8 *d*, 8 *d*)
— 20. τί προσθήσει Δ. ἔτι τοῦ λαλῆσαι (8 *a*)
— 23. τίς ὡς λαός σου Ἰσρ. ἔθνος ἄλλο (8 *d*)
9. 8. τίς εἰμι ὁ δοῦλός σου (8 *a*)
11. 10. τί ὅτι οὐ κατέβης εἰς τὸν οἶκόν σου (16 *b*)
— 20. τί ὅτι [A *om.*] ἠγγίσατε πρὸς τὴν πόλιν (16 *b* [7])
— 21. τίς ἐπάταξε τὸν Ἀβ. (8 *d*)
— 21. ἵνα τί προσηγάγετε πρὸς τὸ τεῖχος (12 *d*)
— 22. ἵνα τί προσηγάγετε πρὸς τὴν πόλιν –
— 22. τίς ἐπάταξε τὸν Ἀβ. –
— 22. ἵνα τί προσηγάγετε πρὸς τὸ τεῖχος –
12. 9. A τί [B ὅτι, R τί ὅτι] ἐφαύλισας τὸν λόγον κυρίου (7 [16 *b*])
— 21. τί τὸ ῥῆμα τοῦτο ὃ ἐποίησας (8 *a*)
— 22. τίς οἶδεν εἰ ἐλεήσει με κύριος (8 *d*)
— 23. ἵνα τί τοῦτο ἐγὼ νηστεύω (12 *d*)
13. 4. τί σοι ὅτι σὺ οὕτως ἀσθενής (16 *b*)
— 26. ἵνα τί πορευθῇ μετὰ σοῦ (12 *d*)
14. 5. τί ἐστί σοι (8 *a*)
— 10. τίς ὁ λαλῶν πρὸς σέ –
— 13. ἵνα τί ἐλογίσω τοιοῦτο (12 *d*)
— 31. ἵνα τί ἐνεπύρισαν οἱ παῖδές σου (12 *d*)
— 32. ἵνα τί ἦλθον ἐκ Γ. (12 *d*)
15. 4. τίς με καταστήσει κριτὴν ἐν τῇ γῇ (8 *d*)
— 19. ἵνα τί πορεύῃ καὶ σὺ μεθ' ἡμῶν (12 *d*)
16. 2. τί ταῦτά σοι (8 *a*)
— 9. ἵνα τί καταρᾶται ὁ κύων ὁ τεθνηκὼς οὗτος (12 *d*)
— 10. τί ἐμοὶ καὶ ὑμῖν (8 *a*)
— 10. τίς ἐρεῖ, Ὡς τί ἐποίησας οὕτως (8 *d*, 20)
— 17. ἵνα τί οὐκ ἀπῆλθες μετὰ τοῦ ἑταίρου (12 *d*)
— 19. τίνι ἐγὼ δουλεύσω (8 *d*)
— 20. φέρετε ἑαυτοῖς βουλὴν τί ποιήσωμεν (8 *a*)
17. 5. ἀκούσωμεν τί ἐν τῷ στόματι αὐ. (8 *a*)
18. 11. τί ὅτι οὐκ ἐπάταξας αὐτόν (16 *b*)
II Ki. 18. 22. ἵνα τί σὺ τοῦτο τρέχεις (12 *d*)
— 23. τί γὰρ ἐὰν δραμοῦμαι (8 *a*)
— 29. οὐκ ἔγνων τί ἐκεῖ (8 *a*)
— 33 (19. 1). τίς δῴη τὸν θάνατόν μου ἀντὶ σοῦ (8 *d*)
19. 10 (11). ἵνα τί ὑμεῖς κωφεύετε (12 *d*)
— 11 (12), 12 (13). ἵνα τί γίνεσθε ἔσχατοι (12 *d*)
— 22 (23). τί ἐμοὶ καὶ ὑμῖν (8 *a*)
— 25 (26). τί ὅτι οὐκ ἐπορεύθης μετ' ἐμοῦ (16 *f*)
— 28 (29). τί ἐστί μοι ἔτι δικαίωμα (8 *a*)
— 29 (30). ἵνα τί λαλεῖς ἔτι τοὺς λόγους σου (12 *d*)
— 35 (36). ἵνα τί ἔσται ἔτι ὁ δοῦλός σου εἰς φορτίον (12 *d*)
— 36 (37). ἵνα τί ἀνταποδίδωσί μοι ὁ Βασ. (12 *d*)
— 41 (42). τί ὅτι ἔκλεψάν σε οἱ ἀδ. ἡμῶν (16 *b*)
— 42 (43). ἵνα τί οὕτως ἐθυμώθης (12 *d*)
— 43 (44). ἵνα τί τοῦτο ὕβρισάς με (13 *a*)
20. 11. τίς ὁ βουλόμενος Ἰ. (8 *d*)
— 11. τίς τοῦ Δ. ὀπίσω Ἰ. (8 *d*+4)
— 19. ἵνα τί καταποντίζεις κληρονομίαν κυρίου (12 *d*)
21. 3. τί ποιήσω ὑμῖν (8 *a*)
— 3. ἐν τίνι ἐξιλάσωμαι (8 *a*)
— 4. τί ὑμεῖς λέγετε (8 *a*)
22. 32. τίς ἰσχυρὸς πλὴν κυρίου (8 *d*)
— 32. τίς κτίστης ἔσται πλὴν τοῦ θεοῦ ἡμῶν (8 *d*)
23. 15. τίς ποτιεῖ με ὕδωρ (8 *d*)
24. 3. ἵνα τί βούλεται ἐν τῷ λόγῳ τ. (12 *d*)
— 13. ἴδε τί ἀποκριθῶ (8 *a*)
— 17. οὗτοι τὰ πρόβατα τί ἐποίησαν (8 *a*)
— 21. τί ὅτι ἦλθεν ὁ κύριός μου (16 *b*)
III Ki. 1. 6. διὰ τί σὺ ἐποίησας (9 *b*)
— 13. τί ὅτι ἐβασίλευσεν Ἀδ. (16 *b*)
— 16. τί ἐστί σοι (8 *a*)
— 20. ἀπαγγεῖλαι αὐτοῖς τίς καθήσεται ἐπὶ τοῦ θρόνου (8 *d*)
— 27. οὐκ ἐγνώρισας τῷ δούλῳ σου τίς καθήσεται (8 *d*)
— 41. τίς ἡ φωνὴ τῆς πόλεως ἠχούσης (7)
2. 22. ἵνα τί [A *om.*] σὺ ᾔτησαι τὴν Ἀβ. τῷ Ἀδ. (12 *d*)
— 29. τί γέγονέ σοι –
3. 1 (2. 43). τί ὅτι οὐκ ἐφύλαξας τὸν ὅρκον κυρίου (16 *b*)
— 9. τίς δυνήσεται κρίνειν τὸν λαόν σου (8 *d*)
9. 8. ἕνεκα τίνος ἐποίησε κύριος οὕτως (8 *a*)
— 13. τί αἱ πόλεις αὗται (8 *a*)
11. 22. τίνι σὺ ἐλαττονῇ μετ' ἐμοῦ (8 *a*)
12. 9. τί ὑμεῖς συμβουλεύετε (8 *a*)
— 9. τί ἀποκριθῶ τῷ λαῷ τούτῳ –
— 16. τίς ἡμῖν μερὶς ἐν Δ. (8 *a*)
— 24. B ἵνα τί μοι ἐνήνοχας ἄρτους –
— 24. B τί ἀποκριθῶ τῷ λαῷ ῥῆμα –
14. 3. A αὐτὸς ἀναγγελῇ σοι τί ἔσται τῷ παιδί (8 *a*)
— 6. A ἵνα τί σὺ τοῦτο ἀπεξενοῦσαι (12 *d*)
— 14. A καὶ τί καὶ νῦν (8 *a*)
17. 18. τί ἐμοὶ καὶ σοί (8 *a*)
18. 9. τί ἡμάρτηκα (8 *a*)
19. 9, 13. τί σὺ ἐνταῦθα (8 *a*)
20 (21). 5. τί τὸ πνεῦμά σου τεταραγμένον (8 *b*)
21 (20). 14. εἶπεν Ἀχ., Ἐν τίνι (8 *d*)
— 14. τίς συνάψει τὸν πόλεμον (8 *d*)
— 22. ἴδε τί ποιήσεις (4)
22. 20. τίς ἀπατήσει τὸν Ἀχ. (8 *d*)
— 22 (21). εἶπε πρὸς αὐτὸν κύριος, Ἐν τίνι (8 *a*)
IV Ki. 1. 5. τί ὅτι ἐπεστρέψατε (16 *d*)
— 7. τίς ἡ κρίσις τοῦ ἀνδρός (8 *a*)
— 16. τί ὅτι ἀπέστειλας ζητῆσαι [A *al.*] †
2. 9. τί ποιήσω σοι (8 *a*)
3. 13. τί ἐμοὶ καὶ σοί (8 *a*)
4. 2. τί ποιήσω σοι (8 *a*)
— 2. τί ἐστι σοι ἐν τῷ οἴκῳ (8 *a*)
— 13. τί δεῖ ποιῆσαί σοι (8 *a*)
— 14. τί δεῖ ποιῆσαι αὐτῇ (8 *a*)
— 23. τί ὅτι σὺ πορεύῃ πρὸς αὐτόν (16 *b*)
— 43. τί [A τίνι] δῶ τοῦτο (8 *a*)
5. 8. ἵνα τί διέρρηξας τὰ ἱμάτιά σου (12 *d*)
6. 11. τίς προδίδωσί με βασιλεῖ Ἰσρ. (8 *a*)
— 28. τί ἐστι σοι (8 *a*)
— 33. τί ὑπομείνω τῷ κ. ἔτι (8 *a*)
7. 3. τί ἡμεῖς καθήμεθα ὧδε (8 *a*)
8. 12. τί [A *om.*] ὅτι ὁ κύριός μου κλαίει (16 *b*)
— 13. τίς ἐστιν ὁ δοῦλός σου (8 *a*)
— 14. R τί εἶπέ σοι Ἐλ. [A B *al.*] (8 *a*)
9. 5. πρὸς τίνα ἐκ πάντων ἡμῶν (8 *d*)
— 11. τί ὅτι εἰσῆλθεν ὁ ἐπίληπτος οὗτος (16 *b*)
— 18, 19. τί σοι καὶ εἰρήνῃ (8 *a*)

IV Ki. 9. 22. τί εἰρήνη (8 *a*)
— 32. τίς εἶ σύ (8 *d*)
10. 9. τίς ἐπάταξε πάντας τούτους (8 *d*)
— 13. τίνες ὑμεῖς (8 *d*)
12. 7 (8). τί ὅτι οὐκ ἐκραταιοῦτε (16 *b*)
14. 10. ἵνα τί ἐρίζεις ἐν κακίᾳ σου (12 *d*)
18. 19. τί [A τίς] ἡ πεποίθησις αὕτη (8 *a*)
— 20. τίνι πεποιθὼς ἠθέτησας ἐν ἐμοί (8 *d*)
— 26. B ἵνα τί λαλεῖς †
— 35. τίς ἐν πᾶσι τοῖς θεοῖς τῶν γαιῶν (8 *d*)
19. 22. B τίνα ὠνείδισας καὶ τίνα [A B *om.*] ἐβλασφήμησας (8 *d*, –)
— 22. ἐπὶ τίνα ὕψωσας φωνήν (8 *d*)
20. 8. τί τὸ σημεῖον (8 *a*)
— 14. τί ἐλάλησαν οἱ ἄνδρες οὗτοι (8 *a*)
— 15. τί εἶδον ἐν τῷ οἴκῳ σου (8 *a*)
23. 17. τί τὸ σκόπελον ἐκεῖνο (8 *a*)
I Ch. 11. 17. τίς ποτιεῖ με ὕδωρ (8 *d*)
12. 32. γινώσκοντες τί [A ὅ τι] ποιῆσαι Ἰσρ. (8 *a*)
17. 16. τίς εἰμι ἐγώ (8 *d*)
— 16. τίς ὁ οἶκός μου (8 *d*)
— 18. τί προσθήσει ἔτι Δ. πρὸς σέ (8 *a*)
21. 3. ἵνα τί [B[1] *om.*] ζητεῖ κύριός μου τοῦτο (12 *d*)
— 12. ἴδε τί ἀποκριθῶ (8 *a*)
— 17. ταῦτα τὰ πρόβατα τί ἐποίησαν (8 *a*)
29. 5. τίς ὁ προθυμούμ. πληρῶσαι τὰς χεῖρας αὐ. (8 *d*)
— 14. τίς εἰμι ἐγὼ καὶ τίς ὁ λαός σου (8 *d*, 8 *d*)
II Ch. 1. 7. αἴτησαι τί σοι δῶ (8 *a*)
— 10. τίς κρινεῖ τὸν λαόν σου τὸν μέγαν τοῦτον (8 *d*)
2. 6 (5). τίς ἰσχύσει οἰκοδομῆσαι αὐτῷ οἶκον (8 *d*)
— 6 (5). τίς ἐγὼ οἰκοδομῶν αὐτῷ οἶκον (8 *d*)
6. 18. τίς ὁ οἶκος οὗτος ὃν ᾠκοδόμησα †
7. 21. χάριν τίνος ἐποίησε κ. τῇ γῇ ταύτῃ (8 *a*)
10. 9. τί ὑμεῖς βούλεσθε (8 *a*)
— 16. τίς ἡμῶν μερὶς ἐν Δ. (8 *a*)
18. 19. τίς ἀπατήσει τὸν Ἀχ. (8 *d*)
— 20. καὶ εἶπε κύριος, Ἐν τίνι (8 *a*)
19. 6. ἴδετε τί ὑμεῖς ποιεῖτε (8 *a*)
20. 12. οὐκ οἴδαμεν τί ποιήσωμεν αὐτοῖς (8 *a*)
24. 6. διὰ τί οὐκ ἐπεσκέψω περὶ τῶν Δ. (9 *b*)
— 20. τί παραπορεύεσθε τὰς ἐντολὰς κυρίου (8 *c*)
25. 9. τί ποιήσω τὰ ἑκατὸν τάλαντα (8 *a*)
— 15. τί ἐζήτησας τοὺς θεοὺς τοῦ λαοῦ (8 *c*)
— 19. ἵνα τί συμβάλλεις ἐν κακίᾳ (12 *d*)
32. 10. ἐπὶ τί [A τίνι] ὑμεῖς πεποίθατε (8 *a*)
— 13. A οὐ γνώσεσθε τί [B ὅ τι] ἐποίησα ἐγώ (8 *a*)
— 14. τίς ἐν πᾶσι τοῖς θεοῖς τῶν ἐθνῶν τούτων (8 *d*)
35. 21. τί ἐμοὶ καὶ σοί (8 *a*)
36. 23. τίς ἐξ ὑμῶν ἐκ παντὸς τοῦ λαοῦ αὐ. (8 *d*)
I Es. 1. 26. τί ἐμοὶ καὶ σοί ἐστι
4. 14. τίς οὖν ὁ δεσπόζων αὐτῶν
— 14. τίς ὁ κυριεύων αὐτῶν
— 54. ἐν τίνι λατρεύουσιν ἐν αὐτῇ
5. 66. ἐπιγνῶναι τίς ἡ φωνὴ τῶν σαλπίγγων
6. 4. τίνος ὑμῖν συντάξαντος
— 4. τίνες εἰσὶν οἱ οἰκοδόμοι
— 11. τίνος ὑμῖν προστάξαντος
8. 82. καὶ νῦν τί ἐροῦμεν
II Es. 1. 3. τίς ἐν ὑμῖν ἀπὸ παντὸς τοῦ λαοῦ αὐ. (8 *d*)
5. 3. τίς ἔθηκεν ὑμῖν γνώμην (8 *e*)
— 4. τίνα ἐστὶ τὰ ὀνόματα τῶν ἀνδρῶν (8 *e*)
— 9. τίς ἔθηκεν ὑμῖν γνώμην (8 *e*)
9. 10. τί εἴπωμεν (8 *a*)
Ne. 2. 2. διὰ τί τὸ πρόσωπόν σου πονηρόν (9 *b*)
— 3. διὰ τί οὐ μὴ γένηται πονηρὸν τὸ πρόσωπόν μου (9 *b*)
— 3. A διὰ τί [BS διότι] ἡ πόλις . . . ἠρημώθη [S[1] *al.*] (9 *a*)
— 4. περὶ τίνος τοῦτο συζητεῖς (8 *a*)
— 6. S[2] ἵνα τί κάθησαι παρ' ἐμοί –
— 12. τί ὁ θεὸς δίδωσιν εἰς καρδίαν μου (8 *a*)
— 16. οὐκ ἔγνωσαν τί [S ὅτι] ἐπορεύθην καὶ τί ἐγὼ ποιῶ (2, 8 *a*)
— 19. τί τὸ ῥῆμα τοῦτο ὃ ὑμεῖς ποιεῖτε (8 *a*)
6. 6. A διὰ τί [BS τοῦτο] σὺ οἰκοδομεῖς τὸ τεῖχος †
— 11. τίς ἐστιν ὁ ἀνήρ –
— 11. A ἢ τίς οἷος ὁ ἀνήρ [S[2] οἷος ἐγώ] (8 *d*)
13. 11. διὰ τί ἐγκατελείφθη ὁ οἶκος τοῦ θεοῦ (9 *b*)
— 17. τίς ὁ λόγος οὗτος ὁ πονηρός (8 *a*)
— 21. διὰ τί ὑμεῖς αὐλίζεσθε ἀπέναντι τοῦ τείχους (9 *b*)
To. 3. 9. τί ἡμᾶς μαστιγοῖς
— 15. ἵνα τί μοι [S *add.* ἐστιν ἔτι] ζῆν
4. 2. τί οὐ καλῶ Τωβίαν τὸν υἱόν μου
To. 5. 2. S τί σημεῖον δῶ αὐτῷ
— 8. S τί τὸ γένος αὐ.
— 9. S τί μοι ἔτι ὑπάρχει χαίρειν
— 11. S τί χρείαν ἔχεις φυλῆς
— 11. S τίνος εἶ, ἀδελφέ, καὶ τί τὸ ὄνομά σου [A B *al.*]
— 14. τίνα σοι ἔσομαι μισθὸν διδόναι [S *al.*]
— 17. τί ἐξαπέστειλας τὸ παιδίον ἡμῶν [S *al.*]
6. 6. τί ἐστι τὸ ἧπαρ [S *al.*]
9. 3. S τί ὤμοσε Ῥαγ. [A B *al.*]
13. 6. A B τίς γινώσκει εἰ θελήσει ὑμᾶς
14. 10. A B ἴδε τί ἐποίησεν Ἀ. [S *al.*]
— 11. ἴδετε τί ἐλεημοσύνη ποιεῖ
— 11. A καὶ τί [B *om.*] δικαιοσύνη ῥύεται [S *al.*]
— 11. S καὶ τί ποιεῖ ἀδικία
Ju. 5. 3. τίς ὁ λαὸς οὗτος ὁ καθήμενος ἐν τῇ ὀρεινῇ
— 3. τίνες ἃς κατοικοῦσι πόλεις
— 3. ἐν τίνι τὸ κράτος αὐ.
— 3. τίς ἀνέστηκεν ἐπ' αὐτῶν βασιλεύς
— 4. διὰ τί κατενωτίσαντο τοῦ μὴ ἐλθεῖν
6. 2. τίς εἶ σὺ, Ἀχιώρ
— 2. τίς ὁ θεὸς εἰ μὴ Ναβ.
8. 12. τίνες ἐστὲ ὑμεῖς
10. 12. τίνων εἶ καὶ πόθεν ἔρχῃ
— 19. τίς καταφρονήσει τοῦ λαοῦ τούτου
11. 3. τίνος ἕνεκεν ἀπέδρας ἀπ' αὐτῶν
12. 14. A B καὶ τίς εἰμι ἐγὼ ἀντεροῦσα τῷ κ. μου
Es. 1. 1. καὶ τί ὁ θεὸς βεβούλευται ποιῆσαι
2. 11. τί Ἐσθὴρ συμβήσεται (8 *a*)
3. 3. τί παρακούεις τὰ ὑπὸ τοῦ βασ. λεγόμενα (7)
4. 8. A διὰ τί [BS διότι] Ἀ. . . . ἐλάλησε καθ' ἡμῶν –
— 14. τίς οἶδεν εἰ . . . ἐβασίλευσας (8 *d*)
5. 1. τί ἐστιν, Ἐ.
— 3. τί θέλεις, Ἐ. (8 *a*)
— 3. τί σού ἐστι τὸ ἀξίωμα (8 *a*)
— 6. τί ἐστι, βασίλισσα Ἐ.
— 6. S[2] τί τὸ αἴτημά σου (8 *a*)
— 6. S[2] τί τὸ ἀξίωμά σου (8 *a*)
6. 3. τίνα δόξαν ἢ χάριν ἐποιήσαμεν τῷ Μαρδ. (8 *a*)
— 4. A B S[1] τίς ἐν τῇ αὐλῇ (8 *d*)
— 6. τί ποιήσω τῷ ἀνθρώπῳ (8 *a*)
— 6. τίνα θέλει ὁ βασ. δοξάσαι (8 *d*)
7. 2. τί ἐστιν, Ἐ. βασίλισσα
— 2. τί τὸ αἴτημά σου (8 *a*)
— 2. καὶ τί τὸ ἀξίωμά σου (8 *a*)
— 5. τίς οὗτος ὅστις ἐτόλμησε (8 *d*)
8. 7. τί ἔτι ἐπιζητεῖς –
9. 12. τί οὖν ἀξιοῖς ἔτι (8 *a*)
Jb. 2. 9. μέχρι τίνος καρτερήσεις –
3. 11. διὰ τί γὰρ ἐν κοιλίᾳ οὐκ ἐτελεύτησα (9 *e*)
— 12. ἵνα τί δὲ συνήντησάν μοι τὰ γόνατα (12 *a*)
— 12. ἵνα τί δὲ μαστοὺς ἐθήλασα (12 *b*)
— 20. ἵνα τί γὰρ δέδοται τοῖς ἐν πικρίᾳ φῶς (12 *d*)
4. 2. ἰσχὺν δὲ ῥημάτων σου τίς ὑποίσει (8 *d*)
— 7. τίς καθαρὸς ὢν ἀπώλετο [A *al.*] (8 *d*)
— 17. τί γάρ; μὴ καθαρὸς ἔσται –
5. 27. A τί ἐποιήσαμεν [BS *al.*] –
6. 2. A τί [BS εἰ] γάρ τις ἱστῶν στήσαι μου τὴν ὀργήν †
— 5. τί γάρ; μὴ διὰ κενῆς κεκράξεται ὄνος ἄγριος –
— 11. τίς γάρ μου ἡ ἰσχύς (8 *a*)
— 11. τίς μου ὁ χρόνος (8 *a*)
— 22. τί γάρ; μή τι ὑμᾶς ᾔτησα †
7. 14. A διὰ τί [BS *om.* διὰ τί] ἐκφοβεῖς με ἐνυπνίοις –
— 17. τί γάρ ἐστιν ἄνθρωπος (8 *a*)
— 19. ἕως τίνος οὐκ ἐᾷς με (11 *a*)
— 20. τί δυνήσομαι πρᾶξαι (8 *a*)
— 20. διὰ τί ἔθου με κατεντευκτήν σου (9 *e*)
— 21. διὰ τί οὐκ ἐποιήσω τῆς ἀνομίας μου λήθην (9 *c*)
8. 2. μέχρι τίνος λαλήσεις ταῦτα (15 *a*)
9. 4. τίς σκληρὸς γενόμενος ἐναντίον αὐτοῦ ὑπέμεινεν (8 *d*)
— 12. τίς ἀποστρέψει (8 *d*)
— 12. τίς ἐρεῖ αὐτῷ, Τί ἐποίησας (8 *d*, 8 *d*)
— 19. τίς οὖν κρίματι αὐ. ἀντιστήσεται (8 *d*)
— 24. B S[1] τίς ἐστιν (8 *d*)
— 29. διὰ τί οὐκ ἀπέθανον (9 *f*)
10. 2. διὰ τί με οὕτως ἔκρινας (8 *a*)
— 7. τίς ἐστιν ὁ ἐκ τῶν χειρῶν σου ἐξαιρούμενος †
— 18. ἵνα τί οὖν ἐκ κοιλίας με ἐξήγαγες (12 *d*)
— 19. διὰ τί γὰρ ἐκ γαστρὸς εἰς μνῆμα οὐκ ἀπηλλάγην (9 *e*)
Jb. 11. 8. καὶ τί ποιήσεις (8 *a*)
— 8. τί οἶδας (8 *a*)
— 10. τίς ἐρεῖ αὐτῷ, Τί ἐποίησας (8 *d*, –)
12. 9. τίς οὖν οὐκ ἔγνω (8 *d*)
— 14. τίς οἰκοδομήσει †
— 14. τίς ἀνοίξει †
13. 19. τίς γάρ ἐστιν ὁ κριθησόμενός μοι (8 *d*)
— 23. δίδαξόν με τίνες εἰσί –
— 24. διὰ τί ἀπ' ἐμοῦ κρύπτῃ (9 *e*)
14. 4. τίς γὰρ καθαρὸς ἔσται ἀπὸ ῥύπου (8 *d*)
15. 2. A τίνα ἆρα σοφὸς ἀπόκρισιν δώσει [BS *al.*] †
— 7. τί γάρ; μὴ πρῶτος ἀνθρώπων ἐγεννήθης –
— 9. τί γὰρ οἶδας ὃ οὐκ οἴδαμεν (8 *a*)
— 9. τί συνίεις σύ –
— 12. τί [A τί ὅτι] ἐτόλμησεν ἡ καρδία σου (8 *a* [16 *c*])
— 12. τί ἐπήνεγκαν οἱ ὀφθαλμοί σου (8 *a*)
— 14. τίς γὰρ ὢν βροτός (8 *a*)
16. 3. τί γάρ; μὴ τάξις ἐστὶ ῥήμασι πνεύματος –
— 3. τί παρενοχλήσει σοι (8 *a*)
— 7. τί ἔλαττον τρωθήσομαι –
17. 2. A B S[2] λίσσομαι κάμνων καὶ τί ποιήσας –
— 3. A B S[2] τίς ἐστιν οὗτος (8 *d*)
18. 2. μέχρι τίνος οὐ παύσῃ (15 *b*)
— 3. διὰ [A ἵνα] τί . . . σεσιωπήκαμεν ἐναντίον σου (9 *b* [12 *a*])
— 4. τί γὰρ ἐὰν σὺ ἀποθάνῃς †
19. 2. ἕως τίνος [A πότε] ἔγκοπον ποιήσητε ψυχήν μου (11 *c*)
— 22. διὰ τί με διώκετε (9 *e*)
— 23. τίς γὰρ ἂν δῴη γραφῆναι τὰ ῥήματά μου (8 *d*)
— 28. τί ἐροῦμεν ἔναντι αὐτοῦ (8 *a*)
21. 4. τί γάρ; μὴ ἀνθρώπου μου ἡ ἔλεγξις –
— 4. διὰ τί οὐ θυμωθήσομαι (9 *b*)
— 7. διὰ τί ἀσεβεῖς ζῶσι (9 *b*)
— 15. τί ἱκανὸς ὅτι δουλεύσομεν αὐτῷ (8 *a*)
— 15. τίς ὠφέλεια ὅτι ἀπαντήσομεν αὐτῷ (8 *a*)
— 31. τίς ἀπαγγελεῖ . . . τὴν ὁδὸν αὐ. (8 *d*)
— 31. τίς ἀνταποδώσει αὐτῷ (8 *d*)
22. 3. τί γὰρ μέλει τῷ κυρίῳ †
— 13. τί ἔγνω ὁ ἰσχυρός (8 *a*)
— 17. κύριος τί ποιήσει ἡμῖν (8 *a*)
— 17. τί ἐπάξεται ἡμῖν ὁ παντοκράτωρ (8 *a*)
23. 3. τίς δ' ἄρα γνοίη (8 *d*)
— 5. τίνα [S[1] ἅ τινα] μοι ἀπαγγελεῖ (8 *a*)
— 8. τὰ δὲ ἐπ' ἐσχάτοις τί οἶδα †
— 13. τίς ἐστιν ὁ ἀντειπὼν αὐτῷ (8 *d*)
24. 1. διὰ τί δὲ κύριον ἔλαθον ὧραι [A *al.*] (9 *b*)
— 13. διὰ τί τούτων ἐπισκοπὴν οὐ πεποίηται –
— 25. τίς ἐστιν ὁ φάμενος ψευδῆ με λέγειν (8 *d*)
25. 2. τί γὰρ προοίμιον . . . παρ' αὐτοῦ [A *al.*] –
— 3. ἐπὶ τίνας δὲ οὐκ ἀπελεύσεται ἔνεδρα (8 *d*)
— 4. τίς ἂν ἀποκαθαρίσαι αὐτόν (8 *a*)
26. 2. τίνι πρόσκεισαι –
— 2. τίνι μέλλεις βοηθεῖν (8 *a*)
— 3. τίνι συμβεβούλευσαι (8 *a*)
— 3. τίνι ἐπακολουθήσεις –
— 4. τίνι ἀνήγγειλας ῥήματα (8 *a*)
— 4. πνοὴ δὲ τίνος ἐστὶν ἡ ἐξελθοῦσα ἐκ σοῦ (8 *d*)
— 14. σθένος δὲ βροντῆς αὐ. τίς οἶδεν ὁπότε ποιήσει (8 *d*)
27. 8. καὶ τίς γάρ ἐστιν ἐλπὶς ἀσεβεῖ (8 *a*)
— 11. τί ἐστιν ἐν χειρὶ κυρίου –
— 12. A διὰ τί δὲ [BS ὅτι] κενὰ κενοῖς ἐπιβάλλεσθε (9 *f*)
29. 2. τίς ἄν με θείη κατὰ μῆνα ἔμπροσθεν ἡμερῶν (8 *d*)
31. 2. B τί ἐμέρισεν ὁ θεὸς ἄνωθεν [ABS *al.*] (8 *a*)
— 14. τί γὰρ ποιήσω (8 *a*)
— 14. τίνα ἀπόκρισιν ποιήσομαι (8 *a*)
— 31. τίς ἂν δῴη ἡμῖν τῶν σαρκῶν αὐ. πλησθῆναι (8 *d*)
— 35. τίς δῴη ἀκούοντά μου (8 *d*)
33. 13. διὰ τί τῆς δίκης μου οὐκ ἐπακήκοέ μου πᾶν ῥῆμα (9 *b*)
34. 4. A γνῶμεν ἀνὰ μέσον αὐτῶν τί καλόν [BS *al.*] (8 *a*)
— 7. τίς ἀνὴρ ὥσπερ Ἰώβ (8 *d*)
— 13. τίς δέ ἐστιν ὁ ποιῶν τὴν ὑπ' οὐρανόν (8 *d*)
— 29. καὶ τίς καταδικάσεται (8 *d*)
— 29. τίς ὄψεται αὐτόν (8 *d*)
— 33. τί ἔγνως λάλησον (8 *a*)
35. 2. τί τοῦτο ἡγήσω ἐν κρίσει †
— 2. σὺ τίς εἶ –
— 3. A S[2] τί ποιήσω ἁμαρτών (8 *a*)

Jb. 35. 5 (6). τί πράξεις (8 a)
— 5 (6). τί δύνασαι ποιῆσαι [S¹ al.] (8 a)
— 7. τί δώσεις αὐτῷ (8 a)
— 7. τί ἐκ χειρός σου λήψεται (8 a)
36. 22. τίς γάρ ἐστι κατ' αὐτὸν δυνάστης (8 d)
— 23. τίς δέ ἐστιν ὁ ἐτάζων αὐτοῦ τὰ ἔργα (8 d)
— 23. τίς ὁ εἴπας (8 d)
37. 19. διὰ τί δίδαξόν με, τί ἐροῦμεν αὐτῷ (–, 8 a)
38. 2. τίς οὗτος ὁ κρύπτων με βουλήν (8 d)
— 5. τίς ἔθετο τὰ μέτρα αὐ. (8 d)
— 5. τίς ὁ ἐπαγαγὼν σπαρτίον ἐπ' αὐτῆς (8 d)
— 6. ἐπὶ τίνος οἱ κρίκοι αὐ. πεπήγασι (8 a)
— 6. τίς δέ ἐστιν ὁ βαλὼν λίθον γωνιαῖον (8 d)
— 18. πόση τίς [A ἥτις] ἐστι †
— 25. τίς δὲ ἡτοίμασεν ὑετῷ λάβρῳ ῥύσιν (8 d)
— 28. τίς ἐστιν ὑετοῦ πατήρ †
— 28. τίς δέ ἐστιν ὁ τετοκὼς βώλους δρόσου (8 d)
— 29. ἐκ γαστρὸς δὲ τίνος ἐκπορεύεται ὁ κρύσταλλος (8 d)
— 29. πάχνην δὲ ἐν οὐρανῷ τίς τέτοκεν (8 d)
— 30. πρόσωπον δὲ ἀσεβοῦς τίς ἔπτηξε –
— 35. ἐροῦσι δέ σοι, Τί ἐστι (5)
— 36. τίς δὲ ἔδωκε γυναιξὶν ὑφάσματος σοφίαν (8 d)
— 37. τίς δὲ ὁ ἀριθμῶν νέφη σοφίᾳ (8 d)
— 41. τίς δὲ ἡτοίμασε κόρακι βοράν (8 d)
39. 5. τίς δέ ἐστιν ὁ ἀφεὶς ὄνον ἄγριον ἐλεύθερον (8 d)
— 5. δεσμοὺς δὲ αὐτοῦ τίς ἔλυσεν (8 d)
— 34 (40. 4). τί ἔτι ἐγὼ κρίνομαι –
— 34 (40. 4). τίνα ἀπόκρισιν δῶ πρὸς ταῦτα (8 a)
41. 1 (2). τίς γάρ ἐστιν ὁ ἐμοὶ ἀντιστάς (8 d)
— 2 (3). τίς ἀντιστήσεταί μοι [A al.] (8 d)
— 4 (5). τίς ἀποκαλύψει πρόσωπον ἐνδύσεως αὐ. (8 d)
— 4 (5). εἰς δὲ πτύξιν θώρακος αὐ. τίς ἂν εἰσέλθοι (8 d)
— 5 (6). πύλας προσώπου αὐ. τίς ἀνοίξει (8 d)
42. 3. A B S² τίς γάρ ἐστιν ὁ κρύπτων σε βουλήν (8 d)
— 3. τίς δὲ ἀναγγελεῖ μοι [A al.] –
Ps. 2. 1. ἵνα τί ἐφρύαξαν ἔθνη (12 d)
3. 1. τί ἐπληθύνθησαν οἱ θλίβοντές με (8 a)
4. 2. ἵνα τί ἀγαπᾶτε ματαιότητα –
— 6. τίς δείξει ἡμῖν τὰ ἀγαθά (8 d)
6. 5. ἐν δὲ τῷ ᾅδῃ τίς ἐξομολογήσεταί σοι (8 d)
8. 4. τί [A τίς] ἐστιν ἄνθρωπος (8 a)
9. 22 (10. 1). ἵνα τί, κύριε, ἀφέστηκας μακρόθεν (12 d)
— 34 (10. 13). ἕνεκεν τίνος παρώξυνεν ὁ ἀσεβὴς τὸν θ. (8 a)
10 (11). 4. ὁ δὲ δίκαιος τί ἐποίησε (8 a)
11 (12). 4. τίς ἡμῶν κύριός ἐστιν (8 d)
12 (13). 2. ἕως τίνος θήσομαι βουλὰς ἐν ψυχῇ μου (11 c)
13 (14). 7. τίς δώσει ἐκ Σιὼν τὸ σωτήριον τοῦ Ἰσρ. (8 d)
14 (15). 1. τίς παροικήσει ἐν τῷ σκηνώματί σου (8 d)
— 1. τίς κατασκηνώσει ἐν τῷ ὄρει τῷ ἁγίῳ σου (8 d)
17 (18). 31. τίς θεὸς πλὴν τοῦ κυρίου (8 d)
— 31. τίς θεὸς πλὴν τοῦ θεοῦ ἡμῶν (8 d)
18 (19). 12. παραπτώματα τίς συνήσει (8 d)
21 (22). 1. ἵνα τί ἐγκατέλιπές με (12 d)
23 (24). 3. τίς ἀναβήσεται εἰς τὸ ὄρος τοῦ κυρίου (8 d)
— 3. τίς στήσεται ἐν τόπῳ ἁγίῳ αὐ. (8 d)
— 8, 10. A² B S τίς ἐστιν οὗτος ὁ βασ. τῆς δόξης (8 d)
24 (25). 12. τίς ἐστιν ἄνθρωπος ὁ φοβούμ. τὸν κύριον (8 d)
26 (27). 1. τίνα φοβηθήσομαι (8 d)
— 1. ἀπὸ τίνος δειλιάσω (8 d)
29 (30). 9. τίς ὠφέλεια ἐν τῷ αἵματί μου (8 a)
33 (34). 12. τίς ἐστιν ἄνθρωπος ὁ θέλων ζωήν (8 d)
34 (35). 10. τίς ὅμοιός σοι (8 d)
38 (39). 4. καὶ τὸν ἀριθμὸν τῶν ἡμερῶν μου τίς ἐστιν (8 a)
— 4. ἵνα γνῶ τί ὑστερῶ ἐγώ (8 d)
— 6. οὐ γινώσκει τίνι συνάξει αὐτά (8 d)
— 7. τίς ἡ ὑπομονή μου (8 a)
39 (40). 5. οὐκ ἔστι τίς ὁμοιωθήσεταί σοι –
41 (42). 5. ἵνα τί περίλυπος εἶ (12 b)
— 5. ἵνα τί συνταράσσεις με –
— 9. διὰ τί μου ἐπελάθου (9 e)
— 9. ἵνα τί σκυθρωπάζων πορεύομαι (12 d)
— 11. ἵνα τί περίλυπος εἶ (12 b)
— 11. ἵνα τί συνταράσσεις με (12 b)
42 (43). 2. ἵνα τί ἀπώσω με (12 d)

Ps. 42 (43). 2. ἵνα τί σκυθρωπάζων πορεύομαι (12 d)
— 5. ἵνα τί περίλυπος εἶ (12 b)
— 5. ἵνα τί συνταράσσεις με (12 b)
43 (44). 23. ἵνα τί ὑπνοῖς (12 d)
— 24. ἵνα τί τὸ πρόσωπόν σου ἀποστρέφεις (12 d)
48 (49). 5. ἵνα τί φοβοῦμαι ἐν ἡμέρᾳ πονηρᾷ (12 d)
49 (50). 16. ἵνα τί σὺ διηγῇ τὰ δικαιώματά μου (12 b)
51 (52). 1. τί ἐγκαυχᾷ ἐν κακίᾳ ὁ δυνατὸς ἀνομίαν (8 a)
52 (53). 6. τίς δώσει ἐκ Σιὼν τὸ σωτήριον τοῦ Ἰσρ. (8 d)
54 (55). 6. τίς δώσει μοι πτέρυγας (8 d)
55 (56). 4. τί ποιήσει μου σάρξ (8 a)
— 11. τί ποιήσει μοι ἄνθρωπος (8 a)
58 (59). 7. τίς ἤκουσε (8 d)
59 (60). 9. τίς ἀπάξει με εἰς πόλιν περιοχῆς (8 d)
— 9. τίς ὁδηγήσει με ἕως τῆς Ἰδουμ. (8 d)
60 (61). 7. ἀλήθειαν αὐτοῦ τίς ἐκζητήσει αὐτῶν (8 e)
63 (64). 5. τίς ὄψεται αὐτούς (8 d)
64 (65). 7. S² ἦχους κυμάτων αὐ. τίς ὑποστήσεται [B S¹ om. τ. ὑ.] –
67 (68). 16. ἵνα τί ὑπολαμβάνετε ὄρη τετυρωμένα (12 d)
70 (71). 19. τίς ὅμοιός σοι (8 d)
72 (73). 25. τί γάρ μοι ὑπάρχει ἐν τῷ οὐρανῷ (8 d)
— 25. παρὰ σοῦ τί ἠθέλησα ἐπὶ τῆς γῆς †
73 (74). 1. ἵνα τί ἀπώσω, ὁ θεός, εἰς τέλος (12 d)
— 11. ἵνα τί ἀποστρέφεις τὴν χεῖρά σου (12 d)
75 (76). 7. τίς ἀντιστήσεταί σοι (8 d)
76 (77). 13. τίς θεὸς μέγας ὡς ὁ θεὸς ἡμῶν (8 d)
79 (80). 12. ἵνα τί καθεῖλες τὸν φραγμὸν αὐ. (12 d)
82 (83). 1. τίς ὁμοιωθήσεταί σοι †
84 (85). 8. ἀκούσομαι τί λαλήσει ἐν ἐμοί (8 a)
87 (88). 14. ἵνα τί, κύριε, ἀπωθεῖς τὴν προσευχήν μου (12 d)
88 (89). 6. τίς ἐν νεφέλαις ἰσωθήσεται τῷ κ. (8 d)
— 6. τίς [A S² om.] ὁμοιωθήσεται τῷ κυρίῳ –
— 8. τίς ὅμοιός σοι (8 d)
— 47. μνήσθητι τίς μου ἡ ὑπόστασις (8 a)
— 48. τίς ἐστιν ἄνθρωπος ὃς ζήσεται (8 d)
89 (90). 11. τίς γινώσκει τὸ κράτος τῆς ὀργῆς σου (8 d)
93 (94). 16. τίς ἀναστήσεταί μοι (8 d)
— 16. τίς συμπαραστήσεταί μοι (8 d)
105 (106). 2. τίς λαλήσει τὰς δυναστείας τοῦ κυρίου (8 d)
106 (107). 43. τίς σοφὸς καὶ φυλάξει ταῦτα (8 d)
107 (108). 10. τίς ἀπάξει με εἰς πόλιν περιοχῆς (8 d)
— 10. τίς ὁδηγήσει με ἕως τῆς Ἰδουμ. (8 d)
112 (113). 5. τίς ὡς κύριος ὁ θεὸς ἡμῶν (8 d)
113 (114). 5. τί σοί ἐστι, θάλασσα (8 a)
115. 3 (116. 12). τί ἀνταποδώσω τῷ κυρίῳ (8 a)
117 (118). 6. οὐ φοβηθήσομαι τί ποιήσει μοι ἄνθρωπος (8 a)
118 (119). 9. ἐν τίνι κατορθώσει νεώτερος τὴν ὁδὸν αὐ. (8 a)
119 (120). 3. τί δοθείη σοι (8 a)
— 3. τί προστεθείη σοι (8 a)
129 (130). 3. τίς ὑποστήσεται (8 d)
132 (133). 1. τί καλὸν ἢ τί τερπνόν (8 a, 8 a)
143 (144). 3. τί [A τίς] ἐστιν ἄνθρωπος (8 a)
147. 6 (17). κατὰ πρόσωπον ψύχους αὐ. τίς ὑποστήσεται (8 d)
151. 3. τίς ἀναγγελεῖ τῷ κυρίῳ μου
Pr. 3. 28. οὐ γὰρ οἶδας τί τέξεται ἡ ἐπιοῦσα –
6. 9. ἕως τίνος, ὀκνηρέ, κατάκεισαι (11 d)
17. 16. ἵνα τί ὑπῆρξε χρήματα ἄφρονι (12 e)
18. 14. ὀλιγόψυχον δὲ ἄνδρα τίς ὑποίσει (8 d)
20. 9. τίς καυχήσεται ἁγνὴν ἔχειν τὴν καρδίαν (8 d)
— 9. τίς παρρησιάσεται καθαρὸς εἶναι ἀπὸ ἁμαρτιῶν –
23. 29. τίνι οὐαί; τίνι θόρυβος; τίνι κρίσεις (8 d ter)
— 29. τίνι δὲ ἀηδίαι καὶ λέσχαι (8 d)
— 29. τίνι συντρίμματα διὰ κενῆς (8 d)
— 29. τίνος πελιδνοὶ οἱ ὀφθαλμοί (8 d)
24. 22. τὰς δὲ τιμωρίας ἀμφοτέρων τίς γνώσεται (8 d)
— 24 (30. 1). S¹ τί δὲ [A B S² τάδε] λέγει ὁ ἀνήρ †
— 27 (30. 4). τίς ἀνέβη εἰς τὸν οὐρανόν (8 d)
— 27 (30. 4). τίς συνήγαγεν ἀνέμους ἐν κόλπῳ (8 d)
— 27 (30. 4). τίς συνέστρεψεν ὕδωρ ἐν ἱματίῳ (8 d)
— 27 (30. 4). τίς ἐκράτησε πάντων τῶν ἄκρων τῆς γῆς (8 d)
— 27 (30. 4). τί ὄνομα αὐτῷ (8 a)
— 27 (30. 4). τί ὄνομα τοῖς τέκνοις αὐ. [A al.] (8 a)

Pr. 24. 32 (30. 9). τίς με ὁρᾷ (8 d)
— 70 (31. 2). τί [S¹ om.], τέκνον, τηρήσεις; τί; ῥήσεις θεοῦ (8 a, –)
— 70 (31. 2). τί τέκνον ἐμῆς κοιλίας (8 a)
— 70 (31. 2). τί τέκνον ἐμῶν εὐχῶν (8 a)
27. 1. οὐ γὰρ γινώσκεις τί τέξεται ἡ ἐπιοῦσα (8 a)
31. 10. γυναῖκα ἀνδρείαν τίς εὑρήσει (8 d)
Ec. 1. 3. τίς περισσεία τῷ ἀνθρώπῳ (8 a)
— 9. τί τὸ γεγονός [A γένος] (8 a)
— 9. τί τὸ πεποιημένον (8 a)
2. 2. τί τοῦτο ποιεῖς (8 a)
— 12. τίς ἄνθρωπος ὃς [A om.] ἐπελεύσεται (8 a)
— 15. ἵνα τί ἐσοφισάμην ἐγώ (12 d)
— 19. τίς οἶδεν εἰ σοφὸς ἔσται (8 d)
— 25. τίς φάγεται καὶ τίς πίεται πάρεξ αὐτοῦ (8 d, 8 d)
3. 9. τίς περισσεία τοῦ ποιοῦντος (8 a)
— 19. τί ἐπερίσσευσεν ὁ ἄνθρ. [S² τίς περισσεία τῷ ἀνθρ.] †
— 21. τίς οἶδε πνεῦμα (8 d)
— 22. τίς ἄξει αὐτὸν τοῦ ἰδεῖν (8 d)
4. 8. τίνι ἐγὼ μοχθῶ (8 d)
5. 9. τίς ἠγάπησεν ἐν πλήθει αὐ. γέννημα (8 d)
— 10. τί [S² τίς] ἀνδρεία [S¹ -ρί] τῷ παρ' αὐτῆς (8 a)
— 15. A S R τίς [B om.] ἡ περισσεία αὐ. (8 a)
6. 8. A S² τίς [B S¹ al.] περισσεία τῷ σοφῷ (8 a)
7. 1 (6. 11). τί [S¹ ὅτι] περισσὸν τῷ ἀνθρώπῳ (8 a)
— 1 (6. 12). A S² τίς οἶδεν τί [S¹ τίς, B om.] ἀγαθὸν τῷ ἀνθρ. (8 d, 8 a)
— 1 (6. 12). τίς ἀπαγγελεῖ τῷ ἀνθρ. τί ἔσται (8 d, 8 a)
— 2 (1). A τίς ἀπαγγελεῖ αὐτῷ –
— 11 (10). τί ἐγένετο (8 a)
— 14 (13). τίς δυνήσεται κοσμῆσαι (8 d)
— 25 (24). τίς εὑρήσει αὐτό (8 d)
— 30 (8. 1). τίς οἶδε σοφούς (8 d)
— 30 (8. 1). τίς οἶδε λύσιν ῥήματος (8 d)
8. 5 (4). τίς ἐρεῖ αὐτῷ, Τί ποιεῖς (8 d, 8 a)
— 7. οὐκ ἔστι γινώσκων τί τὸ ἐσόμενον (8 a)
— 7. τίς ἀναγγελεῖ αὐτῷ (8 d)
9. 4. τίς ὃς κοινωνεῖ πρὸς πάντας τοὺς ζῶντας (8 d)
10. 14. οὐκ ἔγνω ἄνθρωπος τί τὸ γενόμενον καὶ τί τὸ ἐσόμ. [S¹ γενησόμ.] (–, 8 a)
— 14. B τί [A S R ὅτι] ὀπίσω αὐτοῦ τίς ἀναγγελεῖ αὐτῷ (4, 8 d)
11. 2. τί ἔσται πονηρὸν ἐπὶ τὴν γῆν (8 a)
— 5. οὐκ ἔστι γινώσκων τίς ἡ ὁδὸς τοῦ πνεύματος (8 a)
Ca. 1. 10. τί ὡραιώθησαν σιαγόνες σου –
3. 6. τίς αὕτη ἡ ἀναβαίνουσα (8 d)
4. 10, 10 (A B² S R). τί ἐκαλλιώθησαν μαστοί σου (8 a)
5. 8. τί ἀπαγγείλητε αὐτῷ [S al.] (8 a)
— 9 bis. τί ἀδελφιδός σου ἀπὸ ἀδελφιδοῦ (8 a)
6. 9 (10). τίς αὕτη ἡ ἐκκύπτουσα (8 d)
7. 1. τί ὄψεσθε ἐν τῇ Σουναμίτιδι (8 a)
— 1 (2). A τί [B S om.] ὡραιώθησαν διαβήματά σου (8 a)
— 6 (7). τί ὡραιώθης καὶ τί ἡδύνθης, ἀγάπη (8 a, 8 a)
8. 1. τίς δῴη σε, ἀδελφιδέ μου (8 d)
— 4. A τί [B S ἐὰν] ἐγείρητε (8 a)
— 4. A S² καὶ τί [B¹ S¹ om., B² R ἐὰν] ἐξεγείρητε τὴν ἀγάπην (8 a)
— 5. τίς αὕτη ἡ ἀναβαίνουσα (8 d)
— 8. τί ποιήσωμεν τῇ ἀδελφῇ ἡμῶν (8 a)
Wi. 4. 17. οὐ νοήσουσι τί ἐβουλεύσατο . . . καὶ εἰς τί ἠσφαλίσατο
5. 8. τί ὠφέλησεν ἡμᾶς ἡ ὑπερηφανία
— 8. τί πλοῦτος μετὰ ἀλαζονείας συμβέβληται ἡμῖν
6. 22. τί [S¹ τίς] δέ ἐστι σοφία
8. 5. τί σοφίας πλουσιώτερον
— 6. τίς αὐτῆς τῶν ὄντων μᾶλλόν ἐστι τεχνίτης
— 20. τὸ εἰδέναι τίνος ἡ χάρις
9. 9. ἐπισταμένη τί ἀρεστὸν ἐν ὀφθαλμοῖς σου καὶ τί εὐθὲς ἐν ἐντολαῖς σου
— 10. καὶ γνῶ τί εὐάρεστόν ἐστι παρὰ σοί
— 13. τίς γὰρ ἄνθρωπος γνώσεται βουλὴν θεοῦ
— 13. τίς ἐνθυμηθήσεται τί θέλει ὁ κύριος
— 16. τὰ δὲ ἐν οὐρανοῖς τίς ἐξιχνίασε
— 17. βουλὴν δέ σου τίς ἔγνω
11. 21. κράτει βραχίονός σου τίς ἀντιστήσεται
12. 12. τίς γὰρ ἐρεῖ, Τί ἐποίησας
— 12. τίς ἀντιστήσεται τῷ κρίματί σου
— 12. τίς δὲ ἐγκαλέσει σοι κατὰ ἐθνῶν ἀπολωλότων
— 12. τίς εἰς κατάστασίν σοι ἐλεύσεται
15. 7. τούτων δὲ ἑκατέρου τίς ἑκάστου ἐστὶν ἡ χρῆσις

Si. 1. 2. ἡμέρας αἰῶνος τίς ἐξαριθμήσει
— 3. σοφίαν τίς ἐξιχνιάσει
— 6. ῥίζα σοφίας τίνι ἀπεκαλύφθη
— 6. τὰ πανουργεύματα αὐ. τίς ἔγνω
2. 5. S^{1} τί [A B S^{2} ὅτι] ἐν πυρὶ δοκιμάζεται χρυσός
— 10. τίς ἐνεπίστευσε κυρίῳ
— 10. τίς ἐνέμεινε τῷ φόβῳ αὐ.
— 10. τίς ἐπεκαλέσατο αὐτόν
— 14. τί ποιήσετε ὅταν ἐπισκέπτηται ὁ κύριος
5. 3. A B S^{4} τίς με δυναστεύσει
— 4. τί μοι ἐγένετο
6. 34. τίς σοφὸς αὐτῷ προσκολλήθητι
7. 28. τί ἀνταποδώσεις αὐτοῖς
8. 18. οὐ γὰρ γινώσκεις τί τέξεται
9. 11. οὐ γὰρ οἶδας τί [A S^{1} τίς] ἔσται ἡ καταστροφὴ αὐ.
10. 9. τί ὑπερηφανεύεται γῆ καὶ σποδός
— 29. τὸν ἁμαρτάνοντα εἰς τὴν ψυχὴν αὐ. τίς δικαιώσει
— 29. τίς δοξάσει τὸν ἀτιμάζοντα τὴν ζωὴν αὐ.
11. 19. οὐκ οἶδε τίς καιρὸς παρελεύσεται
— 23. τίς ἐστι μου χρεία
— 23. τίνα ἀπὸ τοῦ νῦν ἔσται μου τὰ ἀγαθά
— 24. τί ἀπὸ τοῦ νῦν κακωθήσομαι
12. 1. γνῶθι τίνι ποιεῖς
— 13. τίς ἐλεήσει ἐπαοιδὸν ὀφιόδηκτον
13. 2. τί κοινωνήσει χύτρα πρὸς λέβητα
— 6. τίς ἡ χρεία σου
— 17. τί κοινωνήσει λύκος ἀμνῷ
— 18. τίς εἰρήνη ὑαίνῃ πρὸς κύνα
— 18. τίς εἰρήνη πλουσίῳ πρὸς πένητα
— 23. καὶ εἶπαν, Τίς οὗτος
14. 3. ἀνθρώπῳ βασκάνῳ ἵνα τί χρήματα
— 5. ὁ πονηρὸς ἑαυτῷ τίνι ἀγαθὸς ἔσται
16. 17. τίς γάρ ἡ ψυχή μου ἐν ἀμετρήτῳ κτίσει
— 20. τὰς ὁδοὺς αὐ. τίς ἐνθυμηθήσεται
— 22. ἔργα δικαιοσύνης τίς ἀναγγελεῖ ἢ τίς ὑπομενεῖ
17. 27. ὑψίστῳ τίς αἰνέσει ἐν ᾅδου
— 31. τί [S^{1} τὸ] φωτεινότερον ἡλίου
— 31. S^{2} τί πονηρότερον ἐνθυμηθήσεται [A B S^{1} *al.*]
18. 4. τίς ἐξιχνιάσει τὰ μεγαλεῖα αὐ.
— 5. κράτος μεγαλωσύνης αὐ. τίς ἐξαριθμήσεται
— 5. τίς προσθήσει ἐκδιηγήσασθαι τὰ ἐλέη αὐ.
— 8. τί [S^{1} τίς] ἄνθρωπος καὶ τί ἡ χρῆσις αὐ.
— 8. τί τὸ ἀγαθὸν αὐ. καὶ τί τὸ κακὸν αὐ.
19. 16. τίς οὐχ ἡμάρτησεν ἐν τῇ γλώσσῃ αὐ.
20. 30. τίς ὠφέλεια ἐν ἀμφοτέροις
22. 8. ἐρεῖ, Τί ἐστιν
— 14. ὑπὲρ μόλιβον τί βαρυνθήσεται
— 14. τί αὐτῷ ὄνομα ἀλλ' ἢ μωρός
— 27. τίς δώσει μοι ἐπὶ στόμα μου φυλακήν
23. 2. τίς ἐπιστήσει ἐπὶ τοῦ διανοήματός μου μάστιγας
— 18. τίς με ὁρᾷ
— 18. τί [A τίνα] εὐλαβοῦμαι
24. 7. ἐν κληρονομίᾳ τίνος αὐλισθήσομαι
25. 11. ὁ κρατῶν αὐτοῦ τίνι ὁμοιωθήσεται
28. 5. τίς ἐξιλάσεται τὰς ἁμαρτίας αὐ.
30. 19. τί συμφέρει κάρπωσις εἰδώλῳ
31 (34). 4. ἀπὸ ἀκαθάρτου τί καθαρισθήσεται
— 4. ἀπὸ ψευδοῦς τί ἀληθεύσει
— 15. τίνι ἐπέχει καὶ τίς ἀντιστήριγμα αὐ.
— 23. τί ὠφέλησαν πλεῖον
— 24. τίνος φωνῆς εἰσακούσεται ὁ δεσπότης
— 25. τί ὠφέλησε τῷ λουτρῷ αὐ.
— 26. τῆς προσευχῆς αὐ. τίς εἰσακούσεται
— 26. τί ὠφέλησεν ἐν τῷ ταπεινωθῆναι αὐτόν
34 (31). 9. τίς ἐστι καὶ μακαριοῦμεν αὐτόν
— 10. τίς ἐδοκιμάσθη ἐν αὐτῷ
— 10. τίς ἐδύνατο παραβῆναι
— 13. πονηρότερον ὀφθαλμοῦ τί ἔκτισται
— 27. τίς ζωὴ ἐλασσουμένῳ οἴνῳ
36 (33). 7. διὰ τί ἡμέρα ἡμέρας ὑπερέχει
36. 31 (28). τίς γὰρ πιστεύσει εὐζώνῳ λῃστῇ
37. 8. γνῶθι πρότερον τίς αὐτοῦ χρεία
— 27. ἴδε τί πονηρὸν αὐτῇ
38. 25. τί σοφισθήσεται [A S τίς ὀφθήσ.] ὁ κρατῶν ἀρότρου
39. 17, 21. τί τοῦτο; εἰς τί τοῦτο
41. 4. τί ἀπαναίνῃ ἐν εὐδοκίᾳ ὑψίστου
— 14. τίς ὠφέλεια ἐν ἀμφοτέροις
42. 25. τίς πλησθήσεται ὁρῶν δόξαν αὐτοῦ
43. 3. ἐναντίον καύματος αὐ. τίς ὑποστήσεται
— 31. τίς ἑώρακεν αὐτόν
— 31. τίς μεγαλύνει αὐτόν
46. 3. τίς πρότερον [A S -ος] αὐτοῦ οὕτως ἔστη
48. 4. τίς ὅμοιός σοι καυχᾶσθαι

Si. 51. 24. A S τί ὅτι [B καὶ ὅτι, R διότι] ὑστερεῖτε
Ho. 6. 5 (4). τί σοι ποιήσω, Ἐφρ. (8 *a*)
— 5 (4). τί σοι ποιήσω, Ἰούδα (8 *a*)
8. 5. ἕως τίνος οὐ μὴ δύνωνται καθαρισθῆναι (11 *d*)
9. 5. τί ποιήσετε ἐν ἡμέραις πανηγύρεως (8 *a*)
— 14. τί δώσεις αὐτοῖς (8 *a*)
10. 3. ὁ δὲ βασ. τί ποιήσει ἡμῖν (8 *a*)
— 13. ἵνα τί παρεσιωπήσατε ἀσέβειαν –
11. 8. τί σε διαθῶμαι (1)
— 8. τί σε διαθῶ (1)
13. 9. τῇ διαφθορᾷ σου, Ἰσρ., τίς βοηθήσει †
14. 9. τί αὐτῷ ἔτι καὶ εἰδώλοις (8 *a*)
— 10. τίς σοφὸς καὶ συνήσει ταῦτα (8 *d*)
Am. 3. 8. τίς οὐ φοβηθήσεται (8 *d*)
— 8. τίς οὐ προφητεύσει (8 *d*)
5. 18. ἵνα τί αὕτη ὑμῖν ἡ ἡμέρα τοῦ κυρίου (12 *d*)
7. 2, 5. τίς ἀναστήσει τὸν Ἰ. (8 *d*)
— 8. τί σὺ ὁρᾷς, Ἀμώς (8 *a*)
8. 2. τί σὺ βλέπεις, Ἀμώς (8 *a*)
Mi. 1. 5. τίς ἡ ἀσέβεια τοῦ Ἰακώβ (8 *d*)
— 5. τίς ἡ ἁμαρτία οἴκου Ἰούδα (8 *d*)
— 12. τίς ἤρξατο εἰς ἀγαθὰ κατοικούσῃ ὀδύνας †
4. 9. ἵνα τί ἔγνως κακά (12 *d*)
6. 3. τί ἐποίησά σοι ἢ τί ἐλύπησά σε ἢ τί παρηνώχλησά σοι (8 *a*, 8 *a*, –)
— 5. μνήσθητι δὴ τί ἐβουλεύσατο κατὰ σοῦ B. (8 *a*)
— 5. τί ἀπεκρίθη αὐτῷ Βαλ. (8 *a*)
— 6. ἐν τίνι καταλάβω τὸν κύριον (8 *a*)
— 8. εἰ ἀνηγγέλη σοι, ἄνθρωπε, τί καλόν (8 *a*)
— 8. τί κύριος ἐκζητεῖ παρὰ σοῦ (8 *a*)
— 9. τίς [A τί] κοσμήσει πόλιν (8 *d*)
7. 18. τίς θεὸς ὥσπερ σύ (8 *d*)
Jl. 1. 18. τί ἀποθήσομεν ἑαυτοῖς (8 *a*)
2. 11. τίς ἔσται ἱκανὸς αὐτῇ (8 *d*)
— 14. τίς οἶδεν εἰ ἐπιστρέψει (8 *d*)
3 (4). 4. καὶ τί [A *add.* καὶ] ὑμεῖς ἐμοί (8 *a*)
Ob. 1. 3. τίς με κατάξει ἐπὶ τὴν γῆν (8 *d*)
Jn. 1. 6. τί σὺ ῥέγχεις (8 *a*)
— 7, 8 (A). τίνος ἕνεκεν ἡ κακία αὕτη ἐστίν (8 *d*)
— 8. τίς σου ἡ ἐργασία ἐστί (8 *d*)
— 10. τί τοῦτο ἐποίησας (8 *a*)
— 11. τί σοι ποιήσομεν [A S -ωμεν] (8 *a*)
3. 9. τίς οἶδεν εἰ μετανοήσει ὁ θεός (8 *d*)
4. 5. τί ἔσται τῇ [S ἐν τῇ] πόλει (8 *a*)
Na. 1. 6. ἀπὸ προσώπου ὀργῆς αὐ. τίς ὑποστήσεται (8 *d*)
— 6. τίς ἀντιστήσεται ἐν ὀργῇ θυμοῦ αὐ. (8 *d*)
— 9. τί λογίζεσθε ἐπὶ τὸν κύριον (8 *a*)
3. 7. τίς στενάξει αὐτήν (8 *d*)
— 19. ἐπὶ τίνα οὐκ ἐπῆλθεν ἡ κακία σου (8 *d*)
Hb. 1. 2. ἕως τίνος, κύριε, κεκράξομαι (11 *c*)
— 3. ἵνα τί ἔδειξάς μοι κόπους . . . ἐπιβλέπειν (12 *d*)
— 13. ἵνα [A εἰς] τί ἐπιβλέπεις ἐπὶ καταφρονοῦντας (12 *d* [10])
2. 1. τοῦ ἰδεῖν τί λαλήσει ἐν ἐμοὶ καὶ τί ἀποκριθῶ (8 *a*, 8 *a*)
— 6. ὁ πληθύνων . . . ἕως τίνος (11 *d*)
— 18. R τί ὠφελεῖ γλυπτὸν τί [A B S ὅτι] ἔγλυψαν αὐτό (8 *a*, †)
Ze. 3. 18. τίς ἔλαβεν ἐπ' αὐτὴν ὀνειδισμόν –
Hg. 2. 4 (3). τίς ἐξ ὑμῶν [S^{2} *add.* περιλειφθεὶς] ὃς εἶδε (8 *d*)
— 17 (16). τίνες ἦτε †
Za. 1. 9. τί οὗτοι, κύριε (8 *a*)
— 9. δείξω σοι τί ἐστι ταῦτα (8 *a*)
— 12. ἕως τίνος οὐ μὴ ἐλεήσῃς τὴν Ἱερ. (11 *d*)
— 19 (2. 2). τί ἐστι ταῦτα, κύριε (8 *a*)
— 21 (2. 4). τί οὗτοι ἔρχονται ποιῆσαι (8 *a*)
4. 2. τί σὺ βλέπεις (8 *a*)
— 4. τί ἐστι ταῦτα, κύριε (8 *a*)
— 5. A B S^{2} οὐ γινώσκεις τί ἐστι ταῦτα (8 *a*)
— 7. τίς εἶ σύ (8 *d*)
— 10. τίς ἐξουδένωσεν εἰς ἡμέρας μικράς (8 *d*)
— 11. τί αἱ δύο ἐλαῖαι αὗται (8 *a*)
— 12. τί οἱ δύο κλάδοι οὗτοι (8 *a*)
— 13. οὐκ οἶδας τί ἐστι ταῦτα (8 *a*)
5. 2. τί σὺ βλέπεις (8 *a*)
— 5. S^{2} ἴδε τί [A B S^{1} *om.*] τὸ ἐκπορευόμενον τοῦτο (8 *a*)
— 6. τί ἐστι (8 *a*)
6. 4. τί ἐστι ταῦτα, κύριε (8 *a*)
8. 20. S^{1} τί [A B S^{2} ἔτι] ἥξουσι λαοὶ πολλοί †
13. 6. τί αἱ πληγαὶ αὗται ἀνὰ μέσον τῶν χειρῶν σου (8 *a*)
Ma. 1. 2. ἐν τίνι ἠγάπησας ἡμᾶς (8 *a*)
— 6. ἐν τίνι ἐφαυλίσαμεν τὸ ὄνομά σου (8 *a*)

Ma. 1. 7. ἐν τίνι ἠλισγήσαμεν αὐτούς (8 *a*)
2. 10. τί ὅτι ἐγκατελίπετε ἕκαστος τὸν ἀδ. αὐ. (16 *b*)
— 14. εἴπατε, Ἕνεκεν τίνος (8 *a*)
— 15. τί ἄλλο ἢ σπέρμα ζητεῖ ὁ θεός (8 *a*)
— 17. ἐν τίνι παρωξύναμεν αὐτόν (8 *a*)
3. 2. τίς ὑπομενεῖ ἡμέραν εἰσόδου αὐ. (8 *d*)
— 2. τίς ὑποστήσεται ἐν τῇ ὀπτασίᾳ αὐ. (8 *d*)
— 7. ἐν τίνι ἐπιστρέψωμεν (8 *a*)
— 8. ἐν τίνι ἐπτερνίσαμέν σε (8 *a*)
— 13. ἐν τίνι κατελαλήσαμεν κατὰ σοῦ (8 *a*)
— 14. τί πλέον ὅτι ἐφυλάξαμεν τὰ φυλάγματα αὐ. (8 *a*)
Is. 1. 5. τί ἔτι πληγῆτε προστιθέντες ἀνομίαν (8 *a*)
— 11. τί μοι πλῆθος τῶν θυσιῶν ὑμῶν (8 *c*)
— 12. τίς γὰρ ἐξεζήτησε ταῦτα (8 *d*)
3. 14. τί ἐνεπυρίσατε τὸν ἀμπελῶνά μου –
— 15. τί ὑμεῖς ἀδικεῖτε τὸν λαόν μου (19*, 8 *a*)
5. 4. τί ποιήσω ἔτι τῷ ἀμπελῶνί μου (8 *a*)
— 5. ἀναγγελῶ ὑμῖν τί ποιήσω (4)
6. 8. τίνα ἀποστείλω καὶ τίς [S^{3} *om.*] πορεύσεται (8 *d*, 8 *d*)
8. 19. τί ἐκζητοῦσι περὶ τῶν ζώντων τοὺς νεκρούς –
10. 3. τί ποιήσουσι τῇ ἡμέρᾳ τῆς ἐπισκοπῆς (8 *a*)
— 3. πρὸς τίνα καταφεύξεσθε (8 *d*)
14. 27. τίς διασκεδάσει (8 *d*)
— 27. τὴν χεῖρα αὐ. τὴν ὑψηλὴν τίς ἀποστρέψει (8 *d*)
— 32. τί ἀποκριθήσονται βασιλεῖς ἐθνῶν (8 *d*)
18. 2. τίς [A τί] αὐτοῦ ἐπέκεινα †
19. 12. τί βεβούλευται κύριος σαβ. (8 *a*)
22. 1. τί ἐγένετό σοι (8 *a*)
— 16. τί [S^{5} τίς] σὺ ὧδε καὶ τί σοί ἐστιν ὧδε (8 *a*, 8 *d*)
23. 2 (1). τίνι ὅμοιοι γεγόνασιν †
— 8. τίς ταῦτα ἐβούλευσεν ἐπὶ Τύρον (8 *d*)
27. 4. τίς με θήσει φυλάσσειν καλάμην (8 *d*)
28. 9. τίνι ἀνηγγείλαμεν κακά (8 *d*)
— 9. τίνι ἀνηγγείλαμεν ἀγγελίαν (8 *d*)
29. 15. τίς ἑώρακεν ἡμᾶς (8 *d*)
— 15. τίς ἡμᾶς γνώσεται (8 *d*)
33. 14. τίς ἀναγγελεῖ ὑμῖν ὅτι πῦρ καίεται (8 *d*)
— 14. τίς ἀναγγελεῖ ὑμῖν τὸν τόπον τὸν αἰώνιον (8 *d*)
36. 4. τί [S^{3} τίνι] πεποιθὼς εἶ (8 *a*)
— 5. ἐπὶ τίνα [A S τίνι] πέποιθας (8 *a*)
— 11. ἵνα τί λαλεῖς εἰς τὰ ὦτα τῶν ἀνθρ. †
— 20. τίς τῶν θεῶν πάντων τῶν ἐθνῶν τούτων (8 *d*)
37. 23. τίνα ὠνείδισας (8 *d*)
— 23. πρὸς τίνα ὕψωσας τὴν φωνήν σου (8 *d*)
39. 3. τί λέγουσιν οἱ ἄνθρωποι οὗτοι (8 *a*)
— 4. τί εἴδοσαν ἐν τῷ οἴκῳ σου (8 *a*)
40. 6. τί βοήσω (8 *a*)
— 12. τίς [S^{1} τί] ἐμέτρησε τῇ χειρὶ τὸ ὕδωρ (8 *d*)
— 12. τίς ἔστησε τὰ ὄρη σταθμῷ –
— 13. τίς ἔγνω νοῦν κυρίου (8 *d*)
— 13. τίς αὐτοῦ σύμβουλος ἐγένετο –
— 14. πρὸς τίνα συνεβουλεύσατο (8 *d*)
— 14. τίς ἔδειξεν αὐτῷ κρίσιν –
— 14. ὁδὸν συνέσεως τίς ἔδειξεν αὐτῷ –
— 14. A S^{1} τίς προέδωκεν αὐτῷ –
— 18. τίνι ὡμοιώσατε κύριον (8 *d*)
— 18. τίνι ὁμοιώματι ὡμοιώσατε αὐτόν (8 *a*)
— 25. τίνι με ὡμοιώσατε (8 *d*)
— 26. τίς κατέδειξε ταῦτα πάντα (8 *d*)
— 27. καὶ τί ἐλάλησας –
41. 2. τίς ἐξήγειρεν ἀπὸ ἀνατολῶν δικαιοσύνην (8 *d*)
— 4. τίς ἐνήργησε καὶ ἐποίησε ταῦτα (8 *d*)
— 22. τὰ πρότερον τίνα ἦν εἴπατε (8 *a*)
— 22. γνωσόμεθα τί τὰ ἔσχατα –
— 26. τίς γὰρ ἀναγγελεῖ τὰ ἐξ ἀρχῆς (8 *d*)
42. 19. τίς τυφλὸς ἀλλ' ἢ οἱ παῖδές μου (8 *d*)
— 23. τίς ἐν ὑμῖν ὃς ἐνωτιεῖται ταῦτα (8 *d*)
— 24. A S τίς [B οἷς] ἔδωκεν εἰς διαρπαγὴν Ἰ. (8 *d*)
43. 9. τίς ἀναγγελεῖ ταῦτα (8 *d*)
— 9. τὰ ἐξ ἀρχῆς τίς ἀναγγελεῖ ὑμῖν –
— 13. τίς ἀποστρέψει αὐτό (8 *d*)
44. 7. τίς ὥσπερ ἐγώ (8 *d*)
— 25 (24). τίς ἕτερος διασκεδάσει σημεῖα †
45. 9. τί ποιεῖς (8 *a*)
— 10. τί γεννήσεις (8 *a*)
— 10. τί ὠδίνεις (8 *a*)
— 21. τίς ἀκουστὰ ἐποίησε ταῦτα (8 *d*)
46. 5. τίνι με ὡμοιώσατε (8 *d*)
47. 13. τί μέλλει ἐπὶ σὲ ἔρχεσθαι (4)
48. 14. τίς αὐτοῖς ἀνήγγειλε ταῦτα (8 *d*)
49. 21. τίς ἐγέννησέ μοι τούτους (8 *d*)
— 21. τούτους δὲ τίς ἐξέθρεψέ μοι (8 *d*)

Is. 50. 1. τίνι [A¹ τίνων] ὑπόχρεῳ πέπρακα ὑμᾶς (8 *d*)
— 2. τί ὅτι [S διότι] ἦλθον (16 *b*)
— 8 *bis*. τίς ὁ κρινόμενός μοι (8 *d*)
— 9. τίς κακώσει με (8 *d*)
— 10. τίς ἐν ὑμῖν ὁ φοβούμ. τὸν κύριον (8 *d*)
51. 12. γνῶθι τίς οὖσα [A S τίνα] ἐφοβήθης (8 *d*)
— 19. τίς σοι συλλυπηθήσεται (8 *d*)
— 19. τίς παρακαλέσει σε (8 *d*)
52. 5. τί ὧδέ ἐστε (8 *a*)
53. 1. τίς ἐπίστευσε τῇ ἀκοῇ ἡμῶν (8 *d*)
— 1. ὁ βραχίων κυρίου τίνι ἀπεκαλύφθη (8 *d*)
— 8. τὴν γενεὰν αὐ. τίς διηγήσεται (8 *d*)
55. 2. ἵνα τί τιμᾶσθε ἀργυρίου (12 *d*)
57. 4. ἐν τίνι ἐνετρυφήσατε (8 *d*)
— 4. ἐπὶ τίνα [S τίνι] ἠνοίξατε τὸ στόμα ὑμῶν (8 *d*)
— 4. ἐπὶ τίνα ἐχαλάσατε τὴν γλῶσσαν ὑμῶν –
— 11. τίνα εὐλαβηθεῖσα ἐφοβήθης (8 *d*)
58. 3. τί ὅτι ἐνηστεύσαμεν (16 *f*)
— 4. ἵνα τί μοι νηστεύετε †
60. 8. τίνες οἵδε ὡς νεφέλαι πέτονται (8 *d*)
63. 1. τίς οὗτος ὁ παραγινόμενος ἐξ Ἐδώμ (8 *d*)
— 2. διὰ τί σου ἐρυθρὰ τὰ ἱμάτια (9 *b*)
— 17. τί ἐπλάνησας ἡμᾶς (8 *c*)
65. 24. ἐρῶ, Τί ἐστι –
66. 2. ἐπὶ τίνα ἐπιβλέψω (6)
— 8. τίς ἤκουσε τοιοῦτο καὶ τίς ἑώρακεν οὕτως (8 *d*, 8 *d*)
Je. 1. 11, 13 (A B S²). τί σὺ ὁρᾷς (8 *a*)
2. 5. τί εὕροσαν οἱ πατέρες ὑμῶν (8 *a*)
— 14. διὰ τί [S² διότι] εἰς προνομὴν ἐγένετο (9 *b*)
— 18. τί σοι καὶ τῇ ὁδῷ Αἰγύπτου (8 *a*)
— 18. τί σοι καὶ τῇ ὁδῷ Ἀσσυρίων (8 *a*)
— 23. γνῶθι τί ἐποίησας (8 *a*)
— 24. τίς ἐπιστρέψει αὐτήν (8 *d*)
— 29. ἵνα τί λαλεῖτε πρὸς μέ (12 *d*)
— 31. διὰ τί εἶπεν ὁ λαός μου (9 *b*)
— 33. τί ἔτι καλὸν ἐπιτηδεύσεις (8 *a*)
4. 30. καὶ σὺ τί ποιήσεις (8 *a*)
5. 19. τίνος ἕνεκεν ἐποίησε . . . πάντα ταῦτα (8 *a*)
— 31. τί ποιήσετε εἰς τὰ μετὰ ταῦτα (8 *a*)
6. 10. πρὸς τίνα λαλήσω (8 *d*)
— 20. ἵνα τί μοι λίβανον ἐκ Σ. φέρετε (12 *e*)
7. 17. ἢ οὐχ ὁρᾷς τί αὐτοὶ ποιοῦσιν (8 *a*)
8. 5. διὰ τί [A¹ S διότι] ἀπέστρεψεν ὁ λαός μου (9 *b*)
— 6. τί ἐποίησα (8 *a*)
— 9. σοφία τίς ἐστιν ἐν αὐτοῖς (8 *a*)
— 14. ἐπὶ τί ἡμεῖς καθήμεθα (8 *a*)
— 19. BS¹ διὰ τί [AS²R διότι] παρώργισάν με (9 *b*)
— 22. διὰ τί οὐκ ἀνέβη ἴασις (9 *b*)
9. 1 (8. 23). τίς δώσει κεφαλῇ μου ὕδωρ (8 *d*)
— 2 (1). τίς δῴη μοι ἐν τῇ ἐρήμῳ σταθμὸν ἔσχατον (8 *d*)
— 12 (11). τίς ὁ ἄνθρωπος ὁ συνετός (8 *d*)
— 12 (11). ἕνεκεν τίνος ἀπώλετο ἡ γῆ (8 *d*)
11. 15. τί ἡ ἠγαπημένη . . . ἐποίησε βδέλυγμα (8 *a*)
12. 1. τί ὅτι ὁδὸς ἀσεβῶν εὐοδοῦται (16 *b*)
13. 21. τί ἐρεῖς ὅταν ἐπισκέπτωνταί σε (8 *a*)
— 22. διὰ [A *om.*] τί ἀπήντησέ μοι ταῦτα (9 *b* [7])
— 27. ἕως τίνος ἔτι (11 *b*)
14. 8. ἵνα τί ἐγενήθης ὡσεὶ πάροικος (12 *d*)
— 19. ἵνα τί ἔπαισας ἡμᾶς (12 *a*)
15. 5. A²B S τίς φείσεται ἐπὶ σοί (8 *d*)
— 5. A²B S τίς δειλιάσει ἐπὶ σοί (8 *d*)
— 5. A²B S τίς ἀνακάμψει εἰς εἰρήνην σοι (8 *d*)
— 10. ὡς τίνα με ἔτεκες †
— 18. ἵνα τί οἱ λυποῦντές με κατισχύουσί μου (12 *d*)
16. 10. διὰ τί ἐλάλησε . . . πάντα τὰ κακὰ ταῦτα (8 *a*)
— 10. τίς ἡ ἀδικία ἡμῶν (8 *a*)
— 10. τίς ἡ ἁμαρτία ἡμῶν (8 *a*)
17. 9. τίς γνώσεται αὐτόν (8 *d*)
18. 13. τίς ἤκουσε τοιαῦτα φρικτά (8 *d*)
20. 18. ἵνα τί τοῦτο ἐξῆλθον (12 *d*)
21. 13. τίς πτοήσει ἡμᾶς (8 *d*)
— 13. τίς εἰσελεύσεται πρὸς τὸ κατοικητήριον (8 *d*)
22. 8. διὰ τί ἐποίησε κύριος οὕτως (8 *a*)
23. 18. τίς [A *om.*] ἔστη ἐν ὑποστήματι κυρίου (8 *d*)
— 18. τίς ἐνωτίσατο (8 *d*)
— 28. τί τὸ ἄχυρον πρὸς τὸν σῖτον (8 *a*)
— 33. τί τὸ λῆμμα κυρίου (8 *a*)
— 35. τί ἀπεκρίθη κύριος (8 *a*)
— 35. B S τί ἐλάλησε κύριος (8 *a*)
— 37. διὰ τί [S¹ τί ὅτι] ἐλάλησε κ. ὁ θεὸς ἡμῶν (9 *c* [16 *c*])
24. 3. τί σὺ ὁρᾷς (8 *a*)
26 (46). 5. τί ὅτι αὐτοὶ πτοοῦνται (16 *b*)
Je. 26 (46). 7. τίς οὗτος ὡς ποταμὸς ἀναβήσεται (8 *d*)
— 15. διὰ τί ἔφυγεν ἀπὸ σοῦ ὁ Ἆπις (9 *b*)
27 (50). 44. τίς ὥσπερ ἐγώ (8 *d*)
— 44. τίς ἀντιστήσεταί μοι (8 *d*)
— 44. τίς οὗτος ποιμήν (8 *d*)
28 (51). 5. A διὰ τί [B S διότι] οὐκ ἐχήρευσεν Ἰσρ. †
29 (47). 6 (5). ἕως τίνος κόψεις (11 *d*)
— 6. ἕως τίνος οὐχ ἡσυχάσεις (11 *c*)
29 (49). 19. τίς ὥσπερ ἐγώ (8 *d*)
— 19. τίς ἀντιστήσεταί μοι (8 *d*)
— 19. τίς οὗτος ποιμήν (8 *d*)
30 (49). 1. διὰ τί [S διότι] παρέλαβε M. τὴν Γ. (9 *b*)
— 4. τί [A S² ὅτι] ἀγαλλιᾶσθε ἐν τοῖς πεδίοις Ἐν. (8 *a*)
— 4. τίς [S¹ οὐδεὶς] εἰσελεύσεται ἐπ' ἐμέ (8 *d*)
31 (48). 19. τί ἐγένετο (8 *a*)
36 (29). 27. διὰ τί συνελοιδορήσατε Ἱερεμίαν (9 *e*)
37 (30). 21. τίς ἐστιν οὗτος (8 *d*)
39 (32). 3. A B S² διὰ τί σὺ προφητεύεις (9 *b*)
43 (36). 29. διὰ τί ἔγραψας ἐπ' αὐτῷ (9 *b*)
44 (37). 18. τί ἠδίκησά σε (8 *a*)
— 20. τί ἀποστρέφεις με εἰς οἶκον Ἰ. †
45 (38). 25. τί ἐλάλησέ σοι ὁ βασ. (8 *a*)
— 25. τί ἐλάλησε πρὸς σὲ ὁ βασ. (8 *a*)
51 (44). 7. ἵνα τί ὑμεῖς ποιεῖτε κακὰ μεγάλα (12 *d*)
— 28. λόγος τίνος ἐμμενεῖ (8 *d*)
Ba. 3. 10. τί ἐστιν Ἰσρ.
— 10. τί [A *om.*] ὅτι ἐν γῇ τῶν ἐχθρῶν εἶ
— 15. τίς εὗρε τὸν τόπον αὐ.
— 15. τίς εἰσῆλθεν εἰς τοὺς θησαυροὺς αὐ.
— 29. τίς ἀνέβη εἰς τὸν οὐρανόν
— 30. τίς διέβη πέραν τῆς θαλάσσης
4. 17. ἐγὼ δὲ τί δυνατὴ βοηθῆσαι ὑμῖν
La. 2. 13. τί μαρτυρήσω σοι ἢ τί ὁμοιώσω σοι (8 *a*, 8 *a*)
— 13. B² τίς σώσει καὶ τίς [A B¹ S *om.*] παρακαλέσει σε (8 *a*, –)
— 13. τίς ἰάσεταί σε (8 *d*)
— 20. τίνι ἐπεφύλλισας οὕτως (8 *d*)
3. 37. τίς [A κύριος] οὕτως εἶπε (8 *d*)
— 39. τί γογγύσει ἄνθρωπος (8 *a*)
5. 20. ἵνα τί εἰς νῖκος ἐπιλήσῃ ἡμῶν (12 *d*)
Ep. Je. 52. τίνι οὖν γνωστέον ἐστὶν
Ez. 8. 6. ἑώρακας τί οὗτοι ποιοῦσιν (18*, 8 *a*)
12. 9. τί σὺ ποιεῖς (8 *a*)
— 22. τίς ἡ παραβολὴ ὑμῖν (8 *a*)
15. 2. τί ἂν γένοιτο τὸ ξύλον τῆς ἀμπέλου (8 *a*)
16. 30. τί διαθῶ τὴν θυγατέρα σου (8 *a*)
17. 12. οὐκ ἐπίστασθε τί ἦν ταῦτα (8 *a*)
18. 2. τί ὑμῖν ἡ παραβολὴ αὕτη (8 *a*)
— 19. τί [A *om.*] ὅτι οὐκ ἔλαβε τὴν ἀδικίαν (16 *b*)
— 31. ἵνα τί ἀποθνήσκετε (12 *d*)
19. 2. τί ἡ μήτηρ σου (8 *a*)
20. 29. B τίς [A R τί] ἐστιν ἀβανά (8 *a*)
21. 7 (12). ἕνεκα τίνος σὺ στενάζεις (8 *a*)
— 13 (18). R τί εἰ καὶ φυλὴ ἀπωσθῇ [A B *al.*] (8 *a*)
24. 13. τί ἐὰν μὴ καθαρισθῇς [A *al.*] †
— 19. τί ἐστι ταῦτα ἃ σὺ ποιεῖς (8 *a*)
27. 32. A τίς ὥσπερ Τύρος (8 *d*)
— 33. A πόσον καὶ τίνα [B π. τινὰ] εὗρες μισθόν –
31. 2. τίνι ὡμοίωσας σεαυτόν (8 *d*)
— 18. τίνι ὡμοιώθης (8 *d*)
32. 19. τίνος κρείττων εἶ (8 *d*)
33. 11. ἵνα τί ἀποθνήσκετε (12 *d*)
37. 18. τί ἐστι ταῦτά σοι (8 *a*)
Da. LXX. Su. 12. τίς φανήσεται αὐτῇ πρότερος
— 13. τί σὺ οὕτως ὄρθρου ἐξῆλθες
— 38. μάθωμεν τίνες εἰσὶν οὗτοι
— 40. τίς ὁ ἄνθρωπος
— 40. οὐκ ἀπήγγειλεν ἡμῖν τίς ἦν
— 54. ὑπὸ τί δένδρον . . . ἑώρακας αὐτούς
— 56. διὰ τί διεστραμμένον τὸ σπέρμα σου
— 58. ὑπὸ τί δένδρον . . . κατέλαβες αὐτούς
2. 15. περὶ τίνος δογματίζεται πικρῶς (8 *a*)
3. 14. διὰ τί . . . τοῖς θεοῖς μου οὐ λατρεύετε †
8. 13. ἕως τίνος τὸ ὅραμα στήσεται (11 *d*)
10. 14. ὑποδεῖξαί σοι τί ὑπαντήσεται τῷ λαῷ σου (4)
— 20. γινώσκεις τί ἦλθον πρὸς σέ (8 *c*)
12. 8. τίς ἡ λύσις τοῦ λόγου τούτου (8 *a*)
— 8. τίνος αἱ παραβολαὶ αὗται –
Bel 3. διὰ τί οὐ προσκυνεῖς τῷ Βὴλ
— 18. ταῦτα τὰ ἴχνη τίνος ἐστί
Da. TH. Su. 26. A ἰδεῖν τί [B *om.*] τὸ συμβεβηκὸς αὐτῇ
Da. TH. Su. 40. ἐπηρωτῶμεν τίς ἦν ὁ νεανίσκος
— 47. τίς ὁ λόγος οὗτος ὃν σὺ λελάληκας
— 54. ὑπὸ τί δένδρον εἶδες αὐτούς
— 58. ὑπὸ τί δένδρον κατέλαβες αὐτούς
2. 15. περὶ τίνος ἐξῆλθεν ἡ γνώμη (8 *a*)
— 29. τί δεῖ γενέσθαι μετὰ ταῦτα (8 *a*)
3. 15. τίς ἐστι θεὸς ὃς ἐξελεῖται ὑμᾶς (8 *e*)
4. 32. τί ἐποίησας (8 *a*)
10. 20. εἰ οἶδας ἵνα τί ἦλθον πρὸς σέ (12 *d*)
12. 8. τί τὰ ἔσχατα τούτων (8 *a*)
Bel 4. διὰ τί οὐ προσκυνεῖς τῷ Βήλ
— 8. τίς ὁ κατέσθων τὴν δαπάνην ταύτην
— 19. γνῶθι τίνος τὰ ἴχνη ταῦτα
I Ma. 2. 7. ἵνα τί τοῦτο ἐγεννήθην ἰδεῖν
— 13. ἵνα τί ἡμῖν ἔτι ζῆν
3. 17. τί δυνησόμεθα ὀλιγοστοὶ ὄντες
— 50. τί ποιήσωμεν αὐτοῖς
4. 44. τί αὐτῷ ποιήσωσι
5. 16. τί ποιήσωσι τοῖς ἀδελφοῖς αὐ.
6. 11. ἕως τίνος θλίψεως ἦλθον
8. 31. διὰ τί ἐβάρυνας τὸν ζυγόν σου
10. 23. τί τοῦτο ἐποιήσαμεν
— 70. διὰ τί σὺ ἐξουσιάζῃ ἐφ' ἡμᾶς
— 72. μάθε τίς εἰμι
12. 44. ἵνα τί ἔκοψας πάντα τὸν λαὸν τοῦτον
14. 25. τίνα χάριν ἀποδώσομεν Σίμωνι
II Ma. 3. 9. καὶ τίνος ἕνεκεν πάρεστι διεσάφησεν
7. 2. R τί [A *om.*] μέλλεις ἐρωτᾶν
— 30. τίνα μένετε
14. 5. ἐν τίνι διαθέσει . . . καθεστήκασιν οἱ Ἰουδαῖοι
III Ma. 1. 13. διὰ τίνα αἰτίαν αὐτὸν εἰσερχόμενον . . . οὐθεὶς ἐκώλυσε
— 15. διὰ τίνα [? τινα] αἰτίαν οὐχὶ πάντων εἰσελεύσεσθαι
4. 3. τίς νομὸς ἢ πόλις ἢ τίς τὸ σύνολον οἴκτιστος τόπος ἢ τίνες ἀγυιαὶ κοπετοῦ . . . οὐκ ἐμπιπλῶντο
5. 18. ἐπυνθάνετο τίνος ἕνεκεν αἰτίας ἰάσθησαν
— 27. R τί τὸ πρᾶγμα ἐφ' οὗ τοῦτο . . . τετέλεσται [A *al.*]
— 40. μέχρι τίνος ὧς ἡμᾶς διαπειράζεις
6. 25. τίς τοὺς κρατήσαντας ἡμῶν . . . ἀποστήσας
— 26. τίς τοὺς . . . διαφέροντας . . . περιέβαλεν αἰκίαις
IV Ma. 1. 14. A R τί ποτέ ἐστι λογισμὸς καὶ τί [S *om.*] πάθος
2. 1. καὶ τί θαυμαστόν
— 7. τίνα τρόπον μονοφάγος τις ὢν τὸ ἦθος . . . μεταπαιδεύεται
— 19. διὰ τί ὁ πάνσοφος ἡμῶν πατὴρ Ἰ. τοὺς περὶ Σ. καὶ Λ. αἰτιᾶται
5. 7. διὰ τί γὰρ . . . τὴν . . . σαρκοφαγίαν βδελύττῃ
6. 14. τί [S¹ *om.*] τοῖς κακοῖς τούτοις σεαυτὸν ἀλογίστως ἀπόλλεις
— 23. τί μέλλετε
7. 21. τίς . . . εὐσεβῶς φιλοσοφῶν
8. 18. τί βουλήμασι κενοῖς ἑαυτοὺς εὐφραίνομεν
— 23. τί ἐξάγομεν ἑαυτοὺς τοῦ ἡδίστου βίου
9. 1. τί μέλλεις, ὦ τύραννε
11. 4. τί δράσαντας ἡμᾶς τοῦτον πορθεῖς τὸν τρόπον
13. 12. τίνος πατρὸς χειρὶ σφαγιασθῆναι . . . ὑπέμεινεν
14. 10. ὧν τί γένοιτο ἐπαλγέστερον
— 18. τί δεῖ . . . ἐπιδεικνύναι
15. 4. τίνα τρόπον ἠθολογήσαιμι
17. 16. τίνες οὐκ ἐθαύμασαν τοὺς . . . ἀθλητάς
— 16. τίνες οὐκ ἐξεπλάγησαν

[Aq. Ge. 4. 6: 12. 18: 20. 10: 31. 27: 37. 26: 38. 29: Ex. 18. 14: Jo. 7. 25: III Ki. 14. 3, 6, 14: IV Ki. 9. 32: Jb. 6. 11, 25: 9. 29: 11. 8: 14. 4: 15. 14 (P.): 21. 4: 29. 2: 31. 1: 33. 13: 36. 23: 38. 25: Ps. 2. 1: 10 (11). 3: 11 (12). 5: 21 (22). 2: 24 (25). 12: 26 (27). 1 *bis*: 30 (31). 20: 35 (36). 8: 38 (39). 7: 41 (42). 6, 12: 48 (49). 6: 61 (62). 4: 67 (68). 17: 72 (73). 25: 73 (74). 1: 78 (79). 10: 84 (85). 9: 87 (88). 15: 93 (94). 16: 119 (120). 3 *bis*: 143 (144). 3: 147. 6 (17): Pr. 17. 16: 20. 6: 30. 4 *quater*, 9: Ec. 1. 3: 6. 8: 7. 11 (10), 30 (8. 1): Ca. 7. 1 (2): 8. 1: Is. 2. 22: 5. 4: 6. 8: 29. 17: 38. 15: 40. 13, 18: 48. 14: 51. 12: 52. 5, 7: 55. 2: 58. 3: Je. 9. 2 (1), 12 (11): 10. 7: 11. 15: 15. 5 *bis*, 18: 27 (34). 17: 30 (37). 6, 15: 37 (44). 18: 49. 19 (29. 20) *ter*: Ez. 32. 19: Am. 4. 13: Na. 1. 6: Ma. 3. 8.]

[**Sm.** Ge. 3. 2 (1): 4. 6: 20. 10: 27. 37: 37. 26: Ex. 18. 14: Jo. 7. 25: 9. 8 (14): Jd. 5. 16: I Ki. 14. 38: II Ki. 14. 13: Jb. 9. 24: 15. 12, 14 (P.): 16. 6: 19. 28: 21. 4, 21: 25. 3 (P.), 4: 26. 14: 29. 2: 31. 14: 33. 13: 34. 29: 35. 6: 38. 36, 37: 41. 5: Ps. 2. 1: 10 (11). 3: 24 (25). 12: 26 (27). 1: 29 (30). 10: 30 (31). 20: 35 (36). 8: 38 (39). 8: 41 (42). 6 *bis*, 10, 12: 42 (43). 5 *bis*: 43 (44). 24, 25: 54 (55). 7: 55 (56). 12: 61 (62). 4: 67 (68). 17: 72 (73). 25: 73 (74). 1: 78 (79). 10: 84 (85). 9: 87 (88). 15: 88 (89). 7, 47: 89 (90). 11: 93 (94). 16 *bis*: 118 (119). 9: 119 (120). 3 *bis*: 138 (139). 17: 143 (144). 3: 147. 6 (17): Pr. 4. 19: 17. 16: 20. 6, 9: 30. 4 *bis*, 9: Ec. 1. 3: 2. 2, 12, 15: 3. 19, 22: 5. 10, 15: 6. 8: 7. 1 (6. 12), 30 (8. 1): 8. 7: 9. 4: Is. 2. 22: 5. 4: 6. 8: 38. 22: 40. 14, 18, 27: 42. 19 *bis*: 45. 10: 48. 14: 51. 12: 52. 5, 7: 55. 2: 58. 3: Je. 11. 15: 13. 21: 14. 19: 15. 18: 17. 9: 23. 18: 27 (34). 17: 30 (37). 6: 37 (44). 18: 46 (26). 15: 49. 19 (29. 20) *bis*: Ez. 16. 30: 20. 29: 32. 19: Am. 7. 2: Ma. 3. 8.]

[**Th.** Ge. 20. 10: 37. 26: Jo. 7. 25: Jd. 12. 1: 13. 12: II Ki. 12. 9: 14. 13: IV Ki. 9. 32: Jb. 9. 24: 12. 9: 15. 12, 14: 16. 3: 17. 3, 15: 21. 15: 22. 17: 31. 31, 35: 34. 29: 35. 7: 38. 25, 37: Ps. 38 (39). 7: 67 (68). 17: 73 (74). 1: 78 (79). 10: 84 (85). 9: 87 (88). 15: 93 (94). 16: Pr. 18. 14: 20. 6: 30. 4 *ter*: Ec. 3. 19: 6. 8: Is. 2. 22: 5. 4: 6. 8: 29. 17: 40. 18: 42. 19: 44. 10: 50. 2: 52. 5: 58. 3: Je. 10. 7: 23. 37 *bis*: 27 (34). 17: 30 (37). 15: 33 (40). 24: Ez. 18. 2: 27. 32: Da. 2. 29: 13. 40: Ma. 3. 8.]

[**Heb.** Ge. 38. 29: Jb. 7. 20.]

[**Al.** Nu. 20. 4: Jd. 5. 16: I Ki. 9. 7: 28. 14, 15, 16: II Ki. 6. 20: Jb. 15. 12: 18. 3: Ps. 8. 2: 11 (12). 5: 70 (71). 19: 132 (133). 1 *bis*: 138 (139). 17: Pr. 27. 4: Ec. 5. 9.]

[**Quint.** IV Ki. 9. 32: Ps. 8. 5: 35 (36). 8: 42 (43). 5.]

τίτθη.

[**Aq.** Ge. 24. 59.]

τιτθίζεσθαι.

[**Aq.** Is. 53. 2.]

τιτθός.

[**Aq.** Pr. 5. 19: 7. 18.]
[**Sm.** Pr. 7. 18: Ez. 23. 3, 21.]
[**Th.** Pr. 7. 18: Ez. 23. 17.]

τίτλος.

[**Aq., Sm., Th.** Je. 21. 4.]

τιτρώσκειν. (1) דָּכָא pi. (2) חָלָה *a.* qal. *b.* hoph. (3) חָלָל (4) חָלַף (5) מַדְקָרוֹת (6) נָכָה hi. (7) עָרַץ (8) שָׁחַט

Nu. 31. 19. ὁ ἀπτόμ. τοῦ τετρωμ. ἁγνισθήσεται (3)
De. 1. 44. ἐτίτρωσκον ὑμᾶς ἀπὸ Σ. (6)
7. 21. A B² R οὐ τρωθήσῃ ἀπὸ προσώπου αὐτῶν (7)
III Ki. 22. 34. ἐξάγαγέ με ἐκ τοῦ πολέμου ὅτι τέτρωμαι (2 *b*)
Ju. 16. 12. A B ὡς παῖδας αὐτομολούντων ἐτίτρωσκον [S R *add.* αὐτούς]
Jb. 6. 9. ἀρξάμενος ὁ κύριος τρωσάτω με (1)
16. 7 (6). τί ἔλαττον τρωθήσομαι †
20. 24. τρώσαι αὐτὸν τόξον χάλκειον (4)
33. 23. εἰς αὐτῶν οὐ μὴ τρώσῃ αὐτόν †
36. 14. ἡ δὲ ζωὴ αὐτῶν τιτρωσκομένη ὑπὸ [A εἴη ὑπὸ] ἀγγέλων –
— 25. ὅσοι τιτρωσκόμενοί εἰσι βροτοί †
41. 19 (20). οὐ μὴ τρώσῃ αὐτὸν τόξον χάλκεον [A *om.* τ. χ.] †
Pr. 7. 26. πολλοὺς γὰρ τρώσασα καταβέβληκε (3)
12. 18. εἰσὶν οἱ λέγοντες τιτρώσκουσι μάχαιραι [A -αν] (5)
Ca. 2. 5. τετρωμένη ἀγάπης ἐγώ (2 *a*)
5. 8. τετρωμένη ἀγάπης [S¹ ἀγάπης τετρωμένης] ἐγώ εἰμι (2 *a*)
Je. 9. 8 (7). βολὶς τιτρώσκουσα ἡ γλῶσσα [A καρδία] αὐτῶν (8)
II Ma. 3. 16. τιτρώσκεσθαι τὴν διάνοιαν
11. 9. σιδηρᾶ τείχη τιτρώσκειν ὄντες ἕτοιμοι

[**Aq.** Je. 9. 8 (7): Ez. 19. 5.]
[**Sm.** Jb. 39. 30: Ps. 87 (88). 6: Ca. 2. 5: Is. 57. 10: Je. 9. 8 (7): 14. 18: 25. 33 (32. 19): 51 (28). 52: La. 4. 6: Ez. 31. 17.]
[**Al.** Jd. 5. 30.]

τμῆμα.

[**Al.** Ps. 135 (136). 13.]

τμητός. (1) גָּזִית

Ex. 20. 25. οὐκ οἰκοδομήσεις αὐτοὺς τμητούς (1)

τοι, *cf.* **καίτοι.**

IV Ma. 2. 17: 4. 11, 21†: 5. 1: 6. 8, 11: 7. 24: 17. 17.

τοιγαροῦν.

Jb. 7. 11†: 22. 10: 24. 22.
Pr. 1. 26, 31.
Si. 41. 16.
Is. 5. 26.
II Ma. 7. 23.
IV Ma. 1. 34: 9. 7†: 13. 16: 17. 4.
[**Aq., Th.** Jb. 7. 11.]

τοίνυν.

I Ch. 28. 10†.
II Ch. 28. 23.
Jb. 8. 13: 36. 14.
Wi. 1. 11: 8. 9.
Is. 3. 10: 5. 13: 27. 4: 33. 23.
Je. 7. 14†.
II Ma. 3. 1†.
IV Ma. 1. 13, 15, 16, 17, 30†, 31: 7. 16: 13. 1, 23: 16. 1.

τοῖος. (1) כֵּן

II Es. 5. 3. A B τοῖα [R τοιάδε] εἶπαν αὐτοῖς (1)

τοιόσδε. (1) כֵּן

II Es. 5. 3. R τοιάδε [A B τοῖα] εἶπαν αὐτοῖς (1)
II Ma. 11. 27. ἡ τοῦ βασ. ἐπιστολὴ τοιάδε ἦν (1)
15. 12. ἦν δὲ ἡ τούτου θεωρία τοιάδε

τοιοῦτος. (1) כְּ׳ (2) *a.* אֵלֶּה *b.* כָּאֵלֶּה *c.* כְּאֵלֶּה (3) *a.* הוּא *b.* כְּ׳ הַהוּא (4) *a.* זֶה *b.* זֹאת *c.* כָּזֶה *d.* כָּזֹאת *e.* אֲשֶׁר־כָּזֶה (5) כְּדִנָה (6) *a.* כָּהֵם *b.* כָּהֵנָּה (7) כְּמוֹהוּ (8) כֵּן (9) כְּנֵמָא

Ge. 39. 11. ἐγένετο δὲ τοιαύτη τις ἡμέρα (1)
41. 19. οἵας οὐκ εἶδον τοιαύτας (6 *b*)
— 38. μὴ εὑρήσομεν ἄνθρωπον τ. (4 *c*)
Ex. 9. 18, 24. ἥτις τοιαύτη οὐ γέγονεν ἐν Αἰγ. (7)
10. 14. προτέρα αὐτῆς οὐ γέγονε τοιαύτη ἀκρὶς (8)
11. 6. ἥτις τοιαύτη οὐ γέγονε καὶ τοιαύτη οὐκέτι προστεθήσεται (7, 7)
Le. 10. 19. B² R καὶ συμβέβηκέ μοι τοιαῦτα [A¹ *om.*, A² B¹ ταῦτα] (2 *b*)
Nu. 15. 13. ποιήσει οὕτως τοιαῦτα (2 *a*)
De. 4. 32. B εἰ ἤκουσται τοιοῦτο (7)
Jo. 10. 14. οὐκ ἐγένετο ἡμέρα τ. (3 *b*)
I Ki. 4. 8 (7). οὐ γέγονε τοιαύτη ἐχθὲς καὶ τρίτην (4 *d*)
II Ki. 14. 13. ἵνα τί ἐλογίσω τοιοῦτο [A -ον] (4 *d*)
III Ki. 10. 12. οὐκ ἐληλύθει τοιαῦτα ξύλα (8)
II Ch. 9. 11. οὐκ ὤφθησαν τοιαῦτα ἔμπροσθεν (6 *a*)
30. 26. οὐκ ἐγένετο τ. ἑορτὴ ἐν Ἰερ. (4 *d*)
I Es. 1. 20. οὐκ ἤχθη τὸ πάσχα τοιοῦτο
— 21. οὐκ ἠγάγοσαν πάσχα τοιοῦτον [A -ο]
2. 20. μὴ ὑπεριδεῖν τὸ [A *om.*] τοιοῦτο
4. 37. ἄδικα πάντα τὰ ἔργα αὐ. πάντα τὰ τ.
8. 87. ἔδωκας ἡμῖν τοιαύτην ῥίζαν
II Es. 5. 11. A R τοιοῦτο [B τοῦτο τὸ] ῥῆμα ἀπεκρίθησαν ἡμῖν (9)
Ju. 10. 19. ὃς ἔχει ἐν ἑαυτῷ γυναῖκας τ.
11. 21. A B οὐκ ἔστι τοιαύτη γυνή
12. 12. A B εἰ γυναῖκα τοιαύτην παρήσομεν
Jb. 3. 8. A κατήρασε τοιαύτην [B S *al.*] †
8. 18. οὐχ ἑώρακας τοιαῦτα †
— 19. ὅτι καταστροφὴ ἀσεβοῦς τοιαύτη (3 *a*)
15. 4. συνετελέσω δὲ ῥήματα τοιαῦτα ἔναντι τοῦ κυρίου –
— 13. ἐξήγαγες δὲ ἐκ στόματος ῥήματα τοιαῦτα –
Jb. 16. 2. ἀκήκοε τοιαῦτα πολλά (2 *c*)
32. 14. ἀνθρώπῳ δὲ ἐπετρέψατε λαλῆσαι τοιαῦτα ῥήματα –
33. 16. ἐν εἴδεσι φόβου τοιούτοις αὐτοὺς ἐξεφόβησεν –
39. 34 (40. 4). ἐλέγχων κύριον ἀκούων τοιαῦτα οὐθὲν ὤν [A *al.*] –
Pr. 6. 14. ὁ τ. ταραχὰς συνίστησι πόλει –
20. 1. πᾶς δὲ ἄφρων τοιούτοις [S¹ -ος] συμπλέκεται †
— 3. πᾶς δὲ ἄφρων τοιούτοις συμπλέκεται –
23. 2. τοιαῦτά σε δεῖ παρασκευάσαι †
24. 55 (30. 20). τοιαύτη ὁδὸς γυναικὸς μοιχαλίδος (8)
28. 21. ὁ τ. ψωμοῦ ἄρτου ἀποδώσεται ἄνδρα –
— 26. ὃς πέποιθε θρασείᾳ καρδίᾳ ὁ τ. ἄφρων (3 *a*)
31. 10. τιμιωτέρα δέ ἐστι λίθων πολυτελῶν ἡ τ. [S *om.* ἡ τ.] †
— 11. ἡ τ. καλῶν σκύλων οὐκ ἀπορήσει –
Wi. 4. 15. μηδὲ θέντες ἐπὶ διανοίᾳ τὸ τ.
12. 19. ἐδίδαξας δέ σου τὸν λαὸν διὰ τῶν τ. ἔργων
15. 6. ἄξιοί τε τοιούτων ἐλπίδων καὶ οἱ δρῶντες
16. 9. ἄξιοι ἦσαν ὑπὸ τοιούτων [S¹ τούτων] κολασθῆναι
Si. 7. 35. ἐκ γὰρ τῶν τ. ἀγαπηθήσῃ
16. 5. πολλὰ τοιαῦτα ἑώρακα ἐν ὀφθαλμοῖς [S ἑώρακεν ὁ ὀφθαλμός] μου
20. 15. μισητὸς ἄνθρωπος ὁ τ.
45. 13. πρὸ αὐτοῦ οὐ γέγονε τοιαῦτα ἕως αἰῶνος
49. 14. οὐδὲ εἷς ἐκτίσθη οἷος Ἐνὼχ τοιοῦτος ἐπὶ τῆς γῆς
Jl. 1. 2. εἰ γέγονε τοιαῦτα ἐν ταῖς ἡμέραις ἡμῶν (4 *b*)
Is. 58. 6. οὐχὶ τ. νηστείαν ἐγὼ ἐξελεξάμην (4 *a*)
66. 8. τίς ἤκουσεν τοιοῦτο [S τοιαῦτα] (4 *d*)
Je. 2. 10. ἴδετε εἰ γέγονε τοιαῦτα (4 *d*)
5. 9. ἢ ἐν ἔθνει τ. οὐκ ἐκδικήσει ἡ ψυχή μου (4 *e*)
— 29. ἢ ἐν ἔθνει τῷ [A S *om.*] τ. οὐκ ἐκδικήσει ἡ ψυχή μου (4 *e*)
9. 9 (8). B S ἢ ἐν λαῷ τῷ [A R *om.*] τ. οὐκ ἐκδικήσει ἡ ψυχή μου (4 *e*)
10. 16. οὐκ ἔστι τ. μερὶς τῷ Ἰ. (2 *c*)
18. 13. τίς ἤκουσε τ. φρικτά (2 *b*)
28 (51). 19. οὐ τ. μερὶς τῷ Ἰ. [A *al.*] (2 *c*)
37 (30). 7. μεγάλη ἡ ἡμέρα ἐκ. καὶ οὐκ ἔστι τ. (7)
Ep. Je. 17. τοιοῦτοι ὑπάρχουσιν οἱ θεοὶ αὐ.
Ez. 3. 6. εἰ πρὸς τοιούτους ἐξαπέστειλά σε †
21. 26 (31). οὐ τοιαύτη ἔσται (4 *b*)
— 27 (32). τοιαύτη ἔσται (4 *b*)
31. 8. κυπάρισσοι τοιαῦται ἐν τῷ παραδείσῳ †
Da. LXX. 2. 10. τ. πρᾶγμα οὐκ ἐπερωτᾷ πάντα σοφόν (5)
Da. TH. Su. 27. οὐκ ἐρρέθη λόγος τ. περὶ Σουσάννης
2. 10. ῥῆμα τ. οὐκ ἐπερωτᾷ ἐπαοιδόν (5)
I Ma. 4. 27. οὐχ οἷα ἤθελε τοιαῦτα γέγονε τῷ Ἰσρ.
— 27. R οὐχ οἷα ἐνετείλατο αὐτῷ ὁ βασ. τοιαῦτα ἐξέβη [A S *al.*]
10. 16. μὴ εὑρήσομεν ἄνδρα τοιοῦτον ἕνα
— 73. οὐ δυνήσῃ ὑποστῆναι . . . δύναμιν τ.
13. 35. ἔγραψεν αὐτῷ ἐπιστολὴν τ.
II Ma. 2. 3. A² R ἕτερα τοιαῦτα λέγων
4. 30. τοιούτων δὲ συνεστηκότων
8. 7. τὰς νύκτας πρὸς τὰς τ. ἐπιβολὰς συνεργούς
10. 4. μηκέτι παραπεσεῖν τ. κακοῖς
11. 27. R ἡ τοῦ βασ. ἐπιστολὴ τ. [A τοιάδε] ἦν
13. 7. τοιούτῳ μόρῳ τὸν παράνομον συνέβη θανεῖν
14. 11. τοιούτων δὲ ῥηθέντων ὑπὸ τούτου
III Ma. 2. 1. R εὐτάκτως ἐποιήσατο τὴν δέησιν τ.
IV Ma. 1. 6. S καὶ τῶν τ. [A R καὶ τούτων] οὐχ ὥστε αὐτὰ καταλῦσαι
7. 8. τοιούτους δὴ δεῖ εἶναι τοὺς δημιουργοῦντας τὸν νόμον
11. 9. τοιαῦτα λέγοντα

[**Aq.** Ez. 21. 27 (32).]
[**Sm.** II Ki. 14. 13: Jb. 33. 6: Ez. 21. 27 (32): Da. 2. 10 (Sw.).]
[**Th.** Is. 56. 12: Ez. 21. 27 (32): Da. 2. 10.]
[**Al.** Jd. 3. 2.]

τοῖχος. (1) גָּדֵר (2) חוֹמָה (3) חַיִץ (4) *a.* כֹּתֶל *b.* כְּתַל (5) קִיר

Ex. 30. 3. τὴν ἐσχάραν αὐ. καὶ τοὺς τ. αὐ. κύκλῳ (5)
Le. 5. 9. ῥανεῖ . . . ἐπὶ τὸν τ. τοῦ θυσιαστηρίου (5)
14. 37. ὄψεται τὴν ἀφὴν ἐν τοῖς τ. τῆς οἰκίας (5)
— 37. καὶ ἡ ὄψις αὐ. ταπεινοτέρα τῶν τ. (5)
— 39. οὐ διεχύθη ἡ ἀφὴ ἐν τοῖς τ. τῆς οἰκίας (5)

Nu. 22. 25. προσέθλιψεν ἑαυτὴν πρὸς τὸν τ. (5)
— 25. A R ἀπέθλιψε τὸν πόδα B. πρὸς τὸν τ. [B *om.* πρὸς τ. τ.] (5)
Jd. 16. 13. ἐὰν . . . ἐγκρούσῃς τῷ πασσάλῳ εἰς τὸν τ. –
— 14. ἔπηξε τῷ πασσάλῳ εἰς τὸν τ. [A *al.*] –
— 14. ἐξῆρε τὸν πάσσαλον . . . ἐκ τοῦ τ. –
I Ki. 18. 11. A πατάξω ἐν Δ. καὶ ἐν τῷ τ. (5)
19. 10. A πατάξαι τὸ δόρυ εἰς Δ. καὶ ἐν τῷ τ. [B *al.*] (5)
— 10. ἐπάταξε τὸ δόρυ εἰς τὸν τ. (5)
20. 25. ἐκάθισεν . . . ἐπὶ τῆς καθέδρας παρὰ τοῖχον (5)
25. 22. εἰ ὑπολείψομαι . . . οὐροῦντα πρὸς τοῖχον (5)
— 34. εἰ ὑπολειφθήσεται τῷ N. . . . οὐρῶν πρὸς τοῖχον (5)
II Ki. 5. 11. A ἀπέστειλε . . . τέκτονας λίθων τοίχου [B *om.*] (5)
III Ki. 4. 33 (5. 13). ἕως τῆς ὑσσώπου τῆς ἐκπορευομ. διὰ τοῦ τ. (5)
6. 5. B ἔδωκεν ἐπ' αὐτὸν [A R ἐπὶ τὸν] τοῖχον (5)
— 5. A σὺν τοίχοις τοῦ οἴκου (5)
— 6. ὅπως μὴ ἐπιλαμβάνωνται τῶν τ. τοῦ οἴκου (5)
— 15. ᾠκοδόμησε τοὺς τ. τοῦ οἴκου (5)
— 15. ἕως τῶν τ. καὶ ἕως τῶν δοκῶν (5)
— 16. ἀπ' ἄκρου τοῦ τ. †
— 27. ἥπτετο πτέρυξ μία τοῦ τ. (5)
— 27. ἥπτετο τοῦ τ. τοῦ δευτέρου (5)
— 29. πάντας τοὺς τ. τοῦ οἴκου . . . ἔγραψε (5)
12. 24 (*cf.* A 14. 10). B ἐξολεθρεύσω τοῦ 'Ιερ. οὐροῦντα πρὸς τοῖχον –
14. 10. A ἐξολεθρεύσω τοῦ 'Ιερ. οὐροῦντα πρὸς τοῖχον (5)
16. 11. A οὐχ ὑπέλειπεν αὐτῷ οὐροῦντα πρὸς τοῖχον (5)
20 (21). 21. ἐξολεθρεύσω τοῦ 'Αχ. οὐροῦντα πρὸς τοῖχον (5)
IV Ki. 3. 25. ἕως τοῦ καταλιπεῖν τοὺς λίθους τοῦ τ. καθῃρημένους (5)
9. 8. ἐξολεθρεύσεις τῷ οἴκῳ 'Αχ. οὐροῦντα πρὸς τοῖχον (5)
— 33. ἐρραντίσθη τοῦ αἵματος αὐ. πρὸς τὸν τ. (5)
20. 2. ἐπέστρεψεν 'Εζ. πρὸς τὸν τ. (5)
I Ch. 14. 1. A ἀπέστειλε X. . . . οἰκοδόμους τοίχων [B S *om.*] (5)
29. 4. ἐξαλιφῆναι ἐν αὐτοῖς τοὺς τ. τοῦ ἱεροῦ (5)
II Ch. 3. 7. ἐχρύσωσε . . . τοὺς τ. (5)
— 7. ἔγλυψε χερουβεὶν ἐπὶ τῶν τ. (5)
— 11. ἁπτομένη τοῦ τ. τοῦ οἴκου (5)
— 12. A ἁπτομένη τοῦ τ. τοῦ οἴκου (5)
— 15. ἐποίησεν ἔμπροσθεν τοῦ τ. στύλους δύο †
I Es. 6. 9. A R ξύλων τιθεμένων ἐν τοῖς τ. [B οἴκοις]
II Es. 5. 8. ξύλα ἐντίθεται ἐν τοῖς τ. (4 *b*)
To. 2. 9. παρὰ τὸν τ. τῆς αὐλῆς
— 10. στρουθία ἐν τῷ τ. ἐστί [S *al.*]
Jb. 33. 24. ὥσπερ ἀλοιφὴν ἐπὶ τοίχου –
Ps. 61 (62). 3. ὡς τοίχῳ κεκλιμένῳ καὶ φραγμῷ ὠσμένῳ (5)
Ca. 2. 9. οὗτος ὀπίσω [A ἕστηκεν ὀπ.] τοῦ τ. ἡμῶν (4 *a*)
Wi. 13. 15. ἐν τοίχῳ ἔθηκεν αὐτό
Si. 14. 24. πήξει πάσσαλον ἐν τοῖς τ. [S[1] οἴκοις] αὐτῆς
22. 17. ὡς κόσμος ψαμμωτὸς τοίχου ξυστοῦ [S[2] ξεστοῦ]
23. 18. οἱ [S[1] *om.*] τ. με καλύπτουσι
Am. 5. 19. καὶ ἀπερείσηται τὰς χεῖρας αὐ. ἐπὶ τὸν τ. (5)
Hb. 2. 11. λίθος ἐκ τοίχου βοήσεται (5)
Is. 5. 5. καθελῶ τὸν τ. [A[1] οἶκον] αὐτοῦ (1)
23. 13. ὁ τ. αὐτῆς πέπτωκεν †
25. 12. τὸ ὕψος τῆς καταφυγῆς τοῦ τ. ταπεινώσει (2)
29. 5. B ὡς κονιορτὸς ἀπὸ τοίχου [A S R τροχοῦ] †
38. 2. ἀπέστρεψεν 'Εζεκίας τὸ πρόσωπον αὐτοῦ πρὸς τὸν τ. (5)
59. 10. ψηλαφήσουσιν ὡς τυφλοὶ τοῖχον (5)
Ez. 4. 3. θήσεις αὐτὸ τοῖχον σιδηροῦν (5)
8. 7. A ὀπὴ μία ἐν τῷ τ. (5)
— 8. A ὄρυξον δὴ ἐν τῷ τ. [B *om.* δὴ ἐν τ. τ.] (5)
12. 5. διόρυξον σεαυτῷ εἰς τὸν τ. (5)
— 7. διώρυξα [A ὤρ.] ἐμαυτῷ τὸν τ. (5)
— 12. κεκρυμμένος ἐξελεύσεται διὰ τοῦ τ. (5)
13. 10. οὗτος οἰκοδομεῖ τοῖχον [A τὸν τ.] (3)
— 12. πέπτωκεν ὁ τ. (5)
— 14. κατασκάψω τὸν τ. (5)
— 15. συντελέσω τὸν θυμόν μου ἐπὶ τὸν τ. (5)
Ez. 13. 15. οὐκ ἔστιν ὁ τ. (5)
23. 14. εἶδεν ἄνδρας ἐζωγραφημένους ἐπὶ τοῦ τ. (5)
40. 13. ἀπὸ τοῦ τ. [A τείχους] τοῦ θεὲ ἐπὶ τὸν τ. τοῦ θεέ †, †
41. 5. διεμέτρησε τὸν τ. τοῦ οἴκου (5)
— 6. διάστημα ἐν τῷ τ. τοῦ οἴκου (5)
— 6. μὴ ἅπτωνται τῶν τ. τοῦ οἴκου (5)
— 7. κατὰ τὸ πρόσθεμα ἐκ τοῦ τ. [A οἴκου] †
— 9. εὖρος τοῦ τ. τῆς πλευρᾶς ἔξωθεν πηχῶν πέντε (5)
— 12. πλάτος τοῦ τ. τοῦ διορίζοντος πηχῶν πέντε (5)
— 13. οἱ τ. αὐτῶν μῆκος πηχῶν ἑκατόν (5)
— 15. A διεμέτρησε τὸν τ. [B δ. μῆκος] τοῦ διορίζοντος †
— 17. ἐφ' ὅλον τὸν τ. [A οἶκον] κύκλῳ (5)
— 22. οἱ τ. αὐτοῦ ξύλινοι (5)
43. 8. ἔδωκαν τὸν τ. μου ὡς συνεχόμενον ἐμοῦ καὶ αὐτῶν (5)
Da. LXX. 5. 1. ἐπέγραψαν ἐπὶ τοῦ τ. οἴκου αὐ. –
— 5. ἔγραψαν ἐπὶ τοῦ τ. τοῦ οἴκου αὐ. (4 *b*)
Da. TH. 5. 5. ἔγραφον . . . ἐπὶ τὸ κονίαμα τοῦ τ. (4 *b*)
[**Aq.** III Ki. 14. 10 : Is. 16. 7 : Je. 48 (31). 31 : Ez. 8. 8.]
[**Sm.** Je. 48 (31). 31 : Ez. 8. 10.]
[**Th.** III Ki. 6. 5 : Je. 48 (31). 36 : Ez. 8. 7, 10.]
[**Al.** Le. 1. 15 : Ez. 12. 5.]

τοκάς.

III Ki. 3. 1 (B): 4. 26 [5. 6] (A). τεσσαράκοντα χιλιάδες τ. ἵπποι [A -ων] †

τοκετός. (1) יָלַד

Ge. 35. 16. ἐδυστόκησεν ἐν τῷ τ. (1)
Jb. 39. 1. εἰ ἔγνως καιρὸν τοκετοῦ τραγελάφων πέτρας (1)
— 2. ἠρίθμησας δὲ μῆνας αὐτῶν πλήρεις τοκετοῦ (1)
Si. 23. 14. καὶ τὴν ἡμέραν τοῦ τ. σου καταράσῃ
[**Aq.**, **Sm.**, **Quint.** Ho. 9. 11.]
[**Th.** Jb. 39. 1 : Ho. 9. 11.]

τόκος. (1) לֵדָה (2) נְשִׁי (3) נֶשֶׁךְ (4) תֹּךְ

Ex. 22. 25 (24). οὐκ ἐπιθήσεις αὐτῷ τόκον (3)
Le. 25. 36. οὐ λήψῃ παρ' αὐτοῦ τόκον [A τὸ κακόν] (3)
— 37. τὸ ἀργ. σου οὐ δώσεις αὐτῷ ἐπὶ τόκῳ (3)
De. 23. 19 (20). οὐκ ἐκτοκιεῖς τῷ ἀδ. σου τόκον ἀργυρίου καὶ τόκον βρωμάτων καὶ τόκον παντὸς πράγματος (3 *ter*)
IV Ki. 4. 7. ἀποτίσεις τοὺς τ. σου (2)
Ps. 14 (15). 5. τὸ ἀργύριον αὐτοῦ οὐκ ἔδωκεν ἐπὶ τόκῳ (3)
54 (55). 11. A S[2] R οὐκ ἐξέλιπεν ἐκ τῶν πλατειῶν αὐτῆς τόκος [B S[1] κόπος] (4)
71 (72). 14. ἐκ τόκου καὶ ἐξ ἀδικίας λυτρώσεται τὰς ψυχὰς αὐτῶν (4)
Pr. 28. 8. ὁ πληθύνων τὸν πλοῦτον αὐτοῦ μετὰ τόκων (3)
Ho. 9. 11. αἱ δόξαι αὐ. ἐκ τόκων (1)
Je. 9. 6 (5). τ. ἐπὶ τόκῳ (†, 4)
Ez. 18. 8. τὸ ἀργύριον αὐτοῦ ἐπὶ τόκῳ οὐ δώσει (3)
— 13. μετὰ τόκου ἔδωκε (3)
— 17. τόκον οὐδὲ πλεονασμὸν οὐκ ἔλαβε (3)
22. 12. τόκον καὶ πλεονασμὸν ἐλαμβάνοσαν (3)
IV Ma. 2. 8. τοῖς δεομένοις δανείζων χωρὶς τόκων

τολμᾶν. (1) לָקַח (2) מָלֵא לֵב

Ju. 14. 13. ἐτόλμησαν οἱ δοῦλοι καταβαίνειν
Es. 1. 18. τολμήσουσιν [A -ωσιν] ὁμοίως ἀτιμάσαι τοὺς ἄνδρας αὐ. †
7. 5. ὅστις ἐτόλμησε ποιῆσαι τὸ πρᾶγμα τοῦτο (2)
Jb. 15. 12. τί ἐτόλμησεν ἡ καρδία σου (1)
II Ma. 4. 2. ἐπίβουλον τῶν πραγμάτων ἐτόλμα λέγειν
III Ma. 3. 21. R μύρια πράγματα τολμήσαντες [A *om.*] ἐξαλλοιῶσαι
IV Ma. 8. 18. τί . . . θανατηφόρον ἀπείθειαν τολμῶμεν
[**Aq.** Ec. 8. 11.]
[**Sm.** Jb. 39. 35 (40. 5) : Pr. 7. 13.]

τόλμη (-α?).

Ju. 16. 10. ἔφριξαν Πέρσαι τὴν τόλμαν [A -ην] αὐ.
Jb. 21. 27. τόλμῃ ἐπίκεισθέ μοι †
39. 20. δόξαν δὲ [A καὶ δόξῃ] στήθεων αὐτοῦ τόλμῃ [A -ην] †
II Ma. 8. 18. ὅπλοις πεποίθασιν ἅμα καὶ τόλμαις
III Ma. 6. 34. καὶ πυρόπνουν τόλμαν ἀκμαίως ἐσβεσμένοι

τολμηρός.

Si. 8. 15. μετὰ τολμηροῦ μὴ πορεύου ἐν ὁδῷ
19. 2. ὁ κολλώμενος πόρναις τολμηρότερος [S -ρὸς] ἔσται
— 3. ψυχὴ τολμηρὰ [S[1] -ᾶς] ἐξαρθήσεται

τολύπη. (1) פַּקֻּעָה

IV Ki. 4. 39. συνέλεξεν ἀπ' αὐτῆς τ. ἀγρίαν (1)

τομή. (1) זָמִיר

Jb. 15. 32 (31). ἡ τ. αὐτοῦ πρὸ ὥρας φθαρήσεται †
Ca. 2. 12. καιρὸς τῆς τ. ἔφθακε (1)
[**Aq.** Da. 9. 27.]
[**Sm.** Ps. 135 (136). 13 : Da. 9. 27.]

τομίς. (1) מְתַלְּעוֹת

Pr. 24. 37 (30. 14). καὶ τὰς μύλας τομίδας [A S στομίδας] (1)

τόμος. (1) גִּלָּיוֹן

I Es. 6. 23. A εὑρέθη . . . τόμος εἷς [B *al.*]
Is. 8. 1. λάβε σεαυτῷ τόμον [A *add.* χάρτου] καινοῦ (1)
[**Sm.** Je. 36 (43). 2, 4.]

τονθρυστής.

[**Aq.** Pr. 16. 28 : 26. 20, 22.]

τόνος.

IV Ma. 7. 13. S R λελυμένων μὲν ἤδη τῶν τοῦ σώματος τ. [A πόνων]

τοξεύειν. (1) יָרָה (2) יָרָה *a.* qal. *b.* hi.

II Ki. 11. 20. B[1] τοξεύσουσιν [A -εύουσιν, B[2] πληγήσεσθε] ἀπάνωθεν τοῦ τείχους (2 *b*)
— 24. ἐτόξευσαν οἱ τοξεύοντες πρὸς τοὺς παῖδάς σου (2 *b*, 2 *b*)
IV Ki. 13. 17. R τόξευσον καὶ ἐτόξευσε [A *al.*] (2 *a*, 2 *b*)
19. 32. οὐ τοξεύσει ἐκεῖ βέλος (2 *b*)
II Ch. 35. 23. ἐτόξευσαν οἱ τοξόται ἐπὶ βασιλέα 'I. (2 *b*)
Je. 27 (50). 14. τοξεύσατε ἐπ' αὐτήν (1)
[**Sm.** Is. 37. 33.]
[**Th.** Ex. 19. 13 : Is. 37. 33.]

τόξευμα. (1) חֵץ (2) קֶשֶׁת

Ge. 49. 23. ἐνεῖχον αὐτῷ κύριοι τοξευμάτων (1)
IV Ki. 9. 16. ἐθεραπεύετο ἐν τῷ 'I. ἀπὸ τῶν τ. –
Pr. 7. 23. ὡς ἔλαφος τοξεύματι πεπληγὼς εἰς τὸ ἧπαρ (1)
25. 18. ῥόπαλον καὶ μάχαιρα καὶ τόξευμα ἀκιδωτόν [A S[2] ἀκηλιδ.] (1)
Is. 7. 24. μετὰ βέλους καὶ τοξεύματος εἰσελεύσονται (2)
13. 18. τοξεύματα νεανίσκων συντρίψουσι (2)
21. 15. διὰ τὸ πλῆθος τῶν τ. τῶν διατεταμένων (2)
— 17. τὸ κατάλοιπον [S λ.] τῶν τ. τῶν ἰσχυρῶν υἱῶν Κηδὰρ ἔσται ὀλίγον (2)
Je. 27 (50). 14. μὴ φείσησθε ἐπὶ τοῖς τ. ὑμῶν (1)
28 (51). 11. παρασκευάζετε τὰ τ. (1)
Ez. 39. 3. ἀπολῶ . . . τὰ τ. σου ἀπὸ τῆς χε ις σου τῆς δεξιᾶς (1)
— 9. καύσουσιν ἐν τοῖς . . . τόξοις καὶ τοξεύμασι (1)
II Ma. 10. 30. τοξεύματα καὶ κεραυνοὺς ἐξερρίπτουν
[**Sm.** Ps. 59 (60). 6.]
[**Sam.** Ge. 49. 24.]

τοξικόν. (1) אֶשְׁנָב

Jd. 5. 28. παρέκυψε μήτηρ Σ. ἐκτὸς τοῦ τ. [A *al.*] (1 ?)
[**Sm.** Ez. 40. 16.]

τόξον. (1) אַשְׁפָּה (2) חֵץ (3) קֶשֶׁת

Ge. 9. 13. τὸ τ. μου τίθημι ἐν τῇ νεφέλῃ (3)
— 14. ὀφθήσεται τὸ τ. μου ἐν τῇ νεφέλῃ (3)
— 16. ἔσται τὸ τ. μου ἐν τῇ νεφέλῃ (3)
21. 16. ὡσεὶ τόξου βολήν (3)
27. 3. λάβε τὸ σκεῦος τήν τε φαρέτραν καὶ τὸ τ. (3)
48. 22. ἣν ἔλαβον . . . ἐν μαχαίρᾳ μου καὶ τόξῳ (3)
49. 24. συνετρίβη μετὰ κράτους τὰ τ. αὐ. (3)
Jo. 24. 12. οὐκ ἐν τῇ ῥομφαίᾳ σου οὐδὲ ἐν τῷ τ. σου (3)
I Ki. 2. 4. τόξον δυνατῶν ἠσθένησε (3)

I Ki. 18. 4. A καὶ ἕως τοῦ τ. αὐ. (3)
II Ki. 1. 18. A τοῦ διδάξαι τοὺς υἱοὺς Ἰσρ. τόξον [B *al.*] (3)
— 22. τόξον [A^1 -ων] Ἰων. οὐκ ἀπεστράφη κενόν (3)
22. 35. κατάξας τ. χαλκοῦν ἐν βραχίονί μου (3)
III Ki. 22. 34. ἐπέτεινεν εἰς τὸ [A *om.*] τ. (3)
IV Ki. 6. 22. οὓς ᾐχμαλώτευσας ἐν . . . τόξῳ σου (3)
9. 24. ἔπλησεν Ἰ. τὴν χεῖρα αὐ. ἐν τῷ τ. (3)
13. 15. λάβε τόξον καὶ βέλη (3)
— 15. ἔλαβε πρὸς αὐτὸν τόξον καὶ βέλη (3)
— 16. ἐπιβίβασον τὴν χεῖρά σου ἐπὶ τὸ [A *om.*] τ. (3)
— 16. A ἐπεβίβασεν Ἰ. τὴν χεῖρα αὐ. ἐπὶ τὸ τ. [B *om.* ἐ. τὸ τ.] –
— 18. λάβε τόξα (2)
I Ch. 5. 18. ἄνδρες . . . τείνοντες τόξον (3)
8. 40. ἦσαν υἱοὶ Αἰ. . . . τείνοντες τόξον (3)
10. 3. εὗρον αὐτοὺς οἱ τοξόται ἐν τόξοις [A S τοῖς τ.] (3)
— 3. καὶ ἐπόνεσαν ἀπὸ τῶν τ. †
12. 2. καὶ τόξῳ [S ἐν τ.] ἐκ δεξιῶν (3)
— 2. καὶ σφενδονῆται ἐν λίθοις καὶ τόξοις (2+3)
II Ch. 18. 33. ἀνὴρ ἔτεινε τόξον εὐστόχως (3)
26. 14. καὶ τόξα καὶ σφενδόνας εἰς λίθους (3)
Ne. 4. 13 (7). λόγχας αὐ. καὶ τόξα [S^2 τὰ τ.] αὐ. (3)
— 16 (10). καὶ τὰ τ. καὶ οἱ θώρακες (3)
Ju. 9. 7. ἤλπισαν . . . ἐν . . . τόξῳ
Jb. 20. 24. τρώσαι αὐτὸν τόξον χάλκειον (3)
29. 20. τὸ τ. μου ἐν χειρὶ αὐτοῦ πορεύεται (3)
36. 30. A ἐκτενεῖ ἐπ' αὐτὴν τὸ τ. [B S^1 ᾗ ᾠδή, S^2 R ᾐδῶ] †
39. 23. ἐπ' αὐτῷ γαυριᾷ τόξον (1)
41. 19 (20). οὐ μὴ τρώσῃ αὐτὸν τόξον χάλκεον [A *om.* τ. χ.] (3)
Ps. 7. 12. τὸ τ. αὐτοῦ ἐνέτεινε (3)
10 (11). 3. οἱ ἁμαρτωλοὶ ἐνέτειναν τόξον (3)
17 (18). 34. ἔθου τόξον χαλκοῦν τοὺς βραχίονάς μου (3)
36 (37). 14. ἐνέτειναν τόξον αὐτῶν (3)
— 15. τὰ τ. αὐτῶν συντριβείη [B S^1 -ησαν] (3)
43 (44). 6. οὐ γὰρ ἐπὶ τῷ τ. μου ἐλπιῶ (3)
45 (46). 9. τόξον συντρίψει (3)
57 (58). 7. ἐντενεῖ τὸ τ. αὐτοῦ (2)
59 (60). 4. τοῦ φυγεῖν ἀπὸ προσώπου τόξου †
63 (64). 3. ἐνέτειναν τόξον πρᾶγμα πικρόν (2)
75 (76). 3. ἐκεῖ συνέτριψε τὰ κράτη τῶν τ. (3)
77 (78). 9. B^2 S R υἱοὶ Ἐφραὶμ ἐντείνοντες καὶ βάλλοντες τόξοις [B^1 R -ον] (3)
— 57. μετεστράφησαν εἰς τόξον στρεβλόν (3)
Wi. 5. 21. ὡς ἀπὸ εὐκύκλου τ. τῶν νεφῶν
Si. 43. 11. ἴδε τόξον
50. 7. AR ὡς τόξον φωτίζον [BS -ων] ἐν νεφέλαις δόξης
Ho. 1. 5. συντρίψω τὸ τ. τοῦ Ἰσρ. (3)
— 7. οὐ σώσω αὐτοὺς ἐν τόξῳ (3)
2. 18 (20). τόξον . . . συντρίψω ἀπὸ τῆς γῆς (3)
7. 16. ἐγένοντο ὡς τ. ἐντεταμένον (3)
Hb. 3. 9. ἐνέτεινας τόξον [A S^2 τὸ τ.] σου (3)
Za. 9. 10. S^1 ἐξολεθρευθήσεται τόξον [A B S^2 -θρεύσει ἅρματα] ἐξ Ἐφρ. †
— 10. ἐξολεθρεύσεται τ. πολεμικόν (3)
— 13. ἐνέτεινά σε, Ἰούδα, ἐμαυτῷ τόξον [A εἰς τ.] (3)
10. 4. καὶ ἀπ' αὐτοῦ τόξον [A τὸ τ.] ἐν θυμῷ (3)
Is. 5. 28. τὰ τ. αὐ. ἐντεταμένα (3)
41. 2. ὡς φρύγανα ἐξωσμένα τὰ τ. αὐτῶν (3)
Je. 4. 29. ἀπὸ φωνῆς ἱππέως καὶ ἐντεταμένου τόξου (3)
6. 23. τ. καὶ ζιβύνην κρατήσουσιν (3)
9. 3 (2). ἐνέτειναν τὴν γλῶσσαν αὐτῶν ὡς τ. [A -ος] (3)
25. 14 (49. 35). συνετρίβη τὸ [S *om.*] τ. Αἰλάμ (3)
26 (46). 9. ἐντείνατε τ. (3)
27 (50). 14. πάντες τείνοντες τόξον (3)
— 29. παντὶ ἐντείνοντι τόξον (3)
— 42. τ. καὶ ἐγχειρίδιον ἔχοντες (3)
28 (51). 3. τεινέτω ὁ τείνων τὸ τ. αὐτοῦ (3)
— 56. ἐπτόηται τὸ τ. αὐ. (3)
La. 2. 4. ἐνέτεινε τ. αὐτοῦ ὡς ἐχθρός (3)
3. 12. ἐνέτεινε τ. αὐτοῦ (3)
Ez. 1. 28. A^{2}B τὸ φέγγος αὐτοῦ κύκλῳ ὡς ὅρασις τόξου (3)
Ez. 39. 3. ἀπολῶ τὸ τ. σου ἀπὸ [A ἐκ] τῆς χειρός σου (3)
— 9. καύσουσιν ἐν τοῖς . . . τ. καὶ τοξεύμασι (3)
[**Aq.** II Ki. 1. 18 : Is. 7. 24 : Je. 50 (27). 42 : 51 (28). 56.]
[**Sm.** II Ki. 1. 18 : Ps. 57 (58). 8 : 63 (64). 4 : Je. 50 (27). 42.]
[**Th.** I Ki. 31. 3 : II Ki. 1. 18 : Ps. 56 (57). 5.]
[**Al.** Hb. 3. 9.]

τοξότης. (1) יָרָה *a.* qal. *b.* hi. (2) *a.* רֹבֶה קַשָּׁת *b.* בַּקֶּשֶׁת *c.* דֹּרֵךְ קֶשֶׁת *d.* נֹשֵׁק קֶשֶׁת *e.* תֹּפֵשׂ הַקֶּשֶׁת

Ge. 21. 20. ἐγένετο δὲ τοξότης (2 *a*)
I Ki. 31. 3. εὑρίσκουσιν αὐτὸν οἱ ἀκοντισταὶ ἄνδρες τ. (2 *b*)
I Ch. 10. 3. εὗρον αὐτοὺς οἱ τ. (1 *b*)
II Ch. 14. 8 (7). ἐν γῇ Βεν. . . . τοξόται (2 *c*)
17. 17. καὶ μετ' αὐτοῦ τοξόται (2 *d*)
22. 5. ἐπάταξαν οἱ τ. τὸν Ἰ. †
35. 23. ἐτόξευσαν οἱ τ. ἐπὶ βασιλέα Ἰωσ. (1 *a*)
Ju. 2. 15. ἠρίθμησεν . . . ἱππεῖς τ. μυρίους δισχιλίους
Am. 2. 15. A^{2}B ὁ τ. οὐ μὴ ὑποστῇ (2 *e*)
I Ma. 9. 11. οἱ τ. προεπορεύοντο τῆς δυνάμεως
[**Sm.** Jb. 41. 20.]
[**Th.** I Ki. 31. 3.]

τοπάζιον. (1) פָּז (2) פִּטְדָה

Ex. 28. 17. σάρδιον τοπάζιον καὶ σμάραγδος (2)
36. 17 (39. 10). σάρδιον καὶ τοπάζιον καὶ σμάραγδος (2)
Jb. 28. 19. οὐκ ἰσωθήσεται αὐτῇ τοπάζιον Αἰθ. (2)
Ps. 118 (119). 127. ἠγάπησα τὰς ἐντολάς σου ὑπὲρ τὸ χρυσίον καὶ τοπάζιον (1)
Ez. 28. 13. ἐνδέδεσαι σάρδιον καὶ τ. (2)

τοπάρχης. (1) אֲחַשְׁדַּרְפְּנִים (2) סְגַן (3) פֶּחָה (4) פָּקִיד

Ge. 41. 34. καταστησάτω τοπάρχας ἐπὶ τῆς γῆς (4)
IV Ki. 18. 24. πῶς ἀποστρέψεις τὸ πρόσωπον τ. ἑνός (3)
I Es. 3. 2. πᾶσι τοῖς σατράπαις καὶ στρατηγοῖς καὶ τ.
— 14. ἐκάλεσε πάντας τοὺς . . . τ.
4. 47. πρὸς πάντας τοὺς οἰκονόμους καὶ τ.
— 48. καὶ πᾶσι τοῖς τ. ἐν κοίλῃ Συρίᾳ
— 49. πάντα δυνατὸν . . . καὶ τ. . . . μὴ ἐπελεύσεσθαι
Es. 3. 13. τοῖς . . . τ. ὑποτεταγμένοις τάδε γράφει
Is. 36. 9. ἀποστρέψαι εἰς πρόσωπον τῶν τ. [A S^3 τοπάρχου ἑνός] (3)
Da. LXX. 3. 2. ἐπισυναγαγεῖν . . . τοπάρχας καὶ ὑπάτους (3)
— 3. τότε συνήχθησαν . . . τοπάρχαι (3)
— 27 (94). καὶ συνήχθησαν . . . τοπάρχαι (2)
Da. TH. 3. 2. ἀπέστειλε συναγαγεῖν . . . τοὺς τ. (3)
— 3. καὶ συνήχθησαν οἱ τ. (1)
— 3. A καὶ συνήχθησαν οἱ τ. –
— 27 (94). συνάγονται . . . οἱ τ. (3)
6. 7 (8). συνεβουλεύσαντο πάντες . . . τοπάρχαι (3)
[**Th.** Da. 3. 2.]

τοπαρχία.

I Ma. 11. 28. καὶ τὰς τρεῖς τ. [S^1 *al.*]
[**Al.** II Ch. 13. 19.]

τόπος. (1) אֲתַר (2) בַּיִת (3) יָד (4) כֵּן (5) כַּר (6) מָכוֹן (7) מָעוֹן (8) מָקוֹם (9) נָאָה (10) נָוֶה (11) נַחֲלָה (12) *a.* סָךְ *b.* סֹךְ (13) עֹמֶד (14) ἐπὶ (τοῦ) τ. תַּחַת (15) ὁ τ. τοῦ θρόνου מַלְכוּ (16) τ. ὅθεν γίνεται מוֹצָא (17) ἔρημος τ. מִדְבָּר (18) ποιεῖν τόπον נָגַשׁ

Ge. 12. 6. διώδευσεν . . . ἕως τοῦ τ. Σ. (8)
13. 3. ἐπορεύθη . . . ἕως τοῦ τ. (8)
— 4. εἰς τὸν τ. τοῦ θυσιαστηρίου (8)
— 14. ἴδε ἀπὸ τοῦ τ. οὗ νῦν σὺ εἶ (8)
18. 24. οὐκ ἀνήσεις τὸν τ. (8)
— 26. ἀφήσω πάντα τὸν τ. δι' αὐτούς (8)
— 33. Ἀβ. ἀπέστρεψεν εἰς τὸν τ. αὐ. (8)
19. 12. ἐξάγαγε ἐκ τοῦ τ. τούτου (8)
— 13. ἀπόλλυμεν ἡμεῖς τὸν τ. τοῦτον (8)
Ge. 19. 14. ἐξέλθατε ἐκ τοῦ τ. τούτου (8)
— 27. ὤρθρισε δὲ Ἀβ. τὸ πρωὶ εἰς τὸν τ. (8)
20. 11. οὐκ ἔστι θεοσέβεια ἐν τῷ τ. τούτῳ (8)
— 13. εἰς πάντα τ. οὗ ἐὰν εἰσέλθωμεν ἐκεῖ (8)
21. 17. ἐκ τοῦ τ. οὗ ἦν –
— 17. ἐκ τοῦ τ. οὗ ἐστίν –
— 31. ἐπωνόμασε τὸ ὄνομα τοῦ τ. ἐκείνου (8)
22. 3. ἦλθεν ἐπὶ τὸν τ. (8)
— 4. ἴδε τὸν τ. μακρόθεν (8)
— 9. ἦλθον ἐπὶ τὸν τ. (8)
— 14. ἐκάλεσεν Ἀβ. τὸ ὄνομα τοῦ τ. ἐκείνου (8)
24. 23. εἰ ἔστι . . . τόπος ἡμῖν καταλῦσαι (8)
— 25. καὶ τόπος τοῦ καταλῦσαι (8)
— 31. ἡτοίμασα . . . τόπον ταῖς καμήλοις (8)
26. 7. ἐπηρώτησαν δὲ οἱ ἄνδρες τοῦ τ. (8)
— 7. μή ποτε ἀποκτείνωσιν αὐτὸν οἱ ἄνδρες τοῦ τ. (8)
28. 11. ἀπήντησε τόπῳ (8)
— 11. ἔλαβεν ἀπὸ τῶν λίθων τοῦ τ. (8)
— 11. ἐκοιμήθη ἐν τῷ τ. ἐκείνῳ (8)
— 16. ἔστι κύριος ἐν τῷ τ. τούτῳ (8)
— 17. ὡς φοβερὸς ὁ τ. οὗτος (8)
— 19. ἐκάλεσεν Ἰ. τὸ ὄνομα τοῦ τ. ἐκείνου (8)
29. 3. ἀπεκαθίστων τὸν λίθον . . . εἰς τὸν τ. αὐ. (8)
— 22. συνήγαγε δὲ Λ. πάντας τοὺς ἄνδρας τοῦ τ. (8)
— 26. οὐκ ἔστιν οὕτως ἐν τῷ τ. ἡμῶν (8)
30. 25. ἵνα ἀπέλθω εἰς τὸν τ. μου (8)
31. 13. ὁ ὀφθείς σοι ἐν τῷ τ. †
— 55 (32. 1). ἀπῆλθεν εἰς τὸν τ. αὐ. (8)
32. 2 (3). ἐκάλεσε τὸ ὄνομα τοῦ τ. ἐκείνου (8)
— 30 (31). ἐκάλεσεν Ἰ. τὸ ὄνομα τοῦ τ. ἐκείνου (8)
33. 17. ἐκάλεσε τὸ ὄνομα τοῦ τ. ἐκείνου (8)
35. 1. ἀνάβηθι εἰς τὸν τ. Β. –
— 7. ἐκάλεσε τὸ ὄνομα τοῦ τ. Β. (8)
— 13. ἀνέβη δὲ ὁ θ. ἀπ' αὐτοῦ ἐκ τοῦ τ. (8)
— 14. ἐν τῷ τ. ᾧ ἐλάλησε μετ' αὐτοῦ (8)
— 15. ἐκάλεσεν Ἰ. τὸ ὄνομα τοῦ τ. (8)
36. 40. ἐν ταῖς φυλαῖς αὐ. κατὰ τόπον αὐτῶν (8)
38. 21. ἐπηρώτησε δὲ τοὺς ἄνδρας τοὺς ἐπὶ τοῦ τ. (8)
— 22. οἱ ἄνθρωποι οἱ ἐκ τοῦ τ. λέγουσι (8)
39. 20. εἰς τὸν τ. ἐν ᾧ οἱ δεσμῶται τοῦ βασ. κατέχονται (8)
40. 3. εἰς τὸν τ. οὗ Ἰ. ἀπῆκτο ἐκεῖ (8)
50. 11. A ἐκάλεσε τὸ ὄνομα τοῦ τ. ἐκείνου [B *al.*] †
Ex. 3. 5. ὁ γὰρ τ. ἐν ᾧ σὺ ἕστηκας (8)
— 8. εἰς τὸν τ. τῶν Χαναναίων (8)
15. 23. ἐπωνόμασε τὸ ὄνομα τοῦ τ. ἐκείνου †
16. 29. μηδεὶς ἐκπορευέσθω ἐκ τοῦ τ. [A οἴκου] αὐ. (8)
17. 7. ἐπωνόμασε τὸ ὄνομα τοῦ τ. ἐκείνου (8)
— 15. A ἐπωνόμασε τὸ ὄνομα τοῦ τ. [B ὄν. αὐ.] †
18. 23. εἰς τὸν ἑαυτοῦ τ. μετ' εἰρήνης ἥξει (8)
20. 24. ἐν παντὶ τ. οὗ ἐὰν ἐπονομάσω (8)
21. 13. δώσω σοι τόπον (8)
24. 10. εἶδον τὸν τ. οὗ εἱστήκει ὁ θ. τοῦ Ἰσρ. –
— 11. ὤφθησαν ἐν τῷ τ. τοῦ θεοῦ –
29. 31. ἑψήσεις τὰ κρέα ἐν τ. ἁγίῳ (8)
32. 34. εἰς τὸν τ. ὃν εἶπά σοι –
33. 21. ἰδοὺ τόπος παρ' ἐμοί (8)
Le. 1. 16. ἐκβαλεῖ αὐτὸ . . . εἰς τὸν τ. τῆς σποδοῦ (8)
4. 12. ἐξοίσουσιν . . . εἰς τ. καθαρόν (8)
— 24. σφάξουσιν αὐτὸ ἐν τόπῳ (8)
— 29, 33. ἐν τόπῳ οὗ σφάζουσι τὰ ὁλοκαυτώματα (8)
6. 11 (4). ἐξοίσει τὴν κατακάρπωσιν . . . εἰς τ. καθαρόν (8)
— 16 (9). ἄζυμα βρωθήσεται ἐν τ. ἁγίῳ (8)
— 25 (18). ἐν τόπῳ οὗ σφάζουσι τὸ ὁλοκαύτωμα (8)
— 26 (19). ἐν τ. ἁγίῳ βρωθήσεται (8)
— 27 (20). πλυθήσεται ἐν τ. ἁγίῳ (8)
— 30 (23). A ἐξιλάσασθαι ἐν τ. [B ἐν τῷ] ἁγίῳ –
— 32 (7. 2). ἐν τόπῳ οὗ σφάζουσι τὸ ὁλοκαύτωμα (8)
— 36 (7. 6). ἐν τ. ἁγίῳ ἔδονται αὐτά (8)
8. 31. ἑψήσατε τὰ κρέα . . . ἐν τ. ἁγίῳ –
10. 13. φάγεσθε αὐτὴν ἐν τ. ἁγίῳ (8)
— 14. τὸ στηθύνιον . . . φάγεσθε ἐν τ. ἁγίῳ (8)
— 17. διὰ τί οὐκ ἐφάγετε τὸ περὶ τῆς ἁμαρτίας ἐν τ. ἁγίῳ (8)
— 18. φάγεσθε αὐτὸ ἐν τ. ἁγίῳ –
13. 19. καὶ γένηται ἐν τῷ τ. τοῦ ἕλκους οὐλὴ λευκή (8)
14. 13. ἐν τόπῳ οὗ σφάζουσι τὰ ὁλοκαυτώματα . . . ἐν τ. ἁγίῳ (8, 8)

Le. 14. 17. ἐπὶ τὸν τ. τοῦ αἵματος τοῦ τῆς πλημμελείας –
— 28. ἐπὶ τὸν τ. τοῦ αἵματος τοῦ τῆς πλημμελείας (8)
— 40. ἐκβαλοῦσιν αὐτοὺς . . . εἰς τ. ἀκάθαρτον (8)
— 41. ἐκχεοῦσι τὸν χοῦν . . . εἰς τ. ἀκάθαρτον (8)
— 45. πάντα τὸν χοῦν ἐξοίσουσιν . . . εἰς τ. ἀκάθαρτον (8)
16. 24. λούσεται τὸ σῶμα αὐ. ὕδατι ἐν τ. ἁγίῳ (8)
24. 9. φάγονται αὐτὰ ἐν τ. ἁγίῳ (8)
Nu. 9. 17. ἐν τῷ τ. οὗ ἂν ἔστη ἡ νεφέλη (8)
10. 29. ἐξαίρομεν ἡμεῖς εἰς τὸν τ. (8)
11. 3, 34. ἐκλήθη τὸ ὄνομα τοῦ τ. ἐκείνου (8)
13. 25 (24). τὸν τ. ἐκεῖνον ἐπωνόμασαν (8)
14. 40. ἀναβησόμεθα εἰς τὸν τ. (8)
18. 31. ἔδεσθε αὐτὸ ἐν παντὶ τ. (8)
19. 3. ἐξάξουσιν αὐτὴν . . . εἰς τ. καθαρόν –
— 9. ἀποθήσει ἔξω . . . εἰς τ. καθαρόν (8)
20. 5. B¹ παραγενέσθαι εἰς τὸν τ. [A B² R *add.* τὸν πον.] τ. (8)
— 5. τόπος οὗ οὐ σπείρεται (8)
21. 3. ἐπεκάλεσαν τὸ ὄνομα τοῦ τ. ἐκ. (8)
22. 26. ὑπέστη ἐν τ. στενῷ (8)
23. 13. δεῦρο ἔτι μετ' ἐμοῦ εἰς τ. ἄλλον (8)
— 27. παραλάβω σε εἰς τ. ἄλλον (8)
24. 11. φεῦγε εἰς τὸν τ. σου (8)
— 14. ἀποτρέχω εἰς τὸν τ. μου †
— 25. ἀποστραφεὶς εἰς τὸν τ. αὐ. (8)
32. 1. ἦν ὁ τ. τόπος κτήνεσι (8, 8)
— 17. ἕως ἂν ἀγάγωμεν αὐτοὺς εἰς τὸν ἑαυτῶν τ. (8)
De. 1. 31. ἕως ἤλθετε εἰς τὸν τ. τοῦτον (8)
— 33. ἐκλέγεσθαι ὑμῖν τόπον (8)
7. 24. ἀπολεῖται τὸ ὄνομα αὐ. ἐκ τοῦ τ. ἐκ. †
9. 7. ἤλθετε εἰς τὸν τ. τοῦτον (8)
11. 5. ἕως ἤλθετε εἰς τὸν τ. τοῦτον (8)
— 24. πάντα τὸν τ. οὗ ἐὰν πατήσῃ τὸ ἴχνος (8)
12. 2. ἀπολεῖτε πάντας τοὺς τ. [A π. τὰ ἔθνη] (8)
— 3. ἀπολεῖται τὸ ὄνομα αὐ. ἐκ τοῦ τ. ἐκ. (8)
— 5. εἰς τὸν τ. ὃν ἂν ἐκλέξηται κ. ὁ θεός σου (8)
— 11. ὁ τ. ὃν ἂν ἐκλέξηται κ. ὁ θεός σου (8)
— 13. μὴ ἀνενέγκῃς τὰ ὁλοκαυτώματά σου ἐν παντὶ τ. (8)
— 14. εἰς τὸν τ. ὃν ἂν ἐκλέξηται κ. ὁ θεός σου (8)
— 18. φάγῃ αὐτὸ ἐν τῷ τ. (8)
— 21. ἐὰν δὲ μακρὰν ἀπέχῃ σου ὁ τ. (8)
— 26. ἥξεις εἰς τὸν τ. (8)
14. 23. καὶ φάγῃ αὐτὸ ἐν τῷ [A *om.*] τ. (8)
— 24. ὅτι μακρὰν ἀπὸ σοῦ ὁ τ. (8)
— 25. πορεύσῃ εἰς τὸν τ. (8)
15. 20 : 16. 2. ἐν τῷ τ. ᾧ ἐὰν ἐκλέξηται κ. ὁ θεός σου (8)
16. 6. εἰς τὸν τ. ὃν ἐὰν ἐκλέξηται κ. ὁ θ. σου (8)
— 7. καὶ φάγῃ ἐν τῷ τ. (8)
— 11, 15. ἐν τῷ τ. ᾧ ἐὰν ἐκλέξηται κ. ὁ θεός σου (8)
— 16. ἐν τῷ τ. ᾧ ἐὰν ἐκλέξηται αὐτὸν κύριος (8)
17. 8. ἀναβήσῃ εἰς τὸν τ. (8)
— 10. ἐκ τοῦ τ. οὗ ἂν ἐκλέξηται κ. ὁ θεός σου (8)
18. 6. εἰς τὸν τ. ὃν ἂν ἐκλέξηται (8)
21. 19. καὶ ἐπὶ τὴν πύλην τοῦ τ. [A τῆς πόλεως αὐ.] (8)
23. 12 (13). **A B² R** τόπος ἔσται σοι ἔξω τῆς παρεμβολῆς (3)
— 16 (17). **A** κατοικήσει ἐν παντὶ τ. [B *al.*] (8)
26. 2. πορεύσῃ εἰς τὸν τ. (8)
— 9. εἰσήγαγεν ἡμᾶς εἰς τὸν τ. τοῦτον (8)
29. 7 (6). ἤλθετε ἕως τοῦ τ. τούτου (8)
31. 11. ἐν τῷ τ. ᾧ ἂν ἐκλέξηται κύριος (8)
Jo. 1. 3. πᾶς ὁ τ. ἐφ' ὃν ἂν ἐπιβῆτε (8)
— 16. εἰς πάντα τ. . . . πορευσόμεθα –
3. 3. ἀπαρεῖτε ἀπὸ τῶν τ. ὑμῶν (8)
4. 9. ἔστησε δὲ Ἰ. καὶ ἄλλους δώδεκα λίθους . . . ἐν τῷ γενομ. τ. –
5. 3. ἐπὶ τοῦ καλουμ. τ. Βουνὸς τῶν ἀκροβυστιῶν –
— 8 (9). ἐκάλεσε τὸ ὄνομα τοῦ τ. ἐκ. Γάλγαλα (8)
— 15. ὁ γὰρ τ. ἐφ' ᾧ νῦν ἕστηκας . . . ἅγιός ἐστι (8)
8. 18. τὰ ἔνεδρα ἐξαναστήσονται . . . ἐκ τοῦ τ. αὐ. –
— 19. τὰ ἔνεδρα ἐξανέστησαν . . . ἐκ τοῦ τ. αὐ. (8)
9. 27. εἰς τὸν τ. ὃν ἂν ἐκλέξηται κύριος (8)
20. 4. **A** δώσουσιν αὐτῷ τόπον (8)
24. 28. ἐπορεύθησαν ἕκαστος εἰς τὸν τ. αὐ. (11)
— 33. ἀπῆλθοσαν ἕκαστος εἰς τὸν τ. αὐ. –
Jd. 2. 5. ἐπωνόμασαν τὸ ὄνομα τοῦ τ. ἐκείνου (8)
7. 7. πορεύσονται ἀνὴρ εἰς τὸν τ. αὐ. (8)

Jd. 9. 55. ἐπορεύθησαν ἀνὴρ εἰς τὸν τ. αὐ. (8)
11. 19. παρέλθωμεν δὴ . . . ἕως τοῦ τ. ἡμῶν (8)
15. 17. ἐκάλεσε τὸν τ. ἐκεῖνον (8)
17. 8. ἐν ᾧ ἐὰν εὕρῃ τόπῳ [A *al.*] –
— 9. ἐν ᾧ ἐὰν εὕρω τόπῳ [A *al.*] –
18. 3. τί ποιεῖς ἐν τῷ τ. τούτῳ [A π. ἐνταῦθα] –
— 10. τόπος ὅπου οὐκ ἔστιν ἐκεῖ ὑστέρημα (8)
— 12. ἐκλήθη ἐν [A *om.*] ἐκείνῳ τῷ τ. (8)
19. 13. ἐγγίσωμεν ἑνὶ τῶν τ. (8)
— 16. καὶ οἱ ἄνδρες τοῦ τ. υἱοὶ Βεν. (8)
— 21. τόπον ἐποίησε τοῖς ὄνοις [A *al.*] †
— 28. ἐπορεύθη εἰς τὸν τ. αὐ. (8)
20. 22. προσέθηκαν συνάψαι παράταξιν ἐν τῷ τ. [A *al.*] (8)
— 33. πᾶς ἀνὴρ ἀνέστη ἐκ τοῦ τ. αὐ. (8)
— 33. τὸ ἔνεδρον Ἰσρ. ἐπήρχετο ἐκ τοῦ τ. αὐ. (8)
— 36. ἔδωκεν ἀνὴρ Ἰσρ. τόπον τῷ Βεν. (8)
Ru. 1. 7. ἐξῆλθεν ἐκ τοῦ τ. (8)
3. 4. γνώσῃ τὸν τ. (8)
I Ki. 2. 20. ἀπῆλθεν ὁ ἄνθρωπος εἰς τὸν τ. αὐ. (8)
3. 2. Ἡ. ἐκάθευδεν ἐν τῷ τ. αὐ. (8)
— 9. ἐκοιμήθη ἐν τῷ τ. αὐ. (8)
5. 3. κατέστησαν εἰς τὸν τ. αὐ. (8)
— 11. καθισάτω εἰς τὸν τ. αὐ. (8)
6. 2. ἐν τίνι ἀποστελοῦμεν αὐτὴν εἰς τὸν τ. αὐ. (8)
9. 22. ἔθετο αὐτοῖς ἐκεῖ τόπον ἐν πρώτοις (8)
10. 25. ἀπῆλθεν ἕκαστος εἰς τὸν τ. αὐ. (2)
12. 8. κατῴκισεν αὐτοὺς ἐν τῷ τ. τούτῳ (8)
14. 46. ἀπῆλθον εἰς τὸν τ. αὐ. (8)
20. 19. ἥξεις εἰς τὸν τ. σου (8)
— 25. ἐπεσκέπη ὁ τ. Δ. (8)
— 27. ἐπεσκέπη ὁ τ. τοῦ Δ. (8)
— 37. ἦλθε τὸ παιδάριον ἕως τοῦ τ. τῆς σχίζης (8)
21. 2 (3). ἐν τῷ τ. τῷ λεγομ. Θεοῦ πίστις (8)
22. 23. οὗ ἐὰν ζητῶ τῇ ψυχῇ μου τόπον –
23. 22. γνῶτε τὸν τ. αὐ. (8)
— 23. **A** ἐκ πάντων τῶν τ. ὅπου κρύβεται †
— 28. ἐπεκλήθη ὁ τ. ἐκεῖνος (8)
24. 23. ἀπῆλθε Σ. εἰς τὸν τ. αὐ. (2)
26. 5. εἰσπορεύεται εἰς τὸν τ. (8)
— 25. **B** ἀπῆλθε Δ. εἰς τὸν τ. [A R τὴν ὁδὸν] αὐ. †
— 25. **A R** Σ. ἀνέστρεψεν εἰς τὸν τ. [B τὴν ὁδὸν] αὐ. (8)
27. 5. δότωσαν δή μοι τόπον (8)
29. 4. **B** ἀπόστρεψον τὸν ἄνδρα εἰς τὸν τ. αὐ. [A R *al.*] (8)
— 10. πορεύεσθε εἰς τὸν τ. –
30. 31. καὶ πάντας τοὺς τ. οὓς διῆλθε Δ. ἐκεῖ (8)
II Ki. 2. 16. ἐκλήθη τὸ ὄνομα τοῦ τ. ἐκείνου (8)
— 23. πᾶς ὁ ἐρχόμενος ἕως τοῦ τ. (8)
5. 20. ἐκλήθη τὸ ὄνομα τοῦ τ. ἐκείνου (8)
6. 8. ἐκλήθη ὁ τ. ἐκεῖνος Διακοπὴ Ὀ. (8)
— 17. ἀνέθηκαν αὐτὴν εἰς τὸν τ. αὐ. (8)
7. 10. θήσομαι τόπον τῷ λαῷ μου (8)
11. 16. ἔθηκε τὸν Οὐρ. εἰς τὸν τ. (8)
15. 19. μετῴκηκας σὺ ἐκ τοῦ τ. σου (8)
— 20. **B** μεταναστήσεις τὸν τ. σου –
— 21. εἰς τὸν τ. οὗ ἐὰν ᾖ ὁ κύριός μου (8)
— 25. **A** καθισάτω εἰς τὸν τ. αὐ. –
17. 9. κέκρυπται . . . ἐν ἑνὶ τῶν τ. (8)
— 12. ἥξομεν πρὸς αὐτὸν εἰς ἕνα τῶν τ. (8)
19. 39 (40). ἐπέστρεψεν εἰς τὸν τ. αὐ. (8)
III Ki. 4. 28 (5. 8). ἦρον [A ἦγον] εἰς τὸν τ. (8)
5. 9 (23). ἕως τοῦ τ. οὗ ἐὰν ἀποστείλῃς πρός με (8)
8. 6. εἰσφέρουσιν οἱ ἱ. τὴν κιβωτὸν εἰς τὸν τ. αὐ. (8)
— 7. τὰ χερ. διαπεπετασμένα . . . ἐπὶ τὸν τ. τῆς κιβ. (8)
— 21. ἐθέμην ἐκεῖ τόπον τῇ κιβωτῷ (8)
— 29. εἰς τὸν τ. ὃν εἶπας (8)
— 29. ἧς προσεύχεται ὁ δοῦλός σου εἰς τὸν τ. τοῦτον (8)
— 30. ἃ ἂν προσεύξωνται εἰς τὸν τ. τοῦτον (8)
— 30. εἰσακούσῃ ἐν τῷ τ. τῆς κατοικήσεώς σου (8)
— 35. προσεύξονται εἰς τὸν τ. τοῦτον (8)
— 42. προσεύξονται εἰς τὸν τ. τοῦτον (2)
— 43. **B¹** τὸ ὄνομά σου ἐπικέκληται ἐπὶ τὸν τ. [A B² R οἶκον] τ. (2)
10. 19. ἐπὶ τοῦ τ. [A θρόνου] τῆς καθέδρας (8)
13. 8. οὐδὲ μὴ πίω ὕδωρ ἐν τῷ τ. τούτῳ (8)
— 16. οὐδὲ πίομαι ὕδωρ ἐν τῷ τ. τούτῳ (8)
— 22. καὶ ἔπιες ὕδωρ ἐν τῷ τ. τούτῳ (8)
20 (21). 19. ἐν παντὶ τ. ᾧ ἔλειξαν αἱ ὕες (8)
21 (20). 24. ἀπόστησον τοὺς βασ. ἕκαστον εἰς τὸν τ. αὐ. (8)

IV Ki. 4. 10. ποιήσωμεν δὴ αὐτῷ ὑπερῷον τ. μικρόν †
5. 11. ἐπιθήσει τὴν χεῖρα αὐ. ἐπὶ τὸν τ. (8)
6. 1. ὁ τ. . . . στενὸς ἀφ' ἡμῶν (8)
— 6. ἔδειξεν αὐτῷ τὸν τ. (8)
— 8. εἰς τὸν τ. τόνδε τινὰ ἐλ. παρεμβαλῶ (8)
— 9. φύλαξαι μὴ παρελθεῖν ἐν τῷ τ. τούτῳ (8)
— 10. ἀπέστειλεν ὁ βασ. Ἰσρ. εἰς τὸν τ. (8)
18. 25. μὴ ἄνευ κυρίου ἀνέβημεν ἐπὶ τὸν τ. τοῦτον (8)
20. 13. **A** οὐκ ἦν τόπος [B λόγος] ὃν οὐκ ἔδειξεν αὐτοῖς Ἐζ. †
22. 16. ἐπάγω κακὰ ἐπὶ τὸν τ. τοῦτον (8)
— 17. ἐκκαυθήσεται ὁ θυμός μου ἐν τῷ τ. τούτῳ (8)
— 19. ὅσα ἐλάλησα ἐπὶ τὸν τ. τοῦτον (8)
— 20. **A** συναχθήσῃ εἰς τὸν τ. [B τάφον] σου †
— 20. οἷς ἐγώ εἰμι ἐπάγω ἐπὶ τὸν τ. τοῦτον (8)
23. 14. ἔπλησε τοὺς τ. αὐ. ὀστέων ἀνθρώπων (8)
I Ch. 13. 11. ἐκάλεσε τὸν τ. ἐκεῖνον (8)
14. 11. ἐκάλεσε τὸ ὄνομα τοῦ τ. ἐκείνου (8)
15. 1. ἡτοίμασε τὸν τ. τῇ κιβωτῷ τοῦ θεοῦ (8)
— 3. **A² B S** εἰς τὸν τ. [S¹ *om.* εἰς τ. τ.] ὃν ἡτοίμασεν αὐτῇ (8)
16. 27. καὶ καύχημα ἐν τόπῳ [A τῷ τ.] αὐ. (8)
17. 9. θήσομαι τόπον τῷ λαῷ μου Ἰσρ. (8)
21. 22. δός μοι τὸν τ. σου τῆς ἅλω (8)
— 25. ἔδωκε Δ. τῷ Ὀ. ἐν τῷ τ. [A περὶ τοῦ τ.] αὐ. σίκλους (8)
II Ch. 3. 1. ἐν τῷ τόπῳ ᾧ ἡτοίμασε Δ. (8)
5. 7. εἰσήνεγκαν οἱ ἱ. τὴν κιβωτὸν . . . εἰς τὸν τ. αὐ. (8)
— 8. διαπεπετακότα τὰς πτέρυγας αὐ. ἐπὶ τὸν τ. τῆς κιβ. (8)
6. 20. εἰς τὸν τ. τοῦτον ὃν εἶπας (8)
— 20. ἧς ὁ παῖς σου προσεύχεται εἰς τὸν τ. τοῦτον (8)
— 21. ἃ ἂν προσεύξωνται εἰς τὸν τ. τοῦτον (8)
— 21. εἰσακούσῃ ἐν τῷ τ. τῆς κατοικήσεώς σου (8)
— 26. προσεύξονται εἰς τὸν τ. τοῦτον (8)
— 32. καὶ προσεύξωνται εἰς τὸν τ. τοῦτον (2)
— 40. εἰς τὴν δέησιν τοῦ τ. τούτου (8)
7. 12. ἐξελεξάμην ἐν τῷ τ. τούτῳ (8)
— 15. καὶ τὰ ὦτά μου ἐπήκοα τῆς προσευχῆς τοῦ τ. τούτου (8)
20. 26. ἐκάλεσαν τὸ ὄνομα τοῦ τ. ἐκείνου (8)
24. 11. καὶ κατέστησαν εἰς τὸν τ. αὐ. (8)
25. 10. ἀπελθεῖν εἰς τὸν τ. αὐ. (8)
— 10. ἐπέστρεψαν εἰς τὸν τ. αὐ. (8)
33. 19. καὶ οἱ τ. ἐφ' οἷς ᾠκοδόμησεν (8)
34. 6. καὶ ἐν . . . τοῖς τ. αὐ. κύκλῳ †
— 24. ἐπάγω κακὰ ἐπὶ τὸν τ. τοῦτον (8)
— 25. ἐξεκαύθη ὁ θυμός μου ἐν τῷ τ. τούτῳ (8)
— 27. ἐν τῷ ἀκοῦσαί σε τοὺς λόγους μου ἐπὶ τὸν τ. τοῦτον (8)
— 28. οἷς ἐγὼ ἐπάγω ἐπὶ τὸν τ. τοῦτον (8)
I Es. 2. 6. ὅσοι οὖν κατὰ τοὺς [A *om.*] τ. οἰκοῦσι
— 6. βοηθείτωσαν αὐτῷ οἱ ἐν τῷ τ. αὐ.
— 16. οἰκοῦντες δὲ ἐν Σαμ. καὶ τοῖς ἄλλοις τ.
4. 34. ἀποτρέχει εἰς τὸν ἑαυτοῦ τ.
5. 44. ἐγεῖραι τὸν οἶκον ἐπὶ τοῦ τόπου αὐτοῦ
— 50. **B** κατωρθώθησαν ἐπὶ τὸ θυσιαστ. ἐπὶ τοῦ τ. αὐ. [A R *al.*]
6. 19. καὶ τὸν ναὸν τοῦ κ. οἰκοδομηθῆναι ἐπὶ τοῦ τ.
— 23. εὑρέθη . . . τόπος [A τόμος]
— 27. ἀπέχεσθαι τοῦ τ.
— 27. τὸν οἶκον τοῦ κ. ἐκ. οἰκοδομεῖν ἐπὶ τοῦ τ.
8. 45. πρὸς Λ. τὸν ἡγούμ. τὸν ἐν τῷ τ. τοῦ γαζοφυλακίου
— 46. καὶ τοῖς ἐν τῷ τ. γαζοφυλάξιν
— 46. **A** τοὺς ἱερατεύσαντας ἐν τόπῳ [B τῷ οἴκῳ] τοῦ κ. ἡμῶν
— 60. **B** ἀναζεύξαντες ἀπὸ τοῦ τ. [A R ποταμοῦ] Θ.
— 78. καταλειφθῆναι ἡμῖν ῥίζαν . . . ἐν τῷ τ. ἁγιάσματός σου
9. 13. ἑκάστου δὲ τ. τοὺς πρεσβυτέρους
II Es. 1. 4. πᾶς ὁ καταλειπόμ. ἀπὸ πάντων τῶν τ. (8)
— 4. λήψονται αὐτὸν ἄνδρες τοῦ τ. αὐ. (8)
5. 15. θὲς αὐτὰ . . . εἰς τὸν τ. αὐ. (1)
6. 3. **B** ἔθηκε γνώμην περὶ . . . τόπου [A R -ος] οὗ θυσιάζουσι (1)
— 5. ἐπὶ τόπου ἐτέθη [A τεθῇ] ἐν οἴκῳ τοῦ θεοῦ (1)
— 7. οἶκον . . . οἰκοδομείτωσαν ἐπὶ τοῦ τ. αὐ. (1)
8. 17. ἐξήνεγκα αὐτοὺς . . . ἐν ἀργυρίῳ τοῦ τ. (8)
— 17. λαλῆσαι . . . ἐν ἀργυρίῳ τόπου (8)
9. 8. ἐν τόπῳ ἁγιάσματος αὐ. (8)
10. 13. **B** καὶ ὁ τ. [A S R καιρὸς] χειμερινός †

Ne. 1. 9. εἰσάξω αὐτοὺς εἰς τὸν τ. (8)
2. 14. οὐκ ἦν τόπος τῷ κτήνει παρελθεῖν ὑποκάτω μου (8)
4. 3 (3. 35). μὴ θυσιάσουσιν . . . ἐπὶ τοῦ τ. αὐ. †
— 12 (6). ἀναβαίνουσιν ἐκ πάντων τῶν τ. (8)
— 13 (7). εἰς τὰ κατώτατα τοῦ τ. (8)
— 20 (14). ἐν τόπῳ οὗ ἐὰν ἀκούσητε τὴν φωνὴν (8)
12. 27. ἐζήτησαν τοὺς Λ. ἐν τοῖς τ. αὐ. (8)
To. 3. 6. ἐπίταξον ἀπολυθῆναί με . . . εἰς τὸν αἰώνιον τ. [S *al.*]
5. 5. εἰ ἔμπειρος εἶ τῶν τ. [S *al.*]
Ju. 3. 3. A καὶ πᾶς τ. ἡμῶν
Es. 4. 3. S[2] ἐν πάσῃ χώρᾳ καὶ τόπῳ [A B S[1] *om.* κ. τ.] (8)
— 17. πάντα τ. κόσμου ἀγαλλιάματος αὐ.
8. 13. τὸ δὲ ἀντίγραφον . . . ἐκθέντες ἐν παντὶ τ.
Jb. 2. 9. κἀγὼ πλανωμένη [A S[2] πλανῆτις] καὶ λάτρις τόπον ἐκ τόπου [A τ. περιερχομένη] –, –
7. 10. οὐδ' οὐ μὴ ἐπιγνῷ αὐτὸν ἔτι ὁ τ. αὐτοῦ (8)
8. 18. ὁ τ. ψεύσεται αὐτόν (8)
14. 18. πέτρα παλαιωθήσεται ἐκ τοῦ τ. αὐτῆς (8)
16. 19 (18). μηδὲ εἴη τόπος τῇ κραυγῇ [A τῆς κρ.] μου (8)
18. 21. οὗτος δὲ ὁ [A *om.*] τ. τῶν μὴ εἰδότων τὸν κύριον (8)
20. 9. οὐκέτι προσνοήσει αὐτὸν ὁ τ. αὐτοῦ (8)
27. 21. λικμήσει αὐτὸν ἐκ τοῦ τ. αὐτοῦ (8)
— 23. συριεῖ αὐτὸν ἐκ τοῦ τ. αὐτοῦ (8)
28. 1. ἔστι γὰρ ἀργυρίῳ τόπος ὅθεν γίνεται τόπος δὲ χρυσίου ὅθεν διηθεῖται (16, 8)
— 6. τόπος σαπφείρου οἱ λίθοι αὐτῆς (8)
— 12. ποῖος δὲ τόπος ἐστὶ τῆς ἐπιστήμης (8)
— 20. ποῖος δὲ τόπος ἐστὶ τῆς συνέσεως (8)
— 23. αὐτὸς δὲ οἶδε τὸν τ. αὐτῆς (8)
34. 22. οὐδὲ ἔσται τόπος τοῦ κρυβῆναι τοὺς ποιοῦντας τὰ ἄνομα †
37. 1. ἀπερρύη ἐκ τοῦ τ. αὐτῆς (8)
38. 19. σκότους δὲ ποῖος ὁ [A ἐστιν] τ. (8)
Ps. 22 (23). 2. εἰς τόπον χλόης ἐκεῖ με κατεσκήνωσεν (9)
23 (24). 3. τίς στήσεται ἐν τόπῳ ἁγίῳ αὐτοῦ (8)
25 (26). 8. καὶ τόπον σκηνώματος δόξης σου (8)
36 (37). 10. ζητήσεις τὸν τ. αὐτοῦ (8)
— 36. οὐχ εὑρέθη ὁ τ. αὐτοῦ –
41 (42). 4. διελεύσομαι ἐν τόπῳ σκηνῆς θαυμαστῆς (12 *a*)
43 (44). 19. ἐταπείνωσας ἡμᾶς ἐν τόπῳ κακώσεως (8)
67 (68). 5. ὁ θεὸς ἐν τόπῳ ἁγίῳ αὐτοῦ (7)
70 (71). 3. καὶ εἰς τόπον ὀχυρὸν τοῦ σῶσαί με (7)
75 (76). 2. ἐγενήθη ἐν εἰρήνῃ ὁ τ. αὐτοῦ (12 *b*)
78 (79). 7. τὸν τ. αὐτοῦ ἠρήμωσαν (10)
83 (84). 6. εἰς τόπον ὃν ἔθετο †
102 (103). 16. οὐκ ἐπιγνώσεται ἔτι τὸν τ. αὐτοῦ (8)
— 22. ἐν παντὶ τόπῳ τῆς δυναστείας [A S[2] δεσποτίας] αὐτοῦ (8)
103 (104). 8. καταβαίνουσι πεδία εἰς τόπον [S τὸν τ.] (8)
118 (119). 54. ἐν τόπῳ παροικίας μου (2)
131 (132). 5. ἕως οὗ εὕρω τόπον τῷ κυρίῳ (8)
— 7. προσκυνήσωμεν εἰς τὸν [A *om.*] τ. †
Pr. 4. 15. ἐν ᾧ ἂν τόπῳ [S[1] *om.*] στρατοπεδεύσωσι †
9. 18. μὴ χρονίσῃς ἐν τῷ τ. [S[2] τ. αὐ.] –
15. 3. ἐν παντὶ τόπῳ ὀφθαλμοὶ κυρίου (8)
19. 23. ὁ δὲ ἄφοβος αὐλισθήσεται ἐν τόποις –
25. 6. μηδὲ ἐν τόποις δυναστῶν ὑφίστασο (8)
27. 8. ὅταν ἀποξενωθῇ ἐκ τῶν ἰδίων τ. (8)
28. 12. ἐν δὲ τόποις ἀσεβῶν ἁλίσκονται ἄνθρωποι †
— 28. ἐν τόποις ἀσεβῶν στένουσι δίκαιοι †
Ec. 1. 5. εἰς τὸν τ. αὐτοῦ ἕλκει (8)
— 7. S R εἰς τὸν [A B *om.*] τ. οὗ [B *om.*] οἱ χείμαρροι πορεύονται (8)
3. 16. εἶδον ὑπὸ τὸν ἥλιον τόπον τῆς κρίσεως ἐκεῖ ὁ ἀσεβὴς καὶ τόπον τοῦ δικαίου ἐκεῖ ὁ εὐσεβής (8, 8)
— 20. τὰ πάντα εἰς [A S[2] πορεύεται εἰς] τόπον ἕνα (8)
6. 6. μὴ οὐκ εἰς τόπον ἕνα πορεύεται τὰ πάντα (8)
10. 4. τόπον σου μὴ ἀφῇς (8)
11. 3. τόπῳ οὗ πεσεῖται τὸ ξύλον ἐκεῖ ἔσται (8)
Wi. 12. 10. ἐδίδους τόπον μετανοίας
— 20. δοὺς χρόνους καὶ τόπον
19. 22. οὐχ ὑπερεῖδες ἐν παντὶ καιρῷ καὶ τόπῳ [S[1] τὸ πρωΐ] παριστάμενος

Si. 4. 5. μὴ δῷς τόπον ἀνθρώπῳ καταράσασθαί σε
12. 12. μὴ . . . στῇ ἐπὶ τὸν τ. [S[2] τοῦ τ.] σου
13. 22. οὐκ ἐδόθη αὐτῷ τόπος
16. 3. μὴ ἔπεχε ἐπὶ τὸν τ. [A S τὸ πλῆθος] αὐτῶν
— 14. πάσῃ ἐλεημοσύνῃ ποιήσει τόπον
19. 17. δὸς τόπον νόμῳ ὑψίστου
36. 18 (15). A S οἰκτείρησον . . . τόπον [B πόλιν] καταπαύματός σου
38. 12. ἰατρῷ δὸς τόπον
41. 19. ἀπὸ τόπου οὗ παροικεῖς περὶ κλοπῆς [S πλοκῆς]
46. 12. τὰ ὀστᾶ αὐτῶν ἀναθάλοι ἐκ τοῦ τ. αὐτῶν
49. 10. τῶν δώδεκα προφητῶν τὰ ὀστᾶ ἀναθάλοι ἐκ τοῦ τ. αὐτῶν
Ho. 1. 10 (2. 1). ἔσται ἐν τῷ τ. (8)
5. 15. ἐπιστρέψω εἰς τὸν τ. μου (8)
Am. 4. 6. δώσω . . . ἔνδειαν ἄρτων ἐν πᾶσι τοῖς τ. ὑμῶν [A *al.*] (8)
8. 3. πολὺς ὁ πεπτωκὼς ἐν παντὶ τ. (8)
Mi. 1. 3. κύριος ἐκπορεύεται ἐκ τοῦ τ. αὐ. (8)
Jl. 3 (4). 7. ἐξεγείρω αὐτοὺς ἐκ τοῦ τ. (8)
Na. 3. 17. οὐκ ἔγνω τὸν τ. αὐ. (8)
Ze. 1. 4. ἐξαρῶ ἐκ τοῦ τ. τούτου τὰ ὀνόματα τῆς B. (8)
2. 11. προσκυνήσουσιν αὐτῷ ἕκαστος ἐκ τοῦ τ. αὐ. (8)
Hg. 2. 10 (9). ἐν τῷ τ. τούτῳ δώσω εἰρήνην (8)
Za. 13. 1. ἔσται πᾶς τ. διανοιγόμενος τῷ [A ἐν τῷ] οἴκῳ Δ. (8)
14. 10. Ῥαμὰ δὲ ἐπὶ τόπου μενεῖ (14)
— 10. ἕως τοῦ τ. [A *om.* τοῦ τ.] τῆς πύλης τῆς πρώτης (8)
Ma. 1. 11. ἐν παντὶ τ. θυμίαμα προσάγεται (8)
Is. 4. 5. ἔσται πᾶς τ. τοῦ ὄρους Σιών (6)
5. 1. ἀμπελὼν ἐγενήθη . . . ἐν τόπῳ πίονι †
7. 23. πᾶς τ. οὗ ἐὰν ὦσι χίλιαι ἄμπελοι (8)
10. 26. ἐν τόπῳ θλίψεως †
14. 2. εἰσάξουσιν εἰς τὸν τ. αὐτῶν (8)
18. 7. εἰς τὸν τ. οὗ τὸ ὄνομα κυρίου (8)
22. 23. στήσω αὐτὸν ἄρχοντα ἐν τόπῳ πιστῷ (8)
— 25. κινηθήσεται . . . ὁ ἐστηριγμένος ἐν τόπῳ [S τῷ] πιστῷ (8)
30. 23. βοσκηθήσεται . . . τόπον πίονα (5)
33. 14. τίς ἀναγγελεῖ ὑμῖν τὸν τ. τὸν αἰώνιον †
— 21. τ. ὑμῖν ἔσται (8)
45. 19. οὐδὲ ἐν τόπῳ γῆς σκοτεινῷ (8)
46. 7. ἐπὶ τοῦ τ. αὐτοῦ μένει (14 + 8)
48. 16. A S[1] οὐδὲ ἐν τόπῳ γῆς σκοτεινῷ –
49. 20. στενός μοι ὁ τ. ποίησόν μοι τόπον (8, 18)
54. 2. πλάτυνον τὸν τ. τῆς σκηνῆς σου (8)
56. 5. δώσω αὐτοῖς . . . τόπον ὀνομαστόν (3)
60. 13. δοξάσαι τὸν τ. τὸν ἅγιόν μου (8)
66. 1. ποῖος τ. τῆς καταπαύσεώς μου (8)
Je. 4. 7. ἐξῆλθεν ἐκ τοῦ τ. αὐτοῦ (8)
7. 3. κατοικιῶ [A οὐ κ.] ὑμᾶς ἐν τῷ τ. τούτῳ (8)
— 6. αἷμα ἀθῷον μὴ ἐκχέητε ἐν τῷ τ. τούτῳ (8)
— 7. κατοικιῶ ὑμᾶς ἐν τῷ τ. τούτῳ (8)
— 12. πορεύθητε εἰς τὸν τ. μου τὸν ἐν Σηλώ (8)
— 14. A ποιήσω τῷ τ. τούτῳ [B S τῷ οἴκῳ] (2)
— 14. ποιήσω . . . τῷ τ. ᾧ ἔδωκα [A ἐλάλησα] ὑμῖν (8)
— 20. θυμός μου χεῖται ἐπὶ τὸν τ. τοῦτον (8)
— 32. διὰ τὸ μὴ ὑπάρχειν τόπον (8)
8. 3. ἐν παντὶ τόπῳ οὗ [A ᾧ] ἐὰν ἐξώσω αὐτοὺς ἐκεῖ (8)
10. 20. οὐκ ἔστιν ἔτι τ. τῆς σκηνῆς σου τ. τῶν δέρρεών μου †, †
13. 7. ἔλαβον τὸ περίζωμα ἐκ τοῦ τ. (8)
— 24. A φρύγανα φερόμενα ὑπὸ ἀνέμου εἰς ἔρημον τόπον [B S *om.*] (17)
14. 13. εἰρήνην δώσω . . . ἐν τῷ τ. τούτῳ (8)
16. 2. οὐ γεννηθήσεταί σοι υἱὸς . . . ἐν τῷ τ. τούτῳ (8)
— 3. περὶ τῶν υἱῶν . . . τῶν γεννωμένων ἐν τῷ τ. τούτῳ (8)
— 9. καταλύω ἐκ τοῦ τ. τούτου . . . φωνὴν χαρᾶς (8)
19. 3. ἐπάγω ἐπὶ τὸν τ. τοῦτον κακά (8)
— 4. ἀπηλλοτρίωσαν τὸν τ. τοῦτον (8)
— 4. ἔπλησαν τὸν τ. τοῦτον αἱμάτων ἀθῴων (8)
— 6. οὐ κληθήσεται τῷ [A ἐπὶ τῷ] τ. τούτῳ ἔτι [A B[1] *om.*] Διάπτωσις (8)
— 7. σφάξω τὴν βουλὴν Ἰ. . . . ἐν τῷ τ. τούτῳ (8)
— 12. οὕτως ποιήσω . . . τῷ τ. τούτῳ (8)
— 13. ἔσονται καθὼς ὁ τ. ὁ διαπίπτων (8)
— 14. A ἀπὸ τῆς διαπτώσεως τοῦ τ. Ταφέθ [B S *om.* τ. τ. T.] –

Je. 22. 3. αἷμα ἀθῷον μὴ ἐκχέητε ἐν τῷ τ. τούτῳ (8)
— 11. ὃς ἐξῆλθεν ἐκ τοῦ τ. τούτου (8)
— 12. ἐν τῷ τ. οὗ μετῴκισα αὐτόν (8)
24. 5. οὓς ἐξαπέσταλκα [A -ας] ἐκ τοῦ τ. τούτου (8)
— 9. εἰς κατάραν ἐν παντὶ τόπῳ (8)
27 (50). 16. A ἕκαστος εἰς τὸν τ. [B S λαὸν] αὐτοῦ ἀποστρέψουσι †
— 44. A ἀναβήσεται ἀπὸ τοῦ Ἰορδάνου εἰς τόπον [B S *om.*] Αἰθάμ (10)
28 (51). 62. ἐλάλησας ἐπὶ τὸν τ. τοῦτον (8)
29 (49). 8. ἠπατήθη ὁ [S *om.*] τ. αὐτῶν [S[1] *al.*] †
— 19. ὥσπερ λέων ἀναβήσεται . . . εἰς τόπον [A τὸν τ.] Αἰθάμ (10)
31 (48). 37. πᾶσαν κεφαλὴν ἐν παντὶ τόπῳ ξυρηθήσονται –
32 (25). 30. λόγον χρηματιεῖ ἐπὶ [A ἀπὸ] τοῦ τ. αὐτοῦ (10)
35 (28). 3. ἀποστρέψω εἰς τὸν τ. τοῦτον τὰ σκεύη (8)
— 6. τοῦ ἐπιστρέψαι τὰ σκεύη . . . εἰς τὸν τ. τοῦτον (8)
36 (29). 10. τοῦ τὸν λαὸν ὑμῶν ἀποστρέψαι εἰς τὸν τ. τοῦτον (8)
39 (32). 37. ἐπιστρέψω αὐτοὺς εἰς τὸν τ. τοῦτον (8)
40 (33). 10. ἔτι ἀκουσθήσεται ἐν τῷ τ. τούτῳ (8)
— 12. ἔτι ἔσται ἐν τῷ τ. τούτῳ τῷ ἐρήμῳ [A τ. τῷ ἠρημωμένῳ τούτῳ] (8)
43 (36). 7. A ἣν ἐλάλησεν ἐπὶ τὸν τ. [B S λαὸν] τοῦτον †
44 (37). 10. ἕκαστος ἐν τῷ [A *om.*] τ. αὐτοῦ †
47 (40). 2. ἐλάλησε τὰ κακὰ ταῦτα ἐπὶ τὸν τ. τοῦτον (8)
49 (42). 18. οὐ μὴ ἴδητε οὐκέτι τὸν τ. τοῦτον (8)
— 22. ἐκλείψετε ἐν τῷ τ. (8)
51. 35 (45. 5). εἰς [S *om.*] εὕρεμα ἐν παντὶ τόπῳ (8)
Ba. 2. 24. τοῦ ἐξενεχθῆναι τὰ ὀστᾶ . . . ἐκ τοῦ τ. αὐτῶν
3. 15. τίς εὗρε τὸν τ. αὐτῆς
— 24. ἐπιμήκης ὁ τ. τῆς κτήσεως αὐτοῦ
Ez. 3. 12. εὐλογημένη ἡ δόξα κυρίου ἐκ τοῦ τ. αὐτοῦ (8)
10. 11. εἰς ὃν ἂν τόπον ἐπέβλεψεν ἡ ἀρχὴ ἡ μία (8)
12. 3. αἰχμαλωτευθήσῃ ἐκ τοῦ τ. [A οἴκου] σου εἰς ἕτερον τόπον (8, 8)
17. 16. ἐν τόπῳ [A τῷ τ.] ὁ βασιλεὺς ὁ βασιλεύσας αὐτὸν . . . τελευτήσει (8)
21. 30 (35). μὴ καταλύσῃς ἐν τῷ τ. τούτῳ (8)
34. 12. ἀπελάσω [A συνάξω] αὐτὰ ἀπὸ παντὸς τόπου (8)
38. 15. ἥξεις ἐκ τοῦ τ. σου (8)
39. 11. δώσω τῷ Γὼγ τόπον ὀνομαστόν (8)
42. 13. ὁ τ. ἅγιος [A *add.* ἐστιν] (8)
43. 7. ἑώρακας . . . τὸν [B[1] *om.*] τ. τοῦ θρόνου μου καὶ τὸν τ. τοῦ ἴχνους τῶν ποδῶν μου (8, 8)
45. 4. ἔσται αὐτοῖς τ. εἰς οἴκους ἀφωρισμένους (8)
46. 19. καὶ ἰδοὺ ἐκεῖ τ. κεχωρισμένος (8)
— 20. οὗτος ὁ τ. ἐστιν οὗ ἑψήσουσιν (8)
Da. LXX. Su. 54. ποταπῷ τοῦ παραδείσου τόπῳ ἑώρακας αὐτούς
— 58. ἐν ποίῳ τοῦ κήπου τ. κατέλαβες αὐτούς
3. (38). οὐδὲ τόπος τοῦ καρπῶσαι
4. 22. εἰς τ. ἔρημον ἀποστελοῦσί σε –
— 23. ὁ τ. θρόνου σού σοι συντηρηθήσεται (15)
— 34. πᾶσι τοῖς κατὰ τόπον ἔθνεσι καὶ χώραις –
5. 1. ἐπήνεσε πάντας τοὺς θεοὺς . . . ἐν τῷ τ. αὐτοῦ –
8. 11. ἐξήρθη ὁ τ. αὐτῶν (6 ?)
— 18. ἤγειρέ με ἐπὶ τοῦ τ. (13)
10. 11. στῆθι ἐπὶ τοῦ τ. σου (13)
11. 21. ἀναστήσεται ἐπὶ τὸν τ. αὐ. εὐκαταφρόνητος (4)
— 38. ἐπὶ τὸν τ. αὐ. κινήσει (4)
— 43. κρατήσει τοῦ τ. τοῦ χρυσίου καὶ τοῦ τ. τοῦ ἀργυρίου †, –
Bel 14. παρεγένοντο ἐπὶ τὸν τ.
— 22. ἦν δράκων ἐν τῷ αὐτῷ τ.
Da. TH. 2. 35. καὶ τόπος οὐχ εὑρέθη αὐτοῖς (1)
— 38. ἐν παντὶ τ. ὅπου κατοικοῦσιν οἱ υἱοὶ τῶν ἀνθρ. –
3. (38). οὐ τόπος τοῦ καρπῶσαι ἐναντίον σου
11. 38. θεὸν μαωζεὶν ἐπὶ τόπου αὐ. δοξάσει (4)
Bel 23. A ἦν δράκων μέγας ἐν τῷ τ. [B *om.* ἐν τῷ τ.]
— 39. ἀπεκατέστησε τὸν Ἀ. . . . εἰς [A ἐπὶ] τὸν τ. αὐ.
1 Ma. 1. 8. ἐπεκράτησαν . . . ἕκαστος ἐν τῷ τ. αὐ.
— 25. ἐγένετο πένθος μέγα . . . ἐν παντὶ τ. αὐ.
3. 35. ἆραι τὸ μνημόσυνον αὐ. ἀπὸ τοῦ τ.
— 46. τόπος προσευχῆς εἰς M. τὸ πρότερον τῷ Ἰσρ.

I Ma. 4. 43. ἦραν τοὺς λίθους τοῦ μιασμοῦ εἰς τ. ἀκάθαρτον
— 46. ἀπέθεντο τοὺς λίθους . . . ἐν τ. ἐπιτηδείῳ
5. 49. τοῦ παρεμβαλεῖν ἕκαστον ἐν ᾧ ἐστι τ. [S¹ τρόπῳ]
6. 54. ἐσκορπίσθησαν ἕκαστος εἰς τὸν τ. αὐ.
— 57. καὶ ὁ τ. . . . ἐστιν ὀχυρός
— 62. εἶδε τὸ ὀχύρωμα τοῦ τ.
8. 4. κατεκράτησαν τοῦ τ. παντός
— 4. ὁ τ. ἦν μακρὰν ἀπέχων ἀπ' αὐτῶν σφόδρα
9. 45. οὐκ ἔστι τόπος τοῦ ἐκκλῖναι
10. 13. κατέλειπεν ἕκαστος τὸν τ. αὐ.
— 40. δίδωμι . . . ἀπὸ τῶν τ. τῶν ἀνηκόντων
— 73. οὐδὲ τόπος τοῦ φυγεῖν
11. 14. ἀπεστάτουν οἱ ἀπὸ τῶν τ. ἐκείνων
— 37. τεθήτω . . . ἐν τ. [S¹ τῷ τ.] ἐπιτηδείῳ ἐπισήμῳ
— 38. S R ἀπέλυσε . . . ἕκαστον εἰς τὸν [A *om.* εἰς τὸν] ἴδιον τ.
— 69. ἐξανέστησαν ἐκ τῶν τ. αὐτῶν
12. 2. A R πρὸς Σπ. καὶ τ. [S εἰς τ.] ἑτέρους ἀπέστειλεν
— 4. ἔδωκαν ἐπιστολὰς αὐτοῖς πρὸς αὐτοὺς κατὰ τόπον
13. 20. εἰς πάντα τ. οὗ ἂν ἐπορεύετο
14. 48. A καὶ στῆσαι αὐτὰς . . . ἐν τ. πιστῷ [S R ἐπισήμῳ]
15. 2. A¹ ἦσαν περιέχουσαι τὸν τ. [A² S R τρόπον] τοῦτον
— 29. A R ἐκυριεύσατε τ. [S *om.*] πολλῶν
— 30. παράδοτε . . . τοὺς φόρους τῶν τ.
II Ma. 1. 14. παρεγένετο εἰς τὸν τ.
— 19. ὥστε πᾶσιν ἄγνωστον εἶναι τὸν τ.
— 29. καταφύτευσον τὸν λαόν σου εἰς τὸν τ. τὸν ἅγιόν σου
— 33. εἰς τὸν τ. . . . τὸ ὕδωρ ἐφάνη
2. 7. ἄγνωστος ὁ τ. ἔσται
— 8. ἵνα ὁ τ. καθαγιασθῇ μεγάλως
— 18. καὶ ἐπισυνάξει . . . εἰς τὸν ἅγιον τ.
— 18. τὸν τ. ἐκαθάρισε
3. 2. συνέβαινε καὶ αὐτοὺς τοὺς βασ. τιμᾶν τὸν τ.
— 12. τοὺς πεπιστευκότας τῇ τοῦ τ. ἁγιωσύνῃ
— 18. διὰ τὸ μὴ μέλλειν εἰς καταφρόνησιν ἔρχεσθαι τὸν τ.
— 30. τὸν παραδοξάζοντα τὸν ἑαυτοῦ τόπον
— 38. διὰ τὸ περὶ τὸν τ. ἀληθῶς εἶναί τινα θεοῦ δύναμιν
— 39. καὶ βοηθὸς ἐκείνου τοῦ τ.
4. 33. ἀποκεχωρηκὼς εἰς ἄσυλον τ.
— 36. τοῦ δὲ βασ. ἐπανελθόντος ἀπὸ τῶν κατὰ Κιλικίαν τ.
— 38. περιαγαγὼν . . . ἐπ' αὐτὸν τὸν τ.
5. 16. πρὸς αὔξησιν καὶ δόξαν τοῦ τ.
— 17. γέγονε περὶ τὸν τ. παρόρασις
— 19. οὐ διὰ τὸν τ. τὸ ἔθνος ἀλλὰ διὰ τὸ ἔθνος τὸν τ. ὁ κύριος ἐξελέξατο
— 20. αὐτὸς ὁ τ. συμμετασχὼν τοῦ ἔθνους
6. 2. καθὼς ἐτύγχανον οἱ τὸν τ. οἰκοῦντες
8. 6. τοὺς ἐπικαίρους τ. ἀπολαμβάνων
— 17. τὴν ἀνόμως εἰς τὸν ἅγιον τ. συντετελεσμένην . . . ὕβριν
— 31. πάντα συνέθηκαν εἰς τοὺς ἐπικαίρους τ.
— 35. A δραπέτου τόπον [R τρόπον] ἔρημον ἑαυτὸν ποιήσας
9. 1. ἀναλελυκὼς ἀκόσμως ἐκ τῶν περὶ τὴν Περσίδα τ.
— 17. καὶ πάντα τ. οἰκητὸν ἐπελεύσεσθαι
— 21. ἐπαναγαγὼν ἐκ τῶν κατὰ τὴν Περσίδα τ.
— 23. καθ' οὓς καιροὺς εἰς τοὺς ἄνω τ. ἐστρατοπέδευσεν
10. 7. καθαρίσαι τὸν ἑαυτοῦ τόπον
— 14. R Γ. δὲ γενόμενος στρατηγὸς τῶν τ. [A τρόπων]
— 17. ἐγκρατεῖς ἐγένοντο τῶν τ.
— 19. εἰς ἐπείγοντας τόπους ἀπολείπων Σίμωνα
— 34. τῇ ἐρυμνότητι τοῦ τ. πεποιθότες
12. 2. τῶν δὲ κατὰ τόπον στρατηγῶν Τιμ. καὶ Ἀπ.
— 18. Τιμόθεον μὲν ἐπὶ τῶν τ. οὐ κατέλαβον
— 18. ἄπρακτον τότε ἐκ τῶν τ. ἐκλελυκότα
— 18. καταλελοιπότα δὲ φρουρὰν ἔν τινι τ.
— 21. διὰ τὴν πάντων τῶν τ. στενότητα
13. 4. ὡς ἔθος ἐστὶν ἐν τῷ τ.
— 5. ἔστι δὲ ἐν τῷ τ. πύργος
— 18. κατεπείραζε διὰ μεθόδων τοὺς τ.
— 23. τὸν τ. ἐφιλανθρώπησε
14. 22. διέταξεν Ἰ. ἐνόπλους ἑτοίμους ἐν τοῖς ἐπικαίροις τ.
15. 1. τοὺς . . . ὄντας ἐν τοῖς κατὰ Σαμ. τ.
— 34. ὁ διατηρήσας τὸν ἑαυτοῦ τ. ἀμίαντον

III Ma. 1. 1. τὴν γενομ. τῶν ἐπ' αὐτοῦ κρατουμένων τ. ἀφαίρεσιν
— 1. ἐξώρμησε μέχρι τῶν κατὰ Ῥαφίαν τ.
— 2. A¹ τῶν προϋποτεταγμ. αὐτῷ τόπων [A² R ὅπλων] Πτ. τὰ κράτιστα
— 9. καὶ τῶν ἑξῆς τι τῷ τ. ποιήσας
— 9. παραγενόμενος εἰς τὸν τ.
— 23. ἱκανὴν ἐποίησαν ἐν τῷ τ. τραχύτητα
— 29. ἀντὶ τῆς τοῦ τ. βεβηλώσεως
2. 9. ἡγίασας τὸν τ. τοῦτον
— 10. καὶ ἐλθόντες εἰς τὸν τ. ἡμῶν δεηθῶμεν
— 14. καθυβρίσαι τὸν . . . ἅγιον τ.
— 16. ἡγίασας τὸν τ. τοῦτον
— 26. ὥστε δυσφημίας ἐν τοῖς τ. συνίστασθαι
3. 12. τοῖς . . . κατὰ τόπον στρατηγοῖς
— 29. πᾶς δὲ τ. . . . ἄβατος καὶ πυριφλεγὴς γίνεσθω
4. 3. τίς τὸ σύνολον οἴκτιστος τ.
— 18. τῶν δὲ καὶ κατὰ τὸν τ.
5. 44. ἐπὶ τοὺς εὐκαιροτάτους τ. τῆς πόλεως
6. 30. ἐν ᾧ τ. ἔδοξαν τὸν ὄλεθρον ἀναλαμβάνειν
— 31. τὸν εἰς . . . τάφον ἡτοιμασμένον τ. . . . κατεμερίσαντο
7. 8. R ἐν παντὶ τ. [A τρόπῳ] μηθενὸς αὐτοὺς τὸ σύνολον καταβλάπτοντος
— 12. κατὰ πάντα τὸν ὑπὸ τῆς βασ. αὐ. τ.
— 17. διὰ τὴν τοῦ τ. ἰδιότητα
— 20. κατὰ τὸν τῆς συμποσίας τ.
IV Ma. 4. 9. A ὑπερασπίσαι τοῦ [S R *add.* ἱεροῦ] καταφρονουμένου τ. [S τοῦ τ.]
— 12. τὴν τοῦ ἱεροῦ τ. μακαριότητα
5. 1. προκαθίσας . . . ἐπί τινος ὑψηλοῦ τόπου

[**Aq.** Ge. 1. 9: Le. 24. 9: Ru. 4. 10: I Ki. 21. 2 (3): IV Ki. 6. 8: Jb. 38. 12: Ps. 23 (24). 3: 43 (44). 20: 118 (119). 54: Ec. 3. 20: 8. 10: Is. 5. 8: 26. 21: 28. 8: 60. 13: Je. 14. 13: 17. 12: 19. 11: 44 (51). 29: 45. 5 (51. 35): Ez. 6. 13.]

[**Sm.** Ge. 1. 9: Le. 24. 9: Jd. 2. 5: Ru. 4. 10: I Ki. 10. 5: 21. 2 (3): II Ki. 7. 10: III Ki. 14. 28: IV Ki. 6. 8: Jb. 36. 20: Ps. 25 (26). 8: 30 (31). 3: 43 (44). 20: 118 (119). 54: Ec. 1. 7: 8. 10: 10. 4: Is. 5. 8: 26. 21: 28. 8: 33. 21: 60. 13: Je. 17. 12: Ez. 41. 11.]

[**Th.** Ge. 1. 9: Le. 24. 9: I Ki. 21. 2 (3): Jb. 27. 23: 38. 12: Ps. 118 (119). 54: Is. 5. 8: 26. 21: 28. 8: 60. 13: Je. 19. 11: 27 (84). 22: 29 (36). 14 *bis*: 44 (51). 29: Ez. 12. 3 *bis* (Sw.): Da. 2. 35.]

[**Al.** Le. 6. 30 (23): 13. 23, 28: 16. 32: II Ki. 2. 23.]

τορευτός. (1) גָּלִיל (2) מִקְשָׁה (3) סַהַר

Ex. 25. 17 (18). A B² ποιήσεις δύο χερ. χρυσᾶ τορευτά [B¹ R χρυσοτ.] (2)
— 30 (31). τορευτὴν ποιήσεις τὴν λυχνίαν (2)
— 35 (36). ὅλη τορευτὴ ἐξ ἑνὸς χρυσίου καθαροῦ (2)
III Ki. 10. 22. ναῦς ἐκ Θ. . . . λίθων τ. [A *al.*] †
Ca. 5. 14. χεῖρες αὐτοῦ τορευταὶ χρυσαῖ (1)
7. 2 (3). ὀμφαλός σου κρατὴρ τορευτός (3)
Je. 10. 5. ἀργύριον τορευτόν ἐστι (2?)
[**Sm.** Je. 10. 5.]

τόσος.

Si. 11. 11. τόσῳ [A πόσῳ, B² S¹ τοσούτῳ] μᾶλλον ὑστερεῖται
13. 9. τόσῳ μᾶλλον προσκαλέσεταί σε

τοσοῦτος. (1) כֵּן

Ex. 1. 12. τοσούτῳ πλείους ἐγίνοντο (1)
Nu. 15. 5. τῷ ἀμνῷ τῷ ἑνὶ ποιήσεις τοσοῦτο –
To. 2. 10. S τοσούτῳ μᾶλλον ἐξετυφλοῦντο οἱ ὀφθ. μου
Es. 8. 13. οὐ τοσοῦτον ἐκ τῶν παλαιοτέρων . . . ἱστοριῶν
— 13. ἔτυχεν . . . ἐπὶ τοσοῦτον ὥστε ἀναγορεύεσθαι
Wi. 12. 20. εἰ γὰρ ἐχθροὺς παίδων σου . . . μετὰ τοσαύτης ἐτιμώρησας προσοχῆς
13. 9. εἰ γὰρ τοσοῦτον ἴσχυσαν εἰδέναι
14. 22. τὰ τοσαῦτα κακὰ εἰρήνην προσαγορεύουσιν
Si. 3. 18. ὅσῳ μέγας εἶ τοσούτῳ ταπεινοῦ σεαυτόν
11. 11. B² S¹ τοσούτῳ [B¹ S² R τόσῳ, A πόσῳ] μᾶλλον ὑστερεῖται
I Ma. 3. 17. πολεμῆσαι πρὸς πλῆθος τοσοῦτο
II Ma. 2. 32. τοῖς προειρημένοις τοσοῦτον ἐπιζεύξαντες
4. 3. τῆς δὲ ἔχθρας ἐπὶ τοσοῦτον προβαινούσης
6. 28. τοσαῦτα δὲ εἰπὼν
7. 42. ἐπὶ τοσοῦτον δεδηλώσθω

II Ma. 14. 34. τοσαῦτα δὲ εἰπὼν ἀπῆλθεν
III Ma. 2. 26. ἐπὶ τοσοῦτον θράσους προῆλθεν
3. 1. ἐπὶ τοσοῦτον ἐξεχόλησεν
IV Ma. 5. 6. μετὰ τοσοῦτον ἔχων χρόνον
8. 5. τὸ πλῆθος τοσούτων ἀδελφῶν ὑπερτιμῶν
— 26. πόθεν ἡμῖν ἡ τοσαύτη ἐντέτηκε φιλονεικία
11. 20. ἐφ' ὃν . . . ἀδελφοὶ τ. κληθέντες οὐκ ἐνικήθημεν
12. 6. τοσούτων υἱῶν στερηθεῖσαν
15. 5. τοσούτῳ μᾶλλόν εἰσι φιλοτεκνώτεραι
— 11. τοσούτων ὄντων τῶν . . . ἑλκόντων τὴν μητέρα
16. 4. AR κατέσβεσε τοσαῦτα [S τὰ τοσ.] καὶ τηλικαῦτα πάθη

τότε. (1) *a.* אֱדַיִן *b.* בֵּאדַיִן (2) *a.* אָז *b.* מֵאָז (3) אַחַר (4) אַךְ (5) בָּזֶה (6) בָּעֵת הַהִיא (7) ו׳ (8) כָּל־קֳבֵל דְּנָה (9) *a.* כֵּן *b.* בְּכֵן (10) לְמַעַן (11) רַק

Ge. 12. 6. οἱ δὲ Χαν. τότε κατῴκουν τὴν γῆν (2 *a*)
13. 7. οἱ Φ. τότε κατῴκουν τὴν γῆν (2 *a*)
24. 41. τότε ἀθῷος ἔσῃ ἐκ τῆς ἀρᾶς μου (2 *a*)
49. 4. τότε ἐμίανας τὴν στρωμνήν (2 *a*)
Ex. 12. 44. καὶ τότε φάγεται ἀπ' αὐτοῦ (2 *a*)
— 48. καὶ τότε προσελεύσεται ποιῆσαι αὐτό (2 *a*)
15. 1. τότε ᾖσε Μ. (2 *a*)
— 15. τότε ἔσπευσαν ἡγεμόνες Ἐδώμ (2 *a*)
21. 6. καὶ τότε προσάξει αὐτόν –
33. 23. καὶ τότε ὄψῃ τὰ ὀπίσω μου –
Le. 22. 7. καὶ τότε φάγεται τῶν ἁγίων (3)
26. 34. τότε εὐδοκήσει ἡ γῆ (2 *a*)
— 35 (34). τότε σαββατιεῖ ἡ γῆ (2 *a*)
— 41. τότε ἐντραπήσεται ἡ καρδία αὐ. (2 *a*)
— 41. τότε εὐδοκήσουσι τὰς ἁμαρτίας αὐ. (2 *a*)
— 43. τότε προσδέξεται ἡ γῆ τὰ σάββατα αὐ. (7)
Nu. 21. 17. τότε ᾖσεν Ἰσρ. τὸ ᾆσμα τοῦτο (2 *a*)
De. 4. 41. τότε ἀφώρισε Μ. τρεῖς πόλεις (2 *a*)
28. 13. ἔσῃ τότε ἐπάνω (11 ?)
— 29. ἔσῃ τότε ἀδικούμενος (4)
29. 20 (19). τότε ἐκκαυθήσεται ὀργὴ κυρίου (2 *a*)
Jo. 1. 8. τότε εὐοδωθήσῃ (2 *a*)
— 8. καὶ τότε συνήσεις (2 *a*)
6. 9 (10). καὶ τότε ἀναβοήσετε –
9. 2 (8. 30). τότε ᾠκοδόμησεν Ἰ. θυσιαστήριον (2 *a*)
10. 12. τότε ἐλάλησεν Ἰ. πρὸς κύριον (2 *a*)
— 33. τότε ἀνέβη Αἰ. (2 *a*)
20. 6. A τότε ἐπιστρέψει ὁ φονεύσας (2 *a*)
22. 1. τότε συνεκάλεσεν Ἰ. τοὺς υἱ. Ῥ. (2 *a*)
Jd. 5. 8. R τότε [B ὅτε] ἐπολέμησαν πόλεις ἀρχόντων [A *al.*] (2 *a*)
— 11. τότε κατέβη εἰς τὰς πόλεις λαὸς κυρίου (2 *a*)
— 13. τότε κατέβη κατάλημμα [A *al.*] (2 *a*)
— 19. τότε ἐπολέμησαν βασιλεῖς Χ. (2 *a*)
— 22. τότε ἐνεποδίσθησαν πτέρναι ἵππου (2 *a*)
8. 3. τότε ἀνέβη τὸ πνεῦμα αὐ. (2 *a*)
13. 21. τότε ἔγνω Μαν. (2 *a*)
I Ki. 6. 3. καὶ τότε ἰαθήσεσθε (2 *a*)
25. 34. τότε εἶπα –
II Ki. 2. 27. τότε ἐκ πρωΐθεν ἀνέβη ὁ λαός (2 *a*)
5. 24. τότε καταβήσῃ πρὸς αὐτούς (2 *a*)
— 24. τότε ἐξελεύσεται κύριος (2 *a*)
15. 34. παῖς τοῦ πατρός σου ἤμην τότε καὶ ἀρτίως (2 *b*)
19. 6 (7). τότε τὸ εὐθὲς ἦν ἐν ὀφθαλμοῖς σου (2 *a*)
21. 17. τότε ὤμοσαν οἱ ἄνδρες Δ. (2 *a*)
— 18. τότε ἐπάταξε Σ. . . . τὸν Σέφ (2 *a*)
23. 14. καὶ Δ. τότε ἐν τῇ περιοχῇ (2 *a*)
— 14. καὶ τὸ ὑπόστημα τῶν ἀλλοφ. τότε ἐν B. (2 *a*)
— 15. τὸ δὲ σύστεμα τῶν ἀλλοφ. τότε ἐν B. –
III Ki. 3. 1 (9. 24). τότε ᾠκοδόμησε τὴν ἄκραν (2 *a*)
— 16. τότε ὤφθησαν δύο γυναῖκες (2 *a*)
4. 34 (9. 16). R τότε [B ὅτε] ἀνέβη Φ. –
8. 1. τότε ἐξεκκλησίασεν . . . π. τοὺς πρεσβυτ. Ἰσρ. (2 *a*)
— 12. A τότε εἶπεν Σαλ. (2 *a*)
— 53. τότε ἐλάλησε Σαλ. –
9. 9. τότε ἀνήγαγε Σ. τὴν θυγατέρα Φ. –
— 11. τότε ἔδωκεν ὁ βασ. τῷ Χ. εἴκοσι πόλεις (2 *a*)
11. 7. τότε ᾠκοδόμησε Σ. ὑψηλὸν τῷ Χ. (2 *a*)
16. 21. τότε μερίζεται ὁ λαὸς Ἰσρ. (2 *a*)
— 28 (22. 49 [50]). B τότε εἶπεν βασιλεὺς Ἰσρ. πρὸς Ἰ. (2 *a*)
22. 50. A τότε εἶπεν Ὀχ. υἱὸς Ἀχ. (2 *a*)
IV Ki. 5. 3. τότε ἀποσυνάξει αὐτὸν ἀπὸ τῆς λέπρας αὐ. (2 *a*)

IV Ki. 8. 22. τότε ἠθέτησε Λ. (2 *a*)
12. 17 (18). τότε ἀνέβη ᾽Αζ. βασιλεὺς Συρίας (2 *a*)
13. 19. τότε ἂν ἐπάταξας τὴν Σ. (2 *a*)
14. 8. τότε ἀπέστειλεν ᾽Αμ. ἀγγέλους (2 *a*)
15. 16. τότε ἐπάταξε Μ. καὶ τὴν Θ. (2 *a*)
16. 5. τότε ἀνέβη ῾Ρ. βασιλεὺς Σ. (2 *a*)
I Ch. 11. 16. καὶ Δ. τότε ἐν τῇ περιοχῇ (2 *a*)
— 16. καὶ τὸ σύστεμα τῶν ἀλλοφύλων τότε ἐν Β. (2 *a*)
14. 15. τότε ἐξελεύσῃ εἰς τὸν πόλεμον (2 *a*)
15. 2. τότε εἶπε Δ. (2 *a*)
16. 7. τότε ἔταξε Δ. ἐν ἀρχῇ τοῦ αἰνεῖν τὸν κ. (2 *a*)
— 33. τότε εὐφρανθήσεται τὰ ξύλα (2 *a*)
20. 4. τότε ἐπάταξε Σ. Σ. τὸν Σ. (2 *a*)
22. 13. τότε εὐοδώσει (2 *a*)
II Ch. 5. 2. τότε ἐξεκκλησίασε Σαλ. τοὺς πρεσβυτέρους (2 *a*)
6. 1. **A**^{2} **B** τότε εἶπε Σαλ. (2 *a*)
8. 12. τότε ἀνήνεγκε Σ. ὁλοκαυτώματα τῷ κ. (2 *a*)
— 17. τότε ᾤχετο Σ. εἰς Γ. (2 *a*)
21. 10. τότε ἀπέστη Λ. (2 *a*)
24. 17. τότε ἐπήκουσεν αὐτοῖς ὁ βασ. (2 *a*)
36. 4. **B** τότε ἤρξατο ἡ γῆ φορολογεῖσθαι –
I Es. 2. 25. τότε ἀντέγραψεν ὁ βασ. ῾Ρ.
— 30. τότε ἀναγνωσθέντων τῶν . . . γραφέντων
3. 3. **A** τότε [**B** ὁ δὲ] Δαρ. ὁ βασ. ἀνέλυσεν
— 4. τότε οἱ τρεῖς νεανίσκοι
— 8. καὶ τότε γράψαντες ἕκαστος τὸν ἑαυτοῦ λόγον
4. 33. καὶ τότε ὁ βασ. καὶ οἱ μεγιστᾶνες ἔβλεπον
— 41. πᾶς ὁ λαὸς τότε ἐφώνησε καὶ τότε εἶπον
— 42. τότε ὁ βασ. εἶπεν αὐτῷ
— 43. τότε εἶπε τῷ βασ.
— 47. τότε ἀναστὰς Δαρ. ὁ βασ.
6. 2. τότε στὰς Ζορ.
— 11. τότε ἐπυνθανόμεθα τῶν πρεσβυτέρων τούτων
— 20. τότε ὁ Σαν. παραγενόμενος
— 23. τότε ὁ βασ. Δαρ. προσέταξεν
7. 1. τότε Σ. ἔπαρχος κοίλης Συρίας
II Es. 4. 23. τότε ὁ φορολόγος . . . ἀνέγνω (1 *a*)
— 24. τότε ἤργησε τὸ ἔργον οἴκου τοῦ θεοῦ (1 *b*)
5. 2. τότε ἀνέστησαν Ζ. . . . καὶ ᾽Ι. (1 *b*)
— 4. τότε ταῦτα εἴποσαν αὐτοῖς (1 *a*)
— 5. καὶ τότε ἀπεστάλη τῷ φορολόγῳ (1 *a*)
— 9. τότε ἠρωτήσαμεν τοὺς πρεσβυτέρους ἐκ. (1 *a*)
— 16. τότε Σ. ἐκεῖνος ἦλθε (1 *a*)
— 16. ἀπὸ τότε ἕως τοῦ νῦν ᾠκοδομήθη (1 *a*)
6. 1. τότε Δ. ὁ βασ. ἔθηκε γνώμην (1 *b*)
— 13. τότε Θ. ἔπαρχος . . . οὕτως ἐπιμελῶς ἐποίησαν (1 *a*)
Ne. 2. 16. τοῖς ᾽Ιουδαίοις . . . ἕως τότε οὐκ ἀπήγγειλα (9 *a*)
To. 1. 22. **S**. τότε [**A B** καὶ] ἠξίωσεν ᾽Αχ. περὶ ἐμοῦ
5. 1. **S** τότε [**A B** καὶ] ἀποκριθεὶς Τωβείας
— 3. **S** τότε ἀποκριθεὶς Τωβ. εἶπεν
6. 6. **S** καὶ τότε ἠρώτησεν τὸ παιδάριον τὸν ἄγγελον [**S** *al.*]
— 13. τότε εἶπε τὸ παιδάριον [**S** *al.*]
8. 18. **S** τότε εἶπεν τοῖς οἰκέταις αὐ. [**A B** *al.*]
— 21. **A B** καὶ τότε λαβόντα τὸ ἥμισυ [**S** *al.*]
9. 1. **S** τότε ἐκάλεσεν Τωβ. ῾Ραφ. [**A B** *al.*]
12. 6. **A S R** τότε [**B** καὶ] καλέσας τοὺς δύο
— 14. **S** τότε ἀπέσταλμαι ἐπὶ σέ [**A B** *al.*]
13. 6. τότε ἐπιστρέψει πρὸς ὑμᾶς
— 13. **S** τότε πορεύθητι [**A B** *al.*]
Ju. 6. 6. τότε διελεύσεται ὁ σίδηρος τῆς στρατιᾶς μου
15. 3. καὶ τότε οἱ υἱοὶ ᾽Ισρ. . . . ἐξεχύθησαν
16. 11. τότε ἠλάλαξαν οἱ ταπεινοί μου
Es. 2. 13. καὶ τότε εἰσπορεύεται πρὸς τὸν βασ. (5)
4. 16. καὶ τότε εἰσελεύσομαι πρὸς τὸν βασ. (9 *b*)
7. 10. καὶ τότε ὁ βασ. ἐκόπασε τοῦ θυμοῦ –
9. 31. καὶ τότε στήσαντες κατὰ τῆς ὑγιείας αὐ. –
Jb. 1. 12. τότε [**A** καὶ] εἶπεν ὁ κ. τῷ διαβόλῳ (7)
2. 2. τότε εἶπεν ὁ διάβολος ἐνώπιον τοῦ κυρίου (7)
11. 6. τότε γνώσῃ –
13. 20. τότε ἀπὸ τοῦ προσώπου σου οὐ [**S** *om.*] κρυβήσομαι (2 *a*)
15. 21. **A** τότε [**B S** *om.*] ἥξει αὐτοῦ ἡ καταστροφή –
19. 29. τότε γνώσονται (10)
20. 7. τότε εἰς τέλος ἀπολεῖται –
28. 27. τότε εἶδεν αὐτήν (2 *a*)
33. 16. τότε ἀνακαλύπτει νοῦν ἀνθρώπων (2 *a*)
— 27. εἶτα τότε ἀπομέμψεται ἄνθρωπος –
38. 21. οἶδα ἄρα ὅτι τότε [**A** εἰς τοῦτο] γεγέννησαι (2 *a*)

Ps. 2. 5. τότε λαλήσει πρὸς αὐτούς (2 *a*)
18 (19). 13. τότε ἄμωμος ἔσομαι (2 *a*)
39 (40). 7. τότε εἶπον, ᾽Ιδοὺ ἥκω (2 *a*)
50 (51). 19. τότε εὐδοκήσεις θυσίαν δικαιοσύνης (2 *a*)
— 19. τότε ἀνοίσουσιν ἐπὶ τὸ θυσιαστήριόν σου μόσχους (2 *a*)
55 (56). 9. **S**^{2} τότε [**B S**^{1} *om.*] ἐπιστρέψουσιν οἱ ἐχθροί μου εἰς τὰ ὀπίσω (2 *a*)
68 (69). 4. ἃ οὐχ ἥρπασα τότε ἀπετίννυον (2 *a*)
75 (76). 7. **S** τίς ἀντιστήσεταί σοι ἀπὸ τότε ἡ ὀργή [**B** ἀπὸ τῆς ὀ.] σου (2 *a*)
77 (78). 34. **S** τότε [**B** *om.*] ἐξεζήτουν αὐτόν (7)
88 (89). 19. τότε ἐλάλησας ἐν ὁράσει τοῖς υἱοῖς σου (2 *a*)
91 (92). 14. τότε [**A S**^{2} ἔτι, **S**^{1} *om.*] πληθυνθήσονται ἐν γήρει πίονι †
92 (93). 2. ἕτοιμος ὁ θρόνος σου ἀπὸ τότε (2 *a*)
95 (96). 12. τότε ἀγαλλιάσονται πάντα τὰ ξύλα τοῦ δρυμοῦ (2 *a*)
118 (119). 6. τότε οὐ μὴ ἐπαισχυνθῶ (2 *a*)
— 92. τότε ἂν ἀπωλόμην ἐν τῇ ταπεινώσει μου (2 *a*)
125 (126). 2. τότε ἐπλήσθη χαρᾶς τὸ στόμα ἡμῶν (2 *a*)
— 2. τότε ἐροῦσιν ἐν τοῖς ἔθνεσιν (2 *a*)
Pr. 2. 5. τότε συνήσεις φόβον κυρίου (2 *a*)
— 9. τότε συνήσεις δικαιοσύνην καὶ κρίμα (2 *a*)
3. 8. τότε ἴασις ἔσται τῷ σώματί σου –
23. 33. τὸ στόμα σου τότε λαλήσει σκολιά (7)
Ec. 2. 15. **A S**^{2} τότε [**B S**^{1} *om.*] περισσὸν ἐλάλησα ἐν καρδίᾳ μου (2 *a*)
8. 10. τότε εἶδον ἀσεβεῖς εἰς τάφους εἰσαχθέντας (9 *b*)
— 12. ἐποίησε τὸ πονηρὸν ἀπὸ τότε †
Wi. 5. 1. τότε στήσεται ἐν παρρησίᾳ πολλῇ ὁ δίκαιος
11. 8. δείξας διὰ τοῦ τότε δίψους
14. 15. τὸν τότε [**A** ποτὲ] νεκρὸν ἄνθρωπον νῦν ὡς θεὸν ἐτίμησε
16. 25. διὰ τοῦτο καὶ τότε εἰς πάντα [**S** *om.* εἰς π.] μεταλλευομένη
18. 17. τότε παραχρῆμα φαντασίαι μὲν . . . ἐξετάραξαν αὐτούς
— 20. **S**^{1} ἥψατο δὲ καὶ δικαίων τότε [**S**^{2} ποτὲ, **A B** *om.*] πεῖρα θανάτου
Si. 11. 7. νόησον πρῶτον καὶ τότε ἐπιτίμα
18. 7. ὅταν συντελέσει ἄνθρωπος τότε ἄρχεται [**A** ἔρχ.] καὶ ὅταν παύσηται τότε ἀπορηθήσεται
24. 8. τότε ἐνετείλατό μοι ὁ κτίστης ἁπάντων
28. 2. καὶ τότε δεηθέντος σου αἱ ἁμαρτίαι σου λυθήσονται
48. 19. τότε ἐσαλεύθησαν καρδίαι
50. 16. τότε ἀνέκραγον υἱοὶ ᾽Ααρών
— 17. τότε πᾶς ὁ λαὸς κοινῇ κατέσπευσε
— 20. τότε καταβὰς ἐπῆρε χεῖρας αὐτοῦ
Ho. 2. 7 (9). καλῶς μοι ἦν τότε ἢ νῦν (2 *a*)
Hb. 1. 11. τότε μεταβαλεῖ τὸ πνεῦμα (2 *a*)
Ze. 3. 9. τότε μεταστρέψω ἐπὶ λαοὺς γλῶσσαν (2 *a*)
— 11. τότε περιελῶ ἀπὸ σοῦ τὰ φαυλίσματα (2 *a*)
Is. 8. 16. τότε φανεροὶ ἔσονται †
20. 2. τότε ἐλάλησε κύριος (6)
28. 25. τότε [**A** πρῶτον] σπείρει μικρὸν μελάνθιον (7)
30. 15. τότε σωθήσῃ –
— 23. τότε ἔσται ὁ ὑετός (7)
35. 5. τότε ἀνοιχθήσονται ὀφθαλμοὶ τυφλῶν (2 *a*)
— 6. τότε ἁλεῖται ὡς ἔλαφος χωλός (2 *a*)
41. 1. τότε κρίσιν ἀναγγειλάτωσαν –
— 7. **A** τότε [**B S** ποτὲ] μὲν ἐρεῖ –
44. 8. καὶ οὐκ ἤκουσαν τότε –
45. 21. τότε [**S** ποτὲ] ἀνηγγέλη ὑμῖν (2 *b*)
58. 8. τότε ῥαγήσεται πρώϊμον τὸ φῶς σου (2 *a*)
— 9. τότε βοήσῃ (2 *a*)
— 10. τότε ἀνατελεῖ ἐν τῷ σκότει τὸ φῶς σου (7)
60. 5. τότε ὄψῃ (2 *a*)
65. 25. τότε λύκοι καὶ ἄρνες βοσκηθήσονται ἅμα –
Je. 11. 18. τότε εἶδον τὰ ἐπιτηδεύματα αὐ. (2 *a*)
19. 1. τότε εἶπε κύριος πρὸς μέ †
22. 22. τότε αἰσχυνθήσῃ (2 *a*)
38 (31). 13. τότε χαρήσονται παρθένοι (2 *a*)
Ep. Je. 41. **A** τὸν Βὴλ ἀξιοῦσι τότε λαλῆσαι [**B** *al.*]
Ez. 32. 14. οὕτως τότε ἡσυχάσει τὰ ὕδατα αὐ. (2 *a*)
39. 11. κληθήσεται τότε [? τὸ τὲ, **A** τὸ γαὶ] τὸ πολυάνδριον τοῦ Γώγ †
Da. LXX. Su. 38. τότε συνειπάμεθα ἀλλήλοις
— 62. τότε ὁ ἄγγελος κυρίου ἔρριψε πῦρ
2. 12. τότε ὁ βασ. στυγνὸς γενόμενος (8)

Da. LXX. 2. 14. τότε Δαν. εἶπε βουλήν (1 *b*)
— 15. τότε τὸ πρόσταγμα ἐσήμανεν (1 *a*)
— 17. τότε ἀπελθὼν Δαν. εἰς τὸν οἶκον αὐ. (1 *a*)
— 19. τότε τῷ Δαν. . . . ἐξεφάνθη (1 *a*)
— 19. τότε Δαν. εὐλόγησεν τὸν κ. (1 *a*)
— 25. τότε ᾽Α. κατὰ σπουδὴν εἰσήγαγε τὸν Δ. (1 *a*)
— 35. τότε λεπτὰ ἐγένετο ἅμα (1 *b*)
— 46. τότε Ναβ. ὁ βασ. πεσών (1 *b*)
— 48. τότε ὁ βασ. Ναβ. Δαν. μεγαλύνας (1 *a*)
3. 3. τότε συνήχθησαν ὕπατοι (1 *b*)
— 13. τότε Ναβ. θυμωθεὶς ὀργῇ (1 *b*)
— 13. τότε οἱ ἄνθρωποι ἤχθησαν (1 *b*)
— 18. καὶ τότε φανερόν σοι ἔσται †
— 19. τότε Ναβ. ἐπλήσθη θυμοῦ (1 *b*)
— 21. τότε οἱ ἄνδρες ἐκεῖνοι συνεποδίσθησαν (1 *b*)
— 24 (91). τότε Ναβ. ὁ βασ. ἐθαύμασε (1 *a*)
5. 7. τότε ὁ βασ. ἐξέθηκε πρόσταγμα –
— 10. τότε ὁ βασ. ἐκάλεσε τὴν βασίλισσαν –
— 11. τότε ἡ βασίλισσα ἐμνήσθη πρὸς αὐτόν –
— 13. τότε Δαν. εἰσήχθη πρὸς τὸν βασ. (1 *b*)
— 17. τότε Δαν. ἔστη κατέναντι τῆς γραφῆς (1 *b*)
— 29. τότε Β. ὁ βασ. ἐνέδυσε τὸν Δαν. πορφύραν (1 *b*)
6. 3 (4). τότε ὁ βασ. ἐβουλεύσατο (1 *a*)
— 4 (5). τότε βουλὴν καὶ γνώμην ἐβουλεύσαντο (1 *a*)
— 6 (7). τότε προσῆλθοσαν οἱ ἄνθρωποι ἐκεῖνοι (1 *a*)
— 12 (13). τότε οὗτοι οἱ ἄνθρωποι ἐνέτυχον τῷ βασ. (1 *b*)
— 14 (15). τότε ὁ βασ. σφόδρα ἐλυπήθη (1 *a*)
— 17 (18). τότε Δαν. ἐρρίφη εἰς τὸν λάκκον τῶν λεόντων –
— 18 (19). τότε ὑπέστρεψεν ὁ βασ. (1 *a*)
— 18 (19). τότε ὁ θεὸς τοῦ Δαν. πρόνοιαν ποιούμενος αὐτοῦ –
— 20 (21). τότε ὁ βασ. ἐκάλεσε τὸν Δαν. –
— 21 (22). τότε Δαν. ἐπήκουσε (1 *a*)
— 23 (24). τότε συνήχθησαν πᾶσαι αἱ δυνάμεις (1 *b*)
— 24 (25). τότε οἱ δύο ἄνθρωποι ἐκ. οἱ καταμαρτυρήσαντες –
— 25 (26). τότε Δαρ. ἔγραψε πᾶσι τοῖς ἔθνεσι (1 *b*)
7. 1. τότε Δαν. τὸ ὅραμα . . . ἔγραψεν (1 *b*)
— 11. ἐθεώρουν τότε τὴν φωνὴν τῶν λόγων (1 *b*)
— 19. τότε ἤθελον ἐξακριβάσασθαι (1 *a*)
11. 45. στήσει αὐτοῦ τὴν σκηνὴν τότε †
Bel 13. καὶ τότε σφραγισάμενος τὸν ναόν
Da. TH. Su. 14. καὶ τότε κοινῇ συνετάξαντο καιρόν
2. 12. τότε ὁ βασ. ἐν θυμῷ καὶ ὀργῇ εἶπεν (8)
— 14. τότε Δαν. ἀπεκρίθη βουλήν (1 *b*)
— 19. τότε τῷ Δ. . . . ἀπεκαλύφθη [**A** *al.*] (1 *a*)
— 25. τότε ᾽Α. ἐν σπουδῇ εἰσήγαγε τὸν Δ. (1 *a*)
— 35. τότε ἐλεπτύνθησαν εἰσάπαξ (1 *b*)
— 46. τότε ὁ βασ. Ναβ. ἔπεσεν (1 *b*)
3. 8. τότε προσῆλθοσαν ἄνδρες Χαλδαῖοι (8)
— 13. τότε Ναβ. ἐν θυμῷ καὶ ὀργῇ εἶπεν (1 *b*)
— 19. τότε Ναβ. ἐπλήσθη θυμοῦ (1 *b*)
— 21. τότε [**A** ὅτε] οἱ ἄνδρες ἐκεῖνοι ἐπεδήθησαν (1 *b*)
— (51). τότε οἱ τρεῖς ὡς ἐξ ἑνὸς στόματος ὕμνουν
— 26 (93). τότε προσῆλθε Ναβ. (1 *b*)
— 30 (97). τότε ὁ βασ. κατεύθυνε τὸν Σ. (1 *b*)
4. 16. τότε Δαν. . . . ἀπηνεώθη (1 *a*)
5. 6. τότε τοῦ βασ. ἡ μορφὴ ἠλλοιώθη (1 *a*)
— 13. τότε Δαν. εἰσήχθη (1 *b*)
— 17. **A** τότε ἀπεκρίθη Δαν. [**B** *al.*] (1 *b*)
6. 6 (7). τότε οἱ τακτικοὶ . . . παρέστησαν τῷ βασ. (1 *a*)
— 9 (10). τότε ὁ βασ. Δ. ἐπέταξε γραφῆναι (8)
— 11 (12). τότε οἱ ἄνδρες ἐκ. παρετήρησαν (1 *a*)
— 13 (14). τότε ἀπεκρίθησαν (1 *b*)
— 14 (15). τότε ὁ βασ. . . . πολὺ ἐλυπήθη (1 *a*)
— 15 (16). τότε οἱ ἄνδρες ἐκ. λέγουσι τῷ βασ. (1 *b*)
— 16 (17). τότε ὁ βασ. εἶπε (1 *b*)
— 19 (20). τότε ὁ βασ. ἀνέστη (1 *b*)
— 23 (24). τότε ὁ βασ. πολὺ ἠγαθύνθη ἐπ᾽ αὐτῷ (1 *b*)
— 25 (26). τότε Δαρ. ὁ βασ. ἔγραψε (1 *b*)
7. 11. ἐθεώρουν τότε (1 *b*)
Bel 21. ὀργισθεὶς ὁ βασ. τότε συνέλαβε τοὺς ἱερεῖς
— 32. τότε δὲ οὐκ ἐδόθη αὐτοῖς
I Ma. 2. 29. τότε κατέβησαν πολλοί
— 42. τότε συνήχθησαν πρὸς αὐτούς
4. 41. τότε ἐπέταξεν ᾽Ι. ἀνδράσιν
14. 32. τότε ἀνέστη Σίμων
16. 9. τότε ἐτραυματίσθη ᾽Ι.

II Ma. 1. 18. A ὁ οἰκοδομήσας τότε τὸ [R τό τε] ἱερόν
— 19. R οἱ τότε [A τε] εὐσεβεῖς ἱερεῖς
2. 8. καὶ τότε ὁ κ. ἀναδείξει ταῦτα
12. 18. ἄπρακτον τότε ἐκ τῶν τόπων ἐκλελυκότα
III Ma. 1. 29. τῶν πάντων τότε θάνατον ἀλλασσομένων
5. 1. τότε προσκαλεσάμενος Ἕρμωνα
— 44. τότε περιχαρεῖς ἀναλύσαντες οἱ φίλοι
6. 18. τότε ὁ μεγαλόδοξος . . . θεός
— 31. τότε οἱ τὸ πρὶν ἐπονείδιστοι
7. 13. τότε κατευφημήσαντες αὐτόν
— 14. R τότε τὸν ἐμπεσόντα . . . ἐκολάζοντο [A *al.*]
IV Ma. 3. 8. τότε δὴ γενομένης ἑσπέρας
— 21. τότε δή τινες . . . ἐχρήσαντο συμφοραῖς
8. 2. S R τότε [A τόδε] δὴ σφόδρα περιπαθῶς ἐκέλευσεν
15. 22. πηλίκαις καὶ πόσαις τότε ἡ μήτηρ . . . ἐβασανίζετο βασάνοις
17. 12. ἠθλοθέτει γὰρ τότε ἀρετή
18. 6. τότε δὴ ἀπάρας ἀπὸ τῶν Ἱερ.
— 20. ὦ πικρᾶς τῆς τότε ἡμέρας
[**Aq.** Ge. 4. 26 : Ex. 4. 10 (ἀπὸ τότε) : Jo. 10. 33 : III Ki. 8. 12 : 9. 24 : 22. 50 : Jb. 9. 31 : Ps. 55 (56). 10 : 68 (69). 5 : 95 (96). 12 : Ca. 8. 10 : Is. 33. 23 : 58. 14 : Je. 11. 15, 18 : 22. 15, 16 (Sw.) : Da. 3. 24 (91) : Ze. 3. 9.]
[**Sm.** Ge. 4. 26 : Jo. 10. 33 : I Ki. 9. 9 : Ps. 50 (51). 21 : 55 (56). 10 : 92 (93). 2 (ἀπὸ τότε) : Pr. 8. 22 (ἀπὸ τότε) : Is. 16. 13 (ἐκ τότε) : 33. 23 : 58. 14 : Je. 11. 18 : 22. 15 (Sw.) : Ze. 3. 9.]
[**Th.** Ps. 55 (56). 10 : Pr. 8. 22 (ἀπὸ τότε) : 20. 14 : Is. 16. 13 (ἀπὸ τότε : 58. 14 : Je. 22. 15, 16 (Sw.) : 37 (44). 16 : Da. 3. (51), 30 (97) : 5. 6 : 6. 15 : Ze. 3. 9.]
[**Al.** III Ki. 22. 50 : Ps. 123 (124). 4, 5 : Pr. 1. 28.]
[**Quint.** Ps. 55 (56). 10.]

τοὐναντίον, *vid. sub* **ἐναντίος.**

τραγάκανθα.

[**Aq.** Jd. 8. 7.]

τραγέλαφος. (1) אַקּוֹ (2) יָעֵל

De. 14. 5. A καὶ βούβαλον καὶ τραγέλαφον (1)
Jb. 39. 1. εἰ [A ἦ] ἔγνως καιρὸν τοκετοῦ τραγελάφων πέτρας (2)
[**Th.** Jb. 39. 1.]

τράγημα.

[**Aq.** Dt. 33. 13, 14, 15.]

τράγος. (1) עַתּוּד (2) צָפִיר (3) תַּיִשׁ

Ge. 30. 35. διέστειλεν . . . τοὺς τρ. τοὺς ῥαντούς (3)
31. 10. οἱ τρ. καὶ οἱ κριοὶ ἀναβαίνοντες ἦσαν (1)
— 12. ἴδε τοὺς τρ. . . . ἀναβαίνοντας (1)
32. 14 (15). ἐξαπέστειλεν . . . τράγους εἴκοσι (3)
Nu. 7. 17, 23. εἰς θυσίαν σωτηρίου . . . τράγους πέντε (1)
— 29. εἰς θυσίαν σωτηρίου . . . τράγους πέντε [B^1 *om.* τρ. π.] (1)
— 35. εἰς θυσίαν σωτηρίου . . . τράγους πέντε (1)
— 41. εἰς θυσίαν σωτηρίου . . . τράγους πέντε [B^1 *om.* τρ. π.] (1)
— 47, 53, 59, 65, 71, 77, 83. εἰς θυσίαν σωτηρίου . . . τράγους πέντε (1)
— 88. τράγοι ἑξήκοντα (1)
De. 32. 14. υἱῶν ταύρων καὶ τράγων (1)
II Ch. 17. 11. A ἔφερον . . . τράγους [B *om.*] (3)
I Es. 8. 66. τράγους ὑπὲρ σωτηρίου δώδεκα
Ps. 49 (50). 13. ἢ αἷμα τράγων πίομαι (1)
Pr. 24. 66 (30. 31). τράγος ἡγούμενος αἰπολίου (3)
Is. 1. 11. αἷμα ταύρων καὶ τράγων (1)
34. 6. B ἀπὸ αἵματος τράγων καὶ ἀμνῶν (1)
— 6. ἀπὸ στέατος τράγων καὶ κριῶν †
Ez. 34. 17. διακρινῶ ἀνὰ μέσον . . . κριῶν καὶ τράγων [A -ου] (1)
39. 18. κριοὺς καὶ μόσχους καὶ τράγους (1)
Da. LXX. 8. 5. τράγος αἰγῶν ἤρχετο ἀπὸ δυσμῶν (2)
— 5. ἦν τοῦ τρ. κέρας ἓν θεωρητόν (2)
— 7. στῆναι κατέναντι τοῦ τρ. †
— 7. οὐκ ἦν ὁ ῥυόμενος τὸν κριὸν ἀπὸ τοῦ τρ. †
— 8. ὁ τρ. τῶν αἰγῶν κατίσχυσε σφόδρα (2)
— 21. ὁ τρ. τῶν αἰγῶν βασιλεὺς τῶν Ἑλλ. ἐστί (2)
Da. TH. 8. 5. τράγος αἰγῶν ἤρχετο ἀπὸ λιβός (2)
Da. TH. 8. 5. καὶ τῷ τρ. κέρας μέσον τῶν ὀφθ. αὐτοῦ (2)
— 8. ὁ τρ. τῶν αἰγῶν ἐμεγαλύνθη (2)
— 21. καὶ ὁ τρ. τῶν αἰγῶν βασιλεὺς Ἑλλήνων (2)
[**Aq.** Le. 16. 8 : Ps. 65 (66). 15.]
[**Sm.** Le. 16. 8, 10 : Ps. 65 (66). 15 : Is. 34. 6.]
[**Th.** Ps. 65 (66). 15.]
[**Al.** Le. 16. 5, 7, 15.]

τραγῳδός.

[**Al.** Ge. 31. 27.]

τρανός. (1) **τρανὸς εἶναι** רָנַן

Wi. 7. 22. ἔστι γὰρ ἐν [A *om.*] αὐτῇ πνεῦμα . . . τρανόν
10. 21. γλώσσας νηπίων ἔθηκε τρανάς
Is. 35. 6. τρανὴ δὲ ἔσται [S^1 καὶ τρανήσεται] γλῶσσα μογιλάλων (1)
[**Sm.** Is. 32. 4.]

τρανῶς.

[**Sm.** Is. 32. 4.]

τράπεζα. (1) לֶחֶם (2) פַּת־בַּג (3) שְׁאֵר (4) שֻׁלְחָן

Ex. 25. 22 (23). ποιήσεις τρ. χρυσῆν [A *om.*] (4)
— 26 (27). ὥστε αἴρειν ἐν αὐτοῖς τὴν τρ. (4)
— 27 (28). ἀρθήσεται ἐν αὐτοῖς ἡ τρ. (4)
— 29 (30). ἐπιθήσεις ἐπὶ τὴν τρ. (4)
26. 35. θήσεις τὴν τρ. ἔξωθεν τοῦ καταπετάσματος (4)
— 35. καὶ τὴν λυχνίαν ἀπέναντι τῆς τρ. (4)
— 35. τὴν τρ. ἐπιθήσεις ἐπὶ μέρους τῆς σκηνῆς (4)
30. 28. καὶ τὴν τρ. καὶ πάντα τὰ σκεύη αὐ. –
31. 8. ποιήσουσι . . . τὴν τρ. (4)
35. 15 (13). ἐργαζέσθω . . . τὴν τρ. (4)
38. 9 (37. 10). ἐποίησε τὴν τρ. τὴν προκειμένην (4)
— 11 (37. 15). τοὺς διωστῆρας . . . τῆς τρ. ἐποίησε (4 ?)
— 12 (37. 16). ἐποίησε τὰ σκεύη τῆς τρ. (4)
39. 18 (36). καὶ τὴν τρ. τῆς προθέσεως (4)
40. 4. εἰσοίσεις τὴν τρ. (4)
— 22. ἐπέθηκε τὴν τρ. εἰς τὴν σκηνήν (4)
Le. 24. 6. ἐπιθήσετε αὐτοὺς . . . ἐπὶ τὴν τρ. τὴν καθαράν (4)
Nu. 3. 31. καὶ ἡ φυλακὴ αὐ. . . . ἡ τρ. (4)
4. 7. ἐπὶ τὴν τρ. τὴν προκειμ. ἐπιβαλοῦσιν (4)
Jd. 1. 7. ἦσαν συλλέγοντες τὰ ὑποκάτω τῆς τρ. μου (4)
I Ki. 20. 24. ἔρχεται ὁ βασ. ἐπὶ τὴν τρ. (1)
— 27. οὐ παραγέγονεν ὁ υἱὸς Ἰ. . . . ἐπὶ τὴν τρ. (1)
— 29. οὐ παραγέγονεν ἐπὶ τὴν τρ. τοῦ βασ. (4)
— 34. ἀνεπήδησεν Ἰ. ἀπὸ τῆς τρ. (4)
II Ki. 9. 7. σὺ φάγῃ ἄρτον ἐπὶ τῆς τρ. μου (4)
— 10. φάγεται . . . ἄρτον ἐπὶ τῆς τρ. μου (4)
— 11. Μ. ἤσθιεν ἐπὶ τῆς τρ. Δ. (4)
— 13. ἐπὶ τῆς τρ. τοῦ βασ. διὰ παντὸς ἤσθιε (4)
19. 28 (29). ἐν τοῖς ἐσθίουσι τὴν τρ. σου (4)
III Ki. 2. 7. ἔσονται ἐν τοῖς ἐσθίουσι τὴν τρ. σου (4)
4. 27 (5. 7). πάντα τὰ διαγγέλματα ἐπὶ τὴν τρ. τοῦ βασ. (4)
7. 48. τὸ θυσιαστήριον τὸ χρυσοῦν καὶ τὴν τρ. (4)
12. 24. B ἐβάρυνε τὰ βρώματα τῆς τρ. αὐ. –
13. 20. AB^2R αὐτῶν καθημένων ἐπὶ τῆς τρ. [B^1 *om.* ἐπὶ τ. τρ.] (4)
18. 19. τοὺς προφήτας . . . ἐσθίοντας τράπεζαν Ἰεζ. (4)
IV Ki. 4. 10. θῶμεν αὐτῷ ἐκεῖ . . . τράπεζαν (4)
I Ch. 28. 16. τὸν σταθμὸν τῶν τρ. τῆς προθέσεως ἑκάστης τρ. χρυσῆς (4, 4)
II Ch. 4. 8. ἐποίησε τραπέζας δέκα (4)
— 19. ἐποίησε Σαλ. . . . τὰς τρ. (4)
9. 4. εἶδε . . . τὰ βρώματα τῶν τρ. (4)
13. 11. προθέσεις ἄρτων ἐπὶ τῆς τρ. τῆς καθαρᾶς (4)
29. 18. ἡγνίσαμεν . . . τὴν τρ. τῆς προθέσεως (4)
Ne. 5. 17. καὶ ἐρχόμενοι . . . ἐπὶ τράπεζάν μου (4)
To. 2. 2. S παρετέθη μοι ἡ τρ.
Es. 4. 17. οὐκ ἔφαγεν ἡ δούλη σου τράπεζαν Ἀ.
Jb. 36. 16. κατέβη τράπεζά σου πλήρης πιότητος (4)
Ps. 22 (23). 5. ἡτοίμασας ἐνώπιόν μου τράπεζαν (4)
68 (69). 22. γενηθήτω ἡ τρ. αὐτῶν ἐνώπιον αὐτῶν εἰς παγίδα (4)
77 (78). 19. ἑτοιμάσαι τράπεζαν ἐν ἐρήμῳ (4)
— 20. ἢ ἑτοιμάσαι τράπεζαν τῷ λαῷ αὐτοῦ (3)
127 (128). 3. οἱ υἱοί σου ὡς νεόφυτα ἐλαιῶν κύκλῳ τῆς τρ. σου (4)
Pr. 9. 2. ἡτοιμάσατο τὴν ἑαυτῆς τρ. (4)
Pr. 23. 1. ἐὰν καθίσῃς δειπνεῖν ἐπὶ τραπέζης δυνάστου –
Si. 6. 10. A B ἔστι φίλος κοινωνὸς τραπεζῶν
14. 10. ἐλλιπὴς ἐπὶ τῆς τρ. αὐτοῦ
29. 26. πάρελθε, πάροικε, κόσμησον τράπεζαν
34 (31). 12. ἐπὶ τραπέζης μεγάλης ἐκάθισας
40. 29. ἀνὴρ βλέπων εἰς τράπεζαν ἀλλοτρίαν
Ma. 1. 7, 12. τράπεζα κυρίου ἠλισγημένη ἐστί (4)
Is. 21. 5. ἑτοίμασον τὴν τρ. (4)
65. 11. ἑτοιμάζοντες τῷ δαιμονίῳ τράπεζαν (4)
Ez. 23. 41. τρ. κεκοσμημένη πρὸ προσώπου αὐτῆς (4)
39. 20. ἐμπλησθήσεσθε ἐπὶ τῆς τρ. μου (4)
40. 39. A δύο τράπεζαι ἔνθεν καὶ δύο τράπεζαι ἔνθεν (4, 4)
— 40. A δύο τράπεζαι πρὸς ἀνατολὰς . . . δύο τράπεζαι καὶ ὀκτὼ τράπεζαι [B *om.* κ. ὀ. τρ.] κατὰ ἀνατολάς (4, 4, –)
— 41. κατέναντι τῶν ὀκτὼ τρ. τῶν θυμάτων (4)
— 42. τέσσαρες τράπεζαι τῶν ὁλοκαυτωμάτων (4)
— 43. ἐπὶ τὰς τρ. ἐπάνωθεν στέγας (4)
41. 22. αὕτη ἡ τρ. ἡ πρὸ προσώπου [A τρ. κατὰ πρόσωπον] κυρίου [B^1 *om.*] (4)
44. 16. προσελεύσονται πρὸς τὴν τρ. μου (4)
Da. LXX. 1. 5. δίδοσθαι αὐτοῖς ἔκθεσιν . . . ἀπὸ τῆς βασιλικῆς τρ. (2)
11. 27. ἐπὶ μιᾶς τρ. φάγονται (4)
Bel 17. εἴδοσαν . . . τὰς τρ. κενάς
Da. TH. 1. 5. διέταξεν αὐτοῖς . . . ἀπὸ τῆς τρ. τοῦ βασ. (2)
— 8. οὐ μὴ ἀλισγηθῇ ἐν τῇ τρ. τοῦ βασ. (2)
— 13. τῶν παιδαρίων τῶν ἐσθόντων τὴν τρ. τοῦ βασ. (2)
— 15. ὑπὲρ τὰ παιδάρια τὰ ἔσθοντα τὴν τρ. τοῦ βασ. (2)
11. 27. ἐπὶ τρ. μιᾷ ψευδῆ λαλήσουσι (4)
Bel 18. ἐπιβλέψας ὁ βασ. ἐπὶ τὴν τρ.
— 21. ἐδαπάνων τὰ ἐπὶ τῇ τρ.
I Ma. 1. 22. ἔλαβε . . . τὴν τρ. τῆς προθέσεως
4. 49. εἰσήνεγκαν . . . τὴν τρ. εἰς τὸν ναόν
— 51. ἐπέθηκαν ἐπὶ τὴν τρ. ἄρτους
[**Aq.** Is. 28. 8.]
[**Sm.** Ex. 40. 24 (22) : Jb. 36. 16 : Ps. 68 (69). 23 : Is. 28. 8.]
[**Th.** Ex. 37. 14 (38. 11), 15 (38. 11) : 40. 24 (22) : Jb. 36. 16 : Is. 28. 8 : Da. 1. 8.]
[**Heb.** Ex. 30. 27.]

τραῦμα. (1) חֳלִי (2) חָלָל (3) נֶתֶק (4) פֶּצַע

Ge. 4. 23. ἄνδρα ἀπέκτεινα εἰς τραῦμα ἐμοί (4)
Ex. 21. 25. δώσει . . . τραῦμα ἀντὶ τραύματος (4, 4)
Le. 13. 31. ἐὰν ἴδῃ ὁ ἱερεὺς τὴν ἁφὴν τοῦ τρ. (3)
— 31. A ἀφοριεῖ ὁ ἱ. τὴν ἁφὴν τοῦ τρ. [B θραύσματος] (3)
Nu. 19. 18. A ἐπὶ τὸν ἡμμένον . . . τοῦ τρ. [B τραυματίου] (2)
Jd. 15. 19. A ἤνοιξεν ὁ θ. τὸ τρ. τῆς σιαγόνος [B *al.*] †
Ju. 9. 13. εἰς τραῦμα καὶ μώλωπα αὐ.
13. 18. εἰς τραῦμα κεφαλῆς ἄρχοντος ἐχθρῶν ἡμῶν
Jb. 6. 21. ὥστε ἰδόντες τὸ ἐμὸν τραῦμα φοβήθητε †
16. 7 (6). οὐκ ἀλγήσω τὸ τρ. †
Ps. 68 (69). 26. ἐπὶ τὸ ἄλγος τῶν τρ. μου προσέθηκαν (2)
Pr. 27. 6. ἀξιοπιστότερά ἐστι τραύματα φίλου (4)
Si. 27. 21. τραῦμά ἐστι καταδῆσαι
— 25. πληγὴ δολία διελεῖ [A^1 ἐλεῖ] τραύματα
30. 7. περιψύχων υἱὸν καταδεσμεύσει τραύματα αὐ.
34 (31). 30. ἐλαττῶν ἰσχὺν καὶ προσποιῶν τραύματα
Is. 1. 6. οὔτε τραῦμα οὔτε μώλωψ (4)
Je. 10. 19. τοῦτο τὸ τρ. σου [A *al.*] (1)
Ez. 32. 29. οἱ δόντες τὴν ἰσχὺν αὐ. εἰς τρ. μαχαίρας (2)
II Ma. 14. 45. καὶ δυσχερῶν τῶν τρ. ὄντων
[**Aq.**, **Th.** Pr. 20. 30.]
[**Sm.** Is. 1. 6.]

τραυματίας. (1) *a.* חָלָל *b.* חֲלַל חֶרֶב *c.* חָלָל pu.

Ge. 34. 27. εἰσῆλθον ἐπὶ τοὺς τρ. (1 *a*)
Nu. 19. 16. ὃς ἂν ἅψηται . . . τραυματίου (1 *b*)
— 18. ἐπὶ τὸν ἡμμένον . . . τοῦ τρ. [A τραύματος] (1 *a*)
23. 24. αἷμα τραυματιῶν πίεται (1 *a*)
31. 8. ἅμα τοῖς τρ. αὐ. (1 *a*)

Nu. 31. 8. σὺν τοῖς [A ταῖς] τρ. αὐ. –
De. 21. 1. ἐὰν δὲ εὑρεθῇ τραυματίας ἐν τῇ γῇ (1 *a*)
— 2. ἐπὶ τὰς πόλεις τὰς κύκλῳ τοῦ τρ. (1 *a*)
— 3. ἡ πόλις ἡ ἐγγίζουσα τῷ τρ. (1 *a*)
— 6. οἱ ἐγγίζοντες τῷ τρ. (1 *a*)
32. 42. ἀφ' αἵματος τραυματιῶν (1 *a*)
Jd. 9. 40. ἔπεσον τραυματίαι πολλοί [A -αί] (1 *a*)
16. 24. ἐπλήθυνε τοὺς τρ. ἡμῶν (1 *a*)
20. 31. ἤρξαντο πατάσσειν ἀπὸ τοῦ λαοῦ τραυματίας (1 *a*)
— 39. ἤρξατο πατάσσειν τραυματίας (1 *a*)
I Ki. 17. 52. ἔπεσον τραυματίαι τῶν ἀλλοφ. (1 *a*)
31. 1. πίπτουσι τραυματίαι ἐν τῷ ὄρει τῷ Γ. (1 *a*)
II Ki. 1. 19. ὑπὲρ τῶν τεθνηκότων ἐπὶ τὰ ὕψη σου τραυματιῶν [A *al.*] (1 *a*)
— 22. ἀφ' αἵματος τραυματιῶν (1 *a*)
— 25. ἐπὶ τὰ ὕψη σου τραυματίαι [A -ας] (1 *a*)
23. 8. A B^2 ἐσπάσατο τὴν ῥομφ. αὐ. ἐπὶ ὀκτακοσίους [B^2 τριακ.] τρ. [B^1 R στρατιώτας] (1 *a*)
— 18. ἐξήγειρε τὸ δόρυ αὐ. ἐπὶ τριακοσίους τρ. (1 *a*)
III Ki. 11. 15. θάπτειν τοὺς τρ. (1 *a*)
I Ch. 5. 22. τρ. πολλοὶ [A -αὶ] ἔπεσον (1 *a*)
10. 1. ἔπεσον τραυματίαι ἐν ὄρει Γ. (1 *a*)
— 8. τοῦ σκυλεύειν τοὺς [B^3 ὁ, S^1 τὰς] τρ. (1 *a*)
11. 11. ἐσπάσατο τὴν ῥομφ. αὐ. ἅπαξ ἐπὶ τριακοσίους τρ. (1 *a*)
— 20. ἐσπάσατο τὴν ῥομφ. αὐ. ἐπὶ τριακοσίους τρ. (1 *a*)
II Ch. 13. 17. ἔπεσον τραυματίαι ἀπὸ Ἰσρ. (1 *a*)
Ju. 2. 8. οἱ τρ. αὐ. πληρώσουσι τὰς φάραγγας αὐ.
6. 6. πεσῇ ἐν τοῖς [S^2 ταῖς] τρ. αὐ.
Ps. 87 (88). 5. ὡσεὶ τραυματίαι ἐρριμμένοι [AS^2 *om.*] καθεύδοντες ἐν τάφῳ (1 *a*)
88 (89). 10. σὺ ἐταπείνωσας ὡς τραυματίαν ὑπερήφανον (1 *a*)
Na. 3. 3. φωνὴ . . . πλήθους τραυματιῶν (1 *a*)
Ze. 2. 12. τραυματίαι ῥομφαίας μού ἐστε (1 *a*)
Is. 22. 2. οἱ [S^1 αἱ] τρ. σου οὐ τραυματίαι ἐν μαχαίραις [A S τρ. μαχαίρας] (1 *a*, 1 *a*)
34. 3. οἱ δὲ τρ. αὐτῶν ῥιφήσονται (1 *a*)
66. 16. πολλοὶ τραυματίαι ἔσονται ὑπὸ κυρίου (1 *a*)
Je. 14. 18. ἰδοὺ τραυματίαι μαχαίρας [A ῥομφαίας] (1 *a*)
28 (51). 4. πεσοῦνται τραυματίαι ἐν γῇ Χ. (1 *a*)
— 49. πεσοῦνται τραυματίαι πάσης τῆς γῆς [S *al.*] (1 *a*)
— 52. ἐν πάσῃ τῇ γῇ αὐτῆς πεσοῦνται τραυματίαι (1 *a*)
32 (25). 33. ἔσονται τραυματίαι ὑπὸ κυρίου (1 *a*)
48 (41). 9. τοῦτο ἐνέπλησεν Ἰσμαὴλ τραυματιῶν (1 *a*)
La. 2. 12. ἐν τῷ ἐκλύεσθαι αὐτοὺς ὡς τραυματίας (1 *a*)
4. 9. καλοὶ ἦσαν οἱ τρ. ῥομφαίας ἢ οἱ τρ. λιμοῦ (1 *a*, 1 *a*)
Ez. 6. 4. καταβαλῶ τραυματίας ὑμῶν (1 *a*)
— 7. πεσοῦνται τραυματίαι ἐν μέσῳ ὑμῶν (1 *a*)
— 13. ἐν τῷ εἶναι τοὺς τρ. ὑμῶν ἐν μέσῳ τῶν εἰδώλων ὑμῶν (1 *a*)
11. 6. ἐνεπλήσατε τὰς ὁδοὺς αὐ. τραυματιῶν (1 *a*)
21. 14 (19). ἡ τρίτη ῥομφαία τραυματιῶν ἐστι ῥομφαία τραυματιῶν ἡ μεγάλη (1 *a*, 1 *a*)
— 29 (34). τοῦ παραδοῦναί σε ἐπὶ τραχήλους τραυματιῶν ἀνόμων (1 *a*)
26. 15. ἐν τῷ στενάξαι τραυματίας (1 *a*)
28. 8. ἀποθανῇ θανάτῳ τραυματιῶν (1 *a*)
30. 11. πλησθήσεται ἡ γῆ τραυματιῶν (1 *a*)
31. 17. κατέβησαν . . . εἰς ᾅδου ἐν τοῖς τρ. ἀπὸ μαχαίρας [A μετὰ τραυματιῶν μ.] (1 *a*)
— 18. κοιμηθήσῃ μετὰ τραυματιῶν μαχαίρας (1 *a*)
32. 19 (20). ἐν μέσῳ μαχαίρας τραυματιῶν [A μ. τρ. μαχαίρᾳ] πεσοῦνται (1 *a*)
— 21. κοιμήθητι . . . ἐν μέσῳ τραυματιῶν μαχαίρας (1 *a*)
— 22. πάντες τραυματίαι ἐκεῖ ἐδόθησαν (1 *a*)
— 23. πάντες οἱ τρ. οἱ πεπτωκότες μαχαίρᾳ (1 *a*)
— 23. A πάντες αὐτοὶ τραυματίαι (1 *a*)
— 24. πάντες οἱ τρ. οἱ πεπτωκότες μαχαίρᾳ (1 *a*)
— 25. ἐν μέσῳ τραυματιῶν (1 *a*)
— 26. πάντες τραυματίαι αὐτοῦ πάντες ἀπερίτμητοι τραυματίαι ἀπὸ [A *om.* τρ. ἀ.] μαχαίρας (–, 1 *c*)
— 29. μετὰ τραυματιῶν [A *add.* μαχαίρας] ἐκοιμήθησαν (1 *b* [1 *a*])
— 30. ἐκεῖ . . . οἱ καταβαίνοντες τραυματίαι (1 *a*)

Ez. 32. 30. ἐκοιμήθησαν ἀπερίτμητοι μετὰ τραυματιῶν [A τετραυματισμένων] μαχαίρας (1 *a*)
— 31. A τραυματίαι μαχαίρᾳ Φαραώ (1 *a*)
— 32. κοιμηθήσεται . . . μετὰ τραυματιῶν [A -ας] μαχαίρας Φαραώ (1 *a*)
35. 8. ἐμπλήσω τῶν τρ. βουνούς σου (1 *a*)
Da. LXX., TH. 11. 26. πεσοῦνται τρ. πολλοί (1 *a*)
I Ma. 1. 18. καὶ ἔπεσαν τρ. πολλοί
3. 11. καὶ ἔπεσον τρ. πολλοί
8. 10. ἔπεσον ἐξ αὐτῶν τρ. πολλοί
9. 17, 40. ἔπεσον τρ. πολλοί
16. 8. ἔπεσον ἐξ αὐτῶν τρ. πολλοί
II Ma. 4. 42. πολλοὺς μὲν αὐτῶν τραυματίας ἐποίησαν
8. 24. τραυματίας δὲ καὶ τοῖς μέλεσιν ἀναπήρους
11. 12. οἱ πλείονες δὲ αὐτῶν τρ. γυμνοὶ διεσώθησαν

[**Aq.** DT. 23. 1 (2): Ez. 21. 25 (30).]
[**Sm.** Ps. 88 (89). 11 (P.).]
[**Th.** Ez. 30. 24: 32. 23, 31.]
[**Al.** Jo. 13. 22: Ez. 32. 25.]

τραυματίζειν. (1) חוּל (2) חָלַל *a.* pi. *b.* po. *c.* חָלָל (3) פָּצַע

I Ki. 31. 3. ἐτραυματίσθη εἰς τὰ ὑποχόνδρια (1)
Ca. 5. 7. ἐπάταξάν με ἐτραυμάτισάν με (3)
Is. 53. 5. ἐτραυματίσθη διὰ τὰς ἁμαρτίας ἡμῶν (2 *b*)
Je. 9. 1 (8. 23). κλαύσομαι . . . τοὺς [A καὶ] τετραυματισμ. θυγατρὸς λαοῦ μου (2 *c*)
Ez. 28. 10 (9). A ἐν πλήθει τραυματιζόντων σε [B *al.*] (2 *a*)
— 16. ἐτραυματίσθης ἀπὸ ὄρους τοῦ θεοῦ (2 *a*)
— 23. πεσοῦνται τετραυματισμένοι [A *add.* ἐν] μαχαίραις (2 *c*)
30. 4. συμπεσοῦνται τετραυματισμένοι ἐν Αἰγύπτῳ (2 *c*)
32. 28. κοιμηθήσῃ μετὰ τετραυματισμένων μαχαίρᾳ (2 *c*)
— 30. A μετὰ τετραυματισμένων [B τραυματιῶν] μαχαίρας (2 *c*)
35. 8. τετραυματισμένοι μαχαίρᾳ πεσοῦνται ἐν σοί (2 *c*)
I Ma. 16. 9. τότε ἐτραυματίσθη Ἰ.

[**Sm.** III KI. 20 (21). 37: Is. 51. 10.]
[**Th.** II KI. 1. 25: Ez. 28. 10 (9) (Sw.).]

τραυματισμός.

[**Sm.** Is. 53. 10.]

τραχηλιᾶν. (1) גָּבַר hithpa.

Jb. 15. 25. ἔναντι δὲ κυρίου παντοκράτορος ἐτραχηλίασεν (1)

τραχηλοκοπεῖν.

[**Sm.** Ex. 34. 20: Is. 66. 3.]

τράχηλος. (1) גַּרְגְּרוֹת (2) גָּרוֹן (3) עֹרֶף (4) *a.* צַוָּאר *b.* צַוָּאר *c.* צַוְּרוֹנִים

Ge. 27. 16. καὶ ἐπὶ τὰ γυμνὰ τοῦ τρ. αὐ. (4 *a*)
— 40. ἐκλύσεις τὸν ζυγὸν αὐ. ἀπὸ τοῦ τρ. σου (4 *a*)
33. 4. προσέπεσεν ἐπὶ τὸν τρ. αὐ. (4 *a*)
41. 42. περιέθηκε κλοιὸν χρυσοῦν περὶ τὸν τρ. αὐ. (4 *a*)
45. 14. ἐπιπεσὼν ἐπὶ τὸν τρ. Βεν. (4 *a*)
— 14. Βεν. ἔκλαυσεν ἐπὶ τῷ τρ. αὐ. (4 *a*)
46. 29. ἐπέπεσεν ἐπὶ τὸν τρ. αὐ. (4 *a*)
50. 1. A ἐπιπεσὼν Ἰ. ἐπὶ τὸν τρ. [B τὸ πρόσωπον] τοῦ πατρὸς αὐ. †
Le. 16. 4. A καὶ κιδάρεις περὶ τὸν τρ. αὐ. [B *al.*] –
De. 10. 16. τὸν τρ. ὑμῶν οὐ σκληρυνεῖτε (3)
28. 48. ἐπιθήσει κλοιὸν σιδηροῦν ἐπὶ τὸν τρ. σου (4 *a*)
31. 27. ἐπίσταμαι . . . τὸν τρ. σου τὸν σκληρόν (3)
33. 29. ἐπὶ τὸν τρ. αὐ. ἐπιβήσῃ †
Jo. 10. 24. ἐπίθετε τοὺς πόδας ὑμῶν ἐπὶ τοὺς τρ. αὐτῶν (4 *a*)
— 24. ἐπέθηκαν τοὺς πόδας αὐ. ἐπὶ τοὺς τρ. αὐ. (4 *a*)
Jd. 5. 30. τῷ τρ. αὐ. σκῦλα [A *al.*] (4 *a*)
8. 21. τοὺς μηνίσκους τοὺς ἐν τοῖς τρ. τῶν καμήλων αὐ. (4 *a*)
— 26. ἃ ἦν ἐν τοῖς τρ. τῶν καμήλων αὐ. [A *al.*] (4 *a*)
II Ch. 30. 8. A μὴ σκληρύνητε τοὺς τρ. [B τὰς καρδίας] ὑμῶν (3)
36. 13. ἐσκλήρυνε τὸν τρ. αὐ. (3)
I Es. 1. 48. σκληρύνας αὐτοῦ τὸν τρ.
3. 6. καὶ μανιάκην περὶ τὸν τρ. [A τρ. αὐτοῦ]

Ne. 3. 5. οὐκ εἰσήνεγκαν τράχηλον αὐ. εἰς δουλείαν αὐ. (4 *a*)
9. 16, 17. ἐσκλήρυναν τὸν τρ. αὐ. (3)
— 29. τράχηλον [S τὸν τρ.] αὐ. ἐσκλήρυναν (3)
To. 7. 7. S ἐπιπεσὼν ἐπὶ τὸν τρ. Τωβεία
11. 9. ἐπέπεσεν ἐπὶ τὸν τρ. τοῦ υἱοῦ αὐ.
— 13. ἐπέπεσεν ἐπὶ τὸν τρ. αὐ.
Ju. 13. 8. A B ἐπάταξεν εἰς τὸν τρ. αὐ.
16. 9. διῆλθεν ὁ ἀκινάκης τὸν τρ. αὐ.
Es. 5. 2. ἐπέθηκεν ἐπὶ τὸν τρ. αὐ.
Jb. 39. 19. ἐνέδυσας δὲ τραχήλῳ αὐτοῦ φόβον (4 *a*)
41. 13 (14). ἐν δὲ τραχήλῳ αὐτοῦ αὐλίζεται δύναμις (4 *a*)
Pr. 1. 9. καὶ κλοιὸν χρύσεον περὶ σῷ τρ. (1)
3. 3. ἄφαψαι δὲ αὐτὰς ἐπὶ σῷ τρ. (1)
— 22. καὶ χάρις ᾖ περὶ σῷ τρ. (1)
6. 21. A S^2 R ἐγκλοίωσαι περὶ [B S^1 ἐπὶ] σῷ τρ. (1)
Ca. 1. 10. τράχηλός σου ὡς ὁρμίσκοι [A -ος] (4 *a*)
4. 4. ὡς πύργος Δαυὶδ τράχηλός σου (4 *a*)
— 9. ἐν μιᾷ [S^2 ἑνὶ] ἐνθέματι τραχήλων [A S -ου] σου (4 *c*)
7. 4 (5). ὁ [A S *om.*] τρ. σου ὡς πύργος ἐλεφάντινος (4 *a*)
Si. 6. 24. εἰσένεγκον [A -και] . . . εἰς τὸν κλοιὸν αὐτῆς τὸν τρ. σου
7. 23. κάμψον ἐκ νεότητος τὸν [A^1 *om.*] τρ. αὐ.
30. 12. R κάμψον τὸν τρ. αὐτοῦ ἐν νεότητι
— 35 (33. 26). ζυγὸς καὶ ἱμὰς κάμψουσι τράχηλον
51. 26. τὸν τρ. ὑμῶν ὑπόθετε ὑπὸ ζυγόν
Ho. 10. 11. ἐπελεύσομαι ἐπὶ τὸ κάλλιστον τοῦ τρ. αὐ. (4 *a*)
Mi. 2. 3. ἐξ ὧν οὐ μὴ ἄρητε τοὺς τρ. ὑμῶν (4 *a*)
Hb. 3. 13. ἐξήγειρας δεσμοὺς ἕως τραχήλου (4 *a*)
Is. 3. 16. ἐπορεύθησαν ὑψηλῷ τραχήλῳ (2)
9. 4 (3). ἡ ῥάβδος ἡ ἐπὶ τοῦ τρ. αὐτῶν †
30. 28. ἥξει ἕως τοῦ τρ. (4 *a*)
48. 4. νεῦρον σιδηροῦν ὁ τρ. σου (3)
52. 2. A S R ἔκδυσαι [B ἔκλ.] τὸν δεσμὸν τοῦ τρ. σου (4 *a*)
58. 5. οὐδ' ἂν κάμψῃς ὡς κρίκον τὸν τρ. σου †
Je. 7. 26. ἐσκλήρυναν τὸν τρ. αὐτῶν (3)
11. 19. A ἐμβάλωμεν ξύλον εἰς τὸν ἄρτον [A^1 *om.*] τράχηλον [B S *om.*] αὐτοῦ –
17. 23. ἐσκλήρυναν τὸν τρ. αὐτῶν (3)
19. 15. ἐσκλήρυναν τὸν τρ. [S αὐχένα] αὐτῶν (3)
34 (27). 2. περίθου περὶ τὸν τρ. σου (4 *a*)
— 8. ὅσοι ἐὰν μὴ ἐμβάλωσι τὸν τρ. αὐτῶν (4 *a*)
— 11. εἰσαγάγῃ τὸν τρ. αὐ. ὑπὸ τὸν ζυγόν (4 *a*)
— 12. εἰσαγάγετε τὸν τρ. ὑμῶν (4 *a*)
35 (28). 10. ἔλαβεν . . . τοὺς κλοιοὺς ἀπὸ τοῦ τρ. Ἱερεμία (4 *a*)
— 11. συντρίψω . . . ἀπὸ τραχήλων [S -ου] πάντων τῶν ἐθνῶν (4 *a*)
— 12. μετὰ τὸ συντρῖψαι Ἀν. τοὺς κλοιοὺς ἀπὸ τοῦ τρ. αὐτοῦ (4 *a*)
— 14. ζυγὸν σιδηροῦν ἔθηκα ἐπὶ τὸν τρ. πάντων τῶν ἐθνῶν (4 *a*)
37 (30). 8. συντρίψω τὸν ζυγὸν ἀπὸ τοῦ [A S *om.*] τρ. αὐτῶν (4 *a*)
Ba. 4. 25. ἐπὶ τραχήλους [A τοὺς τρ.] αὐ. ἐπιβήσῃ
La. 1. 14. ἀνέβησαν ἐπὶ τὸν τρ. μου (4 *a*)
5. 5. ξύλα ἡμῶν . . . ἦλθεν ἐπὶ τὸν τρ. ἡμῶν (4 *a*)
Ez. 16. 11. περιέθηκα . . . κάθεμα περὶ τὸν τρ. σου (2)
21. 29 (34). τοῦ παραδοῦναί σε ἐπὶ τραχήλους τραυματιῶν ἀνόμων (4 *a*)
Da. LXX. 1. 10. κινδυνεύσω τῷ ἰδίῳ τρ. †
Da. TH. 5. 7. καὶ ὁ μανιάκης ὁ χρυσοῦς ἐπὶ [A ἔσται περὶ] τὸν τρ. αὐ. (4 *b*)
— 16. ἔσται ἐπὶ τῷ τρ. [A περὶ τὸν τρ.] σου (4 *b*)
— 29. τὸν μανιάκην . . . περιέθηκαν περὶ τὸν τρ. αὐ. (4 *b*)
I Ma. 1. 61. ἐκρέμασαν τὰ βρέφη ἐκ τῶν τρ. αὐ.
III Ma. 4. 9. τοῖς ζυγοῖς τῶν πλοίων προσηλωμένοι τοὺς τρ.
5. 49. ἐπὶ τοὺς τρ. ἐπιπίπτοντες
IV Ma. 11. 10. S περὶ τὸν τρ. [A R ἐπὶ τὸν τροχὸν] . . . ἀνακλώμενος

[**Aq.** CA. 4. 9: JE. 30 (37). 8.]
[**Sm.** Ps. 74 (75). 6: CA. 4. 9: JE. 30 (37). 8: LA. 5. 5.]
[**Th.** JE. 30 (37). 8.]
[**Al.** JD. 5. 30: HB. 3. 19.]
[**Quint.** CA. 4. 9.]

τραχύς. (1) אֵיתָן (2) רֶכֶס

De. 21. 4. καταβιβάσουσιν . . . δάμαλιν εἰς φάραγγα τρ. (1?)
II Ki. 17. 8. B ὡς ὗς τραχεῖα ἐν τῷ πεδίῳ −
Pr. 29. 20. B^2 ἐὰν ἴδῃς ἄνδρα τραχὺν [A B^1 S ταχὺν] ἐν λόγοις †
Si. 4. 29. μὴ γίνου τραχὺς [A S^1 ταχὺς, S^2 θρασὺς] ἐν γλώσσῃ σου
6. 20. ὡς τραχεῖά [B^1 ταχ.] ἐστι σφόδρα τοῖς ἀπαιδεύτοις
Is. 40. 4. ἡ τρ. εἰς πεδία [A S^2 ὁδοὺς λείας] (2)
Je. 2. 25. ἀπόστρεψον τὸν πόδα σου ἀπὸ ὁδοῦ τραχείας †
Ba. 4. 26. οἱ τρυφεροί μου ἐπορεύθησαν ὁδοὺς τραχείας

τραχύτης.

III Ma. 1. 23. ἱκανὴν ἐποίησαν ἐν τῷ τόπῳ τρ.
[Aq. Ps. 30 (31). 21.]

τρεῖς.

Ge. 5. 31, 32 : 6. 10 : 7. 13 : 9. 19 : 17. 25 : 18. 2, 6 : 29. 2, 34 : 30. 36 : 40. 10, 12 *bis*, 13, 16, 18 *bis*, 19 : 42. 17 : 46. 15.
Ex. 2. 2 : 3. 18 : 5. 3 : 6. 18† : 7. 7 : 8. 27 (23) : 10. 22, 23†, 23 : 15. 22 : 16. 36 : 19. 15 : 21. 11 : 23. 14, 17 : 25. 31 (32) *bis*, 32 (33) : 27. 1, 14 *bis*, 15 *bis* : 34. 23, 24 : 37. 12 (38. 14) *bis*, 13 (38. 15) *bis* : 38. 15 (37. 18) *bis*.
Le. 12. 4† : 14. 10 : 19. 23 : 25. 21 : 27. 6.
Nu. 1. 43 : 2. 30 : 3. 43, 46 : 10. 33 *bis* : 12. 4, 5 (4) : 15. 9 : 26. 7, 47, 62 : 28. 12, 20, 28 : 29. 3, 9, 13†, 14, 14† : 33. 8, 39 : 35. 14 *bis*.
De. 4. 41 : 14. 28 : 16. 16 : 17. 6 : 19. 2, 7, 9 *bis*, 15.
Jo. 1. 11 : 2. 16, 22 : 3. 2 : 9. 16 : 15. 14 : 18. 4, 28 : 19. 6 : 21. 4, 6, 19, 32, 33, 35†.
Jd. 1. 20, 20† : 7. 16, 20 : 9. 22, 43 : 10. 2 : 14. 14 : 15. 11† : 19. 4 : 20. 15†.
I Ki. 2. 21 : 10. 3 *ter* : 11. 11 : 13. 2†, 17†, 21† : 17. 13†, 14† : 24. 3 : 26. 2 : 30. 12 *bis* : 31. 6, 8†.
II Ki. 2. 18 : 5. 5 : 6. 11 : 13. 38 : 14. 27 : 18. 14 : 20. 4 : 21. 1 : 23. 9, 13, 16, 17, 18 *bis*, 19 *bis*, 22, 23 *bis* : 24. 12, 13 *ter*.
III Ki. 2. 11 : 3. 1 (9. 25), 1 (5. 16 [30]), 1 (2. 38), 1 (2. 39) : 5. 16 (30), 17 (32) : 6. 36 : 7. 23, 25 *quater*, 49†, 2, 4, 12 : 9. 25† : 10. 17, 22 : 12. 5, 24† : 15. 2† : 22. 1.
IV Ki. 2. 17 : 3. 10, 13, 21† : 9. 32† : 17. 5 : 18. 10 : 23. 31, 31† : 24. 1 : 25. 17, 18.
I Ch. 2. 3, 16, 22 : 3. 4, 23 : 4. 27† : 6. 62 (47)† : 7. 6 : 10. 6 : 11. 12, 15, 18†, 19, 20†, 20, 21 *bis*, 24, 25 : 12. 27, 29, 39 : 13. 14 : 21. 10, 12 *ter*, 13 : 23. 8†, 9†, 23 : 25. 5 : 26. 11†, 18 : 29. 27.
II Ch. 4. 4 *quater* : 6. 13 : 8. 13 : 9. 21 : 10. 5 : 11. 17 *bis* : 13. 2 : 20. 25 : 25. 13 : 35. 7 : 36. 2, 5.
I Es. 1. 34, 35, 44 : 3. 4, 9 : 5. 13, 16, 17, 19† : 6. 25 : 8. 41 : 9. 4, 5.
II Es. 2. 11, 17, 19, 21, 24†, 25, 28, 36 : 6. 4 : 8. 15, 32 : 10. 8, 9.
Ne. 2. 11 : 7. 24†, 26†, 29†, 32, 39.
Ju. 1. 2 : 2. 21 : 8. 4 : 12. 7† : 16. 20.
Es. 4. 16.
Jb. 1. 2, 4, 17 : 2. 11 : 32. 1, 3, 5 : 33. 29, 31† : 35. 3 : 42. 13.
Pr. 24. 50 (30. 15) *bis*, 53 (30. 18), 56 (30. 21), 64 (30. 29).
Si. 25. 1, 2 : 26. 5.
Am. 1. 3, 6, 9, 11, 13 : 2. 1, 4, 6 : 4. 7, 8.
Jn. 2. 1 *bis* : 3. 3, 4.
Za. 11. 8.
Is. 5. 10 : 16. 14 : 17. 6 : 20. 3, 3†.
Je. 25. 3 : 43 (36). 23 : 52. 24.
Ez. 14. 14, 16, 18 : 40. 10 *ter*, 11, 21 *bis*, 48 *bis* : 41. 16, 22 : 48. 31, 32, 33, 34.
Da. LXX. 1. 5 : 3. (46), (51), 24 (91) : 6. 2 (3) *bis* : 7. 5, 8, 20, 24 : 10. 2, 3 : 11. 2.
Da. TH. 1. 5 : 3. 23, (51), 24 (91) : 6. 2 (3), 10 (11), 13 (14) : 7. 5, 8, 20†, 24 : 10. 2, 3 ; 11. 2.
I Ma. 5. 24, 33 : 10. 30, 34 *bis*, 38 : 11. 28, 34.
II Ma. 4. 44 : 5. 14 : 7. 27 : 12. 23 : 13. 12 : 15. 27.
III Ma. 6. 6, 38.
IV Ma. 13. 9.
[Aq. Ge. 40. 16 : II Ki. 23. 18, 19 *bis* : III Ki. 9. 25 : IV Ki. 9. 32 : Jb. 1. 17 : Pr. 30. 15 : Is. 16. 14 : Da. 3. 23.]
[Sm. Ge. 40. 16 : Ex. 14. 7 : I Ki. 1. 24 : 10. 3 : II Ki. 23. 18, 19 *bis* : IV Ki. 9. 32 : 18. 10 : Pr. 30. 15 : Is. 16. 14.]
[Th. II Ki. 23. 8 : Jb. 33. 29 : Pr. 30. 15 : Is. 16. 14 : Je. 52. 28 : Da. 3. 23, (51) : 6. 2 : 7. 20†.]
[Al. Jo. 3. 2 : Jb. 1. 17.]

τρέμειν. (1) זוּעַ (2) חָרֵד (3) נוּד (4) רָעַד hi. (5) רָעַשׁ (6) ποιεῖν τρ. רָעַד

Ge. 4. 12. στένων καὶ τρέμων ἔσῃ ἐπὶ τῆς γῆς (3)
— 14. ἔσομαι στένων καὶ τρέμων ἐπὶ τῆς γῆς (3)
I Ki. 15. 32. προσῆλθε πρὸς αὐτὸν 'Α. τρέμων †
I Es. 4. 36. πάντα τὰ ἔργα σείεται καὶ τρέμει
9. 6. τρέμοντες τὸν ἐνεστῶτα χειμῶνα
II Es. 10. 3. S^2 ἐν βουλῇ . . . τῶν τρεμόντων ἐν ἐντολαῖς αὐ. [A B S^1 *al.*] (2)
Ps. 103 (104). 32. καὶ ποιῶν αὐτὴν τρέμειν (6)
Is. 66. 2. ἐπὶ τίνα ἐπιβλέψω ἀλλ' ἢ ἐπὶ τὸν . . . τρέμοντα τοὺς λόγους μου (2)
— 5. οἱ τρέμοντες τὸν λόγον αὐτοῦ (2)
Je. 4. 24. εἶδον τὰ ὄρη καὶ ἦν τρέμοντα (5)
Da. LXX. 10. 11. ἔστην τρέμων (4)
Da. TH. 5. 19. ἦσαν τρέμοντες καὶ φοβούμενοι (1)
6. 26 (27). εἶναι τρέμοντας . . . ἀπὸ προσώπου τοῦ θεοῦ Δαν. (1)
[Al. Dt. 28. 65.]

τρέπειν. (1) חָלַשׁ (2) כָּנַע ni. (3) נָכָה hi.

Ex. 17. 13. ἐτρέψατο 'Ι. τὸν 'Αμ. (1)
Nu. 14. 45. καὶ ἐτρέψαντο [A -ατο] αὐτούς (3)
II Ch. 30. 11. B ἄνθρωποι 'Α. . . . ἐτράπησαν [A R ἐνετρ.] (2)
Ju. 15. 3. ἐτράπησαν εἰς φυγήν
Si. 37. 2. φίλος τρεπόμενος εἰς ἔχθραν [A -όν]
39. 27. οὕτως τοῖς ἁμαρτωλοῖς τραπήσεται εἰς κακά
I Ma. 11. 39. S^1 ὃς ἔτρεψεν [S^2 ἔθρ., A R ἔτρεφε] τὸν 'Αντ.
II Ma. 3. 24. εἰς ἔκλυσιν καὶ δειλίαν τραπῆναι
4. 37. καὶ τραπεὶς ἐπὶ ἔλεος
8. 5. τῆς ὀργῆς τοῦ κ. εἰς ἔλεον τραπείσης
9. 2. ἐπὶ τὴν τῶν ὅπλων βοήθειαν ἐτράπησαν
10. 25. R πρὸς ἱκετείαν τοῦ θ. ἐτράπησαν [A *al.*]
12. 42. εἰς ἱκεσίαν ἐτράπησαν
III Ma. 1. 27. ἐτράπησαν εἰς τὸ . . . ἐπικαλεῖσθαι τὸν πᾶν κράτος ἔχοντα
5. 3. ἐτρέπετο πρὸς τὴν εὐωχίαν
— 16. καὶ τραπεὶς εἰς τὸν πότον
— 36. εἰς εὐφροσύνην τραπῆναι παρεκάλει
— 49. εἰς οἴκτον καὶ γόους τραπέντες
IV Ma. 1. 12. εἰς τὸν περὶ αὐτῶν τρέψομαι λόγον
7. 3. S ἔτρεψε [A R μετέτρ.] τοὺς τῆς εὐσεβείας οἴακας
[Aq. Ez. 17. 6.]
[Sm. I Ki. 14. 32 : Is. 53. 6 : Ez. 10. 11.]

τρέφειν. (1) אָכַל hi. (2) גָּדַל pi. (3) זוּן ithp. (4) חוּל pil. (5) חָיָה *a.* pi. *b.* hi. (6) כּוּל pilp. (7) מַרְבֵּק (8) רָעָה

Ge. 6. 19. ἵνα τρέφῃς μετὰ σεαυτοῦ (5 *b*)
— 20. εἰσελεύσονται πρὸς σὲ τρέφεσθαι μετὰ σοῦ (5 *b*)
15. 15. τραφεὶς ἐν γήρει καλῷ †
48. 15. ὁ τρέφων με ἐκ νεότητος (8)
50. 20. ἵνα τραφῇ [A διατρ.] λαὸς πολύς (5 *b*)
Nu. 6. 5. ἅγιος ἔσται τρέφων κόμην τρίχα κεφαλῆς (2)
De. 32. 18. ἐπελάθου θεοῦ τοῦ τρέφοντός σε (4)
III Ki. 18. 13. καὶ ἔθρεψα [A *add.* αὐτοὺς] ἐν ἄρτοις (6)
To. 2. 10. 'Αχ. δὲ ἔτρεφέ με
14. 10. τί ἐποίησεν 'Α. 'Αχ. τῷ θρέψαντι αὐτόν [S *al.*]
Es. 4. 8. ὡς ἐτράφης [A ἐστρ.] ἐν χειρί μου −
Pr. 25. 21. A S ἐὰν πεινᾷ ὁ ἐχθρός σου τρέφε [B ψώμιζε] αὐτόν (1)
Wi. 16. 23. τοῦτο πάλιν δ' ἵνα τραφῶσι δίκαιοι
— 26. οὐχ αἱ γενέσεις τῶν καρπῶν [A ἀνθρώπων] τρέφουσιν ἄνθρωπον
Is. 7. 21. θρέψει ἄνθρωπος δάμαλιν βοῶν (5 *a*)
33. 18. ποῦ ἐστιν ὁ ἀριθμῶν τοὺς τρεφομένους [A S συστρ.] †
58. 6. S ἀπόστελλε τεθραμμένους [A B τεθραυσμ.] ἐν ἀφέσει †
Je. 26 (46). 21. ὥσπερ μόσχοι σιτευτοὶ τρεφόμενοι ἐν αὐτῇ (7)
Ba. 4. 11. ἔθρεψα γὰρ αὐτοὺς μετ' εὐφροσύνης
Da. LXX. Bel 31. ἐν ᾧ ἐτρέφοντο λέοντες ἑπτά
Da. TH. 1. 5. καὶ θρέψαι αὐτοὺς ἔτη τρία (2)
4. 9. ἐξ αὐτοῦ ἐτρέφετο πᾶσα σάρξ (3)
I Ma. 3. 33. καὶ τρέφειν 'Αντίοχον τὸν υἱὸν αὐ.
11. 39. ὃς ἔτρεφε [S^1 ἔτρεψεν, S^2 ἔθρεψεν] τὸν 'Αντ.
IV Ma. 11. 15. A R γενηθέντες καὶ τραφέντες [S ἀνατρ.]
[Sm. IV Ki. 3. 4.]
[Heb. Ez. 44. 20.]

τρέχειν. (1) דוּץ (2) רוּץ *a.* qal. *b.* hi. *c.* רָצָא

Ge. 18. 7. εἰς τὰς βόας ἔδραμεν 'Αβ. (2 *a*)
24. 20. ἔδραμεν ἐπὶ τὸ φρέαρ (2 *a*)
— 28. δραμοῦσα ἡ παῖς ἀπήγγειλεν (2 *a*)
— 29. ἔδραμε Λ. πρὸς τὸν ἄνθρωπον (2 *a*)
29. 12. δραμοῦσα ἀπήγγειλε τῷ πατρὶ αὐ. (2 *a*)
— 13. ἔδραμεν εἰς συνάντησιν αὐτοῦ (2 *a*)
Nu. 16. 47 (17. 12). ἔδραμεν εἰς τὴν συναγωγήν (2 *a*)
Jo. 7. 22. ἔδραμον εἰς τὴν σκηνήν (2 *a*)
Jd. 7. 21. ἔδραμε πᾶσα ἡ παρεμβολή (2 *a*)
13. 10. καὶ ἔδραμε [A ἐξέδρ.] (2 *a*)
15. 14. καὶ ἔδραμον [A *om.* κ. ἔδρ.] εἰς συνάντησιν αὐτοῦ −
I Ki. 3. 5. B ἔδραμε πρὸς 'Η. (2 *a*)
4. 12. ἔδραμεν ἀνὴρ 'Ιεμ. ἐκ τῆς παρατάξεως (2 *a*)
10. 23. ἔδραμε καὶ λαμβάνει αὐτὸν ἐκεῖθεν (2 *a*)
17. 22. A καὶ ἔδραμεν εἰς τὴν παράταξιν (2 *a*)
— 48. A καὶ ἔδραμεν εἰς τὴν παράταξιν τοῦ ἀλλοφ. (2 *a*)
— 51. καὶ ἔδραμε Δ. (2 *a*)
20. 6. παρῃτήσατο ἀπ' ἐμοῦ Δ. δραμεῖν ἕως εἰς B. (2 *a*)
— 36. δράμε εὑρέ μοι τὰς σχίζας (2 *a*)
— 36. τὸ παιδάριον ἔδραμε (2 *a*)
II Ki. 18. 19. δράμω δὴ καὶ εὐαγγελιῶ τῷ Βασ. (2 *a*)
— 22. ἔστω ὅτι δράμω καί γε ἐγὼ ὀπίσω τοῦ Χ. (2 *a*)
— 22. ἵνα τί σὺ τοῦτο τρέχεις (2 *a*)
— 23. τί γὰρ ἐὰν δραμοῦμαι (2 *a*)
— 23. καὶ εἶπεν αὐτῷ 'Ι., Δράμε (2 *a*)
— 23. καὶ ἔδραμεν 'Αχ. ὁδὸν τὴν τοῦ Κ. (2 *a*)
— 24. ἰδοὺ ἀνὴρ τρέχων μόνος ἐνώπιον αὐτοῦ (2 *a*)
— 26. εἶδεν ὁ σκοπὸς ἄνδρα ἕτερον τρέχοντα (2 *a*)
— 26. ἰδοὺ ἀνὴρ ἕτερος τρέχων μόνος (2 *a*)
22. 30. ἐν σοὶ δραμοῦμαι μονόζωνος (2 *a*)
III Ki. 3. 1. B ἔδραμεν ἐπὶ τὸν οἱ. αὐ. −
18. 46. ἔτρεχεν ἔμπροσθεν 'Αχ. εἰς 'Ι. (2 *a*)
IV Ki. 4. 22. δραμοῦμαι ἕως τοῦ ἀνθρώπου τοῦ θεοῦ (2 *a*)
— 26. δράμε εἰς ἀπαντὴν αὐτῆς (2 *a*)
5. 20. δραμοῦμαι ὀπίσω αὐτοῦ (2 *a*)
— 21. εἶδεν αὐτὸν N. τρέχοντα ὀπίσω αὐτοῦ (2 *a*)
11. 13. τὴν φωνὴν τῶν τρεχόντων τοῦ λαοῦ (2 *a*)
II Ch. 23. 12. τὴν φωνὴν τοῦ λαοῦ τρεχόντων [A τῶν τρ.] (2 *a*)
30. 6. ἐπορεύθησαν οἱ τρέχοντες (2 *a*)
— 10. ἦσαν οἱ τρέχοντες διαπορευόμενοι (2 *a*)
35. 13. ἔδραμον πρὸς πάντας τοὺς υἱοὺς τοῦ λαοῦ (2 *b*)
Jb. 15. 26. ἔδραμε δὲ ἐναντίον αὐτοῦ ὕβρει (2 *a*)
16. 15 (14). ἔδραμον πρὸς μὲ δυνάμενοι (2 *a*)
41. 13 (14). ἔμπροσθεν αὐτοῦ τρέχει [A προτρ.] ἀπώλεια (1)
Ps. 58 (59). 4. ἄνευ ἀνομίας ἔδραμον (2 *a*)
61 (62). 4. ἔδραμον ἐν δίψει †
118 (119). 32. ὁδὸν ἐντολῶν σου ἔδραμον (2 *a*)
147. 4 (15). ἕως τάχους δραμεῖται ὁ λόγος αὐ. (2 *a*)
Pr. 1. 16. A S^2 οἱ γὰρ πόδες αὐτῶν εἰς κακίαν τρέχουσιν (2 *a*)
4. 12. ἐὰν δὲ τρέχῃς οὐ κοπιάσεις (2 *a*)
7. 23. οὐκ εἰδὼς ὅτι περὶ ψυχῆς τρέχει −
Ca. 1. 4. ὀπίσω σου εἰς ὀσμὴν μύρων σου δραμοῦμεν (2 *a*)
Jl. 2. 7. ὡς μαχηταὶ δραμοῦνται (2 *a*)
— 9. ἐπὶ τῶν τειχέων δραμοῦνται (2 *a*)
Za. 2. 4 (8). δράμε καὶ λάλησον (2 *a*)
Is. 40. 31. δραμοῦνται καὶ οὐ κοπιάσουσι (2 *a*)

Is. 59. 7. οἱ δὲ πόδες αὐ. ἐπὶ πονηρίαν τρέχουσι (2 *a*)
Je. 8. 6. διέλιπεν ὁ τρέχων ἀπὸ τοῦ δρόμου αὐτοῦ †
12. 5. σοῦ οἱ πόδες τρέχουσι (2 *a*)
23. 21. αὐτοὶ ἔτρεχον (2 *a*)
Ez. 1. 14. **A** τὰ ζῷα ἔτρεχον (2 *c*)
Da. LXX. 8. 6. ἔδραμε πρὸς αὐτὸν ἐν θυμῷ ὀργῆς (2 *a*)
Da. TH. Su. 25. δραμὼν ὁ εἷς ἤνοιξε τὰς θύρας
— 38. ἐδράμομεν ἐπ' αὐτούς
8. 6. καὶ ἔδραμε πρὸς αὐτόν (2 *a*)
I Ma. 2. 24. δραμὼν ἔσφαξεν αὐτὸν ἐπὶ τὸν βωμόν
— 32. ἔδραμον ὀπίσω αὐτῶν πολλοί
II Ma. 5. 2. φαίνεσθαι διὰ τῶν ἀέρων τρέχοντας ἱππεῖς
IV Ma. 12. 10. δραμὼν ἐπὶ πλησίον τῶν τηγάνων
14. 5. ὥσπερ ἐπ' ἀθανασίας ὁδὸν τρέχοντες
[**Aq.** III Ki. 14. 28 : IV Ki. 11. 4 : Ps. 18 (19). 6 : Pr. 6. 18 : 18. 10 : Ec. 12. 6 : Je. 12. 5 : Hb. 2. 2.]
[**Sm.** Ps. 18 (19). 6 : Pr. 6. 18 : 18. 10 : Je. 12. 5 : Hb. 2. 2.]
[**Th.** Ps. 18 (19). 6 : Pr. 6. 18 : 18. 10 : Ez. 1. 14.]
[**Al.** Je. 12. 5.]

τρῆσις.

[**Aq.** Ez. 28. 13.]

τριακάς.

II Ma. 11. 30. μέχρι τριακάδος Ξιανθικοῦ

τριάκοντα.

Ge. 5. 3, 5, 16 : 6. 15 : 11. 12, 13†, 13 *bis*, 14, 15, 16, 18, 20, 22 : 18. 30 *bis* : 25. 17 : 32. 15 (16) : 41. 46 : 46. 15 : 47. 9.
Ex. 6. 16, 18, 20 : 12. 40, 41 : 21. 32 : 26. 8 : 39. 1 (38. 24)†.
Le. 12. 4 : 27. 4.
Nu. 1. 35, 37 : 2. 21, 23 : 4. 40 : 7. 13, 19, 25, 31, 37, 43, 49, 55, 61, 67, 73, 79, 85 : 20. 29 : 26. 7†, 37, 41, 50†, 51 : 31. 35, 36, 38, 39, 40, 43, 44, 45.
De. 2. 14 : 34. 8.
Jo. 7. 5 : 8. 3.
Jd. 10. 4 *ter* : 12. 9 *ter*, 13 (14) : 14. 11, 12 *bis*, 13 *bis*, 19 : 20. 31, 39.
I Ki. 4. 10 : 13. 5† : 15. 4†.
II Ki. 5. 4, 5 : 23. 13, 24, 39.
III Ki. 2. 11 : 3. 1 (4. 22 [5. 2]) : 5. 13 (27) : 6. 2† : 7. 23, 2†, 6† : 16. 28 (22. 42)† : 21 (20). 1, 15, 16 : 22. 31, 42.
IV Ki. 8. 17 : 18. 14 : 22. 1.
I Ch. 3. 4 : 7. 4, 7 : 11. 11, 15, 25, 42 : 12. 4 *bis*, 18, 34 : 15. 7† : 19. 7 : 23. 3 : 27. 6, 6† : 29. 27.
II Ch. 3. 15 : 4. 2 : 11. 21† : 20. 31 : 21. 5, 20 : 24. 15 : 34. 1 : 35. 7.
I Es. 1. 7 : 2. 13 : 5. 13†, 14†, 15, 23†, 28, 42, 43 *bis*.
II Es. 1. 9, 10 : 2. 35, 42, 58†, 65, 66, 67.
Ne. 7. 38, 45, 67, 68†, 69†, 70.
Ju. 7. 20 : 15. 11.
Es. 4. 11.
Za. 11. 12, 13.
Je. 45 (38). 10 : 52. 21, 31†.
Ez. 40. 17 : 41. 6 : 46. 22.
Da. LXX. 4. 9 : 6. 5 (6), 7 (8), 12 (13) : 12. 12 : Bel 26.
Da. TH. 6. 7 (8), 12 (13).
I Ma. 6. 30, 37 : 10. 36.
[**Aq.** Ge. 5. 5 : Ez. 40. 17 (P.) : Za. 11. 12.]
[**Sm.** Za. 11. 12.]
[**Th.** Je. 52. 29 : Ez. 40. 17 (P.).]

τριακονταδύο, *vid. sub* **τριάκοντα** *et* **δύο.**

τριακονταεννέα, *vid. sub* **τριάκοντα** *et* **ἐννέα.**

τριακονταέξ, *vid. sub* **τριάκοντα** *et* **ἕξ.**

τριακονταεπτά, *vid. sub* **τριάκοντα** *et* **ἑπτά.**

τριακονταετής. (1) בֶּן שְׁלֹשִׁים שָׁנָה

I Ch. 23. 3. ἀπὸ τριακονταετοῦς καὶ ἐπάνω (1)

τριακονταοκτώ, *vid. sub* **τριάκοντα** *et* **ὀκτώ.**

τριακονταπέντε, *vid. sub* **τριάκοντα** *et* **πέντε.**

τριακοντατέσσαρες, *vid. sub* **τριάκοντα** *et* **τέσσαρες.**

τριακοντατρεῖς, *vid. sub* **τριάκοντα** *et* **τρεῖς.**

τριακόσιοι.

Ge. 5. 23 : 6. 15 : 9. 28 : 11. 13, 15, 17† : 14. 14 : 45. 22.
Nu. 1. 23, 35† : 2. 13, 21† : 3. 50 : 4. 36† : 26. 25†, 50 : 31. 36, 43.
Jd. 7. 6, 7, 8, 16, 22† : 8. 4† : 11. 26 : 15. 4.
I Ki. 22. 18.
II Ki. 2. 31 : 21. 16 : 23. 8†, 18.
III Ki. 10. 16 *bis*, 17 : 11. 1 (3) : 12. 24† : 21 (20). 15†.
IV Ki. 18. 14.
I Ch. 11. 11, 20†.
II Ch. 9. 16, 16† : 14. 8 (7), 9 (8) : 17. 14 : 25. 5, 23† : 26. 13 : 28. 8 : 35. 8.
I Es. 1. 8 : 5. 13†, 16, 22†, 23, 35, 41, 42† : 8. 32†.
II Es. 2. 4†, 17, 32, 34, 58†, 64, 65 : 8. 5†.
Ne. 7. 9, 17, 22, 23, 35, 36, 60, 66, 67, 71†.
Es. 9. 15.
Da. LXX. 8. 14 : 12. 12.
Da. TH. 8. 14†.
I Ma. 8. 15 : 11. 28.
II Ma. 4. 8, 19, 24 : 13. 2 *bis*.
III Ma. 7. 15.
[**Aq.**, **Sm.** Jd. 7. 22 : Ez. 4. 5.]
[**Th.** Jd. 7. 22 : Ez. 4. 5 : Da. 8. 14†.]

τριακοστός. (1) שְׁלֹשִׁים

III Ki. 16. 23. ἐν τῷ ἔτει τῷ τρ. καὶ πρώτῳ τοῦ βασ. 'Α. (1)
— 29. **A** ἐν ἔτει τρ. καὶ ὀγδόῳ τοῦ 'Α. [**B** *al.*] (1)
IV Ki. 13. 10. ἐν ἔτει τρ. καὶ ἑβδόμῳ ἔτει τῷ 'Ι. (1)
15. 8. ἐν ἔτει τρ. καὶ ὀγδόῳ τῷ 'Αζ. (1)
— 13, 17. ἐν ἔτει τρ. καὶ ἐνάτῳ 'Αζαρίᾳ (1)
25. 27. ἐν τῷ τρ. καὶ ἑβδόμῳ ἔτει (1)
II Ch. 15. 19. ἕως τοῦ πέμπτου καὶ τρ. ἔτους τῆς βασ. 'Α. (1)
16. 1. ἐν τῷ ὀγδόῳ καὶ τρ. ἔτει τῆς βασ. 'Α. (1)
— 12. ἐν τῷ ἐνάτῳ καὶ τρ. ἔτει τῆς βασ. αὐ. (1)
— 13. $\mathbf{B}^1$ ἐν τῷ τρ. ἔτει τῆς βασ. αὐ. [**A** $\mathbf{B}^2$ *al.*] †
Ne. 5. 14. ἕως ἔτους τρ. καὶ δευτέρου τῷ 'Αρθ. (1)
13. 6. **A** $\mathbf{B}^2$**S** ἐν ἔτει τρ. καὶ δευτέρῳ τοῦ 'Αρθ. (1)
Si. *prol.* 19. ἐν γὰρ τῷ ὀγδόῳ καὶ τρ. ἔτει ἐπὶ τοῦ Εὐεργέτου βασιλέως
Je. 52. 31. ἐγένετο ἐν τῷ τρ. καὶ ἑβδόμῳ ἔτει [**A** *al.*] (1)
Ez. 1. 1. ἐγένετο ἐν τῷ τρ. ἔτει (1)
I Ma. 1. 10. ἐν ἔτει ἑκατοστῷ καὶ τρ. καὶ ἑβδόμῳ

τριβανοῦν.

[**Sm.** Ps. 6. 8.]

τρίβειν. (1) דּוּךְ (2) לוּשׁ (3) סָלַל

Nu. 11. 8. καὶ ἔτριβον ἐν τῇ θυΐᾳ (1)
Pr. 15. 19. αἱ δὲ τῶν ἀνδρείων τετριμμέναι (3)
Is. 38. 21. τρῖψον καὶ κατάπλασαι –
Je. 7. 18. αἱ γυναῖκες αὐτῶν τρίβουσι σταῖς (2)
[**Aq.** Pr. 6. 13.]

τρίβολος. (1) דַּרְדַּר (2) חָרִיץ (3) צֵן

Ge. 3. 18. ἀκάνθας καὶ τριβόλους ἀνατελεῖ σοι (1)
II Ki. 12. 31. **B** καὶ ἔθηκεν . . . ἐν τρ. [**A R** τοῖς τρ.] τοῖς σιδηροῖς (2)
Pr. 22. 5. τρίβολοι καὶ παγίδες ἐν ὁδοῖς σκολιαῖς (3)
Ho. 10. 8. ἄκανθαι καὶ τρίβολοι ἀναβήσονται (1)
[**Sm.** Jd. 8. 7.]
[**Th.** Is. 28. 27.]

τρίβος. (1) אֹרַח (2) דֶּרֶךְ (3) מְסִלָּה (4) מַעְגָּל (5) נְתִיבָה , נָתִיב (6) שְׁבִיל

Ge. 49. 17. ἐγκαθήμενος ἐπὶ τρίβου (1)
Jd. 5. 6. **A** καὶ ἐπορεύθησαν τρίβους [**B** ἀτραπούς] (5)
— 20. ἐκ τρίβων αὐτῶν παρετάξαντο [**A** *al.*] (3)
I Ki. 6. 12. ἐν τρίβῳ ἑνὶ ἐπορεύοντο (3)
II Ki. 20. 12. ἐν μέσῳ τῆς τρ. (3)
— 12. ἀπέστρεψαν τὸν 'Αμ. ἐκ τῆς τρ. (3)
— 13. ἡνίκα δὲ ἔφθασεν ἐκ τῆς τρ. (3)
I Ch. 26. 18. καὶ εἰς τὸν τρ. δύο διαδεχομένους (3)
To. 4. 19. **A B** ὅπως . . . πᾶσαι αἱ τρ. . . . εὐοδωθῶσι
Jb. 18. 10. ἡ σύλληψις αὐτοῦ ἐπὶ τρίβων (5)
22. 15. μὴ τρίβον αἰώνιον φυλάξεις (1)
28. 7. τρίβος οὐκ ἔγνω αὐτὴν πετεινόν (5)
30. 12. ὡδοποίησαν ἐπ' ἐμὲ τρίβους ἀπωλείας αὐτῶν (1)
Jb. 30. 13. ἐξετρίβησαν τρίβοι μου (5)
34. 11. ἐν τρίβῳ ἀνδρὸς εὑρήσει αὐτόν (1)
38. 20. εἰ δὲ καὶ ἐπίστασαι τρίβους αὐτῶν (5)
Ps. 8. 8. τὰ διαπορευόμενα τρίβους θαλασσῶν (1)
16 (17). 5. κατάρτισαι τὰ διαβήματά μου ἐν ταῖς τρ. σου (4)
17 (18). 45. ἐχώλαναν ἀπὸ τῶν τρ. αὐτῶν †
22 (23). 3. ὡδήγησέν με ἐπὶ τρίβους δικαιοσύνης (4)
24 (25). 4. τὰς τρ. σου δίδαξόν με (1)
26 (27). 11. ὁδήγησόν με ἐν τρίβῳ εὐθείᾳ (1)
43 (44). 18. $\mathbf{B}^3$ **R** ἐξέκλινας τὰς [**A** $\mathbf{B}^1$ **R** τοὺς] τρ. ἡμῶν ἀπὸ τῆς ὁδοῦ σου †
76 (77). 19. αἱ τρ. σου ἐν ὕδασι πολλοῖς (6)
77 (78). 50. ὡδοποίησε τρίβον τῇ ὀργῇ αὐτοῦ (5)
118 (119). 35. **A** $\mathbf{S}^1$ ὁδήγησόν με ἐν τρίβῳ [$\mathbf{S}^2$ **R** τῇ τρ.] τῶν ἐντολῶν σου (5)
— 105. καὶ φῶς ταῖς τρ. μου (5)
138 (139). 3. τὴν τρ. μου καὶ τὴν σχοῖνόν μου ἐξιχνίασας (1)
— 23. $\mathbf{S}^1$ γνῶθι τὰς τρ. σου –
— 23. γνῶθι τὰς τρ. μου †
139 (140). 5. ἐχόμενα τρίβου σκάνδαλον ἔθεντό μοι (4)
141 (142). 3. σὺ ἔγνως τὰς τρ. μου (5)
Pr. 1. 15. ἔκκλινον δὲ τὸν πόδα σου ἐκ τῶν τρ. αὐτῶν (5)
2. 15. ὧν αἱ τρ. σκολιαί (1)
— 19. οὐδὲ μὴ καταλάβωσι τρίβους εὐθείας (1)
— 20. εἰ γὰρ ἐπορεύοντο τρίβους ἀγαθάς εὕροσαν ἂν τρίβους δικαιοσύνης λείους (2, 1)
3. 17. πάντες οἱ [$\mathbf{B}^2$ αἱ] τρ. αὐ. ἐν εἰρήνῃ (5)
8. 2. ἀνὰ μέσον δὲ τῶν τρ. ἔστηκε (5)
— 20. ἀνὰ μέσον τρίβων [$\mathbf{S}^1$ ὁδῶν] δικαιώματος [**A** $\mathbf{S}^2$ δικαιοσύνης] ἀναστρέφομαι (5)
15. 21. ἀνοήτου τρίβοι ἐνδεεῖς φρενῶν †
16. 17. τρίβοι ζωῆς ἐκκλίνουσιν [**S** -κινοῦσιν] ἀπὸ κακῶν (3)
24. 54 (30. 19). καὶ τρίβους νηὸς ποντοπορούσης (2)
Wi. 2. 15. ἐξηλλαγμέναι αἱ τρ. αὐτοῦ
5. 7. ἀνομίας ἐνεπλήσθημεν τρίβοις
— 10. $\mathbf{B}^2$ οὐδὲ ἀτραπὸν τρίβων [$\mathbf{S}^1$ τροπιᾶς, **A** $\mathbf{S}^2$ τρόπεως, $\mathbf{B}^1$ **R** τρόπιος] αὐτῆς ἐν κύμασιν
6. 16. ἐν ταῖς τρ. φαντάζεται αὐτοῖς εὐμενῶς
9. 18. οὕτως διωρθώθησαν αἱ τρ. τῶν ἐπὶ γῆς
10. 10. αὕτη . . . δίκαιον ὡδήγησεν ἐν τρίβοις εὐθείαις
14. 3. ἔδωκας . . . ἐν κύμασι τρίβον ἀσφαλῆ
Si. 2. 12. οὐαὶ . . . ἁμαρτωλῷ ἐπιβαίνοντι ἐπὶ δύο τρίβους
6. 36. $\mathbf{B}^2$ βαθμοὺς τρίβων [**A** $\mathbf{B}^1$ **S R** θυρῶν] αὐτοῦ ἐκτριβέτω ὁ πούς σου
Ho. 2. 6 (8). τὴν τρ. αὐ. οὐ μὴ εὕρῃ (5)
Mi. 4. 2. πορευσόμεθα ἐν ταῖς τρ. αὐ. (1)
Jl. 2. 7. οὐ μὴ ἐκκλίνωσι τὰς [**A** τοὺς] τρ. αὐ. (1)
Is. 3. 12. τὸν [**A S** τὴν] τρ. τῶν ποδῶν ὑμῶν ταράσσουσιν (2)
30. 11. ἀφέλετε ἀφ' ἡμῶν τὸν [**A** τὴν] τρ. τοῦτον (1)
40. 3. εὐθείας ποιεῖτε τὰς τρ. τοῦ θ. ἡμῶν (3)
42. 16. τρίβους ἃς [**A S** οὓς] οὐκ ᾔδεισαν πατῆσαι (5)
43. 16. ὁ διδοὺς . . . ἐν ὕδατι ἰσχυρῷ τρίβον (5)
49. 9. ἐν πάσαις ταῖς [$\mathbf{B}^1$ *om.*, $\mathbf{B}^2$ τοῖς] τρ. ἡ νομὴ αὐτῶν †
— 11. θήσω . . . πᾶσαν [$\mathbf{S}^1$ πάντα] τρίβον εἰς βόσκημα αὐτοῖς (3)
58. 12. **A** $\mathbf{B}^1$ **S** τοὺς [$\mathbf{B}^2$ **R** τὰς] τρ. σου ἀνὰ μέσον παύσεις (5)
59. 8. αἱ γὰρ τρ. αὐτῶν διεστραμμέναι (5)
Je. 6. 16. ἐρωτήσατε τρίβους κυρίου αἰωνίους (5)
9. 10 (9). λάβετε . . . ἐπὶ τὰς τρ. τῆς ἐρήμου θρῆνον †
18. 15. τοῦ ἐπιβῆναι τρίβους οὐκ ἔχοντας ὁδόν (5 + 2)
Ba. 3. 21. οὐδὲ συνῆκαν τρίβους αὐτῆς
— 23. οὐδὲ ἐμνήσθησαν τὰς τρ. αὐτῆς
— 31. οὐδὲ ὁ ἐνθυμούμενος τὴν τρ. αὐτῆς
4. 13. οὐδὲ τρίβους παιδείας ἐν δικαιοσύνῃ αὐτοῦ ἐπέβησαν
La. 3. 9. ἐνέφραξε τρίβους μου (5)
Da. TH. 4. 34. καὶ αἱ τρ. αὐ. κρίσεις (1)
[**Aq.** Jb. 30. 12 : Ps. 141 (142). 4 : Je. 18. 15 : 31 (38). 21.]
[**Sm.** Ps. 24 (25). 10 : 141 (142). 4 : Pr. 4. 11 : 10. 17 : Is. 30. 11 : 58. 12 : Je. 6. 16 : 31 (38). 21.]
[**Th.** Jd. 5. 6 : Jb. 22. 15 : 30. 12, 13 : Ps. 138 (139). 3 *bis*.]

τριγχός.
[Sm. Je. 49 (30). 3.]
[Al. I Ki. 25. 22.]

τριετής. (1) שְׁלִישִׁי (2) בֶּן שָׁלֹשׁ שָׁנִים
II Ch. 31. 16. *ἀπὸ τριετοῦς καὶ ἐπάνω* (2)
Is. 15. 5. *δάμαλις γάρ ἐστι τρ.* (1)
II Ma. 4. 23 : 14. 1. *μετὰ δὲ τρ. χρόνον*
[Aq., Sm. Je. 48 (31). 34.]

τριετίζειν. (1) *a.* שָׁלַשׁ pu. *b.* שְׁלֹשָׁה
Ge. 15. 9. *λάβε μοι δάμαλιν τριετίζουσαν καὶ αἶγα τριετίζουσαν καὶ κριὸν τριετίζοντα* (1 *a ter*)
I Ki. 1. 24. *ἀνέβη . . . ἐν μόσχῳ τριετίζοντι* (1 *b*)

τρίζειν.
[Aq. Am. 2. 13 *bis*.]
[Sm. Is. 38. 14.]

τριημερία. (1) שְׁלֹשֶׁת יָמִים
Am. 4. 4. *ἠνέγκατε . . . εἰς τὴν τρ. τὰ ἐπιδέκατα ὑμῶν* (1)

τριήμερος.
[Sm. I Ki. 9. 20.]

τριηραρχία.
I Ma. 11. 28. S[1] *καὶ τρεῖς τριηραρχίας* [A S[2] R *al.*]

τριήρης.
II Ma. 4. 20. *εἰς τὰς τῶν τρ. κατασκευάς*
[Aq. Is. 33. 21.]

τρικυμία.
IV Ma. 7. 2. *καταντλούμενος ταῖς τῶν βασάνων τρ.*

τριμερίζειν. (1) שָׁלֵשׁ pi.
De. 19. 3. *τριμεριεῖς τὰ ὅρια τῆς γῆς σου* (1)

τρίμηνον. (1) *a.* שְׁלֹשׁ חֳדָשִׁים *b.* שְׁלֹשָׁה חֳדָשִׁים
Ge. 38. 24. *ἐγένετο δὲ μετὰ τρίμηνον* (1 *a*)
IV Ki. 23. 31. *τρίμηνον* [A *τρεῖς μῆνας*] *ἐβασίλευσεν ἐν Ἱερ.* (1 *b*)
24. 8 : II Ch. 36. 2. *τρίμηνον ἐβασίλευσεν ἐν Ἱερ.* (1 *b*)
II Ch. 36. 9. *τρίμηνον καὶ δέκα ἡμέρας ἐβασίλευσεν* (1 *b*)

τριόδους. (1) שְׁלֹשׁ הַשִּׁנַּיִם
I Ki. 2. 13. *καὶ κρεάγρα τρ. ἐν τῇ χειρὶ αὐ.* (1)

τριπλασίων, τριπλασίως.
Si. 43. 4. A *τριπλασίων* [B S *-ίως*] *ἥλιος ἐκκαίων ὄρη*

τριπλοῦν.
[Sm. Ec. 4. 12.]

τριπλοῦς. (1) שָׁלַשׁ pu.
Ez. 42. 6. *τριπλαῖ ἦσαν* (1)
[Sm. Ec. 4. 12.]

τρίς. (1) זְמְנִין תְּלָתָה (2) שָׁלֹשׁ פְּעָמִים
I Ki. 20. 41. *προσεκύνησεν αὐτῷ τρίς* (2)
III Ki. 17. 21. *ἐνεφύσησε τῷ παιδαρίῳ τρίς* (2)
IV Ki. 13. 18. *ἐπάταξεν ὁ βασ. τρίς* (2)
— 19. *τρὶς πατάξεις τὴν Σ.* (2)
— 25. *τρὶς ἐπάταξεν αὐτὸν Ἰ.* (2)
Si. 13. 7. *ἕως οὗ ἀποκενώσῃ σε δὶς ἢ τρίς*
48. 3. *κατήγαγεν οὕτως* [S[2] *om.*] *τρὶς πῦρ*
Ez. 41. 6. *διεμέτρησε . . . πλευρὰ . . . τριάκοντα* [A *add.* *καὶ*] *τρ. δίς* (2)
Da. LXX. 6. 5 (6). *δεῖται κ. τοῦ θεοῦ αὐ. τρὶς τῆς ἡμέρας* –
— 10 (11). *ἔπιπτεν ἐπὶ πρόσωπον αὐ. τρὶς τῆς ἡμέρας* (1)
— 11 (12). *κατελάβοσαν αὐτὸν εὐχόμενον τρὶς τῆς ἡμέρας* –
— 13 (14). *εὕρομεν Δαν. τὸν φίλον σου εὐχόμενον . . . τρὶς τῆς ἡμέρας* (1)
— 16 (17). *ᾧ σὺ λατρεύεις ἐνδελεχῶς τρὶς τῆς ἡμέρας* –
[Aq. I Ki. 30. 13.]
[Sm. Jb. 33. 29.]

τρισάθλιος.
III Ma. 4. 4. R *δακρύειν αὐτῶν τρισάθλιον* [A *τὴν δυσάθλιον*] *ἐξαποστολήν*
IV Ma. 16. 6. *ὦ μελέα ἔγωγε καὶ πολλάκις τρισαθλία*

τρισαλιτήριος.
Es. 8. 13. *τοὺς ὑπὸ τοῦ τρ. παραδεδομένους εἰς ἀφανισμὸν Ἰουδαίους*
II Ma. 8. 34. *ὁ δὲ τρ. Νικάνωρ*
15. 3. *ὁ δὲ τρ. ἐπηρώτησεν*

τρισκαίδεκα.
Nu. 29. 13†, 14†.
Jo. 18. 28†.
Jd. 6. 27†.
III Ki. 7. 1.
I Ch. 6. 60 (45), 62 (47)† : 26. 11†.

τρισκαιδέκατος. (1) *a.* שְׁלֹשׁ־עֶשְׂרֵה, שְׁלָשׁ־עֶשְׂרֵה *b.* שְׁלֹשָׁה עָשָׂר
Ge. 14. 4. *τῷ δὲ τρ. ἔτει ἀπέστησαν* (1 *a*)
I Ch. 24. 13. *τῷ Ὀ. ὁ τρ.* (1 *b*)
25. 20. *ὁ τρ. Σουβαήλ* (1 *b*)
II Ch. 29. 17. *τῇ ἡμέρᾳ τῇ τρ.* [A *ἑκκαιδ.*] †
Es. 3. 12. *μηνὶ πρώτῳ τῇ τρ.* [S[2] *add.* *ἡμέρᾳ αὐ.*] (1 *b*)
8. 12. *τῇ τρ. τοῦ δωδεκάτου μηνός* (1 *b*)
— 13. *τῇ τρ. τοῦ δωδεκάτου μηνός*
9. 1. *τρισκαιδεκάτῃ* [S[1] *τεσσαρεσκαιδ.*] *τοῦ μηνός* (1 *b*)
— 15. S[2] *τῇ τρ.* [A B S[1] *τεσσαρεσκαιδ.*] *τοῦ Ἀ.* †
— 16. *τῇ τρ.* [A *τεσσαρεσκαιδ.*] *τοῦ Ἀ.* [S *al.*] –
— 18. S[2] *τῇ τρ. τοῦ αὐτοῦ* (1 *b*)
Je. 1. 2. *ἔτους τρισκαιδεκάτου ἐν τῇ βασ. αὐ.* (1 *a*)
25. 3. *ἐν τρισκαιδεκάτῳ ἔτει* [A *add.* *τοῦ βασιλέως*] *Ἰωσία* (1 *a*)
I Ma. 7. 43. *τῇ τρ. τοῦ μηνὸς Ἄδαρ*
— 49. *τῇ τρ. τοῦ Ἄδαρ*
II Ma. 15. 36. *ἔχειν δὲ ἐπίσημον τὴν τρ. τοῦ δωδεκάτου μηνός*
[Aq., Sm. Je. 25. 3.]

τρισκελίς.
[Aq. I Ki. 13. 21.]

τρισμός.
[Aq. Ps. 65 (66). 11.]

τρισμύριοι.
Es. 1. 7.

τρισσεύειν. (1) *a.* שָׁלַשׁ pi. *b.* שְׁלֹשָׁה
I Ki. 20. 19. *καὶ τρισσεύσεις* (1 *a*)
— 20. *τρισσεύσω ταῖς σχίζαις ἀκοντίζων* (1 *b*)
III Ki. 18. 34. *καὶ ἐτρίσσευσαν* [A *-ωσαν*] (1 *a*)
[Aq. I Ki. 20. 19.]

τρισσός. (1) שָׁלִישׁ
III Ki. 10. 22 (9. 22). A R *ἄρχοντες αὐ. καὶ τρισσοὶ αὐ.* (1)
IV Ki. 11. 10. *ἔδωκεν ὁ ἱ. τοῖς ἑκατοντάρχαις . . . τοὺς τρ. τοῦ βασ.* –
Ez. 23. 15. *ὄψις τρισσὴ πάντων* (1)
— 23. *ἐπάξω . . . πάντας τρισσοὺς καὶ ὀνομαστούς* (1)
42. 3. *ἀντιπρόσωποι στοαὶ τρισσαί* (1)
[Aq. III Ki. 9. 22 : Is. 40. 12.]
[Th. Ez. 23. 15.]
[Al. Ez. 42. 3.]

τρισσοῦν. (1) שָׁלֵשׁ pi.
III Ki. 18. 34. *καὶ εἶπε, Τρισσώσατε* (1)
— 34. A *καὶ ἐτρίσσωσαν* [B *-ευσαν*] (1)

τρισσῶς. (1) *a.* הַשְּׁלִשִׁית *b.* שָׁלֹשׁ פְּעָמִים *c.* שָׁלִשִׁים *d.* לִשְׁלָשְׁתָּם
I Ki. 20. 12. *ἀνακρινῶ τὸν πατέρα μου ὡς ἂν ὁ καιρὸς τρ.* (1 *a*)
III Ki. 7. 4. *καὶ χώρα ἐπὶ χώραν τρ.* [A[1] *om.*] (1 *b*)
— 5. *καὶ ἀπὸ τοῦ θυρώματος ἐπὶ θύραν τρ.* (1 *b*)
Pr. 22. 20. *καὶ σὺ δὲ ἀπόγραψαι αὐτὰ σεαυτῷ τρ.* (†*, 1 *c*)
Ez. 16. 30. *ἐξεπόρνευσας τρ. ἐν* [A *ἐπὶ*] *ταῖς θυγατράσι σου* †
41. 16. *αἱ θυρίδες ἀναπτυσσόμεναι τρ.* (1 *d*)

τριστάτης. (1) שָׁלִשׁ, שָׁלִישׁ
Ex. 14. 7. *λαβὼν . . . τριστάτας ἐπὶ πάντων* (1)
15. 4. *ἐπιλέκτους ἀναβάτας τριστάτας* (1)
IV Ki. 7. 2. *ἀπεκρίθη ὁ τρ.* (1)
— 17. *ὁ βασ. κατέστησε τὸν τρ.* (1)
IV Ki. 7. 19. *ἀπεκρίθη ὁ τρ. τῷ Ἐλ.* (1)
9. 25. *εἶπε πρὸς Β. τὸν τρ. αὐ.* (1)
10. 25. *εἶπεν Ἰ. . . . τοῖς τρ.* (1)
— 25. *καὶ ἔρριψαν . . . οἱ τρ.* (1)
15. 25. *συνεστράφη ἐπ' αὐτὸν Φ. υἱὸς Ῥ. ὁ τρ. αὐ.* (1)
[Sm. Ez. 23. 15, 23.]

τρίστεγον.
[Sm. Ge. 6. 17 (16) : Ez. 42. 6.]

τρισχίλιοι.
Ex. 32. 28 : 39. 3 (38. 26).
Nu. 1. 46 : 2. 32 : 4. 44.
Jo. 7. 3, 4.
Jd. 15. 11† : 16. 27†.
I Ki. 25. 2.
III Ki. 4. 32 (5. 12).
I Ch. 29. 4.
II Ch. 2. 2 (1), 17 (16), 18 (17) : 4. 5 : 29. 33.
I Es. 1. 7 : 5. 13†, 17, 23.
II Es. 2. 12†, 35.
Ne. 7. 38†.
Jb. 1. 3.
I Ma. 4. 6, 15 : 5. 20, 22, 34† : 7. 40 : 9. 5, 49† : 11. 44, 74 : 12. 47.
II Ma. 4. 40 : 8. 34 : 12. 20†, 33.
IV Ma. 4. 17†.
[Th. Je. 52. 28.]

τρισχίλιος.
I Ma. 10. 77. *παρενέβαλε τρισχιλίαν ἵππον*

τριταῖος. (1) *a.* שְׁלֹשָׁה *b.* שְׁלֹשֶׁת הַיָּמִים
I Ki. 9. 20. *περὶ τῶν ὄνων σου τῶν ἀπολωλυιῶν σήμερον τριταίων* (1 *b*)
30. 13. *ἠνωχλήθην ἐγὼ σήμερον τριταῖος* (1 *a*)

τρίτος. (1) *a.* שְׁלִישִׁי *b.* שָׁלוֹשׁ, שָׁלֹשׁ, שְׁלוֹשָׁה, שְׁלֹשָׁה *c.* תְּלִיתָי *d.* תְּלָת *e.* תְּלַת *f.* תַּלְתִּי
(2) **τρ. ἡμέραν, τρίτην, (τῆς) τρ. ἡμέρας,** (τῆς) **τρ.** שִׁלְשׁוֹם, שִׁלְשֹׁם (3) **τρ. (γενεά)** שִׁלֵּשִׁים (4) **ἕως τρ. γενεᾶς** שִׁלֵּשִׁים
(5) *a.* שָׁלֹשׁ פְּעָמִים *b.* שָׁלֹשׁ רְגָלִים
Ge. 1. 13. *καὶ ἐγένετο . . . ἡμέρα τρίτη* (1 *a*)
2. 14. *καὶ ὁ ποταμὸς ὁ τρ. Τίγρις* (1 *a*)
22. 3 (4). *τῇ ἡμέρᾳ τῇ τρ.* (1 *a*)
31. 2, 5. *ὡς ἐχθὲς καὶ τρίτην ἡμέραν* (2)
— 22. *τῇ τρ. ἡμέρᾳ* (1 *a*)
32. 19 (20). *ἐνετείλατο . . . τῷ τρ.* (1 *a*)
34. 25 : 40. 20. *ἐν τῇ ἡμέρᾳ τῇ τρ.* (1 *a*)
42. 18. *τῇ ἡμέρᾳ τῇ τρ.* (1 *a*)
50. 23. *ἕως τρ. γενεᾶς* (4)
Ex. 4. 10. *οὐδὲ πρὸ τῆς τρ. ἡμέρας* (2)
5. 7, 14. *καθάπερ ἐχθὲς καὶ τρ. ἡμέραν* (2)
19. 1. *τοῦ δὲ μηνὸς τοῦ τρ. τῆς ἐξόδου* (1 *a*)
— 11. *ἔστωσαν ἕτοιμοι εἰς τὴν ἡμέραν τὴν τρ.* (1 *a*)
— 11. *τῇ γὰρ ἡμέρᾳ τῇ τρ. καταβήσεται κύριος* (1 *a*)
— 16. *τῇ ἡμέρᾳ τῇ τρ.* (1 *a*)
20. 5. *ἕως τρ. καὶ τετάρτης γενεᾶς* [A *al.*] (3)
21. 29. *πρὸ τῆς ἐχθὲς καὶ πρὸ τῆς τρ.* (2)
— 36. *πρὸ τῆς ἐχθὲς καὶ πρὸ τῆς τρ. ἡμέρας* [A *om.*] (2)
28. 19. *καὶ ὁ στίχος ὁ τρ.* (1 *a*)
34. 7. *ἐπὶ τρίτην καὶ τετάρτην γενεάν* (3)
36. 19 (39. 12). *ὁ στίχος ὁ τρ.* (1 *a*)
Le. 7. 7 (17). *τὸ καταλειφθὲν ἀπὸ τῶν κρεῶν . . . ἕως ἡμέρας τρ.* (1 *a*)
— 8 (18). *τῇ ἡμέρᾳ τῇ τρ.* (1 *a*)
19. 6. *ἐὰν καταλειφθῇ ἕως ἡμέρας τρ.* (1 *a*)
— 7. *ἐὰν δὲ βρώσει βρωθῇ τῇ ἡμέρᾳ τῇ τρ.* (1 *a*)
Nu. 2. 24. *τρίτοι ἐξαροῦσι* (1 *a*)
7. 24. *τῇ ἡμέρᾳ τῇ τρ.* (1 *a*)
10. 6. *σαλπιεῖτε σημασίαν τρ.* –
14. 18. B *ἕως τρίτης καὶ τετάρτης* [A R *add.* *γενεᾶς*] (3)
15. 6. *ποιήσεις . . . τὸ τρ. τοῦ ἴν* (1 *a*)
— 7. *τὸ τρ. τοῦ ἴν προσοίσετε* (1 *a*)
19. 12 *bis*. *τῇ ἡμέρᾳ τῇ τρ.* (1 *a*)
— 19. *ἐν τῇ ἡμέρᾳ τῇ τρ.* (1 *a*)
20. 1. B[1] *ἐν τῷ μηνὶ τῷ τρ.* [A B[2] R *πρώτῳ*] †
22. 28. *πέπαικάς με τοῦτο τρ.* (5 *b*)
— 32. *διὰ τί ἐπάταξας τὴν ὄνον σου τοῦτο τρ.* (5 *b*)
— 32 (33). *ἐξέκλινεν ἀπ' ἐμοῦ τρ. τοῦτο* (5 *b*)
24. 10. *εὐλογῶν εὐλόγησας τρ. τοῦτο* (5 *a*)

Nu. 28. 14. τὸ τρ. τοῦ ἳν ἔσται τῷ κριῷ τῷ ἑνί [B^1 al.] (1 a)
29. 20: 31. 19. τῇ ἡμέρᾳ τῇ τρ. (1 a)
De. 4. 42. πρὸ τῆς ἐχθὲς οὐδὲ πρὸ τῆς τρ. [A B^2 al.] (2)
5. 9. ἐπὶ τρίτην καὶ τετάρτην γενεάν (3)
19. 4. πρὸ τῆς ἐχθὲς καὶ τρίτης [A al.] (2)
— 6. πρὸ τῆς ἐχθὲς οὐδὲ πρὸ τῆς τρ. [A al.] (2)
23. 8 (9). γενεᾷ τρ. εἰσελεύσονται (1 a)
26. 12. ἐν τῷ ἔτει τῷ τρ. (1 a)
Jo. 3. 4. ἀπ' ἐχθὲς καὶ τρίτης ἡμέρας (2)
4. 18. ἐπορεύετο καθὰ ἐχθὲς καὶ τρ. ἡμέραν (2)
17. 11. καὶ τὸ τρ. τῆς Μ. (1 b)
19. 10. ἐξῆλθεν ὁ κλῆρος ὁ τρ. τῷ Ζ. (1 a)
20. 5. ἀπ' ἐχθὲς καὶ τρίτην (2)
Jd. 16. 15. τοῦτο τρ. ἐπλάνησάς με [A al.] (5 a)
19. 8. A τῇ ἡμέρᾳ τῇ τρ. [B πέμπτῃ] †
20. 30. ἐν τῇ ἡμέρᾳ τῇ τρ. (1 a)
Ru. 2. 11. ὃν οὐκ ᾔδεις ἐχθὲς καὶ τρίτης (2)
I Ki. 3. 8. καλέσαι Σαμ. ἐν τρίτῳ (1 a)
4. 8 (7). οὐ γέγονε τοιαύτη ἐχθὲς καὶ τρίτην [A -ης] (2)
10. 11. B πάντες οἱ εἰδότες αὐτὸν ἐχθὲς καὶ τρίτην [A R -ης] (2)
14. 21. οἱ ὄντες ἐχθὲς καὶ τρ. ἡμέραν μετὰ τῶν ἀλλοφ. (2)
17. 13. A καὶ ὁ τρ. αὐ. Σ. (1 a)
19. 7. ὡσεὶ ἐχθὲς καὶ τρ. ἡμέραν (2)
— 21. προσέθετο Σ. ἀποστεῖλαι ἀγγέλους τρ. (1 a)
20. 5. A κρυβήσομαι . . . ἕως δείλης τῆς τρ. [B om. τ. τρ.] (1 a)
21. 5 (6). ἀπεσχήμεθα ἐχθὲς καὶ τρ. ἡμέραν (2)
30. 1: II Ki. 1. 2. τῇ ἡμέρᾳ τῇ τρ. (1 a)
II Ki. 3. 3. καὶ ὁ τρ. 'Αβ. (1 a)
— 17. ἐχθὲς καὶ τρίτην ἐζητεῖτε τὸν Δ. (2)
5. 2. ἐχθὲς καὶ τρίτην ὄντος Σ. βασιλέως (2)
18. 2. ἀπέστειλε Δ. τὸν λαὸν τὸ [A τὸν] τρ. ἐν χειρὶ 'Ι. καὶ τὸ τρ. ἐν χειρὶ 'Αβ. . . . καὶ τὸ τρ. ἐν χειρὶ 'Ε. (1 a ter)
23. 8. ἄρχων τοῦ τρ. ἐστίν †
III Ki. tit. βασιλειῶν τρίτη
3. 18. ἐν τῇ ἡμέρᾳ τῇ τρ. (1 a)
6. 6. καὶ ἡ τρ. ἑπτὰ ἐν πήχει (1 a)
12. 12. ἐν τῇ ἡμέρᾳ τῇ τρ. (1 a)
— 12. τῇ ἡμέρᾳ τῇ τρ. (1 a)
— 24. B ἐν τῇ ἡμέρᾳ τῇ τρ. –
15. 28. ἐν ἔτει τρ. βασιλέως τοῦ 'Α. (1 b)
— 33. ἐν τῷ ἔτει τῷ τρ. τοῦ 'Α. βασιλέως 'Ι. (1 b)
18. 1: 22. 2. ἐν τῷ ἐνιαυτῷ τῷ τρ. (1 a)
IV Ki. 1. 13. A ἀποστεῖλαι ἡγούμενον πεντηκόνταρχον τρ. [B om. π. τρ.] (1 a)
— 13. ἦλθεν ὁ πεντηκόνταρχος ὁ τρ. (1 a)
11. 6 (5). τὸ τρ. ἐξ ὑμῶν εἰσελθέτω (1 a)
— 6. καὶ τὸ τρ. ἐν τῇ πύλῃ τῶν ὁδῶν (1 a)
— 6. καὶ τὸ τρ. τῆς πύλης ὀπίσω τῶν παρατρεχόντων (1 a)
12. 6 (7). ἐν τῷ εἰκοστῷ καὶ τρ. ἔτει (1 b)
13. 1. ἐν ἔτει εἰκοστῷ καὶ τρ. ἔτει τῷ 'Ι. (1 b)
— 5. καθὼς ἐχθὲς καὶ τρίτης (2)
18. 1. ἐν ἔτει τρ. τῷ 'Ω. (1 b)
19. 29. ἔτει [A τῷ ἔτει τῷ] τρ. σπορά (1 a)
20. 5. τῇ [A ἐν τῇ] ἡμέρᾳ τῇ τρ. ἀναβήσῃ (1 a)
— 8. τῇ ἡμέρᾳ τῇ τρ. (1 a)
I Ch. 2. 13. Σαμαὰ ὁ τρ. (1 a)
3. 2. ὁ τρ. 'Αβ. υἱὸς Μ. (1 a)
— 15. ὁ τρ. Σεδ. (1 a)
8. 1. Βεν. ἐγέννησε Β. . . . 'Α. τὸν τρ. (1 a)
— 39. 'Ελιφ. ὁ τρ. (1 a)
11. 2. ἐχθὲς καὶ τρίτην ὄντος Σ. βασιλέως (2)
12. 9. 'Ελ. ὁ τρ. (1 a)
23. 19. 'Ιεζ. ὁ τρ. (1 a)
24. 8. τῷ Χ. ὁ τρ. (1 a)
— 18. τῷ 'Α. ὁ τρ. καὶ εἰκοστός (1 b)
— 23. 'Ι. ὁ τρ. (1 a)
25. 10. ὁ τρ. Ζ. (1 a)
— 30. ὁ τρ. καὶ εἰκοστὸς Μ. (1 b)
26. 2. A R Ζαβ. ὁ τρ. [B al.] (1 a)
— 4. A R 'Ι. ὁ τρ. [B al.] (1 a)
— 11. Ταβ. ὁ τρ. (1 a)
27. 5. ὁ τρ. τὸν μῆνα τὸν τρ. (1 a, 1 a)
II Ch. 7. 10. ἐν τῇ τρ. καὶ εἰκοστῇ τοῦ μηνὸς τοῦ ἑβδ. (1 b)
10. 12 bis. τῇ ἡμέρᾳ τῇ τρ. (1 a)
15. 10. ἐν τῷ μηνὶ τῷ τρ. (1 a)
17. 7. ἐν τῷ τρ. ἔτει τῆς βασ. αὐ. (1 b)
II Ch. 23. 4. τὸ τρ. ἐξ ὑμῶν εἰσπορευέσθωσαν τὸ σάββατον (1 a)
— 5. B καὶ τρίτον [A^{2}R τὸ τρ.] ἐν οἴκῳ τοῦ βασ. (1 a)
— 5. καὶ τὸ τρ. ἐν τῇ πύλῃ τῇ μέσῃ (1 a)
27. 5. ἐν τῷ πρώτῳ ἔτει καὶ τῷ δευτ. καὶ τῷ τρ. (1 a)
29. 17. B^1 τῇ ἡμέρᾳ τῇ τρ. [A B^{2}R πρώτῃ] †
31. 7. ἐν τῷ μηνὶ τῷ τρ. (1 a)
I Es. 3. 12. B^{2}R ὁ τρ. [B^1 ὅτι τρ., A ὁ ἄλλος] ἔγραψεν
4. 13. ὁ δὲ τρ. ὁ εἴπας περὶ τῶν γυναικῶν
7. 5. ἕως τρίτης καὶ εἰκάδος μηνὸς 'Α.
8. 62. γενομένης αὐτόθι ἡμέρας τρίτης
II Es. 6. 15. ἕως ἡμέρας τρ. μηνὸς 'Αδάρ (1 d)
Ne. 10. 32 (33). δοῦναι ἐφ' ἡμᾶς τρίτον τοῦ διδράχμου (1 a)
To. 1. 8. τὴν τρ. ἐδίδουν οἷς καθήκει [S al.]
— 8. S ἐν τῷ τρ. ἔτει
Es. 1. 3. ἐν τῷ τρ. ἔτει βασιλεύοντος αὐτοῦ (1 b)
5. 1. ἐν τῇ ἡμέρᾳ τῇ τρ. (1 a)
8. 9. S^2 ἐν τῷ τρ. [A B S^1 πρώτῳ] μηνί (1 a)
— 9. τρίτῃ καὶ εἰκάδι τοῦ αὐτοῦ ἔτους (1 b)
Jb. 42. 14. τὴν δὲ τρ. 'Αμαλθαίας κέρας (1 a)
Si. 23. 16. τὸ τρ. ἐπάξει ὀργήν
— 23. τὸ τρ. ἐν πορνείᾳ ἐμοιχεύθη
26. 28. ἐπὶ τῷ τρ. θυμός μοι ἐπῆλθεν
28. 14. γλῶσσα τρίτη πολλοὺς ἐσάλευσε
— 15. γλῶσσα τρίτη γυναῖκας ἀνδρείας ἐξέβαλε
45. 23. Φινεὲς υἱὸς 'Ελεάζαρ τρίτος εἰς δόξαν
50. 25. τὸ τρ. οὐκ ἔστιν ἔθνος
Ho. 6. 3 (2). ἐν τῇ ἡμέρᾳ τῇ τρ. (1 a)
Za. 6. 3. ἐν τῷ ἅρματι τῷ τρ. ἵπποι λευκοί (1 a)
13. 8. τὸ δὲ τρ. ὑπολειφθήσεται ἐν αὐτῇ (1 a)
— 9. διάξω τὸ τρ. διὰ πυρός (1 a)
Is. 19. 24. ἔσται 'Ισραὴλ τρίτος ἐν τοῖς Αἰγ. (1 a)
37. 30. τῷ δὲ τρ. σπείραντες ἀμήσατε (1 a)
Ez. 10. 14. A τὸ πρόσωπον τοῦ τρ. πρόσωπον λέοντος (1 a)
21. 14 (19). ἡ τρ. ῥομφαία τραυματιῶν ἐστι (1 a)
31. 1. ἐγένετο . . . ἐν τῷ τρ. μηνί (1 a)
40. 8. τὸ θεὲ τὸ τρ. ἴσον τῷ καλάμῳ μῆκος –
46. 14. καὶ ἐλαίου τρίτον τοῦ [A τὸ τρ. τῷ] εἶν (1 a)
Da. LXX. 1. 1. ἐπὶ βασιλέως 'Ι. τῆς 'Ιουδ. ἔτους τρ. (1 b)
2. 39. καὶ τρ. βασιλεία ἄλλη χαλκῆ (1 c)
5. 7. δοθήσεται αὐτῷ ἐξουσία τοῦ τρ. μέρους τῆς βασ. (1 f)
— 16. ἕξεις ἐξουσίαν τοῦ τρ. μέρους τῆς βασ. μου (1 e)
— 29. ἔδωκεν ἐξουσίαν αὐτῷ τοῦ τρ. μέρους τῆς βασ. αὐ. (1 e)
8. 1. ἔτους τρ. βασιλεύοντος Βαλτ. (1 b)
Da. TH. Su. 15. καθὼς ἐχθὲς καὶ τρ. ἡμέρας
1. 1. ἐν ἔτει τρ. τῆς βασ. 'Ι. (1 b)
2. 39. ἀναστήσεται . . . βασιλεία τρ. (1 c)
5. 7. καὶ τρίτος ἐν τῇ βασιλείᾳ μου ἄρξει (1 f)
— 16. καὶ τρίτος ἐν τῇ βασιλείᾳ μου ἄρξεις (1 e)
— 29. εἶναι αὐτὸν ἄρχοντα τρ. ἐν τῇ βασιλείᾳ (1 e)
7. 1. B^1 ἐν ἔτει τρ. [A B^{2}R πρώτῳ] Βαλτ. †
8. 1. ἐν ἔτει τρ. τῆς βασιλείας Βαλτ. (1 b)
10. 1. ἐν ἔτει τρ. Κύρου βασιλέως Περσῶν (1 b)
I Ma. 1. 20. ἐν τῷ ἑκατοστῷ καὶ τεσσαρακοστῷ καὶ τρ. ἔτει
9. 44. ὡς ἐχθὲς καὶ τρ. ἡμέραν
— 54. ἐν ἔτει τρ. καὶ πεντηκοστῷ
10. 30. ἀντὶ τοῦ τρ. τῆς σπορᾶς
11. 18. A R ἐν [S om.] τῇ ἡμέρᾳ τῇ τρ.
13. 51. τῇ τρ. καὶ εἰκάδι τοῦ δευτέρου μηνός
14. 27. A R καὶ τοῦτο [S τὸ] τρ. ἔτος ἐπὶ Σίμωνος
II Ma. 7. 10. μετὰ δὲ τοῦτον ὁ τρ. ἐνεπαίζετο
III Ma. tit. R Μακκαβαίων [A add. λόγος] τρίτος
5. 40. προστάσσων ἤδη τρίτον αὐτοὺς ἀφανίσαι
IV Ma. 10. 1. ὁ τρ. ἤγετο
15. 18. οὐδὲ τρίτος ἀποψύχων
[Aq. Ex. 5. 7: I Ki. 20. 19: Is. 40. 12: Je. 38 (45). 14: Ez. 5. 2 ter.]
[Sm. I Ki. 20. 19: Is. 40. 12: Je. 38 (45). 14: Ez. 5. 2 ter: Am. 4. 4.]
[Th. Ex. 5. 7: I Ki. 20. 19: Is. 40. 12: Je. 38 (45). 14 (Sw.): 52. 30: Ez. 5. 2 ter: 10. 14: Da. 5. 7.]
[Al. I Ki. 20. 12.]

τριχαπτός. מֶשִׁי (1)
Ez. 16. 10. περιέβαλόν σε τριχαπτῷ (1)
— 13. τὰ περιβόλαιά σου βύσσινα καὶ τριχαπτά (1)

τριχιᾶν.
[Aq. Le. 17. 7: Dt. 32. 2, 17: Is. 13. 21: 34. 14.]
[Sm., Th. Is. 34. 14.]

τρίχινος. שֵׂעָר (1)
Ex. 26. 7. ποιήσεις δέρρεις τριχίνας σκέπην †
Za. 13. 4. ἐνδύσονται δέρριν τρ. (1)
[Aq., Sm. Ex. 26. 7.]

τριχιώτης.
[Aq. Is. 13. 21 (Sw.).]

τριχοῦσθαι.
[Sm. Ge. 25. 25.]

τρίχωμα. (1) פְּאֵר (2) a. שֵׂעָר b. שְׂעָר
I Es. 8. 71. B τὴν ἱερὰν ἐσθῆτα κατέτειλον τοῦ τρ. τῆς κεφ. [A B al.]
Ca. 4. 1: 6. 4 (5). τρίχωμά σου ὡς ἀγέλαι τῶν αἰγῶν (2 a)
Ez. 24. 17. οὐκ ἔσται τὸ τρ. σου συμπεπλεγμένον ἐπὶ σέ (1)
Da. LXX. 7. 9. καὶ τὸ τρ. τῆς κεφαλῆς αὐ. ὡσεὶ ἔριον (2 b)
[Aq. Le. 13. 36: Je. 7. 29.]

τριώροφος. שְׁלִישִׁי (1)
Ge. 6. 16. κατάγαια διώροφα καὶ τρ. ποιήσεις αὐτήν (1)
III Ki. 6. 8. καὶ ἐκ τῆς μέσης ἐπὶ τὰ τρ. (1)
Ez. 41. 7. ἐκ τῶν γεισῶν [A μέσων] ἐπὶ τὰ τρ. †

τρομάζειν (?).
I Ma. 2. 24. S^2 ἐτρόμασαν [A S^{1}R -ησαν] οἱ νεφροὶ αὐ.

τρομεῖν. זוּעַ (1)
Es. 5. 9. S^2 οὐδὲ ἐτρόμησεν ἀπ' αὐτοῦ (1)
I Ma. 2. 24. ἐτρόμησαν [S^2 -ασαν] οἱ νεφροὶ αὐ.
[Aq. Ec. 12. 5.]

τρόμος. (1) אֵימָה (2) מוֹרָא (3) מְחִתָּה (4) עִיר (5) פַּחַד (6) רֶטֶט (7) a. רַעַד b. רְעָדָה
Ge. 9. 2. ὁ τρ. . . . ἔσται ἐπὶ πᾶσι τοῖς θηρίοις (2)
Ex. 15. 15. ἔλαβεν αὐτοὺς τρόμος (7 a)
— 16. ἐπιπέσοι ἐπ' αὐτοὺς τρόμος καὶ φόβος [A φ. κ. τρ.] (1)
De. 2. 25. δοῦναι τὸν τρ. σου καὶ τὸν φόβον σου (5)
11. 25. B τὸν τρ. ὑμῶν καὶ τὸν φόβον [A R φ. ὑ. κ. τ. τρ.] ὑμῶν (5 [2])
Ju. 2. 28. B S ἐπέπεσε φόβος καὶ τρόμος [A R ὁ τρ.] αὐ.
15. 2. ἐπέπεσεν ἐπ' αὐτοὺς τρόμος καὶ φόβος [A S φ. κ. τρ.]
Jb. 4. 14. φρίκη μοι συνήντησε καὶ τρόμος (7 b)
38. 34. B S τρόμῳ [A δρόμῳ] ὕδατος λάβρῳ ὑπακούσεταί σου †
Ps. 2. 11. ἀγαλλιᾶσθε αὐτῷ ἐν τρόμῳ (7 b)
47 (48). 6. τρόμος ἐπελάβετο [A ὑπελ.] αὐτῶν (7 b)
54 (55). 5. B^2 S R φόβος καὶ τρόμος ἦλθεν ἐπ' ἐμέ (7 a)
Si. 16. 19. ἐν τῷ ἐπιβλέψαι εἰς αὐτὰ τρόμῳ συσσείονται
Hb. 3. 16. εἰσῆλθε τρόμος εἰς τὰ ὀστᾶ μου †
Is. 19. 16. ἔσονται οἱ Αἰγ. ὡς γυναῖκες ἐν φόβῳ καὶ ἐν τρόμῳ (5)
33. 14. λήψεται τρ. τοὺς ἀσεβεῖς (7 b)
54. 14. τρ. οὐκ ἐγγιεῖ σοι (3)
64. 1 (63. 19), 3 (2). τρ. λήψεται ἀπὸ σοῦ ὄρη †
Je. 15. 8. ἐπέρριψα ἐπ' αὐτὴν ἐξαίφνης τρόμον (4)
30 (49). 24. τρ. ἐπελάβετο αὐτῆς (6)
Ba. 3. 33. ὑπήκουσεν αὐτῷ τρόμῳ
Da. LXX. 4. 16. τρόμου λαβόντος αὐτόν †
— 34. ἀπὸ τοῦ φόβου αὐ. τρόμος εἴληφέ με –
I Ma. 7. 18. ἐπέπεσεν αὐτῶν . . . ὁ τρ. εἰς πάντα τὸν λαόν
II Ma. 15. 23. R εἰς δέος καὶ τρόμον [A τρόπον]
IV Ma. 4. 10. καὶ πολὺν αὐτοῖς φόβον τε καὶ τρόμον ἐνίοντες
[Aq. Ec. 12. 5.]
[Al. Hb. 3. 16.]

τρόπαιον.
II Ma. 5. 6. δοκῶν δὲ πολεμίων ... τρόπαια καταβάλλεσθαι
15. 6. R κοινὸν τῶν περὶ τὸν Ἰ. συστήσασθαι τρ. [A τρόπον]
[Sm. II Ki. 8. 3.]
[Th. Is. 63. 3.]

τροπή. (1) אֵיד (2) חֲלוּשָׁה (3) מַכָּה
Ex. 32. 18. οὐδὲ φωνὴ ἐξαρχόντων τροπῆς (2)
De. 33. 14. καθ' ὥραν γεννημάτων ἡλίου τροπῶν –
III Ki. 22. 35. ἐξεπορεύετο τὸ αἷμα τῆς [A ἐκ τῆς] τρ. (3)
Jb. 38. 33. ἐπίστασαι δὲ τροπὰς οὐρανοῦ †
Wi. 7. 18. τροπῶν ἀλλαγὰς καὶ μεταβολὰς καιρῶν
Si. 45. 23. ἐν τῷ ... στῆσαι [A στῆναι] αὐτὸν ἐν τροπῇ λαοῦ
Je. 30. 10 (49. 32). οἴσω τὴν τρ. αὐτῶν (1)
I Ma. 4. 35. ἰδὼν δὲ Λ. τὴν γενομ. τρ. τῆς αὐτοῦ συντάξεως
5. 61. ἐγενήθη τρ. μεγάλη ἐν τῷ λαῷ
II Ma. 12. 27. μετὰ δὲ τὴν τούτων τρ.
— 37. τροπὴν ἐποιήσατο αὐτῶν
[Aq. Jb. 37. 18.]

τροπιά, τρόπις.
Wi. 5. 10. B[1] R οὐδὲ ἀτραπὸν τρόπιος [B[2] τρίβων, S[1] τροπιᾶς, A S[2] τρόπεως] αὐτῆς ἐν κύμασιν

τρόπος. (1) דָּבָר (2) טַעַם (3) τρόπον לִפְנֵי
(4) ὃν τρόπον *a.* אֲשֶׁר *b.* כַּאֲשֶׁר *c.* זֶה הַדָּבָר אֲשֶׁר *d.* כְּכֹל אֲשֶׁר *e.* כִּ' *f.* כְּמוֹ, כָּמוֹ
g. לְעֻמַּת *h.* כָּל־קֳבֵל דִּי
Ge. 26. 29. ὃν τρόπον ἐχρήμεθά σοι καλῶς (4 *b*)
Ex. 2. 14. ὃν τρόπον ἀνεῖλες ἐχθὲς τὸν Αἰγ. (4 *b*)
13. 11. ὃν τρόπον ὤμοσε τοῖς πατράσι σου (4 *b*)
14. 13. ὃν τρόπον γὰρ ἑωράκατε τοὺς Αἰγ. σήμερον (4 *a*)
16. 34 : 36. 37 (39. 29), 40 (39. 31) : 39. 23 (43). ὃν τρόπον συνέταξε κ. τῷ M. (4 *b*)
40. 15. ὃν τρόπον ἤλειψας τὸν πατέρα αὐ. (4 *b*)
— 21, 23, 25. ὃν τρόπον συνέταξε κ. τῷ M. (4 *b*)
— 27. A ὃν τρόπον [B καθάπερ] συνέταξε κ. τῷ M. (4 *b*)
Le. 4. 10. ὃν τρόπον ἀφαιρεῖτε αὐτὸ ἀπὸ τοῦ μόσχου (4 *b*)
— 20. ὃν τρόπον ἐποίησε τὸν μόσχον (4 *b*)
— 21. ὃν τρόπον κατέκαυσαν τὸν μόσχον τὸν πρότ. (4 *b*)
— 31. ὃν τρόπον περιαιρεῖται στέαρ (4 *b*)
— 35. ὃν τρόπον περιαιρεῖται στέαρ προβάτου (4 *b*)
7. 28 (38). ὃν τρόπον ἐνετείλατο κύριος τῷ M. (4 *a*)
8. 4. ὃν τρόπον συνέταξεν αὐτῷ κύριος (4 *b*)
— 9, 17. ὃν τρόπον συνέταξε κ. τῷ M. (4 *b*)
— 31. ὃν τρόπον συντέτακταί μοι (4 *b*)
9. 10. ὃν τρόπον ἐνετείλατο κύριος τῷ M. (4 *b*)
— 21. ὃν τρόπον συνέταξε κ. τῷ M. (4 *b*)
10. 5. A B[2] R ὃν τρόπον εἶπε M. (4 *b*)
— 15. ὃν τρόπον συνέταξε κ. τῷ M. (4 *b*)
— 18. ὃν τρόπον μοι συνέταξε κύριος (4 *b*)
16. 15. ὃν τρόπον ἐποίησε τὸ αἷμα τοῦ μόσχου (4 *b*)
18. 28. ὃν τρόπον προσώχθισε τοῖς ἔθνεσι (4 *b*)
Nu. 1. 19. ὃν τρόπον συνέταξε κ. τῷ M. (4 *b*)
3. 16. ὃν τρόπον [A καθὰ] συνέταξεν αὐτοῖς κύριος (4 *b*)
— 42. ὃν τρόπον ἐνετείλατο κύριος (4 *b*)
— 51. ὃν τρόπον συνέταξε κ. τῷ M. (4 *b*)
4. 49. ὃν τρόπον συνέταξε κ. τῷ M. (4 *a*)
14. 17. ὃν τρόπον εἶπας (4 *b*)
— 28. ὃν τρόπον λελαλήκατε εἰς τὰ ὦτά μου (4 *b*)
15. 14. ὃν τρόπον ποιεῖτε ὑμεῖς (4 *b*)
18. 7. κατὰ πάντα τρ. τοῦ θυσιαστηρίου (1)
23. 2. ὃν τρόπον εἶπεν αὐτῷ B. (4 *b*)
26. 4 : 31. 47. ὃν τρόπον συνέταξε κ. τῷ M. (4 *b*)
32. 27. ὃν τρόπον ὁ κύριος λέγει (4 *b*)
34. 13. ὃν τρόπον συνέταξε κ. (4 *a*)
36. 10. ὃν τρόπον συνετάξε κ. M. (4 *b*)
De. 1. 21. ὃν τρόπον εἶπε κ. ὁ θεός (4 *b*)
2. 1. ὃν τρόπον ἐλάλησε κ. πρὸς μέ (4 *b*)
— 12. ὃν τρόπον ἐποίησεν Ἰσρ. τὴν γῆν (4 *b*)
— 22. ὃν τρόπον ἐξέτριψαν τὸν X. (4 *a*)
De. 4. 33. ὃν τρόπον ἀκήκοας σύ (4 *b*)
5. 12, 16, 32 (29). ὃν τρόπον ἐνετείλατό σοι κ. ὁ θεός σου (4 *b*)
6. 16. ὃν τρόπον ἐξεπειράσατε ἐν τῷ Πειρασμῷ (4 *b*)
11. 25. ὃν τρόπον ἐλάλησε πρὸς ὑμᾶς (4 *b*)
12. 21. ὃν τρόπον ἐνετειλάμην σοι (4 *b*)
13. 17 (18). ὃν τρόπον ὤμοσε τοῖς πατράσι σου (4 *b*)
15. 6. ὃν τρόπον ἐλάλησέ σοι (4 *b*)
19. 8. ὃν τρόπον ὤμοσε τοῖς πατράσι σου (4 *b*)
— 19. ὃν τρόπον ἐπονηρεύσατο ποιῆσαι (4 *b*)
20. 17. ὃν τρόπον ἐνετείλατό σοι κ. ὁ θ. σου (4 *b*)
23. 23 (24). ὃν τρόπον εὔξω κ. τῷ θεῷ (4 *b*)
24. 8. ὃν τρόπον ἐνετειλάμην ὑμῖν (4 *b*)
27. 3. ὃν τρόπον εἶπε κ. ὁ θ. τῶν πατέρων σού σοι (4 *b*)
28. 9. ὃν τρόπον ὤμοσε τοῖς πατράσι σου (4 *b*)
— 63. ὃν τρόπον εὐφράνθη κ. ἐφ' ὑμῖν (4 *b*)
29. 13 (12). ὃν τρόπον εἶπέ σοι (4 *b*)
— 13 (12). ὃν τρόπον ὤμοσε τοῖς πατράσι σου (4 *b*)
32. 50. ὃν τρόπον ἀπέθανεν Ἀ. (4 *b*)
Jo. 1. 3. ὃν τρόπον εἴρηκα τῷ M. (4 *b*)
— 17. ὃν τρόπον ἦν μετὰ Μωυσῆ (4 *b*)
5. 4. ὃν δὲ τρόπον περιεκάθαρεν Ἰ. τοὺς υἱοὺς Ἰσρ. (4 *c*)
8. 2. ὃν τρόπον ἐποίησας τὴν Ἱερ. (4 *b*)
— 6. ὃν τρόπον καὶ ἔμπροσθεν (4 *b*)
— 27. ὃν τρόπον συνέταξε κ. τῷ Ἰησοῖ (4 *a*)
10. 1. ὃν τρόπον ἐποίησαν τὸν Ἱερ. (4 *b*)
— 28, 30. ὃν τρόπον ἐποίησαν τῷ βασ. Ἱερ. (4 *b*)
— 32. ὃν τρόπον ἐποίησαν τὴν Λ. (4 *d*)
— 35. ὃν τρόπον ἐποίησαν τῇ Λ. (4 *d*)
— 37. ὃν τρόπον ἐποίησαν τὴν Ὀδ. (4 *d*)
— 39. ὃν τρόπον ἐποίησαν τὴν X. (4 *b*)
— 40. ὃν τρόπον ἐνετείλατο κ. ὁ θ. Ἰσρ. (4 *b*)
11. 9. ὃν τρόπον [A καθότι] ἐνετείλατο αὐτῷ κ. (4 *b*)
— 12. ὃν τρόπον συνέταξε M. (4 *b*)
— 15. ὃν τρόπον συνέταξε κ. τῷ M. (4 *b*)
— 20. ὃν τρόπον εἶπε κ. πρὸς M. (4 *b*)
13. 6. ὃν τρόπον σοι ἐνετειλάμην (4 *b*)
14. 2. ὃν τρόπον ἐνετείλατο κ. (4 *b*)
— 5. ὃν τρόπον ἐνετείλατο κ. τῷ M. (4 *b*)
— 10. ὃν τρόπον εἶπε (4 *b*)
— 12. ὃν τρόπον εἶπέ μοι κύριος (4 *b*)
21. 8. ὃν τρόπον ἐνετείλατο κ. τῷ M. (4 *b*)
22. 4. ὃν τρόπον εἶπεν αὐτοῖς (4 *b*)
23. 15. ὃν τρόπον ἥκει πρὸς ἡμᾶς πάντα τὰ ῥήματα τὰ καλά (4 *b*)
Jd. 2. 22. ὃν τρόπον ἐφύλαξαν οἱ πατέρες αὐ. (4 *b*)
6. 27. ὃν τρόπον [A καθὰ] ἐλάλησε πρὸς αὐτὸν κύριος (4 *b*)
— 36, 37. A ὃν τρόπον [B καθὼς] ἐλάλησας (4 *b*)
8. 8. ὃν τρόπον ἀπεκρίθησαν ἄνδρες Σ. (4 *b*)
11. 36. ὃν τρόπον ἐξῆλθεν ἐκ στόματός σου (4 *b*)
15. 10. ὃν τρόπον ἐποίησεν ἡμῖν (4 *b*)
— 11. ὃν τρόπον ἐποίησάν μοι (4 *b*)
16. 9. A ὃν τρόπον διασπᾶται κλῶσμα τοῦ ἀποτινάγματος [B *al.*] (4 *b*)
I Ki. 21. 13 (14). A ἠλλοίωσε τὸν τρ. [B τὸ πρόσωπον] αὐ. (2)
25. 33. εὐλογητὸς ὁ τρ. σου (2)
II Ki. 10. 2. ὃν τρόπον ἐποίησεν ὁ πατὴρ αὐ. μετ' ἐμοῦ ἔλεος (4 *b*)
16. 23. ὃν τρόπον ἐπερωτήσῃ ἐν λόγῳ τοῦ θεοῦ (4 *b*)
17. 3. ὃν τρόπον ἐπιστρέφει ἡ νύμφη πρὸς τὸν ἄνδρα αὐ. (4 *e*)
24. 19. καθ' ὃν τρόπον ἐνετείλατο αὐτῷ κύριος (4 *b*)
I Es. 4. 42. ὃν τρόπον [A ἀνθ' ὧν] εὑρέθης σοφώτερος
Ju. 2. 16. ὃν τρόπον πολέμου πλῆθος συντάσσεται
4. 1. ὃν τρόπον ἐσκύλευσε πάντα τὰ ἱερὰ αὐ.
Es. 8. 13. S[2] τῷ τῆς κακοηθείας τρ. [A B S[1] *al.*]
— 13. διὰ γὰρ τῶν τρ. τούτων ᾠήθη
Jb. 4. 8. καθ' ὃν τρόπον εἶδον τοὺς ἀροτριῶντας τὰ ἄτοπα (4 *a*)
— 19. ἔπαισεν αὐτοὺς σητὸς τρόπον (3)
29. 25. ὃν τρόπον παθεινοὺς παρακαλῶν (4 *b*)
Ps. 41 (42). 1. ὃν τρόπον ἐπιποθεῖ ἡ ἔλαφος (4 *e*)
Pr. 9. 11. τούτῳ γὰρ τῷ τρ. πολὺν ζήσεις χρόνον †
23. 7. ὃν τρόπον γὰρ εἴ τις καταπίοι τρίχα (4 *f*)
24. 44 (29). ὃν τρόπον ἐχρήσατό μοι (4 *b*)
Ho. 9. 13. ὃν τρόπον [A *add.* εἶδον] εἰς θήραν παρέστησαν (4 *b*)
Am. 2. 13. ὃν τρόπον κυλίεται ἡ ἅμαξα (4 *b*)
3. 12. ὃν τρόπον ὅταν ἐκσπάσῃ ὁ ποιμήν (4 *b*)
Am. 5. 14. ὃν τρόπον εἴπατε (4 *b*)
— 19. ὃν τρόπον ἐὰν φύγῃ ἄνθρωπος (4 *b*)
9. 9. ὃν τρόπον λικμᾶται ἐν τῷ λικμῷ (4 *b*)
Mi. 3. 3. ὃν τρόπον κατέφαγον τὰς σάρκας τοῦ λαοῦ μου (4 *a*)
5. 8 (7). ὃν τρόπον ὅταν διέλθῃ (4 *a*)
Ob. 1. 15. ὃν τρόπον ἐποίησας (4 *b*)
— 16. ὃν τρόπον ἔπιες ἐπὶ τὸ ὄρος (4 *b*)
Jn. 1. 14. ὃν τρόπον ἐβούλου πεποίηκας (4 *b*)
Za. 4. 1. ὃν τρόπον ὅταν ἐξεγερθῇ ἄνθρωπος (4 *e*)
7. 13. ὃν τρόπον εἶπε (4 *b*)
8. 13. ὃν τρόπον ἦτε ἐν κατάρᾳ (4 *b*)
— 14. ὃν τρόπον διενοήθην τοῦ κακῶσαι ὑμᾶς (4 *b*)
10. 6. ἔσονται ὃν τρόπον οὐκ ἀπεστρεψάμην αὐτούς (4 *b*)
11. 13. ὃν τρόπον ἐδοκιμάσθην ὑπὲρ αὐτῶν (4 *a*)
14. 5. S[3] ὃν τρόπον [A B S[1] καθὼς] ἐνεφράγη (4 *b*)
Ma. 3. 17. ὃν τρόπον αἱρετίζει ἄνθρωπος τὸν υἱὸν αὐ. (4 *b*)
Is. 5. 24. ὃν τρόπον καυθήσεται καλάμη (4 *e*)
7. 2. ὃν τρόπον ἐν δρυμῷ ξύλον ... σαλευθῇ (4 *e*)
9. 3 (2). ὃν τρόπον [A S *add.* εὐφραίνονται] οἱ διαιρούμενοι σκῦλα (4 *b*)
10. 10. ὃν τρόπον ταύτας ἔλαβον (4 *b*)
— 11. ὃν τρόπον γὰρ ἐποίησα Σαμαρείᾳ (4 *b*)
13. 19. ὃν τρόπον κατέστρεψεν ὁ θεὸς Σόδομα (4 *e*)
14. 20 (19). ὃν τρόπον ἱμάτιον ... οὐκ ἔσται καθαρόν (4 *e* ?)
— 24. ὃν τρόπον εἴρηκα ... ὃν τρόπον βεβούλευμαι (4 *b*, 4 *b*)
17. 5. ὃν τρόπον ἐάν τις συναγάγῃ ἀμητὸν ... ὃν τρόπον ἐάν τις συναγάγῃ στάχυν (4 *e*, 4 *e*)
— 9. ὃν τρόπον κατέλιπον οἱ Ἀμ. (4 *e*)
20. 3. ὃν τρόπον πεπόρευται (4 *b*)
24. 13. ὃν τρόπον ἐάν τις καλαμήσηται (4 *e*)
25. 10. ὃν τρόπον πατοῦσιν ἅλωνα (4 *e*)
— 11. ὃν τρόπον ... ἐταπείνωσε τοῦ ἀπολέσαι (4 *b*)
29. 8. ὃν τρόπον ἐνυπνιάζεται ὁ διψῶν (4 *b*)
31. 4. ὃν τρόπον βοήσῃ ὁ λέων (4 *b*)
33. 4. ὃν τρόπον ἐάν τις συναγάγῃ ἀκρίδας (4 *e*)
38. 19. ὃν τρόπον κἀγώ (4 *f*)
51. 13. ὃν τρόπον γὰρ ἐβουλεύσατο (4 *b*)
52. 14. ὃν τρόπον ἐκστήσονται ἐπὶ σὲ πολλοί (4 *b*)
62. 5. ὃν τρόπον εὐφρανθήσεται νυμφίος –
65. 8. ὃν τρόπον εὑρεθήσεται ὁ ῥώξ (4 *b*)
66. 22. ὃν τρόπον γὰρ ὁ οὐρανὸς καινὸς ... μένει (4 *b*)
La. 1. 22. ὃν τρόπον ἐποίησαν ἐπιφυλλίδα (4 *b*)
Ep. Je. 69. κατ' οὐδένα οὖν τρ. ἐστὶν ἡμῖν φανερόν
— 71. τὸν αὐτὸν τρ. καὶ τῇ ἐν κήπῳ ῥάμνῳ
Ez. 10. 10. ὃν τρόπον ὅταν ᾖ τροχὸς ἐν μέσῳ τροχοῦ (4 *b*)
12. 11. ὃν τρόπον πεποιηκα (4 *b*)
15. 6. ὃν τρόπον τὸ ξύλον τῆς ἀμπέλου ἐν τοῖς ξύλοις (4 *b*)
16. 48. ὃν τρόπον ἐποίησας σύ (4 *b*)
— 57. ὃν τρόπον νῦν ὄνειδος εἶ θυγατέρων Συρίας (4 *f*)
18. 4. ὃν τρόπον ἡ ψυχὴ τοῦ πατρὸς οὕτως ἡ ψυχὴ τοῦ υἱοῦ (4 *e*)
20. 32. οὐκ ἔσται ὃν τρόπον ὑμεῖς λέγετε (4 *a*)
— 36. ὃν τρόπον διεκρίθην πρὸς τοὺς πατέρας ὑμῶν (4 *b*)
22. 22. ὃν τρόπον χωνεύεται ἀργύριον (4 *e*)
23. 18. ὃν τρόπον ἀπέστη ἡ ψυχή μου (4 *b*)
— 44. ὃν τρόπον εἰσπορεύονται πρὸς γυναῖκα πόρνην (4 *e*)
24. 18. ὃν τρόπον ἐνετείλατό μοι –
— 18. ὃν τρόπον [A καθὼς] ἐπετάγη μοι (4 *b*)
— 22. ὃν τρόπον πεποίηκα (4 *b*)
25. 8. ὃν τρόπον πάντα τὰ ἔθνη οἶκος Ἰσραήλ (4 *e*)
40. 23. ὃν τρόπον τῆς πύλης τῆς βλεπούσης κατὰ ἀνατολάς –
42. 3. ὃν τρόπον αἱ πύλαι τῆς αὐλῆς τῆς ἐσωτέρας καὶ ὃν τρόπον τὰ περίστυλα (4 *a*, 4 *a*)
— 7. ὃν τρόπον αἱ ἐξέδραι τῆς αὐλῆς τῆς ἐξωτ. (4 *g*)
45. 6. ὃν τρόπον ἡ ἀπαρχὴ τῶν ἁγίων (4 *g*)
46. 12. ὃν τρόπον ποιεῖ ἐν τῇ ἡμέρᾳ τῶν σαββ. (4 *b*)
48. 11. ὃν τρόπον ἐπλανήθησαν οἱ Λευῖται (4 *b*)
Da. LXX. 1. 14. ἐχρήσατο αὐτοῖς τὸν τρ. τοῦτον (1)
Da. TH. Su. 62. ὃν τρόπον ἐπονηρεύσαντο τῷ πλησίον
2. 40. ὃν τρόπον ὁ σίδηρος λεπτύνει ... πάντα (4 *h*)
— 41. ὃν τρόπον εἶδες τὸν σίδηρον (4 *h*)
— 45. ὃν τρόπον εἶδες (4 *h*)

I Ma. 5. 49. S^{1} τοῦ παρεμβαλεῖν ἕκαστον ἐν ᾧ ἐστι τρ. [A S^{3} R τόπῳ]
11. 29. ἐπιστολὰς . . . ἐχούσας τὸν τρ. τοῦτον
14. 35. ἐξεζήτησε παντὶ τρ. ὑψῶσαι τὸν λαὸν αὐ.
15. 2. ἦσαν περιέχουσαι τὸν τρ. [A^{1} τόπον] τοῦτον
II Ma. 1. 24. ἦν δὲ ἡ προσευχὴ τὸν τρ. ἔχουσα τοῦτον
5. 22. τὸν δὲ τρ. βαρβαρώτερον ἔχοντα
— 27. θηρίων τρόπον διέζη
6. 20. καθ᾽ ὃν ἔδει τρόπον προσέρχεσθαι
— 31. οὗτος οὖν τοῦτον τὸν τρ. μετήλλαξεν
7. 7. μεταλλάξαντος δὲ τοῦ πρώτου τὸν τρ. τοῦτον
8. 35. R δραπέτου τρόπον [A τόπον] ἔρημον ἑαυτὸν ποιήσας
— 36. διὰ τὸν τρ. τοῦτον ἀτρώτους εἶναι τοὺς Ἰουδ.
10. 6. ἦγον ἡμέρας ὀκτὼ σκηνωμάτων τρόπον
— 6. τὴν τῶν σκηνῶν ἑορτὴν . . . θηρίων τρόπον ἦσαν νεμόμενοι
— 14. A γενόμενος στρατηγὸς τῶν τρ. [R τόπων]
11. 16. περιέχουσαι τὸν τρ. τοῦτον
— 31. οὐδεὶς αὐτῶν κατὰ οὐδένα τρ. παρενοχληθήσεται
12. 8. τὸν αὐτὸν ἐπιτελεῖν βουλομένους τρ.
— 39. R καθ᾽ ὃν τρόπον [A χρόνον] τὸ τῆς χρείας ἐγεγόνει
14. 3. καθ᾽ ὁντιναοῦν τρόπον οὐκ ἔστιν αὐτῷ σωτηρία
— 46. τόνδε τὸν τρ. μετήλλαξεν
15. 6. A διεγνώκει κοινὸν . . . συστήσασθαι τρόπον [R τρόπαιον]
— 12. πρᾷον δὲ τὸν τρ.
— 22. ἔλεγε δὲ ἐπικαλούμενος τόνδε τὸν τρ.
— 23. A εἰς δέος καὶ τρόπον [R τρόμον]
— 39. ὃν δὲ τρόπον οἶνος ὕδατι συγκερασθεὶς
III Ma. 3. 24. τούτους κατὰ πάντα δυσνοεῖν ἡμῖν τρόπον
4. 9. θηρίων τρόπον ἀγόμενοι
— 13. τὸν αὐτὸν τρ. ἐπιμελῶς ὡς ἐκείνοις ποιῆσαι μὴ λειπομένοις κατὰ μηδένα τρ. τῆς ἐκείνων τιμωρίας
— 14. προδεδηλωμένην τῶν ἔργων κατὰ τρόπον λατρείαν
6. 12. ἐν ἐπιβούλων τρόπῳ
7. 7. ἀπολελύκαμεν πάσης καθ᾽ ὁντινοῦν αἰτίας τρόπον
— 8. ἐν παντὶ τρ. μηθὲν αὐτοὺς τὸ σύνολον καταβλάπτοντος
IV Ma. 1. 29. ὁ λογισμὸς . . . πάντα τρ. μεταχέων
2. 7. τίνα τρ. μονοφάγος τις ὢν τὸ ἦθος . . . μεταπαιδεύεται
— 8. βιάζεται τὸν ἑαυτοῦ τρ.
4. 1. πάντα τρ. διαβάλλων ὑπὲρ τοῦ ἔθνους
— 24. κατὰ μηδένα τρ. ἴσχυε καταλῦσαι
5. 14. τοῦτον τὸν τρ. . . . ἐποτρύνοντος τοῦ τυράννου
— 17. κατ᾽ οὐδένα τρ. παρανομεῖν ἀξιοῦμεν
6. 1. τοῦτον τὸν τρ. ἀντιρρητορεύσαντα
— 5. κατ᾽ οὐδένα τρ. μετετρέπετο
7. 3. κατ᾽ οὐδένα τρ. μετέτρεψε τοὺς . . . οἴακας
9. 15. οὐκ ἀνδροφονήσαντά με τοῦτον καταικίζεις τὸν τρ. [S *al.*]
— 17. A οὐχ οὕτως ἰσχυρὸς ὑμῶν ἐστιν ὁ τρ. [S R τροχός]
— 29. ὡς ἡδὺς πᾶς τρ. θανάτου
10. 7. κατὰ μηδένα τρ. ἰσχύοντες αὐτὸν ἄγξαι
11. 4. τί δράσαντας ἡμᾶς τοῦτον πορθεῖς τὸν τρ.
— 10. A R ἐπὶ τὸν τροχὸν σκορπίου τρόπον ἀνακλώμενος [S *al.*]
— 11. κατὰ τοῦτον τὸν τρ. καὶ τὸ πνεῦμα στενοχωρούμενος
12. 13. AR τοῦτον καταικίσας [S κατακαύσας] τὸν τρ.
14. 17. καθ᾽ ὃν δύναται τρόπον [S *al.*]
15. 4. τίνα τρόπον ἠθολογήσαιμι φιλότεκνα γονέων πάθη
18. 1. καὶ πάντα τρ. εὐσεβεῖτε
[**Sm.** Ex. 2. 14: Jb. 31. 15: Ps. 32 (33). 22: 33 (34). 1: Ec. 8. 6.]
[**Th.** Ex. 2. 14: Jd. 6. 36: 16. 9: Jb. 29. 25: Is. 52. 14.]
[**Al.** I Ki. 28. 17.]
[**Quint.** Ps. 41 (42). 2.]

τροποῦν. (1) חָלַל (2) יָכֹל (3) כָּנַע hi. (4) כָּשַׁל hi. (5) נָגַף *a.* qal. *b.* ni. (6) עָלָה

Jo. 11. 6. παραδίδωμι τετροπωμένους αὐτοὺς (1)
Jd. 4. 23. ἐτρόπωσεν ὁ θ. . . . τὸν Ἰ. [A *al.*] (3)
20. 35. A ἐτρόπωσεν [B ἐπάταξε] κ. τὸν Βεν. (5 *a*)
— 36. A εἶδεν Βεν. ὅτι τετρόπωται [B *al.*] (5 *b*)
Jd. 20. 39. A τροπούμενος τροποῦται ἐναντίον ἡμῶν [B *al.*] (5 *b*, 5 *b*)
II Ki. 8. 1. καὶ ἐτροπώσατο αὐτοὺς (3)
III Ki. 22. 35. ἐτροπώθη ὁ πόλεμος (6)
I Ch. 18. 1. καὶ ἐτροπώσατο αὐτοὺς (3)
19. 16. ἐτροπώσατο αὐτὸν Ἰσρ. (5 *b*)
II Ch. 18. 34. ἐτροπώθη ὁ πόλεμος (6)
20. 22. A^{2} B καὶ ἐτροπώθησαν (5 *b*)
25. 8. τροπώσεταί σε κύριος (4)
— 8. ἐστὶ παρὰ κυρίου . . . τροπώσασθαι [A -σεσθαι] (4)
— 22. ἐτροπώθη Ἰ. κατὰ πρόσωπον Ἰσρ. (5 *b*)
Ps. 88 (89). 23. τοὺς μισοῦντας αὐτὸν τροπώσομαι (5 *a*)
Da. LXX. 7. 21. τὸ κέρας ἐκεῖνο . . . τροπούμενον αὐτούς (2)
I Ma. 4. 20. A R ἴδεν ὅτι τετρόπωται [S -ωνται]
5. 44. καὶ ἐτροπώθη ἡ Κ.
— 60. καὶ ἐτροπώθη Ἰώσ.
6. 5. τετρόπωνται αἱ παρεμβολαί
10. 72. A R δὶς ἐτροπώθησαν [S διετρ.] οἱ πατέρες σου
11. 15. καὶ ἐτροπώσατο αὐτόν
— 55. A R καὶ ἐτροπώθη [S -ησαν]
— 72. καὶ ἐτροπώσατο αὐτοὺς
16. 8. ἐτροπώθη [S^{1} -ησαν] Κ. καὶ ἡ παρεμβ. αὐ.
II Ma. 8. 6. οὐκ ὀλίγους τῶν πολεμίων τροπούμενος
9. 2. συνέβη τροπωθέντα τὸν Ἀντ.
13. 19. ἐτροποῦτο προσενέκρουσεν
[**Sm.** Dt. 28. 25: II Ki. 2. 17.]
[**Th.** Dt. 28. 25.]
[**Al.** I Ki. 4. 2.]

τροποφορεῖν. (1) נָשָׂא
De. 1. 31. B^{1} ὡς εἴ τις τροποφορήσει ἄνθρωπος τὸν υἱὸν αὐ. [A B^{2} R *al.*] (1)

τροφεῖα.
IV Ma. 15. 13. ὦ φύσις ἱερὰ . . . καὶ τροφεῖα

τροφεύειν. (1) יָנַק hi.
Ex. 2. 7. θέλεις καλέσω σοι γυναῖκα τροφεύουσαν (1)
Ba. 4. 8. ἐπελάθεσθε τὸν τροφεύσαντα ὑμᾶς θεόν

τροφή. (1) אֹכֶל (2) דָּגָן (3) טֶרֶף (4) לֶחֶם (5) מָזוֹן

Ge. 49. 20. A διαδώσει τροφὴν [B τρυφὴν] ἄρχουσι †
— 27. εἰς τὸ ἑσπέρας δίδωσι τροφήν †
Jd. 8. 5. δότε δὴ ἄρτους εἰς τροφήν [A *om.* εἰς τρ.] (4?)
II Ch. 11. 23. ἔδωκεν αὐταῖς τροφάς (5)
I Es. 8. 79, 80. δοῦναι ἡμῖν τροφήν
Ju. 12. 9. B προσηνέγκατο τὴν τρ. [A τρυφὴν] αὐ.
Jb. 36. 32 (31). A S R δώσει τροφὴν τῷ ἰσχύοντι [B ἀκούοντι] (1)
Ps. 64 (65). 9. ἡτοίμασας τὴν τρ. αὐτῶν (2)
103 (104). 27. δοῦναι τὴν τρ. αὐτοῖς εὔκαιρον (1)
110 (111). 5. τροφὴν ἔδωκε τοῖς φοβουμένοις αὐτόν (3)
135 (136). 25. ὁ διδοὺς τροφὴν πάσῃ σαρκί (4)
144 (145). 15. σὺ δίδως τὴν τρ. αὐτῶν ἐν εὐκαιρίᾳ (1)
145 (146). 7. διδόντα τροφὴν τοῖς πεινῶσι (4)
146 (147). 9. καὶ διδόντι τοῖς κτήνεσι τροφὴν αὐτῶν (4)
Pr. 6. 8. ἑτοιμάζεται θέρους τὴν τρ. (4)
24. 60 (30. 25). ἑτοιμάζονται θέρους τὴν τρ. (4)
Wi. 13. 12. εἰς ἑτοιμασίαν [A ὑπηρεσίαν] τροφῆς ἀναλώσας [S -ώσεως]
16. 2. τροφὴν ἡτοίμασας ὀρτυγομήτραν
— 3. ἐκεῖνοι μὲν ἐπιθυμοῦντες τροφὴν [S -ῆς]
— 20. ἀγγέλων τροφὴν ἐψώμισας τὸν λαόν σου
19. 21. κρυσταλλοειδὲς γένος ἀμβροσίας τροφῆς [S^{1} τρυφῆς]
Si. 37. 20. πάσης τροφῆς [S^{1} σοφίας] καθυστερήσει
41. 1. ἀνδρὶ . . . ἔτι ἰσχύοντι ἐπιδέξασθαι τροφήν
La. 4. 5. A B οἱ ἔσθοντες τὰς τρ. [R τρυφάς] †
Da. Th. 4. 9. καὶ τροφὴ πάντων ἐν αὐτῷ (5)
— 18. καὶ τροφὴ πᾶσιν ἐν αὐτῷ (5)
I Ma. 1. 35. παρέθεντο ὅπλα καὶ τροφήν
6. 57. καὶ ἡ τρ. ἡμῖν ὀλίγη
13. 21. καὶ ἀποστεῖλαι αὐτοῖς τροφάς
II Ma. 5. 27. τὴν χορτώδη τρ. σιτούμενοι διετέλουν
III Ma. 3. 4. χωρισμὸν ἐποίουν ἐπὶ τῷ κατὰ τὰς τρ. [*cod.* καταστροφάς]
III Ma. 3. 7. τὴν δὲ περὶ τῶν . . . τρ. διάστασιν ἐθρύλουν
IV Ma. 1. 33. κινούμενοι πρὸς τὰς ἀπειρημ. τρ.
4. 26. μιαρῶν ἀπογευομένους τροφῶν
[**Aq.** Le. 22. 11.]
[**Sm.** Ge. 47. 12: Le. 22. 7, 11: III Ki. 5. 11 (25): Jb. 20. 21: 36. 31: Ps. 64 (65). 14: 68 (69). 22: 103 (104). 14: Ec. 9. 11: Da. 1. 8 (Sw.).]
[**Th.** Jb. 36. 31.]
[**Al.** Ge. 42. 25: 45. 23: Ex. 12. 39.]

τροφός. (1) יָנַק hi.
Ge. 35. 8. ἀπέθανε δὲ Δ. ἡ τρ. Ῥεβ. (1)
IV Ki. 11. 2. ἔκλεψεν . . . αὐτὸν καὶ τὴν τρ. αὐ. (1)
II Ch. 22. 11. ἔδωκεν . . . τὴν τρ. αὐ. εἰς ταμεῖον κλινῶν (1)
Is. 49. 23. αἱ δὲ ἄρχουσαι αὐ. [A *om.*] τροφοί σου (1)
[**Sm.** Ge. 24. 59.]
[**Al.** Nu. 11. 12.]

τροφοφορεῖν. (1) נָשָׂא
De. 1. 31. ὡς ἐτροφοφόρησέ σε κ. ὁ θεός (1)
— 31. B^{2} R ὡς εἴ τις τροφοφορήσει [A -σαι, B^{1} τροποφ.] ἄνθρωπος τὸν υἱὸν αὐ. (1)
II Ma. 7. 27. ἐλέησόν με τὴν . . . τροφοφορήσασαν

τροχάζειν.
[**Aq.** Je. 49. 19 (29. 20).]

τροχαῖος.
IV Ma. 11. 10. R περὶ τροχαῖον σφῆνα κατέκαμψαν [A S *al.*]

τροχαντήρ.
IV Ma. 8. 13. ὡς δὲ . . . τροχαντῆρας [S^{1} -ρια] . . . προέθεσαν

τροχαντήριον.
IV Ma. 8. 13. S^{1} ὡς δὲ . . . τροχαντήρια [A S^{2} R -ρας] . . . προέθεσαν

τροχιά (-εία). (1) מַעְגָּל
Pr. 2. 15. καὶ καμπύλαι αἱ τρ. αὐτῶν (1)
4. 11. ἐμβιβάζω δέ σε τροχιαῖς ὀρθαῖς (1)
— 26. ὀρθὰς τροχιὰς ποίει σοῖς ποσί (1)
— 27. αὐτὸς δὲ ὀρθὰς ποιήσει τὰς τρ. σου –
5. 6. σφαλεραὶ δὲ αἱ τρ. αὐτῆς (1)
— 21. εἰς δὲ πάσας τὰς τρ. αὐτοῦ [A -οὺς] σκοπεύει (1)
Ez. 27. 19. A καὶ τροχιὰς ἔδωκαν [B *al.*] †
[**Al.** Pr. 2. 18.]

τροχιαῖος.
IV Ma. 11. 10. A τὴν ὀσφὺν αὐ. ἐπὶ τὸν τρ. σφῆνα κατέκαμψαν [S R *al.*]

τροχίας (-είας), *cf.* **τροχιά.**
Ez. 27. 19. τροχίας [A *add.* ἔδωκαν] ἐν τῷ συμμίκτῳ σοῦ ἐστι †

τροχίζειν.
IV Ma. 5. 3. τούτους τροχισθέντας ἀναιρεθῆναι

τροχίσκος. (1) עָגִיל
Ez. 16. 12. ἔδωκα . . . τροχίσκους ἐπὶ τὰ ὦτά σου (1)

τροχός. (1) אוֹפָן (2) גַּלְגַּל (3) מוֹרַג
II Ki. 24. 22. καὶ οἱ τρ. καὶ τὰ σκεύη τῶν βοῶν εἰς ξύλα (3)
III Ki. 7. 30. τέσσαρες τρ. χαλκοῖ τῇ μεχ. τῇ μιᾷ (1)
— 32. A καὶ τέσσαρες τρ. (1)
— 32. καὶ χεῖρες ἐν τοῖς τρ. (1)
— 32. καὶ τὸ ὕψος τοῦ τρ. τοῦ ἑνός (1)
— 33. καὶ τὸ ἔργον τῶν τρ. ἔργον τροχῶν ἅρματος (1, 1)
Ps. 76 (77). 18. φωνὴ τῆς βροντῆς σου ἐν τῷ τρ. (2)
82 (83). 13. θοῦ αὐτοὺς ὡς τροχόν (2)
Pr. 20. 26. ἐπιβαλεῖ αὐτοῖς τροχόν (1)
Ec. 12. 6. καὶ συντροχάσῃ ὁ τρ. ἐπὶ τὸν λάκκον (2)
Si. 36 (33). 5. τροχὸς ἁμάξης σπλάγχνα μωροῦ
38. 29. συστρέφων ἐν ποσὶν αὐτοῦ τροχὸν [S^{2} πηλόν]
Na. 3. 2. φωνὴ σεισμοῦ τροχῶν (1)
Is. 5. 28. οἱ τρ. τῶν ἁρμάτων αὐτῶν ὡς καταιγίς (2)
17. 13. ὡς κονιορτὸν τροχοῦ καταιγὶς φέρουσα (2)
28. 27. οὐδὲ τρ. ἁμάξης περιάξει (1)
29. 5. A S R ὡς κονιορτὸς ἀπὸ τροχοῦ [B τοίχ.] †
41. 15. ἐποίησά σε ὡς τροχοὺς ἁμάξης (3)

Je. 29 (47). 3. ἀπὸ . . . ἤχου τροχῶν [S^1 -οῦ, A τῶν τρ.] αὐτοῦ (2)
Ez. 1. 15. τρ. εἷς ἐπὶ τῆς γῆς ἐχόμενος τῶν ζῴων (1)
— 16. τὸ εἶδος τῶν τρ. ὡς εἶδος θαρσεὶς (1)
— 16. καθὼς ἂν εἴη τρ. ἐν [A ἐπὶ] τροχῷ (1, 1)
— 19. ἐπορεύοντο οἱ τρ. ἐχόμενοι αὐτῶν (1)
— 19. ἐξήροντο οἱ τρ. (1)
— 20. ἐπορεύοντο οἱ τρ. καὶ ἐξήροντο σὺν αὐτοῖς διότι πνεῦμα ζωῆς ἐν τοῖς τρ. (1, 1)
— 21. πνεῦμα ζωῆς ἦν ἐν τοῖς τρ. (1)
3. 13. φωνὴ τῶν τρ. ἐχομένη αὐτῶν (1)
10. 2. εἴσελθε εἰς τὸ μέσον τῶν τρ. (2)
— 6. λάβε πῦρ ἐκ μέσου τῶν τρ. (2)
— 6. ἔστη ἐχόμενος τῶν τρ. (1)
— 9. τροχοὶ τέσσαρες εἱστήκεισαν ἐχόμενοι τῶν χερ. (1)
— 9. A τρ. εἷς ἐχόμενος τοῦ χ. τοῦ ἑνὸς καὶ τρ. εἷς ἐχόμενος τοῦ χεροὺβ καὶ ἡ ὄψις τῶν τρ. ὡς ὄψις λίθου ἄνθρακος [B *al.*] (1 *ter*)
— 10. ὅταν ᾖ τρ. ἐν μέσῳ τροχοῦ (1, 1)
— 12. οἱ τρ. πλήρεις ὀφθαλμῶν κυκλόθεν [A *om.*] τοῖς τέσσαρσι τροχοῖς (1, 1)
— 13. τοῖς δὲ τρ. τούτοις [A -το] ἐπεκλήθη Γελγέλ (1)
— 16. ἐπορεύοντο οἱ τρ. (1)
— 16. οὐκ ἐπέστρεφον οἱ τρ. αὐτῶν (1)
— 19 : 11. 22. οἱ τρ. ἐχόμενοι αὐτῶν (1)
23. 24. ἅρματα καὶ τροχοὶ [A *add.* ἵπποι] μετ' ὄχλου λαῶν (2)
26. 10. ἀπὸ τῆς φωνῆς . . . τῶν τρ. τῶν ἁρμάτων αὐτοῦ (2)
Da. LXX. 7. 9. τροχοὶ αὐ. πῦρ καιόμενον (2)
Da. TH. 7. 9. οἱ τρ. αὐ. πῦρ φλέγον (2)
IV Ma. 5. 32. πρὸς ταῦτα τροχοὺς εὐτρέπιζε
8. 13. ὡς δὲ τροχοὺς . . . προέθεσαν
9. 12. ἀνέβαλον αὐτὸν ἐπὶ τὸν τρ.
— 17. S R οὐχ οὕτως ἰσχυρὸς ὑμῶν ἐστιν ὁ τρ. [A *al.*]
— 19. τὸν τρ. προσεπικατέτεινον [S *al.*]
— 20. ἐμολύνετο δὲ πάντοθεν αἵματι ὁ τρ.
10. 7. καὶ εὐθέως ἦγον ἐπὶ τὸν τρ.
11. 10. ὅλος ἐπὶ τὸν τρ. [S περὶ τὸν τράχηλον] . . . ἀνακλώμενος
— 17. παρῆγον ἐπὶ τὸν τρ.
15. 22. τῶν υἱῶν βασανιζομένων τροχοῖς
[**Aq.** Ps. 76 (77). 19 : Je. 47 (29). 3 : Ez. 1. 16, 19, 21 (Sw.) : 10. 13.]
[**Sm.** Ps. 76 (77). 19 : Is. 28. 28 : Je. 47 (29). 3 : Ez. 1. 16 : 10. 6, 16 : Am. 1. 3.]
[**Th.** Ps. 76 (77). 19 : Is. 28. 28 : Ez. 1. 16, 19, 21 (Sw.) : 10. 6, 9 (Sw.) : Da. 7. 9.]

τρυβλίον. (1) כַּף (2) קְעָרָה
Ex. 25. 28 (29). ποιήσεις τὰ τρ. αὐ. (2)
38. 12 (37. 16). τά τε τρ. καὶ τὰς θυΐσκας (2)
Nu. 4. 7. ἐπιβαλοῦσιν ἐπ' αὐτὴν . . . τὰ τρ. (2)
7. 13, 19. προσήνεγκε . . . τρ. ἀργυροῦν ἓν (2)
— 25, 31, 37, 43, 49, 55, 61, 67, 73, 79. τὸ δῶρον αὐ. τρ. ἀργυροῦν ἓν (2)
— 84. τρ. ἀργυρᾶ δώδεκα (2)
— 85. τριάκοντα καὶ ἑκατὸν σίκλων τὸ τρ. τὸ ἓν (2)
III Ki. 7. 50. αἱ φιάλαι καὶ τὰ τρ. (1)
Si. 34 (31). 14. μὴ συνθλίβου αὐτῷ ἐν τρυβλίῳ [S τῷ τρ.]

τρυγᾶν. (1) אָרָה (2) בָּצַר (3) דָּרַךְ (4) חָלַל pi. (5) חָמַס (6) *a.* קָצַר *b.* קָצִיר
Le. 25. 11. οὐ τρυγήσετε [A -αι] τὰ ἡγιασμένα αὐτῆς (2)
De. 24. 21. ἐὰν δὲ τρυγήσῃς τὸν ἀμπελῶνά σου (2)
28. 30. καὶ οὐ μὴ τρυγήσεις αὐτόν (4)
Jd. 9. 27. ἐτρύγησαν τοὺς ἀμπελῶνας αὐ. (2)
I Ki. 8. 12. καὶ τρυγᾶν τρυγητὸν αὐτοῦ (6 *a*)
IV Ki. 18. 21. A καὶ τρυγήσει [B τρήσει] αὐτήν †
Jb. 15. 33. τρυγηθείη δὲ ὡς ὄμφαξ πρὸ ὥρας (5)
Ps. 79 (80). 12. καὶ τρυγῶσιν αὐτὴν πάντες οἱ παραπορευόμενοι τὴν ὁδόν (1)
Ca. 5. 1. ἐτρύγησα σμύρναν [S σταφυλήν] μου (1)
Si. 30. 25 (33. 16). ὡς τρυγῶν ἐπλήρωσα ληνόν
Ho. 6. 12 (11). ἄρχου τρυγᾶν σεαυτῷ (6 *b*)
10. 12. τρυγήσατε [A *add.* ἑαυτοῖς] εἰς καρπὸν ζωῆς (6 *a*)
Ho. 10. 13. ἵνα τί . . . τὰς ἀδικίας αὐ. ἐτρυγήσατε (6 *a*)
Je. 6. 9. ὡς ὁ τρυγῶν ἐπὶ τὸν κάρταλλον αὐτοῦ (2)
32 (25). 30. ὥσπερ τρυγῶντες ἀποκριθήσονται (3)
[**Al.** De. 24. 22 (20).]

τρυγητής. (1) *a.* בָּצַר *b.* בָּצִיר
Si. 30. 25 (33. 16). ὡς καλαμώμενος ὀπίσω τρυγητῶν
Ob. 1. 5. εἰ τρυγηταὶ εἰσῆλθον πρὸς σέ (1 *a*)
Je. 29 (49). 9. τρυγηταὶ ἦλθον (1 *a*)
31 (48). 32. ἐπὶ τρυγηταῖς [S^1 τρυπηταῖς] σου ὄλεθρος ἐπέπεσε (1 *b*)
[**Sm.** Je. 49. 9 (29. 10).]

τρύγητος, τρυγητός. (1) בָּצִיר (2) *a.* קָצִיר *b.* קָצַר
Le. 26. 5. AB^1 καταλήψεται ὑμῖν ὁ ἄμητος [B^{2}R ἀλοητὸς] τὸν τρ. (1)
— 5. ὁ τρ. καταλήψεται τὸν σπόρον (1)
Jd. 8. 2. ἡ οὐχὶ κρείττων ἐπιφυλλὶς Ἐφρ. ἢ τρυγητὸς Ἀβ. (1)
I Ki. 8. 12. καὶ τρυγᾶν τρυγητὸν αὐ. (2 *a*)
13. 21. B ἦν ὁ τρ. ἕτοιμος τοῦ θερίζειν †
Si. 24. 27. ὡς Γηὼν ἐν ἡμέραις τρυγητοῦ
Am. 4. 7. πρὸ τριῶν μηνῶν τοῦ τρ. (2 *a*)
9. 13. καταλήψεται ὁ ἀμητὸς τὸν τρ. (2 *b*)
Mi. 7. 1. καὶ ὡς ἐπιφυλλίδα ἐν τρυγητῷ (1)
Jl. 1. 11. ἀπόλωλε τρυγητὸς ἐξ ἀγροῦ (2 *a*)
3 (4). 13. BS παρέστηκε τρυγητὸς [AR ὁ τρ.] (2 *a*)
Is. 16. 9. ἐπὶ τῷ τρ. σου καταπατήσω (2 *a*)
24. 13. ἐὰν παύσηται ὁ τρ. (1)
32. 10. ἀνήλωται ὁ τρ. (1)
[**Sm.** Is. 24. 13.]

τρυγίας. (1) שֶׁמֶר
Ps. 74 (75). 8. ὁ τρ. αὐτοῦ οὐκ ἐξεκενώθη (1)
[**Sm.** Ps. 74 (75). 9 : Je. 48 (31). 11.]
[**Th.** Is. 25. 6 *bis*.]

τρυγών. (1) תֹּר, תּוֹר
Ge. 15. 9. λάβε μοι . . . τρυγόνα (1)
Le. 1. 14. προσοίσει ἀπὸ τῶν τρ. (1)
5. 7. οἴσει . . . δύο τρυγόνας (1)
— 11. ἐὰν δὲ μὴ εὑρίσκῃ αὐ. ἡ χεὶρ ζεῦγος τρυγόνων (1)
12. 6. προσοίσει . . . τρυγόνα [A δύο τρυγόνας] περὶ ἁμαρτίας (1)
— 8. λήψεται δύο τρυγόνας (1)
14. 22. λήψεται . . . δύο τρυγόνας (1)
— 30. ποιήσει μίαν τῶν τρ. (1)
15. 14. λήψεται ἑαυτῷ δύο τρυγόνας (1)
— 29. λήψεται αὐτῇ δύο τρυγόνας (1)
Nu. 6. 10. οἴσει δύο τρυγόνας (1)
Ps. 83 (84). 3. καὶ τρυγὼν νοσσιὰν ἑαυτῇ †
Ca. 1. 10. R τί ὡραιώθησαν σιαγόνες σου ὡς τρυγόνος [A B S -ες] (1)
2. 12. S^{2}R φωνὴ τῆς [A B S^1 τοῦ] τρ. ἠκούσθη ἐν τῇ γῇ ἡμῶν (1)
Je. 8. 7. τρ. καὶ χελιδὼν ἀγροῦ (1)
[**Aq., Sm.** Je. 8. 7.]

τρυμαλιά. (1) חָגוּ (2) מִנְהָרָה (3) נְקִיק (4) סְעִיף
Jd. 6. 2. ἐποίησαν ἑαυτοῖς . . . τὰς τρ. [A *al.*] (2)
15. 8. ἐκάθισεν ἐν τρυμαλιᾷ τῆς πέτρας Ἠ. [A *al.*] (4)
— 11. κατέβησαν . . . εἰς τρυμαλιὰν πέτρας [A *al.*] (4)
Je. 13. 4. κατάκρυψον αὐτὸ ἐκεῖ ἐν τῇ τρ. τῆς πέτρας (3)
16. 16. θηρεύσουσιν αὐτοὺς . . . ἐκ τῶν τρ. τῶν πετρῶν (3)
29 (49). 16. ἰταμία καρδίας σου κατέλυσε τρυμαλιὰς πετρῶν (1)
[**Sm.** Is. 51. 1.]

τρύξ.
[**Aq.** Je. 48 (31). 11.]

τρυπᾶν. (1) נָקַב (2) נָתַן (3) רָצַע
Ex. 21. 6. τρυπήσει ὁ κύριος αὐ. τὸ οὖς (3)
De. 15. 17. τρυπήσεις τὸ ὠτίον αὐ. (2)
Jb. 40. 21 (26). ψελίῳ δὲ τρυπήσεις τὸ χεῖλος αὐτοῦ (1)
Hg. 1. 6. συνήγαγεν εἰς δεσμὸν τετρυπημένον (1)
[**Sm.** Jb. 40. 19 (24).]

τρυπανισμός.
[**Aq.** Is. 54. 12.]

τρυπητής (?).
Je. 31 (48). 32. S^1 ἐπὶ τρυπηταῖς [A B S^2 τρυγ.] σου ὄλεθρος ἐνέπεσε †

τρυφᾶν. (1) עָדַן hithp. (2) עָנַג hithpa.
Ne. 9. 25. ἐτρύφησαν [A ἐνετρ.] ἐν ἀγαθωσύνῃ σου τῇ μεγ. (1)
Si. 14. 4. ἐν τοῖς ἀγαθοῖς αὐτοῦ τρυφήσουσιν [S^2 ἐντρ.] ἕτεροι
Is. 66. 11. ἵνα ἐκθηλάσαντες τρυφήσητε (2)

τρυφερεύεσθαι.
Es. 5. 1. ἐπηρείδετο ὡς τρυφερευομένη

τρυφερία.
[**Aq.** Ge. 18. 12 : I Ki. 15. 32.]

τρυφερός. (1) עֶדֶן (2) *a.* עָנֹג *b.* עָנֵג *c.* תַּעֲנוּג
De. 28. 54. ὁ ἁπαλὸς ὁ ἐν σοὶ καὶ ὁ τρ. (2 *a*)
— 56. ἡ ἁπαλὴ ἐν ὑμῖν καὶ ἡ τρ. (2 *a*)
Mi. 1. 16. κεῖραι ἐπὶ τὰ τέκνα τὰ τρ. σου (2 *c*)
Is. 47. 1. οὐκέτι προστεθήσῃ κληθῆναι ἁπαλὴ καὶ τρυφερά (2 *a*)
— 8. ἄκουε ταῦτα [A S *add.* ἡ] τρυφερά (1)
58. 13. καλέσεις τὰ σάββατα τρυφερά (2 *b*)
Je. 26 (46). 28. ἡ ἀπτόητος καὶ τρ. παρεδόθη –
27 (50). 2. ἡ τρ. παρεδόθη Μαιρωδάχ [A S Μεω.] †
Ba. 4. 26. οἱ τρ. μου ἐπορεύθησαν ὁδοὺς τραχείας
Da. LXX. Su. 31. ἦν δὲ ἡ γυνὴ τρ. σφόδρα
Da. TH. Su. 31. ἡ δὲ Σουσ. ἦν τρ. σφόδρα
[**Aq.** Is. 51. 3 : Je. 6. 2.]
[**Sm., Th.** Je. 6. 2.]

τρυφερότης. (1) עָנַג hithpa. (2) רֹךְ
De. 28. 56. B ἧς οὐχὶ πεῖραν ἔλαβεν ὁ ποὺς αὐ. . . . διὰ τὴν τρ. [A R *add.* καὶ διὰ τὴν ἁπαλότητα] (1+2 [1])

τρυφερῶς.
[**Th.** Pr. 15. 1.]

τρυφή. (1) *a.* עֵדֶן *b.* מַעֲדַנִּים (2) תַּעֲנוּג (3) תִּפְאֶרֶת
Ge. 2. 15. R ἐν τῷ παραδείσῳ τῆς τρ. [A *om.* τῆς τρ.] (1 *a*)
3. 23. ἐκ τοῦ παραδείσου τῆς τρ. (1 *a*)
— 24. ἀπέναντι τοῦ παραδείσου τῆς τρ. (1 *a*)
49. 20. δώσει τρυφὴν [A τροφὴν] ἄρχουσι (1 *b*)
Ju. 12. 9. A προσηνέγκατο τὴν τρ. [B τροφὴν] αὐ.
Ps. 35 (36). 8. τὸν χειμάρρουν τῆς τρ. σου ποτιεῖς αὐτούς (1 *a*)
138 (139). 11. νὺξ φωτισμὸς ἐν τῇ τρ. μου (1 *a*)
Pr. 4. 9. στεφάνῳ δὲ τρυφῆς ὑπερασπίσῃ σου (3)
19. 10. οὐ συμφέρει ἄφρονι τρυφή (2)
Ec. 2. 8. B^{1}S^1 ἐν τρυφῇ μετὰ υἱῶν ἀνθρώπων [A B^2 S^2 R *al.*] (2)
Ca. 7. 6 (7). τί ἡδύνθης ἀγάπη ἐν τρυφαῖς σου (2)
Wi. 19. 11. ᾐτήσαντο ἐδέσματα τρυφῆς
— 21. S^1 κρυσταλλοειδὲς γένος ἀμβροσίας τρ. [A B S^2 τροφῆς]
Si. 11. 27. κάκωσις ὥρας ἐπιλησμονὴν ποιεῖ τρυφῆς
14. 16. οὐκ ἔστιν ἐν ᾅδου ζητῆσαι τρυφὴν [A -ῆς]
18. 32. μὴ εὐφραίνου ἐπὶ πολλῇ τρυφῇ
37. 29. μὴ ἀπληστεύου ἐν πάσῃ τρυφῇ
Mi. 2. 9. ἀπορριφήσονται ἐκ τῶν οἰκιῶν τρυφῆς αὐ. (2)
Jl. 2. 3. ὡς παράδεισος τρυφῆς [S^1 θύπης] ἡ γῆ πρὸ προσώπου αὐ. (1 *a*)
Je. 28 (51). 34. ἔπλησε τὴν κοιλίαν αὐτοῦ ἀπὸ τῆς τρ. μου (1 *a*)
La. 4. 5. R οἱ ἔσθοντες τὰς τρ. [A B τροφ.] (1 *b*)
Ez. 28. 13. ἐν τῇ τρ. τοῦ παραδείσου τοῦ θ. (1 *a*)
31. 9. τὰ ξύλα τοῦ παραδείσου τῆς τρ. τοῦ θ. (1 *a*)
— 16. παρεκάλουν αὐτὸν . . . πάντα τὰ ξύλα τῆς τρ. (1 *a*)
— 18. καταβιβάσθητι μετὰ τῶν ξύλων τῆς τρ. (1 *a*)
34. 14. ἐκεῖ ἀναπαύσονται ἐν τρυφῇ ἀγαθῇ †

Ez. 36. 35. ἐγενήθη ὡς κῆπος τρυφῆς (1 *a*)
Da. LXX. 4. 28. τὴν τρ. σου παραλήψεται –
— 29. τὸν οἶκον τῆς τρ. σου . . . ἕτερος ἕξει –
[**Aq.** Ge. 49. 20: Dt. 28. 56: II Ki. 1. 24: Ec. 2. 8: Ca. 7. 6 (7).]
[**Sm.** II Ki. 1. 24: Pr. 29. 17.]
[**Th.** Pr. 29. 17: Is. 51. 3: 58. 13: Ez. 31. 18.]
[**Quint.** Ho. 7. 14.]

τρύφημα.

Si. 34 (31). 3. ἐν τῇ ἀναπαύσει ἐμπίπλαται τῶν τρ. αὐτοῦ

τρυφητής.

[**Aq.** Dt. 28. 54.]
[**Sm.** Am. 6. 7.]

τρύχεσθαι.

Wi. 11. 11. καὶ ἀπόντες δὲ καὶ παρόντες ὁμοίως ἐτρύχοντο
14. 15. ἀώρῳ γὰρ πένθει τρυχόμενος πατήρ

τρώγλη. (1) דֶּלֶת (2) *a.* חוֹר *b.* חֹר (3) מְחִלָּה (4) נָקִיק (5) נְקָרָה

I Ki. 14. 11. ἐκπορεύονται ἐκ τῶν τρ. αὐ. (2 *a*)
IV Ki. 12. 9 (10). ἔτρησε τρώγλην ἐν τῇ τρ. αὐ. (2 *a*, 1)
Jb. 30. 6. οἱ οἶκοι αὐτῶν ἦσαν τρῶγλαι [S² ὡς τρ.] πετρῶν [A τῶν π.] (2 *a*)
Is. 2. 19. εἰσενέγκαντες . . . εἰς τὰς τρ. τῆς γῆς (3)
— 21. τοῦ εἰσελθεῖν εἰς τὰς τρ. τῆς στερεᾶς πέτρας (5)
7. 19. ἐν ταῖς τρ. τῶν πετρῶν (4)
11. 8. παιδίον νήπιον ἐπὶ τρωγλῶν [A S -λην] ἀσπίδων (2 *b*)

τρῶσις.

[**Sm.** Ps. 76 (77). 11: Ca. 7. 1 (2): Ez. 30. 11.]

τυγχάνειν. (1) מָצָא

De. 19. 5. καὶ ἐκπεσὸν τὸ σιδήριον . . . τύχῃ τοῦ πλησίον (1)
I Es. 8. 53. ἐτύχομεν εὐιλάτου [A *al.*]
To. 5. 13. σὺ τυγχάνεις ἀδελφός μου [S ὤν]
6. 1. S ἔτυχεν αὐτοῖς νὺξ μία
Es. 3. 13. πρὸς τὸ μὴ τὴν βασ. εὐσταθείας τυγχάνειν
8. 13. ἔτυχεν ἧς ἔχομεν . . . φιλανθρωπίας
Jb. 3. 21. οὐ τυγχάνουσιν ἀνορύσσοντες ὥσπερ θησαυρούς –
7. 2. ἢ ὥσπερ θεράπων . . . τετευχὼς [A τετυχηκὼς] σκιᾶς †
17. 1. A B S² δέομαι δὲ ταφῆς καὶ οὐ τυγχάνω –
Pr. 24. 58 (30. 23). μισητὴ γυνὴ ἐὰν τύχῃ ἀνδρὸς ἀγαθοῦ †
Wi. 15. 19. ὡς ἐν ζώων ὄψει καλὰ τυγχάνει
Da. LXX. Bel 30. καὶ ἐμὲ ταφῆς τύχῃ
I Ma. 11. 42. ἐὰν εὐκαιρίας τύχω
II Ma. 3. 9. εἰ ταῖς ἀληθείαις ταῦτα οὕτως ἔχοντα τυγχάνει
4. 6. ἀδύνατον εἶναι τυχεῖν εἰρήνης
— 32. ἕτερα ἐτύγχανε πεπρακώς
5. 8. πέρας οὖν κακῆς καταστροφῆς ἔτυχεν
— 9. ὡς διὰ τὴν συγγένειαν τευξόμενος σκέπης
6. 2. καθὼς ἐτύγχανον οἱ τὸν τόπον οἰκοῦντες
— 18. R καὶ τὴν πρόσοψιν τοῦ προσώπου κάλλιστος τυγχάνων [A *om.*]
— 22. ἵνα . . . τύχοι φιλανθρωπίας
9. 1. ἐτύγχανεν 'Αντ. ἀναλελυκὼς ἀκόσμως
13. 7. μηδὲ τῆς γῆς τυγχάνοντα Μενέλαον
14. 6. οὐκ ἐῶντες τὴν βασιλείαν εὐσταθείας τυχεῖν
— 10. ἀδύνατον εἰρήνης τυχεῖν τὰ πράγματα
15. 7. ἀντιλήψεως τεύξασθαι παρὰ τοῦ κ.
III Ma. 2. 33. εὐέλπιδές τε καθειστήκεισαν ἀντιλήψεως τεύξασθαι
3. 7. οὐ τῷ τυχόντι περιήψαντο φόβῳ
— 28. R τῆς ἐλευθερίας τεύξεται [A *al.*]
5. 35. καὶ τῆσδε τῆς βοηθείας αὐ. τετευχότες
7. 10. τυχεῖν δι' αὐτῶν τῆς ὀφειλομένης κολάσεως
[**Quint.** Ho. 7. 9.]

τυλοῦσθαι. (1) בָּצֵק

De. 8. 4. οἱ πόδες σου οὐκ ἐτυλώθησαν (1)

τυμπανίζειν. (1) תָּוָה pi.

I Ki. 21. 13 (14). ἐτυμπάνιζεν ἐπὶ ταῖς θύραις τῆς πόλεως (1 ?)

τυμπανίστρια. (1) תָּפַף

Ps. 67 (68). 25. ἐν μέσῳ νεανίδων τυμπανιστριῶν (1)

τύμπανον. (1) תֹּף

Ge. 31. 27. μετὰ μουσικῶν τυμπάνων καὶ κιθάρας (1)
Ex. 15. 20. λαβοῦσα δὲ Μ. . . . τὸ τ. ἐν τῇ χειρὶ αὐ. (1)
— 20. ἐξήλθοσαν . . . μετὰ τυμπάνων (1)
Jd. 11. 34. ἐξεπορεύετο . . . ἐν τυμπάνοις (1)
I Ki. 10. 5. καὶ ἔμπροσθεν αὐτῶν . . . τύμπανον [A -α] (1)
18. 6. ἐξῆλθον αἱ χορεύουσαι . . . ἐν τυμπάνοις (1)
II Ki. 6. 5: I Ch. 13. 8. παίζοντες . . . ἐν τυμπάνοις καὶ ἐν κυμβάλοις (1)
I Es. 5. 2. καὶ μετὰ μουσικῶν τυμπάνων καὶ αὐλῶν
Ju. 3. 7. ἐδέξαντο αὐτὸν . . . μετὰ στεφάνων . . . καὶ τυμπάνων
16. 2. ἐξάρχετε τῷ θεῷ μου ἐν τυμπάνοις
Ps. 80 (81). 2. δότε τύμπανον (1)
149. 3. ἐν τυμπάνῳ καὶ ψαλτηρίῳ (1)
150. 4. αἰνεῖτε αὐτὸν ἐν τυμπάνῳ καὶ χορῷ (1)
Is. 5. 12. μετὰ γὰρ κιθάρας καὶ ψαλτηρίου καὶ τυμπάνων (1)
24. 8. πέπαυται εὐφροσύνη τυμπάνων (1)
30. 32. μετὰ τυμπάνων [A S αὐλῶν] καὶ κιθάρας (1)
Je. 38 (31). 4. ἔτι λήψῃ τύμπανόν σου (1)
I Ma. 9. 39. ἐξῆλθε . . . μετὰ τυμπάνων
II Ma. 6. 19. ἐπὶ τὸ τ. προσῆγε
— 28. ἐπὶ τὸ τ. εὐθέως ἦλθε
[**Aq.** Ps. 80 (81). 3: Is. 5. 12 (Sw.): Je. 31 (38). 4.]
[**Sm.** Ps. 80 (81). 3: Je. 31 (38). 4: Ez. 28. 13.]
[**Al.** Is. 5. 12.]

τύπος. (1) צֶלֶם (2) תַּבְנִית

Ex. 25. 39 (40). κατὰ τὸν τ. τὸν δεδειγμένον σοι (2)
Am. 5. 26. ἀνελάβετε . . . τοὺς τ. αὐ. (1)
III Ma. 3. 30. ὁ μὲν τῆς ἐπιστολῆς τ. οὕτως ἐγέγραπτο
IV Ma. 6. 19. γενοίμεθα τοῖς νέοις ἀσεβείας τύπος
[**Al.** Ge. 47. 26: Ex. 12. 43.]

τυποῦν.

Wi. 13. 13. S² R ἐμπειρίᾳ συνέσεως [A B S¹ ἀνέσ.] ἐτύπωσεν αὐτό
Si. 38. 30. ἐν βραχίονι αὐτοῦ τυπώσει πηλόν

τύπτειν. (1) חָלַק hi. (2) כָּרַת hi. (3) נָגַף (4) נָכָה hi.

Ex. 2. 11. ὁρᾷ ἄνθρωπον Αἰγ. τύπτοντά τινα 'Εβρ. (4)
— 13. διὰ τί σὺ τύπτεις τὸν πλησίον (4)
7. 17. τύπτω τῇ ῥάβδῳ τῇ ἐν τῇ χειρί μου (4)
8. 2 (7. 27). τύπτω πάντα τὰ ὅριά σου τοῖς βατράχοις (3)
21. 15. ὃς τύπτει πατέρα αὐ. (4)
Nu. 22. 27. ἔτυπτε τὴν ὄνον τῇ ῥάβδῳ (4)
De. 25. 11. ἐκ χειρὸς τοῦ τύπτοντος αὐτόν (4)
27. 24. ἐπικατάρατος ὁ τύπτων τὸν πλησίον (4)
Jd. 20. 31. A ἤρξαντο τύπτειν ἐκ τοῦ λαοῦ [B *al.*] (4)
— 39. A ἦρκται τοῦ τύπτειν τραυματίας [B *al.*] (4)
I Ki. 1. 8. ἵνα τί τύπτει σε ἡ καρδία [A τύπτεις ἐν καρδίᾳ] σου †
11. 11. ἔτυπτον [A ἐπληξεν] τοὺς υἱοὺς 'Α. (4)
17. 36. τὴν ἄρκον ἔτυπτεν ὁ δοῦλός σου (4)
27. 9. ἔτυπτε τὴν γῆν (4)
31. 2. τύπτουσιν ἀλλόφυλοι τὸν 'Ιων. (4)
II Ki. 1. 1. Δ. ἀνέστρεψε τύπτων τὸν 'Αμ. (4)
2. 23. τύπτει αὐτὸν 'Αβ. (4)
4. 7. καὶ τύπτουσιν αὐτόν (4)
5. 8. πᾶς τύπτων 'Ιεβουσαῖον (4)
24. 17. B ἐν τῷ ἰδεῖν αὐτὸν τὸν ἄγγελον τύπτοντα [A R τὸν τ.] ἐν τῷ λαῷ (4)
III Ki. 18. 4. ἐν τῷ τύπτειν τὴν 'Ι. τοὺς προφήτας κυρίου (2)
IV Ki. 3. 24. εἰσῆλθον . . . τύπτοντες τὴν Μ. (4)
6. 22. οὓς ᾐχμαλώτευσας . . . σὺ τύπτεις (4)
14. 10. τύπτων ἐπάταξας τὴν 'Ιδ. (4)
I Ch. 11. 6. πᾶς τύπτων 'Ιεβουσαῖον ἐν πρώτοις (4)
II Ch. 28. 23. ἐκζητήσω τοὺς θεοὺς Δαμ. τοὺς τύπτοντάς με (4)
I Es. 4. 8. εἶπε πατάξαι τύπτουσιν
Pr. 10. 13. ῥάβδῳ τύπτει ἄνδρα ἀκάρδιον †
23. 35. τύπτουσί με καὶ οὐκ ἐπόνεσα (4)
25. 4. τύπτε [A κρύπτε] ἀδόκιμον ἀργύριον †
26. 22. οὗτοι δὲ τύπτουσιν εἰς ταμιεῖα σπλάγχνων [S² κοιλίας] †
Is. 41. 7. χαλκεὺς τύπτων σφύρῃ (1)
58. 4. τύπτετε πυγμαῖς ταπεινόν (4)
Ez. 7. 9. ἐγώ εἰμι κύριος ὁ τύπτων (4)
Da. LXX. 11. 20. ἀνὴρ τύπτων δόξαν βασιλέως †
Da. TH. 5. 19. οὓς ἠβούλετο αὐτὸς ἔτυπτε †
I Ma. 9. 66. ἐξήρξατο τύπτειν . . . ἐν ταῖς δυνάμεσι
II Ma. 3. 39. τοὺς παραγινομ. ἐπὶ κακώσει τύπτων ἀπολλύει
IV Ma. 6. 8. εἰς τοὺς κενεῶνας ἐναλλόμενος ἔτυπτεν
— 10. καθάπερ γενναῖος ἀθλητὴς τυπτόμενος
9. 12. ὡς δὲ τύπτοντες ταῖς μάστιξιν ἐκοπίασαν
[**Sm.** II Ki. 5. 8: Is. 66. 3: Je. 37 (44). 15: Mi. 5. 1 (4. 14).]
[**Th.** Is. 66. 2, 3.]
[**Al.** Le. 24. 18.]

τυραννεῖν. (1) מָשַׁל

Pr. 28. 15. ὃς τυραννεῖ πτωχὸς ὢν ἔθνους πενιχροῦ (1)
Wi. 10. 14. ἐξουσίαν τυραννούντων αὐτοῦ [S² -όν]
16. 4. ἔδει γὰρ ἐκείνοις μὲν ἀπαραίτητον ἔνδειαν ἐπελθεῖν τυραννοῦσι
IV Ma. 5. 38. ἀσεβῶν μὲν γὰρ τυραννήσεις

τυραννία.

I Ma. 1. 4. A καὶ ἦρξε . . . τυραννιῶν [S R τυράννων]

τυραννικός.

III Ma. 3. 8. τυραννικὴ γὰρ ἦν ἡ διάθεσις
IV Ma. 5. 27. A τυραννικὸν δὲ οὐ μόνον ἀναγκάζεις ἡμᾶς παρανομεῖν [S R *al.*]

τυραννίς. (1) שָׂרָה

Es. 1. 18. σήμερον αἱ τ. αἱ λοιπαὶ τῶν ἀρχόντων Περσῶν (1)
Wi. 14. 21. ἢ συμφορᾷ ἢ τυραννίδι δουλεύσαντες
Si. 47. 21. γενέσθαι δίχα τυραννίδα [S² -δος]
IV Ma. 1. 11. τοῦ καταλυθῆναι τὴν κατὰ τοῦ ἔθνους τ.
8. 15. τὴν τ. αὐ. κατέλυσαν
9. 30. τὸν [S¹ *om.*] τῆς τ. ὑπερήφανον λογισμόν
11. 24. κατελύσαμέν σου τὴν τ.

τύραννος. (1) אֲחַשְׁדַּרְפְּנִים (2) גְּדָבְרִין (3) הַדָּבְרִין (4) נָדִיב (5) רָזַן

Es. 9. 3. οἱ τ. . . . ἐτίμων τοὺς 'Ιουδ. (1)
Jb. 2. 11. Βαλδὰδ ὁ Σαυχέων τύραννος –
42. 18. Βαλδὰδ ὁ Σαυχαίων τύραννος [A *al.*]
Pr. 8. 16. τύραννοι δι' ἐμοῦ κρατοῦσι γῆς (4)
Wi. 6. 9. πρὸς ὑμᾶς οὖν, ὦ τύραννοι, οἱ λόγοι μου
— 21. τύραννοι λαῶν, τιμήσατε σοφίαν
8. 15. φοβηθήσονταί με ἀκούσαντες τύραννοι φρικτοί
12. 14. οὔτε βασιλεὺς ἢ τύραννος ἀντοφθαλμῆσαι δυνήσεταί σοι
14. 16. τυράννων ἐπιταγαῖς ἐθρησκεύετο τὰ γλυπτά
Si. 11. 5. πολλοὶ τύραννοι ἐκάθισαν ἐπὶ ἐδάφους
Hb. 1. 10. καὶ τύραννοι παίγνια αὐ. (5)
Da. LXX. 3. 3. τότε συνήχθησαν . . . τ. μεγάλοι (2)
Da. TH. 3. 2. ἀπέστειλε συναγαγεῖν . . . τυράννους (2)
— 3. συνήχθησαν . . . τ. μεγάλοι (2)
4. 33. οἱ τ. μου . . . ἐζήτουν με (3)
I Ma. 1. 4. S R καὶ ἦρξε . . . τυράννων [A -ιῶν]
II Ma. 4. 25. θυμοὺς δὲ ὠμοῦ τ. . . . ἔχων
5. 8. ἐγκλεισθεὶς πρὸς 'Αρέταν τὸν τῶν 'Αράβων τ.
7. 27. χλευάσασα τὸν ὠμὸν τ.
III Ma. 6. 24. τυράννους ὑπερβεβηκότες ὠμότητι
IV Ma. 1. 11. νικήσαντες τὸν τ. τῇ ὑπομονῇ
5. 1. προκαθίσας . . . ὁ τ. 'Αντ. ἐπί τινος ὑψηλοῦ τόπου
— 4. καὶ πολλοῖς τῶν περὶ τὸν τ. . . . γνώριμος
— 14. ἐπὶ τὴν ἔκθεσμον σαρκοφαγίαν ἐποτρύνοντος τοῦ τ.
6. 1. ἀντιρρητορεύσαντα ταῖς τοῦ τ. παρηγορίαις
— 21. καὶ ὑπὸ μὲν τοῦ τ. καταφρονηθῶμεν
— 23. οἱ δὲ τοῦ τ. δορυφόροι
7. 2. καταικιζόμενος ταῖς τοῦ [S *om.* τ. τ.] τ. ἀπειλαῖς
8. 1. ἐπειδὴ γὰρ . . . ἐνικήθη περιφανῶς ὁ τ.
— 3. ταῦτα διαταξαμένου τοῦ τ.
— 4. οὓς ἰδὼν ὁ τ.
— 13. ὑπολαβὼν δὲ ὁ τύραννος ἔφη
— 15. ἀντεφιλοσόφησαν τῷ τ.
— 29. ἅμα τῷ παύσασθαι τὸν τ.
9. 1. τί μέλλεις, ὦ τύραννε
— 1. S¹ ἕτοιμοι γάρ ἐσμεν, ὦ τύραννε [A S² R *om.* ὦ τ.]
— 3. σύμβουλε τύραννε παρανομίας

IV Ma. 9. 7. πείραζε γὰρ οὖν, τύραννε
— 10. οὐ μόνον . . . ἐχαλέπαινεν ὁ τ.
— 15. τύραννε μιαρώτατε
— 24. τιμωρήσειε τὸν ἀλάστορα τ.
— 29. ἔφη τε πρὸς τὸν τ.
— 30. πάντων ὠμότατε τύραννε
— 32. μιαρώτατε τύραννε
10. 10. ὦ μιαρώτατε τύραννε
— 15. μὰ . . . τὸν αἰώνιον τοῦ τ. ὄλεθρον
— 16. ἐπινόει, τύραννε, βασάνους
11. 2. οὐ μέλλω, τύραννε, . . . παραιτεῖσθαι
— 12. A ἔλεγεν . . . ὁ τ. [S R al.]
— 13. πυνθανομένου τοῦ τ.
— 21. A R ἀνίκητος γάρ ἐστιν, ὦ [S om.] τύραννε, ἡ εὐσεβὴς ἐπιστήμη
— 27. οὐ γὰρ τυράννου . . . προεστήκασιν ἡμῶν οἱ δορυφόροι
12. 2. ὃν κατοικτειρήσας ὁ τ.
— 11. A R πάντων τῶν πονηρῶν ἀσεβέστατε τ. [S om.]
15. 1. ὦ λογισμὲ τέκνων παθῶν τύραννε
— 2. κατὰ τὴν τοῦ τ. ὑπόσχεσιν
16. 14. διὰ καρτερίαν καὶ τύραννον ἐνίκησας
17. 2. καταλύσασα τὴν τοῦ τ. βίαν
— 9. διὰ τυράννου βίαν [S[1] διὰ τύραννον]
— 14. ὁ τ. ἀντηγωνίζετο
— 17. αὐτός γέ τοι ὁ τ. καὶ ὅλον τὸ συνέδριον αὐ.
— 21. καὶ τὸν τ. τιμωρηθῆναι
— 23. πρὸς γὰρ τὴν ἀνδρείαν . . . ὁ τ. ἀφιδὼν
18. 5. ὁ τ. Ἀντ. καὶ ἐπὶ γῆς τετιμώρηται
— 20. ὅτε ὁ πικρὸς Ἑλλήνων τ. πῦρ φλέξας [S[1] al.]
— 22. S μετελεύσεται τὸν ἀλάστορα τ. [A R om.]
[**Aq.** Ez. 23. 23.]
[**Th.** Da. 3. 2.]

τυρός. (1) גְּבִינָה
Jb. 10. 10. ἐτύρωσας [A ἔπηξας] δέ με ἴσα τυρῷ (1)
[**Al.** I Ki. 17. 18.]

τυροῦν. (1) גָּבַן (2) טָפַשׁ (3) קָפָא hi.
Jb. 10. 10. ἐτύρωσας [A ἔπηξας] δέ με ἴσα τυρῷ (3)
Ps. 67 (68). 15. ὄρος τετυρωμένον ὄρος πῖον (1)
— 16. ἵνα τί ὑπολαμβάνετε ὄρη τετυρωμένα (1)
118 (119). 70. ἐτυρώθη ὡς γάλα ἡ καρδία αὐτῶν (2)
La. 4. 7. A ἐτυρώθησαν [B ἐπυρ.] ὑπὲρ λίθους σαπφείρου τὸ ἀπόσπασμα αὐτῶν †

τύρσις.
[**Sm.** Ez. 4. 2: 21. 22 (27).]

τυρώθ.
[**Th.** Ez. 46. 23.]

τυφλός. (1) *a.* עִוֵּר *b.* עַוֶּרֶת
Ex. 4. 11. τίς ἐποίησε . . . βλέποντα καὶ τυφλόν (1 *a*)
Le. 19. 14. ἀπέναντι τυφλοῦ οὐ προσθήσεις σκάνδαλον (1 *a*)
21. 18. ἄνθρωπος τ. ἢ χωλός (1 *a*)
22. 22. A[2]B τυφλὸν ἢ συντετριμμένον . . . οὐ προσάξουσι (1 *b*)
De. 15. 21. χωλὸν ἢ τυφλὸν . . . οὐ θύσεις αὐτό (1 *a*)
27. 18. ἐπικατάρατος ὁ πλανῶν τυφλὸν ἐν ὁδῷ (1 *a*)
28. 29. ὡς εἴ τις ψηλαφήσαι τυφλὸς [A ὁ τ.] (1 *a*)
II Ki. 5. 6. ἀντέστησαν οἱ τ. (1 *a*)
— 8. ἁπτέσθω . . . τοὺς τ. (1 *a*)
— 9 (8). τυφλοὶ . . . οὐκ εἰσελεύσονται εἰς οἶκον κ. (1 *a*)
Jb. 29. 15. ὀφθαλμὸς ἤμην τυφλῶν (1 *a*)
Ps. 145 (146). 8. κύριος σοφοῖ τυφλούς (1 *a*)
Ze. 1. 17. πορεύσονται ὡς τυφλοί (1 *a*)
Ma. 1. 8. ἐὰν προσαγάγητε τυφλὸν εἰς θυσίαν (1 *a*)
Is. 29. 18. ὀφθαλμοὶ τυφλῶν ὄψονται (1 *a*)
35. 5. ἀνοιχθήσονται ὀφθαλμοὶ τυφλῶν (1 *a*)
42. 7. ἀνοῖξαι ὀφθαλμοὺς τυφλῶν (1 *a*)
— 16. ἄξω τυφλοὺς ἐν ὁδῷ (1 *a*)
— 18. οἱ τ., ἀναβλέψατε ἰδεῖν (1 *a*)
— 19. τίς τ. ἀλλ' ἢ οἱ παῖδές μου (1 *a*)
43. 8. ἐξήγαγον λαὸν τυφλὸν καὶ ὀφθαλμοὶ εἰσιν ὡσαύτως τυφλοί (1 *a*, -)
59. 10. ψηλαφήσουσιν ὡς τυφλοὶ [S[3] -ὸς] τοῖχον (1 *a*)
61. 1. κηρῦξαι . . . τυφλοῖς ἀνάβλεψιν †
Ep. Je. 37. ἄνθρωπον τυφλὸν εἰς ὅρασιν οὐ μὴ περιστήσωσιν [A παραστ.]
[**Aq.** Is. 56. 10.]
[**Sm.** II Ki. 5. 6: Is. 42. 19 *bis*: 56. 10: La. 4. 14.]
[**Th.** Is. 42. 19: 56. 10.]

τυφλοῦν. (1) עִוֵּר
To. 7. 7. S ἐτυφλώθη ἀνὴρ δίκαιος [A B al.]
Wi. 2. 21. S ἐτύφλωσεν [A B ἀπετύφλωσε] γὰρ αὐτοὺς ἡ κακία αὐτῶν
Is. 42. 19. ἐτυφλώθησαν οἱ δοῦλοι τοῦ θεοῦ (1)

τῦφος.
III Ma. 3. 18. τύφοις φερόμενοι παλαιοτέροις

τυφῶν.
[**Al.** Ps. 148. 8.]

τύχη. (1) גַּד (2) מְנִי
Ge. 30. 11. καὶ εἶπε Λεία, Ἐν τύχῃ (1)
Is. 65. 11. πληροῦντες τῇ τ. κέρασμα (2)
II Ma. 7. 37. σῶμα καὶ τύχην προδίδωμι

Υ

ὕαινα. (1) צָבוּעַ
Si. 13. 18. τίς εἰρήνη ὑαίνῃ πρὸς κύνα
Je. 12. 9. μὴ σπήλαιον ὑαίνης [A λῃστῶν] ἡ κληρονομία μου ἐμοί (1)
[**Aq.** I Ki. 13. 18.]

ὑακίνθινος. (1) תַּחַשׁ (2) תְּכֵלֶת
Ex. 25. 5. καὶ δέρματα ὑ. καὶ ξύλα ἄσηπτα (1)
26. 4. ποιήσεις αὐταῖς ἀγκύλας ὑ. (2)
— 14. καὶ ἐπικαλύμματα δέρματα ὑ. ἐπάνωθεν (1)
28. 27 (31). ποιήσεις ὑποδύτην ποδήρη ὅλον ὑ. (2)
35. 7. οἴσουσι . . . δέρματα ὑ. (1)
— 23. παρ' ᾧ εὑρέθη . . . δέρματα ὑ. (1)
36. 30 (39. 22). ἔργον ὑφαντὸν ὅλον ὑ. (2)
— 40 (39. 31). ἐπέθηκαν ἐπὶ τὸ λῶμα ὑ. (2)
39. 21 (34). καὶ τὰ καλύμματα δέρματα ὑ. (1)
Nu. 4. 6. ἐπιθήσουσιν ἐπ' αὐτὸ κατακάλυμμα δέρμα ὑ. (1)
— 6. ἐπιβαλοῦσιν ἐπ' αὐτὴν ἱμάτιον ὅλον ὑ. ἄνωθεν (2)
— 8. καλύψουσιν αὐτὴν καλύμματι δερματίνῳ ὑ. (1)
— 9. λήψονται ἱμάτιον ὑ. (2)
— 10. ἐμβαλοῦσιν αὐτὴν . . . εἰς κάλυμμα δερμάτινον ὑ. (1)
— 11. ἐπικαλύψουσιν ἱμάτιον ὑ. (2)
— 11. καλύψουσιν αὐτὸ καλύμματι δερματίνῳ ὑ. (1)
— 12. καὶ ἐμβαλοῦσιν εἰς ἱμάτιον ὑ. (2)
— 12. καλύψουσιν αὐτὰ καλύμματι δερματίνῳ ὑ. (1)
— 14. ἐπιβαλοῦσιν ἐπ' αὐτὸ κάλυμμα δερμάτινον ὑ. (1)
— 14. ἐμβαλοῦσιν αὐτὸ εἰς κάλυμμα δερμάτινον ὑ. (1 ?)
— 25. ἀρεῖ . . . τὸ κατακάλυμμα τὸ ὑ. (1)
15. 38. καὶ ἐπιθήσετε . . . κλῶσμα ὑ. (2)
Es. 8. 15. S[2] ἐστολισμένος τὴν βασιλικὴν στολὴν ὑακινθίνην [A B S[1] om.] (2)
Si. 6. 30. οἱ δεσμοὶ αὐτῆς κλῶσμα ὑακίνθινον
40. 4. A S ἀπὸ φοροῦντος ὑακίνθινον [B -θον] καὶ στέφανον
Is. 3. 23. ἀφελεῖ . . . τὰ ὑ. καὶ κόκκινα –
Ez. 23. 6. ἐπὶ τοὺς Ἀσσυρίους . . . ἐνδεδυκότας ὑακίνθινα (2)
[**Th.** Ex. 28. 28: Ez. 16. 10.]

ὑάκινθος. (1) תַּחַשׁ (2) תְּכֵלֶת
Ex. 25. 4. καὶ ὑάκινθον καὶ πορφύραν (2)
26. 1. ἐκ βύσσου κεκλωσμένης καὶ ὑακίνθου (2)
— 31. ποιήσεις καταπέτασμα ἐξ ὑακίνθου (2)
— 36. ποιήσεις ἐπίσπαστρον ἐξ ὑακίνθου (2)
27. 16. ἐξ ὑακίνθου καὶ πορφύρας (2)
28. 5. λήψονται . . . τὸν [A τὴν] ὑ. (2)
— 8. ἔσται ἐκ χρυσίου καὶ ὑακίνθου (2)
— 15. ἐκ χρυσίου καὶ ὑακίνθου (2)
— 29 (33). ἐξ ὑακίνθου καὶ πορφύρας (2)
— 33 (37). ἐπιθήσεις αὐτὸ ἐπὶ ὑακίνθου κεκλωσμένης (2)
31. 4. ἐργάζεσθαι . . . τὴν ὑ. –
35. 6. οἴσουσι . . . ὑάκινθον (2)
— 23. A ὑάκινθος καὶ πορφύρα καὶ κόκκινον (2)
— 25. ἤνεγκαν . . . τὴν ὑ. (2)
36. 9 (39. 2). ἐκ χρυσίου καὶ ὑακίνθου (2)
— 10 (39. 3). ὥστε συνυφᾶναι σὺν τῇ ὑ. (2)
— 12 (39. 5), 15 (39. 8). ἐκ χρυσίου καὶ ὑακίνθου (2)
— 29 (39. 21). συνεχομένους ἐκ τῆς ὑ. (2)
— 32 (39. 24). ἐξ ὑακίνθου καὶ πορφύρας (2)
— 37 (39. 29). ἐκ βύσσου καὶ ὑακίνθου καὶ πορφύρας (2)
37. 3 (36. 35), 5 (36. 37), 16 (38. 18). ἐξ ὑακίνθου καὶ πορφύρας (2)
39. 13 (1). καὶ τὴν καταλειφθεῖσαν ὑ. (2)
II Ch. 2. 7 (6). A R καὶ ἐν τῇ ὑ. (2)
— 14 (13). εἰδότα . . . ὑφαίνειν . . . ἐν τῇ ὑ. (2)
II Ch. 3. 14. ἐποίησε τὸ καταπέτασμα ὑακίνθου [A ἐξ ὑ.] (2)
Si. 40. 4. ἀπὸ φοροῦντος ὑάκινθον [A S -θινον] καὶ στέφανον
45. 10. στολῇ [S στήλῃ] ἁγίᾳ χρυσῷ καὶ ὑακίνθῳ
Is. 3. 23. σὺν χρυσῷ καὶ ὑακίνθῳ συγκαθυφασμένα †
Je. 10. 9. ὑάκινθον καὶ πορφύραν ἐνδύσουσιν αὐτά (2)
Ez. 16. 10. ὑπέδυσά [A B -δησά] σε ὑάκινθον (1)
27. 7. τοῦ . . . περιβαλεῖν σε ὑάκινθον (2)
— 24. ἔμποροί σου φέροντες ἐμπορίαν ὑάκινθον (2)
I Ma. 4. 23. καὶ ἔλαβον . . . ὑάκινθον
[**Aq.** Ex. 35. 23, 35: 38. 23 (37. 21): Je. 10. 9: Ez. 27. 24.]
[**Sm.** Ex. 28. 20: 35. 23, 35: 39. 1 (13): Ca. 5. 14: Ez. 1. 16: 10. 9: 27. 24 (P.).]
[**Th.** Ex. 35. 23, 35: 38. 23 (37. 21): 39. 1 (13): Je. 10. 9: Ez. 27. 24 (P.).]

ὕαλος. (1) זְכוּכִית
Jb. 28. 17. οὐκ ἰσωθήσεται αὐτῇ χρυσίον καὶ ὕαλος (1)
[**Th.** Jb. 28. 17.]

ὑβρίζειν. (1) *a.* גָּאָה *b.* גַּאֲוָה (2) עָלַז (3) קָלַל hi.
II Ki. 19. 43 (44). ἵνα τί τοῦτο ὕβρισάς με (3)
Is. 13. 3. ἔρχονται . . . χαίροντες ἅμα καὶ ὑβρίζοντες (1 *b*)
23. 12. οὐκέτι μὴ προστεθῆτε τοῦ ὑ. (2)
Je. 31 (48). 29. ὕβρισε λίαν ὕβριν αὐτοῦ (1 *a*)
II Ma. 14. 42. καὶ τῆς ἰδίας εὐγενείας ἀναξίως ὑβρισθῆναι
III Ma. 6. 9. ὑπὸ δὲ ἐβδελυγμένων ἀνόμων ἐθνῶν ὑβριζομένοις
[**Aq.** Ez. 22. 7.]
[**Al.** I Ki. 17. 10.]
[**Quint.** Na. 1. 14.]

ὕβρις. (1) *a.* גֵּאָה *b.* גַּאֲוָה *c.* גָּאוֹן *d.* גֵּאוּת
e. גַּאֲוָה (2) נָוֶה (3) זָדוֹן (4) לָצוֹן
(5) עָלִיז (6) רוּם

Le. 26. 19. συντρίψω τὴν ὕ. τῆς ὑπερηφανίας ὑμῶν (1 *c*)
Es. 4. 17. οὐκ ἐν ὕβρει . . . ἐποίησα τοῦτο
Jb. 15. 26. ἔδραμε δὲ ἐναντίον αὐτοῦ ὕβρει †
— 27. A αἶνος δὲ αὐτοῦ ὕβρις –
22. 12. τοὺς δὲ ὕβρει φερομένους ἐταπείνωσε †
35. 12. οὐ μὴ εἰσακούσῃ καὶ [A *om.*] ἀπὸ ὕβρεως πονηρῶν (1 *c*)
37. 4. βροντήσει ἐν φωνῇ ὕβρεως αὐτοῦ (1 *c*)
Pr. 1. 22. οἱ δὲ ἄφρονες τῆς ὕ. ὄντες ἐπιθυμηταί (4)
8. 13. ὕβριν τε καὶ ὑπερηφανίαν καὶ ὁδοὺς πονηρῶν [S[1] *al.*] (1 *a*)
11. 2. οὗ ἐὰν εἰσέλθῃ ὕβρις ἐκεῖ καὶ ἀτιμία (3)
13. 10. κακὸς μεθ' ὕβρεως πράσσει κακά (3)
14. 3. ἐκ στόματος ἀφρόνων βακτηρία ὕβρεως (1 *b*)
— 10. οὐκ ἐπιμίγνυται ὕβρει [A ὕβριν] †
16. 18. πρὸ συντριβῆς ἡγεῖται ὕβρις (1 *c*)
— 19. A ὃς διαιρεῖται σκῦλα μετὰ ὕβρεως [B S ὑβριστῶν] (1 *e*)
19. 10. ἐὰν οἰκέτης ἄρξηται μεθ' ὕβρεως δυναστεύειν †
— 18. εἰς δὲ ὕβριν μὴ ἐπαίρου τῇ ψυχῇ σου †
21. 4. μεγαλόφρων ἐφ' ὕβρει θρασυκάρδιος –
29. 23. ὕβρις ἄνδρα ταπεινοῖ (1 *b*)
Wi. 2. 19. ὕβρει καὶ βασάνῳ ἐτάσωμεν αὐτόν
4. 18. ἔσονται . . . εἰς ὕβριν ἐν νεκροῖς
Si. 10. 6. μὴ πράσσε μηδὲν ἐν ἔργοις ὕβρεως
— 8. βασιλεία ἀπὸ ἔθνους εἰς ἔθνος μετάγεται διὰ . . . ὕβρεις
21. 4. καταπληγμὸς καὶ ὕβρις ἐρημώσουσι πλοῦτον
Ho. 5. 5. ταπεινωθήσεται ἡ ὕ. τοῦ Ἰσρ. (1 *c*)
7. 10. ταπεινωθήσεται ἡ ὕ. Ἰσρ. (1 *c*)
Am. 6. 8. βδελύσσομαι ἐγὼ πᾶσαν τὴν ὕ. Ἰ. (1 *c*)
Mi. 6. 10. καὶ μετὰ ὕβρεως ἀδικία †
Na. 2. 2 (3). ἀπέστρεψε κύριος τὴν ὕ. Ἰ. καθὼς ὕβριν τοῦ Ἰσρ. (1 *c*, 1 *c*)
Ze. 2. 10. αὕτη αὐτοῖς ἀντὶ τῆς ὕ. αὐ. (1 *c*)
3. 11. περιελῶ ἀπὸ σοῦ τὰ φαυλίσματα τῆς ὕ. σου (1 *b*)
Za. 9. 6. καθελῶ ὕβριν ἀλλοφύλων (1 *c*)
10. 11. ἀφαιρεθήσεται πᾶσα ὕ. Ἀσσυρίων (1 *c*)
Is. 2. 17. πεσεῖται ὕ. [A S ὕψος] ἀνθρώπων (6)
9. 9 (8). ἐφ' [S ἐν] ὕβρει καὶ ὑψηλῇ καρδίᾳ (1 *b*)
10. 33. οἱ ὑψηλοὶ τῇ ὕ. συντριβήσονται †
13. 11. ἀπολῶ ὕβριν ἀνόμων καὶ ὕβριν ὑπερηφάνων ταπεινώσω (1 *c*, 1 *b*)
16. 6. ἠκούσαμεν τὴν ὕ. Μωάβ (1 *c*)
23. 7. οὐχ αὕτη ἦν ὑμῶν ἡ ὕ. ἀπ' ἀρχῆς (5)
— 9. παραλῦσαι πᾶσαν [A *om.*] τὴν ὕ. τῶν ἐνδόξων (1 *c*)
25. 11. ταπεινώσει τὴν ὕ. αὐτοῦ (1 *b*)
28. 1. οὐαὶ τῷ στεφάνῳ τῆς ὕ. (1 *d*)
— 3. καταπατηθήσεται ὁ στέφανος τῆς ὕ. (1 *d*)
Je. 13. 9. φθερῶ τὴν ὕ. Ἰούδα καὶ τὴν ὕ. Ἱερουσαλὴμ τὴν πολλὴν ταύτην ὕ. (1 *c*, 1 *c*, –)
— 17. κλαύσεται ἡ ψυχὴ ὑμῶν ἀπὸ προσώπου ὕβρεως (2)
27 (50). 32. ἀσθενήσει ἡ ὕ. σου (3)
31 (48). 29. ἤκουσα ὕβριν Μωὰβ ὕβρισε λίαν ὕβριν αὐτοῦ (1 *c*, 1 *c*)
Ez. 7. 10. ἡ ὕ. ἐξανέστηκε (3)
30. 6. καταβήσεται ἡ ὕ. τῆς ἰσχύος αὐτῆς (1 *c*)
— 18. ἀπολεῖται ἐκεῖ ἡ ὕ. ἰσχύος αὐτῆς (1 *c*)
32. 12. ἀπολοῦσι τὴν ὕ. Αἰγύπτου (1 *c*)
33. 28. ἀπολεῖται ἡ ὕ. τῆς ἰσχύος αὐτοῦ (1 *c*)
I Ma. 3. 20. πλήθει ὕβρεως καὶ ἀνομίας
II Ma. 8. 17. τὴν ἀνόμως . . . συντετελεσμένην ὑπ' αὐτῶν ὕβριν
III Ma. 2. 3. τοὺς ὕβρει . . . τι πράσσοντας
— 21. τὸν ὕβρει καὶ θράσει μεγάλως ἐπηρμένον
3. 25. μετὰ ὕβρεως καὶ σκυλμῶν
6. 12. καθ' ὕβριν ἀνόμων ἀλόγιστον
[**Aq.** Je. 8. 18.]
[**Sm.** Pr. 6. 33 : Is. 13. 3 : Ho. 5. 5.]
[**Th.** Jb. 37. 4 : Pr. 12. 16 : Is. 13. 11 : 16. 6.]
[**Heb.** Ge. 49. 5.]
[**Al.** Dt. 21. 23.]

ὑβριστής. (1) *a.* גֵּא *b.* גֵּאֶה (2) רוּם

Jb. 40. 6 (11). πάντα δὲ ὑβριστὴν ταπείνωσον (1 *b*)
Pr. 6. 17. ὀφθαλμὸς ὑβριστοῦ γλῶσσα ἄδικος (2)
15. 25. οἴκους ὑβριστῶν κατασπᾷ κύριος (1 *b*)
16. 19. ὃς διαιρεῖται σκῦλα μετὰ ὑβριστῶν [A ὕβρεως] (1 *b*)
27. 13. ὑβριστὴς ὅστις τὰ ἀλλότρια λυμαίνεται †
Si. 8. 11. μὴ ἐξαναστῇς ἀπὸ προσώπου ὑβριστοῦ
32 (35). 18. ἕως ἐξάρῃ πλῆθος ὑβριστῶν
Is. 2. 12. ἡμέρα γὰρ κ. σαβαὼθ ἐπὶ πάντα ὕ. (1 *b*)
16. 6. ὕ. σφόδρα (1 *a*)
Je. 28 (51). 2. ἐξαποστελῶ εἰς Βαβυλῶνα ὑβριστάς †

ὑβρίστια. (1) זָדוֹן

Je. 27 (50). 31. A S[1] ἐγὼ πρὸς [B S ἐπὶ] σὲ τὴν ὕ. [B S[2] -τριαν] (1)

ὑβριστικός. (1) הֹמֶה

Pr. 20. 1. ἀκόλαστον οἶνος καὶ ὑβριστικὸν μέθη (1)

ὑβρίστρια. (1) זָדוֹן

Je. 27 (50). 31. B S[2] ἐγὼ ἐπὶ [A πρὸς] σὲ τὴν ὕ. [A S[1] -τιαν] (1)

ὑγεία, ὑγία, ὑγίεια. (1) νὴ τὴν ὑ.' חֵי (2) נֶפֶשׁ
(3) תְּרוּפָה

Ge. 42. 15, 16. νὴ τὴν ὑ. Φαραώ (1)
To. 8. 17. συντέλεσον τὴν ζωὴν αὐτῶν ἐν ὑγιείᾳ [S *om.* ἐν ὑ.]
— 21. πορεύεσθαι μετὰ ὑγείας πρὸς τὸν πατέρα [S *al.*]
Es. 9. 31. στήσαντες κατὰ τῆς ὑ. ἑαυ. (2)
Pr. 6. 8. ἰδιῶται πρὸς ὑγίειαν προσφέρονται [A φέρ.] –
Wi. 7. 10. ὑπὲρ ὑγίειαν καὶ εὐμορφίαν ἠγάπησα αὐτήν
13. 18. καὶ περὶ μὲν ὑγείας τὸ ἀσθενὲς ἐπικαλεῖται
Si. 1. 18. ἀναθάλλων εἰρήνην καὶ ὑγίειαν ἰάσεως [S[2] αἰῶνος]
30. 14. R περὶ ὑγιείας
— 15. ὑγίεια καὶ εὐεξία βέλτιον παντὸς χρυσίου
— 16. A[2] περὶ ὑγιείας [A[1] B[2] R *om.*, B[1] S περὶ βρωμάτων]
— 16. οὐκ ἔστι πλοῦτος βελτίων ὑγιείας σώματος
34 (31). 20. ὕπνος ὑγιείας ἐπὶ ἐντέρῳ μετρίῳ
Is. 9. 6 (5). ἄξω γὰρ εἰρήνην . . . καὶ ὑγίειαν αὐτῷ –
Ez. 47. 12. ἀνάβασις αὐτῶν εἰς ὑγίειαν (3)

ὑγιάζειν. (1) חָיָה *a.* qal. *b.* pi. (2) רָפָא ni.

Le. 13. 18. καὶ ὑγιασθῇ (2)
— 24. B[2] R καὶ γένηται ἐν τῷ δερμ. αὐ. τὸ [A B[1] *om.*] ὑγιασθέν †
— 37. ὑγίακε τὸ θραῦσμα (2)
Jo. 5. 8. ἕως ὑγιάσθησαν (1 *a*)
IV Ki. 20. 7. καὶ ὑγιάσει (1 *a*)
Jb. 24. 23. μαλακισθεὶς μὴ ἐλπιζέτω ὑγιασθῆναι [A -ιᾶναι] †
Ho. 6. 3 (2). ὑγιάσει ἡμᾶς μετὰ δύο ἡμέρας (1 *b*)
Ez. 47. 8. ὑγιάσει τὰ ὕδατα (2)
— 9. ὑγιάσει καὶ ζήσεται πᾶν (2)
— 11. ἐν τῇ ὑπεράρσει αὐτοῦ οὐ μὴ ὑγιάσωσιν [A ἁγ.] (2)
[**Aq.** Is. 38. 1.]

ὑγιαίνειν. (1) *a.* שָׁלֵם pu. *b.* שָׁלוֹם

Ge. 29. 6. εἶπε δὲ αὐτοῖς, Ὑγιαίνει (1 *b*)
— 6. οἱ δὲ εἶπαν, Ὑγιαίνει (1 *b*)
37. 14. ἴδε εἰ ὑγιαίνουσιν οἱ ἀδελφοί σου (1 *b*)
43. 27. εἰ ὑγιαίνει ὁ πατὴρ ὑμῶν (1 *b*)
— 28. ὑγιαίνει ὁ παῖς σου ὁ πατὴρ ἡμῶν (1 *b*)
Ex. 4. 18. βάδιζε ὑγιαίνων (1 *b*)
I Ki. 25. 6. εἰς ὥρας καὶ σὺ ὑγιαίνων (1 *b*)
— 6. καὶ πάντα τὰ σὰ ὑγιαίνοντα (1 *b*)
II Ki. 14. 8. ὑγιαίνουσα βάδιζε εἰς τὸν οἶκόν σου –
20. 9. εἰ ὑγιαίνεις, ἀδελφέ (1 *b*)
To. 5. 13. ὑγιαίνων ἔλθοις
— 15. A B ἐὰν ὑγιαίνοντες ἐπιστρέψητε
— 15. S ὑγιαίνοντες ἀπελευσόμεθα καὶ ὑγιαίνοντες ἐπιστρέψομεν
— 16. S ἀποκαταστῆσαι ὑμᾶς πρὸς ἐμὲ ὑγιαίνοντας
— 16. S πορεύου ὑγιαίνων
— 20. S ὑγιαίνων πορεύσεται τὸ παιδίον ἡμῶν
— 20. ὑγιαίνων ἐλεύσεται
— 20. S ᾗ ἂν ἔλθῃ πρὸς σὲ ὑγιαίνων
— 21. ὑποστρέψει ὑγιαίνων
6. 8. S καὶ ὑγιαίνουσιν [A B ἰαθήσεται]
7. 1. S καλῶς ἤλθατε ὑγιαίνοντες
— 4. A S R εἶπεν αὐτοῖς, Ὑγιαίνει
— 5. ζῇ καὶ ὑγιαίνει [S ὑ. κ. ζῇ]
To. 7. 13. S ἀπάγαγε πρὸς τὸν πατέρα σου ὑγιαίνων [A B *om.*]
8. 21. S ὕπαγε ὑγιαίνων πρὸς τὸν πατέρα σου [A B *al.*]
10. 6. μὴ λόγον ἔχε ὑγιαίνει
— 12. S ἐξαπέστειλεν αὐτοὺς ὑγιαίνοντας [A B *om.*]
— 12. S ὑγίαινε, παιδίον, ὑγιαίνων ὕπαγε
— 13. S καὶ ἀπέστειλεν ὑγιαίνοντας
11. 1. S ἀπῆλθεν Τωβ. ἀπὸ Ῥαγ. ὑγιαίνων
— 17. ἔλθοις ὑγιαίνουσα, θύγατερ
— 17. S εἴσελθε εἰς τὴν οἰκίαν σου ὑγιαίνουσα
12. 3. S ἐμὲ ἀγήοχεν ὑγιαίνοντα [A B *al.*]
— 5. S R ὕπαγε ὑγιαίνων
Jb. 24. 23. A μαλακισθεὶς μὴ ἐλπιζέτω ὑγιᾶναι [B S -ιασθῆναι] †
Pr. 13. 13. ὁ δὲ φοβούμενος ἐντολὴν οὗτος ὑγιαίνει (1 *a*)
Da. LXX. 10. 19. μὴ φοβοῦ ὑγίαινε (1 *b*)
II Ma. 1. 10. Ἰ. Ἀριστοβούλῳ . . . χαίρειν καὶ ὑγιαίνειν
9. 19. τοῖς χρηστοῖς Ἰουδ. . . . πολλὰ χαίρειν καὶ ὑγιαίνειν
11. 28. καὶ αὐτοὶ δὲ ὑγιαίνομεν
— 38. ὑγιαίνετε
[**Aq.** Dt. 28. 35.]
[**Sm.** Is. 38. 9.]
[**Th.** II Ki. 11. 7.]
[**Al.** Ex. 1. 19.]

ὑγίεια, *vid. sub* **ὑγεία.**

ὑγιής. (1) חַי (2) בְּשָׁלוֹם (3) ὑ. εἶναι חָיָה

Le. 13. 10. ἀπὸ τοῦ ὑ. [A ηδιους?] τῆς σαρκὸς τῆς ζώσης †
— 15. ὄψεται ὁ ἱερεὺς τὸν χρῶτα τὸν [A *om.*] ὑ. (1)
— 15. μιανεῖ αὐτὸν ὁ χρὼς ὁ ὑ. (1)
— 16. ἐὰν δὲ ἀποκατασταθῇ ὁ χρὼς ὁ ὑ. (1)
Jo. 10. 21. ἀπεστράφη πᾶς ὁ λαὸς . . . ὑγιεῖς [B[2] -ὴς] (2)
To. 12. 3. ὅτι με ἀγήοχέ σοι ὑγιῆ [S *al.*]
Si. 17. 28. ζῶν καὶ ὑγιὴς αἰνέσει τὸν κύριον
30. 14. κρείσσων πτωχὸς ὑγιής
Is. 38. 21. καὶ ὑγιὴς ἔσῃ (3)
[**Sm.** Is. 1. 6.]
[**Quint.** Ho. 6. 2.]

ὑγιῶς.

Pr. 24. 76 (31. 8). κρῖνε πάντας ὑ. †

ὑγραίνειν. (1) רָטֹב

Jb. 24. 8. ἀπὸ ψεκάδων ὀρέων ὑγραίνονται (1)
[**Th.** Jb. 24. 8.]

ὑγρασία. (1) מַיִם

Je. 31 (48). 18. κάθισον ἐν ὑγρασίᾳ καθημένη †
Ez. 7. 17. A R πάντες μηροὶ μολυνθήσονται ὑγρασίᾳ [B -ας] (1)
21. 7 (12). πάντες μηροὶ μολυνθήσονται ὑγρασίᾳ (1)
[**Heb.** Ez. 16. 6.]

ὑγρός. (1) לַח (2) רָטֹב

Jd. 16. 7. ἐὰν δήσωσί με ἐν ἑπτὰ νευραῖς ὑ. (1)
— 8. ἀνήνεγκαν αὐτῇ . . . ἑπτὰ νευρὰς ὑ. (1)
Jb. 8. 16. ὑγρὸς γάρ ἐστιν ὑπὸ ἡλίου (2)
Si. 39. 13. A S ὡς ῥόδον φυόμενον ἐπὶ ῥεύματος ὑγροῦ [B ἀγροῦ]

ὑδραγώγιον.

[**Aq.** II Ki. 8. 1.]

ὑδραγωγός. (1) מוֹצָאֵי מַיִם (2) תְּעָלָה

IV Ki. 18. 17. ἔστησαν ἐν τῷ ὑ. τῆς κολυμβήθρας (2)
20. 20. τὴν κρήνην καὶ τὸν ὑδρ. (2)
Si. 24. 30. ὡς ὑδραγωγὸς ἐξῆλθον εἰς παράδεισον
Is. 36. 2. ἔστη ἐν τῷ ὑ. τῆς κολυμβήθρας (2)
41. 18. ποιήσω . . . τὴν διψῶσαν γῆν ἐν ὑδραγωγοῖς (1)
[**Aq.** II Ki. 8. 1 : Jb. 38. 25.]
[**Th.** II Ki. 2. 24 : Jb. 38. 25 : Ez. 31. 4.]

ὑδρεύεσθαι. (1) *a.* שָׁאַב *b.* מַשְׁאָב

Ge 24. 11. ἡνίκα ἐκπορεύονται αἱ ὑδρευόμεναι (1 *a*)
— 19. καὶ ταῖς καμήλοις σου ὑδρεύσομαι (1 *a*)
— 20. ὑδρεύσατο πάσαις ταῖς καμήλοις (1 *a*)
— 43. A S ἐξελεύσονται ὑδρεύσασθαι ὕδωρ [R *al.*] (1 *a*)
— 44. καὶ ταῖς καμήλοις σου ὑδρεύσομαι (1 *a*)

Ge. 24. 45. καὶ ὑδρεύσατο (1 a)
Jd. 5. 11. ἀνὰ μέσον ὑδρευομένων [A εὐφραινομ.] (1 b)
Ru. 2. 9. ὅθεν ἂν ὑδρεύωνται [A -ονται] τὰ παιδάρια (1 a)
I Ki. 7. 6. καὶ ὑδρεύονται [A -as] ὕδωρ (1 a)
9. 11. τὰ κοράσια ἐξεληλυθότα ὑδρεύεσθαι [A -σασθαι] ὕδωρ (1 a)
II Ki. 23. 16. ὑδρεύσαντο ὕδωρ ἐκ τοῦ λάκκου (1 a)
I Ch. 11. 18. A B S[2] καὶ ὑδρεύσαντο ὕδωρ (1 a)
Ju. 7. 13. ἐκεῖθεν ὑδρεύονται πάντες οἱ κατοικοῦντες Βαιτ.

ὕδρευμα.

[Th. Je. 39 (46). 10.]

ὑδρία (-εία). (1) כַּד

Ge. 24. 14. ἐπίκλινον τὴν ὑ. σου (1)
— 15. ἔχουσα τὴν ὑ. ἐπὶ τῶν ὤμων αὐ. (1)
— 16. ἔπλησε τὴν ὑ. αὐ. (1)
— 17. πότισόν με μικρὸν ὕδωρ ἐκ τῆς ὑ. σου (1)
— 18. καθεῖλε τὴν ὑ. (1)
— 20. ἐξεκένωσε τὴν ὑ. (1)
— 43. πότισόν με ἐκ τῆς ὑ. σου μικρὸν ὕδωρ (1)
— 45. ἔχουσα τὴν ὑ. ἐπὶ τῶν ὤμων (1)
— 46. σπεύσασα καθεῖλε τὴν ὑ. (1)
Jd. 7. 16. ἔδωκε . . . ὑ. κενὰς καὶ λαμπάδας ἐν ταῖς ὑ. [A ἐν μέσῳ τῶν ὑ.] (1, 1)
— 19. ἐξετίναξαν τὰς ὑ. (1)
— 20. συνέτριψαν τὰς ὑ. (1)
III Ki. 17. 12. δρὰξ ἀλεύρου ἐν τῇ ὑ. (1)
— 14. ἡ ὑ. ἀλεύρου οὐκ ἐκλείψει (1)
— 16. ἡ ὑ. τοῦ ἀλεύρου οὐκ ἐξέλιπε (1)
18. 33 (34). λάβετέ μοι τέσσαρας ὑ. ὕδατος (1)
Ec. 12. 6. καὶ συντριβῇ ὑδρία [A S ἡ ὑ.] (1)

[Aq. Jd. 7. 16: III Ki. 7. 50 (36): Je. 52. 19.]
[Sm. Jd. 7. 16: III Ki. 7. 50 (36).]
[Th. Jd. 7. 16.]

ὑδρίσκη. (1) צְלֹחִית

IV Ki. 2. 20. λάβετέ μοι ὑ. καινήν (1)

ὑδροκελία.

[Sm. Ho. 5. 10.]

ὑδροποτεῖν. (1) מַיִם שָׁתָה

Da. LXX. 1. 12. ὥστε κάπτειν καὶ ὑδροποτεῖν (1)

ὑδροφόρος. (1) שֹׁאֵב מַיִם

De. 29. 11 (10). καὶ ἕως ὑδροφόρου ὑμῶν (1)
Jo. 9. 21. ἔσονται . . . ὑδροφόροι πάσῃ τῇ συναγωγῇ (1)
— 23. R οὐ μὴ ἐκλείπῃ . . . ὑδροφόρος ἐμοί [A B al.] (1)
— 27. κατέστησεν αὐτοὺς . . . ὑδροφόρους (1)
— 27. B ἐγένοντο . . . ξυλοκόποι καὶ ὑδροφόροι –

ὕδωρ. (1) מַיִם (2) נָזַל (3) ὕδατος ἔξοδος מָקוֹר

Ge. 1. 2. πνεῦμα θεοῦ ἐπεφέρετο ἐπάνω τοῦ ὕ. (1)
— 6. γενηθήτω στερέωμα ἐν μέσῳ τοῦ ὕ. (1)
— 6. ἔστω διαχωρίζον ἀνὰ μέσον ὕδατος καὶ ὕδατος (1, 1)
— 7. διεχώρισεν ὁ θ. ἀνὰ μέσον τοῦ ὕ. . . . καὶ ἀνὰ μέσον τοῦ ὕ. (1, 1)
— 9. συναχθήτω τὸ ὕ. . . . εἰς συναγωγὴν μίαν (1)
— 9. συνήχθη τὸ ὕ. . . . εἰς τὰς συναγωγὰς αὐ. –
— 10. τὰ συστήματα τῶν ὑ. ἐκάλεσε θαλάσσας (1)
— 20. ἐξαγαγέτω τὰ ὕ. ἑρπετὰ ψυχῶν ζωσῶν (1)
— 21. ἃ ἐξήγαγε τὰ ὕ. κατὰ γένη αὐτῶν (1)
— 22. πληρώσατε τὰ ὕ. ἐν ταῖς θαλάσσαις (1)
6. 17. ἐπάγω τὸν κατακλυσμὸν ὕδωρ ἐπὶ τὴν γῆν (1)
7. 6. R ὁ κατακλυσμὸς τοῦ ὕ. ἐγένετο [A al.] (1)
— 7. διὰ τὸ ὕ. τοῦ κατακλυσμοῦ (1)
— 10. τὸ ὕ. τοῦ κατακλυσμοῦ ἐγένετο ἐπὶ τῆς γῆς (1)
— 17. ἐπληθύνθη τὸ ὕ. (1)
— 18. ἐπεκράτει τὸ ὕ. (1)
— 18. ἐπεφέρετο ἡ κιβωτὸς ἐπάνω τοῦ ὕ. (1)
— 19. τὸ δὲ ὕ. ἐπεκράτει σφόδρα σφοδρῶς (1)
— 20. ὑψώθη τὸ ὕ. (1)
— 24. ὑψώθη τὸ ὕ. ἐπὶ τῆς γῆς (1)
8. 1. ἐκόπασε τὸ ὕ. (1)
— 3. ἐνεδίδου τὸ ὕ. πορευόμενον ἀπὸ τῆς γῆς (1)
— 3. A ἐνεδίδου τὸ ὕ. [R al.] (1)
Ge. 8. 4 (5). τὸ δὲ ὕ. πορευόμενον ἠλαττονοῦτο (1)
— 7. A εἰ κεκόπακεν τὸ ὕ. –
— 7. ἕως τοῦ ξηρανθῆναι τὸ ὕ. (1)
— 8. εἰ κεκόπακε τὸ ὕ. ἀπὸ τῆς γῆς (1)
— 9. ὕδωρ ἦν ἐπὶ παντὶ προσώπῳ πάσης τῆς γῆς (1)
— 11. κεκόπακε τὸ ὕ. ἀπὸ τῆς γῆς (1)
— 13. ἐξέλειπε τὸ ὕ. ἀπὸ τῆς γῆς (1)
— 13. ἐξέλειπε τὸ ὕ. ἀπὸ προσώπου τῆς γῆς –
9. 11. οὐκ ἀποθανεῖται . . . ἀπὸ τοῦ ὕ. τοῦ κατακλυσμοῦ (1)
— 11. οὐκ ἔσται ἔτι κατακλυσμὸς ὕδατος –
— 15. οὐκ ἔσται ἔτι τὸ ὕ. εἰς κατακλυσμόν (1)
16. 7. R ἐπὶ τῆς πηγῆς τοῦ ὕ. ἐν τῇ ἐρήμῳ (1)
18. 4. λημφθήτω δὴ ὕδωρ (1)
21. 14. ἔλαβεν ἄρτους καὶ ἀσκὸν ὕδατος (1)
— 15. ἐξέλειπε δὲ τὸ ὕ. ἐκ τοῦ ἀσκοῦ (1)
— 19. εἶδε φρέαρ ὕδατος ζῶντος (1)
— 19. ἔπλησε τὸν ἀσκὸν ὕδατος (1)
— 25. ἤλεγξεν Ἀβ. τὸν Ἀβ. περὶ τῶν φρεάτων τοῦ ὕ. (1)
24. 11. παρὰ τὸ φρέαρ τοῦ ὕ. (1)
— 13. ἕστηκα ἐπὶ τῆς πηγῆς τοῦ ὕ. (1)
— 13. ἐκπορεύονται ἀντλῆσαι ὕδωρ (1)
— 17. πότισόν με μικρὸν ὕ. (1)
— 20. A ἔδραμεν ἐπὶ τὸ φρέαρ ἀντλῆσαι ὕδωρ [R al.] –
— 32. ἔδωκεν . . . ὕδωρ τοῖς ποσὶν αὐ. (1)
— 43. ἕστηκα ἐπὶ τὴν πηγὴν τοῦ ὕ. (1)
— 43. ἐξελεύσονται ὑδρεύσασθαι ὕδωρ –
— 43. πότισόν με . . . μικρὸν ὕ. (1)
26. 18. ὤρυξε τὰ φρέατα τοῦ ὕ. (1)
— 19. εὗρον ἐκεῖ φρέαρ ὕδατος ζῶντος (1)
— 20. φάσκοντες αὐτῶν εἶναι τὸ ὕ. (1)
— 32. οὐχ εὕρομεν ὕδωρ (1)
30. 38. ἐν ταῖς ληνοῖς τῶν ποτιστηρίων τοῦ ὕ. (1)
37. 24. A ὁ δὲ λάκκος ἐκ. ὕδωρ οὐκ εἶχεν [R al.] (1)
43. 24. ἤνεγκεν ὕδωρ νίψαι τοὺς πόδας αὐ. (1)
49. 4. ἐξύβρισας ὡς ὕδωρ (1)
Ex. 2. 10. ἐκ τοῦ ὕ. αὐτὸν ἀνειλόμην (1)
4. 9. λήψῃ ἀπὸ τοῦ ὕ. τοῦ ποταμοῦ (1)
— 9. ἔσται τὸ ὕ. . . . αἷμα ἐπὶ τοῦ ξηροῦ (1)
7. 15. ἐκπορεύεται ἐπὶ τὸ ὕ. (1)
— 17. τύπτω . . . ἐπὶ τὸ ὕ. τὸ ἐν τῷ ποταμῷ (1)
— 18. πιεῖν ὕδωρ ἀπὸ τοῦ ποταμοῦ (1)
— 19. ἔκτεινον τὴν χεῖρά σου ἐπὶ τὰ ὕ. Αἰγ. (1)
— 19. καὶ ἐπὶ πᾶν συνεστηκὸς ὕ. αὐ. (1)
— 20. ἐπάταξε τὸ ὕ. τὸ ἐν τῷ ποταμῷ (1)
— 20. μετέβαλε πᾶν τὸ ὕ. τὸ ἐν τῷ ποταμῷ (1)
— 21. πιεῖν ὕδωρ ἐκ τοῦ ποταμοῦ (1)
— 24. ὥστε πιεῖν ὕδωρ (1)
— 24. οὐκ ἠδύναντο πιεῖν ὕδωρ ἀπὸ τοῦ ποταμοῦ (1)
8. 6 (2). ἐξέτεινεν Ἀ. τὴν χεῖρα ἐπὶ τὰ ὕ. Αἰγ. (1)
— 20 (16). ἐξελεύσεται ἐπὶ τὸ ὕ. [A[2] al.] (1)
12. 9. οὐδὲ ἡψημένον ἐν ὕδατι (1)
14. 21. ἐσχίσθη [A διεσχ.] τὸ ὕ. (1)
— 22. τὸ ὕ. αὐτοῖς τεῖχος ἐκ δεξιῶν (1)
— 26. ἀποκαταστήτω τὸ ὕ. (1)
— 27. ἀπεκατέστη τὸ ὕ. †
— 27. ἔφυγον ὑπὸ τὸ ὕ. †
— 28. ἐπαναστραφὲν τὸ ὕ. ἐκάλυψε τὰ ἅρματα (1)
— 29. τὸ δὲ ὕ. αὐτοῖς τεῖχος ἐκ δεξιῶν (1)
15. 8. διέστη τὸ ὕ. (1)
— 8. ἐπάγη ὡσεὶ τεῖχος τὰ ὕ. (2)
— 10. ἔδυσαν ὡσεὶ μόλιβος ἐν ὕ. σφοδρῷ (1)
— 19. ἐπήγαγεν ἐπ' αὐτοὺς κ. τὸ ὕ. τῆς θαλ. (1)
— 22. οὐχ ηὕρισκον ὕδωρ ὥστε πιεῖν (1)
— 23. A οὐκ ἐδύναντο πιεῖν ὕδωρ [B om.] (1)
— 25. ἐνέβαλεν αὐτὸ εἰς τὸ ὕ. (1)
— 25. ἐγλυκάνθη τὸ ὕ. (1)
— 27. ἦσαν ἐκεῖ δώδεκα πηγαὶ ὑδάτων (1)
— 27. παρενέβαλον δὲ ἐκεῖ παρὰ [A ἐπὶ] τὰ ὕ. (1)
17. 1. οὐκ ἦν δὲ ὕδωρ τῷ λαῷ πιεῖν (1)
— 2. δὸς ἡμῖν ὕδωρ (1)
— 3. ἐδίψησε δὲ ἐκεῖ ὁ λαὸς ὕδατι (1)
— 6. ἐξελεύσεται ἐξ αὐτῆς ὕδωρ (1)
20. 4. ὅσα ἐν τοῖς ὕ. ὑποκάτω τῆς γῆς (1)
23. 25. εὐλογήσω . . . τὸ ὕ. σου (1)
29. 4. καὶ λούσεις αὐτοὺς ἐν ὕδατι (1)
— 17. καὶ πλυνεῖς . . . τοὺς πόδας ὕδατι [A[1] om.] –
30. 18. ἐκχεεῖς εἰς αὐτὸν ὕδωρ (1)
— 19. νίψεται . . . τοὺς πόδας ὕδατι [A[1] om.] –
— 20. νίψονται ὕδατι (1)
— 21. νίψονται . . . τοὺς πόδας ὕδατι –
— 21. νίψονται ὕδατι –
Ex. 32. 20. ἔσπειρεν αὐτὸν ὑπὸ [A B[2] ἐπὶ] τὸ ὕ. (1)
34. 28. καὶ ὕδωρ οὐκ ἔπιε (1)
40. 12. λούσεις αὐτοὺς ὕδατι (1)
Le. 1. 9, 13. καὶ τοὺς πόδας πλυνοῦσιν ὕδατι (1)
6. 28 (21). καὶ ἐκκλύσει ὕδατι (1)
8. 6. καὶ ἔλουσεν αὐτοὺς ὕδατι (1)
— 19 (21). τοὺς πόδας ἔπλυνεν ὕδατι (1)
9. 14. ἔπλυνε . . . τοὺς πόδας ὕδατι –
11. 9. ἀπὸ πάντων τῶν ἐν τοῖς ὕ. (1)
— 9. B πάντα ὅσα ἐστὶν αὐτοῖς πτερύγια . . . ἐν τοῖς ὕ. (1)
— 10. ὅσα οὐκ ἔστιν αὐτοῖς πτερύγια . . . ἐν τῷ ὕ. –
— 10. ὧν ἐρεύγεται τὰ ὕ. (1)
— 10. ἀπὸ πάσης ψυχῆς ζώσης ἐν τῷ ὕ. (1)
— 12. A B ὅσα οὐκ ἔστιν αὐτοῖς πτερύγια . . . τῶν [A om.] ἐν τῷ ὕ. [R τοῖς ὕ.] (1)
— 32. πᾶν σκεῦος . . . εἰς ὕδωρ βαφήσεται (1)
— 34. εἰς ὃ ἐὰν ἐπέλθῃ ἐπ' αὐτὸ ὕδωρ (1)
— 36. πλὴν πηγῶν ὑδάτων . . . καὶ συναγωγῆς ὕδατος (–, 1)
— 38. ἐὰν δὲ ἐπιχυθῇ ὕδωρ ἐπὶ πᾶν σπέρμα (1)
— 40. A καὶ λούσεται ὕδατι –
— 40. A[2] B καὶ λούσεται ὕδατι –
— 46. περὶ . . . πάσης ψυχῆς τῆς κινουμ. ἐν τῷ ὕ. (1)
14. 5. σφάξουσι τὸ ὀρνίθιον τὸ ἐν . . . ἐφ' ὕ. ζῶντι (1)
— 6. εἰς τὸ αἷμα τοῦ ὀρνιθίου τοῦ σφαγέντος ἐφ' ὕ. ζῶντι (1)
— 8. καὶ λούσεται ἐν ὕδατι (1)
— 9. λούσεται τὸ σῶμα αὐ. ὕδατι (1)
— 50. σφάξει τὸ ὀρνίθιον τὸ ἐν . . . ἐφ' ὕ. ζῶντι (1)
— 51. τοῦ ὀρνιθίου τοῦ ἐσφαγμένου ἐφ' ὕ. ζῶντι (1)
— 52. B[1] ἐν τῷ αἵματι τοῦ ὀρνιθίου τοῦ [AB[2]R om.] καὶ ἐν τῷ ὕ. τῷ ζῶντι (1)
15. 5, 6, 7, 8, 10. καὶ λούσεται ὕδατι (1)
— 11. B[2] R καὶ τὰς χεῖρας οὐ νένιπται ὕδατι [A B[1] om.] (1)
— 11. λούσεται τὸ σῶμα ὕδατι (1)
— 12. σκεῦος ξύλινον νιφήσεται ὕδατι (1)
— 13. λούσεται τὸ σῶμα ὕδατι (1)
— 16. λούσεται ὕδατι πᾶν τὸ σῶμα αὐ. (1)
— 17. καὶ πλυθήσεται ὕδατι (1)
— 18. καὶ λούσονται ὕδατι (1)
— 21. λούσεται τὸ σῶμα αὐ. ὕδατι (1)
— 22. καὶ λούσεται ὕδατι (1)
— 27. λούσεται τὸ σῶμα ὕδατι (1)
16. 4. λούσεται ὕδατι πᾶν τὸ σῶμα αὐ. (1)
— 24, 26, 28. λούσεται τὸ σῶμα αὐτοῦ ὕδατι (1)
17. 15. καὶ λούσεται ὕδατι (1)
— 16. καὶ τὸ σῶμα μὴ λούσηται ὕδατι –
22. 6. ἐὰν μὴ λούσηται τὸ σῶμα αὐ. ὕδατι (1)
Nu. 5. 17. λήψεται ὁ ἱ. ὕδωρ καθαρὸν ζῶν (1)
— 17. ἐμβαλεῖ εἰς τὸ ὕ. (1)
— 18. ἐν δὲ τῇ χειρὶ τοῦ ἱ. ἔσται τὸ ὕ. τοῦ ἐλεγμοῦ (1)
— 19. ἀθῷα ἴσθι ἀπὸ τοῦ ὕ. τοῦ ἐλεγμοῦ (1)
— 22. εἰσελεύσεται τὸ ὕ. . . . εἰς τὴν κοιλίαν σου (1)
— 23. ἐξαλείψει εἰς τὸ ὕ. τοῦ ἐλεγμοῦ (1)
— 24. ποτιεῖ τὴν γυναῖκα τὸ ὕ. τοῦ ἐλεγμοῦ (1)
— 24. εἰσελεύσεται εἰς αὐτὴν τὸ ὕ. . . . τοῦ ἐλεγμοῦ (1)
— 26. ποτιεῖ τὴν γυναῖκα τὸ ὕ. (1)
— 27. εἰσελεύσεται εἰς αὐτὴν τὸ ὕ. τοῦ ἐλεγμοῦ (1)
8. 7. περιρανεῖς αὐτοὺς ὕδωρ ἁγνισμοῦ (1)
19. 7. λούσεται τὸ σῶμα αὐ. ὕδατι (1)
— 8. A λούσεται τὸ σῶμα αὐτοῦ ὕδατι [B om.] (1)
— 9. ὕδωρ ῥαντισμοῦ ἅγνισμά ἐστι (1)
— 13. ὕδωρ ῥαντισμοῦ οὐ περιεραντίσθη (1)
— 17. ἐκχεοῦσιν ἐπ' αὐτὴν ὕδωρ ζῶν (1)
— 18. βάψει εἰς τὸ ὕ. ἀνὴρ καθαρός (1)
— 19. καὶ λούσεται ὕδατι (1)
— 20. ὕδωρ ῥαντισμοῦ οὐ περιεραντίσθη (1)
— 21. ὁ περιραίνων ὕδωρ ῥαντισμοῦ (1)
— 21. ὁ ἁπτόμενος τοῦ ὕ. τοῦ ῥαντισμοῦ (1)
20. 2. οὐκ ἦν ὕδωρ τῇ συναγωγῇ (1)
— 5. οὔτε ὕδωρ ἐστὶ πιεῖν (1)
— 8. καὶ δώσει τὰ ὕ. αὐ. (1)
— 8. ἐξοίσετε αὐτοῖς ὕδωρ (1)
— 10. μὴ ἐκ τῆς πέτρας τ. ἐξάξομεν ὑμῖν ὕδωρ (1)
— 11. ἐξῆλθεν ὕ. πολύ (1)
— 13. τοῦτο ὕ. ἀντιλογίας (1)
— 17. οὐδὲ πιόμεθα ὕδωρ ἐκ λάκκου σου (1)
— 19. ἐὰν δὲ τοῦ ὕ. σου πίωμεν (1)

Nu. 20. 24. παρωξύνατέ με ἐπὶ τοῦ ὕ. τῆς λοιδορίας (1)
21. 5. οὐκ ἔστιν ἄρτος οὐδὲ ὕδωρ (1)
— 16. δώσω αὐτοῖς ὕδωρ πιεῖν (1)
— 22. οὐ πιόμεθα ὕδωρ ἐκ φρέατός σου (1)
24. 6. ὡσεὶ κέδροι παρ' ὕδατα (1)
27. 14. οὐχ ἡγιάσατέ με ἐπὶ τῷ ὕ. (1)
— 14. B τοῦτο ἔστιν ὕ. [A R τὸ ὕ.] ἀντιλογίας (1)
31. 23. τῷ ὕ. τοῦ ἁγνισμοῦ ἁγνισθήσεται (1)
— 23. πάντα . . . διελεύσεται δι' ὕδατος (1)
33. 9. A ἐν Αἰ. δώδεκα πηγαὶ ὑδάτων ὑδάτων [B *om.*] (1, –)
— 9. παρενέβαλον ἐκεῖ παρὰ τὸ ὕ. –
— 14. οὐκ ἦν ἐκεῖ ὕδωρ τῷ λαῷ πιεῖν (1)
De. 2. 6. καὶ ὕδωρ μέτρῳ λήψεσθε (1)
— 28. ὕδωρ ἀργυρίου ἀποδώσῃ μοι (1)
4. 18. ὅσα ἐστὶν ἐν τοῖς ὕ. ὑποκάτω τῆς γῆς (1)
5. 8. ὅσα ἐν τοῖς ὕ. [A τῷ ὕ.] ὑποκάτω τῆς γῆς (1)
8. 7. οὗ χείμαρροι ὑδάτων (1)
— 15. οὗ οὐκ ἦν ὕδωρ (1)
— 15. τοῦ ἐξαγαγόντος σοι . . . πηγὴν ὕδατος (1)
9. 9, 18. ὕδωρ οὐκ ἔπιον (1)
10. 7. γῆ χείμαρροι [A -ου] ὑδάτων (1)
11. 4. ὡς ἐπέκλυσε τὸ ὕ. τῆς θαλ. (1)
— 11. ἐκ τοῦ ὑετοῦ τοῦ οὐρ. πίεται ὕδωρ (1)
12. 16, 24. ἐπὶ τὴν γῆν ἐκχεεῖτε αὐτὸ ὡς ὕδωρ (1)
14. 9. ἀπὸ πάντων τῶν ἐν τῷ ὕ. [A τοῖς ὕ.] (1)
15. 23. ἐπὶ τὴν γῆν ἐκχεεῖς αὐτὸ ὡς ὕδωρ (1)
23. 4 (5). παρὰ τὸ μὴ συναντῆσαι αὐτοὺς ὑμῖν μετὰ . . . ὕδατος (1)
— 11 (12). λούσεται τὸ σῶμα αὐ. ὕδατι (1)
32. 51. ἠπειθήσατε . . . ἐπὶ τοῦ ὕ. ἀντιλογίας (1)
33. 8. ἐλοιδόρησαν αὐτὸν ἐφ' ὕδατος ἀντιλογίας (1)
Jo. 3. 8. ὡς ἂν εἰσέλθητε ἐπὶ μέρους τοῦ ὕ. τοῦ Ἰ. (1)
— 13. ὡς ἂν καταπαύσωσιν οἱ πόδες . . . ἐν τῷ ὕ. τοῦ Ἰ. (1)
— 13. τὸ ὕ. τοῦ Ἰ. ἐκλείψει (1)
— 13. τὸ δὲ ὕ. τὸ καταβαῖνον στήσεται (1)
— 15. ἐβάφησαν εἰς μέρος τοῦ ὕ. τοῦ Ἰ. (1)
— 16. ἔστη τὰ ὕ. τὰ καταβαίνοντα ἄνωθεν (1)
4. 18. ὥρμησε τὸ ὕ. τοῦ Ἰ. κατὰ χώραν (1)
— 23. ἀποξηράναντος κ. τοῦ θ. ἡμῶν τὸ ὕ. τοῦ Ἰ. (1)
7. 5. ἐγένετο ὥσπερ ὕδωρ (1)
11. 5. παρενέβαλον ἐπὶ τοῦ ὕ. Μ. (1)
— 7. ἦλθεν Ἰ. . . . ἐπὶ τὸ ὕ. Μ. (1)
15. 7. διεκβάλλει ἐπὶ τὸ ὕ. τῆς πηγῆς ἡλίου (1)
— 9. ἐπὶ πηγὴν ὕδατος [A τοῦ ὕ.] Μ. (1)
18. 15. ἐπὶ πηγὴν ὕδατος Ν. (1)
Jd. 1. 15. δώσεις μοι λύτρωσιν ὕδατος (1)
4. 19. πότισόν με δὴ μικρὸν ὕ. (1)
5. 4. αἱ νεφέλαι ἔσταξαν ὕδωρ (1)
— 19. ἐπολέμησαν . . . ἐπὶ ὕδατι [A -ος] Μεγ. (1)
— 25. ὕδωρ ᾔτησε (1)
6. 38. πλήρης λεκάνη ὕδατος (1)
7. 4. κατένεγκον αὐτοὺς πρὸς τὸ ὕ. (1)
— 5. κατήνεγκε τὸν λαὸν πρὸς τὸ ὕ. (1)
— 5. ὃς ἂν λάψῃ τῇ γλώσσῃ αὐ. ἀπὸ τοῦ ὕ. (1)
— 6. ἔκλιναν ἐπὶ τὰ γόνατα αὐ. πιεῖν ὕδωρ (1)
— 24. καταλάβετε ἑαυτοῖς τὸ ὕ. (1)
— 24. προκατελάβοντο τὸ ὕ. (1)
15. 19. ἐξῆλθεν ἐξ αὐτοῦ ὕδωρ [A ὕδατα] (1)
I Ki. 7. 6. καὶ ὑδρεύονται ὕδωρ (1)
9. 11. ἐξεληλυθότα ὑδρεύεσθαι ὕδωρ (1)
26. 11. λάβε . . . τὸν φακὸν τοῦ ὕ. (1)
— 12. ἔλαβε . . . τὸν φακὸν τοῦ ὕ. [A *om.* τ. ὕ.] (1)
— 16. τὸ δόρυ τοῦ βασ. καὶ ὁ φακὸς τοῦ ὕ. (1)
30. 11. ἐπότισαν αὐτὸν ὕδωρ (1)
— 12. οὐ πεπώκει ὕδωρ (1)
II Ki. 5. 20. ὡς διακόπτεται ὕδατα (1)
12. 27. κατελαβόμην τὴν πόλιν τῶν ὕ. (1)
14. 14. ὥσπερ τὸ ὕ. τὸ καταφθειρόμ. ἐπὶ τῆς γῆς (1)
17. 20. παρῆλθαν μικρὸν τοῦ ὕ. (1)
— 21. διάβητε ταχέως τὸ ὕ. (1)
21. 10. ἕως ἔσταξεν ἐπ' αὐτοὺς ὕδωρ (1)
22. 12. ἡ σκηνὴ αὐ. σκότος ὑδάτων (1)
— 17. εἵλκυσέ με ἐξ ὕ. πολλῶν (1)
23. 15. τίς ποτιεῖ με ὕδωρ ἐκ τοῦ λάκκου (1)
— 16. ὑδρεύσαντο ὕδωρ ἐκ τοῦ λάκκου (1)
III Ki. 12. 24. B ἱμάτιον καινὸν τὸ οὐκ εἰσεληλυθὸς εἰς ὕδωρ –
13. 8. οὐδὲ μὴ πίω ὕδωρ ἐν τῷ τόπῳ τούτῳ (1)
— 9. μὴ πίῃς ὕδωρ (1)
— 16. οὐδὲ πίομαι ὕδωρ ἐν τῷ τόπῳ τούτῳ (1)
— 17. μὴ πίῃς ὕδωρ (1)
— 18. καὶ πιέτω ὕδωρ (1)
— 19. καὶ ἔπιεν ὕδωρ (1)

III Ki. 13. 22. καὶ ἔπιες ὕδωρ ἐν τῷ τόπῳ τούτῳ (1)
— 22. μὴ πίῃς ὕδωρ (1)
— 23. μετὰ τὸ . . . πιεῖν ὕδωρ †
14. 15. A καθὰ κινεῖται ὁ ἄνεμος ἐν τῷ ὕ. (1)
17. 4. ἐκ τοῦ χειμάρρου πίεσαι ὕδωρ –
— 6. ἐκ τοῦ χειμάρρου ἔπινεν ὕδωρ –
— 10. λάβε δή μοι ὀλίγον ὕ. εἰς ἄγγος (1)
18. 4. διέτρεφεν αὐτοὺς ἐν ἄρτῳ καὶ ὕδατι (1)
— 5. διέλθωμεν . . . ἐπὶ πηγὰς τῶν ὕ. (1)
— 13. καὶ ἔθρεψα ἐν ἄρτοις καὶ ὕδατι (1)
— 33 (34). λάβετέ μοι τέσσαρας ὑδρίας ὕδατος (1)
— 35. διεπορεύετο τὸ ὕ. κύκλῳ τοῦ θυσιαστ. (1)
— 35. τὴν θάλασσαν ἔπλησαν ὕδατος (1)
— 36. A καὶ ἐγένετο κατὰ ἀνάβασιν τὸ ὕ. †
— 38. κατέφαγε . . . τὸ ὕ. τὸ ἐν τῇ θαλάσσῃ (1)
— 44. νεφέλη μικρὰ . . . ἀνάγουσα ὕδωρ †
19. 6. πρὸς κεφαλῆς αὐ. . . . καψάκης ὕδατος (1)
22. 27. καὶ ἐσθίειν αὐτὸν . . . ὕδωρ θλίψεως (1)
IV Ki. 2. 8. ἐπάταξε τὸ ὕ. (1)
— 8. διῃρέθη τὸ ὕ. ἔνθα καὶ ἔνθα –
— 14. ἐπάταξε τὸ ὕ. (1)
— 14. ἐπάταξε τὰ ὕ. [A¹ τὸ ὕ.] (1)
— 19. καὶ τὰ ὕ. πονηρά (1)
— 21. ἐξῆλθεν Ἐλ. εἰς τὴν διέξοδον τῶν ὕ. (1)
— 21. ἴαμαι τὰ ὕ. ταῦτα (1)
— 22. ἰάθησαν τὰ ὕ. (1)
3. 9. οὐκ ἦν ὕδωρ τῇ παρεμβολῇ (1)
— 11. ὃς ἐπέχεεν ὕδωρ ἐπὶ χεῖρας Ἠ. (1)
— 17. ὁ χειμάρρους οὗτος πλησθήσεται ὕδατος (1)
— 19. πάσας πηγὰς ὕδατος ἐμφράξατε (1)
— 20. ὕδατα ἤρχοντο ἐξ ὁδοῦ Ἐδώμ (1)
— 20. ἐπλήσθη ἡ γῆ ὕδατος (1)
— 22. ὁ ἥλιος ἀνέτειλεν ἐπὶ τὰ ὕ. (1)
— 22. εἶδε Μ. ἐξ ἐναντίας τὰ ὕ. πυρρά (1)
— 25. A πᾶσαν πηγὴν ὕδατος [B *om.*] ἐνέφραξαν (1)
5. 12. οὐχὶ ἀγαθὸς Ἀβ. . . . ὑπὲρ πάντα τὰ ὕ. Ἰσρ. (1)
6. 5. τὸ σιδήριον ἐξέπεσεν εἰς τὸ ὕ. (1)
— 22. παράθες . . . ὕδωρ ἐνώπιον αὐτῶν (1)
8. 15. καὶ ἔβαψε τῷ ὕ. (1)
18. 31. πίεται ὕδωρ τοῦ λάκκου αὐ. (1)
19. 24. ἔπιον ὕ. ἀλλότρια (1)
20. 20. εἰσήνεγκε τὸ ὕ. εἰς τὴν πόλιν (1)
I Ch. 11. 17. τίς ποτιεῖ με ὕδωρ ἐκ τοῦ λάκκου B. (1)
— 18. A B S² καὶ ὑδρεύσαντο ὕδωρ (1)
14. 11. διέκοψεν . . . ὡς διακοπὴν ὕδατος (1)
II Ch. 18. 26. ἐσθιέτω . . . ὕδωρ θλίψεως (1)
32. 3. ἐμφράξαι τὰ ὕ. τῶν πηγῶν (1)
— 4. ἐνέφραξε τὰ ὕ. τῶν πηγῶν –
— 4. μὴ . . . εὕρῃ ὕ. πολύ (1)
— 30. ἐνέφραξε τὴν ἔξοδον τοῦ ὕ. Σ. τὸ ἄνω (1)
I Es. 9. 2. οὐδὲ ὕδωρ ἔπιε (1)
II Es. 10. 6. ὕδωρ οὐκ ἔπιεν (1)
Ne. 3. 26. ἕως κήπου πύλης τοῦ ὕ. (1)
8. 1. εἰς τὸ πλάτος τὸ ἔμπροσθεν πύλης τοῦ ὕ. (1)
9. 11. ὡσεὶ λίθον ἐν ὕ. σφοδρῷ (1)
— 15. ὕδωρ ἐκ πέτρας ἐξήνεγκας αὐτοῖς (1)
— 20. ὕδωρ ἔδωκας αὐτοῖς τῷ δίψει αὐ. (1)
12. 37. ἕως πύλης τοῦ ὕ. (1)
13. 2. οὐ συνήντησαν τοῖς υἱοῖς Ἰσρ. . . . ἐν ὕδατι (1)
To. 6. 2. S ἀναπηδήσας ἰχθὺς μέγας ἐκ τοῦ ὕ. [A B *al.*]
Ju. 2. 7. ἑτοιμάζειν γῆν καὶ ὕδωρ
7. 7. B S τὰς πηγὰς τῶν ὕ. [A R *add.* αὐ.] ἐφώδευσε
— 12. ἐπικρατησάτωσαν . . . τῆς πηγῆς τοῦ ὕ.
— 17. προκατελάβοντο τὰ ὕ. καὶ τὰς πηγὰς τῶν ὕ.
— 20. πάντα τὰ ἀγγεῖα αὐτῶν τῶν ὕ.
— 21. οὐκ εἶχον πιεῖν εἰς πλησμονὴν ὕδωρ
8. 9. ὠλιγοψύχησαν ἐπὶ τῇ σπάνει τῶν ὕ.
9. 12. κτίστα τῶν ὕ.
10. 3. περιεκλύσατο τὸ σῶμα ὕδατι
11. 12. καὶ ἐσπανίσθη πᾶν ὕ.
12. 7. A B ἐβαπτίζετο . . . ἐπὶ τῆς πηγῆς τοῦ ὕ.
16. 15. ὄρη γὰρ . . . σὺν ὕδασι σαλευθήσεται
Es. 1. 1. ἐγένετο . . . ὕ. πολύ
10. 3. ἦν φῶς καὶ ἥλιος καὶ ὕ. πολύ
Jb. 5. 10. ἀποστέλλοντα ὕδωρ ἐπὶ τὴν ὑπ' οὐρανόν (1)
8. 11. μὴ θάλλει πάπυρος ἄνευ ὕδατος †
11. 15. ἀναλάμψει σου τὸ πρόσωπον ὥσπερ ὕδωρ καθαρόν †
12. 15. ἐὰν κωλύσῃ τὸ ὕ. ξηρανεῖ τὴν γῆν (1)
14. 9. ἀπὸ ὀσμῆς ὕδατος ἀνθήσει (1)
— 19. λίθους ἐλέαναν [A -εν] ὕδατα καὶ κατέκλυσεν ὕδατα ὕπτια τοῦ χώματος τῆς γῆς (1, †)
22. 7. οὐδὲ ὕδωρ διψῶντας ἐπότισας (1)

Jb. 22. 11. κοιμηθέντα δὲ ὕδωρ σε ἐκάλυψε (1)
24. 18. ἐλαφρός ἐστιν ἐπὶ πρόσωπον [A -ου] ὕδατος (1)
26. 5. μὴ γίγαντες [S¹ γείτονες] μαιωθήσονται ὑποκάτωθεν ὕδατος (1)
— 8. δεσμεύων ὕδωρ ἐν νεφέλαις αὐτοῦ (1)
— 10. πρόσταγμα ἐγύρωσεν ἐπὶ πρόσωπον ὕδατος (1)
27. 20. συνήντησαν αὐτῷ ὥσπερ ὕδωρ [S¹ σῆτες] αἱ ὀδύναι (1)
28. 25. ὕδατος [A -ων] μέτρα ὅτε ἐποίησεν (1)
29. 19. ἡ ῥίζα διήνοικται ἐπὶ ὕδατος (1)
34. 7. πίνων μυκτηρισμὸν ὥσπερ ὕδωρ (1)
37. 10. οἰακίζει δὲ τὸ [A *om.*] ὕ. ὡς ἐὰν βούληται (1)
38. 30. ἣ καταβαίνει ὥσπερ ὕδωρ ῥέον (1)
— 34. A R καὶ τρόμῳ [A δρόμῳ] ὕδατος λάβρου [B S -ῳ] ὑπακούσεταί [S ἐπακ.] σου (1)
41. 25 (26). αὐτὸς δὲ βασιλεὺς πάντων τῶν ἐν τοῖς ὕ. †
Ps. 1. 3. παρὰ τὰς διεξόδους τῶν ὕ. (1)
17 (18). 11. σκοτεινὸν ὕδωρ ἐν νεφέλαις ἀέρων (1)
— 15. ὤφθησαν αἱ πηγαὶ τῶν ὕ. (1)
— 16. προσελάβετό με ἐξ ὑδάτων πολλῶν (1)
21 (22). 14. ὡσεὶ ὕδωρ ἐξεχύθην [S² -θη] (1)
22 (23). 2. ἐπὶ ὕδατος ἀναπαύσεως ἐξέθρεψέ με (1)
28 (29). 3. φωνὴ κυρίου ἐπὶ τῶν ὕ. (1)
— 3. κύριος ἐπὶ ὑδάτων πολλῶν (1)
31 (32). 6. ἐν κατακλυσμῷ ὑδάτων πολλῶν (1)
32 (33). 7. συνάγων ὡσεὶ ἀσκὸν ὕδατα θαλάσσης (1)
41 (42). 1. ὃν τρόπον ἐπιποθεῖ ἡ ἔλαφος ἐπὶ τὰς πηγὰς τῶν ὕ. (1)
45 (46). 3. ἐταράχθησαν τὰ ὕ. αὐτῶν [S¹ τὰ κύματα] (1)
57 (58). 7. ἐξουδενωθήσονται ὡς ὕδωρ διαπορευόμενον (1)
64 (65). 7. B ὁ συνταράσσων τὸ ὕ. [S R κύτος] τῆς θαλάσσης †
— 9. ὁ ποταμὸς τοῦ θεοῦ ἐπληρώθη ὑδάτων (1)
65 (66). 12. διήλθομεν διὰ πυρὸς καὶ ὕδατος (1)
68 (69). 1. εἰσήλθοσαν ὕδατα ἕως ψυχῆς μου (1)
— 14. ῥυσθείην . . . ἐκ τοῦ βάθους τῶν ὕ. (1)
— 15. μή με καταποντισάτω καταιγὶς ὕδατος (1)
73 (74). 13. σὺ συνέτριψας τὰς κεφαλὰς τῶν δρακόντων ἐπὶ τοῦ ὕ. (1)
76 (77). 16. εἴδοσάν σε ὕδατα, ὁ θεός, εἴδοσάν σε ὕδατα (1, 1)
— 17. B S¹ πλῆθος ἤχους ὕδατος [S² R ὑδάτων] (1)
— 19. αἱ τρίβοι σου ἐν ὕδασι πολλοῖς (1)
77 (78). 13. ἔστησεν ὕδατα ὡσεὶ ἀσκόν (1)
— 16. ἐξήγαγεν ὕδωρ ἐκ πέτρας καὶ κατήγαγεν ὡς ποταμοὺς ὕδατα (2, 1)
— 20. ἐρρύησαν ὕδατα (1)
78 (79). 3. ἐξέχεαν τὸ αἷμα αὐτῶν ὡς ὕδωρ (1)
80 (81). 7. ἐδοκίμασά σε ἐπὶ ὕδατος ἀντιλογίας (1)
87 (88). 17. ἐκύκλωσάν με ὡς ὕδωρ (1)
92 (93). 4. ἀπὸ φωνῶν ὑδάτων πολλῶν (1)
103 (104). 3. ὁ στεγάζων ἐν ὕδασι τὰ ὑπερῷα αὐτοῦ (1)
— 6. ἐπὶ τῶν ὀρέων στήσονται ὕδατα (1)
— 10. ἀνὰ μέσον τῶν ὀρέων διελεύσονται ὕδατα –
104 (105). 29. μετέστρεψε τὰ ὕ. αὐ. εἰς αἷμα (1)
— 41. ἐρρύησαν ὕδατα (1)
105 (106). 11. ἐκάλυψεν ὕδωρ τοὺς θλίβοντας αὐτούς (1)
— 32. παρώργισαν αὐτὸν ἐπὶ ὕδατος ἀντιλογίας (1)
106 (107). 23. ποιοῦντες ἐργασίαν ἐν ὕδασι πολλοῖς (1)
— 33. καὶ διεξόδους ὑδάτων εἰς δίψαν (1)
— 35. ἔθετο ἔρημον εἰς λίμνας ὑδάτων καὶ γῆν ἄνυδρον εἰς διεξόδους ὑδάτων [S¹ *om.* καὶ . . . ὕ.] (1, 1)
108 (109). 18. εἰσῆλθεν ὡσεὶ ὕδωρ εἰς τὰ ἔγκατα αὐτοῦ (1)
109 (110). 7. A ἐκ χειμάρρου ἐν ὁδῷ πίεται ὕδωρ [S R *om.*] –
113 (114). 8. τοῦ στρέψαντος τὴν πέτραν εἰς λίμνας ὑδάτων καὶ τὴν ἀκρότομον εἰς πηγὰς ὑδάτων (1, 1)
118 (119). 136. S R διεξόδους ὑδάτων κατέβησαν [A διεβ.] οἱ ὀφθαλμοί μου (1)
123 (124). 4. ἄρα τὸ ὕ. ἂν κατεπόντισεν ἡμᾶς (1)
— 5. ἄρα διῆλθεν ἡ ψυχὴ ἡμῶν τὸ ὕ. τὸ ἀνυπόστατον (1)
135 (136). 6. A S² R τῷ στερεώσαντι τὴν γῆν ἐπὶ τῶν ὕ. [S¹ τὸ ὕ.] (1)
143 (144). 7. ῥῦσαί με ἐξ ὑδάτων πολλῶν (1)

Ps. 147. 7 (18). ῥυήσεται ὕδατα (1)
148. 4. καὶ τὸ ὕ. τὸ ὑπεράνω τῶν οὐρανῶν (1)
Pr. 5. 15. πῖνε ὕδατα ἀπὸ σῶν ἀγγείων (1)
— 16. μὴ [A S^{2} om.] ὑπερεκχείσθω σοι ὕδατα [A τὰ ὕ.] ἐκ τῆς σῆς πηγῆς †
— 16. εἰς δὲ σὰς πλατείας διαπορευέσθω τὰ σὰ ὕ. (1)
— 18. ἡ πηγή σου τοῦ ὕ. ἔστω σοι ἰδία –
8. 24. πρὸ τοῦ προελθεῖν τὰς πηγὰς τῶν ὕ. (1)
— 29. A S^{2} ὕδατα οὐ παρελεύσονται στόματος αὐτοῦ (1)
9. 17. καὶ ὕδατος κλοπῆς γλυκεροῦ (1)
— 18. οὕτως γὰρ διαβήσῃ ὕδωρ ἀλλότριον –
— 18. ἀπὸ δὲ ὕδατος ἀλλοτρίου ἀπόσχου –
18. 4. ὕδωρ βαθὺ λόγος ἐν καρδίᾳ ἀνδρός (1)
20. 5. ὕδωρ βαθὺ βουλὴ ἐν καρδίᾳ ἀνδρός (1)
21. 1. ὥσπερ ὁρμὴ ὕδατος (1)
24. 27 (30. 4). τίς συνέστρεψεν ὕδωρ ἐν ἱματίῳ (1)
— 51 (30. 16). καὶ γῆ οὐκ ἐμπιπλαμένη ὕδατος καὶ ὕδωρ καὶ πῦρ οὐ μὴ εἴπωσιν, Ἀρκεῖ (1, –)
25. 25. ὥσπερ ὕδωρ ψυχρὸν ψυχῇ διψώσῃ προσηνές (1)
— 26. καὶ ὕδατος ἔξοδον λυμαίνοιτο (3)
Ec. 2. 6. ἐποίησά μοι κολυμβήθρας ὑδάτων (1)
11. 1. A B^{2} S R ἀπόστειλον τὸν ἄρτον σου ἐπὶ πρόσωπον τοῦ ὕδ. (1)
Ca. 4. 15. φρέαρ ὕδατος ζῶντος καὶ ῥοιζοῦντος (1)
5. 12. A S ὡς περιστεραὶ ἐπὶ πληρώματα ὑδάτων . . . καθήμεναι ἐπὶ πληρώματα ὑδάτων [B om.] (1, –)
8. 7. ὕδωρ πολὺ οὐ δυνήσεται σβέσαι τὴν ἀγάπην (1)
Wi. 5. 10. ὡς ναῦς διερχομένη κυμαινόμενον ὕδωρ
— 22. ἀγανακτήσει κατ' αὐτῶν ὕδωρ θαλάσσης
10. 18. διήγαγεν αὐτοὺς δι' ὕδατος πολλοῦ
11. 4. ἐδόθη αὐτοῖς ἐκ πέτρας ἀκροτόμου ὕδωρ
— 7. ἔδωκας αὐτοῖς δαψιλὲς ὕ. ἀνελπίστως
13. 2. ἢ κύκλον ἄστρων ἢ βίαιον ὕδωρ
16. 17. ἐν τῷ πάντα σβεννύντι ὕ.
— 19. μεταξὺ ὕδατος ὑπὲρ τὴν πυρὸς δύναμιν φλέγει
— 29. ῥυήσεται ὡς ὕδωρ ἄχρηστον
17. 19. ῥυθμὸς ὕδατος πορευομένου βίᾳ
18. 5. ἀπώλεσας ἐν ὕδατι σφοδρῷ
19. 7. ἐκ δὲ προϋφεστῶτος ὕδατος ξηρᾶς ἀνάδυσις γῆς ἐθεωρήθη
— 20. πῦρ ἴσχυσεν ἐν ὕδατι τῆς ἰδίας δυνάμεως [A δ. ἐπιλελησμένον] καὶ ὕδωρ τῆς σβεστικῆς δυνάμεως [A S φύσεως] ἐπελανθάνετο
Si. 3. 30. πῦρ φλογιζόμενον ἀποσβέσει ὕδωρ
15. 3. ὕδωρ σοφίας ποτίσει αὐτόν
— 16. παρέθηκέ σοι πῦρ καὶ ὕδωρ
18. 10. ὡς σταγὼν ὕδατος ἀπὸ θαλάσσης
25. 25. μὴ δῷς ὕδατι διέξοδον
26. 12. ἀπὸ παντὸς ὕδατος τοῦ σύνεγγυς πίεται
29. 21. ἀρχὴ ζωῆς [A^{2} ζ. ἀνθρώπου] ὕδωρ καὶ ἄρτος
38. 5. οὐκ ἀπὸ ξύλου ἐγλυκάνθη ὕδωρ
39. 17. ἔστη ὡς θημωνία ὕδωρ καὶ ἐν ῥήματι στόματος αὐτοῦ ἀποδοχεῖα ὑδάτων
— 23. ὡς μετέστρεψεν ὕδατα εἰς ἅλμην
— 26. ὕδωρ πῦρ καὶ σίδηρος
40. 11. ἀπὸ ὑδάτων εἰς θάλασσαν ἀνακάμπτει
— 16. ἄχει ἐπὶ παντὸς ὕδατος . . . ἐκτιλήσεται
43. 20. παγήσεται κρύσταλλος ἀφ' [A S ἐφ'] ὕδατος
— 20. ἐπὶ πᾶσαν συναγωγὴν ὕδατος καταλύσει καὶ ὡς θώρακα ἐνδύσεται [S ἐκδ.] τὸ ὕ.
48. 17. A εἰσήγαγεν εἰς μέσον αὐτῆς ὕδωρ [B S al.]
— 17. ᾠκοδόμησε κρήνας εἰς ὕδατα
50. 3. ἠλαττώθη ἀποδοχεῖον [A S -εία] ὑδάτων
— 8. ὡς κρίνα ἐπ' ἐξόδων [A S -ῳ] ὕδατος
Ho. 2. 5 (7). τῶν διδόντων μοι . . . τὸ ὕ. μου (1)
5. 10. ἐκχεῶ ὡς ὕδωρ τὸ ὅρμημά μου (1)
6. 9 (8). πόλις . . . ταράσσουσα ὕδωρ †
10. 7. ὡς φρύγανον ἐπὶ προσώπου ὕδατος (1)
11. 10. ἐκστήσονται τέκνα ὑδάτων †
Am. 4. 8. συναθροισθήσονται . . . τοῦ πιεῖν ὕδωρ (1)
5. 8. ὁ προσκαλούμενος τὸ ὕ. τῆς θαλάσσης (1)
— 24. κυλισθήσεται ὡς ὕδωρ κρίμα (1)
8. 11. οὐ λιμὸν ἄρτων οὐδὲ δίψαν ὕδατος (1)
— 12. σαλευθήσονται ὕδατα τῆς θαλάσσης †
9. 6. ὁ προσκαλούμενος τὸ ὕ. τῆς θαλάσσης (1)
Mi. 1. 4. ὡς ὕδωρ καταφερόμενον ἐν καταβάσει (1)
7. 12. A ἡμέρα ὕδατος καὶ θορύβου –
Jl. 1. 20. ἐξηράνθησαν ἀφέσεις ὑδάτων (1)
3 (4). 18. πᾶσαι αἱ ἀφέσεις Ἰ. ῥυήσονται ὕδατα (1)
Jn. 2. 6. περιεχύθη ὕδωρ μοι ἕως ψυχῆς (1)
Jn. 3. 7. μηδὲ ὕδωρ πιέτωσαν (1)
Na. 1. 12. κύριος κατάρχων ὑδάτων πολλῶν †
2. 8 (9). ὡς κολυμβήθρα ὕδατος τὰ ὕ. αὐ. [A al.] (1, 1)
3. 8. ὕδωρ κύκλῳ αὐτῆς (1)
— 8. καὶ ὕδωρ τὰ τείχη αὐ. †
— 14. ὕδωρ περιοχῆς ἐπίσπασαι σεαυτῇ [S^{1} al.] (1)
Hb. 2. 14. ὡς ὕδωρ [A ὕ. πολὺ] κατακαλύψει αὐτούς (1)
3. 10. σκορπίζων ὕδατα πορείας (1)
— 15. τοὺς ἵππους σου ταράσσοντας ὕ. πολὺ [S^{3} ὕ. πολλά] (1)
Za. 9. 10. καὶ κατάρξει ὑδάτων †
— 11. ἐκ λάκκου οὐκ ἔχοντος ὕδωρ (1)
14. 8. ἐξελεύσεται ὕδωρ ζῶν ἐξ Ἰερ. (1)
Is. 1. 22. μίσγουσι τὸν οἶνον ὕδατι (1)
— 30. ὡς παράδεισος ὕ. μὴ ἔχων (1)
3. 1. ἀφελεῖ . . . ἰσχὺν ὕδατος (1)
5. 13. διὰ λιμὸν καὶ δίψος ὕδατος –
8. 6. διὰ τὸ μὴ βούλεσθαι τὸν λαὸν τ. τὸ ὕ. τοῦ Σ. (1)
— 7. κύριος ἀνάγει ἐφ' ὑμᾶς τὸ ὕ. τοῦ ποταμοῦ (1)
11. 9. ὡς ὕ. πολὺ κατακαλύψαι θαλάσσας (1)
12. 3. ἀντλήσετε ὕ. μετ' εὐφροσύνης (1)
15. 6. τὸ ὕ. τῆς Νεμηρεὶμ ἔρημον ἔσται [S^{1} al.] (1)
— 9. τὸ δὲ ὕ. τὸ Δειμὼν πλησθήσεται αἵματος (1)
17. 12. νῶτος ἐθνῶν πολλῶν ὡς ὕ. ἠχήσει (1)
— 13. ὡς ὕ. πολὺ ἔθνη πολλὰ ὡς ὕδατος πολλοῦ βίᾳ φερομένου [A καταφ.] (–, 1)
18. 2. ὁ ἀποστέλλων . . . ἐπιστολὰς βιβλίνας ἐπάνω τοῦ ὕ. (1)
19. 5. πίονται οἱ Αἰγύπτιοι ὕ. τὸ παρὰ θάλασσαν (1)
— 6. ξηρανθήσεται πᾶσα συναγωγὴ ὕδατος †
21. 14. διψῶντι ὕ. φέρετε (1)
22. 9. ἀπέστρεψε τὸ ὕ. τῆς ἀρχαίας κολυμβήθρας (1)
— 11. ἐποιήσατε ἑαυτοῖς ὕ. †
23. 3. διαπερῶντες τὴν θάλασσαν ἐν ὕδατι πολλῷ (1)
24. 14. ταραχθήσεται τὸ ὕ. τῆς θαλάσσης †
28. 2. ὡς ὕδατος πολὺ πλῆθος σῦρον χώραν (1)
30. 14. A B S^{2} ἐν ᾧ ἀποσυριεῖς ὕ. (1)
— 20. δώσει . . . ἄρτον θλίψεως καὶ ὕ. στενόν (1)
— 22. λικμήσεις ὡς ὕ. ἀποκαθημένης †
— 25. ἔσται . . . ὕ. διαπορευόμενον (1)
— 28. ὡς ὕ. ἐν φάραγγι σῦρον ἥξει –
— 30. ὡς ὕ. καὶ χάλαζα –
32. 2. κρυβήσεται ὡς ἀφ' ὕδατος φερομένου (1)
— 20. μακάριοι οἱ σπείροντες ἐπὶ πᾶν ὕ. (1)
33. 16. τὸ ὕ. αὐτοῦ πιστόν (1)
35. 6. ἐρράγη ἐν τῇ ἐρήμῳ ὕ. (1)
— 7. εἰς τὴν διψῶσαν γῆν πηγὴ ὕδατος ἔσται (1)
36. 16. πίεσθε ὕ. τοῦ λάκκου ὑμῶν (1)
37. 25. ἠρήμωσα ὕδατα καὶ πᾶσαν συναγωγὴν ὕδατος (1, †)
40. 12. τίς ἐμέτρησε τῇ χειρὶ τὸ ὕ. (1)
41. 17. ζητήσουσι γὰρ ὕδωρ καὶ οὐκ ἔσται (1)
— 18. ποιήσω τὴν ἔρημον εἰς ἕλη ὑδάτων [A S^{3} om.] (1)
43. 2. ἐὰν διαβαίνῃς δι' ὕδατος (1)
— 16. ὁ διδοὺς . . . ἐν ὕδατι ἰσχυρῷ τρίβον (1)
— 20. ἔδωκα ἐν τῇ ἐρήμῳ ὕ. (1)
44. 3. δώσω ὕ. ἐν δίψει τοῖς πορευομένοις (1)
— 4. ἀνατελοῦσιν ὡς ἀνὰ μέσον ὕδατος χόρτος καὶ ὡς ἰτέα ἐπὶ παραρρέον ὕ. (–, 1)
— 12. οὐ μὴ πίῃ ὕ. (1)
48. 21. ὕ. ἐκ πέτρας ἐξάξει αὐτοῖς (1)
— 21. ῥυήσεται ὕ. (1)
49. 10. διὰ πηγῶν ὑδάτων ἄξει αὐτούς (1)
50. 2. ἀπὸ τοῦ μὴ εἶναι ὕ. (1)
51. 10. ὕ. ἀβύσσου πλῆθος (1)
54. 9. ἀπὸ τοῦ ὕ. τοῦ ἐπὶ Νῶε τοῦτό μοί ἐστι (1)
55. 1. οἱ διψῶντες πορεύεσθε ἐφ' ὕ. (1)
58. 11. ἣν μὴ ἐξέλιπεν ὕ. (1)
63. 12. κατίσχυσεν ὕ. ἀπὸ προσώπου αὐτοῦ (1)
Je. 2. 13. ἐμὲ ἐγκατέλιπον πηγὴν ὕδατος ζωῆς [A S^{2} ζῶντος] (1)
— 13. οἳ οὐ δυνήσονται ὕ. συνέχειν (1)
— 18. τοῦ πιεῖν ὕ. Γηὼν . . . τοῦ πιεῖν ὕ. ποταμῶν (1, 1)
— 24. τὰς ὁδοὺς αὐτῆς ἐπλάτυνεν ἐφ' ὕδατα ἐρήμου †
6. 7. ὡς ψύχει λάκκος ὕ. (1)
8. 14. ἐπότισεν ἡμᾶς ὕ. χολῆς (1)
9. 1 (8. 23). τίς δώσει κεφαλῇ μου ὕ. (1)
— 15 (14). ποτιῶ αὐτοὺς ὕ. χολῆς (1)
— 18 (17). τὰ βλέφαρα ὑμῶν ῥεῖτω ὕ. (1)
10. 13. πλῆθος ὕδατος ἐν οὐρανῷ (1)
Je. 13. 1. ἐν ὕδατι οὐ διελεύσεται (1)
14. 3. ἀπέστειλαν [S^{1} -τησαν] τοὺς νεωτέρους αὐ. ἐφ' ὕ. (1)
— 3. οὐχ εὕροσαν ὕ. (1)
15. 18. ἐγενήθη μοι ὡς ὕ. ψευδές [A S -δος] (1)
17. 8. ἔσται ὡς ξύλον εὐθηνοῦν παρ' ὕδατα (1)
18. 14. μὴ ἐκκλίνῃ ὕ. βιαίως ἀνέμῳ φερόμενον (1)
23. 15. ποτιῶ αὐτοὺς ὕ. πικρόν (1)
26 (46). 7. ὡς ποταμοὶ κυμαίνουσιν ὕ. [S^{1} om.] (1)
— 8. ὕδατα Αἰγύπτου ὡς ποταμὸς ἀναβήσεται –
27 (50). 38. ἐπὶ [S ἐν] τῷ ὕ. αὐτῆς [A add. ἐπεποίθει] (1)
28 (51). 13. ἐπὶ . . . κατασκηνοῦντας ἐφ' ὕδασι πολλοῖς (1)
— 16. εἰς φωνὴν ἔθετο ἦχος ὕδατος (1)
— 55. φωνὴν μεγάλην ἠχοῦσαν ὡς ὕδατα πολλά (1)
29 (47). 2. ὕδατα ἀναβαίνει ἀπὸ βορρᾶ (1)
29 (49). 19. S^{1} ἀναβήσεται ἐκ τοῦ ὕ. [A B S^{2} ἐκ μέσου τοῦ Ἰορδάνου] †
31 (48). 34. τὸ ὕ. Νεβρεὶν εἰς κατάκαυμα ἔσται (1)
38 (31). 9. αὐλίζων ἐπὶ διώρυγας ὑδάτων (1)
45 (38). 6. ἐν τῷ λάκκῳ οὐκ ἦν ὕ. (1)
48 (41). 12. εὗρον αὐτὸν ἐπὶ ὕδατος πολλοῦ (1)
La. 1. 16. ὁ ὀφθαλμός μου κατήγαγεν ὕ. (1)
2. 19. ἔκχεον ὡς ὕ. καρδίαν σου (1)
3. 48. ἀφέσεις ὑδάτων κατάξει ὁ ὀφθαλμός μου (1)
— 54. ὑπερεχύθη ὕ. ἐπὶ τὴν κεφαλήν μου (1)
5. 4. R ὕ. ἡμῶν ἐν ἀργυρίῳ ἐπίομεν [A B al.] (1)
Ez. 1. 24. ἤκουον . . . ὡς φωνὴν ὕδατος πολλοῦ (1)
4. 11. ὕ. ἐν μέτρῳ πίεσαι (1)
— 16. ὕ. ἐν μέτρῳ καὶ ἐν ἀφανισμῷ πίονται (1)
— 17. ὅπως ἐνδεεῖς γένωνται ἄρτου καὶ ὕδατος (1)
12. 18. τὸ ὕ. μετὰ βασάνου καὶ θλίψεως [A ἐκθ.] (1)
— 19. τὸ ὕ. αὐτῶν μετὰ ἀφανισμοῦ πίονται (1)
16. 4. ἐν ὕδατι οὐκ ἐλούσθης [A add. τοῦ χριστοῦ μου] (1)
— 9. ἔλουσά σε ἐν ὕδατι (1)
17. 5. ἔδωκεν αὐτὸ εἰς τὸ πεδίον φυτὸν ἐφ' ὕδατι πολλῷ (1)
— 8. ἐφ' ὕδατι πολλῷ αὕτη πιαίνεται (1)
19. 10. ὡς ἄμπελος . . . ἐν ὕδατι πεφυτευμένη ὁ καρπὸς αὐτῆς καὶ ὁ βλαστὸς αὐτῆς ἐγένετο ἐξ ὕδατος πολλοῦ (1, 1)
24. 3. ἔγχεον [A ἔκχ.] εἰς αὐτὸν ὕ. (1)
26. 19. κατακαλύψει σε ὕ. πολύ (1)
27. 26. ἐβαρύνθης σφόδρα . . . ἐν ὕδατι πολλῷ (1)
— 34. ἐν βάθει ὕδατος ὁ σύμμικτός σου (1)
30. 16. διαχυθήσεται ὕδατα †
31. 4. ὕ. ἐξέθρεψεν αὐτόν (1)
— 5. ἐπλατύνθησαν οἱ κλάδοι αὐτοῦ ἀφ' ὕδατος πολλοῦ [A al.] (1)
— 7. ἐγενήθησαν αἱ ῥίζαι αὐτοῦ εἰς ὕ. πολύ (1)
— 14. μὴ ὑψωθῶσιν . . . πάντα τὰ ξύλα τὰ ἐν τῷ ὕ. (1)
— 14. πάντες οἱ πίνοντες ὕ. (1)
— 15. ἐκώλυσα πλῆθος ὕδατος (1)
— 16. τὰ ἐκλεκτὰ τοῦ Λιβάνου πάντα τὰ πίνοντα ὕ. (1)
32. 2. ἐτάρασσες ὕ. [A τὸ ὕ.] τοῖς ποσί σου (1)
— 13. ἀπολῶ πάντα τὰ κτήνη αὐτῆς ἀφ' ὕδατος πολλοῦ (1)
— 14. ἡσυχάσει τὰ ὕ. αὐτῶν (1)
— 19. A ἐξ ὑδάτων εὐπρεποῦς κατάβηθι †
34. 18. τὸ καθεστηκὸς ὕ. ἐπίνετε (1)
— 19. τὸ τεταραγμένον ὕ. ὑπὸ τῶν ποδῶν ὑμῶν ἔπινον –
36. 25. ῥανῶ ἐφ' ὑμᾶς καθαρὸν ὕ. (1)
47. 1. ὕ. ἐξεπορεύετο ὑποκάτωθεν τοῦ αἰθρίου (1)
— 1. τὸ ὕ. κατέβαινεν ἀπὸ τοῦ κλίτους τοῦ δεξιοῦ (1)
— 2. τὸ ὕ. κατεφέρετο ἀπὸ τοῦ κλίτους τοῦ δεξιοῦ (1)
— 4 (3). διῆλθεν ἐν τῷ ὕ. ὕ. ἀφέσεως (1, 1)
— 4. διῆλθεν ἐν τῷ ὕδατι ὕδωρ ἕως τῶν μηρῶν . . . καὶ διῆλθεν ὕ. ἕως ὀσφύος (1 ter)
— 5. A ἐξύβριζεν τὸ ὕ. ὕ. ἕως ῥοῖζος χειμάρρου [B al.] (1, 1)
— 8. τὸ ὕ. τοῦτο τὸ ἐκπορευόμενον . . . ἤρχετο ἕως ἐπὶ τὴν θάλ. ἐπὶ τὸ ὕ. τῆς διεκβολῆς [A ἐκ.] καὶ ὑγιάσει τὰ ὕ. (1, †, 1)
— 9. ἥκει ἐκεῖ τὸ ὕ. τοῦτο (1)
— 12. τὰ ὕ. αὐτῶν ἐκ τῶν ἁγίων ταῦτα ἐκπορεύεται (1)
— 19. ἕως ὕδατος μαριμὼθ Καδήμ (1)
48. 28. ἀπὸ θαιμὰν καὶ ὕδατος βαριμὼθ Καδής (1)

Da. LXX. 3. (60). εὐλογεῖτε, ὕδατα . . . τὸν κύριον
— (79). καὶ πάντα τὰ κινούμενα ἐν τοῖς ὕ.
12. 6. R εἶπα τῷ ἑνὶ . . . τῷ ἐπάνω τοῦ ὕ. τοῦ ποταμοῦ [*cod. om.* τ. ὕ. τ. π.] (1)
— 7. ὃς ἦν ἐπάνω τοῦ ὕ. τοῦ ποταμοῦ (1)
Da. TH. 1. 12. καὶ ὕδωρ πιόμεθα (1)
3. (60). εὐλογεῖτε, ὕδατα . . . τὸν κύριον
— (79). B καὶ πάντα τὰ κινούμενα ἐν ὕδασι [A R τοῖς ὕ.]
12. 6, 7. ὃς ἦν ἐπάνω τοῦ ὕ. τοῦ ποταμοῦ (1)
I Ma. 5. 40. ἐν τῷ ἐγγίζειν . . . ἐπὶ τὸν χειμάρρουν τοῦ ὕ.
— 42. ὡς δὲ ἤγγισεν Ἰ. ἐπὶ τὸν χειμάρρουν τοῦ ὕ.
9. 33. παρενέβαλον ἐπὶ τὸ ὕ. λάκκου Ἀσφάλ
— 45. τὸ δὲ ὕ. τοῦ Ἰορδ. ἔνθεν καὶ ἔνθεν
11. 67. παρενέβαλον ἐπὶ τὸ ὕ. τοῦ Γ.
II Ma. 1. 20. μὴ εὑρηκέναι πῦρ ἀλλὰ ὕ. παχύ
— 21. ἐπιρρᾶναι τῷ ὕ. τά τε ξύλα
— 31. καθὼς δὲ ἀνηλώθη . . . τὸ περιλειπόμ. ὕ.
— 33. εἰς τὸν τόπον . . . τὸ ὕ. ἐφάνη
15. 39. ὡσαύτως δὲ καὶ ὕδωρ πάλιν πολέμιον
— 39. οἶνος ὕδατι συγκερασθείς
III Ma. 2. 4. ἐπαγαγὼν αὐτοῖς ἀμέτρητον ὕ.
IV Ma. 3. 11. ἐπιθυμία τοῦ παρὰ τοῖς πολεμίοις ὕ.
[**Aq.** Ge. 1. 2, 6 *ter*, 10, 20: 8. 1: 49. 4: Ex. 7. 24 *bis*: Jo. 11. 8: III Ki. 14. 15: Jb. 3. 24: 22. 11: 26. 5: 28. 25: 38. 34: Ps. 31 (32). 6: 32 (33). 7: 64 (65). 10: 73 (74). 13: Is. 19. 5: 30. 14, 20: 36. 12: 41. 17, 18 *bis*: 54. 9: 57. 20: 58. 11: Je. 15. 18: Ez. 31. 4: 45. 15.]
[**Sm.** Ge. 1. 2, 6 *ter*, 10, 20: 8. 1: 49. 4: Ex. 7. 24 *bis*: Dt. 33. 8: Jo. 13. 6: Jd. 1. 15: II Ki. 14. 14: Jb. 14. 11: 24. 18: 28. 25: 38. 34: Ps. 1. 3: 31 (32). 6: 32 (33). 7: 45 (46). 4: 57 (58). 8: 62 (63). 2: 64 (65). 10: 68 (69). 2, 3: 80 (81). 8: 87 (88). 18: 118 (119). 136: Pr. 8. 29: Is. 30. 20, 25: 36. 12: 37. 25: 41. 17, 18 *bis*: 48. 1: 54. 9: 57. 20: 58. 11: 63. 12: 64. 2 (1): Je. 10. 13: 15. 18: Ez. 7. 17: 21. 7 (12): 45. 15.]
[**Th.** Ge. 1. 2, 6 *ter*, 10, 20: 49. 4: Ex. 7. 24 *bis*: 40. 30: II Ki. 14. 14: Jb. 14. 19: 22. 11: 24. 18: 26. 5: 34. 7: 38. 34: Ps. 28 (29). 3: Pr. 8. 29: 17. 14: Is. 24. 14: 28. 17: 30. 20: 37. 25: 41. 17, 18: 48. 1: 54. 9: 57. 20: 58. 11: 63. 12: 64. 2 (1): Je. 46 (26). 8 *bis*: Ez. 32. 19: Da. 12. 6: Ho. 5. 10.]
[**Al.** Ex. 15. 19: 17. 1: Nu. 5. 18: 20. 24: Ps. 123 (124). 4, 5: 135 (136). 6: Mi. 7. 12: Hb. 3. 15.]
[**Heb.** Ez. 7. 17: 43. 2.]

ὕειν. (1) מָטַר hi.

Ex. 9. 18. ὕω [A ὕων] . . . χάλαζαν πολλὴν σφόδρα (1)
16. 4. ὕω ὑμῖν ἄρτους ἐκ τοῦ οὐρ. (1)
[**Sm.** Ps. 10 (11). 6.]

ὕειος (ὕϊος). (1) חֲזִיר

Ps. 16 (17). 14. ἐχορτάσθησαν ὑείων [A υἱῶν] †
Is. 65. 4. οἱ ἔσθοντες κρέας ὕειον [A S κρέα ὑ.] (1)
66. 3. ὁ δὲ ἀναφέρων σεμίδαλιν ὡς αἷμα ὕειον (1)
— 17. ἔσθοντες κρέας [A S²-έα] ὕειον [S¹ -ια, S³ -ων] (1)
I Ma. 1. 47. καὶ θύειν ὕεια
II Ma. 6. 18. ἠναγκάζετο φαγεῖν ὕ. κρέας
7. 1. ἀπὸ τῶν ἀθεμίτων ὑ. κρεῶν ἐφάπτεσθαι
IV Ma. 5. 2. καὶ κρεῶν ὑ. . . . ἀναγκάζειν ἀπογεύεσθαι
— 6. ἀπογευσάμενος τῶν ὑ.
6. 15. ὑποκρινόμενος τῶν ὑ. ἀπογεύσασθαι

ὑετίζειν. (1) גָּשַׁם hi. (2) מָטַר hi.

Jb. 38. 26. τοῦ ὑετίσαι ἐπὶ γῆν [A γῆς] (2)
Je. 14. 22. μὴ ἔστιν ἐν εἰδώλοις τῶν ἐθνῶν ὑετίζων (1)
[**Aq.** Jb. 20. 23: Je. 14. 22.]
[**Sm.** Je. 14. 22.]
[**Th.** Jb. 38. 26.]

ὑετός. (1) גֶּשֶׁם (2) מָטָר (3) מַיִם (4) שׁוֹאָה (5) ἐπάγειν ὑετόν מָטַר hi. (6) ὑ. λάβρος שֶׁטֶף (7) ὑ. γίνεται גֻּשַּׁם pu.

Ge. 7. 4. ἐπάγω ὑετὸν ἐπὶ τὴν γῆν (5)
— 12. ἐγένετο ὁ ὑ. ἐπὶ τῆς γῆς (1)
8. 2. συνεσχέθη ὁ ὑ. ἀπὸ τοῦ οὐρ. (1)
Ex. 9. 29. ἡ χάλαζα καὶ ὁ ὑ. οὐκ ἔσται ἔτι –
Ex. 9. 33. ὁ ὑ. οὐκ ἔσταξεν ἔτι (2)
— 34. πέπαυται ὁ ὑ. (2)
Le. 26. 4. δώσω τὸν ὑ. ὑμῖν ἐν καιρῷ αὐτοῦ (1)
De. 11. 11. ἐκ τοῦ ὑ. τοῦ οὐρ. πίεται ὕδωρ (2)
— 14. δώσει τὸν ὑ. τῇ γῇ σου (2)
— 17. B καὶ οὐκ ἔσται ὁ [A R *om.*] ὑ. (2)
28. 12. δοῦναι τὸν ὑ. τῇ γῇ σου ἐπὶ καιροῦ (2)
— 24. δῴη κ. ὁ θ. σου τὸν ὑ. τῇ γῇ σου κονιορτόν (2)
32. 2. προσδοκάσθω ὡς ὑετὸς τὸ ἀπόφθεγμά μου (2)
I Ki. 12. 17. δώσει φωνὰς καὶ ὑετόν (2)
— 18. B ἔδωκε κύριος φωνὰς καὶ ὑετόν (2)
II Ki. 1. 21. καὶ μὴ ὑετὸς [A ὑ. πέσοι] ἐφ' ὑμᾶς (2)
23. 4. ὡς ἐξ ὑετοῦ χλόης ἀπὸ γῆς (2)
III Ki. 8. 35. ἐν τῷ . . . μὴ γενέσθαι ὑετόν (2)
— 36. δώσεις ὑετὸν ἐπὶ τὴν γῆν (2)
17. 1. εἰ ἔσται τὰ ἔτη ταῦτα δρόσος καὶ ὑετός (2)
— 7. οὐκ ἐγένετο ὑετὸς ἐπὶ τῆς γῆς (1)
— 14. τοῦ δοῦναι κύριον τὸν [A *om.*] ὑ. ἐπὶ τῆς γῆς (1)
18. 1. δώσω ὑετὸν ἐπὶ πρόσωπον τῆς γῆς (2)
— 41. φωνὴ τῶν ποδῶν τοῦ ὑ. (1)
— 44. μὴ καταλάβῃ σε ὁ ὑ. (1)
— 45. καὶ ἐγένετο ὁ ὑ. μέγας (1)
IV Ki. 3. 17. οὐκ ὄψεσθε ὑετόν (1)
II Ch. 6. 26. ἐν τῷ . . . μὴ γενέσθαι ὑετόν (2)
— 27. δώσεις ὑετὸν ἐπὶ τὴν γῆν σου (2)
7. 13. ἐὰν . . . μὴ γένηται ὑετός (2)
Ju. 8. 31. ἀποστελεῖ κύριος τὸν ὑ.
Jb. 5. 10. τὸν διδόντα ὑετὸν ἐπὶ τὴν γῆν (2)
29. 23. ὥσπερ γῆ διψῶσα προσδεχομένη τὸν [A *om.*] ὑ. (2)
36. 27. ἀριθμηταὶ δὲ αὐτῷ σταγόνες ὑετοῦ καὶ ἐπιχυθήσονται ὑετῷ εἰς νεφέλην (3, 2)
37. 6. καὶ χειμὼν ὑετὸς [A χειμῶνι ἵνα ᾖ ὑ.] καὶ χειμὼν ὑετῶν δυναστείας [A -αις] αὐτοῦ (2, 2)
38. 25. τίς δὲ ἡτοίμασεν ὑετῷ λάβρῳ ῥύσιν (6)
— 28. τίς ἐστιν ὑετοῦ πατήρ (2)
Ps. 71 (72). 6. καταβήσεται ὡς ὑετὸς ἐπὶ πόκον (2)
134 (135). 7. ἀστραπὰς εἰς ὑετὸν ἐποίησεν (2)
146 (147). 8. τῷ ἑτοιμάζοντι τῇ γῇ ὑετόν (2)
Pr. 25. 14. ὥσπερ ἄνεμοι καὶ νέφη καὶ ὑετοὶ ἐπιφανέστατα [A S² -οι] (1)
26. 1. ὥσπερ ὑετὸς ἐν θέρει (2)
28. 4 (3). ὥσπερ ὑετὸς λάβρος καὶ ἀνωφελής (2)
Ec. 11. 3. ἐὰν πλησθῶσι [A S πληρωθῶσιν] τὰ νέφη ὑετοῦ (1)
12. 2. ἐπιστρέψουσι τὰ νέφη ὀπίσω τοῦ [A *om.*] ὑ. (1)
Ca. 2. 11. ὁ ὑ. ἀπῆλθεν (1)
Wi. 16. 16. ξένοις ὑετοῖς καὶ χαλάζαις . . . διωκόμενοι
— 22. πῦρ . . . ἐν [S² *om.*] τοῖς [S² ξένοις] ὑ. διαστράπτον
Si. 1. 2. σταγόνας ὑετοῦ . . . τίς ἐξαριθμήσει
32 (35). 20. ὡς νεφέλαι ὑετοῦ ἐν καιρῷ ἀβροχίας
40. 13. ὡς βροντὴ μεγάλη ἐν ὑετῷ ἐξηχήσει
43. 18. ἐπὶ τοῦ ὑ. αὐτῆς ἐκστήσεται καρδία
Ho. 6. 4 (3). ἥξει ὡς ὑ. ἡμῖν πρώϊμος (1)
Am. 4. 7. ἀνέσχον ἐξ ὑμῶν τὸν ὑ. (1)
Jl. 2. 23. βρέξει ὑμῖν ὑ. πρώϊμον (1)
Za. 10. 1. αἰτεῖσθε παρὰ κυρίου ὑετόν (2)
— 1. ὑ. χειμερινὸν δώσει αὐτοῖς (2)
Is. 4. 6. ἐν ἀποκρύφῳ ἀπὸ σκληρότητος καὶ ὑετοῦ (2)
5. 6. τοῦ μὴ βρέξαι εἰς αὐτὸν ὑετόν (2)
30. 23. ἔσται ὁ ὑ. τῷ σπέρματι τῆς γῆς σου (2)
44. 14. ὑ. ἐμήκυνεν (1)
55. 10. ὡς γὰρ ἂν καταβῇ ὁ [A S *om.*] ὑ. ἢ χιών (1)
Je. 5. 24. τὸν διδόντα ἡμῖν ὑ. πρώϊμον (1)
10. 13. ἀστραπὰς εἰς ὑετὸν ἐποίησε (2)
14. 4. οὐκ ἦν ὑ. (1)
28 (51). 16. ἀστραπὰς εἰς ὑετὸν ἐποίησε (2)
Ep. Je. 53. οὔτε ὑετὸν ἀνθρώποις οὐ μὴ δῶσι
Ez. 1. 28. A² B ἐν τῇ νεφέλῃ ἐν ἡμέραις ὑετοῦ (1)
13. 11. ἔσται ὑ. κατακλύζων (1)
— 13. ὑ. κατακλύζων ἐν ὀργῇ μου ἔσται (1)
22. 24. οὐδὲ ὑ. ἐγένετο ἐπὶ σέ [A ὑ. καταβήσεται σοι] (7)
34. 26. δώσω τὸν ὑ. ὑμῖν ὑετὸν εὐλογίας [A ἀποστελῶ ὑ. εὐ. αὐτοῖς] (1, 1)
38. 9. ἀναβήσῃ ὡς ὑ. (4)
Ez. 38. 22. κρινῶ αὐτὸν . . . ὑετῷ κατακλύζοντι (1)
40. 43. τοῦ καλύπτεσθαι ἀπὸ τοῦ ὑ. –
[**Aq.** Jb. 38. 28: Ps. 71 (72). 6: Za. 14. 17.]
[**Sm.** Jb. 37. 6: 38. 28: Ps. 67 (68). 10: Ec. 12. 2: Za. 14. 17.]
[**Th.** II Ki. 1. 21: Jb. 36. 27: 37. 6: 38. 28 (P.): Za. 14. 17.]

ὕϊος, *vid. sub* ὕειος.

υἱός. (1) אִישׁ (2) בַּיִת (3) בֵּן (4) בַּר (5) זֶרַע (6) *a.* יֶלֶד *b.* יָלִיד (7) מִשְׁפָּחָה (8) υἱοὶ Ἀμμών עַמֹּנִים (9) υἱοὶ Γάδ גָּדִי (10) υἱοὶ Γηρσών (Γεδσών, Γεδσωνί) גֵּרְשֻׁנִּי (11) υἱοὶ Ἐσθ. אֶשְׁתָּאֻלִי (12) υἱὸς Καάθ קְהָתִי (13) υἱοὶ Κορέ קָרְחִים (14) υἱοὶ Ῥουβήν רְאוּבֵנִי

Ge. 4. 17. ἐπὶ τῷ ὀνόματι τοῦ υἱ. αὐ. Ἐ. (3)
— 25. συλλαβοῦσα ἔτεκεν υἱόν (3)
— 26. τῷ Σ. ἐγένετο υἱός (3)
5. 4, 7, 10, 13, 16, 19, 22, 26. ἐγέννησεν υἱοὺς καὶ θυγατέρας (3)
— 28. ἐγέννησεν υἱόν (3)
— 30. ἐγέννησεν υἱοὺς καὶ θυγατέρας (3)
— 32. ἐγέννησε Νῶε τρεῖς υἱούς –
6. 2. R ἰδόντες δὲ υἱοὶ τοῦ θ. τὰς θυγ. τῶν ἀνθρ. [A *al.*] (3)
— 4. ὡς ἂν εἰσεπορεύοντο οἱ υἱοὶ τοῦ θεοῦ (3)
— 10. ἐγέννησε δὲ N. τρεῖς υἱούς (3)
— 18. σὺ καὶ οἱ υἱ. σου . . . καὶ αἱ γυναῖκες τῶν υἱ. σου (3, 3)
7. 7. Νῶε καὶ οἱ υἱ. αὐ. . . . καὶ αἱ γυναῖκες τῶν υἱ. αὐ. (3, 3)
— 13. Σὴμ Χὰμ Ἰ. υἱοὶ Νῶε . . . καὶ αἱ τρεῖς γυναῖκες τῶν υἱ. αὐ. (3, 3)
8. 16. οἱ υἱ. σου καὶ αἱ γυναῖκες τῶν υἱ. σου (3, 3)
— 18. οἱ υἱ. αὐ. [A¹ *om.* οἱ υἱ. αὐ.] καὶ αἱ γυναῖκες τῶν υἱ. αὐ. (3, 3)
9. 1. ηὐλόγησεν ὁ θ. τὸν N. καὶ τοὺς υἱ. αὐ. (3)
— 8. εἶπεν ὁ θ. τῷ Νῶε καὶ τοῖς υἱ. αὐ. (3)
— 18. οἱ υἱ. Νῶε οἱ ἐξελθόντες ἐκ τῆς κιβωτοῦ (3)
— 19. τρεῖς οὗτοί εἰσιν οἱ υἱ. Νῶε (3)
— 24. ὅσα ἐποίησεν αὐτῷ ὁ. υἱ. αὐ. ὁ νεώτερος (3)
10. 1. αὗται δὲ αἱ γενέσεις τῶν υἱ. Νῶε (3)
— 1. ἐγενήθησαν αὐτοῖς υἱοί (3)
— 2. υἱοὶ Ἰαφέθ (3)
— 3. καὶ υἱοὶ Γαμέρ (3)
— 4. καὶ υἱοὶ Ἰωύαν (3)
— 6. υἱοὶ δὲ Χάμ (3)
— 7. υἱοὶ δὲ Χούς (3)
— 7. υἱοὶ δὲ Ῥεγχμά (3)
— 20. οὗτοι υἱοὶ Χὰμ ἐν ταῖς φυλαῖς αὐ. (3)
— 21. πατρὶ πάντων τῶν υἱ. Ἔβερ (3)
— 22. υἱοὶ Σήμ (3)
— 23. καὶ υἱοὶ Ἀράμ (3)
— 25. τῷ Ἔ. ἐγεννήθησαν δύο υἱοί (3)
— 29. πάντες οὗτοι υἱοὶ Ἰεκτάν (3)
— 31. οὗτοι οἱ υἱ. Σήμ (3)
— 32. αὗται αἱ φυλαὶ υἱῶν Νῶε (3)
11. 5. ὃν ᾠκοδόμησαν οἱ υἱ. τῶν ἀνθρώπων (3)
— 10. Σὴμ υἱὸς ἐτῶν ἑκατόν (3)
— 11. ἐγέννησεν υἱοὺς καὶ θυγατέρας (3)
— 13. ἐγέννησεν υἱοὺς καὶ θυγατέρας –
— 13, 15, 17, 19, 21, 23, 25. ἐγέννησεν υἱοὺς καὶ θυγατέρας (3)
— 31. ἔλαβε Θ. τὸν Ἄβ. τὸν υἱ. αὐ. καὶ τὸν Λὼτ υἱὸν Ἀρρὰν υἱὸν τοῦ υἱ. αὐ. (3 *quater*)
— 31. καὶ τὴν Σάραν . . . γυναῖκα τοῦ υἱοῦ αὐ. (3)
12. 5. καὶ τὸν Λὼτ υἱὸν τοῦ ἀδ. αὐτοῦ (3)
14. 12. τὸν Λὼτ υἱὸν τοῦ ἀδελφοῦ Ἀβ. (3)
15. 2. R ὁ δὲ υἱ. M. τῆς οἰκογενοῦς μου (3)
16. 11. καὶ τέξῃ υἱόν (3)
— 15. ἔτεκεν Ἄ. τῷ Ἄβ. υἱόν (3)
— 15. ἐκάλεσεν Ἄβ. τὸ ὄνομα τοῦ υἱ. αὐ. (3)
17. 12. ὁ ἀργυρώνητος ἀπὸ παντὸς υἱ. ἀλλοτρίου (3)
— 17. εἰ τῷ ἑκατονταετεῖ γενήσεται υἱός –
— 19. Σάρρα ἡ γυνή σου τέξεταί σοι υἱόν (3)
— 23. ἔλαβεν Ἀβ. Ἰσμ. τὸν υἱ. αὐ. (3)
— 25. Ἰσμ. δὲ ὁ υἱ. αὐ. ἐτῶν δέκα τριῶν ἦν (3)
— 26. περιετμήθη Ἀβ. καὶ Ἰσμ. ὁ υἱ. αὐ. (3)
18. 10. ἕξει υἱὸν Σάρρα ἡ γυνή σου (3)
— 14. ἔσται τῇ Σάρρᾳ υἱός (3)
— 19. συντάξει τοῖς υἱ. αὐ. (3)

Ge. 19. 12. γαμβροὶ ἢ υἱοὶ ἢ θυγατέρες (3)
— 37. ἔτεκεν ἡ πρεσβυτέρα υἱόν (3)
— 39 (38). ἔτεκε δὲ καὶ ἡ νεωτέρα υἱόν (3)
— 39 (38). ὁ υἱ. τοῦ γένους μου (3)
21. 2. ἔτεκε Σ. τῷ Ἀβ. υἱὸν εἰς τὸ γῆρας (3)
— 3. καὶ ἐκάλεσεν Ἀβ. τὸ ὄνομα τοῦ υἱ. αὐ. (3)
— 5. ἡνίκα ἐγένετο αὐτῷ Ἰ. ὁ υἱ. αὐ. (3)
— 7. ἔτεκον υἱὸν ἐν τῷ γήρει μου (3)
— 8. ᾗ ἡμέρᾳ ἀπεγαλακτίσθη Ἰ. ὁ υἱ. αὐ. –
— 9. ἰδοῦσα δὲ Σ. τὸν υἱ. Ἀ. . . . παίζοντα μετὰ Ἰ. τοῦ υἱ. ἑαυτῆς (3, –)
— 10. ἔκβαλε . . . τὸν υἱ. αὐ. (3)
— 10. οὐ γὰρ μὴ κληρονομήσει ὁ υἱ. τῆς παιδίσκης μετὰ τοῦ υἱ. μου Ἰ. (3, 3)
— 11. σκληρὸν δὲ ἐφάνη τὸ ῥῆμα . . . περὶ τοῦ υἱ. αὐ. Ἰσμ. (3)
— 13. καὶ τὸν υἱ. δὲ τῆς παιδίσκης ταύτης (3)
22. 2. λάβε τὸν υἱ. σου τὸν ἀγαπητόν (3)
— 3. παρέλαβε δὲ . . . Ἰ. τὸν υἱ. αὐ. (3)
— 6. ἐπέθηκεν Ἰ. τῷ υἱ. αὐ. (3)
— 9. συμποδίσας Ἰ. τὸν υἱ. αὐ. (3)
— 10. σφάξαι τὸν υἱ. αὐ. (3)
— 12. οὐκ ἐφείσω τοῦ υἱ. σου τοῦ ἀγαπητοῦ (3)
— 13. ἀνήνεγκεν αὐτὸν . . . ἀντὶ Ἰ. τοῦ υἱ. αὐ. (3)
— 16. οὐκ ἐφείσω τοῦ υἱ. σου τοῦ ἀγαπητοῦ (3)
— 20. τέτοκε Μ. καὶ αὐτὴ υἱούς (3)
— 23. ὀκτὼ οὗτοι υἱοί –
23. 3. εἶπεν Ἀβ. τοῖς υἱ. Χέτ (3)
— 4 (5). ἀπεκρίθησαν δὲ οἱ υἱ. Χέτ (3)
— 7. προσεκύνησε τῷ λαῷ τῆς γῆς τοῖς υἱ. Χέτ (3)
— 10. ἐκάθητο ἐν μέσῳ τῶν υἱ. Χέτ (3)
— 10. ἀκουόντων τῶν υἱ. Χέτ (3)
— 16. ὃ ἐλάλησεν εἰς τὰ ὦτα τῶν υἱ. Χέτ (3)
— 18. εἰς κτῆσιν ἐναντίον τῶν υἱ. Χέτ (3)
— 20. εἰς κτῆσιν τάφου παρὰ τῶν υἱ. Χέτ (3)
24. 3. ἵνα μὴ λάβῃς γυναῖκα τῷ υἱ. μου Ἰ. (3)
— 4. λήψῃ γυναῖκα τῷ υἱ. μου Ἰ. (3)
— 5. ἀποστρέψω τὸν υἱ. σου (3)
— 6. μὴ ἀποστρέψῃς τὸν υἱ. μου ἐκεῖ (3)
— 7. λήψῃ γυναῖκα τῷ υἱ. μου Ἰ. (3)
— 8. τὸν υἱ. μου μὴ ἀποστρέψῃς ἐκεῖ (3)
— 15. ἡ τεχθεῖσα Βαθ. υἱῷ Μελχας (3)
— 36. ἔτεκε Σάρρα . . . υἱὸν ἕνα (3)
— 37. οὐ λήψῃ γυναῖκα τῷ υἱ. μου (3)
— 38. λήψῃ γυναῖκα τῷ υἱ. μου ἐκεῖθεν (3)
— 40. λήψῃ γυναῖκα τῷ υἱ. μου (3)
— 47. θυγάτηρ Βαθ. εἰμι ἐγὼ τοῦ υἱ. Ν. (3)
— 48. λαβεῖν τὴν θυγατέρα . . . τῷ υἱ. αὐ. (3)
— 51. ἔστω γυνὴ τῷ υἱ. τοῦ κυρίου σου (3)
25. 3. υἱοὶ δὲ Δ. ἐγένοντο (3)
— 4. υἱοὶ δὲ Μ. (3)
— 4. οὗτοι πάντες ἦσαν υἱοὶ Χεττ. (3)
— 5. ἔδωκε δὲ Ἀβ. πάντα . . . Ἰ. τῷ υἱ. αὐ. –
— 6. καὶ τοῖς υἱ. τῶν παλλακῶν αὐ. (3)
— 6. ἐξαπέστειλεν αὐτοὺς ἀπὸ Ἰ. τοῦ υἱ. αὐ. (3)
— 9. Ἰ. καὶ Ἰσμ. οἱ δύο υἱ. αὐ. (3)
— 10. ὃ ἐκτήσατο Ἀβ. παρὰ τῶν υἱ. Χέτ (3)
— 11. εὐλόγησεν ὁ θ. τὸν Ἰ. τὸν υἱ. αὐ. (3)
— 12. αὗται δὲ αἱ γενέσεις Ἰσμ. τοῦ υἱ. Ἀβ. (3)
— 13. ταῦτα τὰ ὀνόματα τῶν υἱ. Ἰσμ. (3)
— 16. οὗτοί εἰσιν οἱ υἱ. Ἰσμ. (3)
— 19. αὗται αἱ γενέσεις Ἰ. τοῦ υἱ. Ἀβ. (3)
— 25. ἐξῆλθε δὲ ὁ υἱ. ὁ πρωτότοκος –
27. 1. ἐκάλεσεν Ἡ. τὸν υἱ. αὐ. τὸν πρεσβύτερον (3)
— 1. εἶπεν αὐτῷ, Υἱέ μου (3)
— 5. λαλοῦντος Ἰ. πρὸς Ἡ. τὸν υἱ. αὐ. (3)
— 6. εἶπε πρὸς Ἰ. τὸν υἱ. αὐ. τὸν ἐλάσσω (3)
— 8. νῦν οὖν, υἱέ, ἄκουσόν μου (3)
— 15. τὴν στολὴν Ἡ. τοῦ υἱ. αὐ. τοῦ πρεσβυτέρου (3)
— 15. ἐνέδυσεν Ἰ. τὸν υἱ. αὐ. τὸν νεώτερον (3)
— 17. εἰς τὰς χεῖρας Ἰ. τοῦ υἱ. αὐ. (3)
— 19. A εἶπεν Ἰ. ὁ υἱ. αὐ. τῷ πατρὶ αὐ. [R *al.*] –
— 20. εἶπε δὲ Ἰ. τῷ υἱ. αὐ. (3)
— 21. εἰ σὺ εἶ ὁ υἱ. μου Ἡ. (3)
— 24. σὺ εἶ ὁ υἱ. μου Ἡ. (3)
— 27. ὀσμὴ τοῦ υἱ. μου (3)
— 29. προσκυνήσουσί σε οἱ υἱ. τοῦ πατρός σου (3)
— 30. εὐλογοῦντα τὸν Ἰ. τὸν υἱ. αὐ. –
— 31. φαγέτω τῆς θήρας τοῦ υἱ. αὐ. (3)
— 32. ἐγώ εἰμι ὁ υἱ. σου ὁ πρωτότοκος Ἡ. (3)
— 42. τὰ ῥήματα Ἡ. τοῦ υἱ. αὐ. τοῦ πρεσβυτ. (3)
— 42. ἐκάλεσεν Ἰ. τὸν υἱ. αὐ. τὸν νεώτερον (3)
— 46. διὰ τὰς θυγατέρας τῶν υἱ. Χέτ –
28. 5. πρὸς Λ. τὸν υἱ. Βαθ. τοῦ Σύρου (3)
— 9. τὴν Μ. θυγατέρα Ἰσμ. τοῦ υἱ. Ἀβ. (3)

Ge. 29. 1. πρὸς Λ. τὸν υἱ. Βαθ. τοῦ Σύρου –
— 5. γινώσκετε Λ. τὸν υἱ. Ναχώρ (3)
— 12. υἱὸς Ῥεβέκκας ἐστί (3)
— 13. τὸ ὄνομα Ἰ. τοῦ υἱ. τῆς ἀδελφῆς αὐ. (3)
— 32. ἔτεκεν υἱὸν τῷ Ἰ. (3)
— 32. R καὶ ἔδωκέ μοι υἱόν –
— 33. ἔτεκεν υἱ. δεύτερον τῷ Ἰ. (3)
— 34. καὶ ἔτεκεν υἱόν (3)
— 34. τέτοκα γὰρ αὐτῷ τρεῖς υἱούς (3)
— 35. συλλαβοῦσα ἔτι ἔτεκεν υἱόν (3)
30. 5. ἔτεκε τῷ Ἰ. υἱόν (3)
— 6. ἔδωκέ μοι υἱόν (3)
— 7. ἔτεκεν υἱ. δεύτερον τῷ Ἰ. (3)
— 10. ἔτεκε τῷ Ἰ. υἱόν (3)
— 12. ἔτεκεν ἔτι τῷ Ἰ. υἱ. δεύτερον (3)
— 14. δός μοι τῶν μανδραγορῶν τοῦ υἱ. σου (3)
— 15. μὴ καὶ τοὺς μανδραγόρους τοῦ υἱ. μου λήψῃ (3)
— 15. ἀντὶ τῶν μανδραγορῶν τοῦ υἱ. σου (3)
— 16. ἀντὶ τῶν μανδραγορῶν τοῦ υἱ. μου (3)
— 17. ἔτεκε τῷ Ἰ. υἱ. πέμπτον (3)
— 19. ἔτεκεν υἱ. ἕκτον τῷ Ἰ. (3)
— 20. τέτοκα γὰρ αὐτῷ υἱοὺς ἕξ (3)
— 23. ἔτεκε τῷ Ἰ. υἱόν (3)
— 24. προσθέτω ὁ θεός μοι υἱ. ἕτερον (3)
— 35. ἔδωκε διὰ χειρὸς τῶν υἱ. αὐ. (3)
31. 1. ἤκουσε δὲ Ἰ. τὰ ῥήματα τῶν υἱ. Λ. (3)
— 43. καὶ οἱ υἱ. σου υἱοί μου (3, 3)
— 55 (32. 1). κατεφίλησε τοὺς υἱ. αὐ. (3)
32. 32 (33). οὐ μὴ φάγωσιν οἱ υἱ. Ἰσρ. τὸ νεῦρον (3)
33. 2. ἐποίησε . . . τοὺς υἱ. αὐ. ἐν πρώτοις (6 *a*)
34. 2. Συχὲμ ὁ υἱ. Ἐμμὼρ ὁ Χορραῖος (3)
— 5. ἐμίανεν ὁ υἱ. Ἐ. Δεῖναν –
— 5. οἱ δὲ υἱ. αὐ. ἦσαν μετὰ τῶν κτηνῶν αὐ. (3)
— 7. οἱ δὲ υἱ. Ἰ. ἦλθον ἐκ τοῦ πεδίου (3)
— 8. Συχὲμ ὁ υἱ. μου προείλατο . . . τὴν θυγ. ὑμῶν (3)
— 9. τὰς θυγ. ἡμῶν λάβετε τοῖς υἱ. ὑμῶν –
— 13. ἀπεκρίθησαν δὲ οἱ υἱ. Ἰ. τῷ Σ. (3)
— 14. A οἱ ἀδελφοὶ Δείνας υἱοὶ δὲ Λείας [R *al.*] –
— 18. ἐναντίον Συχὲμ τοῦ υἱ. Ἐμμώρ (3)
— 20. Ἐμμὼρ καὶ Συχὲμ ὁ υἱ. αὐ. (3)
— 24. εἰσήκουσαν Ἐμμὼρ καὶ Σ. τοῦ υἱ. αὐ. (3)
— 25. ἔλαβον οἱ δύο υἱ. Ἰ. Συμ. καὶ Λ. (3)
— 26. τὸν Σ. τὸν υἱ. αὐ. ἀπέκτειναν (3)
— 27. οἱ δὲ υἱ. Ἰ. εἰσῆλθον ἐπὶ τοὺς τραυματίας (3)
35. 5. οὐ κατεδίωξαν ὀπίσω τῶν υἱ. Ἰσρ. (3)
— 17. οὗτός ἐστιν υἱός (3)
— 18. υἱὸς ὀδύνης μου (3)
— 22. ἦσαν δὲ οἱ υἱ. Ἰ. δώδεκα (3)
— 23. υἱοὶ Λείας (3)
— 24. υἱοὶ δὲ Ῥαχήλ (3)
— 25. υἱοὶ δὲ Βαλλᾶς (3)
— 26. υἱοὶ δὲ Ζελφᾶς (3)
— 26. οὗτοι οἱ υἱ. Ἰ. (3)
— 29. ἔθαψαν αὐτὸν Ἡ. καὶ Ἰ. οἱ υἱ. αὐ. (3)
36. 2. θυγατέρα Ἀνὰ τοῦ υἱ. Σεβ. †
— 5. οὗτοι υἱ. Ἡσαῦ (3)
— 6. ἔλαβε δὲ Ἡ. . . . τοὺς υἱ. (3)
— 10. ταῦτα τὰ ὀνόματα τῶν υἱ. Ἡ. (3)
— 10. Ἐλ. υἱὸς Ἀδᾶς γυναικὸς Ἡ. (3)
— 10. Ῥαγ. υἱὸς Βασ. γυναικὸς Ἡ. (3)
— 11. ἐγένοντο δὲ οἱ υἱ. Ἐλ. (3)
— 12. Θ. δὲ ἦν παλλακὴ Ἐλ. τοῦ υἱ. Ἡ. (3)
— 12. οὗτοι οἱ υἱ. Ἀδᾶς (3)
— 13. οὗτοι δὲ υἱ. Ῥαγ. (3)
— 13. οὗτοι ἦσαν υἱ. Μασ. (3)
— 14. οὗτοι δὲ υἱ. Ἐλ. θυγατρὸς Ἀνὰ τοῦ υἱ. Σεβ. (3, †)
— 15. A οὗτοι οἱ ἡγεμόνες υἱοῦ Ἡ. [R *al.*] (3)
— 15. υἱοὶ Ἐλ. πρωτοτόκου Ἡ. (3)
— 16. οὗτοι υἱ. Ἀδᾶς (3)
— 17. οὗτοι υἱ. Ῥαγ. υἱοῦ Ἡ. (3, 3)
— 17. οὗτοι υἱ. Μασ. (3)
— 18. οὗτοι δὲ υἱ. Ὀλ. (3)
— 19. οὗτοι δὲ υἱ. Ἡ. (3)
— 19. οὗτοι εἰσιν οἱ ἡγεμόνες αὐ. υἱοὶ Ἐδώμ †
— 20. οὗτοι δὲ υἱ. Σηείρ (3)
— 21. οὗτοι οἱ ἡγεμόνες τοῦ Χορραίου τοῦ υἱ. Σ. (3)
— 22. ἐγένοντο δὲ υἱοὶ Λωτάν (3)
— 23. οὗτοι δὲ υἱ. Σ. (3)
— 24. καὶ οὗτοι υἱ. Σεβ. (3)
— 25. οὗτοι δὲ υἱ. Ἀνά (3)
— 26. οὗτοι δὲ υἱ. Δησών (3)
— 27. οὗτοι δὲ υἱ. Σαάρ (3)
— 28. οὗτοι δὲ υἱ. Ῥεισών (3)

Ge. 36. 32. ἐβασίλευσεν ἐν Ἐδὼμ Βαλὰκ υἱὸς τοῦ Β. (3)
— 33. ἐβασίλευσεν ἀντ' αὐτοῦ Ἰ. υἱὸς Ζαρά (3)
— 35. ἐβασίλευσεν ἀντ' αὐτοῦ Ἀ. υἱὸς Β. (3)
— 38. ἐβασίλευσεν ἀντ' αὐτοῦ Βαλ. υἱὸς Ἀχ. (3)
— 39. ἀπέθανε δὲ Βαλ. υἱὸς Ἀχ. (3)
— 39. ἐβασίλευσεν ἀντ' αὐτοῦ Ἀ. υἱὸς Β. –
— 39. Μετ. θυγάτηρ Ματρ. υἱοῦ Μεζ. †
37. 2. ἦν ποιμαίνων . . . μετὰ τῶν υἱ. Β. καὶ μετὰ τῶν υἱ. Ζ. (3, 3)
— 3. ἠγάπα τὸν Ἰ. παρὰ πάντας τοὺς υἱ. αὐ. (3)
— 3. υἱὸς γήρους ἦν αὐτῷ (3)
— 4. αὐτὸν ἐφίλει ὁ πατὴρ αὐ. ἐκ πάντων τῶν υἱ. αὐ. †
— 32. ἐπίγνωθι εἰ χιτὼν τοῦ υἱ. σού ἐστιν (3)
— 33. χιτὼν τοῦ υἱ. μού ἐστι (3)
— 34. ἐπένθει τὸν υἱ. αὐ. (3)
— 35. συνήχθησαν δὲ πάντες οἱ υἱ. αὐ. (3)
— 35. καταβήσομαι πρὸς τὸν υἱ. μου (3)
38. 3. συλλαβοῦσα ἔτεκεν υἱόν (3)
— 4. συλλαβοῦσα ἔτι ἔτεκεν υἱόν (3)
— 5. προσθεῖσα ἔτι ἔτεκεν υἱόν (3)
— 11. ἕως μέγας γένηται Σ. ὁ υἱ. μου (3)
— 14. A μέγας γέγονε Σ. ὁ υἱ. αὐ. [R *om.* ὁ υἱ. αὐ.] –
— 26. οὐκ ἔδωκα αὐτὴν Σ. τῷ υἱ. μου (3)
41. 50. τῷ δὲ Ἰ. ἐγένοντο υἱοὶ δύο (3)
42. 1. εἶπε τοῖς υἱ. αὐ. (3)
— 5. ἦλθον δὲ οἱ υἱ. Ἰσρ. (3)
— 11. πάντες ἐσμὲν υἱοὶ ἑνὸς ἀνθρώπου (3)
— 32. υἱοὶ τοῦ πατρὸς ἡμῶν (3)
— 37. τοὺς δύο υἱ. μου ἀπόκτεινον (3)
— 38. οὐ καταβήσεται ὁ υἱ. μου μεθ' ὑμῶν (3)
45. 9. τάδε λέγει ὁ υἱ. σου Ἰ. (3)
— 10. σὺ καὶ οἱ υἱ. σου καὶ οἱ υἱ. τῶν υἱ. σου (3 *ter*)
— 11. ἵνα μὴ ἐκτριβῇς σὺ καὶ οἱ υἱ. σου (2)
— 21. ἐποίησαν δὲ οὕτως οἱ υἱ. Ἰσρ. (3)
— 26. ὁ υἱ. σου Ἰ. ζῇ –
— 28. εἰ ἔτι ὁ υἱ. μου Ἰ. ζῇ (3)
46. 5. ἀνέλαβον οἱ υἱ. Ἰσρ. τὸν πατέρα αὐ. (3)
— 7. υἱοὶ καὶ οἱ υἱ. τῶν υἱ. αὐ. (3 *ter*)
— 7. A θυγατέρες καὶ θυγατέρες τῶν υἱ. αὐ. [R *al.*] (3)
— 8. ταῦτα δὲ τὰ ὀνόματα τῶν υἱ. Ἰσρ. (3)
— 8. Ἰ. καὶ οἱ υἱ. αὐ. (3)
— 9. υἱοὶ δὲ Ῥουβήν (3)
— 10. υἱοὶ δὲ Συμεών (3)
— 10. Σαμ. υἱὸς τῆς Χαναανίτιδος (3)
— 11. υἱοὶ δὲ Λευί (3)
— 12. υἱοὶ δὲ Ἰούδα (3)
— 12. ἐγένοντο δὲ υἱοὶ Φαρές (3)
— 13. υἱοὶ δὲ Ἰσσάχαρ (3)
— 14. υἱοὶ δὲ Ζαβουλών (3)
— 15. οὗτοι υἱ. Λείας (3)
— 15. πᾶσαι αἱ ψυχαὶ υἱοὶ καὶ αἱ θυγατέρες (3)
— 16. υἱοὶ δὲ Γάδ (3)
— 17. υἱοὶ δὲ Ἀσήρ (3)
— 17. υἱοὶ δὲ Βαριά (3)
— 18. οὗτοι υἱ. Ζελφᾶς (3)
— 19. υἱοὶ δὲ Ῥαχήλ (3)
— 20. ἐγένοντο δὲ υἱοὶ Ἰ. –
— 20. ἐγένοντο δὲ υἱοὶ Μαν. –
— 20. υἱοὶ δὲ Ἐφρ. ἀδελφοῦ Μαν. –
— 20. υἱοὶ δὲ Σουτ. –
— 21. υἱοὶ δὲ Βεν. (3)
— 21. ἐγένοντο δὲ υἱοὶ Βαλά –
— 22. οὗτοι υἱ. Ῥαχήλ (3)
— 23. υἱοὶ δὲ Δάν (3)
— 24. καὶ υἱοὶ Νεφθαλί (3)
— 25. οὗτοι υἱ. Βαλλᾶς (3)
— 26. χωρὶς τῶν γυναικῶν υἱῶν Ἰ. (3)
— 27. υἱοὶ δὲ Ἰ. οἱ γενόμενοι αὐτῷ (3)
47. 4. ἦλθον δὲ . . . Ἰ. καὶ οἱ υἱ. αὐ. –
— 29. ἐκάλεσε τὸν υἱ. αὐ. Ἰ. (3)
48. 1. ἀναλαβὼν τοὺς δύο υἱ. αὐ. (3)
— 2. ὁ υἱ. σου Ἰ. ἔρχεται πρὸς σέ (3)
— 5. οἱ δύο υἱ. σου οἱ γενόμενοί σοι (3)
— 8. ἰδὼν δὲ Ἰσρ. τοὺς υἱ. Ἰ. (3)
— 9. υἱοί μού εἰσιν (3)
— 13. λαβὼν δὲ Ἰ. τοὺς δύο υἱ. αὐ. –
49. 1. ἐκάλεσε δὲ Ἰ. τοὺς υἱ. αὐ. (3)
— 2. ἀκούσατέ μου, υἱοὶ Ἰ. (3)
— 8. προσκυνήσουσί σοι οἱ υἱ. τοῦ πατρός σου (3)
— 9. ἐκ βλαστοῦ, υἱέ μου, ἀνέβης (3)
— 22. υἱὸς ηὐξημένος Ἰ. (3)
— 22. υἱὸς ηὐξημένος μου ζηλωτός (3)
— 22. υἱός μου νεώτατος †

Ge. 49. 28. πάντες οὗτοι [A οἱ] υἱοὶ Ἰ. δώδεκα †
— 32. ἐν κτήσει τοῦ ἀγροῦ . . . παρὰ τῶν υἱ. Χέτ (3)
— 33. κατέπαυσεν Ἰ. ἐπιτάσσων τοῖς υἱ. αὐ. (3)
50. 12. ἐποίησαν αὐτῷ οὕτως οἱ υἱ. αὐ. (3)
— 13. ἀνέλαβον αὐτὸν οἱ υἱ. αὐ. (3)
— 23. υἱοὶ Μ. τοῦ υἱ. Μ. ἐτέχθησαν (3, 3)
— 25. ὥρκισεν Ἰ. τοὺς υἱ. Ἰσρ. (3)
Ex. 1. 1. ταῦτα τὰ ὀνόματα τῶν υἱ. Ἰσρ. (3)
— 7. οἱ δὲ υἱ. Ἰσρ. ηὐξήθησαν (3)
— 9. τὸ γένος τῶν υἱ. Ἰσρ. μέγα πλῆθος (3)
— 12. ἐβδελύσσοντο οἱ Αἰγ. ἀπὸ τῶν υἱ. Ἰσρ. (3)
— 13. κατεδυνάστευον οἱ Αἰγ. τοὺς υἱ. Ἰσρ. βίᾳ (3)
2. 10. ἐγενήθη αὐτῇ εἰς υἱόν (3)
— 11. ἐξῆλθε πρὸς τοὺς ἀδ. αὐ. τοὺς υἱ. Ἰσρ. –
— 11. τινὰ Ἐβρ. τῶν ἑαυ. ἀδελφῶν τῶν υἱ. Ἰσρ. –
— 22. ἔτεκεν υἱόν (3)
— 23. κατεστέναξαν οἱ υἱ. Ἰσρ. ἀπὸ τῶν ἔργων (3)
— 25. ἐπεῖδεν ὁ θ. τοὺς υἱ. Ἰσρ. (3)
3. 9. κραυγὴ τῶν υἱ. Ἰσρ. ἥκει πρὸς μέ (3)
— 10. ἐξάξεις τὸν λαόν μου τοὺς υἱ. Ἰσρ. (3)
— 11. τίς εἰμι ἐγὼ . . . ὅτι ἐξάξω τοὺς υἱ. Ἰσρ. (3)
— 13. ἐξελεύσομαι πρὸς τοὺς υἱ. Ἰσρ. (3)
— 14, 15. οὕτως ἐρεῖς τοῖς υἱ. Ἰσρ. (3)
— 16. συνάγαγε τὴν γερουσίαν τῶν υἱ. Ἰσρ. –
— 22. καὶ ἐπιθήσετε ἐπὶ τοὺς υἱ. ὑμῶν (3)
4. 22. υἱ. πρωτοτόκος μου Ἰσρ. (3)
— 23. ἀποκτενῶ τὸν υἱ. σου τὸν πρωτότοκον (3)
— 25. περιέτεμε τὴν ἀκροβυστίαν τοῦ υἱ. αὐ. (3)
— 29. συνήγαγον τὴν γερουσίαν τῶν υἱ. Ἰσρ. (3)
— 31. ἐπεσκέψατο ὁ θ. τοὺς υἱ. Ἰσρ. (3)
5. 2. ὥστε ἐξαποστεῖλαι τοὺς υἱ. Ἰσρ. –
— 14. οἱ γραμματεῖς τοῦ γένους τῶν υἱ. Ἰσρ. (3)
— 15. εἰσελθόντες δὲ οἱ γραμματεῖς τῶν υἱ. Ἰσρ. (3)
— 19. ἑώρων δὲ οἱ γραμματεῖς τῶν υἱ. Ἰσρ. ἑαυτούς (3)
6. 5. εἰσήκουσα τὸν στεναγμὸν τῶν υἱ. Ἰσρ. (3)
— 6. εἰπὸν τοῖς υἱ. Ἰσρ. (3)
— 9. ἐλάλησε δὲ Μ. οὕτως τοῖς υἱ. Ἰσρ. (3)
— 11. ἵνα ἐξαποστείλῃ τοὺς υἱ. Ἰσρ. (3)
— 12. οἱ υἱ. Ἰσρ. οὐκ εἰσήκουσάν μου (3)
— 13. ὥστε ἐξαποστεῖλαι τοὺς υἱ. Ἰσρ. (3)
— 14. υἱοὶ Ῥ. πρωτοτόκου Ἰσρ. (3)
— 15. καὶ υἱοὶ Συμ. (3)
— 15. αὗται αἱ πατριαὶ τῶν υἱ. Συμ. –
— 16. ταῦτα τὰ ὀνόματα τῶν υἱ. Λ. (3)
— 17. οὗτοι υἱ. Γεδ. (3)
— 18. καὶ υἱοὶ Καάθ (3)
— 19. καὶ υἱοὶ [A οἱ υἱ.] Μεραρεί (3)
— 21. καὶ υἱοὶ Ἰσσαάρ (3)
— 22. καὶ υἱοὶ [A οἱ υἱ.] Ὀζ. (3)
— 24. υἱοὶ δὲ Κορέ (3)
— 26. ἐξαγαγεῖν τοὺς υἱ. Ἰσρ. ἐκ γῆς Αἰγ. (3)
— 27. ἐξήγαγον τοὺς υἱ. Ἰσρ. ἐκ γῆς Αἰγ. (3)
7. 2. ὥστε ἐξαποστεῖλαι τοὺς υἱ. Ἰσρ. (3)
— 4. ἐξάξω . . . τὸν λαόν μου τοὺς υἱ. Ἰσρ. (3)
— 5. ἐξάξω τοὺς υἱ. Ἰσρ. (3)
9. 4. ἀνὰ μέσον τῶν κτηνῶν τῶν υἱ. [A κτ. τοῦ] Ἰσρ. –
— 4. οὐ τελευτήσει ἀπὸ πάντων τῶν τοῦ Ἰσρ. υἱ. ῥητόν [A al.] (3)
— 6. ἀπὸ δὲ τῶν κτηνῶν τῶν υἱ. [A^2 κτ. τοῦ] Ἰσρ. (3)
— 7. A^2 B ἀπὸ πάντων τῶν κτηνῶν τῶν υἱ. Ἰσρ. –
— 26. οὗ ἦσαν οἱ υἱ. Ἰσρ. (3)
— 35. οὐκ ἐξαπέστειλε τοὺς υἱ. Ἰσρ. (3)
10. 9. σὺν τοῖς υἱ. καὶ θυγατράσι (3)
— 20. οὐκ ἐξαπέστειλε τοὺς υἱ. Ἰσρ. (3)
— 23. πᾶσι δὲ τοῖς υἱ. Ἰσρ. φῶς ἦν (3)
11. 7. ἐν πᾶσι τοῖς υἱ. Ἰσρ. οὐ γρύξει κύων (3)
— 10. ἐξαποστεῖλαι τοὺς υἱ. Ἰσρ. (3)
12. 3. λάλησον πρὸς πᾶσαν συναγωγὴν υἱῶν Ἰσρ. –
— 6. πᾶν τὸ πλῆθος συναγωγῆς υἱῶν [A τῶν υἱ.] Ἰσρ. –
— 21. πᾶσαν γερουσίαν υἱῶν [A om.] Ἰσρ. –
— 24. νόμιμον σεαυτῷ καὶ τοῖς υἱ. σου (3)
— 26. B ἐὰν λέγωσι πρὸς ὑμᾶς υἱοὶ [A R οἱ υἱ.] ὑμῶν (3)
— 27. ὡς ἐσκέπασε τοὺς οἴκους τῶν υἱ. Ἰσρ. (3)
— 28. ἐποίησαν οἱ υἱ. Ἰσρ. (3)
— 31. καὶ ὑμεῖς καὶ οἱ υἱ. Ἰσρ. (3)
— 35. οἱ δὲ υἱ. Ἰσρ. ἐποίησαν (3)
— 37. ἀπάραντες δὲ οἱ υἱ. Ἰσρ. (3)

Ex. 12. 40. ἡ δὲ κατοίκησις τῶν υἱ. Ἰσρ. (3)
— 42. ὥστε πᾶσι τοῖς υἱ. Ἰσρ. εἶναι (3)
— 47. πᾶσα συναγωγὴ υἱῶν Ἰσρ. ποιήσει αὐτό –
— 50. ἐποίησαν οἱ υἱ. Ἰσρ. (3)
— 51. ἐξήγαγε κύριος τοὺς υἱ. Ἰσρ. (3)
13. 2. ἁγίασόν μοι πᾶν πρωτότοκον . . . ἐν τοῖς υἱ. Ἰσρ. (3)
— 8. ἀναγγελεῖς τῷ υἱ. σου (3)
— 13. πᾶν πρωτότοκον ἀνθρώπου τῶν υἱ. σου (3)
— 14. ἐὰν δὲ ἐρωτήσῃ σε ὁ υἱ. σου (3)
— 15. πᾶν πρωτότοκον τῶν υἱ. μου λυτρώσομαι (3)
— 18. ἀνέβησαν οἱ υἱ. Ἰσρ. (3)
— 19. ὅρκῳ γὰρ ὥρκισε τοὺς υἱ. Ἰσρ. (3)
— 22. ἐξάραντες δὲ οἱ υἱ. Ἰσρ. –
14. 2. λάλησον τοῖς υἱ. Ἰσρ. (3)
— 3. οἱ υἱ. Ἰσρ. πλανῶνται οὗτοι [A al.] (3)
— 5. τοῦ ἐξαποστεῖλαι τοὺς υἱ. Ἰσρ. –
— 8. κατεδίωξεν ὀπίσω τῶν υἱ. Ἰσρ. (3)
— 8. οἱ δὲ υἱ. Ἰσρ. ἐξεπορεύοντο (3)
— 10. ἀναβλέψαντες οἱ υἱ. Ἰσρ. τοῖς ὀφθαλμοῖς (3)
— 10. ἀνεβόησαν δὲ οἱ υἱ. Ἰσρ. πρὸς κύριον (3)
— 15. λάλησον τοῖς υἱ. Ἰσρ. (3)
— 16. εἰσελθάτωσαν οἱ υἱ. Ἰσρ. (3)
— 19. ὁ προπορευόμ. τῆς παρεμβολῆς τῶν υἱ. Ἰσρ. –
— 22. εἰσῆλθον οἱ υἱ. Ἰσρ. (3)
— 29. οἱ δὲ υἱ. Ἰσρ. ἐπορεύθησαν διὰ ξηρᾶς (3)
15. 1. A^2 B ᾖσε Μ. καὶ οἱ υἱ. Ἰσρ. [A^1 al.] (3)
— 19. οἱ δὲ υἱ. Ἰσρ. ἐπορεύθησαν διὰ ξηρᾶς (3)
— 22. ἐξῆρε δὲ Μ. τοὺς υἱ. Ἰσρ. –
16. 1. ἦλθοσαν πᾶσα συναγωγὴ υἱῶν Ἰσρ. (3)
— 2. διεγόγγυζε πᾶσα συναγωγὴ υἱῶν Ἰσρ. (3)
— 3. εἶπαν πρὸς αὐτοὺς οἱ υἱ. Ἰσρ. (3)
— 6. πρὸς πᾶσαν συναγωγὴν υἱῶν Ἰσρ. (3)
— 9. εἰπὸν πάσῃ συναγωγῇ υἱῶν Ἰσρ. (3)
— 10. πάσῃ συναγωγῇ υἱῶν Ἰσρ. (3)
— 12. εἰσακήκοα τὸν γογγυσμὸν τῶν υἱ. Ἰσρ. (3)
— 15. ἰδόντες δὲ αὐτὸ οἱ υἱ. Ἰσρ. (3)
— 17. ἐποίησαν δὲ οὕτως οἱ υἱ. Ἰσρ. (3)
— 31. ἐπωνόμασαν αὐτὸ οἱ υἱ. Ἰσρ. τὸ ὄνομα αὐ. (2)
— 35. οἱ δὲ υἱ. Ἰσρ. ἔφαγον τὸ μάν (3)
17. 1. ἀπῆρε πᾶσα συναγωγὴ υἱῶν Ἰσρ. (3)
— 6. ἐποίησε δὲ Μ. οὕτως ἐναντίον τῶν υἱ. Ἰσρ. †
— 7. διὰ τὴν λοιδορίαν τῶν υἱ. Ἰσρ. (3)
18. 3. ἔλαβε δὲ Ἰ. . . . τοὺς δύο υἱ. αὐ. (3)
— 5. ἐξῆλθεν Ἰ. . . . καὶ οἱ υἱ. καὶ ἡ γυνή (3)
— 6. καὶ ἡ γυνὴ καὶ οἱ δύο υἱ. σου μετ᾽ αὐτοῦ (3)
19. 1. τοῦ δὲ μηνὸς τοῦ τρίτου τῆς ἐξόδου τῶν υἱ. Ἰσρ. (3)
— 3. τάδε . . . ἀναγγελεῖς τοῖς υἱ. Ἰσρ. (3)
— 6. ταῦτα τὰ ῥήματα ἐρεῖς τοῖς υἱ. Ἰσρ. (3)
20. 10. σὺ καὶ ὁ υἱ. [A^1 οἱ υἱ.] σου καὶ ἡ θυγάτηρ σου (3)
— 22. τάδε . . . ἀναγγελεῖς τοῖς υἱ. Ἰσρ. (3)
21. 4. ἐὰν δὲ . . . τέκῃ αὐτῷ υἱούς (3)
— 9. ἐὰν δὲ τῷ υἱ. καθομολογήσηται αὐτήν (3)
— 17 (16). ὃς ἐὰν κλέψῃ τίς τινα τῶν υἱ. Ἰσρ. –
— 31. ἐὰν δὲ υἱὸν . . . κερατίσῃ (3)
22. 29 (28). τὰ πρωτότοκα τῶν υἱ. σου δώσεις ἐμοί (3)
23. 12. B^1 ἵνα ἀναπαύσηται [A B^2 R -ψύξῃ] ὁ υἱ. τῆς παιδίσκης σου (3)
— 22. ταῦτα τὰ ῥήματα ἐρεῖς τοῖς υἱ. Ἰσρ. –
24. 5. ἐξαπέστειλε τοὺς νεανίσκους τῶν υἱ. Ἰσρ. (3)
— 17. ὡσεὶ πῦρ φλέγον . . . ἐναντίον τῶν υἱ. Ἰσρ. (3)
25. 2. εἰπὸν τοῖς υἱ. Ἰσρ. (3)
— 21 (22). ὅσα ἂν ἐντείλωμαί σοι πρὸς τοὺς υἱ. Ἰσρ. (3)
27. 20. σύνταξον τοῖς υἱ. Ἰσρ. (3)
— 21. καύσει αὐτὸ Ἀ. καὶ οἱ υἱ. αὐ. (3)
— 21. νόμιμον αἰώνιον . . . παρὰ τῶν υἱ. Ἰσρ. (3)
28. 1. τόν τε Ἀ. τὸν ἀδ. σου καὶ τοὺς υἱ. αὐ. ἐκ τῶν υἱ. Ἰσρ. . . . καὶ Ἐλ. καὶ Ἰθ. υἱοὺς [A τοὺς υἱ.] Ἀ. (3 ter)
— 4. ποιήσουσι στολὰς ἁγίας Ἀ. καὶ τοῖς υἱ. αὐ. (3)
— 9. γλύψεις ἐν αὐτοῖς τὰ ὀνόμ. τῶν υἱ. Ἰσρ. (3)
— 11. A R ἐπὶ τοῖς ὀνόμασι τῶν υἱ. Ἰσρ. (3)
— 12. λίθοι μνημοσύνου εἰσὶ τοῖς υἱ. Ἰσρ. (3)
— 12. ἀναλήψεται Ἀ. τὰ ὀνόματα τῶν υἱ. Ἰσρ. †
— 21. ἐκ τῶν ὀνομάτων τῶν υἱ. Ἰσρ. (3)
— 23 (29). λήψεται Ἀ. τὰ ὀνόμ. τῶν υἱ. Ἰσρ. (3)

Ex. 28. 26 (30). οἴσει Ἀ. τὰς κρίσεις τῶν υἱ. Ἰσρ. (3)
— 34 (38). ὅσα ἂν ἁγιάσωσιν οἱ υἱ. Ἰσρ. (3)
— 36 (40). καὶ τοῖς υἱ. Ἀ. ποιήσεις χιτῶνας (3)
— 37 (41). ἐνδύσεις αὐτὰ . . . τοὺς υἱ. αὐ. (3)
— 39 (43). ἕξει Ἀ. αὐτὰ καὶ οἱ υἱ. αὐ. (3)
29. 4. Ἀ. καὶ τοὺς υἱ. αὐ. προσάξεις ἐπὶ τὰς θύρας (3)
— 8. καὶ τοὺς υἱ. αὐ. προσάξεις (3)
— 9. καὶ τὰς χεῖρας τῶν υἱ. αὐ. (3)
— 10, 15. ἐπιθήσουσιν Ἀ. καὶ οἱ υἱ. αὐ. τὰς χεῖρας (3)
— 19. ἐπιθήσει Ἀ. καὶ οἱ υἱ. αὐ. τὰς χεῖρας αὐ. (3)
— 20. ἐπὶ τοὺς λοβοὺς τῶν ὤτων τῶν υἱ. αὐ. τῶν δεξιῶν (3)
— 21. ῥανεῖς . . . ἐπὶ τοὺς υἱ. αὐ. καὶ ἐπὶ τὰς στολὰς τῶν υἱ. αὐ. (3, 3)
— 21. B καὶ οἱ υἱ. αὐ. (3)
— 21. καὶ αἱ στολαὶ τῶν υἱ. αὐ. (3)
— 24. καὶ ἐπὶ τὰς χεῖρας τῶν υἱ. αὐ. (3)
— 27. ἀπὸ τοῦ Ἀ. καὶ ἀπὸ τῶν υἱ. αὐ. (3)
— 28. ἔσται Ἀ. καὶ τοῖς υἱ. αὐ. νόμιμον αἰώνιον παρὰ τῶν υἱ. Ἰσρ. (3, 3)
— 28. ἀφαίρεμα ἔσται ἀπὸ τῶν υἱ. Ἰσρ. [A^1 al.] (3)
— 28. ἀπὸ τῶν θυμάτων τῶν σ. τῶν υἱῶν Ἰσρ. –
— 29. ἔσται τοῖς υἱ. αὐ. μετ᾽ αὐτόν (3)
— 30. B ἐνδύσεται αὐτὰ ὁ ἱερεὺς ὁ ἀντ᾽ αὐτοῦ [A R add. ἐκ] τῶν υἱ. αὐ. (3)
— 32. ἔδεται Ἀ. καὶ οἱ υἱ. αὐ. τὰ κρέα (3)
— 35. ποιήσεις Ἀ. καὶ τοῖς υἱ. αὐ. (3)
— 43. τάξομαι ἐκεῖ τοῖς υἱ. Ἰσρ. (3)
— 44. Ἀ. καὶ τοὺς υἱ. αὐ. ἁγιάσω (3)
— 45. ἐπικληθήσομαι ἐν τοῖς υἱ. Ἰσρ. (3)
30. 12. ἐὰν λάβῃς τὸν συλλογισμὸν τῶν υἱ. Ἰσρ. (3)
— 16. λήψῃ τὸ ἀργ. τῆς εἰσφορᾶς παρὰ τῶν υἱ. Ἰσρ. (3)
— 16. ἔσται τοῖς υἱ. Ἰσρ. μνημόσυνον (3)
— 19. νίψεται Ἀ. καὶ οἱ υἱ. αὐ. (3)
— 30. Ἀ. καὶ τοὺς υἱ. αὐ. χρίσεις (3)
— 31. τοῖς υἱ. Ἰσρ. λαλήσεις (3)
31. 2. A τὸν Βεσ. τὸν τοῦ Οὐρ. υἱοῦ [B τὸν] Ὥρ (3)
— 10. καὶ τὰς στολὰς τῶν υἱ. αὐ. (3)
— 13. σύνταξον τοῖς υἱ. Ἰσρ. (3)
— 16. φυλάξουσιν οἱ υἱ. Ἰσρ. τὰ σάββατα (3)
— 17. ἐν ἐμοὶ καὶ τοῖς υἱ. Ἰσρ. (3)
32. 20. ἐπότισεν αὐτὸ τοὺς υἱ. Ἰσρ. (3)
— 26. συνῆλθον οὖν . . . πάντες οἱ υἱ. Λ. (3)
— 28. ἐποίησαν οἱ υἱ. Λ. (3)
— 29. ἕκαστος ἐν τῷ υἱ. ἢ ἐν τῷ ἀδελφῷ (3)
33. 5. εἶπε κύριος τοῖς υἱ. Ἰσρ. (3)
— 6. περιείλαντο οἱ υἱ. Ἰσρ. τὸν κόσμον αὐ. (3)
— 11. ὁ δὲ θεράπων Ἰ. υἱὸς Ναυή (3)
34. 16. καὶ λάβῃς τῶν θυγ. αὐ. τοῖς υἱ. σου (3)
— 16. καὶ τῶν θυγ. σου δῷς τοῖς υἱ. αὐ. –
— 16. B καὶ ἐκπορνεύσωσιν οἱ υἱ. σου ὀπίσω τῶν θεῶν αὐ. (3)
— 20. πᾶν πρωτότοκον τῶν υἱ. σου λυτρώσῃ (3)
— 30. A Ἀ. καὶ πάντες οἱ υἱ. [B πρεσβύτεροι] Ἰσρ. (3)
— 32. προσῆλθον πρὸς αὐτὸν πάντες οἱ υἱ. [A^1 πρεσβύτεροι] Ἰσρ. (3)
— 34. ἐλάλει πᾶσι τοῖς υἱ. Ἰσρ. (3)
— 35. εἶδον οἱ υἱ. Ἰσρ. τὸ πρόσωπον Μ. (3)
35. 1. πᾶσαν συναγωγὴν υἱῶν Ἰσρ. (3)
— 4. εἶπε Μ. πρὸς πᾶσαν συναγωγὴν υἱῶν Ἰσρ. (3)
— 19. καὶ τοὺς χιτῶνας τοῖς υἱ. Ἀ. (3)
— 20. ἐξῆλθε πᾶσα συναγωγὴ υἱῶν Ἰσρ. (3)
— 29. ἤνεγκαν οἱ υἱ. Ἰσρ. ἀφαίρεμα κυρίῳ (3)
— 30. εἶπε Μ. τοῖς υἱ. Ἰσρ. (3)
— 30. A τὸν Βεσ. τὸν τοῦ Οὐρὶ υἱοῦ Ὥρ [B al.] (3)
36. 3. ἃ ἤνεγκαν οἱ υἱ. Ἰσρ. (3)
— 13 (39. 6). ἐκ τῶν ὀνομάτων τῶν υἱ. Ἰσρ. (3)
— 14 (39. 7). λίθους μνημοσύνου τῶν υἱ. Ἰσρ. (3)
— 21 (39. 14). ἐκ τῶν ὀνομάτων τῶν υἱ. Ἰσρ. (3)
— 35 (39. 27). ἐποίησαν χιτῶνας . . . Ἀ. καὶ τοῖς υἱ. αὐ. (3)
37. 19 (38. 21). διὰ Ἰθ. τοῦ υἱ. Ἀ. (3)
38. 27 (40. 31). ἵνα νίπτωνται . . . Μ. καὶ Ἀ. καὶ οἱ υἱ. αὐ. (3)
39. 11 (32). ἐποίησαν οἱ υἱ. Ἰσρ. (3)
— 19 (41). A^2 B καὶ τὰς στολὰς τῶν υἱ. αὐ. (3)
— 22 (42). οὕτως ἐποίησαν οἱ υἱ. Ἰσρ. πᾶσαν τὴν ἀποσκευήν (3)
40. 12. προσάξεις Ἀ. καὶ τοὺς υἱ. αὐ. (3)
— 14. τοὺς υἱ. αὐ. προσάξεις (3)

Ex. 40. 36. ἀνεζεύγνυσαν οἱ υἱ. Ἰσρ. (3)
subscr. A ἔξοδος τῶν υἱ. Ἰσρ. ἐξ Αἰγ. [B *al.*] –
Le. 1. 2. λάλησον τοῖς υἱ. Ἰσρ. (3)
— 5. προσοίσουσιν οἱ υἱ. Ἀ. οἱ ἱερεῖς (3)
— 7. ἐπιθήσουσιν οἱ υἱ. Ἀ. οἱ ἱερεῖς πῦρ (3)
— 8. ἐπιστοιβάσουσιν οἱ υἱ. Ἀ. οἱ ἱερεῖς (3)
— 11. προσχεοῦσιν οἱ υἱ. Ἀ. οἱ ἱερεῖς τὸ αἷμα αὐ. (3)
2. 2. οἴσει πρὸς τοὺς υἱ. Ἀ. τοὺς ἱερεῖς (3)
— 3. τὸ λοιπὸν . . . Ἀ. καὶ τοῖς υἱ. [B^{1} τοὺς υἱ.] αὐ. (3)
— 10. τὸ δὲ καταλειφθὲν . . . Ἀ. καὶ τοῖς υἱ. αὐ. (3)
3. 2. προσχεοῦσιν οἱ υἱ. Ἀ. οἱ ἱερεῖς τὸ αἷμα (3)
— 5. ἀνοίσουσιν αὐτὰ οἱ υἱ. Ἀ. οἱ ἱερεῖς (3)
— 8, 13. προσχεοῦσιν οἱ υἱ. Ἀ. οἱ ἱερεῖς τὸ αἷμα (3)
4. 2. λάλησον πρὸς τοὺς υἱ. Ἰσρ. (3)
6. 8 (2). ἔντειλαι Ἀ. καὶ τοῖς υἱ. αὐ. (3)
— 14 (7). ἣν προσάξουσιν αὐτὴν οἱ υἱ. Ἀ. (3)
— 16 (9). ἔδεται Ἀ. καὶ οἱ υἱ. αὐ. (3)
— 20 (13). B τοῦτο τὸ δῶρον Ἀ. καὶ τῶν υἱ. αὐ. (3)
— 22 (15). B ὁ ἱερεὺς ὁ χριστὸς ἀντ' αὐτοῦ ἐκ τῶν υἱ. αὐ. (3)
— 25 (18). λάλησον Ἀ. καὶ τοῖς υἱ. αὐ. (3)
— 40 (7. 10). πᾶσα θυσία . . . πᾶσι τοῖς υἱ. Ἀ. ἔσται (3)
7. 13 (23). λάλησον τοῖς υἱ. Ἰσρ. (3)
— 19 (29). τοῖς υἱ. Ἰσρ. λαλήσεις (3)
— 21 (31). καὶ ἔσται . . . τοῖς υἱ. αὐ. (3)
— 23 (33). καὶ τὸ στέαρ τὸ ἀπὸ τῶν υἱ. Ἀ. (3)
— 24 (34). εἴληφα παρὰ τῶν υἱ. Ἰσρ. (3)
— 24 (34). ἔδωκα αὐτὰ Ἀ. τῷ ἱερεῖ καὶ τοῖς υἱ. αὐ. (3)
— 24 (34). νόμιμον αἰώνιον παρὰ τῶν υἱ. Ἰσρ. (3)
— 25 (35). αὕτη . . . ἡ χρίσις τῶν υἱ. αὐ. (3)
— 26 (36). ᾗ ἡμέρᾳ ἔχρισεν αὐτοὺς παρὰ τῶν υἱ. Ἰσρ. (3)
— 28 (38). ᾗ ἡμέρᾳ ἐνετείλατο τοῖς υἱ. Ἰσρ. (3)
8. 2. λάβε Ἀ. καὶ τοὺς υἱ. αὐ. (3)
— 6. προσήνεγκε . . . τοὺς υἱ. αὐτοῦ (3)
— 13. προσήγαγε Μ. τοὺς υἱ. Ἀ. (3)
— 14. ἐπέθηκεν Ἀ. καὶ οἱ υἱ. αὐ. [A καὶ υἱ. Ἀ.] (3)
— 18, 21 (22). ἐπέθηκεν Ἀ. καὶ οἱ υἱ. αὐ. τὰς χεῖρας αὐ. (3)
— 23 (24). προσήγαγε Μ. τοὺς υἱ. Ἀ. (3)
— 26 (27). καὶ ἐπὶ τὰς χεῖρας τῶν υἱ. αὐ. (3)
— 29 (30). προσέρρανεν ἐπὶ Ἀ. . . . καὶ τοὺς υἱ. αὐ. καὶ τὰς στολὰς τῶν υἱ. αὐ. (3, 3)
— 30. B^{2} R ἡγίασεν . . . τοὺς υἱ. αὐ. καὶ τὰς στολὰς τῶν υἱ. αὐ. (3, 3)
— 31. εἶπε Μ. πρὸς Ἀ. καὶ τοὺς υἱ. αὐ. (3)
— 31. Ἀ. καὶ οἱ υἱ. αὐ. φάγονται ταῦτα (3)
— 36. ἐποίησεν Ἀ. καὶ οἱ υἱ. αὐ. πάντας τοὺς λόγους (3)
9. 1. ἐκάλεσε Μ. Ἀ. καὶ τοὺς υἱ. αὐ. (3)
— 9. προσήνεγκαν οἱ υἱ. Ἀ. τὸ αἷμα πρὸς αὐτόν (3)
— 12, 18. προσήνεγκαν οἱ υἱ. Ἀ. τὸ αἷμα (3)
10. 1. λαβόντες οἱ δύο υἱ. Ἀ. Ν. καὶ Ἀβ. (3)
— 4. ἐκάλεσε Μ. τὸν Μ. καὶ τὸν Ἐλ. υἱοὺς Ὀζ. υἱοὺς τοῦ ἀδ. τοῦ πατρὸς Ἀ. (3, –)
— 6. πρὸς Ἀ. καὶ Ἐλ. καὶ Ἰθ. τοὺς υἱ. αὐ. (3)
— 9. σὺ καὶ οἱ υἱ. σου μετὰ σοῦ (3)
— 11. συμβιβάσεις τοὺς υἱ. Ἰσρ. πάντα τὰ νόμιμα (3)
— 12. καὶ πρὸς Ἐλ. καὶ Ἰθ. τοὺς υἱ. Ἀ. (3)
— 13. καὶ νόμιμον τοῖς υἱ. σου τοῦτο (3)
— 14. σὺ καὶ οἱ υἱ. σου (3)
— 14. καὶ νόμιμον τοῖς υἱ. σου ἐδόθη ἀπὸ τῶν θυσιῶν τοῦ σωτηρίου τῶν υἱ. Ἰσρ. [A^{1} *om.* τ. υἱ. Ἰσρ.] (3, 3)
— 15. ἔσται σοὶ καὶ τοῖς υἱ. σου (3)
— 16. ἐπὶ Ἐλ. καὶ Ἰθ. τοὺς υἱ. Ἀ. (3)
11. 2. λαλήσατε τοῖς υἱ. Ἰσρ. (3)
12. 2. λάλησον τοῖς υἱ. Ἰσρ. (3)
— 6. ἐφ' υἱῷ ἢ ἐπὶ θυγατρί (3)
13. 2. ἀχθήσεται πρὸς . . . ἕνα τῶν υἱ. αὐ. τῶν ἱερέων (3)
15. 2. λάλησον τοῖς υἱ. Ἰσρ. (3)
— 31. εὐλαβεῖς ποιήσετε τοὺς υἱ. Ἰσρ. (3)
16. 1. μετὰ τὸ τελευτῆσαι τοὺς δύο υἱ. Ἀ. (3)
— 5. παρὰ τῆς συναγ. τῶν υἱ. Ἰσρ. λήψεται (3)
— 16. ἀπὸ τῶν ἀκαθαρσιῶν τῶν υἱ. Ἰσρ. (3)
— 17. καὶ περὶ πάσης συναγωγῆς υἱῶν Ἰσρ. –
— 19. ἀπὸ τῶν ἀκαθαρσιῶν τῶν [A *om.*] υἱ. Ἰσρ. (3)

Le. 16. 21. πάσας τὰς ἀνομίας τῶν υἱ. Ἰσρ. (3)
— 34. ἐξιλάσκεσθαι περὶ τῶν υἱ. Ἰσρ. (3)
17. 2. λάλησον . . . πρὸς τοὺς υἱ. αὐ. καὶ πρὸς πάντας [A *add.* τοὺς] υἱ. Ἰσρ. (3, 3)
— 3. ἄνθρωπος ἄνθρωπος τῶν υἱ. Ἰσρ. (2)
— 5. ὅπως ἀναφέρωσιν οἱ υἱ. Ἰσρ. τὰς θυσίας αὐ. (3)
— 8. ἄνθρωπος ἄνθρωπος τῶν υἱ. Ἰσρ. ἢ ἀπὸ τῶν υἱ. τῶν προσηλύτων (2, –)
— 10. ἄνθρωπος ἄνθρωπος τῶν υἱ. Ἰσρ. (2)
— 12. εἴρηκα τοῖς υἱ. Ἰσρ. (3)
— 13. ἄνθρωπος ἄνθρωπος τῶν υἱ. Ἰσρ. (3)
— 14. εἶπα τοῖς υἱ. Ἰσρ. (3)
18. 2. λάλησον τοῖς υἱ. Ἰσρ. (3)
— 10. ἀσχημοσύνην θυγατρὸς υἱοῦ σου (3)
— 15. γυνὴ γὰρ υἱοῦ σού ἐστιν (3)
— 17. τὴν θυγατέρα τοῦ υἱ. αὐ. . . . οὐ λήψῃ (3)
19. 2. λάλησον τῇ συναγωγῇ τῶν υἱ. Ἰσρ. (3)
— 18. οὐ μηνιεῖς τοῖς υἱ. τοῦ λαοῦ σου (3)
20. 2. τοῖς υἱ. Ἰσρ. λαλήσεις (3)
— 2. ἐάν τις ἀπὸ τῶν υἱ. Ἰσρ. (3)
— 17. ἐξολεθρευθήσονται ἐνώπιον υἱῶν γένους αὐ. (3)
21. 1. εἰπὸν τοῖς ἱερεῦσι τοῖς υἱ. Ἀ. (3)
— 2. ἐπὶ . . . υἱοῖς καὶ θυγατράσιν (3)
— 24. ἐλάλησε Μ. πρὸς Ἀ. καὶ τοὺς υἱ. αὐ. καὶ πρὸς πάντας υἱ. Ἰσρ. (3, 3)
22. 2. εἰπὸν Ἀ. καὶ τοῖς υἱ. αὐ. (3)
— 2. προσεχέτωσαν ἀπὸ τῶν ἁγίων τῶν [A *om.*] υἱ. Ἰσρ. (3)
— 3. ὅσα ἂν ἁγιάζωσιν οἱ υἱ. Ἰσρ. τῷ κ. (3)
— 15. οὐ βεβηλώσουσι τὰ ἅγια τῶν υἱ. Ἰσρ. (3)
— 18. λάλησον Ἀ. καὶ τοῖς υἱ. Ἰσρ. (3)
— 18. ἄνθρωπος ἄνθρωπος ἀπὸ τῶν υἱ. Ἰσρ. ἢ τῶν υἱ. τῶν προσηλύτων (3, –)
— 32. ἁγιασθήσομαι ἐν μέσῳ τῶν υἱ. Ἰσρ. (3)
23. 2. λάλησον τοῖς υἱ. Ἰσρ. (3)
— 10. εἰπὸν τοῖς υἱ. Ἰσρ. (3)
— 24, 34. λάλησον τοῖς υἱ. Ἰσρ. (3)
— 43. ἐν σκηναῖς κατῴκισα τοὺς υἱ. Ἰσρ. (3)
— 44. ἐλάλησε Μ. τὰς ἑορτὰς κυρίου τοῖς υἱ. Ἰσρ. (3)
24. 2. ἔντειλαι τοῖς υἱ. Ἰσρ. (3)
— 3. καύσουσιν αὐτὸ Ἀ. καὶ οἱ υἱ. αὐ. –
— 8. προθήσεται . . . ἐνώπιον τῶν υἱ. Ἰσρ. (3)
— 9. ἔσται Ἀ. καὶ τοῖς υἱ. αὐ. (3)
— 10. ἐξῆλθεν υἱὸς γυναικὸς Ἰσραηλίτιδος (3)
— 10. οὗτος ἦν υἱὸς Αἰγυπτίου ἐν τοῖς υἱ. Ἰσρ. (3, 3)
— 11. ἐπονομάσας ὁ [A *om.*] υἱ. τῆς γυναικὸς τῆς Ἰσρ. (3)
— 15. τοῖς υἱ. Ἰσρ. λάλησον (3)
— 23. ἐλάλησε Μ. τοῖς υἱ. Ἰσρ. (3)
— 23. οἱ υἱ. Ἰσρ. ἐποίησαν (3)
25. 2. λάλησον τοῖς υἱ. Ἰσρ. (3)
— 33. ἐν μέσῳ υἱῶν Ἰσρ. (3)
— 45. ἀπὸ τῶν υἱ. τῶν παροίκων τῶν ὄντων ἐν ὑμῖν (3)
— 46. τῶν δὲ ἀδελφῶν ὑμῶν τῶν υἱ. Ἰσρ. (3)
— 49. υἱὸς ἀδελφοῦ πατρὸς λυτρώσεται αὐτόν (3)
— 55. ἐμοὶ οἱ υἱ. Ἰσρ. οἰκέται εἰσί (3)
26. 29. φάγεσθε τὰς σάρκας τῶν υἱ. ὑμῶν (3)
— 46. καὶ ἀνὰ μέσον τῶν υἱ. Ἰσρ. (3)
27. 1 (2). λάλησον τοῖς υἱ. Ἰσρ. (3)
— 34. ἃς ἐνετείλατο κ. τῷ Μ. πρὸς τοὺς υἱ. Ἰσρ. (3)
Nu. 1. 2. A λάβετε ἀρχὴν πάσης συναγωγῆς υἱῶν [B *om.*] Ἰσρ. (3)
— 5. B^{1} τῶν υἱ. [A B^{2} R *om.*] Ῥ. Ἐλ. υἱὸς Σ. (–, 3)
— 6. Σαλ. υἱὸς Σουρ. (3)
— 7. Ναασσὼν υἱὸς Ἀμιν. (3)
— 8. Ναθ. υἱὸς Σωγάρ (3)
— 9. Ἐλ. υἱὸς Χ. (3)
— 10. τῶν υἱ. Ἰ. τῶν Ἐφρ. Ἐλ. υἱὸς Ἐμ. (3, 3)
— 10. Γαμ. υἱὸς Φαδ. (3)
— 11. Ἀβ. υἱὸς Γαδ. (3)
— 12. Ἀχ. υἱὸς Ἀμισ. (3)
— 13. Φαγ. υἱὸς Ἐχράν (3)
— 14. Ἐλ. υἱὸς Ῥαγ. (3)
— 15. Ἀχ. υἱὸς Αἰνάν (3)
— 20. ἐγένοντο οἱ υἱ. Ῥ. (3)
— 22. τοῖς υἱ. Σ. κατὰ συγγενείας αὐ. (3)
— 26. τοῖς υἱ. Ἰ. κατὰ συγγενείας αὐ. (3)
— 28. τοῖς υἱ. Ἰσσ. κατὰ συγγενείας αὐ. (3)
— 30. τοῖς υἱ. Ζ. κατὰ συγγενείας αὐ. (3)
— 32. τοῖς υἱ. Ἰ. υἱοῖς [A^{1} -ὸς] Ἐφρ. (3, 3)
— 34. τοῖς υἱ. Μαν. κατὰ συγγενείας αὐ. (3)
— 36. τοῖς υἱ. Βεν. κατὰ συγγενείας αὐ. (3)
— 24. τοῖς υἱ. Γὰδ κατὰ συγγενείας αὐ. (3)

Nu. 1. 38. τοῖς υἱ. Δὰν κατὰ συγγενείας αὐ. (3)
— 40. τοῖς υἱ. Ἀ. κατὰ συγγενείας αὐ. (3)
— 42. τοῖς υἱ. Ν. κατὰ συγγενείας αὐ. (3)
— 45. πᾶσα ἡ ἐπίσκεψις [A *add.* τῶν] υἱῶν Ἰσρ. (3)
— 47. οὐκ ἐπεσκέπησαν ἐν τοῖς υἱ. Ἰσρ. †
— 49. ἐν μέσῳ υἱῶν Ἰσρ. [A *al.*] (3)
— 52. παρεμβαλοῦσιν οἱ υἱ. Ἰσρ. (3)
— 53. οὐκ ἔσται ἁμάρτημα ἐν υἱοῖς Ἰσρ. (3)
— 54. ἐποίησαν οἱ υἱ. Ἰσρ. κατὰ πάντα (3)
2. 2. παρεμβαλέτωσαν οἱ υἱ. Ἰσρ. (3)
— 2. παρεμβαλοῦσιν οἱ υἱ. Ἰσρ. –
— 3. καὶ ὁ ἄρχων τῶν υἱ. Ἰ. Ν. υἱὸς Ἀμ. (3, 3)
— 5. ὁ ἄρχων τῶν υἱ. Ἰσσ. Ναθ. υἱὸς Σ. (3, 3)
— 7. ὁ ἄρχων τῶν υἱ. Ζαβ. Ἐλ. υἱὸς Χ. (3, 3)
— 10. ὁ ἄρχων τῶν υἱ. Ῥ. Ἐλ. υἱὸς Σεδ. (3, 3)
— 12. ὁ ἄρχων τῶν υἱ. Συμ. Σαλ. υἱὸς Σουρ. (3, 3)
— 14. ὁ ἄρχων τῶν υἱ. Γὰδ Ἐλ. υἱὸς Ῥαγ. (3, 3)
— 18. ὁ ἄρχων τῶν υἱ. Ἐφρ. Ἐλ. υἱὸς [B^{1} *om.*] Ἐμ. (3, 3)
— 20. ὁ ἄρχων τῶν υἱ. Μαν. Γαμ. υἱὸς Φαδ. (3, 3)
— 22. ὁ ἄρχων τῶν υἱ. Βεν. Ἀβ. υἱὸς Γαδ. (3, 3)
— 25. ὁ ἄρχων τῶν υἱ. Δὰν Ἀχ. υἱὸς Ἀμ. (3, 3)
— 27. ὁ ἄρχων τῶν υἱ. Ἀσὴρ Φαγ. υἱὸς Ἐχράν (3, 3)
— 29. A B^{2} R ὁ ἄρχων τῶν υἱ. Νεφθ. Ἀχ. υἱὸς Αἰνάν (3, 3)
— 32. αὕτη ἡ ἐπίσκεψις τῶν υἱ. Ἰσρ. (3)
— 34. ἐποίησαν οἱ υἱ. Ἰσρ. πάντα (3)
3. 2, 3. ταῦτα τὰ ὀνόματα τῶν υἱ. Ἀ. (3)
— 7. καὶ τὰς φυλακὰς τῶν υἱ. Ἰσρ. –
— 8. φυλάξουσι . . . τὰς φυλακὰς τῶν υἱ. Ἰσρ. (3)
— 9. δώσεις τοὺς Λ. Ἀ. καὶ τοῖς υἱ. αὐ. (3)
— 9. δεδομένοι δόμα οὗτοί μοί εἰσιν ἀπὸ τῶν υἱ. Ἰσρ.
— 10. Ἀ. καὶ τοὺς υἱ. αὐ. καταστήσεις (3)
— 12. εἴληφα τοὺς Λ. ἐκ μέσου τῶν υἱ. Ἰσρ. ἀντὶ παντὸς πρωτοτόκου . . . παρὰ τῶν υἱ. Ἰσρ. (3, 3)
— 15. ἐπίσκεψαι τοὺς υἱ. Λ. (3)
— 17. ἦσαν οὗτοι οἱ [A *om.*] υἱ. Λευί (3)
— 18. ταῦτα τὰ ὀνόματα τῶν υἱ. Γ. (3)
— 19. A B^{2} R υἱοὶ Κ. κατὰ δήμους αὐ. (3)
— 20. καὶ [A *add.* οὗτοι] υἱοὶ Μερ. κατὰ δήμους αὐ. (3)
— 23. B^{1} καὶ υἱοὶ [B^{2} οὗτοι, A R οἱ υἱ.] Γεδσών (7)
— 24. καὶ ὁ ἄρχων . . . Ἐλ. υἱὸς Δαήλ (3)
— 25. καὶ ἡ φυλακὴ υἱῶν Γ. (3)
— 29. οἱ δῆμοι τῶν υἱ. Κ. (3)
— 30. καὶ ὁ ἄρχων . . . Ἐλ. υἱὸς Ὀζ. (3)
— 32. καὶ ὁ ἄρχων . . . Ἐλ. ὁ [A *om.*] υἱ. Ἀ. τοῦ ἱερέως (3)
— 35. καὶ ὁ ἄρχων . . . Σουρ. υἱὸς Ἀβ. (3)
— 36. B ἡ ἐπίσκεψις ἡ φυλακὴ [A R τῆς φ.] υἱῶν Μερ. (3)
— 38. Μ. καὶ Ἀ. καὶ οἱ υἱ. αὐτοῦ (3)
— 38. εἰς τὰς φυλακὰς τῶν υἱ. Ἰσρ. (3)
— 40. ἐπίσκεψαι πᾶν πρωτότοκον ἄρσεν τῶν υἱ. Ἰσρ. (3)
— 41 *bis.* ἐν τοῖς κτήνεσι τῶν υἱ. Ἰσρ. (3)
— 42. πᾶν πρωτότοκον ἐν τοῖς υἱ. Ἰσρ. (3)
— 45. ἀντὶ πάντων τῶν πρωτοτόκων τῶν υἱ. Ἰσρ. (3)
— 46. ἀπὸ τῶν πρωτοτόκων τῶν υἱ. Ἰσρ. (3)
— 48. δώσεις τὸ ἀργ. Ἀ. καὶ τοῖς υἱ. αὐ. (3)
— 50. παρὰ τῶν πρωτοτόκων τῶν υἱ. Ἰσρ. (3)
— 51. ἔδωκε Μ. τὰ λύτρα . . . Ἀ. καὶ τοῖς υἱ. αὐ. (3)
4. 2. λάβε τὸ κεφάλαιον τῶν υἱ. Κ. ἐκ μέσου υἱῶν Λ. (3, 3)
— 4. A ταῦτα τὰ ἔργα τῶν υἱ. Κ. ἐκ μέσου υἱῶν Λ. [B *al.*] (3, –)
— 5. εἰσελεύσεται Ἀ. καὶ οἱ υἱ. αὐ. (3)
— 15. συντελέσουσιν Ἀ. καὶ οἱ υἱ. αὐ. καλύπτοντες (3)
— 15. εἰσελεύσονται υἱοὶ [A οἱ υἱ.] Κ. αἴρειν (3)
— 15. ταῦτα ἀροῦσιν οἱ υἱ. Κ. (3)
— 16. ἐπίσκοπος Ἐλ. υἱὸς Ἀ. τοῦ ἱερέως (3)
— 19. Ἀ. καὶ οἱ υἱ. αὐ. προσπορευέσθωσαν (3)
— 22. λάβε τὴν ἀρχὴν τῶν υἱ. Γ. (3)
— 27. κατὰ στόμα Ἀ. καὶ τῶν υἱ. αὐ. ἔσται ἡ λειτουργία τῶν υἱ. Γ. (3, 3)
— 28. αὕτη ἡ λειτουργία τῶν υἱ. Γ. (7 + 3)
— 28. ἐν χειρὶ Ἰθ. τοῦ υἱ. Ἀ. τοῦ ἱερέως (3)
— 29. B υἱοὶ [A R οἱ υἱ.] Μερ. κατὰ δήμους αὐ. (3)
— 33. αὕτη ἡ λειτουργία δήμου υἱῶν Μερ. (3)
— 33. B ἐν χειρὶ Ἰθ. υἱοῦ [A R τοῦ υἱ.] Ἀ. τοῦ ἱερέως (3)
— 34. ἐπεσκέψατο . . . τοὺς υἱ. Κ. (3)

Nu. 4. 38. ἐπεσκέπησαν υἱοὶ [A οἱ υἱ.] Γ. (3)
— 41. αὕτη ἡ ἐπίσκεψις δήμου υἱῶν Γ. (3)
— 42. ἐπεσκέπησαν δὲ καὶ δῆμος υἱῶν Μερ. (3)
— 45. αὕτη ἡ ἐπίσκεψις δήμου υἱῶν Μερ. (3)
— 46. A καὶ οἱ ἄρχοντες υἱῶν [B *om.*] Ἰσρ. –
5. 2. πρόσταξον τοῖς υἱ. Ἰσρ. (3)
— 4. ἐποίησαν οὕτως οἱ υἱ. Ἰσρ. (3)
— 4. οὕτως ἐποίησαν οἱ υἱ. Ἰσρ. (3)
— 6. λάλησον τοῖς υἱ. Ἰσρ. (3)
— 9. κατὰ πάντα τὰ ἁγιαζόμενα ἐν υἱοῖς Ἰσρ. (3)
— 12 : 6. 2 (A[2] B). λάλησον τοῖς υἱ. Ἰσρ. (3)
6. 23. A B S[2] λάλησον Ἀ. καὶ τοῖς υἱ. αὐ. (3)
— 23. οὕτως εὐλογήσετε τοὺς υἱ. Ἰσρ. (3)
— 27. ἐπιθήσουσι τὸ ὄνομά μου ἐπὶ τοὺς υἱ. Ἰσρ. (3)
7. 7. τοὺς τέσσαρας βόας ἔδωκε τοῖς υἱ. Γ. (3)
— 8. τοὺς ὀκτὼ βόας ἔδωκε τοῖς υἱ. Μερ. . . . διὰ Ἰθ. υἱοῦ [A τοῦ υἱ.] Ἀ. τοῦ ἱ. (3, 3)
— 9. τοῖς υἱ. Κ. οὐκ ἔδωκεν (3)
— 12. ἦν ὁ προσφέρων . . . Ν. υἱὸς Ἀμιν. (3)
— 17. τοῦτο τὸ δῶρον Ν. υἱοῦ Ἀμιν. (3)
— 18. προσήνεγκε Ναθ. υἱὸς Σ. (3)
— 23. τοῦτο τὸ δῶρον Ναθ. υἱοῦ Σ. (3)
— 24. ἄρχων τῶν υἱ. Ζαβ. Ἐλ. υἱὸς Χ. (3, 3)
— 29. τοῦτο τὸ δῶρον Ἐλ. υἱοῦ Χ. (3)
— 30. ἄρχων τῶν υἱ. Ῥ. Ἐλ. υἱὸς Σ. (3, 3)
— 35. τοῦτο τὸ δῶρον Ἐλ. υἱοῦ Σεδ. (3)
— 36. ἄρχων τῶν υἱ. Συμ. Σαλ. υἱὸς Σουρ. (3, 3)
— 41. τοῦτο τὸ δῶρον Σαλ. υἱοῦ Σουρ. (3)
— 42. ἄρχων τῶν υἱ. Γὰδ Ἐλ. υἱὸς Ῥαγ. (3, 3)
— 47. τοῦτο τὸ δῶρον Ἐλ. υἱοῦ Ῥαγ. (3)
— 48. ἄρχων τῶν υἱ. Ἐφρ. Ἐλ. υἱὸς Ἐμ. (3, 3)
— 53. τοῦτο τὸ δῶρον Ἐλ. υἱοῦ Ἐμ. (3)
— 54. ἄρχων τῶν υἱ. Μαν. Γαμ. υἱὸς Φαδ. (3, 3)
— 59. τοῦτο τὸ δῶρον Γαμ. υἱοῦ Φαδ. (3)
— 60. ἄρχων τῶν υἱ. Βεν. Ἀβ. υἱὸς Γαδ. (3, 3)
— 65. τοῦτο τὸ δῶρον Ἀβ. υἱοῦ Γαδ. (3)
— 66. ἄρχων τῶν υἱ. Δὰν Ἀχ. υἱὸς Ἀμισ. (3, 3)
— 71. τοῦτο τὸ δῶρον Ἀχ. υἱοῦ Ἀμισ. (3)
— 72. ἄρχων τῶν υἱ. Ἀ. Φαγ. υἱὸς Ἐχράν (3, 3)
— 77. τοῦτο τὸ δῶρον Φαγ. υἱοῦ Ἐχράν (3)
— 78. ἄρχων τῶν υἱ. Νεφθ. Ἀχ. υἱὸς Αἰ. (3, 3)
— 83. τοῦτο τὸ δῶρον Ἀχ. υἱοῦ Αἰ. (3)
— 84. B[1] ᾗ ἡμ. ἔχρισεν αὐτὸ παρὰ τῶν υἱ. Ἰσρ. [A B[2] R *al.*] –
8. 6. λάβε τοὺς Λ. ἐκ μέσου υἱῶν [A τῶν υἱ.] Ἰσρ. (3)
— 9. συνάξεις πᾶσαν συναγωγὴν υἱῶν Ἰσρ. (3)
— 10. ἐπιθήσουσιν οἱ υἱ. Ἰσρ. τὰς χεῖρας αὐ. (3)
— 11. ἀπόδομα ἔναντι κυρίου παρὰ τῶν υἱ. Ἰσρ. (3)
— 13. ἔναντι Ἀ. καὶ ἔναντι τῶν υἱ. αὐ. (3)
— 14. διαστελεῖς τοὺς Λ. ἐκ μέσου υἱῶν Ἰσρ. (3)
— 16. ἀποδεδομένοι οὗτοί μοί εἰσιν ἐκ μέσου υἱῶν Ἰσρ. (3)
— 16. B[1] πρωτοτόκων πάντων τῶν [A B[2] R *om.*] ἐκ τῶν υἱ. Ἰσρ. (3)
— 17. ἐμοὶ πᾶν πρωτότοκον ἐν υἱοῖς [A ἐξ υἱῶν] Ἰσρ. (3)
— 18. ἀντὶ παντὸς πρωτοτόκου ἐν υἱοῖς Ἰσρ. (3)
— 19. ἀπόδομα δεδομένους Ἀ. καὶ τοῖς υἱ. αὐ. ἐκ μέσου υἱῶν Ἰσρ. ἐργάζεσθαι τὰ ἔργα τῶν υἱ. Ἰσρ. (3 *ter*)
— 19. ἐξιλάσκεσθαι περὶ τῶν υἱ. Ἰσρ. (3)
— 19. A οὐκ ἔσται ἐν [B *om.*] τοῖς υἱ. Ἰσρ. προσεγγίζων τῶν υἱ. Ἰσρ. [B *om.* τ. υἱ. Ἰ.] πρὸς τὰ ἅγια (3, 3)
— 20. Μ. καὶ Ἀ. καὶ πᾶσα συναγωγὴ υἱῶν Ἰσρ. (3)
— 20. οὕτως ἐποίησαν αὐτοῖς οἱ υἱ. Ἰσρ. (3)
— 22. ἔναντι Ἀ. καὶ ἔναντι τῶν υἱ. αὐ. (3)
9. 2. ποιείτωσαν οἱ υἱ. Ἰσρ. τὸ πάσχα (3)
— 4. ἐλάλησε Μ. τοῖς υἱ. Ἰσρ. (3)
— 5. οὕτως ἐποίησαν οἱ υἱ. Ἰσρ. (3)
— 7. ἐν μέσῳ υἱῶν Ἰσρ. (3)
— 10. λάλησον τοῖς υἱ. Ἰσρ. (3)
— 17. ἀπῆραν οἱ υἱ. Ἰσρ. (3)
— 17. ἐκεῖ παρενέβαλον οἱ υἱ. Ἰσρ. (3)
— 18. παρεμβαλοῦσιν οἱ υἱ. Ἰσρ. (3)
— 18. παρεμβαλοῦσιν οἱ υἱ. Ἰσρ. –
— 19. φυλάξονται οἱ υἱ. Ἰσρ. τὴν φυλακὴν τοῦ θεοῦ (3)
— 22. παρεμβαλοῦσιν οἱ υἱ. Ἰσρ. (3)
10. 8. οἱ υἱ. Ἀ. οἱ ἱερεῖς σαλπιοῦσι (3)
— 12. ἐξῆραν οἱ υἱ. Ἰσρ. (3)
— 14. ἐξῆραν τάγμα παρεμβολῆς υἱῶν [A τῶν υἱ.] Ἰ. (3)
— 14. ἐπὶ τῆς δυνάμεως αὐ. Ν. υἱὸς Ἀμιν. (3)
— 15. ἐπὶ τῆς δυνάμεως φυλῆς υἱῶν Ἰσσ. Ναθ. υἱὸς Σ. (3, 3)

Nu. 10. 16. ἐπὶ τῆς δυνάμεως φυλῆς υἱῶν Ζαβ. Ἐλ. υἱὸς Χ. (3, 3)
— 17. ἐξαροῦσιν οἱ υἱ. Γ. καὶ οἱ υἱ. Μερ. (3, 3)
— 18. καὶ ἐπὶ τῆς δυνάμεως αὐ. Ἐλ. υἱὸς Σεδ. (3)
— 19. ἐπὶ τῆς δυνάμεως φυλῆς υἱῶν Συμ. Σαλ. υἱὸς Σουρ. (3, 3)
— 20. ἐπὶ τῆς δυνάμεως φυλῆς υἱῶν Γάδ (3)
— 21. ἐξαροῦσιν οἱ υἱ. Κ. (12)
— 22. ἐπὶ τῆς δυνάμεως αὐ. Ἐλ. υἱὸς Ἐμ. (3)
— 23. ἐπὶ τῆς δυνάμεως φυλῆς υἱῶν Μαν. (3)
— 24. A ἐπὶ τῆς δυνάμεως φυλῆς υἱῶν Βεν. Ἀβ. υἱὸς [B ὁ τοῦ] Γαδ. (3, 3)
— 25. ἐξαροῦσι τάγμα παρεμβολῆς υἱῶν Δάν (3)
— 26. ἐπὶ τῆς δυνάμεως φυλῆς υἱῶν Ἀ. Φαγ. υἱὸς Ἐχράν (3, 3)
— 27. ἐπὶ τῆς δυνάμεως φυλῆς υἱῶν Νεφθ. Ἀχ. υἱὸς Αἰ. (3, 3)
— 28. αὗται αἱ στρατιαὶ υἱῶν Ἰσρ. (3)
— 29. εἶπε Μ. τῷ Ὀ. υἱῷ Ῥαγ. τῷ Μαδ. (3)
11. 4. ἔκλαιον καὶ οἱ υἱ. Ἰσρ. (3)
13. 3 (2). ἣν ἐγὼ δίδωμι τοῖς υἱ. Ἰσρ. (3)
— 4 (3). πάντες ἄνδρες ἀρχηγοὶ υἱῶν Ἰσρ. οὗτοι (3)
— 5 (4). Σαμ. υἱὸς [A -οῦ] Ζ. (3)
— 6 (5). Σαφ. υἱὸς Σουρεί (3)
— 7 (6). Χάλεβ υἱὸς Ἰεφ. (3)
— 8 (7). Ἰλ. υἱὸς Ἰ. (3)
— 9 (8). Αὐσὴ υἱὸς Ναυή (3)
— 10 (9). Φαλτεὶ υἱὸς Ῥ. (3)
— 11 (10). Γ. υἱὸς Σουδεί (3)
— 12 (11). τῆς φυλῆς Ἰ. τῶν υἱ. Μαν. Γ. υἱὸς Σουσεί (†, 3)
— 13 (12). Ἀμ. υἱὸς Γ. (3)
— 14 (13). Σαθοὺρ υἱὸς Μ. (3)
— 15 (14). Ναβὶ υἱὸς Ἰ. (3)
— 16 (15). Γουδ. υἱὸς Μ. (3)
— 17 (16). ἐπωνόμασε Μ. τὸν Αὐ. υἱὸν [A -ὸς] Ν. Ἰησοῦν (3)
— 25 (24). ὃν ἔκοψαν ἐκεῖθεν οἱ υἱ. Ἰσρ. (3)
— 27 (26). πρὸς πᾶσαν συναγωγὴν υἱῶν Ἰσρ. (3)
— 33 (32). ἐξήνεγκαν ἔκστασιν . . . πρὸς τοὺς υἱ. Ἰσρ. (3)
14. 2. διεγόγγυζον . . . πάντες οἱ υἱ. Ἰσρ. (3)
— 5. ἐναντίον πάσης συναγωγῆς υἱῶν Ἰσρ. (3)
— 7. εἶπαν πρὸς πᾶσαν συναγωγὴν υἱῶν Ἰσρ. (3)
— 10. ἡ δόξα κ. ὤφθη . . . πᾶσι [A ἐν π.] τοῖς υἱ. Ἰσρ. (3)
— 27. τὴν γόγγυσιν τῶν υἱ. Ἰσρ. (3)
— 30. ἀλλ' ἢ Χαλὲβ υἱὸς Ἰεφ. (3)
— 33. οἱ δὲ υἱ. ὑμῶν ἔσονται νεμόμενοι (3)
— 38. Ἰ. υἱὸς Ναυὴ καὶ Χ. υἱὸς Ἰεφ. (3, 3)
— 39. ἐλάλησε Μ. τὰ ῥήμ. ταῦτα πρὸς πάντας υἱ. Ἰσρ. (3)
15. 2, 18. λάλησον τοῖς υἱ. Ἰσρ. (3)
— 25. περὶ πάσης συναγωγῆς υἱῶν Ἰσρ. (3)
— 26. κατὰ πᾶσαν συναγωγὴν υἱῶν Ἰσρ. [A *al.*] (3)
— 29. τῷ ἐγχωρίῳ ἐν υἱοῖς Ἰσρ. (3)
— 32. ἦσαν οἱ υἱ. Ἰσρ. ἐν τῇ ἐρήμῳ (3)
— 33. πρὸς πᾶσαν συναγωγὴν υἱῶν Ἰσρ. –
— 38. λάλησον τοῖς υἱ. Ἰσρ. (3)
16. 1. ἐλάλησε Κ. υἱὸς Ἰσσ. υἱοῦ Κ. υἱοῦ Λ. (3 *ter*)
— 1. Δ. καὶ Ἀβ. υἱοὶ Ἐλ. (3)
— 1. Αὐν υἱὸς Φ. υἱοῦ Ῥ. (3, 3)
— 2. ἄνδρες τῶν υἱ. Ἰσρ. πεντήκοντα καὶ διακόσιοι (3)
— 7. ἱκανούσθω ὑμῖν, υἱοὶ Λευί (3)
— 8. εἰσακούσατέ μου, υἱοὶ Λευί (3)
— 10. καὶ πάντας τοὺς ἀδ. σου υἱοὺς Λευί (3)
— 12. καλέσαι Δ. καὶ Ἀβ. υἱοὺς Ἐλ. (3)
— 37 (17. 2). καὶ πρὸς Ἐλ. τὸν υἱ. Ἀ. (3)
— 38 (17. 3). ἐγένοντο εἰς σημεῖον [A *add.* ἐν] τοῖς υἱ. Ἰσρ. (3)
— 39 (17. 4). ἔλαβεν Ἐλ. υἱὸς Ἀ. τοῦ ἱ. –
— 40 (17. 5). μνημόσυνον τοῖς υἱ. Ἰσρ. (3)
— 41 (17. 6). ἐγόγγυσαν οἱ υἱ. Ἰσρ. (3)
17. 2 (17). λάλησον τοῖς υἱ. Ἰσρ. (3)
— 5 (20). B[1] περιελῶ ἀπ' ἐμοῦ τὸν γογγυσμὸν τῶν [A B[2] R *om.*] υἱ. Ἰσρ. (3)
— 6 (21). ἐλάλησε Μ. τοῖς υἱ. Ἰσρ. (3)
— 9 (24). ἐξήνεγκε Μ. . . . πρὸς πάντας υἱ. Ἰσρ. (3)
— 10 (25). σημεῖον τοῖς υἱ. τῶν ἀνηκόων (3)
— 12 (27). εἶπαν οἱ υἱ. Ἰσρ. πρὸς Μ. (3)
18. 1. σὺ καὶ οἱ υἱ. σου . . . λήψεσθε τὰς ἁμαρτίας (3)
— 1. σὺ καὶ οἱ υἱ. σου λήψεσθε τὰς ἁμαρτίας (3)
— 2. καὶ σὺ καὶ οἱ υἱ. σου μετὰ σοῦ (3)
— 5. οὐκ ἔσται θυμὸς ἐν τοῖς υἱ. Ἰσρ. (3)

Nu. 18. 6. B[1] εἴληφα τοὺς ἀδ. ὑμῶν τοὺς Λ. ἐκ μέσου υἱῶν [A B[2] R τῶν υἱ.] Ἰσρ. (3)
— 7. σὺ καὶ οἱ υἱ. σου μετὰ σοῦ (3)
— 8. ἀπὸ πάντων τῶν ἡγιασμ. μοι παρὰ τῶν υἱ. Ἰσρ. (3)
— 8. σοὶ δέδωκα αὐτὰ . . . καὶ τοῖς υἱ. σου μετὰ σέ (3)
— 9. σοὶ ἔσται καὶ τοῖς υἱ. σου (3)
— 10. σὺ καὶ οἱ υἱ. σου –
— 11. ἀπὸ πάντων τῶν ἐπιθεμάτων τῶν υἱ. Ἰσρ. (3)
— 11. σοὶ δέδωκα αὐτὰ καὶ τοῖς υἱ. σου (3)
— 14. πᾶν ἀνατεθεματισμ. ἐν υἱοῖς [A τοῖς υἱ.] Ἰσρ. –
— 19. ὅσα ἐὰν ἀφέλωσιν οἱ υἱ. Ἰσρ. κυρίῳ (3)
— 19. δέδωκά σοι καὶ τοῖς υἱ. σου (3)
— 20. κληρονομία σου ἐν μέσῳ τῶν υἱ. Ἰσρ. (3)
— 21. τοῖς υἱ. Λ. ἰδοὺ δέδωκα (3)
— 22. οὐ προσελεύσονται ἔτι οἱ υἱ. Ἰσρ. (3)
— 23. ἐν μέσῳ υἱῶν [A τῶν υἱ.] Ἰσρ. οὐ κληρονομήσουσι (3)
— 24. τὰ ἐπιδέκατα τῶν υἱ. Ἰσρ. (3)
— 24. ἐν μέσῳ υἱῶν [A τῶν υἱ.] Ἰσρ. οὐ κληρονομήσουσι (3)
— 26. ἐὰν λάβητε παρὰ τῶν υἱ. Ἰσρ. τὸ ἐπιδέκατον (3)
— 28. ὅσα ἐὰν λάβητε παρὰ τῶν υἱ. Ἰσρ. (3)
— 31. A καὶ οἱ υἱ. ὑμῶν (2 ?)
— 32. τὰ ἅγια τῶν υἱ. Ἰσρ. οὐ βεβηλώσετε (3)
19. 2. λάλησον τοῖς υἱ. Ἰσρ. (3)
— 9. ἔσται τῇ συναγωγῇ υἱῶν Ἰσρ. (3)
— 10. καὶ ἔσται τοῖς υἱ. Ἰσρ. (3)
20. 1. ἦλθον οἱ υἱ. Ἰσρ. (3)
— 12. B ἁγιάσαι με ἐναντίον υἱῶν [A R τῶν υἱ.] Ἰσρ. (3)
— 13. ἐλοιδορήθησαν οἱ υἱ. Ἰσρ. (3)
— 19. λέγουσιν αὐτῷ οἱ υἱ. Ἰσρ. (3)
— 22. παρεγένοντο οἱ υἱ. Ἰσρ. (3)
— 24. ἣν δέδωκα τοῖς υἱ. Ἰσρ. (3)
— 25. λάβε τὸν Ἀ. καὶ Ἐλ. τὸν υἱ. αὐ. (3)
— 26. ἔνδυσον Ἐλ. τὸν υἱ. αὐ. (3)
— 28. ἐνέδυσεν αὐτὰ Ἐλ. τὸν υἱ. αὐ. (3)
21. 6. ἀπέθανε λαὸς πολὺς τῶν υἱ. Ἰσρ. –
— 10. ἀπῆραν οἱ υἱ. Ἰσρ. (3)
— 24. ἕως Ἰαβὸκ ἕως υἱῶν Ἀμμάν (3)
— 24. Ἰαζὴρ ὅρια υἱῶν Ἀμμών ἐστι (3)
— 29. ἀπεδόθησαν οἱ υἱ. αὐ. διασώζεσθαι (3)
— 35. ἐπάταξεν αὐτὸν καὶ τοὺς υἱ. αὐ. (3)
22. 1. ἀπάραντες οἱ υἱ. Ἰσρ. (3)
— 2. ἰδὼν Β. υἱὸς Σεπφὼρ πάντα (3)
— 3. ἀπὸ προσώπου υἱῶν Ἰσρ. (3)
— 4. Β. υἱὸς Σεπφὼρ βασιλεὺς Μ. ἦν (3)
— 5. πρὸς Βαλ. υἱὸν Β. (3)
— 5. ὅ ἐστιν ἐπὶ τοῦ ποταμοῦ γῆς υἱῶν λαοῦ αὐ. (3)
— 10. Β. υἱὸς Σεπφὼρ βασιλεὺς Μ. ἀπέστειλεν (3)
23. 18. ἐνώτισαι μάρτυς, υἱὸς Σεπφώρ (3)
— 19. οὐδ' ὡς υἱὸς ἀνθρώπου ἀπειληθῆναι (3)
24. 3, 15. φησὶ Β. υἱὸς Βεώρ (3)
— 17. προνομεύσει πάντας υἱ. [A τοὺς υἱ.] Σήθ (3)
25. 6. ἄνθρωπος τῶν υἱ. Ἰσρ. ἐλθών (3)
— 6. ἐναντίον πάσης συναγωγῆς υἱῶν Ἰσρ. (3)
— 7. B ἰδὼν Φ. υἱὸς Ἐλ. υἱὸς [A R -οῦ] Ἀ. τοῦ ἱ. (3, 3)
— 8. ἐπαύσατο ἡ πληγὴ ἀπὸ υἱῶν [A τῶν υἱ.] Ἰσρ. (3)
— 11. B[1] Φ. υἱὸς Ἐλ. υἱὸς [A B[2] R υἱοῦ] Ἀ. τοῦ ἱ. κατέπαυσε τὸν θυμόν μου ἀπὸ υἱῶν Ἰσρ. (3 *ter*)
— 11. οὐκ ἐξανήλωσα τοὺς υἱ. Ἰσρ. (3)
— 13. ἐξιλάσατο περὶ τῶν υἱ. Ἰσρ. (3)
— 14. Ζαμβρεὶ υἱὸς Σ. (3)
— 16. λάλησον τοῖς υἱ. Ἰσρ. –
26. 2. λάβε τὴν ἀρχὴν πάσης συναγωγῆς υἱῶν Ἰσρ. (3)
— 4. οἱ υἱ. Ἰσρ. οἱ ἐξελθόντες ἐξ Αἰγ. (3)
— 5. υἱοὶ δὲ Ῥ. (3)
— 8. καὶ υἱοὶ Φ. (3)
— 9. καὶ υἱοὶ Ἐλ. (3)
— 11. οἱ δὲ υἱ. Κ. οὐκ ἀπέθανον (3)
— 12. καὶ οἱ υἱ. Συμ. (3)
— 12. ὁ δῆμος τῶν υἱ. Συμ. –
— 19. υἱοὶ δὲ Ἰ. (3)
— 20. ἐγένοντο δὲ οἱ [A B[2] *om.*] υἱ. Ἰ. (3)
— 21. B[1] ἐγένετο [A B[2] R -οντο] υἱοὶ Φ. (3)
— 23. καὶ υἱοὶ Ἰσσ. κατὰ δήμους αὐ. (3)
— 26. υἱοὶ Ζαβ. κατὰ δήμους αὐ. (3)
— 15. υἱοὶ Γὰδ κατὰ δήμους αὐ. (3)
— 18. οὗτοι δῆμοι υἱῶν [A *om.*] Γάδ (3)

Nu. 26. 44. υἱοὶ Ἀσὴρ κατὰ δήμους αὐ. (3)
— 28. υἱοὶ Ἰ. κατὰ δήμους αὐ. (3)
— 29. υἱοὶ Μαν. (3)
— 30. καὶ οὗτοι υἱ. Γαλ. (3)
— 33. καὶ τῷ Σαλπ. υἱῷ Ὀ. οὐκ ἐγένοντο υἱοί (3, 3)
— 35. καὶ οὗτοι υἱ. Ἐφρ. (3)
— 36. οὗτοι υἱ. Σουτ. (3)
— 37. οὗτοι δῆμοι υἱῶν Ἰ. (3)
— 38. υἱοὶ Βεν. κατὰ δήμους αὐ. (3)
— 40. ἐγένοντο οἱ [A *om.*] υἱ. Β. (3)
— 41. οὗτοι υἱοὶ Βεν. (3)
— 42. καὶ υἱοὶ Δὰν κατὰ δήμους αὐ. (3)
— 48. υἱοὶ Νεφθ. κατὰ δήμους αὐ. (3)
— 51. αὕτη ἡ ἐπίσκεψις υἱῶν Ἰσρ. (3)
— 57. καὶ υἱοὶ Λ. κατὰ δήμους αὐ. †
— 58. οὗτοι δῆμοι υἱῶν Λ. –
— 62. ἐν μέσῳ υἱῶν [A ἐν τοῖς υἱ.] Ἰσρ. (3)
— 62. οὐ δίδοται αὐτοῖς κλῆρος ἐν μέσῳ υἱῶν Ἰσρ. (3)
— 63. οἳ ἐπεσκέψαντο τοὺς υἱ. Ἰσρ. (3)
— 64. οὓς ἐπεσκέψαντο τοὺς υἱ. Ἰσρ. (3)
— 65. A πλὴν Χ. υἱὸς Ἰεφ. καὶ Ἰ. υἱὸς [B ὁ τοῦ] Ναυή (3, 3)
27. 1. αἱ θυγατέρες Σαλπ. υἱοῦ Ὀ. υἱοῦ Γαλ. υἱοῦ Μ. (3 *ter*)
— 1. τοῦ δήμου Μαν. τῶν υἱ. Ἰ. (3)
— 3. υἱοὶ οὐκ ἐγένοντο αὐτῷ (3)
— 3 (4). οὐκ ἔστιν αὐτῷ υἱός (3)
— 7 (8). καὶ τοῖς υἱ. Ἰσρ. λαλήσεις (3)
— 8. καὶ υἱὸς μὴ ᾖ αὐτῷ (3)
— 11. ἔσται τοῦτο τοῖς υἱ. Ἰσρ. δικαίωμα κρίσεως (3)
— 12. ἣν ἐγὼ δίδωμι τοῖς υἱ. Ἰσρ. (3)
— 18. λάβε πρὸς σεαυτὸν τὸν Ἰ. υἱὸν Ναυή (3)
— 20. ὅπως ἂν εἰσακούσωσιν αὐτοῦ οἱ [A *om.*] υἱ. Ἰσρ. (3)
— 21. αὐτὸς καὶ οἱ υἱ. Ἰσρ. (3)
28. 2. ἔντειλαι τοῖς υἱ. Ἰσρ. (3)
30. 1. ἐλάλησε Μ. τοῖς υἱ. Ἰσρ. (3)
— 2. A R πρὸς τοὺς ἄρχοντας τῶν φυλῶν υἱῶν [B *om.*] Ἰσρ. (3)
31. 2. ἐκδίκει τὴν ἐκδίκησιν υἱῶν [A τῶν υἱ.] Ἰσρ. (3)
— 4. R ἐκ πασῶν φυλῶν υἱῶν [A B *om.*] Ἰσρ. –
— 6. καὶ Φ. υἱὸν [A -ος] Ἐλ. υἱοῦ Ἀ. τοῦ ἱ. (3, –)
— 8. τὸν Βαλ. υἱὸν Β. ἀπέκτειναν (3)
— 12. καὶ ἤγαγον . . . πρὸς πάντας υἱ. [A τοὺς υἱ.] Ἰσρ. (3)
— 16. αὗται γὰρ ἦσαν τοῖς υἱ. Ἰσρ. (3)
— 30. ἀπὸ τοῦ ἡμίσους τοῦ [B^1 τούτων] τῶν υἱ. Ἰσρ. (3)
— 42, 47. ἀπὸ τοῦ ἡμισεύματος τῶν υἱ. Ἰσρ. (3)
— 54. μνημόσυνον τῶν υἱ. Ἰσρ. ἔναντι κυρίου (3)
32. 1. κτήνη πλῆθος ἦν τοῖς υἱ. Ῥ. καὶ τοῖς υἱ. Γάδ (3, 3)
— 2. προσελθόντες οἱ υἱ. Ῥ. καὶ οἱ υἱ. Γάδ (3, 3)
— 4. ἣν παραδέδωκε κ. ἐνώπιον τῶν [A *om.*] υἱ. Ἰσρ. †
— 6. εἶπε Μ. τοῖς υἱ. Γὰδ καὶ τοῖς υἱ. Ῥ. (3, 3)
— 7. ἵνα τί διαστρέφετε τὰς διανοίας τῶν υἱ. Ἰσρ. (3)
— 9. ἀπέστησαν τὴν καρδίαν τῶν υἱ. Ἰσρ. (3)
— 12. πλὴν Χ. υἱὸς Ἰεφ. ὁ διακεχωρισμένος (3)
— 17. πρότεροι τῶν υἱ. Ἰσρ. (3)
— 18. ἕως ἂν καταμερισθῶσιν οἱ υἱ. Ἰσρ. (3)
— 25. εἶπαν οἱ υἱ. Ῥ. καὶ οἱ υἱ. Γὰδ πρὸς Μ. (3, 3)
— 28. Ἐλ. τὸν ἱερέα καὶ Ἰ. υἱὸν Ναυή (3)
— 29. ἐὰν διαβῶσιν οἱ υἱ. Ῥ. καὶ οἱ [A *om.*] υἱ. Γάδ (3, 3)
— 31. B ἀπεκρίθησαν οἱ υἱ. Ῥ. καὶ υἱοὶ [A R υἱ.] Γάδ (3, 3)
— 33. ἔδωκεν αὐτοῖς Μ. τοῖς υἱ. Γ. καὶ τοῖς υἱ. Ῥ. (3, 3)
— 33. καὶ τῷ ἡμίσει φυλῆς Μαν. υἱῶν Ἰ. (3)
— 34. ᾠκοδόμησαν οἱ υἱ. Γὰδ τὴν Δ. (3)
— 37. οἱ υἱ. Ῥ. ᾠκοδόμησαν τὴν Ἐσ. (3)
— 39. ἐπορεύθη υἱὸς Μ. υἱοῦ Μαν. Γαλ. (3, 3)
— 40. ἔδωκε Μ. τὴν Γ. τῷ Μ. υἱῷ Μαν. (3)
33. 1. οὗτοι οἱ σταθμοὶ τῶν υἱ. Ἰσρ. (3)
— 3. ἐξῆλθον οἱ υἱ. Ἰσρ. ἐν χειρὶ ὑψηλῇ (3)
— 5. ἀπάραντες οἱ υἱ. Ἰσρ. ἐκ Ῥαμ. (3)
— 38. ἐν τῷ τεσσαρακοστῷ ἔτει τῆς ἐξόδου τῶν υἱ. Ἰσρ. (3)
— 40. ὅτε εἰσεπορεύοντο οἱ υἱ. Ἰσρ. (3)
— 51. λάλησον τοῖς υἱ. Ἰσρ. (3)

Nu. 34. 2. ἔντειλαι τοῖς υἱ. Ἰσρ. (3)
— 13. ἐνετείλατο Μ. τοῖς υἱ. Ἰσρ. (3)
— 14. ἔλαβε φυλὴ υἱῶν Ῥ. καὶ φυλὴ υἱῶν Γάδ (3, 3)
— 17. A καὶ Ἰησοῦς υἱὸς [B ὁ τοῦ] Ναυή (3)
— 19. Χάλεβ υἱὸς Ἰεφ. (3)
— 20. Σαλ. υἱὸς Σεμ. (3)
— 21. Ἐλδὰδ υἱὸς Χασλών (3)
— 22. ἄρχων Β. υἱὸς Ἐγλί (3)
— 23. τῶν υἱ. Ἰ. φυλῆς υἱῶν Μαν. ἄρχων Ἀν. υἱὸς Σ. (3 *ter*)
— 24. τῆς φυλῆς υἱῶν Ἐφρ. ἄρχων Κ. υἱὸς Σαβ. (3, 3)
— 25. ἄρχων Ἐλ. υἱὸς Φ. (3)
— 26. τῆς φυλῆς υἱῶν Ἰσσ. ἄρχων Φ. υἱὸς Ὀζά (3, 3)
— 27. τῆς φυλῆς υἱῶν Ἀ. ἄρχων Ἀχ. υἱὸς Σελ. (3, 3)
— 28. ἄρχων Φ. υἱὸς Ἰ. (3)
— 29. καταμερίσαι τοῖς υἱ. Ἰσρ. [A *al.*] (3)
35. 2. σύνταξον τοῖς υἱ. Ἰσρ. (3)
— 8. ἀπὸ τῆς κατασχέσεως υἱῶν [A τῶν υἱ.] Ἰσρ. (3)
— 10. λάλησον τοῖς υἱ. Ἰσρ. (3)
— 15. φυγαδεῖον ἔσται τοῖς υἱ. Ἰσρ. (3)
— 34. κατασκηνῶν ἐν μέσῳ τῶν υἱ. Ἰσρ. (3)
36. 1. οἱ ἄρχοντες φυλῆς υἱῶν Γ. υἱοῦ Μ. υἱοῦ Μαν. ἐκ τῆς φυλῆς υἱῶν Ἰ. (3 *quater*)
— 1. B^1 καὶ ἔναντι τῶν ἀρχόντων οἴκων πατριῶν υἱῶν [A B^2 R τῶν υἱ.] Ἰσρ. (3)
— 2. ἀποδοῦναι τὴν γῆν . . . ἐν κλήρῳ τοῖς υἱ. Ἰσρ. (3)
— 3. ἔσονται ἑνὶ τῶν φυλῶν υἱῶν Ἰσρ. γυναῖκες (3)
— 4. ἐὰν δὲ γένηται ἡ ἄφεσις τῶν υἱ. Ἰσρ. (3)
— 5. ἐνετείλατο Μ. τοῖς υἱ. Ἰσρ. (3)
— 5. οὕτως φυλὴ υἱῶν Ἰ. λέγουσι (3)
— 7. οὐχὶ περιστραφήσεται κληρονομία τοῖς υἱ. Ἰσρ. (3)
— 7. B^1 προσκολληθήσονται υἱοὶ [A B^2 R οἱ υἱ.] Ἰσρ. (3)
— 8. πᾶσα θυγάτηρ . . . ἐκ τῶν φυλῶν υἱῶν Ἰσρ. [A *al.*] (3)
— 8. ἵνα ἀγχιστεύσωσιν οἱ υἱ. Ἰσρ. (3)
— 9. προσκολληθήσονται οἱ υἱ. Ἰσρ. (3)
— 12. ἐκ τοῦ δήμου τοῦ Μαν. υἱῶν Ἰ. (3)
De. 1. 3. ἐλάλησε Μ. πρὸς πάντας υἱ. Ἰσρ. (3)
— 28. υἱοὺς γιγάντων ἑωράκαμεν ἐκεῖ (3)
— 31. ὡς εἴ τις τροφοφορήσει ἄνθρωπος τὸν υἱ. αὐ. (3)
— 36. πλὴν Χάλεβ υἱὸς Ἰεφ. (3)
— 36. τούτῳ δώσω . . . καὶ τοῖς υἱ. αὐ. (3)
— 38. Ἰ. υἱὸς Ναυὴ ὁ παρεστηκώς σοι (3)
2. 4. διὰ τῶν ὁρίων τῶν ἀδελφῶν ὑμῶν υἱῶν Ἡ. (3)
— 5. B^1 ἐν κλήρῳ δέδωκα υἱοῖς [A B^2 R τοῖς υἱ.] Ἡ. –
— 8. παρήλθομεν τοὺς ἀδ. ὑμῶν υἱοὺς Ἡσαῦ (3)
— 9. τοῖς γὰρ υἱ. Λὼτ δέδωκα τὴν Σ. (3)
— 12. υἱοὶ [A οἱ υἱ.] Ἡσαῦ ἀπώλεσαν αὐτούς (3)
— 19. προσάξετε ἐγγὺς υἱῶν Ἀμμάν (3)
— 19. οὐ γὰρ μὴ δῶ ἀπὸ τῆς γῆς υἱῶν Ἀμμάν σοι (3)
— 19. τοῖς υἱ. Λὼτ δέδωκα αὐτὴν ἐν κλήρῳ (3)
— 22. ὥσπερ ἐποίησαν τοῖς υἱ. Ἡσαῦ (3)
— 29. καθὼς ἐποίησάν μοι οἱ υἱ. Ἡσαῦ (3)
— 33. ἐπάταξεν αὐτὸν καὶ τοὺς υἱ. αὐ. (3)
— 37. ἐγγὺς [A εἰς γῆν] υἱῶν Ἀμμὼν οὐ προσήλθομεν (3)
3. 11. ἐν τῇ ἄκρᾳ τῶν υἱ. Ἀμμών (3)
— 14. Ἰ. υἱὸς Μαν. ἔλαβε πᾶσαν τὴν περίχωρον Ἀ. (3)
— 16. ὁ χειμάρρους ὅριον τοῖς υἱ. Ἀμμάν (3)
— 18. πρὸ προσώπου τῶν ἀδ. ὑμῶν υἱῶν Ἰσρ. (3)
4. 9. συμβιβάσεις τοὺς υἱ. σου καὶ τοὺς υἱ. τῶν υἱ. σου (3 *ter*)
— 10. καὶ τοὺς υἱ. αὐ. διδάξουσι (3)
— 25. ἐὰν δὲ γεννήσῃς υἱοὺς καὶ υἱοὺς τῶν υἱ. σου (3 *ter*)
— 40. ἵνα εὖ σοι γένηται καὶ τοῖς υἱ. σου μετὰ σέ (3)
— 44. ὃν παρέθετο Μ. ἐνώπιον υἱῶν Ἰσρ. (3)
— 45. ὅσα ἐλάλησε Μ. τοῖς υἱ. Ἰσρ. (3)
— 46. ὃν ἐπάταξε Μ. καὶ οἱ υἱ. Ἰσρ. (3)
5. 14. B^1 σὺ καὶ οἱ υἱ. [A B^2 R ὁ υἱ.] σου (3)
— 29 (26). ἵνα εὖ ᾖ αὐτοῖς καὶ τοῖς υἱ. αὐ. (3)
6. 2. σὺ καὶ οἱ υἱ. σου καὶ οἱ υἱ. τῶν υἱ. σου (3 *ter*)
—3 (4). ὅσα ἐνετείλατο κ. τοῖς υἱ. Ἰσρ. –
— 7. προβιβάσεις αὐτὰ τοὺς υἱ. σου (3)
— 20. ὅταν ἐρωτήσῃ σε ὁ υἱ. σου αὔριον (3)
— 21. ἐρεῖς τῷ υἱ. σου (3)
7. 3. τὴν θυγατέρα σου οὐ δώσεις τῷ υἱ. αὐ. (3)
— 3. τὴν θυγατέρα αὐ. οὐ λήψῃ τῷ υἱ. σου (3)
— 4. ἀποστήσει γὰρ τὸν υἱ. σου ἀπ' ἐμοῦ (3)

De. 8. 5. ὡς εἴ τις ἄνθρωπος παιδεύσῃ τὸν υἱ. αὐ. (3)
9. 2. λαὸν μέγαν . . . καὶ εὐμήκη [A -εις] υἱοὺς Ἐ. (3)
— 2. τίς ἀντιστήσεται κατὰ πρόσωπον υἱῶν Ἐ. (3)
10. 6. οἱ υἱ. Ἰσρ. ἀπῆραν ἐκ Β. υἱῶν Ἰ. (3, 3)
— 6. ἱεράτευσεν Ἐλ. υἱὸς αὐτοῦ ἀντ' αὐτοῦ (3)
11. 6. τῷ Δ. καὶ Ἀβ. υἱοῖς Ἐλ. υἱοῦ Ῥ. (3, 3)
— 21. καὶ αἱ ἡμέραι τῶν υἱ. ὑμῶν (3)
12. 12. ὑμεῖς καὶ οἱ υἱ. ὑμῶν καὶ αἱ θυγ. ὑμῶν (3)
— 18. σὺ καὶ ὁ υἱ. σου καὶ ἡ θυγ. σου (3)
— 25, 28. ἵνα εὖ σοι γένηται καὶ τοῖς υἱ. σου (3)
— 31. τοὺς υἱ. αὐ. καὶ τὰς θυγ. αὐ. κατακαίουσιν (3)
13. 6 (7). ἐὰν δὲ παρακαλέσῃ σε . . . ὁ υἱ. σου (3)
14. 1. υἱοί ἐστε κ. τοῦ θεοῦ ὑμῶν (3)
— 26. B σὺ καὶ ὁ υἱ. [A R οἶκός] σου (2)
16. 11, 14. ὁ υἱ. σου καὶ ἡ θυγάτηρ σου (3)
17. 20. αὐτὸς καὶ οἱ υἱ. αὐ. ἐν τοῖς υἱ. Ἰσρ. (3, –)
18. 5. αὐτὸς καὶ οἱ υἱ. αὐ. ἐν τοῖς υἱ. Ἰσρ. [A *al.*] (3, –)
— 6. ἐκ μιᾶς τῶν πόλεων ἐκ πάντων τῶν υἱ. Ἰσρ. –
— 10. περικαθαίρων τὸν υἱ. αὐ. (3)
21. 15. καὶ γένηται υἱὸς πρωτότοκος τῆς μισουμ. (3)
— 16. ᾗ ἂν ἡμέρᾳ κατακληρονομῇ τοῖς υἱ. αὐ. (3)
— 16. οὐ δυνήσεται πρωτοτοκεῦσαι τῷ υἱ. [A τὸν υἱ.] τῆς ἠγαπημ. (3)
— 16. ὑπεριδὼν τὸν υἱ. τῆς μισουμ. τὸν πρωτότοκον (3)
— 17. τὸν πρωτότοκον υἱ. τῆς μισουμ. (3)
— 18. ἐὰν δέ τινι ᾖ υἱ. ἀπειθὴς καὶ ἐρεθιστής (3)
— 20. ὁ υἱ. ἡμῶν οὗτος ἀπειθεῖ (3)
22. 21. ἐποίησεν ἀφροσύνην ἐν υἱοῖς Ἰσρ. –
23. 4 (5). ἐμισθώσαντο ἐπὶ σὲ τὸν Β. υἱὸν Β. (3)
— 8 (9). υἱοὶ ἐὰν γεννηθῶσιν αὐτοῖς (3)
— 17 (18). οὐκ ἔσται πορνεύων ἀπὸ υἱῶν Ἰσρ. (3 ?)
— 18. οὐκ ἔσται τελισκόμενος ἀπὸ υἱῶν Ἰσρ. (3)
24. 7. κλέπτων ψυχὴν ἐκ τῶν ἀδ. αὐ. τῶν υἱ. Ἰσρ. (3)
— 16. υἱοὶ οὐκ ἀποθανοῦνται ὑπὲρ πατέρων (3)
28. 32. A B^2 R οἱ υἱ. σου καὶ αἱ θυγ. σου (3)
— 41. υἱοὺς καὶ θυγατέρας γεννήσεις (3)
— 53. κρέα υἱῶν σου καὶ θυγατέρων σου (3)
— 56. βασκανεῖ . . . τὸν υἱ. καὶ τὴν θυγ. αὐ. (3)
29. 1 (28. 69). στῆσαι τοῖς υἱ. Ἰσρ. (3)
— 2 (1). ἐκάλεσε Μ. πάντας τοὺς [A *om.*] υἱ. Ἰσρ. –
— 21 (20). διαστελεῖ αὐτὸν . . . ἐκ πάντων υἱ. [A τῶν υἱ.] Ἰσρ. †
— 22 (21). οἱ υἱ. ὑμῶν οἱ ἀναστήσονται μεθ' ὑμᾶς (3)
31. 1. λαλῶν πάντας τοὺς λόγους τ. πρὸς πάντας υἱ. Ἰσρ. –
— 9. A R ἔδωκε τοῖς ἱερεῦσι τοῖς υἱ. Λ. [B *om.* τ. υἱ. Λ.] . . . καὶ τοῖς πρεσβυτέροις τῶν υἱ. Ἰσρ. (3, –)
— 13. οἱ υἱ. αὐ. οἱ οὐκ οἴδασιν ἀκούσονται (3)
— 19. διδάξατε αὐτὴν τοὺς υἱ. Ἰσρ. (3)
— 19. μαρτυροῦσα ἐν υἱοῖς Ἰσρ. (3)
— 22. ἐδίδαξεν αὐτὴν τοὺς υἱ. Ἰσρ. (3)
— 23. A ἐνετείλατο Μ. Ἰησοῦ υἱῷ Ναυή [B *al.*] (3)
— 23. εἰσάξεις τοὺς υἱ. Ἰσρ. εἰς τὴν γῆν (3)
32. 8. A^2 B ὡς διέσπειρεν υἱοὺς Ἀ. (3)
— 14. μετὰ στέατος ἀρνῶν καὶ κριῶν υἱῶν ταύρων (3)
— 19. δι' ὀργὴν υἱῶν αὐ. καὶ θυγατέρων (3)
— 20. υἱοὶ οἷς οὐκ ἔστι πίστις ἐν αὐτοῖς (3)
— 43. προσκυνησάτωσαν αὐτῷ υἱοὶ θεοῦ –
— 43. R ἐνισχυσάτωσαν αὐτῷ πάντες υἱ. θεοῦ [A B *al.*] –
— 43. τὸ αἷμα τῶν υἱ. αὐ. ἐκδικᾶται †
— 44. ἐδίδαξεν αὐτὴν τοὺς υἱ. Ἰσρ. –
— 46. ἃ ἐντελεῖσθε τοῖς υἱ. ὑμῶν (3)
— 49. ἣν ἐγὼ δίδωμι τοῖς υἱ. Ἰσρ. (3)
— 51. ἠπειθήσατε τῷ ῥήματί μου ἐν τοῖς υἱ. Ἰσρ. (3)
— 51. ἡγιάσατέ με ἐν τοῖς υἱ. Ἰσρ. (3)
33. 1. ἣν εὐλόγησε Μ. . . . τοὺς υἱ. Ἰσρ. (3)
— 9. B τοὺς υἱ. αὐ. ἀπέγνω (3)
34. 8. ἔκλαυσαν οἱ υἱ. Ἰσρ. Μωυσῆν (3)
— 9. Ἰ. υἱὸς Ναυῆ ἐνεπλήσθη πνεύματος συνέσεως (3)
— 9. εἰσήκουσαν αὐτοῦ οἱ υἱ. Ἰσρ. (3)
Jo. *tit.* A Ἰ. υἱὸς Ναυή [B *om.* υἱ. Ν.] –
1. 1. εἶπε κ. τῷ Ἰησοῖ υἱῷ Ν. (3)
2. 1. ἀπέστειλεν Ἰ. υἱὸς Ν. . . . δύο νεανίσκους (3)
— 2. εἰσπεπόρευνται ὧδε ἄνδρες τῶν υἱ. Ἰσρ. (3)
— 23. διέβησαν πρὸς Ἰ. υἱὸν Ν. (3)

Jo. 3. 7. κατενώπιον πάντων υἱ. [A τῶν υἱ.] 'Ισρ. –
— 9. εἶπεν 'Ι. τοῖς υἱ. 'Ισρ. (3)
— 12. δώδεκα ἄνδρας ἀπὸ τῶν υἱ. 'Ισρ. †
— 17. πάντες οἱ υἱ. 'Ισρ. διέβαινον διὰ ξηρᾶς –
4. 4. δώδεκα ἄνδρας τῶν ἐνδόξων ἀπὸ τῶν υἱ. 'Ισρ. (3)
— 6. ὅταν ἐρωτᾷ σε ὁ υἱ. σου αὔριον (3)
— 7. A² B καὶ σὺ δηλώσεις τῷ υἱ. σου –
— 7. μνημόσυνον τοῖς υἱ. 'Ισρ. (3)
— 8. ἐποίησαν οὕτως οἱ υἱ. 'Ισρ. (3)
— 8. ἐν τῇ συντελείᾳ τῆς διαβάσεως τῶν υἱ. 'Ισρ. (3)
— 12. διέβησαν οἱ υἱ. 'Ρ. καὶ οἱ υἱ. Γὰδ . . . ἔμπροσθεν τῶν υἱ. 'Ισρ. (3 ter)
— 19. κατεστρατοπέδευσαν οἱ υἱ. 'Ισρ. –
— 21. ὅταν ἐρωτῶσιν ὑμᾶς οἱ υἱ. ὑμῶν (3)
— 22. ἀναγγείλατε τοῖς υἱ. ὑμῶν (3)
5. 1. ἐκ τῶν ἔμπροσθεν τῶν υἱ. 'Ισρ. (3)
— 1. ἀπὸ προσώπου τῶν υἱ. 'Ισρ. (3)
— 2. περίτεμε τοὺς υἱ. 'Ισρ. (3)
— 3. περιέτεμε τοὺς υἱ. 'Ισρ. (3)
— 4. ὃν δὲ τρόπον περιεκάθαρεν 'Ι. τοὺς υἱ. [A¹ τοῖς υἱ.] 'Ισρ. †
— 7. ἀντικατέστησε τοὺς υἱ. αὐ. (3)
— 8 (9). εἶπε κ. τῷ 'Ι. υἱῷ Ναυὴ [A om. υἱ. N.] –
— 9 (10). ἐποίησαν οἱ υἱ. 'Ισρ. τὸ πάσχα –
— 11 (12). οὐκέτι ὑπῆρχε τοῖς υἱ. 'Ισρ. μάννα (3)
6. 6. A εἰσῆλθεν 'Ι. υἱὸς [B ὁ τοῦ] N. (3)
— 15 (16). εἶπεν 'Ι. τοῖς υἱ. 'Ισρ. †
— 17 (18). καὶ ποιήσητε τὴν παρεμβ. τῶν υἱ. 'Ισρ. ἀνάθεμα –
7. 1. ἐπλημμέλησαν οἱ υἱ. 'Ισρ. πλημμέλειαν μεγάλην (3)
— 1. ἔλαβεν Ἄ. υἱὸς X. υἱοῦ Z. υἱοῦ Z. (3 ter)
— 1. ἐθυμώθη κύριος ὀργῇ τοῖς υἱ. 'Ισρ. (3)
— 12. οὐ μὴ δύνωνται οἱ υἱ. 'Ισρ. ὑποστῆναι (3)
— 18. ἐνεδείχθη Ἄ. υἱὸς Z. υἱοῦ Z. (3, 3)
— 24. ἔλαβεν 'Ι. τὸν Ἄ. υἱὸν Z. (3)
— 24. ἀνήγαγεν αὐτὸν . . . καὶ τοὺς υἱ. αὐ. (3)
8. 16. κατεδίωξαν ὀπίσω τῶν υἱ. 'Ισρ. †
— 24. ὡς ἐπαύσαντο οἱ υἱ. 'Ισρ. ἀποκτέννοντες –
— 27. ἃ ἐπρονόμευσαν ἑαυτοῖς οἱ υἱ. 'Ισρ. –
9. 2 (8. 31). καθότι ἐνετείλατο M. . . . τοῖς υἱ. 'Ισρ. (3)
— 2 (8. 32). ἔγραψεν 'Ι. . . . ἐνώπιον τῶν υἱῶν 'Ισρ. (3)
— 2 (8. 35). εἰς τὰ ὦτα πάσης ἐκκλησίας υἱῶν [A om.] 'Ισρ. –
— 7. εἶπαν οἱ υἱ. 'Ισρ. πρὸς τὸν X. (1)
— 17. ἀπῆραν οἱ υἱ. 'Ισρ. (3)
— 18. οὐκ ἐμαχέσαντο αὐτοῖς οἱ υἱ. 'Ισρ. (3)
— 26. ἐξείλατο αὐτοὺς . . . ἐκ χειρῶν υἱῶν 'Ισρ. (3)
10. 4. ηὐτομόλησαν γὰρ . . . πρὸς τοὺς υἱ. 'Ισρ. (3)
— 10. ἀπὸ προσώπου τῶν υἱ. [A om. τ. υἱ.] 'Ισρ. –
— 11. ἀπὸ προσώπου τῶν [A om.] υἱ. 'Ισρ. –
— 11. οὓς ἀπέκτειναν οἱ υἱ. 'Ισρ. μαχαίρᾳ (3)
— 12. συνετρίβησαν ἀπὸ προσώπου υἱῶν [A om.] 'Ισρ. (3)
— 20. 'Ι. καὶ πᾶς υἱ. [A πάντες οἱ υἱ.] 'Ισρ. (3)
— 21. οὐκ ἔγρυξεν οὐθεὶς τῶν υἱ. 'Ισρ. τῇ γλώσσῃ αὐ. (3)
11. 6. A ἐναντίον υἱῶν [B τοῦ] 'Ισρ. –
— 14. ἐπρονόμευσαν ἑαυτοῖς οἱ υἱ. 'Ισρ. (3)
— 19. A ἥτις οὐ παρέδωκεν τοῖς υἱ. 'Ισρ. [B al.] (3)
— 22. οὐ κατελείφθη τῶν 'Ἐν. ἀπὸ τῶν υἱ. 'Ισρ. (3)
12. 1. οὓς ἀνεῖλον οἱ [A M. καὶ] υἱ. 'Ισρ. (3)
— 2. ὅρια υἱῶν 'Αμμών (3)
— 6. οἱ υἱ. 'Ισρ. ἐπάταξαν αὐτούς (3)
— 7. οὓς ἀνεῖλεν 'Ι. καὶ οἱ υἱ. 'Ισρ. (3)
13. 10. ἕως τῶν ὁρίων υἱῶν 'A. (3)
— 13. οὐκ ἐξωλέθρευσαν οἱ υἱ. 'Ισρ. τὸν Γ. (3)
— 13. κατῴκει . . . ὁ M. ἐν τοῖς υἱ. 'Ισρ. –
— 14. ὃν κατεμέρισε M. τοῖς υἱ. 'Ισρ. –
— 23. αὕτη ἡ κληρονομία υἱῶν 'Ρ. (3)
— 24. ἔδωκε δὲ M. τοῖς υἱ. Γάδ †
— 25. καὶ τὸ ἥμισυ γῆς υἱῶν 'Αμμών (3)
— 28. αὕτη ἡ κληρονομία υἱῶν Γάδ (3)
— 31. τοῖς υἱ. M. υἱοῖς [A -οῦ] Μαν. καὶ τοῖς ἡμίσεσιν υἱοῖς M. υἱοῖς [A² ἡ. τῆς φυλῆς] Μαν. (3 ter, –)
14. 1. οἱ κατακληρονομήσαντες υἱῶν 'Ισρ. (3)
— 1. καὶ οἱ ἄρχοντες πατριῶν φυλῶν τῶν υἱ. 'Ισρ. (3)
— 4. ἦσαν οἱ υἱ. 'Ι. δύο φυλαί (3)
— 5. οὕτως ἐποίησαν οἱ υἱ. [A τοῖς υἱ.] 'Ισρ. (3)
— 6. προσήλθοσαν οἱ υἱ. 'Ι. πρὸς 'Ι. (3)
— 13. ἔδωκε X. τῷ X. υἱῷ [A X. υἱῷ X. τῷ] 'Ιεφ. υἱῷ K. (3, – [†, †])

Jo. 15. 6. ἐπὶ λίθον Βαιὼν υἱοῦ 'Ρ. (3)
— 12. ταῦτα τὰ ὅρια υἱῶν 'Ι. κύκλῳ (3)
— 13. τῷ X. υἱ. 'Ιεφ. ἔδωκε μερίδα ἐν μέσῳ υἱῶν 'Ι. (3, 3)
— 14. ἐξωλέθρευσεν ἐκεῖθεν X. υἱὸς 'Ιεφ. τοὺς τρεῖς υἱ. 'E. (–, 3)
— 17. ἔλαβεν αὐτὴν Γ. υἱὸς K. (3)
— 20. αὕτη ἡ κληρονομία φυλῆς υἱῶν 'Ι. (3)
— 21. πόλεις πρὸς τῇ φυλῇ υἱῶν 'Ι. [A al.] (3)
— 63. οὐκ ἠδυνήθησαν οἱ υἱ. 'Ι. ἀπολέσαι αὐτούς (3)
16. 1. ἐγένετο τὰ ὅρια υἱῶν 'Ι. (3)
— 4. ἐκληρονόμησαν οἱ υἱ. 'Ι. (3)
— 5. ἐγενήθη ὅρια υἱῶν 'Εφρ. (3)
— 8. A αὕτη ἡ κληρονομία φυλῆς υἱῶν [B om.] 'Εφρ. (3)
— 9. αἱ πόλεις αἱ ἀφορισθεῖσαι τοῖς υἱ. 'Εφρ. ἀνὰ μέσον τῆς κληρονομίας υἱῶν Μαν. (3, 3)
17. 1. ἐγένετο τὰ ὅρια φυλῆς υἱῶν Μαν. –
— 2. ἐγενήθη τοῖς υἱ. Μαν. . . . τοῖς υἱ. 'Ι. καὶ τοῖς υἱ. K. καὶ τοῖς υἱ. 'Ι. καὶ τοῖς υἱ. Σ. καὶ τοῖς υἱ. Συμ. καὶ τοῖς υἱ. 'O. (3 septiens)
— 3. τῷ Σ. υἱ. 'O. οὐκ ἦσαν αὐτῷ υἱοί (3, 3)
— 4. A ἔστησαν . . . ἐναντίον 'Ι. υἱοῦ N. [B om. υἱ. N.] (3)
— 6. θυγατέρες υἱῶν Μαν. ἐκληρονόμησαν κλῆρον –
— 6. ἡ δὲ γῆ Γαλ. ἐγενήθη τοῖς υἱ. Μαν. (3)
— 7. ἐγενήθη ὅρια υἱῶν Μαν. Δ. –
— 7. ἥ ἐστι κατὰ πρόσωπον υἱῶν 'A. [A al.] †
— 8. ἐπὶ τῶν ὁρίων Μαν. τοῖς υἱ. 'Εφρ. [A om. τ. υἱ. 'E.] (3)
— 12. οὐκ ἠδυνάσθησαν οἱ υἱ. Μαν. ἐξολεθρεῦσαι (3)
— 13. ἐπεὶ κατίσχυσαν οἱ υἱ. 'Ισρ. (3)
— 14. ἀντεῖπαν δὲ οἱ υἱ. 'Ι. τῷ 'Ιησοῖ (3)
— 16. A εἶπαν οἱ υἱ. 'Ι. [B om. οἱ υἱ. 'Ι.] (3)
— 17. εἶπεν 'Ι. τοῖς υἱ. 'Ι. (2)
18. 1. ἐξεκκλησιάσθη πᾶσα συναγωγὴ υἱῶν 'Ισρ. (3)
— 2. κατελείφθησαν οἱ υἱ. 'Ισρ. (3)
— 3. εἶπεν 'Ι. τοῖς υἱ. 'Ισρ. [A al.] (3)
— 5. οἱ υἱ. 'Ι. στήσονται αὐτοῖς ἀπὸ βορρᾶ (2)
— 7. οὐ γάρ ἐστι μερὶς τοῖς υἱ. Λ. ἐν ὑμῖν –
— 7. A² καὶ τὸ ἥμισυ φυλῆς υἱῶν [A¹ B om.] Μαν. –
— 11. R ἀνὰ μέσον υἱῶν [A B om.] 'Ι. (3)
— 11. καὶ ἀνὰ μέσον τῶν [A om.] υἱ. 'Ι. (3)
— 14. K. πόλις υἱῶν 'Ι. (3)
— 16. A κατὰ πρόσωπον νάπης υἱοῦ 'E. [B ν. Σ.] (3)
— 18 (17). ἐπὶ λίθον B. υἱῶν [A -οῦ] 'Ρ. (3)
— 20. αὕτη ἡ κληρονομία υἱῶν Βεν. (3)
— 21. ἐγενήθησαν αἱ πόλεις τῶν υἱ. Βεν. (3)
— 28. αὕτη ἡ κληρονομία υἱῶν Βεν. (3)
19. 1. ἐξῆλθεν ὁ δεύτερος κλῆρος τῶν υἱ. Σ. [A al.] (3)
— 1. ἀνὰ μέσον κλήρων υἱῶν 'Ι. (3)
— 8. αὕτη ἡ κληρονομία φυλῆς υἱῶν Σ. (3)
— 9. A ἀπὸ τῶν υἱ. 'Ι. ἡ κληρονομία φυλῆς υἱῶν Σ. [B al.] (3, 3)
— 9. ἐγενήθη ἡ μερὶς υἱῶν 'Ι. μείζων τῆς αὐτῶν (3)
— 9. ἐκληρονόμησαν οἱ [A om.] υἱ. Σ. (3)
— 16. αὕτη ἡ κληρονομία τῆς φυλῆς υἱῶν Ζαβ. (3)
— 23. αὕτη ἡ κληρονομία φυλῆς υἱῶν 'Ισσ. (3)
— 31. αὕτη ἡ κληρονομία φυλῆς υἱῶν 'A. (3)
— 39. αὕτη ἡ κληρονομία φυλῆς υἱῶν N. (3)
— 48. αὕτη ἡ κληρονομία φυλῆς υἱῶν Δάν (3)
— 48. οὐκ ἐξέθλιψαν οἱ υἱ. Δὰν τὸν 'Aμ. –
— 47. ἐπορεύθησαν οἱ υἱ. 'Ι. (3)
— 49. ἔδωκαν οἱ υἱ. 'Ισρ. κλῆρον 'Ιησοῖ τῷ [A om.] υἱ. N. (3, 3)
20. 2. λάλησον τοῖς υἱ. 'Ισρ. (3)
— 9. αἱ πόλεις αἱ ἐπίκλητοι τοῖς υἱ. 'Ισρ. (3)
21. 1. προσήλθοσαν οἱ ἀρχιπατριῶται τῶν υἱ. Λ. –
— 1. A ἐκ τῶν φυλῶν τῶν υἱ. [B om. τ. υἱ.] 'Ισρ. (3)
— 3. ἔδωκαν οἱ υἱ. 'Ισρ. . . . τὰς πόλεις (3)
— 4. ἐγένετο τοῖς υἱ. 'A. (3)
— 5. καὶ τοῖς υἱ. K. τοῖς καταλελειμμένοις (3)
— 6. καὶ τοῖς υἱ. Γ. ἀπὸ τῆς φυλῆς 'Ισσ. (3)
— 7. B¹ καὶ ἐν [A B² R om.] τοῖς υἱ. Μερ. κατὰ δήμους αὐ. (3)
— 8. ἔδωκαν οἱ υἱ. 'Ισρ. τοῖς Λ. τὰς πόλεις (3)
— 9. ἡ φυλὴ υἱῶν 'Ι. καὶ ἡ φυλὴ υἱῶν Συμ. καὶ ἀπὸ τῆς φυλῆς υἱῶν Βεν. (3, 3, –)
— 10. ἐπεκλήθησαν τοῖς υἱ. 'A. ἀπὸ τοῦ δήμου τοῦ K. τῶν υἱ. Λ. (3, 3)

Jo. 21. 12. τὰς κώμας αὐ. ἔδωκεν 'Ι. τοῖς υἱ. X. υἱοῦ [A τῷ X. υἱῷ] 'Ιεφ. (–, 3)
— 13. καὶ τοῖς υἱ. 'A. ἔδωκε τὴν πόλιν (3)
— 19. πᾶσαι αἱ πόλεις υἱῶν 'A. (3)
— 20. καὶ τοῖς δήμοις υἱοῖς [A -ῶν] K. τοῖς Λ. τοῖς καταλελειμμένοις ἀπὸ τῶν υἱ. K. (3, 3)
— 26. τοῖς δήμοις υἱῶν K. τοῖς ὑπολελειμμένοις (3)
— 27. καὶ τοῖς υἱ. Γ. τοῖς Λευίταις (3)
— 34. καὶ τῷ δήμῳ υἱῶν Μερ. (3)
— 34. A ἐκ τῆς φυλῆς υἱῶν [B om.] Ζαβ. –
— 38. πᾶσαι πόλεις τοῖς υἱ. Μερ. (3)
— 39. ἐν μέσῳ κατασχέσεως υἱῶν 'Ισρ. (3)
— 40. ἔδωκαν οἱ υἱ. 'Ισρ. μερίδα τῷ 'Ι. –
— 40. ἐν αἷς περιέτεμε τοὺς υἱ. 'Ισρ. –
— 43. ὧν ἐλάλησε κ. τοῖς υἱ. 'Ισρ. (2)
22. 1. συνεκάλεσεν 'Ι. τοὺς υἱ. 'Ρ. [A τ. 'Ρουβηνίτας] καὶ τοὺς υἱ. Γάδ (14, 9)
— 9. B ἐπορεύθησαν οἱ υἱ. 'Ρ. καὶ οἱ υἱ. Γὰδ καὶ τὸ ἥμισυ φυλῆς υἱῶν [A R om.] Μαν. ἀπὸ τῶν υἱ. 'Ισρ. (3, 3, –, 3)
— 10. ᾠκοδόμησαν οἱ υἱ. 'Ρ. καὶ οἱ υἱ. Γάδ (3, 3)
— 11. ἤκουσαν οἱ υἱ. 'Ισρ. (3)
— 11. ᾠκοδόμησαν οἱ υἱ. 'Ρ. καὶ οἱ υἱ. Γάδ (3, 3)
— 11. ἐν τῷ πέραν υἱῶν 'Ισρ. (3)
— 12. συνηθροίσθησαν πάντες οἱ υἱ. 'Ισρ. (3)
— 13. ἀπέστειλαν οἱ υἱ. 'Ισρ. πρὸς τοὺς υἱ. 'Ρ. καὶ πρὸς τοὺς υἱ. Γὰδ καὶ πρὸς τοὺς υἱ. [A om. τ. υἱ.] ἥμισυ φυλῆς Μαν. (3 ter, –)
— 13. τόν τε Φ. υἱὸν 'Ελ. υἱοῦ 'A. (3, –)
— 15. παρεγένοντο πρὸς τοὺς υἱ. 'Ρ. καὶ πρὸς τοὺς υἱ. Γάδ (3, 3)
— 21. ἀπεκρίθησαν οἱ υἱ. 'Ρ. καὶ οἱ υἱ. Γάδ (3, 3)
— 25. ἀπαλλοτριώσουσιν οἱ υἱ. ὑμῶν τοὺς υἱ. ἡμῶν (3, 3)
— 28. μαρτύριόν ἐστιν . . . ἀνὰ μέσον τῶν υἱ. [A τέκνων] ἡμῶν –
— 30. οὓς ἐλάλησαν οἱ υἱ. 'Ρ. καὶ οἱ υἱ. Γάδ (3, 3)
— 31. εἶπε Φ. ὁ ἱ. τοῖς υἱ. 'Ρ. καὶ τοῖς υἱ. Γάδ (3, 3)
— 31. ἐρρύσασθε τοὺς υἱ. 'Ισρ. ἐκ χειρὸς κυρίου (3)
— 32. οἱ ἄρχοντες ἀπὸ τῶν υἱ. 'Ρ. καὶ ἀπὸ τῶν υἱ. Γάδ (3, 3)
— 32. ἀπέστρεψε Φ. . . . πρὸς τοὺς υἱ. 'Ισρ. (3)
— 33. ἤρεσε τοῖς υἱ. 'Ισρ. (3)
— 33. ἐλάλησαν πρὸς τοὺς υἱ. 'Ισρ. –
— 33. εὐλόγησαν τὸν θεὸν υἱῶν 'Ισρ. (3)
— 33. ἐξολεθρεῦσαι τὴν γῆν τῶν υἱ. 'Ρ. καὶ τῶν υἱ. Γάδ (3, 3)
23. 2. συνεκάλεσεν 'Ι. πάντας τοὺς υἱ. 'Ισρ. –
24. 4. 'Ι. καὶ οἱ υἱ. αὐ. κατέβησαν εἰς Αἴγ. (3)
— 29. ἀπέθανεν 'Ι. υἱὸς N. (3)
— 30. ἐν αἷς περιέτεμε τοὺς υἱ. 'Ισρ. –
— 32. τὰ ὀστᾶ 'Ι. ἀνήγαγον οἱ υἱ. 'Ισρ. ἐξ Αἰγ. (3)
— 33. 'Ελ. υἱὸς [A ὁ υἱ.] 'A. ὁ ἀρχιερεὺς ἐτελεύτησε (3)
— 33. ἐτάφη ἐν Γ. Φ. τοῦ υἱ. αὐ. (3)
— 33. λαβόντες οἱ υἱ. 'Ισρ. τὴν κιβωτὸν τοῦ θεοῦ –
— 33. οἱ δὲ υἱ. 'Ισρ. ἀπήλθοσαν –
— 33. ἐσέβοντο οἱ υἱ. 'Ισρ. τὴν 'Αστάρτην –
subscr. 'Ι. υἱὸς Ναυή –
Jd. 1. 1. ἐπηρώτων οἱ υἱ. 'Ισρ. διὰ τοῦ κ. (3)
— 8. ἐπολέμουν οἱ υἱ. 'Ι. τὴν 'Ιερ. (3)
— 9. κατέβησαν οἱ υἱ. 'Ι. (3)
— 13. προκατελάβετο αὐτὴν Γ. υἱὸς K. (3)
— 16. οἱ υἱ. 'Ι. . . . ἀνέβησαν . . . μετὰ τῶν υἱ. [A πρὸς τοὺς υἱ.] 'Ι. (3, 3)
— 20. ἐκληρονόμησεν ἐκεῖθεν τὰς τρεῖς πόλεις τῶν υἱ. 'E. [A al.] (3)
— 21. τὸν 'Ιεβ. . . . οὐκ ἐκληρονόμησαν οἱ υἱ. Βεν. (3)
— 21. κατῴκησεν ὁ 'Ιεβ. μετὰ τῶν υἱ. Βεν. (3)
— 22. ἀνέβησαν οἱ υἱ. 'Ι. καί γε αὐτοί (2)
— 34. ἐξέθλιψεν ὁ 'Aμ. τοὺς υἱ. Δάν (3)
2. 4. ὡς ἐλάλησεν . . . πρὸς πάντας υἱ. [A πάντα] 'Ισρ. (3)
— 6. A ἀπῆλθαν οἱ υἱ. 'Ισρ. ἕκαστος εἰς τὸν οἶκον αὐ. [B al.] (3)
— 8. ἐτελεύτησεν 'Ι. υἱὸς N. . . . υἱὸς [A om.] ἑκατὸν δέκα ἐτῶν (3, 3)
— 11. ἐποίησαν οἱ υἱ. 'Ισρ. τὸ πονηρόν (3)
— 21. ὧν κατέλιπεν 'Ι. υἱὸς N. [A om. υἱ. N.] –
— 22. A ὃν τρόπον ἐφυλάξαντο υἱοὶ 'Ισρ. [B al.] †
3. 2. πλὴν διὰ τὰς γενεὰς υἱῶν [A τῶν υἱ.] 'Ισρ. (3)
— 5. οἱ υἱ. 'Ισρ. κατῴκησαν ἐν μέσῳ τοῦ Χαν. (3)
— 6. τὰς θυγ. αὐ. ἔδωκαν τοῖς υἱ. αὐ. (3)
— 7. ἐποίησαν οἱ υἱ. 'Ισρ. τὸ πονηρόν (3)
— 8. ἐδούλευσαν οἱ υἱ. 'Ισρ. τῷ X. (3)

Jd. 3. 9. ἐκέκραξαν οἱ υἱ. Ἰσρ. πρὸς κύριον (3)
— 9. ἤγειρε κ. . . . τὸν Γοθ. υἱὸν Κ. (3)
— 11. ἀπέθανε Γοθ. υἱὸς Κ. (3)
— 12. προσέθεντο οἱ υἱ. Ἰσρ. ποιῆσαι τὸ πονηρόν (3)
— 13. συνήγαγε πρὸς ἑαυτὸν πάντας τοὺς υἱ. Ἀ. (3)
— 14. ἐδούλευσαν οἱ υἱ. Ἰσρ. τῷ Ἐ. (3)
— 15. ἐκέκραξαν οἱ υἱ. Ἰσρ. πρὸς κύριον (3)
— 15. ἤγειρεν . . . τὸν Ἀ. υἱ. Γ. υἱὸν [A -οῦ] τοῦ Ἰεμ. (3, 3)
— 15. ἐξαπέστειλαν οἱ υἱ. Ἰσρ. δῶρα (3)
— 27. κατέβησαν σὺν αὐτῷ οἱ υἱ. Ἰσρ. (3)
— 31. ἀνέστη Σαμ. υἱὸς Δ. (3)
4. 1. προσέθεντο οἱ υἱ. Ἰσρ. ποιῆσαι τὸ πονηρόν (3)
— 2. ἀπέδοτο τοὺς υἱ. Ἰσρ. [A ἀπ. αὐτούς] †
— 3. ἐκέκραξαν οἱ υἱ. Ἰσρ. πρὸς κύριον (3)
— 5. ἀνέβαινον πρὸς αὐτὴν οἱ υἱ. Ἰσρ. (3)
— 6. ἐκάλεσε τὸν Β. υἱὸν Ἀβ. (3)
— 6. δέκα χιλιάδας ἀνδρῶν ἐκ τῶν υἱ. Νεφθ. καὶ ἐκ τῶν υἱ. Ζαβ. (3, 3)
— 11. ἐχωρίσθη ἀπὸ Κ. ἀπὸ τῶν υἱ. Ἰ. (3)
— 12. ἀνέβη Β. υἱὸς Ἀβ. εἰς ὄρος Θ. (3)
— 23. ἐτρόπωσεν ὁ θ. τὸν Ἰ. . . . ἔμπροσθεν τῶν υἱ. Ἰσρ. [A *al.*] (3)
— 24. ἐπορεύετο χεὶρ τῶν υἱ. Ἰσρ. [A *al.*] (3)
5. 1. ᾖσαν Δ. καὶ Β. υἱὸς Ἀβ. (3)
— 6. ἐν ἡμέραις Σαμ. υἱοῦ Ἀ. (3)
— 12. αἰχμαλώτισον αἰχμαλωσίαν σου, υἱὸς Ἀβ. (3)
6. 1. ἐποίησαν οἱ υἱ. Ἰσρ. τὸ πονηρόν (3)
— 2. ἐποίησαν ἑαυτοῖς οἱ υἱ. Ἰσρ. . . . τὰς τρυμαλιάς [A *al.*] (3)
— 3. ἐὰν ἔσπειραν οἱ υἱ. Ἰσρ. [A *al.*] –
— 3. οἱ υἱ. ἀνατολῶν συνανέβαινον αὐτοῖς (3)
— 7. A ἐκέκραξαν οἱ υἱ. Ἰσρ. πρὸς κύριον (3)
— 6. ἐβόησαν οἱ υἱ. Ἰσρ. πρὸς κύριον [A *al.*] (3)
— 8. ἐξαπέστειλε κ. ἄνδρα προφήτην πρὸς τοὺς υἱ. Ἰσρ. (3)
— 11. καὶ Γ. υἱὸς αὐ. ῥαβδίζων σῖτον [A R *al.*] (3)
— 29. Γ. υἱὸς [A ὁ υἱ.] Ἰ. ἐποίησε τὸ ῥῆμα τοῦτο (3)
— 30. ἐξένεγκε τὸν υἱ. σου (3)
— 31. εἶπε Γ. υἱὸς [A *om.* Γ. υἱ.] Ἰ. –
— 33. υἱοὶ ἀνατολῶν συνήχθησαν ἐπὶ τὸ αὐτό (3)
7. 12. καὶ πάντες υἱ. ἀνατολῶν βεβλημένοι (3)
— 14. ῥομφαία Γ. υἱοῦ Ἰ. ἀνδρὸς Ἰσρ. (3)
8. 10. A πάντες καταλειφθέντες υἱοὶ ἀνατολῶν [B *al.*] (3)
— 13. ἐπέστρεψε Γ. υἱὸς Ἰ. (3)
— 18. εἰς ὁμοίωμα υἱοῦ βασιλέως [A *al.*] (3)
— 19. υἱοὶ τῆς μητρός μου ἦσαν (3)
— 22. R καὶ σὺ καὶ ὁ υἱ. σου καὶ ὁ υἱ. τοῦ υἱοῦ σου [A B *al.*] (3 *ter*)
— 23. οὐκ ἄρξει ὁ υἱ. μου ἐν ὑμῖν (3)
— 28. συνεστάλη Μ. ἐνώπιον υἱῶν Ἰσρ. [A *al.*] (3)
— 29. ἐπορεύθη Ἰ. υἱὸς Ἰ. (3)
— 30. τῷ Γ. ἦσαν υἱοὶ ἑβδομήκοντα (3)
— 31. ἔτεκεν αὐτῷ καί γε αὐτὴ υἱόν (3)
— 32. ἀπέθανε Γ. υἱὸς Ἰ. (3)
— 33. ἐπέστρεψαν οἱ υἱ. Ἰσρ. (3)
— 34. οὐκ ἐμνήσθησαν οἱ υἱ. Ἰσρ. (3)
9. 1. ἐπορεύθη Ἀβ. υἱὸς Ἰερ. (3)
— 2. κυριεῦσαι ὑμῶν . . . πάντας υἱ. Ἰερ. (3)
— 5. ἀπέκτεινε τοὺς ἀδ. αὐ. υἱοὺς Ἰερ. (3)
— 5. κατελείφθη Ἰ. υἱὸς Ἰερ. ὁ νεώτερος (3)
— 18. καὶ ἀπεκτείνατε τοὺς υἱ. αὐ. (3)
— 18. ἐβασιλεύσατε τὸν Ἀβ. υἱὸν παιδίσκης αὐ. (3)
— 24. τὴν ἀδικίαν τῶν ἑβδομήκοντα υἱῶν Ἰερ. (3)
— 26. ἦλθε Γ. υἱὸς Ἰ. (3)
— 28. εἶπε Γ. υἱὸς Ἰ. (3)
— 28. τίς ἐστιν υἱὸς [A ὁ υἱ.] Σ. –
— 28. οὐχ υἱὸς Ἰερ. (3)
— 30. ἤκουσε . . . τοὺς λόγους Γ. υἱοῦ Ἰ. (3)
— 31. ἰδοὺ Γ. υἱὸς Ἰ. (3)
— 35. ἐξῆλθε Γ. υἱὸς Ἰ. (3)
— 36. εἶδε Γ. υἱὸς Ἰ. τὸν λαόν –
— 57. ἐπῆλθεν ἐπ' αὐτοὺς ἡ κατάρα Ἰ. υἱοῦ Ἰερ. [A τοῦ υἱ. αὐ.] (3)
10. 1. Θ. υἱὸς Φ. υἱὸς πατραδέλφου αὐ. (3, 3)
— 4. ἦσαν αὐτῷ τριάκοντα καὶ δύο υἱοί (3)
— 6. προσέθεντο οἱ υἱ. Ἰσρ. ποιῆσαι τὸ πονηρόν (3)
— 6. ἐδούλευσαν . . . τοῖς θεοῖς υἱῶν Ἀμμών (3)
— 7. ἀπέδοτο αὐτοὺς . . . ἐν χειρὶ υἱῶν Ἀμμών (3)
— 8. ἔθλασαν τοὺς υἱ. Ἰσρ. . . . τοὺς πάντας [A π. τοὺς] υἱ. Ἰσρ. (3, 3)
— 9. διέβησαν οἱ υἱ. Ἀ. τὸν Ἰορδ. (3)
— 9. A ἐθλίβησαν οἱ υἱ. Ἰσρ. σφόδρα [B *al.*] –
— 10. ἐβόησαν οἱ υἱ. Ἰσρ. πρὸς κύριον (3)
— 11. εἶπε κύριος πρὸς τοὺς υἱ. Ἰσρ. (3)

Jd. 10. 11. μὴ οὐχὶ . . . ἀπὸ υἱῶν [A οἱ υἱ.] Ἀμμών (3)
— 15. εἶπαν οἱ υἱ. Ἰσρ. πρὸς κύριον (3)
— 17. ἀνέβησαν οἱ υἱ. Ἀμμών (3)
— 17. συνήχθησαν οἱ υἱ. Ἰσρ. (3)
— 18. παρατάξασθαι πρὸς υἱοὺς Ἀ. [A *al.*] (3)
11. 1. καὶ αὐτὸς υἱὸς γυναικὸς πόρνης (3)
— 2. ἔτεκεν ἡ γυνὴ Γ. αὐτῷ υἱούς (3)
— 2. ἡδρύνθησαν οἱ υἱ. τῆς γυναικός (3)
— 2. υἱὸς γυναικὸς ἑταίρας σύ [A *al.*] (3)
— 4. ἡνίκα παρετάξαντο οἱ υἱ. Ἀ. μετὰ Ἰσρ. [A *al.*] (3)
— 5. A ἡνίκα ἐπολεμοῦσαν οἱ υἱ. Ἀ. μετὰ Ἰσρ. (3)
— 6. παραταξώμεθα πρὸς υἱοὺς Ἀ. [A *al.*] (3)
— 8. παρατάξῃ πρὸς υἱοὺς Ἀμμών [A *al.*] (3)
— 9. παρατάξασθαι ἐν υἱοῖς Ἀμμών [A *al.*] (3)
— 12. ἀπέστειλεν Ἰ. ἀγγέλους πρὸς βασιλέα υἱῶν Ἀ. (3)
— 13. εἶπε βασιλεὺς υἱῶν Ἀμμών (3)
— 14. ἀπέστειλεν ἀγγέλους πρὸς βασιλέα υἱῶν Ἀ. (3)
— 15. οὐκ ἔλαβεν Ἰσρ. . . . τὴν γῆν υἱῶν Ἀ. (3)
— 25. μὴ ἐν ἀγαθῷ ἀγαθώτερος σὺ ὑπὲρ Β. υἱὸν Σ. [A *al.*] (3)
— 27. ἀνὰ μέσον υἱῶν [A τῶν υἱ.] Ἰσρ. καὶ ἀνὰ μέσον υἱῶν [A τῶν υἱ.] Ἀ. (3, 3)
— 28. οὐκ ἤκουσε βασιλεὺς υἱῶν Ἀ. (3)
— 29. εἰς τὸ πέραν υἱῶν Ἀ. (3)
— 30. ἐὰν διδοὺς δῷς μοι τοὺς υἱ. Ἀ. ἐν τῇ χειρί μου (3)
— 31. ἐν τῷ ἐπιστρέφειν με . . . ἀπὸ υἱῶν Ἀ. [A *al.*] (3)
— 32. παρῆλθεν Ἰ. πρὸς υἱοὺς Ἀ. [A *al.*] (3)
— 33. συνεστάλησαν οἱ υἱ. Ἀ. ἀπὸ προσώπου υἱῶν Ἰσρ. (3, 3)
— 34. οὐκ ἦν αὐτῷ ἕτερος υἱ. [A *al.*] (3)
— 36. B ἀπὸ τῶν ἐχθρῶν σου ἀπὸ υἱῶν Ἀ. [A R *al.*] (3)
12. 1. A συνήχθησαν οἱ υἱ. Ἐφρ. [B *al.*] (1)
— 1. παρατάξασθαι ἐν υἱοῖς Ἀ. [A *al.*] (3)
— 2. ὁ λαός μου καὶ οἱ υἱ. Ἀ. [A *al.*] (3)
— 3. παρῆλθον πρὸς υἱοὺς Ἀ. [A *al.*] (3)
— 9. ἦσαν αὐτῷ τριάκοντα υἱοί (3)
— 9. τριάκοντα θυγατέρας εἰσήνεγκε τοῖς υἱ. αὐ. (3)
— 13. καὶ ἔκρινε . . . Ἀ. υἱὸς Ἐ. (3)
— 13 (14). ἦσαν αὐτῷ τεσσαράκοντα υἱοὶ καὶ τριάκοντα υἱῶν υἱοί [A υἱοὶ τῶν υἱ. αὐ.] (3 *ter*)
— 14 (15). ἀπέθανεν Ἀ. υἱὸς Ἐ. (3)
13. 1. προσέθηκαν οἱ υἱ. Ἰσρ. ποιῆσαι (3)
— 3. καὶ συλλήψῃ [A τέξῃ] υἱόν (3)
— 5, 7. καὶ τέξῃ υἱόν (3)
— 24. ἔτεκεν ἡ γυνὴ υἱόν [A *om.*] (3)
14. 4. A οἱ ἀλλόφυλοι ἐκυρίευον τῶν υἱ. Ἰσρ. [B *al.*] –
— 16. ὃ προεβάλου τοῖς υἱ. τοῦ λαοῦ μου (3)
— 17. ἀπήγγειλε τοῖς υἱ. τοῦ λαοῦ αὐ. (3)
17. 2. εὐλογητὸς ὁ υἱ. μου τῷ κυρίῳ (3)
— 3. ἡγίασα τὸ ἀργύριον . . . τῷ υἱ. μου [A *al.*] (3)
— 5. ἐπλήρωσε τὴν χεῖρα ἀπὸ ἑνὸς υἱῶν [A τῶν υἱ.] αὐ. (3)
— 11. ὡς εἷς ἀπὸ [A εἷς τῶν] υἱῶν αὐ. (3)
18. 1. R ἐν μέσῳ φυλῶν υἱῶν [A B *om.*] Ἰσρ. –
— 2. ἀπέστειλαν οἱ υἱ. Δὰν . . . υἱοὺς δυνάμεως ἀπὸ Σ. (3, 3)
— 16. οἱ ἐκ τῶν υἱ. Δάν (3)
— 22. κατελάβοντο [A ἐβόησαν πρὸς] τοὺς υἱ. Δάν (3)
— 23. B ἐπέστρεψαν τὸ πρόσωπον αὐ. υἱοὶ Δὰν [A R *al.*] (3 ?)
— 25. εἶπον πρὸς αὐτὸν οἱ υἱ. Δάν (3)
— 26. ἐπορεύθησαν οἱ υἱ. Δάν (3)
— 27. οἱ υἱ. Δὰν ἔλαβον ὃ ἐποίησε Μ. [A *al.*] †
— 30. ἔστησαν ἑαυτοῖς οἱ υἱ. Δὰν τὸ γλυπτόν (3)
— 30. Ἰων. υἱὸς Γ. υἱὸς [A -οῦ] Μαν. αὐτὸς καὶ οἱ υἱ. αὐ. ἦσαν ἱερεῖς (3 *ter*)
19. 12. ἐν ᾗ οὐκ ἔστιν ἀπὸ υἱῶν Ἰσρ. ὧδε [A *al.*] (3)
— 16. καὶ οἱ ἄνδρες τοῦ τόπου υἱοὶ Βεν. (3)
— 22. ἄνδρες τῆς πόλεως υἱοὶ παρανόμων (3)
— 30. ἀπὸ ἡμέρας ἀναβάσεως υἱῶν Ἰσρ. (3)
— 30. A ἀπὸ τῆς ἡμέρας ἀναβάσεως υἱῶν Ἰσρ. (3 ?)
20. 1. ἐξῆλθον πάντες οἱ υἱ. Ἰσρ. (3)
— 3. ἤκουσαν οἱ υἱ. Βεν. (3)
— 3. ἀνέβησαν οἱ υἱ. Ἰσρ. (3)
— 3. εἶπαν οἱ υἱ. Ἰσρ. (3)
— 6. ἐν παντὶ ὁρίῳ κληρονομίας υἱῶν [A *om.*] Ἰσρ. –
— 7. πάντες ὑμεῖς υἱ. [A οἱ υἱ.] Ἰσρ. (3)

Jd. 20. 13. δότε τοὺς ἄνδρας υἱοὺς παρανόμων [A ἄ. τοὺς ἀσεβεῖς] τοὺς ἐν Γ. [A *add.* τοὺς υἱ. Βελιάμ] (3, [-])
— 13. οὐκ εὐδόκησαν οἱ υἱ. Βεν. ἀκοῦσαι τῆς φωνῆς τῶν ἀδ. αὐ. υἱῶν Ἰσρ. [A *al.*] (-*, 3, 3)
— 14. συνήχθησαν οἱ υἱ. Βεν. (3)
— 14. ἐξελθεῖν εἰς παράταξιν πρὸς υἱοὺς Ἰσρ. [A *al.*] (3)
— 15. ἐπεσκέπησαν οἱ υἱ. Βεν. (3)
— 17. A ἐπεσκέπησαν χωρὶς τῶν υἱ. Βεν. [B *al.*] –
— 18. εἶπαν οἱ υἱ. Ἰσρ. (3)
— 18. εἰς παράταξιν πρὸς υἱοὺς Βεν. [A *al.*] (3)
— 19. ἀνέστησαν οἱ υἱ. Ἰσρ. τὸ πρωΐ (3)
— 21. ἐξῆλθον οἱ υἱ. Βεν. (3)
— 23. ἀνέβησαν οἱ υἱ. Ἰσρ. (3)
— 23. ἐγγίσαι εἰς παράταξιν πρὸς υἱοὺς Βεν. [A *al.*] (3)
— 24. προσῆλθον οἱ υἱ. Ἰσρ. πρὸς υἱοὺς [A *om.*] Βεν. (3, 3)
— 25. ἐξῆλθον οἱ υἱ. Βεν. εἰς συνάντησιν αὐτοῖς [A *al.*] –
— 25. διέφθειραν ἀπὸ υἱῶν Ἰσρ. ἔτι ὀκτὼ καὶ δέκα χιλιάδας [A *al.*] (3)
— 26. ἀνέβησαν πάντες οἱ υἱ. Ἰσρ. (3)
— 27. A καὶ ἐπηρώτησαν οἱ υἱ. Ἰσρ. ἐν κυρίῳ (3)
— 28. Φ. υἱὸς Ἐλ. υἱοῦ Ἀ. παρεστηκὼς ἐνώπιον αὐτῆς (3, 3)
— 28. B ἐπηρώτησαν οἱ υἱ. Ἰσρ. ἐν κυρίῳ –
— 28. ἐξελθεῖν εἰς παράταξιν πρὸς υἱοὺς Βεν. [A *al.*] (3)
— 29. ἔθηκαν οἱ υἱ. Ἰσρ. ἔνεδρα τῇ Γ. –
— 30. ἀνέβησαν οἱ υἱ. Ἰσρ. πρὸς υἱοὺς Βεν. [A *al.*] (3, 3)
— 31. ἐξῆλθον οἱ υἱ. Βεν. (3)
— 32. εἶπαν οἱ υἱ. Βεν. (3)
— 32. καὶ οἱ υἱ. Ἰσρ. εἶπον (3)
— 35. ἐπάταξε κ. τὸν Βεν. ἐνώπιον υἱῶν Ἰσρ. [A *al.*] –
— 35. διέφθειραν οἱ υἱ. Ἰσρ. ἐκ τοῦ Βεν. (3)
— 36. εἶδον οἱ υἱ. Βεν. [A *al.*] (3)
— 38. σημεῖον ἦν τοῖς υἱ. Ἰσρ. [A *al.*] (1)
— 39. καὶ εἶδον οἱ υἱ. Ἰσρ. [A *al.*] (1)
— 42. ἐπέβλεψαν ἐνώπιον υἱῶν Ἰσρ. [A *al.*] (1)
— 42. ἐκαλαμήσαντο ἐξ αὐτῶν οἱ υἱ. Ἰσρ. [A *al.*] –
— 45. κατέβησαν ὀπίσω αὐτῶν οἱ υἱ. Ἰσρ. [A *al.*] –
— 48. οἱ υἱ. Ἰσρ. ἐπέστρεψαν πρὸς υἱοὺς Βεν. [A *al.*] (1, 3)
21. 1. οἱ υἱ. Ἰσρ. ὤμοσαν [A *al.*] (1)
— 5. εἶπαν οἱ υἱ. Ἰσρ. (3)
— 6. παρεκλήθησαν οἱ υἱ. Ἰσρ. (3)
— 10. δώδεκα χιλιάδας ἀνδρῶν ἀπὸ υἱῶν [A τῶν υἱ.] τῆς δυνάμεως (3)
— 13. ἐλάλησαν πρὸς τοὺς υἱ. Βεν. [A *al.*] (3)
— 14. ἐπέστρεψε Βεν. πρὸς τοὺς υἱ. Ἰσρ. –
— 14. ἔδωκαν αὐτοῖς οἱ υἱ. Ἰσρ. [A *om.* οἱ υἱ. Ἰσρ.] τὰς γυναῖκας –
— 18. ὠμόσαμεν ἐν υἱοῖς [A οἱ υἱ.] Ἰσρ. (3)
— 20. ἐνετείλαντο τοῖς υἱ. Βεν. (3)
— 23. ἐποίησαν οὕτως οἱ υἱ. Βεν. (3)
— 24. περιεπάτησαν ἐκεῖθεν οἱ υἱ. Ἰσρ. (3)
Ru. 1. 1. B αὐτὸς καὶ ἡ γυνὴ αὐ. καὶ οἱ υἱ. [A R δύο υἱ.] αὐ. (3)
— 2. καὶ ὄνομα τοῖς δυσὶν υἱ. αὐ. Μ. καὶ Χ. (3)
— 3. κατελείφθη αὐτὴ καὶ οἱ δύο υἱ. αὐ. (3)
— 5. κατελείφθη ἡ γυνὴ . . . ἀπὸ τῶν δύο υἱ. αὐ. (6 *a*)
— 11. μὴ ἔτι μοι υἱοὶ ἐν τῇ κοιλίᾳ μου (3)
— 12. καὶ τέξομαι υἱούς (3)
4. 13. καὶ ἔτεκεν υἱόν (3)
— 15. ἥ ἐστιν ἀγαθή σοι ὑπὲρ ἑπτὰ υἱούς (3)
— 17. ἐτέχθη υἱὸς τῇ Ν. (3)
1 Ki. 1. 1. A καὶ ὄνομα αὐτῷ Ἐλ. υἱὸς Ἰερ. υἱοῦ Ἠλ. υἱοῦ [B^1 *om.*] Θ. υἱοῦ Σ. [B ἐν νασείβ] (3 *quater*)
— 3. καὶ ἐκεῖ Ἡ. καὶ οἱ [A *om.*] δύο υἱ. αὐ. (3)
— 4. ἔδωκε . . . τοῖς [A πᾶσι τοῖς] υἱ. αὐ. μερίδας (3)
— 20. καὶ ἔτεκεν υἱόν (3)
— 23. ἐθήλασε τὸν υἱ. αὐ. (3)
2. 12. υἱοὶ Ἡ. τοῦ ἱερέως υἱ. λοιμοί (3, 3)
— 21. ἔτεκεν ἔτι τρεῖς υἱούς (3)
— 22. ἃ ἐποίουν οἱ υἱ. αὐ. τοῖς υἱ. Ἰσρ. (3, †)
— 28. τὰ πάντα τοῦ πυρὸς υἱῶν Ἰσρ. (3)
— 29. ἐδόξασας τοὺς υἱ. σου ὑπὲρ ἐμέ (3)
— 34. ὃ ἥξει ἐπὶ τοὺς δύο υἱ. σου τούτους (3)

I Ki. 3. 6. A οὐ κέκληκά σε, υἱέ μου [B om. υἱέ μου] (3)
— 13. ἐν ἀδικίαις υἱῶν αὐτοῦ –
— 13. κακολογοῦντες θεὸν υἱοὶ αὐτοῦ (3)
— 21. καὶ οἱ υἱ. αὐ. πορευόμενοι ἐπορεύοντο –
4. 4. καὶ ἀμφότεροι οἱ [A om.] υἱ. Ἡ. μετὰ τῆς κιβωτοῦ (3)
— 11. B ἀμφότεροι υἱοὶ [AR οἱ υἱ.] Ἡ. ἀπέθανον (3)
— 15. καὶ Ἡ. υἱὸς [A υἱ. ὢν] ἐνενήκοντα ἐτῶν (3)
— 17. ἀμφότεροι οἱ υἱ. σου τεθνήκασι (3)
— 20. υἱὸν τέτοκας (3)
6. 19. οὐκ ἠσμένισαν οἱ [A om.] υἱ. Ἰεχ –
7. 1. τὸν Ἐλ. υἱὸν αὐ. ἡγίασαν (3)
— 4. περιεῖλον οἱ υἱ. Ἰσρ. τὰς B. (3)
— 6. ἐδίκαζε Σαμ. τοὺς υἱ. Ἰσρ. (3)
— 7. συνηθροίσθησαν πάντες οἱ υἱ. Ἰσρ. (3)
— 7. ἀκούουσιν οἱ υἱ. Ἰσρ. (3)
— 8. εἶπαν οἱ υἱ. Ἰσρ. πρὸς Σαμ. (3)
— 14. ἃς ἔλαβον οἱ ἀλλόφυλοι παρὰ τῶν υἱ. Ἰσρ. –
8. 1. κατέστησε τοὺς υἱ. αὐ. δικαστὰς τῷ Ἰσρ. (3)
— 2. ταῦτα τὰ ὀνόματα τῶν υἱ. αὐ. (3)
— 3. οὐκ ἐπορεύθησαν οἱ υἱ. αὐ. ἐν ὁδῷ αὐ. (3)
— 5. οἱ υἱ. σου οὐ πορεύονται ἐν τῇ ὁδῷ σου (3)
— 11. τοὺς υἱ. ὑμῶν λήψεται (3)
9. 1. ἀνὴρ ἐξ υἱῶν Βεν. (3* ? [–])
— 1. ὄνομα αὐτῷ Κεὶς υἱὸς Ἀβ. υἱοῦ Ἀ. υἱοῦ B. υἱοῦ Ἀ. υἱοῦ ἀνδρὸς Ἰεμ. (3 quinquiens)
— 2. καὶ τούτῳ υἱός (3)
— 2. οὐκ ἦν ἐν υἱοῖς Ἰσρ. ἀγαθὸς ὑπὲρ αὐτόν (3)
— 3. εἶπε K. πρὸς Σ. τὸν υἱ. αὐ. (3)
— 21. οὐχὶ ἀνδρὸς υἱὸς Ἰεμ. ἐγώ εἰμι (3)
10. 2. τί ποιήσω ὑπὲρ τοῦ υἱ. μου (3)
— 11. τί τοῦτο τὸ γεγονὸς τῷ υἱ. K. (3)
— 18. εἶπε πρὸς υἱοὺς Ἰσρ. (3)
— 18. ἀνήγαγον τοὺς υἱ. [A τὸν] Ἰσρ. ἐξ Αἰγ. –
— 21. κατακληροῦται Σ. υἱὸς K. (3)
— 26. καὶ ἐπορεύθησαν υἱοὶ δυνάμεων [A -μενοι] –
— 27. καὶ υἱοὶ [A οἱ υἱ.] λοιμοὶ εἶπαν (3)
11. 5. B διηγοῦνται αὐτῷ τὰ ῥήματα τῶν υἱ. [R ἀνδρῶν] Ἰ. [A om. τ. υἱ. Ἰ.] (1)
— 11. ἔτυπτον τοὺς υἱ. Ἀ. –
12. 2. καὶ οἱ υἱ. μου ἰδοὺ ἐν ὑμῖν (3)
— 8. ὡς εἰσῆλθεν Ἰ. καὶ οἱ υἱ. αὐ. εἰς Αἴγ. –
— 12. N. βασιλεὺς υἱῶν Ἀ. ἦλθεν ἐφ' ὑμᾶς (3)
13. 4. B ἀνέβησαν οἱ υἱ. Ἰσρ. ὀπίσω Σ. †
— 16. B Σ. καὶ Ἰων. υἱὸς αὐ. . . . ἐκάθισαν ἐν Γ. (3)
— 22. B εὑρέθη τῷ Σ. καὶ τῷ Ἰων. υἱῷ αὐ. (3)
14. 1. B εἶπεν Ἰων. υἱὸς Σ. τῷ παιδαρίῳ (3)
— 3. B Ἀ. υἱὸς Ἀχ. ἀδελφοῦ Ἰωχ. υἱοῦ Φ. υἱοῦ Λ. (3 ter)
— 39. ἐὰν ἀποκριθῇ κατὰ Ἰων. τοῦ υἱ. μου (3)
— 40. ἐγὼ καὶ Ἰων. ὁ υἱ. μου ἐσόμεθα εἰς δουλείαν (3)
— 41. ἢ ἐν Ἰων. τῷ υἱ. μου ἡ ἀδικία –
— 42. βάλλετε . . . ἀνὰ μέσον Ἰων. τοῦ υἱ. μου (3)
— 42. βάλλουσιν . . . ἀνὰ μέσον Ἰων. τοῦ υἱ. αὐ. –
— 47. εἰς τοὺς υἱ. Ἀ. καὶ εἰς τοὺς υἱ. Ἐ. (3, –)
— 49. B ἦσαν υἱοὶ [AR οἱ υἱ.] Σ. Ἰων. καὶ Ἰ. καὶ M. (3)
— 50. Ἀβ. υἱὸς N. υἱοῦ οἰκείου Σ. (3, †)
— 51. Νὴρ πατὴρ Ἀβ. υἱὸς Ἰ. υἱοῦ Ἀ. (–, 3)
— 52. ἰδὼν Σ. . . . πάντα ἄνδρα υἱὸν δυνάμεως (3)
15. 6. ἐποίησας ἔλεος μετὰ τῶν [A πάντων τ.] υἱ. Ἰσρ. (3)
16. 1. ἑώρακα ἐν τοῖς υἱ. αὐ. ἐμοὶ βασιλεύειν (3)
— 5. ἡγίασε τὸν Ἰ. καὶ τοὺς υἱ. αὐ. (3)
— 10. παρήγαγεν Ἰ. τοὺς ἑπτὰ υἱ. αὐ. ἐνώπιον Σαμ. (3)
— 18. ἑώρακα υἱὸν τῷ Ἰ. Βηθλ. (3)
— 19. ἀπόστειλον πρὸς μὲ τὸν υἱ. σου Δ. (3)
— 20. ἐξαπέστειλεν ἐν χειρὶ Δ. τοῦ υἱ. αὐ. (3)
17. 12. A εἶπεν Δ. υἱὸς Ἐφραθαίου (3)
— 12. A καὶ αὐτῷ ὀκτὼ υἱοί (3)
— 13. A ἐπορεύθησαν οἱ τρεῖς υἱ. Ἰ. (3)
— 13. A καὶ ὄνομα τῶν υἱ. αὐ. τῶν πορευθέντων (3)
— 55, 56. A υἱὸς τίνος ὁ νεανίσκος οὗτος (3)
— 58. A υἱὸς τίνος εἶ (3)
— 58. A υἱὸς δούλου σου Ἰ. τοῦ Βηθλ. (3)
18. 17. A γίνου μοι εἰς υἱὸν δυνάμεως (3)
19. 1. ἐλάλησε Σ. πρὸς Ἰ. τὸν υἱ. αὐ. (3)
— 2 (1). B Ἰ. υἱὸς [AR ὁ υἱ.] Σ. ᾑρεῖτο τὸν Δ. σφόδρα (3)
20. 27. εἶπε Σ. πρὸς Ἰων. τὸν υἱ. αὐ. (3)
— 27. τί ὅτι οὐ παραγέγονεν ὁ [A om.] υἱ. Ἰ. (3)
— 30. υἱὲ κορασίων αὐτομολούντων (3)
— 30. μέτοχος εἶ σὺ τῷ υἱ. Ἰ. (3)
— 31. ἃς ὁ υἱ. Ἰ. ζῇ ἐπὶ τῆς γῆς (3)

I Ki. 20. 31. υἱὸς θανάτου οὗτος (3)
22. 7. ἀκούσατε δή, υἱοὶ Βεν. (3)
— 7. εἰ ἀληθῶς πᾶσιν ὑμῖν δώσει ὁ υἱ. Ἰ. ἀγρούς (3)
— 8. ἐν τῷ διαθέσθαι τὸν υἱ. μου διαθήκην μετὰ τοῦ [A μετ' αὐτοῦ] υἱ. Ἰ. (3, 3)
— 8. ἐπήγειρεν ὁ [A om.] υἱ. μου τὸν δοῦλόν μου (3)
— 9. ἑώρακα τὸν υἱ. Ἰ. παραγινόμενον εἰς N. πρὸς Ἀβ. υἱὸν Ἀχ. (3, 3)
— 11. καλέσαι τὸν Ἀβ. υἱὸν Ἀχ. καὶ πάντας τοὺς υἱ. τοῦ πατρὸς αὐ. (3, 2)
— 12. ἄκουε δή, υἱὲ Ἀχ. (3)
— 13. ἵνα τί συνέθου κατ' ἐμοῦ σὺ καὶ ὁ υἱ. Ἰ. (3)
— 20. διασώζεται υἱὸς εἷς τῷ Ἀβ. υἱῷ Ἀχ. (3, 3)
23. 6. ἐν τῷ φυγεῖν Ἀβ. υἱὸν Ἀχ. πρὸς Δ. (3)
— 16. ἀνέστη Ἰων. υἱὸς Σ. (3)
25. 8. δὸς δὴ ὃ ἐὰν εὕρῃ ἡ χείρ σου τῷ υἱ. σου (3)
— 10. καὶ τίς ὁ [A om.] υἱ. Ἰ. (3)
— 17. καὶ οὗτος υἱὸς λοιμός (3)
— 44. ἔδωκε M. τὴν θυγ. αὐ. . . . τῷ Φ. υἱῷ Ἀ. (3)
26. 5. καὶ ἐκεῖ Ἀβ. υἱὸς Νὴρ (3)
— 6. εἶπε . . . πρὸς Ἀβ. υἱὸν Σαρ. (3)
— 16. υἱοὶ θανατώσεως ὑμεῖς (3)
— 19. καὶ εἰ υἱοὶ ἀνθρώπων (3)
27. 2. ἀνέστη Δ. . . . πρὸς Ἀ. υἱὸν Ἀ. (3)
28. 19. σὺ καὶ οἱ υἱ. σου μετὰ σοῦ πεσοῦνται (3)
30. 3. οἱ υἱ. αὐ. καὶ αἱ θυγ. αὐ. ᾐχμαλωτευμένοι (3)
— 6. κατώδυνος ψυχὴ παντὸς τοῦ λαοῦ ἑκάστου ἐπὶ τοὺς υἱ. αὐ. (3)
— 7. εἶπε Δ. πρὸς Ἀβ. τὸν ἱ. υἱὸν Ἀχ. (3)
— 19. καὶ ἕως υἱῶν καὶ θυγατέρων (3)
31. 2. συνάπτουσιν ἀλλόφυλοι τῷ Σ. καὶ τοῖς υἱ. αὐ. (3)
— 2. τύπτουσιν ἀλλόφυλοι . . . τὸν M. υἱὸν [A υἱοὺς] Σ. (3)
— 6. ἀπέθανε Σ. καὶ οἱ τρεῖς υἱ. αὐ. (3)
— 7. τέθνηκε Σ. καὶ οἱ υἱ. αὐ. (3)
— 8. B εὑρίσκουσι Σ. καὶ τοὺς τρεῖς υἱ. (3)
— 12. ἔλαβον . . . τὸ σῶμα Ἰων. τοῦ υἱ. αὐ. (3)
II Ki. 1. 4. Ἰων. ὁ υἱ. αὐ. ἀπέθανεν (3)
— 5. τέθνηκε Σ. καὶ Ἰων. ὁ υἱ. αὐ. (3)
— 12. ἐνήστευσαν . . . ἐπὶ Ἰων. τὸν υἱ. αὐ. (3)
— 13. υἱὸς ἀνδρὸς παροίκου Ἀμ. ἐγώ εἰμι (3)
— 17. ἐπὶ Σ. καὶ ἐπὶ Ἰων. τὸν υἱ. αὐ. (3)
— 18. τοῦ διδάξαι τοὺς υἱ. Ἰ. [A Ἰσρ. τόξον] (3)
2. 5. R καὶ Ἰων. τὸν υἱ. αὐ. –
— 7. AR γίνεσθε εἰς υἱ. δυνατούς (3)
— 8. Ἀβ. υἱὸς Νὴρ . . . ἔλαβε τὸν Ἰ. υἱὸν Σ. (3, 3)
— 10. τεσσαράκοντα ἐτῶν Ἰ. υἱὸς Σ. (3)
— 12. A ἐξῆλθεν Ἀβ. υἱὸς Νὴρ καὶ οἱ παῖδες Ἰ. υἱοῦ Σ. (3, 3)
— 13. A Ἰ. υἱὸς Σ. καὶ οἱ παῖδες Δ. ἐξῆλθον (3)
— 15. δώδεκα τῶν Ἰεβοσθὲ υἱοῦ Σ. (3)
— 18. ἐγένοντο ἐκεῖ τρεῖς υἱ. Σαρ. (3)
— 25. συναθροίζονται υἱοὶ Βεν. (3)
— 31. ἐπάταξαν τῶν υἱ. Βεν. . . . τριακοσίους ἑξήκοντα ἄνδρας –
3. 2. ἐτέχθησαν τῷ Δ. υἱοί (3)
— 3. ὁ τρίτος Ἀβ. υἱὸς M. θυγατρὸς Θ. (3)
— 4. καὶ ὁ τέταρτος Ὀ. υἱὸς Φ. (3)
— 7. εἶπε M. υἱὸς Σ. πρὸς Ἀβ. –
— 14. ἐξαπέστειλε Δ. πρὸς M. υἱὸν Σ. ἀγγέλους (3)
— 15. παρὰ τοῦ ἀνδρὸς αὐ. παρὰ Φ. υἱοῦ Σ. (3)
— 23. ἥκει Ἀβ. υἱὸς Νὴρ πρὸς Δ. (3)
— 25. ἢ οὐκ οἶδας τὴν κακίαν Ἀβ. υἱοῦ Νὴρ (3)
— 28. ἀπὸ τῶν αἱμάτων Ἀβ. υἱοῦ Νὴρ (3)
— 34. ἐνώπιον υἱῶν ἀδικίας ἔπεσας (3)
— 37. θανατῶσαι τὸν Ἀβ. υἱὸν Νὴρ (3)
— 39. οἱ δὲ ἄνδρες οὗτοι υἱ. Σ. (3)
4. 1. ἤκουσε M. υἱὸς Σ. (3)
— 1. R τέθνηκεν Ἀβ. υἱὸς Νὴρ [AB om. υἱ. N.] –
— 2. ἡγούμενοι συστρεμμάτων τῷ M. υἱῷ Σ. (3)
— 2. υἱοὶ Ῥ. τοῦ B. ἐκ τῶν υἱ. Βεν. (3, 3)
— 2. B B. ἐλογίζετο τοῖς υἱ. Βεν. –
— 4. τῷ Ἰων. υἱῷ Σ. υἱὸς πεπληγὼς τοὺς πόδας υἱὸς ἐτῶν πέντε (3 ter)
— 4. ἐν τῷ ἐλθεῖν τὴν ἀγγελίαν Σ. καὶ Ἰ. τοῦ υἱ. αὐ. –
— 5. ἐπορεύθησαν υἱοὶ [A οἱ υἱ.] Ῥ. (3)
— 8. ἰδοὺ ἡ κεφαλὴ M. υἱοῦ Σ. (3)
— 9. ἀπεκρίθη Δ. τῷ Ῥ. καὶ τῷ B. ἀδ. αὐ. υἱοῖς Ῥ. (3)
— 12. ἐν τῷ τάφῳ Ἀβ. υἱοῦ Νὴρ –
5. 4. υἱὸς τριάκοντα ἐτῶν Δ. (3)
— 13. ἐγένοντο τῷ Δ. ἔτι υἱοί (3)
6. 3. καὶ οἱ ἀδ. αὐ. υἱοὶ Ἀμ. (3)

II Ki. 6. 5. Δ. καὶ οἱ υἱ. Ἰσρ. παίζοντες (2)
7. 6. ἀνήγαγον τοὺς υἱ. Ἰσρ. ἐξ Αἰγ. (3)
— 10. οὐ προσθήσει υἱὸς ἀδικίας (3)
— 14. αὐτὸς ἔσται μοι εἰς υἱόν (3)
— 14. ἐλέγξω αὐτὸν . . . ἐν ἁφαῖς υἱῶν ἀνθρώπων (3)
8. 3. ἐπάταξε Δ. τὸν Ἀδρ. υἱὸν Ῥ. (3)
— 7. ἐν ἡμέραις Ἰερ. υἱοῦ Σολ. –
— 10. ἀπέστειλε Θ. Ἰεδδ. τὸν υἱ. αὐ. (3)
— 12. ἐκ γῆς M. καὶ ἐκ τῶν υἱ. Ἀ. (3)
— 12. καὶ ἐκ τῶν σκύλων Ἀδρ. υἱοῦ Ῥ. (3)
— 16. Ἰ. υἱὸς Σαρ. ἐπὶ τῆς στρατιᾶς (3)
— 16. Ἰωσ. υἱὸς Ἀχ. ἐπὶ τῶν ὑπομνημάτων (3)
— 16 (17). καὶ Σ. υἱὸς Ἀχ. καὶ Ἀχ. υἱὸς Ἀβ. ἱερεῖς (3, 3)
— 18. καὶ B. υἱὸς Ἰ. σύμβουλος (3)
— 18. υἱοὶ Δ. αὐλάρχαι ἦσαν (3)
9. 3. ἔτι ἔστιν υἱὸς τῷ Ἰων. (3)
— 4. ἐν οἴκῳ M. υἱοῦ Ἀμ. (3)
— 5. ἐκ τοῦ οἴκου M. υἱοῦ Ἀμ. (3)
— 6. παραγίνεται M. υἱὸς Ἰων. υἱοῦ Σ. (3, 3)
— 9. πάντα . . . δέδωκα τῷ υἱ. τοῦ κυρίου σου [A al.] (3)
— 10. σὺ καὶ οἱ υἱ. σου καὶ οἱ δοῦλοί σου (3)
— 10. εἰσοίσεις τῷ υἱ. τοῦ κυρίου σου ἄρτους (3)
— 10. M. υἱὸς τοῦ κυρίου σου φάγεται . . . ἄρτον (3)
— 10. τῷ Σ. ἦσαν πέντε καὶ δέκα υἱοί (3)
— 11. καθὼς εἷς τῶν υἱ. αὐ. τοῦ βασ. (3)
— 12. τῷ M. υἱὸς μικρός (3)
10. 1. ἀπέθανε βασιλεὺς υἱῶν Ἀ. (3)
— 1. ἐβασίλευσεν Ἀ. υἱὸς αὐ. (3)
— 2. ποιήσω ἔλεος μετὰ Ἀ. υἱοῦ N. (3)
— 2. εἰς τὴν γῆν υἱῶν Ἀ. (3)
— 3. εἶπον οἱ ἄρχοντες υἱῶν Ἀ. (3)
— 6. εἶδαν οἱ υἱ. Ἀ. (3)
— 6. ἀπέστειλαν οἱ υἱ. Ἀ. (3)
— 8. ἐξῆλθον οἱ υἱ. Ἀ. (3)
— 10. παρετάξαντο ἐξ ἐναντίας υἱῶν Ἀ. (3)
— 11. ἐὰν κραταιωθῶσιν υἱοὶ [A οἱ υἱ.] Ἀ. ὑπὲρ σέ (3)
— 14. οἱ υἱ. Ἀ. εἶδαν (3)
— 14. ἀνέστρεψαν Ἰ. ἀπὸ τῶν υἱ. Ἀ. (3)
— 19. τοῦ σῶσαι ἔτι τοὺς υἱ. Ἀ. (3)
11. 1. διέφθειραν τοὺς υἱ. Ἀ. (3)
— 21. τίς ἐπάταξε τὸν Ἀβ. υἱὸν Ἰερ. υἱοῦ Νὴρ (3, –)
— 22. τίς ἐπάταξε τὸν Ἀβ. υἱὸν Ἰερ. –
— 27. ἔτεκεν αὐτῷ υἱόν (3)
12. 3. ἡδρύνθη . . . μετὰ τῶν υἱ. αὐ. (3)
— 5. υἱὸς θανάτου ὁ ἀνὴρ ὁ ποιήσας τοῦτο (3)
— 9. ἐν ῥομφαίᾳ υἱῶν Ἀ. (3)
— 14. ὁ υἱ. σου ὁ τεχθείς σοι θανάτῳ ἀποθανεῖται (3)
— 24. καὶ ἔτεκεν υἱόν (3)
— 26. ἐπολέμησεν Ἰ. ἐν Ῥ. υἱῶν Ἀ. (3)
— 31. οὕτως ἐποίησε πάσαις ταῖς πόλεσιν υἱῶν Ἀ. (3)
13. 1. ἐγενήθη . . . τῷ Ἀβ. υἱῷ Δ. ἀδελφή (3)
— 1. ἠγάπησεν αὐτὴν Ἀ. υἱὸς Δ. (3)
— 3. Ἰων. υἱὸς Σ. τοῦ ἀδελφοῦ Δ. (3)
— 4. σὺ οὕτως ἀσθενής, υἱὲ τοῦ βασ. (3)
— 21. οὐκ ἐλύπησε τὸ πνεῦμα Ἀ. τοῦ υἱ. αὐ. –
— 23. ἐκάλεσεν Ἀβ. πάντας τοὺς υἱ. τοῦ βασ. (3)
— 25. μὴ δή, υἱέ μου (3)
— 27. ἀπέστειλε μετ' αὐτοῦ . . . πάντας τοὺς υἱ. τοῦ βασ. (3)
— 28. γίνεσθε εἰς υἱοὺς δυνάμεως (3)
— 29. ἀνέστησαν πάντες οἱ υἱ. τοῦ βασ. (3)
— 30. ἐπάταξεν Ἀβ. πάντας τοὺς υἱ. τοῦ βασ. (3)
— 32. ἀπεκρίθη Ἰων. υἱὸς Σ. (3)
— 32. πάντα τὰ παιδάρια τοὺς υἱ. τοῦ βασ. ἐθανάτωσεν (3)
— 33. πάντες οἱ υἱ. τοῦ βασ. ἀπέθανον (3)
— 35. οἱ υἱ. τοῦ βασ. πάρεισι (3)
— 36. οἱ υἱ. τοῦ βασ. ἦλθαν (3)
— 37. ἐπορεύθη πρὸς Θ. υἱὸν Ἐ. (3)
— 37. ἐπένθησεν ὁ βασ. Δ. ἐπὶ τὸν υἱ. αὐ. (3)
14. 1. ἔγνω Ἰ. υἱὸς Σαρ. (3)
— 6. τῇ δούλῃ σου δύο υἱοί (3)
— 11. οὐ μὴ ἐξάρωσι τὸν υἱ. μου (3)
— 11. εἰ πεσεῖται ἀπὸ τῆς τριχὸς τοῦ υἱ. σου (3)
— 16. τοῦ ζητοῦντος ἐξᾶραί με καὶ τὸν υἱ. μου (3)
— 27. ἐτέχθησαν τῷ Ἀβ. τρεῖς υἱοί (3)
— 27. γίνεται γυνὴ τῷ Ῥ. υἱῷ Σαλ. –
15. 27. Ἀχ. ὁ υἱ. σου καὶ Ἰων. ὁ υἱ. Ἀβ. οἱ δύο υἱ. ὑμῶν μεθ' ὑμῶν (3 ter)

II Ki. 15. 36. ἐκεῖ μετ' αὐτῶν δύο υἱοὶ αὐ. 'Αχ. υἱὸς τῷ Σ. καὶ 'Ιων. υἱὸς τῷ 'Αβ. (3, –, –)
16. 3. καὶ ποῦ ὁ υἱ. τοῦ κυρίου σου (3)
— 5. καὶ ὄνομα αὐτῷ Σ. υἱὸς Γ. (3)
— 8. ἐν χειρὶ 'Αβ. τοῦ υἱ. σου (3)
— 9. εἶπεν 'Αβ. υἱὸς Σαρ. (3)
— 10. τί ἐμοὶ καὶ ὑμῖν, υἱοὶ Σαρ. (3)
— 11. ὁ υἱ. μου . . . ζητεῖ τὴν ψυχήν μου καὶ προσέτι νῦν ὁ υἱ. τοῦ 'Ιεμ. (3, 3)
— 17. οὐχὶ ἐνώπιον τοῦ υἱ. αὐ. (3)
17. 10. καί γε αὐτὸς υἱὸς δυνάμεως (3)
— 10. καὶ υἱοὶ [A οἱ υἱ.] δυνάμεως οἱ μετ' αὐτοῦ (3)
— 25. καὶ 'Αμ. υἱὸς ἀνδρός (3)
— 27. Οὐ. υἱὸς Ν. ἐκ 'Ρ. υἱῶν [A -ὸς] 'Α. καὶ Μ. υἱὸς 'Αμ. ἐκ Λ. (3 *ter*)
18. 2. ἐν χειρὶ 'Αβ. υἱοῦ Σαρ. (3)
— 12. οὐ μὴ ἐπιβάλω τὴν χεῖρά μου ἐπὶ τὸν υἱ. τοῦ βασ. (3)
— 18. οὐκ ἔστιν αὐτῷ υἱός (3)
— 19. 'Αχ. υἱὸς Σ. εἶπεν (3)
— 20. ὁ υἱ. τοῦ βασ. ἀπέθανε (3)
— 22. προσέθετο ἔτι 'Αχ. υἱὸς Σ. (3)
— 22. ἵνα τί τοῦτο τρέχεις, υἱέ μου (3)
— 27. ὡς δρόμον 'Αχ. υἱοῦ Σ. (3)
— 33 (19. 1). R υἱέ μου 'Αβ. υἱέ μου υἱέ μου 'Αβ. [A B *al.*] (3 *ter*)
— 33 (19. 1). 'Αβ. υἱέ μου υἱέ μου (3, 3)
19. 2 (3). λυπεῖται ὁ βασ. ἐπὶ τῷ υἱ. αὐ. (3)
— 4 (5). A υἱέ μου 'Αβ. υἱέ μου υἱέ μου [B *om.* υἱ. μ.] (3 *ter*)
— 5 (6). τῶν ἐξαιρουμένων . . . τὴν ψυχὴν τῶν υἱ. σου (3)
— 16 (17). ἐτάχυνε Σ. υἱὸς Γ. υἱοῦ τοῦ 'Ιεμ. (3, 3)
— 17 (18). καὶ δέκα πέντε υἱοὶ αὐ. μετ' αὐτοῦ (3)
— 18 (19). Σ. υἱὸς Γ. ἔπεσεν ἐπὶ πρόσωπον αὐ. (3)
— 21 (22). ἀπεκρίθη 'Αβ. υἱὸς Σαρ. (3)
— 22 (23). τί ἐμοὶ καὶ ὑμῖν, υἱοὶ Σαρ. (3)
— 24 (25). Μ. υἱὸς υἱοῦ [A *om.*] Σαοὺλ κατέβη (3, –)
— 32 (33). υἱὸς ὀγδοήκοντα ἐτῶν (3)
— 35 (36). υἱὸς ὀγδοήκοντα ἐτῶν ἐγώ εἰμι σήμερον (3)
20. 1. ἐκεῖ ἐπικαλούμενος υἱὸς παράνομος καὶ ὄνομα αὐτῷ Σ. υἱὸς Β. (1, 3)
— 1. οὐκ ἔστιν . . . κληρονομία ἡμῖν ἐν τῷ υἱ. 'Ι. (3)
— 2. ἀνέβη . . . ὀπίσω Σ. υἱοῦ Β. (3)
— 6. νῦν κακοποιήσει ἡμᾶς Σ. υἱὸς Β. (3)
— 7. διῶξαι ὀπίσω Σ. υἱοῦ Β. (3)
— 10. ἐδίωξεν ὀπίσω Σ. υἱοῦ Β. (3)
— 13. τοῦ διῶξαι ὀπίσω Σ. υἱοῦ Β. (3)
— 21. Σ. υἱὸς Β. ὄνομα αὐτοῦ (3)
— 22. ἀφεῖλε τὴν κεφαλὴν Σ. υἱοῦ Β. (3)
— 23. Βαν. υἱὸς 'Αχ. ἐπὶ τοῦ Χ. (3)
— 24. καὶ 'Ιωσ. υἱὸς 'Αχ. ἀναμιμνήσκων (3)
21. 2. οἱ Γαβ. οὐχ υἱοὶ 'Ισρ. εἰσιν (3)
— 2. οἱ υἱ. 'Ισρ. ὤμοσαν αὐτοῖς (3)
— 2. ἐν τῷ ζηλῶσαι αὐτὸν τοὺς υἱ. 'Ισρ. (3)
— 6. ἑπτὰ ἄνδρας ἐκ τῶν υἱ. αὐ. (3)
— 7. ἐπὶ Μεμφ. υἱὸν 'Ιων. υἱοῦ [A -ὸν] Σ. (3, 3)
— 7. καὶ ἀνὰ μέσον 'Ιων. υἱοῦ Σ. (3)
— 8. ἔλαβεν ὁ βασ. τοὺς δύο υἱ. 'Ρ. . . . καὶ τοὺς πέντε υἱ. Μ. (3, 3)
— 8. οὓς ἔτεκε τῷ 'Ε. υἱῷ Β. (3)
— 11. κατέλαβεν αὐτοὺς Δὰν υἱὸς 'Ι. –
— 12. καὶ τὰ ὀστᾶ 'Ιων. τοῦ υἱ. αὐ. (3)
— 12. παρὰ τῶν ἀνδρῶν υἱῶν 'Ι. Γ. –
— 13, 14. καὶ τὰ ὀστᾶ 'Ιων. τοῦ υἱ. αὐ. (3)
— 17. ἐβοήθησεν αὐτῷ 'Αβ. υἱὸς Σαρ. (3)
— 19. ἐπάταξεν 'Ελ. υἱὸς 'Αρ. . . . τὸν Γοδ. (3)
— 21. ἐπάταξεν αὐτὸν 'Ιων. υἱὸς Σ. (3)
22. 45. υἱ. ἀλλότριοι ἐψεύσαντό μοι (3)
— 46. υἱ. ἀλλότριοι ἀπορριφήσονται (3)
23. 1. πιστὸς Δ. υἱὸς 'Ι. (3)
— 9. 'Ελ. υἱὸς πατραδέλφου αὐ. υἱὸς Σ. (3, 3)
— 11. μετ' αὐτὸν Σ. υἱὸς "Α. (3)
— 18. 'Αβ. ἀδελφὸς 'Ι. υἱὸς Σαρ. (3)
— 20. καὶ Βαν. υἱὸς 'Ι. (3)
— 20. B ἐπάταξε τοὺς δύο υἱ. 'Αρ. –
— 22. ταῦτα ἐποίησε Βαν. υἱὸς 'Ι. (3)
— 24. 'Ελ. υἱὸς Δ. (3)
— 26. "Ιρας υἱὸς "Ισκα (3)
— 27. 'Αβ. . . . ἐκ τῶν υἱ. τοῦ 'Ανωθ. †
— 29. 'Εσθ. υἱὸς 'Ρ. ἐκ Γ. υἱὸς Βεν. [A *al.*] (3, 3)
— 32. υἱοὶ 'Α. 'Ιων. (3)

II Ki. 23. 33. 'Αμνὰν υἱὸς 'Α. (3)
— 34. 'Αλ. υἱὸς τοῦ 'Ασβ. υἱὸς τοῦ Μαχ. (3, 3)
— 34. 'Ελ. υἱὸς 'Αχ. (3)
— 36 (35). Γ. υἱὸς Ναθὰν . . . υἱὸς Γαλ. (3, †)
— 31. B Γ. υἱὸς τοῦ 'Αραβωθαίου [A *al.*] –
— 37 (36). Γ. ὁ Βηθ. αἴρων τὰ σκ. 'Ι. υἱὸς [A -οῦ] Σαρ. (3)
III Ki. 1. 5. 'Αδ. υἱὸς 'Α. ἐπῄρετο (3)
— 7. ἐγένοντο οἱ λόγοι αὐ. μετὰ 'Ι. τοῦ υἱ. Σαρ. (3)
— 8. Β. υἱὸς 'Ι. . . . καὶ υἱ. δυνατοὶ τοῦ Δ. (3, –)
— 9. A ἐκάλεσε πάντας τοὺς ἀδ. αὐ. τοὺς υἱ. τοῦ βασ. [B *al.*] (3)
— 11. ἐβασίλευσεν 'Αδ. υἱὸς 'Α. (3)
— 12. καὶ τὴν ψυχὴν τοῦ υἱοῦ σου Σαλ. (3)
— 13, 17. ὁ υἱ. σου Σαλ. βασιλεύσει μετ' ἐμέ (3)
— 19. ἐκάλεσε πάντας τοὺς υἱ. τοῦ βασ. (3)
— 21. ἔσομαι ἐγὼ καὶ Σαλ. ὁ υἱ. μου ἁμαρτωλοί (3)
— 25. ἐκάλεσε πάντας τοὺς υἱ. τοῦ βασ. (3)
— 26. Βαν. υἱὸν 'Ι. . . . οὐκ ἐκάλεσεν (3)
— 30. Σαλ. ὁ υἱ. σου βασιλεύσει μετ' ἐμέ (3)
— 32. καλέσατέ μοι . . . Βαν. υἱὸν 'Ι. (3)
— 33. ἐπιβιβάσατε τὸν υἱ. μου Σαλ. ἐπὶ τὴν ἡμίονον (3)
— 36. ἀπεκρίθη Βαν. υἱὸς 'Ι. τῷ βασ. (3)
— 38. κατέβη . . . Βαν. υἱὸς 'Ι. (3)
— 42. 'Ιων. υἱὸς 'Αβ. τοῦ ἱερέως εἰσῆλθε (3)
— 44. ἀπέστειλε . . . Βαν. υἱὸν 'Ι. (3)
— 47. A ἀγαθύναι ὁ θ. τὸ ὄν. Σαλ. τοῦ υἱ. σου [B *om.* τ. υἱ. σου] –
— 52. ἐὰν γένηται εἰς υἱὸν δυνάμεως (3)
2. 1. ἀπεκρίνατο Σαλ. υἱῷ αὐ. (3)
— 4. ἐὰν φυλάξωσιν οἱ υἱ. σου τὴν ὁδὸν αὐ. (3)
— 5. ὅσα ἐποίησέ μοι 'Ι. υἱὸς Σαρ. (3)
— 5. ὅσα ἐποίησε . . . τῷ 'Αβ. υἱῷ Νὴρ καὶ τῷ 'Αμ. υἱῷ 'Ι. (3, 3)
— 7. τοῖς υἱ. Β. τοῦ Γ. ποιήσεις ἔλεος (3)
— 8. μετὰ σοῦ Σ. υἱὸς Γ. υἱὸς τοῦ 'Ιεμ. (3, 3)
— 13. A R εἰσῆλθεν 'Αδ. υἱὸς 'Α. [B *om.* υἱ. 'Α.] (3)
— 22. καὶ αὐτῷ 'Ι. ὁ υἱ. Σαρ. . . . ἑταῖρος (3)
— 25. ἐν χειρὶ Βαν. υἱοῦ 'Ι. (3)
— 28. ἡ ἀκοὴ ἦλθεν ἕως 'Ι. τοῦ υἱ. Σαρ. [A *om.* τ. υἱ. Σ.] –
— 29. ἀπέστειλε Σαλ. τὸν Βαν. υἱὸν 'Ι. (3)
— 30. ἦλθε Βαν. υἱὸς 'Ι. . . . εἰς τὴν σκηνὴν τοῦ κ. –
— 30. ἀπέστρεψε Βαν. υἱὸς 'Ι. –
— 32. τὸν 'Αβ. υἱὸν Νήρ (3)
— 32. R καὶ τὸν 'Αμ. υἱὸν [B τὸν] 'Ι. (3)
— 34. R καὶ ἀνέβη Β. υἱὸς [A καὶ] 'Ι. (3)
— 35. ἔδωκεν ὁ βασ. τὸν Βαν. υἱὸν 'Ι. ἀντ' αὐτοῦ (3)
3. 1. R Σαλ. υἱὸς Δ. ἐβασίλευσεν ἐπὶ 'Ισρ. –
— 1 (4. 30 [5. 10]). ἐπληθύνθη ἡ φρόνησις Σαλ. πάντων ἀρχαίων υἱ. (3)
— 1 (2. 8). μετὰ σοῦ Σ. υἱὸς Γ. υἱὸς τοῦ σπέρματος τοῦ 'Ιεμ. (3, 3)
— 1 (2. 39). ἀπέδρασαν δύο δοῦλοι τοῦ Σ. πρὸς 'Α. υἱὸν Μ. (3)
— 1 (2. 46). ἐνετείλατο ὁ βασ. Σ. τῷ Β. υἱῷ [A τῷ] 'Ι. (3)
— 1. B 'Αζ. υἱὸς Σ. τοῦ ἱερέως καὶ 'Ορν. υἱὸς Ν. –
— 1. B καὶ Β. υἱὸς 'Αχ. ἀναμιμνήσκων –
— 1. B καὶ 'Α. υἱὸς 'Ι. ἀρχιστράτηγος –
— 1. B καὶ 'Αχ. υἱὸς 'Εδρ. ἐπὶ τὰς ἄρσεις –
— 1. B καὶ Βαν. υἱὸς 'Ι. ἐπὶ τῆς αὐλαρχίας –
— 1. B καὶ Κ. υἱὸς Ν. ὁ σύμβουλος –
— 1. B Σ. υἱὸς Δ. ἐβασίλευσεν ἐπὶ 'Ισρ. –
— 6. δοῦναι τὸν υἱ. αὐ. ἐπὶ τοῦ θρόνου αὐ. (3)
— 19. ἀπέθανεν ὁ υἱ. τῆς γυν. [A *om.* τ. γ.] ταύτης (3)
— 20. ἔλαβε τὸν υἱ. μου (3)
— 20. τὸν υἱ. αὐ. τὸν τεθνηκότα ἐκοίμισεν (3)
— 21. θηλάσαι τὸν υἱ. μου (3)
— 21. οὐκ ἦν ὁ υἱ. μου (3)
— 22. A ὁ υἱ. σοῦ ἐστιν ὁ νεκρὸς υἱὸς δὲ ἐμὸς ὁ ζῶν (3, 3)
— 22. ὁ υἱ. μου ὁ ζῶν ὁ δὲ υἱ. σου ὁ τεθνηκώς (3, 3)
— 23. οὗτος ὁ υἱός μου ὁ ζῶν καὶ ὁ υἱ. ταύτης ὁ τεθνηκώς (3, 3)
— 23. ὁ υἱός μου ὁ ζῶν καὶ ὁ υἱ. σου ὁ τεθνηκώς [A *al.*] (3, 3)
— 26. ἧς ἦν ὁ υἱ. ὁ ζῶν (3)
— 26. ἐταράχθη ἡ μήτρα αὐ. ἐπὶ τῷ υἱ. αὐ. (3)
4. 2. 'Αζ. υἱὸς Σαδώκ (3)
— 3. 'Αχ. υἱὸς Σ. (3)

III Ki. 4. 3. 'Ιωσ. υἱὸς 'Αχ. ἀναμιμνήσκων (3)
— 4. A Βαν. υἱὸς 'Ι. ἐπὶ τῆς στρατιᾶς [R δυνάμεως] (3)
— 5. 'Ορν. υἱὸς Ν. ἐπὶ τῶν καθεσταμ. (3)
— 5. Ζ. υἱὸς Ν. ἑταῖρος τοῦ βασ. (3)
— 6. 'Ελ. υἱὸς Σὰφ ἐπὶ τῆς πατριᾶς –
— 6. 'Αδ. υἱὸς 'Α. ἐπὶ τῶν φόρων (3)
— 8. A R B. υἱὸς "Ωρ ἐν ὄρει 'Εφρ. [B *al.*] (3)
— 9. υἱὸς Δ. ἐν Μαχ. (3)
— 10. υἱὸς 'Εσ. (3)
— 10. A πᾶσα ἡ γῆ υἱοῦ 'Αβ. [B *al.*] –
— 12. Β. υἱὸς 'Αχ. (3)
— 13. υἱὸς Γ. ἐν 'Ρ. (3)
— 13. A ὁ Αὐ. 'Ιαρ. υἱοῦ Μαν. [B *al.*] (3)
— 14. 'Αχ. υἱὸς 'Α. (3)
— 16. Β. υἱὸς Χ. ἐν 'Α. (3)
— 18. B υἱὸς [A R Σ. υἱ.] 'Η. ἐν τῷ Βεν. (3)
— 19. B υἱὸς [A R Γ. υἱ.] 'Α. ἐν τῇ γῇ Γ. (3)
— 17. 'Ιωσ. υἱὸς Φ. ἐν 'Ισσ. (3)
— 31 (5. 11). B καὶ Δ. υἱὸς [A R -οὺς] Μ. (3)
5. 5 (19). ὁ υἱ. σου ὃν δώσω ἀντὶ σοῦ (3)
— 7 (21). ὃς ἔδωκε τῷ Δ. υἱ. φρόνιμον (3)
6. 1. ἐν τῷ τεσσαρακοστῷ . . . ἔτει τῆς ἐξόδου υἱῶν [A τῶν υἱ.] 'Ισρ. (3)
— 1 (5. 18 [32]). ἐπελέκησαν οἱ υἱ. Σαλ. καὶ οἱ υἱ. Χ. (3, 3)
— 13. A κατασκηνώσω ἐν μέσῳ υἱῶν 'Ισρ. (3)
7. 14. ἔλαβε τὸν Χ. . . . υἱὸν [A -οῦ] γυναικὸς χήρας (3)
8. 1. A τῶν πατέρων τῶν υἱ. 'Ισρ. [B *al.*] (3)
— 9. ἃ διέθετο κ. μετὰ τῶν [A *om.*] υἱ. 'Ισρ. (3)
— 19. ὁ υἱ. σου ὁ ἐξελθὼν ἐκ τῶν πλευρῶν σου (3)
— 39. οἶδας τὴν καρδίαν πάντων υἱ. ἀνθρώπων (3)
— 62. πάντες οἱ υἱ. 'Ισρ. ἔθυσαν θυσίαν –
— 63. ὁ βασ. καὶ πάντες οἱ υἱ. 'Ισρ. (3)
10. 22 (9. 20). τῶν μὴ ἐκ τῶν υἱ. 'Ισρ. ὄντων (3)
— 22 (9. 21). οὓς οὐκ ἐδύναντο οἱ υἱ. 'Ισρ. ἐξολεθρεῦσαι αὐτούς (3)
— 22 (9. 22). ἐκ τῶν υἱ. 'Ισρ. οὐκ ἔδωκε Σ. (3)
11. 2. ὧν ἀπεῖπε κύριος τοῖς υἱ. 'Ισρ. (3)
— 5. A ὀπίσω τῶν βασ. αὐ. εἰδώλου υἱῶν 'Α. (8)
— 7. καὶ τῷ βασ. αὐ. [A τῷ Μελχὸ] εἰδώλῳ υἱῶν 'Α. (3)
— 12. ἐκ χειρὸς υἱοῦ σου λήψομαι αὐτήν (3)
— 13. σκῆπτρον ἐν δώσω τῷ υἱ. σου (3)
— 14 (23). καὶ τὸν 'Ε. υἱὸν 'Ελ. [A *al.*] (3)
— 20. ἔτεκεν αὐτῷ . . . τὸν Γ. υἱὸν αὐ. (3)
— 20. ἐν μέσῳ υἱῶν Φ. (2)
— 20. B ἦν Γ. ἐν μέσῳ υἱῶν Φ. (3)
— 26. 'Ιερ. υἱὸς Ν. . . . υἱὸς γυναικὸς χήρας [A *al.*] (3, †)
— 33. καὶ τῷ βασ. αὐ. προσοχθίσματι υἱῶν [A -ῷ] 'Α. (3)
— 35. λήψομαι τὴν βασ. ἐκ χειρὸς τοῦ υἱ. αὐ. (3)
— 36. τῷ δὲ υἱ. αὐ. δώσω τὰ δύο σκ. (3)
— 43 (12. 2). B ὡς ἤκουσεν 'Ιερ. υἱὸς Ν. (3)
— 44 (43). ἐβασίλευσε 'Ρ. υἱὸς αὐ. ἀντ' αὐτοῦ (3)
12. 2. A ὡς ἤκουσεν 'Ιερ. υἱὸς Ν. (3)
— 15. ὃ ἐλάλησεν . . . περὶ 'Ιερ. υἱοῦ Ν. (3)
— 16. οὐκ ἔστιν ἡμῖν κληρονομία ἐν υἱῷ 'Ι. (3)
— 17. A καὶ υἱῶν 'Ισρ. τῶν καθημ. ἐν πόλεσιν 'Ι. –
— 21. ἐπιστρέψαι τὴν βασ. 'Ροβ. υἱῷ Σαλ. (3)
— 23. εἰπὸν τῷ 'Ρ. υἱῷ Σαλ. (3)
— 24. οὐδὲ πολεμήσετε μετὰ τῶν ἀδ. ὑ. υἱῶν 'Ισρ. (3)
— 24. B ἐβασίλευσε 'Ρ. υἱὸς αὐ. ἀντ' αὐτοῦ ἐν 'Ιερ. υἱὸς ὢν ἑκκαίδεκα ἐτῶν –, –
— 24. R θυγάτηρ 'Ανὰ υἱοῦ Ν. βασιλέως υἱῶν [B *om.*] 'Α. –, –
— 24. B ἔτεκε τῷ 'Ιερ. τὸν 'Α. υἱὸν αὐ. –
— 24. B οὗτος ἦν υἱὸς ἑξήκοντα ἐτῶν –
— 24. B ἀνέβη ἐκεῖ 'Ρ. υἱὸς Σαλ. –
— 24. B εἶπεν ὁ λαὸς πρὸς 'Ρ. υἱὸν Σαλ. –
— 24. B οὐδὲ κληρονομία ἐν υἱῷ 'Ι. –
— 24. B οὐδὲ πολεμήσετε πρὸς τοὺς ἀδ. ὑ. υἱοὺς 'Ισρ. –
— 31. οἳ οὐκ ἦσαν ἐκ τῶν υἱ. Λ. (3)
— 33. ἐποίησεν ἑορτὴν τοῖς υἱ. 'Ισρ. (3)
13. 2. υἱὸς τίκτεται τῷ οἴκῳ Δ. (3)
— 11. ἔρχονται οἱ υἱ. αὐ. (3)
— 12. δεικνύουσιν αὐτῷ οἱ υἱ. αὐ. τὴν ὁδόν (3)
— 13. εἶπε τοῖς υἱ. αὐ. (3)
— 27. A ἐλάλησεν πρὸς τοὺς υἱ. αὐ. (3)
— 31. εἶπε τοῖς υἱ. αὐ. (3)
14. 1. A ἠρρώστησεν 'Α. υἱὸς 'Ιερ. (3)
— 5. R παρὰ σοῦ ὑπὲρ [A *om.*] υἱοῦ αὐ. ὅτι ἄρρωστός ἐστι (3)

III Ki. 14. 20. A ἐβασίλευσε N. υἱὸς αὐ. ἀντ᾽ αὐτοῦ (3)
— 21. ῾Ρ. υἱὸς Σαλ. ἐβασίλευσεν ἐπὶ ᾽Ι. (3)
— 21. υἱὸς τεσσαράκοντα καὶ ἑνὸς ἐνιαυτῶν ῾Ρ. (3)
— 24. ὧν ἐξῆρε κ. ἀπὸ προσώπου υἱῶν ᾽Ισρ. (3)
— 31. ἐβασίλευσεν ᾽Αβ. υἱὸς αὐ. ἀντ᾽ αὐτοῦ (3)
15. 1. βασιλεύοντος ῾Ιερ. υἱοῦ N. βασιλεύει ᾽Αβ. υἱὸς ῾Ιερ. (3, –)
— 8. βασιλεύει ᾽Α. υἱὸς αὐ. ἀντ᾽ αὐτοῦ (3)
— 18. ἐξαπέστειλεν αὐτοὺς ὁ βασ. ᾽Α. πρὸς υἱὸν ᾽Α. υἱὸν Ταβ. υἱοῦ ᾽Α. (3 *ter*)
— 20. ἤκουσεν υἱὸς ᾽Α. τοῦ βασ. ᾽Α. (3)
— 24. βασιλεύει ᾽Ιωσ. υἱὸς αὐ. ἀντ᾽ αὐτοῦ (3)
— 25. N. υἱὸς ῾Ιερ. βασιλεύει ἐπὶ ᾽Ισρ. (3)
— 27. περιεκάθισεν αὐτὸν B. υἱὸς ᾽Α. ἐπὶ τὸν οἶκον B. (3)
— 27. B ὁ υἱ. ᾽Α. [A R *al.*] –
— 28. ἐν ἔτει τρίτῳ τοῦ ᾽Α. υἱοῦ ᾽Α. [A *al.*] –
— 33. βασιλεύει B. υἱὸς ᾽Αχ. ἐπὶ ᾽Ισρ. (3)
— 34. ἐπορεύθη ἐν ὁδῷ ῾Ιερ. υἱοῦ [A -ὸς] N. –
16. 1. ἐν χειρὶ ᾽Ι. υἱοῦ ᾽Αν. (3)
— 3. δώσω τὸν οἶκόν σου ὡς τὸν οἶκον ῾Ιερ. υἱοῦ N. (3)
— 6. βασιλεύει ᾽Η. υἱὸς αὐ. ἀντ᾽ αὐτοῦ (3)
— 7. A R ἐν χειρὶ ᾽Ι. υἱοῦ ᾽Αν. [B *al.*] (3)
— 8. ᾽Η. υἱὸς B. ἐβασίλευσεν ἐπὶ ᾽Ισρ. (3)
— 13. περὶ πασῶν τῶν ἁμαρτιῶν B. καὶ ᾽Η. τοῦ υἱ. αὐ. (3)
— 19. πορευθῆναι ἐν ὁδῷ ῾Ιερ. υἱοῦ N. –
— 21. ὀπίσω Θ. υἱοῦ Γ. (3)
— 22. ὁ λαὸς ὁ ὢν ὀπίσω Θ. υἱοῦ Γ. [A *om.* υἱ. Γ., R *al.*] (3)
— 26. ἐν πάσῃ ὁδῷ ῾Ιερ. υἱοῦ N. (3)
— 28. βασιλεύει ᾽Αχ. ὁ [B¹ *om.*] υἱὸς αὐ. ἀντ᾽ αὐτοῦ (3)
— 28 (22. 42). B βασιλεύει ᾽Ιωσ. υἱὸς ᾽Α. –
— 28 (22. 50 [51]). B ἐβασίλευσεν ᾽Ι. υἱὸς αὐ. ἀντ᾽ αὐτοῦ (3)
— 29. B βασιλεύει ᾽Αχ. υἱὸς Z. [A R *al.*] (3)
— 29. A βασιλεύσας δὲ ᾽Αχ. υἱὸς Z. ἐπὶ ᾽Ισρ. (3)
— 30. A ἐποίησεν ᾽Αχ. υἱὸς Z. [B *om.* υἱ. Z.] τὸ πονηρόν (3)
— 31. ἐν ταῖς ἁμαρτίαις ῾Ιερ. υἱοῦ N. (3)
— 34. ὃ ἐλάλησεν ἐν χειρὶ ᾽Ι. υἱοῦ N. (3)
17. 17. ἠρρώστησεν ὁ υἱ. τῆς γυναικός (3)
— 18. τοῦ . . . θανατῶσαι τὸν υἱ. μου (3)
— 19. δός μοι τὸν υἱ. σου (3)
— 20. τοῦ θανατῶσαι τὸν υἱ. αὐ. (3)
— 23. ζῇ ὁ υἱ. σου (3)
19. 10. ἐγκατέλιπόν σε οἱ υἱ. ᾽Ισρ. (3)
— 14. B¹ ἐγκατέλιπόν σε οἱ υἱ. ᾽Ισρ. [AB²R *al.*] (3)
— 16. B τὸν υἱ. ᾽Ι. υἱοῦ Ναμ. χρίσεις [AR *al.*] (–, 3)
— 16. B τὸν ᾽Ελ. υἱὸν Σ. χρίσεις [A R *al.*] (3)
— 19. εὑρίσκει τὸν ᾽Ελ. υἱὸν Σ. (3)
20 (21). 10. ἐγκαθίσατε δύο ἄνδρας υἱοὺς παρανόμων (3)
— 13. A ἦλθον δύο ἄνδρες οἱ υἱ. παρανόμων [R *al.*] (3)
— 22. ὡς τὸν οἶκον ῾Ιερ. υἱοῦ N. καὶ ὡς τὸν οἶκον B. υἱοῦ ᾽Αχ. (3, 3)
— 26. ὃν ἐξωλέθρευσε κ. ἀπὸ προσώπου υἱῶν ᾽Ισρ. (3)
— 29. B ἐν ταῖς ἡμέραις υἱοῦ [A R τοῦ υἱ.] αὐ. ἐπάξω τὴν κακίαν (3)
21 (20). 1. συνήθροισεν υἱὸς ῞Α. πᾶσαν τὴν δύναμιν αὐ. (3)
— 3. τάδε λέγει υἱὸς [A ὁ υἱ.] ῞Α. (3)
— 5. B τάδε λέγει υἱὸς [A R ὁ υἱ.] ῞Α. (3)
— 7. ἀπέσταλκε . . . περὶ τῶν υἱ. μου (3)
— 9. εἶπε τοῖς ἀγγέλοις υἱοῦ ῞Α. (3)
— 10. ἀπέστειλε πρὸς αὐτὸν υἱὸς ῞Α. (3)
— 15. ἐπεσκέψατο . . . πάντα υἱὸν δυνάμεως (3)
— 16. υἱὸς ῞Α. πίνων μεθύων ἐν Σ. (3)
— 17. A ἀπέστειλεν υἱὸς ῞Α. [B *al.*] (3)
— 20. σώζεται υἱὸς ῞Α. (3)
— 22. υἱὸς ῞Α. . . . ἀναβαίνει ἐπὶ σέ –
— 26. ἐπεσκέψατο υἱὸς ῞Α. τὴν Σ. (3)
— 27. οἱ υἱ. ᾽Ισρ. ἐπεσκέπησαν (3)
— 27. A παρενέβαλον οἱ υἱ. ᾽Ισρ. [B *al.*] (3)
— 30. υἱὸς ῞Α. ἔφυγε (3)
— 32. δοῦλός σου υἱὸς ῞Α. λέγει (3)
— 33. ἀδελφός σου υἱὸς ῞Α. (3)
— 33. ἐξῆλθε πρὸς αὐτὸν υἱὸς ῞Α. (3)
— 35. ἄνθρωπος εἷς ἐκ τῶν υἱ. τῶν προφητῶν (3)
22. 8. εἷς ἐστιν ἀνὴρ . . . M. υἱὸς ᾽Ι. (3)
— 9. τὸ τάχος Μειχαίαν υἱὸν ᾽Ι. (3)
— 11. ἐποίησεν ἑαυτῷ Σ. υἱὸς X. κέρατα σιδηρᾶ (3)

III Ki. 22. 24. προσῆλθε Σεδ. υἱὸς X. (3)
— 26. τῷ ᾽Ι. υἱῷ τοῦ βασ. εἰπόν [A *al.*] (3)
— 40. ἐβασίλευσεν ᾽Οχ. υἱὸς αὐ. ἀντ᾽ αὐτοῦ (3)
— 41. ᾽Ιωσ. υἱὸς ᾽Α. ἐβασίλευσεν ἐπὶ ᾽Ι. (3)
— 42. ᾽Ιωσ. υἱὸς τριάκοντα καὶ πέντε ἐτῶν (3)
— 50. A τότε εἶπεν ᾽Οχ. υἱὸς ᾽Αχ. πρὸς ᾽Ιωσ. (3)
— 51. ἐβασίλευσεν ᾽Ι. υἱὸς αὐ. ἀντ᾽ αὐτοῦ (3)
— 52. ᾽Οχ. υἱὸς ᾽Αχ. ἐβασίλευσεν (3)
— 52. R ᾽Οχ. υἱὸς ᾽Αχ. –
— 53. ἐν ταῖς ἁμαρτίαις οἴκου ῾Ιερ. υἱοῦ N. (3)
IV Ki. 1. 18 (3. 1). ᾽Ι. υἱὸς ᾽Αχ. βασιλεύει (3)
— 18. A ἐν ἔτει δευτέρῳ ᾽Ι. υἱῷ ᾽Ιωσ. –
— 18. A οὐκ ἦν αὐτῷ υἱός –
2. 3. ἦλθον οἱ υἱ. τῶν προφητῶν (3)
— 3. A εἶπον πρὸς αὐτὸν οἱ υἱ. τῶν προφ. [B *om.* οἱ υἱ. τ. πρ.] –
— 5. ἤγγισαν οἱ υἱ. τῶν προφητῶν (3)
— 7. πεντήκοντα ἄνδρες υἱοὶ τῶν προφητῶν (3)
— 15. εἶδον αὐτὸν οἱ υἱ. τῶν προφητῶν (3)
— 16. πεντήκοντα ἄνδρες υἱοὶ δυνάμεως [A *al.*] (3)
3. 1. ᾽Ι. υἱὸς ᾽Αχ. ἐβασίλευσεν (3)
— 3. ἐν τῇ ἁμαρτίᾳ ῾Ιερ. υἱοῦ N. (3)
— 11. ὧδε ᾽Ελ. υἱὸς Σ. (3)
— 27. ἔλαβε τὸν υἱ. αὐ. τὸν πρωτότοκον (3)
4. 1. γυνὴ μία ἀπὸ τῶν υἱ. τῶν προφητῶν (3)
— 1. λαβεῖν τοὺς δύο υἱ. μου ἑαυτῷ (6 *a*)
— 4. ἀποκλείσεις τὴν θύραν . . . κατὰ τῶν υἱ. σου (3)
— 5. ἀπέκλεισε τὴν θύραν . . . κατὰ τῶν υἱ. αὐ. (3)
— 6. εἶπε πρὸς τοὺς υἱ. αὐ. (3)
— 7. σὺ καὶ οἱ [A *om.*] υἱ. σου ζήσεσθε (3)
— 14. καὶ μάλα υἱὸς οὐκ ἔστιν αὐτῇ (3)
— 16. εἰς τὸν καιρὸν τοῦτον . . . σὺ περιειληφυῖα υἱόν (3)
— 17. καὶ ἔτεκεν υἱόν (3)
— 28. μὴ ᾐτησάμην υἱὸν παρὰ τοῦ κυρίου μου (3)
— 36. λάβε τὸν υἱ. σου (3)
— 37. ἔλαβε τὸν υἱ. αὐ. (3)
— 38. οἱ υἱ. τῶν προφητῶν ἐκάθηντο ἐνώπιον αὐτοῦ (3)
— 38. ἕψε ἕψεμα τοῖς υἱ. τῶν προφητῶν (3)
5. 22. δύο παιδάρια . . . ἀπὸ τῶν υἱ. τῶν προφητῶν (3)
6. 1. εἶπον οἱ υἱ. τῶν προφητῶν πρὸς ᾽Ελ. (3)
— 24. ἤθροισεν υἱὸς ῞Α. . . . πᾶσαν τὴν παρεμβ. αὐ. (3)
— 28. δὸς τὸν υἱ. σου . . . καὶ τὸν υἱ. μου φαγόμεθα (3)
— 29. ἡψήσαμεν τὸν υἱ. μου (3)
— 29. δὸς τὸν υἱ. σου (3)
— 29. ἔκρυψε τὸν υἱ. αὐ. (3)
— 31. A εἰ στήσεται ἡ κεφ. ᾽Ελ. υἱοῦ Σ. [B υἱ. Σ.] ἐπ᾽ αὐτῷ σήμερον (3)
— 32. ἀπέστειλεν ὁ υἱ. τοῦ φονευτοῦ (3)
8. 1. ἧς ἐζωπύρησε τὸν υἱ. (3)
— 5. ὡς ἐζωπύρησεν υἱὸν τεθνηκότα –
— 5. ἧς ἐζωπύρησε τὸν υἱ. αὐ. (3)
— 5. οὗτος ὁ [A *om.*] υἱ. αὐ. ὃν ἐζωπύρησεν ᾽Ελ. (3)
— 7. υἱὸς ῞Α. βασιλεὺς Συρίας ἠρρώστησε (3)
— 9. υἱός [A ὁ υἱ.] σου υἱὸς ῞Α. . . . ἀπέστειλέ με (3, 3)
— 12. ὅσα ποιήσεις τοῖς υἱ. ᾽Ισρ. κακά (3)
— 16. ἐν ἔτει πέμπτῳ τῷ ᾽Ι. υἱῷ [A τοῦ ᾽Ι. υἱοῦ] ᾽Αχ. (3)
— 16. ἐβασίλευσεν ᾽Ι. υἱὸς ᾽Ιωσ. (3)
— 17. υἱὸς τριάκοντα καὶ δύο ἐτῶν (3)
— 19. A R δοῦναι αὐτῷ λύχνον καὶ τοῖς υἱ. αὐ. [B *om.* κ. τ. υἱ. αὐ.] (3)
— 24. ἐβασίλευσεν ᾽Οχ. υἱὸς αὐ. (3)
— 25. ἐν ἔτει δωδεκάτῳ τῷ ᾽Ι. υἱῷ ᾽Αχ. (3)
— 25. ἐβασίλευσεν ᾽Οχ. υἱὸς ᾽Ι. (3)
— 26. υἱὸς [A *om.*] εἴκοσι καὶ δύο ἐτῶν ᾽Οχ. (3)
— 28. ἐπορεύθη μετὰ ᾽Ι. υἱοῦ ᾽Αχ. (3)
— 29. ᾽Οχ. υἱὸς ᾽Ι. κατέβη τοῦ ἰδεῖν τὸν ᾽Ι. υἱὸν ᾽Αχ. ἐν ᾽Ι. (3, 3)
9. 1. ἐκάλεσεν ἕνα τῶν υἱ. τῶν προφητῶν (3)
— 2. B ὄψῃ ἐκεῖ υἱὸν ᾽Ιωσ. ᾽Ι. υἱοῦ Ναμ. [A R *al.*] (3, 3)
— 9. ὡς τὸν οἶκον ῾Ιερ. υἱοῦ N. (3)
— 9. ὡς τὸν οἶκον B. υἱοῦ ᾽Αχ. (3)
— 14. συνεστράφη ᾽Ι. υἱὸς ᾽Ιωσ. υἱοῦ N. πρὸς ᾽Ι. (3, 3)
— 20. ἦγε τὸν ᾽Ι. υἱὸν [A -οῦ] N. (3)
— 26. τὰ αἵματα τῶν υἱ. αὐ. εἶδον ἐχθές (3)
— 29. A ἐν ἔτει ἑνδεκάτῳ υἱοῦ ᾽Ι. βασιλέως ᾽Ισρ. [B *al.*] (3 ?)

IV Ki. 10. 1. τῷ ᾽Αχ. ἑβδομήκοντα υἱοὶ ἐν Σαμ. (3)
— 2. καὶ μεθ᾽ ὑμῶν οἱ υἱ. τοῦ κυρίου ὑμῶν (3)
— 3. ὄψεσθε τὸν ἀγαθὸν . . . ἐν τοῖς υἱ. τοῦ κ. ὑμῶν (3)
— 6. λάβετε τὴν κεφ. ἀνδρῶν τῶν υἱ. [A *om.* τ. υἱ.] τοῦ κ. ὑμῶν (3)
— 6. οἱ υἱ. τοῦ βασ. ἦσαν ἑβδομήκοντα ἄνδρες (3)
— 7. ἔλαβον τοὺς υἱ. τοῦ βασ. (3)
— 8. ἤνεγκαν τὰς κεφ. τῶν υἱ. τοῦ βασ. (3)
— 13. κατέβημεν εἰς εἰρήνην τῶν υἱ. τοῦ βασ. καὶ τῶν υἱ. τῆς δυναστευούσης (3, 3)
— 15. ἔλαβε τὸν ᾽Ιων. υἱὸν ῾Ρ. (3)
— 23. εἰσῆλθεν ᾽Ι. καὶ ᾽Ιων. υἱὸς ῾Ρ. εἰς οἶκον τοῦ B. (3)
— 29. πλὴν ἁμαρτιῶν ῾Ιερ. υἱοῦ N. (3)
— 30. υἱ. τέταρτοι καθήσονταί σοι (3)
— 35. ἐβασίλευσεν ᾽Ι. υἱὸς αὐ. ἀντ᾽ αὐτοῦ (3)
11. 1. ἀπέθανεν ὁ υἱ. [A -αν οἱ υἱ.] αὐ. (3)
— 2. A ἔλαβεν ᾽Ι. θυγάτηρ τοῦ βασ. ᾽Ι. υἱὸν ᾽Οχ. τὸν ᾽Ι. υἱὸν ᾽Αζ. [B R *al.*] (†, 3)
— 2. ἔκλεψεν αὐτὸν ἐκ μέσου τῶν υἱ. τοῦ βασ. (3)
— 4. ἔδειξεν αὐτοῖς ᾽Ι. τὸν υἱ. τοῦ βασ. (3)
— 12. ἐξαπέστειλε τὸν υἱ. τοῦ βασ. (3)
— 21 (12. 1). υἱὸς ἑπτὰ ἐτῶν ᾽Ι. ἐν τῷ βασιλεύειν (3)
12. 21 (22). ᾽Ιεζ. υἱὸς ᾽Ι. καὶ ᾽Ιεζ. ὁ [A *om.*] υἱ. αὐ. Σ. (3, 3)
— 21 (22). ἐβασίλευσεν ᾽Αμ. υἱὸς αὐ. ἀντ᾽ αὐτοῦ (3)
13. 1. ἐν ἔτει εἰκοστῷ . . . τῷ ᾽Ι. υἱῷ ᾽Οχ. [A *al.*] (3)
— 1. ἐβασίλευσεν ᾽Ιωαχ. υἱὸς ᾽Ι. (3)
— 2. ἐπορεύθη ὀπίσω ἁμαρτιῶν ῾Ιερ. υἱοῦ N. (3)
— 3. ἐν χειρὶ υἱοῦ ῞Α. υἱοῦ ᾽Αζ. (3, 3)
— 5. ἐκάθισαν οἱ υἱ. ᾽Ισρ. ἐν τοῖς σκηνώμασιν αὐ. (3)
— 6. A οὐκ ἀπέστησαν ἀπὸ ἁμαρτίας οἴκου ῾Ιερ. υἱοῦ N. [B *al.*] –
— 9. ἐβασίλευσεν ᾽Ι. υἱὸς αὐ. (3)
— 10. ἐβασίλευσεν ᾽Ι. υἱὸς ᾽Ι. (3)
— 11. οὐκ ἀπέστη ἀπὸ πάσης ῾Ιερ. υἱοῦ N. ἁμαρτίας (3)
— 24. ἐβασίλευσεν υἱὸς ῞Α. υἱὸς αὐ. (3, 3)
— 25. ἐπέστρεψεν ᾽Ι. υἱὸς ᾽Ι. (3)
— 25. ἔλαβε τὰς πόλεις ἐκ χειρὸς υἱοῦ ῞Α. υἱοῦ ᾽Αζ. (3, 3)
14. 1. ἐν ἔτει δευτέρῳ τῷ ᾽Ι. υἱῷ ᾽Ι. (3)
— 1. ἐβασίλευσεν ᾽Αμ. υἱὸς ᾽Ι. (3)
— 2. υἱὸς εἴκοσι καὶ πέντε ἐτῶν ἦν (3)
— 6. τοὺς υἱ. τῶν παταξάντων οὐκ ἐθανάτωσε (3)
— 6. οὐκ ἀποθανοῦνται πατέρες ὑπὲρ υἱῶν (3)
— 6. υἱοὶ οὐκ ἀποθανοῦνται ὑπὲρ πατέρων (3)
— 8. ἀπέστειλεν ᾽Αμ. ἀγγέλους πρὸς ᾽Ι. υἱὸν ᾽Ι. υἱοῦ ᾽Ι. (3, 3)
— 9. δὸς τὴν θυγ. σου τῷ υἱ. μου εἰς γυναῖκα (3)
— 13. A τὸν ᾽Αμ. . . . υἱὸν ᾽Ι. υἱοῦ ᾽Α. ἔλαβεν ᾽Ι. υἱὸς ᾽Ι. [B *om.* υἱ. ᾽Ι.] (3, 3, –)
— 14. ἔλαβε . . . τοὺς υἱ. τῶν συμμίξεων (3)
— 16. ἐβασίλευσεν ῾Ιερ. υἱὸς αὐ. ἀντ᾽ αὐτοῦ (3)
— 17. ἔζησεν ᾽Αμ. υἱὸς ᾽Ι. . . . μετὰ τὸ ἀποθανεῖν ᾽Ι. υἱὸν ᾽Ι. (3, 3)
— 21. καὶ αὐτὸς υἱ. ἑκκαίδεκα ἐτῶν (3)
— 23. ἐν ἔτει πεντεκαιδεκάτῳ τοῦ ᾽Αμ. υἱῷ [A -οῦ] ᾽Ι. (3)
— 23. ἐβασίλευσεν ῾Ιερ. υἱὸς ᾽Ι. (3)
— 24. οὐκ ἀπέστη ἀπὸ πασῶν ἁμαρτιῶν ῾Ιερ. υἱοῦ N. (3)
— 25. ἐν χειρὶ δούλου αὐ. ᾽Ι. υἱοῦ ᾽Αμ. (3)
— 27. ἔσωσεν αὐτοὺς ἐκ χειρὸς ῾Ιερ. υἱοῦ ᾽Ι. (3)
— 29 : 15. 1. ἐβασίλευσεν ᾽Αζ. υἱὸς ᾽Αμ. (3)
15. 2. υἱὸς ἑκκαίδεκα ἐτῶν ἦν (3)
— 5. καὶ ᾽Ιων. υἱὸς τοῦ βασ. ἐπὶ τῷ οἴκῳ (3)
— 7. ἐβασίλευσεν ᾽Ι. υἱὸς αὐ. ἀντ᾽ αὐτοῦ (3)
— 8. ἐβασίλευσε Ζαχ. υἱὸς ῾Ιερ. (3)
— 9. οὐκ ἀπέστη ἀπὸ ἁμαρτιῶν ῾Ιερ. υἱοῦ N. (3)
— 10. συνεστράφησαν ἐπ᾽ αὐτὸν Σ. υἱὸς ᾽Ι. (3)
— 12. υἱ. τέταρτοι καθήσονταί σοι (3)
— 13. Σ. υἱὸς ᾽Ι. ἐβασίλευσεν (3)
— 14. ἀνέβη M. υἱὸς Γ. (3)
— 14. ἐπάταξε τὸν Σ. υἱὸν ᾽Ι. (3)
— 17. ἐβασίλευσε M. υἱὸς Γ. (3)
— 18. οὐκ ἀπέστη ἀπὸ πασῶν ἁμαρτιῶν ῾Ιερ. υἱοῦ N. (3)
— 22. ἐβασίλευσε Φ. υἱὸς αὐ. ἀντ᾽ αὐτοῦ (3)
— 23. ἐβασίλευσε Φ. υἱὸς M. (3)
— 24. οὐκ ἀπέστη ἀπὸ ἁμαρτιῶν ῾Ιερ. υἱοῦ N. (3)
— 25. συνεστράφη ἐπ᾽ αὐτὸν Φ. υἱὸς ῾Ρ. (3)
— 27. ἐβασίλευσε Φ. υἱὸς ῾Ρ. (3)

IV Ki. 15. 28. οὐκ ἀπέστη ἀπὸ πασῶν ἁμαρτιῶν Ἱερ. υἱοῦ Ν. (3)
— 30. συνέστρεψε σύστρεμμα Ὡ. υἱὸς Ἠ. ἐπὶ Φ. υἱὸν Ῥ. (3, 3)
— 30. ἐν ἔτει εἰκοστῷ Ἰ. υἱῷ [A -οῦ] Ἄ. (3)
— 32. ἐν ἔτει δευτέρῳ Φ. υἱοῦ Ῥομ. (3)
— 32. ἐβασίλευσεν Ἰ. υἱὸς Ἀζ. (3)
— 33. υἱὸς εἴκοσι καὶ πέντε ἐτῶν ἦν (3)
— 37. ἤρξατο κ. ἐξαποστέλλειν . . . τὸν Φ. υἱὸν Ῥ. (3)
— 38. ἐβασίλευσεν Ἄ. υἱὸς αὐ. ἀντ' αὐτοῦ (3)
16. 1. ἐν ἔτει ἑπτακαιδεκάτῳ Φ. υἱοῦ Ῥ. (3)
— 1. ἐβασίλευσεν Ἄ. υἱὸς Ἰ. (3)
— 2. υἱὸς εἴκοσι ἐτῶν ἦν Ἄ. (3)
— 3. A ἐπορεύθη ἐν ὁδῷ Ἱερ. υἱοῦ Ν. [B *al.*] †
— 3. τὸν υἱ. αὐ. διῆγεν ἐν πυρί (3)
— 3. ὧν ἐξῆρε κ. ἀπὸ προσώπου τῶν υἱ. Ἰσρ. (3)
— 5. ἀνέβη . . . Φ. υἱὸς Ῥ. (3)
— 7. δοῦλός σου καὶ υἱός σου ἐγώ (3)
— 20. ἐβασίλευσεν Ἐζ. υἱὸς αὐ. ἀντ' αὐτοῦ (3)
17. 1. ἐβασίλευσεν Ὡ. υἱὸς Ἠ. (3)
— 7. ἥμαρτον οἱ υἱ. Ἰσρ. τῷ κυρίῳ θεῷ αὐτῶν (3)
— 8. ὧν ἐξῆρε κ. ἐκ προσώπου υἱῶν Ἰσρ. (3)
— 9. ὅσοι ἠμφιέσαντο οἱ υἱ. Ἰσρ. λόγους (3)
— 17. διῆγον τοὺς υἱ. αὐ. . . . ἐν πυρί (3)
— 21. ἐβασίλευσαν τὸν Ἱερ. υἱὸν Ν. (3)
— 22. ἐπορεύθησαν οἱ υἱ. Ἰσρ. ἐν πάσῃ ἁμαρτίᾳ Ἱερ. (3)
— 24. κατῳκίσθησαν . . . ἀντὶ τῶν υἱ. Ἰσρ. (3)
— 31. ἡνίκα κατέκαιον τοὺς υἱ. αὐ. (3)
— 34. ἣν ἐνετείλατο κ. τοῖς [A *om.*] υἱ. Ἰ. (3)
— 41. οἱ υἱ. καὶ οἱ υἱ. [A *om.* κ. οἱ υἱ.] τῶν υἱ. αὐ. (3 *ter*)
18. 1. ἐν ἔτει τρίτῳ τῷ Ὡ. υἱῷ Ἠ. (3)
— 1. ἐβασίλευσεν Ἐζ. υἱὸς Ἄ. (3)
— 2. υἱὸς εἴκοσι καὶ πέντε ἐτῶν (3)
— 4. ἦσαν οἱ υἱ. Ἰσρ. θυμιῶντες αὐτῷ (3)
— 9. αὐτὸς ἐνιαυτὸς ὁ ἑβδ. τῷ Ὡ. υἱῷ Ἠ. (3)
— 18. ἦλθον πρὸς αὐτὸν Ἐλ. υἱὸς [A ὁ υἱ.] Χ. (3)
— 18. R καὶ Ἰ. ὁ υἱ. Σ. [A B *om.* ὁ υἱ. Σ.] ὁ ἀναμιμνήσκων (3)
— 26. εἶπεν Ἐλ. υἱὸς Χελκ. (3)
— 37. A εἰσῆλθεν Ἐλ. υἱὸς [A ὁ τοῦ] Χελκ. ὁ οἰκονόμος ὁ υἱ. Χελκ. [B *om.* ὁ υἱ. Χ.] . . . καὶ Ἰ. υἱὸς Σ. (3, –, 3)
19. 2. ἀπέστειλεν . . . πρὸς Ἡ. τὸν προφ. υἱὸν [A -ὸς] Ἄ. (3)
— 3. ἦλθον υἱοὶ ἕως ὠδίνων (3)
— 12. οὓς διέφθειραν . . . υἱοὺς [A -ὸς] Ἐ. (3)
— 20. ἀπέστειλεν Ἡσ. υἱὸς Ἀ. πρὸς Ἐζ. (3)
— 37. Ἀδρ. καὶ Σαρ. οἱ [A *om.*] υἱ. αὐ. ἐπάταξαν αὐτόν (–*, 3)
— 37. ἐβασίλευσεν Ἀσ. ὁ [A *om.*] υἱ. αὐ. ἀντ' αὐτοῦ (3)
20. 1. εἰσῆλθε πρὸς αὐτὸν Ἡσ. υἱὸς Ἀ. (3)
— 12. ἀπέστειλε Μ. Β. υἱὸς Β. . . . βιβλία (3)
— 18. οἱ υἱ. σου οἱ ἐξελεύσονται ἐκ σοῦ (3)
— 21. ἐβασίλευσε Μ. υἱὸς αὐ. ἀντ' αὐτοῦ (3)
21. 1. υἱὸς δώδεκα ἐτῶν Μαν. (3)
— 2. ὧν ἐξῆρε κ. ἀπὸ προσώπου τῶν υἱ. Ἰσρ. (3)
— 6. διῆγε τοὺς υἱ. αὐ. ἐν πυρί (3)
— 7. ᾧ εἶπε κύριος . . . πρὸς Σ. τὸν υἱ. αὐ. (3)
— 9. ἃ ἠφάνισε κ. ἐκ προσώπου υἱῶν Ἰσρ. (3)
— 18. ἐβασίλευσεν Ἀ. υἱὸς αὐ. ἀντ' αὐτοῦ (3)
— 19. υἱὸς εἴκοσι καὶ δύο ἐτῶν Ἀ. (3)
— 24. ἐβασίλευσεν ὁ λαὸς τῆς γῆς τὸν Ἰ. υἱ. αὐ. (3)
— 26. ἐβασίλευσεν Ἰ. υἱὸς αὐ. ἀντ' αὐ. (3)
22. 1. υἱὸς ὀκτὼ ἐτῶν Ἰ. (3)
— 3. ἀπέστειλεν ὁ βασ. τὸν Σ. υἱὸν Ἐ. υἱοῦ [A -ὸν] Μ. (3, 3)
— 12. ἐνετείλατο ὁ βασ. . . . τῷ Ἀχ. υἱῷ Σ. καὶ τῷ Ἀχ. υἱῷ Μ. (3, 3)
— 14. πρὸς Ὄ. τὴν προφῆτιν μητέρα Σ. υἱοῦ Θ. υἱοῦ Ἀ. (3, 3)
23. 6. εἰς τὸν τάφον τῶν υἱ. τοῦ λαοῦ (3)
— 10. τὸν ταφὲθ τὸν ἐν φάραγγι υἱοῦ Ἐ. (3)
— 10. τοῦ διαγαγεῖν ἄνδρα τὸν υἱ. αὐ. (3)
— 13. καὶ τῷ Μ. βδελύγματι υἱῶν Ἀ. (3)
— 15. ὃ ἐποίησεν Ἱερ. υἱὸς Ν. (3)
— 30. ἔλαβεν ὁ λαὸς τῆς γῆς τὸν Ἰ. υἱὸν Ἰωσ. (3)
— 31. υἱὸς εἴκοσι καὶ τριῶν ἐτῶν ἦν Ἰ. (3)
— 34. ἐβασίλευσε . . . τὸν Ἐλ. υἱὸν Ἰ. (3)
— 36. υἱὸς εἴκοσι καὶ πέντε ἐτῶν Ἰ. (3)
24. 2. καὶ τοὺς μονοζώνους υἱῶν Ἀ. (3)
— 6. ἐβασίλευσεν Ἰ. υἱὸς αὐ. ἀντ' αὐτοῦ (3)
— 8. υἱὸς ὀκτὼ καὶ δέκα ἐτῶν Ἰ. (3)

IV Ki. 24. 17. ἐβασίλευσε . . . τὸν Μ. υἱὸν αὐ. ἀντ' αὐτοῦ †
— 18. B υἱὸς εἴκοσι καὶ ἑνὸς ἐνιαυτοῦ Σ. [A R *al.*] (3)
25. 7. τοὺς υἱ. Σεδ. ἔσφαξε (3)
— 18. ἔλαβεν . . . τὸν Σ. υἱὸν τῆς δευτερώσεως †
— 22. κατέστησεν ἐπ' αὐτῶν τὸν Γοδ. υἱὸν Ἀχ. υἱὸν [A -οῦ] Σ. (3, 3)
— 23. Ἰσμ. υἱὸς Ν. καὶ Ἰ. υἱὸς Κ. καὶ Σαρ. υἱὸς Θ. ὁ Ν. καὶ Ἰεζ. υἱὸς τοῦ Μαχ. (3 *quater*)
— 25. B ἦλθεν Ἰ. υἱὸς Ν. υἱὸς [A R -οῦ] Ἐλ. (3, 3)
I Ch. 1. 4. υἱοὶ Νῶε Σὴμ Χὰμ Ἰαφέθ –
— 5. υἱοὶ Ἰαφέθ (3)
— 6. καὶ υἱοὶ Γαμέρ (3)
— 7. καὶ υἱοὶ Ἰωύαν (3)
— 8. καὶ υἱοὶ Χάμ (3)
— 9. καὶ υἱοὶ Χούς (3)
— 9. καὶ υἱοὶ Ῥεγμά (3)
— 17. υἱοὶ Σήμ (3)
— 17. A καὶ υἱοὶ Ἀράμ –
— 19. A τῷ Ἕ. ἐγεννήθησαν δύο υἱοί (3)
— 23. A πάντες οὗτοι υἱ. Ἰ. (3)
— 28. υἱοὶ δὲ Ἀβραάμ (3)
— 31. οὗτοι υἱοὶ [A εἰσιν οἱ υἱ.] Ἰσμαήλ (3)
— 32. καὶ υἱοὶ Χεττούρας (3)
— 32. A ἔτεκεν υἱὸν [B *om.*] αὐτῷ τὸν Ζ. –
— 32. καὶ υἱοὶ Ἰεξάν (3)
— 32. A καὶ υἱοὶ Δαιδάν –
— 33. καὶ υἱοὶ Μαδιάμ (3)
— 33. πάντες οὗτοι υἱ. Χεττούρας (3)
— 34. καὶ υἱοὶ Ἰσαάκ (3)
— 35. υἱοὶ Ἡσαῦ (3)
— 36. υἱοὶ Ἐλιφάζ (3)
— 37. καὶ υἱοὶ Ῥαγ. (3)
— 38. υἱοὶ Σηείρ (3)
— 39. καὶ υἱοὶ Λ. (3)
— 40. υἱοὶ Σωβάλ (3)
— 40. υἱοὶ δὲ Σεβ. (3)
— 41. υἱοὶ Σων. [A *al.*] (3)
— 41. υἱοὶ δὲ Δαισών (3)
— 42. καὶ υἱοὶ Ὠσάρ (3)
— 42. υἱοὶ Δ. (3)
— 43. A πρὸ τοῦ βασιλεῦσαι βασιλέα τοῖς υἱ. Ἰσρ. (3)
— 43. Βαλὰκ υἱὸς Βεώρ (3)
— 44. ἐβασίλευσεν ἀντ' αὐτοῦ Ἰ. υἱὸς Ζ. (3)
— 46. ἐβασίλευσεν ἀντ' αὐτοῦ Ἀδὰδ υἱὸς Β. (3)
— 49. ἐβασίλευσεν ἀντ' αὐτοῦ Β. υἱὸς Ἀχ. (3)
— 50. ἀπέθανε Β. υἱὸς Ἀχ. –
— 50. ἐβασίλευσεν ἀντ' αὐτοῦ Ἀ. υἱὸς Β. [A *om.* υἱ. Β.] –
2. 1. ταῦτα τὰ ὀνόματα τῶν υἱ. Ἰσρ. (3)
— 3. υἱοὶ Ἰούδα (3)
— 4. πάντες υἱοὶ Ἰ. πέντε (3)
— 5. υἱοὶ Φαρές (3)
— 6. καὶ υἱοὶ Ζαρά (3)
— 7. καὶ υἱοὶ Χ. (3)
— 8. καὶ υἱοὶ Αἰθάμ (3)
— 9. καὶ υἱοὶ Ἐσ. (3)
— 16. καὶ υἱοὶ Σαρ. (3)
— 18. Χ. υἱὸς Ἐσ. ἐγέννησε τὴν Γ. (3)
— 18. καὶ οὗτοι υἱ. αὐτῆς (3)
— 23. πᾶσαι αὗται υἱῶν Μ. πατρὸς Γαλ. (3)
— 25. ἦσαν υἱοὶ Ἱερ. (3)
— 27. ἦσαν υἱοὶ Ῥάμ (3)
— 28. ἦσαν υἱοὶ Ὀ. . . . καὶ υἱοὶ Σ. (3, 3)
— 30. υἱοὶ Ναδιβ (3)
— 31. καὶ υἱοὶ Ἀ. Ἰσ. καὶ υἱοὶ Ἰσ. Σ. καὶ υἱοὶ Σ. Ἀ. (3 *ter*)
— 32. καὶ υἱοὶ Ἰ. (3)
— 33. καὶ υἱοὶ Ἰων. (3)
— 33. οὗτοι ἦσαν υἱ. Ἰ. (3)
— 34. οὐκ ἦσαν τῷ Σ. υἱοί (3)
— 42. καὶ υἱοὶ Χ. ἀδελφοῦ Ἱερ. (3)
— 42. καὶ υἱοὶ Μαρ. (3)
— 43. καὶ υἱοὶ Χεβρών (3)
— 45. καὶ υἱὸς αὐ. Μ. (3)
— 47. καὶ υἱοὶ Ἰ. (3)
— 50. οὗτοι ἦσαν υἱ. Χ. (3)
— 50. υἱοὶ Ὢρ πρωτοτόκου Ἐφρ. (3)
— 52. ἦσαν υἱοὶ τῷ Σ. (3)
— 53. ἐκ τούτων ἐξήλθοσαν . . . υἱοὶ Ἐσθ. [A *al.*] (11)
— 54. υἱοὶ Σαλωμών (3)
3. 1. οὗτοι ἦσαν υἱ. Δ. (3)
— 2. ὁ τρίτος Ἀβεσσ. υἱὸς Μ. (3)

I Ch. 3. 2. ὁ τέταρτος Ἀδ. υἱὸς Ἀ. (3)
— 9. πάντες υἱ. Δ. πλὴν τῶν υἱ. τῶν παλλακῶν (3, 3)
— 10. υἱοὶ Σαλ. (3)
— 10. Ἀβ. υἱὸς αὐ. Ἀσὰ υἱὸς αὐ. Ἰωσ. υἱὸς αὐ. (3 *ter*)
— 11. Ἰ. υἱὸς αὐ. Ὀζ. υἱὸς αὐ. Ἰω. υἱὸς αὐ. (3 *ter*)
— 12. Ἀμ. υἱὸς αὐ. Ἀζ. υἱὸς αὐ. Ἰω. υἱὸς αὐ. (3 *ter*)
— 13. A^2 B Ἄ. υἱὸς αὐ. Ἐζ. υἱὸς αὐ. Μαν. υἱὸς αὐ. (3 *ter*)
— 14. Ἀ. υἱὸς αὐ. Ἰωσ. υἱὸς αὐ. (3, 3)
— 15. καὶ υἱοὶ Ἰωσ. (3)
— 16. καὶ υἱοὶ Ἰωακείμ (3)
— 16. Ἰεχ. υἱὸς αὐ. Σεδ. υἱὸς αὐ. (3, 3)
— 17. καὶ υἱοὶ Ἰεχ. (3)
— 17. Σαλ. υἱὸς αὐ. (3)
— 19. A B καὶ υἱοὶ Σαλ. [R Φαδ.] (3)
— 19. A R καὶ υἱοὶ Ζορ. (3)
— 21. καὶ υἱοὶ Ἀν. (3)
— 21. Ἰεσ. υἱὸς αὐ. Ῥ. υἱὸς αὐ. Ὀ. υἱὸς αὐ. [A^1 *om.* Ὀ. υἱ. αὐ.] Ἀβδ. υἱὸς αὐ. Σεχ. υἱὸς αὐ. (3 *quater*, –)
— 22. καὶ υἱὸς Σεχ. (3)
— 22. B καὶ υἱὸς [A R -οὶ] Σαμ. (3)
— 23. καὶ υἱοὶ Ν. (3)
— 24. καὶ υἱοὶ Ἐλ. (3)
4. 1. καὶ υἱοὶ Ἰούδα (3)
— 2. καὶ Ῥ. υἱὸς αὐ. (3)
— 3. καὶ οὗτοι υἱ. Αἰ. †
— 4. οὗτοι υἱ. Ὢρ (3)
— 6. πάντες οὗτοι υἱ. Ἰ. (3)
— 7. καὶ υἱοὶ Ν. (3)
— 8. γεννήσεις ἀδελφοῦ Ῥ. υἱοῦ Ἰ. (3)
— 13. καὶ υἱοὶ Κ. (3)
— 13. καὶ υἱοὶ Γοθ. (3)
— 15. A R καὶ υἱοὶ [B -οῦ] Χ. υἱοῦ Ἰεφ. (3, 3)
— 15. καὶ υἱοὶ Ἀ. (3)
— 16. καὶ υἱὸς αὐ. [A R -οὶ] Γ. (3)
— 17. καὶ υἱοὶ Ἐ. (3)
— 18. οὗτοι υἱ. Β. (3)
— 19. καὶ υἱοὶ γυναικὸς τῆς Ἰδ. (3)
— 19. A καὶ υἱοὶ Ναήμ [B *al.*] –
— 20. καὶ υἱοὶ Σεμ. (3)
— 20. καὶ Ἀ. υἱὸς Φ. (3)
— 20. καὶ υἱοὶ Σ. (3)
— 20. καὶ υἱοὶ Ζ. (3)
— 21. υἱοὶ Σηλὼμ υἱοῦ Ἰούδα (3, 3)
— 24. υἱοὶ Συμεών (3)
— 25. Σαλὲμ υἱὸς αὐ. Μαβ. υἱὸς αὐ. Μασμὰ υἱὸς αὐ. (3 *ter*)
— 26. A R Ἀμ. υἱὸς αὐ. Σαβ. υἱὸς αὐ. Ζ. υἱὸς αὐ. (3, –, 3)
— 26. Σεμεεὶ υἱὸς αὐ. (3)
— 27. τῷ Σ. υἱοὶ ἑκκαίδεκα (3)
— 27. τοῖς ἀδ. αὐ. οὐκ ἦσαν υἱ. πολλοί (3)
— 27. οὐκ ἐπλεόνασαν ὡς υἱοὶ Ἰούδα (3)
— 34. καὶ Ἰωσ. υἱὸς Ἀμ. (3)
— 35. B^1 οὗτος [A B^3 R Ἰ.] υἱ. Ἰσ. υἱὸς Σαρ. υἱὸς Ἀσ. (3 *ter*)
— 37. B υἱοὶ Ἀωσὰλ υἱοῦ Σαφ. [A R *al.*] (–, 3)
— 37. υἱοῦ Ἀ. υἱοῦ Ἰ. υἱοῦ Σ. υἱοῦ Συμεών [A *al.*] (3 *quater*)
— 40. ἐκ τῶν υἱ. Χαμ. τῶν κατοικούντων ἐκεῖ –
— 42. ἀπὸ τῶν υἱ. Συμ. (3)
— 42. υἱοὶ Ἰ. οἱ ἄρχοντες αὐ. (3)
5. 1. καὶ υἱοὶ Ῥ. πρωτοτόκου Ἰσρ. (3)
— 1. ἔδωκεν εὐλογίαν αὐ. τῷ υἱ. αὐ. Ἰ. υἱῷ Ἰσρ. (3, 3)
— 3. A R υἱοὶ [B -οῦ] Ῥ. πρωτοτόκου Ἰσρ. (3)
— 4. υἱοὶ Ἰωήλ (3)
— 4. καὶ Βαν. υἱὸς αὐ. (3)
— 4. καὶ υἱοὶ Γ. υἱοῦ Σεμεεί (–, 3)
— 5. υἱὸς αὐ. Μ. υἱὸς αὐ. Ῥ. υἱὸς αὐ. Ἰωήλ (3 *ter*)
— 6. υἱὸς αὐ. Β. (3)
— 7 (8). καὶ Β. υἱὸς Ὀζ. υἱὸς Σαμὰ υἱὸς Ἰωήλ (3 *ter*)
— 11. υἱοὶ Γὰδ κατέναντι αὐτῶν (3)
— 14. B οὗτοι υἱ. Ἀβ. υἱοὶ [A R -οῦ] Οὐρ. υἱοῦ Ἰ. υἱοῦ Γαλ. υἱοῦ Μιχ. υἱοῦ Ἰ. υἱοῦ Ἰ. υἱοῦ Ζαβ. (3 *octiens*)
— 15. υἱοῦ Ἀβδ. υἱοῦ Γ. (3, 3)
— 18. A R υἱοὶ [B -οῦ] Ῥ. . . . ἐξ υἱῶν δυνάμεως (3, 3)
6. 1 (5. 27). υἱοὶ Λ. Γ. Κ. καὶ Μερ. (3)
— 2 (5. 28). καὶ υἱοὶ Καάθ (3)
— 3 (5. 29). καὶ υἱοὶ Ἀμβ. (3)
— 3 (5. 29). καὶ υἱοὶ Ἀαρών (3)
— 16 (1). υἱοὶ Λ. Γ. Κ. καὶ Μερ. (3)
— 17 (2). ταῦτα τὰ ὀνόματα τῶν υἱ. Γ. (3)

1 Ch. 6. 18 (3). υἱοὶ Καάθ (3)
— 19 (4). υἱοὶ Μαρ. (3)
— 20 (5). τῷ Λοβ. υἱῷ αὐ. (3)
— 20 (5). Ἰ. υἱὸς αὐ. Ζ. υἱὸς αὐ. (3, 3)
— 21 (6). Ἰ. υἱὸς αὐ. Ἀ. υἱὸς αὐ. Ἰ. υἱὸς αὐ. Ἰεθρεὶ υἱὸς αὐ. (3 *quater*)
— 22 (7). υἱοὶ Καάθ (3)
— 22 (7). Ἀμ. υἱὸς αὐ. Κορὲ υἱὸς αὐ. Ἀσ. υἱὸς αὐ. (3 *ter*)
— 23 (8). **A** Ἐλκ. υἱὸς αὐ. [**B** *om.* υἱ. αὐ.] καὶ Ἀβ. υἱὸς αὐ. Ἀσ. υἱὸς αὐ. (3 *ter*)
— 24 (9). Θ. υἱὸς αὐ. Οὐρ. υἱὸς αὐ. Ὀζ. υἱὸς αὐ. Σαοὺλ υἱὸς αὐ. (3 *quater*)
— 25 (10). καὶ υἱοὶ Ἑλ. (3)
— 26 (11). Ἑλ. υἱὸς αὐ. Σ. υἱὸς αὐ. Κ. υἱὸς [**A** *om.*] αὐ. (3 *ter*)
— 27 (12). Ἐλ. υἱὸς αὐ. Ἰ. υἱὸς αὐ. Ἑλ. υἱὸς αὐ. (3 *ter*)
— 28 (13). υἱοὶ Σαμ. (3)
— 29 (14). υἱοὶ Μερ. [**B**[1] *om.*] Λοβ. υἱὸς αὐ. Σ. υἱὸς αὐ. Ὀζὰ υἱὸς αὐ. (3 *quater*)
— 30 (15). Σ. υἱὸς αὐ. Ἀ. υἱὸς αὐ. Ἀσ. υἱὸς αὐ. (3 *ter*)
— 33 (18). καὶ οἱ υἱ. αὐ. ἐκ τῶν υἱ. τοῦ Κ. (3, 3)
— 33 (18). **A R** Αἱμὰν ὁ ψαλτῳδὸς υἱὸς [**B** -οῦ] Ἰ. υἱοῦ Σαμ. (3, 3)
— 34 (19). υἱοῦ Ἑλκ. υἱοῦ Ἰ. υἱοῦ Ἐλ. υἱοῦ Θ. (3 *quater*)
— 35 (20). υἱοῦ Σ. υἱοῦ Ἑλ. υἱοῦ Μ. υἱοῦ Ἀμ. (3 *quater*)
— 36 (21). υἱοῦ Ἐλ. υἱοῦ Ἰ. υἱοῦ Ἀζ. υἱοῦ Σαφ. (3 *quater*)
— 37 (22). υἱοῦ Θ. υἱοῦ Ἀσ. υἱοῦ Ἀβ. υἱοῦ Κορέ (3 *quater*)
— 38 (23). υἱοῦ Ἰ. υἱοῦ Κ. υἱοῦ Λ. υἱοῦ Ἰσρ. (3 *quater*)
— 39 (24). Ἀσὰφ υἱὸς Βαρ. υἱοῦ Σαμ. (3, 3)
— 40 (25). υἱοῦ Μιχ. υἱοῦ Β. υἱοῦ Μελχ. (3 *ter*)
— 41 (26). υἱοῦ Ἀθ. υἱοῦ Σ. υἱοῦ Ἀ. (3 *ter*)
— 42 (27). υἱοῦ Αἰ. υἱοῦ Ζ. υἱοῦ Σεμ. (3 *ter*)
— 43 (28). υἱοῦ Ἰ. υἱοῦ Γ. υἱοῦ Λ. (3 *ter*)
— 44 (29). καὶ υἱοὶ Μερ. οἱ ἀδ. αὐ. (3)
— 44 (29). Αἰ. υἱὸς Κ. υἱοῦ Ἀβ. υἱοῦ Μ. (3 *ter*)
— 45 (30). υἱοῦ Ἀσ. (3)
— 46 (31). υἱοῦ Ἀ. (3)
— 46 (31). **A** υἱοῦ Χελχ. υἱοῦ Ἀμ. (3, 3)
— 46 (31). υἱοῦ Β. υἱοῦ Σεμ. (3, 3)
— 47 (32). **A R** υἱοῦ Μ. υἱοῦ Ὁμ. υἱοῦ Μερ. υἱοῦ Λευί [**B** *al.*] (3 *quater*)
— 49 (34). καὶ Ἀ. καὶ οἱ υἱ. αὐ. θυμιῶντες (3)
— 50 (35). καὶ οὗτοι υἱ. Ἀ. (3)
— 50 (35). Ἐλ. υἱὸς αὐ. Φ. υἱὸς αὐ. Ἀβ. υἱὸς αὐ. (3 *ter*)
— 51 (36). Β. υἱὸς αὐ. Ὀζὶ υἱὸς αὐ. Ζαρ. υἱὸς αὐ. (3 *ter*)
— 52 (37). Μαρ. υἱὸς αὐ. Ἀμ. υἱὸς αὐ. Ἀχ. υἱὸς αὐ. (3 *ter*)
— 53 (38). Σ. υἱὸς αὐ. Ἀχ. υἱὸς αὐ. (3, 3)
— 54 (39). αὗται αἱ κατοικίαι αὐ. . . . τοῖς υἱ. Ἀ. (3)
— 56 (41). τὰς κώμας αὐ. ἔδωκαν τῷ Χ. υἱῷ Ἰεφ. (3)
— 57 (42). τοῖς υἱ. Ἀ. ἔδωκαν τὰς πόλεις (3)
— 61 (46). καὶ τοῖς υἱ. Κ. τοῖς καταλοίποις (3)
— 62 (47). καὶ τοῖς υἱ. Γ. κατὰ πατριὰς αὐ. (3)
— 63 (48). καὶ τοῖς υἱ. Μερ. κατὰ πατριὰς αὐ. (3)
— 64 (49). ἔδωκαν οἱ υἱ. Ἰσρ. τοῖς Λ. τὰς πόλεις (3)
— 65 (50). ἐκ φυλῆς υἱῶν Ἰ. καὶ ἐκ φυλῆς υἱῶν Συμ. (3, 3)
— 65 (50). **R** καὶ ἐκ φυλῆς υἱῶν Βεν. (3)
— 66 (51). ἀπὸ τῶν πατριῶν υἱῶν Κ. (3)
— 70 (55). κατὰ πατριὰν τοῖς υἱ. Κ. τοῖς καταλοίποις (3)
— 71 (56). τοῖς υἱ. Γ. . . . τὴν Γωλάν (3)
— 77 (62). τοῖς υἱ. Μερ. τοῖς καταλοίποις (3)
7. 1. καὶ τοῖς υἱ. [**A** οὗτοι υἱ.] Ἰσσ. (3)
— 2. καὶ υἱοὶ Θ. (3)
— 3. καὶ υἱοὶ Ὀ. (3?)
— 3. καὶ υἱοὶ Ἰ. (3)
— 4. ἐπλήθυναν γυναῖκας καὶ υἱούς (3)
— 6. **R** υἱοὶ [**A B** *om.*] Βενιαμείν –
— 7. καὶ υἱοὶ Βαλέ (3)
— 8. καὶ υἱοὶ Β. (3)
— 8. πάντες οὗτοι υἱ. Β. (3)
— 10. καὶ υἱοὶ Ἀρ. (3)
— 10. καὶ υἱοὶ Βαλ. (3)

1 Ch. 7. 11. πάντες οὗτοι υἱ. Ἀρ. (3)
— 12. καὶ υἱοὶ Ὢρ Ἀ. υἱὸς αὐ. Ἀ. (3)
— 13. **A B** υἱοὶ Νεφθ. . . . υἱοὶ [**R** *add.* αὐ.] Βαλάμ [**R** *add.* υἱὸς αὐ.] (3, 3, [–])
— 14. υἱοὶ Μανασσῆ (3)
— 16. ἔτεκε Μ. γυνὴ Μ. υἱόν (3)
— 16. υἱὸς αὐ. Οὐ. (3)
— 17. **A R** καὶ υἱοὶ Οὐ. (3)
— 17. οὗτοι υἱ. Γ. υἱοῦ [**A**[1] -οὶ] Μ. υἱοῦ Μαν. (3 *ter*)
— 19. καὶ ἦσαν υἱοὶ Σεμ. (3)
— 20. **B** καὶ υἱοὶ Ἐφρ. Σωθ. υἱοὶ Λ. [**A R** Σωθ. κ. Β. υἱοὶ αὐ. καὶ Θ. υἱὸς αὐ. Ελ.] υἱὸς αὐ. Ν. (3 *quater*)
— 21. **B**[1] υἱὸς αὐ. Ζ. [**A B**[2] **R** *add.* υἱὸς αὐ. Σωθ.] υἱὸς αὐ. Ὀζ. [**A** *add.* υἱὸς αὐ.] (3 *ter*, [–])
— 23. καὶ ἔτεκεν υἱόν (3)
— 25 (24). καὶ υἱοὶ Ὀζ. –
— 25. **B**[2] καὶ Ῥ. υἱοὶ [**B**[1] -οῦ, **A R** -ὸς] αὐ. (3)
— 25. Σ. καὶ Θαλ. υἱοὶ αὐ. Θ. υἱὸς αὐ. [**A** *om.* υἱ. αὐ.] (3, 3)
— 26. **B** τῷ Λ. υἱῷ αὐ. υἱοὶ Ἀμ. υἱοὶ Ἐλ. [**A R** *al.*] (3, –, 3)
— 27. **B** υἱοὶ Ν. υἱοὶ Ἰησ. υἱοὶ αὐ. [**A R** *al.*] (3 *ter*)
— 29. καὶ ἕως ὁρίων υἱῶν Μαν. (3)
— 29. ἐν ταύτῃ κατῴκησαν οἱ υἱ. Ἰ. υἱοῦ [**A**[1] -οὶ] Ἰσρ. (3, 3)
— 30. υἱοὶ Ἀσήρ (3)
— 31. υἱοὶ Βερ. (3)
— 33. καὶ υἱοὶ Ἰ. (3)
— 33. οὗτοι υἱ. Ἰαφ. (3)
— 34. καὶ υἱοὶ Σεμμήρ (3)
— 35. **A** καὶ υἱὸς Ἐλάμ [**B** *al.*] (3)
— 36. υἱοὶ Σωφάς (3)
— 38. καὶ υἱοὶ Ἰεθ. (3)
— 39. καὶ υἱοὶ Ὠλά (3)
— 40. πάντες οὗτοι υἱ. Ἀσήρ (3)
8. 3. καὶ ἦσαν υἱοὶ τῷ Β. (3)
— 6. οὗτοι υἱ. Ἀώδ (3)
— 12. καὶ υἱοὶ Ἀλφ. (3)
— 16. υἱοὶ Β. (3)
— 18. υἱοὶ Ἐλ. (3)
— 21. υἱοὶ Σαμ. (3)
— 25. υἱοὶ Σωσήκ (3)
— 27. υἱοὶ Ἰρ. (3)
— 30. καὶ υἱὸς αὐ. ὁ πρωτότοκος Ἀβ. (3)
— 34. **B** καὶ υἱὸν [**A R** -ὸς] Ἰων. Μερ. (3)
— 35. καὶ υἱοὶ Μιχ. (3)
— 37. Ῥ. υἱὸς αὐ. Ἐλ. υἱὸς αὐ. Ἐσ. υἱὸς αὐ. (3 *ter*)
— 38. καὶ τῷ Ἐσ. ἓξ υἱοί (3)
— 38. πάντες οὗτοι υἱ. Ἐσ. (3)
— 39. καὶ υἱοὶ Ἀ. ἀδελφοῦ αὐ. (3)
— 40. καὶ ἦσαν υἱοὶ Αἰ. . . . πληθύνοντες υἱοὺς καὶ υἱοὺς τῶν υἱ. (3 *quater*)
— 40. πάντες οὗτοι ἐξ υἱῶν Βεν. (3)
9. 2. **B** καὶ οἱ κατοικοῦντες πρότερον . . . υἱοὶ Λευῖται [**A R** *al.*] †
— 3. κατῴκησαν ἀπὸ τῶν υἱ. Ἰ. καὶ ἀπὸ τῶν υἱ. Βεν. καὶ ἀπὸ τῶν υἱ. Ἐφρ. (3 *ter*)
— 4. **B** Γ. καὶ υἱὸς Σ. υἱοῦ Ἀμρεὶ [**R** *add.* υἱοῦ Ἀ. υἱοῦ Β.] υἱοὶ υἱῶν Φ. καὶ υἱοῦ Ἰ. [**A R** *al.*] (3, 3, [3, –], 3 †*, 3, 3)
— 5. **A R** καὶ υἱοὶ αὐ. (3)
— 6. ἐκ τῶν υἱ. Ζ. Ἰ. (3)
— 7. ἐκ τῶν υἱ. Βεν. Σαλ. υἱὸς Μ. υἱὸς [**A R** -οῦ] Ὠδ. υἱὸς [**A** -οῦ] Ἀ. (3 *quater*)
— 8. καὶ Ἰ. υἱὸς Ἰερ. (3)
— 8. οὗτοι υἱοὶ [**A** υἱὸς] Ὀζ. υἱοῦ Μ. (3, 3)
— 8. καὶ Μασ. υἱὸς Σαφ. υἱοῦ Ῥαγ. υἱοῦ Ἰ. (3 *ter*)
— 11. καὶ Ἀζ. υἱοὶ Χελκ. υἱοῦ Μοσ. υἱοῦ Σ. υἱοῦ Μαρ. υἱοῦ Ἀχ. (3 *quinquiens*)
— 12. Ἀδ. υἱὸς Ἰρ. υἱοῦ Φ. υἱοῦ Μ. (3 *ter*)
— 12. Μαασ. υἱὸς Ἀ. υἱοῦ Ἰεδ. υἱοῦ Μοσ. υἱοῦ Μασ. υἱοῦ Ἐ. (3 *quinquiens*)
— 14. **A** Σαμ. υἱὸς Ἀσ. υἱοῦ Ἐζρ. υἱοῦ Ἀσ. υἱοῦ [**B** ἐκ τῶν] υἱῶν Μερ. (3 *ter*, †, 3)
— 15. Ματθ. υἱὸς Μιχὰ υἱοῦ Ζ. υἱοῦ Ἀσάφ (3 *ter*)
— 16. Ἀβδ. υἱὸς Σαμ. υἱοῦ Γαλ. υἱοῦ Ἰ. καὶ Βαρ. υἱὸς Ὀ. υἱοῦ Ἑλκ. (3 *quinquiens*)
— 18. αὗται αἱ πύλαι τῶν παρεμβολῶν υἱῶν Λευεί –
— 19. καὶ Σ. υἱὸς Κ. υἱοῦ Ἀβ. υἱοῦ Κορέ (3 *ter*)
— 20. καὶ Φ. υἱὸς Ἐλ. ἡγούμενος ἦν (3)
— 21. Ζαχ. υἱὸς Μοσ. πυλωρὸς τῆς θύρας (3)
— 23. καὶ οὗτοι καὶ οἱ [**A** *om.*] υἱ. αὐ. ἐπὶ τῶν πυλῶν (3)
— 30. καὶ ἀπὸ τῶν υἱ. τῶν ἱερέων ἦσαν μυρεψοί (3)

1 Ch. 9. 36. καὶ υἱὸς [**A S**[1] ὁ υἱ.] αὐ. ὁ πρωτότοκος Ἀβ. (3)
— 40. καὶ υἱὸς [**S** -οὺς] Ἰων. Μαρ. (3)
— 41. καὶ υἱοὶ Μ. (3)
— 43. **A**[2] **B** Ῥαφ. υἱὸς αὐ. (3)
— 43. **A R** Ἐλεασὰ υἱὸς αὐ. (3)
— 43. Ἐσ. υἱὸς αὐ. (3)
— 44. καὶ τῷ Ἐσ. ἓξ υἱοί (3)
— 44. οὗτοι υἱ. Ἐσ. (3)
10. 2. κατεδίωξαν . . . ὀπίσω υἱῶν αὐτοῦ (3)
— 2. ἐπάταξαν . . . τὸν Ἰ. καὶ τὸν Ἀμ. καὶ τὸν Μ. υἱοὺς Σ. (3)
— 6. ἀπέθανε Σ. καὶ τρεῖς υἱ. αὐ. (3)
— 7. ἀπέθανε Σ. καὶ οἱ υἱ. αὐ. (3)
— 8. εὗρον τὸν Σ. καὶ τοὺς υἱ. αὐ. πεπτωκότας (3)
— 12. ἔλαβον . . . τὸ σῶμα τῶν υἱ. αὐ. (3)
— 14. ἐπέστρεψε τὴν βασ. τῷ Δ. υἱῷ Ἰ. (3)
11. 6. ἀνέβη . . . Ἰ. υἱὸς Σαρ. (3)
— 11. Ἰεσ. υἱὸς Ἀχ. πρῶτος τῶν τριάκοντα (3)
— 12. μετ' αὐτὸν Ἐλ. υἱὸς Δ. ὁ Ἀ. (3)
— 22. Βαν. υἱὸς Ἰ. υἱὸς ἀνδρὸς δυνατοῦ (3, 3)
— 24. ταῦτα ἐποίησε Βαν. υἱὸς Ἰ. (3)
— 26. Ἐλ. υἱὸς Δ. (3)
— 28. Ὠ. υἱὸς ἐκ τῆς Ὀθ. (3)
— 30. Χθ. υἱὸς Ν. (3)
— 31. Αἰ. υἱὸς Ῥεβιέ (3)
— 34. **A** υἱοὶ Ἀ. ὁ Γωυνί [**B S** *al.*] (3)
— 34. Ἰων. υἱὸς Σ. ὁ Ἀρ. (3)
— 35. Ἀχ. υἱὸς Ἀχὰρ ὁ Ἀρ. (3)
— 35. Ἐλ. υἱὸς Θ. (3)
— 37. Ν. υἱὸς Ἀζ. (3)
— 38. Ἰ. υἱὸς [**A** ἀδελφὸς] Ν. †
— 38. Μ. υἱὸς Ἀγ. (3)
— 39. αἴρων σκεύη υἱῷ Σαρ. [**A** *al.*] (3)
— 41. Ζ. υἱὸς [**S** -ῷ ὅς] Ἀχ. (3)
— 42. Ἀδ. υἱὸς Σ. (3)
— 43. Ἀ. υἱὸς Μ. (3)
— 44. Σ. καὶ Ἰ. υἱοὶ Κ. (3)
— 45. Ἐλθ. υἱὸς Σαμ. (3)
— 46. καὶ Ἰωσ. υἱὸς αὐ. (3)
12. 1. ἀπὸ προσώπου Σ. υἱοῦ Κ. (3)
— 3. **B** Ἰ. ὁ [**A S R** *om.*] υἱ. Ἀ. τοῦ Γεβ. (3)
— 3. Ἰ. καὶ Ἰωφ. υἱοὶ Ἀσμώθ (3)
— 7. **A S** Ἰελ. καὶ Ζαβ. υἱοὶ Ῥ. υἱοὶ [**B** καὶ οἱ] τοῦ Γ. (3, †)
— 14. οὗτοι ἐκ τῶν υἱ. Γὰδ ἄρχοντες (3)
— 16. ἦλθον ἀπὸ τῶν υἱ. Βεν. (3)
— 18. πορεύου καὶ ὁ λαός σου, Δ. υἱὸς Ἰ. (3)
— 24. υἱοὶ [**S** -οῦ] Ἰ. θυρεοφόροι (3)
— 25. τῶν υἱ. Συμ. δυνατοὶ ἰσχύος (3)
— 26. τῶν [**A** καὶ] υἱ. Λευεὶ τετρακισχίλιοι (3)
— 29. καὶ τῶν [**A** ἐκ τῶν] υἱ. Βεν. τῶν ἀδ. Σαούλ (3)
— 30. καὶ ἀπὸ τῶν υἱῶν Ἐφρ. (3)
— 32. καὶ ἀπὸ τῶν υἱ. Ἰσσ. (3)
14. 3. ἐτέχθησαν Δ. ἔτι υἱοί (3)
15. 4. **A**[2] **B S** συνήγαγε Δ. τοὺς υἱ. Ἀ. (3)
— 5. **A**[2] **B S** τῶν υἱ. Κ. Οὐρ. (3)
— 6. **A**[2] **B S** τῶν υἱ. Μερ. (3)
— 7. **A**[2] **B S** τῶν υἱ. Γ. (3)
— 8. τῶν υἱ. Ἐλ. (3)
— 9. τῶν υἱ. Χεβρών (3)
— 10. τῶν υἱ. Ὀζ. (3)
— 15. ἔλαβον οἱ υἱ. τῶν Λ. τὴν κιβωτὸν τοῦ θεοῦ (3)
— 17. ἔστησαν οἱ Λ. τὸν Αἰ. υἱὸν Ἰ. (3)
— 17. ἐκ τῶν ἀδ. αὐ. Ἀ. υἱὸς Βαρ. (3)
— 17. ἐκ τῶν υἱ. Μερ. ἀδελφῶν αὐ. Αἰ. υἱὸς Κ. (3, 3)
16. 13. υἱοὶ Ἰ. ἐκλεκτοὶ αὐ. (3)
— 38. καὶ Ἀβδ. υἱὸς Ἰδ. (3)
— 40. ὅσα ἐνετείλατο ἐφ' υἱοῖς [**A** -οὺς] Ἰσρ. –
— 42. υἱοὶ [**A** καὶ οἱ υἱ.] Ἰδ. εἰς τὴν πύλην (3)
17. 9. **R** οὐ προσθήσει υἱὸς ἀδικίας τοῦ ταπεινῶσαι αὐτόν [**A B S** *al.*] (3)
— 13. ἔσται μοι εἰς υἱόν [**S**[1] λαόν] (3)
18. 10. ἀπέστειλε τὸν Ἰδ. υἱὸν αὐ. (3)
— 11. ἐξ υἱῶν Ἀ. καὶ ἐκ τῶν ἀλλοφύλων (3)
— 12. Ἀβ. υἱὸς Σαρ. ἐπάταξε τὴν Ἰδουμ. (3)
— 15. καὶ Ἰ. υἱὸς Σαρ. ἐπὶ τῆς στρατιᾶς (3)
— 15. καὶ Ἰωσ. υἱὸς Ἀχ. ὑπομνηματογράφος (3)
— 16. καὶ Σαδ. υἱὸς Ἀχ. καὶ Ἀχ. υἱὸς Ἀβ. ἱερεῖς (3, 3)
— 17. **B S** καὶ Βαν. υἱὸς Ἰ. ἐπὶ τῶν ἱερέων [**A R** *al.*] (3)
— 17. καὶ υἱοὶ Δ. οἱ πρῶτοι (3)
19. 1. ἀπέθανε βασιλεὺς υἱῶν Ἀ. (3)
— 1. ἐβασίλευσεν Ἀ. υἱὸς αὐ. ἀντ' αὐτοῦ (3)

I Ch. 19. 2. ποιήσω ἔλεος μετὰ 'Α. υἱοῦ Ν. (3)
— 2. ἦλθον παῖδες Δ. εἰς γῆν υἱῶν 'Α. (3)
— 3. R εἶπον ἄρχοντες υἱῶν [A B S *om.*] 'Α. (3)
— 6. εἶδον οἱ [A S *om.*] υἱ. 'Α. (3)
— 6. ἀπέστειλεν 'Α. καὶ οἱ υἱ. 'Α. (3)
— 7. οἱ [A *om.*] υἱ. 'Α. συνήχθησαν (3)
— 9. ἐξῆλθον οἱ [A *om.*] υἱ. 'Α. (3)
— 11. παρετάξαντο ἐξ ἐναντίας υἱῶν 'Α. (3)
— 12. A B ἐὰν υἱοὶ [S R οἱ υἱ.] 'Α. κρατήσωσιν (3)
— 15. οἱ υἱ. 'Α. εἶδον (3)
— 19. R τοῦ βοηθῆσαι τοῖς υἱ. [A B *om.* τ. υἱ.] 'Α. ἔτι (3)
20. 1. ἔφθειραν τὴν χώραν υἱῶν 'Α. (3)
— 3. οὕτως ἐποίησε Δ. τοῖς παισὶν υἱοῖς 'Α. [A *al.*] (3)
— 4. ἐπάταξε . . . τὸν Σ. ἀπὸ τῶν υἱ. τῶν γιγάντων (6 *b*)
— 5. ἐπάταξεν 'Ελ. υἱὸς 'Ι. τὸν Λ. (3)
— 7. ἐπάταξεν αὐτὸν 'Ιων. υἱὸς Σαμ. υἱὸς ἀδ. Δ. (3, –)
21. 5. R καὶ υἱοὶ 'Ι. τετρακόσιαι καὶ ἑβδομήκοντα χιλιάδες [A *al.*] –
— 20. εἶδε τὸν βασ. καὶ τέσσαρας υἱ. [A -ες υἱ.] αὐ. μετ' αὐτοῦ (3)
22. 5. Σαλ. ὁ υἱ. μου παιδάριον ἁπαλόν (3)
— 6. ἐκάλεσε Σαλ. τὸν υἱ. αὐ. (3)
— 9. υἱὸς τίκτεταί σοι (3)
— 10. οὗτος ἔσται μοι εἰς υἱόν (3)
— 11. B καὶ νῦν, υἱέ [A R *add.* μου] (3)
— 17. ἀντιλαβέσθαι τῷ Σαλ. υἱῷ αὐ. (3)
23. 1. ἐβασίλευσε Σαλ. τὸν υἱ. αὐ. ἀντ' αὐτοῦ (3)
— 6. διεῖλεν αὐτοὺς Δ. ἐφημερίας τοῖς υἱ. Λ. (3)
— 8. υἱοὶ τῷ 'Ε. (3)
— 9. υἱοὶ [B^1 -οῦ] Σεμ. (3)
— 10. καὶ τοῖς υἱ. Σεμ. (3)
— 10. οὗτοι υἱ. Σεμ. (3)
— 11. οὐκ ἐπλήθυναν υἱούς (3)
— 12. υἱοὶ Καάθ (3)
— 13. υἱοὶ 'Αμβράμ (3)
— 13. αὐτὸς καὶ οἱ υἱ. αὐ. ἕως αἰῶνος (3)
— 14. υἱοὶ αὐτοῦ ἐκλήθησαν εἰς φυλὴν τοῦ Λ. (3)
— 15. υἱοὶ Μωυσῆ (3)
— 16. υἱοὶ Γηρσάμ (3)
— 17. ἦσαν υἱοὶ τῷ 'Ελ. (3)
— 17. οὐκ ἦσαν τῷ 'Ελ. υἱ. ἕτεροι [A^1 *om.* υἱ. ἕτ.] (3)
— 17. υἱοὶ 'Ρ. ηὐξήθησαν εἰς ὕψος (3)
— 18. υἱοὶ 'Ισσ. (3)
— 19. υἱῶν Χεβρών (3)
— 20. υἱοὶ 'Οζ. (3)
— 21. υἱοὶ Μερ. (3)
— 21. υἱοὶ Μ. (3)
— 22. οὐκ ἦσαν αὐτῷ υἱοί (3)
— 22. ἔλαβον αὐτὰς υἱοὶ Κ. ἀδελφοὶ αὐ. (3)
— 23. υἱοὶ Μ. (3)
— 24. οὗτοι υἱ. Λ. (3)
— 27. ὁ ἀριθμὸς υἱῶν [A ἀ. τῶν Λ.] Λ. (3)
— 32. φυλάξουσι . . . τὰς φυλακὰς υἱῶν 'Α. (3)
24. 1. καὶ τοὺς υἱ. [A τοῖς υἱ.] 'Α. (3)
— 1. A^2 υἱοὶ 'Α. (3)
— 2. καὶ υἱοὶ οὐκ ἦσαν αὐτοῖς (3)
— 2. 'Ελ. καὶ 'Ιθ. υἱοὶ 'Α. –
— 3. καὶ Σαδ. ἐκ τῶν υἱ. 'Ελ. (3)
— 3. καὶ 'Αχ. ἐκ τῶν υἱ. 'Ιθ. (3)
— 4. εὑρέθησαν οἱ [A *om.*] υἱ. 'Ελ. πλείους . . . παρὰ τοὺς υἱ. 'Ιθ. (3, 3)
— 4. τοῖς υἱ. 'Ελ. ἄρχοντας (3)
— 4. τοῖς υἱ. 'Α. 'Ιθ. κατ' οἴκους πατριῶν (3)
— 5. ἐν τοῖς υἱ. 'Ελ. καὶ ἐν τοῖς υἱ. 'Ιθ. (3, 3)
— 6. ἔγραψεν αὐτοὺς Σαμ. υἱὸς Ναθ. (3)
— 6. καὶ 'Αχ. υἱὸς [A^1 -οἱ, A^2 -οῦ] 'Αβ. (3)
— 20. καὶ τοῖς υἱ. Λ. τοῖς καταλοίποις (3)
— 20. τοῖς υἱ. 'Α. Σ. (3)
— 20. R τοῖς υἱ. Σ. (3)
— 22. τοῖς υἱ. Σαλ. 'Ι. (3)
— 23. υἱοὶ 'Ι. (3)
— 24. A υἱοὶ [B *om.*] 'Οζ. Μ. (3)
— 24. υἱοὶ Μ. Σαμήρ (3)
— 25. υἱὸς [A -οἱ] 'Ι. Ζαχ. (3)
— 26. υἱοὶ Μερ. Μ. καὶ 'Ο. υἱοὶ 'Οζ. (3)
— 26. A υἱοὶ Βοννί (3)
— 27. A υἱοὶ [B τοῦ] Μερ. (3)
— 27. υἱοὶ αὐ. 'Ισ. καὶ Ζ. καὶ 'Αβ. (3)
— 28. B οὐκ ἦσαν αὐτῷ υἱοί (3)
— 29. υἱοὶ τοῦ Κ. 'Ιρ. (3)
— 30. καὶ υἱοὶ τοῦ Μ. (3)
— 30. οὗτοι υἱ. τῶν Λευιτῶν (3)

I Ch. 24. 31. καθὼς οἱ ἀδ. αὐ. υἱοὶ 'Α. (3)
25. 1. ἔστησε . . . τοὺς υἱ. 'Α. (3)
— 2. υἱοὶ 'Α. (3)
— 2. υἱοὶ 'Α. ἐχόμενοι τοῦ βασ. (3)
— 3. A^2 B υἱοὶ 'Ιδ. (3)
— 4. τῷ Αἰμ. υἱοὶ Αἰ. (3)
— 4. B υἱοὶ *Ωδ καὶ 'Ι. [A R *al.*] †
— 5. πάντες οὗτοι υἱ. τῷ Αἰ. (3)
— 5. ἔδωκεν ὁ θεὸς τῷ Αἰ. υἱοὺς δέκα τέσσαρας (3)
— 9. ἐξῆλθεν ὁ κλῆρος ὁ πρῶτος υἱῶν αὐ. –
— 9. ἀδελφοὶ αὐ. καὶ υἱοὶ αὐτοῦ (3)
— 10. B υἱὸς [A R -οἱ] αὐτοῦ καὶ ἀδελφοὶ αὐτοῦ (3)
— 11, 12, 13, 14, 15, 16, 17, 18, 19, 20, 21, 22, 23, 24, 25, 26, 27, 28, 29, 30, 31. υἱοὶ αὐ. καὶ ἀδελφοὶ αὐ. (3)
26. 1. υἱοὶ [A -οῖς] Κ. Μ. υἱὸς Κωρή (13, 3)
— 1. ἐκ τῶν υἱ. 'Α. (3)
— 2. B τὴν Μοσ. υἱοῦ Ζαχ. [A R *al.*] (3)
— 4. καὶ τῷ 'Αβδ. υἱοί (3)
— 6. τῷ Σαμ. υἱῷ αὐ. ἐτέχθησαν υἱοί (3, 3)
— 7. υἱοὶ Σαμ. . . . υἱ. δυνατοί (3, 3)
— 8. πάντες ἀπὸ τῶν υἱ. 'Αβδ. (3)
— 8. αὐτοὶ καὶ οἱ ἀδ. αὐ. καὶ υἱοὶ αὐτῶν (3)
— 9. καὶ τῷ Μοσ. υἱοί (3)
— 10. τῷ 'Ο. τῶν [A ἀπὸ τῶν] υἱ. Μερ. υἱοί (3, 3)
— 11. πάντες οὗτοι υἱ. καὶ ἀδελφοὶ τῷ 'Ι. (3)
— 14. υἱοὶ Σ. (3)
— 19. A αὗται αἱ διαιρέσεις τῶν πυλωρῶν τοῖς υἱ. Κ. καὶ τοῖς υἱ. [B *om.*] Μερ. (3, 3)
— 21. A υἱοὶ Λ. υἱοὶ [B οὗτοι] τῷ Γηρσωνί (3, 3)
— 21. B υἱοὶ 'Ι. –
— 22. υἱοὶ 'Ι. (3)
— 25. 'Ρ. υἱὸς [A *add.* αὐ.] καὶ 'Ωσ. (3)
— 29. Χ. καὶ υἱοὶ [A υἱ. αὐ.] τῆς ἐργασίας τῆς ἔξω (3)
— 30. A R τῷ Χ. 'Ασ. καὶ οἱ ἀδ. αὐ. υἱοὶ [B οἱ] δυνατοί (3)
— 32. καὶ οἱ ἀδ. αὐ. υἱοὶ δυνατοί (3)
27. 1. B καὶ οἱ [A R *om.*] υἱ. 'Ισρ. κατ' ἀριθμὸν αὐ. (3)
— 3. ἀπὸ τῶν υἱ. Φ. (3)
— 6. καὶ ἐπὶ τῆς διαιρέσεως αὐ. Λ. υἱὸς αὐ. (3)
— 7. καὶ Ζ. ὁ υἱ. αὐ. (3)
— 9. A 'Οδ. υἱὸς [B ὁ τοῦ] 'Εκκῆς (3)
— 10. Χ. ὁ ἐκ Φ. ἀπὸ τῶν υἱ. 'Εφρ. (3)
— 14. ὁ ἐκ Φ. τῶν υἱ. 'Εφρ. (3)
— 20. R τῷ ἡμίσει φυλῆς Μαν. 'Ι. υἱὸς Φ. [A B *al.*] (3)
— 21. τοῖς υἱ. Βεν. 'Ασ. –
— 32. καὶ 'Ι. ὁ τοῦ 'Αχ. μετὰ τῶν υἱ. τοῦ βασ. (3)
28. 1. R καὶ τῶν υἱ. αὐ. (3)
— 4. A R καὶ ἐν τοῖς υἱ. τοῦ πατρός μου (3)
— 5. καὶ ἀπὸ πάντων τῶν [A *om.*] υἱ. μου (3)
— 5. πολλοὺς υἱ. ἔδωκέ μοι κύριος (3)
— 5. ἐξελέξατο ἐν Σαλ. τῷ υἱ. μου (3)
— 6. Σαλ. ὁ υἱ. σου κληρονομήσει τὸν οἶκόν μου (3)
— 6. ᾑρέτικα ἐν αὐτῷ εἶναί μου υἱόν (3)
— 8. ἵνα κληρονομήσητε τὴν γῆν τὴν ἀγ. τοῖς υἱ. ὑμῶν (3)
— 9. A R καὶ νῦν, Σαλ. υἱέ μου [B *om.* υἱ. μ.] (3)
— 11. ἔδωκε Δ. Σαλ. τῷ υἱ. αὐ. τὸ παράδειγμα (3)
— 20. εἶπε Δ. Σαλ. τῷ υἱ. αὐ. (3)
29. 1. Σαλ. ὁ υἱ. μου . . . νέος καὶ ἁπαλός (3)
— 6. καὶ οἱ ἄρχοντες τῶν υἱ. 'Ισρ. †
— 19. Σαλ. τῷ υἱ. μου δὸς καρδίαν ἀγαθήν (3)
— 22. ἐβασίλευσαν . . . τὸν Σαλ. υἱὸν Δ. (3)
— 24. B οἱ [A R πάντες] υἱ. Δ. τοῦ βασ. . . . ὑπετάγησαν αὐτῷ (3)
— 26. Δ. υἱὸς 'Ι. ἐβασίλευσεν ἐπὶ 'Ισρ. (3)
— 28. ἐβασίλευσε Σαλ. υἱὸς αὐ. ἀντ' αὐτοῦ (3)
II Ch. 1. 1. ἐνίσχυσε Σαλ. υἱὸς Δ. (3)
— 5. ὃ ἐποίησε Βεσ. υἱὸς Οὐρ. υἱοῦ *Ωρ (3, 3)
2. 4 (3). ἐγὼ ὁ [A *om.*] υἱ. αὐ. οἰκοδομῶ οἶκον –
— 12 (11). ὃς ἔδωκε τῷ Δ. τῷ βασ. υἱὸν σοφόν (3)
5. 2. τοὺς ἡγουμένους πατριῶν υἱῶν 'Ισρ. (3)
— 10. ἃ διέθετο κύριος μετὰ τῶν υἱ. 'Ισρ. (3)
— 12. οἱ Λ. οἱ ψαλτῳδοὶ πάντες τοῖς υἱ. 'Α. τῷ Αἰ. τῷ 'Ιδ. καὶ τοῖς υἱ. αὐ. (–, 3)
6. 9. ὁ υἱ. σου ὃς ἐξελεύσεται ἐκ τῆς ὀσφύος σου (3)
— 16. πλὴν ἐὰν φυλάξωσιν οἱ υἱ. σου τὴν ὁδὸν αὐ. (3)
— 30. μόνος γινώσκεις τὴν καρδίαν υἱῶν ἀνθρώπων (3)
— 41. οἱ υἱ. σου εὐφρανθήτωσαν ἐν ἀγαθοῖς †
7. 3. πάντες οἱ [A *om.*] υἱ. 'Ισρ. ἑώρων (3)
8. 2. κατῴκισεν ἐκεῖ τοὺς υἱ. 'Ισρ. (3)

II Ch. 8. 8. ἦσαν ἐκ τῶν υἱ. αὐ. τῶν καταλειφθέντων (3)
— 8. οὓς ἐξωλέθρευσαν οἱ υἱ. 'Ισρ. (3)
— 9. ἐκ τῶν υἱ. 'Ισρ. οὐκ ἔδωκε Σ. (3)
9. 29. περὶ 'Ιερ. υἱοῦ Ν. (3)
— 31. ἐβασίλευσε 'Ρ. υἱὸς αὐ. ἀντ' αὐτοῦ (3)
10. 2. ὡς ἤκουσεν 'Ιερ. υἱὸς Ν. (3)
— 15. ὃν ἐλάλησεν . . . περὶ 'Ιερ. υἱοῦ Ναβάτ (3)
— 16. τίς ἡμῶν . . . κληρονομία ἐν υἱῷ 'Ι. (3)
— 18. ἐλιθοβόλησαν οἱ υἱ. 'Ισρ. αὐτὸν λίθοις (3)
11. 14. ἐξέβαλεν αὐτοὺς 'Ιερ. καὶ οἱ υἱ. αὐ. (3)
— 18. τὴν Μ. θυγατέρα 'Ιερ. υἱοῦ Δ. (3*, †)
— 19. ἔτεκεν αὐτῷ υἱούς (3)
— 21. ἐγέννησεν υἱοὺς εἴκοσι ὀκτώ (3)
— 23. ηὐξήθη παρὰ πάντας τοὺς υἱ. αὐ. (3)
12. 13. ἐκ πασῶν φυλῶν υἱῶν [A *om.*] 'Ισρ. –
— 16. ἐβασίλευσεν 'Α. υἱὸς αὐ. ἀντ' αὐτοῦ (3)
13. 5. ἔδωκε βασιλέα . . . τοῖς υἱ. αὐ. (3)
— 7. συνήχθησαν . . . ἄνδρες λοιμοὶ υἱ. παράνομοι (3)
— 7. A ἀντέστη πρὸς 'Ρ. υἱὸν [B τὸν τοῦ] Σ. (3)
— 8. διὰ χειρὸς υἱῶν Δ. (3)
— 9. ἢ οὐκ ἐξεβάλετε τοὺς ἱ. κυρίου τοὺς υἱ. 'Α. (3)
— 10. οἱ ἱ. λειτουργοῦσι τῷ κ. οἱ [A *om.*] υἱ. 'Α. (3)
— 12. οἱ υἱ. τοῦ 'Ισρ., πολεμήσετε (3)
— 16. ἔφυγον οἱ υἱ. 'Ισρ. ἀπὸ προσώπου 'Ι. (3)
— 18. ἐταπεινώθησαν οἱ υἱ. 'Ισρ. (3)
— 18. κατίσχυσαν οἱ υἱ. 'Ι. (3)
— 21. ἐγέννησεν υἱοὺς εἴκοσι δύο (3)
14. 1 (13. 23). ἐβασίλευσεν 'Α. υἱὸς αὐ. ἀντ' αὐτοῦ (3)
15. 1. καὶ 'Αζαρίας υἱὸς 'Ω. (3)
16. 2. ἀπέστειλε πρὸς τὸν υἱ. τοῦ *Α. (3)
— 4. ἤκουσεν υἱὸς 'Α. τοῦ βασ. *Α. (3)
17. 1. ἐβασίλευσεν 'Ιωσ. υἱὸς αὐ. ἀντ' αὐτοῦ (3)
— 7. ἀπέστειλε . . . τοὺς υἱ. τῶν δυνατῶν (3)
— 14. καὶ μετ' αὐτοῦ υἱ. δυνατοὶ δυνάμεως –
18. 7. οὗτος Μ. υἱὸς 'Ιεμ. (3)
— 8. τάχος Μιχαίαν υἱὸν 'Ιεμ. (3)
— 10. ἐποίησεν ἑαυτῷ Σεδ. υἱὸς Χ. κέρατα σιδηρᾶ (3)
— 23. ἤγγισε Σεδ. υἱὸς Χ. (3)
— 25. καὶ πρὸς 'Ι. ἄρχοντα υἱὸν τοῦ βασ. (3)
19. 11. A R καὶ Ζ. υἱὸς 'Ισμ. [B *om.* υἱ. 'Ισμ.] (3)
20. 1. ἦλθον οἱ υἱ. Μ. καὶ οἱ υἱ. 'Α. (3, 3)
— 10. καὶ νῦν ἰδοὺ υἱοὶ 'Α. (3)
— 14. A R τῷ 'Οζ. τῷ τοῦ Ζαχ. τῶν υἱ. Βαν. τῶν υἱ. [B *om.* Β. τ. υἱ.] 'Ελ. . . . ἀπὸ τῶν υἱ. 'Ασάφ (3 *ter*)
— 19. ἀνέστησαν οἱ Λ. ἀπὸ τῶν υἱ. Κ. καὶ ἀπὸ τῶν υἱ. Κ. (3, 3)
— 22. ἔδωκε κύριος πολεμεῖν τοὺς υἱ. 'Α. ἐπὶ Μ. (3)
— 23. A^2 B ἀπέστησαν οἱ υἱ. 'Α. καὶ Μ. (3)
21. 1. ἐβασίλευσεν 'Ι. υἱὸς αὐ. ἀντ' αὐτοῦ (3)
— 2. καὶ αὐτῷ ἀδελφοὶ υἱοὶ 'Ι. ἕξ (3)
— 2. πάντες οὗτοι υἱοὶ 'Ιωσ. βασιλέως 'Ι. (3)
— 7. δοῦναι αὐτῷ λύχνον καὶ τοῖς υἱ. αὐ. (3)
— 13. τοὺς ἀδ. σου υἱοὺς τοῦ πατρός σου . . . ἀπέκτεινας (2)
— 14. πατάξει σε . . . ἐν τοῖς υἱ. σου (3)
— 17. ἀπέστρεψαν . . . τοὺς υἱ. αὐ. (3)
— 17. οὐ κατελείφθη αὐτῷ υἱὸς ἀλλ' ἢ 'Οχ. ὁ μικρότατος τῶν υἱ. αὐ. (3, 3)
22. 1. ἐβασίλευσαν . . . τὸν 'Οχ. τὸν υἱ. αὐ. τὸν μικρόν (3)
— 1. ἐβασίλευσεν 'Οχ. υἱὸς 'Ι. βασιλέως 'Ι. (3)
— 5. ἐπορεύθη μετὰ 'Ι. υἱοῦ 'Αχ. εἰς πόλεμον (3)
— 6. 'Οχ. υἱὸς 'Ι. βασιλεὺς 'Ι. κατέβη θεάσασθαι τὸν 'Ι. υἱὸν 'Αχ. εἰς 'Ι. (3, 3)
— 7. B ἐξῆλθε μετ' αὐτοῦ 'Ι. πρὸς υἱὸν [A R 'Ι. υἱ.] Ναμ. (3)
— 9. υἱὸς 'Ιωσ. ἐστιν (3)
— 10. τέθνηκεν αὐτῆς ὁ υἱ. (3)
— 11. ἔλαβεν 'Ιωσ. . . . τὸν 'Ι. υἱὸν 'Οχ. (3)
— 11. ἔκλεψεν αὐτὸν ἐκ μέσου υἱῶν [A τῶν υἱ.] τοῦ βασ. (3)
23. 1. ἔλαβε . . . τὸν 'Αζ. υἱὸν 'Ι. καὶ τὸν 'Ισμ. υἱὸν 'Ι. καὶ τὸν 'Αζ. υἱὸν 'Ω. καὶ τὸν Μ. υἱὸν 'Α. καὶ τὸν 'Ελ. υἱὸν Ζαχ. (3 *quinquiens*)
— 3. A^2 B ἔδειξεν αὐτοῖς τὸν υἱ. –
— 3. ὁ υἱ. τοῦ βασ. βασιλευσάτω (3)
— 11. ἐξήγαγε τὸν υἱ. τοῦ βασ. (3)
— 11. ἔχρισαν αὐτὸν 'Ι. καὶ οἱ υἱ. αὐ. (3)
24. 3. ἐγέννησαν υἱούς (3)
— 7. οἱ υἱ. αὐ. κατέσπασαν τὸν οἶκον τοῦ θεοῦ (3)
— 22. ἐθανάτωσε τὸν υἱ. αὐ. (3)
— 25. ἐν αἵμασιν υἱοῦ 'Ι. τοῦ ἱερέως (3)

II Ch. 24. 27. καὶ οἱ υἱ. αὐ. πάντες (3)
— 27. ἐβασίλευσεν Ἀμ. υἱὸς αὐ. ἀντ' αὐτοῦ (3)
25. 4. τοὺς υἱ. αὐ. οὐκ ἀπέκτεινε (3)
— 4. υἱοὶ οὐκ ἀποθανοῦνται ὑπὲρ πατέρων (3)
— 7. οὐκ ἔστι κ. μετὰ Ἰσρ. πάντων τῶν υἱ. Ἐφρ. (3)
— 11. ἐπάταξεν ἐκεῖ τοὺς υἱ. Σ. (3)
— 12. δέκα χιλιάδας ἐζώγρησαν οἱ υἱ. Ἰ. (3)
— 13. υἱοὶ [A οἱ υἱ.] τῆς δυνάμεως οὓς ἀπέστρεψεν Ἀμ. (3)
— 14. ἤνεγκε πρὸς αὐτοὺς τοὺς θεοὺς υἱῶν Σ. (3)
— 17. A R ἀπέστειλε πρὸς Ἰ. υἱὸν Ἰ. υἱοῦ Ἰηού (3, 3)
— 18. δὸς τὴν θυγατέρα σου τῷ υἱ. μου (3)
— 23. R τὸν Ἀμ. βασ. Ἰ. τὸν τοῦ Ἰ. υἱοῦ Ἰ. [A B *al.*] (3)
— 24. καὶ τοὺς υἱ. τῶν συμμίξεων (3)
26. 1. R καὶ αὐτὸς υἱὸς [A B *om.*] ἑκκαίδεκα ἐτῶν (3)
— 3. υἱὸς δέκα ἓξ ἐτῶν Ὀζ. (3)
— 17. ἱερεῖς τοῦ κυρίου ὀγδοήκοντα υἱ. δυνατοί (3)
— 18. τοῖς ἱερεῦσιν υἱοῖς [A τοῖς υἱ.] Ἀ. τοῖς ἡγιασμ. (3)
— 21. καὶ Ἰ. ὁ υἱ. αὐ. ἐπὶ τῆς βασ. αὐ. (3)
— 23. ἐβασίλευσεν Ἰ. υἱὸς [A ὁ υἱ.] αὐ. ἀντ' αὐτοῦ (3)
27. 1. R υἱὸς [A B *om.*] εἴκοσι καὶ πέντε ἐτῶν Ἰ. (3)
— 5. ἐμαχέσατο πρὸς βασιλέα υἱῶν Ἀ. (3)
— 5. A R ἐδίδουν αὐτῷ οἱ υἱ. Ἀ. [B *om.* οἱ υἱ. Ἀ.] (3)
— 5. A[2] R ταῦτα ἔφερεν αὐτῷ βασιλεὺς υἱῶν [A[1] B *om.*] Ἀ. (3)
— 9. ἐβασίλευσεν Ἀ. υἱὸς αὐ. ἀντ' αὐτοῦ (3)
28. 1. A R υἱὸς [B *om.*] εἴκοσι ἐτῶν Ἀ. (3)
— 3. ὧν ἐξωλέθρευσε κ. ἀπὸ προσώπου υἱῶν [A τῶν υἱ.] Ἰσρ. (3)
— 7. ἀπέκτεινε . . . τὸν Μ. τὸν υἱ. τοῦ βασ. (3)
— 8. ᾐχμαλώτισαν οἱ υἱ. Ἰσρ. . . . τριακοσίας χιλιάδας γυναῖκας υἱοὺς θυγατέρας (3, 3)
— 10. υἱοὺς Ἰ. καὶ Ἰερ. ὑμεῖς λέγετε κατακτήσεσθαι (3)
— 12. ἀνέστησαν ἄρχοντες ἀπὸ τῶν υἱ. Ἐφρ. (3)
— 27. ἐβασίλευσεν Ἐζ. υἱὸς αὐ. ἀντ' αὐτοῦ (3)
29. 9. καὶ οἱ υἱ. ὑμῶν καὶ αἱ θυγατέρες ὑμῶν (3)
— 12. Μ. ὁ τοῦ Ἀ. καὶ Ἰ. ὁ τοῦ Ζ. ἐκ τῶν υἱ. Κ. (3)
— 12. καὶ ἐκ τῶν υἱ. Μερ. Κ. ὁ τοῦ Ἀ. καὶ Ζ. ὁ τοῦ Ε. (3)
— 12. καὶ ἀπὸ τῶν υἱ. Γ. (10)
— 12. οὗτοι υἱοὶ [A ὁ τοῦ] Ἰ. (3)
— 13. καὶ τῶν υἱ. Ἐλ. . . . καὶ τῶν υἱ. Ἀ. (3, 3)
— 14. καὶ τῶν υἱ. Αἱ. Ἰ. (3)
— 14. καὶ τῶν υἱ. Ἰδ. (3)
— 21. εἶπε τοῖς υἱ. Ἀ. τοῖς ἱ. ἀναβαίνειν (3)
30. 6. οἱ [A *om.*] υἱ. Ἰσρ., ἐπιστρέψατε (3)
— 21. ἐποίησαν οἱ υἱ. Ἰσρ. . . . τὴν ἑορτὴν τῶν ἀζύμων (3)
— 26. ἀπὸ ἡμερῶν Σαλ. υἱοῦ Δ. (3)
31. 5. A ἐπλεόνασαν οἱ υἱ. Ἰσρ. [B *al.*] (3)
— 5 (6). ἐπιδέκατα πάντα . . . ἤνεγκαν οἱ υἱ. Ἰσρ. (3)
— 13. Βαν. καὶ οἱ υἱ. αὐ. –
— 18. ἐν πάσῃ ἐπιγονῇ υἱῶν αὐ. (3)
— 19. τοῖς υἱ. Ἀ. τοῖς ἱερατεύουσι (3)
32. 20. προσηύξατο . . . Ἠσ. υἱὸς Ἀ. (3)
— 32. ἐν τῇ προφητείᾳ Ἠσ. υἱοῦ Ἀ. (3)
— 33. ἐν ἀναβάσει ταφῶν υἱῶν Δ. (3)
— 33. ἐβασίλευσε Μαν. υἱὸς αὐ. ἀντ' αὐτοῦ (3)
33. 2. οὓς ἐξωλέθρευσε κ. ἀπὸ προσώπου τῶν υἱ. Ἰσρ. (3)
— 7. B οὗ εἶπεν ὁ θ. πρὸς Δ. καὶ Σ. τὸν [A R *om.*] υἱ. αὐ. (3)
— 9. ἃ ἐξῆρε κ. ἀπὸ προσώπου υἱῶν [A τῶν υἱ.] Ἰσρ. (3)
— 20. ἐβασίλευσεν ἀντ' αὐτοῦ Ἀ. υἱὸς αὐ. (3)
— 23. B υἱὸς [A R υἱ. αὐ.] Ἀ. ἐπλήθυνε πλημμέλειαν †
— 25. ἐβασίλευσεν . . . τὸν Ἰωσ. υἱὸν αὐ. ἀντ' αὐτοῦ (3)
34. 8. A ἀπέστειλε τὸν Σ. υἱὸν Σ. . . . καὶ τὸν Ἰ. υἱὸν Ἰ. [B *al.*] (3)
— 9. ὃ συνήγαγον . . . ἀπὸ . . . υἱῶν Ἰούδα –
— 12. Ἰ. καὶ Ἀ. οἱ Λ. ἐξ υἱῶν Μερ. (3)
— 12. Ζαχ. καὶ Μοσ. ἐκ τῶν υἱ. Κ. (3)
— 20. ἐνετείλατο . . . τῷ Ἀχ. υἱῷ Σ. καὶ τῷ Ἀ. υἱῷ Μ. (3, 3)
— 22. πρὸς Ὀ. τὴν προφῆτιν γυναῖκα Σ. υἱοῦ Θ. υἱοῦ Χ. (3, 3)

II Ch. 34. 33. ἣ ἦν υἱῶν Ἰσρ. (3)
35. 3. ὃν ᾠκοδόμησε Σαλ. υἱὸς Δ. (3)
— 4. διὰ χειρὸς βασιλέως Σαλ. υἱοῦ αὐ. (3)
— 5. τοῖς ἀδελφοῖς ὑμῶν υἱοῖς [A τοῖς υἱ.] τοῦ λαοῦ (3)
— 7. ἀπήρξατο Ἰωσ. τοῖς υἱ. τοῦ λαοῦ (3)
— 12. κατ' οἴκους πατριῶν τοῖς υἱ. τοῦ λαοῦ (3)
— 13. ἔδραμον πρὸς πάντας τοὺς υἱ. τοῦ λαοῦ (3)
— 14. καὶ τοῖς ἀδελφοῖς αὐ. υἱοῖς Ἀ. (3)
— 15. καὶ οἱ ψαλτῳδοὶ υἱοὶ Ἀ. (3)
— 17. ἐποίησαν οἱ υἱ. Ἰσρ. οἱ εὑρεθέντες τὸ φασέκ (3)
36. 1. ἔλαβεν ὁ λαὸς τῆς γῆς τὸν Ἰ. υἱὸν Ἰωσ. (3)
— 2. A R υἱὸς [B *om.*] εἴκοσι καὶ τριῶν ἐτῶν (3)
— 4. κατέστησε Φ. Ν. τὸν Ἐλ. υἱὸν Ἰωσ. †
— 5. καὶ λῃστήρια Μωαβιτῶν καὶ υἱῶν Ἀ. –
— 8. ἐβασίλευσεν Ἰεχ. υἱὸς αὐ. ἀντ' αὐτοῦ (3)
— 9. A υἱὸς [B *om.*] ὀκτὼ καὶ δέκα ἐτῶν Ἰεχ. (3)
— 11. R ἐτῶν εἴκοσιν υἱὸς καὶ ἑνὸς ἔτους Σεδ. [A B *al.*] (3)
— 20. ἦσαν αὐτῷ καὶ τοῖς υἱ. αὐ. εἰς δούλους (3)
I Es. 1. 1. A ἔθυσαν οἱ υἱ. Ἰσρ. [B *om.* οἱ υἱ. Ἰσρ.] τὸ πάσχα
— 3. A ᾧ ᾠκοδόμησε Σ. ὁ υἱ. [B *om.*] τοῦ Δ.
— 5. κατὰ τὴν μεγαλειότητα Σ. τοῦ υἱ. αὐ.
— 5. τῶν ἔμπροσθεν τῶν ἀδελφῶν ὑ. υἱῶν Ἰσρ.
— 13, 14. καὶ τοῖς ἱερεῦσιν ἀδελφοῖς αὐ. υἱοῖς Ἀ.
— 15. καὶ οἱ ἱεροψάλται υἱοὶ Ἀ. ἦσαν ἐπὶ τῆς τάξεως αὐ.
— 19. ἠγάγοσαν οἱ υἱ. Ἰσρ. . . . τὸ πάσχα
— 34. ἀναλαβόντες . . . τὸν Ἰεχ. υἱὸν Ἰωσ.
— 43. ἐβασίλευσεν ἀντ' αὐτοῦ Ἰ. ὁ [A *om.*] υἱ. αὐ.
— 57. ἦσαν παῖδες αὐτῷ καὶ τοῖς υἱ. αὐ.
4. 37. ἄδικοι πάντες οἱ υἱ. τῶν ἀνθρώπων
5. 1. καὶ οἱ υἱ. καὶ αἱ θυγατέρες
— 5. οἱ ἱερεῖς υἱοὶ [A οἱ υἱ.] Φ. υἱοὶ Ἀαρών
— 9. υἱοὶ Φορός
— 9. A R υἱοὶ Σαφάτ [B[2] Ἀσάφ]
— 10. υἱοὶ Ἀρές
— 11. υἱοὶ Φ. Μ. εἰς τοὺς υἱ. Ἰησοῦ
— 12. υἱοὶ Ἠλ. . . . υἱοὶ Ζ. . . . υἱοὶ Χ. . . . υἱοὶ Βανεί
— 13. υἱοὶ Βηβαὶ . . . υἱοὶ Ἀ.
— 14. υἱοὶ Ἀδ. . . . υἱοὶ Β. . . . υἱοὶ Ἀδ.
— 15. υἱοὶ Ἀ. . . . υἱοὶ Κ. . . . υἱοὶ Ἀζ.
— 16. υἱοὶ Ἀνν. . . . υἱοὶ Ἀ. . . . υἱοὶ Β. . . . υἱοὶ Ἀρσ.
— 17. υἱοὶ Βαιτ. . . . υἱοὶ ἐκ Ῥ.
— 21. A υἱοὶ Φ. [B[2] Ν.]
— 22. υἱοὶ Καλ. . . . υἱοὶ Ἱερ.
— 23. υἱοὶ Σ.
— 24. B οἱ ἱερεῖς οἱ [A *om.*] υἱ. Ἰ. τοῦ υἱ. [A R *om.*] Ἰ. εἰς τοὺς υἱ. Σ. . . . υἱοὶ Ἐ.
— 25. υἱοὶ Φ. . . . υἱοὶ Χαρμή
— 26. οἱ Λ. υἱοὶ Ἰησ.
— 27. υἱοὶ ἱεροψάλται υἱοὶ Ἀσάφ
— 28. B υἱοὶ Λακ. . . . υἱοὶ Τ. [A R υἱοὶ Σ. υἱοὶ Ἀ. υἱοὶ Τ. υἱοὶ Δακ. υἱοὶ Ἀτ. υἱοὶ Σ.]
— 29. A B[2] R οἱ ἱερόδουλοι υἱοὶ Ἡ. υἱοὶ Ἀσ. υἱοὶ Ταβ. υἱοὶ Κ. υἱοὶ Σ. υἱοὶ Φαλ. υἱοὶ Λαβ. υἱοὶ Ἀ. [B[1] *om.* υἱ. Ἀ.]
— 30. υἱοὶ Ἀ. υἱοὶ Οὐ. υἱοὶ Κ. υἱοὶ Ἀ. υἱοὶ Σ. υἱοὶ Ἀ. υἱοὶ Κ. υἱοὶ Κ.
— 31. υἱοὶ Ἰ. υἱοὶ Δ. υἱοὶ Ν. υἱοὶ Χασ. υἱοὶ Κ. υἱοὶ Ὀζ. υἱοὶ Φ. υἱοὶ Ἀσ. υἱοὶ Β. υἱοὶ Ἀσσ. υἱοὶ Μ. υἱοὶ Ναφ. υἱοὶ Ἀκ. υἱοὶ Ἀχ. υἱοὶ Ἀσ. υἱοὶ Φαρ. υἱοὶ Β.
— 32. υἱοὶ Μ.
— 32. A R υἱοὶ Κ. υἱοὶ Χ.
— 32. υἱοὶ Β. υἱοὶ Σερ. υἱοὶ Θ. υἱοὶ Νασ. υἱοὶ Ἀτ.
— 33. υἱοὶ παίδων Σαλ. υἱοὶ Ἀ. υἱοὶ Φαρ. υἱοὶ Ἰ. υἱοὶ Λ. υἱοὶ Ἰσδ. υἱοὶ Σαφ.
— 34. A R υἱοὶ Ἀγ. υἱοὶ Φακ. υἱοὶ [B *om.*] Σαβ. υἱοὶ Σαρ. υἱοὶ Μ. υἱοὶ Γ. υἱοὶ Ἀ. υἱοὶ Σ. υἱοὶ Ἀφ. υἱοὶ Βαρ. υἱοὶ Σαφ. υἱοὶ Ἀ.
— 35. καὶ οἱ υἱ. τῶν παίδων Σαλ.
— 37. υἱοὶ Δ. τοῦ υἱ. τοῦ Β. υἱοὶ Νεκ.
— 38. υἱοὶ Ὀ. υἱοὶ Ἀ. υἱοὶ Ἰ.
— 47. ὄντων τῶν υἱ. Ἰσρ. ἑκάστου ἐν τοῖς ἰδίοις
— 58. ἔστη Ἰ. καὶ οἱ υἱ. . . . καὶ οἱ υἱ. Ἰησ. Ἠμ. καὶ οἱ υἱ. Ἰ. τοῦ Ἠλ. σὺν τοῖς υἱ.
— 59. καὶ οἱ Λ. υἱοὶ [A οἱ υἱ.] Ἀ.
7. 6. A ἐποίησαν οἱ υἱοὶ Ἰσρ. . . . καὶ οἱ λοιποὶ υἱ. Ἰσρ. [B *om.* υἱ. Ἰσρ.]
— 10. ἠγάγοσαν οἱ υἱ. Ἰσρ. . . . τὸ πάσχα
— 11. ὅτε ἡγνίσθησαν . . . πάντες οἱ υἱ. τῆς αἰχμαλωσίας

I Es. 7. 12. ἔθυσαν τὸ πάσχα πᾶσι τοῖς υἱ. τῆς αἰχμαλωσίας
— 13. καὶ ἐφάγοσαν οἱ υἱ. Ἰσρ. οἱ ἐκ τῆς αἰχμαλωσίας
8. 5. συνανέβησαν ἐκ τῶν υἱ. Ἰσρ.
— 21. B εἰς τὴν βασιλείαν τοῦ βασ. καὶ τῶν υἱ. [A R υἱ. αὐ.]
— 29. B ἐκ τῶν υἱ. Φ. Γ. ἐκ τῶν υἱ. Ἰ. Γαμ. -ῶν [A R ἐκ τῶν] υἱ. Δ.
— 30. A R τῶν υἱ. [B *om.* τ. υἱ.] Φ.
— 31. A R ἐκ τῶν υἱ. [B *om.*] Φ.
— 32. B ἐκ τῶν υἱ. Ζ. . . . τῶν [A R ἐκ τῶν] υἱ. Ἀδ.
— 33. ἐκ τῶν υἱ. Ἠλάμ
— 34. B ἐκ τῶν υἱ. Σοφ.
— 35. ἐκ τῶν υἱ. Ἰ.
— 36. ἐκ τῶν υἱ. Βαν.
— 37. A R ἐκ τῶν υἱ. [B *om.*] Β.
— 38. B υἱοὶ [A R ἐκ τῶν υἱ.] Ἀστάθ
— 39. ἐκ τῶν υἱ. Ἀδ.
— 40. ἐκ τῶν υἱ. Β.
— 42. A ἐκ τῶν υἱ. τῶν [B *om.* υἱ. τ.] ἱερέων
— 47. B τῶν υἱ. Μ. τοῦ Λευί . . . καὶ τοὺς υἱ. [A R υἱ. αὐ.]
— 48. οἱ ἐκ τῶν υἱ. Χαν. καὶ οἱ υἱ. αὐ. [A *al.*]
— 70. καὶ αὐτοὶ καὶ οἱ υἱ. αὐ.
— 84. τὰς θυγ. ὑμῶν μὴ συνοικίσητε τοῖς υἱ. [A τέκνοις] αὐ.
— 84. τὰς θυγ. αὐ. μὴ λάβητε τοῖς υἱ. [A τέκνοις] ὑμῶν
— 85. ἵνα . . . κατακληρονομήσητε τοῖς υἱ. ὑμῶν
— 92. Ἰεχ. Ἰ. τῶν [A ὁ τῶν] υἱ. Ἰσρ.
9. 19. ἐκ τῶν υἱ. Ἰ. τοῦ Ἰωσ.
— 21. ἐκ τῶν υἱ. Ἐ.
— 22. ἐκ τῶν υἱ. Φ.
— 26. ἐκ τῶν υἱ. [A *add.* υἱῶν] Φ.
— 27. ἐκ τῶν υἱ. Ἠλά
— 28. ἐκ τῶν υἱ. Ζαμ.
— 29. ἐκ τῶν υἱ. Βηβαί
— 30. ἐκ τῶν υἱ. Μανί
— 31. ἐκ τῶν υἱ. Ἀ.
— 32. ἐκ τῶν υἱ. Ἀνν.
— 33. ἐκ τῶν υἱ. Ἀσόμ
— 34. ἐκ τῶν υἱ. Β. . . . ἐκ τῶν υἱ. Ἐζ.
— 35. A R ἐκ τῶν υἱ. Ν. [B *al.*]
— 37. καὶ οἱ υἱ. Ἰσρ. ἐν ταῖς κατοικίαις αὐ.
II Es. 2. 1. B οὗτοι υἱοὶ [A R οἱ υἱ.] τῆς χώρας (3)
— 3. υἱοὶ Φ. (3)
— 4. υἱοὶ Σ. (3)
— 5. υἱοὶ Ἀ. (3)
— 6. υἱοὶ Φ. Μ. τοῖς υἱ. Ἰησ. (3, 3)
— 7. υἱοὶ Αἰ. (3)
— 8. υἱοὶ Ζ. (3)
— 9. υἱοὶ Ζακχ. (3)
— 10. υἱοὶ Βαν. (3)
— 11. υἱοὶ Βαβ. (3)
— 12. υἱοὶ Ἀ. (3)
— 13. υἱοὶ Ἀδων. (3)
— 14. υἱοὶ Β. (3)
— 15. υἱοὶ Ἀδ. (3)
— 16. υἱοὶ Ἀτὴρ τῷ Ἐζ. (3)
— 17. υἱοὶ Βασ. (3)
— 18. υἱοὶ Ἰ. (3)
— 19. υἱοὶ Ἀσ. (3)
— 20. υἱοὶ Γ. (3)
— 21. υἱοὶ Β. (3)
— 22. υἱοὶ Ν. (1)
— 23. υἱοὶ Ἀναθώθ (1)
— 24. υἱοὶ Ἀ. (3)
— 25. υἱοὶ Καρ. (3)
— 26. υἱοὶ τῆς Ῥ. (3)
— 29. υἱοὶ Ναβ. (3)
— 30. υἱοὶ Μαγ. (3)
— 31. υἱοὶ Ἠλαμάρ (3)
— 32. υἱοὶ Ἠράμ (3)
— 33. υἱοὶ Λ. (3)
— 34. υἱοὶ Ἱερ. (3)
— 35. υἱοὶ Σ. (3)
— 36. καὶ οἱ ἱερεῖς υἱοὶ Ἰ. (3)
— 37. υἱοὶ Ἐμμήρ (3)
— 38. υἱοὶ Φ. (3)
— 39. A R υἱοὶ Ἠρέμ (3)
— 40. υἱοὶ Ἰησ. καὶ Κ. τοῖς υἱ. Ὠ. (3, 3)
— 41. οἱ ᾄδοντες υἱοὶ Ἀσάφ (3)
— 42. υἱοὶ τῶν πυλωρῶν υἱοὶ Σ. υἱοὶ Ἀτ. υἱοὶ Τελμὼν υἱοὶ Ἀκοὺμ υἱοὶ Ἀτ. υἱοὶ Σ. (3 *septiens*)

II Es. 2. 43. υἱοὶ Σου. υἱοὶ [A -οῦ] 'Ασ. υἱοὶ Ταβ. (3 *ter*)
— 44. υἱοὶ Κ. υἱοὶ Σ. υἱοὶ Φαδών (3 *ter*)
— 45. υἱοὶ Λαβ. υἱοὶ 'Αγ. υἱοὶ 'Ακ. (3 *ter*)
— 46. υἱοὶ 'Αγὰβ υἱοὶ Σ. υἱοὶ 'Ανάν (3 *ter*)
— 47. υἱοὶ Γ. υἱοὶ Γ. υἱοὶ 'Ρ. (3 *ter*)
— 48. υἱοὶ 'Ρ. υἱοὶ Ν. υἱοὶ Γ. (3 *ter*)
— 49. υἱοὶ Οὐ. υἱοὶ Φ. υἱοὶ Βασ. (3 *ter*)
— 50. υἱοὶ 'Ασ. υἱοὶ Μ. υἱοὶ Ν. (3 *ter*)
— 51. υἱοὶ Βακ. υἱοὶ 'Α. υἱοὶ 'Αρούρ (3 *ter*)
— 52. υἱοὶ Βασ. υἱοὶ Μ. υἱοὶ 'Αρ. (3 *ter*)
— 53. A R υἱοὶ Βαρκ. υἱοὶ Σισ. [B *om.* υἱ. Σισ.] υἱοὶ Θ. (3 *ter*)
— 54. υἱοὶ Ν. υἱοὶ 'Ατ. (3, 3)
— 55. υἱοὶ δούλων Σ. υἱοὶ Σ. υἱοὶ 'Ασ. υἱοὶ Φαδ. [A *al.*] (3 *quater*)
— 56. υἱοὶ 'Ι. υἱοὶ Δ. υἱοὶ Γεδ. (3 *ter*)
— 57. υἱοὶ Σαφ. υἱοὶ 'Ατ. υἱοὶ Φ. υἱοὶ [A *om.*] 'Ασ. υἱοὶ 'Η. (3 *ter*, –, 3)
— 58. καὶ υἱοὶ [A οἱ υἱ.] 'Α. (3)
— 60. υἱοὶ Δ. υἱοὶ Β. [A *om.* υἱ. Β.] υἱοὶ Τωβ. υἱοὶ Νεκ. (3, –, 3, 3)
— 61. ἀπὸ τῶν υἱ. τῶν ἱερέων υἱοὶ Λ. υἱοὶ 'Ακ. υἱοὶ Β. (3 *quater*)
3. 1. R καὶ οἱ υἱ. 'Ισρ. ἐν πόλεσιν αὐ. [A B *al.*] (3)
— 9. ἔστη 'Ι. καὶ οἱ υἱ. αὐ. . . . Κ. καὶ οἱ υἱ. αὐ. υἱοὶ [A οἱ υἱ.] 'Ι. . . . υἱοὶ 'Ην. υἱοὶ αὐ. (3 *quinquiens*)
— 10. ἔστησαν . . . οἱ Λ. υἱοὶ 'Ασάφ (3)
4. 1. B οἱ [A R *om.*] υἱ. τῆς ἀποικίας οἰκοδομοῦσιν οἶκον (3)
5. 2. Ζορ. ὁ τοῦ Σαλ. καὶ 'Ι. ὁ υἱ. 'Ιωσ. (4)
6. 9. καὶ υἱοὺς βοῶν καὶ κριῶν (3)
— 10. εἰς ζωὴν τοῦ βασ. καὶ υἱῶν [A τῶν υἱ.] αὐ. (3)
— 14. ἐν προφητείᾳ . . . Ζαχ. υἱοῦ 'Αδ. (4)
— 16. ἐποίησαν οἱ υἱ. 'Ισρ. . . . καὶ οἱ κατάλοιποι υἱῶν ἀποικεσίας ἐγκαίνια (3, 3)
— 19. ἐποίησαν οἱ υἱ. τῆς ἀποικεσίας τὸ πάσχα (3)
— 20. ἔσφαξαν τὸ πάσχα τοῖς πᾶσιν υἱ. τῆς ἀποικεσίας (3)
— 21. ἔφαγον οἱ υἱ. 'Ισρ. τὸ πάσχα (3)
7. 1. ἀνέβη 'Ε. υἱὸς Σαρ. υἱοῦ 'Αζ. υἱοῦ Χ. (3 *ter*)
— 2. υἱοῦ Σ. υἱοῦ Σαδδ. υἱοῦ 'Αχ. (3 *ter*)
— 3. υἱοῦ Σαμ. υἱοῦ 'Ε. υἱοῦ Μαρ. (3 *ter*)
— 4. υἱοῦ Ζαρ. υἱοῦ 'Ο. υἱοῦ Βοκκί (3 *ter*)
— 5. υἱοῦ 'Αβ. υἱοῦ Φιν. υἱοῦ 'Ελ. υἱοῦ 'Ααρών (3 *quater*)
— 7. ἀνέβησαν ἀπὸ υἱῶν 'Ισρ. (3)
— 23. ἐπὶ τὴν βασιλείαν τοῦ βασ. καὶ τῶν υἱ. αὐ. (3)
8. 2. ἀπὸ υἱῶν Φ. Γ. ἀπὸ υἱῶν 'Ιθ. Δαν. ἀπὸ υἱῶν Δ. 'Α. (3 *ter*)
— 3. ἀπὸ υἱῶν Σ. ἀπὸ υἱῶν Φόρος (3, 3)
— 4. ἀπὸ υἱῶν Φ. Μ. 'Ελ. υἱὸς Ζαρ. (3, 3)
— 5. A R ἀπὸ υἱῶν Ζαθ. Σεχ. υἱὸς 'Αζ. (3, 3)
— 6. ἀπὸ υἱῶν 'Αδ. 'Ωβ. υἱὸς 'Ιων. (3, 3)
— 7. ἀπὸ υἱῶν 'Ηλ. 'Ι. υἱὸς 'Αθ. (3, 3)
— 8. ἀπὸ υἱῶν Σαφ. Ζ. υἱὸς Μ. (3, 3)
— 9. ἀπὸ υἱῶν 'Ι. 'Α. υἱὸς 'Ι. (3, 3)
— 10. ἀπὸ υἱῶν Β. Σ. υἱὸς 'Ιωσ. (3, 3)
— 11. B ἀπὸ υἱῶν Βαβὶ καὶ [A R *om.*] 'Αζ. υἱὸς Βαβί (3, 3)
— 12. ἀπὸ υἱῶν 'Α. 'Ι. υἱὸς 'Ακ. (3, 3)
— 13. ἀπὸ υἱῶν 'Αδ. ἔσχατοι (3)
— 14. ἀπὸ υἱῶν Β. (3)
— 15. ἀπὸ υἱῶν Λ. οὐχ εὗρον ἐκεῖ (3)
— 18. ἀπὸ υἱῶν Μ. υἱοῦ Λευὶ υἱοῦ 'Ισρ. (3 *ter*)
— 18. B ἤλθοσαν υἱοὶ [A R οἱ υἱ.] αὐ. (3)
— 19. καὶ τὸν 'Ισ. ἀπὸ υἱῶν Μερ. (3)
— 19. ἀδελφοὶ αὐ. καὶ υἱοὶ [A οἱ υἱ.] αὐ. εἴκοσι (3)
— 33. ἐπὶ χεῖρα Μ. υἱοῦ Οὐρ. (3)
— 33. καὶ μετ' αὐτοῦ 'Ελ. υἱὸς Φ. (3)
— 33. A R καὶ μετ' αὐτῶν 'Ι. υἱὸς 'Ι. καὶ Ν. υἱὸς Β. [B *al.*] (3, 3)
— 35. υἱοὶ τῆς παροικίας προσήνεγκαν ὁλοκαυτώσεις (3)
9. 2. ἐλάβοσαν ἀπὸ θυγατέρων αὐ. . . . τοῖς υἱ. αὐ. (3)
— 7. παρεδόθημεν ἡμεῖς . . . καὶ οἱ υἱ. ἡμῶν –
— 12. τὰς θυγ. ὑμῶν μὴ δῶτε τοῖς υἱ. αὐ. (3)
— 12. ἀπὸ τῶν θυγατέρων αὐ. μὴ λάβητε τοῖς υἱ. ὑμῶν (3)
— 12. ὅπως . . . κληροδοτήσητε τοῖς υἱ. ὑμῶν (3)
10. 2. ἀπεκρίθη Σεχ. υἱὸς 'Ι. ἀπὸ υἱῶν 'Η. (3, 3)
— 6. εἰς γαζοφυλάκιον 'Ι. υἱοῦ 'Ελ. (3)
— 7. S R πᾶσι τοῖς υἱ. τῆς ἀποικίας (3)
— 15. πλὴν 'Ιων. υἱὸς 'Α. καὶ Λ. υἱὸς 'Ε. μετ' ἐμοῦ (3, 3)

II Es. 10. 16. ἐποίησαν οὕτως υἱοὶ [A οἱ υἱ.] τῆς ἀποικίας (3)
— 18. A B εὑρέθη ἀπὸ υἱῶν [S[2] τῶν υἱ.] τῶν ἱερέων (3)
— 18. ἀπὸ υἱῶν 'Ι. υἱοῦ 'Ιωσ. (3, 3)
— 20. ἀπὸ υἱῶν 'Ε. (3)
— 21. ἀπὸ υἱῶν 'Η. (3)
— 22. ἀπὸ υἱῶν Φασούρ (3)
— 23. S[2] ἀπὸ τῶν υἱ. τῶν [A B S[1] *om.* υἱ. τῶν] Λευιτῶν –
— 25. ἀπὸ υἱῶν Φ. (3)
— 26. ἀπὸ υἱῶν 'Ηλάμ (3)
— 27. ἀπὸ υἱῶν Ζαθ. (3)
— 28. ἀπὸ υἱῶν Βαβεί (3)
— 29. ἀπὸ υἱῶν Βαν. (3)
— 30. ἀπὸ υἱῶν Φ. Μ. (3)
— 31. ἀπὸ υἱῶν 'Ηράμ (3)
— 33. ἀπὸ υἱῶν 'Ασ. (3)
— 34. ἀπὸ υἱῶν Β. (3)
— 38. B S οἱ υἱ. Β. καὶ υἱοὶ [A R οἱ υἱ.] Σεμ. †, †
— 43. ἀπὸ υἱῶν Ναβού (3)
— 44. ἐγέννησαν ἐξ αὐτῶν υἱούς (3)
Ne. 1. 1. λόγοι Νεεμία υἱοῦ Χ. (3)
— 6. ἣν ἐγὼ προσεύχομαι . . . περὶ υἱῶν 'Ισρ. (3)
— 6. ἐξαγορεύω ἐπὶ ἁμαρτίαις υἱῶν 'Ισρ. (3)
2. 10. ζητῆσαι ἀγαθὸν τοῖς υἱ. 'Ισρ. (3)
3. 2. ἐπὶ χεῖρας ἀνδρῶν υἱῶν [A υἱ. ἀ.] 'Ιερ. †
— 2. ἐπὶ χεῖρας υἱῶν Ζ. υἱοῦ 'Α. (†, 3)
— 3. τὴν πύλην τὴν ἰχθ. ᾠκοδόμησαν υἱοὶ 'Ασ. (3)
— 4. ἐπὶ [A S ἀπὸ] 'Ρ. υἱοῦ Οὐρ. υἱοῦ 'Ακ. (3, 3)
— 4. A S R κατέσχεν Μοσ. υἱὸς Βαρ. υἱοῦ Μαζ. (3, 3)
— 4. B S κατέσχε Σαδ. υἱὸς Βαανά (3)
— 6. S ἐκράτησαν υἱοὶ 'Εδὰ υἱὸς Φ. καὶ Μεσ. υἱὸς Β. [A B *al.*] (†, 3, 3)
— 8. R παρησφαλίσατο 'Οζ. υἱὸς 'Αρ. (3)
— 8. 'Αν. υἱὸς τοῦ 'Ι. (3)
— 9. R ἐκράτησε 'Ρ. υἱὸς Σούρ [ABS *om.* υἱ. Σ.] (3)
— 10. ἐκράτησεν 'Ιεδ. υἱὸς 'Ε. (3)
— 10. ἐκράτησεν 'Α. υἱὸς 'Ασ. (3)
— 11. ἐκράτησε Μελχ. υἱὸς [S ὁ υἱ.] 'Η. καὶ 'Ασ. υἱὸς Φ. Μ. (3, 3)
— 12. ἐκράτησε Σ. υἱὸς 'Η. (3)
— 14. ἐκράτησε Μελχ. υἱὸς 'Ρηχὰβ . . . αὐτὸς καὶ οἱ υἱ. αὐ. (3, †)
— 15. R ἠσφαλίσατο Σαλ. υἱὸς Χ. (3)
— 16. ἐκράτησε Νεεμ. υἱὸς 'Αζ. (3)
— 17. ἐκράτησαν οἱ Λ. Β. υἱὸς Β. (3)
— 18. ἐκράτησαν ἀδελφοὶ αὐ. Β. υἱὸς 'Ην. (3)
— 19. ἐκράτησεν ἐπὶ χεῖρα αὐ. 'Αζ. υἱὸς 'Ιησοῦ (3)
— 20. ἐκράτησε Βαρουχ υἱὸς Ζαβ. (3)
— 21. ἐκράτησε Μερ. υἱὸς Οὐρ. υἱοῦ 'Ακ. (3, 3)
— 23. B S[2] ἐκράτησεν 'Αζ. υἱὸς Μ. υἱὸς [A S[1] R -οῦ] 'Αν. (3, 3)
— 24. ἐκράτησε Βανὶ υἱὸς 'Ην. (3)
— 25. Φαλ. υἱοῦ Εὐ. ἐξ ἐναντίας τῆς γωνίας (3)
— 25. μετ' αὐτὸν Φαδ. υἱὸς Φόρος (3)
— 29. μετ' αὐτὸν ἐκράτησε Σαδ. υἱὸς 'Ε. (3)
— 29. μετ' αὐτὸν ἐκράτησε Σ. υἱὸς Σ. (3)
— 30. S μετ' αὐτὸν ἐκράτησεν 'Αν. υἱὸς Τ. καὶ 'Αν. υἱὸς Τ. καὶ Τ. υἱὸς 'Ε. [A B *al.*] (3, –, 3)
— 30. μετ' αὐτὸν ἐκράτησε Μεσ. υἱὸς Βαρ. (3)
— 31. μετ' αὐτὸν ἐκράτησε Μελχ. υἱὸς τοῦ Σ. (3)
4. 14 (8). παρατάξασθε περὶ . . . υἱῶν ὑμῶν (3)
5. 2. ἐν υἱοῖς ἡμῶν . . . ἡμεῖς πολλοί (3)
— 3. S[1] ἐν υἱοῖς [A B S[2] ἀγροὶ] ἡμῶν καὶ ἀμπελῶνες ἡ. †
— 5. B S ὡς υἱοὶ ἡμῶν υἱοὶ αὐτῶν [A R *al.*] (3, 3)
— 5. καταδυναστεύομεν τοὺς υἱ. [A τοῖς υἱ.] ἡμῶν (3)
6. 10. ABS[1] εἰς οἶκον Σεμ. υἱοῦ Δαλ. υἱὸν [S[2]R -οῦ] Μ. (3, 3)
— 18. γαμβρὸς ἦν τοῦ Σεχ. υἱοῦ 'Ηρ. (3)
— 18. 'Ι. υἱὸς αὐ. ἔλαβε τὴν θυγ. Μεσ. υἱοῦ Βαρ. εἰς γυναῖκα (3, 3)
7. 6. οὗτοι υἱ. [A οἱ υἱ.] τῆς χώρας οἱ ἀναβάντες (3)
— 7. B[1] ἄνδρες υἱοῦ [B[2] τοῦ, A S R λαοῦ] 'Ισρ. †
— 8. υἱοὶ Φόρος (3)
— 9. υἱοὶ Σαφατία (3)
— 10. υἱοὶ 'Ηρ. (3)
— 11. υἱοὶ Φαὰθ Μ. τοῖς υἱ. 'Ιησοῦ (3, 3)
— 12. υἱοὶ Αἰλάμ (3)
— 13. υἱοὶ Ζαθ. (3)
— 14. υἱοὶ Ζ. (3)
— 15. υἱοὶ Βανουί (3)

Ne. 7. 16. υἱοὶ Βηβί (3)
— 17. υἱοὶ 'Ασ. (3)
— 18. υἱοὶ 'Αδ. (3)
— 19. υἱοὶ Β. (3)
— 20. υἱοὶ 'Ηδ. (3)
— 21. υἱοὶ 'Ατὴρ τῷ 'Εζ. (3)
— 22. υἱοὶ 'Ησ. (3)
— 23. υἱοὶ Β. (3)
— 24. υἱοὶ 'Αρ. (3)
— 24. S R υἱοὶ 'Ασέν –
— 25. υἱοὶ Γαβ. (3)
— 26. A S R υἱοὶ Β. . . . υἱοὶ Νετ. (1, –)
— 27. A S R υἱοὶ 'Αν. (1)
— 33. A S υἱοὶ Μαγ. –
— 35. υἱοὶ 'Ηράμ (3)
— 36. υἱοὶ 'Ιερ. (3)
— 37. υἱοὶ Λόδ (3)
— 38. υἱοὶ Σαν. (3)
— 39. οἱ ἱερεῖς υἱοὶ [S οἱ υἱ.] 'Ι. (3)
— 40. B υἱοὶ [S *add.* Χ., A R *add.* 'Ε.] χίλιοι (3)
— 41. υἱοὶ Φασ. (3)
— 42. υἱοὶ 'Ηρ. (3)
— 43. οἱ Λ. υἱοὶ [S οἱ υἱ.] 'Ι. τῷ Κ. τοῖς υἱ. τοῦ Οὐ. (3, 3)
— 44. οἱ ᾄδοντες υἱοὶ [S οἱ υἱ.] 'Ασ. (3)
— 45. B οἱ πυλωροὶ υἱοὶ Σ. υἱοὶ 'Ατὴρ υἱοῦ 'Α. [A S R *om.* υἱ. 'Α.] υἱοὶ Τ. υἱοὶ 'Ακ. υἱοὶ 'Ατ. υἱοὶ Σαβ. (3, 3, –, 3 *quater*)
— 46. οἱ Ναθ. υἱοὶ Σ. υἱοὶ 'Ασ. υἱοὶ Ταβ. (3 *ter*)
— 47. υἱοὶ Κιρ. υἱοὶ 'Ασ. υἱοὶ Φ. (3 *ter*)
— 48. υἱοὶ Λαβ. υἱοὶ 'Αγ. (3, 3)
— 48. A S υἱοὶ 'Ακ. υἱοὶ Οὐ. υἱοὶ Κητ. υἱοὶ Γ. (– *quater*)
— 48. υἱοὶ Σ. (3)
— 49. A υἱοὶ 'Α. υἱοὶ Γ. υἱοὶ Γ. [BS *om.* υἱ. Γ.] (3 *ter*)
— 50. υἱοὶ 'Ρ. υἱοὶ 'Ρασ. υἱοὶ Νεκ. (3 *ter*)
— 51. υἱοὶ Γηζ. υἱοὶ 'Οζὶ υἱοὶ Φ. (3 *ter*)
— 52. υἱοὶ Β. υἱοὶ Μ. υἱοὶ Νεφ. (3 *ter*)
— 53. υἱοὶ Β. υἱοὶ 'Αχ. υἱοὶ 'Αρ. (3 *ter*)
— 54. υἱοὶ Βασ. υἱοὶ Μ. υἱοὶ 'Αδ. (3 *ter*)
— 55. υἱοὶ Βαρκ. υἱοὶ Σ. υἱοὶ 'Η. (3 *ter*)
— 56. υἱοὶ 'Ασ. υἱοὶ 'Ατ. (3, 3)
— 57. υἱοὶ δούλων Σαλ. [S[1] *om.*] υἱοὶ Σουτ. υἱοὶ Σαφ. υἱοὶ Φ. (3 *quater*)
— 58. υἱοὶ 'Ι. υἱοὶ Δ. υἱοὶ Γαδ. (3 *ter*)
— 59. υἱοὶ Σαφ. υἱοὶ 'Ε. υἱοὶ Φ. υἱοὶ Σαβ. υἱοὶ 'Ημ. (3 *ter*, –, 3)
— 60. καὶ υἱοὶ δούλων [S *om.*] Σαλ. (3)
— 62. A S υἱοὶ Δαλ. υἱοὶ Β. [B *om.* υἱ. Β.] υἱοὶ Τ. υἱοὶ Νεκ. (3, –, 3, 3)
— 63. ἀπὸ τῶν ἱερέων υἱοὶ 'Ε. υἱοὶ 'Ακ. υἱοὶ Βερζ. (3 *ter*)
8. 1 (7. 73). καὶ οἱ υἱ. 'Ισρ. ἐν πόλεσιν αὐ. (3)
— 14. ὅπως κατοικήσωσιν οἱ υἱ. 'Ισρ. ἐν σκηναῖς (3)
— 17. οὐκ ἐποίησαν ἀπὸ ἡμερῶν 'Ι. υἱοῦ Ν. οὕτως οἱ υἱ. 'Ισρ. (3, 3)
9. 1. συνήχθησαν οἱ υἱ. 'Ισρ. ἐν νηστείᾳ (3)
— 1. S[1] ἐχωρίσθησαν οἱ υἱ. 'Ισρ. ἐν νηστείᾳ –
— 2. ἐχωρίσθησαν οἱ υἱ. 'Ισρ. ἀπὸ παντὸς υἱ. ἀλλοτρίου (5, 3)
— 4. A S[2] R ἔστη . . . 'Ι. καὶ υἱοὶ Καδμ. Σ. υἱὸς Σαρ. υἱοὶ Χαν. [B S[1] *om.* υἱ. Χαν.] († *ter*)
— 5. S[1] εἶποσαν οἱ υἱ. [A B S[2] *om.*] Λ. –
— 23. τοὺς υἱ. αὐ. ἐπλήθυνας (3)
10. 1 (2). Νεεμ. υἱὸς 'Αχ. (3)
— 2 (3). καὶ Σεδ. υἱὸς Σαρ. –
— 9 (10). καὶ οἱ Λ. 'Ι. υἱὸς 'Αζ. Βαν. ἀπὸ υἱῶν 'Ην. (3, 3)
— 13 (14). υἱοὶ Βεν. †
— 14 (15). υἱοὶ Βαν. †
— 28 (29). γυναῖκες αὐ. υἱοὶ αὐτῶν (3)
— 30 (31). τὰς θυγατέρας αὐ. οὐ λημψόμεθα τοῖς υἱ. ἡμῶν (3)
— 35 (37). καὶ τὰ πρωτότοκα υἱῶν [S τῶν υἱ.] ἡμῶν (3)
— 38 (39). A S[2] R ἔσται ὁ ἱερεὺς υἱὸς [B S[1] *om.*] 'Α. μετὰ τοῦ Λ. (3)
— 39 (40). A S εἰς τοὺς θησαυροὺς εἰσοίσουσιν οἱ υἱ. 'Ισρ. καὶ οἱ υἱ. τοῦ Λ. [B *al.*] (3, 3)
11. 3. καὶ οἱ υἱ. δούλων Σαλ. (3)
— 4. ἐκάθισαν ἀπὸ υἱῶν 'Ι. καὶ ἀπὸ υἱῶν Βεν. (3, 3)
— 4. ἀπὸ υἱῶν 'Ι. 'Αθ. υἱὸς 'Α. υἱὸς Ζαχ. υἱὸς Σαμ. υἱὸς Σαφ. υἱὸς Μαλ. καὶ ἀπὸ υἱῶν Φ. (3 *septiens*)
— 5. Μ. υἱὸς Βαρουχ υἱὸς Χαλ. υἱὸς 'Οζ. υἱὸς 'Α. υἱὸς 'Ι. υἱὸς Θ. υἱὸς τοῦ Δ. (3 *septiens*)

Ne. 11. 6. πάντες υἱοὶ Φ. (3)
— 7. A S καὶ οὗτοι υἱ. Βεν. Σηλ. υἱὸς Μ. υἱὸς Ἰ. υἱὸς [B *om.* Ἰ. υἱ.] Ἰ. υἱὸς Φ. υἱὸς Κ. υἱὸς Μ. υἱὸς Αἰ. υἱὸς Ἰ. (3 *ter*, –, 3 *quinquiens*)
— 9. Ἰ. υἱὸς Ζεχρὶ . . . καὶ Ἰ. υἱὸς [A *om.*] Ἀσ. (3, 3)
— 10. Δ. υἱὸς Ἰω. (3)
— 11. Σαρ. υἱὸς Ἐλ. υἱὸς Μεσ. υἱὸς Σαδ. υἱὸς Μαρ. υἱὸς Ἀ. (3 *quinquiens*)
— 12. S^{2} R Ἀδ. υἱὸς Ἰ. υἱοῦ Φ. υἱοῦ [A *om.*] Ἀμ. [B *al.*] (3 *ter*)
— 12. υἱὸς [S^{2} -οῦ] Ζαχ. υἱὸς Φασ. υἱὸς [A *om.*] Μελχ. (3 *ter*)
— 13. καὶ Ἀμ. υἱὸς Ἐ. (3)
— 13. S^{2} υἱοῦ Ἀζ. υἱοῦ Μασ. υἱοῦ Ἐ. [R *al.*] (3 *ter*)
— 14. S^{2} R υἱὸς τῶν μεγάλων (3)
— 15. ἀπὸ τῶν Λ. Σαμ. υἱὸς Ἀσ. υἱὸς Ἐ. (3, 3)
— 16 (15). S^{2} υἱὸς Ἀσ. υἱοῦ Β. (3, 3)
— 17. καὶ Μαθ. υἱὸς Μ. (3)
— 17. S^{2} υἱοῦ [*cod.* υοι] Ζ. υἱοῦ Ἀ. (3, 3)
— 17. S^{2} καὶ Ἀβδὰς υἱὸς Σαμμ. υἱοῦ Γ. υἱοῦ Ἰδ. (3 *ter*)
— 17. A B S^{1} καὶ Ἰ. υἱὸς Σαμ. –
— 22. καὶ ἐπίσκοπος Λ. υἱὸς [S^{2} -οῦ] Β. [R *add.* υἱὸς] Ὀζεὶ υἱὸς [S^{2} υἱοῦ] Ἀσ. [S^{2} *add.* υἱοῦ Μαθθ.] υἱὸς [S^{2} -οῦ] Μ. (3, –, 3, [3], 3)
— 22. ἀπὸ υἱῶν [S τῶν υἱ.] Ἀσ. τῶν ᾀδόντων (3)
— 24. καὶ Π. υἱὸς Βασ. (3)
— 24. S^{2} ἀπὸ τῶν Ζ. υἱοῦ Ἰ. (3)
— 25. ἀπὸ υἱῶν Ἰ. ἐκάθισαν ἐν Κ. (3)
— 31. καὶ οἱ [A *om.*] υἱ. Βεν. ἀπὸ Γ. (3)
12. 1. οἱ ἀναβάντες μετὰ Ζορ. υἱοῦ Σαλ. (3)
— 23. υἱοὶ Λευί (3)
— 23. ἕως ἡμερῶν Ἰ. υἱοῦ [S^{1} -ὸς] Ἐλ. (3)
— 24. καὶ υἱοὶ Καδμ. καὶ οἱ ἀδ. αὐ. (3)
— 26. S R ἐν ἡμέραις Ἰωακεὶμ υἱοῦ Ἰησ. υἱοῦ [A B *om.*] Ἰ. (3, 3)
— 28. συνήχθησαν οἱ υἱ. τῶν ᾀδόντων (3)
— 35. καὶ ἀπὸ υἱῶν τῶν ἱ. ἐν σάλπιγξι Ζ. υἱὸς Ἰ. υἱὸς Σαμ. υἱὸς Μ. υἱὸς [A ὁ υἱ.] Μιχ. υἱὸς Ζ. υἱὸς Ἀ. (3 *septiens*)
— 45. ὡς ἐντολαὶ Δ. καὶ Σαλ. υἱοῦ αὐ. (3)
— 47. καὶ οἱ Λ. ἁγιάζοντες τοῖς υἱ. Ἀ. (3)
13. 2. οὐ συνήντησαν τοῖς υἱ. Ἰσρ. ἐν ἄρτῳ (3)
— 13. ἐπὶ χεῖρα αὐ. Ἀ. υἱὸς Ζακχ. υἱὸς Μ. (3, 3)
— 16. πᾶσαν πρᾶσιν πωλοῦντες . . . τοῖς υἱ. Ἰ. (3)
— 17. ἐμαχεσάμην τοῖς υἱ. Ἰ. τοῖς ἐλευθέροις †
— 24. καὶ οἱ υἱ. αὐ. ἥμισυ λαλοῦντες Ἀζ. (3)
— 25. ἐὰν δῶτε τὰς θυγατέρας ὑμῶν τοῖς υἱ. αὐ. (3)
— 25. ἐὰν λάβητε ἀπὸ τῶν θυγ. αὐ. τοῖς υἱ. ὑμῶν (3)
— 28. ἀπὸ υἱῶν Ἰ. τοῦ Ἐλ. (3)
To. 1. 6. ἐδίδουν αὐτὰς τοῖς ἱερεῦσι τοῖς υἱ. Ἀ.
— 7. τὴν δεκάτην ἐδίδουν τοῖς υἱ. Λευί [S *al.*]
— 8. S^{1} τοῖς προσκειμένοις τοῖς υἱοῖς Ἰσρ. [S^{2} *al.*]
— 9. S ἐγέννησα ἐξ αὐτῆς υἱόν [A B *al.*]
— 15. ἐβασίλευσε Σενν. ὁ [S *om.*] υἱ. αὐτοῦ ἀντ' αὐτοῦ
— 18. S πολλοὺς γὰρ ἀπέκτεινεν . . . ἐκ τῶν υἱ. Ἰσρ. [A B *al.*]
— 20. οὐ κατελείφθη μοι οὐδὲν πλὴν . . . Τ. τοῦ υἱ. μου
— 21. ἕως οὗ ἀπέκτειναν αὐτὸν οἱ δύο υἱ. αὐ.
— 21. A B ἐβασίλευσε Σαχερδονὸς ὁ [S R *om.*] υἱ. αὐ. ἀντ' αὐτοῦ
— 21. B Ἀχ. τὸν Ἀναὴλ υἱὸν [A τὸν υἱ.] τοῦ ἀδελφοῦ μου [S τὸν τοῦ ἀδ. μου υἱ.]
— 22. κατέστησεν αὐτὸν ὁ Σαχ. υἱὸς [S *om.*] ἐκ δευτέρας
2. 1. ἀπεδόθη μοι . . . Τ. ὁ υἱ. μου
— 2. εἶπα τῷ [S *add.* Τωβείᾳ τῷ] υἱ. μου
3. 9. μὴ ἴδοιμέν σου [S^{1} *om.*] υἱόν
— 15. A B οὐδὲ ὑπάρχων αὐτῷ υἱός
— 17. Σάρραν . . . δοῦναι Τωβίᾳ τῷ υἱ. Τωβὶτ γυναῖκα [S *al.*]
4. 2. τί οὐ καλῶ Τωβίαν τὸν υἱ. μου
— 3. S ἐκάλεσε Τωβείαν τὸν υἱ. αὐ. [A B *al.*]
— 12. A B υἱοὶ προφητῶν ἐσμεν
— 13. A B μὴ ὑπερηφανεύου τῇ καρδίᾳ σου ἀπὸ . . . τῶν υἱ. . . . τοῦ λαοῦ σου
5. 3. S εἶπεν Τωβείᾳ τῷ υἱ. αὐ.
— 5. S ἐκ τῶν υἱ. Ἰσρ. τῶν ἀδ. σου
— 8. S ἄνθρωπον εὗρον τῶν ἀδ. ἡμῶν τῶν υἱ. Ἰσρ. [A B *al.*]
— 9. S Τωβείας ὁ υἱ. μου θέλει πορευθῆναι
To. 5. 11. A B ὃς συμπορεύσεται μετὰ τοῦ υἱ. σου
— 13. ἐπιγίνωσκον . . . Ἀν. καὶ Ἰ. τοὺς υἱ. Σεμ. [S *al.*]
— 14. τὰ δέοντά σοι ὡς καὶ τῷ υἱ. μου [S *al.*]
— 14. S πορεύθητι μετὰ τοῦ υἱ. μου
— 16. S ἐκάλεσε τὸν υἱ. αὐ.
— 16. A B ἡτοίμασεν ὁ υἱ. αὐ. τὰ πρὸς τὴν ὁδόν
6. 10. S υἱὸς ἄρσην οὐδὲ θυγάτηρ ὑπάρχει αὐτῷ [A B *al.*]
— 14. υἱ. ἕτερος οὐχ ὑπάρχει αὐτοῖς
7. 3. ἐκ τῶν υἱ. Νεφθ.
— 7. R ὁ τοῦ καλοῦ καὶ ἀγαθοῦ ἀνθρώπου υἱός [A B *om.*, S *al.*]
9. 5. S ὑπέδειξεν αὐτῷ περὶ Τωβ. τοῦ υἱ. Τωβ.
10. 1. S καὶ ὁ υἱ. αὐ. οὐ παρῆν [A B *al.*]
— 4. S καὶ θρηνεῖν περὶ τοῦ υἱ. αὐ. [A B *al.*]
— 7. S ᾗ ᾤχετο ὁ υἱ. αὐ.
— 7. A B οὐ διελίμπανε θρηνοῦσα Τωβ. τὸν υἱ. αὐ. [S *al.*]
11. 4. S ἐκ τῶν ὀπίσω αὐτοῦ καὶ τοῦ υἱ. αὐ. [A B *al.*]
— 5. S περιβλεπομένη τὴν ὁδὸν τοῦ υἱ. αὐ. [A B *al.*]
— 6. ἰδοὺ ὁ υἱ. μου [A S σου] ἔρχεται
— 9. ἐπέπεσεν ἐπὶ τὸν τράχηλον τοῦ υἱ. αὐ.
— 10. ὁ δὲ υἱ. προσέδραμεν αὐτῷ [S *al.*]
— 13. A B ἰδὼν τὸν υἱ. αὐτοῦ
— 15. βλέπω Τωβίαν τὸν υἱ. μου
— 15. εἰσῆλθεν ὁ υἱ. αὐτοῦ χαίρων [S *al.*]
— 17. S Σάρρᾳ τῇ γυναικὶ Τωβ. τοῦ υἱ. αὐ. [A B *al.*]
— 17. S καὶ εὐλογημένος Τωβ. ὁ υἱ. μου
12. 1. ἐκάλεσε Τωβὶτ Τωβίαν τὸν υἱ. αὐ.
13. 3. ἐξομολογεῖσθε αὐτῷ, οἱ υἱ. Ἰσραήλ
— 9. A B μαστιγώσει ἐπὶ τὰ ἔργα τῶν υἱ. σου
— 9. A B ἐλεήσει τοὺς υἱ. τῶν δικαίων
— 13. ἀγαλλίασαι ἐπὶ τοῖς υἱ. [S πρὸς τοὺς υἱ.] τῶν δικαίων
14. 3. ἐκάλεσε τὸν υἱ. αὐτοῦ καὶ τοὺς υἱ. αὐ. [S *al.*]
— 3. λάβε τοὺς υἱ. σου [S *al.*]
— 7. S πάντες οἱ υἱ. τοῦ Ἰσρ. οἱ σωζόμενοι
— 12. A B ἀπῆλθε δὲ Τωβ. μετὰ . . . τῶν υἱ. αὐ. [S *al.*]
— 15. S οἷς ἐποίησεν ἐπὶ τοὺς υἱ. Νιν.
Ju. 1. 6. εἰς παράταξιν υἱῶν Χ.
— 12. ἀνελεῖν . . . τοὺς υἱ. [A^{3} -ῶν] Ἀ.
2. 23. ἐπρονόμευσαν υἱ. πάντας [S αὐτοὺς π. καὶ τοὺς υἱ.] Ῥ. καὶ υἱοὺς Ἰσμ.
— 26. ἐκύκλωσε πάντας τοὺς υἱ. Μαδ.
4. 1. ἤκουσαν οἱ υἱ. Ἰσρ.
— 8. ἐποίησαν οἱ υἱ. Ἰσρ. καθὰ συνέταξεν
5. 1. οἱ [A *om.*] υἱ. Ἰσρ. παρεσκευάσαντο εἰς πόλεμον
— 2. A^{2} ἐκάλεσε . . . τοὺς στρατηγοὺς υἱοὺς [A^{1} B S *om.*] Ἀ.
— 3. ἀναγγείλατε δή μοι, υἱοὶ [S οἱ υἱ.] Χαν.
— 5. ὁ ἡγούμενος πάντων υἱ. Ἀ.
— 23. οὐ γὰρ φοβηθησόμεθα ἀπὸ υἱῶν Ἰσρ.
6. 1 (A R), 2 (B S). καὶ πρὸς πάντας υἱ. [A τοὺς υἱ.] Μ.
— 10. παραδοῦναι εἰς χεῖρας υἱῶν Ἰσρ.
— 14. καταβάντες δὲ οἱ υἱ. Ἰσρ.
— 15. καὶ Χ. υἱὸς Μελχ. [S^{1} *al.*]
— 17. ἐν μέσῳ τῶν ἀρχόντων υἱῶν Ἀ.
7. 1. ποιεῖν πόλεμον πρὸς τοὺς υἱ. Ἰσρ.
— 4. οἱ δὲ υἱ. Ἰσρ. . . . ἐταράχθησαν σφόδρα
— 6. κατὰ πρόσωπον τῶν [S *om.*] υἱ. Ἰσρ.
— 8. πάντες ἄρχοντες υἱῶν Ἡσ.
— 10. ὁ γὰρ λαὸς οὗτος τῶν υἱ. Ἰσρ.
— 17. ἀπῆρε παρεμβολὴ υἱῶν Ἀ. [A *al.*]
— 17. μετ' αὐτῶν χιλιάδες πέντε υἱῶν Ἀ.
— 17. καὶ τὰς πηγὰς τῶν ὑδάτων τῶν υἱ. Ἰσρ.
— 18. ἀνέβησαν οἱ υἱ. Ἡ. καὶ οἱ υἱ. Ἀ.
— 19. οἱ υἱ. Ἰσρ. ἀνεβόησαν πρὸς κ. θεὸν αὐ.
— 24. οὐ λαλήσαντες εἰρηνικὰ μετὰ υἱῶν Ἀ.
8. 1. Ἰ. θυγάτηρ Μερ. υἱοῦ *Ωξ υἱοῦ Ἰ. υἱοῦ Ὀζ. υἱοῦ Ἐλκ.
— 1. A S υἱοῦ Ἀν. υἱοῦ Γεδ. υἱοῦ Ῥαφ. υἱοῦ Ἀ.
— 1. υἱοῦ Ἠλ. υἱοῦ Χελκ. [A *om.* υἱ. Χ.] υἱοῦ Ἐλ. υἱοῦ Ναθ. υἱοῦ Σαλ. υἱοῦ Σαρ. υἱοῦ Ἰσρ.
— 12. ἐν μέσῳ υἱῶν ἀνθρώπων
— 16. οὐδὲ ὡς υἱὸς ἀνθρώπου διαιτηθῆναι
— 32. ὃ ἀφίξεται εἰς γενεὰς γενεῶν υἱοῖς [S τοῖς υἱ.] τοῦ γένους ἡμῶν
9. 4. εἰς διαίρεσιν υἱῶν [S *add.* Ἰσρ. τῶν] ἠγαπημένων ὑπὸ σοῦ
— 13. καὶ οἴκου κατασχέσεως υἱῶν σου
10. 8. εἰς γαυρίαμα υἱῶν Ἰσρ.
— 19. ἐθαύμαζον τοὺς υἱ. Ἰσρ. ἀπ' αὐτῆς
12. 8. A B εἰς ἀνάστημα τῶν υἱ. τοῦ λαοῦ αὐ.
Ju. 12. 13. A B ὡς θυγάτηρ μία τῶν υἱ. Ἀσσ.
14. 2. εἰς τὴν προφυλακὴν υἱῶν Ἀσσ.
— 12. οἱ δὲ υἱ. Ἀσσ. ὡς εἶδον αὐτούς
15. 3. οἱ υἱ. Ἰσρ. . . . ἐξεχύθησαν
— 5. ὡς δὲ ἤκουσαν οἱ υἱ. Ἰσρ.
— 7. οἱ δὲ υἱ. Ἰσρ. ἀναστρέψαντες
— 8. καὶ ἡ γερουσία τῶν υἱ. Ἰσρ.
16. 7. οὐδὲ υἱοὶ Τιτάνων ἐπάταξαν αὐτόν
— 12. υἱοὶ κορασίων κατεκέντησαν αὐτούς
— 25. οὐκ ἦν ἔτι ὁ ἐκφοβῶν τοὺς υἱ. Ἰσρ.
Es. 5. 11. S^{2} καὶ τὸ πλῆθος τῶν υἱ. αὐ. (3)
8. 5. S^{2} ὑπὸ Ἀ. υἱοῦ Ἀμ. [A B S^{1} *om.* υἱ. Ἀ.] (3)
— 12. ὄντας δὲ υἱοὺς [S^{1} -οῖς] τοῦ ὑψίστου . . . θεοῦ
9. 10. ἀπέκτειναν . . . τοὺς δέκα υἱ. Ἀ. (3)
— 12. S^{2} καὶ τοὺς δέκα υἱοὺς Ἀ. (3)
— 13. ὥστε τοὺς δέκα υἱ. Ἀ. κρεμάσαι (3)
— 14. τὰ σώματα τῶν υἱ. Ἀ. κρεμάσαι [S^{1} *al.*] (3)
10. 3. εἰσήνεγκε Δ. . . . καὶ Πτ. ὁ [A *om.*] υἱ. αὐ.
Jb. 1. 2. ἐγένοντο δὲ αὐτῷ υἱοὶ ἑπτά (3)
— 4. συμπορευόμενοι δὲ οἱ υἱοὶ αὐτοῦ πρὸς ἀλλήλους (3)
— 5. μή ποτε οἱ υἱοί μου . . . κακὰ ἐνενόησαν (3)
— 13. οἱ υἱοὶ Ἰὼβ . . . ἔπινον οἶνον (3)
— 18. A τῶν υἱῶν σου . . . ἐσθιόντων καὶ πινόντων παρὰ τῷ υἱῷ σου [B S ἀδελφῷ αὐτῶν] τῷ πρεσβυτέρῳ (3, †)
2. 9. υἱοὶ [A υἱοί σου] καὶ θυγατέρες ἐμῆς κοιλίας ὠδῖνες καὶ πόνοι –
5. 4. πόρρω γένοιντο [A ἐγένοντο] οἱ υἱοὶ αὐτῶν ἀπὸ σωτηρίας (3)
8. 4. εἰ οἱ [A S *om.*] υἱοί σου ἥμαρτον (3)
14. 21. πολλῶν δὲ γενομένων τῶν υἱῶν αὐ. (3)
16. 22 (21). B καὶ υἱῷ [A -ὸς] ἀνθρώπου τῷ πλησίον αὐτοῦ (3)
17. 5. A B S^{2} ὀφθαλμοὶ δὲ ἐφ' υἱοῖς ἐτάκησαν (3)
19. 17. προσεκαλούμην δὲ κολακεύων υἱοὺς παλλακίδων μου (3)
20. 10. τοὺς υἱοὺς αὐτοῦ ὀλέσαισαν [A θλάσειαν] ἥττονες (3)
21. 19. ἐκλείποι υἱοὺς [A -οῖς] τὰ ὑπάρχοντα αὐτοῦ (3)
— 26. A S^{2} οἱ υἱοὶ αὐτοῦ [B S^{1} *om.* οἱ υἱοὶ αὐ.] ἐπὶ γῆς κοιμηθήσονται –
25. 6. καὶ υἱὸς ἀνθρώπου σκώληξ (3)
27. 14. ἐὰν δὲ πολλοὶ γένωνται οἱ υἱοὶ αὐ. (3)
28. 8. οὐκ ἐπάτησαν αὐτὸν [A S -ὴν] υἱοὶ ἀλαζόνων (3)
30. 8. ἀφρόνων υἱοὶ καὶ ἀτίμων (3)
35. 8. καὶ υἱῷ ἀνθρώπου ἡ δικαιοσύνη σου (3)
42. 13. γεννῶνται δὲ αὐτῷ υἱοὶ ἑπτά (3)
— 15. A οὐχ εὑρέθησαν κατὰ τὰς Ἰὼβ θυγατέρας καὶ τοὺς υἱοὺς αὐτοῦ [B S *om.* καὶ τ. υἱ. αὐ.] –
— 16. εἶδεν Ἰὼβ τοὺς υἱοὺς αὐτοῦ καὶ τοὺς υἱοὺς τῶν υἱῶν αὐτοῦ (3 *ter*)
— 18. γεννᾷ υἱὸν ᾧ ὄνομα Ἐννών –
— 18. ἦν δὲ αὐτὸς πατρὸς μὲν Ζαρὲ ἐκ [A S *om.*] τῶν Ἡσαῦ υἱῶν υἱός –, –
— 18. μετὰ δὲ τοῦτον Ἀδὰδ υἱὸς Βαράδ –
— 18. A Ἐλιφὰζ υἱὸς Σ. [B S *om.* υἱ. Σ.] τῶν Ἡσαῦ υἱῶν –, –
— 18. A Β. υἱὸς Ἀ. τοῦ Χ. [B S *om.* υἱ. Ἀ. τ. Χ.] –
— 18. A Θαιμὰν υἱὸς Ἐλιφάζ –
Ps. 2. 7. υἱός μου εἶ σύ (3)
3. *tit.* ὁπότε ἀπεδίδρασκεν ἀπὸ προσώπου Ἀβ. τοῦ υἱ. αὐτοῦ (3)
4. 2. υἱοὶ ἀνθρώπων, ἕως πότε βαρυκάρδιοι (3)
7. *tit.* ὃν ᾖσε τῷ κυρίῳ ὑπὲρ τῶν λόγων Χουσὶ υἱοῦ Ἰεμ. (3)
8. 4. ἢ υἱὸς ἀνθρώπου ὅτι ἐπισκέπτῃ αὐτόν (3)
9. *tit.* εἰς τὸ τέλος ὑπὲρ τῶν κρυφίων τοῦ υἱ. (3)
10 (11). 5 (4). τὰ βλέφαρα αὐτοῦ ἐξετάζει τοὺς υἱ. τῶν ἀνθρώπων (3)
11 (12). 1. ὠλιγώθησαν αἱ ἀλήθειαι ἀπὸ τῶν υἱ. τῶν ἀνθρώπων (3)
— 8. ἐπολυώρησας τοὺς [A πάντας τοὺς] υἱ. τῶν ἀνθρώπων (3)
13 (14). 2. A^{2} B S κύριος ἐκ τοῦ οὐρανοῦ διέκυψεν ἐπὶ τοὺς υἱ. τῶν ἀνθρώπων (3)
16 (17). 14. A ἐχορτάσθησαν υἱῶν [B S ὑείων] (3)
17 (18). 44. υἱοὶ [A οἱ υἱ.] ἀλλότριοι ἐψεύσαντό μοι (3)
— 45. υἱοὶ ἀλλότριοι ἐπαλαιώθησαν (3)
20 (21). 10. καὶ τὸ σπέρμα αὐτῶν ἀπὸ υἱῶν ἀνθρώπων (3)

Ps. 28 (29). 1. ἐνέγκατε τῷ κυρίῳ, υἱοὶ θεοῦ, ἐνέγκατε τῷ κυρίῳ υἱοὺς κριῶν (3, 3 ?)
— 6. ὁ ἠγαπημένος ὡς υἱὸς μονοκερώτων (3)
30 (31). 19. ἐξειργάσω . . . ἐναντίον τῶν υἱ. τῶν ἀνθρώπων (3)
32 (33). 13. εἶδε πάντας τοὺς υἱ. τῶν ἀνθρώπων (3)
35 (36). 7. οἱ δὲ υἱ. [A οἱ υἱ.] τῶν ἀνθρώπων ἐν σκέπῃ [S^1 εἰς σκέπην] τῶν πτερύγων σου ἐλπιοῦσι (3)
41 (42). *tit.* εἰς τὸ τέλος εἰς σύνεσιν τοῖς υἱ. Κορέ (3)
42 (43). *tit.* **A** εἰς τὸ τέλος συνέσεως τοῖς υἱ. Κορέ –
43 (44). *tit.* εἰς τὸ τέλος τοῖς υἱ. Κορέ (3)
44 (45). *tit.* **B S** τοῖς υἱ. Κορὲ εἰς σύνεσιν (3)
— 2. ὡραῖος κάλλει παρὰ τοὺς υἱ. τῶν ἀνθρώπων (3)
— 16. ἀντὶ τῶν πατέρων σου ἐγενήθησάν σοι υἱοί [S^2 υἱ. σου] (3)
45 (46). *tit.* **B** εἰς τὸ τέλος ὑπὲρ τῶν υἱ. [**S** τ. τοῖς υἱ.] Κορέ (3)
46 (47). *tit.* **B S** εἰς τὸ τέλος ὑπὲρ τῶν υἱ. Κορὲ ψαλμός [**A** εἰς τὸ τ. ψ. τῷ Δαυίδ] (3)
47 (48). *tit.* **B** ψαλμὸς ᾠδῆς τοῖς υἱ. Κορὲ δευτέρᾳ σαββάτου [**A S** *al.*] (3)
48 (49). *tit.* **B S** εἰς τὸ τέλος τοῖς υἱ. Κορὲ ψαλμός [**A** ψ. τῷ Δαυίδ] (3)
— 2. οἵ τε γηγενεῖς καὶ οἱ υἱ. τῶν ἀνθρώπων (3)
49 (50). 20. κατὰ τοῦ υἱ. τῆς μητρός σου ἐτίθεις σκάνδαλον (3)
52 (53). 2. διέκυψεν ἐπὶ τοὺς υἱ. τῶν ἀνθρ. (3)
56 (57). 4. υἱοὶ ἀνθρώπων οἱ ὀδόντες αὐτῶν ὅπλον καὶ βέλη (3)
57 (58). 1. εὐθεῖα κρίνετε, οἱ υἱ. τῶν ἀνθρώπων (3)
61 (62). 9. πλὴν μάταιοι οἱ υἱ. τῶν ἀνθρώπων ψευδεῖς οἱ υἱ. τῶν ἀνθρώπων ἐν ζυγοῖς τοῦ ἀδικῆσαι (3, 3)
65 (66). 5. φοβερὸς ἐν βουλαῖς ὑπὲρ τοὺς υἱ. τῶν ἀνθρώπων (3)
68 (69). 8. καὶ ξένος τοῖς υἱ. τῆς μητρός σου (3)
70 (71). *tit.* τῷ Δαυὶδ υἱῶν Ἰωναδάβ –
71 (72). 1. καὶ τὴν δικαιοσύνην σου τῷ υἱ. τοῦ βασιλέως (3)
— 4. σώσει τοὺς υἱ. τῶν πενήτων (3)
— 20. ἐξέλιπον οἱ ὕμνοι Δαυὶδ τοῦ υἱ. Ἰεσσαί (3)
72 (73). 15. τῇ γενεᾷ τῶν υἱ. σου ἠσυνθέτηκα (3)
76 (77). 15. ἐλυτρώσω . . . τοὺς υἱ. Ἰακὼβ καὶ Ἰωσήφ (3)
77 (78). 5. γνωρίσαι αὐτὸν τοῖς υἱ. αὐτῶν (3)
— 6. ὅπως ἂν γνῷ γενεὰ ἑτέρα υἱοὶ οἱ τεχθησόμενοι (3)
— 6. ἀπαγγελοῦσιν αὐτὰ τοῖς υἱ. αὐτῶν (3)
— 9. **B**^{2}**S** υἱοὶ Ἐφραὶμ ἐντείνοντες καὶ βάλλοντες τόξοις [**B**^{1} **R** -ον] (3)
78 (79). 11. περιποίησαι τοὺς υἱ. τῶν τεθανατωμένων (3)
79 (80). 15, 17. καὶ ἐπὶ υἱὸν ἀνθρώπου ὃν ἐκραταίωσας σεαυτῷ (3)
81 (82). 6. καὶ υἱοὶ ὑψίστου πάντες (3)
82 (83). 8. ἐγενήθησαν εἰς ἀντίληψιν τοῖς υἱ. Λώτ (3)
83 (84). *tit.* τοῖς υἱ. Κορὲ ψαλμός (3)
84 (85). *tit.* εἰς τὸ τέλος τοῖς υἱ. Κορὲ ψαλμός (3)
85 (86). 16. σῶσον τὸν υἱ. τῆς παιδίσκης σου (3)
86 (87). *tit.* τοῖς υἱ. Κορὲ ψαλμὸς ᾠδῆς (3)
87 (88). *tit.* ᾠδὴ ψαλμοῦ τοῖς υἱ. Κορέ (3)
88 (89). 6. τίς ὁμοιωθήσεται τῷ κυρίῳ ἐν υἱοῖς θεοῦ (3)
— 19. τότε ἐλάλησας ἐν ὁράσει τοῖς υἱ. σου †
— 22. υἱὸς ἀνομίας οὐ προσθήσει τοῦ κακῶσαι [**A**^{1} **S**^{1} οὐ κακώσει] αὐτόν (3)
— 30. ἐὰν ἐγκαταλίπωσιν οἱ υἱ. αὐτοῦ τὸν νόμον μου (3)
— 47. μὴ γὰρ ματαίως ἔκτισας πάντας τοὺς υἱ. τῶν ἀνθρώπων (3)
89 (90). 3. ἐπιστρέψατε, υἱοὶ ἀνθρώπων [**A** οἱ υἱ. τῶν ἀ.] (3)
— 16. ὁδήγησον τοὺς υἱ. αὐτῶν (3)
101 (102). 20. τοῦ λῦσαι τοὺς υἱ. τῶν τεθανατωμένων (3)
— 28. οἱ [**A** *om.*] υἱ. τῶν δούλων σου κατασκηνώσουσι (3)
102 (103). 7. τοῖς υἱ. Ἰσραὴλ τὰ θελήματα αὐτοῦ (3)
— 13. καθὼς οἰκτείρει πατὴρ υἱοὺς αὐτοῦ (3)
— 17. ἡ δικαιοσύνη αὐτοῦ ἐπὶ υἱοὺς [**B**^{3} -όν] υἱῶν (3, 3)
104 (105). 6. υἱοὶ Ἰακὼβ ἐκλεκτοὶ αὐτοῦ (3)
105 (106). 37. ἔθυσαν τοὺς υἱ. αὐτῶν . . . τοῖς δαιμονίοις (3)

Ps. 105 (106). 38. αἷμα υἱῶν αὐτῶν καὶ θυγατέρων (3)
106 (107). 8, 15, 21, 31. καὶ τὰ θαυμάσια αὐ. τοῖς υἱ. τῶν ἀνθρ. (3)
108 (109). 9. γενηθήτωσαν οἱ υἱ. αὐτοῦ ὀρφανοὶ αὐτοῦ (3)
— 10. σαλευόμενοι μεταναστήτωσαν οἱ υἱ. αὐτοῦ (3)
113. 22 (115. 14). ἐφ' ὑμᾶς καὶ ἐπὶ τοὺς υἱ. ὑμῶν (3)
— 24 (115. 16). τὴν δὲ γῆν ἔδωκε τοῖς υἱ. τῶν ἀνθρώπων (3)
115. 7 (116. 16). ἐγὼ δοῦλος σὸς καὶ υἱὸς τῆς παιδίσκης σου (3)
126 (127). 3. ἰδοὺ ἡ κληρονομία κυρίου υἱοί (3)
— 4. οὕτως οἱ υἱ. τῶν ἐκτετιναγμένων (3)
127 (128). 3. οἱ υἱ. σου ὡς νεόφυτα ἐλαιῶν (3)
— 6. ἴδοις υἱοὺς τῶν υἱ. σου (3, 3)
131 (132). 12. ἐὰν φυλάξωνται οἱ [**A** *om.*] υἱ. σου τὴν διαθήκην μου (3)
— 12. οἱ υἱ. αὐτῶν ἕως τοῦ αἰῶνος καθιοῦνται ἐπὶ τοῦ θρόνου [**A**^{1} **S**^{1} τὸν θρ.] σου (3)
136 (137). 7. μνήσθητι, κύριε, τῶν υἱ. Ἐδώμ (3)
142 (143). *tit.* ὅτε αὐτὸν ὁ υἱ. καταδιώκει –
143 (144). 3. ἢ υἱὸς ἀνθρώπου ὅτι λογίζῃ αὐτόν (3)
— 7. ῥῦσαί με . . . ἐκ χειρὸς υἱῶν ἀλλοτρίων (3)
— 11. ἐξελοῦ με ἐκ χειρὸς υἱῶν ἀλλοτρίων (3)
— 12. ὧν οἱ [**S** *om.*] υἱ. [**AS**^{2} υἱ. αὐ.] ὡς νεόφυτα (3)
144 (145). 12. τοῦ γνωρίσαι τοῖς υἱ. τῶν ἀνθρώπων τὴν δυναστείαν [**A** δύναμίν] σου (3)
145 (146). 3. μὴ πεποίθατε ἐπ' ἄρχοντας καὶ ἐφ' υἱοὺς ἀνθρώπων (3)
147. 2 (13). εὐλόγησε τοὺς υἱ. σου ἐν σοί (3)
148. 14. ὕμνος πᾶσι τοῖς ὁσίοις αὐτοῦ τοῖς υἱ. Ἰσραήλ [**B**^{1} *al.*] (3)
149. 2. υἱοὶ Σιὼν ἀγαλλιάσθωσαν ἐπὶ τῷ βασιλεῖ αὐτῶν (3)
151. 7. ἦρα ὄνειδος ἐξ υἱῶν Ἰσραήλ
Pr. 1. 1. παροιμίαι Σαλωμῶντος υἱοῦ Δαυίδ (3)
— 8. ἄκουε, υἱέ, παιδείαν [**A S** νόμους] πατρός σου (3)
— 10. υἱέ, μή σε πλανήσωσιν ἄνδρες ἀσεβεῖς (3)
— 15. **S**^{2} υἱέ [**A B S**^{1} *om.*], μὴ πορευθῇς ἐν ὁδῷ μετ' αὐτῶν (3)
2. 1. υἱέ, ἐὰν δεξάμενος ῥῆσιν ἐμῆς ἐντολῆς κρύψῃς παρὰ σεαυτῷ (3)
— 2. παραβαλεῖς δὲ αὐτὴν ἐπὶ νουθέτησιν τῷ υἱ. σου –
— 16. υἱέ, μή σε καταλάβῃ κακὴ βουλή –
3. 1. υἱέ, ἐμῶν νομίμων μὴ ἐπιλανθάνου (3)
— 11. υἱέ, μὴ ὀλιγώρει παιδείας κυρίου (3)
— 12. μαστιγοῖ δὲ πάντα υἱὸν ὃν παραδέχεται (3)
— 21. υἱέ, μὴ παραρρυῇς (3)
4. 3. υἱὸς γὰρ ἐγενόμην κἀγὼ πατρὶ ὑπήκοος (3)
— 10. ἄκουε, υἱέ, καὶ δέξαι ἐμοὺς λόγους (3)
— 20. υἱέ, ἐμῇ ῥήσει πρόσεχε (3)
5. 1. υἱέ, ἐμῇ σοφίᾳ πρόσεχε (3)
— 7. νῦν οὖν, υἱέ, ἄκουέ μου (3)
6. 1. υἱέ, ἐὰν ἐγγυήσῃ σὸν φίλον (3)
— 3. ποίει, υἱέ, ἃ ἐγώ σοι ἐντέλλομαι (3)
— 20. υἱέ, φύλασσε νόμους πατρός σου (3)
7. 1. υἱέ, φύλασσε ἐμοὺς λόγους (3)
— 2. υἱέ, τίμα τὸν κύριον –
— 24. νῦν οὖν, υἱέ, ἄκουέ μου (3)
8. 4. προΐεμαι ἐμὴν φωνὴν υἱοῖς ἀνθρώπων (3)
— 31. εὐφραίνετο ἐν υἱοῖς ἀνθρώπων (3)
— 32. νῦν οὖν, υἱέ, ἄκουέ μου (3)
9. 12. υἱέ, ἐὰν σοφὸς γένῃ σεαυτῷ –
10. 1. υἱὸς σοφὸς εὐφραίνει πατέρα υἱὸς δὲ ἄφρων λύπη τῇ μητρί (3, 3)
— 4. υἱὸς πεπαιδευμένος σοφὸς ἔσται –
— 5. διεσώθη ἀπὸ καύματος υἱὸς νοήμων ἀνεμόφθορος δὲ γίνεται ἐν ἀμητῷ υἱὸς παράνομος (3, 3)
11. 19. υἱὸς δίκαιος γεννᾶται εἰς ζωήν †
13. 1. υἱὸς πανοῦργος ὑπήκοος πατρὶ [**S**^{1} μητρὶ] υἱὸς δὲ ἀνήκοος ἐν ἀπωλείᾳ (3, –)
— 13. υἱῷ δολίῳ οὐδὲν ἔσται ἀγαθόν –
— 22. ἀγαθὸς ἀνὴρ κληρονομήσει υἱοὺς υἱῶν (3, 3)
— 24. ὃς φείδεται τῆς βακτηρίας μισεῖ τὸν υἱ. αὐτοῦ (3)
15. 20. υἱὸς σοφὸς εὐφραίνει πατέρα υἱὸς δὲ ἄφρων μυκτηρίζει μητέρα αὐτοῦ (3, †)
16. 15. ἐν φωτὶ ζωῆς υἱὸς βασιλέως –
17. 21. οὐκ εὐφραίνεται πατὴρ ἐπὶ υἱῷ ἀπαιδεύτῳ υἱὸς δὲ φρόνιμος εὐφραίνει μητέρα †, –
— 25. ὀργὴ πατρί ἐστιν υἱὸς ἄφρων (3)
19. 13. αἰσχύνη πατρὶ υἱὸς ἄφρων (3)

Pr. 19. 18. παίδευε υἱόν σου (3)
— 20. ἄκουε, υἱέ, παιδείαν πατρός σου –
— 27. υἱὸς ἀπολειπόμενος φυλάξαι παιδείαν πατρός (3)
23. 15. υἱέ, ἐὰν σοφὴ γένηταί σου ἡ καρδία (3)
— 19. ἄκουε, υἱέ, καὶ σοφὸς γίνου (3)
— 22. ἄκουε, υἱέ, πατρὸς τοῦ γεννήσαντός σε –
— 24. ἐπὶ δὲ υἱῷ σοφῷ εὐφραίνεται ἡ ψυχὴ αὐτοῦ †
— 26. δός μοι, υἱέ, σὴν καρδίαν (3)
24. 1. υἱέ, μὴ ζηλώσῃς κακοὺς ἄνδρας –
— 13. φάγε μέλι, υἱέ (3)
— 21. φοβοῦ τὸν θεόν, υἱέ (3)
— 23 (29. 27). λόγον φυλασσόμενος υἱὸς ἀπωλείας ἐκτὸς ἔσται –
— 23 (29. 27). τοὺς ἐμοὺς λόγους, υἱέ, φοβήθητι –
— 27 (30. 4). **A**^{3} ἢ τῷ υἱ. αὐ. [**A**^{1} **B S** *al.*] (3)
— 70 (31. 2). πρωτογενὲς σοὶ λέγω, υἱέ (4)
27. 11. σοφὸς γίνου, υἱέ (3)
— 27. υἱέ, παρ' ἐμοῦ ἔχεις ῥήσεις ἰσχυράς –
28. 7. φυλάσσει νόμον υἱὸς συνετός (3)
— 17. παίδευε υἱὸν καὶ ἀγαπήσει σε –
29. 17. παίδευε υἱόν σου καὶ ἀναπαύσει σε (3)
Ec. 1. 1. ῥήματα ἐκκλησιαστοῦ υἱοῦ Δαυίδ (3)
— 13. ἔδωκεν ὁ θεὸς τοῖς υἱ. τῶν ἀνθρώπων (3)
2. 3. ποῖον τὸ ἀγαθὸν τοῖς υἱ. τῶν ἀνθρώπων (3)
— 8. καὶ ἐντρυφήματα υἱῶν ἀνθρώπων (3)
3. 10. ἔδωκεν ὁ θεὸς τοῖς υἱ. τῶν ἀνθρώπων (3)
— 18. περὶ λαλιᾶς υἱῶν τοῦ ἀνθρώπου (3)
— 19. **A R** αὐτοῖς συνάντημα [**B** οὐ σ., **S** ὡς σ.] υἱῶν τοῦ ἀνθρώπου (3)
— 21. τίς οἶδε πνεῦμα υἱῶν τοῦ ἀνθρώπου (3)
4. 8. καί γε υἱὸς [**S**^{1} *om.* καί γε υἱ.] καί γε ἀδελφὸς οὐκ ἔστιν αὐτῷ (3)
5. 13. ἐγέννησεν υἱόν (3)
8. 11. ἐπληροφορήθη καρδία υἱῶν τοῦ ἀνθρώπου (3)
9. 3. καρδία υἱῶν τοῦ ἀνθρώπου ἐπληρώθη πονηροῦ (3)
— 12. ὡς αὐτὰ παγιδεύονται οἱ υἱ. τοῦ ἀνθρώπου (3)
10. 17. μακαρία σὺ γῆ ἧς ὁ βασιλεύς σου υἱὸς ἐλευθέρων (3)
12. 12. περισσὸν ἐξ αὐτῶν, υἱέ μου, φύλαξαι (3)
Ca. 1. 6. υἱοὶ μητρός μου ἐμαχέσαντο ἐν ἐμοί (3)
2. 3. οὕτως ἀδελφιδός μου ἀνὰ μέσον τῶν υἱ. (3)
Wi. 2. 18. εἰ γάρ ἐστιν ὁ δίκαιος υἱὸς θεοῦ
5. 5. πῶς κατελογίσθη ἐν υἱοῖς θεοῦ
9. 5. ἐγὼ δοῦλος σὸς καὶ υἱὸς τῆς παιδίσκης σου
— 6. κἂν γάρ τις ᾖ τέλειος ἐν υἱοῖς ἀνθρώπων
— 7. σύ με προείλω . . . δικαστὴν υἱῶν σου
12. 19. εὐέλπιδας ἐποίησας τοὺς υἱ. σου
— 21. μετὰ πόσης [**S**^{2} πάσης] ἀκριβείας ἔκρινας τοὺς υἱ. σου
16. 10. τοὺς δὲ υἱ. σου οὐδὲ ἰοβόλων δρακόντων ἐνίκησαν ὀδόντες
— 26. ἵνα μάθωσιν οἱ υἱ. σου
18. 4. οἱ κατακλείστους φυλάξαντες τοὺς υἱ. σου
— 13. ὡμολόγησαν θεοῦ υἱὸν λαὸν εἶναι
Si. 1. 1. **A S** σοφία Ἰησοῦ Σιράχ [**B** σοφία Σειράχ]
3. 2. κρίσιν μητρὸς ἐστερέωσεν ἐφ' υἱοῖς
4. 10. ἔσῃ ὡς υἱὸς ὑψίστου
— 11. ἡ σοφία υἱοὺς ἑαυτῇ ἀνύψωσε
7. 3. υἱέ, μὴ σπεῖρε ἐπ' αὔλακας ἀδικίας
16. 1. μηδὲ εὐφραίνου ἐπὶ υἱοῖς ἀσεβέσιν
17. 30. οὐκ ἀθάνατος υἱὸς [**A** ὁ υἱός] ἀνθρώπου
30. 1. ὁ ἀγαπῶν τὸν υἱὸν αὐτοῦ
— 2. ὁ παιδεύων τὸν υἱὸν αὐτοῦ
— 3. ὁ διδάσκων τὸν υἱὸν αὐτοῦ
— 7. **A S**^{2} **R** περιψύχων υἱὸν [**B S**^{1} -ῶν]
— 8. υἱὸς ἀνειμένος ἐκβαίνει προαλής
— 13. παίδευσον τὸν υἱόν σου
— 28 (33. 19). υἱῷ καὶ γυναικὶ . . . μὴ δῷς ἐξουσίαν ἐπὶ σέ
— 30 (33. 21). ἢ σὲ ἐμβλέπειν εἰς χεῖρας υἱῶν σου
31 (34). 20. θύων υἱὸν ἔναντι τοῦ πατρὸς αὐτοῦ
36. 22 (19). **S**^{1} κατὰ τὴν εὐλογίαν Ἀαρὼν περὶ τοῦ υἱοῦ [**A B S**^{2} λαοῦ] σου
— 28 (25). οὐκ ἔστιν ὁ ἀνὴρ αὐτῆς καθ' υἱοὺς ἀνθρώπων
38. 25. ἡ διήγησις αὐ. ἐν υἱοῖς ταύρων
39. 13. εἰσακούσατέ μου, υἱοὶ ὅσιοι
40. 1. ζυγὸς βαρὺς ἐπὶ υἱοὺς [**S** -οῖς] Ἀδάμ
45. 9. εἰς μνημόσυνον υἱοῖς λαοῦ αὐτοῦ
— 13. πλὴν τῶν υἱῶν αὐτοῦ μόνον
— 23. Φινεὲς υἱὸς Ἐλεάζαρ τρίτος εἰς δόξαν
— 25. διαθήκην τῷ Δαυὶδ υἱῷ [**S**^{1} -ῶν, **A S**^{2} υἱῷ Ἰεσσαὶ] ἐκ φυλῆς Ἰ.

Si. 45. 25. κληρονομία βασιλέως υἱοῦ ἐξ υἱοῦ [S² Ἰούδα] μόνου
46. 1. A κραταιὸς ἐν πολέμῳ Ἰησοῦς υἱὸς [S¹ ὁ, S² ὁ τοῦ, B om.] Ναυή
— 7. αὐτὸς καὶ Χαλὲβ υἱὸς Ἰεφοννῆ
— 10. ὅπως ἴδωσι πάντες οἱ υἱοὶ Ἰσραήλ
— 12. τὸ ὄνομα αὐτῶν ἀντικαταλλασσόμενον ἐφ' υἱοῖς δεδοξασμένων αὐτῶν
47. 2. οὕτως Δαυὶδ ἀπὸ τῶν [A S om.] υἱῶν Ἰσραήλ
— 12. μετὰ τοῦτον ἀνέστη υἱὸς ἐπιστήμων
— 23. Ἱεροβοὰμ υἱὸν [S -ὸς] Ναβάτ
48. 10. ἐπιστρέψαι καρδίαν πατρὸς πρὸς υἱόν
49. 12. οὕτως [S οὗτος] Ἰησοῦς υἱὸς Ἰωσεδέκ
50. 1. Σίμων Ὀνίου υἱὸς ἱερεὺς ὁ μέγας
— 13. πάντες οἱ [S om.] υἱοὶ Ἀαρὼν ἐν δόξῃ αὐτῶν
— 16. τότε ἀνέκραγον υἱοὶ [A οἱ υἱοὶ] Ἀαρών
— 20. ἐπὶ πᾶσαν ἐκκλησίαν υἱῶν [A -ῷ] Ἰσρ.
— 27. Ἰησοῦς υἱὸς Σειράχ
51. 1. προσευχὴ Ἰησοῦ υἱοῦ Σειράχ
subscr. σοφία Ἰησοῦ υἱοῦ Σειράχ
Ho. 1. 1. ἐν ἡμέραις Ἱερ. υἱοῦ [A τοῦ υἱ.] Ἰ. (3)
— 3. ἔτεκεν αὐτῷ υἱόν (3)
— 7. B τοὺς δὲ υἱ. [A R *add.* Ἰούδα] ἐλεήσω (2)
— 8. ἔτεκεν υἱόν (3)
— 10 (2. 1). ἦν ὁ ἀριθμὸς τῶν υἱ. Ἰσρ. (3)
— 10 (2. 1). κληθήσονται καὶ αὐτοὶ υἱοὶ θεοῦ ζῶντος (3)
— 11 (2. 2). συναχθήσονται οἱ υἱ. Ἰ. καὶ οἱ υἱ. Ἰσρ. ἐπὶ τὸ αὐτό (3, 3)
3. 1. καθὼς ἀγαπᾷ ὁ θεὸς τοὺς υἱ. Ἰσρ. (3)
— 4. καθήσονται οἱ υἱ. Ἰσρ. (3)
— 5. ἐπιστρέψουσιν οἱ υἱ. Ἰσρ. (3)
4. 1. ἀκούσατε λόγον κυρίου, υἱοὶ Ἰσρ. (3)
13. 13. οὗτος ὁ υἱ. σου ὁ φρόνιμος (3)
Am. 1. 4. καταφάγεται θεμέλια υἱοῦ Ἄδερ (3)
— 13. ἐπὶ ταῖς τρισὶν ἀσεβείαις υἱῶν Ἀ. (3)
2. 4. ἐπὶ ταῖς τρισὶν ἀσεβείαις υἱῶν Ἰ. –
— 7. υἱὸς καὶ πατὴρ αὐ. εἰσεπορεύοντο πρὸς τὴν αὐτὴν παιδίσκην (1)
— 11. ἔλαβον ἐκ τῶν υἱ. ὑμῶν εἰς προφήτας (3)
— 11. μὴ οὐκ ἔστι ταῦτα, υἱοὶ Ἰσρ. (3)
3. 12. ἐκσπασθήσονται οἱ υἱ. Ἰσρ. (3)
4. 5. ταῦτα ἠγάπησαν οἱ υἱ. Ἰσρ. (3)
7. 14. οὐκ ἤμην προφήτης ἐγὼ οὐδὲ υἱὸς προφήτου (3)
— 17. οἱ υἱ. σου . . . ἐν ῥομφαίᾳ πεσοῦνται (3)
9. 7. οὐχ ὡς υἱοὶ Αἰθιόπων ὑμεῖς ἐστε ἐμοί, υἱοὶ Ἰσρ. (3, 3)
Mi. 5. 3 (2). ἐπιστρέψουσιν ἐπὶ τοὺς υἱ. Ἰσρ. (3)
— 7 (6). μηδὲ ὑποστῇ ἐν υἱοῖς ἀνθρώπων (3)
6. 5. τί ἀπεκρίθη αὐτῷ Βαλ. υἱὸς τοῦ Β. (3)
7. 6. υἱὸς ἀτιμάζει πατέρα (3)
Jl. 1. 12. ᾔσχυναν χαρὰν οἱ υἱ. τῶν ἀνθρώπων (3)
2. 28 (3. 1). προφητεύσουσιν οἱ υἱ. ὑμῶν (3)
3 (4). 6. τοὺς υἱ. Ἰ. καὶ τοὺς υἱ. Ἱερ. ἀπέδοσθε τοῖς υἱ. τῶν Ἑλλήνων (3 *ter*)
— 8. ἀποδώσομαι τοὺς υἱ. ὑμῶν . . . εἰς χεῖρας τῶν [A *om.*] υἱ. Ἰ. (3, 3)
— 16. ἐνισχύσει τοὺς υἱ. Ἰσρ. (3)
— 19. ἐξ ἀδικιῶν υἱῶν Ἰ. (3)
Ob. 1. 12. μὴ ἐπιχαρῇς ἐπὶ τοὺς υἱ. Ἰ. (3)
— 20. τοῖς υἱ. Ἰσρ. γῆ τῶν Χαναναίων (3)
Ze. 1. 1. ὃς ἐγενήθη πρὸς Σοφ. τὸν τοῦ Χ. υἱὸν Γοδ. (3)
— 1. ἐν ἡμέραις Ἰωσ. υἱοῦ Ἀ. (3)
2. 7. δείλης καταλύσουσιν ἀπὸ προσώπου υἱῶν Ἰ. –
— 8. ἤκουσα . . . κονδυλισμοὺς υἱῶν Ἀ. (3)
— 9. καὶ υἱοὶ [A S οἱ υἱ.] Ἀ. ὡς Γόμορρα (3)
Za. 1. 1, 7. ἐγένετο λόγος κυρίου πρὸς Ζ. τὸν τοῦ Β. υἱὸν Ἀ. (3)
4. 14. οὗτοι οἱ δύο υἱ. τῆς πιότητος παρεστήκασι (3)
6. 14. καὶ εἰς χάριτα υἱοῦ [A τοῖς υἱ.] Σοφ. (3)
Ma. 1. 6. υἱὸς δοξάζει πατέρα (3)
3. 3. καθαρίσει τοὺς υἱ. Λ. (3)
— 6. ὑμεῖς, υἱοὶ Ἰ., οὐκ ἀπέχεσθε (3)
— 17. ὃν τρόπον αἱρετίζει ἄνθρωπος τὸν υἱ. αὐ. (3)
4. 6 (3. 24). ὃς ἀποκαταστήσει καρδίαν πατρὸς πρὸς υἱόν (3)
Is. 1. 1. Ἡσαΐας υἱ. Ἀμώς (3)
— 2. υἱοὺς ἐγέννησα (3)
— 4. υἱοὶ ἄνομοι (3)
2. 1. πρὸς Ἡσαΐαν υἱὸν Ἀμώς (3)
3. 25. ὁ υἱ. σου ὁ κάλλιστος . . . μαχαίρᾳ πεσεῖται †
4. 4. ἐκπλυνεῖ κύριος τὸν ῥύπον τῶν υἱ. –

Is. 7. 1. ἐν ταῖς ἡμέραις Ἄχ. τοῦ Ἰ. τοῦ υἱ. Ὀ. . . . ἀνέβη . . . Φ. υἱ. Ῥομ. (3, 3)
— 3. ὁ καταλειφθεὶς Ἰ. ὁ υἱ. [A ἀδελφός] σου (3)
— 5. ὁ υἱ. τοῦ Ἀρὰμ καὶ ὁ υἱ. τοῦ Ῥομ. (–, 3)
— 6. βασιλεύσομεν αὐτῆς τὸν υἱ. Τ. (3)
— 9. ἡ κεφαλὴ Σομ. υἱ. [S ὁ υἱ.] τοῦ Ῥομ. (3)
— 14. τέξεται υἱόν (3)
8. 2. Ζαχαρίαν υἱὸν Βαραχίου (3)
— 3. ἔτεκεν υἱόν (3)
— 6. ἔχειν τὸν Ῥ. καὶ τὸν υἱ. Ῥομ. βασιλέα (3)
9. 6 (5). υἱὸς καὶ ἐδόθη ἡμῖν [A S¹ ὑμῖν] (3)
11. 14. οἱ δὲ υἱ. Ἀμμὼν πρῶτοι ὑπακούσονται (3)
13. 1. ἣν εἶδεν Ἡσαΐας υἱ. Ἀμώς (3)
17. 3. οὐ γὰρ σὺ βελτίων εἶ τῶν υἱ. Ἰσραήλ (3)
— 9. ἀπὸ προσώπου τῶν υἱ. Ἰσραήλ (3)
— 11. ὡς πατὴρ ἀνθρώπου κληρώσῃ τοῖς υἱ. σου –
19. 11. υἱοὶ συνετῶν, ἡμεῖς υἱοὶ βασιλέων (3, 3)
20. 2. πρὸς Ἡσαΐαν υἱὸν Ἀ. [A S *om.* υἱ. Ἀ.] (3)
21. 16. ἐκλείψει ἡ δόξα τῶν υἱ. Κηδάρ –
— 17. τὸ κατάλοιπον τῶν τοξευμάτων τῶν ἰσχυρῶν υἱῶν Κηδὰρ ἔσται ὀλίγον (3)
27. 12. συναγάγετε κατὰ ἕνα τοὺς υἱ. Ἰσρ. (3)
30. 9. υἱοὶ ψευδεῖς (3)
31. 6. ἐπιστράφητε . . . υἱοὶ Ἰσρ. [A S *om.* υἱ. Ἰ.] (3)
37. 2. πρὸς Ἡσαΐαν υἱὸν Ἀμώς (3)
— 6. S¹ εἶπεν αὐτοῖς Ἡσ. υἱὸς Ἀ. [A B S³ *om.* υἱ. Ἀ.] –
— 21. ἀπεστάλη Ἡσαΐας υἱ. Ἀμώς (3)
— 38. οἱ [A *om.*] υἱ. αὐ. ἐπάταξαν αὐτὸν μαχαίραις . . . ἐβασίλευσεν Ἀσ. ὁ υἱ. αὐ. (3, 3)
38. 1. ἦλθε πρὸς αὐτὸν Ἡσαΐας υἱ. [S ὁ υἱ.] Ἀμώς (3)
39. 1. Μαρωδὰχ Βαλαδὰν ὁ υἱ. τοῦ Βαλαδάν (3)
43. 6. ἄγε τοὺς υἱ. μου ἀπὸ τῆς [A S γῆς] πόρρωθεν (3)
45. 11. ἐρωτήσατέ με περὶ τῶν υἱ. μου (3)
— 26 (25). ἐνδοξασθήσεται πᾶν τὸ σπέρμα τῶν υἱ. Ἰσραήλ –
49. 20. ἐροῦσι γὰρ εἰς τὰ ὦτά σου οἱ υἱ. σου (3)
— 22. ἄξουσι τοὺς υἱ. σου ἐν κόλπῳ (3)
— 25. ἐγὼ τοὺς υἱ. σου ῥύσομαι (3)
51. 12. ἐφοβήθης . . . ἀπὸ υἱοῦ ἀνθρώπου (3)
— 18. ἀπὸ πάντων τῶν υἱ. σου ὧν ὕψωσας (3)
— 20. οἱ υἱ. σου οἱ ἀπορούμενοι (3)
52. 14. R ἡ δόξα σου ἀπὸ υἱῶν [A B S τῶν] ἀνθρώπων (3)
53. 3. τὸ εἶδος . . . ἐκλεῖπον παρὰ τοὺς υἱ. τῶν ἀνθρώπων [A π. πάντας ἀνθρώπους] –
54. 13. καὶ πάντας τοὺς υἱ. σου διδακτοὺς θεοῦ (3)
56. 5. δώσω . . . τόπον ὀνομαστὸν κρείττω υἱῶν (3)
57. 3. προσαγάγετε ὧδε, υἱοὶ ἄνομοι (3)
60. 4. ἥκασι πάντες οἱ υἱ. σου μακρόθεν (3)
— 14. πορεύσονται . . . υἱοὶ ταπεινωσάντων σε (3)
62. 5. οὕτω κατοικήσουσιν οἱ υἱ. σου (3)
— 8. εἰ ἔτι πίονται υἱοὶ ἀλλότριοι τὸν οἶνόν σου (3)
66. 20. ὡς ἀνενέγκαισαν οἱ υἱ. Ἰσραὴλ τὰς θυσίας αὐτῶν (3)
Je. 1. 2. ἐν ταῖς ἡμέραις Ἰωσία υἱοῦ Ἀμώς (3)
— 3. ἐν ταῖς ἡμέραις Ἰωακεὶμ υἱοῦ Ἰωσία . . . ἕως [S *add.* συντελείας] ἐνδεκάτου ἔτους τοῦ Σεδ. υἱοῦ Ἰωσία (3, 3)
2. 6. S οὐ κατῴκησεν υἱ. ἀνθρώπου [A B κ. ἄνθρωπος] ἐκεῖ –
— 9. A B S² πρὸς τοὺς υἱ. τῶν υἱ. ὑμῶν κριθήσομαι (3, 3)
— 16. υἱοὶ Μέμφεως καὶ Τάφνας ἔγνωσάν σε (3)
— 26. οὕτως αἰσχυνθήσονται οἱ υἱ. Ἰσραήλ (2)
3. 14. υἱοὶ ἀφεστηκότες (3)
— 21. φωνὴ . . . δεήσεως υἱῶν Ἰσραήλ (3)
— 22. υἱοὶ ἐπιστρέφοντες (3)
— 24. κατηνάλωσε . . . τοὺς υἱ. αὐτῶν (3)
4. 22. υἱοὶ ἄφρονές εἰσι (3)
5. 7. οἱ υἱ. σου ἐγκατέλιπόν με (3)
— 17. κατέδονται τοὺς υἱ. ὑμῶν (3)
6. 1. ἐνισχύσατε, υἱοὶ Βενιαμίν (3)
— 21. ἀσθενήσουσι πατέρες καὶ υἱοὶ ἅμα (3)
7. 18. οἱ υἱ. αὐτῶν συλλέγουσι ξύλα (3)
— 30. ἐποίησαν οἱ υἱ. Ἰούδα τὸ πονηρόν (3)
— 31. ἐν φάραγγι υἱοῦ Ἐννὸμ τοῦ κατακαίειν τοὺς υἱ. αὐτῶν (3, 3)
— 32. φάραγξ υἱοῦ Ἐννόμ [S¹ *al.*] (3)
9. 26 (25). ἐπὶ [A *add.* πάντας τοὺς] υἱοὺς Ἀ. καὶ ἐπὶ υἱοὺς [A τοὺς υἱ.] Μ. (3, –)
10. 20. οἱ υἱ. μου καὶ τὰ πρόβατά μου οὐκ εἰσίν (3)

Je. 11. 22. οἱ υἱ. αὐτῶν . . . τελευτήσουσιν (3)
13. 13. πληρῶ . . . τοὺς καθημένους υἱ. [S -οὺ] τοῦ Δαυίδ –
— 14. διασκορπιῶ . . . τοὺς υἱ. αὐτῶν ἐν τῷ αὐτῷ (3)
14. 16. αἱ γυναῖκες αὐτῶν καὶ οἱ υἱ. αὐτῶν (3)
15. 4. διὰ Μανασσῆ υἱὸν Ἐζ. (3)
16. 2. οὐ γεννηθήσεταί σοι υἱ. οὐδὲ θυγάτηρ (3)
— 3. τάδε λέγει κύριος περὶ τῶν υἱ. (3)
— 14. ὁ ἀναγαγὼν τοὺς υἱ. Ἰσρ. ἐκ γῆς Αἰγ. (3)
17. 19. στῆθι ἐν ταῖς πύλαις υἱῶν λαοῦ σου (3)
18. 21. δὸς τοὺς υἱ. αὐτῶν εἰς λιμόν (3)
19. 2. εἰς τὸ πολυάνδριον υἱῶν τῶν τέκνων αὐτῶν (3)
— 5. τοῦ κατακαίειν τοὺς υἱ. αὐτῶν ἐν πυρί (3)
— 6. οὐ κληθήσεται . . . Πολυάνδριον υἱοῦ Ἐννόμ (3)
— 9. ἔδονται τὰς σάρκας τῶν υἱ. αὐτῶν (3)
20. 1. ἤκουσε Πασχὼρ υἱ. Ἐμμὴρ ὁ ἱερεύς (3)
21. 1. ἀπέστειλε πρὸς αὐτὸν . . . τὸν Πασχὼρ υἱὸν Μ. καὶ Σοφ. υἱὸν Βασ. (3, 3)
22. 11. τάδε λέγει κύριος ἐπὶ Σελλὴμ υἱὸν Ἰωσία (3)
— 18. τάδε λέγει κύριος ἐπὶ Ἰ. υἱὸν Ἰ. [S *al.*] (3)
— 24. Ἰεχονίας υἱ. Ἰωακείμ [A Ἰω. υἱ. Ἰεχονία] (3)
24. 1. μετὰ τὸ ἀποικίσαι . . . τὸν Ἰεχ. υἱὸν Ἰ. (3)
25. 1. A B S² ἐν τῷ ἔτει τῷ τετάρτῳ τοῦ Ἰ. υἱοῦ Ἰ. (3)
— 3. ἐν τρισκαιδεκάτῳ ἔτει Ἰωσία υἱοῦ Ἀ. (3)
26 (46). 25. ἐκδικῶ τὸν Ἀμμὼν τὸν υἱ. αὐτῆς †
27 (50). 4. ἥξουσιν οἱ υἱ. Ἰσραὴλ αὐτοὶ [A υἱ. Ἰακὼβ] καὶ οἱ υἱ. Ἰούδα (3, 3)
— 33. καταδεδυνάστευνται οἱ [S *om.*] υἱ. Ἰσραὴλ καὶ οἱ [S *om.*] υἱ. Ἰούδα (3, 3)
— 40. οὐ μὴ παροικήσει ἐκεῖ υἱ. ἀνθρώπου (3)
28 (51). 43. οὐδὲ μὴ καταλύσει ἐν αὐτῇ υἱ. ἀνθρώπου (3)
— 59. B S εἶπεν τῷ Σαρ. υἱῷ [A -οῦ] Ν. [S¹ *om.* υἱ. Ν.] υἱῷ [A R -οῦ] Μ. (3, 3)
29 (47). 3. οὐκ ἐπέστρεψαν πατέρες ἐφ' υἱοὺς αὐτῶν (3)
29 (49). 18. οὐ μὴ κατοικήσει ἐκεῖ υἱ. ἀνθρώπου (3)
30 (49). 1. τοῖς υἱ. Ἀμμὼν οὕτως εἶπε κύριος (3)
— 1. μὴ υἱοὶ οὐκ εἰσὶν ἐν Ἰσραήλ (3)
30. 6 (49. 28). πλήσατε τοὺς υἱ. κεδέμ (3)
— 11 (49. 33). οὐ μὴ κατοικήσει ἐκεῖ υἱ. ἀνθρώπου (3)
— 16 (49. 27). καταφάγεται ἄμφοδα υἱοῦ Ἄδερ (3)
32 (25). 21. τοὺς υἱ. Ἀμμών (3)
33 (26). 1. ἐν ἀρχῇ βασιλέως Ἰ. υἱοῦ Ἰ. (3)
— 20. Οὐρίας υἱ. Σαμαίου (3)
— 23. εἰς τὸ μνῆμα υἱῶν λαοῦ αὐτοῦ (3)
— 24. χεὶρ Ἀχ. υἱοῦ Σαφὰν ἦν μετὰ Ἱερ. (3)
34 (27). 3. πρὸς βασιλέα υἱῶν Ἀμμών (3)
35 (28). 1. εἶπέ μοι Ἀνανίας υἱ. Ἀζώρ (3)
36 (29). 3. ἐν χειρὶ Ἐλ. υἱοῦ Σ. καὶ Γαμ. υἱοῦ Χ. (3, 3)
— 6. τεκνοποιήσατε [S -ασθε] υἱούς (3)
— 6. A B S² λάβετε τοῖς υἱ. ὑμῶν γυναῖκας (3)
— 25. πρὸς Σοφ. υἱὸν Μ. τὸν ἱερέα (3)
37 (30). 20. εἰσελεύσονται οἱ υἱ. αὐτῶν (3)
38 (31). 14. μεθύσω τὴν ψυχὴν τῶν ἱερέων υἱῶν [S τῶν υἱ.] Λευί –
— 15. οὐκ ἤθελε παύσασθαι [A B² παρακληθῆναι] ἐπὶ τοῖς υἱ. [A τῶν υἱ.] αὐτῆς (3)
— 20. υἱ. ἀγαπητὸς Ἐφραΐμ (3)
39 (32). 7. Ἀναμεὴλ υἱ. Σαλώμ (3)
— 8. ἦλθε πρὸς μὲ Ἀναμεὴλ υἱ. Σαλώμ (3)
— 9. ἐκτησάμην τὸν ἀγρὸν Ἀναμεὴλ υἱοῦ ἀδελφοῦ πατρός μου (3)
— 12. ἔδωκα αὐτὸ τῷ Β. υἱῷ Ν. υἱῷ Μ. κατ' ὀφθαλμοὺς Ἀν. υἱοῦ ἀδελφοῦ πατρός μου (3, 3, –)
— 16. πρὸς Βαροὺχ υἱὸν Νηρίου (3)
— 19. οἱ ὀφθαλμοί σου εἰς τὰς ὁδοὺς τῶν υἱ. [A S *om.* τ. υἱ.] τῶν ἀνθρώπων (3)
— 30. ἦσαν οἱ [S *om.*] υἱ. Ἰσραὴλ καὶ οἱ [S *om.*] υἱ. Ἰούδα μόνοι ποιοῦντες τὸ πονηρόν (3, 3)
— 32. διὰ πάσας τὰς πονηρίας τῶν [A S *om.*] υἱ. Ἰσραήλ (3)
— 35. ᾠκοδόμησαν τοὺς βωμοὺς . . . τοὺς ἐν φάραγγι υἱοῦ Ἐννὸμ τοῦ ἀναφέρειν τοὺς υἱ. αὐτῶν (3, 3)
42 (35). 1. A ἐν ἡμέραις Ἰωακεὶμ υἱοῦ Ἰωσία [B S *om.* υἱ. Ἰ.] (3)
— 3. ἐξήγαγον τὸν Ἰεχ. υἱὸν Ἱερ. υἱοῦ Χ. . . . καὶ τοὺς υἱ. αὐ. (3 *ter*)

Je. 42 (35). 4. εἰς τὸ παστοφόριον υἱῶν Ἰ. υἱοῦ [A *om.* υἱ. Ἰ. υἱ.] Ἀν. υἱοῦ Γοδ. [S *om.* υἱ. Γ.] . . . ἐπάνω τοῦ οἴκου Μ. υἱοῦ Σ. (3, –, 3, 3)
— 6. Ἰων. υἱ. Ῥηχάβ [S¹ *om.* υἱ. Ῥ.] (3)
— 6. οὐ μὴ πίητε οἶνον ὑμεῖς καὶ οἱ υἱ. ὑμῶν (3)
— 8. οἱ υἱ. ἡμῶν καὶ αἱ θυγατέρες ἡμῶν (3)
— 14. ἔστησαν ῥῆμα υἱοὶ Ἰων. υἱοῦ [S -οὶ] Ῥ. (–, 3)
— 16. ἔστησαν υἱοὶ [A S οἱ υἱ.] Ἰωναδὰβ υἱοῦ [S οἱ υἱ.] Ῥηχὰβ τὴν ἐντολήν (3, 3)
— 18. ἤκουσαν υἱοὶ [A S οἱ υἱ.] Ἰωναδὰβ υἱοῦ Ῥηχὰβ τὴν ἐντολήν [S *om.* υἱ. Ῥ. τ. ἐ.] –, –
— 19. οὐ μὴ ἐκλίπῃ ἀνὴρ τῶν υἱ. Ἰωναδὰβ υἱοῦ Ῥηχάβ (–, 3)
43 (36). 1. ἐν τῷ ἐνιαυτῷ τῷ τετάρτῳ Ἰωακεὶμ υἱοῦ Ἰωσία (3)
— 4. ἐκάλεσεν Ἱερεμίας τὸν Βαρουχ υἱὸν Νηρίου (3)
— 10. ἐν οἴκῳ Γαμαρίου υἱοῦ Σαφάν (3)
— 11. ἤκουσε Μιχαίας υἱ. Γαμαρίου υἱοῦ Σαφάν (3, 3)
— 12. Δαλ. υἱ. Σελ. καὶ Ἰων. υἱ. Ἀκχ. καὶ Γαμ. υἱ. Σ. καὶ Σεδ. υἱ. Ἀν. (3 *quater*)
— 14. AR ἀπέστειλαν . . . πρὸς Β. υἱὸν Ν. τὸν Ἰ. [B S *om.* τ. Ἰ.] υἱὸν [S -οῦ] Ναθ. υἱοῦ Σελ. υἱοῦ Χ. (–, 3 *ter*)
— 14. A ἔλαβε Β. υἱὸς Ν. [B S *om.* υἱ. Ν.] τὸ χαρτίον (3)
— 26. ἐνετείλατο ὁ βασ. τῷ Ἱερ. υἱῷ τοῦ βασ. καὶ τῷ Σ. υἱῷ Ἐσρ. (3, 3)
44 (37). 1. A ἐβασίλευσε Σεδ. υἱ. Ἰ. ἀντὶ Ἰεχ. υἱοῦ [B S *om.* Ἰ. υἱ.] Ἰ. (3, 3)
— 3. ἀπέστειλεν . . . τὸν Ἰ. υἱὸν Σελ. καὶ τὸν Σοφ. υἱὸν Μ. (3, 3)
— 13. παρ' ᾧ κατέλυε Σαρ. υἱ. Σελ. υἱοῦ [S υἱὸς] Ἀν. (3, 3)
45 (38). 1. ἤκουσε Σαφ. υἱ. Ν. καὶ Γοδ. υἱ. Π. καὶ Ἰ. υἱ. Σελ. τοὺς λόγους (3 *ter*)
— 6. εἰς λάκκον Μελχίου υἱοῦ τοῦ βασιλέως (3)
46 (39). 14. πρὸς τὸν Γοδ. υἱὸν Ἀχ. υἱοῦ [A -ὸν] Σ. (3, 3)
47 (40). 5. πρὸς τὸν Γοδ. υἱὸν Ἀχ. υἱοῦ [A S -ὸν] Σ. (3, 3)
— 8. ἦλθε . . . Ἰσμ. υἱ. Ναθ. καὶ Ἰ. υἱ. Κ. καὶ Σαρ. υἱ. Θ. καὶ υἱοὶ Ἰ. . . . καὶ Ἰεζ. υἱ. τοῦ Μ. (3 *quinquiens*)
— 11. οἱ Ἰουδαῖοι οἱ ἐν [A *add.* γῇ] Μωὰβ καὶ ἐν υἱοῖς Ἀμμών (3)
— 11. κατέστησεν ἐπ' αὐτοὺς Γοδ. υἱὸν Ἀχ. (3)
— 13. Ἰ. υἱὸς Κ. καὶ πάντες . . . ἦλθον (3)
— 14. Βελ. βασιλεὺς υἱῶν Ἀμμὼν ἀπέστειλε (3)
48 (41). 1. ἦλθεν Ἰσμ. υἱ. Ναθ. υἱοῦ [S¹ -ὸς] Ἐλ. (3, 3)
— 10. ἃς παρεκατέθετο . . . τῷ Γοδ. υἱῷ Ἀχ. καὶ ᾤχετο εἰς τὸ πέραν υἱῶν Ἀ. (3, 3)
— 11. ἤκουσεν Ἰωανὰν υἱ. Κάρηε (3)
— 15. ᾤχετο πρὸς τοὺς υἱ. Ἀμμών (3)
49 (42). 1. προσῆλθον . . . Ἰ. καὶ Ἀζ. υἱὸς Μ. (3)
50 (43). 2. εἶπεν Ἀζ. υἱ. Μ. καὶ Ἰ. υἱ. Κ. (3, 3)
— 3. Β. υἱ. Ν. συμβάλλει σε πρὸς ἡμᾶς (3)
— 6. μετὰ Γοδολίου υἱοῦ Ἀχεικάμ (3)
— 6. ἔλαβε . . . Βαρουχ υἱὸν Νηρίου (3)
51. 31 (45. 1). πρὸς Β. υἱὸν Ν. . . . ἐν τῷ ἐνιαυτῷ τῷ τετάρτῳ Ἰ. υἱῷ Ἰ. (3, 3)
52. 10. ἔσφαξε βασιλεὺς Βαβ. τοὺς υἱ. Σεδ. (3)
Ba. 1. 1. Β. υἱ. Ν. υἱοῦ [A -ὸς] Μ. υἱοῦ [A -ὸς] Σεδ. υἱοῦ Ἀσ. υἱοῦ Χ.
— 3. ἐν ὠσὶν Ἰεχονίου υἱοῦ Ἰωακείμ
— 4. ἐν ὠσὶ τῶν δυνατῶν καὶ υἱῶν τῶν βασιλέων
— 7. πρὸς Ἰωακεὶμ υἱὸν Χελκίου υἱοῦ Σαλώμ
— 8. ἃ ἐποίησε Σεδεκίας υἱ. Ἰωσία
— 11. εἰς ζωὴν Βαλτάσαρ υἱοῦ αὐτοῦ
— 12. ὑπὸ τὴν σκιὰν Βαλτάσαρ υἱοῦ αὐτοῦ
2. 3. τοῦ φαγεῖν ἡμᾶς ἄνθρωπον σάρκας υἱοῦ [A -ῶν] αὐτοῦ
— 28. γράψαι τὸν νόμον σου ἐναντίον υἱῶν Ἰσραήλ
3. 4. ἄκουσον δὴ τῆς προσευχῆς . . . υἱῶν τῶν ἁμαρτανόντων
— 21. οἱ υἱ. αὐτῶν ἀπὸ τῆς ὁδοῦ αὐτῶν πόρρω ἐγενήθησαν
— 23. οἵ τε [A οὔτε] υἱ. Ἄγαρ οἱ ἐκζητοῦντες τὴν σύνεσιν
4. 10. εἶδον γὰρ τὴν αἰχμαλωσίαν [A *add.* τοῦ λαοῦ] τῶν υἱ. μου
— 14. μνήσθητε τὴν αἰχμαλωσίαν τῶν υἱ. μου
— 32. δειλαία ἡ δεξαμένη τοὺς υἱ. σου
— 37. ἔρχονται οἱ υἱ. σου
Ba. 5. 6. A εἰσάγει . . . μετὰ δόξης υἱοὺς [B ὡς θρόνον] βασιλείας
La. 1. 16. ἐγένοντο οἱ υἱ. μου ἠφανισμένοι (3)
3. 33. ἐταπείνωσεν υἱοὺς ἀνδρός (3)
4. 2. υἱοὶ Σιὼν οἱ τίμιοι οἱ ἐπηρμένοι ἐν χρυσίῳ (3)
Ez. 1. 3. πρὸς Ἰεζεκιὴλ υἱὸν Βουζεί (3)
2. 1. A² B υἱὲ ἀνθρώπου, στῆθι (3)
— 3. υἱὲ ἀνθρώπου, ἐξαποστέλλω ἐγώ σε (3)
— 4. A υἱοὶ σκληροπρόσωποι καὶ στερεοκάρδιοι (3)
— 6. σύ, υἱὲ ἀνθρώπου, μὴ φοβηθῇς αὐτούς (3)
— 8. σύ, υἱὲ ἀνθρώπου, ἄκουε (3)
3. 1. εἶπε πρὸς μέ, Υἱὲ ἀνθρώπου (3)
— 1. λάλησον τοῖς υἱ. Ἰσραήλ (2)
— 3. υἱὲ ἀνθρώπου, τὸ στόμα σου φάγεται (3)
— 4. υἱὲ ἀνθρώπου, βάδιζε (3)
— 10. υἱὲ ἀνθρώπου, πάντας τοὺς λόγους . . . λάβε (3)
— 11. εἴσελθε . . . πρὸς τοὺς υἱ. τοῦ λαοῦ σου (3)
— 17. υἱὲ ἀνθρώπου, σκοπὸν δέδωκά σε (3)
— 25. υἱὲ ἀνθρώπου, ἰδοὺ δέδονται (3)
4. 1. υἱὲ ἀνθρώπου, λάβε σεαυτῷ πλίνθον (3)
— 3. σημεῖόν ἐστι τοῦτο τοῖς υἱ. Ἰσραήλ (2)
— 13. οὕτως φάγονται οἱ υἱ. τοῦ Ἰσραὴλ ἀκάθαρτα (3)
— 16. εἶπε πρὸς μέ, Υἱὲ ἀνθρώπου (3)
5. 1. υἱὲ ἀνθρώπου, λάβε σεαυτῷ ῥομφαίαν (3)
6. 2. υἱὲ ἀνθρώπου, στήρισον (3)
— 5. A δώσω τὰ πτώματα τῶν υἱ. Ἰσραὴλ κατὰ πρόσωπον τῶν εἰδώλων αὐτῶν (3)
7. 2. υἱὲ ἀνθρώπου, εἰπόν (3)
8. 5. υἱὲ ἀνθρώπου, ἀνάβλεψον (3)
— 6. υἱὲ ἀνθρώπου, ἑώρακας (3)
— 8. υἱὲ ἀνθρώπου, ὄρυξον (3)
— 12. ἑώρακας, υἱὲ ἀνθρώπου (3)
— 15. υἱὲ ἀνθρώπου, ἑώρακας (3)
— 17. ἑώρακας, υἱὲ ἀνθρώπου (3)
11. 2. υἱὲ ἀνθρώπου, οὗτοι οἱ ἄνδρες (3)
— 4. προφήτευσον, υἱὲ ἀνθρώπου (3)
— 15. υἱὲ ἀνθρώπου, οἱ ἀδελφοί σου (3)
12. 2. υἱὲ ἀνθρώπου, . . . σὺ κατοικεῖς (3)
— 3. υἱὲ ἀνθρώπου, ποίησον σεαυτῷ σκεύη (3)
— 9. υἱὲ ἀνθρώπου, οὐκ εἶπαν πρὸς σέ (3)
— 18. υἱὲ ἀνθρώπου, τὸν ἄρτον σου . . . φάγεσαι (3)
— 22. υἱὲ ἀνθρώπου, τίς ἡ παραβολή (3)
— 24. μαντευόμενος τὰ πρὸς χάριν ἐν μέσῳ τῶν υἱ. Ἰσραήλ (2)
— 27. υἱὲ ἀνθρώπου, ἰδοὺ ὁ οἶκος Ἰσραήλ (3)
13. 2. υἱὲ ἀνθρώπου, προφήτευσον (3)
— 17. υἱὲ ἀνθρώπου, στήρισον (3)
14. 3. υἱὲ ἀνθρώπου, οἱ ἄνδρες οὗτοι ἔθεντο (3)
— 13. υἱὲ ἀνθρώπου, γῆ ἣ [A *om.*] ἐὰν ἁμάρτῃ μοι (3)
— 16. εἰ υἱοὶ ἢ θυγατέρες [A καὶ θ. αὐτῶν] σωθήσονται (3)
— 18. οὐ μὴ ῥύσωνται υἱοὺς οὐδὲ θυγατέρας (3)
— 20. ἐὰν υἱοὶ ἢ θυγατέρες ὑπολειφθῶσιν (3)
— 22. ἐξάγουσιν ἐξ αὐτῆς υἱοὺς καὶ θυγατέρας (3)
15. 2. υἱὲ ἀνθρώπου, τί ἂν γένοιτο τὸ ξύλον (3)
16. 2. υἱὲ ἀνθρώπου, διαμάρτυραι (3)
— 20. ἔλαβες τοὺς υἱ. σου καὶ τὰς θυγατέρας σου (3)
— 26. ἐξεπόρνευσας ἐπὶ τοὺς υἱ. Αἰγύπτου (3)
17. 2. υἱὲ ἀνθρώπου, διήγησαι διήγημα (3)
— 12. υἱὲ ἀνθρώπου, εἰπόν –
18. 2. υἱὲ ἀνθρώπου, τί ὑμῖν ἡ παραβολὴ αὕτη ἐν τοῖς υἱ. Ἰσρ. –, –
— 4. ὃν τρόπον ἡ ψυχὴ τοῦ πατρὸς οὕτως ἡ ψυχὴ τοῦ υἱ. (3)
— 10. ἐὰν γεννήσῃ υἱὸν λοιμόν (3)
— 14. ἐὰν δὲ γεννήσῃ [A -σῃς] υἱόν (3)
— 19. οὐκ ἔλαβε τὴν ἀδικίαν ὁ υἱ. τοῦ πατρός; [A ἔ. υἱ. ἀ. π. αὐτοῦ] ὅτι ὁ υἱ. δικαιοσύνην καὶ ἔλεος πεποίηκε (3, 3)
— 20. ὁ δὲ [A *om.* ὁ δὲ] υἱ. οὐ λήψεται τὴν ἀδικίαν τοῦ πατρὸς οὐδὲ ὁ πατὴρ λήψεται τὴν ἀδικίαν τοῦ υἱ. (3, 3)
19. 1. A υἱὲ ἀνθρώπου [B *om.* υἱ. ἀ.], λάβε θρῆνον –
20. 3. υἱὲ ἀνθρώπου, λάλησον (3)
— 4. υἱὲ ἀνθρώπου, τὰς ἀνομίας . . . διαμάρτυραι αὐτοῖς (3)
— 27. λάλησον . . . υἱὲ ἀνθρώπου (3)
— 31. A ἐν τοῖς ἀφορισμοῖς υἱῶν ὑμῶν ἐν πυρὶ μιαίνεσθε [B *al.*] (3)
Ez. 20. 46 (21. 2). υἱὲ ἀνθρώπου, στήρισον τὸ πρόσωπόν σου (3)
21. 2 (7). προφήτευσον, υἱὲ ἀνθρώπου (3)
— 6 (11). υἱὲ ἀνθρώπου, καταστέναξον (3)
— 9 (14). υἱὲ ἀνθρώπου, προφήτευσον (3)
— 12 (17). ὀλόλυξον, υἱὲ ἀνθρώπου (3)
— 14 (19). υἱὲ ἀνθρώπου, προφήτευσον (3)
— 19 (24). υἱὲ ἀνθρώπου, διάταξον σεαυτῷ δύο ὁδούς (3)
— 20 (25). τοῦ εἰσελθεῖν ῥομφαίαν ἐπὶ Ῥαββὰθ [A *add.* καὶ ἐπὶ] υἱῶν Ἀμμών (3)
— 28 (33). υἱὲ ἀνθρώπου, προφήτευσον (3)
— 28 (33). τάδε λέγει κ. πρὸς τοὺς υἱ. Ἀ. (3)
22. 2. υἱὲ ἀνθρώπου, εἰ [A οὐ] κρινεῖς (3)
— 18. υἱὲ ἀνθρώπου, ἰδοὺ γεγόνασί μοι (3)
— 24. υἱὲ ἀνθρώπου [A¹ *om.* υἱὲ ἀ.], εἰπὸν αὐτῇ (3)
23. 2. υἱὲ ἀνθρώπου, δύο γυναῖκες ἦσαν (3)
— 4. ἔτεκον υἱοὺς καὶ θυγατέρας (3)
— 7. ἐπίλεκτοι υἱοὶ Ἀσσυρίων πάντες (3)
— 9. παρέδωκα . . . εἰς χεῖρας υἱῶν Ἀσσυρίων (3)
— 10. υἱοὺς καὶ θυγατέρας αὐτῆς ἔλαβον (3)
— 12. ἐπὶ τοὺς υἱ. τῶν Ἀσσυρίων ἐπέθετο ἡγουμένους (3)
— 15. ὁμοίωμα υἱῶν Χαλδαίων (3)
— 17. ἤλθοσαν πρὸς αὐτὴν υἱοὶ Βαβυλῶνος (3)
— 23. ἐπάξω αὐτοὺς ἐπὶ σὲ κυκλόθεν υἱοὺς Βαβυλῶνος . . . καὶ πάντας υἱοὺς Ἀσσυρίων (3, 3)
— 25. αὐτοὶ υἱοὺς [A τοὺς υἱ.] σου καὶ θυγατέρας σου λήψονται (3)
— 36. υἱὲ ἀνθρώπου, οὐ κρινεῖς τὴν Ὀολάν (3)
— 47. υἱοὺς αὐτῶν καὶ θυγατέρας αὐτῶν ἀποκτενοῦσι (3)
24. 2. υἱὲ ἀνθρώπου, γράψον σεαυτῷ (3)
— 16. υἱὲ ἀνθρώπου, ἰδοὺ ἐγὼ λαμβάνω (3)
— 21. οἱ υἱ. ὑμῶν . . . πεσοῦνται (3)
— 25. υἱὲ ἀνθρώπου, οὐχὶ ἐν τῇ ἡμέρᾳ (3)
— 25. λαμβάνω . . . υἱοὺς αὐτῶν (3)
25. 2. υἱὲ ἀνθρώπου, στήρισον τὸ πρόσωπόν σου ἐπὶ τοὺς υἱ. Ἀμμών (3, 3)
— 3. ἐρεῖς τοῖς υἱ. Ἀμμών (3)
— 4. παραδίδωμι ὑμᾶς τοῖς υἱ. κεδέμ (3)
— 5. δώσω . . . τοὺς υἱ. Ἀμμὼν εἰς νομὴν [A προν.] προβάτων (3)
— 10. τοὺς υἱ. κεδὲμ ἐπὶ τοὺς υἱ. Ἀμμὼν δέδωκα αὐτῷ εἰς κληρονομίαν ὅπως μὴ μνεία γένηται τῶν υἱ. Ἀμμών (3 *ter*)
26. 2. υἱὲ ἀνθρώπου, ἀνθ' οὗ εἶπε Σόρ (3)
27. 2. υἱὲ ἀνθρώπου, λάβε ἐπὶ Σὸρ θρῆνον (3)
— 4. υἱοί σου περιέθηκάν σοι κάλλος †
— 11. υἱοὶ Ἀραδίων . . . ἐπὶ τῶν τειχέων σου (3)
— 15. υἱοὶ Ῥοδίων ἔμποροί σου (3)
— 17. Ἰούδας καὶ οἱ υἱ. τοῦ Ἰσραὴλ οὗτοι ἔμποροί σου †
— 32. λήψονται οἱ υἱ. αὐτῶν ἐπὶ σὲ θρῆνον †
28. 2. υἱὲ ἀνθρώπου, εἰπόν (3)
— 12. υἱὲ ἀνθρώπου, λάβε θρῆνον (3)
— 21: 29. 2. υἱὲ ἀνθρώπου, στήρισον (3)
29. 18. υἱὲ ἀνθρώπου, Ναβουχοδονόσορ (3)
30. 2. υἱὲ ἀνθρώπου, προφήτευσον (3)
— 5. οἱ ἐπίμικτοι καὶ [A ἀπὸ] τῶν υἱ. τῆς διαθήκης μου μαχαίρᾳ πεσοῦνται ἐν αὐτῇ [A δ. μ. ἐν αὐ. μαχ. π.] (3)
— 21. υἱὲ ἀνθρώπου, τοὺς βραχίονας Φαραὼ . . . συνέτριψα (3)
31. 2. υἱὲ ἀνθρώπου, εἰπόν (3)
— 14. ἐν μέσῳ υἱῶν ἀνθρώπων πρὸς καταβαίνοντας (3)
32. 2. υἱὲ ἀνθρώπου, λάβε θρῆνον (3)
— 18. υἱὲ ἀνθρώπου, θρήνησον (3)
33. 2. υἱὲ ἀνθρώπου, λάλησον τοῖς υἱ. τοῦ λαοῦ σου (3, 3)
— 7. υἱὲ ἀνθρώπου, σκοπὸν δέδωκά σε (3)
— 10. υἱὲ ἀνθρώπου, εἰπόν (3)
— 12. A υἱὲ ἀνθρώπου [B *om.* υἱὲ ἀ.], εἰπὸν πρὸς τοὺς υἱ. τοῦ λαοῦ σου (3, 3)
— 17. ἐροῦσιν οἱ υἱ. τοῦ λαοῦ σου (3)
— 24. υἱὲ ἀνθρώπου, οἱ κατοικοῦντες (3)
— 30. υἱὲ ἀνθρώπου, οἱ υἱ. τοῦ λαοῦ σου (3, 3)
34. 2. υἱὲ ἀνθρώπου, προφήτευσον (3)
35. 2. υἱὲ ἀνθρώπου, ἐπίστρεψον (3)
36. 1. υἱὲ ἀνθρώπου, προφήτευσον (3)
— 17. υἱὲ ἀνθρώπου, οἶκος Ἰσραὴλ κατῴκησεν (3)
37. 3. υἱὲ ἀνθρώπου, εἰ ζήσεται (3)
— 9. προφήτευσον, υἱὲ ἀνθρώπου (3)
— 11. υἱὲ ἀνθρώπου, τὰ ὀστᾶ ταῦτα (3)

Ez. 37. 16. υἱὲ ἀνθρώπου, λάβε σεαυτῷ ῥάβδον καὶ γράψον . . . τοὺς υἱ. Ἰσρ. [A αὐτῆς] (3, 3)
— 16. γράψον . . . πάντας τοὺς υἱ. Ἰσραήλ (2)
— 18. ὅταν λέγωσι πρὸς σὲ οἱ υἱ. τοῦ λαοῦ σου (3)
— 25. A καὶ οἱ υἱ. αὐτῶν καὶ οἱ υἱ. τῶν υἱ. αὐτῶν (3 *ter*)
38. 2. υἱὲ ἀνθρώπου, στήρισον (3)
— 14. προφήτευσον, υἱὲ ἀνθρώπου (3)
39. 1. υἱὲ ἀνθρώπου, προφήτευσον (3)
— 17. υἱὲ ἀνθρώπου, εἰπόν (3)
40. 4. υἱὲ ἀνθρώπου, ἐν τοῖς ὀφθαλμοῖς σου ἴδε (3)
— 46. ἐκεῖνοί εἰσιν οἱ υἱ. Σαδδούκ (3)
42. 13. φάγονται ἐκεῖ οἱ ἱερεῖς υἱοὶ [A οἱ υἱ.] Σαδδούκ –
43. 7. ἑώρακας, υἱὲ ἀνθρώπου (3)
— 10. υἱὲ ἀνθρώπου, δεῖξον (3)
— 18. υἱὲ ἀνθρώπου, τάδε λέγει κύριος (3)
44. 5. υἱὲ ἀνθρώπου, τάξον εἰς τὴν καρδίαν σου (3)
— 7. τοῦ εἰσαγαγεῖν ὑμᾶς υἱοὺς ἀλλογενεῖς (3)
— 9. πᾶς υἱ. ἀλλογενὴς . . . οὐκ εἰσελεύσεται εἰς τὰ ἅγιά μου ἐν πᾶσιν υἱοῖς ἀλλογενῶν (3, 3)
— 13. τοῦ προσάγειν πρὸς τὰ ἅγια υἱῶν τοῦ Ἰσραήλ –
— 15. οἱ ἱερεῖς οἱ Λευῖται οἱ υἱ. τοῦ Σαδδούκ (3)
— 25. ἐπὶ υἱῷ καὶ ἐπὶ θυγατρὶ . . . μιανθήσεται (3)
— 28. κατάσχεσις αὐτοῖς οὐ δοθήσεται ἐν τοῖς υἱ. Ἰσραήλ –
46. 6. A μόσχον υἱὸν βουκολίου [B *om.* υἱ. β.] ἄμωμον (3)
— 16. ἐὰν δῷ ὁ ἀφηγούμενος δόμα ἑνὶ ἐκ τῶν υἱ. αὐτοῦ . . . τοῦτο τοῖς υἱ. αὐτοῦ ἔσται κατάσχεσις (3, 3)
— 17. πλὴν τῆς κληρονομίας τῶν υἱ. αὐτοῦ αὐτοῖς ἔσται (3)
— 18. κατακληρονομήσει τοῖς υἱ. αὐτοῦ (3)
47. 6. ἑώρακας, υἱὲ ἀνθρώπου (3)
— 13. ταῖς δώδεκα φυλαῖς τῶν υἱ. Ἰσραήλ –
— 22. ἐγέννησαν υἱοὺς ἐν μέσῳ ὑμῶν (3)
— 22. ὡς αὐτόχθονες ἐν τοῖς υἱ. τοῦ Ἰσρ. (3)
— 22. A μεθ᾽ ὑμῶν φάγονται . . . ἐν μέσῳ τῶν υἱ. [B φυλῶν] τοῦ Ἰσραήλ †
48. 11. τὸ ὄρος τῶν ἁγίων ἔσται . . . τοῖς ἡγιασμένοις υἱ. Σαδδοὺκ . . . οἵτινες οὐκ ἐπλανήθησαν ἐν τῇ πλανήσει υἱῶν [A τῶν υἱ.] Ἰσραήλ (3, 3)
Da. LXX. Su. 7. γυναῖκα ἀδελφοῦ αὐ. ἐκ τῶν υἱ. Ἰσρ.
— 28. συνήδρευσαν οἱ ὄντες ἐκεῖ πάντες οἱ υἱ. Ἰσρ.
— 48. οὕτως μωροί, υἱοὶ Ἰσρ.
— 64. φυλασσώμεθα εἰς υἱ. δυνατοὺς νεωτέρους
1. 3. ἀγαγεῖν αὐτῷ ἐκ τῶν υἱ. τῶν μεγιστάνων τοῦ Ἰσρ. (3)
— 6. ἐκ τοῦ γένους τῶν υἱ. Ἰσρ. (3)
2. 25. ἐκ τῆς αἰχμαλωσίας τῶν υἱ. τῆς Ἰουδ. (3)
3. (82). εὐλογεῖτε, οἱ υἱ. τῶν ἀνθρ., τὸν κ.
7. 13. ὡς υἱὸς ἀνθρώπου ἤρχετο (4)
8. 17. διανοήθητι, υἱὲ ἀνθρώπου (3)
— 19. ἃ ἔσται . . . τοῖς υἱ. τοῦ λαοῦ σου –
11. 10. ἐπιστρέψει . . . καὶ ὁ υἱ. αὐ. (3)
— 41. καὶ κεφάλαιον υἱῶν Ἀ. (3)
12. 1. ὁ ἑστηκὼς ἐπὶ τοὺς υἱ. τοῦ λαοῦ σου (3)
Bel *tit.* ἐκ προφητείας Ἀμβ. υἱοῦ Ἰ.
— 1. ᾧ ὄνομα Δαν. υἱὸς Ἄ.
Da. TH. Su. 48. οὕτως μωροί, οἱ υἱ. Ἰσρ.
1. 3. εἰσαγαγεῖν ἀπὸ τῶν υἱ. τῆς αἰχμαλωσίας Ἰσρ. (3)
— 6. ἐγένετο ἐν αὐτοῖς ἐκ τῶν υἱ. Ἰούδα (3)
2. 25. εὕρηκα ἄνδρα ἐκ τῶν υἱ. τῆς αἰχμαλωσίας (3)
— 38. ὅπου κατοικοῦσιν οἱ υἱ. τῶν ἀνθρώπων (3)
3. (82). B εὐλογεῖτε, οἱ [A R *om.*] υἱ. τῶν ἀνθρώπων, τὸν κ. (3)
— 25 (92). ἡ ὅρασις τοῦ τετάρτου ὁμοία υἱῷ θεοῦ (4)
5. 13. ὁ ἀπὸ τῶν υἱ. τῆς αἰχμαλωσίας Ἰουδαίας (3)
— 22. καὶ σὺ οὖν ὁ υἱ. αὐ. Βαλτ. (4)
6. 13 (14). Δαν. ἀπὸ τῶν υἱ. τῆς αἰχμαλωσίας τῆς Ἰουδαίας (3)
— 24 (25). αὐτοὶ καὶ οἱ υἱ. αὐ. καὶ αἱ γυναῖκες αὐ. (3)
7. 13. ὡς υἱὸς ἀνθρώπου ἐρχόμενος (4)
8. 17. σύνες, υἱὲ ἀνθρώπου (3)
9. 1. ἐν τῷ πρώτῳ ἔτει Δαρ. τοῦ υἱ. Ἀσσ. (3)
10. 16. ὡς ὁμοίωσις υἱοῦ ἀνθρώπου (3)
11. 10. οἱ υἱ. αὐ. συνάξουσιν ὄχλον (3)
— 14. οἱ υἱ. τῶν λοιμῶν τοῦ λαοῦ σου (3)
— 41. καὶ ἀρχὴ υἱῶν Ἀ. (3)

Da. TH. 12. 1. ὁ ἑστηκὼς ἐπὶ τοὺς υἱ. τοῦ λαοῦ σου (3)
I Ma. 1. 9. A R καὶ οἱ [S *om.*] υἱ. αὐ. ὀπίσω αὐτῶν
— 10. Ἀντίοχος Ἐπιφ. υἱὸς Ἀντιόχου τοῦ βασ.
— 11. A ἐξῆλθεν [A S^{2} -ον] ἐξ Ἰσρ. υἱ. παράνομος [S R υἱοὶ παράνομοι]
— 48. ἀφιέναι τοὺς υἱ. αὐ. ἀπεριτμήτους
2. 1. S ἀνέστη Ματτ. υἱὸς [A R *om.*] Ἰωάννου τοῦ Σ. ἱερεὺς τῶν υἱ. Ἰ.
— 2. καὶ αὐτῷ υἱοὶ πέντε
— 14. διέρρηξε Ματτ. καὶ οἱ υἱ. αὐ. τὰ ἱμάτια αὐ.
— 16. Ματτ. καὶ οἱ υἱ. αὐ. συνήχθησαν
— 17. A R καὶ ἐστηριγμένος ἐν [S *om.*] υἱοῖς
— 18. S^{2} ἔσῃ σὺ καὶ οἱ υἱ. σου τῶν φίλων τοῦ βασ. [A S^{1} R *al.*]
— 18. καὶ σὺ καὶ οἱ υἱ. σου δοξασθήσεσθε
— 20. κἀγὼ καὶ οἱ υἱ. μου . . . πορευσόμεθα
— 26. καθὼς ἐποίησε Φ. τῷ Ζ. υἱῷ Σ.
— 28. ἔφυγον αὐτὸς καὶ οἱ υἱ. αὐ.
— 30. κατέβησαν . . . αὐτοὶ καὶ οἱ υἱ. αὐ.
— 45. A ἐκύκλωσε Ματτ. καὶ οἱ υἱ. [S R φίλοι] αὐ.
— 46. S ὅσα εὗρον ἐν υἱοῖς Ἰσρ. [A R *al.*]
— 47. ἐδίωξαν τοὺς υἱοὺς τῆς ὑπερηφανίας
— 49. εἶπε τοῖς υἱ. αὐ.
— 70. A R ἔθαψαν αὐτὸν οἱ υἱ. αὐ. [S *al.*]
3. 1. ἀνέστη Ἰ. ὁ καλούμ. Μακκ. υἱὸς αὐ.
— 14. S^{1} πολεμήσω τὸν υἱ. [A S^{2} R *om.*] Ἰούδαν
— 15. ποιῆσαι τὴν ἐκδίκησιν ἐν υἱοῖς Ἰσρ.
— 33. καὶ τρέφειν Ἀντίοχον τὸν υἱ. αὐ.
— 36. A καὶ κατοικῆσαι υἱοὺς ἀλλοτρίους [S R *al.*]
— 41. τοῦ λαβεῖν τοὺς υἱ. Ἰσρ. εἰς παῖδας
— 45. καὶ υἱοὶ ἀλλογενῶν ἐν τῇ ἄκρᾳ
— 58. γίνεσθε εἰς υἱ. δυνατούς
4. 2. A R οἱ [S *om.*] υἱ. τῆς ἄκρας ἦσαν αὐτῷ ὁδηγοί
— 30. εἰς χεῖρας Ἰων. υἱοῦ Σ.
5. 3. ἐπολέμει Ἰ. πρὸς τοὺς υἱ. Ἡ.
— 4. ἐμνήσθη τῆς κακίας υἱῶν Β.
— 6. διεπέρασεν ἐπὶ τοὺς υἱ. Ἀ.
— 65. ἐπολέμουν τοὺς υἱ. Ἡ.
6. 15. τοῦ ἀγαγεῖν Ἀντίοχον τὸν υἱ. αὐ.
— 17. κατέστησε βασιλεύειν Ἀντίοχον τὸν υἱ. αὐ.
— 24. S περιεκάθηντο ἐπ᾽ αὐτὸν οἱ υἱ. τοῦ λαοῦ ἡμῶν [A R *al.*]
— 55. ἐκθρέψαι Ἀντίοχον τὸν υἱ. αὐ.
7. 9. ποιῆσαι τὴν ἐκδίκησιν ἐν τοῖς υἱ. Ἰσρ.
— 13. πρῶτοι οἱ Ἀσ. ἦσαν ἐν υἱοῖς Ἰσρ.
— 23. ἣν ἐποίησεν . . . ἐν υἱοῖς Ἰσρ.
8. 17. ἐπέλεξεν Ἰ. τὸν Εὐπ. υἱὸν Ἰ. . . . καὶ Ἰάσονα υἱὸν Ἐλεαζάρου
9. 36. ἐξῆλθον οἱ υἱ. Ἰ. ἐκ Μηδ.
— 37. υἱοὶ Ἰ. ποιοῦσι γάμον μέγαν
— 53. ἔλαβε τοὺς υἱ. τῶν ἡγουμένων τῆς χώρας
— 66. ἐπάταξεν . . . τοὺς υἱ. Φ.
10. 67. A ἦλθε Δημ. ὁ [S R *om.*] υἱ. Δημ.
11. 62. ἔλαβε τοὺς υἱ. τῶν ἀρχόντων αὐ. εἰς ὅμηρα
13. 16. ἀπόστειλον . . . δύο τῶν υἱ. αὐ. ὅμηρα
— 53. A εἶδε Σ. τὸν Ἰ. τὸν [S R *om.*] υἱ. αὐ.
14. 25. τίνα χάριν ἀποδώσομεν Σ. καὶ τοῖς υἱ. αὐ.
— 29. A R Σίμων δὲ ὁ υἱ. Ματτ. ὁ υἱ. τῶν υἱ. [S M. υἱὸς υἱῶν ἱερεὺς τῶν υἱ.] Ἰ.
— 49. ὅπως ἔχῃ Σίμων καὶ οἱ υἱ. αὐ.
15. 1. ἀπέστειλεν Ἀντ. υἱὸς [S^{2} ὁ υἱ.] Δημ.
16. 2. ἐκάλεσε Σ. τοὺς δύο υἱ. αὐ.
— 13. ἐβουλεύετο δόλῳ κατὰ . . . τῶν υἱ. αὐ.
— 14. κατέβη εἰς Ἱερ. αὐτὸς . . . καὶ οἱ [S^{2} *om.*] υἱ. [S^{1} κ. ἀδελφὸς] αὐ.
— 16. ὅτε ἐμεθύσθη Σ. καὶ οἱ υἱ. αὐ.
— 16. A ἀπέκτειναν αὐτὸν καὶ τοὺς υἱ. [S R δύο υἱ.] αὐ.
II Ma. 2. 20. τοὺς πρὸς . . . τὸν τούτου υἱ. Εὐπ. πολέμους
7. 20. ἀπολλυμένους υἱ. ἑπτὰ συνορῶσα
— 26. ἐπεδέξατο πείσειν τὸν υἱ.
— 27. υἱέ, ἐλέησόν με
— 41. ἐσχάτη δὲ τῶν υἱ. ἡ μήτηρ ἐτελεύτησε
9. 25. ἀναδέδειχα τὸν υἱ. μου Ἀντίοχον βασιλέα
— 26. ἕκαστον συντηρεῖν τὴν οὖσαν εὔνοιαν εἰς ἐμὲ καὶ τὸν υἱ. μου
— 29. εὐλαβηθεὶς τὸν υἱ. Ἀντιόχου
10. 10. τὰ κατὰ τὸν ὕπατον Ἀντίοχον υἱὸν δὲ τοῦ ἀσεβοῦς γενόμενον
III Ma. 6. 28. ἀπολύσατε τοὺς υἱ. τοῦ παντοκρ. ἐπουρανίου θεοῦ ζῶντος
7. 6. ὡς πατέρα ὑπὲρ υἱῶν διὰ παντὸς συμμαχοῦντα
IV Ma. 4. 15. διαδέχεται τὴν ἀρχὴν ὁ [S^{1} *om.*] υἱ. αὐ.
9. 21. S^{1} ὁ μεγαλόφρων καὶ Ἀβραὰμ υἱ. νεανίας [A S^{2} R *al.*]

IV Ma. 12. 6. αὐτὴν ἐλεήσας τοσούτων υἱ. στερηθεῖσαν
15. 2. τῆς ἑπτὰ υἱῶν σωτηρίας προκαίρου
— 9. διὰ τὴν καλοκἀγαθίαν τῶν υἱ.
— 22. τῶν υἱ. βασανιζομένων
— 27. A S^{2} R τὴν σῴζουσαν ἑπτὰ υἱοὺς . . . σωτηρίαν
— 32. ταῖς τῶν υἱ. βασάνοις συνεχομένη
16. 3. ὁρῶσαν αὐτῆς τοὺς ἑπτὰ υἱ. βασανιζομένους
— 10. οὐδ᾽ ἂν ἀποθάνω θάπτοντα τῶν υἱ. ἔξω τινά
— 13. ἀνατίκτουσα τὸν τῶν υἱ. ἀριθμόν
— 20. τὸν ἐθνοπάτορα υἱ. σφαγιάσαι Ἰσ.
— 24. ἕνα ἕκαστον τῶν υἱ. παρακαλοῦσα

[**Aq.** GE. 6. 3 (2): 12. 5 (P.): 15. 2: 25. 22: 49. 9: EX. 4. 23: 7. 7: LE. 15. 2: NU. 1. 45: DT. 1. 3: 21. 16: 32. 5, 8 *bis*: JO. 1. 1: 4. 21: 6. 1: 22. 33: JD. 8. 22 *ter*: I KI. 2. 12: 14. 18: II KI. 3. 15: 8. 18: 12. 5: 16. 11: 21. 2: III KI. 4. 17: 8. 1: 12. 17: 13. 27: 14. 1, 5, 20: 15. 4: 22. 50: IV KI. 6. 28: 9. 20: 11. 2: 13. 24, 25: 14. 13, 29: JB. 1. 5: 5. 7: 28. 8: 32. 2: 38. 7: 41. 26: PS. 9. 1: 11 (12). 2, 9: 16 (17). 14: 28 (29). 6: 41 (42). 1: 43 (44). 1: 44 (45). 1, 3, 17: 45 (46). 1: 46 (47). 1: 48 (49). 1: 71 (72). 20: 82 (83). 9: 86 (87). 1: 89 (90). 3: PR. 10. 5: 19. 27: 30. 4: 31. 5: EC. 8. 11: IS. 1. 4: 7. 14: 9. 6 (5): 30. 1: 31. 6: 56. 3, 5: 60. 10: 65. 20 *bis* (Sw.): JE. 1. 1: 16. 2: 19. 2: 20. 15: 26 (33). 18: 27 (34). 1: 29 (36). 21: 31 (38). 12, 15, 17, 20, 29: 32 (39). 30: 35 (42). 4: 36 (43). 8: 38 (45). 1: 41 (48). 18 (Sw.): 49 (30). 6: 49. 7 (29. 8): 51 (28). 59 *bis*: 52. 1: EZ. 2. 2 (P.), 4 (Sw.): 11. 1: 20. 31: 21. 2 (7) (Sw.): 25. 4: 27. 2 (Sw.), 15: 33. 2, 12 (Sw.): 35. 5: 37. 25 *ter*: DA. 3. 25 (92): HO. 11. 1: AM. 9. 7: JN. 1. 1: MI. 5. 7 (6): ZA. 9. 9: MA. 3. 17.]

[**Sm.** GE. 6. 3 (2): 27. 37: 49. 9: EX. 4. 23: 6. 13: LE. 15. 2: NU. 1. 45: DT. 1. 3: 32. 5, 8: JO. 1. 1: 4. 21: 6. 1: 22. 33: JD. 8. 22: 10. 11: I KI. 2. 12: 13. 1: 14. 18: 20. 30: 22. 8: II KI. 8. 18: 16. 11: 21. 2 *bis*: III KI. 1. 9: 15. 4: 17. 20: 20 (21). 27: IV KI. 6. 28: 13. 6, 24: 14. 29: 16. 3: 23. 10 *bis*: JB. 19. 17: 32. 2: PS. 4. 3: 9. 1: 11 (12). 2, 9: 16 (17). 14: 28 (29). 6: 35 (36). 8: 41 (42). 1: 43 (44). 1: 44 (45). 1, 3, 17: 45 (46). 1: 48 (49). 1, 3: 65 (66). 5: 71 (72). 20: 82 (83). 9: 86 (87). 1: 88 (89). 7, 23: 106 (107). 8: 126 (127). 4 (P.): PR. 10. 5: 17. 2, 6: 19. 27: 30. 4: 31. 8: EC. 8. 11: IS. 1. 4: 7. 14: 9. 6 (5): 31. 6: 37. 12: 38. 19: 51. 20: 52. 14: 54. 1 *bis*: 56. 3, 5: 57. 3: 60. 10: 61. 5: 63. 8: JE. 1. 1: 10. 20: 16. 2: 19. 2: 20. 15: 31 (38). 15: 32 (39). 30: 33 (40). 4 *bis*: 35 (42). 5: 36 (43). 8: 41 (48). 18 (Sw.): 49. 7 (29. 8): EZ. 11. 1: 13. 5: 21. 2 (7) (Sw.), 10 (15): 25. 4: 27. 2 (Sw.), 15: 33. 2: 35. 5: DA. 11. 14: HO. 11. 1: AM. 9. 7: JN. 1. 1: ZA. 9. 9.]

[**Th.** GE. 6. 3 (2): 15. 2: EX. 4. 23: 6. 13: 29. 20: 32. 2: LE. 15. 2: NU. 1. 45: DT. 1. 3: 32. 8: JO. 4. 21: 6. 1: 22. 33: JD. 4. 6: 8. 18: 11. 25, 36: 13. 3: 19. 12: II KI. 14. 14: 21. 2: III KI. 1. 9: 2. 34: 4. 4: 13. 27: IV KI. 1. 17 *bis*: 6. 28: 8. 29: 13. 6, 24, 25: 14. 29: 23. 10: JB. 16. 21: 21. 19: 25. 6: 28. 8: 32. 2: 38. 7: 41. 26: 42. 18 *bis*: PS. 4. 3: 9. 1: 61 (62). 10 *bis*: 65 (66). 5: 71 (72). 20: 126 (127). 4: PR. 17. 2: 19. 27: 30. 4: 31. 5: CA. 1 6: IS. 1. 4: 7. 5: 31. 6: 37. 12: 45. 11 (Sw.): 54. 1 *bis*: 56. 5: 57. 3: 60. 10: 65. 20 *bis* (Sw.): JE. 1. 1: 17. 2 (Sw.): 20. 15: 26 (33). 22: 27 (34). 20: 29 (36). 21 *bis*: 31 (38). 15, 17: 33 (40). 21: 38 (45). 1: 39 (46). 6: 41 (48). 16 (Sw.) *bis*, 18 (Sw.): 48 (31). 45, 46: 49 (30). 6: EZ. 2. 2 (P.), 4: 6. 5: 11. 1: 20. 31 (Sw.): 21. 2 (7) (Sw.), 10 (15): 25. 4: 27. 2 (Sw.), 15, 32: 33. 2, 12 (Sw.): 35. 5: 37. 25 *ter*: 46. 6: DA. 3. 25 (92): 11. 14, 41: HO. 9. 13: 11. 1: JN. 1. 1: MI. 5. 7 (6): ZA. 9. 9.]

[**Al.** GE. 43. 29: LE. 1. 5, 14: 12. 6: 16. 17: 22. 25: NU. 10. 20, 22, 24, 25: 14. 6: 18. 5: 22. 16: 27. 8: 33. 31: DT. 32. 8: JD. 1. 23: I KI. 28. 19: IV KI. 4. 1: JB. 1. 6: 2. 1: 19. 17: PS. 126 (127). 4: 127 (128). 6 *bis*: 136 (137). 7: PR. 1. 15: 16. 15: IS. 14. 2.]

[**Sam.** DT. 32. 8.]

[**Heb.** II KI. 8. 18: JE. 1. 1.]

[**Quint.** IV KI. 8. 29: 13. 6, 25: 14. 29: PS. 9. 1: 28 (29). 1, 6: 44 (45). 3: 71 (72). 20: PR. 31. 5: ZA. 9. 9.]

[**Sext.** JB. 5. 7: PS. 9. 1: 28 (29). 1, 6.]

ὑλακτεῖν. (1) נָבַח
Is. 56. 10. κύνες ἐνεοὶ οὐ δυνήσονται ὑ. (1)

ὕλη. (1) יָוֵן (2) סֻכָּה (3) שָׁמִיר
Jb. 19. 29. γνώσονται ποῦ ἐστιν αὐτῶν ἡ ὕ. [A *al.*] †
38. 40. κάθηνται δὲ ἐν ὕλαις ἐνεδρεύοντες (2)
Ps. 68 (69). 2. B^1 S ἐνεπάγην εἰς ὕλην [B^3 R ἰλὺν] βυθοῦ (1)
Wi. 11. 17. κτίσασα τὸν κόσμον ἐξ ἀμόρφου ὕλης
15. 13. ὕλης γεώδους εὔθραυστα σκεύη . . . δημιουργῶν
Si. 28. 10. κατὰ τὴν ὕ. πυρὸς οὕτως ἐκκαυθήσεται
Is. 10. 17. φάγεται ὡσεὶ χόρτον τὴν ὕ. (3)
II Ma. 2. 24. διὰ τὸ πλῆθος τῆς ὕ.
IV Ma. 1. 29. ἐξημεροῖ τὰς τῶν ἠθῶν καὶ παθῶν ὕ.
[**Aq.** I Ki. 23. 15, 16, 19.]

ὕλις (?). (1) יָוֵן
Ps. 39 (40). 2. A B^1 S ἀνήγαγέ με . . . ἀπὸ πηλοῦ ὕλεως [B^4 R ἰλύος] (1)

ὑλομανεῖν.
[**Sm.** Ho. 10. 1.]

ὑλοτόμος.
Wi. 13. 11. εἰ δέ καί τις ὑ. τέκτων . . . περιέξυσεν . . . πάντα τὸν φλοιὸν αὐτοῦ

ὑλώδης.
Jb. 29. 5. ὅτε ἤμην ὑλώδης λίαν †

ὑμέναιος.
III Ma. 4. 6. θρῆνον ἀνθ' ὑμεναίων ὁμοθυμαδὸν ἐξῆρχον

ὑμέτερος.
Ge. 9. 5.
To. 8. 21†.
Pr. 1. 26.
Am. 6. 2.
Ba. 4. 24.

ὑμνεῖν. (1) הִלֵּל pi. (2) זִמֵּר pi. (3) יָדָה hi. (4) יָדַע hi. (5) רָנַן (6) שִׁיר
Jd. 16. 24. B^2 ὕμνησαν [A ᾔνεσαν] τὸν θεὸν αὐ. (1)
I Ch. 16. 9. ὑμνήσατε αὐτῷ [S -όν] (2)
II Ch. 23. 13. καὶ ὑμνοῦντες αἶνον (4)
29. 30. ὑμνεῖν τὸν κύριον (1)
— 30. ὕμνουν ἐν εὐφροσύνῃ (1)
I Es. 5. 60, 62. ὑμνοῦντες τῷ κυρίῳ
Ne. 12. 24. B οἱ ἀδ. αὐ. . . . εἰς ὑμνεῖν αἰνεῖν [S ὑ. κ. αἰ., A αἰ. κ. ὑ., R ὕμνον αἰ.] (1 [3])
To. 12. 6. S ὑμνεῖν [A B ὑψοῦν] τὸ ὄνομα αὐ.
— 18. S αὐτῷ ὑμνεῖτε
— 22. S ὕμνουν τὸν θεόν
Ju. 15. 13. S ὕμνουν ἐν τῷ στόματι αὐ. [A B *al.*]
16. 13. ὑμνήσω τῷ θεῷ μου ὕμνον καινόν
Es. 4. 17. ἵνα ζῶντες ὑμνῶμέν σου τὸ ὄνομα
— 17. A ἐμφράξῃ στόμα ὑμνούντων σοι [B S *al.*]
Jb. 38. 7. A καὶ ὕμνησαν –
Ps. 21 (22). 22. ἐν μέσῳ ἐκκλησίας ὑμνήσω σε (1)
64 (65). 13. κεκράξονται καὶ γὰρ ὑμνήσουσιν (6)
70 (71). 8. B S^2 ὅπως ὑμνήσω τὴν δόξαν σου –
136 (137). 3. S^1 ὑμνήσατε [S^2 R ὕμνον ᾄσατε, A ᾄσατε] ἡμῖν ἐκ τῶν ᾠδῶν Σιών (6)
Pr. 1. 20. σοφία ἐν ἐξόδοις ὑμνεῖται (5)
8. 3. ἐν δὲ εἰσόδοις ὑμνεῖται (5)
Wi. 10. 20. ὕμνησαν, κύριε, τὸ ὄνομα τὸ ἅγιόν σου
Si. 39. 35. ἐν πάσῃ καρδίᾳ καὶ στόματι ὑμνήσατε [B^1 -αμεν]
47. 8. ῥήματι δόξης ἐν πάσῃ καρδίᾳ αὐτοῦ ὕμνησε [S -σιν]
51. 11. ὑμνήσω ἐν ἐξομολογήσει
Is. 12. 4. ὑμνεῖτε κύριον (3)
— 5. ὑμνήσατε τὸ ὄνομα κυρίου (2)
25. 1. ὑμνήσω τὸ ὄνομά σου (3)
42. 10. ὑμνήσατε τῷ κυρίῳ ὕμνον καινόν (6)
Da. LXX. 3. (24). ὕμνησαν τῷ κυρίῳ
— (51). ὕμνουν καὶ ἐδόξαζον . . . τὸν θεόν
— (57), (58), (59), (60), (61), (62), (63), (64), (65), (66), (67), (68), (69), (70), (71), (72), (73). ὑμνεῖτε . . . αὐτὸν εἰς τοὺς αἰῶνας
— (74). ὑμνείτω . . . αὐτὸν εἰς τοὺς αἰῶνας
— (75), (76), (77), (78), (79), (80), (81), (82), (83), (84), (85), (86), (87), (88). ὑμνεῖτε . . . αὐτὸν εἰς τοὺς αἰῶνας
Da. LXX. 3. (90). ὑμνεῖτε καὶ ἐξομολογεῖσθε
— 24 (91). ἐν τῷ ἀκοῦσαι τὸν βασ. ὑμνούντων αὐτῶν –
Da. TH. 3. 23. περιεπάτουν . . . ὑμνοῦντες –
— (51). ὕμνουν καὶ ἐδόξαζον . . . τὸν θεόν
— (57), (59), (58), (60), (61), (62), (63), (64), (65), (66), (67) (A), (68) (A), (71), (72), (69), (70), (73). ὑμνεῖτε καὶ ὑπερυψοῦτε αὐτόν
— (74). ὑμνείτω καὶ ὑπερυψούτω αὐτόν
— (75), (76), (78), (77), (79), (80), (81), (82), (83), (84), (85), (86), (87), (88). ὑμνεῖτε καὶ ὑπερυψοῦτε αὐτόν
— (90). ὑμνεῖτε καὶ ἐξομολογεῖσθε
— 24 (91). Ναβ. ἤκουσεν ὑμνούντων αὐτῶν –
I Ma. 4. 24. καὶ ἐπιστραφέντες ὕμνουν
13. 47. εἰσῆλθεν εἰς αὐτὴν ὑμνῶν
IV Ma. 4. 12. πᾶσί τε ἀνθρώποις ὑμνήσειν . . . τὴν . . . μακαριότητα
[**Aq.** Ps. 9. 24 (10. 3): 34 (35). 28: 44 (45). 18: 55 (56). 5, 11: 77 (78). 63: 112 (113). 1 *bis*: 118 (119). 164: 147. 1 (12): Pr. 31. 30, 31.]
[**Sm.** Ps. 27 (28). 7: 43 (44). 9: 44 (45). 18: 55 (56). 5: 58 (59). 17: 62 (63). 6: 89 (90). 14: 112 (113). 1 *bis*: 118 (119). 164: 148. 3: 150. 1.]
[**Th.** Ps. 44 (45). 18: 147. 1 (12): Da. 3. 24 (91).]
[**Al.** Is. 24. 14.]

ὕμνησις. (1) זִמְרָת (2) תְּהִלָּה
Ps. 70 (71). 7. B ἐν σοὶ ἡ ὕ. [S ὑπόμνησίς] μου διὰ παντός (2)
117 (118). 14. ἰσχύς μου καὶ ὕμνησίς μου ὁ κύριος (1)
Si. 47. 8. S ἐν πάσῃ καρδίᾳ αὐ. ὕμνησιν [A B -σε]
[**Aq.** Dt. 10. 21: Ps. 32 (33). 1: 65 (66). 2: 70 (71). 14: 108 (109). 1: 144 (145). 1: Is. 42. 8: 60. 18: 61. 3: 62. 7.]
[**Sm.** Ps. 9. 15: 32 (33). 1: 108 (109). 1: Is. 61. 3.]

ὑμνητός.
Da. LXX. 3. (54), (56). καὶ ὑμνητὸς . . . εἰς τοὺς αἰῶνας
Da. TH. 3. (56). καὶ ὑμνητὸς [A ὑπερυμν.] . . . εἰς τοὺς αἰῶνας
[**Aq.**, **Th.** Ps. 47 (48). 2.]
[**Sm.** Ps. 47 (48). 2: 108 (109). 1 (P.).]

ὑμνογράφος.
IV Ma. 18. 15. τὸν ὑμν. ἐμελῴδει ὑμῖν Δαυίδ

ὑμνολογεῖν.
[**Sm.** Ps. 55 (56). 11: 64 (65). 9.]

ὑμνολογία.
[**Sm.** Jb. 33. 26: Ps. 149. 6.]

ὑμνοποιεῖσθαι.
[**Sm.** Ps. 55 (56). 11.]

ὕμνος. (1) הִלֵּל pi. (2) נְגִינָה (3) שִׁיר (4) תְּהִלָּה (5) תְּפִלָּה
II Ch. 7. 6. τοῦ ἐξομολογεῖσθαι . . . ἐν ὕμνοις Δ. (1)
I Es. 5. 61. ἐφώνησαν δι' ὕμνων [B^1 -ον]
Ne. 12. 24. R εἰς ὕμνον αἰνεῖν [A B S *al.*] (1)
— 46. πρῶτος τῶν ᾀδόντων καὶ ὕμνον καὶ αἴνεσιν (3+4)
— 47. S^1 διδόντες . . . καὶ ὕμνον καὶ αἴνεσιν τῷ θεῷ –
Ju. 15. 13. μετὰ στεφάνων καὶ ὕμνων ἐν τῷ στόματι αὐ. [S *al.*]
16. 13. ὑμνήσω τῷ θεῷ μου ὕμνον καινόν
Ps. 6. *tit.* εἰς τὸ τέλος ἐν ὕμνοις [A *om.* ἐν ὕ.] (2)
39 (40). 3. ἐνέβαλεν εἰς τὸ στόμα μου ᾆσμα καινὸν ὕμνον τῷ θεῷ ἡμῶν (4)
53 (54). *tit.*: 54 (55). *tit.*: 60 (61). *tit.* εἰς τὸ τέλος ἐν ὕμνοις (2)
64 (65). 1. σοὶ πρέπει ὕμνος, ὁ θεός, ἐν Σιών (4)
66 (67). *tit.* εἰς τὸ τέλος ἐν ὕμνοις (2)
71 (72). 20. ἐξέλιπον οἱ ὕ. Δαυίδ (5)
75 (76). *tit.* εἰς τὸ τέλος ἐν ὕμνοις (2)
99 (100). 4. A S εἰς [B *om.*] τὰς αὐλὰς αὐτοῦ ἐν ὕμνοις (4)
118 (119). 171. ἐξερεύξαιντο τὰ χείλη μου ὕμνον (4)
136 (137). 3. S^2 R ὕμνον ᾄσατε [A S^1 ὑμνήσατε] ἡμῖν ἐκ τῶν ᾠδῶν Σιών †
Ps. 148. 14. AB^{2}SR ὕμνος πᾶσι τοῖς ὁσίοις αὐτοῦ (4)
Si. 44. 1. πατέρων ὕμνος
Is. 42. 10. ὑμνήσατε τῷ κυρίῳ ὕμνον καινόν (3)
I Ma. 4. 33. αἰνεσάτωσάν σε . . . ἐν ὕμνοις
13. 51. εἰσῆλθεν . . . ἐν ὕμνοις
II Ma. 1. 30. ἐπέψαλλον τοὺς ὕ.
10. 7. R ὕμνους ἀνέφερον τῷ εὐοδώσαντι [A *al.*]
— 38. μεθ' ὕμνων . . . εὐλόγουν τῷ κ.
12. 37. καταρξάμενος . . . τὴν μεθ' ὕμνων κραυγήν
III Ma. 7. 16. ἐν . . . παμμελέσιν ὕ. εὐχαριστοῦντες τῷ θ.
IV Ma. 10. 21. τὴν γὰρ τῶν θείων ὕ. μελῳδὸν γλῶτταν ἐκτέμνεις
[**Aq.** Ps. 21 (22). 4.]
[**Sm.** Ps. 21 (22). 4: 65 (66). 2, 8: 70 (71). 14: 103 (104). 1: 144 (145). 1: Is. 43. 21.]
[**Th.** Ps. 4. 1: 6. 1: 21 (22). 4.]
[**Al.** Ps. 148. 13.]

ὑμνῳδεῖν. (1) בְּשִׁיר
I Ch. 25. 6. πάντες οὗτοι . . . ὑμνῳδοῦντες (1)

ὗνις.
[**Sm.** I Ki. 13. 20.]

ὑπάγειν. (1) הָלַךְ hi.
Ex. 14. 21. ὑπήγαγεν κύριος τὴν θάλ. (1)
To. 8. 21. S ὕπαγε ὑγιαίνων πρὸς τὸν πατέρα σου [A B *al.*]
10. 12. S ὑγιαίνων ὕπαγε
— 13. S ὕπαγε πρὸς τὸν πενθερόν σου [A B *al.*]
12. 5. S R ὕπαγε ὑγιαίνων
Je. 43 (36). 19. S^1 μὴ γνώτω ποῦ ὑπάγεις [A B S^2 ὑμεῖς] †
IV Ma. 4. 13. S τούτοις ὑπαχθεὶς [A R ἐπ.] τοῖς λόγοις

ὑπαγκώνιον.
[**Sm.** Ez. 13. 18.]

ὑπαγορεύειν.
I Es. 6. 30. καθὼς ἂν οἱ ἱερεῖς οἱ ἐν Ἱερ. ὑπαγορεύσωσιν

ὕπαιθρος. (1) גַּג
Pr. 21. 9. κρεῖσσον οἰκεῖν ἐπὶ γωνίας ὑπαίθρου (1)
II Ma. 15. 19. ταρασσομένοις τῆς ἐν ὑπαίθρῳ προσβολῆς

ὑπαίρειν. (1) נָשָׂא ni.
II Ch. 32. 23. A ὑπήρθη [B ὑπερήρθη] κατ' ὀφθαλμοὺς πάντων τῶν ἐθνῶν (1)

ὑπακοή. (1) עֲנָוָה
II Ki. 22. 36. ἡ [A *om.*] ὑ. σου ἐπλήθυνέ με (1)
[**Aq.** II Ki. 23. 23.]

ὑπακούειν. (1) אָזַן hi. (2) נָשַׁק (3) עָנָה *a.* qal. *b.* hi. *c.* יֵשׁ עוֹנֶה (4) קָשַׁב hi. (5) שִׂים טְעֵם (6) שָׁלַם hi. (7) שָׁמַע *a.* qal. *b.* ni. *c.* מִשְׁמַעַת *d.* שָׁמַע ithp. (8) c. neg. מָאֵן pi.
Ge. 16. 2. ὑπήκουσε δὲ Ἀβ. τῆς φωνῆς αὐ. (7 *a*)
22. 18. ὑπήκουσας τῆς ἐμῆς φωνῆς (7 *a*)
26. 5. ὑπήκουσεν Ἀβ. . . . τῆς ἐμῆς φωνῆς (7 *a*)
27. 13. A ὑπάκουσόν [R ἐπ.] μου τῆς φωνῆς (7 *a*)
39. 10. οὐχ ὑπήκουεν αὐτῇ (7 *a*)
41. 40. ἐπὶ τῷ στόματί σου ὑπακούσεται (2)
Le. 26. 14. ἐὰν δὲ μὴ ὑπακούσητέ μου (7 *a*)
— 18. ἐὰν ἕως τούτου μὴ ὑπακούσητέ μου (7 *a*)
— 21. ἐὰν . . . μὴ βούλησθε ὑπακούειν μου (7 *a*)
— 27. ἐὰν δὲ ἐπὶ τούτοις μὴ ὑπακούσητέ μου (7 *a*)
De. 17. 12. ὥστε μὴ ὑπακοῦσαι τοῦ ἱερέως (7 *a*)
20. 12. ἐὰν δὲ μὴ ὑπακούσωσί σοι (6)
21. 18. υἱὸς . . . οὐχ ὑπακούων φωνὴν πατρὸς (7 *a*)
— 20. οὐχ ὑπακούει [A οὐκ ἀκ.] τῆς φωνῆς ἡμῶν (7 *a*)
26. 14. A R ὑπήκουσα [B ἐπ.] τῆς φωνῆς κ. τοῦ θ. ἡμῶν (7 *a*)
— 17. καὶ ὑπακούειν τῆς φωνῆς αὐ. (7 *a*)
30. 2. A καὶ ὑπακούσῃ [B εἰσακ.] τῆς φωνῆς αὐ. (7 *a*)
Jo. 22. 2. R ὑπηκούσατε τῆς φωνῆς μου [A B *al.*] (7 *a*)
Jd. 2. 16 (17). τῶν κριτῶν οὐχ ὑπήκουσαν [A οὐκ ἐπ.] (7 *a*)
— 20. A οὐχ ὑπήκουσαν τῆς φωνῆς μου [A *al.*] (7 *a*)

I Ki. 30. 24. B τίς ὑπακούσεται [A R ἐπ.] ὑμῶν τῶν λόγων τ. (7 *a*)
II Ki. 22. 42. καὶ οὐχ ὑπήκουσεν αὐτῶν (3 *a*)
— 45. A εἰς ἀκοὴν ὠτίου ὑπήκουσάν [B ἤκ.] μου (7 *b*)
I Ch. 29. 23. A ὑπήκουσεν [R -αν, B ἐπήκουσαν] αὐτοῦ πᾶς Ἰσρ. (7 *a*)
II Ch. 11. 4. A ὑπήκουσαν [B ἐπ.] τοῦ λόγου κυρίου (7 *a*)
24. 19. καὶ οὐχ ὑπήκουσαν [A οὐκ ἤκ.] (1)
Ju. 14. 15. A ὡς δὲ οὐθεὶς ὑπήκουσεν [B S ἐπ.]
Es. 3. 4. οὐχ ὑπήκουεν [A S^{2} -σεν] αὐτῶν (7 *a*)
— 4. A μὴ ὑπακούοντα τοῖς τοῦ βασ. λόγοις [B S *al.*] –
Jb. 5. 1. ἐπικάλεσαι δὲ εἴ τις σοι ὑπακούσεται [A σου εἰσακ.] (3 *c*)
9. 3. οὐ μὴ ὑπακούσῃ αὐτῷ (3 *a*)
— 14. ἐὰν δέ μου ὑπακούσεται [S -σηται, A εἰσακούσῃ] (3 *a*)
— 16. ἐάν τε καλέσω καὶ μὴ [A S *om.*] ὑπακούσῃ [A εἰσακ.] (3 *a*)
13. 22. ἐγὼ δέ σοι ὑπακούσομαι [A -κούω] (3 *a*)
14. 15. ἐγὼ δέ σοι ὑπακούσομαι (3 *a*)
19. 16. καὶ οὐχ ὑπήκουσε [A -αν] (3 *a*)
38. 34. A B καὶ τρόμῳ [A δρόμῳ] ὕδατος λάβρου [B -ῳ] ὑπακούσεταί [S ἐπακ.] σου †
Ps. 17 (18). 44. εἰς ἀκοὴν ὠτίου ὑπήκουσέ [S^{1} -άν, A ἐπήκουσάς] μου (7 *b*)
Pr. 1. 24. A S καὶ οὐχ ὑπηκούετε [B -κούσατε] (8)
2. 2. ὑπακούσεται σοφίας τὸ οὖς σου (4)
8. 1. ἵνα φρόνησίς σοι ὑπακούσῃ †
15. 23. οὐ μὴ ὑπακούσῃ ὁ κακὸς [S^{2} ἄκακος] αὐτῇ †
— 29. S εὐχαῖς δὲ δικαίων ὑπακούει [A B ἐπακ.] (7 *a*)
17. 4. κακὸς ὑπακούει γλώσσης [S^{2} -ῃ] παρανόμων (4)
21. 13. A ὃς φράσσει τὰ ὦτα αὐτοῦ τοῦ μὴ ὑπακοῦσαι [B S ἐπακ.] ἀσθενοῦς †
22. 21. διδάσκω οὖν σε ἀληθῆ λόγον καὶ γνῶσιν ἀγαθὴν [A ἀληθῆ] ὑπακούειν †
28. 17. S^{2} R οὐ μὴ ὑπακούσει [A -σῃ, B -σῃς, S^{1} -σεις] ἔθνει παρανόμῳ –
29. 12. A R βασιλέως ὑπακούοντος [B S ἐπακ.] λόγον ἄδικον (4)
— 19. ἐὰν γὰρ καὶ νοήσῃ ἀλλ' [A *om.*] οὐχ ὑπακούσεται (3 *b*)
Ca. 3. 1, 2 (A). καὶ οὐχ ὑπήκουσέ μου –
5. 6. καὶ οὐχ ὑπήκουσέ [A οὐκ ἐπήκουσέν] μου (3 *a*)
Si. 4. 15. ὁ ὑπακούων [S εἰσακ.] αὐτῆς κρινεῖ ἔθνη
24. 22. ὁ ὑπακούων μου οὐκ αἰσχυνθήσεται [S^{1} οὐ καταισχ.]
42. 23. καὶ πάντα ὑπακούει
Ma. 2. 2. A ἐὰν μὴ ὑπακούσητε [B S ἀκ.] (7 *a*)
Is. 11. 14. οἱ δὲ υἱοὶ Ἀ. πρῶτοι ὑπακούσονται (7 *c*)
29. 24. οἱ δὲ γογγύζοντες μαθήσονται ὑ. [S *add.* κυρίῳ] †
50. 2. οὐκ ἦν ὁ ὑπακούων [A οὐχ ὑπήκουσεν S^{1} οὐκ ἦν ὁ ἐπακ.] (3 *a*)
— 10. ὑπακουσάτω [A ἀκ., S ἐπακ.] τῆς φωνῆς τοῦ παιδὸς αὐτοῦ (7 *a*)
65. 12. ἐκάλεσα ὑμᾶς καὶ οὐχ ὑπηκούσατε (3 *a*)
— 24. πρὶν ἢ κεκράξαι αὐτοὺς ἐγὼ ὑπακούσομαι [A S ἐπ.] αὐτῶν (3 *a*)
66. 4. ἐκάλεσα αὐτοὺς καὶ οὐχ ὑπήκουσάν μου [S^{1} μοι] (3 *a*)
Je. 3. 13. τῆς δὲ φωνῆς μου οὐχ ὑπήκουσας [A οὐκ ἤκ.] (7 *a*)
— 25. οὐχ ὑπηκούσαμεν [A οὐκ ἠκ.] τῆς φωνῆς κυρίου (7 *a*)
11. 10. S οὐκ ἤθελον ὑπακοῦσαι τῶν λόγων [A B *al.*] (7 *a*)
13. 10. φθερῶ . . . τοὺς μὴ βουλομένους ὑ. τῶν λόγων μου (7 *a*)
16. 12. τοῦ μὴ ὑ. μου (7 *a*)
Ba. 3. 33. ὑπήκουσεν αὐτῷ τρόμῳ
Da. LXX. 3. (30). τῶν ἐντολῶν τοῦ νόμου σου οὐχ ὑπηκούσαμεν
Da. TH. 3. 12. οἱ οὐχ ὑπήκουσαν, βασιλεῦ, τῷ δόγματί σου (5)
7. 27. πᾶσαι αἱ ἀρχαὶ αὐτῷ . . . ὑπακούσονται (7 *d*)
I Ma. 10. 38. A S^{2} R τοῦ μὴ ὑπακοῦσαι [S^{1} ἐπ.] ἄλλης ἐξουσίας [S ἄλλῃ ἐξ.]
12. 43. ὑπακούειν αὐτῷ ὡσαύτως
II Ma. 1. 5. καὶ ὑπακούσαι ὑμῶν τῶν δεήσεων
7. 30. οὐχ ὑπακούω τοῦ προστάγματος τοῦ βασ.
[**Aq.** Ps. 17 (18). 45: Ho. 2. 15 (17).]
[**Sm.** Jb. 9. 3: Ps. 17 (18). 36, 45: 80 (81). 12: Is. 53. 7: Je. 13. 17.]
[**Th.** I Ki. 22. 14: Jb. 9. 3: Ps. 17 (18). 45: Da. 3. 12.]
[**Al.** Ge. 34. 17.]
[**Quint., Sext.** Ps. 17 (18). 45.]

ὑπαναχωρεῖν.

[**Aq.** Ge. 16. 6.]

ὕπανδρος. (1) תַּחַת אִישׁ

Nu. 5. 20. εἰ δὲ σὺ παραβέβηκας ὕπανδρος οὖσα (1)
— 29. ᾧ ἐὰν παραβῇ ἡ γυνὴ ὕπανδρος οὖσα (1)
Pr. 6. 24. τοῦ διαφυλάσσειν σε ἀπὸ γυναικὸς ὑ. †
— 29. ὁ εἰσελθὼν πρὸς γυναῖκα ὕπανδρον †
Si. 9. 9. μετὰ ὑπάνδρου γυναικὸς μὴ κάθου τὸ σύνολον
41. 21. ἀπὸ κατανοήσεως γυναικὸς ὑπάνδρου
[**Sm., Th.** Is. 54. 1.]

ὑπανθεῖν (?).

Si. 12. 17. R κακὰ ἂν ὑπανθήσῃ [A B S -τήσῃ] σοι

ὑπαντᾶν. (1) קָרָה

To. 7. 1. A B καὶ Σάρρα δὲ ὑπήντησεν αὐτῷ
Ju. 7. 15. A οὐχ ὑπήντησαν [B S οὐκ ἀπ.] τῷ προσώπῳ σου
Wi. 6. 16. ἐν πάσῃ ἐπινοίᾳ ὑπαντᾷ [A S ἀπ.] αὐτοῖς
Si. 9. 3. μὴ ὑπάντα γυναικὶ ἑταιριζομένῃ
12. 17. κακὰ ἂν ὑπαντήσῃ σοι
15. 2. ὑπαντήσεται [A S -σει] αὐτῷ ὡς μήτηρ
Da. LXX. 10. 14. τί ὑπαντήσεται τῷ λαῷ σου (1)

ὑπάντησις. (1) פָּנִים (2) קָרָא

Jd. 11. 34. ἐξεπορεύετο εἰς ὑπάντησιν [A ἀπάντ. αὐτοῦ] (2)
I Ch. 14. 8. A ἐξῆλθεν εἰς ὑπάντησιν [B S ἀπ.] αὐτοῖς (1)
Ju. 2. 6. S ἐξελεύσῃ εἰς ὑπάντησιν πάσης τῆς γῆς [A B *al.*]
Pr. 7. 15. B^{1} ἐξῆλθον εἰς ὑπάντησίν [A B^{2} S R συνάντ.] σοι (2)
I Ma. 9. 39. S ἐξῆλθε . . . εἰς ὑπάντησιν [A R συνάντ.] αὐτῶν

ὑπαρ.

II Ma. 15. 11. R ὑπαρ [A ὑπέρ] τι πάντας εὔφρανεν

ὕπαρξις. (1) הוֹן (2) יֵשׁ (3) מִקְנֶה (4) רְכוּשׁ

II Ch. 35. 7. ταῦτα ἀπὸ τῆς ὑ. τοῦ βασ. (4)
II Es. 10. 8. ἀναθεματισθήσεται πᾶσα ἡ ὕ. αὐ. (4)
Ju. 16. 21. κατέμεινεν ἐπὶ τῆς ὑ. αὐ.
Ps. 77 (78). 48. καὶ τὴν ὕ. αὐτῶν τῷ πυρί (3)
Pr. 8. 21. ἵνα μερίσω τοῖς ἐμὲ ἀγαπῶσιν ὕπαρξιν (2)
13. 11. ὕπαρξις ἐπισπουδαζομένη μετὰ ἀνομίας ἐλάσσων γίνεται (1)
18. 11. ὕπαρξις [A -εις] πλουσίου ἀνδρὸς πόλις ὀχυρά (1)
19. 14. οἶκον καὶ ὕπαρξιν μερίζουσι πατέρες παισί (1)
Je. 9. 10 (9). οὐκ ἤκουσαν φωνὴν ὑπάρξεως (3)
Da. TH. 11. 13. ἐπελεύσεται εἰσόδια . . . ἐν ὑ. πολλῇ (4)
— 24. σκῦλα καὶ ὕπαρξιν αὐτοῖς διασκορπιεῖ (4)
— 28. ἐπιστρέψει . . . ἐν ὑ. πολλῇ (4)
I Ma. 12. 23. ἡ ὕ. ὑμῶν ἡμῖν ἐστι
[**Aq.** Pr. 1. 13: 8. 18: Ca. 8. 7.]
[**Sm.** Ge. 14. 21: Ps. 43 (44). 13: Ez. 27. 27: 38. 12 (Sw.).]
[**Th.** Pr. 1. 13: 8. 18.]
[**Al.** Ps. 43 (44). 13.]

ὑπάρχειν. (1) הָיָה (2) יֵשׁ (3) לִין (4) **τὸ ὑπάρχον, (τὰ) ὑπάρχοντα** *a.* אוֹן *b.* אֲשֶׁר יִהְיֶה *c.* אֲשֶׁר יֶשׁ־לְ׳ *d.* אֲשֶׁר לְ׳ *e.* הוֹן *f.* חַיִל *g.* מָה *h.* מִקְנֶה *i.* נְכָסִים *j.* נִכְסִין *k.* קִנְיָן *l.* רְכֻשׁ, רְכוּשׁ *m.* רְכֻלָּה (5) **οὐχ ὑπάρχων** אָיִן

Ge. 12. 5. ἔλαβεν . . . πάντα τὰ ὑπάρχοντα αὐτῶν (4 *l*)
13. 6. ἦν τὰ ὑπάρχοντα αὐ. πολλά (4 *l*)
14. 16. R καὶ πάντα τὰ ὑπάρχοντα αὐ. καὶ τὰς γυναῖκας (4 *l*)
Ge. 24. 59. ἐξέπεμψαν . . . τὰ ὑπάρχοντα αὐ. †
25. 5. ἔδωκε δὲ Ἀβ. πάντα τὰ ὑπάρχοντα αὐ. Ἰ. (4 *d*)
31. 18. ἀπήγαγε πάντα τὰ ὑπάρχοντα αὐ. (4 *h*)
34. 23. A^{1} τὰ ὑπάρχοντα καὶ τὰ τετράποδα αὐ. καὶ τὰ ὑπάρχοντα αὐ. [A^{2} R *om.* κ. τὰ ὑ. αὐ.] οὐχ ἡμῶν ἔσται (4 *k*, –)
36. 6. ἔλαβε δὲ Ἡ. . . . πάντα τὰ ὑπάρχοντα (4 *h*)
— 7. ἦν γὰρ αὐτῶν τὰ ὑπάρχοντα πολλά (4 *l*)
— 7. ἀπὸ τοῦ πλήθους τῶν ὑπαρχόντων αὐτῶν (4 *h*)
39. 5. ἐγενήθη εὐλογία κυρίου ἐπὶ πᾶσι τοῖς ὑπάρχουσιν αὐτῷ (4 *c*)
42. 13. ὁ δὲ ἕτερος οὐχ ὑπάρχει –
— 32. ὁ εἷς οὐχ ὑπάρχει –
45. 11. οἱ υἱοί σου καὶ πάντα τὰ ὑπάρχοντά σου (4 *d*)
— 18. παραλαβόντες . . . τὰ ὑπάρχοντα ὑμῶν †
46. 6. ἀναλαβόντες τὰ ὑπάρχοντα αὐ. (4 *h*)
47. 18. εἰ γὰρ ἐκλέλοιπε . . . τὰ ὑπάρχοντα (4 *h*)
Ex. 14. 11. παρὰ τὸ μὴ ὑπάρχειν μνήματα –
22. 3 (2). ἐὰν δὲ μὴ ὑπάρχῃ αὐτῷ –
32. 24. εἴ [A *om.*] τινι ὑπάρχει χρυσία –
Nu. 32. 4. τοῖς παισί σου κτήνη ὑπάρχει –
De. 20. 14. ὅσα ἂν ὑπάρχῃ ἐν τῇ πόλει (1)
21. 16. ᾗ ἂν ἡμέρᾳ κατακληρονομῇ . . . τὰ ὑπάρχοντα αὐ. (4 *b*)
Jo. 4. 6. ἵνα ὑπάρχωσιν ὑμῖν οὗτοι εἰς σημεῖον (1)
5. 11 (12). οὐκέτι ὑπῆρχε τοῖς υἱοῖς Ἰσρ. μάννα (1)
7. 24. ἀνήγαγεν αὐτὸν . . . καὶ πάντα τὰ ὑπάρχοντα αὐτοῦ (4 *d*)
Jd. 19. 19. A χορτάσματα ὑπάρχει [B ἔστι] τοῖς ὄνοις ἡμῶν (2)
— 19. A οἶνος ὑπάρχει [B ἐστίν] μοι (2)
Ru. 2. 21. ὅς ὑπάρχει μοι –
4. 9. καὶ πάντα ὅσα ὑπάρχει τῷ X. –
I Ki. 9. 7. εἰσενεγκεῖν τῷ ἀνθρώπῳ τοῦ θ. τὸ ὑπάρχον ἡμῖν (4 *g*)
I Ch. 27. 31. πάντες οὗτοι προστάται ὑπαρχόντων Δ. (4 *l*)
28. 1. καὶ τοὺς ἐπὶ τῶν ὑπαρχόντων αὐ. (4 *h*)
II Ch. 15. 17. ἔτι ὑπῆρχεν ἐν τῷ Ἰσρ. –
20. 33. τὰ ὑψηλὰ ἔτι ὑπῆρχε †
26. 10. κτήνη πολλὰ ὑπῆρχεν [A -ον] αὐτῷ (1)
31. 3. μερὶς τοῦ βασ. ἐκ τῶν ὑπαρχόντων αὐ. (4 *l*)
I Es. 4. 50. πᾶσαν τὴν χώραν . . . ἀφορολόγητον αὐτοῖς ὑπάρχειν
— 53. ὑπάρχειν τὴν ἐλευθερίαν αὐτοῖς
6. 32. καὶ τὰ ὑπάρχοντα αὐ. εἶναι βασιλικά
II Es. 6. 8. ἀπὸ ὑπαρχόντων βασιλέως . . . δαπάνη ἔστω (4 *j*)
To. 1. 20. πάντα τὰ ὑπάρχοντά μου [S π. ὅσα ὑπῆρχέν μοι]
3. 5. S πολλαί σου αἱ κρίσεις ὑπάρχουσιν [A B εἰσὶν] ἀληθιναί
— 10. S μία σοι ὑπῆρχεν θυγάτηρ ἀγαπητή [A B *al.*]
— 15. οὐχ ὑπάρχει αὐτῷ παιδίον [S ἕτερον τέκνον]
— 15. A B οὐδὲ ὑπάρχων αὐτῷ υἱός
— 15. S οὔτε συγγενὴς αὐτῷ ὑπάρχει
4. 7. B ἐκ τῶν ὑπαρχόντων σοι [A σου] ποίει ἐλεημοσύνην
— 8. A B ὡς σοὶ ὑπάρχει κατὰ τὸ πλῆθος
— 8. A B ἐὰν ὀλίγον σοι ὑπάρχῃ
— 21. ὑπάρχει σοι πολλὰ [S *add.* ἀγαθά]
5. 9. S τί μοι ἔτι ὑπάρχει χαίρειν
— 19. τοῦτο ἱκανὸν ἡμῖν ὑπάρχει [S *om.*]
6. 10. S υἱὸς ἄρσην οὐδὲ θυγάτηρ ὑπάρχει αὐτῷ
— 14. υἱὸς ἕτερος οὐχ ὑπάρχει αὐτοῖς
8. 21. S ὅσα μοι ὑπάρχει
— 21. A B λαβόντα τὸ ἥμισυ τῶν ὑπαρχόντων αὐ. [S *al.*]
10. 4. S οὐκέτι ὑπάρχει ἐν τοῖς ζῶσιν
— 11. ἔδωκεν αὐτῷ . . . τὰ ἥμισυ τῶν ὑπαρχόντων [S *al.*]
12. 2. S διδοὺς αὐτῷ τὸ ἥμισυ τῶν ὑπαρχόντων [A B *om.* τ. ὑ.]
Ju. 8. 10. τὴν ἐφεστῶσαν πᾶσι τοῖς ὑπάρχουσιν αὐ.
16. 24. διεῖλε τὰ ὑπάρχοντα αὐ.
Es. 3. 8. ὑπάρχει ἔθνος διεσπαρμένον (2)
— 13. διαρπάσαι τὰ [S^{2} καὶ τὰ] ὑπάρχοντα αὐ.
8. 1. ὅσα ὑπῆρχεν Ἀ. τῷ διαβόλῳ †
— 7. εἰ πάντα τὰ ὑπάρχοντα Ἀ. ἔδωκα †
Jb. 2. 3. σὺ δὲ εἶπας τὰ ὑπάρχοντα αὐτοῦ διὰ κενῆς ἀπολέσαι –
— 4. ὅσα ὑπάρχει ἀνθρώπῳ –
15. 29. οὔτε μὴ μείνῃ αὐτοῦ τὰ ὑπάρχοντα (4 *f*)
17. 2. A B S^{2} ἔκλειψαν δέ μου τὰ ὑπάρχοντα ἀλλότριοι –

Jb. 18. 7. θηρεύσαισαν ἐλάχιστοι τὰ ὑπάρχοντα αὐτοῦ (4 *a*)
— 17. ὑπάρχει ὄνομα αὐτῷ ἐπὶ πρόσωπον ἐξωτέρω –
20. 20. οὐκ ἔστιν αὐτοῦ [A ἔστη αὐτῷ] σωτηρία τοῖς ὑπάρχουσιν [A ἐν τοῖς ὑ. αὐτοῦ] †
— 29. κτῆμα ὑπαρχόντων αὐτῷ [A -οῦ] παρὰ τοῦ ἐπισκόπου †
21. 19. ἐκλείποι υἱοὺς [A -οῖς] τὰ ὑπάρχοντα αὐτοῦ (4 *a*)
29. 12. A ὀρφανῷ ᾧ οὐχ ὑπῆρχεν [B S οὐκ ἦν] βοηθὸς ἐβοήθησα –
38. 26. ἔρημον οὗ οὐχ ὑπάρχει ἄνθρωπος ἐν αὐτῇ –
42. 18. Ἀσὼμ ὁ ὑπάρχων ἡγεμὼν ἐκ τῆς Θαιμανίτιδος χώρας –
Ps. 36 (37). 10. οὐ μὴ ὑπάρξῃ [A -ει ὁ] ἁμαρτωλός –
38 (39). 13. οὐκέτι μὴ ὑπάρξω –
54 (55). 19. ταπεινώσει αὐτοὺς ὁ ὑπάρχων πρὸ τῶν αἰώνων †
58 (59). 13. οὐ μὴ ὑπάρξουσι [S -ωσιν] –
68 (69). 20. ὑπέμεινα συλλυπούμενον καὶ οὐχ ὑπῆρξε [S¹ -χεν] –
71 (72). 12. πένητα ᾧ οὐχ ὑπῆρχε βοηθός –
72 (73). 25. τί γάρ μοι ὑπάρχει ἐν τῷ οὐρανῷ –
102 (103). 16. καὶ οὐχ ὑπάρξει –
103 (104). 33. A²B S ψαλῶ τῷ θεῷ μου ἕως ὑπάρχω –
— 35. καὶ ἄνομοι ὥστε μὴ ὑπάρχειν αὐτούς –
108 (109). 11. ὅσα ὑπάρχει αὐτῷ –
— 12. μὴ ὑπαρξάτω αὐτῷ ἀντιλήπτωρ (1)
145 (146). 2. ψαλῶ τῷ θεῷ μου ἕως ὑπάρχω –
Pr. 5. 17. ASR ἔστω σοι μόνῳ [B μόνα] ὑπάρχοντα –
6. 7. ἐκείνῳ [A S² -ου] γὰρ γεωργίου μὴ ὑπάρχοντος –
— 31. πάντα τὰ ὑπάρχοντα αὐτοῦ δούς (4 *e*)
8. 18. πλοῦτος καὶ δόξα ἐμοὶ ὑπάρχει –
11. 4. A οὐκ ὠφελήσει ὑπάρχοντα ἐν ἡμέρᾳ θυμοῦ (4 *e*)
— 14. οἷς μὴ ὑπάρχει κυβέρνησις –
— 14. σωτηρία δὲ ὑπάρχει ἐν πολλῇ βουλῇ –
17. 16. ἵνα τί ὑπῆρξε χρήματα ἄφρονι –
— 17. εἰς πάντα καιρὸν φίλος ὑπαρχέτω σοι –
19. 1 (4). ὁ δὲ πτωχὸς καὶ ἀπὸ τοῦ ὑπάρχοντος φίλου λείπεται –
29. 7. πτωχῷ οὐχ ὑπάρχει νοῦς ἐπιγνώμων –
— 18. οὐ μὴ ὑπάρξῃ [A -ει] ἐξηγητὴς ἔθνει παρανόμῳ –
Ec. 5. 18. ἔδωκεν αὐτῷ ὁ θεὸς πλοῦτον καὶ ὑπάρχοντα (4 *i*)
6. 2. δώσει αὐτῷ ὁ θεὸς πλοῦτον καὶ ὑπάρχοντα (4 *i*)
Wi. 2. 2. ἐσόμεθα ὡς οὐχ ὑπάρξαντες [S² -χοντες]
Si. 20. 16. οὐχ ὑπάρχει μοι [A *om.*] φίλος
38. 11. λίπανον προσφορὰν ὡς μὴ ὑπάρχων
41. 1. ἀνθρώπῳ εἰρηνεύοντι ἐν τοῖς ὑπάρχουσιν αὐτοῦ [S -ῷ]
44. 9. ἀπώλοντο ὡς οὐχ ὑπάρξαντες [S¹ -οντες]
Am. 5. 5. Βαιθὴλ ἔσται ὡς οὐχ ὑπάρχουσα (5)
6. 10. εἰ ἔτι ὑπάρχει παρὰ σοί –
Mi. 5. 4 (3). ἐν τῇ δόξῃ ὀνόματος κ. θεοῦ αὐ. ὑπάρξουσι †
7. 1. οὐχ ὑπάρχοντος βότρυος –
— 2. κατορθῶν ἐν ἀνθρώποις οὐχ ὑπάρχει –
Jl. 1. 18. οὐχ ὑπῆρχε νομὴ αὐτοῖς –
Ob. 1. 16. ἔσονται καθὼς οὐχ ὑπάρχοντες (1)
Hb. 3. 17. οὐχ ὑπάρχουσι βόες ἐπὶ φάτναις –
Ze. 3. 6. παρὰ τὸ μηδένα ὑπάρχειν μηδὲ κατοικεῖν –
Hg. 2. 4 (3). καθὼς οὐχ ὑπάρχοντα ἐνώπιον ὑμῶν –
Za. 8. 10. ὁ μισθὸς τῶν κτηνῶν οὐχ ὑπάρξει –
Ma. 1. 14. καὶ ὑπῆρχεν [A *add.* αὐτῷ] ἐν τῷ ποιμνίῳ αὐ. ἄρσεν (2)
Is. 59. 10. ὡς οὐχ ὑπαρχόντων ὀφθαλμῶν ψηλαφήσουσι –
Je. 4. 14. ἕως πότε ὑπάρχουσιν [A -άρξ.] ἐν σοὶ διαλογισμοί [B² S λ.] (3)
5. 13. λόγος κυρίου οὐχ ὑπῆρχεν ἐν αὐτοῖς –
7. 32. διὰ τὸ μὴ ὑ. τόπον –
26 (46). 19. διὰ τὸ μὴ ὑ. κατοικοῦντας ἐν αὐτῇ –
27 (50). 20. οὐχ ὑπάρξει –
Ba. 4. 1. ὁ νόμος ὁ ὑπάρχων εἰς τὸν αἰῶνα
La. 1. 2. οὐχ ὑπάρχει ὁ παρακαλῶν αὐτήν –
5. 3. οὐχ ὑπάρχει πατήρ –
— 7. οὐχ ὑπάρχουσιν –
Ep. Je. 17. τοιοῦτοι ὑπάρχουσιν οἱ θεοὶ αὐτῶν
— 40. πῶς νομιστέον . . . αὐτοὺς ὑ. θεούς
— 44. πῶς . . . κλητέον ὡς [A ὥστε] θεοὺς αὐτοὺς ὑ.
— 50. ὑπάρχοντα γὰρ ξύλινα . . . γνωσθήσεται

Ep. Je. 64. οὔτε κλητέον [A ἐκδεκτ.] ὑ. αὐτοὺς θεούς
Ez. 16. 49. τοῦτο ὑπῆρχεν αὐτῇ (1)
26. 12. σκυλεύσει τὰ ὑπάρχοντά [A τὸν πλοῦτόν] σου (4 *m*)
— 21. οὐχ ὑπάρξεις ἔτι –
28. 19. οὐχ ὑπάρξεις ἔτι εἰς τὸν αἰῶνα –
38. 11. ἐν ᾗ [A αἷς] οὐχ ὑπάρχει τεῖχος –
Da. LXX. 2. 5. ἀναλημφθήσεται ὑμῶν τὰ ὑπάρχοντα εἰς τὸ βασιλικόν †
I Ma. 13. 38. τὰ ὀχυρώματα . . . ὑπαρχέτω ὑμῖν
II Ma. 11. 13. οὐκ ἄνους δὲ ὑπάρχων
— 30. ὑπάρξει δεξιὰ μετὰ τῆς ἀδείας
12. 27. βελῶν πολλαὶ παραθέσεις ὑπῆρχον
14. 35. τῶν ὅλων ἀπροσδεὴς ὑπάρχων
— 45. ἔτι δὲ ἔμπνους ὑπάρχων
III Ma. 7. 21. ὑπὸ μηδενὸς διασεισθέντες τῶν ὑπαρχόντων
IV Ma. 4. 12. ὥστε καὶ ἀποθανεῖν ἄξιος ὑπάρχειν
15. 5. ὅσῳ γὰρ . . . πολυγονώτεραι ὑπάρχουσιν αἱ μητέρες
[**Aq**. Ge. 12. 5 (P.): Jb. 7. 8: 23. 8: Ps. 58 (59). 14: Is. 28. 8: Je. 19. 11: 44 (51). 22: 50 (27). 20.]
[**Sm**. Jb. 7. 21: 40. 4 (9): Ps. 38 (39). 14: 62 (63). 2: 68 (69). 21: 72 (73). 19: 102 (103). 16: 108 (109). 11: Is. 28. 8: 45. 14: 57. 1: La. 1. 2: Da. 9. 26.]
[**Th**. Jb. 18. 17: Is. 5. 8: 28. 8: 57. 1: Je. 19. 11: 39 (46). 10: 44 (51). 22: 50 (27). 20: Ez. 27. 36.]
[**Al**. Hb. 3. 4, 17.]

ὕπαρχος.

I Es. 6. 27. B ἐᾶσαι δὲ τὸν παῖδα κυρίου Ζορ. ὕπαρχον [A R ἔπ.] δὲ τῆς Ἰ.
[**Sm**. Ps. 2. 2: Da. 2. 48 (Sw.).]
[**Al**. Jd. 5. 3.]

ὑπασπιστής.

IV Ma. 3. 12. S τῶν ὑ. [A R ὑπερασπ.] . . . σχετλιαζόντων
9. 11. S R τὸν πρεσβύτατον αὐτῶν . . . παρήγαγον οἱ ὑ. [A μαστισταί]

ὕπατος. (1) אֲדַרְגָּזְרִין (2) אֲחַשְׁדַּרְפְּנִין (3) הַדָּבְרִין (4) סְגַן

I Es. 3. 14. ἐκάλεσε . . . τοὺς . . . ὑ.
Da. LXX. 3. 2. ἐπισυναγαγεῖν . . . τοπάρχας καὶ ὑπάτους (1)
— 3. τότε συνήχθησαν ὕπατοι (2)
— 27 (94). συνήχθησαν οἱ ὕ. (2)
Da. TH. 3. 2. ἀπέστειλε συναγαγεῖν τοὺς ὑ. (2)
— 3. συνήχθησαν οἱ τοπάρχαι ὕπατοι (4)
6. 7 (8). συνεβουλεύσαντο πάντες . . . ὕπατοι (3)
I Ma. 15. 16. Λεύκιος ὕπατος Ῥωμαίων Πτολεμαίῳ
II Ma. 10. 10. τὰ κατὰ τὸν ὕ. Ἀντίοχον

ὑπαυχένιον.

[**Sm**. Ez. 13. 18.]

ὑπείκειν.

IV Ma. 6. 35. μηδὲ αὐταῖς ὑπείκειν

ὑπεκρεῖν.

III Ma. 5. 34. ὁ καθ' εἷς δὲ τῶν φίλων σκυθρωπῶς ὑπεκρέων

ὑπεναντίος. (1) אֹיֵב (2) צַר (3) קוּם (4) שָׂנֵא

Ge. 22. 17. κληρονομήσει . . . τὰς πόλεις τῶν ὑ. (1)
24. 60. κληρονομησάτω . . . τὰς πόλεις τῶν ὑ. (4)
Ex. 1. 10. προστεθήσονται καὶ οὗτοι πρὸς τοὺς ὑ. (4)
15. 7. συνέτριψας τοὺς ὑ. (3)
23. 27. δώσω πάντας τοὺς ὑ. σου φυγάδας (1)
32. 25. ἐπίχαρμα τοῖς ὑ. αὐ. (3)
Le. 26. 16. καὶ ἔδονται οἱ ὑ. ὑμῶν (1)
Nu. 10. 9. ἐὰν δὲ ἐξέλθητε εἰς πόλεμον . . . πρὸς τοὺς ὑ. (2)
De. 32. 27. ἵνα μὴ συνεπιθῶνται οἱ ὑ. (2)
Jo. 5. 12 (13). ἡμέτερος εἶ ἢ τῶν ὑ. (2)
II Ch. 1. 11. οὐκ ᾐτήσω . . . τὴν ψυχὴν τῶν ὑ. (4)
20. 29. ἐπολέμησε κύριος πρὸς τοὺς ὑ. Ἰσρ. (1)
26. 13. βοηθῆσαι τῷ βασ. ἐπὶ τοὺς ὑ. (1)
Ju. 5. 18. ἐκρατήθησαν ὑπὸ τῶν ὑ.
Es. 8. 13. πολεμῆσαι αὐτῶν τοὺς ὑ. (1)
Jb. 13. 24. ἥγησαι δέ με ὑπεναντίον [A ὥσπερ ὑ.] σοι [A S¹ σου] (1)

Jb. 33. 10. ἥγηται δέ με ὥσπερ ὑπεναντίον (1)
Ps. 73 (74). 10. παροξυνεῖ ὁ ὑ. τὸ ὄνομά σου (1)
Wi. 11. 8. A S R δείξας . . . πῶς τοὺς ὑ. [B τοῦ ὑ.] ἐκόλασας
18. 8. ὡς γὰρ ἐτιμωρήσω τοὺς ὑ.
Si. 23. 3. πεσοῦμαι ἔναντι τῶν ὑ.
47. 7. ἐξουδένωσε Φυλιστιεὶμ τοὺς ὑ.
Na. 1. 2. ἐκδικῶν κύριος τοὺς ὑ. αὐ. (2)
Is. 1. 24. παύσεται γάρ μου ὁ θυμὸς ἐν τοῖς ὑ. (2)
26. 11. πῦρ τοὺς ὑ. ἔδεται (2)
59. 18. ὡς ἀνταποδώσων ἀνταπόδοσιν ὄνειδος τοῖς ὑ. (2+1)
63. 18. A οἱ ὑ. ἡμῶν κατεπάτησαν τὸ ἁγίασμά σου (2)
64. 2 (1). κατακαύσει πῦρ τοὺς ὑ. καὶ φανερὸν ἔσται τὸ ὄνομά σου [A S κυρίου] ἐν τοῖς ὑ. (–, 2)
Ba. 4. 6. παρεδόθητε τοῖς ὑ.
La. 2. 4. ἐνέτεινε τόξον αὐτοῦ ὡς ἐχθρὸς ὑ. [S *om.*] ἐστερέωσεν δεξιὰν αὐτοῦ ὡς ὑ. (1, 2)
I Ma. 9. 8. A ἀναβῶμεν ἐπὶ τοὺς ὑ. ἡμῖν [S R -ῶν]
12. 28. ἤκουσαν οἱ ὑ.
14. 29. ἀντέστησαν τοῖς ὑ. τοῦ ἔθνους αὐ.
16. 7. ἡ δὲ ἵππος τῶν ὑ. πολλὴ σφόδρα
II Ma. 10. 29. ἐφάνησαν τοῖς ὑ. . . . πέντε ἄνδρες διαπρεπεῖς
— 30. R εἰς δὲ τοὺς ὑ. . . . ἐξερρίπτουν [A *al.*]
15. 16. δι' ἧς θραύσεις τοὺς ὑ.
III Ma. 6. 6. φλόγα πᾶσιν ἐπιπέμψας τοῖς ὑ.
— 19. τὴν δύναμιν τῶν ὑ. ἐπλήρωσαν ταραχῆς
[**Al**. Is. 63. 18.]

ὑπενδιδόναι.

[**Sm**. Ez. 3. 9.]

ὑπεξαιρεῖσθαι. (1) חָשַׂךְ

Ge. 39. 9. R οὐδὲ ὑπεξῄρηται [A -είρ.] ἀπ' ἐμοῦ οὐδέν (1)
[**Aq**. Jb. 21. 30.]

ὑπεξερεῖσθαι (?). (1) חָשַׂךְ

Ge. 39. 9. A οὐδὲ ὑπεξείρηται [R -ῄρ.] ἀπ' ἐμοῦ οὐδέν (1)

ὑπέρ. I. *c. gen.* * ὁ ὑπέρ ** ὑπὲρ οὗ.

De. 24. 16 *bis*: 28. 23*.
Jd. 6. 31†: 9. 17.
I Ki. 1. 27: 2. 25, 25†: 4. 21 *ter*: 10. 2: 12. 19†: 21. 2 (3)**.
II Ki. 1. 19†: 3. 8: 6. 8**†: 7. 19, 28: 8. 10**: 10. 5, 12: 18. 5†.
III Ki. 4. 33 (5. 13)†: 8. 53: 9. 26**: 11. 10: 12. 24† *bis*: 14. 5†: 16. 7, 19: 20 (21). 27.
IV Ki. 10. 3: 14. 6 *bis*: 19. 34: 20. 6: 22. 13**.
I Ch. 16. 21†: 18. 10**: 29. 9.
II Ch. 25. 4 *bis*: 30. 19: 31. 9.
I Es. 1. 32: 4. 49: 6. 31: 7. 8: 8. 65†, 66: 9. 2†, 20.
II Es. 5. 5: 6. 17†, 17: 9. 6.
To. 1. 2†: 6. 15†: 7. 8†.
Ju. 5. 21†: 8. 12: 15. 4.
Es. 1. 1: 2. 23: 4. 8.
Jb. 1. 5†: 2. 4†, 4: 24. 5, 22†: 29. 3: 37. 1†: 42. 8†.
Ps. 5. *tit.*: 6. *tit.*: 7. *tit.*, 7: 8. *tit.*: 9. *tit.*: 11 (12). *tit.*: 21 (22). *tit.*: 31 (32). 6: 37 (38). 18: 38 (39). 11: 44 (45). *tit.*†, *tit.*: 45 (46). *tit.*† *bis*: 46 (47). *tit.*†: 52 (53). *tit.*: 55 (56). *tit.*, 7: 61 (62). *tit.*: 68 (69). *tit.*: 76 (77). *tit.*: 79 (80). *tit.*, *tit.*†: 80 (81). *tit.*: 83 (84). 1: 87 (88). *tit.*: 104 (105). 14: 137 (138). 8.
Ec. 1. 13†.
Wi. 16. 24.
Si. *prol.* 3: 4. 28: 24. 20: 29. 13, 15: 51. 9†.
Am. 1. 1.
Mi. 1. 1: 6. 7†, 7.
Jl. 1. 3, 11: 3 (4). 2.
Jn. 4. 6, 10 *bis*, 11.
Na. 1. 14†.
Za. 11. 13: 12. 8.
Is. 31. 5: 35. 10: 37. 35: 38. 6: 43. 3, 4 *bis*: 61. 7.
Je. 6. 1: 7. 16†: 11. 14†: 18. 20: 19. 8: 47 (40). 16†: 49 (42). 4†.
La. 4. 7†.

Ez. 1. 22, 25, 26* †: 10. 1: 24. 21: 40. 39*, 39* †: 43. 21* †, 22, 25: 44. 29* *bis*: 45. 17*, 17, 22, 22†, 22 *bis*, 23, 25*: 46. 20* *bis*.
Da. LXX. 7. 16: 9. 20: 10. 21.
Da. TH. 2. 18: 10. 21†.
I Ma. 2. 40, 50: 3. 26: 5. 32: 7. 33: 8. 32†: 9. 44†: 16. 3.
II Ma. 1. 26: 2. 21: 3. 32: 4. 11, 36, 48†: 6. 28: 7. 9: 8. 21: 9. 8* †: 11. 20, 35: 12. 43, 44: 13. 25†: 14. 8, 18†, 27, 38: 15. 30.
III Ma. 1. 23†: 6. 22: 7. 6.
IV Ma. 1. 8†, 10: 4. 1: 5. 38†: 6. 22, 28†: 9. 18: 10. 20: 11. 2*, 15: 14. 6*: 15. 11†, 12†, 26†, 32*†: 16. 13, 16 *bis*: 18. 22.
[**Aq.** III Ki. 14. 5: Jb. 36. 33: Ps. 8. 1: 11 (12). 1: 21 (22). 1: 38 (39). 1: 49 (50). 23: 55 (56). 1: 79 (80). 1: 137 (138). 8: Je. 8. 3 (Sw.): Za. 11. 13.]
[**Sm.** II Ki. 14. 20: 21. 2: III Ki. 11. 36: Jb. 2. 4 *bis*: 13. 7: 19. 29: 24. 25: Ps. 8. 1: 21 (22). 1: 27 (28). 7: 29 (30). 1: 38 (39). 1: 39 (40). 6*: 44 (45). 1: 45 (46). 1: 49 (50). 23: 55 (56). 1: 58 (59). 5: 59 (60). 1: 65 (66). 5: 68 (69). 1: 79 (80). 1: 89 (90). 13, 17: 93 (94). 16 *bis*: 118 (119). 71: 137 (138). 8: Ec. 3. 15: Ca. 8. 7, 11: Is. 2. 1 *bis*: 55. 2 *bis*: Je. 7. 16: 15. 11, 13: 17. 26: 42 (49). 2: La. 1. 11: Ez. 13. 5: 17. 14: 29. 18: Da. 2. 18 (Sw.).]
[**Th.** Ps. 8. 1: 9. 1: 11 (12). 1: 38 (39). 1: 44 (45). 1: 52 (53). 1: 55 (56). 1: Je. 6. 1: Ez. 1. 26*: 42. 6: Da. 6. 12†: Hb. 3. 1.]
[**Al.** Dt. 8. 10: IV Ki. 10. 16: Jb. 42. 8: Ps. 138 (139). 6.]
[**Quint.** Ps. 9. 1: 52 (53). 1: 55 (56). 1, 8.]

II. *c. acc.*

Ge. 48. 22: 49. 12†, 26†.
Ex. 1. 9.
De. 10. 1†: 25. 3: 30. 5.
Jd. 1. 13†: 2. 19: 3. 9†: 11. 25†: 15. 2*: 16. 30†: 18. 26†.
Ru. 1. 13: 3. 10, 12: 4. 15.
I Ki. 1. 5, 8: 2. 29: 9. 2 *bis*: 10. 23: 15. 22 *bis*, 28: 17. 50†: 24. 18.
II Ki. 1. 23 *bis*, 26: 6. 21 *bis*: 10. 11 *bis*: 13. 14, 15, 16: 17. 14: 18. 8: 19. 7 (8), 43 (44) *bis*: 20. 6: 22. 18.
III Ki. 1. 37, 47 *bis*: 2. 22, 32: 3. 1 (4. 30)†, 1 (4. 30): 4. 30 (5. 10) *bis*, 31 (5. 11) *bis*: 10. 23: 12. 10†, 24†: 16. 25, 30, 33: 19. 4: 20 (21). 2: 21 (20). 23 *bis*, 25.
IV Ki. 3. 26: 5. 12: 6. 16: 17. 14: 21. 9.
I Ch. 4. 9: 11. 21, 22, 25: 19. 12 *bis*.
II Ch. 9. 22: 11. 21: 21. 13: 33. 9.
I Es. 1. 49: 3. 12: 8. 75.
Es. 4. 13†.
Jb. 28. 18.
Ps. 17 (18). 17: 18 (19). 10 *bis*: 36 (37). 16: 37 (38). 19: 39 (40). 5, 12: 50 (51). 7: 51 (52). 3 *bis*: 54 (55). 21: 62 (63). 3: 65 (66). 5: 68 (69). 4, 31: 71 (72). 16: 83 (84). 10: 86 (87). 2: 96 (97). 9†: 104 (105). 24: 118 (119). 72, 98, 99, 100, 103, 127: 130 (131). 1: 138 (139). 18: 141 (142). 6.
Pr. 8. 10: 16. 16: 22. 1.
Ec. 2. 7 (εἰς ὑπέρ†), 13 *bis*: 4. 2, 3†, 6, 9, 13, 17: 6. 3, 5, 8, 9, 10: 7. 2 (1) *bis*, 4 (3), 6 (5), 9 (8) *bis*, 11 (10), 20 (19), 25 (24), 27 (26): 9. 4, 16, 17, 18: 10. 1.
Ca. 1. 2, 3, 4: 4. 10.
Wi. 7. 10, 29: 15. 14: 16. 19.
Si. 7. 19: 8. 13: 13. 2: 18. 17: 22. 11, 14: 24. 20: 25. 10, 11, 15 *bis*: 26. 5: 29. 13 *bis*: 30. 16, 17: 36. 27 (24): 40. 18, 19, 20, 21, 22, 23, 24, 25, 26, 27: 49. 16.
Jl. 1. 8.
Na. 2. 9 (10)†: 3. 14, 16†.
Hb. 1. 8 *bis*.
Hg. 2. 10 (9).
Is. 57. 9.
Je. 5. 3: 7. 26: 15. 8: 16. 12: 17. 23: 26 (46). 23.
La. 4. 6, 7 *bis*, 7†, 8, 19.
Ez. 5. 1: 16. 51, 52 *bis*: 23. 11†, 11.
Da. LXX. 1. 20: 2. 30: 3. 22: 4. 19, 19†: 6. 3 (4): 7. 24.
Da. TH. Su. 39: 1. 15: 6. 3 (4): 11. 8, 13: Bel 2.
I Ma. 3. 30†: 7. 23: 12. 24.
II Ma. 8. 24, 30, 35†: 9. 8†: 14. 39: 15. 11†.
III Ma. 7. 15.
IV Ma. 1. 8†: 9. 3.
[**Aq.** Nu. 24. 7: Dt. 9. 1: I Ki. 17. 50: II Ki. 6. 22: Jb. 35. 11: Pr. 15. 17: Je. 8. 3: Ez. 16. 47: 32. 19.]
[**Sm.** Nu. 24. 7: Dt. 1. 17: I Ki. 17. 50: Jb. 28. 18: 35. 11: 36. 26: 42. 12: Ps. 130 (131). 1: 137 (138). 2: 138 (139). 12: Pr. 5. 3: 26. 16: Ec. 7. 2 (1): Ca. 4. 10: Is. 54. 1: La. 4. 7 *bis*: Ez. 16. 47.]
[**Th.** I Ki. 17. 50: Jb. 28. 18: 35. 11: 42. 12: Ps. 65 (66). 5: 118 (119). 100: 130 (131). 1: Pr. 5. 3: 8. 19: 15. 17: 17. 10: Is. 54. 1: Je. 8. 3: Ez. 16. 47: Da. 1. 15: 6. 3.]
[**Al.** I Ki. 9. 2: Ps. 123 (124). 5: Pr. 24. 5.]
[**Heb.** Jb. 10. 22.]
[**Quint.** Ps. 64 (65). 4.]

ὑπεράγαν.

II Ma. 8. 35. **R** ὑ. δυσημερήσας ἐπὶ τῇ . . . διαφθορᾷ [**A** *al.*]
10. 34. ὑ. ἐβλασφήμουν
13. 25. **A** ἐδειλίαζον γὰρ ὑ. [**R** *al.*]

ὑπεράγειν.

Si. 30. 31 (33. 22). ἐν πᾶσι τοῖς ἔργοις σου γίνου ὑπεράγων
36. 27 (24). ὑπὲρ πᾶσαν ἐπιθυμίαν ἀνθρώπου ὑπεράγει
I Ma. 6. 43 (24). **AR** ἦν ὑπεράγον [**S** -ων] πάντα τὰ θηρία

ὑπεραγόντως.

II Ma. 7. 20. ὑ. δὲ ἡ μήτηρ ἀγαθή

ὑπεραινετός.

Da. LXX. 3. (52). καὶ ὑπεραινετὸν . . . εἰς πάντας τοὺς αἰῶνας
Da. TH. 3. (52). καὶ ὑπεραινετὸν . . . εἰς πάντας τοὺς αἰῶνας
— (55). **A** καὶ ὑπεραινετὸς [**B** αἰν.] . . . εἰς τοὺς αἰῶνας

ὑπεραίρειν. (1) נָשָׂא ni. (2) עָבַר (3) עָלָה עַל

II Ch. 32. 23. ὑπερήρθη [**A** ὑψήρθη] κατ' ὀφθαλμοὺς πάντων τῶν ἐθνῶν (1)
Ps. 37 (38). 4. αἱ ἀνομίαι μου ὑπερῆραν τὴν κεφαλήν μου (2)
71 (72). 16. ὑπεραρθήσεται ὑπὲρ τὸν Λίβανον ὁ καρπὸς αὐτοῦ †
Pr. 31. 29. σὺ δὲ ὑπέρκεισαι καὶ ὑπερῆρας [**S** -ες] πάσας (3)
Si. 48. 13. πᾶς λόγος οὐχ [**S** κυρίου] ὑπερῆρεν αὐτόν
II Ma. 5. 23. χείριστα τῶν ἄλλων ὑπερήρετο τοῖς πολίταις
[**Aq., Th.** Pr. 18. 10.]
[**Sm.** Jb. 28. 18: Pr. 18. 10.]
[**Sext.** Ps. 28 (29). 2.]

ὑπεράλλεσθαι.

Si. 38. 33. ἐν ἐκκλησίᾳ οὐχ ὑπεραλοῦνται

ὑπεράνω. (1) מִן' (2) *a.* עַל *b.* מִלְמַעְלָה *c.* מֵעַל *d.* מֵעַל לְ *e.* מַעְלָה *f.* לְמַעְלָה *g.* מִמַּעַל לְ' (3) *a.* עֶלְיוֹן *b.* עֶלְיוֹן עַל

Ge. 7. 20. **R** πέντε καὶ δέκα πήχεις ὑ. [**A** ἐπάνω] ὑψώθη τὸ ὕδωρ (2 *b*)
De. 26. 19. εἶναί σε ὑ. πάντων τῶν ἐθνῶν (3 *b*)
28. 1. δώσει σε κ. ὁ θεός σου ὑ. (3 *a*)
Ne. 12. 38. **S**[2] τὸ ἥμισυ τοῦ λαοῦ . . . ὑ. τοῦ πύργου τῶν θ. (2 *d*)
— 38 (39). **S**[2] καὶ ὑ. τῆς πύλης (2 *d*)
To. 1. 2. ἐν τῇ Γαλιλαίᾳ ὑ. [**S**[2] ὑπὲρ] Ἀσήρ
Es. 4. 17. ἵνα μὴ θῶ δόξαν ἀνθρώπου ὑ. δόξης θεοῦ
Ps. 8. 1. ἐπήρθη ἡ μεγαλοπρέπειά σου ὑ. τῶν οὐρανῶν (2 *a*)
73 (74). 5. **B** ὡς εἰς τὴν εἴσοδον [**S**[1] ὁδὸν, **S**[2] ἔξοδον] ὑ. (2 *f*)
148. 4. καὶ τὸ ὕδωρ τὸ ὑ. τῶν οὐρανῶν (2 *c*)
Mi. 4. 1. μετεωρισθήσεται ὑ. τῶν βουνῶν (1)
Jn. 4. 6. τοῦ εἶναι σκιὰν ὑ. τῆς κεφαλῆς αὐ. (2 *a*)
Hg. 2. 16 (15). ἀπὸ τῆς ἡμέρας ταύτης καὶ ὑ. [**A** *al.*] (2 *e*)
Ma. 1. 5. ἐμεγαλύνθη κ. ὑ. τῶν ὁρίων τοῦ Ἰσρ. (2 *d*)
Is. 2. 2. ὑψωθήσεται ὑ. τῶν βουνῶν (1)
Ez. 1. 25. **A** φωνὴ ὑ. τοῦ στερεώματος [**B** *al.*] (2 *d*)
— 26. **A** ὑ. τοῦ στερεώματος τοῦ ὑπὲρ κεφαλῆς αὐτῶν (2 *g*)
8. 2. ἀπὸ τῆς ὀσφύος αὐτοῦ [**A**[1] *add.* τὰ] ὑ. αὐτοῦ ὡς ὅρασις ἠλέκτρου [**A** αὔρας] (2 *f*)
10. 19. δόξα θεοῦ Ἰσρ. ἦν ἐπ' αὐτῶν ὑ. (2 *b*)
11. 22. ἡ δόξα θεοῦ Ἰσρ. ἐπ' αὐτὰ [**A** -οῖς] ὑ. αὐτῶν (2 *b*)
43. 15. ὑ. τῶν κεράτων πῆχυς (2 *f*)
Da. LXX. 3. (46). οἱ μὲν ἐμβάλλοντες αὐτοὺς ἦσαν ὑ. αὐτῶν
Da. TH. 3. (60). **R** καὶ πάντα τὰ ὑ. [**AB** ἐπάνω] τοῦ οὐρανοῦ
7. 6. πτερὰ τέσσαρα πετεινοῦ ὑ. αὐτῆς †
[**Aq.** I Ch. 29. 25.]
[**Th.** Ps. 73 (74). 5: Ez. 1. 26: 41. 20.]
[**Al.** Ge. 9. 14.]

ὑπεράνωθεν. (1) *a.* מִמַּעַל *b.* מֵעַל לְ'

Ps. 77 (78). 23. ἐνετείλατο νεφέλαις ὑ. (1 *a*)
Ez. 1. 25. φωνὴ ὑ. [**A** -νω] τοῦ στερεώματος (1 *b*)

ὑπέραρσις.

Ez. 47. 11. ἐν τῇ ὑ. αὐτοῦ οὐ μὴ ὑγιάσωσιν [**A** ἁγ.] †

ὑπερασπίζειν. (1) גָּנַן *a.* qal. *b.* hi. *c.* מָגַן pi. *d.* מָגֵן (2) שָׂגַב pi.

Ge. 15. 1. ἐγὼ ὑπερασπίζω σου (1 *d*)
De. 33. 29. ὑπερασπιεῖ ὁ βοηθός σου (1 *d*)
IV Ki. 19. 34: 20. 6. ὑπερασπιῶ ὑπὲρ τῆς πόλεως ταύτης (1 *a*)
Ju. 5. 21. μή ποτε ὑπερασπίσῃ ὁ κύριος αὐ.
6. 2. ὁ θεὸς αὐτῶν ὑπερασπιεῖ αὐτῶν
9. 14. οὐκ ἔστιν ἄλλος ὑπερασπίζων τοῦ γένους Ἰσρ.
Ps. 19 (20). 1. ὑπερασπίσαι σου τὸ ὄνομα τοῦ θεοῦ Ἰακώβ (2)
Pr. 2. 7. ὑπερασπιεῖ τὴν πορείαν αὐτῶν (1 *d*)
4. 9. στεφάνῳ δὲ τρυφῆς ὑπερασπίσῃ σου (1 *c*)
24. 28 (30. 5). ὑπερασπίζει [**A** -σει] δὲ αὐτὸς τῶν εὐλαβουμένων αὐτόν (1 *d*)
Wi. 5. 16. τῷ βραχίονι αὐτοῦ ὑπερασπιεῖ αὐτῶν [**S**[1] -ίσει αὐτοῦ]
Ho. 11. 8. ὑπερασπιῶ σου, Ἰσρ. (1 *c*)
Za. 9. 15. κύριος παντοκράτωρ ὑπερασπιεῖ αὐτούς (1 *b*)
12. 8. ὑπερασπιεῖ κ. ὑπὲρ τῶν κατοικούντων Ἱερ. (1 *b*)
Is. 31. 5. ὑπερασπιεῖ κύριος σαβαὼθ [**A** *om.*] ὑπὲρ Ἱερουσαλὴμ ὑπερασπιεῖ [**AS**[3] *om.*] (1 *b*, 1 *a*)
37. 35: 38. 6. ὑπερασπιῶ ὑπὲρ τῆς πόλεως ταύτης (1 *a*)
III Ma. 7. 6. τὸν ἐπουρ. θεὸν ἐγνωκότες ἀσφαλῶς ὑπερησπικότα τῶν Ἰουδαίων
IV Ma. 4. 9. ὑπερασπίσαι τοῦ ἱεροῦ καταφρονουμένου τόπου
7. 4. διὰ τὸν ὑπερασπίζοντα τῆς εὐσεβείας λογισμόν
— 8. τοῖς μέχρι θανάτου πάθεσιν ὑπερασπίζοντας
[**Sm., Th.** Is. 31. 5.]
[**Al.** Pr. 30. 5.]

ὑπερασπισμός. (1) *a.* מָגֵן *b.* מְגִנָּה

II Ki. 22. 36: Ps. 17 (18). 35. ἔδωκάς μοι ὑπερασπισμὸν σωτηρίας μου (1 *a*)
Si. 31 (34). 16. ὑπερασπισμὸς δυναστείας καὶ στήριγμα ἰσχύος
La. 3. 65. ἀποδώσεις αὐτοῖς ὑπερασπισμόν (1 *b*)
[**Aq.** Ps. 17 (18). 36.]
[**Sm.** Ps. 17 (18). 36: 46 (47). 10: 83 (84). 12.]
[**Th.** Ps. 17 (18). 36: 46 (47). 10.]
[**Quint.** Ps. 46 (47). 10.]

ὑπερασπίστεια.

IV Ma. 15. 29. **A** ὦ . . . ὑπερασπίστεια [**SR** -τρια] τῆς εὐσεβείας

ὑπερασπιστήρ.

[**Sext.** Ps. 17 (18). 36.]

ὑπερασπιστής. (1) מָגֵן (2) מָעוֹז (3) פָּלַט pi.

II Ki. 22. 3. ὑπερασπιστής μου καὶ κέρας σωτηρίας μου (1)
— 31. ὑ. ἐστι πᾶσι τοῖς πεποιθόσιν ἐπ' αὐτῷ (1)
Ps. 17 (18). 2. **ASR** ὑπερασπιστής μου καὶ κέρας σωτηρίας μου [**B** *om.*] (1)
— 30. ὑ. ἐστι πάντων τῶν ἐλπιζόντων ἐπ' αὐτόν (1)
26 (27). 1. κύριος ὑπερασπιστὴς τῆς ζωῆς μου (2)
27 (28). 7. κύριος βοηθός μου καὶ ὑ. μου (1)

Ps. 27 (28). 8. ὑπερασπιστὴς τῶν σωτηρίων τοῦ χριστοῦ αὐτοῦ ἐστι (2)
30 (31). 2. γενοῦ μοι εἰς θεὸν ὑπερασπιστήν (2)
— 4. σὺ εἶ ὁ ὑπερασπιστής μου (2)
32 (33). 20. βοηθὸς καὶ ὑ. ἡμῶν ἐστιν (1)
36 (37). 39. ὑπερασπιστὴς αὐτῶν ἐστιν [S[1] *om.*] (2)
39 (40). 17. βοηθός μου καὶ ὑ. μου εἶ σύ (3)
58 (59). 11. κατάγαγε αὐτούς, ὁ ὑ. μου κύριε (1)
70 (71). 3. γενοῦ μοι εἰς θεὸν ὑπερασπιστήν +
83 (84). 9. ὑπερασπιστὰ ἡμῶν ἴδε ὁ θεός (1)
113. 17 (115. 9), 18 (115. 10), 19 (115. 11). ὑπερασπιστὴς αὐτῶν ἐστιν (1)
143 (144). 2. ὑπερασπιστής μου καὶ ἐπ' αὐτῷ ἤλπισα (1)
IV Ma. 3. 12. **A R** τῶν ὑ. [**S** ὑπασπ.] ἐπὶ τῇ τοῦ βασ. ἐπιθυμίᾳ σχετλιαζόντων
[**Aq.**, **Sext.** Ps. 32 (33). 20.]
[**Sm.** Ps. 32 (33). 20 : 58 (59). 12 : 83 (84). 10.]
[**Th.** Ps. 7. 11.]

ὑπερασπίστρια.

IV Ma. 15. 29. **S R** ὦ . . . ὑπερασπίστρια [**A** -τεια] τῆς εὐσεβείας

ὑπερβαίνειν. (1) דָּלַג pi. (2) יָסַף hi. (3) סוּג hi. (4) עָבַר

I Ki. 5. 5. ὑπερβαίνοντες ὑπερβαίνουσι –, –
II Ki. 18. 23. ὑπερέβη τὸν Χ. (4)
22. 30. ἐν τῷ θεῷ μου ὑπερβήσομαι τεῖχος (1)
Jb. 9. 11. ἐὰν ὑπερβῇ με οὐ μὴ ἴδω (4)
14. 5. εἰς χρόνον ἔθου καὶ οὐ μὴ ὑπερβῇ (4)
24. 2. ἀσεβεῖς δὲ ὅριον ὑπερέβησαν [**A** *al.*] (3)
38. 11. μέχρι τούτου ἐλεύσῃ καὶ οὐχ ὑπερβήσῃ (2)
Ps. 17 (18). 29. ἐν τῷ θεῷ μου ὑπερβήσομαι τεῖχος (1)
Pr. 9. 18. **A S**[2] ὑπερβήσῃ ποταμὸν ἀλλότριον –
Si. 20. 7. ὁ δὲ λαπιστὴς καὶ ἄφρων [**A** ἀφίων] ὑπερβήσεται καιρόν [**S**[1] -ῷ]
Mi. 7. 18. ὑπερβαίνων ἀσεβείας τοῖς καταλοίποις (4)
Je. 5. 22 *bis.* οὐχ ὑπερβήσεται αὐτό (4)
III Ma. 6. 24. **A** τυράννους ὑπερβεβηκότες ὠμότητι [**R** *al.*]
IV Ma. 3. 12. ὑπερέβησαν τοὺς τῶν πολεμίων χάρακας
18. 7. οὐχ ὑπερέβην πατρικὸν οἶκον
[**Aq.** Pr. 20. 2 : Is. 31. 5.]
[**Sm.** Le. 13. 8 : Pr. 19. 11 : 20. 2 : Is. 31. 5 : Ez. 18. 10.]
[**Th.** I Ki. 20. 36 : Pr. 20. 2 : Is. 31. 5 : Da. 6. 8†.]

ὑπερβάλλειν.

Jb. 15. 11. **A** μεγάλως ὑπερβάλλον οὕτως [**B S** ὑπερβαλλόντως] λελάληκας +
Si. 5. 7. μὴ ὑπερβάλλου ἡμέραν ἐξ ἡμέρας
25. 11. φόβος κυρίου ὑπὲρ πᾶν ὑπερέβαλεν
II Ma. 4. 13. διὰ τὴν τοῦ ἀσεβοῦς . . . Ἰ. ὑπερβάλλουσαν ἁγνείαν
— 24. ὑπερβάλλων τὸν Ἰ. τάλαντα ἀργυρίου τριακόσια
7. 42. τὰ μὲν οὖν περὶ . . . τὰς ὑπερβαλλούσας αἰκίας . . . δεδηλώσθω
III Ma. 2. 23. ὑπερβάλλοντι καταπεπληγμένοι φόβῳ
[**Sm.** I Ki. 20. 41 : Ps. 130 (131). 1 : 138 (139). 6 : Ec. 1. 16 : 2. 9 : 12. 9 : Ez. 16. 52 : 24. 14.]
[**Th.** Ps. 130 (131). 1.]

ὑπερβαλλόντως.

Jb. 15. 11. μεγάλως ὑ. [**A** ὑπερβάλλον οὕτως] λελάληκας +

ὑπέρβασις.

[**Aq.** Ex. 12. 11.]

ὑπερβολή.

IV Ma. 3. 18. τὰς τῶν σωμάτων ἀλγηδόνας καθ' ὑπερβολὴν οὔσας
[**Sm.** I Ki. 2. 3 : Je. 14. 14.]

ὑπερδικάζειν.

[**Al.** Ps. 9. 5.]

ὑπερδικεῖν.

[**Sm.** Ps. 42 (43). 1 : 67 (68). 6 : 118 (119). 154.]

ὑπερδυναμοῦν. (1) גָּבַר

Ps. 64 (65). 3. λόγοι ἀνόμων ὑπερεδυνάμωσαν ἡμᾶς (1)

ὑπερείδειν. (1) חָצַב (2) שָׁעַן ni.

Jb. 8. 15. ἐὰν ὑπερείσῃ [**A** -σει] τὴν οἰκίαν αὐτοῦ (2)
Pr. 9. 1. ὑπήρεισε στύλους ἑπτά (1)
Si. 23. 11. **A** κἂν ὑπερείδῃ [?, **B S** ὑπερίδῃ] ἥμαρτε δισσῶς

ὑπερειδέναι.

Es. 4. 17. **A** μὴ ὑπερειδῇς [**B S** ὑπερίδῃς] τὴν μερίδα σου
IV Ma. 9. 6. **S**[1] τὰς βασάνους τῶν σῶν ἀναγκῶν ὑπερειδότες [**A S**[2] **R** -ιδόντες]

ὑπέρεισμα.

[**Sm.** Ps. 53 (54). 6.]

ὑπερεκβλύζειν.

[**Al.** Pr. 3. 10.]

ὑπερεκχεῖν. (1) פּוּץ (2) שׁוּק hi.

Pr. 5. 16. μὴ [**AS**[2] *om.*] ὑπερεκχείσθω σοι ὕδατα ἐκ τῆς σῆς πηγῆς (1)
Jl. 2. 24. **A** ὑπερεκχυθήσονται [**B S** ὑπερχ.] αἱ ληνοὶ οἴνου (2)
3 (4). 13. ὑπερεκχεῖτε [**A S** ὑπερχ.] τὰ ὑπολήνια (2)
[**Aq.** Pr. 12. 2 : Is. 58. 10.]
[**Sm.**, **Th.** Is. 58. 10.]

ὑπερέκχυσις.

[**Aq.** Jb. 41. 7.]

ὑπερένδοξος.

Da. LXX., TH. 3. (53). καὶ ὑπερένδοξος εἰς τοὺς αἰῶνας

ὑπερεπαίρειν.

[**Aq.** Ps. 106 (107). 41 : 138 (139). 6.]

ὑπερέπαρσις.

[**Aq.** Ps. 47 (48). 4.]

ὑπερεπιθυμεῖν.

[**Sm.** Ps. 118 (119). 174.]

ὑπερέχειν. (1) אַדִּיר (2) אָמֵץ (3) אָרַךְ hi. (4) *a.* גָּדַל מִ׳ *b.* גָּדוֹל (5) עָדַף (6) שָׂנֵא מִן

Ge. 25. 23. λαὸς λαοῦ ὑπερέξει (2)
39. 9. οὐχ ὑπερέχει ἐν τῇ οἰκίᾳ αὐ. οὐθὲν ἐμοῦ (4 *b*)
41. 40. πλὴν τὸν θρόνον ὑπερέξω σου ἐγώ (4 *a*)
Ex. 26. 13. ἐκ τοῦ ὑπερέχοντος τῶν δέρρεων (5)
Le. 25. 27. **B**[2] **R** ἀποδώσει ὃ ὑπερέχει [**A B**[1] *al.*] (5)
Jd. 5. 25. ὑπερεχόντων προσήνεγκε βούτυρον [**A** *al.*] (1)
III Ki. 8. 8. καὶ ὑπερεῖχον τὰ ἡγιασμένα (3)
II Ch. 5. 9. ὑπερεῖχον [**A** περιεῖχον] οἱ ἀναφορεῖς (3)
Wi. 6. 5. κρίσις ἀπότομος ἐν τοῖς ὑπερέχουσιν γίνεται
Si. 36 (33). 7. διὰ τί ἡμέρα ἡμέρας ὑπερέχει
43. 30. ὑπερέξει γὰρ καὶ ἔτι
Da. LXX. 5. 12. καὶ ὑπερέχων πάντας τοὺς σοφοὺς Βαβυλῶνος –
Da. TH. 7. 23. ἥτις ὑπερέξει πάσας τὰς βασιλείας (6)
[**Th.** Ez. 28. 3 : Da. 7. 23.]
[**Al.** Ps. 148. 13.]

ὑπερζεῖν.

[**Sm.** Ge. 49. 4.]

ὑπερηφανεῖν. (1) זוּד hi.

Ne. 9. 10. ὑπερηφάνησαν ἐπ' αὐτούς (1)
IV Ma. 5. 21. δι' ἑκατέρου γὰρ ὡς ὁμοίως ὁ νόμος ὑπερηφανεῖται
[**Al.** Dt. 1. 43.]

ὑπερηφανεύεσθαι. (1) גַּאֲוָה (2) גֵּוָה (3) זוּד *a.* hi. *b.* aph.

Ne. 9. 16. **A S**[2] **R** οἱ πατέρες ἡμῶν ὑπερηφανεύσαντο (3 *a*)
To. 4. 13. **A B** μὴ ὑπερηφανεύου τῇ καρδίᾳ σου ἀπὸ τῶν ἀδ. σου
Jb. 22. 29. ἐρεῖς, Ὑπερηφανεύσατο [**A S**[2] *al.*] (2)
Ps. 9. 23 (10. 2). ἐν τῷ ὑπερηφανεύεσθαι τὸν ἀσεβῆ (1)
Si. 10. 9. τί ὑπερηφανεύεται γῆ καὶ σποδός
Da. TH. 5. 20. ἐκραταιώθη τοῦ ὑπερηφανεύσασθαι [**A** -εύεσθαι] (3 *b*)
[**Aq.** Ex. 18. 11 : Dt. 17. 13 : 18. 20 : Je. 50 (27). 29.]
[**Sm.** Ex. 18. 11 : Je. 50 (27). 29.]
[**Th.** Jb. 22. 29.]
[**Heb.** Nu. 16. 1.]

ὑπερηφανία (-εία). (1) בֶּצַע (2) *a.* גַּאֲוָה *b.* גָּאוֹן *c.* גֵּאוּת *d.* גֵּוָה (3) זָדוֹן (4) רוּם (5) שָׁאוֹן

Ex. 18. 21. ἄνδρας δικαίους μισοῦντας ὑπερηφανίαν (1)
Le. 26. 19. συντρίψω τὴν ὕβριν τῆς ὑ. ὑμῶν +
Nu. 15. 30. ἥτις ποιήσει ἐν χειρὶ ὑπερηφανίας (4)
De. 17. 12. ὃς ἐὰν ποιήσῃ ἐν ὑπερηφανίᾳ (3)
I Ki. 17. 28. **A** ἐγὼ οἶδα τὴν ὑ. σου (3)
To. 4. 13. **A B** ἐν τῇ ὑ. ἀπώλεια
Ju. 6. 19. κάτιδε ἐπὶ τὰς ὑ. αὐ.
9. 9. βλέψον εἰς ὑπερηφανίαν [**S** τὴν ὑ.] αὐτῶν
Es. 4. 17. οὐδὲ ἐν ὑπερηφανίᾳ . . . ἐποίησα τοῦτο
— 17. οὐ ποιήσω αὐτὰ ἐν ὑπερηφανίᾳ
— 17. βδελύσσομαι τὸ σημεῖον τῆς ὑ. μου
8. 13. οὐκ ἐνέγκας δὲ τὴν ὑ.
Ps. 16 (17). 10. τὸ στόμα αὐτῶν ἐλάλησεν ὑπερηφανίαν (2 *c*)
30 (31). 18. τὰ λαλοῦντα κατὰ τοῦ δικαίου ἀνομίαν ἐν ὑπερηφανίᾳ (2 *a*)
— 23. ἀνταποδίδωσι τοῖς περισσῶς ποιοῦσιν ὑπερηφανίαν (2 *a*)
35 (36). 11. μὴ ἐλθέτω μοι ποὺς ὑπερηφανίας (2 *a*)
58 (59). 12. συλληφθήτωσαν ἐν τῇ ὑ. αὐτῶν (2 *b*)
72 (73). 6. ἐκράτησεν αὐτοὺς ἡ ὑ. (2 *a*)
73 (74). 3. ἔπαρον τὰς χεῖράς σου ἐπὶ τὰς ὑ. αὐτῶν εἰς τέλος +
— 23. ἡ ὑ. τῶν μισούντων σε ἀναβαίη διὰ παντὸς πρὸς σέ [**S**[2] *al.*] (5)
100 (101). 7. οὐ κατῴκει ἐν μέσῳ τῆς οἰκίας μου ποιῶν ὑπερηφανίαν +
Pr. 8. 13. ὕβριν τε καὶ ὑπερηφανίαν καὶ ὁδοὺς πονηρῶν [**S**[1] *al.*] (2 *b*)
Wi. 5. 8. τί ὠφέλησεν ἡμᾶς ἡ ὑ.
Si. 10. 7. μισητὴ ἔναντι κυρίου καὶ ἀνθρώπων ὑπερηφανία [**S**[2] ἡ ὑ.]
— 12. ἀρχὴ ὑπερηφανίας ἀνθρώπου ἀφισταμένου ἀπὸ κυρίου
— 13. ἀρχὴ ὑπερηφανίας [**A**[1] -α] ἁμαρτία
— 18. οὐκ ἔκτισται ἀνθρώποις ὑπερηφανία
15. 8. μακρὰν ἐστιν ὑπερηφανίας
16. 8. οὓς ἐβδελύξατο διὰ τὴν ὑ. αὐτῶν
22. 22. πλὴν ὀνειδισμοῦ καὶ ὑπερηφανίας
48. 18. ἐμεγαλαύχησεν ὑπερηφανίᾳ [**S** -ίαν] αὐτοῦ
51. 10. **B** ἐν καιρῷ ὑπερηφανιῶν [**A S R** -άνων] ἀβοηθησίας
Am. 8. 7. ὀμνύει κύριος κατὰ τῆς [**A** *om.*] ὑ. Ἰ. (2 *b*)
Ob. 1. 3. ὑπερηφανία [**S**[2] ἡ ὑ.] τῆς καρδίας σου ἐπῆρέ σε (3)
Is. 16. 6. τὴν ὑ. ἐξῆρα [**A B**[2] **S**[3] -ας] (2 *a*+2 *b*)
Je. 31 (48). 29. ὕβρισε . . . ὑπερηφανίαν αὐτοῦ (2 *b*+2 *a*)
Ez. 7. 20. ἐκλεκτὰ κόσμου εἰς ὑπερηφανίαν ἔθεντο αὐτά (2 *b*)
16. 49. τὸ ἀνόμημα Σοδόμων τῆς ἀδελφῆς σου ὑ. (2 *b*)
— 56. ἐν ταῖς ἡμέραις ὑπερηφανίας σου (2 *b*)
Da. LXX. 4. 19. ὑψώθη σου ἡ καρδία ὑπερηφανίᾳ –
Da. TH. 4. 34. πάντας τοὺς πορευομ. ἐν ὑπερηφανίᾳ (2 *d*)
I Ma. 1. 21. εἰσῆλθεν εἰς τὸ ἁγίασμα ἐν ὑπερηφανίᾳ
— 24. ἐλάλησεν ὑ. μεγάλην
2. 47. ἐδίωξαν τοὺς υἱοὺς τῆς ὑ.
— 49. νῦν ἐστηρίχθη ὑπερηφανία
II Ma. 1. 28. βασάνισον τοὺς . . . ἐξυβρίζοντας ἐν ὑπερηφανίᾳ
5. 21. οἰόμενος ἀπὸ τῆς ὑ.
7. 36. δίκαια τὰ πρόστιμα τῆς ὑ. ἀποίσῃ
9. 7. τῆς ὑ. ἐπεπλήρωτο
— 8. διὰ τὴν ὑπὲρ ἄνθρωπον ὑ.
— 11. ἤρξατο τὸ πολὺ τῆς ὑ. λήγειν τεθραυσμένος
III Ma. 2. 5. τοὺς ὑπερηφανίαν ἐργαζομένους Σοδομίτας
— 17. μηδὲ ἀγαλλιάσωνται ἐν ὑπερηφανίᾳ γλώσσης αὐ.
[**Aq.** Ps. 45 (46). 4 : Pr. 13. 10 : 29. 23 : Is. 13. 3 : 28. 1, 3 : 60. 15 : Je. 13. 9 : 49. 16 (29. 17) : Ez. 7. 10, 24 (Sw.) : 30. 6 : 33. 18.]

[**Sm.** Ps. 58 (59). 13: 72 (73). 6: 86 (87). 4: Pr. 13. 10: 29. 23: Is. 16. 6: 28. 1, 3: Je. 13. 9, 17: 48 (31). 29: 49. 16 (29. 17): 50 (27). 32: Ez. 7. 20, 24: 30. 6.]
[**Th.** Pr. 13. 10: 14. 3: 29. 23: Is. 28. 1: Ez. 7. 10: Ho. 7. 10.]
[**Quint**, **Sext.** Ps. 45 (46). 4.]

ὑπερήφανος. (1) *a.* גֵּאֶה *b.* גָּאוֹן (2) גָּבֹהַּ (3) זֵד (4) לִיץ (5) עָרִיץ (6) רַהַב (7) רוּם

Es. 4. 17. τὸ μὴ προσκυνεῖν τὸν ὑ. ᾿Α.
— 17. ἀντὶ τῶν ὑ. ἡδυσμάτων σποδοῦ
Jb. 38. 15. βραχίονα δὲ ὑπερηφάνων συνέτριψας (7)
40. 7 (12). ὑπερήφανον δὲ σβέσον (1 *a*)
Ps. 17 (18). 27. ὀφθαλμοὺς ὑπερηφάνων ταπεινώσεις (7)
88 (89). 10. σὺ ἐταπείνωσας ὡς τραυματίαν ὑπερήφανον (6)
93 (94). 2. ἀπόδος ἀνταπόδοσιν τοῖς ὑ. (1 *a*)
100 (101). 5. ὑπερηφάνῳ ὀφθαλμῷ καὶ ἀπλήστῳ καρδίᾳ (2)
118 (119). 21. ἐπετίμησας ὑπερηφάνοις (3)
— 51. **A R** ὑπερήφανοι παρηνόμουν ἕως σφόδρα (3)
— 69. ἐπληθύνθη ἐπ᾿ ἐμὲ ἀδικία ὑπερηφάνων (3)
— 78. αἰσχυνθήτωσαν ὑπερήφανοι (3)
— 122. μὴ συκοφαντησάτωσάν με ὑπερήφανοι (3)
122 (123). 4. καὶ ἡ ἐξουδένωσις τοῖς ὑ. (1 *b**, 1 *a*)
139 (140). 5. ἔκρυψαν ὑπερήφανοι παγίδα μοι (1 *a*)
Pr. 3. 34. κύριος ὑπερηφάνοις ἀντιτάσσεται (4)
Wi. 14. 6. καὶ ἀρχῆς γὰρ ἀπολλυμένων ὑπερηφάνων γιγάντων
Si. 3. 28. ἐπαγωγῇ ὑπερηφάνου οὐκ ἔστιν ἴασις
11. 30. οὕτως καρδία ὑπερηφάνου
13. 1. ὁ κοινωνῶν ὑπερηφάνῳ ὁμοιωθήσεται αὐτῷ
— 20. βδέλυγμα ὑπερηφάνῳ ταπεινότης [**A** -νωσις]
21. 4. οὕτως οἶκος ὑπερηφάνου [**A S**[2] -ων] ἐρημωθήσεται
23. 8. λοίδορος καὶ ὑπερήφανος σκανδαλισθήσονται ἐν αὐτοῖς
25. 2. πτωχὸν ὑπερήφανον καὶ πλούσιον ψεύστην
27. 15. ἔκχυσις αἵματος μάχη ὑπερηφάνων
— 28. ἐμπαιγμὸς καὶ ὀνειδισμὸς ὑπερηφάνων
34 (31). 26. οὕτως οἶνος καρδίας ἐν μάχῃ ὑπερηφάνων
35 (32). 12. μὴ ἁμάρτῃς λόγῳ ὑπερηφάνῳ
— 18. ὑπερήφανος οὐ καταπτήξει φόβον
51. 10. **A S R** ἐν καιρῷ ὑπερηφάνων [**B** -ιῶν] ἀβοηθησίας
Ze. 3. 6. ἐν διαφθορᾷ κατέσπασα ὑπερηφάνους †
Is. 1. 25. **A S** πάντας ὑπερηφάνους ταπεινώσω –
2. 12. ἐπὶ πάντα ὑβριστὴν καὶ ὑπερήφανον (7)
13. 11. ὕβριν ὑπερηφάνων ταπεινώσω (5)
29. 20. ἀπώλετο ὑ. (4)
II Ma. 9. 12. καὶ μὴ θνητὸν ὄντα ὑπερήφανα φρονεῖν
III Ma. 1. 27. μὴ περιϊδόντα τὴν ἄνομον καὶ ὑ. πρᾶξιν
5. 13. δεῖξαι . . . κράτος ἔθνεσιν ὑπερηφάνοις
6. 4. σὺν τῇ ὑ. στρατιᾷ ποντοβρόχους ἀπώλεσας
IV Ma. 4. 15. ᾿Αντίοχος ᾿Επιφανὴς ἀνὴρ ὑ.
9. 30. τὸν τῆς τυραννίδος ὑπερήφανον λογισμόν
[**Aq.** Ps. 18 (19). 14: 85 (86). 14: 118 (119). 85: 122 (123). 4: Ma. 4. 1 (3. 19).]
[**Sm.** Ps. 75 (76). 6: 85 (86). 14: 88 (99). 11 (P.): 118 (119). 85: 122 (123). 4: Pr. 21. 24: Is. 16. 6: Je. 48 (31). 29.]
[**Th.** Jb. 41. 26: Ps. 85 (86). 14.]
[**Quint.** Ps. 118 (119). 85.]
[**Al.** Ps. 123 (124). 5: Pr. 16. 19: Hb. 3. 13.]

ὑπερηφάνως.

I Ma. 7. 34. καὶ ἐλάλησεν ὑ.
— 47. ἣν ἐξέτεινεν ὑ.
II Ma. 9. 4. οὕτως γὰρ ὑ. εἶπε
— 12. **R** καὶ μὴ θνητὸν ὄντα ἰσόθεα φρονεῖν ὑ. [**A** *al.*]
[**Sm.** Ps. 16 (17). 10: 30 (31). 23.]

ὑπέρθυρον. (1) τὸ ὑ. אַמּוֹת הַסִּפִּים

Is. 6. 4. ἐπήρθη τὸ ὑ. ἀπὸ τῆς φωνῆς (1)
[**Aq.** Ex. 12. 7: Ez. 40. 18 (P.), 21.]
[**Sm.**, **Th.**, **Al.** Ez. 40. 18 (P.), 21.]

ὑπεριδεῖν, *cf.* ὑπεροράν. (1) זָעַם (2) מָאַס (3) *a.* מָעַל *b.* מַעַל (4) עָבַר hithp. (5) עָזַב (6) עָלַם *a.* hi. *b.* hithp. (7) רָאָה

Ge. 42. 21. ὑπερείδομεν τὴν θλῖψιν τῆς ψυχῆς αὐ. (7)
Le. 20. 4. ἐὰν δὲ ὑπερόψει ὑπερίδωσιν (6 *a*)
26. 40. ὑπερεῖδόν με (3 *a*)
— 43. τὰ κρίματά μου ὑπερεῖδον (2)
— 44. οὐχ ὑπερεῖδον αὐτούς (2)
Nu. 5. 12. καὶ παρίδῃ αὐτὸν ὑπεριδοῦσα (3 *b*)
22. 30. μὴ ὑπεροράσει ὑπεριδοῦσα ἐποίησά σοι οὕτως †
31. 16. τοῦ ἀποστῆσαι καὶ ὑπεριδεῖν τὸ ῥῆμα κυρίου (3 *b*)
De. 3. 26. ὑπερεῖδε κύριος ἐμέ (4)
21. 16. ὑπεριδὼν τὸν υἱὸν τῆς μισουμένης †
22. 1. **B** μὴ ὑπερίδῃς αὐτά [**A R** *al.*] (6 *b*)
— 3. οὐ δυνήσῃ ὑπεριδεῖν [**A**[2] *add.* αὐτά] (6 *b*)
— 4. μὴ ὑπερίδῃς αὐτούς (6 *b*)
I Es. 2. 20. μὴ ὑπεριδεῖν τὸ τοιοῦτο
To. 4. 3. μὴ ὑπερίδῃς τὴν μητέρα σου [**S** *al.*]
Es. 4. 17. μὴ ὑπερίδῃς [**A** -ειδῃς] τὴν μερίδα σου
Jb. 6. 14. ἐπισκοπὴ δὲ κυρίου ὑπερεῖδέ με (5)
31. 19. εἰ δὲ καὶ ὑπερεῖδον γυμνὸν ἀπολλύμενον (7)
Ps. 26 (27). 9. μὴ ὑπερίδῃς [**S**[2] ἐγκαταλίπῃς] με, ὁ θεὸς ὁ σωτήρ μου (5)
54 (55). 1. μὴ ὑπερίδῃς τὴν δέησίν μου (6 *b*)
77 (78). 59. ἤκουσεν ὁ θεὸς καὶ ὑπερεῖδε (4)
— 62. τὴν κληρονομίαν αὐτοῦ ὑπερεῖδε (4)
Wi. 19. 22. οὐχ ὑπερεῖδες ἐν παντὶ καιρῷ καὶ τόπῳ [**S**[1] τὸ πρωΐ] παριστάμενος
Si. 2. 10. τίς ἐπεκαλέσατο αὐτὸν καὶ ὑπερεῖδεν αὐτόν
23. 11. κἂν ὑπερίδῃ [**A** -είδῃ] ἥμαρτε δισσῶς
32 (35). 14. οὐ μὴ ὑπερίδῃ [**A** παρίδῃ] ἱκετείαν ὀρφανοῦ
38. 16. μὴ ὑπερίδῃς τὴν ταφὴν αὐτοῦ
Za. 1. 12. ἃς ὑπερεῖδες τοῦτο ἑβδομηκοστὸν ἔτος (1)
III Ma. 6. 15. οὐδὲ . . . ὑπερεῖδον αὐτούς
IV Ma. 1. 9. **A R** τῶν ἕως θανάτου πόνων [**S** τοὺς . . . π.] ὑπεριδόντες
9. 6. τὰς βασάνους τῶν σῶν ἀναγκῶν ὑπεριδόντες [**S**[1] -ειδότες]
15. 8. ὑπερεῖδε τὴν τῶν τέκνων πρόσκαιρον σωτηρίαν
[**Aq.** Ez. 22. 26.]

ὑπερισχύειν. (1) גָּבַר (2) *a.* חָזַק *b.* חָזָק (3) חָצַף aph. (4) עָצַם

Ge. 49. 26. ὑπερίσχυσεν ἐπ᾿ εὐλογίαις ὀρέων μονίμων (1)
Jo. 17. 18. σὺ γὰρ ὑπερισχύεις [**A** -ύσεις] αὐτοῦ (2 *b*)
II Ki. 24. 4. ὑπερίσχυσεν ὁ λόγος τοῦ βασ. (2 *a*)
III Ki. 16. 22. **A** ὑπερίσχυσεν ὁ λαὸς ὁ ἀκολουθῶν τῷ Ζ. (2 *a*)
I Es. 3. 5. ὃς ὑπερισχύσει
— 10. ὑπερισχύει ὁ οἶνος
— 11. ὑπερισχύει ὁ βασ.
— 12. ὑπερισχύουσιν αἱ γυναῖκες
— 18. πῶς ὑπερισχύει ὁ οἶνος
— 24. οὐχ ὑπερισχύει ὁ οἶνος
4. 2. οὐχ ὑπερισχύουσιν οἱ ἄνθρωποι
— 3. ὁ δὲ βασ. ὑπερισχύει καὶ κυριεύει αὐτῶν
— 12. πῶς οὐχ ὑπερισχύει ὁ βασ.
— 41. μεγάλη ἡ ἀλήθεια καὶ ὑπερισχύει
Da. TH. 3. 22. ἐπεὶ τὸ ῥῆμα τοῦ βασ. ὑπερίσχυε [**A** -υσεν] (3)
11. 23. ὑπερισχύσει αὐτοὺς [**A** -οῦ] ἐν ὀλίγῳ ἔθνει (4)
[**Sm.** Ge. 25. 23: Dt. 2. 36: Ps. 37 (38). 20: Ec. 4. 12.]
[**Th.** Da. 3. 22.]
[**Al.** Ps. 128 (129). 2.]

ὑπερκεῖσθαι. (1) עָלָה עַל

Pr. 31. 29. σὺ δὲ ὑπέρκεισαι καὶ ὑπερῆρας πάσας (1)
Ez. 16. 47. ὑπέρκεισαι αὐτάς †
[**Sm.** I Ki. 13. 18.]

ὑπερκεράν.

Ju. 15. 5. ὑπερεκέρασαν αὐτοὺς πληγῇ μεγάλῃ [**S** *al.*]
I Ma. 7. 46. καὶ ὑπερεκέρων αὐτούς

ὑπερκρατεῖν. (1) חָזַק

III Ki. 16. 22. **R** ὑπερεκράτησε τὸν λαόν (1)

ὑπερκρίνεσθαι.

[**Aq.** Ps. 50 (51). 6.]

ὑπέρκυκλῳ. (1) סְבִיבוֹת

Ez. 32. 23. **A** ὑπερκύκλῳ τῆς ταφῆς αὐτοῦ (1)

ὑπερμαχεῖν.

I Ma. 16. 3. ὑπερμαχεῖτε [**S**[1] *om.*] ὑπὲρ τοῦ ἔθνους ἡμῶν
III Ma. 7. 6. **R** ὡς πατέρα ὑπὲρ υἱῶν διὰ παντὸς ὑπερμαχοῦντα [**A** συμμαχ.]
[**Sm.** Dt. 33. 7: I Ki. 11. 3: Ps. 77 (78). 35: Is. 51. 22: 63. 1: Ho. 10. 6.]

ὑπερμάχεσθαι.

[**Sm.** Ge. 15. 1.]

ὑπερμάχησις.

[**Sm.** Ex. 12. 11.]

ὑπέρμαχος.

Wi. 10. 20. τήν τε ὑπέρμαχόν σου χεῖρα ᾔνεσαν ὁμοθυμαδόν
16. 17. ὑπέρμαχος γὰρ ὁ κόσμος ἐστὶ δικαίων [**A** -οις]
II Ma. 8. 36. κατηγγελλεν ὑπέρμαχον ἔχειν τοὺς ᾿Ιουδ.
14. 34. ἐπεκαλοῦντο τὸν διὰ παντὸς ὑπέρμαχον τοῦ ἔθνους ἡμῶν

ὑπερμεγέθης. (1) מִדָּה

I Ch. 20. 6. ἦν ἀνὴρ ὑ. (1)
Da. LXX. 4. 34. ἀλλοιῶσαι ὑ. πράγματα –
[**Aq.** Ps. 8. 2: 15 (16). 3: 75 (76). 5: 92 (93). 4: Is. 33. 21: Za. 11. 13.]
[**Sm.** II Ki. 7. 23: Jb. 9. 10: Ps. 75 (76). 5.]
[**Th.** Jb. 9. 10.]

ὑπερμήκης. (1) מִדּוֹת

Nu. 13. 33 (32). **B** ἄνδρες ὑ. ἐκεῖ [**A R** *om.*] (1)

ὑπερνικᾶν.

[**Sm.** Ps. 42 (43). 1 (P.).]
[**Th.** Da. 6. 3†.]

ὑπέρογκος. (1) גָּדֹל (2) *a.* פֶּלֶא *b.* פָּלָא ni. (3) קָשֶׁה

Ex. 18. 22. τὸ δὲ ῥῆμα τὸ ὑ. ἀνοίσουσιν ἐπὶ σέ (1)
— 26. πᾶν δὲ ῥῆμα ὑ. ἀνεφέροσαν ἐπὶ Μ. [**A** *al.*] (3)
De. 30. 11. ἡ ἐντολὴ αὕτη . . . οὐχ ὑπέρογκός ἐστιν (2 *b*)
II Ki. 13. 2. ὑπέρογκον ἐν ὀφθαλμοῖς ᾿Α. (2 *b*)
La. 1. 9. κατεβίβασεν ὑπέρογκα (2 *a*)
Da. LXX. 5. 12. συγκρίματα ὑπέρογκα ὑπέδειξε –
Da. TH. 11. 36. καὶ λαλήσει ὑπέρογκα (2 *b*)
[**Th.** Da. 11. 36.]

ὑπερόγκως.

[**Th.** Is. 28. 7.]

ὕπερον.

Pr. 23. 31. ὕστερον περιπατήσεις γυμνότερος ὑπέρου [**S**[1] *al.*] †
[**Aq.**, **Th.** Pr. 27. 22.]

ὑπερορᾶν. (1) עָזַב (2) עָלַם *a.* ni. *b.* hi. *c.* hithp. (3) רָאָה

Le. 26. 37. ὑπερόψεται ὁ ἀδελφὸς τὸν ἀδ. †
De. 22. 4. **A**[2] οὐχ ὑπερόψῃ [**A**[1] **B** οὐκ ὄψῃ] τὸν ὄνον (3)
Jo. 1. 5. οὐδὲ ὑπερόψομαί σε (1)
Ju. 8. 20. οὐχ ὑπερόψεται ἡμᾶς
Ps. 9. 22 (10. 1). ὑπερορᾷς ἐν εὐκαιρίαις (2 *b*)
Si. 14. 8. ἀποστρέφων πρόσωπον καὶ ὑπερορῶν ψυχάς
Na. 3. 11. ἔσῃ ὑπερεωραμένη [**S**[3] παρεωρ.] (2 *a*)
Is. 58. 7. ἀπὸ τῶν οἰκείων τοῦ σπέρματός σου οὐχ ὑπερόψῃ (2 *c*)
Ez. 7. 19. τὸ χρυσίον αὐτῶν ὑπεροφθήσεται †
II Ma. 7. 11. διὰ τοὺς αὐτοῦ νόμους ὑπερορῶ ταῦτα
— 23. ὡς νῦν ὑπερορᾶτε ἑαυτούς
[**Sm.** Jb. 28. 11.]
[**Th.** Is. 59. 15.]

ὑπερόρασις.

Nu. 22. 30. μὴ ὑπεροράσει ὑπεριδοῦσα ἐποίησά σοι οὕτως †

ὑπεροχή. (1) קוֹמָה (2) ὑψηλὸς εἰς ὑπεροχήν גָּבֹהַּ גְּבֹהָה

I Ki. 2. 3. A μὴ λαλεῖτε ὑψηλὰ εἰς ὑπεροχήν [B om. εἰς ὑ.] (2)
Je. 52. 22. ὑ. τοῦ γείσους τοῦ ἑνός (1)
II Ma. 3. 11. σφόδρα ἀνδρὸς ἐν ὑπεροχῇ κειμένου
6. 23. ἄξιον . . . τῆς τοῦ γήρους ὑ.
13. 6. ἤ καί τινων ἄλλων κακῶν ὑπεροχὴν πεποιημένον
15. 13. θαυμαστὴν δέ τινα . . . εἶναι τὴν περὶ αὐτὸν ὑ.
[Sm. Is. 60. 15.]

ὑπέροψις. (1) עָלַם hi.

Le. 20. 4. ἐὰν δὲ ὑπερόψει ὑπερίδωσιν (1)

ὑπερτήκειν.

IV Ma. 7. 12. Ἐλ. διὰ τοῦ πυρὸς ὑπερτηκόμενος

ὑπερτιθέναι. (1) פּוּר hi.

Pr. 15. 22. ὑπερτίθενται [S¹ -θονται] λογισμούς (1)
[Aq., Th. Dt. 3. 26.]
[Sm. Le. 13. 11.]

ὑπερτιμᾶν.

IV Ma. 8. 5. τὸ πλῆθος τοσούτων ἀδελφῶν ὑπερτιμῶν

ὑπερυμνεῖν.

Da. TH. 3. (54). R καὶ ὑπερυμνούμενος [A B² -υψούμ., B¹ -υψωμ.] εἰς τοὺς αἰῶνας

ὑπερυμνητός.

Da. LXX. 3. (53). καὶ ὑπερυμνητὸς . . . εἰς τοὺς αἰῶνας
Da. TH. 3. (53), (54). καὶ ὑπερυμνητὸς . . . εἰς τοὺς αἰῶνας
— (56). A καὶ ὑπερυμνητὸς [B ὑμν.] . . . εἰς τοὺς αἰῶνας
[Th. Da. 3. (54).]

ὑπερυψοῦν. (1) עָלָה ni. (2) עָרִיץ (3) רוּם *a.* qal. *b.* pal.

Ps. 36 (37). 35. εἶδον τὸν ἀσεβῆ ὑπερυψούμενον (2)
96 (97). 9. σφόδρα ὑπερυψώθης ὑπὲρ [S ἐπὶ] πάντας τοὺς θεούς (1)
Da. LXX. 3. (52). καὶ ὑπερυψούμενος εἰς τοὺς αἰῶνας
— (52). καὶ ὑπερυψωμένον εἰς πάντας τοὺς αἰῶνας
— (54). καὶ ὑπερυψωμένος εἰς τοὺς αἰῶνας
— (57), (58), (59), (60), (61), (62), (63), (64), (65), (66), (67), (68), (69), (70), (71), (72), (73). ὑπερυψοῦτε αὐτὸν εἰς τοὺς αἰῶνας
— (74). ὑπερυψούτω αὐτὸν εἰς τοὺς αἰῶνας
— (75), (76), (77), (78), (79), (80), (81), (82), (83), (84), (85), (86), (87), (88). ὑπερυψοῦτε αὐτὸν εἰς τοὺς αἰῶνας
Da. TH. 3. (52). καὶ ὑπερυψούμενος [B² -ωμ.] εἰς τοὺς αἰῶνας
— (52). καὶ ὑπερυψούμενον [B² -ωμ.] εἰς πάντας τοὺς αἰῶνας
— (55) (B¹), (54). καὶ ὑπερυψωμένος [A B² -ούμ.] εἰς τοὺς αἰῶνας
— (57), (59), (58), (60), (61), (62), (63), (64), (65), (66), (67) (A), (68) (A), (71), (72), (69), (70), (73). ὑπερυψοῦτε αὐτὸν εἰς τοὺς αἰῶνας
— (74). ὑπερυψούτω αὐτὸν εἰς τοὺς αἰῶνας
— (75), (76), (78), (77), (79), (80), (81), (82), (83), (84), (85), (86), (87), (88). ὑπερυψοῦτε αὐτὸν εἰς τοὺς αἰῶνας
4. 34. ὑπερυψῶ καὶ δοξάζω τὸν βασ. τοῦ οὐρ. (3 *b*)
11. 12. A ὑπερυψωθήσεται [B ὑψ.] ἡ καρδία αὐ. (3 *a*)
[Th. Da. 3. (52), (55).]

ὑπερφέρεια.

[Aq. Jb. 37. 4: 40. 5 (10): Pr. 16. 18: Ez. 7. 24.]

ὑπερφέρειν. (1) יָתִיר (2) רַב (3) שְׁנָא

I Es. 8. 75. καὶ αἱ ἄγνοιαι ἡμῶν ὑπερήνεγκαν ἕως τοῦ οὐρ.
Da. LXX. 7. 7. καὶ ὁ φόβος αὐ. ὑπερφέρων ἰσχύϊ (1)
— 20. ἡ πρόσοψις αὐ. ὑπερέφερε τὰ ἄλλα (2)
Da. TH. 7. 24. ὃς ὑπεροίσει κακοῖς πάντας τοὺς ἔμπροσθεν (3)

ὑπερφερής. (1) יַתִּיר

Da. LXX., TH. 2. 31. καὶ ἡ πρόσοψις αὐ. ὑπερφερής (1)
[Aq. Ps. 46 (47). 5: 122 (123). 4.]
[Al. Le. 26. 19.]

ὑπέρφοβος. (1) דְּחִיל יַתִּיר

Da. LXX. 7. 19. περὶ τοῦ θηρίου τοῦ τετάρτου τοῦ . . . ὑ. (1)

ὑπερφρονεῖν.

IV Ma. 13. 1. εἰ δὲ τοίνυν τῶν μέχρι θανάτου πόνων ὑπερεφρόνησαν
14. 11. πολυτροπωτέρων ὑπερεφρόνησεν ἀλγηδόνων
16. 2. γυνὴ τῶν μεγίστων βασάνων ὑπερεφρόνησε
[Sm. Jb. 31. 13: 41. 7.]

ὑπερφωνεῖν.

Ju. 15. 14. ὑπερεφώνει πᾶς ὁ λαὸς τὴν αἴνεσιν τ.

ὑπερχαρής. (1) שָׂמֵחַ

Es. 5. 9. ἐξῆλθεν ὁ Ἀ. . . . ὑ. εὐφραινόμενος (1)
III Ma. 7. 20. ἀνέλυσαν . . . ἐλεύθεροι ὑπερχαρεῖς

ὑπερχεῖν. (1) צָפָה (2) שׁוּק hi.

Jl. 2. 24. ὑπερχυθήσονται [A ὑπερεκχ.] αἱ ληνοὶ οἴνου (2)
3 (4). 13. A S ὑπερχεῖτε [B ὑπερεκχ.] τὰ ὑπολήνια (2)
La. 3. 54. ὑπερεχύθη ὕδωρ ἐπὶ τὴν κεφαλήν μου (1)

ὑπέρχεσθαι.

III Ma. 4. 6. αἱ δὲ ἄρτι . . . ὑπεληλυθυῖαι παστὸν νεάνιδες

ὑπερχώρησις.

[Sm. Ez. 40. 18 (P.).]

ὑπερωμίαν. (1) מִשִּׁכְמוֹ

I Ki. 9. 2. ὑπερωμίαν καὶ ἐπάνω ὑψηλός (1)
10. 23. ὑψώθη ὑπὲρ πάντα τὸν λαὸν ὑ. καὶ ἐπάνω (1)

ὑπερῷον. (1) *a.* עֲלִיָּה *b.* עֶלְיוֹן *c.* עִלִּית

Jd. 3. 20. ἐκάθητο ἐν τῷ ὑ. τῷ θερινῷ τῷ ἑαυτοῦ (1 *a*)
— 23. ἀπέκλεισε τὰς θύρας τοῦ ὑ. (1 *a*)
— 24. ἰδοὺ αἱ θύραι τοῦ ὑ. ἐσφηνωμέναι [A al.] (1 *a*)
— 25. οὐκ ἔστιν ὁ ἀνοίγων τὰς θύρας τοῦ ὑ. (1 *a*)
II Ki. 18. 33 (19. 1). ἀνέβη εἰς τὸ ὑ. τῆς πύλης (1 *a*)
III Ki. 17. 19. ἀνήνεγκεν αὐτὸν εἰς τὸ ὑ. (1 *a*)
— 23. κατήγαγεν αὐτὸν ἀπὸ τοῦ ὑ. (1 *a*)
IV Ki. 1. 2. διὰ τοῦ δικτυωτοῦ τοῦ ἐν τῷ ὑ. αὐ. (1 *a*)
4. 10. ποιήσωμεν δὴ αὐτῷ ὑπερῷον (1 *a*)
— 11. ἐξέκλινεν εἰς τὸ ὑ. (1 *a*)
23. 12. τὰ ἐπὶ τοῦ δώματος τοῦ ὑ. Ἀ. (1 *a*)
I Ch. 28. 11. τὸ παράδειγμα . . . τῶν ὑ. (1 *a*)
— 20. καὶ τὰ ὑ. καὶ τὰς ἀποθήκας –
II Ch. 3. 9. τὸ ὑ. ἐχρύσωσε χρυσίῳ (1 *a*)
To. 3. 10. S ἀναβᾶσα εἰς τὸ ὑ. τοῦ πατρὸς αὐ.
— 17. κατέβη ἐκ τοῦ ὑ. αὐ.
Ps. 103 (104). 3. ὁ στεγάζων ἐν ὕδασι τὰ ὑ. αὐτοῦ (1 *a*)
— 13. ποτίζων ὄρη ἐκ τῶν ὑ. αὐτοῦ (1 *a*)
Je. 20. 2. ἦν ἐν πύλῃ οἴκου ἀποτεταγμένου τοῦ ὑ. (1 *b*)
22. 13. τὰ ὑ. αὐτοῦ οὐκ ἐν κρίματι (1 *a*)
— 14. ὑπερῷα ῥιπιστὰ διεσταλμένα θυρίσι (1 *a*)
Ez. 41. 7. ἐκ τῶν κάτωθεν ἀναβαίνωσιν ἐπὶ τὰ ὑ. (1 *b*)
Da. LXX. 6. 10 (11). θυρίδας ἤνοιξεν ἐν τῷ ὑ. αὐ. (1 *c*)
Da. TH. 6. 10 (11). αἱ θυρίδες ἀνεῳγμέναι αὐτῷ ἐν τοῖς ὑ. αὐ. (1 *c*)
[Aq., Sm. IV Ki. 1. 2.]

ὑπερῷος. (1) עֶלְיוֹן

Ez. 42. 5. καὶ οἱ περίπατοι οἱ ὑ. ὡσαύτως (1)

ὑπευθύνειν. (1) שׁוּב

Pr. 1. 23. S¹ ὑπευθύνοντο [A B S² ὑπεύθυνοι ἐγένοντο] ἐλέγχοις (1)

ὑπεύθυνος. (1) ὑ. γίνεσθαι שׁוּב

Pr. 1. 23. ὑπεύθυνοι ἐγένοντο [S¹ ὑπευθύνοντο] ἐλέγχοις (1)

ὑπευλαβεῖσθαι.

II Ma. 14. 18. ὑπευλαβεῖτο τὴν κρίσιν δι' αἱμάτων ποιήσασθαι

ὑπέχειν. (1) נָשָׂא (2) סָבַל

Ps. 88 (89). 50. B S οὗ ὑπέσχον [A R -ον] ἐν τῷ κόλπῳ μου πολλῶν ἐθνῶν (1)
Wi. 12. 21. S¹ καὶ συνθήκας ἔδωκας ἀγαθῶν ὑποσχῆς [A B S² -σχέσεων]
La. 5. 7. τὰ ἀνομήματα αὐτῶν ὑπέσχομεν (2)
II Ma. 4. 48. ταχέως οὖν τὴν ἄδικον ζημίαν ὑπέσχον

ὑπήκοος. (1) לָמַס (2) עָבַד (3) שָׁמַע

De. 20. 11. ἔσονταί σοι φορολόγητοι καὶ ὑπήκοοί σου (2)
Jo. 17. 13. ἐποίησαν τοὺς Χαν. ὑπηκόους (1)
Pr. 4. 3. υἱὸς γὰρ ἐγενόμην κἀγὼ πατρὶ ὑπήκοος †
13. 1. υἱὸς πανοῦργος ὑπήκοος πατρί [S¹ μητρί] –
21. 28. ἀνὴρ δὲ ὑπήκοος φυλασσόμενος λαλήσει (3)
[Sm. II Ki. 23. 23.]

ὑπηρεσία. (1) עֲבֹדָה

Jb. 1. 3. καὶ ὑπηρεσία πολλὴ σφόδρα (1)
Wi. 13. 11. κατεσκεύασε χρήσιμον σκεῦος εἰς ὑπηρεσίαν ζωῆς
— 12. A εἰς ὑπηρεσίαν [B S ἑτοιμασίαν] τροφῆς ἀναλώσας [S -ώσεως]
15. 7. πλάσσει πρὸς ὑπηρεσίαν ἡμῶν ἕκαστον
[Al. Nu. 4. 23.]

ὑπηρετεῖν.

Wi. 16. 21. τῇ δὲ τοῦ προσφερομένου ἐπιθυμίᾳ ὑπηρετῶν
— 24. ἡ γὰρ κτίσις σοι τῷ ποιήσαντι ὑπηρετοῦσα
— 25. τῇ παντοτρόφῳ σου δωρεᾷ ὑπηρετεῖ
19. 6. ἡ κτίσις . . . ὑπηρετοῦσα ταῖς ἰδίαις [A S σαῖς] ἐπιταγαῖς
Si. 39. 4. ἀνὰ μέσον μεγιστάνων ὑπηρετήσει
[Sam. Ge. 49. 15.]
[Al. Nu. 4. 23.]

ὑπηρέτης. (1) כִּילַי (2) עָבַד

Pr. 14. 35. δεκτὸς βασιλεῖ ὑπηρέτης νοήμων (2)
Wi. 6. 4. ὑπηρέται ὄντες τῆς αὐτοῦ βασιλείας
Is. 32. 5. οὐκέτι μὴ εἴπωσιν οἱ ὑ. σου, Σίγα (1 ?)
Da. LXX., TH. 3. (46). οὐ διέλιπον οἱ ἐμβάλλοντες αὐτοὺς ὑπηρέται τοῦ βασ.
[Th. Da. 3. (46).]

ὑπισχνεῖσθαι.

Wi. 17. 8. οἱ γὰρ ὑπισχνούμενοι δείματα . . . ἀπελαύνειν ψυχῆς νοσούσης
II Ma. 4. 9. R ὑπισχνεῖτο [A -οῖτο] καὶ ἕτερα διαγράψαι πεντήκοντα
8. 11. ὑπισχνούμενος ἐνενήκοντα σώματα ταλάντου παραχωρήσειν
12. 11. ὑπισχνούμενοι καὶ βοσκήματα δώσειν

ὕπνος. (1) *a.* חָזוֹן *b.* חֱזוּ (2) *a.* חֲלוֹם *b.* חֵלֶם (3) יָשֵׁן (4) *a.* שֵׁנָא *b.* שֵׁנָה *c.* שְׁנַת *d.* שְׁנָה

Ge. 20. 3. εἰσῆλθεν ὁ θ. πρὸς Ἀβ. ἐν ὕπνῳ (2 *a*)
— 6. εἶπε δὲ αὐτῷ ὁ θ. καθ' ὕπνον (2 *a*)
28. 16. ἐξηγέρθη Ἰ. ἀπὸ τοῦ ὕ. αὐ. (4 *b*)
31. 10. ἴδον ἐν τοῖς ὀφθαλμοῖς ἐν τῷ ὕ. (2 *a*)
— 11. εἶπέ μοι ὁ ἄγγελος τοῦ θ. καθ' ὕπνον (2 *a*)
— 24. ἦλθε δὲ ὁ θ. πρὸς Λ. τὸν Σύρον καθ' ὕπνον (2 *a*)
— 40. ἀφίστατο ὁ ὕ. μου ἀπὸ τῶν ὀφθ. μου (4 *b*)
40. 9. ἐν τῷ ὕ. μου ἦν ἄμπελος (2 *a*)
41. 17. ἐν τῷ ὕ. μου ᾤμην (2 *a*)
— 22. εἶδον πάλιν ἐν τῷ ὕ. μου (2 *a*)
Nu. 12. 6. ἐν ὕπνῳ λαλήσω αὐτῷ (2 *a*)
24. 4. ὅρασιν θεοῦ εἶδεν ἐν ὕπνῳ †
— 16. ὅρασιν θεοῦ ἰδὼν ἐν ὕπνῳ †
Jd. 16. 14, 20. ἐξυπνίσθη ἐκ τοῦ ὕ. αὐ. [A al.] (4 *b*)
I Ki. 20. 41. A ἀνέστη ἀπὸ τοῦ ὕ. [B ἀργάβ] †
26. 7. ἰδοὺ Σ. καθεύδων ὕπνῳ [A om.] (3)
III Ki. 3. 5. ὤφθη κύριος τῷ Σαλ. ἐν ὕπνῳ (2 *a*)
To. 10. 7. S καὶ οὐκ εἶχεν ὕπνον [A B al.]
Es. 6. 1. ἀπέστησε τὸν ὕ. ἀπὸ τοῦ βασ. (4 *b*)
Jb. 14. 12. οὐκ ἐξυπνισθήσονται ἐξ ὕπνου αὐτῶν (4 *b*)
Ps. 75 (76). 5. ὕπνωσαν ὕπνον αὐτῶν (4 *b*)
126 (127). 2. ὅταν δῷ τοῖς ἀγαπητοῖς αὐτοῦ ὕπνον (4 *a*)
131 (132). 4. εἰ δώσω ὕπνον τοῖς ὀφθ. μου (4 *c*)
Pr. 4. 16. ἀφῄρηται ὁ ὕ. αὐτῶν [A S² ἀπ' αὐτῶν] (4 *b*)
6. 4. μὴ δῷς ὕπνον σοῖς ὄμμασι (4 *b*)
— 9. πότε δὲ ἐξ ὕπνου ἐγερθήσῃ (4 *b*)

Ec. 5. 11. γλυκὺς ὕ. τοῦ δούλου (4 *b*)
8. 16. ὕπνον ὀφθαλμοῖς [A S ἐν ὀφθ.] αὐτοῦ οὐκ ἔστι βλέπων [A -ειν] (4 *b*)
Wi. 4. 6. ἐκ γὰρ ἀνόμων ὕπνων τέκνα γεννώμενα
7. 2. ἐκ σπέρματος ἀνδρὸς καὶ ἡδονῆς ὕπνῳ [S -ου] συνελθούσης
17. 14. τὸν αὐτὸν ὕπνον κοιμώμενοι
Si. 22. 7. ἐξεγείρων καθεύδοντα ἐκ βαθέως ὕπνου
34 (31). 1. ἡ μέριμνα αὐτοῦ ἀφιστᾷ [A -ίστατο] ὕπνον
— 2. ἀρρώστημα βαρὺ ἐκνήψει ὕπνος [B[1] -ον]
— 20. ὕπνος ὑγιείας ἐπὶ ἐντέρῳ μετρίῳ
40. 5. ὕπνος νυκτὸς [S[1] καὶ νὺξ] ἀλλοιοῖ γνῶσιν αὐτοῦ
— 6. ἀπ' ἐκείνου ἐν ὕπνοις ὡς ἐν ἡμέρᾳ σκοπιᾶς
42. 9. ἡ μέριμνα αὐ. ἀφιστᾷ ὕπνον
Ho. 7. 6. ὕπνου Ἐφρ. ἐνεπλήσθη (3)
Za. 4. 1. ὃν τρόπον ὅταν ἐξεγερθῇ ἄνθρωπος ἐξ ὕπνου αὐ. (4 *b*)
Is. 29. 7. ὡς ἐνυπνιαζόμενος καθ' ὕπνους [A ἐ. ἐνύπνιον, S ἐ. ἐν ὕπνῳ] (1 *a*?)
— 8. ὡς οἱ ἐν τῷ [A S[3] *om.*] ὕ. πίνοντες (2 *b*)
Je. 28 (51). 39. ὅπως . . . ὑπνώσωσιν ὕπνον αἰώνιον [S[1] *al.*] (4 *b*)
38 (31). 26. ὁ ὕ. μου ἡδύς μοι ἐγενήθη (4 *b*)
Da. LXX. 2. 1. ὁ ὕ. αὐ. ἐγένετο ἀπ' αὐτοῦ (4 *b*)
4. 10. ἐθεώρουν ἐν τῷ ὕ. μου (1 *b*)
— 15. ὁ ὕ. μου ἀπέστη ἀπὸ τῶν ὀφθαλμῶν μου –
— 32. ὕπνος με ἔλαβε πολύς –
7. 2. ἐθεώρουν καθ' ὕπνους νυκτός (1 *b*)
9. 21. ὃν εἶδον ἐν τῷ ὕ. μου τὴν ἀρχήν (1 *a*)
Da. TH. 2. 1. ὁ ὕ. αὐ. ἐγένετο ἀπ' αὐτοῦ (4 *b*)
6. 18 (19). ὁ ὕ. ἀπέστη ἀπ' αὐτοῦ [A *al.*] (4 *d*)
I Ma. 6. 10. ἀφίσταται ὁ ὕ. ἀπὸ τῶν ὀφθ. μου
III Ma. 5. 11. ὕπνου μέρος ἀπέστειλεν εἰς τὸν βασ.
— 20. A τὸ [R τῷ] τῆς σήμερον ὕπνῳ χάριν ἔχειν αὐτούς
— 22. οὐχ οὕτως εἰς ὕπνον κατεχρήσαντο τὸν χρόνον τῆς νυκτός
[**Aq.** Pr. 4. 16 : Je. 51 (28). 57.]
[**Sm.** Pr. 4. 16 : 20. 13 : Da. 2. 1 (Sw.).]
[**Th.** Jb. 14. 12 : Pr. 4. 16 : Je. 51 (28). 57 : Da. 2. 1.]
[**Al.** Ge. 2. 21.]

ὑπνοῦν. (1) *a.* יָשֵׁן *b.* יָשֵׁן (2) לִין (3) נוּם (4) שָׁאַן pil. (5) שֵׁנָה

Ge. 2. 21. καὶ ὕπνωσε (1 *a*)
Jd. 19. 4. A καὶ ὕπνωσαν [B ηὐλίσθησαν] ἐκεῖ (2)
I Ki. 26. 12. πάντες ὑπνοῦντες (1 *b*)
III Ki. 3. 20. A καὶ ἡ δούλη σου ὕπνου (1 *b*)
19. 5. ὕπνωσεν ἐκεῖ ὑπὸ φυτόν (1 *a*)
To. 8. 13. S εὗρεν αὐτοὺς . . . ὑπνοῦντας κοινῶς [A B *al.*]
Ju. 12. 5. ὕπνωσε μέχρι μεσούσης τῆς νυκτός
Jb. 3. 13. ὑπνώσας δὲ ἀνεπαυσάμην (1 *a*)
Ps. 3. 5. ἐγὼ ἐκοιμήθην καὶ ὕπνωσα (1 *a*)
4. 8. κοιμηθήσομαι καὶ ὑπνώσω (1 *a*)
12 (13). 3. μή ποτε ὑπνώσω εἰς θάνατον (1 *a*)
43 (44). 23. ἐξεγέρθητι ἵνα τί ὑπνοῖς, κύριε (1 *a*)
75 (76). 5. ὕπνωσαν ὕπνον αὐτῶν (3)
77 (78). 65. ἐξηγέρθη ὡς ὁ ὑπνῶν κύριος (1 *b*)
120 (121). 4. A R οὐδὲ ὑπνώσει [S ἐξυπν.] ὁ φυλάσσων τὸν Ἰσραήλ (1 *a*)
Pr. 3. 24. ἐὰν δὲ καθεύδῃς ἡδέως ὑπνώσεις (5)
4. 16. οὐ γὰρ μὴ ὑπνώσωσιν (1 *a*)
6. 10. ὀλίγον μὲν ὑπνοῖς (5)
Ec. 5. 11. οὐκ ἔστιν ἀφίων αὐτὸν τοῦ ὑπνῶσαι (1 *a*)
Si. 46. 20. μετὰ τὸ ὑπνῶσαι αὐτὸν προεφήτευσε
Jl. 1. 13. ὑπνώσατε ἐν σάκκοις (2)
Je. 14. 9. μὴ [S ἢ] ἔσῃ ὥσπερ ἄνθρωπος ὑπνῶν †
26 (46). 27. A B S[2] καὶ ὑπνώσει (4)
28 (51). 39. ὑπνώσωσιν [A -σουσιν] ὕπνον αἰώνιον [S[1] *al.*] (1 *a*)
Ez. 34. 25. ὑπνώσουσιν ἐν τοῖς δρυμοῖς (1 *a*)
[**Aq.** Je. 51 (28). 57 : Ho. 7. 6.]
[**Sm.** Ps. 43 (44). 24.]
[**Th.** Jd. 19. 4 : Je. 51 (28). 57.]

ὑπνώδης. (1) נוּמָה

Pr. 23. 21. ἐνδύσεται διερρηγμένα καὶ ρακώδη πᾶς ὑπνώδης (1)

ὑπό. **I.** *c. gen.* * ὁ ὑπό.

Ge. 16. 10† : 26. 29 : 32. 12 (13)† : 45. 21, 27.
Ex. 5. 14 : 16. 3 : 28. 29 (33)†, 30 (34)† : 29. 22†.
Le. 10. 6 : 20. 16† : 26. 43†.
Nu. 4. 27, 31, 32 : 26. 64.
De. 3. 11†, 16† : 4. 21 : 21. 23 : 33. 12, 29.
Jo. 11. 22† : 18. 1 : 20. 3† : 24. 27.
II Ki. 3. 39.
III Ki. 9. 20† : 10. 3†, 21*†, 22 (9. 20)†.
II Ch. 19. 2 : 24. 6 : 26. 22.
I Es. 1. 15*, 27, 33, 47 : 2. 15 : 4. 45 : 7. 1 : 8. 3, 14†, 80† : 9. 39.
To. 1. 8†, 18† : 3. 7† : 11. 16†.
Ju. 5. 18 : 9. 4 : 16. 7.
Es. 1. 15, 18, 20*† : 3. 3, 13 : 8. 1, 5, 13 *ter*, 14 : 9. 1 : 10. 3.
Jb. 2. 4† : 6. 18 : 8. 16 : 9. 13 : 12. 5†, 5 : 13. 25 *bis* : 17. 7† : 21. 18†, 20†, 25 : 30. 4† : 31. 30 : 36. 14 : 37. 8† : 39. 34 (40. 4)† : 40. 14 (19) : 41. 24 (25).
Ps. 2. 6 : 39 (40). 2† : 73 (74). 22* : 106 (107). 2.
Pr. 2. 19 : 3. 11 : 8. 26† : 12. 8 : 13. 13, 14 : 15. 10 : 16. 1 (9) : 18. 19 : 19. 9 : 21. 10 : 22. 14 : 23. 32 *bis* : 24. 69 (31. 1) : 27. 9.
Wi. 2. 4 *bis* : 4. 4 *bis* : 5. 14 *ter* : 6. 12, 12† : 9. 2 : 11. 20 *bis*, 25 : 16. 9, 27 *bis* : 18. 7.
Si. 3. 5†, 16†, 17, 20 : 7. 15 : 13. 21 *bis* : 14. 27† : 19. 28 : 22. 5 : 30. 19 : 45. 1† : 46. 13 : 48. 12 : 50. 2.
Ho. 9. 7.
Is. 1. 7 : 5. 24 *bis* : 7. 2 : 9. 18 (17), 19 (18) : 11. 11† : 13. 19† : 20. 1 : 24. 18 : 30. 2 *bis*, 33 : 45. 17 : 49. 7, 17 : 51. 8 *bis*, 11 : 61. 9 : 62. 12† : 64. 2 (1)† : 65. 23 : 66. 16.
Je. 13. 24† : 15. 16 : 32 (25). 33.
Ba. 3. 36† : 4. 12, 26†, 27, 35 : 5. 6.
Ep. Je. 1 *bis*, 2, 8, 18, 34, 43, 45, 46, 62.
Ez. 34. 19 : 36. 3†, 13.
Da. LXX. 2. 6, 24 : 3. (25), (35)† : 4. 15 : 7. 27*† : Bel 8.
Da. TH. 3. (35) : Bel 12.
I Ma. 1. 11† : 5. 5, 16 : 6. 23, 37†, 39† : 8. 6† : 9. 68 : 10. 53, 82† : 11. 18 : 13. 29 : 14. 22, 40, 43, 44 : 15. 33.
II Ma. 1. 11, 20† : 2. 23 : 3. 9†, 32, 34† : 4. 3, 22, 26, 28, 39, 44 : 5. 8, 16, 18, 20† : 6. 4, 21 : 7. 1, 14†, 14 *bis*, 16 : 8. 2 *bis*, 14, 17, 25†, 35, 36† : 9. 2, 9 : 10. 2, 4, 5, 13 *bis*, 13†, 20, 24 : 12. 3, 19, 22 : 14. 5, 11, 31 : 15. 2, 37.
III Ma. 1. 1 *bis*, 21, 23†, 23 : 2. 2, 22 : 4. 4 : 5. 11 : 6. 4†, 9, 40 : 7. 12†, 21.
IV Ma. 1. 11 *bis*, 35 *bis* : 2. 9 : 4. 26 : 6. 11, 20†, 21 : 9. 9, 30 : 10. 1† : 12. 2 : 14. 6 : 18. 3, 11.
[**Aq.** Ps. 36 (37). 22 : Is. 53. 4 : Je. 11. 20 : 20. 12.]
[**Sm.** Jb. 15. 27 : 25. 4 : 39. 24, 35 (40. 5) *bis* : 41. 17 : Ps. 36 (37). 22 *bis* : 54 (55). 4 *bis* : 87 (88). 6 : 108 (109). 24 : 118 (119). 120 : Is. 24. 5 : 28. 1 : 53. 4 : Je. 51 (28). 49 : Ze. 3. 10.]
[**Th.** Jb. 41. 25 : Is. 53. 4.]
[**Heb.** Ge. 24. 31 : Jb. 9. 13.]
[**Al.** IV Ki. 1. 14* : Jb. 29. 5.]
[**Quint.** Ho. 7. 4, 14 : 8. 6.]

II. *c. dat.*

Jb. 12. 5†.

III. *c. acc.* * ὁ ὑπό.

Ge. 9. 2 : 16. 9† : 18. 4, 8 : 19. 8 : 24. 2, 9 : 35. 4, 8 : 41. 35 : 47. 29.
Ex. 3. 1 : 14. 27 : 17. 12†, 14* : 19. 17 : 21. 20 : 22. 30 (29) : 23. 5 : 24. 4, 10* : 25. 25 (27), 34 (35), 34 (35)† : 27. 4†, 5 : 28. 29 (33)† : 30. 4 : 32. 19, 20† : 36. 30 (39. 22) : 38. 24 (4)† : 40. 20.
Le. 22. 27 : 27. 32.
Nu. 5. 19† : 6. 18†.
De. 3. 17 : 4. 11, 17, 49† : 25. 19* : 29. 20 (19)* : 33. 3 *bis*, 27.
Jo. 4. 9 : 5. 2 : 11. 3*, 17 : 12. 3†, 3*† : 13. 5 : 24. 26.
Jd. 3. 16, 30 : 4. 5 : 6. 11†, 19.
Ru. 2. 12.
I Ki. 14. 2† : 21. 3 (4), 4 (5), 8 (9) : 22. 6 : 31. 13.
II Ki. 18. 9 : 22. 39.
III Ki. 3. 1 (B), 4. 25 (A) [5. 5] *bis* : 5. 3 (17) : 6. 8 : 8. 6 : 13. 14† : 19. 5, 13.
I Ch. 10. 12.
I Es. 3. 1*, 2*†, 8.
To. 7. 11†.
Ju. 6. 13.
Es. 2. 8, 18* : 3. 6* : 4. 17* : 8. 13.
Jb. 1. 6*†, 7* : 2. 2* : 5. 10* : 9. 6*, 13* : 12. 5† : 18. 4*, 19* : 20. 12 : 28. 24* : 30. 7 : 34. 13* : 37. 8† : 38. 18*, 24*, 33 : 40. 16 (21) : 41. 2 (3)*, 21 (22) : 42. 15†, 15*.
Ps. 9. 28 (10. 7) : 17 (18). 9, 38, 47 : 46 (47). 3 : 65 (66). 17 : 90 (91). 4 : 105 (106). 42 : 139 (140). 3 : 143 (144). 2.
Pr. 6. 7 : 8. 26*†, 28* : 22. 27* : 29. 12*.
Ec. 1. 3, 9, 13, 14 : 2. 3, 11, 17, 18, 19, 20, 22 : 3. 1*†, 16 : 4. 1, 3†, 7, 15 : 5. 12, 17 : 6. 1, 1† : 7. 1 (6. 12), 7 (6) : 8. 9, 15 *bis*, 17 : 9. 3, 6, 9 *bis*, 11, 13 : 10. 5.
Ca. 2. 6 : 4. 11 : 8. 3, 5.
Wi. 12. 9.
Si. 14. 26 : 29. 10, 22 : 51. 26.
Ho. 14. 8.
Jn. 4. 10 *bis*.
Ze. 3. 9.
Is. 3. 6 : 49. 2 : 51. 16 : 57. 5.
Je. 34 (27). 8, 11 : 47 (40). 4*†.
Ba. 1. 12 *bis* : 5. 3*.
La. 3. 34.
Ez. 13. 18† : 17. 23 : 20. 37 : 31. 6†, 17 : 32. 27.
Da. LXX. Su. 54 *bis*, 58 *bis* : 2. 38 : 4. 34 : 7. 27*† : 9. 12.
Da. TH. Su. 54 *bis*, 58 *bis* : Bel 13.
I Ma. 5. 5† : 6. 46 : 8. 2 : 9. 38 : 10. 38 : 14. 12.
II Ma. 2. 18* : 3. 6, 19, 36 : 4. 12 *bis* : 5. 25* : 7. 20, 36 : 12. 40, 42.
III Ma. 3. 28 : 4. 14 : 5. 2 : 7. 3*, 12†.
IV Ma. 17. 19.
[**Aq.** Je. 52. 20.]
[**Sm.** Dt. 4. 19 : Jo. 24. 26 : II Ki. 8. 2 : IV Ki. 9. 13 : Jb. 13. 27 : Ps. 17 (18). 48 : 35 (36). 8 : 88 (89). 11 (P.) : 90 (91). 1 *bis* : Ca. 2. 3 : 8. 5 : Is. 29. 4 : Je. 13. 4 : 29 (36). 26 : 38 (45). 12 : Ez. 13. 18 : Ho. 4. 13.]
[**Th.** Ex. 37. 14 (38. 11) : Is. 10. 4 : Je. 38 (45). 12 : Da. 13. 54.]
[**Al.** Le. 15. 10 : Nu. 21. 2 : I Ki. 10. 2.]
[**Hebr.** Ge. 24. 2.]

ὑποβάλλειν. (1) עָנָה

I Es. 2. 18. καὶ ναὸν ὑποβάλλονται
Da. TH. 3. 9. A καὶ ὑποβαλόντες εἶπον Ναβ. τῷ βασ. [B *al.*] (1)
[**Sm.** Le. 19. 19 : Jo. 23. 4.]

ὑποβλέπεσθαι. (1) *a.* עָוַן *b.* עָיַן

I Ki. 18. 9. ἦν Σ. ὑποβλεπόμενος τὸν Δ. (1 *a**, 1 *b*)
Si. 37. 10. μὴ βουλεύου μετὰ τοῦ ὑποβλεπομένου σε

ὑπόγαιος (-γειος, -γεος).

Je. 45 (38). 11. εἰσῆλθεν εἰς τὴν οἰκίαν τοῦ βασιλέως τὴν ὑ. †
[**Sm.** Ps. 118 (119). 85.]

ὑπογραμμός.

II Ma. 2. 28. τὸ δὲ ἐπιπορεύεσθαι τοῖς ὑ. τῆς ἐπιτομῆς ἀτονοῦντες

ὑπογράφειν.

I Es. 2. 16. κατέγραψεν . . . τὴν ὑπογεγραμμένην ἐπιστολήν
— 25. ἀντέγραψεν . . . τὰ ὑπογεγραμμένα
Es. 8. 13. ὧν ἐστιν ἀντίγραφον . . . τὰ ὑπογεγραμμένα
Si. 50. 1. S[2] ἐν ζωῇ αὐτοῦ ὑπέγραψεν [A B S[1] -έρραψεν] οἶκον
I Ma. 8. 25. ὡς ἂν ὁ καιρὸς ὑπογραφῇ αὐτοῖς
— 27. ὡς ἂν αὐτοῖς ὁ καιρὸς ὑπογραφῇ
II Ma. 9. 18. ἔγραψε . . . τὴν ὑπογεγραμμ. ἐπιστολήν
— 25. γέγραφα δὲ πρὸς αὐτὸν τὰ ὑπογεγραμμένα
11. 17. ἐπιδόντες τὸν ὑπογεγραμμένον χρηματισμόν
III Ma. 2. 30. ἵνα δὲ μὴ . . . φαίνηται ὑπέγραψεν
6. 41. ἔγραψεν αὐτοῖς τὴν ὑπογεγραμμένην ἐπιστολήν

ὑπόγυος.

II Ma. 12. 31. τῆς τῶν ἑβδομάδων ἑορτῆς οὔσης ὑπογύου

ὑπόδειγμα.

Si. 44. 16. Ἐνὼχ . . . μετετέθη ὑπόδειγμα μετανοίας ταῖς γενεαῖς
Ez. 42. 15. διεμέτρησε τὸ ὑ. τοῦ οἴκου –

II Ma. 6. 28. τοῖς δὲ νέοις ὑ. γενναῖον καταλελοιπώς
— 31. τὸν ἑαυτοῦ θάνατον ὑπόδειγμα γενναιότητος . . . καταλείπων
IV Ma. 17. 23. ἀνεκήρυξε . . . εἰς ὑπόδειγμα τὴν ἐκείνων ὑπομονήν
[Aq. Dt. 4. 17: Ez. 8. 10.]

ὑποδεικνύειν, ὑποδεικνύναι. (1) בִּין hi. (2) חָוָה pa. (3) יָדַע aph. (4) יָרָה hi. (5) נָגַד hi. (6) סָפַר pi. (7) רָאָה (8) שָׂכַל hi.

III Ki. 10. 22 (9. 20). B πάντα τὸν λαὸν τὸν ὑποδεδειγμ. ὑπὸ τοῦ Χ. [A R al.] †
I Ch. 28. 18. τὸν τοῦ θυσιαστηρίου . . . σταθμὸν ὑπέδειξεν αὐτῷ –
II Ch. 15. 3. A R καὶ οὐχ ἱερέως ὑποδεικνύοντος (4)
20. 2. ὑπέδειξαν τῷ Ἰωσ. (5)
I Es. 2. 24. ὑποδεικνύομέν [A -δείκνυμέν] σοι
To. 1. 19. ὑπέδειξε τῷ βασιλεῖ περὶ ἐμοῦ
4. 2. ἵνα αὐτῷ ὑποδείξω πρὶν ἀποθανεῖν με [S al.]
— 20. A S R ὑποδεικνύω [B ἐπιδ.] σοι
5. 7. S μέχρι ὅτου εἰσελθὼν ὑποδείξω τῷ πατρί μου [A B al.]
— 8. S ὑπέδειξεν Τωβεὶθ τῷ πατρὶ αὐ.
— 10. ὑπόδειξόν μοι
7. 10. A S R πλὴν ὑποδείξω σοι [B om.] τὴν ἀλήθειαν
8. 14. S ὑπέδειξεν αὐτοῖς ὅτι ζῇ [A B al.]
9. 5. S ὑπέδειξεν αὐτῷ περὶ Τωβείου
10. 8. S ἤδη ὑπέδειξά σοι
— 9. S ὑποδείξουσιν αὐτῷ περὶ σοῦ [A B al.]
12. 6. τοὺς λόγους τῶν ἔργων τοῦ θ. ἐντίμως ὑποδεικνύοντες [S al.]
— 11. S πᾶσαν τὴν ἀλήθειαν ὑμῖν ὑποδείξω
— 11. S ἤδη ὑμῖν ὑπέδειξα
13. 4. ἐκεῖ ὑποδείξατε τὴν μεγαλωσύνην αὐ. [S al.]
Es. 1. 1. ὑπέδειξε τῷ βασ. περὶ αὐτῶν
2. 9. R τὰ ἑπτὰ κοράσια τὰ ὑποδεδειγμένα [A B S ἀποδ.] αὐτῇ (7)
— 10. οὐχ ὑπέδειξεν Ἐ. τὸ γένος αὐ. (5)
— 20. οὐχ ὑπέδειξε τὴν πατρίδα αὐ. (5)
3. 4. ὑπέδειξαν [S¹ -εν] τῷ Ἀ. Μαρδοχαῖον (5)
— 4. ὑπέδειξεν αὐτοῖς ὁ Μαρδ. ὅτι Ἰουδαῖός ἐστι (5)
— 13. A S² ὑπέδειξεν [B S¹ ἐπέδ.] ἡμῖν
4. 7. ὑπέδειξεν αὐτῷ τὸ γεγονός (5)
5. 11. ὑπέδειξεν αὐτοῖς τὸν πλοῦτον αὐ. (6)
8. 1. ὑπέδειξε γὰρ Ἐ. (5)
Si. 3. 23. πλείονα γὰρ συνέσεως ἀνθρώπων ὑπεδείχθη σοι
14. 12. διαθήκη ᾅδου οὐχ ὑπεδείχθη [S² ὑποδειχθήσεται] σοι
17. 7. ἀγαθὰ καὶ κακὰ ὑπέδειξεν αὐτοῖς
— 12. τὰ κρίματα αὐτοῦ ὑπέδειξεν αὐτοῖς
46. 20. ὑπέδειξε βασιλεῖ τὴν τελευτὴν αὐτοῦ
48. 25. ἕως τοῦ αἰῶνος ὑπέδειξε τὰ ἐσόμενα
49. 8. ἣν ὑπέδειξεν αὐτῷ ἐπὶ ἅρματος Χερουβίμ
Je. 38 (31). 19. ὑπέδειξά σοι ὅτι ἔλαβον ὀνειδισμόν †
Da. LXX. 2. 17. τοῖς συνεταίροις ὑπέδειξε πάντα (3)
4. 15. ὑπέδειξέ μοι πᾶσαν τὴν σύγκρισιν αὐ. –
— 34. ὑποδεῖξαι ὑμῖν τὰς πράξεις –
5. 7. ὃς ἂν ὑποδείξῃ τὸ σύγκριμα τῆς γραφῆς (2)
— 10. ὑπέδειξεν αὐτῇ ὡς μέγα ἐστί –
— 12. συγκρίματα ὑπέρογκα ὑπέδειξε Ναβ. τῷ πατρί σου –
— 16. δύνῃ μοι ὑποδεῖξαι τὸ σύγκριμα τῆς γραφῆς (3)
9. 22. ἐξῆλθον ὑποδεῖξαί σου διάνοιαν (8)
— 23. ἦλθον ὑποδεῖξαί σοι (5)
10. 14. ἦλθον ὑποδεῖξαί σοι (1)
— 21. ὑποδείξω σοι τὰ πρῶτα (5)
11. 2. τὴν ἀλήθειαν ὑποδεῖξαί σοι (5)
II Ma. 3. 10. τοῦ δὲ ἀρχιερέως ὑποδείξαντος
13. 4. Λυσίου ὑποδείξαντος τοῦτον αἴτιον τῶν κακῶν εἶναι πάντων
III Ma. 5. 15. ὑπέδειξε τὸν τῆς συμποσίας καιρὸν ἤδη παρατρέχοντα
— 19. τοῦ δὲ ὑποδείξαντος
— 26. ὑποδεικνὺς τὸ πρόθυμον τοῦ βασ. ἐν ἑτοίμῳ κεῖσθαι
— 29. ὑπεδείκνυεν ὁ Ἕρμων
[Sm. Ex. 4. 12: 24. 12: 35. 34: II Ch. 15. 3: Ps. 24 (25). 8, 12: 26 (27). 11: 31 (32). 8: 44 (45). 5: 85 (86). 11: 118 (119). 33: Is. 30. 20: Jl. 2. 23.]

ὑποδείκτης.
[Sm. Ps. 83 (84). 7.]

ὑποδεῖν. (1) נָעַל *a.* qal. *b.* hi.
II Ch. 28. 15. ὑπέδησαν αὐτούς (1 *b*)
Ez. 16. 10. A B ὑπέδησά [R -δυσά] σε ὑάκινθον (1 *a*)

ὑποδέχεσθαι.
To. 7. 8 (A B), 9 (S). ὑπεδέξαντο [S -ατο] αὐτοὺς προθύμως
Ju. 13. 13. A ὑπεδέξαντο [B¹ ἀπ., B² ἐπ., S εἰσεδ.] αὐτάς
I Ma. 16. 15. ὑπεδέξατο αὐτοὺς ὁ τοῦ Ἀβ.
IV Ma. 13. 17. οὕτω γὰρ παθόντας ἡμᾶς . . . ὑποδέξονται

ὑπόδημα. (1) *a.* מִנְעָל *b.* נַעַל
Ge. 14. 23. ἕως σφαιρωτῆρος ὑποδήματος (1 *b*)
Ex. 3. 5. λῦσαι τὸ ὑ. ἐκ τῶν ποδῶν σου (1 *b*)
12. 11. καὶ τὰ ὑ. [A *add.* ὑμῶν] ἐν τοῖς ποσὶν ὑμῶν (1 *b*)
De. 8. 4. τὰ ὑ. σου οὐ κατετρίβη ἀπὸ σοῦ [A *al.*] –
25. 9. ὑπολύσει τὸ ὑ. αὐ. (1 *b*)
— 10. οἶκος τοῦ ὑπολυθέντος τὸ ὑ. (1 *b*)
29. 5 (4). τὰ ὑ. ὑμῶν οὐ κατετρίβη (1 *b*)
33. 25. σίδηρος καὶ χαλκὸς τὸ ὑ. αὐ. ἔσται (1 *a*)
Jo. 5. 15. λῦσαι τὸ ὑ. ἐκ τῶν ποδῶν σου (1 *b*)
9. 5. καὶ τὰ κοῖλα τῶν ὑ. αὐ. (1 *b*)
— 13. τὰ ὑ. ἡμῶν πεπαλαίωται (1 *b*)
Ru. 4. 7. ὑπελύετο ὁ ἀνὴρ τὸ ὑ. αὐ. (1 *b*)
— 8. ὑπελύσατο τὸ ὑ. αὐ. (1 *b*)
I Ki. 12. 3. ἢ ἐκ χειρὸς τίνος εἴληφα . . . ὑπόδημα †
III Ki. 2. 5. καὶ ἐν τῷ ὑ. αὐ. τῷ ἐν τῷ ποδὶ αὐ. (1 *b*)
Ne. 9. 21. A ὑποδήματα [S τὰ ὑ., B πόδες] αὐ. οὐ διερράγησαν †
Ps. 59 (60). 8. ἐπὶ τὴν Ἰδουμ. ἐκτενῶ τὸ ὑ. μου (1 *b*)
107 (108). 9. ἐπὶ τὴν Ἰδουμαίαν ἐπιβαλῶ [S¹ ἐκτενῶ] τὸ ὑ. μου (1 *b*)
Ca. 7. 1 (2). ὡραιώθησαν [A τί ὡρ.] διαβήματά σου ἐν ὑποδήμασι (1 *b*)
Si. 46. 19. ἕως ὑποδημάτων ἀπὸ πάσης σαρκὸς οὐκ εἴληφα
Am. 2. 6. ἀπέδοντο . . . πένητα ἕνεκεν ὑποδημάτων (1 *b*)
8. 6. τοῦ κτᾶσθαι . . . ταπεινὸν ἀντὶ ὑποδημάτων (1 *b*)
Is. 5. 27. οὐδὲ μὴ ῥαγῶσιν οἱ ἱμάντες τῶν ὑ. αὐτῶν (1 *b*)
11. 15. ὥστε διαπορεύεσθαι αὐτὸν ἐν ὑποδήμασι (1 *b*)
Ez. 24. 17. τὰ ὑ. σου ἐν τοις ποσί σου (1 *b*)
— 23. τὰ ὑ. ὑμῶν ἐν τοῖς ποσὶν ὑμῶν (1 *b*)
Da. LXX. 3. 21. ἔχοντες τὰ ὑ. αὐ. †
[Aq. Is. 5. 27: 20. 2.]
[Sm. Ps. 59 (60). 10: Is. 5. 27: 20. 2: Da. 3. 21 (Sw.), 27 (94) (Sw.).]
[Th. Is. 5. 27: 20. 2 (Sw.): Da. 3. 27 (94) (Sw.).]

ὑποδίπλωσις.
[Sm. Jb. 41. 5.]

ὑποδύειν. (1) נָעַל
Ju. 6. 13. ὑποδύσαντες ὑποκάτω τοῦ ὄρους
Ez. 16. 10. R ὑπέδυσά [A B -δησά] σε ὑάκινθον (1)
[Sm. Jb. 41. 5.]

ὑποδύτης. (1) מְעִיל
Ex. 28. 27 (31). ποιήσεις ὑποδύτην ποδήρη ὅλον ὑακίνθινον (1)
— 29 (33). B¹ R ὑπὸ [A B² ἐπὶ] τὸ λῶμα τοῦ ὑ. –
— 29 (33). ἐπὶ τοῦ λώματος τοῦ ὑ. –
— 30 (34). A B² R ἐπὶ [B¹ ὑπὸ] τοῦ λώματος τοῦ ὑ. κύκλῳ (1)
36. 30 (39. 22). ἐποίησαν τὸν ὑ. ὑπὸ τὴν ἐπωμίδα (1)
— 31 (39. 23). τὸ δὲ περιστόμιον τοῦ ὑ. (1)
— 32 (39. 24). ἐπὶ τοῦ λώματος τοῦ ὑ. (1)
— 33 (39. 25). ἐπὶ τὸ λῶμα τοῦ ὑ. (1)
— 34 (39. 26). ἐπὶ τοῦ λώματος τοῦ ὑ. κύκλῳ (1)
Le. 8. 7. ἐνέδυσεν αὐτὸν τὸν ὑ. [A αὐ. ἐπενδ.] (1)
[Aq., Th. Le. 8. 13.]
[Sm. Le. 8. 13: II Ki. 6. 14.]

ὑποζύγιον. (1) אָתוֹן (2) חֲמוֹר, חָמֹר
Ge. 36. 24. ἔνεμε τὰ ὑ. Σεβ. (2)
Ex. 4. 20. ἀνεβίβασεν αὐτὰ ἐπὶ τὰ ὑ. (2)
9. 3. χεὶρ κυρίου ἐπέσται . . . ἐν τοῖς ὑ. (2)
20. 10. ὁ βοῦς σου καὶ τὸ ὑ. σου –
Ex. 20. 17. οὔτε τοῦ βοὸς αὐ. οὔτε τοῦ ὑ. αὐ. (2)
22. 9 (8). περί τε μόσχου καὶ ὑποζυγίου (2)
— 10 (9). ἐὰν δέ τις δῷ τῷ πλησίον ὑποζύγιον (2)
— 30 (29). οὕτως ποιήσεις . . . τὸ ὑ. σου –
23. 4. ἐὰν δὲ συναντήσῃς . . . τῷ ὑ. αὐ. (2)
— 5. ἐὰν δὲ ἴδῃς τὸ ὑ. τοῦ ἐχθροῦ σου πεπτωκός (2)
— 12. ἵνα ἀναπαύσηται . . . τὸ ὑ. σου (2)
34. 20. πρωτότοκον ὑποζυγίου λυτρώσῃ προβάτῳ (2)
De. 5. 14. καὶ τὸ ὑ. σου καὶ πᾶν κτῆνός σου (2)
— 14. B² καὶ τὸ ὑ. σου –
— 21 (18). οὐκ ἐπιθυμήσεις . . . τοῦ ὑ. αὐ. (2)
Jo. 6. 20 (21). ἕως μόσχου καὶ ὑποζυγίου (2)
7. 24. ἀνήγαγεν αὐτὸν . . . καὶ τὰ ὑ. αὐ. (2)
Jd. 1. 14. A ἐγόγγυζεν ἐπάνω τοῦ ὑ. [B *om.* ἐ. τ. ὑ.] –
— 14. ἔκραξεν ἀπὸ τοῦ ὑ. (2)
5. 10. A ἐπιβεβηκότες ἐπὶ ὑποζυγίων [B *al.*] (1)
19. 3. A καὶ ζεῦγος ὑποζυγίων [B ὄνων] (2)
— 10. A καὶ μετ' αὐτοῦ ζεῦγος ὑποζυγίων [B ὄνων] ἐπισεσαγμένων (2)
— 21. A παρενέβαλεν τοῖς ὑ. αὐ. [B *al.*] (2)
— 28. A ἀνέλαβεν αὐτὴν ἐπὶ τὸ ὑ. [B τὸν ὄνον] (2)
II Ki. 16. 2. τὰ ὑ. τῇ οἰκίᾳ τοῦ βασ. (2)
II Ch. 28. 15. ἀντελάβοντο καὶ ἐν ὑποζυγίοις παντὸς ἀσθενοῦντος (2)
I Es. 5. 43. ὑ. πεντακισχίλια πεντακόσια εἴκοσι πέντε
Jb. 24. 3. ὑποζύγιον ὀρφανῶν ἀπήγαγον (2)
Za. 9. 9. καὶ ἐπιβεβηκὼς ἐπὶ ὑποζύγιον (2)
[Th. Jd. 5. 10: 19. 10.]
[Al. Ge. 45. 17.]
[Quint. Za. 9. 9.]

ὑποζωννύναι.
II Ma. 3. 19. ὑπεζωσμέναι δὲ ὑπὸ τοὺς μαστοὺς

ὑπόθεμα. (1) מַחְתָּה
Ex. 25. 37 (38). τὰ ὑ. αὐτῆς ἐκ χρυσίου καθαροῦ ποιήσεις (1 ?)
[Aq. III Ki. 7. 27 (13).]

ὑπόθεσις.
IV Ma. 1. 12. A ἀρξαμένων [S R -ῳ] τῆς ὑ.

ὑποθραύεσθαι.
II Ma. 9. 11. R ἤρξατο . . . λήγειν ὑποτεθραυσμένος [A τεθρ.]

ὑποκαίειν. (1) נָפַח
Am. 4. 2. τοὺς μεθ' ὑμῶν εἰς λέβητας ὑποκαιομένους ἐμβαλοῦσιν [A *al.*] †
Je. 1. 13. A B S² εἶπα, Λέβητα ὑποκαιόμενον (1)
Ez. 24. 5. ὑπόκαιε τὰ ὀστᾶ ὑποκάτω αὐτῶν †
Da. LXX. 3. (25). ὑποκαιομένης τῆς καμίνου
— (46). οἱ δὲ ὑπέκαιον ὑποκάτωθεν αὐτῶν νάφθαν
IV Ma. 11. 18. ἐφ' οὗ . . . ὑπεκαίετο

ὑποκαλύπτειν.
Ex. 26. 12. A R τὸ ὑπολελειμμένον ὑποκαλύψεις †
— 12. ὑποκαλύψεις [A ἐπικ.] ὀπίσω τῆς σκηνῆς †

ὑποκάτω. (1) לְמַטָּה (2) *a.* תַּחַת *b.* תַּחַת לְ *c.* מִתַּחַת *d.* מִתַּחַת לְ *e.* אֶל־תַּחַת *f.* תַּחְתּוֹן *g.* תְּחוֹת *h.* אֶל־תַּחַת לְ (3) τὰ ὑ. תַּחַת
Ge. 1. 7. ὃ ἦν ὑποκάτω τοῦ στερεώματος (2 *d*)
— 9. συναχθήτω τὸ ὕδωρ τὸ ὑ. τοῦ οὐρανοῦ (2 *c*)
— 9. συνήχθη τὸ ὕδωρ τὸ. ὑ. τοῦ οὐρανοῦ –
6. 17. καταφθεῖραι πᾶσαν σάρκα . . . ὑ. τοῦ οὐρ. (2 *c*)
7. 19. ἃ ἦν ὑ. τοῦ οὐρανοῦ (2 *a*)
21. 15. ἔρριψε τὸ παιδίον ὑ. μιᾶς ἐλάτης (2 *a*)
Ex. 20. 4. ὅσα ἐν τοῖς ὕδασιν ὑ. τῆς γῆς (2 *d*)
Le. 15. 10. ὅσα ἐὰν ᾖ ὑ. αὐτοῦ (2 *a*)
Nu. 16. 31. ἐρράγη ἡ γῆ ὑ. [A *add.* τῶν ποδῶν] αὐτῶν (2 *a*)
22. 27. συνεκάθισεν ὑ. Βαλαάμ (2 *a*)
De. 2. 25. ἐπὶ πρόσωπον πάντων τῶν ἐθνῶν τῶν ὑ. τοῦ οὐρ. (2 *a*)
4. 18. ὅσα ἐστὶν ἐν τοῖς ὕδασιν ὑ. τῆς γῆς (2 *d*)
— 19. πᾶσι τοῖς ἔθνεσι τοῖς ὑ. τοῦ οὐρ. (2 *a*)
5. 8. ὅσα ἐν τοῖς ὕδασιν ὑ. τῆς γῆς (2 *d*)
12. 2. καὶ ὑ. δένδρου δασέος (2 *a*)
28. 13. καὶ οὐκ ἔσῃ ὑ. (1)
— 23. ἔσται . . . ἡ γῆ ἡ ὑ. σου σιδηρᾶ (2 *a*)
Jo. 7. 21. τὸ ἀργύριον κέκρυπται ὑ. αὐτῶν (2 *a*)
— 22. καὶ τὸ ἀργύριον ὑ. αὐτῶν (2 *a*)

Jd. 1. 7. ἦσαν συλλέγοντες τὰ ὑ. τῆς τραπέζης μου (3)
7. 8. ἡ παρεμβολὴ Μ. ἦσαν αὐτοῦ ὑ. [A *al.*] (2 c)
I Ki. 7. 11. ἐπάταξαν αὐτοὺς ἕως ὑ. τοῦ Β. (2 d)
II Ki. 2. 23. ἀποθνήσκει ὑ. αὐτοῦ (2 a)
18. 9. ὁ ἡμίονος ὑ. [A ὁ ὑ.] αὐτοῦ παρῆλθε (2 a)
22. 10. καὶ γνόφος ὑ. τῶν ποδῶν αὐ. (2 a)
— 37. εἰς τὰ διαβήματά μου ὑ. μου (2 a)
— 40. κάμψεις τοὺς ἐπανιστανομ. μοι ὑ. μου (2 a)
— 48. παιδεύων λαοὺς ὑ. μου (2 a)
III Ki. 4. 12. ὁ παρὰ Σ. ὑ. τοῦ Ἐ. (2 d)
6. 6. ἡ πλευρὰ ἡ ὑ. πέντε πήχεων (2 f)
7. 25. δώδεκα βόες ὑ. τῆς θαλάσσης –
— 30. ὠμίαι ὑ. τῶν λουτήρων (2 d)
— 44. καὶ τοὺς βόας δώδεκα ὑ. τῆς θαλ. (2 a)
14. 23. καὶ ὑ. παντὸς ξύλου συσκίου (2 a)
19. 4. ἐκάθισεν ὑ. ῥαθμέν (2 a)
IV Ki. 8. 22. ἠθέτησεν Ἐ. ὑ. [A -ωθεν] τῆς χειρὸς Ἰ. (2 c)
9. 13. καὶ ἔθηκαν ὑ. αὐτοῦ (2 a)
16. 4. ἐθυμία . . . ὑ. παντὸς ξύλου ἀλσώδους (2 a)
— 17. τὴν θάλ. καθεῖλεν ἀπὸ τῶν βοῶν τῶν χαλκῶν τῶν ὑ. αὐτῆς (2 a)
17. 10. καὶ ὑ. παντὸς ξύλου ἀλσώδους (2 a)
I Ch. 17. 1. καὶ ἡ κιβ. διαθήκης κυρίου ὑ. δέρρεων (2 a)
II Ch. 4. 3. ὁμοίωμα μόσχων ὑ. [A -ωθεν] αὐτῆς (2 b)
— 15. καὶ τοὺς μόσχους τοὺς δώδεκα ὑ. αὐτῆς (2 a)
5. 7. ὑ. τῶν πτερύγων τῶν χερ. (2 e)
28. 4. ἐθυμία . . . ὑ. παντὸς ξύλου ἀλσώδους (2 a)
Ne. 2. 14. οὐκ ἦν τόπος τῷ κτήνει παρελθεῖν ὑ. μου (2 a)
Ju. 6. 11. αἱ ἦσαν ὑ. Βετ.
— 13. ὑποδύσαντες ὑ. τοῦ ὄρους
Jb. 26. 8. οὐκ ἐρράγη νέφος ὑ. [A -ωθεν] αὐτοῦ (2 a)
28. 5. ὑ. αὐτῆς ἐστράφη ὡσεὶ πῦρ (2 a)
36. 16. ἄβυσσος κατάχυσις ὑ. αὐτῆς (2 a)
37. 3. B S ὑ. παντὸς τοῦ οὐρανοῦ ἀρχὴ αὐτοῦ (2 a)
Ps. 8. 7. πάντα ὑπέταξας ὑ. τῶν ποδῶν αὐτοῦ (2 a)
17 (18). 36. ἐπλάτυνας τὰ διαβήματά μου ὑ. μου (2 a)
— 39. συνεπόδισας πάντας τοὺς ἐπανιστανομένους ἐπ' ἐμὲ ὑ. μου (2 a)
44 (45). 5. λαοὶ ὑ. σου πεσοῦνται (2 a)
Si. 36 (33). 6. ὑ. παντὸς ἐπικαθημένου χρεμετίζει
Ho. 4. 13. ἔθυον ὑ. δρυὸς (2 a)
Am. 2. 13. κυλίω ὑ. ὑμῶν (2 a)
Mi. 4. 4. ἀναπαύσεται ἕκαστος ὑ. ἀμπέλου αὐ. καὶ ἕκαστος ὑ. συκῆς αὐ. (2 a, 2 a)
Ob. 1. 7. ἔθηκαν ἔνεδρα ὑ. σου (2 a)
Jn. 4. 5. ἐκάθητο ὑ. αὐτῆς ἐν σκιᾷ (2 a)
Za. 3. 11 (10). ὑ. ἀμπέλου καὶ ὑ. συκῆς (2 e, 2 e)
Ma. 4. 3 (3. 21). ἔσονται σποδὸς ὑ. τῶν ποδῶν ὑμῶν (2 a)
Is. 10. 4. A S ὑ. ἀνῃρημένων πεσοῦνται (2 a)
14. 11. ὑ. σου στρώσουσι σῆψιν (2 a)
Je. 2. 20. ὑ. παντὸς ξύλου κατασκίου (2 a)
3. 6. ὑ. παντὸς ξύλου ἀλσώδους (2 e)
— 13. ὑ. παντὸς ξύλου ἀλσώδους (2 a)
45 (38). 12. ταῦτα θὲς ὑ. τῶν σχοινίων (2 d)
52. 20. οἱ μόσχοι δώδεκα χαλκοῖ ὑ. τῆς θαλάσσης (2 a)
Ba. 2. 2. οὐκ ἐποιήθη ὑ. παντὸς τοῦ οὐρανοῦ
— 5. ἐγενήθησαν ὑ. καὶ οὐκ ἐπάνω
La. 3. 66. ἐξαναλώσεις αὐτοὺς ὑ. τοῦ οὐρανοῦ (2 c)
Ez. 1. 23. A B[1] ὑ. [B[2] R -ωθεν] τοῦ στερεώματος αἱ πτέρυγες αὐτῶν (2 a)
6. 13. ὑ. δένδρου συσκίου (2 a)
— 13. A ὑ. πάσης δρυὸς δασείας (2 a)
10. 2. εἰς τὸ μέσον τῶν τροχῶν τῶν ὑ. τῶν χερουβὶμ (2 h)
— 20. ὃ ἴδον ὑ. θεοῦ Ἰσραήλ (2 a)
— 22. ἃ ἴδον ὑ. τῆς δόξης θεοῦ Ἰσραήλ –
17. 6. ῥίζαι αὐτῆς ὑ. αὐτῆς ἦσαν (2 a)
— 23. ἀναπαύσεται ὑ. αὐτοῦ πᾶν ὄρνεον [A θηρίον] (2 a)
24. 5. ὑπόκαιε τὰ ὀστᾶ ὑ. αὐτῶν (2 a)
31. 6. ὑ. τῶν κλάδων αὐτοῦ ἐγεννῶσαν (2 a)
40. 18. κατὰ τὸ μῆκος τῶν πυλῶν τὸ περίστυλον τὸ [A τῷ] ὑ. (2 f)
46. 23. μαγειρεῖα γεγονότα ὑ. τῶν ἐξέδρων κύκλῳ (2 c)
47. 1. A ὕδωρ ἐξεπορεύετο ὑ. [B -ωθεν] τοῦ αἰθρίου (2 c)
Da. LXX. 4. 9. ὑ. αὐτοῦ ἐσκίαζον πάντα τὰ θηρία τῆς γῆς (2 g)
— 9. πληροῦν τὰ ὑ. τοῦ οὐρανοῦ –

Da. TH. 4. 9. ὑ. αὐτοῦ κατεσκήνουν τὰ θηρία τὰ ἄγρια (2 g)
— 18. ὑ. αὐτοῦ κατῴκουν τὰ θηρία τὰ ἄγρια (2 g)
7. 27. ἡ μεγαλωσύνη τῶν βασ. τῶν ὑ. παντὸς τοῦ οὐρ. (2 g)
8. 8. ἀνέβη ἕτερα κέρατα τέσσαρα ὑ. αὐτοῦ (2 a)
— 22. οὗ ἔστησαν τέσσαρα ὑ. κέρατα (2 a)
9. 12. οἷα οὐ γέγονεν ὑ. παντὸς τοῦ οὐρ. (2 a)
[**Aq.** Dt. 4. 19: Jo. 6. 5: 24. 26: IV Ki. 9. 13: Ca. 8. 5: Is. 57. 5: Ez. 6. 13: Ho. 4. 13: Am. 2. 13: Mi. 4. 4.]
[**Sm.** Dt. 7. 24: Jo. 6. 5: Jb. 9. 13: Is. 25. 10: 57. 5: Je. 52. 20: Ez. 6. 13.]
[**Th.** Dt. 4. 19: 7. 24: Jo. 6. 5: 24. 26: Is. 57. 5: Je. 38 (45). 9: Ez. 6. 13 (Sw.), 13: Mi. 4. 4.]
[**Al.** Ge. 49. 25: Ex. 26. 21.]

ὑποκάτωθεν. (1) *a.* תַּחַת *b.* תַּחַת לְ *c.* מִתַּחַת *d.* מִתַּחַת לְ *e.* תַּחְתּוֹן *f.* מִן־תַּחְתּוֹת

De. 9. 14. ἐξαλείψω τὸ ὄνομα αὐ. ὑ. τοῦ οὐρ. (1 c)
Jd. 7. 8. A ἡ δὲ παρεμβολὴ Μ. ἦν ὑ. αὐτοῦ [B *al.*] (1 c)
III Ki. 6. 8. ὁ πυλὼν τῆς πλευρᾶς τῆς ὑ. ὑπὸ τὴν ὠμίαν †
7. 24. καὶ ὑποστηρίγματα ὑ. τοῦ χείλους αὐ. (1 d)
— 29. καὶ ὑ. τῶν λεόντων . . . χῶραι (1 d)
— 32. A εἰς ὑ. τῶν διαπήγων (1 d)
IV Ki. 8. 20. ἠθέτησεν Ἐ. ὑ. χειρὸς Ἰ. (1 c)
— 22. A ἠθέτησεν Ἐ. ὑ. [B -τω] τῆς χειρὸς Ἰ. (1 c)
13. 5. ἐξῆλθεν ὑ. χειρὸς Συρίας (1 c)
14. 27. ἐξαλεῖψαι τὸ σπέρμα Ἰσρ. ὑ. τοῦ οὐρ. (1 c)
17. 7. τῷ ἀναγαγόντι αὐτοὺς ἐκ γῆς Αἰγ. ὑ. χειρὸς Φ. (1 c)
II Ch. 4. 3. A ὁμοίωμα μόσχων ὑ. [B -τω] αὐτῆς (1 b)
Jb. 18. 16. ὑ. αἱ ῥίζαι αὐτοῦ ξηρανθήσονται (1 c)
26. 5. μὴ γίγαντες μαιωθήσονται ὑ. ὕδατος [S[1] *al.*] (1 c)
— 8. A οὐκ ἐρράγη νέφος ὑ. [B S -τω] αὐτοῦ (1 a)
Am. 2. 9. ἐξήρανα . . . τὰς ῥίζας αὐ. ὑ. (1 c)
Mi. 1. 4. σαλευθήσεται τὰ ὄρη ὑ. αὐτοῦ (1 a)
Hb. 3. 16. ὑ. μου ἐταράχθη ἡ ἕξις μου (1 a)
Za. 6. 12. ὑ. αὐτοῦ ἀνατελεῖ (1 c)
Je. 10. 11. ὑ. τοῦ οὐρανοῦ τούτου (1 f)
La. 3. 66. R ἐξαναλώσεις αὐτοὺς ὑ. [A B -ω] τοῦ οὐρ. (1 c)
Ez. 1. 8. χεὶρ ἀνθρώπου ὑ. τῶν πτερύγων αὐτῶν (1 c)
— 23. B[2] R ὑ. [A B[1] -τω] τοῦ στερεώματος αἱ πτέρυγες αὐτῶν (1 a)
10. 8. ὁμοίωμα χειρῶν ἀνθρώπων ὑ. τῶν πτερύγων αὐτῶν (1 a)
— 21. ὁμοίωμα χειρῶν ἀνθρώπου ὑ. τῶν πτερύγων αὐτῶν (1 a)
42. 5. ἐξείχετο . . . ἐκ τοῦ ὑ. περιστύλου (1 e)
— 6. ἐξείχοντο τῶν ὑ. καὶ τῶν μέσων (1 e)
43. 14. ὑ. πηχῶν δύο (1 e)
47. 1. ὕδωρ ἐξεπορεύετο ὑ. [A -τω] τοῦ αἰθρίου (1 c)
Da. LXX. 3. (46). οἱ δὲ ὑπέκαιον ὑ. αὐτῶν νάφθαν
Da. TH. 4. 11. σαλευθήτωσαν τὰ θηρία ὑ. αὐτοῦ (1 a)
[**Sm.** Dt. 33. 27.]
[**Th.** Jb. 18. 16: 26. 5.]
[**Al.** Ex. 26. 33.]

ὑπόκεισθαι. (1) יֵשׁ

I Es. 8. 8. οὗ ἐστιν ἀντίγραφον τὸ ὑποκείμενον
Jb. 16. 4. εἰ ὑπέκειτό γε ἡ ψυχὴ ὑμῶν ἀντὶ τῆς ἐμῆς [A ἐ. ψυχῆς] (1)
I Ma. 12. 7. ὡς τὸ ἀντίγραφον ὑπόκειται
[**Sm.** Jb. 16. 4.]

ὑποκρίνεσθαι. (1) עָנָה

Jb. 39. 32 (40. 2). S[1] ἐλέγχων δὲ θεὸν ὑποκριθήσεται [A B S[2] ἀποκρ.] αὐτήν (1)
Si. 1. 29. μὴ ὑποκριθῇς ἐν στόμασιν ἀνθρώπων
35 (32). 15. ὁ ὑποκρινόμενος σκανδαλισθήσεται ἐν αὐτῷ
36 (33). 2. ὁ δὲ ὑποκρινόμενος [S ἐννπ.] ἐν αὐτῷ ὡς ἐν καταιγίδι πλοῖον
II Ma. 5. 25. καὶ τὸν εἰρηνικὸν ὑποκριθεὶς
6. 21. ὑποκρῖναι δὲ ὡς ἐσθίοντα
— 24. οὐ γὰρ τῆς ἡμετ. ἡλικίας ἄξιόν ἐστιν ὑποκριθῆναι
IV Ma. 6. 15. ὑποκρινόμενος τῶν ὑείων ἀπογεύσασθαι
— 17. ὥστε . . . ἀπρεπὲς ἡμῖν δρᾶμα ὑποκρίνασθαι
[**Sm.** Pr. 16. 28.]

ὑπόκρισις.

II Ma. 6. 25. καὶ αὐτοὶ διὰ τὴν ἐμὴν ὑ. . . . πλανηθῶσι
[**Aq.**, **Th.** Is. 32. 6.]
[**Sm.** Ps. 34 (35). 16: Is. 32. 6.]

ὑποκριτής. (1) חָנֵף

Jb. 34. 30. βασιλεύων ἄνθρωπον ὑποκριτὴν ἀπὸ δυσκολίας λαοῦ (1)
36. 13. ὑποκριταὶ καρδίᾳ τάξουσι θυμόν (1)
[**Aq.** Jb. 15. 34: 20. 5: Pr. 11. 9: Is. 33. 14.]
[**Sm.** Pr. 11. 9: Is. 33. 14: Ho. 6. 9.]
[**Th.** Jb. 15. 34: 36. 13: Pr. 11. 9: Is. 33. 14.]

ὑπολαμβάνειν. (1) אָחַז (2) בּוֹא (3) דָּלָה pi. (4) דָּמָה pi. (5) חָשַׁב pi. (6) יָתַר ni. (7) *a.* עָנָה *b.* עָנָה (8) ἃ ὑπέλαβες רַעְיוֹן

IV Ki. 20. 17. A οὐχ ὑποληφθήσεται [B -λειφθ.] ῥῆμα (6)
II Ch. 25. 8. ἐὰν ὑπολάβῃς κατισχῦσαι ἐν τούτοις (2)
I Es. 2. 20. καλῶς ἔχειν ὑπολαμβάνομεν
To. 6. 17. ὑπολαμβάνω ὅτι σοὶ ἔσται ἐξ αὐτῆς παιδία
Es. 8. 13. ὑπολαμβάνουσιν [A S[1] διαλ.] ἐκφεύξεσθαι δίκην
Jb. 2. 4. ὑπολαβὼν δὲ ὁ διάβολος εἶπε τῷ κυρίῳ (7 a)
4. 1. ὑπολαβὼν δὲ Ἐλιφὰζ ὁ Θαιμανίτης λέγει (7 a)
6. 1. ὑπολαβὼν δὲ Ἰὼβ λέγει (7 a)
8. 1. ὑπολαβὼν δὲ Βαλδὰδ ὁ Σαυχίτης λέγει (7 a)
9. 1. ὑπολαβὼν δὲ Ἰὼβ λέγει (7 a)
11. 1. ὑπολαβὼν δὲ Σωφὰρ ὁ Μιναῖος λέγει (7 a)
12. 1. ὑπολαβὼν δὲ Ἰὼβ λέγει (7 a)
15. 1. ὑπολαβὼν δὲ Ἐλιφὰζ ὁ Θαιμανίτης λέγει (7 a)
16. 1. ὑπολαβὼν δὲ Ἰὼβ λέγει (7 a)
18. 1. ὑπολαβὼν δὲ Βαλδὰδ ὁ Σαυχίτης λέγει (7 a)
19. 1. ὑπολαβὼν δὲ Ἰὼβ λέγει (7 a)
20. 1. ὑπολαβὼν δὲ Σωφὰρ ὁ Μιναῖος λέγει (7 a)
— 2. οὐχ οὕτως ὑπελάμβανον ἀντερεῖν [A σε εἶναι καὶ ἀντ.] σε ταῦτα †
21. 1. ὑπολαβὼν δὲ Ἰὼβ λέγει (7 a)
22. 1. ὑπολαβὼν δὲ Ἐλιφὰζ ὁ Θαιμανίτης λέγει (7 a)
23. 1. ὑπολαβὼν δὲ Ἰὼβ λέγει (7 a)
25. 1. ὑπολαβὼν δὲ Βαλδὰδ ὁ Σαυχίτης λέγει (7 a)
— 3. μὴ γάρ τις ὑπολάβοι ὅτι ἐστὶ παρέλκυσις πειραταῖς –
26. 1. ὑπολαβὼν δὲ Ἰὼβ λέγει (7 a)
32. 6. ὑπολαβὼν δὲ Ἐλιοὺς ὁ τοῦ Βαρ. ὁ Β. εἶπε (7 a)
— 17: 33. 31 (A). ὑπολαβὼν δὲ Ἐλιοὺς λέγει –
34. 1: 35. 1. ὑπολαβὼν δὲ Ἐλιοὺς λέγει (7 a)
39. 33 (40. 3). ὑπολαβὼν δὲ Ἰὼβ λέγει [A εἶπεν] τῷ κυρίῳ (7 a)
40. 1 (6). ἔτι δὲ ὑπολαβὼν ὁ κύριος εἶπε τῷ Ἰὼβ (7 a)
42. 1. ὑπολαβὼν δὲ Ἰὼβ λέγει τῷ κυρίῳ (7 a)
Ps. 16 (17). 12. ὑπέλαβόν με ὡσεὶ λέων ἕτοιμος εἰς θήραν †
29 (30). 1. ὑπέλαβές με (3)
47 (48). 6. A τρόμος ὑπελάβετο [B S ἐπελ.] αὐτῶν (1)
— 9. ὑπελάβομεν, ὁ θεός, τὸ ἔλεός σου (4)
49 (50). 21. B ὑπέλαβες ἀνομίαν [S[1] ἄνομε] ὅτι ἔσομαί σοι ὅμοιος (4)
67 (68). 16. ἵνα τί ὑπολαμβάνετε [B[1] S -αι] ὄρη τετυρωμένα †
72 (73). 16. ὑπέλαβον τοῦ γνῶναι (5)
Wi. 12. 24. θεοὺς ὑπολαμβάνοντες τὰ καὶ ἐν ζῴοις τῶν ἐχθρῶν ἄτιμα
13. 3. ὧν εἰ μὲν τῇ καλλονῇ τερπόμενοι θεοὺς ὑπελάμβανον [A S *al.*]
17. 2. ὑπειληφότες γὰρ καταδυναστεύειν ἔθνος ἅγιον ἄνομοι
Je. 44 (37). 9. μὴ ὑπολάβητε ταῖς ψυχαῖς ὑμῶν †
Da. LXX. 2. 30. ἃ ὑπέλαβες τῇ καρδίᾳ σου (8)
3. 9. ὑπολαβόντες εἶπον Ναβ. τῷ βασ. (7 b)
— 28 (95). ὑπολαβὼν δὲ Ναβ. ὁ βασ. εἶπεν (7 b)
I Ma. 1. 16. ὑπέλαβε βασιλεῦσαι γῆς Αἰγύπτου
II Ma. 6. 24. πολλοὶ τῶν νέων ὑπολαβόντες Ἐλεάζαρον
— 29. ὡς αὐτοὶ ὑπελάμβανον
12. 12. Ἰ. δὲ ὑπολαβὼν
III Ma. 3. 8. καὶ μεταπεσεῖσθαι ταῦτα ὑπελάμβανον
— 11. ὑπολαμβάνων δὲ διηνεκῶς ἐν τῇ αὐτῇ διαμένειν βουλῇ

IV Ma. 5. 18. ὡς σὺ ὑπολαμβάνεις
8. 13. ὑπολαβὼν δὲ ὁ τύραννος ἔφη
[Aq. Ps. 49 (50). 21.]
[Sm. I Ki. 22. 15: Ec. 7. 24 (23): 10. 3.]
[Th. Da. 3. 9†.]

ὑπόλειμμα (-λιμμα). (1) שָׂרִיד (2) a. שָׁאַר ni. b. שְׁאָר c. שְׁאֵרִית

I Ki. 9. 24. ἰδοὺ ὑπόλειμμα (2 a)
IV Ki. 21. 14. ἀπεώσομαι τὸ ὑ. τῆς κληρονομίας μου (2 c)
Jb. 20. 21. οὐκ ἔστιν ὑπόλειμμα τοῖς βρώμασιν αὐτοῦ (1)
Wi. 13. 12. A τὰ δὲ ὑ. [B S ἀποβλήματα] τῆς ἐργασίας
Mi. 4. 7. θήσομαι τὴν συντετριμμένην εἰς ὑπόλειμμα (2 c)
5. 7 (6). ἔσται τὸ ὑ. τοῦ Ἰ. ἐν τοῖς ἔθνεσιν (2 c)
— 8 (7). ἔσται τὸ ὑ. Ἰ. ἐν τοῖς ἔθνεσιν (2 c)
Ma. 2. 15. καὶ ὑπόλειμμα πνεύματος αὐ. (2 b)
I Ma. 6. 53. κατέφαγον τὸ ὑ. τῆς παραθέσεως
[Aq. Is. 11. 11: Je. 15. 11.]
[Sm. Is. 11. 11.]
[Th. Jb. 4. 21: 20. 21: Is. 11. 11.]
[Al. Jb. 4. 21.]

ὑπολείπειν. (1) אָצַל (2) גָּרַם (3) יָצַג hoph. (4) יָתַר a. ni. b. hi. c. יֶתֶר (5) עָדַף (6) עָזַב (7) עָמַד (8) שׂוּם (9) שָׁאַר a. ni. b. hi. (10) שְׁבַק ithpe.

Ge. 27. 36. R οὐχ ὑπελίπου [A -λείπω] μοι εὐλογίαν (1)
30. 36. ἐποίμαινε τὰ πρόβατα Λ. τὰ ὑπολειφθέντα (4 a)
32. 24 (25). ὑπελείφθη δὲ Ἰ. μόνος (4 a)
44. 20. αὐτὸς δὲ μόνος ὑπελείφθη τῷ πατρὶ αὐ. (4 a)
45. 7. ὑπολείπεσθαι ὑμῶν κατάλειμμα ἐπὶ τῆς γῆς (8)
47. 18. οὐχ ὑπολείπεται ἡμῖν ἐναντίον τοῦ κ. (9 a)
50. 8. τοὺς βόας ὑπελίποντο [A -λείπ.] ἐν γῇ Γ. (6)
Ex. 8. 9 (5), 11 (7). πλὴν ἐν τῷ ποταμῷ ὑπολειφθήσονται (9 a)
10. 12. ὃν ὑπελίπετο [A ἃ ὑπελείπ.] ἡ χάλαζα (9 b)
— 15. ὃς ὑπελείφθη ἀπὸ τῆς χαλάζης (4 b)
— 15. οὐχ ὑπελείφθη [A οὐ κατελ.] χλωρὸν οὐδέν (4 a)
— 19. οὐχ ὑπελείφθη ἀκρὶς μία (9 a)
— 24. B πλὴν τῶν προβάτων . . . ὑπολίπεσθε [A R -λείπ.] (3)
— 26. B οὐχ ὑπολειφθησόμεθα [A R -λειψόμεθα] ὁπλήν (9 a)
23. 11. A B² R τὰ δὲ ὑπολειπόμ. [B¹ -λιπ.] ἔδεται τὰ ἄγρια θηρία (4 c)
26. 12. A R τὸ ὑπολελειμμένον ὑποκαλύψεις (5)
Le. 23. 22. τῷ προσηλύτῳ ὑπολείψῃ αὐτό (6)
Jo. 10. 8. οὐχ ὑπολειφθήσεται [A -στήσεται] ἐξ αὐτῶν οὐθείς (7)
12. 4. *Ωγ . . . ὑπελείφθη ἐκ τῶν γιγάντων (4 c)
13. 1. ἡ γῆ ὑπολέλειπται πολλὴ εἰς κληρονομίαν (9 a)
21. 26. τοῖς δήμοις υἱῶν Κ. τοῖς ὑπολελειμμ. (4 a)
23. 12. A ἐὰν γὰρ . . . ὑπολειφθῆτε [B προσθῆσθε] τοῖς ὑπολειφθεῖσιν ἔθνεσι τούτοις (†, 4 c+9 a)
Jd. 6. 4. A οὐχ ὑπελείποντο ὑπόστασιν ζωῆς [B al.] (9 b)
7. 3. δέκα χιλιάδες ὑπελείφθησαν (9 a)
21. 7. τί ποιήσωμεν . . . τοῖς ὑπολειφθεῖσιν εἰς γυναῖκας (4 a)
I Ki. 5. 4. ἡ ῥάχις Δαγὼν ὑπελείφθη (9 a)
11. 11. οἱ ὑπολελειμμένοι διεσπάρησαν (9 a)
— 11. οὐχ ὑπελείφθησαν ἐν αὐτοῖς δύο (9 a)
14. 36. B¹ μὴ ὑπολίπωμεν [A B² R -λείπ.] ἐν αὐτοῖς ἄνδρα (9 b)
25. 22. εἰ ὑπολείψομαι . . . οὐροῦντα πρὸς τοῖχον (9 b)
— 34. εἰ ὑπολειφθήσεται τῷ Ν. . . . οὐρῶν πρὸς τοῖχον (4 a)
30. 21. R τοὺς διακοσίους ἄνδρας τοὺς ὑπολειφθέντας [A B al.] †
II Ki. 8. 4. B ὑπελίπετο [A R -λείπ.] ἑαυτῷ ἑκατὸν ἅρματα (4 b)
9. 1. εἰ ἔστιν ἔτι ὑπολελειμμένος τῷ οἴκῳ Σ. (4 a)
— 3. εἰ ὑπολέλειπται ἐκ τοῦ οἴκου Σ. ἔτι ἀνήρ †
17. 12. οὐχ ὑπολειψόμεθα ἐν αὐτῷ . . . καί γε ἕνα (4 b)
III Ki. 9. 20. A πάντα τὸν λαὸν τὸν ὑπολελειμμ. ὑπὸ τοῦ Ἀμ. (4 a)
10. 22 (9. 20). R πάντα τὸν λαὸν τὸν ὑπολελειμμένον [B -δεδειγμ.] ὑπὸ τοῦ Χ. (4 a)
— 22 (9. 21). τὰ τέκνα αὐ. τὰ ὑπολελειμμ. μετ' αὐτούς (4 a)
15. 29. B οὐχ ὑπελίπετο [A R -λείπ.] πᾶσαν πνοὴν τοῦ Ἱερ. (9 b)
16. 12 (11). A οὐχ ὑπέλειπεν αὐτῷ οὐροῦντα πρὸς τοῖχον (9 b)
17. 17. οὐχ ὑπελείφθη ἐν αὐτῷ πνεῦμα (4 a)
18. 22. ὑπολέλειμμαι προφήτης τοῦ κ. μονώτατος (4 a)
19. 10, 14. ὑπολέλειμμαι ἐγὼ μονώτατος (4 a)
22. 47. A περισσὸν . . . οὐχ ὑπελείφθη ἐν ἡμέραις Ἀ. (9 a)
IV Ki. 7. 13. λαβέτωσαν δὴ πέντε τῶν ἵππων τῶν ὑπολελειμμ. (9 a)
13. 7. οὐχ ὑπελείφθη τῷ Ἰ. λαός (9 b)
17. 18. οὐχ ὑπελείφθη πλὴν φυλὴ Ἰ. μονωτάτη (9 a)
19. 30. προσθήσει . . . τὸ ὑπολειφθὲν ῥίζαν κάτω (9 a)
20. 17. οὐχ ὑπολειφθήσεται [A -ληφθ.] ῥῆμα (4 a)
24. 14. οὐχ ὑπελείφθη πλὴν οἱ πτωχοί (9 a)
25. 12. ἀπὸ τῶν πτωχῶν τῆς γῆς ὑπέλιπεν [A -λειπεν] (9 b)
I Ch. 13. 2. ἀποστείλωμεν πρὸς τοὺς ἀδ. ἡμῶν τοὺς ὑπολελειμμ. (9 a)
18. 4. B S ὑπελίπετο [A R -λείπ.] ἐξ αὐτῶν ἑκατὸν ἅρματα (4 b)
Ju. 8. 7. ὑπελείπετο [S -λίπ.] αὐτῇ Μαν. . . . χρυσίον
10. 19. ὑπολείπεσθαι [S -λιπ.] ἐξ αὐτῶν ἄνδρα ἕνα
13. 2. A B ὑπελείφθη δὲ Ἰ. μόνη
Ps. 105 (106). 11. εἷς ἐξ αὐτῶν οὐχ ὑπελείφθη (4 a)
Pr. 2. 20. A S² ἄκακοι [S¹ ὅσιοι] δὲ ὑπολειφθήσονται ἐν αὐτῇ –
— 21. A B S² ὅσιοι ὑπολειφθήσονται ἐν αὐτῇ (4 a)
11. 26. A S R ὁ συνέχων σῖτον ὑπολείποιτο [B -λιπ.] αὐτὸν τοῖς ἔθνεσιν †
Wi. 14. 6. S¹ ὑπέλιπεν [A B S² ἀπέλ.] τῷ αἰῶνι σπέρμα γενέσεως
Am. 5. 3. ὑπολειφθήσονται ἑκατόν (9 b)
— 3. ὑπολειφθήσονται δέκα (9 b)
6. 9. ἐὰν ὑπολειφθῶσι δέκα ἄνδρες ἐν οἰκίᾳ μιᾷ (4 a)
— 9. ὑπολειφθήσονται οἱ κατάλοιποι –
Jl. 2. 14. καὶ ὑπολείψεται ὀπίσω αὐτοῦ εὐλογίαν (9 b)
Ob. 1. 5. B S οὐκ ἂν ὑπελίποντο [A -λείπ.] ἐπιφυλλίδας (9 b)
Hb. 2. 8. σκυλεύσουσι πάντες οἱ ὑπολελειμμένοι λαοί (4 c)
Ze. 3. 3. οὐχ ὑπελίποντο [A -λείπ., S¹ -λείφθησαν] εἰς τὸ πρωΐ (2)
— 12. ὑπολείψομαι [S¹ -ωμαι] ἐν σοὶ λαὸν πραΰν (9 b)
Za. 9. 7. ὑπολειφθήσονται καὶ οὗτοι τῷ θεῷ ἡμῶν (9 a)
10. 10. οὐ μὴ ὑπολειφθῇ ἐξ αὐτῶν οὐδὲ εἷς †
12. 14. πᾶσαι αἱ ὑπολελειμμέναι φυλαί [A φ. αἱ ὑ.] (9 a)
13. 8. τὸ δὲ τρίτον ὑπολειφθήσεται ἐν αὐτῇ (4 a)
Ma. 4. 1 (3. 19). οὐ μὴ ὑπολειφθῇ ἐξ αὐτῶν ῥίζα (6)
Is. 4. 3. ἔσται τὸ ὑπολειφθὲν ἐν Σιών (9 a)
Je. 5. 10. ὑπολίπεσθε [A -λείπ.] τὰ ὑποστηρίγματα αὐτῆς †
24. 8. παραδώσω . . . τοὺς ὑπολελειμμένους ἐν τῇ γῇ [A πόλει] ταύτῃ (9 a)
27 (50). 20. ἵλεως ἔσομαι τοῖς ὑπολελειμμένοις ἐπὶ τῆς γῆς (9 b)
29 (49). 11. B² S³ R οὐκ ἔστιν ὑπολείπεσθαι [A B¹ S¹ -λιπ.] ὀρφανόν σου (6)
Ez. 6. 8. A ὑπολείψομαι [B om.] ἐν τῷ γενέσθαι ἐξ ὑμῶν (4 b)
— 12. A ὁ ὑπολειφθεὶς [B om. ὁ ὑ.] . . . ἐν λιμῷ συντελεσθήσεται (9 a)
12. 16. ὑπολείψομαι ἐξ αὐτῶν ἄνδρας (4 b)
14. 20. ἐὰν υἱοὶ ἢ θυγατέρες ὑπολειφθῶσιν †
— 22. ὑπολελειμμένοι ἐν αὐτῇ οἱ ἀνασεσωσμένοι (4 a)
Da. TH. 2. 44. ἡ βασιλεία αὐ. λαῷ ἑτέρῳ οὐχ ὑπολειφθήσεται (10)
10. 8. ἐγὼ ὑπελείφθην μόνος (9 a)
— 8. οὐχ ὑπελείφθη ἐν ἐμοὶ ἰσχύς (9 a)
— 17. πνεῦμα οὐχ ὑπελείφθη ἐν ἐμοί (9 a)
I Ma. 6. 54. ὑπελείφθησαν ἐν τοῖς ἁγίοις ἄνδρες ὀλίγοι
10. 14. A ὑπελείφθησάν τινες τῶν καταλειπόντων [S R -λιπ.] τὸν νόμον
IV Ma. 13. 27. A R ἀνέσχοντο . . . οἱ ὑπολελειμμένοι [S -λειπόμενοι]
[Aq. I Ki. 9. 24: III Ki. 22. 47: Is. 11. 11: 24. 6: Je. 41 (48). 10.]
[Sm. I Ki. 9. 24: 25. 34: Je. 15. 11.]
[Th. Je. 27 (34). 18, 19: 39 (46). 9: Ez. 6. 8, 12: 9. 8.]
[Al. Le. 27. 18: Jo. 23. 12.]

ὑπολήνιον. (1) יֶקֶב

Jl. 3 (4). 13. ὑπερεκχεῖτε τὰ ὑ. (1)
Hg. 2. 17 (16). εἰσεπορεύεσθε εἰς τὸ ὑ. (1)
Za. 14. 10. ἕως τῶν ὑ. τοῦ βασ. (1)
Is. 16. 10. οὐ μὴ πατήσουσιν οἶνον εἰς τὰ ὑ. (1)
[Aq., Sm. Je. 48 (31). 33.]

ὑπόληψις.

Si. 3. 24. πολλοὺς γὰρ ἐπλάνησεν ἡ ὑ. αὐτῶν

ὑπόλιμμα, *vid. sub* **ὑπόλειμμα.**

ὑπόλοιπος. (1) a. יָתַר ni. b. יֶתֶר (2) שְׁאָר

IV Ki. 4. 7. A ζήσεσθε ἐν τῷ ὑ. [B ἐπιλ.] ἐλαίῳ (1 a)
Is. 11. 11. τοῦ ζηλῶσαι τὸ καταλειφθὲν ὑ. τοῦ λαοῦ (2)
Je. 34 (27). 19. S τῶν ὑ. [A B ἐπιλ.] σκευῶν (1 b+1 a)

ὑπολύειν. (1) חָלַץ (2) שָׁלַף

De. 25. 9. ὑπολύσει τὸ ὑπόδημα αὐ. (1)
— 10. οἶκος τοῦ ὑπολυθέντος τὸ ὑπόδημα (1)
Ru. 4. 7. ὑπελύετο ὁ ἀνὴρ τὸ ὑπόδημα αὐ. (2)
— 8. ὑπελύσατο τὸ ὑπόδημα αὐ. (2)
Is. 20. 2. τὰ σανδάλιά σου ὑπόλυσαι ἀπὸ τῶν ποδῶν σου (1)
[Sm. Ex. 3. 5.]

ὑπολυπεῖσθαι.

II Ma. 4. 37. ψυχικῶς οὖν ὁ Ἀντ. ὑπολυπηθείς

ὑπόλυσις. (1) פִּיק

Na. 2. 10 (11). ὑπόλυσις γονάτων καὶ ὠδῖνες (1)

ὑπομάσθιος (R), **ὑπομαστιαῖος** (A).

III Ma. 3. 27. μέχρι νηπίου καὶ μέχρι τῶν ὑ.

ὑπομένειν. (1) חוּל hi. (2) חָכָה pi. (3) טָמַן (4) יָחַל a. pi. b. hi. (5) יָשַׁב (6) כּוּל pilp. (7) מָהַהּ hithp. (8) קָוָה a. qal. b. pi. (9) קוּם

Ex. 12. 39. A οὐ γὰρ ἐδυνάσθησαν ὑπομεῖναι [B al.] (7)
Nu. 22. 19. ὑπομείνατε αὐτοῦ καὶ ὑμεῖς (5)
Jo. 19. 47. ὑπέμεινε τοῦ κατοικεῖν ἐν Ἐ. –
Jd. 3. 25. ὑπέμειναν ἕως ᾐσχύνοντο [A al.] (1)
IV Ki. 6. 33. τί ὑπομείνω [A -μένω] τῷ κυρίῳ ἔτι (4 b)
I Es. 2. 19. φορολογίαν οὐ μὴ ὑπομείνωσι δοῦναι
To. 5. 7. ὑπόμεινόν [S μεῖνόν] με
Jb. 3. 9. ὑπομείναι καὶ εἰς [A om.] φωτισμὸν [A om., S¹ φῶς] μὴ ἔλθοι (8 b)
6. 11. τίς γάρ μου ἡ ἰσχὺς ὅτι ὑπομένω (4 a)
7. 3. οὕτως κἀγὼ ὑπέμεινα μῆνας κενούς †
8. 15. ἐπιλαβομένου δὲ αὐτοῦ [A -ῆς] οὐ μὴ ὑπομείνῃ (9)
9. 4. τίς σκληρὸς γενόμενος ἐναντίον αὐτοῦ ὑπέμεινεν †
14. 14. ὑπομενῶ ἕως πάλιν γένωμαι (4 a)
15. 31. μὴ πιστευέτω ὅτι ὑπομενεῖ †
17. 13. ἐὰν γὰρ ὑπομείνω [S¹ -ῃ] (8 b)
20. 26. πᾶν δὲ σκότος αὐτῷ [A -ὸν] ὑπομείναι (3)
22. 21. γενοῦ δὴ σκληρὸς ἐὰν ὑπομείνῃς †
32. 4. Ἐλ. δὲ ὑπέμεινε δοῦναι ἀπόκρισιν Ἰώβ (2)
— 16. ὑπέμεινα οὐ γὰρ ἐλάλησα (4 b)
33. 5. ὑπόμεινον στῆθι κατ' ἐμέ –
41. 2 (3). ἢ τίς [A τίς ἐστιν ὃς] ἀντιστήσεταί μοι καὶ ὑπομενεῖ †
Ps. 24 (25). 3. πάντες οἱ ὑπομένοντές σε οὐ μὴ καταισχυνθῶσιν (8 a)
— 5. σὲ ὑπέμεινα ὅλην τὴν ἡμέραν (8 b)
— 21. ὑπέμεινά σε, κύριε [S om.] (8 b)
26 (27). 14 *bis*. ὑπόμεινον τὸν κύριον (8 b)
32 (33). 20. ἡ ψυχὴ ἡμῶν ὑπομένει τῷ κυρίῳ (2)
36 (37). 9. οἱ δὲ ὑπομένοντες τὸν κύριον (8 a)
— 34. ὑπόμεινον τὸν κύριον (8 b)
39 (40). 1. ὑπομένων ὑπέμεινα τὸν κύριον (8 b, 8 b)
51 (52). 9. ὑπομενῶ τὸ ὄνομά σου (8 b)

Ps. 55 (56). 6. B S[1] καθάπερ ὑπέμεινα [S[2] -αν] τῇ ψυχῇ [S[2] τὴν ψ.] μου (8 b)
68 (69). 6. μὴ αἰσχυνθείησαν ἐπ' ἐμοὶ οἱ ὑπομένοντές σε (8 a)
— 20. ὑπέμεινα συλλυπούμενον (8 b)
105 (106). 13. οὐχ ὑπέμειναν τὴν βουλὴν αὐτοῦ (2)
118 (119). 95. A S[2] R ἐμὲ ὑπέμειναν ἁμαρτωλοὶ τοῦ ἀπολέσαι με (8 b)
129 (130). 5. ὑπέμεινά σε, κύριε (8 b)
— 5. ὑπέμεινεν ἡ ψυχή μου εἰς τὸν λόγον [S[1] νόμον] σου (8 b)
141 (142). 7. ἐμὲ ὑπομενοῦσι δικαιοι †
144 (145). 9. χρηστὸς κύριος τοῖς ὑπομένουσι [A -σιν αὐτόν, S[2] σύμπασιν] –
Pr. 20. 22. ὑπόμεινον τὸν κύριον (8 b)
Wi. 16. 22. χιὼν δὲ καὶ κρύσταλλος ὑπέμεινε [A -μενε] πῦρ
17. 5. καταυγάζειν ὑπέμενον τὴν στυγνὴν ἐκείνην νύκτα
Si. 16. 22. ἔργα δικαιοσύνης . . . τίς ὑπομενεῖ
22. 18. χάρακες [A χάλικες] . . . κατέναντι ἀνέμου οὐ μὴ ὑπομείνωσιν [A -μενοῦσιν, S[1] μείν.], οὕτως καρδία δειλὴ . . . κατέναντι παντὸς φόβου οὐ μὴ ὑπομείνῃ
36. 21 (18). δὸς μισθὸν τοῖς ὑπομένουσί σε
51. 8. ἐξελῇ [A S -αιρῇ] τοὺς ὑπομένοντάς σε
Mi. 7. 7. ὑπομενῶ ἐπὶ τῷ θεῷ τῷ σωτῆρί μου (4 b)
Na. 1. 7. χρηστὸς κύριος τοῖς ὑπομένουσιν αὐτόν †
Hb. 2. 3. ὑπόμεινον αὐτόν (2)
Ze. 3. 8. ὑπόμεινόν με (2)
Za. 6. 14. ὁ δὲ στέφανος ἔσται τοῖς ὑπομένουσι †
Ma. 3. 2. τίς ὑπομενεῖ ἡμέραν εἰσόδου αὐ. (6)
Is. 25. 9. B ὑπεμείναμεν αὐτῷ (8 b)
40. 31. οἱ δὲ ὑπομένοντες τὸν θεὸν ἀλλάξουσιν ἰσχύν (8 a)
49. 23. οὐκ αἰσχυνθήσονται οἱ ὑπομένοντές με [A S *al.*] (8 a)
51. 5. ἐμὲ νῆσοι ὑπομενοῦσι (8 b)
59. 9. ὑπομεινάντων αὐτῶν [A[1] B[1] *om.*] φῶς (8 b)
60. 9. ἐμὲ [A S[1] *om.*] αἱ νῆσοι ὑπέμειναν (8 b)
64. 4 (3). ἃ ποιήσεις τοῖς ὑπομένουσιν ἔλεον (2)
— 5 (4). S συναντήσεται γὰρ τοῖς ὑπομένουσιν [A B ποιοῦσι] τὸ δίκαιον †
Je. 14. 19. ὑπεμείναμεν εἰς εἰρήνην (8 b)
— 22. ὑπομενοῦμέν σε (8 b)
La. 3. 21. διὰ τοῦτο ὑπομενῶ (4 b)
— 24. R διὰ τοῦτο ὑπομενῶ αὐτῷ (4 b)
— 25. ἀγαθὸς κύριος τοῖς ὑπομένουσιν αὐτόν (8 a)
— 26. ὑπομενεῖ καὶ ἡσυχάσει (1)
Da. LXX. Su. 57. ὑπέμεινε τὴν νόσον ὑμῶν . . . ὑπενεγκεῖν
Da. TH. Su. 57. ὑπέμεινε τὴν ἀνομίαν ὑμῶν
12. 12. μακάριος ὁ ὑπομένων [A -μείνας] (2)
II Ma. 6. 20. προσέρχεσθαι τοὺς ὑπομένοντας ἀμύνασθαι
IV Ma. 5. 23. ὥστε πάντα πόνον ἑκουσίως ὑπομένειν
6. 9. A ὁ δὲ ὑπέμεινε [S R -έμενε] τοὺς πόνους
7. 22. πάντα πόνον ὑπομένειν μακάριόν ἐστιν
9. 6. A εἰ . . . βασανισμοὺς ὑπομείναντες ἀπέθανον [S R *al.*]
— 22. ὑπέμεινεν εὐγενῶς τὰς στρέβλας
13. 12. σφαγιασθῆναι . . . ὑπέμεινεν ὁ Ἰσ.
15. 31. S καρτεροὺς ὑπέμεινε τοὺς κλυδῶνας [A R *al.*]
— 32. ὑπέμεινας τοὺς ὑπὲρ τῆς εὐσεβείας χειμῶνας
16. 1. εἰ δὲ . . . ὑπέμεινε τὰς . . . βασάνους ὁρῶσα
— 8. πολλὰς ὑπέμεινα ὠδίνας
— 17. τὸν μὲν γέροντα τοῦτον ὑπομένειν [S -μεῖναι] τὰς . . . ἀλγηδόνας
— 19. A R πάντα πόνον ὑπομένειν [S -μεῖναι] διὰ τὸν θεόν
— 21. καὶ ὑπέμειναν διὰ τὸν θεόν
17. 7. μητέρα . . . ποικίλας βασάνους μέχρι θανάτου ὑπομείνασαν
— 10. μέχρι θανάτου τὰς βασάνους ὑπομείναντες
[**Aq.** I Ki. 10. 8 : Ps. 24 (25). 3 : 26 (27). 14 : 129 (130). 5 *bis* : Is. 8. 17 : 18. 7 : 53. 4 : 59. 11 : Mi. 5. 7 (6).]
[**Sm.** Is. 25. 9 : 30. 18 : 53. 4 : Da. 11. 6 (Sw.).]
[**Th.** Jb. 32. 16 : 36. 2 : Is. 8. 17 (Sw.) : 25. 9 : 59. 11.]
[**Al.** Ge. 49. 18.]
[**Quint.** Ps. 24 (25). 3.]
[**Sext.** Ps. 26 (27). 14.]

ὑπομιμνήσκειν. (1) זָכַר hi.

III Ki. 4. 3. B Ἰωσ. υἱὸς Ἀχ. ὑπομιμνήσκων [A R ἀναμ.] (1)
Wi. 12. 1. ἐν οἷς ἁμαρτάνουσιν ὑπομιμνήσκων νουθετεῖς
18. 22. ὅρκους πατέρων καὶ διαθήκας ὑπομνήσας
IV Ma. 18. 14. ὑπεμίμνησκε δὲ ὑμᾶς τὴν Ἡσ. γραφήν

ὑπόμνημα. (1) זִכָּרוֹן (2) ἐπὶ τῶν ὑ. זָכַר hi.

II Ki. 8. 16. Ἰωσ. υἱὸς Ἀχ. ἐπὶ τῶν ὑ. (2)
I Es. 2. 22. A εὑρήσεις ἐν τοῖς ὑ. [B ὑπομνηματισμοῖς]
II Es. 6. 2. καὶ τοῦτο γεγραμμένον ἐν αὐτῇ ὑπόμνημα (1)

ὑπομνηματίζεσθαι.

I Es. 6. 23. ἐν ᾧ ὑπομνημάτιστο [A -εμν.] τάδε

ὑπομνηματισμός. (1) דִּכְרָן

I Es. 2. 22. εὑρήσεις ἐν τοῖς ὑ. [A -μνήμασιν]
II Es. 4. 15. ἐν βιβλίῳ ὑπομνηματισμοῦ τῶν πατέρων σου (1)
II Ma. 2. 13. ἐξηγοῦντο δὲ καὶ . . . ἐν τοῖς ὑ. . . . τὰ αὐτά
4. 23. περὶ πραγμάτων ἀναγκαίων ὑπομνηματισμοὺς τελέσοντας

ὑπομνηματογράφος. (1) זָכַר hi.

I Ch. 18. 15. B S καὶ Ἰωσ. υἱὸς Ἀχ. ὑπομνηματογράφος [A R ὁ ὑ.] (1)
II Ch. 34. 8. καὶ τὸν Ἰ. υἱὸν Ἰ. τὸν ὑ. αὐ. (1)
Is. 36. 3. ἐξῆλθε . . . Ἰωὰχ ὁ τοῦ Ἀσὰφ ὁ ὑ. (1)
— 22. Ἰωὰχ ὁ τοῦ Ἀσὰφ ὁ ὑ. (1)

ὑπόμνησις. (1) תְּהִלָּה

Ps. 70 (71). 6. S ἐν σοὶ ἡ ὑ. [B ὕμνησίς] μου διὰ παντός (1)
Wi. 16. 11. εἰς γὰρ ὑπόμνησιν τῶν λογίων σου ἐνεκεντρίζοντο
II Ma. 6. 17. ἕως ὑπομνήσεως ταῦθ' ἡμῖν εἰρήσθω

ὑπομονή. (1) *a.* מִקְוֶה *b.* תִּקְוָה *c.* קָוָה pi.

I Ch. 29. 15. οὐκ ἔστιν ὑπομονή (1 a)
II Es. 10. 2. ἐστὶν ὑπομονὴ τῷ Ἰσρ. ἐπὶ τούτῳ (1 a)
Jb. 14. 19. ὑπομονὴν ἀνθρώπου ἀπώλεσας (1 b)
Ps. 9. 18. ἡ ὑ. τῶν πενήτων οὐκ ἀπολεῖται εἰς τὸν αἰῶνα [A S[2] τέλος] (1 b)
38 (39). 7. τίς ἡ ὑ. μου (1 c)
61 (62). 5. παρ' αὐτοῦ ἡ ὑ. μου (1 b)
70 (71). 5. σὺ εἶ ἡ ὑ. μου (1 b)
Si. 2. 14. οὐαὶ ὑμῖν τοῖς ἀπολωλεκόσι τὴν ὑ.
16. 13. οὐ μὴ καθυστερήσει ὑπομονὴν [A S -ὴ] εὐσεβοῦς
17. 24. παρεκάλεσεν ἐκλείποντας ὑπομονήν
38. 27. ἡ ὑ. [A S ἐπιμ.] αὐτοῦ ἀλλοιῶσαι ποικιλίαν
41. 2. ἀνθρώπῳ . . . ἀπολωλεκότι ὑπομονήν
Je. 14. 8. ὑ. Ἰσραήλ (1 a)
17. 13 ὑπομονὴ [S[1] -ῆς] Ἰσρ. (1 a)
IV Ma. 1. 11. θαυμασθέντες γὰρ . . . ἐπὶ τῇ ἀνδρείᾳ καὶ τῇ [S[2] *om.*] ὑ. [S[1] *om.* κ. τῇ ὑ.]
— 11. νικήσαντες τὸν τύραννον τῇ ὑ.
7. 9. τὴν εὐνομίαν ἡμῶν διὰ τῶν ὑ. εἰς δόξαν ἐκύρωσας
9. 8. διὰ τῆσδε τῆς κακοπαθείας καὶ ὑ.
— 30. ὑπὸ τῆς διὰ τὴν εὐσέβειαν ἡμῶν ὑ.
15. 30. ὦ . . . ἀνδρῶν πρὸς ὑπομονὴν ἀνδρειοτέρα
17. 4. τὴν ἐλπίδα τῆς ὑ. γενναίως ἔχουσα πρὸς θεόν
— 12. ἀρετὴ δι' ὑπομονῆς δοκιμάζουσα
— 17. ἐξεθαύμασαν αὐτῶν τὴν ὑ.
— 23. πρὸς γὰρ . . . τὴν ἐπὶ ταῖς βασάνοις αὐ. ὑ. ὁ τύραννος ἀφιδὼν
— 23. ἀνεκήρυξε . . . εἰς ὑπόδειγμα τὴν ἐκείνων ὑ.
[**Aq.** Jb. 4. 6 : 6. 8 : 17. 15 : Ho. 2. 15 (17).]
[**Sm.** Jb. 17. 15 : Pr. 10. 28.]
[**Th.** Jb. 14. 19 : 17. 15 : Ho. 2. 15 (17).]

ὑπονοεῖν. (1) סָבַר

To. 8. 16. οὐκ ἐγένετό μοι καθὼς ὑπενόουν
Ju. 14. 14. ὑπενοεῖτο [A S -νόει] γὰρ καθεύδειν αὐτόν
Si. 23. 21. οὗ οὐχ ὑπενόησε πιασθήσεται [A ὃς οὐχ ὑπενόησεν κολασθήσεται]
Da. TH. 7. 25. ὑπονοήσει τοῦ ἀλλοιῶσαι καιρούς (1)
[**Th.** Da. 7. 25.]

ὑπονόημα.

Si. 25. 7. ἐννέα ὑπονοήματα ἐμακάρισα ἐν καρδίᾳ

ὑπονοθεύειν.

II Ma. 4. 7. ὑπενόθευσεν Ι. . . . τὴν ἀρχιερωσύνην
— 26. ὁ μὲν Ἰ. ὁ τὸν ἴδιον ἀδελφὸν ὑπονοθεύσας
— 26. R ὑπονοθευθεὶς [A -νομευθεὶς] ὑφ' ἑτέρου

ὑπόνοια. (1) רַעְיוֹן

Si. 3. 24. ὑπόνοια πονηρὰ ὠλίσθησε διανοίας αὐ.
Da. LXX. 4. 16. ὑπόνοια κατέσπευδεν αὐτόν (1)
— 32. ὑπόνοιαί με εἰλήφασι –
5. 6. ὑπόνοιαι αὐτὸν κατέσπευδον (1)

ὑπονομεύειν.

II Ma. 4. 26. ὑπονομευθεὶς ὑφ' ἑτέρου φυγάς

ὑπονύσσειν. (1) נָגַשׂ

Is. 58. 3. τοὺς ὑποχειρίους ὑμῶν ὑπονύσσετε (1)

ὑποπίπτειν. (1) רַךְ

I Es. 8. 17. ὅσα ἂν ὑποπίπτῃ σοι
Ju. 16. 7. οὐ γὰρ ὑπέπεσεν [S ἔπ.] ὁ δυνατὸς αὐ.
Pr. 15. 1. ἀπόκρισις δὲ ὑποπίπτουσα ἀποστρέφει θυμόν (1)
Da. LXX. Su. 51. ἀνακρινῶ αὐτοὺς κατὰ τὰ ὑποπίπτοντά μοι

ὑποπόδιον. (1) הֲדֹם

Ps. 98 (99). 5. προσκυνεῖτε τῷ ὑ. τῶν ποδῶν αὐτοῦ (1)
109 (110). 1. ἕως ἂν θῶ τοὺς ἐχθρούς σου ὑποπόδιον τῶν ποδῶν σου (1)
Is. 66. 1. ἡ γῆ ὑ. τῶν ποδῶν μου (1)
La. 2. 1. οὐκ ἐμνήσθη ὑποποδίου ποδῶν αὐτοῦ (1)

ὑποπτεύειν. (1) יָגֹר

Ps. 118 (119). 39. ὃν ὑπώπτευσα (1)
Si. 9. 13. οὐ μὴ ὑποπτεύσῃς φόβον [S[1] -φ] θανάτου
[**Sm.** Is. 57. 11.]

ὕποπτος.

II Ma. 3. 32. ὕποπτος δὲ γενόμενος ὁ ἀρχιερεύς
12. 4. καὶ μηδὲν ὕποπτον ἐχόντων

ὑποπυρρίζειν. (1) אֲדַמְדָּם

Le. 13. 24. ὑποπυρρίζον ἢ ἔκλευκον (1)

ὑπορθοῦν.

[**Sm.** Ps. 43 (44). 19 : 72 (73). 2.]

ὑπορράπτειν.

Si. 50. 1. ἐν ζωῇ αὐτοῦ ὑπέρραψεν [S[2] -έγραψεν] οἶκον

ὑπορρίπτειν.

IV Ma. 6. 25. S[1]R καταφλέγοντες αὐτὸν ὑπερρίπτοσαν [S[2] -ον, A ὑπερέπτοσαν]

ὑπορύσσειν.

[**Sm.** Ps. 34 (35). 7 : 118 (119). 85.]

ὑποσημαίνειν.

I Es. 6. 6. A μέχρι τοῦ ὑποσημανθῆναι [B ἀποσ.] Δαρείῳ

ὑποσκελίζειν. (1) דָּחָה *a.* qal. *b.* ni.
(2) כָּרַע hi. (3) לָבַט ni. (4) מָעַד
(5) נָתַן מוֹקֵשׁ

Ps. 16 (17). 13. ὑποσκέλισον αὐτούς (2)
36 (37). 31. οὐχ ὑποσκελισθήσεται τὰ διαβήματα αὐτοῦ (4)
139 (140). 4. ἐλογίσαντο ὑποσκελίσαι τὰ διαβήματά μου (1 a)
Pr. 10. 8. ὁ δὲ ἄστεγος χείλεσι σκολιάζων ὑποσκελισθήσεται (3)
26. 18. ὁ δὲ ἀπαντήσας τῷ λόγῳ πρῶτος ὑποσκελισθήσεται †
29. 25. φοβηθέντες καὶ αἰσχυνθέντες ἀνθρώπους ὑπεσκελίσθησαν [S ὑποσκελισθήσονται] (5)
Je. 23. 12. ὑποσκελισθήσονται καὶ πεσοῦνται (1 b)
[**Sm.** Pr. 21. 12.]
[**Quint.** Ho. 6. 8.]

ὑποσκέλισμα. (1) כָּשַׁל ni.

Pr. 24. 17. ἐν δὲ τῷ ὑ. αὐτοῦ μὴ ἐπαίρου (1)

ὑποσκελισμός. (1) סֶלֶף

Pr. 11. 3. A ὑποσκελισμὸς ἀθετούντων προνομεύσει αὐτούς (1)
[**Th.** Pr. 11. 3.]

ὑποσπᾶσθαι.

[**Aq.** Ps. 140 (141). 6.]

ὑποσπασμός.

[**Aq.** Dt. 15. 1.]

ὑπόστασις. (1) חֶלֶד (2) יְקוּם (3) כְּנָעָה (4) מַעֲמָד (5) מַשָּׂא (6) *a.* נָצַב hi. *b.* hoph. *c.* מַצָּב *d.* מַצָּבָה (7) סוֹד (8) רָקַם pu. (9) תּוֹחֶלֶת (10) תְּכוּנָה (11) תִּקְוָה (12) ὑ. ζωῆς מִחְיָה

De. 1. 12. φέρειν τὸν κόπον ὑμῶν καὶ τὴν ὑ. ὑμῶν (5)
11. 6. κατέπιεν . . . πᾶσαν αὐτῶν τὴν ὑ. (2)
Jd. 6. 4. οὐ κατέλιπον ὑπόστασιν ζωῆς (12)
Ru. 1. 12. ἔστι μοι ὑπόστασις τοῦ γενηθῆναί με ἀνδρί (11)
I Ki. 13. 21. **B** τῷ δρεπάνῳ ὑπόστασις ἦν ἡ αὐτή (6 *a*?)
— 23. **B** ἐξῆλθεν ἐξ ὑποστάσεως τῶν ἀλλοφύλων (6 *c*)
14. 4. **B** ὑπόστασιν τῶν ἀλλοφύλων (6 *c*)
Jb. 22. 20. εἰ μὴ ἠφανίσθη ἡ [**A** *om.*] ὑ. αὐτῶν †
Ps. 38 (39). 5. ἡ ὑ. μου ὡσεὶ οὐθὲν ἐνώπιόν σου (1)
— 7. ἡ ὑ. μου παρὰ σοῦ ἐστι (9)
68 (69). 2. οὐκ ἔστιν ὑπόστασις (4)
88 (89). 47. μνήσθητι τίς μου ἡ ὑ. (1)
138 (139). 15. καὶ ἡ ὑ. μου ἐν τοῖς κατωτάτω τῆς γῆς (8)
Wi. 16. 21. ἡ μὲν γὰρ ὑ. σου τὴν σὴν γλυκύτητα . . . ἐνεφάνισε
Na. 2. 7 (8). ἡ ὑ. ἀπεκαλύφθη (6 *b*)
Je. 10. 17. συνήγαγεν ἔξωθεν τὴν ὑ. σου (3)
23. 22. εἰ ἔστησαν ἐν τῇ ὑ. μου (7)
Ez. 19. 5. ἀπώλετο ἡ ὑ. αὐτῆς (11)
26. 11. τὴν ὑ. τῆς ἰσχύος σου ἐπὶ τὴν γῆν κατάξει (6 *d*?)
43. 11. διαγράψεις . . . τὴν ὑ. αὐτοῦ (10)
[**Aq.** I Ki. 14. 1.]
[**Sm.** Je. 20. 5.]
[**Th.** Jb. 22. 20.]
[**Al.** I Ki. 9. 7.]

ὑποστέλλειν. (1) גּוּר (2) כָּלָא (3) עָפַל pu. (4) פָּנִים נָשָׂא

Ex. 23. 21. οὐ γὰρ μὴ ὑποστείληταί σε †
De. 1. 17. οὐ μὴ ὑποστείλῃ πρόσωπον ἀνθρώπου (1)
Jb. 13. 8. ἢ ὑποστελεῖσθε (4)
Wi. 6. 7. οὐ γὰρ ὑποστελεῖται πρόσωπον ὁ πάντων δεσπότης
Hb. 2. 4. ἐὰν ὑποστείληται (3)
Hg. 1. 10. ἡ γῆ ὑποστελεῖται τὰ ἐκφόρια αὐ. (2)
III Ma. 5. 20. εἰς τὴν ὑποστέλλουσαν ἡμέραν . . . ἑτοίμασον τοὺς ἐλέφαντας
[**Aq.** I Ki. 18. 15: Jb. 41. 17: Ps. 32 (33). 8: 118 (119). 39: Je. 42 (49). 4.]
[**Sm.** I Ki. 18. 15: Jb. 13. 8: Pr. 25. 17.]
[**Th.** Ps. 118 (119). 39.]
[**Al.** Jd. 1. 14.]

ὑπόστημα (-εμα). (1) *a.* מַצָּב *b.* נְצִיב (2) סוֹד

II Ki. 23. 14. καὶ τὸ ὑ. τῶν ἀλλοφύλων τότε ἐν B. (1 *a*)
I Ch. 11. 16. **A** καὶ τὸ ὑ. [**B S** σύστ.] τῶν ἀλλοφ. τότε ἐν B. (1 *b*)
Je. 23. 18. τίς [**A** *om.*] ἔστη ἐν ὑποστήματι κυρίου (2)
[**Aq.** I Ki. 13. 3.]

ὑποστήριγμα. (1) מִסְעָד (2) מָעוֹז (3) נְטִישׁוֹת (4) פְּקָעִים

III Ki. 3. 1. ἐποίησε Σαλ. . . . τὰ ὑ. –
7. 24. καὶ ὑποστηρίγματα ὑποκάτωθεν τοῦ χείλους αὐ. (4)
— 24. **A** δύο στίχοι τῶν ὑ. κεχυμένοι (4)
10. 12. ἐποίησεν ὁ βασ. τὰ ξύλα . . . ὑποστηρίγματα τοῦ οἴκου (1)
Je. 5. 10. ὑπολίπεσθε τὰ ὑ. αὐτῆς (3)
Da. TH. 11. 7. εἰσελεύσεται εἰς τὰ ὑ. τοῦ βασ. τοῦ βορρᾶ (2)
[**Aq.** Je. 52. 15.]
[**Th.** Je. 52. 15: Ez. 12. 14: 38. 6.]

ὑποστηρίζειν. (1) סָמַךְ

Ps. 36 (37). 17. ὑποστηρίζει δὲ τοὺς δικαίους (1)
144 (145). 14. ὑποστηρίζει κύριος πάντας τοὺς καταπίπτοντας (1)
[**Aq.** Is. 50. 4: 63. 5: Ez. 30. 6.]
[**Sm.** Is. 63. 5: Ez. 30. 6.]

ὑποστρέφειν. (1) אָזַל (2) דָּחַף ni. (3) פָּנָה (4) שׁוּב *a.* qal. *b.* hi.

Ge. 8. 7. **A** ἐξελθὼν οὐχ ὑπέστρεψεν [**R** ἀνέστρ.] (4 *a*)
14. 17. **R** μετὰ τὸ ὑποστρέψαι αὐτόν (4 *a*)
43. 10. ἤδη ἂν ὑπεστρέψαμεν δίς (4 *a*)
50. 14. **R** ὑπέστρεψεν [**A** ἐπ., **B** ἀπ.] Ἰ. εἰς Αἴγ. (4 *a*)
Ex. 32. 31. ὑπέστρεψε [**A** ἐπ.] δὲ M. πρὸς κύριον (4 *a*)
Jo. 2. 23. ὑπέστρεψαν οἱ δύο νεανίσκοι (4 *a*)
7. 12. **B**[1] αὐχένα ὑποστρέψουσιν [**A**[2]**B**[2] ἐπιστρ.] (3)
Jd. 3. 19. ὑπέστρεψεν [**A** ἀνέστρ.] ἀπὸ τῶν γλυπτῶν (4 *a*)
7. 15. ὑπέστρεψεν [**A** ἐπ.] εἰς τὴν παρεμβολήν (4 *a*)
14. 8. ὑπέστρεψεν [**A** ἐπ.] μεθ' ἡμέρας λαβεῖν αὐτήν (4 *a*)
21. 23. ὑπέστρεψαν εἰς τὴν κληρονομίαν αὐ. [**A** *al.*] (4 *a*)
IV Ki. 2. 25. **A** ὑπέστρεψεν [**B** ἐπ.] εἰς Σαμ. (4 *a*)
3. 27. **A** ὑπέστρεψαν [**B** ἐπ.] εἰς τὴν γῆν (4 *a*)
II Ch. 25. 10. **A** ὑπέστρεψεν [**B** ἐπέστρεψαν] εἰς τὸν τόπον αὐ. (4 *a*)
28. 15. **A** ὑπέστρεψαν [**B** ἐπ.] εἰς Σαμ. (4 *a*)
To. 5. 21. ὑποστρέψει ὑγιαίνων
6. 12. ὅταν ὑποστρέψωμεν [**S** ἐπιστρ.] ἐκ Ῥαγ.
Es. 6. 12. ὑπέστρεψεν εἰς τὰ ἴδια (2)
Pr. 23. 5. ὑποστρέφει εἰς τὸν οἶκον τοῦ προεστηκότος αὐτοῦ †
24. 18. **S**[1] ὑποστρέψει [**A B S**[2] ἀποστρ.] τὸν θυμὸν αὐ. ἀπ' αὐτοῦ (4 *b*)
Ec. 9. 11. **S** ὑπέστρεψα [**A B** ἐπ.] καὶ εἶδον (4 *a*)
Da. LXX. 6. 18 (19). ὑπέστρεψεν ὁ βασ. εἰς τὰ βασίλεια αὐ. (1)
I Ma. 10. 68. **S**[1] ὑπέστρεψεν [**A S**[2]**R** ἀπ.] εἰς Ἀντιόχειαν
11. 72. **S**[1] ὑπέστρεφον [**S**[2]**R** -έστρεψεν, **A** ἐπέστρεψεν] πρὸς αὐτοὺς πολέμῳ
[**Aq., Th.** Ps. 7. 8.]
[**Sm.** Jb. 39. 4: Ps. 34 (35). 13: Is. 37. 7: 38. 8: 55. 10, 11: Je. 31 (38). 22: 50 (27). 19.]
[**Hebr.** Ge. 8. 7.]

ὑπόστρωμα.

[**Sm.** II Ki. 17. 28: Ez. 13. 18.]
[**Th.** Is. 28. 20.]

ὑποστρωννύναι. (1) יָצַע *a.* hiph. *b.* hoph. (2) פָּלַשׁ hithp.

Es. 4. 3. **S**[2] σάκκον καὶ σποδὸν ὑπέστρωσαν [**A B S**[1] ἔστρ.] ἑαυτοῖς (1 *b*)
Si. 4. 27. μὴ ὑποστρώσῃς σεαυτὸν ἀνθρώπῳ μωρῷ
Is. 58. 5. σάκκον καὶ σποδὸν ὑποστρώσῃ [**S**[2] -ῃς] (1 *a*)
Ez. 27. 30. **A** σποδὸν ὑποστρώσονται [**B** στρ.] (2)
IV Ma. 9. 19. **S R** πῦρ ὑπέστρωσαν [**A** ἐπ.]

ὑποσχάζειν.

Si. 12. 17. ὡς βοηθῶν ὑποσχάσει πτέρναν σου

ὑπόσχεσις.

Wi. 12. 21. ὧν τοῖς πατράσιν . . . συνθήκας ἔδωκας ἀγαθῶν ἀποσχέσεων [**S**[1] -σχῆς]
IV Ma. 15. 2. κατὰ τὴν τοῦ τυράννου ὑ. [**S**[2] πρόσχ.]

ὑποσχίζειν.

[**Sm.** Is. 28. 24.]

ὑποταγή.

Wi. 18. 16. **A** ξίφος ὀξὺ τὴν ἀνυπόκριτον ὑ. [**B S** ἐπιτ.] σου φέρων

ὑποτάσσειν. (1) דָּבַר hi. (2) דּוּמִיָּה (3) דָּמַם (4) כָּבַשׁ ni. (5) מָשַׁל hi. (6) נָתַן יָד תַּחַת (7) פָּלַח (8) רָדַד (9) שִׂים *a.* qal. *b.* pe. (10) שִׁית

III Ki. 10. 15. χωρὶς τῶν φόρων τῶν ὑποτεταγμ. †
I Ch. 22. 18. ὑπετάγη ἡ γῆ ἐναντίον κυρίου (4)
29. 24. ὑπετάγησαν αὐτῷ (6)
II Ch. 9. 14. πλὴν τῶν ἀνδρῶν τῶν ὑποτεταγμένων †
Es. 3. 13. τοῖς . . . τοπάρχαις ὑποτεταγμένοις τάδε γράφει
— 13. τοὺς τῶν ὑποτεταγμ. ἀκυμάτους . . . βίους
8. 12. οὐ μόνον τοὺς ὑποτεταγμ. ἡμῖν ζητοῦσι κακοποιεῖν
Ps. 8. 6. πάντα ὑπέταξας ὑποκάτω τῶν ποδῶν αὐτοῦ (10)
17 (18). 47. καὶ ὑποτάξας λαοὺς ὑπ' ἐμέ (1)
36 (37). 7. ὑποτάγηθι τῷ κυρίῳ (3)
46 (47). 3. ὑπέταξε [**A**[2] ἐπάταξε] λαοὺς ἡμῖν (1)
59 (60). 8. ἐμοὶ ἀλλόφυλοι ὑπετάγησαν †
61 (62). 1. οὐχὶ τῷ θεῷ ὑποταγήσεται ἡ ψυχή μου (2)
— 5. πλὴν τῷ θεῷ ὑποτάγηθι, ἡ ψυχή μου (3)
107 (108). 9. ἐμοὶ ἀλλόφυλοι ὑπετάγησαν †
143 (144). 2. ὁ ὑποτάσσων τὸν λαόν μου [**A** αὐτοῦ] ὑπ' ἐμέ (8)
Wi. 8. 14. ἔθνη ὑποταγήσεταί [**S**[2] -σονταί] μοι
18. 22. λόγῳ τὸν κολάζοντα ὑπέταξεν
Hg. 2. 19 (18). ὑποτάξατε [**A S**[2] τάξ.] δὴ τὰς καρδίας ὑμῶν (9 *a*)
Ep. Je. 1. **A** καθότι ὑπετάγη αὐτοῖς [**B** ἐπ. αὐτῷ] ὑπὸ τοῦ θεοῦ
Da. LXX. 7. 27. πᾶσαι ἐξουσίαι αὐτῷ ὑποταγήσονται (7)
11. 37. ὑποταγήσεται αὐτῷ ἔθνη ἰσχυρά –
Da. TH. 6. 13 (14). οὐχ ὑπετάγη τῷ δόγματί σου (9 *b*)
11. 39. ὑποτάξει αὐτοῖς πολλούς (5)
II Ma. 4. 12. τοὺς κρατίστους τῶν ἐφ' ἡμῶν ὑποτάσσων
8. 9. ὑποτάξας παμφύλων ἔθνη
— 22. ὑποτάξας ἑκάστῳ χιλίους
9. 12. δίκαιον ὑποτάσσεσθαι τῷ θεῷ
13. 23. ὑπετάγη καὶ ὤμοσεν
III Ma. 1. 7. εὐθαρσεῖς τοὺς ὑποτεταγμ. κατέστησε
2. 13. ὑπετάγημεν τοῖς ἐχθροῖς ἡμῶν
[**Aq.** Ge. 1. 28: Jo. 18. 1: II Ki. 8. 11: Je. 34 (41). 11, 16.]
[**Sm.** Ge. 1. 28: Jo. 18. 1: II Ki. 8. 11: Ps. 17 (18). 48: 48 (49). 15: Is. 31. 4: Je. 34 (41). 11.]
[**Th.** Ge. 1. 28: Jo. 18. 1: Is. 31. 4: Je. 34 (41). 11, 16.]

ὑποτιθέναι. (1) נָטָה (2) נָתַן (3) פָּגַע hi. (4) שִׂים, שׂוּם

Ge. 28. 18. **R** ὃν ὑπέθηκεν [**A** ἔθ.] ἐκεῖ πρὸς κεφαλῆς αὐ. (4)
47. 29. ὑπόθες τὴν χεῖρά σου ὑπὸ τὸν μηρόν μου (4)
49. 15. ὑπέθηκε τὸν ὦμον αὐ. εἰς τὸ πονεῖν (1)
Ex. 17. 12. λαβόντες λίθον ὑπέθηκαν ἐπ' αὐτόν (4)
26. 12. ὑποθήσεις τὸ πλεονάζον ἐν ταῖς δέρρεσι –
27. 5. ὑποθήσεις αὐτοὺς ὑπὸ τὴν ἐσχάραν (2)
40. 20. ὑπέθηκε [**A** ἐπ.] τοὺς διωστῆρας (4)
Si. 6. 25. ὑπόθες τὸν ὦμόν σου
51. 26. τὸν τράχηλον ὑμῶν ὑπόθετε ὑπὸ ζυγόν
Je. 43 (36). 25. ὑπέθεντο τῷ βασιλεῖ (3)
I Ma. 6. 46. καὶ ὑπέθηκεν αὐτῷ
II Ma. 6. 8. Πτολεμαίου ὑποθεμένου
14. 41. ὑπέθηκεν ἑαυτῷ τὸ ξίφος

ὑποτίτθιον (-τιθθ.). (1) עוֹלֵל

Ho. 14. 1. τὰ ὑ. αὐ. ἐδαφισθήσονται (1)

ὑποτομεύς. (1) מְגֵרָה

II Ki. 12. 31. **A R** καὶ ὑποτομεῦσι σιδηροῖς (1)

ὑποτύφειν.

[**Aq., Sm., Th.** Pr. 6. 27.]

ὑπούλως.

[**Al.** Le. 19. 16.]

ὑπουργεῖν.

[**Aq.** II Ki. 9. 10.]
[**Al.** Ex. 35. 19: Nu. 18. 2.]

ὑπουργία.

[**Sm.** Nu. 7. 3.]
[**Al.** Ex. 35. 19.]

ὑπουργός. (1) שָׁרַת pi.

Jo. 1. 1. εἶπε κ. τῷ Ἰ. υἱῷ N. τῷ ὑ. [**A** λειτουργῷ] M. (1)
[**Al.** Ex. 33. 11.]

ὑποφαίνειν.

II Ma. 10. 35. ὑποφανούσης δὲ τῆς πέμπτης ἡμ. καὶ εἰκοστῆς
13. 17. ὑποφαινούσης δὲ ἤδη τῆς ἡμέρας

ὑπόφαυσις.

Ez. 41. 16. αἱ θυρίδες δικτυωταὶ ὑποφαύσεις κύκλῳ †

ὑποφέρειν. (1) יָכֹל hoph. (2) פּוּל hi. (3) כּוּן hi. (4) מָצָא (5) נָשָׂא (6) קָבַל pi.

III Ki. 8. 64. τοῦ μὴ δύνασθαι τὴν ὁλοκαύτωσιν . . . ὑπενεγκεῖν [A *al.*] –
Jb. 2. 10. τὰ κακὰ οὐχ ὑποίσομεν (6)
4. 2. ἰσχὺν δὲ ῥημάτων σου τίς ὑποίσει (1)
15. 35. ἡ δὲ κοιλία αὐτοῦ ὑποίσει [S¹ οὐκ οἴσει] δόλον [A πόνον] (3)
31. 23. ἀπὸ τοῦ λήμματος αὐτοῦ οὐχ ὑποίσω [S¹ *add.* δόλον] (1)
Ps. 54 (55). 12. εἰ ἐχθρὸς ὠνείδισέ με ὑπήνεγκα ἄν (5)
68 (69). 7. ἕνεκά σου ὑπήνεγκα ὀνειδισμόν (5)
Pr. 6. 33. ὀδύνας τε καὶ ἀτιμίας ὑποφέρει (4)
14. 17. ἀνὴρ δὲ φρόνιμος πολλὰ ὑποφέρει †
18. 14. ὀλιγόψυχον δὲ ἄνδρα τίς ὑποίσει (5)
Si. 22. 15. βῶλον σιδήρου εὔκοπον ὑπενεγκεῖν
Am. 7. 10. οὐ μὴ δύνηται ἡ γῆ ὑπενεγκεῖν πάντας τοὺς λόγους αὐ. (2)
Mi. 7. 9. ὀργὴν κυρίου ὑποίσω (5)
Da. LXX. Su. 57. ὑπέμεινε τὴν νόσον ὑμῶν . . . ὑπενεγκεῖν
II Ma. 2. 27. ἡδέως τὴν κακοπάθειαν ὑποίσομεν
6. 30. σκληρὰς ὑποφέρω κατὰ σῶμα ἀλγηδόνας
7. 36. R βραχὺν ὑπενέγκαντες [A ἐπ.] πόνον
III Ma. 5. 33. ἀπροσδόκητον ἐπικίνδυνον ὑπήνεγκεν ἀπειλήν
IV Ma. 14. 12. ὑπήνεγκε τὰς ἐφ' ἑνὶ ἑκάστῳ τῶν τέκνων στρέβλας
15. 31. AR καρτεροὺς ὑπήνεγκε [S -έμεινε] τοὺς κλύδωνας
17. 3. ἀκλινὴς ὑπήνεγκας τὸν διὰ τῶν βασάνων σεισμόν
[Aq. III Ki. 7. 38 (24) : Jb. 15. 35 : Je. 10. 10, 19 : 20. 9.]
[Sm. Is. 53. 11 : Je. 20. 9.]
[Th. Jb. 21. 3 : 31. 23 : Is. 53. 11 : Je. 10. 10.]
[Al. Je. 10. 10.]

ὑπόφρικος.

III Ma. 6. 20. ὑπόφρικον καὶ τὸ τοῦ βασ. σῶμα ἐγενήθη

ὑποφυλλίς. (1) עֳלָלוֹת

Ob. 1. 5. A S² οὐκ ἂν ὑπελείποντο ὑποφυλλίδα [S¹ -ας, B ἐπιφυλλίδας] (1)

ὑποφωνεῖν.

Ju. 15. 14. R ὑπεφώνει [A B S ὑπερεφ.] πᾶς ὁ λαὸς τὴν αἴνεσιν ταύτην

ὑποχείριος. (1) בְּיַד (2) לִפְנֵי (3) עָצַב

Ge. 14. 20. ὃς παρέδωκε τοὺς ἐχθρούς σου ὑποχειρίους σοι (1)
Nu. 21. 2. ἐάν μοι παραδῷς τὸν λαὸν τ. ὑποχείριον (1)
— 3. παρέδωκε τὸν Χαν. ὑποχείριον αὐτοῦ –
Jo. 6. 2. B παραδίδωμι ὑποχειρίαν [A R -ον σου] τὴν Ἰερ. (1)
9. 25. ἰδοὺ ἡμεῖς ὑποχείριοι ὑμῖν (1)
10. 12. ᾗ ἡμ. παρέδωκεν ὁ θ. τὸν Ἀμ. ὑποχείριον Ἰσρ. (2)
11. 8. παρέδωκεν αὐτοὺς κ. ὑποχειρίους Ἰσρ. (1)
Wi. 12. 9. οὐκ ἀδυνατῶν . . . ἀσεβεῖς δικαίοις ὑποχειρίους δοῦναι
14. 15. παρέδωκε τοῖς ὑ. μυστήρια καὶ τελετάς
Is. 58. 3. πάντας τοὺς ὑ. ὑμῶν ὑπονύσσετε (3 ?)
Je. 49 (42). 18. ἔσεσθε εἰς ἄβατον καὶ [S¹ εἰς Αἴγυπτον] ὑποχείριοι †
Ba. 2. 4. ἔδωκεν αὐτοὺς ὑποχειρίους πάσαις ταῖς βασιλείαις
II Ma. 12. 28. ἔλαβον τὴν πόλιν ὑποχείριον
13. 11. μὴ ἐᾶσαι τοῖς δυσφήμοις ἔθνεσιν ὑποχειρίους γενέσθαι
14. 42. ἤπερ τοῖς ἀλιτηρίοις ὑποχείριος γενέσθαι
III Ma. 6. 5. τὴν πᾶσαν ὑποχείριον ἤδη λαβόντα γῆν
[Al. Ps. 17 (18). 41.]

ὑποχόνδριον.

I Ki. 31. 3. ἐτραυματίσθη εἰς τὰ ὑ. †

ὑπόχρεως. (1) אֲשֶׁר־לוֹ נֹשֶׁא (2) נָשָׁה

I Ki. 22. 2. B καὶ πᾶς ὑ. (1)
Is. 50. 1. τίνι ὑπόχρεῳ πέπρακα ὑμᾶς (2)

ὑπόχυμα.

[Aq. Le. 21. 20.]

ὑποχύτηρ. (1) סִיר

Je. 52. 19. τοὺς ὑ. [S *om.* τ. ὑ.] . . . ἔλαβεν (1)

ὑποχωρεῖν.

Jd. 20. 37. B ἐν τῷ αὐτοὺς ὑποχωρῆσαι –
Si. 13. 9. προσκαλεσαμένου σε δυνάστου ὑποχωρῶν γίνου
II Ma. 12. 12. ὑπεχώρησεν εἰρήνην ἄξειν
[Sm. Ps. 103 (104). 22.]

ὑποχώρημα.

[Sm. Ez. 40. 21.]

ὑποχώρησις.

[Sm., Al. Ez. 40. 21.]

ὕποψ. (1) דּוּכִיפַת (2) חֲסִידָה

De. 14. 17. B¹ καὶ ὕποπα [A¹ -ωπα, B² ἔποπα] καὶ νυκτικόρακα (1)

ὑποψία.

II Ma. 4. 34. καίπερ ἐν ὑποψίᾳ κείμενος

ὑπτιάζειν. (1) פָּרַשׂ

Jb. 11. 13. ὑπτιάζεις δὲ [A ὑπτιάσας δὲ τὰς] χεῖρας [A χ. σου] πρὸς αὐτόν (1)

ὕπτιος.

Jb. 14. 19. κατέκλυσεν ὕδατα ὕπτια τοῦ χώματος τῆς γῆς †
[Th. Dt. 3. 10 : Jb. 14. 19.]

ὑπώπιον. (1) חַבּוּרָה

Pr. 20. 30. ὑπώπια καὶ συντρίμματα συναντᾷ κακοῖς (1)

ὑπωρεία.

[Al. Jo. 15. 33.]

ὗς. (1) חֲזִיר

Le. 11. 7 : De. 14. 8. καὶ τὸν ὗν ὅτι διχηλεῖ ὁπλήν (1)
II Ki. 17. 8. B ὡς ὗς τραχεῖα ἐν τῷ πεδίῳ –
III Ki. 20 (21). 19. ᾧ ἔλειξαν αἱ ὕ. καὶ οἱ κύνες τὸ αἷμα N. –
22. 38. ἐξέλειξαν αἱ ὕ. –
Ps. 79 (80). 13. A S² ἐλυμήνατο αὐτὴν ὗς [B S¹ σῦς] ἐκ δρυμοῦ (1)
Pr. 11. 22. ὥσπερ ἐνώτιον [S² ἐν. χρυσοῦν] ἐν ῥινὶ ὑός (1)
[Sm. Ps. 79 (80). 14.]

ὑσσωπίον. (1) אֵזוֹב

Nu. 19. 18. B¹ λήψεται ὑσσωπίον [A B² R -πον] (1)

ὕσσωπος (ὕσωπος). (1) אֵזוֹב

Ex. 12. 22. λήψεσθε δὲ δέσμην ὑσσώπου (1)
Le. 14. 4. καὶ λήψονται . . . ὕσσωπον (1)
— 6. λήψεται . . . τὸν ὕσσ. (1)
— 49. καὶ λήψεται . . . ὕσσωπον (1)
— 51. λήψεται . . . τὸν [B² τὴν] ὕσσ. (1)
— 52. ἀφαγνιεῖ τὴν οἰκίαν . . . ἐν τῷ [B² τῇ] ὕσσ. (1)
Nu. 19. 6. λήψεται ὁ ἱ. . . . ὕσσωπον (1)
— 18. A B² R λήψεται ὕσσωπον [B¹ -πίον] (1)
III Ki. 4. 33 (5. 13). ἕως τῆς ὕσσ. τῆς ἐκπορευομ. διὰ τοῦ τοίχου (1)
Ps. 50 (51). 7. ῥαντιεῖς με ὑσσώπῳ (1)

ὑστερεῖν. (1) גָּרַע ni. (2) *a.* חָדַל *b.* חָדֵל (3) חָסֵר *a.* verb. *b.* adj. *c.* חַסִּיר (4) מָהַהּ hithp. (5) מָנַע

Nu. 9. 7. μὴ οὖν ὑστερήσωμεν [A *add.* ὥστε] προσενέγκαι (1)
— 13. καὶ ὑστερήσῃ ποιῆσαι τὸ πάσχα (2 *a*)
De. 15. 8. A καὶ καθ' ὅσον ὑστερεῖται (3 *a*)
Ne. 9. 21. B¹ R οὐχ ὑστέρησας [A B² S -αν] αὐτοῖς οὐδέν (3 *a*)
Jb. 36. 17. οὐχ ὑστερήσει δὲ ἀπὸ δικαίων κρίμα †
Ps. 22 (23). 1. οὐδέν με ὑστερήσει [S οὐ μὴ ὑστερήσῃ] (3 *a*)
38 (39). 4. ἵνα γνῶ τί ὑστερῶ ἐγώ (2 *b*)
83 (84). 11. οὐχ ὑστερήσει [S² οὐ στερ.] τὰ ἀγαθὰ τοὺς πορευομένους ἐν ἀκακίᾳ (5)
Ec. 6. 2. οὐκ ἔστιν ὑστερῶν τῇ ψυχῇ αὐτοῦ ἀπὸ πάντων (3 *b*)
9. 8. ἔλαιον ἐπὶ κεφαλῆς σου μὴ ὑστερησάτω (3 *a*)
10. 3. καρδία αὐτοῦ ὑστερήσει (3 *a*)
Ca. 7. 2 (3). κρατὴρ τορευτὸς μὴ ὑστερούμενος κρᾶμα [A S -ματος] (3 *a*)
Si. 7. 34. μὴ ὑστέρει ἀπὸ κλαιόντων
10. 27. A δοξαζόμενος καὶ ὑστερῶν [B S ἀπορῶν] ἄρτων
11. 11. τόσῳ [A πόσῳ, B² S¹ τοσούτῳ] μᾶλλον ὑστερεῖται
— 12. ὑστερῶν ἰσχύϊ [S² ἐν ἰ.] καὶ πτωχείᾳ περισσεύει [S -εύων]
13. 4. ἐὰν ὑστερήσῃς καταλείψει σε
26. 28. ἀνὴρ πολεμιστὴς ὑστερῶν δι' ἔνδειαν
51. 24. A S R διότι [B καὶ ὅτι, A S τί ὅτι] ὑστερεῖτε [B -εῖσθαι] λέγετε [S² ἢ λ.] ἐν τούτοις
Hb. 2. 3. ἐὰν ὑστερήσῃ [A S -σει] (4)
Da. LXX. 4. 30. οὐχ ὑστερήσει ἀπὸ πάντων τούτων οὐθέν –
Da. TH. 5. 27. καὶ εὑρέθη ὑστεροῦσα (3 *c*)
[Aq. Is. 32. 6.]
[Sm. I Ki. 20. 25.]
[Th. Pr. 10. 13 : Is. 51. 14.]
[Al. Le. 21. 20.]

ὑστέρημα. (1) *a.* חֶסְרוֹן *b.* מַחְסוֹר (2) εἶναι ὑ. חָשַׁח

Jd. 18. 10. ὅπου οὐκ ἔστιν ἐκεῖ ὑστέρημα παντὸς ῥήματος (1 *b*)
19. 19. οὐκ ἔστιν ὑστέρημα παντὸς πράγματος (1 *b*)
— 20. B πᾶν ὑστ. [A R τὸ ὑστ.] σου ἐπ' ἐμέ (1 *b*)
II Es. 6. 9. καὶ ὃ ἂν ὑστέρημα . . . ἔστω διδόμενον (2)
Ps. 33 (34). 9. οὐκ ἔστιν ὑστέρημα τοῖς φοβουμένοις αὐτόν (1 *b*)
Ec. 1. 15. ὑστέρημα οὐ δυνήσεται ἀριθμηθῆναι (1 *a*)
[Sm. Pr. 22. 16 : Ec. 1. 15.]
[Th. Pr. 11. 24 : 21. 5.]

ὑστέρησις.

[Aq. Jb. 30. 3.]

ὑστεροβουλία.

Pr. 24. 71 (31. 3). καὶ τὸν σὸν νοῦν καὶ βίον εἰς ὑστεροβουλίαν †

ὕστερον. (1) *a.* אַחַר *b.* אַחֲרֵי *c.* הָאַחֲרוֹן *d.* אַחֲרִיתָה

Pr. 5. 4. ὕστερον μέντοι πικρότερον χολῆς εὑρήσεις (1 *d*)
23. 31. ὕστερον περιπατήσεις γυμνότερος ὑπέρου –
24. 47 (32). ὕστερον ἐγὼ μετενόησα –
Si. 1. 22. ὕστερον αὐτῷ ἀναδώσει εὐφροσύνη [A S¹ -ην]
27. 23. ὕστερον δὲ διαστρέψει τὸ στόμα αὐτοῦ
Je. 27 (50). 17. ὕ. τὰ ὀστᾶ αὐτοῦ βασιλεὺς Βαβυλῶνος (1 *c*)
36 (29). 2. ὕ. ἐξελθόντος Ἰεχονίου (1 *b*)
38 (31). 19. ὕ. αἰχμαλωσίας μου μετενόησα καὶ ὕ. τοῦ γνῶναί με (1 *b*, 1 *b*)
47 (40). 1. A ὕ. [B S *om.*] μετὰ τὸ ἀποστεῖλαι αὐτόν (1 *a* ?)
II Ma. 5. 20. ὕστερον εὐεργετημάτων ἐκοινώνησε
6. 15. ἵνα μὴ . . . ὕστερον ἡμᾶς ἐκδικᾷ
III Ma. 1. 3. ὕστερον δὲ μεταβαλὼν τὰ νόμιμα
2. 24. ἐν χρόνῳ δὲ ὕστερον ἀναλεξάμενος αὐτόν
IV Ma. 12. 7. ὡς ἐροῦμεν μετὰ μικρὸν ὕστερον
[Aq. Am. 4. 12.]
[Sm. Ps. 72 (73). 24 : Pr. 22. 4.]
[Al. Ge. 49. 19 : Nu. 31. 2.]

ὕστερος, ὕστατος. (1) אַחֲרוֹן

I Ch. 29. 29. οἱ δὲ λοιποὶ λόγοι . . . οἱ πρότεροι καὶ οἱ ὕ. (1)
Wi. 19. 11. ἐφ' ὑστέρῳ δὲ εἶδον καὶ νέαν γένεσιν ὀρνέων
Ep. Je. 72. αὐτά τε ἐξ ὑστέρου βρωθήσονται
III Ma. 5. 49. ὑστάτην βίου ῥοπὴν αὐτοῖς ἐκείνην
[Aq. Jb. 18. 20.]

ὑφαίνειν. (1) אָרַג (2) עָלָה hi. (3) ἐκ δύο

ὑφασμένος כִּלְאַיִם

Ex. 35. 35. τὰ ὑφαντὰ καὶ ποικιλτὰ ὑφᾶναι –
37. 21 (38. 23). ὑφᾶναι τῷ κοκκίνῳ –
Le. 19. 19. ἱμάτιον ἐκ δύο ὑφασμένον κίβδηλον (3)
Jd. 16. 13. ἐὰν ὑφάνῃς τὰς ἑπτὰ σειρὰς τῆς κεφ. μου (1)
— 14. καὶ ὕφανεν ἐν τῷ διάσματι [A *al.*] –
I Ki. 17. 7. ὡσεὶ μέσακλον ὑφαινόντων [A -ος] (1)
II Ki. 21. 19. ὡς ἀντίον ὑφαινόντων (1)
IV Ki. 23. 7. οὗ αἱ γυναῖκες ὕφαινον ἐκεῖ χεττιείμ (1)
I Ch. 11. 23. ὡς ἀντίον ὑφαινόντων [S τῶν ὑ.] (1)
20. 5. ὡς ἀντίον ὑφαινόντων (1)
II Ch. 2. 14 (13). εἰδότα . . . ὑφαίνειν ἐν τῇ πορφύρᾳ –
3. 14. ὕφανεν ἐν αὐτῷ χερουβεὶν (2)
Is. 59. 5. ἱστὸν ἀράχνης ὑφαίνουσι (1)
[**Aq.** IV Ki. 23. 7 : Is. 38. 12.]
[**Sm.** IV Ki. 23. 7.]
[**Th.** Is. 38. 12.]

ὑφαιρεῖν. (1) אָצַל (2) גָּנַב

Jb. 21. 18. ὥσπερ κονιορτὸς ὃν ὑφείλατο λαῖλαψ (2)
27. 20. νυκτὶ δὲ ὑφείλατο αὐτὸν γνόφος [S λαῖλαψ] (2)
Ec. 2. 10. A πᾶν . . . οὐχ ὑφεῖλον [B S οὐκ ἀφ.] ἀπ' αὐτῶν (1)
Ep. Je. 10. ὑφαιρούμενοι οἱ ἱερεῖς ἀπὸ τῶν θεῶν αὐτῶν
[**Aq.** Ex. 5. 19.]
[**Th.** Jb. 27. 20.]

ὑφάντης. (1) אָרַג (2) חָשַׁב (3) רָקַם

Ex. 26. 1. ἐργασίᾳ ὑφάντου ποιήσεις αὐτάς (2)
— 31. B² ἔργον ὑφάντου [A B¹ R -ὸν] ποιήσεις αὐτὸ χερ. (2)
28. 6. B ἔργον ὑφάντου [A R -ὸν] ποικιλτοῦ (2)
— 28 (32). ἔργον ὑφάντου (1)
37. 3 (36. 35). B ἔργον ὑφάντου [A R -ὸν] χερ. (2)
— 5 (36. 37). A ἔργον ὑφάντου [B -ὸν] τοῦ χερ. (3)
[**Sm.** Is. 38. 12.]

ὑφαντός. (1) אָרַג (2) חָשַׁב (3) רָקַם

Ex. 26. 31. ἔργον ὑ. [B² -ου] ποιήσεις αὐτὸ χερ. (2)
28. 6. A R ἔργον ὑφαντὸν [B -οῦ] ποικιλτοῦ (2)
35. 35. τὰ ὑ. καὶ ποικιλτὰ ὑφᾶναι (2)
36. 10 (39. 3). ἔργον ὑ. ἐποίησαν αὐτό (2)
— 11 (39. 4). ἔργον ὑ. –
— 15 (39. 8). ἐποίησαν λογεῖον ἔργον ὑφαντὸν ποικιλίᾳ (2)
— 30 (39. 22). ἔργον ὑ. ὅλον ὑακίνθινον (1)
— 35 (39. 27). ἐποίησαν χιτῶνας βυσσίνους ἔργον ὑ. (1)
37. 3 (36. 35). A R ἔργον ὑ. [B -ου] χερ. (2)
— 5 (36. 37). ἔργον ὑ. [A -ου] τοῦ χερ. (3)
— 21 (38. 23). ὃς ἠρχιτεκτόνησε τὰ ὑ. (2 ?)

ὑφάπτειν.

II Ma. 8. 33. Καλλισθένην ὑφῆψαν
12. 9. ὑφῆψε τὸν λιμένα
14. 41. καὶ τὰς θύρας ὑφάπτειν

ὕφασμα. (1) אָרַג (2) חָשַׁב (3) מְלָאכָה

Ex. 28. 8. καὶ τὸ ὕ. τῶν ἐπωμίδων (2)
— 17. καθυφανεῖς ἐν αὐτῷ ὕφασμα (3)
36. 17 (39. 10). συνυφάνθη ἐν αὐτῷ ὕφασμα –
— 29 (39. 21). συμπεπλεγμένους εἰς τὸ ὕ. τῆς ἐπωμίδος (2)
Jd. 16. 14. ἐξῆρε τὸν πάσσαλον τοῦ ὑ. [A *al.*] (1)
Jb. 38. 36. τίς δὲ ἔδωκε γυναιξὶν ὑφάσματος σοφίαν –
[**Sm.** Jb. 7. 6.]

ὑφή.

[**Aq.** I Ki. 6. 8.]
[**Al.** Le. 8. 7.]

ὑφιστάναι. (1) יָחַל pi. (2) עָמַד (3) קוּם

Nu. 22. 26. ὑπέστη ἐν τόπῳ στενῷ (2)
Jo. 7. 12. ὑποστῆναι κατὰ πρόσωπον τῶν ἐχθρῶν αὐ. (3)
10. 8. A οὐχ ὑποστήσεται [B -λειφθήσ.] ἐξ αὐτῶν οὐθείς (2)
Jd. 9. 15. ὑπόστητε ἐν τῇ σκιᾷ μου [A *al.*] †
I Ki. 30. 10. ὑπέστησαν δὲ διακόσιοι ἄνδρες (2)
II Ki. 2. 23. καὶ ὑφίστατο (2)
Ju. 6. 3. οὐχ ὑποστήσονται τὸ κράτος τῶν ἵππων ἡμῶν
Ju. 7. 4. οὔτε οἱ βουνοὶ ὑποστήσονται τὸ βάρος αὐ.
Ps. 64 (65). 7. S² ἤχους κυμάτων αὐτῆς τίς ὑποστήσεται [B S¹ *om.* τίς ὑ.] –
129 (130). 3. τίς ὑποστήσεται (2)
139 (140). 10. ἐν ταλαιπωρίαις οὐ μὴ ὑποστῶσιν (3)
147. 6 (17). κατὰ πρόσωπον ψύχους αὐτοῦ τίς ὑποστήσεται (2)
Pr. 13. 8. πτωχὸς δὲ οὐχ ὑφίσταται ἀπειλήν †
21. 29. ἀσεβὴς ἀνὴρ ἀναιδῶς ὑφίσταται προσώπῳ †
25. 6. μηδὲ ἐν τόποις δυναστῶν ὑφίστασο (2)
27. 4. B S οὐδένα [A R οὐδὲν] ὑφίσταται ζῆλος (2)
Si. 43. 3. ἐναντίον καύματος αὐτοῦ τίς ὑποστήσεται
Ho. 13. 13. οὐ μὴ ὑποστῇ ἐν συντριβῇ τέκνων (2)
Am. 2. 15. A² B ὁ τοξότης οὐ μὴ ὑποστῇ (2)
Mi. 5. 7 (6). μηδὲ ὑποστῇ ἐν υἱοῖς ἀνθρώπων (1)
Na. 1. 6. ἀπὸ προσώπου ὀργῆς αὐ. τίς ὑποστήσεται (2)
Za. 9. 8. ὑποστήσομαι τῷ οἴκῳ μου ἀνάστημα †
Ma. 3. 2. τίς ὑποστήσεται ἐν τῇ ὀπτασίᾳ αὐ. (2)
Ez. 22. 14. εἰ ὑποστήσεται ἡ καρδία σου (2)
I Ma. 3. 53. πῶς δυνησόμεθα ὑποστῆναι κατὰ πρόσωπον αὐτῶν
5. 40. οὐ δυνησόμεθα ὑποστῆναι αὐτόν
— 44. οὐκ ἐδύναντο ἔτι ὑποστῆναι
7. 25. δύναται ὑποστῆναι αὐτούς
10. 73. οὐ δυνήσῃ ὑποστῆναι τὴν ἵππον
[**Aq.** Dt. 28. 56 : I Ki. 6. 20 : Je. 49. 19 (29. 20).]
[**Sm.** I Ki. 6. 20 : Jb. 41. 18 : Ps. 147. 6 (17) : Is. 36. 9 : Je. 49. 19 (29. 20) : La. 1. 14 (Sw.) : Da. 11. 6 (Sw.) : Am. 7. 2.]
[**Th.** I Ki. 6. 20.]
[**Al.** Pr. 27. 4.]

ὑφορᾶσθαι.

II Ma. 7. 24. τὴν ὀνειδίζουσαν ὑφορώμενος φωνήν
III Ma. 3. 23. παρ' ἕκαστα ὑφορώμενοι

ὕφος.

[**Aq.** I Ki. 6. 8.]

ὑψαυχενεῖν.

II Ma. 15. 6. ὁ μὲν N. μετὰ πάσης ἀσφαλείας ὑψαυχενῶν
III Ma. 3. 19. καὶ τοῖς ἑαυτῶν εὐεργέταις ὑψαυχενοῦντες

ὑψηλοκάρδιος. (1) גְּבַהּ־לֵב

Pr. 16. 5. ἀκάθαρτος παρὰ θεῷ πᾶς ὑψηλοκάρδιος (1)
[**Sm.** Ec. 7. 9 (8).]

ὑψηλός. (1) בָּמָה (2) *a.* גֵּאֶה *b.* גֵּאוּת
(3) *a.* גָּבֹהַּ *b.* גָּבַהּ qal. *c.* hi. *d.* גֹּבַהּ
e. גַּבְהוּת (4) גָּדֹל (5) חָזָק (6) מִדָּה
(7) *a.* מוֹרֶה *b.* מֹרִיָּה (8) נָטָה (9) נָשָׂא ni.
(10) עֹז (11) עֶלְיוֹן (12) *a.* רוּם *b.* מָרוֹם
c. רוּם subst. (13) ὑψηλὸν ἔχειν רוּם
(14) ὑψηλὸν ποιεῖν גָּבַהּ hi. (15) ὑψηλότερος גָּבֹהַּ (16) ὑψηλότατος בָּמָה

Ge. 7. 19. ἐπεκάλυψε πάντα τὰ ὄρη τὰ ὑ. (3 *a*)
— 20. ἐπεκάλυψε πάντα τὰ ὄρη τὰ ὑ. –
12. 6. διώδευσεν . . . ἐπὶ τὴν δρῦν τὴν ὑ. (7 *a*)
22. 2. πορεύθητι εἰς τὴν γῆν τὴν ὑ. (7 *b*)
Ex. 6. 1. ἐν βραχίονι ὑ. ἐκβαλεῖ αὐτούς (5)
— 6. λυτρώσομαι ὑμᾶς ἐν βραχίονι ὑ. (8)
14. 8. ἐξεπορεύοντο ἐν χειρὶ ὑ. (12 *a*)
32. 11. καὶ ἐν τῷ βραχίονί σου τῷ ὑ. [A ἐν βρ. ὑ.] (5)
Nu. 33. 3. ἐξῆλθον οἱ υἱοὶ Ἰσρ. ἐν χειρὶ ὑ. (12 *a*)
De. 3. 5. πᾶσαι πόλεις ὀχυραὶ τείχη ὑ. (3 *a*)
— 24. δεῖξαι . . . τὸν βραχίονα τὸν ὑ. (5)
4. 34. λαβεῖν ἑαυτῷ ἔθνος . . . ἐν βραχίονι ὑ. (8)
5. 15. ἐξήγαγέ σε κ. ὁ θεός σου . . . ἐν βραχίονι ὑ. (8)
6. 21. ἐξήγαγεν ἡμᾶς . . . ἐν βραχίονι ὑ. –
7. 8. καὶ ἐν βραχίονι ὑ. –
— 19. μνησθήσῃ . . . τὸν βραχίονα τὸν ὑ. (8)
9. 26. οὓς ἐξήγαγες . . . ἐν τῷ βραχίονί σου τῷ ὑ. [A μεγάλῳ] –
— 29. οὓς ἐξήγαγες . . . ἐν τῷ βραχίονί σου τῷ ὑ. (8)
11. 2. οὐδὲ ἴδοσαν . . . τὸν βραχίονα τὸν ὑ. (8)
— 30. πλησίον τῆς δρυὸς τῆς ὑ. (7 *a*)
12. 2. ἐπὶ τῶν ὀρέων τῶν ὑ. (12 *a*)
26. 8. ἐν χειρὶ κραταιᾷ καὶ βραχίονι ὑ. [A *al.*] (8)
28. 52. ἕως ἂν καθαιρεθῶσι τὰ τείχη τὰ ὑ. (3 *a*)
De. 29. 3 (2). A B² τὴν χεῖρα τὴν κραταιὰν καὶ τὸν βραχίονα τὸν ὑ. –
32. 27. ἡ χεὶρ ἡμῶν ἡ [A *om.*] ὑ. . . . ἐποίησε ταῦτα πάντα (12 *a*)
Jd. 9. 51. A πύργος ἦν ὑ. [B *al.*] (10)
I Ki. 2. 3. μὴ λαλεῖτε ὑψηλά (3 *a*)
9. 2. ὑπερωμίαν καὶ ἐπάνω ὑψηλὸς ὑπὲρ πᾶσαν τὴν γῆν (3 *a*)
II Ki. 22. 48. A ὑψηλὸς [B ἰσχυρὸς] κύριος –
III Ki. 3. 2. θυμιῶντες ἐπὶ τοῖς ὑ. (1)
— 3. ἐν τοῖς ὑ. ἔθυε (1)
— 4. αὕτη ὑψηλοτάτη καὶ μεγάλη (16)
9. 8. ὁ οἶκος οὗτος ἔσται ὁ [A *om.*] ὑ. (11)
11. 7. ᾠκοδόμησε Σαλ. ὑψηλὸν τῷ X. (1)
12. 31. ἐποίησεν οἴκους ἐφ' ὑψηλῶν (1)
— 32. παρέστησεν ἐν B. τοὺς ἱερεῖς τῶν ὑ. (1)
13. 2. θύσει ἐπὶ σὲ τοὺς ἱερεῖς τῶν ὑ. (1)
— 32. ὃ ἐλάλησεν . . . ἐπὶ τοὺς οἴκους τοὺς ὑ. τοὺς ἐν Σαμ. (1)
— 33. ἐποίησεν ἐκ μέρους τοῦ λαοῦ ἱερεῖς ὑψηλῶν (1)
— 33. ἐγένετο ἱερεὺς εἰς τὰ ὑ. (1)
14. 23. ᾠκοδόμησαν ἑαυτοῖς ὑψηλὰ . . . ἐπὶ πάντα βουνὸν ὑ. [A -οῦ] (1, 3 *a*)
15. 14. τὰ δὲ ὑ. οὐκ ἐξῆρε (1)
16. 28 (22. 43 [44]). B πλὴν τῶν ὑ. οὐκ ἐξῆραν (1)
— 28 (22. 43 [44]). B ἔθυον ἐν τοῖς ὑ. (1)
22. 44. πλὴν τῶν ὑ. οὐκ ἐξῆρεν (1)
— 44. ἐθυμίων ἐν τοῖς ὑ. (1)
IV Ki. 12. 3 (4). πλὴν τῶν ὑ. οὐ μετεστάθησαν (1)
— 3 (4). ἐθυμίων ἐν τοῖς ὑ. (1)
14. 4. πλὴν τὰ ὑ. οὐκ ἐξῆρεν (1)
— 4. ἐθυμίων ἐν τοῖς ὑ. (1)
15. 4. πλὴν τῶν ὑ. οὐκ ἐξῆρεν (1)
— 4. ἐθυμίων ἐν τοῖς ὑ. (1)
— 35. πλὴν τὰ ὑ. οὐκ ἐξῆρεν (1)
— 35 : 16. 4. ἐθυμία ἐν τοῖς ὑ. (1)
17. 9. ὧν ᾠκοδόμησαν ἑαυτοῖς ὑψηλά [A -ῶν] (3 *a*)
— 10. ἐπὶ παντὶ βουνῷ ὑ. (3 *a*)
— 11. ἐθυμίασαν ἐκεῖ ἐν πᾶσιν ὑ. (1)
— 29. καὶ ἔθηκαν ἐν οἴκῳ τῶν ὑ. (1)
— 32. ἐν τοῖς οἴκοις τῶν ὑ. –
— 32. ἐποίησαν ἱερεῖς τῶν ὑ. (1)
— 32. ἐποίησαν ἑαυτοῖς ἐν οἴκῳ τῶν ὑ. (1)
— 36. ἐν ἰσχύϊ μεγάλῃ καὶ ἐν βραχίονι ὑ. (8)
18. 4. ἐξῆρε τὰ ὑ. (1)
— 22. ἀπέστησεν Ἐζ. τὰ ὑ. αὐ. (1)
21. 3. ᾠκοδόμησε τὰ ὑ. (1)
23. 5. ἐθυμίων ἐν τοῖς ὑ. (1)
— 8. ἐμίανε τὰ ὑ. (1)
— 9. οὐκ ἀνέβησαν οἱ ἱερεῖς τῶν ὑ. (1)
— 15. τὸ θυσιαστήριον τὸ ἐν B. τὸ ὑ. (1)
— 15. τὸ θυσιαστ. ἐκεῖνο τὸ [A καὶ τὸ] ὑ. κατέσπασεν (1)
— 19. πάντας τοὺς οἴκους τῶν ὑ. . . . ἀπέστησεν Ἰ. (1)
— 20. ἐθυσίασε πάντας τοὺς ἱερεῖς τῶν ὑ. (1)
II Ch. 1. 3. ἐπορεύθη Σαλ. . . . εἰς τὴν ὑ. τὴν ἐν Γ. (1)
6. 32. διὰ . . . τὸν βραχίονά σου τὸν ὑ. (8)
7. 21. καὶ ὁ οἶκος οὗτος ὁ ὑ. (11)
11. 15. κατέστησεν αὐτῷ ἱερεῖς τῶν ὑ. (1)
14. 3 (2). ἀπέστησε . . . τὰ ὑ. (1)
15. 17. πλὴν τὰ ὑ. οὐκ ἀπέστησαν (1)
17. 6. ἐξῆρε τὰ ὑ. (1)
20. 33. τὰ ὑ. ἔτι ὑπῆρχε (1)
21. 11. ἐποίησεν ὑψηλὰ ἐν πόλεσιν Ἰ. (1)
27. 3. ᾠκοδόμησε τὴν πύλην οἴκου κ. τὴν [A καὶ τὴν] ὑ. (11)
28. 4. ἐθυμία ἐπὶ τῶν ὑ. (1)
— 25. ἐποίησεν ὑψηλά (1)
31. 1. κατέσπασαν τὰ ὑ. (1)
32. 12. ὃς περιεῖλε . . . τὰ ὑ. αὐ. (1)
33. 3. ᾠκοδόμησε τὰ ὑ. (1)
— 17. πλὴν ὁ λαὸς ἔτι ἐπὶ τῶν ὑ. (1)
— 19. ἐφ' οἷς ᾠκοδόμησε τὰ ὑ. (1)
34. 3. τοῦ καθαρίσαι τὸν Ἰ. . . . ἀπὸ τῶν ὑ. (1)
— 4. κατέσπασε . . . τὰ ὑ. τὰ ἐπ' αὐτῶν †
— 7. πάντα τὰ ὑ. ἔκοψεν †
I Es. 4. 34. μεγάλη ἡ γῆ καὶ ὑ. ὁ οὐρανός
Ne. 9. 25. κατελάβοσαν πόλεις ὑ. †
Ju. 2. 24. διέσκαψε πάσας τὰς πόλεις τὰς ὑ.
3. 6. ἐφρούρησε τὰς πόλεις τὰς ὑ.
4. 5. πάσας τὰς κορυφὰς τῶν ὀρέων τῶν ὑ.
5. 1. ἐτείχισαν πᾶσαν κορυφὴν ὄρους ὑ.
7. 4. οὔτε τὰ ὄρη τὰ ὑ. οὔτε αἱ φάραγγες
16. 7. οὐδὲ ὑ. γίγαντες ἐπέθεντο αὐτῷ
Es. 5. 14. S² κοπήτω σοι ξύλον ὑ. [A B S¹ *om.*] (3 *a*)

Es. 7. 9. S² ὤρθωται ἐν τοῖς Ἀ. ὑ. [A B S¹ *om.*] ξύλον [A *om.*] (3 *a*)
Jb. 5. 7. νεοσσοὶ δὲ γυπὸς τὰ ὑ. πέτονται (3 *c*)
11. 8. ὑψηλὸς ὁ οὐρανὸς καὶ τί ποιήσεις (3 *d*)
22. 12. μὴ οὐχὶ ὁ τὰ ὑ. ναίων ἐφορᾷ (3 *d*)
35. 4 (5). κατάμαθε δὲ νέφη [A κ. τὰ ν. καὶ ἴδε] ὡς ὑψηλὰ ἀπὸ σοῦ (3 *b*)
41. 25 (26). πᾶν ὑψηλὸν ὁρᾷ (3 *a*)
Ps. 17 (18). 33. ἐπὶ τὰ ὑ. ἱστῶν με (1)
88 (89). 27. ὑψηλὸν παρὰ τοῖς βασ. τῆς γῆς (11)
92 (93). 4. θαυμαστὸς ἐν ὑψηλοῖς ὁ κύριος (12 *b*)
98 (99). 2. ὑψηλός ἐστιν ἐπὶ πάντας τοὺς λαοὺς (12 *a*)
103 (104). 18. ὄρη τὰ ὑ. τοῖς ἐλάφοις (3 *a*)
112 (113). 4. ὑψηλὸς ἐπὶ πάντα τὰ ἔθνη ὁ κ. (12 *a*)
— 5. ὁ ἐν ὑψηλοῖς κατοικῶν (3 *c*)
135 (136). 12. ἐν χειρὶ κραταιᾷ καὶ ἐν βραχίονι ὑψηλῷ (8)
137 (138). 6. ὅτι ὑψηλὸς κύριος (12 *a*)
— 6. καὶ τὰ ὑ. ἀπὸ μακρόθεν γινώσκει (3 *a*)
Pr. 8. 2. ἐπὶ γὰρ τῶν ὑ. ἄκρων ἐστίν (12 *b*)
9. 3. συγκαλοῦσα μετὰ ὑψηλοῦ κηρύγματος ἐπὶ κρατῆρα (12 *b*)
10. 21. χείλη δικαίων ἐπίσταται ὑψηλά †
17. 16 (19). ὃς ὑψηλὸν ποιεῖ τὸν ἑαυτοῦ οἶκον (14)
18. 19. ἀδελφὸς ὑπὸ ἀδελφοῦ βοηθούμενος ὡς πόλις ὀχυρὰ καὶ ὑ. †
24. 36 (30. 13). ἔκγονον κακὸν ὑψηλοὺς ὀφθαλμοὺς ἔχει (13)
25. 3. οὐρανὸς ὑψηλὸς γῆ δὲ βαθεῖα (12 *c*)
Ec. 5. 7. ὑψηλὸς ἐπάνω ὑψηλοῦ φυλάξαι [A -άσσει, S¹ -άξει] καὶ ὑψηλοὶ ἐπ' αὐτοῖς [A S -ῆς, B -ούς] (3 *a ter*)
7. 9 (8). ἀγαθὸν μακρόθυμος ὑπὲρ ὑψηλὸν πνεύματι [B S¹ πνεῦμα τιμῆς] (3 *a*)
Wi. 9. 17. S¹ εἰ μὴ . . . ἔπεμψας τὸ ἅγιόν σου πνεῦμα ἀπὸ ὑψηλῶν [A B S² -ίστων]
Si. 3. 18. S² πολλοί εἰσιν ὑψηλοὶ καὶ ἐπίδοξοι
24. 4. ἐγὼ ἐν ὑψηλοῖς κατεσκήνωσα
50. 2. S¹ ἀνάλημμα ὑψηλὸν περιβόλου ὑψηλοῦ [A B S² *om.*] ἱεροῦ
Ho. 5. 8. ἠχήσατε ἐπὶ τῶν ὑ. (12 *a*)
Am. 4. 13. R ἐπιβαίνων ἐπὶ τὰ ὑ. [A B ὕψη] τῆς γῆς (1)
Hb. 3. 19. ἐπὶ τὰ ὑ. ἐπιβιβᾷ με (1)
Ze. 1. 16. ἡμέρα σάλπιγγος . . . ἐπὶ τὰς γωνίας τὰς ὑ. (3 *a*)
Is. 2. 11. οἱ γὰρ ὀφθαλμοὶ κυρίου ὑψηλοί (3 *e*)
— 12. ἐπὶ πάντα ὑψηλὸν καὶ μετέωρον (2 *a*)
— 13. ἐπὶ πᾶσαν κέδρον τοῦ Λιβάνου τῶν ὑ. (12 *a*)
— 14. S R ἐπὶ πᾶν ὑψηλὸν [A B *om.*] ὄρος καὶ ἐπὶ πάντα βουνὸν ὑψηλόν (12 *a*, 9)
— 15. ἐπὶ πάντα πύργον ὑψηλὸν καὶ ἐπὶ πᾶν τεῖχος ὑψηλόν (3 *a*, †)
3. 16. ἐπορεύθησαν ὑψηλῷ τραχήλῳ (8)
5. 25. ἔτι ἡ χεὶρ ὑψηλή (8)
6. 1. ἐπὶ θρόνου ὑψηλοῦ καὶ ἐπηρμένου (12 *a*)
9. 9 (8). ἐφ' ὕβρει καὶ ὑψηλῇ καρδίᾳ (4)
— 12 (11), 17 (16), 21 (20): 10. 4. ἔτι ἡ χεὶρ ὑψηλή (8)
10. 33. οἱ ὑ. τῇ ὕβρει συντριβήσονται καὶ οἱ ὑ. [S *om.* οἱ ὑ.] ταπεινωθήσονται (12 *a*, 3 *a*)
— 34. πεσοῦνται ὑψηλοὶ [S οἱ ὑ., A *om.* π. ὑ.] μαχαίρᾳ ὁ δὲ Λίβανος σὺν τοῖς ὑ. πεσεῖται (–, †)
12. 5. ὑψηλὰ ἐποίησεν (2 *b*)
14. 13. καθιῶ ἐν ὄρει ὑψηλῷ ἐπὶ τὰ ὄρη τὰ ὑ. (†, –)
— 26. αὕτη ἡ χεὶρ ἡ ὑ. [S¹ ἡ ὑψώθη] ἐπὶ πάντα τὰ ἔθνη (8)
— 27. τὴν χεῖρα αὐτοῦ τὴν ὑ. τίς ἀποστρέψει (8)
22. 16. ἐποίησας σεαυτῷ ἐν ὑψηλῷ μνημεῖον [S¹ *om.* σ. . . . μν.] (12 *b*)
24. 4. ἐπένθησαν οἱ ὑ. τῆς γῆς (12 *b*)
26. 5. κατήγαγες τοὺς ἐνοικοῦντας ἐν ὑψηλοῖς (12 *b*)
— 11. ὑ. σου ὁ βραχίων (12 *a*)
28. 4. ἐπ' ἄκρου τοῦ ὄρους τοῦ ὑ. †
30. 25. ἔσται ἐπὶ παντὸς ὄρους ὑψηλοῦ . . . ὕδωρ (3 *a*)
32. 15. ἕως ἂν ἔλθῃ [A S ἐπέλθῃ] ἐφ' ὑμᾶς πνεῦμα ἀφ' ὑψηλοῦ (12 *b*)
33. 5. ἅγιος ὁ θεὸς ὁ κατοικῶν ἐν ὑψηλῷ [A S -οῖς] (12 *b*)
— 16. οὗτος οἰκήσει ἐν ὑψηλῷ σπηλαίῳ (12 *b*)
40. 9. ἐπ' ὄρος ὑψηλὸν ἀνάβηθι (3 *a*)
45. 14. οἱ Σαβ. ἄνδρες ὑ. ἐπὶ σὲ διαβήσονται (6)
57. 7. ἐπ' ὄρος ὑψηλὸν . . . ἡ κοίτη (3 *a*)
— 15. ὁ ὕψιστος ἐν ὑψηλοῖς κατοικῶν τὸν αἰῶνα (9)

Je. 2. 20. ἐπὶ πάντα βουνὸν ὑψηλόν (3 *a*)
3. 6. ἐπὶ πᾶν ὄρος ὑψηλόν (3 *a*)
16. 16. A ἐπάνω παντὸς βουνοῦ ὑψηλοῦ [B S *om.*] –
19. 5. ᾠκοδόμησαν ὑψηλὰ τῇ Βάαλ (1)
21. 5. S ἐν βραχίονι ὑψηλῷ [A B *om.*] κραταιῷ (5)
28 (51). 58. αἱ πύλαι αὐτῆς αἱ ὑ. ἐμπυρισθήσονται (3 *a*)
29 (49). 16. συνέλαβεν ἰσχὺν βουνοῦ ὑψηλοῦ (12 *b*?)
32 (25). 30. κύριος ἀφ' [S ἐφ'] ὑψηλοῦ χρηματιεῖ (12 *b*)
34 (27). 5. ἐν τῷ ἐπιχείρῳ μου τῷ ὑ. (8)
38 (31). 15. A S¹ φωνὴ ἐν τῇ ὑ. [B S² ἐν Ῥαμᾷ] ἠκούσθη θρήνου (12 *a*)
39 (32). 17. τῷ βραχίονί σου τῷ ὑ. (8)
— 21. ἐξήγαγες τὸν λαόν σου . . . ἐν βραχίονι ὑψηλῷ (8)
Ba. 2. 11. ἐξήγαγες τὸν λαόν σου . . . ἐν βραχίονι ὑψηλῷ
3. 25. ὑ. καὶ ἀμέτρητος
5. 5. στῆθι ἐπὶ τοῦ ὑ.
— 7. ταπεινοῦσθαι πᾶν ὄρος ὑψηλόν
La. 3. 41. ἀναλάβωμεν καρδίας ἡμῶν ἐπὶ χειρῶν πρὸς ὑψηλόν †
Ez. 6. 3. ἐξολεθρευθήσεται τὰ ὑ. ὑμῶν (1)
— 6. τὰ ὑ. ἀφανισθήσεται (1)
— 13. ἐπὶ πάντα βουνὸν ὑψηλόν (12 *a*)
9. 2. ἀπὸ τῆς ὁδοῦ τῆς πύλης τῆς ὑ. (11)
17. 22. καταφυτεύσω ἐγὼ ἐπ' ὄρος ὑψηλόν (3 *a*)
— 24. ἐγὼ κύριος ὁ ταπεινῶν ξύλον ὑψηλόν (3 *a*)
20. 28. ἴδον πάντα βουνὸν ὑψηλόν (12 *a*)
— 33. ἐν βραχίονι ὑψηλῷ . . . βασιλεύσω ἐφ' ὑμᾶς (8)
— 34. ἐν βραχίονι ὑψηλῷ καὶ ἐν θυμῷ κεχυμένῳ (8)
— 40. ἐπ' ὄρους ὑψηλοῦ ἐκεῖ δουλεύσουσί μοι (12 *b*)
21. 26 (31). ἐταπείνωσας τὸ ὑ. (3 *a*)
31. 3. Ἀσσοὺρ κυπάρισσος . . . ὑ. τῷ μεγέθει (3 *a*)
34. 6. διεσπάρη . . . ἐπὶ πᾶν βουνὸν ὑψηλόν (12 *a*)
— 14. ἐν τῷ ὄρει τῷ ὑ. [A *add.* ἐν τῷ ὄρει] Ἰσραήλ (12 *b*)
40. 2. ἔθηκέ με ἐπ' ὄρος ὑψηλὸν [A ὄρους ὑψηλοῦ] σφόδρα (3 *a*)
Da. LXX. 4. 7. δένδρον ὑ. φυόμενον ἐπὶ τῆς γῆς (12 *c*)
8. 3. καὶ τὰ κέρατα ὑ. (3 *a*)
— 3. καὶ τὸ ἓν ὑψηλότερον τοῦ ἑτέρου (3 *a*)
— 3. καὶ τὸ ὑψηλότερον ἀνέβη (15)
9. 15. ὁ ἐξαγαγὼν . . . τῷ βραχίονί σου τῷ ὑ. (5)
Da. TH. 8. 3. καὶ αὐτῷ κέρατα ὑ. (3 *a*)
— 3. καὶ τὸ ἓν ὑψηλότερον τοῦ ἑτέρου (3 *a*)
— 3. καὶ τὸ ὑ. [A -ότερον] ἀνέβαινεν ἐπ' ἐσχάτῳ (3 *a* [15])
I Ma. 4. 60. S¹ ᾠκοδόμησαν . . . τείχη ὑ. καὶ πύργους ὑ. [S² R ὀχυρούς, A ἰσχυρούς]
6. 7. τὸ ἁγίασμα . . . ἐκύκλωσαν τείχεσιν ὑ.
— 40. ἐξετάθη μέρος τι . . . ἐπὶ τὰ ὑ. [S¹ *om.*] ὄρη
9. 50. ἐν τείχεσιν ὑ. καὶ πύλαις [S¹ *al.*]
13. 33. καὶ περιετείχισε πύργοις ὑ.
II Ma. 8. 30. ὀχυρωμάτων ὑ. εὖ μάλα ἐγκρατεῖς ἐγένοντο
IV Ma. 5. 1. προκαθίσας . . . ἐπί τινος ὑ. τόπου
6. 6. ὑψηλοὺς ἀνατείνας εἰς τὸν οὐρανὸν τοὺς ὀφθ.

[**Aq.** Dt. 2. 21 : Jd. 7. 1 : Jb. 21. 22 : Ps. 77 (78). 58, 69 : Pr. 6. 17 : Is. 2. 14 : 36. 2, 7 : 40. 9 : 58. 14 : Je. 7. 31 : 31 (38). 15 : Ez. 16. 16 (Sw.) : 17. 22 : 30. 22.]
[**Sm.** Nu. 33. 44 : Jd. 1. 15 : 5. 18 : I Ki. 2. 3 : 10. 5 : II Ki. 1. 19 : III Ki. 15. 14 : IV Ki. 23. 5 : Jb. 21. 22 : 28. 18 : Ps. 17 (18). 34 : 55 (56). 3 : 60 (61). 4 : 67 (68). 16, 17 : 77 (78). 69 : 88 (89). 14 : Pr. 6. 17 : 19. 15 : Ec. 5. 7 : Is. 2. 14 : 6. 1 : 33. 16 : 36. 2, 7 : 58. 14 : Je. 7. 31 : Ez 17. 22 : Am. 7. 9.]
[**Th.** II Ki. 1. 19 : Jb. 21. 22 : Is. 2. 14 : 36. 7 : 58. 14 : Je. 17. 3 (Sw.) : Ez. 17. 22 : 28. 7 : Da. 8. 3 : Am. 4. 3.]
[**Al.** Nu. 22. 41 : Is. 37. 26.]
[**Quint.** IV Ki. 23. 5.]

ὕψιστος. (1) מִמַּעַל (2) *a.* מָרוֹם *b.* רוּם (3) *a.* עֶלְיוֹן *b.* עֲלִי

Ge. 14. 18. ἦν δὲ ἱερεὺς τοῦ θεοῦ τοῦ ὑ. (3 *a*)
— 19. εὐλογημένος Ἄβ. τῷ θεῷ τῷ ὑ. (3 *a*)
— 20. εὐλογητὸς ὁ θεὸς ὁ ὕ. (3 *a*)
— 22. ἐκτενῶ τὴν χεῖρά μου πρὸς τὸν θεὸν τὸν ὕ. (3 *a*)
Nu. 24. 16. ἐπιστάμενος ἐπιστήμην παρὰ [A *om.*] ὑψίστου (3 *a*)
De. 32. 8. A² B ὅτε διεμέριζεν ὁ ὕ. ἔθνη (3 *a*)

II Ki. 22. 14. ὁ ὕ. ἔδωκε φωνὴν αὐ. (3 *a*)
I Es. 2. 3. ὁ κύριος τοῦ Ἰσρ. κύριος ὁ ὕ.
6. 31. ὅπως προσφέρωνται σπονδαὶ τῷ θεῷ τῷ ὑ.
8. 19. ἀναγνώστης τοῦ νόμου τοῦ θεοῦ τοῦ ὑ.
— 21. ἐπιτελεσθήτω τῷ θεῷ τῷ ὑ.
9. 46. εὐλόγησεν Ἀζ. τῷ κ. θεῷ ὑ. [A τῷ ὑ.] θεῷ
To. 1. 4. ἡγιάσθη ὁ ναὸς τῆς κατασκηνώσεως τοῦ ὑ. [S θεοῦ]
— 13. ἔδωκεν ὁ ὕ. χάριν καὶ μορφήν
4. 11. A B πᾶσι τοὺς ποιοῦσιν αὐτὴν ἐνώπιον τοῦ ὑ.
Ju. 13. 18. εὐλογητὴ σὺ . . . τῷ θεῷ τῷ ὑ.
Es. 8. 13. ὄντας δὲ υἱοὺς τοῦ [A *om.*] ὑ. μεγίστου ζῶντος θεοῦ
Jb. 16. 20 (19). A B S² ὁ δὲ συνίστωρ μου ἐν ὑψίστοις (2 *a*)
25. 2. ὁ ποιῶν τὴν σύμπασαν ἐν ὑψίστῳ (2 *a*)
31. 2. καὶ κληρονομία ἱκανοῦ ἐξ ὑψίστων [A -ου, S¹ ἐν ὑψίστῳ] (2 *a*)
— 28. ἐψευσάμην ἐναντίον κυρίου τοῦ ὑ. (1)
Ps. 7. 17. ψαλῶ τῷ ὀνόματι κυρίου τοῦ ὑ. (3 *a*)
9. 2. ψαλῶ τῷ ὀνόματί σου, ὕψιστε (3 *a*)
12 (13). 6. ψαλῶ τῷ ὀνόματι κυρίου τοῦ ὑ. –
17 (18). 13. ὁ ὕ. ἔδωκε φωνὴν αὐτοῦ (3 *a*)
20 (21). 7. ἐν τῷ ἐλέει τοῦ ὑ. οὐ μὴ σαλευθῇ [S¹ -θῶ] (3 *a*)
45 (46). 4. ἡγίασε τὸ σκήνωμα αὐτοῦ ὁ ὕ. (3 *a*)
— 6. A S² ἔδωκε φωνὴν αὐτοῦ ὁ ὕ. [B S¹ *om.*] –
46 (47). 2. κύριος ὕψιστος φοβερός (3 *a*)
49 (50). 14. ἀπόδος τῷ ὑ. τὰς εὐχάς σου (3 *a*)
56 (57). 2. κεκράξομαι πρὸς τὸν θεὸν τὸν ὕ. (3 *a*)
65 (66). 4. S² ψαλάτωσαν τῷ ὀνόματί σου, ὕψιστε [B S¹ *om.*] –
70 (71). 19. καὶ τὴν δικαιοσύνην σου, ὁ θεός, ἕως ὑψίστων (2 *a*)
72 (73). 11. εἰ ἔστι γνῶσις ἐν τῷ ὑ. (3 *a*)
76 (77). 10. αὕτη ἡ ἀλλοίωσις τῆς δεξιᾶς τοῦ ὑ. (3 *a*)
77 (78). 17. παρεπίκραναν τὸν ὕ. ἐν ἀνύδρῳ (3 *a*)
— 35. ὁ θεὸς [S¹ *om.* ὁ θ.] ὁ ὕ. λυτρωτὴς αὐτῶν ἐστι (3 *a*)
— 56. παρεπίκραναν τὸν θεὸν τὸν ὕ. (3 *a*)
81 (82). 6. καὶ υἱοὶ ὑψίστου πάντες (3 *a*)
82 (83). 18. σὺ μόνος ὕψιστος ἐπὶ πᾶσαν τὴν γῆν (3 *a*)
86 (87). 5. αὐτὸς ἐθεμελίωσεν αὐτὴν ὁ ὕ. (3 *a*)
90 (91). 1. ὁ κατοικῶν ἐν βοηθείᾳ τοῦ ὑ. (3 *a*)
— 9. τὸν ὕ. ἔθου καταφυγήν σου (3 *a*)
91 (92). 1. καὶ ψάλλειν τῷ ὀνόματί σου, ὕψιστε (3 *a*)
— 8. σὺ δὲ ὕψιστος εἰς τὸν αἰῶνα, κύριε (2 *a*)
96 (97). 9. A S σὺ εἶ [A S² *om.*] κύριος ὕψιστος [B ὁ ὕ.] ἐπὶ πᾶσαν τὴν γῆν (3 *a*)
106 (107). 11. τὴν βουλὴν τοῦ ὑ. παρώξυναν (3 *a*)
148. 1. αἰνεῖτε αὐτὸν ἐν τοῖς ὑ. (2 *a*)
Wi. 5. 15. ἡ φροντὶς αὐτῶν παρὰ ὑψίστῳ
6. 3. ἡ δυναστεία παρὰ ὑψίστου
9. 17. εἰ μὴ . . . ἔπεμψας τὸ ἅγιόν σου πνεῦμα ἀπὸ ὑψίστων [S¹ -ηλῶν]
Si. 4. 10. ἔσῃ ὡς υἱὸς ὑψίστου
7. 9. ἐν τῷ προσενέγκαι με θεῷ ὑψίστῳ προσδέξεται
— 15. μὴ μισήσῃς . . . γεωργίαν ὑπὸ ὑψίστου ἐκτισμένην
9. 15. πᾶσα διήγησίς σου ἐν νόμῳ ὑψίστου
12. 2. εἰ μὴ παρ' αὐτοῦ ἀλλὰ παρὰ [A S παρὰ τοῦ] ὑψίστου
— 6. ὅτι καὶ ὁ ὕ. ἐμίσησεν ἁμαρτωλούς
16. 17. S¹ μὴ ἐξ ὑψίστου [A B S² ὕψους τίς μου] μνησθήσεται
17. 26. ἐπάναγε ἐπὶ ὕψιστον
— 27. ὑψίστῳ τίς αἰνέσει ἐν ᾅδου
19. 17. δὸς τόπον νόμῳ ὑψίστου
23. 9. A S² ὀνομασίᾳ τοῦ ὑ. [B S¹ ἁγίου] μὴ συνεθισθῇς
— 18. τῶν ἁμαρτιῶν μου οὐ μὴ μνησθήσεται ὁ ὕ.
— 23. ἐν νόμῳ ὑψίστου [A -ῳ] ἠπείθησε
24. 2. ἐν ἐκκλησίᾳ ὑψίστου στόμα αὐτῆς ἀνοίξει
— 3. ἐγὼ ἀπὸ στόματος ὑψίστου ἐξῆλθον
— 23. ταῦτα πάντα βίβλος διαθήκης θεοῦ ὑψίστου
26. 16. ἥλιος ἀνατέλλων ἐν ὑψίστοις κυρίου
28. 7. μνήσθητι . . . διαθήκην ὑψίστου
29. 11. θὲς τὸν θησαυρόν σου κατ' ἐντολὰς ὑψίστου
31 (34). 6. ἐὰν μὴ παρὰ [A ἀπὸ] ὑψίστου ἀποσταλῇ ἐν ἐπισκοπῇ
— 19. οὐκ εὐδοκεῖ ὁ ὕ. ἐν προσφοραῖς ἀσεβῶν
32 (35). 6. ἡ εὐωδία αὐτῆς ἔναντι ὑψίστου
— 10. δὸς ὑψίστῳ κατὰ τὴν δόσιν αὐτοῦ [A σου]
— 17. ἕως ἐπισκέψηται ὁ ὕ. [A ἐπ. κύριος]

Si. 36 (33). 15. οὕτως ἔμβλεψον εἰς πάντα τὰ ἔργα τοῦ ὑ.
37. 15. ἐπὶ πᾶσι τούτοις δεήθητι ὑψίστου
38. 2. παρὰ γὰρ ὑψίστου ἐστὶν ἴασις
— 34. καὶ διανοουμένου ἐν νόμῳ ὑψίστου
39. 5. ἔναντι ὑψίστου δεηθήσεται
41. 4. τί ἀπαναίνῃ ἐν εὐδοκίᾳ ὑψίστου
— 8. οἵτινες ἐγκατελίπετε νόμον θεοῦ [S *om.*] ὑψίστου
42. 2. περὶ νόμου ὑψίστου καὶ διαθήκης
— 18. A S ἔγνω γὰρ ὁ ὕ. [B κύριος] πᾶσαν εἴδησιν [S συνείδ.]
43. 2. σκεῦος θαυμαστὸν ἔργον ὑψίστου
— 9. κόσμος φωτίζων ἐν ὑψίστοις κύριος [A S² -ίου]
— 12. χεῖρες ὑψίστου ἐτάνυσαν αὐτό
44. 19. ὃς συνετήρησε νόμον ὑψίστου
— 26. S¹ ἐπέγνω αὐτὸν ἐν εὐλογίαις ὑψίστου [A B S² *om.*] αὐτοῦ
46. 5. ἐπεκαλέσατο τὸν [S τὸν κύριον] ὕ. δυνάστην
47. 5. ἐπεκαλέσατο γὰρ κύριον τὸν ὕ.
— 8. ἔδωκεν ἐξομολόγησιν ἁγίῳ ὑψίστῳ [S -ου] ῥήματι
48. 5. ὁ ἐγείρας νεκρὸν . . . ἐξ ᾅδου ἐν λόγῳ ὑψίστου
49. 4. κατέλιπον γὰρ τὸν νόμον τοῦ ὕ.
50. 7. ὡς ἥλιος ἐκλάμπων ἐπὶ ναὸν ὑψίστου
— 14. κοσμῆσαι προσφορὰν ὑψίστου παντοκράτορος
— 15. ὀσμὴν εὐωδίας ὑψίστῳ παμβασιλεῖ
— 16. εἰς μνημόσυνον ἔναντι ὑψίστου
— 17. προσκυνῆσαι τῷ κυρίῳ αὐτῶν . . . τῷ [A S² *om.*] ὕ.
— 19. ἐδεήθη ὁ λαὸς κυρίου ὑψίστου
— 21. ἐπιδείξασθαι τὴν εὐλογίαν παρὰ ὑψίστου
Mi. 6. 6. ἐν τίνι . . . ἀντιλήψομαι θεοῦ μου ὑ. (2 *a*)
Is. 14. 14. ἔσομαι ὅμοιος τῷ ὑ. (3 *a*)
57. 15. τάδε λέγει [A S³ *add.* κύριος] ὁ ὕ. . . . ὕ. [S ὁ ὕ. εἰς τὸν αἰῶνα ὁ] ἐν τοῖς ἁγίοις ἀναπαυόμενος (2 *b*, 2 *a*)
Ba. 4. 20. A κεκράξομαι πρὸς τὸν αἰώνιον ὕ. [B *om.*]
La. 3. 35. τοῦ ἐκκλῖναι κρίσιν ἀνδρὸς κατέναντι προσώπου ὑψίστου (3 *a*)
— 38. ἐκ στόματος ὑψίστου οὐκ ἐξελεύσεται τὰ κακά (3 *a*)
Da. LXX. 2. 18. ζητῆσαι παρὰ τοῦ κυρίου τοῦ ὑ. †
— 19. εὐλόγησε τὸν κύριον τὸν ὕ. †
3. 26 (93). οἱ παῖδες τοῦ θεοῦ τῶν θεῶν τοῦ ὑ. (3 *b*)
— 32 (99). ἃ ἐποίησε μετ' ἐμοῦ ὁ θεὸς ὁ ὕ. (3 *b*)
4. 11. προστέτακται γὰρ ἀπὸ τοῦ ὑ. –
— 21. ὁ ὕ. καὶ οἱ ἄγγελοι αὐ. ἐπὶ σὲ κατατρέχουσιν †
— 32. δὸς δόξαν τῷ ὑ. –
— 34. τῷ ὑ. ἀνθομολογοῦμαι –
— 34. τῷ ὑ. θυσίας προσοίσω –
5. 1. τῷ θεῷ τῷ ὑ. οὐκ ἔδωκεν αἴνεσιν –
7. 18. παραλήψονται τὴν βασιλείαν ἅγιοι ὑψίστου (3 *a*)
— 22. τὴν κρίσιν ἔδωκε τοῖς ἁγίοις τοῦ ὑ. (3 *a*)
— 25. ῥήματα εἰς τὸν ὕ. λαλήσει (3 *b*)
— 25. τοὺς ἁγίους τοῦ ὑ. κατατρίψει (3 *a*)
— 27. ἔδωκε λαῷ ἁγίῳ ὑψίστῳ βασιλεῦσαι (3 *a*)
Da. TH. 3. 26 (93). οἱ δοῦλοι τοῦ θεοῦ τοῦ ὑ. [A *om.* τοῦ ὑ.] (3 *b*)
— 32 (99). ἃ ἐποίησε μετ' ἐμοῦ ὁ θεὸς ὁ ὕ. (3 *b*)
4. 14. κύριός ἐστιν ὁ ὕ. τῆς βασιλείας τῶν ἀνθρ. (3 *b*)
— 21. καὶ σύγκριμα ὑψίστου ἐστίν (3 *b*)
— 22, 29. κυριεύει ὁ ὕ. τῆς βασιλείας τῶν ἀνθρ. (3 *b*)
— 31. τῷ ὑ. ηὐλόγησα (3 *b*)
5. 18. ὁ θεὸς ὁ ὕ. τὴν βασιλείαν . . . ἔδωκε Ναβ. (3 *b*)
— 21. κυριεύει ὁ θεὸς ὁ ὕ. τῆς βασιλείας τῶν ἀνθρ. (3 *b*)
7. 18. παραλήψονται τὴν βασιλείαν ἅγιοι ὑψίστου (3 *a*)
— 22. τὸ κρίμα ἔδωκεν ἁγίοις ὑψίστου (3 *a*)
— 25. λόγους πρὸς τὸν ὕ. λαλήσει (3 *b*)
— 25. τοὺς ἁγίους ὑψίστου λαλήσει (3 *a*)
— 27. ἐδόθη ἁγίοις ὑψίστου (3 *a*)
II Ma. 3. 31. ἠξίουν τὸν Ὀ. ἐπικαλέσασθαι τὸν ὕ.
III Ma. 6. 2. βασιλεῦ μεγαλοκράτωρ ὕψιστε
7. 9. τὸν πάσης δεσπόζοντα δυνάμεως θεὸν ὕ.

[**Aq.** Ps. 55 (56). 3 : 76 (77). 11 : 77 (78). 17 : 88 (89). 28 : 90 (91). 1, 9.]
[**Sm.** Ps. 9. 3 : 17 (18). 14 : 45 (46). 5 : 72 (73). 11 : 76 (77). 11 : 77 (78). 17, 35 : 86 (87). 5 : 90 (91). 1, 9.]
[**Th.** Ps. 76 (77). 11 : 86 (87). 5 : Da. 7. 25.]
[**Quint.** Ps. 76 (77). 11 : 90 (91). 1, 9.]

ὕψος. (1) בָּמָה (2) גָּאוֹן (3) *a.* גֹּבַהּ *b.* גָּבַהּ hi. *c.* גָּבֹהַּ (4) גֹּדֶל (5) מַעֲלָה (6) *a.* מָרוֹם *b.* רוּם subst. *c.* רוּם *d.* רוּם hi. (7) קוֹמָה (8) תּוֹעָפוֹת

Ge. 6. 15. καὶ τριάκοντα πήχεων τὸ ὕ. αὐ. (7)
Ex. 25. 9 (10). A B² R καὶ πήχεος καὶ ἡμίσους τὸ ὕ. (7)
— 22 (23). καὶ πήχεος καὶ ἡμίσους τὸ ὕ. (7)
27. 1. καὶ τριῶν πήχεων τὸ ὕ. αὐ. (7)
— 14. πέντε καὶ δέκα πήχεων τὸ ὕ. τῶν ἱστίων –
— 15. δέκα πέντε πηχῶν τῶν ἱστίων τὸ ὕ. –
— 16. εἴκοσι πήχεων τὸ ὕ. –
— 18. καὶ ὕψος πέντε πήχεων (7)
30. 2. καὶ δύο πήχεων τὸ ὕ. (7)
37. 16 (38. 18). καὶ τὸ ὕ. καὶ τὸ εὖρος πέντε πήχεων (7)
38 (37). 1. A καὶ πήχεως καὶ ἡμίσους τὸ ὕ. αὐ. (7)
Jd. 5. 18. καὶ Νεφθ. ἐπὶ ὕψη ἀγροῦ (6 *a*)
I Ki. 17. 4. ὕψος αὐ. τεσσάρων πήχεων καὶ σπιθαμῆς (3 *a*)
II Ki. 1. 19. ὑπὲρ τῶν τεθνηκότων ἐπὶ τὰ ὕ. σου [A *al.*] (1)
— 25. ἐπὶ τὰ ὕ. σου τραυματίαι (1)
22. 17. ἀπέστειλεν ἐξ ὕψους (6 *a*)
— 34. καὶ ἐπὶ τὰ ὕ. ἱστῶν με (1)
III Ki. 6. 2. πέντε καὶ εἴκοσι ἐν πήχει τὸ [A *om.*] ὕ. αὐ. (7)
— 3. A εἰς τὸ ὕ. τοῦ οἴκου [B *al.*] †
— 10. πέντε ἐν πήχει τὸ ὕ. αὐ. (7)
— 20. εἴκοσι πήχεις τὸ ὕ. αὐ. (7)
— 26. B καὶ τὸ ὕ. τοῦ χερ. ἐν πήχει [A R *al.*] (7)
7. 15. ὀκτὼ καὶ δέκα πήχεις ὕψος τοῦ στύλου (7)
— 16. πέντε πήχεις τὸ ὕ. τοῦ ἐπιθέματος τοῦ ἑνός (7)
— 16. A R καὶ πέντε πήχεις τὸ ὕ. τοῦ ἐπιθέματος τοῦ δευτ. (7)
— 23. πέντε ἐν πήχει τὸ [A *om.*] ὕ. αὐ. (7)
— 27. καὶ ἓξ ἐν πήχει ὕψος αὐ. (7)
— 32. καὶ τὸ ὕ. τοῦ τροχοῦ τοῦ ἑνός (7)
— 2. A R καὶ τριάκοντα πηχῶν ὕψος αὐ. (7)
IV Ki. 19. 22. ἐπὶ τίνα . . . ἦρας εἰς ὕψος τοὺς ὀφθ. σου (6 *a*)
— 23. ἀναβήσομαι εἰς ὕψος ὀρέων (6 *a*)
25. 17. ὀκτὼ καὶ δέκα πήχεων ὕψος τοῦ στύλου τοῦ ἑνός (7)
— 17. καὶ τὸ ὕ. τοῦ χωθὰρ τριῶν πήχεων (7)
I Ch. 14. 2. ηὐξήθη εἰς ὕψος ἡ βασ. αὐ. (5)
15. 16. τοῦ φωνῆσαι εἰς ὕψος (6 *d*)
23. 17. υἱοὶ Ῥ. ηὐξήθησαν εἰς ὕψος (5)
29. 3. δέδωκα εἰς οἶκον θεοῦ μου εἰς ὕψος (5)
II Ch. 1. 1. ἐμεγάλυνεν αὐτὸν εἰς ὕψος (5)
3. 4. A² B καὶ ὕψος πήχεων ἑκατὸν εἴκοσι (3 *a*)
— 15. πήχεων τριάκοντα πέντε τὸ ὕ. †
4. 1. B ὕψος πήχεων δέκα [A R *al.*] (7)
— 2. πέντε πήχεων τὸ ὕ. (7)
6. 13. καὶ τριῶν πήχεων τὸ ὕ. αὐ. (7)
17. 12. ἦν Ἰωσ. πορευόμενος μείζων ἕως εἰς ὕψος (5)
20. 19. αἰνεῖν κ. θεῷ Ἰσρ. ἐν φωνῇ μεγάλῃ εἰς ὕψος (5)
32. 26. ἐταπεινώθη Ἐζ. ἀπὸ τοῦ ὕ. τῆς καρδίας αὐ. (3 *a*)
I Es. 6. 25. οὗ τὸ ὕ. πήχεων ἑξήκοντα
II Es. 6. 3. ἔθηκεν ἔπαρμα ὕψος πήχεις ἑξήκοντα (6 *b*)
Ne. 9. 5. S² ὄνομα δόξης σου καὶ ὕψους σου [A B S¹ *al.*] †
Ju. 1. 2. ἐποίησε τὸ ὕ. [A μῆκος] τοῦ τείχους
— 4. εἰς ὕψος πήχεων ἑβδομήκοντα
7. 10. ἀλλ' ἐπὶ τοῖς ὕ. [A ὄψεσι] τῶν ὀρέων αὐ.
13. 20. ποιῆσαι σοι αὐτὰ ὁ θ. εἰς ὕψος αἰώνιον
16. 8. A B S² εἰς ὕψος τῶν πονούντων ἐν Ἰσρ.
Jb. 5. 11. τὸν ποιοῦντα ταπεινοὺς εἰς ὕψος (6 *a*)
39. 18. κατὰ καιρὸν [A -ῶν] ἐν [S¹ *om.*] ὕψει ὑψώσει (6 *a*)
40. 5 (10). ἀνάλαβε δὴ ὕψος [A εἰς ὕ.] (2)
Ps. 7. 7. ὑπὲρ ταύτης εἰς ὕψος ἐπίστρεψον (6 *a*)
11 (12). 8. κατὰ τὸ ὕ. σου ἐπολυώρησας τοὺς [A πάντας τοὺς] υἱοὺς τῶν ἀνθρώπων (6 *b*)
17 (18). 16. ἐξαπέστειλεν ἐξ ὕψους (6 *a*)
55 (56). 2. ὅλην τὴν ἡμέραν ἀπὸ ὕψους ἡμέρας (6 *a*)
67 (68). 18. ἀναβὰς εἰς ὕψος (6 *a*)
72 (73). 8. ἀδικίαν εἰς τὸ ὕ. ἐλάλησαν (6 *a*)
74 (75). 5. μὴ ἐπαίρετε εἰς ὕψος τὸ κέρας ὑμῶν (6 *a*)
94 (95). 4. τὰ ὕ. τῶν ὀρέων αὐτοῦ ἐστιν (8)
101 (102). 19. ἐξέκυψεν ἐξ ὕψους ἁγίου αὐτοῦ (6 *a*)

Ps. 102 (103). 11. κατὰ τὸ ὕ. τοῦ οὐρ. ἀπὸ τῆς γῆς (3 *a*)
143 (144). 7. ἐξαπόστειλον τὴν χεῖρά σου ἐξ ὕψους (6 *a*)
Ec. 10. 6. ἐδόθη ὁ ἄφρων ἐν ὕψεσι μεγάλοις (6 *a*)
12. 5. καὶ εἰς τὸ ὕ. [A S καί γε ἀπὸ ὕψους] ὄψονται (3 *a*)
Ca. 7. 8 (9). κρατήσω τῶν ὕ. αὐτοῦ †
Si. 1. 3. ὕψος οὐρανοῦ . . . τίς ἐξιχνιάσει
16. 17. μὴ ἐξ ὕψους τίς μου [S¹ ἐξ ὑψίστου] μνησθήσεται
17. 32. δύναμιν ὕψους οὐρανοῦ αὐτὸς ἐπισκέπτεται
27. 25. ὁ βάλλων λίθον εἰς ὕψος ἐπὶ κεφαλὴν αὐτοῦ βάλλει
43. 1. γαυρίαμα ὕψους στερέωμα καθαριότητος [S καὶ καθαριότης]
— 8. σκεῦος παρεμβολῶν ἐν ὕψει
46. 9. ἐπιβῆναι αὐτὸν ἐπὶ ὕψος [A S τὸ ὕ.] τῆς γῆς
50. 2. ὑπ' αὐτοῦ ἐθεμελιώθη ὕψος διπλῆς
51. 19. τὰς χεῖράς μου ἐξεπέτασα πρὸς ὕψος
Am. 2. 9. οὗ ἦν καθὼς ὕψος κέδρου τὸ ὕ. αὐ. (3 *a*, 3 *a*)
4. 13. ἐπιβαίνων ἐπὶ τὰ ὕ. τῆς γῆς (1)
5. 7. ὁ ποιῶν εἰς ὕψος κρίμα †
Mi. 1. 3. ἐπιβήσεται ἐπὶ τὰ ὕ. τῆς γῆς (1)
Hb. 2. 9. τοῦ τάξαι εἰς ὕψος [S¹ οἶκον] νοσσιὰν αὐ. (6 *a*)
3. 10. ὕψος φαντασίας αὐ. (6 *c*)
Is. 2. 11. ταπεινωθήσεται τὸ ὕ. τῶν ἀνθρώπων (6 *b*)
— 17. A S πεσεῖται ὕ. [B ὕβρις] ἀνθρώπων (6 *b*)
7. 11. αἴτησαι σεαυτῷ σημεῖον . . . εἰς βάθος ἢ εἰς ὕ. (3 *b* + 5)
10. 12. ἐπὶ τὸ ὕ. τῆς δόξης τῶν ὀφθαλμῶν αὐτοῦ (6 *b*)
25. 12. τὸ ὕ. τῆς καταφυγῆς τοῦ τοίχου σου ταπεινώσει †
35. 2. ὄψεται τὴν δόξαν κυρίου καὶ τὸ ὕ. τοῦ θεοῦ †
37. 23. οὐκ ἦρας εἰς ὕ. τοὺς ὀφθαλμούς σου (6 *a*)
— 24. ἀνέβην εἰς ὕ. ὀρέων . . . ἔκοψα τὸ ὕ. τῆς κέδρου αὐτοῦ . . . εἰσῆλθον εἰς ὕ. μέρους τοῦ δρυμοῦ (6 *a*, 7, 6 *a*)
38. 10. εἶπα ἐν τῷ ὕ. τῶν ἡμερῶν μου †
— 14. τοῦ βλέπειν εἰς τὸ ὕ. τοῦ οὐρανοῦ (6 *a*)
40. 26. ἀναβλέψατε εἰς ὕ. [A τὸ ὕ.] τοὺς ὀφθαλμοὺς ὑμῶν (6 *a*)
Je. 6. 2. ἀφαιρεθήσεται τὸ ὕ. σου †
28 (51). 53. A S³ ἐὰν ὀχυρώσῃ ὕ. ἰσχύος αὐτῆς [B S¹ *al.*] (6 *a*)
37 (30). 18. οἰκοδομηθήσεται πόλις ἐπὶ τὸ ὕ. [A ἐ. τεῖχος] αὐτῆς †
52. 21. τριάκοντα πέντε πηχῶν ὕ. τοῦ στύλου τοῦ ἑνός (7)
La. 1. 13. ἐξ ὕψους αὐτοῦ ἀπέστειλε πῦρ (6 *a*)
Ez. 1. 18. ὕ. ἦν αὐτοῖς (3 *a*)
31. 2. τίνι ὡμοίωσας σεαυτὸν ἐν τῷ ὕ. σου (4)
— 7. ἐγένετο καλὸς ἐν τῷ ὕ. αὐτοῦ (4)
— 14. οὐκ ἔστησαν ἐν τῷ ὕ. αὐτῶν πρὸς αὐτά (3 *a*)
40. 5. τὸ ὕ. αὐτοῦ ἴσον τῷ καλάμῳ (7)
— 42. ἐπὶ πῆχυν τὸ ὕ. (3 *a*)
41. 8. τὸ θραὲλ τοῦ οἴκου ὕ. κύκλῳ (3 *a*)
— 22. πηχῶν τριῶν τὸ ὕ. αὐτοῦ (3 *c*)
43. 13. τοῦτο τὸ ὕ. τοῦ θυσιαστηρίου †
Da. LXX. 3. 1. τὸ ὕ. αὐ. πηχῶν ἑξήκοντα (6 *b*)
Da. TH. 3. 1. ὕψος αὐτῆς πήχεων ἑξήκοντα (6 *b*)
4. 7. καὶ τὸ ὕ. αὐ. πολύ (6 *b*)
— 8. τὸ ὕ. αὐ. ἔφθασεν ἕως τοῦ οὐρανοῦ (6 *b*)
— 17. οὗ τὸ ὕ. ἔφθανεν εἰς τὸν οὐρανόν (6 *b*)
I Ma. 1. 40. τὸ ὕ. αὐ. ἐστράφη εἰς πένθος
10. 24. γράψω . . . λόγους παρακλήσεως καὶ ὕψους
12. 36. ὑψῶσαι ὕψος μέγα
II Ma. 9. 8. πλάστιγγι τῶν ὀρέων οἰόμενος ὕψη στήσειν

[**Aq.** I Ki. 16. 7 : Ps. 7. 8 : 11 (12). 9 : 70 (71). 19 : 92 (93). 4 : Pr. 9. 3 : Is. 7. 11 : 38. 14 : 58. 14 : Je. 49. 16 (29. 17) : Ez. 17. 23 : 27. 32.]
[**Sm.** Nu. 21. 8 : Jo. 11. 13 : III Ki. 6. 20 : Jb. 37. 17 : Ps. 70 (71). 19 : 72 (73). 8 : 74 (75). 6 : Ec. 10. 6 : Ca. 4. 4 : Is. 25. 12 : 32. 15 : 33. 16 : 58. 14 : Je. 31 (38). 12 : 48 (31). 29 : 49. 16 (29. 17) : 52. 21, 22.]
[**Th.** Ex. 37 (38). 1, 10 (11) : I Ki. 16. 7 : II Ki. 1. 21 : Jb. 39. 18 : 40. 5 (10) : Ps. 7. 8 : Is. 58. 14 : Je. 31 (38). 12 : 52. 22 : Da. 4. 7.]
[**Al.** Le. 14. 14 : Is. 2. 17 : Ez. 41. 8.]
[**Sext.** Ps. 70 (71). 19.]

ὑψοῦν. (1) אָרַךְ (2) גָּאוֹן (3) גָּבַהּ *a.* qal. *b.* hi. *c.* גֹּבַהּ (4) גָּבַר (5) גָּדַל *a.* qal. *b.* pi. *c.* hi. *d.* hithp. *e.* גָּדוֹל (6) מָרָא hi. (7) נָטָה (8) נָשָׂא *a.* qal. *b.* ni. *c.* pi. *d.* hithp. (9) עָלַז (10) פָּאַר pi. (11) פָּרָה hi. (12) רָבָה hi. (13) רוּם *a.* qal. *b.* pil. *c.* hi. *d.* hithpal. *e.* pe. *f.* aph. *g.* ithpal. *h.* רוֹמָם *i.* מָרוֹם *j.* רוּם subst. *k.* רָמַם (14) רָנַן pi. (15) שָׂנָא (שְׂנָה) (16) שָׂגַב ni.

Ge. 7. 17. ὑψώθη ἀπὸ τῆς γῆς (13 *a*)
— 20, 24. ὑψώθη τὸ ὕδωρ (4)
19. 13. ὑψώθη ἡ κραυγὴ αὐ. ἐναντίον κυρίου (5 *a*)
24. 35. καὶ ὑψώθη (5 *a*)
26. 13. ὑψώθη ὁ ἄνθρωπος (5 *a*)
39. 15, 18. ὕψωσα τὴν φωνήν μου (13 *c*)
41. 52. A ὕψωσέν [R ηὔξησέ] με ὁ θ. (11)
48. 19. καὶ οὗτος ὑψωθήσεται (5 *a*)
Ex. 15. 2. καὶ ὑψώσω αὐτόν (13 *b*)
Nu. 14. 17. ὑψωθήτω ἡ ἰσχύς [A χείρ] σου (5 *a*)
24. 7. ὑψωθήσεται ἡ Γὼγ βασιλεία (13 *a*)
32. 35. καὶ ὕψωσαν αὐτάς †
De. 8. 14. μὴ . . . ὑψωθῇς τῇ καρδίᾳ (13 *a*)
17. 20. ἵνα μὴ ὑψωθῇ ἡ καρδία αὐ. (13 *a*)
Jo. 3. 7. ἄρχομαι ὑψῶσαί σε (5 *b*)
I Ki. 2. 1. ὑψώθη κέρας μου ἐν θεῷ μου (13 *a*)
— 10. ὑψώσει κέρας χριστοῦ αὐτοῦ (13 *c*)
10. 23. ὑψώθη ὑπὲρ πάντα τὸν λαόν (3 *a*)
II Ki. 22. 47. ὑψωθήσεται [A -ήτω] ὁ θεός μου (13 *a*)
— 49. ἐκ τῶν ἐπεγειρομ. μοι ὑψώσεις με (13 *b*)
III Ki. 11. 26. A ὕψωσεν χεῖρα ἐν τῷ βασ. (13 *c*)
14. 7. A ἀνθ' οὗ ὅσον ὕψωσά σε ἀπὸ μέσου λαοῦ (13 *c*)
16. 2. ἀνθ' ὧν ὕψωσά σε ἀπὸ τῆς γῆς (13 *c*)
IV Ki. 2. 13. ὕψωσε τὴν μηλωτὴν Ἠ. (13 *c*)
6. 7. ὕψωσον σεαυτῷ (13 *c*)
19. 22. ἐπὶ τίνα ὕψωσας φωνήν (13 *c*)
25. 27. ὕψωσεν Εὐ. . . . τὴν κεφ. Ἰ. (8 *a*)
I Ch. 17. 17. καὶ ὕψωσάς με †
25. 5. ὑψῶσαι κέρας (13 *c*)
II Ch. 5. 13. ὕψωσαν φωνήν (13 *c*)
17. 6. ὑψώθη καρδία αὐ. ἐν ὁδῷ κυρίου (3 *a*)
26. 16. ὑψώθη ἡ καρδία αὐ. τοῦ καταφθεῖραι (3 *a*)
32. 25. ὑψώθη ἡ καρδία αὐ. (3 *a*)
33. 14. καὶ ὕψωσε σφόδρα (3 *b*)
II Es. 3. 12. τοῦ ὑψῶσαι ᾠδήν (13 *c*)
8. 25. ἃ ὕψωσεν ὁ βασ. (13 *c*)
9. 6. τοῦ ὑψῶσαι . . . τὸ πρόσωπόν μου πρὸς σέ (13 *c*)
— 9. τοῦ ὑψῶσαι αὐτοὺς τὸν οἶκον (13 *b*)
10. 1. καὶ ὕψωσε κλαίων (12)
Ne. 9. 5. καὶ ὑψώσουσιν ἐπὶ πάσῃ εὐλογίᾳ [S² *al.*] (13 *b*)
To. 12. 6. A R ὑψοῦν [B ὑψοῖν, S ὑμνεῖν] τὸ ὄνομα αὐτοῦ
13. 4. ὑψοῦτε αὐτὸν ἐνώπιον παντὸς ζῶντος
— 6. ὑψώσατε τὸν βασιλέα τῶν αἰώνων
— 7. A B τὸν θεόν μου ὑψῶ
— 18. ὃς ὕψωσε πάντας [A εἰς π.] τοὺς αἰῶνας [S *al.*]
14. 7. A B ὑψώσει κύριος τὸν λαὸν αὐ.
Ju. 9. 7. ὑψώθησαν ἐφ' ἵππῳ
16. 2. ὑψοῦτε καὶ ἐπικαλεῖσθε τὸ ὄνομα αὐ.
— 11. ὕψωσαν τὴν φωνὴν αὐ.
Es. 1. 1. οἱ ταπεινοὶ ὑψώθησαν
2. 18. ὕψωσε τοὺς γάμους Ἐ. –
3. 1. καὶ ὕψωσεν αὐτόν (8 *c*)
Jb. 8. 11. ἢ ὑψωθήσεται βούτομον ἄνευ πότου (15)
17. 4. A B S² διὰ τοῦτο οὐ μὴ ὑψώσῃς αὐτούς (13 *b*)
19. 6. ὀχύρωμα δὲ αὐτοῦ ἐπ' ἐμὲ ὕψωσεν †
36. 7. καθιεῖ αὐτοὺς εἰς νῖκος καὶ [A καὶ εἰς ν.] ὑψωθήσονται [A -σεται] (3 *a*)
39. 18. κατὰ καιρὸν [A -ῶν] ἐν ὕψει ὑψώσει [S¹ *al.*] (6)
— 27. ἐπὶ δὲ σῷ προστάγματι ὑψοῦται ἀετός (3 *b*)
Ps. 3. 3. δόξα μου καὶ ὑψῶν τὴν κεφαλήν μου (13 *c*)
7. 6. ὑψώθητι ἐν τοῖς πέρασι τῶν ἐχθρῶν μου (8 *b*)
9. 13. ὁ ὑψῶν με ἐκ τῶν πυλῶν τοῦ θανάτου (13 *b*)
— 33 (10. 12). ὑψωθήτω ἡ χείρ σου (8 *a*)
12 (13). 2. ἕως πότε ὑψωθήσεται ὁ ἐχθρός μου ἐπ' ἐμέ (13 *a*)
17 (18). 46. ὑψωθήτω ὁ θεὸς τῆς σωτηρίας μου (13 *a*)
— 48. ἀπὸ τῶν ἐπανιστανομένων ἐπ' ἐμὲ ὑψώσεις με (13 *b*)
20 (21). 13. ὑψώθητι, κύριε, ἐν τῇ δυνάμει σου (13 *a*)

Ps. 26 (27). 5. ἐν πέτρᾳ ὕψωσέ με (13 *b*)
— 6. ὕψωσε τὴν κεφ. μου ἐπ' ἐχθρούς μου (13 *a*)
29 (30). 1. ὑψώσω σε, κύριε (13 *b*)
33 (34). 3. ὑψώσωμεν [A -σομεν] τὸ ὄν. αὐ. (13 *b*)
36 (37). 20. ἅμα τῷ δοξασθῆναι αὐτοὺς καὶ ὑψωθῆναι †
— 34. ὑψώσει σε τοῦ κατακληρονομῆσαι γῆν (13 *b*)
45 (46). 10. ὑψωθήσομαι ἐν τοῖς ἔθνεσιν ὑψωθήσομαι ἐν τῇ γῇ (13 *a*, 13 *a*)
56 (57). 5, 11. ὑψώθητι ἐπὶ τοὺς οὐρανούς, ὁ θεός (13 *a*)
60 (61). 2. ἐν πέτρᾳ ὕψωσάς με (13 *a*)
63 (64). 7. ὑψωθήσεται ὁ θεός †
65 (66). 7. μὴ ὑψούσθωσαν ἐν ἑαυτοῖς (13 *a*, 13 *c**)
— 17. ὕψωσα ὑπὸ τὴν γλῶσσάν μου (13 *h*)
74 (75). 4. μὴ ὑψοῦτε κέρας (13 *c*)
— 7. τοῦτον ὑψοῖ (13 *c*)
— 10. ὑψωθήσεται τὰ κέρατα τοῦ δικαίου (13 *b*)
87 (88). 15. ὑψωθεὶς δὲ ἐταπεινώθην (8 *a*)
88 (89). 3. S¹ ὕψωσα ἐκλεκτὸν ἐκ τοῦ λαοῦ μου –
— 13. ὑψωθήτω ἡ δεξιά σου (13 *a*)
— 16. ἐν τῇ δικαιοσύνῃ σου ὑψωθήσονται (13 *a*)
— 17. ὑψωθήσεται τὸ κέρας ἡμῶν (13 *a*, 13 *c**)
— 19. ὕψωσα ἐκλεκτὸν ἐκ τοῦ λαοῦ μου (13 *c*)
— 24. ὑψωθήσεται τὸ κέρας αὐτοῦ (13 *a*)
— 42. ὕψωσας τὴν δεξιὰν τῶν ἐχθρῶν αὐ. (13 *c*)
91 (92). 10. ὑψωθήσεται ὡς μονοκέρωτος τὸ κέρας μου (13 *c*)
93 (94). 2. ὑψώθητι ὁ κρίνων τὴν γῆν (8 *b*)
98 (99). 5, 9. ὑψοῦτε κύριον τὸν θεὸν ἡμῶν (13 *b*)
106 (107). 25. ὑψώθη τὰ κύματα αὐτῆς (13 *b*)
— 32. ὑψωσάτωσαν αὐτὸν ἐν ἐκκλησίᾳ λαοῦ (13 *b*)
107 (108). 5. ὑψώθητι ἐπὶ τοὺς οὐρανούς, ὁ θεός (13 *a*)
— 7. ὑψωθήσομαι καὶ διαμεριῶ Σίκιμα (9)
109 (110). 7. διὰ τοῦτο ὑψώσει κεφαλήν (13 *c*)
111 (112). 9. τὸ κέρας αὐτοῦ ὑψωθήσεται ἐν δόξῃ (13 *a*)
117 (118). 16. δεξιὰ κυρίου ὕψωσέ με (13 *k*)
— 28. θεός μου εἶ σὺ καὶ ὑψώσω σε (13 *b*)
130 (131). 1. οὐχ ὑψώθη ἡ καρδία μου (3 *a*)
— 2. S R ὕψωσα τὴν ψυχήν [A καρδίαν] μου (13 *b*)
139 (140). 8. μή ποτε ὑψωθῶσι (13 *a*)
144 (145). 1. ὑψώσω σε ὁ θεός μου ὁ βασ. μου (13 *b*)
— 7. A² τῇ δικαιοσύνῃ σου ὑψωθήσονται [B S ἀγαλλιάσονται] (14)
148. 13. ὑψώθη τὸ ὄνομα αὐτοῦ μόνου (16)
— 14. ὑψώσει κέρας λαοῦ αὐτοῦ (13 *c*)
149. 4. ὑψώσει πραεῖς ἐν σωτηρίᾳ (10)
Pr. 3. 35. οἱ δὲ ἀσεβεῖς ὕψωσαν ἀτιμίαν (13 *c*)
4. 8. περιχαράκωσον αὐτὴν καὶ ὑψώσει σε (13 *b*)
11. 11. A B² S² ἐν εὐλογίᾳ εὐθείων ὑψωθήσεται πόλις (13 *a*)
14. 34. δικαιοσύνη ὑψοῖ ἔθνος (13 *b*)
18. 10. αὐτῷ δὲ προσδραμόντες δίκαιοι ὑψοῦνται (16)
— 12. πρὸ συντριβῆς ὑψοῦται καρδία ἀνδρός (3 *a*)
Si. 15. 5. ὑψώσει αὐτὸν παρὰ τοὺς πλησίον αὐτοῦ
43. 30. δοξάζοντες κύριον ὑψώσατε καθ' ὅσον ἂν δύνησθε
— 30. ὑψοῦντες αὐτὸν πληθύνατε ἐν ἰσχύϊ
45. 6. Ἀαρὼν ὕψωσεν [S ἀνύψ.] ἅγιον ὅμοιον αὐτῷ
50. 10. ὡς κυπάρισσος ὑψουμένη ἐν νεφέλαις
— 22. τὸν [A *om.*] ὑψοῦντα ἡμέρας ἡμῶν ἐκ μήτρας
Ho. 11. 7. καὶ οὐ μὴ ὑψώσῃ αὐτόν (13 *b*)
13. 6. ὑψώθησαν αἱ καρδίαι αὐ. (13 *a*)
Mi. 5. 9 (8). ὑψωθήσεται ἡ χείρ σου (13 *a*)
6. 12. B ὑψώθητι [A R -θη] ἐν τῷ στόματι αὐ. †
Ob. 1. 3. ὑψῶν κατοικίαν αὐ. (13 *i*)
Hb. 2. 19. ὁ λέγων . . . τῷ λίθῳ, Ὑψώθητι †
Is. 1. 2. υἱοὺς ἐγέννησα καὶ ὕψωσα (13 *b*)
2. 2. ὑψωθήσεται ὑπεράνω τῶν βουνῶν (8 *b*)
— 11, 17. ὑψωθήσεται κύριος μόνος (16)
3. 16. ὑψώθησαν αἱ θυγατέρες Σιών (3 *a*)
4. 2. τοῦ ὑψῶσαι καὶ δοξάσαι τὸ καταλειφθέν (2)
5. 16. ὑψωθήσεται κύριος σαβαώθ (3 *a*)
10. 15. ὑψωθήσεται πρίων ἄνευ τοῦ ἕλκοντος αὐτόν (5 *d*)
12. 4. ὑψώθη τὸ ὄνομα αὐτοῦ (16)
— 6. ὑψώθη ὁ ἅγιος τοῦ Ἰσραήλ (5 *e*)
13. 2. ὑψώσατε τὴν φωνὴν αὐτοῖς (13 *c*)
14. 26. S¹ αὕτη ἡ χεὶρ ἡ ὑψώθη [A B S² ἡ ὑψηλή] (7)
19. 13. ὑψώθησαν οἱ ἄρχοντες Μέμφεως †
23. 4. οὐδὲ ὕψωσα παρθένους (13 *b*)
28. 29. ὑψώσατε ματαίαν παράκλησιν (5 *c*)
30. 18. ὑψωθήσεται τοῦ ἐλεῆσαι ὑμᾶς (13 *a*)
33. 10. νῦν ὑψωθήσομαι (8 *b*)
37. 23. πρὸς τίνα ὕψωσας τὴν φωνήν σου (13 *c*)
40. 9. ὕψωσον τῇ ἰσχύϊ τὴν φωνήν σου . . . ὑψώσατε (13 *c*, 13 *c*)

Is. 40. 25. τίνι με ὡμοιώσατε καὶ ὑψωθήσομαι
51. 18. ἀπὸ πάντων τῶν υἱῶν σου ὧν ὕψωσας (5 *b*)
52. 8. φωνὴ τῶν φυλασσόντων σε ὑψώθη (8 *a*)
— 13. ὑψωθήσεται καὶ δοξασθήσεται σφόδρα (13 *a* + 8 *b*)
58. 1. ὕψωσον τὴν φωνήν σου (13 *c*)
63. 9. ὕψωσεν αὐτοὺς πάσας τὰς ἡμέρας τοῦ αἰῶνος (8 *c*)
Je. 17. 12. θρόνος δόξης ὑψωμένος [A -ούμ.] (13 *i*)
29 (49). 16. ὕψωσεν [A ἐὰν ὑψώσεις] ὥσπερ ἀετὸς νοσσιὰν αὐτοῦ (3 *b*)
31 (48). 29. ὑψώθη ἡ καρδία αὐτοῦ (13 *j*)
38 (31). 37. ἐὰν ὑψωθῇ ὁ οὐρανὸς εἰς τὸ μετέωρον †
La. 2. 17. ὕψωσε κέρας [A κεφαλὰς] θλίβοντός σε (13 *c*)
Ez. 17. 24. ἐγὼ κύριος ὁ . . . ὑψῶν ξύλον ταπεινόν (3 *b*)
19. 11. ὑψώθη [A *add.* ἐν] τῷ μεγέθει αὐτῆς (3 *a*)
21. 22 (27). ὑψῶσαι φωνὴν μετὰ κραυγῆς (13 *c*)
— 26 (31). ὕψωσας τὸ ταπεινόν (3 *b*)
28. 2. ἀνθ' οὗ ὑψώθη σου ἡ καρδία (3 *a*)
— 5. ὑψώθη ἡ καρδία σου (3 *a*)
— 17. ὑψώθη ἡ καρδία σου ἐπὶ τῷ κάλλει σου (3 *a*)
29. 15. οὐ μὴ ὑψωθῇ ἔτι ἐπὶ τὰ ἔθνη (8 *d*)
31. 4. ἡ ἄβυσσος ὕψωσεν αὐτόν (13 *b*)
— 5. ἕνεκεν τούτου ὑψώθη τὸ μέγεθος αὐτοῦ (3 *a*)
— 5. A ὑψώθησαν αἱ παραφυάδες αὐτοῦ (1)
— 10. εἶδον ἐν τῷ ὑψωθῆναι αὐτόν (3 *c*)
— 14. ὅπως μὴ ὑψωθῶσιν ἐν τῷ μεγέθει αὐτῶν πάντα τὰ ξύλα (3 *a*)
Da. LXX. 4. 19. ὑψώθης ὑπὲρ πάντας τοὺς ἀνθρώπους –
— 19. ὑψώθη σου ἡ καρδία ὑπερηφανίᾳ –
8. 4. ἐποίει ὡς ἤθελε καὶ ὑψώθη (5 *c*)
— 10. ὑψώθη ἕως τῶν ἀστέρων τοῦ οὐρανοῦ (5 *a*)
— 25. ἡ καρδία αὐ. ὑψωθήσεται (5 *c*)
11. 12. ὑψωθήσεται ἡ καρδία αὐ. (13 *a*)
— 36. ὑψωθήσεται ἐπὶ πάντα θεόν (5 *d*)
— 37. ἐν παντὶ ὑψωθήσεται (5 *d*)
12. 1. ὑψωθήσεται πᾶς ὁ λαός †
— 7. ὕψωσε τὴν δεξιὰν . . . εἰς τὸν οὐρανόν (13 *c*)
Da. TH. 5. 19. A B¹ οὓς ἠβούλετο αὐτὸς ὑψοῖ [B³ R ὕψου] (13 *f*)
— 20. ὅτε ὑψώθη ἡ καρδία αὐ. (13 *e*)
— 23. ἐπὶ τὸν κύριον θεὸν τοῦ οὐρ. ὑψώθης (13 *g*)
11. 12. ὑψωθήσεται [A ὑπερυψ.] ἡ καρδία αὐ. (13 *a*)
— 36. ὑψωθήσεται ὁ βασ. (13 *d*)
12. 7. ὕψωσε τὴν δεξιὰν αὐ. (13 *c*)
I Ma. 1. 3. A R καὶ ὑψώθη
— 4. S καὶ ὑψώθη
8. 13. καὶ ὑψώθησαν σφόδρα
11. 16. ὁ δὲ βασ. Πτ. ὑψώθη
— 26. ὕψωσεν αὐτὸν ἐναντίον πάντων τῶν φίλων αὐ.
12. 36. ὑψῶσαι ὕψος μέγα
13. 27. καὶ ὕψωσεν αὐτὸν τῇ ὁράσει
14. 35. ὑψῶσαι τὸν λαὸν αὐ.
— 37. ὕψωσε τὰ τείχη Ἰερ.
16. 13. ὑψώθη ἡ καρδία αὐ.

[**Aq.** GE. 41. 44 : DT. 8. 14 : III KI. 14. 7 : PS. 7. 7 : 26 (27). 5, 6 : 60 (61). 3 : EZ. 10. 4 : 21. 26 (31) : 31. 10 : ZA. 14. 10.]

[**Sm.** NU. 24. 7 : JB. 5. 7 : 17. 4 : PS. 9. 25 (10. 4) : 11 (12). 9 : 23 (24). 7 : 27 (28). 9 : 65 (66). 7, 17 : 74 (75). 8 : 88 (89). 20 : PR. 2. 3 : 17. 19 : IS. 7. 11 : 33. 3 : 40. 4 : 55. 9 : EZ. 10. 16 : ZA. 14. 10.]

[**Th.** DT. 8. 14 : JB. 17. 4 : 39. 18 : PR. 11. 11 : 17. 19 : IS. 7. 11 : 55. 9 : 61. 6 : EZ. 31. 5, 10 : ZA. 14. 10.]

[**Al.** EX. 14. 16 : LE. 4. 8, 10 : NU. 6. 26 : PS. 130 (131). 1 : 139 (140). 9.]

[**Quint.** PS. 26 (27). 6.]

ὕψωμα.

Ju. 10. 8. εἰς γαυρίαμα υἱῶν Ἰσρ. καὶ ὕψωμα Ἰερ.
13. 4. ἐπίβλεψον . . . εἰς ὕψωμα Ἰερ.
15. 9. σὺ ὕψωμα Ἰερ.
Jb. 24. 24. πολλοὺς γὰρ ἐκάκωσε τὸ ὕ. αὐτοῦ †

[**Aq.** DT. 32. 13 : I KI. 9. 12 : PS. 17 (18). 34 : EC. 10. 6 : EZ. 6. 6 : 20. 29.]

[**Sm.** PS. 73 (74). 3 : IS. 33. 16.]

[**Th.** EX. 28. 39 : IS. 33. 16.]

[**Al.** LE. 25. 30.]

ὕψωσις. (1) רוֹמָם

Ps. 149. 6. αἱ [S *om.*] ὑ. τοῦ θεοῦ ἐν λάρυγγι αὐτῶν (1)

[**Aq.** JD. 15. 17 : IS. 33. 3.]

[**Th.** IS. 33. 3.]

Φ

φαάθ.
[Th. Le. 19. 27 *bis*.]
[Al. Le. 19. 9 : 21. 5 : 23. 22.]

φαγαδείμ.
[Th. Je. 31 (38). 40.]

φαγαλσείμ.
[Th. Je. 31 (38). 40 (Sw.*)]

φαγαρείμ.
[Aq. Je. 31 (38). 40.]

φαγέδαινα.
[Aq. Dt. 7. 23 : 28. 20 : I Ki. 5. 11, 12 : 14. 20 : Ez. 7. 7.]

φαγεδαινίζειν.
[Aq. I Ki. 5. 6 : 7. 10.]

φαγεδαινοῦν.
[Aq. Dt. 7. 23.]

φαγεῖν, *vid. sub* ἐσθίειν.

φάζ. (1) פָּז
Ca. 5. 11. A B κεφαλὴ αὐτοῦ χρυσίον καὶ φάζ [S R κεφάζ] (1)

φαιδρός.
IV Ma. 13. 13. ἀλλήλους ὁμοῦ πάντες ἐφορῶντες φαιδροί

φαιδρύνειν.
[Al. Ps. 19 (20). 4.]

φαίνειν. (1) *a.* אוֹר hi. *b.* מָאוֹר (2) בָּחַן ni. (3) בְּעֵינֵי (4) גָּלָה ni. (5) הָיָה (6) זָהַר hi. (7) זָרַח (8) נָפַל (9) קָרָה ni. (10) רָאָה ni. (11) πονηρὸν φαίνεσθαι *a.* חָרָה *b.* רָעַע hi. (12) σκληρὸν φαίνεσθαι *a.* חָרָה בְּעֵינֵי *b.* רָעַע hi. (13) πονηρὸν εἶναι חָרָה

Ge. 1. 15, 17. ὥστε φαίνειν ἐπὶ τῆς γῆς (1 *a*)
21. 11. σκληρὸν δὲ ἐφάνη τὸ ῥῆμα σφόδρα (12 *b*)
30. 37. ἐφαίνετο δὲ ἐπὶ ταῖς ῥάβδοις τὸ λευκόν –
35. 7. R ἐκεῖ γὰρ ἐφάνη [A ἐπεφ.] αὐτῷ ὁ θ. (4)
— 21 (22). πονηρὸν ἐφάνη ἐναντίον αὐτοῦ –
38. 10. πονηρὸν δὲ ἐφάνη τὸ ῥῆμα ἐναντίον τοῦ θ. (11 *b*)
42. 15. ἐν τούτῳ φανεῖσθε (2)
45. 5. μηδὲ σκληρὸν ὑμῖν φανήτω (12 *a*)
Ex. 25. 36 (37). φανοῦσιν ἐκ τοῦ ἑνὸς προσώπου (1 *a*)
Nu. 23. 3. εἴ μοι φανεῖται ὁ θ. ἐν συναντήσει (9)
— 4. ἐφάνη ὁ θ. τῷ Β. (9)
I Ki. 18. 8. πονηρὸν ἐφάνη τὸ ῥῆμα ἐν ὀφθ. Σ. (11 *a* + 11 *b*)
20. 26. σύμπτωμα φαίνεται μὴ καθαρὸς εἶναι –
II Ki. 11. 27. πονηρὸν ἐφάνη τὸ ῥῆμα (11 *b*)
III Ki. 6. 18. A οὐκ ἐφαίνετο λίθος (10)
22. 32. φαίνεται βασιλεὺς Ἰσρ. οὗτος –
I Ch. 21. 7. A πονηρὸν ἐφάνη [B *om.*] ἐναντίον τοῦ θεοῦ (11 *b*)
I Es. 2. 21. ὅπως ἂν [A ἐὰν] φαίνηταί σοι
3. 5. οὗ ἂν φανῇ τὸ ῥῆμα αὐ. σοφώτερον τοῦ ἑτέρου
II Es. 7. 20. ὃ ἂν φανῇ σοι δοῦναι (8)
Ne. 4. 1 (3. 33). πονηρὸν αὐτῷ ἐφάνη [A S ἦν αὐ.] (11 *a* [13])
— 7 (1). πονηρὸν αὐτοῖς ἐφάνη σφόδρα (11 *a*)
13. 8. πονηρόν μοι ἐφάνη σφόδρα (11 *b*)
To. 6. 17. S οὐκέτι μὴ φανῇ περὶ αὐτήν [A B *al.*]
Ps. 76 (77). 18. B[2] S R ἔφαναν αἱ ἀστραπαί σου τῇ οἰκουμένῃ (1 *a*)
96 (97). 4. ἔφαναν αἱ ἀστραπαὶ αὐ. τῇ οἰκουμ. (1 *a*)
Pr. 11. 31. ὁ ἀσεβὴς καὶ ἁμαρτωλὸς ποῦ φανεῖται –
21. 2. πᾶς ἀνὴρ φαίνεται ἑαυτῷ δίκαιος (3)
23. 5. A S[2] R οὐδαμοῦ φανεῖται [B S[1] πεσεῖται] –
Pr. 24. 40 (25). οἱ δὲ ἐλέγχοντες βελτίους φανοῦνται †
26. 5. ἵνα μὴ φαίνηται σοφὸς παρ' ἑαυτῷ (5)
— 16. σοφώτερος ἑαυτῷ ὀκνηρὸς φαίνεται (3)
27. 7. ψυχῇ δὲ ἐνδεεῖ καὶ τὰ πικρὰ γλυκέα φαίνεται [S[1] φέρει] –
Wi. 8. 15. ἐν πλήθει φανοῦμαι ἀγαθός
Is. 32. 2. φανήσεται ἐν Σιὼν ὡς ποταμός –
47. 3. φανήσονται οἱ ὀνειδισμοί σου (10)
60. 2. ἐπὶ δὲ σὲ φανήσεται κύριος (7)
Ez. 32. 7. σελήνη οὐ μὴ φάνῃ τὸ φῶς αὐ. [A *al.*] (1 *a*)
— 8. πάντα τὰ φαίνοντα φῶς ἐν τῷ οὐρανῷ συσκοτάσουσιν (1 *b*)
Da. LXX. Su. 12. τίς φανήσεται αὐτῇ πρότερος
1. 13. ἐὰν φανῇ ἡ ὄψις ἡμῶν διατετραμμένη (10)
— 15. ἐφάνη ἡ ὄψις αὐ. καλή (10)
12. 3. οἱ συνιέντες φανοῦσιν (6)
I Ma. 4. 50. A R ἐφαίνοσαν [S -νον] ἐν τῷ ναῷ
11. 12. ἐφάνη ἡ ἔχθρα αὐτῶν
II Ma. 1. 33. εἰς τὸν τόπον . . . τὸ ὕδωρ ἐφάνη
3. 25. ἐφαίνετο χρυσῆν πανοπλίαν ἔχων
— 26. ἕτεροι δὲ δύο ἐφάνησαν αὐτῷ νεανίαι
— 33. οἱ αὐτοὶ νεανίαι πάλιν ἐφάνησαν τῷ Ἡλ.
5. 2. συνέβη δὲ . . . φαίνεσθαι . . . τρέχοντας ἱππεῖς
6. 27. τοῦ μὲν γήρως ἄξιος φανήσομαι
7. 22. οὐκ οἶδ' ὅπως εἰς τὴν ἐμὴν ἐφάνητε κοιλίαν
10. 29. ἐφάνησαν τοῖς ὑπεναντίοις . . . πέντε ἄνδρες
11. 8. ἐφάνη προηγούμενος αὐτῶν ἔφιππος
12. 9. R ὥστε φαίνεσθαι [A ἐπιφ.] τὰς αὐγάς
— 16. καταρρεῖν τὸ αἷμα πεπληρωμένην φαίνεσθαι
— 36. ἐπικαλεσάμενος Ἰ. τὸν κύριον σύμμαχον φανῆναι καὶ προοδηγὸν φανῆναι τοῦ πολέμου
14. 20. φανείσης ὁμοιοψήφου συγγνώμης
III Ma. 2. 30. ἵνα δὲ μὴ τοῖς πᾶσιν ἀπεχθόμενος φαίνηται
3. 4. ἔνιοι ἀπεχθεῖς ἐφαίνοντο
— 29. ἄχρηστος φανήσεται εἰς τὸν ἀεὶ χρόνον
IV Ma. 1. 3. εἰ ἄρα τῶν . . . παθῶν ὁ λογισμὸς φαίνεται ἐπικρατεῖν
— 32. καὶ τούτων ἀμφοτέρων ὁ λογισμὸς ἐπικρατεῖν φαίνεται
2. 4. τὴν . . . οἰστρηλασίαν ἐπικρατεῖν ὁ λογισμὸς φαίνεται
— 15. κρατεῖν ὁ λογισμὸς φαίνεται
3. 1. οὐ γὰρ τῶν ἑαυτοῦ παθῶν ὁ λογισμὸς ἐπικρατεῖν φαίνεται [S[1] *al.*]
4. 23. S εἴ τινες αὐτῶν φάνοιεν [A φάνιεν, R φανεῖεν]
7. 20. οὐδὲν οὖν ἐναντιοῦται τὸ φαίνεσθαί τινας παθοκρατεῖσθαι
[Aq. Ge. 1. 15, 17 : Ps. 30 (31). 17 : 72 (73). 16.]
[Sm. Ge. 33. 1 : Ex. 4. 6 : 13. 21 : 14. 20 : Jo. 5. 13 : Jd. 4. 21, 22 : I Ki. 1. 23 : 22. 6 : III Ki. 6. 18 : Jb. 32. 1 : Ps. 72 (73). 7, 16 : 89 (90). 8, 16 : 117 (118). 23 : 138 (139). 12 : Ec. 2. 17 : 5. 17 : Je. 10. 8 : 26 (33). 14 : 32 (39). 21 : Ez. 20. 43 : Am. 7. 7.]
[Th. Ex. 13. 21 : Ps. 72 (73). 16.]
[Sam. Ex. 14. 20.]

φαιός. (1) חוּם (2) נָקֹד
Ge. 30. 32. διαχώρισον ἐκεῖθεν πᾶν πρόβατον φ. (2 + 1)
— 33. ὃ ἐὰν μὴ ᾖ . . . φαιὸν ἐν τοῖς ἄρνασι (1)
— 35. R πᾶν ὃ ἦν φ. ἐν τοῖς ἄρνασι [A *al.*] †
— 35. A ὃ ἦν φ. ἐν τοῖς ἄρνασιν [R *al.*] (1)

φακός. (1) עֲדָשָׁה (2) פַּךְ (3) צַפַּחַת
Ge. 25. 34. καὶ ἕψεμα φακοῦ (1)
I Ki. 10. 1. ἔλαβε Σαμ. τὸν φ. τοῦ ἐλαίου (2)
26. 11. λάβε . . . τὸν φ. τοῦ ὕδατος (3)
— 12. ἔλαβε . . . τὸν φ. τοῦ ὕδατος (3)
— 16. τὸ δόρυ τοῦ βασ. καὶ ὁ φ. τοῦ ὕδατος (3)
II Ki. 17. 28. ἤνεγκαν . . . κύαμον καὶ φακόν (1)
23. 11. ἦν ἐκεῖ μερὶς τοῦ ἀγροῦ πλήρης φακοῦ (1)
IV Ki. 9. 1. λάβε τὸν φ. τοῦ ἐλαίου τούτου (2)
— 3. λήψῃ τὸν φ. τοῦ ἐλαίου (2)
Ez. 4. 9. λάβε σεαυτῷ πυροὺς . . . καὶ φακόν (1)

φαλαγαῦ.
[Heb. Ps. 45 (46). 5.]

φάλαγξ.
I Ma. 6. 35. S R διεῖλον τὰ θηρία εἰς τὰς φ. [A φάρ.]
— 38. καταφρασσόμενοι ἐν ταῖς φ.
— 45. S R ἐπέδραμεν . . . εἰς μέσον τῆς φ. [A φάρ.]
9. 12. ἤγγισεν ἡ φ. ἐκ τῶν δύο μερῶν
10. 82. A S[2] συνῆψε πρὸς τὴν φ. [S[1] R φάρ.]

φαλακρός. (1) קָרַח hoph. (2) קֵרֵחַ
Le. 13. 40. φαλακρός ἐστι (2)
IV Ki. 2. 23. A ἀνάβαινε, φαλακρέ, ἀνάβαινε, φαλακρέ [B *om.*] (2, 2)
Ez. 29. 18. πᾶσα κεφαλὴ φαλακρά [A -ρωμα] (1)
[Th. Ez. 29. 18†.]

φαλακροῦν. (1) קָרַח hi.
Ez. 27. 31. A φαλακρώσουσιν ἐπὶ σὲ φαλακρώματα (1)
[Aq. Je. 16. 6.]
[Th. Ez. 27. 31.]

φαλάκρωμα. (1) *a.* קָרְחָא *b.* קָרְחָה *c.* קָרַחַת *d.* קָרַח hoph.
Le. 13. 42. ἐὰν δὲ γένηται ἐν τῷ φ. αὐ. . . . ἁφὴ λευκή (1 *c*)
— 42. λέπρα ἐστὶν ἐν τῷ φ. αὐ. (1 *c*)
— 43. ἡ ὄψις τῆς ἁφῆς λευκὴ ἢ πυρρίζουσα ἐν τῷ φ. αὐ. (1 *c*)
21. 5. φαλάκρωμα οὐ ξυρηθήσεσθε τὴν κεφ. (1 *b*)
De. 14. 1. οὐκ ἐπιθήσετε φαλάκρωμα (1 *b*)
Am. 8. 10. ἀναβιβῶ . . . ἐπὶ πᾶσαν κεφαλὴν φαλάκρωμα (1 *b*)
Is. 3. 24. φ. ἕξεις διὰ τὰ ἔργα σου (1 *b*)
15. 2. ἐπὶ πάσης κεφαλῆς φ. (1 *b*)
Jer. 29 (47). 5. ἥκει φ. ἐπὶ Γάζαν (1 *b*)
Ez. 7. 18. ἐπὶ πᾶσαν κεφαλὴν φ. (1 *b*)
27. 31. A φαλακρώσουσιν ἐπὶ σὲ φαλακρώματα (1 *a*)
29. 18. A πᾶσα κεφαλὴ φ. [B -κρά] (1 *d*)
[Th. Ez. 27. 31 : 29. 18†.]

φαλάκρωσις.
[Aq., Sm. Mi. 1. 16.]

φαλάντωμα. (1) גַּבַּחַת
Le. 13. 43. R ἡ ἐν τῷ φ. [A B ἀναφ.] αὐτοῦ (1)

φαλέ.
[Th. Le. 19. 27.]

φανάγ.
[Sm. Ez. 27. 17.]

φάναι. (1) אָמַר (2) נְאֻם (3) φάναι ψευδῆ με λέγειν כָּזַב hi.
Ge. 24. 47. ἡ δὲ ἔφη (1)
Ex. 2. 6. καὶ ἔφη (1)
Nu. 24. 3. φησὶ Β. υἱὸς Βεώρ (2)
— 3. φησὶν ὁ ἄνθρωπος ὁ ἀληθινῶς ὁρῶν (2)
— 4. φησὶν ἀκούων λόγια θεοῦ (2)
— 15. φησὶ Β. υἱὸς Βεώρ (2)
— 15. φησὶν ὁ ἄνθρωπος ὁ ἀληθινῶς ὁρῶν (2)
I Ki. 2. 30. καὶ νῦν φησὶ κύριος (2)
IV Ki. 9. 26 *bis* : II Ch. 34. 27. φησὶ κύριος (2)
I Es. 3. 18. καὶ ἔφη οὕτως
II Es. 4. 17. R καὶ φησίν [A B φάσιν] †
Ju. 13. 3. ἐξελεύσεσθαι γὰρ ἔφη
Es. 10. 3. ὃς ἔφη εἶναι ἱερεύς
— 3. ἣν ἔφασαν εἶναι
Jb. 24. 25. τίς ἐστιν ὁ φάμενος [B[2] λέγων] ψευδῆ με λέγειν (3)
Ps. 35 (36). 1. φησὶν ὁ παράνομος τοῦ ἁμαρτάνειν ἐν ἑαυτῷ (2)
Pr. 24. 55 (30. 20). οὐδέν φησι πεπραχέναι ἄτοπον (1)

Ca. 2. 4. S ταῖς νεάνισιν ἡ νύμφη φησίν –
Wi. 15. 12. δεῖν γάρ φησιν [A φασιν] ὅθεν δὴ [S *om.* ὅ. δὴ] κἂν [A καὶ] ἐκ κακοῦ πορίζειν
Za. 2. 5 (9). A φησὶν [B S λέγει] κύριος (2)
Je. 2. 3: 9. 3 (2) (R), 6 (5) (R): 23. 12 (A): 25. 12 (A): 27 (50). 20 (A): 30 (49). 2, 26: 31 (48). 12, 35, 38: 34 (27). 14 (15): 36 (29). 23: 37 (30). 3, 17, 21: 38 (31). 20, 27, 28. φησὶ κύριος (2)
38 (31). 31. φησὶ [A S λέγει] κύριος (2)
— 32, 33. φησὶ κύριος (2)
— 37. φησὶ κύριος –
— 37, 36. φησὶ κύριος (2)
— 36. A φησὶν κύριος –
— 38: 41 (34). 22: 46 (39). 18: 49 (42). 11. φησὶ κύριος (2)
Ep. Je. 20. τὰς δὲ καρδίας αὐτῶν φασιν ἐκλείχεσθαι
Ez. 13. 7. A φησὶν κύριος (2)
35. 13. A φησὶν κύριος –
II Ma. 3. 37. τοῦ δὲ βασ. ἐπερωτήσαντος . . . ἔφησεν
7. 2. R εἷς δὲ αὐτῶν . . . οὕτως ἔφη [A *al.*]
— 14. οὕτως ἔφη
— 18. μέλλων ἀποθνήσκειν ἔφη
— 27. οὕτως ἔφησε τῇ πατρίῳ φωνῇ
8. 18. R ἔφησεν [A -αν]
9. 12. ταῦτ' ἔφη
14. 5. πρὸς ταῦτα ἔφη
15. 5. κἀγώ, φησί, δυνάστης ἐπὶ τῆς γῆς
— 33. ἔφη μετὰ μέρος τοῖς ὀρνέοις
III Ma. 1. 14. καί τις ἀπρονοήτως ἔφη
— 15. γινομένου δέ, φησί, τούτου
5. 20. τὴν ὠμότητα χείρονα Φαλ. ἐσχηκὼς ἔφη
IV Ma. 2. 18: 3. 17 (R). ὡς ἔφην
5. 5. αὐτὸν ἰδὼν ὁ Ἀντ. ἔφη
8. 4. καὶ πλησίον καλέσας ἔφη
— 13. ὑπολαβὼν δὲ ὁ τύραννος ἔφη
9. 29. ἔφη τε πρὸς τὸν τύραννον
10. 2. ὁ δὲ ἀναβοήσας ἔφη
— 9. μέλλων δὲ ἀποθνήσκειν ἔφη
— 14. ὁ δὲ αὐτοῖς ἔφη
— 18: 11. 13. ὁ δὲ ἔφη
12. 8. ἀπολύσατέ με, φησίν
— 10. A R δραμὼν ἐπὶ πλησίον τῶν τηγάνων ἔφη [S *om.*]
— 11. ἀνόσιε, φησί, . . . τύραννε
— 16. ἀποθνήσκειν μέλλων ἔφη [S² *om.*]
17. 19. καὶ γαρ φησιν ὁ M.
[**Aq.** Is. 3. 15: 30. 1: 52. 5: Je. 3. 10: 5. 11: 7. 13: 8. 17: 12. 17: 13. 11: 15. 6, 20: 18. 6: 21. 10, 13 (Sw.), 14: 23. 2, 11 (Sw.), 24 (Sw.), 28, 32 (Sw.) *bis*: 25. 7 (Sw.), 9 (Sw.): 27 (34). 11, 22: 29 (36). 11: 31 (38). 16, 17, 34: 32 (39). 30: 39 (46). 17: 46 (26). 18: 48 (31). 43: 49 (30). 6.]
[**Sm.** Ps. 35 (36). 2: Is. 31. 9: Je. 3. 10: 5. 11: 7. 13: 8. 17 (Sw.): 12. 17: 13. 11: 15. 20: 18. 6: 21. 10, 13 (Sw.): 23. 2 (Sw.), 11 (Sw.), 24 (Sw.), 28, 32 (Sw.) *bis*: 25. 9 (Sw.): 27 (34). 22: 29 (36). 11: 30 (37). 21: 31 (38). 16, 17, 34: 32 (39). 30: 39 (46). 17: 46 (26). 18: 48 (31). 43: 49. 13 (29. 14).]
[**Th.** II Ki. 15. 21: Je. 3. 10: 5. 11: 7. 13: 8. 17: 12. 17: 13. 11: 15. 20: 18. 6: 21. 10, 13 (Sw.), 14: 23. 2, 11 (Sw.), 24 (Sw.), 28, 32 (Sw.): 25. 7 (Sw.), 9 (Sw.): 27 (34). 11: 29 (36). 11, 14 *bis*, 19 *bis*: 30 (37). 11, 21: 31 (38). 16, 17, 34: 32 (39). 5: 33 (40). 14: 46 (26). 18: 48 (31). 44, 47: 49 (30). 6.]

φανδανῶ. (1) אַפַּדְנוֹ
Da. TH. 11. 45. A πήξει τὴν σκηνὴν αὐ. ἐν φ. [B αὐ. ἐφ.] (1)

φανερός. (1) נִגְלָה ni. (2) φ. γίνεσθαι
נִבְחַן ni. (3) φ. εἶναι *a.* יָדַע hi. *b.* יְדִיעַ לֶהֱוֵא
Ge. 42. 16. ἕως τοῦ φανερὰ γενέσθαι τὰ ῥήματα ὑμῶν (2)
De. 29. 29 (28). τὰ δὲ φ. ἡμῖν καὶ τοῖς τέκνοις ἡμῶν (1)
Pr. 14. 4. οὗ δὲ πολλὰ γενήματα φανερὰ βοὸς ἰσχύς –
15. 11. ᾅδης καὶ ἀπώλεια φανερὰ παρὰ τῷ κυρίῳ –
16. 4 (2). πάντα τὰ ἔργα τοῦ ταπεινοῦ φανερὰ παρὰ τῷ θεῷ –
Si. 6. 22. σοφία . . . οὐ πολλοῖς ἐστι φανερά
Is. 8. 16. τότε φανεροὶ ἔσονται οἱ σφραγιζόμενοι τὸν νόμον †
Is. 33. 9. φανερὰ ἔσται ἡ Γαλιλαία †
64. 2 (1). φανερὸν ἔσται τὸ ὄνομά σου [A S κυρίου] ἐν τοῖς ὑπεναντίοις (3 *a*)
Ep. Je. 51. φανερὸν ἔσται ὅτι οὐκ εἰσὶ θεοί
— 69. κατ' οὐδένα οὖν τρόπον ἐστὶν ἡμῖν φανερὸν ὅτι εἰσὶ θεοί
Da. LXX. 3. 18. καὶ τότε φανερόν σοι ἔσται (3 *b*)
I Ma. 15. 9. ὥστε φανερὰν γενέσθαι τὴν δόξαν ὑμῶν
II Ma. 1. 33. ὡς δὲ φανερὸν ἐγενήθη τὸ πρᾶγμα
6. 30. τῷ κυρίῳ τῷ τὴν ἁγίαν γνῶσιν ἔχοντι φανερόν ἐστιν
9. 8. φανερὰν τοῦ θεοῦ πᾶσι τὴν δύναμιν ἐνδεικνύμενος
12. 41. τοῦ τὰ κεκρυμμένα φανερὰ ποιοῦντος
15. 35. καὶ φ. τῆς τοῦ κ. βοηθείας σημεῖον
III Ma. 6. 18. κατέβησαν φανεροὶ πᾶσι πλὴν τοῖς Ἰουδ.
[**Al.** I Ki. 22. 8.]

φανεροῦν. (1) גָּלָה pi.
Je. 40 (33). 6. φανερώσω [A -ροῖ] αὐτοῖς [A S *add.* εἰσακούειν] (1)
[**Aq.** Je. 33 (40). 6.]
[**Al.** Ps. 50 (51). 8.]

φανερῶς.
II Ma. 3. 28. φ. τὴν τοῦ θ. δυναστείαν ἐπεγνωκότα

φαντάζεσθαι.
Wi. 6. 16. ἐν ταῖς τρίβοις φαντάζεται αὐτοῖς εὐμενῶς
Si. 31 (34). 5. ὡς ὠδινούσης φαντάζεται καρδία
[**Aq.** Is. 56. 10.]

φαντασία. (1) חָזוֹן
Wi. 18. 17. φαντασίαι μὲν ὀνείρων δεινῶς [A S -ῶν] ἐξετάραξαν αὐτούς
Hb. 2. 18. ἔπλασεν αὐτὸ χώνευμα φ. ψευδῆ †
— 19. καὶ αὐτό ἐστι φαντασία †
3. 10. ὕψος φαντασίας αὐ. †
Za. 10. 1. κύριος ἐποίησε φαντασίας (1)

φαντασιοκοπεῖν.
Si. 4. 30. μὴ ἴσθι . . . φαντασιοκοπῶν ἐν τοῖς οἰκέταις σου

φάντασμα. (1) חִזָּיוֹן
Jb. 20. 8. A ἔπτη δὲ ὥσπερ φάντασμα [S¹ θαῦμα, B S² φάσμα] νυκτερινόν (1)
Wi. 17. 15. τὰ μὲν τέρασιν ἠλαύνοντο φαντασμάτων
Is. 28. 7. A τοῦτ' ἔστι φ. [B S φάσμα] †

φάραγξ. (1) אָפִיק (2) גַּיְא, גֵּיא, גַּי
(3) מַעֲבָרָה (4) נַחַל (5) עֵמֶק (6) מַדְרֵגָה
Ge 14. 3. συνεφώνησαν ἐπὶ τὴν φ. τὴν ἁλυκήν (5)
26. 17. κατέλυσεν ἐν τῇ φ. Γεράρων (4)
— 19. ὤρυξαν δὲ . . . ἐν τῇ φ. Γεράρων (4)
— 25. R ἐν τῇ φ. Γεράρων –
Nu. 13. 24 (23). ἦλθον ἕως Φάραγγος βότρυος (4)
— 25 (24). τὸν τόπον ἐκ. ἐπωνόμασαν Φάραγξ βότρυος (4)
21. 12. παρενέβαλον εἰς φάραγγα Ζ. (4)
32. 9. ἀνέβησαν Φάραγγα βότρυος (4)
De. 1. 24. ἤλθοσαν ἕως Φάραγγος βότρυος (4)
2. 13. παραπορεύεσθε τὴν φ. Ζ. (4)
— 13. A² B παρήλθομεν τὴν φ. Ζ. (4)
— 14. ἕως οὗ παρήλθομεν τὴν φ. Ζ. (4)
— 24. παρέλθατε ὑμεῖς τὴν φ. Ἀρνῶν (4)
— 36. καὶ τὴν πόλιν τὴν οὖσαν ἐν τῇ φ. (4)
4. 46. ἐν φάραγγι ἐγγὺς οἴκου Φ. (2)
21. 4. καταβιβάσουσιν . . . δάμαλιν εἰς φ. τραχεῖαν (4)
— 4. νευροκοπήσουσι τὴν δάμαλιν ἐν τῇ φ. (4)
— 6. τῆς δαμάλεως τῆς νενευροκοπημ. ἐν τῇ φ. (4)
Jo. 7. 24. ἀνήγαγεν αὐτὸν εἰς φάραγγα Ἀ. –
10. 12. στήτω . . . ἡ σελήνη κατὰ φάραγγα Αἰ. (5)
12. 1. ἀπὸ φάραγγος Ἀρνῶν ἕως τοῦ ὄρους Ἀ. (4)
— 2. ἥ ἐστιν ἐν τῇ φ. κατὰ μέρος τῆς φ. (4, 4)
13. 9. καὶ τὴν πόλιν τὴν ἐν μέσῳ τῆς φ. (4)
— 16. ἥ ἐστι κατὰ πρόσωπον φάραγγος Ἀρνῶν (4)
— 16. καὶ ἡ πόλις ἡ ἐν τῇ φ. Ἀρνῶν (4)
15. 4. διεκβάλλει ἕως φάραγγος Αἰγ. (4)
— 7. ἐπὶ τὸ τέταρτον τῆς φ. Ἀ. (5?)
— 7. ἥ ἐστι κατὰ λίβα τῇ [A² *om.*] φ. (4)
— 8. ἀναβαίνει τὰ ὅρια εἰς φάραγγα Ἐ. (2)
— 8. ἥ ἐστι κατὰ πρόσωπον φάραγγος Ἐ. (2)
Jo. 17. 9. καταβήσεται τὰ ὅρια ἐπὶ φάραγγα Κ. ἐπὶ λίβα κατὰ φάραγγα [A τὴν φ.] Ἰ. (4, 4)
19. 11. συνάψει ἐπὶ Β. εἰς τὴν φ. (4)
II Ki. 24. 5. ἐκ δεξιῶν τῆς πόλεως τῆς ἐν μέσῳ τῆς φ. Γ. (4)
IV Ki. 23. 10. τὸν Τ. τὸν ἐν φάραγγι υἱοῦ Ἐ. –
II Ch. 14. 10 (9). παρετάξατο πόλεμον ἐν τῇ φ. (2)
26. 9. A B¹ καὶ ἐπὶ τὴν πύλην γωνίας τῆς φ. [B² R *al.*] (2)
32. 6. ἐπὶ τὴν πλατεῖαν τῆς πύλης τῆς φ. †
Ne. 2. 15. ἤμην ἐν [S *add.* τῇ] πύλῃ τῆς φ. (2)
3. 13. τὴν πύλην τῆς φ. ἐκράτησαν (2)
11. 30. S² ἕως φάραγγος Ἐννόμ (2)
Ju. 2. 8. πληρώσουσι τὰς φ. αὐ.
7. 4. οὔτε αἱ φ. . . . ὑποστήσονται τὸ βάρος αὐ.
11. 17. A B ἐξελεύσεται ἡ δούλη σου . . . εἰς τὴν φ.
12. 7. A B ἐξεπορεύετο . . . εἰς τὴν φ. Βαιτ.
13. 10. ἐκύκλωσαν τὴν φ. ἐκείνην
Ps. 59 (60). *tit.* ἐπάταξε τὴν φ. τῶν ἁλῶν (2)
103 (104). 10. ὁ ἐξαποστέλλων πηγὰς ἐν φάραγξιν (4)
Pr. 24. 52 (30. 17). ἐκκόψαισαν [A -κολάψαισαν] αὐτὸν κόρακες ἐκ τῶν φ. (4)
Mi. 6. 2. καὶ αἱ φ. θεμέλια τῆς γῆς †
Za. 14. 5. φραχθήσεται ἡ φ. ὀρέων μου (2)
— 5. ἐγκολληθήσεται φάραγξ ὀρέων ἕως Ἰ. (2)
Is. 7. 19. ἐν ταῖς φ. τῆς χώρας (4)
8. 7. ἀναβήσεται ἐπὶ πᾶσαν φάραγγα ὑμῶν (1)
10. 29. παρελεύσεται φάραγγα (6)
11. 15. πατάξει ἑπτὰ φάραγγας (4)
15. 7. ἐπάξω γὰρ ἐπὶ τὴν φ. Ἄραβας (4)
17. 5. ἐάν τις συναγάγῃ στάχυν ἐν φάραγγι στερεᾷ (5)
22. 1. τὸ ῥῆμα [A ὅραμα] τῆς φ. Σιών (2)
— 5. ἐν φάραγγι Σιὼν πλανῶνται (2)
— 7. ἔσονται αἱ [S *om.*] ἐκλεκταὶ φάραγγές σου (5)
28. 21. ἔσται ἐν τῇ φ. Γαβαών (5)
30. 28. ὡς ὕδωρ ἐν φάραγγι σῦρον (4)
— 33. φάραγγα βαθεῖαν . . . ὡς φ. ὑπὸ θείου καιομένη (–, 4)
34. 9. στραφήσονται αὐτῆς αἱ φ. εἰς πίσσαν (4)
35. 6. φ. ἐν γῇ διψώσῃ (4)
40. 4. πᾶσα φ. πληρωθήσεται (2)
57. 5. σφάζοντες τὰ τέκνα αὐτῶν ἐν ταῖς φ. (4)
65. 10. φ. Ἀχὼρ εἰς ἀνάπαυσιν βουκολίων (5)
Je. 7. 31. ὅς ἐστιν ἐν φάραγγι υἱοῦ Ἐννόμ (2)
— 32. βωμὸς τοῦ Ταφὲθ καὶ φ. υἱοῦ Ἐννὸμ ἀλλ' ἡ φ. [S¹ *om.* υἱοῦ . . . φ.] τῶν ἀνῃρημένων (2, 2)
39 (32). 35. ᾠκοδόμησαν τοὺς βωμοὺς . . . τοὺς ἐν φάραγγι υἱοῦ Ἐννόμ (2)
Ba. 5. 7. φάραγγας πληροῦσθαι εἰς ὁμαλισμόν
Ez. 6. 3. τάδε λέγει κύριος . . . ταῖς φ. καὶ ταῖς νάπαις [A² *ν. κ. τ. φ.*] (1 [2])
31. 12. ἐν πάσαις ταῖς φ. ἔπεσαν οἱ κλάδοι αὐ. (2)
32. 6. φάραγγας ἐμπλήσω ἀπὸ σοῦ (1)
34. 13. βοσκήσω αὐτοὺς . . . ἐν ταῖς φ. (1)
35. 8. ἐμπλήσω τῶν τραυματιῶν . . . τὰς φ. σου (2)
36. 4. A R λέγει κύριος . . . τοῖς χειμάρροις καὶ ταῖς φ. [B ταῖς φ. κ. τοῖς χ.] (2 [1])
— 6. εἰπὸν . . . ταῖς φ. καὶ ταῖς νάπαις (1)
38. 20. πεσοῦνται αἱ φ. (3)
39. 11. περιοικοδομήσουσι τὸ περιστόμιον τῆς φ. †
Da. LXX. Su. 62. ἔρριψαν εἰς φάραγγα
I Ma. 6. 35. A διεῖλον τὰ θηρία εἰς τὰς φ. [S R φάλ.]
— 38. R καταφρασσόμενοι ἐν ταῖς φ. [A S φάλ.]
— 45. A ἐπέδραμεν . . . εἰς μέσον τῆς φ. [S R φάλ.]
10. 82. S¹ R συνῆψαν πρὸς τὴν φ. [A S² *al.*]
IV Ma. 14. 16. κατὰ τὰς κορυφὰς ὀρέων καὶ φαράγγων ἀπορρῶγας
[**Aq.** Dt. 3. 29: I Ki. 13. 18: 15. 5: 17. 3: II Ki. 8. 13: Is. 28. 1: Je. 2. 23: 19. 2, 6: Ez. 7. 16: 32. 5 *bis* (Sw.).]
[**Sm.** Dt. 3. 29: Jd. 5. 21: I Ki. 13. 18: 17. 3, 40: 30. 10: II Ki. 2. 24: 8. 13: IV Ki. 23. 4, 10: Jb. 28. 4: Ps. 59 (60). 2: Ca. 6. 10 (11): Is. 22. 1: 28. 1: Je. 2. 23: 19. 2: Ez. 7. 16: 32. 5 *bis* (Sw.): Za. 14. 5 *bis*.]
[**Th.** I Ki. 17. 3, 40: II Ki. 2. 24: IV Ki. 23. 4, 10: Is. 22. 1: 28. 1: 57. 6: Ez. 32. 5 *bis* (Sw.).]
[**Al.** Nu. 32. 9: Ps. 123 (124). 4: Je. 19. 6.]

φαρές. (1) פְּרֵס
Da. LXX. 5. 1. φ. . . . φ. ἐξῆρται –, –
Da. TH. 5. 25. μανὴ θεκὲλ φαρές †
— 28. φ. διῄρηται ἡ βασιλεία σου (1)

φαρέτρα. (1) אַשְׁפָּה (2) יֶתֶר (3) תְּלִי
Ge. 27. 3. λάβε τὸ σκεῦος τήν τε φ. (3)
Jb. 30. 11. ἀνοίξας γὰρ φαρέτραν αὐτοῦ ἐκάκωσέ με (2)
Ps. 10 (11). 3. ἡτοίμασαν βέλη εἰς φαρέτραν (2)
Si. 26. 12. ἔναντι βέλους ἀνοίξει φαρέτραν
Is. 22. 6. οἱ δὲ Ἐλαμῖται ἔλαβον φαρέτρας (1)
49. 2. ἐν τῇ φ. αὐ. ἔκρυψέ [A S^{3} ἐσκέπασέν] με (1)
Je. 28 (51). 11. πληροῦτε τὰς φ. †
— 12. ἐπιστήσατε φαρέτρας [S^{1} -αν] †
La. 3. 13. εἰσήγαγεν τοῖς νεφροῖς μου ἰοὺς φαρέτρας αὐτοῦ (1)
Ez. 27. 11. τὰς φ. αὐτῶν ἐκρέμασαν ἐπὶ τῶν ὤμων σου †
[**Aq.**, **Th.** Ps. 126 (127). 5 : Je. 5. 16 (Sw.).]
[**Sm.** II Ki. 8. 7 : Ps. 126 (127). 5.]
[**Al.** Hb. 3. 9.]

φαρμακία (-εία). (1) כֶּשֶׁף (2) *a.* לְהָטִים *b.* לָט
Ex. 7. 11. ἐποίησαν . . . ταῖς φ. αὐ. ὡσαύτως (2 *a*)
— 22. ἐποίησαν δὲ ὡσαύτως . . . ταῖς φ. αὐ. (2 *b*)
8. 7 (3). ἐποίησαν δὲ ὡσαύτως . . . ταῖς [A B^{2} ἐν ταῖς] φ. [A ἐπαοιδαῖς] αὐ. (2 *b*)
— 18 (14). ἐποίησαν δὲ ὡσαύτως . . . ταῖς φ. αὐ. (2 *b*)
Wi. 12. 4. ἐπὶ τῷ ἔχθιστα πράσσειν ἔργα φαρμακειῶν
18. 13. πάντα γὰρ ἀπιστοῦντες διὰ τὰς φαρμακίας
Is. 47. 9. ἥξει ἐξαίφνης ἐπὶ σὲ ἐν τῇ φ. σου (1)
— 12. στῆθι . . . ἐν τῇ πολλῇ φ. σου (1)
[**Th.** Ex. 7. 11 : 8. 7 (3).]

φαρμακεύειν. (1) חָבַר (2) כָּשַׁף pi. (3) נָחַשׁ pi.
II Ch. 33. 6. B ἐφαρμακεύετο καὶ οἰωνίζετο [A R οἰ. κ. ἐφ.] (3, [2])
Ps. 57 (58). 5. φαρμακοῦ τε φαρμακευομένου παρὰ σοφοῦ [B^{2} S^{2} *al.*] (1)
II Ma. 10. 13. φαρμακεύσας ἑαυτὸν ἐξέλειπε τὸν βίον
[**Th.**, **Quint.** Ps. 57 (58). 6.]

φάρμακον. (1) כֶּשֶׁף
De. 18. 10. B φαρμάκοις [A R -ὸς] ἐπαείδων ἐπαοιδήν †
IV Ki. 9. 22. καὶ τὰ φ. αὐτῆς τὰ πολλά (1)
To. 2. 10. S ὅσῳ ἐνεχρίοσάν με τὰ φ.
6. 4. S ἔστιν γὰρ εἰς φάρμακον χρήσιμον ἡ χολή
— 6. S τί τὸ φ. ἐν τῇ καρδίᾳ [A B *al.*]
11. 8. S ἀποστύψει τὸ φ.
— 11. S ἐπέβαλεν τὸ φ. ἐπ' αὐτόν
Wi. 1. 14. οὐκ ἔστιν ἐν αὐταῖς φάρμακον ὀλέθρου
Si. 6. 16. φίλος πιστὸς φάρμακον ζωῆς
38. 4. κύριος ἔκτισεν ἐκ γῆς φάρμακα
Mi. 5. 12 (11). ἐξολεθρεύσω τὰ φ. σου [A *al.*] (1)
Na. 3. 4. πόρνη . . . ἡγουμένη φαρμάκων (1)
— 4. ἡ πωλοῦσα . . . λαοὺς ἐν τοῖς φ. αὐ. (1)

φαρμακός. (1) חָבַר (2) *a.* חַרְטֻמִּים *b.* חַרְטֹם (3) *a.* כָּשַׁף pi. *b.* כַּשָּׁף
Ex. 7. 11. συνεκάλεσε δὲ Φ. . . . τοὺς φ. (3 *a*)
9. 11. A^{2} B οὐκ ἠδύναντο οἱ φ. στῆναι ἐναντίον M. (2 *a*)
— 11. A^{2} B ἐγένετο γὰρ τὰ ἕλκη ἐν τοῖς φ. (2 *a*)
22. 18 (17). φαρμακοὺς οὐ περιποιήσετε (3 *a*)
De. 18. 10. A R φαρμακὸς [B -οις] ἐπαείδων ἐπαοιδήν (3 *a*)
Ps. 57 (58). 5. φαρμακοῦ τε φαρμακευομένου παρὰ σοφοῦ [B^{2} S^{2} *al.*] (1)
Ma. 3. 5. ἔσομαι μάρτυς ταχὺς ἐπὶ τὰς φ. (3 *a*)
Je. 34 (27). 9. μὴ ἀκούετε . . . τῶν φ. ὑμῶν (3 *b*)
Da. LXX. 2. 2. εἰσενεχθῆναι . . . τοὺς φ. τῶν Χαλδ. (3 *a*)
— 27. οὐκ ἔστι . . . φαρμακῶν . . . ἡ δήλωσις (2 *b* ?)
5. 7. καλέσαι τοὺς ἐπαοιδοὺς καὶ φ. –
— 8. εἰσεπορεύοντο οἱ ἐπαοιδοὶ καὶ φ. †
Da. TH. 2. 2. καλέσαι . . . τοὺς μάγους καὶ τοὺς φ. (3 *a*)
[**Th.**, **Al.**, **Quint.** Ps. 57 (58). 6.]

φαρμακοῦν. (1) חָבַר
Ps. 57 (58). 5. B^{2} φαρμακοῦται [A B^{1} S R -κοῦ τε] φαρμακευομένου [S^{2} -η] παρὰ σοφοῦ (1)

φᾶρος.
[**Al.** Le. 6. 11 (4) *bis* : 16. 23.]

φαρουρείμ. (1) פַּרְוָרִים
IV Ki. 23. 11. εἰς τὸ γαζοφυλάκιον N. βασιλέως τοῦ εὐνούχου ἐν [A ὃς ἐν] φ. (1)

φάρυγξ. (1) *a.* גּוֹרֶן *b.* גָּרוֹן (2) זָקָן (3) חֵךְ
I Ki. 17. 35. ἐκράτησα τοῦ [A τῆς] φ. αὐ. (2)
Pr. 5. 3. ἣ πρὸς καιρὸν λιπαίνει σὸν φ. (3)
8. 7. ἀλήθειαν μελετήσει ὁ φ. μου (3)
24. 13. ἵνα γλυκανθῇ σου ὁ φ. (3)
Ca. 5. 16. φάρυγξ αὐτοῦ γλυκασμοί (3)
Si. 34 (31). 12. μὴ ἀνοίξῃς ἐπ' αὐτῆς φάρυγγά [B^{1} τὸν φ.] σου
36. 24 (21). φάρυγξ γεύεται βρώματα θήρας
Je. 2. 25. ἀπόστρεψον . . . τὸν φ. σου ἀπὸ δίψους (1 *a**, 1 *b*)
La. 4. 4. ἐκολλήθη ἡ γλῶσσα θηλάζοντος πρὸς τὸν φ. αὐτοῦ (3)
[**Sm.** Pr. 5. 3 : Ca. 2. 3 : Ho. 8. 1.]
[**Th.** Pr. 5. 3.]

φαρφαρώθ.
[**Th.** Is. 2. 20.]

φασέκ, φασέχ. (1) פֶּסַח
II Ch. 30. 1. ποιῆσαι τὸ φ. τῷ κ. θεῷ Ἰσρ. (1)
— 2. ποιῆσαι τὸ φ. (1)
— 5. ποιῆσαι τὸ φ. κ. θεῷ Ἰσρ. (1)
— 15. ἔθυσαν τὸ φ. (1)
— 17. τοῦ θύειν τὸ φ. (1)
— 18. ἔφαγον τὸ φ. (1)
35. 1. ἐποίησεν Ἰωσ. τὸ φ. (1)
— 1. ἔθυσαν τὸ φ. (1)
— 6. θύσατε τὸ φ. (1)
— 7. ἀπήρξατο . . . πάντα τὰ εἰς τὸ φ. (1)
— 8. ἔδωκαν εἰς τὸ φ. πρόβατα (1)
— 9. ἀπήρξαντο τοῖς Λ. εἰς τὸ φ. (1)
— 11. ἔθυσαν τὸ φ. (1)
— 13. ὤπτησαν τὸ φ. (1)
— 16. τοῦ ποιῆσαι τὸ φ. (1)
— 17. ἐποίησαν οἱ υἱοὶ Ἰσρ. οἱ εὑρεθέντες τὸ φ. (1)
— 18. οὐκ ἐγένετο φασὲκ ὅμοιον αὐτῷ (1)
— 18. ὡς τὸ φ. ὃ ἐποίησεν Ἰωσ. (1)
Je. 38 (31). 8. ἐν ἑορτῇ φ. †
[**Aq.** Jo. 5. 10.]
[**Sm.** Ex. 12. 11 : Nu. 9. 2 : Jo. 5. 10.]

φάσις.
II Es. 4. 17. ἀπέστειλεν ὁ βασ. . . . εἰρήνην καὶ φάσιν †
Da. TH. Su. 55. λαβὼν φάσιν παρὰ τοῦ θεοῦ
IV Ma. 15. 25. S^{1} φάσιν [A S^{2} R φύσιν] καὶ γένεσιν

φάσκειν. (1) אָמַר
Ge. 26. 20. φάσκοντες αὐτῶν εἶναι τὸ ὕδωρ (1)
Da. LXX. Bel 8. Δαν. ὁ φάσκων μὴ ἐσθίεσθαι αὐτὰ ὑπ' αὐτοῦ
II Ma. 14. 27. φάσκων βαρέως φέρειν
— 32. τῶν δὲ μεθ' ὅρκων φασκόντων
III Ma. 3. 7. φάσκοντες μήτε τῷ βασ. . . . ὁμοσπόνδους τοὺς ἀνθρ. γίνεσθαι

φάσμα. (1) חִזָּיוֹן
Nu. 16. 30. ἐν φάσματι δείξει κύριος †
Jb. 20. 8. ἔπτη δὲ ὥσπερ φ. νυκτερινόν [A S^{1} *al.*] (1)
33. 15. A ἐνύπνιον ὡς φάσμα [B S ἐν. ἢ] ἐν μελέτῃ νυκτερινῇ (1 ?)
Wi. 17. 4. φάσματα ἀμειδήτοις κατηφῆ προσώποις ἐνεφανίζετο
Is. 28. 7. τοῦτ' ἔστι φ. [A φάντασμα] †

φατνεύεσθαι.
[**Th.** Pr. 14. 4.]

φάτνη (πάθνη). (1) אֵבוּס (2) אֻרְוָה (3) בְּלִיל (4) רֶפֶת
II Ch. 32. 28. καὶ φάτνας παντὸς κτήνους (2)
Jb. 6. 5. βοῦς ἐπὶ φάτνης ἔχων τὰ βρώματα (3)
39. 9. ἢ κοιμηθῆναι ἐπὶ φάτνης [S -η] σου (1)
Pr. 14. 4. οὗ μή εἰσι βόες φάτναι καθαραί (1)
Jl. 1. 17. ἐσκίρτησαν δαμάλεις ἐπὶ ταῖς φ. αὐ. †
Hb. 3. 17. οὐχ ὑπάρχουσι βόες ἐπὶ φάτναις (4)
Is. 1. 3. ἔγνω . . . ὄνος τὴν φ. τοῦ κυρίου αὐτοῦ (1)
[**Sm.** Pr. 14. 4.]
[**Al.** Hb. 3. 17.]

φατνιάζεσθαι.
[**Aq.** Pr. 14. 4.]

φατνοῦν. (1) סָפַן
III Ki. 7. 3. ἐφάτνωσε [A ἐτάφνωσε] τὸν οἶκον (1)
Ez. 41. 15 (16). ὁ ναὸς καὶ αἱ γωνίαι καὶ τὸ αἰλὰμ . . . πεφατνωμένα †

φάτνωμα (φάτμ.). (1) *a.* רָהִיט *b.* רָחִיט
Ca. 1. 17. φατνώματα ἡμῶν κυπάρισσοι (1 *b**, 1 *a*)
Am. 8. 3. ὀλολύξει τὰ φ. τοῦ ναοῦ †
Ze. 2. 14. ἐχῖνοι ἐν τοῖς φ. αὐ. κοιτασθήσονται †
Ez. 41. 20. ἐκ τοῦ ἐδάφους ἕως τοῦ φ. τὰ χερουβίμ †
II Ma. 1. 16. ἀνοίξαντες τὴν τοῦ φ. κρυπτὴν θύραν

φάτνωσις. (1) גֵּב
III Ki. 6. 9. A ἐκοιλοστάθμησε τὸν οἶκον φατνώσεσιν [B *om.*] (1)
[**Sm.** Ca. 1. 17.]

φαυλίζειν. (1) *a.* בָּזָה *b.* בּוּז (2) מָאַס (3) סָלַף pi.
Ge. 25. 34. ἐφαύλισεν Ἡ. τὰ πρωτοτοκεῖα (1 *a*)
Nu. 15. 31. τὸ ῥῆμα κυρίου ἐφαύλισε (1 *a*)
II Ki. 12. 9. ἐφαύλισας τὸν λόγον κυρίου (1 *a*)
Ju. 1. 11. ἐφαύλισαν . . . τὸ ῥῆμα Ναβ.
11. 2. εἰ μὴ ἐφαύλισάν [A -έν] με
— 22. A B ἐν δὲ τοῖς φαυλίσασι τὸν κύριόν μου ἀπώλεια
Jb. 30. 4. ἄτιμοι δὲ καὶ πεφαυλισμένοι ἐνδεεῖς παντὸς ἀγαθοῦ –
31. 13. εἰ δὲ καὶ ἐφαύλισα κρίμα θεράποντός μου (2)
42. 6. ἐφαύλισα ἐμαυτὸν καὶ ἐτάκην (2)
Pr. 21. 12. φαυλίζει ἀσεβεῖς ἐν κακοῖς (3)
22. 12. φαυλίζει δὲ λόγους παράνομος (3)
Ma. 1. 6. ὑμεῖς οἱ ἱερεῖς οἱ φαυλίζοντες τὸ ὄνομά μου (1 *a*)
— 6. ἐν τίνι ἐφαυλίσαμεν τὸ ὄνομά σου (1 *a*)
Is. 33. 19. ὥστε μὴ ἀκοῦσαι λαὸς πεφαυλισμένος [S^{2} ὁ π.] †
37. 22. ἐφαύλισέ σε (1 *a*)
49. 7. ἁγιάσατε τὸν φαυλίζοντα τὴν ψυχὴν αὐτοῦ (1 *b*)
[**Sm.** La. 1. 12.]

φαύλισμα. (1) עַלִּיז
Ze. 3. 11. περιελῶ ἀπὸ σοῦ τὰ φ. τῆς ὕβρεώς σου (1 ?)

φαυλισμός. (1) גִּדּוּף (2) *a.* לַעַג *b.* לָעֵג
Ho. 7. 16. οὗτος ὁ φ. αὐ. ἐν γῇ Αἰγύπτῳ (2 *a*)
Is. 28. 11. διὰ φαυλισμὸν χειλέων (2 *b*)
51. 7. τῷ φ. αὐτῶν μὴ ἡττᾶσθε (1)

φαυλίστρια. (1) עַלִּיז
Ze. 3. 1 (2. 15). αὕτη ἡ πόλις ἡ φ. (1)

φαῦλος. (1) אֱוִיל (2) עוֹלָה (3) εἶναι φ. לוּעַ (4) φαῦλον ποιεῖν סָלַף pi.
Jb. 6. 3. ὡς ἔοικε τὰ ῥήματά μού ἐστι φαῦλα (3)
— 25. ὡς ἔοικε φαῦλα ἀληθινοῦ [A ἀνδρὸς ἀλ.] ῥήματα †
9. 23. φαῦλοι ἐν θανάτῳ ἐξαισίῳ [A ἐξ. ἀπολοῦνται] †
Pr. 5. 2. μὴ πρόσεχε φαύλῃ γυναικί –
13. 6. A τοὺς δὲ ἀσεβεῖς φαύλους ποιεῖ ἁμαρτία (4)
16. 21. τοὺς σοφοὺς καὶ συνετοὺς φαύλους καλοῦσιν †
22. 8. ὁ σπείρων φαῦλα θερίσει κακά (2)
29. 9. ἀνὴρ δὲ φαῦλος ὀργιζόμενος καταγελᾶται (1)
Si. 20. 16. οἱ ἔσθοντες τὸν ἄρτον μου φαῦλοι γλώσσῃ [S^{1} -ης]
III Ma. 3. 22. διηνεκῶς δὲ εἰς τὸ φ. ἐκνεύοντες
[**Sm.** Ps. 74 (75). 9.]

φαυλότης.
Wi. 4. 12. βασκανία γὰρ φαυλότητος ἀμαυροῖ τὰ καλά

φαῦσις. (1) מָאוֹר
Ge. 1. 14. εἰς φαῦσιν τῆς γῆς –
— 15. ἔστωσαν εἰς φαῦσιν (1)
Ju. 13. 13. ἅψαντες πῦρ εἰς φαῦσιν
Ps. 73 (74). 16. S^{2} σὺ κατηρτίσω φαῦσιν καὶ ἥλιον [B S^{1} κατ. ἥ. καὶ σελήνην] (1)
[**Sm.** Ex. 35. 8.]
[**Al.** Le. 24. 2.]

φέγγος. (1) אוֹר (2) לֶהָבָה (3) נֹגַהּ (4) נְהָרָה (5) εἶναι φ. יָפַע hi. (6) φ. πρωϊνόν בֹּקֶר

II Ki. 22. 13. ἀπὸ τοῦ φ. ἐναντίον αὐτοῦ (3)
23. 4. A B^1 τὸ πρωῒ οὐ [B^3 R οὗ] κύριος παρῆλθεν ἐκ φέγγους (3)
Jb. 3. 4. μηδὲ ἔλθοι εἰς αὐτὴν φέγγος (4)
10. 21. οὗ οὐκ ἔστι φέγγος (5)
22. 28. ἐπὶ δὲ ὁδοῖς σου [A σοι] ἔσται φέγγος (1)
38. 12. ἢ ἐπὶ σοῦ συντέταχα φέγγος πρωϊνόν (6)
41. 9 (10). ἐν πταρμῷ αὐτοῦ ἐπιφαύσκεται φέγγος (1)
Wi. 7. 10. ἀκοίμητον τὸ ἐκ ταύτης φέγγος
Ho. 7. 6. ἀνεκαύθη ὡς πυρὸς [A πῦρ] φέγγος (2)
Am. 5. 20. καὶ γνόφος οὐκ ἔχων φέγγος [A^1 φθέγγος] αὐτῇ (3)
Jl. 2. 10. τὰ ἄστρα δύσουσι τὸ φ. [A φθέγγος] αὐ. (3)
3 (4). 15. οἱ ἀστέρες δύσουσι φέγγος [A S^2 τὸ φ.] αὐ. (3)
Hb. 3. 4. φέγγος αὐ. ὡς φῶς ἔσται (3)
— 11. εἰς φέγγος ἀστραπῆς ὅπλων σου (3)
Ez. 1. 4. φ. κύκλῳ αὐτοῦ καὶ πῦρ ἐξαστράπτον (3)
— 4. φ. ἐν αὐτῷ –
— 13. ὡς . . . φ. τοῦ πυρός (3)
— 27. A^2 B τὸ φ. αὐτοῦ κύκλῳ ὡς ὅρασις τόξου (3)
— 28. A^2 B οὕτως ἡ στάσις τοῦ φ. κυκλόθεν (3)
10. 4. ἡ αὐλὴ ἐπλήσθη τοῦ φ. τῆς δόξης κυρίου (3)
43. 2. ἡ γῆ ἐξέλαμπεν ὡς φ. ἀπὸ τῆς δόξης –
II Ma. 12. 9. ὥστε ἐπιφαίνεσθαι τὰς αὐγὰς τοῦ φ.
III Ma. 4. 10. R τὸ φ. ἀποκλειόμενοι
6. 4. φέγγος ἐπιφάνας ἐλέους Ἰσρ. γένει
[**Aq.** Jb. 41. 10: Is. 4. 5: 60. 19: Ez. 8. 2.]
[**Sm.** Is. 4. 5: Ez. 8. 2.]
[**Th.** Pr. 4. 18: Is. 4. 5.]
[**Al.** Hb. 3. 11 *ter.*]

φεγγούλ.
[**Th.** Le. 7. 18: 19. 7: Ez. 4. 14.]

φείδεσθαι. (1) *a.* חוּס *b.* מַחְסֶה (2) *a.* חָמַל *b.* חֶמְלָה (3) חָשַׂךְ (4) לָאַט (5) εἶναι φειδόμενος חָמַל (6) ὑπὲρ ὧν φείδονται מַחְמָל

Ge. 19. 16. ἐν τῷ φείσασθαι κύριον αὐτοῦ (2 *b*)
20. 6. ἐφεισάμην ἐγώ σου (3)
22. 12, 16. οὐκ ἐφείσω τοῦ υἱοῦ σου (3)
45. 20. μὴ φείσησθε τοῖς ὀφθαλμοῖς ὑ. τῶν σκευῶν (1 *a*)
Ex. 2. 6. ἐφείσατο αὐτοῦ ἡ θυγάτηρ Φ. (2 *a*)
De. 7. 16. οὐ φείσεται ὁ ὀφθαλμός σου ἐπ' αὐτοῖς (1 *a*)
13. 8 (9): 19. 13, 21. οὐ φείσεται ὁ ὀφθαλμός σου ἐπ' αὐτῷ (1 *a*)
25. 12. οὐ φείσεται ὁ ὀφθαλμός σου ἐπ' αὐτῇ (1 *a*)
33. 3. ἐφείσατο τοῦ λαοῦ αὐ. †
I Ki. 15. 3. καὶ οὐ φείσῃ ἀπ' αὐτοῦ (2 *a*)
24. 11. ἐφεισάμην σου (1 *a*)
II Ki. 12. 4. ἐφείσατο λαβεῖν ἐκ τῶν ποιμνίων αὐ. (2 *a*)
— 6. οὐκ ἐφείσατο (2 *a*)
18. 5. φείσασθέ μου τοῦ παιδαρίου τοῦ Ἀβ. (4)
— 16. ἐφείδετο Ἰ. τοῦ λαοῦ (3)
21. 7. ἐφείσατο ὁ βασ. ἐπὶ Μεμφ. (2 *a*)
IV Ki. 5. 20. ἐφείσατο ὁ κύριός μου τοῦ Ν. (3)
II Ch. 36. 15. ἦν φειδόμενος τοῦ λαοῦ αὐ. (5)
— 17. οὐκ ἐφείσατο τοῦ Σεδ. (2 *a*)
I Es. 1. 50. καθὸ ἐφείδετο αὐτῶν
— 53. οὐκ ἐφείσαντο νεανίσκου
Ne. 13. 22. φεῖσαί μου κατὰ τὸ πλῆθος τοῦ ἐλέους σου (1 *a*)
Ju. 2. 11. ἐπὶ δὲ τοὺς ἀπειθοῦντας οὐ φείσεται ὁ ὀφθ. σου
13. 20. οὐκ ἐφείσω τῆς ψυχῆς σου
Es. 4. 17. φεῖσαι τοῦ λαοῦ σου
Jb. 6. 10. ἐπ' [S^1 ἀπ'] αὐτῆς οὐ φείσομαι [A S -ωμαι] (2 *a*)
7. 11. οὐδὲ ἐγὼ φείσομαι τῷ στόματί μου (3)
16. 6 (5). κίνησιν δὲ χειλέων οὐ φείσομαι (3)
— 14 (13). οὐ φειδόμενοι ἐξέχεαν εἰς τὴν γῆν τὴν χολήν [A S^2 ζωήν] μου (2 *a*)
20. 13. οὐ φείσεται αὐτῆς (2 *a*)
27. 22. καὶ οὐ φείσεται (2 *a*)
30. 10. A B S^2 ἀπὸ δὲ προσώπου μου οὐκ ἐφείσαντο πτύελον [A -ου] (3)
Jb. 33. 18. ἐφείσατο δὲ τῆς ψυχῆς αὐτοῦ ἀπὸ θανάτου (3)
42. 3. φειδόμενος δὲ ῥημάτων καὶ σὲ οἴεται κρύπτειν †
Ps. 18 (19). 13. ἀπὸ ἀλλοτρίων φεῖσαι τοῦ δούλου σου (3)
71 (72). 13. φείσεται πτωχοῦ καὶ πένητος (1 *a*)
77 (78). 50. οὐκ ἐφείσατο ἀπὸ θανάτου τῶν ψυχῶν αὐτῶν (3)
Pr. 6. 34. οὐ φείσεται ἐν ἡμέρᾳ κρίσεως (2 *a*)
10. 19. φειδόμενος δὲ χειλέων νοήμων ἔσῃ (3)
13. 24. ὃς φείδεται τῆς βακτηρίας μισεῖ τὸν υἱὸν αὐτοῦ (3)
16. 17. φείσεται στόματος αὐτοῦ –
17. 27. ὃς φείδεται ῥῆμα προέσθαι σκληρὸν ἐπιγνώμων (3)
21. 14. δώρων δὲ ὁ φειδόμενος θυμὸν ἐγείρει ἰσχυρόν †
24. 11. ῥῦσαι ἀγομένους εἰς θάνατον καὶ ἐκπρίου [A -ιω] κτεινομένους μὴ φείσῃ (3)
Wi. 1. 11. ἀπὸ καταλαλιᾶς φείσασθε γλώσσης
2. 10. μὴ φεισώμεθα χήρας
11. 26. φείδῃ δὲ πάντων
12. 8. τούτων ὡς ἀνθρώπων ἐφείσω
— 16. τὸ πάντων σε δεσπόζειν πάντων φείδεσθαι [A S^2 φ. σε] ποιεῖ
Si. 13. 12. οὐ μὴ φείσηται περὶ κακώσεως καὶ δεσμῶν
16. 8. οὐκ ἐφείσατο περὶ τῆς παροικίας Λώτ
23. 2. ἵνα ἐπὶ τοῖς ἀγνοήμασί μου μὴ φείσωνται
Jl. 2. 17. φεῖσαι, κύριε, τοῦ λαοῦ σου (1 *a*)
— 18. ἐφείσατο τοῦ λαοῦ αὐ. (2 *a*)
3 (4). 16. ὁ δὲ κ. φείσεται τοῦ λαοῦ αὐ. (1 *b*)
Jn. 4. 10. ἐφείσω ὑπὲρ τῆς κολοκύνθης (1 *a*)
— 11. ἐγὼ δὲ οὐ φείσομαι ὑπὲρ Ν. (1 *a*)
Hb. 1. 17. ἀποκτέννειν ἔθνη οὐ φείσεται (2 *a*)
Za. 11. 6. οὐ φείσομαι οὐκέτι ἐπὶ τοὺς κατοικοῦντας (2 *a*)
Is. 13. 18. οὐδὲ ἐπὶ τοῖς τέκνοις σου φείσονται οἱ ὀφθαλμοὶ αὐτῶν (1 *a*)
14. 6. πληγὴν θυμοῦ ἣ οὐκ ἐφείσατο (3)
54. 2. πῆξον μὴ φείσῃ (3)
58. 1. μὴ φείσῃ (3)
63. 9. διὰ τὸ ἀγαπᾶν αὐτοὺς καὶ φ. αὐτῶν (2 *b*)
Je. 13. 14. οὐ φείσομαι (1 *a*)
14. 10. οὐκ ἐφείσαντο (3)
15. 5. τίς φείσεται ἐπὶ σοί (2 *a*)
17. 17. φειδόμενός μου ἐν ἡμέρᾳ πονηρᾷ (1 *b*)
21. 7. οὐ φείσομαι ἐπ' αὐτοῖς [A -ούς] (1 *a* + 2 *a*)
27 (50). 14. μὴ φείσησθε ἐπὶ τοῖς τοξεύμασιν ὑμῶν (2 *a*)
28 (51). 3. μὴ φείσησθε ἐπὶ νεανίσκους αὐτῆς (2 *a*)
La. 2. 2. κατεπόντισε κύριος οὐ φεισάμενος (2 *a*)
— 17. καθεῖλε καὶ οὐκ ἐφείσατο (2 *a*)
— 21: 3. 43. οὐκ ἐφείσω (2 *a*)
Ez. 5. 11. οὐ φείσεταί μου ὁ ὀφθαλμός (1 *a*)
7. 9, 4: 8. 18. οὐ φείσεται ὁ ὀφθαλμός μου (1 *a*)
9. 5. μὴ φείδεσθε [A φείσησθε] τοῖς ὀφθαλμοῖς ὑμῶν (1 *a*)
— 10. οὐ φείσεταί μου ὁ ὀφθαλμός (1 *a*)
16. 5. οὐδὲ ἐφείσατο [A οὐ φείσεται] ὁ ὀφθαλμός μου ἐπὶ σοί (1 *a*)
20. 17. ἐφείσατο ὁ ὀφθαλμός μου ἐπ' αὐτούς (1 *a*)
24. 21. ὑπὲρ ὧν φείδονται αἱ ψυχαὶ ὑμῶν (6)
36. 21. ἐφεισάμην αὐτῶν διὰ τὸ ὄνομά μου (2 *a*)
I Ma. 13. 5. μή μοι γένοιτο φείσασθαί μου τῆς ψυχῆς
[**Aq.** I Ki. 23. 21: Pr. 11. 24: Ec. 2. 25: Ez. 9. 10: 24. 14: Ma. 3. 17 *bis.*]
[**Sm.** Pr. 11. 24: Ec. 2. 25: Ez. 24. 14: Ho. 6. 5.]
[**Th.** I Ki. 15. 15: 23. 21: Ez. 24. 14.]

φειδώ.
Es. 3. 13. ἄνευ παντὸς οἴκτου καὶ φειδοῦς [S^1 -ῶ]
Wi. 12. 18. μετὰ πολλῆς φειδοῦς διοικεῖς ἡμᾶς

φειδωλός.
IV Ma. 2. 9. κἂν φειδωλός τις ᾖ

φεισές, φεισεὶς (? φεῖσις).
[**Al.** Le. 20. 17.]

φελλανεί, φελμουνί, φελμωνί. (1) *a.* פַּלְמוֹנִי *b.* פְּלֹנִי

I Ki. 21. 2 (3). ἐν τῷ τόπῳ τῷ λεγομ. Θεοῦ πίστις φ. μαεμωνεί (1 *b*)
Da. LXX. 8. 13. εἶπεν ὁ ἕτερος ἅγιος τῷ φ. τῷ λαλοῦντι (1 *a*)
Da. Th. 8. 13. εἶπεν εἷς ἅγιος τῷ φ. τῷ λαλοῦντι (1 *a*)
[**Aq., Th.** Da. 8. 13.]

φεναεδδώρ, φεννεδδώρ, φενεδδώρ, φενναεδδώρ.
Jo. 11. 2. καὶ εἰς φ. [A *al.*] †
12. 23. βασιλέα Ὀ. τοῦ φ. [A *al.*] †

φενέγ.
[**Aq., Th.** Ez. 27. 17.]

φενέν.
[**Th.** Ez. 27. 17.]

φεννώθ.
[**Heb.** Ma. 2. 13.]

φέρειν. (1) *a.* אָתָה hi. *b.* אֲתָה aph. (2) ב׳ (3) בּוֹא *a.* qal. *b.* hi. *c.* hoph. (4) יָבַל hi. (5) יְהַב (6) יָעֵף hoph. (7) יָצָא hi. (8) יָרַד hi. (9) כּוּל pilp. (10) כּוּן hi. (11) לָקַח (12) נָגַשׁ hi. (13) נָדַב (14) נָדַף ni. (15) נוּף hi. (16) נְפַק aph. (17) נָשָׂא (18) נָתַן (19) סְעָרָה (20) עָבַר (21) עָלָה hi. (22) עָשָׂה (23) פָּנָה (24) שׁוּב hi. (25) שָׁטַף (26) שָׁלַח (27) ἃ ἔφερεν הַבָּא בְיָדוֹ (28) βαρέως φ. חָרָה בְעֵינֵי

Ge. 4. 3. ἤνεγκε Κ. . . . θυσίαν τῷ κ. (3 *b*)
— 4. ἤνεγκε καὶ αὐτὸς ἀπὸ τῶν πρωτοτόκων (3 *b*)
27. 4. ἔνεγκόν μοι ἵνα φάγω (3 *b*)
— 7. ἔνεγκόν μοι θήραν (3 *b*)
— 13. πορευθεὶς ἔνεγκαί μοι (11)
— 14. καὶ ἤνεγκε τῇ μητρί (3 *b*)
30. 14. ἤνεγκεν αὐτὰ πρὸς Λείαν (3 *b*)
31. 35. μὴ βαρέως φέρε (28)
— 39. R θηριάλωτον οὐκ ἐνήνοχά σοι [A *al.*] (3 *b*)
32. 13 (14). ἔλαβεν ὧν ἔφερεν δῶρα (27)
33. 11. ἃς ἤνεγκά σοι (3 *c*)
36. 7. οὐκ ἐδύνατο ἡ γῆ . . . φέρειν αὐτούς (17)
43. 2. ὃν ἤνεγκαν ἐξ Αἰγύπτου (3 *b*)
— 22. ἀργύριον ἕτερον ἠνέγκαμεν (8)
— 24. ἤνεγκεν ὕδωρ νίψαι τοὺς πόδας αὐ. (3 *b*)
— 24. A ἤνεγκεν [R ἔδωκε] χορτάσματα τοῖς ὄνοις αὐ. (18)
47. 16. φέρετε τὰ κτήνη ὑμῶν (5)
49. 3. σκληρὸς φέρεσθαι καὶ σκληρὸς αὐθάδης (17)
Ex. 28. 26 (30). οἴσει Ἀ. τὰς κρίσεις τῶν υἱῶν Ἰσρ. (17)
32. 2. καὶ ἐνέγκατε πρὸς μέ (3 *b*)
— 3. καὶ ἤνεγκαν πρὸς Ἀ. (3 *b*)
35. 5. οἴσουσι τὰς ἀπαρχὰς κυρίῳ (3 *b*)
— 21. A B^2 R ἤνεγκαν [B^1 ἀνήρ.] ἕκαστος ὧν ἔφερεν ἡ καρδία αὐτῶν (3 *a*, 17)
— 21. ἤνεγκαν ἀφαίρεμα κυρίῳ (3 *b*)
— 22. ἤνεγκαν οἱ ἄνδρες παρὰ τῶν γυναικῶν (3 *a*)
— 22. ἤνεγκαν σφραγῖδας (3 *b*)
— 23 (22). ὅσοι ἤνεγκαν ἀφαιρέματα χρυσίου (15)
— 23. παρ' ᾧ εὑρέθη . . . ἤνεγκαν (3 *b*)
— 24. ἤνεγκαν ἀργύριον καὶ χαλκόν (3 *b*)
— 24. εἰς πάντα τὰ ἔργα τῆς κατασκευῆς ἤνεγκαν (3 *b*)
— 25. ἤνεγκαν νενησμένα (3 *b*)
— 27. ἤνεγκαν τοὺς λίθους τῆς σμαράγδου (3 *b*)
— 29. ὧν ἔφερεν ἡ διάνοια αὐ. (13)
— 29. ἤνεγκαν οἱ υἱοὶ Ἰσρ. ἀφαίρεμα κυρίῳ (3 *b*)
36. 3. ἃ ἤνεγκαν οἱ υἱοὶ Ἰσρ. (3 *b*)
— 3. παρὰ τῶν φερόντων τὸ πρωΐ –
— 5. πλῆθος φέρει ὁ λαὸς κατὰ τὰ ἔργα (3 *b*)
39. 14 (33). ἤνεγκαν τὰς στολὰς πρὸς Μ. (3 *b*)
Le. 2. 2. οἴσει πρὸς τοὺς υἱοὺς Ἀ. τοὺς ἱερεῖς (3 *b*)
4. 5. A οἴσει [B εἰσοίσει] αὐτὸ ἐπὶ τὴν σκηνήν (3 *b*)
— 28. οἴσει χίμαιραν ἐξ αἰγῶν (3 *b*)
— 28. θήλειαν ἄμωμον οἴσει περὶ τῆς ἁμαρτίας –
5. 6. οἴσει περὶ ὧν ἐπλημμέλησε κυρίῳ (3 *b*)
— 7. οἴσει περὶ τῆς ἁμαρτίας αὐ. (3 *b*)
— 8. οἴσει αὐτὰ πρὸς τὸν ἱερέα (3 *b*)
— 11. οἴσει τὸ δῶρον αὐ. (3 *b*)
— 12. οἴσει αὐτὸ πρὸς τὸν ἱερέα (3 *b*)
— 15. οἴσει . . . κριὸν ἄμωμον (3 *b*)
— 18. οἴσει κριὸν ἄμωμον (3 *b*)
6. 5 (5. 25). οἴσει τῷ κυρίῳ κριόν (3 *b*)
— 21 (14). B πεφυραμένην οἴσει αὐτήν (3 *b*)
7. 19 (29). οἴσει τὸ δῶρον αὐ. (3 *b*)
14. 20. A^2 οἴσει [B ἀνοίσει] ὁ ἱ. τὸ ὁλοκαύτωμα (21)

Le. 15. 14. οἴσει αὐτὰ ἔναντι κυρίου (3 *a*)
— 29. οἴσει αὐτὰ πρὸς τὸν ἱερέα (3 *b*)
16. 15. A οἴσουσιν [B εἰσοίσει] ἀπὸ τοῦ αἵματος αὐ. (3 *b*)
17. 4. καὶ . . . μὴ ἐνέγκῃ αὐτό (3 *b* ?)
— 4. καὶ . . . μὴ ἐνέγκῃ αὐτό (3 *b*)
— 5. καὶ οἴσουσι τῷ κυρίῳ (3 *b*)
— 9. καὶ . . . μὴ ἐνέγκῃ ποιῆσαι αὐτὸ τῷ κ. (3 *b*)
23. 10. οἴσετε δράγμα ἀπαρχὴν τοῦ θερισμοῦ ὑ. (3 *b*)
— 12. ἐν ᾗ ἂν φέρητε τὸ δράγμα (15)
26. 36. διώξεται αὐτοὺς φωνὴ φύλλου φερομένου (14)
Nu. 5. 15. A οἴσει [B προσοίσει] τὸ δῶρον περὶ αὐτῆς (3 *b*)
6. 10. οἴσει δύο τρυγόνας (3 *b*)
11. 14. οὐ δυνήσομαι ἐγὼ μόνος φέρειν τὸν λαόν τ. (17)
— 17. οὐκ οἴσεις αὐτοὺς σὺ μόνος (17)
18. 13. ὅσα ἂν ἐνέγκωσι κυρίῳ (3 *b*)
De. 1. 9. οὐ δυνήσομαι μόνος φέρειν ὑμᾶς (17)
— 12. πῶς δυνήσομαι μόνος φέρειν τὸν κόπον ὑμῶν (17)
12. 6. οἴσετε ἐκεῖ τὰ ὁλοκαυτώματα ὑμῶν (3 *b*)
— 11. οἴσετε πάντα (3 *b*)
14. 23. οἴσετε [A -εις] τὰ ἐπιδέκατα τοῦ σίτου σου –
26. 10. ἐνήνοχα τὴν ἀπαρχὴν τῶν γεννημάτων (3 *b*)
Jo. 6. 12 (13). οἱ ἑπτὰ ἱερεῖς οἱ φέροντες τὰς σάλπιγγας [A *al.*] (17)
7. 23. καὶ ἤνεγκαν πρὸς Ἰ. (3 *b*)
15. 2. ἀπὸ τῆς λοφιᾶς τῆς φερούσης ἐπὶ λίβα (23)
18. 6. καὶ ἐνέγκατε ὧδε πρός με (3 *b*)
— 9. καὶ ἤνεγκαν πρὸς Ἰ. (3 *a*)
Jd. 3. 18. ἐξαπέστειλε τοὺς φέροντας [A αἴρ.] τὰ δῶρα (17)
6. 18. A οἴσω [B ἐξοίσω] τὴν θυσίαν (7)
7. 25. τὴν κεφαλὴν Ὠ. καὶ Ζ. ἤνεγκαν πρὸς Γ. (3 *b*)
15. 1. A ἐπεσκέψατο Σ. . . . φέρων ἔριφον [B *al.*] (2)
16. 18. A ἤνεγκαν [B ἀνήν.] τὸ ἀργύριον (21)
18. 3. τίς ἤνεγκέ [A ἤγαγέν] σε ὧδε (3 *b*)
21. 12. ἤνεγκαν [A ἦγον] αὐτὰς εἰς τὴν παρεμβολήν (3 *b*)
Ru. 3. 15. φέρε τὸ περίζωμα τὸ ἐπάνω σου (5)
I Ki. 9. 7. τί οἴσομεν [A εἰσοίσ.] τῷ ἀνθρώπῳ τοῦ θεοῦ (3 *b*)
10. 27. οὐκ ἤνεγκαν αὐτῷ δῶρα (3 *b*)
15. 12. ὧν ἤνεγκεν ἐξ Ἀμ. –
— 15. ἐξ Ἀμ. ἤνεγκα αὐτά (3 *b*)
17. 54. ἤνεγκεν αὐτὴν εἰς Ἱερ. (3 *b*)
18. 27. A ἤνεγκεν ἀκροβυστίας αὐ. [B *al.*] (3 *b*)
20. 38. A B^{2} R καὶ ἤνεγκε τὰς σχίζας (3 *a*)
25. 27. ἣν ἐνήνοχεν ἡ δούλη σου τῷ κ. μου (3 *b*)
— 35. πάντα ἃ ἔφερεν αὐτῷ (3 *b*)
31. 12. φέρουσιν αὐτοὺς εἰς [A *om.*] Ἰ. (3 *a*)
II Ki. 1. 10. ἐνήνοχα αὐτὰ τῷ κυρίῳ μου ὧδε (3 *b*)
3. 22. B σκῦλα πολλὰ ἔφεραν [AR -ον] μετ' αὐτῶν (3 *b*)
4. 8. ἤνεγκαν τὴν κεφαλὴν Μ. (3 *b*)
6. 17. φέρουσι τὴν κιβωτὸν τοῦ κυρίου (3 *b*)
8. 2, 6. εἰς δούλους φέροντας ξένια (17)
— 7. καὶ ἤνεγκεν αὐτὰ εἰς Ἱερ. (3 *b*)
16. 20. φέρετε ἑαυτοῖς βουλήν (5)
17. 28. ἤνεγκαν δέκα κοίτας (12 ?)
III Ki. 1. 3. ἤνεγκαν αὐτὴν πρὸς τὸν βασ. (3 *b*)
8. 1. τοῦ ἐνεγκεῖν [A ἀνεν.] τὴν κιβωτὸν διαθήκης κ. (21)
9. 14. ἤνεγκε Χ. τῷ Σ. ἑκατὸν καὶ εἴκοσι τάλαντα χρυσίου (26)
— 28. καὶ ἤνεγκαν τῷ βασ. Σαλ. (3 *b*)
10. 11. ἤνεγκε ξύλα πελεκητὰ πολλὰ σφόδρα (3 *b*)
— 25. ἔφερον ἕκαστος τὰ δῶρα αὐ. (3 *b*)
12. 24. B ἵνα τί μοι ἐνήνοχας ἄρτους –
17. 6. οἱ κόρακες ἔφερον αὐτῷ ἄρτους (3 *b*)
IV Ki. 2. 20. R καὶ ἤνεγκαν [A B *om.* κ. ἤ.] πρὸς αὐτόν (11 ?)
4. 21. A καὶ ἤνεγκεν [B ἀνήν.] αὐτόν (21)
— 42. ἤνεγκε πρὸς τὸν ἄνθρωπον τοῦ θ. . . . εἴκοσι ἄρτους (3 *b*)
5. 6. ἤνεγκε τὸ βιβλίον πρὸς τὸν βασ. Ἰσρ. (3 *b*)
— 20. τοῦ μὴ λαβεῖν ἐκ χειρὸς αὐ. ἃ ἐνήνοχε (3 *b*)
10. 6. ἐνέγκατε πρός με (3 *a*)
— 8. B ἤνεγκα [A R -αν] τὰς κεφ. τῶν υἱῶν τοῦ βασ. (3 *b*)
12. 4 (5). ὃ ἐὰν λάβῃ . . . ἐνεγκεῖν ἐν οἴκῳ κυρίου (3 *b*)
17. 4. οὐκ ἤνεγκε μαναὰ τῷ βασ. Ἀσσ. (21)
IV Ki. 21. 12. φέρω κακὰ ἐπὶ Ἱερ. (3 *b*)
I Ch. 10. 12. ἤνεγκαν αὐτὰ εἰς Ἰ. (3 *b*)
11. 19. ἐν ψυχαῖς αὐ. ἤνεγκαν [A *add.* αὐτόν] (3 *b*)
12. 40. ἔφερον αὐτοῖς . . . βρώματα (3 *b*)
16. 29. καὶ ἐνέγκατε κατὰ πρόσωπον αὐτοῦ (3 *a*)
18. 2. ἦσαν Μ. παῖδες τῷ Δ. φέροντες δῶρα (17)
— 6. ἦσαν τῷ Δ. εἰς παῖδας φέροντας δῶρα (17)
— 7. ἤνεγκεν αὐτοὺς εἰς Ἱερ. (3 *b*)
21. 2. καὶ ἐνέγκατε πρός με (3 *b*)
22. 4. ἐφέροσαν [A ἐφόρασαν] οἱ Σ. . . . ξύλα κέδρινα (3 *b*)
II Ch. 1. 6. ἤνεγκεν [A ἀνήν.] ἐκεῖ Σ. ἐπὶ τὸ θυσιαστ. (21)
— 6. ἤνεγκεν [A ἀνήν.] ἐπ' αὐτὸ ὁλοκαύτωσιν χιλίαν (21)
— 17. ἐν χερσὶν αὐτῶν ἔφερον (7)
2. 6 (5). οὐ φέρουσιν αὐτοῦ τὴν δόξαν [A^{1} *al.*] (9)
9. 10. ἔφερον χρυσίον τῷ Σαλ. (3 *b*)
— 12. ὧν ἤνεγκε τῷ βασ. Σαλ. (3 *b*)
— 13. ἦν ὁ σταθμὸς τοῦ χρυσίου τοῦ ἐνεχθέντος τῷ Σ. (3 *a*)
— 14. B πλὴν . . . τῶν ἐμπορευομ. ἔφερον [A R ὧν ἐφ.] (3 *b*)
— 14. ἔφερον χρυσίον καὶ ἀργύριον τῷ βασ. Σαλ. (3 *b*)
— 24. αὐτοὶ ἔφερον [A -εν] ἕκαστος τὰ δῶρα αὐ. (3 *b*)
15. 11. B ὧν ἤνεγκεν [A R -αν] (3 *b*)
17. 11. ἔφερον πρὸς Ἰωσ. δῶρα (3 *b*)
— 11. οἱ Ἄ. ἔφερον αὐτῷ κριοὺς προβάτων (3 *b*)
24. 11. A ὡς ἔφερον [B εἰσέφ.] τὸ γλωσσόκομον (3 *b*)
— 14. ἤνεγκαν . . . τὸ κατάλοιπον τοῦ ἀργυρίου (3 *b*)
25. 12. ἔφερον αὐτοὺς ἐπὶ τὸ ἄκρον τοῦ κρημνοῦ (3 *b*)
— 14. ἤνεγκε πρὸς αὐτοὺς τοὺς θεοὺς υἱῶν Σ. (3 *b*)
27. 5. ταῦτα ἔφερεν αὐτῷ βασιλεὺς Ἀ. (24)
28. 8. ἤνεγκαν τὰ σκῦλα εἰς Σαμ. (3 *b*)
29. 31. φέρετε θυσίας (3 *b*)
31. 5. ἐπιδέκατα πάντα εἰς πλῆθος ἤνεγκαν (3 *b*)
— 6. ἤνεγκαν ἐπιδέκατα μόσχων –
— 10. ἐξ οὗ ἤρκται ἡ ἀπαρχὴ φέρεσθαι (3 *b*)
— 12. ἤνεγκαν [A εἰσήν.] ἐκεῖ τὰς ἀπαρχάς (3 *b*)
32. 23. πολλοὶ ἔφερον δῶρα τῷ κ. (3 *b*)
35. 16. τοῦ . . . ἐνεγκεῖν τὰ ὁλοκαυτώματα (21)
I Es. 4. 22. πάντα ταῖς γυναιξὶ δίδοτε καὶ φέρετε
8. 60. τὸ χρυσίον . . . ἤνεγκαν εἰς τὸ ἱερόν
II Es. 3. 7. ἐνέγκαι ξύλα κέδρινα ἀπὸ τοῦ Λιβ. (3 *b*)
4. 2. ἀπὸ ἡμερῶν Ἀσ. . . . τοῦ ἐνέγκαντος ἡμᾶς ὧδε (21)
8. 17. τοῦ ἐνέγκαι ἡμῖν ᾄδοντας (3 *b*)
— 30. ἐνεγκεῖν εἰς Ἱερ. (3 *b*)
Ne. 8. 1. ἐνέγκαι τὸ βιβλίον νόμου Μ. (3 *b*)
— 2. ἤνεγκεν [B^{1} -αν] Ἔ. ὁ ἱερεὺς τὸν νόμον (3 *b*)
— 15. B^{1} ἐνέγκετε [A B^{2} S R -ατε] φύλλα ἐλαίας (3 *b*)
— 16. ἐξῆλθεν ὁ λαὸς καὶ ἤνεγκαν (3 *b*)
10. 31 (32). λαοὶ τῆς γῆς οἱ φέροντες τοὺς ἀγορασμούς (3 *b*)
— 34 (35). ἐνέγκαι εἰς οἶκον θεοῦ ἡμῶν (3 *b*)
— 35 (36). ἐνέγκαι τὰ πρωτογεννήματα τῆς γῆς ἡμῶν (3 *b*)
— 36 (37). ἐνέγκαι εἰς οἶκον θεοῦ ἡμῶν (3 *b*)
— 37 (38). τὴν ἀπαρχὴν . . . οἴσομεν τοῖς ἱερεῦσιν (3 *b*)
— 39 (40). B εἰς τοὺς θησαυροὺς οἴσουσιν [A S R εἰσοίσ.] οἱ υἱοὶ Ἰσρ. (3 *b*)
11. 1. ἐνέγκαι ἕνα ἀπὸ τῶν δέκα (3 *b*)
12. 27. τοῦ ἐνέγκαι αὐτοὺς εἰς Ἱερ. (3 *b*)
13. 12. ἤνεγκαν δεκάτην τοῦ πυροῦ (3 *b*)
— 15. καὶ φέροντας [B^{1} -ες] δράγματα (3 *b*)
— 15. A B^{2} S^{2} καὶ φέροντας [B^{1} S^{1} -ες] εἰς Ἱερ. (3 *b*)
— 16. ἐκάθισαν ἐν αὐτῇ φέροντες ἰχθύν (3 *b*)
— 18. ἤνεγκεν ἐπ' αὐτοὺς . . . πάντα τὰ κακὰ ταῦτα (3 *b*)
To. 7. 14. S εἶπεν ἐνεγκεῖν βιβλίον [A B *al.*]
11. 15. S ἐνήνοχεν ἀργύριον
12. 2. ὧν ἐνήνοχα [S -εν μετ' ἐμοῦ]
— 3. τὸ ἀργύριόν μου ἤνεγκε [S *al.*]
— 5. λάβε τὸ ἥμισυ πάντων ὧν ἐνηνόχατε [A -ας, S *al.*]
Es. 6. 8. ἐνεγκάτωσαν [A -τω] . . . στολὴν βυσσίνην (3 *b*)
8. 13. τόν τε κόρον οὐ δυνάμενοι φέρειν
Es. 8. 13. οὐκ ἐνέγκας δὲ τὴν ὑπερηφανίαν
Jb. 13. 25. ἢ ὡς χόρτῳ [A -ον] φερομένῳ [A -ον] ὑπὸ πνεύματος †
15. 35. S^{1} ἡ δὲ κοιλία αὐτοῦ οὐκ οἴσει [A B S^{2} αὐ. ὑποίσει] δόλον [A πόνον] (10 ?)
17. 1. A B S^{2} ὀλέκομαι πνεύματι φερόμενος –
22. 12. τοὺς δὲ ὕβρει φερομένους ἐταπείνωσε †
40. 26 (31). οὐ μὴ ἐνέγκωσι [A -κῃ] βύρσαν μίαν οὐρᾶς αὐ. †
Ps. 28 (29). 1. ἐνέγκατε τῷ κ., υἱοὶ θεοῦ, ἐνέγκατε τῷ κ. υἱοὺς κριῶν (5, 5 ?)
— 1. ἐνέγκατε τῷ κυρίῳ δόξαν καὶ τιμήν (5)
— 2. ἐνέγκατε τῷ κ. δόξαν ὀνόματι αὐ. (5)
67 (68). 29. σοὶ οἴσουσι βασιλεῖς δῶρα (4)
75 (76). 11. πάντες οἱ κύκλῳ αὐτοῦ οἴσουσι δῶρα (4)
77 (78). 29. τὴν ἐπιθυμίαν αὐ. ἤνεγκεν [S^{1} ἔδωκεν] αὐτοῖς (3 *b*)
95 (96). 7. ἐνέγκατε τῷ κ., αἱ πατριαὶ τῶν ἐθνῶν, ἐνέγκατε τῷ κ. δόξαν καὶ τιμήν (5, 5)
— 8. ἐνέγκατε τῷ κυρίῳ δόξαν ὀνόματι αὐτοῦ (5)
Pr. 6. 8. A ἧς τοὺς πόνους βασιλεῖς καὶ ἰδιῶται πρὸς ὑγίειαν φέρονται [B S προσφέρ.] –
24. 56 (30. 21). τὸ δὲ τέταρτον οὐ δύναται φέρειν (17)
27. 7. S^{1} ψυχῇ δὲ ἐνδεεῖ καὶ τὰ πικρὰ γλυκέα φέρει [A B S^{2} φαίνεται] –
Ca. 8. 11. B S ἀνὴρ οἴσει ἐν καρπῷ αὐτοῦ χιλίους ἀργυρίου (3 *b*)
Wi. 5. 14. ἐλπὶς ἀσεβοῦς ὡς φερόμενος χνοῦς ὑπὸ ἀνέμου
10. 14. ἤνεγκεν αὐτῷ σκῆπτρα βασιλείας
14. 1. τοῦ φέροντος αὐτὸν πλοίου [A ξύλου] σαθρότερον ξύλον ἐπιβοᾶται
18. 16. ξίφος ὀξὺ τὴν ἀνυπόκριτον ἐπιταγήν [A ὑποτ.] σου φέρων
Si. 23. 25. A S οὐκ οἴσουσιν [B οὐ δώσουσι] καρπόν
47. 6. ἐν τῷ φέρεσθαι αὐτῷ διάδημα δόξης
Ho. 9. 16. καρπὸν οὐκέτι μὴ ἐνέγκῃ (22)
Am. 4. 4. ἠνέγκατε εἰς τὸ πρωῒ θυσίας ὑμῶν (3 *b*)
5. 22. ἐὰν ἐνέγκητέ μοι ὁλοκαυτώματα (21)
Jl. 2. 22. ξύλον ἤνεγκε τὸν καρπὸν αὐ. (17)
Ze. 3. 10. οἴσουσι θυσίας μοι (4)
Hg. 2. 20 (19). τὰ ξύλα τῆς ἐλαίας τὰ οὐ φέροντα καρπόν (17)
Ma. 1. 13. ἐὰν φέρητε [S^{2} προσφέρετε] τὴν θυσίαν (3 *b*)
Is. 1. 13. ἐὰν φέρητε σεμίδαλιν (3 *b*)
17. 13. ὡς ὕδατος πολλοῦ βίᾳ φερομένου [A καταφ.] . . . ὡς κονιορτὸν τροχοῦ καταιγὶς φέρουσα (17, –)
21. 14. διψῶντι ὕδωρ φέρετε (1 *a*)
28. 15. καταιγὶς φερομένη ἐὰν παρέλθῃ (25)
— 18. καταιγὶς φερομένη ἐὰν ἐπέλθῃ (25)
29. 5. ὡς χνοῦς φερόμενος (20)
— 6. καταιγὶς φερομένη καὶ φλόξ (19)
30. 6. ἔφερον ἐπὶ ὄνων καὶ καμήλων τὸν πλοῦτον (17)
— 17. ὡς σημαίαν φέρων ἐπὶ βουνοῦ –
32. 2. κρυβήσεται ὡς ἀφ' ὕδατος φερομένου καὶ φανήσεται ἐν Σ. ὡς ποταμὸς φερόμενος †, †
43. 23. R οὐκ ἤνεγκάς μοι [A B S οὐκ ἐμοί] πρόβατά σου (3 *b*)
52. 11. ἀφορίσθητε οἱ φέροντες τὰ σκεύη κυρίου (17)
53. 3. εἰδὼς φ. μαλακίαν –
— 4. οὗτος τὰς ἁμαρτίας ἡμῶν φέρει (17)
60. 6. ἥξουσι φέροντες χρυσίον καὶ λίβανον οἴσουσι (–, 17)
— 17. οἴσω σοι χρυσίον . . . οἴσω σοι ἀργύριον . . . οἴσω σοι χαλκόν (3 *b*, 3 *b*, –)
64. 6 (5). οὕτως ἄνεμος οἴσει ἡμᾶς (17)
Je. 6. 20. ἵνα τί μοι λίβανον ἐκ Σαβὰ φέρετε (3 *a*)
13. 24. ὡς φρύγανα φερόμενα ὑπὸ ἀνέμου (20)
17. 26. ἥξουσιν . . . φέροντες ὁλοκαυτώματα . . . φέροντες αἴνεσιν (3 *b*, 3 *b*)
18. 14. μὴ ἐκκλίνῃ ὕδωρ βιαίως ἀνέμῳ φερόμενον †
20. 9. οὐ δύναμαι φ. –
30 (49). 5. φέρω φόβον ἐπὶ σέ (3 *b*)
— 10 (49. 32). οἴσω τὴν τροπὴν αὐ. (3 *b*)
40 (33). 11. B^{3} οἴσουσι δῶρα εἰς οἶκον κυρίου [A B^{1} S R *al.*] (3 *b*)
42 (35). 17. B S φέρω ἐπὶ Ἰούδαν . . . πάντα τὰ κακά (3 *b*)
46 (39). 16. φέρω τοὺς λόγους μου ἐπὶ τὴν πόλιν [A εἰς τ. γῆν] (3 *b*)

Je. 51 (44). 22. οὐκ ἠδύνατο κύριος ἔτι φ. (17)
Ba. 3. 30. τίς . . . οἴσει αὐτὴν χρυσίου ἐκλεκτοῦ
Ep. Je. 26. ἐπ' ὤμοις φέρονται [A αἴρ.]
Ez. 17. 4. ἤνεγκεν αὐτὰ εἰς γῆν X. (3 b)
— 8. τοῦ ποιεῖν βλαστοὺς καὶ φ. καρπόν [A *al.*] (17)
19. 9. A ἤνεγκαν αὐτὸν ἐν γαλεάγρᾳ [B *al.*] (3 b)
27. 23. ἔμποροί σου φέροντες ἐμπορίαν –
34. 29. ὀνειδισμὸν ἐθνῶν οὐ μὴ ἐνέγκωσιν ἔτι (17)
36. 6. ἀντὶ τοῦ ὀνειδισμοὺς ἐθνῶν ἐνέγκαι ὑμᾶς (17)
— 15. A ὀνειδισμὸν ἐθνῶν οὐ μὴ ἐνέγκητε ἔτι [B *al.*] (17)
37. 5. φέρω εἰς ὑμᾶς πνεῦμα ζωῆς (3 b)
40. 44. μία . . . φέρουσα πρὸς νότον –
Da. LXX. 5. 2. εἶπεν ἐνέγκαι τὰ σκεύη . . . ἃ ἤνεγκε Ναβ. (1 b, 16)
— 3. καὶ ἠνέχθη (1 b)
— 23. τὰ σκεύη τοῦ οἴκου τοῦ θεοῦ τοῦ ζῶντος ἠνέχθη σοι (1 b)
6. 17 (18). καὶ ἠνέχθη λίθος (1 b)
9. 21. τάχει φερόμενος προσήγγισέ μοι (6)
Da. TH. Su. 17. ἐνέγκατε δή μοι ἔλαιον
— 18. ἐνέγκαι τὰ προστεταγμένα αὐταῖς
1. 2. ἤνεγκεν αὐτὰ εἰς γῆν Σ. (3 b)
5. 2. εἶπεν . . . ἐνεγκεῖν [A τοῦ ἐ.] τὰ σκεύη τὰ χρυσᾶ (1 b)
— 3. ἠνέχθησαν [A ἤχθ.] τὰ σκεύη τὰ χρυσᾶ (1 b)
— 23. A B[1] τὰ σκεύη τοῦ οἴκου αὐ. ἤνεγκας [B[2] R -αν] ἐνώπιόν σου (1 b)
6. 17 (18). καὶ ἤνεγκαν [A -εν] λίθον (1 b)
11. 6. παραδοθήσεται αὕτη καὶ οἱ φέροντες αὐτήν (3 b)
— 8. τοὺς θεοὺς αὐ. . . . οἴσει εἰς Αἴγυπτον (3 b)
Bel 14. ἤνεγκαν τέφραν
I Ma. 3. 49. ἤνεγκαν τὰ ἱμάτια τῆς ἱερωσύνης
7. 47. ἤνεγκαν καὶ ἐξέτειναν παρὰ τὴν Ἱερ.
15. 18. ἤνεγκαν δὲ ἀσπίδα χρυσῆν
II Ma. 1. 21. ἐκέλευσεν αὐτοὺς ἀποβάψαντας φέρειν
3. 25. φερόμενος δὲ ῥύδην ἔσεισε . . . τὰς . . . ὁπλάς
— 28. ἔφερον ἀβοήθητον αὐτόν
4. 25. τῆς μὲν ἀρχιερωσύνης οὐδὲν ἄξιον φέρων
6. 4. R ἔτι δὲ τὰ μὴ καθήκοντα ἔνδον φερόντων [A εἰσφ.]
— 21. ἐνεγκόντα κρέα
7. 20. ἥτις ἀπολλυμένους υἱοὺς ἑπτὰ συνορῶσα . . . εὐψύχως ἔφερε
— 39. πικρῶς φέρων ἐπὶ τῷ μυκτηρισμῷ
8. 31. τὰ δὲ λοιπὰ τῶν σκύλων ἤνεγκαν εἰς Ἱερ.
9. 7. ἀπὸ τοῦ ἅρματος φερομένου ῥοίζῳ
11. 1. λίαν βαρέως φέρων ἐπὶ τοῖς γεγονόσι
12. 22. εἰς φυγὴν ὥρμησαν ἄλλος ἀλλαχῇ φερόμενος
14. 27. φάσκων βαρέως φέρειν
— 28. καὶ δυσφόρως ἔφερεν
— 45. φερομένων κρουνηδὸν τῶν αἱμάτων
15. 30. R καὶ τὴν χεῖρα . . . φέρειν [A περιφ.] εἰς Ἱερ.
III Ma. 2. 28. τοὺς δὲ ἀντιλέγοντας βίᾳ φερομένους τοῦ ζῆν μεταστῆσαι
3. 18. τύφοις φερόμενοι παλαιοτέροις
— 19. οὐδὲν γνήσιον βούλονται φέρειν
IV Ma. 6. 7. ἀπὸ τοῦ μὴ φέρειν τὸ σῶμα τὰς ἀλγηδόνας
9. 8. A R τὰ τῆς ἀρετῆς ἆθλα οἴσομεν [S ἕξομεν]
10. 5. οἱ δὲ πικρῶς ἐνέγκαντες τὴν παρρησίαν τοῦ ἀνδρός

[**Aq.** GE. 37. 2 : EX. 35. 29 : DT. 26. 2 : I KI. 14. 3 : 22. 18 : III KI. 17. 6 : PS. 67 (68). 32 : PR. 21. 27 : IS. 16. 3 : 43. 23 : JE. 10. 9 : 20. 9 : HO. 8. 13 *bis.*]
[**Sm.** GE. 37. 2 : III KI. 17. 6 : PS. 44 (45). 13 : 77 (78). 29 : 104 (105). 40 : PR. 30. 15 *bis* : CA. 8. 11 : IS. 43. 23 : JE. 20. 9 : 41 (48). 5 : ZE. 3. 10.]
[**Th.** GE. 49. 3 : DT. 26. 2 : III KI. 17. 6 : PR. 21. 6 : IS. 16. 3 : 28. 15 : 43. 23 : JE. 10. 9 : DA. 14. 13.]
[**Al.** I KI. 14. 41 : HG. 1. 8.]

φερνή. (1) *a.* מֹהַר *b.* מָהַר

Ge. 34. 12. πληθύνατε τὴν φ. σφόδρα (1 a)
Ex. 22. 16 (15). φερνῇ φερνιεῖ αὐτὴν αὐτῷ γυναῖκα (1 b)
— 17 (16). καθ' ὅσον ἐστὶν ἡ φ. τῶν παρθένων (1 a)
Jo. 16. 10. ἔδωκεν αὐτὴν Φ. ἐν φερνῇ τῇ θυγατρὶ αὐ. –
II Ma. 1. 14. εἰς φερνῆς λόγον

φερνίζειν. (1) מָהַר

Ex. 22. 16 (15). φερνῇ φερνιεῖ αὐτὴν αὐτῷ γυναῖκα (1)

φεσέ.

[**Aq.** DT. 16. 1.]

φεύγειν. (1) *a.* בָּרַח *b.* בָּרִיחַ, בָּרִחַ (2) נָדַד (3) נָדַח *a.* ni. *b.* hoph. (4) נוּס *a.* qal. *b.* hi. *c.* מְנוּסָה *d.* נִיס (5) נָסַס *a.* qal. *b.* hithp. (6) נָפַל (7) עָרַק (8) שָׂרִיד

Ge. 14. 10. ἔφυγε δὲ βασιλεὺς Σοδ. (4 a)
— 10. οἱ δὲ καταλειφθέντες εἰς τὴν ὀρεινὴν ἔφυγον (4 a)
39. 12, 13, 15, 18. ἔφυγε καὶ ἐξῆλθεν ἔξω (4 a)
Ex. 4. 3. καὶ ἔφυγε Μ. ἀπ' αὐτοῦ (4 a)
14. 5. πέφευγεν ὁ λαός (1 a)
— 25. φύγωμεν ἀπὸ προσώπου Ἰσρ. (4 a)
— 27. οἱ δὲ Αἰγ. ἔφυγον ὑπὸ τὸ ὕδωρ (4 a)
21. 13. οὗ φεύξεται ἐκεῖ ὁ φονεύσας (4 a)
Le. 26. 17. A[2] B R φεύξεσθε οὐδενὸς διώκοντος ὑμᾶς (4 a)
— 36. φεύξονται ὡς φεύγοντες ἀπὸ πολέμου (4 a, 4 c)
Nu. 10. 35. φυγέτωσαν πάντες οἱ μισοῦντές σε (4 a)
16. 34. ἔφυγον ἀπὸ τῆς φωνῆς αὐ. (4 a)
24. 11. φεῦγε εἰς τὸν τόπον σου (1 a)
35. 6. A B[1] ἃς δώσετε φεύγειν [B[2] R φυγεῖν] ἐκεῖ τῷ φονεύσαντι (4 a)
— 11. φυγεῖν ἐκεῖ τὸν φονευτήν (4 a)
— 15. φυγεῖν [A φεύγειν] ἐκεῖ παντὶ πατάξαντι ψυχὴν ἀκουσίως (4 a)
— 32. τοῦ φυγεῖν εἰς πόλιν τῶν φυγαδευτηρίων (4 a)
De. 4. 42. A B[1] φεύγειν [B[3] R φυγεῖν] ἐκεῖ τὸν φονευτήν (4 a)
— 42. B[2] ὃς ἂν φύγῃ ἐκεῖ –
19. 4. ὃς ἂν φύγῃ ἐκεῖ καὶ ζήσεται (4 a)
— 11. καὶ φύγῃ εἰς μίαν τῶν πόλεων τ. (4 a)
28. 7. ἐν ἑπτὰ ὁδοῖς φεύξονται ἀπὸ προσώπου σου (4 a)
— 25. ἐν ἑπτὰ ὁδοῖς φεύξῃ ἀπὸ προσώπου αὐτῶν (4 a)
Jo. 7. 4. ἔφυγον ἀπὸ προσώπου τῶν ἀνδρῶν Γ. (4 a)
8. 5. φευξόμεθα ἀπὸ προσώπου αὐτῶν (4 a)
— 6. φεύγουσιν οὗτοι ἀπὸ προσώπου ἡμῶν (4 a)
— 20. B οὐκέτι εἶχον ποῦ φύγωσιν (4 a)
10. 11. ἐν δὲ τῷ φεύγειν αὐτοὺς ἀπὸ προσώπου τῶν υἱῶν Ἰσρ. (4 a)
— 16. ἔφυγον οἱ πέντε βασιλεῖς οὗτοι (4 a)
20. 4. A φεύξεται εἰς μίαν τῶν πόλεων τούτων (4 a)
— 6. ὅθεν ἔφυγεν ἐκεῖθεν (4 a)
Jd. 1. 6. A B[2] R καὶ ἔφυγεν Ἀδ. (4 a)
4. 15. καὶ ἔφυγε τοῖς ποσὶν αὐ. (4 a)
— 17. ἔφυγε [A ἀνεχώρησεν] τοῖς ποσὶν αὐ. (4 a)
7. 21. B καὶ ἔφυγαν [A R -ον] (4 b*, 4 a)
— 23 (22). ἔφυγεν ἡ παρεμβολή (4 a)
8. 12. ἔφυγον [A -εν] Ζ. καὶ Σ. (4 a)
9. 21. ἔφυγεν Ἰ. καὶ ἀπέδρα [A *al.*] (4 a)
— 21. A καὶ ἔφυγεν εἰς Ῥ. [B *al.*] (1 a)
— 40. καὶ ἔφυγεν [A *om.* κ. ἔ.] ἀπὸ προσώπου αὐ. (4 a)
— 51. ἔφυγον ἐκεῖ πάντες οἱ ἄνδρες (4 a)
11. 3. καὶ ἔφυγεν [A ἀπέδρα] Ἰ. (1 a)
20. 32. φύγωμεν καὶ ἐκκενώσωμεν αὐτούς (4 a)
— 42. B καὶ ἔφυγον –
— 45. ἔφυγον [A ἔφυγον] εἰς τὴν ἔρημον (4 a)
— 47. ἔφυγον εἰς τὴν ἔρημον (4 a)
I Ki. 4. 10. ἔφυγεν ἕκαστος εἰς σκήνωμα αὐ. (4 a)
— 16. πέφευγα ἐκ τῆς παρατάξεως σήμερον (4 a)
— 17. πέφευγεν ἀνὴρ Ἰσρ. ἐκ προσώπου ἀλλοφύλων (4 a)
14. 22. ἤκουσαν ὅτι πεφεύγασιν οἱ ἀλλόφυλοι (4 a)
17. 24. A καὶ ἔφυγον ἐκ προσώπου αὐ. (4 a)
— 51. καὶ ἔφυγον [A -αν] (4 a)
19. 8. ἔφυγον ἐκ προσώπου αὐ. (4 a)
— 12. καὶ ἔφυγε καὶ σώζεται (1 a)
— 18. καὶ Δ. ἔφυγε (1 a)
21. 10 (11). ἔφυγεν ἐν τῇ ἡμέρᾳ ἐκ. ἐκ προσώπου Σ. (1 a)
22. 17. ἔγνωσαν ὅτι φεύγει αὐτός (1 a)
— 20. ἔφυγεν ὀπίσω Δ. (1 a)
23. 5. ἔφυγον ἐκ προσώπου αὐ. –
— 6. ἐν τῷ φυγεῖν Ἀβ. υἱὸν Ἀβ. πρὸς Δ. (1 a)
27. 4. πέφευγε Δ. εἰς Γέθ (1 a)

I Ki. 30. 17. καὶ ἔφυγον [A -αν] (4 a)
31. 1, 7. ἔφυγον οἱ ἄνδρες Ἰσρ. (4 a)
— 7. καὶ φεύγουσι (4 a)
II Ki. 1. 4. B ἔφυγεν ὁ λαὸς ἐκ τοῦ πολέμου (4 a)
4. 4. καὶ ἔφυγε (4 a)
10. 13. ἔφυγαν [A -ον] ἀπὸ προσώπου αὐ. (4 a)
— 14. ἔφυγε Συρία (4 a)
— 14. ἔφυγαν ἀπὸ προσώπου Ἀβ. (4 a)
— 18. ἔφυγε Σ. ἀπὸ προσώπου Ἰσρ. (4 a)
13. 29. B καὶ ἔφυγαν [A R -ον] (4 a)
— 37. καὶ Ἀβ. ἔφυγε (1 a)
15. 14. ἀνάστητε καὶ φύγωμεν (1 a)
17. 2. καὶ φεύξεται [A ἐκφ.] πᾶς ὁ λαός (4 a)
18. 3. ἐὰν φυγῇ φύγωμεν (4 a)
— 17. πᾶς Ἰσρ. ἔφυγεν (4 a)
19. 3 (4). ἐν τῷ αὐτοὺς φεύγειν [A φυγ. αὐ.] ἐν τῷ πολέμῳ (4 a)
— 8 (9). Ἰσρ. ἔφυγεν ἀνὴρ εἰς τὰ σκηνώματα αὐ. (4 a)
— 9 (10). πέφευγεν ἀπὸ τῆς γῆς (1 a)
23. 11. ὁ λαὸς ἔφυγεν ἐκ προσώπου ἀλλοφύλων (4 a)
24. 13. φεύγειν σε ἔμπροσθεν τῶν ἐχθρῶν σου (4 a)
III Ki. 2. 28. ἔφυγεν Ἰ. εἰς τὸ σκήνωμα τοῦ κ. (4 a)
— 29. ἔφυγεν Ἰ. εἰς τὴν σκηνὴν τοῦ κ. (4 a)
— 29. πέφευγας [A πέφυγας] εἰς τὸ θυσιαστήριον –
— 29. ἔφυγον πρὸς κύριον –
11. 43. B ὡς ἔφυγεν ἐκ προσώπου Σαλ. –
12. 2. A ὡς ἔφυγεν ἐκ προσώπου τοῦ βασ. Σαλ. (1 a)
— 18. ἀναβῆναι τοῦ φυγεῖν εἰς Ἱερ. (4 a)
21 (20). 20. καὶ ἔφυγε Σ. (4 a)
— 30. ἔφυγον οἱ κατάλοιποι εἰς Ἀφ. (4 a)
— 30. υἱὸς Ἀ. ἔφυγε (4 a)
IV Ki. 3. 24. ἔφυγον ἀπὸ προσώπου αὐτῶν (4 a)
7. 7. ἔφυγον πρὸς τὴν ψυχὴν ἑαυτῶν (4 a)
8. 21. ἔφυγεν ὁ λαὸς εἰς τὰ σκηνώματα αὐ. (4 a)
9. 3. φεύξῃ καὶ οὐ μενεῖς (4 a)
— 10, 23. καὶ ἔφυγε (4 a)
— 27. καὶ ἔφυγεν ὁδὸν B. (4 a)
— 27. καὶ ἔφυγεν εἰς Μ. (4 a)
14. 12. ἔφυγεν ἀνὴρ εἰς τὸ σκήνωμα αὐ. (4 a)
— 19. καὶ ἔφυγεν εἰς Λ. (4 a)
I Ch. 10. 1. ἔφυγον ἀπὸ προσώπου ἀλλοφύλων (4 a)
— 7. ἔφυγεν Ἰσρ. (4 a)
— 7. καὶ ἔφυγον (4 a)
11. 13. ὁ λαὸς ἔφυγεν ἀπὸ προσώπου ἀλλοφύλων (4 a)
19. 14. ἔφυγον ἀπ' αὐτοῦ (4 a)
— 15. εἶδον ὅτι ἔφυγον Σύροι (4 a)
— 15. ἔφυγον καὶ αὐτοί (4 a)
— 18. ἔφυγε Σύρος ἀπὸ προσώπου Δ. (4 a)
21. 12. φεύγειν [A φυγ.] σε ἐκ προσώπου ἐχθρῶν σου †
II Ch. 10. 2. ὡς ἔφυγεν ἀπὸ προσώπου Σαλ. (1 a)
— 18. ἔσπευσε . . . τοῦ φυγεῖν εἰς Ἱερ. (4 a)
13. 16. ἔφυγον οἱ υἱοὶ Ἰσρ. ἀπὸ προσώπου Ἰ. (4 a)
14. 12 (11). καὶ ἔφυγον Αἰθίοπες (4 a)
21. 9. ἔφυγεν ὁ λαὸς εἰς τὰ σκηνώματα αὐ. –
25. 22. ἔφυγεν [A -ον] ἕκαστος εἰς τὸ σκήνωμα (4 a)
— 27. ἔφυγεν ἀπὸ Ἱερ. εἰς Λ. (4 a)
Ne. 6. 11. A S[2] τίς ἐστιν ὁ ἀνὴρ οἷος ἐγὼ φεύξεται [B S[1] *om.* οἱ. ἐ. φ.] (1 a)
13. 10. ἐφύγοσαν ἀνὴρ εἰς ἀγρὸν αὐ. (1 a)
To. 1. 18. φεύγων ἐκ τῆς Ἰουδαίας
— 21. ἔφυγον [S[1] -εν] εἰς τὰ ὄρη Ἀρ.
4. 21. S ἐὰν . . . φύγῃς [A B ἀποστῇς] ἀπὸ πάσης ἁμαρτίας
6. 7. S φεύξεται ἀπ' αὐτοῦ πᾶν ἀπάντημα
— 17. ὀσφρανθήσεται τὸ δαιμόνιον καὶ φεύξεται
8. 3. ἔφυγεν εἰς τὰ ἀνώτατα Αἰγύπτου [S *al.*]
Ju. 5. 8. ἔφυγον εἰς Μεσοποταμίαν
14. 3. φεύξονται ἀπὸ προσώπου ὑμῶν
15. 2. ἔφευγον ἐπὶ πᾶσαν ὁδὸν τοῦ πεδίου
Jb. 27. 22. ἐκ χειρὸς αὐτοῦ φυγῇ φεύξεται (1 a)
30. 3. οἱ φεύγοντες ἄνυδρον ἐχθὲς συνοχήν (7)
Ps. 30 (31). 11. ἔφυγον ἀπ' ἐμοῦ (2)
59 (60). 4. τοῦ φυγεῖν ἀπὸ προσώπου τόξου (5 b)
67 (68). 1. φυγέτωσαν οἱ μισοῦντες αὐτὸν ἀπὸ προσώπου αὐτοῦ (4 a)
103 (104). 7. ἀπὸ ἐπιτιμήσεώς σου φεύξονται (4 a)
113 (114). 3. ἡ θάλασσα εἶδε καὶ ἔφυγεν (4 a)
— 5. τί σοι ἐστί, θάλασσα, ὅτι ἔφυγες (4 a)
138 (139). 7. ἀπὸ τοῦ προσώπου σου ποῦ φύγω (1 a)
Pr. 28. 1. φεύγει ἀσεβὴς μηδενὸς διώκοντος (4 a)
Ca. 8. 14. φύγε [A φεῦγε], ἀδελφιδέ μου (1 a)
Wi. 1. 5. ἅγιον γὰρ πνεῦμα παιδείας [A σοφίας] φεύξεται δόλον

Wi. 10. 6. αὕτη δίκαιον . . . ἐρρύσατο φυγόντα [S^1 φεύγ.] πῦρ καταβάσιον πενταπόλεως
16. 15. τὴν δὲ σὴν χεῖρα φυγεῖν ἀδύνατόν ἐστιν
Si. 21. 2. ὡς ἀπὸ προσώπου ὄφεως φεῦγε ἀπὸ ἁμαρτίας
Am. 5. 19. ἐὰν φύγῃ [A ὅταν ἐκφ.] ἄνθρωπος (4 a)
6. 5. ὡς ἑστηκότα ἐλογίσαντο καὶ οὐχ ὡς φεύγοντα †
9. 1. οὐ μὴ διαφύγῃ ἐξ αὐτῶν φεύγων (4 a)
Ob. 1. 14. μηδὲ συγκλείσῃς τοὺς φεύγοντας αὐ. (8)
Jn. 1. 3. ἀνέστη Ἰ. τοῦ φυγεῖν εἰς Θ. (1 a)
— 10. ἐκ προσώπου κυρίου ἦν φεύγων (1 a)
4. 2. προέφθασα τοῦ φυγεῖν εἰς Θ. (1 a)
Na. 2. 5 (6). φεύξονται ἡμέρας –
— 8 (9). καὶ αὐτοὶ φεύγοντες οὐκ ἔστησαν (4 a)
Za. 2. 6 (10). φεύγετε ἀπὸ γῆς βορρᾶ (4 a)
Is. 10. 18. ἔσται ὁ φεύγων ὡς ὁ φεύγων ἀπὸ φλογὸς καιομένης (†, 5 a ?)
— 30 (29). φεύξεται ἡ θυγάτηρ Γαλλείμ (4 a)
13. 14. ἔσονται . . . ὡς δορκάδιον φεῦγον [S^1 -οντα] (3 b)
16. 3. ἐν μεσημβρινῇ σκοτίᾳ φεύγουσιν (3 a)
20. 6. τοῦ φυγεῖν εἰς αὐτοὺς εἰς βοήθειαν (4 a)
21. 14. ἄρτοις συναντᾶτε τοῖς φεύγουσι (2)
— 15. A S διὰ τὸ πλῆθος τῶν φευγόντων [B πεφονευμένων] (2)
22. 3. πάντες οἱ ἄρχοντές σου πεφεύγασι . . . οἱ ἰσχύοντες ἐν σοὶ πόρρω πεφεύγασι (2, 1 a)
24. 18. ὁ φεύγων τὸν φόβον ἐμπεσεῖται (4 a)
27. 1. ἐπὶ τὸν δράκοντα ὄφιν φεύγοντα (1 b)
30. 16. ἐφ' ἵππων φευξόμεθα διὰ τοῦτο φεύξεσθε (4 a, 4 a)
— 17. χίλιοι διὰ φωνὴν ἑνὸς φεύξονται καὶ διὰ φωνὴν πέντε φεύξονται πολλοί (–, 4 a)
31. 8. φεύξεται οὐκ ἀπὸ προσώπου μαχαίρας [A διώκοντος] (4 a)
— 9. ὁ δὲ φεύγων ἁλώσεται †
43. 14. ἐπεγερῶ φεύγοντας πάντας (1 b)
48. 20. ἔξελθε . . . φεύγων ἀπὸ τῶν Χαλδαίων (1 a)
Je. 4. 6. φεύγετε εἰς Σιών †
— 21. ἕως πότε ὄψομαι φεύγοντας †
26 (46). 5. φυγῇ ἔφυγον (4 a)
— 6. μὴ φευγέτω ὁ κοῦφος (4 a)
— 15. διὰ τί ἔφυγεν ἀπὸ σοῦ ὁ Ἆπις †
— 21. ἔφυγον ὁμοθυμαδόν (4 a)
27 (50). 16. ἕκαστος εἰς τὴν γῆν [A τὸν οἶκον] αὐτοῦ φεύξεται (4 a)
— 28. φωνὴ φευγόντων (4 a)
28 (51). 6. φεύγετε ἐκ μέσου Βαβυλῶνος (4 a)
30. 8 (49. 30). φεύγετε (4 a)
31 (48). 6. φεύγετε καὶ σώσατε τὰς ψυχὰς ὑμῶν (4 a)
— 19. ἐρώτησον φεύγοντα (4 a)
— 44. ὁ φεύγων ἀπὸ προσώπου τοῦ φόβου ἐμπεσεῖται (4 a, 4 d*)
44 (37). 13. πρὸς τοὺς Χαλδαίους σὺ φεύγεις (6)
— 14. οὐκ εἰς [A S οὐχὶ πρὸς] τοὺς Χαλδαίους ἐγὼ φεύγω (6)
45 (38). 19. λόγον ἔχω τῶν Ἰουδαίων τῶν πεφευγότων (6)
Ep. Je. 55. οἱ μὲν ἱερεῖς αὐτῶν φεύξονται
Da. LXX. Su. 39. ἔφυγε συγκεκαλυμμένος
Da. TH. 10. 7. ἔφυγον ἐν φόβῳ (1 a)
I Ma. 1. 18. καὶ ἔφυγε
— 18. S^1 καὶ ἔφυγον [A S^2 R ἔπεσον] τραυματίαι πολλοί
— 38. ἔφυγον οἱ κάτοικοι Ἱερ. δι' αὐτούς
2. 28. ἔφυγον αὐτὸς καὶ οἱ υἱ. αὐ.
— 44. οἱ λοιποὶ ἔφυγον εἰς τὰ ἔθνη σωθῆναι
3. 11. καὶ οἱ ἐπίλοιποι ἔφυγον
— 24. οἱ δὲ λοιποὶ ἔφυγον εἰς γῆν Φυλ.
4. 5. φεύγουσιν οὗτοι ἀφ' ἡμῶν
— 14. καὶ ἔφυγον εἰς τὸ πεδίον
— 22. ἔφυγον πάντες εἰς γῆν ἀλλοφύλων
5. 9. καὶ ἔφυγον εἰς Δ.
— 34. ἔφυγον ἀπὸ προσώπου αὐ.
— 43. ἔφυγον εἰς τὸ τέμενος
6. 4. καὶ ἔφυγε
7. 32. ἔφυγον εἰς τὴν πόλιν Δ.
— 44. ῥίψαντες τὰ ὅπλα αὐ. ἔφυγον
9. 10. φυγεῖν ἀπ' αὐτῶν
— 18. καὶ οἱ λοιποὶ ἔφυγον
— 33. ἔφυγον εἰς τὴν ἔρημον Θ.
— 40. οἱ ἐπίλοιποι ἔφυγον εἰς τὸ ὄρος
10. 12. ἔφυγον οἱ ἀλλογενεῖς
— 43. ὅσοι ἐὰν φύγωσιν εἰς τὸ ἱερόν
— 49. ἔφυγεν ἡ παρεμβολὴ Δημητρίου

I Ma. 10. 64. καὶ ἔφυγον πάντες
— 73. S R οὐδὲ τόπος τοῦ [A ποῦ] φυγεῖν
— 82. καὶ ἔφυγαν
— 83. A R ἔφυγον [S -εν] εἰς Ἄζωτον
11. 16. ἔφυγεν Ἀλ. εἰς τὴν Ἀραβίαν
— 46. ἔφυγεν ὁ βασ. εἰς τὴν αὐλήν
— 55. καὶ ἔφυγε καὶ ἐτροπώθη
— 69 (A S^2 R), 72. καὶ ἔφυγον
— 73. A ἴδον οἱ φυγόντες [S R φευγ.] παρ' αὐτοῦ
15. 11. φεύγων τὴν ἐπὶ τὴν θάλασσαν
— 37. ἔφυγεν εἰς Ὀρθωσίαν
16. 8. οἱ δὲ καταλειφθέντες ἔφυγον εἰς τὸ ὀχύρωμα
— 10. ἔφυγον εἰς τοὺς πύργους
II Ma. 5. 8. πόλιν ἐκ πόλεως φεύγων
8. 24. πάντας δὲ φεύγειν ἠνάγκασαν
— 33. Καλλισθένην ὑφῆψαν εἰς ἓν οἰκίον πεφευγότα
11. 11. τοὺς δὲ πάντας ἠνάγκασαν φεύγειν
— 12. αὐτὸς δὲ ὁ Λ. αἰσχρῶς φεύγων διεσώθη
12. 22. A εἰς φυγεῖν ὥρμησαν [R al.]
IV Ma. 5. 34. A R οὐδὲ φεύξομαί [S ἐξομοῦμαί] σε
8. 19. φευξόμεθα τὴν κενοδοξίαν ταύτην

[**Aq.** Is. 13. 14: 17. 13: 21. 11: 30. 17: 51. 11: Je. 26 (33). 21: 49. 8 (29. 9), 30 (30. 8): Am. 2. 16.]
[**Sm.** I Ki. 22. 20: II Ki. 4. 4: Is. 10. 18: 17. 13: 21. 11: 30. 17: 51. 11: Am. 2. 16.]
[**Th.** Is. 21. 11: 30. 17: Je. 26 (33). 21: 39 (46). 4: 48 (31). 45.]
[**Al.** I Ki. 4. 12.]

φευκτός.

Wi. 17. 10. τὸν μηδαμόθεν φ. [S^1 ἄφ.] ἀέρα προσιδεῖν ἀρνούμενοι

φήμη. (1) שְׁמוּעָה

Pr. 16. 2 (15. 30). φήμη δὲ ἀγαθὴ πιαίνει ὀστᾶ (1)
II Ma. 4. 39. διαδοθείσης ἔξω τῆς φ.
III Ma. 3. 2. φ. δυσμενὴς ἐξέκειτο
IV Ma. 4. 22. φήμης διαδοθείσης περὶ τοῦ τεθνάναι αὐτόν

φθάνειν (φθάννειν). (1) אָמֵץ hithp. (2) דָּבַק hi. (3) יָגָה hi. (4) מָטָה, מְטָא (5) נָגַע a. qal. b. hi.

Jd. 20. 34. φθάνει ἐπ' αὐτοὺς ἡ κακία [A al.] (5 a)
— 42. ἡ παράταξις ἔφθασεν ἐπ' αὐτούς [A al.] (2)
II Ki. 20. 13. ἡνίκα δὲ ἔφθασεν ἐκ τῆς τρίβου (3)
III Ki. 12. 18. ἔφθασεν ἀναβῆναι τοῦ φυγεῖν (1)
II Ch. 28. 9. ἕως τῶν οὐρανῶν ἔφθακε (5 b)
II Es. 3. 1. ἔφθασεν ὁ μὴν ὁ ἕβδομος (5 a)
Ne. 8. 1 (7. 73). ἔφθασεν ὁ μὴν ὁ ἕβδομος (5 a)
— 1. S^1 ἔφθασεν ὁ μὴν ὁ ἕβδομος –
To. 5. 18. ἀργύριον τῷ ἀργυρίῳ μὴ φθάσαι
Ec. 8. 14. φθάνει ἐπ' [A S πρὸς] αὐτοὺς ὡς ποίημα τῶν ἀσεβῶν (5 b)
— 14. φθάνει πρὸς αὐτοὺς ὡς ποίημα τῶν δικαίων (5 b)
12. 1. καὶ φθάσουσιν [A S -ωσιν] ἔτη [S^1 om.] (5 b)
Ca. 2. 12. καιρὸς τῆς τομῆς ἔφθακε [S -ασεν] (5 b)
Wi. 4. 7. δίκαιος δὲ ἐὰν φθάσῃ τελευτῆσαι
6. 13. φθάνει τοὺς ἐπιθυμοῦντας [S ἐπ. αὐτὴν] προγνωσθῆναι
16. 28. δεῖ φθάνειν τὸν ἥλιον ἐπ' εὐχαριστίαν σου
Si. 30. 25 (33. 16). ἐν εὐλογίᾳ κυρίου ἔφθασα
Da. TH. 4. 8. τὸ ὕψος αὐ. ἔφθασεν ἕως τοῦ οὐρ. (4)
— 17. οὗ τὸ ὕψος ἔφθανεν [A -ασεν] εἰς τὸν οὐρανόν (4)
— 19. καὶ ἔφθασεν εἰς τὸν οὐρανόν (4)
— 21. ὃ ἔφθασεν ἐπὶ τὸν κύριόν μου τὸν βασ. (4)
— 25. ταῦτα πάντα ἔφθασεν ἐπὶ Ναβ. (4)
6. 24 (25). οὐκ ἔφθασαν εἰς τὸ ἔδαφος τοῦ λάκκου (4)
7. 13. ἕως τοῦ παλαιοῦ τῶν ἡμερῶν ἔφθασε (4)
— 22. καὶ ὁ καιρὸς ἔφθασε (4)
8. 7. ἴδον αὐτὸν φθάνοντα ἕως τοῦ κριοῦ (5 b)
12. 12. μακάριος ὁ . . . φθάσας εἰς ἡμέρας χιλίας (5 b)

[**Sm.** Ec. 9. 11: Is. 30. 28.]
[**Th.** Is. 30. 4: Ez. 7. 12: Da. 4. 25.]

φθάρμα. (1) מָשְׁחָת

Le. 22. 25. B^{2}R φθάρματά [AB^1 φθαρτά] ἐστιν ἐν αὐτοῖς (1)

φθαρτός. (1) מָשְׁחָת

Le. 22. 25. AB^1 φθαρτά [B^{2}R φθάρματά] ἐστιν ἐν αὐτοῖς (1)

Wi. 9. 15. φθαρτὸν γὰρ σῶμα βαρύνει ψυχήν
14. 8. τὸ δὲ φθ. θεὸς ὠνομάσθη
Is. 54. 17. A S^3 πᾶν σκεῦος φθαρτόν [B S^1 al.] †
II Ma. 7. 16. ὃ θέλεις ποιεῖς φθαρτὸς ὤν

φθέγγεσθαι. (1) דָּבַר pi. (2) נָבַע hi. (3) עָנָה (4) שִׂיחַ (5) שָׁאַג (6) חָפַף po.

Jd. 5. 10. A φθέγξασθε φωνὴν ἀνακρουομένων [B al.] (4)
Jb. 13. 7. ἔναντι δὲ αὐτοῦ φθέγγεσθε δόλον (1)
Ps. 77 (78). 2. φθέγξομαι προβλήματα ἀπ' ἀρχῆς (2)
93 (94). 4. φθέγξονται καὶ λαλήσουσιν ἀδικίαν (2)
118 (119). 172. φθέγξαιτο [A φθέγξεται, S^2 -οιτο] ἡ γλῶσσά μου τὸ λόγιόν σου (3)
Wi. 1. 8. φθεγγόμενος ἄδικα οὐδεὶς μὴ λάθῃ
8. 12. φθεγγομένῳ προσέξουσι
Si. 5. 11. ἐν μακροθυμίᾳ φθέγγου ἀπόκρισιν
13. 22. ἐφθέγξατο σύνεσιν καὶ οὐκ ἐδόθη αὐτῷ τόπος
Am. 1. 2. κύριος ἐκ Σιὼν ἐφθέγξατο (5)
Na. 2. 7 (8). καθὼς περιστεραὶ φθεγγόμεναι ἐν καρδίαις αὐ. (6)
Hb. 2. 11. κάνθαρος ἐκ ξύλου φθέγξεται αὐτά (3)
Je. 9. 18 (17). ἀποστείλατε καὶ φθεγξάσθωσαν [B^2 -θω] †
28 (51). 14. φθέγξονται ἐπὶ σὲ οἱ καταβαίνοντες (3)
La. 1. 12. φθεγξάμενος ἐν ἐμοὶ ἐταπείνωσέ με –

[**Aq.** Ps. 1. 2: 2. 1: 62 (63). 7: Is. 59. 11.]
[**Sm.** Jd. 5. 10: I Ki. 12. 3: Ps. 1. 2: Ca. 2. 10: Is. 16. 7: Ho. 7. 16.]
[**Th.** Ps. 51 (52). 4: Hb. 2. 11.]
[**Quint.** Ps. 1. 2: Hb. 2. 11.]
[**Sext.** Ps. 1. 2.]

φθέγγος (?). (1) נֹגַהּ

Am. 5. 20. A^1 καὶ γνόφος οὐκ ἔχων φθέγγος [A^2 B φέγγος] αὐτῇ (1)
Jl. 2. 10. A τὰ ἄστρα δύσουσι τὸ φθ. [B S φέγγος] αὐ. (1)

φθέγμα.

Jb. 6. 26. οὐδὲ γὰρ ὑμῶν φθέγμα [A -ματος] ῥήματος ἀνέξομαι †
Wi. 1. 11. φθέγμα λαθραῖον κενὸν οὐ πορεύσεται

[**Sm.** Ex. 6. 12, 30: Ps. 34 (35). 16.]

φθείρ.

[**Al.** Ex. 8. 16 (12).]

φθείρειν. (1) בָּקַק ni. (2) a. חָבַל pi. b. חָבַל ithp. (3) נָבֵל (4) נוּם (5) שָׁחַת a. ni. b. pi. c. hi.

Ge. 6. 11. ἐφθάρη δὲ ἡ γῆ ἐναντίον τοῦ θεοῦ (5 a)
Ex. 10. 15. ἐφθάρη ἡ γῆ †
Le. 19. 27. οὐδὲ φθερεῖτε τὴν ὄψιν τοῦ πώγωνος ὑμῶν (5 c)
De. 34. 7. οὐδὲ ἐφθάρησαν [A al.] (4)
II Ki. 20. 20. καὶ εἰ φθερῶ [A διαφθείρω] (5 c)
I Ch. 20. 1. ἔφθειραν τὴν χώραν υἱῶν Ἀ. (5 c)
Jb. 15. 32. ἡ τομὴ αὐτοῦ πρὸ ὥρας φθαρήσεται †
Wi. 16. 5. S^1 δήγμασι τε σκολιῶν ἐφθείροντο [A B S^2 διεφθ.] ὄφεων
— 27. τὸ γὰρ ὑπὸ πυρὸς μὴ [S^1 om.] φθειρόμενον [S διαφθ.]
Ho. 9. 9. ἐφθάρησαν κατὰ τὰς ἡμέρας τοῦ βουνοῦ (5 b)
Ze. 3. 7. ἔφθαρται [A S^2 διέφθ.] πᾶσα ἡ ἐπιφυλλὶς αὐ. (5 c)
Is. 24. 3. φθορᾷ φθαρήσεται ἡ γῆ (1)
— 4. ἐφθάρη ἡ οἰκουμένη (3)
54. 16. οὐκ εἰς ἀπώλειαν φθεῖραι (2 a)
Je. 13. 9. φθερῶ τὴν ὕβριν Ἰούδα (5 c)
Ez. 16. 52. ἐν ᾗ ἔφθειρας [A διέφθ.] τὰς ἀδελφάς σου †
Da. LXX. 2. 44. καὶ οὐ φθαρήσεται (2 b)
7. 14. ἥτις οὐ μὴ φθαρῇ (2 b)
8. 24. καὶ θαυμαστῶς φθερεῖ (5 c)
— 24. καὶ φθερεῖ δυνάστας (5 c)
9. 26. βασιλεία ἐθνῶν φθερεῖ τὴν πόλιν (5 c)
11. 17. εἰς τὸ φθεῖραι αὐτήν (5 c)
IV Ma. 18. 8. S οὐδὲ ἔφθειρέ [A R οὐ διέφθειρέ] με λυμεὼν τῆς ἐρημίας φθορεύς

[**Aq.** Ge. 41. 6, 23.]
[**Sm.** Ex. 8. 24 (20).]
[**Al.** Dt. 34. 7.]

φθειρίζειν (φθερ.).
Je. 50 (43). 12. φθειριεῖ [S^{1} -εῖς] γῆν Αἰγύπτου [A αὐτοῦ] ὥσπερ φθειρίζει ποιμὴν τὸ ἱμάτιον αὐτοῦ †, †

φθιγίλ.
[Th. Is. 3. 24.]

φθίνειν (φθινύθειν).
Jb. 31. 26. σελήνην δὲ φθίνουσαν [S^{1} -νύθουσαν] †

φθογγή.
[Aq. Jb. 37. 2 : Is. 59. 11.]
[Th. Ps. 9. 17.]

φθόγγος. (1) קַו
Ps. 18 (19). 4. εἰς πᾶσαν τὴν γῆν ἐξῆλθεν ὁ φθ. αὐτῶν (1 ?)
Wi. 19. 18. ἐν ψαλτηρίῳ φθόγγοι τοῦ ῥυθμοῦ τὸ ὄνομα διαλλάσσουσι
[Aq. Ps. 91 (92). 4.]

φθονεῖν.
To. 4. 7, 16. A B μὴ φθονεσάτω σου ὁ ὀφθαλμός

φθονερός.
Si. 14. 10. ὀφθαλμὸς πονηρὸς φθονερὸς [S^{2} ὁ φθ.] ἐπ' ἄρτῳ
[Al. Pr. 28. 22.]

φθόνος.
Wi. 2. 24. φθόνῳ δὲ διαβόλου θάνατος εἰσῆλθεν εἰς τὸν κόσμον
6. 23. οὔτε μὴν φθόνῳ τετηκότι συνοδεύσω
I Ma. 8. 16. οὐκ ἔστι φθόνος οὐδὲ ζῆλος ἐν αὐτοῖς
III Ma. 6. 7. τὸν διαβολαῖς φθόνου λέουσι . . . ῥιφέντα

φθοού.
[Heb. Is. 26. 2.]

φθορά. (1) בָּקַק ni. (2) a. חֶבֶל b. חֲבַל (3) נָבֵל (4) a. שַׁחַת b. מַשְׁחִית
Ex. 18. 18. φθορᾷ καταφθαρήσῃ (3)
Ps. 102 (103). 4. τὸν λυτρούμενον ἐκ φθορᾶς τὴν ζωήν σου (4 a)
Wi. 14. 12. εὕρεσις δὲ αὐτῶν [S -ῷ] φθορὰ ζωῆς
— 25. κλοπὴ καὶ δόλος φθορὰ ἀπιστία
Mi. 2. 10. διεφθάρητε φθορᾷ (2 a)
Jn. 2. 7. ἀναβήτω φθορὰ ζωῆς [A ἐκ φθορᾶς ἡ ζ., S^{4} ἐκ φθορᾶς ζωῆς] μου (4 a)
Is. 24. 3. φθορᾷ φθαρήσεται ἡ γῆ (1)
Da. LXX. 3. 25 (92). φθ. οὐδεμία ἐγενήθη ἐν αὐτοῖς (2 b)
10. 8. πνεῦμα ἐπεστράφη ἐπ' ἐμὲ εἰς φθοράν (4 b)
[Aq., Sm., Th. Jn. 2. 7.]
[Al. Jb. 5. 22.]

φθορεύς.
IV Ma. 18. 8. οὐ διέφθειρέ με λυμεὼν τῆς ἐρημίας φθορεύς

φιάλη. (1) a. כּוֹס b. כִּיס (2) מִזְרָק (3) עֲרוּגָה (4) קְשָׂת
Ex. 27. 3. ποιήσεις . . . τὰς φ. αὐ. (2)
38. 23 (3). ἐποίησε . . . τὰς φ. (2)
Nu. 4. 14. ἐπιθήσουσιν ἐπ' αὐτὸ . . . τὰς φ. (2)
7. 13, 19, 25, 31, 37, 43, 49, 55, 61, 67, 73, 79. φιάλην μίαν ἀργυρᾶν (2)
— 84. φιάλαι ἀργυραῖ δώδεκα (2)
— 85. ἑβδομήκοντα σίκλων ἡ φιάλη ἡ μία (2)
— 86. A^{2} φ. ἀργυραῖ δώδεκα –
III Ki. 7. 40. ἐποίησε X. . . . τὰς φ. (2)
— 45. καὶ τὰς θερμάστρεις καὶ τὰς φ. (2)
— 50. αἱ φ. καὶ τὰ τρυβλία (2)
IV Ki. 12. 13 (14). ἧλοι φιάλαι καὶ σάλπιγγες (2)
25. 14. τὰς φ. . . . ἔλαβε †
— 15. τὰς φ. τὰς χρυσᾶς καὶ τὰς ἀργυρᾶς ἔλαβεν (2)
I Ch. 28. 17. καὶ τῶν φ. τῶν χρυσῶν (4)
II Ch. 4. 8. ἐποίησε φ. χρυσᾶς ἑκατόν (2)
— 21 (22). καὶ τὰς φ. καὶ τὰς θυίσκας (2)
I Es. 2. 13. φιάλαι χρυσαῖ τριάκοντα
Ne. 7. 70. ἔδωκαν . . . φιάλας πεντήκοντα (2)
Pr. 23. 31. ἐὰν γὰρ εἰς τὰς φ. . . . δῷς τοὺς ὀφθαλμούς σου (1 a, 1 b*)
Ca. 5. 13. σιαγόνες αὐτοῦ ὡς φιάλαι [A -ες] τοῦ ἀρώματος (3)
6. 1 (2). κατέβη . . . εἰς φιάλας τοῦ ἀρώματος (3)
Za. 9. 15. πλήσουσι τὰς [A ὡς] φ. ὡς [A om.] θυσιαστήριον (2)
14. 20. ὡς φιάλαι πρὸ προσώπου τοῦ θυσιαστηρίου (2)
Je. 52. 18. τὴν στεφάνην καὶ τὰς φ. . . . ἔλαβεν (2)
I Ma. 1. 22. ἔλαβε . . . τὰς φ.
[Aq. Je. 52. 19.]
[Sm. Ge. 44. 2 : Ex. 25. 28 (29) : Je. 52. 19.]
[Th. Ex. 25. 28 (29) : Ez. 17. 7.]
[Al. Am. 6. 6.]

φιαλίζειν (?).
I Es. 3. 22. A οὐ μέμνηται . . . φιαλίζειν [B φιλιάζειν] φίλοις

φιανστής (?).
[Aq. Je. 52. 16.]

φιλάγαθος.
Wi. 7. 22. ἔστι γὰρ ἐν [A om.] αὐτῇ πνεῦμα . . . φιλάγαθον

φιλαδελφία.
IV Ma. 13. 23. καθεστηκυίας τῆς φ. συμπαθούσης
— 26. ποθεινοτέραν αὐτοῖς κατεσκεύαζε τὴν [S^{2} om.] φ.
14. 1. τῆς τῶν ἀδελφῶν φ. παθῶν κρατῆσαι

φιλάδελφος.
II Ma. 15. 14. ὁ φ. οὗτός ἐστιν
IV Ma. 13. 21. ἀφ' ὧν συντρέφονται . . . φ. [S^{1} -ων] ψυχαί
15. 10. δίκαιοί τε γὰρ ἦσαν . . . καὶ φ.

φιλαμαρτήμων. (1) אֹהֵב פֶּשַׁע
Pr. 17. 19. φιλαμαρτήμων χαίρει μάχαις (1)

φιλανθρωπεῖν.
II Ma. 13. 23. τὸν τόπον ἐφιλανθρώπησε

φιλανθρωπία.
Es. 8. 13. ἔτυχεν ἧς ἔχομεν πρὸς πᾶν ἔθνος φιλανθρωπίας
II Ma. 6. 22. ἵνα . . . τύχοι φιλανθρωπίας
14. 9. καθ' ἣν ἔχεις . . . εὐαπάντητον φιλανθρωπίαν
III Ma. 3. 15. πολλῇ φ. τιθηνήσασθαι τὰ κατοικοῦντα . . . Φοινίκην ἔθνη
— 18. δι' ἣν ἔχομεν πρὸς ἅπαντας ἀνθρώπους φ.

φιλάνθρωπος.
I Es. 8. 10. τὰ φ. ἐγὼ κρίνας
Wi. 1. 6. φιλάνθρωπον γὰρ πνεῦμα σοφία [A -ας]
7. 23. ἔστι γὰρ ἐν [A om.] αὐτῇ πνεῦμα . . . φιλάνθρωπον
12. 19. δεῖ τὸν δίκαιον εἶναι φιλάνθρωπον
II Ma. 4. 11. τὰ κείμενα τοῖς Ἰουδ. φιλάνθρωπα βασιλικά
IV Ma. 5. 12. προσκυνήσας μου τὴν φ. παρηγορίαν

φιλανθρώπως.
II Ma. 9. 27. ἐπιεικῶς καὶ φ. συσταθέντα τῇ ἐμῇ προαιρέσει
III Ma. 3. 20. τοῖς πᾶσιν ἔθνεσι φ. ἀπαντήσαντες

φιλαργυρεῖν.
II Ma. 10. 20. οἱ δὲ περὶ τὸν Σίμωνα φιλαργυρήσαντες

φιλαργυρία.
IV Ma. 1. 26. κατὰ μὲν ψυχῆς . . . φιλαργυρία
2. 15. S^{1} διὰ τῶν βιαιοτέρων δὲ παθῶν . . . φιλαργυρίας [A S^{3} R -αρχίας]

φιλάργυρος.
IV Ma. 2. 8. κἂν φιλάργυρός τις ᾖ

φιλαρχία.
IV Ma. 2. 15. διὰ τῶν βιαιοτέρων δὲ παθῶν . . . φιλαρχίας [S^{1} -αργυρίας]

φιλεῖν. (1) אָהֵב a. qal. b. pi. (2) נָשַׁק a. qal. b. pi. (3) רֵעַ
Ge. 27. 4. ὡς φιλῶ ἐγώ (1 a)
— 9. ὡς φιλεῖ (1 a)
— 14. καθὰ ἐφίλει ὁ πατὴρ αὐ. (1 a)
— 26. καὶ φίλησόν με (2 a)
Ge. 27. 27. ἐφίλησεν αὐτόν (2 a)
29. 11. ἐφίλησεν Ἰ. τὴν Ῥ. (2 a)
— 13. περιλαβὼν αὐτὸν ἐφίλησε (2 b)
33. 4. A περιλαβὼν αὐτὸν ἐφίλησεν [R al.] (2 a)
37. 4. αὐτὸν ἐφίλει ὁ πατὴρ αὐ. ἐκ π. τῶν υἱῶν αὐ. (1 a)
48. 10. καὶ ἐφίλησεν αὐτούς (2 a)
50. 1 : Ex. 18. 7 : I Ki. 10. 1. καὶ ἐφίλησεν αὐτόν (2 a)
To. 5. 16. S ἐφίλησεν τὸν πατέρα αὐ.
6. 14. A B δαιμόνιον φιλεῖ αὐτήν
— 17 : 10. 13. ἐφίλησεν αὐτήν [S al.]
Es. 4. 17. ηὐδόκουν φιλεῖν πέλματα ποδῶν αὐτοῦ
10. 3. φιλούμενος διηγεῖτο τὴν ἀγωγήν
Jb. 31. 27. εἰ δὲ χεῖρά μου ἐπιθεὶς ἐπὶ στόματί μου ἐφίλησα (2 a)
Pr. 7. 13. εἶτα ἐπιλαβομένη ἐφίλησεν αὐτόν (2 a)
8. 17. ἐγὼ τοὺς ἐμὲ φιλοῦντας [S^{1} ζητοῦντας] ἀγαπῶ (1 a)
21. 17. φιλῶν [S^{1} -ον] οἶνον καὶ ἔλαιον (1 a)
24. 41 (26). χείλη δὲ φιλήσουσιν ἀποκρινόμενα λόγους ἀγαθούς [A S^{2} σοφούς] (2 a)
29. 3. ἀνδρὸς φιλοῦντος σοφίαν εὐφραίνεται πατὴρ αὐτοῦ (1 a)
Ec. 3. 8. καιρὸς τοῦ φιλῆσαι (1 a)
Ca. 1. 2. φιλησάτω με ἀπὸ φιλημάτων στόματος αὐτοῦ (2 a)
8. 1. εὑροῦσά σε ἔξω φιλήσω σε (2 a)
Wi. 8. 2. ταύτην ἐφίλησα
Ho. 3. 1. φιλοῦσι πέμματα μετὰ σταφίδος (1 a)
Is. 56. 10. κύνες ἐνεοὶ . . . φιλοῦντες νυστάξαι (1 a)
Je. 22. 22. ἀτιμωθήσῃ ἀπὸ πάντων τῶν φιλούντων σε †
La. 1. 2. πάντες οἱ φιλοῦντες αὐτὴν ἠθέτησαν (3)
[Sm., Al. Ca. 8. 1.]

φιλελεήμων.
To. 14. 9. γενοῦ φιλελεήμων καὶ δίκαιος [S al.]

φιλεχθρεῖν. (1) a. רוּב b. רִיב
Pr. 3. 30. μὴ φιλεχθρήσῃς πρὸς ἄνθρωπον μάτην (1 a*, 1 b)

φιληκοΐα.
IV Ma. 15. 21. κύκνειοι πρὸς φιληκοΐαν φωναί

φίλημα. (1) נְשִׁיקָה
Pr. 27. 6. ἑκούσια φιλήματα ἐχθροῦ (1)
Ca. 1. 2. φιλησάτω με ἀπὸ φιλημάτων στόματος αὐτοῦ (1)

φιλία. (1) a. אַהַב b. אַהֲבָה (2) דּוֹד (3) רֵעַ
Pr. 5. 19. ἔλαφος φιλίας . . . ὁμιλείτω σοι (1 a)
— 19. S^{4} ἡ δὲ φ. ἰδία ἡγείσθω σου [A B S^{1} al.] –
— 19. ἐν γὰρ τῇ ταύτης [A ταύτῃ τῇ] φ. συμπεριφερόμενος πολλοστὸς ἔσῃ (1 b)
7. 18. ἀπολαύσωμεν φιλίας ἕως ὄρθρου (2)
10. 12. πάντας δὲ τοὺς μὴ φιλονεικοῦντας καλύπτει φιλία (1 b)
15. 17. κρείσσων ξενισμὸς μετὰ [A om.] λαχάνων πρὸς φιλίαν (1 b)
17. 9. ὃς κρύπτει ἀδικήματα ζητεῖ φιλίαν (1 b)
19. 7. καὶ φιλίας μακρὰν ἔσται (3)
25. 10. χάρις καὶ φιλία ἐλευθεροῖ –
27. 5. κρείσσους ἔλεγχοι ἀποκεκαλυμμένοι κρυπτομένης φιλίας (1 b)
Wi. 7. 14. πρὸς θεὸν ἐστείλαντο φιλίαν
8. 18. ἐν φιλίᾳ αὐτῆς τέρψις ἀγαθή
Si. 6. 17. ὁ φοβούμενος κύριον εὐθύνει φιλίαν αὐτοῦ
9. 8. ἐκ τούτου φιλία ὡς πῦρ ἀνακαίεται
22. 20. ὁ ὀνειδίζων φίλον διαλύσει φιλίαν
25. 1. ὁμόνοια ἀδελφῶν καὶ φιλία τῶν πλησίον
27. 18. οὕτως ἀπώλεσας τὴν φ. τοῦ πλησίον
I Ma. 8. 1. ἱστῶσιν αὐτοῖς φιλίαν
— 12. S R συνετήρησαν αὐτοῖς φιλίαν [A -ιῶν]
— 17. στῆσαι αὐτοῖς φιλίαν
10. 20. A R καὶ συντηρεῖν φιλίαν [S -ας] πρὸς ἡμᾶς
— 23. τοῦ φιλίαν καταλαβέσθαι τοῖς Ἰουδ.
— 26. ἐπεὶ . . . ἐνεμείνατε τῇ φ. ἡμῶν
— 54. συστήσωμεν πρὸς αὐτὸν φιλίαν
12. 1. ἀνανεῶσαι τὴν πρὸς αὐτοὺς φ.
— 3. ἀνανεώσασθαι τὴν φ. αὐτοῖς
— 8. ἐν αἷς διεσαφεῖτο περὶ . . . φιλίας
— 10. καὶ φιλίαν ἀνανεώσασθαι

I Ma. 12. 16. ἀνανεώσασθαι τὴν πρὸς αὐτοὺς φ.
14. 18. τοῦ ἀνανεώσασθαι πρὸς αὐτὸν φιλίαν
— 22. ἀνανεούμενοι τὴν πρὸς ἡμᾶς φ.
— 23. S[2] ἐπιδέξασθαι τὰς φ. [A S[1] R om. τ. φ.]
15. 17. ἀνανεούμενοι τὴν ἐξ ἀρχῆς φ.
II Ma. 4. 11. τοῦ ποιησαμένου τὴν πρεσβείαν ὑπὲρ φιλίας
6. 22. διὰ τὴν ἀρχαίαν πρὸς αὐτοὺς φ.
IV Ma. 2. 11. τῆς πρὸς γαμετὴν φιλίας ἐπικρατεῖ
— 11. τῆς τέκνων φ. κυριεύει
8. 6. τῆς ἐμῆς ἀπολαῦσαι φ.
[Sm. Pr. 27. 5: Ec. 9. 1.]

φιλιάζειν. (1) אָהֵב (2) חָבַר hithp. (3) רָעָה pi.

Jd. 5. 30. A φιλιάζων φίλοις εἰς κεφαλήν [B al.] †
14. 20. ὧν ἐφιλίασε [A al.] (3)
II Ch. 19. 2. ἢ μισουμένῳ ὑπὸ κυρίου φιλιάζεις (1)
20. 37. ὡς ἐφιλίασας τῷ Ὀχ. (2)
I Es. 3. 22. οὐ μέμνηται . . . φιλιάζειν [A φιαλίζειν] φίλοις
Si. 37. 1. ἐφιλίασα αὐτῷ [A S om.] κἀγώ
[Sm. Pr. 22. 24.]
[Th. Ps. 59 (60). 10.]

φιλιππεῖον.

[Th. Pr. 8. 19.]

φιλογέωργος. (1) אֹהֵב אֲדָמָה

II Ch. 26. 10. A φιλογέωργος [B γεωργὸς] ἦν (1)

φιλογύναιος (-γύνης). (1) φ. εἶναι אָהֵב נָשִׁים

III Ki. 11. 1. A ὁ βασ. Σαλ. φ. [B -νης] ἦν (1)

φιλοδοξία.

Es. 4. 17. οὐδὲ ἐν φιλοδοξίᾳ ἐποίησα τοῦτο
IV Ma. 1. 26. κατὰ μὲν ψυχῆς . . . φιλοδοξία

φιλοκερδεῖν.

[Sm. Je. 6. 13.]

φιλόκοσμος.

Ep. Je. 9. ὥσπερ παρθένῳ φιλοκόσμῳ . . . κατασκευάζουσι στεφάνους

φιλομαθεῖν.

Si. *prol.* 6. τοῖς ἐκτὸς δύνασθαι τοὺς φιλομαθοῦντας χρησίμους εἶναι
— 26. τοῖς ἐν τῇ παροικίᾳ βουλομένοις φιλομαθεῖν

φιλομαθής.

Si. *prol.* 11. ὅπως οἱ φ. . . . πολλῷ μᾶλλον ἐπιπροσθῶσι [S ἔτι προσθήσουσιν]

φιλομήτωρ.

IV Ma. 15. 10. δίκαιοί τε γὰρ ἦσαν . . . καὶ φ. οὕτως

φιλονεικεῖν.

Pr. 10. 12. πάντας δὲ τοὺς μὴ φιλονεικοῦντας καλύπτει φιλία †
[Sm. Ps. 36 (37). 1: 77 (78). 17.]

φιλονεικία.

II Ma. 4. 4. συνορῶν Ὀ. τὸ χαλεπὸν τῆς φ.
IV Ma. 1. 26. κατὰ μὲν ψυχῆς . . . φιλονεικία
8. 26. πόθεν ἡμῖν ἡ τοσαύτη ἐντέτηκε φ.

φιλόνεικος. (1) חִזְקֵי־מֵצַח

Ez. 3. 7. πᾶς ὁ οἶκος Ἰσρ. φιλόνεικοί εἰσι (1)
[Aq., Sm. Je. 8. 5: Ez. 44. 6.]
[Th. Ez. 44. 6.]
[Sam. Le. 13. 51.]
[Al. Le. 14. 44: Nu. 20. 10.]

φιλοπολίτης.

II Ma. 14. 37. ἀνὴρ φ. καὶ σφόδρα καλῶς ἀκούων

φιλοπονεῖν.

Si. *prol.* 15. ἐφ' οἷς ἂν δοκῶμεν τῶν κατὰ τὴν ἑρμηνείαν πεφιλοπονημένων τισὶ τῶν λέξεων ἀδυναμεῖν [B[1] S[1] om.]

φιλοπονία.

Si. *prol.* 23. προσενέγκασθαί τινα [S[1] προεν.] σπουδὴν καὶ φιλοπονίαν
[Sm. Ec. 2. 10.]

φίλος. (1) אָהֵב *a.* qal. *b.* pi. (2) אַלּוּף (3) חָבֵר (4) יָדַע pu. (5) *a.* מֵרֵעַ *b.* רֵעַ *c.* רֵיעַ (6) שָׁלוֹם (7) φ. γίνεσθαι שָׁלֵם hi.

Ex. 33. 11. ὡς εἴ τις λαλήσαι πρὸς τὸν [A om.] ἑαυτοῦ φ. (5 *b*)
De. 13. 6 (7). ἢ φίλος [A ὁ φ. ὁ] ἴσος τῆς ψυχῆς σου (5 *b*)
Jd. 5. 30. A φιλιάζων φίλοις εἰς κεφαλήν [B al.] †
14. 20. ἐγένετο ἡ γυνὴ Σ. ἑνὶ τῶν φ. αὐ. [A al.] (5 *a*)
15. 2. ἔδωκα αὐτὴν ἑνὶ τῶν ἐκ τῶν φ. σου [A al.] (5 *a*)
— 6. ἔδωκεν αὐτὴν τῷ ἐκ τῶν φ. [A τῷ συνεταίρῳ] αὐ. (5 *a*)
I Ch. 27. 33. καὶ Χ. ὁ [A om.] πρῶτος φ. τοῦ βασ. (5 *b*)
I Es. 3. 22. οὐ μέμνηται . . . φιλιάζειν [A φιαλίζειν] φίλοις
8. 11. καθάπερ δέδοκται . . . τοῖς ἑπτὰ φ. συμβουλευταῖς
— 13. ἃ ηὐξάμην ἐγώ τε καὶ οἱ φ.
— 26. ἐμὲ ἐτίμησεν ἐναντίον . . . πάντων τῶν φ.
Es. 1. 3. δοχὴν ἐποίησε τοῖς φ. †
— 13. εἶπε τοῖς φ. αὐ. †
2. 18. ἐποίησεν ὁ βασ. πότον πᾶσι τοῖς φ. αὐ. †
3. 1. ἐπρωτοβάθρει πάντων τῶν φ. αὐ. †
5. 10. ἐκάλεσε τοὺς φ. (1 *a*)
— 14. εἶπε πρὸς αὐτὸν Ζ. . . . καὶ οἱ φ. [S[2] πάντες οἱ φ. αὐ.] (1 *a*)
6. 9. δότω ἑνὶ τῶν φ. τοῦ βασ. [S[2] al.] †
— 13. διηγήσατο Ἀ. τὰ συμβεβηκότα . . . τοῖς φ. (1 *a*)
— 13. εἶπαν πρὸς αὐτὸν οἱ φ. [S[2] *add.* αὐτοῦ] †
8. 13. τῶν πιστευθέντων χειρίζειν φίλων
9. 22. ἐξαποστέλλοντας μερίδας τοῖς φ. (5 *b*)
Jb. 2. 11. ἀκούσαντες δὲ οἱ τρεῖς φ. αὐτοῦ τὰ κακὰ πάντα (5 *b*)
6. 27. ἐνάλλεσθε δὲ ἐπὶ φίλῳ ὑμῶν (5 *c*)
19. 14. φίλοι [A οἱ φ.] δέ μου ἀνελεήμονες γεγόνασιν (4 ?)
— 21. ἐλεήσατέ με, ὦ φίλοι (5 *b*)
32. 1. ἡσύχασαν δὲ καὶ οἱ τρεῖς φ. αὐτοῦ †
— 3. καὶ κατὰ τῶν τριῶν δὲ φίλων ὠργίσθη σφόδρα (5 *b*)
35. 3 (4). ἐγώ σοι δώσω ἀπόκρισιν καὶ τοῖς τρισὶ φ. σου (5 *b*)
36. 33. ἀναγγελεῖ περὶ αὐτοῦ φίλον [A S[2] -ος] αὐτοῦ (5 *b*)
42. 7. A S R ἥμαρτες σὺ καὶ οἱ δύο [B om.] φ. σου (5 *b*)
— 10. A R εὐξαμένου δὲ αὐτοῦ καὶ περὶ τῶν φ. αὐτοῦ [B S om.] (5 *b*)
— 18. οἱ δὲ ἐλθόντες πρὸς αὐτὸν φίλοι -
Ps. 37 (38). 11. οἱ φ. μου καὶ οἱ πλησίον μου ἐξ ἐναντίας μου ἤγγισαν (1 *a*)
87 (88). 18. ἐμάκρυνας ἀπ' ἐμοῦ φίλον (1 *a*)
138 (139). 17. ἐμοὶ δὲ λίαν ἐτιμήθησαν οἱ φ. σου, ὁ θεός (5 *b*)
Pr. 3. 29. μὴ τεκτήνῃ ἐπὶ σὸν φίλον κακά (5 *b*)
5. 19. S[2] ἡ δὲ φ. [S[4] φιλία] ἰδία ἡγείσθω σου [A B S[1] al.] -
6. 1. ἐὰν ἐγγυήσῃ σὸν φ. (5 *b*)
— 3. ἥκεις γὰρ εἰς χεῖρας κακῶν διὰ σὸν φ. (5 *b*)
— 3. παρόξυνε δὲ καὶ τὸν φ. σου [S σὸν φ.] (5 *b*)
12. 26. ἐπιγνώμων δίκαιος ἑαυτοῦ φίλος ἔσται (5 *a*)
14. 20. φίλοι μισήσουσι φίλους πτωχοὺς φίλοι δὲ πλουσίων πολλοί (5 *b*, -, 1 *a*)
15. 28 (16. 7). διὰ δὲ αὐτῶν καὶ οἱ ἐχθροὶ φίλοι γίνονται (7)
16. 28. καὶ διαχωρίζει φίλους (2)
— 29. ἀνὴρ παράνομος ἀποπειρᾶται φίλων (5 *b*)
17. 9. ὃς δὲ μισεῖ κρύπτειν διΐστησι φίλους (2)
— 17. εἰς πάντα καιρὸν φίλος [S[2] ὁ φ.] ὑπαρχέτω σοι (5 *b*)
— 18. ὡς καὶ ὁ ἐγγυώμενος ἐγγύῃ τῶν ἑαυτοῦ φ. [A S[2] τὸν ἑ. φ.] (5 *b*)
18. 1. βουλόμενος χωρίζεσθαι ἀπὸ φίλων -
19. 4. πλοῦτος προστίθησι φίλους πολλοὺς ὁ δὲ πτωχὸς καὶ ἀπὸ τοῦ ὑπάρχοντος φίλου λείπεται (5 *b*, 5 *b*)
22. 24. φίλῳ δὲ ὀργίλῳ μὴ συναυλίζου †
25. 1. ἃς ἐξεγράψαντο οἱ φ. Ἐζεκίου †
— 8. ἡνίκα ἄν σε ὀνειδίσῃ ὁ σὸς [A om.] φ. (5 *b*)
— 9. μή σε ὀνειδίσῃ μὲν ὁ φ. (5 *b* ?)
Pr. 25. 17. σπάνιον εἴσαγε σὸν πόδα πρὸς σεαυτοῦ [A S τὸν σ.] φίλον (5 *b*)
— 18. ὁ καταμαρτυρῶν τοῦ [A κατὰ τοῦ] φ. αὐ. μαρτυρίαν ψευδῆ (5 *b*)
26. 19. οὕτως πάντες οἱ ἐνεδρεύοντες τοὺς ἑαυτῶν φ. (5 *b*)
27. 6. ἀξιοπιστότερά ἐστι τραύματα φίλου (1 *a*)
— 10. φίλον σὸν ἢ φίλον πατρῷον μὴ ἐγκαταλίπῃς (5 *b*, 5 *b*)
— 10. κρείσσων φίλος ἐγγὺς ἢ ἀδελφὸς μακρὰν οἰκῶν †
— 14. ὃς ἂν εὐλογῇ φίλον τὸ πρωΐ (5 *b*)
29. 5. ὃς παρασκευάζεται ἐπὶ πρόσωπον τοῦ ἑαυτοῦ φ. (5 *b*)
Wi. 1. 16. φίλον ἡγησάμενοι αὐτὸν ἐτάκησαν
7. 27. φίλους θεοῦ καὶ προφήτας κατασκευάζει
Si. 6. 1. ἀντὶ φίλου μὴ γίνου ἐχθρός
— 5. λάρυγξ γλυκὺς πληθυνεῖ φίλους αὐτοῦ
— 7. εἰ κτᾶσαι φίλον ἐν πειρασμῷ κτῆσαι αὐτόν
— 8. ἔστι γὰρ φίλος ἐν καιρῷ αὐτοῦ
— 9. A B S[2] ἔστι φίλος μετατιθέμενος εἰς ἔχθραν [A -όν]
— 10. A B S[2] ἔστι φίλος κοινωνὸς τραπεζῶν
— 13. ἀπὸ τῶν φ. σου πρόσεχε
— 14. φίλος πιστὸς σκέπη κραταιά
— 15. φίλου πιστοῦ οὐκ ἔστιν ἀντάλλαγμα
— 16. φίλος πιστὸς φάρμακον ζωῆς
7. 12. μηδὲ φίλῳ [S[2] ἐπὶ φ.] τὸ ὅμοιον ποίει
— 18. μὴ ἀλλάξῃς φίλον ἕνεκεν [A S om.] ἀδιαφόρου
9. 10. μὴ ἐγκαταλίπῃς φίλον ἀρχαῖον
— 10. οἶνος νέος φίλος νέος ἐὰν παλαιωθῇ
12. 8. οὐκ ἐκδικηθήσεται [A οὐκ ἐμβληθήσ., S[2] οὐ γνωσθήσ.] ἐν ἀγαθοῖς ὁ φ.
— 9. ἐν τοῖς κακοῖς αὐτοῦ καὶ ὁ φ. διαχωρισθήσεται
13. 21. πλούσιος σαλευόμενος στηρίζεται ὑπὸ φίλων ταπεινὸς [S[1] πτωχὸς] δὲ πεσὼν προσαπωθεῖται ὑπὸ φίλων
14. 13. πρίν σε τελευτῆσαι εὖ ποίει φίλῳ
19. 8. ἐν φίλῳ καὶ ἐν [A S om.] ἐχθρῷ μὴ διηγοῦ
— 13. ἔλεγξον φίλον μή ποτε οὐκ ἐποίησε
— 14. B ἔλεγξον τὸν φ. [S πλησίον] μή ποτε οὐκ εἶπε
— 15. ἔλεγξον φίλον πολλάκις γὰρ γίνεται διαβολή
20. 16. οὐχ ὑπάρχει μοι [A om.] φίλος
— 23. ἔστι χάριν αἰσχύνης ἐπαγγελλόμενος φίλῳ
22. 20. ὁ ὀνειδίζων φίλον διαλύσει φιλίαν
— 21. ἐπὶ φίλον ἐὰν σπάσῃς ῥομφαίαν μὴ ἀπελπίσῃς
— 22. ἐπὶ φίλον ἐὰν ἀνοίξῃς στόμα μὴ εὐλαβηθῇς
— 22. ἐν τούτοις ἀποφεύξεται πᾶς φίλος [A ὁ φ.]
— 25. φίλον σκεπάσαι οὐκ αἰσχυνθήσομαι
27. 16. οὐ μὴ εὕρῃ φίλον πρὸς τὴν ψυχὴν αὐτοῦ
— 17. στέρξον φίλον καὶ πιστώθητι μετ' αὐτοῦ
28. 9. ἀνὴρ ἁμαρτωλὸς ταράξει φίλους
29. 10. ἀπόλεσον ἀργύριον δι' ἀδελφὸν καὶ φίλον
30. 3. ἔναντι φίλων ἐπ' αὐτῷ ἀγαλλιάσεται
— 6. κατέλιπεν . . . τοῖς φ. ἀνταποδιδόντα χάριν
— 28 (33. 19). ἀδελφῷ καὶ φίλῳ μὴ δῷς ἐξουσίαν ἐπὶ σέ
36 (33). 6. ἵππος εἰς ὀχείαν [A S[1] -εῖον] ὡς [S[2] om.] φίλος μῶκος [S[2] μωρός]
37. 1. πᾶς φίλος ἐρεῖ, Ἐφιλίασα αὐτῷ [A S om.] κἀγὼ ἀλλ' ἔστι φίλος ὀνόματι μόνον φίλος
— 2. ἑταῖρος καὶ φίλος τρεπόμενος εἰς ἔχθραν [A -όν]
— 4. ἑταῖρος φίλου ἐν εὐφροσύνῃ ἥδεται
— 5. ἑταῖρος φίλῳ συμπονεῖ χάριν γαστρός
— 6. μὴ ἐπιλάθῃ φίλου ἐν τῇ ψυχῇ σου
40. 23. φίλος καὶ ἑταῖρος εἰς καιρὸν ἀπαντῶντες
41. 18. B S ἀπὸ κοινωνοῦ καὶ φίλου περὶ ἀδικίας
— 22. ἀπὸ φίλων περὶ λόγων ὀνειδισμοῦ
Mi. 7. 5. μὴ καταπιστεύετε ἐν φίλοις (5 *b*)
Je. 9. 4 (3). πᾶς φ. δολίως πορεύσεται (5 *b*)
— 5 (4). ἕκαστος κατὰ [S om.] τοῦ φ. αὐτοῦ καταπαίξεται (5 *b*)
20. 4. δίδωμί σε εἰς μετοικίαν σὺν πᾶσι τοῖς φ. σου (1 *a*)
— 6. ταφήσῃ σὺ καὶ πάντες οἱ φ. σου (1 *a*)
— 10. πάντες ἄνδρες φίλοι αὐτοῦ (6)
37 (30). 14. πάντες οἱ φ. σου ἐπελάθοντό σου (1 *b*)
Da. LXX. 3. 24 (91). καὶ εἶπεν τοῖς φ. αὐ. †
— 27 (94). συνήχθησαν . . . οἱ φ. τοῦ βασ. †
5. 23. ἐποιήσω ἑστιατορίαν τοῖς φ. σου -
6. 13 (14). εὕρομεν Δαν. τὸν φ. σου εὐχόμενον -
Da. Th. 2. 13. ἐζήτησαν Δαν. καὶ τοὺς φ. αὐ. ἀνελεῖν (3)

Da. TH. 2. 17. τοῖς φ. αὐ. τὸ ῥῆμα ἐγνώρισε (3)
— 18. ὅπως ἂν μὴ ἀπόλωνται Δ. καὶ οἱ φ. αὐ. (3)
Bel 2. καὶ ἔνδοξος ὑπὲρ πάντας τοὺς φ. αὐ.
I Ma. 2. 18. ἔσῃ σὺ καὶ ὁ οἶκός σου τῶν φ. τοῦ βασ. [S *al.*]
— 39. ἔγνω Ματτ. καὶ οἱ φ. αὐ.
— 45. S R ἐκύκλωσε Ματτ. καὶ οἱ φ. [A υἱοί] αὐ.
3. 38. ἄνδρας δυνατοὺς τῶν φ. τοῦ βασ.
6. 10. ἐκάλεσε πάντας τοὺς φ. αὐ.
— 14. ἐκάλεσε Φ. ἕνα τῶν φ. αὐ.
— 28. συνήγαγε πάντας τοὺς φ. αὐ.
7. 6. ἀπώλεσεν Ἰ. . . . πάντας τοὺς φ. σου
— 8. S R ἐπέλεξεν ὁ βασ. τὸν Β. τῶν φ. [A φυλῶν] τοῦ βασ.
— 15. οὐκ ἐκζητήσομεν ὑμῖν κακὸν καὶ τοῖς φ. ὑμῶν
8. 12. μετὰ δὲ τῶν φ. αὐ. . . . συνετήρησαν αὐτοῖς φιλίαν
— 20. γραφῆναι ἡμᾶς συμμάχους καὶ φίλους ὑμῶν
— 31. διὰ τί ἐβάρυνας τὸν ζυγόν σου ἐπὶ τοὺς φ. ἡμῶν
9. 26. ἐξηρεύνων τοὺς φ. Ἰούδου
— 28. ἠθροίσθησαν πάντες οἱ φ. Ἰούδου
— 35. παρεκάλεσε τοὺς Ναβ. φίλους αὐ.
— 39. ὁ νυμφίος ἐξῆλθε καὶ οἱ φ. αὐ.
10. 16. ποιήσομεν αὐτὸν φίλον
— 19. ἐπιτήδειος εἶ τοῦ εἶναι ἡμῶν φίλος
— 20. καὶ φίλον βασιλέως καλεῖσθαι
— 60. ἔδωκεν αὐτοῖς ἀργύριον . . . καὶ τοῖς φ. αὐ.
— 65. ἔγραψεν αὐτὸν τῶν πρώτων φ.
11. 26. ὕψωσεν αὐτὸν ἐναντίον πάντων τῶν φ. αὐ.
— 27. ἐποίησεν αὐτὸν τῶν [S[1] *om.*] πρώτων φ. ἡγεῖσθαι
— 33. τῷ ἔθνει τῶν Ἰουδ. φίλοις
— 57. εἶναί σε τῶν φ. τοῦ βασ.
12. 14. παρενοχλεῖν ὑμῖν καὶ τοὺς λοιποὺς συμμάχους καὶ φ. ἡμῶν
— 43. συνέστησεν αὐτὸν πᾶσι τοῖς φ. αὐ.
— 43. A S[2] ἐπέταξε τοῖς φ. αὐ. [S[1] R *al.*]
13. 36. βασιλεὺς Δημ. Σίμωνι . . . φίλῳ βασιλέων . . . χαίρειν
14. 39. ἐποίησεν αὐτὸν τῶν φ. αὐ.
— 40. προσαγορεύονται οἱ Ἰουδ. ὑπὸ Ῥωμ. φίλοι
15. 17. ἦλθον πρὸς ἡμᾶς φίλοι ἡμῶν
— 28. ἀπέστειλε . . . Ἀθ. ἕνα τῶν φ. αὐ.
— 32. A R ἦλθεν Ἀθ. φίλος [S ὁ φ.] τοῦ βασ. εἰς Ἱερ.
II Ma. 1. 14. ὅ τε Ἀντ. καὶ οἱ σὺν αὐτῷ φ.
7. 24. δι' ὅρκων ἐπίστου . . . φίλον ἕξειν
8. 9. Νικάνορα τὸν τοῦ Πατρ. τῶν πρώτων φ.
10. 13. κατηγορούμενος ὑπὸ τῶν φ.
11. 14. τὸν βασ. πείσει φίλον αὐτοῖς ἀναγκάζειν γενέσθαι
14. 11. οἱ λοιποὶ φ. δυσμενῶς ἔχοντες τὰ πρὸς τὸν Ἰ.
III Ma. 2. 23. οἵ τε φ. καὶ σωματοφύλακες
— 26. πολλοὺς τῶν φ. ἀτενίζοντας εἰς τὴν τοῦ βασ. πρόθεσιν
3. 10. ἤδη δὲ καί τινες γείτονές τε καὶ φίλοι
5. 3. συναγαγὼν τοὺς μάλιστα τῶν φ.
— 19. καὶ τῶν φ. αὐ. προσμαρτυρησάντων
— 26. τοῦ βασ. τοὺς φ. ἐκδεχομένου
— 29. ὑπεδείκνυεν ὁ Ἕρμων καὶ πάντες οἱ φ.
— 34. ὁ καθ' εἷς δὲ τῶν φ. σκυθρωπῶς ὑπεκρέων
— 44. τότε περιχαρεῖς ἀναλύσαντες οἱ φ.
6. 23. τοῖς φ. διηπειλεῖτο
7. 3. τῶν φ. τινὲς . . . πυκνότερον ἡμῖν παρακείμενοι
— 7. τήν τε τοῦ φ. . . . εὔνοιαν ἀναλογισάμενοι
IV Ma. 2. 12. τῆς φίλων συνηθείας δεσπόζει
5. 34. οὐδὲ φεύξομαί σε, φίλη ἐγκράτεια
12. 5. πεισθεὶς δὲ φίλος ἔσῃ
— 8. εἶπω τῷ βασ. καὶ τοῖς σὺν αὐτῷ φ. πᾶσι
[**Aq.** Ec. 4. 10 : Ca. 1. 15 : 2. 2 : Is. 41. 8.]
[**Sm.** III Ki. 5. 1 (15) : Ps. 37 (38). 12 : 87 (88). 19 : Pr. 19. 6 : Is. 41. 8.]
[**Th.** III Ki. 5. 1 (15) : Jb. 36. 33 : 42. 7 : Is. 38. 12.]
[**Quint.** Ps. 44 (45). 15.]
[**Al.** Pr. 6. 24.]

φιλοσοφεῖν.

IV Ma. 5. 6. οὔ μοι δοκεῖς φιλοσοφεῖν
— 11. φιλοσοφήσεις τὴν τοῦ συμφέροντος ἀλήθειαν
7. 21. τίς πρὸς ὅλον τὸν τῆς φιλοσοφίας κανόνα εὐσεβῶς φιλοσοφῶν
— 24. τῷ τῆς εὐσεβείας λογισμῷ φιλοσοφοῦντες

φιλοσοφία.

IV Ma. 1. 1. ὅπως προθύμως προσέχητε τῇ φ.
5. 10. οὐκ ἐξυπνώσεις ἀπὸ τῆς φλυάρου φ. ὑμῶν
— 22. χλευάζεις δὲ ἡμῶν τὴν φ.
7. 9. A ἐπιστοποιήσας τοὺς τῆς φ. [S R θείας φ., S *add.* σου] λόγους
— 21. τίς πρὸς ὅλον τὸν τῆς φ. κανόνα εὐσεβῶς φιλοσοφῶν

φιλόσοφος. (1) אַשָּׁף

Da. LXX. 1. 20. ὑπὲρ τοὺς σοφιστὰς καὶ τοὺς φ. (1)
IV Ma. 1. 1. φιλοσοφώτατον λόγον ἐπιδείκνυσθαι μέλλων
5. 35. οὐδὲ καταισχυνῶ σε, φιλόσοφε λόγε
7. 7. φιλόσοφε θείου βίου

φιλοστοργία (-εία).

II Ma. 6. 20. ἀμύνασθαι ὧν οὐ θέμις γεύσασθαι πρὸς τὸ ζῆν φιλοστοργίαν
IV Ma. 15. 6. A τὴν πρὸς αὐτοὺς ἐπιφυτευομένη φιλοστοργίαν [S R *al.*]
— 9. μείζω τὴν ἐν αὐτοῖς ἔσχε φ.

φιλόστοργος.

IV Ma. 15. 13. ὦ . . . γονεῦσι φιλόστοργε

φιλοστόργως.

II Ma. 9. 21. ὑμῶν τὴν τιμὴν . . . ἐμνημόνευον φ.

φιλοτεκνία.

IV Ma. 14. 13. πολύπλοκός ἐστιν ἡ τῆς φ. στοργή
15. 11. τῶν περὶ φιλοτεκνίαν [S τὴν φ.] . . . ἑλκόντων τὴν μητέρα
— 23. τὴν πρόσκαιρον φ. παριδεῖν
— 25. καὶ φιλοτεκνίαν καὶ τέκνων στρέβλαν
16. 3. τῆς φ. περιέκαιεν ἐκείνη φύσις

φιλότεκνος.

IV Ma. 15. 4. τίνα τρόπον ἠθολογήσαιμι φιλότεκνα γονέων πάθη
— 5. τοσούτῳ μᾶλλόν εἰσι φιλοτεκνώτεραι
— 6. A S[2] R ἐγένετο ἡ τῶν ἑπτὰ μήτηρ φιλοτεκνωτέρα

φιλοτιμεῖσθαι.

IV Ma. 1. 35. A φιλοτιμοῦνται [S R φιμοῦται] πάντα τὰ τοῦ σώματος κινήματα ὑπὸ τοῦ λογισμοῦ

φιλοτιμία.

Wi. 14. 18. καὶ τοὺς ἀγνοοῦντας ἡ τοῦ τεχνίτου προετρέψατο φ.
18. 3. S[1] ἥλιον δὲ ἀβλαβῆ φιλοτίμου φιλοτιμίας παρέσχεν [A B S[2] *al.*]

φιλότιμος.

Wi. 18. 3. ἥλιον δὲ ἀβλαβῆ φιλοτίμου ξενιτείας παρέσχες [A S[1] *al.*]
III Ma. 4. 15. μετὰ πικρᾶς σπουδῆς καὶ φ. προσεδρίας

φιλοτίμως.

Da. TH. Su. 12. παρετηροῦσαν φ. καθ' ἡμέραν
II Ma. 2. 21. τοῖς ὑπὲρ τοῦ Ἰουδαϊσμοῦ φ. ἀνδραγαθήσασιν

φιλοτροφεῖν.

[**Sm.** I Ki. 28. 24.]

φιλοφρονεῖν.

II Ma. 2. 25. τοῖς δὲ φιλοφρονοῦσιν εἰς τὸ διὰ μνήμης ἀναλαβεῖν εὐκοπίαν

φιλοφρόνως.

II Ma. 3. 9. φ. ὑπὸ τοῦ ἀρχιερέως τῆς πόλεως ἀποδεχθείς
IV Ma. 8. 5. φ. . . . θαυμάζω τὸ κάλλος

φιλόψυχος.

Wi. 11. 26. σά ἐστι [A *add.* πάντα], δέσποτα φιλόψυχε

φίλτρον.

IV Ma. 13. 19. οὐκ ἀγνοεῖτε δὲ τὰ τῆς ἀδελφότητος φ.
— 27. τῶν τῆς ἀρετῆς ἠθῶν τὰ τῆς ἀδελφότητος αὐτοῖς φ. συναυξόντων
15. 13. ὦ φύσις ἱερὰ καὶ φίλτρα γονέων
[**Sm.** Ca. 2. 5.]

φιμός. (1) חָח

Jb. 30. 28. στένων πεπόρευμαι ἄνευ φιμοῦ †
Si. 20. 29. ὡς φιμὸς ἐν στόματι ἀποτρέπει [A -έμει] ἐλεγμούς
Is. 37. 29. ἐμβαλῶ φιμὸν εἰς τὴν ῥῖνά σου (1)
[**Aq.** Ps. 38 (39). 2.]
[**Sm.** Ps. 38 (39). 2 : Pr. 26. 3.]

φιμοῦν. (1) חָסַם

De. 25. 4. οὐ φιμώσεις βοῦν ἀλοῶντα (1)
Da. LXX. Su. 61. ἐφίμωσαν αὐτούς
IV Ma. 1. 35. S R φιμοῦται [A φιλοτιμοῦνται] πάντα τὰ τοῦ σώματος κινήματα ὑπὸ τοῦ λογισμοῦ
[**Sm.** Pr. 25. 17.]
[**Th.** Pr. 26. 10 *bis.*]
[**Quint.** Pr. 17. 28.]

φλέγειν. (1) אָכַל (2) דָּלַק (3) לָהַט

a. qal. *b.* pi.

Ex. 24. 17. ὡσεὶ πῦρ φλέγον ἐπὶ τῆς κορυφῆς τοῦ ὄρους (1)
De. 32. 22. φλέξει θεμέλια ὀρέων (3 *b*)
Ps. 103 (104). 4. καὶ τοὺς λειτουργοὺς αὐτοῦ πῦρ φλέγον [A[2] πυρὸς φλέγα] (3 *a*)
Pr. 29. 1. ἐξαπίνης γὰρ φλεγομένου αὐτοῦ οὐκ ἔστιν ἴασις †
Wi. 16. 19. ὑπὲρ τὴν πυρὸς δύναμιν φλέγει
— 22. πῦρ φλεγόμενον [S φλέγον] ἐν τῇ χαλάζῃ
Ma. 4. 1 (3. 19). καὶ φλέξει αὐτούς –
Je. 20. 9. ἐγένετο ὡς πῦρ καιόμενον φλέγον †
23. 29. A οἱ λόγοι μου ὥσπερ φλέγον [B S *om.*] πῦρ –
Da. TH. 7. 9. οἱ τροχοὶ αὐ. πῦρ φλέγον (2)
IV Ma. 15. 14. καθ' ἕνα . . . φλεγόμενον ὁρῶσα μήτηρ
18. 20. πῦρ φλέξας [S[1] σβέσας] λέβησιν ὠμοῖς
[**Aq.** Jb. 15. 30.]
[**Sm.** Ex. 3. 2 : Jb. 41. 13 : Ps. 9. 23 (10. 2) : 56 (57). 5 : 88 (89). 47 : Pr. 26. 23 : Is. 30. 27.]
[**Th.** Jb. 41. 13 : Da. 7. 9.]

φλεγμαίνειν. (1) חָלָה ni. (2) טָרִי

Na. 3. 19. ἐφλέγμανεν ἡ πληγή σου (1)
Is. 1. 6. οὔτε πληγὴ φλεγμαίνουσα (2)
[**Sm.** Ps. 6. 8.]

φλεγμονή.

IV Ma. 3. 17. καὶ σβέσαι τὰς τῶν οἴστρων φλ.

φλέξ (?). (1) לַהַב (2) לַהַט

Jd. 3. 22. A ἐπεισήνεγκε καί γε τὴν λαβὴν ὀπίσω τῆς φλ. [B φλογός] (1)
Ps. 103 (104). 4. A[2] καὶ τοὺς λειτουργοὺς αὐτοῦ πυρὸς φλέγα [A[1] B S πῦρ φλέγον] (2)

φλέψ. (1) לַהַב (2) מָקוֹר

Jd. 3. 22. A ἀπέκλεισε τὸ στέαρ κατὰ τῆς φλ. [B φλογός] (1)
Ho. 13. 15. ἀναξηρανεῖ τὰς φλ. αὐ. [A[1] *al.*] (2)
[**Aq.** Pr. 18. 4 : Za. 13. 1.]

φλιά. (1) מְזוּזָה (2) מַשְׁקוֹף

Ex. 12. 7. καὶ θήσουσιν . . . ἐπὶ τὴν φλ. (2)
— 22. καθίξετε [A *add.* ἀπὸ] τῆς φλ. (2)
— 23. ὄψεται τὸ αἷμα ἐπὶ τῆς φλ. (2)
De. 6. 9 : 11. 20. γράψετε αὐτὰ ἐπὶ τὰς φλ. τῶν οἰκιῶν ὑ. (1)
I Ki. 1. 9. ἐπὶ τῶν φλ. ναοῦ κυρίου (1)
III Ki. 6. 31. A καὶ φλιὰς πενταπλᾶς (1)
— 33. A φλιαὶ ξύλων ἀρκεύθου (1)
Ez. 43. 8. ἐν τῷ τιθέναι . . . τὰς φλ. μου ἐχομένας τῶν φλ. αὐτῶν (1, 1)
45. 19. δώσει ἐπὶ τὰς φλ. τοῦ οἴκου . . . καὶ ἐπὶ τὰς φλ. τῆς πύλης τῆς αὐλῆς τῆς ἐσωτέρας (1, 1)
[**Sm.** Is. 57. 8.]
[**Th.** Pr. 8. 34.]

φλογίζειν. (1) חָרַךְ ithp. (2) לָהַט pi. (3) לָקַח hithp.

Ex. 9. 24. καὶ τὸ πῦρ φλογίζον ἐν τῇ χαλάζῃ (3)
Nu. 21. 14. τὴν Ζ. ἐφλόγισε †
Ps. 96 (97). 3. καὶ φλογιεῖ κύκλῳ τοὺς ἐχθροὺς αὐτοῦ (2)

Si. 3. 30. πῦρ φλογιζόμενον ἀποσβέσει ὕδωρ
Da. TH. 3. 27 (94). ἡ θρὶξ τῆς κεφ. αὐ. οὐκ ἐφλογίσθη (1)
I Ma. 3. 5. τοὺς ταράσσοντας τὸν λαὸν αὐτοῦ ἐφλόγισε

φλόγινος. (1) לַהַט
Ge. 3. 24. ἔταξε . . . τὴν φλ. ῥομφαίαν

φλοιός.
Wi. 13. 11. περιέξυσεν εὐμαθῶς πάντα τὸν φλ. αὐτοῦ
[Sm. Je. 30. 4.]

φλόξ. (1) אֵשׁ (2) זִיקוֹת (3) לַבָּה
(4) a. לַהַב b. לֶהָבָה c. לַהֶבֶת (5) קִיטוֹר
(6) a. שָׁבִיב b. שְׁבִיב (7) שַׁלְהֶבֶתְיָה

Ge. 15. 17. φλὸξ ἐγένετο †
19. 28. ἀνέβαινεν φλὸξ τῆς γῆς (5)
Ex. 3. 2. ὤφθη δὲ αὐτῷ . . . ἐν πυρὶ φλογός [A φλογὶ πυρός] (1 [3])
Nu. 21. 28. φλὸξ ἐκ πόλεως Σηών (4 b)
Jd. 3. 22. ἐπεισήνεγκε καί γε τὴν λαβὴν ὀπίσω τῆς φλ. [A φλεγός] (4 a)
— 22. ἀπέκλεισε τὸ στέαρ κατὰ τῆς φλ. [A φλεβός] (4 a)
13. 20. ἐν τῷ ἀναβῆναι τὴν φλ. (4 a)
— 20. ἀνέβη ὁ ἄγγελος κυρίου ἐν τῇ φλ. (4 a)
Jb. 18. 5. οὐκ ἀποβήσεται [A ἀναβ.] αὐτῶν [A -οῦ] ἡ φλόξ (6 a+1)
41. 11 (12). A καπνὸς καμίνου καιομένης φλογὶ [BS πυρὶ] ἀνθράκων †
— 12 (13). φλὸξ δὲ ἐκ στόματος αὐτοῦ ἐκπορεύεται (4 a)
Ps. 28 (29). 7. φωνὴ κυρίου διακόπτοντος φλόγα πυρός (4 b)
82 (83). 14. ὡσεὶ φλὸξ κατακαύσαι ὄρη (4 b)
105 (106). 18. φλὸξ κατέφλεξεν ἁμαρτωλούς (4 b)
Pr. 24. 23 (29. 27). συγκαίει [S ἐκκαίει] ὥσπερ φλόξ –
Ca. 8. 6. περίπτερα πυρὸς φλόγες αὐτῆς (7)
Wi. 10. 17. ἐγένετο αὐτοῖς . . . εἰς φλόγα [S -as] ἄστρων [A S[2] -έρων] τὴν νύκτα
16. 18. ποτὲ μὲν γὰρ ἡμεροῦτο φλόξ
17. 5. οὔτε [S[2] οὔτε πυρογενεῖς] ἄστρων ἔκλαμπροι φλόγες καταυγάζειν ὑπέμενον τὴν στυγνὴν ἐκείνην νύκτα
19. 21. φλόγες . . . εὐφθάρτων ζῴων οὐκ ἐμάραναν σάρκας ἐμπεριπατούντων
Si. 8. 10. μὴ ἐμπυρισθῇς ἐν πυρὶ φλογὸς αὐτοῦ
21. 9. ἡ συντέλεια αὐτῶν φλὸξ πυρός
28. 22. ἐν τῇ φλ. αὐτῆς οὐ καήσονται
45. 19. καταναλῶσαι ἐν πυρὶ φλογὸς αὐτοῦ [A S -ούς]
Ho. 7. 4. εἰς πέψιν κατακαύματος ἀπὸ τῆς φλ. †
Jl. 1. 19. φλὸξ ἀνῆψε πάντα τὰ ξύλα τοῦ ἀγροῦ (4 b)
2. 3. τὰ ὀπίσω αὐτοῦ ἀναπτομένη φλόξ (4 b)
— 5. ὡς φωνὴ φλογὸς πυρὸς κατεσθιούσης καλάμην (4 a)
Ob. 1. 18. ὁ δὲ οἶκος Ἰ. φλόξ (4 b)
Is. 5. 24. συγκαυθήσεται ὑπὸ φλογὸς ἀνειμένης (4 b)
10. 18. ὡς ὁ φεύγων ἀπὸ φλογὸς καιομένης –
13. 8. τὸ πρόσωπον αὐ. ὡς φλὸξ μεταβαλοῦσιν (4 a)
29. 6. φλ. πυρὸς κατεσθίουσα (4 a)
30. 30. μετὰ . . . ὀργῆς καὶ φλογὸς κατεσθιούσης (4 a+1)
43. 2. φλ. οὐ κατακαύσει σε (4 b)
47. 14. οὐ μὴ ἐξέλωνται τὴν ψυχὴν αὐτῶν ἐκ φλογός (4 b)
50. 11. κατισχύετε φλόγα [S *add.* πυρός] (2)
— 11. πορεύεσθε . . . τῇ φλ. (2)
66. 15. ἀποδοῦναι . . . ἀποσκορακισμὸν αὐτοῦ [A S *om.*] ἐν φλογὶ πυρός (4 a)
La. 2. 3. ἀνῆψεν ἐν [A *om.*] Ἰακὼβ ὡς πῦρ φλόγα (4 b)
Ez. 20. 47 (21. 3). οὐ σβεσθήσεται ἡ φλ. ἡ ἐξαφθεῖσα (4 c)
Da. LXX. 3. 23. ἐξελθοῦσα ἡ φλὸξ ἐκ τῆς καμίνου –
— (47). διεχεῖτο ἡ φλὸξ ἐπάνω τῆς καμίνου
— (49). ἐξετίναξε τὴν φλ. τοῦ πυρὸς ἐκ τῆς καμίνου
— (88). ἐρρύσατο ἡμᾶς ἐκ μέσου καιομένης φλ.
7. 9. ὁ θρόνος ὡσεὶ φλὸξ πυρός (6 b)
Da. TH. 3. 23. A τοὺς ἄνδρας ἐκ. . . . ἀπέκτεινεν ἡ φλ. τοῦ πυρός –
— 23. περιεπάτουν ἐν μέσῳ τῆς φλ. –
— (47). διεχεῖτο ἡ φλ. ἐπάνω τῆς καμίνου
Da. TH. 3. (49). ἐξετίναξε τὴν φλ. τοῦ πυρὸς ἐκ τῆς καμίνου
— (88). ἐκ μέσου καμίνου καιομένης φλογός
7. 9. ὁ θρόνος αὐ. φλὸξ πυρός (6 b)
11. 33. ἀσθενήσουσιν . . . ἐν φλογί (4 b)
I Ma. 2. 59. ἐσώθησαν ἐκ φλογός
II Ma. 1. 32. φλὸξ ἀνήφθη
III Ma. 6. 6. φλόγα πᾶσιν ἐπιπέμψας τοῖς ὑπεναντίοις
IV Ma. 18. 14. φλὸξ οὐ κατακαύσει σε
[Aq. I Ki. 17. 7.]
[Sm. Je. 15. 30: 18. 5: Ps. 103 (104). 4: Is. 10. 17: 33. 11.]
[Th. I Ki. 17. 7: Je. 48 (31). 45: Da. 3. 22†.]

φλυαρία.
Pr. 23. 29. S[c] τίνος φλυαρίαι [A B S[1] *al.*] –

φλύαρος.
IV Ma. 5. 10. οὐκ ἐξυπνώσεις ἀπὸ τῆς φλ. φιλοσοφίας ὑμῶν
[Al. Pr. 16. 28.]

φλυκτίς. (1) אֲבַעְבֻּעֹת
Ex. 9. 9. ἔσται . . . ἕλκη φλυκτίδες ἀναζέουσαι (1)
— 10. A[2] B ἐγένετο ἕλκη φλυκτίδες ἀναζέουσαι (1)

φοβεῖν. (1) גּוּר (2) דָּאַג (3) דָּחַל
(4) חִיל (5) נוּעַ (6) חָרֵד (7) חָתַת ni.
(8) יָגֹר (9) יָרֵא a. verb. b. adj.
c. יִרְאָה d. הָיָה יָרֵא (10) עָרַץ hi.
(11) פַּחַד a. qal. b. pi. (12) פָּלַח
(13) רָגַז (14) רָעַשׁ (15) שׂוּם (16) εἶναι

φοβούμενος יָרֵא

Ge. 3. 10. ἐφοβήθην ὅτι γυμνός εἰμι (9 a)
15. 1. μὴ φοβοῦ, Ἅβ. (9 a)
18. 15. ἐφοβήθη γάρ (9 a)
19. 30. ἐφοβήθη γὰρ κατοικῆσαι ἐν Σ. (9 a)
20. 2. ἐφοβήθη γὰρ εἰπεῖν –
— 8. ἐφοβήθησαν δὲ πάντες οἱ ἄνθρωποι σφόδρα (9 a)
21. 17. μὴ φοβοῦ (9 a)
22. 12. φοβῇ τὸν θεὸν σύ (9 b)
26. 7. ἐφοβήθη γὰρ εἰπεῖν (9 a)
— 24. μὴ φοβοῦ (9 a)
28. 13. μὴ φοβοῦ –
— 17. καὶ ἐφοβήθη (9 a)
31. 31. R ὅτι ἐφοβήθην (9 a)
32. 7 (8). ἐφοβεῖτο δὲ Ἰ. σφόδρα (9 a)
— 11 (12). φοβοῦμαι ἐγὼ αὐτόν (9 b)
42. 18. τὸν θεὸν γὰρ ἐγὼ φοβοῦμαι (9 b)
— 35. καὶ ἐφοβήθησαν (9 a)
43. 23. μὴ φοβεῖσθε (9 a)
46. 3. μὴ φοβοῦ καταβῆναι εἰς Αἴγυπτον (9 a)
50. 19, 21. μὴ φοβεῖσθε (9 a)
Ex. 1. 17. ἐφοβήθησαν δὲ αἱ μαῖαι τὸν θ. (9 a)
— 21. ἐπειδὴ ἐφοβοῦντο αἱ μαῖαι τὸν θ. (9 a)
2. 14. ἐφοβήθη δὲ M. (9 a)
9. 20. ὁ φοβούμενος τὸ ῥῆμα κυρίου (9 b)
— 30. οὐδέπω πεφόβησθε τὸν θεόν (9 a)
14. 10. καὶ ἐφοβήθησαν σφόδρα (9 a)
— 31. ἐφοβήθη δὲ ὁ λαὸς τὸν κύριον (9 a)
15. 14. A καὶ ἐφοβήθησαν [B ὠργίσθησαν] (13)
20. 18. φοβηθέντες δὲ πᾶς ὁ λαός (5)
34. 30. ἐφοβήθησαν ἐγγίσαι αὐτῷ (9 a)
Le. 19. 3. ἕκαστος πατέρα αὐ. . . . φοβείσθω (9 a)
— 14. φοβηθήσῃ κ. τὸν θεόν σου (9 a)
— 30. ἀπὸ τῶν ἁγίων μου [B[1] *add.* μὴ] φοβηθήσεσθε (9 a)
— 32. φοβηθήσῃ τὸν θεόν σου (9 a)
25. 17. φοβηθήσῃ κ. τὸν θεόν σου (9 a)
— 36. φοβηθήσῃ τὸν θεόν σου (9 a)
— 43. φοβηθήσῃ κ. τὸν θεόν σου (9 a)
26. 2. ἀπὸ τῶν ἁγίων μου φοβηθήσεσθε (9 a)
Nu. 12. 8. διὰ τί οὐκ ἐφοβήθητε καταλαλῆσαι (9 a)
14. 9. μὴ φοβηθῆτε τὸν λαὸν τῆς γῆς (9 a)
— 9. μὴ φοβηθῆτε αὐτούς (9 a)
21. 34. μὴ φοβηθῇς αὐτόν (9 a)
22. 3. ἐφοβήθη M. τὸν λαὸν σφόδρα (1)
De. 1. 21. μὴ φοβεῖσθε μηδὲ δειλιάσητε (9 a)
— 29. μηδὲ φοβηθῆτε ἀπ' αὐτῶν (9 a)
2. 4. καὶ φοβηθήσονται ὑμᾶς (9 a)
3. 2. μὴ φοβηθῇς αὐτόν (9 a)
— 22. οὐ φοβηθήσεσθε [B[1] -σῃ] (9 a)
4. 10. ὅπως μάθωσι φοβεῖσθαί με (9 a)
De. 5. 5. ἐφοβήθητε ἀπὸ προσώπου τοῦ πυρός (9 a)
— 29 (26). ὥστε φοβεῖσθαί με (9 a)
6. 2. ἵνα φοβῆσθε κ. τὸν θεὸν ὑμῶν (9 a)
— 13. κ. τὸν θεόν σου φοβηθήσῃ [A *al.*] (9 a)
— 24. φοβεῖσθαι κ. τὸν θεὸν ἡμῶν (9 a)
7. 18. A B[2] R οὐ φοβηθήσῃ αὐτούς (9 a)
— 19. οὓς σὺ φοβῇ ἀπὸ προσώπου αὐτῶν (9 b)
8. 6. καὶ φοβεῖσθαι αὐτόν (9 a)
10. 12. φοβεῖσθαι κ. τὸν θεόν σου (9 a)
— 20. κ. τὸν θεόν σου φοβηθήσῃ [A *al.*] (9 a)
13. 4 (5). τοῦτον φοβηθήσεσθε (9 a)
— 11 (12). πᾶς Ἰσρ. ἀκούσας φοβηθήσεται (9 a)
14. 23. ἵνα μάθῃς φοβεῖσθαι κ. τὸν θεόν σου (9 a)
17. 13. πᾶς ὁ λαὸς ἀκούσας φοβηθήσεται (9 a)
— 19. ἵνα μάθῃ φοβεῖσθαι κ. τὸν θεόν σου (9 a)
19. 20. οἱ ἐπίλοιποι ἀκούσαντες φοβηθήσονται (9 a)
20. 1. οὐ φοβηθήσῃ ἀπ' αὐτῶν (9 a)
— 3. μὴ φοβεῖσθε μηδὲ θραύεσθε (9 a)
— 8. τίς ὁ ἄνθρωπος ὁ φοβούμενος (9 b)
21. 21. οἱ ἐπίλοιποι ἀκούσαντες φοβηθήσονται (9 a)
25. 18. καὶ οὐκ ἐφοβήθη [B[2] -ῃς] τὸν θεόν (9 b)
28. 10. καὶ φοβηθήσονταί σε (9 a)
— 58. φοβεῖσθαι τὸ ὄνομα τὸ ἔντιμον (9 a)
— 66. φοβηθήσῃ ἡμέρας καὶ νυκτός (11 a)
— 67. ἃ φοβηθήσῃ (11 a)
31. 6. μὴ φοβοῦ μηδὲ δειλιάσῃς (9 a)
— 8. μὴ φοβοῦ μηδὲ δειλία (9 a)
— 12. ἵνα μάθωσι φοβεῖσθαι κ. τὸν θεὸν ὑμῶν (9 a)
— 13. μαθήσονται φοβεῖσθαι κ. τὸν θεόν σου (9 a)
Jo. 1. 9. μὴ δειλιάσῃς μηδὲ φοβηθῇς (7)
4. 14. A ἐφοβοῦντο αὐτὸν ὥσπερ ἐφοβοῦντο [B *om.*] Μωυσῆν (9 a, 9 a)
8. 1. μὴ φοβηθῇς μηδὲ δειλιάσῃς (9 a)
9. 24. ἐφοβήθημεν σφόδρα περὶ τῶν ψυχῶν ἡμῶν (9 a)
10. 2. ἐφοβήθησαν ἀπ' αὐτῶν σφόδρα (9 a)
— 8. μὴ φοβηθῇς αὐτούς (9 a)
— 25. μὴ φοβηθῆτε αὐτούς (9 a)
11. 6. μὴ φοβηθῇς ἀπὸ προσώπου αὐτῶν (9 a)
24. 14. φοβήθητε κύριον καὶ λατρεύσατε αὐτῷ (9 a)
Jd. 4. 18. μὴ φοβοῦ (9 a)
6. 10. οὐ φοβηθήσεσθε τοὺς θεοὺς τοῦ Ἀμ. (9 a)
— 23. μὴ φοβοῦ (9 a)
— 27. ὡς ἐφοβήθη τὸν οἶκον τοῦ πατρὸς αὐ. (9 a)
— 34. B ἐφοβήθη [A R ἐβόησεν] Ἀβ. ὀπίσω αὐτοῦ †
7. 3. τίς ὁ φοβούμενος καὶ δειλός [A δ. κ. φ.] (9 b [6])
— 9 (10). εἰ φοβῇ σὺ καταβῆναι (9 b)
8. 20. ὅτι ἐφοβήθη (9 a)
14. 11. A ἐν τῷ φοβεῖσθαι αὐτοὺς αὐτόν [B *al.*] †
Ru. 3. 11. καὶ νῦν, θύγατερ, μὴ φοβοῦ (9 a)
I Ki. 3. 15. Σαμ. ἐφοβήθη ἀπαγγεῖλαι τὴν ὅρασιν Ἠ. (9 a)
4. 7. ἐφοβήθησαν οἱ ἀλλόφυλοι (9 a)
— 20. μὴ φοβοῦ (9 a)
7. 7. ἐφοβήθησαν ἀπὸ προσώπου ἀλλοφύλων (9 a)
12. 14. ἐὰν φοβηθῆτε τὸν κύριον (9 a)
— 18. B ἐφοβήθησαν πᾶς ὁ λαὸς τὸν κύριον σφόδρα (9 a)
— 20. B μὴ φοβεῖσθε (9 a)
— 24. B φοβεῖσθε τὸν κύριον (9 a)
14. 26. ἐφοβήθη ὁ λαὸς τὸν ὅρκον κυρίου (9 a)
15. 24. ἐφοβήθην τὸν λαόν (9 a)
17. 11, 24 (A). καὶ ἐφοβήθησαν σφόδρα (9 a)
18. 12. ἐφοβήθη Σ. ἀπὸ προσώπου Δ. (9 a)
21. 12 (13). ἐφοβήθη σφόδρα ἀπὸ προσώπου Ἀ. (9 a)
22. 23. μὴ φοβοῦ (9 a)
23. 3. ἡμεῖς ἐνταῦθα ἐν τῇ Ἰ. φοβούμεθα (9 b)
— 17. μὴ φοβοῦ (9 a)
28. 5. καὶ ἐφοβήθη (9 a)
— 13. μὴ φοβοῦ (9 a)
— 20. ἐφοβήθη σφόδρα ἀπὸ τῶν λόγων Σαμ. (9 a)
31. 4. ἐφοβήθη σφόδρα (9 a)
II Ki. 1. 14. πῶς οὐκ ἐφοβήθης ἐπενεγκεῖν χεῖρά σου (9 a)
3. 11. οὐκ ἠδυνάσθη . . . ἀπὸ τοῦ φοβεῖσθαι αὐτόν (9 c)
6. 9. ἐφοβήθη Δ. τὸν κύριον (9 a)
9. 7. μὴ φοβοῦ (9 a)
10. 19. καὶ ἐφοβήθη Συρία (9 a)
12. 18. ἐφοβήθησαν οἱ δοῦλοι Δ. ἀναγγεῖλαι αὐτῷ (9 a)
13. 28. μὴ φοβηθῆτε (9 a)
III Ki. 1. 50. Ἀδ. ἐφοβήθη ἀπὸ προσώπου Σαλ. (9 a)
— 51. Ἀδ. ἐφοβήθη τὸν βασ. Σαλ. (9 a)

III Ki. 2. 29. ἐφοβήθην ἀπὸ προσώπου σου –
3. 28. ἐφοβήθησαν ἀπὸ προσώπου τοῦ βασ. (9 *a*)
8. 40. ὅπως φοβῶνταί σε (9 *a*)
— 43. ὅπως . . . φοβῶνταί σε (9 *a*)
12. 24. B ἐφοβήθη καὶ ἀπέδρα –
18. 3. Ἀβδ. ἦν φοβούμενος τὸν κύριον σφόδρα (9 *b*)
— 12. ὁ δοῦλός σού ἐστι φοβούμενος τὸν κύριον (16)
19. 3. καὶ ἐφοβήθη Ἠ. †
IV Ki. 1. 15. μὴ φοβηθῇς ἀπὸ προσώπου αὐτῶν (9 *a*)
4. 1. δοῦλος ἦν φοβούμενος τὸν κύριον (9 *b*)
6. 16. μὴ φοβοῦ (9 *a*)
10. 4. καὶ ἐφοβήθησαν σφόδρα (9 *a*)
17. 7. ἐφοβήθησαν θεοὺς ἑτέρους (9 *a*)
— 25. οὐκ ἐφοβήθησαν τὸν κύριον (9 *a*)
— 28. ἦν φωτίζων αὐτοὺς πῶς φοβηθῶσι τὸν κ. (9 *a*)
— 32. ἦσαν φοβούμενοι τὸν κ. (9 *b*?)
— 32. ἦσαν φοβούμενοι τὸν κ. (9 *b*)
— 33. τὸν κύριον ἐφοβοῦντο (9 *d*)
— 34. αὐτοὶ φοβοῦνται (9 *b*)
— 35. οὐ φοβηθήσεσθε θεοὺς ἑτέρους (9 *a*)
— 36. αὐτὸν φοβηθήσεσθε (9 *a*)
— 37, 38. οὐ φοβηθήσεσθε θεοὺς ἑτέρους (9 *a*)
— 39. τὸν κ. θεὸν ὑμῶν φοβηθήσεσθε (9 *a*)
— 41. ἦσαν τὰ ἔθνη ταῦτα φοβούμενοι τὸν κ. (9 *b*)
19. 6. μὴ φοβηθῇς [A φοβοῦ] ἀπὸ τῶν λόγων (9 *a*)
25. 24. μὴ φοβεῖσθε [A -θαι] πάροδον τῶν X. (9 *a*)
— 26. ἐφοβήθησαν ἀπὸ προσώπου τῶν X. (9 *a*)
I Ch. 10. 4. ἐφοβεῖτο σφόδρα (9 *a*)
13. 12. ἐφοβήθη Δ. τὸν θεόν (9 *a*)
16. 30. φοβηθήτω ἀπὸ προσώπου αὐτοῦ πᾶσα ἡ γῆ (4)
22. 13 : 28. 20. μὴ φοβοῦ (9 *a*)
II Ch. 5. 6. καὶ οἱ φοβούμενοι καὶ οἱ ἐπισυνηγμένοι αὐ. –
6. 31. ὅπως φοβῶνται [A -οῦνται] πάσας ὁδούς σου (9 *a*)
— 33. καὶ τοῦ φοβεῖσθαί σε (9 *a*)
20. 3. καὶ ἐφοβήθη (9 *a*)
— 15. μὴ φοβεῖσθε μηδὲ πτοηθῆτε (9 *a*)
— 17. B μὴ πτοηθῆτε μηδὲ φοβηθῆτε [A R φοβεῖσθε μ. πτ.] (7 [9 *a*])
32. 7. R μὴ φοβηθῆτε (9 *a*)
Ne. 1. 11. τῶν θελόντων φοβεῖσθαι τὸ ὄνομά σου (9 *a*)
2. 2. ἐφοβήθην πολὺ σφόδρα (9 *a*)
4. 14 (8). μὴ [S^1 *om.*] φοβηθῆτε ἀπὸ προσώπου αὐ. (9 *a*)
6. 13. ὅπως φοβηθῶ (9 *a*)
— 16. ἐφοβήθησαν πάντα τὰ ἔθνη (9 *a*)
7. 2. καὶ φοβούμενος [S -οι] τὸν θεὸν παρὰ πολλούς (9 *a*)
To. 1. 19. φοβηθεὶς ἀνεχώρησα [S ἐφοβήθην καὶ ἀπέδρασα]
2. 8. οὐκέτι φοβεῖται φονευθῆναι περὶ τοῦ πράγματος τ. [S. *al.*]
4. 8. A B μὴ φοβοῦ ποιεῖν ἐλεημοσύνην
— 21. μὴ φοβοῦ, παιδίον
— 21. ἐὰν φοβηθῇς τὸν θεόν
5. 15. S μὴ φοβηθῇς
— 20. S μὴ φοβοῦ περὶ αὐτῶν
6. 14. S φοβοῦμαι ἐγὼ [A B *al.*]
— 14. A B φοβοῦμαι μὴ εἰσελθὼν ἀποθάνω
— 14. φοβοῦμαι [S *om.*] μὴ ἀποθάνω
— 17. μὴ φοβοῦ
12. 16. ὅτι [S καὶ] ἐφοβήθησαν
— 17. μὴ φοβεῖσθε
13. 12. S εὐλογητοὶ ἔσονται πάντες εἰς τὸν αἰῶνα οἱ φοβούμ. σε
14. 2. προσέθετο φοβεῖσθαι κ. τὸν θεόν [S *al.*]
— 6. ἐπιστρέψουσιν ἀληθινῶς φοβεῖσθαι κ. τὸν θεόν [S *al.*]
Ju. 1. 11. οὐκ ἐφοβήθησαν αὐτόν
2. 28. ἐφοβήθησαν αὐτὸν σφόδρα
4. 2. ἐφοβήθησαν σφόδρα
5. 23. οὐ γὰρ φοβηθησόμεθα ἀπὸ υἱῶν Ἰσρ.
8. 8. ἐφοβεῖτο τὸν θεὸν σφόδρα
10. 16 : 11. 1. μὴ φοβηθῇς τῇ καρδίᾳ σου
16. 11. ἐφοβήθησαν οἱ ἀσθενοῦντές μου
— 15. ἔτι δὲ τοῖς φοβουμένοις σε
— 16. ὁ δὲ φοβούμενος τὸν κύριον μέγας
Es. 1. 1. φοβούμενοι τὰ ἑαυτῶν κακά
2. 20. φοβεῖσθαι τὸν θεόν –
9. 2. οὐδεὶς γὰρ ἀντέστη φοβούμενος [S^1 -ους, S^2 -οι] αὐτούς †
Jb. 3. 25. S^2 φόβος γὰρ ὃν ἐφοβούμην [A εὐλαβούμην, B S^1 ἐφρόντισα] ἦλθέ μοι (11 *a*)

Jb. 5. 21. οὐ μὴ φοβηθῇς ἀπὸ κακῶν ἐρχομένων [S ἐπερχ.] (9 *a*)
— 21. A οὐ φοβηθήσῃ ἀπὸ ταλαιπωρίας –
— 22. ἀπὸ δὲ θηρίων ἀγρίων οὐ μὴ φοβηθῇς [A *al.*] (9 *a*)
6. 21. ὥστε ἰδόντες τὸ ἐμὸν τραῦμα φοβήθητε (9 *a*)
9. 35. οὐ μὴ φοβηθῶ ἀλλὰ λαλήσω (9 *a*)
11. 15. ἐνδύσῃ δὲ ῥύπον καὶ οὐ μὴ φοβηθῇς (9 *a*)
32. 6. φοβηθεὶς τοῦ ὑμῖν ἀναγγεῖλαι τὴν ἐμαυτοῦ ἐπιστήμην (9 *a*)
37. 24. φοβηθήσονται αὐτὸν οἱ ἄνθρωποι φοβηθήσονται δὲ αὐτὸν καὶ οἱ σοφοὶ καρδίᾳ (9 *a*, †)
Ps. 3. 6. οὐ φοβηθήσομαι ἀπὸ μυριάδων λαοῦ (9 *a*)
14 (15). 4. τοὺς δὲ φοβουμένους κύριον δοξάζει (9 *b*)
21 (22). 23. οἱ φοβούμενοι κύριον, αἰνέσατε αὐτόν (9 *b*)
— 23. φοβηθήτωσαν αὐτὸν [S^2 -θήτω δὴ ἀπ' αὐτοῦ] ἅπαν τὸ σπέρμα Ἰσραήλ (1)
— 25. τὰς εὐχάς μου ἀποδώσω ἐνώπιον τῶν [A πάντων τῶν] φοβουμ. αὐτόν (9 *b*)
22 (23). 4. οὐ φοβηθήσομαι κακά (9 *a*)
24 (25). 12. τίς ἐστιν ἄνθρωπος ὁ φοβούμενος τὸν κύριον (9 *b*)
— 14. κραταίωμα κύριος τῶν φοβουμένων αὐτόν (9 *b*)
— 14. B^1 τὸ ὄνομα κυρίου τῶν φοβουμένων [A ἐπικαλουμένων] αὐτόν –
26 (27). 1. τίνα φοβηθήσομαι (9 *a*)
— 3. οὐ φοβηθήσεται ἡ καρδία μου (9 *a*)
30 (31). 19. ἧς ἔκρυψας τοῖς φοβουμένοις σε (9 *b*)
32 (33). 8. φοβηθήτω τὸν κύριον πᾶσα ἡ γῆ (9 *a*)
— 18. οἱ ὀφθαλμοὶ κυρίου ἐπὶ τοὺς φοβουμένους αὐτόν (9 *b*)
33 (34). 7. παρεμβαλεῖ ἄγγελος κυρίου κύκλῳ τῶν φοβουμένων αὐτόν (9 *b*)
— 9. φοβήθητε τὸν κύριον πάντες οἱ ἅγιοι αὐτοῦ ὅτι οὐκ ἔστιν ὑστέρημα τοῖς φοβουμένοις αὐτόν (9 *a*, 9 *b*)
39 (40). 3. ὄψονται πολλοὶ καὶ φοβηθήσονται (9 *a*)
45 (46). 2. οὐ φοβηθησόμεθα ἐν τῷ ταράσσεσθαι τὴν γῆν (9 *a*)
48 (49). 5. ἵνα τί φοβοῦμαι ἐν ἡμέρᾳ πονηρᾷ (9 *a*)
— 16. μὴ φοβοῦ ὅταν πλουτήσῃ ἄνθρωπος (9 *a*)
51 (52). 6. ὄψονται δίκαιοι καὶ φοβηθήσονται (9 *a*)
52 (53). 5. B S^1 φοβηθήσονται [S^2 R ἐφοβήθησαν] φόβον [S^2 -ῳ] (11 *a*)
54 (55). 19. οὐκ ἐφοβήθησαν τὸν θεόν (9 *a*)
55 (56). 3. πολλοὶ οἱ πολεμοῦντές με φοβηθήσονται [S^2 οὐ φ.] †
— 4. οὐ φοβηθήσομαι τί ποιήσει μοι σάρξ (9 *a*)
— 11. οὐ φοβηθήσομαι τί ποιήσει μοι ἄνθρωπος (9 *a*)
59 (60). 4. ἔδωκας τοῖς φοβουμένοις σε σημείωσιν (9 *b*)
60 (61). 5. ἔδωκας κληρονομίαν τοῖς φοβουμένοις τὸ ὄνομά σου (9 *b*)
63 (64). 4. καὶ οὐ φοβηθήσονται [S^2 -σεται] (9 *a*)
— 9. ἐφοβήθη πᾶς ἄνθρωπος (9 *a*)
64 (65). 8. φοβηθήσονται οἱ κατοικοῦντες τὰ πέρατα ἀπὸ τῶν σημείων σου (9 *a*)
65 (66). 16. πάντες οἱ φοβούμενοι τὸν κύριον (9 *b*)
66 (67). 7. φοβηθήτωσαν αὐτὸν πάντα τὰ πέρατα τῆς γῆς (9 *a*)
75 (76). 8. γῆ ἐφοβήθη καὶ ἡσύχασεν (9 *a*)
76 (77). 16. εἴδοσάν σε ὕδατα καὶ ἐφοβήθησαν (4)
84 (85). 9. ἐγγὺς τῶν φοβουμένων αὐτὸν τὸ σωτήριον αὐτοῦ (9 *b*)
85 (86). 11. τοῦ φοβεῖσθαι τὸ ὄνομά σου (9 *a*)
90 (91). 5. οὐ φοβηθήσῃ ἀπὸ φόβου νυκτερινοῦ (9 *a*)
101 (102). 15. φοβηθήσονται τὰ ἔθνη τὸ ὄνομά σου, κύριε (9 *a*)
102 (103). 11. ἐκραταίωσε κύριος τὸ ἔλεος αὐτοῦ ἐπὶ τοὺς φοβουμένους αὐτόν (9 *b*)
— 13. ᾠκτείρησε κύριος τοὺς φοβουμένους αὐτόν (9 *b*)
— 17. τὸ δὲ ἔλεος τοῦ κυρίου . . . ἐπὶ τοὺς φοβουμένους αὐτόν (9 *b*)
110 (111). 5. τροφὴν ἔδωκε τοῖς φοβουμένοις αὐτόν (9 *b*)
111 (112). 1. μακάριος ἀνὴρ ὁ φοβούμενος τὸν κύριον (9 *b*)
— 7. ἀπὸ ἀκοῆς πονηρᾶς οὐ φοβηθήσεται (9 *a*)
— 8. οὐ φοβηθῇ [S^1 -θήσεται] (9 *a*)
113. 19 (115. 11). οἱ φοβούμενοι τὸν κύριον ἤλπισαν ἐπὶ κύριον (9 *b*)
— 21 (115. 13). εὐλόγησε τοὺς φοβουμένους τὸν κύριον (9 *b*)

Ps. 117 (118). 4. A R εἰπάτωσαν δὴ πάντες οἱ φοβούμενοι τὸν κύριον (9 *b*)
— 6. οὐ φοβηθήσομαι τί ποιήσει μοι ἄνθρωπος (9 *a*)
118 (119). 63. μέτοχος ἐγώ εἰμι πάντων τῶν φοβουμένων σε (9 *a*)
— 74. οἱ φοβούμενοί σε ὄψονταί με (9 *b*)
— 79. ἐπιστρεψάτωσάν με οἱ φοβούμενοί σε (9 *b*)
— 120. ἀπὸ γὰρ τῶν κριμάτων σου ἐφοβήθην (9 *a*)
127 (128). 1. μακάριοι πάντες οἱ φοβούμενοι τὸν κύριον (9 *b*)
— 4. οὕτως εὐλογηθήσεται ἄνθρωπος ὁ φοβούμενος τὸν κύριον (9 *b*)
134 (135). 20. οἱ φοβούμενοι τὸν κύριον, εὐλογήσατε τὸν κύριον (9 *b*)
144 (145). 19. θέλημα τῶν φοβουμένων αὐτὸν ποιήσει (9 *b*)
146 (147). 11. εὐδοκεῖ κύριος ἐν τοῖς φοβουμένοις αὐτόν (9 *b*)
Pr. 3. 7. φοβοῦ δὲ τὸν θεόν (9 *a*)
— 25. οὐ φοβηθήσῃ πτόησιν ἐπελθοῦσαν (9 *a*)
7. 2. πλὴν δὲ αὐτοῦ μὴ φοβοῦ ἄλλον –
13. 13. ὁ δὲ φοβούμενος ἐντολὴν οὗτος ὑγιαίνει (9 *b*)
14. 2. ὁ πορευόμενος ὀρθῶς φοβεῖται τὸν κύριον (9 *b*)
— 16. σοφὸς φοβηθεὶς ἐξέκλινεν ἀπὸ κακοῦ (9 *b*)
24. 21. φοβοῦ τὸν θεόν, υἱέ, καὶ βασιλέα (9 *a*)
— 23 (29. 27). τοὺς ἐμοὺς λόγους, υἱέ, φοβήθητι –
29. 25. φοβηθέντες καὶ αἰσχυνθέντες ἀνθρώπους ὑπεσκελίσθησαν –
Ec. 3. 14. ἵνα φοβηθῶσιν ἀπὸ προσώπου αὐτοῦ (9 *a*)
5. 6. σὺ [A σὺν] τὸν θεὸν φοβοῦ (9 *a*)
7. 19 (18). φοβουμένοις [A ὁ φοβούμενος] τὸν θ. ἐξελεύσεται τὰ πάντα (9 *b*)
8. 12. ἐστὶν ἀγαθὸν τοῖς φοβουμ. τὸν θ. ὅπως φοβῶνται ἀπὸ προσώπου αὐ. (9 *b*, 9 *a*)
— 13. ὃς οὐκ ἔστι φοβούμενος ἀπὸ προσώπου τοῦ θεοῦ (9 *b*)
9. 2. ὡς ὁ ὀμνύων καθὼς ὁ τὸν ὅρκον φοβούμενος (9 *b*)
12. 13. τὸν θεὸν φοβοῦ (9 *a*)
Wi. 8. 15. φοβηθήσονταί με ἀκούσαντες τύραννοι φρικτοί
17. 9. εἰ μηδὲν αὐτοὺς ταραχῶδες [S^1 τερατῶδες] ἐφόβει
18. 25. ταῦτα δὲ ἐφοβήθησαν [A S^2 -θη]
Si. 1. 13. τῷ φοβουμένῳ τὸν κύριον εὖ ἔσται ἐπ' ἐσχάτων [S^1 -ῳ]
— 14. ἀρχὴ σοφίας φοβεῖσθαι τὸν θεόν
— 16. πλησμονὴ σοφίας φοβεῖσθαι τὸν κύριον
— 20. ῥίζα σοφίας φοβεῖσθαι τὸν κύριον
2. 7. οἱ φοβούμενοι τὸν κύριον, ἀναμείνατε τὸ ἔλεος αὐτοῦ
— 8. οἱ φοβούμενοι κύριον, πιστεύσατε αὐτῷ
— 9. οἱ φοβούμενοι κύριον, ἐλπίσατε εἰς ἀγαθά
— 15. οἱ φοβούμενοι κύριον οὐκ ἀπειθήσουσι ῥημάτων αὐτοῦ [A *al.*]
— 16. οἱ φοβούμενοι κύριον ζητήσουσιν εὐδοκίαν αὐτοῦ
— 17. οἱ φοβούμενοι κύριον ἑτοιμάσουσι καρδίας αὐτῶν
6. 16. οἱ φοβούμενοι κύριον εὑρήσουσιν αὐτόν
— 17. ὁ φοβούμενος κύριον εὐθύνει φιλίαν αὐτοῦ
7. 31. φοβοῦ τὸν κύριον καὶ δόξασον ἱερέα
10. 19. σπέρμα ἔντιμον ποῖον; οἱ φοβούμενοι τὸν κύριον
— 20. οἱ φοβούμενοι κύριον ἐν ὀφθαλμοῖς αὐτοῦ
— 24. οὐκ ἔστιν αὐτῶν τις μείζων τοῦ φοβουμένου [A τῶν φοβουμένων] τὸν κύριον
15. 1. ὁ φοβούμενος κύριον ποιήσει αὐτό
— 13. οὐκ ἔστιν ἀγαπητὸν τοῖς φοβουμένοις αὐτόν
— 19. οἱ ὀφθ. αὐτοῦ ἐπὶ τοὺς φοβουμ. αὐτόν
21. 6. ὁ φοβούμενος κύριον ἐπιστρέψει ἐν καρδίᾳ
25. 10. οὐκ ἔστιν ὑπὲρ τὸν φοβούμενον τὸν κύριον
26. 3. ἐν μερίδι φοβουμένων κύριον δοθήσεται
— 5. A S^2 ἐπὶ τῷ τετάρτῳ προσώπῳ ἐφοβήθην [B ἐδεήθην, S^1 ἐδόθην]
31 (34). 13. πνεῦμα φοβουμένων κύριον ζήσεται
— 14. ὁ φοβούμενος κύριον οὐ μὴ [A κ. πολλά, S κ. οὐδὲν] εὐλαβηθήσεται
— 15. φοβουμένου [S^1 -ῳ] τὸν κύριον μακαρία ἡ ψυχή
35 (32). 14. ὁ φοβούμενος κύριον ἐκδέξεται [B^2 -λέξεται] παιδείαν
— 16. οἱ φοβούμενοι κύριον εὑρήσουσι κρίμα [S^1 χάριν]
36 (33). 1. τῷ φοβουμένῳ κύριον οὐκ ἀπαντήσει κακόν
Ho. 10. 3. οὐκ ἐφοβήθημεν τὸν κύριον (9 *a*)
Am. 3. 8. τίς οὐ φοβηθήσεται (9 *a*)

Mi. 6. 9. σώσει φοβουμένους [A τοὺς φ.] τὸ ὄνομα αὐ. †
7. 17. φοβηθήσονται ἀπὸ σοῦ · (9 a)
Jn. 1. 5. ἐφοβήθησαν οἱ ναυτικοί (9 a)
— 9. S³ τὸν κ. θεὸν τοῦ οὐρ. ἐγὼ φοβοῦμαι [A B S¹ σέβομαι] (9 b)
— 10. ἐφοβήθησαν οἱ ἄνδρες φόβον μέγαν [S³ φόβῳ μ.] (9 a)
— 16. ἐφοβήθησαν οἱ ἄνδρες φόβῳ μεγάλῳ τὸν κύριον (9 a)
Hb. 3. 2. καὶ ἐφοβήθην (9 a)
Ze. 3. 7. φοβεῖσθέ με καὶ δέξασθε παιδείαν (9 a)
Hg. 1. 12. ἐφοβήθη ὁ λαὸς ἀπὸ προσώπου κυρίου (9 a)
Za. 9. 5. ὄψεται Ἀσκ. καὶ φοβηθήσεται (9 a)
Ma. 1. 6. S² δοῦλος τὸν κύριον αὐ. φοβηθήσεται [A B S¹ *al.*] –
2. 5. ἔδωκα αὐτῷ ἐν φόβῳ φοβεῖσθαί με [B¹ *om.*] (9 a)
3. 5. ἐπὶ . . . τοὺς μὴ φοβουμένους με (9 a)
— 16. ταῦτα κατελάλησαν οἱ φοβούμενοι τὸν κ. (9 b)
— 16. ἔγραψε βιβλίον . . . τοῖς φοβουμένοις τὸν κ. (9 b)
4. 2 (3. 20). ἀνατελεῖ ὑμῖν τοῖς φοβουμ. τὸ ὄνομά μου (9 b)
Is. 7. 4. μὴ φοβοῦ (9 a)
— 16. ἡ γῆ ἣν σὺ φοβῇ †
8. 12. τὸν δὲ φόβον αὐτοῦ οὐ μὴ φοβηθῆτε (9 a)
10. 24. μὴ φοβοῦ, ὁ λαός μου . . . ἀπὸ Ἀσσυρίων (9 a)
12. 2. οὐ φοβηθήσομαι (11 a)
13. 2. A S μὴ φοβεῖσθε –
19. 17. φοβηθήσονται διὰ τὴν βουλήν [A *add.* κυρίου] (11 a)
29. 23. τὸν θεὸν τοῦ Ἰσραὴλ φοβηθήσονται (10)
33. 7. A S³ οὗτοι φοβηθήσονται οὓς ἐφοβεῖσθε φοβηθήσονται ἀφ᾿ ὑμῶν [B S¹ *al.*] † *ter*
35. 4. μὴ φοβεῖσθε (9 a)
37. 6. μὴ φοβηθῇς ἀπὸ τῶν λόγων (9 a)
40. 9. ὑψώσατε μὴ φοβεῖσθε (9 a)
41. 5. εἴδοσαν ἔθνη καὶ ἐφοβήθησαν (9 a)
— 10, 14 : 43. 1, 5 : 44. 2. μὴ φοβοῦ (9 a)
50. 10. τίς ἐν ὑμῖν ὁ φοβούμενος τὸν κύριον (9 b)
51. 7. μὴ [S¹ καὶ] φοβεῖσθε ὀνειδισμὸν ἀνθρώπων (9 a)
— 12. τίς οὖσα [A S τίνα εὐλαβηθεῖσα] ἐφοβήθης (9 a)
— 13. ἐφόβου . . . τὸ πρόσωπον τοῦ θυμοῦ (11 b)
54. 4. μὴ φοβοῦ ὅτι κατῃσχύνθης (9 a)
— 14. οὐ φοβηθήσῃ (9 a)
57. 11. τίνα εὐλαβηθεῖσα ἐφοβήθης (9 a)
— 11. ἐμὲ οὐκ ἐφοβήθης (9 a)
59. 19. φοβηθήσονται οἱ ἀπὸ δυσμῶν τὸ ὄνομα (9 a)
60. 5. τότε ὄψῃ καὶ φοβηθήσῃ †
63. 17. ἐσκλήρυνας τὰς καρδίας ἡμῶν τοῦ μὴ φοβεῖσθαί σε (9 c)
66. 14. γνωσθήσεται ἡ χεὶρ κυρίου τοῖς φοβουμένοις [A S σεβομ.] αὐτόν †
Je. 1. 8. μὴ φοβηθῇς [A -βῇς] ἀπὸ προσώπου αὐτῶν (9 a)
— 17. μὴ φοβηθῇς ἀπὸ προσώπου αὐτῶν (7)
2. 30. οὐκ ἐφοβήθητε –
3. 8. οὐκ ἐφοβήθη ἡ ἀσύνετος Ἰούδα (9 a)
5. 22. μὴ ἐμὲ οὐ φοβηθήσεσθε [S -βήσ.] (9 a)
— 24. φοβηθῶμεν δὴ κύριον (9 a)
10. 2. ἀπὸ τῶν σημείων τοῦ οὐρανοῦ μὴ φοβεῖσθε ὅτι φοβοῦνται αὐτά (7, 7)
— 5. μὴ φοβηθῆτε αὐτά (9 a)
17. 8. οὐ φοβηθήσεται ὅταν ἔλθῃ καῦμα (9 a, †*)
— 8. ἐν ἐνιαυτῷ ἀβροχίας οὐ φοβηθήσεται (2)
23. 4. οὐ φοβηθήσονται ἔτι (9 a)
26 (46). 27. σὺ δὲ μὴ φοβηθῇς (9 a)
— 28. μὴ φοβοῦ (9 a)
29 (49). 21. ἀπὸ φωνῆς πτώσεως αὐτῶν ἐφοβήθη [A ἐσείσθη] ἡ γῆ (14)
33 (26). 19. ἐφοβήθησαν τὸν κύριον (9 a)
39 (32). 39. φοβηθῆναί με πάσας τὰς ἡμέρας (9 a)
40 (33). 9. καὶ φοβηθήσονται (11 a)
46 (39). 17. ὧν σὺ φοβῇ ἀπὸ προσώπου αὐτῶν (8)
47 (40). 9. μὴ φοβηθῆτε ἀπὸ προσώπου τῶν παίδων (9 a)
48 (41). 18. ἐφοβήθησαν ἀπὸ προσώπου αὐτῶν (9 a)
49 (42). 11. μὴ φοβηθῆτε ἀπὸ προσώπου βασιλέως Βαβ. οὗ ὑμεῖς φοβεῖσθε ἀπὸ προσώπου αὐ. μὴ φοβηθῆτε (9 a, 9 b, 9 a)
— 16. ἣν ὑμεῖς φοβεῖσθε [S¹ ἐφ.] ἀπὸ προσώπου αὐτῆς (9 b)
La. 3. 57. B εἶπάς μοι, Μὴ φοβοῦ (9 a)

Ep. Je. 16. μὴ οὖν φοβηθῆτε αὐτούς
— 23. μὴ οὖν φοβεῖσθε [A -βηθῆτε] αὐτά
— 29, 65, 69. μὴ φοβηθῆτε αὐτούς
Ez. 2. 6. μὴ φοβηθῇς αὐτοὺς . . . τοὺς λόγους αὐτῶν μὴ φοβηθῇς (9 a, 9 a)
3. 9. μὴ φοβηθῇς ἀπ᾿ αὐτῶν (9 a)
11. 8. ῥομφαίαν φοβεῖσθε (9 a)
18. 14. καὶ φοβηθῇ (9 a*, †)
26. 16. φοβηθήσονται τὴν ἀπώλειαν αὐτῶν (6)
— 18. φοβηθήσονται αἱ νῆσοι ἀπὸ ἡμέρας πτώσεώς σου (6)
27. 28. οἱ κυβερνῆταί σου φόβῳ [A *om.*] φοβηθήσονται (14)
Da. LXX. Su. 2. καλὴ σφόδρα καὶ φοβουμένη τὸν κ.
— 57. ἐκεῖναι φοβούμεναι ὡμιλοῦσαν ὑμῖν
3. 12. οὐκ ἐφοβήθησάν σου τὴν ἐντολήν (15)
— 17. ὃν φοβούμεθα (12)
— (41). φοβούμεθά σε
4. 16. φοβηθεὶς τρόμου λαβόντος αὐτόν †
10. 12. μὴ φοβοῦ, Δαν. (9 a)
— 19. μὴ φοβοῦ (9 a)
11. 12. καὶ οὐ μὴ φοβηθῇ †
Da. TH. Su. 2. ᾗ ὄνομα Σουσ. . . . φοβουμένη τὸν κ.
— 57. ἐκεῖναι φοβούμεναι ὡμίλουν ὑμῖν
1. 10. φοβοῦμαι ἐγὼ τὸν κύριόν μου τὸν βασ. (9 b)
3. (41). καὶ φοβούμεθά σε
5. 19. ἦσαν . . . φοβούμενοι ἀπὸ προσώπου αὐ. (3)
6. 26 (27). εἶναι . . . φοβουμένους ἀπὸ προσώπου τοῦ θεοῦ Δ. (3)
10. 12. μὴ φοβοῦ, Δαν. (9 a)
— 19. μὴ φοβοῦ (9 a)
I Ma. 2. 62. ἀπὸ λόγων ἀνδρὸς ἁμαρτωλοῦ μὴ φοβηθῆτε
3. 22. A R μὴ φοβηθῆτε [S φοβεῖσθε] ἀπ᾿ αὐτῶν
4. 8. μὴ φοβεῖσθε τὸ πλῆθος αὐ.
8. 12. ἐφοβοῦντο ἀπ᾿ αὐτῶν
9. 6. καὶ ἐφοβήθησαν σφόδρα
10. 8. ἐφοβήθησαν φόβον μέγαν
— 76. φοβηθέντες ἤνοιξαν οἱ ἐκ τῆς πόλεως
12. 28. καὶ ἐφοβήθησαν
— 40. R ἐφόβηθη [A S ηὐλαβήθη] μή ποτε οὐκ ἐάσῃ αὐτόν
— 52. καὶ ἐφοβήθησαν σφόδρα
II Ma. 7. 29. μὴ φοβηθῇς τὸν δήμιον τοῦτον
III Ma. 2. 23. φοβούμενοι μὴ καὶ τὸ ζῆν ἐκλείπῃ
IV Ma. 5. 37. μὴ φοβηθέντα σου τὰς μέχρι θανάτου ἀνάγκας
8. 14. μειράκια, φοβήθητε
— 15. οὐ μόνον οὐκ ἐφοβήθησαν
— 19. A R οὐ φοβησόμεθα [S -ηθησ.] . . . τὰ βασανιστήρια
— 22. ἡμῖν . . . δι᾿ ἀνάγκην τὸν βασ. φοβηθεῖσιν
— 25. ἡμᾶς . . . φοβηθέντας τὰ βασανιστήρια [S¹ *om.* φ. τὰ β.]
13. 14. μὴ φοβηθῶμεν τὸν δοκοῦντα ἀποκτενεῖν
[**Aq.** Ex. 15. 14 (Sw.) : 18. 21 : Jb. 1. 8, 9 : Ps. 24 (25). 12, 14 : 26 (27). 1 : 30 (31). 20 : 32 (33). 8 : 48 (49). 6 : 55 (56). 4 : 59 (60). 6 : 85 (86). 11 : Pr. 3. 25 : 31. 30 : Ec. 7. 19 (18) : Is. 29. 13 : 41. 14 : Je. 10. 7 : 26 (33). 21 : 40 (47). 9.]
[**Sm.** Ex. 18. 21 : II Ki. 3. 11 : Ps. 24 (25). 12, 14 : 30 (31). 20 : 32 (33). 8, 18 : 52 (53). 6 : 54 (55). 20 : 55 (56). 4, 12 : 59 (60). 6 : 71 (72). 5 : 110 (111). 5 : 118 (119). 63, 79 : Pr. 3. 25 : Ec. 7. 19 (18) : Is. 29. 13 : 41. 14 : 66. 4 : Je. 40 (47). 9.]
[**Th.** Ex. 18. 21 : Ps. 24 (25). 14 : 55 (56). 4 : 118 (119). 79 : Pr. 3. 25 : Ec. 7. 19 (18) : Is. 29. 13 : 41. 14 : 66. 4 : Je. 10. 7 : 26 (33). 21 : 30 (37). 10 : 44 (51). 10 : Ho. 10. 5.]
[**Al.** Ge. 43. 18 : Ps. 111 (112). 7 : Pr. 30. 5.]
[**Sam.** Ge. 50. 19 *bis*.]
[**Quint.** Ps. 24 (25). 14 : 32 (33). 8.]
[**Sext.** Ps. 24 (25). 14.]

φοβερίζειν. (1) דְּחַל pa. (2) יְרֵא pi.

II Es. 10. 3. καὶ φοβέρισον αὐτούς †
Ne. 6. 9. πάντες φοβερίζουσιν [S¹ -ροῦσιν] ἡμᾶς (2)
— 14. οἳ ἦσαν φοβερίζοντές με (2)
— 19. ἐπιστολὰς ἀπέστειλε Τ. φοβερίσαι με (2)
Da. TH. 4. 2. καὶ ἐφοβέρισέ με (1)

φοβερισμός. (1) בִּעוּתִים

Ps. 87 (88). 16. οἱ φ. σου ἐξετάραξάν με (1)

φοβεροειδής.

III Ma. 6. 18. δεδοξασμένοι δύο φ. ἄγγελοι

φοβερός. (1) אָיֹם (2) דְּחַל (3) *a.* יָרֵא ni. *b.* מוֹרָא

Ge. 28. 17. ὡς φ. ὁ τόπος οὗτος (3 a)
De. 1. 19. πᾶσαν τὴν ἔρημον τὴν μεγάλην καὶ τὴν φ. ἐκ. (3 a)
2. 7. τὴν ἔρημον τὴν μεγάλην καὶ τὴν φ. ἐκ. –
8. 15. διὰ τῆς ἐρήμου τῆς μεγάλης καὶ τῆς φ. ἐκ. (3 a)
10. 17. ὁ θεὸς ὁ μέγας καὶ ἰσχυρὸς καὶ ὁ φ. (3 a)
Jd. 13. 6. καὶ εἶδος αὐ. . . . φοβερὸν σφόδρα [A *al.*] (3 a)
I Ch. 16. 25. φοβερός ἐστιν ἐπὶ πάντας τοὺς θεούς (3 a)
Ne. 1. 5. ὁ ἰσχυρὸς ὁ μέγας καὶ φ. [A S ὁ φ.] (3 a)
4. 14 (8). μνήσθητε τοῦ θ. ἡμῶν τοῦ μεγάλου καὶ φ. (3 a)
9. 32. ὁ μέγας ὁ κραταιὸς καὶ ὁ [A *om.*] φ. (3 a)
Es. 5. 1. καὶ ἦν φοβερὸς σφόδρα
Ps. 46 (47). 2. κύριος ὕψιστος φοβερός (3 a)
65 (66). 3. ὡς φοβερὰ τὰ ἔργα σου (3 a)
— 5. φοβερὸς ἐν βουλαῖς ὑπὲρ τοὺς υἱοὺς τῶν ἀνθρώπων (3 a)
75 (76). 7. σὺ φοβερὸς εἶ (3 a)
— 11. οἴσουσι δῶρα τῷ φ. (3 b)
— 12. φοβερῷ παρὰ τοῖς βασιλεῦσι τῆς γῆς (3 a)
88 (89). 7. καὶ φοβερὸς ἐπὶ πάντας τοὺς περικύκλῳ αὐτοῦ (3 a)
95 (96). 4. φοβερός ἐστιν ἐπὶ πάντας τοὺς θεούς (3 a)
98 (99). 3. ὅτι φοβερὸν καὶ ἅγιόν ἐστι (3 a)
105 (106). 22. καὶ φοβερὰ ἐπὶ θαλάσσης ἐρυθρᾶς (3 a)
110 (111). 9. ἅγιον καὶ φοβερὸν τὸ ὄνομα αὐτοῦ (3 a)
144 (145). 6. τὴν δύναμιν τῶν φ. σου ἐροῦσι (3 a)
Pr. 12. 25. φοβερὸς λόγος καρδίαν ταράσσει ἀνδρὸς δικαίου †
Wi. 10. 16. ἀντέστη [S¹ ἀνέστη] βασιλεῦσι [S -εὺς] φοβεροῖς ἐν τέρασι
Si. 1. 8. εἷς ἐστι σοφὸς φοβερὸς σφόδρα
9. 18. φοβερὸς ἐν πόλει αὐτοῦ ἀνὴρ γλωσσώδης
43. 29. φοβερὸς κύριος καὶ σφόδρα μέγας
Hb. 1. 7. φοβερὸς καὶ ἐπιφανής ἐστιν (1)
Is. 21. 1. φοβερὸν τὸ ὅραμα (3 a)
Da. LXX. 2. 31. καὶ ἡ πρόσοψις τῆς εἰκόνος φοβερά (2)
4. 34. ποιῆσαι . . . θαυμάσια μεγάλα καὶ φ. –
7. 7. ἐθεώρουν . . . θηρίον τέταρτον φ. (2)
9. 4. σὺ εἶ ὁ θεὸς . . . ὁ φ. (3 a)
Da. LXX. 2. 31. καὶ ἡ ὅρασις αὐ. φοβερά (2)
7. 7. ἰδοὺ θηρίον τέταρτον φ. (2)
— 19. ἦν διαφέρον . . . φοβερὸν περισσῶς (2)
I Ma. 1. 4. S ἐγένετο αὐτῷ εἰς φοβερόν [A R *al.*]
II Ma. 1. 24. κύριε ὁ θ. . . . ὁ φ. καὶ ὁ ἰσχυρός
3. 25. φοβερὸν ἔχων τὸν ἐπιβάτην
III Ma. 5. 45. R φοβεραῖς κατεσκευασμένα σκευαῖς [A *al.*]
[**Aq.** Dt. 7. 21 : Is. 18. 7 : 31. 9 : Ez. 1. 22.]
[**Sm.** Jb. 37. 22 : Ps. 44 (45). 5 : 65 (66). 5 : 67 (68). 36 : 75 (76). 13 : Is. 18. 7 : 31. 9 : 64. 3 (2) : Ez. 1. 22.]
[**Th.** Dt. 7. 21 : Ps. 65 (66). 5 : 75 (76). 5 : Is. 18. 7 : 31. 9 : 64. 3 (2) : Ez. 1. 22.]
[**Al.** Ez. 1. 18.]

φοβεροῦν (?). (1) יָרֵא pi.

Ne. 6. 9. S¹ πάντες φοβεροῦσιν [A B S² -ρίζουσιν] ἡμᾶς (1)

φοβερῶς. (1) נוֹרָאוֹת

Ps. 138 (139). 14. φ. ἐθαυμαστώθης [S¹ -ην] (1)
III Ma. 5. 45. φ. κεκοσμημένα κατασκευαῖς

φόβημα.

[**Aq.** Dt. 4. 34 : Ps. 9. 21.]

φόβητρον (-ηθρον). (1) חָגָּא

Is. 19. 17. ἔσται ἡ χώρα τῶν Ἰουδαίων τοῖς Αἰγυπτίοις εἰς φ. (1)

φόβος. (1) *a.* אֵימָה, אֵמָה *b.* אֵימְתָנִי (2) *a.* חָרֵד *b.* חֲרָדָה (3) *a.* חַת *b.* חִתָּה *c.* חִתִּית (4) *a.* יִרְאָה *b.* מוֹרָא (5) מַעֲרִיץ (6) פַּחַד (7) רְעָדָה (8) φόβος ἐπιπίπτει דְּחַל pa. (9) φόβος λαμβάνει חָרֵד

Ge. 9. 2. ὁ φ. ἔσται ἐπὶ πᾶσι τοῖς θηρίοις (3 a)
15. 12. φ. σκοτεινὸς μέγας ἐπιπίπτει αὐτῷ (1 a)

Ge. 31. 42. εἰ μὴ . . . ὁ φ. Ἰ. ἦν μοι (6)
— 53. ὤμοσεν Ἰ. κατὰ τοῦ φ. τοῦ πατρὸς αὐ. Ἰ. (6)
35. 5. ἐγένετο φόβος θεοῦ ἐπὶ τὰς πόλεις (3 *b*)
Ex. 15. 16. ἐπιπέσοι ἐπ' αὐτοὺς τρόμος καὶ φόβος [A φ. κ. τρ.] (6 [1 *a*])
20. 20. ὅπως ἂν γένηται ὁ φ. αὐ. ἐν ὑμῖν (4 *a*)
23. 27. τὸν φ. ἀποστελῶ ἡγούμενόν σου (1 *a*)
De. 2. 25. δοῦναι τὸν τρόμον σου καὶ τὸν φ. σου (4 *a*)
11. 25. τὸν τρόμον ὑμῶν καὶ τὸν φ. [A φ. ὑ. κ. τ. τρόμον] ὑμῶν (4 *b* [6])
28. 67. ἀπὸ τοῦ φ. τῆς καρδίας σου (6)
32. 25. καὶ ἐκ τῶν ταμιείων φόβος (1 *a*)
Jo. 2. 9. ἐπιπέπτωκε γὰρ ὁ φ. ὑμῶν ἐφ' ἡμᾶς (1 *a*)
II Ki. 23. 3. πῶς κραταιώσητε φόβον χριστοῦ (4 *a*)
I Ch. 14. 17. ἔδωκε τὸν φ. αὐ. ἐπὶ πάντα τὰ ἔθνη (6)
II Ch. 19. 7. γενέσθω φόβος κυρίου ἐφ' ὑμᾶς (6)
— 9. οὕτως ποιήσετε ἐν φόβῳ κυρίου (4 *a*)
26. 5. τοῦ συνιόντος ἐν φόβῳ κυρίου †
Ne. 5. 9. οὐχ οὕτως ἐν φόβῳ θεοῦ ἡμῶν ἀπελεύσεσθε (4 *a*)
— 15. ἀπὸ προσώπου φόβου θεοῦ (4 *a*)
6. 16. ἐπέπεσε φόβος [S φ. μέγας] σφόδρα –
To. 6. 2. S^2 καὶ ἀπὸ τοῦ φ. [S^1 *om.* ἀ. τ. φ.] ἔκραξεν
Ju. 2. 28. B ἐπέπεσε φόβος [A R ὁ φ., S φ. αὐ.] καὶ τρόμος αὐ.
14. 3. ἐπιπεσεῖται ἐπ' αὐτοὺς φόβος
15. 2. B S ἐπέπεσεν ἐπ' αὐτοὺς τρόμος καὶ φόβος [A R φ. καὶ τρ.]
Es. 1. 22. ὥστε εἶναι φόβον αὐτοῖς ἐν ταῖς οἰκίαις αὐ. †
4. 17. ῥῦσαί με ἐκ τοῦ φ. μου
5. 1. ἡ δὲ καρδία αὐ. ἀπεστενωμένη ἀπὸ τοῦ φ.
— 2. ἐταράχθη ἡ καρδία μου ἀπὸ φόβου [A *om.*] τῆς δόξης σου
8. 17. A^{2}B S ἰουδάϊζον διὰ τὸν φ. τῶν Ἰουδ. (6)
9. 3. ὁ γὰρ φ. Μαρδοχαίου ἐνέκειτο αὐτοῖς (6)
Jb. 3. 24. δακρύω δὲ ἐγὼ συνεχόμενος φόβῳ †
— 25. φόβος γὰρ . . . ἦλθέ μοι (6)
4. 6. πότερον οὐχ ὁ φ. σού ἐστιν ἐν ἀφροσύνῃ (4 *a*)
— 13. φόβῳ [A -οι, S^2 -ος] δὲ καὶ ἤχῳ νυκτερινῇ [A ἠχὼ νυκτερινὴ] ἐπιπίπτων φόβος ἐπ' ἀνθρώπους †, †
7. 11. S^1 ἀνοίξω . . . συνεχόμενος φόβῳ [A B S^2 *om.*] –
9. 34. ὁ δὲ φ. αὐτοῦ μή με στροβείτω (1 *a*)
13. 11. ὁ [A S^2 *om.*] φ. δὲ παρ' αὐτοῦ [A δὲ κυρίου] ἐπιπεσεῖται ὑμῖν (6)
— 21. ὁ φ. σου μή με καταπλησσέτω (1 *a*)
15. 4. οὐ [A ὅτι] καὶ σὺ ἀπεποιήσω φόβον (4 *a*)
— 21. ὁ δὲ φ. αὐτοῦ ἐν ὠσὶν αὐτοῦ (6)
20. 25. περιπατήσαισαν [A μὴ περιπατήσαι] ἐπ' αὐτῷ φόβοι (1 *a*)
21. 9. φόβος δὲ οὐδαμοῦ (6)
25. 2. τί γὰρ προοίμιον ἢ φόβος παρ' αὐτοῦ [A *al.*] (6)
31. 23. φόβος γὰρ κυρίου συνέσχε με (6)
33. 7. οὐχ ὁ φ. μού σε στροβήσει (1 *a*)
— 15. ὅταν ἐπιπίπτῃ δεινὸς φόβος ἐπ' ἀνθρώπους †
— 16. ἐν εἴδεσι φόβου τοιούτοις †
38. 17. ἀνοίγονται δέ σοι φόβῳ πύλαι θανάτου –
39. 3. ἐξέθρεψας δὲ αὐτῶν τὰ παιδία ἔξω [A ἄνευ] φόβου –
— 16. εἰς κενὸν ἐκοπίασεν ἄνευ φόβου (6)
— 19. ἐνέδυσας δὲ τραχήλῳ αὐτοῦ φόβον (7)
41. 5 (6). κύκλῳ ὀδόντων αὐτοῦ φόβος (1 *a*)
— 16 (17). φόβος θηρίοις τετράποσιν ἐπὶ γῆς ἀλλομένοις †
Ps. 2. 11. δουλεύσατε τῷ κυρίῳ ἐν φόβῳ (4 *a*)
5. 7. προσκυνήσω πρὸς ναὸν ἅγιόν σου ἐν φόβῳ σου (4 *a*)
13 (14). 3. B S^1 οὐκ ἔστι φόβος θεοῦ ἀπέναντι τῶν ὀφθ. αὐ. –
— 5. ἐκεῖ ἐδειλίασαν φόβῳ [S^1 -ον] οὗ [A ᾧ] οὐκ ἦν φόβος (6, –)
18 (19). 9. ὁ φ. κυρίου ἁγνὸς διαμένων (4 *a*)
30 (31). 11. καὶ φόβος τοῖς γνωστοῖς μου (6)
33 (34). 11. φόβον κυρίου διδάξω ὑμᾶς (4 *a*)
35 (36). 1. οὐκ ἔστι φόβος θεοῦ ἀπέναντι τῶν ὀφθ. αὐ. (6)
43 (44). 16. S^1 ἀπὸ φόβου [A B S^2 προσώπου] ἐχθροῦ καὶ ἐκδιώκοντος †
52 (53). 5. B S^1 φοβηθήσονται [S^2 R ἐφοβήθησαν] φόβον [S^2 -ῳ] οὗ οὐκ ἦν φόβος (6, 6)
54 (55). 5. B^2 S R φόβος καὶ τρόμος ἦλθεν ἐπ' ἐμέ (4 *a*)

Ps. 63 (64). 1. ἀπὸ φόβου ἐχθροῦ ἐξελοῦ τὴν ψυχήν μου (6)
89 (90). 11. ἀπὸ τοῦ φ. τοῦ θυμοῦ [A S^2 τὸν θ.] σου ἐξαριθμήσασθαι (4 *a*)
90 (91). 5. οὐ φοβηθήσῃ ἀπὸ φόβου νυκτερινοῦ (6)
104 (105). 38. ἐπέπεσεν ὁ φ. αὐτῶν ἐπ' αὐτούς (6)
110 (111). 10. ἀρχὴ σοφίας φόβος κυρίου (4 *a*)
118 (119). 38. στῆσον τῷ δούλῳ σου τὸ λόγιόν σου εἰς τὸν φ. σου (4 *a*)
— 120. καθήλωσον ἐκ τοῦ φ. σου τὰς σάρκας μου (6)
Pr. 1. 7. ἀρχὴ σοφίας φόβος κυρίου (4 *a*)
— 29. S^2 τὸν δὲ φ. [A B S^1 λόγον] τοῦ κυρίου οὐ προείλαντο (4 *a*)
2. 5. τότε συνήσεις φόβον κυρίου (4 *a*)
8. 13. φόβος κυρίου μισεῖ ἀδικίαν (4 *a*)
9. 10. ἀρχὴ σοφίας φόβος κυρίου (4 *a*)
10. 27. φόβος κυρίου προστίθησιν ἡμέρας (4 *a*)
— 29. ὀχύρωμα ὁσίου φόβος κυρίου †
14. 26. ἐν φόβῳ κυρίου ἐλπὶς ἰσχύος (4 *a*)
15. 16. κρείσσων μικρὰ μερὶς μετὰ φόβου κυρίου (4 *a*)
— 27 (16. 6). τῷ δὲ φ. κυρίου ἐκκλίνει πᾶς ἀπὸ κακοῦ (4 *a*)
16. 4 (15. 33). φόβος κυρίου παιδεία καὶ σοφία (4 *a*)
18. 8. ὀκνηροὺς καταβάλλει φόβος –
19. 23. φόβος κυρίου εἰς ζωὴν ἀνδρί (4 *a*)
22. 4. γενεὰ σοφίας φόβος κυρίου (4 *a*)
23. 17. ἐν φόβῳ κυρίου ἴσθι ὅλην τὴν ἡμέραν (4 *a*)
31. 30. φόβον δὲ κυρίου αὕτη αἰνείτω (4 *a*)
Wi. 5. 2. ἰδόντες ταραχθήσονται φόβῳ δεινῷ
17. 6. αὐτομάτη πυρὰ φόβου πλήρης
— 12. οὐθὲν γάρ ἐστι φόβος
— 15. αἰφνίδιος γὰρ αὐτοῖς . . . φόβος ἐπῆλθεν
18. 17. φόβοι δὲ ἐπέστησαν ἀδόκητοι
Si. 1. 11. φόβος κυρίου δόξα καὶ καύχημα
— 12. φόβος κυρίου τέρψει καρδίαν
— 18. στέφανος σοφίας φόβος κυρίου
— 26. σοφία γὰρ καὶ παιδεία φόβος κυρίου
— 27. μὴ ἀπειθήσῃς φόβῳ κυρίου
— 30. οὐ προσῆλθες φόβῳ κυρίου
2. 10. τίς ἐνέμεινε τῷ φ. αὐτοῦ
4. 17. φόβον δὲ καὶ δειλίαν ἐπάξει ἐπ' αὐτόν
9. 13. οὐ μὴ ὑποπτεύσῃς φόβον [S^1 -ῳ] θανάτου
— 16. ἐν φόβῳ κυρίου ἔστω τὸ καύχημά σου
10. 22. ἔνδοξος καὶ πτωχὸς τὸ καύχημα αὐτῶν φόβος κυρίου
16. 2. εἰ μὴ ἔστι φόβος κυρίου μετ' αὐτῶν
17. 4. ἔθηκε τὸν φ. αὐτοῦ ἐπὶ πάσης σαρκός
19. 20. πᾶσα σοφία φόβος κυρίου
21. 11. συντέλεια τοῦ φ. κυρίου σοφία
22. 18. κατέναντι παντὸς φόβου οὐ μὴ ὑπομείνῃ
23. 19. ὀφθαλμοὶ ἀνθρώπων ὁ φ. αὐτοῦ
— 27. οὐθὲν κρεῖττον φόβου κυρίου
25. 6. τὸ καύχημα αὐτῶν φόβος κυρίου
— 11. φόβος κυρίου ὑπὲρ πᾶν ὑπερέβαλεν
27. 3. ἐὰν μὴ ἐν φόβῳ κυρίου κρατήσῃ κατὰ σπουδήν
33 (36). 2. ἐπίβαλε τὸν φ. σου ἐπὶ πάντα τὰ ἔθνη
35 (32). 18. ὑπερήφανος οὐ καταπτήξει φόβον
40. 2. τοὺς διαλογισμοὺς αὐτῶν καὶ φόβον καρδίας
— 5. ταραχὴ καὶ σάλος καὶ φόβος θανάτου
— 7. ἀποθαυμάζων [S^2 -ζόντων] εἰς οὐδένα φόβον
— 26. ὑπὲρ ἀμφότερα φόβος κυρίου
— 26. οὐκ ἔστι φόβῳ [A S ἐν φ.] κυρίου ἐλάττωσις
— 27. φόβος κυρίου ὡς παράδεισος εὐλογίας
45. 2. ἐμεγάλυνεν αὐτὸν ἐν φόβοις ἐχθρῶν
— 23. ἐν τῷ ζηλῶσαι αὐτὸν ἐν φόβῳ κυρίου
Jn. 1. 10. ἐφοβήθησαν οἱ ἄνδρες φ. μέγαν [S^3 φόβῳ μ.] (4 *a*)
— 16. ἐφοβήθησαν οἱ ἄνδρες φ. μεγάλῳ τὸν κύριον (4 *a*)
Ma. 1. 6. ποῦ ἐστιν ὁ φ. μου (4 *b*)
2. 5. ἔδωκα αὐτῷ ἐν [S^3 *om.*] φόβῳ φοβεῖσθαί με (4 *b*)
Is. 2. 10, 19, 21. ἀπὸ προσώπου τοῦ φ. κυρίου (6)
7. 25. οὐ μὴ ἐπέλθῃ ἐκεῖ φ. (4 *a*)
8. 12. τὸν δὲ φ. αὐτοῦ οὐ μὴ φοβηθῆτε (4 *b*)
— 13. αὐτὸς ἔσται σου φ. [S βοηθός] (4 *b* + 5)
10. 27. ὁ φ. αὐτοῦ ἀπὸ σοῦ †
— 29. φ. λήψεται Ῥαμᾶ (9)
11. 3. ἐμπλήσει αὐτὸν πνεῦμα φόβου θεοῦ (4 *a*)
19. 16. ἔσονται οἱ Αἰγ. ὡς γυναῖκες ἐν φόβῳ (2 *a*)
21. 4. ἡ ψυχή μου ἐφέστηκεν εἰς φόβον (2 *b*)
24. 17. φ. καὶ βόθυνος καὶ παγὶς ἐφ' ὑμᾶς (6)
— 18. ὁ φεύγων τὸν φ. ἐμπεσεῖται εἰς τὸν βόθυνον (6)
26. 18 (17). διὰ τὸν φ. σου, κύριε †

Is. 33. 3. διὰ φωνὴν τοῦ φ. ἐξέστησαν λαοὶ ἀπὸ τοῦ φ. σου †, †
— 7. ἐν τῷ φ. ὑμῶν οὗτοι φοβηθήσονται †
— 8. πέπαυται ὁ φ. τῶν ἐθνῶν †
— 18. ἡ ψυχὴ ὑμῶν μελετήσει φόβον [A *add.* κυρίου] (1 *a*)
Je. 30 (49). 5. φέρω φόβον ἐπὶ σέ (6)
31 (48). 43. φ. καὶ βόθυνος ἐπὶ σοί (6)
— 44. ὁ φεύγων ἀπὸ προσώπου τοῦ [S^1 *om.*] φ. ἐμπεσεῖται (6)
37 (30). 5. φωνὴν φόβου ἀκούσεσθε (2 *b*)
— 5. φ. καὶ οὐκ ἔστιν εἰρήνη (6)
— 6. περὶ φόβου ἐν ᾧ καθέξουσιν ὀσφύν †
39 (32). 40. τὸν φ. μου δώσω εἰς τὴν καρδίαν αὐτῶν (4 *a*)
Ba. 3. 7. ἔδωκας τὸν φ. σου ἐπὶ καρδίαν ἡμῶν
La. 3. 47. φ. καὶ θυμὸς ἐγενήθη ἡμῖν (6)
Ep. Je. 4. ὄψεσθε . . . θεοὺς . . . δεικνύντας φόβον τοῖς ἔθνεσιν
— 5. καὶ φ. ὑμᾶς λάβῃ ἐπ' αὐτοῖς
Ez. 26. 17. ἡ δοῦσα τὸν φ. αὐτῆς πᾶσι τοῖς κατοικοῦσιν αὐτήν (3 *c*)
27. 28. οἱ κυβερνῆταί σου φόβῳ [A *om.*] φοβηθήσονται –
30. 13. A δώσω φόβον ἐν γῇ Αἰγύπτῳ (4 *a*)
32. 23. οἱ δόντες τὸν φ. αὐτῶν ἐπὶ γῆς ζωῆς (3 *c*)
— 24. οἱ δεδωκότες αὐτῶν φόβον ἐπὶ τῆς ζωῆς (3 *c*)
— 26. οἱ δεδωκότες τὸν φόβον αὐτῶν ἐπὶ τῆς ζωῆς (3 *c*)
— 30. σὺν τῷ φ. αὐτῶν καὶ τῇ ἰσχύϊ αὐτῶν (3 *c*)
— 32. δέδωκα τὸν φ. αὐτοῦ ἐπὶ τῆς ζωῆς (3 *c*)
38. 21. καλέσω ἐπ' αὐτὸ πᾶν φόβον [A *add.* μαχαίρας] †
Da. LXX. 4. 2. φόβος μοι ἐπέπεσεν (8)
— 34. ἀπὸ τοῦ φ. αὐ. τρόμος εἴληφέ με –
5. 6. φόβοι καὶ ὑπόνοιαι αὐτὸν κατέσπευδον –
7. 7. καὶ ὁ φ. αὐ. ὑπερφέρων ἰσχύϊ (1 *b*)
10. 7. φ. ἰσχυρὸς ἐπέπεσεν ἐπ' αὐτούς (2 *b*)
— 11. 31. μιανοῦσι τὸ ἅγιον τοῦ φ. †
Da. TH. 10. 7. ἔφυγον ἐν φόβῳ †
I Ma. 3. 6. συνεστάλησαν οἱ ἄνομοι ἀπὸ τοῦ φ. αὐ.
— 25. ἤρξατο ὁ φ. Ἰούδα
7. 18. ἐπέπεσεν αὐτῶν ὁ φ. . . . εἰς πάντα τὸν λαόν
10. 8. ἐφοβήθησαν φ. μέγαν
II Ma. 6. 30. διὰ τὸν αὐτοῦ φ. ταῦτα πάσχω
12. 22. φόβου τε ἐκ τῆς . . . ἐπιφανείας γενομένης
15. 18. ὁ περὶ τοῦ καθηγιασμένου ναοῦ φόβος
III Ma. 2. 23. ὑπερβάλλοντι καταπεπληγμένοι φόβῳ
3. 7. οὐ τῷ τυχόντι περιήψαντο φόβῳ
7. 21. μετὰ δόξης καὶ φόβου
— 22. R μετὰ φ. [A φόρου] μεγίστου ἀποδοῦναι αὐτοῖς
IV Ma. 1. 4. θυμοῦ τε καὶ πόνου καὶ φόβου
— 23. πρὸ δὲ τοῦ πόνου ἐστὶ φόβος
4. 10. καὶ πολὺν αὐτοῖς φ. . . . ἐνιέντες
8. 12. ὅπως καὶ διὰ τοῦ φ. πείσειεν αὐτούς
14. 8. τὸν τῶν βασάνων φ. καταλύοντες
15. 8. διὰ τὸν πρὸς τὸν θεὸν φ.

[**Aq.** Jd. 13. 5: I Ki. 1. 11: Ps. 5. 8: 32 (33). 18: 129 (130). 4: Pr. 14. 27: Is. 33. 6.]
[**Sm.** Jb. 22. 10: 39. 20: Ps. 5. 8: 35 (36). 2: 85 (86). 11: 87 (88). 16: 89 (90). 11: 118 (119). 120: Pr. 14. 27: 22. 4: Ca. 3. 8: Is. 8. 13: 33. 6: Ho. 8. 10.]
[**Th.** Jb. 15. 4: 20. 25: 22. 4: 39. 20: Ps. 9. 21: Pr. 14. 27: Is. 33. 6: Ez. 30. 13 (Sw.): Da. 10. 7.]
[**Al.** I Ki. 11. 7: Jb. 4. 14: Ez. 32. 27.]

φοιβᾶν. (1) נָדַד hithpo.
De. 14. 1. A B^2 οὐ φοιβήσετε (1)

φοινικοῦς. (1) שָׁנִי
Is. 1. 18. ἐὰν ὦσιν αἱ ἁμαρτίαι ὑμῶν ὡς φοινικοῦν (1)

φοινικών. (1) תָּמָר
Ez. 47. 18. ἐπὶ τὴν θάλασσαν τὴν πρὸς ἀνατολὰς φοινικῶνος †
— 19. τὰ πρὸς νότον καὶ λίβα ἀπὸ θαιμὰν καὶ φοινικῶνος (1)

φοῖνιξ. (1) *a.* תָּמָר *b.* תֹּמֶר *c.* תִּמֹּרָה
Ex. 15. 27. ἑβδομήκοντα στελέχη φοινίκων (1 *a*)
Le. 23. 40. λήψεσθε . . . κάλλυνθρα φοινίκων (1 *a*)
Nu. 33. 9. ἑβδομήκοντα στελέχη φοινίκων (1 *a*)
De. 34. 3. τὰ περίχωρα Ἱερ. πόλιν φοινίκων (1 *a*)
Jd. 1. 16. ἀνέβησαν ἐκ πόλεως τῶν φ. (1 *a*)

Jd. 3. 13. ἐκληρονόμησε τὴν πόλιν τῶν φ. (1 a)
4. 5. ἐκάθητο ὑπὸ φοίνικα (1 b)
II Ki. 16. 1. καὶ ἐπ' αὐτοῖς . . . ἑκατὸν φοίνικες †
— 2. καὶ οἱ φ. εἰς βρῶσιν τοῖς παιδαρίοις †
III Ki. 6. 29. καὶ φοίνικες τῷ ἐσωτέρῳ καὶ τῷ ἐξωτέρῳ (1 c)
— 32. A καὶ φοίνικας καὶ πέταλα (1 c)
— 32. A κατέβαινεν . . . ἐπὶ τοὺς φ. τὸ χρυσίον (1 c)
— 35. ἐκκεκολαμμένα χερ. καὶ φοίνικες (1 c)
7. 36. τὰ συγκλείσμ. αὐ. χερ. . . . καὶ φοίνικες ἑστῶτα (1 c)
II Ch. 3. 5. ἔγλυψεν ἐπ' αὐτοῦ φοίνικας (1 c)
28. 15. εἰς Ἱερ. πόλιν φοινίκων (1 a)
Ne. 8. 15. A^{2}B S καὶ φύλλα φοινίκων (1 a)
Jb. 29. 18. ὥσπερ στέλεχος φοίνικος †
Ps. 91 (92). 12. δίκαιος ὡς φοῖνιξ ἀνθήσει (1 a)
Ca. 7. 7 (8). ὡμοιώθης [A -θη, S ὁμοιώθητι] τῷ φ. (1 a)
— 8 (9). ἀναβήσομαι ἐπὶ [A ἐν] τῷ φ. (1 a)
Si. 24. 14. ὡς φοῖνιξ ἀνυψώθην
50. 12. ἐκύκλωσαν αὐτὸν ὡς στελέχη φοινίκων
Jl. 1. 12. ῥοὰ καὶ φοῖνιξ . . . ἐξηράνθησαν (1 a)
Ez. 40. 16. ἐπὶ τὸ αἰλὰμ φοίνικες ἔνθεν καὶ ἔνθεν (1 c)
— 21. διεμέτρησεν . . . τοὺς φ. αὐτῆς -
— 22. οἱ φ. αὐτῆς καθὼς ἡ πύλη ἡ βλέπουσα κατὰ ἀνατολάς (1 c)
— 26. φοίνικες αὐτῇ (1 c)
— 31. φοίνικες τῷ αἰλεῦ (1 c)
— 34. φοίνικες ἐπὶ τοῦ αἰλεῦ ἔνθεν καὶ ἔνθεν (1 c)
— 37. φοίνικες τῷ αἰλεῦ ἔνθεν καὶ ἔνθεν (1 c)
41. 18. A φοίνικες καὶ φ. ἀνὰ μέσον χερ. χερούβ [B al.] (1 c, 1 c)
— 19. πρόσωπον ἀνθρώπου πρὸς τὸν φ. ἔνθεν καὶ ἔνθεν καὶ πρόσωπον λέοντος πρὸς τὸν φ. (1 c, 1 c)
— 20. τὰ χερουβὶμ καὶ οἱ φ. διαγεγλυμμένοι (1 c)
— 25. φοίνικες κατὰ τὴν γλυφὴν τῶν ἁγίων (1 c)
II Ma. 10. 7. ἔτι δὲ καὶ φοίνικας ἔχοντες
14. 4. προσάγων αὐτῷ . . . φοίνικα
[Aq. Je. 10. 5.]
[Th. Je. 10. 5: Ez. 41. 18.]
[Heb. Ex. 15. 27.]
[Al. Nu. 33. 9.]

φολιδωτός.
[Aq. I Ki. 17. 5.]

φολίς.
[Aq. Dt. 14. 9.]
[Sm. Jb. 41. 5.]
[Al. Le. 11. 9.]

φονεύειν. (1) הָרַג a. qal. b. ni. (2) חָרַם hi. (3) נָכָה hi. (4) רָצַח a. qal. b. ni. c. pi.
Ex. 20. 15 (13). οὐ φονεύσεις (4 a)
21. 13. οὗ φεύξεται ἐκεῖ ὁ φονεύσας -
Nu. 35. 6. ἃς δώσετε φεύγειν ἐκεῖ τῷ φονεύσαντι (4 a)
— 12. οὐ μὴ ἀποθάνῃ ὁ φονεύων (4 a)
— 19. οὗτος ἀποκτενεῖ τὸν φονεύσαντα (4 a)
— 21. θανάτῳ θανατούσθω ὁ φονεύων -
— 21. ἀποκτενεῖ τὸν φονεύσαντα (4 a)
— 25. ἐξελεῖται ἡ συναγωγὴ τὸν φονεύσαντα [B^{1} om. τ. φ.] (4 a)
— 26. ἐὰν δὲ ἐξόδῳ ἐξέλθῃ ὁ φονεύσας (4 a)
— 27. καὶ φονεύσῃ ὁ ἀγχιστεύων τὸ αἷμα τὸν φονεύσαντι (4 a, 4 a)
— 28. ἐπαναστραφήσεται ὁ φονεύσας εἰς τὴν γῆν (4 a)
— 30. διὰ μαρτύρων φονεύσεις [A -ει] τὸν φονεύσαντα (4 a, 4 a)
— 31. οὐ λήψεσθε λύτρα . . . παρὰ τοῦ φονεύσαντος (4 a)
De. 4. 42. ὃς ἂν φονεύσῃ τὸν πλησίον οὐκ εἰδώς (4 a)
5. 18 (17). οὐ φονεύσεις (4 a)
19. 6. ἵνα μὴ διώξας . . . ὀπίσω τοῦ φονεύσαντος (4 a)
22. 26. καὶ φονεύσῃ αὐτοῦ ψυχήν (4 a)
Jo. 10. 28. ἐφόνευσαν αὐτὴν ἐν στόματι ξίφους (3)
— 30. B^{1} ἐφόνευσεν [A B^{2}R -αν] αὐτὴν ἐν στόματι ξίφους (3)
— 32. ἐφόνευσαν [A -εν] αὐτὴν ἐν στόματι ξίφους (3)
— 35. ἐφόνευσεν αὐτὴν ἐν στόματι ξίφους (3)
Jo. 10. 35. πᾶν ἐμπνέον ἐν αὐτῇ ἐφόνευσαν (2
20. 5. A οὐ συγκλείσουσι τὸν φονεύσαντα ἐν τῇ χειρὶ αὐ. (4 a)
— 6. A τότε ἐπιστρέψει ὁ φονεύσας (4 a)
21. 13. ἔδωκε τὴν πόλιν φυγαδευτήριον τῷ φονεύσαντι (4 a)
— 21. τὴν πόλιν τοῦ φυγαδευτηρίου τὴν τοῦ φονεύσαντος [A φονεύοντος] (4 a)
— 27. τὰς πόλεις τὰς ἀφωρισμ. τοῖς φονεύσασι (4 a)
— 32. τὴν πόλιν τὴν ἀφωρισμ. τῷ φονεύσαντι (4 a)
— 36. τὴν πόλιν τὸ φυγαδευτήριον τοῦ φονεύσαντος (4 a)
— 37. τὴν πόλιν τὸ φυγαδευτήριον τοῦ φονεύσαντος -
Jd. 16. 2. καὶ φονεύσωμεν [A ἀποκτείνωμεν] αὐτόν (1 a)
20. 4. ὁ ἀνὴρ τῆς γυναικὸς τῆς φονευθείσης [A πεφονευμένης] (4 b)
— 5. ἐμὲ ἠθέλησαν φονεῦσαι [A ἀποκτεῖναι] (1 a)
III Ki. 20 (21). 19. ὡς σὺ ἐφόνευσας (4 a)
21 (20). 40. τὰ ἔνεδρα παρ' ἐμοὶ ἐφόνευσας †
II Ch. 25. 3. τοὺς παῖδας αὐ. τοὺς φονεύσαντας τὸν βασ. (3)
I Es. 4. 5. φονεύουσι καὶ φονεύονται
Ne. 4. 11 (5). ἕως ὅτου . . . φονεύσωμεν αὐτούς (1 a)
6. 10. ἔρχονται νυκτὸς φονεῦσαί σε (1 a)
To. 2. 3. S εἷς ἐκ τοῦ ἔθνους ἡμῶν πεφόνευται [A B al.]
— 8. οὐκέτι φοβεῖται φονευθῆναι περὶ τοῦ πράγματος τ. [S al.]
Es. 9. 12. S^{2} καὶ ἐφόνευσαν . . . ἄνδρας πεντακοσίους [A B S^{1} al.] (1 a)
Ps. 61 (62). 3. φονεύετε πάντες ὡς τοίχῳ κεκλιμένῳ (4 c)
93 (94). 6. προσήλυτον ἐφόνευσαν (4 c)
Pr. 1. 32. ἀνθ' ὧν γὰρ ἠδίκουν νηπίους φονευθήσονται (1 a)
7. 26. ἀναρίθμητοί εἰσιν οὓς πεφόνευκεν (1 a)
Si. 9. 13. ὃς ἔχει ἐξουσίαν τοῦ φονεύειν [B^{1} -εῦσαι]
31 (34). 22. φονεύων τὸν πλησίον ὁ ἀφαιρούμενος συμβίωσιν [A S ἐμβ.]
Ho. 6. 10 (9). ἐφόνευσαν Σίκιμα (4 c)
Is. 21. 15. διὰ τὸ πλῆθος τῶν πεφονευμένων [A S φευγόντων] †
Je. 7. 9. φονεύετε καὶ μοιχᾶσθε (4 a)
La. 2. 20. φονευθήσονται νήπια θηλάζοντα μαστούς (1 b ?)
Ez. 11. 7. A οὓς ἐφονεύσατε [B ἐπατάξατε] ἐν μέσῳ αὐτῆς †
I Ma. 15. 40. αἰχμαλωτίζειν τὸν λαὸν καὶ φονεύειν
[Aq. Ps. 41 (42). 11: Pr. 22. 13: Ez. 37. 9.]
[Sm. Pr. 22. 13.]
[Th. Ps. 93 (94). 6: Pr. 22. 13.]
[Al. Nu. 22. 29: 35. 30 *bis*: I Ki. 30. 19: Jb. 17. 1.]

φονεύς.
Wi. 12. 5. τέκνων τε φονέας ἀνελεήμονας

φονευτής. (1) הָרַג (2) רָצַח a. qal. b. ni. c. pi.
Nu. 35. 11. φυγεῖν ἐκεῖ τὸν φ. (2 a)
— 16. φονευτής ἐστι (2 a)
— 16. θανάτῳ θανατούσθω ὁ φ. (2 a)
— 17. φονευτής ἐστι (2 a)
— 17. θανάτῳ θανατούσθω ὁ φ. (2 a)
— 18. φονευτής ἐστι (2 a)
— 18. θανάτῳ θανατούσθω ὁ φ. (2 a)
— 21. φονευτής ἐστι (2 a)
De. 4. 42. φεύγειν ἐκεῖ τὸν φ. (2 a)
19. 3. ἔσται καταφυγὴ ἐκεῖ παντὶ [A π. τῷ] φ. (2 a)
— 4. τοῦτο δὲ ἔσται τὸ πρόσταγμα τοῦ φ. (2 a)
Jo. 20. 3. φυγαδευτήριον τῷ φ. (2 a)
— 3. οὐκ ἀποθανεῖται ὁ φ. -
IV Ki. 6. 32. ἀπέστειλεν ὁ υἱὸς τοῦ φ. (2 c)
9. 31. ὁ φ. τοῦ κυρίου αὐ. (1)
Pr. 22. 13. ἐν δὲ ταῖς πλατείαις φονευταί (2 b)
26. 13. A B^{2} S R ἐν δὲ ταῖς πλατείαις φονευταί -
Is. 1. 21. νῦν δὲ φονευταί (2 c)
[Aq. Ez. 21. 11 (16).]

φονοκτονεῖν. (1) חָנֵף a. qal. b. hi.
Nu. 35. 33. οὐ μὴ φονοκτονήσητε τὴν γῆν (1 b)
Nu. 35. 33. τὸ γὰρ αἷμα τοῦτο φονοκτονεῖ τὴν γῆν (1 b)
Ps. 105 (106). 38. ἐφονοκτονήθη ἡ γῆ ἐν τοῖς αἵμασι (1 a)
[Aq. Je. 3. 2, 9.]
[Sm. Is. 24. 5.]
[Th. Je. 3. 9.]

φονοκτονία.
I Ma. 1. 24. ἐποίησαν φονοκτονίαν

φόνος. (1) דָּם (2) חֶרֶב (3) פֶּגֶר (4) פֶּה (5) רֶצַח
Ex. 5. 3. μή ποτε συναντήσῃ ἡμῖν . . . φόνος (2)
17. 13. ἐτρέψατο Ἰ. τὸν Ἀμ. . . . ἐν φόνῳ μαχαίρας (4)
22. 2 (1). οὐκ ἔστιν αὐτῷ φόνος (1)
Le. 26. 7. πεσοῦνται ἐναντίον ὑμῶν φόνῳ (2)
Nu. 21. 24. ἐπάταξεν αὐτὸν Ἰσρ. φόνῳ μαχαίρας (4)
De. 13. 15 (16). ἀνελεῖς πάντας . . . ἐν φόνῳ μαχαίρας (4)
20. 13. πατάξεις πᾶν ἀρσενικὸν αὐτῆς ἐν φόνῳ μαχαίρας (4)
22. 8. οὐ ποιήσεις φόνον ἐν τῇ οἰκίᾳ σου (1)
28. 22. A πατάξαι σε κ. ἐν . . . φόνῳ [B om.] (2)
Ju. 2. 11. δοῦναι αὐτοὺς εἰς φόνον
8. 22. A^{2}B S τὸν φ. τῶν ἀδελφῶν ἡμῶν
9. 3. ἔδωκας ἄρχοντας αὐτῶν εἰς φόνον
Jb. 21. 22. αὐτὸς δὲ φόνους [A σοφοὺς] διακρίνει †
Pr. 1. 18. αὐτοὶ γὰρ οἱ φόνου μετέχοντες θησαυρίζουσιν ἑαυτοῖς κακά (1)
28. 17. ἄνδρα τὸν ἐν αἰτίᾳ φόνου ὁ ἐγγυώμενος φυγὰς ἔσται (1)
Wi. 14. 25. πάντα δὲ ἐπιμὶξ [S^{1} ἐπὶ μίξιν] ἔχει [S^{2} om.] αἷμα καὶ φόνος
Ho. 4. 2. φόνος . . . κέχυται ἐπὶ τῆς γῆς (5)
Is. 59. 7. οἱ διαλογισμοὶ αὐτῶν διαλογισμοὶ ἀπὸ φόνων [A S^{1} δ. ἀφρόνων] †
Je. 22. 17. εἰς ἀδικήματα καὶ εἰς φόνον †
Ez. 43. 7. οὐ βεβηλώσουσιν . . . ἐν τοῖς φ. τῶν ἡγουμένων (3)
— 8. ἐξέτριψα αὐτοὺς ἐν θυμῷ μου καὶ ἐν φόνῳ -
— 9. ἀπωσάσθωσαν . . . τοὺς φ. τῶν ἡγουμένων αὐτῶν (3)
II Ma. 4. 3. ὥστε καὶ διά τινος . . . φόνους συντελεῖσθαι
— 35. R ἐπὶ τῷ τοῦ ἀνδρὸς ἀδίκῳ φόνῳ [A -ου]
III Ma. 3. 25. εἰς ἀνήκεστον . . . πρέποντα δυσμενέσι φόνον

φονώδης.
IV Ma. 10. 17. ταῦτα ἀκούσας ὁ . . . φ. καὶ παμμιαρώτατος Ἀντ.

φορά.
[Sm. Ps. 66 (67). 7.]
[Al. Hb. 3. 17.]

φοράζειν (?). (1) בּוֹא hi.
I Ch. 22. 4. A ἐφόρασαν [B ἐφέροσαν] οἱ Σ. . . . ξύλα κέδρινα (1)

φορβαία (-βέα). (1) חֶבֶל
Jb. 40. 20 (25). περιθήσεις δὲ φορβαίαν περὶ ῥῖνα αὐτοῦ (1)

φορεῖν. (1) יָסַף hi.
Es. 4. 17. οὐ φορῶ αὐτὸ ἐν ἡμέραις ἡσυχίας μου
Pr. 3. 16. νόμον δὲ καὶ ἔλεον ἐπὶ γλώσσης φορεῖ -
16. 23. ἐπὶ δὲ χείλεσι φορέσει ἐπιγνωμοσύνην (1)
— 27 (26). ὁ μέντοι σκολιὸς ἐπὶ τῷ ἑαυτοῦ στόματι φορεῖ τὴν ἀπώλειαν †
Si. 11. 5. ὁ δὲ ἀνυπονόητος ἐφόρεσε διάδημα
40. 4. ἀπὸ φοροῦντος ὑάκινθον [A S -θινον] καὶ στέφανον

φορεῖον (φόριον). (1) אַפִּרְיוֹן (2) בְּעִיר
Ge. 45. 17. R γεμίσατε τὰ φ. ὑμῶν [A al.] (2)
Ca. 3. 9. φορεῖον ἐποίησεν ἑαυτῷ ὁ βασ. Σ. (1)
II Ma. 3. 27. εἰς φορεῖον ἐνθέντες
9. 8. ἐν φορείῳ παρεκομίζετο
[Sm. Is. 66. 20.]

φορεύς. (1) בַּד
Ex. 27. 6. A B^{1} ποιήσεις τῷ θυσιαστηρίῳ φορεῖς [B^{2}R ἀναφ.] (1)
— 7. A B^{1} εἰσάξεις τοὺς φ. [B^{2}R ἀναφ.] (1)
— 7. A B^{1} ἔστωσαν οἱ φ. [B^{2}R ἀναφ.] κατὰ πλευρὰ τοῦ θυσιαστ. (1)

φορθομμείν. (1) פַּרְתְּמִים

Da. TH. 1. 3. εἰσαγαγεῖν . . . ἀπὸ τῶν φ. [A πορθ.] (1)

[Th. Da. 1. 3.]

φορολογεῖν.

II Ch. 36. 4. B τότε ἤρξατο ἡ γῆ φορολογεῖσθαι –

I Es. 2. 27. βασιλεῖς . . . ἦσαν . . . φορολογοῦντες κοίλην Συρίαν

φορολόγητος (φωρ.). (1) מַס

De. 20. 11. ἔσονταί σοι φορολόγητοι (1)

φορολογία (φωρ.) (-εία).

I Es. 2. 19. φορολογίαν οὐ μὴ ὑπομείνωσι δοῦναι

6. 29. ἀπὸ τῆς φ. κοίλης Συρίας . . . σύνταξιν δίδοσθαι

8. 22. ὅπως . . . μηδεμία φ. . . . γίνηται

I Ma. 1. 29. ἀπέστειλεν ὁ βασ. ἄρχοντα φορολογίας

φορολόγος (φωρ.). (1) נָגַשׂ

II Es. 4. 7. πρὸς Ἀρθ. βασιλέα Περσῶν ἔγραψεν ὁ φ. γραφὴν Συρ. †

— 18. ὁ φ. . . . ἐκλήθη ἔμπροσθεν ἐμοῦ †

5. 5. καὶ τότε ἀπεστάλη τῷ φ. ὑπὲρ τούτου †

Jb. 3. 18. οὐκ ἤκουσαν φωνὴν φορολόγου (1)

39. 7. μέμψιν δὲ φορολόγου οὐκ ἀκούων (1)

I Ma. 3. 29. R καὶ οἱ φ. [A S φόροι] τῆς χώρας ὀλίγοι

φόρος. (1) בְּלוֹ (2) הֲלָךְ (3) מִדָּה, מִנְדָּה (4) מַס (5) **ἐπιβάλλειν φόρον ἐπί** עָנַשׁ

Jo. 19. 47. ἐγένοντο αὐτοῖς εἰς φόρον –

Jd. 1. 28. ἐποίησε τὸν Χαν. εἰς φόρον (4)

— 29. ἐγένετο εἰς φόρον –

— 30. ἐγένετο αὐτῷ εἰς φόρον (4)

— 31. ἐγένετο αὐτῷ εἰς φόρον –

— 33. ἐγένοντο αὐτοῖς εἰς φόρον (4)

— 35. ἐγενήθη αὐτοῖς εἰς φόρον (4)

II Ki. 20. 24. καὶ Ἀδ. ἐπὶ τοῦ φ. (4)

III Ki. 4. 6. Ἀδ. υἱὸς Ἐ. ἐπὶ τῶν φ. (4)

5. 13 (27). ἀνήνεγκεν ὁ βασ. φόρον (4)

— 13 (27). ἦν ὁ φ. τριάκοντα χιλιάδες ἀνδρῶν (4)

— 14 (28). καὶ Ἀδ. ἐπὶ τοῦ φ. (4)

10. 15. χωρὶς τῶν φ. τῶν ὑποτεταγμένων †

— 22 (9. 21). ἀνήγαγεν αὐτοὺς Σ. εἰς φόρον (4)

12. 18. ἀπέστειλεν ὁ βασ. τὸν Ἀ. τὸν ἐπὶ τοῦ φ. (4)

II Ch. 8. 8. ἀνήγαγεν αὐτοὺς Σ. εἰς φόρον (4)

10. 18. ἀπέστειλεν . . . τὸν Ἀδ. τὸν ἐπὶ τοῦ φ. (4)

36. 3. ἐπέβαλε φόρον ἐπὶ τὴν γῆν (5)

I Es. 4. 6. ἀναφέρουσι τοὺς φ. τῷ βασ.

II Es. 4. 13. φόροι οὐκ ἔσονταί σοι (3+1+2)

— 20. καὶ φ. πλήρεις καὶ μέρος δίδοται αὐτοῖς (3)

6. 8. ἀπὸ ὑπαρχόντων βασιλέως τῶν φ. . . . δαπάνη ἔστω (3)

7. 24. φόρος μὴ ἔστω σοι (3+1+2)

Ne. 5. 4. ἐδανεισάμεθα ἀργύριον εἰς φόρους τοῦ βασ. (3)

Ju. 3. 8. S ἐξολεθρεῦσαι πάντας τοὺς φ. [A B θεοὺς] τῆς γῆς

La. 1. 1. ἄρχουσα ἐν χώραις ἐγενήθη εἰς φόρον (4)

I Ma. 1. 4. A R ἐγένοντο αὐτῷ εἰς φόρον [S al.]

3. 29. καὶ οἱ φ. τῆς χώρας ὀλίγοι

— 31. καὶ λαβεῖν τοὺς φ. τῶν χωρῶν

8. 2. ἤγαγον αὐτοὺς ὑπὸ φόρον

— 4. διδόασιν αὐτοῖς φόρον

— 7. ἔστησαν αὐτοῖς διδόναι . . . φ. μέγαν

10. 29. ἀφίημι πάντας τοὺς Ἰ. ἀπὸ τῶν φ.

— 33. ἀφιέτωσαν τοὺς φ. [S² φ. αὐ.]

15. 30. παράδοτε . . . τοὺς φ. τῶν τόπων

— 31. καὶ τῶν φ. τῶν πόλεων ἄλλα τάλαντα πεντακόσια

II Ma. 4. 28. R πρὸς τοῦτον γὰρ ἦν ἡ τῶν φ. [A διαφ.] πρᾶξις

8. 10. διεστήσατο δὲ ὁ N. τὸν φ. τῷ βασ. τοῖς Ῥωμ.

— 36. ὁ τοῖς Ῥωμ. ἀναδεξάμενος φόρον . . . κατορθώσασθαι

III Ma. 7. 22. μετὰ φ. μεγίστου ἀποδοῦναι αὐτοῖς

[Aq. Ge. 49. 15: Pr. 12. 24: Is. 31. 8.]

[Sm. II Ki. 8. 1, 2: IV Ki. 17. 3: Pr. 12. 24: Is. 31. 8.]

[Th. Is. 31. 8.]

φορτίζειν. (1) שָׁחַד

Ez. 16. 33. ἐφόρτιζες αὐτοὺς τοῦ ἔρχεσθαι πρὸς σέ (1)

φορτίον. (1) מַשָּׂא (2) *a.* שׂוֹךְ *b.* שׂוֹכָה

Jd. 9. 48. A ἔκοψε φορτίον ξύλων [B al.] (2 *b*)

— 49. A ἔκοψαν καὶ αὐτοὶ ἕκαστος φορτίον [B al.] (2 *a*)

II Ki. 19. 35 (36). ἵνα τί ἔσται ἔτι ὁ δοῦλός σου εἰς φορτίον (1)

Jb. 7. 20. εἰμὶ δὲ ἐπὶ σοὶ φορτίον (1)

Ps. 37 (38). 4. ὡσεὶ φορτίον βαρὺ [A om.] ἐβαρύνθησαν ἐπ' ἐμέ (1)

Si. 21. 16. ἐξήγησις μωροῦ ὡς ἐν ὁδῷ φορτίον

30. 33 (33. 24). ῥάβδος καὶ φορτία ὄνῳ

Is. 46. 1. ὡς φ. κοπιῶντι ἐκλελυμένῳ (1)

[Aq. II Ki. 15. 33.]

φοσσατεύειν.

[Al. Ge. 49. 19 *bis*.]

φόσσατον.

[Al. Ge. 49. 19.]

φούρ. (1) פּוּר

Es. 9. 24. S² καὶ ἔβαλεν φουρ [A B S¹ al.] (1)

φραγμός. (1) *a.* גָּדֵר *b.* גְּדֵרָה (2) מוּשָׂכוֹת (3) מְשׂוּכָה (4) פֶּרֶץ (5) **φραγμὸν περιτιθέναι** עָזַק pi.

Ge. 38. 29. τί διεκόπη διὰ σὲ φραγμός (4)

Nu. 22. 24. φραγμὸς ἐντεῦθεν καὶ φραγμὸς ἐντεῦθεν (1 *a*, 1 *a*)

III Ki. 10. 22 (9. 15). τοῦ περιφράξαι τὸν φρ. τῆς πόλεως Δ. –

11. 27. συνέκλεισε τὸν φρ. τῆς πόλεως Δ. (4)

II Es. 9. 9. τοῦ δοῦναι ἡμῖν φραγμόν (1 *a*)

Jb. 38. 31. καὶ φραγμὸν [B² βραγμὸν] Ὠρίωνος ἤνοιξας (2)

Ps. 61 (62). 3. ὡς τοίχῳ κεκλιμένῳ καὶ φραγμῷ ὠσμένῳ (1 *a*)

79 (80). 12. ἵνα τί καθεῖλες τὸν φρ. αὐτῆς (1 *a*)

88 (89). 40. καθεῖλες πάντας τοὺς φρ. αὐτοῦ (1 *b*)

143 (144). 14. οὐκ ἔστι κατάπτωμα φραγμοῦ (4)

Pr. 24. 46 (31). οἱ δὲ φρ. τῶν λίθων αὐτοῦ κατασκάπτονται (1 *a*)

Ec. 10. 8. καθαιροῦντα φραγμὸν δήξεται αὐτὸν ὄφις (1 *a*)

Si. 36. 30 (27). οὗ οὐκ ἔστι φραγμός

Mi. 5. 1 (4. 14). A ἐμφραχθήσεται θυγάτηρ Ἐφρ. ἐν φραγμῷ [? ἐμφρ., B ἐμφρ.] †

Na. 3. 17. ὡς ἀκρὶς ἐπιβεβηκυῖα ἐπὶ φραγμόν (1 *b*)

Is. 5. 2. φραγμὸν περιέθηκα (5)

— 5. ἀφελῶ τὸν φρ. αὐτοῦ (3)

58. 12. κληθήσῃ οἰκοδόμος φραγμῶν (4)

[Aq. Je. 41 (48). 17: 49 (30). 3.]

[Sm. Pr. 15. 19: Ez. 13. 5: 22. 30.]

[Th. Ez. 13. 5: 22. 30.]

φράζειν. (1) בִּין hi. (2) חָוָא pa. (3) יָרָה hi.

Jb. 6. 24. εἴ τι πεπλάνημαι φράσατέ μοι (1)

12. 8. ἐκδιήγησαι γῇ ἐάν σοι φράσῃ (3)

Da. LXX. 2. 4. φράσομεν τὴν σύγκρισιν αὐ. (2)

φραζών. (1) פְּרָזוֹן

Jd. 5. 7. A ἐξέλειπεν φραζων ἐν Ἰσρ. [B al.] (1)

[Aq. Jd. 5. 11.]

[Al. Jd. 5. 7.]

φράσσειν. (1) אָטַם (2) סוּג (3) סָכַךְ hi. (4) סָתַם (5) רָפַשׂ ni. (6) שׂוּךְ

Ju. 16. 4. S ἔφραξε [A B ἐνέφρ.] χειμάρρους

Jb. 38. 8. ἔφραξα δὲ θάλασσαν πύλαις (3)

Pr. 21. 13. ὃς φράσσει τὰ ὦτα αὐτοῦ (1)

25. 26. ὥσπερ εἴ τις πηγὴν φράσσοι (5)

Ca. 7. 2 (3). θημωνιὰ σίτου πεφραγμένη ἐν κρίνοις (2)

Ho. 2. 6 (8). φράσσω τὴν ὁδὸν αὐ. (6)

Za. 14. 5. φραχθήσεται [A ἐμφρ.] ἡ φάραγξ ὀρέων μου †

Da. LXX. 8. 26. πεφραγμένον τὸ ὅραμα (4)

[Sm. Ps. 59 (60). 11: Pr. 26. 10.]

φρέαρ. (1) בְּאֵר (2) בּוֹר (3) גֵּב

Ge. 14. 10. ἡ δὲ κοιλὰς ἡ ἁλυκὴ φρέατα ἀσφάλτου (1)

16. 14. ἐκάλεσε τὸ φρ. Φρέαρ οὗ ἐνώπιον ἴδον (1, 1)

21. 14. κατὰ τὸ φρ. τοῦ ὅρκου (1)

— 19. ἴδε φρέαρ ὕδατος ζῶντος (1)

Ge. 21. 25. ἤλεγξεν Ἀβ. τὸν Ἀβ. περὶ τῶν φρ. (1)

— 30. ὤρυξα τὸ φρ. τοῦτο (1)

— 31. ἐπωνόμασε τὸ ὄνομα . . . Φρέαρ ὁρκισμοῦ (1)

— 32. διέθεντο διαθήκην ἐν τῷ φρ. τοῦ ὅρκου (1)

— 33. ἐφύτευσεν Ἀβ. ἄρουραν ἐπὶ τῷ φρ. τοῦ ὅρκου (1)

22. 19. ἐπορεύθησαν ἐπὶ τὸ φρ. τοῦ ὅρκου (1)

— 19. κατῴκησεν Ἀβ. ἐπὶ τῷ φρ. τοῦ ὅρκου (1)

24. 11. παρὰ τὸ φρ. τοῦ ὕδατος (1)

— 20. ἔδραμεν ἐπὶ τὸ φρ. (1)

— 62. ἐπορεύετο . . . κατὰ τὸ φρ. τῆς ὁράσεως (1)

25. 11. κατῴκησεν Ἰ. παρὰ τὸ φρ. τῆς ὁράσεως (1)

26. 15. πάντα τὰ φρ. . . . ἐνέφραξαν αὐτά (1)

— 18. ὤρυξε τὰ φρ. τοῦ ὕδατος (1)

— 19. εὗρον ἐκεῖ φρέαρ ὕδατος ζῶντος (1)

— 20. ἐκάλεσε τὸ ὄνομα τοῦ φρ. ἐκείνου (1)

— 21, 22. ὤρυξε φρέαρ ἕτερον (1)

— 23. ἀνέβη δὲ ἐκεῖθεν ἐπὶ τὸ φρ. τοῦ ὅρκου (1)

— 25. ὤρυξαν δὲ ἐκεῖ . . . φρέαρ (1)

— 32. ἀπήγγειλαν αὐτῷ περὶ τοῦ φρ. (1)

— 33. ἐκάλεσε τὸ ὄνομα τῇ πόλει Φρέαρ ὅρκου (1)

28. 10. ἐξῆλθεν Ἰ. ἀπὸ τοῦ φρ. τοῦ ὅρκου (1)

29. 2. φρέαρ ἐν τῷ πεδίῳ (1)

— 2. ἐκ γὰρ τοῦ φρ. ἐκείνου ἐπότιζον τὰ ποίμνια (1)

— 2. λίθος δὲ ἦν μέγας ἐπὶ τῷ στόματι τοῦ φρ. (1)

— 3. ἀπεκύλιον τὸν λίθον ἀπὸ τοῦ στόματος τοῦ φρ. (1)

— 3. ἀπεκαθίστων τὸν λίθον ἐπὶ τὸ στόμα τοῦ φρ. (1)

— 8. καὶ ἀποκυλίσωσι τὸν λίθον ἀπὸ τοῦ στόματος τοῦ φρ. (1)

— 10. ἀπεκύλισε τὸν λίθον ἀπὸ τοῦ στόματος τοῦ φρ. (1)

46. 1. ἦλθον ἐπὶ τὸ φρ. τοῦ ὅρκου (1)

— 5. ἀνέστη δὲ Ἰ. ἀπὸ τοῦ φρ. τοῦ ὅρκου (1)

Ex. 2. 15. ἐκάθισεν ἐπὶ τοῦ φρ. (1)

8. 3 (7. 28). A εἰσελεύσονται . . . ἐν τοῖς φρ. σου [B om. ἐν . . . σου] –

Nu. 21. 16. καὶ ἐκεῖθεν τὸ φρ. (1)

— 16. τοῦτο [A add. ἐστιν τὸ] φρ. ὃ εἶπε κύριος (1)

— 17. ᾖσεν Ἰσρ. τὸ ᾆσμα τοῦτο ἐπὶ τοῦ φρ. (1)

— 18. φρέαρ ὤρυξαν αὐτὸ ἄρχοντες (1)

— 18. καὶ ἀπὸ φρέατος εἰς Μανθ. †

— 22. οὐ πιόμεθα ὕδωρ ἐκ φρέατός σου (1)

I Ki. 19. 22. ἔρχεται ἕως τοῦ φρ. τοῦ ἅλω (2)

II Ki. 3. 26. ἐπιστρέφουσιν αὐτὸν ἀπὸ τοῦ φρ. τοῦ Σ. (2)

Ps. 54 (55). 23. σὺ δέ, ὁ θεός, κατάξεις αὐτοὺς εἰς φρέαρ διαφθορᾶς (1)

68 (69). 15. μηδὲ συσχέτω ἐπ' ἐμὲ φρέαρ τὸ στόμα αὐτοῦ (1)

Pr. 5. 15. καὶ ἀπὸ σῶν φρεάτων πηγῆς (1)

23. 27. καὶ φρέαρ στενὸν ἀλλότριον (1)

Ca. 4. 15. φρέαρ ὕδατος ζῶντος (1)

Am. 5. 5. ἐπὶ τὸ φρ. τοῦ ὅρκου μὴ διαβαίνετε (1)

Is. 15. 8. ὀλολυγμὸς αὐτῆς ἕως τοῦ φρ. τοῦ Αἰλείμ (1)

Je. 14. 3. ἤλθοσαν ἐπὶ τὰ φρ. (3)

48 (41). 7. ἔσφαξεν αὐτοὺς εἰς τὸ φρ. (2)

— 9. τὸ φρ. εἰς ὃ ἔρριψεν . . . φρ. μέγα τοῦτό ἐστιν (2, †)

I Ma. 7. 19. ἔθυσεν αὐτοὺς εἰς τὸ φρ. τὸ μέγα

II Ma. 1. 19. κατέκρυψαν ἐν κοιλώματι φρέατος

[Sm. Ps. 68 (69). 16.]

[Al. Ex. 8. 3 (7. 28).]

φρενοῦσθαι.

II Ma. 11. 4. πεφρενωμένος δὲ ταῖς μυριάσι τῶν πεζῶν

φρήν. (1) לֵב (2) מַנְדַּע (3) **ἐνδεὴς φρενῶν** כְּסִיל

Pr. 6. 32. ὁ δὲ μοιχὸς δι' ἔνδειαν φρενῶν ἀπώλειαν τῇ ψυχῇ αὐ. περιποιεῖται (1)

7. 7. ὃν ἂν ἴδῃ τῶν ἀφρόνων τέκνων νεανίαν ἐνδεῆ φρενῶν (1)

9. 4. τοῖς ἐνδεέσι φρενῶν εἶπεν (1)

11. 12. μυκτηρίζει πολίτας ἐνδεὴς [A -εῖς] φρενῶν (1)

12. 11. οἱ δὲ διώκοντες μάταια ἐνδεεῖς φρενῶν (1)

15. 21. ἀνοήτου τρίβοι ἐνδεεῖς φρενῶν (1)

18. 2. οὐ χρείαν ἔχει σοφίας ἐνδεὴς φρενῶν (3)

24. 45 (30). ὥσπερ ἀμπελὼν ἄνθρωπος ἐνδεὴς φρενῶν (1)

Da. TH. 4. 31. αἱ φρ. μου ἐπ' ἐμὲ ἐπεστράφησαν (2)

— 33. αἱ φρ. μου ἐπεστράφησαν ἐπ' ἐμέ (2)

III Ma. 4. 16. πεπληρωμένη πόρρω τῆς ἀληθείας φρενί

5. 47. ὀργῇ βαρείᾳ γεμίσας δυσσεβῆ φρ.

φρικασμός.

II Ma. 3. 17. περιεκέχυτο γὰρ . . . φρικασμὸς σώματος

φρίκη. (1) פַּחַד

Jb. 4. 14. φρίκη μοι συνήντησε καὶ τρόμος (1)
Am. 1. 11. ἥρπασεν εἰς μαρτύριον φρίκην αὐ. †
[Aq. Ho. 13. 1.]
[Sm. Ps. 47 (48). 7 : 54 (55). 6 : Ez. 27. 35.]

φρικτός. (1) *a.* שַׁעֲרוּר *b.* שַׁעֲרוּרִי

Wi. 8. 15. φοβηθήσονταί με ἀκούσαντες τύραννοι φρικτοί
Je. 5. 30. φρικτὰ ἐγενήθη ἐπὶ τῆς γῆς (1 *a*)
18. 13. τίς ἤκουσε τοιαῦτα φρικτά (1 *b*)
23. 14. ἑώρακα φρικτὰ [S τὰ φρ.] μοιχωμένους (1 *a*)
[Aq., Sm. Je. 51 (28). 27.]

φρικτῶς.

Wi. 6. 5. φρ. καὶ ταχέως ἐπιστήσεται ὑμῖν

φρικώδης. (1) *a.* שַׁעֲרִירִי *b.* שַׁעֲרוּרִי

Ho. 6. 11 (10). εἶδον φρικώδη ἐκεῖ (1 *a**, 1 *b*)

φρίττειν. (1) כְּרָא ithpe. (2) סָמַר pi. (3) שָׂעַר

Ju. 16. 10. ἔφριξαν Πέρσαι τὴν τόλμαν αὐτῆς
Jb. 4. 15. ἔφριξαν δέ μου τρίχες καὶ σάρκες (2)
Je. 2. 12. ἔφριξεν ἐπὶ πλεῖον σφόδρα (3)
Da. TH. 7. 15. ἔφριξε τὸ πνεῦμά μου (1)
IV Ma. 14. 9. νῦν ἡμεῖς . . . φρίττομεν
17. 7. A[2] S R οὐκ ἂν ἔφριττον οἱ θεωροῦντες
[Aq. Na. 1. 5.]
[Al. Dt. 2. 25.]
[Heb. Jb. 4. 15.]

φρονεῖν. (1) בִּין (2) חָכַם (3) שָׂכַל hi.

De. 32. 29. οὐκ ἐφρόνησαν συνιέναι (2)
Es. 8. 13. βασιλεὺς μέγας Ἀρτ. . . . τοῖς τὰ ἡμέτερα φρονοῦσι χαίρειν
— 13. πολλοὶ . . . μεῖζον ἐφρόνησαν
Ps. 93 (94). 8. μωροί, ποτὲ φρονήσατε (3)
Wi. 1. 1. φρονήσατε περὶ τοῦ κυρίου ἐν ἀγαθότητι
14. 30. κακῶς ἐφρόνησαν περὶ θεοῦ
Za. 9. 2. ἐφρόνησαν σφόδρα (2)
Is. 44. 18. οὐκ ἔγνωσαν φρονῆσαι (1)
— 28. ὁ λέγων Κύρῳ φρονεῖν †
56. 10. A S οὐκ ἔγνωσαν φρονῆσαι [B *om.*] –
I Ma. 10. 20. καὶ φρονεῖν τὰ ἡμῶν
II Ma. 9. 12. καὶ μὴ θνητὸν ὄντα ὑπερήφανα φρονεῖν
14. 8. ὑπὲρ τῶν ἀνηκόντων τῷ βασ. γνησίως φρονῶν
— 26. ἔλεγε τὸν Ν. ἀλλότρια φρονεῖν τῶν πραγμάτων
IV Ma. 6. 17. μὴ οὕτως κακῶς φρονήσαιμεν
[Sm. Jb. 32. 11.]

φρόνημα.

II Ma. 7. 21. γενναίῳ πεπληρωμένη φρονήματι
13. 9. τοῖς δὲ φρ. ὁ βασ. βεβαρημένος ἤρχετο

φρόνησις. (1) *a.* בִּינָה *b.* תְּבוּנָה (2) *a.* דַּעַת *b.* מַדָּע *c.* מַנְדַּע (3) חָכְמָה (4) לֵב (5) עָרְמָה (6) רוּחַ (7) *a.* שֶׂכֶל *b.* שָׂכַל hi.

Jo. 5. 1. οὐκ ἦν ἐν αὐτοῖς φρ. οὐδεμία (6)
I Ki. 2. 10. μὴ καυχάσθω ὁ φρόνιμος ἐν τῇ φρ. αὐ. –
III Ki. 3. 1 (4. 29 [5. 9]). ἔδωκε κ. φρόνησιν τῷ Σαλ. (3)
— 1 (4. 30 [5. 10]). R ἐπληθύνθη ἡ φρ. Σαλ. σφόδρα ὑπὲρ τὴν φρ. [A B *al.*] (3, 3)
— 28. φρόνησις θεοῦ ἐν αὐτῷ (3)
4. 29 (5. 9). ἔδωκε κ. φρόνησιν τῷ Σ. καὶ σοφίαν [A σ. τ. Σ. κ. φρ.] πολλὴν σφόδρα (3 [1 *b*])
— 30 (5. 10). ὑπὲρ τὴν φρ. πάντων ἀρχαίων ἀνθρώπων (3)
10. 4. εἶδε βασίλισσα Σ. πᾶσαν φρ. Σαλ. (3)
— 6. ὃν ἤκουσα . . . περὶ τῆς φρ. σου (3)
— 8. οἱ ἀκούοντες πᾶσαν τὴν φρ. σου (3)
— 23. ἐμεγαλύνθη Σαλ. . . . φρονήσει (3)
— 24. τοῦ ἀκοῦσαι τῆς φρ. αὐ. (3)
11. 41. καὶ πᾶσαν τὴν φρ. αὐ. (3)
Jb. 5. 13. ὁ καταλαμβάνων σοφοὺς ἐν τῇ φρ. (5)
17. 4. B S[2] καρδίαν αὐτῶν ἔκρυψας [A -αν] ἀπὸ φρονήσεως (7 *a*)
Pr. 1. 2. νοῆσαί τε λόγους φρονήσεως (1 *a*)
3. 13. καὶ θνητὸς ὃς εἶδε φρόνησιν (1 *b*)
— 19. ἡτοίμασε δὲ οὐρανοὺς φρονήσει [A S[2] ἐν φρ.] (1 *b*)
7. 4. τὴν δὲ φρ. γνώριμον περιποίησαι σεαυτῷ (1 *a*)
8. 1. ἵνα φρόνησίς σοι ὑπακούσῃ (1 *b*)
— 14. ἐμὴ φρόνησις ἐμὴ δὲ ἰσχύς (1 *a*)
9. 6. ζητήσατε φρόνησιν (1 *a* ?)
— 16. ἐνδεέσι δὲ φρονήσεως παρακελεύομαι (4)
10. 23. ἡ δὲ σοφία ἀνδρὶ τίκτει φρόνησιν (1 *b*)
14. 29. μακρόθυμος ἀνὴρ πολὺς ἐν φρονήσει (1 *b*)
16. 16. νοσσιαὶ δὲ φρονήσεως αἱρετώτεραι ὑπὲρ ἀργύριον (1 *a*)
— 32. A S[2] καὶ ἀνὴρ φρόνησιν ἔχων γεωργίου μεγάλου –
19. 8. ὁ κτώμενος φρόνησιν ἀγαπᾷ ἑαυτὸν ὃς δὲ φυλάσσει φρόνησιν εὑρήσει ἀγαθά (4, 1 *b*)
24. 5. καὶ ἀνὴρ φρόνησιν ἔχων γεωργίου μεγάλου (2 *a*)
— 25 (30. 2). φρόνησις ἀνθρώπων οὐκ ἔστιν ἐν ἐμοί (1 *a*)
Wi. 3. 15. ἀδιάπτωτος ἡ ῥίζα τῆς φρ.
4. 9. πολιὰ δέ ἐστιν φρόνησις ἀνθρώποις [S[2] ἐν ἀ.]
6. 15. τὸ γὰρ ἐνθυμηθῆναι περὶ αὐτῆς φρονήσεως τελειότης
7. 7. φρόνησις ἐδόθη μοι
— 16. πᾶσά τε φρόνησις καὶ ἐργατειῶν ἐπιστήμη
8. 6. εἰ δὲ φρόνησις ἐργάζεται
— 7. σωφροσύνην γὰρ καὶ φρόνησιν ἐκδιδάσκει
— 18. ἐν συγγυμνασίᾳ ὁμιλίας αὐτῆς φρόνησις [A -σεις]
— 20. καὶ τοῦτο δ' ἦν [S[1] δή] φρονήσεως
17. 7. τῆς ἐπὶ [S[1] ἐπιφερομένης] φρονήσει ἀλαζονείας ἔλεγχος
Si. 1. 4. σύνεσις φρονήσεως ἐξ αἰῶνος
19. 22. οὐκ ἔστιν ὅπου [A S[1] *om.*] βουλὴ ἁμαρτωλῶν φρόνησις
— 24. περισσεύων ἐν φρονήσει [A συνέσει]
25. 9. μακάριος ὃς εὗρε φρόνησιν
29. 28. βαρέα ταῦτα ἀνθρώπῳ ἔχοντι φρόνησιν
Is. 40. 28. οὐδὲ ἔστιν ἐξεύρεσις τῆς φρ. αὐτοῦ (1 *b*)
44. 19. οὐδὲ ἔγνω τῇ φρ. (1 *b*)
Je. 10. 12. τῇ φρ. αὐτοῦ ἐξέτεινε τὸν οὐρανόν (1 *b*)
Ba. 3. 9. ἐνωτίσασθε γνῶναι φρόνησιν
— 14. μάθε ποῦ ἐστι φρ.
— 28. ἀπώλοντο παρὰ τὸ μὴ ἔχειν φρόνησιν
Ez. 28. 4. μὴ ἐν . . . τῇ φρ. σου ἐποίησας σεαυτῷ δύναμιν (1 *b*)
Da. LXX. 1. 17. τοῖς νεανίσκοις ἔδωκεν ὁ κύριος . . . φρόνησιν (7 *b*)
2. 23. φρόνησιν ἔδωκάς μοι †
Da. TH. 1. 4. καὶ διανοουμένους φρόνησιν (2 *b*)
— 17. ἔδωκεν αὐτοῖς ὁ θεὸς . . . φρόνησιν (7 *b*)
2. 21. διδοὺς . . . φρόνησιν τοῖς εἰδόσι σύνεσιν (2 *c*)
5. 12. φρόνησις καὶ σύνεσις ἐν αὐτῷ (2 *c*)
IV Ma. 1. 2. τῆς μεγίστης ἀρετῆς λέγω δὴ φρονήσεως περιέχει ἔπαινον
— 6. A R τῶν τῆς δικαιοσύνης . . . καὶ φρ. [S *om.* κ. φρ.] ἐναντίων
— 18. ἰδέαι καθεστᾶσι φρόνησις καὶ δικαιοσύνη
— 19. κυριωτάτη δὲ πάντων ἡ φρ.
[Aq. Dt. 32. 28 : Ps. 48 (49). 4 : 77 (78). 72 : Pr. 2. 11 : 18. 2 : 19. 11 : Is. 40. 14.]
[Sm. Jb. 17. 4 : 33. 33 : Ps. 77 (78). 72 : Pr. 1. 3 : 2. 3, 11 : 4. 1 : 12. 8 : 16. 22 : Is. 40. 14.]
[Th. Jb. 17. 4 : Pr. 2. 11 : 5. 1 : 19. 11 : Is. 40. 14.]
[Al. Jd. 5. 29 : Pr. 15. 32.]

φρόνιμος. (1) *a.* בִּין ni. *b.* hi. *c.* תְּבוּנָה (2) *a.* חָכְמָה *b.* חָכָם *c.* חֲכַם־לֵב (3) מְזִמָּה (4) עָרוּם

Ge. 3. 1. ὁ δὲ ὄφις ἦν φρονιμώτατος πάντων τῶν θηρίων (4)
41. 33. σκέψαι ἄνθρωπον φρ. καὶ συνετόν (1 *a*)
— 39. οὐκ ἔστιν ἄνθρωπος φρονιμώτερός σου (1 *a*)
I Ki. 2. 10. μὴ καυχάσθω ὁ φρ. ἐν τῇ φρονήσει αὐ. –
III Ki. 3. 1 (4. 30 [5. 10]). B καὶ ὑπὲρ πάντας φρ. Αἰγύπτου (2 *a*)
— 1. ἀνὴρ φρ. σύ –
— 1 (4. 20). B ἦν ὁ βασ. Σ. φρ. σφόδρα καὶ σοφός –
— 12. δέδωκά σοι καρδίαν φρ. καὶ σοφήν [A σ. κ. φρ.] (2 *b* [1 *a*])
III Ki. 4. 30 (5. 10). καὶ ὑπὲρ πάντας φρ. Αἰγ. (2 *a*)
5. 7 (21). ὃς ἔδωκε τῷ Δ. υἱὸν φρ. (2 *b*)
To. 4. 18. A B συμβουλίαν παρὰ παντὸς φρ. ζήτησον
6. 12. τὸ κοράσιον καλὸν καὶ φρ. ἐστι [S *al.*]
Jb. 34. 34. A ἀνὴρ δὲ φρόνιμος [B S σοφὸς] ἀκήκοέ μου τὸ ῥῆμα (2 *b*)
Pr. 3. 7. μὴ ἴσθι φρόνιμος παρὰ σεαυτῷ (2 *b*)
10. 24. A δουλεύσει δὲ ἄφρων φρονίμῳ –
11. 12. ἀνὴρ δὲ [S[1] δὲ ὁ] φρόνιμος ἡσυχίαν ἄγει (1 *c*)
— 29. δουλεύσει δὲ ἄφρων φρονίμῳ (2 *c*)
14. 6. αἴσθησις δὲ παρὰ φρονίμοις εὐχερής (1 *a*)
— 17. ἀνὴρ δὲ φρόνιμος πολλὰ ὑποφέρει (3)
15. 1. ὀργὴ ἀπόλλυσι καὶ φρονίμους –
— 21. ἀνὴρ δὲ φρόνιμος [S ὁ δὲ φρ. ἀ.] κατευθύνων πορεύεται (1 *c*)
17. 10. συντρίβει ἀπειλὴ καρδίαν φρονίμου (1 *b*)
— 21. υἱὸς δὲ φρόνιμος εὐφραίνει μητέρα αὐτοῦ –
— 27. μακρόθυμος δὲ ἀνὴρ φρόνιμος (1 *c*)
— 28. ἐνεὸν δέ τις ἑαυτὸν ποιήσας δόξει φρόνιμος εἶναι (1 *a*)
18. 14. θυμὸν ἀνδρὸς πραΰνει θεράπων φρόνιμος †
— 15. καρδία φρονίμου κτᾶται αἴσθησιν (1 *a*)
19. 7. ἀνὴρ δὲ φρόνιμος εὑρήσει αὐτήν –
— 25. ἐὰν δὲ ἐλέγχῃς ἄνδρα φρόνιμον (1 *a*)
20. 5. ἀνὴρ δὲ φρόνιμος ἐξαντλήσει αὐτήν (1 *c*)
Wi. 6. 24. βασιλεὺς φρόνιμος εὐστάθεια δήμου
Si. 19. 31. ἔστι σιωπῶν καὶ αὐτὸς φρόνιμος
20. 27. ἄνθρωπος φρόνιμος ἀρέσει μεγιστᾶσιν
21. 17. στόμα φρονίμου ζητηθήσεται ἐν ἐκκλησίᾳ
— 21. ὡς κόσμος χρυσοῦς φρονίμῳ παιδεία
— 24. ὁ δὲ φρ. βαρυνθήσεται ἀτιμίᾳ [A S -αν]
— 25. λόγοι δὲ φρονίμων ἐν ζυγῷ σταθήσονται
— 26. A καρδία δὲ φρονίμων [B S σοφῶν] στόμα αὐτῶν
22. 4. θυγάτηρ φρονίμη κληρονομήσει ἄνδρα αὐτῆς
38. 4. ἀνὴρ φρόνιμος οὐ προσοχθιεῖ αὐτοῖς
Ho. 13. 13. οὗτος ὁ υἱός σου ὁ φρ. (2 *b*)
Is. 44. 25. ἀποστρέφων φρονίμους εἰς τὰ ὀπίσω (2 *b*)
IV Ma. 7. 17. οὐδὲ πάντες φρόνιμον ἔχουσι τὸν λογισμόν
[Sm. Jb. 13. 5 : 34. 35 : Pr. 10. 5.]
[Al. Pr. 12. 2.]

φρονίμως.

[Sm. Ec. 7. 11 (10).]

φροντίζειν. (1) דָּאַג (2) חָשַׁב (3) יָרֵא (4) פָּחַד

I Ki. 9. 5. B μὴ ἀνεὶς ὁ πατήρ μου τὰς ὄνους φροντίζει [A R -ῃ] περὶ ἡμῶν (1)
Jb. 3. 25. φόβος γὰρ ὃν ἐφρόντισα [A εὐλαβούμην, S[2] ἐφοβούμην] ἦλθέ μοι (4)
23. 14. νουθετούμενος δὲ ἐφρόντισα αὐτοῦ (4)
Ps. 39 (40). 17. κύριος φροντιεῖ μου (2)
Pr. 31. 21. οὐ φροντίζει [A -ῃ] τῶν ἐν οἴκῳ ὁ ἀνὴρ αὐτῆς (3)
Wi. 8. 17. ταῦτα . . . φροντίσας ἐν καρδίᾳ μου
Si. 8. 13. ἐὰν ἐγγυήσῃ ὡς ἀποτίσων φρόντιζε
35 (32). 1. φρόντισον αὐτῶν καὶ οὕτω κάθισον
41. 12. φρόντισον περὶ ὀνόματος [S[2] ὀ. καλοῦ]
50. 4. ὁ φροντίζων τοῦ λαοῦ [S[1] τὸ ἔλεον] αὐτοῦ ἀπὸ πτώσεως [S[1] πτοήσ.]
I Ma. 16. 14. A φροντίζων τὰς [S[1] τὰ τῆς, S[2] R τῆς] ἐπιμελείας αὐ.
II Ma. 2. 25. ἐφροντίσαμεν τοῖς μὲν βουλομ. ἀναγινώσκειν ψυχαγωγίαν
4. 21. τῆς καθ' αὐτὸν ἀσφαλείας ἐφρόντιζεν
9. 21. φροντίσαι τῆς κοινῆς πάντων ὑμῶν ἀσφαλείας
11. 15. τοῦ συμφέροντος φροντίζων
[Sm. Ps. 55 (56). 6 : Pr. 24. 27.]
[Quint. Pr. 24. 27 : Mi. 6. 8.]

φροντίς.

Jb. 11. 18. ἐκ δὲ . . . φροντίδος ἀναφανεῖταί σοι εἰρήνη †
15. 20. πᾶς ὁ βίος ἀσεβοῦς ἐν φροντίδι †
40. 4 (9). S[1] ἡ φωνὴ κατ' αὐτοῦ φροντίς [A B S[2] *al.*] †
Wi. 5. 15. ἡ φρ. αὐτῶν παρὰ ὑψίστῳ
6. 18. φροντὶς δὲ παιδείας ἀγάπη
7. 4. ἐν σπαργάνοις ἀνετράφην [A ἀνεστρ.] καὶ ἐν [A S *om.*] φροντίσιν
8. 9. παραίνεσις φροντίδων καὶ λύπης
15. 9. ἔστιν αὐτῷ φροντίς
IV Ma. 16. 8. ὑπέμεινα . . . χαλεπωτέρας φρ. ἀνατροφῆς

φροντιστέον.

II Ma. 2. 29. τῆς καινῆς οἰκίας ἀρχιτέκτονι τῆς ὅλης καταβολῆς φροντιστέον

φρουρά. (1) נְצִיב

II Ki. 8. 6. ἔθετο Δ. φρουρὰν ἐν Συρίᾳ (1)
— 14. ἔθετο ἐν τῇ Ἰδουμαίᾳ φρουράν (1)
I Ch. 18. 6. ἔθετο Δ. φρουρὰν ἐν Συρίᾳ –
— 13. ἔθετο ἐν τῇ κοιλάδι φρουράς (1)
I Ma. 6. 50. A ἐπάταξεν [S ἐπέτ., R ἀπέτ.] ἐκεῖ φρουράν
9. 51. ἔθεντο φρουρὰν ἐν αὐτοῖς
10. 75. A R φρουρὰ [S -ὰν] Ἀπ. ἐν Ἰόππῃ [S Ἰ. εὗρον]
11. 3. ἀπέτασσε τὰς δυνάμεις φρουράν [S^3 -εῖν]
— 66. ἔθετο ἐπ' αὐτὴν φρουράν
12. 34. ἔθετο ἐκεῖ φρουράν
14. 33. ἔθετο ἐκεῖ φρουρὰν ἄνδρας Ἰουδ.
II Ma. 12. 18. καταλελοιπότα δὲ φρουρὰν ἔν τινι τόπῳ
[Sm. II Ki. 8. 14.]
[Al. II Ch. 17. 2.]

φρουρεῖν.

I Es. 4. 56. καὶ πᾶσι τοῖς φρουροῦσι τὴν πόλιν
Ju. 3. 6. A S R ἐφρούρησε [B -ωσε] τὰς πόλεις τὰς ὑψηλάς
Wi. 17. 16. ἐφρουρεῖτο εἰς τὴν ἀσίδηρον εἱρκτὴν κατακλεισθείς
I Ma. 11. 3. S^3 ἀπέτασσε τὰς δυνάμεις φρουρεῖν [A S^1 R -άν]
[Sm. Ps. 87 (88). 9.]

φρούρημα.

[Aq. Jb. 38. 16.]

φρούρησις.

[Aq., Sm. II Ki. 5. 24.]
[Al. II Ki. 5. 23.]

φρούριον.

II Ma. 10. 32. εἰς Γ. λεγόμενον ὀχύρωμα εὖ μάλα φρούριον
— 33. περιεκάθισαν τὸ φρ.
13. 19. ἐπὶ Βαιθσ. φρ. ὀλίγον τῶν Ἰουδ. προσῆγεν
[Sm. Jd. 6. 2 : IV Ki. 23. 11 : I Ch. 11. 5.]

φρουρός.

[Sm. II Ki. 8. 6.]

φρουροῦν.

Ju. 3. 6. B ἐφρούρωσε [A S R -ησε] τὰς πόλεις τὰς ὑψηλάς

φρύαγμα. (1) גָּאוֹן

Ho. 4. 18. ἠγάπησαν ἀτιμίαν ἐκ φρυάγματος αὐ. †
Za. 11. 3. τεταλαιπώρηκε τὸ φρ. τοῦ Ἰορδ. (1)
Je. 12. 5. πῶς ποιήσεις [S^1 -σω] ἐν φρυάγματι τοῦ Ἰορδάνου (1)
Ez. 7. 24. ἀποστρέψω τὸ φρ. τῆς ἰσχύος αὐτῶν (1)
24. 21. βεβηλῶ . . . φρ. ἰσχύος ὑμῶν (1)
III Ma. 6. 16. σὺν . . . παντὶ τῷ τῆς δυνάμεως φρ.
[Aq. Je. 49. 19 (29. 20) : 50 (27). 44.]
[Sm. Je. 8. 16.]
[Th. Je. 50 (27). 44 : Ez. 7. 24 (P.).]

φρυάζειν (?), **φρυάττειν.** (1) רָגַשׁ

Ps. 2. 1. ἵνα τί ἐφρύαξαν ἔθνη (1)
II Ma. 7. 34. R φρυαττόμενος [A φρυττ.] ἀδήλοις ἐλπίσιν
III Ma. 2. 2. θράσει καὶ σθένει πεφρυασμένου

φρύγανον. (1) חָרוּל (2) קָצַף (3) קַשׁ

Jb. 30. 7. οἱ ὑπὸ φρύγανα ἄγρια διητῶντο (1)
Ho. 10. 7. ὡς φρύγανον ἐπὶ προσώπου ὕδατος (2)
Is. 40. 24. καταιγὶς ὡς φρύγανα [S^1 -ον] λήψεται [A ἀναλ.] αὐτούς (3)
41. 2. ὡς φρύγανα ἐξωσμένα τὰ τόξα αὐτῶν (3)
47. 14. ὡς φρύγανα ἐπὶ πυρὶ κατακαυθήσονται (3)
Je. 13. 24. διέσπειρα [A διέφθ.] αὐτοὺς ὡς φρύγανα (3)
[Th. Ho. 10. 7.]

φρύγειν, *cf.* **φρύττειν.** (1) *a.* קָלָה *b.* קָלִי

Le. 2. 14. νέα πεφρυγμένα χίδρα ἐρικτά (1 *a*)
23. 14. πεφρυγμένα χίδρα νέα οὐ φάγεσθε (1 *b*)
[Aq. Le. 2. 14 : Je. 29 (36). 22.]
[Sm. Ge. 41. 6, 23 : Le. 2. 14 : Je. 29 (36). 22.]

φρύγιον. (1) מוֹקֵד

Ps. 101 (102). 3. τὰ ὀστᾶ μου ὡσεὶ φρύγιον συνεφρύγισαν (1)
[Th. Ps. 101 (102). 4.]

φρυκτός.

[Aq. Jo. 5. 11 : I Ki. 25. 18 : II Ki. 17. 28.]
[Sm. Jo. 5. 11 : II Ki. 17. 28.]
[Al. Ru. 2. 14.]

φρύττειν, *cf.* **φρύγειν.**

II Ma. 7. 34. μὴ μάτην μετεωρίζου φρυττόμενος ἀδήλοις ἐλπίσιν

φυγαδεία (-δία). (1) מִבְרָח

II Es. 4. 15. R φυγαδεῖαι [A B -εῖα] δούλων γίνονται ἐν μέσῳ αὐτῆς †
— 19. A φυγαδίαι [B -δεῖα, R -δεῖαι] γίνονται ἐν αὐτῇ †
Ez. 17. 21. A πάσας φυγαδείας αὐτοῦ . . . πεσοῦνται [B *al.*] (1)
[Sm. Ez. 17. 21.]

φυγαδεῖον, *cf.* **φυγάδιον.**

II Es. 4. 15. A B καὶ φυγαδεῖα [R -εῖαι] δούλων ἐν μέσῳ αὐτῆς †
— 19. B φυγαδεῖα [A -δίαι, R -δεῖαι] γίνονται ἐν αὐτῇ †

φυγαδεύειν. (1) נָדַד

Ps. 54 (55). 7. ἰδοὺ ἐμάκρυνα φυγαδεύων (1)
I Ma. 2. 43. πάντες οἱ φυγαδεύοντες ἀπὸ τῶν κακῶν
II Ma. 5. 5. εἰς τὴν ἀκρόπολιν ἐφυγάδευσεν
9. 4. τῶν πεφυγαδευκότων αὐτὸν κακίαν
10. 15. τοὺς φυγαδεύσαντας ἀπὸ Ἱερ. προσλαβόμενοι
14. 14. πεφυγαδευκότες τὸν Ἰ.
[Aq. Dt. 32. 30.]
[Sm. Jb. 41. 20.]

φυγαδευτήριον. (1) *a.* מִקְלָט *b.* עָרֵי מִקְלָט (2) נוּס

Nu. 35. 6. τὰς ἓξ πόλεις τῶν φ. (1 *a*)
— 11. φυγαδευτήρια ἔσται ὑμῖν (1 *b*)
— 12. ἔσονται αἱ πόλεις ὑμῖν φυγαδευτήρια (1 *a*)
— 13. φυγαδευτήρια ἔσονται ὑμῖν (1 *a*)
— 15. ἔσονται αἱ πόλεις αὗται εἰς φυγαδευτήριον (1 *a*)
— 25. εἰς τὴν πόλιν τοῦ φ. (1 *a*)
— 32. τοῦ φυγεῖν εἰς πόλιν τῶν [B^1 *om.*] φ. (1 *a*)
Jo. 20. 2. δότε τὰς πόλεις τῶν φ. (1 *a*)
— 3. φυγαδευτήριον τῷ φονευτῇ (2)
— 3. ἔσονται ὑμῖν αἱ πόλεις φυγαδευτήριον (1 *a*)
21. 13. ἔδωκε τὴν πόλιν φυγαδευτήριον τῷ φονεύσαντι (1 *a*)
— 21. τὴν πόλιν τοῦ φ. τὴν τοῦ φονεύσαντος (1 *a*)
— 36. τὴν πόλιν τὸ φ. τοῦ φονεύσαντος –
— 37 (36). τὴν πόλιν τὸ φ. [A τοῦ φ.] τοῦ φονεύσαντος (1 *a*)
I Ch. 6. 57 (42). ἔδωκαν τὰς πόλεις τῶν φ. (1 *a*)
— 67 (52). ἔδωκαν αὐτῷ τὰς πόλεις τῶν φ. (1 *a*)
I Ma. 1. 53. ἔθετο τὸν Ἰσρ. ἐν κρύφοις ἐν παντὶ φ. αὐ.
10. 14. A R ἦν γὰρ αὐτοῖς [S εἰς] φυγαδευτήριον

φυγάδιον (-εῖον), *cf.* **φυγαδεῖον.** (1) מִקְלָט

Nu. 35. 15 (14). φυγάδιον ἔσται τοῖς υἱοῖς Ἰσρ. (1)

φυγάς. (1) נָדַח ni. (2) עֹרֶף (3) φ. εἶναι נוּס

Ex. 23. 27. δώσω πάντας τοὺς ὑπεναντίους σου φυγάδας (2)
Pr. 28. 17. ἄνδρα τὸν ἐν αἰτίᾳ φόνου ὁ ἐγγυώμενος φυγὰς ἔσται (3)
Wi. 10. 10. αὕτη φυγάδα ὀργῆς ἀδελφοῦ δίκαιον ὡδήγησεν
17. 2. φυγάδες τῆς αἰωνίου προνοίας ἔκειντο
19. 3. τουτους ὡς φυγάδας ἐδίωκον
Is. 16. 4. παροικήσουσί σοι οἱ φ. Μωάβ (1)
II Ma. 4. 26. ὑπονομευθεὶς ὑφ' ἑτέρου φυγάς
5. 7. φυγὰς πάλιν εἰς τὴν Ἀμμανῖτιν παρῆλθε
IV Ma. 4. 1. φυγὰς ᾤχετο

φυγή. (1) בָּרַח (2) *a.* נוּס *b.* מָנוֹס *c.* מְנוּסָה

II Ki. 18. 3. ἐὰν φυγῇ φύγωμεν (2 *a*)
Ju. 15. 3. ἐτράπησαν εἰς φυγήν
Jb. 27. 22. ἐκ χειρὸς αὐτοῦ φυγῇ φεύξεται (1)
Ps. 141 (142). 4. ἀπώλετο φυγὴ ἀπ' ἐμοῦ (2 *b*)
Am. 2. 14. ἀπολεῖται φυγὴ ἐκ δρομέως (2 *b*)
Na. 3. 9. οὐκ ἔστι πέρας τῆς φ. [A S^2 φ. σου] †
Is. 52. 12. οὐδὲ φυγῇ πορεύσεσθε (2 *c*)
Je. 26 (46). 5. φυγῇ ἔφυγον (2 *b*)
27 (50). 24. S καὶ φυγῇ [A B οὐ γνώσῃ] †
30. 13 (49. 24). ἀπεστράφη εἰς φυγήν (2 *a*)
32 (25). 35. ἀπολεῖται φ. ἀπὸ τῶν ποιμένων (2 *b*)
II Ma. 4. 42. πάντας δὲ εἰς φυγὴν συνήλασαν
12. 22. R εἰς φυγὴν [A εἰς φυγεῖν] ὥρμησαν
[Aq. Ge. 16. 6.]
[Sm. Is. 31. 9.]

φύειν. (1) נָטַע (2) עָלָה (3) פָּרָה (4) צָמַח

Ex. 10. 5. κατέδεται πᾶν ξύλον τὸ φυόμενον ὑμῖν (4)
De. 29. 18 (17). μή τίς ἐστιν ἐν ὑμῖν ῥίζα ἄνω φύουσα (3)
Pr. 11. 30. ἐκ καρποῦ δικαιοσύνης φύεται δένδρον ζωῆς –
26. 9. ἄκανθαι φύονται ἐν χειρὶ μεθύσου (2)
Ca. 5. 13. ὡς φιάλαι τοῦ ἀρώματος φύουσαι μυρεψικά †
Si. 14. 18. τὰ μὲν καταβάλλει ἄλλα δὲ φύει
39. 13. βλαστήσατε ὡς ῥόδον φυόμενον ἐπὶ ῥεύματος ἀγροῦ [A S ὑγροῦ]
Is. 37. 31. φυήσουσι ῥίζαν κάτω –
Je. 38 (31). 5. A φύσαντες φυτεύσατε [B S *al.*] (1)
Ez. 37. 8. νεῦρα καὶ σάρκες ἐφύοντο [A ἀνεφ.] (2)
Da. LXX. 3. (76). εὐλογεῖτε, πάντα τὰ φυόμ. ἐπὶ τῆς γῆς, τὸν κ.
4. 7. δένδρον ὑψηλὸν φυόμενον ἐπὶ τῆς γῆς –
Da. TH. 3. (76). εὐλογεῖτε, πάντα τὰ φυόμ. ἐν τῇ γῇ, τὸν κ.
I Ma. 4. 38. ἴδον . . . ἐν ταῖς αὐλαῖς φυτὰ πεφυκότα
IV Ma. 1. 20. τούτων δὲ ἑκάτερον καὶ περὶ τὴν ψυχὴν πέφυκε
[Sm. Jb. 8. 17.]

φυή. (1) אֲרוּכָה (2) עִקָּר

Ne. 4. 7 (1). ἀνέβη ἡ [S *om.*] φ. τοῖς τείχεσιν Ἰερ. (1)
Da. TH. 4. 12. τὴν φ. τῶν ῥιζῶν αὐ. ἐν τῇ γῇ ἐάσατε (2)
— 20. τὴν φ. τῶν ῥιζῶν αὐ. ἐάσατε ἐν τῇ γῇ (2)
— 23. ἐάσατε τὴν φ. τῶν ῥιζῶν τοῦ δένδρου (2)

φῦκος.

Wi. 13. 14. φύκει ἐρυθήνας [S^1 -θημα, A -θηνὸς] χρόαν [B^2 S^1 -ας] αὐτοῦ

φύλαγμα. (1) מִשְׁמֶרֶת

Le. 8. 35. φυλάξεσθε τὰ φ. κυρίου (1)
22. 9. φυλάξονται τὰ φ. μου (1)
Nu. 4. 31. ταῦτα τὰ φ. τῶν αἰρομένων ὑπ' αὐτῶν (1)
De. 11. 1. φυλάξῃ τὰ φ. αὐ. (1)
Ze. 1. 12. τοὺς καταφρονοῦντας ἐπὶ τὰ φ. αὐ. †
Ma. 3. 14. ἐφυλάξαμεν τὰ φ. αὐ. (1)
I Ma. 8. 26. φυλάξονται τὰ φ. αὐτῶν
— 28. φυλάξονται τὰ φ. ταῦτα
[Aq., Th. Pr. 4. 23.]
[Al. Le. 18. 30.]

φυλακή. (1) *a.* אָסִיר *b.* אָסַר (2) *a.* אַשְׁמֹרֶת, אַשְׁמֻרָה, אַשְׁמוּרָה *b.* מִשְׁמָר *c.* מִשְׁמֶרֶת *d.* שָׁמְרָה *e.* שְׁמֻרָה *f.* שָׁמַר (3) *a.* כֶּלֶא *b.* כְּלוּא *c.* כְּלִיא (4) מַהְפֶּכֶת (5) מַטָּרָה (6) מַסְגֵּר (7) מְצוּדָה (8) נָצַר

Ge. 40. 3. ἔθετο αὐτοὺς ἐν φυλακῇ (2 *b*)
— 4. ἦσαν δὲ ἡμέρας ἐν τῇ φ. (2 *b*)
— 7. οἳ ἦσαν μετ' αὐτοῦ ἐν τῇ φ. (2 *b*)
41. 10. ἔθετο ἡμᾶς ἐν φυλακῇ (2 *b*)
42. 17. ἔθετο αὐτοὺς ἐν φυλακῇ (2 *b*)
— 19. κατασχεθήτω ἐν τῇ φ. (2 *b*)
— 30. ἔθετο ἡμᾶς ἐν φυλακῇ –
Ex. 14. 24. ἐν τῇ φ. τῇ ἑωθινῇ (2 *a*)
Le. 24. 12. ἀπέθεντο αὐτὸν εἰς φυλακὴν [A ἐν φυλακῇ] (2 *b*)
Nu. 1. 53. φυλάξουσιν οἱ Λ. αὐτοὶ τὴν φ. τῆς σκηνῆς (2 *c*)
3. 7. φυλάξουσι τὰς φ. αὐ. καὶ τὰς φ. τῶν υἱῶν Ἰσρ. (2 *c*, 2 *c*)

Nu. 3. 8. φυλάξουσι . . . τὰς φ. τῶν υἱῶν Ἰσρ. (2 c)
— 25. καὶ ἡ φ. υἱῶν Γ. (2 c)
— 28. φυλάσσοντες τὰς φ. τῶν ἁγίων (2 c)
— 31. καὶ ἡ φ. αὐ. ἡ κιβωτὸς καὶ ἡ τράπεζα (2 c)
— 32. καθεσταμένος φυλάσσειν τὰς φ. τῶν ἁγίων (2 c)
— 36. B ἡ ἐπίσκεψις ἡ φ. [A R τῆς φ.] υἱῶν Μερ. (2 c)
— 38. φυλάσσοντες τὰς φ. τοῦ ἁγίου εἰς τὰς φ. τῶν υἱῶν Ἰσρ. (2 c, 2 c)
4. 28. καὶ ἡ φυλακὴ αὐ. ἐν χειρὶ Ἰθ. (2 c)
— 32. καὶ πάντα τὰ σκεύη τῆς φ. (2 c)
8. 26. λειτουργήσει . . . φυλάσσειν φυλακάς (2 c)
— 26. οὕτω ποιήσεις τοῖς Λ. ἐν ταῖς φ. αὐ. (2 c)
9. 19. φυλάξονται οἱ υἱοὶ Ἰσρ. τὴν φ. τοῦ θ. (2 c)
— 23. τὴν φ. κυρίου ἐφυλάξαντο (2 c)
15. 34. ἀπέθεντο αὐτὸν εἰς φυλακήν (2 b)
18. 3. φυλάξονται τὰς φ. σου καὶ τὰς φ. τῆς σκηνῆς (2 c, 2 c)
— 4. φυλάξονται τὰς φ. τῆς σκηνῆς (2 c)
— 5. φυλάξεσθε τὰς φ. τῶν ἁγίων καὶ τὰς φ. τοῦ θυσιαστηρίου (2 c, 2 c)
31. 30. τοῖς φυλάσσουσι τὰς φ. ἐν τῇ σκηνῇ κυρίου (2 c)
— 47. τοῖς φυλάσσουσι τὰς φ. τῆς σκηνῆς κυρίου (2 c)
Jd. 7. 19. ἐν ἀρχῇ τῆς φ. μέσης [A al.] (2 a)
16. 21. A ἦν ἀλήθων ἐν οἴκῳ τῆς φ. [B τοῦ δεσμωτηρίου] (1 a*, 1 b)
— 25. καλέσατε τὸν Σ. ἐξ οἴκου φυλακῆς –
— 25. A ἐκάλεσαν τὸν Σ. ἐξ οἴκου τῆς φ. [B al.] (1 a*, 1 b)
I Ki. 11. 11. εἰσπορεύονται . . . ἐν φ. τῇ ἑωθινῇ [A πρωϊνῇ] (2 a)
II Ki. 20. 3. ἔδωκεν αὐτὰς ἐν οἴκῳ φυλακῆς (2 c)
III Ki. 2. 3. φυλάξεις φυλακὴν [A τὴν φ.] κ. θεοῦ σου (2 c)
22. 27. θέσθαι τοῦτον ἐν φυλακῇ (3 a)
IV Ki. 11. 5. φυλάξατε φυλακὴν οἴκου τοῦ βασ. (2 c)
— 6. φυλάξατε τὴν φ. τοῦ οἴκου (2 c)
— 7. φυλάξουσι τὴν φ. οἴκου κυρίου (2 c)
17. 4. ἔδησεν αὐτὸν ἐν οἴκῳ φυλακῆς (3 a)
25. 27. ἐξήγαγεν αὐτὸν ἐξ οἴκου φυλακῆς αὐ. (3 a)
— 29. ἠλλοίωσε τὰ ἱμάτια τῆς φ. αὐ. (3 a)
I Ch. 9. 19. φυλάσσοντες τὰς φ. τῆς σκηνῆς †
— 27. B ὅτι ἐπ' αὐτοὺς φυλακὴ [A R ἡ φ.] (2 c)
12. 29. ἀπεσκόπει τὴν φ. [A φυλὴν] οἴκου Σαούλ (2 c)
23. 32. R φυλάξουσι τὰς φ. σκηνῆς τοῦ μαρτ. καὶ τὴν φ. τοῦ ἁγίου καὶ τὰς φ. υἱῶν Ἀ. [A B al.] (2 c ter)
26. 16. φυλακὴ κατέναντι [A om. φ. κ.] φυλακῆς (2 b, 2 b)
— 18. φυλακὴ κατέναντι φυλακῆς τῆς ἀναβάσεως –
II Ch. 7. 6. καὶ οἱ ἱ. ἐπὶ τὰς φ. αὐ. ἑστηκότες (2 c)
8. 14. καὶ οἱ Λ. ἐπὶ τὰς φ. αὐ. (2 c)
13. 11. φυλάσσομεν ἡμεῖς τὰς φ. κ. τοῦ θεοῦ (2 c)
16. 10. παρέθετο αὐτὸν εἰς φυλακήν (4)
18. 26. ἀποθέσθαι τοῦτον εἰς οἶκον φυλακῆς (3 a)
23. 6. φυλασσέτω φυλακὰς κυρίου (2 c)
35. 2. ἔστησε τοὺς ἱερεῖς ἐπὶ τὰς φ. αὐ. (2 c)
Ne. 3. 25. ὁ πύργος . . . ὁ τῆς αὐλῆς τῆς φ. (5)
12. 25. S² φύλακες πυλωροὶ φυλακῆς (2 b)
— 39. S² ἔστησαν ἐν πύλῃ τῆς φ. (5)
— 45. ἐφύλαξαν φυλακὰς θεοῦ αὐ. καὶ φυλακὰς τοῦ καθαρισμοῦ (2 c, 2 c)
13. 14. S² καὶ ἐν ταῖς φ. αὐ. (2 b)
Ju. 12. 5. ἀνέστη πρὸς τὴν ἑωθινὴν φ.
Jb. 7. 12. ὅτι κατέταξας ἐπ' ἐμὲ φυλακήν (2 b)
35. 10. ὁ κατατάσσων φυλακὰς νυκτερινάς †
Ps. 38 (39). 1. ἐθέμην τῷ στόματί μου φυλακήν †
76 (77). 4. προκατελάβοντο φυλακάς (2 e)
89 (90). 4. καὶ φυλακὴ ἐν νυκτί (2 a)
129 (130). 6. S¹ ἀπὸ φυλακῆς πρωΐας ἐλπισάτω Ἰσρ. (2 f)
— 6. ἀπὸ φ. πρωΐας μέχρι νυκτός (2 f)
— 7. A ἀπὸ φυλακῆς πρωΐας [S R om. ἀπὸ φ. πρ.] ἐλπισάτω [S¹ om.] –
140 (141). 3. θοῦ [S¹ ἔθου], κύριε, φυλακὴν τῷ στόματί μου (2 d)
141 (142). 7. ἐξάγαγε ἐκ φυλακῆς τὴν ψυχήν μου (6)
Pr. 4. 23. πάσῃ φυλακῇ τήρει σὴν καρδίαν (2 b)
20. 28. ἐλεημοσύνη καὶ ἀλήθεια φυλακὴ βασιλεῖ (8)
Si. 22. 27. τίς δώσει μοι ἐπὶ στόμα μου φυλακήν
26. 10. ἐπὶ θυγατρὶ ἀδιατρέπτῳ στερέωσον φυλακήν

Si. 31 (34). 16. φυλακὴ ἀπὸ προσκόμματος καὶ βοήθεια ἀπὸ πτώματος
42. 11. ἐπὶ θυγατρὶ ἀδιατρέπτῳ στερέωσον φυλακήν
43. 10. οὐ μὴ ἐκλυθῶσιν ἐν φυλακαῖς αὐτῶν
Hb. 2. 1. ἐπὶ τῆς φ. μου στήσομαι (2 c)
Is. 42. 7. ἐξ οἴκου φυλακῆς καθημένους ἐν σκότει (3 a)
Je. 17. 21. A φυλάσσεσθε [A¹ μὴ φ.] τὰς φ. [B S ψυχὰς] ὑμῶν †
28 (51). 12. ἐγείρατε φυλακάς (2 b)
39 (32). 2. A B S² ἐφυλάσσετο ἐν αὐλῇ τῆς φ. (5)
— 8. ἦλθε . . . εἰς τὴν αὐλὴν τῆς φ. (5)
— 12. ἐν τῇ αὐλῇ τῆς φ. (5)
40 (33). 1. ἦν ἔτι δεδεμένος ἐν τῇ αὐλῇ τῆς φ. (5)
44 (37). 4. οὐκ ἔδωκαν αὐτὸν εἰς οἶκον [S -ίαν] τῆς φ. (3 b, 3 c*)
— 15. ταύτην ἐποίησαν εἰς οἰκίαν [A -κον] φυλακῆς [S¹ τῆς φ.] (3 a)
— 18. δίδως με εἰς οἰκίαν φυλακῆς [A τῆς φ.] (3 a)
— 21. ἐνεβάλοσαν αὐτὸν εἰς οἰκίαν τῆς φ. (5)
— 21. ἐκάθισεν Ἱερεμίας ἐν τῇ αὐλῇ τῆς φ. (5)
45 (38). 6. ὃς ἦν ἐν τῇ αὐλῇ τῆς φ. (5)
— 13, 28. ἐκάθισεν Ἱερεμίας ἐν τῇ αὐλῇ τῆς φ. (5)
46 (39). 14. ἔλαβον τὸν Ἱερεμίαν ἐξ αὐλῆς τῆς φ. (5)
— 15. ἐγένετο λόγος κυρίου ἐν τῇ αὐλῇ τῆς φ. (5)
52. 33. ἤλλαξε τὴν στολὴν τῆς φ. αὐτοῦ (3 a)
Ba. 3. 34. οἱ δὲ ἀστέρες ἔλαμψαν ἐν ταῖς φ. αὐ.
La. 2. 19. ἀγαλλίασαι ἐν [S om.] νυκτὶ εἰς ἀρχὰς φυλακῆς σου (2 a)
Ez. 19. 9. εἰσήγαγεν αὐτὸν εἰς φυλακήν (7)
23. 24. βαλεῖ φυλακὴν ἐπὶ σέ [A al.] †
40. 45. τοῖς φυλάσσουσι τὴν φ. τοῦ οἴκου (2 c)
— 46. τοῖς φυλάσσουσι τὴν φ. τοῦ θυσιαστ. (2 c)
44. 8. A οὐκ ἐφυλάξατε τὴν φ. τῶν ἁγίων μου (2 c)
— 8. διετάξατε τοῦ φυλάσσειν φυλακάς (2 c)
— 14. φυλάσσειν φυλακὰς τοῦ οἴκου (2 c)
— 15. ἐφυλάξαντο τὰς φ. τῶν ἁγίων μου (2 c)
— 16. φυλάξουσι τὰς φ. μου (2 c)
48. 11. τοῖς φυλάσσουσι τὰς φ. τοῦ οἴκου (2 c)
Da. LXX. 4. 15. εἰς φυλακὴν παρεδόθη –
— 22. εἰς φυλακὴν ἀπάξουσί σε –
I Ma. 9. 53. ἔθετο αὐτοὺς . . . ἐν φυλακῇ
13. 12. καὶ Ἰων. μετ' αὐτοῦ ἐν φυλακῇ
14. 3. A S² R ἔθετο αὐτὸν ἐν φυλακῇ
IV Ma. 13. 13. χρήσωμεν τῇ περὶ τὸν νόμον φ. τὰ σώματα
18. 11. καὶ τὸν ἐν φυλακῇ Ἰωσήφ
[Aq. Nu. 3. 7: I Ki. 20. 20: Ps. 62 (63). 7: 76 (77). 5: Je. 37 (44). 4, 15: 52. 31.]
[Sm. Nu. 3. 7: Ps. 62 (63). 7: 89 (90). 4: Ec. 4. 14: Je. 52. 11, 31.]
[Th. Nu. 3. 7: Jd. 16. 21: Ps. 76 (77). 5: Je. 37 (44). 15: Ez. 44. 8 (Sw.).]
[Al. IV Ki. 11. 6.]

φυλακίζεσθαι.

Wi. 18. 4. ἄξιοι μὲν γὰρ ἐκεῖνοι [A -είνου] . . . φυλακισθῆναι ἐν [A B¹ S om.] σκότει [S¹ -ους]

φυλάκισσα. (1) נָטַר

Ca. 1. 6. ἔθεντό με φυλάκισσαν ἐν ἀμπελῶσιν (1)

φυλακτήριον.

[Heb. Ez. 13. 18.]

φύλαξ. (1) צִיר (2) שָׁמַר

Ge. 4. 9. μὴ φύλαξ τοῦ ἀδελφοῦ μού εἰμι ἐγώ (2)
I Ki. 17. 20. A ἀφῆκεν τὰ πρόβατα φύλακι (2)
— 22. A ἀφῆκεν Δ. τὰ σκεύη αὐ. . . . ἐπὶ χεῖρα φύλακος (2)
II Ki. 22. 3. ὁ θεός μου φύλαξ [B² φ. μου] ἔσται μου [B³ μοι] (1)
— 47. εὐλογητὸς ὁ φ. μου (1)
— 47. ὁ φ. τῆς σωτηρίας μου (1)
23. 3. ἐμοὶ ἐλάλησε φύλαξ ἐξ Ἰσρ. (1)
Ne. 2. 8. ἐπὶ Ἀ. φύλακα τοῦ παραδείσου [S² al.] (2)
3. 29. B Σ. υἱὸς Ἐ. ὁ φ. οἴκου [A S R Ἐ. φ. τῆς πύλης] τῆς ἀνατολῆς (2)
12. 25. S² φύλακες πυλωροὶ φυλακῆς (2)
Es. 2. 3. τῷ εὐνούχῳ τοῦ βασ. τῷ φ. τῶν γυναικῶν (2)
— 8. ἤχθη Ἐ. πρὸς Γαὶ τὸν φ. τῶν γυναικῶν (2)
— 14. Γαὶ ὁ εὐνοῦχος τοῦ βασ. ὁ φ. τῶν γυναικῶν (2)
— 15. ὁ εὐνοῦχος ὁ [S¹ om.] φ. [A om. ὁ φ.] τῶν γυν. (2)
Ec. 12. 3. σαλευθῶσι φύλακες τῆς οἰκίας (2)
Ca. 3. 3. S ἡ νύμφη τοῖς φ. εἶπεν –

Ca. 5. 7. εὕροσάν με οἱ φ. οἱ κυκλοῦντες ἐν τῇ πόλει (2)
— 7. ἦραν τὸ θέριστρόν μου ἀπ' ἐμοῦ φύλακες τῶν τειχέων (2)
— 9. S οἱ φ. τῶν τειχέων πυνθάνονται τῆς νύμφης –
Is. 62. 6. κατέστησα φύλακας (2)
Ez. 27. 11. φύλακες ἐν τοῖς πύργοις σου ἦσαν †
[Aq. I Ki. 28. 2: Je. 31 (38). 6.]
[Sm. Dt. 32. 31 bis: I Ki. 28. 2: Ps. 27 (28). 1: Ca. 1. 6: 3. 3: Je. 31 (38). 6.]
[Th. Dt. 32. 31 bis: I Ki. 28. 2: Ps. 30 (31). 3: Pr. 13. 17: Is. 30. 29.]

φυλαξις.

[Aq. Is. 26. 3.]
[Sam. Ex. 12. 42.]

φυλάρχης.

II Ma. 8. 32. τὸν δὲ φ. τῶν περὶ Τιμ. ἀνεῖλον

φύλαρχος. (1) זְקַן שֵׁבֶט

De. 31. 28. ἐκκλησιάσατε πρὸς μὲ τοὺς φ. ὑμῶν (1)
I Es. 7. 8. πρὸς ἀριθμὸν ἐκ τῶν φ. τοῦ Ἰσρ. δώδεκα
8. 54. ἐχώρισα τῶν φ. τῶν ἱερέων ἄνδρας δέκα δύο
— 59. ἕως τοῦ παραδοῦναι αὐτὰ ὑμᾶς τοῖς φ. τῶν ἱερέων
— 96. ὥρκισε τοὺς φ. τῶν ἱερέων

φυλάσσειν, φυλάττειν. (1) a. זָהַר ni. b. hi. c. זְהַר (2) חָיָה pi. (3) הָיָה כְלוּא (4) נָטַר (5) נָצַר (6) עָצַר (7) עָשָׂה (8) פִּקָּדוֹן (9) צָפָה (10) שָׁמַע (11) שָׁמַר a. qal. b. ni. c. pi. d. hithp. e. מִשְׁמֶרֶת f. הָיָה שֹׁמֵר

Ge. 2. 15. ἐργάζεσθαι αὐτὸν καὶ φυλάσσειν (11 a)
3. 24. φυλάσσειν τὴν ὁδὸν τοῦ ξύλου τῆς ζωῆς (11 a)
18. 19. φυλάξουσι τὰς ὁδοὺς κυρίου (11 a)
26. 5. ἐφύλαξε τὰ προστάγματά μου (11 a)
30. 31. καὶ φυλάξω (11 a)
31. 24, 29. φύλαξαι σεαυτόν (11 b)
41. 35. R βρώματα ἐν ταῖς πόλεσι φυλαχθήτω [A συναχθ.] (11 a)
— 36. ἔσται τὰ βρώματα πεφυλαγμένα τῇ γῇ (8)
Ex. 12. 17. φυλάξετε [A -ασθε] τὴν ἐντολὴν ταύτην (11 a)
— 24. B φυλάξεσθε [A R -ασθε] τὸ ῥῆμα τοῦτο (11 a)
— 25. B φυλάξεσθε [A R -ασθε] τὴν λατρείαν τ. (11 a)
13. 10. B φυλάξεσθε [A R -ασθε] τὸν νόμον τοῦτον (11 a)
15. 26. ἐὰν . . . φυλάξῃς πάντα τὰ δικαιώματα αὐ. (11 a)
19. 5. ἐὰν . . . φυλάξητε τὴν διαθήκην μου (11 a)
20. 6. καὶ τοῖς φυλάσσουσι τὰ προστάγματά μου (11 a)
22. 7 (6). ἐὰν δέ τις δῷ . . . σκεύη φυλάξαι (11 a)
— 10 (9). ἐὰν δέ τις δῷ . . . πᾶν κτῆνος φυλάξαι (11 a)
23. 13. πάντα . . . φυλάξασθε [A -εσθε] (11 b)
— 15. τὴν ἑορτὴν τῶν ἀζύμων φυλάξασθε [A -εσθε] ποιεῖν (11 a)
— 20. ἵνα φυλάξῃ σε ἐν τῇ ὁδῷ (11 a)
— 22. ἐὰν . . . φυλάξητε τὴν διαθήκην μου –
31. 13. τὰ σάββατά μου φυλάξεσθε (11 a)
— 14. φυλάξεσθε [A -ασθε] τὰ σάββατα (11 a)
— 16. φυλάξουσιν οἱ υἱοὶ Ἰσρ. τὰ σάββατα (11 a)
34. 18. τὴν ἑορτὴν τῶν ἀζύμων φυλάξῃ (11 a)
Le. 8. 35. φυλάξεσθε [A -ασθε] τὰ φυλάγματα κυρίου (11 a)
18. 4. τὰ προστάγματά μου φυλάξεσθε (11 a)
— 5. φυλάξεσθε [A -ασθε] πάντα τὰ προστάγμ. μου (11 a)
— 26. φυλάξεσθε πάντα τὰ νόμιμά μου (11 a)
— 30. φυλάξετε τὰ προστάγματά μου (11 a)
19. 3. τὰ σάββατά μου φυλάξεσθε [A -ασθε] (11 a)
— 19. τὸν νόμον μου φυλάξεσθε [A -ασθε] (11 a)
— 30. τὰ σάββατά μου φυλάξεσθε (11 a)
— 37. φυλάξεσθε [A -ασθε] πάντα τὸν νόμον μου (11 a)
20. 8. φυλάξεσθε τὰ προστάγματά μου (11 a)
— 22. φυλάξασθε πάντα τὰ προστάγματά μου (11 a)
22. 9. φυλάξονται [A -ουσιν] τὰ φυλάγματά μου (11 a)
— 31. φυλάξετε τὰς ἐντολάς μου (11 a)

Le. 25. 18. φυλάξασθε καὶ ποιήσετε αὐτά (11 *a*)
26. 2. τὰ σάββατά μου φυλάξεσθε (11 *a*)
— 3. ἐὰν . . . τὰς ἐντολάς μου φυλάσσησθε (11 *a*)
Nu. 1. 53. φυλάξουσιν οἱ Λ. αὐτοὶ τὴν φυλακήν (11 *a*)
3. 7. φυλάξουσι τὰς φυλακὰς αὐ. (11 *a*)
— 8. φυλάξουσι πάντα τὰ σκεύη τῆς σκηνῆς (11 *a*)
— 10. φυλάξουσι τὴν ἱερατείαν αὐ. (11 *a*)
— 28. φυλάσσοντες τὰς φυλακὰς τῶν ἁγίων (11 *a*)
— 32. καθεσταμένος φυλάσσειν τὰς φυλακὰς τῶν ἁγίων (11 *a*)
— 38. φυλάσσοντες τὰς φυλακὰς τοῦ ἁγίου (11 *a*)
6. 24. B εὐλογήσαι σε κ. καὶ φυλάξαι [A R *add.* σε] (11 *a*)
8. 26. λειτουργήσει . . . φυλάσσειν φυλακάς (11 *a*)
9. 19. φυλάξονται οἱ υἱοὶ Ἰσρ. τὴν φυλακὴν τοῦ θ. (11 *a*)
— 23. τὴν φυλακὴν κυρίου ἐφυλάξαντο [A -αν] (11 *a*)
18. 3. φυλάξονται τὰς φυλακάς σου (11 *a*)
— 4. φυλάξονται τὰς φυλακὰς τῆς σκηνῆς (11 *a*)
— 5. φυλάξεσθε [A -ετε] τὰς φυλακὰς τῶν ἁγίων (11 *a*)
22. 35. τοῦτο φυλάξῃ λαλῆσαι –
— 38. A τοῦτο φυλάξω λαλῆσαι [B *al.*] –
23. 12. οὐχὶ . . . τοῦτο φυλάξω λαλῆσαι (11 *a*)
31. 30, 47. τοῖς Λ. τοῖς φυλάσσουσι τὰς φυλακάς (11 *a*)
De. 4. 2. φυλάσσεσθε τὰς ἐντολὰς κ. τοῦ θεοῦ ὑμῶν (11 *a*)
— 6. φυλάξεσθε καὶ ποιήσετε (11 *a*)
— 9. φύλαξον [B[2] -αι] τὴν ψυχήν σου σφόδρα (11 *a*)
— 15. φυλάξεσθε σφόδρα τὰς ψυχὰς ὑμῶν (11 *b*)
— 40. φυλάξασθε [A -ξῃ] τὰ δικαιώματα αὐ. (11 *a*)
5. 1. φυλάξεσθε ποιεῖν αὐτά (11 *a*)
— 10. καὶ τοῖς φυλάσσουσι τὰ προστάγματά μου (11 *a*)
— 12. φύλαξαι τὴν ἡμέραν τῶν σαββάτων (11 *a*)
— 15. ὥστε φυλάσσεσθαι [A -ξεσθαι, A B[2] *add.* σε] τὴν ἡμέραν τῶν σαββάτων (7)
— 29 (26). ὥστε . . . φυλάσσεσθαι [A -ειν] τὰς ἐντολάς μου (11 *a*)
— 32 (29). καὶ φυλάξεσθε ποιεῖν (11 *a*)
6. 2. φυλάσσεσθε πάντα τὰ δικαιώματα αὐ. (11 *a*)
— 3. καὶ φύλαξαι ποιεῖν (11 *a*)
— 17. φυλάσσων φυλάξῃ τὰς ἐντολὰς κ. τοῦ θεοῦ σου (11 *a*, 11 *a*)
— 25. ἐὰν φυλασσώμεθα ποιεῖν (11 *a*)
7. 9. ὁ φυλάσσων διαθήκην . . . τοῖς φυλάσσουσι τὰς ἐντ. αὐ. (11 *a*, 11 *a*)
— 11. φυλάξῃ τὰς ἐντολάς (11 *a*)
— 12. ἡνίκα ἂν . . . φυλάξητε καὶ ποιήσητε αὐτά (11 *a*)
8. 1. πάσας τὰς ἐντολὰς . . . φυλάξεσθε ποιεῖν (11 *a*)
— 2. εἰ φυλάξῃ τὰς ἐντολὰς αὐ. (11 *a*)
— 6. φυλάξῃ τὰς ἐντολὰς κ. τοῦ θεοῦ σου (11 *a*)
— 11. τοῦ μὴ [A *om.*] φυλάξαι τὰς ἐντολὰς αὐ. (11 *a*)
10. 13. φυλάσσεσθαι τὰς ἐντολὰς κ. τοῦ θεοῦ σου (11 *a*)
11. 1. φυλάξῃ τὰ φυλάγματα αὐ. (11 *a*)
— 8. φυλάξεσθε πάσας τὰς ἐντολὰς αὐ. (11 *a*)
— 32. φυλάξεσθε τοῦ ποιεῖν πάντα τὰ προστάγμ. αὐ. (11 *a*)
12. 1. ἃς φυλάξετε [A -εσθε] τοῦ ποιεῖν (11 *a*)
— 28. φυλάσσου καὶ ἄκουε (11 *a*)
— 32 (13. 1). τοῦτο φυλάξῃ ποιεῖν (11 *a*)
13. 4 (5). A τὰς ἐντολὰς αὐ. φυλάξεσθε (11 *a*)
— 18 (19). φυλάσσειν τὰς ἐντολὰς αὐ. (11 *a*)
15. 5. φυλάσσειν καὶ ποιεῖν πάσας τὰς ἐντ. τ. (11 *a*)
16. 1. φύλαξαι τὸν μῆνα τῶν νέων (11 *a*)
— 12. φυλάξῃ [A -εις] καὶ ποιήσεις τὰς ἐντ. τ. (11 *a*)
— 20. A δικαίως τὸ δίκαιον φυλάξῃ [B διώξῃ] †
17. 10. καὶ φυλάξῃ ποιῆσαι πάντα (11 *a*)
— 19. ἵνα μάθῃ . . . φυλάσσεσθαι πάσας τὰς ἐντ. τ. (11 *a*)
23. 9 (10). καὶ φυλάξῃ ἀπὸ παντὸς ῥήματος πονηροῦ (11 *b*)
— 23 (24). τὰ ἐκπορευόμ. διὰ τῶν χειλέων σου φυλάξῃ (11 *a*)
24. 8. φυλάξῃ σφόδρα ποιεῖν (11 *b*)
— 8. φυλάξασθε [A -εσθε] ποιεῖν (11 *a*)
26. 16. φυλάξεσθε καὶ ποιήσετε αὐτά (11 *a*)
— 17. καὶ φυλάσσεσθαι τὰ δικαιώματα (11 *a*)
— 18. φυλάσσειν τὰς ἐντ. αὐ. (11 *a*)
27. 1. φυλάσσεσθε πάσας τὰς ἐντολὰς ταύτας (11 *a*)
28. 1. φυλάσσειν . . . πάσας τὰς ἐντολὰς ταύτας (11 *a*)
— 13. ὅσα ἐγὼ ἐντέλλομαί σοι σήμερον φυλάσσειν (11 *a*)

De. 28. 15. φυλάσσεσθαι πάσας τὰς ἐντολὰς αὐ. [A *al.*] (11 *a*)
— 45. φυλάξαι τὰς ἐντολὰς αὐ. [A *al.*] (11 *a*)
29. 9 (8). φυλάξεσθε ποιεῖν πάντας τοὺς λόγους (11 *a*)
30. 10. φυλάσσεσθαι τὰς ἐντολὰς αὐ. (11 *a*)
— 16. φυλάσσεσθαι [A -ειν] τὰ δικαιώματα αὐ. (11 *a*)
32. 46. φυλάσσειν . . . πάντας τοὺς λόγους τοῦ νόμου τ. (11 *a*)
33. 9. ἐφύλαξε τὰ λόγιά σου (11 *a*)
Jo. 1. 7. ἀνδρίζου φυλάσσεσθαι καὶ ποιεῖν (11 *a*)
6. 17 (18). B φυλάξασθε σφόδρα ἀπὸ τοῦ ἀναθέματος [A R *al.*] (11 *a*)
10. 18. καταστήσατε ἄνδρας φυλάσσειν ἐπ' αὐτούς (11 *a*)
22. 3. ἐφυλάξασθε [A -ατε] τὴν ἐντολὴν κ. τοῦ θεοῦ ὑμῶν (11 *a*)
— 5. φυλάξασθε σφόδρα ποιεῖν τὰς ἐντολάς (11 *a*)
— 5. φυλάξασθαι [A φυλάσσεσθαι] τὰς ἐντολὰς αὐ. (11 *a*)
23. 6. κατισχύσατε οὖν σφόδρα φυλάσσειν (11 *a*)
— 11. φυλάξασθε [B[2] -εσθε] σφόδρα τοῦ ἀγαπᾶν (11 *b*)
Jd. 1. 24. καὶ εἶδον οἱ φυλάσσοντες (11 *a*)
2. 22. εἰ φυλάσσονται τὴν ὁδὸν κυρίου (11 *a*)
— 22. ὃν τρόπον ἐφύλαξαν [A -αντο] οἱ πατέρες αὐ. (11 *a*)
7. 19. ἤγειραν τοὺς φυλάσσοντας (11 *a*)
13. 4. καὶ νῦν φύλαξαι δή (11 *b*)
— 13. ἀπὸ πάντων . . . φυλάξεται [A -άσθω] (11 *b*)
— 14. πάντα . . . φυλάξεται [A -άσθω] (11 *a*)
I Ki. 1. 12. ἐφύλαξε τὸ στόμα αὐ. (11 *a*)
7. 1. φυλάσσειν τὴν κιβωτὸν διαθήκης κυρίου (11 *a*)
13. 13. B οὐκ ἐφύλαξας τὴν ἐντολήν μου (11 *a*)
— 14. B οὐκ ἐφύλαξας ὅσα ἐνετείλατό σοι (11 *a*)
19. 2. φύλαξαι οὖν αὔριον πρωΐ (11 *b*)
— 11. ἀπέστειλε Σ. ἀγγέλους . . . φυλάξαι αὐτόν (11 *a*)
21. 4 (5). εἰ πεφυλαγμένα τὰ παιδάριά ἐστιν ἀπὸ γυναικός (11 *b*)
22. 23. πεφύλαξαι σὺ παρ' ἐμοί (11 *e*)
25. 21. ἴσως εἰς ἄδικον πεφύλακα πάντα τὰ αὐτοῦ (11 *a*)
26. 15. διὰ τί οὐ φυλάσσεις τὸν κ. σου τὸν βασ. (11 *a*)
— 16. υἱοὶ θανατώσεως ὑμεῖς οἱ φυλάσσοντες τὸν βασ. (11 *a*)
29. 11. φυλάσσειν τὴν γῆν τῶν ἀλλοφύλων †
30. 23. μετὰ τὸ παραδοῦναι τὸν κ. ἡμῖν καὶ φυλάξαι ἡμᾶς (11 *a*)
II Ki. 11. 16. ἐν τῷ φυλάσσειν Ἰ. ἐπὶ τὴν πόλιν (11 *a*)
15. 16. φυλάσσειν τὸν οἶκον (11 *a*)
16. 21. ἃς κατέλειπε φυλάσσειν τὸν οἶκον (11 *a*)
18. 12. φυλάξατέ μοι τὸ παιδάριον τὸν Ἀβ. (11 *a*)
20. 3. ἃς ἀφῆκε φυλάσσειν τὸν οἶκον (11 *a*)
— 10. Ἀμ. οὐκ ἐφυλάξατο τὴν μάχαιραν (11 *b*)
22. 22. ἐφύλαξα ὁδοὺς κυρίου (11 *a*)
— 44. φυλάξεις με εἰς κεφαλὴν ἐθνῶν (11 *a*)
23. 5. διαθήκην γὰρ αἰώνιον ἔθετό μοι . . . πεφυλαγμένην [A -ον] (11 *a*)
III Ki. 2. 3. φυλάξεις φυλακὴν κ. θεοῦ σου (11 *a*)
— 3. φυλάσσειν τὰς ἐντολὰς αὐ. (11 *a*)
— 4. ἐὰν φυλάξωσιν οἱ υἱοί σου τὴν ὁδὸν αὐ. (11 *a*)
3. 1 (2. 43). τί ὅτι οὐκ ἐφύλαξας τὸν ὅρκον κυρίου (11 *a*)
— 6. ἐφύλαξας αὐτῷ τὸ ἔλεος τὸ μέγα τοῦτο (11 *a*)
— 14. φυλάσσειν τὰς ἐντολάς μου (11 *a*)
6. 12. A ἐὰν . . . φυλάσσῃς πάσας τὰς ἐντολάς μου (11 *a*)
8. 23. φυλάσσων διαθήκην καὶ ἔλεος τῷ δούλῳ σου (11 *a*)
— 24. ἃ ἐφύλαξας τῷ δούλῳ σου Δ. (11 *a*)
— 25. φύλαξον τῷ δούλῳ σου . . . ἃ ἐλάλησας (11 *a*)
— 25. πλὴν ἐὰν φυλάξωνται τὰ τέκνα σου τὰς ὁδοὺς αὐ. (11 *a*)
— 58. καὶ φυλάσσειν πάσας ἐντολὰς αὐ. (11 *a*)
— 61. καὶ φυλάσσειν ἐντολὰς αὐ. (11 *a*)
9. 4. ἐὰν . . . τὰς ἐντολάς μου φυλάξῃς (11 *a*)
— 6. ἐὰν δὲ . . . μὴ φυλάξητε τὰς ἐντολάς μου (11 *a*)
11. 10. φυλάξασθαι [A -ξαι καὶ] ποιῆσαι ἃ ἐνετείλατο (11 *a*)
— 11. καὶ οὐκ ἐφύλαξας τὰς ἐντολάς μου (11 *a*)
— 34. A ὃς ἐφύλαξεν ἐντολάς μου (11 *a*)
— 38. ἐὰν φυλάξῃς πάντα (10)
— 38. οὗ [A *om.*] φυλάξασθαι τὰς ἐντολάς μου (11 *a*)

III Ki. 13. 21. καὶ οὐκ ἐφύλαξας τὴν ἐντολήν (11 *a*)
14. 8. A ὃς ἐφύλαξεν τὰς ἐντολάς μου (11 *a*)
— 27. οἱ φυλάσσοντες τὸν πυλῶνα οἴκου βασιλέως (11 *a*)
21 (20). 39. φύλαξον τοῦτον τὸν ἄνδρα (11 *a*)
IV Ki. 6. 9. φύλαξαι μὴ παρελθεῖν (11 *b*)
— 10. ἐφυλάξατο ἐκεῖθεν οὐ μίαν οὐδὲ δύο (11 *b*)
9. 14. ἐφύλασσεν ἐν Ῥ. . . . ἀπὸ προσώπου Ἀ. (11 *f*)
10. 31. Ἰ. οὐκ ἐφύλαξε πορεύεσθαι (11 *a*)
11. 5. B φυλάξετε [A R -ατε] φυλακὴν οἴκου τοῦ βασ. (11 *a*)
— 6. B φυλάξετε [A R -ατε] τὴν φυλακὴν τοῦ οἴκου (11 *a*)
— 7. φυλάξουσι τὴν φυλακὴν οἴκου κυρίου (11 *a*)
12. 9 (10). οἱ ἱερεῖς οἱ φυλάσσοντες τὸν σταθμόν (11 *a*)
17. 9. ἀπὸ πύργου φυλασσόντων (5)
— 13. φυλάξατε τὰς ἐντολάς μου (11 *a*)
— 15. A R τὰ μαρτύρια αὐ. . . . οὐκ ἐφύλαξαν [B *al.*] †
— 19. Ἰ. οὐκ ἐφύλαξε τὰς ἐντολὰς κ. τοῦ θ. (11 *a*)
— 37. τὰς ἐντολὰς . . . φυλάσσεσθε [A *al.*] (11 *a*)
18. 6. ἐφύλαξε τὰς ἐντολὰς αὐ. (11 *a*)
— 8. ἀπὸ πύργου φυλασσόντων (5)
19. 24. A ἐφύλαξα [B ἔψυξα] καὶ ἔπιον ὕδατα ἀλλότρια †
21. 8. οἵτινες φυλάξουσι πάντα [A τοῦ ποιεῖν π.] (11 *a*)
22. 4. ὃ συνήγαγον οἱ φυλάσσοντες τὸν σταθμόν (11 *a*)
23. 3. τοῦ φυλάσσειν τὰς ἐντολὰς αὐ. (11 *a*)
— 4. ἐνετείλατο . . . τοῖς φυλάσσουσι τὸν σταθμόν (11 *a*)
25. 18. ἔλαβεν . . . τοὺς τρεῖς τοὺς φυλάσσοντας τὸν σταθμόν (11 *a*)
I Ch. 9. 19. φυλάσσοντες τὰς φυλακὰς τῆς σκηνῆς (11 *a*)
— 19. καὶ πατέρες αὐ. . . . φυλάσσοντες τὴν εἴσοδον (11 *a*)
— 23. ἐν οἴκῳ τῆς σκηνῆς τοῦ φυλάσσειν (11 *e*)
10. 13. διότι οὐκ ἐφύλαξεν (11 *a*)
22. 12. τοῦ φυλάσσεσθαι καὶ τοῦ ποιεῖν τὸν νόμον (11 *a*)
— 13. ἐὰν φυλάξῃς τοῦ ποιεῖν τὰ προστάγματα (11 *a*)
23. 32. φυλάξουσι τὰς φυλακὰς σκηνῆς (11 *a*)
26. 10. υἱοὶ φυλάσσοντες τὴν ἀρχήν †
28. 7. τοῦ φυλάξασθαι τὰς ἐντολάς μου (7)
— 8. A καὶ ἐν ὠσὶν θεοῦ ἡμῶν φυλάσσεσθε [R -άξασθε] (11 *a*)
29. 18. φύλαξον ταῦτα ἐν διανοίᾳ καρδίας λαοῦ σου (11 *a*)
II Ch. 6. 14. φυλάσσων τὴν διαθήκην (11 *a*)
— 15. B ἐφύλαξας [A R ἃ ἐφ.] . . . ἃ ἐλάλησας (11 *a*)
— 16. φύλαξον . . . ἃ ἐλάλησας αὐτῷ (11 *a*)
— 16. πλὴν ἐὰν φυλάξωσιν οἱ υἱοί σου τὴν ὁδὸν αὐ. (11 *a*)
7. 17. ἐὰν . . . τὰ κρίματά μου φυλάξῃ [A -ῃς] (11 *a*)
12. 10. τοὺς φυλάσσοντας τὸν πυλῶνα τοῦ βασ. (11 *a*)
— 11. εἰσεπορεύοντο οἱ φυλάσσοντες –
13. 11. φυλάσσομεν ἡμεῖς τὰς φυλακὰς κ. τοῦ θεοῦ (11 *a*)
19. 7. φυλάσσετε καὶ ποιήσετε (11 *a*)
23. 6. πᾶς ὁ λαὸς φυλασσέτω [A -έσθω] φυλακὰς κυρίου (11 *a*)
33. 8. πλὴν ἐὰν φυλάσσωνται τοῦ ποιῆσαι (11 *a*)
34. 9. ὃ συνήγαγον οἱ Λ. φυλάσσοντες τὴν πύλην (11 *a*)
— 22. πρὸς Ὀ. τὴν προφῆτιν . . . φυλάσσουσαν τὰς ἐντ. (11 *a*)
— 31. τοῦ φυλάσσειν τὰς ἐντολὰς αὐ. (11 *a*)
I Es. 3. 4. οἱ φυλάσσοντες τὸ σῶμα τοῦ βασ.
8. 59. ἀγρυπνεῖτε καὶ φυλάσσετε
II Es. 4. 22. πεφυλαγμένοι ἦτε [A *om.*] ἄνεσιν ποιῆσαι (1 *c*)
Ne. 1. 5. φυλάσσων τὴν διαθήκην . . . τοῖς φυλάσσουσι τὰς ἐντολὰς αὐ. (11 *a*, 11 *a*)
— 7. οὐκ ἐφυλάξαμεν τὰς ἐντολάς (11 *a*)
— 9. ἐὰν . . . φυλάξητε τὰς ἐντολάς μου (11 *a*)
2. 8. S[2] ἐπὶ Ἀ. τὸν φυλάσσοντα τὰς ἡμιόνους τοῦ βασ. [A B S[1] *al.*] (11 *a*)
— 16. οἱ φυλάσσοντες οὐκ ἔγνωσαν †
9. 32. φυλάσσων [S ὁ φ.] τὴν διαθήκην σου (11 *a*)
10. 29 (30). καὶ φυλάσσεσθαι καὶ ποιεῖν πάσας τὰς ἐντ. ἡμῶν (11 *a*)
11. 19. S[2] οἱ φυλάσσοντες ἐν ταῖς πύλαις (11 *a*)

Ne. 12. 45. ἐφύλαξαν [S^1 -εν] φυλακὰς θεοῦ αὐ. (11 *a*)
13. 22. οἳ ἦσαν . . . ἐρχόμενοι φυλάσσοντες τὰς πύλας (11 *a*)
Ju. 7. 5. ἔμενον φυλάσσοντες ὅλην τὴν νύκτα ἐκ.
13. 11. εἶπεν Ἰ. . . . τοῖς φυλάσσουσιν ἐπὶ τῶν πυλῶν
Es. 1. 1. τῶν δύο εὐνούχων τοῦ βασ. τῶν φυλασσόντων τὴν αὐλήν
6. 2. ἐν τῷ φυλάσσειν αὐτούς (11 *a*)
Jb. 10. 12. ἡ δὲ ἐπισκοπή σου ἐφύλαξέ μου τὸ πνεῦμα (11 *a*)
— 14. ἐάν τε γὰρ ἁμάρτω φυλάσσεις [A S^1 -ξεις] με (11 *a*)
13. 27. ἐφύλαξας δέ μου πάντα τὰ ἔργα (11 *a*)
14. 13. εἰ γὰρ ὄφελον ἐν ᾅδῃ με ἐφύλαξας [A φυλάξεις] †
22. 15. μὴ τρίβον αἰώνιον φυλάξεις (11 *a*)
23. 11. ὁδοὺς γὰρ αὐτοῦ ἐφύλαξα (11 *a*)
24. 15. ὀφθαλμὸς μοιχοῦ ἐφύλαξε σκότος (11 *a*)
29. 2. ἡμερῶν ὧν με ὁ θεὸς ἐφύλαξεν [A -αττεν] (11 *a*)
33. 11. ἐφύλαξε δέ μου πάσας τὰς ὁδούς (11 *a*)
36. 21. S^4 R φύλαξαι μὴ πράξῃς ἄτοπα [B S^1 ἄδικα] (11 *b*)
39. 1. ἐφύλαξας δὲ ὠδῖνας ἐλάφων (11 *a*)
Ps. 11 (12). 7. σύ, κύριε, φυλάξεις ἡμᾶς (11 *a*)
15 (16). 1. φύλαξόν με, κύριε (11 *a*)
16 (17). 4. ἐφύλαξα ὁδοὺς σκληράς (11 *a*)
— 8. φύλαξόν με ὡς κόρην ὀφθαλμοῦ (11 *a*)
17 (18). 21. ἐφύλαξα τὰς ὁδοὺς κυρίου (11 *a*)
— 23. φυλάξομαι ἀπὸ τῆς ἀνομίας μου (11 *d*)
18 (19). 11. ὁ δοῦλός σου φυλάσσει αὐτὰ ἐν τῷ φυλάσσειν αὐτὰ ἀνταπόδοσις πολλή (1 *a*, 11 *a*)
24 (25). 20. φύλαξον τὴν ψυχήν μου (11 *a*)
30 (31). 6. B S ἐμίσησας τοὺς φυλάσσοντας [A R διαφ.] ματαιότητας διὰ κενῆς (11 *a*)
33 (34). 20. φυλάσσει πάντα τὰ ὀστᾶ αὐτῶν (11 *a*)
36 (37). 28. εἰς τὸν αἰῶνα φυλαχθήσονται (11 *b*)
— 34. φύλαξον τὴν ὁδὸν αὐτοῦ (11 *a*)
— 37. φύλασσε ἀκακίαν (11 *a*)
38 (39). 1. φυλάξω τὰς ὁδούς μου (11 *a*)
40 (41). 2. κύριος φυλάξαι [A S διαφ.] αὐτόν (11 *a*)
55 (56). 6. τὴν πτέρναν μου φυλάξουσι (11 *a*)
58 (59). *tit.* ἐφύλαξε τὸν οἶκον αὐτοῦ (11 *a*)
— 9. τὸ κράτος μου πρὸς σὲ φυλάξω (11 *a*)
70 (71). 10. οἱ φυλάσσοντες τὴν ψυχήν μου (11 *a*)
77 (78). 10. οὐκ ἐφύλαξαν [B^1 -αντο] τὴν διαθήκην τοῦ θεοῦ (11 *a*)
— 56. τὰ μαρτύρια αὐτοῦ οὐκ ἐφυλάξαντο (11 *a*)
85 (86). 2. φύλαξον τὴν ψυχήν μου (11 *a*)
88 (89). 28. εἰς τὸν αἰῶνα φυλάξω αὐτῷ τὸ ἔλεός μου (11 *a*)
— 31. καὶ τὰς ἐντολάς μου μὴ φυλάξωσιν (11 *a*)
96 (97). 10. φυλάσσει κ. τὰς ψυχὰς τῶν ὁσίων αὐ. (11 *a*)
98 (99). 7. ἐφύλασσον τὰ μαρτύρια αὐτοῦ (11 *a*)
102 (103). 18. τοῖς φυλάσσουσι τὴν διαθήκην αὐτοῦ (11 *a*)
104 (105). 45. ὅπως ἂν φυλάξωσι τὰ δικαιώματα αὐτοῦ (11 *a*)
105 (106). 3. μακάριοι οἱ φυλάσσοντες κρίσιν (11 *a*)
106 (107). 43. τίς σοφὸς καὶ φυλάξει ταῦτα (11 *a*)
114 (116). 6. φυλάσσων τὰ νήπια ὁ κύριος (11 *a*)
118 (119). 4. σὺ ἐνετείλω τὰς ἐντολάς σου φυλάξασθαι [A φυλάσσεσθαι] σφόδρα (11 *a*)
— 5. τοῦ φυλάξασθαι τὰ δικαιώματά σου (11 *a*)
— 8. τὰ δικαιώματά σου φυλάξω (11 *a*)
— 9. ἐν τῷ φυλάσσεσθαι τοὺς λόγους σου (11 *a*)
— 17. φυλάξω τοὺς λόγους σου (11 *a*)
— 34. φυλάξω αὐτὸν ἐν ὅλῃ καρδίᾳ μου (11 *a*)
— 44. φυλάξω τὸν νόμον σου διὰ παντός (11 *a*)
— 55. ἐφύλαξα τὸν νόμον σου (11 *a*)
— 57. A S^1 εἶπα φυλάξασθαι [S^2 R τοῦ φ.] τὸν νόμον [S^1 τὰς ἐντολάς] σου (11 *a*)
— 60. τοῦ [S^1 *om.*] φυλάξασθαι τὰς ἐντολάς σου (11 *a*)
— 63. καὶ τῶν [S^1 *om.*] φυλασσόντων τὰς ἐντολάς σου (11 *a*)
— 67. τὸ λόγιόν σου ἐγὼ ἐφύλαξα (11 *a*)
— 88. φυλάξω τὰ μαρτύρια τοῦ στόματός σου (11 *a*)
— 101. ὅπως ἂν φυλάξω τοὺς λόγους σου (11 *a*)
— 106. τοῦ φυλάξασθαι τὰ κρίματα τῆς δικαιοσύνης σου (11 *a*)
— 134. φυλάξω [S^1 -αι] τὰς ἐντολάς σου (11 *a*)
— 136. οὐκ ἐφύλαξα [S^1 -αν] τὸν νόμον σου (11 *a*)
— 146. φυλάξω τὰ μαρτύριά σου (11 *a*)
— 158. τὰ λόγιά σου οὐκ ἐφυλάξαντο (11 *a*)

Ps. 118 (119). 167. ἐφύλαξεν ἡ ψυχή μου τὰ μαρτύριά σου (11 *a*)
— 168. ἐφύλαξα τὰς ἐντολάς σου (11 *a*)
120 (121). 3. μηδὲ νυστάξει ὁ φυλάσσων σε (11 *a*)
— 4. οὐδὲ ὑπνώσει ὁ φυλάσσων τὸν Ἰσρ. (11 *a*)
— 5. κύριος φυλάξει σε (11 *a*)
— 7. A R κύριος φυλάξει σε ἀπὸ παντὸς κακοῦ φυλάξει [S -αι] τὴν ψυχήν σου ὁ κύριος (11 *a*, 11 *a*)
— 8. κύριος φυλάξει [S^1 -εις] τὴν εἴσοδόν σου (11 *a*)
126 (127). 1. ἐὰν μὴ κύριος φυλάξῃ πόλιν εἰς μάτην ἠγρύπνησεν ὁ φυλάσσων (11 *a*, 11 *a*)
131 (132). 12. ἐὰν φυλάξωνται οἱ υἱοί σου τὴν διαθήκην μου (11 *a*)
139 (140). 4. φύλαξόν με, κύριε, ἐκ χειρὸς ἁμαρτωλοῦ (11 *a*)
140 (141). 9. φύλαξόν με ἀπὸ παγίδος (11 *a*)
144 (145). 20. φυλάσσει κύριος πάντας τοὺς ἀγαπῶντας αὐτόν (11 *a*)
145 (146). 6. τὸν φυλάσσοντα ἀλήθειαν εἰς τὸν αἰῶνα (11 *a*)
— 9. κύριος φυλάσσει τοὺς προσηλύτους (11 *a*)
Pr. 2. 8. τοῦ φυλάξαι ὁδοὺς δικαιωμάτων (5)
— 11. βουλὴ καλὴ φυλάξει σε (11 *a*)
4. 4. φύλασσε ἐντολάς (11 *a*)
— 13. φύλαξον αὐτὴν σεαυτῷ εἰς ζωήν σου (5)
— 21. φύλασσε αὐτὰς ἐν καρδίᾳ (11 *a*)
5. 2. ἵνα φυλάξῃς ἔννοιαν ἀγαθήν (11 *a*)
6. 20. φύλασσε νόμους πατρός σου (5)
— 22. ὡς δ᾽ ἂν καθεύδῃς φυλασσέτω σε (11 *a*)
— 24. S^1 τοῦ φυλάσσειν [A B S^2 διαφ.] σε ἀπὸ γυναικὸς ὑπάνδρου (11 *a*)
7. 1. φύλασσε ἐμοὺς λόγους (11 *a*)
— 2. φύλαξον ἐμὰς ἐντολάς (11 *a*)
8. 32. A S^2 μακάριοι οἳ ὁδούς μου φυλάσσοντες (11 *a*)
— 33. ἄνθρωπος ὃς τὰς ἐμὰς ὁδοὺς φυλάξει –
10. 17. ὁδοὺς δικαίας [A S^2 *om.*] ζωῆς φυλάσσει παιδεία (11 *a*)
13. 3. ὃς φυλάσσει τὸ ἑαυτοῦ στόμα (5)
— 6. A δικαιοσύνη φυλάσσει ἀκάκους ὁδῷ (5)
— 18. ὁ δὲ φυλάσσων ἐλέγχους δοξασθήσεται (11 *a*)
14. 3. χείλη δὲ σοφῶν φυλάσσει [A -άξει] αὐτούς (11 *a*)
15. 5. ὁ δὲ φυλάσσων ἐντολὰς πανουργότερος (11 *a*)
16. 5 (4). φυλάσσεται δὲ ὁ ἀσεβὴς εἰς ἡμέραν κακήν –
— 17. ὁ δὲ φυλάσσων ἐλέγχους σοφισθήσεται ὃς φυλάσσει τὰς ἑαυτοῦ ὁδοὺς τηρεῖ τὴν ἑαυτοῦ ψυχήν (–, 5)
19. 8. ὃς δὲ φυλάσσει φρόνησιν εὑρήσει ἀγαθά (11 *a*)
— 16. ὃς φυλάσσει ἐντολὴν τηρεῖ τὴν ἑαυτοῦ ψυχήν (11 *a*)
— 27. υἱὸς ἀπολειπόμενος φυλάξαι παιδείαν πατρός (10)
21. 23. ὃς φυλάσσει τὸ στόμα αὐτοῦ (11 *a*)
— 28. ἀνὴρ δὲ ὑπήκοος φυλασσόμενος λαλήσει †
22. 5. ὁ δὲ φυλάσσων τὴν ἑαυτοῦ ψυχὴν ἀφέξεται αὐτῶν (11 *a*)
24. 23 (29. 27). λόγον φυλασσόμενος υἱὸς ἀπωλείας ἐκτὸς ἔσται –
25. 10. φύλαξον τὰς ὁδούς σου εὐσυναλλάκτως †
27. 18. ὃς δὲ φυλάσσει τὸν ἑαυτοῦ κύριον τιμηθήσεται (11 *a*)
28. 7. φυλάσσει νόμον υἱὸς συνετός (5)
29. 18. ὁ δὲ φυλάσσων τὸν νόμον μακαριστός (11 *a*)
Ec. 3. 6. καιρὸς τοῦ φυλάξαι (11 *a*)
4. 17. φύλαξον τὸν πόδα σου (11 *a*)
5. 7. ὑψηλὸς ἐπάνω ὑψηλοῦ φυλάξαι [A -άσσει, S^2 -άξει] (11 *a*)
— 12. πλοῦτον φυλασσόμενον τῷ παρ᾽ αὐτοῦ εἰς κακίαν αὐτῷ [A S -οῦ] (11 *a*)
8. 2. στόμα βασιλέως φύλαξον (11 *a*)
— 5. ὁ φυλάσσων ἐντολὴν οὐ γνώσεται ῥῆμα πονηρόν (11 *a*)
12. 12. περισσὸν ἐξ αὐτῶν, υἱέ μου, φύλαξαι [A S -άσσου] (1 *a*)
— 13. τὰς ἐντολὰς αὐτοῦ φύλασσε (11 *a*)
Ca. 1. 6. ἀμπελῶνα ἐμὸν οὐκ ἐφύλαξα (4)
Wi. 1. 11. φυλάξασθε τοίνυν γογγυσμὸν ἀνωφελῆ
6. 4. οὐδὲ ἐφυλάξατε νόμον
— 10. οἱ γὰρ φυλάξαντες ὁσίως τὰ ὅσια ὁσιωθήσονται
9. 11. φυλάξει με ἐν τῇ δόξῃ αὐτῆς
10. 5. ἐπὶ τέκνου σπλάγχνοις ἰσχυρὸν ἐφύλαξεν
— 12. S καὶ ἐφύλαξεν [A B διεφ.] αὐτὸν ἀπὸ ἐχθρῶν

Wi. 14. 16. τὸ ἀσεβὲς ἔθος [S^1 ἔθνος] ὡς νόμος [S^1 -ον] ἐφυλάχθη
— 24. οὔτε γάμους καθαροὺς ἔτι φυλάσσουσιν
18. 4. οἱ κατακλείστους φυλάξαντες [S φυλάσσοντες] τοὺς υἱούς σου
19. 6. ἵνα οἱ σοὶ παῖδες φυλαχθῶσιν ἀβλαβεῖς
Si. 4. 20. συντήρησον καιρὸν καὶ φύλαξαι ἀπὸ πονηροῦ
12. 11. καὶ φύλαξαι ἀπ᾽ αὐτοῦ
19. 9. ἀκήκοε γάρ σου καὶ ἐφυλάξατό σε
21. 11. ὁ φυλάσσων νόμον κατακρατεῖ τοῦ ἐννοήματος αὐτοῦ
22. 13. φύλαξαι ἀπ᾽ αὐτοῦ ἵνα μὴ κόπον ἔχῃς
— 26. πᾶς ὁ ἀκούων φυλάξεται ἀπ᾽ αὐτοῦ
23. 7. ὁ φυλάσσων οὐ μὴ ἁλῷ
26. 11. ὀπίσω ἀναιδοῦς ὀφθαλμοῦ φύλαξαι
35 (32). 22. ἀπὸ τῶν τέκνων σου φύλαξαι
37. 8. ἀπὸ συμβούλου φύλαξον τὴν ψυχήν σου
40. 30. ἀνὴρ δὲ ἐπιστήμων καὶ πεπαιδευμένος φυλάξεται
43. 4. B S^1 κάμινον φυλάσσων [A S^2 R φυσῶν] ἐν ἔργοις καύματος
45. 11. S^1 κατ᾽ ἀριθμὸν φυλάσσων [A B S^2 φυλῶν] Ἰσρ.
Ho. 4. 10. τοῦ φυλάξαι πορνείαν (11 *a*)
12. 6 (7). ἔλεον καὶ κρίμα φυλάσσου (11 *a*)
— 12 (13). ἐν γυναικὶ ἐφυλάξατο (11 *a*)
Am. 1. 11. τὸ ὅρμημα αὐ. ἐφύλαξεν εἰς νῖκος (11 *a*)
2. 4. τὰ προστάγματα αὐ. οὐκ ἐφυλάξαντο (11 *a*)
Mi. 6. 16. ἐφύλαξας τὰ δικαιώματα Ζ. (11 *d*)
7. 5. ἀπὸ τῆς συγκοίτου σου φύλαξαι (11 *a*)
Jn. 2. 9. φυλασσόμενοι μάταια καὶ ψευδῆ (11 *c*)
Hb. 3. 16. ἐφυλαξάμην καὶ ἐπτοήθη ἡ κοιλία μου (10)
Za. 3. 8 (7). ἐν τοῖς προστάγμασί μου φυλάξῃ [A S^3 -άσσῃ] (11 *a*)
— 8 (7). A ἐὰν φυλάξῃς καί γε τὴν αὐλήν μου [B S *al.*] (11 *a*)
11. 11. γνώσονται οἱ Χαν. τὰ πρόβατα τὰ [S^1 *om.*] φυλασσόμ. μοι (11 *a*)
Ma. 2. 7. χείλη ἱερέως φυλάξεται γνῶσιν (11 *a*)
— 9. B S οὐ φυλάσσεσθε [A R οὐκ ἐφυλάξασθε] τὰς ὁδούς μου (11 *a*)
— 15. φυλαξάσθε [S^1 -εσθε] ἐν τῷ πνεύματι ὑμῶν (11 *b*)
— 16. φυλάξασθε ἐν τῷ πνεύματι ὑμῶν (11 *b*)
3. 7. ἐξεκλίνατε νόμιμά μου καὶ οὐκ ἐφυλάξασθε (11 *a*)
— 14. ἐφυλάξαμεν τὰ φυλάγματα αὐ. (11 *a*)
Is. 7. 4. φύλαξαι τοῦ ἡσυχάσαι (11 *b*)
21. 11. φυλάσσετε [A -άξεται, S^3 -άσσεται] ἐπάλξεις (11 *a*)
— 12. φυλάσσω [S^2 -ου] τὸ πρωῒ καὶ τὴν νύκτα (11 *a*)
26. 2. λαὸς φυλάσσων δικαιοσύνην καὶ φυλάσσων ἀλήθειαν (–, 11 *a*)
— 3. φυλάσσων εἰρήνην (5)
27. 4. τίς με θήσει φ. καλάμην ἐν ἀγρῷ †
42. 20. εἴδετε πλεονάκις καὶ οὐκ ἐφυλάξασθε (11 *a*)
52. 8. φωνὴ τῶν φυλασσόντων σε ὑψώθη (9)
55. 11. S^2 καὶ τὰ ἐντάλματά μου φυλάξεις [A B S^1 *om.*] –
56. 1. φυλάσσεσθε κρίσιν (11 *a*)
— 2. φυλάσσων τὰ σάββατα (11 *a*)
— 4. ὅσοι ἂν φυλάξωνται τὰ σάββατά [S^1 προστάγματά] μου (11 *a*)
— 6. πάντας τοὺς φυλασσομένους τὰ σάββατά μου (11 *a*)
60. 21. φυλάσσων τὸ φύτευμα ἔργα χειρῶν αὐ. †
Je. 3. 5. φυλαχθήσεται [A S διαφ.] εἰς νῖκος (11 *a*)
4. 17. ὡς φυλάσσοντες ἀγρὸν ἐγένοντο ἐπ᾽ αὐτὴν κύκλῳ (11 *a*)
5. 24. ἐφύλαξεν ἡμῖν (11 *a*)
8. 7. στρουθία ἐφύλαξαν καιρούς (11 *a*)
9. 4 (3). ἕκαστος ἀπὸ τοῦ πλησίον αὐτοῦ [A *add.* ἐξήλθοσαν] φυλάξασθε [S -εσθαι] (11 *b*)
16. 11. τὸν νόμον μου οὐκ ἐφυλάξαντο (11 *a*)
17. 21. φυλάσσεσθε [A^1 μὴ φ.] τὰς ψυχὰς ὑμῶν (11 *b*)
38 (31). 10. A B S^2 φυλάξει αὐτόν (11 *a*)
39 (32). 2. Ἱερεμίας ἐφυλάσσετο ἐν αὐλῇ (3)
42 (35). 4. ἐπάνω τοῦ οἴκου Μαασαίου . . . τοῦ φυλάσσοντος τὴν αὐλήν (11 *a*)
43 (36). 5. ἐγὼ φυλάσσομαι (6)
— 20. τὸ χαρτίον [A βιβλίον] ἔδωκαν φ. –
52. 24. ἔλαβεν . . . τοὺς τρεῖς τοὺς φυλάττοντας τὴν ὁδόν (11 *a*)
— 31. ἐξ οἰκίας ἧς ἐφυλάσσετο †

Ba. 4. 13. A δικαιώματα δὲ αὐτοῦ οὐκ ἐφύλαξαν [B ἔγνωσαν]
Ep. Je. 70. προβασκάνιον οὐδὲν φυλάσσον [A -ων]
Ez. 11. 20. τὰ δικαιώματά μου φυλάσσωνται (11 a)
17. 14. τοῦ φ. τὴν διαθήκην αὐτοῦ (11 a)
18. 9. τὰ δικαιώματά μου πεφύλακται (11 a)
— 21. φυλάξηται [A -ξῃ] πάσας τὰς ἐντολάς μου (11 a)
— 27. οὗτος τὴν ψυχὴν αὐτοῦ ἐφύλαξε (2)
20. 13. A τὰ δικαιώματά μου φυλάσσετε †
— 18. τὰ δικαιώματα αὐτῶν μὴ φυλάσσεσθε (11 a)
— 19. τὰ δικαιώματά μου φυλάσσεσθε (11 a)
— 21. τὰ δικαιώματά μου οὐκ ἐφυλάξαντο (11 a)
33. 4. ἀκούσῃ . . . καὶ μὴ φυλάξηται (1 a)
— 5. ἀκούσας οὐκ ἐφυλάξατο [A *add.* τὴν ψυχὴν αὐτοῦ] (1 a)
— 5. ὅτι ἐφυλάξατο τὴν ψυχὴν αὐτοῦ ἐξείλατο (1 a)
— 6. ὁ λαὸς μὴ φυλάξηται (1 a)
— 8. μὴ λαλήσῃς τοῦ φυλάξασθαι τὸν ἀσεβῆ [A *al.*] (1 b)
34. 16. τὸ ἰσχυρὸν φυλάξω †
36. 27. τὰ κρίματά μου φυλάξησθε [A -εσθε] (11 a)
37. 24. τὰ κρίματά μου φυλάξονται [A -ωνται] (11 a)
40. 45. τοῖς ἱερεῦσι τοῖς φυλάσσουσι τὴν φυλακὴν τοῦ οἴκου (11 a)
— 46. τοῖς ἱερεῦσι τοῖς φυλάσσουσι τὴν φυλακὴν τοῦ θυσιαστηρίου (11 a)
43. 11. φυλάξονται πάντα τὰ δικαιώματά μου (11 a)
44. 8. A οὐκ ἐφυλάξατε τὴν φυλακὴν τῶν ἁγίων μου (11 a)
— 8. διετάξατε τοῦ φ. φυλακάς (11 a)
— 14. κατάξουσιν αὐτοὺς φ. φυλακὰς τοῦ οἴκου (11 a)
— 15. ἐφυλάξαντο τὰς φυλακὰς τῶν ἁγίων μου (11 a)
— 16. φυλάξουσι τὰς φυλακάς μου (11 a)
— 24. τὰ προστάγματά μου ἐν πάσαις ταῖς ἑορταῖς μου φυλάξονται (11 a)
48. 11. τοῖς φυλάσσουσι τὰς φυλακὰς τοῦ οἴκου (11 b)
Da. LXX. Su. 64. φυλασσώμεθα εἰς υἱοὺς δυνατοὺς νεωτέρους
9. 4. καὶ τοῖς φυλάσσουσι τὰ προστάγματά σου (11 a)
Da. TH. 9. 4. ὁ φυλάσσων τὴν διαθήκην σου (11 a)
— 4. καὶ τοῖς φυλάσσουσι τὰς ἐντολάς σου (11 a)
I Ma. 2. 53. ἐφύλαξεν ἐντολήν
8. 26. φυλάξονται τὰ φυλάγματα αὐ.
— 28. AR φυλάξονται [S[2] -ωνται, S[1] -άσσουσιν] τὰ φυλάγματα ταῦτα
10. 32. τοῦ φυλάσσειν αὐτήν
12. 34. ὅπως φυλάσσωσιν αὐτήν
III Ma. 3. 3. τὴν μὲν πρὸς τοὺς βασ. εὔνοιαν . . . ἀδιάστροφον ἦσαν φυλάσσοντες
IV Ma. 5. 29. περὶ τοῦ φυλάξαι τὸν νόμον
6. 18. AS[1] τὴν ἐπ' αὐτῷ δόξαν νομίμως φυλάσσοντες [S[2]R φυλάξαντες]
15. 10. μέχρι θανάτου τὰ νόμιμα φυλάσσοντας [S[1] -ες]
18. 7. ἐφύλασσον δὲ τὴν ᾠκοδομημένην πλευράν

[**Aq.** Dt. 4. 23 : 6. 12 : 11. 22 *bis* : 27. 1 : Jo. 1. 8 : I Ki. 9. 24 : III Ki. 11. 34 : 14. 8 : Jb. 29. 2 : Ps. 11 (12). 8 : 15 (16). 1 : 30 (31). 7 : 38 (39). 2 : 40 (41). 3 : 90 (91). 11 : 120 (121). 8 : 129 (130). 6 : Pr. 4. 6 : Ec. 4. 13 : Ca. 3. 3 : Is. 7. 4 : 26. 2 : 56. 2 : Ez. 33. 7 : Jn. 2. 9 : Za. 11. 11.]
[**Sm.** Dt. 27. 1 : 33. 16 : Jo. 1. 8 : I Ki. 25. 29 : Jb. 29. 2 : Ps. 15 (16). 1 : 16 (17). 4 : 30 (31). 24 : 36 (37). 37 : 38 (39). 2 *bis* : 40 (41). 3 : 90 (91). 11 : 118 (119). 136 : 120 (121). 8 : Pr. 4. 6 : 10. 17 : 13. 22 : 15. 7 : Ec. 4. 13 : 8. 2 : Is. 7. 4 : 10. 17 : 42. 20 : 56. 2 : Je. 35 (42). 18 (Sw.) : Ez. 33. 5 : Am. 1. 11.]
[**Th.** Dt. 11. 22 *bis* : 27. 1 : Jo. 1. 8 : Jb. 22. 15 : Ps. 11 (12). 8 : 15 (16). 1 : 40 (41). 3 : 118 (119). 100 : Pr. 4. 6 : 16. 17 : 27. 18 : Ec. 4. 13 : Is. 56. 2 : Je. 20. 10 : Ez. 33. 4 : 44. 8 (Sw.).]
[**Al.** Le. 22. 2 : Nu. 22. 38 : Dt. 28. 9 : Ps. 11 (12). 8 : 19 (20). 2 : Pr. 10. 17 : Ec. 12. 13 : Hb. 3. 16.]
[**Quint.** Ps. 24 (25). 10 : 30 (31). 7 : 31 (32). 7 : 60 (61). 8 : 118 (119). 100.]
[**Sext.** Ps. 24 (25). 10 : 60 (61). 8.]

φυλή. (1) אֻמָּה (2) בַּיִת (3) גּוֹי
(4) לְאֹם (5) מוֹלֶדֶת (6) מַטֶּה (7) מִשְׁפָּחָה
(8) *a.* שֵׁבֶט, שֵׁבֶט *b.* שְׁבַט

Ge. 10. 5. ἕκαστος κατὰ γλῶσσαν ἐν ταῖς φ. αὐ. (7)
— 18. διεσπάρησαν αἱ φ. τῶν Χαναναίων (7)
— 20. οὗτοι υἱοὶ Χὰμ ἐν ταῖς φ. αὐ. (7)
— 31. οὗτοι οἱ υἱοὶ Σὴμ ἐν ταῖς φ. αὐ. (7)
— 32. αὗται αἱ φ. υἱῶν Νῶε (7)
12. 3. εὐλογηθήσονται ἐν σοὶ πᾶσαι αἱ φ. τῆς γῆς (7)
24. 4. καὶ εἰς τὴν φ. μου (5)
— 38. καὶ εἰς τὴν φ. μου (7)
— 40. λήψῃ γυναῖκα . . . ἐκ τῆς φ. μου (7)
— 41. ἡνίκα γὰρ ἐὰν ἔλθῃς εἰς τὴν φ. μου (7)
28. 14. ἐνευλογηθήσονται ἐν σοὶ πᾶσαι αἱ φ. τῆς γῆς (7)
36. 40. ἐν ταῖς φ. αὐ. κατὰ τόπον αὐτῶν (7)
49. 16. ὡσεὶ καὶ μία φ. ἐν Ἰσρ. (8 a)
Ex. 2. 1. ἦν δέ τις ἐκ τῆς φ. Λ. (2)
24. 4. δώδεκα λίθους εἰς τὰς δώδεκα φ. τοῦ Ἰσρ. (8 a)
28. 21. ἔστωσαν εἰς δέκα δύο φυλάς (8 a)
31. 2. τὸν Βεσ. . . . τῆς φ. Ἰούδα (6)
— 6. καὶ τὸν Ἐλ. . . . ἐκ φυλῆς Δάν (6)
35. 30. B τὸν Βεσ. . . . ἐκ [AR *add.* τῆς] φυλῆς Ἰ. (6)
— 34. καὶ τῷ Ἐλ. τῷ τοῦ Ἀχ. ἐκ φυλῆς Δάν (6)
36. 21 (39. 14). εἰς τὰς δώδεκα φ. (8 a)
37. 20 (38. 22). Βεσ. ὁ τοῦ Οὐρ. ἐκ φυλῆς Ἰ. (6)
— 21 (38. 23). B Ἐλ. ὁ τοῦ Ἀχ. ἐκ τῆς [AR *om.*] φ. Δάν (6)
Le. 24. 11. Σαλ. θυγάτηρ Δ. ἐκ τῆς φ. Δάν (6)
25. 49. ἢ ἀπὸ τῶν οἰκείων τῶν σαρκῶν αὐ. ἐκ τῆς φ. αὐ. (7)
Nu. 1. 4. κατὰ φυλὴν ἑκάστου ἀρχόντων (6)
— 16. ἄρχοντες τῶν φ. κατὰ πατριάς (6)
— 21. A[2]B ἐκ τῆς φ. Ῥ. (6)
— 23. ἐκ τῆς φ. Συμ. (6)
— 27. ἐκ τῆς φ. Ἰ. (6)
— 29. ἐκ τῆς φ. Ἰσσ. (6)
— 31. A[2]B ἐκ τῆς φ. Ζ. (6)
— 33. ἐκ τῆς φ. Ἐφρ. (6)
— 35. ἐκ τῆς φ. Μαν. (6)
— 37. ἐκ τῆς φ. Βεν. (6)
— 25. ἐκ τῆς φ. Γάδ (6)
— 39. ἐκ τῆς φ. Δάν (6)
— 41. ἐκ τῆς φ. Ἀσήρ (6)
— 43. ἐκ τῆς φ. Ν. (6)
— 44. ἀνὴρ εἰς κατὰ φ. μίαν –
— 44. κατὰ φυλὴν οἴκων πατριᾶς ἦσαν –
— 47. ἐκ τῆς φ. [A *om.*] πατριᾶς αὐ. (6)
— 49. ὅρα τὴν φ. Λ. οὐ συνεπισκέψῃ (6)
2. 5. οἱ παρεμβάλλοντες ἐχόμενοι φυλῆς Ἰσσ. (6)
— 7. οἱ παρεμβάλλοντες ἐχόμενοι φυλῆς [A[1] -ῇ] Ζαβ. (6)
— 9. A πάντες οἱ ἐπεσκεμμ. ἐκ τῆς φ. [B παρεμβολῆς] Ἰ. †
— 12. οἱ παρεμβάλλοντες ἐχόμενοι αὐτοῦ φυλῆς [A -ῇ] Σ. (6)
— 14. οἱ παρεμβάλλοντες ἐχόμενοι αὐτοῦ φυλὴ Γάδ (6)
— 20. οἱ παρεμβάλλοντες ἐχόμενοι φυλῆς [A[1] -ῇ] Μαν. (6)
— 22. οἱ παρεμβάλλοντες ἐχόμενοι φυλῆς Βεν. (6)
— 27. B οἱ παρεμβάλλοντες ἐχόμενοι αὐτοῦ φυλῆς [AR -ῇ] Ἀσήρ (6)
— 29. A[2]B οἱ παρεμβάλλοντες ἐχόμενοι φυλῆς Νεφθ. (6)
3. 6. λάβε τὴν φ. Λευί (6)
4. 18. μὴ ὀλεθρεύσητε τῆς φ. τὸν δῆμον τὸν Κ. (8 a)
7. 2. οὗτοι ἄρχοντες φυλῶν (6)
— 12. ἄρχων τῆς φ. Ἰ. (6)
— 18. ἄρχων τῆς φ. Ἰσσ. –
10. 15. ἐπὶ τῆς δυνάμεως φυλῆς υἱῶν Ἰσσ. (6)
— 16. ἐπὶ τῆς δυνάμεως φυλῆς υἱῶν Ζαβ. (6)
— 19. ἐπὶ τῆς δυνάμεως φυλῆς υἱῶν Συμ. (6)
— 20. ἐπὶ τῆς δυνάμεως φυλῆς υἱῶν Γάδ (6)
— 23. ἐπὶ τῆς δυνάμεως φυλῆς υἱῶν Μαν. (6)
— 24. ἐπὶ τῆς δυνάμεως φυλῆς υἱῶν Βεν. (6)
— 26. ἐπὶ τῆς δυνάμεως φυλῆς υἱῶν Ἀ. (6)
— 27. ἐπὶ τῆς δυνάμεως φυλῆς υἱῶν Νεφθ. (6)
13. 3 (2). ἄνδρα ἕνα κατὰ φυλήν (6)
— 5 (4). τῆς φ. Ῥ. (6)
— 6 (5). τῆς φ. Συμ. (6)

Nu. 13. 7 (6). τῆς φ. Ἰ. (6)
— 8 (7). τῆς φ. Ἰσσ. (6)
— 9 (8). τῆς φ. Ἐφρ. (6)
— 10 (9). τῆς φ. Βεν. (6)
— 11 (10). τῆς φ. Ζαβ. (6)
— 12 (11). τῆς φ. Ἰ. τῶν υἱῶν Μαν. (6)
— 13 (12). τῆς φ. Δάν (6)
— 14 (13). τῆς φ. Ἀσήρ (6)
— 15 (14). τῆς φ. Νεφθ. (6)
— 16 (15). τῆς φ. Γάδ (6)
17. 3 (18). κατὰ φυλὴν οἴκου πατριῶν αὐ. †
18. 2. τοὺς ἀδελφούς σου φυλὴν Λευὶ . . . προσαγάγου (6)
24. 2. καθορᾷ τὸν Ἰσρ. ἐστρατοπεδευκότα κατὰ φυλάς (8 a)
25. 5. εἶπε Μ. ταῖς φ. Ἰσρ. †
26. 55. κατὰ φυλὰς πατριῶν αὐ. κληρονομήσουσιν (6)
27. 11. τῷ οἰκείῳ τῷ ἔγγιστα αὐτοῦ ἐκ τῆς φ. αὐ. (7)
30. 2. AR ἐλάλησε Μ. πρὸς τοὺς ἄρχοντας τῶν φ. υἱῶν [B *om.*] Ἰσρ. (6)
31. 4. χιλίους ἐκ φυλῆς χιλίους ἐκ φυλῆς ἐκ πασῶν φ. Ἰσρ. (6 *ter*)
— 5. χιλίους ἐκ φυλῆς (6)
— 6. χιλίους ἐκ φυλῆς χιλίους ἐκ φυλῆς [B[2] *om.* ἐκ φ.] (6, –)
32. 28. καὶ τοὺς ἄρχοντας πατριῶν τῶν φ. Ἰσρ. (6)
— 33. καὶ τῷ ἡμίσει φυλῆς Μαν. (8 a)
33. 54. κατακληρονομήσετε τὴν γῆν αὐ. . . . κατὰ φυλὰς ὑ. (7)
— 54. κατὰ φυλὰς πατριῶν ὑμῶν κληρονομήσετε (6)
34. 13. δοῦναι αὐτὴν ταῖς ἐννέα φ. καὶ τῷ ἡμίσει φυλῆς Μαν. (6, 6)
— 14. ἔλαβε φυλὴ υἱῶν Ῥ. καὶ φυλὴ υἱῶν Γάδ (6, 6)
— 14. τὸ ἥμισυ φυλῆς Μ. ἀπέλαβον τοὺς κλήρους αὐ. (6)
— 15. δύο φυλαὶ καὶ ἥμισυ φυλῆς ἀπέλαβον (6, 6)
— 18. ἄρχοντα ἕνα ἐκ φυλῆς λήψεσθε (6)
— 19. τῆς φ. Ἰ. Χαλέβ (6)
— 20. τῆς φ. Συμ. Σαλ. (6)
— 21. τῆς φ. Βεν. Ἐλδάδ (6)
— 22. τῆς φ. Δὰν ἄρχων Β. (6)
— 23. τῶν υἱῶν Ἰ. φυλῆς υἱῶν Μαν. ἄρχων Ἀν. (6)
— 24. τῆς φ. υἱῶν Ἐφρ. ἄρχων Κ. (6)
— 25. τῆς φ. Ζαβ. ἄρχων Ἐλ. (6)
— 26. τῆς φ. υἱῶν Ἰσσ. ἄρχων Φ. (6)
— 27. τῆς φ. υἱῶν Ἀ. ἄρχων Ἀχ. (6)
— 28. τῆς φ. Νεφθ. ἄρχων Φ. (6)
36. 1. οἱ ἄρχοντες φυλῆς υἱῶν Γ. . . . ἐκ τῆς φ. υἱῶν Ἰ. (7, 7)
— 3. ἔσονται ἑνὶ τῶν φ. υἱῶν Ἰσρ. γυναῖκες (8 a)
— 3. προστεθήσεται εἰς κληρονομίαν τῆς φ. (6)
— 4. προστεθήσεται . . . ἐπὶ τὴν κληρονομίαν τῆς φ. (6)
— 4. ἀπὸ τῆς κληρονομίας φυλῆς πατριᾶς ἡμῶν (6)
— 5. οὕτως φυλὴ υἱῶν Ἰ. λέγουσι (6)
— 7. οὐχὶ περιστραφήσεται . . . ἀπὸ φυλῆς ἐπὶ φυλήν (6, 6)
— 7. ἕκαστος ἐν τῇ κληρονομίᾳ τῆς φ. τῆς πατριᾶς αὐ. (6)
— 8. πᾶσα θυγάτηρ . . . ἐκ τῶν φ. [A *om.* ἐκ τ. φ.] υἱῶν Ἰσρ. (6)
— 9. οὐ περιστραφήσεται κλῆρος ἐκ φυλῆς ἐπὶ φ. ἑτέραν (6, 6)
— 12. ἐγενήθη ἡ κληρονομία αὐ. ἐπὶ τὴν φ. δήμου (6)
De. 1. 13. δότε ἑαυτοῖς ἄνδρας σοφοὺς . . . εἰς τὰς φ. ὑ. (8 a)
— 23. ἄνδρα ἕνα κατὰ φυλήν (8 a)
3. 13. ἔδωκα τῷ ἡμίσει φυλῆς Μαν. (8 a)
5. 23 (20). πάντες οἱ ἡγούμενοι τῶν φ. ὑμῶν (8 a)
10. 8. διέστειλε κύριος τὴν φ. τὴν Λ. (8 a)
12. 5. A ἐν μιᾷ τῶν φ. [B πόλεων] ὑμῶν (8 a)
— 14. ἐν μιᾷ τῶν φ. [A πόλεών] σου (8 a)
16. 18. αἷς κ. ὁ θεός σου δίδωσί σοι κατὰ φυλάς (8 a)
18. 1. οὐκ ἔσται τοῖς ἱ. τοῖς Λ. ὅλῃ φ. Λ. (8 a)
— 5. αὐτὸν ἐξελέξατο κ. ἐκ πασῶν τῶν φ. σου (8 a)
29. 8 (7). ἔδωκα αὐτὴν . . . τῷ ἡμίσει φυλῆς Μαν. (8 a)
— 18 (17). μή τίς ἐστιν ἐν ὑμῖν . . . φυλή (8 a)
33. 5. συναχθέντων ἀρχόντων λαῶν ἅμα φυλαῖς Ἰσρ. (8 a)
Jo. 1. 12. τῷ ἡμίσει φυλῆς Μαν. εἶπεν Ἰ. (8 a)
3. 12 : 4. 2, 4. ἕνα ἀφ' ἑκάστης φ. (8 a)
4. 5. κατὰ τὸν ἀριθμὸν τῶν δώδεκα [A *om.*] φ. τοῦ Ἰσρ. (8 a)

Jo. 4. 12. διέβησαν . . . οἱ ἡμίσεις φυλῆς Μαν. (8 *a*)
7. 1. ἔλαβεν Ἀ. . . . ἐκ τῆς φ. Ἰ. ἀπὸ τοῦ ἀναθέματος (6)
— 14. συναχθήσεσθε πάντες τὸ πρωῒ κατὰ φυλάς (8 *a*)
— 14. ἡ φ. ἣν ἂν δείξῃ κύριος (8 *a*)
— 16. προσήγαγε τὸν λαὸν κατὰ φυλάς (8 *a*)
— 16. ἐνεδείχθη ἡ φ. Ἰ. (8 *a*)
11. 23. ἔδωκεν αὐτοὺς . . . ἐν μερισμῷ κατὰ φυλὰς αὐ. (8 *a*)
12. 6. ἔδωκεν αὐτὴν . . . τῷ ἡμίσει φυλῆς Μαν. (8 *a*)
— 7. ἔδωκεν αὐτὴν Ἰ. ταῖς φ. Ἰσρ. (8 *a*)
13. 7. μέρισον τὴν γῆν τ. . . . ταῖς ἐννέα φ. καὶ τῷ ἡμίσει φυλῆς [A τῆς φ.] Μαν. (8 *a*, 8 *a*)
— 8. ταῖς φ. [A δὲ δύο φ.] καὶ τῷ ἡμίσει φυλῆς Μαν. –, –
— 14. πλὴν τῆς φ. [A τῇ φ. τῇ] Λ. οὐκ ἐδόθη (8 *a*)
— 15. ἔδωκε Μ. τῇ φ. Ῥ. (6)
— 29. ἔδωκε Μ. τῷ ἡμίσει φυλῆς Μαν. (8 *a*)
— 31. A^2 τοῖς ἡμίσεσιν τῆς φ. Μαν. [B *al.*] †
— 31. A^2 ἐγενήθησαν τὰ ὅρια κατὰ φυλὰς αὐ. (7 ?)
14. 1. καὶ οἱ ἄρχοντες πατριῶν φυλῶν τῶν υἱῶν Ἰσρ. (6)
— 2. ἐκληρονόμησαν . . . ταῖς ἐννέα φ. καὶ τῷ ἡμίσει φυλῆς (6, 6)
— 4. ἦσαν οἱ υἱοὶ Ἰ. δύο φυλαὶ Μαν. καὶ Ἐφρ. (6)
15. 1. ἐγένετο τὰ ὅρια φυλῆς Ἰ. (6)
— 20. αὕτη ἡ κληρονομία φυλῆς υἱῶν Ἰ. (6)
— 21. πόλεις πρὸς τῇ φ. [A πόλις πρώτη φυλῆς] υἱῶν Ἰ. (6)
16. 8. αὕτη ἡ κληρονομία φυλῆς [A φ. υἱῶν] Ἐφρ. (6)
17. 1. ἐγένετο τὰ ὅρια φυλῆς υἱῶν Μαν. (6)
18. 2. κατελείφθησαν οἱ υἱοὶ Ἰσρ. . . . ἑπτὰ φυλαί (8 *a*)
— 4. δότε ἐξ ὑμῶν ἄνδρας τρεῖς ἐκ φυλῆς (8 *a*)
— 7. καὶ τὸ ἥμισυ φυλῆς [A^2 *add.* υἱῶν] Μαν. (8 *a*)
— 11. AB^{2}R ἐξῆλθεν ὁ κλῆρος φυλῆς [B^1 *om.*] Βεν. (6)
19. 8. αὕτη ἡ κληρονομία φυλῆς υἱῶν Σ. (6)
— 9. ἡ κληρονομία φυλῆς υἱῶν Σ. –
— 16. B αὕτη ἡ κληρονομία φυλῆς [A R τῆς φ.] υἱῶν Ζ. –
— 23. αὕτη ἡ κληρονομία φυλῆς υἱῶν Ἰσσ. (6)
— 31. αὕτη ἡ κληρονομία φυλῆς υἱῶν Ἀ. (6)
— 39. αὕτη ἡ κληρονομία φυλῆς υἱῶν Ν. (6)
— 48. αὕτη ἡ κληρονομία φυλῆς υἱῶν Δάν (6)
— 51. ἃς κατεκληρονόμησεν . . . ἐν ταῖς φ. Ἰσρ. (6)
20. 8. ἀπὸ τῆς φ. Ῥ. (6)
— 8. B ἐκ τῆς φ. Γάδ (6)
— 8. ἐκ τῆς φ. Μαν. (6)
21. 1. ἐκ τῶν φ. [A φ. τῶν υἱῶν] Ἰσρ. (6)
— 4. ἀπὸ φυλῆς Ἰ. καὶ ἀπὸ φυλῆς Σ. καὶ ἀπὸ φυλῆς [A τῆς φ.] Βεν. (6 *ter*)
— 5. τοῖς καταλελειμμένοις ἐκ τῆς φ. Ἐφρ. καὶ ἐκ τῆς φ. Δὰν καὶ ἀπὸ τοῦ ἡμίσους φυλῆς Μαν. (7 + 6, 6, 6)
— 6. A B^2 ἀπὸ τῆς φ. Ἰσσ. καὶ ἀπὸ τῆς φ. Ἀ. (7 + 6, 6)
— 6. καὶ ἀπὸ τῆς φ. Ν. καὶ ἀπὸ τοῦ ἡμίσους φυλῆς Μαν. (6, 6)
— 7. ἀπὸ φυλῆς [A τῆς φ.] Ῥ. καὶ ἀπὸ φυλῆς [A τῆς φ.] Γὰδ καὶ ἀπὸ φυλῆς [A τῆς φ.] Ζαβ. (6 *ter*)
— 9. ἔδωκεν ἡ φ. υἱῶν Ἰ. καὶ ἡ φ. υἱῶν Συμ. καὶ ἀπὸ τῆς φ. υἱῶν Βεν. τὰς πόλεις ταύτας (6, 6, –)
— 16. πόλεις ἐννέα παρὰ τῶν δύο φ. τούτων (8 *a*)
— 17. καὶ παρὰ τῆς φ. Βεν. τὴν Γ. (6)
— 20. ἐγενήθη πόλις τῶν ἱ. αὐ. ἀπὸ φυλῆς Ἐφρ. (6)
— 23. καὶ ἐκ τῆς φ. Δὰν τὴν Ἐλκ. (6)
— 25. καὶ ἀπὸ τοῦ ἡμίσους φυλῆς [B^2 τῆς φ.] Μαν. (6)
— 27. καὶ τοῖς υἱοῖς Γ. . . . ἐκ τοῦ ἡμίσους φυλῆς Μαν. (6)
— 28. καὶ ἐκ τῆς φ. Ἰσσ. τὴν Κ. (6)
— 30. καὶ ἐκ τῆς φ. Ἀ. τὴν Β. (6)
— 32. καὶ ἐκ τῆς φ. Νεφ. (6)
— 34. ἐκ τῆς φ. [A φ. υἱῶν] Ζαβ. (6)
— 36. καὶ πέραν τοῦ Ἰορδάνου . . . ἐκ τῆς φ. Ῥ. –
— 37 (36). καὶ ἀπὸ τῆς φ. Γάδ (6)
— 38. τῶν καταλελειμμένων ἀπὸ τῆς φ. Λ. (7)
22. 1. καὶ τὸ ἥμισυ φυλῆς Μαν. (6)
— 7. τῷ ἡμίσει φυλῆς Μαν. (8 *a*)
— 9. B καὶ τὸ ἥμισυ φυλῆς υἱῶν [A R *om.*] Μαν. (8 *a*)
Jo. 22. 10, 11. καὶ τὸ ἥμισυ φυλῆς Μαν. (8 *a*)
— 13. καὶ πρὸς τοὺς υἱοὺς ἥμισυ φυλῆς Μαν. (8 *a*)
— 14. ἀπὸ πασῶν φ. [A τῶν φ.] Ἰσρ. (6)
— 15. καὶ πρὸς τοὺς ἡμίσεις φυλῆς Μαν. (8 *a*)
— 21. καὶ τὸ ἥμισυ φυλῆς Μαν. (8 *a*)
— 30. καὶ τὸ ἥμισυ φυλῆς Μαν. †
— 31. καὶ τῷ ἡμίσει φυλῆς Μαν. †
— 32. οἱ ἄρχοντες . . . ἀπὸ τοῦ ἡμίσους φυλῆς Μαν. –
— 33. ἐξολεθρεῦσαι τὴν γῆν . . . τοῦ ἡμίσους φυλῆς Μαν. –
— 34. ἐπωνόμασεν Ἰ. τὸν βωμὸν . . . τοῦ ἡμίσους φυλῆς Μαν. –
23. 4. τὰ ἔθνη τὰ καταλελειμμ. . . . εἰς τὰς φ. ὑμῶν (8 *a*)
24. 1. συνήγαγεν Ἰ. πάσας φ. [A τὰς φ.] Ἰσρ. (8 *a*)
Jd. 13. 2. A ἐκ τῆς φ. τοῦ Δάν [B *al.*] (7)
18. 1. ἡ φ. Δὰν ἐζήτει ἑαυτῇ κληρονομίαν (8 *a*)
— 1. οὐκ ἐνέπεσεν αὐτῇ . . . ἐν μέσῳ φυλῶν Ἰσρ. κληρονομία (8 *a*)
— 19. ἢ γενέσθαι σε ἱερέα φυλῆς (8 *a*)
— 30. ἦσαν ἱερεῖς τῇ φ. Δάν (8 *a*)
19. 29. A ἐξαπέστειλεν αὐτὰς εἰς πάσας τὰς φ. τοῦ Ἰσρ. [B *al.*] †
20. 2. ἐστάθησαν . . . πᾶσαι αἱ φ. τοῦ Ἰσρ. [A *al.*] (8 *a*)
— 10. λημψόμεθα δέκα ἄνδρας . . . εἰς πάσας φ. [A ταῖς π. φ.] Ἰσρ. (8 *a*)
— 12. ἀπέστειλαν αἱ φ. Ἰσρ. ἄνδρας ἐν πάσῃ φ. Βεν. (8 *a*, 8 *a*)
21. 3. τοῦ ἐπισκεπῆναι σήμερον ἀπὸ Ἰσρ. φ. μίαν (8 *a*)
— 5. τίς οὐκ ἀνέβη . . . ἀπὸ πασῶν φ. Ἰσρ. (8 *a*)
— 6. ἐξεκόπη σήμερον φ. μία ἀπὸ Ἰσρ. (8 *a*)
— 8. τίς εἷς ἀπὸ φυλῶν Ἰσρ. [A *al.*] (8 *a*)
— 15. ἐποίησε κ. διακοπὴν ἐν ταῖς φ. Ἰσρ. (8 *a*)
— 17. οὐκ ἐξαλειφθήσεται φυλὴ ἀπὸ Ἰσρ. (8 *a*)
— 24. περιεπάτησαν . . . ἀνὴρ εἰς φυλὴν [A τὴν φ.] αὐ. (8 *a*)
Ru. 3. 11. οἶδε γὰρ πᾶσα φ. λαοῦ μου †
4. 10. ἐκ τῶν ἀδ. αὐ. καὶ ἐκ τῆς φ. λαοῦ αὐ. †
I Ki. 9. 21. τοῦ μικροῦ σκήπτρου φυλῆς Ἰσρ. (8 *a*)
— 21. καὶ τῆς φ. τῆς ἐλαχίστης ἐξ ὅλου σκήπτρου B. (7)
10. 19. κατάστητε ἐνώπιον κυρίου . . . κατὰ τὰς φ. [A χιλιάδας] ὑμῶν †
— 21. προσάγει σκῆπτρον Βεν. εἰς φυλάς (7)
— 21. κατακληροῦται φυλὴ Ματτ. (7)
— 21. προσάγουσι τὴν φ. Ματτ. εἰς ἄνδρας –
15. 17. ἡγούμενος σκήπτρου φυλῆς Ἰσρ. (8 *a*)
20. 6. θυσία τῶν ἡμερῶν ἐκεῖ ὅλῃ τῇ φ. (7)
— 29. θυσία τῆς φ. ἡμῖν ἐν τῇ πόλει (7)
29. 3. A οὐχ οὗτος Δ. ὁ δοῦλος Σ. φυλῆς [B βασιλέως] Ἰσρ. †
II Ki. 5. 1. παραγίνονται πᾶσαι αἱ φ. Ἰσρ. (8 *a*)
7. 7. εἰ λαλῶν ἐλάλησα πρὸς μίαν φ. τοῦ Ἰσρ. (8 *a*)
15. 2. ἐκ μιᾶς φυλῶν Ἰσρ. ὁ δοῦλός σου (8 *a*)
— 10. ἀπέστειλεν Ἀβ. κατασκόπους ἐν πάσαις φ. Ἰσρ. (8 *a*)
19. 9 (10). ἦν πᾶς ὁ λαὸς κρινόμ. ἐν πάσαις φ. Ἰσρ. (8 *a*)
20. 14. διῆλθεν ἐν πάσαις φ. Ἰσρ. (8 *a*)
24. 2. δίελθε δὴ πάσας φ. Ἰσρ. (8 *a*)
III Ki. 7. 14. καὶ οὗτος ἀπὸ τῆς φ. Ν. (6)
11. 32. ἣν ἐξελεξάμην ἐν αὐτῇ ἐκ πασῶν φ. Ἰσρ. (8 *a*)
12. 24. B συνήθροισεν ἐκεῖ τὰς φ. τοῦ Ἰσρ. –
— 24. B τάδε λέγει κύριος ἐπὶ τὰς δέκα φ. τοῦ Ἰσρ. –
14. 21. ἣν ἐξελέξατο . . . ἐκ πασῶν φ. τοῦ Ἰσρ. (8 *a*)
18. 31. κατ' ἀριθμὸν φυλῶν τοῦ Ἰσρ. (8 *a*)
IV Ki. 17. 18. οὐχ ὑπελείφθη πλὴν φυλὴ Ἰ. μονωτάτη (8 *a*)
21. 7. ἐξελεξάμην ἐκ πασῶν φ. Ἰσρ. (8 *a*)
I Ch. 5. 18. καὶ ἥμισυ φυλῆς Μαν. (8 *a*)
— 23. οἱ ἡμίσεις φυλῆς Μαν. (8 *a*)
— 26. μετῴκισε . . . τὸ ἥμισυ φυλῆς Μαν. (8 *a*)
6. 60 (45). καὶ ἐκ φυλῆς Βεν. καὶ τὴν Γ. (6)
— 61 (46). ἐκ τῆς φ. ἐκ τοῦ ἡμίσους φυλῆς Μαν. (6, 6)
— 62 (47). ἐκ φυλῆς Ἰσσ. ἐκ φυλῆς Ἀ. ἐκ φυλῆς Νεφθ. ἐκ φυλῆς Μαν. (6 *quater*)
— 63 (48). ἐκ φυλῆς Ῥ. ἐκ φυλῆς Γὰδ ἐκ φυλῆς Ζαβ. (6 *ter*)
— 65 (50). ἐκ φυλῆς υἱῶν Ἰ. καὶ ἐκ φυλῆς υἱῶν Συμ. (6, 6)
— 65 (50). R καὶ ἐκ φυλῆς υἱῶν Βεν. (6)
I Ch. 6. 66 (51). ἐγένοντο πόλεις . . . ἐκ φυλῆς Ἐφρ. (6)
— 70 (55). ἀπὸ τοῦ ἡμίσους φυλῆς Μαν. (6)
— 71 (56). ἀπὸ πατριῶν ἡμίσους φυλῆς Μαν. (6)
— 72 (57). καὶ ἐκ φυλῆς Ἰσσ. τὴν Κ. (6)
— 74 (59). καὶ ἐκ φυλῆς Ἀ. τὴν Μ. (6)
— 76 (61). καὶ ἀπὸ φυλῆς Νεφθ. τὴν Κ. (6)
— 77 (62). ἐκ φυλῆς Ζαβ. τὴν Ῥ. (6)
— 78 (63). ἐκ φυλῆς Ῥ. τὴν Βοσόρ (6)
— 80 (65). ἐκ φυλῆς Γὰδ τὴν Ῥ. (6)
12. 29. A ἀπεσκόπει τὴν φ. [B S φυλακὴν] οἴκου Σ. †
— 31. ἀπὸ τοῦ ἡμίσους φυλῆς Μαν. (6)
— 37. ἀπὸ τοῦ ἡμίσους φυλῆς Μαν. (8 *a*)
17. 6. εἰ λαλῶν ἐλάλησα πρὸς μίαν φ. †
23. 14. υἱοὶ αὐ. ἐκλήθησαν εἰς φυλὴν τοῦ Λ. (8 *a*)
26. 1. B εἰς διαιρέσεις τῶν φ. [A R πυλῶν] †
— 32. καὶ ἡμίσους φυλῆς Μαν. (8 *a*)
27. 16. καὶ ἐπὶ τῶν φ. Ἰσρ. (8 *a*)
— 20. τῷ ἡμίσει φυλῆς Μαν. (8 *a*)
— 21. τῷ ἡμίσει φυλῆς Μαν. –
— 22. οὗτοι πατριάρχαι τῶν φ. Ἰσρ. (8 *a*)
II Ch. 5. 2. καὶ πάντας τοὺς ἄρχοντας τῶν φ. (6)
6. 5. οὐκ ἐξελεξάμην ἐν πόλει ἀπὸ πασῶν φ. Ἰσρ. (8 *a*)
11. 16. ἐξέβαλεν αὐτοὺς ἀπὸ φυλῶν Ἰσρ. (8 *a*)
12. 13. ἐκ πασῶν φ. υἱῶν [A *om.*] Ἰσρ. (8 *a*)
33. 7. ἣν ἐξελεξάμην ἐκ πασῶν φ. Ἰσρ. (8 *a*)
I Es. 1. 4. κατὰ τὰς πατριὰς καὶ τὰς [A *om.*] φ. ὑμῶν
— 10. ἔστησαν οἱ ἱερεῖς . . . κατὰ τὰς φ.
2. 8. οἱ ἀρχίφυλοι τῶν πατριῶν τῆς Ἰ. καὶ Βεν. φυλῆς
5. 1. ἀρχηγοὶ οἴκου πατριῶν κατὰ φυλὰς αὐ.
— 4. κατὰ πατριὰς αὐ. εἰς τὰς φ.
— 5. ἐκ τῆς γενεᾶς Φ. φυλῆς δὲ Ἰούδα
— 66. ἀκούσαντες οἱ ἐχθροὶ τῆς φ. Ἰ. καὶ Βεν.
7. 9. ἔστησαν οἱ ἱερεῖς . . . κατὰ φυλάς
9. 5. ἐπισυνήχθησαν οἱ ἐκ τῆς φ. Ἰ.
II Es. 6. 17. εἰς ἀριθμὸν φυλῶν Ἰσρ. (8 *b*)
To. 1. 1. Τωβείτ . . . ἐκ τῆς [S *om.*] φ. Νεφθ.
— 4. πᾶσα φ. τοῦ [S ἡ φ.] Νεφθ. . . . ἀπέστη ἀπὸ τοῦ οἴκου Ἱερ.
— 4. τῆς ἐκλεγείσης ἀπὸ πασῶν τῶν φ. Ἰσραήλ [S *al.*]
— 4. εἰς τὸ θυσιάζειν πάσας τὰς φ. [S πάσαις φ.] Ἰσρ.
— 5. πᾶσαι αἱ φ. αἱ συναποστᾶσαι ἔθυον τῇ Βάαλ [S^1 *al.*]
4. 12. A B ἡ οὐκ ἔστιν ἐκ τῆς φ. τοῦ πατρός σου
5. 8. ποίας [S ἐκ π.] φ. ἐστι
— 10. ἐκ ποίας φ. . . . εἶ σύ [S *al.*]
— 11. A B φυλὴν καὶ πατριὰν σὺ ζητεῖς
— 11. S τί χρείαν ἔχεις φυλῆς
— 13. ἐζήτησα τὴν φ. σου . . . ἐπιγνῶναι [S *al.*]
Ju. 3. 8. ὅπως . . . πᾶσαι αἱ φ. αὐ. ἐπικαλέσωνται αὐτόν [A S *al.*]
6. 15. Ὀζ. ὁ τοῦ Μ. ἐκ τῆς φ. Συμ.
8. 2. ὁ ἀνὴρ αὐ. Μαν. τῆς [S ἐκ τῆς] φ. αὐ.
— 18. οὐκ ἀνέστη . . . φυλή
9. 14. καὶ πάσης φ. ἐπίγνωσιν
Es. 1. 1. Μαρδοχαῖος ὁ τοῦ Ἰ. . . . ἐκ φυλῆς [A S^2 τῆς φ.] Βεν.
2. 5. Μαρδ. ὁ τοῦ Ἰ. . . . ἐκ φυλῆς Βεν. †
3. 13. ἐν πάσαις ταῖς κατὰ τὴν οἰκουμένην φ.
4. 17. ἐν φυλῇ [S ἐκ φυλῆς] πατριᾶς μου [A *al.*]
Ps. 71 (72). 17. εὐλογηθήσονται ἐν αὐτῷ πᾶσαι αἱ φ. τῆς γῆς (3 ?)
77 (78). 55. κατεσκήνωσεν ἐν τοῖς σκηνώμασιν αὐ. τὰς φ. [B^1 ταῖς φ.] τοῦ Ἰσρ. (8 *a*)
— 67. τὴν φ. Ἐφραὶμ οὐκ ἐξελέξατο (8 *a*)
— 68. ἐξελέξατο τὴν φ. Ἰούδα (8 *a*)
104 (105). 37. οὐκ ἦν ἐν ταῖς φ. αὐτῶν ἀσθενῶν (8 *a*)
121 (122). 4. S^{2}R ἐκεῖ γὰρ ἀνέβησαν αἱ φ. φυλαὶ [A αἱ φ., S^1 *om.*] κυρίου μαρτύριον τῷ Ἰσραήλ (8 *a*, 8 *a*)
Pr. 14. 34. ἐλασσονοῦσι δὲ φυλὰς ἁμαρτίαι (4)
Si. 16. 4. φυλὴ δὲ ἀνόμων ἐρημωθήσεται
33 (36). 11. σύναγε πάσας φυλὰς Ἰακώβ
44. 23. ἐν φυλαῖς ἐμέρισε δέκα δύο
45. 6. Ἀ. ὕψωσεν ἅγιον . . . ἐκ φυλῆς Λευΐ
— 11. κατ' ἀριθμὸν φυλῶν [S^1 φυλάσσων] Ἰσρ.
— 25. διαθήκην τῷ Δαυὶδ υἱῷ [A S^2 υἱῷ Ἰεσσαὶ] ἐκ φυλῆς Ἰούδα
48. 10. καταστῆσαι φυλὰς Ἰακώβ
Ho. 5. 9. ἐν ταῖς φ. τοῦ Ἰσρ. ἔδειξα πιστά (8 *a*)
Am. 1. 5. κατακόψω φυλὴν ἐξ ἀνδρῶν Χ. (8 *a*)
— 8. ἐξαρθήσεται φυλὴ ἐξ Ἀσκάλωνος (8 *a*)

Am. 3. 1. καὶ κατὰ πάσης φ. ἧς ἀνήγαγον (7)
— 2. B ὑμᾶς ἔγνων ἐκ πασῶν φ. [A R τῶν φ.] γῆς (7)
— 12. ἐκσπασθήσονται . . . κατέναντι τῆς [A om.] φ. †
Mi. 2. 3. λογίζομαι ἐπὶ τὴν φ. ταύτην κακά (7)
5. 1 (4. 14). A R πατάξουσιν ἐπὶ σιαγόνας τὰς φ. τοῦ Ἰσρ. [B al.] †
6. 9. ἄκουε, φυλή (6)
7. 14. A ποίμαινε . . . φυλήν [B om.] σου πρόβατα κληρονομίας σου (8 a?)
Na. 3. 4. A S² ἡ πωλοῦσα . . . φυλὰς [B S¹ λαοὺς] ἐν τοῖς φαρμάκοις αὐ. (7)
Hg. 1. 1. εἰπὸν πρὸς Ζορ. τὸν τοῦ Σαλ. ἐκ [A τὸν ἐκ] φυλῆς Ἰ. †
— 12. ἤκουσε Ζορ. ὁ τοῦ Σαλ. ἐκ [A ὁ ἐκ] φυλῆς Ἰ. –
— 14. ἐξήγειρε κ. τὸ πνεῦμα Ζορ. τοῦ Σ. ἐκ φυλῆς Ἰ. †
2. 3 (2). εἰπὸν δὴ πρὸς Ζορ. τὸν Σαλ. ἐκ φυλῆς Ἰ. †
— 22 (21). εἰπὸν πρὸς Ζορ. τὸν τοῦ Σ. ἐκ φυλῆς Ἰ. †
Za. 9. 1. κύριος ἐφορᾷ . . . πάσας φ. τοῦ Ἰσρ. (8 a)
12. 12. κόψεται ἡ γῆ κατὰ φυλὰς φυλάς [S om.] (7, 7)
— 12. A φυλὴ φυλὴ καθ' ἑαυτήν –, –
— 12. φυλὴ οἴκου Δ. καθ' ἑαυτήν (7)
— 12. φυλὴ οἴκου Ν. καθ' ἑαυτήν (7)
— 13. φυλὴ οἴκου Λ. καθ' ἑαυτήν (7)
— 13. φυλὴ τοῦ Σ. καθ' ἑαυτήν (7)
— 14. πᾶσαι αἱ ὑπολελειμμέναι φ. [A φ. αἱ ὑ.] (7)
— 14. S³ φυλὴ φυλὴ [ABS¹ om.] καθ' ἑαυτήν (7, 7)
14. 17. B ὅσοι ἐὰν μὴ ἀναβῶσιν ἐκ πασῶν φ. [A S R τῶν φ.] τῆς γῆς (7)
— 18. ἐὰν δὲ φυλὴ Αἰγύπτου μὴ ἀναβῇ (7)
Is. 19. 13. πλανήσουσιν Αἴγυπτον κατὰ φυλάς (8 a)
49. 6. τοῦ στῆσαι τὰς φ. Ἰακώβ (8 a)
63. 17. διὰ τὰς φ. τῆς κληρονομίας σου (8 a)
Ez. 19. 11. ἐγένετο αὕτη ῥάβδος ἐπὶ φυλὴν ἡγουμένων [A al.] (8 a)
— 14. φ. εἰς παραβολὴν θρήνου ἐστί (8 a)
20. 32. ἐσόμεθα ὡς τὰ ἔθνη καὶ ὡς αἱ φ. τῆς γῆς (7)
21. 13 (18). A ἔτι εἰ καὶ φ. ἀπωσθῇς [B al.] (8 a)
37. 19. λήψομαι τὴν φ. Ἰωσὴφ . . . καὶ τὰς φ. Ἰσραὴλ . . . δώσω αὐτοὺς ἐπὶ τὴν φ. Ἰούδα (†, 8 a, †)
45. 8. κατακληρονομήσουσιν οἶκος Ἰσραὴλ κατὰ φυλὰς αὐτῶν (8 a)
47. 13. ταῖς δώδεκα φ. τῶν υἱῶν Ἰσραὴλ πρόσθεσις σχοινίσματος (8 a)
— 21. ταῖς φ. τοῦ Ἰσραὴλ βαλεῖτε αὐτήν (8 a)
— 22. ἐν μέσῳ τῶν φ. [A υἱῶν] τοῦ Ἰσρ. (8 a)
— 23. ἔσονται ἐν φυλῇ προσηλύτων (8 a)
48. 1. ταῦτα τὰ ὀνόματα τῶν φ. (8 a)
— 19. ἐργῶνται αὐτὴν ἐκ πασῶν τῶν φ. τοῦ Ἰσραήλ (8 a)
— 23. τὸ περισσὸν τῶν φ. (8 a)
— 29. ἣν βαλεῖτε ἐν κλήρῳ ταῖς φ. Ἰσρ. (8 a)
— 31. ἐπ' ὀνόμασι φυλῶν [A τῶν φ.] τοῦ Ἰσρ. (8 a)
Da. LXX. 3. 2. ἐπισυναγαγεῖν . . . φυλάς –
— 7. πίπτοντα πάντα τὰ ἔθνη φυλαὶ καὶ γλῶσσαι (1)
— 29 (96). πᾶν ἔθνος καὶ πᾶσαι φ. (1)
— 31 (98). Ναβ. ὁ βασ. πᾶσι τοῖς λαοῖς φυλαῖς (1)
Bel *tit.* ἐκ προφητείας Ἀμβ. υἱοῦ Ἰ. ἐκ τῆς φ. Λ.
Da. LXX. 3. 4. ὑμῖν λέγεται . . . φυλαὶ γλῶσσαι (1)
— 7. πίπτοντες οἱ λαοὶ φυλαί [A om.] (1)
— 29 (96). πᾶς λαὸς φυλὴ γλῶσσα (1)
— 31 (98). Ναβ. ὁ βασ. πᾶσι τοῖς λαοῖς φυλαῖς (1)
5. 19. πάντες οἱ λαοὶ φυλαὶ γλῶσσαι (1)
6. 25 (26). ἔγραψε πᾶσι τοῖς λαοῖς φυλαῖς (1)
7. 14. πάντες οἱ λαοὶ φυλαὶ . . . δουλεύουσιν αὐτῷ (1)
I Ma. 7. 8. A ἐπέλεξεν ὁ βασ. τὸν Β. τῶν φ. [S R φίλων] τοῦ βασ.
II Ma. 3. 4. Σίμων δέ τις ἐκ τῆς Βεν. φυλῆς

[**Aq.** Jo. 15. 21: Ps. 64 (65). 8: Is. 34. 1: Je. 51 (28). 58.]
[**Sm.** Nu. 1. 21, 47: Jo. 15. 21: Jb. 37. 13: Ps. 43 (44). 15: Am. 3. 2 (P.).]
[**Th.** Nu. 1. 21, 47: Jo. 15. 21: Is. 34. 1: Je. 51 (28). 58.]
[**Al.** Ge. 49. 28: Le. 25. 47: Nu. 4. 18: Dt. 1. 15: 12. 5: I Ki. 9. 21: II Ch. 11. 16.]
[**Quint.** Ps. 73 (74). 2.]

φύλλον. (1) עָלֶה (2) עֳפִי

Ge. 3. 7. ἔρραψαν φύλλα συκῆς (1)
8. 11. εἶχε φύλλον ἐλαίας κάρφος (1)
Le. 26. 36. διώξεται αὐτοὺς φωνὴ φύλλου φερομένου (1)
Ne. 8. 15. ἐνέγκατε φύλλα ἐλαίας καὶ φύλλα ξύλων κυπαρισσίνων καὶ φύλλα μυρσίνης (1 *ter*)
— 15. A² B S καὶ φύλλα φοινίκων καὶ φύλλα ξύλου δασέος (1, 1)
Jb. 13. 25. ἢ ὡς φύλλον κινούμενον ὑπὸ ἀνέμου εὐλαβηθήσῃ (1)
Ps. 1. 3. τὸ φ. αὐτοῦ οὐκ ἀπορρυήσεται (1)
Pr. 11. 14. πίπτουσιν ὥσπερ φύλλα [S¹ -ον] †
Si. 6. 3. τὰ φ. σου καταφάγεσαι
— 3. A ἀφήσεις σεαυτὸν ὡς φύλλον [B S ξύλον] ξηρόν
14. 18. ὡς φύλλον θάλλον ἐπὶ δένδρου δασέος
Hg. 2. 20 (19). S¹ τὰ φ. [A B S² ξύλα] τῆς ἐλαίας τὰ οὐ φέροντα καρπόν †
Is. 1. 30. A S R ὡς τερέβινθος ἀποβεβληκυῖα τὰ [B om.] φ. (1)
34. 4. πεσεῖται ὡς φύλλα ἐξ ἀμπέλου καὶ ὡς πίπτει φύλλα ἀπὸ συκῆς (1, –)
64. 6 (5). ἐξερρύημεν ὡς φύλλα (1)
Je. 8. 13. τὰ φ. κατερρύηκεν (1)
Da. TH. 4. 9. τὰ φ. αὐ. ὡραῖα (2)
— 11. ἐκτινάξατε τὰ φ. αὐ. (2)
— 18. καὶ τὰ φ. αὐ. εὐθαλῆ (2)

[**Aq.** Ps. 1. 3: Is. 34. 4.]
[**Sm.** Jb. 13. 25: Is. 6. 13: 34. 4: Ez. 17. 9.]
[**Al.** Ez. 47. 12.]

φῦλον.

III Ma. 4. 14. ἀπογραφῆναι δὲ πᾶν τὸ φ. ἐξ ὀνόματος
5. 5. λήψεσθαι τὸ φ. πέρας τῆς ὀλεθρίας

[**Aq.** Ps. 2. 1: 43 (44). 3: 148. 11: Is. 51. 4.]
[**Sm.** Is. 51. 4.]

φύραμα. (1) מִשְׁאֶרֶת (2) עֲרִיסָה

Ex. 8. 3 (7. 28). εἰσελεύσονται . . . ἐν τοῖς φ. σου [A¹ al.] (1)
12. 34. τὰ φ. αὐ. ἐνδεδεμένα ἐν τοῖς ἱματίοις αὐ. (1)
Nu. 15. 20, 21. ἀπαρχὴν φυράματος ὑμῶν (2)

[**Quint.** Ho. 7. 4.]

φυρᾶν. (1) בָּלַל (2) לוּשׁ (3) רָבַךְ hoph.

Ge. 18. 6. φύρασον τρία μέτρα σεμιδάλεως (2)
Ex. 29. 2. ἄρτους ἀζύμους πεφυραμένους ἐν ἐλαίῳ (1)
— 40. δέκατον σεμιδάλεως πεφυραμένης (1)
Le. 2. 4. ἄρτους ἀζύμους πεφυραμένους ἐν ἐλαίῳ (1)
— 5. σεμίδαλις πεφυραμένη ἐν ἐλαίῳ (1)
6. 21 (14). B πεφυραμένην οἴσει αὐτήν (3)
7. 2 (12) (A² B): 9. 4. καὶ σεμίδαλιν πεφυραμένην ἐν ἐλαίῳ (1)
14. 10. τρία δέκατα σεμιδάλεως εἰς θυσίαν πεφυραμένης (1)
— 21. δέκατον σεμιδάλεως πεφυραμένης ἐν ἐλαίῳ (1)
Nu. 15. 4. A θυσίαν σεμιδάλεως . . . πεφυραμένης ἐν τετάρτῳ τοῦ ἲν ἐλαίῳ [B al.] (1)
I Ki. 28. 24. ἔλαβεν ἄλευρα καὶ ἐφύρασε (2)
II Ki. 13. 8. καὶ ἐφύρασε (2)
I Ch. 23. 29. εἰς τήγανον καὶ εἰς τὴν πεφυραμένην (3)

[**Sm.** Je. 7. 18.]

φύρασις. (1) לוּשׁ

Ho. 7. 4. ἀπὸ φυράσεως στέατος (1)

φύρδην.

II Ma. 4. 41. φ. ἐνετίνασσον εἰς τοὺς περὶ τὸν Λ.

φύρεσθαι. (1) בּוֹס *a.* hoph. *b.* hithpal. (2) גָּלַל *a.* hithpo. *b.* hithpalp. (3) לָבַשׁ

II Ki. 20. 12. Ἀμ. πεφυρμένος ἐν τῷ αἵματι (2 a)
Jb. 7. 5. φύρεται δέ μου τὸ σῶμα ἐν σαπρίᾳ σκωλήκων (3)
30. 14. ἐν ὀδύναις πέφυρμαι (2 b)
39. 30. νεοσσοὶ δὲ αὐτοῦ φύρονται ἐν αἵματι †
Is. 14. 20 (19). ἱμάτιον ἐν αἵματι πεφυρμένον (1 a)
Ez. 16. 6. ἴδον σε πεφυρμένην ἐν τῷ αἵματί σου (1 b)
— 22. πεφυρμένη ἐν τῷ αἵματί σου ἔζησας (1 b)
III Ma. 4. 6. κόνει τὴν μυροβρεχῆ πεφυρμέναι κόμην

[**Sm.** Is. 9. 5 (4): La. 4. 14.]
[**Th.** Pr. 10. 8.]
[**Heb.** Je. 23. 14.]

φυρμός.

Ez. 7. 22 (23). ποιήσουσι φυρμόν †

φῦσα.

[**Sm., Th.** Le. 1. 16.]

φυσᾶν. (1) נָפַח

Wi. 11. 18. ἤτοι πυρπνόον [S -έον] φυσῶντας ἆσθμα
Si. 28. 12. ἐὰν φυσήσῃς σπινθῆρα [A εἰς σπ.]
43. 4. A S² R κάμινον φυσῶν [B S¹ φυλάσσων] ἐν ἔργοις καύματος
Is. 54. 16. οὐχ ὡς χαλκεὺς φυσῶν ἄνθρακας (1)

[**Aq.** Jb. 20. 26: Is. 40. 24: 54. 16.]
[**Sm.** Is. 54. 16.]
[**Th.** Jb. 20. 26: Is. 54. 16.]
[**Al.** Nu. 5. 21.]

φύσημα.

[**Sm.** Jb. 20. 26: Ps. 26 (27). 12.]
[**Al.** Dt. 8. 15.]

φυσητήρ. (1) מַפֻּחַ

Jb. 32. 19. ὥσπερ φυσητὴρ [S¹ -ής] χαλκέως ἐρρηγώς [S¹ om., A δεδεμένος καὶ κατερρ.] †
Je. 6. 29. ἐξέλιπε φ. ἀπὸ πυρός [A τῆς γῆς] (1)

φυσητής.

Jb. 32. 19. S¹ ὥσπερ φυσητὴς χαλκέως [A B S² al.] †

φυσικός.

[**Hebr.** Ge. 6. 6 (5).]

φύσις.

Wi. 7. 20. φύσεις ζῴων καὶ θυμοὺς [S¹ νόμους καὶ] θηρίων
13. 1. μάταιοι μὲν γὰρ πάντες ἄνθρωποι φύσει
19. 20. A S ὕδωρ τῆς σβεστικῆς φύσεως [B δυνάμεως] ἐπελανθάνετο
III Ma. 3. 29. καὶ πάσῃ θνητῇ φ. . . . ἄχρηστος φανήσεται
IV Ma. 1. 20. παθῶν δὲ φύσεις εἰσὶν αἱ περιεκτικώταται δύο
5. 7. τῆς φ. κεχαρισμένης
— 8. ἀποστρέφεσθαι τὰς τῆς φ. χάριτας
— 25. κατὰ φύσιν ἡμῖν συμπαθεῖ
13. 27. τῆς φ. καὶ τῆς συνηθείας καὶ τῶν τῆς ἀρετῆς ἠθῶν
15. 13. ὦ φύσις ἱερά
— 25. φύσιν [S¹ φάσιν] καὶ γένεσιν
16. 3. A τῆς [S ἡ τῆς] φιλοτεκνίας περιέκαιεν ἐκείνη [S R -ην] φ.

φυτεία (-τία). (1) *a.* נֶטַע *b.* מַטָּע

IV Ki. 19. 29. καὶ ἔτει τρίτῳ . . . φυτεία ἀμπελώνων (1 a)
Mi. 1. 6. θήσομαι Σαμάρειαν . . . εἰς φυτείαν ἀμπελῶνος (1 b)
Ez. 17. 7. τοῦ ποτίσαι αὐτὴν σὺν τῷ βώλῳ τῆς φ. αὐτῆς (1 b)

[**Sm.** Ge. 21. 33: Is. 60. 21: Ez. 17. 7.]
[**Th.** Is. 60. 21.]

φυτεύειν. (1) *a.* נָטַע qal. *b.* ni. *c.* נֶטַע (2) נָצַר (3) עָשָׂה (4) שָׁתַל

Ge. 2. 8. ἐφύτευσεν κ. ὁ θ. παράδεισον (1 a)
9. 20. καὶ ἐφύτευσεν ἀμπελῶνα (1 a)
21. 33. ἐφύτευσεν Ἀβ. ἄρουραν (1 a)
De. 16. 21. οὐ φυτεύσεις σεαυτῷ ἄλσος (1 a)
20. 6. τίς ὁ ἄνθρωπος ὅστις ἐφύτευσεν ἀμπελῶνα (1 a)
28. 30, 39. ἀμπελῶνα φυτεύσεις (1 a)
Jo. 24. 13. οὓς οὐκ ἐφυτεύσατε [A οὐ κατεφ.] (1 a)
I Es. 4. 9. εἶπε φυτεῦσαι φυτεύουσι
— 16. ἐξέθρεψαν αὐτοὺς τοὺς φυτεύσαντας [A -εύοντας] τοὺς ἀμπελῶνας
Ps. 1. 3. ὡς τὸ ξύλον τὸ πεφυτευμένον παρὰ τὰς διεξόδους τῶν ὑδάτων (4)
79 (80). 15. ἣν ἐφύτευσεν ἡ δεξιά σου (1 a)
91 (92). 13. πεφυτευμένοι ἐν τῷ οἴκῳ κυρίου (4)
93 (94). 9. ὁ φυτεύσας τὸ οὖς οὐχὶ ἀκούει (1 a)
103 (104). 16. αἱ κέδροι τοῦ Λιβάνου ἃς ἐφύτευσεν [A S² -σας] (1 a)
106 (107). 37. ἐφύτευσαν ἀμπελῶνας (1 a)
Pr. 27. 18. ὃς φυτεύει συκῆν φάγεται τοὺς καρποὺς αὐτῆς (2)
Ec. 2. 4. ἐφύτευσά μοι ἀμπελῶνας (1 a)
— 5. ἐφύτευσα ἐν αὐτοῖς ξύλον πᾶν καρποῦ (1 a)
3. 2. S² R καιρὸς τοῦ φυτεῦσαι καὶ καιρὸς τοῦ ἐκτίλαι τὸ [ABS¹ om.] πεφυτευμ. (1 a, 1 a)

Ec. 12. 11. ὡς ἧλοι πεφυτευμένοι [A S πεπυρωμένοι] (1 *a*)
Si. 10. 15. ἐφύτευσε ταπεινοὺς ἀντ' αὐτῶν
43. 23. ἐφύτευσεν αὐτὴν Ἰησοῦς
49. 7. S[1] ὡσαύτως οἰκοδομεῖν καὶ φυτεύειν [A B S[2] καταφ.]
Am. 5. 11. ἀμπελῶνας ἐπιθυμητοὺς ἐφυτεύσατε [A φυτεύσετε] (1 *a*)
9. 14. R φυτεύσουσιν [AB καταφ.] ἀμπελῶνας (1 *a*)
— 14. B φυτεύσουσι [A καταφ., R ποιήσουσι] κήπους (3)
Is. 5. 2. ἐφύτευσα ἄμπελον σωρήκ (1 *a*)
17. 10. φυτεύσεις φύτευμα ἄπιστον (1 *a*)
— 11. A τῇ δὲ ἡμέρᾳ ᾗ ἂν φυτεύσῃς πλανηθήσῃ τὸ δὲ πρωῒ ἐὰν φυτεύσῃς [B S σπείρῃς] (1 *c*, †)
37. 30. φυτεύσατε ἀμπελῶνας (1 *a*)
40. 24. οὐ γὰρ μὴ φυτεύσωσιν οὐδὲ μὴ σπείρωσιν [A S *al.*] (1 *b*)
44. 14. ὃ ἐφύτευσε κύριος (1 *a*)
65. 22. οὐ μὴ φυτεύσουσι [S -σωσιν] καὶ ἄλλοι φάγονται (1 *a*)
Je. 2. 21. ἐφύτευσά σε ἄμπελον καρποφόρον (1 *a*)
12. 2. ἐφύτευσας αὐτούς (1 *a*)
36 (29). 5. φυτεύσατε [S καταφ.] παραδείσους (1 *a*)
— 28. φυτεύσατε κήπους (1 *a*)
38 (31). 5. ἐφυτεύσατε ἀμπελῶνας ἐν ὄρεσι Σαμαρείας (1 *a*)
— 5. S φυτεύσαντες [A φύσαντες, B *om.*] φυτεύσατε καὶ αἰνέσατε (1 *a*, 1 *a*)
39 (32). 41. φυτεύσω αὐτοὺς ἐν τῇ γῇ ταύτῃ (1 *a*)
49 (42). 10. φυτεύσω ὑμᾶς (1 *a*)
51. 34 (45. 4). οὓς ἐγὼ ἐφύτευσα ἐγὼ ἐκτίλλω (1 *a*)
Ez. 19. 10. ὡς ἄμπελος . . . ἐν ὕδατι πεφυτευμένη (4)
— 13. νῦν πεφύτευκαν [A ἐφύτευσαν] αὐτὴν ἐν τῇ ἐρήμῳ (4)
28. 26. φυτεύσουσιν [A -σωσιν] ἀμπελῶνας (1 *a*)
Da. LXX. 4. 17. τὸ δένδρον τὸ ἐν τῇ γῇ πεφυτευμένον †
I Ma. 3. 56. εἶπε τοῖς . . . φυτεύουσιν ἀμπελῶνας
IV Ma. 13. 19. διὰ τῆς μητρῴας φυτεύσασα γαστρός

[Aq. Ge. 2. 8: Ec. 12. 11: Ho. 9. 13.]
[Sm. Ez. 17. 10: Ho. 9. 13.]
[Th. Ec. 12. 11: Ez. 17. 10: Ho. 9. 13.]

φύτευμα. (1) *a.* נֶטַע *b.* מַטָּע

Is. 17. 10. φυτεύσεις φ. ἄπιστον (1 *a*)
60. 21. φυλάσσων τὸ φ. ἔργα χειρῶν αὐτοῦ (1 *b*)
61. 3. κληθήσονται . . . φ. κυρίου εἰς δόξαν (1 *b*)

φυτόν. (1) מַטָּע (2) נֵצֶר (3) סְבַךְ (4) רֹתֶם

Ge. 22. 13. κριὸς εἷς κατεχόμενος ἐν φυτῷ σαβέκ (3)
III Ki. 19. 5. ὕπνωσεν ἐκεῖ ὑπὸ φυτόν (4)
Jb. 24. 18. ἀναφανείη δὲ τὰ φ. αὐτῶν ἐπὶ γῆς ξηρά †
Wi. 7. 20. διαφορὰς φυτῶν καὶ δυνάμεις ῥιζῶν
10. 7. ἀτελέσιν ὥραις καρποφοροῦντα φυτά
13. 11. εἰ δὲ καί τις ὑλοτόμος τέκτων εὐκίνητον φυτὸν ἐκπρίσας
Si. 3. 28. φυτὸν γὰρ πονηρίας ἐρρίζωκεν ἐν αὐτῷ
24. 14. ὡς φυτὰ ῥόδου ἐν Ἱεριχώ
Ez. 17. 5. ἔδωκεν αὐτὸ εἰς τὸ πεδίον φ. †
31. 4. τοὺς ποταμοὺς αὐτῆς ἤγαγε κύκλῳ τῶν φ. αὐτοῦ (1)
34. 29. ἀναστήσω αὐτοῖς φ. εἰρήνης (1)
Da. LXX. 11. 7. ἀναστήσεται φυτὸν ἐκ τῆς ῥίζης αὐ. (2)
— 20. ἀναστήσεται ἐκ τῆς ῥίζης αὐ. φυτὸν βασιλείας †
Da. TH. 11. 20. ἀναστήσεται ἐκ τῆς ῥίζης αὐ. φυτὸν τῆς βασιλείας †
I Ma. 4. 38. ἴδον . . . ἐν ταῖς αὐλαῖς φυτὰ πεφυκότα
IV Ma. 1. 28. δυοῖν τοῦ σώματος καὶ τῆς ψυχῆς φυτῶν ὄντων
— 28. S πολλαὶ τούτων τῶν φ. [A R παθῶν] εἰσὶ παραφυάδες
2. 14. μηδὲ δενδροτομῶν τὰ ἥμερα τῶν πολεμίων φυτά

[Aq. Jb. 30. 4, 7: Da. 2. 41 (Sw.).]
[Sm. I Ki. 22. 6: 31. 13: Jb. 30. 4, 7: Da. 2. 41 (Sw.).]
[Th. Ge. 22. 13.]

φωλεύειν.

[Al. Jb. 38. 40.]

φωνεῖν. (1) הָגָה (2) נָשָׂא (3) צִפְצֵף pilp. (4) *a.* קָרָא *b.* קְרָא (5) שִׁיר pil. (6) תָּקַע ni. (7) ἐκ τῆς κοιλίας φωνεῖν הָגָה hi.

I Ch. 15. 16. τοῦ φωνῆσαι εἰς ὕψος ἐν φωνῇ εὐφροσύνης †
I Es. 4. 41. καὶ πᾶς ὁ λαὸς τότε ἐφώνησε
5. 61. ἐφώνησαν δι' ὕμνων [B[1] -ον]
8. 92. καὶ φωνήσας Ἰεχ.
9. 10. ἐφώνησαν ἅπαν τὸ πλῆθος
— 47. B ἐφώνησε [A R ἐπεφ.] πᾶν τὸ πλῆθος
To. 5. 8. φώνησον αὐτὸν πρὸς μέ [S *al.*]
Ps. 113. 15 (115. 7). οὐ φωνήσουσιν ἐν τῷ λάρυγγι αὐτῶν (1)
134 (135). 17. A οὐ φωνήσουσιν ἐν τῷ λάρυγγι αὐτῶν –
Si. 45. 17. B S ἐν νόμῳ αὐτοῦ φωνῆσαι [A R φωτίσαι] Ἰσραήλ
Am. 3. 6. εἰ φωνήσει σάλπιγξ ἐν πόλει (6)
Ze. 2. 14. θηρία φωνήσει ἐν τοῖς διορύγμασιν αὐ. (5)
Is. 8. 19. ζητήσατε . . . τοὺς ἀπὸ τῆς γῆς φωνοῦντας . . . οἱ ἐκ [A ἀπὸ] τῆς κοιλίας φωνοῦσιν (†, 7)
19. 3. ἐπερωτήσουσι . . . τοὺς ἐκ τῆς γῆς φωνοῦντας †
24. 14. οὗτοι βοῇ φωνήσουσιν [A S *al.*] (2)
29. 4. ὡς οἱ φωνοῦντες ἐκ τῆς γῆς ἡ φωνή σου †
38. 14. ὡς χελιδὼν οὕτω φωνήσω (3)
Je. 17. 11. ἐφώνησε πέρδιξ (4 *a*)
Ep. Je. 41. τὸν Βῆλον ἀξιοῦσι φωνῆσαι [A *al.*]
Da. LXX. 4. 11. ἐφώνησε καὶ εἶπεν αὐτῷ (4 *b*)
5. 7. ὁ βασ. ἐφώνησε φωνῇ μεγάλῃ (4 *b*)
Da. TH. 4. 11. ἐφώνησεν ἐν ἰσχύϊ (4 *b*)
I Ma. 9. 12. ἐφώνουν ταῖς σάλπιγξι
III Ma. 1. 23. φωνήσαντες δὲ τὴν ὁρμὴν . . . ποιήσασθαι
2. 22. ὥστε . . . μηδὲ φωνῆσαι δύνασθαι
IV Ma. 8. 17. A R βασιλέως . . . ἐπὶ εὐεργεσίᾳ φωνοῦντος [S παρακαλοῦντος]
15. 21. A ὦ [S R ὡς] τέκνων φωναὶ μετὰ βασάνων μητέρα φωνούντων

φωνή. (1) אִמְרָה (2) דָּבָר (3) הָמוֹן (4) זְעָקָה (5) לָשׁוֹן (6) מִצְוָה (7) נְהָמָה (8) פֶּה (9) צְעָקָה (10) *a.* קוֹל *b.* קָל (11) שָׂפָה (12) תְּחִנָּה (13) תְּרוּעָה (14) ῥηγνύναι φωνήν נָעָה

Ge. 3. 8. ἤκουσαν τὴν φ. κυρίου τοῦ θεοῦ (10 *a*)
— 10. τὴν φ. σου ἤκουσα (10 *a*)
— 17. ὅτι ἤκουσας τῆς φ. τῆς γυναικός σου (10 *a*)
4. 10. φωνὴ αἵματος τοῦ ἀδ. σου βοᾷ πρὸς μέ (10 *a*)
— 23. ἀκούσατέ μου τῆς φ. (10 *a*)
11. 1. καὶ φωνὴ μία πᾶσιν (2)
— 7. ἵνα μὴ ἀκούσωσιν ἕκαστος τὴν φ. τοῦ πλησίον (11 *a*)
15. 4. R φωνὴ κυρίου ἐγένετο πρὸς αὐτόν (2)
16. 2. ὑπήκουσε δὲ Ἅβ. τῆς φ. αὐ. (10 *a*)
21. 12. ἄκουε τῆς φ. αὐ. (10 *a*)
— 17. εἰσήκουσε δὲ ὁ θ. τῆς φ. τοῦ παιδίου (10 *a*)
— 17. ἐπακήκοε γὰρ ὁ θ. τῆς φ. τοῦ παιδίου σου (10 *a*)
22. 18. ὑπήκουσας τῆς ἐμῆς φ. (10 *a*)
26. 5. ὑπήκουσεν Ἀβ. . . . τῆς ἐμῆς φ. (10 *a*)
27. 13. ὑπάκουσόν μου τῆς φ. (10 *a*)
— 22. ἡ φ. φωνὴ Ἰακώβ (10 *a*, 10 *a*)
— 34. ἀνεβόησεν Ἡ. φωνὴν μεγάλην (9)
— 38. R ἀνεβόησε φωνῇ Ἡ. (10 *a*)
— 43. ἄκουσόν μου τῆς φ. (10 *a*)
29. 11. βοήσας τῇ φ. αὐ. ἔκλαυσε (10 *a*)
30. 6. ἐπήκουσε τῆς φ. μου (10 *a*)
39. 14. ἐβόησα φ. μεγάλῃ (10 *a*)
— 15, 18. ὕψωσα τὴν φ. μου (10 *a*)
45. 2. ἀφῆκε φωνὴν μετὰ κλαυθμοῦ (10 *a*)
— 16. διεβοήθη ἡ φ. εἰς τὸν οἶκον Φ. (10 *a*)
Ex. 3. 18. εἰσακούσονταί σου τῆς φ. (10 *a*)
4. 1. μηδὲ εἰσακούσωσι τῆς φ. μου (10 *a*)
— 8. μηδὲ εἰσακούσωσι τῆς φ. τοῦ σημείου τοῦ πρώτου (10 *a*)

Ex. 4. 8. πιστεύσουσί σοι τῆς φ. τοῦ σημείου τοῦ ἐσχάτου (10 *a*)
— 9. μηδὲ εἰσακούσωσι τῆς φ. σου (10 *a*)
5. 2. οὐ εἰσακούσομαι τῆς φ. αὐ. (10 *a*)
9. 23. κύριος ἔδωκε φωνάς (10 *a*)
— 28. παυσάσθω τοῦ γενηθῆναι φωνάς (10 *a*)
— 29. αἱ φ. παύσονται (10 *a*)
— 33. αἱ φ. ἐπαύσαντο (10 *a*)
— 34. πέπαυται . . . ἡ χάλαζα καὶ αἱ φ. (10 *a*)
15. 26. ἐὰν ἀκοῇ ἀκούσῃς τῆς φ. κ. τοῦ θ. σου (10 *a*)
18. 24. ἤκουσε δὲ Μ. τῆς φ. τοῦ γαμβροῦ (10 *a*)
19. 5. ἐὰν ἀκοῇ ἀκούσητε τῆς ἐμῆς φ. [A τῆς φ. μου] (10 *a*)
— 13. αἱ φ. καὶ αἱ σάλπιγγες καὶ ἡ νεφέλη –
— 16. καὶ ἐγίνοντο φωναί (10 *a*)
— 16. φωνὴ τῆς σάλπιγγος ἤχει μέγα (10 *a*)
— 19. ἐγίνοντο δὲ αἱ φ. τῆς σάλπιγγος προβαίνουσαι (10 *a*)
— 19. ὁ δὲ θ. ἀπεκρίνατο αὐτῷ φωνῇ (10 *a*)
20. 18. πᾶς ὁ λαὸς ἑώρα τὴν φ. . . . καὶ τὴν φ. τῆς σάλπιγγος (10 *a*, 10 *a*)
22. 23 (22). ἀκοῇ εἰσακούσομαι τῆς φ. αὐ. (9)
23. 22. ἐὰν ἀκοῇ ἀκούσητε τῆς ἐμῆς φ. (10 *a* ?)
— 22. ἐὰν ἀκοῇ ἀκούσητε τῆς φ. μου (10 *a*)
24. 3. ἀπεκρίθη δὲ πᾶς ὁ λαὸς φ. μιᾷ (10 *a*)
28. 31 (35). ἀκουστὴ ἡ φ. αὐτοῦ (10 *a*)
32. 17. B[1] R ἀκούσας Ἰ. τῆς φ. [A B[2] τὴν φ.] τοῦ λαοῦ (10 *a*)
— 17. φωνὴ πολέμου ἐν τῇ παρεμβολῇ (10 *a*)
— 18. οὐκ ἔστι φωνὴ ἐξαρχόντων κατ' ἰσχύν (10 *a*)
— 18. οὐδὲ φωνὴ ἐξαρχόντων τροπῆς (10 *a*)
— 18. φωνὴν ἐξαρχόντων οἴνου ἐγὼ ἀκούω (10 *a*)
Le. 5. 1. καὶ ἀκούσῃ φωνὴν ὁρκισμοῦ (10 *a*)
25. 9. διαγγελεῖτε σάλπιγγος φωνῇ (13)
26. 36. διώξεται αὐτοὺς φωνὴ φύλλου φερομένου (10 *a*)
Nu. 3. 16. ἐπεσκέψατο αὐτοὺς . . . διὰ φωνῆς κυρίου (8)
— 39. οὓς ἐπεσκέψατο . . . διὰ φωνῆς κυρίου (8)
— 51. ἔδωκε Μ. τὰ λύτρα . . . διὰ φωνῆς κυρίου (8)
4. 37, 41, 45. διὰ φωνῆς κυρίου ἐν χειρὶ Μ. (8)
— 49. διὰ φωνῆς κυρίου ἐπεσκέψατο αὐτούς (8)
7. 89. ἤκουσε τὴν φ. κυρίου (10 *a*)
9. 20. διὰ φωνῆς κυρίου παρεμβαλοῦσι (8)
10. 13. ἐξῆραν πρῶτοι διὰ φωνῆς κυρίου (8)
13. 4 (3). ἐξαπέστειλεν αὐτοὺς . . . διὰ φωνῆς κυρίου (8)
14. 1. B ἐνέδωκε φωνῇ [A R *al.*] (10 *a*)
— 22. καὶ οὐκ εἰσήκουσάν τῆς φ. μου (10 *a*)
16. 34. ἔφυγον ἀπὸ τῆς φ. αὐ. (10 *a*)
20. 16. εἰσήκουσε κύριος τῆς φ. ἡμῶν (10 *a*)
21. 3. εἰσήκουσε κύριος τῆς φ. Ἰσρ. (10 *a*)
De. 1. 34. ἤκουσε κύριος τὴν φ. τῶν λόγων ὑμῶν (10 *a*)
— 45. οὐκ εἰσήκουσε κύριος τῆς φ. ὑμῶν (10 *a*)
4. 11. B σκότος γνόφος θύελλα φ. [A R *om.*] μεγάλη [A B[1] R *om.*] –
— 12. ἐλάλησε κύριος . . . φωνὴν ῥημάτων (10 *a*)
— 12. ὁμοίωμα οὐκ εἴδετε ἀλλ' ἢ φωνήν (10 *a*)
— 30. εἰσακούσῃ τῆς φ. αὐ. (10 *a*)
— 33. εἰ ἀκήκοεν ἔθνος φωνὴν θεοῦ ζῶντος (10 *a*)
— 36. ἀκουστὴ ἐγένετο ἡ φ. αὐ. [A *al.*] (10 *a*)
5. 22 (19). σκότος γνόφος θύελλα φ. μεγάλη (10 *a*)
— 23 (20). ὡς ἠκούσατε τὴν φ. (10 *a*)
— 24 (21). τὴν φ. αὐ. ἠκούσαμεν (10 *a*)
— 25 (22). ἀκοῦσαι τὴν φ. κ. τοῦ θεοῦ ἡμῶν ἔτι (10 *a*)
— 26 (23). ἥτις ἤκουσε φωνὴν θεοῦ ζῶντος (10 *a*)
— 28 (25). ἤκουσε κ. τὴν φ. τῶν λόγων ὑμῶν (10 *a*)
— 28 (25). ἤκουσα τὴν φ. τῶν λόγων τοῦ λαοῦ τ. (10 *a*)
8. 20. οὐκ ἠκούσατε τῆς φ. κ. τοῦ θεοῦ ὑμῶν (10 *a*)
9. 23. οὐκ εἰσηκούσατε τῆς φ. αὐ. (10 *a*)
13. 4 (5). τῆς φ. αὐ. ἀκούσεσθε (10 *a*)
— 18 (19). ἐὰν ἀκούσῃς τῆς φ. κ. τοῦ θεοῦ σου (10 *a*)
15. 5. ἐὰν δὲ ἀκοῇ εἰσακούσητε τῆς φ. κ. τοῦ θ. ὑμῶν (10 *a*)
18. 16. ἀκοῦσαι τὴν φ. κ. τοῦ θ. σου (10 *a*)
21. 18. οὐχ ὑπακούων φωνὴν πατρὸς καὶ φωνὴν μητρός (10 *a*, 10 *a*)
— 20. οὐχ ὑπακούει τῆς φ. ἡμῶν (10 *a*)
26. 7. εἰσήκουσε κ. τῆς φ. ἡμῶν (10 *a*)
— 14. ὑπήκουσα τῆς φ. κ. τοῦ θεοῦ ἡμῶν (10 *a*)
— 17. καὶ ὑπακούειν τῆς φ. αὐ. (10 *a*)
27. 10. εἰσακούσῃ τῆς φ. κ. τοῦ θεοῦ σου (10 *a*)

De. 27. 14. ἐροῦσι παντὶ Ἰσρ. φ. μεγάλῃ (10 *a*)
28. 1, 2. ἐὰν ἀκοῇ ἀκούσῃς τῆς φ. κ. τοῦ θεοῦ σου (10 *a*)
— 9. ἐὰν ἀκούσῃς τῆς φ. κ. τοῦ θεοῦ σου (6)
— 13. ἐὰν ἀκούσῃς τῆς φ. [A τῶν ἐντ.] κ. τοῦ θεοῦ σου (6)
— 15. ἐὰν μὴ εἰσακούσῃς τῆς φ. κ. τοῦ θεοῦ σου (10 *a*)
— 45. οὐκ εἰσήκουσας τῆς φ. κ. τοῦ θεοῦ σου (10 *a*)
— 49. ὃ οὐκ ἀκούσῃ τῆς φ. αὐ. (5)
— 62. οὐκ εἰσήκουσας τῆς φ. κ. τοῦ θεοῦ σου (10 *a*)
30. 2. καὶ εἰσακούσῃ τῆς φ. αὐ. (10 *a*)
— 8. εἰσακούσῃ τῆς φ. κ. τοῦ θεοῦ σου (10 *a*)
— 10. ἐὰν εἰσακούσῃς τῆς φ. κ. τοῦ θεοῦ σου (10 *a*)
— 20. εἰσακούειν τῆς φ. αὐ. (10 *a*)
33. 7. εἰσάκουσον, κύριε, φωνῆς [A τῆς φ.] Ἰ. (10 *a*)
Jo. 6. 9 (10). μηδὲ ἀκουσάτω μηθεὶς τὴν φ. ὑμῶν (10 *a*)
— 19 (20). A ὡς δὲ ἤκουσεν ὁ λαὸς τὴν φ. [B *om.* τ. φ.] τῶν σαλπ. (10 *a*)
22. 2. ἐπηκούσατε τῆς φ. μου (10 *a*)
24. 24. τῆς φ. αὐ. ἀκουσόμεθα (10 *a*)
Jd. 2. 2. οὐκ εἰσηκούσατε τῆς φ. μου (10 *a*)
— 4. ἐπῆραν ὁ λαὸς τὴν φ. αὐ. (10 *a*)
— 20. οὐκ εἰσήκουσαν τῆς φ. μου (10 *a*)
5. 11. διηγεῖσθε ἀπὸ φωνῆς ἀνακρουομένων [A *al.*] (10 *a*)
6. 10. οὐκ εἰσηκούσατε τῆς φ. μου (10 *a*)
9. 7. ἐπῆρε τὴν φ. αὐ. (10 *a*)
13. 9. εἰσήκουσεν ὁ θ. τῆς φ. Μαν. (10 *a*)
18. 3. ἐπέγνωσαν τὴν φ. τοῦ νεανίσκου (10 *a*)
— 25. μὴ ἀκουσθήτω δὴ φωνή [A ἡ φ.] σου (10 *a*)
20. 13. ἀκοῦσαι τῆς φ. τῶν ἀδ. αὐ. (10 *a*)
21. 2. ἦραν φωνὴν αὐ. [A *al.*] (10 *a*)
Ru. 1. 9, 14. ἐπῆραν τὴν φ. αὐ. (10 *a*)
I Ki. 1. 13. φωνὴ αὐ. οὐκ ἠκούετο (10 *a*)
2. 25. οὐκ ἤκουον τῆς φ. τοῦ πατρὸς αὐ. (10 *a*)
4. 5. ἀνέκραξε πᾶς Ἰσρ. φ. μεγάλῃ (13)
— 6. A ἤκουσαν οἱ ἀλλόφυλοι τὴν φ. [B *om.* τ. φ.] τῆς κραυγῆς (10 *a*)
— 14. ἤκουσεν Ἠ. τὴν φ. τῆς βοῆς (10 *a*)
— 14. B τίς ἡ βοὴ τῆς φ. [A R φωνὴ τῆς βοῆς] ταύτης (3 [10 *a*])
— 16 (15). τίς ἡ φωνὴ τοῦ ἤχους τούτου –
7. 10. ἐβρόντησε κ. ἐν φ. μεγάλῃ (10 *a*)
8. 7. ἄκουε τῆς φ. τοῦ λαοῦ (10 *a*)
— 9, 22. ἄκουε τῆς φ. αὐ. (10 *a*)
11. 4. ἦραν πᾶς ὁ λαὸς τὴν φ. αὐ. (10 *a*)
12. 1. ἤκουσα φωνῆς ὑμῶν εἰς πάντα (10 *a*)
— 14. ἐὰν . . . ἀκούσητε τῆς φ. αὐ. (10 *a*)
— 15. ἐὰν δὲ μὴ ἀκούσητε τῆς φ. κυρίου (10 *a*)
— 17. δώσει φωνὰς καὶ ὑετόν (10 *a*)
— 18. B ἔδωκε κύριος φωνάς (10 *a*)
15. 1. ἄκουε τῆς φ. [A φ. τῶν λόγων] κυρίου (10 *a* + 2 [10 *a*])
— 14. καὶ τίς ἡ φωνὴ τοῦ ποιμνίου τούτου . . . καὶ φωνὴ τῶν βοῶν (10 *a*, 10 *a*)
— 19. ἵνα τί οὐκ ἤκουσας φωνῆς [A τῆς φ.] κυρίου (10 *a*)
— 20. διὰ τὸ ἀκοῦσαί με τῆς φ. τοῦ λαοῦ (10 *a*)
— 22. ὡς τὸ ἀκοῦσαι φωνῆς κυρίου (10 *a*)
— 24. ἤκουσα τῆς φ. αὐ. (10 *a*)
19. 6. ἤκουσε Σ. τῆς φ. Ἰων. (10 *a*)
24. 17. ἡ φ. σου αὕτη, τέκνον Δ. (10 *a*)
— 17. ἦρε Σ. τὴν φ. αὐ. (10 *a*)
25. 35. ἤκουσα τῆς φ. σου (10 *a*)
26. 17. ἐπέγνω Σ. τὴν φ. τοῦ Δ. (10 *a*)
— 17. ἡ φ. σου, τέκνον, αὕτη (10 *a*)
28. 12. ἀνεβόησε φ. μεγάλῃ (10 *a*)
— 18. οὐκ ἤκουσας φωνῆς [A τῆς φ.] κυρίου (10 *a*)
— 21. ἤκουσεν ἡ δούλη σου τῆς φ. σου [A *al.*] (10 *a*)
— 22. ἄκουσον δὴ φωνῆς [A τῆς φ.] τῆς δούλης σου (10 *a*)
— 23. ἤκουσε τῆς φ. αὐ. (10 *a*)
30. 4. ἦρε Δ. καὶ οἱ ἄνδρες αὐ. τὴν φ. αὐ. (10 *a*)
II Ki. 3. 32. ἦρεν ὁ βασ. τὴν φ. αὐ. (10 *a*)
5. 24. ἐν τῷ ἀκοῦσαί σε τὴν φ. τοῦ συγκλεισμοῦ (10 *a*)
6. 15. ἀνήγαγον τὴν κιβωτὸν . . . μετὰ φωνῆς σάλπιγγος (10 *a*)
12. 18. οὐκ εἰσήκουσε τῆς φ. ἡμῶν (10 *a*)
13. 14. τοῦ ἀκοῦσαι τῆς φ. αὐ. (10 *a*)
— 16. ἀκοῦσαι τῆς φ. αὐ. –
— 36. ἐπῆραν τὴν φ. αὐ. (10 *a*)
15. 10. ἐν τῷ ἀκοῦσαι ὑμᾶς τὴν φ. τῆς κερατίνης (10 *a*)

II Ki. 15. 23. πᾶσα ἡ γῆ ἔκλαιε φ. μεγάλῃ (10 *a*)
19. 4 (5). ἔκραξεν ὁ βασ. φ. [A ἐν φ.] μεγάλῃ (10 *a*)
— 35 (36). ἢ ἀκούσομαι ἔτι φωνὴν ᾀδόντων (10 *a*)
22. 7. ἐπακούσεται ἐκ ναοῦ αὐ. φωνῆς μου (10 *a*)
— 14. ὁ ὕψιστος ἔδωκε φωνὴν αὐ. (10 *a*)
III Ki. 1. 40. ἐρράγη ἡ γῆ ἐν τῇ φ. αὐ. (10 *a*)
— 41. ἤκουσεν Ἰ. τὴν φ. τῆς κερατίνης (10 *a*)
— 41. τίς ἡ φ. τῆς πόλεως ἠχούσης (10 *a*)
— 45. αὕτη ἡ φ. ἣν ἠκούσατε (10 *a*)
8. 30. A εἰσακούσῃ τῆς φ. [B δεήσεως] τοῦ δούλου σου (12)
— 55. εὐλόγησε πᾶσαν ἐκκλησίαν Ἰσρ. φ. μεγάλῃ (10 *a*)
9. 3. ἤκουσα τῆς φ. τῆς προσευχῆς σου –
14. 6. A ὡς ἤκουσεν Ἀ. τὴν φ. ποδῶν αὐ. (10 *a*)
17. 22. A ἤκουσεν κύριος ἐν φωνῇ Ἠ. (10 *a*)
18. 26. καὶ οὐκ ἦν φωνή (10 *a*)
— 27. ἐπικαλεῖσθε ἐν φ. μεγάλῃ (10 *a*)
— 28. ἐπεκαλοῦντο ἐν φ. μεγάλῃ (10 *a*)
— 29. A καὶ οὐκ ἦν φωνή (10 *a*)
— 41. φωνὴ τῶν ποδῶν τοῦ ὑετοῦ (10 *a*)
19. 12. μετὰ τὸ πῦρ φωνὴ αὔρας λεπτῆς (10 *a*)
— 13. καὶ ἰδοὺ πρὸς αὐτὸν φωνή (10 *a*)
21 (20). 25. ἤκουσε τῆς φ. αὐ. (10 *a*)
— 36. ἀνθ' ὧν οὐκ ἤκουσας τῆς φ. κυρίου (10 *a*)
IV Ki. 4. 31. καὶ οὐκ ἦν φωνή (10 *a*)
6. 32. οὐχὶ φωνὴ τῶν ποδῶν τοῦ κυρίου αὐ. κατόπισθεν αὐτοῦ (10 *a*)
7. 6. ἀκουστὴν ἐποίησε . . . φωνὴν ἅρματος καὶ φωνὴν ἵππου [A *om.* φ. ἵ.] φωνὴν δυνάμεως μεγάλης (10 *a ter*)
— 10. οὐκ ἔστιν ἐκεῖ . . . φωνὴ ἀνθρώπου (10 *a*)
10. 6. εἰ . . . τῆς φ. μου ὑμεῖς εἰσακούετε (10 *a*)
11. 13. ἤκουσε Γ. τὴν φ. τῶν τρεχόντων τοῦ λαοῦ (10 *a*)
18. 12. οὐκ ἤκουσαν τῆς φ. κ. θεοῦ αὐτῶν (10 *a*)
— 28. A R ἐβόησε φ. [B *om.*] μεγάλῃ Ἰουδαϊστί (10 *a*)
19. 22. ἐπὶ τίνα ὕψωσας φωνήν (10 *a*)
I Ch. 14. 15. ἐν τῷ ἀκοῦσαί σε τὴν φ. τοῦ συσσεισμοῦ αὐ. (10 *a*)
15. 16. τοῦ φωνῆσαι εἰς ὕψος ἐν φωνῇ εὐφροσύνης (10 *a*)
— 28. ἀνάγοντες τὴν κιβ. . . . ἐν φωνῇ σωφέρ (10 *a*)
II Ch. 5. 13. καὶ ἐγένετο μία φ. –
— 13. καὶ ἐν τῷ ἀναφωνεῖν φ. μιᾷ (10 *a*)
— 13. ὕψωσαν φωνὴν [A τὴν φ.] (10 *a*)
15. 14. ὤμοσαν ἐν κυρίῳ ἐν φ. μεγάλῃ (10 *a*)
20. 19. αἰνεῖν κ. θεῷ Ἰσρ. ἐν φ. μεγάλῃ (10 *a*)
23. 12. ἤκουσε Γ. τὴν φ. τοῦ λαοῦ (10 *a*)
30. 27. ἐπηκούσθη ἡ φ. αὐ. (10 *a*)
32. 18. ἐβόησε φ. μεγάλῃ (10 *a*)
I Es. 5. 62. καὶ ἐβόησαν φ. μεγάλῃ
— 64. B καὶ χαρὰ [A R -ᾶς] μεγάλῃ τῇ [A *om.*] φ.
— 66. ἐπιγνῶναι τίς ἡ φ. τῶν σαλπίγγων
9. 10. εἶπον μεγάλῃ τῇ φ.
II Es. 1. 1. παρήγγειλε φωνὴν ἐν πάσῃ βασιλείᾳ αὐ. (10 *a*)
3. 11. B ἐσήμαινον φ. μεγάλην [A R -εν φ. μεγάλῃ] (13)
— 12. ἔκλαιον φ. μεγάλῃ (10 *a*)
— 13. οὐκ ἦν ὁ λαὸς ἐπιγινώσκων φωνὴν [A τὴν φ.] σημασίας . . . ἀπὸ τῆς φ. [A εὐφροσύνης] τοῦ κλαυθμοῦ (10 *a*, 10 *a*)
— 13. ὁ λαὸς ἐκραύγασε φ. μεγάλῃ (13)
— 13. A R καὶ ἡ φ. [B *om.* ἡ φ.] ἠκούετο ἕως ἀπὸ μακρόθεν (10 *a*)
10. 7. παρήνεγκαν φωνὴν ἐν Ἰούδᾳ (10 *a*)
— 12. S[2] καὶ εἶπαν φωνῇ [A B S[1] *om.*] (10 *a*)
Ne. 4. 20 (14). οὗ ἐὰν ἀκούσητε τὴν φ. τῆς κερατίνης (10 *a*)
9. 4. ἐβόησαν φ. μεγάλῃ [A *om.*] (10 *a*)
To. 5. 9. S φωνὴν ἀνθρώπων ἀκούω
Ju. 4. 13. εἰσήκουσε κύριος τῆς φ. αὐ.
7. 23. ἀνεβόησαν φ. μεγάλῃ
— 29. ἐβόησαν πρὸς κ. τὸν θεὸν φ. μεγάλῃ
8. 17. εἰσακούσεται τῆς φ. ἡμῶν
9. 1. ἐβόησε φ. μεγάλῃ [A φ. μεγάλην]
13. 12. ὡς ἤκουσαν . . . τῆς φ. αὐ.
— 14. ἡ δὲ εἶπε πρὸς αὐτοὺς φ. μεγάλῃ
14. 9. ἠλάλαξεν ὁ λαὸς φ. μεγάλῃ
— 9. ἔδωκε φωνὴν εὐφρόσυνον
— 16. ἐβόησε φ. μεγάλῃ
16. 11. ὕψωσαν τὴν φ. αὐ.
— 14. ὃς ἀντιστήσεται τῇ φ. σου

Es. 1. 1. φωναὶ καὶ θόρυβος [A φ. θορύβου]
— 1. ἐγένετο αὐτῶν φ. μεγάλη [A -οντο αὐ. φ. μεγάλαι]
— 1. τῇ φ. αὐ. ἡτοιμάσθη πᾶν ἔθνος
4. 1. ἐβόα φ. μεγάλῃ (4)
— 17. εἰσάκουσον φωνὴν [A S[2] -ῆς] ἀπηλπισμένων
Jb. 2. 12. βοήσαντες φωνῇ μεγάλῃ ἔκλαυσαν (10 *a*)
3. 18. οὐκ ἤκουσαν φωνὴν φορολόγου (10 *a*)
4. 10. σθένος λέοντος φωνὴ δὲ λεαίνης (10 *a*)
— 16. ἀλλ' ἢ αὔραν καὶ φωνὴν ἤκουον (10 *a*)
6. 5. εἰ δὲ καὶ ῥήξει φωνὴν βοῦς ἐπὶ φάτνης ἔχων τὰ βρώματα (14)
9. 16. R εἰσακήκοέ μου τῆς φ. [A B S *om.* τῆς φ.] (10 *a*)
21. 12. εὐφραίνονται φωνῇ ψαλμοῦ (10 *a*)
28. 26. καὶ ὁδὸν ἐν τινάγματι φωνάς [A[1] -ῆς] (10 *a*)
33. 8. φωνὴν ῥημάτων σου ἀκήκοα (10 *a*)
34. 16. ἐνωτίζου φωνὴν ῥημάτων (10 *a*)
37. 4. ὀπίσω αὐτοῦ βοήσεται φωνῇ βροντήσει ἐν φωνῇ ὕβρεως αὐτοῦ (10 *a*, 10 *a*)
— 4. ἀκούσῃ φωνὴν [S[1] -ῇ] αὐτοῦ (10 *a*)
— 5. βροντήσει ὁ ἰσχυρὸς ἐν φωνῇ αὐτοῦ θαυμάσια (10 *a*)
38. 7. ᾔνεσάν με φωνῇ [A ἐν φ.] μεγάλῃ †
— 34. καλέσεις δὲ νέφος φωνῇ (10 *a*)
40. 4 (9). ἢ φωνῇ κατ' αὐτοῦ βροντᾷς [A S *al.*] (10 *a*)
Ps. 3. 4. φωνῇ μου πρὸς κύριον ἐκέκραξα (10 *a*)
5. 2. B S πρόσχες τῆς φ. [A R τῇ φ.] τῆς δεήσεώς μου (10 *a*)
— 3. τὸ πρωῒ εἰσακούσῃ τῆς φ. μου (10 *a*)
6. 8. εἰσήκουσε κύριος τῆς φ. τοῦ κλαυθμοῦ μου [S[1] *om.* τ. φ. τοῦ κλ. μου] (10 *a*)
9. 12. A οὐκ ἐπελάθετο τῆς φ. [B δεήσεως, S κραυγῆς] τῶν πενήτων (9)
17 (18). 6. ἤκουσεν ἐκ ναοῦ ἁγίου αὐτοῦ φωνῆς μου (10 *a*)
— 13. ὁ ὕψιστος ἔδωκε φωνὴν αὐτοῦ (10 *a*)
18 (19). 3. ὧν οὐχὶ ἀκούονται αἱ φ. αὐτῶν (10 *a*)
25 (26). 7. τοῦ ἀκοῦσαι φωνὴν [S[2] τὴν φ.] αἰνέσεως (10 *a*)
26 (27). 7. εἰσάκουσον, κύριε, τῆς φ. μου (10 *a*)
27 (28). 2. εἰσάκουσον τῆς φ. τῆς δεήσεώς μου (10 *a*)
— 6. εἰσήκουσε τῆς φ. τῆς δεήσεώς μου (10 *a*)
28 (29). 3. φωνὴ κυρίου ἐπὶ τῶν ὑδάτων (10 *a*)
— 4. φωνὴ κυρίου ἐν ἰσχύϊ φωνὴ κυρίου ἐν μεγαλοπρεπείᾳ (10 *a*, 10 *a*)
— 5. φωνὴ κυρίου συντρίβοντος κέδρους (10 *a*)
— 7. φωνὴ κυρίου διακόπτοντος φλόγα πυρός (10 *a*)
— 8. φωνὴ κυρίου συσσείοντος ἔρημον (10 *a*)
— 9. φωνὴ κυρίου καταρτιζομένου [S[2] -νῃ] ἐλάφους (10 *a*)
30 (31). 22. εἰσήκουσας, κύριε, τῆς φ. τῆς δεήσεώς μου (10 *a*)
41 (42). 4. ἐν φωνῇ ἀγαλλιάσεως (10 *a*)
— 7. εἰς φωνὴν τῶν καταρρακτῶν σου (10 *a*)
43 (44). 16. ἀπὸ φωνῆς ὀνειδίζοντος (10 *a*)
45 (46). 6. ἔδωκε φωνὴν αὐτοῦ (10 *a*)
46 (47). 1. ἀλαλάξατε τῷ θεῷ ἐν φωνῇ ἀγαλλιάσεως (10 *a*)
— 5. κύριος ἐν φωνῇ σάλπιγγος (10 *a*)
54 (55). 3. ἐταράχθην ἀπὸ φωνῆς ἐχθροῦ (10 *a*)
— 17. εἰσακούσεται τῆς φ. μου (10 *a*)
57 (58). 5. ἥτις οὐκ εἰσακούσεται φωνὴν ἐπᾳδόντων (10 *a*)
63 (64). 1. S εἰσάκουσον, ὁ θεός, τῆς [S[2] *om.*] φ. [B προσευχῆς] μου (10 *a*)
65 (66). 8. ἀκουτίσατε τὴν φ. τῆς αἰνέσεως αὐτοῦ (10 *a*)
— 19. προσέσχε τῇ φ. τῆς προσευχῆς [S[2] δεήσεώς] μου (10 *a*)
67 (68). 33. B δώσει ἐν [S *om.*] τῇ φ. αὐτοῦ φωνὴν δυνάμεως (10 *a*, 10 *a*)
73 (74). 23. μὴ ἐπιλάθῃ τῆς φ. τῶν ἱκετῶν σου (10 *a*)
76 (77). 1. B[1] R φωνῇ μου πρὸς κύριον ἐκέκραξα καὶ ἡ [B[2] S *om.* κ. ἡ] φ. μου πρὸς τὸν θεόν (10 *a*, 10 *a*)
— 17. φωνὴν ἔδωκαν αἱ νεφέλαι (10 *a*)
— 18. φωνὴ τῆς βροντῆς σου ἐν τῷ τροχῷ (10 *a*)
80 (81). 11. οὐκ ἤκουσεν ὁ λαός μου τῆς φ. μου (10 *a*)
85 (86). 6. πρόσχες τῇ φ. τῆς δεήσεώς μου (10 *a*)
92 (93). 3. ἐπῆραν οἱ ποταμοὶ φωνὰς αὐτῶν (10 *a*)
— 4. ἀπὸ φωνῶν ὑδάτων πολλῶν (10 *a*)
94 (95). 7. σήμερον ἐὰν τῆς φ. αὐτοῦ ἀκούσητε (10 *a*)

Ps. 97 (98). 5. ἐν κιθάρᾳ καὶ φωνῇ ψαλμοῦ (10 *a*)
— 6. ἐν σάλπιγξιν ἐλαταῖς καὶ φωνῇ [A S -ῆς] σάλπιγγος κερατίνης (10 *a*)
101 (102). 5. ἀπὸ φωνῆς τοῦ στεναγμοῦ μου (10 *a*)
102 (103). 20. τοῦ ἀκοῦσαι τῆς φ. τῶν λόγων αὐτοῦ (10 *a*)
103 (104). 7. ἀπὸ φωνῆς βροντῆς σου δειλιάσουσιν (10 *a*)
— 12. ἐκ μέσου τῶν πετρῶν δώσουσι φωνήν (10 *a*)
105 (106). 25. οὐκ εἰσήκουσαν τῆς φ. κυρίου (10 *a*)
114 (116). 1. εἰσακούσεται κύριος τῆς φ. τῆς δεήσεώς μου (10 *a*)
117 (118). 15. φωνὴ ἀγαλλιάσεως καὶ σωτηρίας ἐν σκηναῖς δικαίων (10 *a*)
118 (119). 149. τῆς φ. μου ἄκουσον, κύριε (10 *a*)
129 (130). 2. S R εἰσάκουσον τῆς φ. [A προσευχῆς] μου γενηθήτω τὰ ὦτά σου προσέχοντα εἰς τὴν φ. τῆς δεήσεώς μου (10 *a*, 10 *a*)
139 (140). 6. ἐνώτισαι, κύριε, τὴν φ. τῆς δεήσεώς μου (10 *a*)
140 (141). 1. πρόσχες τῇ φ. [S τῆς φ.] τῆς δεήσεώς μου (10 *a*)
141 (142). 1. φωνῇ μου πρὸς κύριον ἐκέκραξα (10 *a*)
— 1. B S φωνῇ μου πρὸς κύριον ἐδεήθην [A *al.*] (10 *a*)
Pr. 2. 3. καὶ τῇ συνέσει δῷς φωνήν σου (10 *a*)
— 3. A B^{2} τὴν δὲ αἴσθησιν ζητήσῃς μεγάλῃ τῇ φ. –
5. 13. οὐκ ἤκουον φωνὴν παιδεύοντός με (10 *a*)
8. 4. προΐεμαι ἐμὴν φ. υἱοῖς ἀνθρώπων (10 *a*)
26. 25. ἐάν σου δέηται ὁ ἐχθρὸς μεγάλῃ τῇ φ. (10 *a*)
27. 14. ὃς ἂν εὐλογῇ φίλον τὸ πρωῒ μεγάλῃ τῇ φ. (10 *a*)
Ec. 5. 2. φωνὴ ἄφρονος ἐν πλήθει λόγων (10 *a*)
— 5. ἵνα μὴ ὀργισθῇ ὁ θεὸς ἐπὶ φωνῇ σου (10 *a*)
7. 7 (6). ὡς φωνὴ ἀκανθῶν ὑπὸ τὸν λέβητα (10 *a*)
10. 20. πετεινὸν τοῦ οὐρανοῦ ἀποίσει τὴν φ. σου (10 *a*)
12. 4. ἐν ἀσθενείᾳ φωνῆς [A -ῇ] τῆς ἀληθούσης καὶ ἀναστήσεται εἰς φωνὴν τοῦ στρουθίου (10 *a*, 10 *a*)
Ca. 2. 8. φωνὴ ἀδελφιδοῦ μου (10 *a*)
— 12. φωνὴ τοῦ τρυγόνος ἠκούσθη (10 *a*)
— 14. ἀκούτισόν με τὴν φ. σου ὅτι ἡ φ. σου ἡδεῖα (10 *a*, 10 *a*)
5. 2. φωνὴ ἀδελφιδοῦ μου κρούει ἐπὶ τὴν θύραν (10 *a*)
8. 13. ἑταῖροι προσέχοντες τῇ φ. [S τὴν φ.] σου (10 *a*)
Wi. 1. 7. τὸ συνέχον τὰ πάντα γνῶσιν ἔχει φωνῆς
7. 3. πρώτην φωνὴν τὴν ὁμοίαν πᾶσιν ἴσα κλαίων
17. 19. ὠρυομένων ἀπηνεστάτων [A -ατος] θηρίων φωνή
18. 1. ὧν φωνὴν μὲν ἀκούοντες
— 10. A S οἰκτρὰ διεφέρετο φωνὴ [B *om.*] θρηνουμένων παίδων
Si. 17. 13. δόξαν φωνῆς αὐ. ἤκουσε τὸ οὖς αὐ.
21. 20. ἀνυψοῖ φωνὴν [A S τὴν φ.] αὐτοῦ
29. 5. ταπεινώσει φωνήν
31 (34). 24. τίνος φωνῆς εἰσακούσεται ὁ δεσπότης
38. 28. φωνὴ σφύρης καινιεῖ τὸ οὖς αὐτοῦ
43. 17. φωνὴ βροντῆς αὐτοῦ ὠδίνησε γῆν
45. 5. ἠκούτισεν αὐτὸν τῆς φ. αὐτοῦ
— 9. ἠχῆσαι φωνὴν ἐν βήμασιν αὐτοῦ
46. 17. ἀκουστὴν ἐποίησε τὴν φ. αὐτοῦ
— 20. ἀνύψωσεν ἐκ γῆς τὴν [A *om.*] φ. αὐτοῦ
47. 10. S^{2} ἀπὸ πρωΐας φωνῇ [A B S^{1} *om.*] ἠχεῖν τὸ ἁγίασμα
50. 16. ἀκουστὴν ἐποίησαν φωνὴν μεγάλην
— 18. ᾔνεσαν οἱ ψαλμῳδοὶ ἐν φωναῖς αὐ.
Am. 1. 2. ἐξ Ἱερ. ἔδωκε φωνὴν αὐ. (10 *a*)
2. 2. ἀποθανεῖται . . . μετὰ φωνῆς σάλπιγγος (10 *a*)
3. 4. εἰ δώσει σκύμνος φωνὴν αὐ. (10 *a*)
6. 5. οἱ ἐπικροτοῦντες πρὸς τὴν φ. τῶν ὀργάνων (8)
Mi. 6. 1. ἀκουσάτωσαν οἱ βουνοὶ φωνήν σου (10 *a*)
— 9. φωνὴ κυρίου τῇ πόλει ἐπικληθήσεται (10 *a*)
Jl. 2. 5. ὡς φωνὴ ἁρμάτων . . . ἐξαλοῦνται (10 *a*)
— 5. ὡς φωνὴ φλογὸς πυρὸς κατεσθιούσης καλάμην (10 *a*)
— 11. κύριος δώσει φωνὴν αὐ. (10 *a*)
3 (4). 16. A B S^{3} ἐξ Ἱερ. δώσει φωνὴν αὐ. (10 *a*)
Jn. 2. 3. ἤκουσας φωνῆς μου (10 *a*)
— 10. μετὰ φωνῆς αἰνέσεως . . . θύσω σοι (10 *a*)
Na. 3. 2. φωνὴ μαστίγων καὶ φωνὴ σεισμοῦ τροχῶν (10 *a*, 10 *a*)
Hb. 3. 10. ἔδωκεν ἡ ἄβυσσος φωνὴν αὐ. (10 *a*)
Hb. 3. 16. ἀπὸ φωνῆς προσευχῆς χειλέων μου (10 *a*)
Ze. 1. 10. φωνὴ κραυγῆς ἀπὸ πύλης ἀποκεντούντων (10 *a*)
— 14. φωνὴ ἡμέρας κυρίου πικρὰ . . . τέτακται (10 *a*)
3. 2. οὐκ εἰσήκουσε φωνῆς (10 *a*)
Hg. 1. 12. ἤκουσε Ζορ. . . . τῆς φ. κυρίου τοῦ θεοῦ αὐ. (10 *a*)
Za. 6. 15. ἐὰν . . . εἰσακούσητε τῆς φ. κ. τοῦ θεοῦ ὑμῶν (10 *a*)
11. 3. φωνὴ θρηνούντων ποιμένων (10 *a*)
— 3. φωνὴ ὠρυομένων λεόντων (10 *a*)
Is. 5. 30. ὡς φ. θαλάσσης κυμαινούσης (7)
6. 4. ἐπήρθη τὸ ὑπέρθυρον ἀπὸ τῆς φ. (10 *a*)
— 8. ἤκουσα τῆς φ. κυρίου (10 *a*)
13. 2. ὑψώσατε τὴν φ. αὐτοῖς (10 *a*)
— 4. φ. ἐθνῶν πολλῶν . . . φ. βασιλέων (10 *a*, 10 *a*)
15. 4. ἕως Ἰασσὰ [A S^{2} *om.*] ἠκούσθη ἡ φ. αὐτῶν (10 *a*)
18. 3. ὡς σάλπιγγος φ. ἀκουστὸν ἔσται †
24. 8. πέπαυται φ. κιθάρας †
— 14. A S οὗτοι φωνῇ βοήσονται [B βοῇ φωνήσουσιν] (10 *a*)
28. 23. ἀκούετε τῆς φ. μου (10 *a*)
— 28. οὐδὲ φ. τῆς πικρίας μου καταπατήσει ὑμᾶς †
29. 4. ὡς οἱ φωνοῦντες ἐκ τῆς γῆς ἡ φ. σου καὶ πρὸς τὸ ἔδαφος ἡ φ. σου ἀσθενήσει (10 *a*, 1)
— 6. A S R μετὰ . . . σεισμοῦ καὶ φωνῆς μεγάλης [B -ὴ μεγάλη] (10 *a*)
30. 17. χίλιοι διὰ φωνὴν ἑνὸς φεύξονται καὶ διὰ φωνὴν πέντε φεύξονται πολλοί †, †
— 19. τὴν φ. τῆς κραυγῆς σου ἡνίκα εἶδεν (10 *a*)
— 30. ἀκουστὴν ποιήσει κύριος τὴν δόξαν τῆς φ. αὐτοῦ (10 *a*)
— 31. διὰ γὰρ τῆς [S *om.*] φ. [A τὴν φ.] κυρίου ἡττηθήσονται (10 *a*)
31. 4. ἕως ἂν ἐμπλησθῇ τὰ ὄρη τῆς φ. αὐτοῦ (10 *a*)
32. 9. ἀκούσατε τῆς φ. μου (10 *a*)
33. 3. διὰ φωνὴν τοῦ φόβου ἐξέστησαν (10 *a*)
36. 13. ἀνεβόησε φωνῇ μεγάλῃ Ἰουδαϊστί (10 *a*)
37. 23. πρὸς τίνα ὕψωσας τὴν φ. σου (10 *a*)
38. 5. A S ἤκουσα τῆς φωνῆς [B *om.* τ. φ.] τῆς προσευχῆς σου –
40. 3. φ. βοῶντος ἐν τῇ ἐρήμῳ (10 *a*)
— 6. φ. λέγοντος, Βόησον (10 *a*)
— 9. ὕψωσον τῇ ἰσχύϊ τὴν φ. σου (10 *a*)
42. 2. οὐδὲ ἀκουσθήσεται ἔξω ἡ φ. αὐτοῦ (10 *a*)
— 23. S^{1} εἰσακούσατε τῆς φ. τοῦ παιδὸς αὐ. [A B S^{3} *al.*] –
— 24. S^{1} οὐδὲ ἀκούειν τῆς φ. τοῦ νόμου αὐ. [A B S^{3} *al.*] –
48. 20. φωνὴν εὐφροσύνης ἀναγγείλατε (10 *a*)
50. 10. ὑπακουσάτω [A ἀκ., S ἐπ.] τῆς φ. τοῦ παιδὸς αὐτοῦ (10 *a*)
51. 3. εὑρήσουσιν . . . φωνὴν αἰνέσεως (10 *a*)
52. 8. φ. τῶν φυλασσόντων σε ὑψώθη καὶ τῇ φ. ἅμα εὐφρανθήσονται (10 *a*, 10 *a*)
54. 17. πᾶσα φ. [A S^{2} *add.* ἣ] ἀναστήσεται ἐπὶ σέ (5)
58. 1. ὕψωσον τὴν φ. σου (10 *a*)
— 4. ἀκουσθῆναι ἐν κραυγῇ τὴν φ. ὑμῶν (10 *a*)
65. 19. οὐκέτι μὴ ἀκουσθῇ ἐν αὐτῇ φ. κλαυθμοῦ καὶ φ. κραυγῆς (10 *a*, 10 *a*)
66. 6. A B S^{3} φ. κραυγῆς ἐκ πόλεως (10 *a*)
— 6. φ. ἐκ ναοῦ φ. κυρίου (10 *a*, 10 *a*)
Je. 2. 15. ἔδωκαν τὴν φ. αὐτῶν (10 *a*)
— 23. ὀψὲ φ. αὐτῆς ὠλόλυξε †
3. 13. τῆς δὲ φ. μου οὐχ ὑπήκουσας (10 *a*)
— 21. φ. ἐκ χειλέων ἠκούσθη (10 *a*)
— 25. οὐχ ὑπηκούσαμεν τῆς φ. κυρίου (10 *a*)
4. 15. φ. ἀγγέλλοντος ἐκ Δὰν ἥξει (10 *a*)
— 16. ἔδωκαν ἐπὶ τὰς πόλεις Ἰ. φωνὴν αὐ. (10 *a*)
— 19. φωνὴν σάλπιγγος ἤκουσεν ἡ ψυχή μου (10 *a*)
— 21. ὄψομαι φεύγοντας ἀκούων φωνὴν σαλπίγγων (10 *a*)
— 29. ἀπὸ φωνῆς ἱππέως (10 *a*)
— 31. φωνὴν ὡς ὠδινούσης ἤκουσα (10 *a*)
— 31. φ. [S^{2} -ῆς] θυγατρὸς Σιὼν ἐκλυθήσεται (10 *a*)
5. 15. οὐκ ἀκούσει τῆς φ. τῆς γλώσσης [A *om.* τ. γλ.] αὐτοῦ –
6. 17. ἀκούσατε τῆς φ. τῆς σάλπιγγος (10 *a*)
— 23. φ. αὐτοῦ ὡς θάλασσα κυμαίνουσα (10 *a*)
7. 23. ἀκούσατε τῆς φ. μου [S κυρίου] (10 *a*)
— 28. οὐκ ἤκουσε τῆς φ. κυρίου (10 *a*)
Je. 7. 34. καταλύσω . . . φωνὴν εὐφραινομένων καὶ φωνὴν χαιρόντων φωνὴν νυμφίου καὶ φωνὴν νύμφης (10 *a quater*)
8. 16. ἀκουσόμεθα φωνὴν ὀξύτητος ἵππων αὐτοῦ ἀπὸ φωνῆς χρεμετισμοῦ ἱππασίας ἵππων αὐτοῦ ἐσείσθη (†, 10 *a*)
— 19. φ. κραυγῆς θυγατρὸς λαοῦ μου (10 *a*)
9. 10 (9). οὐκ ἤκουσαν φωνὴν ὑπάρξεως (10 *a*)
— 13 (12). οὐκ ἤκουσαν τῆς φ. μου (10 *a*)
— 19 (18). φ. οἰκτροῦ ἠκούσθη ἐν Σιών (10 *a*)
10. 22. φ. ἀκοῆς ἰδοὺ ἔρχεται (10 *a*)
11. 3. S οὐκ ἀκούσει τῆς φ. [A B ἀκούσεται τῶν λόγων] (2)
— 4. ἀκούσατε τῆς φ. μου (10 *a*)
— 16. εἰς φωνὴν περιτομῆς αὐτῆς (10 *a*)
12. 8. ἔδωκεν ἐπ' ἐμὲ τὴν φ. αὐτῆς (10 *a*)
16. 9. καταλύω . . . φωνὴν χαρᾶς καὶ φωνὴν εὐφροσύνης φωνὴν νυμφίου καὶ φωνὴν νύμφης (10 *a quater*)
18. 10. τοῦ μὴ ἀκούειν τῆς φ. [A τὴν φ.] μου (10 *a*)
— 19. εἰσάκουσον [A ἐπάκ.] τῆς φ. τοῦ δικαιώματός μου (10 *a*)
22. 20. εἰς τὴν Βασὰν δὸς τὴν φ. σου (10 *a*)
— 21. οὐκ ἤκουσας τῆς φ. μου (10 *a*)
25. 10. ἀπολῶ ἀπ' αὐτῶν φωνὴν χαρᾶς καὶ φωνὴν εὐφροσύνης φωνὴν νυμφίου καὶ φωνὴν νύμφης (10 *a quater*)
26 (46). 12. ἤκουσαν ἔθνη φωνήν σου †
— 22. φ. ὡς ὄφεως συρίζοντος (10 *a*)
27 (50). 22. φ. πολέμου καὶ συντριβὴ μεγάλη (10 *a*)
— 28. φ. φευγόντων (10 *a*)
— 42. φ. αὐ. ὡς θάλασσα ἠχήσει (10 *a*)
— 46. ἀπὸ φωνῆς ἁλώσεως Βαβυλῶνος (10 *a*)
28 (51). 16. εἰς φωνὴν ἔθετο ἦχος ὕδατος (10 *a*)
— 54. φ. κραυγῆς ἐν Βαβυλῶνι (10 *a*)
— 55. ἀπώλεσεν ἀπ' αὐτῆς φωνὴν μεγάλην (10 *a*)
— 55. ἔδωκεν εἰς ὄλεθρον φωνὴν αὐτῆς (10 *a*)
29 (47). 3. ἀπὸ φωνῆς ὁρμῆς αὐτοῦ (10 *a*)
29 (49). 21. ἀπὸ φωνῆς πτώσεως αὐτῶν (10 *a*)
31 (48). 3. A S^{2} R φ. [B S^{1} -ὴν] κεκραγότων ἐξ Ὡρωναΐμ (10 *a*)
— 34. ἔδωκαν φωνὴν αὐτῶν ἀπὸ Ζογόρ (10 *a*)
32 (25). 30. ἀπὸ τοῦ ἁγίου αὐ. δώσει φωνὴν αὐ. (10 *a*)
— 36. φ. κραυγῆς τῶν ποιμένων (10 *a*)
33 (26). 13. ἀκούσατε τῆς φ. κυρίου (10 *a*)
37 (30). 5. φωνὴν φόβου ἀκούσεσθε (10 *a*)
— 19. φ. παιζόντων (10 *a*)
38 (31). 15. φ. ἐν Ῥαμᾶ [A S^{1} τῇ ὑψηλῇ] ἠκούσθη θρήνου (10 *a*)
— 16. διαλειπέτω ἡ φ. σου ἀπὸ κλαυθμοῦ (10 *a*)
39 (32). 23. οὐκ ἤκουσαν τῆς φ. σου (10 *a*)
40 (33). 11. φ. εὐφροσύνης καὶ φ. χαρμοσύνης φ. [A -ὴν] νυμφίου καὶ φ. [A -ὴν] νύμφης φ. λεγόντων (10 *a quinquiens*)
42 (35). 8. ἠκούσαμεν τῆς φ. Ἰωναδάβ (10 *a*)
47 (40). 3. οὐκ ἠκούσατε τῆς φ. αὐ. (10 *a*)
49 (42). 6. τὴν φ. κυρίου . . . ἀκουσόμεθα (10 *a*)
— 6. ἀκουσόμεθα τῆς φ. κυρίου τοῦ θεοῦ ἡμῶν (10 *a*)
— 13. πρὸς τὸ μὴ ἀκοῦσαι φωνῆς κυρίου (10 *a*)
— 14. φωνὴν σάλπιγγος οὐ μὴ ἀκούσωμεν (10 *a*)
— 21. οὐκ ἠκούσατε τῆς φ. κυρίου (10 *a*)
50 (43). 4. οὐκ ἤκουσεν . . . πᾶς ὁ λαὸς τῆς φ. κυρίου (10 *a*)
— 7. οὐκ ἤκουσαν τῆς φ. κυρίου (10 *a*)
51 (44). 23. οὐκ ἠκούσατε τῆς φ. κυρίου (10 *a*)
Ba. 1. 18. οὐκ ἠκούσαμεν τῆς φ. κυρίου
— 19. πρὸς τὸ μὴ ἀκούειν τῆς φ. αὐτοῦ
— 21. οὐκ ἠκούσαμεν τῆς φ. κυρίου
2. 5. πρὸς τὸ μὴ ἀκούειν τῆς φ. αὐτοῦ
— 10. οὐκ ἠκούσαμεν τῆς φ. αὐτοῦ
— 22. ἐὰν μὴ ἀκούσητε τῆς φ. κυρίου
— 23. ἐκλείψειν ποιήσω . . . φωνὴν εὐφροσύνης καὶ φωνὴν χαρμοσύνης φωνὴν νυμφίου καὶ φωνὴν νύμφης
— 24. οὐκ ἠκούσαμεν τῆς φ. σου
— 29. ἐὰν μὴ ἀκούσητε τῆς φ. μου
3. 4. οὐκ ἤκουσαν τῆς φ. σου [A *om.*] θεοῦ αὐτῶν
La. 2. 7. A R φωνὴν ἔδωκαν ἐν οἴκῳ κυρίου [B S *om.*] (10 *a*)
3. 56. B φωνήν μου ἤκουσας (10 *a*)
Ez. 1. 24. A ἤκουον τὴν φ. τῶν πτερύγων αὐτῶν . . . ὡς φωνὴν ὕδατος πολλοῦ ὡς φωνὴν ἱκανοῦ [B *om.* ὡς φ. ἱ.] (10 *a ter*)
— 24. A φ. τοῦ λόγου ὡς φ. παρεμβολῆς (10 *a*, 10 *a*)
— 25. φ. ὑπεράνωθεν τοῦ στερεώματος (10 *a*)

Ez. 2. 1 (1. 28). A[2]B ἤκουσα φωνὴν λαλοῦντος (10 *a*)
3. 12. ἤκουσα κατόπισθέν μου φωνὴν σεισμοῦ μεγάλου (10 *a*)
— 13. ἴδον φωνὴν πτερύγων τῶν ζῴων (10 *a*)
— 13. φ. τῶν τροχῶν ἐχομένη αὐτῶν καὶ φ. τοῦ σεισμοῦ (10 *a*, 10 *a*)
9. 1. ἀνέκραγεν εἰς τὰ ὦτά μου φωνῇ μεγάλῃ (10 *a*)
10. 5. φ. τῶν πτερύγων τῶν χερουβὶμ ἠκούετο . . . ὡς φ. θεοῦ (10 *a*, 10 *a*)
11. 13. ἀνεβόησα φωνῇ μεγάλῃ (10 *a*)
19. 7. ἀπὸ φωνῆς ὠρυώματος αὐτοῦ (10 *a*)
— 9. ὅπως μὴ ἀκουσθῇ ἡ φ. αὐτοῦ (10 *a*)
21. 22 (27). ὑψῶσαι φωνὴν μετὰ κραυγῆς (10 *a*)
23. 42. φωνὴν ἁρμονίας ἀνεκρούοντο (10 *a*)
26. 10. ἀπὸ τῆς [A *om.*] φ. τῶν ἱππέων αὐ. (10 *a*)
— 13. ἡ φ. τῶν ψαλτηρίων σου οὐ μὴ ἀκουσθῇ (10 *a*)
— 15. οὐκ ἀπὸ φωνῆς τῆς πτώσεώς σου . . . σεισθήσονται (10 *a*)
27. 28. πρὸς τὴν κραυγὴν τῆς φ. [A πρ. τὴν φ. τῆς κρ.] σου οἱ κυβερνῆταί σου . . . φοβηθήσονται (4 [10 *a*])
— 30. ἀλαλάξουσιν ἐπὶ σὲ τῇ φ. αὐ. [A *al.*] (10 *a*)
31. 16. ἀπὸ τῆς φ. τῆς πτώσεως αὐτοῦ (10 *a*)
33. 4. ὁ ἀκούσας τὴν φ. τῆς σάλπιγγος (10 *a*)
— 5. τὴν φ. τῆς σάλπιγγος ἀκούσας (10 *a*)
— 32. γίνῃ αὐτοῖς ὡς φ. ψαλτηρίου †
35. 12. ἤκουσα τῆς φ. τῶν βλασφημιῶν σου †
37. 7. A ἐγένετο φ. [B *om.*] ἐν τῷ ἐμὲ προφητεῦσαι (10 *a*)
43. 2. φ. τῆς παρεμβολῆς ὡς φ. διπλασιαζόντων (10 *a*, 10 *a*)
— 6. φ. ἐκ τοῦ οἴκου λαλοῦντος πρὸς μέ –
Da. LXX. 3. 5. ὅταν ἀκούσητε τῆς φ. τῆς σάλπιγγος (10 *b*)
— 7. ὅτε ἤκουσαν . . . τῆς φ. τῆς σάλπιγγος (10 *b*)
— 10. ὃς ἂν ἀκούσῃ τῆς φ. τῆς σάλπιγγος (10 *b*)
4. 16. ἀπεκρίθη μοι φ. πραείᾳ –
— 28. φωνὴν ἐκ τοῦ οὐρανοῦ ἤκουσε (10 *b*)
5. 7. ὁ βασ. ἐφώνησε φ. μεγάλῃ †
6. 20 (21). ἐκάλεσε τὸν Δαν. φ. μεγάλῃ (10 *b*)
— 21 (22). τότε Δαν. ἐπήκουσε φ. μεγάλῃ –
7. 11. ἐθεώρουν τότε τὴν φ. τῶν λόγων (10 *b*)
8. 16. ἤκουσα φωνὴν ἀνθρώπου (10 *a*)
9. 10. οὐκ ἠκούσαμεν τῆς φ. κ. τοῦ θεοῦ ἡμῶν (10 *a*)
— 11. τοῦ μὴ ἀκοῦσαι τῆς φ. σου (10 *a*)
— 14. οὐκ ἠκούσαμεν τῆς φ. αὐ. (10 *a*)
10. 6. καὶ φωνὴ λαλιᾶς αὐ. ὡσεὶ φωνὴ θορύβου (10 *a*, 10 *a*)
— 9. οὐκ ἤκουσα τὴν φ. λαλιᾶς αὐ. (10 *a*)
Da. TH. Su. 24. ἀνεβόησε φ. μεγάλῃ Σουσ.
— 42. ἀνεβόησε δὲ φ. μεγάλῃ Σουσ.
— 44. εἰσήκουσε κύριος τῆς φ. αὐ.
— 46. ἐβόησε φ. μεγάλῃ
— 60. ἀνεβόησε πᾶσα ἡ συναγωγὴ φ. μεγάλῃ
3. 5. ᾗ ἂν ὥρᾳ ἀκούσητε φωνῆς [A τῆς φ. τῆς] σάλπιγγος (10 *b*)
— 7. ὅταν ἤκουον οἱ λαοὶ τῆς φ. τῆς σάλπιγγος (10 *b*)
— 10. ὃς ἂν ἀκούσῃ τῆς φ. τῆς σάλπιγγος (10 *b*)
— 15. ὡς ἂν ἀκούσητε τῆς φ. τῆς σάλπιγγος (10 *b*)
4. 28. φωνὴ ἀπ' οὐρανοῦ ἐγένετο (10 *b*)
6. 20 (21). ἐβόησε φ. ἰσχυρᾷ [A μεγάλῃ] (10 *b*)
7. 11. ἀπὸ φωνῆς τῶν λόγων τῶν μεγάλων (10 *b*)
8. 16. ἤκουσα φωνὴν ἀνδρός (10 *a*)
9. 10. οὐκ εἰσηκούσαμεν τῆς φ. κυρίου τοῦ θεοῦ ἡμῶν (10 *a*)
— 11. τοῦ μὴ ἀκοῦσαι τῆς φ. σου (10 *a*)
— 14. οὐκ εἰσηκούσαμεν τῆς φ. αὐ. (10 *a*)
10. 6. καὶ ἡ φ. τῶν λόγων αὐ. ὡς φωνὴ ὄχλου (10 *a*, 10 *a*)
— 9. ἤκουσα τὴν φ. τῶν λόγων αὐ. (10 *a*)
— 9. A ἐν τῷ ἀκοῦσαί με φωνὴν ῥημάτων [B *om.* φ. ῥ.] αὐτοῦ (10 *a*)
Bel 18. ἐβόησε φ. μεγάλῃ
— 41. ἀναβοήσας φ. μεγάλῃ
I Ma. 2. 19. καὶ εἶπε φ. μεγάλῃ
— 27. ἀνέκραξε Ματτ. . . . φ. μεγάλῃ
3. 50. ἐβόησαν φωνῇ εἰς τὸν οὐρανόν
— 54. ἐβόησαν φ. μεγάλῃ
5. 31. R ἡ κραυγὴ τῆς πόλεως ἀνέβη . . . φ. [A S κραυγῇ] μεγάλῃ
6. 41. A R ἐσαλεύοντο πάντες οἱ ἀκούοντες φωνῆς [S τῆς φ.] πλήθους αὐ.
9. 13. S R ἐσαλεύθη ἡ γῆ ἀπὸ τῆς φ. τῶν παρεμβ. [A *al.*]
I Ma. 9. 41. μετεστράφη . . . φωνὴ μουσικῶν αὐ. εἰς θρῆνον
13. 8. ἀπεκρίθησαν φ. μεγάλῃ
— 45. ἐβόησαν φ. μεγάλῃ
II Ma. 7. 8. ὁ δὲ ἀποκριθεὶς τῇ πατρίῳ φ.
— 21. ἕκαστον δὲ τῶν ἀνθρ. παρεκάλει τῇ πατρίῳ φ.
— 24. τὴν ὀνειδίζουσαν ὑφορώμενος φωνήν
— 27. οὕτως ἔφησε τῇ πατρίῳ φ.
12. 37. καταρξάμενος τῇ πατρίῳ φ. τὴν . . . κραυγήν
15. 29. εὐλόγουν τὸν δυνάστην τῇ πατρίῳ φ.
— 36. Ἄδαρ λέγεται τῇ κυριακῇ φ.
III Ma. 5. 51. ἀνεβόησαν φ. μεγάλῃ σφόδρα
IV Ma. 8. 29. πάντες διὰ μιᾶς φ. ὁμοῦ . . . εἶπον
10. 18. κἂν ἀφέλῃς τὸ τῆς φ. ὄργανον
12. 7. τῆς μητρὸς τῇ Ἑβραΐδι φ. προτρεψαμένης αὐτόν
14. 17. ἀνακαλούμενα τῇ ἰδίᾳ φ.
15. 21. κύκνειοι πρὸς φιληκοΐαν φωναί
— 21. A ὦ [S R ὡς] τέκνων φωναὶ μετὰ βασάνων μητέρα φωνούντων
16. 15. ἔλεγες τοῖς παισὶν ἐν τῇ Ἑβραΐδι φ.
[**Aq.** I Ki. 26. 17 : III Ki. 14. 6 : 17. 22 : Jb. 28. 26 : 37. 2 : 38. 25 : Ps. 18 (19). 4 : 25. (26). 7 : 26 (27). 7 : 27 (28). 2, 6 : 41 (42). 5 : 76 (77). 19 : 92 (93). 3 : Pr. 1. 20 : Is. 13. 2, 21 : 29. 4 : 30. 31 : 33. 3 : 40. 9 : 52. 8 : Je. 7. 34 *bis* : 8. 16 : 9. 19 (18) : 30 (37). 5 : 38 (45). 20 : 46 (26). 12 : 48 (31). 4 : 51 (28). 16.]
[**Sm.** I Ki. 26. 17 : Jb. 4. 16 : 28. 26 : Ps. 18 (19). 4 : 25 (26). 7 : 26 (27). 7 : 27 (28). 2 : 41 (42). 5 : 43 (44). 17 : 45 (46). 7 : 46 (47). 2 : 54 (55). 4 : 57 (58). 6 : 63 (64). 2 : 65 (66). 8 : 73 (74). 23 : 76 (77). 2 : 80 (81). 12 : 92 (93). 3 : Pr. 1. 20 : Ec. 7. 7 (6) : 12. 4 *bis* : Is. 13. 2 : 24. 14 : 29. 4 : 30. 19, 31 : 31. 4 : 52. 8 *bis* : Je. 9. 19 (18) : 10. 13 : 30 (37). 5 : 31 (38). 16 : 38 (45). 20 : 51 (28). 16.]
[**Th.** I Ki. 26. 17 : Jb. 9. 16 : 37. 4 *bis* : Ps. 27 (28). 6 : 76 (77). 19 : 92 (93). 3 : Pr. 1. 20 : 8. 1 : Is. 13. 2 : 30. 31 : 31. 4 : 33. 3 : 52. 8 *bis* : Je. 10. 13 : 11. 7 : 46 (26). 12 : Ez. 1. 24 *ter* : 8. 18 : 23. 42 : Da. 10. 9†.]
[**Al.** Ex. 20. 18 : Dt. 11. 2 : I Ki. 28. 18 : Ez. 8. 18 : 21. 22 (27) : Hb. 3. 16.]
[**Sam.** Ex. 32. 18 *ter*.]
[**Quint.** Ps. 26 (27). 7 : 30 (31). 23.]
[**Sext.** Ps. 30 (31). 23.]
[**Heb.** Ez. 43. 2.]

φώνημα.

[**Sm.** Am. 4. 13.]

φωρᾶσθαι.

Pr. 26. 19. A S[2] ὅταν δὲ φωραθῶσιν [B S[1] ὁραθῶσι] –
III Ma. 3. 29. οὗ ἐὰν φωραθῇ τὸ σύνολον σκεπαζόμενος Ἰουδαῖος
[**Sm.** Jb. 24. 17.]

φωρολόγος, *vid. sub* **φορολόγος.**

φῶς. (1) *a.* אוֹר *b.* מָאוֹר *c.* אוֹרָה *d.* אוּר (2) נֶבְרַשְׁתָּא (3) נֹגַהּ (4) *a.* נְהוֹר *b.* נְהִיר (5) *a.* נִיר *b.* נֵר

Ge. 1. 3. γενηθήτω φῶς (1 *a*)
— 3. καὶ ἐγένετο φῶς (1 *a*)
— 4. ἴδεν ὁ θεὸς τὸ φ. ὅτι καλόν (1 *a*)
— 4. διεχώρισεν ὁ θ. ἀνὰ μέσον τοῦ φ. (1 *a*)
— 5. ἐκάλεσεν ὁ θ. τὸ φ. ἡμέραν (1 *a*)
— 18. διαχωρίζειν ἀνὰ μέσον τοῦ φ. (1 *a*)
Ex. 10. 23. πᾶσι δὲ τοῖς υἱοῖς Ἰσρ. φῶς ἦν (1 *a*)
27. 20. ἔλαιον . . . εἰς φῶς καῦσαι (1 *b*)
35. 16 (14). ἐργαζέσθω . . . τὴν λυχνίαν τοῦ φ. (1 *b*)
39. 17 (37). καὶ τὸ ἔλαιον τοῦ φ. (1 *b*)
Le. 24. 2. λαβέτωσάν μοι ἔλαιον . . . εἰς φῶς (1 *b*)
Nu. 4. 16. τὸ ἔλαιον τοῦ φ. καὶ τὸ θυμίαμα τῆς συνθέσεως (1 *b*)
Jd. 16. 2. A ἕως φωτὸς πρωΐ [B *al.*] (1 *a*)
I Ki. 25. 34. εἰ ὑπολειφθήσεται τῷ N. ἕως φωτὸς τοῦ πρωΐ (1 *a*)
— 36. ἕως φωτὸς τοῦ πρωΐ (1 *a*)
II Ki. 17. 22. διέβησαν τὸν Ἰ. ἕως τοῦ φ. τοῦ πρωΐ (1 *a*)
23. 4. ἐν θεῷ φωτὶ πρωΐας ἀνατεῖλαι ἥλιος (1 *a*)
IV Ki. 7. 9. μένομεν ἕως φωτὸς τοῦ πρωΐ (1 *a*)
II Ch. 4. 20. ἐποίησε Σαλ. . . . τοὺς λύχνους τοῦ φ. †
To. 3. 17. S ἵνα ἴδῃ τοῖς ὀφθαλμοῖς τὸ φ. τοῦ θεοῦ
5. 9. S οὐ βλέπω τὸ φ. τοῦ οὐρανοῦ
— 9. S οἱ νεκροὶ οἱ μηκέτι θεωροῦντες τὸ φ.
10. 5. ἀφῆκά σε [S *add.* πορευθῆναι] τὸ φ. τῶν ὀφθαλμῶν μου
11. 8. S καὶ ὄψεται τὸ φῶς [A B ὄ. σε]
— 14. S εἶδόν σε, τέκνον, τὸ φ. τῶν ὀφθαλμῶν μου
13. 11. S φ. λαμπρὸν λάμψει
14. 10. A B ὡς ἐκ τοῦ φ. ἤγαγεν αὐτόν
— 10. S ἐξῆλθεν εἰς τὸ φ. Ἀχ.
Es. 1. 1. φῶς καὶ [S[1] φωτὸς] ὁ ἥλιος ἀνέτειλε
8. 16. τοῖς δὲ Ἰουδ. ἐγένετο φῶς (1 *c*)
10. 3. ἦν φῶς καὶ ἥλιος
Jb. 3. 9. S[1] καὶ εἰς φῶς [B S[2] φωτισμὸν] μὴ ἔλθοι [A *al.*] (1 *a*)
— 16. ὥσπερ νήπιοι οἳ οὐκ εἶδον φῶς (1 *a*)
— 20. ἵνα τί γὰρ δέδοται τοῖς ἐν πικρίᾳ [A π. ψυχῆς] φῶς (1 *a*)
12. 22. ἐξήγαγε δὲ εἰς φῶς σκιὰν θανάτου (1 *a*)
— 25. ψηλαφήσαισαν σκότος καὶ μὴ φῶς (1 *a*)
17. 12. A B S[2] φῶς ἐγγὺς ἀπὸ προσώπου σκότους (1 *a*)
18. 5. φῶς ἀσεβῶν σβεσθήσεται (1 *a*)
— 6. τὸ φ. αὐτοῦ σκότος ἐν διαίτῃ (1 *a*)
— 18. ἀπώσειεν αὐτὸν ἐκ φωτὸς εἰς σκότος (1 *a*)
22. 11. τὸ φ. σοι σκότος [A S εἰς σκ.] ἀπέβη †
24. 16. οὐκ ἐπέγνωσαν φῶς (1 *a*)
26. 10. μέχρι συντελείας φωτὸς μετὰ σκότους (1 *a*)
28. 11. ἔδειξε δὲ αὐτοῦ δύναμιν εἰς φῶς (1 *a*)
29. 3. ὅτε τῷ [A ἐν τῷ] φ. αὐτοῦ ἐπορευόμην ἐν σκότει (1 *a*)
— 24. φῶς τοῦ προσώπου μου οὐκ ἀπέπιπτεν (1 *a*)
33. 28. ἡ ζωή μου φῶς ὄψεται (1 *a*)
— 30. ἵνα ἡ ζωή [A S[2] ψυχή] μου ἐν φωτὶ αἰνῇ αὐτόν (1 *a*?)
— 31 (30). A τοῦ φωτίσαι αὐτῷ ἐν φωτὶ ζώντων (1 *a*)
36. 32. ἐπὶ χειρῶν ἐκάλυψε φῶς (1 *a*)
37. 3. τὸ φ. αὐτοῦ ἐπὶ πτερύγων τῆς γῆς (1 *a*)
— 11. διασκορπιεῖ νέφος φῶς αὐτοῦ (1 *a*)
— 15. φῶς ποιήσας ἐκ σκότους (1 *a*)
— 21. πᾶσι δὲ οὐχ ὁρατὸν τὸ [A *om.*] φ. (1 *a*)
38. 15. ἀφεῖλας δὲ ἀπὸ ἀσεβῶν τὸ φ. (1 *a*)
— 19. ποίᾳ δὲ γῇ αὐλίζεται τὸ φ. [A *al.*] (1 *a*)
Ps. 4. 6. ἐσημειώθη ἐφ' ἡμᾶς τὸ φ. τοῦ προσώπου σου (1 *a*)
35 (36). 9. ἐν τῷ φ. σου ὀψόμεθα φῶς (1 *a*, 1 *a*)
36 (37). 6. ἐξοίσει ὡς φῶς τὴν δικαιοσύνην σου (1 *a*)
37 (38). 10. τὸ φ. τῶν ὀφθαλμῶν μου οὐκ ἔστι μετ' ἐμοῦ (1 *a*)
42 (43). 3. ἐξαπόστειλον τὸ φ. σου (1 *a*)
48 (49). 19. ἕως αἰῶνος οὐκ ὄψεται φῶς (1 *a*)
55 (56). 13. τοῦ εὐαρεστῆσαι ἐνώπιον τοῦ θεοῦ ἐν φωτὶ ζώντων (1 *a*)
77 (78). 14. S[1] καὶ ὅλην τὴν νύκτα ἐν φωτισμῷ φωτός [B S[2] πυρός] (1 *a*)
88 (89). 15. ἐν τῷ φ. τοῦ προσώπου σου πορεύσονται (1 *a*)
96 (97). 11. φῶς ἀνέτειλε τῷ δικαίῳ (1 *a*)
103 (104). 2. ἀναβαλλόμενος φῶς ὡς ἱμάτιον (1 *a*)
111 (112). 4. ἐξανέτειλεν ἐν σκότει φῶς τοῖς εὐθέσιν (1 *a*)
118 (119). 105. καὶ φῶς ταῖς τρίβοις μου (1 *a*)
135 (136). 7. τῷ ποιήσαντι φῶτα μεγάλα μόνῳ (1 *a*)
138 (139). 12. οὕτως καὶ τὸ φ. αὐτῆς (1 *a*)
148. 3. αἰνεῖτε αὐτὸν πάντα τὰ ἄστρα καὶ τὸ φ. (1 *a*)
Pr. 4. 18. αἱ δὲ ὁδοὶ τῶν δικαίων ὁμοίως φωτὶ λάμπουσι (1 *a*)
6. 23. λύχνος ἐντολὴ νόμου καὶ φῶς (1 *a*)
13. 9. φῶς δικαίοις διὰ παντὸς φῶς δὲ ἀσεβῶν σβέννυται (1 *a*, 5 *b*)
16. 15. ἐν φωτὶ ζωῆς υἱὸς βασιλέως (1 *a*)
20. 27. φῶς κυρίου πνοὴ ἀνθρώπων (5 *b*)
Ec. 2. 13. ὡς περισσεία τοῦ φ. ὑπὲρ τὸ σκότος (1 *a*)
11. 7. γλυκὺ τὸ φ. (1 *a*)
12. 2. ἕως οὗ μὴ σκοτισθῇ ὁ ἥλιος καὶ τὸ φ. (1 *a*)
Wi. 5. 6. τὸ τῆς δικαιοσύνης φ. οὐκ ἔλαμψεν ἡμῖν
7. 10. προειλόμην αὐτὴν ἀντὶ φωτὸς ἔχειν
— 26. ἀπαύγασμα γάρ ἐστι φωτὸς ἀϊδίου
— 29. φωτὶ συγκρινομένη εὑρίσκεται προτέρα
16. 28. πρὸς ἀνατολὴν [S[2] πρὸ ἀνατολῆς τοῦ] φωτὸς ἐντυγχάνειν σοι
17. 20. ὅλος γὰρ ὁ κόσμος λαμπρῷ κατελάμπετο φωτί

Wi. 18. 1. τοῖς δὲ ὁσίοις σου μέγιστον ἦν φῶς
— 4. ἄξιοι μὲν γὰρ ἐκεῖνοι [A -ου] στερηθῆναι φωτός
— 4. ἤμελλε τὸ ἄφθαρτον νόμου φ. [S^{1} φωτὸς] τῷ αἰῶνι δίδοσθαι
Si. 22. 11. ἐπὶ νεκρῷ κλαῦσον ἐξέλιπε γὰρ φῶς
24. 27. ὁ ἐκφαίνων ὡς φῶς παιδείαν
35 (32). 16. δικαιώματα ὡς φῶς ἐξάψουσιν
36 (33). 7. πᾶν φῶς ἡμέρας ἐνιαυτοῦ ἀφ' ἡλίου
50. 29. φῶς κυρίου τὸ ἴχνος αὐτοῦ
Ho. 6. 6 (5). τὸ κρίμα μου ὡς φῶς ἐξελεύσεται (1 *a*)
10. 12. φωτίσατε ἑαυτοῖς φῶς γνώσεως (5 *a*)
Am. 5. 18. αὕτη ἐστὶ σκότος καὶ οὐ φῶς (1 *a*)
— 20. οὐχὶ σκότος ἡ ἡμέρα τοῦ κ. καὶ οὐ φῶς (1 *a*)
8. 9. συσκοτάσει ἐπὶ τῆς γῆς ἐν ἡμέρᾳ τὸ φ. (1 *a*)
Mi. 7. 9. ἐξάξει με εἰς τὸ φ. (1 *a*)
Hb. 3. 4. φέγγος αὐ. ὡς φῶς ἔσται (1 *a*)
— 11. εἰς φῶς βολίδες σου πορεύσονται (1 *a*)
Ze. 3. 5. δώσει κρίμα αὐ. εἰς φῶς [A *om.* εἰς φ.] (1 *a*)
Za. 14. 6. οὐκ ἔσται φῶς (1 *a*)
— 7. πρὸς ἑσπέραν ἔσται φῶς (1 *a*)
Is. 2. 5. πορευθῶμεν τῷ φ. κυρίου (1 *a*)
4. 5. ὡς καπνοῦ καὶ φωτὸς πυρός (3)
5. 20. οἱ τιθέντες τὸ σκότος φ. καὶ τὸ φ. σκότος (1 *a*, 1 *a*)
9. 2 (1). ἴδετε φ. μέγα . . . φ. λάμψει ἐφ' ὑμᾶς (1 *a*, 1 *a*)
10. 17. ἔσται τὸ φ. τοῦ Ἰσραὴλ εἰς πῦρ (1 *a*)
13. 10. τὸ φ. οὐ δώσουσι . . . ἡ σελήνη οὐ δώσει τὸ φ. αὐτῆς (1 *a*, 1 *a*)
18. 4. ὡς φ. καύματος μεσημβρίας (1 *a*?)
26. 9. φ. τὰ προστάγματά σου ἐπὶ τῆς γῆς †
30. 26. ἔσται τὸ φ. τῆς σελήνης ὡς τὸ φ. τοῦ ἡλίου καὶ τὸ φ. τοῦ ἡλίου ἔσται ἑπταπλάσιον (1 *a ter*)
42. 6. A B^{2} S^{1} R ἔδωκά σε . . . εἰς φ. ἐθνῶν [B^{1} *om.* εἰς φ. ἐ.] (1 *a*)
— 16. ποιήσω αὐτοῖς τὸ σκότος εἰς φ. (1 *a*)
45. 7. ἐγὼ ὁ κατασκευάσας φ. (1 *a*)
49. 6. δέδωκά [A S τέθεικά] σε . . . εἰς φ. ἐθνῶν (1 *a*)
— 8. S^{1} ἔδωκά σε . . . εἰς φ. [A B S^{2} *om.* εἰς φ.] –
50. 10. οὐκ ἔστιν αὐτοῖς φ. (3)
— 11. πορεύεσθε τῷ φ. τοῦ πυρὸς ὑμῶν (1 *d*)
51. 4. ἡ κρίσις μου εἰς φ. ἐθνῶν (1 *a*)
— 5. ἐξελεύσεται ὡς [S εἰς] φ. [A *om.* ὡς φ.] τὸ σωτήριόν μου –
53. 11. δεῖξαι αὐτῷ φ. †
58. 8. τότε ῥαγήσεται πρώϊμον τὸ φ. σου (1 *a*)
— 10. ἀνατελεῖ ἐν τῷ σκότει τὸ φ. σου (1 *a*)
59. 9. ὑπομεινάντων αὐτῶν [A^{1} B^{1} *om.*] φ. (1 *a*)
60. 1. ἥκει γάρ σου τὸ φ. (1 *a*)
— 3. πορεύσονται βασιλεῖς τῷ φ. σου (1 *a*?)
— 19. οὐκ ἔσται σοι ἔτι ὁ ἥλιος εἰς φ. ἡμέρας (1 *a*)
— 19. ἔσται σοι κύριος [S^{1} *add.* εἰς] φ. αἰώνιον (1 *a*)
— 20. ἔσται γάρ σοι κύριος φ. αἰώνιον (1 *a*)
62. 1. ἕως ἂν ἐξέλθῃ ὡς φ. ἡ δικαιοσύνη αὐτῆς [A S μου] (3)
Je. 4. 23. οὐκ ἦν τὰ φ. αὐτοῦ (1 *a*)
10. 13. ἐξήγαγε φ. ἐκ θησαυρῶν αὐτοῦ †
13. 16. ἀναμενεῖτε εἰς φ. (1 *a*)
25. 10. ἀπολῶ . . . ὀσμὴν μύρου καὶ φ. λύχνου (1 *a*)
28 (51). 16. ἐξήγαγε φ. ἐκ τῶν θησαυρῶν αὐτοῦ †
38 (31). 35. ὁ δοὺς τὸν ἥλιον εἰς φ. τῆς ἡμέρας σελήνην καὶ ἀστέρας εἰς φ. τῆς νυκτός [S^{1} *al.*] (1 *a*, 1 *a*)
Ba. 3. 14. ποῦ ἐστι φ. ὀφθαλμῶν
— 20. νεώτεροι εἶδον φ.
— 33. ὁ ἀποστέλλων τὸ φ. καὶ πορεύεται
4. 2. διόδευσον . . . κατέναντι τοῦ φ. αὐτῆς
5. 9. ἡγήσεται γὰρ . . . τῷ φ. τῆς δόξης αὐτοῦ
La. 3. 2. ἀπήγαγέ με εἰς σκότος καὶ οὐ φ. (1 *a*)
Ez. 31. 4. A ἤγαγεν κύκλῳ τῶν φ. αὐ. –
32. 7. σελήνη οὐ μὴ φάνῃ τὸ φ. αὐ. [A *al.*] (1 *a*)
— 8. πάντα τὰ φαίνοντα φ. ἐν τῷ οὐρ. (1 *a*)
41. 11. τὸ εὖρος τοῦ φ. τοῦ ἀπολοίπου πηχῶν πέντε †

Ez. 42. 7. φ. ἔξωθεν †
— 10. κατὰ τὸ φ. τοῦ ἐν ἀρχῇ περιπάτου †
— 11. κατὰ τὰ μέτρα . . . κατὰ τὰ φ. αὐτῶν †
— 12. ὡς ἐπὶ φ. διαστήματος καλάμου †
Da. LXX. 2. 22. γινώσκων . . . τὰ ἐν τῷ φ. (4 *a*, 4 *b**)
3. (72). εὐλογεῖτε, φῶς καὶ σκότος, τὸν κ.
5. 5. ἔγραψαν . . . κατέναντι τοῦ φ. (2)
10. 5. καὶ ἐκ μέσου αὐτοῦ φῶς –
Da. TH. 2. 22. τὸ φ. μετ' αὐτοῦ ἐστι (4 *a*, 4 *b**)
3. (72). εὐλογεῖτε, φῶς καὶ σκότος, τὸν κ.
6. 19 (20). ὁ βασ. ἀνέστη τὸ πρωῒ ἐν τῷ φ. (3)
I Ma. 1. 21. ἔλαβε . . . τὴν λυχνίαν τοῦ φ.
12. 29. ἔβλεπον γὰρ τὰ φ. καιόμενα
II Ma. 1. 32. τοῦ δὲ ἀπὸ τοῦ θυσιαστ. ἀντιλάμψαντος φ. ἐδαπανήθη
III Ma. 6. 7. τὸν . . . Δαν. εἰς φῶς ἀνήγαγες ἀσινῆ

[**Aq.** GE. 1. 3 *bis*, 4 *bis*, 5 : JB. 3. 9 : 36. 30 : 38. 24 : 41. 12 (P.) : PS. 26 (27). 1 : 42 (43). 3 : 138 (139). 11 : PR. 6. 23 : 16. 15 : IS. 31. 9 : 49. 6 : 60. 1.]
[**Sm.** GE. 1. 3 *bis*, 5 : JB. 3. 9 : 17. 12 : 18. 5 (P.) : 24. 13 : 28. 11 : 36. 30 : PS. 26 (27). 1 : 42 (43). 3 : 55 (56). 14 : 138 (139). 12 : 148. 3 : PR. 6. 23 : 16. 15 : IS. 49. 6 : 59. 9 : ZA. 14. 6, 7.]
[**Th.** GE. 1. 3 *bis*, 5 : EX. 35. 8, 14, 28 : JB. 3. 16 : 17. 12 : 18. 5 : 24. 16 : 29. 24 : 33. 30 : 38. 24 : PS. 42 (43). 3 : 73 (74). 16 : PR. 4. 18 : 6. 23 : 16. 15 : IS. 31. 9 : 49. 6 : MI. 7. 8 (P.).]
[**Al.** JB. 18. 6 : PS. 43 (44). 4 : HB. 3. 4, 11.]
[**Quint.** PS. 42 (43). 3 : 73 (74). 16.]
[**Sext.** PS. 10 (11). 2.]
[**Heb.** EZ. 1. 4.]

φωστήρ. (1) זֹהַר (2) מָאוֹר

Ge. 1. 14. γενηθήτωσαν φωστῆρες (2)
— 16. ἐποίησεν ὁ θ. τοὺς δύο φ. τοὺς μεγάλους τὸν φ. τὸν μέγαν . . . καὶ τὸν φ. τὸν ἐλάσσω (2 *ter*)
I Es. 8. 79. τοῦ ἀνακαλύψαι φωστῆρα ἡμῶν
Wi. 13. 2. ἢ φωστῆρας οὐρανοῦ πρυτάνεις κόσμου θεοὺς ἐνόμισαν
Si. 43. 7. φωστὴρ μειούμενος ἐπὶ συντελείας
Da. LXX. 12. 3. φανοῦσιν ὡς φωστῆρες τοῦ οὐρανοῦ (1)

[**Aq.** GE. 1. 15, 16 *bis* : PS. 73 (74). 16 : PR. 15. 30.]
[**Sm.** GE. 1. 16 *bis* : PS. 73 (74). 16.]
[**Th.** GE. 1. 16 *bis*.]

φωταγωγεῖν.

IV Ma. 17. 5. τοὺς ἰσαστέρους ἑπτὰ παῖδας φωταγωγήσασα

φωτεινός.

Si. 17. 31. τί φωτεινότερον ἡλίου
23. 19. ὀφθαλμοὶ κυρίου μυριοπλασίως ἡλίου φωτεινότεροι

[**Sm.** PS. 138 (139). 11.]

φωτίζειν. (1) אוֹר *a.* qal. *b.* ni. *c.* hi. *d.* מָאוֹר *e.* אוֹר (2) יָרָה hi. (3) נָגַהּ hi. (4) נָהַר (5) נִיר (6) רָאָה hi. (7) **φωτίζων, φωτίζοντες** אוּרִים (8) **ἡ ὥρα τοῦ φωτίσαι** אוֹר

Ex. 38. 13 (37. 17). τὴν λυχνίαν ἣ φωτίζει –
Nu. 4. 9. καλύψουσι τὴν λυχνίαν τὴν φωτίζουσαν (1 *d*)
8. 2. φωτιοῦσιν οἱ ἑπτὰ λύχνοι (1 *c*)
Jd. 13. 8. A καὶ φωτισάτω [B συμβιβασάτω] ἡμᾶς (2)
— 23. A οὐκ ἂν ἐφώτισεν ἡμᾶς πάντα ταῦτα [B *al.*] (6)
I Ki. 29. 10. καὶ φωτισάτω ὑμῖν (1 *a*)

IV Ki. 12. 2 (3). ἃς ἐφώτισεν αὐτὸν Ἰ. (2)
17. 27. φωτιοῦσιν αὐτοὺς τὸ κρίμα τοῦ θ. τῆς γῆς (2)
— 28. καὶ ἦν φωτίζων αὐτούς (2)
II Es. 2. 63. ἕως ἀναστῇ ἱερεὺς τοῖς φωτίζουσι (7)
9. 8. τοῦ φωτίσαι ὀφθαλμοὺς ἡμῶν (1 *c*)
Ne. 7. 65. ἕως ἀναστῇ ὁ ἱερεὺς φωτίσων (7)
8. 3. S^{1} ἀπὸ τῆς ὥρας τοῦ φωτίσαι [A B S^{2} διαφ.] (8)
9. 12. τοῦ φωτίσαι αὐτοῖς τὴν ὁδόν (1 *c*)
— 19. φωτίζειν [S τοῦ φ.] αὐτοῖς τὴν ὁδόν (1 *c*)
Jb. 3. 9. A μὴ ἔλθοι καὶ μὴ φωτίσαι [B S *al.*] †
33. 31 (30). A τοῦ φωτίσαι αὐτῷ ἐν φωτὶ ζώντων (1 *b*)
Ps. 12 (13). 3. φώτισον τοὺς ὀφθαλμούς μου (1 *c*)
17 (18). 28. σὺ φωτιεῖς λύχνον μου, κύριε, ὁ θεός μου, φωτιεῖς τὸ σκότος μου (1 *c*, 3)
18 (19). 8. ἡ ἐντολὴ κυρίου τηλαυγὴς φωτίζουσα ὀφθαλμούς (1 *c*)
33 (34). 5. καὶ φωτίσθητε (4)
75 (76). 4. φωτίζεις σὺ θαυμαστῶς ἀπὸ ὀρέων αἰωνίων (1 *b*)
104 (105). 39. καὶ πῦρ τοῦ φωτίσαι αὐτοῖς τὴν νύκτα (1 *c*)
118 (119). 130. φωτιεῖ καὶ συνετιεῖ νηπίους (1 *c*)
138 (139). 12. B^{2} S R νὺξ ὡς ἡμέρα φωτισθήσεται (1 *c*)
Pr. 4. 18. προπορεύονται καὶ φωτίζουσιν (1 *a*)
Ec. 8. 1. φωτιεῖ πρόσωπον αὐτοῦ (1 *c*)
Wi. 17. 5. πυρὸς μὲν οὐδεμία βία κατίσχυε φωτίζειν
Si. 24. 32. ἔτι παιδείαν ὡς ὄρθρον φωτιῶ
31 (34). 17. ἀνυψῶν ψυχὴν καὶ φωτίζων ὀφθαλμούς
42. 16. ἥλιος φωτίζων κατὰ πᾶν ἐπέβλεψε
43. 9. κόσμος φωτίζων ἐν ὑψίστοις κύριος [A S^{2} -ίου]
45. 17. A R ἐν νόμῳ αὐτοῦ φωτίσαι [B S φωνῆσαι] τὸν Ἰ.
50. 7. A R ὡς τόξον φωτίζον [B S -ων] ἐν νεφέλαις δόξης
Ho. 10. 12. φωτίσατε ἑαυτοῖς φῶς γνώσεως (5 ?)
Mi. 7. 8. κύριος φωτιεῖ μοι (1 *e*)
Is. 60. 1. φωτίζου φωτίζου, Ἰερουσαλήμ (†, 1 *a*)
— 19. οὐδὲ ἀνατολὴ σελήνης φωτιεῖ σοι [S σε] τὴν νύκτα (1 *c*)
Ba. 1. 12. φωτίσει [A -σῃ] τοὺς ὀφθαλμοὺς ἡμῶν
Ep. Je. 67. A R οὔτε [A *add.* μὴ] φωτιοῦσιν [B -ίσουσιν] ὡς ἡ σελήνη
Da. LXX. 4. 9. ἐφώτιζον πᾶσαν τὴν γῆν –

[**Aq.** GE. 46. 28 : EX. 4. 12 : 14. 20 : 15. 25 : 24. 12 : DT. 17. 11 : 33. 10 : I KI. 14. 27 : JB. 12. 7 : PS. 24 (25). 8, 12 : 26 (27). 11 : 31 (32). 8 : 44 (45). 5 : 85 (86). 11 : 118 (119). 33 : PR. 4. 4 : 5. 13 : 29. 13 : IS. 27. 11 : 60. 1, 19.]
[**Sm.** PR. 5. 13 : 29. 13 : JE. 31 (38). 12.]
[**Th.** JD. 13. 8 : JB. 33. 30 : PS. 26 (27). 11 : 118 (119). 33 : PR. 4. 18 : 5. 13 : 29. 13 : MI. 7. 8.]
[**Al.** LE. 10. 11 : 14. 57 : I KI. 12. 23.]
[**Quint.** PS. 26 (27). 11 : 83 (84). 7 : 145 (146). 8.]
[**Sext.** PS. 26 (27). 11.]

φωτισμός. (1) *a.* אוֹר *b.* מָאוֹר

Jb. 3. 9. εἰς φωτισμὸν [S^{1} φῶς] μὴ ἔλθοι [A *al.*] (1 *a*)
Ps. 26 (27). 1. κύριος φωτισμός μου (1 *a*)
43 (44). 3. καὶ ὁ φ. τοῦ προσώπου σου (1 *a*)
77 (78). 14. καὶ ὅλην τὴν νύκτα ἐν φωτισμῷ πυρός [S^{1} φωτός] (1 *a*)
89 (90). 8. ὁ αἰὼν ἡμῶν εἰς φωτισμὸν τοῦ προσώπου σου (1 *b*)
138 (139). 11. νὺξ φωτισμὸς ἐν τῇ τρυφῇ μου (1 *a*)
[**Aq.** EX. 28. 30 : LE. 8. 8 : NU. 27. 21 : I KI. 28. 6 : PS. 75 (76). 5.]
[**Sm.** EX. 28. 30 : NU. 27. 21 : PR. 15. 30.]
[**Th.** EX. 28. 30 : LE. 8. 8 : NU. 27. 21.]

X

χαββά.
IV Ki. 8. 15. B ἔλαβε τὸν χ. [A R *al.*] †

χαβραθά. (1) כִּבְרַת
Ge. 35. 16. A ἡνίκα ἤγγισε χ. εἰς γῆν [R *al.*] (1)
48. 7. ἐγγίζοντός μου κατὰ τὸν ἱππόδρ. χ. τῆς γῆς (1)
[Heb. IV Ki. 5. 19.]

χαβράνη (?).
Ex. 30. 34. A λάβε σεαυτῷ . . . χαβράνην [B χαλβάνην] ἡδυσμοῦ †

χαβώθ. (1) כָּבוֹד
I Ki. 4. 21. A ἐκάλεσε τὸ παιδάριον Οὐαὶ χ. [B βαρχ.] (1)

χαβών, *cf.* χαυών.
[Th. Je. 7. 18.]

χαεφήρ.
[Heb. Ps. 147. 5 (16).]

χάζεσθαι. (1) עָלָה
Am. 3. 5. A[1] εἰ χασθήσεται [A[2]B σχασθ.] παγὶς ἐπὶ τῆς γῆς (1)

χαίνειν, *cf.* χάσκειν. (1) פָּצָה
Ge. 4. 11. ἣ ἔχανε τὸ στόμα αὐ. (1)
I Es. 4. 19. B εἰς αὐτὴν κέχηναν [A ἐγκ., R ἐκκ.]
Ez. 2. 8. χάνε τὸ στόμα σου (1)

χαίρειν. (1) אָהֵב (2) גִּיל (3) יָטַב בְּעֵינֵי (4) *a.* עָלַז *b.* עָלַץ (5) רָנַן (6) שׂוּשׂ (7) *a.* שָׂמֵחַ *b.* שָׂמֵחַ *c.* שִׂמְחָה (8) שָׁלוֹם
Ge. 45. 16. ἐχάρη δὲ Φ. (3)
Ex. 4. 14. χαρήσεται ἐν ἑαυτῷ (7 *a*)
— 31. καὶ ἐχάρη †
I Ki. 19. 5. καὶ ἐχάρησαν (7 *a*)
III Ki. 3. 1 (B) : 4. 20 (A). πίνοντες καὶ χαίροντες [A εὐφραινόμενοι] (7 *b*)
5. 7 (21). ἐχάρη σφόδρα (7 *a*)
8. 66. ἀπῆλθεν ἕκαστος εἰς τὰ σκηνώματα αὐ. χαίροντες (7 *b*)
IV Ki. 11. 14. καὶ πᾶς ὁ λαὸς τῆς γῆς χαίρων (7 *b*)
— 20. ἐχάρη πᾶς ὁ λαὸς τῆς γῆς (7 *a*)
20. 13. ἐχάρη ἐπ' αὐτοῖς 'Εζ. †
I Es. 6. 7. Βασιλεῖ Δαρείῳ χαίρειν [A -ει]
8. 9. βασιλεὺς 'Αρτ. Ἔσδρᾳ . . . χαίρειν
To. 5. 9. S χαίρειν σοι πολλὰ γένοιτο
— 9. S τί μοι ἔτι ὑπάρχει χαίρειν
— 13. S καὶ χαίρων ἔλθοις
7. 1. S χαίρετε πολλά, ἀδελφοί
11. 1. S ἀπῆλθε Τωβ. ἀπὸ 'Ραγ. . . . χαίρων
— 15. εἰσῆλθεν ὁ υἱὸς αὐ. χαίρων [S *al.*]
— 16. ἐξῆλθε Τωβ. . . . χαίρων
— 19. S[1] παρεγένοντο . . . χαίροντες [S[3] *om.*] πρὸς Τωβ.
13. 13. B[2]R χάρηθι [A B[1] -τι] καὶ ἀγαλλίασαι [S *al.*]
— 14. χαρήσονται ἐπὶ τῇ εἰρήνῃ σου
— 14. ἐπὶ [S ἐν] σοὶ χαρήσονται
14. 7. χαρήσονται πάντες οἱ ἀγαπῶντες κ. τὸν θεόν
— 15. ἐχάρη πρὸ τοῦ ἀποθανεῖν ἐπὶ Νινευή
Es. 8. 13. βασιλεὺς μέγας 'Αρτ. . . . τοῖς τὰ ἡμέτερα φρονοῦσι χαίρειν
— 15. ἰδόντες δὲ οἱ ἐν Σούσοις ἐχάρησαν (7 *a*)
Ps. 95 (96). 12. χαρήσεται τὰ πεδία (4 *a*)
Pr. 2. 14. χαίροντες ἐπὶ διαστροφῇ κακῇ (2)
6. 16. χαίρει πᾶσιν οἷς μισεῖ ὁ θεός †
17. 19. φιλαμαρτήμων χαίρει μάχαις (1)
23. 25. χαιρέτω ἡ τεκοῦσά σε (2)
24. 19. μὴ χαῖρε ἐπὶ κακοποιοῖς [S[1] κακότητι] †
Ho. 9. 1. μὴ χαῖρε, 'Ισρ. (7 *a*)
Jl. 2. 21. θάρσει, γῆ, χαῖρε καὶ εὐφραίνου (2)
Jl. 2. 23. τὰ τέκνα Σιών, χαίρετε καὶ εὐφραίνεσθε (2)
Jn. 4. 6. ἐχάρη 'Ι. . . . χαρὰν μεγάλην (7 *a*)
Hb. 1. 15. χαρήσεται ἡ καρδία αὐ. (2)
3. 18. χαρήσομαι ἐπὶ τῷ θεῷ τῷ σωτῆρί μου (2)
Ze. 3. 14. χαῖρε, θύγατερ Σιών (5)
Za. 4. 10. καὶ χαροῦνται [A S[3] χαρήσονται] (7 *a*)
9. 9. χαῖρε σφόδρα (2)
10. 7. χαρήσεται ἡ καρδία αὐ. ὡς ἐν οἴνῳ (7 *a*)
— 7. χαρεῖται [S[3] -ήσεται] ἡ καρδία αὐ. ἐπὶ τῷ κυρίῳ (2)
Is. 13. 3. ἔρχονται . . . χαίροντες ἅμα (4 *b*)
39. 2. ἐχάρη ἐπ' αὐτοῖς 'Εζεκίας [A S *add.* χαράν] (7 *a*)
48. 22. οὐκ ἔστι χ. (8)
57. 21. οὐκ ἔστι χ. τοῖς ἀσεβέσιν (8)
66. 10. χάρητε ἅμα αὐτῇ χαρᾷ [A S *al.*] (6)
— 14. χαρήσεται ἡ καρδία ὑμῶν (6)
Je. 7. 34. καταλύσω . . . φωνὴν χαιρόντων (7 *c*)
38 (31). 13. χαρήσονται παρθένοι (7 *a*)
— 13. καὶ πρεσβῦται χαρήσονται †
Ba. 4. 33. ὥσπερ γὰρ ἐχάρη ἐπὶ τῇ σῇ πτώσει
— 37. ἔρχονται . . . χαίροντες τῇ τοῦ θεοῦ δόξῃ
5. 5. ἴδε . . . χαίροντας [A -ες] τῇ τοῦ θεοῦ μνείᾳ
La. 1. 21. ἐχάρησαν ὅτι σὺ ἐποίησας (6)
4. 21. χαῖρε καὶ εὐφραίνου (6)
Ez. 7. 12. ὁ κτώμενος μὴ χαιρέτω (7 *a*)
Da. LXX. Bel 17. καὶ ἐχάρη ὁ βασ.
I Ma. 10. 18. βασιλεὺς 'Αλ. τῷ ἀδ. 'Ιων. χαίρειν
— 25. βασιλεὺς Δ. τῷ ἔθνει τῶν 'Ι. χαίρειν
— 26. ἠκούσαμεν καὶ ἐχάρημεν
11. 30. βασιλεὺς Δ. 'Ι. τῷ ἀδ. χαίρειν
— 32. βασιλεὺς Δ. Λ. τῷ πατρὶ χαίρειν
12. 6. 'Ιωνάθαν . . . Σπαρτιάταις τοῖς ἀδελφοῖς χαίρειν
— 20. S R βασιλεὺς Σπ. 'Ονεία . . . χαίρειν [A -ων]
13. 36. βασιλεὺς Δημ. Σίμωνι . . . χαίρειν
14. 20. Σπαρτιατῶν ἄρχοντες . . . Σίμωνι . . . χαίρειν
15. 2. βασιλεὺς 'Αντ. Σίμωνι . . . χαίρειν
— 16. Λεύκιος . . . Πτολεμαίῳ βασιλεῖ χαίρειν
II Ma. 1. 1. τοῖς ἀδελφοῖς . . . χαίρειν
— 10. 'Ιούδας 'Αριστοβούλῳ . . . χαίρειν
9. 19. τοῖς χρηστοῖς 'Ιουδ. . . . πολλὰ χαίρειν
11. 16. Λυσίας τῷ πλήθει τῶν 'Ιουδ. χαίρειν
— 22. βασιλεὺς 'Αντ. τῷ ἀδ. Λυσίᾳ χαίρειν
— 27. βασιλεὺς 'Αντ. τῇ γερουσίᾳ . . . χαίρειν
— 34. πρεσβῦται 'Ρωμαίων τῷ δήμῳ τῶν 'Ιουδ. χαίρειν
III Ma. 1. 8. καὶ ἐπὶ τοῖς συμβεβηκόσι χαρησομένους
3. 12. βασιλεὺς Πτ. Φ. τοῖς . . . στρατιώταις χαίρειν
7. 1. βασιλεὺς Πτ. Φ. τοῖς . . . στρατηγοῖς . . . χαίρειν
IV Ma. 4. 22. ὡς ἔνι μάλιστα χαίροιεν οἱ 'Ιεροσολυμῖται
12. 9. S οἱ δὲ χαρέντες [A R καὶ ἐπιχ.] μάλιστα ἐπὶ τῇ ἐπαγγελίᾳ τοῦ παιδός
[Aq. Is. 61. 10 *bis*.]
[Sm. Ps. 57 (58). 11 : Is. 13. 3 : Je. 15. 17.]
[Th. Is. 60. 5.]
[Al. I Ki. 6. 13 : III Ki. 1. 40 : Za. 2. 10 (14).]

χαιρετίζειν.
To. 5. 9. S ἐχαιρέτισεν αὐτὸν Τ. πρῶτος
7. 1. A B ἐχαιρέτισεν αὐτόν [S -αν αὐτὸν πρῶτοι]

χαίτη.
[Sm. Jb. 18. 16 : Ps. 79 (80). 12.]
[Sext. Ps. 79 (80). 12.]

χαλαβώτης. (1) לְטָאָה
Le. 11. 30. R καὶ χαλαβώτης [A B καλ.] καὶ σαῦρα (1)

χάλαζα. (1) אֶלְגָּבִישׁ (2) *a.* בָּרָד *b.* בָּרַד
Ex. 9. 18. ὕω . . . χ. πολλὴν σφόδρα (2 *a*)
— 19. πέσῃ δὲ ἐπ' αὐτὰ ἡ χ. (2 *a*)
— 22. ἔσται χάλαζα ἐπὶ πᾶσαν γῆν Αἰγ. (2 *a*)
Ex. 9. 23. κύριος ἔδωκε φωνὰς καὶ χάλαζαν (2 *a*)
— 23. ἔβρεξε κύριος χάλαζαν (2 *a*)
— 24. ἦν δὲ ἡ χ. καὶ τὸ πῦρ φλογίζον ἐν τῇ χ. (2 *a*, 2 *a*)
— 24. ἡ δὲ χ. πολλὴ σφόδρα –
— 25. ἐπάταξε δὲ ἡ χ. (2 *a*)
— 25. πᾶσαν βοτάνην . . . ἐπάταξεν ἡ χ. (2 *a*)
— 25. πάντα τὰ ξύλα . . . συνέτριψεν ἡ χ. [A[1] *om.* ἡ χ.] –
— 26. ἐν γῇ Γ. . . . οὐκ ἐγένετο ἡ χ. (2 *a*)
— 28. παυσάσθω τοῦ γενηθῆναι . . . χάλαζαν (2 *a*)
— 29. ἡ χ. καὶ ὁ ὑετὸς οὐκ ἔσται ἔτι (2 *a*)
— 33. ἡ χ. καὶ ὁ ὑετὸς οὐκ ἔσταξεν ἔτι (2 *a*)
— 34. πέπαυται ὁ ὑετὸς καὶ ἡ χ. (2 *a*)
10. 5. ὃ κατέλιπεν ὑμῖν ἡ χ. (2 *a*)
— 12. ὃν ὑπελίπετο ἡ χ. (2 *a*)
— 15. ὃς ὑπελείφθη ἀπὸ τῆς χ. (2 *a*)
Jo. 10. 11. κ. ἐπέρριψεν αὐτοῖς λίθους χαλάζης †
— 11. οἱ ἀποθανόντες διὰ τοὺς λίθους τῆς χ. (2 *a*)
Jb. 38. 22. θησαυροὺς δὲ χαλάζης [S[1] θαλάσσης] ἑώρακας (2 *a*)
Ps. 17 (18). 12. χάλαζα καὶ ἄνθρακες πυρός (2 *a*)
77 (78). 47. ἀπέκτεινεν ἐν χαλάζῃ τὴν ἄμπελον αὐτῶν (2 *a*)
— 48. B R παρέδωκεν ἐν χαλάζῃ [S[1] εἰς αἰχμαλωσίαν, S[2] εἰς χάλαζαν] τα κτήνη αὐτῶν (2 *a*)
104 (105). 32. ἔθετο τὰς βροχὰς αὐτῶν χάλαζαν (2 *a*)
148. 8. πῦρ χάλαζα χιὼν κρύσταλλος (2 *a*)
Wi. 5. 22. ἐκ πετροβόλου θυμοῦ πλήρεις ῥιφήσονται χάλαζαι
16. 16. χαλάζαις καὶ ὄμβροις διωκόμενοι
— 22. πῦρ φλεγόμενον [S φλέγον] ἐν τῇ χ.
Si. 39. 29. πῦρ καὶ χάλαζα καὶ λιμὸς καὶ θάνατος
43. 15. διεθρύβησαν λίθοι χαλάζης
46. 6. ἐπήκουσεν αὐτῶν μέγας κύριος ἐν [A S *om.*] λίθοις χαλάζης δυνάμεως κραταιᾶς
Hg. 2. 18 (17). ἐπάταξα ὑμᾶς . . . ἐν χαλάζῃ (2 *a*)
Is. 28. 2. ὡς χ. καταφερομένη (2 *a*)
30. 30. ὡς ὕδωρ καὶ χ. συγκαταφερομένη βίᾳ (2 *a*)
32. 19. ἡ δὲ χ. ἐὰν καταβῇ (2 *b*)
Ez. 38. 22. κρινῶ αὐτὸν . . . λίθοις χαλάζης (1)
[Aq. Is. 28. 2 : 32. 19.]
[Sm. Ps. 17 (18). 14 : 77 (78). 47 : Is. 28. 2 : 32. 19 : Ez. 13. 11.]
[Th. Ps. 17 (18). 14 : Is. 28. 2, 17.]
[Al. Is. 28. 2.]

χαλᾶν. (1) אָרַךְ hi. (2) זָחַח ni. (3) שָׁלַח pi.
Ex. 36. 29 (39. 21). A B[2] R ἵνα μὴ χαλᾶται τὸ λογεῖον ἀπὸ τῆς ἐπωμίδος (2)
Is. 33. 23. οὐ χαλάσει τὰ ἱστία †
57. 4. ἐπὶ τίνα ἐχαλάσατε τὴν γλῶσσαν ὑμῶν (1)
Je. 45 (38). 6. ἐχάλασαν αὐτὸν εἰς τὸν λάκκον (3)
IV Ma. 10. 19. A κεχάλασται [S R προκ.] ἡ γλῶσσα
[Aq., Sm. Je. 38 (45). 6.]

χάλασμα.
[Th. Ez. 23. 15.]

χαλαστόν. (1) שַׁרְשְׁרָה
II Ch. 3. 5. ἔγλυψεν ἐπ' αὐτοῦ φοίνικας καὶ χαλαστά (1)
— 16. καὶ ἔθηκεν ἐπὶ τῶν χ. (1)
[Sm. Is. 3. 19.]
[Th. Ex. 28. 14, 22.]

χαλβάνη. (1) חֶלְבְּנָה
Ex. 30. 34. λάβε σεαυτῷ . . . χαλβάνην [A χαβράνην] ἡδυσμοῦ (1)
Si. 24. 15. ὡς χαλβάνη [A χαρβ.] καὶ ὄνυξ
[Aq. Ez. 27. 18.]

χαλεπαίνειν.

IV Ma. 9. 10. οὐ μόνον . . . ἐχαλέπαινεν ὁ τύραννος
16. 22. A μὴ χαλεπαίνητε [S R -ετε]

χαλεπός. (1) יָרֵא ni.

Wi. 3. 19. γενεᾶς γὰρ ἀδίκου χαλεπὰ τὰ τέλη
17. 11. προσείληφε [S^2 προείληφεν] τὰ χ.
19. 13. χαλεπωτέραν μισοξενίαν ἐπετήδευσαν
Si. 3. 21. χαλεπώτερά [S^2 βαθύτερά] σου μὴ ζήτει
Is. 18. 2. πρὸς . . . ξένον λαὸν καὶ χαλεπόν (1)
II Ma. 4. 4. συνορῶν 'Ο. τὸ χ. τῆς φιλονεικίας
— 16. περιέσχεν αὐτοὺς χ. περίστασις
6. 3. χαλεπὴ δὲ . . . ἡ ἐπίστασις τῆς κακίας
IV Ma. 7. 24. χαλεπωτέρων βασανιστηρίων ἐπεκράτησαν
9. 4. χαλεπώτερον γὰρ αὐτοῦ τοῦ θανάτου νομίζομεν εἶναι
16. 8. ὑπέμεινα . . . χαλεπωτέρας φροντίδας ἀνατροφῆς
[**Al.** Pr. 27. 4.]

χαλινός. (1) מֶתֶג (2) רֶסֶן

IV Ki. 19. 28. θήσω . . . χαλινὸν ἐν τοῖς χείλεσί σου (1)
Jb. 30. 11. χαλινὸν τοῦ προσώπου μου ἐξαπέστειλαν (2)
Ps. 31 (32). 9. ἐν χαλινῷ καὶ κημῷ τὰς σιαγόνας αὐτῶν ἄγξαι (1)
Hb. 3. 14. διανοίξουσι χαλινοὺς αὐ. †
Za. 14. 20. ἔσται τὸ ἐπὶ τὸν χ. τοῦ ἵππου ἅγιον †
Is. 37. 29. ἐμβαλῶ . . . χαλινὸν εἰς τὰ χείλη σου (1)
[**Aq.** II Ki. 8. 1 : Is. 30. 28.]
[**Sm.** Ps. 31 (32). 9 : Ez. 29. 4.]
[**Th.** Jb. 30. 11 : 40. 21 (26) : Is. 30. 28 : Ez. 29. 4 : 38. 4.]

χάλιξ. (1) אֶבֶן (2) רֶגֶב

Jb. 8. 17. ἐν δὲ μέσῳ χαλίκων ζήσεται (1)
21. 33. ἐγλυκάνθησαν αὐτῷ χάλικες χειμάρρου (2)
Si. 22. 18. A χάλικες [B S χάρακες] ἐπὶ μετεώρου κείμενοι

χάλκαιος, *vid. sub* **χάλκειος.**

χαλκεῖον (-κίον). (1) סִיר (2) קַלַּחַת

I Ki. 2. 14. ἐπάταξεν αὐτὴν . . . εἰς τὸ χ. [A τὸν χαλκόν] (2)
II Ch. 35. 13. τὰ ἅγια ἥψησαν ἐν τοῖς χ. (1)
I Es. 1. 12. τὰς θυσίας ἥψησαν ἐν τοῖς χ.
Jb. 41. 22 (23). ἀναζεῖ τὴν ἄβυσσον ὥσπερ χαλκεῖον (1)

χάλκειος (-καιος, -κιος). (1) *a.* נָחוּשׁ *b.* נְחוּשָׁה (2) πέδη χ. נְחֻשְׁתַּ

Jd. 16. 21. ἐπέδησαν αὐτὸν ἐν πέδαις χ. [A -καῖς] (2)
I Es. 1. 40. ἔδησεν αὐτὸν ἐν χ. δεσμῷ
Jb. 6. 12. B S ἢ αἱ σάρκες μού εἰσι χ. [A R -κεαι] (1 *a*)
20. 24. τρῶσαι αὐτὸν τόξον χάλκειον (1 *b*)
40. 13 (18). αἱ πλευραὶ αὐτοῦ πλευραὶ χ. [A *al.*] (1 *b*)
41. 6 (7). B τὰ ἔγκατα αὐ. ἀσπίδες χ. [A S -καῖ, R -κεαι] –
— 19 (20). B οὐ μὴ τρώσῃ αὐτὸν τόξον χ. [R -κεον, A *om.* τ. χ.] –
Si. 28. 20. B^2 οἱ δεσμοὶ αὐ. δεσμοὶ χ. [B^1 S^2 -κιοι, A R -κεοι]

χάλκεος, *vid. sub* **χαλκοῦς.**

χαλκεύειν. (1) לָטַשׁ

I Ki. 13. 20. B κατέβαινον . . . εἰς γῆν ἀλλοφύλων χαλκεύειν (1)

χαλκεύς. (1) *a.* חֹרֵשׁ *b.* חָרָשׁ (2) צֹרֵף

Ge. 4. 22. ἦν σφυροκόπος χαλκεὺς χαλκοῦ (1 *a*)
II Ch. 24. 12. ἐμισθοῦντο . . . χαλκεῖς σιδήρου [A *om.* χ. σ.] (1 *b*)
Ne. 3. 32. ἐκράτησαν οἱ χ. (2)
Jb. 32. 19. ὥσπερ φυσητὴρ χαλκέως ἐρρηγώς [A S^1 *al.*] †
Si. 38. 28. οὕτως χαλκεὺς καθήμενος ἐγγὺς ἄκμονος
Is. 41. 7. χ. τύπτων σφύρῃ (2)
54. 16. οὐχ ὡς χ. [S^1 -οῦς] φυσῶν ἄνθρακας (1 *b*)
[**Th.** Is. 41. 7.]

χάλκιος, *vid.* **χάλκειος.**

χαλκοπλάστης.

Wi. 15. 9. χαλκοπλάστας τε μιμεῖται

χαλκός. (1) *a.* נְחוּשָׁה *b.* נְחֹשֶׁת *c.* נָחָשׁ (2) קַלַּחַת

Ge. 4. 22. χαλκεὺς χαλκοῦ καὶ σιδήρου (1 *b*)
Ex. 25. 3. χρυσίον καὶ ἀργύριον καὶ χαλκόν (1 *b*)
27. 2. καλύψεις αὐτὰ χαλκῷ (1 *b*)
— 6. περιχαλκώσεις αὐτοὺς χαλκῷ (1 *b*)
31. 4. ἐργάζεσθαι . . . τὸν χ. (1 *b*)
35. 5. οἴσουσι . . . χαλκόν (1 *b*)
— 24. ἤνεγκαν ἀργύριον καὶ χαλκόν (1 *b*)
— 32. ποιεῖν . . . τὸν χ. (1 *b*)
39. 7 (38. 29). καὶ ὁ χ. τοῦ ἀφαιρέματος (1 *b*)
Nu. 31. 22. πλὴν τοῦ χρυσίου . . . καὶ χαλκοῦ (1 *b*)
De. 8. 9. ἐκ τῶν ὀρέων αὐ. μεταλλεύσεις χαλκόν (1 *b*)
33. 25. σίδηρος καὶ χαλκὸς τὸ ὑπόδημα αὐ. (1 *b*)
Jo. 6. 18 (19). χρυσίον ἢ χαλκὸς . . . ἅγιον ἔσται τῷ κ. [A *al.*] (1 *b*)
— 23 (24). πλὴν ἀργυρίου . . . καὶ χαλκοῦ (1 *b*)
I Ki. 2. 14. A ἐπάταξεν αὐτὴν . . . εἰς τὸν χ. [B *al.*] (2)
17. 5. πέντε χιλιάδες σίκλων χαλκοῦ (1 *b*)
II Ki. 8. 8. ἔλαβεν ὁ βασ. Δ. . . . χ. πολὺν σφόδρα (1 *b*)
21. 16. ὁ σταθμὸς τοῦ δόρατος αὐ. τριακοσίων σίκλων ὁλκῇ χαλκοῦ (1 *b*)
III Ki. 7. 14. καὶ οὗτος . . . τέκτων χαλκοῦ (1 *b*)
— 14. τοῦ ποιεῖν πᾶν ἔργον ἐν χαλκῷ (1 *b*)
— 47. οὐκ ἦν σταθμὸς τοῦ χ. –
— 47. οὐκ ἦν τέρμα τῶν σταθμῶν τοῦ χ. (1 *b*)
— 48. A οὐκ ἦν σταθμὸς τοῦ χ. –
IV Ki. 25. 13. ἦραν τὸν χ. αὐ. εἰς Βαβ. (1 *b*)
— 16. οὐκ ἦν σταθμὸς τοῦ χ. πάντων τῶν σκευῶν (1 *b*)
I Ch. 18. 8. ἔλαβε Δ. χ. πολὺν σφόδρα (1 *b*)
22. 3. καὶ χαλκὸν εἰς πλῆθος (1 *b*)
— 14. ἡτοίμασα . . . χαλκὸν καὶ σίδηρον (1 *b*)
— 16. ἐν χαλκῷ καὶ ἐν σιδήρῳ (1 *b*)
29. 2. ἡτοίμακα . . . χαλκόν (1 *b*)
— 7. χαλκοῦ τάλαντα μύρια ὀκτακισχίλια (1 *b*)
II Ch. 2. 7 (6). εἰδότα τοῦ ποιῆσαι . . . ἐν τῷ χ. (1 *b*)
— 14 (13). εἰδότα ποιῆσαι . . . ἐν χαλκῷ (1 *b*)
4. 9. καὶ θυρώματα αὐ. κατακεχαλκωμένα χαλκῷ (1 *b*)
— 16. καὶ πάντα τὰ σκεύη αὐ. . . . χ. καθαροῦ (1 *b*)
— 18. οὐκ ἐξέλιπεν ὁλκὴ τοῦ χ. (1 *b*)
24. 12. B χαλκεῖς σιδήρου καὶ χαλκοῦ (1 *b*)
I Es. 8. 57. καὶ σκεύη χαλκᾶ ἀπὸ χρηστοῦ χ.
II Es. 8. 27. ἔστησα . . . σκεύη χ. στίλβοντος ἀγαθοῦ διάφορα (1 *b*)
Jb. 28. 2. χαλκὸς δὲ ἴσα λίθῳ λατομεῖται (1 *a*)
41. 18 (19). χαλκὸν δὲ ὥσπερ ξύλον σαθρόν (1 *a*)
Si. 12. 10. ὡς γὰρ ὁ χ. ἰοῦται οὕτως ἡ πονηρία αὐ.
50. 3. χαλκὸς [A λάκκος] ὡσεὶ θαλάσσης τὸ περίμετρον
Is. 36. 16. B πίεσθε ὕδωρ τοῦ χ. [A S R λάκκου] ὑμῶν †
60. 17. ἀντὶ χαλκοῦ οἴσω σοι χρυσίον (1 *b*)
— 17. ἀντὶ δὲ ξύλων οἴσω σοι χαλκόν (1 *b*)
Je. 1. 18. A τέθεικά σε . . . ὡς τεῖχος χαλκοῦ [B S -οῦν] (1 *b*)
6. 28. χ. [S^2 ὡς χ.] καὶ σίδηρος πάντες διεφθαρμένοι εἰσίν (1 *b*)
52. 17. ἔλαβον τὸν χ. αὐ. (1 *b*)
— 20. οὐκ ἦν σταθμὸς τοῦ χ. αὐ. (1 *b*)
La. 3. 7. ἐβάρυνε χαλκόν μου (1 *b*)
Ep. Je. 35. οὔτε χαλκὸν οὐ μὴ δύνωνται διδόναι
Ez. 1. 7. σπινθῆρες ὡς [A ὡς ὁ] ἐξαστράπτων χ. (1 *b*)
16. 36. ἐξέχεας τὸν χ. σου (1 *b*)
22. 18. ἀναμεμιγμένοι πάντες χαλκῷ (1 *b*)
— 20. καθὼς εἰσδέχεται ἄργυρος καὶ χ. (1 *b*)
24. 11. θερμανθῇ [A συμφρυγῇ] ὁ χ. αὐτῆς (1 *b*)
27. 12. A χρυσίον καὶ χαλκὸν [B *om.* κ. χ.] . . . ἔδωκαν –
40. 3. ἡ ὅρασις αὐτοῦ ἦν ὡσεὶ ὅρασις χαλκοῦ στίλβοντος (1 *b*)
Da. LXX. 2. 35. λεπτὰ ἐγένετο ἅμα . . . ὁ χ. καὶ ὁ ἄργυρος (1 *c*)
— 45. συνηλόησε τὸ ὄστρακον . . . τὸν χ. (1 *c*)
10. 6. οἱ πόδες ὡσεὶ χ. ἐξαστράπτων (1 *b*)
Da. TH. 2. 35. ἐλεπτύνθησαν εἰσάπαξ ὁ σίδηρος ὁ χ. (1 *c*)
— 39. βασιλεία τρίτη ἥτις ἐστὶν ὁ χαλκός (1 *c*)
Da. TH. 2 45. ἐλέπτυνε τὸ ὄστρακον . . . τὸν χ. (1 *c*)
4. 20. ἐν χαλκῷ . . . αὐλισθήσεται (1 *c*)
10. 6. ὡς ὅρασις χαλκοῦ στίλβοντος (1 *b*)
Bel 7. ἔσωθεν μέν ἐστι πηλὸς ἔξωθεν δὲ χαλκός
[**Aq.**, **Sm.** Je. 15. 12.]
[**Heb.** Jb. 28. 2.]

χαλκοῦς (**χάλκεος**). (1) *a.* נָחוּשׁ *b.* נְחוּשָׁה *c.* נְחֹשֶׁת *d.* נָחָשׁ (2) πέδη χ. נְחֻשְׁתַּ

Ex. 26. 11. ποιήσεις κρίκους χ. πεντήκοντα (1 *c*)
— 37. χωνεύσεις αὐτοῖς πέντε βάσεις χ. (1 *c*)
27. 3. πάντα τὰ σκεύη αὐ. ποιήσεις χ. (1 *c*)
— 4. ποιήσεις αὐτῷ ἐσχάραν . . . χαλκῆν (1 *c*)
— 4. ποιήσεις . . . τέσσαρας δακτυλίους χ. (1 *c*)
— 10. καὶ αἱ βάσεις αὐ. εἴκοσι χ. (1 *c*)
— 11. καὶ αἱ βάσεις αὐ. εἴκοσι χ. [A^1 *al.*] (1 *c*)
— 17. καὶ αἱ βάσεις αὐ. χ. (1 *c*)
— 18. καὶ βάσεις αὐ. χ. (1 *c*)
— 19. καὶ οἱ πάσσαλοι τῆς αὐλῆς χ. (1 *c*)
30. 18. ποίησον λουτῆρα χ. καὶ βάσιν αὐτῷ χ. (1 *c*, 1 *c*)
37. 6 (36. 38). B^2 R καὶ αἱ βάσεις αἱ πέντε χ. [A B^1 *al.*] (1 *c*)
— 8 (38. 10). A καὶ αἱ βάσεις αὐ. εἴκοσι χ. [B *om.*] (1 *c*)
— 9 (38. 11). A^2 καὶ αἱ βάσεις αὐ. εἴκοσι χ. [B *om.*] (1 *c*)
— 15 (38. 17). καὶ αἱ βάσεις τῶν στύλων αὐ. χαλκαῖ (1 *c*)
— 17 (38. 19). καὶ αἱ βάσεις αὐ. τέσσαρες χ. (1 *c*)
— 18 (38. 20). καὶ πάντες οἱ πάσσαλοι τῆς αὐλῆς κύκλῳ χαλκοῖ (1 *c*)
38. 19 (36. 36). καὶ κρίκους εἰς τὸ ἐκτείνειν . . . χαλκοῦς –
— 20 (36. 36). ἐχώνευσε . . . τὰς κεφαλίδας τὰς χ. τῆς θύρας –
— 21 (20). καὶ τοὺς πασσάλους τῆς αὐλῆς χαλκοῦς (1 *c*)
— 22 (1). ἐποίησε τὸ θυσιαστήριον τὸ [A *om.*] χ. ἐκ τῶν πυρείων τῶν χ. –, –
— 23 (3). ἐποίησε . . . τὰς κρεάγρας χ. (1 *c*)
— 24 (6). ἐπέθηκεν αὐτῷ τέσσαρας δακτυλίους . . . χ. (1 *c*)
— 26 (8). B ἐποίησε τὸν λουτῆρα χ. [A R τὸν χ.] καὶ τὴν βάσιν αὐ. χ. (1 *c*, 1 *c*)
39 (38). 10. καὶ τὸ παράθεμα τὸ χ. τοῦ θυσιαστ. –
Le. 6. 28 (21). ἐὰν δὲ ἐν σκεύει χ. ἑψεθῇ (1 *c*)
26. 19. θήσω . . . τὴν γῆν ὑμῶν ὡσεὶ χαλκῆν (1 *b*)
Nu. 16. 37 (17. 2). ἀνέλεσθε τὰ πυρεῖα τὰ χ. –
— 39 (17. 4). ἔλαβεν 'Ελ. . . . τὰ πυρεῖα τὰ χ. (1 *c*)
21. 9. ἐποίησε Μ. ὄφιν χ. (1 *c*)
— 9. καὶ ἐπέβλεψεν ἐπὶ τὸν ὄφιν τὸν χ. (1 *c*)
De. 28. 23. ἔσται σοι ὁ οὐρανὸς . . . χαλκοῦς (1 *c*)
Jd. 16. 21. A ἔδησαν αὐτὸν ἐν πέδαις χ. [B -κείαις] (2)
I Ki. 17. 6. κνημῖδες χ. ἐπάνω τῶν σκελῶν αὐ. (1 *c*)
— 6. ἀσπὶς χ. ἀνὰ μέσον τῶν ὤμων αὐ. (1 *c*)
— 38. ἐνέδυσε Σ. τὸν Δ. . . . περικεφαλαίαν χ. (1 *c*)
II Ki. 8. 8. ἐν αὐτῷ ἐποίησε Σ. τὴν θάλασσαν τὴν χ. –
— 10. ἐν ταῖς χερσὶν αὐ. ἦσαν . . . σκεύη χ. (1 *c*)
22. 35. κατάξας τόξον χ. ἐν βραχίονί μου (1 *b*)
III Ki. 3. 1. ἐποίησε Σαλ. . . . τὴν θάλασσαν τὴν χ. –
4. 13. καὶ μοχλοὶ χ. (1 *c*)
7. 16. A δύο ἐπιθέματα ἐποίησε . . . χωνευτὰ χ. [B *om.*] (1 *c*)
— 18. δύο στίχοι ῥοῶν χ. δεδικτυωμένοι –
— 27. καὶ ἐποίησε δέκα μεχωνὼθ χαλκᾶς (1 *c*)
— 30. τέσσαρες τροχοὶ χ. τῇ μεχ. τῇ μιᾷ καὶ τὰ προσέχοντα χ. (1 *c*, 1 *c*)
— 38. ἐποίησε δέκα χυτροκαύλους χ. (1 *c*)
— 45. πάντα τὰ ἔργα τοῦ βασ. ἐποίησε Χ. χαλκᾶ ἄρδην (1 *c*)
8. 64. τὸ θυσιαστήριον τὸ χ. . . . μικρόν (1 *c*)
14. 27. ἐποίησε 'Ρ. ὁ βασ. ὅπλα χ. ἀντ' αὐτῶν (1 *c*)
IV Ki. 16. 13 (14). ἐπὶ τὸ θυσιαστήριον τὸ χ. τὸ ἀπέναντι κυρίου (1 *c*)
— 15. B ἐπὶ [A R καὶ] τὸ θυσιαστήριον τὸ χ. ἔσται μοι (1 *c*)
— 17. τὴν θάλ. καθεῖλεν ἀπὸ τῶν βοῶν τῶν χ. (1 *c*)
18. 4. ἐξωλέθρευσε . . . τὸν ὄφιν τὸν χ. (1 *c*)
25. 13. τοὺς στύλους τοὺς χ. . . . καὶ τὴν θάλ. τὴν χ. . . . συνέτριψαν (1 *c*, 1 *c*)
— 14. πάντα τὰ σκεύη τὰ χ. . . . ἔλαβε (1 *c*)

IV Ki. 25. 17. καὶ τὸ χωθὰρ ἐπ' αὐτοῦ τὸ χ. (1 c)
— 17. τὰ πάντα χ. (1 c)
I Ch. 15. 19. ἐν κυμβάλοις χ. τοῦ ἀκουσθῆναι ποιῆσαι (1 c)
18. 8. ἐποίησε Σαλ. τὴν θάλασσαν τὴν χ. . . . καὶ τὰ σκεύη τὰ χ. (1 c, 1 c)
— 11 (10). R πάντα σκεύη . . . τὰ χ. [ABS om. τὰ χ.] (1 c)
II Ch. 1. 5. τὸ θυσιαστήριον τὸ χ. . . . ἐκεῖ ἦν (1 c)
— 6. ἤνεγκεν ἐκεῖ Σ. ἐπὶ τὸ θυσιαστ. τὸ χ. (1 c)
4. 1. ἐποίησε τὸ θυσιαστήριον χ. (1 c)
6. 13. ἐποίησε Σαλ. βάσιν χ. (1 c)
7. 7. τὸ θυσιαστήριον τὸ χ. . . . οὐκ ἐξεποίει (1 c)
12. 10. ἐποίησεν 'Ρ. θυρεοὺς χ. (1 c)
36. 6. ἔδησεν αὐτὸν ἐν χ. πέδαις (2)
I Es. 8. 57. καὶ σκεύη χ. [A -καια] ἀπὸ χρηστοῦ χαλκοῦ
Jb. 6. 12. R ἢ αἱ σάρκες μού εἰσι χάλκεαι [A -αῖ, B S -ειαι] (1 a)
40. 13 (18). A αἱ πλευραὶ αὐτοῦ ὡς πέτραι χαλκαῖ [B S αὐ. πλευραὶ χάλκειαι] (1 b)
41. 6 (7). R τὰ ἔγκατα αὐτοῦ ἀσπίδες χάλκεαι [B -ειαι, A S -αῖ] –
— 19 (20). R οὐ μὴ τρώσῃ αὐτὸν τόξον χάλκεον [B S -ειον, A om. τ. χ.] –
Ps. 17 (18). 34. ἔθου τόξον χαλκοῦν τοὺς βραχίονάς μου (1 b)
106 (107). 16. συνέτριψε πύλας χαλκᾶς (1 c)
Si. 28. 20. A S¹ R οἱ δεσμοὶ αὐτῆς δεσμοὶ χάλκεοι [B² -ειοι, B¹ S -ιοι] (1 b)
Mi. 4. 13. τὰς ὁπλάς σου θήσομαι χαλκᾶς (1 b)
Za. 6. 1. τὰ ὄρη ἦν ὄρη χ. (1 c)
Is. 45. 2. θύρας χαλκᾶς συντρίψω (1 b)
48. 4. τὸ μέτωπόν σου χαλκοῦν (1 b)
54. 16. S¹ οὐχ ὡς χαλκοῦς [A B S³ -εὺς] φυσῶν ἄνθρακας †
Je. 1. 18. τέθεικά σε . . . ὡς τεῖχος χαλκοῦν [A -οῦ] (1 c)
15. 12. περιβόλαιον χαλκοῦν ἡ ἰσχύς σου (1 c)
— 20. δώσω σε . . . ὡς τεῖχος ὀχυρὸν χαλκοῦν (1 c)
52. 17. τοὺς στύλους τοὺς χ. . . . καὶ τὴν θάλασσαν τὴν χ. [A om. κ. τ. θ. τ. χ.] . . . συνέτριψαν (1 c, 1 c)
— 18. πάντα τὰ σκεύη τὰ χ. . . . ἔλαβεν (1 c)
— 20. οἱ μόσχοι δώδεκα χαλκοῖ (1 c)
— 22. γεῖσος ἐπ' αὐτοῖς χαλκοῦν . . . τὰ πάντα χαλκᾶ (1 c, 1 c)
Ez. 9. 2. ἔστησαν ἐχόμενοι [A -να] τοῦ θυσιαστηρίου τοῦ χ. (1 c)
27. 13. σκεύη χαλκᾶ ἔδωκαν τὴν ἐμπορίαν σου (1 c)
Da. LXX. 2. 32. ἡ κοιλία καὶ οἱ μηροὶ χ. (1 d)
— 39. καὶ τρίτη βασιλεία ἄλλη χ. (1 d)
4. 15. ἐν χειροπέδαις χ. ἐδέθη –
7. 19. καὶ οἱ ὄνυχες αὐ. χ. (1 d)
Bel 6. ἔσωθεν μὲν πήλινός ἐστιν ἔξωθεν δὲ χαλκοῦς
— 23. μὴ καὶ τοῦτον ἐρεῖς ὅτι χαλκοῦς ἐστιν
Da. TH. 2. 32. ἡ κοιλία καὶ οἱ μηροὶ χ. (1 d)
4. 12. ἐν δεσμῷ σιδήρῳ καὶ χ. . . . κοιτασθήσεται (1 d)
5. 4. ᾔνεσαν τοὺς θεοὺς τοὺς . . . χ. (1 d)
— 23. τοὺς θεοὺς τοὺς . . . χ. . . . ᾔνεσας (1 d)
7. 19. καὶ οἱ ὄνυχες αὐ. χ. (1 d)
Bel 24. A B² R μὴ καὶ τοῦτον ἐρεῖς ὅτι χαλκοῦς ἐστιν
I Ma. 6. 35. καὶ περικεφαλαῖαι χ. ἐπὶ τῶν κεφ. αὐ.
— 39. S¹ ἐπὶ τὰς χρυσᾶς χαλκᾶς καὶ [S² R καὶ χ., A om. χ. κ.] ἀσπίδας
8. 22. ἧς ἀντέγραψαν ἐπὶ δέλτοις χαλκαῖς
14. 18. ἔγραψαν πρὸς αὐτὸν δέλτοις χ.
— 27. καὶ κατέγραψαν ἐν δέλτοις χ. [S¹ -οῖς]
— 48. θέσθαι ἐν δέλτοις χ.
[Aq. Ex. 36. 38 (37. 6) : 38. 30 (39. 8) : I Ki. 17. 5 : III Ki. 7. 38 (24) : Je. 52. 22.]
[Sm. Ex. 35. 16 : 36. 38 (37. 6) : 38. 30 (39. 8) : I Ki. 17. 5 : III Ki. 7. 38 (24) : Jb. 40. 13 (18) : Je. 52. 11, 22.]
[Th. Ex. 35. 16 : 36. 38 (37. 6) : 38. 3 (23), 30 (39. 8) : I Ki. 17. 5 : Je. 39 (46). 7.]

χαμαί. (1) אַרְצָה
Ju. 12. 15. ἔστρωσεν αὐτῇ . . . χ. τὰ κώδια
14. 18. ἰδοὺ 'Ολ. χ.
Jb. 1. 20. πεσὼν χ. προσεκύνησε (1)
Da. LXX. 2. 46. πεσὼν ἐπὶ πρόσωπον χ. –
8. 11. ἔθηκεν αὐτὴν ἕως χ. ἐπὶ τὴν γῆν –
Da. LXX. 8. 12. ἐρρίφη χ. ἡ δικαιοσύνη (1)
— 18. ἐκοιμήθην ἐπὶ πρόσωπον χ. (1)
Da. TH. 8. 12. ἐρρίφη χ. ἡ δικαιοσύνη (1)

χαμαιλέων, *cf.* **χαμηλέων.**
Ze. 2. 14. χαμαιλέοντες . . . ἐν τοῖς φατνώμασιν αὐ. κοιτασθήσονται †

χαμαιπετής.
I Es. 8. 91. κλαίων χαμαιπετὴς ἔμπροσθεν τοῦ ἱεροῦ

χαμανείμ.
II Es. 8. 27. B καὶ καφ. χρυσοῖ . . . χ. χίλιοι [A R al.] †

χαμηλέων, *cf.* **χαμαιλέων.** (1) כֹּחַ
Le. 11. 30. μυγαλῆ καὶ χαμηλέων καὶ καλαβώτης (1)

χάος. (1) גַּיְא, גַּי
Mi. 1. 6. κατασπάσω εἰς χάος τοὺς λίθους αὐ. (1)
Za. 14. 4. σχισθήσεται . . . χ. μέγα σφόδρα [A al.] (1)

χάρα (?).
I Es. 5. 55. ἔδωκαν . . . χάρα [A κάρρα] τοῖς Σιδ.

χαρά. (1) גִּיל (2) מָחוֹל (3) רִנָּה (4) שְׂחוֹק (5) שִׂמְחָה (6) *a.* שָׂשׂוֹן *b.* מָשׂוֹשׂ (7) ἐν χαρᾷ εἶναι רָנַן
I Ch. 29. 22. ἔφαγον . . . μετὰ χαρᾶς (5)
I Es. 4. 63. ἐκωθωνίζοντο μετὰ μουσικῶν καὶ χαρᾶς
5. 64. πολλοὶ διὰ σαλπίγγων καὶ χαρὰ [A -ᾶς] μεγάλῃ τῇ φωνῇ
To. 7. 18. S δῴη σοι χαράν [A B χάριν]
11. 17. S εἰσῆλθε . . . ἐν εὐλογίᾳ καὶ χαρᾷ
— 17. ἐγένετο χαρὰ πᾶσι τοῖς ἐν Νιν. ἀδελφοῖς αὐ. [S al.]
13. 10. ἵνα πάλιν ἡ σκηνὴ αὐ. οἰκοδομηθῇ ἐν σοὶ μετὰ χαρᾶς [S al.]
— 14. S ὄψονται πᾶσαν τὴν χ. σου [A B al.]
Es. 8. 17. A B χαρὰ καὶ εὐφροσύνη [S² εὐ. κ. χ.] τοῖς 'Ιουδ. (5 [6 a])
9. 17. ἦγον αὐτὴν . . . μετὰ χαρᾶς καὶ εὐφροσύνης †
— 18. ἦγον δὲ καὶ τὴν πεντεκαιδεκάτην μετὰ χαρᾶς †
— 22. B ἀπὸ πένθους [A ὀδύνης] εἰς χαράν (5)
10. 3. μετὰ συναγωγῆς καὶ χαρᾶς καὶ εὐφροσύνης
Ps. 20 (21). 6. εὐφρανεῖς αὐτὸν ἐν χαρᾷ (5)
29 (30). 11. ἔστρεψας τὸν κοπετόν μου εἰς χαρὰν ἐμοί (2)
125 (126). 2. S R ἐπλήσθη χαρᾶς [A -ᾷ] τὸ στόμα ἡμῶν (4)
Pr. 14. 13. τελευταῖα δὲ χαρὰ [A -ᾶς] εἰς πένθος ἔρχεται (5)
29. 6. δίκαιος δὲ ἐν χαρᾷ καὶ ἐν εὐφροσύνῃ ἔσται (7)
Wi. 8. 16. ἔχει . . . εὐφροσύνην καὶ χαράν
Si. 1. 12. φόβος κυρίου . . . δώσει . . . χαράν
2. 9. S² δόσις αἰωνία μετὰ χαρᾶς τὸ ἀνταπόδομα αὐτοῦ
30. 16. οὐκ ἔστιν εὐφροσύνη ὑπὲρ χαρὰν [A S¹ χάριν] καρδίας
Jl. 1. 5. ἐξήρθη ἐκ στόματος ὑμῶν . . . χαρά –
— 12. ᾔσχυναν χαρὰν οἱ υἱοὶ τῶν ἀνθρώπων (6 a)
— 16. ἐξ οἴκου θεοῦ ὑμῶν εὐφροσύνη καὶ χαρά (1)
Jn. 4. 6. ἐχάρη 'Ι. . . . χ. μεγάλην (5)
Za. 8. 19. ἔσονται . . . εἰς χαρὰν καὶ εὐφροσύνην (6 a)
Is. 39. 2. A S ἐχάρη ἐπ' αὐτοῖς 'Εζεκίας χαρὰν μεγάλην [B om. χ. μ.] –
55. 12. ἐν χαρᾷ διδαχθήσεσθε †
— 12. ἐξαλοῦνται προσδεχόμενοι ὑμᾶς ἐν χαρᾷ (3)
66. 10. χάρητε ἅμα αὐτῇ χαρᾷ [A -άν] (6 b)
Je. 15. 16. εἰς εὐφροσύνην καὶ χαρὰν καρδίας μου (5)
16. 9. καταλύω . . . φωνὴν χαρᾶς (6 a)
25. 10. ἀπολῶ ἀπ' αὐτῶν φωνὴν χαρᾶς καὶ φωνὴν εὐφροσύνης [A εὐ. κ. φ. χ.] (6 a [5])
Ba. 4. 22. ἦλθέ μοι χ. παρὰ τοῦ ἁγίου
La. 5. 15. κατέλυσε χαρὰ καρδίας ἡμῶν (6 b)
I Ma. 4. 59. ἵνα ἄγωνται . . . μετ' εὐφροσύνης καὶ χαρᾶς
5. 54. ἀνέβησαν . . . ἐν εὐφροσύνῃ καὶ χαρᾷ
II Ma. 3. 30. χαρᾶς καὶ εὐφροσύνης ἐπλήρωτο
15. 28. καὶ μετὰ χαρᾶς ἀναλύοντες
III Ma. 4. 1. μετὰ ἀλαλαγμῶν καὶ χαρᾶς
— 16. ὁ βασ. χαρᾷ πεπληρωμένος
5. 21. ἀσμένως πάντες μετὰ χαρᾶς . . . συναινέσαντες
6. 34. καὶ μετὰ χαρᾶς ἀπογραψάμενοι
III Ma. 7. 13. μετὰ χαρᾶς ἀνέλυσαν
— 15. ἣν καὶ ἤγαγον εὐφροσύνην μετὰ χαρᾶς
IV Ma. 1. 22. μετὰ δὲ τὴν ἡδονὴν χαρά
[Aq. Ps. 44 (45). 9 : Is. 35. 10 : 51. 11 : 60. 15 : 61. 3 : Je. 7. 34.]
[Sm. Ps. 96 (97). 11 : Pr. 15. 21.]
[Th. Is. 24. 11 : 51. 11.]
[Al. III Ki. 1. 40.]

χαραδριός. (1) אֲנָפָה
Le. 11. 19. καὶ γλαῦκα καὶ ἀρωδιὸν καὶ χαραδριόν (1)
De. 14. 18. καὶ πελεκᾶνα καὶ χαραδριόν (1)

χαρακοβολία. (1) שְׁפֹךְ סֹלְלָה
Ez. 17. 17. ποιήσει πρὸς αὐτὸν Φαραὼ πόλεμον ἐν χαρακοβολίᾳ (1)

χαρακοῦν. (1) סָקַל pi. (2) צוּר
Is. 5. 2. φραγμὸν περιέθηκα καὶ ἐχαράκωσα (1)
Je. 39 (32). 2. B S² ἐχαράκωσεν ἐπὶ [A ἐν] 'Ιερ. (2)
[Sm. Is. 29. 3.]
[Th. Je. 32 (39). 2.]

χαρακτήρ. (1) צָרֶבֶת
Le. 13. 28. ὁ γὰρ χ. τοῦ κατακαύματός ἐστι (1)
II Ma. 4. 10. πρὸς τὸν 'Ελληνικὸν χ. τοὺς ὁμοφύλους μετέστησε
IV Ma. 15. 4. S R εἰς μικρὸν παιδὸς χ. [A παιδοχ.]
[Aq. Ps. 48 (49). 15.]

χαράκωμα.
[Sm. Je. 52. 4.]

χαράκωσις. (1) מָצוֹר
De. 20. 20. καὶ οἰκοδομήσεις χαράκωσιν ἐπὶ τὴν πόλιν (1)
[Th. Ez. 21. 22 (27) : 26. 8.]

χάραξ. (1) כַּר (2) מַצָּב (3) מָצוֹר (4) מְצוּר (5) סֹלְלָה
De. 20. 19. εἰσελθεῖν ἀπὸ προσώπου σου εἰς τὸν χ. (4)
III Ki. 12. 24. B ᾠκοδόμησεν 'Ιερ. ἐκεῖ χάρακα –
21 (20). 12. οἰκοδομήσατε χάρακα –
— 12. ἔθεντο χάρακα ἐπὶ τὴν πόλιν –
Ec. 9. 14. καὶ οἰκοδομήσῃ ἐπ' αὐτὴν χάρακας μεγάλους (3 v. 4)
Si. 22. 18. χάρακες [A χάλικες] ἐπὶ μετεώρου κείμενοι
Is. 29. 3. βαλῶ περὶ σὲ χάρακα (2)
31. 9. πέτρᾳ γὰρ περιληφθήσονται ὡς χάρακι †
37. 33. οὐδὲ μὴ κυκλώσῃ ἐπ' αὐτὴν χάρακα (5)
Je. 40 (33). 4. περὶ οἴκων . . . τῶν καθῃρημένων [A -θημ.] εἰς χάρακας (5)
Ez. 4. 2. περιβαλεῖς ἐπ' αὐτὴν χάρακα (5)
21. 22 (27) *bis.* τοῦ βαλεῖν χάρακα (1)
26. 8. ποιήσει [A περιπ.] ἐπὶ σὲ κύκλῳ χάρακα (5)
IV Ma. 3. 12. ὑπερέβησαν τοὺς τῶν πολεμίων χ.

χαράσσειν. (1) נָכָה hi.
III Ki. 15. 27. ἐχάραξεν [A ἐπάταξεν] αὐτὸν ἐν Γ. (1)
IV Ki. 17. 11. καὶ ἐχάραξαν τοῦ παροργίσαι τὸν κ. †
Si. 50. 27. παιδείαν συνέσεως . . . ἐχάραξα ἐν τῷ βιβλίῳ τούτῳ
III Ma. 2. 29. τούς τε ἀπογραφομένους χαράσσεσθαι
[Sm. Ez. 4. 1.]
[Th. Am. 7. 14.]

χαρβάνη.
Si. 24. 15. A ὡς χαρβάνη [B S χαλβ.] καὶ ὄνυξ

χαρέθ.
Je. 44 (37). 16. S καὶ εἰς τὴν χ. [A B χερέθ] †

χαρίεις.
IV Ma. 8. 3. ἑπτὰ ἀδελφοὶ . . . ἐν παντὶ χαρίεντες

χαρίζεσθαι. (1) נָתַן
Es. 8. 7. εἰ πάντα τὰ ὑπάρχοντα 'Α. . . . ἐχαρισάμην σοι (1)
Ca. 1. 4. S ἃ ἐχαρίσατο αὐτῇ –
Si. 12. 3. οὐκ ἔστιν ἀγαθὰ . . . τῷ ἐλεημοσύνην μὴ χαριζομένῳ
II Ma. 1. 35. R οἷς ἐχαρίζετο [A om.] ὁ βασ.
3. 31. τὸ ζῆν χαρίσασθαι τῷ παντελῶς ἐν ἐσχάτῃ πνοῇ κειμένῳ
— 33. διὰ γὰρ αὐτὸν σοὶ κεχάρισται τὸ ζῆν κύριος

II Ma. 4. 32. χρυσώματά τινα . . . ἐχαρίσατο τῷ Ἀνδρ.
7. 22. οὐδὲ ἐγὼ τὸ πνεῦμα . . . ὑμῖν ἐχαρισάμην
III Ma. 5. 11. ὑπὸ τοῦ χαριζομένου πᾶσιν
7. 6. μόγις τὸ ζῆν αὐτοῖς χαριζόμενοι
IV Ma. 5. 7. τῆς φύσεως κεχαρισμένης
11. 12. καλὰς . . . χάριτας ἡμῖν χαρίζῃ
[Aq. Ge. 33. 5.]

χάρις. (1) גְּדוּלָּה (2) חֵן (3) חֶסֶד (4) טוֹב (5) רַחַם (6) רָצוֹן (7) χάριν a. ב׳ b. בִּגְלַל (8) τὰ πρὸς χάριν חֵלֶק

Ge. 6. 8. Νῶε δὲ εὗρε χάριν ἐναντίον κ. τοῦ θεοῦ (2)
18. 3. εἰ ἄρα εὗρον χάριν ἐναντίον σου (2)
30. 27. εἰ εὗρον χάριν ἐναντίον σου (2)
32. 5 (6). ἵνα εὕρῃ ὁ παῖς σου χάριν ἐναντίον σου (2)
33. 8. ἵνα εὕρῃ ὁ παῖς σου χάριν ἐν ὀφθαλμοῖς σου (2)
— 10. εἰ εὕρηκα χάριν ἐναντίον σου (2)
— 15. εὗρον χάριν ἐναντίον σου (2)
34. 11. εὕροιμι χάριν ἐναντίον ὑμῶν (2)
39. 4. εὗρεν Ἰ. χάριν ἐναντίον τοῦ κυρίου αὐ. (2)
— 21. ἔδωκεν αὐτῷ χάριν ἐναντίον τοῦ ἀρχιδεσμοφύλακος (2)
43. 14. δῴη ὑμῖν χάριν ἐναντίον τοῦ ἀνθρώπου (5)
47. 25. εὕρομεν χάριν ἐναντίον τοῦ κυρίου ἡμῶν (2)
— 29. εἰ εὕρηκα χάριν ἐναντίον σου (2)
50. 4. εἰ εὗρον χάριν ἐναντίον ὑμῶν (2)
Ex. 3. 21. δώσω χάριν τῷ λαῷ τούτῳ (2)
11. 3. ἔδωκε τὴν χ. τῷ λαῷ αὐ. (2)
12. 36. ἔδωκε κύριος τὴν χ. τῷ λαῷ αὐ. (2)
33. 12. χάριν ἔχεις παρ' ἐμοί (2)
— 13. εἰ οὖν εὕρηκα χάριν ἐναντίον σου (2)
— 13. ὅπως ἂν ὦ εὑρηκὼς χάριν ἐναντίον σου (2)
— 16. εὕρηκα χάριν παρὰ σοί (2)
— 17. εὕρηκας γὰρ χάριν ἐνώπιόν μου (2)
34. 9. εἰ εὕρηκα χάριν ἐνώπιόν σου (2)
Nu. 11. 11. διὰ τί οὐχ εὕρηκα χάριν ἐναντίον σου (2)
32. 5. εἰ εὕρομεν χάριν ἐνώπιόν σου (2)
De. 24. 1. A^2B ἐὰν μὴ εὕρῃ χάριν (2)
Ru. 2. 2. κατόπισθεν οὗ ἐὰν εὕρω χάριν ἐν ὀφθ. αὐ. (2)
— 10. τί ὅτι εὗρον χάριν ἐν ὀφθ. σου (2)
— 13. εὕροιμι χάριν ἐν ὀφθαλμοῖς σου (2)
I Ki. 1. 18. εὗρεν ἡ δούλη σου χάριν ἐν ὀφθ. σου (2)
16. 22. εὗρε χάριν ἐν ὀφθαλμοῖς μου (2)
20. 3. εὕρηκα χάριν ἐν ὀφθαλμοῖς σου (2)
— 29. εἰ εὕρηκα χάριν ἐν ὀφθαλμοῖς σου (2)
25. 8. εὑρέτωσαν τὰ παιδάριά σου χάριν (2)
27. 5. εἰ δὴ εὕρηκεν ὁ δοῦλός σου χάριν (2)
II Ki. 14. 22. εὗρον χάριν ἐν ὀφθαλμοῖς σου (2)
15. 25. ἐὰν εὕρω χάριν ἐν ὀφθαλμοῖς κυρίου (2)
16. 4. εὕροιμι χάριν ἐν ὀφθαλμοῖς σου (2)
III Ki. 11. 19. εὗρεν Ἀ. χάριν ἐναντίον Φ. σφόδρα (2)
14. 16. A παραδώσει κ. τὸν Ἰσρ. χάριν ἁμαρτιῶν Ἱερ. (7 b)
II Ch. 7. 21. χάριν τίνος ἐποίησε κύριος τῇ γῇ ταύτῃ (7 a)
I Es. 6. 5. καὶ ἔσχοσαν χάριν
8. 4. εὑρόντος χάριν ἐνώπιον αὐτοῦ
— 80. ἐποίησεν ἡμᾶς ἐν χάριτι
To. 1. 13. ἔδωκεν ὁ ὕψιστος χάριν
2. 14. S προσηρυθρίων χάριν τούτου πρὸς αὐτήν [A B *al.*]
7. 18. δῴη σοι χάριν [S χαράν]
12. 18. οὐ τῇ ἐμαυτοῦ χάριτι ἀλλὰ τῇ θελήσει τοῦ θ. [S *al.*]
Ju. 8. 19. ὧν χάριν ἐδόθησαν εἰς ῥομφαίαν
— 23. οὐ κατευθυνθήσεται ἡ δουλεία ἡμῶν εἰς χάριν
10. 8. δῴη σε εἰς χάριν
Es. 2. 9. εὗρε χάριν ἐνώπιον αὐτοῦ (3)
— 15. ἦν γὰρ Ἐ. εὑρίσκουσα χάριν (2)
— 17. εὗρε χάριν παρὰ πάσας τὰς παρθένους (2+3)
5. 2. τὸ πρόσωπόν σου χαρίτων μεστόν –
— 8. εἰ εὗρον χάριν ἐνώπιον τοῦ βασ. (2)
6. 3. τίνα δόξαν ἢ χάριν ἐποιήσαμεν τῷ Μαρδ. (1)
7. 3. εἰ εὗρον χάριν ἐνώπιον τοῦ βασ. (2)
8. 5. εἰ . . . εὗρον χάριν (2)
Ps. 44 (45). 2. A S^2R ἐξεχύθη χάρις [B S^1 ἡ χ.] ἐν χείλεσί σου (2)
83 (84). 11. χάριν καὶ δόξαν δώσει (2)
Pr. 1. 9. στέφανον γὰρ χαρίτων δέξῃ [A ἕξῃ] σῇ κορυφῇ (2)
3. 4. εὑρήσεις χάριν (2)
— 22. καὶ χάρις ᾖ περὶ σῷ τραχήλῳ (2)
— 34. ταπεινοῖς δὲ δίδωσι χάριν (2)
4. 9. ἵνα δῷ τῇ σῇ κεφαλῇ στέφανον χαρίτων (2)
Pr. 5. 19. πῶλος σῶν χ. ὁμιλείτω σοι (2)
7. 5. ἐάν σε λόγοις τοῖς πρὸς χάριν ἐμβάληται †
8. 17. A S^2 οἱ δὲ ἐμὲ ζητοῦντες εὑρήσουσιν χάριν [B S^1 *om.*] †
10. 32. χείλη ἀνδρῶν δικαίων ἀποστάζει χάριτας (6)
11. 27. τεκταινόμενος ἀγαθὰ ζητεῖ χάριν ἀγαθήν (6)
12. 2. κρείσσων ὁ εὑρὼν χάριν παρὰ κυρίῳ (6)
13. 15. σύνεσις ἀγαθὴ δίδωσι χάριν (2)
15. 17. κρείσσων ξενισμὸς μετὰ [A *om.*] λαχάνων πρὸς φιλίαν καὶ χάριν –
17. 8. μισθὸς χαρίτων παιδεία τοῖς χρωμένοις (2)
— 17. τούτου γὰρ χάριν γεννῶνται –
18. 22. ὃς εὗρε γυναῖκα ἀγαθὴν εὗρε χάριτας (4)
22. 1. ὑπὲρ δὲ ἀργύριον καὶ χρυσίον χάρις ἀγαθή (2)
24. 30 (30. 7). μὴ ἀφέλῃς μου χάριν –
25. 10. χάρις καὶ φιλία ἐλευθεροῖ –
26. 11. ἔστιν αἰσχύνη δόξα καὶ χάρις –
28. 23. χάριτας ἕξει μᾶλλον τοῦ γλωσσοχαριτοῦντος (2)
Ec. 9. 11. καί γε οὐ τοῖς γινώσκουσι χάρις (2)
10. 12. λόγοι [S^2 -οις] στόματος σοφοῦ χάρις (2)
Ca. 8. 10. S ἐγὼ ἤμην . . . ὡς [A *om.*] εὑρίσκουσα χάριν [A B εἰρήνην] †
Wi. 3. 9. χάρις καὶ ἔλεος τοῖς [A ἐν τοῖς] ἐκλεκτοῖς [S ὁσίοις] αὐτοῦ
— 14. δοθήσεται γὰρ αὐτῷ τῆς πίστεως χάρις ἐκλεκτή
4. 15. χάρις καὶ ἔλεος ἐν τοῖς ἐκλεκτοῖς αὐ.
8. 20. τὸ εἰδέναι τίνος ἡ [A *om.*] χ.
14. 26. θόρυβος ἀγαθῶν χάριτος ἀμνησία
18. 2. τοῦ διενεχθῆναι χάριν ἐδέοντο
Si. 1. 13. ἐν ἡμέρᾳ τελευτῆς αὐτοῦ εὑρήσει χάριν [A S εὐλογηθήσεται]
3. 18. ἔναντι κυρίου εὑρήσεις χάριν
— 31. ὁ ἀνταποδιδοὺς χάριτας μέμνηται εἰς τὰ μετὰ ταῦτα
4. 21. ἔστιν αἰσχύνη δόξα καὶ χάρις
6. 18. S ἕως πολιῶν εὑρήσεις χάριν [A B σοφίαν]
7. 19. καὶ [A S^2 ἡ] γὰρ χάρις αὐ. ὑπὲρ τὸ χρυσίον
— 33. χάρις [S χάρισμα] δόματος ἔναντι παντὸς ζῶντος καὶ ἐπὶ νεκρῷ μὴ ἀποκωλύσῃς χάριν
8. 19. μὴ ἀναφερέτω σοι χάριν
12. 1. ἔσται χάρις τοῖς ἀγαθοῖς σου
17. 22. χάριν ἀνθρώπου ὡς κόρην συντηρήσει
19. 25. ἔστι διαστρέφων χάριν τοῦ ἐκφᾶναι κρίμα
20. 13. χάριτες δὲ μωρῶν ἐκχυθήσονται
— 16. οὐκ ἔστι χάρις τοῖς ἀγαθοῖς μου
— 23. ἔστι χάριν αἰσχύνης ἐπαγγελλόμενος φίλῳ
21. 16. ἐπὶ δὲ χείλους συνετοῦ εὑρεθήσεται χάρις [A *om.*, S^2 παραβολή]
24. 16. οἱ κλάδοι μου κλάδοι δόξης καὶ χάριτος
— 17. ἐγὼ ὡς ἄμπελος βλαστήσασα χάριν
26. 13. χάρις γυναικὸς τέρψει τὸν ἄνδρα αὐ.
— 15. χάρις ἐπὶ χάριτι γυνὴ αἰσχυντηρά
27. 1. χάριν ἀδιαφόρου [S^1 διαφ.] πολλοὶ ἥμαρτον
29. 7. πολλοὶ χάριν πονηρίας ἀπέστρεψαν
— 9. χάριν ἐντολῆς ἀντιλαβοῦ πένητος
— 15. χάριτας ἐγγύου μὴ ἐπιλάθῃ
30. 6. κατέλιπεν . . . τοῖς φίλοις ἀνταποδιδόντα χάριν
— 16. A S^1 οὐκ ἔστιν εὐφροσύνη ὑπὲρ χάριν [B S^2 χαρὰν] καρδίας
31 (34). 12. διεσώθην τούτων χάριν
32 (35). 2. ἀνταποδιδοὺς χάριν προσφέρων σεμίδαλιν
— 5. πάντα γὰρ ταῦτα χάριν ἐντολῆς
34 (31). 6. πολλοὶ ἐδόθησαν εἰς πτῶμα χάριν χρυσίου
— 17. παῦσαι πρῶτος χάριν παιδείας
35 (32). 2. ἵνα . . . εὐκοσμίας χάριν λάβῃς στέφανον
— 10. πρὸ αἰσχυντηροῦ προελεύσεται χάρις
— 16. S^1 οἱ φοβούμενοι κύριον εὑρήσουσι χάριν [A B S^2 κρίμα]
37. 5. ἑταῖρος φίλῳ συμπονεῖ χάριν γαστρός
— 21. οὐ γὰρ ἐδόθη αὐτῷ παρὰ κυρίου χάρις
38. 14. ἵνα εὐοδώσῃ αὐτοῖς . . . ἴασιν χάριν ἐμβιώσεως
— 17. ποίησον τὸ πένθος . . . χάριν διαβολῆς
40. 17. χάρις ὡς παράδεισος ἐν εὐλογίαις
— 22. χάριν καὶ κάλλος ἐπιθυμήσει ὁ ὀφθαλμός σου
42. 1. ἴσῃ . . . εὑρίσκων χάριν ἔναντι παντὸς ἀνθρώπου
44. 27. ἐξήγαγεν ἐξ αὐτοῦ ἄνδρα . . . εὑρίσκοντα χάριν ἐν ὀφθαλμοῖς πάσης σαρκός
Za. 4. 7. ἰσότητα χάριτος χάριτα αὐ. (2, 2)
6. 14. καὶ εἰς χάριτα υἱοῦ Σοφ. (2)
12. 10. ἐκχεῶ . . . πνεῦμα χάριτος καὶ οἰκτιρμοῦ (2)
Ba. 1. 12. εὑρήσομεν χάριν ἐναντίον αὐτῶν
2. 14. δὸς ἡμῖν χάριν
Ez. 12. 24. μαντευόμενος τὰ πρὸς χάριν (8)
Da. LXX. 1. 9. ἔδωκε κ. τῷ Δαν. τιμὴν καὶ χάριν (5)
2. 13. χάριν τοῦ συναπολέσθαι –
I Ma. 3. 29. χάριν τῆς διχοστασίας καὶ πληγῆς
6. 13. χάριν τούτων εὗρόν με τὰ κακὰ ταῦτα
— 24. χάριν τούτου ἠλλοτριοῦντο ἀφ' ἡμῶν
— 59. χάριν γὰρ τῶν νομίμων αὐ. . . . ὠργίσθησαν
9. 10. ἀποθάνωμεν ἀνδρείᾳ χάριν τῶν ἀδ. ἡμῶν
10. 60. εὗρε χάριν ἐναντίον αὐτῶν
11. 11. χάριν τοῦ ἐπιθυμῆσαι αὐτὸν τῆς βασιλείας αὐ.
— 24. εὗρε χάριν ἐναντίον αὐτοῦ
— 33. χάριν τῆς ἐξ αὐτῶν εὐνοίας πρὸς ἡμᾶς
12. 45. τούτου γὰρ χάριν πάρειμι
13. 3. S ὅσα . . . ἐποιήσαμεν χάριν [A R περὶ] τῶν νόμων
— 4. A R τούτου [S ὧν καὶ] χάριν ἀπώλοντο οἱ ἀδ. μου πάντες χάριν τοῦ Ἰσρ.
— 6. ἐκτρίψαι ἡμᾶς ἔχθρας χάριν
14. 25. τίνα χάριν ἀποδώσομεν Σίμωνι
II Ma. 1. 14. χάριν τοῦ λαβεῖν τὰ χρήματα πλείονα
3. 33. πολλὰ Ὀνίᾳ τῷ ἀρχιερεῖ χάριτας ἔχε
4. 16. ὧν καὶ χάριν περιέσχεν αὐτοὺς χαλεπὴ περίστασις
7. 33. εἰ δὲ χάριν ἐπιπλήξεως . . . ἐπώργισται
9. 20. R εὔχομαι μὲν τῷ θεῷ τὴν μεγίστην χ.
15. 39. ἐπιτερπῆ τὴν χ. ἀποτελεῖ
III Ma. 1. 9. καὶ χάριτας ἀποδιδούς
5. 20. τὸ τῆς σήμερον ὕπνῳ χάριν ἔχειν αὐτούς
— 41. ὧν χάριν ἡ πόλις . . . ὀχλεῖ
6. 36. οὐ πότου χάριν
IV Ma. 5. 8. ἀποστρέφεσθαι τὰς τῆς φύσεως χ.
11. 12. καλὰς . . . χάριτας ἡμῖν χαρίζῃ
[Aq. III Ki. 14. 16 : Pr. 1. 9 : 11. 16 : Je. 31 (38). 2 : Mi. 3. 12 : Za. 4. 7.]
[Sm. II Ki. 2. 6 : 10. 2 : Ps. 30 (31). 8 : 39 (40). 11 : 88 (89). 25 : Pr. 5. 19 : 11. 16 : Je. 31 (38). 2 : Za. 4. 7.]
[Th. Pr. 5. 19 : 11. 16 : 31. 26 : Je. 31 (38). 2.]
[Quint. Ps. 32 (33). 5.]
[Sext. Ps. 30 (31). 17 : 32 (33). 18.]
[Al. Ps. 44 (45). 3 : Pr. 22. 11.]

χάρισμα.
Si. 7. 33. S χάρισμα [A B χάρις] δόματος ἔναντι παντὸς ζῶντος
38. 30. B^1 καρδίαν ἐπιδώσει συντελέσαι τὸ χ. [A B^2 S R χρίσμα]
[Th. Ps. 30 (31). 22.]

χαριστήριον.
II Ma. 12. 45. R ἐμβλέπων . . . κάλλιστον ἀποκείμενον χ. [A εὐχ.]

χαριστικός.
[Sm. Ps. 111 (112). 5.]

χαριτοῦσθαι.
Si. 18. 17. ἀμφότερα παρὰ ἀνδρὶ κεχαριτωμένῳ
[Sm. Ps. 17 (18). 26 *bis*.]

χάρμ.
[Heb. Ps. 11 (12). 9.]

χάρμα.
[Aq. Ps. 47 (48). 3.]

χαρμείν (-μίμ). (1) כַּרְמִים
Jd. 11. 33. καὶ ἕως ἐβὲλ χ. (1)

χαρμονή. (1) רִנָּה (2) שִׂמְחָה (3) שָׂשׂוֹן
Jb. 3. 7. μὴ ἔλθοι ἐπ' αὐτὴν . . . χαρμονή (1)
20. 5. χαρμονὴ δὲ παρανόμων ἀπώλεια (2)
40. 15 (20). ἐποίησε χαρμονὴν τετράποσιν †
Je. 31 (48). 33. S^2 συνεψήσθη χαρμονὴ [A B S^1 *al.*] (2)
38 (31). 13. στρέψω τὸ πένθος αὐτῶν εἰς χαρμονὴν [A εὐφροσύνην] (3)
40 (33). 11. A φωνὴ χαρμονῆς [B S -σύν.] (2)
III Ma. 6. 31. κατεμερίσαντο πλήρεις χαρμονῆς
[Aq. Je. 48 (31). 33.]

χαρμοσύνη. (1) שִׂמְחָה (2) תּוֹדָה
Le. 22. 29. ἐὰν δὲ θύσῃς θυσίαν εὐχὴν χαρμοσύνης κυρίῳ (2)
I Ki. 18. 6. ἐξῆλθον αἱ χορεύουσαι . . . ἐν χαρμοσύνῃ (1)

Ju. 8. 6. χωρὶς . . . χαρμοσυνῶν οἴκου Ἰσρ.
Je. 31 (48). 33. συνεψήσθη χ. [S^2 -ονή] (1)
40 (33). 11. φωνὴ χαρμοσύνης [A -ονῆς] (1)
Ba. 2. 23. ἐκλείψειν ποιήσω . . . φωνὴν χαρμοσύνης
4. 23. ἀποδώσει δέ μοι ὁ θ. ὑμᾶς μετὰ χαρμοσύνης
[Heb. Jb. 20. 5.]

χαροποιεῖν.

[Sm. Ps. 20 (21). 7.]

χαροποιός. (1) חַכְלִיל

Ge. 49. 12. χαροποιοὶ οἱ ὀφθ. αὐ. ὑπὲρ οἶνον [A ἀπὸ οἴνου] (1)

χαροπός.

[Sm. Pr. 23. 29.]

χαρσείθ (-σίθ). (1) *a.* חַרְסוּת *b.* חַרְסִית

Je. 19. 2. A R ἐπὶ τῶν προθύρων πύλης τῆς χ. [B S *al.*] (1 *a**, 1 *b*)

χαρτηρία.

III Ma. 4. 20. τὴν χ. ἤδη . . . ἐκλελοιπέναι

χάρτης. (1) מְגִלָּה

Is. 8. 1. A λάβε σεαυτῷ τόμον χάρτου [B S *om.*] καινοῦ μεγάλου –
Je. 43 (36). 2. A λάβε σεαυτῷ χάρτην [B S -τίον] βιβλίου (1)
— 6. A S ἀναγνώσῃ ἐν τῷ χ. [B -τίῳ] τούτῳ (1)
— 23. ἕως ἐξέλιπε πᾶς ὁ χ. εἰς τὸ πῦρ (1)

χαρτίον. (1) מְגִלָּה

Je. 43 (36). 2. λάβε σεαυτῷ χ. [A -την] βιβλίου (1)
— 4. ἔγραψεν . . . εἰς χ. βιβλίου (1)
— 6. ἀναγνώσῃ ἐν τῷ χ. [A S -τῃ] τούτῳ (1)
— 14. τὸ χ. [A βιβλίον] . . . λάβε αὐτό (1)
— 14. ἔλαβε Βαροὺχ τὸ χ. (1)
— 20. τὸ χ. [A βιβλίον] ἔδωκαν φυλάσσειν (1)
— 21. ἀπέστειλεν ὁ βασ. τὸν Ἰ. λαβεῖν τὸ χ. (1)
— 25. πρὸς τὸ κατακαῦσαι τὸ χ. [A S^2 *al.*] (1)
— 27. μετὰ τὸ κατακαῦσαι τὸν βασιλέα τὸ χ. (1)
— 28. πάλιν λάβε σὺ χ. ἕτερον (1)
— 28. γράψον πάντας τοὺς λόγους τοὺς ὄντας ἐπὶ τοῦ χ. (1)
— 29. κατέκαυσας τὸ χ. [A βιβλίον] τοῦτο (1)
— 32. ἔλαβε Βαροὺχ χ. ἕτερον (1)

χάσκειν, *cf.* **χαίνειν.**

I Es. 4. 19. χάσκοντες τὸ στόμα θεωροῦσιν αὐτήν
— 31. ὁ βασ. χάσκων τὸ στόμα ἐθεώρει αὐτήν

χάσμα. (1) פַּחַת

II Ki. 18. 17. ἔρριψεν αὐτὸν εἰς χ. μέγα (1)
[Th. Jb. 14. 8 (P.).]

χαυβών, *cf.* **χαυών.** (1) כַּוָּן

Je. 51 (44). 19. S^1 ἐποιήσαμεν αὐτῇ χαυβῶνας [A B S^2 χαυῶνας] (1)

χαῦνος.

Wi. 2. 3. τὸ πνεῦμα διαχυθήσεται ὡς χαῦνος ἀήρ

χαυνοῦν.

[Sm. Ps. 64 (65). 11.]

χαυών, *cf.* **χαυβών.** (1) כַּוָּן

Je. 7. 18. τοῦ ποιῆσαι χαυῶνας τῇ στρατιᾷ τοῦ οὐρανοῦ (1)
51 (44). 19. ἐποιήσαμεν αὐτῇ χαυῶνας [S^1 χαυβ.] (1)
[Aq., Sm. Je. 7. 18 : 44 (51). 19.]

χαφουρῆ. (1) כְּפוֹרֵי

II Es. 8. 27. R καὶ χ. χρυσοῖ εἴκοσι [A B *al.*] (1)

χαωλεμίμ.

[Heb. Ps. 125 (126). 1.]

χεῖλος. (1) אֵמֶר (2) יָד (3) לְחִי (4) פֶּה (5) שָׂפָה

Ge. 11. 1. καὶ ἦν πᾶσα ἡ γῆ χεῖλος ἕν (5)
— 6. καὶ χεῖλος ἓν πάντων (5)
— 9. συνέχεε κύριος τὰ χ. πάσης τῆς γῆς (5)
22. 17. ὡς τὴν ἄμμον τὴν παρὰ τὸ χ. τῆς θαλ. (5)
41. 3. ἐνέμοντο αἱ βόες παρὰ τὸ χ. τοῦ ποταμοῦ (5)
— 17. ᾤμην ἑστάναι ἐπὶ τὸ χ. τοῦ ποταμοῦ (5)
Ex. 7. 15. ἔσῃ συναντῶν αὐτῷ ἐπὶ τὸ χ. τοῦ ποταμοῦ (5)
14. 30. τοὺς Αἰγ. τεθνηκότας παρὰ τὸ χ. τῆς θαλ. (5)
26. 4. ἐπὶ τοῦ χ. τῆς αὐλαίας τῆς μιᾶς (5)
— 4. ἐπὶ τοῦ χ. τῆς αὐλαίας τῆς ἐξωτέρας (5)
— 10. ἐπὶ τοῦ χ. τῆς δέρρεως τῆς μιᾶς (5)
— 10. ἐπὶ τοῦ χ. τῆς δέρρεως (5)
Le. 5. 4. ἡ ψυχὴ ἡ ἄνομος ἡ διαστέλλουσα τοῖς χ. (5)
Nu. 30. 7. κατὰ τὴν διαστολὴν τῶν χ. αὐ. (5)
— 13. ὅσα ἐὰν ἐξέλθῃ ἐκ τῶν χ. αὐ. (5)
De. 2. 36. ἥ ἐστι παρὰ τὸ χ. χειμάρρου Ἀρνῶν (5)
3. 12. B^1 ἥ ἐστιν ἐπὶ τοῦ χ. [A B^2 R παρὰ τὸ χ.] χειμάρρου Ἀ. –
4. 48. B^1 ἥ ἐστιν ἐπὶ τὸ χ. [A B^2 R τοῦ χ.] χειμάρρου Ἀ. (5)
23. 23 (24). τὰ ἐκπορευόμ. διὰ τῶν χ. σου (5)
Jo. 11. 4. A ὥσπερ ἡ ἄμμος ἡ παρὰ τὸ χ. τῆς θαλ. [B *al.*] (5)
13. 9. ἥ ἐστιν ἐπὶ τοῦ χ. χειμάρρου Ἀ. (5)
Jd. 5. 15 (16). A ἵνα σοι κατοικῇς ἐν μέσῳ χειλέων †
7. 12. ἡ ἄμμος ἡ ἐπὶ χείλους [A τὸ χ.] τῆς θαλ. (5)
— 23 (22). B ἔφυγεν ἡ παρεμβολὴ . . . ἕως χείλους Ἀ. [A R *al.*] (5)
I Ki. 1. 13. τὰ χ. αὐ. ἐκινεῖτο (5)
III Ki. 7. 23. A B^2 R ἀπὸ τοῦ χ. [B^1 τείχους] αὐ. ἕως τοῦ χ. αὐ. (5, 5)
— 24. καὶ ὑποστηρίγματα ὑποκάτωθεν τοῦ χ. αὐ. (5)
— 24 (B), 26 (A). καὶ τὸ χ. αὐ. ὡς ἔργον χείλους ποτηρίου (5, 5)
9. 26. ἐπὶ τοῦ χ. τῆς ἐσχάτης θαλ. (5)
IV Ki. 2. 13. ἔστη ἐπὶ τοῦ χ. τοῦ Ἰορδ. (5)
10. 33. ἥ ἐστιν ἐπὶ τοῦ χ. χειμάρρου Ἀρνῶν –
18. 20. εἶπας πλὴν λόγοι χειλέων (5)
19. 28. θήσω . . . χαλινὸν ἐν [A *om.*] τοῖς χ. σου (5)
II Ch. 4. 5. καὶ τὸ χ. αὐ. ὡς χεῖλος ποτηρίου (5, 5)
Ju. 9. 10. πάταξον δοῦλον ἐκ χειλέων ἀπάτης μου
Jb. 1. 22. A οὐδὲ ἐν τοῖς χ. αὐτοῦ –
2. 10. οὐδὲν ἥμαρτεν Ἰὼβ τοῖς χ. [A *al.*] (5)
8. 21. τὰ δὲ χ. αὐτῶν ἐξομολογήσεως [A ἀγαλλιάσεως] (5)
9. 3. A ἵνα μὴ ἀντείπῃ πρὸς ἕνα λόγον αὐ. ἐκ χειλέων [B S χιλίων] †
11. 5. ἀνοίξει χείλη αὐτοῦ μετὰ σοῦ (5)
12. 20. διαλλάσσων χείλη πιστῶν (5)
13. 6. κρίσιν δὲ χειλέων μου προσέχετε (5)
15. 6. τὰ δὲ χ. σου καταμαρτυρήσουσί σου (5)
16. 6 (5). κίνησιν δὲ χειλέων [S^1 χ. μου] οὐ φείσομαι (5)
27. 4. μὴ λαλήσειν τὰ χ. μου ἄνομα [A *al.*] (5)
32. 20. ἵνα ἀναπαύσωμαι ἀνοίξας τὰ [S^1 τὰ σὰ] χ. [A χ. μου] (5)
33. 3. σύνεσις δὲ χειλέων μου καθαρὰ νοήσει (5)
40. 21 (26). ψελίῳ δὲ τρυπήσεις τὸ χ. αὐτοῦ (3)
Ps. 11 (12). 2. χείλη δόλια ἐν καρδίᾳ (5)
— 3. ἐξολεθρεύσαι κ. πάντα τὰ χ. τὰ δόλια (5)
— 4. τὰ χ. ἡμῶν παρ' ἡμῶν ἐστι (5)
13 (14). 3. B S ἰὸς ἀσπίδων τὰ χ. αὐτῶν –
15 (16). 4. οὐδὲ μὴ μνησθῶ τῶν ὀνομάτων αὐτῶν διὰ χειλέων μου (5)
16 (17). 1. ἐνώτισαι τὴν προσευχήν μου οὐκ ἐν χείλεσι δολίοις (5)
— 4. διὰ τοὺς λόγους τῶν χ. σου (5)
20 (21). 2. τὴν δέησιν [S^2 θέλησιν] τῶν χ. αὐτοῦ (5)
21 (22). 7. ἐλάλησαν ἐν χείλεσιν (5)
30 (31). 18. ἄλαλα γενηθήτω τὰ χ. τὰ δόλια (5)
33 (34). 13. καὶ χείλη σου τοῦ μὴ λαλῆσαι δόλον (5)
39 (40). 9. τὰ χ. μου οὐ μὴ κωλύσω (5)
44 (45). 2. ἐξεχύθη χάρις ἐν χείλεσί σου (5)
50 (51). 15. τὰ χ. μου ἀνοίξεις (5)
58 (59). 7. καὶ ῥομφαία ἐν τοῖς χ. αὐτῶν (5)
— 12. λόγον [S^2 -ος] χειλέων αὐτῶν (5)
62 (63). 3. τὰ χ. μου ἐπαινέσουσί σε (5)
— 5. χείλη ἀγαλλιάσεως αἰνέσει τὸ ὄνομά σου [S^2 στόμα μου] (5)
65 (66). 14. ἃς διέστειλε τὰ χ. μου (5)
70 (71). 23. ἀγαλλιάσονται τὰ χ. μου (5)
88 (89). 34. τὰ ἐκπορευόμενα διὰ τῶν χ. μου (5)
105 (106). 33. διέστειλεν ἐν [S^1 *om.*] τοῖς χ. αὐ. (5)
118 (119). 13. ἐν τοῖς χ. μου ἐξήγγειλα πάντα τὰ κρίματα τοῦ στόματός σου (5)
— 171. ἐξερεύξαιντο τὰ χ. μου ὕμνον (5)
119 (120). 2. ῥῦσαι τὴν ψυχήν μου ἀπὸ χ. ἀδίκων (5)
139 (140). 3. ἰὸς ἀσπίδων ὑπὸ τὰ χ. αὐτῶν (5)
— 9. A^2 B S κόπος τῶν χ. αὐ. καλύψει αὐτούς (5)
140 (141). 3. καὶ θύραν περιοχῆς περὶ τὰ χ. μου (5)
Pr. 4. 24. ἄδικα χείλη μακρὰν ἀπὸ σοῦ ἄπωσαι (5)
5. 2. αἴσθησις δὲ ἐμῶν χ. ἐντέλλεταί σοι [A S^2 *al.*] (5)
— 3. μέλι γὰρ ἀποστάζει ἀπὸ χειλέων γυναικὸς πόρνης (5)
6. 2. παγὶς γὰρ ἰσχυρὰ ἀνδρὶ τὰ ἴδια χ. καὶ ἁλίσκεται χείλεσιν ἰδίου στόματος (4, 1)
7. 21. βρόχοις τε τοῖς ἀπὸ χειλέων ἐξώκειλεν αὐτόν (5)
8. 6. ἀνοίσω ἀπὸ χειλέων ὀρθά (5)
— 7. ἐβδελυγμένα δὲ ἐναντίον ἐμοῦ χείλη ψευδῆ (5)
10. 8. ὁ δὲ ἄστεγος χείλεσι σκολιάζων ὑποσκελισθήσεται (5)
— 13. A S R ὃς ἐκ χειλέων προφέρει σοφίαν (5)
— 18. καλύπτουσιν ἔχθραν χείλη δίκαια (5)
— 19. φειδόμενος δὲ χειλέων νοήμων ἔσῃ (5)
— 21. χείλη δικαίων ἐπίσταται ὑψηλά (5)
— 32. χείλη ἀνδρῶν δικαίων ἀποστάζει χάριτας (5)
12. 13. δι' ἁμαρτίαν χειλέων (5)
— 14. ἀνταπόδομα δὲ χειλέων αὐτοῦ (2 ?)
— 19. χείλη ἀληθινὰ κατορθοῖ μαρτυρίαν (5)
— 22. βδέλυγμα κυρίῳ χείλη ψευδῆ (5)
13. 3. ὁ δὲ προπετὴς χείλεσι πτοήσει ἑαυτόν (5)
14. 3. χείλη δὲ σοφῶν φυλάσσει αὐτούς (5)
— 7. ὅπλα δὲ αἰσθήσεως χείλη σοφά (5)
15. 7. χείλη σοφῶν δέδεται αἰσθήσει (5)
16. 10. μαντεῖον ἐπὶ χείλεσι βασιλέως (5)
— 13. δεκτὰ βασιλεῖ χείλη δίκαια (5)
— 23. ἐπὶ δὲ χείλεσι φορέσει ἐπιγνωμοσύνην (5)
— 27. ἐπὶ δὲ τῶν ἑαυτοῦ χ. θησαυρίζει [A ὀρύσσει] πῦρ (5)
— 30. ὁρίζει [A ὀργίζει] δὲ τοῖς χ. αὐτοῦ πάντα τὰ κακά (5)
17. 4. δίκαιος δὲ οὐ προσέχει χείλεσι ψευδέσιν (5 ?)
— 7. οὐχ ἁρμόσει ἄφρονι χείλη πιστὰ οὐδὲ δικαίῳ χείλη [S *om.* π. . . . χ.] ψευδῆ [S^2 πιστά] (5, 5)
18. 6. χείλη ἄφρονος ἄγουσιν αὐτὸν εἰς κακά (5)
— 7. τὰ δὲ χ. αὐτοῦ παγὶς τῇ ψυχῇ αὐτοῦ (5)
— 20. ἀπὸ δὲ καρπῶν χειλέων αὐτοῦ ἐμπλησθήσεται (5)
22. 11. χείλεσι ποιμαίνει βασιλεύς (5)
— 18. εὐφρανοῦσί σε ἅμα ἐπὶ σοῖς χείλεσιν (5)
23. 16. ἐνδιατρίψει λόγοις τὰ σὰ χ. πρὸς τὰ ἐμὰ χ. (5, –)
24. 2. πόνους τὰ χ. αὐτῶν λαλεῖ (5)
— 41 (26). χείλη δὲ φιλήσουσιν ἀποκρινόμενα λόγους ἀγαθούς (5)
— 43 (28). μηδὲ πλατύνου σοῖς χ. (5)
26. 23. χείλη λεῖα [S δόλια] καρδίαν καλύπτει λυπηράν (5)
— 24. χείλεσι πάντα ἐπινεύει ἀποκλαιόμενος ἐχθρός (5)
27. 2. ἀλλότριος καὶ μὴ τὰ σὰ χ. (5)
31. 31. δότε αὐτῇ ἀπὸ καρπῶν χειλέων αὐτῆς (2)
Ec. 10. 12. χείλη ἄφρονος καταποντιοῦσιν αὐτόν (5)
Ca. 4. 3. ὡς σπαρτίον τὸ κόκκινον χείλη σου (5)
— 11. κηρίον ἀποστάζουσι χείλη σου (5)
5. 13. χείλη αὐτοῦ κρίνα στάζοντα σμύρναν πλήρη (5)
6. 5 (6). ὡς σπαρτίον τὸ κόκκινον χείλη σου –
7. 9 (10). ἱκανούμενος χείλεσί [A ἐν χ.] μου καὶ ὀδοῦσιν (5)
Wi. 1. 6. οὐκ ἀθῳώσει βλάσφημον ἀπὸ χειλέων αὐτοῦ
Si. 1. 23. χείλη πιστῶν [A S πολλῶν] ἐκδιηγήσεται σύνεσιν αὐτοῦ
— 29. ἐν τοῖς χ. σου πρόσεχε
12. 16. ἐν τοῖς χ. αὐτοῦ γλυκανεῖ ὁ ἐχθρός
21. 16. ἐπὶ δὲ χείλους συνετοῦ εὑρεθήσεται χάρις [A *om.*, S^2 παραβολή]
— 25. χείλη ἀλλοτρίων ἐν τούτοις βαρυνθήσεται [S διηγήσονται]
22. 27. τίς δώσει . . . ἐπὶ τῶν χ. μου σφραγῖδα πανοῦργον [A S -ων]
23. 7. ἐν τοῖς χ. αὐτοῦ καταλειφθήσεται ἁμαρτωλός
34 (31). 23. λαμπρὸν ἐπ' ἄρτοις εὐλογήσει χείλη
39. 15. ἐν ᾠδαῖς χειλέων καὶ ἐν κινύραις
40. 16. ἄχει ἐπὶ παντὸς ὕδατος καὶ χείλους [A -ος] ποταμοῦ . . . ἐκτιλήσεται
49. 13. S^1 τοῦ ἐγείραντος ἡμῶν χείλη [A B S^2 τείχη] πεπτωκότα
50. 20. δοῦναι εὐλογίαν κυρίῳ ἐκ χειλέων αὐ.
51. 2. ἀπὸ χειλέων ἐργαζομένων ψεῦδος
Ho. 14. 3. ἀνταποδώσομεν καρπὸν χειλέων ἡμῶν (5)
Hb. 3. 16. ἀπὸ φωνῆς προσευχῆς χειλέων μου (5)
Ma. 2. 6. ἀδικία οὐχ εὑρέθη ἐν χείλεσιν αὐ. (5)
— 7. χείλη ἱερέως φυλάξεται γνῶσιν (5)

Is. 6. 5. ἀκάθαρτα χείλη ἔχων ἐν μέσῳ λαοῦ ἀκάθαρτα χείλη ἔχοντος ἐγὼ οἰκῶ (5, 5)
— 7. ἥψατο τοῦτο τῶν χ. σου (5)
11. 4. ἐν πνεύματι διὰ χειλέων ἀνελεῖ ἀσεβῆ (5)
28. 11. διὰ φαυλισμὸν χειλέων (5)
29. 13. ἐν τοῖς χ. αὐτῶν τιμῶσί με (5)
30. 27. μετὰ δόξης τὸ λόγιον τῶν χ. αὐτοῦ (5)
36. 5. μὴ ἐν . . . λόγοις χειλέων παράταξις γίνεται (5)
37. 29. ἐμβαλῶ . . . χαλινὸν εἰς τὰ χ. σου (5)
59. 3. τὰ δὲ χ. ὑμῶν ἐλάλησεν ἀνομίαν (5)
Je. 3. 21. φωνὴ ἐκ χειλέων ἠκούσθη †
7. 29. ἀνάλαβε ἐπὶ χειλέων θρῆνον †
17. 16. τὰ ἐκπορευόμενα διὰ τῶν χ. μου (5)
La. 3. 62. ἤκουσας . . . χείλη ἐπανισταμένων μοι (5)
Ez. 24. 17. οὐ μὴ παρακληθῇς ἐν χείλεσιν αὐτῶν (5)
43. 13. γεῖσος ἐπὶ τὸ χ. [A τοῦ χ.] αὐτοῦ (5)
47. 6. A R ἐπέστρεψέ με [B om. ἐ. με] ἐπὶ τὸ χ. τοῦ ποταμοῦ (5)
— 7. ἐπὶ τοῦ χ. τοῦ π. δένδρα πολλά (5)
— 12. ἐπὶ τοῦ χ. αὐτοῦ ἔνθεν καὶ ἔνθεν (5)
Da. LXX. 3. (36). ὡς τὴν ἄμμον τὴν παρὰ τὸ χ. τῆς θαλάσσης
10. 4. ἤμην ἐπὶ τοῦ χ. τοῦ ποταμοῦ τοῦ μεγ. (2)
— 16. ἥψατό μου τῶν χ. (5)
Da. TH. 3. (36). ὡς τὴν ἄμμον τὴν παρὰ τὸ χ. τῆς θαλ.
10. 16. ἥψατο τῶν χ. μου (5)
12. 5 *bis*. εἷς ἐντεῦθεν τοῦ χ. τοῦ ποταμοῦ (5)
I Ma. 11. 1. ὡς ἡ ἄμμος ἡ παρὰ τὸ χ. τῆς θαλάσσης
[Aq. Ex. 6. 12: Ps. 11 (12). 5: 30 (31). 19: 105 (106). 33: 119 (120). 2: 140 (141). 3: Pr. 10. 13, 18: 17. 7: 23. 16: 26. 24: Ca. 7. 9 (10): Is. 36. 5: Ze. 3. 9.]
[Sm. Jb. 12. 20: Ps. 11 (12). 3: 16 (17). 1: 30 (31). 19: 58 (59). 8, 13: 62 (63). 6: 65 (66). 14: 70 (71). 23: 105 (106). 33: 119 (120). 2: 139 (140). 10: 140 (141). 3: Pr. 10. 13, 18: 18. 20: 23. 16: 26. 24: Ca. 7. 9 (10): Is. 6. 5 *bis*: 33. 19: 36. 5: Ez. 24. 22: 40. 43: Ze. 3. 9.]
[Th. Ex. 6. 12: 28. 26: I Ki. 1. 13: Ps. 140 (141). 3: Pr. 10. 13, 18: 20. 15, 19: 24. 26: 26. 24: Is. 30. 27: 36. 5: 57. 19: Ze. 3. 9.]
[Al. Ge. 41. 2 (P.): Ex. 2. 5: Jd. 5. 16: Ps. 44 (45). 3: Pr. 17. 4: 22. 11.]
[Quint. Pr. 17. 28.]

χείλωμα.
[Aq. Ex. 37 (38). 2.]

χειμάζειν. (1) חוּל pil.
Pr. 26. 10. πολλὰ χειμάζεται πᾶσα σὰρξ ἀφρόνων (1 ?)
[Aq. Ez. 13. 22.]
[Sm. Jb. 37. 6.]

χειμάρρουν (?). (1) נַחַל
IV Ki. 23. 6. A ἐξήνεγκε τὸ ἄλσος . . . εἰς τὸ [B τὸν] χ. K. (1)

χειμάρρους, χείμαρρος. (1) אָפִיק (2) גַּיְא (3) נַחַל
Ge. 32. 23 (24). διέβη τὸν χ. (3)
Le. 11. 9. ἐν ταῖς θαλάσσαις καὶ ἐν τοῖς χ. (3)
— 10. ἢ ἐν ταῖς θαλάσσαις καὶ ἐν τοῖς [A om.] χ. (3)
23. 40. λήψεσθε . . . ἄγνου κλάδους ἐκ χειμάρρου (3)
Nu. 21. 14. τὴν Z. ἐφλόγισε καὶ τοὺς χ. Ἀρνῶν (3)
— 15. τοὺς χ. κατέστησε κατοικίσαι Ἢρ (3)
34. 5. κυκλώσει τὰ ὅρια ἀπὸ Ἀσ. χειμάρρουν [A -ον] Αἰγ. (3)
De. 2. 36. ἥ ἐστι παρὰ τὸ χεῖλος χειμάρρου Ἀρνῶν (3)
— 37. πάντα τὰ συγκυροῦντα χειμάρρου [A -ῳ] Ἰ. (3)
3. 8. ἀπὸ τοῦ χ. Ἀρνῶν καὶ ἕως Ἀ. (3)
— 12. ἥ ἐστιν παρὰ τὸ χεῖλος χειμάρρου Ἀ. (3)
— 16. τῷ Γὰδ ἔδωκα . . . ἕως χειμάρρου Ἀ. (3)
— 16. A B^2R μέσον τοῦ χ. ὅριον (3)
— 16. ὁ χ. ὅριον τοῖς υἱοῖς Ἀ. (3)
4. 48. ὅ ἐστιν ἐπὶ τοῦ χείλους χειμάρρου Ἀ. (3)
8. 7. οὗ χείμαρροι ὑδάτων (3)
9. 21. ἔρριψα τὸν κονιορτὸν εἰς τὸν χ. (3)
10. 7. γῆ χείμαρροι [A -ου] ὑδάτων (3)
Jo. 13. 9. ἥ ἐστιν ἐπὶ τοῦ χείλους χειμάρρου Ἀρνῶν (3)
— 32. A^2 οὓς κατεκληρονόμησε M. πέραν τοῦ χ. [B Ἰορδάνου] †
15. 47. αἱ ἐπαύλεις αὐ. ἕως τοῦ χ. Αἰγ. (3)
Jo. 16. 8. A ἐπὶ θάλασσαν ἐπὶ χειμάρρουν K. [B *al.*] (3)
17. 9. ὅρια Μαν. . . . εἰς τὸν χ. (3)
Jd. 4. 7. ἐπάξω πρὸς σὲ εἰς τὸν χ. K. [A *al.*] (3)
— 13. ἀπὸ Ἀρ. τῶν ἐθνῶν εἰς τὸν χ. K. (3)
5. 21. χειμάρρους K. ἐξέσυρεν αὐτοὺς χειμάρρους ἀρχαίων χειμάρρους K. [A *al.*] (3 *ter*)
15. 8. A κατέβη παρὰ τῷ χ. [B *al.*] †
16. 4. A ἠγάπησε γυναῖκα ἐπὶ τοῦ χ. Σ. [B *al.*] (3)
I Ki. 15. 5. ἐνήδρευσεν ἐν τῷ χ. (3)
17. 40. ἐξελέξατο ἑαυτῷ πέντε λίθους τελείους ἐκ τοῦ χ. (3)
30. 9. ἔρχονται ἕως τοῦ χ. B. (3)
— 10. ἐκάθισαν πέραν τοῦ χ. τοῦ B. (3)
— 21. ἐκάθισεν αὐτοὺς ἐν τῷ χ. τῷ B. (3)
II Ki. 15. 23. B ἐν τῷ χ. τῶν Κέδρων –
— 23. διέβη τὸν χ. K. [A *al.*] (3)
17. 13. συροῦμεν αὐτὴν ἕως εἰς τὸν χ. (3)
22. 5. χείμαρροι ἀνομίας ἐθάμβησάν με (3)
23. 30. B Ἀδ. ἀπὸ χειμάρρων (3)
III Ki. 3. 1 (2. 37). διαβήσῃ τὸν χ. K. (3)
15. 13. καὶ ἐνέπρησε πυρὶ ἐν τῷ χ. τῶν Κέδρων (3)
17. 3. κρύβηθι ἐν τῷ χ. X. (3)
— 4. ἐκ τοῦ χ. πίεσαι ὕδωρ (3)
— 5. ἐκάθισεν ἐν τῷ χ. X. (3)
— 6. ἐκ τοῦ χ. ἔπινεν ὕδωρ (3)
— 7. ἐξηράνθη ὁ χ. (3)
18. 5. διέλθωμεν . . . ἐπὶ [A *add.* πάντας] χειμάρρους (3)
— 40. κατάγει αὐτοὺς Ἠ. εἰς τὸν χ. K. (3)
IV Ki. 3. 16. ποιήσατε τὸν χ. τ. βοθύνους βοθύνους (3)
— 17. ὁ χ. οὗτος πλησθήσεται ὕδατος (3)
10. 33. ἥ ἐστιν ἐπὶ τοῦ χείλους χειμάρρου [A τοῦ χ.] Ἀρν. (3)
23. 6. ἐξήνεγκε τὸ ἄλσος . . . εἰς τὸν [A τὸ] χ. K. (3)
— 6. B κατέκαυσεν αὐτὸν ἐν τῷ χ. K. (3)
— 12. ἔρριψε τὸν χοῦν αὐ. εἰς τὸν χ. K. (3)
24. 7. ἀπὸ τοῦ χ. Αἰγ. ἕως τοῦ ποταμοῦ Εὐφρ. (3)
II Ch. 7. 8. καὶ ἕως χειμάρρου Αἰγ. (3)
15. 16. καὶ κατέκαυσεν ἐν χειμάρρῳ K. (3)
29. 16. ἐκβαλεῖν εἰς τὸν χ. K. ἔξω (3)
30. 14. ἔρριψαν εἰς τὸν χ. K. (3)
33. 14. ᾠκοδόμησε τεῖχος . . . ἐν τῷ χ. (3)
Ne. 2. 15. B S ἤμην ἀναβαίνων ἐν τῷ τείχει χειμάρρους [A R -ου] (3)
Ju. 1. 9. S καὶ τοὺς χ. [A B τοῦ ποταμοῦ] Αἰγ.
2. 8. πληρώσουσι . . . τοὺς χ. [S *al.*]
— 24. τὰς πόλεις τὰς ὑψηλὰς τὰς ἐπὶ τοῦ χ. Ἀβρ.
7. 18. ἥ ἐστιν ἐπὶ τοῦ χ. M.
16. 4. ἐνέφραξε χειμάρρους
Jb. 6. 15. ὥσπερ χειμάρρους ἐκλείπων (3)
21. 33. ἐγλυκάνθησαν αὐτῷ χάλικες χειμάρρου [S^1 -οι] (3)
22. 24. ὡς πέτρα χειμάρρου Σωφίρ [A S *al.*] (3)
28. 4. διακοπὴ χειμάρρου ἀπὸ κονίας (3)
Ps. 17 (18). 4. χείμαρροι ἀνομίας ἐξετάραξάν με (3)
35 (36). 8. τὸν χ. τῆς τρυφῆς σου ποτιεῖς αὐτούς (3)
73 (74). 15. σὺ διέρρηξας πηγὰς καὶ χειμάρρους (3)
77 (78). 20. χείμαρροι κατεκλύσθησαν (3)
82 (83). 9. ὡς ὁ Ἰαβεὶν ἐν τῷ χ. Κεισῶν (3)
109 (110). 7. ἐκ χειμάρρου ἐν ὁδῷ πίεται (3)
123 (124). 4. χείμαρρον διῆλθεν ἡ ψυχὴ ἡμῶν (3)
125 (126). 4. A S^1 ὡς ὁ [S^2R *om.*] χ. ἐν τῷ νότῳ (1)
Ec. 1. 7. πάντες οἱ χ. πορεύονται εἰς τὴν θάλ. (3)
— 7. A S R οὗ [B *om.*] οἱ χ. πορεύονται (3)
Ca. 6. 10 (11). ἰδεῖν ἐν γενήμασι τοῦ χ. (3)
Am. 5. 24. κυλισθήσεται . . . δικαιοσύνη ὡς χ. ἄβατος (3)
6. 15 (14). τοῦ μὴ εἰσελθεῖν . . . ὡς [A ἕως] τοῦ χ. τῶν δυσμῶν (3)
Jl. 3 (4). 18. ποτιεῖ τὸν χ. τῶν σχοίνων (3)
Is. 66. 12. ὡς χ. ἐπικλύζων δόξαν ἐθνῶν (3)
Je. 29 (47). 2. ἔσται εἰς χειμάρρουν [S^1 -ον] κατακλύζοντα (3)
38 (31). 40. A ἕως χειμάρρου νάχαλ Κέδρων [B S *al.*] (3)
La. 2. 18. καταγάγετε [A -τωσαν] ὡς χ. δάκρυα (3)
Ez. 36. 4. A R λέγει κύριος . . . τοῖς χ. καὶ ταῖς φάραγξι [B ταῖς φ. κ. τοῖς χ.] (1 [2])
47. 4 (5). A διεμέτρησε χιλίους χειμάρρους [B *om.*] –
— 5. ἐξύβριζεν ὡς [B^1 *om.*, A τὸ ὕδωρ ὕδωρ ἕως ῥοῖζος] χειμάρρου (3)
I Ma. 5. 37. παρενέβαλε . . . ἐκ πέραν τοῦ χ.
— 39. A S^2 παρεμβάλλουσι πέραν τοῦ χ. [S^1 R *al.*]
I Ma. 5. 40. ἐν τῷ ἐγγίζειν . . . ἐπὶ τὸν χ. τοῦ ὕδατος
— 42. ὡς δὲ ἤγγισεν Ἰ. ἐπὶ τὸν χ. τοῦ ὕδατος
— 42. ἔστησε τοὺς γραμματεῖς τοῦ λαοῦ ἐπὶ τοῦ χ.
12. 37. A ἔπεσε τοῦ τείχους τοῦ χ. [S R *al.*]
16. 5. χειμάρρους ἦν ἀνὰ μέσον αὐτῶν
— 6. δειλούμενον διαπερᾶσαι τὸν χ.
[Aq. Le. 23. 40: Dt. 1. 24: Jo. 15. 4: Jb. 40. 17 (22): Ps. 73 (74). 15: Pr. 30. 17: Is. 27. 12: 30. 28: 34. 9: Ez. 6. 3: 34. 13: 47. 5: Jl. 3 (4). 18 (P.).]
[Sm. Le. 23. 40: Jo. 12. 1: Ps. 73 (74). 15: Is. 27. 12: 30. 28.]
[Th. Le. 23. 40: Jb. 22. 24: 28. 4: Ps. 73 (74). 15: Pr. 30. 17: Is. 27. 12: 30. 28: Ez. 47. 5: Jl. 3 (4). 18 (P.).]
[Al. Dt. 2. 13: Ca. 6. 10 (11).]
[Quint. IV Ki. 23. 4.]
[Heb. Jb. 14. 11.]

χειμερινός. (1) גֶּשֶׁם (2) חֹרֶף (3) סַגְרִיר
I Es. 9. 11. καὶ ὥρα χ.
II Es. 10. 13. B καὶ ὁ τόπος [A S R καιρὸς] χ. (1)
Pr. 27. 15. σταγόνες ἐκβάλλουσιν ἄνθρωπον ἐν ἡμέρᾳ χ. (3)
Wi. 16. 29. A S ὡς χειμερινὴ [B -ιος] πάχνη τακήσεται
Za. 10. 1. ὑετὸν χ. δώσει αὐτοῖς (1)
Je. 43 (36). 22. ἐκάθητο ἐν οἴκῳ χειμερινῷ (2)
[Aq., Sm., Th. Am. 3. 15.]

χειμέριος.
Wi. 16. 29. ὡς χειμέριος [A S -ρινὴ] πάχνη τακήσεται

χειμών. (1) גֶּשֶׁם (2) *a.* סְתָו *b.* סְתָיו
I Es. 9. 6. τρέμοντες τὸν ἐνεστῶτα χ.
II Es. 10. 9. περὶ τοῦ ῥήματος καὶ ἀπὸ τοῦ χ. (1)
Jb. 37. 6. καὶ χειμὼν [A -ῶνι ἵνα ᾖ] ὑετὸς [S^2 *om.* κ. χ. ὑ.] καὶ χειμὼν ὑετῶν δυναστείας [A -αις] αὐτοῦ (1, 1)
Ca. 2. 11. ὁ χ. παρῆλθεν (2 *a**, 2 *b*)
Si. 21. 8. ὡς ὁ συνάγων αὐτοῦ τοὺς λίθους εἰς χειμῶνα
IV Ma. 15. 32. ὑπέμεινας τοὺς ὑπὲρ τῆς εὐσεβείας χ.
[Sm. Ge. 7. 12: Jb. 37. 6.]
[Th. Jb. 37. 6 *bis*.]
[Al. Le. 26. 4.]
[Heb. Za. 14. 8.]

χεῖν. (1) *a.* יָצַק qal. *b.* מוּצָק (2) נָתַךְ ni. (3) פָּרַץ (4) פָּרַשׂ (5) רָחַץ (6) שָׁפַךְ
III Ki. 7. 24. A δύο στίχοι . . . κεχυμένοι ἐν τῇ χύσει αὐ. (1 *a*)
— 30. A αἱ ὠμίαι κεχυμέναι ἀπὸ πέραν ἀνδρὸς προσκείμεναι (1 *a*)
Jb. 29. 6. ὅτε ἐχέοντο αἱ ὁδοί μου βουτύρῳ τὰ δὲ ὄρη μου ἐχέοντο [A ἐχεῖτο] γάλακτι (5, 1 *a*)
38. 38. κέχυται δὲ ὥσπερ γῆ [A γῆς] κονία (1 *b*)
Si. 43. 19. πάχνην [S^1 -η] ὡς ἅλα ἐπὶ γῆς χέει
Ho. 4. 2. μοιχεία κέχυται ἐπὶ τῆς γῆς (3)
Jl. 2. 2. ὡς ὄρθρος χυθήσεται ἐπὶ τὰ ὄρη (4)
Ma. 3. 3. χεεῖ [S^2 ἐκχ., A χεῖ] αὐτοὺς ὥσπερ τὸ χρυσίον †
Je. 7. 20. ὀργὴ καὶ θυμός μου χεῖται [A ἐκχ.] (2)
Ez. 20. 33. ἐν θυμῷ κεχυμένῳ βασιλεύσω ἐφ' ὑμᾶς (6)
— 34. ἐν βραχίονι ὑψηλῷ καὶ ἐν θυμῷ κεχυμένῳ (6)
[Aq. Ex. 1. 7: Jb. 3. 24.]
[Th. Is. 54. 3: Je. 30 (37). 19.]
[Al. II Ch. 11. 23.]

χείρ. (1) חֹפֶן (2) *a.* יָד *b.* יַד (3) כֹּחַ (4) כַּף (5) שֹׁעַל (6) תָּו (7) ἡ χ. ἡ δεξιά, ἡ δεξιὰ χ. יָמִין
Ge. 3. 22. μή ποτε ἐκτείνῃ τὴν χ. (2 *a*)
4. 11. δέξασθαι τὸ αἷμα τοῦ ἀδ. σου ἐκ τῆς χ. σου (2 *a*)
5. 29. καὶ ἀπὸ τῶν λυπῶν τῶν χ. ἡμῶν (2 *a*)
8. 9. ἐκτείνας τὴν χ. αὐτοῦ (2 *a*)
9. 2. ὑπὸ χεῖρας ὑμῖν δέδωκα (2 *a*)
— 5. ἐκ χειρὸς πάντων τῶν θηρίων ἐκζητήσω αὐτό (2 *a*)
— 5. ἐκ χειρὸς ἀνθρώπου ἀδελφοῦ ἐκζητήσω τὴν ψυχήν (2 *a*)

Ge. 14. 22. ἐκτενῶ τὴν χ. μου πρὸς τὸν θ. τὸν ὕψιστον (2 a)
16. 6. ἰδοὺ ἡ παιδίσκη σου ἐν ταῖς χ. σου (2 a)
— 9. R ταπεινώθητι ὑπὸ τὰς χ. αὐ. (2 a)
— 12. αἱ χ. αὐ. ἐπὶ πάντας (2 a)
— 12. αἱ χ. πάντων ἐπ' αὐτόν (2 a)
19. 10. ἐκτείναντες δὲ οἱ ἄνδρες τὰς χ. (2 a)
— 16. ἐκράτησαν οἱ ἄγγελοι τῆς χ. αὐ. καὶ τῆς χ. τῆς γυναικὸς αὐ. καὶ τῶν χ. τῶν δύο θυγατέρων αὐ. (2 a ter)
20. 5. ἐν δικαιοσύνῃ χειρῶν ἐποίησα τοῦτο (4)
21. 18. κράτησον τῇ χ. σου αὐτό (2 a)
22. 6. ἔλαβε δὲ καὶ τὸ πῦρ μετὰ χεῖρα (2 a)
— 10. ἐξέτεινεν Ἀβ. τὴν χ. αὐ. (2 a)
— 12. μὴ ἐπιβάλῃς τὴν χ. σου (2 a)
24. 2. θὲς τὴν χεῖρά σου ὑπὸ τὸν μηρόν μου (2 a)
— 9. ἔθηκεν ὁ παῖς τὴν χ. αὐ. (2 a)
— 22. καὶ δύο ψέλια ἐπὶ τὰς χ. αὐ. (2 a)
— 30. καὶ τὰ ψέλια ἐπὶ τὰς χ. τῆς ἀδ. αὐ. (2 a)
— 47. καὶ τὰ ψέλια ἐπὶ τὰς χ. αὐ. (2 a)
25. 26. ἡ χ. αὐ. ἐπειλημμένη τῆς πτέρνης Ἡ. (2 a)
27. 17. ἔδωκε τὰ ἐδέσματα . . . εἰς τὰς χ. Ἰ. (2 a)
— 22. αἱ δὲ χ. χεῖρες Ἡσαῦ (2 a, 2 a)
— 23. ἦσαν γὰρ αἱ χ. αὐ. ὡς αἱ χ. Ἡσαῦ (2 a, 2 a)
30. 35. ἔδωκε διὰ χειρὸς τῶν υἱῶν αὐ. (2 a)
31. 29. ἰσχύει ἡ χ. μου κακοποιῆσαί σε (2 a)
— 42. τὸν κόπον τῶν χ. μου ἴδεν ὁ θ. (4)
32. 11 (12). R ἐξελοῦ με ἐκ χειρὸς τοῦ ἀδ. μου ἐκ χειρὸς [A om. ἐκ χ.] Ἡ. (2 a, 2 a)
— 16 (17). A ἔδωκεν διὰ χειρὸς τοῖς παισὶν αὐ. [R al.] (2 a)
33. 10. δέξαι τὰ δῶρα διὰ τῶν ἐμῶν χ. (2 a)
35. 4. οἳ ἦσαν ἐν ταῖς χ. αὐ. (2 a)
37. 21. ἐξείλατο αὐτὸν ἐκ τῶν χ. αὐ. (2 a)
— 22. χεῖρα δὲ μὴ ἐπενέγκητε αὐτῷ (2 a)
— 22. ὅπως ἐξέληται αὐτὸν ἐκ τῶν χ. αὐ. (2 a)
— 27. αἱ δὲ χ. ἡμῶν μὴ ἔστωσαν ἐπ' αὐτόν (2 a)
38. 18. καὶ τὴν ῥάβδον τὴν ἐν τῇ χ. σου (2 a)
— 20. ἀπέστειλε δὲ . . . ἐν χειρὶ τοῦ ποιμένος αὐ. (2 a)
— 28. ὁ εἷς προεξήνεγκε τὴν χ. (2 a)
— 28. ἔδησεν ἐπὶ τὴν χ. αὐ. κόκκινον (2 a)
— 29. ὡς δὲ ἐπισυνήγαγε τὴν χ. (2 a)
— 30. ἐφ' ᾧ ἦν ἐπὶ τὴν χ. αὐ. τὸ κόκκινον (2 a)
39. 1. ἐκτήσατο αὐτὸν . . . ἐκ χειρῶν Ἰσμ. (2 a)
— 3. κύριος εὐοδοῖ ἐν ταῖς χ. αὐ. (2 a)
— 4. πάντα . . . ἔδωκε διὰ χειρὸς Ἰ. (2 a)
— 6. ἐπέστρεψε πάντα . . . εἰς χεῖρας Ἰ. (2 a)
— 8. πάντα . . . ἔδωκεν εἰς τὰς χ. μου (2 a)
— 12. R καταλιπὼν τὰ ἱμάτια αὐ. ἐν ταῖς χ. αὐ. [A al.] (2 a)
— 13. κατέλειπε τὰ ἱμάτια αὐ. ἐν ταῖς χ. αὐ. (2 a)
— 22. ἔδωκεν . . . τὸ δεσμωτήριον διὰ χειρὸς Ἰ. (2 a)
— 23. πάντα γὰρ ἦν διὰ χειρὸς Ἰ. (2 a)
— 23. κύριος εὐοδοῖ ἐν ταῖς χ. αὐ. -
40. 11. τὸ ποτήριον Φ. ἐν τῇ χ. μου (2 a)
— 11. ἔδωκα τὸ ποτήριον εἰς τὰς χ. Φ. (4)
— 13. δώσεις τὸ ποτήριον Φ. εἰς τὴν χ. αὐ. (2 a)
— 21. ἔδωκε τὸ ποτήριον εἰς τὴν χ. Φ. (4)
41. 35. συναχθήτω ὁ σῖτος ὑπὸ χεῖρα Φ. (2 a)
— 42. περιελόμενος Φ. τὸν δακτύλιον ἀπὸ τῆς χ. αὐ. (2 a)
— 42. περιέθηκεν αὐτὸν ἐπὶ τὴν χ. Ἰ. (2 a)
— 44. οὐκ ἐξαρεῖ οὐθεὶς τὴν χ. αὐ. (2 a)
42. 37. δὸς αὐτὸν εἰς τὴν χ. μου (2 a)
43. 9. ἐκ χειρός μου ζήτησον αὐτόν (2 a)
— 12. τὸ ἀργύριον δισσὸν λάβετε ἐν ταῖς χ. ὑμῶν (2 a)
— 15. τὸ ἀργύριον διπλοῦν ἔλαβον ἐν ταῖς χ. αὐ. (2 a)
— 21. R ἀπεστρέψαμεν νῦν ἐν ταῖς χ. ἡμῶν [A al.] (2 a)
— 26. ἃ εἶχον ἐν ταῖς χ. αὐ. (2 a)
46. 4. Ἰ. ἐπιβαλεῖ τὰς χ. ἐπὶ τοὺς ὀφθ. σου (2 a)
47. 29. ὑπόθες τὴν χ. σου ὑπὸ τὸν μηρόν μου (2 a)
48. 14. ἐκτείνας δὲ Ἰσρ. τὴν χ. τὴν δεξιὰν . . . ἐναλλὰξ τὰς χ. (7, 2 a)
— 17. A R ἐπέβαλεν ὁ πατὴρ αὐ. τὴν χ. [B om. αὐ. τ. χ.] τὴν δεξιὰν αὐ. (2 a)
— 17. ἀντελάβετο Ἰ. τῆς χ. τοῦ πατρὸς αὐ. (2 a)
— 22. ἣν ἔλαβον ἐκ χειρὸς Ἀμορραίων (2 a)
49. 8. αἱ χ. σου ἐπὶ νώτου τῶν ἐχθρῶν σου (2 a)
— 24. ἐξελύθη τὰ νεῦρα βραχιόνων χειρὸς [A -ῶν] αὐ. διὰ χεῖρα δυνάστου Ἰ. (2 a, 2 a)
Ex. 3. 8. ἐξελέσθαι αὐτοὺς ἐκ χειρὸς Αἰγυπτίων (2 a)
— 19. ἐὰν μὴ μετὰ χ. κραταιᾶς (2 a)

Ex. 3. 20. ἐκτείνας τὴν χ. (2 a)
4. 2. τί τοῦτό ἐστι τὸ ἐν τῇ χ. σου (2 a)
— 4. ἔκτεινον τὴν χ. (2 a)
— 4. ἐκτείνας οὖν τὴν χ. (2 a)
— 4. ἐγένετο ῥάβδος ἐν τῇ χ. αὐ. (4)
— 6. εἰσένεγκον τὴν χ. σου εἰς τὸν κόλπον σου (2 a)
— 6. εἰσήνεγκε τὴν χ. αὐ. εἰς τὸν κόλπον αὐ. (2 a)
— 6. ἐξήνεγκε τὴν χ. αὐ. ἐκ τοῦ κόλπου αὐ. -
— 6. ἐγενήθη ἡ χ. αὐ. [A Μωυσέως] ὡσεὶ χιών (2 a)
— 7. εἰσένεγκον τὴν χ. σου εἰς τὸν κόλπον σου (2 a)
— 7. εἰσήνεγκε τὴν χ. [A add. αὐ.] εἰς τὸν κόλπον αὐ. (2 a)
— 17. τὴν ῥάβδον ταύτην . . . λήψῃ ἐν τῇ χ. σου (2 a)
— 20. ἔλαβε δὲ Μ. τὴν ῥάβδον . . . ἐν τῇ [A om.] χ. αὐ. (2 a)
— 21. ἃ ἔδωκα ἐν ταῖς χ. σου (2 a)
5. 21. δοῦναι ῥομφαίαν εἰς τὰς χ. αὐ. (2 a)
6. 1. ἐν γὰρ χ. κραταιᾷ ἐξαποστελεῖ αὐτούς (2 a)
— 8. εἰς ἣν ἐξέτεινα τὴν χ. μου (2 a)
7. 4. ἐπιβαλῶ τὴν χ. μου ἐπ' Αἴγ. (2 a)
— 5. ἐκτείνων τὴν χ. ἐπ' Αἴγ. (2 a)
— 15. τὴν ῥάβδον . . . λήψῃ ἐν τῇ χ. σου (2 a)
— 17. τύπτω τῇ ῥάβδῳ τῇ ἐν τῇ χ. μου (2 a)
— 19. λάβε τὴν ῥάβδον σου ἐν τῇ χ. σου [A om. ἐν . . . σου] -
— 19. ἔκτεινον τὴν χ. σου (2 a)
8. 5 (1). ἔκτεινον τῇ χ. τὴν ῥάβδον σου (2 a)
— 6 (2). ἐξέτεινεν Ἀ. τὴν χ. (2 a)
— 16 (12). ἔκτεινον τῇ χ. τὴν ῥάβδον σου -
— 17 (13). ἐξέτεινεν οὖν Ἀ. τῇ χ. τὴν ῥάβδον (2 a)
9. 3. χεὶρ κυρίου ἐπέσται ἐν τοῖς κτήνεσί σου (2 a)
— 8. λάβετε ὑμεῖς πλήρεις τὰς χ. αἰθάλης (1)
— 15. ἀποστείλας τὴν χ. [A add. μου] (2 a)
— 22. ἔκτεινον τὴν χ. σου εἰς τὸν οὐρανόν (2 a)
— 23. ἐξέτεινε δὲ Μ. τὴν χ. εἰς τὸν οὐρ. †
— 29. ἐκπετάσω τὰς χ. μου (4)
— 33. ἐξέτεινε τὰς χ. [A add. αὐ.] πρὸς κύριον (4)
10. 12. ἔκτεινον τὴν χ. [A add. σου] ἐπὶ γῆν Αἴγ. (2 a)
— 21. ἔκτεινον τὴν χ. σου εἰς τὸν οὐρ. (2 a)
— 22. ἐξέτεινε δὲ Μ. τὴν χ. [A add. αὐ.] (2 a)
12. 11. καὶ αἱ βακτηρίαι ἐν ταῖς χ. ὑμῶν (2 a)
13. 3. ἐν γὰρ χ. κραταιᾷ ἐξήγαγεν ὑμᾶς (2 a)
— 9. ἔσται σοι σημεῖον ἐπὶ τῆς χ. σου (2 a)
— 9. ἐν γὰρ χ. κραταιᾷ ἐξήγαγέ σε (2 a)
— 14. ἐν χ. κραταιᾷ ἐξήγαγε κύριος ἡμᾶς (2 a)
— 16. ἔσται εἰς σημεῖον ἐπὶ τῆς χ. σου (2 a)
— 16. ἐν γὰρ χ. κραταιᾷ ἐξήγαγέ σε κύριος (2 a)
14. 8. ἐξεπορεύοντο ἐν χειρὶ ὑ. (2 a)
— 16. ἔκτεινον τὴν χ. σου ἐπὶ τὴν θάλ. (2 a)
— 21. ἐξέτεινε δὲ Μ. τὴν χ. ἐπὶ τὴν θάλ. (2 a)
— 26. ἔκτεινον τὴν χ. σου ἐπὶ τὴν θάλ. (2 a)
— 27. ἐξέτεινε δὲ Μ. τὴν χ. (2 a)
— 30. ἐρρύσατο κ. τὸν Ἰσρ. . . . ἐκ χειρὸς τῶν Αἰγ. (2 a)
— 31. ἴδεν δὲ Ἰσρ. τὴν χ. τὴν μεγάλην (2 a)
15. 6. ἡ δεξιά σου χ., κύριε, ἔθραυσεν ἐχθρούς (7)
— 9. κυριεύσει ἡ χ. μου (2 a)
— 17. ὃ ἡτοίμασαν αἱ χ. σου (2 a)
— 20. λαβοῦσα δὲ Μ. . . . τὸ τύμπανον ἐν τῇ χ. αὐ. (2 a)
17. 5. τὴν ῥάβδον . . . λάβε ἐν τῇ χ. σου (2 a)
— 9. καὶ ἡ ῥάβδος τοῦ θ. ἐν τῇ χ. μου (2 a)
— 11. ὅταν ἐπῆρε Μ. τὰς χ. (2 a)
— 11. ὅταν δὲ καθῆκε τὰς χ. (2 a)
— 12. αἱ δὲ χ. Μ. βαρεῖαι (2 a)
— 12. ἐστήριζον τὰς χ. αὐ. (2 a)
— 12. ἐγένοντο αἱ χ. Μ. ἐστηριγμέναι (2 a)
— 16. ἐν χ. κρυφαίᾳ πολεμεῖ κύριος (2 a)
18. 4. ἐξείλατό με ἐκ χειρὸς Φ. †
— 8. ἐξείλατο αὐτοὺς κ. ἐκ χειρὸς Φ. καὶ ἐκ χειρὸς τῶν Αἰγ. -, -
— 9. ἐξείλατο αὐτοὺς ἐκ χειρὸς Αἰγ. καὶ ἐκ χειρὸς Φ. (2 a, -)
— 10. ἐξείλατο αὐτοὺς ἐκ χειρὸς Αἰγ. καὶ ἐκ χειρὸς Φ. (2 a, 2 a)
19. 13. οὐχ ἅψεται αὐτοῦ χείρ (2 a)
21. 13. ὁ θ. παρέδωκεν εἰς τὰς χ. αὐ. (2 a)
— 20. καὶ ἀποθάνῃ ὑπὸ τὰς χ. αὐ. (2 a)
— 24. δώσει . . . χεῖρα ἀντὶ χειρός [A[1] om. χ. ἀ. χ.] (2 a, 2 a)
22. 4 (3). καὶ εὑρεθῇ ἐν τῇ χ. αὐ. τὸ κλέμμα (2 a)
23. 31. παραδώσω εἰς τὰς [A om.] χ. ὑμῶν τοὺς ἐγκαθημ. (2 a)
28. 37 (41). ἐμπλήσεις αὐτῶν τὰς χ. (2 a)

Ex. 29. 9. τελειώσεις Ἀ. τὰς χ. αὐ. καὶ τὰς χ. τῶν υἱῶν αὐ. (2 a, 2 a)
— 10. ἐπιθήσουσιν Ἀ. καὶ οἱ υἱοὶ αὐ. τὰς χ. (2 a)
— 15. ἐπιθήσουσιν Ἀ. καὶ οἱ υἱοὶ αὐ. τὰς χ. αὐ. (2 a)
— 19. ἐπιθήσει Ἀ. καὶ οἱ υἱοὶ αὐ. τὰς χ. αὐ. (2 a)
— 20. καὶ ἐπὶ τὸ ἄκρον τῆς δεξιᾶς χ. [A χ. τῆς δεξιᾶς] -
— 20. καὶ ἐπὶ τὰ ἄκρα τῶν χ. αὐ. τῶν δεξιῶν (2 a)
— 24. ἐπὶ τὰς χ. Ἀ. καὶ ἐπὶ τὰς χ. τῶν υἱῶν αὐ. (4, 4)
— 25. λήψῃ αὐτὰ ἐκ τῶν χ. αὐ. (2 a)
— 29, 33. τελειῶσαι τὰς χ. αὐτῶν (2 a)
— 35. τελειώσεις τὰς χεῖρας αὐτῶν (2 a)
30. 19. νίψεται . . . ἐξ αὐτοῦ τὰς χ. (2 a)
— 21. νίψονται τὰς χ. (2 a)
32. 4. καὶ ἐδέξατο ἐκ τῶν χ. αὐ. (2 a)
— 15. αἱ δύο πλάκες τοῦ μαρτ. ἐν ταῖς χ. αὐ. (2 a)
— 19. ἔρριψεν ἀπὸ τῶν χ. αὐ. τὰς δύο πλάκας (2 a)
— 29. ἐπληρώσατε τὰς χ. ὑμῶν (2 a)
33. 22. καὶ σκεπάσω τῇ χ. μου (4)
— 23. ἀφελῶ τὴν χ. (4)
34. 29. καὶ αἱ δύο πλάκες ἐπὶ τῶν χ. Μ. (2 a)
35. 25. πᾶσα γυνὴ σοφὴ τῇ διανοίᾳ ταῖς χ. νήθειν (2 a)
38. 27 (40. 31). ἵνα νίπτωνται . . . τὰς χ. αὐ. (2 a)
Le. 1. 4. ἐπιθήσει τὴν χ. ἐπὶ τὴν κεφαλήν (2 a)
— 11. ἐπιθήσει τὴν χ. ἐπὶ τὴν κεφ. αὐ. -
3. 2, 8. ἐπιθήσει τὰς χ. ἐπὶ τὴν κεφαλὴν τοῦ δώρου (2 a)
— 13. ἐπιθήσει τὰς χ. ἐπὶ τὴν κεφαλὴν αὐ. (2 a)
4. 4. ἐπιθήσει τὴν χ. αὐ. ἐπὶ τὴν κεφ. τοῦ μόσχου (2 a)
— 5. ὁ τετελειωμένος τὰς χεῖρας -
— 15. ἐπιθήσουσιν οἱ πρεσβύτ. τῆς συναγ. τὰς χ. αὐ. (2 a)
— 24. ἐπιθήσει τὴν χ. ἐπὶ τὴν κεφ. τοῦ χιμάρου (2 a)
— 29. ἐπιθήσει τὴν χ. ἐπὶ τὴν κεφ. τοῦ ἁμαρτήματος αὐ. (2 a)
— 33. ἐπιθήσει τὴν χ. ἐπὶ τὴν κεφ. (2 a)
5. 7. ἐὰν δὲ μὴ ἰσχύῃ ἡ χ. αὐ. τὸ ἱκανόν (2 a)
— 11. ἐὰν δὲ μὴ εὑρίσκῃ αὐ. ἡ χ. ζεῦγος τρυγόνων (2 a)
7. 20 (30). αἱ χ. αὐ. προσοίσουσι τὰ καρπώματα (2 a)
8. 14. ἐπέθηκεν . . . τὰς χ. ἐπὶ τὴν κεφ. τοῦ μόσχου (2 a)
— 18, 21 (22). ἐπέθηκεν . . . τὰς χ. αὐ. ἐπὶ τὴν κεφ. τοῦ κριοῦ (2 a)
— 22 (23). καὶ ἐπὶ τὸ ἄκρον τῆς χ. τῆς δεξιᾶς (2 a)
— 23 (24). καὶ ἐπὶ τὰ ἄκρα τῶν χ. αὐ. τῶν δεξιῶν (2 a)
— 26 (27). ἐπὶ τὰς χ. Ἀ. καὶ ἐπὶ τὰς χ. τῶν υἱῶν αὐ. (4, 4)
— 27 (28). ἔλαβε Μ. ἀπὸ τῶν χ. αὐ. (4)
— 33. τελειώσει τὰς χ. ὑμῶν (2 a)
9. 17. ἔπλησε τὰς χ. ἀπ' αὐτῆς (4)
— 22. ἐξάρας Ἀ. τὰς χ. (2 a)
10. 11. ἃ ἐλάλησε κ. πρὸς αὐτοὺς διὰ χειρὸς Μ. (2 a)
11. 27. ὃς πορεύεται ἐπὶ χειρῶν (4)
12. 8. ἐὰν δὲ μὴ εὑρίσκῃ ἡ χ. αὐ. τὸ ἱκανόν (2 a)
14. 14. καὶ ἐπὶ τὸ ἄκρον τῆς χ. τῆς δεξιᾶς (2 a)
— 15. ἐπιχεεῖ ἐπὶ τὴν χ. τοῦ ἱερέως τὴν ἀριστεράν (4)
— 16. ἀπὸ τοῦ ἐλαίου τοῦ ὄντος ἐπὶ τῆς χ. τῆς ἀριστερᾶς (4)
— 17. τὸ δὲ καταλειφθὲν ἔλαιον τὸ ὂν ἐν τῇ χ. (4)
— 17. καὶ ἐπὶ τὸ ἄκρον τῆς χ. τῆς δεξιᾶς (2 a)
— 18. τὸ δὲ καταλειφθὲν ἔλαιον τὸ ἐπὶ τῆς χ. τοῦ ἱ. (4)
— 21. ἐὰν δὲ πένηται καὶ ἡ χ. αὐ. μὴ εὑρίσκῃ (2 a)
— 22. ὅσα εὗρεν ἡ χ. αὐ. (2 a)
— 25. καὶ ἐπὶ τὸ ἄκρον τῆς χ. τῆς δεξιᾶς (2 a)
— 26. ἐπιχεεῖ ὁ ἱ. ἐπὶ τὴν χ. τοῦ ἱ. τὴν ἀριστεράν (4)
— 27. ἀπὸ τοῦ ἐλαίου τοῦ ἐν τῇ χ. αὐ. τῇ ἀριστ. (4)
— 28. ἀπὸ τοῦ ἐλαίου τοῦ ἐπὶ τῆς χ. αὐ. (4)
— 28. καὶ ἐπὶ τὸ ἄκρον τῆς χ. αὐ. τῆς δεξιᾶς (2 a)
— 29. τὸ δὲ καταλειφθὲν ἀπὸ τοῦ ἐλαίου τὸ ὂν ἐπὶ τῆς χ. τοῦ ἱ. (4)
— 30. καθότι εὗρεν αὐτοῦ ἡ χ. (2 a)
— 32. καὶ τοῦ μὴ εὑρίσκοντος τῇ χ. εἰς τὸν καθαρισμὸν αὐ. (2 a)
15. 11. καὶ τὰς χ. οὐ νένιπται (2 a)
16. 12. πλήσει τὰς χ. θυμιάματος συνθέσεως λεπτῆς (1)
— 21. ἐπιθήσει Ἀ. τὰς χ. αὐ. (2 a)

Le. 16. 21. ἐξαποστελεῖ ἐν χειρὶ ἀνθρώπου ἑτοίμου (2 a)
— 32. ὃν ἂν τελειώσουσι τὰς χ. αὐ. (2 a)
19. 18. οὐκ ἐκδικᾶταί σου ἡ χ. –
21. 19. ᾧ ἐστιν ἐν αὐτῷ σύντριμμα χειρός (2 a)
22. 25. ἐκ χειρὸς ἀλλογενοῦς οὐ προσοίσετε (2 a)
24. 14. ἐπιθήσουσι . . . τὰς χ. αὐ. ἐπὶ τὴν κεφ. αὐ. (2 a)
25. 26. ἐὰν δὲ εὐπορηθῇ τῇ χ. (2 a)
— 28. ἐὰν δὲ μὴ εὑρεθῇ ἡ χ. αὐ. τὸ ἱκανόν (2 a)
— 35. καὶ ἀδυνατήσῃ ταῖς χ. παρὰ σοῦ (2 a)
— 47. ἐὰν δὲ εὕρῃ ἡ χ. τοῦ προσηλύτου (2 a)
— 49. ἐὰν δὲ εὐπορηθεὶς ταῖς χ. λυτρώσηται ἑαυτόν (2 a)
26. 25. παραδοθήσεσθε εἰς χεῖρας ἐχθρῶν (2 a)
— 46. ὃν ἔδωκε . . . ἐν χειρὶ Μ. (2 a)
27. 8. καθάπερ ἰσχύει ἡ χ. τοῦ εὐξαμένου (2 a)
Nu. 3. 3. οὓς ἐτελείωσαν τὰς χ. αὐ. (2 a)
4. 28. καὶ ἡ φυλακὴ αὐ. ἐν χειρὶ Ἰθ. (2 a)
— 33. ἐν χειρὶ Ἰθ. τοῦ υἱοῦ Ἀ. τοῦ ἱερέως (2 a)
— 37. διὰ φωνῆς κυρίου ἐν χειρὶ Μ. (2 a)
— 41. διὰ φωνῆς κυρίου ἐν χειρὶ Μ. –
— 45. διὰ φωνῆς κυρίου ἐν χειρὶ Μ. (2 a)
— 49. ἐπεσκέψατο αὐτοὺς ἐν χειρὶ Μ. (2 a)
5. 18. δώσει ἐπὶ τὰς χ. αὐ. τὴν θυσίαν (4)
— 18. ἐν δὲ τῇ χ. τοῦ ἱ. ἔσται τὸ ὕδωρ (2 a)
— 25. λήψεται ὁ ἱ. ἐκ χειρὸς τῆς γυν. τὴν θυσίαν (2 a)
6. 19. ἐπιθήσει ἐπὶ τὰς χ. τοῦ ηὐγμένου (4)
— 21. χωρὶς ὧν ἂν εὕρῃ ἡ χ. αὐ. (2 a)
7. 88. μετὰ τὸ πληρῶσαι τὰς χ. αὐ. –
8. 10. ἐπιθήσουσιν οἱ υἱοὶ Ἰσρ. τὰς χ. αὐ. (2 a)
— 12. ἐπιθήσουσι τὰς χ. ἐπὶ τὰς κεφ. (2 a)
9. 23. διὰ προστάγματος κυρίου ἐν χειρὶ Μ. (2 a)
10. 13. ἐξῆραν πρῶτοι . . . ἐν χειρὶ Μ. (2 a)
11. 23. μὴ χεὶρ [A² ἡ χ.] κυρίου οὐκ ἐξαρκέσει (2 a)
14. 17. A ὑψωθήτω ἡ χ. [B ἰσχύς] σου (3)
— 30. ἐφ' ἣν ἐξέτεινα τὴν χ. μου (2 a)
15. 23. καθὰ συνέταξε κ. πρὸς ὑμᾶς ἐν χειρὶ Μ. (2 a)
— 30. ἥτις ποιήσει ἐν χειρὶ ὑπερηφανίας (2 a)
16. 40 (17. 5). καθὰ ἐλάλησε κ. ἐν χειρὶ Μ. [B¹ om. ἐν χ. Μ.] (2 a)
20. 11. ἐπάρας Μ. τὴν χ. αὐ. (2 a)
— 20. ἐν ὄχλῳ βαρεῖ καὶ ἐν χ. ἰσχυρᾷ (2 a)
21. 34. εἰς τὰς χ. σου παραδέδωκα αὐτόν (2 a)
22. 7. καὶ τὰ μαντεῖα ἐν ταῖς χ. αὐ. (2 a)
— 23. καὶ τὴν ῥομφαίαν ἐσπασμένην ἐν τῇ χ. αὐ. (2 a)
— 29. εἰ εἶχον μάχαιραν ἐν τῇ χ. [A add. μου] (2 a)
— 31. καὶ τὴν μάχαιραν ἐσπασμένην ἐν τῇ χ. αὐ. (2 a)
24. 10. συνεκρότησε ταῖς χ. αὐ. (4)
— 24. B¹ ἐξελεύσεται ἐκ χειρὸς [A B² R -ῶν] Κιτ. (2 a)
25. 7. λαβὼν σειρομάστην ἐν τῇ χ. (2 a)
27. 18. ἐπιθήσεις τὰς χ. σου ἐπ' αὐτόν (2 a)
— 23. ἐπέθηκε τὰς χ. αὐ. ἐπ' αὐτόν (2 a)
31. 6. καὶ αἱ σάλπιγγες τῶν σημασιῶν ἐν ταῖς χ. αὐ. (2 a)
33. 1. ὡς ἐξῆλθον . . . ἐν χειρὶ Μ. καὶ Ἀ. (2 a)
— 3. ἐξῆλθον οἱ υἱοὶ Ἰσρ. ἐν χ. ὑψηλῇ (2 a)
35. 17. ἐὰν δὲ ἐν λίθῳ ἐκ χειρὸς . . . πατάξῃ αὐτόν (2 a)
— 18. ἐὰν δὲ ἐν σκεύει ξυλίνῳ ἐκ χειρὸς . . . πατάξῃ αὐτόν (2 a)
— 21. ἢ διὰ μῆνιν ἐπάταξεν αὐτὸν τῇ χ. (2 a)
36. 13. ἃ ἐνετείλατο κύριος ἐν χειρὶ Μ. (2 a)
De. 1. 25. ἐλάβοσαν ἐν ταῖς χ. αὐ. ἀπὸ τοῦ καρποῦ (2 a)
— 27. παραδοῦναι ἡμᾶς εἰς χεῖρας [A τὰς χ. τῶν] Ἀμορραίων (2 a)
2. 7. ἐν παντὶ ἔργῳ τῶν χ. σου (2 a)
— 15. ἡ χ. τοῦ θεοῦ ἦν ἐπ' αὐτοῖς (2 a)
— 24. B¹ παραδέδωκα εἰς χεῖρας [A B² R τὰς χ.] σου τὸν Σ. (2 a)
— 30. ἵνα παραδοθῇ εἰς τὰς χ. σου (2 a)
— 36. τὰς πάσας παρέδωκε κ. ὁ θ. ἡμῶν εἰς τὰς χ. ἡμῶν †
3. 2. εἰς τὰς χ. σου παραδέδωκα αὐτόν (2 a)
— 3. παρέδωκεν αὐτὸν κ. ὁ θεὸς ἡμῶν εἰς τὰς χ. ἡμῶν (2 a)
— 8. ἐλάβομεν . . . τὴν γῆν ἐκ χειρῶν δύο βασιλέων τῶν Ἀμ. (2 a)
— 24. δεῖξαι . . . τὴν χ. τὴν κραταιάν (2 a)
4. 28. θεοῖς ἑτέροις ἔργοις χειρῶν ἀνθρώπων (2 a)
— 34. λαβεῖν ἑαυτῷ ἔθνος . . . ἐν χ. κραταιᾷ (2 a)
5. 15. ἐξήγαγέ σε κ. ὁ θεός σου . . . ἐν χ. κραταιᾷ (2 a)

De. 6. 8. εἰς σημεῖον ἐπὶ τῆς χ. σου (2 a)
— 21. ἐξήγαγεν ἡμᾶς . . . ἐν χ. κραταιᾷ (2 a)
7. 2. παραδώσει αὐτοὺς κ. ὁ θεός σου εἰς τὰς χ. σου †
— 8. ἐξήγαγε κύριος ὑμᾶς ἐν χ. κραταιᾷ (2 a)
— 8. καὶ ἐλυτρώσατο . . . ἐκ χειρὸς Φ. (2 a)
— 19. μνησθήσῃ . . . τὴν χ. τὴν κραταιάν (2 a)
— 23. παραδώσει αὐτοὺς κ. ὁ θεός σου εἰς τὰς χ. σου †
— 24. παραδώσει τοὺς βασ. αὐ. εἰς τὰς χ. ὑμῶν (2 a)
8. 17. τὸ κράτος τῆς χ. μου ἐποίησέ μοι τὴν δύναμιν (2 a)
9. 15. αἱ δύο πλάκες . . . ἐπὶ ταῖς δυσὶ χ. μου (2 a)
— 17. ἔρριψα αὐτὰς ἀπὸ τῶν δύο χ. μου (2 a)
— 26. οὓς ἐξήγαγες . . . ἐν τῇ [A om.] χ. σου τῇ κραταιᾷ (2 a)
— 29. B καὶ ἐν τῇ χ. σου τῇ κραταιᾷ –
10. 3. καὶ αἱ δύο πλάκες ἐπὶ ταῖς χ. μου (2 a)
11. 2. οὐδὲ εἴδοσαν . . . τὴν χ. τὴν κραταιάν (2 a)
— 18. ἀφάψετε αὐτὰ εἰς σημεῖον ἐπὶ τῆς χ. ὑμῶν (2 a)
12. 7. οὗ ἐὰν ἐπιβάλητε τὴν χ. [A al.] (2 a)
— 11. καὶ τὰς ἀπαρχὰς τῶν χ. ὑμῶν (2 a)
— 17. καὶ τὰς ἀπαρχὰς τῶν χ. σου [A² ὑμῶν, A¹ om. τ. χ. σ.] (2 a)
— 18. οὗ ἐὰν ἐπιβάλῃς τὴν χ. σου (2 a)
13. 9 (10). αἱ χ. σου ἔσονται ἐπ' αὐτὸν [A al.] (2 a)
— 9 (10). καὶ αἱ χ. παντὸς τοῦ λαοῦ ἐπ' ἐσχάτῳ (2 a)
— 17 (18). οὐ προσκολληθήσεται οὐδὲν . . . ἐν τῇ χ. σου (2 a)
14. 25. λήψῃ τὸ ἀργύριον ἐν ταῖς χ. σου (2 a)
15. 7. οὐδ' οὐ μὴ συσφίγξεις τὴν χ. σου (2 a)
— 8. ἀνοίξεις τὰς χ. σου αὐτῷ (2 a)
— 10. οὗ ἂν ἐπιβάλῃς τὴν χ. σου (2 a)
— 11. ἀνοίξεις τὰς χ. σου τῷ ἀδ. σου (2 a)
16. 10. καθότι ἡ χ. σου ἰσχύει (2 a)
— 15. καὶ ἐν παντὶ ἔργῳ τῶν χ. σου (2 a)
— 17. κατὰ δύναμιν τῶν χ. ὑμῶν (2 a)
17. 7. ἡ χ. τῶν μαρτύρων ἔσται ἐπ' αὐτῷ (2 a)
— 7. ἡ χ. τοῦ λαοῦ ἐπ' ἐσχάτων (2 a)
19. 5. καὶ ἐκκρουσθῇ ἡ χ. αὐ. (2 a)
— 12. παραδώσουσιν αὐτὸν εἰς χεῖρας τῶν ἀγχιστευόντων (2 a)
— 21. χεῖρα ἀντὶ χειρός (2 a, 2 a)
20. 13. ἕως ἂν παραδῷ σοι αὐτὴν . . . εἰς τὰς χ. σου (2 a)
21. 6. νίψονται τὰς χ. ἐπὶ τὴν κεφαλήν (2 a)
— 7. αἱ χ. ἡμῶν οὐκ ἐξέχεαν τὸ αἷμα τοῦτο (2 a)
— 10. καὶ παραδῷ σοι κ. ὁ θ. σου εἰς τὰς χ. σου (2 a)
23. 14 (15). A παραδοῦναι τὸν ἐχθρόν σου εἰς τὰς χ. σου [B al.] †
— 25 (26). A² B συλλέξεις ἐν ταῖς χ. σου στάχυς (2 a)
24. 1. B καὶ δώσει εἰς τὰς χ. αὐ. [A² al.] (2 a)
— 3. καὶ δώσει εἰς τὰς χ. αὐ. (2 a)
— 19. ἐν πᾶσι τοῖς ἔργοις τῶν χ. σου (2 a)
25. 11. ἐξελέσθαι τὸν ἄνδρα αὐ. ἐκ χειρὸς τοῦ τύπτοντος αὐτόν (2 a)
— 11. ἐκτείνασα τὴν χ. (2 a)
— 12. ἀποκόψεις τὴν χ. [A add. αὐ.] (4)
26. 4. λήψεται ὁ ἱ. τὸν κάρταλλον ἐκ τῶν χ. σου (2 a)
— 8. ἐξήγαγεν ἡμᾶς κ. . . . ἐν χ. κραταιᾷ (2 a)
27. 15. ἔργον χειρῶν τεχνιτῶν (2 a)
28. 8. οὗ ἂν ἐπιβάλῃς τὴν χ. σου (2 a)
— 12. εὐλογῆσαι πάντα τὰ ἔργα τῶν χ. σου (2 a)
— 20. οὗ ἐὰν ἐπιβάλῃς τὴν χ. σου (2 a)
— 32. οὐκ ἰσχύσει ἡ χείρ σου (2 a)
29. 3 (2). A B² τὴν χ. τὴν κραταιὰν καὶ τὸν βραχίονα τὸν ὑψηλόν –
30. 9. ἐν παντὶ ἔργῳ τῶν χ. σου (2 a)
— 14. ἐγγύς σού ἐστι τὸ ῥῆμα σφόδρα . . . ἐν ταῖς χ. σου –
31. 29. παροργίσαι αὐτὸν ἐν τοῖς ἔργοις τῶν χ. ὑμῶν (2 a)
32. 27. ἡ χ. ἡμῶν ἡ ὑψηλὴ . . . ἐποίησε ταῦτα πάντα (2 a)
— 39. ὃς ἐξελεῖται ἐκ τῶν χ. μου (2 a)
— 40. ἀρῶ εἰς τὸν οὐρανὸν τὴν χ. μου (2 a)
— 41. ἀνθέξεται κρίματος ἡ χ. μου (2 a)
33. 3. πάντες οἱ ἡγιασμένοι ὑπὸ τὰς χ. σου (2 a)
— 7. αἱ χ. αὐ. διακρινοῦσιν αὐτῷ (2 a)
— 11. τὰ ἔργα τῶν χ. αὐ. δέξαι (2 a)
34. 9. ἐπέθηκε γὰρ Μ. τὰς χ. αὐ. ἐπ' αὐτόν (2 a)
— 12. τὰ θαυμάσια τὰ μεγάλα καὶ τὴν [A πᾶσαν τ.] χ. τὴν κραταιάν (2 a)

Jo. 2. 24. παρέδωκε κ. πᾶσαν τὴν γῆν ἐν χειρὶ ἡμῶν (2 a)
5. 12 (13). καὶ ἡ ῥομφαία ἐσπασμένη ἐν τῇ χ. αὐ. (2 a)
8. 1. δέδωκα εἰς τὰς χ. σου τὸν βασ. Γαί (2 a)
— 18. ἔκτεινον τὴν χ. σου ἐν τῷ γαίσῳ τῷ ἐν τῇ χ. σου (–, 2 a)
— 18. εἰς γὰρ τὰς χ. [A τὴν χ.] σου παραδέδωκα αὐτήν (2 a)
— 19 (18). ἐξέτεινεν Ἰ. τὴν χ. αὐ. τὸν γαῖσον [A al.] (2 a)
— 19. ὅτε ἐξέτεινε τὴν χ. (2 a)
9. 26. ἐξείλατο αὐτοὺς . . . ἐκ χειρῶν [A -ὸς] υἱῶν Ἰσρ. (2 a)
10. 6. μὴ ἐκλύσῃς τὰς χ. σου (2 a)
— 8. εἰς γὰρ τὰς χ. σου παραδέδωκα αὐτούς (2 a)
— 19. παρέδωκε γὰρ αὐτοὺς . . . εἰς τὰς χ. ἡμῶν (2 a)
— 30. παρέδωκεν αὐτὴν κ. εἰς χεῖρας [A ἐν χειρὶ] Ἰσρ. (2 a)
— 32. παρέδωκε κ. τὴν Λ. εἰς τὰς χ. Ἰσρ. (2 a)
— 35. παρέδωκεν αὐτὴν κ. ἐν χειρὶ Ἰσρ. –
14. 2. ὃν τρόπον ἐνετείλατο κ. ἐν χειρὶ Ἰ. [A al.] (2 a)
17. 4. ὁ θ. ἐνετείλατο διὰ χειρὸς Μ. †
19. 47. ἐβαρύνθη ἡ χ. τοῦ Ἐφρ. ἐπ' αὐτούς –
20. 5. A οὐ συγκλείσουσι τὸν φονεύσαντα ἐν τῇ χ. αὐ. (2 a)
— 9. ἵνα μὴ ἀποθάνῃ ἐν χειρὶ [A ἐκ χειρὸς] τοῦ ἀγχιστεύοντος (2 a)
21. 2. ἐνετείλατο κ. ἐν χειρὶ Μ. (2 a)
— 42. πάντας τοὺς ἐχθροὺς αὐ. παρέδωκε κ. εἰς τὰς χ. αὐ. (2 a)
22. 9. ἣν ἐκληρονόμησαν . . . ἐν χειρὶ Μ. (2 a)
— 31. ἐρρύσασθε τοὺς υἱοὺς Ἰσρ. ἐκ χειρὸς κυρίου (2 a)
24. 8. παρέδωκεν αὐτοὺς κ. εἰς τὰς [A om.] χ. ἡμῶν (2 a)
— 10. ἐξείλατο ἡμᾶς ἐκ χειρῶν [A τῶν χ.] αὐ. (2 a)
— 11. παρέδωκεν αὐτοὺς κ. εἰς τὰς [A om.] χ. ἡμῶν (2 a)
— 33. παρέδωκεν αὐτοὺς κ. εἰς χεῖρας Ἐ. –
Jd. 1. 2. B δέδωκα τὴν γῆν ἐν τῇ [A² om.] χ. αὐ. (2 a)
— 4. παρέδωκε κ. τὸν Χαν. . . . εἰς τὰς χ. [A ἐν χειρὶ] αὐ. (2 a)
— 6. ἀπέκοψαν τὰ ἄκρα τῶν χ. αὐ. (2 a)
— 7. τὰ ἄκρα τῶν χ. αὐ. . . . ἀποκεκομμένοι (2 a)
— 35. ἐβαρύνθη χεὶρ οἴκου Ἰ. (2 a)
2. 14. εἰς χεῖρας [A ἐν χειρὶ] προνομευόντων (2 a)
— 14. ἐν χερσὶ τῶν ἐχθρῶν αὐ. [A al.] (2 a)
— 15. χεὶρ κυρίου ἦν ἐπ' αὐτούς (2 a)
— 16. ἐκ χειρὸς τῶν προνομευόντων αὐτούς (2 a)
— 18. ἔσωσεν αὐτοὺς ἐκ χειρὸς ἐχθρῶν αὐ. [A al.] (2 a)
— 23. οὐ παρέδωκεν αὐτὰ ἐν χειρὶ Ἰ. (2 a)
3. 4. ἃς ἐνετείλατο τοῖς πατράσιν αὐ. ἐν χειρὶ Μ. (2 a)
— 8. ἀπέδοτο αὐτοὺς ἐν χειρὶ [A εἰς χεῖρας] Χ. (2 a)
— 10. παρέδωκε κ. ἐν χειρὶ αὐ. τὸν Χ. (2 a)
— 10. B ἐκραταιώθη χεὶρ αὐ. ἐπὶ τὸν Χ. (2 a)
— 15. ἐξαπέστειλαν . . . δῶρα ἐν χειρὶ αὐτοῦ (2 a)
— 21. ἐξέτεινεν Ἀ. τὴν χ. τὴν ἀριστερὰν αὐ. (2 a)
— 28. παρέδωκε . . . τὴν Μ. ἐν χειρὶ ἡμῶν (2 a)
— 30. ἐνετράπη . . . ὑπὸ χεῖρα [A τὴν χ.] Ἰσρ. (2 a)
4. 2. ἀπέδοτο τοὺς υἱοὺς Ἰσρ. κ. ἐν χειρὶ Ἰ. (2 a)
— 7. παραδώσω αὐτὸν εἰς τὰς χ. [A ἐν χειρί] σου (2 a)
— 9. ἐν χειρὶ γυναικὸς ἀποδώσεται κ. τὸν Σεισ. (2 a)
— 14. ἐν ᾗ παρέδωκε κ. τὸν Σ. ἐν τῇ [A om.] χ. σου (2 a)
— 21. ἔθηκε τὴν σφῦραν ἐν τῇ χ. αὐ. (2 a)
— 24. ἐπορεύετο χεὶρ τῶν υἱῶν Ἰσρ. (2 a)
5. 26. χεῖρα αὐ. [A τὴν χ. αὐ. τὴν] ἀριστερὰν . . . ἐξέτεινε (2 a)
6. 1. ἔδωκεν αὐτοὺς κ. ἐν χειρὶ Μ. [A al.] (2 a)
— 2. ἴσχυσε χεὶρ Μ. ἐπὶ Ἰσρ. (2 a)
— 9. B ἐρρυσάμην ὑμᾶς ἐκ χειρὸς Αἰγ. (2 a)
— 9. καὶ ἐκ χειρὸς πάντων τῶν θλιβόντων ὑμᾶς (2 a)
— 13. ἔδωκεν ἡμᾶς ἐν χειρὶ Μ. (4)
— 14. σώσεις τὸν Ἰσρ. ἐκ χειρὸς Μ. (4)
— 21. B τὸ ἄκρον τῆς ῥάβδου τῆς ἐν χειρὶ [A R τῇ χ.] αὐ. (2 a)
— 36. εἰ σὺ σώζεις ἐν χειρί [A τῇ χ.] μου τὸν Ἰσρ. (2 a)
— 37. σώσεις ἐν χειρί [A τῇ χ.] μου τὸν Ἰσρ. (2 a)
7. 2. ὥστε μὴ παραδοῦναί με τὴν Μ. ἐν χειρὶ αὐ. (2 a)

Jd. 7. 2. ἡ χ. μου ἔσωσέ με (2 a)
— 6. ὁ ἀριθμὸς τῶν λαψάντων ἐν χειρὶ αὐ. [A al.] (2 a)
— 7. δώσω τὴν M. ἐν χειρί σου (2 a)
— 8. ἔλαβον τὸν ἐπισιτισμὸν τοῦ λαοῦ ἐν χειρὶ [A ταῖς χερσὶν] αὐ. (2 a)
— 9. παρέδωκα αὐτὴν ἐν τῇ χ. σου (2 a)
— 10 (11). ἰσχύσουσιν αἱ χ. σου (2 a)
— 14. παρέδωκεν ὁ. θ. ἐν χειρὶ αὐ. τὴν Μαδ. (2 a)
— 15. παρέδωκε κ. ἐν χειρὶ ἡμῶν τὴν παρεμβολὴν M. (2 a)
— 16. ἔδωκε κερατίνας ἐν χειρὶ πάντων (2 a)
— 19. ἐξετίναξαν τὰς ὑδρίας τὰς ἐν ταῖς χ. αὐ. (2 a)
— 20. ἐκράτησαν ἐν χ. ἀριστεραῖς αὐ. τὰς λαμπάδας καὶ ἐν χ. δεξιαῖς αὐ. τὰς κερατίνας [A al.] (2 a, 2 a)
8. 3. ἐν χειρὶ ὑμῶν παρέδωκε κ. τοὺς ἄρχοντας M. (2 a)
— 6. μὴ χεὶρ Z. καὶ Σ. νῦν ἐν χειρὶ [A τῇ χ.] σου (4, 2 a)
— 7. ἐν τῷ δοῦναι κ. τὸν Z. καὶ Σ. ἐν χειρί [A τῇ χ.] μου (2 a)
— 15. μὴ χεὶρ Z. καὶ Σ. νῦν ἐν χειρί [A τῇ χ.] σου (4, 2 a)
— 22. ἔσωσας ἡμᾶς ἐκ χειρὸς M. (2 a)
— 34. ἐκ χειρὸς πάντων τῶν θλιβόντων αὐτούς (2 a)
9. 16. εἰ ὡς ἀνταπόδοσις χειρὸς αὐ. ἐποιήσατε αὐτῷ [A al.] (2 a)
— 17. ἐρρύσατο ὑμᾶς ἐκ χειρὸς M. (2 a)
— 24. ἐνίσχυσαν τὰς [A om.] χ. αὐ. (2 a)
— 29. τίς δῴη τὸν λαὸν τοῦτον ἐν χειρί μου (2 a)
— 33. ὅσα ἂν εὕρῃ ἡ χ. σου (2 a)
— 48. ἔλαβεν Ἀβ. τὰς ἀξίνας ἐν τῇ χ. αὐ. (2 a)
10. 7. ἀπέδοτο αὐτοὺς ἐν χειρὶ Φυλ. καὶ ἐν χειρὶ υἱῶν Ἀ. (2 a, 2 a)
— 12. ἔσωσα ὑμᾶς ἐκ χειρὸς αὐτῶν (2 a)
11. 21. παρέδωκε κ. ὁ θ. Ἰσρ. τὸν Σ. . . . ἐν χειρὶ Ἰσρ. (2 a)
— 30. ἐὰν διδοὺς δῷς τοὺς υἱοὺς Ἀ. ἐν τῇ χ. μου [A al.] (2 a)
— 32. παρέδωκεν αὐτοὺς κ. ἐν χειρὶ αὐ. (2 a)
12. 2. οὐκ ἐσώσατέ με ἐκ χειρὸς αὐτῶν (2 a)
— 3. ἔθηκα τὴν ψυχήν μου ἐν χειρί [A τῇ χ.] μου (4)
— 3. ἔδωκεν αὐτοὺς κ. ἐν χειρί μου [A al.] (2 a)
13. 1. παρέδωκεν αὐτοὺς κ. ἐν χειρὶ Φυλ. (2 a)
— 5. ἄρξεται σῶσαι τὸν Ἰσρ. ἐκ χειρὸς Φυλ. (2 a)
— 23. οὐκ ἂν ἔλαβεν ἐκ χειρὸς ἡμῶν ὁλοκαύτωμα [A al.] (2 a)
14. 6. οὐδὲν ἦν ἐν ταῖς χ. [A τῇ χ.] αὐ. (2 a)
— 9. ἐξεῖλεν αὐτὸ εἰς χεῖρας [A τὸ στόμα] (4)
15. 12. τοῦ δοῦναί σε ἐν χειρὶ ἀλλοφύλων [A al.] (2 a)
— 13. παραδώσομέν σε ἐν χειρί [A εἰς χεῖρας] (2 a)
— 14. ἐτάκησαν δεσμοὶ αὐ. ἀπὸ χειρῶν αὐ. [A al.] (2 a)
— 15. ἐξέτεινε τὴν χ. αὐ. (2 a)
— 17. ἔρριψε τὴν σιαγόνα ἐκ [A ἀπὸ] τῆς χ. αὐ. (2 a)
— 18. εὐδόκησας ἐν χειρὶ δούλου σου (2 a)
— 18. ἐμπεσοῦμαι ἐν χειρὶ τῶν ἀπεριτμήτων (2 a)
16. 18. ἀνήνεγκαν τὸ ἀργύριον ἐν χερσὶν αὐ. [A al.] (2 a)
— 23. ἔδωκεν ὁ θ. ἐν χειρὶ ἡμῶν τὸν Σ. (2 a)
— 24. A B^{2} R παρέδωκεν ὁ θ. ἡμῶν τὸν ἐχθρὸν ἡ. ἐν χειρὶ ἡμῶν (2 a)
— 26. τὸν νεανίαν τὸν κρατοῦντα τὴν χ. αὐ. [A al.] (2 a)
17. 3. B ἡγίακα τὸ ἀργ. . . . ἐκ χειρός [A R τῆς χ.] μου (2 a)
— 5. ἐπλήρωσε τὴν χ. ἀπὸ ἑνὸς υἱῶν αὐ. [A al.] (2 a)
— 12. ἐπλήρωσε M. τὴν χ. τοῦ Λ. (2 a)
18. 10. ἔδωκεν αὐτὴν ὁ θ. ἐν χειρὶ ὑμῶν (2 a)
— 19. ἐπίθες τὴν χ. σου ἐπὶ τὸ στόμα σου (2 a)
19. 27. καὶ αἱ χ. αὐ. ἐπὶ τὸ πρόθυρον (2 a)
20. 28. B δώσω αὐτοὺς εἰς τὰς χ. ὑμῶν [A R al.] (2 a)
Ru. 1. 13. ἐξῆλθεν ἐν ἐμοὶ χεὶρ κυρίου (2 a)
4. 5. τοῦ κτήσασθαί σε τὸν ἀγρὸν ἐκ χειρὸς N. (2 a)
— 9. κέκτημαι πάντα . . . ἐκ χειρὸς N. (2 a)
I Ki. 2. 13. καὶ κρεάγρα τριόδους ἐν τῇ χ. αὐ. (2 a)
4. 3. σώσει ἡμᾶς ἐκ χειρὸς ἐχθρῶν ἡμῶν (4)
— 8. τίς ἐξελεῖται ἡμᾶς ἐκ χειρὸς τῶν θεῶν (2 a)
5. 3. ἐβαρύνθη χεὶρ κυρίου ἐπὶ τοὺς Ἀζ. –
— 4. καὶ ἀμφότερα τὰ ἴχνη χειρῶν αὐ. ἀφῃρημένα (2 a)
— 4. καὶ ἀμφότεροι οἱ καρποὶ τῶν χ. αὐ. πεπτωκότες (2 a ?)

I Ki. 5. 6. ἐβαρύνθη χεὶρ κυρίου ἐπὶ Ἄζωτον (2 a)
— 7. σκληρὰ χεὶρ αὐ. ἐφ' ἡμᾶς (2 a)
— 9. γίνεται χεὶρ κυρίου τῇ πόλει (2 a)
6. 3. μὴ οὐκ ἀποστῇ ἡ [A om.] χ. αὐ. ἀφ' ὑμῶν (2 a)
— 5. ὅπως κουφίσῃ τὴν χ. αὐ. ἀφ' ὑμῶν (2 a)
— 9. οὐ χεὶρ αὐ. ἧπται ἡμῶν (2 a)
7. 3. ἐξελεῖται ὑμᾶς ἐκ χειρὸς ἀλλοφύλων (2 a)
— 8. καὶ σώσει ἡμᾶς ἐκ χειρὸς ἀλλοφύλων (2 a)
— 13. ἐγενήθη χεὶρ κυρίου ἐπὶ τοὺς ἀλλοφ. (2 a)
— 14. τὸ ὅριον Ἰσρ. ἀφείλαντο ἐκ χειρὸς ἀλλοφύλων (2 a)
9. 8. εὕρηται ἐν τῇ χ. μου τέταρτον σίκλου ἀργ. (2 a)
— 16. σώσει τὸν λαόν μου ἐκ χειρὸς ἀλλοφύλων (2 a)
10. 1. σώσεις αὐτὸν ἐκ χειρὸς ἐχθρῶν αὐ. –
— 4. καὶ λήψῃ ἐκ τῆς χ. αὐ. (2 a)
— 7. ὅσα ἐὰν εὕρῃ ἡ χ. σου (2 a)
— 18. ἐξειλάμην ὑμᾶς ἐκ χειρὸς Φ. (2 a)
11. 7. ἀπέστειλεν . . . ἐν χειρὶ ἀγγέλων (2 a)
12. 3. ἐκ χειρὸς τίνος εἴληφα ἐξίλασμα (2 a)
— 4. οὐκ εἴληφας ἐκ χειρὸς οὐδενὸς οὐδέν (2 a)
— 5. οὐχ εὑρήκατε ἐν χειρί μου οὐδέν (2 a)
— 9. ἀπέδοτο αὐτοὺς εἰς χεῖρας Σ. . . . καὶ εἰς χεῖρας ἀλλοφύλων καὶ εἰς χεῖρας βασιλέως M. (2 a ter)
— 10. ἐξελοῦ ἡμᾶς ἐκ χειρὸς ἐχθρῶν ἡμῶν (2 a)
— 11. ἐξείλατο ὑμᾶς ἐκ χειρὸς ἐχθρῶν ὑμῶν (2 a)
— 15. ἔσται χεὶρ κυρίου ἐφ' ὑμᾶς (2 a)
13. 22. B οὐχ εὑρέθη ῥομφαία . . . ἐν χειρὶ παντὸς τοῦ λαοῦ (2 a)
14. 10. B παραδέδωκεν αὐτοὺς κ. εἰς τὰς [A R om.] χ. ἡμῶν (2 a)
— 12. παρέδωκεν αὐτοὺς κ. εἰς χεῖρας [A τὰς χ.] Ἰσρ. (2 a)
— 13. ἀνέβη Ἰων. ἐπὶ τὰς χ. αὐ. (2 a)
— 19. συνάγαγε τὰς χ. σου (2 a)
— 26. οὐκ ἦν ἐπιστρέφων τὴν χ. αὐ. εἰς τὸ στόμα αὐ. (2 a)
— 27. τὸ ἄκρον τοῦ σκήπτρου αὐ. τοῦ ἐν τῇ χ. αὐ. (2 a)
— 27. ἐπέστρεψε τὴν χ. αὐ. εἰς τὸ στόμα αὐ. (2 a)
— 34. προσῆγεν . . . ἕκαστος τὸ ἐν τῇ [A om.] χ. αὐ. (2 a)
— 37. εἰ παραδώσεις αὐτοὺς εἰς χεῖρας Ἰσρ. (2 a)
— 43. ἐν ἄκρῳ τῷ σκήπτρῳ τῷ ἐν τῇ χ. μου (2 a)
— 48. ἐκ χειρὸς τῶν καταπατούντων αὐτόν (2 a)
15. 12. ἀνέστακεν αὐτῷ χεῖρα (2 a)
— 28. διέρρηξε κ. τὴν βασ. σου ἀπὸ Ἰσρ. ἐκ χειρός σου †
16. 2. δάμαλιν βοῶν λάβε ἐν τῇ χ. σου (2 a)
— 20. ἐξαπέστειλεν ἐν χειρὶ Δ. τοῦ υἱοῦ αὐ. (2 a)
— 23. B ἔψαλλεν ἐν τῇ [A R om.] χ. αὐ. (2 a)
17. 22. A ἀφῆκεν Δ. τὰ σκεύη αὐ. . . . ἐπὶ χεῖρα φύλακος (2 a)
— 37. ὃς ἐξείλατό με ἐκ χειρὸς τοῦ λέοντος καὶ ἐκ χειρὸς τοῦ ἄρκου (2 a, 2 a)
— 37. ἐξελεῖταί με ἐκ χειρὸς τοῦ ἀλλοφύλου τοῦ ἀπεριτμήτου τ. (2 a)
— 40. ἔλαβε τὴν βακτηρίαν αὐ. ἐν τῇ χ. αὐ. (2 a)
— 40. ἔθετο . . . σφενδόνην αὐ. ἐν τῇ χ. αὐ. (2 a)
— 45 (46). ἀποκλείσει σε κ. σήμερον εἰς τὴν χ. μου [A al.] (2 a)
— 47. παραδώσει κ. ὑμᾶς εἰς χεῖρας ἡμῶν (2 a)
— 49. ἐξέτεινε Δ. τὴν χ. αὐ. εἰς τὸ κάδιον (2 a)
— 50. A ῥομφαία οὐκ ἦν ἐν χειρὶ Δ. (2 a)
— 57. A καὶ ἡ κεφαλὴ τοῦ ἀλλοφ. ἐν τῇ χ. αὐ. (2 a)
18. 10. A Δ. ἔψαλλεν ἐν χειρὶ αὐ. (2 a)
— 10. A καὶ τὸ δόρυ ἐν τῇ χ. Σ. (2 a)
— 17. A μὴ ἔστω χείρ μου ἐπ' αὐτῷ (2 a)
— 17. A ἔσται ἐπ' αὐτὸν χεὶρ ἀλλοφύλων (2 a)
— 21. ἦν ἐπὶ Σ. χεὶρ ἀλλοφύλων (2 a)
— 25. B Σ. ἐλογίσατο αὐτὸν ἐμβαλεῖν εἰς χεῖρας τῶν ἀλλοφ. (2 a)
19. 5. ἔθετο τὴν ψυχὴν αὐ. ἐν τῇ χ. αὐ. (4)
— 9. καὶ δόρυ ἐν τῇ χ. αὐ. (2 a)
— 9. Δ. ἔψαλλε ταῖς [A ἐν ταῖς] χ. αὐ. (2 a)
21. 3 (4). εἰσὶν ὑπὸ τὴν χ. σου πέντε ἄρτοι (2 a)
— 3 (4). δὸς εἰς χεῖρά [A -άς] μου τὸ εὑρεθέν (2 a)
— 4 (5). οὐκ εἰσὶν ἄρτοι βέβηλοι ὑπὸ τὴν χ. μου (2 a)
— 8 (9). εἰ ἔστιν ἐνταῦθα ὑπὸ τὴν χ. σου δόρυ (2 a)
— 8 (9). τὰ σκεύη οὐκ εἴληφα ἐν τῇ χ. μου (2 a)
— 13 (14). παρεφέρετο ἐν ταῖς χ. αὐ. (2 a)
22. 6. καὶ τὸ δόρυ ἐν τῇ χ. αὐ. (2 a)
— 17. ἡ χ. αὐ. μετὰ Δ. (2 a)

I Ki. 22. 17. οὐκ ἐβουλήθησαν . . . ἐπενεγκεῖν τὰς χ. αὐ. (2 a)
23. 4. παραδίδωμι τοὺς ἀλλοφ. εἰς χεῖράς σου (2 a)
— 6. ἔχων ἐφοὺδ ἐν τῇ χ. αὐ. (2 a)
— 7. πέπρακεν αὐτὸν ὁ θ. εἰς χεῖράς μου (2 a)
— 12. A εἰ παραδώσουσιν . . . τοὺς ἄνδρας μου εἰς χεῖρας Σ. (2 a)
— 14. οὐ παρέδωκεν αὐτὸν κ. εἰς τὰς χ. αὐ. (2 a)
— 16. ἐκραταίωσε τὰς χ. αὐ. (2 a)
— 17. οὐ μὴ εὕρῃ σε ἡ χ. Σ. τοῦ πατρός μου (2 a)
— 20. κεκλίκασιν αὐτὸν εἰς τὰς χ. τοῦ βασ. (2 a)
24. 5. παραδοῦναι τὸν ἐχθρόν σου εἰς τὰς χ. σου (2 a)
— 7. ἐπενέγκαι χεῖρά μου ἐπ' αὐτόν (2 a)
— 11. B παρέδωκέ σε κ. σήμερον εἰς χεῖρά [A R -άς] μου (2 a)
— 11. οὐκ ἐποίσω χεῖρά μου ἐπὶ κύριόν μου (2 a)
— 12. τὸ πτερύγιον τῆς διπλοΐδος σου ἐν τῇ χ. μου (2 a)
— 12. οὐκ ἔστι κακία ἐν τῇ χ. μου (2 a)
— 13. B χείρ [A R ἡ χ.] μου οὐκ ἔσται ἐπὶ σοί (2 a)
— 14. ἡ χ. μου οὐκ ἔσται ἐπὶ σέ (2 a)
— 16. δικάσαι μοι ἐκ χειρός σου (2 a)
— 19. ὡς ἀπέκλεισέ με κ. εἰς χεῖράς σου σήμερον (2 a)
— 21. στήσεται ἐν χερσί σου βασιλεία Ἰσρ. (2 a)
25. 8. ὃ ἐὰν εὕρῃ ἡ χ. σου (2 a)
— 26. καὶ σώζειν τὴν χεῖρά σού σοι (2 a)
— 31. καὶ σῶσαι χεῖρα κυρίου μου αὐτῷ –
— 33. καὶ σῶσαι χεῖρά μου ἐμοί (2 a)
— 35. ἔλαβε Δ. ἐκ χειρὸς [A τῆς χ.] αὐ. πάντα (2 a)
— 39. ὃς ἔκρινε τὴν κρίσιν τοῦ ὀνειδισμοῦ μου ἐκ χειρὸς N. (2 a)
— 39. τὸν δοῦλον αὐ. περιεποιήσατο ἐκ χειρὸς κακῶν –
26. 8. B ἀπέκλεισε κ. σήμερον τὸν ἐχθρόν σου εἰς τὰς [A R om.] χ. σου (2 a)
— 9. τίς ἐποίσει χεῖρα αὐ. (2 a)
— 11. ἐπενεγκεῖν χεῖρά μου ἐπὶ χριστὸν κυρίου (2 a)
— 23. παρέδωκέ σε κ. σήμερον εἰς χεῖράς μου (2 a)
— 23. οὐκ ἠθέλησα ἐπενεγκεῖν χεῖρά μου (2 a)
27. 1. νῦν προστεθήσομαι . . . εἰς χεῖρας Σ. (2 a)
— 1. σωθήσομαι ἐκ χειρὸς αὐ. (2 a)
28. 15. οὐκ ἐπακήκοέ μοι ἔτι καὶ ἐν χειρὶ τῶν προφητῶν (2 a)
— 17. καθὼς ἐλάλησε κύριος ἐν χειρί μου (2 a)
— 17. διαρρήξει κ. τὴν βασ. σου ἐκ χειρός σου (2 a)
— 19. παραδώσει κ. τὸν Ἰσρ. μετὰ σοῦ εἰς χεῖρας ἀλλοφύλων (2 a)
— 19. τὴν παρεμβ. Ἰσρ. δώσει κ. εἰς χεῖρας ἀλλοφύλων (2 a)
— 21. ἐθέμην τὴν ψυχήν μου ἐν τῇ χ. μου (4)
30. 15. μὴ παραδοῦναί με εἰς χεῖρας τοῦ κυρίου μου (2 a)
— 23. παρέδωκε κ. τὸν γεδδοὺρ . . . εἰς χεῖρας ἡμῶν (2 a)
II Ki. 1. 14. ἐπενεγκεῖν χεῖρά σου (2 a)
2. 7. A R κραταιούσθωσαν αἱ χ. ὑμῶν (2 a)
— 16. ἐκράτησαν ἕκαστος τῇ χ. τὴν κεφαλήν –
3. 12. ἰδοὺ ἡ χ. μου μετὰ σοῦ (2 a)
— 18. ἐν χειρὶ τοῦ δούλου μου Δ. σώσω τὸν Ἰσρ. ἐκ χειρὸς ἀλλοφύλων καὶ ἐκ χειρὸς πάντων τῶν ἐχθρῶν αὐ. (2 a ter)
— 34. αἱ χ. σου οὐκ ἐδέθησαν (2 a)
4. 1. ἐξελύθησαν αἱ χ. αὐ. (2 a)
— 11. ἐκζητήσω τὸ αἷμα αὐ. ἐκ χειρὸς ὑμῶν (2 a)
— 12. κολοβοῦσι τὰς χ. αὐ. (2 a)
5. 19. παραδώσεις αὐτοὺς εἰς τὰς χ. μου (2 a)
— 19. παραδώσω τοὺς ἀλλοφύλους εἰς τὰς χ. σου (2 a)
6. 6. ἐξέτεινεν Ὀζὰ τὴν χ. αὐ. –
8. 1. ἔλαβε Δ. τὴν ἀφωρισμ. ἐκ χειρὸς τῶν ἀλλοφ. (2 a)
— 3. ἐπιστῆσαι τὴν χ. αὐ. ἐπὶ τὸν ποταμὸν Εὐφρ. (2 a)
— 10. ἐν ταῖς χ. αὐ. ἦσαν σκεύη ἀργυρᾶ (2 a)
10. 2. ἀπέστειλε . . . ἐν χειρὶ τῶν δούλων αὐ. (2 a)
— 10. τὸ κατάλοιπον τοῦ λαοῦ ἔδωκεν ἐν χειρὶ Ἀβ. (2 a)
11. 14. καὶ ἀπέστειλεν ἐν χειρὶ Οὐρ. (2 a)
12. 7. ἐρρυσάμην σε ἐκ χειρὸς Σ. (2 a)
— 25. ἀπέστειλεν ἐν χειρὶ N. τοῦ προφήτου (2 a)
13. 5. ὅπως . . . φάγω ἐκ τῶν χ. αὐ. (2 a)
— 6. φάγομαι ἐκ τῆς χ. αὐ. (2 a)
— 10. φάγομαι ἐκ τῆς χ. σου (2 a)
— 19. ἐπέθηκε τὰς χ. αὐ. ἐπὶ τὴν κεφ. αὐ. (2 a)

II Ki. 14. 16. ῥυσάσθω τὴν δούλην αὐ. ἐκ χειρὸς τοῦ ἀνδρός (4)
— 19. μὴ ἡ χ. 'Ι. ἐν παντὶ τούτῳ μετὰ σοῦ (2 *a*)
15. 2. ἔστη ἀνὰ χεῖρα τῆς ὁδοῦ τῆς πύλης (2 *a*)
— 5. ἐξέτεινε τὴν χ. αὐ. (2 *a*)
— 18. ἀνὰ χεῖρα αὐ. παρῆγον (2 *a*)
— 18. παρῆσαν ἐπὶ χεῖρα αὐ. (2 *a* ?)
— 36. ἀποστελεῖτε ἐν χειρὶ αὐτῶν (2 *a*)
16. 8. ἔδωκε κ. τὴν βασ. ἐν χειρὶ 'Αβ. (2 *a*)
— 21. ἐνισχύσουσιν αἱ χ. πάντων τῶν μετὰ σοῦ (2 *a*)
17. 2. καὶ αὐτὸς κοπιῶν καὶ ἐκλελυμένος χερσί (2 *a*)
18. 2. τὸ τρίτον ἐν χειρὶ 'Ι. καὶ τὸ τρίτον ἐν χειρὶ 'Αβ. . . . καὶ τὸ τρίτον ἐν χειρὶ 'Εθθεί (2 *a ter*)
— 4. ἔστη ὁ βασ. ἀνὰ χεῖρα τῆς πύλης (2 *a*)
— 12. ἵστημι ἐπὶ τὰς χ. μου χιλίους σίκλους ἀργ. (4)
— 12. **B** οὐ μὴ ἐπιβάλω χεῖρά [**A R** τὴν χ.] μου ἐπὶ τὸν υἱὸν τοῦ βασ. (2 *a*)
— 14. ἔλαβεν 'Ι. τρία βέλη ἐν τῇ χ. αὐ. (4)
— 18. ἐκάλεσε τὴν στήλην Χεὶρ 'Αβ. (2 *a*)
— 19. ἔκρινε κ. ἐκ χειρὸς τῶν ἐχθρῶν αὐ. (2 *a*)
— 28. **B** τοὺς ἄνδρας τοὺς μισοῦντας τὴν χ. αὐ. [**A R** *al.*] (2 *a*)
— 31. ἔκρινέ σοι . . . ἐκ χειρὸς πάντων τῶν ἐπεγειρομ. ἐπὶ σέ (2 *a*)
19. 9 (10). ἐρρύσατο ἡμᾶς ἐκ χειρὸς ἀπὸ π. τῶν ἐχθρῶν ἡ. (4)
— 9 (10). ἐξείλατο ἡμᾶς ἐκ χειρὸς ἀλλοφύλων (4)
— 43 (44). δέκα χεῖρές μοι ἐν τῷ βασ. (2 *a*)
20. 9. ἐκράτησεν ἡ χ. ἡ δεξιὰ 'Ι. τοῦ πώγωνος 'Αμ. (2 *a*)
— 10. τὴν μάχαιραν τὴν ἐν τῇ χ. 'Ι. (2 *a*)
— 21. ἐπῆρε τὴν χ. αὐ. ἐπὶ τὸν βασ. Δ. (2 *a*)
21. 9. ἔδωκεν αὐτοὺς ἐν χειρὶ τῶν Γαβ. (2 *a*)
— 20. οἱ δάκτυλοι τῶν χ. αὐ. . . . ἓξ καὶ ἕξ (2 *a*)
— 22. ἔπεσαν ἐν χειρὶ Δ. καὶ ἐν χειρὶ τῶν δούλων αὐ. (2 *a*, 2 *a*)
22. 1. ἐξείλατο αὐτὸν κ. ἐκ χειρὸς πάντων τῶν ἐχθρῶν αὐ. καὶ ἐκ χειρὸς Σ. (4, 4)
— 21. κατὰ τὴν καθαριότητα τῶν χ. μου (2 *a*)
— 25. κατὰ τὴν καθαριότητα τῶν χ. μου –
— 35. διδάσκων χεῖράς μου εἰς πόλεμον (2 *a*)
23. 6. οὐ χειρὶ ληφθήσονται (2 *a*)
— 10. ἕως οὗ ἐκοπίασεν ἡ χ. αὐ. (2 *a*)
— 10. προσεκολλήθη ἡ χ. αὐ. πρὸς τὴν μάχαιραν (2 *a*)
— 21. ἐν δὲ τῇ χ. τοῦ Αἰγυπτίου δόρυ (2 *a*)
— 21. ἐκ τῆς χ. τοῦ Αἰγυπτίου (2 *a*)
24. 14. ἐμπεσοῦμαι δὴ ἐν χειρὶ κυρίου (2 *a*)
— 14. εἰς δὲ χεῖρας ἀνθρώπου οὐ μὴ ἐμπέσω (2 *a*)
— 16. ἐξέτεινεν ὁ ἄγγελος τοῦ θ. τὴν χ. αὐ. (2 *a*)
— 16. ἄνες τὴν χ. σου (2 *a*)
— 17. γενέσθω δὴ ἡ χ. σου ἐν ἐμοί (2 *a*)
III Ki. 2. 25. ἐξαπέστειλεν ὁ βασ. Σαλ. ἐν χειρὶ Βαν. (2 *a*)
3. 1. **A** τῆς δὲ βασ. ἑδρασθείσης ἐν χειρὶ Σαλ. –
7. 31 (32). καὶ χεῖρες ἐν τοῖς τροχοῖς (2 *a*)
— 33. αἱ χ. αὐ. καὶ οἱ νῶτοι αὐ. (2 *a*)
— 35. καὶ ἀρχὴ χειρῶν αὐ. (2 *a*)
— 35. ἐπὶ τὰς ἀρχὰς τῶν χ. αὐ. (2 *a* ?)
8. 15. ἐν ταῖς χ. αὐ. ἐπλήρωσε (2 *a*)
— 22. διεπέτασε τὰς χ. αὐ. εἰς τὸν οὐρ. (4)
— 24. καὶ ἐν χερσί σου ἐπλήρωσας (2 *a*)
— 38. καὶ διαπετάσῃ τὰς χ. αὐ. εἰς τὸν οἶκον τοῦτον (4)
— 42. **A** ἀκούσουσι . . . τὴν χ. σου τὴν ἰσχύουσαν (2 *a*)
— 53. καθὼς ἐλάλησας ἐν χειρὶ δούλου σου Μ. (2 *a*)
— 54. καὶ αἱ χ. αὐ. διαπεπετασμέναι εἰς τὸν οὐρ. (4)
— 56. οἷς ἐλάλησεν ἐν χειρὶ δούλου αὐ. Μ. (2 *a*)
10. 13. ὧν δεδώκει αὐτῇ διὰ χειρὸς τοῦ βασ. Σ. (2 *a*)
— 19. **A** χεῖρες ἐπὶ τοῦ θρόνου [**B** *al.*] (2 *a*)
— 19. δύο λέοντες ἑστηκότες παρὰ τὰς χ. [**A** *al.*] (2 *a*)
11. 11. διαρρήξω τὴν βασ. σου ἐκ χειρός σου †
— 12. ἐκ χειρὸς υἱοῦ σου λήψομαι αὐτήν (2 *a*)
— 26. **A** ὕψωσεν χεῖρα ἐν τῷ βασ. (2 *a*)
— 27. ἐπήρατο χεῖρας [**A** -α] ἐπὶ βασιλέα (2 *a*)
— 31. ῥήσσω τὴν βασ. ἐκ χειρὸς Σαλ. (2 *a*)
— 34. οὐ μὴ λάβω ὅλην τὴν βασ. ἐκ χειρὸς αὐ. (2 *a*)
— 35. λήψομαι τὴν βασ. ἐκ χειρὸς τοῦ υἱοῦ αὐ. (2 *a*)
12. 15. ὃ ἐλάλησεν ἐν χειρὶ 'Αχ. (2 *a*)

III Ki. 12. 24 (*cf.* **A** 14. 3). **B** λάβε εἰς τὴν χ. σου . . . ἄρτους –
— 24. **B** ἔλαβεν εἰς τὴν χ. αὐ. ἄρτους –
13. 4. ἐξέτεινεν ὁ βασ. τὴν χ. αὐ. (2 *a*)
— 4. ἐξηράνθη ἡ χ. αὐ. (2 *a*)
— 6. ἐπιστρεψάτω ἡ χ. μου πρὸς ἐμέ (2 *a*)
— 6. ἐπέστρεψε τὴν χ. τοῦ βασ. πρὸς αὐτόν (2 *a*)
— 33. ἐπλήρου τὴν χ. αὐ. (2 *a*)
14. 3. **A** λάβε εἰς τὴν χ. σου . . . ἄρτους (2 *a*)
— 18. **A** ὃ ἐλάλησεν ἐν χειρὶ δούλου αὐ. 'Α. (2 *a*)
— 26. ἃ ἔλαβε Δ. ἐκ χειρὸς τῶν παίδων 'Αδρ. –
15. 18. ἔδωκεν αὐτὰ εἰς χεῖρας παίδων αὐ. (2 *a*)
— 29. **B** ὃ ἐλάλησεν ἐν χειρὶ δούλου 'Αχ. (2 *a*)
16. 1. ἐγένετο λόγος κυρίου ἐν χειρὶ 'Ι. †
— 7. ἐν χειρὶ 'Ι. . . . ἐλάλησε κύριος (2 *a*)
— 7. τοῦ παροργίσαι αὐτὸν ἐν τοῖς ἔργοις τῶν χ. αὐ. (2 *a*)
— 34. ὃ ἐλάλησεν ἐν χειρὶ 'Ι. (2 *a*)
17. 11. ψωμὸν ἄρτου τοῦ ἐν τῇ χ. σου (2 *a*)
— 16. ὃ ἐλάλησεν ἐν χειρὶ 'Η. (2 *a*)
18. 9. δίδως τὸν δοῦλόν σου εἰς χεῖρα [**A** -ας] 'Αχ. (2 *a*)
— 46. καὶ χεὶρ κυρίου ἐπὶ τὸν 'Η. (2 *a*)
20 (21). 28. ἐγένετο ῥῆμα κυρίου ἐν χειρὶ δούλου αὐ. 'Η. †
21 (20). 6. ἐφ' ἃ ἂν ἐπιβάλωσι τὰς χ. αὐ. (2 *a*)
— 13. δίδωμι αὐτὸν σήμερον εἰς χεῖρας σάς (2 *a*)
— 28. δώσω τὴν δύναμιν τὴν μεγ. τ. εἰς χεῖρα σήν (2 *a*)
— 42. ἐξήνεγκας σὺ ἄνδρα ὀλέθριον ἐκ χειρός σου (2 *a*)
22. 3. λαβεῖν αὐτὴν ἐκ χειρὸς βασιλέως Συρίας (2 *a*)
— 6. διδοὺς δώσει κ. εἰς χεῖρας τοῦ βασ. (2 *a*)
— 12. δώσει κύριος εἰς χεῖράς σου καὶ τὸν βασ. Σ. (2 *a*)
— 15. εὐοδώσει κύριος εἰς χεῖρα [**A** -ας] τοῦ βασ. (2 *a*)
— 34. ἐπίστρεψον τὰς χ. [**A** τὴν χ.] σου (2 *a*)
IV Ki. 3. 10. δοῦναι αὐτοὺς ἐν χειρὶ Μ. (2 *a*)
— 11. ὃς ἐπέχεεν ὕδωρ ἐπὶ χεῖρας 'Η. (2 *a*)
— 13. τοῦ παραδοῦναι αὐτοὺς εἰς χεῖρας Μ. (2 *a*)
— 15. ἐγένετο ἐπ' αὐτὸν χεὶρ κυρίου (2 *a*)
— 18. παραδώσω τὴν Μ. ἐν χειρὶ ὑμῶν (2 *a*)
4. 29. λάβε τὴν βακτηρίαν μου ἐν τῇ χ. σου (2 *a*)
— 34. ἔθηκε . . . τὰς χ. αὐ. ἐπὶ τὰς χ. αὐ. (4, 4)
5. 5. ἔλαβεν ἐν τῇ χ. αὐ. δέκα τάλαντα ἀργυρίου (2 *a*)
— 11. ἐπιθήσει τὴν χ. αὐ. ἐπὶ τὸν τόπον (2 *a*)
— 18. ἐπαναπαύσεται ἐπὶ τῆς χ. μου (2 *a*)
— 20. τοῦ μὴ λαβεῖν ἐκ χειρὸς αὐ. ἃ ἐνήνοχε (2 *a*)
— 24. καὶ ἔλαβεν ἐκ τῶν χ. αὐ. (2 *a*)
6. 7. ἐξέτεινε τὴν χ. [**A** χ. αὐτοῦ] (2 *a*)
7. 2. ἐφ' ὃν ὁ βασ. ἐπανεπαύετο ἐπὶ τὴν χ. αὐ. (2 *a*)
— 17. ἐφ' ὃν ὁ βασ. ἐπανεπαύετο τῇ [**A** ἐπὶ τῇ] χ. αὐ. (2 *a*)
8. 8. λάβε ἐν τῇ χ. σου μαναά (2 *a*)
— 9. ἔλαβε μαναὰ ἐν τῇ χ. αὐ. (2 *a*)
— 20. ἠθέτησεν 'Ε. ὑποκάτωθεν χειρὸς [**A** τῆς χ.] 'Ι. (2 *a*)
— 22. ἠθέτησεν 'Ε. ὑποκάτω τῆς [**A** *om.*] χ. 'Ι. (2 *a*)
9. 1. λάβε τὸν φακὸν τοῦ ἐλαίου τ. ἐν τῇ χ. σου [**A** *om.* ἐν τῇ χ. σ.] (2 *a*)
— 7. ἐκδικήσεις τὰ αἵματα . . . ἐκ χειρὸς 'Ιεζ. (2 *a*)
— 8. καὶ ἐκ χειρὸς ὅλου τοῦ οἴκου 'Αχ. –
— 23. ἐπέστρεψεν 'Ι. τὰς χ. αὐ. (2 *a*)
— 24. ἔπλησεν 'Ι. τὴν χ. αὐ. ἐν τῷ τόξῳ (2 *a*)
— 35. καὶ τὰ ἴχνη τῶν χ. (2 *a*)
— 36. ὃν ἐλάλησεν ἐν χειρὶ 'Η. (2 *a*)
10. 10. ὅσα ἐλάλησεν ἐν χειρὶ δούλου αὐ. 'Η. (2 *a*)
— 15. δὸς τὴν χ. σου (2 *a*)
— 15. καὶ ἔδωκε τὴν χ. αὐ. (2 *a*)
— 24. ὧν ἐγὼ ἀνάγω εἰς χεῖρας ὑμῶν (2 *a*)
11. 7. καὶ δύο χεῖρες ἐν ὑμῖν (2 *a*)
— 8. καὶ τὸ σκεῦος αὐ. ἐν χειρὶ αὐ. (2 *a*)
— 11. καὶ τὸ σκεῦος αὐ. ἐν τῇ [**A** *om.*] χ. αὐ. (2 *a*)
— 12. καὶ ἐκράτησεν τῇ χ. (4)
— 16. ἐπέθηκαν αὐτῇ χεῖρας (2 *a*)
12. 11 (12). ἔδωκαν τὸ ἀργ. . . . ἐπὶ χεῖρας ποιούντων τὰ ἔργα (2 *a*)
— 15 (16). οἷς ἐδίδουν τὸ ἀργ. ἐπὶ χεῖρας αὐτῶν (2 *a*)
13. 3. ἔδωκεν αὐτοὺς ἐν χειρὶ 'Αζ. . . . καὶ ἐν χειρὶ υἱοῦ "Α. (2 *a*, 2 *a*)
— 5. ἐξῆλθεν ὑποκάτωθεν χειρὸς Συρίας (2 *a*)
— 16. ἐπιβίβασον τὴν χ. σου ἐπὶ τὸ τόξον (2 *a*)
— 16. ἐπεβίβασεν 'Ι. τὴν χ. αὐ. (2 *a*)

IV Ki. 13. 16. ἐπέθηκεν 'Ελ. τὰς χ. [**A** τὴν χ.] αὐ. ἐπὶ τὰς χ. τοῦ βασ. (2 *a*, 2 *a*)
— 25. ἔλαβε τὰς πόλεις ἐκ χειρὸς υἱοῦ "Α. (2 *a*)
— 25. ἃς ἔλαβεν ἐκ χειρὸς 'Ι. τοῦ πατρὸς αὐ. (2 *a*)
14. 5. ὅτε κατίσχυσεν ἡ βασ. ἐν χειρὶ αὐ. (2 *a*)
— 25. ὃ ἐλάλησεν ἐν χειρὶ δούλου αὐ. 'Ι. (2 *a*)
— 27. ἔσωσεν αὐτοὺς ἐκ χειρὸς 'Ιερ. (2 *a*)
15. 19. εἶναι τὴν χ. αὐ. μετ' αὐτοῦ (2 *a*)
— 19. **A** τοῦ ἐνισχῦσαι τὸ βασίλειον ἐν τῇ χ. αὐ. (2 *a*)
16. 7. σῶσόν με ἐκ χειρὸς βασιλέως Σ. καὶ ἐκ χειρὸς βασιλέως 'Ισρ. (4, 4)
17. 7. τῷ ἀναγαγόντι αὐτοὺς . . . ὑποκάτωθεν χειρὸς Φ. (2 *a*)
— 13. διεμαρτύρατο . . . ἐν χειρὶ πάντων τῶν προφητῶν αὐ. (2 *a*)
— 13. ἐν χειρὶ τῶν δούλων μου τῶν προφητῶν (2 *a*)
— 20. ἔδωκεν αὐτοὺς ἐν χειρὶ διαρπαζόντων αὐτούς (2 *a*)
— 23. ἐν χειρὶ πάντων τῶν δούλων αὐ. τῶν προφητῶν (2 *a*)
18. 21. εἰσελεύσεται εἰς τὴν χ. αὐ. (4)
— 29. οὐ μὴ δύνηται ὑμᾶς ἐξελέσθαι ἐκ χειρὸς αὐ. (2 *a*)
— 30. οὐ μὴ παραδοθῇ ἡ πόλις αὕτη ἐν χειρὶ βασιλέως 'Ασσ. (2 *a*)
— 33. ἐκ χειρὸς βασιλέως 'Ασσυρίων (2 *a*)
— 34. ἐξείλαντο Σαμάρειαν ἐκ χειρός μου (2 *a*)
— 35. οἱ ἐξείλαντο τὰς γᾶς αὐ. ἐκ χειρός μου (2 *a*)
— 35. ἐξελεῖται κ. τὴν 'Ιερ. ἐκ χειρός μου (2 *a*)
19. 10. οὐ μὴ παραδοθῇ 'Ιερ. εἰς χεῖρας βασιλέως 'Ασσ. (2 *a*)
— 14. ἔλαβεν 'Εζ. τὰ βιβλία ἐκ χειρὸς τῶν ἀγγέλων (2 *a*)
— 18. ἀλλ' ἢ ἔργα χειρῶν ἀνθρώπων (2 *a*)
— 19. σῶσον ἡμᾶς ἐκ χειρὸς αὐ. (2 *a*)
— 23. ἐν χειρὶ ἀγγέλων σου ὠνείδισας κύριον (2 *a*)
— 26. ἠσθένησαν τῇ χ. (2 *a*)
20. 6. ἐκ χειρὸς βασιλέως 'Ασσ. σώσω σε (4)
21. 10. ἐν χειρὶ δούλων αὐ. τῶν προφητῶν (2 *a*)
— 14. παραδώσω αὐτοὺς εἰς χεῖρας ἐχθρῶν αὐτῶν (2 *a*)
22. 5. δότωσαν αὐτὸ ἐπὶ χεῖρα ποιούντων τὰ ἔργα (2 *a*)
— 9. ἔδωκαν αὐτὸ ἐπὶ χεῖρα ποιούντων τὰ ἔργα (2 *a*)
— 17. ἐν τοῖς ἔργοις τῶν χ. αὐ. (2 *a*)
24. 2. ὃν ἐλάλησεν ἐν χειρὶ τῶν δούλων αὐ. (2 *a*)
I Ch. 4. 10. καὶ ἦν ἡ χ. σου μετ' ἐμοῦ (2 *a*)
5. 10. ἔπεσον ἐν χερσὶν αὐ. (2 *a*)
— 20. ἐδόθησαν εἰς χεῖρας αὐ. (2 *a*)
6. 15 (5. 41). ἐπορεύθη . . . ἐν χειρὶ [**A** χερσὶν] Ναβ. (2 *a*)
— 31 (16). οὓς κατέστησε Δ. ἐπὶ χεῖρας ᾀδόντων (2 *a*)
11. 3. κατὰ τὸν λόγον κυρίου διὰ χειρὸς Σαμ. (2 *a*)
— 23. καὶ ἐν χειρὶ [**A** τῇ χ.] τοῦ Αἰγ. δόρυ (2 *a*)
— 23. ἀφείλατο ἐκ τῆς χ. τοῦ Αἰγ. τὸ δόρυ (2 *a*)
12. 17. οὐκ ἐν ἀληθείᾳ χειρός (4)
13. 9. ἐξέτεινεν 'Οζὰ τὴν χ. αὐ. [**S** *om.* τ. χ. αὐ.] (2 *a*)
— 10. διὰ τὸ ἐκτεῖναι τὴν χ. αὐ. (2 *a*)
14. 10. **A**[2]**B S** καὶ δώσεις αὐτοὺς εἰς τὰς χ. μου (2 *a*)
— 10. δώσω αὐτοὺς εἰς τὰς χ. σου (2 *a*)
— 11. διέκοψεν ὁ θ. τοὺς ἐχθρούς μου ἐν χειρί μου (2 *a*)
16. 7. ἔταξε Δ. . . . ἐν χειρὶ 'Ασάφ (2 *a*)
— 40. ἐν χειρὶ Μ. τοῦ θεράποντος τοῦ θεοῦ –
17. 23. **S** πιστωθήτω ἡ χ. σου [**A B** *om.* ἡ χ. σ.] –
18. 1. ἔλαβε τὴν Γ. . . . ἐκ χειρὸς ἀλλοφύλων (2 *a*)
— 3. ἐπιστῆσαι χεῖρα αὐ. ἐπὶ ποταμὸν Εὐφρ. (2 *a*)
19. 11. τὸ κατάλοιπον τοῦ λαοῦ ἔδωκεν ἐν χειρὶ 'Αβ. (2 *a*)
20. 8. ἔπεσον ἐν χειρὶ Δ. καὶ ἐν χειρὶ [**A**[1] *om.* Δ. κ. ἐν χ.] παίδων αὐ. (2 *a*, 2 *a*)
21. 13. ἐμπεσοῦμαι δὴ εἰς χεῖρας κυρίου (2 *a*)
— 13. εἰς χεῖρας ἀνθρώπων οὐ μὴ ἐμπέσω (2 *a*)
— 15. ἄνες τὴν χ. σου (2 *a*)
— 16. ἡ ῥομφ. αὐ. ἐσπασμένη ἐν τῇ χ. αὐ. (2 *a*)
— 17. γενηθήτω ἡ χ. σου ἐν ἐμοί (2 *a*)
22. 18. ἔδωκεν ἐν χερσὶν [**A** χειρὶ] ὑμῶν τοὺς κατοικοῦντας (2 *a*)
23. 28. ἔστησεν αὐτοὺς ἐπὶ χεῖρα 'Α. (2 *a*)
24. 19. διὰ χειρὸς 'Α. πατρὸς αὐτῶν (2 *a*)
26. 28. ὃ ἡγίασαν διὰ χειρὸς Σαλ. (2 *a*)

I Ch. 28. 19. πάντα ἐν γραφῇ χειρὸς κυρίου ἔδωκε Δ. (2 *a*)
29. 5. διὰ χειρὸς τεχνιτῶν (2 *a*)
— 5. πληρῶσαι τὰς χ. αὐ. σήμερον κυρίῳ (2 *a*)
— 8. ἔδωκαν . . . διὰ χειρὸς Ἰ. (2 *a*)
— 12. καὶ ἐν χειρί σου ἰσχύς (2 *a*)
— 12. ἐν χειρί σου . . . κατισχῦσαι τὰ πάντα (2 *a*)
— 16. ἐκ χειρός σού ἐστι (2 *a*)
II Ch. 1. 17. ἐν χερσὶν αὐτῶν ἔφερον (2 *a*)
6. 4. καὶ ἐν χερσὶν αὐ. ἐπλήρωσε (2 *a*)
— 12, 13. διεπέτασε τὰς χ. αὐ. (4)
— 15. καὶ ἐν χερσί σου ἐπλήρωσας (2 *a*)
— 29. ἐὰν . . . διαπετάσῃ τὰς χ. αὐ. (4)
— 32. διὰ τὸ ὄνομά σου τὸ μέγα καὶ τὴν χ. σου τὴν κραταιάν (2 *a*)
7. 6. τοῦ ἐξομολογεῖσθαι . . . διὰ χειρὸς αὐτῶν (2 *a*)
8. 18. ἀπέστειλε Χ. ἐν χειρὶ παίδων αὐ. πλοῖα (2 *a*)
10. 15. ὃν ἐλάλησεν ἐν χειρὶ Ἀχ. (2 *a*)
12. 5. ἐγκαταλείψω ὑμᾶς ἐν χειρὶ Σ. (2 *a*)
13. 8. διὰ χειρὸς υἱῶν Δ. (2 *a*)
— 9. ὁ προσπορευόμ. πληρῶσαι τὰς χ. (2 *a*)
— 16. παρέδωκεν αὐτοὺς κ. εἰς τὰς [**A** *om.*] χ. αὐ. (2 *a*)
15. 7. μὴ ἐκλυέσθωσαν αἱ χ. ὑμῶν (2 *a*)
16. 7. ἐσώθη δύναμις Συρίας ἀπὸ τῆς χ. σου (2 *a*)
— 8. παρέδωκεν εἰς τὰς χ. σου (2 *a*)
17. 5. κατηύθυνε κ. τὴν βασ. ἐν χειρὶ αὐ. (2 *a*)
18. 5. δώσει ὁ θ. εἰς τὰς χ. τοῦ βασ. (2 *a*)
— 11. δώσει κύριος εἰς χεῖρας τοῦ βασ. (2 *a*)
— 14. δοθήσονται εἰς χεῖρας ὑμῶν (2 *a*)
— 33. ἐπίστρεφε τὴν χ. σου (2 *a*)
20. 6. καὶ ἐν τῇ χ. σου ἰσχὺς δυναστείας (2 *a*)
21. 10. **A** ἀπέστη ἀπὸ χειρὸς [**B** *om.*] Ἰ. (2 *a*)
— 10. τότε ἀπέστη Λ. . . . ἀπὸ χειρὸς αὐ. (2 *a*)
23. 7. ἀνδρὸς σκεῦος σκεῦος ἐν χειρὶ αὐ. (2 *a*)
— 18. διὰ χειρὸς ἱερέων καὶ Λευιτῶν (2 *a*)
— 18. **A**^{2} **B** ἐν ᾠδαῖς διὰ χειρὸς Δ. (2 *a*)
24. 11. διὰ χειρὸς τῶν Λευιτῶν (2 *a*)
— 13. ἀνέβη μῆκος τῶν ἔργων ἐν χερσὶν αὐ. (2 *a*)
— 24. παρέδωκεν εἰς τὰς χ. αὐ. δύναμιν πολλὴν σφόδρα (2 *a*)
25. 3. ὡς κατέστη ἡ βασ. ἐν χειρὶ αὐ. †
— 15. οἳ οὐκ ἐξείλαντο τὸν λαὸν ἑαυ. ἐκ χειρός σου (2 *a*)
— 20. τοῦ παραδοῦναι αὐτὸν εἰς χεῖρας (2 *a*)
26. 11. διὰ χειρὸς Ἰ. τοῦ γραμματέως (2 *a*)
— 11. διὰ χειρὸς Ἀν. τοῦ διαδόχου τοῦ βασ. (2 *a*)
— 19. καὶ ἐν τῇ χ. αὐ. τὸ θυμιατήριον (2 *a*)
28. 5. παρέδωκεν αὐτὸν . . . διὰ χειρὸς βασιλέως Σ. (2 *a*)
— 5. εἰς τὰς χ. βασιλέως Ἰσρ. παρέδωκεν αὐτόν (2 *a*)
— 9. παρέδωκεν αὐτοὺς εἰς τὰς χ. ὑμῶν (2 *a*)
29. 23. ἐπέθηκαν τὰς χ. αὐ. ἐπ' αὐτούς (2 *a*)
— 25. ἐν χειρὶ τῶν προφητῶν (2 *a*)
— 31. νῦν ἐπληρώσατε τὰς χ. ὑμῶν κυρίῳ (2 *a*)
30. 6. τοὺς καταλειφθέντας ἀπὸ χειρὸς βασιλέως Ἀ. (2 *a*)
— 12. ἐγένετο χεὶρ κυρίου δοῦναι αὐτοῖς (2 *a*)
— 16. ἐδέχοντο τὰ αἵματα ἐκ χειρὸς τῶν Λ. (2 *a*)
31. 15. διὰ χειρὸς Ὀ. . . . διὰ χειρὸς τῶν ἱερέων (2 *a*, †)
32. 11. σώσει ὑμᾶς ἐκ χειρὸς βασιλέως Ἀ. (4)
— 13, 14. σῶσαι τὸν λαὸν αὐ. ἐκ χειρός μου (2 *a*)
— 14. σῶσαι ὑμᾶς ἐκ χειρός μου (2 *a*)
— 15. τοῦ σῶσαι τὸν λαὸν αὐ. ἐκ χειρός μου καὶ ἐκ χειρὸς πατέρων μου (2 *a*, 2 *a*)
— 15. οὐ μὴ σώσει ὑμᾶς ἐκ χειρός μου (2 *a*)
— 17. οὐκ ἐξείλαντο λαοὺς αὐ. ἐκ χειρός μου (2 *a*)
— 17. οὐ μὴ ἐξέληται . . . λαὸν αὐ. ἐκ χειρός μου (2 *a*)
— 19. ἐπὶ θεοὺς λαῶν τῆς γῆς ἔργα χειρῶν ἀνθρώπων (2 *a*)
— 22. ἔσωσε κ. Ἐζ. . . . ἐκ χειρὸς Σενν. . . . καὶ ἐκ χειρὸς πάντων (2 *a*, 2 *a*)
33. 8. ἃ ἐνετειλάμην αὐτοῖς . . . ἐν χειρὶ Μ. (2 *a*)
34. 9. ὃ συνήγαγον οἱ Λ. . . . ἐκ χειρὸς Μαν. (2 *a*)
— 10. ἔδωκαν αὐτὸ ἐπὶ χεῖρα ποιούντων τὰ ἔργα (2 *a*)
— 14. βιβλίον νόμου κυρίου διὰ χειρὸς Μ. (2 *a*)
— 16. ἐν χειρὶ τῶν παίδων σου τῶν ποιούντων (2 *a*)
— 17. **R** ἔδωκαν ἐπὶ χεῖρα τῶν ἐπισκόπων καὶ ἐπὶ χεῖρα [**A R** *om.* κ. ἐ. χ.] τῶν ποιούντων (2 *a*, 2 *a*)
— 25. ἐν πᾶσι τοῖς ἔργοις τῶν χ. αὐ. (2 *a*)
35. 4. διὰ χειρὸς βασιλέως Σαλ. υἱοῦ αὐ. †
— 6. τοῦ ποιῆσαι . . . διὰ χειρὸς Μ. (2 *a*)
II Ch. 35. 11. προσέχεαν οἱ ἱερεῖς τὸ αἷμα ἐκ χειρὸς αὐτῶν (2 *a*)
36. 5. ἐν χειρὶ τῶν παίδων αὐ. τῶν προφητῶν –
— 15. **B** ἐξαπέστειλε . . . ἐν χειρί [**A R** χ. προφητῶν] (2 *a*)
— 17. τὰ πάντα παρέδωκεν ἐν χερσὶν αὐ. (2 *a*)
I Es. 1. 53. πάντας παρέδωκαν εἰς τὰς χ. αὐ.
6. 10. καὶ εὐοδούμενον τὸ ἔργον ἐν ταῖς χ. αὐ.
— 15. παρέδωκεν αὐτοὺς εἰς χεῖρας Ναβ.
— 33. ὃς ἐκτενεῖ χεῖρα αὐ. κωλῦσαι
7. 15. κατισχῦσαι τὰς χ. αὐ. ἐπὶ τὰ ἔργα κ. θεοῦ Ἰσρ.
8. 47 (**AR**), 61. κατὰ τὴν κραταιὰν χ. τοῦ κυρίου ἡμῶν
— 73. ἐκτείνας τὰς χ. πρὸς τὸν κύριον
— 82. ἃ ἔδωκας ἐν χειρὶ τῶν παίδων σου τῶν προφητῶν
9. 20. ἐπέβαλον τὰς χ. ἐκβαλεῖν τὰς γυν. αὐ.
— 47. ἄραντες ἄνω τὰς χ.
II Es. 1. 6. ἐνίσχυσαν ἐν χερσὶν αὐ. (2 *a*)
— 8. ἐξήνεγκεν αὐτὰ . . . ἐπὶ χεῖρα Μιθρ. (2 *a*)
3. 10. τοῦ αἰνεῖν τὸν κ. ἐπὶ χεῖρας Δ. βασιλέως Ἰσρ. (2 *a*)
4. 4. ἦν ὁ λαὸς τῆς γῆς ἐκλύων χεῖρας τοῦ λαοῦ Ἰ. (2 *a*)
5. 8. εὐοδοῦται ἐν ταῖς [**A** *om.*] χ. αὐ. (2 *b*)
— 12. ἔδωκεν αὐτοὺς εἰς χεῖρας Ναβ. (2 *b*)
6. 12. ὃς ἐκτενεῖ τὴν χ. αὐ. ἀλλάξαι (2 *b*)
— 22. κραταιῶσαι τὰς χ. αὐ. (2 *a*)
7. 6. χεὶρ κ. θεοῦ αὐ. ἐπ' αὐτόν (2 *a*)
— 9. χεὶρ θεοῦ αὐ. ἦν ἀγαθὴ ἐπ' αὐτόν (2 *a*)
— 14. νόμῳ θεοῦ αὐ. τῷ ἐν χειρί σου (2 *b*)
— 25. ὡς ἡ σοφία τοῦ θεοῦ ἐν χειρί σου (2 *b*)
— 28. ὡς χεὶρ θεοῦ ἡ ἀγαθὴ ἐπ' ἐμέ (2 *a*)
8. 18. ὡς χεὶρ θεοῦ ἡμῶν ἀγαθὴ ἐφ' ἡμᾶς (2 *a*)
— 22. χεὶρ τοῦ θεοῦ ἡμῶν ἐπὶ πάντας τοὺς ζητοῦντας αὐτόν (2 *a*)
— 26. ἔστησα ἐπὶ χειρᾶς αὐ. ἀργυρίου τάλαντα ἑξακόσια (2 *a*)
— 31. χεὶρ θεοῦ ἡμῶν ἦν ἐφ' ἡμῖν (2 *a*)
— 31. ἐρρύσατο ἡμᾶς ἀπὸ χειρὸς ἐχθροῦ (4)
— 33. ἐστήσαμεν τὸ ἀργύριον . . . ἐπὶ χεῖρα Μ. (2 *a*)
9. 2. καὶ χεὶρ τῶν ἀρχόντων ἐν τῇ ἀσυνθεσίᾳ ταύτῃ (2 *a*)
— 5. **B** ἐκπετάζω χεῖράς [**A R** τὰς χ.] μου πρὸς τὸν θεόν (4)
— 7. παρεδόθημεν . . . ἐν χειρὶ βασιλέων τῶν ἐθνῶν (2 *a*)
— 11. ἐν χειρὶ δούλων σου τῶν προφητῶν (2 *a*)
10. 19. ἔδωκαν χεῖρα αὐτῶν (2 *a*)
Ne. 1. 10. οὓς ἐλυτρώσω . . . ἐν τῇ χ. σου τῇ κραταιᾷ (2 *a*)
2. 8. ὡς χεὶρ θεοῦ ἡ ἀγαθή (2 *a*)
— 18. ἀπήγγειλα αὐτοῖς τὴν χ. τοῦ θεοῦ (2 *a*)
— 18. ἐκραταιώθησαν αἱ χ. αὐ. εἰς ἀγαθόν (2 *a*)
3. 2. ἐπὶ χεῖρας ἀνδρῶν υἱῶν [**A** υἱ. ἀ.] Ἱερ. (2 *a*)
— 2. ἐπὶ χεῖρας υἱῶν Ζ. (2 *a*)
— 4. ἐπὶ χεῖρα [**A S**^{2} -ας, **S**^{1} θύρας] αὐ. κατέσχεν (2 *a*)
— 4. **A S R** ἐπὶ χεῖρα αὐ. κατέσχε (2 *a*)
— 4. **B S** ἐπὶ χεῖρα αὐ. κατέσχε (2 *a*)
— 5. ἐπὶ χεῖρα αὐ. κατέσχοσαν οἱ Θ. (2 *a*)
— 7. **R** ἐπὶ χεῖρα αὐ. ἐκράτησαν Μ. . . . καὶ Εὐ. (2 *a*)
— 8. ἐπὶ χεῖρα αὐ. ἐκράτησεν (2 *a*)
— 9. ἐπὶ χεῖρα αὐ. ἐκράτησε Ῥ. (2 *a*)
— 10. ἐπὶ χεῖρα αὐ. ἐκράτησεν Ἰ. (2 *a*)
— 10. ἐπὶ χεῖρα [**S**^{1} -ας] αὐ. ἐκράτησεν Ἀ. (2 *a*)
— 12. ἐπὶ χεῖρα αὐ. ἐκράτησε Σ. (2 *a*)
— 17. ἐπὶ χεῖρα αὐ. ἐκράτησεν Ἀσ. (2 *a*)
— 19. ἐκράτησεν ἐπὶ χεῖρα αὐ. Ἀζ. (2 *a*)
4. 17 (11). ἐν μιᾷ χ. ἐποίει αὐτὸ τὸ ἔργον (2 *a*)
5. 5. **B S**^{2} οὐκ ἔστι δύναμις χειρὸς [**A S**^{1} -ῶν] ἡμῶν (2 *a*)
6. 5. καὶ ἐπιστολὴν ἀνεῳγμένην ἐν χειρὶ αὐ. (2 *a*)
— 9. ἐκλυθήσονται χεῖρες [**S**^{1} -ας, **A** αἱ χ.] αὐ. (2 *a*)
— 9. ἐκραταίωσα τὰς χ. μου (2 *a*)
8. 6. **A S**^{2} **R** ἐπάραντες χεῖρας αὐ. (2 *a*)
9. 14. ἐν χειρὶ Μ. δούλου σου (2 *a*)
— 15. ἐφ' ἣν ἐξέτεινας τὴν χ. σου (2 *a*)
— 24. ἔδωκας αὐτοὺς εἰς τὰς [**S**^{1} *om.*] χ. αὐ. (2 *a*)
— 27. ἔδωκας αὐτοὺς ἐν χειρὶ θλιβόντων αὐτούς (2 *a*)
— 27. ἔσωσας αὐτοὺς ἐκ χειρὸς θλιβόντων αὐτούς (2 *a*)
— 28. ἐγκατέλιπες αὐτοὺς εἰς χεῖρας ἐχθρῶν αὐ. (2 *a*)
Ne. 9. 30. ἐπεμαρτύρω αὐτοῖς . . . ἐν χειρὶ προφητῶν σου (2 *a*)
— 30. ἔδωκας αὐτοὺς ἐν χειρὶ λαῶν τῆς γῆς (2 *a*)
10. 29 (30). ὃς ἐδόθη ἐν χειρὶ Μ. (2 *a*)
— 31 (32). καὶ ἀπαίτησιν πάσης χ. (2 *a*)
11. 24. καὶ Π. . . . πρὸς χεῖρα τοῦ βασ. (2 *a*)
12. 8. ἐπὶ τῶν χ. αὐτὸς καὶ οἱ ἀδ. αὐ. (2 *a**, †)
13. 13. ἐπὶ χεῖρα [**A B**^{3} **S** -ας] Σελ. τοῦ ἱερέως †
— 13. καὶ ἐπὶ χεῖρα αὐ. Ἀνάν (2 *a*)
— 21. ἐκτενῶ χεῖρά [**A S** τὴν χ.] μου ἐν ὑμῖν (2 *a*)
To. 3. 11. **S** διαπετάσασα τὰς χ. πρὸς τὴν θυρίδα [**A B** *al.*]
5. 17. ἡ οὐχὶ ἡ ῥάβδος τῆς χ. ἡμῶν ἐστιν [**S** *al.*]
7. 13. λαβὼν [**S** λαβόμενος] τῆς χ. αὐτῆς
11. 4. λάβε δὲ παρὰ χεῖρα τὴν χολὴν τοῦ ἰχθύος [**S** *al.*]
— 11. **S** καὶ ἡ χολὴ τοῦ ἰχθύος ἐν τῇ χ. αὐ.
— 13. **S** ἀπελέπισεν ἑκατέραις ταῖς χ. αὐ. ἀπὸ τῶν κανθῶν [**A B** *al.*]
13. 2. ὃς [**S** ὃ] ἐκφεύξεται τὴν χ. αὐ.
— 11. δῶρα ἐν χερσὶν ἔχοντες [**S** *al.*]
Ju. 2. 12. ποιήσω ταῦτα ἐν χειρί μου
6. 10. παραδοῦναι εἰς χεῖρας υἱῶν Ἰσρ.
7. 25. πέπρακεν ἡμᾶς ὁ θ. εἰς τὰς χ. αὐ.
8. 33. ἐπισκέψεται κύριος τὸν Ἰσρ. ἐν χειρί μου
9. 2. ᾧ ἔδωκας ἐν χειρὶ ῥομφαίαν
— 9, 10 (**S**^{1}). δὸς ἐν χειρί μου τῆς χήρας
— 10. θραῦσον αὐ. τὸ ἀνάστεμα ἐν χειρὶ θηλείας
10. 15. ἕως παραδῶσί σε εἰς χεῖρας αὐ.
11. 13. ὧν οὐδὲ ταῖς χ. καθῆκεν ἅψασθαι οὐδένα
— 22. **A B** τοῦ γενηθῆναι ἐν χερσὶν ἡμῶν κράτος
12. 4. **A B** ἕως ἂν ποιήσῃ ἐν χειρί μου
13. 4. **A B** ἐπίβλεψον . . . ἐπὶ τὰ ἔργα τῶν χ. μου
— 14. ἔθραυσε τοὺς ἐχθροὺς ἡμῶν διὰ χειρός μου
— 15. ἐπάταξεν αὐτὸν ὁ κ. ἐν χειρὶ θηλείας
14. 6. ὡς δὲ . . . εἶδε τὴν κεφ. Ὀλ. ἐν χειρὶ ἀνδρὸς ἑνός
15. 10. ἐποίησας πάντα ταῦτα ἐν χειρί σου
— 12. ἔλαβε θύρσους ἐν ταῖς χ. αὐ.
16. 3. ἐξείλατό με ἐκ χειρὸς καταδιωκόντων με
— 6. ἠθέτησεν αὐτοὺς ἐν χειρὶ θηλείας
Es. 1. 1. ἑτοιμάζουσι τὰς χ. ἐπιβαλεῖν Ἀρταξέρξῃ
2. 8. συνήχθησαν . . . ὑπὸ χεῖρα Γαΐ (2 *a*)
3. 9. **S**^{2} παραστήσω ἐπὶ χεῖρας τῶν ποιούντων τὰ ἔργα (2 *a*)
— 10. **B** ἔδωκεν εἰς χεῖρα [**A S**^{2} **R** -ας, **S**^{1} *om.* εἰς χ.] τῷ Ἀ. –
4. 8. ὡς ἐτράφης [**A** ἐστρ.] ἐν χειρί μου –
— 17. κίνδυνός μου ἐν χειρί [**A** τῇ χ.] μου
— 17. παρέδωκας ἡμᾶς εἰς χεῖρας τῶν ἐχθρῶν ἡμῶν
— 17. **S**^{2} ἔθηκαν τὰς χ. αὐ. ἐπὶ τὰς χ. τῶν εἰδώλων αὐ. [**A B S**^{1} *al.*]
— 17. ἡμᾶς δὲ ῥῦσαι ἐν χειρί σου
— 17. ῥῦσαι ἡμᾶς ἐκ χειρὸς τῶν πονηρευομένων
6. 2. ἐπιβαλεῖν τὰς χ. Ἀρταξέρξῃ (2 *a*)
— 8. **S**^{2} δοθήτω τὸ ἔνδυμα . . . ἐν χειρί –
8. 7. τὰς χ. ἐπήνεγκε τοῖς Ἰουδαίοις (2 *a*)
9. 16. **S**^{2} οὐκ ἀπέστειλαν τὰς χ. αὐ. (2 *a*)
Jb. 1. 10. τὰ δὲ ἔργα τῶν χ. αὐτοῦ εὐλόγησας (2 *a*)
— 11. ἀπόστειλον τὴν χ. σου (2 *a*)
— 12. πάντα . . . δίδωμι ἐν τῇ χ. σου (2 *a*)
2. 5. ἀποστείλας τὴν χ. σου (2 *a*)
— 10. εἰ τὰ ἀγαθὰ ἐδεξάμεθα ἐκ χειρὸς κυρίου –
4. 3. εἰ γὰρ σὺ . . . χεῖρας ἀσθενοῦς παρεκάλεσας (2 *a*)
5. 12. οὐ μὴ ποιήσουσιν αἱ χ. αὐτῶν ἀληθές (2 *a*)
— 15. ἀδύνατος δὲ ἐξέλθοι ἐκ χειρὸς δυνάστου (2 *a*)
— 18. αἱ χ. αὐτοῦ ἰάσαντο (2 *a*)
— 20. ἐκ χειρὸς σιδήρου λύσει σε (2 *a*)
6. 23. **A** ὥστε σῶσαί με ἐκ χειρὸς κακῶν [**B S** ἐξ ἐχθρῶν] ἢ ἐκ χειρὸς δυναστῶν ῥύσασθαί με (2 *a*, 2 *a*)
8. 4. ἀπέστειλεν ἐν χειρὶ [**S** χερσὶν] ἀνομίας [**A** τὴν ἀνομίαν] αὐτῶν (2 *a*)
9. 24. παραδέδονται γὰρ εἰς χεῖρας ἀσεβοῦς (2 *a*)
— 30. ἐὰν γὰρ . . . ἀποκαθάρωμαι χερσὶ καθαραῖς (4)
10. 3. ὅτι ἀπείπω [**A** ἀ. με] ἔργα χειρῶν σου (4)
— 7. τίς ἐστιν ὁ ἐκ τῶν χ. σου ἐξαιρούμενος (2 *a*)
— 8. αἱ χ. σου ἔπλασάν με (2 *a*)
11. 13. ὑπτιάζεις δὲ χεῖρας πρὸς αὐτόν [**A** *al.*] (4)
— 14. εἰ ἄνομόν τί ἐστιν ἐν χερσί σου (2 *a*)
12. 9. χεὶρ κυρίου ἐποίησε ταῦτα (2 *a*)
— 10. εἰ μὴ ἐν χειρὶ αὐτοῦ ψυχὴ πάντων ζώντων (2 *a*)
13. 14. ψυχὴν δέ μου θήσω ἐν χειρί [**A S** χερσίν] (4)

Jb. 13. 21. τὴν χ. ἀπ' ἐμοῦ ἀπέχου [A ἀπόσχου] (4)
14. 15. τὰ δὲ ἔργα τῶν χ. σου μὴ ἀποποιοῦ (2 a)
15. 22. ἐντέταλται [A -τακται] γὰρ ἤδη εἰς χεῖρας σιδήρου –
— 25. ἦρκε χεῖρας ἐναντίον τοῦ κυρίου (2 a)
16. 12 (11). παρέδωκε γάρ με ὁ κύριος εἰς χεῖρας ἀδίκου –
— 18 (17). ἄδικον δὲ οὐδὲν ἦν ἐν χερσί μου (4)
17. 3. A B S^{2} τῇ χ. μου συνδεθήτω (2 a)
— 9. B S^{2} καθαρὸς δὲ χεῖρας [A χερσὶν] ἀναλάβοι θάρσος (2 a)
19. 21. χεὶρ γὰρ κυρίου ἡ ἁψαμένη μού ἐστι (2 a)
20. 10. αἱ δὲ χ. αὐτοῦ πυρσεύσαισαν [A ψηλαφήσουσιν] ὀδύνας (2 a)
— 24. οὐ μὴ σωθῇ ἐκ χειρὸς σιδήρου †
21. 5. χεῖρα θέντες ἐπὶ σιαγόνι [A στόμα] (2 a)
— 16. ἐν χερσὶ γὰρ ἦν αὐτῶν τὰ ἀγαθά (2 a)
22. 30. διασώθητι ἐν καθαραῖς χ. σου (4)
23. 2. ἐκ χειρός [A -ῶν] μου ἡ ἔλεγξίς ἐστι καὶ ἡ χ. αὐτοῦ βαρεῖα γέγονεν (†, 2 a)
27. 11. ἀναγγελῶ ὑμῖν τί ἐστιν ἐν χειρὶ κυρίου (2 a)
— 22. ἐκ χειρὸς αὐτοῦ φυγῇ φεύξεται (2 a)
— 23. κροτήσει ἐπ' αὐτοὺς χεῖρας αὐ. (4)
28. 9. ἐν ἀκροτόμῳ ἐξέτεινε χεῖρα αὐτοῦ (2 a)
29. 12. διέσωσα γὰρ πτωχὸν ἐκ χειρὸς δυνάστου †
— 20. τὸ τόξον μου ἐν χειρὶ αὐτοῦ πορεύεται (2 a)
30. 2. καί γε ἰσχὺς χειρῶν αὐτῶν ἵνα τί μοι (2 a)
— 21. χειρὶ κραταιᾷ με ἐμαστίγωσας (2 a)
31. 7. εἰ δὲ καὶ ταῖς [A ἐν ταῖς] χ. μου ἡψάμην δώρων (4)
— 21. εἰ ἐπῆρα ὀρφανῷ χεῖρα (2 a)
— 25. εἰ δὲ καὶ ἐπ' ἀναριθμήτοις ἐθέμην χειρά μου (2 a)
— 27. χειρά μου ἐπιθεὶς ἐπὶ στόματί μου (2 a)
— 35. χεῖρα δὲ κυρίου εἰ μὴ ἐδεδοίκειν (6)
33. 7. οὐδὲ ἡ χ. μου βαρεῖα ἔσται ἐπὶ σοί †
35. 7. τί ἐκ χειρός σου λήψεται (2 a)
36. 32. ἐπὶ χειρῶν ἐκάλυψε φῶς (4)
37. 7. ἐν χειρὶ παντὸς ἀνθρώπου κατασφραγίζει (2 a)
39. 34 (40. 4). χεῖρα θήσω ἐπὶ στόματί μου (2 a)
40. 27 (32). ἐπιθήσεις δὲ αὐτῷ [A ἐπ' αὐτῷ] χεῖρα (4)
Ps. 7. 3. εἰ ἔστιν ἀδικία ἐν χερσί μου (4)
8. 6. A S R κατέστησας αὐτὸν ἐπὶ τὰ ἔργα τῶν [B om.] χ. σου (2 a)
9. 16. ἐν τοῖς ἔργοις τῶν χ. αὐτοῦ συνελήφθη (4)
— 33 (10. 12). ὑψωθήτω ἡ χ. σου (2 a)
— 35 (10. 14). τοῦ παραδοῦναι αὐτοὺς εἰς χεῖράς σου (2 a)
16 (17). 14. ἀπὸ ἐχθρῶν τῆς χειρός σου (2 a)
17 (18). *tit.* ἐρρύσατο αὐτὸν κύριος ἐκ χειρὸς πάντων τῶν ἐχθρῶν αὐτοῦ καὶ ἐκ χειρὸς Σαοὺλ (4, 2 a)
— 20, 24. κατὰ τὴν καθαριότητα τῶν χ. μου (2 a)
— 34. διδάσκων χεῖράς μου εἰς πόλεμον (2 a)
18 (19). 1. ποίησιν δὲ χειρῶν αὐτοῦ ἀναγγέλλει (2 a)
20 (21). 8. εὑρεθείη ἡ χ. σου πᾶσι τοῖς ἐχθροῖς σου (2 a)
21 (22). 16. ὤρυξαν χεῖράς μου καὶ πόδας (2 a)
— 20. καὶ ἐκ χειρὸς κυνὸς τὴν μονογενῆ μου (2 a)
23 (24). 4. ἀθῷος χερσὶ καὶ καθαρὸς τῇ καρδίᾳ (4)
25 (26). 6. νίψομαι ἐν ἀθῴοις τὰς χ. μου (4)
— 10. ὧν ἐν χερσὶν ἀνομίαι (2 a)
27 (28). 2. ἐν τῷ αἴρειν με χεῖράς μου εἰς ναὸν ἅγιόν σου (2 a)
— 4. κατὰ τὰ ἔργα τῶν χ. αὐτῶν δὸς αὐτοῖς (2 a)
— 5. καὶ εἰς τὰ ἔργα τῶν χ. αὐτοῦ (2 a)
30 (31). 5. εἰς χεῖράς σου παραθήσομαι τὸ πνεῦμά μου (2 a)
— 8. οὐ συνέκλεισάς με εἰς χεῖρας ἐχθροῦ (2 a)
— 15. ἐν ταῖς χ. σου οἱ κλῆροί μου (2 a)
— 15. ῥῦσαί με ἐκ χειρὸς ἐχθρῶν μου (2 a)
31 (32). 4. ἐβαρύνθη ἐπ' ἐμὲ ἡ χ. σου (2 a)
34 (35). 10. ῥυόμενος πτωχὸν ἐκ χειρὸς [A om.] στερεωτέρων αὐτοῦ –
35 (36). 11. καὶ χεὶρ ἁμαρτωλῶν μὴ σαλεύσαι με (2 a)
36 (37). 24. κύριος ἀντιστηρίζει χεῖρα αὐτοῦ (2 a)
— 33. οὐ μὴ ἐγκαταλίπῃ αὐτὸν εἰς τὰς χ. αὐ. (2 a)
37 (38). 2. ἐπεστήρισας ἐπ' ἐμὲ τὴν χ. σου (2 a)
38 (39). 10. ἀπὸ τῆς ἰσχύος τῆς χ. σου ἐγὼ ἐξέλιπον (2 a)
40 (41). 2. καὶ μὴ παραδοῖ αὐτὸν εἰς χεῖρας ἐχθροῦ αὐτοῦ †
43 (44). 2. ἡ χ. σου ἔθνη ἐξωλέθρευσε (2 a)

Ps. 43 (44). 20. εἰ διεπετάσαμεν χεῖρας ἡμῶν πρὸς θεὸν ἀλλότριον (4)
46 (47). 1. πάντα τὰ ἔθνη, κροτήσατε χεῖρας (4)
48 (49). 15. ὁ θεὸς λυτρώσεται τὴν ψυχήν μου ἐκ χειρὸς ᾅδου (2 a)
54 (55). 20. B S^{2} ἐξέτεινε τὴν χ. αὐτοῦ (2 a)
57 (58). 2. ἀδικίαν αἱ χ. ὑμῶν συμπλέκουσιν (2 a)
— 10. τὰς χ. αὐτοῦ νίψεται ἐν τῷ αἵματι τοῦ ἁμαρτωλοῦ †
62 (63). 4. ἐν τῷ ὀνόματί σου ἀρῶ τὰς χ. μου (4)
— 10. B S^{2} παραδοθήσονται εἰς χεῖρας ῥομφαίας (2 a)
67 (68). 31. Αἰθιοπία προφθάσει χεῖρα αὐτῆς τῷ θεῷ (2 a)
70 (71). 4. ῥῦσαί με ἐκ χειρὸς ἁμαρτωλοῦ ἐκ χειρὸς παρανομοῦντος (2 a, 4)
71 (72). 12. B S^{1} ἐρρύσατο πτωχὸν ἐκ χειρὸς [R *om.*, S^{2} *om.* ἐκ χ.] δυνάστου †
72 (73). 13. ἐνιψάμην ἐν ἀθῴοις τὰς χ. μου (4)
— 23. ἐκράτησας τῆς χ. τῆς δεξιᾶς μου (2 a)
73 (74). 3. ἔπαρον τὰς χ. σου ἐπὶ τὰς ὑπερηφανίας αὐτῶν †
— 11. ἵνα τί ἀποστρέφεις τὴν χ. σου (2 a)
74 (75). 8. ποτήριον ἐν χειρὶ κυρίου (2 a)
75 (76). 5. οὐχ εὗρον οὐδὲν . . . ταῖς χ. αὐτῶν (2 a)
76 (77). 2. ταῖς χ. μου νυκτὸς ἐναντίον αὐτοῦ (2 a)
— 20. ὡδήγησας ὡς πρόβατα τὸν λαόν σου ἐν χειρὶ Μωυσῆ καὶ Ἀαρών (2 a)
77 (78). 42. οὐκ ἐμνήσθησαν τῆς χ. αὐτοῦ ἡμέρας ἧς ἐλυτρώσατο αὐτοὺς ἐκ χειρὸς θλίβοντος (2 a, –)
— 61. καὶ τὴν καλλονὴν αὐ. εἰς χεῖρας ἐχθροῦ (2 a)
— 72. ἐν τῇ συνέσει τῶν χ. αὐτοῦ (4)
79 (80). 17. γενηθήτω ἡ χ. σου ἐπ' ἄνδρα δεξιᾶς [A -άν] σου (2 a)
80 (81). 6. αἱ χ. αὐτοῦ ἐν τῷ κοφίνῳ ἐδούλευσαν (4)
— 14. ἐπὶ τοὺς θλίβοντας αὐτοὺς [S -οῦ] ἐπέβαλον ἂν τὴν χ. μου (2 a)
81 (82). 4. καὶ πτωχὸν ἐκ χειρὸς ἁμαρτωλοῦ ῥύσασθε (2 a)
87 (88). 5. αὐτοὶ ἐκ τῆς χ. σου ἀπώσθησαν (2 a)
— 9. διεπέτασα πρὸς σὲ τὰς χ. μου (4)
88 (89). 13. κραταιωθήτω ἡ χ. σου (2 a)
— 21. ἡ γὰρ χ. μου συναντιλήψεται αὐτῷ (2 a)
— 25. θήσομαι ἐν θαλάσσῃ χεῖρα αὐτοῦ (2 a)
— 48. ῥύσεται τὴν ψυχὴν αὐτοῦ ἐκ χειρὸς ᾅδου (2 a)
89 (90). 17. τὰ ἔργα τῶν χ. ἡμῶν (2 a)
— 17. A S τὸ ἔργον τῶν χ. ἡμῶν (2 a)
90 (91). 12. ἐπὶ χειρῶν ἀροῦσί σε (4)
91 (92). 4. ἐν τοῖς ἔργοις τῶν χ. σου (2 a)
94 (95). 4. ἐν τῇ [S^{1} *om.*] χ. αὐτοῦ τὰ πέρατα τῆς γῆς (2 a)
— 5. τὴν ξηρὰν αἱ χ. αὐτοῦ ἔπλασαν (2 a)
— 7. ἡμεῖς . . . πρόβατα χειρὸς [A τῆς χ.] αὐ. (2 a)
96 (97). 10. ἐκ χειρὸς ἁμαρτωλῶν ῥύσεται αὐτούς (2 a)
97 (98). 8. ποταμοὶ κροτήσουσι χειρί (4)
101 (102). 25. ἔργα τῶν [S *om.*] χ. σου (2 a)
103 (104). 28. ἀνοίξαντος δέ σου τὴν χ. (2 a)
105 (106). 10. A R ἔσωσεν αὐτοὺς ἐκ χειρὸς [B S -ῶν] μισούντων καὶ ἐλυτρώσατο αὐτοὺς ἐκ χειρὸς ἐχθροῦ (2 a, 2 a)
— 26. ἐπῆρε τὴν χ. αὐτοῦ ἐπ' αὐτούς (2 a)
— 41. παρέδωκεν αὐτοὺς εἰς χεῖρας ἐθνῶν (2 a)
— 42. ἐταπεινώθησαν ὑπὸ τὰς χ. αὐτῶν (2 a)
106 (107). 2. οὓς ἐλυτρώσατο ἐκ χειρὸς ἐχθροῦ (2 a)
108 (109). 27. γνώτωσαν ὅτι ἡ χ. σου αὕτη (2 a)
110 (111). 7. ἔργα χειρῶν αὐτοῦ ἀλήθεια (2 a)
113. 12 (115. 4). ἔργα χειρῶν ἀνθρώπων (2 a)
— 15 (115. 7). χεῖρας ἔχουσι (2 a)
118 (119). 48. ἦρα τὰς χ. μου πρὸς τὰς ἐντολάς σου (4)
— 73. A S^{2} R αἱ χ. σου ἐποίησάν με [S^{1} *al.*] (2 a)
— 109. ἡ ψυχή μου ἐν ταῖς χ. σου διὰ παντός (4)
— 173. γενέσθω ἡ χ. σου τοῦ σῶσαί με (2 a)
120 (121). 5. A^{1} S R κύριος σκέπη σου ἐπὶ χεῖρα δεξιάν [A^{2} -ᾶς] σου (2 a)
122 (123). 2. ὡς ὀφθαλμοὶ δούλων εἰς χεῖρας τῶν κυρίων αὐ. (2 a)
— 2. ὡς ὀφθαλμοὶ παιδίσκης εἰς χεῖρας τῆς κυρίας αὐ. (2 a)
124 (125). 3. ὅπως ἂν μὴ ἐκτείνωσιν . . . χεῖρας αὐ. (2 a)
126 (127). 4. ὡσεὶ βέλη ἐν χειρὶ δυνατοῦ (2 a)

Ps. 128 (129). 7. οὗ οὐκ ἐπλήρωσε τὴν χ. αὐτοῦ ὁ θερίζων (4)
133 (134). 2. ἐν ταῖς νυξὶν ἐπάρατε τὰς χ. ὑμῶν εἰς τὰ ἅγια (2 a)
134 (135). 15. ἔργα χειρῶν ἀνθρώπων (2 a)
— 17. A χεῖρας ἔχουσιν –
135 (136). 12. ἐν χειρὶ κραταιᾷ καὶ ἐν βραχίονι ὑψηλῷ (2 a)
— 24. S ἐλυτρώσατο ἡμᾶς ἐκ χειρὸς [A R τῶν] ἐχθρῶν ἡμῶν –
137 (138). 7. ἐπ' ὀργὴν ἐχθρῶν μου ἐξέτεινας χεῖράς σου (2 a)
— 8. τὰ ἔργα τῶν χ. σου μὴ παρίδῃς (2 a)
138 (139). 5. ἔθηκας ἐπ' ἐμὲ τὴν χ. σου (4)
— 10. καὶ γὰρ ἐκεῖ ἡ χ. σου ὁδηγήσει με (2 a)
139 (140). 4. φύλαξόν με, κύριε, ἐκ χειρὸς ἁμαρτωλοῦ (2 a)
140 (141). 2. ἔπαρσις τῶν χ. μου θυσία ἑσπερινή (4)
142 (143). 5. ἐν ποιήμασι τῶν χ. σου ἐμελέτων (2 a)
— 6. διεπέτασα πρὸς σὲ τὰς χ. μου (2 a)
143 (144). 1. ὁ διδάσκων τὰς χ. μου εἰς παράταξιν (2 a)
— 7. ἐξαπόστειλον τὴν χ. σου ἐξ ὕψους (2 a)
— 7. ῥῦσαί με . . . ἐκ χειρὸς υἱῶν ἀλλοτρίων (2 a)
— 11. ἐξελοῦ με ἐκ χειρὸς υἱῶν ἀλλοτρίων (2 a)
144 (145). 16. ἀνοίγεις σὺ τὰς χ. [S^{2} τὴν χ.] σου (2 a)
149. 6. καὶ ῥομφαῖαι δίστομοι ἐν ταῖς χ. αὐ. (2 a)
151. 2. αἱ χ. μου ἐποίησαν ὄργανον
Pr. 3. 27. ἡνίκα ἂν ἔχῃ ἡ χ. σου βοηθεῖν [A εὖ ποίει] (2 a)
6. 1. παραδώσεις σὴν χ. ἐχθρῷ (4)
— 3. ἥκεις γὰρ εἰς χεῖρας κακῶν διὰ σὸν φίλον (4)
— 10. ὀλίγον δὲ ἐναγκαλίζῃ χερσὶ στήθη (2 a)
— 17. χεῖρες ἐκχέουσαι αἷμα δικαίου (2 a)
7. 20. ἔνδεσμον ἀργυρίου λαβὼν ἐν χειρὶ αὐτοῦ (2 a)
9. 12. συνάγει δὲ χερσὶν ἀκαρπίαν –
10. 4. χεῖρες δὲ ἀνδρείων πλουτίζουσιν (2 a)
— 11. πηγὴ ζωῆς ἐν χειρὶ δικαίου †
11. 21. χειρὶ χεῖρας [S^{1} -α] ἐμβαλὼν ἀδίκως (2 a, 2 a)
12. 24. χεὶρ ἐκλεκτῶν κρατήσει εὐχερῶς [A ἐχθρῶν] (2 a)
13. 4. χεῖρες δὲ ἀνδρείων ἐν ἐπιμελείᾳ †
14. 1. ἡ δὲ ἄφρων κατέσκαψε ταῖς χ. αὐ. (2 a)
16. 5. χειρὶ δὲ χεῖρας ἐμβαλὼν (2 a, 2 a)
18. 21. θάνατος καὶ ζωὴ [A θ. ζωῆς] ἐν χειρὶ γλώσσης (2 a)
19. 24. ὁ ἐγκρύπτων εἰς τὸν κόλπον αὐτοῦ χεῖρας ἀδίκως (2 a)
21. 1. οὕτως καρδία βασιλέως ἐν χειρὶ θεοῦ (2 a)
— 25. οὐ γὰρ προαιροῦνται αἱ χ. αὐ. ποιεῖν τι (2 a)
23. 2. ἐπίβαλλε τὴν χ. σου –
24. 33 (30. 10). μὴ παραδῷς οἰκέτην εἰς χεῖρας δεσπότου –
— 48 (33). ὀλίγον δὲ ἐναγκαλίζομαι χερσὶ στήθη (2 a)
— 63 (30. 28). καλαβώτης χερσὶν ἐρειδόμενος (2 a)
— 67 (30. 32). καὶ ἐκτείνῃς τὴν χ. σου μετὰ μάχης (2 a)
26. 9. ἄκανθαι φύονται ἐν χειρὶ μεθύσου δουλεία δὲ ἐν χειρὶ τῶν ἀφρόνων (2 a, †)
— 15. κρύψας ὀκνηρὸς τὴν χ. ἐν τῷ κόλπῳ αὐτοῦ (2 a)
31. 13. ἐποίησεν εὔχρηστον ταῖς χ. αὐ. (4)
— 16. ἀπὸ δὲ καρπῶν χειρῶν αὐ. κατεφύτευσε κτῆμα (4)
— 19. A S^{2} τὰς χ. [B S^{1} τοὺς πήχεις] αὐτῆς ἐκτείνει ἐπὶ τὰ συμφέροντα (2 a)
— 19. B S τὰς δὲ χ. [A τοὺς δὲ πήχεις] αὐτῆς ἐρείδει εἰς ἄτρακτον (4)
— 20. χεῖρας δὲ αὐτῆς διήνοιξε πένητι (4)
Ec. 2. 11. οἷς ἐποίησαν αἱ χ. μου (2 a)
— 24. ἀπὸ χειρὸς τοῦ θεοῦ ἐστιν (2 a)
4. 1. ἀπὸ χειρὸς συκοφαντούντων αὐτοὺς ἰσχύς (2 a)
— 5. ὁ ἄφρων περιέβαλε [A S -έλαβεν] τὰς χ. αὐ. (2 a)
5. 5. A S R διαφθείρῃ τὰ ποιήματα χειρῶν σου [B σῶν] (2 a)
— 13. οὐκ ἔστιν ἐν χειρὶ αὐτοῦ οὐδέν (2 a)
— 14. ἵνα πορευθῇ ἐν χειρὶ αὐτοῦ (2 a)
7. 19 (18). ἀπὸ τούτου μὴ μιάνῃς τὴν χ. σου (2 a)
— 27 (26). δεσμὸς εἰς χεῖρας αὐτῆς (2 a)
9. 1. αἱ ἐργασίαι αὐτῶν ἐν χειρὶ τοῦ θεοῦ (2 a)
— 10. πάντα ὅσα ἂν εὕρῃ ἡ χ. σου τοῦ ποιῆσαι (2 a)

Ec. 10. 18. ἐν ἀργίᾳ χειρῶν στάξει [A στενάξει] ἡ οἰκία (2 a)
11. 6. ἐν ἑσπέρᾳ [S εἰς ἑσπέραν] μὴ ἀφέτω ἡ χ. σου (2 a)
Ca. 5. 4. ἀπέστειλε χεῖρα αὐτοῦ ἀπὸ τῆς ὀπῆς (2 a)
— 5. χεῖρές [A² αἱ χ.] μου ἔσταξαν σμύρναν (2 a)
— 5. ἐπὶ χεῖρας τοῦ κλείθρου ἤνοιξα ἐγώ (4)
— 14. χεῖρες αὐτοῦ τορευταὶ χρυσαῖ (2 a)
7. 1 (2). A ἔργῳ χειρῶν [B S ἔργον] τεχνίτου (2 a)
Wi. 1. 12. μηδὲ ἐπισπᾶσθε ὄλεθρον ἔργοις [A ἐν ἐ.] χειρῶν ὑμῶν
— 16. ἀσεβεῖς δὲ ταῖς χ. . . . προσεκαλέσαντο αὐτόν
2. 18. ῥύσεται αὐτὸν ἐκ χειρὸς ἀνθεστηκότων
3. 1. δικαίων δὲ ψυχαὶ ἐν χειρὶ θεοῦ
— 14. εὐνοῦχος ὁ μὴ ἐργασάμενος ἐν χειρὶ ἀνόμημα
5. 16. λήψονται . . . τὸ διάδημα τοῦ κάλλους ἐκ χειρὸς κυρίου
7. 11. ἀναρίθμητος πλοῦτος ἐν χερσὶν [B¹ ταῖς χ., S χειρὶ] αὐτῆς
— 16. ἐν γὰρ χειρὶ αὐτοῦ καὶ ἡμεῖς
8. 12. χεῖρα [S -ας] ἐπιθήσουσιν ἐπὶ στόμα αὐ.
— 18. ἐν πόνοις χειρῶν αὐ. πλοῦτος ἀνεκλιπής
9. 16. τὰ ἐν χερσὶν [S ποσὶν] εὑρίσκομεν μετὰ πόνου
10. 20. τήν τε ὑπέρμαχόν σου χεῖρα ᾔνεσαν
11. 1. εὐώδωσε τὰ ἔργα αὐ. ἐν χειρὶ προφήτου ἁγίου
— 17. οὐ γὰρ ἠπόρει ἡ παντοδύναμός σου χείρ
12. 6. ἀπολέσαι διὰ χειρῶν πατέρων ἡμῶν
13. 10. οἵτινες ἐκάλεσαν θεοὺς ἔργα χειρῶν ἀνθρώπων
— 10. λίθον ἄχρηστον χειρὸς ἔργον ἀρχαίας
— 19. περὶ δὲ . . . ἐργασίας καὶ χειρῶν ἐπιτυχίας τὸ ἀδρανέστατον ταῖς χ. εὐδράνειαν αἰτεῖται [S al.]
14. 6. ἡ ἐλπὶς τοῦ κόσμου . . . τῇ σῇ κυβερνηθεῖσα χειρί
15. 15. οὔτε δάκτυλοι χειρῶν εἰς ψηλάφησιν
— 17. θνητὸς δὲ ὢν νεκρὸν ἐργάζεται χερσὶν ἀνόμοις
16. 15. τὴν δὲ σὴν χ. φυγεῖν ἀδύνατόν ἐστιν
19. 3. ἔτι γὰρ ἐν χερσὶν ἔχοντες τὰ πένθη
— 8. διῆλθον οἱ τῇ σῇ σκεπαζόμενοι χ.
Si. 2. 12. οὐαὶ καρδίαις δειλαῖς καὶ χερσὶ παρειμέναις
— 18. ἐμπεσούμεθα εἰς χεῖρας κυρίου καὶ οὐκ εἰς χεῖρας ἀνθρώπων
4. 9. ἐξελοῦ ἀδικούμενον ἐκ χειρὸς ἀδικοῦντος
— 19. παραδώσει αὐτὸν εἰς χεῖρας πτώσεως αὐτοῦ
— 31. μὴ ἔστω ἡ χ. σου ἐκτεταμένη εἰς τὸ λαβεῖν
5. 12. ἡ χ. σου ἔστω ἐπὶ στόματί σου
7. 32. πτωχῷ ἔκτεινον τὴν χ. σου
8. 1. μή ποτε ἐμπέσῃς εἰς τὰς χ. αὐτοῦ
9. 17. ἐν χειρὶ τεχνιτῶν ἔργον ἐπαινεσθήσεται
10. 4. ἐν χειρὶ κυρίου ἐξουσία τῆς γῆς
— 5. ἐν χειρὶ κυρίου εὐοδία ἀνδρός
11. 6. ἔνδοξοι παρεδόθησαν εἰς χεῖρας ἑτέρων
12. 18. ἐπικροτήσει ταῖς χερσὶν αὐτοῦ
14. 25. στήσει τὴν σκηνὴν αὐτοῦ κατὰ χεῖρας αὐτῆς
15. 14. ἀφῆκεν αὐτὸν ἐν χειρὶ διαβουλίου αὐτοῦ
— 16. οὗ ἐὰν θέλῃς ἐκτενεῖς τὴν χ. σου
21. 19. ὡς χειροπέδαι ἐπὶ χειρὸς δεξιᾶς
22. 2. πᾶς ὁ ἀναιρούμενος αὐτὸν ἐκτινάξει χεῖρα
25. 23. χεῖρες παρειμέναι καὶ γόνατα παραλελυμένα
— 26. εἰ μὴ πορεύεται κατὰ χεῖρά [S -ας] σου
27. 19. ὡς πετεινὸν ἐκ χειρός σου ἀπέλυσας
29. 1. ὁ ἐπισχύων τῇ χ. αὐ. τηρεῖ ἐντολάς
— 5. καταφιλήσει χεῖρα [A S -ας] αὐτοῦ
— 26. εἴ τι ἐν τῇ χ. σου ψώμισόν με
30. 30 (33. 21). ἢ σὲ ἐμβλέπειν εἰς χεῖρας υἱῶν σου
— 34 (33. 25). ἄνες χεῖρας αὐτῷ
32 (35). 8. μὴ μικρύνῃς ἀπαρχὴν χειρῶν σου
— 10. ἐν ἀγαθῷ ὀφθαλμῷ καθ' εὕρεμα [S αἴρεμα] χειρός
33 (36). 3. ἔπαρον τὴν χ. σου ἐπὶ ἔθνη ἀλλότρια
— 6. δόξασον χεῖρα καὶ βραχίονα δεξιόν
34 (31). 14. μὴ ἐκτείνῃς χεῖρα
— 18. πρότερος αὐτῶν μὴ ἐκτείνῃς τὴν χ. σου
36 (33). 13. ἐν χειρὶ αὐτοῦ πᾶσαι αἱ ὁδοὶ αὐτοῦ
— 13. οὕτως ἄνθρωποι ἐν χειρὶ τοῦ ποιήσαντος αὐτούς
38. 10. καὶ εὔθυνον χεῖρας
— 13. ἔστι καιρὸς ὅτε καὶ ἐν χερσὶν αὐτῶν εὐωδία
— 15. ἐμπέσοι εἰς χεῖρας ἰατροῦ [A αὐτοῦ]
— 31. πάντες οὗτοι εἰς χεῖρας αὐτῶν ἐνεπίστευσαν
39. 31. A ἐπὶ τῆς γῆς εἰς χεῖρας [B S χρείας] ἑτοιμασθήσονται
40. 14. ἐν τῷ ἀνοῖξαι αὐτὸν χεῖρας εὐφρανθήσεται

Si. 42. 6. ὅπου χεῖρες πολλαὶ κλεῖσον
43. 12. χεῖρες ὑψίστου ἐτάνυσαν αὐτό
45. 15. ἐπλήρωσε Μωυσῆς τὰς χ.
46. 2. ὡς ἐδοξάσθη ἐν τῷ ἐπᾶραι χεῖρας αὐτοῦ
— 4. οὐχὶ ἐν χειρὶ αὐ. ἀνεποδίσεν ὁ ἥλιος
47. 4. ἐν τῷ ἐπᾶραι χεῖρα [A -ας] ἐν λίθῳ σφενδόνης
48. 18. ἐπῆρεν ἡ χ. [A ἐπ. χεῖρα] αὐτοῦ ἐπὶ Σιών
— 19. τότε ἐσαλεύθησαν . . . χεῖρες [A S αἱ χ.] αὐ.
— 20. ἐκπετάσαντες τὰς χ. αὐτῶν πρὸς αὐτόν
— 20. ἐλυτρώσατο αὐτοὺς ἐν χειρὶ Ἡσαΐου
49. 6. ἠρήμωσαν τὰς ὁδοὺς αὐτῆς ἐν χειρὶ Ἱερεμίου
— 11. αὐτὸς ὡς σφραγὶς ἐπὶ δεξιᾶς χειρός
50. 12. ἐν δὲ τῷ δέχεσθαι μέλη ἐκ χειρῶν ἱερέων
— 13. προσφορὰ κυρίου ἐν χερσὶν αὐτῶν
— 15. ἐξέτεινεν ἐπὶ σπονδείου χεῖρα αὐτοῦ
— 20. ἐπῆρε χεῖρας [A -ρα] αὐτοῦ
51. 3. ἐλυτρώσω με . . . ἐκ χειρὸς ζητούντων τὴν ψυχήν μου
— 8. σῴζεις αὐτοὺς ἐκ χειρὸς ἐθνῶν [A S ἐχθρῶν]
— 19. τὰς χ. μου ἐξεπέτασα πρὸς ὕψος
Ho. 2. 10 (12). οὐδεὶς οὐ μὴ ἐξέληται αὐτὴν ἐκ χειρός μου (2 a)
7. 5. ἐξέτεινε τὴν χ. αὐ. μετὰ λοιμῶν (2 a)
11. 6. κατέπαυσεν ἐν ταῖς χ. αὐ. †
12. 7 (8). Χ. ἐν χειρὶ αὐ. ζυγὸς ἀδικίας (2 a)
— 10 (11). ἐν χερσὶ προφητῶν ὡμοιώθην (2 a)
13. 4. οὗ αἱ χ. ἔκτισαν πᾶσαν τὴν στρατιὰν τοῦ οὐρ. –
— 14. ἐκ χειρὸς ᾅδου ῥύσομαι (2 a)
14. 4. οὐκέτι μὴ εἴπωμεν, Θεοὶ ἡμῶν, τοῖς ἔργοις τῶν χ. ἡμῶν (2 a)
Am. 1. 8. ἐπάξω τὴν χ. μου ἐπὶ Ἀκκ. (2 a)
5. 19. καὶ ἀπερείσηται τὰς χ. αὐ. ἐπὶ τὸν τοῖχον (2 a)
7. 7. καὶ ἐν τῇ χ. αὐ. ἀδάμας (2 a)
9. 2. ἐκεῖθεν ἡ χ. μου ἀνασπάσει αὐτούς (2 a)
Mi. 2. 1. οὐκ ἦραν πρὸς τὸν θεὸν τὰς χ. αὐ. (2 a)
4. 10. λυτρώσεταί σε κ. ὁ θ. σου ἐκ χειρὸς ἐχθρῶν σου (4)
5. 9 (8). ὑψωθήσεται ἡ χ. σου (2 a)
— 12 (11). ἐξολεθρεύσω τὰ φάρμακά σου ἐκ τῶν χ. σου (2 a)
— 13 (12). οὐκέτι μὴ προσκυνήσεις τοῖς ἔργοις τῶν χ. σου (2 a)
7. 3. ἐπὶ τὸ κακὸν τὰς χ. αὐ. ἑτοιμάζουσιν (4)
— 16. ἐπιθήσουσι χεῖρας [A -α] ἐπὶ τὸ στ. αὐ. (2 a)
Jl. 3 (4). 8. ἀποδώσομαι τοὺς υἱοὺς ὑμῶν . . . εἰς χεῖρας τῶν υἱῶν Ἰ. (2 a)
Jn. 3. 8. καὶ ἀπὸ τῆς ἀδικίας τῆς ἐν χερσὶν αὐ. (4)
Na. 3. 19. κροτήσουσι χεῖρας [A -α] ἐπὶ σέ (4)
Hb. 2. 9. τοῦ ἐκσπασθῆναι ἐκ χειρὸς κακῶν (4)
3. 4. κέρατα ἐν χερσὶν αὐ. (2 a)
Ze. 1. 4. ἐκτενῶ τὴν χ. μου ἐπὶ Ἰούδαν (2 a)
2. 13. ἐκτενεῖ τὴν χ. αὐ. ἐπὶ βορρᾶν [A S³ al.] (2 a)
3. 1 (2. 15). κινήσει τὰς χ. αὐ. (2 a)
— 15. λελύτρωταί σε ἐκ χειρὸς ἐχθρῶν σου –
— 16. μὴ παρείσθωσαν αἱ χ. σου (2 a)
Hg. 1. 1, 3. ἐγένετο λόγος κυρίου ἐν χειρὶ Ἀγγαίου (2 a)
— 11. καὶ ἐπὶ πάντας τοὺς πόνους τῶν χ. αὐ. (4)
2. 2 (1). ἐλάλησε κύριος ἐν χειρὶ Ἀγγαίου (2 a)
— 15 (14). καὶ οὕτως πάντα τὰ ἔργα τῶν χ. αὐ. (2 a)
— 18 (17). πάντα τὰ ἔργα τῶν χ. ὑμῶν (2 a)
Za. 1. 21 (2. 4). τοῦ ὀξῦναι αὐτὰ εἰς χεῖρας αὐ. †
2. 1 (5). ἐν τῇ χ. αὐ. σχοινίον γεωμετρικόν (2 a)
— 9 (13). ἐπιφέρω τὴν χ. μου ἐπ' αὐτούς (2 a)
4. 9. αἱ χεῖρες Ζορ. ἐθεμελίωσαν . . . καὶ αἱ χ. αὐ. ἐπιτελέσουσιν αὐτόν (2 a, 2 a)
— 10. ὄψονται τὸν λίθον . . . ἐν χειρὶ Ζορ. (2 a)
— 12. τί οἱ δύο κλάδοι . . . οἱ ἐν ταῖς χ. τῶν δύο μυξωτήρων (2 a)
7. 7. οὓς ἐλάλησε κ. ἐν χερσὶ τῶν προφητῶν (2 a)
— 12. οὓς ἐξαπέστειλε κ. . . . ἐν χερσὶ τῶν προφητῶν (2 a)
8. 4. ἕκαστος τὴν ῥάβδον αὐ. ἔχων ἐν τῇ [A om.] χ. αὐ. (2 a)
— 9. κατισχυέτωσαν αἱ χ. ὑμῶν (2 a)
— 13. κατισχύετε ἐν ταῖς χ. ὑμῶν (2 a)
11. 6. B S παραδίδωμι τοὺς ἀνθρ. ἕκαστον εἰς χεῖρας [A R -α] τοῦ πλησίον αὐ. καὶ εἰς χεῖρας [A R -α] βασιλέως αὐ. (2 a, 2 a)
— 6. οὐ μὴ ἐξέλωμαι ἐκ χειρὸς αὐ. (2 a)
— 8. S¹ καὶ γὰρ αἱ χ. [A B S³ ψυχαὶ] αὐ. ἐπωρύοντο ἐπ' ἐμέ †
13. 6. τί αἱ πληγαὶ αὗται ἀνὰ μέσον τῶν χ. σου (2 a)
— 7. ἐπάξω τὴν χ. μου ἐπὶ τοὺς μικρούς (2 a)

Za. 14. 13. ἐπιλήψονται ἕκαστος τῆς χ. τοῦ πλησίον αὐ. (2 a)
— 13. συμπλακήσεται ἡ χ. αὐ. πρὸς τὴν [A om.] χ. τοῦ πλησίον αὐ. (2 a, 2 a)
Ma. 1. 1. λῆμμα λόγου κυρίου . . . ἐν χειρὶ ἀγγέλου αὐ. (2 a)
— 9. ἐν χερσὶν ὑμῶν γέγονε ταῦτα (2 a)
— 10. θυσίαν οὐ προσδέξομαι ἐκ τῶν χ. ὑμῶν (2 a)
— 13. εἰ προσδέξομαι αὐτὰ ἐκ τῶν χ. ὑμῶν (2 a)
2. 13. ἢ λαβεῖν δεκτὸν ἐκ τῶν χ. ὑμῶν (2 a)
Is. 1. 12. τίς γὰρ ἐξεζήτησε ταῦτα ἐκ τῶν χ. ὑμῶν (2 a)
— 15. ὅταν ἐκτείνητε τὰς χ. . . . αἱ γὰρ χ. ὑμῶν αἵματος πλήρεις (4, 2 a)
— 25. ἐπάξω τὴν χ. μου ἐπὶ σέ (2 a)
2. 8. ἐνεπλήσθη ἡ γῆ βδελυγμάτων τῶν ἔργων τῶν χ. αὐ. (2 a)
3. 11. κατὰ τὰ ἔργα τῶν χ. αὐτοῦ (2 a)
5. 12. τὰ ἔργα τῶν χ. αὐτοῦ οὐ κατανοοῦσι (2 a)
— 25. ἐπέβαλε τὴν χ. ἐπ' αὐτοὺς . . . ἀλλ' ἔτι ἡ χ. ὑψηλή (2 a, 2 a)
6. 6. ἐν τῇ χ. εἶχεν ἄνθρακα (2 a)
8. 11. τῇ ἰσχυρᾷ χ. ἀπειθοῦσι (2 a)
9. 12 (11), 17 (16), 21 (20): 10. 4. ἔτι ἡ χ. ὑψηλή (2 a)
10. 5. ὀργὴ ἔστιν ἐν ταῖς χ. αὐ. [A S al.] (2 a)
— 10. A S ταύτας ἔλαβον ἐν τῇ χ. μου [B om. ἐ. τ. χ. μ.] (2 a)
— 14. τὴν οἰκουμένην ὅλην καταλήψομαι τῇ χ. (2 a)
— 32. τῇ χ. παρακαλεῖτε τὸ ὄρος (2 a)
11. 8. ἐπὶ κοίτην ἐκγόνων ἀσπίδων τὴν χ. ἐπιβαλεῖ (2 a)
— 11. τοῦ δεῖξαι τὴν χ. αὐτοῦ (2 a)
— 14. ἐπὶ Μωὰβ πρῶτον τὰς χ. ἐπιβαλοῦσιν (2 a)
— 15. ἐπιβαλεῖ τὴν χ. αὐτοῦ ἐπὶ τὸν ποταμόν (2 a)
13. 2. παρακαλεῖτε τῇ χ. [A ψυχῇ] (2 a)
— 7. πᾶσα χ. [A πᾶσαι χ.] ἐκλυθήσεται (2 a)
14. 26. αὕτη ἡ χ. ἡ ὑψηλὴ ἐπὶ πάντα τὰ ἔθνη (2 a)
— 27. τὴν χ. αὐτοῦ τὴν ὑψηλὴν τίς ἀποστρέψει (2 a)
17. 8. οὐδὲ ἐπὶ τοῖς ἔργοις τῶν χ. αὐτῶν (2 a)
19. 4. παραδώσω Αἴγυπτον εἰς χεῖρας ἀνθρώπων (2 a)
— 16. ἀπὸ προσώπου τῆς χ. κυρίου σαβαώθ (2 a)
22. 21. τὴν οἰκονομίαν σου δώσω εἰς τὰς χ. αὐ. (2 a)
23. 11. ἡ δὲ χ. σου οὐκέτι ἰσχύει κατὰ θάλασσαν (2 a)
24. 21. ἐπάξει ὁ θεὸς ἐπὶ τὸν κόσμον τοῦ οὐρανοῦ τὴν χ. –
25. 11. ἀνήσει τὰς χ. αὐτοῦ (2 a)
— 11. ἐφ' ἃ τὰς χ. ἐπέβαλε (2 a)
28. 3 (2). ταῖς χ. καὶ τοῖς ποσὶ καταπατηθήσεται (2 a)
— 4. πρὶν εἰς τὴν χ. αὐτοῦ λαβεῖν αὐτό (4)
29. 12. δοθήσεται τὸ βιβλίον τοῦτο εἰς χεῖρας ἀνθρώπου –
31. 3. ὁ δὲ κύριος ἐπάξει τὴν χ. αὐ. ἐπ' αὐτούς (2 a)
— 7. ἃ ἐποίησαν αἱ χ. [S¹ οἱ δάκτυλοι] αὐτῶν (2 a)
33. 15. τὰς χ. ἀποσειόμενος ἀπὸ δώρων (4)
34. 17. ἡ χ. αὐτοῦ διεμέρισε βόσκεσθαι (2 a)
35. 3. ἰσχύσατε, χεῖρες ἀνειμέναι (2 a)
36. 6. εἰσελεύσεται εἰς τὴν χ. αὐτοῦ (4)
— 15. οὐ μὴ παραδοθῇ ἡ πόλις αὕτη ἐν χειρὶ βασιλέως Ἀσσ. (2 a)
— 18. μὴ ἐρρύσαντο . . . ἐκ χειρὸς βασιλέως Ἀσσυρίων (2 a)
— 19. μὴ ἐδύναντο ῥύσασθαι Σαμάρειαν ἐκ χειρός [S¹ τῆς χ.] μου (2 a)
— 20. ἐρρύσατο τὴν γῆν αὐ. ἐκ χειρός [A S τῆς χ.] μου ὅτι ῥύσεται ὁ θ. τὴν Ἰερ. ἐκ χειρός μου (2 a, 2 a)
37. 10. οὐ μὴ παραδοθῇ Ἰερ. ἐν χειρὶ [A S εἰς χεῖρας] βασιλέως Ἀσσ. (2 a)
— 19. οὐ γὰρ θεοὶ ἦσαν ἀλλὰ ἔργα χειρῶν ἀνθρώπων (2 a)
— 20. σῶσον ἡμᾶς ἐκ χειρὸς αὐτοῦ (2 a)
— 27. ἀνῆκα τὰς χ. (2 a)
38. 6. ἐκ χειρὸς βασιλέως Ἀσσ. ῥύσομαί σε (4)
40. 2. ἐδέξατο ἐκ χειρὸς κυρίου διπλᾶ (2 a)
— 12. τίς ἐμέτρησε τῇ χ. τὸ ὕδωρ (5)
41. 20. χ. κυρίου ἐποίησε ταῦτα (2 a)
42. 6. κρατήσω τῆς χ. σου (2 a)
43. 13. οὐκ ἔστιν ὁ ἐκ τῶν χ. μου ἐξαιρούμενος (2 a)
44. 5. ἐπιγράψει χειρὶ αὐτοῦ [A S om. χ. αὐ.] (2 a)
45. 9. οὐδὲ ἔχεις χεῖρας (2 a)
— 11. περὶ τῶν ἔργων τῶν χ. μου (2 a)
— 12. τῇ χ. μου ἐστερέωσα τὸν οὐρανόν (2 a)
47. 6. ἔδωκα αὐτοὺς εἰς τὴν χ. σου (2 a)
48. 13. ἡ χ. μου ἐθεμελίωσε τὴν γῆν (2 a)
49. 2. ὑπὸ τὴν σκέπην τῆς χ. αὐτοῦ ἔκρυψέ με (2 a)

s. 49. 16. ἐπὶ τῶν χ. μου ἐζωγράφηκά σου τὰ τείχη (4)
— 22. αἴρω εἰς τὰ ἔθνη τὴν χ. μου (2 a)
50. 2. μὴ οὐκ ἰσχύει ἡ χ. μου τοῦ ῥύσασθαι (2 a)
51. 16. ὑπὸ τὴν σκιὰν [A δεξιὰν, S^2 σκέπην] τῆς χ. [A om. τ. χ.] μου σκεπάσω σε (2 a)
— 17. ἡ πιοῦσα ἐκ χειρὸς κυρίου τὸ ποτήριον (2 a)
— 18. οὐκ ἦν ὁ ἀντιλαμβανόμενος τῆς χ. σου (2 a)
— 22. εἴληφα ἐκ τῆς χ. σου τὸ ποτήριον (2 a)
— 23. δώσω αὐτὸ εἰς τὰς χ. τῶν ἀδικησάντων σε (2 a)
56. 2. διατηρῶν τὰς χ. [S^1 om.] αὐτοῦ (2 a)
59. 1. μὴ οὐκ ἰσχύει ἡ χ. κυρίου (2 a)
— 3. αἱ γὰρ χ. ὑμῶν μεμολυσμέναι αἵματι (4)
60. 21. φυλάσσων τὸ φύτευμα ἔργα χειρῶν αὐτοῦ (2 a)
62. 3. ἔσῃ στέφανος κάλλους ἐν χειρὶ κυρίου καὶ διάδημα βασιλείας ἐν χειρὶ θεοῦ σου (2 a, 4)
64. 8 (7). ἔργα τῶν [S^1 om.] χ. σου πάντες (2 a)
65. 2. ἐξεπέτασα τὰς χ. μου (2 a)
66. 2. πάντα γὰρ ταῦτα ἐποίησεν ἡ χ. μου (2 a)
— 14. γνωσθήσεται ἡ χ. κ. τοῖς φοβουμ. [A S σεβομ.] αὐτόν (2 a)
Je. 1. 9. ἐξέτεινε κύριος τὴν χ. αὐτοῦ πρὸς μέ (2 a)
— 16. προσεκύνησαν τοῖς ἔργοις τῶν χ. αὐ. (2 a)
2. 34. ἐν ταῖς χ. σου εὑρέθησαν αἵματα ψυχῶν ἀθῴων †
— 37. αἱ χ. σου ἐπὶ τῆς κεφαλῆς σου (2 a)
3. 8. ἔδωκα αὐτῇ βιβλίον ἀποστασίου εἰς τὰς χ. αὐτῆς –
4. 31. παρήσει τὰς χ. αὐτῆς (4)
5. 31. οἱ ἱερεῖς ἐπεκρότησαν ταῖς χ. αὐτῶν (2 a)
6. 3. ποιμανοῦσιν ἕκαστος τῇ χ. [S τὴν χ.] αὐτοῦ (2 a)
— 12. ἐκτενῶ τὴν χ. μου ἐπὶ τοὺς κατοικοῦντας (2 a)
— 24. παρελύθησαν αἱ χ. ἡμῶν (2 a)
10. 9. χ. [A S^2 χεῖρες] χρυσοχόων (2 a)
11. 21. ἀποθανῇ ἐν ταῖς χ. ἡμῶν (2 a)
12. 7. ἔδωκα τὴν ἠγαπημ. ψυχήν μου εἰς χεῖρας ἐχθρῶν αὐ. (4)
15. 6. ἐκτενῶ τὴν χ. μου (2 a)
— 17. εὐλαβούμην ἀπὸ προσώπου χειρός σου (2 a)
— 21. ἐξαιρεῖσθαί σε ἐκ χειρὸς πονηρῶν καὶ λυτρώσομαί σε [S om. λ. σ.] ἐκ χειρὸς λοιμῶν (2 a, 4)
16. 21. δηλώσω αὐτοῖς . . . τὴν χ. μου (2 a)
18. 4. ὃ αὐτὸς ἐποίει ἐν ταῖς χ. αὐτοῦ (2 a)
— 6. ὡς ὁ πηλὸς τοῦ κεραμέως ὑμεῖς ἐστε ἐν χερσί [A ταῖς χ.] μου (2 a)
— 21. ἄθροισον αὐτοὺς εἰς χεῖρας μαχαίρας (2 a)
19. 7. ἐν χερσὶ τῶν ζητούντων τὰς ψυχὰς αὐ. (2 a)
20. 4. πάντα Ἰούδα δώσω εἰς χεῖρας βασιλέως Βαβ. (2 a)
— 5. δώσω . . . εἰς χεῖρας ἐχθρῶν αὐτοῦ (2 a)
— 13. ἐξείλατο ψυχὴν πένητος ἐκ χειρὸς πονηρευομένων (2 a)
21. 5. πολεμήσω ἐγὼ ὑμᾶς ἐν χειρὶ ἐκτεταμένῃ [A ἐντ.] (2 a)
— 7. δώσω . . . εἰς χεῖρας ἐχθρῶν αὐτῶν (2 a)
— 10. εἰς χεῖρας βασ. Βαβ. παραδοθήσεται (2 a)
— 12. ἐξέλεσθε διηρπασμένον ἐκ χειρὸς ἀδικοῦντος αὐτόν (2 a)
22. 3. ἐξαιρεῖσθε διηρπασμένον ἐκ χειρὸς ἀδικοῦντος αὐτόν (2 a)
— 24. ἀποσφράγισμα ἐπὶ τῆς χ. τῆς δεξιᾶς μου (2 a)
— 25. εἰς χεῖρας τῶν ζητούντων τὴν ψυχήν σου . . . εἰς χεῖρας τῶν Χαλδαίων (2 a, 2 a)
23. 14. ἑώρακα . . . ἀντιλαμβανομένους χειρῶν πολλῶν [A πονηρῶν] (2 a)
25. 6. ὅπως μὴ παροργίζητέ με ἐν τοῖς ἔργοις τῶν χ. ὑμῶν (2 a)
26 (46). 13. ἃ ἐλάλησε κύριος ἐν χειρὶ Ἰερεμίου –
— 24. παρεδόθη εἰς χεῖρας λαοῦ ἀπὸ βορρᾶ (2 a)
27 (50). 15, 43. παρελύθησαν αἱ χ. αὐ. (2 a)
28 (51). 7. ποτήριον χρυσοῦν Βαβυλὼν ἐν χειρὶ κυρίου (2 a)
— 25. ἐκτενῶ τὴν χ. μου ἐπὶ σέ (2 a)
29 (47). 3. ἀπὸ ἐκλύσεως χειρῶν αὐτῶν (2 a)
29 (49). 9. ἐπιθήσουσι χεῖρα [A S -ας] αὐ. †
— 10. ὤλοντο διὰ χεῖρα ἀδελφοῦ αὐτοῦ †
31 (48). 26. ἐπικρούσει Μωὰβ ἐν χειρὶ αὐτοῦ †
— 37. πᾶσαι χεῖρες κόψονται (2 a)
32 (25). 15. λάβε τὸ ποτήριον τοῦ οἴνου . . . ἐκ χειρός μου [S^1 om. ἐκ χ. μ.] (2 a)
— 17. ἔλαβον τὸ ποτήριον ἐκ χειρὸς κυρίου (2 a)
— 28. δέξασθαι τὸ ποτήριον ἐκ τῆς χ. σου (2 a)

Je. 33 (26). 14. ἰδοὺ ἐγὼ ἐν χερσὶν ὑμῶν (2 a)
— 24. χ. Ἀχ. υἱοῦ Σ. ἦν μετὰ Ἰερ. τοῦ μὴ παραδοῦναι αὐτὸν εἰς χεῖρας τοῦ λαοῦ (2 a, 2 a)
34 (27). 3. ἐν χερσὶν ἀγγέλων αὐτῶν (2 a)
— 8. ἕως ἐκλίπωσιν ἐν χειρὶ αὐτοῦ (2 a)
36 (29). 3. ἐν χειρὶ Ἐλεασάν (2 a)
— 21. δίδωμι αὐτοὺς εἰς χεῖρας βασιλέως Βαβ. (2 a)
37 (30). 6. αἱ χ. αὐτοῦ ἐπὶ τῆς ὀσφύος αὐτοῦ (2 a)
38 (31). 11. ἐξείλατο αὐτὸν ἐκ χειρὸς στερεωτέρων αὐτοῦ (2 a)
— 32. ἐν ἡμέρᾳ ἐπιλαβομένου μου τῆς χ. αὐ. (2 a)
39 (32). 3. A B S^2 ἐν χερσὶ βασιλέως Βαβ. (2 a)
— 4. A B S^2 Σεδ. οὐ μὴ σωθῇ ἐκ χειρὸς τῶν Χ. (2 a)
— 4. A B S^2 παραδοθήσεται εἰς χεῖρας βασιλέως Βαβ. (2 a)
— 21. ἐξήγαγες τὸν λαόν σου . . . ἐν χειρὶ κραταιᾷ (2 a)
— 24. ἡ πόλις ἐδόθη εἰς χεῖρας [S τὰς χ.] Χαλδαίων (2 a)
— 25. ἡ πόλις ἐδόθη εἰς χεῖρας Χαλδαίων (2 a)
— 28. παραδοθήσεται ἡ πόλις αὕτη εἰς χεῖρας βασιλέως Βαβ. (2 a)
— 36. παραδοθήσεται εἰς χεῖρας βασ. Βαβ. (2 a)
— 43. παρεδόθησαν εἰς χεῖρας Χαλδαίων (2 a)
40 (33). 13. παρελεύσεται πρόβατα ἐπὶ χεῖρα ἀριθμοῦντος (2 a)
41 (34). 2. παραδοθήσεται . . . εἰς χεῖρας βασιλέως Βαβ. (2 a)
— 3. οὐ μὴ σωθῇς ἐκ χειρὸς αὐτοῦ (2 a)
— 3. B S εἰς χεῖρας αὐτοῦ δοθήσῃ (2 a)
— 21. τοὺς ἄρχοντας αὐτῶν δώσω εἰς χεῖρας ἐχθρῶν αὐτῶν (2 a)
43 (36). 14. λάβε αὐτὸ εἰς τὴν χ. σου [S^1 om. εἰς τ. χ. σ.] (2 a)
— 14. A ἔλαβε Βαρούχ . . . τὸ χαρτίον ἐν χειρὶ αὐτοῦ [B S om. ἐν χ. αὐ.] (2 a)
44 (37). 2. οὓς ἐλάλησεν ἐν χειρὶ Ἰερεμίου (2 a)
— 17. εἰς χεῖρας βασ. Βαβ. παραδοθήσῃ (2 a)
45 (38). 3. παραδοθήσεται ἡ πόλις αὕτη εἰς χεῖρας δυνάμεως βασ. Βαβ. (2 a)
— 4. ἐκλύει τὰς χ. τῶν ἀνθρώπων . . . καὶ τὰς χ. παντὸς τοῦ λαοῦ (2 a, 2 a)
— 5. αὐτὸς ἐν χερσὶν [A ταῖς χ.] ὑμῶν (2 a)
— 10. λάβε εἰς τὰς χ. [A τὴν χ.] σου . . . τριάκοντα ἀνθρώπους (2 a)
— 16. εἰ δώσω σε εἰς χεῖρας τῶν ἀνθρ. τ. (2 a)
— 18. δοθήσεται ἡ πόλις αὕτη εἰς χεῖρας τῶν Χ. [A al.] (2 a)
— 19. μὴ δώσειν με εἰς χεῖρας αὐτῶν (2 a)
— 23. ἐν χειρὶ [A εἰς χεῖρας] βασιλέως Βαβυλῶνος συλληφθήσῃ [A παραδοθ.] (2 a)
46 (39). 17. οὐ μὴ δώσω σε εἰς χεῖρας [S τὰς χ.] τῶν ἀνθρώπων (2 a)
47 (40). 4. ἀπὸ τῶν χειροπεδῶν τῶν ἐπὶ [A ὑπὸ] τὰς χ. σου (2 a)
48 (41). 5. λίβανος ἐν χερσὶν [A ταῖς χ., S χειρὶ] αὐ. (2 a)
49 (42). 11. σώζειν ὑμᾶς ἐκ χειρὸς αὐ. (2 a)
50 (43). 3. ἵνα δῷς ἡμᾶς εἰς χεῖρας τῶν Χ. (2 a)
51 (44). 8. ἐν τοῖς ἔργοις τῶν χ. ὑμῶν (2 a)
— 25. ταῖς χ. ὑμῶν ἐπληρώσατε (2 a)
— 30. δίδωμι τὸν Οὐ. . . . εἰς χεῖρας ἐχθροῦ αὐ. καὶ εἰς χεῖρας ζητούντων τὴν ψυχὴν αὐ. καθὰ ἔδωκα τὸν Σεδ. . . . εἰς χεῖρας Ναβ. (2 a ter)
Ba. 1. 6. καθὰ ἑκάστου ἠδύνατο ἡ χ.
2. 11. ἐξήγαγες . . . ἐν χειρὶ κραταιᾷ
— 20. ἐλάλησας ἐν χειρὶ τῶν παίδων σου
— 24. οὓς ἐλάλησας ἐν χερσὶ τῶν παίδων σου
— 28. ἐλάλησας ἐν χειρὶ παιδός σου Μωυσῆ
3. 5. μνήσθητι χειρός σου
4. 18. ἐξελεῖται ὑμᾶς ἐκ χειρὸς ἐχθρῶν ὑμῶν
— 21. ἐξελεῖται ὑμᾶς . . . ἐκ χειρὸς ἐχθρῶν
La. 1. 7. ἐν τῷ πεσεῖν τὸν λαὸν αὐτῆς εἰς χεῖρας θλίβοντος (2 a)
— 10. χεῖρα αὐτοῦ ἐξεπέτασε θλίβων (2 a)
— 14. ἐν χερσί μου συνεπλάκησαν (2 a)
— 14. ἔδωκε κύριος ἐν χερσί μου ὀδύνας (2 a)
— 17. διεπέτασε Σιὼν χεῖρας [A τὰς χ.] αὐ. (2 a)
2. 7. συνέτριψεν ἐν χειρὶ ἐχθροῦ τεῖχος (2 a)
— 8. οὐκ ἀπέστρεψε χεῖρα αὐ. ἀπὸ καταπατήματος (2 a)
— 15. ἐκρότησαν ἐπὶ σὲ χεῖρας πάντες (4)
— 19. ἆρον πρὸς αὐτὸν χεῖράς σου (4)
3. 3. ἐν ἐμοὶ ἐπέστρεψε χεῖρα αὐτοῦ (2 a)

La. 3. 41. ἀναλάβωμεν καρδίας ἡμῶν ἐπὶ χειρῶν (4)
— 64. κατὰ τὰ ἔργα τῶν χ. αὐτῶν (2 a)
4. 2. ἔργα χειρῶν κεραμέως (2 a)
— 6. οὐκ ἐπόνεσαν ἐν αὐτῇ χεῖρας (2 a)
— 10. χεῖρες γυναικῶν οἰκτιρμόνων ἥψησαν τὰ παιδία (2 a)
5. 6. Αἴγυπτος ἔδωκε χεῖρα (2 a)
— 8. λυτρούμενος οὐκ ἔστιν ἐκ τῆς χ. αὐτῶν (2 a)
— 12. ἄρχοντες ἐν χερσὶν αὐτῶν ἐκρεμάσθησαν (2 a)
Ep. Je. 51. οὐκ εἰσὶ θεοὶ ἀλλὰ ἔργα χειρῶν ἀνθρώπων
Ez. 1. 3. ἐγένετο ἐπ' ἐμὲ χ. κυρίου (2 a)
— 8. χ. ἀνθρώπου ὑποκάτωθεν τῶν πτερύγων αὐτῶν (2 a)
2. 9. ἰδοὺ χ. ἐκτεταμένη πρὸς μέ (2 a)
3. 14. χ. κυρίου ἐγένετο ἐπ' ἐμὲ κραταιά (2 a)
— 18. τὸ αἷμα αὐτοῦ ἐκ χειρός σου ἐκζητήσω (2 a)
— 20. τὸ αἷμα αὐ. ἐκ τῆς χ. σου ἐκζητήσω (2 a)
— 22. ἐγένετο ἐπ' ἐμὲ χ. κυρίου (2 a)
6. 11. κρότησον τῇ χ. (4)
— 14. ἐκτενῶ τὴν χ. μου ἐπ' αὐτούς (2 a)
7. 17. πᾶσαι χεῖρες ἐκλυθήσονται (2 a)
— 21. παραδώσω αὐτὰ εἰς χεῖρας ἀλλοτρίων (2 a)
— 27. αἱ χ. τοῦ λαοῦ τῆς γῆς παραλυθήσονται (2 a)
8. 1. ἐγένετο ἐπ' ἐμὲ χ. [A add. Ἀδωναῒ] κυρίου (2 a)
— 3. ἐξέτεινεν ὁμοίωμα χειρός (2 a)
— 11. θυμιατήριον αὐτοῦ εἶχεν ἐν τῇ χ. [A ἐν χ. αὐ.] (2 a)
9. 1. εἶχε τὰ σκεύη τῆς ἐξολεθρεύσεως ἐν χειρὶ αὐτοῦ (2 a)
— 2. ἑκάστου πέλυξ ἐν τῇ χ. αὐτοῦ (2 a)
10. 2. A πλῆσον τὰς χ. [B δράκας] σου ἀνθράκων πυρός (1)
— 7. ἐξέτεινε [A add. ὁ χερ.] τὴν χ. αὐτοῦ (2 a)
— 7. ἔδωκεν εἰς τὰς χ. τοῦ ἐνδεδυκότος τὴν στολήν (1)
— 8. ἴδον [A^1 -ου] τὰ χερ. ὁμοίωμα χειρῶν (2 a)
— 12. αἱ χ. αὐ. . . . πλήρεις ὀφθαλμῶν (2 a)
— 21. ὁμοίωμα χειρῶν ἀνθρώπου (2 a)
11. 9. παραδώσω ὑμᾶς εἰς χεῖρας ἀλλοτρίων (2 a)
12. 7. A ὤρυξα ἐμαυτῷ τὸν τοῖχον τῇ χ. [B al.] (2 a)
13. 9. ἐκτενῶ τὴν χ. μου ἐπὶ τοὺς προφήτας (2 a)
— 18. B R ὑπὸ [A B^1 ἐπὶ] πάντα ἀγκῶνα χειρός (2 a)
— 21. ῥύσομαι τὸν λαόν μου ἐκ χειρὸς ὑμῶν καὶ οὐκέτι ἔσονται ἐν χερσὶν ὑμῶν (2 a, 2 a)
— 22. τοῦ κατισχῦσαι χεῖρας ἀνόμου (2 a)
— 23. ῥύσομαι τὸν λαόν μου ἐκ χειρὸς ὑμῶν (2 a)
14. 9. ἐκτενῶ τὴν χ. μου ἐπ' αὐτόν (2 a)
— 13. ἐκτενῶ τὴν χ. μου ἐπ' αὐτήν (2 a)
16. 11. περιέθηκα ψέλια περὶ τὰς χ. σου (2 a)
— 27. ἐὰν ἐκτείνω τὴν χ. μου ἐπὶ σέ (2 a)
— 39. παραδώσω σε εἰς χεῖρας αὐτῶν (2 a)
— 49. χεῖρα πτωχοῦ καὶ πένητος οὐκ ἀντελαμβάνοντο (2 a)
17. 18. δέδωκα τὴν χ. αὐτοῦ (2 a)
18. 8. ἐξ ἀδικίας ἀποστρέψει τὴν χ. αὐτοῦ (2 a)
— 17. ἀπὸ ἀδικίας ἀπέστρεψε τὴν χ. αὐτοῦ (2 a)
20. 5, 6. ἀντελαβόμην τῇ χ. μου αὐτῶν (2 a)
— 15, 23. ἐξῆρα τὴν χ. μου ἐπ' αὐτούς (2 a)
— 28. B ἦρα τὴν χ. [A R om. τ. χ.] τὴν χ. μου δοῦναι αὐτὴν αὐτοῖς (–, 2 a)
— 33. ἐν χειρὶ κραταιᾷ . . . βασιλεύσω (2 a)
— 34. ἐν χειρὶ κραταιᾷ καὶ ἐν βραχίονι ὑψηλῷ (2 a)
— 42. εἰς ἣν ἦρα τὴν χ. μου (2 a)
21. 7 (12). πᾶσαι χεῖρες παραλυθήσονται (2 a)
— 11 (16). τοῦ κρατεῖν χεῖρα αὐτοῦ (4)
— 11 (16). τοῦ δοῦναι αὐτὴν εἰς χεῖρα [A -ας] ἀποκεντοῦντος (2 a)
— 12 (17). κρότησον ἐπὶ τὴν χ. σου †
— 14 (19). κρότησον χεῖρα [A τῇ χ.] ἐπὶ χεῖρα (4, 4)
— 17 (22). κροτήσω χεῖρά μου πρὸς χεῖρά μου (4, 4)
— 19 (24). χ. ἐν ἀρχῇ [A χεῖρα ἑτοιμάσουσιν ἐπ' ἀρχῆς] ὁδοῦ (2 a)
— 31 (36). παραδώσω σε εἰς χεῖρας ἀνδρῶν βαρβάρων (2 a)
22. 13. A ἐὰν δὲ πατάξω χεῖρά μου πρὸς χεῖρα [B al.] (4, –)
— 14. εἰ κρατήσουσιν αἱ χ. σου (2 a)
23. 9. παρέδωκα αὐτὴν εἰς χεῖρας τῶν ἐραστῶν αὐ. εἰς χεῖρας υἱῶν Ἀσσυρίων (2 a, 2 a)
— 28. παραδίδωμί σε εἰς χεῖρας ὧν μισεῖς (2 a)
— 31. δώσω τὸ ποτήριον αὐτῆς εἰς χεῖράς [A τὰς χ.] σου (2 a)
— 37. αἷμα ἐν χερσὶν αὐτῶν (2 a)

Ez. 23. 42. ἐδίδοσαν ψέλια ἐπὶ τὰς χ. αὐτῶν [A σου] (2 a)
— 45. αἷμα ἐν χερσὶν αὐτῶν (2 a)
25. 6. ἐκρότησας τὴν χ. [A τὰς χ.] σου (2 a)
— 7. ἐκτενῶ τὴν χ. μου ἐπὶ σέ (2 a)
— 13. ἐκτενῶ τὴν χ. μου ἐπὶ τὴν Ἰδουμαίαν (2 a)
— 14. δώσω ἐκδίκησιν . . . ἐν χειρὶ λαοῦ μου Ἰσραήλ (2 a)
— 16. ἐκτενῶ τὴν χ. μου ἐπὶ τοὺς ἀλλοφύλους (2 a)
27. 21. οὗτοι ἔμποροί σου διὰ χειρός σου (2 a)
28. 10. ἀπολῇ ἐν χερσὶν ἀλλοτρίων (2 a)
29. 7. ἐπελάβετό σου τῇ χ. αὐτῶν (4)
— 7. ἐπεκρότησεν ἐπ' αὐτοὺς πᾶσα χ. †
30. 10. ἀπολῶ πλῆθος Αἰγ. διὰ χειρὸς Ναβ. (2 a)
— 12. A ἀποδώσομαι τὴν γῆν ἐν χειρὶ πονηρῶν (2 a)
— 12. ἀπολῶ . . . ἐν χερσὶν ἀλλοτρίων (2 a)
— 22. καταβαλῶ τὴν μάχαιραν αὐ. ἐκ τῆς χ. αὐ. (2 a)
— 24. δώσω [A θήσω] τὴν ῥομφαίαν μου εἰς τὴν χ. [A τὰς χ.] αὐτοῦ (2 a)
— 25. ἐν τῷ δοῦναι τὴν ῥομφαίαν μου εἰς χεῖρας βασιλέως (2 a)
31. 11. παρέδωκα αὐτὸν εἰς χεῖρας ἄρχοντος ἐθνῶν (2 a)
33. 6. τὸ αἷμα ἐκ χειρὸς [A τῆς χ.] τοῦ σκοποῦ ἐκζητήσω (2 a)
— 8. τὸ δὲ αἷμα αὐ. ἐκ τῆς χ. σου ἐκζητήσω (2 a)
— 22. ἐγενήθη ἐπ' ἐμὲ χ. κυρίου (2 a)
34. 10. ἐκζητήσω τὰ πρόβατά μου ἐκ τῶν χ. αὐτῶν (2 a)
— 27. ἐξελοῦμαι αὐτοὺς ἐκ χειρὸς τῶν καταδουλωσαμένων αὐτούς (2 a)
35. 3. ἐκτενῶ τὴν χ. μου ἐπὶ σέ (2 a)
— 5. ἐν χειρὶ ἐχθρῶν [A ἐν καιρῷ ἐ. ἐν χ.] μαχαίρᾳ [A -ας] (2 a)
36. 7. ἀρῶ τὴν χ. μου ἐπὶ τὰ ἔθνη (2 a)
37. 1. ἐγένετο ἐπ' ἐμὲ χ. κυρίου (2 a)
— 17. ἔσονται ἐν τῇ χ. σου (2 a)
— 19. λήψομαι τὴν φυλὴν Ἰωσὴφ τὴν [A om.] διὰ χειρὸς Ἐφραίμ (2 a)
— 19. ἔσονται εἰς ῥάβδον μίαν [A add. ἐν] τῇ χ. Ἰούδα (2 a)
— 20. ἔσονται αἱ ῥάβδοι . . . ἐν τῇ χ. σου (2 a)
38. 12. τοῦ ἐπιστρέψαι χεῖρά [A τὴν χ.] μου εἰς τὴν ἠρημωμένην (2 a)
— 17. διὰ χειρὸς τῶν δούλων μου τῶν προφητῶν (2 a)
39. 3. ἀπολῶ τὸ τόξον σου ἀπὸ [A ἐκ] τῆς χ. σου τῆς ἀριστερᾶς καὶ τὰ τοξεύματά σου ἀπὸ τῆς χ. σου τῆς δεξιᾶς (2 a, 2 a)
— 9. καύσουσιν ἐν . . . ῥάβδοις χειρῶν (2 a)
— 21. ὄψονται . . . τὴν χ. μου (2 a)
— 23. παρέδωκα αὐτοὺς εἰς χεῖρας τῶν ἐχθρῶν αὐτῶν (2 a)
40. 1. ἐγένετο ἐπ' ἐμὲ χ. κυρίου (2 a)
— 3. ἐν τῇ χ. αὐτοῦ ἦν σπαρτίον οἰκοδόμων (2 a)
— 3. A κάλαμος μέτρου ἐν τῇ χ. αὐτοῦ [B om. ἐ. τ. χ. αὐ.] -
— 5. ἐν τῇ χ. τοῦ ἀνδρὸς κάλαμος (2 a)
43. 26. πλήσουσι χεῖρας [A τὰς χ.] αὐτῶν (2 a)
44. 12. ἦρα τὴν χ. μου ἐπ' αὐτούς (2 a)
46. 5. προσοίσει . . . δόμα χειρὸς [A τῆς χ.] αὐτοῦ (2 a)
— 7. καθὼς ἂν ἐκποιῇ [A εὖ π.] ἡ χ. αὐτοῦ (2 a)
— 11. καθὼς ἂν ἐκποιῇ ἡ χ. αὐτοῦ (2 a)
47. 3. μέτρον ἐν τῇ χ. αὐτοῦ (2 a)
— 14. εἰς ἣν ἦρα τὴν χ. μου (2 a)
Da. LXX. Su. 22. οὐκ ἐκφεύξομαι τὰς χ. ὑμῶν
— 23. μὴ πράξασαν ἐμπεσεῖν εἰς τὰς χ. ὑμῶν
— 34. ἐπέθηκαν τὰς χ. αὐ. ἐπὶ τῆς κεφ. αὐ.
1. 2. παρέδωκεν αὐτὴν κ. εἰς χεῖρας αὐ. (2 a)
2. 34. ἐτμήθη λίθος ἐξ ὄρους ἄνευ χειρῶν (2 b)
— 38. παρέδωκεν ὑπὸ τὰς χ. σου (2 b)
— 45. ἐξ ὄρους τμηθῆναι λίθον ἄνευ χειρῶν (2 b)
3. 15. ποῖος θεὸς ἐξελεῖται ὑμᾶς ἐκ τῶν χ. μου (2 b)
— 17. ἐκ τῶν χ. σου, βασιλεῦ, ἐξελεῖται ἡμᾶς (2 b)
— (32). παρέδωκας ἡμᾶς εἰς χεῖρας ἐχθρῶν ἡμῶν
— (88). ἔσωσεν ἡμᾶς ἐκ χειρὸς θανάτου
5. 5. ἐξῆλθον δάκτυλοι ὡσεὶ χειρὸς ἀνθρώπου (2 b)
— 5. εἶδε χεῖρα γράφουσαν (2 b)
— 17. ἔστη ἡ γράψασα χ. -
— 23. καὶ τὸ πνεῦμά σου ἐν τῇ χ. αὐ. (2 b)
6. 14 (15). τοῦ ἐξελέσθαι αὐτὸν . . . ἀπὸ τῶν χ. τῶν σατραπῶν -
— 16 (17). ἐξελεῖταί σε ἐκ χειρὸς τῶν λεόντων -
7. 25. παραδοθήσεται πάντα εἰς τὰς χ. αὐ. (2 b)
8. 4. οὐκ ἦν ὁ ῥυόμενος ἐκ τῶν χ. αὐ. (2 a)

Da. LXX. 8. 25. εὐοδωθήσεται τὸ ψεῦδος ἐν ταῖς χ. αὐ. (2 a)
— 25. ποιήσει συναγωγὴν χειρός (2 a)
10. 10. χεῖρα προσήγαγέ μοι (2 a)
— 16. ὡς ὁμοίωσις χειρὸς ἀνθρώπου †
11. 11. παραδοθήσεται ἡ συναγωγὴ εἰς τὰς χ. αὐ. (2 a)
— 16. ἐπιτελεσθήσεται πάντα τὰ ἐν ταῖς χ. αὐ. (2 a)
— 41. σωθήσονται ἀπὸ χειρὸς αὐ. (2 a)
— 42. ἀποστελεῖ χεῖρα αὐ. ἐν ταῖς γαίαις (2 a)
12. 7. ἡ συντέλεια χειρῶν ἀφέσεως λαοῦ ἁγίου (2 a)
Da. TH. Su. 22. οὐκ ἐκφεύξομαι τὰς χ. ὑμῶν
— 23. ἐμπεσεῖν εἰς τὰς χ. ὑμῶν
— 34. ἔθηκαν τὰς χ. ἐπὶ τὴν κεφαλὴν αὐ.
1. 2. ἔδωκε κ. ἐν χειρὶ αὐ. τὸν Ἰ. (2 a)
2. 32. αἱ χ. . . . καὶ οἱ βραχίονες αὐ. ἀργυροῖ -
— 34. ἕως ἀπεσχίσθη λίθος . . . ἄνευ χειρῶν (2 b)
— 38. πετεινὰ οὐρανοῦ . . . ἔδωκεν ἐν τῇ χ. σου (2 b)
— 45. ἀπὸ ὄρους ἐτμήθη λίθος ἄνευ χειρῶν (2 b)
3. 15. ὃς ἐξελεῖται ὑμᾶς ἐκ χειρός [A τῶν χ.] μου (2 b)
— 17. ἐκ τῶν χ. [A τῆς χ.] σου, βασιλεῦ, ῥύσεται ἡμᾶς (2 b)
— (32). παρέδωκας ἡμᾶς εἰς χεῖρας [B[3] -α] ἐχθρῶν ἀνόμων
— (88). ἐκ χειρὸς θανάτου ἔσωσεν ἡμᾶς
4. 32. ὃς ἀντιποιήσεται τῇ χ. αὐ. (2 b)
5. 5. ἐξῆλθον δάκτυλοι χειρὸς ἀνθρώπου (2 b)
— 5. ἐθεώρει τοὺς ἀστραγάλους τῆς χ. τῆς γραφούσης (2 b)
— 23. οὗ ἡ πνοή σου ἐν χειρὶ [A τῇ χ.] αὐ. (2 b)
— 24. ἀπεστάλη ἀστράγαλος χειρός (2 b)
6. 27 (28). ὅστις ἐξείλατο τὸν Δ. ἐκ χειρὸς τῶν λεόντων (2 b)
7. 25. καὶ δοθήσεται ἐν χειρὶ αὐ. (2 b)
8. 4. οὐκ ἦν ὁ ἐξαιρούμενος ἐκ χειρὸς αὐ. (2 a)
— 7. οὐκ ἦν ὁ ἐξαιρούμενος τὸν κριὸν ἐκ χειρὸς αὐ. (2 a)
— 25. δόλος ἐν τῇ χ. αὐ. (2 a)
— 25. ὡς ᾠὰ χειρὶ συντρίψει (2 a)
9. 10. ἐν χερσὶ τῶν δούλων αὐ. τῶν προφ. (2 a)
— 15. ὃς ἐξήγαγες τὸν λαόν σου . . . ἐν χ. κραταιᾷ (2 a)
10. 10. ἰδοὺ χεὶρ ἁπτομένη μου (2 a)
— 10. A καὶ ταρσοὺς χειρῶν μου (2 a)
11. 11. παραδοθήσεται ὁ ὄχλος ἐν χειρὶ αὐτοῦ (2 a)
— 16. τελεσθήσεται ἐν τῇ χ. αὐ. (2 a)
— 41. διασωθήσονται ἐκ χειρὸς αὐ. (2 a)
— 42. ἐκτενεῖ τὴν χ. ἐπὶ τὴν γῆν (2 a)
Bel 36. A ἐπελάβετο ὁ ἄγγελος κ. τῆς χ. [B κορυφῆς] αὐ.
I Ma. 1. 44. ἀπέστειλεν . . . ἐν χειρὶ ἀγγέλων
2. 7. ἐν τῷ δοθῆναι αὐτὴν ἐν χειρὶ ἐχθρῶν τὸ ἁγίασμα ἐν χειρὶ ἀλλοτρίων
— 47. κατευοδώθη τὸ ἔργον ἐν χειρὶ αὐ.
— 48. ἐκ χειρὸς τῶν ἐθνῶν καὶ ἐκ χειρὸς [S[1] om. ἐκ χ.] τῶν βασιλέων
3. 6. εὐοδώθη σωτηρία ἐν χειρὶ αὐ.
— 18. συγκλεισθῆναι πολλοὺς ἐν χερσὶν ὀλίγων
— 30. ἃ ἐδίδου ἔμπροσθεν δαψιλεῖ χ.
4. 30. ἐν χειρὶ τοῦ δούλου σου Δ.
— 30. εἰς χεῖρας Ἰων. υἱοῦ Σ.
— 31. A σύγκλεισον τὴν παρεμβ. τ. εἰς χεῖρας [S R ἐν χειρὶ] λαοῦ σου Ἰσρ.
5. 6. εὗρε χ. κραταιάν
— 6. S καὶ χ. ἰσχυράν
— 12. ἐξελοῦ ἡμᾶς ἐκ χειρὸς αὐ.
— 50. A R παρεδόθη ἡ πόλις ἐν χερσὶν [S χειρὶ] αὐ.
— 62. οἷς ἐδόθη σωτηρία Ἰσρ. διὰ χειρὸς αὐ.
6. 25. οὐκ ἐφ' ἡμᾶς μόνον ἐξέτειναν χεῖρα
7. 35. ἐὰν μὴ παραδοθῇ . . . εἰς χεῖράς μου
9. 46. ὅπως διασωθῆτε ἐκ χειρὸς ἐχθρῶν ὑμῶν
— 47. ἐξέτεινεν Ἰων. τὴν χ. αὐ.
11. 15. ἀπήντησεν αὐτῷ ἐν χ. ἰσχυρᾷ
12. 9. τὰ βιβλία τὰ ἅγια τὰ ἐν ταῖς χ. ἡμῶν
— 39. A R καὶ ἐκτεῖναι χεῖρας [S ἐξέτεινεν τὴν χ.] ἐπὶ Ἀντ.
— 42. ἐκτεῖναι χεῖρας ἐπ' αὐτὸν εὐλαβήθη
14. 31. A ἐκτεῖναι τὰς [S R om.] χ. ἐπὶ τὰ ἅγια αὐ.
— 36. εὐοδώθη ἐν ταῖς χ. αὐ.
15. 25. προσάγων διὰ παντὸς αὐτῇ τὰς χ.
16. 2. εὐοδώθη ἐν ταῖς χ. ἡμῶν
II Ma. 3. 20. προτείνουσαι τὰς χ. εἰς τὸν οὐρανόν
4. 40. κατήρξατο χειρῶν ἀδίκων
5. 14. τέσσαρες μὲν ἐν χειρῶν νόμοις
— 16. ταῖς μιαραῖς χ. τὰ ἱερὰ σκεύη λαμβάνων
— 16. ταῖς βεβήλοις χ. συσσύρων

II Ma. 6. 26. τὰς τοῦ παντοκράτορος χ. οὔτε ζῶν . . . ἐκφεύξομαι
7. 10. καὶ τὰς χ. εὐθαρσέως προέτεινε
— 31. οὐ μὴ διαφύγῃς τὰς χ. τοῦ θεοῦ
— 34. ἐπὶ τοὺς οὐρανίους παῖδας ἐπαράμενος χεῖρα
10. 23. τὰ πάντα ἐν ταῖς χ. εὐοδούμενος
14. 34. προτείναντες τὰς χ. εἰς τὸν οὐρανόν
— 46. καὶ λαβὼν ἑκατέραις ταῖς χ.
15. 12. τοῦτον τὰς χ. προτείναντα κατεύχεσθαι
— 21. ἀνατείνας χεῖρας εἰς τὸν οὐρανόν
— 27. ταῖς μὲν χ. ἀγωνιζόμενοι
— 30. καὶ τὴν χ. σὺν τῷ ὤμῳ
— 32. ἐπιδεξάμενος . . . τὴν χ. τοῦ δυσφήμου
III Ma. 2. 1. R τὰς χ. προτείνας
— 8. οἱ καὶ συνιδόντες ἔργα σῆς χειρός
5. 5. τὰς τῶν ταλαιπωρούντων ἐδέσμευον χ.
— 13. δεῖξαι μεγαλοσθενοῦς ἑαυτοῦ χειρὸς κράτος
— 25. τείνοντες τὰς χ. εἰς τὸν οὐρανόν
6. 10. ῥυσάμενος ἡμᾶς ἀπὸ ἐχθρῶν χειρός
IV Ma. 4. 11. τὰς χ. ἐξέτεινεν εἰς τὸν οὐρανόν
8. 13. ὡς δὲ . . . χεῖρας σιδηρᾶς . . . προέθεσαν
9. 11. διέδησαν τὰς χ. αὐ.
— 26. σιδηρᾶς ἐναρμοσάμενοι χεῖρας
— 28. ταῖς σιδηραῖς χ. ἐπισπασάμενοι
10. 5. τὰς χ. αὐ. . . . ἐξήρθρουν
13. 12. τίνος πατρὸς χειρὶ σφαγιασθῆναι . . . ὑπέμεινεν
14. 6. A R καθάπερ γὰρ χεῖρες [S αἱ χ.] . . . κινοῦνται
15. 15. τοὺς τῶν ποδῶν καὶ χειρῶν δακτύλους
— 20. καὶ ἐπὶ χερσὶ χεῖρας ἀποτεμνομένας
16. 20. τὴν πατρῴαν χ. ξιφηφόρον . . . οὐκ ἔπτηξε
17. 19. καὶ πάντες οἱ ἡγιασμ. ὑπὸ τὰς χ. σου

[**Aq.** Ex. 4. 6 : 9. 33, 35 : 26. 17 : Nu. 2. 17 : 21. 26 : Dt. 12. 7 : 16. 10 : I Ki. 17. 50 : 21. 13 (14) : III Ki. 8. 24 : 14. 3, 18 : IV Ki. 11. 12 : 15. 19 : Jb. 6. 9 : Ps. 9. 35 (10. 14) : 18 (19). 2 : 25 (26). 10 : 27 (28). 2, 4 : 30 (31). 6, 9, 16 *bis* : 31 (32). 4 : 54 (55). 21 : 67 (68). 32 : 77 (78). 61 : 80 (81). 15 : 87 (88). 6 : 94 (95). 4 : 96 (97). 10 : 103 (104). 25, 28 : 118 (119). 73 : 140 (141). 6 : 149. 6 : Pr. 1. 24 : 12. 14, 24 : 16. 10 : 17. 16 : 30. 32 : 31. 31 : Ec. 9. 1 : Ca. 7. 1 (2) : Is. 5. 25 : 11. 11, 14 : 13. 2 : 37. 27 : 44. 5 : 53. 10 : 56. 5 : 65. 22 : Je. 6. 9 : 10. 3, 9 : 18. 6 : 20. 4 : 21. 7 : 22. 25 : 25. 7 (Sw.), 14 : 32 (39). 30 : 34 (41). 1, 20 *bis* : 38 (45). 10, 18 : 41 (48). 5 : 48 (31). 37 : 50 (27). 1, 15 : Ez. 20. 22 : 23. 28 : 30. 12 : 35. 5 : 40. 3 : Da. 10. 10 : Mi. 2. 1 : Ma. 2. 13.]

[**Sm.** Ge. 3. 23 (22) : Ex. 4. 6 : 9. 35 : Nu. 2. 17 : 21. 26 : Dt. 33. 7 : Jd. 2. 14 : 4. 14 : 7. 15 : I Ki. 17. 50 : III Ki. 3. 1 (2. 46) : 8. 24 : Jb. 6. 9 : 8. 20 : 16. 11 : 22. 30 : 31. 27 : Ps. 9. 35 (10. 14) : 18 (19). 2 : 20 (21). 9 : 25 (26). 10 : 30 (31). 16 *bis* : 31 (32). 4 : 54 (55). 21 : 67 (68). 32 : 72 (73). 13 : 74 (75). 9 : 75 (76). 6 : 76 (77). 3 : 77 (78). 42, 61, 72 : 80 (81). 7, 15 : 87 (88). 6, 10 : 88 (89). 14 : 89 (90). 17 *bis* : 90 (91). 12 : 94 (95). 4 : 96 (97). 10 : 103 (104). 25, 28 : 118 (119). 73, 109 : 127 (128). 2 : 137 (138). 7 : 138 (139). 10 : 140 (141). 6 : 142 (143). 5 : Pr. 1. 24 : 6. 5 : 12. 14, 24 : 17. 16 : 31. 31 : Ec. 4. 5, 6 : 7. 27 (26) : 9. 1 : 11. 6 : Ca. 7. 1 (2) : Is. 8. 11 : 10. 13 : 11. 11, 14 : 13. 2 : 25. 11 (Sw.) : 29. 23 : 37. 27 : 44. 5 : 51. 23 : 53. 10 : 55. 12 : 56. 5 : 57. 10 : 65. 22 : Je. 10. 3 : 11. 21 : 15. 17 : 21. 4, 7 : 30 (37). 6 : 32 (39). 30 : 34 (41). 1, 20 *bis* : 38 (45). 4, 5 : 48 (31). 37 : 50 (27). 15 : La. 1. 14 : Ez. 8. 1 (P.) : 13. 18 : 16. 49 : 20. 22 : 21. 20 (25) (Sw.), 24 (29) : 23. 28 : 25. 14 : 35. 5 : Da. 10. 10 : 11. 16 (Sw.) : Mi. 2. 1 : Za. 4. 12 : Ma. 2. 13.]

[**Th.** Ex. 4. 6 : Nu. 2. 17 : 21. 26 : Jd. 1. 4 : 2. 14 : 4. 7 : 7. 15 : 13. 23 : I Ki. 17. 50 : IV Ki. 11. 12 : Jb. 12. 9 : 17. 3 : 22. 30 : 27. 23 : 28. 9 : 29. 20 : 31. 35 : 35. 7 : 36. 32 : 37. 7 : Ps. 8. 7 : 18 (19). 2 : 25 (26). 10 : 30 (31). 16 : 77 (78). 61, 72 : 96 (97). 10 : 103 (104). 25, 28 : 118 (119). 109 : 126 (127). 4 : 127 (128). 2 : Pr. 1. 24 : 12. 24 : 17. 18 : 30. 32 : 31. 31 : Ca. 7. 1 (2) : Is. 10. 10 : 11. 14 : 13. 2 : 37. 27 : 44. 5 (Sw.) : 53. 10 : 55. 12 : 56. 5 : 59. 6 : 65. 22 : Je. 6. 9 : 10. 9 : 21. 7 : 22. 25 : 25. 7 (Sw.), 14 : 32 (39). 28 : 34 (41). 20 *bis* : 38 (45). 10, 12, 23 : 39 (46). 11 : 46 (26). 26 *ter* : 48 (31). 40 : Ez. 9. 1 : 20. 22 : 22. 13 : 23. 28 : 30. 12 : 35. 5 : 40. 3 : Da. 10. 10† : 11. 16, 41, 42 : 12. 7† : Mi. 2. 1 : Ma. 2. 13.]

[Al. Ge. 43. 22 : Le. 6. 2 (5. 21) : 14. 17, 32 : Nu. 21. 2 : Dt. 2. 33 : 7. 2 : I Ki. 5. 6 : 14. 34 : 23. 12 : 28. 15, 17, 19 *bis* : I Ch. 18. 17 : Ps. 9. 33 (10. 12) : 46 (47). 2 : 120 (121). 5 : 124 (125). 3 : Pr. 6. 1 : Is. 25. 11 : 57. 8 : Hb. 3. 4.]
[Heb. Ge. 49. 8 : IV Ki. 14. 27 : 22. 7.]
[Quint. IV Ki. 11. 12 : Ps. 30 (31). 16 : 118 (119). 109.]

χειραγωγεῖν. (1) ὁ χειραγωγῶν מַחֲזִיק בְּיָד
Jd. 16. 26. A τὸ παιδάριον τὸν χειραγωγοῦντα αὐτόν [B *al.*] (1)
To. 11. 16. S ἰδόντες αὐτὸν . . . ὑπὸ μηδενὸς χειραγωγούμενον [A B *al.*]

χειράλυσις.
[Sm. Je. 40 (47). 1.]

χειριδωτός.
[Sm. Ge. 37. 3 : II Ki. 13. 18.]

χειρίζειν.
Es. 8. 13. τῶν πιστευθέντων χειρίζειν φίλων

χείριστα, χείριστος, *vid. sub* **χείρων.**

χειρίστως.
II Ma. 7. 39. τούτῳ παρὰ τοὺς ἄλλως χ. ἀπήντησε

χειρόγραφον.
To. 5. 3. A B ἔδωκεν αὐτῷ τὸ χ.
— 3. S χειρόγραφον αὐτοῦ ἔδωκέν μοι
— 3. S χειρόγραφον ἔδωκα αὐτῷ
9. 2. S δὸς αὐτῷ τὸ χ.
— 5. ἔδωκεν αὐτῷ τὸ χ.

χειρονομεῖν.
[Al. I Ki. 19. 9.]

χειρονομία.
III Ma. 1. 5. τοὺς ἀντιπάλους ἐν χειρονομίαις διαφθαρῆναι

χειροπέδη. (1) *a.* אֲזִקִּים *b.* זִק (2) כֶּבֶל
Jb. 36. 8. οἱ πεπεδημένοι ἐν χειροπέδαις συσχεθήσονται (1 *b*)
Ps. 149. 8. καὶ τοὺς ἐνδόξους αὐ. ἐν χ. σιδηραῖς (2)
Si. 21. 19. ὡς χειροπέδαι ἐπὶ χειρὸς δεξιᾶς
Na. 3. 10. δεθήσονται χειροπέδαις (1 *b*)
Is. 45. 14. ἀκολουθήσουσι δεδεμένοι χειροπέδαις (1 *b*)
Je. 47 (40). 1. ἐν τῷ λαβεῖν αὐτὸν ἐν χειροπέδαις (1 *a*)
— 4. ἔλυσά σε ἀπὸ τῶν χ. (1 *a*)
Da. LXX. 4. 15. ἐν χ. χαλκαῖς ἐδέθη —

χειροποίητος. (1) אֱלִיל
Le. 26. 1. οὐ ποιήσετε ὑμῖν αὐτοῖς χειροποίητα (1)
— 30. ἐξολεθρεύσω τὰ ξύλινα χ. ὑμῶν †
Ju. 8. 18. οἳ προσκυνοῦσι θεοῖς χ.
Wi. 14. 8. τὸ χ. δὲ ἐπικατάρατον αὐτό
Is. 2. 18. τὰ χ. πάντα κατακρύψουσιν (1)
10. 11. ὃν τρόπον γὰρ ἐποίησα Σαμαρείᾳ καὶ τοῖς χ. αὐτῆς (1)
16. 12. εἰσελεύσεται εἰς τὰ χ. αὐτῆς †
19. 1. σεισθήσεται τὰ χ. Αἰγύπτου (1)
21. 9. τὰ χ. αὐτῆς συνετρίβησαν εἰς τὴν γῆν †
31. 7. ἀπαρνήσονται οἱ ἄνθρωποι τὰ χ. αὐτῶν τὰ ἀργυρᾶ καὶ τὰ χ. [A S *om.* τ. χ.] τὰ χρυσᾶ (1, 1)
46. 6. ἐποίησαν χειροποίητα †
Da. LXX. 5. 4. ηὐλόγουν τὰ εἴδωλα τὰ χ. αὐ. —
— 23. ᾐνέσατε πάντα τὰ εἴδωλα τὰ χ. τῶν ἀνθρ. —
6. 27 (28). τὰ γὰρ εἴδωλα τὰ χ. οὐ δύνανται σῶσαι —
Da. TH. Bel 5. οὐ σέβομαι εἴδωλα χ.

χειροτονία. (1) שְׁלַח אֶצְבַּע
Is. 58. 9. ἐὰν ἀφέλῃς . . . χειροτονίαν (1)

χειροῦσθαι. (1) קָטַל (2) שְׁלַח־יָד
Jb. 3. 8. ὁ μέλλων τὸ μέγα κῆτος χειρώσασθαι †
13. 15. ἐάν [A ἐὰν μή] με χειρώσηται ὁ δυνάστης (1)
30. 24. εἰ γὰρ ὄφελον δυναίμην ἐμαυτὸν χειρώσασθαι (2)
II Ma. 4. 34. παρεκάλει χειρώσασθαι τὸν Ὀ.
II Ma. 4. 42. αὐτὸν δὲ τὸν ἱερόσυλον...ἐχειρώσαντο
III Ma. 7. 15. βεβήλους χειρωσάμενοι
[Sm. Ge. 1. 28.]

χείρων, χείριστος, χείριστα.
I Ki. 17. 43. B οὐχὶ ἀλλ' ἢ χείρω κυνός
Es. 3. 13. τὰ χείριστα συντελοῦν κακά
Wi. 15. 18. ἀνοίᾳ γὰρ συγκρινόμενα τῶν ἄλλων ἐστὶ χείρονα
17. 6. ἡγοῦντο χείρω τὰ βλεπόμενα
II Ma. 5. 23. χείριστα τῶν ἄλλων ὑπερήρετο τοῖς πολίταις
9. 28. τὰ χείριστα παθών
13. 9. τὰ χείριστα τῶν ἐπὶ τοῦ πατρὸς αὐ. γεγονότων
III Ma. 3. 1. καὶ χειρίστῳ μόρῳ τοῦ ζῆν μεταστῆσαι
5. 20. τὴν ὠμότητα χείρονα Φαλ. ἐσχηκὼς ἔφη
6. 26. καὶ τοὺς χειρίστους πλεονάκις ἀνθρώπων ἐπιδεδειγμένους κινδύνους

χελιδών. (1) *a.* סוּס *b.* סִיס *c.* סוּס עָגוּר
Is. 38. 14. ὡς χ. οὕτω φωνήσω (1 *c*)
Je. 8. 7. τρυγὼν καὶ χ. ἀγροῦ (1 *a**, 1 *b*)
Ep. Je. 22. ἐπὶ τὴν κεφαλὴν αὐτῶν ἐφίπτανται νυκτερίδες χελιδόνες [A χ. καὶ ν.]
[Sm. Is. 38. 14.]
[Al. Le. 11. 19.]

χελύνιον (A), χελώνιον (R).
De. 34. 7. A R οὐδὲ ἐφθάρη τὰ χ. αὐ. [B *al.*] †

χελώνη. (1) גַּל
Ho. 12. 11 (12). ὡς χελῶναι ἐπὶ χέρσον ἀγροῦ (1)
[Th. Ec. 12. 6.]

χελωνίς.
Ju. 14. 15. εὗρεν αὐτὸν ἐπὶ τῆς χ.

χερέθ.
Je. 44 (37). 16. ἦλθεν Ἱερεμίας . . . εἰς τὴν χ. [S¹ χαρέθ] †
[Al. Je. 37 (44). 16.]

χερμαδίζειν.
[Aq. Dt. 21. 21.]

χέρμελ. (1) כַּרְמֶל
Is. 29. 17. ὡς τὸ ὄρος τὸ χ. καὶ τὸ [A *add.* ὄρος τὸ] χ. εἰς δρυμὸν λογισθήσεται (1, 1)
32. 15. ἔσται ἔρημος ὁ χ. καὶ ὁ χ. εἰς δρυμὸν λογισθήσεται (1)
33. 9. φανερὰ ἔσται ἡ Γαλιλαία καὶ ὁ χ. [A S *al.*] (1)

χεροκένως.
I Ch. 12. 33. βοηθῆσαι τῷ Δ. οὐ χ. †

χεροουί.
[Aq., Heb. Ge. 3. 25 (24).]

χερούβ. (1) כְּרוּב
Ex. 25. 18 (19). ποιηθήσονται χ. εἷς ἐκ τοῦ κλίτους τούτου καὶ χ. εἷς ἐκ τοῦ κλίτους τοῦ δευτέρου (1, 1)
38. 7 (37. 8). A B² R χ. ἕνα ἐπὶ τὸ ἄκρον τοῦ ἱλαστηρίου (1)
— 7 (37. 8). A B² R χ. ἕνα ἐπὶ τὸ ἄκρον τοῦ ἱλαστηρίου τὸ δευτ. [B¹ *al.*] (1)
III Ki. 6. 25. A B οὕτως τῷ χ. [R -βὶμ] τῷ δευτέρῳ (1)
— 26. A τὸ ὕψος τοῦ χ. τοῦ ἑνός [B *al.*] (1)
— 26. A καὶ οὕτως τοῦ χ. τοῦ δευτέρου [B *al.*] (1)
— 27. A ἡ πτέρυξ τοῦ χ. τοῦ δευτέρου [B *al.*] (1)
II Ch. 3. 11. A ἁπτομένη τῆς πτέρυγος τοῦ χ. τοῦ ἑτέρου [B *al.*] (1)
— 12. A καὶ ἡ πτέρυξ τοῦ χ. (1)
— 12. A ἁπτομένη τῆς πτέρυγος τοῦ χ. τοῦ ἑτέρου (1)
Ez. 10. 7. A ἐξέτεινεν ὁ χ. [B *om.* ὁ χ.] τὴν χεῖρα αὐτοῦ (1)
— 9. A τροχὸς εἷς ἐχόμενος τοῦ χ. τοῦ ἑνὸς καὶ τροχὸς εἷς ἐχόμενος τοῦ χ. [B *al.*] (1, 1)
— 14. A τὸ πρόσωπον τοῦ ἑνὸς πρόσωπον χ. (1)
28. 14. σὺ μετὰ τοῦ χ. (1)
— 16. ἤγαγέ σε τὸ χ. ἐκ μέσου [A ἐμμέσῳ] λίθων πυρίνων (1)
Ez. 41. 18. φοίνικες ἀνὰ μέσον χ. καὶ ἀνὰ μέσον χ. δύο πρόσωπα τῷ χ. [A *al.*] (1 *ter*)
[Aq. III Ki. 6. 27 : Ez. 28. 16.]
[Sm. III Ki. 6. 27 : Ez. 28. 14, 16.]
[Th. III Ki. 6. 27 : Ez. 10. 9 (Sw.), 14.]

χερουβείμ, χερουβείν, χερουβίμ, χερουβίν.
(1) כְּרוּבִים, כְּרֻבִים
Ge. 3. 24. ἔταξε τὰ χ. (1)
Ex. 25. 17 (18). ποιήσεις δύο χ. χρυσοτορευτά (1)
— 18 (19). ποιήσεις τοὺς δύο χ. ἐπὶ τὰ δύο κλίτη (1)
— 19 (20). ἔσονται οἱ χ. ἐκτείνοντες τὰς πτέρυγας (1)
— 19 (20). εἰς τὸ ἱλαστήριον ἔσονται τὰ πρόσωπα τῶν χ. (1)
— 21 (22). ἀνὰ μέσον τῶν δύο χ. τῶν ὄντων ἐπὶ τῆς κιβ. (1)
26. 1. χ. ἐργασίᾳ ὑφάντου ποιήσεις αὐτάς (1)
— 31. ἔργον ὑφαντὸν ποιήσεις αὐτὸ χ. (1)
37. 3 (36. 35). ἔργον ὑφαντὸν χ. (1)
— 5 (36. 37). ἔργον ὑφαντὸν χ. [A *al.*] —
— 6 (36. 38). A καὶ τοὺς χ. —
38. 6 (37. 7). καὶ τοὺς δύο χ. χρυσοῦς [A *al.*] (1)
Nu. 7. 89. ἀνὰ μέσον τῶν δύο χ. (1)
I Ki. 4. 4. τὴν κιβωτὸν κυρίου καθημένου χ. (1)
II Ki. 6. 2. τὸ ὄνομα τοῦ κ. . . . καθημένου ἐπὶ τῶν χ. (1)
22. 11. ἐπεκάθισεν ἐπὶ χ. †
III Ki. 6. 23. ἐποίησεν ἐν τῷ δ. δύο χ. (1)
— 24. R πέντε πήχεων πτερύγιον τοῦ χ. τοῦ ἑνός [A B *al.*] †
— 25. R οὕτως τῷ χ. [A B χεροὺβ] τῷ δευτέρῳ †
— 25. A ἀμφοτέροις τοῖς χ. [B *al.*] (1)
— 26. τὸ ὕψος τοῦ χ. ἐν πήχει [A *al.*] †
— 26. καὶ οὕτως τὸ χ. τὸ δεύτερον [A *al.*] †
— 27. ἀμφότερα χ. ἐν μέσῳ τοῦ οἴκου [A *al.*] (1)
— 27. R πτέρυξ χερ. τοῦ δευτέρου ἥπτετο τοῦ τοίχου [A B *al.*] †
— 28. περιέσχε τὰ χ. χρυσίῳ (1)
— 29. ἔγραψε γραφίδι χ. (1)
— 32. A ἐγκεκολαμμένα χ. (1)
— 32. A καὶ κατέβαινεν ἐπὶ τὰ χ. (1)
— 35. B ἐκκεκολαμμένα χ. [A R *al.*] (1)
7. 29. λέοντες καὶ βόες καὶ χ. (1)
— 36. καὶ τὰ συγκλείσματα αὐ. χ. (1)
8. 6. ὑπὸ τὰς πτέρυγας τῶν χ. (1)
— 7. τὰ χ. διαπεπετασμένα ταῖς πτέρυξιν (1)
— 7. περιεκάλυπτον τὰ χ. ἐπὶ τὴν κιβωτόν (1)
IV Ki. 19. 15. ὁ καθήμενος ἐπὶ τῶν χ. (1)
I Ch. 13. 6. τὴν κιβωτὸν τοῦ θ. κυρίου καθημένου ἐπὶ χ. (1)
28. 18. τὸ παράδειγμα τοῦ ἅρματος τῶν χ. (1)
II Ch. 3. 7. ἔγλυψε χ. ἐπὶ τῶν τοίχων (1)
— 8. ἐχρύσωσεν αὐτὸν . . . εἰς χ. —
— 10. καὶ ἐποίησεν . . . χ. δύο (1)
— 11. καὶ αἱ πτέρυγες τῶν χ. (1)
— 11. ἁπτομένη τῆς πτέρυγος τοῦ χ. [A χεροὺβ] τοῦ ἑτέρου †
— 13. καὶ αἱ πτέρυγες τῶν χ. διαπεπετασμέναι (1)
— 14. ὕφανεν ἐν αὐτῷ χ. (1)
5. 7. ὑποκάτω τῶν πτερύγων τῶν χ. (1)
— 8. ἦν τὰ χ. διαπεπετακότα τὰς πτέρυγας αὐ. (1)
— 8. συνεκάλυπτε τὰ χ. ἐπὶ τὴν κιβωτόν (1)
Ps. 79 (80). 1. ὁ καθήμενος ἐπὶ τῶν χ. ἐμφάνηθι (1)
98 (99). 1. ὁ καθήμενος ἐπὶ τῶν χ. (1)
Si. 49. 8. ἣν ὑπέδειξεν αὐτῷ ἐπὶ ἅρματος χ.
Is. 37. 16. ὁ καθήμενος ἐπὶ τῶν χ. (1)
Ez. 9. 3. δόξα θεοῦ τοῦ Ἰσραὴλ ἀνέβη ἀπὸ [A ἐπὶ] τῶν χ. †
10. 1. ἐπάνω τοῦ στερεώματος τοῦ ὑπὲρ κεφαλῆς τῶν χ. (1)
— 2. εἰς τὸ μέσον τῶν τροχῶν τῶν ὑποκάτω τῶν χ. †
— 2. ἐκ μέσου τῶν χ. (1)
— 3. τὰ χ. εἱστήκει ἐκ δεξιῶν τοῦ οἴκου (1)
— 4. ἀπῆρεν ἡ δόξα κυρίου ἀπὸ τῶν χ. †
— 5. φωνὴ τῶν πτερύγων τῶν χ. ἠκούετο (1)
— 6. ἐκ μέσου τῶν χ. (1)
— 7. R εἰς μέσον [A B ἐν μέσῳ] τῶν χ. (1)
— 8. ἴδον [A¹ -ον] τὰ χ. ὁμοίωμα χειρῶν (1)
— 9. τροχοὶ τέσσαρες εἱστήκεισαν ἐχόμενοι τῶν χ. (1)
— 15. τὰ χ. ἦσαν [A ἐπῆραν τὰ χ.] τοῦτο τὸ ζῷον (1)
— 16. ἐν τῷ πορεύεσθαι τὰ χ. (1)
— 16. ἐν τῷ ἐξαίρειν τὰ χ. τὰς πτέρυγας αὐτῶν (1)

Ez. 10. 18. ἐπέβη ἐπὶ τὰ χ. (1)
— 19. ἀνέλαβον τὰ χ. τὰς πτέρυγας αὐτῶν (1)
— 20. ἔγνων ὅτι χ. ἐστι (1)
11. 22. ἐξῆραν τὰ χ. τὰς πτέρυγας αὐτῶν (1)
41. 18. γεγλυμμένα χ. (1)
— 18. A φοῖνιξ ἀνὰ μέσον χ. χερούβ [B *al.*] †
— 20. τὰ χ. καὶ οἱ φοίνικες διαγεγλυμμένοι (1)
— 25. ἐπὶ τὰ θυρώματα τοῦ ναοῦ χ. (1)
Da. LXX. 3. (55). εὐλογητὸς εἶ . . . καθήμενος ἐπὶ χ.
Da. TH. 3. (55). εὐλογημένος εἶ . . . καθήμενος ἐπὶ χ. [A τῶν χ.]
[**Aq.** Ps. 79 (80). 2.]
[**Sm.** Ez. 9. 3 (P.).]
[**Th.** Is. 37. 16: Ez. 10. 1 (P.), 7.]

χερσαῖος. (1) ὁ κροκόδειλος ὁ χ. צָב
Le. 11. 29. καὶ ὁ κροκόδειλος ὁ χ. (1)
Wi. 19. 19. χερσαῖα γὰρ εἰς ἔνυδρα μετεβάλλετο

χέρσος. (1) תֶּלֶם
Wi. 10. 7. ἐπὶ μαρτύριον τῆς πονηρίας καπνιζομένη καθέστηκε χέρσος
Ho. 10. 4. ἀνατελεῖ ὡς ἄγρωστις κρίμα ἐπὶ χέρσον ἀγροῦ (1)
12. 11 (12). ὡς χελῶναι ἐπὶ χέρσον ἀγροῦ (1)
Is. 5. 6. ἀναβήσονται εἰς αὐτὸν ὡς εἰς χέρσον ἄκανθαι †
7. 23. εἰς χέρσον ἔσονται καὶ εἰς ἄκανθαν †
— 24. χ. καὶ ἄκανθα ἔσται πᾶσα ἡ γῆ †
— 25. ἔσται γὰρ ἀπὸ τῆς χ. καὶ ἀκάνθης εἰς βόσκημα †
[**Aq.** Ex. 14. 16, 21.]
[**Sam.** Le. 25. 5.]

χερσοῦσθαι.
Pr. 24. 46 (31). ἐὰν ἀφῇς αὐτὸν χερσωθήσεται †
Wi. 4. 19. ἕως ἐσχάτου χερσωθήσονται
Na. 1. 10. B S^{2} ἕως θεμελίου αὐ. χερσωθήσεται [A -σονται] †
Je. 2. 31. γῆ κεχερσωμένη †

χεσσούθ.
[**Heb.** Ma. 2. 13.]

χεττιείμ, χεττιείν.
IV Ki. 23. 7. οὗ αἱ γυναῖκες ὕφαινον ἐκεῖ χ. †

χεῦμα.
[**Aq.** Dt. 7. 13.]

χεφόρ.
[**Heb.** Ps. 147. 5 (16).]

χεφουρῆ. (1) כְּפוֹרֵי
II Es. 1. 9 (10). A χεφ. χρύσεοι τριάκοντα [B *al.*] (1)

χεχάρ (1) כִּכָּר
Ne. 3. 22. S ἐκράτησαν οἱ ἱ. ἄνδρες χ. [A B *al.*] (1)

χηλή. (1) פַּרְסָה
Le. 11. 3: De. 14. 6. ὀνυχιστῆρας ὀνυχίζον δύο χηλῶν
[**Al.** Dt. 14. 7.]

χήρα. (1) *a.* אַלְמָנָה *b.* אַלְמָנוּת (2) גַּלְמוּדָה
Ge. 38. 11. κάθου χήρα ἐν τῷ οἴκῳ τοῦ πατρός σου (1 *a*)
Ex. 22. 22 (21). πᾶσαν χ. . . . οὐ κακώσετε (1 *a*)
— 24 (23). ἔσονται αἱ γυναῖκες ὑμῶν χῆραι (1 *a*)
Le. 21. 14. χήραν δὲ . . . οὐ λήψεται (1 *a*)
22. 13. ἐὰν γένηται χήρα ἐκβεβλημένη (1 *a*)
Nu. 30. 10. εὐχὴ χήρας καὶ ἐκβεβλημένης (1 *a*)
De. 10. 18. ποιῶν κρίσιν . . . ὀρφανῷ καὶ χήρᾳ (1 *a*)
14. 29. ὁ προσήλυτος καὶ ὁ ὀρφανὸς καὶ ἡ χ. (1 *a*)
16. 11. καὶ ἡ χ. ἡ οὖσα ἐν ὑμῖν (1 *a*)
— 14. ἡ χ. ἡ οὖσα ἐν ταῖς πόλεσί σου (1 *a*)
24. 17. οὐκ ἐκκλινεῖς κρίσιν . . . χήρας –
— 17. A B^{2}R οὐκ ἐνεχυρᾶς ἱμάτιον χήρας (1 *a*)
— 19, 20, 21. τῷ ὀρφανῷ καὶ τῇ χ. ἔσται (1 *a*)
26. 12. τὸ δεύτερον ἐπιδέκατον δώσεις . . . τῇ χ. (1 *a*)
— 13. ἔδωκα αὐτὰ . . . τῇ χ. (1 *a*)
27. 19. ὃς ἂν ἐκκλίνῃ κρίσιν . . . χήρας (1 *a*)
II Ki. 14. 5. καὶ μάλα γυνὴ χήρα ἐγώ εἰμι (1 *a*)
20. 3. ἦσαν συνεχόμεναι . . . χῆραι ζῶσαι (1 *b*)
III Ki. 7. 14. υἱὸν γυναικὸς χήρας (1 *a*)
III Ki. 11. 26. υἱὸς γυναικὸς χήρας [A *al.*] (1 *a*)
17. 9. ἐντέταλμαι ἐκεῖ γυναικὶ χ. (1 *a*)
— 10. γυνὴ χ. συνέλεγε ξύλα (1 *a*)
— 20. ὁ μάρτυς τῆς χ. μεθ' ἧς ἐγὼ κατοικῶ (1 *a*)
To. 1. 8. S ἐδίδουν αὐτὰ . . . ταῖς χ. [A B *al.*]
Ju. 9. 4. εἰσάκουσον ἐμοῦ τῆς χ.
— 9, 10 (S^{1}). δὸς ἐν χειρί μου τῆς χ.
Jb. 22. 9. χήρας δὲ ἐξαπέστειλας κενάς (1 *a*)
24. 3. βοῦν χήρας ἠνεχύρασαν (1 *a*)
27. 15. χήρας δὲ αὐτῶν οὐδεὶς ἐλεήσει (1 *a*)
29. 13. στόμα δὲ χήρας με εὐλόγησε (1 *a*)
31. 16. χήρας δὲ τὸν ὀφθαλμὸν οὐκ ἐξέτηξα (1 *a*)
Ps. 67 (68). 5. τοῦ πατρὸς τῶν ὀρφανῶν καὶ κριτοῦ τῶν χ. (1 *a*)
77 (78). 64. αἱ χ. αὐτῶν οὐ κλαυσθήσονται (1 *a*)
93 (94). 6. χήραν καὶ ὀρφανὸν ἀπέκτειναν (1 *a*)
108 (109). 9. καὶ ἡ γυνὴ αὐτοῦ χήρα (1 *a*)
131 (132). 15. A S^{1} τὴν χ. [S^{2} R θήραν] αὐτῆς εὐλογῶν εὐλογήσω †
145 (146). 9. ὀρφανὸν καὶ χήραν ἀναλήψεται (1 *a*)
Pr. 15. 25. ἐστήρισε [S^{1} ἔστησεν] δὲ ὅριον χήρας (1 *a*)
Wi. 2. 10. μὴ φεισώμεθα χήρας
Si. 32 (35). 14. καὶ χήραν [S -ρα] ἐὰν ἐκχέῃ λαλιάν
— 15. οὐχὶ δάκρυα χήρας ἐπὶ σιαγόνα καταβαίνει
Za. 7. 10. χήραν . . . μὴ καταδυναστεύετε (1 *a*)
Ma. 3. 5. ἐπὶ . . . τοὺς καταδυναστεύοντας χήραν [S^{2} -ας] (1 *a*)
Is. 1. 17. δικαιώσατε χήραν [B^{1} -α] (1 *a*)
— 23. κρίσιν χηρῶν [A S -ρας] οὐ προσέχοντες (1 *a*)
9. 17 (16). τὰς χ. αὐτῶν οὐκ ἐλεήσει (1 *a*)
10. 2. ὥστε εἶναι αὐτοῖς χήραν εἰς ἁρπαγήν (1 *a*)
47. 8. οὐ καθιῶ χ. [A^{1} *om.*] (1 *a*)
49. 21. ἐγὼ δὲ ἄτεκνος καὶ χ. (2)
Je. 5. 28. κρίσιν χήρας οὐκ ἐκρίνοσαν †
7. 6. χήραν μὴ καταδυναστεύσητε (1 *a*)
15. 8. ἐπληθύνθησαν χῆραι αὐτῶν (1 *a*)
18. 21. γενέσθωσαν αἱ γυναῖκες αὐτῶν ἄτεκνοι καὶ [A *om.*] χῆραι (1 *a*)
22. 3. χήραν μὴ καταδυναστεύετε (1 *a*)
29 (49). 11. A R *al* [B S *om.*] χ. ἐπ' ἐμὲ πεποίθασιν (1 *a*)
Ba. 4. 12. μηδεὶς ἐπιχαιρέτω μοι τῇ χ.
— 16. ἀπήγαγον τοὺς ἀγαπητοὺς τῆς χ.
La. 1. 1. ἐγενήθη ὡς χ. πεπληθυμμένη (1 *a*)
5. 3. μητέρες ἡμῶν ὡς αἱ [A *om.*] χ. (1 *a*)
Ep. Je. 38. χήραν οὐ μὴ ἐλεήσωσιν
Ez. 22. 7. ὀρφανὸν καὶ χήραν κατεδυνάστευον (1 *a*)
— 25. A R χῆραί [B αἱ χ.] σου ἐπληθύνθησαν (1 *a*)
44. 22. χήραν καὶ ἐκβεβλημένην οὐ λήψονται (1 *a*)
— 22. χ. ἐὰν γένηται ἐξ ἱερέως (1 *a*)
II Ma. 3. 10. παρακαταθήκας εἶναι χηρῶν τε καὶ ὀρφανῶν
8. 28. ταῖς χ. . . . μερίσαντες ἀπὸ τῶν σκύλων
— 30. ἰσομοίρους αὐτοὺς . . . χήραις . . . ποιήσαντες
IV Ma. 16. 10. ὢ . . . ἐγὼ γυνὴ χ. καὶ μόνη πολύθρηνος
[**Aq.** III Ki. 11. 26: Jb. 24. 21: Ps. 67 (68). 6: Is. 1. 23: 9. 17 (16).]
[**Sm.** III Ki. 17. 20: Jb. 24. 21: Ps. 67 (68). 6: Is. 1. 23: 9. 17 (16): Je. 49. 11 (29. 13): Ez. 19. 7.]
[**Th.** Jb. 24. 21: 29. 13: Ps. 93 (94). 6: Is. 1. 23: 9. 17 (16): 32. 5.]

χηρεία (-ρία). (1) *a.* אַלְמֹן *b.* אַלְמָנוּת
Mi. 1. 16. ἐμπλάτυνον τὴν χ. σου †
Is. 47. 9. A B^{2}S R ἀτεκνία καὶ χ. ἥξει ἐξαίφνης ἐπὶ σέ (1 *a*)
54. 4. ὄνειδος τῆς χ. σου οὐ μὴ μνησθήσῃ (1 *b*)

χηρεύειν. (1) אַלְמֹן (2) שָׁמֵם
II Ki. 13. 20. ἐκάθισε Θ. χηρεύουσα (2)
Ju. 8. 4. ἦν 'I. ἐν τῷ οἴκῳ αὐ. χηρεύουσα
Je. 28 (51). 5. οὐκ ἐχήρευσεν 'Ισραήλ (1)
[**Sm.** Ps. 77 (78). 64.]

χήρευσις. (1) אַלְמָנוּת
Ge. 38. 14. περιελομένη τὰ ἱμάτια τῆς χ. (1)
— 19. ἐνεδύσατο τὰ ἱμάτια τῆς χ. αὐ. (1)
Ju. 8. 5. ἦν ἐπ' αὐτῆς τὰ ἱμάτια τῆς χ. αὐ.
— 6. ἐνήστευσε πάσας τὰς ἡμέρας τῆς χ. αὐ.
10. 3. S περιείλατο τὸν σάκκον τῆς χ. αὐ. [A B *om.* τ. χ. αὐ.]
— 3. ἐξεδύσατο τὰ ἱμάτια τῆς χ. αὐ. [S *om.* τ. χ. αὐ.]
16. 8. A B S^{2} ἐξεδύσατο γὰρ στολὴν χηρεύσεως αὐ.

χθές, ἐχθές. (1) אֶמֶשׁ (2) *a.* אֶתְמוֹל *b.* מֵאֶתְמוֹל *c.* כְּאֶתְמוֹל (3) *a.* תְּמוֹל *b.* כִּתְמֹל
Ge. 19. 34. ἐκοιμήθην ἐχθὲς μετὰ τοῦ πατρὸς ἡμῶν (1)
31. 2. A ὡς ἐχθὲς καὶ τρίτην ἡμέραν [R *al.*] (3 *a*)
— 5. ὡς ἐχθὲς καὶ τρίτην ἡμέραν (3 *a*)
— 29. ἐχθὲς εἶπε πρός με (1)
— 42. ἤλεγξέ σε χθές (1)
Ex. 2. 14. B^{1} ὃν τρόπον ἀνεῖλες ἐ. [A B^{2}R χθὲς] τὸν Αἰγ. –
4. 10. A B^{1} πρὸ τῆς ἐχθὲς [B^{3}R χθὲς] οὐδὲ πρὸ τῆς τρίτης ἡμέρας (3 *a*)
5. 7. A B^{1} καθάπερ ἐχθὲς [B^{3}R χθὲς] καὶ τρίτην ἡμέραν (3 *a*)
— 14. A B^{1} καθάπερ ἐχθὲς [B^{2} R θὲς] καὶ τρίτην ἡμέραν (3 *a*)
21. 29. A B^{1} πρὸ τῆς ἐχθὲς [B^{3} R χθὲς] καὶ πρὸ τῆς τρίτης (3 *a*)
— 36. A B^{1} πρὸ τῆς ἐχθὲς [B^{3} R χθὲς] καὶ πρὸ τῆς τρίτης ἡμέρας (3 *a*)
De. 4. 42. B^{1} πρὸ τῆς ἐχθὲς οὐδὲ πρὸ τῆς τρίτης [A B^{2} R *al.*] (3 *a*)
19. 4. πρὸ τῆς ἐχθὲς καὶ τρίτης [A B^{3} *al.*] (3 *a*)
— 6. πρὸ τῆς ἐχθὲς οὐδὲ πρὸ τῆς τρίτης [A B^{3} *al.*] (3 *a*)
Jo. 3. 4. ἀπ' ἐχθὲς [B^{3} ἀπὸ χθὲς] καὶ τρίτης ἡμέρας (3 *a*)
4. 18. A B^{1} ἐπορεύετο καθὰ ἐχθὲς [B^{3} R χθὲς] καὶ τρίτην ἡμέραν (3 *a*)
20. 5. A ἀπ' ἐχθὲς καὶ τρίτην (3 *a*)
Ru. 2. 11. ὃν οὐκ ᾔδεις ἐχθὲς [B^{3} χθὲς] καὶ τρίτης (3 *a*)
I Ki. 4. 8 (7). οὐ γέγονε τοιαύτη ἐχθὲς [B^{3} χθὲς] καὶ τρίτην [A -ης] (2 *a*)
10. 11. πάντες οἱ εἰδότες αὐτὸν ἐχθὲς [B^{3} χθὲς] καὶ τρίτην [A -ης] (2 *b*)
14. 21. οἱ δοῦλοι οἱ ὄντες ἐχθὲς [B^{3} χθὲς] καὶ τρίτην ἡμέραν (2 *c*)
19. 7. ὡσεὶ ἐχθὲς [B^{3} χθὲς] καὶ τρίτην ἡμέραν (2 *a*)
20. 27. οὐ παραγέγονεν ὁ υἱὸς 'I. καὶ ἐχθὲς [B^{3} χθὲς] καὶ σήμερον (3 *a*)
21. 5 (6). ἀπεσχήμεθα ἐχθὲς [B^{3} χθὲς] καὶ τρίτην ἡμέραν (3 *b*)
II Ki. 3. 17. ἐχθὲς καὶ τρίτην ἐζητεῖτε τὸν Δ. (3 *a*)
5. 2. ἐχθὲς [B^{3} χθὲς] καὶ τρίτην ὄντος Σ. βασιλέως ἐφ' ἡμῖν (2 *a*)
15. 20. εἰ ἐχθὲς [B^{3} χθὲς] παραγέγονας (3 *a*)
— 20. B^{1} ἐχθὲς [B^{3} χθὲς] ἡ ἐξέλευσίς σου (3 *a*?)
IV Ki. 9. 26. τὰ αἵματα τῶν υἱῶν αὐ. εἶδον ἐχθὲς [B^{2} χθὲς] (1)
13. 5. καθὼς ἐχθὲς [B^{3} χθὲς] καὶ τρίτης (3 *a*)
I Ch. 11. 2. ἐχθὲς [B^{3} χθὲς] καὶ τρίτην ὄντος Σ. βασιλέως (3 *a*)
Jb. 30. 3. οἱ φεύγοντες ἄνυδρον ἐχθὲς [B^{3} χθὲς] συνοχήν (1)
Ps. 89 (90). 4. ὡς ἡ ἡμέρα ἡ ἐχθὲς [B^{3} χθὲς] ἥτις διῆλθε (2 *a*)
Si. 38. 22. B^{3}R ἐμοὶ χθὲς [A B^{1}S ἐχθὲς] καὶ σοὶ σήμερον
Da. TH. Su. 15. A B^{1} καθὼς ἐχθὲς [B^{3}R χθὲς] καὶ τρίτης ἡμέρας
I Ma. 9. 44. ὡς ἐχθὲς καὶ τρίτην ἡμέραν
[**Aq.** Ex. 5. 7: Is. 30. 33.]
[**Sm.** Is. 30. 33.]
[**Th.** Ex. 5. 7.]

χθιζός. (1) תְּמוֹל
Jb. 8. 9. χθιζοὶ γάρ ἐσμεν καὶ οὐκ οἴδαμεν (1)

χθών. (1) אֲדָמָה
III Ki. 14. 15. A ἐκτελεῖ τὸν 'Ισρ. ἀπὸ ἄνω τῆς χθ. τῆς ἀγαθῆς τ. (1)
[**Aq.** Ge. 2. 6, 7: III Ki. 14. 15: Ps. 48 (49). 12: 82 (83). 11: 104 (105). 35: Is. 7. 16: 15. 9.]
[**Sm.** Is. 15. 9.]

χί.
[**Heb.** Ho. 11. 1.]

χιβαϊά.
[**Heb.** Is. 26. 4.]

χιβάχ.
[**Heb.** Is. 26. 3.]

χίδρον. (1) גֶּרֶשׂ
Le. 2. 14. νέα πεφρυγμένα χίδρα ἐρικτὰ τῷ κ. (1)
— 16. ἀνοίσει . . . ἀπὸ τῶν χ. (1)
23. 14. πεφρυγμένα χ. νέα οὐ φά εσθε –

χιλιαρχία. (1) אֶלֶף
Nu. 31. 48. πάντες οἱ καθεσταμ. εἰς τὰς χ. τῆς δυνάμεως (1)
I Ma. 5. 13. S R ἀπώλεσαν ἐκεῖ ὡσεὶ μίαν χ. [A χιλιάδα] ἀνδρῶν

χιλίαρχος. (1) *a.* אַלּוּף *b.* רָאשׁ אֲלָפִים *c.* שַׂר אֶלֶף, שַׂר הָאֶלֶף
Ex. 18. 21. καταστήσεις ἐπ' αὐτῶν χιλιάρχους (1 *c*)
— 25. ἐποίησεν αὐτοὺς ἐπ' αὐτῶν χιλιάρχους (1 *c*)
Nu. 1. 16. χιλίαρχοι 'Ισρ. εἰσι (1 *b*)
31. 14. ἐπὶ τοῖς ἐπισκόποις τῆς δυνάμεως χιλιάρχοις (1 *c*)
— 48. χιλίαρχοι καὶ ἑκ όνταρχοι (1 *c*)
— 52, 54. παρὰ τῶν χ. καὶ παρὰ τῶν ἑκατοντάρχων (1 *c*)
De. 1. 15. ἔλαβον ἐξ ὑμῶν . . . χιλιάρχους (1 *c*)
Jo. 22. 14. ἄρχοντες . . . εἰσι χιλίαρχοι 'Ισρ. †
— 21. ἐλάλησαν τοῖς χ. 'Ισρ. (1 *b*)
I Ki. 8. 12. καὶ θέσθαι αὐτοὺς ἑαυτῷ . . . χιλιάρχους (1 *c*)
17. 18. A τὰς δέκα στρυφαλίδας . . . εἰσοίσεις τῷ χ. (1 *c*)
18. 13. κατέστησεν αὐτὸν ἑαυτῷ χιλίαρχον (1 *c*)
22. 7. εἰ . . . πάντας ὑμᾶς τάξει . . . χιλιάρχους (1 *c*)
II Ki. 18. 1. κατέστησεν ἐπ' αὐτῶν χιλιάρχους (1 *c*)
I Ch. 13. 1. ἐβουλεύσατο Δ. μετὰ τῶν χ. (1 *c*)
15. 25. καὶ οἱ χ. οἱ πορευόμ. τοῦ ἀναγαγεῖν τὴν κιβ. (1 *c*)
26. 26 : 27. 1. χιλίαρχοι καὶ ἑκατόνταρχοι (1 *c*)
29. 6. καὶ οἱ χ. καὶ οἱ ἑκατόνταρχοι (1 *c*)
II Ch. 1. 2. εἶπε Σαλ. . . . τοῖς χιλ. (1 *c*)
17. 14. καὶ τῷ 'I. χιλίαρχοι (1 *c*)
25. 5. ἀνέστησεν αὐτοὺς . . . εἰς χιλιάρχους (1 *c*)
I Es. 1. 9. Σαβ. καὶ 'Οχ. καὶ 'I. χιλίαρχοι ἔδωκαν
Ju. 14. 12. A B^1 οἱ δὲ ἦλθον ἐπὶ τοὺς [B^2 S R *om.*] στρατηγοὺς καὶ χ.
Za. 9. 7. ἔσονται ὡς χιλίαρχος ἐν 'Ιούδᾳ (1 *a*)
12. 5. ἐροῦσιν οἱ χ. 'Ιούδα ἐν ταῖς καρδίαις αὐ. (1 *a*)
— 6. θήσομαι τοὺς χ. 'I. ὡς δαλὸν πυρός (1 *a*)
I Ma. 3. 55. κατέστησεν 'Ιούδας . . . χιλιάρχους
16. 19. τοῖς χ. ἀπέστειλεν ἐπιστολάς

χιλιάς. (1) אֶלֶף
Ge. 24. 60. γίνου εἰς χιλιάδας μυριάδων (1)
Ex. 12. 37. εἰς ἑξακοσίας χιλιάδας πεζῶν (1)
20. 6. ποιῶν ἔλεος εἰς χιλιάδας (1)
34. 7. διακαιοσύνην διατηρῶν . . . εἰς χιλιάδας (1)
Nu. 1. 21. ἓξ καὶ τεσσαράκοντα χιλιάδες (1)
— 23. ἐννέα καὶ πεντήκοντα χιλιάδες (1)
— 27. τέσσαρες καὶ ἑβδομήκοντα χιλιάδες (1)
— 29. τέσσαρες καὶ πεντήκοντα χιλιάδες (1)
— 31. A^2 B ἑπτὰ καὶ πεντήκοντα χιλιάδες (1)
— 33. τεσσαράκοντα χιλιάδες (1)
— 35. δύο καὶ τριάκοντα χιλιάδες (1)
— 37. πέντε καὶ τριάκοντα χιλιάδες (1)
— 25. πέντε καὶ τεσσαράκοντα χιλιάδες (1)
— 39. δύο καὶ ἑξήκοντα χιλιάδες (1)
— 41. μία καὶ τεσσαράκοντα χιλιάδες (1)
— 43. τρεῖς καὶ πεντήκοντα χιλιάδες (1)
— 46. ἑξακόσιαι χιλιάδες (1)
2. 4. τέσσαρες καὶ ἑβδομήκοντα χιλιάδες (1)
— 6. τέσσαρες καὶ πεντήκοντα χιλιάδες (1)
— 8. ἑπτὰ καὶ πεντήκοντα χιλιάδες (1)
— 9. ἑκατὸν ὀγδοήκοντα χιλιάδες (1)
— 11. ἓξ καὶ τεσσαράκοντα χιλιάδες (1)
— 13. ἐννέα καὶ πεντήκοντα χιλιάδες (1)
— 15. πέντε καὶ τεσσαράκοντα χιλιάδες (1)
— 16. ἑκατὸν πεντήκοντα μία χιλιάδες (1)
— 19. τεσσαράκοντα χιλιάδες (1)
— 21. δύο καὶ τριάκοντα χιλιάδες (1)
— 23. πέντε καὶ τριάκοντα χιλιάδες (1)
— 24. ἑκατὸν χιλιάδες (1)
— 26. δύο καὶ ἑξήκοντα χιλιάδες (1)
— 28. μία καὶ τεσσαράκοντα χιλιάδες (1)
— 30. τρεῖς καὶ πεντήκοντα χιλιάδες (1)
— 31. ἑκατὸν καὶ πεντήκοντα ἑπτὰ χιλιάδες (1)
— 32. ἑξακόσιαι χιλιάδες (1)
3. 39, 43. δύο καὶ εἴκοσι χιλιάδες (1)
Nu. 10. 36. ἐπίστρεφε, κύριε, χιλιάδας μυριάδας ἐν τῷ 'Ισρ. (1)
11. 21. A^2 B ἑξακόσιαι χιλιάδες πεζῶν ὁ λαός (1)
16. 49 (17. 14). τέσσαρες καὶ δέκα χιλιάδες (1)
25. 9. τέσσαρες καὶ εἴκοσι χιλιάδες (1)
26. 7. τρεῖς καὶ τεσσαράκοντα χιλιάδες (1)
— 14. δύο καὶ εἴκοσι χιλιάδες (1)
— 22. ἓξ καὶ ἑβδομήκοντα χιλιάδες (1)
— 25. τέσσαρες καὶ ἑξήκοντα χιλιάδες (1)
— 27. ἑξήκοντα χιλιάδες (1)
— 18. τέσσαρες καὶ τεσσαράκοντα χιλιάδες [A *al.*] (1)
— 47. τρεῖς καὶ τεσσαράκοντα χιλιάδες (1)
— 34. δύο καὶ πεντήκοντα χιλιάδες (1)
— 37. δύο καὶ τριάκοντα χιλιάδες (1)
— 41. πέντε καὶ τριάκοντα χιλιάδες (1)
— 43. τέσσαρες καὶ ἑξήκοντα χιλιάδες (1)
— 50. τεσσαράκοντα χιλιάδες καὶ τριακόσιοι (1)
— 51. ἑξακόσιαι χιλιάδες (1)
— 62. τρεῖς καὶ εἴκοσι χιλιάδες (1)
31. 5. B ἐξηρίθμησαν ἐκ τῶν χ. 'Ισρ. . . . δώδεκα χιλιάδες [A R -*as*] (1, 1)
— 32. ἑξακόσιαι χ. καὶ ἑβδομήκοντα καὶ πέντε χιλιάδες [A *al.*] (1, 1)
— 33. δύο καὶ ἑβδομήκοντα χιλιάδες (1)
— 34. μία καὶ ἑξήκοντα χιλιάδες (1)
— 35. δύο καὶ τριάκοντα χιλιάδες (1)
— 36. A τριακόσιαι χιλιάδες [B *om.*] καὶ τριάκοντα χιλιάδες (1, 1)
— 38. ἓξ καὶ τριάκοντα χιλιάδες (1)
— 39. καὶ ὄνοι τριάκοντα χιλιάδες (1)
— 40. καὶ ψυχαὶ ἀνθρώπων ἑκκαίδεκα χιλιάδες (1)
— 43. τριακόσιαι χιλιάδες καὶ τριάκοντα χιλιάδες (1, 1)
— 44. ἓξ καὶ τριάκοντα χιλιάδες (1)
— 45. ὄνοι τριάκοντα χιλιάδες καὶ πετακόσιοι (1)
— 46, 52. ἓξ καὶ δέκα χιλιάδες (1)
De. 5. 10. καὶ ποιῶν ἔλεος εἰς χιλιάδας (1)
33. 17. καὶ αὗται χ. Μαν. (1)
Jo. 8. 3. ἐπέλεξε δὲ 'I. τριάκοντα χιλιάδας ἀνδρῶν (1)
— 25. ἐγενήθησαν οἱ πεσόντες . . . δώδεκα χιλιάδες (1)
Jd. 1. 4. εἰς δέκα χιλιάδας ἀνδρῶν (1)
3. 29. ἐπάταξαν . . . ὡσεὶ δέκα χιλιάδας ἀνδρῶν (1)
4. 6. λήψῃ μετὰ σεαυτοῦ δέκα χιλιάδας ἀνδρῶν (1)
— 10. ἀνέβησαν κατὰ πόδας αὐ. δέκα χιλιάδες ἀνδρῶν (1)
— 14. καὶ δέκα χιλιάδες ἀνδρῶν ὀπίσω αὐτοῦ (1)
5. 8. ἐν τεσσαράκοντα χιλιάσιν ἐν 'Ισρ. (1)
6. 15. ἡ χ. μου ἠσθένησεν ἐν Μαν. (1)
7. 3. ἐπέστρεψεν ἀπὸ τοῦ λαοῦ εἴκοσι καὶ δύο χιλιάδες (1)
— 3. δέκα χιλιάδες ὑπελείφθησαν (1)
8. 10. ὡσεὶ δέκα πέντε χιλιάδες (1)
— 10. ἑκατὸν εἴκοσι χιλιάδες ἀνδρῶν (1)
12. 6. τεσσαράκοντα δύο χιλιάδες (1)
15. 11. A τρεῖς χιλιάδες ἀνδρῶν [B τρισχίλιοι ἄνδρες] (1)
20. 2. τετρακόσιαι χ. ἀνδρῶν πεζῶν (1)
— 15. εἴκοσι τρεῖς χιλιάδες (1)
— 17. τετρακόσιαι χιλιάδες ἀνδρῶν (1)
— 21. διέφθειραν . . . δύο καὶ εἴκοσι χιλιάδας ἀνδρῶν (1)
— 25. διέφθειραν . . . ὀκτὼ καὶ δέκα χιλιάδας ἀνδρῶν (1)
— 34. δέκα χιλιάδες ἀνδρῶν ἐκλεκτῶν (1)
— 35. διέφθειραν . . . εἴκοσι καὶ πέντε χιλιάδας (1)
— 44. δέκα ὀκτὼ χιλιάδες ἀνδρῶν (1)
— 45. A ἐκαλαμήσαντο . . . πέντε χιλιάδας ἀνδρῶν [B *al.*] (1)
— 46. εἴκοσι πέντε χιλιάδες ἀνδρῶν (1)
21. 10. ἀπέστειλεν . . . δώδεκα χιλιάδας ἀνδρῶν (1)
I Ki. 4. 2. ἐπλήγησαν . . . τέσσαρες χιλιάδες ἀνδρῶν (1)
— 10. ἔπεσαν ἐξ 'Ισρ. τριάκοντα χιλιάδες ταγμάτων (1)
6. 19. ἐπάταξεν ἐν αὐτοῖς . . . πεντήκοντα χιλιάδας ἀνδρῶν (1)
10. 19. A κατάστητε ἐνώπιον κυρίου . . . κατὰ τὰς χ. [B φυλὰς] ὑμῶν (1)
11. 8. ἐπισκέπτεται αὐτοὺς . . . πάντα ἄνδρα 'Ισρ. ἑξακοσίας χ. καὶ ἄνδρας 'I. ἑβδομήκοντα χιλιάδας (1, 1)
13. 2. B ἐκλέγεται Σ. ἑαυτῷ τρεῖς χ. ἀνδρῶν (1)
— 5. B τριάκοντα χιλιάδες ἁρμάτων (1)
— 5. B ἓξ χιλιάδες ἱππέων (1)
I Ki. 14. 22 (23). ὡς δέκα χιλιάδες ἀνδρῶν –
15. 4. τετρακοσίας [A δέκα] χ. ταγμάτων (1)
— 4. τριάκοντα [A δέκα] χιλιάδας ταγμάτων (1)
17. 5. πέντε χιλιάδες σίκλων χαλκοῦ (1)
18. 7. ἐπάταξε Σ. ἐν χιλιάσιν αὐ. (1)
— 8. ἐμοὶ ἔδωκαν τὰς χ. (1)
21. 11 (12). ἐπάταξε Σ. ἐν χιλιάσιν αὐ. (1)
23. 23. ἐξερευνήσω αὐτὸν ἐν πάσαις [A πᾶσιν] χ. 'Ιούδα (1)
24. 3. ἔλαβε μεθ' ἑαυτοῦ τρεῖς χιλιάδας ἀνδρῶν (1)
26. 2. καὶ μετ' αὐτοῦ τρεῖς χιλιάδες ἀνδρῶν (1)
29. 2. παρεπορεύοντο εἰς ἑκατοντάδας καὶ χιλιάδας (1)
— 5. ἐπάταξε Σ. ἐν χιλιάσιν αὐ. (1)
II Ki. 6. 1. συνήγαγεν . . . ὡς ἑβδομήκοντα χιλιάδας (1)
8. 4. προκατελάβετο . . . ἑπτὰ χιλιάδας ἱππέων καὶ εἴκοσι χιλιάδας ἀνδρῶν πεζῶν (†, 1)
— 5. ἐπάταξε Δ. . . . εἴκοσι δύο χιλιάδας ἀνδρῶν (1)
— 13. ἐπάταξεν . . . εἰς ὀκτὼ καὶ δέκα χιλιάδας (1)
10. 6. ἐμισθώσαντο . . . εἴκοσι χιλιάδας πεζῶν . . . καὶ 'Ιστὼβ δώδεκα χιλιάδας ἀνδρῶν (1, 1)
— 18. ἀνεῖλε . . . τεσσαράκοντα χιλιάδας ἱππέων (1)
17. 1. ἐπιλέξω δὴ ἐμαυτῷ δώδεκα χιλιάδας ἀνδρῶν (1)
18. 3. σὺ ὡς ἡμεῖς δέκα χιλιάδες (1)
— 4. ἐξεπορεύετο . . . εἰς χιλιάδας (1)
— 7. εἴκοσι χιλιάδες ἀνδρῶν (1)
24. 9. ἐγένετο 'Ισρ. ὀκτακόσιαι χ. ἀνδρῶν (1)
— 9. καὶ ἀνὴρ 'I. πεντακόσιαι χ. ἀνδρῶν μαχητῶν (1)
— 15. ἑβδομήκοντα χιλιάδες ἀνδρῶν (1)
III Ki. 3. 1 (*cf.* 5. 15 [29]). ἑβδομήκοντα χιλιάδες αἴροντες ἄρσιν [A *al.*] (1)
— 1 (*cf.* 5. 15 [29]). ὀγδοήκοντα χιλιάδες λατόμων [A *al.*] (1)
— 1 (5. 16 [30]). τρεῖς χιλιάδες καὶ ἑξακόσιοι ἐπιστάται (1)
— 1 (B), 4. 26 [5. 6] (A). τεσσαράκοντα χιλιάδες τοκάδες ἵπποι (1)
— 1 (B), 4. 26 [5. 6] (A). καὶ δώδεκα χιλιάδες ἵππων [A -έων] (1)
5. 11 (25). εἴκοσι χιλιάδας κόρους πυροῦ (1)
— 11 (25). εἴκοσι χιλιάδας βαὶθ ἐλαίου –
— 13 (27). ἦν ὁ φόρος τριάκοντα χιλιάδες ἀνδρῶν (1)
— 14 (28). δέκα χιλιάδες [A -*as*] ἐν τῷ μηνί (1)
— 15 (29). ἑβδομήκοντα χιλιάδες αἴροντες ἄρσιν (1)
— 15 (29). ὀγδοήκοντα χιλιάδες λατόμων (1)
— 16 (30). τρεῖς χιλιάδες καὶ ἑξακόσιοι ἐπιστάται (1)
8. 63. B βοῶν δύο καὶ εἴκοσι χιλιάδες [A R -*as*] (1)
— 63. A R προβάτων ἑκατὸν εἴκοσι χιλιάδας (1)
10. 26. A^2 B τέσσαρες χιλιάδες θήλειαι ἵπποι (1 ?)
— 26. δώδεκα χιλιάδες ἱππέων (1)
12. 21. ἑκατὸν καὶ εἴκοσι χιλιάδες νεανιῶν (1)
19. 18. καταλείψεις ἐν 'Ισρ. ἑπτὰ χιλιάδας ἀνδρῶν (1)
21 (20). 15. A ἐπεσκέψατο . . . πάντα υἱὸν δυνάμεως ἑπτὰ χιλιάδας [B *al.*] (1)
— 29. ἐπάταξεν 'Ισρ. τὴν Σ. ἑκατὸν χιλιάδας πεζῶν (1)
— 30. ἐπὶ εἴκοσι καὶ ἑπτὰ χιλιάδας ἀνδρῶν (1)
IV Ki. 3. 4. B ἑκατὸν χιλιάδας ἀρνῶν (1)
— 4. ἑκατὸν χιλιάδας κριῶν ἐπιπόκων (1)
13. 7. καὶ δέκα χιλιάδες [A -*as*] πεζῶν (1)
14. 7. ἐπάταξε τὴν 'E. ἐν γ. δέκα χιλιάδας (1)
19. 35. ἑκατὸν ὀγδοήκοντα πέντε χιλιάδας (1)
24. 14. αἰχμαλωσίας δέκα χιλιάδας αἰχμαλωτίσας (1)
I Ch. 5. 18. τεσσαράκοντα καὶ τέσσαρες χ. (1)
— 21. προβάτων διακοσίας πεντήκοντα χ. (1)
— 21. καὶ ψυχὰς ἀνδρῶν ἑκατὸν χιλιάδας (1)
7. 2. ὁ ἀριθμὸς αὐ. . . . εἴκοσι καὶ δύο χιλιάδες (1)
— 4. τριάκοντα καὶ ἓξ χιλιάδες (1)
— 5. ὀγδοήκοντα καὶ ἑπτὰ χιλιάδες ὁ ἀριθμὸς αὐ. (1)
— 7. ὁ ἀριθμὸς αὐ. εἴκοσι καὶ δύο χιλιάδες (1)
— 9. εἴκοσι χιλιάδες καὶ διακόσιοι (1)
— 11. ἑπτὰ καὶ δέκα χιλιάδες καὶ διακόσιοι (1)
— 40. ἀριθμὸς αὐ. ἄνδρες εἴκοσι ἓξ χιλιάδες (1)
12. 20. ἀρχηγοὶ χιλιάδων εἰσὶ τοῦ Μαν. (1)
— 24. ἓξ χιλιάδες καὶ ὀκτακόσιοι (1)
— 25. ἑπτὰ χιλιάδες καὶ ἑκατόν (1)
— 27. τρεῖς χιλιάδες καὶ [S χίλιοι] ἑπτακόσιοι (1)
— 29. τῶν υἱῶν Βεν. . . . τρεῖς χιλιάδες (1)

I Ch. 12. 30. εἴκοσι χιλιάδες καὶ ὀκτακόσιοι (1)
— 31. δέκα ὀκτὼ χιλιάδες (1)
— 33. ἀπὸ Ζαβ. . . . πεντήκοντα χιλιάδες (1)
— 34. τριάκοντα ἑπτὰ χιλιάδες (1)
— 35. εἴκοσι ὀκτὼ χιλιάδες (1)
— 36. ἀπὸ τοῦ Ἀ. . . . τεσσαράκοντα χιλιάδες [A -ας] (1)
— 37. ἑκατὸν εἴκοσι χιλιάδες (1)
18. 4. προκατελάβετο . . . ἑπτὰ χιλιάδας ἵππων καὶ εἴκοσι χιλιάδας ἀνδρῶν (1, 1)
— 5. ἐπάταξεν . . . εἴκοσι καὶ δύο χιλιάδας ἀνδρῶν (1)
— 12. ὀκτὼ καὶ δέκα χιλιάδας [A -ες] (1)
19. 7. ἐμισθώσαντο . . . δύο καὶ τριάκοντα χιλιάδας ἁρμάτων (1)
— 18. ἀπέκτεινε . . . ἑπτὰ χιλιάδας ἁρμάτων καὶ τεσσαράκοντα χιλιάδας πεζῶν (1, 1)
21. 5. ἦν πᾶς Ἰσρ. χίλιαι χ. καὶ ἑκατὸν χ. ἀνδρῶν (1, 1)
— 5. A ὀγδοήκοντα [R ἑβδομήκ.] χιλιάδες ἀνδρῶν (1)
— 14. ἔπεσον ἐξ Ἰσρ. ἑβδομήκοντα χιλιάδες ἀνδρῶν (1)
22. 14. χρυσίου ταλάντων ἑκατὸν χιλιάδας (1)
— 14. ἀργυρίου ταλάντων χιλίας χιλιάδας (1)
23. 3. τριάκοντα καὶ ὀκτὼ χιλιάδας (1)
— 4. εἴκοσι τέσσαρες χ. (1)
— 5. A B[2] R τέσσαρες χ. πυλωροί (1)
— 5. τέσσαρες χιλιάδες αἰνοῦντες τῷ κυρίῳ (1)
27. 1, 2, 4, 5, 7, 8, 9, 10, 11, 12, 13, 14, 15. εἴκοσι καὶ τέσσαρες χ. (1)
28. 1. καὶ ἄρχοντας τῶν χ. (1)
29. 7. καὶ ἀργυρίου ταλάντων δέκα χιλιάδας (1)
— 7. καὶ σιδήρου ταλάντων χιλιάδας ἑκατόν (1)
II Ch. 1. 14. ἐγένοντο αὐτῷ . . . δώδεκα χιλιάδες ἱππέων (1 ?)
2. 2 (1). ἑβδομήκοντα χιλιάδας ἀνδρῶν νωτοφόρων καὶ ὀγδοήκοντα χιλιάδας λατόμων (1, 1)
— 10 (9). δέδωκα σῖτον . . . κόρων πυροῦ εἴκοσι χιλιάδας καὶ κριθῶν κόρων εἴκοσι χιλιάδας καὶ οἴνου μέτρων εἴκοσι χιλιάδας (1 *ter*)
— 10 (9). B[2] R καὶ ἐλαίου μέτρων [A κάδων] εἴκοσι χιλιάδας (1)
— 17 (16). εὑρέθησαν ἑκατὸν πεντήκοντα χιλιάδες (1)
— 18 (17). ἐποίησεν ἐξ αὐτῶν ἑβδομήκοντα χιλιάδας νωτοφόρων καὶ ὀγδοήκοντα χιλιάδας λατόμων (1, 1)
7. 5. B μόσχων εἴκοσι καὶ δύο χιλιάδες [A R -ας] (1)
— 5. A R βοσκημάτων ἑκατὸν καὶ εἴκοσι χιλιάδας (1)
9. 25. ἦσαν τῷ Σ. τέσσαρες χ. [A μυριάδες] θήλειαι ἵπποι εἰς ἅρματα καὶ δώδεκα χιλιάδες ἱππέων (1, 1)
11. 1. B ἑκατὸν ὀγδοήκοντα χιλιάδες [A R -ας] νεανίσκων (1)
12. 3. ἐν . . . ἑξήκοντα χιλιάσιν ἵππων (1)
13. 3. παρετάξατο . . . τετρακοσίαις χ. ἀνδρῶν δυνατῶν (1)
— 3. παρετάξατο . . . ἐν ὀκτακοσίαις χ. (1)
— 17. ἔπεσον . . . πεντακόσιαι χ. ἄνδρες δυνατοί (1)
14. 8 (7). ἐγένετο τῷ Ἀ. δύναμις . . . τριακόσιαι χ. (1)
— 8 (7). καὶ τοξόται διακόσιαι καὶ πεντήκοντα χ. (1)
— 9 (8). B ἐν χιλιάσι [A R χιλίαις χ.] καὶ ἅρμασι τριακοσίοις (1)
15. 11. A καὶ πρόβατα ἑπτὰ χιλιάδας [B ἑπτακισχίλια] (1)
17. 14. υἱοὶ δυνατοὶ δυνάμεως τριακόσιαι χ. (1)
— 15. καὶ μετ' αὐτοῦ διακόσιαι ὀγδοήκοντα χ. (1)
— 16. καὶ μετ' αὐτοῦ διακόσιαι χ. (1)
— 17. καὶ μετ' αὐτοῦ . . . πελτασταὶ διακόσιαι χ. (1)
— 18. καὶ μετ' αὐτοῦ ἑκατὸν ὀγδοήκοντα χιλιάδες (1)
25. 5. εὗρεν αὐτοὺς τριακοσίας χ. (1)
— 6. ἐμισθώσατο ἀπὸ Ἰσρ. ἑκατὸν χιλιάδας (1)
— 11. ἐπάταξεν ἐκεῖ τοὺς υἱοὺς Σ. δέκα χιλιάδας (1)
— 12. δέκα χιλιάδας ἐζώγρησαν οἱ υἱοὶ Ἰ. (1)
— 13. ἐπάταξεν ἐν αὐτοῖς τρεῖς χιλιάδας (1)
26. 13. A δύναμις πολεμικὴ τριακόσιαι χ. καὶ ἑπτὰ χιλιάδες [B ἑπτακισχίλιοι] (1, 1)
27. 5. ἐδίδουν . . . δέκα χιλιάδας κόρων πυροῦ καὶ κριθῶν δέκα χιλιάδας (1, 1)
28. 6. B ἀπέστειλε [A R ἀπέκτεινε] . . . ἑκατὸν εἴκοσι χιλιάδας ἀνδρῶν (1)

II Ch. 28. 8. ᾐχμαλώτισαν . . . τριακοσίας χ. (1)
30. 24. ἀπήρξαντο . . . πρόβατα δέκα χιλιάδας (1)
35. 7. πάντας τοὺς εὑρεθέντας εἰς ἀριθμὸν τριάκοντα χιλιάδας καὶ μόσχων τρεῖς χιλιάδας (1, 1)
I Es. 1. 7. ἀρνῶν καὶ ἐρίφων τριάκοντα χιλιάδας [A -ες]
5. 9. B ἑβδομήκοντα [A R *om.*] δύο χιλιάδες
Ne. 7. 72. S[1] ἔδωκαν . . . ἀργυρίου μνᾶς χιλιάδας διακοσίας [S[2] R *al.*] (1)
Ju. 2. 5. πεζῶν εἰς χιλιάδας ἑκατὸν εἴκοσι
— 5. A B[2] S[2] καὶ πλῆθος ἵππων . . . χιλιάδας [S[1] -ες, B[1] μυριάδας, R μυριάδων] δέκα δύο
7. 2. ἡ δύναμις αὐ. ἀνδρῶν πολεμιστῶν χιλιάδες . . . καὶ ἱππέων χιλιάδες δέκα δύο
— 17. μετ' αὐτῶν χιλιάδες πέντε υἱῶν Ἀ.
Ps. 59 (60). *tit.* ἐπάταξε τὴν φάραγγα τῶν ἁλῶν δώδεκα χιλιάδας (1)
67 (68). 17. τὸ ἅρμα τοῦ θεοῦ μυριοπλάσιον χιλιάδες εὐθηνούντων (1)
83 (84). 10. κρείσσων ἡμέρα μία ἐν ταῖς αὐλαῖς σου ὑπὲρ χιλιάδας (1)
90 (91). 7. πεσεῖται ἐκ τοῦ κλίτους σου χιλιάς (1)
118 (119). 72. ὑπὲρ χιλιάδας χρυσίου καὶ ἀργυρίου (1)
Si. 16. 10. καὶ οὕτως ἑξακοσίας χιλιάδας πεζῶν
46. 8. διεσώθησαν ἀπὸ ἑξακοσίων χιλιάδων πεζῶν
Mi. 5. 2 (1). ὀλιγοστὸς εἶ τοῦ εἶναι ἐν χιλιάσιν Ἰ. (1)
6. 7. εἰ προσδέξεται κύριος ἐν χιλιάσι κριῶν (1)
Is. 37. 36. ἀνεῖλεν . . . ἑκατὸν ὀγδοήκοντα πέντε χιλιάδας [S[1] -ες] (1)
60. 22. ὁ ὀλιγοστὸς ἔσται εἰς χιλιάδας (1)
Je. 39 (32). 18. ποιῶν ἔλεος εἰς χιλιάδας (1)
Ez. 45. 1. πέντε καὶ εἴκοσι χιλιάδας μῆκος καὶ εὖρος εἴκοσι χιλιάδας (1, 1)
— 3. διαμετρήσεις μῆκος πέντε καὶ εἴκοσι χιλιάδας καὶ εὖρος εἴκοσι χιλιάδας (1, 1)
— 5. εἴκοσι καὶ πέντε χιλιάδας [A -ες] μῆκος καὶ εὖρος εἴκοσι [A *add.* δέκα] χιλιάδες (1, 1)
— 6. δώσεις πέντε χιλιάδας εὖρος καὶ μῆκος πέντε καὶ εἴκοσι χιλιάδας (1, 1)
48. 8. πέντε καὶ εἴκοσι χιλιάδες εὖρος (1)
— 9. μῆκος [A *om.*] πέντε καὶ εἴκοσι χιλιάδες καὶ εὖρος εἴκοσι καὶ πέντε χιλιάδες (1, 1)
— 10. πρὸς βορρᾶν πέντε καὶ εἴκοσι χιλιάδες καὶ πρὸς θάλασσαν [A *add.* πλάτος] δέκα χιλιάδες καὶ πρὸς νότον [A *add.* μῆκος] εἴκοσι καὶ πέντε χιλιάδες (1 *ter*)
— 13. μῆκος πέντε καὶ εἴκοσι χιλιάδες καὶ εὖρος δέκα χιλιάδες πᾶν τὸ μῆκος πέντε καὶ εἴκοσι χιλιάδες καὶ εὖρος εἴκοσι χιλιάδες (1 *quater*)
— 15. τὰς δὲ πέντε χ. [B[3] -ίας] τὰς περισσὰς ἐπὶ τῷ πλάτει ἐπὶ ταῖς πέντε καὶ εἴκοσι χ. προτείχισμα ἔσται (1, 1)
— 16 *bis*. πεντακόσιοι καὶ τέσσαρες χιλιάδες (1)
— 18. τὸ περισσὸν τοῦ μήκους . . . δέκα χιλιάδες πρὸς ἀνατολὰς καὶ δέκα χιλιάδες πρὸς θάλασσαν (1, 1)
— 20. πᾶσα ἡ ἀπαρχὴ πέντε καὶ εἴκοσι χιλιάδες ἐπὶ πέντε καὶ εἴκοσι χιλιάδας (1, 1)
— 21. ἐπὶ πέντε καὶ εἴκοσι χιλιάδας μῆκος . . . ἐπὶ πέντε καὶ εἴκοσι χιλιάδας (1, 1)
— 35. κύκλωμα δέκα καὶ ὀκτὼ χιλιάδες (1)
Da. LXX. 7. 10. χίλιαι χ. ἐθεράπευον αὐτόν (1)
Da. TH. 7. 10. χίλιαι χ. ἐλειτούργουν αὐτῷ (1)
I Ma. 3. 39. ἀπέστειλε μετ' αὐτῶν τεσσαράκοντα χιλιάδας ἀνδρῶν
4. 28. συνελόχησεν ἀνδρῶν ἐπιλέκτων ἑξήκοντα χιλιάδας
— 29. A R συνήντησεν αὐτοῖς Ἰ. ἐν δέκα χιλιάσιν [S δέκα χιλιάδας ἔχων] ἀνδρῶν
5. 13. A R ἀπώλεσαν ἐκεῖ ὡς μίαν χ. [S χιλιαρχίαν] ἀνδρῶν
6. 30. ἑκατὸν χιλιάδες πεζῶν καὶ εἴκοσι χιλιάδες ἵππων
7. 41. ἐπάταξεν ἐν αὐτοῖς ἑκατὸν ὀγδοήκοντα πέντε χιλιάδας
9. 4. ἐν εἴκοσι χιλιάσιν ἀνδρῶν
10. 36. εἰς τριάκοντα χιλιάδας ἀνδρῶν
— 40. δίδωμι . . . δέκα πέντε χιλιάδας σίκλων ἀργυρίου
— 74. ἐπέλεξε δέκα χιλιάδας ἀνδρῶν
12. 41. ἐν τεσσαράκοντα χιλιάσιν ἀνδρῶν

I Ma. 16. 4. ἐπέλεξεν ἐκ τῆς χώρας εἴκοσι χιλιάδας ἀνδρῶν
II Ma. 8. 19. ἑκατὸν ὀγδοήκοντα πέντε χιλιάδες ὡς ἀπώλοντο
— 20. A[1] τὰς δώδεκα χ. [A[2] R μυριάδας] ἀπώλεσαν
11. 4. πεφρενωμένος δὲ . . . ταῖς χ. τῶν ἱππέων
15. 22. εἰς ἑκατὸν ὀγδοήκοντα πέντε χιλιάδας
[**Aq.** Ge. 20. 16: II Ki. 18. 3: III Ki. 5. 11 (25): Is. 30. 17.]
[**Sm.** III Ki. 5. 11 (25) *bis*: Ps. 59 (60). 2: 67 (68). 18: Is. 30. 17.]
[**Th.** II Ki. 18. 3: Is. 30. 17.]
[**Al.** Nu. 10. 4, 36 (35): Jd. 5. 8.]

χίλιοι.

Ge. 20. 14, 16.
Ex. 39. 2 (38. 25), 6 (38. 28), 7 (38. 29)†.
Nu. 3. 50: 26. 51: 31. 4 *bis*, 5, 6 *bis*.
De. 7. 9: 32. 30.
Jo. 23. 10.
Jd. 8. 26: 9. 49: 15. 15, 16: 16. 5: 17. 2, 3: 20. 10 *bis*.
I Ki. 13. 2†: 25. 2.
II Ki. 8. 4†: 10. 6: 18. 12: 19. 17 (18).
IV Ki. 15. 19: 24. 16.
I Ch. 9. 13: 12. 14, 27†, 31†, 34: 16. 15: 18. 4: 19. 6: 21. 5: 22. 14: 26. 30, 32†: 29. 21 *ter*.
II Ch. 1. 14: 12. 3: 14. 9 (8)†: 30. 24 *bis*.
I Es. 1. 9†: 2. 13 *ter*: 5. 2, 12†, 13†, 24†, 25, 25†, 28†, 45.
II Es. 1. 9, 10: 2. 7, 12†, 31†, 37, 38, 39†, 69: 8. 27.
Ne. 3. 13: 7. 12, 34†, 40, 41, 42, 70.
Jb. 9. 3†: 33. 23: 42. 12 *bis*.
Ps. 89 (90). 4: 104 (105). 8.
Ec. 6. 6: 7. 29 (28).
Ca. 4. 4: 8. 11†, 12.
Si. 6. 6: 16. 3: 39. 11: 41. 4, 12.
Am. 5. 3.
Is. 7. 23 *bis*: 30. 17.
Ez. 47. 3, 4 *bis*, 5: 48. 15†.
Da. LXX. 7. 10: 12. 11, 12.
Da. TH. 5. 1 *bis*: 7. 10: 12. 11, 12.
I Ma. 2. 38†: 6. 35: 9. 49†: 12. 47†, 47: 14. 24: 15. 18†: 16. 10†.
II Ma. 5. 5, 21: 8. 22, 34†: 11. 11 *bis*: 12. 20†.
IV Ma. 4. 17†.
[**Sm.** Jb. 9. 3: Ca. 8. 11.]
[**Th.** Da. 5. 1: 12. 11†.]
[**Al.** Nu. 35. 4.]

χιλιοπλασίων.

[**Sm.** II Ki. 18. 3.]

χιλιοπλασίως. (1) אֶלֶף פְּעָמִים

De. 1. 11. προσθείη ὑμῖν ὡς ἐστὲ χ. (1)

χίλιος. (1) אֶלֶף

III Ki. 3. 4. χιλίαν [A λίαν] ὁλοκαύτωσιν ἀνήνεγκε Σαλ. (1)
II Ch. 1. 6. ἤνεγκεν ἐπ' αὐτῷ ὁλοκαύτωσιν χ. (1)
I Ma. 4. 1. παρέλαβε . . . χιλίαν ἵππον ἐκλεκτήν
10. 79. ἀπέλιπεν Ἀπ. χιλίαν ἵππον κρυπτῶς

χίμαιρα. (1) שְׂעִירָה

Le. 4. 28. οἴσει χίμαιραν ἐξ αἰγῶν (1)
— 29. σφάξουσι τὴν χ. τὴν τῆς ἁμαρτίας —
5. 6. οἴσει . . . χίμαιραν ἐξ αἰγῶν (1)

χίμαρος. (1) עַתּוּד (2) צָפִיר (3) שֶׂה (4) שָׂעִיר

Le. 4. 23. προσοίσει τὸ δῶρον αὐ. χίμαρον ἐξ αἰγῶν (4)
— 24. ἐπιθήσει τὴν χεῖρα ἐπὶ τὴν κεφ. τοῦ χ. (4)
9. 3. λάβετε χίμαρον ἐξ αἰγῶν ἕνα (4)
— 15. ἔλαβε τὸν χ. τὸν περὶ τῆς ἁμαρτίας (4)
10. 16. τὸν χ. τὸν περὶ τῆς ἁμαρτίας ζητῶν ἐξεζήτησε Μ. (4)
16. 5. λήψεται δύο χιμάρους ἐξ αἰγῶν (4)
— 7. λήψεται τοὺς δύο χ. (4)
— 8. ἐπιθήσει Ἀ. ἐπὶ τοὺς δύο χ. κλῆρον ἕνα (4)
— 9. προσάξει Ἀ. τὸν χ. (4)
— 10. τὸν χ. ἐφ' ὃν ἐπῆλθεν ἐπ' αὐτὸν ὁ κλῆρος (4)
— 15. σφάξει τὸν χ. τὸν περὶ τῆς ἁμαρτίας (4)
— 18. λήψεται . . . ἀπὸ τοῦ αἵματος τοῦ χ. (4)

Le. 16. 20. προσάξει τὸν χ. τὸν ζῶντα (4)
— 21. ἐπιθήσει Ἀ. τὰς χεῖρας αὐ. ἐπὶ τὴν κεφ. τοῦ χ. τοῦ ζῶντος (4)
— 21. ἐπιθήσει αὐτὰς ἐπὶ τὴν κεφ. τοῦ χ. τοῦ ζῶντος (4)
— 22. λήψεται ὁ χ. ἐφ' ἑαυτῷ τὰς ἀδικίας αὐ. (4)
— 22. ἐξαποστελεῖ τὸν χ. εἰς τὴν ἔρημον (4)
— 26. ὁ ἐξαποστέλλων τὸν χ. (4)
— 27. καὶ τὸν χ. τὸν περὶ τῆς ἁμαρτίας (4)
23. 19. ποιήσουσι χίμαρον ἐξ αἰγῶν (4)
Nu. 7. 16, 22, 28, 34, 40, 46, 52, 58, 64, 70, 76, 82. χίμαρον ἐξ αἰγῶν ἕνα περὶ ἁμαρτίας (4)
— 87. καὶ χίμαροι ἐξ αἰγῶν δώδεκα (4)
15. 24 : 28. 15, 22, 30 : 29. 5, 11, 16, 19, 22, 25, 28, 31, 34, 38. καὶ χίμαρον ἐξ αἰγῶν ἕνα περὶ ἁμαρτίας (4)
De. 14. 4. καὶ χίμαρον ἐξ αἰγῶν (3)
II Ch. 29. 21. ἀνήνεγκε . . . χιμάρους αἰγῶν ἑπτά (2)
— 23. προσήγαγον τοὺς [B[1] τὰς] χ. (4)
I Es. 7. 8. προσήνεγκαν . . . χιμάρους ὑπὲρ ἁμαρτίας . . . δώδεκα
II Es. 6. 17. προσήνεγκαν . . . χιμάρους αἰγῶν . . . δώδεκα (2)
8. 35. προσήνεγκαν . . . χιμάρους περὶ ἁμαρτίας δώδεκα (2)
Ne. 5. 18. πρόβατα ἐξ ἐκλεκτὰ καὶ χίμαρος ἐγίνοντό μοι †
Ps. 49 (50). 9. οὐδὲ ἐκ τῶν ποιμνίων σου χιμάρους (1)
65 (66). 15. B[1] S[1] R ποιήσω [B[2] S[2] ἀνοίσω] σοι βόας μετὰ χιμάρων (1)
Mi. 6. 7. ἢ ἐν μυριάσι χιμάρων [A ἀρνῶν] πιόνων †
[Al. Le. 16. 26.]

χιονίζεσθαι.
[Sm. Ps. 67 (68). 15.]

χιονοῦσθαι. (1) שָׁלַג hi.
Ps. 67 (68). 14. χιονωθήσονται ἐν Σελμών (1)

χιτών. (1) בֶּגֶד (2) כְּתֹנֶת, כֻּתֹּנֶת (3) מַד (4) מְעִיל
Ge. 3. 21. ἐποίησε κ. ὁ θεὸς τῷ Ἀ. . . . χ. δερματίνους (2)
37. 3. ἐποίησε δὲ αὐτῷ χ. ποικίλον (2)
— 23. ἐξέδυσαν τὸν Ἰ. τὸν χ. τὸν ποικίλον (2)
— 31. λαβόντες δὲ τὸν χ. τοῦ Ἰ. (2)
— 31. ἐμόλυναν τὸν χ. αἵματι (2)
— 32. ἀπέστειλαν τὸν χ. τὸν ποικίλον (2)
— 32. ἐπίγνωθι εἰ χιτὼν τοῦ υἱοῦ σοῦ ἐστιν (2)
— 33. χιτὼν τοῦ υἱοῦ μού ἐστι (2)
Ex. 28. 4. B καὶ τὴν ἐπωμίδα καὶ τὸν ποδήρη [A R add. καὶ] χιτῶνα κοσυμβωτόν (2)
— 35 (39). καὶ οἱ κοσυμβωτοὶ τῶν χ. ἐκ βύσσου (2)
— 36 (40). τοῖς υἱοῖς Ἀ. ποιήσεις χιτῶνας (2)
29. 5. καὶ τὸν χ. τὸν ποδήρη (2)
— 8. καὶ ἐνδύσεις αὐτοὺς χιτῶνας (2)
35. 19. ἐργαζέσθω . . . τοὺς χ. (1?)
36. 35 (39. 27). ἐποίησαν χ. βυσσίνους (2)
40. 14. ἐνδύσεις αὐτοὺς χιτῶνας (2)
Le. 6. 10 (3). ἐνδύσεται ὁ ἱερεὺς χ. λινοῦν (3)
8. 7. ἐνέδυσεν αὐτοὺς τὸν χ. (2)
— 13. ἐνέδυσεν αὐτοὺς χιτῶνας (2)
10. 5. A B[2] R καὶ ἦραν ἐν τοῖς χ. αὐ. (2)
16. 4. χ. λινοῦν ἡγιασμένον ἐνδύσεται (2)
II Ki. 13. 18. ἐπ' αὐτῆς ἦν χιτὼν καρπωτός (2)
— 19. τὸν χ. τὸν καρπωτὸν τὸν ἐπ' αὐτῆς διέρρηξε (2)
15. 32. διερρηχὼς τὸν χ. [A τὰ ἱμάτια] αὐ. (2)
III Ki. 20 (21). 27. διέρρηξε τὸν χ. αὐ. (1)
II Es. 2. 69. A καὶ χιτῶνας τῶν ἱερέων ἑκατόν [B al.] (2)
Ju. 14. 19. τοὺς χ. αὐ. διέρρηξαν
Jb. 30. 18. ὥσπερ τὸ περιστόμιον τοῦ χ. μου περιέσχε με (2)
Ca. 5. 3. ἐξεδυσάμην τὸν χ. μου (2)
Is. 3. 16. ἅμα σύρουσαι τοὺς χ. –
— 24. ἀντὶ τοῦ χ. τοῦ μεσοπορφύρου περιζώσῃ σάκκον †
36. 22. ἐσχισμένοι τοὺς χ. (1)
61. 10. ἐνέδυσε γάρ με . . . χιτῶνα εὐφροσύνης (4)
Ep. Je. 31. ἔχοντες τοὺς χ. διερρωγότας
II Ma. 4. 38. καὶ τοὺς χ. περιρρήξας
II Ma. 12. 40. εὗρον δὲ . . . ὑπὸ τοὺς χ. ἱερώματα
IV Ma. 9. 11. διαρρήξαντες τὸν χ.
[Aq. Ge. 37. 3 : Ex. 28. 39 : II Ki. 10. 4.]
[Sm. Ge. 37. 3 : Ex. 29. 5.]
[Th. Ex. 29. 5 : Jb. 30. 18.]

χιών. (1) *a.* שֶׁלֶג *b.* תְּלַג
Ex. 4. 6. ἐγενήθη ἡ χεὶρ αὐ. ὡσεὶ χιών (1 *a*)
Nu. 12. 10. M. λεπρῶσα ὡσεὶ χιών (1 *a*)
II Ki. 23. 20. ἐν τῇ ἡμέρᾳ τῆς χ. (1 *a*)
IV Ki. 5. 27. λελεπρωμένος ὡσεὶ χιών (1 *a*)
I Ch. 11. 22. ἐπάταξε τὸν λέοντα . . . ἐν ἡμέρᾳ χιόνος (1 *a*)
Jb. 6. 16. ἐπιπεπτώκασί μοι ὥσπερ χιών (1 *a*)
9. 30. ἐὰν γὰρ ἀπολούσωμαι χιόνι (1 *a*)
37. 6. συντάσσων χιόνι (1 *a*)
38. 22. ἦλθες δὲ ἐπὶ θησαυροὺς χιόνος (1 *a*)
Ps. 50 (51). 7. ὑπὲρ χιόνα λευκανθήσομαι (1 *a*)
147. 5 (16). τοῦ διδόντος χιόνα ὡσεὶ ἔριον (1 *a*)
148. 8. πῦρ χάλαζα χιὼν κρύσταλλος (1 *a*)
Pr. 25. 13. A S R ὥσπερ ἔξοδος χιόνος [B *om.*] ἐν ἀμητῷ κατὰ καῦμα ὠφελεῖ (1 *a*)
Wi. 16. 22. χιὼν δὲ . . . ὑπέμεινε πῦρ
Si. 43. 13. A B[2] R προστάγματι αὐτοῦ κατέσπευσε [B[1] S -έπαυσεν] χιόνα
— 17. ὡς πετεινὰ καθιπτάμενα πάσσει χιόνα
Is. 1. 18. ὡς χιόνα λευκανῶ (1 *a*)
55. 10. ὡς γὰρ ἂν καταβῇ ὁ [A S *om.*] ὑετὸς ἢ χ. (1 *a*)
Je. 18. 14. ἡ χ. ἀπὸ τοῦ Λιβάνου (1 *a*)
La. 4. 7. ἐκαθαριώθησαν Ναζιραῖοι αὐτῆς ὑπὲρ χιόνα (1 *a*)
Da. LXX. 3. (70). εὐλογεῖτε, πάχναι καὶ χιόνες, τὸν κ.
7. 9. ἔχων περιβολὴν ὡσεὶ χιόνα [*cod.*[1] -ών] (1 *b*)
Da. TH. 3. (70). εὐλογεῖτε, πάχναι καὶ χιόνες, τὸν κ.
7. 9. τὸ ἔνδυμα αὐ. ὡσεὶ χιὼν λευκόν (1 *b*)
I Ma. 13. 22. ἦν χ. πολλὴ σφόδρα
— 22. οὐκ ἦλθε διὰ τὴν [S[1] τὸν] χ.
[Aq. Ex. 4. 6 : Jb. 37. 6.]
[Sm. Ex. 4. 6 : Jb. 37. 6 : La. 4. 7.]
[Th. Ex. 4. 6 : Jb. 37. 6 : Da. 3. (70).]

χλαῖνα. (1) מַרְבַדִּים
Pr. 31. 22. δισσὰς χλαίνας ἐποίησε τῷ ἀνδρὶ αὐτῆς (1)

χλαμύς.
II Ma. 12. 35. καὶ λαβόμενος τῆς χλ.
[Sm. I Ki. 24. 5.]

χλευάζειν.
Wi. 11. 14. τὸν γὰρ ἐν ἐκθέσει πάλαι ῥιφέντα ἀπεῖπον χλευάζοντες [A S *al.*]
II Ma. 7. 27. χλευάσασα τὸν ὠμὸν τύραννον
IV Ma. 5. 22. S R χλευάζεις [A -ει] δὲ ἡμῶν τὴν φιλοσοφίαν
[Aq. Pr. 14. 9 : 19. 28 : Is. 28. 22.]
[Sm. Is. 29. 20 : 37. 22 : Je. 8. 18.]
[Th. Pr. 4. 21 : 14. 9 : 19. 28 : Is. 28. 22.]

χλεύασμα. (1) קֶלֶס (2) שְׂחוֹק
Jb. 12. 4. ἐγενήθη εἰς χλεύασμα [A -μόν] (2)
Je. 20. 8. S ἐγενήθη λόγος κυρίου . . . εἰς χλ. [A B -μόν] (1)

χλευασμός. (1) קֶלֶס (2) שְׂחוֹק
Jb. 12. 4. A ἐγενόμην εἰς χλευασμόν [B S *al.*] (2)
Ps. 43 (44). 13. A S[2] μυκτηρισμὸν καὶ χλευασμὸν [B καταγέλωτα] τοῖς κύκλῳ ἡμῶν (1)
78 (79). 4. καὶ χλευασμὸς τοῖς κύκλῳ ἡμῶν (1)
Je. 20. 8. ἐγενήθη λόγος κυρίου . . . εἰς χλευασμόν [S -μα] (1)
[Aq. Is. 28. 14.]
[Sm. Ps. 43 (44). 14 : Je. 10. 15.]
[Th., Quint. Ps. 43 (44). 14.]

χλευαστής.
[Aq. Ps. 1. 1 : Pr. 14. 6 : 19. 29 : 20. 1 : 22. 10 : Is. 29. 20 : Ho. 7. 5.]
[Sm. Pr. 22. 10 : Is. 28. 14 : 29. 20.]
[Th. Pr. 20. 1 : 22. 10 : Is. 28. 14 : 29. 20.]

χλιδών. (1) *a.* אֶצְעָדָה *b.* צְעָדָה
Nu. 31. 50. προσενηνόχαμεν . . . χλιδῶνα (1 *a*)
II Ki. 1. 10. ἔλαβον . . . τὸν χλ. τὸν ἐπὶ τοῦ βραχίονος αὐ. (1 *a*)
8. 7. ἔλαβε Δ. τοὺς χλ. τοὺς χρυσοῦς †
Ju. 10. 4. περιέθετο τοὺς χλ.
Si. 21. 21. ὡς χλιδὼν ἐπὶ βραχίονι δεξιῷ
Is. 3. 20. ἀφελεῖ . . . τοὺς χλ. (1 *b*)

χλόη. (1) *a.* דֶּשֶׁא *b.* דִּתְאָ (2) חָצִיר (3) כֹּל (4) *a.* עֵשֶׂב *b.* עֲשַׂב
II Ki. 23. 4. ὡς ἐξ ὑετοῦ χλόης ἀπὸ γῆς (1 *a*)
IV Ki. 19. 26. ἐγένοντο . . . χλόη [A ἡ χλ.] δωμάτων (2)
Jb. 24. 24. A ἐμαράνθη δὲ ὥσπερ χλόη [B S μολόχη] ἐν καύματι (3 ?)
38. 27. τοῦ ἐκβλαστῆσαι ἔξοδον χλόης (1 *a*)
Ps. 22 (23). 2. εἰς τόπον χλόης ἐκεῖ με κατεσκήνωσεν (1 *a*)
36 (37). 2. ὡσεὶ λάχανα χλόης ταχὺ ἀποπεσοῦνται (1 *a*)
89 (90). 5. τὸ πρωῒ ὡσεὶ χλόη παρέλθοι (2)
103 (104). 14. καὶ χλόην τῇ δουλείᾳ τῶν ἀνθρώπων (4 *a*)
146 (147). 8. B S καὶ χλόην τῇ δουλείᾳ τῶν ἀνθρώπων –
Si. 40. 22. καὶ ὑπὲρ ἀμφότερα χλόην σπόρου
43. 21. ἀποσβέσει χλόην ὡς πῦρ
Da. LXX. 4. 29. ἀπὸ τῆς χλ. τῆς γῆς ἔσται ἡ νομή σου (4 *b* ?)
— 30. ἀπὸ τῆς χλ. τῆς γῆς ἤσθιον (4 *b* ?)
Da. TH. 4. 12. ἐν τῇ χλ. τῇ ἔξω . . . κοιτασθήσεται (4 *b*)
— 20. ἐν τῇ χλ. τῇ ἔξω . . . αὐλισθήσεται (1 *b*)
[Aq. Ge. 1. 29, 30 : Dt. 11. 15 : Is. 37. 27 : 66. 14 : Je. 50 (27). 11.]
[Sm. Jb. 6. 5 : Ps. 103 (104). 14 : Is. 37. 27 : 66. 14.]
[Th. Jb. 38. 27.]
[Al. Jb. 24. 24.]

χλοηφόρος.
Wi. 19. 7. χλοηφόρον πεδίον ἐκ κλύδωνος βιαίου

χλωρίζειν. (1) יְרַקְרַק
Le. 13. 49. καὶ γένηται ἡ ἁφὴ χλωρίζουσα (1)
14. 37. ὄψεται . . . κοιλάδας χλωριζούσας (1)

χλωροβοτάνη. (1) יֶרֶק דֶּשֶׁא
IV Ki. 19. 26. A ἐγένοντο . . . χλωροβοτάνη [B χλωρὰ βοτ.] (1)

χλωρός. (1) חָצִיר (2) *a.* יֵרֶק *b.* יָרָק *c.* יָרוֹק (3) לָבָן (4) לַח (5) עֵשֶׂב (6) שִׂיחַ (7) τὸ ἄχι τὸ χλ. עָרָה
Ge. 1. 30. καὶ πάντα χόρτον χλωρὸν εἰς βρῶσιν (2 *a*)
2. 5. καὶ πᾶν χλωρὸν ἀγροῦ (6)
30. 37. ἔλαβε δὲ αὐτῷ Ἰ. ῥάβδον στυρακίνην χλ. (4)
— 37. περισύρων τὸ χλ. (3)
Ex. 10. 15. οὐχ ὑπελείφθη χλωρὸν οὐδέν (2 *a*)
Nu. 22. 4. ὡσεὶ ἐκλείξαι ὁ μόσχος τὰ χλ. ἐκ τοῦ πεδίου (2 *a*)
De. 29. 23 (22). οὐδὲ μὴ ἀναβῇ ἐπ' αὐτὴν πᾶν χλ. (5)
IV Ki. 19. 26. ἐγένοντο . . . χλ. βοτάνη [A χλωροβοτάνη] (2 *b*)
Jb. 39. 8. ὀπίσω παντὸς χλωροῦ ζητεῖ (2 *c*)
Pr. 27. 25. ἐπιμελοῦ τῶν ἐν τῷ πεδίῳ χλωρῶν [A[1] -ῷ] (1)
Is. 15. 6. χόρτος γὰρ χλ. οὐκ ἔσται (2 *a*)
19. 7. τὸ ἄχι τὸ χλ. πᾶν τὸ κύκλῳ τοῦ ποταμοῦ (7)
27. 11. οὐκ ἔσται ἐν αὐτῇ πᾶν χλωρόν †
37. 27. A ἐγένοντο ὡς χόρτος χλ. [B S ξηρός] (2 *b*)
Ez. 17. 24. ἐγὼ κύριος ὁ . . . ξηραίνων ξύλον χλωρόν (4)
20. 47 (21. 3). καταφάγεται ἐν σοὶ πᾶν ξύλον χλωρόν (4)
[Sm. Ge. 1. 30 : Ps. 36 (37). 2 : Is. 37. 27.]
[Th. Ge. 1. 30.]
[Heb. Dt. 34. 7.]

χλωρότης. (1) יְרַקְרַק
Ps. 67 (68). 13. καὶ τὰ μετάφρενα αὐτῆς ἐν χλωρότητι χρυσίου (1)

χνοῦς, *cf.* χοῦς. (1) מֵעַי (2) מֹץ (3) עָפָר
II Ki. 22. 43. ἐλέανα αὐτοὺς ὡς χνοῦν γῆς (3)
II Ch. 1. 9. B ὡς ὁ χν. [A R χοῦς] τῆς γῆς (3)
Ps. 1. 4. ὡς ὁ χν. ὃν ἐκρίπτει ὁ ἄνεμος (2)
17 (18). 42. ὡς χνοῦν κατὰ πρόσωπον ἀνέμου (3)
34 (35). 5. γενηθήτωσαν ὡσεὶ χνοῦς κατὰ πρόσωπον ἀνέμου (2)

Ps. 77 (78). 27. S ἔβρεξεν ἐπ' αὐτοὺς ὡσεὶ χνοῦν [B χοῦν] σάρκας (3)
Wi. 5. 14. ὡς φερόμενος χνοῦς ὑπὸ ἀνέμου
Ho. 13. 3. ὡς χνοῦς [A χοῦς] ἀποφυσώμενος ἀφ' ἅλωνος (2)
Is. 5. 24. ἡ ῥίζα αὐτῶν ὡς χν. ἔσται †
17. 13. διώξεται ὡς χνοῦν [S¹ χνοῦς, A χοῦν] ἀχύρου λικμώντων (2)
29. 5. ὡς χν. φερόμενος (2)
41. 15. ὡς χνοῦν [A χοῦν] θήσεις (2)
48. 19. S ὡς ὁ χν. [A B χοῦς] τῆς γῆς (1?)
[Sm., Al. Ca. 3. 6.]

χοβέρ.
[Th. 1 Ki. 19. 13.]

χοδχόδ.
[Aq., Sm., Th. Ez. 27. 16.]

χοεύς. (1) בַּת
III Ki. 7. 26. A δισχιλίους χοεῖς χωροῦντας (1)
— 38. τεσσαράκοντα χοεῖς χωροῦντα (1)

χοζεί. (1) חוֹחַ
II Ch. 25. 18. B ὁ χ. ἐν τῷ Λιβ. ἀπέστειλε [A R al.] (1)

χοθωνώθ (χωθ.). (1) כָּתְנוֹת
Ne. 7. 70. AS²R ἔδωκαν . . . χ. [BS¹ μεχωνὼθ] τῶν ἱ. τριάκοντα (1)
— 72. A S²R ἔδωκαν . . . χ. [B S¹ μεχωνὼθ] τῶν ἱ. ἑξήκοντα ἑπτά (1)

χοῖνιξ. (1) בַּת
Ez. 45. 10. χ. δικαία ἔσται ὑμῖν τοῦ μέτρου (1)
— 11. ἡ χ. ὁμοίως μία ἔσται τοῦ λαμβάνειν (1)
— 11. τὸ δέκατον τοῦ γομὸρ [A add. ἡ] χ. (1)

χοίρειος.
[Sm. Is. 66. 17.]

χοιρογρύλλιος (B²), **χοιρόγρυλλος** (B¹), **χοιρογύλιος** (B), **χυρογλύλλιος** (A), **χυρογύλιος** (A¹), **χυρογρύλιος** (A²), **χυρογρύλλιος** (S²). (1) אַרְנֶבֶת (2) שָׁפָן
Le. 11. 6. καὶ τὸν χ. ὅτι ἀνάγει μηρυκισμὸν τοῦτο (1?)
De. 14. 7. τὸν κάμηλον καὶ δασύποδα καὶ χοιρογρύλλιον (2)
Ps. 103 (104). 18. πέτρα καταφυγὴ τοῖς χ. [A S² λαγῳοῖς] (2)
Pr. 24. 61 (30. 26). οἱ χ. ἔθνος οὐκ ἰσχυρόν (2)
[Aq., Sm., Quint. Ps. 103 (104). 18.]

χοῖρος.
[Sm. Is. 65. 4: 66. 3.]
[Al. Le. 11. 7: Ps. 79 (80). 14.]

χολᾶν.
III Ma. 3. 1. R ἐπὶ τοσοῦτον ἐχόλησεν [A ἐξεχ.]

χολέρα. (1) זָרָא
Nu. 11. 20. ἔσται ὑμῖν εἰς χολέραν (1)
Si. 34 (31). 20. πόνος ἀγρυπνίας καὶ χολέρας
37. 30. ἡ ἀπληστία ἐγγιεῖ ἕως χολέρας

χολή. (1) לַעֲנָה (2) a. מְרֵרָה b. מְרֹרָה (3) רֹאשׁ, רוֹשׁ
De. 29. 18 (17). B²R ῥίζα ἄνω φύουσα ἐν χολῇ [A B¹ al.] (3)
32. 32. σταφυλὴ αὐ. σταφυλὴ χολῆς (3)
To. 6. 4. S ἔξελε τὴν χ.
— 4. A B λαβὼν . . . τὴν χ. θὲς ἀσφαλῶς
— 4. S ἔστιν γὰρ εἰς φάρμακον χρήσιμον ἡ χ.
— 5. S συνήγαγεν τὴν χ.
— 6. τί ἐστιν . . . ἡ χ. τοῦ ἰχθύος [S al.]
— 8. ἡ δὲ χ. ἐγχρῖσαι ἄνθρωπον [S al.]
11. 4. λάβε δὲ παρὰ χεῖρα τὴν χ. τοῦ ἰχθύος [S al.]
— 7. ἔγχρισον τὴν χ. εἰς τοὺς ὀφθαλμοὺς αὐ. [S al.]
— 11. S καὶ ἡ χ. τοῦ ἰχθύος ἐν τῇ χειρὶ αὐ.
— 11. προσέπασε τὴν χ. ἐπὶ τοὺς ὀφθαλμοὺς τοῦ πατρός [S al.]
Jb. 16. 14 (13). ἐξέχεαν εἰς τὴν γῆν τὴν χ. [A S² ζωήν] μου (2 a)
20. 14. χολὴ ἀσπίδος ἐν γαστρὶ αὐτοῦ (2 b)
Ps. 68 (69). 21. ἔδωκαν εἰς τὸ βρῶμά μου χολὴν (3)
Pr. 5. 4. ὕστερον μέντοι πικρότερον χολῆς εὑρήσεις (1)
Je. 8. 14. ἐπότισεν ἡμᾶς ὕδωρ χολῆς (3)
9. 15 (14). ποτιῶ αὐτοὺς ὕ. χολῆς (3)
La. 3. 15. ἐμέθυσέ με χολῆς (1)
— 19. χ. μου μνησθήσεται (3)
[Aq. Jb. 20. 16.]
[Sm. Jb. 20. 16: Ps. 68 (69). 22.]
[Th. Jb. 20. 14, 16.]

χόλος. (1) קֶצֶף
Pr. 16. 28. S λαμπτῆρα χόλου [A B δόλου] πυρσεύσει κακοῖς †
Ec. 5. 16. πᾶσαι αἱ ἡμέραι αὐ. ἐν . . . χόλῳ (1)
II Ma. 3. 28. A ἔφερον . . . τοῖς χ. [? ὅλοις] καθεστῶτα [R al.]
III Ma. 5. 1. βαρείᾳ μεμεστωμένος ὀργῇ καὶ χόλῳ
— 30. πληρωθεὶς βαρεῖ χόλῳ
[Aq. Jb. 6. 4: Ps. 6. 2: 58 (59). 14: Is. 51. 22: 59. 18: Ez. 3. 14: Hb. 2. 15.]
[Sm. Ps. 7. 7: 89 (90). 9: Ez. 3. 14.]
[Th. Pr. 26. 10: Ho. 5. 10.]
[Al. Jb. 6. 4.]

χολοῦσθαι.
[Sm. Ps. 77 (78). 21, 59: 88 (89). 39.]

χονδρίτης. (1) חֹרִי
Ge. 40. 16. ᾤμην τρία κανᾶ χονδριτῶν αἴρειν (1)

χορδή. (1) מֵן
Ps. 150. 4. αἰνεῖτε αὐτὸν ἐν χορδαῖς καὶ ὀργάνῳ (1)
Na. 3. 8. ἅρμοσαι χορδήν †
[Aq., Sm. Ps. 150. 4.]

χορεία.
Ju. 15. 13. προῆλθε παντὸς τοῦ λαοῦ ἐν χορείᾳ
[Aq. Ps. 52 (53). 1: 87 (88). 1.]
[Th., Quint. Ps. 52 (53). 1.]

χορεῖον (-ριον).
IV Ma. 15. 20. S¹ πολυάνδριον ὁρῶσα τῶν τέκνων χόριον [R -εῖον, S² χορίδιον, A χωρίον]

χορεύειν. (1) חוּל a. qal. b. pil. c. מְחֹלָה
Jd. 21. 21. χορεύειν ἐν τοῖς χοροῖς [A al.] (1 a)
— 23. ἔλαβον γυναῖκας . . . ἀπὸ τῶν χορευουσῶν (1 b)
I Ki. 18. 6. ἐξῆλθον αἱ χορεύουσαι (1 c)
— 6. A καὶ χορεύουσαι εἰς ἀπάντησιν Σ. (1 c)
21. 11 (12). οὐχὶ τούτῳ ἐξῆρχον αἱ χορεύουσαι (1 c)
III Ki. 1. 40. ἐχόρευον ἐν χοροῖς †
IV Ma. 14. 8. περὶ τὴν ἑβδομάδα χορεύοντες οἱ μείρακες
[Aq., Sm., Th. 1 Ki. 18. 7.]

χορηγεῖν. (1) זוּן ithp. (2) כּוּל pilp.
III Ki. 4. 7. χορηγεῖν τῷ βασ. (2)
— 7. ἐγίνετο ἐπὶ τὸν ἕνα χορηγεῖν (2)
— 27 (5. 7). ἐχορήγουν οἱ καθεσταμένοι οὕτως τῷ βασ. Σαλ. (2)
Ju. 12. 2. AB ἐκ τῶν ἠκολουθηκότων μοι χορηγηθήσεται
Si. 1. 10. ἐχορήγησεν αὐτὴν τοῖς ἀγαπῶσιν αὐτόν
— 25. κύριος χορηγήσει σοι αὐτήν
18. 31. ἐὰν χορηγήσῃς [B¹ -σεις, A εὐδοκήσεις] τῇ ψυχῇ σου εὐδοκίαν ἐπιθυμίας
39. 33. πᾶσαν χρείαν ἐν ὥρᾳ αὐτῆς χορηγήσει
44. 6. ἄνδρες πλούσιοι κεχορηγημένοι ἰσχύϊ [A S ἐν ἰ.]
Da. lxx. 4. 9. καὶ ἐχορήγει πᾶσι τοῖς ζῴοις (1?)
Bel 31. ἐχορηγεῖτο αὐτοῖς . . . σώματα δύο
I Ma. 14. 10. A R ταῖς πόλεσιν ἐχορήγησε [S -αν] βρώματα
II Ma. 3. 3. ὥστε καὶ Σέλευκον . . . χορηγεῖν . . . πάντα
4. 49. τὰ πρὸς τὴν κηδείαν αὐ. μεγαλομερῶς ἐχορήγησαν
9. 16. τὰς δὲ . . . συντάξεις ἐκ τῶν ἰδίων προσόδων χορηγήσειν
III Ma. 6. 30. ἐκέλευσεν οἴνους . . . τοῖς Ἰουδ. χορηγεῖν
— 40. εὐωχοῦντο δὲ πάνθ' ὑπὸ τοῦ βασ. χορηγούμενοι
7. 18. τοῦ βασ. χορηγήσαντος αὐτοῖς . . . τὰ πρὸς τὴν ἄφιξιν

χορηγία (-εία).
I Es. 4. 54. ἔγραψε δὲ καὶ τὴν χ.
— 55. τοῖς Λ. ἔγραψε δοῦναι τὴν χ.
II Es. 5. 3. τοῦ . . . τὴν χ. ταύτην καταρτίσασθαι †
— 9. B τοῦ οἰκοδομῆσαι τὴν χ. ταύτην [A R al.] †
II Ma. 4. 14. μετέχειν τῆς ἐν παλαίστρῃ παρανόμου χ.
III Ma. 5. 2. ἀγριωθέντας τῇ τοῦ πόματος ἀφθόνῳ χ.
— 10. πεπληρωμένους τῆς τοῦ οἴνου πολλῆς χ.

χορηγός.
II Ma. 1. 25. ὁ μόνος χ.

χορίδιον.
IV Ma. 15. 20. S² πολυάνδριον ὁρῶσα τῶν τέκνων χορίδιον [S¹ χόριον, R χορεῖον, A χωρίον]

χόριον (-ειον). (1) שִׁלְיָה
De. 28. 57. τὸ χ. αὐ. τὸ ἐξελθὸν διὰ τῶν μηρῶν αὐ. (1)
[Sm. Ps. 57 (58). 9.]

χορός. (1) הִלּוּלִים (2) חֶבֶל (3) a. מָחוֹל b. מְחֹלָה, מְחוֹלָה
Ex. 15. 20. μετὰ τυμπάνων καὶ χορῶν (3 b)
32. 19. ὁρᾷ τὸν μόσχον καὶ τοὺς χ. (3 b)
Jd. 9. 27. A ἐποίησαν χορούς [B ἐλλουλείμ] (1)
11. 34. ἐξεπορεύετο . . . ἐν τυμπάνοις καὶ χοροῖς (3 b)
21. 21. χορεύειν ἐν τοῖς χ. [A al.] (3 b)
I Ki. 10. 5. ἀπαντήσεις χορῷ προφητῶν (2)
— 10. καὶ ἰδοὺ χορὸς προφητῶν (2)
29. 5. ᾧ ἐξῆρχον ἐν χοροῖς (3 b)
II Ki. 6. 13. ἦσαν μετ' αὐτῶν . . . ἑπτὰ χοροί †
III Ki. 1. 40. ἐχόρευον ἐν χοροῖς †
21 (20). 14. B ἐν τοῖς παιδαρίοις τῶν ἀρχόντων τῶν χ. [A πόλεων, R χωρῶν] †
— 15. B τοὺς ἄρχοντας τὰ παιδάρια τῶν χ. [A R al.] †
— 17. B ἄρχοντες παιδάρια τῶν χ. [A R al.] †
— 19. B τὰ παιδάρια ἄρχοντα τῶν χ. [A R al.] †
Ju. 3. 7. ἐδέξαντο αὐτὸν . . . μετὰ στεφάνων καὶ χορῶν
15. 12. ἐποίησαν αὐτῇ χορὸν ἐξ αὐτῶν
Ps. 149. 3. αἰνεσάτωσαν τὸ ὄνομα αὐτοῦ ἐν χορῷ (3 a)
150. 4. αἰνεῖτε αὐτὸν ἐν τυμπάνῳ καὶ χορῷ (3 a)
Ca. 7. 1. ἡ ἐρχομένη ὡς χοροὶ τῶν παρεμβολῶν (3 b)
Is. 5. 12. S μετὰ . . . τυμπάνων καὶ χορῶν [A B om. κ. χ.] –
La. 5. 15. ἐστράφη εἰς πένθος ὁ χ. ἡμῶν (3 a)
III Ma. 6. 32. χοροὺς συνίσταντο
— 35. R συστησάμενοι τὸν προειρημένον χ. [A χρόνον]
IV Ma. 8. 4. καθάπερ ἐν χορῷ περιέχοντας μέσην τὴν μητέρα
13. 8. ἱερὸν γὰρ εὐσεβείας στήσαντες χορόν
18. 23. S εἰς πατέρων χορὸν [A R χῶρον] συναγελάζονται
[Aq. Ps. 29 (30). 12: 86 (87). 7: 87 (88). 1: Je. 31 (38). 4, 13.]
[Sm. Ps. 29 (30). 12: 52 (53). 1: 87 (88). 1: Je. 31 (38). 4.]
[Th. Ps. 87 (88). 1.]
[Quint. Ps. 29 (30). 12: Ca. 7. 1 (2).]
[Sext. Ps. 29 (30). 12.]
[Al. Ca. 7. 1 (2).]

χορρεί, χορρί. (1) כָּרִי
IV Ki. 11. 4. ἔλαβε τοὺς ἑκατοντάρχους τὸν χ. (1)
— 19. ἔλαβε τοὺς ἑκατοντάρχους καὶ τὸν χ. (1)

χορτάζειν. (1) שָׂבַע a. qal. b. hi.
To. 12. 9. S χορτασθήσονται [A B πλησθήσ.] ζωῆς
Jb. 38. 27. τοῦ χορτάσαι ἄβατον καὶ ἀοίκητον (1 b)
Ps. 16 (17). 14. ἐχορτάσθησαν υἱείων [A υἱῶν] (1 a)
— 15. χορτασθήσομαι ἐν τῷ ὀφθῆναι τὴν δόξαν σου (1 a)
36 (37). 19. ἐν ἡμέραις λιμοῦ χορτασθήσονται (1 a)
58 (59). 15. ἐὰν δὲ χορτασθῶσι (1 a)
80 (81). 16. ἐκ πέτρας μέλι ἐχόρτασεν αὐτούς (1 b)
103 (104). 13. ἀπὸ καρποῦ τῶν ἔργων σου χορτασθήσεται ἡ γῆ (1 a)
— 16. χορτασθήσεται [A -σονται] τὰ ξύλα τοῦ πεδίου [S¹ κυρίου] (1 a)
106 (107). 9. ἐχόρτασε ψυχὴν κενήν (1 b)
131 (132). 15. τοὺς πτωχοὺς αὐτῆς χορτάσω ἄρτων (1 b)

Je. 5. 7. ἐχόρτασα αὐτούς (1 *b*)
La. 3. 15. ἐχόρτασέ με πικρίας (1 *b*)
— 30. χορτασθήσεται ὀνειδισμῶν (1 *a*)
[**Sm.** I Ki. 2. 5 : Ps. 16 (17). 14 : 89 (90). 14 : 103 (104). 28 : 122 (123). 3, 4 : Is. 53. 11.]
[**Th.** I Ki. 2. 5 : Ec. 6. 3, 7 : Ez. 7. 19.]
[**Al.** Hb. 3. 9.]

χορτασία.

Pr. 24. 15. μηδὲ ἀπατηθῇς χορτασίᾳ κοιλίας †

χόρτασμα. (1) מִסְפּוֹא (2) עֵשֶׂב

Ge. 24. 25. **A** χ. πολὺ [**S R** χ. πολλὰ] παρ' ἡμῖν (1)
— 32. ἔδωκεν . . . χορτάσματα ταῖς καμήλοις (1)
42. 27. δοῦναι χορτάσματα τοῖς ὄνοις αὐ. (1)
43. 24. ἤνεγκε χορτάσματα τοῖς ὄνοις αὐ. (1)
De. 11. 15. δώσει χορτάσματα ἐν τοῖς ἀγροῖς σου (2)
Jd. 19. 19. χορτάσματά ἐστι τοῖς ὄνοις ἡμῶν (1)
Si. 30. 33 (33. 24). χορτάσματα [**A** -μα] καὶ ῥάβδος καὶ φορτία ὄνῳ
38. 26. ἡ ἀγρυπνία αὐ. εἰς χορτάσματα δαμάλεων

χορτομανεῖν.

Pr. 24. 46 (31). καὶ χορτομανήσει ὅλος †

χόρτος. (1) דֶּשֶׁא (2) חָצִיר (3) *a.* עֵשֶׂב *b.* עֲשַׂב (4) קַשׁ

Ge. 1. 11. βλαστησάτω ἡ γῆ βοτάνην χόρτου (3 *a*)
— 12. ἐξήνεγκεν ἡ γῆ βοτάνην χόρτου (3 *a*)
— 29. δέδωκα ὑμῖν πάντα χόρτον σπόριμον (3 *a*)
— 30. καὶ πάντα χ. χλωρὸν εἰς βρῶσιν (3 *a*)
2. 5. καὶ πάντα χόρτον ἀγροῦ (3 *a*)
3. 18. φάγῃ τὸν χ. τοῦ ἀγροῦ (3 *a*)
9. 3. ὡς λάχανα χόρτου δέδωκα ὑμῖν τὰ πάντα (3 *a*)
De. 32. 2. ὡσεὶ νιφετὸς ἐπὶ χόρτον (3 *a*)
IV Ki. 19. 26. ἐγένοντο χόρτος ἀγροῦ (3 *a*)
Jb. 13. 25. ἢ ὡς χόρτῳ [**A** -ον] φερομένῳ [**A** -ον] ὑπὸ πνεύματος ἀντίκεισαί μοι (4)
40. 10 (15). χόρτον ἴσα βουσὶν ἐσθίουσιν (2)
41. 19 (20). ἥγηται μὲν πετροβόλον χόρτον [**A** ὡς χ.] (4)
Ps. 36 (37). 2. ὡσεὶ χόρτος ταχὺ ἀποξηρανθήσονται (2)
71 (72). 16. ἐξανθήσουσιν ἐκ πόλεως ὡσεὶ χόρτος τῆς γῆς (3 *a*)
91 (92). 7. ἐν τῷ ἀνατεῖλαι τοὺς ἁμαρτωλοὺς ὡσεὶ χόρτον (3 *a*)
101 (102). 4. ἐπλήγην ὡσεὶ χόρτος (3 *a*)
— 11. κἀγὼ ὡσεὶ χόρτος ἐξηράνθην (3 *a*)
102 (103). 15. ἄνθρωπος ὡσεὶ χόρτος αἱ ἡμ. αὐ. (2)
103 (104). 14. ὁ ἐξανατέλλων χόρτον τοῖς κτήνεσι (2)
104 (105). 35. κατέφαγε πάντα τὸν χ. (3 *a*)
— 35. **S**[1] κατέφαγε τὸν χ. [**A B S**[2] καρπὸν] τῆς γῆς αὐ. †
105 (106). 20. ἐν ὁμοιώματι μόσχου ἔσθοντος χόρτον (3 *a*)
128 (129). 6. γενηθήτωσαν ὡσεὶ χόρτος δωμάτων (2)
146 (147). 8. τῷ ἐξανατέλλοντι ἐν ὄρεσι χόρτον (2)
Pr. 19. 12. ὥσπερ δὲ δρόσος ἐπὶ χόρτῳ (3 *a*)
27. 25. σύναγε χόρτον ὀρεινόν (3 *a*)
Si. 40. 16. πρὸ παντὸς χόρτου ἐκτιλήσεται
Am. 7. 2. τοῦ καταφαγεῖν τὸν χ. τῆς γῆς (3 *a*)
Is. 10. 17. φάγεται ὡσεὶ χόρτον [**S** -ος] τὴν ὕλην †
15. 6. ὁ χ. αὐτῆς ἐκλείψει χ. γὰρ χλωρὸς οὐκ ἔσται (2, 1)
32. 13. ἄκανθα καὶ χ. ἀναβήσεται †
37. 27. ἐγένοντο ὡς χ. ξηρὸς [**A** χλωρός] (3 *a* + 1 + 2)
40. 6. πᾶσα σὰρξ χ. . . . ὡς ἄνθος χόρτου (2, †)
— 8. ἐξηράνθη ὁ χ. (2)
42. 15. **B** πάντα χόρτον αὐτῶν ξηρανῶ (3 *a*)
44. 4. ἀνατελοῦσιν ὡς ἀνὰ μέσον ὕδατος χ. (2)
51. 12. ὡσεὶ χ. ἐξηράνθησαν (2)
Je. 9. 22 (21). ὡς χ. ὀπίσω θερίζοντος [**S** *al.*] †
12. 4. πᾶς ὁ [**A** *om.*] χ. τοῦ ἀγροῦ ξηρανθήσεται (3 *a*)
14. 6. οὐκ ἦν χ. (3 *a*)
Da. LXX. 4. 12. ὅπως . . . χόρτον ὡς βοῦς νέμηται (3 *b*)
— 15. τὸν χ. τῆς γῆς ἤσθιε –
— 29. χόρτον ὡς βοῦν σε ψωμίσουσι (3 *b*)
— 30. χόρτον ὡς βοῦν ἐψώμισάν με (3 *b*)
Da. TH. 4. 12. μετὰ τῶν θηρίων ἡ μερὶς αὐ. ἐν τῷ χ. τῆς γῆς (3 *b*)
Da. TH. 4. 22, 29. χόρτον ὡς βοῦν ψωμιοῦσί σε (3 *b*)
— 30. χόρτον ὡς βοῦς ἤσθιε (3 *b*)
5. 21. χόρτον ὡς βοῦν ἐψώμιζον αὐτόν (3 *b*)
[**Aq.** Ge. 1. 11 : Jb. 41. 21.]
[**Sm.** Ge. 1. 29, 30 : Ps. 91 (92). 8 : 103 (104). 14 : Is. 37. 27 : 40. 7, 8 : 42. 15 : Mi. 5. 7 (6).]
[**Th.** Ge. 1. 11, 29, 30 : Jb. 41. 21 : Is. 37. 27 : 40. 7, 8 : 42. 15 : Mi. 5. 7 (6).]

χορτώδης.

II Ma. 5. 27. τὴν χ. τροφὴν σιτούμενοι διετέλουν

χορχόρ.

Ez. 27. 16. χ. ἔδωκαν τὴν ἀγοράν σου [**A** *al.*] †

χοῦν.

To. 8. 18. χῶσαι τὸν τάφον

χοῦς (*mensura liquidorum*). (1) הִין

Le. 19. 36. χ. δίκαιος ἔσται ὑμῖν (1)

χοῦς (*pulvis*), *cf.* χνοῦς. (1) מְעִי (2) מִין (3) עָפָר

Ge. 2. 7. ἔπλασεν ὁ θ. τὸν ἄνθρωπον χοῦν ἀπὸ τῆς γῆς (3)
Le. 14. 41. ἐκχεοῦσι τὸν χ. ἔξω τῆς πόλεως (3)
— 42. χ. ἕτερον λήψονται (3)
— 45. πάντα τὸν χ. ἐξοίσουσιν (3)
De. 28. 24. χοῦς ἐκ τοῦ οὐρανοῦ καταβήσεται (3)
Jo. 7. 6. ἐπεβάλοντο χοῦν [**A** -λον τὸν χ.] ἐπὶ τὰς κεφ. αὐ. (3)
II Ki. 16. 13. καὶ τῷ χοΐ πάσσων (3)
22. 43. **R** ἐλέανα αὐτοὺς ὡς χοῦν [**A B** χνοῦν] γῆς (3)
III Ki. 18. 38. τὸν χ. ἐξέλειξε τὸ πῦρ (3)
21 (20). 10. εἰ ἐκποιήσει ὁ χ. Σαμ. ταῖς ἀλώπεξι (3)
IV Ki. 13. 7. ἔθεντο αὐτοὺς ὡς χοῦν (3)
23. 4. ἔλαβε τὸν χ. αὐ. (3)
— 6. ἐλέπτυνεν εἰς χοῦν (3)
— 6. ἔρριψε τὸν χ. αὐ. εἰς τὸν τάφον (3)
— 12. ἔρριψε τὸν χ. αὐ. εἰς τὸν χειμάρρουν Κ. (3)
— 15. καὶ ἐλέπτυνεν εἰς χοῦν (3)
II Ch. 1. 9. **A R** ὡς ὁ χ. [**B** χνοῦς] τῆς γῆς (3)
Ne. 4. 10 (4). **A S**[2] **R** καὶ ὁ χ. [**B S**[1] κ. ὄχλος] πολύς (3)
Jb. 31. 24. εἰ ἔταξα χρυσίον εἰς χοῦν μου †
39. 14. ἐπὶ χοῦν θάλψει (3)
Ps. 7. 5. καὶ τὴν δόξαν μου εἰς χοῦν κατασκηνώσαι (3)
17 (18). 42. **R** λεπτυνῶ αὐτοὺς ὡς χοῦν [**A B S** χνοῦν] κατὰ πρόσωπον ἀνέμου (3)
21 (22). 15. εἰς χοῦν θανάτου κατήγαγές με (3)
29 (30). 9. μὴ ἐξομολογήσεταί σοι χοῦς (3)
34 (35). 5. **R** γενηθήτωσαν ὡσεὶ χοῦς [**A B S** χνοῦς] κατὰ πρόσωπον ἀνέμου (2)
43 (44). 25. ἐταπεινώθη εἰς χοῦν ἡ ψυχὴ ἡμῶν (3)
71 (72). 9. οἱ ἐχθροὶ αὐτοῦ χοῦν λείξουσι (3)
77 (78). 27. **B** ἔβρεξεν ἐπ' αὐτοὺς ὡσεὶ χοῦν [**S** χνοῦν] σάρκας (3)
101 (102). 14. τὸν χ. αὐτῆς οἰκτειρήσουσι (3)
102 (103). 14. μνήσθητι [**A S**[2] ἐμνήσθη] ὅτι χοῦς ἐσμεν (3)
103 (104). 29. εἰς τὸν χ. αὐτῶν ἐπιστρέψουσιν (3)
Ec. 3. 20. τὰ πάντα ἐγένετο ἀπὸ τοῦ χ. καὶ τὰ πάντα ἐπιστρέψει εἰς τὸν χ. (3, 3)
12. 7. καὶ ἐπιστρέψῃ ὁ χ. ἐπὶ τὴν γῆν ὡς ἦν (3)
Wi. 5. 14. **R** ἐλπὶς ἀσεβοῦς ὡς φερόμενος χοῦς [**A B S** χνοῦς] ὑπὸ ἀνέμου
Si. 44. 21. **A B S**[1] πληθῦναι αὐτὸν ὡς χοῦν τῆς γῆς
Ho. 13. 3. **A** ὥσπερ χοῦς ἀποφυσώμενος ἀφ' ἅλωνος [**B** *al.*] (2)
Am. 2. 7. τὰ πατοῦντα ἐπὶ τὸν χ. τῆς γῆς (3)
Mi. 7. 17. λείξουσι χοῦν (3)
Ze. 1. 17. ἐκχεεῖ τὸ αἷμα αὐ. ὡς χοῦν (3)
Za. 9. 3. ἐθησαύρισεν ἀργύριον ὡς χοῦν (3)
Is. 17. 13. **A** διώξεται ὡς χοῦν [**B S**[2] χνοῦν, **S**[1] χνοῦς] ἀχύρου λικμώντων (2)
41. 15. **A** ὡς χοῦν [**B S** χνοῦν] θήσεις (2)
48. 19. τὰ ἔκγονα τῆς κοιλίας σου ὡς ὁ χ. [**S** χνοῦς] τῆς γῆς (1)
49. 23. τὸν χ. τῶν ποδῶν σου λείξουσι (3)
52. 2. ἐκτίναξαι τὸν χ. (3)
La. 2. 10. ἀνεβίβασαν χοῦν ἐπὶ [**S** εἰς] τὴν κεφαλὴν αὐτῶν (3)
Ez. 26. 4. λικμήσω [**A** -σουσιν] τὸν χ. αὐ. (3)
Ez. 26. 12. τὸν χ. σου εἰς μέσον τῆς θαλάσσης σου ἐμβαλεῖ (3)
I Ma. 2. 63. ἐπέστρεψεν εἰς τὸν χ. αὐ.
[**Aq.** Ge. 2. 7 : 3. 15 (14) : Le. 17. 13 : Dt. 32. 24 : Jb. 14. 8 : 42. 6 : Ps. 21 (22). 30 : 101 (102). 15 : Is. 40. 12 : 41. 2 : 52. 2.]
[**Sm.** Ge. 2. 7 : Le. 17. 13 : Jb. 41. 25 : Ps. 101 (102). 15 : Is. 40. 12 : 41. 2.]
[**Th.** Ge. 2. 7 : Jb. 31. 24 : Ps. 101 (102). 15 : Is. 40. 12 : 41. 2.]
[**Al.** Ex. 8. 17 (13).]

χρᾶν, χρᾶσθαι. (1) אָדוֹן (2) בָּעַל (3) עָשָׂה (4) צָלַח (5) שָׁאַל *a.* qal. *b.* hi. (6) εὖ χρᾶσθαι יָטַב hi.

Ge. 12. 16. τῷ Ἀβ. εὖ ἐχρήσαντο δι' αὐτήν (6)
16. 6. **R** χρῶ αὐτῇ ὡς ἄν σοι ἀρεστὸν ᾖ (3)
19. 8. χρήσασθε αὐταῖς καθὰ ἀρέσκῃ ὑμῖν (3)
26. 29. ὃν τρόπον ἐχρήμεθά σοι καλῶς (3)
34. 31. ἀλλ' ὡσεὶ πόρνῃ χρήσωνται τῇ ἀδ. ἡμῶν (3)
Ex. 11. 3. καὶ ἔχρησαν αὐτοῖς –
12. 36. καὶ ἔχρησαν αὐτοῖς (5 *b*)
I Ki. 2. 20. ἀντὶ τοῦ χρέους οὗ ἔχρησας τῷ κ. (5 *a*)
II Ki. 1. 21. **A** θυρεὸς Σ. οὐκ ἐχρήθη [**B** ἐχρίσθη] ἐν ἐλαίῳ †
III Ki. 19. 15. **A** χρήσεις ἐκεῖ τὸν Ἀζ. [**B** *al.*] †
— 16. **A** τὸν Ἐλ. υἱὸν Σ. ἀπὸ Ἀβ. χρήσεις [**B** *al.*] †
Ju. 3. 2. **A B** χρῆσαι ἡμῖν καθὼς ἀρεστόν
— 3. χρῆσαι [**S**[2] *add.* ἡμῖν] καθ' ὃ ἂν ἀρέσκῃ σοι
Es. 1. 19. καὶ μὴ ἄλλως χρησάσθω †
2. 9. ἐχρήσατο αὐτῇ καλῶς †
3. 11. τῷ δὲ ἔθνει χρῶ ὡς βούλει (3)
8. 11. χρῆσθαι [**A S**[2] χρήσασθαι] τοῖς νόμοις αὐ. –
— 11. χρῆσθαι [**S**[2] χρήσασθαι] τοῖς ἀντιδίκοις αὐ. [**A** *al.*] –
— 13. χρώμενοι [**A S**[2] οὐ χρ.] ταῖς μεταβολαῖς
— 13. ἐὰν τοὺς Ἰουδ. χρῆσθαι τοῖς ἑαυτῶν νομίμοις
9. 12. πῶς οἴει ἐχρήσαντο [**A S**[2] κέχρηνται] (3)
— 13. δοθήτω τοῖς Ἰουδ. χρῆσθαι [**S**[2] -σασθαι] ὡσαύτως τὴν αὔριον (3)
— 27. οὐδὲ μὴν ἄλλως χρήσονται (3 ?)
Jb. 10. 17. ὀργῇ δὲ μεγάλῃ μοι ἐχρήσω †
13. 20. δυεῖν δέ μοι χρήσῃ [**A** χρεία] (3)
15. 8. **R** ἢ συμβούλῳ σοι ἐχρήσατο ὁ θεός –
16. 10 (9). ὀργῇ χρησάμενος κατέβαλέ με †
18. 4. κέχρηταί σοι [**A** κέχρησαι δὲ] ὀργῇ †
19. 11. δεινῶς δέ μοι ὀργῇ ἐχρήσατο †
23. 6. ἐν ἀπειλῇ μοι οὐ χρήσεται †
30. 14. κέχρηταί δέ μοι ὡς βούλεται †
34. 20. ἐχρήσαντο γὰρ παρανόμως [**A** ἀνόμοις] †
Pr. 5. 5. κατάγουσι τοὺς χρωμένους αὐτῇ μετὰ θανάτου εἰς ᾅδην †
10. 4. τῷ δὲ ἄφρονι διακόνῳ χρήσεται –
— 26. οὕτως παρανομία τοῖς χρωμένοις αὐτῇ †
17. 8. μισθὸς χαρίτων παιδεία τοῖς χρωμένοις (2)
24. 44 (29). ὃν τρόπον ἐχρήσατό μοι χρήσομαι αὐτῷ (3, 3)
25. 13. ψυχὰς γὰρ τῶν αὐτῷ χρωμένων ὠφελεῖ (1)
Wi. 2. 6. χρησώμεθα τῇ κτίσει ὡς νεότητι σπουδαίως
7. 14. ὃν οἱ χρησάμενοι [**A S**[2] κτησάμ.] πρὸς θεὸν ἐστείλαντο φιλίαν
13. 18. τὸ μηδὲ βάσει χρῆσθαι δυνάμενον
Si. 26. 10. ἵνα μὴ εὑροῦσα ἄνεσιν ἑαυτῇ χρήσηται
Is. 28. 21. ὁ δὲ θυμὸς αὐ. ἀλλοτρίως χρήσεται †
Je. 13. 7. ὃ οὐ μὴ χρησθῇ εἰς οὐθέν (4)
— 10. ὃ οὐ χρησθήσεται [**S** -θῇ] εἰς οὐθέν (4)
Ep. Je. 59. ἐφ' ᾧ κεχρήσεται ὁ κεκτημένος [**A** χρ. ὁ κτησάμ.]
Da. LXX. 1. 13. οὕτω χρῆσαι τοῖς παισί σου (3)
— 14. ἐχρήσατο αὐτοῖς τὸν τρόπον τοῦτον †
7. 7. διαφόρως χρώμενον παρὰ πάντα τὰ πρὸ αὐτοῦ θηρία †
I Ma. 13. 46. μὴ ἡμῖν χρήσῃ κατὰ τὰς πονηρίας ἡμῶν
II Ma. 1. 13. παραλογισμῷ χρησαμένων τῶν περὶ τὴν Ν. ἱερέων
4. 19. ἃς καὶ ἠξίωσαν . . . μὴ χρῆσθαι εἰς θυσίαν
6. 21. οἷς καθῆκον αὐτῷ χρᾶσθαι
11. 31. χρῆσθαι τοὺς Ἰουδ. τοῖς ἑαυτῶν δαπανήμασι
12. 14. ἀναγωγότερον ἐχρῶντο τοῖς περὶ τὸν Ἰ.
III Ma. 4. 20. ἐν οἷς ἐχρῶντο
IV Ma. 3. 21. πολυτρόπως ἐχρήσαντο συμφοραῖς

IV Ma. 5. 6. τῇ Ἰουδαίων χρώμενος θρησκείᾳ
8. 16. ποίοις ἂν ἐχρήσαντο λόγοις
9. 2. εἰ μὴ τῇ . . . εὐπαθείᾳ συμβούλῳ . . . χρησαίμεθα
13. 13. χρήσωμεν τῇ περὶ τὸν νόμον φυλακῇ τὰ σώματα

χρεία. (1) חֲשְׁחוּת (2) צֹרֶךְ (3) χρείαν ἔχειν חָשַׁח

II Ch. 2. 16 (15). κατὰ πᾶσαν τὴν χρ. σου (2)
I Es. 8. 17. τὰ διδόμενά σοι εἰς τὴν χρ. τοῦ ἱεροῦ
— 17. ὅσα ἂν ὑποπίπτῃ σοι εἰς τὴν χρ. τοῦ ἱεροῦ
II Es. 7. 20. κατάλοιπον χρείας οἴκου θεοῦ . . . δώσεις (1)
To. 5. 7. S χρείαν γὰρ ἔχω ἵνα βαδίσῃς
— 11. S τί χρείαν ἔχεις φυλῆς [A B *al.*]
Ju. 12. 10. A B οὐκ ἐκάλεσεν . . . οὐδένα τῶν πρὸς ταῖς χρ.
Jb. 9. 33. A δυεῖν δέ μοι χρεία –
13. 20. A δυεῖν δέ μοι χρεία [B S χρήσῃ] †
31. 16. χρείαν ἥν ποτε εἶχον οὐκ ἀπέτυχον –
Ps. 15 (16). 2. A S R τῶν ἀγαθῶν μου οὐ χρείαν ἔχεις †
Pr. 18. 2. οὐ χρείαν ἔχει σοφίας ἐνδεὴς φρενῶν †
Wi. 13. 16. χρείαν ἔχει βοηθείας
Si. 3. 22. οὐ γάρ ἐστί σοι χρεία τῶν κρυπτῶν
8. 9. ἐν καιρῷ χρείας δοῦναι ἀπόκρισιν
11. 9. περὶ πράγματος οὗ οὐκ ἔστι σοι χρεία [A S *om.*] μὴ ἔριζε
— 23. μὴ εἴπῃς, Τίς ἐστί μου χρεία
13. 6. χρείαν ἔσχηκέ σου
— 6. ἐρεῖ [A ἐρεῖς], Τίς ἡ χρ. σου
15. 12. οὐ γὰρ χρείαν ἔχει ἀνδρὸς ἁμαρτωλοῦ
29. 2. δάνισον τῷ πλησίον ἐν καιρῷ χρείας αὐτοῦ
— 3. ἐν παντὶ καιρῷ εὑρήσεις τὴν χρ. σου
— 27. ἐπεξένωταί μοι ὁ ἀδελφὸς χρεία τῆς οἰκίας [B[1] ξενίας]
35 (32). 2. πᾶσαν τὴν χρ. σου ποιήσας ἀνάπεσε
— 7. λάλησον, νεανίσκε, εἰ χρεία σου
37. 8. γνῶθι πρότερον τίς αὐτοῦ χρεία
38. 1. τίμα ἰατρὸν πρὸς τὰς χρ. [A S χρ. αὐτοῦ] τιμαῖς αὐτοῦ [S[2] *om.* τ. αὐ.]
— 12. μὴ ἀποστήτω σου καὶ γὰρ αὐτοῦ χρεία
39. 21. πάντα γὰρ εἰς χρείας [A S -αν] αὐτῶν ἔκτισται
— 26. ἀρχὴ πάσης χρείας εἰς ζωὴν ἀνθρώπου
— 31. ἐπὶ τῆς γῆς εἰς χρείας [A χεῖρας] ἑτοιμασθήσονται
— 33. πᾶσαν χρείαν ἐν ὥρᾳ αὐτῆς χορηγήσει
42. 23. πάντα ταῦτα . . . μένει εἰς τὸν αἰῶνα ἐν πάσαις χρείαις
Is. 13. 17. οὐδὲ χρυσίου [A S[1] -ίον] χρείαν ἔχουσι †
Je. 22. 28 : 31 (48). 38. οὗ οὐκ ἔστι χρ. αὐτοῦ †
Ep. Je. 60. ἄστρα . . . ἀποστελλόμενα ἐπὶ χρείας εὐήκοά εἰσιν
Da. LXX., TH. 3. 16. οὐ χρείαν ἔχομεν ἡμεῖς . . . ἀποκριθῆναί σοι (3)
I Ma. 3. 28. εἶναι ἑτοίμους εἰς πᾶσαν χρ.
10. 37. ἐκ τούτων κατασταθήσεται ἐπὶ χρειῶν τῆς βασιλείας
— 41. S R ὃ οὐκ ἀπεδίδοσαν οἱ [A *om.*] ἀπὸ τῶν χρ.
— 42. οὓς ἐλάμβανον ἀπὸ τῶν χρ.
11. 63. βουλόμενοι μεταστῆσαι αὐτὸν τῆς χρ.
12. 45. παραδώσω σοι . . . πάντας τοὺς ἐπὶ τῶν χρ.
13. 15. δι' ἃς εἶχε χρείας
— 37. γράφειν τοῖς ἐπὶ τῶν χρ.
II Ma. 2. 15. ὧν οὖν ἐὰν χρείαν ἔχητε
7. 24. δι' ὅρκων ἐπίστου . . . χρείας ἐμπιστεύσειν
8. 9. καὶ εὖ πολεμικαῖς χρ. ἔχοντα πεῖραν
— 20. ὡς οἱ πάντες ἐπὶ τὴν χρ. ἦλθον
12. 39. καθ' ὃν χρόνον τὸ τῆς χρ. ἐγεγόνει
15. 5. καὶ τὰς βασιλικὰς χρ. ἐπιτελεῖν
— 28. γενόμενοι δὲ ἀπὸ τῆς χρ.
III Ma. 5. 32. διὰ τὴν τῆς συστροφίας στοργὴν καὶ τῆς χρ.
[**Aq.** Ec. 12. 10.]
[**Sm.** Ec. 3. 1, 17 : 5. 3.]

χρειώδης.

[**Sm.** Ec. 12. 10.]

χρεμετίζειν. (1) צָהַל *a.* qal. *b.* pi.

Si. 36 (33). 6. ὑποκάτω παντὸς ἐπικαθημένου χρεμετίζει [A -ίσει]
Je. 5. 8. A R ἐπὶ τὴν γυναῖκα τοῦ πλησίον αὐτοῦ ἐχρεμέτιζον [B S -εν] (1 *a*)
38 (31). 7. χρεμετίσατε ἐπὶ κεφ. ἐθνῶν (1 *b*)
[**Aq.** Is. 54. 1 : Je. 50 (27). 11.]
[**Sm.** Is. 54. 1 : Ho. 7. 14.]

χρεμέτισμα.

[**Aq.** Je. 8. 16.]

χρεμετισμός. (1) מִצְהָלָה

Am. 6. 7. ἐξαρθήσεται χρεμετισμὸς ἵππων ἐξ Ἐφρ. †
Je. 8. 6. ὡς ἵππος κάθιδρος ἐν χρεμετισμῷ αὐτοῦ †
— 16. ἀπὸ φωνῆς χρεμετισμοῦ ἱππασίας ἵππων αὐτοῦ ἐσείσθη (1)
13. 27. ὀφθήσεται . . . ἡ μοιχεία σου καὶ χρ. σου (1)
[**Aq.** Je. 8. 16.]
[**Th.** Jb. 39. 19.]

χρεοδοσία.

[**Aq.** Dt. 24. 13 (11).]

χρεοκοπεῖσθαι.

IV Ma. 2. 8. A τὸ δάνειον . . . ἐντάσσων χρεοκοπούμενος [S R *al.*]

χρέος. (1) מַשֶּׁה (2) שְׁאֵלָה

De. 15. 2. ἀφήσεις πᾶν χρ. ἴδιον (1)
— 3. τῷ δὲ ἀδ. σου ἄφεσιν ποιήσεις τοῦ χρ. σου †
I Ki. 2. 20. ἀποτίσαι σοι κ. σπέρμα . . . ἀντὶ τοῦ χρ. (2)
Wi. 15. 8. τὸ τῆς ψυχῆς ἀπαιτηθεὶς χρ.

χρεωφειλέτης (-οφ.).

Jb. 31. 37. οὐθὲν λαβὼν παρὰ χρεωφειλέτου †
Pr. 29. 13. δανειστοῦ καὶ χρεωφειλέτου ἀλλήλοις [A -ων] συνελθόντων †

χρῄζειν.

Jd. 11. 7. ἡνίκα χρῄζετε [A ἐθλίβητε] †
I Ki. 17. 18. A ὅσα ἂν χρῄζωσιν †
[**Sm.** Jb. 21. 21 : 22. 3 : Ec. 12. 1.]
[**Th.** I Ki. 17. 18.]

χρῆμα. (1) דָּבָר (2) כֶּסֶף (3) מְחִיר (4) נְכָסִים (5) רְכוּשׁ

Jo. 22. 8. ἐν χρ. πολλοῖς ἀπήλθοσαν (4)
II Ch. 1. 11. οὐκ ᾐτήσω πλοῦτον χρημάτων (4)
— 12. χρήματα καὶ δόξαν δώσω σοι (4)
Ne. 11. 24. εἰς πᾶν χρ. [S[2] ῥῆμα] τῷ λαῷ (1)
Ju. 1. 13. S ἀνέτρεψε . . . πάντα τὰ χρ. [A B ἅρματα] αὐ.
Jb. 6. 20. οἱ ἐπὶ πόλεσι καὶ χρήμασι πεποιθότες †
27. 17. τὰ δὲ χρ. αὐ. ἀληθινοὶ καθέξουσιν (2)
Pr. 17. 6 (4). τοῦ πιστοῦ ὅλος ὁ κόσμος τῶν χρ. –
— 16. ἵνα τί ὑπῆρξε χρήματα ἄφρονι (3)
28. 16. S[2] βασιλεὺς ἐνδεὴς χρημάτων [A B S[1] προσόδων] μέγας συκοφάντης †
Si. 5. 1. μὴ ἔπεχε ἐπὶ τοῖς χρ. σου
— 8. μὴ ἔπεχε ἐπὶ χρήμασιν ἀδίκοις
10. 8. βασιλεία ἀπὸ ἔθνους εἰς ἔθνος μετάγεται διὰ . . . χρήματα
14. 3. ἀνθρώπῳ βασκάνῳ ἵνα τί χρήματα
— 5. οὐ μὴ εὐφρανθήσεται ἐν τοῖς χρ. αὐτοῦ
21. 8. ὁ οἰκοδομῶν τὴν οἰκίαν αὐτοῦ ἐν χρήμασιν ἀλλοτρίοις
29. 5. ἐπὶ τῶν χρ. τοῦ πλησίον ταπεινώσει φωνήν
— 6. ἀπεστέρησεν αὐτὸν τῶν χρ. αὐτοῦ
30. 28 (33. 19). μὴ δῷς ἑτέρῳ τὰ χρ. σου
31 (34). 20. ὁ προσάγων θυσίαν ἐκ χρημάτων πενήτων
34 (31). 3. ἐκοπίασε πλούσιος ἐν συναγωγῇ χρημάτων
37. 6. μὴ ἀμνημονήσῃς αὐτοῦ [A -ῷ] ἐν χρήμασί σου
40. 13. χρήματα ἀδίκων ὡς ποταμὸς ξηρανθήσεται
— 26. χρήματα καὶ ἰσχὺς ἀνυψώσουσι καρδίαν
46. 19. χρήματα καὶ ἕως ὑποδημάτων . . . οὐκ εἴληφα [B[2] S[2] -φεν]
Da. LXX. 11. 13. εἰσελεύσεται εἰς αὐτὴν . . . ἐν χρ. πολλοῖς (5)
— 24. χρήματα αὐτοῖς δώσει (5)
— 28. ἐπιστρέψει . . . ἐν χρ. πολλοῖς (5)
I Ma. 14. 32. ἐδαπάνησε χρ. πολλὰ τῶν ἑαυτοῦ
II Ma. 1. 14. χάριν τοῦ λαβεῖν τὰ χρ. πλείονα
3. 6. περὶ τοῦ χρημάτων ἀμυθήτων γέμειν τὸ ἐν Ἱερ. γαζοφυλάκιον
II Ma. 3. 7. περὶ τῶν μηνυθέντων αὐτῷ χρημάτων ἐνεφάνισεν
— 7. τὴν τῶν προειρημένων χρ. ἐκκομιδὴν ποιήσασθαι
4. 1. ὁ τῶν χρ. καὶ τῆς πατρίδος ἐνδείκτης γεγονὼς
— 23. παρακομίζοντα τὰ χρ. τῷ βασ.
— 27. τῶν δὲ ἐπηγγελμένων τῷ βασ. χρ.
— 45. ἐπηγγείλατο χρ. ἱκανὰ τῷ Πτ.
8. 25. τὰ δὲ χρ. τῶν παραγενομ. . . . ἔλαβον
III Ma. 2. 32. τά τε χρ. περὶ τοῦ ζῆν ἀντικαταλλασσόμενοι
IV Ma. 3. 20. χρήματα εἰς τὴν ἱερουργίαν αὐτοῖς ἀφορίσαι
4. 3. πολλὰς ἰδιωτικῶν χρ. μυριάδας
— 4. κατεμήνυε τὸν τῶν χρ. θησαυρόν
— 6. ὅπως τὰ ἰδιωτικὰ τοῦ γαζοφυλακίου λάβοι χρ.
— 10. πρὸς τὴν τῶν χρ. ἁρπαγήν
[**Aq., Sm., Th.** Pr. 31. 3.]

χρηματίζειν. (1) דִּבֵּר pi. (2) שָׁאַג

III Ki. 18. 27. μή ποτε χρηματίζει αὐτός †
Jb. 40. 3 (8). οἴει δέ [A μηδὲ οἴου] με ἄλλως σοι κεχρηματικέναι †
Je. 32 (25). 30. κύριος ἀφ' [S ἐφ'] ὑψηλοῦ χρηματιεῖ (2)
— 30. λόγον χρηματιεῖ ἐπὶ [A ἀπὸ] τοῦ τόπου αὐτοῦ (2)
33 (26). 2. χρηματιεῖς ἅπασι τοῖς Ἰουδαίοις (1)
— 2. οὓς συνέταξά σοι αὐτοῖς χρηματίσαι (1)
36 (29). 23. λόγον ἐχρημάτισαν ἐν τῷ ὀνόματί μου (1)
37 (30). 2. οὓς ἐχρημάτισα πρὸς σέ (1)
43 (36). 2. A οὓς ἐχρημάτισα [B S ἐλάλησα] πρὸς σέ (1)
— 4. A οὓς ἐχρημάτισεν [B S ἐλάλησε] πρὸς αὐτόν (1)

χρηματισμός. (1) מַשָּׂא

Pr. 24. 69 (31. 1). βασιλέως χρηματισμὸς ὃν ἐπαίδευσεν ἡ μήτηρ αὐτοῦ (1)
II Ma. 2. 4. χρηματισμοῦ γενηθέντος
11. 17. ἐπιδόντες τὸν ὑπογεγραμμένον χρ.
[**Al.** Je. 23. 31.]

χρηματιστηρί (?). (1) דְּבִיר

III Ki. 8. 6. B[2] εἰς τὸ χρ. [? -ιον, A B[1] R δαβεὶρ] τοῦ οἴκου (1)

χρηματιστήριον.

I Es. 3. 15. ἐκάθισεν ἐν τῷ χρ.
[**Aq., Sm.** III Ki. 6. 5, 16, 19, 20 : Ps. 27 (28). 2.]
[**Th.** III Ki. 6. 19, 20.]
[**Al.** II Ch. 3. 16 : 5. 7.]

χρῆναι.

Pr. 25. 27. τιμᾶν δὲ χρὴ λόγους ἐνδόξους –
IV Ma. 8. 26. A χρὴ τῷ βασιλεῖ πεισθέντας [S R *al.*]

χρησιμεύειν.

Wi. 4. 3. πολύγονον δὲ ἀσεβῶν πλῆθος οὐ χρησιμεύσει
Si. 13. 4. ἐὰν χρησιμεύσῃς ἐργᾶται ἐν σοί

χρησιμολογεῖν (?). (1) דָּרַשׁ

Je. 45 (38). 4. B[1] οὐ χρησιμολογεῖ [A B[2] S R χρησμ.] εἰρήνην (1)

χρήσιμος. (1) בֶּצַע (2) χρ. εἶναι צָלַח

Ge. 37. 26. τί χρ. ἐὰν ἀποκτείνωμεν τὸν ἀδ. ἡμῶν (1)
To. 3. 10. S χρησιμώτερόν μοί ἐστιν μὴ ἀπάγξασθαι
4. 18. A B μὴ καταφρονήσῃς ἐπὶ πάσης συμβουλίας χρ.
6. 4. S ἔστιν γὰρ εἰς φάρμακον χρήσιμον ἡ χολή
Pr. 17. 17. ἀδελφοὶ δὲ ἐν ἀνάγκαις χρήσιμοι ἔστωσαν †
Wi. 8. 7. ὧν χρησιμώτερον οὐδέν ἐστιν ἐν βίῳ ἀνθρώποις
13. 11. κατεσκεύασε χρήσιμον σκεῦος εἰς ὑπηρεσίαν ζωῆς
Si. *prol.* 6. τοῖς ἐκτὸς δύνασθαι τοὺς φιλομαθοῦντας χρησίμους εἶναι
7. 22. εἰ ἔστι σοι χρήσιμα ἐμμενέτω σοι
10. 4. τὸν χρ. ἐγερεῖ εἰς καιρὸν ἐπ' αὐτῆς
Za. 6. 10. λάβε τὰ ἐκ τῆς αἰχμαλωσίας . . . παρὰ τῶν χρ. αὐ. †
— 14. ὁ δὲ στέφανος ἔσται . . . τοῖς χρ. αὐ. †
Ep. Je. 59. ἢ σκεῦος ἐν οἰκίᾳ χρήσιμον

Ez. 15. 4. μὴ χρήσιμον ἔσται εἰς ἐργασίαν (2)
II Ma. 12. 12. ὑπολαβὼν ὡς ἀληθῶς ἐν πολλοῖς αὐτοὺς χρησίμους

χρῆσις. (1) שָׁאַל
I Ki. 1. 28. κιχρῶ αὐτὸν . . . χρῆσιν τῷ κυρίῳ (1)
To. 1. 13. S ἠγόραζον αὐτῷ πάντα τὰ πρὸς τὴν χρ. [A B al.]
Ju. 12. 10. B οὐκ ἐκάλεσεν εἰς τὴν χρ. [A κλῆσιν] οὐδένα
Wi. 15. 7. τίς ἑκάστου ἐστὶν ἡ [S[1] om.] χρ.
— 15. οὔτε ὀμμάτων χρῆσις [A S -εις] εἰς ὅρασιν
Si. 18. 8. τί [S[1] τίς] ἄνθρωπος καὶ τί ἡ χρ. αὐτοῦ

χρησμολογεῖν. (1) דָּרַשׁ
Je. 45 (38). 4. οὐ χρησμολογεῖ [B[1] χρησιμ.] εἰρήνην τῷ λαῷ τούτῳ (1)

χρηστοήθεια.
Si. 37. 11. μετὰ ἀνελεήμονος περὶ χρηστοηθείας

χρηστός. (1) *a.* טוֹב *b.* טָב (2) יָקָר (3) יָשָׁר
I Ki. 24. 11. A χρηστὸς κύριός ἐστι [B al.] †
II Ki. 1. 14. A[1] διαφθεῖραι χρηστὸν [A[2]B δ. τὸν χριστὸν] κυρίου †
I Es. 8. 57. καὶ σκεύη χαλκᾶ ἀπὸ χρ. χαλκοῦ
Jb. 31. 31. λίαν μου χρηστοῦ ὄντος –
Ps. 24 (25). 8. χρηστὸς καὶ εὐθὴς ὁ κύριος (1 *a*)
33 (34). 8. ἴδετε ὅτι χρηστὸς ὁ κύριος (1 *a*)
51 (52). 9. ὅτι χρηστὸν ἐναντίον τῶν ὁσίων σου (1 *a*)
68 (69). 16. ὅτι χρηστὸν τὸ ἔλεός σου (1 *a*)
85 (86). 5. σύ, κύριε, χρηστὸς καὶ ἐπιεικής (1 *a*)
99 (100). 5. ὅτι χρηστὸς κύριος (1 *a*)
105 (106). 1 : 106 (107). 1. ἐξομολογεῖσθε τῷ κυρίῳ ὅτι χρηστός (1 *a*)
108 (109). 21. ὅτι χρηστὸν τὸ ἔλεός σου (1 *a*)
111 (112). 5. χρηστὸς ἀνὴρ ὁ οἰκτείρων (1 *a*)
118 (119). 39. ὅτι τὰ κρίματά σου χρηστά (1 *a*)
— 68. χρηστὸς εἶ σύ, κύριε (1 *a*)
135 (136). 1. A S[1] ἐξομολογεῖσθε τῷ κυρίῳ ὅτι χρηστός [S[2]R ἀγαθός] (1 *a*)
144 (145). 9. χρηστὸς κύριος τοῖς ὑπομένουσι [A -σιν αὐτόν, S[2] σύμπασιν] (1 *a*)
Pr. 2. 21. A S χρηστοὶ ἔσονται οἰκήτορες γῆς (3)
Wi. 15. 1. σὺ δὲ ὁ θεὸς ἡμῶν χρηστός
Na. 1. 7. χρηστὸς κύριος τοῖς ὑπομένουσιν αὐτόν (1 *a*)
Je. 24. 2. ὁ κάλαθος ὁ εἷς σύκων χρηστῶν σφόδρα (1 *a*)
— 3. σῦκα τὰ χρ. χρηστὰ λίαν (1 *a*, 1 *a*)
— 5. ὡς τὰ σῦκα τὰ χρ. ταῦτα (1 *a*)
40 (33). 11. ὅτι χρ. κύριος (1 *a*)
51 (44). 17. ἐγενόμεθα χρηστοί (1 *a*)
52. 32. ἐλάλησεν αὐτῷ χρηστά (1 *a*)
Ez. 27. 22. μετὰ πρώτων ἡδυσμάτων καὶ λίθων χρηστῶν [A ἐκλεκτῶν] (2)
28. 13. πᾶν λίθον χρηστὸν ἐνδέδεσαι (2)
Da. LXX. 2. 32. ἦν ἡ κεφαλὴ αὐ. ἀπὸ χρυσίου χρ. (1 *b*)
3. (89). ἐξομολογεῖσθε τῷ κ. ὅτι χρηστός
Da. TH. 2. 32. B[1] ἧς ἡ κεφαλὴ χρυσίου χρ. [AB[2] καθαροῦ] (1 *b*)
3. (89). ἐξομολογεῖσθε τῷ κ. ὅτι χρηστός
I Ma. 6. 11. χρηστὸς καὶ ἀγαπώμενος ἤμην
II Ma. 1. 24. ὁ μόνος βασιλεὺς καὶ χρ.
9. 19. τοῖς χρ. Ἰουδαίοις . . . πολλὰ χαίρειν
[**Th.** Da. 2. 32†.]
[**Al.** Ps. 134 (135). 3 : Pr. 18. 22.]

χρηστότης. (1) *a.* טוֹב *b.* טוּב *c.* טוֹבָה *d.* טוּב hi.
I Es. 5. 61. ἡ χρ. αὐ. καὶ ἡ δόξα εἰς τοὺς αἰῶνας
Es. 8. 13. τῇ πλείστῃ τῶν εὐεργετούντων χρηστότητι
— 13. καὶ πολὺ διεστηκὼς τῆς ἡμετέρας χρ.
Ps. 13 (14). 1, 3. οὐκ ἔστι ποιῶν χρηστότητα (1 *b*)
20 (21). 3. προέφθασας αὐτὸν ἐν εὐλογίαις χρηστότητος (1 *b*)
24 (25). 7. μνήσθητί μου ἕνεκα τῆς χρ. σου (1 *a*)
30 (31). 19. ὡς πολὺ τὸ πλῆθος τῆς χρ. σου (1 *a*)
36 (37). 3. ποίει χρηστότητα (1 *b*)
52 (53). 3. S[1] οὐκ ἔστι ποιῶν χρηστότητα [BS[2] ἀγαθόν] (1 *b*)
64 (65). 11. εὐλογήσεις τὸν στέφανον τοῦ ἐνιαυτοῦ τῆς χρ. σου (1 *c*)
Ps. 67 (68). 10. ἡτοίμασας ἐν τῇ χρ. σου τῷ πτωχῷ (1 *c*)
84 (85). 12. ὁ κύριος δώσει χρηστότητα (1 *b*)
103 (104). 28. τὰ σύμπαντα πλησθήσονται χρηστότητος [A πιότητος] (1 *b*)
105 (106). 5. τοῦ ἰδεῖν ἐν τῇ χρ. τῶν ἐκλεκτῶν σου (1 *c*)
118 (119). 65. χρηστότητα ἐποίησας μετὰ τοῦ δούλου σου (1 *b*)
— 66. χρηστότητα . . . δίδαξόν με (1 *a*)
— 68. ἐν τῇ χρ. σου δίδαξόν με τὰ δικαιώματά σου (1 *d*)
144 (145). 7. μνήμην τοῦ πλήθους τῆς χρ. σου (1 *a*)

χρηστῶς.
Wi. 8. 1. διοικεῖ [A -εῖται] τὰ πάντα χρ.

χρίειν. (1) יָסַךְ (2) *a.* מָשַׁח qal. *b.* ni. *c.* מָשִׁיחַ (3) סוּךְ
Ex. 28. 37 (41). καὶ χρίσεις αὐτούς (2 *a*)
29. 2. καὶ λάγανα ἄζυμα κεχρισμένα ἐν ἐλαίῳ (2 *a*)
— 7. καὶ χρίσεις αὐτόν (2 *a*)
— 29. χρισθῆναι αὐτοὺς ἐν αὐτοῖς (2 *a*)
— 36. καὶ χρίσεις αὐτό (2 *a*)
30. 26. χρίσεις ἐξ αὐτοῦ τὴν σκηνὴν τοῦ μαρτ. (2 *a*)
— 30. Ἀ. καὶ τοὺς υἱοὺς αὐ. χρίσεις (2 *a*)
— 32. ἐπὶ σάρκα ἀνθρώπου οὐ χρισθήσεται (1)
40. 9. χρίσεις τὴν σκηνήν (2 *a*)
— 10. χρίσεις τὸ θυσιαστ. τῶν καρπωμάτων (2 *a*)
— 13. καὶ χρίσεις αὐτόν (2 *a*)
Le. 4. 3. ἐὰν μὲν ὁ ἀρχιερεὺς ὁ κεχρισμένος ἁμάρτῃ (2 *c*)
6. 20 (13). B ᾗ ἂν χρίσῃς αὐτόν (2 *b*)
7. 26 (36). ᾗ ἡμέρᾳ ἔχρισεν αὐτούς (2 *a*)
8. 11. ἔχρισε τὸ θυσιαστήριον (2 *a*)
— 11. ἔχρισε τὴν σκηνήν –
— 12. καὶ ἔχρισεν αὐτόν (2 *a*)
16. 32. ὃν ἂν χρίσωσιν αὐτόν (2 *a*)
Nu. 6. 15. καὶ λάγανα ἄζυμα κεχρισμένα ἐν ἐλαίῳ (2 *a*)
7. 1. καὶ ἔχρισεν αὐτήν (2 *a*)
— 1. καὶ ἔχρισεν αὐτά (2 *a*)
— 10. ᾗ ἔχρισεν αὐτό (2 *b*)
— 84. ᾗ ἡμέρᾳ ἔχρισεν αὐτό (2 *b*)
— 88. μετὰ τὸ χρῖσαι αὐτόν (2 *b*)
35. 25. ὃν ἔχρισαν αὐτὸν τῷ ἐλαίῳ τῷ ἁγίῳ (2 *a*)
De. 28. 40. ἔλαιον οὐ χρίσῃ (3)
Jd. 9. 8. τοῦ χρῖσαι ἐφ' ἑαυτὰ βασιλέα (2 *a*)
— 15. εἰ ἐν ἀληθείᾳ χρίετέ με ὑμεῖς (2 *a*)
I Ki. 9. 16. χρίσεις αὐτὸν εἰς ἄρχοντα (2 *a*)
10. 1. οὐχὶ κέχρικέ σε κύριος (2 *a*)
— 1. ἔχρισέ [A κέχρικέν] σε κύριος –
11. 15. ἔχρισε Σαμ. ἐκεῖ τὸν Σ. εἰς βασιλέα †
15. 1. ἐμὲ ἀπέστειλε κ. χρῖσαί σε (2 *a*)
— 17. ἔχρισέ σε κ. εἰς βασιλέα (2 *a*)
16. 3. χρίσεις ὃν ἐὰν εἴπω πρὸς σέ (2 *a*)
— 12. χρῖσον τὸν Δ. (2 *a*)
— 13. ἔχρισεν αὐτὸν ἐν μέσῳ τῶν ἀδ. αὐ. (2 *a*)
II Ki. 1. 21. θυρεὸς Σ. οὐκ ἐχρίσθη [A ἐχρήθη] ἐν ἐλαίῳ (2 *c*)
2. 4. χρίουσι τὸν Δ. ἐκεῖ (2 *a*)
— 7. καί γε ἐμὲ κέχρικεν ὁ οἶκος Ἰ. (2 *a*)
5. 3. χρίουσι τὸν Δ. εἰς βασιλέα (2 *a*)
— 17. κέχρισται Δ. βασιλεὺς ἐπὶ Ἰσρ. (2 *a*)
12. 7. ὁ χρίσας σε εἰς βασιλέα (2 *a*)
19. 10 (11). ὃν ἐχρίσαμεν ἐφ' ἡμῶν (2 *a*)
III Ki. 1. 34. B χρίσατε [R -ω, A -τωσαν] αὐτὸν ἐκεῖ (2 *a*)
— 39. ἔχρισε τὸν Σαλ. (2 *a*)
— 45. καὶ ἔχρισαν [A -εν] αὐτόν (2 *a*)
5. 1 (15). χρῖσαι τὸν Σαλ. [A al.] –
— 1 (15). A αὐτὸν ἔχρισαν εἰς βασιλέα [B al.] (2 *a*)
19. 15. χρίσεις τὸν [A χρήσεις ἐκεῖ] Ἀζ. (2 *a*)
— 16. B τὸν υἱὸν Ἰ. υἱοῦ N. χρίσεις εἰς βασιλέα [A R al.] (2 *a*)
— 16. τὸν Ἐλ. υἱὸν Σ. χρίσεις [A al.] (2 *a*)
IV Ki. 9. 3. κέχρικά σε εἰς βασιλέα ἐπὶ Ἰσρ. (2 *a*)
— 6. κέχρικά σε εἰς βασιλέα ἐπὶ λαὸν κυρίου (2 *a*)
— 12. κέχρικα σε εἰς βασιλέα ἐπὶ Ἰσρ. (2 *a*)
11. 12. καὶ ἔχρισεν αὐτόν (2 *a*)
23. 30. καὶ ἔχρισαν αὐτόν (2 *a*)
I Ch. 11. 3. ἔχρισαν τὸν Δ. εἰς βασιλέα ἐπὶ Ἰσρ. (2 *a*)
14. 8. ἐχρίσθη Δ. βασιλεὺς ἐπὶ πάντα Ἰσρ. (2 *b*)
29. 22. ἔχρισαν αὐτὸν τῷ κ. εἰς βασιλέα (2 *a*)
II Ch. 23. 11. ἔχρισαν αὐτὸν Ἰ. καὶ οἱ υἱοὶ αὐ. (2 *a*)
36. 1. καὶ ἔχρισαν αὐτόν –
Ju. 10. 3. καὶ ἐχρίσατο μύρῳ παχεῖ
Ps. 26 (27). *tit.* τοῦ Δαυὶδ πρὸ τοῦ χρισθῆναι –
44 (45). 7. ἔχρισέ σε ὁ θ. ὁ θ. σου ἔλαιον ἀγαλλιάσεως (2 *a*)
88 (89). 20. A B[3] S R ἐν ἐλαίῳ [B[1] ἐλέει, B[2] ἐλέῳ] ἁγίῳ ἔχρισα αὐτόν (2 *a*)
151. 4. ἔχρισέ με ἐν [S om.] τῷ ἐλαίῳ [A S ἐλέει] τῆς χρίσεως αὐτοῦ
Si. 45. 15. ἔχρισεν αὐτὸν ἐν ἐλαίῳ ἁγίῳ
46. 13. ἔχρισεν ἄρχοντας ἐπὶ τὸν λαὸν αὐτοῦ
48. 8. ὁ χρίων βασιλεῖς εἰς ἀνταπόδομα
Ho. 8. 10. τοῦ χρίειν βασιλέα καὶ ἄρχοντας †
Am. 6. 6. τὰ πρῶτα μύρα χριόμενοι (2 *a*)
Is. 25. 7. χρίσονται μύρον ἐν τῷ ὄρει τούτῳ †
61. 1. οὗ εἵνεκεν ἔχρισέ με (2 *a*)
Je. 22. 14. ὑπερῷα . . . κεχρισμένα ἐν μίλτῳ (2 *a*)
Ez. 16. 9. ἔχρισά σε ἐν ἐλαίῳ (3)
43. 3. εἰσεπορευόμην τοῦ χρῖσαι τὴν πόλιν †
Da. TH. 9. 24. τοῦ χρῖσαι ἅγιον ἁγίων (2 *a*)
[**Aq.** II Ki. 3. 39.]
[**Sm.** I Ki. 15. 11 : II Ki. 3. 39 : III Ki. 5. 1 (15) : Ps. 2. 6 : Ho. 8. 10.]
[**Th.** Le. 8. 10 : III Ki. 5. 1 (15) : Ez. 28. 14 : Da. 9. 24 : Ho. 8. 10.]
[**Heb.** Ex. 40. 11 (9).]
[**Al.** Le. 14. 42.]

χρίσις. (1) מִשְׁחָה
Ex. 29. 21. καὶ ἀπὸ τοῦ ἐλαίου τῆς χρ. (1)
30. 31. ἔλαιον ἄλειμμα χρίσεως ἅγιον ἔσται (1)
31. 11. καὶ τὸ ἔλαιον τῆς χρ. (1)
35. 28. ἤνεγκαν . . . τὸ ἔλαιον τῆς χρ. (1)
38. 25 (37. 29). ἐποίησε τὸ ἔλαιον τῆς χρ. [A τοῦ χρίσματος] (1)
39. 16 (38). καὶ τὸ ἔλαιον τῆς χρ. (1)
40. 9. A λήψῃ τὸ ἔλαιον τῆς χρ. [B τοῦ χρίσματος] (1)
Le. 7. 25 (35). αὕτη ἡ χρ. Ἀ. καὶ ἡ χρ. τῶν υἱῶν αὐ. (1, 1)
8. 2. λάβε . . . τὸ ἔλαιον τῆς χρ. (1)
— 10. ἔλαβε M. ἀπὸ τοῦ ἐλαίου τῆς χρ. (1)
— 12. ἐπέχεε M. ἀπὸ τοῦ ἐλαίου τῆς χρ. (1)
— 29 (30). ἔλαβε M. ἀπὸ τοῦ ἐλαίου τῆς χρ. (1)
10. 7. τὸ ἔλαιον γὰρ τῆς χρ. τὸ παρὰ κυρίου ἐφ' ὑμῖν (1)
Nu. 4. 16. καὶ τὸ ἔλαιον τῆς χρ. (1)
Ps. 151. 4. ἔχρισέ με ἐν [S om.] τῷ ἐλαίῳ [AS ἐλέει] τῆς χρ. αὐ.
[**Sm., Th.** Ex. 35. 8.]
[**Al.** Le. 21. 10.]

χρίσμα. (1) *a.* מִשְׁחָה *b.* מָשְׁחָה *c.* מָשִׁיחַ
Ex. 29. 7. λήψῃ τοῦ ἐλαίου τοῦ χρ. (1 *a*)
30. 25. ποιήσεις αὐτὸ ἔλαιον [A[1] om.] χρ. ἅγιον (1 *a*)
— 25. ἔλαιον χρ. ἅγιον ἔσται (1 *a*)
35. 14. ἐργαζέσθω . . . τὸ ἔλαιον τοῦ χρ. †
— 19 (15). καὶ τὸ ἔλαιον τοῦ χρ. (1 *a*)
38. 25 (37. 29). A ἐποίησε τὸ ἔλαιον τοῦ χρ. [B τῆς χρίσεως] (1 *a*)
40. 9. λήψῃ τὸ ἔλαιον τοῦ χρ. [A τῆς χρίσεως] (1 *a*)
— 15. ὥστε εἶναι αὐτοῖς χρίσμα ἱερατείας (1 *b*)
Si. 38. 30. καρδίαν ἐπιδώσει [S αὐτοῦ δώσει] συντελέσαι τὸ χρ. [B[1] χάρισμα]
Da. LXX. 9. 26. ἀποσταθήσεται χρίσμα (1 *c*)
Da. TH. 9. 26. ἐξολεθρευθήσεται χρίσμα (1 *c*)
[**Sm.** Le. 21. 12 : Jl. 1. 17.]
[**Th.** Da. 9. 26.]

χριστός. (1) *a.* מָשִׁיחַ *b.* מִשְׁחָה *c.* מָשַׁח
Le. 4. 5. λαβὼν ὁ ἱερεὺς ὁ χρ. . . . ἀπὸ τοῦ αἵματος (1 *a*)
— 16. εἰσοίσει ὁ ἱερεὺς ὁ χρ. ἀπὸ τοῦ αἵματος (1 *a*)
6. 22 (15). B ὁ ἱ. ὁ χρ. ἀντ' αὐτοῦ (1 *a*)
21. 10. ἐπὶ τὴν κεφαλὴν τοῦ ἐλαίου τοῦ χρ. (1 *b*)
— 12. τὸ ἅγιον ἔλαιον τὸ χρ. τοῦ θ. ἐπ' αὐτῷ (1 *b*)
I Ki. 2. 10. ὑψώσει κέρας χριστοῦ αὐ. (1 *a*)
— 35. διελεύσεται ἐνώπιον χριστοῦ μου (1 *a*)
12. 3. ἀποκρίθητε κατ' ἐμοῦ . . . ἐνώπιον χριστοῦ αὐ. (1 *a*)
— 5. καὶ μάρτυς χριστὸς αὐ. σήμερον (1 *a*)
16. 6. ἐνώπιον κυρίου χριστὸς αὐ. (1 *a*)
24. 7. εἰ ποιήσω τὸ ῥῆμα τοῦτο . . . τῷ χρ. κυρίου (1 *a*)
— 7. χριστὸς κυρίου ἐστὶν οὗτος (1 *a*)
— 11. χριστὸς κυρίου οὗτός ἐστι [A al.] (1 *a*)
26. 9. τίς ἐποίσει χεῖρα αὐ. ἐπὶ χριστὸν κυρίου (1 *a*)
— 11. ἐπενεγκεῖν χεῖρά μου ἐπὶ χριστὸν κυρίου (1 *a*)

I Ki. 26. 16. οἱ φυλάσσοντες τὸν βασ. τὸν κύριον ὑμῶν τὸν χρ. κυρίου (1 *a*)
— 23. ἐπενεγκεῖν χεῖρά μου ἐπὶ χριστὸν κυρίου (1 *a*)
II Ki. 1. 14. διαφθεῖραι τὸν χρ. [A^1 δ. χρηστὸν] κυρίου (1 *a*)
— 16. ἐθανάτωσα τὸν χρ. [A^1 κύριον] κυρίου (1 *a*)
2. 5. R ἐπὶ Σ. τὸν χρ. κυρίου [A *al.*] –
19. 21 (22). κατηράσατο τὸν χρ. κυρίου (1 *a*)
22. 51. καὶ ποιῶν ἔλεος τῷ χρ. αὐ. (1 *a*)
23. 1. ὃν ἀνέστησε κ. ἐπὶ χριστὸν θεοῦ Ἰ. (1 *a*)
— 3. πῶς κραταιώσητε φόβον χριστοῦ [A κυρίου] †
I Ch. 16. 22. μὴ ἅψησθε τῶν χρ. μου (1 *a*)
II Ch. 6. 42. A R μὴ ἀποστρέψῃς τὸ πρόσωπον τοῦ χρ. [B *om.* τ. χρ.] σου (1 *a*)
22. 7. B πρὸς υἱὸν [A R Ἰ. υἱ.] Ναμ. χριστὸν κυρίου (1 *c*)
Ps. 2. 2. κατὰ τοῦ κυρίου καὶ κατὰ τοῦ χρ. αὐτοῦ (1 *a*)
17 (18). 50. ποιῶν ἔλεος τῷ χρ. αὐ. τῷ Δ. (1 *a*)
19 (20). 6. ἔσωσε κύριος τὸν χρ. αὐτοῦ (1 *a*)
27 (28). 8. καὶ ὑπερασπιστὴς τῶν σωτηρίων τοῦ χρ. αὐτοῦ ἐστι (1 *a*)
83 (84). 9. ἐπίβλεψον ἐπὶ τὸ πρόσωπον τοῦ χρ. σου (1 *a*)
88 (89). 38. ἀνεβάλου τὸν χρ. σου (1 *a*)
— 51. οὗ ὠνείδισαν τὸ ἀντάλλαγμα τοῦ χρ. σου (1 *a*)
104 (105). 15. μὴ ἅψησθε τῶν χρ. μου (1 *a*)
131 (132). 10. μὴ ἀποστρέψῃς τὸ πρόσωπον τοῦ χρ. σου (1 *a*)
— 17. ἡτοίμασα λύχνον τῷ χρ. μου [S σου] (1 *a*)
Ca. 1. 7. S πρὸς τὸν νυμφίον χριστόν –
Si. 46. 19. ἐπεμαρτύρατο ἔναντι κυρίου καὶ χριστοῦ [S^1 *add.* αὐ.]
47. 11. B^2 χριστὸς [A B^1 S κύριος] ἀφεῖλε τὰς ἁμαρτίας αὐ.
Am. 4. 13. ἀπαγγέλλων εἰς ἀνθρώπους τὸν χρ. αὐ. †
Hb. 3. 13. τοῦ σῶσαι τὸν χρ. [A S^4 τοὺς χρ.] σου (1 *a*)
Is. 45. 1. λέγει κύριος ὁ θεὸς τῷ χρ. μου Κύρῳ (1 *a*)
La. 4. 20. χρ. κύριος συνελήφθη ἐν ταῖς διαφθοραῖς αὐτῶν (1 *a*)
Ez. 16. 4. A ἐν ὕδατι οὐκ ἐλούσθης τοῦ χρ. μου [B *om.* τ. χρ. μ.] †
Da. LXX. 9. 26. φθερεῖ . . . τὸ ἅγιον μετὰ τοῦ χρ. (1 *a*)
Da. TH. 9. 25. ἀπὸ ἐξόδου λόγου . . . ἕως χριστοῦ ἡγουμένου (1 *a*)
II Ma. 1. 10. ὄντι δὲ ἀπὸ τοῦ τῶν χρ. ἱερέων γένους
3. 30. A τοῦ παντοκράτορος ἐπιφανέντος χρ. [R κυρίου]

[**Aq.** Ps. 131 (132). 10 : Hb. 3. 13.]
[**Sm.** I Ki. 2. 35 : 20. 8 : Ps. 83 (84). 10 : 88 (89). 39, 52 : 131 (132). 10 : Da. 9. 26 : Mi. 5. 5 (4).]
[**Th.** Le. 21. 12 : Ps. 131 (132). 10.]
[**Quint., Sext.** Hb. 3. 13.]

χρόα.

Ex. 4. 7. ἀπεκατέστη εἰς τὴν χρ. τῆς σαρκὸς αὐ. –
Wi. 13. 14. φύκει ἐρυθήνας [S^1 -ημα, A -ηνὸς] χρόαν [B^2 S^1 -ας] αὐτοῦ
II Ma. 3. 16. τὸ τῆς χρ. παρηλλαγμένον ἐνέφαινε τὴν . . . ἀγωνίαν

χρονεῖν. (1) אָחַר pi.

Da. LXX. 9. 19. *cod.* μὴ χρονήσῃς [R -ίσῃς] ἕνεκα σεαυτοῦ (1)

χρονίζειν. (1) אָחַר *a.* qal. *b.* pi. (2) בּוֹשׁ pil. (3) יָחַר *a.* pi. *b.* hi. (4) יָשֵׁן ni. (5) מָשַׁךְ ni.

Ge. 32. 4 (5). ἐχρόνισα ἕως τοῦ νῦν (1 *a*)
34. 19. οὐκ ἐχρόνισεν ὁ νεανίσκος (1 *b*)
Ex. 32. 1. κεχρόνικε Μ. καταβῆναι ἐκ τοῦ ὄρους (2)
De. 4. 25. ἐὰν δὲ . . . χρονίσητε ἐπὶ τῆς γῆς (4)
23. 21 (22). οὐ χρονιεῖς ἀποδοῦναι αὐτήν (1 *b*)
Jd. 5. 28. διότι ἐχρόνισαν πόδες ἁρμάτων αὐ. (1 *b*)
II Ki. 20. 5. ἐχρόνισεν ἀπὸ τοῦ καιροῦ (3 *a**, 3 *b*)
To. 5. 8. μὴ χρονίσῃς
9. 4. ἐὰν χρονίσω
10. 4. A B διότι κεχρόνικε
Ps. 39 (40). 17. μὴ χρονίσῃς (1 *b*)
69 (70). 5. βοηθός μου καὶ ῥύστης μου εἶ σύ, κύριε, χρονίσῃς (1 *b*)
Pr. 9. 18. μὴ χρονίσῃς [A ἐγχρ.] ἐν τῷ τόπῳ –
31. 21. ὅταν που χρονίζῃ †
Ec. 5. 3. μὴ χρονίσῃς τοῦ ἀποδοῦναι αὐτήν (1 *b*)
Si. 6. 21. οὐ χρονιεῖ ἀπορρίψαι αὐτήν
7. 16. ὀργὴ οὐ χρονιεῖ
14. 12. θάνατος οὐ χρονιεῖ
Hb. 2. 3. οὐ μὴ χρονίσῃ (1 *b*)
Is. 14. 1 (13. 22). ταχὺ ἔρχεται καὶ οὐ χρονιεῖ (5)
51. 14. οὐ στήσεται οὐδὲ χρονιεῖ †
Da. LXX. 9. 19. R μὴ χρονίσῃς [*cod.* -ήσῃς] ἕνεκα σεαυτοῦ (1 *b*)
Da. TH. 9. 19. μὴ χρονίσῃς ἕνεκέν σου (1 *b*)

[**Heb.** Ge. 49. 6.]
[**Al.** Nu. 9. 19.]

χρονίσκος.

II Ma. 11. 1. μετ' ὀλίγον δὲ παντελῶς χρ.

χρόνος. (1) *a.* זָמַן pu. *b.* זְמָן *c.* זְמַן (2) יוֹם (3) עֵת (4) פַּעַם (5) קֵץ (6) רֶגַע (7) תּוֹר (8) **εἰς τὸν αἰῶνα χρόνον** *a.* עַד־עוֹלָם *b.* לְעוֹלָם *c.* לָנֶצַח *d.* הָלְאָה (9) **ὁ ἐπιὼν χρόνος** אַחֲרִית (10) **πολὺς χρόνος** יָשִׁישׁ (11) **ὅσον χρ.** עַד־מָתַי (12) **διὰ χρόνου, διὰ χρ. πολλοῦ** *a.* מִמֶּרְחָק *b.* מֵרָחוֹק (13) **εἰς χρ. πολύν** לְנֵצַח נְצָחִים

Ge. 26. 1. A ὃς ἐγενήθη ἐν τῷ χρ. τοῦ Ἀβ. [R *al.*] (2)
— 15. ἐν τῷ χρ. τοῦ πατρὸς αὐ. (2)
Ex. 14. 13. εἰς τὸν αἰῶνα χρόνον (8 *a*)
De. 12. 19. πάντα τὸν χρ. ὅσον ἐὰν ζῇς [A *al.*] (2)
22. 19, 29. οὐ δυνήσεται ἐξαποστεῖλαι αὐτὴν τὸν ἅπαντα χρ. (2)
32. 29. εἰς τὸν ἐπιόντα χρ. (9)
Jo. 4. 14. ὅσον χρόνον ἔζη (2)
— 24. A ἵνα ὑμεῖς σέβησθε κ. τὸν θεὸν ἡμῶν ἐν παντὶ χρ. [B ἔργῳ] (2)
24. 31. ὅσοι ἐφείλκυσαν τὸν χρ. μετὰ Ἰ. (2)
I Es. 1. 20. ἀπὸ τῶν χρ. Σαμ. τοῦ προφήτου
— 24. ἀναγέγραπται ἐν τοῖς ἔμπροσθεν χρ.
— 42. ἐν τῇ βίβλῳ τῶν χρ. τῶν βασ.
— 58. πάντα τὸν χρ. τῆς ἐρημώσεως αὐ.
2. 16. ἐν δὲ τοῖς ἐπὶ Ἀρ. τῶν Περσῶν βασιλέως χρ.
5. 73. πάντα τὸν χρ. τῆς ζωῆς τοῦ βασ. Κύρου
6. 3. ἐν αὐτῷ τῷ χρ. παρῆν πρὸς αὐτοὺς Σ.
8. 76. ἀπὸ τῶν χρ. τῶν πατέρων ἡμῶν
— 85. οὐ ζητήσετε εἰρηνεῦσαι τὰ πρὸς αὐτοὺς τὸν ἅπαντα χρ.
9. 12. παραγενηθήτωσαν λαβόντες χρόνον
II Es. 4. 15. A ἀπὸ χρόνων [B ἡμερῶν] αἰῶνος (2)
Ne. 10. 34 (35). B εἰς καιροὺς χρόνων [A S R ἀπὸ χρ.] (1 *a*)
13. 31. ἐν καιροῖς ἀπὸ χρόνων (1 *a*)
To. 2. 11. S ἐν τῷ χρ. ἐκείνῳ
14. 4. ἔρημος ἔσται [S καυθήσεται] μέχρι χρόνου
— 5. S ἕως τοῦ χρ. οὗ ἂν πληρωθῇ ὁ χρ. τῶν καιρῶν [A B *al.*]
Ju. 15. 10. εὐλογημένη γίνου . . . εἰς τὸν αἰῶνα χρ.
Es. 2. 15. ἐν δὲ τῷ ἀναπληροῦσθαι τὸν χρ. Ἐ. (7)
3. 13. εἰς τὸν μετέπειτα χρ.
5. 13. S^2 ἐν παντὶ χρ. (3)
8. 13. B S εἰς τὸν ἅπαντα χρ.
9. 28. ἀχθήσονται εἰς [A *om.*] τὸν ἅπαντα χρ. †
Jb. 2. 9. χρόνου δὲ πολλοῦ προβεβηκότος –
— 9. ἰδοὺ ἀναμένω [S^1 *om.*] χρόνον ἔτι μικρόν –
6. 11. τίς μου ὁ χρ. ὅτι ἀνέχεταί μου ἡ ψυχή (5)
10. 20. ἢ οὐκ ὀλίγος ἐστὶν ὁ βίος τοῦ χρ. [A ὁ χρ. τοῦ βίου] μου (2)
12. 5. εἰς χρόνον γὰρ τακτὸν ἡτοίμαστο πεσεῖν †
— 12. ἐν πολλῷ χρόνῳ σοφία [A σ. εὑρίσκεται] (10)
14. 5. εἰς χρόνον ἔθου καὶ οὐ μὴ ὑπερβῇ †
— 11. χρόνῳ γὰρ σπανίζεται θάλασσα †
— 13. ἕως ἂν . . . τάξῃ μοι χρόνον †
29. 18. ὥσπερ στέλεχος φοίνικος πολὺν χρόνον βιώσω (2)
32. 6. νεώτερος μέν εἰμι τῷ χρ. (2)
— 7. οὐχ ὁ [A *om.* οὐχ ὁ] χρ. ἐστὶν ὁ λαλῶν (2)
Ps. 88 (89). 45. A S ἐσμίκρυνας τὰς ἡμέρας τοῦ χρ. [B θρόνου] αὐτοῦ †
Pr. 1. 22. ὅσον ἂν χρόνον ἄκακοι ἔχωνται τῆς δικαιοσύνης (11)
7. 12. χρόνον γάρ τινα ἔξω ῥέμβεται χρόνον δὲ ἐν πλατείαις παρὰ πᾶσαν γωνίαν ἐνεδρεύει (4, 4)
Pr. 9. 11. τούτῳ γὰρ τῷ τρόπῳ πολὺν ζήσεις χρόνον (2)
— 18. ἵνα πολὺν ζήσῃς χρόνον –
15. 15. πάντα τὸν χρ. οἱ ὀφθαλμοὶ τῶν κακῶν προσδέχονται κακά (2)
28. 16. ὁ δὲ μισῶν ἀδικίαν μακρὸν χρόνον ζήσεται (2)
Ec. 3. 1. τοῖς πᾶσιν ὁ [S^1 *om.*] χρόνος (1 *b*)
Wi. 2. 4. τὸ ὄνομα ἡμῶν ἐπιλησθήσεται ἐν χρόνῳ
4. 13. τελειωθεὶς ἐν ὀλίγῳ ἐπλήρωσε χρόνους μακρούς
7. 2. ἐγλύφην σὰρξ δεκαμηνιαίῳ χρόνῳ
— 18. ἀρχὴν καὶ τέλος καὶ μεσότητα χρόνων
8. 8. ἐκβάσεις καιρῶν καὶ χρόνων
12. 20. δοὺς χρόνους [A -ον] καὶ τόπον
14. 16. ἐν χρόνῳ κρατυνθὲν τὸ ἀσεβὲς ἔθος [S^1 ἔθνος]
Si. *prol.* 25. ἐν τῷ διαστήματι τοῦ χρ.
29. 5. ἐν καιρῷ ἀποδύσεως παρελκύσει χρόνον
43. 6. ἀνάδειξιν χρόνων καὶ σημεῖον αἰῶνος
Is. 9. 7 (6). A εἰς τὸν αἰῶνα χρόνον [B S *om.*] (8 *a*)
13. 20. εἰς τὸν αἰῶνα χρόνον (8 *c*)
14. 20. οὐ μὴ μείνῃς εἰς τὸν αἰῶνα χρόνον (8 *b*)
18. 7. ἀπὸ τοῦ νῦν καὶ εἰς τὸν αἰῶνα χρόνον (8 *d*)
23. 15. ὡς χρ. βασιλέως ὡς χρ. ἀνθρώπου (2, –)
27. 10. ἔσται πολὺν χρόνον εἰς βόσκημα –
— 11. μετὰ χρόνον οὐκ ἔσται ἐν αὐτῇ πᾶν χλωρόν –
30. 27. ἔρχεται διὰ χρόνου [A S *add.* πολλοῦ] (12 *a*)
33. 20. οὐδὲ μὴ κινηθῶσιν . . . εἰς τὸν αἰῶνα χρόνον (8 *c*)
34. 10. οὐ σβεσθήσεται εἰς τὸν αἰῶνα χρόνον (8 *b*)
— 10. B S καὶ εἰς χρόνον πολύν (13)
— 17. εἰς τὸν αἰῶνα χρόνον κληρονομήσετε (8 *a*)
38. 5. προστίθημι πρὸς τὸν χρ. σου ἔτη δέκα πέντε (2)
49. 1. διὰ χρόνου πολλοῦ στήσεται (12 *b*)
51. 8. βρωθήσεται ὑπὸ χρόνου †
54. 7. χρόνον μικρὸν κατέλιπόν σε (6)
— 9. ὤμοσα αὐτῷ ἐν τῷ χρ. [S^2 καιρῷ] ἐκείνῳ –
65. 20. ὃς οὐκ ἐμπλήσει τὸν χρ. αὐτοῦ (2)
Je. 29 (49). 8. ἤγαγον ἐπ' αὐτὸν ἐν χρόνῳ (3)
37 (30). 7. χρ. [S ὁ χρ.] στενός ἐστι τῷ Ἰακώβ (3)
38 (31). 1. ἐν τῷ χρ. ἐκείνῳ (3)
45 (38). 28. ἕως χρόνου οὗ συνελήφθη Ἱερ. (2)
Ba. 3. 13. A κατῴκεις ἂν ἐν εἰρήνῃ τὸν αἰῶνα χρόνον [B *om.*]
— 32. ὁ κατασκευάσας τὴν γῆν εἰς τὸν αἰῶνα χρόνον
4. 35. κατοικηθήσεται ὑπὸ δαιμονίων τὸν πλείονα χρόνον
Ep. Je. 3. ἔσεσθε ἐκεῖ ἔτη πλείονα καὶ χρόνον μακρόν
Da. LXX. 2. 16. ἵνα δοθῇ αὐτῷ χρόνος παρὰ τοῦ βασ. (1 *c*)
— 21. ἀλλοιοῖ καιροὺς καὶ χρόνους (1 *c*)
— 44. ἐν τοῖς χρ. τῶν βασιλέων τούτων (2)
4. 25. καὶ πλήρης ὁ χρ. σου –
— 32. διὰ χρόνου ὕπνος με ἔλαβε πολύς –
— 32. ὁ χρ. μου τῆς ἀπολυτρώσεως ἦλθε –
— 34. ἀλλοιοῖ καιροὺς καὶ χρόνους –
5. 26. ἠρίθμηται ὁ χρ. σου τῆς βασιλείας †
7. 12. χρόνος ζωῆς ἐδόθη αὐτοῖς ἕως χρόνου (†, 1 *c*)
Da. TH. 2. 16. ὅπως χρόνον δῷ αὐτῷ (1 *c*)
— 21. ἀλλοιοῖ καιροὺς καὶ χρόνους (1 *c*)
I Ma. 10. 30. ἀπὸ τῆς σήμερον ἡμέρας καὶ εἰς τὸν ἅπαντα χρ.
11. 36. A ἀπὸ τοῦ νῦν ἐπὶ [S R εἰς] τὸν ἅπαντα χρ.
15. 8. ἀπὸ τοῦ νῦν καὶ εἰς τὸν ἅπαντα χρ.
II Ma. 1. 22. ὡς δὲ ἐγένετο καὶ χρόνος διῆλθεν
4. 23. μετὰ δὲ τριετῆ χρ.
6. 1. μετ' οὐ πολὺν δὲ χρ.
— 13. τὸ μὴ πολὺν χρ. ἐᾶσθαι τοὺς δυσσεβοῦντας
— 21. διὰ τὴν ἐκ τῶν παλαιῶν χρ. πρὸς τὸν ἄνδρα γνῶσιν
10. 3. μετὰ διετῆ χρ.
— 6. πρὸ μικροῦ χρ.
11. 1. R μετ' ὀλίγον δὲ παντελῶς χρ. [A χρονίσκον]
12. 15. κατὰ τοὺς Ἰησοῦ χρόνους
— 39. A καθ' ὃν χρόνον [R τρόπον] τὸ τῆς χρείας ἐγεγόνει
14. 1. μετὰ δὲ τριετῆ χρ.
— 3. ἐν τοῖς τῆς ἀμιξίας χρ.
— 38. ἐν τοῖς ἔμπροσθεν χρ.
III Ma. 2. 24. ἐν χρόνῳ δὲ ὕστερον
3. 26. εἰς τὸν ἐπίλοιπον χρ.
— 29. ἄχρηστος φανήσεται εἰς τὸν ἀεὶ χρ.
4. 17. μετὰ δὲ τὸ προειρημ. τοῦ χρ. διάστημα
5. 11. τὸ δὲ ἀπ' αἰῶνος κτίσμα χρόνου καλόν
— 22. οὐχ οὕτως εἰς ὕπνον κατεχρήσαντο τὸν χρ. τῆς νυκτός

III Ma. 5. 25. κατὰ τὸν ἀμερῆ ψυχουλκούμενοι χρόνον
— 43. εἰς τὸν ἅπαντα χρ.
6. 29. οἱ δὲ ἐν ἀμερεῖ χρ. λυθέντες
— 35. συστησάμενοι τὸν προειρημένον χρ.
7. 19. ἐπὶ τὸν τῆς παροικίας αὐ. χρ.
— 23. εἰς τοὺς ἀεὶ χρ.
IV Ma. 5. 6. μετὰ τοσοῦτον ἔχων χρόνον
6. 20. εἰ ἐπιβιώσομεν ὀλίγον χρ.
13. 20. τὸν ἴσον ἀδελφοὶ κατοικήσαντες χρόνον
— 20. ἐν τῷ αὐτῷ χρ. πλασθέντες
— 21. διὰ τῶν ἴσων ἀποτεχθέντες χρόνων
15. 27. A S[c] R τὴν σώζουσαν ἑπτὰ υἱοὺς πρὸς ὀλίγον χρ. σωτηρίαν
18. 8. ἔμεινα δὲ χρόνον ἀκμῆς σὺν ἀνδρί
[Aq. Jo. 4. 24 : Jb. 2. 9 : Je. 30 (37). 7.]
[Sm. Jo. 4. 24 : Ps. 22 (23). 6 : Ec. 8. 13 : Je. 30 (37). 7.]
[Th. Jo. 4. 24 : Jb. 2. 9.]
[Al. Ex. 13. 10 *bis* : Pr. 17. 17.]

χρύσαιος, *vid. sub* **χρυσοῦς**.

χρυσαυγεῖν. (1) זָהָב

Jb. 37. 22. ἀπὸ βορρᾶ νέφη χρυσαυγοῦντα (1)

χρύσεος. *vid. sub* **χρυσοῦς**.

χρυσεύς (?).

Si. 26. 18. A στῦλοι χρυσέως [B S -εοι] ἐπὶ βάσεως ἀργυρᾶς

χρυσίον. (1) *a.* זָהָב *b.* דְּהַב (2) חָרוּץ (3) כֶּתֶם (4) פַּז

Ge. 2. 11. οὗ ἐστι τὸ χρ. (1 *a*)
— 12. τὸ δὲ χρ. τῆς γῆς ἐκείνης καλόν (1 *a*)
13. 2. Ἀβρὰμ δὲ ἦν πλούσιος σφόδρα . . . χρυσίῳ (1 *a*)
24. 35. ἔδωκεν αὐτῷ . . . χρυσίον (1 *a*)
44. 8. πῶς ἂν κλέψαιμεν . . . χρυσίον (1 *a*)
Ex. 25. 3. χρυσίον καὶ ἀργύριον καὶ χαλκόν (1 *a*)
— 10 (11). καταχρυσώσεις αὐτὴν χρ. καθαρῷ (1 *a*)
— 12 (13). καταχρυσώσεις αὐτὰ χρυσίῳ (1 *a*)
— 16 (17). ποιήσεις ἱλαστήριον ἐπίθεμα χρ. καθαροῦ (1 *a*)
— 22 (23). ποιήσεις τράπεζαν χρυσῆν χρ. καθαροῦ -
— 27 (28). καταχρυσώσεις αὐτοὺς χρ. καθαρῷ (1 *a*)
— 28 (29). χρ. καθαροῦ ποιήσεις αὐτά (1 *a*)
— 30 (31). ποιήσεις λυχνίαν ἐκ χρ. καθαροῦ (1 *a*)
— 35 (36). ὅλη τορευτὴ ἐξ ἑνὸς χρ. καθαροῦ (1 *a*)
— 37 (38). τὰ ὑποθέματα αὐ. ἐκ χρ. καθαροῦ ποιήσεις (1 *a*)
— 38 (39). τάλαντον χρυσίου καθαροῦ (1 *a*)
26. 29. τοὺς στύλους καταχρυσώσεις χρυσίῳ (1 *a*)
— 29. καταχρυσώσεις τοὺς μοχλοὺς χρυσίῳ (1 *a*)
— 32. ἐπὶ τεσσάρων στύλων . . . κεχρυσωμένων χρυσίῳ (1 *a*)
— 37. χρυσώσεις αὐτοὺς χρυσίῳ (1 *a*)
28. 5. λήψονται τὸ χρ. (1 *a*)
— 8. ἔσται ἐκ χρυσίου καὶ ὑακίνθου (1 *a*)
— 13. ποιήσεις ἀσπιδίσκας ἐκ χρ. καθαροῦ (1 *a*)
— 14. ποιήσεις δύο κροσσωτὰ ἐκ χρ. καθαροῦ (1 *a*)
— 15. ποιήσεις αὐτὸ ἐκ χρυσίου (1 *a*)
— 20. περικεκαλυμμένα χρυσίῳ (1 *a*)
— 20. συνδεδεμένα ἐν χρυσίῳ [A[1] *om.* ἐν χρ.] (1 *a* ?)
— 22. ἔργον ἁλυσιδωτὸν ἐκ χρ. καθαροῦ (1 *a*)
30. 3. καὶ καταχρυσώσεις αὐτὰ χρ. καθαρῷ (1 *a*)
— 5. καταχρυσώσεις αὐτὰς χρυσίῳ (1 *a*)
31. 4. ἐργάζεσθαι τὸ χρ. (1 *a*)
32. 24. εἴ [A *om.*] τινι ὑπάρχει χρυσία (1 *a*)
35. 5. οἴσουσι . . . χρυσίον (1 *a*)
— 23 (22). ὅσοι ἤνεγκαν ἀφαιρέματα χρυσίου (1 *a*)
— 32. ποιεῖν τὸ χρ. (1 *a*)
36. 9 (39. 2). ἐποίησε τὴν ἐπωμίδα ἐκ χρυσίου (1 *a*)
— 10 (39. 3). ἐτμήθη τὰ πέταλα τοῦ χρ. τρίχες (1 *a*)
— 12 (39. 5). ἐκ χρυσίου καὶ ὑακίνθου (1 *a*)
— 13 (39. 6). A B[2] ἐποίησαν ἀμφοτ. τοὺς λίθους . . . χρυσίῳ γεγλυμμένους [B[1] *om.* χρ. γ.] (1 *a*)
— 15 (39. 8). ἐκ χρυσίου καὶ ὑακίνθου (1 *a*)
— 20 (39. 13). περικεκυκλωμένα χρυσίῳ καὶ συνδεδεμένα [A *add.* ἐν] χρυσίῳ (–, 1 *a*)
— 22 (39. 15). ἐκ χρ. καθαροῦ (1 *a*)
— 25 (39. 17). ἐπέθηκαν τὰ ἐμπλόκια ἐκ χρυσίου (1 *a*)
— 38 (39. 30). ἐποίησαν τὸ πέταλον τὸ χρυσοῦν . . . χρ. καθαροῦ (1 *a*)

Ex. 37. 4 (36. 36). κατακεχρυσωμένους ἐν [A *om.*] χρυσίῳ (1 *a*)
— 6 (36. 38). τὰς κεφαλίδας αὐ. . . . κατεχρύσωσαν χρυσίῳ (1 *a*)
38 (37). 2. κατεχρύσωσεν αὐτὴν χρ. καθαρῷ (1 *a*)
38. 5 (37. 6). ἐποίησε τὸ ἱλαστήριον . . . ἐκ χρυσίου (1 *a*)
— 9 (37. 10). ἐποίησε τὴν τράπεζαν . . . ἐκ χρ. καθαροῦ -
— 11 (37. 15). κατεχρύσωσεν αὐτοὺς χρυσίῳ (1 *a*)
— 18 (36. 36). ἐχρύσωσε τοὺς μοχλοὺς χρυσίῳ (1 *a*)
— 18 (36. 36). κατεχρύσωσε τοὺς στύλους τοῦ καταπετάσμ. χρυσίῳ -
39. 1 (38. 24). πᾶν τὸ χρ. ὃ κατειργάσθη . . . ἐγένετο χρυσίου [A ἐκ χρ.] τοῦ τῆς ἀπαρχῆς (1 *a*, 1 *a*)
— 12 (32). τὸ δὲ λοιπὸν χρ. τοῦ ἀφαιρέματος -
Nu. 7. 86. πᾶν τὸ χρ. τῶν θυΐσκῶν (1 *a*)
22. 18 : 24. 13. πλήρη τὸν οἶκον αὐ. ἀργυρίου καὶ χρυσίου (1 *a*)
31. 22. πλὴν τοῦ χρ. καὶ τοῦ ἀργυρίου (1 *a*)
— 51. ἔλαβε M. . . . τὸ χρ. παρ' αὐτῶν (1 *a*)
— 52. καὶ ἐγένετο πᾶν τὸ χρ. (1 *a*)
— 54. ἔλαβε M. . . . τὸ χρ. (1 *a*)
De. 7. 25. οὐκ ἐπιθυμήσεις . . . χρυσίον ἀπ' αὐτῶν (1 *a*)
8. 13. ἀργυρίου καὶ χρ. πληθυνθέντος σοι (1 *a*)
17. 17. A B[2] R ἀργύριον καὶ χρυσίον οὐ πληθυνεῖ ἑαυτῷ (1 *a*)
29. 17 (16). καὶ τὰ εἴδωλα αὐ. . . . ἀργύριον καὶ χρυσίον (1 *a*)
Jo. 6. 18 (19). πᾶν ἀργύριον ἢ χρυσίον . . . ἅγιον ἔσται τῷ κ. (1 *a*)
— 23 (24). πλὴν ἀργυρίου καὶ χρυσίου (1 *a*)
22. 8. καὶ ἀργύριον καὶ χρυσίον (1 *a*)
II Ki. 1. 24. A τὸν ἀναφέροντα κόσμον χρυσίον [B -σοῦν] (1 *a*)
8. 11. ταῦτα ἡγίασεν . . . μετὰ τοῦ χρ. (1 *a*)
12. 30. καὶ ὁ σταθμὸς αὐ. τάλαντον χρυσίου (1 *a*)
21. 4. οὐκ ἔστιν ἡμῖν ἀργύριον καὶ χρυσίον (1 *a*)
III Ki. 6. 20. περιέσχεν αὐτὸ χρ. συγκεκλεισμένῳ (1 *a*)
— 20 (21). A περιεπίλησεν Σαλ. τὸν οἶκον ἔνδοθεν χρ. ἀποκλείστῳ [B *al.*] (1 *a*)
— 20 (21). A παρήγαγεν ἐν καθηλώμασιν χρυσίου (1 *a*)
— 20 (21). περιέσχεν αὐτὸν χρυσίῳ (1 *a*)
— 21 (22). ὅλον τὸν οἶκον περιέσχε χρυσίῳ (1 *a*)
— 21 (22). A ὅλον τὸ ἔσω τοῦ δ. ἐπετάλωσεν χρυσίῳ (1 *a*)
— 28. περιέσχε τὰ χερουβεὶν χρυσίῳ (1 *a*)
— 30. τὸ ἔδαφος τοῦ οἴκου περιέσχε χρυσίῳ (1 *a*)
— 32. A καὶ περιέσχεν χρυσίῳ (1 *a*)
— 32. A κατέβαινεν ἐπὶ τὰ χερ. . . . τὸ χρ. (1 *a*)
— 35. καὶ περιεχόμενα χρυσίῳ καταγομένῳ (1 *a*)
7. 51. τὸ χρ. . . . ἔδωκεν εἰς τοὺς θησαυρούς (1 *a*)
9. 11. ἀντελάβετο τοῦ Σ. . . . ἐν χρυσίῳ (1 *a*)
— 14. ἤνεγκε X. τῷ Σ. ἑκατὸν καὶ εἴκοσι τάλαντα χρυσίου (1 *a*)
— 28. ἔλαβον ἐκεῖθεν χρυσίου ἑκατὸν καὶ εἴκοσι τάλαντα (1 *a*)
10. 2. A κάμηλοι αἴρουσαι . . . χρυσίον [B -σὸν] πολὺν σφόδρα (1 *a*)
— 10. ἔδωκε τῷ Σ. ἑκατὸν εἴκοσι τάλαντα χρυσίου (1 *a*)
— 11. ἡ ναῦς X. ἡ αἴρουσα τὸ χρ. ἐκ Σ. (1 *a*)
— 14. ἦν ὁ σταθμὸς τοῦ χρ. . . . ἑξακόσια καὶ ἑξήκοντα ἓξ τάλαντα χρυσίου (1 *a*, 1 *a*)
— 17. A τρεῖς μναῖ χρυσίου ἐνῆσαν εἰς τὸ ὅπλον τὸ ἕν [B *al.*] (1 *a*)
— 18. περιεχρύσωσεν αὐτὸν χρ. δοκίμῳ (1 *a*)
— 21. πάντα τὰ σκεύη . . . χρυσίῳ συγκεκλεισμένα [B[1] -οι, A -ῳ] (1 *a*)
— 22. ναῦς ἐκ Θ. χρυσίου (1 *a*)
— 27. ἔδωκεν ὁ βασ. τὸ χρ. . . . ὡς λίθους -
15. 18. ἔλαβεν Ἀ. . . . τὸ χρ. (1 *a*)
— 19. ἐξαπέσταλκά σοι . . . χρυσίον (1 *a*)
16. 28 (22. 48 [49]). B πορεύεσθαι ἐπὶ τὸ χρ. (1 *a*)
21 (20). 3. τὸ χρ. σου ἐμόν ἐστι (1 *a*)
— 5. τὸ χρ. σου . . . δώσεις ἐμοί (1 *a*)
— 7. τὸ χρ. μου οὐκ ἀπεκώλυσα ἀπ' αὐτοῦ (1 *a*)
22. 49. A τοῦ πορευθῆναι Ὠφείρδε εἰς χρυσίον (1 *a*)
IV Ki. 7. 8. ἦραν ἐκεῖθεν . . . χρυσίον (1 *a*)
12. 18 (19). καὶ πᾶν τὸ χρ. [A ἀργύριον] τὸ εὑρεθέν (1 *a*)
14. 14. ἔλαβε τὸ χρ. (1 *a*)
16. 8. ἔλαβεν Ἄ. . . . χρυσίον [A τὸ χρ.] (1 *a*)

IV Ki. 18. 14. τριάκοντα τάλαντα χρυσίου (1 *a*)
20. 13. ἔδειξεν αὐτοῖς . . . τὸ χρ. (1 *a*)
23. 33. ἔδωκε . . . ἑκατὸν τάλαντα χρυσίου (1 *a*)
— 35. τὸ χρ. ἔδωκεν Ἰ. τῷ Φ. (1 *a*)
— 35. ἔδωκαν τὸ ἀργύριον καὶ τὸ χρ. (1 *a*)
I Ch. 18. 11. μετὰ . . . τοῦ χρ. οὗ ἔλαβεν (1 *a*)
20. 2. εὑρέθη ὁ σταθμὸς αὐ. τάλαντον χρυσίου (1 *a*)
21. 25. ἔδωκε Δ. . . . σίκλους χρυσίου ὁλκῆς ἑξακοσίους (1 *a*)
22. 14. ἡτοίμασα . . . χρυσίου ταλάντων ἑκατὸν χιλιάδας (1 *a*)
— 16. ἐν χρυσίῳ ἐν ἀργυρίῳ ἐν χαλκῷ (1 *a*)
28. 18. τὸν τοῦ θυσιαστ. . . . ἐκ χρ. δοκίμου σταθμόν (1 *a*)
29. 2. ἡτοίμακα . . . χρυσίον (1 *a*)
— 3. ἔστι μοι ὃ περιπεποίημαι χρυσίον (1 *a*)
— 4. τρισχίλια τάλαντα χρυσίου τοῦ ἐκ Σ. (1 *a*)
— 5. R εἰς τὸ χρ. τῷ χρ. (1 *a*, 1 *a*)
— 7. χρυσίου τάλαντα πεντακισχίλια (1 *a*)
II Ch. 1. 15. ἔθηκεν ὁ βασ. τὸ χρ. . . . ὡς λίθους (1 *a*)
2. 7 (6). εἰδότα τοῦ ποιῆσαι ἐν τῷ χρ. (1 *a*)
— 14 (13). εἰδότα ποιῆσαι ἐν χρυσίῳ (1 *a*)
3. 4. κατεχρύσωσεν αὐτὸν ἔσωθεν χρ. καθαρῷ (1 *a*)
— 5. καὶ κατεχρύσωσε χρ. καθαρῷ (1 *a*)
— 6. ἐκόσμησε τὸν οἶκον . . . χρυσίῳ χρυσίου [A -σοῦ] (1 *a*, 1 *a*)
— 7. ἐχρύσωσε . . . τὰ θυρώματα χρυσίῳ (1 *a*)
— 8. ἐχρύσωσεν αὐτὸν χρ. καθαρῷ (1 *a*)
— 9. πεντήκοντα σίκλοι χρυσίου (1 *a*)
— 9. τὸ ὑπερῷον ἐχρύσωσε χρυσίῳ [A ἐν χρ.] (1 *a*)
— 10. καὶ ἐχρύσωσεν αὐτὰ χρυσίῳ (1 *a*)
4. 20. καὶ τὰς λυχνίας . . . χρ. καθαροῦ (1 *a*)
— 21. καὶ τὰ πυρεῖα . . . χρ. καθαροῦ (1 *a*)
5. 1. εἰσήνεγκε Σ. . . . τὸ χρυσίον (1 *a*)
8. 18. ἔλαβεν ἐκεῖθεν τὰ τετρακόσια καὶ πεντήκοντα τάλαντα χρυσίου (1 *a*)
9. 1. κάμηλοι αἴρουσαι . . . χρυσίον (1 *a*)
— 9. ἔδωκε τῷ βασ. ἑκατὸν εἴκοσι τάλαντα χρυσίου (1 *a*)
— 10. ἔφερον χρυσίον τῷ Σαλ. (1 *a*)
— 13. ἦν ὁ σταθμὸς τοῦ χρ. τοῦ ἐνεχθέντος (1 *a*)
— 13. ἑξακόσια ἑξήκοντα ἓξ τάλαντα χρυσίου (1 *a*)
— 14. ἔφερον χρυσίον καὶ ἀργύριον τῷ βασ. Σ. (1 *a*)
— 17. κατεχρύσωσεν αὐτὸν χρ. δοκίμῳ (1 *a*)
— 18. ἓξ ἀναβαθμοὶ τῷ θρόνῳ ἐνδεδεμένοι χρυσίῳ (1 *a*)
— 20. πάντα τὰ σκεύη τοῦ βασ. Σ. χρυσίου (1 *a*)
— 20. πάντα τὰ σκεύη οἴκου . . . χρυσίῳ κατειλημμένα (1 *a*)
— 21. πλοῖα . . . γέμοντα χρυσίου καὶ ἀργυρίου (1 *a*)
— 27. ἔδωκεν ὁ βασ. τὸ χρ. . . . ὡς λίθους -
15. 18. εἰσήνεγκε . . . ἀργύριον καὶ χρυσίον (1 *a*)
16. 2. ἔλαβεν Ἀ. χρυσίον . . . ἐκ θησαυρῶν (1 *a*)
— 3. ἀπέσταλκά σοι χρυσίον (1 *a*)
21. 3. ἀργύριον καὶ χρυσίον καὶ ὅπλα (1 *a*)
25. 24. καὶ πᾶν τὸ χρ. καὶ τὸ ἀργύριον (1 *a*)
32. 27. θησαυροὺς ἐποίησεν αὐτῷ . . . χρυσίου (1 *a*)
36. 3. καὶ τάλαντον χρυσίου (1 *a*)
— 4. τὸ χρ. ἔδωκε τῷ Φ. -
— 4. ἀπῄτει τὸ ἀργύριον καὶ τὸ χρ. -
I Es. 1. 36. καὶ χρυσίου [B[2] -ίῳ] ταλάντῳ ἑνί
2. 6. βοηθείτωσαν αὐτῷ . . . ἐν χρυσίῳ
— 9. ἐβοήθησαν . . . ἐν ἀργυρίῳ καὶ χρυσίῳ
4. 18. ἐὰν δὲ συναγάγωσι χρυσίον
— 19. αὐτὴν αἱρετίζουσι μᾶλλον ἢ τὸ χρ.
5. 45. δοῦναι . . . χρυσίου μνᾶς χιλίας
8. 13. καὶ πᾶν χρ. καὶ ἀργύριον
— 14. B τό τε χρ. καὶ ἀργύριον [A[2] R τὸ ἀ.] εἰς ταύρους
— 16. ὅσα ἂν βούλῃ . . . ποιῆσαι χρυσίῳ
— 55. ἔστησα αὐτοῖς . . . τὸ χρ.
— 56. B χρυσίου ταλάντων ἑκατόν
— 58. καὶ τὸ χρ. . . . εὐχὴ τῷ κυρίῳ
— 60. τὸ χρ. . . . ἤνεγκαν εἰς τὸ ἱερόν
— 62. σταθὲν τὸ ἀργύριον καὶ τὸ χρ. παρεδόθη
II Es. 1. 4. ἐν ἀργυρίῳ καὶ χρυσίῳ (1 *a*)
2. 69. ἔδωκαν εἰς θησαυρὸν τοῦ ἔργου χρ. καθαρόν (1 *a*)
7. 15. καὶ εἰς οἶκον κυρίου ἀργύριον καὶ χρυσίον (1 *b*)
— 16. καὶ πᾶν ἀργύριον καὶ χρ. ὅ τι ἐὰν εὕρῃς (1 *b*)
— 18. ἐν καταλοίπῳ τοῦ ἀργ. καὶ τοῦ [A *om.*] χρ. ποιῆσαι (1 *b*)
8. 25. ἔστησα αὐτοῖς . . . τὸ χρ. (1 *a*)
— 26. ἔστησα . . . τάλαντα χρυσίου ἑκατόν (1 *a*)
— 27. ἔστησα . . . ἐπιθυμητὰ ἐν χρυσίῳ (1 *a*)
— 28. τὸ ἀργ. καὶ τὸ χρ. ἑκούσια τῷ κ. θεῷ (1 *a*)

II Es. 8. 30. ἐδέξαντο . . . σταθμὸν . . . τοῦ χρ. (1 a)
— 33. ἐστήσαμεν . . . τὸ χρ. (1 a)
Ne. 7. 71. B[1] ἔθηκαν . . . τοῦ [A B[2] S om.] χρ. δύο μυριάδας [B al.] (1 a)
— 72. S[1] ἔδωκαν . . . χρυσίου ἑβδομήκοντα μυριάδας [S[2] R al.] (1 a)
To. 12. 8. ἢ θησαυρίσαι χρυσίον
13. 16. S οἱ πύργοι Ἰερ. χρυσίῳ οἰκοδομηθήσονται
— 16. A R οἱ προμαχῶνες ἐν [B S om.] χρ. καθαρῷ
Ju. 2. 18. ἔλαβε . . . χρυσίον καὶ ἀργύριον
5. 9. ἐπληθύνθησαν χρυσίῳ καὶ ἀργυρίῳ
8. 7. ὑπελείπετο αὐτῇ Μαν. . . . χρυσίον
10. 21. ὃ ἦν ἐκ . . . χρυσίου
Jb. 23. 10. διέκρινε δέ με ὥσπερ τὸ [A om.] χρ. (1 a)
27. 16. ἴσα δὲ πηλῷ ἑτοιμάσῃ χρυσίον †
28. 1. τόπος δὲ χρυσίου [A S[4] -ίῳ] ὅθεν διηθεῖται (1 a)
— 6. χῶμα χρυσίον [S[2] -σαιον] αὐτῷ (1 a)
— 16. οὐ συμβασταχθήσεται χρυσίῳ Σωφίρ (3)
— 17. οὐκ ἰσωθήσεται αὐτῇ χρυσίον καὶ ὕαλος (1 a)
— 19. χρυσίῳ καθαρῷ οὐ συμβασταχθήσεται (3)
31. 24. εἰ ἔταξα χρυσίον εἰς χοῦν μου (1 a)
Ps. 18 (19). 10. ἐπιθυμητὰ ὑπὲρ χρυσίον (1 a)
67 (68). 13. καὶ τὰ μετάφρενα αὐτῆς ἐν χλωρότητι χρυσίου (2)
71 (72). 15. δοθήσεται αὐτῷ ἐκ τοῦ χρ. τῆς Ἀραβίας (1 a)
104 (105). 37. ἐξήγαγεν αὐτοὺς ἐν ἀργυρίῳ καὶ χρυσίῳ (1 a)
113. 12 (115. 4). τὰ εἴδωλα τῶν ἐθνῶν ἀργύριον καὶ χρυσίον (1 a)
118 (119). 72. ὑπὲρ χιλιάδας χρυσίου (1 a)
— 127. A S[1] ἠγάπησα τὰς ἐντολάς σου ὑπὲρ τὸ [S[2] R om.] χρ. (1 a)
134 (135). 15. τὰ εἴδωλα τῶν ἐθνῶν ἀργύριον καὶ χρυσίον (1 a)
Pr. 3. 14. κρεῖττον γὰρ αὐτὴν ἐμπορεύεσθαι ἢ χρυσίου . . . θησαυρούς (2)
8. 10. καὶ γνῶσιν ὑπὲρ χρυσίον δεδοκιμασμ. (2)
— 10. A ἀνταναιρεῖσθε αἴσθησιν χρυσίου [B[3] al.] –
— 19. βέλτιον ἐμὲ καρπίζεσθαι ὑπὲρ χρυσίον (2)
16. 16. νοσσιαὶ σοφίας αἱρετώτεραι χρυσίου [A -ῳ] (2)
22. 1. ὑπὲρ δὲ ἀργύριον καὶ χρυσίον χάρις ἀγαθή (1 a)
27. 21. A δοκίμιον ἀργυρίῳ καὶ χρυσίῳ [B S -σῷ] πύρωσις (1 a)
Ec. 2. 8. συνήγαγόν μοι καί γε ἀργύριον καί γε [S om.] χρυσίον (1 a)
12. 6. καὶ συντριβῇ [A S -θλιβῇ] τὸ ἀνθέμιον τοῦ χρ. (1 a)
Ca. 1. 11. ὁμοιώματα χρυσίου ποιήσομέν σοι (1 a)
3. 10. S ἀνάκλιτον αὐτοῦ χρυσίον [A B χρύσεον] (1 a)
5. 11. κεφαλὴ αὐτοῦ χρυσίον κεφάζ [A B καὶ φάζ] (3)
Si. 7. 18. μηδὲ ἀδελφὸν γνήσιον ἐν χρυσίῳ Σουφείρ
— 19. καὶ γὰρ χάρις αὐτῆς ὑπὲρ τὸ χρ.
8. 2. πολλοὺς γὰρ ἀπώλεσε τὸ χρ.
28. 24. τὸ ἀργύριόν σου καὶ τὸ χρ. κατάδησον
29. 11. λυσιτελήσει σοι μᾶλλον ἢ τὸ [A[1] om.] χρ.
30. 15. ὑγίεια καὶ εὐεξία βέλτιον παντὸς χρυσίου
34 (31). 5. ὁ ἀγαπῶν χρυσίον οὐ δικαιωθήσεται
— 6. πολλοὶ ἐδόθησαν εἰς πτῶμα χάριν χρυσίου
— 8. ὃς ὀπίσω χρυσίου οὐκ ἐπορεύθη
40. 25. χρυσίον καὶ ἀργύριον ἐπιστήσουσι πόδα
41. 12. χίλιοι μεγάλοι θησαυροὶ χρυσίου
45. 11. ἐν δέσει χρυσίου ἔργῳ λιθουργοῦ
47. 18. συνήγαγες ὡς κασσίτερον τὸ χρ.
50. 9. ὡς σκεῦος χρυσίου ὁλοσφύρητον
Ho. 8. 4. τὸ χρ. αὐ. ἐποίησαν ἑαυτοῖς εἴδωλα (1 a)
Jl. 3 (4). 5. τὸ χρ. μου ἐλάβετε (1 a)
Na. 2. 9 (10). διήρπαζον τὸ χρ. (1 a)
Hb. 2. 19. τοῦτο δέ ἐστιν ἔλασμα χρυσίου (1 a)
Ze. 1. 18. τὸ χρ. αὐ. οὐ μὴ δύνηται ἐξελέσθαι αὐτούς (1 a)
Hg. 2. 9 (8). ἐμὸν τὸ ἀργύριον καὶ ἐμὸν τὸ χρ. (1 a)
Za. 6. 11. λήψῃ ἀργύριον καὶ χρυσίον (1 a)
9. 3. καὶ χρυσίον ὡς πηλὸν ὁδῶν (2)
13. 9. ὡς δοκιμάζεται τὸ χρ. [A[1] al.] (1 a)
14. 14. συνάξει . . . χρυσίον καὶ ἀργύριον (1 a)
Ma. 3. 3. καθαρίζων ὡς τὸ ἀργύριον καὶ ὡς τὸ χρ. –
— 3. χεεῖ αὐτοὺς ὥσπερ τὸ χρ. (1 a)

Is. 2. 7. ἐνεπλήσθη γὰρ ἡ χώρα αὐ. ἀργυρίου καὶ χρυσίου (1 a)
3. 23. A S σὺν χρυσίῳ [B -σῷ] . . . συγκαθυφασμένα –
— 24. ἀντὶ τοῦ κόσμου τῆς κεφαλῆς τοῦ χρ. φαλάκρωμα –
13. 12. ἔσονται . . . ἔντιμοι μᾶλλον ἢ τὸ χρ. τὸ ἄπυρον (4)
— 17. οὐδὲ χρυσίου [A S[1] -ίον] χρείαν ἔχουσι (1 a)
39. 2. ἔδειξεν αὐτοῖς τὸν οἶκον . . . τοῦ χρ. (1 a)
40. 19. χρυσοχόος χωνεύσας χρυσίον (1 a)
46. 6. οἱ συμβαλλόμενοι χρ. ἐκ μαρσιππίου (1 a)
60. 6. ἥξουσι φέροντες χρ. (1 a)
— 17. ἀντὶ χαλκοῦ οἴσω σοι χρ. (1 a)
Je. 10. 4. ἀργυρίῳ καὶ χρυσίῳ κεκαλλωπισμένα (1 a)
— 9. χρ. Μωφάζ (1 a)
Ba. 3. 17. τὸ χρ. ᾧ ἐπεποίθεισαν ἄνθρωποι
— 30. τίς . . . οἴσει αὐτὴν χρυσίου ἐκλεκτοῦ
La. 4. 1. πῶς ἀμαυρωθήσεται χρ. [A τὸ χρ.] (1 a)
— 2. οἱ ἐπηρμένοι ἐν χρυσίῳ (4)
Ep. Je. 9. λαμβάνοντες χρ. κατασκευάζουσι στεφάνους
— 10. χρ. καὶ ἀργύριον εἰς ἑαυτοὺς καταναλοῦσι
— 24. τὸ γὰρ χρ. ὃ περίκειται εἰς κάλλος
— 58. ὧν οἱ ἰσχύοντες περιελοῦνται τὸ χρ.
Ez. 7. 19. τὸ χρ. αὐτῶν ὑπεροφθήσεται (1 a)
— 19. A τὸ χρ. αὐτῶν οὐ δυνηθήσεται ἐξελέσθαι (1 a)
16. 13. ἐκοσμήθης χρυσίῳ [A κόσμῳ χρυσῷ] (1 a)
— 17. ἔλαβες τὰ σκεύη τῆς καυχήσεώς σου ἐκ τοῦ χρ. μου (1 a)
27. 12. χρ. . . . ἔδωκαν τὴν ἀγοράν σου –
— 22. χρ. ἔδωκαν τὴν ἀγοράν σου (1 a)
28. 4. χρ. [A ἐποίησας χρ.] καὶ ἀργύριον ἐν τοῖς θησαυροῖς σου (1 a)
— 13. ἐνδέδεσαι . . . ἀργύριον καὶ χρ. (1 a)
— 13. χρυσίου ἐνέπλησας τοὺς θησαυρούς σου –
38. 13. λαβεῖν ἀργύριον καὶ χρ. (1 a)
40. 39. A καὶ δύο τράπεζαι ἔνθεν ἐκ χρυσίου –
Da. LXX. 2. 32. ἦν ἡ κεφαλὴ αὐ. ἀπὸ χρ. χρηστοῦ (1 b)
— 35. λεπτὰ ἐγένετο . . . ὁ ἄργυρος καὶ τὸ χρ. (1 b)
11. 8. τὸ χρ. . . . ἀποίσουσιν εἰς Αἴγυπτον (1 a)
— 38. θεὸν . . . τιμήσει ἐν χρυσίῳ (1 a)
— 43. κρατήσει τοῦ τόπου τοῦ χρ. (1 a)
Da. TH. 2. 32. B[1] R ἧς ἡ κεφαλὴ χρ. χρηστοῦ [A B[2] καθαροῦ] (1 b)
10. 5. περιεζωσμένη ἐν χρυσίῳ Ὠ. (3)
11. 8. μετὰ τῶν χωνευτῶν αὐ. . . . χρυσίου (1 a)
— 38. A θεὸν . . . δοξάσει ἐν χρυσίῳ [B -σῷ] (1 a)
— 43. A ἐν τοῖς ἀποκρύφοις τοῦ χρ. [B -σοῦ] (1 a)
I Ma. 1. 23. ἔλαβε . . . τὸ χρ.
2. 18. δοξασθήσεσθε ἀργυρίῳ καὶ χρυσίῳ
3. 41. ἔλαβον . . . χρ. πολὺ σφόδρα
4. 23. καὶ ἔλαβον χρυσίον
6. 1. πόλις ἔνδοξος . . . ἀργυρίῳ καὶ χρυσίῳ
8. 3. τοῦ κατακρατῆσαι τῶν μετάλλων . . . τοῦ χρ.
10. 60. ἔδωκεν αὐτοῖς ἀργύριον καὶ χρυσίον
11. 24. λαβὼν ἀργύριον καὶ χρυσίον
15. 26. ἀπέστειλεν αὐτῷ . . . χρυσίον
16. 11. ἔσχεν ἀργύριον καὶ χρ. πολύ
— 19. ὅπως δῷ αὐτοῖς . . . χρυσίον [S[1] om.]
II Ma. 3. 11. ἀργυρίου τετρακόσια τάλαντα χρυσίου δὲ διακόσια
III Ma. 1. 4. ἐπαγγελλομένη δώσειν . . . δύο μνᾶς χρυσίου
[Aq. III KI. 6. 20: 22. 49: JB. 37. 22: PR. 8. 19: EC. 12. 6: CA. 5. 11: IS. 13. 17: JE. 10. 9.]
[Sm. III KI. 6. 20: JB. 22. 24: 28. 16: 31. 24: PR. 8. 19: CA. 1. 11: 5. 11.]
[Th. Ex. 37 (38). 4, 11, 15 (38. 11): III KI. 6. 20: JB. 28. 6, 16: 31. 24: 37. 22: CA. 5. 11: JE. 10. 9: EZ. 7. 19: DA. 2. 32: 10. 5.]
[Al. DT. 7. 25: III KI. 22. 49: PR. 8. 10.]
[Quint. CA. 1. 11.]
[Sext. CA. 5. 11.]

χρυσοειδής.

I Es. 8. 57. A R στίλβοντα χρ. [B om.] σκεύη δώδεκα

χρυσόλιθος (-ον). (1) תַּרְשִׁישׁ

Ex. 28. 20. χρυσόλιθος καὶ βηρύλλιον (1)
36. 20 (39. 13). B χρυσόλιθον [A R -ος] καὶ βηρύλλιον (1)
Ez. 28. 13. ἐνδέδεσαι . . . ἀμέθυστον καὶ χρυσόλιθον (1)
[Aq. Ez. 1. 16: 10. 9: DA. 10. 6 (Sw.).]
[Quint., Sext. CA. 5. 14.]

χρυσός. (1) *a.* זָהָב *b.* דְּהַב (2) חָרוּץ

Nu. 7. 62. A[1] θυΐσκην μίαν δέκα χρυσῷ [A[2] B -ῶν] (1 a)
Jd. 8. 26. A σίκλοι χίλιοι καὶ ἑπτακόσιοι χρυσοῦ [B al.] (1 a)
III Ki. 10. 2. κάμηλοι αἴρουσαι . . . χρ. [A -σίον] πολύν (1 a)
— 17. τρεῖς μναῖ ἐνῆσαν χρυσοῦ [A χρυσίου ἐν.] εἰς τὸ ὅπλον τὸ ἕν (1 a)
II Ch. 3. 6. A χρυσίῳ χρυσοῦ [B -σίου] τοῦ ἐκ Φ. (1 a)
I Es. 3. 6. καὶ ἐπὶ χρυσῷ καθεύδειν
II Es. 1. 6. ἐνίσχυσαν . . . ἐν χρυσῷ (1 a)
— 11. πάντα τὰ σκεύη τῷ χρ. (1 a)
Ne. 7. 71. R χρυσοῦ νομίσματος δύο μυριάδας [A B S al.] (1 a)
Es. 5. 1. ὅλος διὰ χρυσοῦ [A διαχρύσῳ] καὶ λίθων πολυτελῶν
Jb. 3. 15. μετὰ ἀρχόντων ὧν πολὺς ὁ χρ. (1 a)
41. 21 (22). πᾶς δὲ χρυσὸς θαλάσσης ὑπ' αὐτὸν ὥσπερ πηλὸς ἀμύθητος (2)
42. 11. τετράδραχμον χρυσοῦ καὶ [A S χρυσοῦν] ἄσημον [A S -ον] (1 a)
Pr. 17. 3. ὥσπερ δοκιμάζεται ἐν καμίνῳ ἄργυρος καὶ χρυσός (1 a)
27. 21. δοκίμιον ἀργυρίῳ καὶ χρυσῷ [A -ίῳ] πύρωσις (1 a)
Wi. 3. 6. ὡς χρυσὸν ἐν χωνευτηρίῳ ἐδοκίμασεν αὐτούς
7. 9. ὁ πᾶς χρ. ἐν ὄψει αὐτῆς ψάμμος ὀλίγη
13. 10. χρυσὸν καὶ ἄργυρον τέχνης ἐμμελέτημα
Si. 2. 5. ἐν πυρὶ δοκιμάζεται χρυσός
21. 21. R ὡς κόσμος χρυσοῦ [A B S -οῦς] φρονίμῳ παιδεία
45. 10. στολῇ [S στήλῃ] ἁγίᾳ χρυσῷ καὶ ὑακίνθῳ
51. 28. πολὺν χρυσὸν κτήσασθε ἐν αὐτῇ
Is. 3. 23. σὺν χρυσῷ [A S -σίῳ] καὶ ὑακίνθῳ συγκαθυφασμένα †
60. 9. ἀγαγεῖν . . . τὸν χρ. αὐτῶν (1 a)
Ez. 27. 22. R χρυσὸν [A B -ίον] ἔδωκαν τὴν ἀγοράν σου (1 a)
Da. LXX. 2. 45. συνηλόησε τὸ ὄστρακον . . . τὸν χρ. (1 b)
Da. TH. 2. 35. ἐλεπτύνθησαν εἰσάπαξ . . . ὁ ἄργυρος ὁ χρ. (1 b)
— 45. ἐλέπτυνε τὸ ὄστρακον . . . τὸν χρ. (1 b)
11. 38. θεὸν . . . δοξάσει ἐν χρυσῷ [A -ίῳ] (1 a)
— 43. ἐν τοῖς ἀποκρύφοις τοῦ χρ. [A -ίου] (1 a)
I Ma. 1. 22. A ἔλαβε . . . τὸν κόσμον τὸν χρ. [S R -οῦν]
[Sm., Sext. Ps. 44 (45). 10.]
[Th. PR. 20. 15: IS. 31. 7.]
[Quint. Ps. 44 (45). 10: CA. 5. 11.]

χρυσοτορευτός. (1) זָהָב מִקְשָׁה

Ex. 25. 17 (18). ποιήσεις δύο χερ. χρυσοτορευτά [A B[2] χρυσᾶ τορευτά] (1)

χρυσοῦν. (1) חָפָה pi. (2) צָפָה *a.* pi. *b.* pu.

Ex. 25. 10 (11). ἔξωθεν καὶ ἔσωθεν χρυσώσεις αὐτήν (2 a)
26. 32. ἐπὶ τεσσάρων στύλων . . . κεχρυσωμένων χρυσίῳ (2 b)
— 37. χρυσώσεις αὐτοὺς χρυσίῳ (2 a)
38. 18 (36. 36). ἐχρύσωσε τοὺς μοχλοὺς χρυσίῳ (2 a)
IV Ki. 18. 16. ἃ ἐχρύσωσεν Ἐζ. (2 a)
II Ch. 3. 6. R καὶ ἐχρύσωσε [A B om.] χρυσίῳ –
— 7. ἐχρύσωσε τὸν οἶκον (1)
— 8. ἐχρύσωσεν [A κατεχρ.] αὐτὸν χρυσίῳ καθαρῷ (1)
— 9. τὸ ὑπερῷον ἐχρύσωσε χρυσίῳ [A ἐν χρ.] (1)
— 10. καὶ ἐχρύσωσεν αὐτὰ χρυσίῳ (2 a)

χρυσουργός.

Wi. 15. 9. ἀντερείδεται μὲν χρυσουργοῖς

χρυσοῦς. (1) *a.* זָהָב *b.* דְּהַב (2) פָּז

Ge. 24. 22. ἔλαβεν ὁ ἄνθρωπος ἐνώτια χρυσᾶ (1 a)
— 22. δέκα χρυσῶν ὁλκὴ αὐτῶν (1 a)
— 53. σκεύη ἀργυρᾶ καὶ χρυσᾶ (1 a)

Ge. 37. 28. ἀπέδοντο τὸν 'Ι. τοῖς 'Ισμ. εἴκοσι χρυσῶν †
41. 42. περιέθηκε κλοιὸν χρ. (1 a)
45. 22. καὶ τῷ Βεν. ἔδωκε τριακοσίους χρυσοῦς †
Ex. 3. 22. αἰτήσει γυνὴ . . . σκεύη ἀργυρᾶ καὶ χρ. (1 a)
11. 2. αἰτησάτω ἕκαστος . . . σκεύη ἀργυρᾶ καὶ χρ. (1 a)
12. 35. ᾔτησαν παρὰ τῶν Αἰγ. σκεύη ἀργυρᾶ καὶ χρ. (1 a)
16. 33. λάβε στάμνον χρυσοῦν ἕνα –
20. 23. θεοὺς χρ. οὐ ποιήσετε ὑμῖν ἑαυτοῖς (1 a)
25. 10 (11). ποιήσεις αὐτῇ κυμάτια στρεπτὰ χρυσᾶ [A *om.*] (1 a)
— 11 (12). ἐλάσεις αὐτῇ τεσσάρας δακτυλίους χρ. (1 a)
— 17 (18). A B^2 ποιήσεις δύο χερ. χρυσᾶ τορευτά [B^1 R χρυσοτ.] (1 a)
— 22 (23). ποιήσεις τράπεζαν χρ. [A *om.*] †
— 23 (24). ποιήσεις αὐτῇ στρεπτὰ κυμάτια χρ. [A *al.*] (1 a)
— 24 (25). A ποιήσεις στρεπτὸν κυμάτιον χρ. [B *om.*] (1 a)
— 25 (26). ποιήσεις τεσσαρας δακτυλίους χρ. (1 a)
26. 6. ποιήσεις κρίκους πεντήκοντα χρ. (1 a)
— 29. τοὺς δακτυλίους ποιήσεις χρυσοῦς (1 a)
— 32, 37. καὶ αἱ κεφαλίδες αὐ. χρ. (1 a)
28. 29 (33). τὸ αὐτὸ εἶδος ῥοΐσκους χρ. (1 a)
— 30 (34). παρὰ ῥοΐσκον χρ. κώδωνα (1 a)
— 32 (36). ποιήσεις πέταλον χρυσοῦν καθαρόν (1 a)
30. 3. ποιήσεις αὐτῷ στρεπτὴν στεφάνην χρ. (1 a)
— 4. δύο δακτυλίους χρ. καθαροὺς ποιήσεις (1 a)
32. 2. περιέλεσθε τὰ ἐνώτια τὰ χρ. (1 a)
— 3. περιείλαντο . . . τὰ ἐνώτια τὰ χρ. (1 a)
— 31. ἐποίησαν ἑαυτοῖς θεοὺς χρ. (1 a)
35. 22. ἤνεγκαν . . . πᾶν σκεῦος χρ. (1 a)
36. 23 (39. 16). ἐποίησαν δύο ἀσπιδίσκας χρ. καὶ δύο δακτυλίους χρ. (1 a, 1 a)
— 24 (39. 16). ἐπέθηκαν τοὺς δύο δακτυλίους τοὺς χρ. –
— 27 (39. 19), 28 (39. 20). ἐποίησαν δύο δακτυλίους χρ. (1 a)
— 33 (39. 25). ἐποίησαν κώδωνας χρ. (1 a)
— 34 (39. 26). κώδων χρ. καὶ ῥοΐσκος –
— 38 (39. 30). ἐποίησαν τὸ πέταλον τὸ χρ. (1 a)
37. 4 (36. 36). καὶ αἱ κεφαλίδες αὐ. χρ. (1 a)
38 (37). 2. A ἐποίησεν αὐτῇ κυμάτιον χρ. (1 a)
— 3. ἐχώνευσεν αὐτῇ τέσσαρας δακτυλίους χρ. (1 a)
38. 6 (37. 7). καὶ τοὺς δύο χερ. χρυσοῦς [A *al.*] (1 a)
— 10 (37. 13). A ἐχώνευσεν αὐτῇ τέσσαρας δακτυλίους χρ. [B *om.*] (1 a)
— 12 (37. 16). ἐποίησε . . . τὰ σπονδεῖα . . . χρ. (1 a)
— 13 (37. 17). ἐποίησε τὴν λυχνίαν . . . χρ. (1 a)
— 16 (37. 22). καὶ τὸ ἐνθέμιον . . . στερεὸν ὅλον χρ. (1 a)
— 17 (37. 23). καὶ ἑπτὰ λύχνους ἐπ' αὐτῆς χρ. –
— 17 (37. 23). καὶ τὰς λαβίδας αὐ. χρ. –
— 17 (37. 23). καὶ τὰς ἐπαρυστρίδας αὐ. χρ. (1 a)
— 18 (36. 34). ἐχώνευσε τῷ στύλῳ δακτυλίους χρ. (1 a)
— 18 (36. 36). ἐποίησε τὰς ἀγκύλας χρ. (1 a)
— 19 (36. 36). ἐποίησε καὶ τοὺς κρίκους τῆς σκηνῆς χρυσοῦς [A *al.*] –
40. 5. θήσεις τὸ θυσιαστήριον τὸ χρ. (1 a)
— 26. ἔθηκε τὸ θυσιαστήριον τὸ χρ. (1 a)
Le. 8. 9. καὶ ἐπέθηκεν . . . τὸ πέταλον τὸ χρ. (1 a)
Nu. 4. 11. ἐπὶ τὸ θυσιαστήριον τὸ χρ. ἐπικαλύψουσιν (1 a)
7. 14. θυΐσκην μίαν δέκα χρυσῶν (1 a)
— 20. θυΐσκην μίαν δέκα χρυσῶν [A^1 *om.* δ. χρ.] (1 a)
— 26, 32, 38, 44, 50, 56. θυΐσκην μίαν δέκα χρυσῶν (1 a)
— 62. θυΐσκην μίαν δέκα χρυσῶν [A^1 -ῷ] (1 a)
— 68, 74, 80. θυΐσκην μίαν δέκα χρυσῶν (1 a)
— 84, 86. θυΐσκαι χρυσαῖ δώδεκα (1 a)
— 86. εἴκοσι καὶ ἑκατὸν χρυσοῖ –
8. 4. αὕτη ἡ κατασκευὴ τῆς λυχνίας στερεὰ χρυσῆ (1 a)
31. 50. ὃ εὗρε σκεῦος χρ. (1 a)
Jo. 7. 21. εἶδον . . . γλῶσσαν μίαν χρ. (1 a)
Jd. 8. 24. ἐνώτια χρυσᾶ αὐτοῖς (1 a)
— 25. A ἔβαλεν ἐκεῖ ἀνὴρ ἐνώτιον χρ. [B *om.*] –
— 26. ἐγένετο ὁ σταθμὸς τῶν ἐνωτίων τῶν χρ. . . . χίλιοι καὶ πεντακόσιοι χρ. [A *al.*] (1 a, 1 a)

Jd. 8. 26. A πλὴν τῶν κλοιῶν τῶν χρ. –
I Ki. 6. 5 (4). πέντε ἕδρας χρ. (1 a)
— 5 (4). A καὶ πέντε μύας χρ. (1 a)
— 5. καὶ μῦς χρυσοῦς ὁμοίωμα τῶν μυῶν ὑ. [A *al.*] –
— 8. τὰ σκεύη τὰ χρ. ἀποδώσετε αὐτῇ (1 a)
— 11. καὶ τὸ θέμα ἐργὰβ καὶ τοὺς μῦς τοὺς χρ. (1 a)
— 15. ἀνήνεγκαν . . . τὰ ἐπ' αὐτῆς σκεύη τὰ χρ. (1 a)
— 17. καὶ αὗται αἱ ἕδραι αἱ χρ. (1 a)
— 18. καὶ μῦς οἱ χρ. [A *om.*] κατ' ἀριθμὸν πασῶν πόλεων (1 a)
II Ki. 1. 24. τὸν ἀναφέροντα κόσμον χρ. [A χρυσίον] (1 a)
8. 7. ἔλαβε Δ. τοὺς χλιδῶνας τοὺς χρ. (1 a)
— 10. ἐν ταῖς χερσὶν αὐ. ἦσαν . . . σκεύη χρ. (1 a)
III Ki. 7. 48. τὸ θυσιαστήριον τὸ χρ. καὶ τὴν τράπεζαν . . . χρυσῆν (1 a, 1 a)
— 49. καὶ τὰς λυχνίας . . . χρ. (1 a)
— 49. καὶ τὰς ἐπαρύστρις χρ. (1 a)
— 50. καὶ αἱ θυΐσκαι χρ. (1 a)
— 50. καὶ τὰς θύρας τοῦ ναοῦ χρυσᾶς (1 a)
10. 16. ἐποίησε Σ. τριακόσια δόρατα χρ. ἐλατά (1 a)
— 16. τριακόσιοι χρ. ἐπῆσαν ἐπὶ τὸ δόρυ τὸ ἕν (1 a)
— 17. καὶ τριακόσια ὅπλα χρ. [A *om.*] ἐλατά (1 a)
— 21. πάντα τὰ σκεύη τὰ ὑπὸ τοῦ Σ. γεγονότα χρυσᾶ [A *al.*] (1 a)
— 21. καὶ λουτῆρες χρ. –
— 25. ἔφερον . . . σκεύη χρ. (1 a)
12. 28. ἐποίησε δύο δαμάλεις χρυσᾶς (1 a)
14. 26. ἔλαβε . . . τὰ δόρατα τὰ χρ. (1 a?)
— 26. τὰ πάντα ἃ ἔλαβεν ὅπλα τὰ χρ. (1 a)
15. 15. τοὺς κίονας αὐ. εἰσήνεγκεν . . . χρυσοῦς (1 a)
IV Ki. 5. 5. ἔλαβεν ἐν τῇ χειρὶ αὐ. . . . ἑξακισχιλίους χρ. (1 a)
10. 29. αἱ δαμάλεις αἱ χρ. ἐν Β. (1 a)
12. 13 (14). πᾶν σκεῦος χρ. (1 a)
24. 13. συνέκοψε πάντα τὰ σκεύη τὰ χρ. (1 a)
25. 15. τὰς φιάλας τὰς χρ. . . . ἔλαβεν (1 a)
I Ch. 18. 7. ἔλαβε Δ. τοὺς κλοιοὺς τοὺς χρ. (1 a)
— 11 (10). καὶ πάντα σκεύη ἀργυρᾶ καὶ χρ. (1 a)
28. 14. τὸν σταθμὸν τῆς ὁλκῆς αὐ. τῶν τε χρ. καὶ ἀργυρῶν (1 a)
— 16. τὸν σταθμὸν . . . ἑκάστης τραπέζης χρ. (1 a?)
— 17. καὶ τῶν φιαλῶν τῶν χρ. (1 a)
— 17. καὶ τὸν σταθμὸν τῶν χρ. (1 a)
29. 7. ἔδωκαν . . . χρ. μυρίους †
II Ch. 4. 7. ἐποίησε τὰς λυχνίας τὰς χρ. δέκα (1 a)
— 8. ἐποίησε φιάλας χρ. ἑκατόν (1 a)
— 13. καὶ κώδωνας χρ. τετρακοσίους –
— 19. ἐποίησε Σ. . . . τὸ θυσιαστήριον τὸ χρ. (1 a)
— 22. εἰς τὰς θύρας τοῦ οἴκου τοῦ ναοῦ χρυσᾶς (1 a)
9. 15. διακοσίους θυρεοὺς χρ. ἐλατούς (1 a)
— 15. ἑξακόσιοι χρ. καθαροὶ τῷ ἑνὶ θυρεῷ (1 a)
— 15. ἑξακόσιοι χρ. ἐπῆσαν ἐπὶ τὸν ἕνα θυρεόν (1 a?)
— 16. τριακοσίας ἀσπίδας ἐλατὰς χρ. (1 a)
— 16. A R τριακοσίων χρ. ἀνεφέρετο ἐπὶ τὴν ἀσπίδα ἑκάστην (1 a)
— 24. ἔφερον . . . σκεύη χρ. (1 a)
12. 9. ἔλαβε τοὺς θυρεοὺς τοὺς χρ. (1 a)
13. 8. μεθ' ὑμῶν μόσχοι χρ. [A^2 πολλοί] (1 a)
— 11. καὶ ἡ λυχνία ἡ χρ. (1 a)
24. 14. ἐποίησαν . . . θυΐσκας χρ. (1 a)
I Es. 2. 13. σπονδεῖα χρ. χίλια
— 13. φιάλαι χρυσαῖ [A -εαι] τριάκοντα
— 14. τὰ δὲ πάντα σκεύη ἐκομίσθη χρυσᾶ
6. 18. καὶ τὰ ἱερὰ σκεύη τὰ χρ.
— 26. καὶ τὰ ἱερὰ σκεύη . . . τά τε χρυσᾶ [A τὰ χρύσεα]
II Es. 1. 9. B χρυσοῖ [A R ψυκτῆρες χρ.] τριάκοντα (1 a)
— 9 (10). κεφ. χρυσοῖ τριάκοντα [A *al.*] (1 a)
5. 14. καὶ τὰ σκεύη τοῦ οἴκου τοῦ θ. . . . τὰ χρ. (1 b)
6. 5. καὶ τὰ σκεύη οἴκου τοῦ θεοῦ . . . τὰ χρ. [A -σεα] (1 b)
8. 27. καὶ καφ. χρυσοῖ [A -σαιοι] εἴκοσι (1 a)
Ne. 7. 70. ἔδωκαν . . . χρ. χιλίους (1 a)
— 72. S^2 ἔδωκαν . . . χρυσοῦς ἐν νομίσμασιν δύο μυριάδας [S^1 *al.*] (1 a)
Es. 1. 6. ἐπὶ κύβοις χρ. καὶ ἀργυροῖς –
— 6. κλίναι χρ. [S^1 -οῖς] καὶ ἀργυραῖ [S^1 -οῖς] (1 a)
— 7. ποτήρια χρ. καὶ ἀργυρᾶ (1 a)
4. 11. πλὴν ᾧ ἐκτείνει ὁ βασ. τὴν χρ. ῥάβδον (1 a)
5. 2. ἄρας τὴν χρ. ῥάβδον (1 a)
8. 4. ἐξέτεινε δὲ ὁ βασ. 'Ε. τὴν ῥάβδον τὴν χρ. (1 a)

Es. 8. 15. καὶ στέφανον ἔχων χρυσοῦν (1 a)
Jb. 28. 6. S^2 χῶμα χρ. [A B S^1 -σίον] αὐτῷ (1 a)
— 17. τὸ ἄλλαγμα αὐτῆς σκεύη χρυσᾶ (2)
42. 11. A S τετράδραχμον χρυσοῦν ἄσημον [B χρυσοῦ καὶ ἀσήμου] (1 a)
Ps. 44 (45). 13. ἐν κροσσωτοῖς χρυσοῖς περιβεβλημένη πεποικιλμένη [S^1 -οις] (1 a)
Pr. 1. 9. καὶ κλοιὸν χρύσεον περὶ σῷ τραχήλῳ –
11. 22. S^2 ὥσπερ ἐνώτιον χρ. [A B S^1 *om.*] ἐν ῥινὶ ὑός (1 a)
25. 11. μῆλον χρυσοῦν [A -σεον] ἐν ὁρμίσκῳ σαρδίου (1 a)
— 12. εἰς ἐνώτιον χρυσοῦν καὶ [A *om.*] σάρδιον πολυτελές (1 a)
Ca. 3. 10. ἀνάκλιτον αὐτοῦ χρύσεον [S χρυσίον] (1 a)
5. 14. χεῖρες αὐτοῦ τορευταὶ χρυσαῖ (1 a)
— 15. στῦλοι μαρμάρινοι τεθεμελιωμένοι ἐπὶ βάσεις χρυσᾶς (2)
Si. 6. 30. κόσμος γὰρ χρύσεός ἐστιν ἐπ' αὐτῆς
21. 21. ὡς κόσμος χρυσοῦς φρονίμῳ παιδεία
26. 18. στῦλοι χρύσεοι [A -έως] ἐπὶ βάσεως ἀργυρᾶς
35 (32). 5. σφραγὶς ἄνθρακος ἐπὶ κόσμῳ χρυσῷ
— 6. ἐν κατασκευάσματι χρυσῷ σφραγὶς σμαράγδου
45. 9. χρυσοῖς κώδωσι πλείστοις κυκλόθεν
— 12. στέφανον χρυσοῦν ἐπάνω κιδάρεως
Ho. 2. 8 (10). χρυσᾶ ἐποίησε τῇ Β. (1 a)
Za. 4. 2. ἰδοὺ λυχνία χρ. ὅλη (1 a)
— 12. οἱ ἐν ταῖς χερσὶ τῶν δύο μυξωτήρων τῶν χρ. (1 a)
— 12. τῶν . . . ἐπαναγόντων τὰς ἐπαρυστρίδας τὰς χρ. (1 a)
Is. 2. 20. ἐκβαλεῖ ἄνθρωπος τὰ βδελύγματα αὐτοῦ τὰ ἀργυρᾶ καὶ τὰ χρ. (1 a)
31. 7. ἀπαρνήσονται . . . τὰ χειροποίητα τὰ χρ. (1 a)
Je. 4. 30. ἐὰν . . . κοσμήσῃ κόσμῳ χρ. (1 a)
28 (51). 7. ποτήριον χρυσοῦν Βαβυλών (1 a)
52. 19. ἃ ἦν χρυσᾶ χρυσᾶ (1 a, 1 a)
Ep. Je. 4. ὄψεσθε ἐν Βαβ. θεοὺς ἀργυροῦς καὶ χρ.
— 11. κοσμοῦσι . . . θεοὺς χρυσοῦς καὶ ξυλίνους
— 30. γυναῖκες παρατιθέασι θεοῖς ἀργυροῖς καὶ χρυσοῖς
Ez. 16. 13. A ἐκοσμήθης κόσμῳ χρ. [B *al.*] (1 a)
Da. LXX. 2. 38. σὺ εἶ ἡ κεφαλὴ ἡ χρ. (1 b)
3. 1. ἐποίησεν εἰκόνα χρ. (1 b)
— 2. εἰς τὸν ἐγκαινισμὸν τῆς εἰκόνος τῆς χρ. –
— 5. προσκυνήσατε τῇ εἰκόνι τῇ χρ. (1 b)
— 7. προσεκύνησαν τῇ εἰκόνι τῇ χρ. (1 b)
— 10. προσκυνήσῃ τῇ εἰκόνι τῇ χρ. (1 b)
— 12. τῇ εἰκόνι σου τῇ χρ. . . . οὐ προσεκύνησαν (1 b)
— 14. διὰ τί . . . τῇ εἰκόνι τῇ χρ. . . . οὐ προσκυνεῖτε (1 b)
— 15. προσκυνῆσαι τῇ εἰκόνι τῇ χρ. –
— 18. οὔτε τῇ εἰκόνι σου τῇ χρ. . . . οὐ προσκυνοῦμεν (1 b)
5. 2. εἶπεν ἐνέγκαι τὰ σκεύη τὰ χρ. (1 b)
— 7. μανιάκην χρ. περιθήσει αὐτῷ (1 b)
— 16. μανιάκην χρ. περιθήσω σοι (1 b)
— 29. μανιάκην χρ. περιέθηκεν αὐτῷ (1 b)
Da. TH. 2. 38. σὺ εἶ ἡ κεφαλὴ ἡ χρ. (1 b)
3. 1. Ναβ. ὁ βασ. ἐποίησεν εἰκόνα χρ. (1 b)
— 5. προσκυνεῖτε τῇ εἰκόνι τῇ χρ. [A^1 *om.* τῇ χρ.] (1 b)
— 7. προσεκύνουν τῇ εἰκόνι τῇ χρ. (1 b)
— 11. καὶ μὴ πεσὼν προσκυνήσῃ τῇ εἰκόνι τῇ χρ. –
— 12. τῇ εἰκόνι τῇ χρ. . . . οὐ προσκυνοῦσι (1 b)
— 14. καὶ τῇ εἰκόνι τῇ χρ. . . . οὐ προσκυνεῖτε (1 b)
— 15. A R προσκυνήσητε τῇ εἰκόνι τῇ χρ. [B *om.* τῇ χρ.] –
— 18. A τῇ εἰκόνι τῇ χρ. [B *om.* τῇ χρ.] . . . οὐ προσκυνοῦμεν (1 b)
5. 2. τοῦ ἐνεγκεῖν τὰ σκεύη τὰ χρ. (1 b)
— 3. ἠνέχθησαν τὰ σκεύη τὰ χρ. (1 b)
— 4. ᾔνεσαν τοὺς θεοὺς τοὺς χρ. (1 b)
— 7. καὶ ὁ μανιάκης ὁ χρ. ἐπὶ τὸν τράχηλον αὐ. (1 b)
— 16. ὁ μανιάκης ὁ χρ. ἔσται ἐπὶ τῷ τραχήλῳ σου (1 b)
— 23. τοὺς θεοὺς τοὺς χρ. . . . οὐκ ἐδόξασας (1 b)
— 29. τὸν μανιάκην τὸν χρ. περιέθηκαν (1 b)
I Ma. 1. 21. ἔλαβε τὸ θυσιαστήριον τὸ χρ.
— 22. ἔλαβε . . . τὰς θυΐσκας τὰς χρ.
— 22. S R ἔλαβε . . . τὸν κόσμον τὸν χρ. [A -όν]
4. 57. κατεκόσμησαν τὸ κατὰ πρόσωπον τοῦ ναοῦ στεφάνοις χρ. [S^1 *om.*]

I Ma. 6. 2. καὶ ἐκεῖ καλύμματα χρ.
— 12. ἔλαβον πάντα τὰ σκεύη . . . τὰ χρ.
— 39. ὡς δὲ ἔστιλβεν ὁ ἥλιος ἐπὶ τὰς χρ. . . . ἀσπίδας
10. 20. ἀπέστειλεν αὐτῷ . . . στέφανον χρ.
— 89. ἀπέστειλεν αὐτῷ πόρπην χρ.
11. 58. καὶ ἔχειν πόρπην χρ.
13. 37. τὸν στέφανον τὸν χρ. . . . κεκομίσμεθα
14. 24. ἔχοντα ἀσπίδα χρ. μεγάλην
— 44. ἐμπορποῦσθαι πόρπην χρ.
15. 18. ἤνεγκαν δὲ ἀσπίδα χρ.
II Ma. 2. 2. A^{2} R βλέποντες ἀγάλματα χρ.
3. 25. ἐφαίνετο χρ. πανοπλίαν ἔχων
5. 3. καὶ χρυσέων κόσμων ἐκλάμψεις
11. 8. πανοπλίαν χρ. κραδαίνων
14. 4. προσάγων αὐτῷ στέφανον χρ.
15. 15. παραδοῦναι τῷ Ἰ. ῥομφαίαν χρ.
[**Aq.** Ex. 39. 38 (17) : II Ki. 8. 7 : Jb. 42. 11 : Je. 52. 19 *bis.*]
[**Sm.** Ex. 25. 24 (25) : 39. 38 (17) : II Ki. 8. 7 : Jb. 28. 17 : 42. 11 : Ps. 44 (45). 14 : Ec. 12. 6 : Je. 52. 19 *bis* : Za. 4. 12.]
[**Th.** Ex. 25. 24 (25) : 28. 23, 24, 26, 27 : 37 (38). 11, 12 (38. 11), 13 (38. 11) : 39. 38 (17) : Jb. 28. 17 : 42. 11 : Ps. 44 (45). 10.]
[**Al.** Pr. 25. 12 *bis.*]

χρυσοφορεῖν.
I Ma. 14. 43. ὅπως περιβάλληται πορφύραν καὶ χρυσοφορῇ

χρυσοχάλινος.
I Es. 3. 6. ἅρμα χρ. καὶ κίδαριν βυσσίνην
II Ma. 10. 29. ἐφάνησαν . . . ἐφ' ἵππων χρ. πέντε ἄνδρες

χρυσοχόος. (1) *a.* צֹרֵף, צוֹרֵף *b.* צֹרֵף בַּזָּהָב
Is. 40. 19. χρ. χωνεύσας χρυσίον περιεχρύσωσεν αὐτόν (1 *b*)
46. 6. μισθωσάμενοι χρυσοχόον ἐποίησαν χειροποίητα (1 *a*)
Je. 10. 9. καὶ χεὶρ [A S^{2} χεῖρες] χρυσοχόων (1 *a*)
— 14 : 28 (51). 17. κατῃσχύνθη πᾶς χρ. (1 *a*)
Ep. Je. 45. ὑπὸ τεκτόνων καὶ χρυσοχόων κατεσκευασμένα εἰσίν
[**Aq.**, **Th.** Je. 10. 9.]

χρύσωμα.
I Es. 3. 6. καὶ ἐν χρυσώμασι πίνειν
8. 56. παρέδωκα αὐτοῖς . . . χρυσώματα εἴκοσι
I Ma. 11. 58. ἀπέστειλεν αὐτῷ χρυσώματα
— 58. πίνειν ἐν χρυσώμασι
15. 32. καὶ κυλίκιον μετὰ χρυσωμάτων
II Ma. 4. 32. χρυσώματά τινα . . . νοσφισάμενος ἐχαρίσατο τῷ Ἀνδρ.
— 39. χρ. ἤδη πολλῶν διενηνεγμένων

χρῶμα. (1) עוֹר
Ex. 34. 29, 30. ἡ ὄψις τοῦ χρ. [A χρωτὸς] τοῦ προσώπου αὐ. (1)
Es. 5. 1. μετέβαλε τὸ χρ. αὐ. ἐν ἐκλύσει
Wi. 15. 4. εἶδος σπιλωθὲν χρώμασι διηλλαγμένοις [S^{1} -ένοι]
[**Sm.**, **Th.** Ez. 23. 14.]

χρώς. (1) בָּשָׂר (2) עוֹר
Ex. 28. 38 (42). καλύψαι ἀσχημοσύνην χρωτὸς αὐτῶν (1)
34. 29, 30. A ἡ ὄψις τοῦ χρ. [B χρώματος] τοῦ προσώπου αὐ. (2)
Le. 13. 2. ἐάν τινι γένηται ἐν δέρματι χρωτὸς αὐ. οὐλή (1)
— 2. καὶ γένηται ἐν δέρματι χρωτὸς αὐ. ἀφὴ λέπρας (1)
— 3. ὄψεται ὁ ἱ. τὴν ἀφὴν ἐν δέρματι τοῦ χρ. αὐ. (1)
— 3. ἡ ὄψις τῆς ἀφῆς ταπεινὴ ἀπὸ τοῦ δέρματος τοῦ χρ. (1)
— 4. ἐν τῷ δέρματι τοῦ χρ. αὐ. (1)
— 11. ἐν τῷ δέρματι τοῦ χρ. (1)
— 13. ἐκάλυψεν ἡ λέπρα πᾶν τὸ δέρμα τοῦ χρ. (1)
— 14. ᾗ ἂν ἡμέρᾳ ὀφθῇ ἐν αὐτῷ χρὼς ζῶν (1)
— 15. ὄψεται ὁ ἱερεὺς τὸν χρ. τὸν ὑγιῆ (1)
— 15. καὶ μιανεῖ αὐτὸν ὁ χρ. ὁ ὑγιής (1)
— 16. ἐὰν δὲ ἀποκαταστῇ ὁ χρ. ὁ ὑγιής (1)
— 21. καὶ ταπεινὸν μὴ ᾖ ἀπὸ τοῦ δέρματος τοῦ χρ. (2)
Le. 15. 7. A B^{1} ὁ ἁπτόμενος [B^{2} R *add.* τοῦ] χρωτὸς τοῦ γονορρυοῦς (1)
16. 4. περισκελὲς λινοῦν ἔσται ἐπὶ τοῦ χρ. αὐ. (1)
[**Sm.** Jb. 2. 4 *bis.*]
[**Al.** Le. 13. 38.]

χυδαῖος. (1) χ. γίνεσθαι רָבָה
Ex. 1. 7. καὶ χυδαῖοι ἐγένοντο (1)

χυδαιοῦν.
[**Aq.** Is. 33. 9.]

χυλός.
IV Ma. 6. 25. δυσώδεις χ. εἰς τοὺς μυκτῆρας αὐ. κατέχεον

χύμα (**χύμμα**). (1) רֹחַב
III Ki. 4. 29 (5. 9). ἔδωκε κ. . . . χύμα καρδίας (1)
II Ma. 2. 24. συνορῶντες γὰρ τὸ χ. τῶν ἀριθμῶν
[**Aq.** Ps. 32 (33). 7.]
[**Sm.** Is. 60. 6.]

χύσις. (1) יְצֻקָה
I Ki. 5. 6. A ἐγένετο χύσις [B σύγχ.] θανάτου μεγάλη –
III Ki. 7. 24. A δύο στίχοι . . . κεχυμένοι ἐν τῇ χ. αὐ. (1)
[**Sm.** Is. 60. 6.]
[**Th.** Hb. 2. 15.]

χυτός. (1) יָצַק hoph. (2) מְטִיל
II Ch. 4. 2. ἐποίησε τὴν θάλασσαν χυτήν (1)
Jb. 40. 13 (18). ἡ δὲ ῥάχις αὐτοῦ σίδηρος [A ὡς σ.] χυτός (2)

χύτρα (**κύθρα, χύθρα, χύτρον?**). (1) *a.* פָּארוּר *b.* פָּרוּר (2) קַלַּחַת
Nu. 11. 8. ἥψουν αὐτὸ ἐν τῇ χ. (1 *b*)
Jd. 6. 19. τὸν ζωμὸν ἔβαλεν ἐν τῇ χ. [A *al.*] (1 *b*)
I Ki. 2. 14. A ἐπάταξεν αὐτὴν . . . εἰς τὴν χ. [B *al.*] (2 + 1 *b* [2])
Si. 13. 2. τί κοινωνήσει χύτρα πρὸς λέβητα
Mi. 3. 3. ἐμέλισαν . . . ὡς κρέα εἰς χύτραν [A -α] (2)
Jl. 2. 6. πᾶν πρόσωπον ὡς πρόσκαυμα χύτρας (1 *a*)
Na. 2. 10 (11). τὸ πρόσωπον πάντων ὡς πρόσκαυμα χύτρας (1 *a*)

χυτρόκαυλος (**-όγ.**). (1) כִּיּוֹר
III Ki. 7. 38. ἐποίησε δέκα χ. χαλκοῦς τεσσαράκοντα χοεῖς χωροῦντας τὸν χ. τὸν ἕνα (1, 1)
— 38. ὁ χ. ὁ εἷς ἐπὶ τῇ μεχ. τῇ μιᾷ (1)
— 43. καὶ τοὺς χ. δέκα ἐπὶ τῶν μεχ. (1)

χυτρόπους (**κυθρ.**). (1) כִּיר
Le. 11. 35. καὶ χυτρόποδες καθαιρεθήσονται (1)

χωθάρ. (1) כֹּתֶרֶת
IV Ki. 25. 17. καὶ τὸ χ. ἐπ' αὐτοῦ τὸ χαλκοῦν (1)
— 17. καὶ τὸ ὕψος τοῦ χ. . . . ἐπὶ τοῦ χ. κύκλῳ (1, 1)

χωθαρέθ. (1) כֹּתָרוֹת
II Ch. 4. 12. καὶ ἐπ' αὐτῶν γωλὰθ τῇ χ. (1)
— 12. συγκαλύψαι τὰς κεφαλὰς τῶν χ. (1)
— 13. τοῦ συγκαλύψαι τὰς δύο γωλὰθ τῶν χ. (1)

χωθαρώθ.
[**Aq.** Je. 52. 22.]

χωθωνώθ, *vid. sub* **χοθωνώθ.**

χωλαίνειν. (1) פָּסַח *a.* qal. *b.* ni.
II Ki. 4. 4. ἔπεσε καὶ ἐχωλάνθη (1 *b*)
III Ki. 18. 21. ἕως πότε ὑμεῖς χωλανεῖτε (1 *a*)
Ps. 17 (18). 45. ἐχώλαναν ἀπὸ τῶν τρίβων αὐτῶν †
[**Sm.** III Ki. 18. 21.]

χωλός. (1) פִּסֵּחַ
Le. 21. 18. ἄνθρωπος χ. ἢ τυφλός (1)
De. 15. 21. χωλὸν ἢ τυφλὸν . . . οὐ θύσεις αὐτό (1)
II Ki. 5. 6. ἀντέστησαν . . . οἱ χ. (1)
— 8. ἁπτέσθω . . . τοὺς χ. (1)
— 9 (8). χωλοὶ οὐκ εἰσελεύσονται εἰς οἶκον κυρίου (1)
9. 13. αὐτὸς ἦν χ. ἀμφοτέροις τοῖς ποσὶν αὐ. (1)
19. 26 (27). ὅτι χωλὸς ὁ δοῦλός σου (1)
Jb. 29. 15. ὀφθαλμὸς ἤμην τυφλῶν πούς δὲ χωλῶν (1)
Ma. 1. 8. ἐὰν προσαγάγητε χωλόν (1)
— 13. εἰσεφέρετε ἁρπάγματα καὶ τὰ χ. (1)
Is. 33. 23. πολλοὶ χωλοὶ προνομὴν ποιήσουσι (1)
35. 6. A S^{3} R ἁλεῖται ὡς ἔλαφος ὁ [B S^{1} *om.*] χ. (1)
[**Aq.** Is. 33. 23.]
[**Sm.** II Ki. 5. 6 : Pr. 26. 7.]

χῶμα. (1) אֲדָמָה (2) גַּל (3) סֹלְלָה (4) עָפָר (5) עֲרֵמָה (6) תֵּל
Ex. 8. 16 (12). πάταξον τὸ χ. τῆς γῆς (4)
— 17 (13). ἐπάταξε τὸ χ. τῆς γῆς (4)
— 17 (13). ἐν παντὶ χ. τῆς γῆς ἐγένοντο οἱ σκνῖφες (4)
— 18 (14). B^{4} ἐν παντὶ χ. τῆς γῆς –
Jo. 8. 28. χ. ἀοίκητον εἰς τὸν αἰῶνα ἔθηκεν αὐτήν (6)
Ne. 4. 2 (3. 34). R μετὰ τὸ χ. γενέσθαι γῆς (5)
Jb. 14. 19. κατέκλυσεν ὕδατα ὕπτια τοῦ χ. τῆς γῆς (4)
17. 16. ἢ ὁμοθυμαδὸν ἐπὶ χώματος καταβησόμεθα (4)
20. 11. μετ' αὐτοῦ ἐπὶ χώματος κοιμηθήσεται (4)
22. 24. θήσῃ ἐπὶ χώματι ἐν πέτρᾳ [A *al.*] (4)
28. 6. χῶμα χρυσίον αὐτῷ (4)
Hb. 1. 10. καὶ βαλεῖ χῶμα (4)
Is. 25. 2. ἔθηκας πόλεις εἰς χ. (2)
Ez. 21. 22 (27). βαλεῖν χ. καὶ οἰκοδομῆσαι βελοστάσεις (3)
Da. Th. 12. 2. πολλοὶ τῶν καθευδόντων ἐν γῆς χώματι (1)
[**Aq.** Dt. 13. 16 (17) : Jo. 11. 13 : Je. 30 (37). 18 : 49 (30). 2.]
[**Sm.** Je. 49 (30). 2.]
[**Th.** Le. 17. 13 : Jb. 14. 8, 19 : 19. 25 : 22. 24 : 28. 6 : Is. 26. 5 : 34. 7.]
[**Al.** III Ki. 20 (21). 38.]

χωμαρείμ. (1) כְּמָרִים
IV Ki. 23. 5. κατέκαυσε τοὺς χ. (1)

χωματίζεσθαι. (1) עָמַד עַל תֵּל
Jo. 11. 13. πάσας τὰς πόλεις τὰς κεχωματισμ. οὐκ ἐνέπρησεν Ἰσρ. (1)

χωνεύειν. (1) יָצַק (2) נָסַךְ (3) נָתַךְ *a.* ni. *b.* hi. *c.* hoph. *d.* הִתּוּךְ (4) צוּר (5) צָרַף *a.* qal. *b.* pi.
Ex. 26. 37. χωνεύσεις αὐτοῖς πέντε βάσεις (1)
38 (37). 3. ἐχώνευσεν αὐτῇ τέσσαρας δακτυλίους χρυσοῦς (1)
38. 10 (37. 13). ἐχώνευσεν αὐτῇ τέσσαρας δακτυλίους (1)
— 18 (36. 34). ἐχώνευσε τῷ στύλῳ δακτυλίους χρυσοῦς –
— 20 (36. 36). ἐχώνευσε τὰς κεφαλίδας τὰς ἀργυρᾶς τῆς σκηνῆς (1)
III Ki. 7. 15. B ἐχώνευσε τὸ αἰλὰμ [A R *al.*] (4)
— 46. ἐχώνευσεν αὐτά (1)
IV Ki. 22. 9. ἐχώνευσαν οἱ δοῦλοί σου τὸ ἀργύριον (3 *b*)
II Ch. 4. 3. δύο γένη ἐχώνευσαν τοὺς μόσχους (1)
— 17. ἐχώνευσεν αὐτὰ ὁ βασ. (1)
34. 17. ἐχώνευσαν τὸ ἀργύριον (3 *b*)
Ma. 3. 3. καθιεῖται χωνεύων (5 *b*)
Is. 40. 19. χρυσοχόος χωνεύσας χρυσίον περιεχρύσωσεν (5 *a*)
Je. 10. 14. ψευδῆ ἐχώνευσεν [S -αν] (2)
28 (51). 17. ψευδῆ ἐχώνευσαν [A -εν] (2)
Ep. Je. 24. οὐδὲ γὰρ ὅτε ἐχωνεύοντο ᾐσθάνοντο
Ez. 22. 20. τοῦ χωνευθῆναι [A -εῦσαι] . . . συνάξω καὶ χωνεύσω [A^{1} ἐπαφήσω] ὑμᾶς (3 *b*, 3 *b*)
— 21. χωνευθήσεσθε ἐν μέσῳ αὐτῆς (3 *a*)
— 22. ὃν τρόπον χωνεύεται [B^{2} -τε] ἀργύριον ἐν μέσῳ καμίνου οὕτως χωνευθήσεσθε (3 *d*, 3 *c*)
[**Aq.** Jb. 28. 1 : Is. 40. 19.]
[**Sm.** Jb. 28. 1.]
[**Th.** Jb. 28. 1 : Is. 44. 10.]
[**Al.** Ex. 38. 5 (24).]
[**Heb.** Jb. 28. 2.]

χώνευμα. (1) מַסֵּכָה
De. 9. 12. ἐποίησαν ἑαυτοῖς χώνευμα [A -τά] (1)
IV Ki. 17. 16 : Ho. 13. 2. ἐποίησαν ἑαυτοῖς χώνευμα (1)

Hb. 2. 18. ἔπλασεν αὐτὸ [S³ -σαν τὸ] χώνευμα (1)
Je. 10. 3. ἔργον τέκτονος καὶ χ. †
[Aq., Sm. Je. 51 (28). 17.]
[Th. Is. 41. 29.]

χώνευσις. (1) a. יָצַק b. מוּצָקָה
Ex. 39. 4 (38. 27). ἐγενήθη . . . εἰς τὴν χ. τῶν ἑκατὸν κεφαλίδων (1 a)
II Ch. 4. 3. ἐχώνευσαν τοὺς μόσχους ἐν τῇ χ. αὐ. (1 b)

χωνευτήριον. (1) כּוּר (2) צָרַף pi.
III Ki. 8. 51. ἐκ μέσου χωνευτηρίου σιδήρου (1)
Wi. 3. 6. ὡς χρυσὸν ἐν χωνευτηρίῳ ἐδοκίμασεν αὐτούς
Za. 11. 13. κάθες αὐτοὺς εἰς τὸ χ. †
— 13. ἐνέβαλον αὐτοὺς . . . εἰς τὸ χ. †
Ma. 3. 2. εἰσπορεύεται ὡς πῦρ χωνευτηρίου (2)
[Sm. Za. 11. 13 *bis*.]
[Al. Pr. 27. 21.]

χωνευτής. (1) צוֹרֵף
Jd. 17. 4. A ἔδωκεν αὐτὸ τῷ χ. [B αὐ. ἀργυροκόπῳ] (1)

χωνευτός. (1) יָצַק hoph. (2) a. מַסֵּכָה b. נֶסֶךְ
Ex. 32. 4. ἐποίησεν αὐτὰ μόσχον χ. (2 a)
34. 17. θεοὺς χ. οὐ ποιήσεις σεαυτῷ (2 a)
Le. 19. 4. θεοὺς χ. οὐ ποιήσετε ὑμῖν (2 a)
Nu. 33. 52. πάντα τὰ εἴδωλα τὰ χ. αὐ. ἀπολεῖτε αὐτά (2 a)
De. 9. 12. A ἐποίησαν ἑαυτοῖς χωνευτά [B -μα] (2 a)
— 16. ἐποιήσατε ὑμῖν ἑαυτοῖς χωνευτόν [A μόσχον χ.] (2 a)
27. 15. ὅστις ποιήσει γλυπτὸν καὶ χωνευτόν (2 a)
Jd. 17. 3. τοῦ ποιῆσαι γλυπτὸν καὶ χωνευτόν [A *om.* κ. χ.] (2 a)
— 4. ἐποίησεν αὐτὸν γλυπτὸν καὶ χωνευτόν (2 a)
18. 14. ἔστιν ἐν τῷ οἴκῳ τούτῳ . . . χωνευτόν [A *al.*] (2 a)
— 17 (A), 18. ἔλαβον . . . τὸ χ. (2 a)
— 20. ἔλαβε . . . τὸ χ. –
III Ki. 7. 16. δύο ἐπιθέματα ἐποίησε . . . χωνευτά (1)
— 33. οἱ νῶτοι αὐ. καὶ ἡ πραγματεία αὐ. πάντα χ. (1)
14. 9. A ἐποίησας σεαυτῷ θεοὺς ἑτέρους χωνευτά (2 a)
II Ch. 33. 7. ἔθηκε τὸ γλυπτὸν τὸ [A καὶ τὸ] χ. –
34. 3. τοῦ καθαρίσαι τὸν Ἰ. . . . ἀπὸ τῶν χ. (2 a)
— 4. τὰ χ. συνέτριψε (2 a)
Ne. 9. 18. ἐποίησαν ἑαυτοῖς μόσχον χ. (2 a)
Na. 1. 14. χωνευτὰ θήσομαι ταφήν σου (2 a)
Is. 42. 17. οἱ λέγοντες τοῖς χ. (2 a)
48. 5. τὰ γλυπτὰ καὶ τὰ χ. ἐνετείλατό μοι (2 b)
Da. LXX. 5. 1. πάντας τοὺς θεοὺς τῶν ἐθνῶν τοὺς χ. –
11. 8. τοὺς θεοὺς αὐ. καταστρέψει μετὰ τῶν χ. αὐ. (2 b)
Da. Th. 11. 8. τοὺς θεοὺς αὐ. μετὰ τῶν χ. αὐ. . . . οἴσει (2 b)
[Aq. III Ki. 14. 9.]
[Heb. Ex. 32. 8.]

χώρα. (1) אֲדָמָה (2) אוּר (3) אֵיתָן (4) אֶרֶץ (5) מְדִינָה (6) מָקוֹם (7) שָׂדֶה (8) κατὰ χώραν תַּחַת
Ge. 10. 20, 31. ἐν ταῖς χ. αὐ. καὶ ἐν τοῖς ἔθνεσιν αὐ. (4)
11. 28. ἀπέθανεν . . . ἐν τῇ χ. τῶν Χαλδαίων (2)
— 31. ἐξήγαγεν αὐτοὺς ἐκ τῆς χ. τῶν Χαλδ. (2)
15. 7. ὁ ἐξαγαγών σε ἐκ χώρας Χαλδαίων (2)
32. 3 (4). εἰς γῆν Σηεὶρ εἰς χώραν Ἐδώμ (7)
36. 40. ἐν ταῖς χ. αὐ. καὶ ἐν τοῖς ἔθνεσιν αὐ. (6 ?)
41. 57. πᾶσαι αἱ χ. ἦλθον εἰς Αἴγ. (4)
42. 9. κατανοῆσαι τὰ ἴχνη τῆς χ. ἥκατε (4)
Ex. 14. 27. ἀπεκατέστη τὸ ὕδωρ . . . ἐπὶ χώρας (3 ?)
Le. 13. 23. ἐὰν δὲ κατὰ χώραν μείνῃ τὸ τηλαύγημα (8)
— 28. ἐὰν δὲ κατὰ χώραν μείνῃ τὸ αὐγάζον (8)
— 37. ἐὰν δὲ ἐνώπιον μείνῃ τὸ θραῦσμα ἐπὶ χώρας –
Nu. 32. 1. εἶδον τὴν χ. Ἰ. καὶ τὴν χ. Γ. (4, 4)
Jo. 4. 18. ὥρμησε τὸ ὕδωρ τοῦ Ἰ. κατὰ χώραν (6)
5. 11. A R ἐκαρπίσαντο δὲ τὴν χ. [B κουρὰν] τῶν Φοιν. (4)
I Ki. 5. 6. μέσον τῆς χ. αὐ. ἀνεφύησαν μύες †
III Ki. 7. 29. καὶ ὑποκάτωθεν τῶν λεόντων . . . χῶραι †
— 4. καὶ χώρα ἐπὶ χώραν τρισσῶς †, †
— 5. καὶ αἱ χ. τετράγωνοι μεμελαθρωμέναι †
18. 10. ἐνέπρησε τὴν βασ. καὶ τὰς χ. αὐ. †
21 (20). 14. R ἐν τοῖς παιδαρίοις τῶν ἀρχόντων τῶν χ. [A B *al.*] (5)
— 15. A τοὺς παῖδας τῶν ἀρχόντων τῶν χ. [B R *al.*] (5)
— 17. A παιδάρια ἀρχόντων χωρῶν [B R *al.*] (5)
— 19. A τὰ παιδάρια ἐκ τῆς πόλεως ἀρχόντων χωρῶν (5)
IV Ki. 18. 33. μὴ ῥυόμενοι ἐρρύσαντο . . . ἕκαστος τὴν ἑαυτοῦ χ. (4)
I Ch. 20. 1. ἔφθειραν τὴν χ. υἱῶν Ἀ. (4)
II Ch. 15. 5. B ἐπὶ πάντας τοὺς κατοικοῦντας χώρας [A R τὰς χ.] (4)
32. 13. πᾶσι τοῖς λαοῖς τῶν χ. (4)
I Es. 4. 20. ἐγκαταλείπει . . . τὴν ἰδίαν χ.
— 21. μέμνηται οὔτε τὴν μητέρα οὔτε τὴν χ.
— 28. οὐχὶ πᾶσαι αἱ χ. εὐλαβοῦνται ἅψασθαι αὐτοῦ
— 50. πᾶσαν τὴν χ. . . . ἀφορολόγητον αὐτοῖς ὑπάρχειν
5. 46. κατῳκίσθησαν . . . ἐν Ἰερ. καὶ τῇ χ.
6. 8. παραγενόμενοι εἰς τὴν χ. τῆς Ἰ.
— 17. βασιλεύοντος Κύρου χώρας Βαβυλωνίας
— 23. ἐν Ἐκβ. τῇ βάρει τῇ ἐν Μηδείᾳ χ.
8. 13. ὃ ἐὰν εὑρεθῇ ἐν τῇ χ. τῆς Βαβυλωνίας
9. 37. κατῴκησαν . . . ἐν τῇ χ.
II Es. 2. 1. οὗτοι οἱ υἱοὶ τῆς χ. (5)
4. 15. καὶ κακοποιοῦσα βασιλεῖς καὶ χώρας (5)
5. 8. ἐπορεύθημεν εἰς τὴν Ἰουδαίαν χ. (5)
7. 16. ὅ τι ἐὰν εὕρῃς ἐν πάσῃ χ. Βαβυλῶνος (5)
Ne. 1. 3. οἱ καταλειπόμενοι . . . ἐκεῖ ἐν τῇ χ. (5)
7. 6. οὗτοι υἱοὶ τῆς χ. οἱ ἀναβάντες (5)
9. 7. ἐξήγαγες αὐτὸν ἐκ τῆς χ. τῶν Χαλδαίων (2)
11. 3. οὗτοι οἱ ἄρχοντες τῆς χ. (5)
To. 1. 3. τοῖς προπορευθεῖσι μετ' ἐμοῦ εἰς χώραν [S τὴν χ.] Ἀσσυρίων
— 4. ὅτε ἤμην ἐν τῇ χ. μου
— 14. S ἐν τῇ χ. τῆς Μηδίας [A B *al.*]
Es. 1. 1. ἑκατὸν εἴκοσι ἑπτὰ χωρῶν ἐκράτησεν (5)
— 22. A ἀπέστειλεν εἰς χ. καὶ χώραν [BS *al.*] (5, 5)
2. 3. ἐν πάσαις ταῖς [S¹ *om.*] χ. τῆς βασ. αὐ. (5)
3. 12. S² τοῖς ἄρχουσι κατὰ πᾶσαν χ. καὶ χ. [A B S¹ *om.* κ. χ.] (5, 5)
— 12. ταῖς [A *om.*] ἑκατὸν εἴκοσι ἑπτὰ χώραις –
— 13. τοῖς . . . ἑκατὸν εἴκοσι ἑπτὰ χωρῶν ἄρχουσι
— 14. S² ἐξετίθετο κατὰ χώραν καὶ χώραν [A B S¹ *om.* κ. χ.] (5, 5)
4. 3. ἐν πάσῃ χ. . . . κραυγή (5)
8. 9. ἐγράφη . . . ἑκατὸν εἴκοσι ἑπτὰ σατραπείαις κατὰ χώραν καὶ χώραν (5, 5)
— 11. S² πᾶσαν δύναμιν λαοῦ καὶ χώρας (5)
— 13. τοῖς . . . ἑκατὸν εἴκοσι ἑπτὰ σατραπείαις χωρῶν [S¹ ἰδίων χ.] ἄρχουσι
— 13. πᾶσα δὲ πόλις ἢ χώρα [S¹ -as] τὸ σύνολον
— 17. τοῖς δὲ Ἰουδ. ἐγένετο φῶς . . . κατὰ πόλιν καὶ χώραν (5)
9. 12. A ἐν δὲ τῇ χ. πῶς οἴει κέχρηνται [B S *al.*] (5)
— 19. οἱ διεσπαρμένοι ἐν πάσῃ [A τῇ] χ. τῇ ἔξω †
— 27. κατὰ . . . πόλιν καὶ πατριὰν καὶ χώραν –
Jb. 1. 1. ἄνθρωπός τις ἦν ἐν χώρᾳ τῇ Αὐσίτιδι (4)
2. 11. παρεγένοντο ἕκαστος ἐκ τῆς ἰδίας χ. [A πόλεως] (6)
32. 2. Ἐλιοὺς . . . ἐκ τῆς συγγενείας Ῥὰμ τῆς Αὐσίτιδος χ. –
42. 18. ἧς καὶ αὐτὸς ἦρξε χώρας –
— 18. Ἀσὼμ ὁ ὑπάρχων ἡγεμὼν ἐκ τῆς Θαιμανίτιδος χ. –
Ps. 104 (105). 44. ἔδωκεν αὐτοῖς χώρας ἐθνῶν (4)
105 (106). 27. καὶ διασκορπίσαι αὐτοὺς ἐν ταῖς χ. (4)
106 (107). 3. ἐκ τῶν χ. συνήγαγεν αὐτούς (4)
114 (116). 9. εὐαρεστήσω ἐνώπιον κυρίου ἐν χώρᾳ ζώντων (4)
Pr. 8. 26. κύριος ἐποίησε χώρας (4)
29. 4. βασιλεὺς δίκαιος ἀνίστησι χώραν (4)
Ec. 2. 8. περιουσιασμοὺς βασιλέων καὶ τῶν χ. (5)
5. 7. ἐὰν συκοφαντίαν πένητος . . . ἴδῃς ἐν χώρᾳ (5)
Si. 10. 16. χώρας ἐθνῶν κατέστρεψεν ὁ κ.
43. 3. ἐν μεσημβρίᾳ αὐτοῦ ἀναξηραίνει χώραν
Si. 47. 17. ἐν ἑρμηνείαις [A ἐρημίαις] ἀπεθαύμασάν σε χῶραι
Am. 3. 9. ἀπαγγείλατε χώραις ἐν Ἀσσυρίοις καὶ ἐπὶ τὰς χ. τῆς Αἰγ. †, †
— 10. οἱ θησαυρίζοντες ἀδικίαν . . . ἐν ταῖς χ. αὐ. †
— 11. διαρπαγήσονται αἱ χ. σου †
6. 8. τὰς χ. αὐ. μεμίσηκα †
Mi. 5. 5 (4). ὅταν ἐπιβῇ ἐπὶ τὴν χ. ὑμῶν †
Jn. 1. 8. ἐκ ποίας χ. . . . εἶ σύ (4)
Is. 1. 7. τὴν χ. ὑμῶν ἐνώπιον ὑμῶν ἀλλότριοι κατεσθίουσιν (1)
2. 6. ἐνεπλήσθη ὡς τὸ ἀπ' ἀρχῆς ἡ χ. αὐτῶν κληδονισμῶν –
— 7. ἐνεπλήσθη γὰρ ἡ χ. αὐτῶν ἀργυρίου (4)
7. 18. τῇ μελίσσῃ ἥ ἐστιν ἐν χώρᾳ Ἀσσυρίων (4)
— 19. ἐν ταῖς φάραγξι τῆς χ. †
8. 8. ὥστε πληρῶσαι τὸ πλάτος τῆς χ. σου [A *al.*] (4)
9. 1 (8. 23). ταχὺ ποίει χ. Ζαβουλὼν (4)
— 2 (1). οἱ κατοικοῦντες ἐν χώρᾳ [A S² *add.* καὶ] σκιᾷ θανάτου (4)
10. 9. οὐκ ἔλαβον τὴν χ. τὴν ἐπάνω Βαβυλῶνος –
— 10. A S πάσας τὰς χ. [B ἀρχὰς] λήψομαι †
13. 14. εἰς τὴν χ. ἑαυτοῦ διώξεται [A S² *al.*] (4)
18. 2. ὡς χ. κατοικουμένη κατοικηθήσεται (4)
— 3. ἡ χ. αὐτῶν ὡσεὶ σημεῖον ἀπὸ ὄρους ἀρθῇ [S -ήσεται] (4)
— 7. ἐν μέρει ποταμοῦ τῆς χ. αὐτοῦ (4)
19. 17. ἔσται ἡ χ. τῶν Ἰ. τοῖς Αἰγ. εἰς φόβητρον (1)
— 19. ἔσται θυσιαστήριον τῷ κ. ἐν χώρᾳ Αἰγ. (4)
— 20. ἔσται εἰς σημεῖον . . . ἐν χώρᾳ Αἰγ. (4)
21. 14. οἱ ἐνοικοῦντες ἐν χώρᾳ Θαιμάν (4)
22. 18. ῥίψει σε εἰς χώραν μεγάλην (4)
27. 13. ἐν τῇ χ. τῶν Ἀσσυρίων (4)
28. 2. ὡς ὕδατος πολὺ πλῆθος σῦρον χώραν (4)
36. 10. μὴ ἄνευ κυρίου ἀνέβημεν ἐπὶ τὴν χ. ταύτην (4)
— 18. μὴ ἐρρύσαντο οἱ θεοὶ . . . ἕκαστος τὴν ἑαυτοῦ χ. (4)
37. 7. ἀποστραφήσεται εἰς τὴν χ. αὐτοῦ (4)
— 12. αἵ εἰσιν ἐν χώρᾳ Θεεμάθ –
— 18. ἠρήμωσαν . . . τὴν χ. αὐτῶν (4)
Je. 3. 18. ἥξουσιν . . . ἀπὸ πασῶν τῶν χ. –
4. 29. ἀνεχώρησε πᾶσα χ. †
16. 15. ἀνήγαγε . . . ἀπὸ πασῶν τῶν χ. (4)
La. 1. 1. ἄρχουσα ἐν χώραις ἐγενήθη εἰς φόρον (5)
Ep. Je. 14. σκῆπτρον ἔχει ὡς ἄνθρωπος κριτὴς χώρας
— 53. βασιλέα γὰρ χώρας οὐ μὴ ἀναστήσωσιν
— 61. τὸ δὲ αὐτὸ καὶ πνεῦμα ἐν πάσῃ χ. πνεῖ
— 72. ἔσται ὄνειδος ἐν τῇ [A *om.*] χ.
Ez. 5. 5. ἐν μέσῳ τῶν ἐθνῶν τέθεικα . . . τὰς κύκλῳ αὐτῆς χ. (4)
— 6. ἐρεῖς . . . τὰ νόμιμά μου [A *add.* ἐκ] τῶν χ. τῶν κύκλῳ αὐτῆς (4)
6. 8. ἐν τῷ διασκορπισμῷ ὑμῶν ἐν ταῖς χ. (4)
11. 16. ἔσομαι αὐτοῖς εἰς ἁγίασμα μικρὸν ἐν ταῖς χ. (4)
— 17. A² B συνάξω αὐτοὺς ἐκ τῶν χ. (4)
12. 15. διασπερῶ αὐτοὺς ἐν ταῖς χ. (4)
19. 8. ἔδωκαν ἐπ' αὐτὸν ἔθνη ἐκ [A ἀπὸ] χωρῶν κυκλόθεν (5)
20. 23. διασπεῖραι [A τοῦ διασκορπίσαι] αὐτοὺς ἐν ταῖς χ. (4)
— 34. εἰσδέξομαι ὑμᾶς ἐκ τῶν χ. (4)
— 41. εἰσδέχεσθαι [A -δέξομαι] ὑμᾶς ἐκ τῶν χ. (4)
21. 19 (24). ἐκ χώρας μιᾶς ἐξελεύσονται αἱ [A ἀρχαὶ] δύο (4)
22. 4. εἰς ἐμπαιγμὸν πάσαις ταῖς χ. (4)
— 15. διασπερῶ σε ἐν ταῖς χ. (4)
25. 7. ἀπολῶ σε ἐκ τῶν χ. ἀπωλείᾳ (4)
28. 25. A συνάξω τὸν Ἰσρ. ἐκ τῶν χ. [B ἐθνῶν] †
29. 12. λικμήσω αὐτοὺς εἰς τὰς χ. (4)
30. 7. ἐν μέσῳ χωρῶν ἠρημωμένων [A ἠφανισμ.] (4)
— 23, 26. λικμήσω αὐτοὺς εἰς τὰς χ. (4)
34. 13. συνάξω αὐτοὺς ἀπὸ [A ἐκ] τῶν χ. (4)
35. 10. τὰ δύο ἔθνη καὶ αἱ δύο χ. ἐμαὶ ἔσονται (4)
36. 19. ἐλίκμησα αὐτοὺς εἰς τὰς χ. (4)
38. 13. A πᾶσαι αἱ χ. αὐτῆς [B κῶμαι αὐτῶν] ἐροῦσίν σοι †
39. 27. ἐν τῷ . . . συναγαγεῖν με αὐτοὺς ἐκ τῶν χ. τῶν ἐθνῶν (4)
Da. LXX. 3. 1. Ναβ. βασιλεὺς διοικῶν πόλεις καὶ χώρας –
— 1. ἐν πεδίῳ τοῦ περιβόλου χώρας Βαβυλωνίας (5)
— 2. καὶ τοὺς ἐπ' ἐξουσιῶν κατὰ χώραν (5)
— 3. καὶ πάντες οἱ ἄρχοντες τῶν χ. (5)
— 4. ὑμῖν παραγγέλλεται, ἔθνη καὶ χῶραι –

Da. LXX. 3. 12. οὓς κατέστησας ἐπὶ τῆς χ. τῆς Βαβυλωνίας (5)
— 30 (97). ἐξουσίαν δοὺς ἐφ' ὅλης τῆς χ. (5)
4. 18. καὶ πᾶσαι αἱ χ. σοὶ δουλεύουσι –
— 34. ποιήσω ἐγὼ . . . καὶ αἱ χ. μου –
— 34. πᾶσι τοῖς κατὰ τόπον ἔθνεσι καὶ χώραις καὶ γλώσσαις πάσαις ταῖς οἰκούσαις ἐν πάσαις ταῖς χ. –, –
— 34. Ναβ. βασιλεὺς . . . πάσαις ταῖς χ. –
6. 25 (26). τότε Δαρ. ἔγραψε . . . χώραις –
7. 1. βασιλεύοντος Βαλτ. χώρας Βαβυλωνίας –
8. 2. ἥτις ἐστὶν ἐν Ἐλυμαΐδι χώρᾳ (5)
9. 7. ἐν πάσαις ταῖς χ. εἰς ἃς διεσκόρπισας αὐτούς (4)
11. 16. στήσεται ἐν τῇ χ. (4)
— 19. εἰς τὸ κατισχῦσαι τὴν χ. αὐ. (4)
— 28 *bis*. ἐπιστρέψει ἐπὶ τὴν χ. αὐ. (4)
— 39. χώραν ἀπομεριεῖ εἰς δωρεάν (1)
— 40. εἰσελεύσεται εἰς χώραν Αἰγύπτου (4)
— 41. ἐπελεύσεται εἰς τὴν χ. μου (4)
— 42. ἐν χώρᾳ Αἰγύπτου οὐκ ἔσται ἐν αὐτῇ διασωζόμενος (4)
12. 1. κατὰ τὴν χ. ἐκ. παρελεύσεται Μ. †
Bel 27. συνήχθησαν οἱ ἀπὸ τῆς χ. πάντες
— 29. ἐπισυνήχθη ὁ ὄχλος τῆς χ. ἐπ' αὐτόν
Da. TH. 2. 48. κατέστησεν αὐτὸν ἐπὶ πάσης χ. Βαβυλῶνος (5)
— 49. ἐπὶ τὰ ἔργα τῆς χ. Βαβυλῶνος (5)
3. 1. ἔστησεν αὐτὴν . . . ἐν χώρᾳ Βαβυλῶνος (5)
— 2. καὶ πάντας τοὺς ἄρχοντας τῶν χ. (5)
— 3. καὶ πάντες οἱ ἄρχοντες τῶν χ. (5)
— 12. ἐπὶ τὰ ἔργα τῆς χ. Βαβυλῶνος (5)
— 30 (97). ἐν τῇ χ. [A ἐπὶ τὰ ἔργα τῆς χ.] Βαβυλῶνος (5)
8. 2. ἥ ἐστιν ἐν χώρᾳ Αἰ. (5)
11. 24. ἐν πίοσι χ. ἥξει (5)
I Ma. 1. 4. καὶ ἦρξε χωρῶν
3. 29 καὶ οἱ φόροι τῆς χ. ὀλίγοι
— 31. καὶ λαβεῖν τοὺς φόρους τῶν χ.
— 37. διεπορεύετο τὰς ἐπάνω χ.
— 41. ἤκουσαν οἱ ἔμποροι τῆς χ. τὸ ὄνομα αὐ.
6. 1. διεπορεύετο τὰς ἐπάνω χ.
7. 7. ἣν ἐποίησεν ἡμῖν καὶ τῇ χ. τοῦ βασ.
— 20. κατέστησε τὴν χ. τῷ Ἀλκ.
— 24. A τοῦ πορευθῆναι εἰς χώραν [S R τὴν χ.]
8. 3. ὅσα ἐποίησαν ἐν χώρᾳ Σπανίας
— 8. διδόναι . . . χώραν τὴν Ἰνδικὴν . . . καὶ ἀπὸ τῶν καλλίστων χ. αὐ.
9. 24. αὐτομόλησεν ἡ χ. μετ' αὐτῶν
— 25. κατέστησεν αὐτοὺς κυρίους τῆς χ.
— 53. ἔλαβε τοὺς υἱοὺς τῶν ἡγουμ. τῆς χ. ὅμηρα
— 61. συνέλαβον ἀπὸ τῶν ἀνδρῶν τῆς χ.
— 65. ἐξῆλθεν εἰς τὴν χ.
— 69. ἐλθεῖν εἰς τὴν χ.
10. 38. τοὺς προστεθέντας τῇ Ἰ. ἀπὸ τῆς χ. Σαμ.
— 52. ἐπεκράτησα τῆς χ. ἡμῶν
11. 62. διῆλθε τὴν χ. ἕως Δαμασκοῦ
— 64. τὸν δὲ ἀδ. αὐ. Σ. κατέλειπεν ἐν τῇ χ.
12. 25. ἀπήντησεν αὐτοῖς εἰς τὴν Ἀμ. χ.
— 25. τοῦ ἐμβατεῦσαι εἰς τὴν χ. αὐ.
— 32. A R διώδευσεν ἐν πάσῃ τῇ [S *om.*] χ.
13. 20. S R τοῦ ἐμβατεῦσαι εἰς τὴν χ. [A πόλιν]
— 34. τοῦ ποιῆσαι ἄφεσιν τῇ χ.
— 49. ἐκωλύοντο ἐκπορεύεσθαι . . . εἰς τὴν χ.
14. 6. ἐκράτησε τῆς χ.
— 17. καὶ ἐπικρατεῖ τῆς χ.
— 28. καὶ τῶν πρεσβυτ. τῆς χ.
— 29. ἐπεὶ πολλάκις ἐγενήθησαν πόλεμοι ἐν τῇ χ.
— 31. ἐμβατεῦσαι εἰς τὴν χ. αὐ.
— 31. A S[2] R τοῦ ἐκτρίψαι τὴν χ. αὐ.
— 36. τοῦ ἐξαρθῆναι τὰ ἔθνη ἐκ τῆς χ. αὐ.
— 37. πρὸς ἀσφάλειαν τῆς χ.
— 42. καθιστάναι . . . ἐπὶ τῆς χ.
— 43. A R ὅπως γράφωνται . . . πᾶσαι συγγραφαὶ ἐν [S αἱ ἐν] τῇ χ.
— 44. ἐπισυστρέψαι συστροφὴν ἐν τῇ χ.
15. 4. ἐκβῆναι κατὰ τὴν χ.
— 4. ὅπως μετέλθω τοὺς κατεφθαρκότας τὴν χ. ἡμῶν
I Ma. 15. 6. A ποιῆσαι κόμμα ἴδιον νόμισμα τῆς χ. [S R τῇ χ.] σου
— 15. ἔχοντες ἐπιστολὰς . . . ταῖς χ.
— 19. γράψαι τοῖς βασιλεῦσι καὶ ταῖς χ.
— 19. A ὅπως . . . μὴ πολεμήσωσιν . . . τὰς χ. [S R τὴν χ.] αὐ.
— 21. εἴ τινες οὖν λοιμοὶ διαπεφεύγασιν ἐκ [S[1] *om.*] τῆς χ. αὐ.
— 23. ἔγραψε . . . εἰς πάσας τὰς χ.
— 35. S ἐποίουν . . . πληγὴν μεγάλην καὶ τὴν χ. ἡμῶν [A R *al.*]
16. 4. ἐπέλεξεν ἐκ τῆς χ. εἴκοσι χιλιάδας ἀνδρῶν
— 13. ἠβουλήθη κατακρατῆσαι τῆς χ.
— 14. ἐφοδεύων τὰς πόλεις τὰς ἐν τῇ χ.
— 18. ὅπως . . . παραδῷ αὐτῷ τὴν χ. αὐ.
II Ma. 1. 1. οἱ ἀδελφοὶ . . . οἱ ἐν τῇ χ. τῆς Ἰουδ.
2. 21. ὡς τὴν ὅλην χ. ὀλίγους ὄντας λεηλατεῖν
4. 26. εἰς τὴν Ἀμμανῖτιν χ. συνήλαστο
8. 6. χώρας ἀπροσδοκήτως ἐρχόμενος ἐνεπίμπρα
— 25. ἀνέλυσαν ἀπὸ τῆς χ.
9. 24. εἰδότες οἱ κατὰ τὴν χ.
14. 2. κεκρατηκέναι τῆς χ.
— 9. τῆς χ. . . . προσνοήθητι
III Ma. 3. 1. τοῖς ἐν τῇ χ. βαρυτέρως ἐναντιωθῆναι
4. 11. τοῖς ἐκ τούτων εἰς τὴν χ. στελλομένοις
— 18. καίπερ ὄντων ἔτι κατὰ τὴν χ. τῶν πλειόνων
6. 1. ἀνὴρ ἐπίσημος τῶν ἀπὸ τῆς χ. Ἰουδαίων
— 25. τὰ τῆς χ. ὀχυρώματα

[**Aq.** GE. 3. 2 (1): 24. 63: 27. 27: EX. 23. 11: JD. 5. 18: PS. 49 (50). 11: 79 (80). 14: 131 (132). 6: CA. 2. 7: 8. 4: IS. 36. 2: 37. 27: 56. 9: EZ. 19. 7: DA. 3. 12 (Sw.): MI. 3. 12.]
[**Sm.** GE. 42. 9: JD. 5. 18: PS. 104 (105). 35: 131 (132). 6: EC. 5. 8: CA. 2. 7: IS. 36. 2: JE. 28 (35). 8: EZ. 17. 5: 20. 46 (21. 2).]
[**Th.** CA. 2. 7: DA. 3. 2, 12: 8. 2: JL. 3 (4). 2.]
[**Al.** EX. 1. 14: LE. 27. 16: CA. 8. 4.]
[**Quint.** CA. 2. 7.]

χώραξ (?).

I Ki. 17. 5. A ὁ σταθμὸς τοῦ χ. [B θώρακος] αὐ. †

χωρεῖν. (1) חָזַק hi. (2) יָכֹל (3) כּוּל hi. (4) נָשָׂא (5) בַּיִת χωρῶν

Ge. 13. 6. οὐκ ἐχώρει αὐτοὺς ἡ γῆ κατοικεῖν ἅμα (4)
— 6. B οὐκ ἐχώρει αὐτοὺς ἡ γῆ κατοικεῖν ἅμα [A *al.*] (2)
III Ki. 7. 26. A δισχιλίους χοεῖς χωροῦντας (3)
— 38. B τεσσαράκοντα χοεῖς χωροῦντας [A R -α] (3)
18. 32. ἐποίησε θάλασσαν χωροῦσαν δύο μετρητάς (5)
II Ch. 4. 5. χωροῦσαν [A -σα] μετρητὰς τρισχιλίους (1)
Wi. 7. 23. διὰ πάντων χωροῦν πνευμάτων νοερῶν καθαρῶν
— 24. χωρεῖ διὰ πάντων διὰ τὴν καθαρότητα
II Ma. 3. 40. τὰ μὲν καθ' Ἡλιόδωρον . . . οὕτως ἐχώρησεν
13. 26. οὕτω τὰ τῆς ἐφόδου τοῦ βασ. . . . ἐχώρησε
15. 37. τῶν οὖν κατὰ Νικάνορα χωρησάντων οὕτως
IV Ma. 7. 6. οὐδὲ τὴν θεοσέβειαν . . . χωρήσασαν γαστέρα

[**Aq.** PS. 11 (12). 7.]
[**Sm.** III KI. 7. 38 (24): EZ. 23. 32.]

χώρημα. (1) צָפָה

Ez. 32. 6. A ποτισθήσεται ἡ γῆ ἀπὸ τῶν χ. [B προχ.] σου (1)

χωρίζειν. (1) בָּדַד (2) בָּדַל *a.* ni. *b.* hi. (3) מוּשׁ (4) פָּרַד ni.

Le. 13. 46. κεχωρισμένος καθήσεται (1)
Jd. 4. 11. Χ. ὁ Κ. ἐχωρίσθη ἀπὸ Κ. [A *al.*] (4)
6. 18. μὴ χωρισθῇς [A κινηθῇς] ἐντεῦθεν (3)
I Ch. 12. 8. ἀπὸ τοῦ Γ. ἐχωρίσθησαν [A διεχ.] πρὸς Δ. (2 *a*)
I Es. 4. 44, 57. ἃ ἐχώρισε [A ἐξεχώρησεν] Κῦρος
I Es. 5. 39. ἐχωρίσθησαν τοῦ ἱερατεύειν
7. 13. πάντες οἱ χωρισθέντες ἀπὸ τῶν βδελυγμάτων
8. 54. ἐχώρισα . . . ἄνδρας δέκα δύο
— 69. οὐκ ἐχώρισαν . . . τὰς ἀκαθαρσίας αὐτῶν
9. 9. χωρίσθητε ἀπὸ τῶν ἐθνῶν τῆς γῆς
II Es. 6. 21. B καὶ πᾶς ὁ χωριζόμενος εἰς [A R τῆς] ἀκαθαρσίας ἐθνῶν (2 *a*)
9. 1. οὐκ ἐχωρίσθη ὁ λαὸς Ἰσρ. (2 *a*)
Ne. 9. 1. S[1] ἐχωρίσθησαν οἱ υἱοὶ Ἰσρ. ἐν νηστείᾳ †
— 2. ἐχωρίσθησαν οἱ υἱοὶ Ἰσρ. ἀπὸ παντὸς υἱοῦ ἀλλοτρίου (2 *a*)
13. 3. ἐχωρίσθησαν πᾶς ἐπίμικτος ἐν Ἰσρ. (2 *b*)
Pr. 18. 1. προφάσεις ζητεῖ ἀνὴρ βουλόμενος χωρίζεσθαι ἀπὸ φίλων (4)
Wi. 1. 3. σκολιοὶ γὰρ λογισμοὶ χωρίζουσιν ἀπὸ θεοῦ
Ez. 46. 19. ἐκεῖ τόπος κεχωρισμένος †
I Ma. 1. 11. A S[3] R ἀφ' ἧς ἐχωρίσθημεν [S[1] ἐξωρ.] ὑπ' αὐτῶν
II Ma. 5. 21. θᾶττον εἰς τὴν Ἀντ. ἐχωρίσθη
10. 19. αὐτὸς ἐχωρίσθη
12. 12. εἰς τὰς σκηνὰς ἐχωρίσθησαν
III Ma. 2. 25. διά τε τῶν . . . ἑταίρων τοῦ παντὸς δικαίου κεχωρισμένων
5. 50. τὰ νήπια χωρίσαντες τῶν μαστῶν

[**Aq.** DT. 10. 8: 19. 2: JD. 4. 11: HO. 4. 14.]
[**Sm.** JD. 4. 11: PR. 19. 4: IS. 56. 3.]
[**Th.** GE. 16. 12: JD. 4. 11: EZ. 1. 11: HO. 4. 14.]
[**Al.** EX. 13. 1: LE. 13. 21: PR. 16. 28: IS. 66. 5.]

χωρίον. (1) כֶּרֶם

I Ch. 27. 27. καὶ ἐπὶ τῶν χ. Σεμ. (1)
— 27. καὶ ἐπὶ τῶν θησαυρῶν τῶν ἐν τοῖς χ. τοῦ οἴνου (1)
II Ma. 11. 5. συνεγγίσας Β. ὄντι μὲν ἐρυμνῷ χ.
12. 7. τοῦ δὲ χ. συγκλεισθέντος
— 21. ἦν γὰρ δυσπολιόρκητον . . . τὸ χ.
IV Ma. 15. 20. πολυάνδριον ὁρῶσα τῶν τέκνων χωρίον [S[1] χόριον, S[2] χορίδιον]

χωρίς.

Ge. 26. 1: 46. 26: 47. 22, 26.
Le. 9. 17.
Nu. 6. 21: 16. 49 (17. 14).
Jd. 20. 15†, 17†.
III Ki. 5. 16 (30): 10. 15.
I Es. 4. 17†: 5. 41.
II Es. 2. 65.
Ju. 7. 2: 8. 6.
Wi. 11. 20.
Da. LXX. Bel 9.
Da. TH. Bel 10†.
IV Ma. 2. 8: 5. 8†.

[**Aq.** EX. 12. 37 (χ. ἀπό): DT. 18. 8.]

χωρισμός. (1) נִדָּה

Le. 12. 2. κατὰ τὰς ἡμέρας τοῦ χ. τῆς ἀφέδρου αὐ. (1)
18. 19. πρὸς γυναῖκα ἐν χωρισμῷ ἀκαθαρσίας αὐ. (1)
Za. 13. 1. καὶ εἰς τὸν χ. [A S[3] ῥαντισμόν] (1)
III Ma. 3. 4. χωρισμὸν ἐποίουν

[**Aq.** EZ. 7. 19.]
[**Sm.** IS. 56. 3.]
[**Al.** LE. 15. 20, 24.]

χωροβατεῖν. (1) הָלַךְ hithp. (2) כָּתַב (3) עָבַר

Jo. 18. 8. τοῖς πορευομένοις χωροβατῆσαι τὴν γῆν (2)
— 8. χωροβατήσατε τὴν γῆν (1+2)
— 9. ἐχωροβάτησαν τὴν γῆν (3)

χωρογραφεῖν.

[**Al.** JO. 18. 8.]

χῶρος.

IV Ma. 18. 23. A εἰς πατέρων χῶρον [S R χορὸν] συναγελάζονται

[**Aq.**, **Th.** JO. 1. 9.]
[**Sm.** JO. 1. 9: JE. 31 (38). 40.]

Ψ

ψαθυροῦν.
[**Aq.** Jo. 9. 5 (11): Ps. 101 (102). 4.]

ψαλίς. (1) בַּיִת (2) חֲשֻׁקִים
Ex. 27. 10. καὶ αἱ ψ. ἀργυραῖ (2)
— 11. καὶ αἱ ψ. τῶν στύλων (2)
30. 4. ἔσονται ψαλίδες ταῖς σκυτάλαις (1)
37. 6 (36. 38). **A R** καὶ τὰς ψ. αὐ. (2)
[**Th.** Ex. 38. 10 (37. 8).]

ψάλλειν. (1) זִמֵּר pi. (2) נִגֵּן *a.* qal. *b.* pi.
Jd. 5. 3. ψαλῶ τῷ κυρίῳ τῷ θεῷ Ἰσρ. (1)
I Ki. 16. 16. ἄνδρα εἰδότα ψάλλειν ἐν κινύρᾳ (2 *b*)
— 16. ψαλεῖ [A ψάλλειν] ἐν τῇ κινύρᾳ αὐ. (2 *b*)
— 17. ἴδετε δή μοι ἄνδρα ὀρθῶς ψάλλοντα (2 *b*)
— 18. **A** καὶ αὐτὸν εἰδότα ψάλλειν [B ψαλμόν] (2 *b*)
— 23. ἔψαλλεν ἐν χειρὶ αὐ. (2 *b*)
18. 10. **A** Δ. ἔψαλλεν ἐν χειρὶ αὐ. (2 *b*)
19. 9. Δ. ἔψαλλε ταῖς [A ἐν ταῖς] χ. αὐ. (2 *b*)
II Ki. 22. 50. ἐν τῷ ὀνόματί σου ψαλῶ (1)
IV Ki. 3. 15. λάβε μοι ψάλλοντα (2 *b*)
— 15. ὡς ἔψαλλεν ὁ ψάλλων (2 *b*, 2 *b*)
Ps. 7. 17. ψαλῶ τῷ ὀνόματι κυρίου τοῦ ὑψίστου (1)
9. 2. ψαλῶ τῷ ὀνόματί σου, ὕψιστε (1)
— 11. ψάλατε τῷ κυρίῳ τῷ κατοικοῦντι ἐν Σιών (1)
12 (13). 6. ψαλῶ τῷ ὀνόματι κυρίου τοῦ ὑψίστου –
17 (18). 49. τῷ ὀνόματί σου ψαλῶ (1)
20 (21). 13. ψαλοῦμεν τὰς δυναστείας σου (1)
26 (27). 6. ψαλῶ τῷ κυρίῳ (1)
29 (30). 4. ψάλατε τῷ κυρίῳ, οἱ ὅσιοι αὐτοῦ (1)
— 12. ὅπως ἂν ψάλῃ σοι ἡ δόξα μου (1)
32 (33). 2. ἐν ψαλτηρίῳ δεκαχόρδῳ ψάλατε αὐτῷ (1)
— 3. καλῶς ψάλατε [S² ψ. αὐτῷ] ἐν ἀλαλαγμῷ (2 *b*)
46 (47). 6. ψάλατε τῷ θεῷ ἡμῶν ψάλατε ψάλατε τῷ βασιλεῖ ἡμῶν ψάλατε (1 *quater*)
— 7. ψάλατε συνετῶς (1)
56 (57). 7. καὶ ψαλῶ [S¹ ψ. σοι] (1)
— 9. ψαλῶ σοι ἐν ἔθνεσιν (1)
58 (59). 17. σοὶ ψαλῶ, ὁ θεός μου (1)
60 (61). 8. ψαλῶ τῷ ὀνόματί σου (1)
65 (66). 2. ψάλατε δὴ τῷ ὀνόματι αὐτοῦ (1)
— 4. ψαλάτωσάν σοι ψαλάτωσαν τῷ ὀνόματί σου (1, 1)
67 (68). 4. ψάλατε τῷ ὀνόματι αὐτοῦ (1)
— 25. **B** προέφθασαν ἄρχοντες ἐχόμενοι [S -να] ψαλλόντων (2 *a*)
— 32. ψάλατε τῷ κυρίῳ (1)
— 33. **B** ψάλατε τῷ θεῷ –
68 (69). 12. εἰς ἐμὲ ἔψαλλον οἱ πίνοντες τὸν οἶνον †
70 (71). 22. ψαλῶ σοι ἐν κιθάρᾳ (1)
— 23. ὅταν ψάλω σοι (1)
74 (75). 9. ψαλῶ τῷ θεῷ Ἰακώβ (1)
91 (92). 1. καὶ ψάλλειν τῷ ὀνόματί σου (1)
97 (98). 4. ἀγαλλιᾶσθε καὶ ψάλατε (1)
— 5. ψάλατε τῷ κυρίῳ ἐν κιθάρᾳ (1)
100 (101). 1. ψαλῶ καὶ συνήσω (1)
103 (104). 33. **A² B S** ψαλῶ τῷ θεῷ μου (1)
104 (105). 2. ᾄσατε αὐτῷ καὶ ψάλατε αὐτῷ (1)
107 (108). 1. ᾄσομαι καὶ ψαλῶ ἐν τῇ δόξῃ μου (1)
— 3. ψαλῶ σοι ἐν ἔθνεσιν (1)
134 (135). 3. ψάλατε τῷ ὀνόματι αὐτοῦ (1)
137 (138). 1. ἐναντίον ἀγγέλων ψαλῶ σοι (1)
143 (144). 9. ἐν ψαλτηρίῳ δεκαχόρδῳ ψαλῶ σοι (1)
145 (146). 2. ψαλῶ τῷ θεῷ μου ἕως ὑπάρχω (1)
146 (147). 7. ψάλατε τῷ θεῷ ἡμῶν ἐν κιθάρᾳ (1)
149. 3. ἐν τυμπάνῳ καὶ ψαλτηρίῳ ψαλάτωσαν αὐτῷ (1)
Si. 9. 4. μετὰ ψαλλούσης [B² λυριζούσης] μὴ ἐνδελέχιζε
[**Aq.** Ps. 32 (33). 3.]
[**Sm.** Ps. 32 (33). 3: 68 (69). 13: Is. 38. 20.]

ψαλμός. (1) *a.* זְמִיר *b.* מִזְמוֹר *c.* זִמְרָה *d.* זַמֵּר pi. (2) נֶבֶל (3) *a.* נִגֵּן pi. *b.* נְגִינָה (4) עוּגָב (5) שִׁגָּיוֹן (6) שִׁיר (7) תְּהִלָּה
I Ki. 16. 18. καὶ αὐτὸν εἰδότα ψαλμόν [A ψάλλειν] (3 *a*)
II Ki. 23. 1. καὶ εὐπρεπεῖς ψαλμοὶ Ἰσρ. (1 *a*)
Ju. 16. 2. ἐναρμόσασθε αὐτῷ ψαλμόν
Jb. 21. 12. εὐφραίνονται φωνῇ ψαλμοῦ (4)
30. 31. ὁ δὲ ψ. μου εἰς κλαυθμὸν ἐμοί (4)
Ps. tit. ψαλμοί [A ψαλτήριον, S om.] (7)
3. tit. ψαλμὸς [A om.] τῷ Δαυίδ (1 *b*)
4. tit. ἐν ψαλμοῖς ᾠδὴ [A ψαλμὸς] τῷ Δαυίδ (3 *b* [1 *b*])
5. tit. ψαλμὸς τῷ Δαυίδ (1 *b*)
6. tit. ὑπὲρ τῆς ὀγδόης ψαλμὸς τῷ Δαυίδ (1 *b*)
7. tit. ψαλμὸς τῷ Δαυίδ (5)
8. tit.: 9. tit. ψαλμὸς τῷ Δαυίδ (1 *b*)
10 (11). tit. ψαλμὸς τῷ Δαυίδ –
11 (12). tit.: 12 (13). tit. ψαλμὸς τῷ Δαυίδ (1 *b*)
13 (14). tit. ψαλμὸς τῷ Δαυίδ –
14 (15). tit.: 18 (19). tit.: 19 (20). tit.: 20 (21). tit.: 21 (22). tit. (**B S**): 22 (23). tit.: 23 (24). tit. ψαλμὸς τῷ Δαυίδ (1 *b*)
24 (25). tit. ψαλμὸς τῷ Δαυίδ –
28 (29). tit. ψαλμὸς τῷ Δαυίδ (1 *b*)
29 (30). tit. ψαλμὸς ᾠδῆς τοῦ ἐγκαινισμοῦ τοῦ οἴκου τοῦ Δ. (1 *b*)
30 (31). tit. ψαλμὸς τῷ Δαυίδ (1 *b*)
31 (32). tit. **A** ψαλμὸς [**B S** συνέσεως] τῷ Δαυίδ †
34 (35). tit. **A** ψαλμὸς [**B S** om.] τῷ Δαυίδ –
35 (36). tit. **A** τῷ Δαυὶδ ψαλμός [**B S** al.] –
36 (37). tit. **A** εἰς τὸ τέλος ψαλμὸς τῷ Δ. [**B S** al.] –
37 (38). tit. ψαλμὸς τῷ Δαυίδ (1 *b*)
39 (40). tit. τῷ Δαυὶδ ψαλμός (1 *b*)
40 (41). tit. ψαλμὸς τῷ Δαυίδ (1 *b*)
41 (42). tit. (**A**): 42 (43). tit. ψαλμὸς τῷ Δαυίδ –
43 (44). tit. εἰς σύνεσιν [A om. εἰς σ.] ψαλμός [S om.] –
45 (46). tit. ὑπὲρ τῶν κρυφίων ψαλμός [A τοῦ Δαυὶδ ψαλμός] (6)
46 (47). tit. ὑπὲρ τῶν υἱῶν Κορὲ ψαλμός [A al.] (1 *b*)
47 (48). tit. **B** ψαλμὸς ᾠδῆς [S ᾠδὴ ψαλμοῦ] τοῖς υἱοῖς Κ. [A al.] (6 [1 *b*])
48 (49). tit. τοῖς υἱοῖς Κορὲ ψαλμός [A al.] (1 *b*)
49 (50). tit. ψαλμὸς τῷ Ἀσάφ [A al.] (1 *b*)
50 (51). tit. εἰς τὸ τέλος ψαλμὸς τῷ Δαυίδ (1 *b*)
60 (61). tit. **S** ψαλμὸς τῷ Δαυίδ [B al.] (3 *b* ?)
61 (62). tit.: 62 (63). tit.: 63 (64). tit. ψαλμὸς τῷ Δαυίδ (1 *b*)
64 (65). tit. ψαλμὸς τῷ Δαυὶδ ᾠδή [S om.] (1 *b* [1 *b*+6])
65 (66). tit. ᾠδὴ ψαλμοῦ ἀναστάσεως [S om.] (1 *b*)
66 (67). tit. ψαλμὸς τῷ Δαυίδ [S ψ. ᾠδῆς] (1 *b*+6 [1 *b*])
67 (68). tit. τῷ Δαυὶδ ψαλμὸς ᾠδῆς (1 *b*)
70 (71). tit. **S** τῷ Δ. ψαλμός [B om.] –
— 22. ἐξομολογήσομαί σοι ἐν σκεύει ψαλμοῦ [S om. ἐν σκ. ψ.] τὴν ἀλήθειάν σου (2)
72 (73). tit. ψαλμὸς τῷ Ἀσάφ (1 *b*)
74 (75). tit. ψαλμὸς ᾠδῆς τῷ Ἀσάφ (1 *b*)
75 (76). tit.: 76 (77). tit. ψαλμὸς τῷ Ἀσάφ (1 *b*)
78 (79). tit. ψαλμὸς τῷ Ἀσάφ [S Δαυείδ] (1 *b*)
79 (80). tit. ψαλμὸς ὑπὲρ τοῦ Ἀσσυρίου [S om. ὑ. τοῦ Ἀσσ.] (1 *b*)
80 (81). tit. ψαλμὸς τῷ Ἀσάφ [A Δαυίδ] –
— 2. λάβετε ψαλμόν (1 *c*)
81 (82). tit. ψαλμὸς τῷ Ἀσάφ (1 *b*)
82 (83). tit. ᾠδὴ ψαλμοῦ τῷ Ἀσάφ (1 *b*)
Ps. 83 (84). tit.: 84 (85). tit. τοῖς υἱοῖς Κορὲ ψαλμός (1 *b*)
86 (87). tit. τοῖς υἱοῖς Κορὲ ψαλμὸς ᾠδῆς (1 *b*)
87 (88). tit. ᾠδὴ ψαλμοῦ τοῖς υἱοῖς Κορέ (1 *b*)
91 (92). tit. ψαλμὸς ᾠδῆς εἰς τὴν ἡμέραν τοῦ σαββάτου [S προσαββ.] (1 *b*)
93 (94). tit. ψαλμὸς [A ψ. ᾠδῆς] τῷ Δαυίδ –
94 (95). 2. ἐν ψαλμοῖς ἀλαλάξωμεν αὐτῷ (1 *a*)
97 (98). tit. ψαλμὸς τῷ Δαυίδ (1 *b*)
— 5. ἐν κιθάρᾳ καὶ φωνῇ [A S -ῆς] ψαλμοῦ (1 *c*)
98 (99). tit. ψαλμὸς τῷ Δαυίδ –
99 (100). tit. ψαλμὸς εἰς ἐξομολόγησιν (1 *b*)
100 (101). tit. ψαλμὸς [A om.] τῷ Δαυίδ (1 *b*)
107 (108). tit. **S R** ᾠδὴ ψαλμοῦ [A ψαλμὸς] τῷ Δαυίδ (1 *b* [6+1 *b*])
108 (109). tit.: 109 (110). tit. ψαλμὸς τῷ Δαυίδ (1 *b*)
137 (138). tit. **R** ψαλμὸς [A S om.] τῷ Δ. –
138 (139). tit. ψαλμὸς τῷ Δαυίδ [A τῷ Δ. ψ.] (1 *b*)
139 (140). tit. εἰς τὸ τέλος τῷ Δαυὶδ ψαλμός (1 *b*)
140 (141). tit.: 142 (143). tit. ψαλμὸς τῷ Δαυίδ (1 *b*)
146 (147). 1. ὅτι ἀγαθὸν [S¹ -ὸς] ψαλμός (1 *d*)
151. tit. οὗτος ὁ ψ. ἰδιόγραφος εἰς Δαυίδ
subscr. **A** ψαλμοὶ ρν' καὶ ἰδιόγραφος [B βίβλος ψαλμῶν, S ψαλμοί]
Am. 5. 23. ψαλμὸν ὀργάνων σου οὐκ ἀκούσομαι (1 *c*)
Za. 6. 14. καὶ εἰς ψαλμὸν ἐν οἴκῳ κυρίου †
Is. 66. 20. ὡς ἀνενέγκαισαν . . . τὰς θυσίας αὐ. ἐμοὶ μετὰ ψαλμῶν †
La. 3. 14. ἐγενήθην . . . ψ. αὐτῶν (3 *b*)
5. 14. ἐκλεκτοὶ ἐκ ψαλμῶν αὐτῶν κατέπαυσαν (3 *b*)
III Ma. 6. 35. ἐν . . . ψαλμοῖς διῆγον
[**Aq.** Ps. 4. 1: 6. 1: 12 (13). 1: 53 (54). 1: 54 (55). 1: 68 (69). 13.]
[**Sm.** Ps. 74 (75). 1: 76 (77). 7: 146 (147). 1: Is. 24. 16: 38. 20: 51. 3.]
[**Th.** Ps. 4. 1: 6. 1: 8. 1: 9. 1: 10 (11). 1: 11 (12). 1: 12 (13). 1: 18 (19). 1: 19 (20). 1: 22 (23). 1: 40 (41). 1: Is. 24. 16.]
[**Quint.** Ps. 9. 1.]

ψαλμῳδός.
Si. 47. 9. **S** ἔστησε ψαλμῳδοὺς [A B ψαλτ.] κατέναντι τοῦ θυσιαστηρίου
50. 18. ᾔνεσαν οἱ ψ. [A ψαλτ.] ἐν φωναῖς αὐτῶν
I Ma. 11. 70. **S** πλὴν Ματταθίας τοῦ ψ. [A R al.]

ψαλτήριον. (1) כִּנּוֹר (2) נֵבֶל, נֶבֶל (3) פְּסַנְתֵּרִין, פְּסַנְטֵרִין (4) נְגִינָה (5) תֹּף
Ge. 4. 21. οὗτος ἦν ὁ καταδείξας ψαλτήριον (1)
Ne. 12. 27. κυμβαλίζοντες καὶ ψαλτήρια (2)
Jb. 21. 12. ἀναλαβόντες ψαλτήριον (5)
Ps. tit. **A** ψαλτήριον [B ψαλμοί, S om.] †
32 (33). 2. ἐν ψ. δεκαχόρδῳ ψάλατε αὐτῷ (2)
48 (49). 4. ἀνοίξω ἐν ψαλτηρίῳ τὸ πρόβλημά μου (1)
56 (57). 8. ἐξεγέρθητι, ψαλτήριον καὶ κιθάρα (2)
80 (81). 2. ψαλτήριον τερπνὸν μετὰ κιθάρας (1)
91 (92). 3. ἐν δεκαχόρδῳ ψαλτηρίῳ μετ' ᾠδῆς ἐν κιθάρᾳ (2)
107 (108). 2. ἐξεγέρθητι, ψαλτήριον καὶ κιθάρα (2)
143 (144). 9. ἐν ψ. δεκαχόρδῳ ψαλῶ σοι (2)
149. 3. ἐν τυμπάνῳ καὶ ψαλτηρίῳ ψαλάτωσαν (1)
150. 3. αἰνεῖτε αὐτὸν ἐν ψαλτηρίῳ (2)
151. 2. οἱ δάκτυλοί μου ἥρμοσαν ψαλτήριον
Wi. 19. 18. ὥσπερ ἐν ψαλτηρίῳ φθόγγοι τοῦ ῥυθμοῦ
Si. 40. 21. αὐλὸς καὶ ψαλτήριον ἡδύνουσι μέλη
Is. 5. 12. μετὰ γὰρ κιθάρας καὶ ψαλτηρίου (2)
38. 20. οὐ παύσομαι εὐλογῶν σε μετὰ ψαλτηρίου (3)
Ez. 26. 13. ἡ φωνὴ τῶν ψ. σου οὐ μὴ ἀκουσθῇ (1)
33. 32. ὡς φωνὴ ψαλτηρίου ἡδυφώνου †
Da. LXX. 3. 5. ὅταν ἀκούσητε τῆς φωνῆς . . . ψαλτηρίου (4)
— 7. ὅτε ἤκουσαν . . . τῆς φωνῆς . . . ψαλτηρίου (4)

Da. LXX. 3. 10. ὃς ἂν ἀκούσῃ τῆς φωνῆς . . . ψαλτηρίου (4)
— 15. ἅμα τῷ ἀκοῦσαι . . . ψαλτηρίου (4)
Da. TH. 3. 5. ᾗ ἂν ὥρᾳ ἀκούσητε φωνῆς . . . ψαλτηρίου (4)
— 7. ὅταν ἤκουον οἱ λαοὶ τῆς φωνῆς . . . ψαλτηρίου (4)
— 10. ὃς ἂν ἀκούσῃ τῆς φωνῆς . . . ψαλτηρίου (4)
— 15. ὡς ἂν ἀκούσητε τῆς φωνῆς . . . ψαλτηρίου (4)
[Aq. I Ki. 16. 16.]
[Sm. Ps. 4. 1: 6. 1: 42 (43). 4: 53 (54). 1: 54 (55). 1: Is. 16. 11: 30. 32: Je. 52. 18.]
[Th. I Ki. 16. 23.]
[Al. Ps. 48 (49). 5.]

ψάλτης.
I Es. 5. 42. ψάλται καὶ ψαλτῳδοί

ψαλτός. (1) זָמִיר
Ps. 118 (119). 54. ψαλτὰ ἦσάν μοι τὰ δικαιώματά σου (1)

ψαλτῳδεῖν. (1) שִׁיר pil.
II Ch. 5. 13. ἐν τῷ σαλπίζειν καὶ ἐν τῷ ψ. (1)

ψαλτῳδός. (1) *a.* שִׁיר pil. *b.* שִׁיר subst.
I Ch. 6. 33 (18). Αἱμὰν ὁ ψ. υἱὸς Ἰωήλ (1 *a*)
9. 33. καὶ οὗτοι ψ. (1 *a*)
13. 8. καὶ ἐν ψαλτῳδοῖς καὶ ἐν κινύραις (1 *b*)
15. 16. στήσατε τοὺς ἀδ. αὐ. τοὺς ψ. (1 *a*)
— 19, 27. καὶ οἱ ψ. (1 *a*)
II Ch. 5. 12. καὶ οἱ Λ. οἱ ψ. πάντες τοῖς υἱοῖς Ἀ. (1 *a*)
20. 21. ἔστησε ψαλτῳδούς (1 *a*)
29. 28. καὶ οἱ [A *om.* κ. οἱ] ψ. ᾄδοντες (1 *b*)
35. 15. καὶ οἱ ψ. υἱοὶ Ἀ. (1 *a*)
I Es. 5. 42. ψάλται καὶ ψαλτῳδοί
Si. 47. 9. ἔστησε ψαλτῳδοὺς [S ψαλμ.] κατέναντι τοῦ θυσιαστηρίου
50. 18. A ᾔνεσαν οἱ ψ. [B S ψαλμ.] ἐν φωναῖς αὐτῶν

ψάμμος.
Wi. 7. 9. ὁ πᾶς χρυσὸς ἐν ὄψει αὐτῆς ψάμμος [S² ὡς ψ.] ὀλίγη

ψαμμωτός.
Si. 22. 17. ὡς κόσμος ψαμμωτὸς τοίχου ξυστοῦ [S² ξεστοῦ]

ψαρός. (1) אָמֹץ (2) שָׂרֹק
Za. 1. 8. ὀπίσω αὐτοῦ ἵπποι πυρροὶ καὶ ψ. [S³ *om.* κ. ψ.] (2)
6. 3. ἐν τῷ ἅρματι τῷ τετάρτῳ ἵπποι ποικίλοι ψ. (1)
— 7. οἱ ψ. ἐξεπορεύοντο (1)

ψαύειν.
IV Ma. 17. 1. ἵνα μὴ ψαύσειέ τις τοῦ σώματος ἑαυτῆς

ψέγειν.
I Ma. 11. 5. S εἰς τὸ ψέξαι [A ψογίσαι, R ψογῆσαι] αὐτόν
— 11. S¹ ἔψεξεν [A S² ἐψόγισεν, R ἐψόγησεν] αὐτόν

ψεκάς. (1) זֶרֶם (2) רְסִיסִים
Jb. 24. 8. ἀπὸ ψεκάδων ὀρέων ὑγραίνονται (1)
Ca. 5. 2. οἱ βόστρυχοί μου ψεκάδων νυκτός (2)
[Aq. Dt. 32. 2: Ps. 71 (72). 6: Mi. 5. 7 (6).]
[Sm. Ps. 64 (65). 11: 71 (72). 6.]
[Th. Jb. 24. 8: Ps. 71 (72). 6.]

ψέλιον, ψέλλιον. (1) צָמִיד (2) קִשֻּׁרִים
Ge. 24. 22. καὶ δύο ψέλια ἐπὶ τὰς χεῖρας αὐ. (1)
— 30. ἡνίκα εἶδε . . . τὰ ψ. (1)
— 47. καὶ τὰ ψ. ἐπὶ τὰς χεῖρας αὐ. (1)
Nu. 31. 50. προσενηνόχαμεν . . . ψέλιον (1)
Ju. 10. 4. περιέθετο . . . τὰ ψ.
Jb. 40. 21 (26). ψελίῳ δὲ τρυπήσεις τὸ χεῖλος αὐτοῦ †
Is. 3. 20. ἀφελεῖ . . . τοὺς χλιδῶνας καὶ τὰ ψ. [S¹ *om.* κ. τ. ψ.] (2)
Ez. 16. 11. περιέθηκα ψέλια περὶ τὰς χεῖράς σου (1)
23. 42. ἐδίδοσαν ψέλια ἐπὶ τὰς χεῖρας αὐτῶν [A σου] (1)
[Aq., Th. Is. 37. 29.]

ψελλίζειν. (1) עִלֵּג
Is. 29. 24. αἱ γλῶσσαι αἱ ψελλίζουσαι μαθήσονται †
32. 4. αἱ γλῶσσαι αἱ ψελλίζουσαι ταχὺ [A¹ *om.*] μαθήσονται (1)

ψεύδεσθαι. (1) בָּדָא (2) כָּזַב pi. (3) כִּחֵד pi. (4) כָּחַשׁ *a.* ni. *b.* pi. *c.* hithp.
Le. 6. 2 (5. 21). καὶ ψεύσηται τὰ πρὸς τὸν πλησίον (4 *b*)
— 3 (5. 22). καὶ ψεύσηται περὶ αὐτῆς (4 *b*)
19. 11. οὐ ψεύσεσθε (4 *b*)
De. 33. 29. ψεύσονταί σε οἱ ἐχθροί σου (4 *a*)
Jo. 24. 27. ἡνίκα ἂν ψεύσησθε κ. τῷ θεῷ μου (4 *b*)
II Ki. 22. 45. υἱοὶ ἀλλότριοι ἐψεύσαντό μοι (4 *c*)
III Ki. 13. 18. καὶ ἐψεύσατο αὐτῷ (4 *b*)
Ne. 6. 8. ἀπὸ καρδίας σου σὺ ψεύδῃ αὐτούς (1)
Jb. 6. 10. οὐ γὰρ ἐψευσάμην ῥήματα ἅγια [A ἐν ῥήματι ἁγίου] θεοῦ μου (3)
— 28. οὐ ψεύσομαι (2)
8. 18. ὁ τόπος ψεύσεται αὐτόν (4 *b*)
27. 11. ἅ ἐστι παρὰ παντοκράτορι οὐ ψεύσομαι (3)
31. 28. ἐψευσάμην ἐναντίον κυρίου τοῦ ὑψίστου (4 *b*)
34. 6. ἐψεύσατο δὲ τῷ κρίματί μου (2)
Ps. 17 (18). 44. υἱοὶ ἀλλότριοι ἐψεύσαντό μοι [S² με] (4 *b*)
26 (27). 12. ἐψεύσατο ἡ ἀδικία ἑαυτῇ [A -ῆς] †
65 (66). 3. ψεύσονταί σε οἱ ἐχθροί σου (4 *b*)
77 (78). 36. τῇ γλώσσῃ αὐτῶν ἐψεύσαντο αὐτῷ (2)
80 (81). 15. οἱ ἐχθροὶ κυρίου ἐψεύσαντο αὐτῷ (4 *b*)
88 (89). 35. εἰ τῷ Δαυὶδ ψεύσομαι (2)
Pr. 14. 5. μάρτυς πιστὸς οὐ ψεύδεται (2)
Wi. 12. 24. νηπίων δίκην ἀφρόνων ψευσθέντες
Si. 7. 13. μὴ θέλε ψεύδεσθαι πᾶν ψεῦδος
Ho. 9. 2. ὁ οἶνος ἐψεύσατο αὐτούς (4 *b*)
Hb. 3. 17. ψεύσεται ἔργον ἐλαίας (4 *b*)
Za. 13. 4. ἀνθ᾽ ὧν ἐψεύσαντο (4 *b*)
Is. 57. 11. ἐψεύσω με (2)
59. 13. ἠσεβήσαμεν καὶ ἐψευσάμεθα (4 *b*)
Je. 5. 12. ἐψεύσατο [S -αντο] τῷ κ. αὐ. (4 *b*)
Da. LXX. Su. 51. οὐ μὴ ψεύσωνται
— 55. ὀρθῶς ἔψευσαι εἰς τὴν σεαυτοῦ ψυχήν
Da. TH. Su. 55. ὀρθῶς ἔψευσαι εἰς τὴν σεαυτοῦ κεφαλήν
— 59. ὀρθῶς ἔψευσαι καὶ σὺ εἰς τὴν σεαυτοῦ κεφ.
Bel 12. ἢ Δαν. ὁ ψευδόμενος [A ψευσάμ.] καθ᾽ ἡμῶν
I Ma. 11. 53. ἐψεύσατο [S¹ ἐσπεύσ.] πάντα
IV Ma. 5. 34. οὐ ψεύσομαί σε
13. 18. μηδὲ ψεύσῃ τοὺς προαποθανόντας
[Aq. I Ki. 15. 29: Ps. 88 (89). 34.]
[Sm. Nu. 23. 19: Ps. 80 (81). 16: Is. 59. 13.]

ψευδής, *cf.* **ψεῦδος.** (1) *a.* אַכְזָב *b.* כָּזָב *c.* כְּדַב (2) כַּחַשׁ (3) שָׁוְא (4) שֶׁקֶר (5) **ψ. γίνεσθαι** *a.* כָּזַב ni. *b.* כָּחַשׁ pi. (6) **ὁ φάμενος (λέγων) ψευδῆ με λέγειν** כָּזַב hi.
Ex. 20. 16. οὐ ψευδομαρτυρήσεις . . . μαρτυρίαν ψ. (4)
De. 5. 20 (17). οὐ ψευδομαρτυρήσεις . . . μαρτυρίαν ψ. (3)
Jd. 16. 10, 13. ἐλάλησας πρὸς μὲ ψευδῆ (1 *b*)
III Ki. 22. 22. ἔσομαι πνεῦμα ψ. εἰς τὸ στόμα πάντων τῶν προφητῶν αὐ. (4)
— 23. ἔδωκε κ. πνεῦμα ψ. ἐν στόματι πάντων τῶν προφ. σου τ. (4)
II Ch. 18. 21. ἔσομαι πνεῦμα ψ. (4)
— 22. ἔδωκε κύριος πνεῦμα ψ. (4)
30. 14. ἐν οἷς ἐθυμίων τοῖς ψ. –
To. 3. 6. ὀνειδισμοὺς ψ. ἤκουσα
14. 6. S τοὺς πλανῶντας ψευδῆ τὴν πλάνησιν αὐ.
Es. 8. 12. τῷ τῆς κακοηθείας ψ. παραλογισμῷ [A S¹ *al.*]
Jb. 24. 25. τίς ἐστιν ὁ φάμενος [B² λέγων] ψευδῆ με λέγειν (6)
Ps. 32 (33). 17. ψευδὴς ἵππος εἰς σωτηρίαν (4)
39 (40). 4. οὐκ ἐπέβλεψεν εἰς . . . μανίας ψ. (1 *b*)
57 (58). 3. ἐλάλησαν ψευδῆ (1 *b*)
61 (62). 9. ψευδεῖς οἱ υἱοὶ τῶν ἀνθρώπων ἐν ζυγοῖς τοῦ ἀδικῆσαι (1 *b*)
Pr. 6. 19. ἐκκαίει ψευδῆ μάρτυς ἄδικος (1 *b*)
8. 7. ἐβδελυγμένα δὲ ἐναντίον ἐμοῦ χείλη ψευδῆ †
12. 22. βδέλυγμα κυρίῳ χείλη ψευδῆ (4)
14. 5. ἐκκαίει δὲ ψευδῆ μάρτυς ἄδικος (1 *b*)
— 25. ἐκκαίει δὲ ψευδῆ δόλιος (1 *b*)
17. 4. δίκαιος δὲ οὐ προσέχει χείλεσι ψευδέσιν †
— 7. οὐδὲ δικαίῳ χείλη ψευδῆ [S *al.*] (4)
19. 5, 9. μάρτυς ψευδὴς οὐκ ἀτιμώρητος ἔσται (4)
— 22. κρείσσων δὲ πτωχὸς δίκαιος ἢ πλούσιος ψευδής [A S² ψεύστης] (1 *b*)
21. 6. ὁ ἐνεργῶν θησαυρίσματα γλώσσῃ ψευδεῖ (4)
Pr. 21. 28. μάρτυς ψευδὴς ἀπολεῖται (4)
23. 3. ταῦτα γὰρ ἔχεται ζωῆς ψευδοῦς (1 *b*)
24. 2. ψευδῆ γὰρ μελετᾷ ἡ καρδία αὐτῶν †
— 29 (30. 6). καὶ ψευδὴς γένῃ (5 *a*)
— 31 (30. 8). μάταιον λόγον καὶ ψευδῆ μακράν μου ποίησον (1 *b*)
— 32 (30. 9). ἵνα μὴ πλησθεὶς ψευδὴς γένωμαι (5 *b*)
— 43 (28). μὴ ἴσθι ψευδὴς μάρτυς ἐπὶ σὸν πολίτην †
25. 14. οὕτως ὁ καυχώμενος ἐπὶ δόσει ψευδεῖ (4)
— 18. οὕτως καὶ ἀνὴρ ὁ καταμαρτυρῶν τοῦ φίλου αὐ. μαρτυρίαν ψευδῆ (4)
26. 28. γλῶσσα ψευδὴς μισεῖ ἀλήθειαν (4)
28. 6. κρείσσων πτωχὸς πορευόμενος ἐν ἀληθείᾳ πλουσίου ψευδοῦς †
31. 30. ψευδεῖς ἀρέσκειαι καὶ μάταιον κάλλος γυναικός (4)
Wi. 10. 14. ψευδεῖς τε ἔδειξε τοὺς μωμησαμένους αὐτόν
14. 28. ἢ προφητεύουσι ψευδῆ
Si. 20. 26. ἦθος ἀνθρώπου ψευδοῦς [A B² -δος] ἀτιμία
31 (34). 1. κεναὶ ἐλπίδες καὶ ψευδεῖς ἀσυνέτῳ ἀνδρί
— 4. ἀπὸ ψευδοῦς τί ἀληθεύσει
36. 24 (21). οὕτως καρδία συνετὴ λόγους ψευδεῖς
51. 5. ἀπὸ γλώσσης ἀκαθάρτου καὶ λόγου ψευδοῦς
Ho. 7. 1. εἰργάσαντο ψευδῆ (4)
— 13. κατελάλησαν κατ᾽ ἐμοῦ ψευδῆ (1 *b*)
10. 4. λαλῶν ῥήματα προφάσεις ψ. (3)
— 13. ἵνα τί . . . ἐφάγετε καρπὸν ψ. (2)
12. 11 (12). ψευδεῖς ἦσαν ἐν Γαλ. ἄρχοντες θυσιάζοντες (3)
Am. 6. 3. καὶ ἐφαπτόμενοι σαββάτων ψ. †
Mi. 6. 12. οἱ κατοικοῦντες αὐτὴν ἐλάλουν ψευδῆ (4)
Jn. 2. 9. φυλασσόμενοι μάταια καὶ ψευδῆ (3)
Na. 3. 1. ὦ πόλις αἱμάτων ὅλη ψ. (2)
Hb. 2. 18. ἔπλασεν αὐτὸ χώνευμα φαντασίαν ψ. (4)
Za. 8. 17. ὅρκον ψ. μὴ ἀγαπᾶτε (4)
10. 2. καὶ οἱ μάντεις ὁράσεις ψ. (4)
— 2. καὶ τὰ ἐνύπνια ψευδῆ ἐλάλουν (3)
13. 3. ψευδῆ ἐλάλησας ἐπ᾽ ὀνόματι κυρίου (4)
Is. 30. 9. υἱοὶ ψευδεῖς (2)
Je. 6. 6. ὦ πόλις ψ. †
— 13. πάντες ἐποίησαν ψευδῆ (4)
7. 4. μὴ πεποίθατε ἐφ᾽ ἑαυτοῖς ἐπὶ λόγοις ψ. (4)
— 8. εἰ δὲ ὑμεῖς πεποίθατε ἐπὶ λόγοις ψ. (4)
8. 8. εἰς μάτην ἐγενήθη σχοῖνος ψ. γραμματεῦσιν (4)
9. 5 (4). μεμάθηκεν ἡ γλῶσσα αὐτῶν λαλεῖν ψευδῆ (4)
10. 14. ψευδῆ ἐχώνευσεν (4)
14. 14. ψευδῆ οἱ προφῆται προφητεύουσιν (4)
— 14. ὁράσεις ψευδεῖς . . . προφητεύουσιν ὑμῖν (4)
— 15. περὶ τῶν προφητῶν τῶν προφητευόντων . . . ψευδῆ –
15. 18. ἐγενήθη μοι ὡς ὕδωρ ψευδές [A S -δος] (1 *a*)
16. 19. ὡς ψευδῆ ἐκτήσαντο οἱ πατέρες ἡμῶν εἴδωλα (4)
20. 6. ἐπροφήτευσας αὐτοῖς ψευδῆ (4)
23. 25. προφητεύουσιν . . . ψευδῆ (4)
— 26. ἐν καρδίᾳ τῶν προφητῶν τῶν προφητευόντων ψευδῆ (4)
— 32. πρὸς τοὺς προφήτας τοὺς προφητεύοντας ἐνύπνια ψευδῆ (4)
28 (51). 17. ψευδῆ ἐχώνευσαν (4)
34 (27). 10. ψευδῆ αὐτοὶ προφητεύουσιν ὑμῖν (4)
— 14. οἱ προφητεύοντες ὑμῖν ἐπ᾽ ἀδίκῳ ψευδῆ (4)
— 16. A τῶν προφητευόντων ὑμῖν ψευδῆ [B S *om.*] –
47 (40). 16. ψευδῆ σὺ λέγεις ὑπὲρ [A κατὰ, S περὶ] Ἰσμαήλ (4)
Ep. Je. 8. ψευδῆ δ᾽ ἐστὶ καὶ οὐ δύνανται λαλεῖν
— 44. πάντα τὰ γενόμενα ἐν [A παρ᾽, B *om.*] αὐτοῖς ἐστι ψευδῆ
— 50. γνωσθήσεται μετὰ ταῦτα ὅτι ἐστὶ ψευδῆ
— 59 *ter.* ἢ οἱ ψ. θεοί
Ez. 12. 24. οὐκ ἔσται ἔτι πᾶσα ὅρασις ψ. (3)
13. 6. οὐκ ἀνέστησαν . . . βλέποντες ψευδῆ (3)
— 7. οὐχὶ ὅρασιν ψευδῆ ἑωράκατε (3)
— 8. ἀνθ᾽ ὧν οἱ λόγοι ὑμῶν ψευδεῖς (3)
— 9. ἐπὶ τοὺς προφήτας τοὺς ὁρῶντας ψευδῆ (3)
— 23. ψευδῆ οὐ μὴ ἴδητε (3)
21. 29 (34). ἐν τῷ μαντεύεσθαί σε ψευδῆ (1 *b*)
22. 28. οἱ προφῆται αὐτῆς . . . μαντευόμενοι ψευδῆ (1 *b*)
Da. LXX. 2. 9. λόγους ψ. ποιήσασθαι ἐπ᾽ ἐμοῦ (1 *c*)
Da. TH. Su. 43. ψευδῆ μου κατεμαρτύρησαν

Da. TH. Su. 49. ψευδῆ γὰρ οὗτοι κατεμαρτύρησαν αὐτῆς
2. 9. ῥῆμα ψ. . . . συνέθεσθε εἰπεῖν (1 *c*)
11. 27. ἐπὶ τραπέζῃ μιᾷ ψευδῆ λαλήσουσι (1 *b*)
II Ma. 5. 5. γενομένης δὲ λαλιᾶς ψ.
[**Aq.** Ps. 32 (33). 17 : 118 (119). 118 : 119 (120). 2 : Ez. 22. 28 (P.).]
[**Sm.** Ps. 30 (31). 19 : 57 (58). 4 : 118 (119). 29 : 119 (120). 2 : Pr. 12. 17 : Is. 58. 6 : Je. 16. 19 : 27 (34). 14 : Ez. 22. 28 (P.).]
[**Th.** Ps. 61 (62). 10 : Pr. 21. 6 : Ez. 22. 28 (P.).]
[**Al.** Pr. 17. 4 : Je. 23. 31.]

ψευδοθύριον.

Da. LXX. Bel 20. ἐπέδειξε Δαν. τῷ βασ. τὰ ψ.

ψευδοθυρίς.

Da. LXX. Bel 15. διὰ ψευδοθυρίδων εἰσελθόντες

ψευδολογεῖν. (1) כָּזָב דִּבֵּר

Da. LXX. 11. 27. καὶ ψευδολογήσουσι (1)

ψευδομαρτυρεῖν. (1) עָנָה

Ex. 20. 16 : De. 5. 20 (17). οὐ ψευδομαρτυρήσεις . . . μαρτυρίαν ψευδῆ (1)
Da. TH. Su. 61. A B[2] R συνέστησεν αὐτοὺς . . . ψευδομαρτυρήσαντας [B[1] -ρας ὄντας]

ψευδομάρτυς.

Da. LXX. Su. 60. αὐτοὺς κατέστησεν ἀμφοτέρους ψευδομάρτυρας
Da. TH. Su. 61. B[1] συνέστησεν αὐτοὺς . . . ψ. ὄντας [A B[2] R -ρήσαντας]

ψευδοπροφήτης. (1) נָבִיא

Za. 13. 2. τοὺς ψ. . . . ἐξαρῶ ἀπὸ τῆς γῆς (1)
Je. 6. 13. ἀπὸ ἱερέως ἕως ψευδοπροφήτου (1)
33 (26). 7. ἤκουσαν οἱ ἱερεῖς καὶ οἱ ψ. (1)
— 8. συνελάβοσαν αὐτὸν οἱ ἱερεῖς καὶ οἱ ψ. (1)
— 11. εἶπαν οἱ ἱερεῖς καὶ οἱ ψ. (1)
— 16. εἶπαν . . . πρὸς τοὺς ψ. (1)
34 (27). 9. μὴ ἀκούετε τῶν ψ. ὑμῶν (1)
35 (28). 1. εἶπέ μοι Ἀνανίας υἱὸς Ἀζὼρ ὁ ψ. (1)
36 (29). 1. πρὸς τοὺς ἱερεῖς καὶ πρὸς τοὺς ψ. (1)
— 8. μὴ ἀναπειθέτωσαν ὑμᾶς οἱ ψ. οἱ ἐν ὑμῖν (1)
[**Th.** Je. 28 (35). 5 (Sw.).]
[**Al.** Je. 20. 1.]

ψεῦδος, *cf.* **ψευδής.** (1) *a.* אַכְזָב *b.* כָּזָב (2) *a.* כַּחַשׁ *b.* כָּחַשׁ pi. (3) מִרְמָה (4) שֶׁקֶר

Ju. 5. 5. οὐκ ἐξελεύσεται ψεῦδος ἐκ τοῦ στόματος τοῦ δούλου σου
11. 5. οὐκ ἀναγγελῶ ψεῦδος τῷ κυρίῳ μου
Jb. 16. 9 (8). ἀνέστη ἐν ἐμοὶ τὸ ψ. μου (2 *a*)
Ps. 4. 2. καὶ ζητεῖτε ψεῦδος (1 *b*)
5. 6. ἀπολεῖς πάντας τοὺς λαλοῦντας τὸ ψ. (1 *b*)
58 (59). 12. ἐξ ἀρᾶς καὶ ψεύδους διαγγελήσονται συντέλειαι [S[2] ἐν συντελείᾳ] (2 *a*)
Pr. 9. 12. ὃς ἐρείδεται ἐπὶ ψεύδεσιν —
24. 23 (29. 27). μηδὲν ψεῦδος ἀπὸ γλώσσης βασιλεῖ λεγέσθω καὶ οὐδὲν ψεῦδος ἀπὸ γλώσσης αὐτοῦ οὐ μὴ ἐξέλθῃ —, —
Si. 7. 12. μὴ ἀροτρία ψεῦδος ἐπ' ἀδελφῷ σου
— 13. μὴ θέλε ψεύδεσθαι πᾶν ψεῦδος
20. 24. μῶμος πονηρὸς ἐν ἀνθρώπῳ ψεῦδος [S[2] τὸ ψ.]
— 25. αἱρετὸν κλέπτης ἢ ὁ ἐνδελεχίζων ψεύδει
— 26. A B[2] ἦθος ἀνθρώπου ψεῦδος [B[1] S R -οῦς] ἀτιμία
31 (34). 8. ἄνευ ψεύδους συντελεσθήσεται νόμος
41. 17. ἀπὸ ἡγουμένου καὶ δυνάστου περὶ ψεύδους
51. 2. ἀπὸ χειλέων ἐργαζομένων ψεῦδος
Ho. 4. 2. ψεῦδος . . . κέχυται ἐπὶ τῆς γῆς (2 *b*)
7. 3. καὶ ἐν τοῖς ψ. αὐ. ἄρχοντας [A[1] *al.*] (2 *a*)
11. 12 (12. 1). ἐκύκλωσέ με ἐν ψεύδει Ἐφρ. (2 *a*)
Mi. 2. 11. πνεῦμα ἔστησε ψεῦδος (4)
Za. 5. 4. εἰς τὸν οἶκον τοῦ ὀμνύοντος τῷ ὀνόμ. μου ἐπὶ ψεύδει (4)
Ma. 3. 5. ἐπὶ τοὺς ὀμνύοντας τῷ ὀνόματί μου ἐπὶ ψεύδει (4)
Is. 28. 15. ἐθήκαμεν ψ. τὴν ἐλπίδα ἡμῶν καὶ τῷ ψ. σκεπασθησόμεθα (1 *b*, 4)
— 17. οἱ πεποιθότες μάτην ψεύδει (1 *b*)
30. 12. ἠλπίσατε ἐπὶ ψεύδει †
44. 20. ψ. ἐν τῇ δεξιᾷ μου (4)
Je. 3. 10. οὐκ ἐπεστράφη [A ἀπ.] πρὸς μὲ . . . ἀλλ' ἐπὶ ψεύδει (4)
— 23. εἰς ψ. ἦσαν οἱ βουνοί (4)
5. 2. οὐκ ἐν [A S ἐπὶ] ψεύδεσιν ὀμνύουσι (4)
Je. 9. 3 (2). ψ. καὶ οὐ πίστις ἐνίσχυσεν (4)
13. 25. ἤλπισας ἐπὶ ψεύδεσι (4)
15. 18. A S ἐγενήθη μοι ὡς ὕδωρ ψ. [B -δές] (1 *a*)
23. 14. ἑώρακα . . . πορευομένους ἐν ψεύδεσι (4)
— 32. ἐπλάνησαν τὸν λαόν μου ἐν τοῖς ψ. αὐτῶν (4)
44 (37). 14. εἶπε, Ψ. (4)
50 (43). 2. λέγοντες, Ψεῦδη, οὐκ ἀπέστειλέ σε (4)
Ep. Je. 47. κατέλιπον γὰρ ψεύδη καὶ ὄνειδος
Ez. 33. 31. ψ. ἐν τῷ στόματι αὐτῶν †
Da. LXX. 8. 25. εὐοδωθήσεται τὸ ψ. ἐν ταῖς χερσὶν αὐ. (3)
11. 23. μετὰ τῆς διαθήκης . . . ποιήσει ψεῦδος (3)
[**Aq.** I Ki. 25. 21 : Ps. 7. 15 : 26 (27). 12 : 30 (31). 19 : 118 (119). 29, 163 : Pr. 10. 18 : Is. 28. 15 : 59. 3.]
[**Sm.** Ps. 58 (59). 13 : 118 (119). 163 : Is. 28. 15 : 59. 3.]
[**Th.** Pr. 10. 18 : 20. 17 : Is. 28. 15, 17.]
[**Quint.** Ps. 61 (62). 5.]

ψεῦσμα.

[**Aq., Th.** Jb. 34. 6 : Pr. 23. 3.]
[**Sm.** Jb. 13. 4 : 34. 6 : Ps. 61 (62). 5.]

ψεύστης. (1) *a.* כָּזָב *b.* כָּזָב

Ps. 115. 2 (116. 11). πᾶς ἄνθρωπος ψεύστης (1 *a*)
Pr. 19. 22. A S[2] κρείσσων δὲ πτωχὸς δίκαιος ἢ πλούσιος ψεύστης [B S[1] ψευδής] (1 *b*)
Si. 15. 8. ἄνδρες ψεῦσται οὐ μὴ μνησθήσονται αὐτῆς
25. 2. πτωχὸν ὑπερήφανον καὶ πλούσιον ψεύστην

ψηλαφᾶν. (1) גָּשַׁשׁ pi. (2) יָמַשׁ hi. (3) מוּשׁ, מִישׁ *a.* qal. *b.* hi. (4) מָשַׁשׁ pi.

Ge. 27. 12. μή ποτε ψηλαφήσῃ με ὁ πατήρ μου (3 *a*)
— 21. ψηλαφήσω σε (3 *a*)
— 22. ἐψηλάφησεν αὐτόν (3 *a*)
De. 28. 29. ἔσῃ ψηλαφῶν μεσημβρίας (4)
— 29. ὡς εἴ τις ψηλαφήσαι τυφλός (4)
Jd. 16. 26. ψηλαφήσω τοὺς κίονας [A *al.*] (2*, 3 *b*)
Jb. 5. 14. τὸ δὲ μεσημβρινὸν ψηλαφήσαισαν [A -σειαν] ἴσα νυκτί (4)
12. 25. ψηλαφήσαισαν [A -σειαν] σκότος (4)
20. 10. A αἱ δὲ χεῖρες αὐτοῦ ψηλαφήσουσιν ὀδύνας [B S *al.*] †
Ps. 113. 15 (115. 7). χεῖρας ἔχουσι καὶ οὐ ψηλαφήσουσι (3 *a*)
134 (135). 17. A χεῖρας ἔχουσιν καὶ οὐ ψηλαφήσουσιν —
Na. 3. 1. οὐ ψηλαφηθήσεται θήρα (3 *a*)
Za. 3. 10 (9). ψηλαφήσω πᾶσαν τὴν ἀδικίαν τῆς γῆς ἐκ. (3 *a*)
9. 13. ψηλαφήσω σε ὡς ῥομφαίαν μαχητοῦ †
Is. 59. 10. ψηλαφήσουσιν ὡς τυφλοὶ τοῖχον καὶ ὡς οὐχ ὑπαρχόντων ὀφθαλμῶν ψηλαφήσουσι (1, 1)
[**Al.** Jb. 12. 25.]

ψηλάφησις.

Wi. 15. 15. οὔτε δάκτυλοι χειρῶν εἰς ψηλάφησιν

ψηλαφητός. (1) מָשַׁשׁ hi.

Ex. 10. 21. γενηθήτω σκότος ἐπὶ γῆν Αἰγ. ψ. σκότος (1)
[**Aq.** Ez. 16. 10.]

ψηφίζειν. (1) סָפַר ni.

III Ki. 3. 8. A καὶ οὐ ψηφισθήσεται ἀπὸ πλήθους (1)
8. 5. A ἃ οὐ ψηφισθήσεται (1)
[**Aq.** Ps. 47 (48). 13 : Is. 33. 18.]
[**Al.** Le. 25. 27 : 27. 23.]

ψηφίον.

[**Aq.** Am. 9. 9.]

ψηφίς.

[**Sm.** Pr. 30. 27.]
[**Th.** Pr. 20. 17.]

ψήφισμα. (1) פּוּר

Es. 3. 7. ἐποίησε ψήφισμα (1)
9. 24. καθὼς ἔθετο ψήφισμα (1)
II Ma. 6. 8. ψήφισμα δὲ ἐξέπεσεν εἰς τὰς ἀστυγείτονας Ἑλληνίδας πόλεις
10. 8. μετὰ κοινοῦ προστάγματος καὶ ψηφίσματος
12. 4. μετὰ δὲ τὸ κοινὸν τῆς πόλεως ψ.
15. 36. ἐδογμάτισαν δὲ πάντες μετὰ κοινοῦ ψ.

ψηφολογεῖν.

To. 13. 17. λίθῳ ἐκ Σουφεὶρ ψηφολογηθήσονται [S *al.*]
[**Quint.** Ca. 3. 10.]

ψῆφος. (1) חָצָץ (2) חֶשְׁבּוֹן (3) צֹר

Ex. 4. 25. λαβοῦσα Σ. ψῆφον (3)
IV Ki. 12. 4 (5). A ψήφῳ ψυχῶν συντιμήσεως [B *al.*] †
Ec. 7. 26 (25). τοῦ ζητῆσαι σοφίαν καὶ ψῆφον (2)
Si. 18. 10. ὡς σταγὼν ὕδατος ἀπὸ θαλάσσης καὶ ψῆφος ἄμμου
La. 3. 16. ἐξέβαλε ψήφῳ ὀδόντας μου (1)
IV Ma. 15. 26. δύο ψήφους κρατοῦσα μήτηρ
[**Aq.** Dt. 32. 8 : IV Ki. 12. 4 (5) : Is. 40. 26.]
[**Sm.** Ex. 4. 25 : Ec. 5. 17 : Is. 40. 26.]
[**Th.** IV Ki. 12. 4 (5) : Is. 40. 26.]
[**Quint.** IV Ki. 12. 4 (5).]

ψιθυρίζειν. (1) לָחַשׁ hithp.

II Ki. 12. 19. οἱ παῖδες αὐ. ψιθυρίζουσι (1)
Ps. 40 (41). 7. κατ' ἐμοῦ ἐψιθύριζον (1)
Si. 12. 16. B[2] πολλὰ ψιθυρίσει
21. 28. μολύνει τὴν ἑαυτοῦ ψυχὴν ὁ ψιθυρίζων
[**Sm.** Ps. 40 (41). 8 : 57 (58). 6.]

ψιθύρισμα.

[**Sm.** Jb. 26. 14.]

ψιθυρισμός. (1) לַחַשׁ

Ec. 10. 11. ἐὰν δάκῃ ὄφις ἐν οὐ ψιθυρισμῷ (1)
[**Aq.** Is. 3. 3.]
[**Sm.** Jb. 4. 12.]

ψίθυρος.

Si. 5. 14. μὴ κληθῇς ψίθυρος
28. 13. ψίθυρον καὶ δίγλωσσον καταρᾶσθαι

ψιλός. (1) אַדֶּרֶת

Jo. 7. 21. εἶδον ἐν τῇ προνομῇ ψιλὴν ποικίλην (1)
[**Sm.** Ez. 26. 14.]

ψιλοῦν.

Ez. 44. 20. τὰς κόμας αὐτῶν οὐ ψιλώσουσι †

ψόα (ψοιά), *cf.* **ψύα.** (1) חֹמֶשׁ (2) עָצֶה

Le. 3. 9. σὺν ταῖς ψ. περιελεῖ αὐτό (2)
II Ki. 2. 23. τύπτει αὐτὸν Ἀβ. . . . ἐπὶ τὴν ψ. [A ψοιάν] (1)
3. 27. ἐπάταξεν αὐτὸν ἐκεῖ εἰς τὴν ψ. (1)
20. 10. ἔπαισεν αὐτὸν . . . εἰς τὴν ψ. (1)
[**Aq.** Jb. 15. 27.]
[**Sm.** Jb. 15. 27 : Ps. 37 (38). 8.]

ψογεῖν, ψογίζειν.

I Ma. 11. 5. A εἰς τὸ ψογίσαι [R -ῆσαι, S ψέξαι] αὐτόν
— 11. R ἐψόγησεν [A S[2] -ισεν, S[1] ἔψεξεν] αὐτόν

ψόγος. (1) דִּבָּה

Ge. 37. 2. κατήνεγκαν δὲ Ἰ. ψ. πονηρόν (1)
Ps. 30 (31). 13. ἤκουσα ψόγον πολλῶν παροικούντων κυκλόθεν (1)
Mi. 1. 13. B[1] ψόγος [?, A B[2] R ψόφος] ἁρμάτων †
Je. 20. 10. ἤκουσα ψόγον πολλῶν (1)
III Ma. 2. 27. κατὰ τοῦ ἔθνους διαδοῦναι ψόγον
3. 7. R οὐ τῷ τυχόντι περιῆψαν ψόγῳ [A *al.*]
[**Aq.** Ge. 37. 2 : Nu. 13. 33 (32) : Pr. 10. 18.]
[**Sm.** Nu. 13. 33 (32).]
[**Th.** Ge. 37. 2 : Pr. 10. 18 : 25. 10.]

ψοιά, *vid.* **ψόα.**

ψοφεῖν. (1) רָקַע

Ez. 6. 11. ψόφησον τῷ ποδί (1)
25. 6. R ἐψόφησας [A B ἐπεψ.] τῷ ποδί σου (1)
[**Sm., Th.** I Ki. 21. 13 (14).]

ψόφος.

Mi. 1. 13. ψόφος [B[1] ψόγος?] ἁρμάτων καὶ ἱππευόντων †
[**Aq.** II Ki. 5. 24.]
[**Sm.** II Ki. 5. 24 : Jb. 37. 4 : 38. 25 : Ez. 3. 13 : 26. 15.]

ψύα, *cf.* **ψόα.** (1) כֶּסֶל

Ps. 37 (38). 7. A αἱ ψ. [S[2] ψυχαί] μου ἐπλήσθησαν ἐμπαιγμάτων [B S[1] *al.*] (1)
[**Sm., Th.** Ps. 37 (38). 8.]
[**Al.** Le. 3. 9.]

ψυγμός. (1) *a.* שֶׁטַח *b.* מִשְׁטָח *c.* מִשְׁטוֹחַ

Nu. 11. 32. B ἔσφαξαν [A R ἔψυξαν] ἑαυτοῖς ψυγμούς (1 *a*)
Ez. 26. 5. ψ. σαγηνῶν ἔσται ἐν μέσῳ θαλάσσης (1 *b*)
— 14. ψ. σαγηνῶν ἔσῃ (1 *b*)
47. 10. ψ. σαγηνῶν ἔσται (1 *c*)

ψυκτήρ. (1) אֲגַרְטָל

II Es. 1. 9. A B ψ. [B *om.*] χρυσοῖ τριάκοντα καὶ ψ. [B *om.*] ἀργυροῖ χίλιοι (1, 1)

ψύλλος. (1) פַּרְעֹשׁ

I Ki. 24. 15. καὶ ὀπίσω ψ. ἑνός (1)

ψυχαγωγία.

II Ma. 2. 25. ἐφροντίσαμεν τοῖς μὲν βουλομένοις ἀναγινώσκειν ψυχαγωγίαν

ψύχειν. (1) קִיר *a.* qal. *b.* hi. (2) שָׁטַח

Nu. 11. 32. A R ἔψυξαν [B ἔσφαξαν] ἑαυτοῖς ψυγμούς (2)
II Ki. 17. 19. ἔψυξεν ἐπ' αὐτῷ ἀρ. [A *al.*] (2)
IV Ki. 19. 24. ἔψυξα [A ἐφύλαξα] καὶ ἔπιον ὕδατα ἀλλότρια (1 *a*)
Je. 6. 7. ὡς ψύχει λάκκος ὕδωρ οὕτως ψύχει κακία αὐτῆς (1 *b*, 1 *b*)
8. 2. ψύξουσιν αὐτὰ πρὸς τὸν ἥλιον (2)

ψυχή. (1) אִישׁ (2) *a.* חַיָּה *b.* חַיִּים (3) לֵבָב, לֵב (4) נֶפֶשׁ (5) רוּחַ

Ge. 1. 20. ἑρπετὰ ψυχῶν ζωσῶν (4)
— 21. καὶ πᾶσαν ψ. ζῴων ἑρπετῶν (4)
— 24. ἐξαγαγέτω ἡ γῆ ψυχὴν ζῶσαν (4)
— 30. ὃ ἔχει ἐν ἑαυτῷ ψυχὴν ζωῆς (4)
2. 7. ἐγένετο ὁ ἄνθρωπος εἰς ψ. ζῶσαν (4)
— 19. πᾶν ὃ ἐὰν ἐκάλεσεν αὐτὸ Ἀ. ψ. ζῶσαν (4)
9. 4. κρέας ἐν αἵματι ψυχῆς οὐ φάγεσθε (4)
— 5. τὸ ὑμέτερον αἷμα τῶν ψ. ὑμῶν ἐκζητήσω (4)
— 5. ἐκζητήσω τὴν ψ. τοῦ ἀνθρώπου (4)
— 10. καὶ πάσῃ ψ. ζώσῃ μεθ' ὑμῶν (4)
— 12. καὶ ἀνὰ μέσον πάσης ψ. ζώσης (4)
— 15. ἥ ἐστιν . . . ἀνὰ μέσον πάσης ψ. ζώσης (4)
— 16. καὶ ἀνὰ μέσον πάσης ψ. ζώσης (4)
12. 5. ἔλαβεν . . . πᾶσαν ψ. (4)
— 13. ζήσεται ἡ ψυχή μου ἕνεκεν σοῦ (4)
17. 14. ἐξολεθρευθήσεται ἡ ψ. ἐκείνη (4)
19. 17. σώζων σῶζε τὴν σεαυτοῦ ψυχήν (4)
— 19. τοῦ ζῆν τὴν ψ. μου (4)
— 20. ζήσεται ἡ ψ. μου ἕνεκεν σοῦ (4)
23. 8. εἰ ἔχετε τῇ ψ. ὑμῶν (4)
27. 4. ὅπως εὐλογήσῃ σε ἡ ψ. μου (4)
— 19. ὅπως εὐλογήσῃ με ἡ ψ. σου (4)
— 25. ὅπως εὐλογήσῃ σε ἡ ψ. μου (4)
— 31. ὅπως εὐλογήσει με ἡ ψ. σου (4)
32. 30 (31). ἐσώθη μου ἡ ψ. (4)
34. 3. προσέσχε τῇ ψ. Δείνας (4)
— 8. προείλατο τῇ ψ. τὴν θυγατέρα ὑμῶν (4)
35. 18. ἐν τῷ ἀφιέναι αὐτὴν τὴν ψ. (4)
37. 21. οὐ πατάξομεν αὐτὸν εἰς ψυχήν (4)
41. 8. ἐταράχθη ἡ ψ. αὐ. (5)
42. 21. ὑπερείδομεν τὴν θλῖψιν τῆς ψ. αὐ. (4)
44. 30. ἡ δὲ ψ. αὐ. ἐκκρέμαται ἐκ τῆς τούτου ψ. (4, 4)
46. 15. πᾶσαι αἱ ψ. υἱοὶ καὶ αἱ θυγατέρες (4)
— 18. ἣ ἔτεκε τούτους τῷ Ἰ. δέκα ἓξ ψυχάς (4)
— 22. πᾶσαι ψ. δέκα ὀκτώ (4)
— 25. πᾶσαι ψ. ἑπτά (4)
— 26. πᾶσαι δὲ ψ. αἱ εἰσελθοῦσαι (4)
— 26. πᾶσαι ψ. ἑξήκοντα ἕξ (4)
— 27. υἱοὶ δὲ Ἰ. . . . ψυχαὶ ἐννέα (4)
— 27. A πᾶσαι ψ. οἴκου Ἰ. . . . ἑβδομήκοντα [R ψυχαὶ ἑβδ.] (4, [–])
49. 6. εἰς βουλὴν αὐ. μὴ ἔλθοι ἡ ψ. μου (4)
Ex. 1. 5. ἦσαν δὲ π. ψυχαὶ ἐξ Ἰ. πέντε καὶ ἑβδομήκ. (4)
4. 19. τεθνήκασι γὰρ πάντες οἱ ζητοῦντές σου τὴν ψ. (4)
12. 4. κατὰ ἀριθμὸν ψυχῶν ἕκαστος . . . συναριθμήσεται (4)
— 15. ἐξολεθρευθήσεται ἡ ψ. ἐκείνη (4)
— 16. ὅσα ποιηθήσεται πάσῃ ψ. (4)
— 19. ἐξολεθρευθήσεται ἡ ψ. ἐκείνη (4)
15. 9. ἐμπλήσω ψυχήν μου (4)
16. 16. κατὰ ἀριθμὸν ψυχῶν ὑμῶν (4)
21. 23. δώσει ψυχὴν ἀντὶ ψυχῆς (4, 4)
Ex. 21. 30. δώσει λύτρα τῆς ψ. αὐ. (4)
23. 9. οἴδατε τὴν ψ. τοῦ προσηλύτου (4)
30. 12. δώσουσιν ἕκαστος λύτρα τῆς ψ. αὐ. (4)
— 15, 16. ἐξιλάσασθαι περὶ τῶν ψ. ὑμῶν (4)
31. 14. ἐξολεθρευθήσεται ἡ ψ. ἐκείνη (4)
35. 21. ὅσοις ἔδοξε τῇ ψ. αὐ. (5)
Le. 2. 1. ἐὰν δὲ ψυχὴ προσφέρῃ δῶρον (4)
4. 2. ψυχὴ ἐὰν ἁμάρτῃ ἔναντι κυρίου ἀκουσίως (4)
— 27. ἐὰν δὲ ψ. μία ἁμάρτῃ ἀκουσίως (4)
5. 1. ἐὰν δὲ ψυχὴ ἁμάρτῃ (4)
— 2. ἡ ψ. ἥτις ἐὰν ἅψηται (4)
— 4. ἡ ψ. ἡ ἄνομος ἡ διαστέλλουσα (4)
— 15. ψυχὴ ἐὰν λάθῃ αὐτὸν λήθῃ (4)
— 17. ἡ ψ. ἣ ἂν ἁμάρτῃ [A *al.*] (4)
6. 2 (5. 21). ψυχὴ ἐὰν ἁμάρτῃ (4)
7. 8 (18). ἡ δὲ ψ. . . . τὴν ἁμαρτίαν λήψεται (4)
— 10 (20). ἡ δὲ ψ. ἥτις ἐὰν φάγῃ (4)
— 10 (20). ἀπολεῖται ἡ ψ. ἐκείνη (4)
— 11 (21). ψυχὴ ἣ ἂν ἅψηται παντὸς πράγματος (4)
— 11 (21), 15 (25). ἀπολεῖται ἡ ψ. ἐκείνη (4)
— 17 (27). πᾶσα ψ. ἣ ἂν φάγῃ αἷμα (4)
— 17 (27). ἀπολεῖται ἡ ψ. ἐκείνη (4)
11. 10. καὶ ἀπὸ πάσης ψ. ζώσης (4)
— 43. οὐ μὴ βδελύξητε τὰς ψ. ὑμῶν (4)
— 44. οὐ μιανεῖτε τὰς ψ. ὑμῶν (4)
— 46. οὗτος ὁ νόμος περὶ . . . πάσης ψ. τῆς κινουμένης ἐν τῷ ὕδατι καὶ πάσης ψ. ἑρπούσης ἐπὶ τῆς γῆς (4, 4)
16. 29. ταπεινώσατε τὰς ψ. ὑμῶν (4)
— 31. ταπεινώσετε τὰς ψ. ὑμῶν (4)
17. 4. ἐξολεθρευθήσεται ἡ ψ. ἐκείνη (1)
— 10. ἐπιστήσω τὸ πρόσωπόν μου ἐπὶ τὴν ψ. (4)
— 11. ἡ γὰρ ψ. πάσης σαρκὸς αἷμα αὐτοῦ ἐστι (4)
— 11. ἐξιλάσκεσθαι περὶ τῶν ψ. ὑμῶν (4)
— 11. τὸ γὰρ αἷμα αὐ. ἀντὶ τῆς ψ. ἐξιλάσεται (4)
— 12. πᾶσα ψ. ἐξ ὑμῶν οὐ φάγεται αἷμα (4)
— 14. ἡ γὰρ ψ. πάσης σαρκὸς αἷμα αὐτοῦ ἐστι (4)
— 14. ἡ ψ. πάσης σαρκὸς αἷμα αὐτοῦ ἐστι (4)
— 15. πᾶσα ψ. ἥτις φάγεται θνησιμαῖον (4)
18. 29. ἐξολεθρευθήσονται αἱ ψ. αἱ ποιοῦσαι (4)
19. 8. ἐξολεθρευθήσονται αἱ ψ. αἱ ἔσθουσαι (4)
— 28. ἐντομίδας ἐπὶ ψυχῇ [A -ῆς] οὐ ποιήσετε (4)
20. 6. ψυχὴ ἣ ἐὰν ἐπακολουθήσῃ ἐγγαστριμύθοις (4)
— 6. ἐπιστήσω τὸ πρόσωπόν μου ἐπὶ τὴν ψ. ἐκ. (4)
— 25. οὐ βδελύξετε τὰς ψ. ὑμῶν (4)
21. 1. ἐν ταῖς ψ. οὐ μιανθήσονται (4)
— 11. ἐπὶ πάσῃ ψ. τετελευτηκυίᾳ οὐκ εἰσελεύσεται (4)
22. 3. ἐξολεθρευθήσεται ἡ ψ. ἐκείνη (4)
— 4. ὁ ἁπτόμενος πάσης ἀκαθαρσίας ψυχῆς (4)
— 6. ψυχὴ ἥτις ἂν ἅψηται αὐτῶν (4)
— 11. ἐὰν δὲ ἱερεὺς κτήσηται ψυχὴν ἔγκτητον ἀργυρίου (4)
23. 27. ταπεινώσετε τὰς ψ. ὑμῶν (4)
— 29. πᾶσα ψ. . . . ἐξολεθρευθήσεται (4)
— 30. πᾶσα ψ. ἥτις ποιήσει ἔργον (4)
— 30. ἀπολεῖται ἡ ψ. ἐκείνη (4)
— 32. ταπεινώσετε τὰς ψ. ὑμῶν (4)
24. 17. ὃς ἂν πατάξῃ ψυχὴν ἀνθρώπου (4)
— 18. ἀποτισάτω ψυχὴν ἀντὶ ψυχῆς (4, 4)
26. 11. οὐ βδελύξεται ἡ ψ. μου ὑμᾶς (4)
— 15. καὶ τοῖς κρίμασί μου προσοχθίσῃ ἡ ψ. ὑ. (4)
— 16. καὶ τὴν ψ. ὑ. ἐκτήκουσαν (4)
— 30. προσοχθιεῖ ἡ ψ. μου ὑμῖν (4)
— 43. τοῖς προστάγμ. μου προσώχθισαν τῇ ψ. αὐ. (4)
27. 2. ὥστε τιμὴν τῆς ψ. αὐ. τῷ κ. (4)
Nu. 5. 2. καὶ πάντα ἀκάθαρτον ἐπὶ ψυχῇ (4)
— 6. καὶ πλημμελήσῃ ἡ ψ. ἐκείνη (4)
6. 6. ἐπὶ πάσῃ ψ. τετελευτηκυίᾳ οὐκ εἰσελεύσεται (4)
— 11. ἐξιλάσεται περὶ αὐτοῦ . . . περὶ τῆς ψ. (4)
9. 6. οἳ ἦσαν ἀκάθαρτοι ἐπὶ ψυχῇ ἀνθρώπου (4)
— 7. ἡμεῖς ἀκάθαρτοι ἐπὶ ψυχῇ ἀνθρώπου (4)
— 10. ὃς ἐὰν γένηται ἀκάθαρτος ἐπὶ ψυχῇ ἀνθρώπου (4)
— 13. ἐξολεθρευθήσεται ἡ ψ. ἐκείνη (4)
11. 6. ἡ ψ. ἡμῶν κατάξηρος (4)
15. 27. ἐὰν δὲ ψ. μία ἁμάρτῃ ἀκουσίως (4)
— 28. ἐξιλάσεται ὁ ἱ. περὶ τῆς ψ. τῆς ἀκουσιασθείσης (4)
— 30. ψυχὴ ἥτις ποιήσει ἐν χειρὶ ὑπερηφανίας (4)
— 30. ἐξολεθρευθήσεται ἡ ψ. ἐκείνη (4)
— 31. ἐκτρίψει ἐκτριβήσεται ἡ ψ. ἐκείνη (4)
Nu. 16. 38 (17. 3). ἡγίασαν τὰ πυρεῖα . . . ἐν ταῖς ψ. αὐ. (4)
19. 11. ὁ ἁπτόμ. τοῦ τεθνηκότος πάσης ψ. ἀνθρώπου (4)
— 13. πᾶς ὁ ἁπτόμ. τοῦ τεθνηκότος ἀπὸ ψυχῆς [A πάσης ψ.] ἀνθρ. (4)
— 13. ἐκτριβήσεται ἡ ψ. ἐκ. ἐξ Ἰσρ. (4)
— 18. περιρανεῖ . . . ἐπὶ τὰς ψ. (4)
— 20. ἐξολεθρευθήσεται ἡ ψ. ἐκείνη (4)
— 22. ἡ ψ. ἡ ἁπτομ. ἀκάθαρτος ἔσται (4)
21. 5. ἡ δὲ ψ. ἡμῶν προσώχθισεν (4)
23. 10. ἀποθάνοι ἡ ψ. μου ἐν ψυχαῖς δικαίων (4, †)
29. 7. κακώσετε τὰς ψ. ὑμῶν (4)
30. 3. ἣ ὁρίσηται ὁρισμῷ περὶ τῆς ψ. αὐ. (4)
— 4 (5), 5, 6, 7, 8, 9. οὓς ὡρίσατο κατὰ τῆς ψ. αὐ. (4)
— 10. ὅσα ἂν εὔξηται κατὰ τῆς ψ. αὐ. (4)
— 11. ἢ ὁ ὁρισμὸς κατὰ [A ὁ κατὰ] τῆς ψ. αὐ. (4)
— 12. οὓς ὡρίσατο κατὰ τῆς ψ. αὐ. (4)
— 13. κατὰ τοὺς ὁρισμοὺς τοὺς κατὰ τῆς ψ. αὐ. (4)
— 14. πᾶς ὅρκος δεσμοῦ κακῶσαι ψυχὴν [A αὐτήν] (4)
31. 28. μίαν ψ. ἀπὸ πεντακοσίων (4)
— 35. καὶ ψυχαὶ ἀνθρώπων . . . πᾶσαι ψ. [A πᾶσα ψ.] (4, 4)
— 40. καὶ ψυχαὶ ἀνθρώπων ἑκκαίδεκα χιλιάδες (4)
— 40. δύο καὶ τριάκοντα ψυχαί (4)
— 46. καὶ ψυχαὶ ἀνθρώπων ἓξ καὶ δέκα χιλιάδες (4)
35. 11. πᾶς ὁ πατάξας ψυχὴν ἀκουσίως (4)
— 15. παντὶ πατάξαντι ψυχὴν ἀκουσίως (4)
— 30. πᾶς πατάξας ψυχήν (4)
— 30. B οὐ μαρτυρήσει ἐπὶ ψυχῆς [A R -ὴν] ἀποθανεῖν (4)
— 31. οὐ λήψεσθε λύτρα περὶ [A ἐπὶ] ψυχῆς (4)
De. 4. 9. φύλαξον τὴν ψ. σου σφόδρα (4)
— 15. φυλάξεσθε σφόδρα τὰς ψ. ὑμῶν (4)
— 29. ὅταν ἐκζητήσητε αὐτὸν . . . ἐξ ὅλης τῆς ψ. σου (4)
6. 5. ἀγαπήσεις κ. τὸν θεόν σου . . . ἐξ ὅλης τῆς ψ. σου (4)
— 6. ἔσται τὰ ῥήματα ταῦτα . . . ἐν τῇ ψ. σου –
10. 12. λατρεύειν κ. τῷ θεῷ σου . . . ἐξ ὅλης τῆς ψ. σου (4)
— 22. ἐν ἑβδομήκοντα ψυχαῖς κατέβησαν οἱ πατ. σου (4)
11. 13. λατρεύειν αὐτῷ . . . ἐξ ὅλης τῆς ψ. σου (4)
— 18. ἐμβαλεῖτε τὰ ῥήματα τ. . . . εἰς τὴν ψ. ὑμῶν (4)
12. 20. ἐὰν ἐπιθυμήσῃ ἡ ψ. σου (4)
— 20. ἐν πάσῃ ἐπιθυμίᾳ τῆς ψ. σου [A *al.*] (4)
— 21. κατὰ τὴν ἐπιθυμίαν τῆς ψ. σου (4)
— 23. αἷμα αὐτοῦ ψυχή (4)
— 23. οὐ βρωθήσεται ἡ ψ. μετὰ τῶν κρεῶν (4)
13. 3 (4). εἰ ἀγαπᾶτε τὸν θ. ὑμῶν . . . ἐξ ὅλης τῆς ψ. ὑμῶν (4)
— 6 (7). B ἡ φίλος ἴσος τῆς ψ. σου [A R *al.*] (4)
14. 26. οὗ ἐὰν ἐπιθυμεῖ ἡ ψ. σου (4)
— 26. A R οὗ ἐὰν ἐπιθυμῇ ἡ ψ. σου (4)
16. 8. πλὴν ὅσα ποιηθήσεται ψυχῇ –
18. 6. καθότι ἐπιθυμεῖ ἡ ψ. αὐ. (4)
19. 6, 11. καὶ πατάξῃ αὐτοῦ ψυχήν [A τὴν ψ.] (4)
— 21. ψυχὴν ἀντὶ ψυχῆς (4, 4)
22. 26. καὶ φονεύσῃ αὐτοῦ ψυχήν (4)
23. 24 (25). B φάγῃ σταφυλὴν ὅσον ψυχήν σου ἐμπλησθῆναι [A[2] *al.*] (4)
24. 6. ψυχὴν οὗτος ἐνεχυράζει (4)
— 7. κλέπτων ψυχὴν ἐκ τῶν ἀδ. αὐ. τῶν υἱῶν Ἰσρ. (4)
26. 16. ποιήσετε αὐτὰ . . . ἐξ ὅλης τῆς ψ. ὑμῶν (4)
27. 25. πατάξαι ψυχὴν αἵματος ἀθῴου (4)
28. 65. δώσει σοι κύριος . . . τηκομένην ψ. (4)
30. 2. εἰσακούσῃ τῆς φωνῆς αὐ. . . . ἐξ ὅλης τῆς ψ. σου (4)
— 6. ἀγαπᾶν κ. τὸν θεόν σου . . . ἐξ ὅλης τῆς ψ. σου (4)
— 10. ἐὰν ἐπιστραφῇς ἐπὶ κ. τὸν θ. σου . . . ἐξ ὅλης τῆς ψ. σου (4)
Jo. 2. 13. ἐξελεῖσθε τὴν ψ. μου ἐκ θανάτου (4)
— 14. ἡ ψ. ἡμῶν ἀνθ' ὑμῶν εἰς θάνατον (4)
9. 24. ἐφοβήθημεν σφόδρα περὶ τῶν ψ. ἡμῶν (4)
20. 3. τῷ φονευτῇ τῷ πατάξαντι ψυχὴν ἀκουσίως (4)
— 9. παντὶ παίοντι ψυχὴν ἀκουσίως (4)
22. 5. λατρεύειν αὐτῷ . . . ἐξ ὅλης τῆς ψ. ὑμῶν (4)
23. 14. γνώσεσθε . . . τῇ ψ. ὑμῶν.

Jd. 5. 18. ὠνείδισε ψυχὴν αὐ. εἰς θάνατον (4)
— 21. καταπατήσει αὐτὸν ψ. μου δυνατή (4)
9. 17. ἐξέρριψε τὴν ψ. αὐ. (4)
10. 16. ὠλιγώθη ἡ ψ. αὐ. ἐν κόπῳ Ἰσρ. [A *al.*] (4)
12. 3. ἔθηκα τὴν ψ. μου ἐν χειρί μου (4)
16. 30. ἀποθανέτω ψυχή [A ἡ ψ.] μου (4)
18. 25. μή ποτε συναντήσωσιν ἐν ἡμῖν ἄνδρες πικροὶ ψυχῇ καὶ προσθήσουσι ψυχήν σου καὶ τὴν ψ. τοῦ οἴκου σου [A *al.*] (4 *ter*)
Ru. 4. 15. ἔσται σοι εἰς ἐπιστρέφοντα ψυχήν (4)
I Ki. 1. 10. καὶ αὐτὴ κατώδυνος ψυχῇ (4)
— 15. ἐκχέω τὴν ψ. μου ἐνώπιον κυρίου (4)
— 26. ζῇ ἡ ψ. σου (4)
2. 16. ὧν ἐπιθυμεῖ ἡ ψ. σου (4)
— 33. καὶ καταρρεῖν τὴν ψ. αὐ. (4)
— 35. ὃς πάντα . . . τὰ ἐν τῇ ψ. μου ποιήσει (4)
17. 55. A ζῇ ἡ ψ. σου (4)
18. 1. A ἡ ψ. Ἰων. συνεδέθη τῇ ψ. Δ. (4, 4)
— 1. A ἠγάπησεν αὐτὸν Ἰ. κατὰ τὴν ψ. αὐ. (4)
— 3. A ἐν τῷ ἀγαπᾶν αὐτὸν κατὰ τὴν ψ. αὐ. (4)
19. 5. ἔθετο τὴν ψ. αὐ. ἐν τῇ χειρὶ αὐ. (4)
— 11. ἐὰν μὴ σὺ σώσῃς τὴν ψ. σαυτοῦ (4)
20. 1. ἐπιζητεῖ τὴν ψ. μου (4)
— 3. ζῇ ἡ ψ. σου (4)
— 4. τί ἐπιθυμεῖ ἡ ψ. σου (4)
— 17. ἠγάπησε ψυχὴν ἀγαπῶντος αὐτόν (4)
22. 2. καὶ πᾶς κατώδυνος ψυχῇ [A τῇ ψ.] (4)
— 22. ἐγώ εἰμι αἴτιος τῶν ψ. [A ψ. ἐκείνων] (4)
— 23. οὗ ἐὰν ζητῶ τῇ ψ. μου τόπον ζητήσω καὶ τῇ ψ. σου (4, 4)
23. 20. πᾶν τὸ πρὸς ψυχὴν τοῦ βασ. (4)
24. 10. Δ. ζητεῖ τὴν ψ. σου †
— 12. δεσμεύεις τὴν ψ. μου λαβεῖν αὐτήν (4)
25. 26. ζῇ ἡ ψ. σου (4)
— 29. ἀναστήσεται ἄνθρωπος . . . ζητῶν τὴν ψ. σου (4)
— 29. ἔσται ψυχὴ [A ἡ ψ.] κυρίου μου ἐνδεδεμένη (4)
— 29. ψυχὴν ἐχθρῶν σου σφενδονήσεις (4)
26. 20. ζητεῖν ψυχήν [A τὴν ψ.] μου †
— 21. ἔντιμος ψυχή μου ἐν ὀφθαλμοῖς σου (4)
— 24. καθὼς ἐμεγαλύνθη ἡ ψ. σου σήμερον (4)
— 24. οὕτως μεγαλυνθείη ἡ ψ. μου (4)
28. 9. ἵνα τί σὺ παγιδεύεις τὴν ψ. μου (4)
— 21. ἐθέμην τὴν ψ. μου ἐν τῇ χειρί μου (4)
30. 6. κατώδυνος ψυχὴ παντὸς τοῦ λαοῦ (4)
II Ki. 1. 9. πᾶσα ἡ ψ. μου ἐν ἐμοί (4)
3. 21. οἷς ἐπιθυμεῖ ἡ ψ. σου (4)
4. 8. ὃς ἐζήτει τὴν ψ. σου (4)
— 9. ὃς ἐλυτρώσατο τὴν ψ. μου ἐκ πάσης θλίψεως (4)
5. 8. ἀπτέσθω . . . τοὺς μισοῦντας τὴν [A *om.*] ψ. Δ. (4)
11. 11. ζῇ ἡ ψ. σου (4)
14. 7. θανατώσομεν αὐτὸν ἀντὶ τῆς ψ. τοῦ ἀδ. αὐ. (4)
— 14. λήψεται ὁ θ. ψυχήν [A τὴν ψ.] (4)
— 19. ζῇ ἡ ψ. σου (4)
16. 11. ὁ υἱός μου . . . ζητεῖ τὴν ψ. μου (4)
17. 3. ψυχὴν ἑνὸς ἀνδρὸς σὺ ζητεῖς –
— 8. καὶ κατάπικροι τῇ ψ. αὐ. (4)
18. 13. μὴ ποιῆσαι ἐν τῇ ψ. αὐ. ἄδικον (4)
19. 5 (6). τῶν ἐξαιρουμένων . . . τὴν ψ. τῶν υἱῶν σου . . . καὶ τὴν [A *om.*] ψ. τῶν γυναικῶν σου καὶ τῶν [A ψυχὴν τῶν] παλλακῶν σου (4, 4, [4])
23. 17. εἰ αἷμα τῶν ἀνδρῶν τῶν πορευθέντων ἐν ταῖς ψ. αὐ. πίομαι (4)
III Ki. 1. 12. ἐξελοῦ τὴν ψ. σου καὶ τὴν ψ. τοῦ υἱοῦ σου Σαλ. (4, 4)
— 29. ὃς ἐλυτρώσατο τὴν ψ. μου (4)
2. 4. A καὶ ἐν ὅλῃ ψ. αὐ. (4)
— 23. κατὰ τῆς ψ. [A εὐχῆς] αὐ. ἐλάλησεν (4)
3. 11. οὐδὲ ᾐτήσω ψυχὰς ἐχθρῶν σου (4)
8. 48. ἐν ὅλῃ καρδίᾳ αὐ. καὶ ἐν ὅλῃ ψ. αὐ. (4)
11. 37. ἐν οἷς ἐπιθυμεῖ ἡ ψ. σου (4)
16. 33. B τοῦ παροργίσαι τὴν ψ. αὐ. [A R *al.*] –
17. 21. ἐπιστραφήτω δὴ ἡ ψ. τοῦ παιδαρίου τ. εἰς αὐτόν (4)
— 22. A ἀπεστράφη ἡ ψ. τοῦ παιδαρίου (4)
19. 2. θήσομαι τὴν ψ. σου καθὼς ψυχὴν ἑνὸς ἐξ αὐτῶν (4, 4)
— 3. ἀπῆλθε κατὰ τὴν ψ. ἑαυτοῦ (4)
— 4. ᾐτήσατο τὴν ψ. αὐ. ἀποθανεῖν (4)
— 4. λάβε δὴ τὴν ψ. μου ἀπ' ἐμοῦ (4)

III Ki. 19. 10, 14. ζητοῦσι τὴν ψ. μου (4)
— 14. ζητοῦσι τὴν ψ. μου (4)
21 (20). 31. εἴ πως ζωογονήσει τὰς ψ. ἡμῶν (4)
— 32. ζησάτω δὴ ἡ ψ. ἡμῶν (4)
— 39, 42. ἔσται ἡ ψ. σου ἀντὶ τῆς ψ. αὐ. (4, 4)
IV Ki. 1. 13. ἐντιμωθήτω ἡ ψ. μου καὶ ἡ ψ. τῶν δούλων σου τούτων (4, 4)
— 14. ἐντιμωθήτω δὴ ἡ ψ. μου (4)
2. 2, 4, 6. ζῇ ἡ ψ. σου εἰ καταλείψω σε (4)
4. 27. ἡ ψ. αὐ. κατώδυνος αὐτῇ (4)
— 30. ζῇ ἡ ψ. σου εἰ ἐγκαταλείψω σε (4)
6. 11. ἐξεκινήθη ἡ ψ. βασιλέως Συρίας (3)
7. 7. ἔφυγον πρὸς τὴν ψ. ἑαυτῶν (4)
9. 15. B εἰ ἔστιν ἡ [A R *om.*] ψ. ὑμῶν μετ' ἐμοῦ (4)
10. 24. ἡ ψ. αὐ. ἀντὶ τῆς ψ. αὐ. (4, 4)
12. 4 (5). A ψήφῳ ψυχῶν συντιμήσεως [B *al.*] (4)
23. 3. ἐν πάσῃ καρδίᾳ καὶ ἐν πάσῃ ψ. (4)
— 25. ἐν ὅλῃ ψ. αὐ. καὶ ἐν ὅλῃ ἰσχύϊ αὐ. (4)
I Ch. 5. 21. καὶ ψυχὰς ἀνδρῶν ἑκατὸν χιλιάδας (4)
11. 19. εἰ αἷμα ἀνδρῶν τούτων πίομαι ἐν ψυχαῖς αὐ. (4)
— 19. ἐν ψυχαῖς αὐ. ἤνεγκαν (4)
12. 38. παρατασσόμενοι παράταξιν ἐν ψ. εἰρηνικῇ (3)
— 38. ὁ κατάλοιπος Ἰσρ. ψ. μία (3)
15. 29. ἐξουδένωσεν αὐτὸν ἐν τῇ ψ. αὐ. (3)
17. 2. B πᾶν τὸ ἐν ψυχῇ [A S R τῇ ψ.] σου ποίει (3)
22. 7. ἐμοὶ ἐγένετο ἐπὶ ψυχῇ (3)
— 19. δότε . . . ψυχὰς ὑμῶν (4)
28. 9. δούλευε αὐτῷ ἐν . . . ψ. θελούσῃ (4)
II Ch. 1. 11. οὐκ ᾐτήσω . . . τὴν [A *om.*] ψ. τῶν ὑπεναντίων (4)
6. 38. ἐν ὅλῃ καρδίᾳ καὶ ἐν ὅλῃ ψ. αὐ. (4)
7. 11. ὅσα ἠθέλησεν ἐν τῇ ψ. Σαλ. τοῦ ποιῆσαι (3)
9. 1. ὅσα ἐν τῇ ψ. αὐ. (3)
15. 12. ἐξ ὅλης τῆς καρδίας καὶ ἐξ ὅλης τῆς ψ. (4)
— 15. ἐξ ὅλης τῆς ψ. [A ψ. αὐ.] ὤμοσαν (3)
31. 21. ἐξεζήτησε τὸν θ. αὐ. ἐξ ὅλης ψ. [A τῆς ψ.] αὐ. (3)
34. 31. ἐν ὅλῃ καρδίᾳ καὶ ἐν ὅλῃ ψ. (4)
35. 19. ἐν ὅλῃ καρδίᾳ αὐ. καὶ ἐν ὅλῃ ψ. αὐ. –
I Es. 4. 21. μετὰ τῆς γυναικὸς ἀφίησι τὴν ψ.
To. 1. 11. συνετήρησα τὴν ψ. μου
— 12. ἐμεμνήμην τοῦ θ. ἐν ὅλῃ τῇ [S *om.*] ψ. μου
3. 1. S περίλυπος γενόμενος τῇ ψ. [A B *al.*]
— 10. S ἐλυπήθη ἐν τῇ ψ. [A B *al.*]
6. 17. ἡ ψ. αὐτοῦ ἐκολλήθη σφόδρα αὐτῇ [S *al.*]
8. 20. S εὐφρανεῖς τὴν ψ. τῆς θυγατρός μου
12. 10. S πολέμιοί εἰσιν τῆς ἑαυτῶν ψ. [A B ζωῆς]
13. 6. ἐὰν ἐπιστρέψητε πρὸς αὐτὸν . . . ἐν ὅλῃ τῇ ψ. ὑμῶν
— 7. A B καὶ ἡ ψ. μου τῷ βασιλεῖ τοῦ οὐρανοῦ
— 15. B S ἡ ψ. μου εὐλογεῖ [A R -είτω] τὸν θεόν
14. 11. S ἡ ψ. μου ἐκλείπει
— 11. A B ἐξέλιπεν αὐ. ἡ ψ. ἐπὶ τῆς κλίνης
Ju. 4. 9. ἐταπεινοῦσαν τὰς ψ. αὐ.
7. 27. καὶ ζήσεται ἡ ψ. ἡμῶν
— 27. τὰς γυναῖκας καὶ τὰ τέκνα ἡμῶν ἐκλειπούσας τὰς ψ. αὐ.
8. 24. ἐξ ἡμῶν κρέμαται ἡ ψ. αὐ.
10. 15. σέσωκας τὴν ψ. σου
11. 7. εἰς κατόρθωσιν πάσης ψ.
— 8. ἠκούσαμεν γὰρ . . . τὰ πανουργεύματα τῆς ψ. σου
12. 4. A B ζῇ ἡ ψ. σου
— 16. A B ἐσαλεύθη ἡ ψ. αὐ.
13. 20. οὐκ ἐφείσω τῆς ψ. σου
14. 19. ἐταράχθη ἡ ψ. αὐτῶν σφόδρα
16. 9. τὸ κάλλος αὐ. ᾐχμαλώτισε ψυχὴν αὐτοῦ
Es. 7. 3. δοθήτω ἡ ψ. [S^2 ψ. μου] τῷ αἰτήματί μου (4)
— 7. S^2 παρῃτεῖτο περὶ τῆς ψ. αὐ. [A B S^1 *al.*] (4)
9. 16. S^2 ἑαυτοῖς ἐβοήθουν περὶ τῆς ψ. αὐ. [A B S^1 *al.*] (4)
Jb. 1. 5. προσέφερε . . . μόσχον ἕνα περὶ ἁμαρτίας περὶ [A ὑπὲρ] τῶν ψ. αὐτῶν –
2. 4. ὑπὲρ τῆς ψ. αὐ. ἐκτίσει [A *al.*] (4)
— 6. τὴν ψ. αὐτοῦ διαφύλαξον (4)
3. 20. A ἵνα τί γὰρ δέδοται τοῖς ἐν πικρίᾳ ψυχῆς [B S *om.*] φῶς ζωὴ δὲ ταῖς ἐν ὀδύναις ψυχαῖς (–, 4)
6. 7. A S^2 οὐ δύναται δέ μου παύσασθαι ἡ ψ. [B S^1 ὀργή] (4)
— 11. ἀνέχεταί μου ἡ ψ. (4)

Jb. 7. 11. ἀνοίξω πικρίαν ψυχῆς μου συνεχόμενος [A S^2 *al.*] (4)
— 15. ἀπαλλάξεις ἀπὸ πνεύματός μου τὴν ψ. [A ζωήν] μου (4)
— 15. A τὴν δὲ ψ. μου ἀπὸ τοῦ σώματός [B S ἀπὸ δὲ θανάτου τὰ ὀστᾶ] μου †
9. 21. εἴτε γὰρ ἠσέβησα οὐκ οἶδα τῇ ψ. (4)
10. 1. A B S^2 κάμνων τῇ ψ. μου (4)
— 1. λαλήσω πικρίᾳ ψυχῆς μου συνεχόμενος (4)
12. 10. εἰ μὴ ἐν χειρὶ αὐ. ψυχὴ πάντων ζώντων (4)
13. 14. ψυχὴν δέ μου θήσω ἐν χειρί (4)
14. 22. ἡ δὲ ψ. αὐτοῦ ἐπένθησεν (4)
16. 5 (4). A εἰ ὑπέκειτό γε ἡ ψ. ὑμῶν ἀντὶ τῆς ἐμῆς ψ. [B S *om.*] (4, 4)
19. 2. ἕως τίνος ἔγκοπον ποιήσετε ψυχήν [A τὴν ψ.] μου (4)
21. 8. ὁ σπόρος αὐτῶν κατὰ ψυχήν †
— 25. ὁ δὲ τελευτᾷ ὑπὸ πικρίας ψυχῆς (4)
24. 7. ἀμφίασιν δὲ ψυχῆς αὐτῶν ἀφείλαντο †
— 12. ψυχὴ δὲ νηπίων ἐστέναξε μέγα (4)
27. 2. ὁ παντοκράτωρ ὁ πικράνας μου τὴν ψ. (4)
— 4. οὐδὲ ἡ ψ. μου μελετήσει ἄδικα [A ἄνομα] †
30. 16. ἐπ' ἐμὲ ἐκχυθήσεται [S^2 ἐκλυθ.] ἡ ψ. μου (4)
31. 39. εἰ δὲ καὶ ψυχὴν κυρίου τῆς γῆς ἐκλαβὼν [A -βαλὼν] ἐλύπησα (4)
33. 18. ἐφείσατο δὲ τῆς ψ. αὐτοῦ ἀπὸ θανάτου (4)
— 20. ἡ ψ. αὐτοῦ βρῶσιν ἐπιθυμήσει (4)
— 22. ἤγγισε δὲ εἰς θάνατον ἡ ψ. αὐτοῦ (4)
— 28. σῶσον ψυχήν [A τὴν ψ.] μου (4)
— 28. S^2 καὶ ἡ ψ. μου φῶς ὄψεται [A B S^1 *al.*] (2 *a*)
— 30. A S^2 ἐρρύσατο τὴν ψ. μου ἐκ θανάτου ἵνα ἡ ψ. [B S^1 ζωή] μου ἐν φωτὶ αἰνῇ αὐτόν (4, 2 *b* ?)
— 31. A τοῦ ἐπιστρέψαι ψυχὴν αὐτοῦ ἐκ διαφθορᾶς –
36. 14. ἀποθάνοι τοίνυν ἐν νεότητι ἡ ψ. αὐτῶν (4)
38. 39. ψυχὰς δὲ δρακόντων ἐμπλήσεις (2 *a*)
41. 12 (13). ἡ ψ. αὐτοῦ ἄνθρακες (4)
Ps. 3. 2. πολλοὶ λέγουσι τῇ ψ. μου (4)
6. 3. ἡ ψ. μου ἐταράχθη σφόδρα (4)
— 4. ῥῦσαι τὴν ψ. μου (4)
7. 2. μή ποτε ἁρπάσῃ ὡς λέων τὴν ψ. μου (4)
— 5. καταδιώξαι ἄρα ὁ ἐχθρὸς τὴν ψ. μου (4)
9. 24 (10. 3). ἐν [S ἐπὶ] ταῖς ἐπιθυμίαις τῆς ψ. αὐτοῦ (4)
10 (11). 2 (1). πῶς ἐρεῖτε τῇ ψ. [A τὴν ψ.] μου (4)
— 6 (5). ὁ δὲ ἀγαπῶν ἀδικίαν μισεῖ τὴν ἑαυτοῦ ψ. (4)
12 (13). 2. ἕως τίνος θήσομαι βουλὰς ἐν ψυχῇ μου (4)
15 (16). 10. οὐκ ἐγκαταλείψεις τὴν ψ. μου εἰς ᾅδην (4)
16 (17). 9. οἱ ἐχθροί μου τὴν ψ. μου περιέσχον (4)
— 13. ῥῦσαι τὴν ψ. μου ἀπὸ ἀσεβοῦς (4)
18 (19). 7. ὁ νόμος τοῦ κυρίου ἄμωμος ἐπιστρέφων ψυχάς (4)
20 (21). 2. τὴν ἐπιθυμίαν τῆς ψ. [S^2 καρδίας] αὐτοῦ ἔδωκας αὐτῷ (3)
21 (22). 20. ῥῦσαι ἀπὸ ῥομφαίας τὴν ψυχήν μου (4)
— 29. ἡ ψ. μου αὐτῷ ζῇ (4)
22 (23). 3. τὴν ψ. μου ἐπέστρεψεν (4)
23 (24). 4. ὃς οὐκ ἔλαβεν ἐπὶ ματαίῳ τὴν ψ. αὐτοῦ [A *om.*] (4)
24 (25). 1. πρὸς σέ, κύριε, ἦρα τὴν ψ. μου (4)
— 13. ἡ ψ. αὐτοῦ ἐν ἀγαθοῖς αὐλισθήσεται (4)
— 20. φύλαξον τὴν ψ. μου (4)
25 (26). 9. μὴ συναπολέσῃς μετὰ ἀσεβῶν τὴν ψ. μου (4)
26 (27). 12. μὴ παραδῷς με εἰς ψυχὰς θλιβόντων με (4)
27 (28). 3. μὴ συνελκύσῃς μετὰ ἁμαρτωλῶν τὴν ψ. μου [S *al.*] –
29 (30). 3. ἀνήγαγες ἐξ ᾅδου τὴν ψ. μου (4)
30 (31). 7. ἔσωσας ἐκ τῶν ἀναγκῶν τὴν ψ. μου (4)
— 9. ἡ ψ. μου καὶ ἡ γαστήρ μου (4)
— 13. τοῦ λαβεῖν τὴν ψ. μου ἐβουλεύσαντο (4)
32 (33). 19. ῥύσασθαι ἐκ θανάτου τὰς ψ. αὐτῶν (4)
— 20. ἡ ψ. ἡμῶν ὑπομένει τῷ κυρίῳ (4)
33 (34). 2. ἐν τῷ κ. ἐπαινεσθήσεται ἡ ψ. μου (4)
— 22. λυτρώσεται κύριος ψυχὰς δούλων αὐτοῦ (4)
34 (35). 3. εἰπὸν τῇ ψ. μου (4)
— 4. οἱ ζητοῦντες τὴν ψ. μου (4)
— 7. μάτην ὠνείδισαν τὴν ψ. μου (4)
— 9. ἡ δὲ ψ. μου ἀγαλλιάσεται ἐπὶ τῷ κ. (4)
— 12. καὶ ἀτεκνίαν τῇ ψ. μου (4)

Ps. 34 (35). 13. ἐταπείνουν ἐν νηστείᾳ τὴν ψ. μου (4)
— 17. ἀποκατάστησον τὴν ψ. μου ἀπὸ τῆς κακουργίας αὐτῶν (4)
— 25. εὖγε εὖγε τῇ ψ. [S^{2} ἡ ψ.] ἡμῶν (4)
36 (37). 15. S^{1} ἡ ῥομφαία αὐτῶν εἰσέλθοι εἰς ψυχὴν [A B τὴν καρδίαν, S^{2} τὰς καρδίας] αὐτῶν (3)
37 (38). 7. ἡ ψ. μου ἐπλήσθη ἐμπαιγμῶν [A S^{2} *al.*] †
— 12. ἐξεβιάσαντο οἱ ζητοῦντες τὴν ψ. μου (4)
38 (39). 11. ἐξέτηξας ὡς ἀράχνην τὴν ψ. αὐτοῦ †
39 (40). 14. ἐντραπείησαν ἅμα οἱ ζητοῦντες τὴν ψ. μου (4)
40 (41). 4. ἴασαι τὴν ψ. μου
41 (42). 1. οὕτως ἐπιποθεῖ ἡ ψ. μου πρὸς σέ (4)
— 2. ἐδίψησεν ἡ ψ. μου πρὸς τὸν θ. (4)
— 4. ἐξέχεα ἐπ' ἐμὲ τὴν ψ. μου (4)
— 5. ἵνα τί περίλυπος εἶ, ἡ ψ. μου (4)
— 6. πρὸς ἐμαυτὸν ἡ ψ. μου ἐταράχθη (4)
— 11. A B^{1} R ἵνα τί περίλυπος εἶ, ἡ [B^{2} *om.*] ψ. μου (4)
42 (43). 5. A S^{2} R ἵνα τί περίλυπος εἶ, ἡ [B S^{1} *om.*] ψ. μου (4)
43 (44). 25. ἐταπεινώθη εἰς χοῦν ἡ ψ. ἡμῶν (4)
48 (49). 7. καὶ τὴν τιμὴν τῆς λυτρώσεως τῆς ψ. αὐτοῦ –
— 15. ὁ θεὸς λυτρώσεται τὴν ψ. μου (4)
— 18. ἡ ψ. αὐ. ἐν τῇ ζωῇ αὐ. εὐλογηθήσεται (4)
53 (54). 3. κραταιοὶ ἐζήτησαν τὴν ψ. μου (4)
— 4. ὁ κύριος ἀντιλήπτωρ τῆς ψ. μου (4)
54 (55). 18. λυτρώσεται ἐν εἰρήνῃ τὴν ψ. μου (4)
55 (56). 6. B S^{1} καθάπερ ὑπέμεινα τῇ ψ. [S^{2} -αν τὴν ψ.] μου (4)
— 13. ἐρρύσω τὴν ψ. μου ἐκ θανάτου (4)
56 (57). 1. ἐπὶ σοὶ πέποιθεν ἡ ψ. μου (4)
— 4. ἐρρύσατο τὴν ψ. μου ἐκ μέσου σκύμνων (4)
— 6. S παγίδας ἡτοίμασαν τὴν ψ. [B τοῖς ποσί] μου καὶ κατέκαμψαν τὴν ψ. μου (†, 4)
58 (59). 3. ἐθήρευσαν τὴν ψ. μου (4)
61 (62). 1. οὐχὶ τῷ θεῷ ὑποταγήσεται ἡ ψ. μου (4)
— 5. S R τῷ θεῷ ὑποτάγηθι ἡ [B *om.*] ψ. μου (4)
62 (63). 1. ἐδίψησέ σοι ἡ ψ. μου (4)
— 5. ὡσεὶ στέατος καὶ πιότητος ἐμπλησθείη ἡ ψ. μου (4)
— 8. ἐκολλήθη ἡ ψ. μου ὀπίσω σου (4)
— 9. αὐτοὶ δὲ εἰς μάτην ἐζήτησαν τὴν ψ. μου (4)
63 (64). 1. ἀπὸ φόβου ἐχθροῦ ἐξελοῦ τὴν ψ. μου (2 *b*)
65 (66). 9. τοῦ θεμένου τὴν ψ. μου εἰς ζωήν (4)
— 16. ὅσα ἐποίησε τῇ ψ. μου (4)
68 (69). 1. εἰσήλθοσαν ὕδατα ἕως ψυχῆς μου (4)
— 10. συνέκαμψα ἐν νηστείᾳ τὴν ψ. μου (4)
— 18. πρόσχες τῇ ψ. μου (4)
— 20. ὀνειδισμὸν προσεδόκησεν ἡ ψ. [S^{1} καρδία] μου (3)
— 32. S καὶ ζήσεται ἡ ψ. ὑμῶν [B καὶ ζήσεσθε] (3)
69 (70). 2. ἐντραπείησαν οἱ ζητοῦντες τὴν ψ. μου (4)
70 (71). 9. S ἐν τῷ ἐκλείπειν τὴν ψ. [B ἰσχύν] μου †
— 10. οἱ φυλάσσοντες τὴν ψ. μου ἐβουλεύσαντο ἐπὶ τὸ αὐτό (4)
— 13. ἐκλιπέτωσαν οἱ ἐνδιαβάλλοντες τὴν ψ. μου (4)
— 23. καὶ ἡ ψ. μου ἣν ἐλυτρώσω (4)
71 (72). 13. ψυχὰς πενήτων σώσει (4)
— 14. ἐξ ἀδικίας λυτρώσεται τὰς ψ. αὐτῶν (4)
73 (74). 19. μὴ παραδῷς τοῖς θηρίοις ψυχὴν ἐξομολογουμένην σοι τῶν ψ. τῶν πενήτων σου μὴ ἐπιλάθῃ εἰς τέλος (4, 2 *a*)
76 (77). 2. ἀπηνήνατο παρακληθῆναι ἡ ψ. μου (4)
77 (78). 18. τοῦ αἰτῆσαι βρώματα ταῖς ψ. αὐ. (4)
— 50. οὐκ ἐφείσατο ἀπὸ θανάτου τῶν ψ. αὐ. (4)
83 (84). 2. ἐκλείπει ἡ ψ. μου εἰς τὰς αὐλὰς τοῦ κ. (4)
85 (86). 2. φύλαξον τὴν ψ. μου ὅτι ὅσιός εἰμι (4)
— 4. εὔφρανον τὴν ψ. τοῦ δούλου σου ὅτι πρὸς σέ, κύριε, ἦρα τὴν ψ. μου (4, 4)
— 13. ἐρρύσω τὴν ψ. μου ἐξ ᾅδου κατωτάτου (4)
— 14. συναγωγὴ κραταιῶν ἐζήτησαν τὴν ψ. μου (4)
87 (88). 3. ἐπλήσθη κακῶν ἡ ψ. μου (4)
— 14. A S^{1} ἵνα τί, κύριε, ἀπωθεῖς τὴν ψ. [B S^{2} προσευχήν] μου (4)
88 (89). 48. ῥύσεται τὴν ψ. αὐ. ἐκ χειρὸς ᾅδου (4)
93 (94). 17. παρὰ βραχὺ παρῴκησε τῷ ᾅδῃ ἡ ψ. μου (4)
— 19. αἱ παρακλήσεις σου ἠγάπησαν [A B^{3} S^{2} ηὔφραναν] τὴν ψ. [S^{1} καρδίαν] μου (4)

Ps. 93 (94). 21. θηρεύσουσιν ἐπὶ ψυχὴν δικαίου (4)
96 (97). 10. φυλάσσει κύριος τὰς ψ. τῶν ὁσίων αὐτοῦ (4)
102 (103). 1, 2, 22 : 103 (104). 1, 35. εὐλόγει, ἡ ψ. μου, τὸν κύριον (4)
104 (105). 18. σίδηρον διῆλθεν ἡ ψ. αὐτοῦ (4)
105 (106). 15. ἐξαπέστειλε πλησμονὴν εἰς τὴν ψ. [A S^{2} τὰς ψ.] αὐτῶν (4)
106 (107). 5. ἡ ψ. αὐτῶν ἐν αὐτοῖς ἐξέλιπε (4)
— 9. A S ἐχόρτασε ψυχὴν κενὴν καὶ ψυχὴν [R *om.*] πεινῶσαν ἐνέπλησεν ἀγαθῶν (4, 4)
— 18. πᾶν βρῶμα ἐβδελύξατο ἡ ψ. αὐτῶν (4)
— 26. ἡ ψ. αὐτῶν ἐν κακοῖς ἐτήκετο (4)
108 (109). 20. τῶν λαλούντων πονηρὰ κατὰ τῆς ψ. μου (4)
— 31. τοῦ σῶσαι ἐκ τῶν καταδιωκόντων τὴν ψ. μου (4)
114 (116). 4. ῥῦσαι τὴν ψ. μου (4)
— 7. A S^{2} R ἐπίστρεψον ψυχή [S^{1} ἡ ψ.] μου εἰς τὴν ἀνάπαυσίν σου (4)
— 8. ἐξείλατο τὴν ψ. μου ἐκ θανάτου (4)
118 (119). 20. ἐπεπόθησεν ἡ ψ. μου τοῦ ἐπιθυμῆσαι (4)
— 25. ἐκολλήθη τῷ ἐδάφει ἡ ψ. μου (4)
— 28. ἐνύσταξεν ἡ ψ. μου ἀπὸ ἀκηδίας (4)
— 81. ἐκλείπει εἰς τὸ σωτήριόν σου ἡ ψ. μου (4)
— 109. ἡ ψ. μου ἐν ταῖς χερσί σου διὰ παντός (4)
— 129. διὰ τοῦτο ἐξηρεύνησεν αὐτὰ ἡ ψ. μου (4)
— 167. ἐφύλαξεν ἡ ψ. μου τὰ μαρτύριά σου (4)
— 175. ζήσεται ἡ ψ. μου (4)
119 (120). 2. ῥῦσαι τὴν ψ. μου ἀπὸ χειλέων ἀδίκων (4)
— 6. πολλὰ παρῴκησεν ἡ ψ. μου (4)
120 (121). 7. φυλάξει τὴν ψ. σου ὁ κύριος (4)
122 (123). 4. ἐπὶ πλεῖον ἐπλήσθη ἡ ψ. ἡμῶν (4)
123 (124). 4. χείμαρρον διῆλθεν ἡ ψ. ἡμῶν (4)
— 5. ἄρα διῆλθεν ἡ ψ. ἡμῶν τὸ ὕδωρ τὸ ἀνυπόστατον (4)
— 7. ἡ ψ. ἡμῶν ὡς στρουθίον ἐρρύσθη ἐκ τῆς παγίδος τῶν θηρευόντων (4)
129 (130). 5. ὑπέμεινεν ἡ ψ. μου εἰς τὸν λόγον σου (4)
— 6. ἤλπισεν ἡ ψ. μου ἐπὶ τὸν κύριον (4)
130 (131). 2. S R ὕψωσα τὴν ψ. [A καρδίαν] μου (4)
— 2. ὡς ἀνταποδώσεις ἐπὶ τὴν [S^{1} *om.*] ψ. μου (4)
137 (138). 3. πολυωρήσεις με ἐν ψυχῇ μου (4)
138 (139). 14. καὶ ἡ ψ. μου γινώσκει σφόδρα (4)
140 (141). 8. μὴ ἀντανέλῃς τὴν ψ. μου (4)
141 (142). 4. οὐκ ἔστιν ὁ ἐκζητῶν τὴν ψ. μου (4)
— 7. ἐξάγαγε ἐκ φυλακῆς τὴν ψ. μου (4)
142 (143). 3. A B^{2} S R κατεδίωξεν ὁ ἐχθρὸς τὴν ψ. μου (4)
— 6. ἡ ψ. μου ὡς γῆ ἄνυδρός σοι (4)
— 8. πρὸς σὲ ἦρα τὴν ψ. μου (4)
— 11. ἐξάξεις ἐκ θλίψεως τὴν ψ. μου (4)
— 12. ἀπολεῖς πάντας τοὺς θλίβοντας τὴν ψ. μου (4)
145 (146). 1. αἴνει, ἡ ψ. μου, τὸν κύριον (4)
Pr. 1. 19. τῇ γὰρ ἀσεβείᾳ τὴν ἑαυτῶν ψ. ἀφαιροῦνται (4)
2. 10. ἡ δὲ αἴσθησις τῇ σῇ ψ. καλὴ εἶναι δόξῃ (4)
3. 22. ἵνα ζήσῃ ἡ ψ. σου (4)
6. 16. συντρίβεται δὲ δι' ἀκαθαρσίαν ψυχῆς (4)
— 21. ἄφαψαι δὲ αὐτοὺς ἐπὶ σῇ ψ. διὰ παντός (3)
— 26. γυνὴ δὲ ἀνδρῶν τιμίας ψυχὰς ἀγρεύει (4)
— 30. κλέπτει γὰρ ἵνα ἐμπλήσῃ τὴν [A S^{2} *om.*] ψ. πεινῶν [A -ῶσαν] (4)
— 32. ὁ δὲ μοιχὸς . . . ἀπώλειαν τῇ ψ. αὐτοῦ περιποιεῖται (4)
7. 23. οὐκ εἰδὼς ὅτι περὶ ψυχῆς τρέχει (4)
8. 36. οἱ δὲ ἁμαρτάνοντες εἰς ἐμὲ ἀσεβοῦσιν εἰς τὰς ἑαυτῶν ψ. (4)
10. 3. οὐ λιμοκτονήσει κύριος ψυχὴν δικαίαν (4)
11. 17. τῇ ψ. αὐτοῦ ἀγαθὸν ποιεῖ ἀνὴρ ἐλεήμων (4)
— 25. ψυχὴ εὐλογουμένη πᾶσα ἁπλῆ (4)
— 30. ἀφαιροῦνται δὲ ἄωροι ψυχαὶ παρανόμων (4)
12. 10. δίκαιος οἰκτείρει ψυχὰς κτηνῶν αὐτοῦ (4)
— 13. ὁ δὲ συναντῶν ἐν πύλαις ἐκθλίψει ψυχάς –
— 14. ἀπὸ καρπῶν στόματος ψυχὴ ἀνδρὸς πλησθήσεται ἀγαθῶν –
13. 2. ψυχαὶ δὲ παρανόμων ὀλοῦνται ἄωροι (4)
— 3. ὃς φυλάσσει τὸ ἑαυτοῦ στόμα τηρεῖ τὴν ἑαυτοῦ ψ. (4)
— 8. λύτρον ἀνδρὸς ψυχῆς ὁ ἴδιος πλοῦτος (4)
— 9. ψυχαὶ δόλιαι πλανῶνται ἐν ἁμαρτίαις –
— 19. ἐπιθυμίαι εὐσεβῶν ἡδύνουσι ψυχήν (4)

Pr. 13. 25. δίκαιος ἔσθων ἐμπιπλᾷ τὴν ψ. αὐτοῦ ψυχαὶ δὲ ἀσεβῶν ἐνδεεῖς (4, †)
14. 10. καρδία ἀνδρὸς αἰσθητικὴ λυπηρὰ ψυχὴ αὐτοῦ (4)
— 25. ῥύσεται ἐκ κακῶν ψυχὴν μάρτυς πιστός (4)
16. 3 (15. 32). ὁ δὲ τηρῶν ἐλέγχους ἀγαπᾷ ψυχὴν αὐτοῦ (3)
— 17. ὃς φυλάσσει τὰς ἑαυτοῦ ὁδοὺς τηρεῖ τὴν ἑαυτοῦ ψ. (4)
— 24. γλύκασμα δὲ αὐτοῦ ἴασις ψυχῆς (4 ?)
18. 7. τὰ δὲ χείλη αὐτοῦ παγὶς τῇ ψ. αὐτοῦ (4)
— 8. ψυχαὶ δὲ ἀνδρογύνων πεινάσουσιν –
19. 15. ψυχὴ δὲ ἀεργοῦ πεινάσει (4)
— 16. ὃς φυλάσσει ἐντολὴν τηρεῖ τὴν ἑαυτοῦ ψ. (4)
— 18. εἰς δὲ ὕβριν μὴ ἐπαίρου τῇ ψ. σου (4)
— 19. καὶ τὴν ψ. αὐτοῦ προσθήσει –
20. 2. ὁ δὲ παροξύνων αὐτὸν ἁμαρτάνει εἰς τὴν ἑαυτοῦ ψ. (4)
21. 10. ψυχὴ ἀσεβοῦς οὐκ ἐλεηθήσεται ὑπ' οὐδενὸς τῶν ἀνθρώπων (4)
— 23. διατηρεῖ ἐκ θλίψεως τὴν ψ. αὐτοῦ (4)
22. 5. ὁ δὲ φυλάσσων τὴν ἑαυτοῦ ψ. ἀφέξεται αὐτῶν (4)
— 9. τὴν μέντοι ψ. ἀφαιρεῖται τῶν κεκτημένων –
— 20. B S ἐπὶ τὸ πλάτος τῆς ψ. [A R καρδίας] σου –
— 23. S^{1} ὁ γὰρ κύριος κρινεῖ αὐτοῦ τὴν ψ. [B S^{2} κρίσιν, A δίκην] καὶ ῥύσῃ σὴν ἄσυλον ψυχήν (†, 4)
— 25. καὶ λάβῃς βρόχους τῇ σῇ ψ. (4)
23. 14. τὴν δὲ ψ. αὐτοῦ ἐκ θανάτου ῥύσῃ (4)
— 24. ἐπὶ δὲ υἱῷ σοφῷ εὐφραίνεται ἡ ψ. αὐ. –
24. 14. αἰσθήσῃ σοφίαν τῇ σῇ ψ. (4)
25. 13. ψυχὰς γὰρ τῶν αὐτῷ χρωμένων ὠφελεῖ (4)
— 25. ὥσπερ ὕδωρ ψυχρὸν ψυχῇ διψώσῃ προσηνές (4)
26. 25. ἑπτὰ γάρ εἰσι πονηρίαι ἐν τῇ ψ. [A καρδίᾳ] αὐτοῦ (3)
27. 7. ψυχὴ ἐν πλησμονῇ οὖσα κηρίοις ἐμπαίζει ψυχῇ δὲ ἐνδεεῖ καὶ τὰ πικρὰ γλυκέα φαίνεται [S^{1} φέρει] (4, 4)
— 9. καταρρήγνυται δὲ ὑπὸ συμπτωμάτων ψυχή (4)
— 23. γνωστῶς ἐπιγνώσῃ ψυχὰς ποιμνίου σου †
28. 17. δώσει κόσμον τῇ σῇ ψ. –
29. 10. οἱ δὲ εὐθεῖς ἐκζητήσουσι ψυχὴν αὐτοῦ (4)
— 17. δώσει κόσμον τῇ ψ. σου (4)
— 24. μισεῖ τὴν ἑαυτοῦ ψ. (4)
Ec. 2. 24. ὃ δείξει τῇ ψ. αὐτοῦ ἀγαθόν (4)
4. 8. στερίσκω τὴν ψ. μου ἀπὸ ἀγαθωσύνης (4)
6. 2. οὐκ ἔστιν ὑστερῶν τῇ ψ. αὐτοῦ (4)
— 3. ψυχὴ [A S ἡ ψ.] αὐτοῦ οὐ πλησθήσεται (4)
— 8 (7). καί γε ἡ [A *om.*] ψ. οὐ πληρωθήσεται (4)
— 9. ἀγαθὸν ὅραμα . . . ὑπὲρ πορευόμενον ψυχῇ (4)
7. 29 (28). ὃν ἐπεζήτησεν ἡ ψ. μου (4)
Ca. 1. 7. ἀπάγγειλόν μοι ὃν ἠγάπησεν ἡ ψ. μου (4)
3. 1. ἐζήτησα ὃν ἠγάπησεν ἡ ψ. μου (4)
— 2. ζητήσω ὃν ἠγάπησεν ἡ ψ. μου (4)
— 3. μὴ ὃν ἠγάπησεν ἡ ψ. μου ἴδετε (4)
— 4. ἕως οὗ εὗρον ὃν ἠγάπησεν ἡ ψ. μου (4)
5. 6. ψυχή [A ἡ ψ.] μου ἐξῆλθεν [S ἀπῆλθεν] ἐν λόγῳ αὐτοῦ (4)
6. 11 (12). οὐκ ἔγνω ἡ [S *om.*] ψ. μου (4)
Wi. 1. 4. εἰς κακότεχνον ψ. οὐκ εἰσελεύσεται σοφία
— 11. στόμα δὲ καταψευδόμενον ἀναιρεῖ ψυχήν
2. 22. οὐδὲ ἔκριναν γέρας ψυχῶν [S^{1} -ᾶν] ἀμώμων
3. 1. δικαίων δὲ ψυχαὶ ἐν χειρὶ θεοῦ
— 13. ἕξει καρπὸν ἐν ἐπισκοπῇ ψυχῶν
4. 11. ἡρπάγη μὴ . . . δόλος ἀπατήσῃ ψυχὴν αὐτοῦ
— 14. ἀρεστὴ γὰρ ἦν κυρίῳ ἡ ψ. αὐτοῦ
7. 27. κατὰ γενεὰς εἰς ψυχὰς ὁσίας μεταβαίνουσα
8. 19. ψυχῆς τε ἔλαχον ἀγαθῆς
9. 3. καὶ ἐν εὐθύτητι ψυχῆς κρίσιν κρίνῃ
— 15. φθαρτὸν γὰρ σῶμα βαρύνει ψυχήν
10. 7. ἀπιστούσης ψυχῆς μνημεῖον ἑστηκυῖα στήλη ἁλός
— 16, 19 (S^{1}). εἰσῆλθεν εἰς ψυχὴν θεράποντος κυρίου
12. 6. αὐθέντας γονεῖς ψυχῶν ἀβοηθήτων
14. 5. ἐλαχίστῳ ξύλῳ πιστεύουσιν ἄνθρωποι ψυχάς
— 11. ἐγενήθησαν καὶ εἰς σκάνδαλα ψυχαῖς ἀνθρώπων
— 26. ψυχῶν μιασμὸς γενέσεως ἐναλλαγή
15. 8. τὸ τῆς ψ. ἀπαιτηθεὶς χρέος
— 11. τὸν ἐμπνεύσαντα αὐτῷ ψυχὴν ἐνεργοῦσαν
— 14. τάλανες ὑπὲρ ψυχὴν νηπίου [A ψυχὰς νηπίων]
16. 9. οὐχ εὑρέθη ἴαμα τῇ ψ. αὐτῶν

Wi. 16. 14. οὐδὲ ἀναλύει ψυχὴν παραληφθεῖσαν
17. 1. ἀπαίδευτοι ψυχαὶ ἐπλανήθησαν
— 8. οἱ γὰρ ὑπισχνούμενοι δείματα . . . ἀπελαύνειν ψυχῆς νοσούσης
— 15. τὰ δὲ τῆς ψ. παρελύοντο προδοσίᾳ
Si. 1. 30. ἵνα μὴ πέσῃς καὶ ἐπαγάγῃς τῇ ψ. σου ἀτιμίαν
2. 1. ἑτοίμασον τὴν ψ. σου εἰς πειρασμόν
— 17. ἐνώπιον αὐτοῦ ταπεινώσουσι τὰς ψ. αὐτῶν
4. 2. ψυχὴν πεινῶσαν μὴ λυπήσῃς
— 6. καταρωμένου γάρ σε ἐν πικρίᾳ ψυχῆς αὐτοῦ
— 17. ἕως οὗ ἐμπιστεύσῃ τῇ ψ. αὐτοῦ
— 20. περὶ τῆς ψ. σου μὴ αἰσχυνθῇς
— 22. μὴ λάβῃς πρόσωπον κατὰ τῆς ψ. σου
5. 2. A B S[3] μὴ ἐξακολούθει τῇ ψ. σου
6. 2. μὴ ἐπάρῃς σεαυτὸν ἐν βουλῇ ψυχῆς σου ἵνα μὴ διαρπαγῇ ὡς ταῦρος ἡ ψ. σου
— 4. ψυχὴ πονηρὰ ἀπολεῖ τὸν κτησάμενον αὐτήν
— 26. ἐν πάσῃ ψυχῇ σου πρόσελθε αὐτῇ
— 32. ἐὰν δῷς τὴν ψ. σου πανοῦργος ἔσῃ
7. 11. μὴ καταγέλα ἄνθρωπον ὄντα ἐν πικρίᾳ ψυχῆς αὐτοῦ
— 17. ταπείνωσον σφόδρα τὴν ψ. σου
— 20. μηδὲ μίσθιον διδόντα ψυχὴν [A S τὴν ψ.] αὐτοῦ
— 21. οἰκέτην συνετὸν ἀγαπάτω σου ἡ ψ.
— 26. γυνή σοί ἐστι κατὰ ψυχήν [S τὴν ψ.]
— 29. ἐν ὅλῃ ψυχῇ σου εὐλαβοῦ τὸν κύριον
9. 2. μὴ δῷς γυναικὶ τὴν ψ. σου
— 6. μὴ δῷς πόρναις τὴν ψ. σου
— 9. μή ποτε ἐκκλίνῃ ἡ ψ. σου ἐπ' αὐτήν
10. 28. ἐν πραΰτητι δόξασον τὴν ψ. σου
— 29. τὸν ἁμαρτάνοντα εἰς τὴν [A om.] ψ. αὐτοῦ
12. 11. ἐπίστησον τὴν ψ. [A τῇ ψ.] σου
14. 2. μακάριος οὗ οὐ κατέγνω ἡ ψ. αὐτοῦ
— 4. ὁ συνάγων ἀπὸ τῆς ψ. αὐτοῦ συνάγει ἄλλοις
— 8. ἀποστρέφων πρόσωπον καὶ ὑπερορῶν ψυχάς
— 9. ἀδικία πονηρὰ ἀναξηραίνει ψυχήν
16. ἀπάτησον [A ἀπότισον, S[1] ἀπαίτησον, S[2] ἁγίασον] τὴν ψ. σου.
16. 17. τίς γὰρ ἡ ψ. μου ἐν ἀμετρήτῳ κτίσει
— 30. ψυχὴν [S -ῇ] παντὸς ζῴου ἐκάλυψε τὸ πρόσωπον αὐτῆς
18. 15 (S), 30. ἐγκράτεια ψυχῆς
— 31. ἐὰν χορηγήσῃς [A εὐδοκήσεις] τῇ ψ. σου εὐδοκίαν ἐπιθυμίας
19. 3. ψυχὴ τολμηρὰ ἐξαρθήσεται
— 4. ὁ ἁμαρτάνων εἰς ψυχὴν αὐτοῦ πλημμελήσει
— 16. ἔστιν ὀλισθάνων καὶ οὐκ ἀπὸ ψυχῆς
20. 22. ἔστιν ἀπολλύων τὴν ψ. αὐτοῦ δι' αἰσχύνην
21. 2. οἱ ὀδόντες αὐτῆς ἀναιροῦντες ψυχὰς ἀνθρώπων
— 27. αὐτὸς καταρᾶται τὴν ἑαυτοῦ ψ. [A τὴν ψ. αὐτοῦ]
— 28. μολύνει τὴν ἑαυτοῦ ψ. ὁ ψιθυρίζων
23. 6. ψυχῇ ἀναιδεῖ μὴ παραδῷς με
— 16. ψυχὴ θερμὴ ὡς πῦρ καιόμενον
— 18. λέγων ἐν [A om.] τῇ [S[1] om.] ψ. αὐτοῦ
24. 1. ἡ σοφία αἰνέσει ψυχὴν αὐτῆς
25. 2. τρία δὲ εἴδη ἐμίσησεν ἡ ψ. μου
26. 14. οὐκ ἔστιν ἀντάλλαγμα πεπαιδευμένης ψυχῆς
— 15. οὐκ ἔστι σταθμὸς πᾶς ἄξιος ἐγκρατοῦς ψυχῆς
27. 16. οὐ μὴ εὕρῃ φίλον πρὸς τὴν [S[1] om.] ψ. αὐτοῦ
29. 15. ἔδωκε γὰρ τὴν ψ. αὐτοῦ ὑπὲρ σοῦ
30. 7. B S[1] περὶ ψυχῶν [? περιψύχων] υἱῶν [A S[2] R -ών]
— 21. μὴ δῷς εἰς λύπην τὴν ψ. σου
— 23. ἀγάπα [S[2] ἀπάτα] τὴν ψ. σου
— 40 (33. 31). ὡς ἡ ψ. σου ἐπιδεήσεις αὐτῷ
31 (34). 15. φοβουμένου τὸν κύριον μακαρία ἡ ψ.
— 17. ἀνυψῶν ψυχὴν καὶ φωτίζων ὀφθαλμούς
34 (31). 20. ἀνέστη πρωῒ καὶ ἡ ψ. αὐτοῦ μετ' αὐτοῦ
— 28. ἀγαλλίαμα καρδίας καὶ εὐφροσύνη ψυχῆς
— 29. πικρία ψυχῆς οἶνος πινόμενος [A γιν.] πολύς
35 (32). 23. ἐν παντὶ ἔργῳ πίστευε τῇ ψ. σου
37. 6. μὴ ἐπιλάθῃ φίλου ἐν τῇ ψ. σου
— 8. ἀπὸ συμβούλου φύλαξον τὴν [S[1] om.] ψ. σου
— 12. ὃς ἐν τῇ ψ. αὐτοῦ κατὰ τὴν ψ. σου
— 14. ψυχὴ γὰρ ἀνδρὸς ἀπαγγέλλειν ἐνίοτε εἴωθεν
— 19. τῇ ἰδίᾳ ψ. ἐστιν ἄχρηστος
— 22. ἔστι σοφὸς τῇ ἰδίᾳ ψ.
— 27. ἐν τῇ ζωῇ σου πείρασον τὴν ψ. σου
— 28. οὐ πᾶσα ψυχὴ ἐν παντὶ εὐδοκεῖ
38. 34. πλὴν τοῦ ἐπιδόντος τὴν ψ. αὐτοῦ
40. 29. ἀλισγήσει [S ἀλγ.] τὴν [A S om.] ψ. αὐτοῦ ἐν ἐδέσμασιν ἀλλοτρίοις

Si. 45. 23. ἐν ἀγαθότητι προθυμίας ψυχῆς αὐτοῦ
47. 15. γῆν ἐπεκάλυψεν ἡ ψ. σου
50. 25. ἐν δυσὶν ἔθνεσι προσώχθισεν ἡ ψ. μου
51. 3. ἐκ χειρὸς ζητούντων τὴν ψ. μου
— 6. A S R ἤγγισεν [B ἤνεσεν] ἕως θανάτου ἡ ψ. μου
— 19. διαμεμάχισται ἡ ψ. μου ἐν αὐτῇ
— 20. τὴν ψ. μου κατεύθυνα εἰς αὐτήν
— 24. αἱ ψ. ὑμῶν διψῶσι σφόδρα
— 26. ἐπιδεξάσθω ἡ ψ. ὑμῶν παιδείαν
— 29. εὐφρανθείη ἡ ψ. ὑμῶν ἐν τῷ ἐλέει αὐτοῦ
Ho. 4. 8. ἐν ταῖς ἀδικίαις αὐ. λήψονται τὰς ψ. αὐ. (4)
9. 4. οἱ ἄρτοι αὐ. ταῖς ψ. αὐ. οὐκ εἰσελεύσονται (4)
Am. 2. 14 (B), 15. οὐ μὴ σώσει τὴν ψ. αὐ. (4)
Mi. 6. 7. ὑπὲρ ἁμαρτίας ψυχῆς μου (4)
7. 1. οἴμοι ψυχή (4)
— 3. καταθύμιον ψυχῆς αὐ. ἐστιν (4)
Jn. 1. 14. A B S[2] μὴ ἀπολώμεθα ἕνεκεν τῆς ψ. τοῦ ἀνθρ. τ. (4)
2. 6. περιεχύθη ὕδωρ μοι ἕως ψυχῆς (4)
— 8. ἐν τῷ ἐκλιπεῖν ἀπ' ἐμοῦ τὴν ψ. μου (4)
4. 3. λάβε τὴν ψ. μου ἀπ' ἐμοῦ (4)
— 8. ἀπελέγετο τὴν ψ. αὐ. (4)
Hb. 2. 4. οὐκ εὐδοκεῖ ἡ ψ. μου ἐν αὐτῷ (4)
— 5. ὃς ἐπλάτυνε καθὼς ᾅδης τὴν ψ. αὐ. (4)
— 10. ἐξήμαρτεν ἡ ψ. σου (4)
3. 2. ἐν τῷ ταραχθῆναι τὴν ψ. μου –
Hg. 2. 10 (9). ἐν τῷ τόπῳ τούτῳ δώσω . . . εἰρήνην ψυχῆς –
— 14 (13). ἐὰν ἅψηται μεμιαμμένος ἀκάθαρτος ἐπὶ [A ψυχῇ ἐπὶ] ψυχῇ ([–], 4)
Za. 11. 8. βαρυνθήσεται ἡ ψ. μου ἐπ' αὐτούς (4)
— 8. καὶ γὰρ αἱ ψ. [S[1] χεῖρες] αὐ. ἐπωρύοντο ἐπ' ἐμέ (4)
Is. 1. 14. τὰς ἑορτὰς ὑμῶν μισεῖ ἡ ψ. μου (4)
— 16. ἀφέλετε τὰς πονηρίας ἀπὸ τῶν ψ. ὑμῶν †
3. 9. οὐαὶ τῇ ψ. αὐτῶν (4)
5. 14. ἐπλάτυνεν ὁ ᾅδης τὴν ψ. αὐτοῦ (4)
7. 2. ἐξέστη ἡ ψ. αὐτοῦ καὶ ἡ ψ. τοῦ λαοῦ αὐτοῦ (3, 3)
— 4. μηδὲ ἡ ψ. σου ἀσθενείτω (3)
10. 7. τῇ ψ. οὐχ οὕτως λελόγισται (3)
— 18. καταφάγεται ἀπὸ ψυχῆς ἕως σαρκῶν (4)
13. 2. A παρακαλεῖτε τῇ ψ. [B S χειρί] †
— 7. πᾶσα ψ. ἀνθρώπου δειλιάσει (3)
15. 4. ἡ ψ. αὐτῆς γνώσεται (4)
19. 10. τὰς ψ. πονέσουσι (4)
21. 4. ἡ ψ. μου ἐφέστηκεν εἰς φόβον †
24. 7. οἱ εὐφραινόμενοι τὴν ψ. (3)
26. 8. ᾗ ἐπιθυμεῖ ἡ ψ. ἡμῶν (4)
29. 8. ἡ δὲ ψ. αὐτοῦ εἰς κενὸν ἤλπισεν (4)
32. 6. τοῦ διασπεῖραι ψυχὰς πεινώσας καὶ τὰς ψ. τὰς διψώσας κενὰς ποιήσει [A al.] (4, –)
33. 18. ἡ ψ. ὑμῶν μελετήσει φόβον (3)
38. 14 (15). ἀφείλατό μου τὴν ὀδύνην τῆς ψ. (4)
— 17. εἵλου γάρ μου τὴν ψ. (4)
42. 1. προσεδέξατο αὐτὸν ἡ ψ. μου (4)
— 25. οὐδὲ ἔθεντο ἐπὶ ψυχήν (3)
44. 19. οὐκ ἐλογίσατο τῇ ψ. αὐτοῦ (3)
— 20. οὐδεὶς δύναται ἐξελέσθαι τὴν ψ. αὐτοῦ (4)
47. 14. οὐ μὴ ἐξέλωνται τὴν ψ. αὐτῶν (4)
49. 7. ἁγιάσατε τὸν φαυλίζοντα τὴν ψ. αὐτοῦ (4)
51. 23. οἳ εἶπαν τῇ ψ. σου, Κύψον (4)
53. 10. ἡ ψ. ὑμῶν ὄψεται σπέρμα μακρόβιον (4)
— 11. ἀπὸ τοῦ πόνου τῆς ψ. αὐτοῦ (4)
— 12. παρεδόθη εἰς θάνατον ἡ ψ. αὐτοῦ (4)
55. 2. ἐντρυφήσει ἐν ἀγαθοῖς ἡ ψ. ὑμῶν (4)
— 3. ζήσεται ἐν ἀγαθοῖς ἡ ψ. ὑμῶν (4)
56. 11. οἱ κύνες ἀναιδεῖς τῇ ψ. (4)
58. 3. ἐταπεινώσαμεν τὰς ψ. ἡμῶν (4)
— 5. ταπεινοῦν ἄνθρωπον τὴν ψ. αὐτοῦ (4)
— 10. δῷς πεινῶντι τὸν ἄρτον ἐκ ψυχῆς σου καὶ ψυχὴν τεταπεινωμένην ἐμπλήσῃς (4, 4)
— 11. καθάπερ ἐπιθυμεῖ ἡ ψ. σου (4)
61. 10. ἀγαλλιάσθω ἡ ψ. μου ἐπὶ τῷ κυρίῳ (4)
66. 3. τὰ βδελύγματα αὐ. [A S add. ἃ] ἡ ψ. αὐτῶν ἠθέλησε (4)
Je. 2. 24. ἐν ἐπιθυμίαις ψυχῆς αὐτῆς ἐπνευματοφορεῖτο (4)
— 34. εὑρέθησαν αἵματα ψυχῶν ἀθῴων (4)
3. 11. ἐδικαίωσε τὴν ψ. αὐ. Ἰσραήλ (4)
4. 10. ἥψατο ἡ μάχαιρα ἕως τῆς ψ. αὐτῶν (4)

Je. 4. 19. τὰ αἰσθητήρια τῆς καρδίας μου μαιμάσσει ἡ ψ. μου [S[1] al.] (3)
— 19. φωνὴν σάλπιγγος ἤκουσεν ἡ ψ. μου (4)
— 30. τὴν ψ. σου ζητοῦσιν (4)
— 31. ἐκλείπει ἡ ψ. μου ἐπὶ τοῖς ἀνῃρημένοις (4)
5. 9. ἐν ἔθνει τοιούτῳ οὐκ ἐκδικήσει ἡ ψ. μου (4)
— 29. ἐν ἔθνει τῷ τοιούτῳ οὐκ ἐκδικήσει ἡ ψ. μου (4)
6. 8. μὴ ἀποστῇ ἡ ψ. μου ἀπὸ σοῦ (4)
— 16. εὑρήσετε ἁγνισμὸν ταῖς ψ. ὑμῶν (4)
9. 9 (8). ἐν λαῷ τοιούτῳ οὐκ ἐκδικήσει ἡ ψ. μου (4)
11. 21. ἐπὶ τοὺς ἄνδρας Ἀναθὼθ τοὺς ζητοῦντας τὴν ψ. μου (4)
12. 7. ἔδωκα τὴν ἠγαπημένην ψ. μου εἰς χεῖρας ἐχθρῶν αὐ. (4)
13. 17. κλαύσεται ἡ ψ. ὑμῶν (4)
14. 19. ἀπὸ Σιὼν ἀπέστη ἡ ψ. σου (4)
15. 1. οὐκ ἔστιν ἡ ψ. μου πρὸς αὐτούς (4)
— 9. ἀπεκάκησεν ἡ ψ. αὐτῆς (4)
17. 21. φυλάσσεσθε τὰς ψ. [A φυλακὰς] ὑμῶν (4)
18. 20. συνελάλησαν ῥήματα κατὰ τῆς ψ. μου (4)
19. 7. ἐν χερσὶ τῶν ζητούντων τὰς ψ. αὐτῶν (4)
20. 13. ἐξείλατο ψυχὴν πένητος (4)
21. 7. εἰς χεῖρας ἐχθρῶν αὐτῶν τῶν ζητούντων τὰς ψ. αὐτῶν (4)
— 9. ἔσται ἡ ψ. αὐτοῦ εἰς σκῦλα (4)
22. 25. εἰς χεῖρας τῶν ζητούντων τὴν ψ. σου (4)
— 27. ἣν αὐτοὶ εὔχονται ταῖς ψ. αὐτῶν (4)
25. 16 (49. 37). ἐναντίον τῶν ἐχθρῶν αὐτῶν τῶν ζητούντων τὴν ψ. αὐ. (4)
27 (50). 19. πλησθήσεται ἡ ψ. αὐτοῦ (4)
28 (51). 6. ἀνασῴζετε ἕκαστος τὴν ψ. αὐτοῦ (4)
31 (48). 6. σώσατε τὰς ψ. ὑμῶν (4)
33 (26). 19. ἐποιήσαμεν κακὰ μεγάλα ἐπὶ ψυχὰς [A -αῖς] ὑμῶν (4)
38 (31). 12. ἔσται ἡ ψ. [S[1] τῇ ψ.] αὐ. ὥσπερ ξύλον ἔγκαρπον (4)
— 14. μεθύσω τὴν ψ. τῶν ἱερέων (4)
— 25. ἐμέθυσα πᾶσαν ψυχὴν διψῶσαν καὶ πᾶσαν ψυχὴν πεινῶσαν ἐνέπλησα (4, 4)
39 (32). 41. ἐν πάσῃ καρδίᾳ καὶ ἐν πάσῃ ψ. (4)
41 (34). 16. οὓς ἐξαπεστείλατε ἐλευθέρους τῇ ψ. αὐτῶν (4)
44 (37). 9. μὴ ὑπολάβητε ταῖς ψ. ὑμῶν (4)
45 (38). 2. ἔσται ἡ ψ. αὐτοῦ εἰς εὕρεμα (4)
— 16. ὃς ἐποίησεν ἡμῖν τὴν ψ. ταύτην (4)
— 17, 20. ζήσεται ἡ ψ. σου (4)
46 (39). 18. ἔσται ἡ ψ. σου εἰς εὕρεμα (4)
47 (40). 14. ἀπέστειλε . . . τὸν Ἰσμαὴλ πατάξαι σου ψυχήν (4)
— 15. μὴ πατάξῃ σου ψυχήν (4)
49 (42). 20. ἐπονηρεύσασθε ἐν ψυχαῖς [A ταῖς ψ.] ὑμῶν (4)
50 (43). 6. ἔλαβε . . . τὰς ψ. ἃς κατέλιπε (4)
51 (44). 7. ἵνα τί ὑμεῖς ποιεῖτε κακὰ μεγάλα ἐπὶ ψυχαῖς [S[1] -ὰς] ὑμῶν (4)
— 14. ἐλπίζουσι ταῖς ψ. αὐτῶν τοῦ ἐπιστρέψαι (4)
— 30. εἰς χεῖρας ζητούντων τὴν ψ. αὐτοῦ (4)
— 30. εἰς χεῖρας Ναβουχοδονοσὸρ . . . ζητοῦντος τὴν ψ. αὐτοῦ (4)
51. 35 (45. 5). δώσω τὴν ψ. σου εἰς [S om.] εὕρεμα (4)
Ba. 2. 18. ἡ ψ. ἡ λυπουμένη ἐπὶ τὸ μέγεθος . . . καὶ ἡ ψ. ἡ πεινῶσα δώσουσί σοι δόξαν
3. 1. ψ. ἐν στενοῖς . . . κέκραγε πρὸς σέ
La. 1. 6. S τοῦ ἀναπαῦσαι ψυχήν –
— 11. τοῦ ἐπιστρέψαι ψυχήν (4)
— 16. ὁ ἐπιστρέφων ψυχήν μου (4)
— 19. ἵνα ἐπιστρέψωσι [S add. εἰς] ψυχὰς αὐτῶν (4)
2. 12. ἐν τῷ ἐκχεῖσθαι ψυχὰς αὐτῶν (4)
— 19. ἆρον . . . χεῖράς σου περὶ ψυχῆς νηπίων σου (4)
3. 17. ἀπώσατο ἐξ εἰρήνης ψυχήν μου (4)
— 20. καταδολεσχήσει ἐπ' ἐμὲ ἡ ψ. μου (4)
— 24. R εἶπεν ἡ ψ. μου (4)
— 25. ἀγαθὸς κύριος . . . ψυχῇ ἣ ζητήσει (4)
— 51. ὁ ὀφθαλμός μου ἐπιφυλλιεῖ ἐπὶ τὴν ψ. μου (4)
— 58. ἐδίκασας, κύριε, τὰς δίκας [A ἀδικίας] τῆς ψ. μου (4)
5. 9. ἐν ταῖς ψ. ἡμῶν εἰσοίσομεν ἄρτον ἡμῶν (4)
Ep. Je. 7. αὐτός τε ἐκζητῶν τὰς ψ. ὑμῶν
Ez. 3. 19. σὺ τὴν ψ. σου ῥύσῃ (4)
— 21. σὺ τὴν σεαυτοῦ ψ. [A ψ. σου] ῥύσῃ (4)
4. 14. εἰ ἡ ψ. μου οὐ μεμίανται ἐν ἀκαθαρσίᾳ (4)

Ez. 7. 19. αἱ ψ. αὐτῶν οὐ μὴ ἐμπλησθῶσι (4)
13. 18. τοῦ διαστρέφειν ψυχάς (4)
— 18. αἱ ψ. διεστράφησαν τοῦ λαοῦ μου καὶ ψυχὰς περιεποιοῦντο (4, 4)
— 19. τοῦ ἀποκτεῖναι ψυχὰς . . . καὶ τοῦ περιποιήσασθαι ψυχάς [A al.] (4, 4)
— 20. ἐφ' ἃ ὑμεῖς συστρέφετε ἐκεῖ ψυχὰς . . . ἐξαποστελῶ τὰς ψ. ἃς ὑμεῖς ἐκστρέφετε τὰς ψ. αὐτῶν (4 ter)
14. 20. ῥύσονται τὰς ψ. αὐτῶν (4)
16. 5. ἀπερρίφης . . . τῇ σκολιότητι τῆς ψ. σου (4)
— 27. παραδώσω [A add. σε] εἰς ψυχὰς μισούντων σε (4)
17. 17. τοῦ ἐξᾶραι ψυχάς (4)
18. 4. πᾶσαι αἱ ψ. ἐμαί εἰσιν ὃν τρόπον ἡ ψ. τοῦ πατρὸς οὕτως καὶ ἡ ψ. τοῦ υἱοῦ ἐμαί εἰσιν ἡ ψ. ἡ ἁμαρτάνουσα αὕτη ἀποθανεῖται (4 quater)
— 20. ἡ δὲ ψ. ἡ ἁμαρτάνουσα [A add. αὕτη] ἀποθανεῖται (4)
— 27. οὗτος τὴν ψ. αὐτοῦ ἐφύλαξε (4)
22. 25. οἱ ἀφηγούμενοι . . . ψυχὰς κατεσθίοντες (4)
23. 17. ἀπέστη ἡ ψ. αὐτῆς ἀπ' αὐτῶν (4)
— 18. ἀπέστη ἡ ψ. μου ἀπ' αὐτῆς ὃν τρόπον ἀπέστη ἡ ψ. μου ἀπὸ τῆς ἀδελφῆς αὐτῆς (4, 4)
— 22, 28. ἀπέστη ἡ ψ. σου ἀπ' αὐτῶν (4)
24. 21. ὑπὲρ ὧν φείδονται αἱ ψ. ὑμῶν (4)
— 25. λαμβάνω . . . τὴν ἔπαρσιν ψυχῆς [A τῆς ψ.] αὐτῶν (4)
25. 6. ἐπέχαρας ἐκ ψυχῆς σου (4)
— 15. ἐξανέστησαν ἐκδίκησιν ἐπιχαίροντες ἐκ ψυχῆς (4)
27. 13. ἐνεπορεύοντό σοι ἐν ψυχαῖς ἀνθρώπων (4)
— 31. A κλαύσονται περὶ σοῦ ἐν πικρασμῷ ψυχῆς (4)
33. 5. A οὐκ ἐφυλάξατο τὴν ψ. αὐτοῦ [B om. τ. ψ. αὐ.] –
— 5. τὴν ψ. αὐτοῦ ἐξείλατο (4)
— 6. ἡ ῥομφαία λάβῃ ἐξ αὐτῶν ψυχήν (4)
— 9. τὴν ψ. σαυτοῦ ἐξήρησαι [A ψ. σου ἐρρύσω] (4)
36. 5. ἀτιμάσαντες ψυχὰς τοῦ ἀφανίσαι (4)
44. 25. ἐπὶ ψυχὴν ἀνθρώπου οὐκ εἰσελεύσονται †
47. 9. ἔσται πᾶσα ψ. τῶν ζώων . . . ζήσεται (4)
Da. LXX. Su. 55. ὀρθῶς ἔψευσαι εἰς τὴν σεαυτοῦ ψ.
— 55. σχίσει σου τὴν ψ. σήμερον
3. (39). ἐν ψ. συντετριμμένῃ . . . προσδεχθείημεν
— (86). εὐλογεῖτε, . . . ψυχαὶ δικαίων, τὸν κ.
4. 31. ἔδωκα τὴν ψ. μου εἰς δέησιν –
— 34. περὶ τῆς ψ. μου τῷ ὑψίστῳ θυσίας προσοίσω –
Da. TH. 3. (39). ἐν ψ. συντετριμμένῃ . . . προσδεχθείημεν
— (86). εὐλογεῖτε, . . . ψυχαὶ δικαίων, τὸν κ.
I Ma. 1. 48. βδελύξαι τὰς ψ. αὐ. ἐν παντὶ ἀκαθάρτῳ
2. 38. ἕως χιλίων ψ. ἀνθρώπων
— 40. μὴ πολεμήσωμεν . . . ὑπὲρ τῆς ψ. ἡμῶν
— 50. δότε τὰς ψ. ὑμῶν ὑπὲρ διαθήκης πατέρων ἡμῶν
3. 21. πολεμοῦμεν περὶ τῶν ψ. ἡμῶν
— 31. ἠπορεῖτο τῇ ψ. αὐ. σφόδρα
8. 27. συμμαχήσουσιν οἱ Ῥωμαῖοι ἐκ ψυχῆς
9. 2. A R ἀπώλεσε ψυχὰς [S εἰς ψ.] ἀνθρώπων πολλάς
— 9. σώζωμεν τὰς ἑαυτῶν ψ.
— 44. A R πολεμήσωμεν ὑπὲρ [S περὶ] τῶν ψ. ἡμῶν
10. 33. πᾶσαν ψ. Ἰουδαίων . . . ἀφίημι ἐλευθέραν
12. 51. περὶ ψυχῆς αὐτοῖς ἐστι
13. 5. φείσασθαί μου τῆς ψ.
II Ma. 1. 3. ποιεῖν αὐτοῦ τὰ θελήμ. . . . ψ. βουλομένῃ
3. 16. ἐνέφαινε τὴν κατὰ ψυχὴν ἀγωνίαν
5. 11. τεθηριωμένος τῇ ψ.
6. 30. κατὰ ψυχὴν δὲ ἡδέως . . . ταῦτα πάσχω
7. 12. ἐκπλήσσεσθαι τὴν τοῦ νεανίσκου ψ.
— 37. R σῶμα καὶ ψυχὴν [A τύχην] προδίδωμι
11. 9. ἐπερρώσθησαν ταῖς ψ.
14. 38. ψυχὴν ὑπὲρ τοῦ Ἰουδαϊσμοῦ παραβεβλημένος
15. 17. καὶ ψυχὰς νέων ἐπανδρῶσαι
— 30. ὁ καθ' ἅπαν σώματι καὶ ψυχῇ πρωταγωνιστής
III Ma. 2. 20. τῶν . . . συντετριμμένων τὰς ψ.
— 32. γενναίᾳ ψ. ἐνίσχυσαν
4. 4. μετὰ πικρίας ἀνοίκτου ψυχῆς
III Ma. 5. 42. τὰς γινομένας . . . μεταβολὰς τῆς ψ.
6. 6. τοὺς . . . τρεῖς ἑταίρους πυρὶ τὴν ψ. αὐθαιρέτως δεδωκότας
IV Ma. 1. 20. τούτων δὲ ἑκάτερον καὶ περὶ τὴν ψ. πέφυκε
— 26. κατὰ μὲν ψυχὴν ἀλαζονεία
— 28. δυοῖν τοῦ σώματος καὶ τῆς ψ. φυτῶν ὄντων
2. 1. εἰ αἱ τῆς ψ. ἐπιθυμίαι . . . ἀκυροῦνται
3. 3. θυμόν τις οὐ δύναται ἐκκόψαι ὑμῶν τῆς ψ.
— 15. A R πάνδεινον εἶναι κίνδυνον τῇ [S om.] ψ.
5. 26. τὰ μὲν οἰκειωθησόμενα ἡμῶν ταῖς ψ.
6. 29. ἀντίψυχον αὐτῶν λάβε τὴν ἐμὴν ψ.
7. 4. τὴν ἱερὰν ψ. . . . πυρπολούμενος
8. 29. πάντες . . . ὥσπερ ἀπὸ τῆς αὐτῆς ψ. εἶπον
9. 7. τὰς ἡμῶν ψ. εἰ θανατώσεις
— 25. ἀπέρρηξε τὴν ψ.
10. 4. A R τῆς γὰρ ψ. μου οὐδ' ἂν θέλητε ἅψεσθε
12. 20. R ἀπέδωκε τὴν ψ. [A S al.]
13. 13. τῷ θεῷ . . . τῷ δόντι τὰς ψ.
— 15. μέγας γὰρ ψυχῆς ἀγὼν . . . κείμενος
— 20. διὰ τῆς αὐτῆς ψ. τελεσφορηθέντες
— 21. ἀφ' ὧν συντρέφονται . . . φιλάδελφοι ψ.
14. 6. συμφώνως τοῖς τῆς ψ. ἀφηγήμασι κινοῦνται
— 6. ὡς ὑπὸ ψυχῆς ἀθανάτου τῆς εὐσεβείας
15. 4. ψυχῆς τε καὶ μορφῆς ὁμοιότητα
— 25. τῇ ἑαυτῆς ψ. [S^{1} τῆς αὐτῆς ψ.] δεινοὺς ὁρῶσα συμβούλους
18. 23. ψ. ἁγνὰς . . . ἀπειληφότες παρὰ τοῦ θεοῦ

[**Aq.** GE. 1. 20, 30 : 2. 7 : 9. 4 : 14. 21 : LE. 5. 15 : JO. 2. 13 : JD. 16. 16 : I KI. 18. 3 : III KI. 17. 22 : IV KI. 12. 4 (5) : JB. 6. 9 (P.) : 7. 15 : 11. 20 : 19. 1 (P.) : PS. 9. 24 (10. 3) : 10 (11). 5 : 24 (25) 1 : 25 (26). 9 : 30 (31). 8 : 32 (33). 19, 20 : 34 (35). 7, 12 : 40 (41). 3 : 65 (66). 9 : 68 (69). 11 : 69 (70). 3 : 76 (77). 3 : 87 (88). 15 : 114 (116). 4 : 118 (119). 109 : 122 (123). 4 : 129 (130). 5, 6 : 141 (142). 8 : 142 (143). 4 : PR. 6. 16 : 8. 36 : 14. 10 : 16. 26 : 19. 18 : 24. 12 : 27. 9 : 28. 25 : CA. 6. 11 (12) : IS. 29. 8 : 53. 10 : 58. 10, 11 : 61. 10 : JE. 12. 7 : 13. 17 : 19. 9 : 21. 7 : 34 (41). 16, 20 : 37 (44). 9 : 38 (45). 16 : 43 (50). 6 : 44 (51). 14 : EZ. 32. 10 : 33. 9 : HB. 2. 4 : ZA. 11. 8 *bis*.]
[**Sm.** GE. 1. 20, 30 : 2. 7 : 9. 4 : 14. 21 : LE. 17. 14 : JO. 2. 13 : I KI. 1. 26 : II KI. 14. 14 : 15. 21 : JB. 2. 4 : 6. 9 (P.) : 7. 11 : 11. 20 : 33. 30 : PS. 9. 24 (10. 3) : 16 (17). 9 : 21 (22). 30 : 24 (25). 1 : 25 (26). 9 : 26 (27). 12 : 30 (31). 8 : 32 (33). 19, 20 : 34 (35). 7, 12 : 40 (41). 3, 5 : 41 (42). 5, 6, 7 : 42 (43). 5 : 48 (49). 19 : 55 (56). 7 : 65 (66). 9 : 68 (69). 2, 11 : 69 (70). 3 : 70 (71). 10, 13, 23 : 72 (73). 13 : 76 (77). 3 : 85 (86). 14 : 87 (88). 15 : 104 (105). 18 : 114 (116). 4 : 118 (119). 28, 109 : 122 (123). 4 : 130 (131). 2 *bis* : 137 (138). 3 : 141 (142). 8 : PR. 1. 19 : 8. 36 : 11. 17 : 16. 24, 26 : 21. 10 : 22. 23 : 23. 7 : EC. 7. 29 (28) : CA. 5. 6 : 6. 11 (12) : IS. 10. 18 : 29. 8 : 38. 17 : 53. 10 : 58. 10, 11 : 61. 10 : JE. 13. 17 : 19. 9 : 21. 7 : 31 (38). 25 : 32 (39). 41 : 34 (41). 20 : 37 (44). 9 : 38 (45). 16 : 43 (50). 6 : EZ. 13. 18 : 25. 15 : 33. 5 : DA. 2. 3 (Sw.) : ZA. 11. 8.]
[**Th.** GE. 1. 20, 30 : 2. 7 : JO. 2. 13 : II KI. 14. 14 : 15. 21 : IV KI. 12. 4 (5) : JB. 2. 6 : 11. 20 : 18. 4 : 30. 16 : 33. 20, 28 : PS. 21 (22). 30 : 30 (31). 8 : 40 (41). 3 : 65 (66). 9 : 69 (70). 3 : 72 (73). 13 : PR. 6. 16 : 14. 10 : 16. 17, 24 : 24. 12 : IS. 29. 8 : 38. 15 : 42. 1 : 53. 10 : 58. 10, 11 : 61. 10 : JE. 19. 9 : 34 (41). 20 : 46 (26). 26 : 52. 29, 30 *bis* : EZ. 22. 27 : 27. 31 : 33. 9 : ZA. 11. 8.]
[**Heb.** GE. 49. 6 : EZ. 13. 18.]
[**Al.** LE. 4. 27 : 17. 10, 11 : 21. 11 : 26. 43 : 27. 2 : NU. 5. 2 : PS. 123 (124). 4, 5 : PR. 6. 30 : CA. 3. 1 : MI. 7. 1.]
[**Quint.** IV KI. 12. 4 (5) : PS. 21 (22). 30 : 25 (26). 9 : 30 (31). 8 : 32 (33). 19 : 118 (119). 28 : 129 (130). 5 : PR. 6. 16.]
[**Sext.** PS. 21 (22). 30 : 30 (31). 8 : 32 (33). 20 : 118 (119). 28.]
[**Sept.** PS. 21 (22). 30.]

ψυχικός.

IV Ma. 1. 32. τῶν δὲ ἐπιθυμιῶν αἱ μέν εἰσι ψ.

ψυχικῶς.

II Ma. 4. 37. ψ. οὖν ὁ Ἀντ. ὑπολυπηθείς
14. 24. ψ. τῷ ἀνδρὶ προσεκέκλιτο

ψῦχος. (1) *a.* קוֹר *b.* קָרָה

Ge. 8. 22. ψῦχος καὶ καῦμα . . . οὐ καταπαύσουσιν (1 *a*)
Jb. 37. 9. ἀπὸ δὲ ἀκρωτηρίων ψῦχος (1 *b*)
Ps. 147. 6 (17). κατὰ πρόσωπον ψύχους αὐτοῦ τίς ὑποστήσεται (1 *b*)
Za. 14. 6. οὐκ ἔσται φῶς καὶ ψύχη [A S^{2} -ος] †
Da. LXX. 3. (67). εὐλογεῖτε, ῥῖγος καὶ ψῦχος, τὸν κ.
— (69). εὐλογεῖτε, πάγοι καὶ ψῦχος, τὸν κ.
Da. TH. 3. (67). A εὐλογεῖτε, ψῦχος καὶ καύσων, τὸν κ.
— (69). εὐλογεῖτε, ψῦχος καὶ καῦμα [A πάγος κ. ψ.] τὸν κ.
[**Aq.** PS. 147. 6 (17) : PR. 25. 20.]
[**Sm.** PR. 20. 4 : 25. 20 : ZA. 14. 6.]
[**Th.** PR. 25. 20 : DA. 3. (67), (69)†.]

ψυχουλκεῖσθαι.

III Ma. 5. 25. κατὰ τὸν ἀμερῆ ψυχουλκούμενοι χρόνον

ψυχρός. (1) קַר

Pr. 25. 25. ὥσπερ ὕδωρ ψυχρὸν ψυχῇ διψώσῃ προσηνές (1)
Si. 43. 20. ψυχρὸς ἄνεμος βορέης πνεύσει
IV Ma. 11. 26. τὸ πῦρ σου ψυχρὸν ἡμῖν

ψωμίζειν. (1) אָכַל *a.* qal. *b.* hi. *c.* אֲכַל (2) בָּרָה hi. (3) טְעַם pa.

Nu. 11. 4, 18. τίς ἡμᾶς ψωμιεῖ κρέα (1 *b*)
De. 8. 3. ἐψώμισέ σε τὸ μάννα (1 *b*)
— 16. τοῦ ψωμίσαντός σε τὸ μάννα (1 *b*)
32. 13. ἐψώμισεν αὐτοὺς γεννήματα ἀγρῶν (1 *a*)
II Ki. 13. 5. καὶ ψωμισάτω με (2)
Ps. 79 (80). 5. ψωμιεῖς ἡμᾶς ἄρτον δακρύων (1 *b*)
80 (81). 16. ἐψώμισεν αὐτοὺς ἐκ στέατος πυροῦ (1 *b*)
Pr. 25. 21. ἐὰν πεινᾷ ὁ ἐχθρός σου ψώμιζε [A S τρέφε] αὐτόν (1 *b*)
Wi. 16. 20. ἀγγέλων τροφὴν ἐψώμισας τὸν λαόν σου
Si. 15. 3. ψωμιεῖ αὐτὸν ἄρτον συνέσεως
29. 26. εἴ τι ἐν τῇ χειρί σου ψώμισόν με
Is. 58. 14. ψωμιεῖ σε τὴν κληρονομίαν Ἰακώβ (1 *b*)
Je. 9. 15 (14). ψωμιῶ [A -ίζω ὑμᾶς] αὐτοὺς ἀνάγκας (1 *b*)
23. 15. ψωμιῶ [A -ίζω] αὐτοὺς ὀδύνην (1 *b*)
La. 3. 16. ἐψώμισέ με σποδόν †
Ez. 3. 2. ἐψώμισέ με τὴν κεφαλίδα (1 *b*)
16. 19. ἔλαιον καὶ μέλι ἐψώμισά σε (1 *b*)
Da. LXX. 4. 29. χόρτον ὡς βοῦν σε ψωμίσουσι (3)
— 30. χόρτον ὡς βοῦν ἐψώμισάν με (1 *c*)
Da. TH. 4. 22, 29. χόρτον ὡς βοῦν ψωμιοῦσί [A -ίσουσίν] σε (3)
5. 21. χόρτον ὡς βοῦν ἐψώμιζον αὐτόν (3)
[**Sm.** PS. 79 (80). 6.]

ψωμός. (1) לֶחֶם (2) עֹמֶר (3) פַּת

Jd. 19. 5. στήρισον τὴν καρδίαν σου ψωμῷ [A κλάσματι] ἄρτου (3)
Ru. 2. 14. βάψεις τὸν ψ. σου ἐν τῷ ὄξει (3)
I Ki. 28. 22. παραθήσω ἐνώπιόν σου ψωμὸν ἄρτου (3)
III Ki. 17. 11. λήψῃ δή μοι ψωμὸν ἄρτου [A -ον] (3)
Jb. 22. 7. πεινώντων ἐστέρησας ψωμόν (1)
24. 10. πεινώντων δὲ τὸν [A om.] ψ. ἀφείλαντο (2)
31. 17. εἰ δὲ καὶ τὸν ψ. μου ἔφαγον μόνος (3)
Ps. 147. 6 (17). βάλλοντος κρύσταλλον αὐτοῦ ὡσεὶ ψωμούς (3)
Pr. 9. 13. γυνὴ ἄφρων καὶ θρασεῖα ἐνδεὴς ψωμοῦ γίνεται †
17. 1. κρείσσων ψωμὸς μεθ' ἡδονῆς (3)
23. 7. καὶ φάγῃς τὸν ψ. σου μετ' αὐτοῦ –
28. 21. ὁ τοιοῦτος ψωμοῦ ἄρτου ἀποδώσεται ἄνδρα (3)
[**Aq.** LE. 2. 6 : 6. 21 (14).]
[**Sm.** LE. 2. 6.]
[**Th.** LE. 2. 6 : EZ. 13. 19.]
[**Al.** LE. 8. 26.]

ψώρα. (1) שַׁחֶפֶת (2) ψ. ἀγρία גָּרָב

Le. 21. 20. ᾧ ἂν ᾖ ἐν αὐτῷ ψ. ἀγρία (2)
26. 16. ἐπισυστήσω ἐφ' ὑμᾶς . . . τήν τε ψ. (1)
De. 28. 27. πατάξαι σε κ. . . . ψ. ἀγρίᾳ (2)

ψωραγριᾶν. (1) גָּרָב

Le. 22. 22. A^{2}B^{2}R ψωραγριῶντα [B^{1} om.] . . . οὐ προσάξουσι (1)

Ω

ὦ, ὤ. (1) אֲהָהּ (2) אוֹי (3) אָנָּה (4) הָהּ
(5) הוֹי (6) ὦ δή אָנָּה

Ge. 27. 20. ὃ ταχὺ εὗρες, ὦ τέκνον –
Nu. 24. 23. ὦ ὦ, τίς ζήσεται (2, –)
IV Ki. 3. 10. εἶπεν βασιλεὺς Ἰσρ., Ὦ (1)
— 21. καὶ εἶπον, Ὦ [A al.] †
6. 5. καὶ ἐβόησεν, Ὦ, κύριε (1)
— 15. ὦ [A om.], κύριε, πῶς ποιήσωμεν (1)
8. 13. A τίς ἐστιν ὁ δοῦλός σου, ὦ κύριε [B al.] –
20. 3. ὦ δὴ κύριε (6)
I Es. 3. 24. ὦ ἄνδρες, οὐχ ὑπερισχύει ὁ οἶνος
4. 2. ὦ ἄνδρες, οὐχ ὑπερισχύουσιν οἱ ἄνθρ.
— 12. ὦ ἄνδρες, πῶς οὐχ ὑπερισχύει ὁ βασ.
— 14. A ὦ [B om.] ἄνδρες, οὐ μέγας ὁ βασ.
— 32. ὦ ἄνδρες, πῶς οὐχὶ ἰσχυραὶ αἱ γυν.
To. 7. 7. S ὦ ταλαιπώρων κακῶν
13. 14. ὦ [S om.] μακάριοι οἱ ἀγαπῶντές σε
Jb. 19. 21. ἐλεήσατέ με, ὦ φίλοι –
Ps. 114 (116). 4. ὦ κύριε, ῥῦσαι τὴν ψυχήν μου (3)
115. 7 (116. 16). ὦ κύριε, ἐγὼ δοῦλος σός (3)
117 (118). 25 *bis*. ὦ κύριε, σῶσον δή, ὦ κύριε, εὐόδωσον δή (3, 3)
Pr. 2. 13. ὦ οἱ ἐγκαταλείποντες ὁδοὺς εὐθείας –
6. 6. ἴθι πρὸς τὸν μύρμηκα, ὦ ὀκνηρέ –
8. 4. ὑμᾶς, ὦ ἄνθρωποι, παρακαλῶ –
Wi. 6. 9. πρὸς ὑμᾶς οὖν, ὦ τύραννοι, οἱ λόγοι μου
Si. 37. 3. ὦ πονηρὸν ἐνθύμημα
41. 1. ὦ θάνατε, ὡς πικρόν σου τὸ μνημόσυνόν ἐστιν
— 2. ὦ θάνατε, καλόν [S² ὡς κ.] σου τὸ κρίμα ἐστίν
Jn. 4. 2. καὶ εἶπεν, Ὦ [S³ ὦ ὦ δή] κύριε (3, [–])
Na. 3. 1. ὦ πόλις αἱμάτων (5)
Hb. 2. 9. ὦ ὁ πλεονεκτῶν πλεονεξίαν κακήν (5)
— 15. ὦ ὁ ποτίζων τὸν πλησίον αὐ. (5)
Ze. 3. 2 (1). ὦ ἡ ἐπιφανὴς πόλις (5)
Za. 2. 6 (10). ὦ ὦ φεύγετε ἀπὸ γῆς βορρᾶ (5, 5)
11. 17. ὦ οἱ ποιμαίνοντες τὰ μάταια (5)
Is. 6. 5. ὦ τάλας ἐγώ (2)
Je. 4. 10. ὦ δέσποτα κύριε (1)
6. 6. ὦ πόλις ψευδής †
22. 13. A ὦ [B S om.] ὁ οἰκοδομῶν τὴν οἰκίαν αὐ. (5)
— 18. ὦ [A S³ οὐαὶ] ἀδελφέ (5)
23. 1. ὦ ποιμένες (5)
41 (34). 5. A B² ὦ [R οὐαὶ] κύριε (5)
Ba. 3. 24. ὦ Ἰσραήλ
Ez. 22. 3. ὦ πόλις ἐκχέουσα αἵματα –
24. 6. ὦ πόλις αἱμάτων (2)
30. 2. ὦ ὦ ἡμέρα (†, 4)
34. 2. ὦ ποιμένες Ἰσραήλ (5)
Da. LXX. 5. 16. ὦ Δαν., δύνῃ μοι ὑποδεῖξαι –
6. 20 (21). ὦ Δαν., εἰ ἄρα ζῇς –
II Ma. 7. 34. ὦ ἀνόσιε καὶ πάντων ἀνθρώπων μιαρώτατε
IV Ma. 5. 6. A R ὦ [S om.] πρεσβῦτα
6. 22. ὦ Ἀβραὰμ παῖδες
7. 6. ὦ ἄξιε τῆς ἱερωσύνης ἱερεῦ
— 7. ὦ σύμφωνε νόμου
— 10. ὦ βασάνων βιαιότερε γέρων
— 15. ὦ μακαρίου γήρως
8. 5. ὦ νεανίαι
— 17. ὦ τάλανες ἡμεῖς
9. 1. τί μέλλεις, ὦ τύραννε
— 1. S¹ ὦ τύραννε
— 17. ὦ μιαροὶ διάκονοι
10. 10. ὦ μιαρώτατε τύραννε
11. 4. ὦ μισάρετε καὶ μισάνθρωπε
— 12. S R ὦ τύραννε [A al.]
— 20. ὦ ἱεροπρεποῦς αἰῶνος
— 21. A R ὦ [S om.] τύραννε
14. 2. ὦ βασιλέως λογισμοὶ βασιλικώτεροι
— 3. S R ὦ [A om.] ἱερᾶς . . . συμφωνίας
IV Ma. 14. 7. ὦ πανάγιε . . . ἑβδομάς
15. 1. ὦ λογισμὲ τέκνων
— 4. ὦ τίνα τρόπον ἠθολογήσαιμι
— 13. ὦ φύσις ἱερά
— 16. ὦ πικροτέρων μὲν νῦν μήτηρ πόνων πειρασθεῖσα
— 17. ὦ μόνη γύναι
— 21. A ὦ [S R ὡς] τέκνων φωναί
— 29. ὦ μήτηρ ἔθνους
— 30. ὦ ἀρρένων πρὸς καρτερίαν γενναιοτέρα
16. 6. ὦ μελέα ἔγωγε
— 7. ὦ μάταιοι ἑπτὰ κυοφορίαι
— 8. μάτην ἐφ' ὑμῖν, ὦ παῖδες
— 9. ὦ τῶν ἐμῶν παίδων
— 10. ὦ ἡ πολύπαις . . . ἐγώ
— 14. ὦ μήτηρ . . . στρατιῶτι
— 16. ὦ παῖδες, γενναῖος ὁ ἀγών
17. 2. ὦ μήτηρ . . . καταλύσασα τὴν τοῦ τυράννου βίαν
— 4. ὦ μήτηρ ἱερόψυχε
18. 1. ὦ . . . ἀπόγονοι παῖδες Ἰσρ.
— 20. ὦ πικρᾶς τῆς τότε ἡμέρας

[**Aq.** Ps. 60 (61). 6: 114 (116). 4: 117 (118). 25 *bis*: 119 (120). 5: Is. 24. 16: 30. 1: 38. 3: 45. 9: Je. 32 (39). 17: 47 (29). 6: Ez. 20. 49 (21. 5).]
[**Sm.** III Ki. 17. 20: Ps. 60 (61). 6: 117 (118). 25 *bis*: Is. 38. 3: Je. 14. 13: 20. 8 *bis*: 32 (39). 17: 47 (29). 6: Ez. 20. 49 (21. 5).]
[**Th.** Ps. 117 (118). 25 *bis*: Is. 38. 3: Ez. 4. 14: 20. 49 (21. 5): Da. 9. 4†.]
[**Quint.** Ps. 117 (118). 25 *bis*.]
[**Al.** Je. 1. 6.]

ᾦα, ᾤα. (1) פֶּה (2) שָׂפָה

Ex. 28. 28 (32). ᾦαν ἔχον κύκλῳ τοῦ περιστομίου (2)
36. 31 (39. 23). ᾦαν ἔχον κύκλῳ τὸ περιστόμιον (2)
Ps. 132 (133). 2. τὸ καταβαῖνον ἐπὶ τὴν ᾦαν τοῦ ἐνδύματος αὐτοῦ (1)

[**Sm.** Ps. 132 (133). 2.]

ᾠδ.

[**Heb.** Ma. 2. 13.]

ὧδε. (1) בָּזֶה (2) הֲלֹם (3) הֵנָּה
(4) *a.* כֹּה *b.* כָּה (5) פֹּה

Ge. 15. 14. ἐξελεύσονται ὧδε –
— 16. R ἀποστραφήσονται ὧδε (3)
19. 12. ἔστι τίς σοι ὧδε (5)
22. 5. διελευσόμεθα ἕως ὧδε (4 *a*)
31. 37. θὲς ὧδε ἐναντίον τῶν ἀδελφῶν σου (4 *a*)
38. 22. R μὴ εἶναι ὧδε [A ἐνταῦθα] πόρνην (1)
40. 15. ὧδε οὐκ ἐποίησα οὐδέν (5)
42. 15. ἐὰν μὴ ὁ ἀδ. ὑμῶν ὁ νεώτερος ἔλθῃ ὧδε (5)
— 33. ἀδελφὸν ἕνα ἄφετε ὧδε μετ' ἐμοῦ –
45. 5. ἀπέδοσθέ με ὧδε (3)
— 8. οὐχ ὑμεῖς με ἀπεστάλκατε ὧδε (3)
— 13. καταγάγετε τὸν πατέρα μου ὧδε (3)
Ex. 2. 12. περιβλεψάμενος δὲ ὧ. καὶ ὧ. (4 *a*, 4 *a*)
3. 5. μὴ ἐγγίσῃς ὧδε (2)
Nu. 14. 23. ἅ ἐστι μετ' ἐμοῦ ὧδε –
23. 29. οἰκοδόμησόν μοι ὧδε ἑπτὰ βωμούς (1)
— 29. ἑτοίμασόν μοι ὧδε ἑπτὰ μόσχους (1)
32. 16. ἐπαύλεις προβάτων οἰκοδομήσωμεν ὧδε (5)
De. 5. 3. ὑμεῖς ὧδε πάντες ζῶντες σήμερον (5)
12. 8. ἃ ἡμεῖς ποιοῦμεν ὧδε σήμερον (5)
29. 15 (14). τοῖς ὧδε οὖσι μεθ' ἡμῶν σήμερον (5)
— 15 (14). τοῖς μὴ οὖσι μεθ' ὑμῶν ὧδε σήμερον (5)
31. 21. ὅσα ποιοῦσιν ὧδε σήμερον –
Jo. 2. 2. εἰσπεπόρευνται ὧδε ἄνδρες (3)
— 4. A εἰσεληλύθασι πρός με ὧδε [B om.] οἱ ἄνδρες –
3. 9. προσαγάγετε ὧδε (3)
Jo. 8. 20. B οὐκέτι εἶχον ποῦ φύγωσιν ὧδε ἢ ὧδε (3, 3)
18. 6. καὶ ἐνέγκατε ὧδε πρὸς μέ (3)
— 8. καὶ ὧδε ἐξοίσω ὑμῖν κλῆρον [A al.] (5)
Jd. 4. 20. εἰ ἔστιν ὧδε ἀνήρ [A al.] (5)
13. 15. κατάσχωμεν ὧδέ σε [A al.] –
16. 2. ἥκει Σ. ὧδε [A ἐνταῦθα] (3)
18. 3. τίς ἤνεγκέ σε ὧδε (2)
— 3. καὶ τί σοι ὧδε (5)
19. 9. αὐλίσθητι ὧδε [A al.] (5)
— 9. A καὶ μείνατε ὧδε (5 ?)
— 12. ἐν ᾗ οὐκ ἔστιν ἀπὸ υἱῶν Ἰσρ. ὧδε [A al.] (3)
20. 7. A δότε αὐτοῖς . . . βουλὴν ὧδε [B al.] (2)
Ru. 2. 8. ὧδε κολλήθητι μετὰ τῶν κορασίων μου (4 *a*)
— 14. πρόσελθε ὧδε (2)
4. 1. ἐκκλίνας κάθισον ὧδε (5)
— 2. καθίσατε ὧδε (5)
I Ki. 20. 22 (21). ὧδε ἡ σχίζα ἀπὸ σοῦ καὶ ὧδε (†, 3)
— 22. ὧδε ἡ σχίζα ἀπὸ σοῦ καὶ ἐπέκεινα [A al.] †
II Ki. 1. 10. ἐνήνοχα αὐτὰ τῷ κ. μου ὧδε [A πρός με] (3)
5. 6. οὐκ εἰσελεύσῃ ὧδε (3)
— 6. οὐκ εἰσελεύσεται Δ. ὧδε (3)
14. 32. ἧκε ὧδε (3)
18. 30. στηλώθητι ὧδε [A om.] (4 *a*)
20. 16. ἔγγισον ἕως ὧδε (3)
III Ki. 2. 30. ὧδε ἀποθανοῦμαι (5)
18. 45. καὶ ἐγένετο ἕως ὧδε καὶ ὧδε (4 *a*, 4 *a*)
21 (20). 40. περιεβλέψατο ὁ δοῦλός σου ὧδε καὶ ὧδε (3, 3)
22. 7. οὐκ ἔστιν ὧδε προφήτης τοῦ κυρίου (5)
IV Ki. 2. 6. κάθου δὴ ὧδε (5)
3. 11. οὐκ ἔστιν ὧδε προφήτης τοῦ κυρίου (5)
— 11. ὧδε Ἐλ. υἱὸς Ἰωσ. (5)
7. 3. τί ἡμεῖς καθήμεθα ὧδε (5)
— 4. ἐὰν καθίσωμεν ὧδε (5)
— 13. οἱ κατελείφθησαν ὧδε †
8. 7. ἥκει ὁ ἄνθρωπος τοῦ θεοῦ ἕως ὧδε (3)
10. 23. A εἰ ἔστιν ὧδε [B om.] μεθ' ὑμῶν τῶν δούλων κυρίου (5)
I Ch. 11. 5. οὐκ εἰσελεύσῃ ὧδε (3)
29. 17. τὸν λαόν σου τὸν εὑρεθέντα ὧδε (5)
II Ch. 18. 6. οὐκ ἔστιν ὧδε προφήτης τοῦ κυρίου ἔτι (5)
28. 13. οὐ μὴ εἰσαγάγητε τὴν αἰχμαλωσίαν ὧδε (3)
II Es. 4. 2. τοῦ ἐνέγκαντος ἡμᾶς ὧδε (5)
To. 5. 5. S ἐλήλυθα ὧδε ἐργατεύεσθαι
7. 11. οὐ γεύομαι οὐδὲν ὧδε [S al.]
14. 8. S μὴ μείνῃς ὧδε [A B al.]
Ps. 131 (132). 14. ὧδε κατοικήσω (5)
Za. 7. 3. εἰσελήλυθεν ὧδε . . . τὸ ἁγίασμα –
Is. 22. 16. τί σὺ ὧδε καὶ τί σοί ἐστιν ὧδε (5, 5)
— 16. ἐλατόμησας σεαυτῷ ὧδε μνημεῖον (5)
52. 5. τί ὧδέ ἐστε (5)
57. 3. ὑμεῖς δὲ προσαγάγετε ὧδε (3)
Je. 27 (50). 5. ὧδε γὰρ τὸ πρόσωπον αὐ. δώσουσι (3)
38 (31). 8. καὶ ἀποστρέψουσιν ὧδε (3)
Ez. 8. 6. ἀνομίας μεγάλας ποιοῦσιν ὧδε (5)
— 9. ἃς οὗτοι ποιοῦσιν ὧδε (5)
— 12. A ἃ . . . ποιοῦσιν ὧδε [B om.] –
— 15. A ἃς πεποίηκαν αὐτοὶ ὧδε –
— 17. ἃς πεποιήκασιν ὧδε (5)
40. 4. εἰσελήλυθας ὧδε (3)
Da TH. 7. 28. ἕως ὧδε τὸ πέρας τοῦ λόγου (4 *b*)
II Ma. 1. 6. ὧδέ ἐσμεν προσευχόμενοι περὶ ὑμῶν

[**Aq.** Jo. 2. 2: IV Ki. 10. 23: Ec. 7. 30 (8. 1): Is. 52. 5.]
[**Sm.** Jo. 2. 2: II Ki. 5. 6: Jb. 38. 11: Is. 52. 5.]
[**Th.** Jo. 2. 2: IV Ki. 10. 23: Is. 52. 5: Da. 7. 28.]

ᾠδή. (1) הִגָּיוֹן (2) מִזְמוֹר (3) מַשָּׂא (4) נְגִינוֹת (5) שִׁגְיוֹנוֹת (6) *a.* שִׁיר *b.* שִׁירָה

Ex. 15. 1. ᾖσε . . . τὴν ᾠ. ταύτην τῷ θεῷ (6 *b*)
De. 31. 19. γράψατε τὰ ῥήματα τῆς ᾠ. ταύτης (6 *b*)
— 19. ἵνα μοι γένηται ἡ ᾠ. αὕτη κατὰ πρόσωπον (6 *b*)
— 21. ἀντικαταστήσεται ἡ ᾠ. αὕτη (6 *b*)
— 22. ἔγραψε Μ. τὴν ᾠ. ταύτην (6 *b*)
— 30. ἐλάλησε Μ. . . . τὰ ῥήματα τῆς ᾠ. ταύτης (6 *b*)
32. 44. ἔγραψε Μ. τὴν ᾠ. ταύτην (6 *b* ?)
Jd. 5. 1. **A** καὶ εἶπεν ἐν τῇ ᾠ. [**B** *al.*] –
— 12. λάλησον ᾠδήν [**A** λάλει μετ' ᾠδῆς] (6 *a*)
II Ki. 6. 5. παίζοντες . . . ἐν ᾠδαῖς –
22. 1. ἐλάλησε . . . τοὺς λόγους τῆς ᾠ. ταύτης (6 *b*)
— 2. ᾠδή [**A** *om.*] –
III Ki. 4. 32 (5. 12). ἦσαν ᾠδαὶ αὐ. πεντακισχίλιαι (6 *a*)
8. 53. οὐκ ἰδοὺ αὕτη γέγραπται ἐν βιβλίῳ τῆς ᾠ. –
I Ch. 15. 16. **A** ἐν ὀργάνοις ᾠδῶν [**B S** *om.*] (6 *a*)
— 22. Κων. . . . ἄρχων τῶν ᾠ. (3)
— 27. ὁ ἄρχων τῶν ᾠ. τῶν ᾀδόντων (3)
16. 8 *tit.* **A B** ᾠδή †
— 42. καὶ ὄργανα τῶν ᾠ. τοῦ θεοῦ (6 *a*)
II Ch. 5. 13. καὶ ἐν ὀργάνοις τῶν ᾠ. (6 *a*)
7. 6. καὶ οἱ Λ. ἐν ὀργάνοις ᾠδῶν κυρίου (6 *a*)
23. 18. **A**[2] **B** ἐν εὐφροσύνῃ καὶ ἐν ᾠδαῖς (6 *a*)
34. 12. πᾶς συνίων ἐν ὀργάνοις ᾠδῶν (6 *a*)
II Es. 2. 65. **B** καὶ οὗτοι ᾄδοντες καὶ ᾠδαὶ [**A R** ᾄδουσαι] διακόσιοι †
3. 12. τοῦ ὑψῶσαι ᾠδήν †
Ne. 12. 27. ποιῆσαι ἐγκαίνια . . . ἐν ᾠδαῖς (6 *a*)
— 36. αἰνεῖν ἐν ᾠδαῖς Δαυίδ [**S** *al.*] (6 *a*)
To. 13. 18. **S** ᾠδὰς ἀγαλλιάματος ἐροῦσιν [**A B** *al.*]
Jb. 36. 30. **B S**[1] ἰδοὺ ἐκτενεῖ ἐπ' αὐτὸν ἡ ᾠδή [**S**[2]**R** ἠδώ, **A** τὸ τόξον] †
Ps. 4. *tit.* εἰς τὸ τέλος ἐν ψαλμοῖς ᾠδὴ [τ. ψαλμὸς] τῷ Δαυίδ (2)
9. 16. ᾠδὴ διαψάλματος (1)
17 (18). *tit.* ἃ ἐλάλησε τῷ κυρίῳ τοὺς λόγους τῆς ᾠ. ταύτης (6 *b*)
29 (30). *tit.* ψαλμὸς ᾠδῆς τοῦ ἐγκαινισμοῦ (6 *a*)
38 (39). *tit.* εἰς τὸ τέλος τῷ Ἰδ. ᾠδὴ τῷ Δαυίδ (2)
41 (42). 8. **A** καὶ νυκτὸς ᾠδὴ αὐτοῦ [**S**[2] ν. ᾠ. αὐτῷ, **B S**[1] ν. δηλώσει] (6 *a*)
44 (45). *tit.* **B S** ᾠδὴ ὑπὲρ τοῦ ἀγαπητοῦ [**A** *al.*] (6 *a*)
47 (48). *tit.* **B** ψαλμὸς ᾠδῆς [**S** ᾠδὴ ψαλμοῦ] τοῖς υἱοῖς Κορέ [**A** *al.*] (2 [6 *a*])
64 (65). *tit.* **B** ψαλμὸς τῷ Δαυὶδ ᾠδή [**S** ψαλμός] (6 *a*)
65 (66). *tit.* **B** ᾠδὴ ψαλμοῦ ἀναστάσεως [**S** *om.*] (6 *a*)
66 (67). *tit.* **S** ψαλμὸς ᾠδῆς [**B** ψ. τῷ Δ.] (6 *a*)
67 (68). *tit.* τῷ Δαυὶδ ψαλμὸς ᾠδῆς (6 *a*)
68 (69). 30. αἰνέσω τὸ ὄνομα τοῦ θεοῦ μετ' ᾠδῆς (6 *a*)
74 (75). *tit.* ψαλμὸς ᾠδῆς τῷ Ἀσάφ (6 *a*)
75 (76). *tit.* **B** ᾠδὴ πρὸς τὸν Ἀσσύριον (6 *a*)
82 (83). *tit.* ᾠδὴ ψαλμοῦ τῷ Ἀσάφ (6 *a*)
86 (87). *tit.* τοῖς υἱοῖς Κορὲ ψαλμὸς ᾠδῆς (6 *a*)
87 (88). *tit.* ᾠδὴ ψαλμοῦ τοῖς υἱοῖς Κορέ (6 *a*)
90 (91). *tit.* αἶνος ᾠδῆς τῷ Δαυίδ –
91 (92). *tit.* ψαλμὸς ᾠδῆς εἰς τὴν ἡμέραν τοῦ σαββάτου [**S** προσαββ.] (6 *a*)
— 3. ἐν δεκαχόρδῳ ψαλτηρίῳ μετ' ᾠδῆς (1)
92 (93). *tit.* αἶνος ᾠδῆς τῷ Δαυίδ –
93 (94). *tit.* **A** ψαλμὸς ᾠδῆς [**B S** *om.*] τῷ Δ. –
94 (95). *tit.* αἶνος ᾠδῆς τῷ Δαυίδ –
95 (96). *tit.* ᾠδὴ τῷ Δαυίδ –
100 (101). 2. **B** συνήσω ἐν ᾠδῇ [**A S R** ὁδῷ] ἀμώμῳ †
107 (108). *tit.* **S R** ᾠδὴ ψαλμοῦ τῷ Δαυίδ [**A** ψαλμὸς τῷ Δ.] (6 *a*)
119 (120). *tit.* : 120 (121). *tit.* ᾠδὴ τῶν ἀναβαθμῶν (6 *a*)
121 (122). *tit.* **A R** ᾠδὴ τῶν ἀναβαθμῶν [**S** ᾀ. τῷ Δαυείδ] (6 *a*)
122 (123). *tit.* ᾠδὴ τῶν ἀναβαθμῶν (6 *a*)
123 (124). *tit.* **A R** ᾠδὴ τῶν ἀναβαθμῶν [**S** ᾀ. τῷ Δαυείδ] (6 *a*)
124 (125). *tit.* : 125 (126). *tit.* : 126 (127). *tit.* : 127 (128). *tit.* : 128 (129). *tit.* : 129 (130). *tit.* ᾠδὴ τῶν ἀναβαθμῶν (6 *a*)
130 (131). *tit.* ᾠδὴ τῶν ἀναβαθμῶν τῷ Δαυείδ (6 *a*)
Ps. 131 (132). *tit.* ᾠδὴ τῶν ἀναβαθμῶν (6 *a*)
132 (133). *tit.* ᾠδὴ τῶν ἀναβαθμῶν τῷ Δ. [**A**[1] *om.* τ. Δ.] (6 *a*)
133 (134). *tit.* ᾠδὴ τῶν ἀναβαθμῶν (6 *a*)
136 (137). 3. ἐπηρώτησαν ἡμᾶς οἱ αἰχμαλωτεύσαντες ἡμᾶς λόγους ᾠδῶν (6 *a*)
— 3. ᾄσατε ἡμῖν ἐκ τῶν ᾠδῶν Σιών (6 *a*)
— 4. πῶς ᾄσωμεν τὴν ᾠδὴν κυρίου (6 *a*)
143 (144). 9. ᾠδὴν καινὴν ᾄσομαί σοι (6 *a*)
Si. 39. 15. ἐν ᾠδαῖς χειλέων καὶ ἐν κινύραις
47. 17. ἐν ᾠδαῖς . . . ἀπεθαυμασάν σε χῶραι
Am. 5. 23. μετάστησον ἀπ' ἐμοῦ ἦχον ᾠδῶν σου (6 *a*)
8. 10. μεταστρέψω . . . πάσας τὰς ᾠ. ὑμῶν εἰς θρῆνον (6 *a*)
Jn. 2. 3. **A** ᾠδή –
Hb. 3. 1. προσευχὴ Ἀμβ. τοῦ προφήτου μετὰ ᾠδῆς (5)
— 19. τοῦ νικῆσαι ἐν τῇ ᾠ. [**S**[1] ὁδῷ] αὐ. (4)
Is. 5. 1 (**S**[2]) : 25. 1 (**A**) : 26. 1 (**A**), 9 (**A**) : 38. 9 (**A**). ᾠδή –
I Ma. 4. 54. ἐνεκαινίσθη ἐν ᾠδαῖς
13. 51. εἰσῆλθεν . . . ἐν ᾠδαῖς
II Ma. 7. 6. διὰ τῆς κατὰ πρόσωπον ἀντιμαρτυρούσης ᾠ.
III Ma. 6. 32. ἀνέλαβον ᾠδὴν πάτριον
IV Ma. 18. 18. ᾠδὴν μὲν γὰρ . . . οὐκ ἐπελάθετο

[**Aq.** Ps. 9. 17 : Ec. 12. 4.]
[**Sm.** Ps. 4. 1 : 6. 1 : 8. 1 : 11 (12). 1 : 12 (13). 1 : 18 (19). 1 : 19 (20). 1 : 21 (22). 1 : 22 (23). 1 : 23 (24). 1 : 27 (28). 7 : 28 (29). 1 : 29 (30). 1 : 38 (39). 1 : 39 (40). 1 : 40 (41). 1 : 41 (42). 9 : 45 (46). 1 : 48 (49). 1 : 61 (62). 1 : 76 (77). 1 : 80 (81). 3 : Am. 8. 3.]
[**Th.** Ps. 38 (39). 1 : Is. 51. 3.]
[**Al.** Ps. 146 (147). 1.]

ὠδίν. (1) חֵבֶל, חֶבֶל (2) *a.* חִיל subst. *b.* חוּל pil. *c.* חַלְחָלָה (3) יָלַד (4) מַשְׁבֵּר (5) צִיר (6) **ὠδῖνες ἔχουσι (ὠδῖνας ἔχειν)** חוּל (7) **ὁ πόνος τῶν ὠ.** חֵבֶל

Ex. 15. 14. ὠδῖνες ἔλαβον κατοικοῦντας Φυλ. (2 *a*)
De. 2. 25. **B**[1] ὠδῖνες [**A B**[2] **R** -ας] ἕξουσιν ἀπὸ προσώπου σου (6)
I Ki. 4. 19. ἐπεστράφησαν ἐπ' αὐτὴν ὠδῖνες αὐτῆς (5)
II Ki. 22. 6. ὠδῖνες θανάτου ἐκύκλωσάν με (1)
IV Ki. 19. 3. ἦλθον υἱοὶ ἕως ὠδίνων (4)
Jb. 2. 9. υἱοὶ καὶ θυγατέρες ἐμῆς κοιλίας ὠδῖνες καὶ πόνοι –
21. 17. ὠδῖνες δὲ αὐτοὺς ἕξουσιν ἀπὸ ὀργῆς (1)
39. 1. ἐφύλαξας δὲ ὠδῖνας ἐλάφων (2 *b*)
— 2. ὠδῖνας δὲ αὐτῶν ἔλυσας (3)
— 3. ὠδῖνας δὲ αὐτῶν ἐξαποστελεῖς (1)
Ps. 17 (18). 4. περιέσχον με ὠδῖνες θανάτου (1)
— 5. ὠδῖνες ᾅδου περιεκύκλωσάν με (1)
47 (48). 6. ἐκεῖ ὠδῖνες ὡς τικτούσης (2 *a*)
114 (116). 3. περιέσχον με ὠδῖνες θανάτου (1)
Si. 7. 27. μητρὸς ὠδῖνας μὴ ἐπιλάθῃ
Ho. 9. 11. αἱ δόξαι αὐ. ἐκ τόκων καὶ ὠδίνων †
13. 13. ὠδῖνες ὡς τικτούσης ἥξουσιν αὐτῷ (1)
Mi. 4. 9. κατεκράτησάν σου ὠδῖνες (2 *a*)
Na. 2. 10 (11). καὶ ὠδῖνες ἐπὶ πᾶσαν ὀσφύν (2 *c*)
Is. 13. 8. ὠδῖνες αὐτοὺς ἕξουσιν ὡς γυναικὸς τικτούσης (1)
21. 3. ὠδῖνες ἔλαβόν με ὡς τὴν τίκτουσαν (5)
26. 17. ἐπὶ τῇ ὠ. αὐτῆς ἐκέκραξεν (1)
37. 3. ἥκει ἡ [**S** *om.*] ὠ. τῇ τικτούσῃ (4)
66. 7. πρὶν ἐλθεῖν τὸν πόνον τῶν ὠ. (7)
Je. 6. 24. ὠδῖνες ὡς τικτούσης (2 *a*)
8. 21. κατίσχυσάν με ὠδῖνες ὡς τικτούσης –
13. 21. οὐκ ὠδῖνες καθέξουσί σε (1)
22. 23. **A** ἐν τῷ ἐλθεῖν σοι ὠδῖνας [**B S** ὀδύνας] (1 + 2 *a*)
27 (50). 43. ὠδῖνες ὡς τικτούσης (2 *a*)
Ez. 7. 7. οὐ μετὰ θορύβων οὐδὲ μετὰ ὠδίνων †
IV Ma. 15. 7. διὰ πολλὰς τὰς καθ' ἕκαστον αὐτῶν ὠδῖνας
— 16. ἥπερ τῶν ἐπ' αὐτοῖς ὠδίνων
16. 8. πολλὰς ὑπέμεινα ὠδῖνας

[**Aq.** Je. 49. 24 (30. 13).]
[**Sm.** Ps. 47 (48). 7 : Is. 66. 7.]
[**Th.** Jb. 39. 3 : Ps. 76 (77). 11 : Je. 49. 24 (30. 13).]
[**Quint.** Ps. 76 (77). 11.]

ὠδίνειν. (1) הָרָה (2) חָבַל pi. (3) חִיל, חוּל *a.* qal. *b.* pil. *c.* hoph. (4) צָרַר hi.

Ps. 7. 14. **A S R** ὠδίνησεν ἀδικίαν [**B** ἀνομίαν] (2)
Ca. 8. 5. ἐκεῖ ὠδίνησέ σε ἡ μήτηρ σου ἐκεῖ ὠδίνησέ σε ἡ τεκοῦσά σου (2, 2)
Si. 19. 11. ἀπὸ προσώπου λόγου ὠδινήσει μωρός
31 (34). 5. ὡς ὠδινούσης φαντάζεται καρδία
43. 17. **A R** φωνὴ βροντῆς αὐτοῦ ὠδίνησε [**B S** ὠνείδισεν] γῆν [**A** γῆ]
48. 19. ὠδίνησαν ὡς αἱ τίκτουσαι
Mi. 4. 10. ὤδινε καὶ ἀνδρίζου (3 *a*)
Hb. 3. 10. ὠδινήσουσι λαοί (3 *a*)
Is. 23. 4. οὐκ ὤδινον οὐδὲ ἔτεκον (3 *a*)
26. 17. ὡς ἡ ὠδίνουσα ἐγγίζει τεκεῖν (1)
— 18. ὠδινήσαμεν καὶ ἐτέκομεν (3 *a*)
45. 10. τί ὠδίνεις [**A S** -νήσεις] (3 *a*)
51. 2. ἐμβλέψατε . . . εἰς Σάρραν τὴν ὠδίνουσαν ὑμᾶς (3 *b*)
54. 1. βόησον ἡ οὐκ ὠδίνουσα (3 *a*)
66. 7. πρὶν τὴν ὠδίνουσαν τεκεῖν (3 *a*)
— 8. εἰ [**S** ἡ] ὤδινε γῆ ἐν ἡμέρᾳ μιᾷ (3 *c*)
— 8. ὅτι ὤδινε καὶ ἔτεκε Σιὼν τὰ παιδία αὐ. (3 *a*)
Je. 4. 31. φωνὴν ὡς ὠδινούσης ἤκουσα (3 *a*)
29 (49). 22. ὡς καρδία γυναικὸς ὠδινούσης (4)

[**Aq.** Dt. 32. 18 : Jb. 26. 5 : Ps. 28 (29). 8 *bis*, 9 : 54 (55). 5 : 89 (90). 2 : 95 (96). 9 : 113 (114). 7 : Pr. 8. 25 : 25. 23 : Is. 13. 8 : 66. 8 : Je. 48 (31). 41.]
[**Sm.** Jb. 39. 3 : Ps. 50 (51). 7 : 89 (90). 2 : 95 (96). 9 : Ca. 8. 5 : Is. 13. 8 : 66. 7, 8.]
[**Th.** Pr. 8. 25 : Is. 13. 8 : Je. 48 (31). 41.]

ᾠδός. (1) שִׁיר *a.* qal. *b.* pil.

III Ki. 10. 12. ἐποίησεν ὁ βασ. . . . κινύρας τοῖς ᾠ. (1 *a*)
IV Ki. 11. 14. καὶ οἱ ᾠ. καὶ αἱ σάλπιγγες πρὸς τὸν βασ. †
II Ch. 9. 11. ἐποίησεν ὁ βασ. . . . νάβλας τοῖς ᾠ. (1 *a*)
23. 13. οἱ ᾄδοντες ἐν τοῖς ὀργάνοις ᾠδοὶ καὶ ὑμνοῦντες αἶνον †
II Es. 10. 24. **S**[2] ἀπὸ τῶν ᾠ. [**A B S**[1] ᾀδόντων] (1 *b*)
Ne. 11. 23. **S**[2] καὶ διέμεινεν ἐπὶ τοῖς ᾠ. (1 *b*)

ὠθεῖν. (1) דָּחָה (2) הָדַף (3) תָּקַף

Nu. 35. 20. ἐὰν δὲ δι' ἔχθραν ὤσῃ αὐτόν (2)
— 22. ἐὰν δὲ ἐξάπινα οὐ δι' ἔχθραν ὤσῃ αὐτόν (2)
Jb. 14. 20. ὦσας αὐτὸν εἰς τέλος (3)
Ps. 61 (62). 3. ὡς τοίχῳ κεκλιμένῳ καὶ φραγμῷ ὠσμένῳ (1)
117 (118). 13. ὠσθεὶς ἀνετράπην τοῦ πεσεῖν (1)
Is. 30. 22. ὡς κόπρον ὤσεις αὐτά †
Je. 41 (34). 11. ἔωσαν [**S** ἔσωσαν] αὐτοὺς εἰς παῖδας †

[**Sm.** Ps. 35 (36). 13.]
[**Th.** Ps. 55 (56). 8.]

ὠία, *vid.* **ᾠᾶ.**

ὠλεμείμ.

[**Heb.** Is. 26. 4.]

ὠμία. (1) כָּתֵף

III Ki. 6. 8. ὑπὸ τὴν ὠ. τοῦ οἴκου τὴν δεξιάν (1)
7. 30. ὠμίαι ὑποκάτω τῶν λουτήρων (1)
— 30. **A** αἱ ὠ. κεχυμέναι ἀπὸ πέραν ἀνδρὸς προσκείμεναι (1)
— 34. αἱ τέσσαρες ὠ. ἐπὶ τῶν τεσσάρων γωνιῶν (1)
— 39. ἔθετο τὰς πέντε μεχ. ἀπὸ τῆς ὠ. τοῦ οἴκου (1)
— 39. **A** καὶ πέντε ἐπ' ὠμίαν τοῦ οἴκου [**R** *al.*] (1)
— 39. ἡ θάλ. ἀπὸ τῆς ὠ. [**A** ὠμίδος] τοῦ οἴκου (1)
— 2. καὶ ὠμίαι κέδριναι τοῖς στύλοις †
IV Ki. 11. 11. ἀπὸ τῆς ὠ. τοῦ οἴκου τῆς δεξιᾶς ἕως τῆς ὠ. τοῦ οἴκου [**A** *om.* τῆς δ. ἕ. τ. ὠ. τ. οἴ.] τῆς εὐωνύμου (1, 1)
II Ch. 23. 10. ἀπὸ τῆς ὠ. τοῦ οἴκου τῆς δεξιᾶς ἕως τῆς ὠ. τῆς ἀριστερᾶς τοῦ θυσιαστ. (1, 1)

[**Aq.** Ex. 27. 14 : Ez. 40. 40 *bis*.]
[**Sm.** Ex. 27. 14 : Ez. 40. 40 *bis* : 41. 2.]

ὤμιον.

Jb. 18. 13. **A** κατέδεται δὲ αὐτοῦ τὰ ὤμια [**B S** ὡραῖα αὐτοῦ] θάνατος †

[**Th.** Ez. 41. 2.]

ὠμίς. (1) כָּתֵף

III Ki. 7. 39. A καὶ ἡ θάλ. ἀπὸ τῆς ὠ. [B -ίας] τοῦ οἴκου (1)

ὦμοι.

[Aq., Sm., Th. Ez. 11. 13.]

ὠμόλινον.

Si. 40. 4. καὶ ἕως περιβαλλομένου ὠμόλινον

ὠμός. (1) נָא

Ex. 12. 9. οὐκ ἔδεσθε ἀπ' αὐτῶν ὠμόν (1)
II Ma. 4. 25. θυμοὺς δὲ ὠμοῦ τυράννου . . . ἔχων
7. 27. χλευάσασα τὸν ὠ. τύραννον
IV Ma. 9. 30. πάντων ὠμότατε τύραννε
18. 20. πῦρ φλέξας λέβησιν ὠ.
[Al. Pr. 17. 11.]

ὦμος. (1) כָּתֵף (2) צַד (3) שְׁכֶם

Ge. 21. 14. καὶ ἐπέθηκεν ἐπὶ τὸν ὦ. (3)
24. 15. ἔχουσα τὴν ὑδρίαν ἐπὶ τῶν ὤ. αὐ. (3)
— 45. ἔχουσα τὴν ὑδρίαν ἐπὶ τῶν ὤ. (3)
49. 15. ὑπέθηκε τὸν ὦ. αὐ. εἰς τὸ πονεῖν (3)
Ex. 12. 34. ἐνδεδεμένα ἐν τοῖς ἱματίοις αὐ. ἐπὶ τῶν ὤ. (3)
28. 12. ἐπὶ τῶν ὤ. τῆς ἐπωμίδος (1)
— 12. ἐπὶ τῶν δύο ὤ. αὐ. (1)
— 25 (29). ἐπ' ἀμφοτέρους τοὺς ὤ. τῆς ἐπωμίδος –
36. 14 (39. 7). ἐπέθηκεν αὐτοὺς ἐπὶ τοὺς ὤ. τῆς ἐπωμίδος (1)
— 26 (39. 18). ἐπέθηκαν ἐπὶ τοὺς ὤ. τῆς ἐπωμίδος (1)
— 28 (39. 20). ἐπέθηκαν ἐπ' ἀμφοτέρους τοὺς ὤ. τῆς ἐπωμίδος (1)
Nu. 7. 9. ἐπ' ὤμων ἀροῦσι (1)
De. 33. 12. ἀνὰ μέσον τῶν ὤ. αὐ. κατέπαυσε (1)
Jo. 4. 5. ἀράτω ἐπὶ τῶν ὤ. αὐ. (3)
9. 4. λαβόντες σάκκους παλαιοὺς ἐπὶ τῶν ὤ. [A ὄνων] αὐ. †
Jd. 9. 48. καὶ ἔθηκεν ἐπὶ ὤμων αὐ. [A al.] (3)
16. 3. καὶ ἔθηκεν ἐπὶ ὤμων αὐ. [A al.] (3)
I Ki. 10. 9. ὥστε ἐπιστραφῆναι τῷ ὤ. αὐ. (3)
17. 6. ἀσπὶς χαλκῆ ἀνὰ μέσον τῶν ὤ. αὐ. (1)
III Ki. 7. 34. ἐκ τῆς μεχ. οἱ ὦ. αὐ. (1)
II Ch. 35. 3. οὐκ ἔστιν ὑμῖν ἆραι ἐπ' ὤμων οὐθέν (1)
I Es. 1. 4. οὐκ ἔσται ὑμῖν ἆραι ἐπ' ὤμων αὐτήν
Jb. 31. 20. ἐθερμάνθησαν οἱ ὦμοι αὐτῶν –
— 22. ἀποσταίη ἄρα ὁ ὦμός μου ἀπὸ τῆς κλειδὸς (1)
— 36. ἐπ' ὤμοις ἂν περιθέμενος στέφανον ἀνεγίνωσκον [A al.] (3)
Si. 6. 25. ὑπόθες τὸν ὦμόν σου
Ma. 2. 3. ἀφορίζω ὑμῖν τὸν ὦ. †
Is. 9. 6 (5). οὗ ἡ ἀρχὴ ἐγενήθη ἐπὶ τοῦ ὤ. αὐτοῦ (3)
10. 27. ἀφαιρεθήσεται ὁ ζυγὸς αὐτοῦ ἀπὸ τοῦ ὤ. σου [A S al.] (3)
— 27. A S καὶ ὁ ζυγὸς αὐ. ἀπὸ τοῦ ὤμου σου [B al.] †
— 27. καταφθαρήσεται ὁ ζυγὸς ἀπὸ τῶν ὤ. ὑμῶν †
14. 25. τὸ κῦδος αὐτῶν ἀπὸ τῶν ὤ. ἀφαιρεθήσεται (3)
22. 22. S R δώσω αὐτῷ τὴν κλεῖδα οἴκου Δαυὶδ ἐπὶ τῷ ὤ. [A τοῦ ὤ.] αὐτοῦ (3)
46. 7. αἴρουσιν αὐτὸ ἐπὶ τοῦ ὤ. [A S τῶν ὤ.] (1)
49. 22. τὰς δὲ θυγατέρας σου ἐπ' ὤμων ἀροῦσι (1)
60. 4. αἱ θυγατέρες σου ἐπ' ὤμων ἀρθήσονται (2)
66. 12. τὰ παιδία αὐτῶν ἐπ' ὤμων ἀρθήσονται (2)
Je. 38 (31). 21. δὸς καρδίαν σου εἰς τοὺς ὤ. †
Ba. 2. 21. κλίνατε τὸν ὦ. ὑμῶν
Ep. Je. 4. ὄψεσθε ἐν Βαβυλῶνι θεοὺς . . . ἐπ' ὤμοις αἰρομένους
— 26. ἄνευ ποδῶν ἐπ' ὤμοις φέρονται
Ez. 12. 6. ἐπ' ὤμων ἀναληφθήσῃ (1)
— 7. ἐπ' ὤμων ἀνελήφθην (1)
— 12. ὁ ἄρχων . . . ἐπ' ὤμων ἀρθήσεται (1)
24. 4. ἔμβαλε . . . σκέλος καὶ ὦμον ἐκσεσαρκισμένα (1)
25. 9. παραλύω τὸν ὦ. Μωάβ (1)
29. 18. πᾶς ὦ. μαδῶν (1)
34. 21. τοῖς ὤ. ὑμῶν διωθεῖσθε (1)
II Ma. 12. 35. καὶ τὸν ὦ. καθελόντος
15. 30. καὶ τὴν χεῖρα σὺν τῷ ὤ.
[Aq. Ge. 48. 22 : Ps. 20 (21). 13 : Is. 9. 6 (5) : 22. 22 : Ez. 29. 7 : 41. 2.]
[Sm. Ps. 80 (81). 7 : Is. 9. 6 (5) : 22. 22 (Sw.) : Za. 13. 6.]
[Th. Ex. 28. 25, 27 : Is. 22. 22 : 30. 6 : Za. 13. 6.]
[Al. I Ki. 9. 2 : 10. 9, 23.]

ὠμότης.

II Ma. 12. 5. τὴν γεγονυῖαν εἰς τοὺς ὁμοεθνεῖς ὠ.
III Ma. 5. 20. τὴν ὠ. χείρονα Φαλ. ἐσχηκὼς ἔφη
6. 24. τυράννους ὑπερβεβηκότες ὠμότητι
7. 5. νόμου Σκυθῶν ἀγριοτέραν ἐμπεπηρμένοι ὠμότητα

ὠμοτοκεῖν. (1) גָּעַל hi.

Jb. 21. 10. ἡ βοῦς αὐτῶν οὐκ ὠμοτόκησε (1)

ὠμόφρων.

IV Ma. 9. 15. τύραννε μιαρώτατε . . . καὶ ὠμόφρον

ὠνενά.

[Th. Is. 57. 3.]

ᾠόν. (1) בֵּיצָה

De. 22. 6. ἐὰν δὲ συναντήσῃς νοσσιᾷ . . . νοσσοῖς ἢ ᾠοῖς (1)
— 6. καὶ ἡ μήτηρ θάλπῃ . . . ἐπὶ τῶν ᾠ. (1)
Jb. 39. 14. ἀφήσει εἰς γῆν τὰ ᾠὰ [A S ὦτα] αὐ. (1)
Is. 10. 14. ὡς καταλελειμμένα ᾠὰ ἀρῶ (1)
59. 5. ᾠὰ ἀσπίδων ἔρρηξαν (1)
— 5. ὁ μέλλων τῶν ᾠ. αὐτῶν φαγεῖν (1)
Da. Th. 8. 25. ὡς ᾠὰ χειρὶ συντρίψει †
[Aq., Sm., Th. Is. 59. 5.]

ὥρα. (1) מֶגֶד (2) מוֹעֵד (3) נָאָה pil. (4) עִדָּן (5) עֵת (6) שָׁעָה

Ge. 18. 10. κατὰ τὸν καιρὸν τοῦτον εἰς ὥρας †
— 14. ἀναστρέψω πρὸς σὲ εἰς ὥρας (5)
29. 7. οὔπω ὥρα συναχθῆναι τὰ κτήνη (5)
Ex. 9. 18. ἴδε ταύτην τὴν ὥ. αὔριον χάλαζαν πολλήν (5)
10. 4. ἐπάγω ταύτην τὴν ὥ. αὔριον ἀκρίδα πολλήν –
13. 10. A R κατὰ καιροὺς ὡρῶν –
18. 22. κρινοῦσι τὸν λαὸν πᾶσαν ὥ. (5)
— 26. ἐκρίνοσαν τὸν λαὸν πᾶσαν ὥ. (5)
Le. 16. 2. μὴ εἰσπορευέσθω πᾶσαν ὥ. εἰς τὸ ἅγιον (5)
Nu. 9. 2. ποιείτωσαν . . . τὸ πάσχα καθ' ὥραν αὐ. (2)
De. 11. 14. τὸν ὑετὸν . . . καθ' ὥραν πρόϊμον καὶ ὄψιμον (5)
33. 13. ἀπὸ ὡρῶν [A ὀρέων] οὐρανοῦ καὶ δρόσου (1)
— 14. καθ' ὥραν γεννημάτων ἡλίου τροπῶν (1)
— 16. καθ' ὥραν γῆς πληρώσεως (1)
Jo. 11. 6. αὔριον ταύτην τὴν ὥ. ἐγὼ παραδίδωμι (5)
Ru. 2. 14. ἤδη ὥρα τοῦ φαγεῖν (5)
I Ki. 25. 6. εἰς ὥρας καὶ σὺ ὑγιαίνων †
II Ki. 24. 15. ἀπὸ πρωΐθεν ἕως ὥρας [A om.] ἀρίστου (5)
III Ki. 19. 2. ταύτην τὴν ὥ. αὔριον θήσομαι τὴν ψυχήν σου (5)
21 (20). 6. ταύτην τὴν ὥ. αὔριον ἀποστελῶ τοὺς παῖδάς μου (5)
IV Ki. 4. 16, 17. ὡς ἡ ὥ. ζῶσα (5)
7. 1. ὡς ἡ ὥ. αὕτη αὔριον (5)
— 18. ἔσται ὡς ἡ ὥ. [A ἡμέρα αὕτη] αὔριον (5)
10. 6. ὡς ἡ ὥ. αὔριον (5)
I Es. 8. 64. ἐγράφη πᾶσα ἡ ὁλκὴ αὐτῇ τῇ ὥ.
9. 11. καὶ ὥρα [A ἡ ὥ.] χειμερινή
Ne. 8. 3. ἀπὸ τῆς ὥ. τοῦ διαφωτίσαι τὸν ἥλιον –
Ju. 13. 4. B ἐπίβλεψον ἐν [A om.] τῇ ὥ. ταύτῃ
Es. 8. 1. S ἐν αὐτῇ τῇ ὥ. [A B ἡμέρᾳ] †
9. 2. S^1 ἐν αὐτῇ τῇ ὥ. [A B S^2 ἡμέρᾳ] †
10. 3. A B^2 S ἦλθον οἱ δύο κλῆροι οὗτοι εἰς ὥραν
Jb. 5. 26. ὥσπερ θιμωνία ἅλωνος καθ' ὥραν συγκομισθεῖσα (5)
15. 32. ἡ τομὴ αὐτοῦ πρὸ ὥρας φθαρήσεται †
— 33. τρυγηθείη δὲ ὡς ὄμφαξ πρὸ ὥρας †
24. 1. διὰ τί δὲ κύριον ἔλαθον ὧραι [A al.] (5)
— 6. ἀγρὸν πρὸ ὥρας οὐκ αὐτῶν ὄντα ἐθέρισαν †
36. 28. ὥραν ἔθετο κτήνεσιν –
38. 23. ἀπόκειται δέ σοι εἰς ὥραν ἐχθρῶν (5)
Wi. 10. 7. ἀτελέσιν ὥραις καρποφοροῦντα φυτά
Si. 11. 22. ἐν ὥρᾳ ταχινῇ ἀναθάλλει εὐλογίαν αὐτοῦ
— 27. κάκωσις ὥρας ἐπιλησμονὴν ποιεῖ τρυφῆς
12. 15. ὥραν μετὰ σοῦ διαμενεῖ
18. 20. ἐν ὥρᾳ ἐπισκοπῆς εὑρήσεις ἐξιλασμόν
35 (32). 11. ἐν ὥρᾳ ἐξεγείρου
39. 33. πᾶσαν χρείαν ἐν ὥρᾳ αὐτῆς χορηγήσει
Ho. 2. 9 (11). κομιοῦμαι τὸν σῖτόν μου καθ' ὥραν αὐ. (5)
Za. 10. 1. αἰτεῖσθε παρὰ κυρίου ὑετὸν καθ' ὥραν (5)
Is. 52. 7. πάρειμι ὡς ὥ. ἐπὶ τῶν ὀρέων (3)
Da. LXX. 3. 6. αὐτῇ τῇ ὥρᾳ ἐμβαλοῦσιν αὐτόν (6)
Da. LXX. 4. 15. ἐν ὥρᾳ μιᾷ τῆς ἡμέρας –
— 16. ὥραν μίαν ἀποθαυμάσας (6)
— 23. εἰς καιρὸν καὶ ὥραν –
5. 5. ἐν αὐτῇ τῇ ὥ. ἐκείνῃ (6)
8. 17. εἰς ὥραν καιροῦ τοῦτο τὸ ὅραμα (5)
— 19. εἰς ὥρας καιροῦ συντελείας μενεῖ (2)
9. 21. ἐν ὥρᾳ θυσίας ἑσπερινῆς (5)
10. 14. *cod.* ἔτι γὰρ ὥρα [R ὅρασις] εἰς ἡμέρας †
11. 6. καὶ μενεῖ εἰς ὥρας (5)
— 35. ἔτι γὰρ καιρὸς εἰς ὥρας (2)
— 40. καθ' ὥραν συντελείας (5)
— 45. ἥξει ὥρα τῆς συντελείας αὐ. †
12. 13. ἔτι γάρ εἰσιν ἡμέραι καὶ ὧραι
Da. Th. Su. 13. ἀρίστου ὥρα ἐστί
3. 5. ᾗ ἂν ὥρᾳ ἀκούσητε φωνῆς σάλπιγγος (4)
— 6. αὐτῇ τῇ ὥ. ἐμβληθήσεται (6)
— 15. αὐτῇ τῇ ὥ. ἐμβληθήσεσθε (6)
4. 16. ἀπηνεώθη ὡσεὶ ὥραν μίαν (6)
— 30. αὐτῇ τῇ ὥ. ὁ λόγος συνετελέσθη (6)
5. 5. ἐν αὐτῇ τῇ ὥ. ἐξῆλθον δάκτυλοι (6)
9. 21. ἥψατό μου ὡσεὶ ὥραν θυσίας ἑσπερινῆς (5)
12. 13. B^2 R ἔτι γὰρ ἡμέραι καὶ ὧραι [A B^1 *om.* κ. ὥ.]
II Ma. 8. 25. R ὑπὸ τῆς ὥ. συγκλειόμενοι [A *al.*]
III Ma. 2. 19. ἐπίφανον τὸ ἔλεός σου κατὰ τὴν ὥ. ταύτην
5. 13. τὴν προσημανθεῖσαν ὥ. διαφυγόντες
— 14. μεσούσης δὲ ἤδη δεκάτης ὥ. σχεδόν
IV Ma. 12. 4. τεθνήξῃ πρὸ ὥρας
[Aq. Jb. 8. 12 : Is. 52. 5.]
[Sm. Pr. 24. 10 : Ec. 3. 1 : Is. 38. 8.]
[Th. Da. 12. 13.]
[Al. I Ki. 9. 16.]
[Heb. Ez. 16. 7.]

ὡραΐζεσθαι.

Si. 25. 1. ἐν τρισὶν ὡραΐσθην

ὡραῖος. (1) *a.* הָדָר *b.* הֲדַר (2) *a.* חָמַד ni. *b.* חֶמְדָּה *c.* מַחְמָד (3) טוֹב (4) יָפֶה (5) *a.* נָאֶה *b.* נָאוָה (6) נָעִים (7) שַׁפִּיר (8) ὡ. κάλλει יָפָה pealal.

Ge. 2. 9. πᾶν ξύλον ὡ. εἰς ὅρασιν (2 a)
3. 6. ὡραῖόν ἐστι τοῦ κατανοῆσαι (2 a)
26. 7. ὡραία τῇ ὄψει ἦν (3)
29. 17. Ῥαχὴλ δὲ ἦν . . . ὡραία τῇ ὄψει (4)
39. 6. ἦν Ἰ. . . . ὡραῖος τῇ ὄψει σφόδρα (4)
Le. 23. 40. λήψεσθε . . . καρπὸν ξύλου ὡραῖον (1 a)
I Ki. 9. 20. τίνι τὰ ὡ. τοῦ Ἰσρ. (2 b)
II Ki. 1. 23. Σ. καὶ Ἰων. οἱ ἠγαπημ. καὶ ὡ. (6)
III Ki. 1. 6. καί γε αὐτὸς ὡραῖος τῇ ὄψει σφόδρα (3)
II Ch. 36. 19. καὶ πᾶν σκεῦος ὡ. εἰς ἀφανισμόν (2 c)
I Es. 4. 18. ἐὰν δὲ συναγάγωσι . . . πᾶν πρᾶγμα ὡ. [A al.]
— 19. αὐτὴν αἱρετίζουσι μᾶλλον ἢ . . . πᾶν πρᾶγμα ὡ.
Ju. 8. 7. ἦν . . . ὡραία τῇ ὄψει σφόδρα
Es. 2. 7. S^2 καὶ ὡραῖον τῇ ὄψει σφόδρα (3)
Jb. 18. 13. κατέδεται δὲ τὰ ὡ. [A ὦμια] αὐ. θάνατος †
Ps. 44 (45). 2. ὡραῖος κάλλει παρὰ τοὺς υἱοὺς τῶν ἀνθρώπων (8)
64 (65). 12. S^2 πιανθήσονται τὰ ὡ. [B S^1 ὄρη] τῆς ἐρήμου (5 a)
Ca. 1. 16. ἰδοὺ εἶ καλὸς . . . καί γε ὡραῖος (6)
2. 14. ἡ ὄψις σου ὡραία (5 b)
4. 3. ἡ λαλιά σου ὡραία (5 b)
6. 3 (4). καλὴ εἶ . . . ὡραία ὡς Ἱερ. (5 b)
— 5 (6). ἡ λαλιά σου ὡραία –
Si. 15. 9. οὐχ ὡραῖος αἶνος ἐν στόματι ἁμαρτωλοῦ
19. 31. ἔστιν ἔλεγχος ὃς οὐκ ἔστιν ὡραῖος
25. 1. ἀνέστην ὡραία ἔναντι κυρίου
— 4. ὡς ὡραῖον πολιαῖς κρίσις
— 5. ὡς ὡραία γερόντων σοφία
26. 18. καὶ πόδες ὡραῖοι ἐπὶ στέρνοις εὐσταθοῦς [S^1 πτέρνοις εὐστάθμοις]
32 (35). 20. ὡραῖον [S ὡς ὡ.] ἔλεος ἐν καιρῷ θλίψεως
43. 11. σφόδρα ὡραῖον ἐν τῷ αὐγάσματι αὐτοῦ
45. 12. ἐπιθυμήματα ὀφθαλμῶν κοσμούμενα ὡραῖα
Jl. 1. 19. πῦρ ἀνήλωσε τὰ ὡ. τῆς ἐρήμου (5 a)
— 20. πῦρ κατέφαγε τὰ ὡ. τῆς ἐρήμου (5 a)
Is. 28. 1. S τὸ ἄνθος τὸ ὡ. [A B om. τ. ὡ.] τὸ ἐκπεσόν –
63. 1. οὕτως ὡραῖος ἐν στολῇ (1 b)
Je. 11. 16. ἐλαίαν ὡραίαν εὔσκιον τῷ εἴδει (4)
La. 2. 2. πάντα τὰ ὡ. Ἰακὼβ καθεῖλεν (5 a)

Da. TH. 4. 9. τὰ φύλλα αὐ. ὡραῖα (7)
II Ma. 10. 7. κλάδους ὡραίους . . . ἔχοντες
[**Aq.** Ps. 64 (65). 13 : 78 (79). 7 : JE. 6. 2 : 9. 10 (9) : 11. 16 : 25. 37 (32. 23).]
[**Sm.** JE. 6. 2.]
[**Th.** Ps. 64 (65). 13 (P.) : JE. 6. 2.]
[**Al.** Is. 28. 1.]

ὡραιότης. (1) הָדָר (2) הוֹד (3) זִיז (4) יְפִי (5) נָוֶה (6) תִּפְאֶרֶת

Ps. 44 (45). 3. τῇ ὡ. σου καὶ τῷ κάλλει σου (2)
49 (50). 2. ἐκ Σιὼν ἡ εὐπρέπεια τῆς ὡ. αὐτοῦ (4)
— 11. καὶ ὡραιότης ἀγροῦ μετ' ἐμοῦ ἐστιν (3)
67 (68). 12. καὶ ὡραιότητι τοῦ οἴκου διελέσθαι σκῦλα (5)
95 (96). 6. ἐξομολόγησις καὶ ὡραιότης ἐνώπιον αὐτοῦ (1)
Is. 44. 13. ἐποίησεν αὐτὸ . . . ὡς ὡραιότητα ἀνθρώπου (6)
Ez. 16. 14. συντετελεσμένον ἦν ἐν εὐπρεπείᾳ ἐν τῇ ὡ. (1)
[**Aq.** II KI. 7. 8 : JB. 5. 24 : Ps. 22 (23). 2 : 67 (68). 13 : 73 (74). 20 : PR. 24. 15 : JE. 6. 2 : ZE. 2. 6.]
[**Th.** PR. 4. 9 : 24. 15 : Is. 35. 2 : JE. 6. 2.]
[**Al.** JB. 18. 15 : Ps. 144 (145). 5.]

ὡραιοῦσθαι. (1) יָפָה (2) נָאָה pil. (3) נָעֵם

II Ki. 1. 26. ὡραιώθης μοι σφόδρα (3)
Ca. 1. 10. τί ὡραιώθησαν σιαγόνες σου (2)
7. 1 (2). ὡραιώθησαν [A τί ὡρ.] διαβήματά σου (1)
— 6 (7). τί ὡραιώθης καὶ τί ἡδύνθης (1)
[**Aq.** Ps. 32 (33). 1 : Is. 52. 7 : Ez. 32. 19.]
[**Sm.** CA. 4. 10.]
[**Quint.** Ps. 44 (45). 3.]

ὡραϊσμός. (1) יָפָה hithp.

Je. 4. 30. εἰς μάταιον [A -την] ὁ ὡ. σου (1)
Ez. 7. 11. A οὐδὲ ὡ. ἐν αὐτοῖς †
[**Th.** Ez. 7. 11.]

ὡράμ.

[**Al.** II KI. 13. 34.]

ὡρηδόν (?).

Jb. 36. 30. S^4 ἐκτενεῖ ἐπ' αὐτὴν ὡ. [A B S^1 *al.*] †

ὥριμος. (1) עֵת (2) σῖτος ὥ. גָּדִישׁ

Jb. 5. 26. ὥσπερ σῖτος ὥριμος κατὰ καιρὸν θεριζόμενος (2 ?)
Je. 28 (51). 33. ὡς ἅλων ὥ. ἀλοηθήσονται (1)

ὡρολόγιον.

[**Sm.** Is. 38. 8.]

ὥρυγμα.

[**Sm., Th.** Is. 5. 29.]

ὠρύεσθαι (ὠρύσσ.). (1) *a.* שָׁאַג *b.* שְׁאָגָה

Jd. 14. 5. ἰδοὺ σκύμνος λέοντος ὠρυόμενος (1 *a*)
Ps. 21 (22). 13. ὡς λέων ὁ ἁρπάζων καὶ ὠρυόμενος (1 *a*)
37 (38). 8. ὠρυόμην ἀπὸ στεναγμοῦ τῆς καρδίας μου (1 *a*)
103 (104). 21. σκύμνοι ὠρυόμενοι ἁρπάσαι (1 *a*)
Wi. 17. 19. ὠρυομένων ἀπηνεστάτων [A -ατος] θηρίων φωνή (1 *a*)
Ho. 11. 10. ὅτι αὐτὸς ὠρύσεται [B^2 -ύσσεται] (1 *a*)
Ze. 3. 3. οἱ ἄρχοντες αὐ. ἐν αὐτῇ ὡς λέοντες ὠρυόμενοι (1 *a*)
Za. 11. 3. φωνὴ ὠρυομένων λεόντων (1 *b*)
Je. 2. 15. ἐπ' αὐτὸν ὠρύοντο λέοντες (1 *a*)
Ep. Je. 32. ὠρύονται δὲ βοῶντες ἐναντίον τῶν θεῶν αὐτῶν
Ez. 22. 25. οἱ ἀφηγούμενοι . . . ὡς λέοντες ὠρυόμενοι [A ἐρευγόμ.] (1 *a*)
[**Aq., Th.** JE. 25. 30 (32. 16) *bis*.]
[**Sm.** JE. 51 (28). 38.]

ὤρυμα (ὠρύομα, ὠρύωμα). (1) שְׁאָגָה

Ez. 19. 7. A B^1 ἀπὸ φωνῆς ὠρύματος [B^2 ὠρυόμ., R ὠρυώμ.] αὐτοῦ (1)

ὠρώ.

[**Heb.** JB. 36. 30.]

ὡς. * ὡς ἄν. ** *notat tempus.* ‡ *antepositum numeralibus.*

Ge. 3. 22 : 6. 4* (*ind.*) : 9. 3 : 10. 9 : 12. 12* : 13. 10 *bis*, 16 : 16. 6*† : 18. 23, 25 *bis*, 33** : 19. 31 : 22. 17 *bis* : 26. 4 : 27. 4, 9, 12, 23, 27, 30*† (*ind.*) : 28. 14, 17 : 29. 10**, 13**, 20† : 30. 25**, 38* : 31. 2†, 5, 15, 26 : 32. 12 (13) : 33. 10* (*opt.*) : 34. 7**, 15, 16 : 38. 29** : 39. 13**, 18**, 19** : 40. 13 : 42. 30 : 44. 10 : 45. 8 : 48. 5, 5†, 20 *bis* : 49. 4, 9 *bis* : 50. 20.

Ex. 1. 19 : 3. 4** : 8. 10 (6), 12 (8) : 9. 14, 29* : 12. 27** : 13. 11*, 17** : 15. 7 : 16. 31†, 31, 32** : 19. 18† : 28. 39 (43)*† : 33. 9* (*ind.*), 11 (ὡς εἴ τις) : 34. 29** : 36. 32 (39. 24).

Le. 5. 10, 13 : 9. 16 : 13. 43 : 14. 34* : 16. 17*†, 24 : 19. 18, 34 *bis* : 22. 27* : 24. 19 : 25. 35, 40, 50, 52 (53) : 26. 36 : 27. 14* (*ind.*).

Nu. 2. 17 : 9. 15 : 11. 7†, 25** : 12. 7† : 15. 15, 20 : 16. 31** : 18. 27, 27†, 30 *bis* : 22. 4† : 23. 10, 19 *bis*, 22, 24 *bis* : 24. 5, 6†, 8, 9 *bis* : 27. 6 (7)†, 17† : 32. 21*† : 33. 1**.

De. 1. 11, 31, 31 (ὡς εἴ τις†), 34**†, 44† : 2. 30† : 4. 7, 20 : 5. 23 (20)**, 26 (23) : 7. 13†, 19 : 8. 2*†, 5 (ὡς εἴ τις), 18 : 10. 3† : 11. 4, 5† : 12. 15, 16, 21*†, 22, 24 : 15. 22, 23 : 18. 15 : 22. 26 (ὡς εἴ τις) : 26. 19 : 27. 3*, 4* : 28. 1*†, 29 (ὡς εἴ τις †) : 29. 16 (15)†, 16 (15), 16 (15)† : 30. 1* : 32. 2 *bis*, 8** †, 10, 11, 31, 41 : 33. 20, 25 : 34. 10.

Jo. 2. 5**, 8**, 14* : 3. 8*, 13*, 15** : 4. 7**†, 11**, 18** : 5. 1**, 12 (13)** : 6. 4*, 19 (20)** : 7. 3‡†, 4‡† : 8. 5*, 6*, 14**, 24** : 9. 1**, 25 *bis* : 10. 1**, 20** : 11. 1**.

Jd. 2. 4**, 19** : 3. 18**† : 5. 8†, 31† : 6. 5†, 27 : 7. 5 (ὡς ἐάν), 12† *bis*, 15**, 17 (ὡς ἐάν)† : 8. 3†, 18† *ter*, 21, 33**† : 9. 16†, 17, 36, 38†, 48, 49‡† : 11. 35**† : 13. 6 : 15. 17**† : 16. 7, 9 (ὡς εἴ τις) †, 11, 12, 13†, 13, 17†, 20†, 27‡† : 17. 11 : 18. 7† : 19. 25**†, 30† *bis* : 20. 1, 8, 11, 30†, 31†, 31‡†, 32†, 39**†, 39‡†, 39†, 40† : 21. 21*†, 22†.

Ru. 1. 4‡ : 4. 11 *bis*, 12.

I Ki. 2. 2 *bis*, 13* (*ind.*), 16, 22† : 3. 10 : 4. 5**, 18** : 5. 10**†, 12** : 6. 6 : 8. 1**, 6** : 9. 13*, 16, 26**, 27 : 10. 2*, 5* : 11. 1 (ὡς μετά), 6**†, 7 : 12. 8** : 13. 5†, 8†, 10**†, 11† *bis*, 13†, 15‡† : 14. 2‡†, 7†, 14‡, 19**, 22 (23)‡ : 15. 2, 22, 29 : 16. 7 : 17. 36, 55**†, 57**† : 18. 1**†, 10†, 15 : 19. 7† : 20. 12* (*sine verbo*), 25, 41**†, 42 : 22. 2‡, 8, 13, 14, 15† : 23. 13‡ : 24. 2**, 5, 11, 17**, 19** : 25. 13‡, 16, 26, 36†, 37**†, 37† : 26. 15, 23 : 28. 9.

II Ki. 2. 18† : 3. 34 : 4. 8, 10 : 5. 20 : 6. 1‡ : 7. 22, 23 *bis* : 12. 3 : 13. 13, 28* : 14. 2, 13, 25, 26* (*ind.*) : 15. 24**†, 34† : 16. 10 (ὡς τί) : 17. 8, 8†, 11, 12 : 18. 3, 18 (ὡς ὅτι)†, 27, 32 : 19. 14 (15)†, 27 (28), 36 (37) (ὡς βραχύ) : 21. 19 : 22. 34, 43 *bis* : 23. 4, 21†.

III Ki. 1. 21* : 2. 32† : 3. 1 (4. 29 [5. 9]), 1 (B, 4. 20 A), 6, 12, 13, 14, 19 : 4. 29 (5. 9) : 7. 24 (26) : 8. 1**†, 10**, 23, 24, 38*, 53**, 54**, 59†, 61 : 9. 1** : 10. 27 *bis* : 11. 6 (8)†, 27, 33, 43**† *bis* : 12. 2**† *bis*, 20**, 24**† *bis*, 24† : 13. 4**, 22† : 14. 6**†, 8†, 10 (*c. inf.*)†, 17**† : 15. 3, 5, 11, 21**, 29**, 30† *bis*, 34 : 16. 3, 13†, 18**, 19 : 18. 17**†, 29**†, 29, 31, 44 : 19. 1, 13** : 20 (21). 4†, 15**, 16**, 19, 22 *bis*, 25†, 25, 27†, 29 : 21 (20). 11, 12**†, 39 : 22. 6‡†, 17, 32**, 33**.

IV Ki. 1. 18 (3. 2) *bis* : 2. 1 (ὡς εἰς)†, 11 (ὡς εἰς)† : 3. 2, 2†, 7 *bis*, 15**, 22† : 4. 16, 17 *bis*, 25** : 5. 6*, 7**, 8**, 14 : 6. 20**, 21**, 30**, 32* : 7. 1, 7, 10, 18 : 8. 5 : 9. 9 *bis*, 22**, 37 : 10. 2 (ὡς ἐάν†, ὡς ἄν†), 6, 7**, 25** : 12. 10 (11)**, 21 (22)† : 13. 7 : 14. 3, 6 : 16. 2 : 17. 2 : 18. 32 : 19. 1** : 21. 4, 7† *bis* : 22. 11**, 19 : 24. 20†.

I Ch. 4. 9, 27 : 11. 23† : 12. 8, 22 : 14. 8**†, 11 : 15. 15 : 16. 19† : 17. 1**, 13, 17, 21 *bis* : 19. 2 : 20. 5 : 21. 3, 15** : 22. 11 : 24. 19 : 27. 23 : 28. 7 : 29. 15 *bis*.

II Ch. 1. 9, 12, 15 *bis* : 2. 3 (2), 8 (7) : 4. 5, 10 (ὡς πρός) : 5. 13**† : 6. 4†, 15, 16, 30*, 33 : 7. 1**, 17, 18 : 9. 27 *bis* : 10. 2** *bis*, 12 : 12. 1** *bis*, 7 (ὡς μικρόν) : 17. 4 : 18. 3 *bis*, 12, 16, 31**, 32** : 20. 23**, 37 : 21. 6, 7, 13, 19** : 22. 4, 8** : 24. 11** *bis*, 14**, 22** : 25. 3**, 4 : 26. 16** : 28. 1 : 29. 3**, 8, 29** : 30. 8†, 10 : 31. 1**, 5** : 32. 17, 19 : 33. 12**, 19†, 22, 23 : 34 19** : 35. 12, 18.

I Es. 1. 12 : 2. 9 (*c. superl.*)† : 5. 37, 51 *bis* : 8. 3, 12†, 94 : 9. 10.

II Es. 2. 69 : 3. 1, 4 : 4. 2, 3 : 7. 18, 25†, 28 : 8. 18 : 9. 1**, 3**, 7, 13, 15† *bis* : 10. 1**, 1**†, 3*†, 3†, 8*†.

Ne. 2. 8 : 3. 13† : 4. 7 (1)**, 12 (6)** : 5. 5 *bis*, 11, 12 : 6. 3*, 4†, 8, 8†, 14 : 7. 2† : 8. 1, 9** : 9. 10, 23, 24, 28**, 37 : 10. 34 (35), 36 (37) : 12. 45 : 13. 3**, 30.

To. 3. 8† : 4. 8† : 5. 13†, 14†, 19 : 6. 5†, 9**†, 17†, 17**† : 7. 2, 14†, 17 : 8. 4**† : 10. 1**†, 8†, 13† : 11. 1**†, 12**†, 15†, 17**† : 12. 22 : 14. 5† *bis*, 10†.

Ju. 1. 11 : 2. 4**, 20 *bis* : 3. 4 : 4. 13**† : 5. 22** : 6. 1**, 3, 5†, 12**† : 7. 4**, 11†, 28† : 8. 9†, 16 *bis* : 10. 1**, 7**, 14**, 18, 23** : 11. 15 (ὡς ἄν†, ὡς ἐάν†)†, 19† : 12. 8**†, 13† : 13. 1** †, 12** : 14. 2, 5 (ὡς εἰς), 6**, 7**, 9**, 12**, 15**, 19** : 15. 1**, 5**, 9** : 16. 4†, 12, 15, 18**.

Es. 1. 1*† (*sine verbo*), 15, 17†, 17**† : 2. 1† : 3. 11, 12 : 4. 8, 14 (ὡς ὅτι)†, 17 : 5. 1**, 1, 1†, 1, 2, 11 : 6. 2 : 8. 8, 11 *bis*, 13†, 13, 13 (*c. inf.*)† : 9. 24†, 25, 27†.

Jb. 1. 5* (*ind.*), 6, 13, 21 : 2. 1 : 6. 3, 25 : 7. 4* : 9. 8 (ὡς ἐπί) : 12. 6 : 13. 25†, 25 : 14. 12*†, 13*† : 15. 14 (*c. ptcp.*), 33† *bis* : 21. 11† : 22. 24† : 24. 14 : 27. 10 (*c. ptcp.*)† : 28. 5† : 29. 3 : 30. 6†, 14, 21† : 31. 15, 18, 36† : 33. 6, 15†, 15 : 35. 4 (5), 14 : 37. 10 (ὡς ἐάν), 15†, 18 : 38. 30† : 40. 12 (17)†, 13 (18)† *bis* : 41. 10 (11)† *bis*, 15 (16)†, 19 (20)†, 20 (21).

Ps. 1. 3, 4 : 2. 9 : 5. 12 : 7. 2 : 8. 1, 9 : 9. 30 (10. 9)† : 10 (11). 2 : 16 (17). 8, 12† : 17 (18). 33†, 42†, 42 : 18 (19). 5 *bis* : 20 (21). 9 : 21 (22). 13, 15† : 22 (23). 5 (*c. superl.*)† : 28 (29). 6 *bis* : 30 (31). 19 : 31 (32). 9 : 32 (33). 7† : 34 (35). 14 *ter* : 35 (36). 6†, 7 : 36 (37). 6 *bis*, 35 : 38 (39). 11 : 43 (44). 11, 22 : 47 (48). 6 : 48 (49). 14 : 54 (55). 6† : 55 (56). 8 : 57 (58). 7 : 58 (59). 6, 14 : 61 (62). 3 : 63 (64). 3 : 65 (66). 3, 5†, 10 : 67 (68). 2 *bis* : 71 (72). 6† : 72 (73). 1, 7† : 73 (74). 5 (ὡς εἰς), 5 (ὡς ἐν) : 76 (77). 13, 20 : 77 (78). 8, 15 (ὡς ἐν), 16†, 43, 52, 52†, 65 *bis*, 69 : 78 (79). 3†, 5 : 81 (82). 7 *bis* : 82 (83). 9 *bis*, 10†, 11, 13 *bis* : 83 (84). 1 : 86 (87). 7 : 87 (88). 4†, 17† : 88 (89). 10, 29, 36, 37, 46 : 89 (90). 4, 9† : 91 (92). 5, 7†, 10, 12 *bis* : 94 (95). 8 (ὡς ἐν), 11 : 101 (102). 7†, 26 : 102 (103). 5 : 103 (104). 1†, 2, 6, 24 : 104 (105). 22 : 105 (106). 9 (ὡς ἐν) : 106 (107). 27, 41 : 108 (109). 18, 18† *bis*, 19, 29† : 112 (113). 5 : 113 (114). 4†, 4, 6† *bis* : 117 (118). 12† : 118 (119). 14 (ὡς ἐπί), 70, 83†, 85, 97, 103, 162, 176† : 121 (122). 3 : 122 (123). 2 *bis* : 123 (124). 7 : 124 (125). 1 : 125 (126). 1†, 4 : 127 (128). 3 *bis* : 128 (129). 6† : 130 (131). 2, 2† : 131 (132). 2 : 132 (133). 2, 3 : 136 (137). 6 (ὡς ἐν)† : 138 (139). 12†, 12 : 140 (141). 2 : 142 (143). 3, 6 : 143 (144). 12 *bis* : 147. 4 (15)†.

Pr. 1. 27* : 2. 4 *bis* : 3. 18 (ὡς ἐπί) : 6. 8 *bis*, 22* : 7. 23 : 8. 28**†, 28**, 29**† : 17. 18 : 18. 17*, 19 : 24. 23 (29. 27)† : 31. 14†.

Ec. 2. 3, 13, 15† : 3. 19†, 19 : 5. 14 : 7. 7 (6), 13 (12), 23 (22)† *bis* : 8. 4†, 13 (ὡς ἐν)†, 14 *bis*, 15† : 9. 1†, 2, 10, 12 *ter* : 10. 5, 7 : 11. 5 : 12. 7, 7†, 11 *bis*.

Ca. 1. 5 *bis*, 7, 10 *bis* : 2. 2, 3 : 3. 4 (ὡς μικρόν), 6 : 4. 1, 2, 3 *bis*, 4, 5, 11 : 5. 11, 12, 13, 15 *bis* : 6. 3 *ter*, 4, 5 *bis*, 6, 9 *ter* : 7. 1, 3 (4), 4 (5) *ter*, 5 (6) *bis*, 8 (9) *bis*, 9 (10) : 8. 6 *quater*, 10† *bis*.

Wi. 2. 2, 3, 4 *bis*, 6, 16 (ὡς ἀπό) : 3. 6 *bis*, 7 : 5. 9 *bis*, 10, 11, 12, 12 (*c. inf.*), 14 *quater*, 21 (ὡς ἀπό), 23 : 7. 9†, 9 : 11. 10 *bis*, 22 *bis* : 12. 8, 25 : 14. 15, 16, 17 : 15. 19 (ὡς ἐν) : 16. 29 *bis* : 18. 8† : 19. 3, 9 *bis*.

Si. *prol.* 4 : 2. 18 : 3. 4, 7, 15, 16 : 4. 10 *bis*, 30 : 5. 7† : 6. 2, 3, 11, 19, 19†, 20, 21 : 8. 11, 12, 13, 16 : 9. 8 : 11. 30 : 12. 10, 11, 17 : 13. 11 : 14. 17, 18, 22 : 15. 2 *bis* : 17. 19, 22 *bis*, 28, 29 : 18. 10, 13, 23 : 19. 11 (ὡς ἀπό) : 20. 1, 15, 29 : 21. 2 (ὡς ἀπό), 3, 8, 13 *bis*, 14, 16†, 18, 19†, 21 *bis* : 22. 17 : 23. 16 : 24. 3, 13 *bis*, 14 *quater*, 15, 15†, 15 *ter*, 16, 17, 25 *bis*, 26 *bis*, 27 *bis*, 30 *bis*, 32, 33 : 25. 4, 5, 10, 17 : 26. 7, 12 : 27. 8, 11, 13†, 19, 20, 28 : 28. 18, 23 *bis* : 29. 4, 6, 18 : 30. 4, 12**†, 25

(33. 16) *bis*, 39 (33. 30), 40 (33. 31) *bis* : 31 (34). 2, 5 : 32 (35). 20† *bis* : 34 (31). 16, 19 : 35 (32). 1, 8†, 16 : 36 (33). 2, 3, 5, 6†, 13 : 38. 11, 16, 22, 27: 39. 12, 13, 14 *bis*, 17, 22 *bis*, 23 : 40. 3†, 6, 6 (ὡς ἐν), 6, 13 *bis*, 17, 27 : 41. 1, 2† : 42. 21†, 22, 23† : 43. 14, 17 *bis*, 19, 20, 21 : 44. 9 *bis*, 21† *bis* : 46. 2 : 47. 3 (ὡς ἐν) *bis*, 13†, 14 *bis*, 18 *bis*, 25† : 48. 1 *bis*, 4, 19 : 49. 1 *bis*, 11, 15 : 50. 5†, 6 *bis*, 7 *bis*, 8† *bis*, 8, 9 *bis*, 10 *bis*, 12 *bis* : 51. 15†.

Ho. 1. 10 (2. 1) : 2. 3 (5)†, 3 (5), 14 (16) : 4. 4, 6, 16 *bis* : 5. 1, 10 *bis*, 12 *bis*, 14 *bis* : 6. 4 (3) *bis*, 5 (4) *bis*, 6 (5), 8 (7) : 7. 2, 4, 6 *bis*, 7, 11, 16 : 8. 1 *bis*, 8 : 9. 4, 10 *ter*, 11, 17† : 10. 4, 7, 14 : 11. 4, 8 *bis*, 10, 11 *bis* : 12. 11 (12) : 13. 3 *bis*, 3†, 3, 7 *bis*, 8, 13 : 14. 6 *ter*, 7 *bis*, 8†, 8, 9.

Am. 2. 9 : 4. 11 : 5. 5, 6, 24 *bis* : 6. 5 *bis*, 15 (14)† : 8. 8 *bis*, 10 *bis* : 9. 5 *bis*, 7.

Mi. 1. 4 *bis*, 6†, 8 *bis*, 16 : 2. 12 *bis* : 3. 3 *bis*, 12, 12† *bis* : 4. 9, 10, 12 : 5. 7 (6) *bis*, 8 (7) *bis* : 7. 1 *bis*, 4, 10, 17.

Jl. 1. 15 : 2. 2, 3, 4, 4†, 5 *ter*, 6, 7 *bis*, 9.

Ob. 1. 4, 11.

Na. 1. 10 *bis* : 2. 4 (5) *bis*, 8 (9)†, 10 (11) : 3. 8†, 13, 15 *bis*, 16†, 17 *bis*.

Hb. 1. 8, 9, 14 *bis* : 2. 5, 14 : 3. 4, 14.

Ze. 1. 17 *ter* : 2. 2, 9 *ter*, 13 : 3. 3 *bis*, 18 (ὡς ἐν).

Hg. 2. 24 (23)†.

Za. 2. 8 (12) : 3. 3 (2) : 5. 9† : 9. 3 *bis*, 4†, 7 *bis*, 13, 14, 15, 15† *bis*, 16 : 10. 2, 3, 5, 7, 7 (ὡς ἐν) : 12. 2, 6, 6†, 8 *ter*, 10 (ὡς ἐπί) *bis*, 11 : 13. 9 *bis* : 14. 10†, 20.

Ma. 3. 2 *bis*, 3, 3† *ter* : 4. 1 (3. 19), 2 (3. 20).

Is. 1. 8 *ter*, 9 *bis*, 18 *bis*, 19, 19†, 26 *bis*, 30 *bis*, 31 *bis* : 2. 6 *bis* : 3. 9 : 4. 5, 5† : 5. 6 (ὡς εἰς), 17, 18 *bis*, 24 *bis*, 25, 28 *bis*, 29† *bis*, 29, 30 : 6. 13 *bis* : 8. 14 *bis*, 20, 21* : 9. 3 (2), 4 (3), 18 (17) *bis*, 19 (18) : 10. 14 *bis*, 15*†, 17†, 18, 22 : 11. 7†, 9, 16 : 13. 8 *bis*, 14 *bis* : 14. 19 : 15. 5† : 16. 1, 2, 9, 11, 11†, 12† : 17. 6, 11†, 12 *bis*, 13 *quater* : 18. 2, 3 (ὡς εἰς)†, 3, 4 *bis* : 19. 14, 16 : 21. 1, 3, 3†, 16 : 22. 21 : 23. 3, 15 *ter* : 24. 2 *quinquiens*, 2†, 20 *bis* : 25. 5 : 26. 4†, 17 : 27. 7 *bis*, 9, 10 : 28. 2 *bis*, 4 : 29. 3, 4, 5 *ter*, 7, 8 *bis*, 11, 16, 17 : 30. 13, 14, 17†, 17, 22 *bis*, 26, 27, 28, 30, 33 : 31. 5, 9 : 32. 2 (ὡς ἀπό), 2, 19† : 33. 1, 12 : 34. 4 *ter*, 9 : 35. 1, 6 : 36. 6*†, 17 : 37. 11, 27 *bis* : 38. 3, 12, 13, 14 *bis* : 39. 7† : 40. 6, 11, 15 *bis*, 15†, 17, 22 *ter*, 23†, 23, 24, 31 : 41. 2, 11, 12, 15 *bis*, 25 *bis* : 42. 14 : 43. 17 : 44. 4†, 4, 13 *bis*, 22 *bis* : 45. 9, 20 (ὡς πρός)† : 46. 1 : 47. 14 : 48. 18, 19†, 19, 20† : 49. 2†, 2, 18†, 18, 18†, 26 : 50. 1†, 3†, 7, 9, 9† : 51. 3† *bis*, 5†, 6 *bis*, 8† *bis*, 9 (ὡς ἐν), 9, 20 : 52. 7 *ter* : 53. 2 *bis*, 6, 7 *bis* : 54. 6, 6†, 16 : 55. 9, 10 (ὡς ἄν †, ὡς ἐάν †) : 57. 1, 8† : 58. 1, 2, 4, 5, 10, 11 *bis*, 12† : 59. 10 *bis*, 10 (ὡς ἐν), 10, 11 *bis*, 17, 17†, 17, 19 : 60. 8 *bis* : 61. 10 *bis*, 11 *bis* : 62. 1 *bis*, 5 : 63. 2 (ὡς ἀπό), 3, 13, 14, 19 : 64. 1, 6 (5) *ter*, 10 (9) : 65. 25 *bis* : 66. 3 *ter*, 12 *bis*, 13 (ὡς εἴ τις), 14, 15 *bis*, 20.

Je. 1. 2†, 16, 18 *bis* : 2. 26, 30 : 3. 4, 20 : 4. 4, 10†, 13 *bis*, 17, 31 *bis* : 5. 27 : 6. 7, 9 *bis*, 13†, 15, 23, 23†, 24, 26†, 28† : 8. 6, 21 : 9. 3 (2), 12 (11), 22 (21)† : 11. 5†, 19 : 12. 8 : 13. 21†, 24, 25 : 14. 8†, 9 : 15. 10†, 13†, 15, 18, 19, 20 : 16. 19 : 17. 6, 8 : 18. 6, 17 : 19. 12 : 20. 9, 16 : 21. 12 : 22. 23, 28 : 23. 9 *bis*, 14, 14†, 29† : 24. 2, 5, 8, 10† : 26 (46). 7 *bis*, 8†, 18 *bis*, 22 *bis* : 27 (50). 9, 11 *bis*, 24, 26†, 37†, 42, 43 : 28 (51). 3†, 25, 27†, 33, 34, 38 *bis*, 40 *bis*, 43†, 53, 55 : 29 (49). 9†, 22 : 31 (48). 28†, 32, 32†, 34†, 38 : 33 (26). 14 *bis*, 18, 18† *bis* : 36 (29). 22 *bis* : 37 (30). 20, 20† : 38 (31). 10† : 39 (32). 20, 24 : 40 (33). 7† : 41 (34). 5 : 42 (35). 15† : 43 (36). 16**, 32 : 50 (43). 1** : 51 (44). 6, 13, 18**, 22.

Ba. 1. 11, 15, 20 : 2. 6, 11, 26 : 3. 24 : 4. 26 : 5. 6†.

La. 1. 1†, 6 : 2. 3, 4 *ter*, 5, 6, 7, 12, 18, 19, 22 : 3. 6†, 12, 52 : 4. 3 : 5. 3, 10.

Ep. Je. 11, 14, 18 (ὡς ἐπί), 4 , 44 (*c. inf.*)†, 67 *bis*.

Ez. 1. 4, 5, 7, 13†, 13, 13†, 14†, 16, 22, 24, 24† *bis*, 26 *bis*, 27, 27† *bis*, 28† : 3. , : 7. 16† : 8. 2, 2†, 16‡, 17 : 10. 1, 5, 9 : 11. 1‡, 21 : 12. 4, 7† : 13. 4† : 16. 8†, 20, 31, 32†, 59 : 18. 23 : 19. 10 *bis* : 20. 32 *bis* : 21. 23 (28) : 22. 25, 27 : 23. 20 : 26. 3, 10, 19, 20 : 28. 3, 6 : 32. 2, 14 : 33. 11, 22†, 31, 32 : 34. 12† : 36. 11, 35, 37 *bis*, 38 : 38. 9 *bis*, 16 : 41. 12 (ὡς πρός), 21 : 42. 12 (ὡς ἐπί) : 43. 2 *bis*, 8 : 45. 7 : 47. 5†, 10†, 22.

Da. LXX. Su. 12**, 30**, 41, 51**, 56 *bis*, 60**, 61 : 2. 40 *bis*, 41, 43 : 3. (36) *ter*, (40) (ὡς ἐν) *bis*, (51) (ὡς ἐξ), 33 (100) *bis* : 4. 9‡, 12, 25**, 29, 30, 31 : 5. 10 : 6. 23 (24), 27 (28) : 7. 13 *bis* : 8. 4, 15 : 10. 16 *bis*, 18 : 11. 29, 34 (ὡς ἐν) : 12. 3 : Bel 16.

Da. Th. Su. 19**, 26**, 28**, 41, 52** : 1. 8 *bis* : 2. 40 : 3. 15*, (36) *bis*, (40) (ὡς ἐν), (40) (ὡς ἐν)†, (50), (51) (ὡς ἐξ), 33 (100) : 4. 22, 29, 30 *ter*, 32 : 5. 21 : 6. 14 (15)** : 7. 4†, 13 : 8. 15, 25 : 9. 7, 15 : 10. 6† *bis*, 6 *bis*, 16, 18 : 11. 4*, 29, 29† : 12. 3 *bis* : Bel 14**, 28**.

I Ma. 1. 39 : 2. 8, 18, 23**, 40, 41†, 58† : 3. 3, 4, 17**, 23**, 27**, 30, 45, 60* : 4. 4**†, 6†, 9†, 35, 38 (ὡς ἐν), 38 (ὡς ἐν†), 60 : 5. 1, 13‡†, 16**, 42**, 60† : 6. 8**, 39**, 39, 59† : 7. 2**, 25**, 32‡†, 44** : 8. 4**†, 25*, 26, 27*, 28 : 9. 44 : 10. 36, 41 (ὡς ἐν), 42 (ὡς ἐν)†, 46**, 64**, 74**, 77, 88**, 89 : 11. 1, 3**, 4**, 22**, 23**, 49† : 12. 7†, 11, 27**, 43†, 47‡†, 48** : 13. 23** : 14. 17**, 25** : 15. 3, 9*†.

II Ma. 1. 11* (*c. participio*), 14, 15**, 20**, 21**, 22**, 23, 32**, 33** : 2. 1†, 2†, 4†, 4, 7**, 8 *bis*, 9, 13, 21 (*c. inf.*)† : 3. 8 : 4. 1, 4†, 5†, 19 (ὡς ἀπό)†, 46 : 5. 5, 8 *bis*, 9 : 6. 21, 29 : 7. 8, 12, 17, 23 : 8. 19, 20** : 9. 15**†, 28 : 10. 6, 21, 24 : 11. 6**, 28, 36 : 12. 3, 4* (*c. ptcp.*), 7†, 12, 24† : 13. 4 : 14. 4† : 15. 11.

III Ma. 1. 2, 8 (*c. superl.*), 24 : 2. 18, 22, 31, 33 : 3. 2* (*c. ptcp.*), 16†, 19 : 4. 1* (*c. ptcp.*), 6, 12**, 13, 18, 19 : 5. 22, 40†, 45†, 48 : 6. 10† : 7. 5 *bis*, 6, 13.

IV Ma. 2. 18 : 3. 10 (*c. superl.*)†, 17† : 4. 2†, 7, 22, 23** : 5. 13†, 18, 21 : 6. 5, 21 : 7. 4 : 8. 13** : 9. 10 (ὡς κατά) *bis*, 12**, 27, 29 : 11. 1** : 12. 1**, 7 : 14. 1, 6 (ὡς ὑπό)† : 15. 21† : 16. 3†, 12 : 17. 1†, 5, 7† : 18. 5**.

[**Aq.** Ge. 2. 18 (ὡς κατέναντι) : 49. 4 : Ex. 16. 31 : 21. 7 : Dt. 32. 31 : Jo. 2. 14* : I Ki. 3. 10 : 17. 7 : III Ki. 4. 20 : 14. 6**, 8, 17** : IV Ki. 9. 20 : Jb. 3. 5, 24 : 10. 5 : 13. 9 : 15. 14 (P.) : 37. 18 : 40. 12 (17) : 41. 10, 21 : 42. 8 : Ps. 1. 3 : 21 (22). 14 : 31 (32). 9 : 32 (33). 7 : 35 (36). 7 : 38 (39). 6 : 41 (42). 2 : 58 (59). 7, 15 : 63 (64). 4 : 71 (72). 6 : 73 (74). 5 : 77 (78). 33, 65 : 79 (80). 2 : 86 (87). 7 : 90 (91). 4 : 101 (102). 4 : 106 (107). 41 : 117 (118). 12 : 118 (119). 70 : 121 (122). 3 : 125 (126). 4 : 132 (133). 2 : 138 (139). 15 (ὡς ἐν) : 142 (143). 6 : 143 (144). 12 : Pr. 5. 4, 14 (ὡς ὀλίγον) : 6. 11 : 10. 20 (ὡς ὀλίγον), 23 : 18. 19 : Ec. 3. 11 : 8. 9 : Ca. 1. 5, 7 : 3. 6 : 5. 13 : 6. 5 (6) : 7. 5 (6) : 8. 1 : Is. 1. 25 (Sw.) : 5. 28 : 6. 13 : 7. 2 : 11. 7 : 14. 19 : 16. 2, 14 : 24. 2 *bis* : 28. 2, 4, 21 : 29. 4, 7 : 30. 13, 17, 28, 29 : 32. 2 : 34. 4 *bis* : 38. 12 *bis*, 14 : 40. 15, 22 *bis*, 24 : 41. 2 : 48. 19 : 51. 3 *bis*, 9, 20 : 53. 2 *bis*, 3 : 54. 6, 9 : 56. 12 : 57. 20 : 58. 1, 5, 8 : 59. 11, 17, 18 (ὡς ἐπί) *bis*, 19 : 61. 10 *bis* : 63. 2 : 64. 6 (5) : 65. 25 : 66. 14 : Je. 5. 16 (Sw.), 26, 27 : 6. 23 : 8. 6 : 10. 5 : 11. 19 : 13. 24 : 14. 6, 8, 9 : 15. 18 : 25. 30 (32. 16), 34 (32. 20) : 26 (33). 6 : 30 (37). 6 : 31 (38). 12, 18 : 48 (31). 41 : 49. 24 (30. 13) : 50 (27). 8, 9, 42 : 51 (28). 27, 63* : Ez. 1. 7, 16, 27, 27 (Sw.) : 8. 2 : 10. 1 : 12. 7 : 18. 14 : 23. 34 : 27. 22, 32 : 32. 2 : Da. 2. 35 (Sw.) : Ho. 5. 12, 14 : 9. 13 : 10. 15 : 12. 11 (12) : 13. 3 : 14. 9 : Am. 9. 7 : Mi. 1. 8 : 2. 12 : 5. 7 (6) : Ma. 3. 17.]

[**Sm.** Ge. 1. 26 : 49. 4 : Ex. 16. 31 : Dt. 32. 31 : Jo. 2. 14* : I Ki. 13. 1 : 17. 7 : 19. 7 (ὡς πρό) : 30. 16 (ὡς ἐν) : II Ki. 6. 13** : 14. 13, 14 : III Ki. 4. 20 : IV Ki. 9. 20 : Jb. 4. 12 (ὡς ἐν) : 6. 2 : 9. 26 : 14. 11 : 15. 14 (P.) : 22. 24 : 24. 16 (ὡς ἐν), 17 (P.) : 32. 19 : 35. 16 : 36. 29 : 38. 9 : 39. 24 : 40. 4 9 (9), 12 (17), 13 (18) *bis* : 41. 10, 19, 23 : Ps. 10 (11). 2 (ὡς ἐν) : 21 (22). 14 : 28 (29). 6 : 30 (31). 22 (ὡς ἐν) : 31 (32). 4. 9 : 32 (33). 7 (ὡς ἐν) : 34 (35). 14 (ὡς πρός) *bis*, 14 : 38 (39). 6 *bis*, 12 : 41 (42). 2, 4, 11 : 43 (44). 12, 24 : 44 (45). 2, 4 : 47 (48). 7 : 48 (49). 15 : 49 (50). 21 : 57 (58). 5, 8 *bis*, 10 : 58 (59). 7, 8 *bis*, 15 : 62 (63). 2 (ὡς ἐν) : 63 (64). 4 : 67 (68). 15, 31 : 71 (72). 6, 16 : 72 (73). 19, 20 : 77 (78). 65, 69 *bis* : 79 (80). 2 : 81 (82). 7 *bis* : 86 (87). 7 (ὡς ἐν) : 87 (88). 6, 18 : 88 (89). 11 (P.), 38, 47 : 89 (90). 4 : 90 (91). 4 : 91 (92). 11 : 101 (102). 4, 27 *bis* : 106 (107). 41 : 109 (110). 3 (ὡς κατά) : 117 (118). 12 : 118 (119). 24, 70 : 121 (122). 3 : 124 (125). 1 : 125 (126). 4 : 132 (133). 2 : 134 (135). 18 : 138 (139). 12 : Pr. 7. 22 : 10. 25 : 11. 28 : 15. 15 (ὡς ἐν) : 30. 27 : Ec. 8. 10, 14 : Ca. 1. 5, 7 : 3. 6 : 5. 11, 13, 15 : 6. 3 (4) *bis*, 5 (6) : 7. 1 (2), 2 (3), 4 (5), 5 (6) : 8. 6 *bis* : Is. 1. 18 : 5. 18 *bis* : 6. 13 *bis* : 8. 11 (ὡς ἐν) : 9. 3 (2) : 10. 18 : 14. 19 : 16. 11, 14 (ὡς ἐπί) : 24. 2, 13 : 25. 10 *bis* : 27. 10 : 28. 2 : 29. 2, 3, 4 : 30. 13, 17 *bis*, 22, 28, 29 : 31. 5, 6 : 32. 2 *bis* : 33. 16 : 34. 4 *bis* : 38. 12 *bis*, 14 : 40. 15, 22 : 41. 2 : 42. 13 *bis*, 19 *ter* : 48. 19 : 51. 3, 20, 23 : 53. 2 *bis* : 54. 6, 9 *bis* : 57. 20 : 58. 1, 8 : 59. 10 (ὡς ἐν), 11, 17, 18 (ὡς περί), 18 (ὡς ἐπί), 19 : 61. 10 : 63. 19 (ὡς ἀπό) : 64. 2 (1), 6 (5) : 66. 3 *bis*, 14 : Je. 5. 26, 27 : 6. 23 : 8. 6 : 11. 19 : 13. 24 : 14. 6, 8 : 15. 18 : 22. 19 : 25. 30 (32. 16), 34 (32. 20) : 26 (33). 6, 8**, 14 *bis* : 30 (37). 6 : 31 (38). 12, 18 : 39 (46). 12* : 46 (26). 21 : 50 (27). 8, 9, 26, 42 : 51 (28). 27, 33, 63* : La. 1. 12 : Ez. 1. 7, 13, 14, 16 : 4. 9* : 5. 2* : 8. 2, 17 *bis* : 10. 1, 5 : 12. 7 : 13. 4, 5 (ὡς ἐν), 10 : 21. 15 (20) : 23. 34 : 31. 3 : 36. 11 : Da. 2. 31 (Sw.) : 11. 23 (ὡς ἐν) (Sw.) : Ho. 5. 10, 14 : 8. 12 : 9. 13 : 10. 7, 15 : 12. 11 (12) : 13. 3 : Am. 9. 7 : Mi. 1. 8 : Za. 3. 2 : 10. 6 (ὡς ἂν εἰ μή).]

[**Th.** Ge. 1. 26 (ὡς ἐν) : 49. 4 : Dt. 32. 31 : Jo. 2. 14* : Jd. 8. 18 : 13. 6 : I Ki. 1. 16 : 14. 14 (ὡς ἐπί) : 17. 7 : II Ki. 14. 14 : Jb. 10. 5 : 22. 24 : 37. 18 : 40. 12 (17) : 41. 10, 21, 24 : Ps. 28 (29). 6 : 57 (58). 9 : 58 (59). 7 : 61 (62). 10 : 63 (64). 4 : 73 (74). 5 : 101 (102). 4 : 126 (127). 4 : Pr. 4. 18 : 6. 11 : 10. 20 (ὡς μικρόν) : 16. 27 : 26. 22 : Ca. 6. 3 (4) : Is. 6. 13 : 16. 14 : 24. 20 *bis* : 28. 2 : 29. 17 : 30. 13, 17, 22, 27, 28, 29 : 33. 4 (ὡς ἀπό) : 38. 12 *bis*, 13, 14 : 40. 15, 22, 24 : 41. 2 : 42. 19 : 48. 19 : 51. 3 *bis*, 20 : 52. 7 : 53. 2 *bis* : 57. 20 : 58. 1 : 59. 11, 17, 18 (ὡς ἐπί), 19 : 64. 2 (1), 6 (5) : 66. 3 *bis* : Je. 5. 16 (Sw.), 26 (Sw.) : 10. 5 : 12. 3 (Sw.) : 14. 6, 8 : 30 (37). 6 : 33 (40). 22 : 46 (26). 8 *bis* : 48 (31). 40, 41 : 49. 24 (30. 13) : Ez. 1. 13, 14, 16, 24 *bis*, 27, 27 (Sw.) : 7. 16 : 8. 2 : 10. 1, 5 : 12. 7 : 23. 34 : Da. 1. 8 : 2. 40 : 3. (36) : 11. 29 : 12. 3 *bis* : Ho. 5. 10, 14 : 10. 7, 15 : 13. 3.]

[**Al.** Ex. 13. 5* : Le. 5. 13 : 6. 17 (10) *bis* : 7. 10 : 13. 10 : 14. 22* : 18. 14 : 27. 21 : Nu. 9. 5 : 23. 22 : Jo. 8. 33 (9. 6) : I Ki. 1. 13 : 9. 16 : 10. 9 : II Ki. 3. 33 : Jb. 27. 21 : Ps. 1. 4 : 70 (71). 19 : 123 (124). 4, 5 : 140 (141). 2 : Pr. 6. 22* : Ca. 5. 11 : 6. 5 (6), 9 (10) : 7. 1 (2) : Is. 28. 2 : Da. 8. 23* (*ind.*) : Jl. 1. 8.]

[**Sam.** Ex. 16. 31.]

[**Heb.** Jb. 10. 16 : Je. 2. 23, 24 : Ez. 1. 4 : 7. 17 : 23. 20 : 43. 2.]

[**Quint.** Ps. 28 (29). 6 *bis* : 31 (32). 9 : 32 (33). 7 : 58 (59). 7 : 73 (74). 3 (ὡς ἐν) : 125 (126). 4 : 140 (141). 7 : Pr. 6. 11 : Ca. 6. 9 (10) : 7. 1 (2) : Ho. 6. 3, 9 : 7. 4, 8 : 8. 9.]

[**Sext.** Ps. 22 (23). 6 (*c. superl.*) : 28 (29). 6 *bis* : 31 (32). 4 *bis* : 36 (37). 35.]

ὥς.

Le. 26. 44.
Jb. 9. 11.
Ec. 9. 2 *bis*.
Am. 4. 8†, 9, 10, 11.
Is. 58. 5†.
Ez. 16. 47†.
III Ma. 1. 12† : 5. 40†.

ὡσανεί.

Es. 1. 1†.
[**Sm.** Ge. 37. 7 : Za. 10. 6.]

ὡσαύτως. (1) יַחְדָּו (2) כִּ׳ (3) כְּזֹאת (4) כָּמוֹהוּ ,כָּמוֹהָ (5) כֵּן

Ex. 7. 11. καὶ ἐποίησαν . . . ταῖς φαρμακίαις αὐ. ὡσ.	(5)
— 22 : 8. 7 (3), 18 (14). ἐποίησαν δὲ ὡσ.	(5)
30. 32. οὐ ποιηθήσεται ὑμῖν ἑαυτοῖς ὡσ.	(4)
— 33, 38. ὃς ἂν ποιήσῃ ὡσ.	(4)
Le. 24. 19. ὡσ. ἀντιποιηθήσεται αὐτῷ	(5)
De. 12. 22. ὁ ἀκάθαρτος ἐν σοὶ καὶ ὁ καθαρὸς ὡσ. ἔδεται	(1)
15. 17. τὴν παιδίσκην σου ποιήσεις ὡσ.	(5)

De. 15. 22. ὁ καθαρὸς ὡσ. ἔδεται (1)
Jo. 6. 7 (8). παρελθέτωσαν ὡσ. ἐναντίον τοῦ κ. –
11. 15. καὶ Μ. ὡσ. ἐνετείλατο τῷ Ἰ. (5)
14. 11. ὡσ. ἰσχύω νῦν (2)
Jd. 8. 8. ἐλάλησε πρὸς αὐτοὺς ὡσ. [A κατὰ ταῦτα] (3)
I Ch. 28. 16. καὶ ὡσ. τῶν ἀργυρῶν –
To. 7. 10. S ὡσ. δὲ καὶ ἐγὼ οὐκ ἔχω ἐξουσίαν
12. 12. ὡσ. συμπαρήμην σοι [S *al.*]
Ju. 15. 5. ὡσ. δὲ καὶ οἱ ἐξ Ἱερ. παρεγενήθησαν
Es. 9. 13. χρῆσθαι ὡσ. τὴν αὔριον –
Pr. 20. 4. ὡσαύτως καὶ ὁ δανειζόμενος σῖτον ἐν ἀμητῷ –
27. 15. ὡσαύτως καὶ γυνὴ λοίδορος ἐκ [S ἀπὸ] τοῦ ἰδίου οἴκου –
— 20. ὡσαύτως καὶ οἱ ὀφθαλμοὶ τῶν ἀνθρώπων ἄπληστοι –
Si. 49. 7. ὡσ. οἰκοδομεῖν καὶ καταφυτεύειν
Is. 10. 15. AS ὡσ. ἐάν [B ὡς ἄν] τις ἄρῃ ῥάβδον (2)
43. 8. καὶ ὀφθαλμοί εἰσιν ὡσ. τυφλοί –
Ep. Je. 22. ὡσ. δὲ καὶ οἱ αἴλουροι
— 28. ὡσ. δὲ καὶ αἱ γυναῖκες
— 35. ὡσ. οὔτε πλοῦτον . . . οὐ μὴ δύνωνται διδόναι
— 61. ὡσ. καὶ ἀστραπή
— 71. ὡσ. δὲ καὶ νεκρῷ ἐρριμμένῳ . . . ἀφωμοίωνται
Ez. 40. 16. καὶ ὡσ. τοῖς αιλάμ (5)
42. 5. καὶ οἱ περίπατοι οἱ ὑπερῷοι ὡσ. †
I Ma. 12. 43. A ὑπακούειν αὐτῷ ὡσ. [S R *al.*]
II Ma. 2. 12. ὡσ. καὶ ὁ Σ. τὰς ὀκτὼ ἡμέρας ἤγαγεν
— 14. ὡσ. δὲ καὶ Ἰούδας
7. 13. τὸν τέταρτον ὡσ. ἐβασάνιζον
15. 39. ὡσ. δὲ καὶ ὕδωρ πάλιν πολέμιον
III Ma. 6. 33. ὡσ. δὲ καὶ ὁ βασ.
7. 19. ὡσ. κἀκεῖ ἔστησαν

[**Sm.** Ex. 7. 11: 8. 7 (3) (P.).]
[**Th.** Ex. 7. 11.]

ὡσεί. * *antepositum numeralibus.*

Ge. 19. 28 : 21. 16 : 24. 55* : 25. 25 : 31. 2† : 34. 31 : 41. 49 : 49. 16.
Ex. 4. 6 : 15. 5, 8, 10 : 16. 14 *bis*, 31† : 19. 4, 18† : 24. 10, 17 : 28. 29 : 32. 13.
Le. 26. 19, 37.
Nu. 11. 7, 8, 12, 31 : 12. 10, 12 *bis* : 13. 34 (33) : 14. 15 : 22. 4† : 24. 6†, 6 *ter* : 27. 17†.
De. 1. 10, 44† : 9. 21 : 10. 22 : 11. 10 : 22. 26† : 28. 29†, 49, 62 : 29. 28 (27) (ὡσεὶ νῦν) : 32. 2 *bis*.
Jo. 3. 15 : 7. 3*†, 4*† : 10. 2 : 14. 11 (ὡσεὶ ὅτε).
Jd. 3. 29* : 6. 16 : 7. 12† : 8. 10*, 18† : 9. 49*† : 14. 6 : 15. 14 : 16. 12†, 27*† : 20. 31*†, 39*†.
I Ki. 9. 22* : 17. 7, 43 : 19. 7† : 25. 37†, 38*.
II Ki. 2. 18†.
III Ki. 21 (20). 27.
IV Ki. 3. 22† : 5. 27.
I Ch. 11. 23†.
II Es. 2. 64* : 9. 15†.
Ne. 7. 66*† : 9. 11.
Jb. 28. 5† : 29. 25.
Ps. 16 (17). 12, 12† : 17 (18). 33†, 42† : 21 (22). 14 *bis*, 15† : 22 (23). 5† : 30 (31). 12 *bis* : 32 (33). 7† : 34 (35). 5 : 35 (36). 6† *bis* : 36 (37). 2 *bis*, 20 : 37 (38). 4, 13 *bis*, 14 : 38 (39). 5 : 51 (52). 2, 8 : 54 (55). 6† : 57 (58). 4, 8, 9 *bis* : 62 (63). 5 : 70 (71). 7 : 71 (72). 6†, 6, 16 : 72 (73). 7†, 20 : 77 (78). 13, 16†, 27 *bis*, 52† : 78 (79). 3† : 79 (80). 1 : 82 (83). 10†, 14 *bis* : 87 (88). 4†, 5, 17† : 89 (90). 5, 9† : 91 (92). 7† : 96 (97). 5 : 101 (102). 3 *bis*, 4, 6, 7†, 9, 11 *bis*, 26 : 102 (103). 15, 15† : 103 (104). 2 : 108 (109). 18† *bis*, 19, 23 *bis*, 29† : 113 (114). 4†, 6† : 117 (118). 12, 12† : 118 (119). 83†, 176† : 125 (126). 1† : 126 (127). 4 : 128 (129). 6† : 139 (140). 3 : 140 (141). 7 : 143 (144). 4 : 147. 5 (16) *bis*, 6 (17).
Pr. 31. 14†.
Ca. 6. 9.
Si. 50. 3, 8†.
Jn. 3. 3, 4.
Is. 1. 18† : 5. 29† *bis* : 10. 17 : 16. 11† : 18. 3† : 30. 29, 29† : 40. 15† : 44. 4† : 48. 18, 19† : 49. 2† : 51. 12 : 60. 8†.
Je. 3. 2 : 14. 8, 8† : 26 (46). 8† : 27 (50). 37† : 28 (51). 14, 30.
Ez. 1. 22† : 13. 4† : 40. 2, 3.
Da. LXX. 2. 35 : 3. (50) : 4. 31 : 5. 1, 5 : 7. 4 *bis*, 6, 9 *ter* : 10. 5, 6 *quater* : 12. 3.
Da. TH. 2. 35 : 4. 16 : 7. 4, 4†, 6, 8, 9 *bis* : 9. 21 : 10. 6, 6† *bis*.
I Ma. 5. 13† : 7. 32*†.
II Ma. 11. 5*.

[**Aq.** Ex. 4. 6 : Dt. 1. 31 : Ps. 17 (18). 34 : 103 (104). 6 : 125 (126). 1 : Pr. 30. 20.]
[**Sm.** Ex. 4. 6 : 16. 14 : Ps. 13 (14). 4 : 17 (18). 34 : 36 (37). 2 : 51 (52). 10 : 54 (55). 7 : 70 (71). 7 : 77 (78). 27 : 125 (126). 1 : Pr. 30. 20 : Da. 10. 6 : Mi. 5. 7 (6).]
[**Th.** Ex. 4. 6 : Ps. 17 (18). 34 : 57 (58). 9 : 79 (80). 2 : 103 (104). 6 : 125 (126). 1 : Pr. 30. 20 : Da. 2. 35 : 10. 6 : Mi. 5. 7 (6).]
[**Al.** Nu. 12. 12 : I Ch. 17. 17.]
[**Quint.** Ps. 13 (14). 4 : 28 (29). 6.]

ὡσιεννά.

[**Heb.** Ps. 117 (118). 25.]

ὥσπερ.

Ge. 37. 9 : 38. 11 : 41. 2, 18, 22.
Ex. 12. 48 : 21. 7 : 24. 10.
Le. 4. 26 : 6. 17 (10) *bis*, 37 (7. 7) : 14. 13, 35 : 27. 21.
Nu. 16. 40 (17. 5).
De. 2. 10, 11, 21, 22 : 3. 2, 6, 20 : 5. 14 : 6. 24 : 7. 26 : 10. 1†, 3† : 11. 10 : 18. 7, 18 : 20. 8 : 29. 23 (22) : 33. 26.
Jo. 1. 5, 15 : 4. 14 : 7. 5 : 11. 4.
Jd. 7. 12†.
I Ki. 21. 10 (11).
II Ki. 14. 14 : 23. 6 : 24. 3, 3†.
To. 5. 9†.
Jb. 2. 10 : 3. 16 *bis*, 21 : 5. 25, 26 *bis* : 6. 7, 15 *bis*, 16 : 7. 1, 2, 9 : 10. 4, 10, 16, 19 : 11. 15, 16, 17 : 12. 25 : 13. 24†, 25†, 28 : 14. 2 *bis*, 6, 9 : 15. 24, 33† *bis* : 16. 13 (12) : 18. 3 : 19. 10, 11†, 22 : 20. 8 *bis*, 18 : 21. 11†, 18 *bis* : 22. 24†, 25 : 23. 10 : 24. 5, 20, 24 *bis* : 27. 7 *bis*, 16, 18 *bis*, 20 : 29. 18, 23 : 30. 15 *bis*, 18 : 32. 19 *bis* : 33. 10, 24, 25 : 34. 7 *bis*, 36 : 37. 21 : 38. 3, 30†, 38 *bis* : 40. 2 (7), 12 (17)† *bis*, 24 (29) *bis* : 41. 6 (7), 15 (16)†, 15 (16), 18 (19)†, 18 (19), 21 (22), 22 (23) *bis*, 23 (24) : 42. 7.
Pr. 1. 12 : 6. 5 *bis*, 11 *quater* : 7. 2, 22 *bis*, 23 : 10. 26 : 11. 14, 22 : 12. 4 : 16. 15 : 17. 3 : 18. 19 : 19. 12 : 21. 1 : 23. 5, 32 *bis*, 34 *bis* : 24. 23 (29. 27), 45 (30) *bis*, 49 (34) : 25. 13, 14, 20 *bis*, 25, 26, 28 : 26. 1 *bis*, 2, 3, 11, 14, 17, 18, 23 : 27. 8, 19 : 28. 1, 4.
Ec. 5. 15.
Wi. 19. 17, 18.
Si. 23. 10 : 30. 20 : 33 (36). 4 : 47. 2.
Ho. 9. 7 : 13. 3†.
Mi. 7. 18.
Na. 3. 16†.
Ma. 3. 3† *bis*.
Is. 14. 10 : 17. 11 : 27. 9 : 28. 21 : 38. 12 : 44. 7 : 51. 6, 8† *bis* : 55. 8 *bis*.
Je. 13. 10 : 14. 9 : 23. 14†, 29, 29† : 26 (46). 21 : 27 (50). 8, 42, 44 *bis* : 29 (49). 9†, 16, 18, 19 *bis*, 22 : 31 (48). 6, 13, 28†, 36 *bis* : 32 (25). 30, 34, 38 : 33 (26). 6, 9 : 38 (31). 12, 18, 28 : 50 (43). 12.
Ba. 4. 24, 28, 33.
La. 1. 20 : 4. 6, 8.
Ep. Je. 9, 17, 18, 20, 27, 32, 43, 54, 55, 70.
Ez. 27. 32† : 34. 12† : 36. 11.
Da. LXX. 2. 40, 43 : 7. 8.
II Ma. 3. 11†.
IV Ma. 2. 6, 16 : 5. 22 : 6. 5, 16 : 7. 1, 5, 11, 19 : 8. 6, 29 : 9. 5, 22 : 13. 2† : 14. 5 : 15. 15 : 16. 13, 25 : 17. 7†, 22.

[**Aq.** Pr. 23. 34 : Is. 1. 30 : Je. 10. 6 : 17. 6 : 19. 12 : 50 (27). 11 : 51 (28). 19.]
[**Sm.** I Ki. 20. 25 : II Ki. 3. 34 : III Ki. 8. 24 : IV Ki. 21. 16 : Jb. 29. 4 : Ps. 28 (29). 6 : 140 (141). 7 : Pr. 12. 18 : 15. 19 : 23. 34 : 24. 5 : 25. 20 : Is. 1. 30 : 28. 21 : 61. 10 : Je. 17. 6.]
[**Th.** Ex. 21. 7 : Jb. 30. 18 : 34. 7 : Pr. 23. 34 : Is. 1. 30 : 28. 4, 21 : Je. 10. 6, 7 : 12. 3 : 29 (36). 17 : Ez. 27. 32.]
[**Al.** Jb. 24. 24.]

ὡσπερεί.

[**Sm.** Ps. 57 (58). 9.]

ὥστε. * ὥστε μή. ** *c. indic.*

Ge. 1. 15, 17 : 9. 15 : 15. 7 : 23. 8 : 34. 22, 30 : 45. 27.
Ex. 5. 2 : 6. 4, 13 : 7. 2, 24 : 12. 4*, 42 *bis* : 15. 22 : 23. 2 : 25. 26 (27) : 29. 1, 36†, 42 : 30. 4, 18, 38 : 36. 2, 10 (39. 3), 40 (39. 31) : 38. 4 (37. 5), 10 (37. 13), 24 (7) : 39. 13 (1) : 40. 15.
Le. 6. 3 (5. 22) : 7. 20 (30) : 8. 34 : 14. 21 : 15. 32 : 16. 10 : 17. 4, 4* : 20. 5, 6 : 22. 33 : 23. 37 : 25. 28, 38 : 26. 15*, 15, 44 : 27. 2 (*sine verbo*).
Nu. 5. 8 : 7. 1 : 8. 11 : 9. 7†.
De. 4. 35 : 5. 15, 29 (26) : 12. 20 : 17. 12*† : 28. 27*, 35*, 51*, 55.
Jo. 8. 3 : 10. 14 : 22. 12, 23 *ter*, 29 : 24. 16.
Jd. 3. 1, 4 : 7. 2* : 9. 24† : 16. 5†.
Ru. 4. 5.
I Ki. 3. 11† : 10. 9 : 11. 15 (ὥστε λίαν)†.
II Ki. 2. 17 (ὥστε λίαν) : 13. 2 : 14. 7*.
III Ki. 22. 6 (*sine verbo*)†.
IV Ki. 9. 37* : 10. 11* : 21. 12**.
II Ch. 6. 6† : 14. 13 (12)* : 34. 31†.
I Es. 2. 9 (*sine verbo*) (?)† : 5. 65*, 65 : 8. 15†, 27.
II Es. 5. 10.
Ne. 2. 5, 7, 8 : 13. 19* *bis*.
To. 3. 10†.
Es. 1. 1, 22 : 3. 7 : 7. 8 (*interrog.*)** : 8. 13† : 9. 13.
Jb. 6. 21 (*c. imperat.*), 23 : 21. 27** *bis* : 39. 16* (*sine verbo*) : 42. 17.
Ps. 36 (37). 8† : 103 (104). 35*.
Pr. 24. 23 (29. 27)†, 37 (30. 14).
Wi. 6. 25 (*c. imperat.*).
Za. 11. 14†.
Is. 8. 8†, 22* : 10. 2 : 11. 15 : 13. 14 : 14. 23 : 16. 12 : 22. 13 : 30. 14* : 33. 19*.
Je. 19. 3** : 32 (25). 28.
Ep. Je. 44†, 59.
Ez. 41. 16.
Da. LXX. 1. 4, 12 : 2. 35.
I Ma. 1. 49 : 4. 2, 28 : 8. 14 : 10. 3 : 15. 9, 10.
II Ma. 1. 19, 22 : 2. 6, 21† : 3. 3, 6, 24 : 4. 3, 14 : 7. 12 : 9. 9 : 12. 9, 16, 22.
III Ma. 2. 22, 26 : 3. 1 : 4. 4 : 6. 17 : 7. 22.
IV Ma. 1. 6, 6*, 11 : 3. 20 : 4. 12, 20*, 25 : 5. 23 *bis*, 24 *bis*, 31*, 33 : 6. 17 : 8. 29 : 9. 17 : 10. 14 : 11. 16 (*†, *c. imper.*†) : 15. 10.

[**Aq.** Ec. 4. 17 : Is. 28. 8* : Je. 32 (39). 35 : 51 (28). 17*, 62*.]
[**Sm.** Ex. 2. 21 : 7. 24 : 39. 1 (13) : Jd. 12. 4 : I Ki. 18. 25 : 22. 13 : II Ki. 14. 16 : III Ki. 6. 19 : 15. 4 : 17. 20 : IV Ki. 23. 10* : Jb. 33. 30 : 36. 32 : Ps. 8. 3 : 26 (27). 4 : 31 (32). 6* : 55 (56). 14 : 57 (58). 10 : 68 (69). 23 : 74 (75). 9 : Ec. 4. 17 : 5. 5 : Is. 28. 8*, 20* : 33. 19*, 23* *bis* : 49. 15* : 59. 1* : Je. 32 (39). 35, 40* : 50 (27). 34 : 51 (28). 17*, 62* : La. 4. 14* : Ez. 3. 18 : 13. 19 : 30. 21 : Hb. 1. 13* : 3. 14.]
[**Th.** Ex. 8. 22 (18)* : 37. 14 (38. 11), 15 (38. 11) : 39. 1 (13) : IV Ki. 23. 10* : Ps. 39 (40). 13* : Is. 28. 8*.]
[**Al.** Ex. 17. 1 : Dt. 4. 7.]

ὠτίον. (1) אֹזֶן

De. 15. 17. τρυπήσεις τὸ ὠ. [A οὖς] αὐ. (1)
I Ki. 9. 15. A² B κύριος ἀπεκάλυψε τὸ ὠ. Σαμ. (1)
20. 2. οὐκ ἀποκαλύψει τὸ ὠ. μου (1)
— 13. ἀποκαλύψω τὸ ὠ. σου (1)
22. 8. οὐκ ἔστιν ὁ ἀποκαλύπτων τὸ ὠ. μου (1)
— 8. οὐκ ἔστι . . . ἀποκαλύπτων τὸ ὠ. μου (1)
— 17. οὐκ ἀπεκάλυψαν τὸ ὠ. μου (1)
II Ki. 7. 27. ἀπεκάλυψας τὸ ὠ. τοῦ δούλου σου (1)
22. 45. εἰς ἀκοὴν ὠτίου ἤκουσάν μου (1)
Ps. 17 (18). 44. εἰς ἀκοὴν ὠτίου ὑπήκουσέ μοι [A ἐπήκουσάς μου] (1)
Si. 21. 5. δέησις πτωχοῦ ἐκ στόματος ἕως ὠτίων αὐτοῦ
27. 14. καὶ ἡ μάχη αὐτῶν ἐμφραγμὸς [S¹ στεναγμὸς] ὠτίων
43. 24. ἀκοαῖς ὠτίων ἡμῶν θαυμάζομεν
Am. 3. 12. ὅταν ἐκσπάσῃ . . . λοβὸν ὠτίου (1)
Is. 50. 5. προσέθηκέ μοι ὠ. ἀκούειν (1)
55. 3. A προσέχετε τοῖς ὠ. [B ὠσὶν] ὑμῶν (1)

[**Aq.** Ps. 39 (40). 7 : Is. 50. 4.]
[**Sm.** Ps. 39 (40). 7 : 57 (58). 5 : Pr. 26. 17.]
[**Th.**, **Quint.**, **Sext.** Ps. 39 (40). 7.]

ὠτότμητος. (1) שָׂרַע

Le. 21. 18. ἄνθρωπος τυφλὸς . . . ἢ ὠ. (1)
22. 23. A² B μόσχον ἢ πρόβατον ὠ. (1)

ὠφάζ.

[**Sm.** Pr. 8. 19.]

'Ωφειρδέ.

[**Aq.** III Ki. 22. 49.]

ὠφέλεια (-λία). (1) בֶּצַע (2) יָעַל hi.

II Ki. 18. 22. οὐκ ἔστι σοι εὐαγγελία εἰς ὠφέλειαν πορευομένῳ –
Jb. 21. 15. τίς ὠφέλεια ὅτι ἀπαντήσομεν αὐτῷ (2)
22. 3. ἢ ὠφέλεια ὅτι ἁπλώσῃς τὴν ὁδόν σου (1)
Ps. 29 (30). 9. τίς ὠφέλεια ἐν τῷ αἵματί μου (1)
Si. 20. 30. τίς ὠφέλεια ἐν ἀμφοτέροις
30. 23. οὐκ ἔστιν ὠφέλεια ἐν αὐτῇ
41. 14. τίς ὠφέλεια ἐν ἀμφοτέροις
Is. 30. 5. **A S**^{3} οὔτε εἰς βοήθειαν οὔτε εἰς ὠφέλειαν [**B S**^{1} *al.*] (2)
Je. 23. 32. ὠφέλειαν [**S** -ᾳ] οὐκ ὠφελήσουσι τὸν λαὸν τοῦτον (2)
26 (46). 11. ὠ. οὐκ ἔστιν σοί †
37 (30). 13. ὠ. σοι οὐκ ἔστι †
II Ma. 2. 25. πᾶσι δὲ τοῖς ἐντυγχάνουσιν ὠφέλειαν
8. 20. ὠ. πολλὴν ἔλαβον

[**Th.** Jb. 22. 3.]
[**Quint.** Mi. 4. 13.]

ὠφελεῖν. (1) יָעַל hi. (2) נָשָׁה (3) עָזַר (4) שׁוּב hi.

To. 2. 10. οὐκ ὠφέλησάν με [**S** *al.*]
Ps. 88 (89). 22. οὐκ ὠφελήσει ἐχθρὸς ἐν αὐτῷ †
Pr. 10. 2. οὐκ ὠφελήσουσι θησαυροὶ ἀνόμους (1)
11. 4. **A** οὐκ ὠφελήσει ὑπάρχοντα ἐν ἡμέρᾳ θυμοῦ (1)
25. 13. **A S R** ὥσπερ ἔξοδος χιόνος [**B** *om.*] ἐν ἀμήτῳ κατὰ καῦμα ὠφελεῖ –
— 13. ψυχὰς γὰρ τῶν αὐτῷ χρωμένων ὠφελεῖ (4)
Wi. 5. 8. τί ὠφέλησεν ἡμᾶς ἡ ὑπερηφανία
6. 25. καὶ ὠφεληθήσεσθε
Si. 5. 8. οὐδὲν γὰρ ὠφελήσεις [**S**^{1} -σει, **A S**^{2} -σει σε] ἐν ἡμέρᾳ ἐπαγωγῆς
31 (34). 23. τί ὠφέλησαν [**A** -σεν] πλεῖον ἢ κόπους
— 25. τί ὠφέλησε τῷ [**A S** ἐν τῷ] λουτρῷ αὐτοῦ
— 26. τί ὠφέλησεν ἐν τῷ ταπεινωθῆναι αὐτόν
38. 21. καὶ τοῦτον οὐκ ὠφελήσεις
Hb. 2. 18. τί ὠφελεῖ γλυπτόν (1)
Is. 30. 5. ὃς οὐκ ὠφελήσει αὐτούς (1)
— 6. ὃ οὐκ ὠφελήσει αὐτούς (1)
— 7. κενὰ ὠφελήσουσιν (3)
44. 9. ἃ οὐκ ὠφελήσει αὐτούς (1)
Is. 47. 12. εἰ δυνήσῃ ὠφεληθῆναι (1)
57. 12. ἃ οὐκ ὠφελήσει [**A S**^{2} -σουσίν] σε (1)
Je. 2. 11. ἐξ ἧς οὐκ ὠφεληθήσονται (1)
7. 4. οὐκ ὠφελήσουσιν ὑμᾶς –
— 8. ὅθεν οὐκ ὠφεληθήσεσθε (1)
12. 13. οἱ κλῆροι αὐ. οὐκ ὠφελήσουσιν αὐτούς (1)
15. 10. οὔτε ὠφέλησα οὔτε ὠφέλησέ με οὐδείς (2, 2)
23. 32. οὐκ ὠφελήσουσι τὸν λαὸν τοῦτον (1)
Ep. Je. 68. δύνανται ἐκφυγόντα εἰς σκέπην αὐτὰ ὠφελῆσαι
II Ma. 12. 11. καὶ ἐν τοῖς λοιποῖς ὠφελήσειν αὐτούς

[**Aq.** Is. 57. 12 : Je. 16. 19.]
[**Sm.** I Ki. 12. 21 : Is. 57. 12.]
[**Th.** Is. 30. 6 : 57. 12 : Je. 16. 19.]

ὠφέλημα. (1) יָעַל hi.

Je. 16. 19. οὐκ ἔστιν ἐν αὐτοῖς ὠ. (1)

ὠχείμ.

[**Sm.** Is. 13. 21.]

ὦχρα. (1) יֵרָקוֹן

De. 28. 22. πατάξαι σε κ. ἐν . . . τῇ ὤ. (1)

ὠχρίασις.

[**Th.** Am. 4. 9.]

Appendix 1

Greek Proper Names

Appendix 1 is to all intents and purposes a complete index to all forms of Greek proper names found in the smaller Cambridge edition of the Septuagint edited by H. B. Swete and also to all the forms found in the fragments of the other Greek versions as published in Frederick Field's edition of the Hexapla, together with those that have been from time to time discovered on papyri and in other directions, for example, in F. C. Burkitt's two fragments of the Books of Kingdoms. The distinct Greek forms that are to be found in Paul de Lagarde's edition of a part of the Lucianic text are also noticed. A few Syriac variations are also given as specimens to stimulate research in that direction. Any differences of the Samaritan text of the Pentateuch and forms of proper names used by Josephus, according to the index in B. Niese's edition are also noted. In addition to all this, an exhaustive list of forms in certain editions of fragments of the Old Latin version are also given. A listing of these editions is to be found in the abbreviation list at the front of the volume. Attempts have been made in many cases to indicate how the variations have arisen.

For the Syriac forms the editor is indebted to the Laudian Professor of Arabic in the University of Oxford, and A. E. Cowley, of the Bodleian Library, kindly supervised the correct reproduction of the Samaritan variations in the Samaritan character. The insertion of the Old Latin material follows lines suggested by F. C. Burkitt.

H.A.R.
May 1906

A

Ἀάβ. אַחְאָב
[**Aq.** III Ki. 21 (20). 13 (Bi.), 14 (Bi.).]

Ἀαδά. aliter in Heb.
I Ch. 4. 21 (A) (לעדה) (Luc. Λαδηι).

Ἀαδαί. aliter in Heb.
I Ch. 2. 31 (A) (אחלי) (Luc. Ουλαει).

Ἀάζ. אָחָז
[**Aq.** IV Ki. 23. 12 (Bi.).]

Ἀαζία. (1) אֲחַזְיָה
[**Aq.** IV Ki. 1. 2 : 11. 2.]
(2) אֲחַזְיָהוּ
IV Ki. 14. 13 (A) (Luc. *om.*).

Ἀαλάβ. אַחְלָב
[**Aq., Sm., Th., Heb.** Jd. 1. 31.]

Ἀαλάκ. חָלָק
Jo. 11. 17 (F).

Ἀανά. aliter in Heb.
I Ch. 9. 7 (B) (הסנאה) (Luc. Σαανα).

Ἀαναά. aliter in Heb.
II Es. 20. 16 (Ne. 10. 17) (A) (ארניה) (Luc. Ἀδωνίας).

Ἀανάν. חָנָן
II Es. 23 (Ne. 13). 13 (S) (Luc. Ἀνανίας).

Ἀαρά. אַחְרַח
I Ch. 8. 1 (A) (Luc. Αηιρα).

Ἀαρών. (1) אַהֲרֹן
Mon., Lugd., Wirceb. Aron.
Ex. 4. 14, 27, 28, 29, 30 : 5. 1, 4, 20 : 6. 13, 20, 23, 25, 26 (B F), 27 : 7. 1 (A B F¹), 2, 6, 7, 8 (A¹ B F), 9, 10 *bis*, 12, 19, 20 : 8. 5 (1), 6 (2), 8 (4), 12 (8), 16 (12), 17 (13), 25 (21) : 9. 8, 27 : 10. 3, 8, 16 : 11. 10 : 12. 1, 31, 43, 50 : 15. 20 : 16. 2, 6, 9, 10, 33, 34 : 17. 10, 12 : 18. 12 : 19. 24 : 24. 1, 9, 14 : 27. 21 : 28. 1 *ter*, 2, 3, 4, 12, 23 (29), 26 (30) *bis*, 31 (35), 34 (38) *bis*, 36 (40), 37 (41), 39 (43) : 29. 4, 5, 9 (Aᵃ B F), 10, 15, 19, 20, 21, 24, 26, 27, 28, 29, 32, 35, 44 : 30. 7, 8, 10 (B F), 19, 30 : 31. 10 : 32. 1, 2, 3, 5 *bis*, 21, 22, 25, 35 : 34. 30, 31 : 35. 18 (19) : 36. 8 (39. 1), 35 (39. 27) : 37. 19 (38. 21) : 38. 27 (40. 31) : 39. 13 (1) (?), 19 (41) (Aᵃ B F) : 40. 10 (12), 11 (13) : Le. 1. 5, 7, 8 (Aᵃ B F), 11 : 2. 2, 3, 10 : 3. 2, 5, 8, 13 : 6. 9 (2), 14 (7), 16 (9), 20 (13) (B F), 25 (18), 40 (7. 10) : 7. 21 (31), 23 (33), 24 (34), 25 (35) : 8. 2, 6, 12, 13, 14, 18, 22, 23, 24, 27, 30, 30 (B^ab mg sup F), 31 *bis*, 36 : 9. 1, 2, 7, 8, 9, 12, 18, 21, 22, 23 : 10. 1, 3 *bis*, 4, 6 (A Bᵃ sup ras), 8, 12, 16, 19 : 11. 1 : 13. 1, 2 : 14. 33 : 15. 1 : 16. 1, 2, 3, 6, 8, 9, 11, 21, 23 : 17. 2 : 21. 1, 17, 21, 24 : 22. 2, 4, 18 : 24. 3, 9 : Nu. 1. 3, 17, 44 : 2. 1 : 3. 1, 2, 3, 4, 6, 9, 10, 32, 38, 39, 48, 51 : 4. 1, 5, 15, 16, 17, 19, 27, 28, 33, 34, 37, 41, 45, 46 : 6. 23 (A B ℵ^c.a mg F) : 7. 8 : 8. 2, 3, 11 (A B F^1mg), 13, 19, 20, 21 *bis*, 22 : 9. 6 : 10. 8 : 12. 1, 4, 5, 10 (A¹ B F), 11 : 13. 27 (26) : 14. 2, 5, 26 : 15. 33 : 16. 3, 11, 16, 17 (A¹ B F), 18 (A¹ B F), 20, 37 (17. 2), 40 (17. 5), 41 (17. 6), 42 (17. 7), 43 (17. 8), 46 (17. 11), 47 (17. 12), 50 (17. 15) : 17. 3 (18) (B F), 6 (21), 8 (23), 10 (25) : 18. 1, 8, 20 (A B F¹), 28 : 19. 1 : 20. 2, 6, 8, 10, 12, 23, 24, 25, 26 *bis*, 28 *bis*, 29 *bis* : 25. 7, 11 : 26. 9, 59, 60, 64 : 27. 13 : 33. 1, 38, 39 : De. 9. 20 *bis* : 10. 6 : 32. 50 : Jo. 21. 4, 10, 13, 19 : 24. 33 : Jd. 20. 28 : I Ki. 12. 6, 8 : I Ch. 6. 3 (5. 29) *bis*, 49 (34), 50 (35) (Ααρω sup ras A¹), 54 (39), 57 (42) : 12. 27 : 15. 4 (Aᵃ [sup ras] B S) : 23. 13 *bis*, 28, 32 : 24. 1, 1 (Aᵃ [sup ras et in mg]), 19, 31 : 27. 17 : II Ch. 13. 9, 10 : 26. 18 : 29. 21 : 31. 19 : 35. 14 : II Es. 7. 5 : 20. 38 (Ne. 10. 39) : 22 (Ne. 12). 47 : Ps. 76 (77). 21 : 98 (99). 6 : 104 (105). 26 : 105 (106). 16 : 113. 18 (115. 10), 20 (115. 12) : 117 (118). 3 : 132 (133). 2 : 134 (135). 19 : Mi. 6. 4.
[**Aq., Sm.** Ex. 28. 35 : 29. 9 : 32. 25 : Le. 14. 33 : Ps. 132 (133). 2.]
[**Th.** Ex. 28. 35 : 29. 9 : 32. 25 : Le. 14. 33.]
(2) aliter in Heb.
Ex. 28. 34 (38) (pron. suff.) : 35. 19 (pron. suff.) : 39. 19 (41) (F) (pron. suff.) : Le. 8. 14 (A) (pron. suff.) : 10. 12 (pron. suff.) : Nu. 3. 15 (A* vid) (לוי) (Luc. Λευι) : Je. 15. 1 (A) (שמואל) (Luc. Σαμουηλ).
(3) abest in Heb.
Ex. 7. 20 (A F) : 10. 24 : Le. 16. 20 (A) : Nu. 1. 54 : 3. 16 : 16. 39 (17. 4), 44 (17. 9) (A^1? a? mg B F) : 17. 8 (23), 11 (26) : 31. 6 : Jo. 22. 13 : I Ch. 24. 2, 4 (B).
(4) in libr. apocr.
I Es. 1. 12 (13) (= אהרן II Ch. 35. 14), 13 (14) (= אהרן II Ch. 35. 14) : 5. 5 : 8. 2 (= אהרן Ezr. 7. 5) : Si. 36. 22 (19) : 45. 6 (7) (A^a? B S), 20 (25), 25 (31) (B C) : 50. 13 (14), 16 (18) : To. 1. 7 (B S) : I Ma. 7. 14 : IV Ma. 7. 11.

Ἀαρωνίδης. in libr. apocr.
IV Ma. 7. 12 (S).

Ἄβ. abest in Heb.
Is. 15. 9 (S*) (= מו]אב] infr.).

Ἀβά. aliter in Heb.
Is. 60. 6 (B*) (שבא) (ἐξ praec. Ἀ.).

Ἀβααζέρ. aliter in Heb.
IV Ki. 17. 31 (A) (נבח[ז׳ רבתי]ן) (Luc. Εβλαιεζερ).

Ἀβαδιά. עֹבַדְיָה
II Es. 8. 9 (A) (Luc. Αβδιου).

Ἀβαδίας. in libr. apocr.
I Es. 8. 35 (38) (= עבדיה Ezr. 8. 9) (Luc. Αβδιου).

Ἀβαδών. עַבְדּוֹן
I Ch. 8. 23 (B) (Luc. Αβδων).

Ἀβαεδόμ. aliter in Heb.
I Ch. 15. 18 (B) (עבד אדם) (Luc. Αβδεδδομ).

Ἀβαί. aliter in Heb.
I Ch. 24. 27 (B) (עברי) (Luc. Αβαρια).

Ἀβαίαν. aliter in Heb.
II Ch. 11. 18 (B^ab vid) (אביחיל) (Luc. τοῦ πατρὸς αὐτοῦ).

Ἀβαινήρ, *vid.* **Ἀβενήρ.**

Ἀβαισάν. אִבְצָן
Jd. 12. 8 (B) (Joseph. Ἀφάνης) (*Lucc.* Usbon), 10 (B) (Luc. Εσεβων).

Ἀβακούκ. in libr. apocr.
Da. LXX. Bel *tit.* (Syr.), 33 (Syr.), 34 (Syr.), 35 (Syr.), 36 (Syr.), 37 (Syr.), 39 (Syr.).

Ἀβάλ. in libr. apocr.
Da. LXX. Bel 2.

Ἀβαλών. aliter in Heb.
I Ch. 8. 30 (B) (עבדון) (Luc. Αβδων).

Ἀβανά, Ἁβανά. (1) אֲבָנָה
IV Ki. 5. 12 (B*).
[**Heb.** IV Ki. 5. 12.]
(2) aliter in Heb.
Ez. 20. 29 (B) (במה).

Ἀβανεί. aliter in Heb.
II Es. 20. 4 (Ne. 10. 5) (S*) (שבניה) (Luc. Βαναιας).

Ἀβαναιού. aliter in Heb.
II Es. 20. 9 (Ne. 10. 10) (S^c.a) (בנוי) (Luc. Βαναιου).

Ἀβαού. aliter in Heb.
II Es. 2. 42 (B) (שבי) (Luc. Σωβαι).

Ἀβαρ. חָבֶר
I Ch. 8. 17 (Luc. Αβερ).

Ἀβαράν. aliter in Heb.
I Ch. 6. 74 (59) (B) (עבדון) (Luc. *om.*).

Ἀβαρείμ. עֲבָרִים
Joseph. Ἀβαρεῖς : *Mon.* Abariim.
Nu. 33. 47, 48 : De. 32. 49 (A F) (Luc. Αβαρειν).

Ἀβαρείν. עֲבָרִים
De. 32. 49 (B).

Ἀβαρών. אֲבִירָם
Nu. 16. 1 (A) (Luc. Αβηρων).

Ἀβαταζά. aliter in Heb.
Es. 1. 10 (זתר).

Ἀβαχεί. aliter in Heb.
I Ch. 7. 8 (B) (בכר) (Luc. Χοβωρ).

Ἀβαώ. aliter in Heb.
III Ki. 4. 6 (A) (עבדא) (Luc. Εδραμ).

Ἀββά. אֲבִיָּה
II Ch. 29. 1 (B [signa v. l. prae se fert B^? txt et mg]) (Luc. Αβια).

Ἀββαθύθ. aliter in Heb.
II Ch. 29. 1 (A) (אביה) (θυγ seq) (Luc. Αβια).

'Αββανά. aliter in Heb.
Ez. 20. 29 (A) (במה).

'Αβγάδ. aliter in Heb.
II Es. 2. 12 (A) (עזגר) (Luc. Ασταδ).

'Αβδαιού. abest in Heb.
Ob. *subscr.* (Q).

'Αβδάς. עַבְדָּא
II Es. 21 (Ne. 11). 17 (S^c.amg sup) (Luc. Αβδιας).

'Αβδεδόμ.
Luc. Αβδεδδωμ, Αβδεδδομ, Αβεδαδδαν.
(1) עֹבֵד אֱדוֹם
II Ch. 25. 24 (A).
(2) עֹבֵד־אֱדֹם, עֹבֵד אֱדֹם
I Ch. 15. 18 (A), 21, 24 (A B), 25 (A) : 16. 5 (A) : 26. 8 (A).

'Αβδεδώμ. עֹבֵד אֱדֹם
I Ch. 15. 18 (S) (Luc. Αβδεδδομ).

'Αβδεήλ. עַבְדִּיאֵל
I Ch. 5. 15 (B) (Luc. Αβδιηλ).

'Αβδεί (-δί). עַבְדִּי
I Ch. 6. 44 (29) (Luc. Αβδια) : II Ch. 29. 12.

'Αβδειά (-διά). (1) עַבְדִּי
II Es. 10. 26 (Luc. Αβδιας).
(2) עֹבַדְיָה
I Ch. 3. 21 (A^a B) (Luc. Οβδιας) : 8. 38 : 9. 16 (B) (Luc. Αβια), 44 : 12. 9 : II Es. 20. 5 (Ne. 10. 6) (Luc. Αβιας).
(3) עֹבַדְיָהוּ
II Ch. 34. 12 (B) (Luc. Αβδιας).
(4) aliter in Heb.
II Es. 13 (Ne. 3). 6 (S) (בסודיה) (Luc. Βασιδια).

'Αβδείας (-δίας). (1) עֹבַדְיָה
II Ch. 17. 7 (A).
(2) עֹבַדְיָהוּ
II Ch. 34. 12 (A).
(3) aliter in Heb.
I Ch. 27. 7 (B) (זבדיה) (Luc. Ζαβδαιας).

'Αβδειού (-διού). (1) עֹבַדְיָה
Ob. *tit.* (A S Q).
(2) עֹבַדְיָהוּ
Joseph. 'Ωβεδίας.
III Ki. 18. 3 *bis*, 4, 5, 6, 7, 16 : I Ch. 27. 19 : Ob. 1. 1 (A S Q).
(3) abest in Heb.
III Ki. 18. 7, 9 : Ob. *subscr.* (A S).

'Αβδεμέλεχ. עֶבֶד־מֶלֶךְ
Je. 45 (38). 7, 10, 11 : 46 (39). 16 (*Wirc.* Amelech).
[**Th.** JE. 38 (45). 12.]

'Αβδεναγώ. (1) עֲבֵד־נְגוֹ, עֲבֵיד נְגוֹ
Da. LXX. 1. 7 : 2. 49 : 3. 12, 13, 14, 16, 19, 20, 93 (26), 95 (28), 97 (30) : Da. TH. 1. 7 : 2. 49 : 3. 12, 13, 14, 16, 19, 20, 22 (A), 23, 93 (26) *bis*, 95 (28), 97 (30).
[**Aq.** DA. 3. 23.]
[**Sm.** DA. 3. 97 (30) (Syr. mg).]
[**Th.** DA. 3. 22†, 23, 30 (97).]
(2) עֲבֵד נְגוֹא
Da. LXX., TH. 3. 96 (29).

'Αβδησέλ. aliter in Heb.
II Es. 2. 55 (B) (עבדי של[מה]) (Luc. τῶν δούλων Σαλομων).

'Αβδησελμά. עַבְדֵי שְׁלֹמֹה
II Es. 2. 58 (A) (Luc. δοῦλοι Σαλομων).

'Αβδί, *vid.* 'Αβδεί.

'Αβδιά, *vid.* 'Αβδειά.

'Αβδίας, *vid.* 'Αβδείας.

'Αβδιήλ. עַבְדִּיאֵל
I Ch. 5. 15 (A).

'Αβδιού, *vid.* 'Αβδειού.

'Αβδοδόμ. (1) עֹבֵד־אֱדֹם, עֹבֵד אֱדֹם
Luc. Αβδεδδωμ, Αβεδαδδαν, Αβδεδδομ.
I Ch. 15. 24 (S), 25 (B S) : 16. 5 (B S), 38 (Luc. Αβδεδδουμ) *bis* : 26. 4, 8 (B), 8, 15.
(2) aliter in Heb.
II Ch. 34. 20 (B) (עבדון) (Luc. Αβδων).

'Αβδών. עַבְדּוֹן
Jo. 21. 30 (A) : Jd. 12. 13 (B), 15 (B) : I Ch. 6. 74 (59) (A^a) : 8. 23 (A), 30 (A) : II Ch. 34. 20 (A).

"Αβεδ. (1) עֶבֶד
Jd. 9. 26 (A), 28 (A), 30 (A).
(2) aliter in Heb.
II Es. 22 (Ne. 12). 20 (S^c.amg) (עבר).
(3) abest in Heb.
Jd. 9. 36 (A).

'Αβεδδαδόμ. עֹבֵד אֱדֹם
II Ki. 6. 11 (A) (Luc. Αβεδδαδαν).

'Αβεδδαρά (indecl.; acc. -αν). aliter in Heb.
Luc. Αβεδδαδαν : Joseph. 'Ωβάδαρος, 'Ωβάδαμος : *Lucc.* Abidda, Abiddare.
II Ki. 6. 10 (עבד־אדם), 11 (B) (עבד אדם), 11 (עבד אדם), 12 (עבד אדם) *bis*.
I Ch. 13. 13 (עבד אדם), 14 (עבד־אדם), 14 (A S) (עבד־אדם).

'Αβεδδαράμ.
I Ch. 13. 14 (B) (עבד־אדם) (Luc. Αβεδδαδαν).

"Αβεε. aliter in Heb.
II Ki. 20. 1 (A) (שבע), 7 (A) (שבע) (Luc. Σαβεε).

'Αβεί. abest in Heb.
III Ki. 2. 46 h (Luc. Ελιαβ).

'Αβειά, 'Αβιά, 'Αβιά (indecl.; acc. -αν).
(1) אֲבִידָע
Ge. 25. 4 (E) (Luc. Αβιδα).
(2) אֲבִיָּה
I Ki. 8. 2 (Luc. Αβηρα) (*Lucc.* Abiatha) : III Ki. 14. 1 (A) (Joseph. 'Οβίμης : *Ver.* Abinoe, Abinoen) : I Ch. 2. 24 : 3. 10 : 6. 28 (13) : 24. 10 : II Ch. 11. 20, 22 : 12. 16 : 13. 1, 2, 3, 4, 15, 17, 19, 22 : 14. 1 (13. 23) : II Es. 20. 7 (Ne. 10. 8) : 22 (Ne. 12). 17 (S^c.amg inf).
[**Aq.** III KI. 14. 1.]
(3) אֲבִיָּהוּ
II Ch. 13. 20, 21.
(4) חֲבָיָה, *v.* חֲבַיָּה
II Es. 17 (Ne. 7). 63 (S).
(5) aliter in Heb.
IV Ki. 12. 1 (2) (צביה) : I Ch. 8. 21 (B) (עדיה) (Luc. Αδαια) : 26. 1 (B) ([א]סף) (Luc. Ασαφ) : II Ch. 24. 1 (צביה) (Luc., Joseph. Σαβια) : II Es. 22 (Ne. 12). 24 (B S)* (חשביה) (Luc. 'Ασαβίας).
[**Aq., Sm., Th.** II KI. 3. 4 (כלאב).]
[**Al.** III KI. 15. 6 (אבים).]
(6) abest in Heb.
II Ki. 14. 27 (A) : III Ki. 12. 24 e (B).

'Αβειγαία (-βιγ.), 'Αβιγαιά (indecl.; -αν, -ας, -ᾳ).
Vind. Abigael.
(1) אֲבִגַיִל
I Ki. 25. 3 (B), 36.
(2) אֲבוּגַיִל
I Ki. 25. 18*.
(3) אֲבִיגַיִל
I Ki. 25. 14, 18 [ק״], 23, 32, 39, 40, 42 : 27. 3 : 30. 5 : II Ki. 2. 2 : 3. 3 : I Ch. 2. 16 (A), 17 : 3. 1.
(4) אֲבִגַל
II Ki. 3. 3* : 17. 25.
(5) אֲבִיחַיִל
I Ch. 2. 29 (A) (Luc. Αβιηλ).

'Αβειδά (-βιδ.). אֲבִידָע
I Ch. 1. 33 (Luc. Αβιαδα).

'Αβειδάν (-βιδ.). אֲבִידָן
Nu. 1. 11 : 2. 22 : 7. 60, 65 : 10. 24.

'Αβειέζερ ('Αβιέζερ). אֲבִיעֶזֶר
Jd. 6. 34 : 8. 2 : II Ki. 23. 27 : I Ch. 7. 18 : 11. 28 : 27. 12.

'Αβειήλ ('Αβιήλ). אֲבִיאֵל
I Ki. 9. 1 : 14. 51 (A) : I Ch. 11. 32.

'Αβειήρ. אֲבִיאֵל
I Ki. 14. 51 (B) (Luc. Αβιηλ).

'Αβειμέλεκ (-βιμ.). (1) אֲבִימֶלֶךְ
Jd. 9. 28 (B*) (Luc. Αβιμελεχ).
(2) abest in Heb.
II Ki. 11. 22 (A) (*cf.* v. 21) (Luc. Αβιμελεχ).

'Αβειμέλεχ (-βιμ.). (1) אֲבִימֶלֶךְ
Joseph. 'Αβιμέλεχος.
Ge. 20. 2, 3, 4, 8, 9, 10, 14, 15, 17, 18 : 21. 22, 25 *bis*, 26, 27, 29, 32 : 26. 1, 8, 9, 10, 11, 16, 26 : Jd. 8. 31 : 9. 1, 3, 4, 6, 16, 18, 19, 20 *bis*, 21, 22, 23 *bis*, 24, 25, 27, 28 (A B^a?), 29, 29 (A), 31, 34, 35, 38, 39, 40, 41, 42, 44, 45 (β sup ras A?), 47, 48 *bis*, 49 (B), 50, 52, 53, 55, 56 : 10. 1 : II Ki. 11. 21 : Ps. 33 (34). 1 (A B S R).
[**Aq., Sm., Quint.** Ps. 33 (34). 1.]
(2) אֲחִימֶלֶךְ
Luc. Αχιμελεχ.
I Ki. 21. 1 (2) (B), 1 (2), 2 (3) (A), 8 (9) (B) : 22. 9 (B), 11 (B), 16 (B), 20 (B) : 23. 6 (B) : 26. 6 (A B*) : Ps. 51 (52). 2.
(3) אֱלִימֶלֶךְ
Luc. Ελιμελεχ.
Ru. 1. 2 (B), 3 (B) : 2. 1, 3 (B) : 4. 3, 9.
(4) abest in Heb.
Jd. 9. 52, 54 (A) : I Ki. 21. 6 (7) : II Ki. 11. 22 (B) (*cf.* v. 21).

'Αβεινεέμ (-βιν.). אֲבִינֹעַם
Jd. 4. 6, 12 (B) : 5. 1, 12.

'Αβειρά (-βιρ.). (1) אֲבִידָע
Ge. 25. 4 (A *D*) (Luc. Αβιδα).
(2) aliter in Heb.
I Ch. 7. 6 (B) (בלע ובכר) (Luc. Βαλεε καὶ Χοβωρ).

'Αβειρών (-βιρ.).
Luc. Αβηρων : Joseph. 'Αβίραμος, 'Αβειρών, 'Αβείρωμος.
(1) אֲבִירָם
Nu. 16. 1 (B F), 12, 24 (A), 25, 27 (A), 27 : 26. 9 : De. 11. 6 : III Ki. 16. 34 : Ps. 105 (106). 17.
(2) abest in Heb.
Jo. 6. 26.
(3) in libr. apocr.
Si. 45. 18 (22) : IV Ma. 2. 17 (A V*).

'Αβείς. יָבֵשׁ
IV Ki. 15. 10 (A) (Luc. Ιαβεις).

'Αβεισά (-βισ.), 'Αβεισά. (1) אֲבִישַׁג
Luc. Αβισακ.
III Ki. 1. 3 (B), 15 (B) : 2. 17 (B), 21 (B), 22 (B).
(2) אֲבִישַׁי
Luc. Αβεσσα : Joseph. 'Αβεσσαῖος, 'Αβισαῖος : *Vind.* Abessa, Abisai : *Lucc.* Abessa.
I Ki. 26. 6 (B), 7 (B), 8 (B), 9 (B) : II Ki. 10. 14

(B): 16. 9, 11 (B): 18. 2 (B), 5 (B), 12 (B): 19. 21 (22) (B): 20. 6 (B) (Luc. Αμεσσα), 10 (B): 23. 18 (B).

(3) אַבְשַׁי

Luc. Αβεσσα.

II Ki. 10. 10 (B): I Ch. 2. 16 (B): 11. 20 (B S): 18. 12 (A).

(4) aliter in Heb.

I Ch. 4. 18 (B) (חבר) (Luc. Αβερ).

Ἀβεισαί (-βισ., -αεί).

Luc. Αβεσσα.

(1) אֲבִישַׁי

I Ki. 26. 6 (A) *bis*, 7 (A), 8 (A), 9 (A): II Ki. 2. 18 (A), 24 (A): 10. 14 (A): 16. 11 (A): 18. 2 (A), 5 (A), 12 (A): 19. 21 (22) (A): 20. 6 (A), 10 (A): 21. 17 (A): 23. 18 (A).

(2) אַבְשַׁי

II Ki. 10. 10 (A).

(3) in libr. apocr.

I Es. 8. 2 (B) (= אבישוע Ezr. 7. 5) (Luc. Αβισουε).

Ἀβεισάμας. aliter in Heb.

I Ch. 8. 4 (B) (אבישוע) (Luc. Αβισουε).

Ἀβεισού (-βισ.). אֲבִישׁוּעַ

Joseph. Ἀβιεζέρης.

I Ch. 6. 4 (5. 30) (Luc. Αβιουδ), 5 (5. 31), 50 (35) (Luc. Αβισουα).

Ἀβεισοῦε (-βισ., -αί). (1) אֲבִישׁוּעַ

I Ch. 8. 4 (A): II Es. 7. 5.

(2) in libr. apocr.

I Es. 8. 2 (A) (= אבישוע Ezr. 7. 5).

Ἀβεισούρ (-βισ.). (1) אֲבִיהוּא

Ex. 6. 23 (A) (Luc. Αβιουδ).

(2) אֲבִישׁוּר

Luc. Αβιασουρ.

I Ch. 2. 28 (post A ras pl litt A?), 29.

Ἀβειτάλ (-βιτ.). (1) אֲבִיטַל

Joseph. Ἀβιτάλη, Ἀμιτάλη.

II Ki. 3. 4 (Luc. Αβιταaλ) (*Lucc.* Habital): I Ch. 3. 3 (A) (Luc. Αβιταμ).

(2) abest in Heb.

II Ch. 36. 2 a (B) (Luc. Αμιταλ).

Ἀβειχαία (-βιχ.). אֲבִיחַיִל

Nu. 3. 35 (F) (Luc. Αβιχαιλ): I Ch. 2. 29 (B) (Luc. Αβιηλ): 5. 14.

Ἀβειχάιλ (-βιχ.). אֲבִיחַיִל

Nu. 3. 35 (A B) (*Mon.* Abiceae (gen.): *Lugd.* Abichea).

Ἄβελ, Ἅβελ, Ἀβέλ. (1) אָבֵל

Joseph. Ἄβελ Βαιθμαχά = Ἀβελωχέα, Ἀβελμαχέα.

Jd. 11. 33 (A): II Ki. 20. 14 (Luc. Αβηλα), 18: III Ki. 15. 20 (A): IV Ki. 15. 29 (B).

[Sm. I Ki. 6. 18.]

(2) אָבֵלָה

II Ki. 20. 15.

(3) הֶבֶל

Joseph. Ἄβελος.

Ge. 4. 2 *bis*, 4 *bis*, 8 *bis*, 9, 25.

(4) עֶבֶד

Jd. 9. 31 (A) (Luc. Αβεδ).

(5) abest in Heb.

II Ki. 20. 18.

(6) in libr. apocr.

IV Ma. 18. 11.

Ἀβελβάιμ. in libr. apocr.

Ju. 7. 3 (S) (Luc. Αβελμαειν): 15. 4 (S).

Ἀβελλά. בִּלְהָה

I Ch. 4. 29 (B) (Luc. Βαλααδ).

Ἀβελμάιν. (1) אָבֵל מַיִם

II Ch. 16. 4 (A) (Luc. Αβελμαειμ).

(2) in libr. apocr.

Ju. 4. 4 (3) (S) (Luc. Αβελμαειν).

Ἀβελμάν. אָבֵל מַיִם

II Ch. 16. 4 (B) (Luc. Αβελμαειμ) (Joseph. Ἀβελάνη, Ἄβελα).

Ἀβελμαούλ. אָבֵל מְחוֹלָה

III Ki. 19. 16 (A) (Luc. Αβελμεουλ) (Joseph. Ἄβελα).

Ἀβελμαουλά. אָבֵל מְחוֹלָה

III Ki. 4. 12 (A) (Luc. Αβελμαωλα).

Ἀβενέζερ. אֶבֶן הָעֵזֶר

I Ki. 4. 1 (B) (*Vind.* Abenneser): 7. 12.

Ἀβενήρ (-βαι.).

Luc. Αβεννηρ.

(1) אֲבִינֵר

I Ki. 14. 50 (A).

(2) אַבְנֵר

I Ki. 14. 51 (A): 17. 55 (A), 57 (A): 20. 25 (A): II Ki. 2. 12 (A), 14 (A).

Ἀβεννέζερ. אֶבֶן הָעֵזֶר

Luc. Αβενεζερ.

I Ki. 4. 1 (A): 5. 1 (A).

Ἀβεννήρ.

Joseph. Ἀβήναρος, Ἀβένηρος, Ἀβέννηρος.

(1) אֲבִינֵר

I Ki. 14. 50 (B).

(2) אַבְנֵר

I Ki. 14. 51 (B): 17. 55 (A): 20. 25 (B): 26. 5, 7, 14 *bis*, 15: II Ki. 2. 8, 14 (B), 17, 19 *bis*, 20, 21, 22, 23, 24, 25, 26, 29, 30, 31: 3. 6 (A¹?a?B), 7, 8 (A? (mg) B), 9, 11, 12, 16, 17, 19 *bis*, 20 *bis*, 21 *bis*, 22, 23, 24, 25, 26, 27, 28, 30, 31, 32, 33 *bis*, 37: 4. 1, 12: III Ki. 2. 5, 32: I Ch. 26. 28: 27. 21.

[Sm. II Ki. 3. 25.]

(3) aliter in Heb.

I Ki. 5. 1 (B) (אבן העזר) (Luc. Αβενεζερ): II Ch. 26. 6 (B) (יבנה) (Luc. Ιαβνη).

(4) abest in Heb.

II Ki. 3. 8, 32 (אבנר praec.).

Ἀβέρ. חֶבֶר

I Ch. 4. 18 (A).

Ἀβεσλώμ. אַבְשָׁלוֹם

II Ki. 18. 15 (A) (Luc. Ἀβεσαλώμ).

Ἀβεσσά. (1) אֲבִישַׁי

I Ki. 26. 6 (B): II Ki. 2. 18 (B), 24 (B): 3. 30 (B): 21. 17 (B).

(2) אַבְשַׁי

I Ch. 11. 20 (A): 18. 12 (B S): 19. 11, 15 (A).

(3) abest in Heb.

II Ki. 20. 7 (Luc. Αμεσσα), 7 (Bᵃ [in mg et sup ras]).

Ἀβεσσαεί. עֲמָשָׂא

II Ki. 20. 12 (B) (Luc. Αμεσσα).

Ἀβεσσαλώμ.

Luc. Αβεσαλωμ, Αβεσσ.: Joseph. Ἀβεσσάλωμος, Ἀψάλωμος (*Vind.* Abessalom, Hab.: *Lucc.* Abessalon).

(1) אֲבִישָׁלוֹם

III Ki. 15. 2, 10.

(2) אַבְשָׁלֹם, אַבְשָׁלוֹם

II Ki. 3. 3: 13. 1, 4, 20 *bis*, 22 *bis*, 23 *bis*, 24, 25, 26, 27, 28, 29 *bis*, 30, 32, 34, 37, 38, 39: 14. 1, 21, 23, 24, 25, 27 (B), 28, 29, 30, 31, 32, 33 *bis*: 15. 1, 2 *bis*, 3, 4, 6 *bis*, 7, 10 *bis*, 11, 12 *bis*, 13, 14, 31, 34, 37: 16. 8, 15, 16 *bis*, 17, 18, 20, 21, 22 *bis*, 23: 17. 1, 4, 5, 6 *bis*, 7, 9, 14 *bis*, 15, 18, 20, 24, 25, 26: 18. 5, 5 (B), 9 *bis*, 10, 12, 14, 15 (B), 17, 18 *bis*, 29, 32, 33 (19. 1) *bis*: 19. 1 (2), 4 (5), 4 (5) (B), 6 (7), 9 (10), 10 (11) (A): 20. 6: III Ki. 1. 6: 2. 7, 28 (A ιβεσ sup ras B¹ fort) (Luc. Σολομῶντος): I Ch. 3. 2: II Ch. 11. 20, 21: Ps. 3. 1.

(3) abest in Heb.

II Ki. 13. 27: 14. 30 *bis*: Ps. 142 (143). 1 (R).

(4) in libr. apocr.

II Ma. 11. 17.

Ἀβηρών. in libr. apocr.

IV Ma. 2. 17 (Vᵃ).

Ἀβθηρά. aliter in Heb.

Ez. 47. 16 (B Q) (ברותה) (Luc. Ηιρας).

Ἀβιά, Ἁβιά, *vid.* **Ἀβειά.**

Ἀβιαθάρ. (1) אֶבְיָתָר

Joseph. Ἀβιάθαρος.

I Ki. 22. 20, 21 (B), 22: 23. 6, 9: 30. 7, 7 (A): II Ki. 8. 17: 15. 24, 27, 29, 35 *bis*, 36: 17. 15: 19. 11 (12): 20. 25: III Ki. 1. 7, 19, 25, 42: 2. 22, 26, 27, 35: 4. 4: I Ch. 15. 11: 18. 16 (A B S¹): 24. 6: 27. 34.

(2) aliter in Heb.

I Ch. 6. 23 (8) (B) (אביסף) (Luc. Αβιασαφ).

(3) abest in Heb.

II Ki. 14. 27 (B) (Luc. Αβια).

Ἀβιαίαλ. אֲבִיחַיִל

II Ch. 11. 18 (A) (Luc. τοῦ πατρὸς αὐτοῦ).

Ἀβίας. (1) אֲבִיָּה

II Es. 22 (Ne. 12). 4 (S c.a mg sup).

(2) aliter in Heb.

I Ch. 27. 30 (B) (אוביל) (Luc. Ωβιλ): II Ch. 17. 7 (B) (עבדיה) (Luc. Αβδιας).

Ἀβιασάρ. (1) אֲבִיאָסָף

Ex. 6. 24 (A B) (Luc. Αβιασαφ) (Samar. ࠀࠁࠉࠀࠎࠐ).

(2) אֶבְיָסָף

I Ch. 6. 37 (22) (A B*) (Luc. Αβιασαφ).

Ἀβιασάφ. (1) אֲבִיאָסָף

Ex. 6. 24 (F) (Samar. ࠀࠁࠉࠀࠎࠐ).

(2) אֶבְיָסָף

I Ch. 6. 23 (8) (Aᵃ? sup ras), 37 (22) (Bᵃ(vid)b): 9. 19.

Ἀβιγαία, *vid.* **Ἀβειγαία.**

Ἀβιδά, *vid.* **Ἀβειδά.**

Ἀβιδάν, *vid.* **Ἀβειδάν.**

Ἀβιεαθέρ. אֶבְיָתָר

I Ch. 18. 16 (S*) (Luc. Αβιαθαρ).

Ἀβιέζεκ. בֶּזֶק

I Ki. 11. 8 (B) (Luc. Σαουλ).

Ἀβιέζερ, *vid.* **Ἀβειέζερ.**

Ἀβιεζρεί (-ρί). אֲבִי הָעֶזְרִי

Jd. 6. 11 (A) (Luc. πατρὸς Εζρει): 8. 32 (A).

Ἀβιεζρί, *vid.* **Ἀβιεζρεί.**

Ἀβιεσδρί. (1) אֲבִי הָעֶזְרִי

Jd. 8. 32 (B) (Luc. Αβιεζρει).

(2) aliter in Heb.

Da. LXX. 1. 3 (אשפנז), 11 (המלצר), 16 (המלצר).

Ἀβιήλ, *vid.* **Ἀβειήλ.**

Ἀβιμεήλ. אֲבִימָאֵל

Joseph. Ἀβιμάηλος.

Ge. 10. 28 (A) (*Lucc.* Abimelech): I Ch. 1. 22 (A) (Luc. Αβιμεειλ).

ʼΑβιμελεήλ. אֲבִימָאֵל
Ge. 10. 28 (E) (Luc. Αβιμεηλ).

ʼΑβιμέλεκ, *vid.* ʼΑβειμέλεκ.

ʼΑβιμέλεχ, *vid.* ʼΑβειμέλεχ.

ʼΑβιναδάβ. (1) אֲבִינָדָב
III Ki. 4. 11 (A) (Luc. Αχιναναδαβ) (Joseph. ʼΑβινάδαβος).

(2) עַמִּינָדָב
Nu. 10. 14 (F) (Luc. Αμιναδαβ).

ʼΑβινεέμ, *vid.* ʼΑβεινεέμ.

ʼΑβιού. (1) אֲבִיָּה
I Ch. 7. 8 (A) (Luc. Αβια).

(2) aliter in Heb.
III Ki. 14. 31 (אבים) (Luc. Αβια) (*Lucc.* Abiudt): 15. 1 (אבים), 7 (אבים) *bis*, 8 (אבים).

(3) abest in Heb.
III Ki. 15. 28.

ʼΑβιούδ. (1) אֲבִיהוּא
Joseph. ʼΑβιοῦς.
Ex. 6. 23 (B F): 24. 1, 9: 28. 1: Le. 10. 1: Nu. 3. 2, 4: 26. 60, 61: I Ch. 6. 3 (5. 29): 24. 1, 2.

(2) אֲבִיהוּד
I Ch. 8. 3.

(3) aliter in Heb.
I Ch. 7. 8 (B) (אביה) (Luc. Αβια).

ʼΑβιρά, *vid.* ʼΑβειρά.

ʼΑβιραία. אֲבִגַיִל
I Ki. 25. 3 (A) (Luc. Αβιγαια).

ʼΑβιρών, *vid.* ʼΑβειρών.

ʼΑβισά, *vid.* ʼΑβεισά.

ʼΑβισάγ. אֲבִישַׁג
Joseph. ʼΑβισάκη: Luc. Αβισακ: *Lucc.* Abisac.
III Ki. 1. 3 (A), 15 (A): 2. 17 (A), 21 (A), 22 (A).

ʼΑβισαεί, ʼΑβισαί, *vid.* ʼΑβεισαί.

ʼΑβισού, *vid.* ʼΑβεισού.

ʼΑβισουαί, ʼΑβισοῦε, *vid.* ʼΑβεισοῦε.

ʼΑβισούρ, *vid.* ʼΑβεισούρ.

ʼΑβισσά. אַבְשַׁי
I Ch. 2. 16 (A) (Luc. Αβεσσα).

ʼΑβιτάλ, *vid.* ʼΑβειτάλ.

ʼΑβιτώβ. אֲבִיטוּב
I Ch. 8. 11.

ʼΑβιχαία, *vid.* ʼΑβειχαία.

ʼΑβιχάιλ, *vid.* ʼΑβειχάιλ.

ʼΑβιώρ. חָבוֹר
IV Ki. 18. 11 (B) (Luc. Αβωρ).

ʼΑβλαά. aliter in Heb.
IV Ki. 23. 33 (B) (רבלה) (Luc. Δεβλαθα).

ʼΑβού. אֲבִי
IV Ki. 18. 2 (Joseph. ʼΑβιά: Luc. Αβουθ) (*Lucc.* Rabbuti).

ʼΑβοῦβος. in libr. apocr.
I Ma. 16. 11, 15.

ʼΑβραάμ. (1) אַבְרָהָם
Joseph. ῎Αβραμος, ʼΑβράμης (semel), ʼΑβραάμ (raro).
Ge. 17. 5, 9, 15, 17, 18, 22, 23 *bis*, 24, 26: 18. 6, 7, 11, 13, 16, 17, 18, 19, 22, 23, 27, 33 *bis*: 19. 27, 29: 20. 1, 2 (A E), 9, 10, 11, 14 (E), 17, 18: 21. 2, 3, 4, 5, 7, 8, 9, 10, 11, 12, 14, 22, 24, 25, 27, 28, 29, 34: 22. 1 *bis*, 3 (A), 4, 5, 6, 7, 8, 9 (A), 10, 11 *bis*, 13 *bis*, 14, 15, 19 *bis*, 20, 23: 23. 2, 3, 5, 7, 10, 12, 14, 16 *bis*, 18, 19, 20: 24. 1 *bis*, 2, 6, 9 (A$^{a?mg}$), 12 *bis*, 15, 27, 34, 42, 48, 52, 59: 25. 1, 5, 6, 7, 8, 10 *bis*, 11, 12 *bis*, 19 *bis*: 26. 1, 3, 5, 18, 18 (A E), 24 *bis*: 28. 4 *bis*, 9, 13: 31. 42, 53: 32. 9 (10): 35. 12, 27: 48. 15, 16: 49. 30, 31: 50. 13, 24: Ex. 2. 24: 3. 6, 15, 16: 4. 5: 6. 3, 8: 32. 13: 33. 1: Le. 26. 42: Nu. 32. 11: De. 1. 8: 6. 10: 9. 5, 27: 29. 13 (12): 30. 20: 34. 4: Jo. 24. 2, 3: III Ki. 18. 36: IV Ki. 13. 23: I Ch. 1. 27, 28, 32, 34: 16. 16: 29. 18: II Ch. 20. 7: 30. 6: II Es. 19 (Ne. 9). 7: Ps. 46 (47). 10: 104 (105). 6, 9, 42: Mi. 7. 20 (AB^{ab} [sup ras] Q) (*Weingart.* Habrahae): Is. 29. 22: 41. 8: 51. 2: 63. 16: Ez. 33. 24.

[Aq. Ge. 20. 2: Ex. 6. 3: Is. 29. 22: 41. 8.]
[Sm. Ps. 46 (47). 10: Is. 29. 22: 41. 8.]
[Th. Ps. 46 (47). 10: Is. 29. 22: Je. 33 (40). 26.]
[Heb. Ps. 46 (47). 10.]

(2) אַבְרָם
Ge. 11. 29 (E) (Luc. Αβραμ): II Es. 19 (Ne. 9). 7 (B$^{*\,vid}$ [ras 1 lit post ρ in Αβραμ B$^{?}$] S).

(3) abest in Heb.
Ge. 17. 19: 20. 15: 21. 30, 33: 22. 1: 23. 3 (A), 8: 24. 14, 44: 26. 18 (A D): Jb. 42. 17 c.
[Al. IV Ki. 13. 5.]

(4) in libr. apocr.
Si. 44. 19 (20) (B S), 22 (24): Es. C 8 (13. 15), 29 (14. 18): Ju. 8. 26 (22): To. 4. 12: 14. 7 (S): Ba. 2. 34: Da. LXX., TH. 3. 35: I Ma. 2. 52: 12. 21: II Ma. 1. 2: III Ma. 6. 3: IV Ma. 6. 17, 22: 7. 19: 9. 21 (S*): 13. 17: 14. 20: 15. 28: 16. 20, 25: 17. 6.

ʼΑβρααμεῖτις. in libr. apocr.
IV Ma. 18. 20 (S).

ʼΑβρααμιαῖος. in libr. apocr.
IV Ma. 9. 21 (S$^{c.a}$): 18. 1 (S$^{c.a}$), 23 (S).

ʼΑβρααμίθιος. in libr. apocr.
IV Ma. 18. 1 (S*).

ʼΑβράμ, *cf.* ʼΑβράν. (1) אַבְרָהָם
Luc. Αβρααμ.
Ge. 20. 2 (D), 14 (A).

(2) אַבְרָם
Ge. 11. 26, 27 (A), 29 (A D), 29, 31, 31 (E): 12. 1, 4 *bis*, 5, 6, 7, 9, 10 (A^{1} D E), 14, 16, 17, 18: 13. 1, 2, 4, 5, 7 (*Vind.* Abrae), 8, 12, 14 (*Vind.* Abraam), 18: 14. 12 (D), 13 *bis*, 14, 19, 21, 22, 23: 15. 1 *bis*, 2, 3, 11, 12, 13 (D), 18: 16. 1, 2 *bis*, 3 *ter*, 5, 6, 15 *bis*, 16 *bis*: 17. 1 *bis*, 3, 5: I Ch. 1. 27 (A): II Es. 19 (Ne. 9). 7 (A B$^{?}$) (Luc. Αβρααμ).

(3) abest in Heb.
Ge. 12. 7, 11 *bis*, 20: 14. 19: 15. 6.

(4) in libr. apocr.
Si. 44. 19 (20) (A).

ʼΑβραμιαῖος. in libr. apocr.
IV Ma. 9. 21 (A): 18. 1 (A V), 23 (A V).

ʼΑβραμῖτις. in libr. apocr.
IV Ma. 18. 20 (A V).

ʼΑβράν. אַבְרָם
Luc. Αβραμ.
Ge. 14. 12 (A): 15. 13 (A).

ʼΑβρωνά. in libr. apocr.
Ju. 2. 24 (14) (A B) (Luc. Χειρων).

ʼΑβταῖος. in libr. apocr.
I Es. 9. 48 (B) (= שבתי Ne. 8. 7) (Luc. Σαββαθαῖος).

ʼΑβωμεουλά. אָבֵל מְחוֹלָה
Jd. 7. 22 (B) (Luc. Αβελμεουλα).

ʽΑβώρ. (1) הַמּוֹרֶה
Jd. 7. 1 (A) (Luc. Αμωρε).

(2) חָבוֹר
IV Ki. 17. 6 (*Vind.* Elatho): 18. 11 (A).

ʽΑγάβ. (1) חָגָב
II Es. 2. 46.

(2) abest in Heb.
II Es. 17 (Ne. 7). 48 (A).

ʽΑγαβά. (1) חֲגָבָא
II Es. 17 (Ne. 7). 48 (B S).

(2) חֲגָבָה
II Es. 2. 45.

ʼΑγαβωνίτης. [הַ]גִּבְעוֹנִי
I Ch. 12. 4 (S*) (Luc. Γαβαωνίτης).

ʼΑγάγ.
Joseph. ῎Αγαγος.

(1) אֲגַג
I Ki. 15. 8, 9, 20, 32 *ter*, 33.

(2) abest in Heb.
I Ki. 15. 33.

ʼΑγάδ, *cf.* Ταγάδ. aliter in Heb.
Jo. 15. 7 (B^{b}) (τὰ Αγαδ = [ה]גלגל) (Luc. Γαλγαλ).

ʽΑγάθ. aliter in Heb.
Je. 31 (48). 1 (B) (חתה) (Luc. ἡττήθη).

ʼΑγαλείμ (B Γ), ʼΑγαλλείμ (-ίμ) (A S Q). אֶגְלַיִם
Is. 15. 8.

ʼΑγαλλιλώθ. גְּלִילוֹת
Jo. 18. 17 (A) (Luc. Γαλιλωθ).

ʼΑγαλλίμ, *vid.* ʼΑγαλλείμ.

ʽΑγάρ, ʼΑγάρ. (1) הָגָר
Joseph. ʽΑγάρη.
Ge. 16. 1, 3, 4, 8, 15 *bis*, 16: 21. 9, 14, 17 *bis*: 25. 12.

(2) aliter in Heb.
Es. 9. 21 (S*) (pron. suff.).

(3) abest in Heb.
Ge. 16. 13 (A): Es. 9. 22 (S*).

(4) in libr. apocr.
Ba. 3. 23.

ʽΑγαραῖοι. הַגְרִיאִים
I Ch. 5. 19 (A) (Luc. Αγαρηνοι).

ʽΑγαρεί. הַגְרִי
I Ch. 11. 38 (B S) (Luc. Αγηρι).

ʽΑγαρηνοί. (1) הַגְרִיאִים
I Ch. 5. 19 (B).

(2) הַגְרִים
Ps. 82 (83). 7 (B^{b} T).

ʽΑγαρίτης. הַגְרִי
I Ch. 27. 31 (A) (Luc. Γαδαρι).

ʽΑγγαβά.
Luc. Αγαβα.

(1) חֲגָבָא
II Es. 17 (Ne. 7). 48 (A).

(2) in libr. apocr.
I Es. 5. 29 (30) (A B^{abmg}) (= חגבה Ezr. 2. 45: חגבא Ne. 7. 48).

ʼΑγγαί (ʼΑγγέ). (1) עַי
Ge. 12. 8: 13. 3 (*Vind.* Aggei).

(2) aliter in Heb.
Is. 10. 28 (עית), 29 (גבע) (Luc. Γαβαων).

῾Αγγαῖος (῞Αγγεος). (1) חַגַּי
II Es. 5. 1 : 6. 14 : Hg. *inscr.* : 1. 1, 3, 12, 13 : 2. 1, 10, 13, 14, 20.
[**Sm.** HG. 1. 1.]
(**2**) abest in Heb.
Ps. 111 (112). 1 (R) : 145 (146). 1 : 146 (147). 1 : 147. 1 (12) : 148. 1 : 149. 1 (R) : Hg. 1. 13 (S*) : *subscr.*
(**3**) in libr. apocr.
I Es. 6. 1 (= חגי Ezr. 5. 1) : 7. 3 (= חגי Ezr. 6. 14).

῾Αγγαρηνοί. הַגְרִים
Ps. 82 (83). 7 (A B*S R).

῾Αγγέ, *vid.* ῾Αγγαί.

῾Αγγεί (῾Αγγί). חַגִּי
Nu. 26. 24 (15) *bis.*

῾Αγγείθ (῾Αγγίθ). חַגִּית
Joseph. ᾽Αγίθη, ᾽Αήθη, Αἰγίσθη.
III Ki. 1. 5 (B) (Luc. Δαυιδ), 11 : I Ch. 3. 2.

῾Αγγείς. חַגִּי
Ge. 46. 16 (Joseph. Οὗγις).

῞Αγγεος, *vid.* ῾Αγγαῖος.

῾Αγγί, *vid.* ῾Αγγεί.

῾Αγγιά. חַגִּיָּה
I Ch. 6. 30 (15) (A) (Luc. Αναια).

῾Αγγίθ, *vid.* ῾Αγγείθ.

᾽Αγεαδδαείρ. aliter in Heb.
I Ch. 4. 14 (B) (גיא חרשים) (Luc. Φαρας).

῞Αγεβ. נֶגֶב
Jo. 11. 16 (F) (γῆν Αγ.β) (Luc. Νεγεβ) : 12. 8 (A) (Luc. *om.*) : Ob. 1. 19 (S*) (ν praec.).

᾽Αγεθθίθ. הַגִּתִּית
[**Heb.** Ps. 8. 1.]

᾽Αγείθ (᾽Αγίθ). חַגִּית
III Ki. 1. 5 (A) (Luc. Δαυιδ) : 2. 13 (A) (Luc. Αγγιθ).

᾽Αγείν. aliter in Heb.
Jo. 19. 19 (B) (חפרים) (Luc. Αμφαραιμ).

᾽Αγεραῖοι. הַגְרִיאִים
I Ch. 5. 20 (B) (Luc. Αγαρηνοι).

᾽Αγετάδ. aliter in Heb.
II Es. 17 (Ne. 7). 17 (A) (עזגד) (Luc. Αζγαδ).

᾽Αγιά. in libr. apocr.
I Es. 5. 34 (= חטיל Ezr. 2. 57 : Ne. 7. 59) (Luc. Αττιλ).

᾽Αγίθ, *vid.* ᾽Αγείθ.

᾽Αγλά. עֶגְלָה
I Ch. 3. 3 (A) (Luc. Εγλα).

᾽Αγλαθφαλλασάρ. aliter in Heb.
IV Ki. 16. 10 (A) (תגלת פלאסר) (Luc. Θεγλαφαλασαρ) (*Lucc.* Teglafellasar).

᾽Αγοά. אָגֵא
II Ki. 23. 11 (A) (Luc. Ηλα).

᾽Αγοραῖοι. הַגְרִיאִים
I Ch. 5. 20 (A) (Luc. Αγαρηνοι).

᾽Αχχείν. אֵחִי
Ge. 46. 21 (*D*) (Luc. ᾽Ααχείς) (Samar. [Samaritan]).

᾽Αγχείς (᾽Αγχίς). (1) אֵחִי
Ge. 46. 21 (A) (Luc. ᾽Ααχεῖς) (Samar. [Samaritan]) (Joseph. ῞Ιης : *Lugd.* Alchis : *Lucc.* Iachim).
(**2**) אָכִישׁ
Luc. Ακχους.
III Ki. 2. 39 (A), 40 (A).

᾽Αγχούς.
Luc. Ακχους : Joseph. ᾽Αγχοῦς, ᾽Αγχίσης.
(1) אָכִישׁ
I Ki. 21. 10 (11), 11 (12), 12 (13), 14 (15) : 27. 2, 3 (A[1] B), 5, 6 (A), 9, 10, 12 (A) : 28. 1, 2 *bis* : 29. 2, 3, 6, 8, 9 : III Ki. 2. 39 (B), 40 (B).
(**2**) aliter in Heb.
I Ki. 27. 12 (B) (דוד).
(**3**) abest in Heb.
I Ki. 27. 10.

᾽Αγχώς (A), **᾽Αγχώχ** (B). abest in Heb.
I Ch. 6. 60 (45) (Luc. Ακωκ).

᾽Αδά (indecl.; gen. ῞Αδας), **῞Αδα.** (1) עָדָה
Ge. 4. 19 (Luc. Αδδα), 20, 23 : 36. 2 (Joseph. ᾽Αδάση), 4, 10, 12, 16.
(**2**) עֲדָיָה
II Es. 10. 29 (B S) (Luc. ᾽Αδαίας).
(**3**) aliter in Heb.
I Ch. 4. 15 (B) (אלה) (Luc. Ηλα) : 8. 9 (חדש) (Luc. Βαδαα).

᾽Αδάβ. נָדָב
Ex. 6. 23 (B*) (Luc. Ναδαβ).

᾽Αδάδ, ᾽Αδάδ.
Joseph. ῎Αδαδος.
(1) הֲדַד
Ge. 36. 35 (A D), 36 (A D) : IV Ki. 13. 25 (A) (Luc. Αδερ) : I Ch. 1. 46, 47, 50, 51 (A).
[**Aq., Sm.** III KI. 11. 14 : 21 (20). 9 (Bi.), 10 (Bi.), 16 (Bi.) : IV KI. 8. 7 : JE. 49. 27 (30. 16).]
[**Th.** JE. 49. 27 (30. 16).]
[**Heb.** IV KI. 8. 7.]
(**2**) עֹדֵד
II Ch. 15. 8 (B) (Luc. Ωδηδ).
(**3**) עוֹדֵד
II Ch. 15. 1 (A) (Luc. Ωδηδ).
(**4**) aliter in Heb.
I Ch. 8. 30 (B) (נדב) (Luc. Ναδαβ).
(**5**) abest in Heb.
Jb. 42. 17 d.

᾽Αδαδά. עַדְעָדָה
Jo. 15. 22 (A).

᾽Αδαδέζερ. הֲדַדְעֶזֶר
III Ki. 11. 22 (23) (A) (Luc. Αδραζαρ).

᾽Αδαί. aliter in Heb.
III Ki. 4. 18 (19) (ארי) (Luc. Αδδαι) : I Ch. 4. 15 (B) (אלה) (Luc. Ηλα) : 5. 14 (A) (ירוח) (Luc. Αρουε) : 27. 29 (עדלי) (Luc. Αδλι).

᾽Αδαιά. (1) עֲדָיָה
I Ch. 6. 41 (26) (A) (Luc. Αδια) : 9. 12 (B) : II Es. 10. 39 (B) (Luc. ᾽Αδαίας) : 21 (Ne. 11). 12 (A S[c.a n g inf]).
(**2**) עֲדָיָהוּ
II Ch. 23. 1 (A) (Luc. ᾽Αδαίας).

᾽Αδαίας. (1) עִדּוֹא
II Es. 22 (Ne. 12). 4 (S[c.a mg sup]).
(**2**) עֲדָיָה
II Es. 10. 29 (A), 39 (A).

᾽Αδαιβών. דִּיבוֹן
Je. 31 (48). 18 (Q[a vid]).

᾽Αδαλά. aliter in Heb.
Ez. 47. 15 (Q[mg]) (צדדה).

᾽Αδαλλαί. aliter in Heb.
I Ch. 24. 17 (18) (B) (דליהו) (Luc. Δαλαια).

᾽Αδάμ.
Joseph. ῎Αδαμος.
(1) אָדָם
Ge. 2. 16, 19 *bis*, 20 (A D), 20, 21, 22 *bis*, 23 : 3. 1 (2. 25), 8, 9, 12, 17, 20 (A), 21, 22, 24 : 4. 1, 25 : 5. 1, 2 (A[2] D E), 3, 4, 5 : De. 32. 8 : I Ch. 1. 1.
[**Aq.** GE. 5. 1.]
[**Sm.** GE. 2. 7 *bis* : 3. 23 (22).]
[**Th.** GE. 2. 7 *bis*.]
(**2**) הֲדַר
Ge. 36. 36 (E) (Luc. Αδαδ).
(**3**) aliter in Heb.
I Ch. 8. 13 (A) (אילון) (Luc. Αλων).
(**4**) abest in Heb.
Ge. 3. 9.
(**5**) in libr. apocr.
Si. 36 (33). 10 : 40. 1 (A B[ab] [sup ras] S C) : 49. 16 (19) : To. 8. 6 (8) : 14. 10 (B) *bis.*

᾽Αδαμά. (1) אַדְמָה
Ge. 10. 19 (Samar. *om.*) : 14. 2 (A D), 8 : De. 29. 23 (22) : Ho. 11. 8.
(**2**) אֲדָמָה
Is. 15. 9 (μ sup ras S[1]).
(**3**) חֶמְדָּן
Ge. 36. 26 (E) (Luc. Αμαδα).
(**4**) שַׂמְלָה
Ge. 36. 36 (E) (Luc. Σαμλα).

᾽Αδαμί. אֲדָמָה
Jo. 19. 36 (A) (Luc. Αδαμει).

᾽Αδανάς. עַדְנָא
II Es. 22 (Ne. 12). 15 (S[c.a mg inf]) (Luc. ῎Εδνας).

᾽Αδανεικάμ. אֲדֹנִיקָם
II Es. 8. 13 (B) (Luc. Αδωνικαμ).

᾽Αδαοί. הַדַּי
II Ki. 23. 39 (30) (B*) (Luc. Αδδαι).

᾽Αδάρ. (1) אַדָּר
Jo. 16. 5 (A).
(**2**) אֲדָר
II Es. 6. 15 : Es. 3. 7, 13 : 8. 12 (A B S[c.a mg]) : 9. 1, 15 (A B S[c.a]), 19 (A B S[c.a] [superscr]), 21 (S[c.a (mg)]).
(**3**) אַרְדְּ
Nu. 26. 44 (40) (B) (Luc. Αδερ).
(**4**) aliter in Heb.
Es. 2. 16 (A B) (טבת) : 9. 21 (B S[c.a]) (pron. suff.).
(**5**) abest in Heb.
Es. 9. 16 (A B S[c.a mg]), 19 (A B[ab mg inf] S) (versio duplex), 22 (B S[c.a]).
(**6**) in libr. apocr.
I Es. 7. 5 (= אדר (Ezr. 6. 15) : Es. B (13). 6 : E (16). 20 : F 10 (10. 13) : I Ma. 7. 43 (A S), 49 : II Ma. 15. 36 (37).

᾽Αδασά, ᾽Αδασά. (1) חֲדָשָׁה
Jo. 15. 37 (A) (Luc. Αδασαι).
(**2**) in libr. apocr.
I Ma. 7. 40, 45.

᾽Αδασαί. חָדְשִׁי
II Ki. 24. 6 (A) (Luc. Καδης).

᾽Αδασάν. (1) חֲדָשָׁה
Jo. 15. 37 (B) (Luc. Αδασαι).
(**2**) aliter in Heb.
II Es. 17 (Ne. 7). 54 (הרשא) (Luc. Αδασα).

᾽Αδδά. הֲדַד
I Ch. 1. 51 (B) (Luc. Αδαδ).

᾽Αδδαί. עִדִּיא *עִדּוֹא (ק״)
II Es. 22 (Ne. 12). 16 (S[c.a mg inf]) (Luc. ᾽Αδαιας).

Ἀδδαμείν. אֲדָמִּים
Jo. 15. 7 (B) (Luc. Αδαμμειν).

Ἀδδάρ. אַדָּר
Jo. 18. 13 (A) (Luc. Εδδαρ).

Ἀδδάρα. אַדָּרָה
Jo. 15. 3 (A).

Ἀδδεί (Ἀδδί), Ἁδδί. (1) עִדּוֹ
I Ch. 6. 21 (6) (A^a? sup ras et in mg) (Luc. Αδδω).

(2) עֵרִי
Nu. 26. 25 (16) (Samar. ערי) *bis*.

(3) aliter in Heb.
II Ch. 28. 12 (A) (חדלי) (Luc. Αδλι).

(4) in libr. apocr.
I Es. 9. 31 (A) (= עדנא Ezr. 10. 30) (Luc. Εδνα).

Ἀδδείν. in libr. apocr.
I Es. 9. 31 (B) (= עדנא Ezr. 10. 30) (Luc. Εδνα).

Ἁδδί, Ἀδδί, *vid.* Ἀδδεί.

Ἀδδίν. עָדִין
II Es. 2. 15 (A) (Luc. Εδδει).

Ἀδδούς. in libr. apocr.
I Es. 5. 34 (δ 1° B? mg vid) (abest in Ezr. 2. 57 : Ne. 7. 59).

Ἀδδώ. (1) עִדּוֹ
II Ch. 12. 15 (A) : 13. 22 (A) : Za. 1. 1.

(2) עִדּוֹא
II Es. 5. 1 (A) : 6. 14 (A) (Luc. Εδδω) : Za. 1. 7.

(3) in libr. apocr.
I Es. 6. 1 (A) (= עדוא Ezr. 5. 1) (Luc. Εδδω).

Ἀδδώρ. דּוֹר
Jo. 12. 23 (A) (α praec.) (Luc. Δωρ).

Ἄδεβ. aliter in Heb.
Jo. 11. 16 (B) (נגב) (Luc. Νεγεβ).

Ἀδεί. עִדּוֹ
I Ch. 6. 21 (6) (B) (Luc. Αδδω).

Ἁδειά, Ἀδειά. (1) יְהֻדִיָּה
I Ch. 4. 18 (B) (Luc. Ἰουδαία).

(2) עֲדָיָהוּ
II Ch. 23. 1 (B^ab) (Luc. Ἀδαίας).

(3) aliter in Heb.
II Es. 8. 9 (B) (עבדיה) (Luc. Αβδιου) : 10. 25 (S) (יזיה) (Luc. Ἰαζίας).

Ἀδειάμ. aliter in Heb.
II Es. 10. 39 (S) (עדיה) (Luc. Ἀδαίας).

Ἁδειδά (-διδ-) (dat. -οις). in libr. apocr.
Joseph. Ἀδειδά, Ἀδδιδά.
I Ma. 12. 38 (super A et α puncta posuit A? vid) : 13. 13 (A S^c.a).

Ἀδειήλ (Ἀδιήλ). (1) יְדִיעֲאֵל
Luc. Ιεδιηλ.
I Ch. 7. 6 (B), 10 (A).

(2) עֲדִיאֵל
I Ch. 9. 12 (Luc. Αδιηλ).

Ἀδεικάμ. aliter in Heb.
II Es. 17 (Ne. 7). 18 (B) (אדניקם) (Luc. Αδωνικαμ).

Ἀδειλίας. in libr. apocr.
I Es. 5. 14 (B) (= עדין Ezr. 2. 15 : Ne. 7. 20) (Luc. Αδδει).

Ἀδείν (Ἀδίν). (1) עָדִין
II Es. 2. 15 (B) (Luc. Εδδει) : 8. 6 (Luc. Αμιναδαβ).

(2) עֲדִינוֹ
II Ki. 23. 8 (A).

(3) in libr. apocr.
I Es. 8. 32 (35) (= עדין Ezr. 8. 6) (Luc. Αμιναδαβ).

Ἀδεινά (-διν.) (dat. -οις). (1) עֲדִינָא
I Ch. 11. 42.

(2) in libr. apocr.
I Ma. 13. 13 (S*).

Ἀδεινών. עֲדִינוֹ
II Ki. 23. 8 (B).

Ἀδείρ. aliter in Heb.
I Ch. 20. 5 (A) (יעיר, *יעור [ק״]) (Luc. Ιαειρ).

Ἀδελμάθ. aliter in Heb.
III Ki. 15. 20 (B) (אבל בית-מעכה) (Luc. Αβελ-μααχα).

Ἀδελφών. aliter in Heb.
Es. 9. 7 (S*) (דלפון).

Ἀδενικάμ. אֲדֹנִיקָם
II Es. 17 (Ne. 7). 18 (S) (Luc. Αδωνικαμ).

Ἀδέρ, Ἁδέρ. (1) אַדֵּר
III Ki. 11. 17.

(2) אַרְדְּ
Nu. 26. 44 (40) (A F).

(3) הֲדַד
Joseph. Ἄδερος, Ἄδερ, Ἀδδάν.
III Ki. 11. 14, 14 (25) (B), 17, 19, 21 *bis* : 15. 18, 20 : 21 (20). 1, 2 (3), 5, 9, 10, 16, 17 (A), 20, 26, 30, 32, 33 *bis* : IV Ki. 6. 24 : 8. 7, 9 : 13. 3, 24 (B), 25 (B) : II Ch. 16. 2, 4 : Am. 1. 4 : Je. 30. 16 (49. 27).
[**Th., Quint.** IV Ki. 8. 7.]

(4) עֵדֶר
[**Aq.** Ge. 35. 21.]

(5) עֵרֶד
Jo. 12. 14 (A).

(6) aliter in Heb.
III Ki. 11. 22 (B) (pron. suff.).

(7) abest in Heb.
III Ki. 11. 18, 20, 22 *ter* : 21 (20). 22 : IV Ki. 6. 24 (A) (*bis scr.*).

(8) in libr. apocr.
I Ma. 7. 43 (V).

Ἀδήρ. אָטֵר
II Es. 20. 17 (Ne. 10. 18) (B S) (Luc. Αζηρ).

Ἀδί. aliter in Heb.
I Ch. 11. 27 (B S) (הרורי) (Luc. Αρωρι).

Ἁδιά. aliter in Heb.
II Es. 17 (Ne. 7). 37 (B S) (חדיד) (Luc. Αδειδ).

Ἀδιαθαείμ. עֲדִיתַיִם
Jo. 15. 34 (36) (A) (Luc. Αγεθθαιμ).

Ἀδίδ. חָדִיד
Luc. Αδειδ.
II Es. 2. 33 (A) : 17 (Ne. 7). 37 (A).

Ἁδιδά, *vid.* Ἁδειδά.

Ἀδιήλ, *vid.* Ἀδειήλ.

Ἀδιήρ. aliter in Heb.
I Ch. 7. 11 (A [ρ sup ras A^b]) (ידיעאל) (Luc. Ιεδιηλ).

Ἁδιμά. in libr. apocr.
I Ma. 13. 13 (V).

Ἀδίν, *vid.* Ἀδείν.

Ἀδινά, *vid.* Ἀδεινά.

Ἀδινού. in libr. apocr.
I Es. 5. 14 (A) (= עדין Ezr. 2. 15 : Ne. 7. 20) (Luc. Αδδει).

Ἀδλών. in libr. apocr.
I Es. 5. 34 (A) (? = אמי Ezr. 2. 57 : אמון Ne. 7. 59) (Luc. Αμεει).

Ἀδομμί. אֲדֻמִּים
Jo. 15. 7 (A) (Luc. Αδαμμειν).

Ἀδουά. aliter in Heb.
II Es. 22 (Ne. 12). 22 (S* vid) (ידוע) (Luc. Ιεδδου).

Ἀδουήλ. in libr. apocr.
To. 1. 1 (B S).

Ἀδούρ. aliter in Heb.
II Es. 20. 17 (Ne. 10. 18) (B) (עזור) (Luc. Αζουρ).

Ἁδραάζαρ.
Joseph. Ἀδραάζαρος, Ἀρτάζαρος, Ἀνδράζαρος, Ἀρδράζαρος : *Vind.* Adrazar.

(1) הֲדַדְעֶזֶר
II Ki. 8. 3, 5, 7 (*Lucc.* Arazar), 8, 9, 10 *bis*, 12.

(2) הֲדַרְעֶזֶר
II Ki. 10. 16, 16 (A B^ab [α 3° superscr B^ab]), 19 : I Ch. 18. 3 (B), 5 (B), 7 (B), 8 (B), 9 (B), 10 (B) *bis* : 19. 16 (B S?), 19 (B).

(3) aliter in Heb.
III Ki. 14. 26.

Ἁδραζά. aliter in Heb.
I Ch. 18. 5 (S*) (הדרעזר) (Luc. Αδρααζαρ).

Ἀδράζαρ. (1) הֲדַדְעֶזֶר
III Ki. 11. 14 (23) (B) (Luc. Αδρααζαρ) (*Lu.* Adragas).

(2) הֲדַרְעֶזֶר
II Ki. 10. 16 (B*) : I Ch. 18. 3 (A), 5 (A S^c.a?), 7 (A S), 8 (A S), 9 (A S), 10 (A S) *bis* : 19. 16 (A), 19 (A).

Ἀδραζαρεί. הֲדַרְעֶזֶר
I Ch. 18. 3 (S) (Luc. Αδρααζαρ).

Ἀδραμέλεκ. אַדְרַמֶּלֶךְ
IV Ki. 17. 31 (A) (Luc. Αδραμελεχ).

Ἀδραμέλεχ. אַדְרַמֶּלֶךְ
Joseph. Ἀνδρόμαχος, Ἀδραμέλεχος.
IV Ki. 17. 31 (B) : 19. 37 (B) : Is. 37. 38 (A B S^1 O Q).

Ἀδρεμέλεχ. אַדְרַמֶּלֶךְ
IV Ki. 19. 37 (A) (Luc. Αδραμελεχ).

Ἁδροί (? ἁδροί). aliter in Heb.
II Ki. 23. 39 (30) (B^ab) (הדי) (Luc. Αδδαι).

Ἀδώ, Ἁδώ.
Luc. Αδδω.

(1) עִדּוֹ
II Ch. 12. 15 (B) : 13. 22 (B).

(2) עִדּוֹא
II Es. 5. 1 (B) : 6. 14 (B) (Luc. Εδδω).

(3) aliter in Heb.
II Es. 20. 24 (Ne. 10. 25) (A) (הלוחש) (Luc. Αλλωης).

Ἀδώδ. חָרִיד
II Es. 21 (Ne. 11). 34 (S^c.a mg inf).

Ἀδώθ. אַשְׁדּוֹד
Jo. 11. 22 (A) (Luc. Ασεδδωδ).

'Αδωνειά (-νιά).
Luc. Ορνια.
(1) אֲדֹנִיָּה
III Ki. 2. 28 (B*): I Ch. 3. 2 (Luc. 'Ορνίας).
(2) אֲדֹנִיָּהוּ
III Ki. 2. 21 (B*), 22 (B*), 23 (B*), 23 (B^{b}), 24 (B*), 24 (B^{b}), 28 (B^{b}).

'Αδωνείας (-νίας) (-ίου, -ίᾳ). (1) אֲדֹנִיָּה
Luc. Ορνια.
III Ki. 1. 5 (A B), 18 (A B).
[Aq., Sm. II Ki. 3. 4.]
(2) אֲדֹנִיָּהוּ
III Ki. 1. 9 (A), 11 (A B), 13 (A B), 24 (A B^{*b}), 41 (A B^{*b}), 42 (A B^{*b}), 43 (A), 49 (A), 50 (A B^{*b}), 51 (A B^{*b}): 2. 13 (A B^{*b}), 21 (A B^{b}), 22 (A B^{b}), 23 (A), 24 (A), 28 (A).
[Aq., Sm., Th. III Ki. 1. 43.]
(3) abest in Heb.
III Ki. 1. 51 (bis scr. A* [uncis incl. A$^{b?}$]): 2. 25 (A B^{*b}).

'Αδωνεικάμ (-νικ.). (1) אֲדֹנִיקָם
II Es. 2. 13 (A): 8. 13 (A): 17 (Ne. 7). 18 (A).
(2) in libr. apocr.
I Es. 5. 14 (= אדניקם Ezr. 2. 13: Ne. 7. 18): 8. 39 (42) (A) (= אדניקם Ezr. 8. 13).

'Αδωνειού (-νιού). (1) אֲדֹנִיָּה
III Ki. 1. 7 (B).
(2) אֲדֹנִיָּהוּ
Luc. Ορνια.
III Ki. 1. 8 (A B), 9 (B), 25 (A B^{*b}), 49 (B^{*b}): 2. 19 (A B).

'Αδωνειράμ (-νιρ.), **῾Αδωνειράμ**. (1) אֲדֹנִירָם
III Ki. 4. 6: 5. 14 (28).
(2) aliter in Heb.
II Ki. 20. 24 (אדרם) (Luc. Ιεζεδραν): III Ki. 12. 18 (A) (אדרם): II Ch. 10. 18 (B) (הדרם).

'Αδωνιά, *vid.* 'Αδωνειά.

'Αδωνιακαίμ. in libr. apocr.
I Es. 8. 39 (42) (B) (= אדניקם Ezr. 8. 13) (Luc. Αδωνικαμ).

'Αδωνιάν. אֲדֹנִיָּהוּ
II Ch. 17. 8 (Luc. Αδωνια).

'Αδωνίας, *vid.* 'Αδωνείας.

'Αδωνιβέζεκ.
Joseph. 'Αδωνιζέβεκος, 'Αδωνιβέζεκος.
(1) אֲדֹנִי־בֶזֶק, אֲדֹנִי בֶזֶק
Jd. 1. 5, 6 (A B$^{ab\,mg\,inf}$), 7.
(2) אֲדֹנִי־צֶדֶק
Jo. 10. 1, 3.

῾Αδωνιείμ. aliter in Heb.
Is. 15. 5 (A) (חרנים).

'Αδωνιζεδέκ. אֲדֹנִי־צֶדֶק
[Aq., Sm., Th. Jo. 10. 1.]

'Αδωνικάμ, *vid.* 'Αδωνεικάμ.

'Αδωνικάν. אֲדֹנִיקָם
II Es. 2. 13 (B) (Luc. Αδωνικαμ).

'Αδωνιού, *vid.* 'Αδωνειού.

'Αδωνιράμ, *vid.* 'Αδωνειράμ.

῎Αδωνις. תַּמּוּז
Ez. 8. 14 (Q^{mg}).

'Αδώρ. aliter in Heb.
Es. 2. 16 (S*) (טבת).

'Αδωρά. in libr. apocr.
I Ma. 13. 20 (Joseph. 'Αδωρά, 'Αδώρεος, Δώρεος).

'Αδωραί. aliter in Heb.
II Ch. 11. 9 (B) (אדורים) (Luc. Αδωραμ).

'Αδωραίμ. אֲדוֹרַיִם
II Ch. 11. 9 (A) (Luc. Αδωραμ).

'Αδωράμ. הֲדֹרָם
II Ch. 10. 18 (A) (Luc. Αδωνιραμ).

'Αεδδών. עַיִן
I Ki. 29. 1 (B) (Luc. Αιν).

'Αειαμείν. aliter in Heb.
I Ki. 24. 3 (A? [α superscr]) (Luc. τῆς θήρας τῶν ἐλάφων).

'Αειελβών. aliter in Heb.
II Ki. 23. 31 (A) (אבי־עלבון) (Luc. Αζελμων).

'Αειμείν. aliter in Heb.
I Ki. 24. 3 (A*) (יעלים) (Luc. τῆς θήρας τῶν ἐλάφων).

'Αειμέλεχ. אֲחִימֶלֶךְ
[Aq. Ps. 51 (52). 2.]

'Αείν. אַחְיָן
I Ch. 7. 19 (A) (Luc. Αειμ).

'Αείρ. יָאִיר
Luc. Ιαειρ.
Jd. 10. 5 (A): I Ch. 2. 22 (A).

'Αελδώρ. עֵין דּוֹר
I Ki. 28. 7 (B) (Luc. Αενδωρ) (Joseph. Δῶρος, 'Αένδωρος).

'Αεμέ. אֶבֶץ
Jo. 19. 20 (A) (Luc. Αεμις).

'Αενδώρ. (1) עַיִן
I Ki. 29. 1 (A) (Luc. Αιν).
(2) עֵין־דֹּאר
Ps. 82 (83). 11.
[Aq. Ps. 82 (83). 11.]

'Αέρ. אַחֵר
I Ch. 7. 12 (B) (Luc. Ιεσσουδ).

'Αερμών. (1) חֶרְמוֹן
De. 3. 8 (*Lugd.* Ermon), 9 (A B^{a} F) (*Lugd.* Ermonenses): 4. 48: Jo. 11. 3 (A F), 17: 12. 1 (α rescr A$^{b?}$), 5: 13. 5, 11: Jd. 3. 3 (B) (Luc. Βααλερμων): I Ch. 5. 23: Ps. 132 (133). 3: Ca. 4. 8 (A S).
(2) in libr. apocr.
Si. 24. 13 (17).

'Αερνών. אַרְנוֹן
Je. 31 (48). 20 (A).

'Αζά, ῎Αζα. (1) עֻזָּא
II Ki. 6. 3 (A) (Luc. Οζα): I Ch. 8. 7 (A) (Luc. Αζαν): II Es. 2. 49 (A) (Luc. *om.*).
(2) עֻזָּה
I Ch. 6. 29 (14) (A) (Luc. Οζια).
(3) עַזָּה
[Aq. Dt. 2. 23 ('Αζαχαφθωρείμ).]
(4) עֻזִּי
II Es. 21 (Ne. 11). 22 (S$^{c.a(mg)}$) (Luc. Οζει).
(5) עַכְסָה
Luc. ῎Αχσα.
Jd. 1. 12 (B*), 13 (B*).
(6) aliter in Heb.
I Ch. 12. 9 (B S) (עזר) (Luc. Εζερ).

'Αζαβαβιά (B), **'Αζαβαδιά** (A). aliter in Heb.
I Ch. 8. 15 (B) (זבדיה) (Luc. Ζαβαδια).

'Αζαβού (S), **'Αζαβούχ** (B). עַזְבּוּק
II Es. 13 (Ne. 3). 16 (S) (Luc. Εζβουκ).

'Αζαεβά. עֲזוּבָה
III Ki. 22. 42 (B).

'Αζαείμ. aliter in Heb.
I Ch. 4. 23 (B) (נטעים) (Luc. Εταειμ).

'Αζαζήλ. עֲזָאזֵל
[Al. Le. 16. 26.]

'Αζαήλ.
Joseph. 'Αζάηλος.
(1) חֲזָאֵל
III Ki. 19. 15, 17: IV Ki. 8. 8, 9, 12, 28: 9. 14, 15: 10. 32: 12. 17 (18) *bis*, 18 (19): 13. 3 *bis*, 22, 24, 25: II Ch. 22. 5: Am. 1. 4.
(2) חֲזָהאֵל
IV Ki. 8. 13, 15, 29: II Ch. 22. 6.
(3) aliter in Heb.
III Ki. 15. 18 (A) (חזיון).
(4) abest in Heb.
IV Ki. 9. 16.
(5) in libr. apocr.
I Es. 9. 34 (A) (? = עזראל Ezr. 10. 41) (Luc. Εσριηλ).

'Αζάηλος. in libr. apocr.
I Es. 9. 14 (= עשהאל Ezr. 10. 15) (Luc. Ασσαηλ), 34 (B) (? = עזראל Ezr. 10. 41) (Luc. Εσριηλ).

'Αζαί. aliter in Heb.
I Ch. 12. 5 (B S) (אלעוזי) (Luc. Ελιεζερ).

'Αζαινί, *vid.* 'Αζενεί.

'Αζακεί (-κί). חִזְקִי
I Ch. 8. 17 (Luc. Εζεκια).

'Αζάν. abest in Heb.
Jo. 6. 26 (A).

'Αζανεί. אָזְנִי
Nu. 26. 25 (16) (B^{ab}) *bis* (Luc. Αζαν, Αζανι).

'Αζανειά (-νιά) (AB), **'Αζανιήλ** (S). אֲזַנְיָה
II Es. 20. 9 (Ne. 10. 10) (Luc. 'Αζαίας).

'Αζανώθ. אַזְנוֹת
Jo. 19. 34 (A) (Luc. Αζωθ).

'Αζαραήλ. (1) עֲזַרְאֵל
I Ch. 27. 22 (B) (Luc. Αζριηλ).
(2) aliter in Heb.
I Ch. 25. 4 (B) (עזיאל) (Luc. Οζιηλ).

'Αζαραίας. in libr. apocr.
I Es. 8. 1 (B) (= שריה Ezr. 7. 1) (Luc. Σαραίας).

'Αζαρεά. עֲזַרְיָה
II Es. 17 (Ne. 7). 7 (A) (Luc. 'Αζαρίας).

'Αζαρεί. עֲזַרְיָהוּ
III Ki. 4. 2 (B) (Luc. 'Αζαρίας).

'Αζαρείας, *vid.* 'Αζαρίας.

'Αζαριά.
Luc. 'Αζαρίας.
(1) עֲזַרְיָה
I Ch. 2. 8 (A), 39 (B): 3. 12 (B) (Luc. 'Οζίας): 6. 9 (5. 35) (B), 11 (5. 37) (B), 13 (5. 39) (B), 36 (21) (B) (Luc. Αζαρια): 9. 11 (B): II Es. 13 (Ne. 3). 23: 17 (Ne. 7). 7 (B S): 20. 2 (Ne. 10. 3) (A B S$^{c.a}$).
(2) aliter in Heb.
I Ch. 25. 18 (B) (עזראל) (Luc. Οζιηλ): II Es. 8. 11 (B) (זכריה) (Luc. Ζαχαρίας).

'Αζαρίας (-είας) (-α *voc.*, -αν, -ου, -ᾳ).

Joseph. 'Αζαρίας, 'Αζαρσᾶς, Ναζαρίας, "Αζαρος, 'Οζίας.

(1) זָרַח

I Ch. 6. 41 (26) (A) (Luc. Ζαρα).

(2) עֲזַרְיָה

IV Ki. 14. 21: 15. 1, 7, 17, 23, 27: I Ch. 2. 38, 39 (A): 3. 12 (A) (Luc. 'Οζίας): 6. 9 (5. 35) (A), 9 (5. 35), 10 (5. 36), 11 (5. 37) (A), 13 (5. 39) (A), 14 (5. 40), 36 (21) (A) (Luc. Αζαρια): 9. 11 (A): II Ch. 21. 2 (A): 23. 1: II Es. 7. 1 (A): 22 (Ne. 12). 33 (A): Je. 50 (43). 2 (A B S? Q): Da. LXX. 1. 6, 7, 11, 19 (*Wirc.* Asariae): 2. 17: Da. TH. 1. 6, 7, 11, 19: 2. 17.

(3) עֲזַרְיָהוּ

III Ki. 4. 2 (A), 5 (A) (Luc. Ορνια): IV Ki. 15. 6, 8: II Ch. 15. 1: 21. 2 (A): 23. 1: 26. 17 (*Lu.* Ozias): 28. 12 (A): 31. 10, 13.

(4) aliter in Heb.

IV Ki. 14. 29 (זכריה) (Joseph. Ζαχαρίας, 'Αζαρίας) (Luc. Ζαχαρίας): 15. 8 (A) (זכריהו), 11 (A) (זכריה), 13 (B) (עזיה), 30 (A) (עזיה) (Luc. *om.*), 32 (עזיהו) (*Vind.* Ozias), 34 (A) (עזיהו) (Luc. 'Οζίας): II Ch. 15. 8 (A) (עדד) (Luc. Ωδηδ): 24. 20 (זכריה) (Luc. Ζαχαρίας): 29. 13 (B) (זכריהו): Je. 49 (42). 1 (A B S) (יזניה) (Luc. 'Ιεζονίας): Da. LXX. 3. 23 (22) (οἱ περὶ τὸν 'Αζαρίαν) (= שדרך מישך ועבד נגו).

(5) in libr. apocr.

I Es. 9. 21 (= עזיה Ezr. 10. 21) (Luc. 'Οζίας), 43 (abest in Ne. 8. 4), 46 (B) (= עזרא Ne. 8. 6) (Luc. "Εζδρας), 48 (= עזריה Ne. 8. 7): To. 5. 13 (18): 6. 7, 14: 7. 1 (S), 9 (10): 9. 2 (1): Da. LXX. 3. 24, 25, 49, 88: Da. TH. 3. 25, 49, 88: I Ma. 2. 59: 5. 18, 56 (V), 60: IV Ma. 16. 21: 18. 12.

'Αζαρίου. abest in Heb.

III Ki. 2. 46 h (Luc. 'Αζαρίας).

'Αζάρου. in libr. apocr.

I Es. 5. 15 (B) (abest in Ezr. 4. 16: Ne. 7. 21) (Luc. Αζηρ).

'Αζαῦ. חֲזוֹ

Ge. 22. 22 (Joseph. 'Αζαοῦος, "Αζαυος).

'Αζαχαρίας. aliter in Heb.

Je. 50 (43). 2 (S*) (עזריה).

'Αζαχίας. aliter in Heb.

II Es. 21 (Ne. 11). 13 (S^c.a mg inf) (אחזי) (Luc. Ζαχχίας).

'Αζβί. אֶזְבִּי

I Ch. 11. 37 (A) (Luc. Ασβαηλ).

'Αζβούχ. עַזְבּוּק

II Es. 13 (Ne. 3). 16 (A) (Luc. Εζδουκ).

'Αζβών. aliter in Heb.

I Ch. 11. 33 (B S) (עזמות) (Luc. Ασμωθ).

'Αζγάδ. עַזְגָּד

II Es. 8. 12 (A): 20. 15 (Ne. 10. 16) (A).

'Αζέδ (B), 'Αζεδνά (S). aliter in Heb.

II Es. 21 (Ne. 11). 4 (עזיה) (Luc. 'Οζίας).

'Αζειά ('Αζιά). (1) אֲחַזְיָה

IV Ki. 11. 2 (A) (Luc. 'Οχοζίας).

(2) יְזִיָּה

II Es. 10. 25 (A B) (Luc. 'Ιαζίας).

(3) aliter in Heb.

I Ch. 6. 41 (26) (B) (עדיה) (Luc. Αδια): II Ch. 23. 1 (B*) (עדיהו) (Luc. 'Αδαίας): II Es. 20. 8 (Ne. 10. 9) (S) (מעזיה) (Luc. Μααζίας).

'Αζείν. חֶזְיוֹן

III Ki. 15. 18 (B) (Luc. Αζαηλ).

'Αζείφ. (1) אַכְזִיבָה

Jo. 19. 29 (A*) (Luc. Αχαζειβ).

(2) אַכְשָׁף

Jo. 11. 1 (B) (Luc. Χασαφ): 12. 20 (B) (Luc. Αχασαφ).

'Αζενεί ('Αζαινί). אָזְנִי

Nu. 26. 25 (16) (A B* F) *bis* (Luc. Αζαν, Αζανι).

"Αζερ, 'Αζέρ. (1) עֵזֶר

I Ch. 12. 9 (A) (Luc. Εζερ).

(2) עֶזֶר

Ez. 11. 1 (Q^mg) (Luc. Ιεζερ).

(3) aliter in Heb.

IV Ki. 13. 24 (A) (הדד) (Αζαηλ praec.) (Luc. Αδερ).

(4) abest in Heb.

III Ki. 2. 35 i (A) (Luc. Γαζερ).

'Αζζά. עֻזָּה

Luc. Οζα.

II Ki. 6. 6 (A), 8 (A) *bis*.

'Αζζάν. עֻזָּה

II Ki. 6. 7 (A) (Luc. Οζα).

'Αζηκά. עֲזֵקָה

Joseph. 'Αζηκώ: *Spec.* Azecha.

Jo. 10. 10 (Syr. ܥܙܩ), 11: 15. 35 (A): I Ki. 17. 1: II Ch. 11. 9 (Luc. Αζεκα): II Es. 21 (Ne. 11). 30 (S^c.a mg): Je. 41 (34). 7.

'Αζήρ. (1) עֵזֶר

I Ch. 4. 4 (B) (Luc. Εζερ).

(2) in libr. apocr.

I Es. 5. 15 (B) (= אטר Ezr. 2. 16: Ne. 7. 21).

'Αζητάς. in libr. apocr.

I Es. 5. 15 (abest in Ezr. 2. 16: Ne. 7. 21) (Luc. *om.*).

'Αζιά, *vid.* 'Αζειά.

'Αζιήλ, 'Αζιήλ. (1) עֻזִּיאֵל

Le. 10. 4 (B) (Luc. Οζιηλ).

(2) חֲזִיאֵל

I Ch. 23. 9 (A).

(3) יַחֲזִיאֵל

II Es. 8. 5 (A).

(4) aliter in Heb.

I Ch. 12. 3 (A) (יואל*, יזואל [ק"]) (Luc. Εζιηλ).

'Αζμώθ. עַזְמָוֶת

Luc. Ασμωθ.

I Ch. 8. 36 (A): 9. 42 (A): 11. 33 (A): 12. 3 (A): 27. 25 (A): II Es. 2. 24 (A) (Luc. Αμωθ): 22 (Ne. 12). 29 (S^c.a mg).

'Αζόβ. aliter in Heb.

I Ki. 7. 14 (B) (גת) (Luc. Γεθ).

"Αζορ. עֵזֶר

II Es. 13 (Ne. 3). 19 (S*) (Luc. Αζουρ).

'Αζουβά. עֲזוּבָה

III Ki. 22. 42 (A) (*Lucc.* Gazuba): I Ch. 2. 18 (A) (Luc. Αβουζα): II Ch. 20. 31.

'Αζουκάν. aliter in Heb.

I Ch. 1. 42 (A) (זעון) (Luc. Ζαυαν).

"Αζουρ, 'Αζούρ. (1) עַזּוּר

II Es. 20. 17 (Ne. 10. 18) (A S).

[Aq., Sm. Je. 28 (35). 1.]

(2) עֵזֶר

II Es. 13 (Ne. 3). 19 (A B S^c.a).

(3) עַזֻּר

Ez. 11. 1 (Q) (Luc. Ιεζερ).

[Aq., Sm., Th. Ez. 11. 1.]

'Αζουρού. in libr. apocr.

I Es. 5. 15 (A) (abest in Ezr. 4. 16: Ne. 7. 21) (Luc. *om.*).

'Αζραήλ. יִזְרְעֶאל

I Ch. 4. 3 (A* B) (Luc. Ιεζρεηλ).

'Αζωβαί (-βέ). אֶזְבַּי

I Ch. 11. 37 (B S) (Luc. Ασβαηλ).

'Αζώρ, 'Αζώρ. (1) עַזּוּר

Je. 35 (28). 1.

(2) aliter in Heb.

Jo. 19. 45 (B) (יהד) (Luc. [Ι]ουδ).

'Αζώτειος (-τιος), -ία. (1) אַשְׁדּוֹדִי

Jo. 13. 3: I Ki. 5. 3: II Es. 14. 7 (Ne. 4. 1) (S^c.a mg inf): 23 (Ne. 13). 23 (A B) (יהיר ו"').

[Al. I Ki. 5. 6.]

(2) abest in Heb.

I Ki. 5. 3.

'Αζῶτις. אַשְׁדּוֹדִי

II Es. 23 (Ne. 13). 23 (S) (יהיר ו"') (Luc. 'Αζωτία).

'Αζωτιστεί (-τί). אַשְׁדּוֹדִית

II Es. 23 (Ne. 13). 24.

"Αζωτος, ὁ, ἡ. (1) אַשְׁדּוֹד

I Ki. 5. 1, 5, 7: 6. 17: II Ch. 26. 6 *bis*: Am. 1. 8: Ze. 2. 4: Za. 9. 6 (ζ, ω 2° rescr S¹): Is. 20. 1 (A B S Q Γ [?]) *bis*: Je. 32. 6 (25. 20).

[Aq., Sm. Am. 3. 9.]
[Th. Jo. 15. 46: Am. 3. 9.]
[Al. I Ki. 5. 6.]

(2) אַשְׁדּוֹדִים

I Ki. 5. 6.

(3) abest in Heb.

Jd. 1. 18: I Ki. 5. 3.

(4) in libr. apocr.

Ju. 2. 28: I Ma. 4. 15: 5. 68: 9. 15 (Joseph. 'Εζᾶς, 'Αζᾶς): 10. 77, 78, 83, 84: 11. 4 *bis*: 14. 34: 16. 10.

'Αηδείας (-δίας). in libr. apocr.

I Es. 9. 27 (= אליה Ezr. 10. 26) (Luc. 'Ηλίας).

'Αηδίς. עֵרִי

Ge. 46. 16 (Luc. Αηδεις) (Samar. ‎ࠏࠓࠉ) (Joseph. Εἰρήνης, 'Αηρήνης) (*Lucc.* Ismamelis).

'Αηλάμ. עֵילָם

I Ch. 8. 24 (A) (Luc. Ηλαμ).

'Αθά. aliter in Heb.

II Es. 10. 33 (B S) (מתתה) (Luc. Μαθθαθ).

'Αθάγ. עֲתָךְ

I Ki. 30. 30 (A) (Luc. Ναγεβ).

'Αθάθ. חֲתַת

I Ch. 4. 13 (Luc. Αθεθ).

'Αθαλάρ. in libr. apocr.

I Es. 5. 36 (A) (= אדן Ezr. 2. 59: אדון Ne. 7. 61) (Luc. [Χερουβ]ιδαν).

'Αθαμείν. אֵתָנִים

III Ki. 8. 2 (B) (Luc. Αθανειν) (Joseph. 'Αθύρει, Θυρί, Θοιρί [? Θισρί]).

'Αθάν. aliter in Heb.

I Ch. 17. 1 (S*) (נתן) (Luc. Ναθαν).

'Αθανεί. אֶתְנִי

I Ch. 6. 41 (26) (Luc. Ηθανια).

'Αθανείμ. (1) אֵתָנִים

III Ki. 8. 2 (A) (Luc. Αθανειν).

(2) aliter in Heb.

II Es. 8. 17 (הנתונים*, הנתינים [ק"]) (Luc. Ναθιναῖοι).

'Αθαρείμ (**AF**), **'Αθαρείν** (**B**). אֲתָרִים
Nu. 21. 1.

'Αθαρσαθά. הַתִּרְשָׁתָא
II Es. 17 (Ne. 7). 70 (**A S**^c.a mg) (Luc. Αθαρασθας).

'Αθεά (**B**), **'Αθεέ** (-αί) (**AS**). עֲתָיָה
II Es. 21 (Ne. 11). 4 (Luc. Αθαρασθας).

'Αθεί. aliter in Heb.
I Ch. 11. 29 (**B**) (חשתי) (Luc. Ωσαθι).

'Αθείν. abest in Heb.
I Ch. 8. 25 (ענתתיה) (Luc. *om.*).

'Αθελεί. עֲתַלְיָה
II Es. 8. 7 (**B**) (Luc. Γοθονίας).

"Αθερ. עֶתֶר
Jo. 15. 42 (**A**).

'Αθερσαά. aliter in Heb.
II Es. 2. 63 (**B**) (התרשתא) (Luc. Αθερασθας).

'Αθερσαθά. הַתִּרְשָׁתָא
II Es. 2. 63 (**A**) (Luc. Αθερασθας): 17 (Ne. 7). 65 (**A S**) (Luc. Αθαρασθας).

'Αθηναῖος. in libr. apocr.
II Ma. 6. 1: 9. 15.

'Αθηνόβιος. in libr. apocr.
I Ma. 15. 28, 32.

'Αθήρ. in libr. apocr.
To. 14. 4 (6) (**S**).

'Αθθαί. הִדַּי *v.* אִתַּי
II Ki. 23. 29 (*v.* 30) (**A**) (Luc. Εθθι)

'Αθλιά. עֲתַלְיָה
II Es. 8. 7 (**A**) (Luc. Γοθονίας).

'Αθουρεία. in libr. apocr.
To. 14. 15 (**S***).

"Αθοψ. כּוּשׁ
Is. 37. 9 (**A***).

'Αί. עַי
II Es. 17 (Ne. 7). 32 (**A**) (Luc. Γαι).

Αἰά, 'Αιά. (1) אַחְיָה
II Es. 20. 26 (Ne. 10. 27) (**A S**^vid) (Luc. 'Αδείας).

(2) אַיָּה
II Ki. 21. 8 (Luc. Ασαια), 10, 11: I Ch. 1. 40 (**A**) (Luc. Αια).

(3) יְהוָה
[**Sam.** Ex. 6. 3.]

(4) עַוָּא
IV Ki. 17. 24 (Luc. Αιαν).

(5) עַי
II Es. 2. 28 (Luc. Γαι).

(6) aliter in Heb.
II Es. 20. 22 (Ne. 10. 23) (**B**) (עניה [Αναν praec.]) (Luc. 'Ανανίας).

'Αιάβ. אַחְאָב
[**Aq.** Je. 29 (36). 21.]

Αἰαλώμ. אֵילוֹן
III Ki. 4. 9 (**A**) (Luc. Αιλων).

Αἰαλών. אֵילוֹן
II Ch. 11. 10 (**A**).

Αἰγάλ, Αἰγάλ. (1) חָגְלָה
Nu. 36. 11 (**F**) (Luc. Εγλα).

(2) עֶגְלָה
II Ki. 3. 5 (**B**) (Luc. Αγλα) (*Lucc.* Agla).

Αἰγάς. עֶגְלָה
II Ki. 3. 5 (**A**) (Luc. Αγλα).

Αἰγγαδαίμ. aliter in Heb.
Ez. 47. 10 (**Q**) (עין גדי) (Luc. Ηγγαδι).

Αἰγλά, *vid.* **'Εγλά.**

Αἰγλάμ. חָגְלָה
Jo. 17. 3 (**A**) (Luc. Εγλα).

Αἰγλώμ. עֶגְלוֹן
[**Aq.** Jo. 10. 34.]

Αἴγυπτος ("Εγ.). (1) מִצְרַיִם
Is. 19. 1 (**S**): Je. 7. 25 (**S***): 26 (46). 17 (**S***): 49 (42). 14 (**S**): 51 (44). 30 (**S***).

(2) aliter in Heb.
Da. LXX. 11. 9 (*cod.* 87) (הנגב).

Αἰγύπτιος, -ία ('Εγ.). (1) מִצְרִי
Ge. 12. 12, 14 (Αι sup ras **A**^b): 16. 1, 3: 21. 9: 39. 1, 2, 5: 43. 32, 32 (γ sup ras **A**?): Ex. 2. 11, 12, 14, 19: Le. 24. 10: De. 23. 7 (8): 26. 6: Jo. 24. 7: I Ki. 30. 11, 13: II Ki. 23. 21 *ter*: I Ch. 2. 34: 11. 23 *ter*.
[**Aq., Sm., Th.** Ex. 2. 14.]

(2) מִצְרַיִם
Ge. 41. 55, 56: 43. 32 (**A F**): 45. 2: 46. 34: 47. 15, 20 *bis*: 50. 11: Ex. 1. 13, 15 (**A B**): 3. 8, 9, 17, 20, 21, 22: 6. 5, 6, 7: 7. 5, 11, 18, 21, 22, 24: 8. 21 (17), 26 (22) (Luc. Αἰγύπτου), 22: 9. 4, 6 (**A**^a? **B**): 10. 2, 6 (**B**): 11. 3 *bis*, 7: 12. 12, 23, 27, 30, 33, 35, 36 *bis*, 39: 14. 4, 5 (**B F**), 7, 8 (**F**), 9 (**A**^a **B F**), 10, 12 *bis*, 13, 17, 18, 20, 23, 24 *bis*, 25 *bis*, 26, 27 *bis*, 30 *bis*, 31: 15. 26: 18. 8, 9, 10: 19. 4: 32. 12: Nu. 20. 15: 33. 3, 4: De. 7. 18: 11. 4: 28. 27: Jo. 24. 6: Jd. 10. 11 (**A**): Is. 19. 2 *bis*, 3, 15 (**A B Q Γ**), 16, 17, 19 (**A B S Γ**), 21 *bis*, 22, 23 *bis*, 24: 20. 3, 4 (**Q***), 5: 30. 2, 7: 31. 3: 36. 9 (**A Q Γ**): Ez. 29. 13, 14 (**B Q**): 30. 4 (**B Q**), 10.
[**Aq.** Ex. 3. 9: Is. 19. 2 *bis*.]
[**Sm.** Ex. 3. 9: 7. 11: 8. 7 (3) (P.): Is. 19. 2 *bis*.]
[**Th.** Ex. 7. 11.]

(3) aliter in Heb.
Ge. 47. 23 (העם).

(4) abest in Heb.
Ex. 1. 12: 8. 7 (3): 18. 8 (**A B**): Jo. 24. 4: Jl. 2. 25 (adnot **Q**^mg): Is. 19. 5: 20. 5 (**A S Q Γ**): Ez. 30. 26 (**A**).

(5) in libr. apocr.
I Es. 8. 66 (70) (= מצרי Ezr. 9. 1): Ju. 5. 12 (11^a).

Αἰγυπτοῖος ("Εγ.). מִצְרַיִם
Is. 19. 15 (**S**).

Αἴγυπτος ("Εγ.) (Αιγυπται = Αἴγυπτε Ps. 134. 9 [**A**]).

(1) מִצְרִי
Ex. 1. 19 (Luc. Αἰγύπτιος).

(2) מִצְרַיִם
Ge. 12. 10, 11, 14: 13. 1, 10: 15. 18: 21. 21: 25. 18: 26. 2: 37. 25, 28, 36: 39. 1: 40. 1 *bis*, 5: 41. 8, 19, 29, 30, 33, 34, 36, 41, 43, 44, 46 *bis*, 48, 53, 54, 55, 57: 42. 1, 2, 3: 43. 2, 15: 45. 4, 8, 9, 13, 18, 19, 20, 23, 25, 26: 46. 3, 4, 6, 7, 8, 20, 26, 27 *bis*: 47. 6, 11, 13, 14, 15, 21, 26, 27, 28, 29, 30: 48. 5 *bis*: 50. 3, 7, 11, 14, 22, 26: Ex. 1. 1, 5, 8, 15 (**F**), 17 (**A**² **B F**, -ουν **A***), 18: 2. 23: 3. 7, 10, 11, 12, 16, 18, 19: 4. 18, 19, 20, 21: 5. 4, 12: 6. 11, 13 *bis*, 26, 27 *bis*, 28, 29: 7. 3, 4 *bis*, 5, 19 (**B F**), 19, 21: 8. 6 (2), 6 (2) (**A B**), 7 (3), 16 (12), 17 (13) (**A B**^ab mg **F**), 24 (20): 9. 9 *bis*, 11 (**A**^a? **B**), 18, 22, 23, 24, 25: 10. 6 (**A**), 7, 12, 14 *bis*, 15, 19, 21, 22: 11. 1, 4, 5, 6, 9: 12. 1, 12 *bis*, 13, 17, 27, 29, 30, 39, 40, 41, 42, 51: 13. 3, 8, 9, 14, 15, 16, 17, 18 (**A B**^ab **F**): 14. 8 (**A**^a **B**), 11 *bis*, 12: 16. 1, 3, 6, 32: 17. 3: 18. 1: 19. 1: 20. 2: 22. 21 (20): 23. 9: 29. 46: 32. 1, 4, 7, 9 (8), 11, 23: 33. 1: 34. 18: Le. 11. 45: 18. 3: 19. 34, 36: 22. 33: 23. 43: 25. 38, 42, 55: 26. 13, 45: Nu. 1. 1: 3. 13: 8. 17: 9. 1: 11. 5, 18, 20 (**A**^a **B F**): 13. 23 (22): 14. 2, 3, 4, 13, 19, 22: 15. 41: 20. 5, 15 *bis*, 16: 21. 5: 22. 5, 11: 23. 22: 24. 8: 26. 4, 59: 32. 11: 33. 1, 38: 34. 5: De. 1. 27, 30: 4. 20, 34, 37, 45, 46: 5. 6, 15: 6. 12, 21, 22: 7. 8, 15: 8. 14 (**A B**^ab **F**): 9. 7, 12, 26: 10. 19, 22: 11. 3 *bis*, 10: 13. 5 (6), 10 (11): 15. 15: 16. 1, 3 *bis*, 6, 12: 17. 16: 20. 1: 23. 4 (5): 24. 9, 18, 22: 25. 17: 26. 5, 8: 28. 60, 68: 29. 2 (1), 16 (15), 25 (24): 34. 11: Jo. 2. 10: 5. 4, 6, 9: 9. 15 (9): 13. 3: 15. 4, 47: 24. 4, 5, 6, 7, 14, 17, 32: Jd. 2. 1, 12: 6. 8, 9 (**B**), 13: 10. 11 (**B**): 11. 13, 16: 19. 30: I Ki. 2. 27: 4. 8: 6. 6: 8. 8: 10. 18 *bis*: 12. 6, 8 *bis*: 15. 2, 6, 7: 27. 8: II Ki. 7. 6, 23: III Ki. 3. 1 (**A**): 4. 18 (5. 1) (**A**), 26 (5. 10), 32 (9. 16) (**B**): 6. 1: 8. 9, 16, 21, 51, 53, 65: 9. 9, 16 (**A**): 10. 32 (28), 33 (29): 11. 17, 18 (**A**), 18, 21, 40 *ter*: 12. 1 (2) (**A**) *bis*, 28: 14. 25: IV Ki. 7. 6: 17. 4, 7 *bis*, 36: 18. 21 *bis*, 24: 21. 15 (**B**): 23. 29, 34: 24. 7 (**B**), 7 *bis*: 25. 26: I Ch. 13. 5: 17. 21: II Ch. 1. 16, 17: 5. 10: 6. 5: 7. 8, 22: 9. 26, 28: 10. 2, 2 (**A**^a **B**): 12. 2, 3, 9: 20. 10: 26. 8: 35. 20: 36. 3, 4: II Es. 19 (Ne. 9). 9, 18: Ps. 67 (68). 32: 77 (78). 12, 43, 51: 79 (80). 9: 80 (81). 6, 11: 104 (105). 23, 38: 105 (106). 7, 21: 113 (114). 1: 134 (135). 8, 9: 135 (136). 10: Pr. 7. 16: Ho. 2. 15 (17): 7. 11, 16: 8. 13: 9. 3, 6: 11. 1, 5, 11: 12. 1 (2), 9 (10), 13 (14): 13. 4: Am. 2. 10: 3. 1, 9: 4. 10: 8. 8: 9. 5, 7: Mi. 6. 4: 7. 15: Jl. 3 (4). 19: Na. 3. 9: Za. 10. 10, 11: 14. 18, 19: Is. 7. 18: 10. 24, 26: 11. 11, 15, 16: 19. 1 (**A B S Q Γ** [?]), 1, 1 (**A B Q Γ**), 4, 12, 13, 14, 18, 19 (**Q**), 20, 23 *bis*, 25: 20. 4 (**A B S Q**^mg **Γ**), 4: 23. 5: 27. 13: 30. 2, 3 (Luc. Αἰγυπτίους): 31. 1: 36. 6 *bis*, 9 (**B S**): 43. 3: 45. 14: 52. 4: Je. 2. 6, 18, 36: 7. 22, 25 (**A B S**^c.a vel fort antea **Q**): 9. 26 (25): 11. 4: 16. 14: 23. 7: 24. 8: 26 (46). 2 *bis*, 8, 11, 13 (**B S Q**), 17 (**A B S**¹ **Q**), 19, 20, 24, 25 (**Q**^mg sub ※): 32. 5 (25. 19): 33 (26). 21, 22: 38 (31). 32: 39 (32). 20, 21: 41 (34). 13: 44 (37). 5, 7 (**A B S**^c.a (?) mg inf **Q**): 48 (41). 17: 49 (42). 14 (**A B Q**), 15, 16 *bis*, 17, 18, 19: 50 (43). 2, 7, 11, 12 (**B S Q**): 51 (44). 1, 8, 12, 13, 14, 15, 26 *bis*, 27, 28, 30 (**A B S**¹ **Q**): Ez. 16. 26: 17. 15: 19. 4: 20. 5, 6, 7 (ιγυπτου sup ras **B**^ab), 8, 8 (Αι sup ras **B**^ab), 9, 10 (**A Q**), 36: 23. 3, 8, 19, 21, 27 *bis*: 27. 7: 29. 2 *bis*, 3 (**A**), 6, 9, 10, 12, 14 (**A**), 19, 20: 30. 4 (**A**), 4, 6, 8, 9, 11, 13, 13 (**A**), 15, 16, 18, 19, 21, 22, 23, 25, 26: 31. 2 (βασιλεαιγ. **B***): 32. 2, 12, 15, 16, 18: Da. LXX., TH. 9. 15: 11. 8, 42, 43.
[**Aq.** GE. 47. 6: EX. 7. 11: 8. 7 (3) (P.): III KI. 4. 21 (5. 1): PS. 67 (68). 32: IS. 11. 15: 19. 1, 3: 27. 12: 45. 14: JE. 42 (49). 14: 43 (50). 12, 13: EZ. 23. 21: 29. 3: HO. 11. 1: MI. 6. 5 (4) (P.).]
[**Sm.** GE. 47. 6: JD. 10. 11: III KI. 3. 1: 4. 21 (5. 1): 11. 18: PS. 67 (68). 32: 77 (78). 43: IS. 7. 18: 10. 24: 11. 15: 19. 3: 27. 12: 45. 14: JE. 9. 26 (25): 42 (49). 14: 43 (50). 7, 12, 13: EZ. 23. 21: 29. 3: HO. 7. 16: 11. 1: MI. 6. 5 (4) (P.).]
[**Th.** GE. 47. 6: III KI. 11. 18: PR. 7. 16: IS. 7. 18: 11. 15: 19. 3: 27. 12: 30. 7: 45. 14: JE. 11. 7 (Sw. sub Ωρ.): 26 (33). 22: 44 (51). 12, 24: 46 (26). 8, 14 (Sw.): EZ. 29. 3: 30. 13 (Sw.), 23 (P.): 32. 18: HO. 11. 1: MI. 6. 5 (4) (P.).]
[**Heb.** GE. 47. 6: IS. 45. 14.]
[**Sam.** EX. 10. 7.]
[**Al.** EX. 22. 21 (20): NU. 13. 23 (22): 33. 1.]
[**Syr.** HO. 11. 5.]

(3) aliter in Heb.
Ex. 6. 11 (**F**) (pron. suff.) (Luc. αὐτοῦ): 11. 10 (**B**) (pron. suff.) (Luc. αὐτοῦ): II Es. 19 (Ne. 9). 17 (מרים): Is. 11. 16 (אשור): Je. 49 (42). 18 (**S***) (אלה): Ez. 30. 9 (**A**) (pron. suff.) 17 (**Q**^mg vid) (pers. pron.): Da. LXX. 11. 5 (הנגב), 6 (הנגב), 9 (Syr.) (הנגב), 11 (הנגב), 14 (הנגב), 15 (הנגב), 25 (הנגב) *bis*, 29 (נגב), 40 (הנגב): Da. TH. 11. 24 (מבצרים).
[**Th.** DA. 11. 24 (מבצרים).]

(4) abest in Heb.

Ge. 41. 3 (E) (Luc. *om.*): 42. 5 (D E) (Luc. *om.*): 45. 3 (A[a]) (Luc. *om.*), 21 (F) (Luc. *om.*): 47. 5 *bis*: Ex. *tit.* (A): 3. 10, 11: 4. 18: 6. 7 (F) (Luc. *om.*): 7. 11 (A B) (Luc. *om.*): 9. 5 (A[a?]) (Luc. σου): 11. 10 (A[a?] B) (Luc. *om.*): 40. 15 (17): *subscr.* (A): Nu. 33. 4: De. 4. 20 (A B) (Luc. *om.*): 6. 4: 9. 29: Jo. 16. 10: 21. 8 (A F): 24. 20, 30 a: Jd. 19. 30 (A): I Ki. 12. 8: II Ki. 8. 7: III Ki. 2. 35 b, 46 k: 10. 30: 11. 43 (B) *bis*: 12. 24 c (B), 24 d (B) *bis*, 24 f (B): 14. 26 (A): II Ch. 10. 2 (A[a] [sup ras] B): II Es. 19 (Ne. 9). 10: Is. 28. 5 (B[b]): Ez. 29. 1 (*tit.*) (A[?mg]): 30. 24: Da. LXX. 7. 8 (adnot 87[mg]): 11. 40.

[Sam. DT. 34. 1.]

(5) in libr. apocr.

I Es. 1. 23 (25) (= מצרים II Ch. 35. 20), 24 (26) (abest in II Ch. 35. 21), 33 (35) (= מצרים II Ch. 36. 3), 35 (37) (= מצרים II Ch. 36. 4), 36 (38) (? = מצרים II Ch. 36. 4): Si. *prol.* 17: Es. C 9 (13. 16): Ju. 1. 9 (9[a]), 10 (9[b]) (A B S[c.a]), 12: 5. 10, 11 (10), 12 (10): 6. 5 (4[a]): To. 8. 3: Ba. 1. 19, 20 (A B[ab mg] Q Γ): 2. 11: La. 5. 6: I Ma. 1. 16, 17, 18, 19 *bis*, 20: 2. 53: 3. 32: 10. 51, 57: 11. 1, 13, 59: II Ma. 1. 1, 10: 4. 21: 5. 1, 8, 11: 9. 29: III Ma. 2. 25: 3. 12, 20: 4. 18: 6. 4: 7. 1: IV Ma. 4. 22.

Αἴδαθ. aliter in Heb.

I Ch. 23. 23 (B) (עדר) (Luc. Εδερ).

Αἰδαινέ. עַדְנָא

II Es. 10. 30 (B*) (Luc. Αιαναση(ι)ε).

Αἰδάν. aliter in Heb.

I Ch. 23. 9 (B*) (הרן) (Luc. Αραν).

Αἰδώμ, *cf.* Ἐδώμ. אֵילֹן, אֵילוֹן

Luc. Αιλωμ.

Ge. 26. 34 (*D*): 36. 2 (*D*).

Αἰέ. אַיָּה

Ge. 36. 24 (A D) (Luc. Αιαι).

Αἰειήλ. aliter in Heb.

II Es. 10. 26 (A) (יחיאל) (Luc. Ιειηλ).

Αἰείν. עַיִּים

Jo. 18. 23 (B) (Luc. Αυειμ).

Αἰζήλ. אוּזָל

Ge. 10. 27 (A) (Joseph. Οὐζάλης, Αἴζηλος, Δίζηλος) (Samar. ℨΔℌℳℵ) (*Comp.* Azaer).

Ἀίθ. aliter in Heb.

I Ch. 1. 40 (B) (איה) (Luc. Αια).

Αἰθαλείμ. aliter in Heb.

I Ch. 2. 53 (היתרי) (Luc. Εθρι).

Αἰθάμ, Αἰθάμ. (1) אֵיתָן

I Ch. 2. 6 (B), 8 (B): 6. 44 (29) (B) (*Lucc.* Etan): 15. 17 (S): Ps. 88 (89). 1 (T): Je. 27 (50). 44 (A Q): 29. 20 (49. 19) (B S Q).

[Aq. JE. 50 (27). 44.]
[Al. Ps. 88 (89). 1.]

(2) aliter in Heb.

IV Ki. 19. 13 (A) (חמת) (Luc. Εμαθ): 25. 21 (A) (חמת) (Luc. Εμαθ): Ps. 87 (88). 1 (A) (הימן).

Αἰθαμείν. aliter in Heb.

Jo. 18. 17 (B) (אדמים) (Luc. Εδωμειμ).

Αἰθάν. אֵיתָן

Luc. Αιθαμ.

I Ch. 2. 6 (A), 8 (A): 6. 42 (27) (B) (Luc. Ηθαμ), 44 (29) (A): 15. 17 (A B), 19 (*Lucc.* Etan): Ps. 88 (89). 1 (A B S).

[Al. Ps. 88 (89). 1.]

Αἰθεί. אִיתַי

I Ch. 11. 31 (S) (Luc. Ιθι).

Αἰθειραῖος (Ἐθ.). יִתְרִי

II Ki. 23. 38 (B) (Luc. Ιεθερει).

Αἰθή. aliter in Heb.

III Ki. 1. 9 (B) (אבן) (Luc. λίθος).

Αἰθιήλ. אִיתִיאֵל

II Es. 21 (Ne. 11). 7 (A B) (Luc. Εθιηλ).

Αἰθιοπία (Ἐθ.). (1) כּוּשׁ

Ge. 2. 13: Ps. 67 (68). 32: Jb. 28. 19: Es. 1. 1 (S[c.amg]): 8. 9: Na. 3. 9: Ze. 3. 10: Is. 11. 11: 18. 1: 20. 4 (Γ): 43. 3: Ez. 29. 10 (A): 30. 4, 9.

[Aq. Ps. 86 (87). 4: Ez. 30. 5.]
[Sm. Ps. 67 (68). 32: 86 (87). 4: Is. 18. 1: Ez. 30. 5, 9: ZE. 3. 10.]
[Th. Is. 20. 5: Ez. 30. 5.]

(2) abest in Heb.

Es. 3. 12: Da. LXX. 3. 1.

(3) in libr. apocr.

I Es. 3. 2: Es. B (13). 1: E (16). 1: Ju. 1. 10 (9[b]).

Αἰθιόπισσα (Ἐθ.). כֻּשִׁית

Nu. 12. 1 *bis*.

Αἰθίοψ (Ἐθ.) (Ἐθει.) (-πα, -παν, -παις [= -πες]

Ze. 2. 12). (1) כּוּשׁ

IV Ki. 19. 9: Ps. 86 (87). 4: Is. 20. 3, 4 (A B S Q), 5: 37. 9 (A[1] B S O Q): 45. 14: Je. 26 (46). 9: Ez. 29. 10 (B Q): 38. 5.

[Aq. Ps. 67 (68). 32: Je. 13. 23.]

(2) כּוּשִׁי

II Ch. 12. 3 (Luc. Χουσιειμ): 14. 9 (8), 12 (11) (in Αι ras aliq B?), 12 (11), 13 (12): 16. 8: 21. 16: Ze. 2. 12: Je. 13. 23: 45 (38). 7: 46 (39). 16: Da. LXX., TH. 11. 43.

[Aq., Sm. JE. 38 (45). 10.]
[Th. JE. 38 (45). 10, 12.]

(3) כּוּשָׁן

Hb. 3. 7.

[Al. HB. 3. 7.]

(4) כֻּשִׁי

Am. 9. 7.

(5) aliter in Heb.

Ps. 71 (72). 9 (ציים): 73 (74). 14 (ציים).

(6) abest in Heb.

Ez. 38. 5 (adnot Q[mg inf]): Da. LXX. 7. 8 (adnot 87[mg]).

Αἰκαρέν. aliter in Heb.

Jo. 18. 24 (A) (?).

Αἰλάδ. עֵילָם

Ge. 10. 22 (E) (Luc. Αιλαμ).

Αἰλάθ. (1) אֵילוֹת

Joseph. Ἴλανις, Αἴλαναι.

III Ki. 9. 26: IV Ki. 16. 6 (B): II Ch. 26. 2.

(2) אֵילַת

IV Ki. 16. 6 (B) *bis* (Joseph. Ἠλαθούς).

(3) aliter in Heb.

I Ch. 1. 39 (B) (אחות לוטן) (Luc. ἀδελφὴ Λωταν).

Αἰλάμ, Αἰλάμ (Ἐλάμ), *cf.* Ἐλάμ, Ἐλάμ.

(1) אוּלָם

I Ch. 8. 39 (B) (Luc. Ουλαμ).

(2) אַיָּלוֹן

I Ch. 8. 13 (B) (Luc. Αλων).

(3) הוֹהָם

Jo. 10. 3.

(4) הֹרָם

Jo. 10. 33 (Syr. ܐܘܠܡ).

(5) חֵילָם

II Ki. 10. 16 (Luc. Χαλααμα).

[Th. II KI. 10. 16.]

(6) חֵלָאם (יהיר א״)

II Ki. 10. 17 (Luc. Χαλααμα) (*Vind.* Chalama).

(7) עֶגְלוֹן

Jo. 12. 12 (B) (Luc. Εγλων).

(8) עוֹלָם*

Je. 25. 16 (49. 36).

(9) עֵילָם

Joseph. Ἔλυμος, Ἔλαμος.

Ge. 10. 22 (A): 14. 1 (A E), 9: I Ch. 1. 17: 8. 24 (B) (Luc. Ηλαμ): II Es. 2. 7 (A): 17 (Ne. 7). 12: 22 (Ne. 12). 42 (S[c.amg]): Je. 25. 14 (49. 34), 15 (49. 35), 16 (49. 36), 16 (49. 36) (ק״), 18 (49. 38), 19 (49. 39): 32. 11 (25. 25) (A[a] B S[c.a (?)] Q[mg]): Ez. 32. 24: Da. TH. 8. 2.

[Sm. Is. 21. 2.]
[Th. DA. 8. 2.]

(10) aliter in Heb.

IV Ki. 16. 6 (A) (אילת) (Luc. Αιλαθ), 6 (A) (אילות), 6 (A) (אילת): II Ch. 8. 17 (אילות): Ez. 48. 1 (B) (עינן) (Luc. Αυναν): Da. LXX. 8. 2 (*cod.* 87) (אולי).

(11) abest in Heb.

Je. 26. 1 (49. 34).

Αἰλαμείτης (Ἐλ.) (-μίτ.). (1) עֵילָם

Is. 11. 11: 21. 2: 22. 6.

(2) aliter in Heb.

Je. 36 (29). 24 (נחלמי), 31 (נחלמי).

Αἰλείμ (Ἐλ.) (-λίμ). (1) אוּלָם

I Ch. 8. 40 (B) (Luc. Ουλαμ).

(2) אֵילוֹן

Jd. 12. 12 (A).

(3) אֵילִם

Joseph. Ἦλις.

Ex. 15. 27: 16. 1 *bis*: Nu. 33. 9 *bis*, 10.

(4) אָלוּשׁ

Samar. ℳℌℨΔℵ: Luc. Αιλους.

Nu. 33. 13 (B), 14 (B).

(5) אֵלִים

Is. 15. 8.

Αἰλούς. אָלוּשׁ

Nu. 33. 13 (A F), 14 (A F).

Αἰλυμαῖοι.

Ez. 38. 5 (adnot Q[mg inf]).

Αἰλώ. אַיָּלוֹן

II Ch. 28. 18 (B) (Luc. Αιλων).

Αἰλώμ, *cf.* Ἐλώμ. (1) אֵילֹן, אֵילוֹן

Joseph. Ἠλών: *Lugd.* Elon.

Ge. 26. 34 (A E): Jd. 12. 11 (B) (*Lucc.* Elom), 12 (B).

(2) אַיָּלוֹן

Jd. 12. 12 (B) (Luc. Αιλιμ).

(3) aliter in Heb.

Jo. 21. 14 (B) (יתר) (Luc. Ιεθερ): IV Ki. 14. 22 (B) (אילת) (Luc. Αιλαθ): Je. 42 (35). 4 (S*) (שלם).

Αἰλών (Ἐλ.). (1) אֵילוֹן

Ge. 36. 2 (E) (Luc. Αιλωμ): Jo. 19. 43 (Luc. Ιαλων): Jd. 12. 11 (A) (Luc. Αιλωμ), 12 (A).

(2) אַיָּלוֹן

Jo. 10. 12 (Luc. Αιλωμ): 21. 24 (B): II Ch. 28. 18 (A).

[Aq., Sm., Th., Heb. JD. 1. 35.]

(3) אֵילַת

De. 2. 8 (Samar. ℵℳℌℨΔℵ).

(4) abest in Heb.

Jo. 15. 44 (B) (Luc. *om.*).

Αἰμαάθ. חֲמָת

Je. 52. 27 (A).

Αἱμάθ (Ἐμ.). (1) חֲמָת

Nu. 13. 22 (21) (A F [E . αθ]) : 34. 8 : Jo. 13. 5 : Jd. 3. 3 (B) (Luc. -ημαθ) : III Ki. 8. 65 (A) (Luc. Ημαθ) : IV Ki. 14. 25, 28 (A) : 17. 24, 30 : 18. 34 : 23. 33 (A) : 25. 21 (B) : I Ch. 2. 55 (A) : II Ch. 7. 8 : 8. 3 (A [θ']) : Am. 6. 2 (A B), (*Weingart.* Samarhabam [accus.] pro Ἐμὰθ Ῥαββά), 14 : Za. 9. 2 (B S*, c.c (?)) : Is. 36. 19 (B S^d.a O) : 37. 13 (B O^vid [. . . μαθ] Q^mg) : Je. 52. 27 (B) : Ez. 47. 16 (Q^mg), 17 (A) : 48. 1 (Q).

[Aq., Sm. Jd. 3. 3.]
[Th. Je. 39 (46). 5 : Ez. 47. 17.]

(2) abest in Heb.

II Ch. 36. 2 c (A).

Αἱμαθά. aliter in Heb.

I Ch. 25. 27 (B) (אליתה) (Luc. Ηλιθα).

Αἱμάμ. אֲחִימָן

I Ch. 9. 17 (B) (Luc. Αιμαν).

Αἱμάν, Αἱμάν. (1) אֲחִימָן

I Ch. 9. 17 (A).

(2) הוֹמָם

I Ch. 1. 39 (Luc. Ημαν).

(3) הֵימָם

Ge. 36. 22 (*Wirc.* Enam).

(4) הֵימָן

I Ch. 2. 6 (A) : 6. 33 (18) : 15. 17 (*Lucc.* Eman), 19 : 16. 41 : 25. 1 (*Lucc.* Eman), 4 (A), 4, 5 *bis*, 6 (A) : II Ch. 5. 12 : 29. 14 : 35. 15 : Ps. 87 (88). 1 (B S R T).

(5) עֵינָן

Nu. 2. 29 (A) (Luc. Αιναν).

(6) aliter in Heb.

II Ch. 31. 14 (B) (ימנה) (Luc. Ιεμνα) : Ps. 88 (89). 1 (R) (איתן).

Αἱμανεί. הֵימָן

Luc. Αιμαν.

I Ch. 25. 4 (B), 6 (B).

Αἱμάρ. aliter in Heb.

Is. 36. 19 (A Γ) (חמות) : 37. 13 (Q^a) (חמות).

Αἱμαρέκ. aliter in Heb.

Jo. 19. 21 (B) (עין חדה) (Luc. Αναδδα).

Αἱμουάν. הֵימָן

I Ch. 2. 6 (B) (Luc. Αιμαν).

Ἄιν, Ἀίν. (1) עַיִן

Joseph. Ἰώανος.

III Ki. 15. 20 (B) : IV Ki. 15. 29 (B).

(2) עַיִן

Jo. 19. 7 (A) : 21. 16 (A) (Luc. Νασιν) : II Es. 12 (Ne. 2). 14 (A) (Luc. πηγή).

[Th. III Ki. 1. 9.]

(3) abest in Heb. (lit. alphab.).

Ps. 118 (119). 121 (R) : La. 1. 16 : 2. 16, 17 (Q^mg) : 3. 45, 49 (Q^mg), 50 (Q^mg), 51 (Q^mg) : 4. 16 (A B).

Αἰνά, Αἰνά. (1) הֵנַע

IV Ki. 19. 13 (A) (Luc. Αιναγ).

(2) עַיִן

II Es. 12 (Ne. 2). 14 (B S) (Luc. πηγή).

(3) aliter in Heb.

II Es. 20. 26 (Ne. 10. 27) (S) (חנן) (Luc. Ηιναν) : Ez. 47. 17 (Q [in fin lin]).

Αἰναγαδείμ. aliter in Heb

Ez. 47. 10 (Q) (עין עגלים) (Luc. Ηγγαδι).

Αἰναδάβ. אֲחִינָדָב

III Ki. 4. 14 (A) (Luc. Αχιναδαβ).

Αἰνάκ, *vid.* Ἐνάκ.

Αἰνακείμ. aliter in Heb.

III Ki. 15. 22 (B) (אין נקי) (Luc. Ενακειμ).

Αἰνάμ. עֵינָן

Ez. 48. 1 (Q) (Luc. Αυναν).

Αἰνάν, Αἰνάν. (1) חָנָן

II Es. 20. 26 (Ne. 10. 27) (A B) (Luc. Εναν).

(2) עֵינוֹן

Ez. 47. 17 (A B).

(3) עֵינַיִם

Ge. 38. 14 (*Lugd.* Asnan), 21 (*Lugd.* Adina).

(4) עֵינָן

Nu. 1. 15 (*Lugd.* Senan) : 2. 29 (B F) (*Lugd.* Enan) : 7. 78, 83 : 10. 27 (*Lugd.* Ena) : Ez. 48. 1 (A) (Luc. Αυναν).

(5) עֲנָה

[Th. Ge. 36. 24.]

(6) aliter in Heb.

III Ki. 4. 27 (5. 11) (B) (הימן) (Joseph. Αἱμανός) (Luc. Αιμαν).

Αἰνᾶς. עֲנָה

[Aq. Ge. 36. 24.]

Αἰνεμετιείμ. עֲנָמִים

Ge. 10. 13 (A) (Samar. ℥ⲡⲧⲅⲏ...) (Luc. Αινειαμιειμ) (Joseph. Ἀναμίας, Ἐναμίας) (*Comp.* Emimegim).

Αἰνών. aliter in Heb.

Jo. 15. 61 (B) (מדין) (Luc. Μαδδειν).

Αἰξήν. aliter in Heb.

I Ch. 1. 21 (A) (אוזל) (Luc. Ουζαλ).

Αἰράθ. עֲרָד

Jo. 12. 14 (B) (Luc. Αδερ).

Αἰρεί. aliter in Heb.

I Ch. 11. 31 (B) (איתי) (Luc. Ιθι).

Αἰρέμ. אֲרָב

Jo. 15. 52 (B) (Luc. Ερεβ).

Αἰσάμ. aliter in Heb.

Jo. 15. 50 (B) (ענים) (Luc. Ανειβ).

Αἰσάν (A), **Αἰσάρ** (B). עָשָׁן

I Ch. 4. 32 (Luc. Ασαμ).

Αἰσανά. יְשָׁנָה

II Es. 13 (Ne. 3). 6 (A S) (ה praec.) (Luc. Ισανα).

Αἰσθήρ, *vid.* Ἐσθήρ.

Αἰσιμώθ. הַיְשִׁמֹת

Nu. 33. 49 (B F) (*Lugd.* Etimot) : Jo. 12. 3 (F^vid [καταλισ.]) (Luc. Βηθασιμωθ).

Αἰσχιοζά. aliter in Heb.

Jo. 15. 62 (61) (B^a) (סככה) (Luc. Σχαχα).

Αἰσωρά (A B S^c.a [?]), **Αἰσωραά** (S^c.a [?]). in libr. apocr.

Ju. 4. 4 (3).

Αἰτάθ. aliter in Heb.

Je. 31 (48). 34 (Q) (אלעלה).

Αἰτάμ. (1) עֵיטָם

I Ch. 4. 3 (A) (Luc. Ηταμ).

(2) aliter in Heb.

Je. 31 (48). 34 (B) (אלעלה).

(3) abest in Heb.

Jo. 15. 59 a (A).

Αἰτάν.

Joseph. Ἡταμέ.

(1) עֵיטָם

I Ch. 4. 3 (B), 32 (A^a? B) : II Ch. 11. 6 (B^a b).

(2) abest in Heb.

Jo. 15. 59 a (B) (Luc. Αιταμ).

Αἰτανί. עֵיטָם

II Ch. 11. 6 (A) (Luc. Αιταμ).

Αἰτουέ. aliter in Heb.

II Ki. 23. 34 (A) (אחסבי) (Luc. Ασσαια).

Αἰτώβ. אֲחִיטוּב

II Es. 21 (Ne. 11). 11 (A) (Luc. Αχιτωβ).

Αἰφράιμ, *vid.* Ἐφράιμ.

Αἰχιοζά. aliter in Heb.

Jo. 15. 62 (61) (B*) (סככה) (Luc. Σχαχα).

Αἰώ, Αἰώ. (1) עַיָּא

II Es. 21 (Ne. 11). 31 (S^c.a mg inf) (Luc. Γαι).

(2) aliter in Heb.

I Ch. 2. 52 (B) (הראה) (Luc. *om.*).

Αἰών. עִיּוֹן

II Ch. 16. 4 (A).

Ἀκαβώθ. aliter in Heb.

II Es. 2. 45 (B) (עקוב) (Luc. Ακκουβ).

Ἀκαράν. aliter in Heb.

I Ch. 7. 34 (B) (ארם) (Luc. Αραμ).

Ἀκατάν. (1) הַקָּטָן

II Es. 8. 12 (B) (Luc. Ακκαταν).

(2) in libr. apocr.

I Es. 8. 38 (41) (= הקטן Ezr. 8. 12) (Luc. Ακκαταν).

Ἀκβώς. in libr. apocr.

I Es. 5. 38 (B) (= הקוץ Ezr. 2. 61 : Ne. 7. 63) (Luc. Ακκους).

Ἀκείν, Ἀκείμ. (1) הַקַּיִן

Jo. 15. 57 (A) (Luc. Ακειν).

(2) aliter in Heb.

Mi. 1. 10 (A B) (בכו) (Luc. Ενακειμ) : Je. 30 (49). 4 (B^b) (עמקים) (Luc. Αχειμ).

Ἀκειφά. חֲקוּפָא

II Es. 17 (Ne. 7). 53 (S) (Luc. *om.*).

Ἀκιεζεί. aliter in Heb.

Jo. 15. 44 (B) (אכזיב?) (Luc. Αχζειβ).

Ἀκιθών. in libr. apocr.

Ju. 8. 1 (A).

Ἀκιχάμ. אֲחִיקָם

IV Ki. 22. 14 (A) (Luc. Αχεικαμ).

Ἀκκαβά. in libr. apocr.

I Es. 5. 30 (B) (= חגב Ezr. 2. 46 : ? = חגבא Ne. 7. 48) (Luc. Αγαβ).

Ἀκκαρείμ. aliter in Heb.

Am. 1. 1 (נקדים) (Luc. Καριαθιαρειμ).

Ἀκκαριώθ. הַקְּרִיּוֹת

Je. 31 (48). 41 (A).

Ἀκκαρώ. (1) עֶקְרוֹן

Je. 32. 6 (25. 20) (S*).

(2) in libr. apocr.

I Ma. 10. 89 (S*).

Ἀκκαρών.

Joseph. Ἀκαρών, Ἀκκαρών.

(1) עֶקְרוֹן

Jo. 13. 3 : 15. 11, 45, 46 : 19. 43 : Jd. 1. 18 : I Ki. 6. 16 (A) (Luc. Ασκαλων), 17 : 7. 14 (A) : 17. 52 : IV Ki. 1. 2, 3, 6, 16 : Am. 1. 8 : Ze. 2. 4 : Za. 9. 5, 7 (incep Αρ S* [ρ improb S¹ postea ras]) : Je. 32. 6 (25. 20) (A B S¹ Q).

[Aq. IV Ki. 1. 2.]

(2) aliter in Heb.

Je. 31 (48). 41 (B S) (הקריות).

(3) in libr. apocr.

I Ma. 10. 89 (A S^c.b V).

Ἀκκαρωνά. שִׁכְּרוֹנָה

Jo. 15. 11 (A) (ς praec.) (Luc. Σαχαρωνα).

Ἀκκαρωνείτης (-νίτ.). עֶקְרוֹנִי

Jo. 13. 3.

Ἀκκατάν. הַקָּטָן

II Es. 8. 12 (A).

Ἀκκούβ. עַקּוּב

I Ch. 3. 24 (A) (Luc. Ακουν).

Ἀκκούς. הַקּוֹץ

II Es. 2. 61 (A).

Ἀκκώς. (1) הַקּוֹץ

I Ch. 24. 10 (A): II Es. 13 (Ne. 3). 4 (A), 21 (A S): 17 (Ne. 7). 63 (A) (Luc. Ακκους).

(2) in libr. apocr.

I Es. 5. 38 (A) (= הקוץ Ezr. 3. 61: Ne. 7. 63) (Luc. Ακκους): I Ma. 8. 17 (S).

Ἀκοβώρ. עַכְבּוֹר

Je. 43 (36). 12 (Q) (Luc. Αχ.).

Ἄκορ. עָכֹר

I Ch. 2. 27 (Luc. Ικαρ).

Ἀκού. aliter in Heb.

II Es. 17 (Ne. 7). 45 (B) (עקוב) (Luc. Ακουβ).

Ἀκουά. abest in Heb.

II Es. 17 (Ne. 7). 48 (S) (Luc. Ακκουβ).

Ἀκούβ. עַקּוּב

I Ch. 9. 17 (A) (Luc. Ακκουβ): II Es. 2. 45 (A) (Luc. Ακκουβ): 21 (Ne. 11). 19: 22 (Ne. 12). 25 (S$^{c.a\ mg\ sup}$) (Luc. Ακκουβ).

Ἀκούδ. (1) abest in Heb.

II Es. 17 (Ne. 7). 48 (A) (Luc. Ακκουβ).

(2) in libr. apocr.

I Es. 5. 30 (= עקוב Ezr. 2. 45: Ne. 7. 45) (Luc. Ακκουβ).

Ἀκούμ, Ἀκούμ. (1) עַקּוּב

I Ch. 9. 17 (B) (Luc. Ακκουβ): II Es. 2. 42 (Luc. Ακκουμ): 17 (Ne. 7). 45 (A S) (Luc. Ακουβ).

(2) in libr. apocr.

I Es. 5. 31 (A) (= בקבוק Ezr. 2. 51: Ne. 7. 53) (Luc. Βακβουκ).

Ἀκούς. הַקּוֹץ

II Es. 2. 61 (B) (Luc. Ακκους).

Ἀκούφ. in libr. apocr.

I Es. 5. 31 (B) (= בקבוק Ezr. 2. 51: Ne. 7. 53) (Luc. Βακβουκ).

Ἀκουφά. חֲקוּפָא

II Es. 2. 51 (A).

Ἀκραβαττάνη (S$^{c.a}$ V), **Ἀκραβαττήνη** (A S*). in libr. apocr.

I Ma. 5. 3 (Joseph. Ἀκραβατηνή, Ἀκραβατίνη, Ἀκραβαττήνη, Κραβεττινή).

Ἀκραββείμ. עַקְרַבִּים

Jo 15. 3 (A$^{?\ vid}$ sup ras) (Luc. Εκραβειν).

Ἀκραβείν. עַקְרַבִּים

Nu. 34. 4: Jo. 15. 3 (B) (Luc. Εκραβειν): Jd. 1. 36.

Ἀκύλας.

Ez. 40. 16 (adnot Q^{mg} sub Ωμ.).

Ἀκχοβή. aliter in Heb.

Je. 43 (36). 12 (incep S*) (עכבור).

Ἀκχοβώρ. עַכְבּוֹר

Je. 43 (36). 12 (B S ?) (Luc. Αχ.).

Ἀκχώ. עַכּוֹ

Jd. 1. 31.

Ἀκχώς. in libr. apocr.

I Ma. 8. 17 (A).

Ἀκώβ. aliter in Heb.

II Es. 13 (Ne. 3). 21 (B) (הקוץ) (Luc. Ακκως).

Ἀκώς. הַקּוֹץ

II Es. 13 (Ne. 3). 4 (B S) (Luc. Ακκως): 17 (Ne. 7). 63 (B S) (Luc. Ακκους).

Ἀλά. (1) אֵלָה

I Ch. 4. 15 (A) (Luc. Ηλα) *bis*.

(2) aliter in Heb.

I Ch. 3. 3 (B) (עגלה) (Luc. Εγλα) (Joseph. Γαλαάδ, Γάλα, Αἰγλά).

Ἀλαά. חֶלְאָה

I Ch. 4. 5 (A) (Luc. Ελαα), 7 (A) (Luc. Ελεα).

Ἀλάε. חֲלַח

Luc. Ελλαε: *Qued.* Hauila.
IV Ki. 17. 6 (B): 18. 11.

Ἀλαθανιά. aliter in Heb.

II Es. 10. 27 (B) (מתניה) (Luc. Μαθθαναι).

Ἀλαιά. aliter in Heb.

I Ch. 8. 21 (A) (עדיה) (Luc. Αδαια).

Ἀλάκ. חָלָק

Jo. 11. 17 (A) (Luc. Ααλακ): 12. 7 (F) (Luc. Αλοκ).

Ἀλαμαίς. עֵילָם

Da. LXX. 8. 2 (87$^{a\ vid}$).

Ἄλαμοι. in libr. apocr.

I Ma. 5. 26 (A).

Ἀλάρ. in libr. apocr.

I Es. 6. 36 (A) (= אמר Ezr. 2. 59: Ne. 7. 61) (Luc. Εμμηρ).

Ἀλασά. in libr. apocr.

I Ma. 9. 5 (A) (Luc. Ελασα).

Ἄλαφ. חֵלֶב

II Ki. 23. 29 (A) (Luc. Εθθι).

Ἀλαώθ. (ק״) הַלֻּחִית *, הַלֻּחוֹת

Je. 31 (48). 5 (A Q).

Ἀλγαθφελλασάρ. aliter in Heb.

IV Ki. 15. 29 (B) (תגלת פלאסר) (Luc. Θεγλαφαλασαρ) (Joseph. Θαγλαθφαλλάσαρ).

Ἀλδών. aliter in Heb.

II Ch. 11. 10 (B) (אילון) (Luc. Αιαλων) (Joseph. Ἡλώμ).

Ἀλέθ. (ק״) הַלֻּחִית *, הַלֻּחוֹת

Je. 31 (48). 5 (S*).

Ἀλεί. aliter in Heb.

I Ch. 8. 3 (B) (אדר) (Luc. Αδαρ).

Ἀλειά. aliter in Heb.

II Es. 17 (Ne. 7). 32 (B S) (עי) (Luc. Γαι).

Ἀλειμαζονεῖς (-λιμ.). aliter in Heb.

II Ch. 22. 1 (למחנה) (Luc. Αμαζονειμ).

Ἄλειμοι (-λιμ.). in libr. apocr.

I Ma. 5. 26 (S$^{c.a,\ c.b\ (vid)}$ V).

Ἀλειμώθ. aliter in Heb.

I Ch. 6. 25 (10) (B) (אחימות) (Luc. Αμιωθ).

Ἀλείς. לַיִשׁ

Jd. 18. 29 (A) (Luc. Λαισα).

Ἀλειφάλεθ. אֱלִיפֶלֶט

II Ki. 23. 34 (B) (Luc. Φελλι).

Ἀλειφάτ. aliter in Heb.

II Es. 8. 13 (B) (אליפלט) (Luc. Ελιφαλατ).

Ἄλεμοι. in libr. apocr.

I Ma. 5. 26 (S*).

Ἀλέξανδος. in libr. apocr.

I Ma. 10. 58 (A).

Ἀλεξάνδρεια (-ρία). in libr. apocr.

III Ma. 3. 1.

Ἀλεξάνδρειος. in libr. apocr.

III Ma. 3. 21 (V* vid).

Ἀλεξανδρεύς (-ευσην pro -εῦσιν III Ma. 2. 30 [V*]). in libr. apocr.

III Ma. 2. 30: 3. 21 (A V^{a}).

Ἀλεξανδρία, *vid.* **Ἀλεξάνδρεια.**

Ἀλέξανδρος. (1) abest in Heb.

Da. LXX. 7. 6 (adnot 87^{mg}): 8. 9 (adnot 87$^{mg\ sup}$).

(2) in libr. apocr.

I Ma. 1. 1, 7: 6. 2: 10. 1, 4, 15, 18, 23 (A S), 47, 48, 49 (A S*), 49 (S$^{c.a}$ V), 51, 58 (S V), 59, 68, 88 (A S): 11. 1, 2, 8, 9, 12, 14, 15, 16, 17, 39 *bis*.

Ἀλέφ, Ἀλέφ. (1) חֲלִי

Jo. 19. 25 (B) (Luc. Αχει).

(2) abest in Heb. (lit. alphab.).

Ps. 118 (119). 1 (R): La. 1. 1 (B Γ): 2. 1 (B S*): 3. 1 (B): 4. 1 (B).

Ἀλιαλείμ. aliter in Heb.

I Ch. 7. 19 (B) (אניעם) (Luc. Ενιαμ).

Ἀλιαρειά. aliter in Heb.

I Ch. 6. 52 (37) (B) (אמריה) (Luc. Αμαρια).

Ἀλιήλ. אֱלִיאֵל

I Ch. 11. 47 (A) (Luc. Ελιηλ).

Ἀλικαρνασσός. in libr. apocr.

I Ma. 15. 23.

Ἀλιμαζονεῖς, *vid.* **Ἀλειμαζονεῖς.**

Ἀλιμέλεκ. אֱלִימֶלֶךְ

Luc. Ελιμελεχ.
Ru. 1. 2 (A), 3 (A).

Ἀλιμέλεχ. אֱלִימֶלֶךְ

Ru. 2. 3 (A) (Luc. Ελιμελεχ).

Ἄλιμοι, *vid.* **Ἄλειμοι.**

Ἀλκαθά. אֶלְתְּקֵה

Jo. 19. 44 (B) (Luc. Ελθεκειν).

Ἄλκιμος (-κειμ.). in libr. apocr.

I Ma. 7. 5 (A V), 9, 12 (S V), 20, 21, 23 (S V), 25: 9. 1, 54 (S V), 55, 56, 57: II Ma. 14. 3, 13, 26.

Ἄλκινος. in libr. apocr.

I Ma. 7. 12 (A), 23 (A).

Ἄλκισμος. in libr. apocr.

I Ma. 7. 5 (S).

Ἀλλάε. חֲלַח

IV Ki. 17. 6 (A) (Luc. Ελλαε).

Ἀλλάρ. in libr. apocr.

I Es. 5. 36 (B) (= אמר Ezr. 2. 59: Ne. 7. 61) (Luc. Εμμηρ).

Ἀλλήλ. יַחְלְאֵל

Nu. 26. 22 (26) (in F Α..ηλ).

Ἀλληλεί (-λί). יַחְלְאֵלִי
Nu. 26. 22 (26) (*Lugd.* Allebi).
Ἀλλωής. הַלּוֹחֵשׁ
II Es. 13 (Ne. 3). 12 (A).
Ἀλλών. (1) אֵלוֹן
Joseph. Ἤλων.
Ge. 46. 14 (D^{sil}) (*Lucc.* Alon): Nu. 26. 22 (26) (Luc. Αλων).
(2) אַלּוֹן
I Ch. 4. 37 (A) (Luc. Σηλων).
(3) in libr. apocr.
I Es. 5. 34 (B) (?= אמי Ezr. 2. 57, אמון Ne. 7. 59) (Luc. Αμεει).
Ἀλλωνεί (-νί). אֵלֹנִי
Nu. 26. 22 (26) (Luc. Αλωνι).
Ἀλμών. עַלְמוֹן
Jo. 21. 18 (A) (Luc. Ελμων).
Ἀλμωνί. אַלְמֹנִי
I Ki. 21. 2 (3) (A).
Ἀλοήλ. יַחְלְאֵל
Ge. 46. 14 (A) (Luc. Αιηλ) (Joseph. Ἰάνηλος) (*Lucc.* Sem).
Ἀλόκ. חָלָק
Jo. 12. 7 (A).
Ἀλουά (B), **Ἀλούλ** (A). חַלְחוּל
Jo. 15. 58 (B) (Luc. Αλουε).
Ἀλούμ. aliter in Heb.
II Es. 10. 29 (B) (מלוך) (Luc. Μαλουκ).
Ἀλσάλαδ. סֶלֶד
I Ch. 2. 30 (B) (Luc. Σαλεδ).
Ἀλσωρήχ. [נַ]חַל שׂוֹרֵק
Jd. 16. 4 (B [η sup ras B?]) (Luc. χειμάρρους Σωρηκ).
Ἀλτανναῖος. in libr. apocr.
I Es. 9. 33 (A) (= מתני Ezr. 10. 33) (Luc. Μαθθαναι).
Ἄλφ (lit. alphab.). abest in Heb.
La. 1. 1 (A S): 2. 1 (A $S^{c.a}$ Q): 3. 1 (A Q), 2 (Q^{mg}), 3 (Q^{mg}): 4. 1 (A Q).
Ἄλφα (lit. alphab.). abest in Heb.
La. 1. 1 (Q).
Ἀλφάα. aliter in Heb.
I Ch. 8. 12 (A) (אלפעל) (Luc. Ελειφααλ).
Ἀλφάαδ. aliter in Heb.
Luc. Ελειφααλ.
I Ch. 8. 11 (B) (אלפעל), 12 (B) (אלפעל).
Ἀλφάαλ. אֶלְפַּעַל
I Ch. 8. 11 (A) (Luc. Ελειφααλ).
Ἀλχαβείν. aliter in Heb.
Je. 42 (35). 2 (A) (הרכבים) (Luc. Ρηχαβ).
Ἄλχιμος. in libr. apocr.
I Ma. 9. 54 (A).
Ἀλωής. הַלּוֹחֵשׁ
II Es. 20. 24 (Ne. 10. 25) (B S) (Luc. Αλλωης).
Ἀλώθ. הַלֻּחִית*, הַלּוּחוֹת (ק״)
Je. 31 (48). 5 ($B S^{c.a(?)}$).
Ἀλωθείμ. aliter in Heb.
I Ch. 23. 9 (B) (שלמות*, שלמית [ק״]) (Luc. Σαλωμιθ).
Ἀλών (B^b), **Ἀλωνάμ** (AB*). abest in Heb.
II Es. 8. 16 (אלנתן) (Luc. Ελναθαν).

Ἀμά, Ἀμά. aliter in Heb.
I Ch. 6. 30 (15) ($B^{a\,vid}$ sup ras) (חניה) (Luc. Αναια): 12. 3 (B S) (שמעה) (ς praec.) (Luc. Ασμα).
Ἀμαά. aliter in Heb.
I Ch. 7. 35 (עמל) (Luc. Αλαμ).
Ἀμαγάθουν. aliter in Heb.
Es. 9. 24 (S*) (המדתא).
Ἀμάδ. עַמְעָד
Jo. 19. 26 (A) (Luc. Αλφααδ).
Ἀμαδά. (1) חֶמְדָּן
Ge. 36. 26 (A D) (*Lucc.* Emadan).
(2) aliter in Heb.
I Ch. 1. 41 (A) (חמרן) (Luc. Αμαδαμ).
Ἀμάδαθος. (1) הַמְּדָתָא
Es. 3. 1 (B S): 8. 5 ($S^{c.a\,mg}$): 9. 10 (B S?), 24 ($B S^{c.a}$).
(2) in libr. apocr.
Es. A 17 (12. 6) ($B^{a?c}$ S): E (16). 10 (B S), 17 (B S).
Ἀμαδιά. aliter in Heb.
Luc. Αμαρια.
I Ch. 23. 19 (B) (אמריה): 24. 23 (B) (אמריהו) (*Lucc.* Amania).
Ἀμαζονεῖς. abest in Heb.
II Ch. 14. 15 (14) (Luc. Αμαζονιεις).
Ἀμαήρ. aliter in Heb.
II Ki. 9. 4 (B) (עמיאל) (Luc. Αμμιηλ).
Ἀμάθ. (1) חַמַּת
Jo. 19. 35 (A) (Luc. Αμμαθ).
(2) aliter in Heb.
Je. 31 (48). 1 (B S Q) (המשגב) (Luc. τὸ ὀχύρωμα).
Ἀμαθά. אַחְמְתָא
II Es. 6. 2 (A) (Luc. Εκβατανα).
Ἀμάθαδος. (1) הַמְּדָתָא
Es. 9. 10 (A), 24 (A).
(2) in libr. apocr.
Es. A 17 (12. 6) (A): E (16). 17 (A).
Ἀμαθαί. אֲמִתַּי
[Aq., Sm. Jn. 1. 1.]
Ἀμαθανειά. מַתַּנְיָה
II Es. 10. 30 (S [μ improb $S^{?\,vid}$]) (Luc. Μαθθανια).
Ἀμαθάρ. הַמְּתֹאָר
Jo. 19. 13 (B) (Luc. Αμαθαρι).
Ἀμαθεί, *vid.* **Ἀμαθί.**
Ἀμαθειού. aliter in Heb.
I Ch. 6. 35 (20) (B) (עמשי) (Luc. Αμασαι).
Ἀμαθεῖτις. in libr. apocr.
I Ma. 12. 25 (A S).
Ἀμαθί, Ἀμαθί (-θεί). (1) אֲמִתַּי
IV Ki. 14. 25: Jn. 1. 1.
(2) חֲמָתִי
Joseph. Ἀμάθη, Ἀμαθά, Ἄμαθος. *Comp.* Amattheus.
Ge. 10. 18: I Ch. 1. 16 (A).
(3) in libr. apocr.
I Ma. 12. 25 (V^a).
Ἀμαθία. abest in Heb.
Jb. 42. 14 (S* [adnot]).
Ἀμαθίτη. in libr. apocr.
I Ma. 12. 25 (V*).

Ἄμαθος. in libr. apocr.
Es. E (16). 10 (A).
Ἀμαλακίτης. עֲמָלֵקִי
I Ki. 27. 8 (A) (Luc. Αμαληκ).
Ἀμαλήκ.
Joseph. Ἀμάληκος.
(1) יַמְלֵךְ
I Ch. 4. 34 (A) (Luc. ἐβασίλευσεν).
(2) עֲמָלֵק
Ge. 36. 12, 16 (*Wirc.* Amalech): Ex. 17. 8, 9, 10, 11, 13, 14, 16: Nu. 13. 30 (29): 24. 20 *bis*: De. 25. 17, 19: Jd. 3. 13: 5. 14 (B) (Luc. κοιλάδι): 6. 3, 33: 7. 12: 10. 12: I Ki. 14. 48: 15. 2 (B), 3, 5 (B), 6, 7, 8, 18, 20 *bis*, 32: 28. 18: II Ki. 1. 1: 8. 12: I Ch. 1. 36: 4. 43: 18. 11: Ps. 82 (83). 8.
[Al. I Ki. 28. 18.]
(3) עֲמָלֵקִי
Ge. 14. 7: Nu. 14. 25, 43, 45; Jd. 12. 15 (B) (Luc. Λανακ) (*Lucc.* Elieth): I Ki. 15. 15: 30. 1.
(4) aliter in Heb.
Luc. Μααχα.
II Ki. 10. 6 (B) (מעכה), 8 (B [α 2° sup ras B?]) (מעכה).
(5) abest in Heb.
Jd. 7. 1 (A): I Ki. 15. 13 (*Quedl.* Amalech): 31. 13 (II Ki. 1. 1) (B [bis scr]).
(6) in libr. apocr.
I Ma. 5. 3 (S* [uncis incl S^1 improb $S^{c.a\ c.b}$]).
Ἀμαληκείτης (-κίτ.). (1) עֲמָלֵק
I Ki. 30. 18 (Luc. Αμαληκ).
(2) עֲמָלֵקִי
I Ki. 15. 6 (Luc. Αμαληκ): 27. 8 (B): 30. 13: II Ki. 1. 8, 13.
Ἀμαλήχ. עֲמָלֵק
Luc. Αμαληκ.
I Ki. 15. 2 (A), 5 (A).
[Sm. Jd. 10. 12.]
Ἀμάλθεια (-θία). (1) פּוּךְ
Jb. 42. 14 (B S C).
(2) abest in Heb.
Jb. 42. 14 ($S^{1\,(vid)}$ [adnot]).
Ἀμάμ. אֲמָם
Jo. 15. 26 (A).
Ἀμαμείν. aliter in Heb.
II Es. 10. 25 (B S) (מימן) (Luc. Μιαμειδεας).
Ἀμάν, Ἀμάν.
Joseph. Ἀμάνης.
(1) הָמָן
Es. 3. 1 (B S), 4, 5, 5 (A), 6 ($S^{c.a}$), 10, 11, 12, 15: 4. 7: 5. 4, 5, 8, 9, 9 (B S), 9 ($A S^{c.a\,mg}$), 9 (10) ($S^{c.a\,mg}$), 11 ($S^{c.a}$), 12 (B S), 14: 6. 4 (A B S*), 5, 5 (6) ($S^{c.a\,(mg)}$), 6, 7 ($S^{c.a}$), 10, 11, 12, 13, 14: 7. 1, 6 *bis*, 7, 8 *bis*, 9 *bis*, 10: 8. 1, 2 *bis*, 3, 5, 7: 9. 10, 12 ($S^{c.a\,mg}$), 13, 14, 24.
(2) aliter in Heb.
Es. 1. 10 (מהומן): 6. 6 (pron. suff.).
(3) abest in Heb.
Es. 3. 1 (A): 4. 8: 6. 4.
(4) in libr. apocr.
Es. A 17 (12. 6): B (13). 3, 6: C 5 (13. 12), 28 (14. 17): E (16). 10, 17 (B S): F 4 (10. 7): To. 14. 10 (A) *bis*.
Ἀμανά. אֲמָנָה
[Aq., Sm. Ca. 4. 8.]
Ἀμανάδαθος. (1) aliter in Heb.
Es. 9. 10 (S*) (המדתא) (Αμαν praec.).

(2) in libr. apocr.
Es. A 17 (12. 6) (B*vid) (Αμαν praec.).

Ἀμανίτης.
Luc. Ἀμμανίτης.
(1) עַמּוֹנִי
I Ki. 11. 1 (A), 2 (A) : II Ki. 23. 37 (A) (Luc. Αναμι).
(2) abest in Heb.
I Ki. 11. 1 (A), 10 (A).

Ἀμανῖτις. עַמֹּנִית
III Ki. 14. 21 (A) (Luc. Ἀμμανῖτις), 31 (A) (Luc. *om.*).

Ἀμάνιτος. in libr. apocr.
II Ma. 5. 7 (V*).

Ἀμάρ, Ἀμάρ. aliter in Heb.
I Ch. 6. 70 (55) (B) (ענר) (Luc. Ανηρ) : Is. 36. 19 (S*) (חמת) : 37. 13 (A S Q*) (חמת).

Ἀμαρεί. אִמְּרִי
II Es. 13 (Ne. 3). 2 (B S).

Ἀμαρειά (-ριά). (1) אֲמַרְיָה
Joseph. Ἀροφαῖος.
I Ch. 6. 7 (5. 33) (B) *bis*, 11 (5. 37) (B) *bis* (Luc. Ἀμαρίας), 52 (37) (A) : 23. 19 (A) : II Es. 20. 3 (Ne. 10. 4) (Luc. Ἀμαρίας) : 21 (Ne. 11). 4 (S) (Luc. Ἀμαρίας) : 22 (Ne. 12). 2 (A Sc.a) (Luc. Ἀζαρίας), 13 (A B Sc.a) (Luc. Ἀμαρίας).
(2) עִמְרִי
I Ch. 7. 8.

Ἀμαρθείας. in libr. apocr.
I Es. 8. 2 (B) (= אמריה Ezr. 7. 3) (Luc. Ἀμαρίας).

Ἀμαρί. עָמְרִי
I Ch. 27. 18 (A) (Luc. Αμβρι).

Ἀμαριά, *vid.* Ἀμαρειά.

Ἀμαρίας. (1) אֲמַרְיָה
I Ch. 6. 7 (5. 33) (A) *bis* (Luc. Αμαρια), 11 (5. 37) (A) *bis* : II Es. 10. 42 (A) : Ze. 1. 1 (Sc.a(vid) Q).
(2) אֲמַרְיָהוּ
I Ch. 24. 23 (A) (Luc. Αμαρια) : II Ch. 19. 11 (Joseph. Ἀμασίας).
(3) aliter in Heb.
I Ch. 7. 8 (B) (זמירה) (Luc. Ζαμαρια).
(4) in libr. apocr.
I Es. 8. 2 (A) (= אמריה Ezr. 7. 3) (Luc. Ἀμαρίας).

Ἀμαρραῖος. אֱמֹרִי
Luc. Ἀμορραῖος.
De. 1. 4 (F) : IV Ki. 21. 11 (A).

Ἀμαρφάλ. אַמְרָפֶל
Ge. 14. 1, 9 (λ sup ras Ab) (Joseph. Ἀμαραψίδης).

Ἀμάς. עֲמָשַׂי
I Ch. 6. 35 (20) (A) (Luc. Αμασαι).

Ἀμασαί (-σέ). (1) אַמְצִי
I Ch. 6. 46 (31) (A) (Luc. Αμασει).
(2) עֲמָשַׂי
I Ch. 12. 18 : 15. 24.

Ἀμασαίας. aliter in Heb.
II Ch. 26. 11 (B) (מעשיהו) (Luc. Μαασσίας).

Ἀμασέ, *vid.* Ἀμασαί.

Ἀμασεί (-σί). (1) אַמְצִי
II Es. 21 (Ne. 11). 12 (A B) (Luc. Ἀμασίας).
(2) עֲמָשַׂי
I Ch. 6. 25 (10) (Aa? sup ras) (Luc. Αμασα).

Ἀμασειά (-σιά). (1) אֲמַצְיָה
I Ch. 4. 34 (Luc. Ἀμασσίας).
(2) aliter in Heb.
I Ch. 15. 18 (Avid) (מעשיהו) (Luc. Μαασια) : II Es. 21 (Ne. 11). 13 (B S) (עמשסי) (Luc. Αμασαι).

Ἀμασείας (-σίας) (-αν, -ου).
Luc. Ἀμεσσίας.
(1) אֲמַצְיָה
IV Ki. 14. 8 (A) : Am. 7. 10, 12, 14 (*Weingart.* Amessiam).
(2) אֲמַצְיָהוּ
IV Ki. 14. 1 (A), 9 (A), 11 (A) : I Ch. 3. 12 (Luc. Ἀμασσίας) : II Ch. 24. 27 (Luc. Ἀμασσίας) : 25. 1, 5, 9, 10, 11, 13, 14, 15 (B), 17, 18, 20, 21, 23, 25, 26, 27 : 26. 1, 4.
(3) מַחְסֵיָה
[Aq. Je. 51 (28). 59.]
(4) עֲמָשָׂא
II Ch. 28. 12.

Ἀμασί, *vid.* Ἀμασεί.

Ἀμασιά, *vid.* Ἀμασειά.

Ἀμασίας, *vid.* Ἀμασείας.

Ἀμαχείρ. aliter in Heb.
I Ch. 7. 8 (B) (בכר) (Luc. Χοβωρ).

Ἀμβακούκ. in libr. apocr.
Da. TH. Bel 33 (Δ), 37 (Δ).

Ἀμβακούμ.
Spec. Ambacum.
(1) חֲבַקּוּק
Hb. *inscr.* : 1. 1 : 3. 1.
(2) abest in Heb.
Hb. *subscr.*
(3) in libr. apocr.
Da. LXX. Bel 1 (*cod.* 87), 33 (87), 34 (87), 35 (87), 36 (87), 37 (87), 39 (87) : Da. TH. Bel 33 (A B Q), 34, 35 (Aman rec mg B Q Δ), 37 (B Q), 39.

Ἀμβρααμείς (?). עַמְרָמִי
Nu. 3. 27 (A) (Luc. Αμβραν εἰς).

Ἀμβράμ. (1) נִמְרָה
Nu. 32. 3 (A) (Luc. Μαμβραν).
(2) עַמְרָם
Ex. 6. 18 (A B), 20 (A) *bis* : Nu. 3. 19 (A F) (Luc. Αμβραν) : 26. 58 (A), 59 (A), 59 (A F) : I Ch. 6. 2 (5. 28) (B), 18 (3) (B) : 23. 12 (B), 13 (B) : 24. 20 (B) : II Es. 10. 34 (A).
(3) עַמְרָמִי
I Ch. 26. 23 (B).
(4) aliter in Heb.
I Ch. 2. 25 (B).

Ἀμβραμεί. שִׁמְרֹנִי
Nu. 26. 20 (24) (A) (Luc. Αμβραμι).

Ἀμβραμείς (?). עַמְרָמִי
Nu. 3. 27 (F) (Luc. Αμβραν εἰς).

Ἀμβράν. (1) נִמְרָה
Nu. 32. 36 (A) (ν praec.) (Luc. [Ν] αμβραν).
(2) עַמְרָם
Luc. Αμβραμ.
Ex. 6. 20 (B) *bis* : I Ch. 6. 3 (5. 29) (B).
(3) שִׁמְרֹן
Nu. 26. 20 (24) (A) (Luc. Αμβραμ).

Ἀμβρεί (-ρί). (1) עָמְרִי
IV Ki. 8. 26 (A B*) (Luc. Αχααβ) : I Ch. 27. 18 (B) : II Ch. 22. 2 (B) (Luc. Αχααβ).
(2) abest in Heb.
I Ch. 8. 24 (Luc. *om.*).
(3) in libr. apocr.
I Ma. 9. 36 (S), 37 (Sc.a, c.b (vid)).

Ἀμείδ. aliter in Heb.
I Ch. 7. 10 (A) (אהוד) (Luc. Αωθ).

Ἀμειήλ (Ἀμιήλ). (1) עַמִּיאֵל
Nu. 13. 13 (12) (*Lugd.* Miel) : II Ki. 9. 4 (A) (Luc. Αμμιηλ), 5 : 17. 27 (B) (Luc. Αμμιηλ) (*Vind.* Aamiel) : I Ch. 3. 5 (Luc. Ηλα) : 26. 5.
(2) עַמְעָד
Jo. 19. 26 (B) (Luc. Αλφααδ).

Ἀμειναδάβ (Ἀμιν.).
Joseph. Ἀμινάδαβος.
(1) אֲבִינָדָב
I Ki. 7. 1 (Luc. Αβιν.) : 16. 8 (Luc. Αβιν.) : 17. 13 (A) : 31. 2 (A) : II Ki. 6. 3 *bis*, 4 (A) : I Ch. 2. 13 : 8. 33 : 9. 39 : 10. 2 (A B* S) : 13. 7.
(2) עַמִּינָדָב
Ex. 6. 23 (B F) : Nu. 1. 7 (A B) : 2. 3 : 7. 12, 17 : 10. 14 (A B) : Ru. 4. 19, 20 : I Ch. 2. 10 *bis* : 6. 22 (7) (B) : 15. 10, 11.
[Aq., Sm. Ex. 6. 23.]
(3) עַמִּי נָדִיב
Ca. 6. 11 (12).
(4) aliter in Heb.
Ca. 7. 1 (2) (A) (נדיב) : Es. 2. 15 (A B Sc.amg) (אביחיל) : 9. 29 (A B) (אביחיל).
(5) abest in Heb.
Es. 2. 7.

Ἀμείς. לַיִשׁ
I Ki. 25. 44 (B) (Luc. Ιωας).

Ἀμεισαδαί (-μισ.). עַמִּישַׁדַּי
Luc. Αμισαδε : *Lugd.* Amisade.
Nu. 1. 12 : 2. 25 (B F) : 7. 66, 71 : 10. 25 (B F).
[Al. Nu. 10. 25.]

Ἀμειταάλ (-μιτ.). חֲמוּטַל ,*חֲמִיטַל (ק״)
Je. 52. 1 (A B S).

Ἀμειταί. aliter in Heb.
IV Ki. 23. 31 (B) (חמוטל) (Luc. Αμιταλ).

Ἀμειχά. aliter in Heb.
II Es. 21 (Ne. 11). 22 (S*) (מיכא) (Luc. Μιχα).

Ἀμεκασείς. עֵמֶק קְצִיץ
Jo. 18. 21 (B) (Luc. Εμεκκασεις).

Ἀμεκκά. עֵמֶק
Jo. 18. 21 (A) (Luc. Εμεκ[κασεις]).

Ἀμελσάδ. aliter in Heb.
Luc. Αμελλασαρ.
Da. TH. 1. 11 (B Qa) (המלצר), 16 (B Q) (המלצר).

Ἀμελχόμ. מַלְכָּם
IV Ki. 23. 13 (A) (Luc. Μολοχ).

Ἀμεραμώθ (S), Ἀμεραμώς (B). aliter in Heb.
II Es. 20. 5 (Ne. 10. 6) (מרמות) (Luc. Μεριμωθ).

Ἀμερναδάβ. aliter in Heb.
I Ch. 10. 2 (Bb vid) (אבינדב) (Luc. Αμιναδαβ).

Ἀμερσάρ. aliter in Heb.
Luc. Αμελλασαρ.
Da. TH. 1. 11 (A) (המלצר), 16 (A) (המלצר).

Ἀμεσάδ. aliter in Heb.
Da. TH. 1. 11 (Q*) (המלצר).

Ἀμεσαί. (1) עֲמָשָׂא
II Ki. 20. 12 (A) (Luc. Αμεσσα).
(2) aliter in Heb.
II Es. 21 (Ne. 11). 13 (A) (עמשסי) (Luc. Αμασαι).

Ἀμεσεί. aliter in Heb.
IV Ki. 9. 2 (A) (ν praec.) (Luc. Ναμεσι).

Ἀμεσειά. aliter in Heb.
II Es. 21 (Ne. 11). 5 (Sc.a) (מעשיה) (Luc. Μασιας).

Ἀμεσίας. (1) אֲמַצְיָה
IV Ki. 12. 21 (22) (A) : 13. 12 (A).

(2) אֲמַצְיָהוּ

Luc. Ἀμεσσίας.

IV Ki. 14. 11 (A), 17 (A), 18 (A): II Ch. 25. 15 (A) (Luc. Ἀμασσίας).

Ἀμεσουλά (B), **Ἀμεσουλάμ** (S). aliter in Heb.

II Es. 21 (Ne. 11). 7 (משלם) (Luc. Μεσολλαμ).

Ἀμεσσά. עֲמָשָׂא

III Ki. 2. 32 (B): I Ch. 2. 17 (A) *bis*.

Ἀμεσσάβ. aliter in Heb.

I Ch. 2. 17 (B) (עמשׂא) (Luc. Αμεσσα) *bis*.

Ἀμεσσαεί.

Luc Αμεσσα: *Lucc.* Amessa.

(1) עֲמָשָׂא

II Ki. 17. 25 (A) *bis*: 19. 13 (14) (B): 20. 4, 5, 8, 9 *bis*, 10, 12.

(2) abest in Heb.

II Ki. 20. 9 (A).

Ἀμεσσαιά. עֲמָשָׂא

III Ki. 2. 5 (B) (Luc. Αμεσσα).

Ἀμεσσεί. (1) אַמְצִי

II Es. 21 (Ne. 11). 12 (S) (Luc. Ἀμασίας).

(2) עֲמָשָׂא

II Ki. 17. 25 (B) *bis* (Luc. Αμεσσα) (Joseph. Ἀμασᾶς, Ἀμεσσᾶς) (*Vind.* Amasa).

(3) עֲמָשַׂי

I Ch. 6. 25 (10) (B) (Luc. Αμασα).

Ἀμεσσειά. אֲמַצְיָה

I Ch. 6. 46 (45) (30) (B) (Luc. Αμασια).

Ἀμεσσείας (-σίας) (-αν, -ου). (1) אֲמַצְיָה

IV Ki. 12. 21 (22) (B) (Luc. Ἀμεσίας): 13. 12 (B): 14. 8 (B): 15. 1.

(2) אֲמַצְיָהוּ

IV Ki. 14. 1 (B), 9 (B), 11 (B) *bis*, 13, 15, 17 (B), 18 (B), 21, 23: 15. 3.

(3) aliter in Heb.

IV Ki. 14. 29 (pron. suff.).

Ἀμηαχεί. aliter in Heb.

I Ch. 4. 16 (B) (זיף) (Luc. Ζιφ).

Ἀμημέλεχ. aliter in Heb.

IV Ki. 17. 31 (A) (ענמלך) (Luc. *om.*).

Ἀμησά. aliter in Heb.

III Ki. 2. 39 (B) (מעכה) (Luc. Μααχα).

Ἀμιήλ, *vid.* **Ἀμειήλ.**

Ἀμιήρ. aliter in Heb.

II Ki. 17. 27 (A) (עמיאל) (Luc. Αμμιηλ).

Ἀμιμέλεχ. אֲחִימֶלֶךְ

Luc. Αχιμελεχ.

I Ki. 21. 1 (2) (A): 22. 9 (A).

Ἀμιναδάβ, *vid.* **Ἀμειναδάβ.**

Ἀμιναδάμ. (1) עַמִּינָדָב

Luc. Αμιναδαβ.

Ex. 6. 23 (A): Nu. 1. 7 (F).

(2) abest in Heb.

Ps. 70 (71). 1 (R).

Ἀμιναδάν. aliter in Heb.

Es. 9. 29 (S) (אביחיל).

Ἀμιούδ. עַמִּיהוּד

Nu. 34. 28 (A F): I Ch. 7. 26 (A): 9. 4 (A).

Ἀμιουείδ. עַמִּיהוּד

I Ch. 7. 26 (B) (Luc. Αμιουδ).

Ἀμιραζάθ. aliter in Heb.

I Ch. 27. 6 (A^{a} [sup ras]) (עמיזבד) (Luc. Αμειναζαβαδ).

Ἀμισαδαί, *vid.* **Ἀμεισαδαί.**

Ἀμισσαί. עֲמָשָׂא

II Ki. 19. 13 (14) (A) (Luc. Αμεσσα).

Ἀμιταάλ, *vid.* **Ἀμειταάλ.**

Ἀμιτάθ. aliter in Heb.

IV Ki. 24. 18 (A) (חמיטל*, חמוטל [ק"]) (Luc. Αμιταλ).

Ἀμιτάλ. (1) חֲמוּטַל

IV Ki. 23. 31 (A): Je. 52. 1 (Q) (ק").

(2) חֲמִיטַל*

Je. 52. 1 (Q).

(3) abest in Heb.

II Ch. 36. 2 a (A).

Ἀμμά. (1) אַמָּה

II Ki. 2. 24 (A) (Luc. Εμμαθ).

(2) עֻמָּה

Jo. 19. 30 (A) (Luc. Αμμα).

Ἀμμαδαρώθ. מַדֲהָרוֹת (= *at the pransings*)

Jd. 5. 22 (A) (Luc. αμαδαρωθ).

Ἀμμαδεί. aliter in Heb.

I Ki. 30. 28 (B) (?שפמות) (Luc. Σεφειμωθ).

Ἀμμάν. (1) אַמָּה

II Ki. 2. 24 (B) (Luc. Εμμαθ) (Joseph. Ὄμματον, Ἀμματάν).

(2) עַמּוֹן

Nu. 21. 24 (Luc. Αμμων) (*Lugd.* Ammon), 24 (AF): De. 2. 19 *bis*, 37 (A B$^{a\,?b}$): 3. 11 (A B$^{a\,?b}$ F), 16: I Ch. 19. 2 (S) (Luc. Αμμων).

(3) abest in Heb.

Ge. 19. 38 (Joseph. Ἄμμανος).

(4) in libr. apocr.

Ju. 2. 28 (S*).

Ἀμμανείτης (-νίτ.). (1) בֶּן־עַמּוֹן

Ge. 19. 38.

(2) עַמּוֹנִי, עַמֹּנִי

De. 2. 20: 23. 3 (4): I Ki. 11. 1 (B), 2 (B): II Ki. 23. 37 (B) (Luc. Αναμι): II Es. 14. 3 (Ne. 3. 35), 7 (Ne. 4. 1) (Luc. Ἀμμωνίτης): 23 (Ne. 13). 1 (A B S$^{a\,(vid)}$).

(3) עַמּוֹנִית

II Ch. 24. 26 (ὁ Ἀ.) (Luc. Ἀμμανῖτις).

(4) abest in Heb.

I Ki. 11. 1 (B) (*Vind.* Amanites), 10 (B).

(5) in libr. apocr.

Ju. 14. 5 (13. 27^{a}).

Ἀμμανεῖτις (-νῖτ.). (1) עַמֹּנִית, עַמּוֹנִית

III Ki. 11. 1: 14. 21 (B): II Ch. 12. 13: II Es. 23 (Ne. 13). 23 (A B S$^{c.a\,(vid)}$) (יהיר ו'').

(2) in libr. apocr.

II Ma. 4. 26: 5. 7 (A V^{1}).

Ἀμμανίθ. הַמְּנֻחוֹת

I Ch. 2. 52 (A [θ']).

Ἀμμανίτης, *vid.* **Ἀμμανείτης.**

Ἀμμανῖτις, *vid.* **Ἀμμανεῖτις.**

Ἀμμανῶτις. עַמּוֹנִי

II Es. 23 (Ne. 13). 23 (S*) (יהיר ו'') (Luc. Ἀμμανῖτις).

Ἀμμαού. in libr. apocr.

I Ma. 3. 40 (S).

Ἀμμαούμ. in libr. apocr.

I Ma. 3. 57 (A): 4. 3 (V): 9. 50 (S$^{c.a}$ V).

Ἀμμαούν. in libr. apocr.

I Ma. 3. 40 (A).

Ἀμμαούς. in libr. apocr.

I Ma. 3. 57 (S): 9. 50 (S*).

Ἀμμαύ. in libr. apocr.

I Ma. 3. 40 (V).

Ἀμμάχ. מָעוֹךְ

I Ki. 27. 2 (B) (Luc. Αχιμααν).

Ἀμμεσά. עֲמָשָׂא

III Ki. 2. 5 (A) (Luc. Αμεσσα).

Ἀμμήρ. אִמֵּר

II Es. 10. 20 (S*) (Luc. Εμμηρ).

Ἀμμιδαῖοι (A), **Ἀμμιδίοι** (B). in libr. apocr.

I Es. 5. 20 (abest in Ezr. 2: Ne. 7).

Ἀμμοραῖος. אֱמֹרִי

I Ki. 7. 14 (A) (Luc. Ἀμορραῖος).

Ἀμμορέας (S*), **Ἀμμορίας** (S$^{c.b\,(vid)}$). אֲמַרְיָה

Ze. 1. 1 (Luc. Ἀμορίας).

Ἀμμόρρεος. aliter in Heb.

Is. 17. 9 (S) (אמיר).

Ἀμμών. (1) אֵילוֹן

Jo. 19. 42 (B) (Luc. Ελων).

(2) אָמֹן, אָמוֹן

Luc. Αμων.

III Ki. 22. 26 (A) (Joseph. Ἀχάμων) (Luc. Σεμμηρ): IV Ki. 21. 18 (A), 19 (A), 23 (A), 24 (A), 25 (A): Na. 3. 8 (A B S$^{c.a,c.b}$ Q): Ze. 1. 1 (S): Je. 26 (46). 25.

[**Aq., Sm.** Je. 46 (26). 25.]

(3) אַמְנוֹן

Luc. Αμνων.

II Ki. 13. 1 (A), 2 (A) *bis*, 3 (A), 4 (A), 6 (A) *bis*, 10 (A).

(4) עַמּוֹן

Nu. 21. 24 (B): De. 2. 37 (B* F): 3. 11 (B*) (Luc. Αμμαν): Jo. 12. 2: 13. 10, 25: Jd. 3. 13: 10. 6, 7, 9, 11, 17, 18: 11. 4, 5 (A) (Luc. *om.*), 6, 8, 9, 12, 13, 14, 15, 27, 28, 29, 30, 31, 32, 33 (*Lucc.* Amon), 36: 12. 1, 2, 3: I Ki. 11. 11 (υἱοὺς Ἀ.): 12. 12: 14. 47: II Ki. 8. 12: 10. 1, 2, 3, 6 *bis*, 8, 10, 11, 14 *bis*, 19: 11. 1: 12. 9, 26, 31: 17. 27: III Ki. 11. 5 (7), 33: IV Ki. 23. 13: 24. 2: I Ch. 18. 11: 19. 1, 2 (A B), 3, 6 *bis*, 7, 9, 11, 12, 15, 19: 20. 1, 3: II Ch. 20. 1, 10, 22, 23 (A^{a} B): 27. 5, 5 (A), 5: Ps. 82 (83). 8: Am. 1. 13: Ze. 2. 8 (A B S$^{c.a,\,c.b}$ Q), 9: Is. 11. 14: Je. 9. 26 (25): 30 (49). 1: 32. 7 (25. 21): 34. 2 (27. 3): 47 (40). 11, 14: 48 (41) 10, 15: Ez. 21. 20 (25), 28 (33): 25. 2, 3, 5, 10 *bis*: Da. LXX., TH. 11. 41.

[**Aq.** Je. 49 (30). 6.]

[**Sm.** Jd. 10. 11.]

[**Th.** Je. 49 (30). 6: Da. 11. 41.]

(5) עַמּוֹנִים

III Ki. 11. 5 (A) (υἱοὶ Ἀ.) (Luc υἱοὶ Ἀ.).

(6) abest in Heb.

II Ch. 36. 5 b: Ez. 25. 1 (*tit.*) (Q$^{mg\,sup}$), 5.

[**Th.** Jb. 42. 18.]

(7) in libr. apocr.

Ju. 1. 12: 5. 2, 5: 6. 5 (4^{a}): 7. 17 (10), 18: I Ma. 5. 6.

Ἀμμωνά. הָעַמֹּנִי

[**Al.** Jo. 18. 24.]

Ἀμμωνεί (-νί). (1) עַמּוֹנִי

I Ch. 11. 39 (A B) (Luc. Αμμανι): II Es. 12 (Ne. 2). 19 (Luc. Ἀμμωνίτης).

(2) עַמֹּנִי

II Es. 9. 1 (Luc. Ἀμμανίτης): 12 (Ne. 2). 10 (A B$^{ab\,mg}$ S) (Luc. Ἀμμωνίτης).

Ἀμμωνείμ. עַמֹּנִי

I Ch. 11. 39 (S) (Luc. Αμμανι).

'Αμμωνί, *vid.* 'Αμμωνεί.

'Αμμωνίτης. עַמּוֹנִי

II Es. 23 (Ne. 13). 1 (S*) (Luc. 'Αμμανίτης).

'Αμμώς. (1) אָמוֹץ

Luc. Αμως.

IV Ki. 19. 2 (A): 20. 1 (A): Is. 37. 2 (A*).

(2) aliter in Heb.

Ze. 2. 8 (S*) (עמון).

'Αμνάν. aliter in Heb.

II Ki. 23. 33 (אחיאם) (Luc. *om.*).

'Αμνεία. in libr. apocr.

I Ma. 5. 58 (S*) (ι praec.).

'Αμνών. (1) אֲמִינוֹן

II Ki. 13. 20.

(2) אַמְנוֹן

II Ki. 3. 2 (*Lucc.* Ammon): 13. 1 (B), 2 (B) *bis*, 3 (B), 4 (B), 6 (B) *bis*, 7 (A), 8, 9, 10 (B), 10, 15 (*Vind.* Ammon) *bis*, 22 *bis*, 26, 27, 28 *bis*, 29, 32, 33, 39: I Ch. 4. 20.

(3) אַמְנֹן

I Ch. 3. 1.

(4) abest in Heb.

I Ch. 3. 14 (A* B*) (אמון) (Luc. Αμων).

(5) abest in Heb.

II Ki. 13. 14 (*Vind.* Hammon), 16, 21: Jb. 42. 17 e (A).

'Αμορεί (-ρί). אֱמֹרִי

II Es. 9. 1 (Luc. 'Αμορραῖος).

'Αμορειά (-ριά). [הַ]מּוֹרִיָּה

II Ch. 3. 1.

'Αμορείας (-ρίας). אֲמַרְיָה

Ze. 1. 1 (A B).

'Αμορί, *vid.* 'Αμορεί.

'Αμοριά, *vid.* 'Αμορειά.

'Αμορίας, *vid.* 'Αμορείας.

"Αμορις. אֱמֹרִי

Ge. 14. 13 (A) (Luc. Αμωρ).

'Αμορραῖος, 'Αμορραῖος. (1) אֱמֹרִי

Ge. 10. 16: 14. 7: 15. 16, 20 (21): 48. 22: Ex. 3. 8, 17: 13. 5: 23. 23: 33. 2: 34. 11: Nu. 13. 30 (29): 21. 13 (Joseph. 'Αμορῖται) *bis*, 21, 25, 26, 29, 31, 32, 34: 22. 2: 32. 33 (*Lucc.* Omorreus), 39: De. 1. 4 (A B), 7, 19, 20, 27, 44: 2. 24: 3. 2, 8, 9: 4. 46, 47: 7. 1: 20. 17: 31. 4: Jo. 2. 10: 3. 10: 5. 1: 7. 7: 9. 1, 16 (10): 10. 6, 12: 11. 3 (A[a?] B F): 12. 2, 8: 13. 4, 10, 21: 24. 8, 11, 12, 15, 18: Jd. 1. 34, 35, 36: 3. 5: 6. 10: 10. 8 (A), 11 (ου sup ras B[a]): 11. 19 (B; A mutato ordine, ויאמר seq), 21, 22 (A), 23: I Ki. 7. 14 (B): II Ki. 21. 2: III Ki. 4. 18 (19) (A): 9. 20 (A [ορραι sup ras A[1]]): 10. 24 (9. 20) (B): 20 (21). 26: IV Ki. 21. 11 (B): I Ch. 1. 14 (A) (Luc. Αμορρει): II Ch. 8 7: II Es. 19 (Ne. 9). 8: Ps. 134 (135). 11: 135 (136). 19: Am. 2. 9, 10: Ez. 16. 3, 45.

[Aq., Th. Jo. 10. 5.]

[Sm. Ge. 14. 13: Jo. 10. 5: Jd. 10. 11.]

(2) בֶּן־חֲמוֹר

Jo. 24. 32 (Luc. 'Αμορραῖοι).

(3) aliter in Heb.

De. 2. 26 (F*) (חשבון) (Luc. Εσεβων): Jo. 9. 16 (10) (B) (חשבון) (Luc. Εσεβων): Is. 17. 9 (A B Q Γ) (אמיר).

(4) abest in Heb.

Ex. 23. 28: De. 1. 31 (B): 2. 31: Jo. 9. 1: 12. 7: 19. 48 a *bis*, 47 a: Jd. 1. 35: III Ki. 11. 1: 12. 24 a (B).

(5) in libr. apocr.

Ju. 5. 15 (20).

'Αμορρεί. אֱמֹרִי

Jd. 10. 8 (B) (Luc. 'Αμορραῖος).

"Αμορρις. אֱמֹרִי

Ge. 14. 13 (D) (Luc. Αμωρ).

'Αμοσείν. aliter in Heb.

Is. 1. 1 (S*[vid]) (corruptio Αμως ἦν).

'Αμού. aliter in Heb.

II Es. 22 (Ne. 12). 20 (S[c.a mg inf]) (עמוק) (Luc. Αμουκ).

'Αμουήλ. חַמּוּאֵל

I Ch. 4. 25 (26) (A).

'Αμούκ. עָמוֹק

II Es. 22 (Ne. 12). 7 (S[c.a mg sup]).

'Αμράμ. עַמְרָם

Luc. Αμβραμ: Joseph. 'Αμαράμης.

Ex. 6. 18 (F), 20 (F) *bis*: Nu. 3. 19 (B) (Luc. Αμβραν): 26. 58 (B F), 59 (F) (*Lugd.* Abram), 59 (B) (*Lugd.* Ambre [dat.]): I Ch. 6. 2 (5. 28) (A), 3 (5. 29) (A), 18 (3) (A): 23. 12 (A), 13 (A): 24. 20 (A).

'Αμραμείς. עַמְרָמִי

Nu. 3. 27 (B) (Luc. Αμβραν εἰς) (*Lugd.* Ambran).

'Αμραμί. עַמְרָמִי

I Ch. 26. 23 (A) (Luc. Αμβραμ).

'Αμρεί (-ρί). אִמְרִי + עָמְרִי

I Ch. 9. 4 (Luc. Αμβρι *bis*).

'Αμσού. abest in Heb.

I Ch. 25. 4 (B) (Luc. *om.*).

'Αμφείν. חֻפִּים

I Ch. 7. 15 (B) (Luc. Οφερ).

'Αμώθ. הַנָּתֹן

Jo. 19. 14 (B) (Luc. Αναθωθ).

'Αμωκή. [הַ]מַּצָּה

Jo. 18. 26 (B) (Luc. Μασσα).

'Αμών, 'Αμών. (1) אָמוֹן

Ze. 1. 1 (B*).

(2) חַמּוֹן

Jo. 19. 28 (A).

(3) aliter in Heb.

I Ch. 4. 17 (B) (ילון) (Luc. Ιαλων), 37 (B) (אלון) (Luc. Σηλων): II Es. 10. 27 (B) (ירמות) (Luc. Ιερμωθ).

'Αμωνά. הֲמוֹנָה

[Th., Heb. Ez. 39. 16.]

'Αμώρ. abest in Heb.

[Aq. Ge. 12. 5 (P.).]

'Αμωρί. אֱמֹרִי

[Aq. Ge. 14. 13.]

'Αμώς, 'Αμώς. (1) אָמוֹץ

IV Ki. 19. 2 (B), 20: 20. 1 (B): II Ch. 32. 20, 32: Is. 1. 1 (A B S[d.a] Q Γ): 2. 1: 13. 1: 20. 2 (B [hiat Γ]): 37. 2 (A[1] B S O Q Γ), 6 (S* [unc incl S[c.b] postea revoc]), 21: 38. 1.

(2) כְּמוֹשׁ

Jd. 11. 24 (B*) (Luc. Χαμως).

(3) עָמוֹס

Am. *tit.*: 1. 1: 7. 8, 10, 11, 12, 14: 8. 1.

(4) aliter in Heb.

Luc. Αμων.

IV Ki. 21. 18 (B) (אמון) (Joseph. 'Αμμών, "Αμωσος), 19 (B) (אמון), 23 (B) (אמון), 24 (B) (אמון), 25 (B) (אמון): I Ch. 3. 14 (A[1? vel fortea?] B[ab]) (אמון): 6. 72 (58) (A[a]) (ראמות) (Luc. Ραμωθ): II Ch. 33. 20 (אמון), 21 (אמון), 22 (אמון), 23 (אמון), 25 (אמון): Ze. 1. 1 (A B[a? b] Q) (אמון): Je. 1. 2 (אמון): 25. 3 (אמון).

(5) abest in Heb.

Am. *subscr.*: Is. 38. 4 (Γ).

(6) in libr. apocr.

To. 2. 6.

'Αμωσά. [הַ]מַּצָּה

Jo. 18. 26 (A) (Luc. Μασσα).

'Ανά (indecl., gen. "Ανας), 'Ανά. (1) הֵנַע

IV Ki. 18. 34 (A) (Luc. *om.*): Is. 37. 13 (A) (Luc. Αινα).

(2) עֲנָה

Ge. 36. 2 (Luc. Αιναν), 14, 18 (D) (Luc. *om.*), 20 (*Wirc.* Anan), 24 (D), 25 *bis*, 29: I Ch. 1. 38 (Luc. Αναν), 41 (A).

(3) aliter in Heb.

III Ki. 15. 10 (B) (מעכה) (*Lucc.* Anna), 13 (B) (מעכה): I Ch. 4. 20 (B) (רנה) (Luc. Ρεννα): II Ch. 13. 19 (A) (ישנה) (Luc. Ιεσσηνα).

(4) abest in Heb.

III Ki. 12. 24 a (B): I Ch. 1. 41 (A).

'Ανάβ. aliter in Heb.

Is. 37. 13 (S[c]) (הנע) (Luc. Αινα).

'Αναβαλλάτ. aliter in Heb.

Luc. Σαναβαλατ.

II Es. 14. 1 (Ne. 3. 33) (B S) (סנבלט): 16 (Ne. 6). 14 (B*) (סנבלט).

'Αναβανά. aliter in Heb.

IV Ki. 5. 12 (B[a? mg]) (אבנה) (Luc. Αβανα).

'Αναβατταῖοι. in libr. apocr.

I Ma. 5. 25 (V).

'Αναβώθ. עֲנָב

Jo. 11. 21 (B) (Luc. Ανωβ) (Syr. ܥܢܒ).

'Αναβωθεί. aliter in Heb.

I Ch. 12. 3 (S) (ענתתי) (Luc. Αναθωθι).

'Ανάγ (B S* O), 'Αναέ (Q[mg]). הֵנַע

Is. 37. 13 (Luc. Αινα).

'Αναήλ. in libr. apocr.

To. 1. 21.

'Ανάθ. (1) עֲנָת

Jd. 3. 31 (A) (Joseph. "Αναθος): 5. 6 (B).

(2) aliter in Heb.

Jo. 17. 7 (B) (שכם) (Luc. Ωναθ).

'Αναθώθ. (1) עֲנָתוֹת

Jo. 21. 18: I Ch. 6. 60 (45) (A) (Luc. Εναθωθ): 7. 8 (Luc. Αναθων): II Es. 2. 23: 17 (Ne. 7). 27 (S): 20. 19 (Ne. 10. 20): 21 (Ne. 11). 32 (S[c.a mg inf]): Is. 10. 30: Je. 1. 1 (ναθ sup ras S[1]): 11. 21, 23: 39 (32). 7 (A[1] B S Q), 8.

[Aq. Je. 11. 23.]

(2) עֲנָתֹת

III Ki. 2. 26.

[Aq., Sm., Th. Je. 32 (39). 9.]

(3) עַנְּתֹתִי *v.* עֲנְתוֹתִי

I Ch. 27. 12 (= ἐξ 'Α.) (Luc. ἐξ 'Α.).

(4) עַנְּתֹתִי

Je. 36 (29). 27 (= ἐξ 'Α.).

(5) in libr. apocr.

I Es. 5. 18 (A) (= ענתות Ezr. 2. 23: Ne. 7. 27).

'Αναθωθεί (-θί). (1) עַנְּתֹתִי

I Ch. 11. 28 (Luc. 'Αναθωθίτης).

(2) עַנְּתֹתִי

I Ch. 12. 3 (A B).

(3) abest in Heb.

I Ch. 12. 4 (S) (*cf.* v. 3) (Luc. *om.*).

Ἀναθωθείτης (-θίτ.). עַנְּתֹתִי

II Ki. 23. 27 (A) (Luc. Αναθωθι).
[Aq., Sm., Th. Je. 29 (36). 27.]

Ἀναθωθί, *vid.* Ἀναθωθεί.

Ἀναθωθιά. עַנְתֹתִיָּה *v.* עַנְתֹתִיָּה

I Ch. 8. 24 (A) (Luc. Αναθωθα).

Ἀναθωθίτης, *vid.* Ἀναθωθείτης.

Ἀναιά. עֲנָיָה

II Es. 20. 22 (Ne. 10. 23) (A S*) (Luc. Ἀνανίας).

Ἀναιδειά. aliter in Heb.

I Ch. 24. 7 (B) (ידעיה) (Luc. Ιδεια) (*Lucc.* Bidae [dat.]).

Ἀνάμ. (1) עָנֵם

I Ch. 6. 72 (58) (A^a) (Luc. Αιναν).

(2) aliter in Heb.

Es. 3. 1 (A) (המן) (Luc. Αμαν).

Ἀναμάθαδος. aliter in Heb.

Es. 3. 1 (A) (המדתא) (Luc. Ἀμάδαθος).

Ἀναμεήλ. (1) חֲנַמְאֵל

Je. 39 (32). 7, 8, 9, 12.

(2) aliter in Heb.

Luc. Ανενεηλ.
II Es. 13 (Ne. 3). 1 (A) (חנגאל): 22 (Ne. 12). 39 (A) (חנגאל): Za. 14. 10 (חנגאל): Je. 38 (31). 38 (חנגאל).

Ἀναμεί. aliter in Heb.

II Ch. 16. 7 (B) (חֲנָנִי) (Luc. Ανανι).

Ἀναμεσιρδάθαι (? ἀνὰ μέσ' Σιρδάθαι).
aliter in Heb.

II Ch. 4. 17 (B) (בין צרדתה) (Luc. ἀνὰ μέσον Σαριδαθα).

Ἀναμιείμ. עֲנָמִים

I Ch. 1. 11 (A) (Luc. Αινομιειμ).

Ἀνάν.

Luc. Αννaν, Αναν.

(1) חָנוּן

I Ch. 19. 2, 3, 4 (A B), 6.

(2) חָנָן

I Ch. 4. 20 (A): 8. 23, 38: 9. 44: 11. 43 (A B): II Es. 2. 46: 17 (Ne. 7). 49 (A B): 20. 10 (Ne. 10. 11) (A S^c.a(mg)) (Luc. Ανανι), 22: 23 (Ne. 13). 13 (A B) (Luc. Ἀνανίας).

(3) abest in Heb.

I Ch. 19. 1 (A B) (Luc. Αννaν).

(4) in libr. apocr.

I Es. 5. 30 (B) (= חנן Ezr. 2. 46: Ne. 7. 49).

Ἀναναθώθ. aliter in Heb.

Je. 39 (32). 7 (A* [Ανα|ναθωθ]).

Ἀνανεήλ. חֲנַנְאֵל

Luc. Ανενεηλ.
II Es. 13 (Ne. 3). 1 (B): 22 (Ne. 12). 39 (B S).
[Sm. Je. 31 (38). 28.]

Ἀνανεί (-νί), **Ἀνανί.** (1) חֲנָנִי

III Ki. 16. 1 (Luc. Annani), 7 (B*) (*Vind.* Anan): I Ch. 25. 4 (A) (Luc. *om.*), 25 (A) (Luc. Ανανιηλ): II Ch. 16. 7 (A): 19. 2: 20. 34: II Es. 10. 20 (B S) (Luc. Ἀνανίας): 11 (Ne. 1). 2 (A B) (Luc. Αναν): 22 (Ne. 12). 36 (S^c.a mg inf) (Luc. Ἀνανίας).

(2) עֻנִּי

I Ch. 15. 20 (A) (Luc. Ἀνανίας).

(3) עֲנָנִי

I Ch. 3. 24 (A) (Luc. Ἀνανίας).

Ἀνανειά (-νιά), **Ἀνανιά.** (1) חֲנָנִי

II Es. 10. 20 (A) (Luc. Ἀνανίας).

(2) חֲנַנְיָה

Luc. Ἀνανίας, Ανανια.
I Ch. 3. 19, 21: 8. 24 (A^1 B): II Es. 10. 28 (A S^a mg): 13 (Ne. 3). 30: 20. 23 (Ne. 10. 24): 22 (Ne. 12). 12 (A S^c.a mg).

(3) עֲנָיָה

II Es. 18 (Ne. 8). 4 (B).

(4) עֲנָנְיָה

Luc. Ἀνανίας.
II Es. 13 (Ne. 3). 23: 21 (Ne. 11). 32 (S^c.a mg inf) (Luc. Ανια).

(5) aliter in Heb.

II Es. 20. 22 (Ne. 10. 23) (S^c.a) (עניה [Αναν praec.]) (Luc. Ἀνανίας).

Ἀνανείς (? Ἀνὰν εἶς). חֲנָנִי

II Es. 11 (Ne. 1). 2 (S) (Luc. Αναν εἶς).

Ἀνανί, *vid.* Ἀνανεί.

Ἀνανιά, *vid.* Ἀνανειά.

Ἀνανίας, Ἀνανίας (-αν, -α, -ου, -ᾳ, voc. -α).

(1) חָנָן

[Aq. Je. 35 (42). 4.]

(2) חֲנָנִי

III Ki. 16. 7 (A) (Luc. Ανανι): I Ch. 8. 24 (A* vid) (Luc. Ανανια): 25. 25 (B) (Luc. Ανανιηλ): II Es. 17 (Ne. 7). 2.

(3) חֲנַנְיָה

I Ch. 25. 4: II Es. 13 (Ne. 3). 8: 17 (Ne. 7). 2: 22 (Ne. 12). 41 (S^c.a mg): Je. 35 (28). 1, 5, 10, 11, 12, 13, 15, 15 (Q^mg sub ※): 44 (37). 13: Da. LXX., TH. 1. 6, 7, 11, 19: 2. 17.
[Aq., Sm., Th. Je. 28 (35). 17.]

(4) חֲנַנְיָהוּ

I Ch. 25. 23 (Αναν sup ras A^1): II Ch. 26. 11: Je. 43 (36). 12.

(5) עֲנָיָה

II Es. 18 (Ne. 8). 4 (A S).

(6) aliter in Heb.

Je. 49 (42). 1 (S^1 (fort)).

(7) abest in Heb.

Je. 42 (35). 4 (A B S^c.a Q).

(8) in libr. apocr.

I Es. 9. 21 (= חנני Ezr. 10. 20), 29 (= חנניה Ezr. 10. 28), 43 (= עניה Ne. 8. 4), 48 (A) (= חנן Ne. 8. 7): Ju. 8. 1 (A S): To. 5. 13 (18), 14 (19): Da. LXX. 3. 24, 88: Da. TH. 3. 88: I Ma. 2. 59: IV Ma. 16. 21 (S V): 18. 12.

Ἀνανιήλ. (1) חֲנַנְאֵל

[Syr. Je. 31 (38). 38.]

(2) in libr. apocr.

To. 1. 1, 8 (S).

Ἀναρφάρ. aliter in Heb.

I Ch. 7. 36 (B) (חרנפר) (Luc. Αριαφερ).

Ἀνάς. aliter in Heb.

III Ki. 16. 7 (B^a mg) (חנני) (Luc. Ανανι): I Ch. 19. 2 (B) (נחש) (Luc. Naas): Is. 37. 13 (Q*) (הנע) (Luc. Αινα).

Ἀνασάν. aliter in Heb.

II Ch. 20. 2 (A) (חצצון) (Luc. Ασασαν).

Ἀνασείβ. in libr. apocr.

I Es. 5. 24 (A) (abest in Ezr. 2. 36: Ne. 7. 39) (Luc. *om.*).

Ἀνασσά. aliter in Heb.

Jo. 17. 5 (B) (ἀπὸ Α. = מנשה) (Luc. Μανασση).

Ἀνατώθ. aliter in Heb.

II Es. 20. 6 (Ne. 10. 7) (S) (גנתון) (Luc. Γαναθωθ).

Ἀναχαρέθ. אֲנָחֲרַת

Jo. 19. 19 (B) (Luc. Δανερεθ).

Ἀναχωνεί. aliter in Heb.

I Ch. 11. 29 (S*) (אחוחי) (Luc. Ακαθι).

Ἀνδραμέλεχ. aliter in Heb.

Is. 37. 38 (S*) (אדרמלך).

Ἀνδρονίας (?). in libr. apocr.

II Ma. 4. 38 (A*).

Ἀνδρόνικος. in libr. apocr.

II Ma. 4. 31, 32, 34, 38 (A^1 V): 5. 23.

Ἀνέ. הֵנַע

[Aq. Is. 37. 13.]

Ἀνεί. aliter in Heb.

II Es. 10. 34 (B S) (בני) (Luc. Βαναιει).

Ἀνειά. aliter in Heb.

II Es. 10. 28 (S*) (חנניה) (Luc. Ἀνανίας).

Ἀνειήλ (Ἀνιήλ), **Ἀνιήλ.** (1) חַנִּיאֵל

Nu. 34. 23 (Samar. 2𐡀𐡋𐡍𐡇) (Lugd. Asael): I Ch. 7. 39.

(2) נְעִיאֵל

Jo. 19. 27 (A) (Luc. Ναειηλ).

Ἀνείμ. עָנִים

Jo. 15. 50 (A) (Luc. Ανειβ).

Ἀνελήμ. aliter in Heb.

I Ch. 15. 11 (S) (אליאל) (Luc. Ελιηλ).

Ἀνές. הֵנַע

IV Ki. 19. 13 (B) (Luc. Αιναγ).

Ἀνετωφά. aliter in Heb.

II Es. 17 (Ne. 7). 26 (A) (נטפה) (Luc. Νετωφατι).

Ἀνημέλεχ. עֲנַמֶּלֶךְ

IV Ki. 17. 31 (B) (Luc. *om.*).

Ἀνής. חָנֵס

[Aq. Is. 30. 4.]

Ἀνθοβέλ. יָוָן תּוּבַל

[Aq. Ez. 27. 13.]

Ἀνί. עֻנִּי

I Ch. 15. 18 (A) (Luc. Ἀνανίας).

Ἀνιάμ. אֲנִיעָם

I Ch. 7. 19 (A) (Luc. Ενιαμ).

Ἀνιήλ, *vid.* Ἀνειήλ.

Ἀνιώχ. יָנוֹחַ

IV Ki. 15. 29 (B) (Luc. Ιανωχ).

Ἀνκάδης. עֵין גֶּדִי

Jo. 15. 62 (B) (Luc. Αγγαδδει).

Ἄννα (-ᾳ). (1) חַנָּה

I Ki. 1. 2 *bis*, 5 *bis*, 8, 9 (A), 13 (A), 15, 19, 20 (A), 22: 2. 1 (A), 21.

(2) abest in Heb.

I Ki. 1. 25.

(3) in libr. apocr.

To. 1. 9 (A B), 20 (23): 2. 1, 11: 5. 18 (23) (B): 10. 4 (S): 11. 5, 9 (A B): 14. 12 (14) (A B).

Ἀννακείμ. aliter in Heb.

III Ki. 15. 22 (A) (אין נקי) (Luc. Ενακειμ).

Ἀννάν. (1) חָנוּן

I Ch. 19. 4 (S [Αννα|]).

(2) חָנָן

Luc. Αναν.
I Ch. 11. 43 (S): Je. 42 (35). 4 (S).

(3) aliter in Heb.

Je. 47 (40). 15 (S*) (חנן[יו]).

(4) abest in Heb.

I Ch. 19. 1 (S).

(5) in libr. apocr.

I Es. 5. 30 (A) (= חנן Ezr. 2. 46 : Ne. 7. 49) (Luc. Αναν): 9. 32 (B) (= חרם Ezr. 10. 31) (Luc. Μεραρει).

ʽΑννανίας. (1) aliter in Heb.

Je. 49 (42). 1 (S*) (הושעיה) (Luc. ʼΙωσαίας).

(2) abest in Heb.

Je. 42 (35). 4 (S*).

(3) in libr. apocr.

IV Ma. 16. 21 (A).

ʽΑννάς. in libr. apocr.

I Es. 9. 32 (A) (= חרם Ezr. 10. 31) (Luc. Μεραρει).

ʽΑννείς. in libr. apocr.

I Es. 5. 16 (B) (abest in Ezr. 2. 16 : Ne. 7. 21) (Luc. *om.*).

ʽΑννίας. in libr. apocr.

I Es. 5. 16 (A) (abest in Ezr. 2. 16 : Ne. 7. 21) (Luc. *om.*): 9. 48 (B) (= חנן Ne. 8. 7) (Luc. ʼΑνανίας).

ʼΑννιούθ. in libr. apocr.

I Es. 9. 48 (B) (= בני Ne. 8. 7) (Luc. Βαναίας).

ʽΑννουά. הַנֵּעָה

Jo. 19. 13 (A) (Luc. Νουα).

ʼΑννοῦνος. in libr. apocr.

I Es. 8. 47 (49) (A) (abest in Ezr. 8. 19) (Luc. *om.*).

ʼΑννούς. in libr. apocr.

I Es. 9. 48 (A) (= בני Ne. 8. 7) (Luc. Βαναίας).

ʽΑννών. חָנוּן

Luc. Ανναν.

II Ki. 10. 1 (B), 2 (*Lucc.* Annae [genit.]), 3 (B), 4 (B).

ʽΑνούμ. חָנוּן

II Es. 13 (Ne. 3). 30 (B S) (Luc. Ανων).

ʽΑνούν. חָנוּן

II Es. 13 (Ne. 3). 13 (Luc. *om.*).

ʽΑρωνεί. aliter in Heb.

II Es. 12 (Ne. 2). 10 (S^vid) (חרני) (Luc. ʽΩρωνίτης).

ʼΑντιλίβανος. (1) לְבָנוֹן, לְבָנֹן

De. 1. 7 (*Lugd.* Antibbanorum) : 3. 25 : 11. 24 : Jo. 1. 4 : 9. 1.

(2) in libr. apocr.

Ju. 1. 7 (10) (A B).

ʼΑντιοχεία, *vid.* ʼΑντιοχία.

ʼΑντιοχεύς. in libr. apocr.

II Ma. 4. 9 (A), 19 (V).

ʼΑντιοχία (-χεία). in libr. apocr.

I Ma. 3. 37 : 4. 35 : 6. 63 : 10. 68 : 11. 13, 44, 56 : II Ma. 4. 19 (A), 33 : 5. 21 : 8. 35 : 11. 36 : 13. 23, 26 : 14. 27.

ʼΑντιοχίς (-ίδι, -είδι). in libr. apocr.

II Ma. 4. 30.

ʼΑντίοχος. (1) abest in Heb.

Da. LXX. 8. 9 (adnot 87^mg sup).

(2) in libr. apocr.

I Ma. 1. 10 *bis*, 16, 20 : 3. 27, 33 : 6. 1, 15, 16, 17, 55 *bis* : 7. 2 : 8. 6 (incep Αντιοντ S*) : 10. 1 : 11. 39, 54, 57 : 12. 16, 39 : 13. 31 : 14. 22 : 15. 1 (A S^c.a V), 2, 10, 11, 13, 25 : II Ma. 1. 14, 15 : 2. 20 : 4. 7, 9 (V), 21, 37 : 5. 1, 5, 17, 21 : 7. 24 : 9. 1, 2, 19, 25, 29 : 10. 9, 10, 13 : 11. 22, 27 : 13. 1, 3, 4 : 14. 2 : III Ma. 1. 1 *bis*, 4 (A V¹) : IV Ma. 4. 15, 21 : 5. 1, 5, 16 (S) : 10. 17 : 17. 23 : 18. 5.

ʼΑντίπατρος. in libr. apocr.

I Ma. 12. 16 : 14. 22.

ʼΑντιωχία. in libr. apocr.

I Ma. 4. 35 (S*).

ʼΑντίωχος. in libr. apocr.

I Ma. 15. 1 (S*) : III Ma. 1. 4 (V*) : IV Ma. 5. 16 (A).

ʼΑντωνῖνος. adnot. scr.

II Es. 23 (Ne. 13). *subscr.* (S^1? mg inf) : Es. *subscr.* (S^c.a, c b mg inf).

ʼΑνώ. abest in Heb.

III Ki. 12. 24 e (B), 24 g (B), 24 k (B) (*Lucc.* Anna), 24 l (B).

ʼΑνώβ. עֲנָב

Jo. 11. 21 (A F) : 15. 50 (A) (Luc. Αναβ).

ʼΑνωθαίθ. aliter in Heb.

I Ch. 8. 24 (B) (ענתתיה) (Luc. Αναθωθα).

ʼΑνωθείτης. aliter in Heb.

II Ki. 23. 27 (B) (ענתתי) (Luc. Αναθωθι), 27 (B) (חשתי) (Luc. Χεθθι).

ʼΑνώμ. חָנוּן

II Es. 13 (Ne. 3). 30 (A) (Luc. Ανων).

ʼΑνών, ʽΑνών. (1) אַרְנֹן

Nu. 21. 26 (F) (ρ omisso) (Luc. ʼΑρνών).

(2) חָנוּן

Luc. Ανναν.

II Ki. 10. 3 (A), 4 (A).

(3) עֲנָב

Jo. 15. 50 (B) (Luc. Αναβ).

ʼΑνως. in libr. apocr.

I Es. 9. 34 (? = וניה Ezr. 10. 36) (Luc. *om.*).

ʼΑνώχ. aliter in Heb.

Jo. 15. 42 (B) (עשן) (Luc. Ασαν).

ʼΑοζά. aliter in Heb.

Jo. 19. 13 (B) (הנעה) (Luc. νουα).

ʼΑοζάν. abest in Heb.

Jo. 6. 26 (B^a mg) (Luc. Αζαν).

ʼΑόρ. אַחֵר

I Ch. 7. 12 (A) (Luc. Ιεσσουδ).

ʼΑουέ. אַהֲוָא

Luc. Δαουαθ.

II Es. 8. 21 (A), 31 (A B? [A sup ras]).

ʼΑουσαστωνθεί. aliter in Heb.

II Ki. 21. 18 (A) (חשתי) (Luc. Χετταῖος).

ʼΑπάμη. in libr. apocr.

I Es. 4. 29 (Luc. ʼΑπήμη).

ʼΑπάν. aliter in Heb.

II Ch. 11. 6 (B*) (עיטם) (Luc. Αιταμ).

ʼΑπεδνώ. אַפַּדְנוֹ

[**Aq.** Da. 11. 45.]

ʼΑπις. aliter in Heb.

Je. 26 (46). 15 (A B S Q¹ fort) (אביר).

ʼΑποβώκ. aliter in Heb.

II Es. 21 (Ne. 11). 11 (S) (אחיטוב) (Luc. Αχιτωβ).

ʼΑπολλοφάνης. in libr. apocr.

II Ma. 10. 37.

ʼΑπολλώνιος. in libr. apocr.

I Ma. 3. 9 (V^a), 10 (A S V¹), 12 : 10. 69, 74, 75, 77, 79 : II Ma. 3. 5, 7 (A V^a) : 4. 4, 21 : 5. 24 : 12. 2 : IV Ma. 4. 2, 4, 8 (A¹ S V), 10, 11 (A S), 13.

ʼΑπταλείμ. יַפְלֵטִי

Jo. 16. 3 (B) (Luc. Ιεφλητι).

ʼΑπφείν. חֻפִּם

I Ch. 7. 12 (B) (Luc. Ηφαι).

ʼΑπωβώχ. aliter in Heb.

II Es. 21 (Ne. 11). 11 (B) (אחיטוב) (Luc. Αχιτωβ).

ʼΑπωλλώνιος. in libr. apocr.

I Ma. 3. 10 (V*) : II Ma. 3. 7 (V*).

ʼΑπώνιος. in libr. apocr.

IV Ma. 4. 8 (A*).

ʼΑρα, ʼΑρά. (1) אֲרָא

I Ch. 7. 38 (Luc. Αραι).

(2) עֵדֶר

Jo. 15. 21 (B) (Luc. Εβερ).

(3) aliter in Heb.

II Es. 20. 26 (Ne. 10. 27) (B) (אחיה) (Luc. ʼΑδείας).

ʼΑραά. (1) הָרֹאֶה

I Ch. 2. 52 (A) (Luc. *om.*).

(2) צָרְעָה

Jd. 18. 2 (A) (ξ praec.) (Luc. Σαραα).

ʽΑραάβ. aliter in Heb.

I Ch. 24. 31 (B) (הראש) (Luc. τοῦ πρώτου).

ʼΑραάς. חַרְחַס

IV Ki. 22. 14 (B*) (Luc. Αδρα).

ʼΑραβά, ἡ. (1) עֲרָב

[**Aq.** Ez. 30. 5.]

(2) עֲרָבָה

De. 1. 7 : 2. 8 : 3. 17 *bis* : 4. 49 : Jo. 3. 16 (B F) : 12. 1, 3 *bis*, 8 : IV Ki. 14. 25 (Luc. ἡ πρὸς ἑσπέραν) : 25. 4 (Luc. ἡ ἐπὶ δυσμάς).

(3) aliter in Heb.

Jo. 13. 25 (B) (ערוער) (Luc. Αροηρ).

ʼΑραβεί (-βί). עַרְבִי

Luc. ʼΑραψ.

II Es. 12 (Ne. 2). 19 : 16 (Ne. 6). 1.

ʼΑραβεία, *vid.* ʼΑραβία.

ʼΑραβί, *vid.* ʼΑραβεί.

ʼΑραβία (-βεία), ʼΑραβιά. (1) עֲרָב

Hb. 1. 8 : Ze. 3. 3.

[**Sm.** Ez. 30. 5.]

[**Al.** Je. 25. 20 (32. 6).]

(2) עֲרָב

II Ch. 9. 14 : Ez. 27. 21.

[**Aq., Th.** Is. 21. 13 : Je. 25. 24 (32. 10).]

[**Sm.** Is. 21. 13.]

(3) עֲרָבָה

Ez. 47. 8 (Luc. ἡ ἀοίκητος).

(4) aliter in Heb.

II Es. 19 (Ne. 9). 4 (B) (שרביה) (ς praec.) (Luc. Σαραβίας) : Ps. 71 (72). 15 (שבא).

(5) abest in Heb.

Ge. 45. 10 : 46. 34 : Jb. 42. 17 b : Is. 10. 9 : 11. 11 : Ez. 47. 8 (adnot Q^mg).

(6) in libr. apocr.

Ju. 2. 25 (15) : I Ma. 11. 16.

ʼΑράβισσα. abest in Heb.

Jb. 42. 17 c.

Ἀραβώθ. (1) אֲרָבּוֹת

III Ki. 4. 10 (A).

(2) עֲבְרוֹת

II Ki. 15. 28* (Luc. ἡ ἐλαία): 17. 16* (Luc. κατὰ δυσμάς).

(3) עֲרָבוֹת, עֲרָבֹת

Nu. 26. 3, 63: 31. 12: De. 34. 1 (*Lucc.* Roboth), 8: Jo. 13. 32 (A[a?] B): II Ki. 15. 28 (׳ק) (Luc. ἡ ἐλαία): 17. 16 (״ק) (Luc. κατὰ δυσμάς).

(4) aliter in Heb.

Jo. 13. 26 (B) (רמות) (Luc. Ραμεθ).

(5) abest in Heb.

Jo. 13. 14.

Ἀραβωθαῖος. עַרְבָתִי

II Ki. 23. 39 (31) (B) (Luc. Σαραιβαθι)

Ἀραγά. אֶלְדָּעָה

Ge. 25. 4 (E*) (Luc. Ραγα).

Ἀράδ, Ἄραδ, Ἀράδ. (1) אַדָּר

Nu. 34. 4.

(2) אַרְדְּ

Ge. 46. 21 (Joseph. Σάροδος).

(3) אֲרָם

Jd. 10. 6 (B) (Luc. Συρία).

(4) הֲדַר

Ge. 36. 39 (D^{sil}) (Luc. Αραθ).

(5) חֲרֹד

Jd. 7. 1 (B) (Luc. Αρωδ).

(6) עֲרָד

Nu. 21. 1 (*Lugd.* Arat): 33. 40 (*Mon.* Arat: *Lugd.* Erat): Jd. 1. 16.

(7) aliter in Heb.

Jo. 13. 25 (B) (רבה) (Luc. Ραββα): II Ki. 23. 33 (A) (ς praec.) (Luc. Αγηρει).

Ἀραδάδ. aliter in Heb.

IV Ki. 19. 37 (A [Αραδαδ]) (ארדט) (Luc. Αραρατ).

Ἀραδειά. abest in Heb.

I Ch. 24. 20 (A) (Luc. *om.*).

Ἀράδιος. (1) אַרְוַד

Ez. 27. 8, 11.

(2) אַרְוָדִי

Ge. 10. 18 (Joseph. Ἀρουδαῖος, Ἀράδιος) (*Lucc.* Azyrius): I Ch. 1. 16 (A) (Luc. Αρουαδει).

(3) aliter in Heb.

Ez. 27. 15 (A) (Luc. Ῥόδιοι).

Ἄραδος. in libr. apocr.

I Ma. 15. 23.

Ἀραήλ. הָרָמָה

Jo. 19. 36 (B) (Luc. Ραμα).

Ἀράθ, Ἀράθ. (1) הֲדַר

Ge. 36. 39 (A E) (Samar. ࠄࠃࠓ).

(2) עֲרָד

Jo. 12. 14 (B) (Luc. Αδερ).

Ἀραθεί. aliter in Heb.

I Ch. 4. 2 (B) (צרעתי) (Luc. Σαλαθιηλ).

Ἀράθης. in libr. apocr.

I Ma. 15. 22 (A V).

Ἀραί. aliter in Heb.

II Ki. 23. 33 (B) (שרר) (ς praec.) (Luc. Σαραχω).

Ἀραιά. aliter in Heb.

I Ch. 2. 25 (B) (ארן) (Luc. Αραμ).

Ἀραίας. aliter in Heb.

II Es. 2. 2 (B) (שריה) (ς praec.) (Luc. Σαραιας).

Ἀράμ, Ἀράμ. (1) אֲרָם

Ge. 10. 22 (E) (Joseph. Ἄραμος) 23: I Ch. 1. 17 (A): 2. 23 (A): 7. 34 (A): Is. 7. 1, 2, 5, 8. [Th. Is. 7. 8 (Sw.).]

(2) אֲרָן

Ge. 36. 28 (A E) (Samar. ࠍࠓࠀ) (Luc. Αρραν) (*Lucc.* Arranh).

(3) הָרָמָה

II Es. 2. 26 (B) (Luc. ἡ Ραμα).

(4) רָם

I Ch. 2. 10 (A), 27 (B) (Luc. Ραμ): Jb. 32. 2 (C).

(5) aliter in Heb.

III Ki. 12. 18 (B) (אדרם) (Luc. Αδωνιραμ).

(6) abest in Heb.

I Ch. 1. 17 (A): 2. 9.

Ἀραμά. הָרָמָה

II Es. 17 (Ne. 7). 30 (Luc. Ραμα).

Ἀραμιά. aliter in Heb.

II Es. 22 (Ne. 12). 13 (S*) (אמריה) (Ἀμαρίας).

Ἀραμιείν. abest in Heb.

IV Ki. 9. 16 (B) (Luc. Αραμειν).

Ἀραμώθ. aliter in Heb.

I Ch. 1. 20 (A) (חצרמות) (Luc. Ασερμωθ).

Ἀραμών. אֲרָם

Ge. 10. 22 (A sed μων sup ras 10 circ litt A[a]) (Luc. Αραμ).

Ἀράν, Ἀράν. (1) אֹרֶן

I Ch. 2. 25 (A) (Luc. Αραμ).

(2) הָרָן

I Ch. 23. 9 (A).

Ἀράρ. עֲרֹעֵרִי

I Ch. 11. 44 (B[b]) (Luc. Αραρι).

Ἀραράθ. (1) אֲרָרָט

IV Ki. 19. 37 (B) (Luc. Αραρατ).

(2) in libr. apocr.

To. 1. 21 (24) (B).

Ἀραράτ. (1) אֲרָרָט

Ge. 8. 4 (Samar. ࠈࠓࠓࠀ).

(2) in libr. apocr.

To. 1. 21 (24) (A S).

Ἀραρέθ. אֲרָרָט

Je. 28 (51). 27 (A) (Luc. Αραρατ). [Aq., Sm., Th. Is. 37. 38.]

Ἀραρεί (-ρί), Ἀραρεί (-ρί). (1) הֲרָרִי

I Ch. 11. 34 (A B[ab]) (Luc. Αρωρι), 35 (Luc. *om.*).

(2) עֲרֹעֵרִי

I Ch. 11. 44 (A B* S).

Ἀραρείτης. הָאֲרָרִי

II Ki. 23. 33 (A) (Luc. Αρεριμα).

Ἀραρέτ. אֲרָרָט

Je. 28 (51). 27 (Q) (Luc. Αραρατ). [Aq., Th. Is. 37. 38.] [Sm. Is. 37. 38: Je. 51 (28). 27.]

Ἀραρί, *vid.* Ἀραρεί.

Ἀράς. חַרְחַס

IV Ki. 22. 14 (A) (Luc. Αδρα).

Ἀρασουσιά. in libr. apocr.

Ju. 4. 4 (3) (S*).

Ἀρατέ (?). aliter in Heb.

Je. 28 (51). 27 (B S) (אררט) (Luc. Αραρατ).

Ἀραχεί, Ἀραχεί. (1) אַרְכִּי

II Ki. 17. 5, 14.

(2) aliter in Heb.

I Ch. 11. 34 (B*[b]) (הררי) (Luc. Αρωρι).

(3) abest in Heb.

II Ki. 17. 15 (B) (Luc. *om.*).

Ἀραχειείς. aliter in Heb.

II Ki. 23. 35 (A) (ארבי) (Luc. Αφαρει).

Ἄραψ. (1) עַרְבִי

II Ch. 21. 16: 22. 1: II Es. 14. 7 (Ne. 4. 1).

(2) עֲרָבִי

Is. 13. 20: 15. 7. [Aq. Je. 3. 2 (Sw.): Is. 13. 20.]

(3) עַרְבִיאִי

II Ch. 17. 11.

(4) עַרְבִיִּי (יתיר י׳)

II Ch. 26. 7.

(5) aliter in Heb.

Ps. 71 (72). 10 (שבא).

(6) abest in Heb.

Is. 15. 9.

(7) in libr. apocr.

I Ma. 5. 39: 11. 17, 39: 12. 31: II Ma. 5. 8: 12. 10, 11 (V).

Ἀρβάαλ. יְרֻבַּעַל

Jd. 6. 32 (B) (Luc. Ιεροβααλ).

Ἄρβακτοι. in libr. apocr.

I Ma. 5. 23 (A S[c.a]).

Ἀρβανά. aliter in Heb.

IV Ki. 5. 12 (B[b?] [ρ superscr]) (Luc. Αβανα).

Ἄρβανοι (S*), Ἀρβάτανα (V[a]), Ἄρβατνοι (V*). in libr. apocr.

I Ma. 5. 23.

Ἀρβεήλ. אַרְבֵּאל

[Sm. Ho. 10. 14.]

Ἀρβέκ. אַרְבַּע

Jo. 15. 13 (A) (Luc. Αρβε).

Ἀρβεσεέ (Q), Ἀρβεσεέρ (B S*,[c.b] Γ), Ἀρβεσέρ (S[c.a]), Ἀρβεσεσέρ (A). aliter in Heb.

Za. 7. 2 (Q) (רגם).

Ἄρβηλα. in libr. apocr.

I Ma. 9. 2.

Ἀρβό. אַרְבַּע

Jo. 14. 15 (A) (Luc. Αρβε): 20. 7 (A) (Luc. Αρβοκ).

Ἀρβοά. אַרְבַּע

Jo. 15. 54 (A) (Luc. Αρβε).

Ἀρβόκ. (1) אַרְבַּע

Ge. 23. 2 (Luc. Αρβοχ): Jo. 15. 13 (B) (Luc. Αρβε), 5 (B): 20. 7 (B).

(2) אַרְגֹּב

De. 3. 14 (B* F) (Luc. Αργωβ).

Ἀργαθιείμ. aliter in Heb.

I Ch. 2. 55 (תרעתים) (Luc. Θαραθει).

Ἀργαί. in libr. apocr.

I Es. 5. 13 (B) (= עזגד Ezr. 2. 12: Ne. 7. 17) (Luc. Αζγαδ).

Ἀργόβ. (1) אַרְבַּע

Jo. 14. 15 (B) (Luc. Αρβε).

(2) אַרְגֹּב

De. 3. 4, 13, 14 (A B[ab]): IV Ki. 15. 25.

Ἄργοι (-οις). in libr. apocr.

To. 4. 20 (21) (S).

Ἀρδάς. aliter in Heb.

IV Ki. 22. 14 (B^b certe) (חרחס) (Luc. Αδρα).

Ἀρέβ. abest in Heb.

II Es. 8. 16 (B) (Luc. Ιαρειβ).

Ἀρεββά. הָרַבָּה

Jo. 15. 60 (A).

Ἀρέδ. aliter in Heb.

I Ki. 9. 1 (צרור) (Luc. Σαρα) (*Qued.* Sararae): I Ch. 8. 3 (A) (אדר) (Luc. Αδαρ).

Ἄρεθ. aliter in Heb.

I Ch. 4. 7 (B) (צרת) (*s* praec.) (Luc. Σαρηθ).

Ἀρεί. aliter in Heb.

I Ch. 2. 51 (A) (חרף) (Luc. Αρημ).

Ἀρειά. אַרְיֵה

IV Ki. 15. 25 (B) (Luc. Αρια).

Ἀρείβ. aliter in Heb.

II Es. 8. 16 (B) (יויריב) (Luc. Ιαρειβ).

Ἀρείμ. aliter in Heb.

I Ch. 2. 51 (B) (חרף) (Luc. Αρημ): II Es. 17 (Ne. 7). 24 (A) (חרף *v.* חריף) (Luc. Ιωρηε).

Ἀρειμούθ. יְרִימוֹת

I Ch. 12. 5 (B) (Luc. Ιριμωθ).

Ἀρειμώθ. (1) יְרִימוֹת

I Ch. 7. 7 (B) (Luc. Ιερεμουθ): 24. 30 (B) (Luc. Ιεριμωθ).

(2) יְרֵמוֹת

I Ch. 23. 23 (B) (Luc. Ιεριμωθ).

Ἀρειρά. abest in Heb.

III Ki. 12. 24 b (B*) (Luc. Σαρειρα).

Ἀρεισώθ. חֲרֹשֶׁת

Jd. 4. 2 (B) (Luc. Ασηρωθ), 13 (Luc. Αρισωθ), 16 (B) (Luc. δρυμός).

Ἀρείφ (Ἀρίφ). (1) חָרִיף

II Es. 20. 19 (Ne. 10). 19 (Luc. Αρηφ).

(2) חָרִיף *v.* חָרִף

II Es. 17 (Ne. 7). 24 (B S) (Luc. Ιωρηε).

Ἄρες, Ἀρές. (1) הֶרֶס

Jd. 8. 13.

[Aq., Th. Is. 19. 18.]

(2) חֶרֶשׁ

I Ch. 9. 15 (A) (Luc. Αρης).

(3) aliter in Heb.

II Es. 2. 5 (A) (ארח) (Luc. Ωρεε).

(4) in libr. apocr.

I Es. 5. 10 (= אָרַח Ezr. 2. 5: Ne. 7. 10) (Luc. Ηρα).

Ἀρεσεί. aliter in Heb.

I Ch. 6. 22 (7) (B) (אסיר) (Luc. Ασερ).

Ἀρέτας. in libr. apocr.

II Ma. 5. 8.

Ἀρημά. אֲרוּמָה

Jd. 9. 41 (B) (Luc. Αριμα).

Ἀρημώθ. רָאמוֹת

Jo. 20. 8 (B) (Luc. Ραμωθ).

Ἄρης. in libr. apocr.

I Ma. 12. 20 (A S* vid) (Joseph. Ἄρειος).

Ἀρησά. חַרְשָׁא

II Es. 2. 52 (Luc. Αβασα): 17 (Ne. 7). 61 (B S) (Luc. -αρης Α-).

Ἀρθά. aliter in Heb.

II Es. 4. 11 (A) (ארתחששתא) (Luc. Αρθα).

Ἀρθασασθά.

Luc. Ἀρταξέρξης.

(1) אַרְתַּחְשַׁסְתְּא

II Es. 7. 1 (A), 7 (A), 11 (A), 12 (A), 21 (A): 8. 1 (A): 12 (Ne. 2). 1 (A): 23 (Ne. 13). 6 (A).

(2) אַרְתַּחְשַׁשְׂתְּא

II Es. 4. 7 (A).

(3) אַרְתַּחְשַׁשְׁתָּא

II Es. 4. 7 (A), 23 (A): 6. 14 (A).

Ἀρθασασθαί. אַרְתַּחְשַׁסְתְּא

II Es. 15 (Ne. 5). 14 (A) (Luc. Ἀρταξέρξης).

Ἀρθασεσθά. אַרְתַּחְשַׁסְתְּא

II Es. 7. 1 (B) (Luc. Ἀρταξέρξης).

Ἀρθασθά. אַרְתַּחְשַׁסְתְּא

II Es. 8. 1 (B) (Luc. Ἀρταξέρξης).

Ἀριά. aliter in Heb.

I Ch. 25. 19 (B) (חשביה) (Luc. Ασαβια).

Ἀριάθ. חָרֶת

I Ki. 22. 5 (A) (Luc. Σαριχ).

Ἀριαράθης. in libr. apocr.

I Ma. 15. 22 (S).

Ἀριασέ. in libr. apocr.

Ju. 1. 6 (S*).

Ἀριβί. aliter in Heb.

I Ch. 11. 46 (S) (יריבי) (Luc. Ιαρειβ).

Ἀριέ. אַרְיֵה

IV Ki. 15. 25 (A) (Luc. Αρια).

Ἀριή. abest in Heb.

Is. 15. 9 (S*) (= אריה infr.).

Ἀριήλ. (1) אוּרִיאֵל

I Ch. 15. 11 (B S) (Luc. Ουριηλ).

(2) אֲרִאֵל

II Ki. 23. 20 (B).

(3) אַרְאֵלִי

Nu. 26. 26 (17) (B F) (Samar. [Samaritan script]).

(4) אֲרִיאֵל

II Es. 8. 16: Is. 29. 1, 2.

[Aq., Th. Is. 29. 1, 7.]

[Sm. Is. 29. 1, 2 *bis*, 7.]

(5) aliter in Heb.

Luc. Ιεδιηλ.

I Ch. 7. 10 (B) (ידיעאל), 11 (B) (ידיעאל): Is. 15. 9 (אריה).

[Th. Is. 21. 8 (אריה).]

Ἀριηλεί (-λί). אַרְאֵלִי

Nu. 26. 26 (17) (B F) (Samar. [Samaritan script]).

Ἀριηλίς. אַרְאֵלִי

Ge. 46. 16 (*D*) (Samar. [Samaritan script]) (Luc. Απηδεις) (Syr. [Syriac]) (Joseph. Ἀριήλης).

Ἀριθμούς. aliter in Heb.

I Ch. 12. 5 (S) (ירימות) (Ιριμωθ).

Ἀριμά. אֲרוּמָה

Jd. 9. 41 (A).

Ἀριστόβουλος. in libr. apocr.

II Ma. 1. 10.

Ἀρίφ, *vid.* Ἀρείφ.

Ἀριωργείμ. (ר״ וזירא) יַעֲרֵי אֹרְגִים

II Ki. 21. 19 (Luc. Ιαδδειν).

Ἀριώχ. (1) אַרְיוֹךְ

Ge. 14. 1 (Joseph. Ἀρίοχος), 9: Da. LXX. 2. 24, 25: Da. TH. 2. 14, 15, 24 (*Weing.* Arioc), 25.

[Sm. DA. 2. 15 (Sw.).]

(2) in libr. apocr.

Ju. 1. 6 (A B S^c.a).

Ἀριώχης. אַרְיוֹךְ

Da. LXX. 2. 14 (Joseph. Ἀριόχης), 15.

Ἀρκεσαῖος (A B S^c.a), Ἀρκέσαος (S*). aliter in Heb.

Es. 1. 14 (A B S^c.a) (כרשנא).

Ἀρκτοῦρος. כִּימָה

Jb. 9. 9.

[Aq. AM. 5. 8.]

Ἀρμαθάιμ (-θέμ). (1) רָמָה

I Ki. 25. 1 (B): 28. 3 (B).

(2) [הָ]רָמָתָה

I Ki. 1. 19 (*Vind.* Armathe): 2. 11 (εἰς Ἀ.) (*Vind.* Armathem): 7. 17: 8. 4: 15. 34: 16. 13: 19. 18, 22.

(3) [הָ]רָמָתַיִם

I Ki. 1. 1 (Joseph. Ἀραμαθά, Ἀρμαθά, Ῥαμαθά).

(4) abest in Heb.

I Ki. 1. 3.

Ἀρμαί, *vid.* Ἀρμέ.

Ἀρμαίθ. אֲדָמָה

Jo. 19. 36 (B) (Luc. Αδαμει).

Ἀρματταρεί. מַטְּרִי

I Ki. 20. 20 (B) (Luc. αματταραν).

Ἀρμέ (-μαί). אֲדָמִי

Jo. 19. 33 (Luc. Αδεμμη).

Ἀρμενία (-εία). (1) אֲרָרָט

Is. 37. 38.

[Aq., Sm., Th. GE. 8. 4.]

[Al. IV KI. 19. 37.]

(2) הַרְמוֹנָה

[Sm. AM. 4. 3.]

Ἀρμένιοι. adnot. scr.

Ez. 38. 5 (Q^mg inf).

Ἀρμονά. הַרְמוֹנָה

[Aq. AM. 4. 3.]

Ἀρμών, Ἀρμών. (1) אַמּוֹן -

Na. 3. 8 (S*).

(2) חֶרְמוֹן

De. 3. 9 (B*) (Luc. Αερμων).

(3) aliter in Heb.

II Es. 10. 27 (S) (ירמות) (Luc. Ιερμωθ).

Ἀρνά. aliter in Heb.

Is. 20. 1 (A B S Q Γ [?]) (סרגון) (Luc. Σαρνα).

Ἀρναφάρ. חַרְנֶפֶר

I Ch. 7. 36 (A) (Luc. Αριαφερ).

Ἀρνών. (1) אַרְנֹן, אַרְנוֹן

Nu. 21. 13 *bis*, 14, 24 (*Lugd.* Barnon), 26 (A B), 28: 22. 36: De. 2. 24, 36: 3. 8, 12, 16: 4. 48: Jo. 12. 1, 2 (F): 13. 9, 16: Jd. 11. 13, 18 *bis*, 22: IV Ki. 10. 33: Is. 16. 2: Je. 31 (48). 20 (B S Q).

[Aq., Th. NU. 21. 26: Is. 16. 2.]

[Sm. NU. 21. 26.]

(2) aliter in Heb.

Jo. 12. 2 (B) (ערער) (Luc. Αροηρ): Jd. 11. 33 (B) (מנית) (Luc. Σεμενειθ).

(3) abest in Heb.

Jo. 13. 16.

'Αροαδεί (-δί). (1) אֲרוֹד

Nu. 26. 26 (17) (A B^ab (vid) F) (Samar. [illegible]) (Luc. Αοραδ).

(2) אֲרוֹדִי

Nu. 26. 26 (17) (A B^ab (vid) F) (Luc. Αοραδι).

'Αροβάσοκ. aliter in Heb.

I Ch. 3. 20 (B) (יושב חסד) (Luc. Ιωσαβεε).

'Αροδεί. (1) אֲרוֹד

Nu. 26. 26 (17) (B*) (Samar. [illegible]) (Luc. Αοραδ).

(2) אֲרוֹדִי

Nu. 26. 26 (17) (B*) (Luc. Αοραδι) (*Lugd.* Aroad).

'Αροηδίς. אֲרוֹדִי

Ge. 46. 16 (A) (Luc. Ορροδεις) (Joseph. 'Ερωίδης) (*Lugd.* Aroidis).

'Αροήλ. aliter in Heb.

Luc. Αροηρ.
De. 2. 29 (A) (ער): II Ki. 24. 5 (B) (ערוער).

'Αροηλείς. אַרְאֵלִי

Ge. 46. 16 (A) (Samar. [illegible]) (Luc. Απηδεις) (*Lucc.* Ariolis).

'Αροήρ. (1) עָר

De. 2. 9 (A^a? [sup ras] F), 18 (A F), 29 (B F).

(2) עֲרֹעֵר, עֲרוֹעֵר

Nu. 32. 34 (*Mon.* Aroel): De. 2. 36: 3. 12: 4. 48: Jo. 12. 2 (A F): 13. 9, 16: Jd. 11. 33: I Ki. 30. 28 (Luc. Ραγουηλ): II Ki. 24. 5 (A): IV Ki. 10. 33: I Ch. 5. 8: Je. 31 (48). 19.
[Aq., Th. Je. 48 (31). 19.]
[Sm. Je. 48 (31). 6, 19.]

(3) עֲרֹעֵר

Jd. 11. 26 (B) (Luc. *om.*).

(4) aliter in Heb.

Nu. 21. 26 (יָדוֹ).

'Αρόμ. in libr. apocr.

I Es. 5. 16 (? = חשם Ezr. 2. 19: Ne. 7. 22) (Luc. Ασομ).

'Αρού. aliter in Heb.

II Es. 10. 40 (A) (שרי) (Luc. Σαρουα).

'Αρουδαῖος. חֲרֹדִי

II Ki. 23. 25 (A) (Luc. Αδαρι).

'Αρουήλ. aliter in Heb.

Jo. 15. 22 (B) (עדעדה) (Luc. Αδαδα).

'Αρουίας. aliter in Heb.

Je. 44 (37). 13 (Q) (יראייה), 14 (Q^a).

'Αρουκαῖος. עַרְקִי

Ge. 10. 17 (Samar. [illegible]): I Ch. 1. 15 (A) (Luc. Αρακει).

'Αρούμ. aliter in Heb.

II Es. 17 (Ne. 7). 53 (B S) (חרחור) (Luc. Αρουαρ).

'Αρούρ. חַרְחוּר

Luc. Αρουαρ.
II Es. 2. 51: 17 (Ne. 7). 53 (A).

'Αρούς. חָרוּץ

IV Ki. 21. 19.

'Αρουφί. חֲרִיפִי, חֲרוּפִי* (ק״)

I Ch. 12. 5 (A) (Luc. Χαραφι).

'Αρουχαῖος. aliter in Heb.

II Ki. 23. 11 (הררי) (Luc. Αραχι).

'Αρρά. הָרָן

Ge. 11. 28 (A) (Luc. Αραν).

'Αρράν, 'Αρράν. (1) אֲרָם

I Ch. 2. 23 (B) (Luc. Αραμ).

(2) אֲרָן

Ge. 36. 28 (D) (Samar. [illegible]): I Ch. 1. 42 (Luc. Αραν).

(3) הָרָן

Luc. Αραν.
Ge. 11. 26 (Joseph. 'Αράνης), 27 (A), 27, 28 (E), 29, 31.

(4) חָרָן

I Ch. 2. 46 *bis* (Luc. Ωρων).

(5) רָם

Luc. Αραμ.
Ru. 4. 19 (*Lucc.* Aram) *bis*: I Ch. 2. 10 (B).

'Αρρανέθ. aliter in Heb.

Jo. 19. 19 (A) (אנחרת) (Luc. Δανερεθ).

'Αρσά. אַרְצָא

III Ki. 16. 9 (A) (Luc. Ασα).

'Αρσαθερθά. aliter in Heb.

II Es. 12 (Ne. 2). 1 (B) (ארתחשסתא) (Luc. Αρταξέρξης).

'Αρσαῖος (-σεος). אֲרִיסַי

Es. 9. 9.

'Αρσάκης. in libr. apocr.

I Ma. 14. 2 (A V), 3: 15. 22.

'Αρσαρδαθά. aliter in Heb.

II Es. 7. 12 (B) (ארתחשסתא) (Luc. 'Αρταξέρξης).

'Αρσαρθά. aliter in Heb.

Luc. 'Αρταξέρξης.
II Es. 4. 8 (B) (ארתחששתא), 11 (B), 23 (B).

'Αρσαρθαθά. aliter in Heb.

II Es. 7. 21 (B) (ארתחשסתא) (Luc. 'Αρταξέρξης).

'Αρσαρσαθά. aliter in Heb.

Luc. 'Αρταξέρξης.
II Es. 12 (Ne. 2). 1 (S*^c.b) (ארתחשסתא): 23 (Ne. 13). 6 (S*^c.b) (ארתחשסתא).

'Αρσασαθά. aliter in Heb.

II Es. 23 (Ne. 13). 6 (B² S^c.a) (ארתחשסתא) (Luc. 'Αρταξέρξης).

'Αρσάφαθ. הַר־שָׁפֶר

Luc. Σαφαρ.
Nu. 33. 23 (F), 24 (F).

'Αρσάφαρ. הַר־שָׁפֶר

Nu. 33. 23 (A) (Luc. Σαφαρ).

'Αρσειφουρείθ. in libr. apocr.

I Es. 5. 16 (B) (? = יורה Ezr. 2. 18: חרף Ne. 2. 24) (Luc. Ωραι).

'Αρσεναείμ. חֲצַר עֵינָן

Nu. 34. 9 (B*) (Luc. Ασερναιν) (*Lugd.* Aseranaim).

'Αρσεναείν. חֲצַר עֵינָן

Nu. 34. 10 (B*) (Luc. Ασερναιν).

'Αρσεναθά. aliter in Heb.

II Es. 15 (Ne. 5). 14 (B) (ארתחשסתא) (Luc. 'Αρταξέρξης).

'Αρσεος, *vid.* 'Αρσαῖος.

'Αρσερναείμ. חֲצַר עֵינָן

Nu. 34. 9 (B^a ? b) (Luc. Ασερναιν).

'Αρσίκης. in libr. apocr.

I Ma. 14. 2 (S).

'Αρσινόη. in libr. apocr.

III Ma. 1. 1, 4.

'Αρσιφρουρείθ. in libr. apocr.

I Es. 5. 16 (A) (? = יורה Ezr. 2. 18: חרף Ne. 7. 24) (Luc. Ωραι).

'Αρσωλά. חֲצַר שׁוּעָל

Jo. 19. 3 (B) (Luc. Α[σα]ρσολα).

'Αρσών. aliter in Heb.

I Ch. 2. 5 (B*) (חצרון) (Luc. Εσρωμ): 4. 1 (B) (חצרון) (Luc. Εσρων): 5. 3 (B) (חצרון) (Luc. Ασρων).

'Αρταξέξης. אֲחַשְׁוֵרוֹשׁ

Es. 3. 1 (B* vid) (Luc. 'Ασσυῆρος).

'Αρταξέρξης (-η, -ει). (1) אֲחַשְׁוֵרוֹשׁ

Luc. 'Ασσυῆρος.
Es. 1. 1 *bis*, 2 (A B S^c.a mg inf), 9, 10 (A B S^c.a), 17 (B S), 19 (A): 2. 1 (S^c.a (mg)), 16, 21: 3. 1 (A B¹ S), 6, 7, 8: 6. 2: 7. 5 (S^c.a mg): 8. 1, 10 (S^c.a mg), 12: 9. 20 (Luc. 'Αρταξέρξης): 10. 1 (S^c.a mg inf) (ק״), 3.

(2) אֲחַשְׁוֵרשׁ

Es. 3. 12 (A¹ B S): 8. 10 (S^c.a mg).

(3) אֲחַשְׁרֵשׁ

Es. 10. 1 (S^c.a mg inf)*.

(4) aliter in Heb.

II Es. 12 (Ne. 2). 1 (S^c.a) (ארתחשסתא): Da. LXX. 5. 32 (6. 1) (דריוש).

(5) abest in Heb.

Es. 2. 22 (A S^c.a mg): 3. 13 (B S).

(6) in libr. apocr.

I Es. 2. 15 (16) (B) (= ארתחששתא Ezr. 4. 7), 16 (B) (= ארתחששתא Ezr. 4. 8), 25 (30) (B) (= ארתחששתא Ezr. 4. 23): 7. 4 (B) (= ארתחששתא Ezr. 6. 14): 8. 1 (B) (= ארתחשסתא Ezr. 7. 1), 6 (B) (= ארתחשסתא Ezr. 7. 7), 8 (9) (B) (= ארתחשסתא Ezr. 7. 11), 9 (10) (B) (= ארתחשסתא Ezr. 7. 12), 19 (21) (B*) (= ארתחשסתא Ezr. 7. 21), 28 (31) (B*) (= ארתחשסתא Ezr. 8. 1): Es. A 1 (11. 2) (B S), 13 (12. 2): B (13). 1 (A? B S): E (16). 1.

'Αρταρξέρξης. (1) abest in Heb.

Es. 3. 13 (A).

(2) in libr. apocr.

I Es. 2. 15 (16) (A) (= ארתחששתא Ezr. 4. 7), 16 (A) (= ארתחששתא Ezr. 4. 8), 25 (30) (A) (= ארתחששתא Ezr. 4. 23): 7. 4 (A) (= ארתחששתא Ezr. 6. 14): 8. 1 (A) (= ארתחשסתא Ezr. 7. 1), 6 (A) (= ארתחשסתא Ezr. 7. 7), 8 (9) (A) (= ארתחשסתא Ezr. 7. 11), 9 (10) (A) (= ארתחשסתא Ezr. 7. 12), 19 (21) (A B^ab) (= ארתחשסתא Ezr. 7. 21), 28 (31) (A B^ab) (= ארתחשסתא Ezr. 8. 1): Es. A 1 (11. 2) (A): B (13). 1 (A*).

'Αρτασασθά. אַרְתַּחְשַׁשְׂתְּא

II Es. 4. 8 (A) (Luc. 'Αρταξέρξης).

'Αρφάδ. אַרְפָּד

IV Ki. 19. 13 (A): Is. 36. 19 (Γ): 37. 13 (Q): Je. 30. 12 (49. 23) (B S^c.a Q).

'Αρφάθ. אַרְפָּד

IV Ki. 19. 13 (B) (Luc. Αρφαδ): Is. 36. 19 (A B S O Q): 37. 13 (A B S O): Je. 30. 12 (49. 23) (A).

'Αρφάλ. aliter in Heb.

IV Ki. 18. 34 (B) (ארפד) (Luc. Αρφαδ).

'Αρφαξάδ. (1) אַרְפַּכְשַׁד

Joseph. 'Αρφαξάδης.
Ge. 10. 22 (*Lucc.* Arfaxat), 24: 11. 10 (*Lucc.* Arphaxat), 11, 12, 13: I Ch. 1. 17 (A), 18 (A), 24.

(2) in libr. apocr.

Ju. 1. 1, 5 (5 b), 13 *bis*, 15 (5).

'Αρφάτ. אַרְפָּד

IV Ki. 18. 34 (A) (Luc. Αρφαδ).

ʽΑρχαβείν. הָרֵכָבִים

Je. 42 (35). 2 (B S), 3 (B S).

'Αρχάδ. אַכַּד

Ge. 10. 10 (A).

ʽΑρχαθαῖος. abest in Heb.

Es. 4. 12 (A).

'Αρχί (?). אַרְכִּי

Luc. ἀρχι-.

II Ki. 15. 32: 16. 16.

'Αρχιαταρώθ. אַרְכִּי עֲטָרוֹת

Jo. 16. 2 (A).

'Αρχοῦσι. aliter in Heb.

II Es. 4. 9 (B) (ארכוי*, ארכויא [ק״]) (Luc. 'Αρχυαῖοι).

'Αρχώβ. רְחֹב

Jo. 19. 30 (B) (Luc. Αμμα).

'Αρχωνεί. aliter in Heb.

I Ch. 11. 12 (B) (אחוחי) (Luc. πατράδελφος αὐτοῦ).

'Αρωβωθεί. עַרְבָתִי

II Ki. 23. 31 (A) (Luc. Σαραιβαθι).

'Αρώδ. עֲרָד

I Ch. 8. 15 (A) (Luc. Αραδ).

ʽΑρωδαῖος. חֲרֹדִי

II Ki. 23. 25 (A) (Luc. Αδαρι).

ʽΑρωδείτης. aliter in Heb.

II Ki. 23. 33 (הררי) (Luc. Αραχει).

'Αρωέδ. חֲרֹד

[Aq., Th. Jd. 7. 1.]

'Αρωήρ. עֲרוֹעֵר

Jo. 13. 25 (A) (Luc. Αροηρ).

[Sm. Je. 48 (31). 19 (Sw.).]

ʽΑρώθ. aliter in Heb.

II Es. 2. 33 (B) (חדיד) (Luc. Αδειδ).

'Αρώκ. abest in Heb.

Jo. 12. 18 (B) (Luc. om.).

'Αρών. (1) אַהֲרֹן

Luc. Ααρων.

Ex. 6. 26 (A): 7. 1 (F*), 8 (A*): Nu. 12. 10 (A*).

(2) in libr. apocr.

Si. 45. 6 (7) (A*): To. 1. 7 (A).

'Αρώς. הָרֹאשׁ

I Ch. 24. 31 (A) (Luc. τοῦ πρώτου).

'Αρωνάιμ. חֹרֹנַיִם

Je. 31 (48). 5 (S*) (Luc. Ωρωναιμ).

'Αρωνεί (-νί). חֹרֹנִי

Luc. ʽΩρωνίτης.

II Es. 12 (Ne. 2). 10 (A B), 19.

'Αρωνιάδης. in libr. apocr.

IV Ma. 7. 12 (A^{vid}).

'Αρωνιείμ. חֹרֹנַיִם

Is. 15. 5 (B S Γ).

'Ασά, "Ασα. (1) אָסָא

Lucc. Asab.

III Ki. 15. 8 (Lucc. Asafh), 9, 11, 13, 14, 16, 17, 18 bis, 20, 22, 22 (B), 23, 24, 25, 28, 32 (A), 33 (A): 16. 8 (A), 10 (A), 15 (A), 23, 29 (A): 22. 41, 43, 47 (A): I Ch. 3. 10: 9. 16 (A): II Ch. 14. 1 (13. 23) (Joseph. "Ασανος), 8 (7), 10 (9), 11 (10), 13 (12): 15. 2 (A) bis, 10, 17, 19: 16. 1 bis, 2, 4, 6, 7, 10 bis, 11, 12, 13: 17. 2: 20. 32: 21. 12: Je. 48 (41). 9 (A B Q) (Wirc. Asaph).

[Aq. III Ki. 15. 14, 32: 16. 8, 10, 15: 22. 47.]

[Sm., Th. III Ki. 15. 14: 16. 8, 10, 15.]

[Al. III Ki. 22. 47.]

(2) אֵצֶר

Ge. 36. 30 (E) (Luc. Ασαρ).

(3) aliter in Heb.

Jo. 19. 41 (B) (אשתאול) (Luc. Εσθαολ): 21. 16 (B) (עין) (Luc. Ναειν): II Ki. 8. 17 (B) (שריה) (Luc. Σαραίας) (Joseph. Σισᾶς, Σουσᾶς): 23. 11 (B) (אגא) (Luc. Ηλα): I Ch. 9. 5 (A) (עשיה) (Luc. Ασαια): II Ch. 14. 1 (13. 23) (pron. suff.) (Luc. Ασα): 29. 13 (B) (אסף) (Luc. Ασαφ).

(4) abest in Heb.

III Ki. 16. 6, 28 a (B) (Vind. Asaf), 28 b (B), 28 d (B).

'Ασαά. aliter in Heb.

II Es. 2. 44 (A^{vid}) (סיעהא) (Luc. 'Ιωσίας).

'Ασάβ. aliter in Heb.

I Ch. 15. 19 (S) (אסף) (Luc. Ασαφ): II Es. 21 (Ne. 11). 22 (B S) (אסף) (Luc. Ασαφ).

'Ασαβά. aliter in Heb.

I Ch. 6. 30 (15) (B) (עשיה) (Luc. Ασαια).

ʽΑσαβααμά. aliter in Heb.

II Es. 18 (Ne. 8). 4 (A) (חשבדנה) (Luc. Αβαανας).

'Ασαβάλ. אֶשְׁבַּעַל

I Ch. 8. 33 (B) (Luc. Ισβααλ).

ʽΑσαβδανά. חַשְׁבַּדָּנָה

II Es. 18 (Ne. 8). 4 (S$^{c.a\,mg\,dextr}$) (Luc. Αβααναs).

'Ασαβειά (-βιά). (1) חֲשַׁבְיָה

I Ch. 9. 14 (B): 25. 19 (A) (Lucc. Asabias): II Es. 8. 24 (B) (Luc. 'Ασαβίας): 13 (Ne. 3). 17 (Luc. 'Ασαβίας): 21 (Ne. 11). 22 (Luc. 'Ασαβίας): 22 (Ne. 12). 24 (A) (Luc. 'Ασαβίας).

(2) חֲשַׁבְיָהוּ

I Ch. 25. 3 (B): II Ch. 35. 9.

(3) aliter in Heb.

II Es. 10. 25 (A) (מלכיה) (Luc. Μελχίας).

ʽΑσαβίας. (1) חֲשַׁבְיָה

I Ch. 9. 14 (A) (Luc. Ασαβια): 25. 3 (A) (Luc. Ασαβια): 27. 17: II Es. 21. 16 (Ne. 11. 15) (S$^{a\,mg\,sup}$): 22 (Ne. 12). 21 (S$^{c.a\,mg\,inf}$), 24 (S$^{c.a}$).

(2) חֲשַׁבְיָהוּ

I Ch. 26. 30.

'Ασαδιά. חֲסַדְיָה

I Ch. 3. 20 (Luc. Ασαβια).

'Ασαδίας. in libr. apocr.

Ba. 1. 1 (B Q) (Luc. Σαδίας).

'Ασάε. aliter in Heb.

II Ch. 20. 16 (הציץ) (Luc. Ασισα).

'Ασαήλ. (1) אוּזָל

Ez. 27. 19 (A).

(2) אָצַל

Za. 14. 5 (A Q) (Luc. Ιασα).

(3) עֲשָׂהאֵל

Luc. Ασσαηλ: Joseph. 'Ασάηλος.

II Ki. 2. 18, 18 (B), 19, 20, 21 (A^{1} B), 22, 23, 31 (30), 32: 3. 27, 30: 23. 24: I Ch. 11. 26 (Luc. Ασαηλ): 27. 7: II Ch. 31. 13: II Es. 10. 15 (A S$^{?}$).

(4) עֲשָׂה־אֵל

I Ch. 2. 16 (Luc. Ασσαηλ) (Lucc. Asel).

'Ασάηλος. in libr. apocr.

I Es. 9. 30 (= שאל Ezr. 10. 29) (Luc. Ασσαηλ).

'Ασαί. (1) עֲשָׂיָה

I Ch. 15. 6 (B S) (Luc. Ασαια).

(2) aliter in Heb.

II Ki. 3. 30 (A) (אבישי) (Luc. Αβεσσα).

'Ασαιά. עֲשָׂיָה

I Ch. 4. 36 (A): 6. 30 (15) (A): 9. 5 (B): 15. 11 (B S).

'Ασαίας (-αν, -ᾳ). (1) עֲשָׂיָה

IV Ki. 22. 12 (B) (Luc. 'Αζαρίας), 14 (Luc. 'Αζαρίας): I Ch. 15. 6 (A^{a} [sup ras]) (Luc. Ασαια), 11 (A): II Ch. 34. 20 (A) (Luc. 'Ιωσίας).

(2) in libr. apocr.

I Es. 9. 32 (= ישיה Ezr. 10. 31) (Luc. Ιεσσια).

'Ασάμ, ʽΑσάμ. (1) הָשֵׁם

I Ch. 11. 34 (A) (Luc. Ασομ).

(2) עָשָׁן

Jo. 19. 7 (A) (Luc. Ασαν).

(3) aliter in Heb.

II Ch. 20. 2 (B) (חצצון) (Luc. Ασασαν).

ʽΑσαμίας. in libr. apocr.

I Es. 8. 54 (55) (A) (= חשביה Ezr. 8. 24) (Luc. 'Ασαβίας).

ʽΑσαμφανή. צָפְנַת פַּעְנֵחַ

[Aq. Ge. 41. 45.]

'Ασάν, "Ασαν, ʽΑσάν. (1) אֹצֶם

I Ch. 2. 25 (B) (Luc. Ασωμ).

(2) הַסְּנָאָה

II Es. 13 (Ne. 3). 3 (B) (Luc. Σενναα).

(3) יָשֵׁן

II Ki. 23. 32 (Luc. Ιεσσαι ?).

(4) עָשָׁן

Jo. 19. 7 (B): I Ch. 6. 59 (44).

(5) in libr. apocr.

I Es. 5. 37 (B) (= דליה Ezr. 2. 60: Ne. 7. 62) (Luc. Δαλαίας).

'Ασανά, ʽΑσανά. (1) הַסְּנָאָה

II Es. 13 (Ne. 3). 3 (A) (Luc. Σενναα).

(2) הַסְּנוּאָה

II Es. 21 (Ne. 11). 9 (Luc. Ασεννα).

(3) in libr. apocr.

I Es. 5. 31 (A) (= אסנה Ezr. 2. 50: abest in Ne. 7. 52) (Luc. Ασεννα).

ʽΑσαναά. הַסְּנָאָה

II Es. 13 (Ne. 3). 3 (S) (Luc. Ασεννα).

ʽΑσανουά. הַסְּנָאָה

I Ch. 9. 7 (A) (Luc. Σααναα).

'Ασάρ. אֵצֶר

Ge. 36. 21 (D^{sil} E), 27 (E): I Ch. 1. 38 (A), 42 (A).

'Ασαρά. in libr. apocr.

I Es. 5. 31 (abest in Ezr. 2. 49: Ne. 7. 51) (Luc. Αζα ?).

'Ασαραδδών. אֵסַר חַדּוֹן (חַדֹּן)

II Es. 4. 2 (A) (Luc. Ναχορδαν).

'Ασαραί. (1) חֶצְרוֹ

II Ki. 23. 35 (Luc. Εσσερι)*: I Ch. 11. 37 (A) (Luc. Εσρει).

(2) חֶצְרַי

II Ki. 23 35 (ק״) (Luc. Εσσερι).

'Ασαράκ. aliter in Heb.

Is. 37. 38 (S) (נסרך) (Luc. Νασαραχ).

'Ασαραμέλ. in libr. apocr.

I Ma. 14. 28 (S V).

'Ασαράχ. aliter in Heb.

Is. 37. 38 (A O Q) (נסרך) (Luc. Νασαραχ).

'Ασαρεαθών. אֵסַר חַדּוֹן (חַדּוֹן)

II Es. 4. 2 (B) (Luc. Ναχορδαν).

'Ασαρθαθά. aliter in Heb.

Luc. 'Αρταξέρξης.

II Es. 4. 7 (B) (ארתחששתא): 7. 7 (B) (ארתחשסתא).

'Ασαρμώθ. חֲצַרְמָוֶת

Ge. 10. 26 (σαρμωθ A* [A superscr A¹]) (Luc. Ασαρμαωθ) (Joseph. 'Αζερμώθης) (*Lucc.* Sarmoht).

'Ασαρσουλά. חֲצַר שׁוּעָל

Jo. 15. 28 (A) (Luc. Χολασεωλα).

'Ασαρταίς. aliter in Heb.

I Ch. 27. 29 (B) (שטרי*, שרטי [״ק]) (Luc. Σατραι).

'Ασαρών. הַשָּׁרוֹן

Is. 33. 9 (S*).

'Ασασάν. חֲצֲצֹן

'Ασασὰν Θαμάρ = Syr. [Syriac]

Ge. 14. 7 (Luc. Ασα[σαν]).

'Ασάφ. (1) אָסָף

Joseph. 'Ασαφος.

IV Ki. 18. 37 (A): I Ch. 6. 39 (24) *bis*: 9. 15: 15. 17, 19 (A B): 16. 5, 5 (A B), 7, 37: 25. 1, 2 *bis*, 6, 9 (*Lucc.* Asafh): 26. 1 (A): II Ch. 5. 12: 20. 14: 29. 13 (A), 30: 35. 15 *bis*: II Es. 2. 41: 3. 10: 12 (Ne. 2). 8 (Luc. Ασαφατ) (Joseph. 'Αδδαίος): 17 (Ne. 7). 44: 21 (Ne. 11). 17 (S c.a mg sup), 22 (A): 22 (Ne. 12). 35, 46: Ps. 49 (50). 1 (B S T): 72 (73). 1: 73 (74). 1: 74 (75). 1: 75 (76). 1: 76 (77). 1: 77 (78). 1: 78 (79). 1 (B R T): 79 (80). 1: 80 (81). 1 (B S R T): 81 (82). 1: 82 (83). 1: Is. 36. 3, 22.

[Aq. Ps. 49 (50). 1: 76 (77). 1.]
[Sm. Ps. 49 (50). 1: 74 (75). 1: 76 (77). 1.]
[Th., Quint., Sext. Ps. 49 (50). 1.]

(2) aliter in Heb.

II Ch. 34. 15 (A) (שפן) (Luc. Σαφαν): II Es. 2. 4 (B) (שפטיה) (Luc. Σαφατια).

(3) in libr. apocr.

I Es. 1. 14 (15) (= אסף II Ch. 35. 15) *bis*: 5. 9 (B ab mg) (= שפטיה Ezr. 2. 4: Ne. 7. 9) (Luc. Σαφατια), 27 (28) (= אסף Ezr. 2. 41: Ne. 7. 44), 57 (59) (= אסף Ezr. 3. 10).

'Ασαφθά. aliter in Heb.

Jo. 19. 27 (A) (צפונה) (Luc. Σαφα).

'Ασαφφιώθ. in libr. apocr.

I Es. 5. 33 (A) (= הספרת Ezr. 2. 55: ספרת Ne. 7. 57) (Luc. Ασωφερεθ).

'Ασβακαφάθ. in libr. apocr.

I Es. 5. 66 (69) (B) (= אסר חדון) (Luc. Αχορδαν).

'Ασβάν. אֶשְׁבָּן

Ge. 36. 26.

'Ασβανάμ (B*), 'Ασβανεάμ (B ab (vid)), 'Ασβανιά (A). חֲשַׁבְנְיָה

II Es. 13 (Ne. 3). 10 (B*) (Luc. Σαβανίας).

'Ασβασαρέθ. in libr. apocr.

I Es. 5. 66 (A) (= אסר חדון Ezr. 4. 2) (Luc. Αχορδαν).

'Ασβείτης. אֲחַסְבַּי

Ki. 23. 34 (B) (Luc. Ασσαια).

'Ασβενεάμ. aliter in Heb.

II Es. 13 (Ne. 3). 10 (S) (חשבניה) (Luc. Σαβανίας).

'Ασβήλ. אַשְׁבֵּל

Ge. 46. 21 (*Lugd.* Asoel: *Lucc.* Asibel) (Joseph. 'Ασάβηλος): I Ch. 8. 1 (A).

'Ασβώθ. aliter in Heb.

II Ki. 23. 31 (B*) (עזמות) (Luc. Αζελμων).

'Ασγάδ. עַזְגָּד

II Es. 2. 12 (B) (Luc. Ασιαδ): 17 (Ne. 7). 17 (B) (Luc. Αζγαδ): 20. 15 (Ne. 10. 16) (B) (Luc. Αζγαδ).

'Ασδώδ. aliter in Heb.

I Ch. 2. 24 (A) (אשחור) (Luc. Ασσωρ).

'Ασδώμ. אַשְׁדּוֹד

Jo. 15. 46 (A) (Luc. Εσδωδ).

'Ασεβά. חֲשֻׁבָה

I Ch. 3. 20 (A) (Luc. Λασαβαθ).

'Ασεβεί (-βί). חֲשַׁבְיָה

I Ch. 6. 45 (30) (Luc. Ασαβια).

'Ασεβειά (-βιά). חֲשַׁבְיָה

II Es. 8. 19 (Luc. Ασσαβια).

'Ασεβείας (-βίας). in libr. apocr.

I Es. 8. 47 (49) (A) (= חשביה Ezr. 8. 19) (Luc. Ασαβια): 9. 26 (B) (= מלכיה Ezr. 10. 26) (Luc. Μελχίας).

'Ασεβεῖς. aliter in Heb.

Jb. 6. 19 (A vid) (שבא) (Luc. Ευσεβων?).

'Ασεβηβίας. in libr. apocr.

I Es. 8. 46 (48) (= שרביה Ezr. 8. 18) (Luc. Σαρουια).

'Ασεβί, *vid.* 'Ασεβεί.

'Ασεβιά, *vid.* 'Ασεβειά.

'Ασεβίας, *vid.* 'Ασεβείας.

'Ασεβωείμ (A), 'Ασεβωείν (B). הַצְּבָיִם

II Es. 2. 57 (Luc. Σαβωειμ).

'Ασεβών, 'Ασεβών. (1) אֶצְבּוֹן

I Ch. 7. 7 (Luc. Εσσεβων).

(2) אֶשְׁבָּן

I Ch. 1. 41 (B) (Luc. Εσεβαν).

(3) חֶשְׁבּוֹן

[Th. JE. 48 (31). 45 (Sw.).]

'Ασεδησελμά. aliter in Heb.

II Es. 2. 58 (B) (עבדי שלמה) (Luc. δοῦλοι Σαλομων).

"Ασει. aliter in Heb.

Jo. 12. 13 (B) (גדר) (Luc. Γαδερ)

'Ασειά. aliter in Heb.

II Es. 17 (Ne. 7). 56 (B S) (נציח) (Luc. Νεσια).

'Ασείβ. [אֶלְ]יָשִׁיב

I Ch. 3. 24 (B) (Luc. Ελιασειβ).

'Ασειδαῖοι, *vid.* 'Ασιδαῖοι.

'Ασειδοναῖοι. in libr. apocr.

I Ma. 7. 13 (S*).

'Ασειδών. aliter in Heb.

I Ch. 27. 29 (B) (שרון) (Luc. Ασαρων).

'Ασειεδώθ. אַשְׁדּוֹד

Jo. 15. 47 (B) (Luc. Εσδω[δ]).

'Ασειήλ, *vid.* 'Ασιήλ.

'Ασειήρ. aliter in Heb.

I Ch. 27. 21 (B) (יעשיאל) (Luc. Ιασσιηλ).

'Ασείθ. עַשְׁוָת

I Ch. 7. 33 (Luc. Ασουαθ).

'Ασειμάθ (-σιμ.). aliter in Heb.

IV Ki. 17. 30 (אשימא) (Luc. Ασεναθ).

'Ασειμώθ (-σιμ.). [הַ]יְשִׁמֹת

Nu. 33. 49 (A) (Luc. Αισιμωθ): Jo. 12. 3 (A B) (Luc. -ασιμωθ).

'Ασείρ. (1) אַסִּיר

Luc. Ασηρ.

Ex. 6. 24 (B F) (Samar. [Samaritan]) (*Lucc.* Assyr): I Ch. 6. 22 (7), 23 (8) (A a sup ras), 37 (22) (Luc. Ασερ).

(2) אַסִּר

I Ch. 3. 17.

'Ασειρώθ. חֲרֹשֶׁת

Jd. 4. 2 (A) (Luc. Ασηρωθ).

'Ασειφά. (1) חֲשׂוּפָא

II Es. 17 (Ne. 7). 46 (A S) (Luc. Ασουφα).

(2) in libr. apocr.

I Es. 5. 29 (30) (A) (= חשופא Ezr. 2. 43: חשפא Ne. 7. 46) (Luc. Ασουφα).

'Ασέλ. אָצַל

[Aq. ZA. 14. 5.]

'Ασελδώ. אַשְׁדּוֹד

Jo. 11. 22 (B) (Luc. Ασεδδωδ).

'Ασελμωνά, 'Ασελμώνα. (1) חַשְׁמֹנָה

Luc. [Σελμωνα].

Nu. 33. 29 (A F), 30 (A F).

(2) עַצְמוֹן

Nu. 34. 5 (F) (Samar. [Samaritan]).

(3) עַצְמֹנָה

Nu. 34. 4 (A F).

'Ασελχά. סַלְכָה

Jo. 12. 5 (A) (Luc. Σελχα).

'Ασέμ, "Ασεμ. (1) חֻשִׁם

II Es. 2. 19 (B) (Luc. Ασωμ).

(2) עֶצֶם

Jo. 15. 29 (A) (Luc. Αδεμ).

'Ασεμώνα, 'Ασεμωνά. (1) חַשְׁמֹנָה

[Al. NU. 33. 29, 30.]

(2) עַצְמוֹן

Nu. 34. 5 (B) (Samar. [Samaritan]) (Luc. Ασελμωνα).

(3) עַצְמֹנָה

Nu. 34. 4 (B) (Luc. Ασελμωνα) (*Lugd.* Semona): Jo. 15. 4 (A).

'Ασέν. abest in Heb.

II Es. 17 (Ne. 7). 24 (S) (Luc. Ασσομ).

'Ασενά. אַסְנָה

II Es. 2. 50 (Luc. Ασεννα).

'Ασενέθ. אָסְנַת

Ge. 41. 45 (E) (Luc. Ασσενεθ).

'Ασεννά. אַשְׁנָה

Jo. 15. 43 (A) (Luc. Ασαννα).

'Ασενναῖος. [הַ]סִּינִי

Ge. 10. 17: I Ch. 1. 15 (A) (Luc. Ασεννει) (Joseph. Σειναῖος, 'Ασενναῖος).

'Ασενναφάρ. אָסְנַפַּר

II Es. 4. 10 (B) (Luc. Σαλμανασσάρης).

Ἀσεννέθ. אָסְנַת

Luc. Ασσενεθ: Joseph. Ἀσέννηθις.
Ge. 41. 45 (A), 50: 46. 20 (*Lugd.* Asednec).

Ἀσεργαδδά. חֲצַר גַּדָּה

Jo. 15. 27 (A).

Ἀσερεί. אַסִּיר

I Ch. 6. 23 (8) (B) (Luc. Ασηρ).

Ἀσερειήλ. אַשְׂרִיאֵל

I Ch. 7. 14 (B) (Luc. Εσριηλ).

Ἀσερημά. aliter in Heb.

Je. 31 (48). 32 (A) (שבמה) (Luc. Σεβημα).

Ἀσερναίν (-αείν). חֲצַר עֵינָן

Nu. 34. 9 (A F), 10 (A B$^{a?b}$ F) (*Mon.* Aserennen).

Ἀσερσαθά. aliter in Heb.

II Es. 17 (Ne. 7). 65 (B) (התרשתא) (Luc. Αθαρασθας).

Ἀσερσουσίμ. חֲצַר סוּסָה

Jo. 19. 5 (A) (Luc. A[σα]ρσουσιν).

Ἀσερώμ (A), Ἀσερών (B). חֶצְרוֹן

Jo. 15. 25 (Luc. Εσρωμ).

Ἀσεττά. הַשִּׁטָּה

[**Aq.** Jd. 7. 22.]

Ἀσεφῆραθ (B), Ἀσεφόραθ (A). הַסֹּפֶרֶת

II Es. 2. 55 (Luc. Ασωφερεθ).

Ἀσεών. עֶצְיוֹן

III Ki. 22. 49 (A) (Luc. *om.*) (*Lucc.* Asion).
[**Aq.** III Ki. 22. 49.]

Ἀσή. אָשֵׁר

Nu. 7. 72 (A*) (Luc. Ασηρ).

Ἀσηδώθ, Ἀσηδώθ. (1) אַשְׁדּוֹד

Jo. 11. 22 (F) (Luc. Ασεδδωδ): 15. 46 (B) (Luc. Εσδωδ).

(2) אַשְׁדֹּת, אַשְׁדּוֹת

De. 3. 17 (*Lugd.* Asedot): 4. 49: Jo. 12. 3 (A F) (Luc. Μεσιδωθ).

(3) אֲשֵׁדוֹת

Jo. 10. 40 (Luc. Ασιδωθ): 12. 8 (B F): 13. 20 (Luc. Ασιδωθ).

(4) חֲצֵרִים

De. 2. 23 (B) (Luc. Ασηρωθ) (*Lugd.* Asaroth).

Ἀσήλ, Ἄσηλ. (1) אוּזָל

Ez. 27. 19 (B Q [sub ※ Q?]).

(2) אָצַל

[**Th.** Za. 14. 5.]

(3) יַחְצְאֵל

Nu. 26. 48 (B^{ab}) (Luc. Ασιηλ).

(4) עֲשָׂהאֵל

II Es. 10. 15 (B) (Luc. Ασσαηλ).

(5) aliter in Heb.

I Ch. 8. 39 (B) (עשק) (Luc. Ασεκ).

Ἀσηλεί. יַחְצְאֵלִי

Nu. 26. 48 (B^{ab}) (Luc. Ασιηλι).

Ἀσήμ. חָשֻׁם

II Es. 10. 33 (A) (Luc. Ασσημ).

Ἀσήρ. (1) אַסִּיר

Ex. 6. 24 (A) (Samar. ࠀࠎࠉࠓ).

(2) אָשֵׁר

Joseph. Ἄσηρος.
Ge. 30. 13: 35. 26: 46. 17: 49. 20: Ex. 1. 4 (A^{1}B): Nu. 1. 13, 40, 41: 2. 27 *bis*: 7. 72 (A^{1}B F): 10. 26: 13. 14 (13): 26. 28 (44), 30 (46), 31 (47): 34. 27: De. 27. 13: 33. 24 *bis*: Jo. 17. 7 (A), 10 (A), 11: 19. 24, 31, 34 (Luc. Μανασση): 21. 6 (A B$^{a?}$), 30: Jd. 1. 31: 5. 17: 6. 35: 7. 23: III Ki. 4. 16 (A) (Luc. *om.*): I Ch. 2. 2: 6. 62 (47), 74 (59) (A^{a}B): 7. 30, 40: 12. 36: II Ch. 30. 11: Ez. 48. 2, 3, 34.
[**Aq.** III Ki. 4. 16.]

(3) אָשֵׁרִי

Jd. 1. 32.

(4) aliter in Heb.

[**Al.** Dt. 2. 18 (ער).]

(5) abest in Heb.

Ez. 48. 34 (adnot Q^{mg}).

(6) in libr. apocr.

To. 1. 2 (A B).

Ἀσηράν. aliter in Heb.

I Ch. 4. 6 (B) (אחשתרי) (Luc. Αεσθουρει).

Ἀσηρώθ. (1) חֲצֵרֹת, חֲצֵרוֹת

Nu. 11. 35, 35 (A B$^{1?a?}$ F) (Joseph. Ἐσερμώθ): 13. 1 (12. 16): 33. 17 (A^{a}B F) (*Lugd.* Atheroth), 18 (A^{a} B F).
[**Aq., Sm.** Dt. 1. 1.]

(2) חֲצֵרִים

De. 2. 23 (A F).

(3) aliter in Heb.

I Ch. 6. 71 (56) (B) (עשתרות) (Luc. Ασταρωθ).

Ἀσθαρώθ. עַשְׁתֹּרֶת

[**Aq.** IV Ki. 23. 13 (Bi.).]

Ἀσθαρώμ. עַשְׁתָּרוֹת

Jo. 13. 31 (A) (Luc. Ασταρωθ).

Ἀσθηρά. אֲחַשְׁתָּרִי

I Ch. 4. 6 (A) (Luc. Αεσθουρει).

Ἀσθηρού. aliter in Heb.

II Es. 4. 6 (B) (אחשורוש) (Luc. Ἀσσυῆρος).

Ἀσιά, Ἀσία. (1) יְשִׁיָּה

I Ch. 24. 25 (A) (Luc. Ἰωσίας).

(2) עֲשָׂיָה

I Ch. 4. 36 (B) (Luc. Ασαια).

(3) in libr. apocr.

I Ma. 8. 6: 11. 13 *bis*: 12. 39: 13. 32: II Ma. 3. 3: 10. 24: III Ma. 3. 14: IV Ma. 3. 20.

Ἀσιβίας. in libr. apocr.

I Es. 9. 26 (A) (= מלכיה Ezr. 10. 25) (Luc. Μελχιας).

Ἀσιδαῖοι (-σειδ.) (-δεοι). in libr. apocr.

I Ma. 2. 42: 7. 13 (A S^{1} V): II Ma. 14. 6.

Ἀσιήλ (-σει.). (1) יַחְצְאֵל

Ge. 46. 24 (Luc. Ιασβηλ) (*Lucc.* Masiel) (Joseph. Ἐλίηλος, Ἀσίηλος): Nu. 26. 48 (A F).

(2) יַעֲשִׂיאֵל

I Ch. 27. 21 (A) (Luc. Ιασσιηλ).

(3) עֲשִׂיאֵל

I Ch. 4. 35.

(4) in libr. apocr.

To. 1. 1.

Ἀσιηλί. יַחְצְאֵלִי

Nu. 26. 48 (A F).

Ἀσιμάθ, *vid.* Ἀσειμάθ.

Ἀσιμώθ, *vid.* Ἀσειμώθ.

Ἀσίφ. aliter in Heb.

III Ki. 4. 18 (19) (A [νασιφ(ε impr) A?]) (נציב) (Luc. Νασειβ).

Ἀσκάλων (-ῶνα, -ῶναν, -ῶνος, -ῶνι).

(1) אַשְׁקְלוֹן

Jd. 1. 18: 14. 19: I Ki. 6. 17: II Ki. 1. 20: Am. 1. 8: Ze. 2. 4, 7: Za. 9. 5 *bis*: Je. 29 (47). 5, 7: 32. 6 (25. 20).
[**Aq., Sm.** Je. 47 (29). 5.]

(2) עֶקְרוֹן

I Ki. 5. 10, 10 (B): 6. 16 (B): 7. 14 (B) (Luc. Ακκαρων): 17. 52.

(3) in libr. apocr.

Ju. 2. 28: I Ma. 10. 86 (S V): 11. 60: 12. 33.

Ἀσκαλωνείτης (-νίτ.). (1) אַשְׁקְלוֹנִי

Jo. 13. 3.

(2) עֶקְרֹנִי

I Ki. 5. 10.

Ἀσκαναζαῖος. אַשְׁכְּנַז

Je. 28 (51). 27 (Q) (Luc. Ἀσχαναζαίοι).

Ἀσμοδαῖος (-δεος) (A S), Ἀσμόδαυς (accus. -αυν). in libr. apocr.

To. 3. 8, 17.

Ἀσμόδεος, *vid.* Ἀσμοδαῖος.

Ἀσμώθ. עַזְמָוֶת

II Ki. 23. 31 (A B^{b}) (Luc. Αζελμων): I Ch. 12. 3 (B S): 27. 25 (B): II Es. 2. 24 (B) (Luc. Αμωθ).

Ἀσνά. אַשְׁנָה

Jo. 15. 33 (A).

Ἀσόβ. aliter in Heb.

I Ch. 7. 12 (A) (חשם) (Luc. Ιεσσουδ).

Ἀσοβαέσδ. יוּשַׁב חֶסֶד

I Ch. 3. 20 (Luc. Ιωσαβεε).

Ἀσόμ, Ἄσομ. (1) אֹצֶם

I Ch. 2. 15 (Luc. Ασαμ) (*Lucc.* Asomn), 25 (A) (Luc. Ασωμ).

(2) חוּשָׁם

I Ch. 1. 45, 46.

(3) חֻשִׁים

Ge. 46. 23 (Joseph. Οὖσις).

(4) חֻשָׁם

Ge. 36. 34 (A D), 35 (A D).

(5) עֶצֶם

Jo. 15. 29 (B) (Luc. Αδεμ): 19. 3 (A) (Luc. Ιασομ).

(6) aliter in Heb.

Jo. 12. 19 (B) (חצור) (Luc. Ασσωρ).

(7) abest in Heb.

Jb. 42. 17 d (B S).

(8) in libr. apocr.

I Es. 9. 33 (= חשם Ezr. 10. 33) (Luc. Ασσομ).

Ἀσόρ. חָצוֹר

Jo. 19. 37 (Luc. Ιεσωρ).

Ἀσορδάν. אֵסַר־חַדֹּן

Luc. Αχορδαν.
IV Ki. 19. 37: Is. 37. 38 (A B S$^{c.b}$ Q*) (Joseph. Ἀσαραχόδδας).

Ἀσοριωνάιν. חָצוֹר וְיִתְנָן

Jo. 15. 23 (B) (Luc. Ασωρ καὶ Ιθναν).

Ἀσουά. aliter in Heb.

II Es. 10. 29 (S) (ישוב) (Luc. Ιασουβ).

Ἀσούβ. חַשּׁוּב

II Es. 13 (Ne. 3). 11, 23 (A B S^{1} [A superscr]): 20. 23 (Ne. 10. 24) (A): 21 (Ne. 11). 15.

'Ασουβέ. חֲשֻׁבָה

I Ch. 3. 20 (B) (Luc. Λασαβαθ).

'Ασούηρος. (1) aliter in Heb.

Da. TH. 9. 1 (A¹ B) (אחשורוש) (*Lucc.* Asieri [genit.]).

(2) in libr. apocr.

To. 14. 15 (A).

'Ασούθ. aliter in Heb.

II Es. 20. 23 (Ne. 10. 24) (B S) (חשוב) (Luc. Ασουβ).

'Ασουιά. aliter in Heb.

II Es. 17 (Ne. 7). 47 (B) (סיעא) (Luc. 'Ιωσίας).

'Ασούμ. חָשֻׁם

II Es. 2. 19 (A) (Luc. Ασωμ).

'Ασούρ, 'Ασούρ. (1) אַשּׁוּר

Ge. 10. 22 (E): II Es. 4. 2 (A) (Luc. 'Ασσύριοι).
[Sm. Is. 52. 4.]

(2) in libr. apocr.

I Es. 5. 31 (= חרחור Ezr. 2. 51: Ne. 7. 53) (Luc. Αρουαρ).

'Ασουρίμ. אַשּׁוּרִם

Ge. 25. 3 (A) (Luc. Ασσουριειμ) (Joseph. "Ασσουρις).

'Ασουφά (A), 'Ασουφέ (B). חֲשׂוּפָא

II Es. 2. 43 (Luc. Ασουφατ).

'Ασρώμ. חֶצְרֹן

Ge. 46. 12 (A) (Luc. Εσρωμ) (Joseph. 'Εσρών, Νεσρών) (*Lugd.* Esrhom; *Lucc.* Esrom): Nu. 26. 6 (A) (Luc. Ασρων).

'Ασρών, 'Ασρών. (1) אֵלוֹן

Ge. 46. 14 (A) (Luc. Αλλων).

(2) חֶצְרֹן

Ge. 46. 9 (Joseph. 'Ασσαρών, 'Εσσαρών) 12 (*D*) (Luc. Εσρωμ): Ex. 6. 14 (σρ sup ras in A^a) (Luc. Ασρωμ): Nu. 26. 6 (B F), 17 (21) (B F).

'Ασρωνεί (-νί). חֶצְרֹנִי, חֶצְרוֹנִי

Nu. 26. 6 (*Lugd.* Asroma), 17 (21) (Luc. Α[σ]ρωνι).

'Ασσά. אַשְׁנָה

Jo. 15. 33 (B) (Luc. Ασνα).

'Ασσαθών. אֶשְׁתּוֹן

Luc. Εσσαθων.
I Ch. 4. 11, 12 (A).

'Ασσαμίας. in libr. apocr.

I Es. 8. 54 (55) (B) (= חשביה Ezr. 8. 24) (Luc. 'Ασαβίας).

'Ασσανά. in libr. apocr.

I Es. 5. 31 (B) (= אסנה Ezr. 2. 50: abest in Ne. 7. 52) (Luc. Ασεννα).

'Ασσάρ. הַר שֵׂעִיר

Jo. 15. 10 (B*) (Luc. ὄρος Σειρ).

'Ασσαρέι. אֶדְרֶעִי

Jo. 19. 37 (B) (Luc. Αδραει).

'Ασσάρες. הַר שֵׂעִיר

Jo. 15. 10 (B^ab) (Luc. ὄρος Σειρ).

'Ασσαρθαθά. aliter in Heb.

II Es. 7. 11 (B) (ארתחשסתא) (Luc. 'Αρταξέρξης).

'Ασσάφ. אָסָף

I Ch. 16. 5 (S) (Luc. Ασαφ).

'Ασσαφείωθ. in libr. apocr.

I Es. 5. 33 (B) (= הספרת Ezr. 2. 55: ספרת Ne. 7. 57) (Luc. Ασωφερεθ).

'Ασσείας. in libr. apocr.

I Es. 9. 22 (B) (= מעשיה Ezr. 10. 22) (Luc. Μαασσιας).

'Ασσήρ. in libr. apocr.

To. 1. 2 (S).

'Ασσόμ. abest in Heb.

Jb. 42. 17 d (A).

'Ασσουῆρος. אֲחַשְׁוֵרוֹשׁ

II Es. 4. 6 (A) (Luc. 'Ασσυῆρος): Da. TH. 9. 1 (A* salt Q).

'Ασσούρ, 'Ασσούρ. (1) אַשּׁוּר

Ge. 10. 11, 22 (A) (Luc. Ασουρ) (Joseph. 'Ασσούρας): Nu. 24. 24 (*Lugd.* Asur): I Ch. 1. 17: 5. 26 *bis* (Luc. 'Ασσύριοι): II Ch. 28. 16 (Luc. 'Ασσύριοι), 20, 21: 30. 6 (Luc. 'Ασσύριοι): 32. 4 (Luc. 'Ασσύριοι), 7, 11, 21, 22 (B): 33. 11 (Luc. 'Ασσύριοι): II Es. 4. 2 (B) (Luc. 'Ασσύριοι): 6. 22 (Luc. 'Ασσύριοι): 19 (Ne. 9). 32 (Luc. Ασουρ): Ps. 82 (83). 9: Ho. 11. 5: 14. 4: Mi. 5. 5 (4) (B) (Luc. 'Ασσύριος), 6 (5) *bis*: Is. 31. 8: Je. 2. 36: 27 (50). 17, 18: La. 5. 6: Ez. 16. 28 (B Q Γ): 27. 23: 31. 3: 32. 22.
[Aq., Sm., Th. Ps. 82 (83). 9: Is. 19. 24.]

(2) אֲשֶׁר

I Ch. 5. 6 (Luc. 'Ασσύριοι).

(3) חָצֹר

III Ki. 10. 23 (9. 15) (B) (Luc. Ασσουδ).

(4) שׁוּר

I Ki. 15. 7 (B) (?השור) (Luc. Σουδ).

(5) aliter in Heb.

Ez. 32. 29 (B) (אדום ?).
[Th. Ez. 32. 29 (Sw.) (נשיאיה).]

(6) abest in Heb.

III Ki. 2. 35 i (Luc. Ασουδ): 9. 15 (A) (? = חצר infr) (Luc. *om.*): Ez. 32. 30 (אשר seq).

(7) in libr. apocr.

Ju. 2. 14 (7), 28 (B* S*): 5. 1: 6. 1, 17 (13): 7. 17 (10), 20 (11), 24 (13): 12. 13 (12): 13. 15 (19): 14. 2, 3, 12, 19 (17): 15. 6 (7): 16. 3 (5).

'Ασσουριείμ. (1) אַשּׁוּרִם

Ge. 25. 3 (*D* [Α.σο.ριειμ D]).

(2) abest in Heb.

I Ch. 1. 32 (A) (Luc. *om.*).

'Ασσουριήλ. אַשּׁוּרִם

Ge. 25. 3 (E) (Luc. Ασσουριειμ).

'Ασσύηρος. in libr. apocr.

To. 14. 15 (S^c.a).

'Ασσύριος. (1) אַשּׁוּר

Ge. 2. 14: 25. 18: Nu. 24. 22 (A B^ab F) (*Lugd.* Asyrii): IV Ki. 15. 19, 20 *bis*, 29, 29 (A sup ras A¹): 16. 7, 8 (A), 9, 9 (B), 10, 18: 17. 3 (*Vind.* Asyriorum), 4 *ter*, 5, 6 (A B^b?mg), 6, 23, 24, 26, 27: 18. 7, 9, 11 *bis*, 13, 14 *bis*, 16, 17 (B), 19, 23, 28, 30, 31, 33: 19. 4, 6, 8, 10, 11, 17, 20, 32, 35, 36: 20. 6: 23. 29: II Ch. 32. 1, 9, 10, 22 (A): Ho. 5. 13: 7. 11: 8, 9: 9. 3: 10. 6: 11. 11: 12. 1 (2): 13. 7: Mi. 5. 5 (4) (A Q): 7. 12: Na. 3. 18: Ze. 2. 13: Za. 10. 10, 11: Is. 7. 17, 18, 20: 8. 4, 7 (Ασσ sup ras 4 fort litt A¹): 10. 5 (οις sup ras S¹), 12, 24: 11. 11: 14. 25: 19. 23, 23 (ι sup ras B^ab), 23 *bis*, 24, 25: 20. 1 (A B S Q Γ [?]), 4, 6: 23. 13: 27. 13: 30. 31: 36. 1, 2, 4, 8, 13 (A B S^c Q Γ), 15, 16, 18 (σσυρι sup ras A^a): 37. 4, 6, 8 (B O), 10 (A B O Q), 11, 18, 21, 33, 36, 37: 38. 6: 52. 4: Je. 2. 18: Ez. 23. 5, 7, 9, 12, 23.
[Aq. Is. 7. 20: 8. 4: 11. 11: 37. 6, 8: Mi. 7. 12.]
[Sm. Is. 37. 6: Mi. 7. 12.]
[Th. Is. 7. 20: 11. 11: 37. 6, 8: Mi. 7. 12.]

(2) aliter in Heb.

Am. 3. 9 (אשדוד): Je. 42 (35). 11 (ארם): Ez. 32. 29 (A) (אשר).

(3) abest in Heb.

II Ch. 35. 20: Ps. 75 (76). 1 (B R): 79 (80). 1 (B R T): Ho. 8. 13 (cf. 9. 3): Jl. 2. 25 (adnot Q^mg): Is. 36. 13 (S*): 37. 8 (A S O Q).

(4) in libr. apocr.

I Es. 5. 66 (69) (= אשור Ezr. 4. 2): 7. 15 (= אשור Ezr. 6. 22): Si. 48. 21 (24): Ju. 1. 1 (5^a), 7 (7^b), 11: 2. 1, 4: 4. 1: 7. 18: 8. 9: 9. 7 (6): 10. 11: To. 1. 2, 3, 10 (11) (S), 22 (25) (S): 14. 4 (6) (S): III Ma. 6. 5: IV Ma. 13. 9 (A^1?a? [ας superscr] S V).

"Ασσυρος. aliter in Heb.

Is. 17. 3 (A¹) (ארם).

'Αστaά. in libr. apocr.

I Es. 5. 13 (A [αα']) (= עזגד Ezr. 2. 12: Ne. 7. 17) (Luc. Αζγαδ).

'Ασταγώθ. עַשְׁתָּרֹת

Jo. 9. 16 (10) (B^b) (Luc. Ασταρωθ).

'Αστάδ. aliter in Heb.

Luc. Αζγαδ.
II Es. 8. 12 (B) (עזגד): 17 (Ne. 7). 17 (S) (עזגד): 20. 15 (Ne. 10. 16) (S).

'Αστάθ. in libr. apocr.

I Es. 8. 38 (41) (= עזגד Ezr. 8. 12) (Luc. Αζγαδ).

'Ασταρθά. aliter in Heb.

II Es. 6. 14 (B) (ארתחששתא) (Luc. 'Αρταξέρξης).

'Ασταρτεῖον (-τιον). בֵּית עַשְׁתָּרוֹת

I Ki. 31. 10.

'Αστάρτη, 'Αστάρται. (1) עַשְׁתָּרוֹת

Jd. 2. 13.

(2) עַשְׁתֹּרֶת

III Ki. 11. 5 (A), 6 (5), 33 (Ασ sup ras A¹): IV Ki. 23. 13.

(3) aliter in Heb.

II Ch. 15. 16 (אשרה): 24. 18 (אשרים).

(4) abest in Heb.

Jo. 24. 33 b.

'Αστάρτιον, *vid.* **'Ασταρτεῖον.**

'Ασταρώθ, αἱ. (1) עֲטָרוֹת, עֲטָרֹת

Luc. Αταρωθ.
Nu. 32. 34 (F^1vid) (*Lugd.* Aseroth): Jo. 16. 5 (B), 7 (B).

(2) עַשְׁתָּרוֹת, עַשְׁתָּרֹת

Ge. 14. 5 (A): De. 1. 4: Jo. 9. 16 (10) (A B* F): 12. 4: 13. 12, 31 (B): Jd. 10. 6: I Ki. 7. 4.
[Aq. I Ki. 7. 4: 31. 10.]
[Al. I Ki. 7. 3: 12. 10.]

(3) abest in Heb.

Jo. 24. 33 b.

'Ασταρωθεί (-θί). עַשְׁתְּרָתִי

I Ch. 11. 44 (A B) (Luc. Εσθαρωθι).

'Αστατωθεί. aliter in Heb.

II Ki. 21. 18 (B) (חשתי) (Luc. Χετταῖος).

'Ασταώλ. אֶשְׁתָּאוֹל

Jo. 15. 33 (B) (Luc. Ασθαωλ).

'Αστερώθ. עַשְׁתָּרֹת

Ge. 14. 5 (E) (Luc. Ασταρωθ).

'Αστίν.

Luc. Ουαστιν: Joseph. "Αστη, Οὐάστη.

(1) וַשְׁתִּי

Es. 1. 9, 12 (A B S$^{c.a}$ [superscr]), 15, 16 (pr asterisc S$^{c.a}$), 19 (S*): 2. 1, 4.

[Al. Es. 2. 1.]

(2) aliter in Heb.

Es. 1. 13 (המלך).

'Αστρών. חֶצְרֹן

Nu. 26. 17 (21) (Luc. Ασρων).

'Αστυάγης. in libr. apocr.

Da. TH. Bel 1.

'Ασυβήρ. אַשְׁבֵּל

Nu. 26. 42 (38) (Samar. [Samaritan]) (Luc. Ασουβηρ) (*Lugd.* Asybel).

'Ασυβηρεί (-ρί). אַשְׁבֵּלִי

Nu. 26. 42 (38) (Samar. [Samaritan]) (Luc. Ασουβηρι) (*Lugd.* Asybel).

'Ασύερος (S$^{c.a}$), 'Ασύηρος (B). in libr. apocr.

To. 14. 15.

'Ασύριος. אַשּׁוּר

Is. 37. 10 (S$^{c.b}$).

'Ασφά. חֲשֻׂפָא

II Es. 17 (Ne. 7). 46 (B) (Luc. Ασουφα).

'Ασφάλ. in libr. apocr.

I Ma. 9. 33 (A).

'Ασφανέζ. אַשְׁפְּנַז

Da. TH. 1. 3.

[Th. Da. 1. 3.]

'Ασφάρ. in libr. apocr.

I Ma. 9. 33 (S V).

'Ασφάρασος. in libr. apocr.

I Es. 5. 8 (=מספר Ezr. 2. 2: מספרת Ne. 7. 7) (Luc. Μασφαρ).

"Ασχα, 'Ασχά (-αν, -ας). (1) עַכְסָה

Luc. "Αχσα.

Jo. 15. 16 (B), 17 (B): Jd. 1. 12 (A B$^{ab\ mg}$), 13 (A B$^{ab\ mg}$): I Ch. 2. 49 (B) (Luc. Οξα).

(2) שׁוּחָה

I Ch. 4. 11 (Luc. Σουα).

(3) abest in Heb.

Jd. 1. 15.

'Ασχαζεί. aliter in Heb.

Jd. 1. 31 (B) (אכזיב).

'Ασχανάζ. אַשְׁכְּנַז

Ge. 10. 3 (Joseph. 'Ασχανάζης) (*Lucc.* Agganaz): I Ch. 1. 6 (B).

'Ασχανάζεος (-αῖος). אַשְׁכְּנַז

Je. 28 (51). 27 (A B S).

'Ασχενδεί. aliter in Heb.

Jd. 1. 31 (A) (אכזיב) (Luc. Ασχαζει).

'Ασχενέζ. אַשְׁכְּנַז

I Ch. 1. 6 (A) (Luc. Ασχαναζ).

[Sm. Je. 51 (28). 27.]

'Ασχούρ. אַשְׁחוּר

I Ch. 4. 5 (A) (Luc. Ασσωρ).

'Ασχώ. aliter in Heb.

I Ch. 2. 24 (B) (אשחור) (Luc. Ασσωρ).

'Ασώβ. חַשּׁוּב

I Ch. 9. 14 (Luc. Ασουβ).

'Ασωθείτης. חֻשָׁתִי

II Ki. 23. 27 (Luc. Χεθθι).

'Ασωθί. חֻשָׁתִי

I Ch. 11. 29 (A) (Luc. Ωσαθι).

'Ασώμ. abest in Heb.

Jb. 42. 17 d (C).

'Ασωναῖος (B), 'Ασώνάος (A). עֶצְנוֹ*, עֶצְנִי (ק״)

II Ki. 23. 8 (Luc. *om.*).

'Ασωνείν. abest in Heb.

I Ch. 1. 32 (A) (Luc. *om.*).

'Ασώρ, 'Ασώρ, ἡ. (1) חָצוֹר

Jo. 11. 1, 10 *bis*, 11, 13: 12. 19 (A) (Luc. Ασσωρ): 15. 25: 19. 36: Jd. 4. 2 (Joseph. 'Ασώρ, "Ασωρος) (*Lucc.* Astaroth), 17: I Ki. 12. 9: IV Ki. 15. 29: II Es. 21 (Ne. 11). 33 (S$^{c.a\ mg\ inf}$).

(2) aliter in Heb.

Jo. 15. 21 (B) (יגור) (Luc. Ιαγουρ).

(3) in libr. apocr.

I Ma. 11. 67 (S).

'Ασωρών. חֶצְרוֹן

Jo. 15. 3 (B) (Luc. Εσρων).

'Ατάδ. אָטָד

Ge. 50. 10 (A B F) (*Lugd.* Atae [genit.]), 11 (A B^a F) (*Lugd.* Atat).

'Αταείμ. aliter in Heb.

I Ch. 4. 23 (A) (נטעים) (ν praec.) (Luc. Εταειμ).

'Αταμεί. aliter in Heb.

I Ch. 4. 19 (B) (הגרמי) (Luc. ὁ Γαρμει).

'Ατάρ. in libr. apocr.

I Es. 5. 28 (29) (A) (=אטר Ezr. 2. 42: Ne. 7. 45) (Luc. Αζηρ).

'Αταρά. עֲטָרָה

I Ch. 2. 26 (B).

'Αταραί. aliter in Heb.

I Ch. 11. 38 (A) (הגרי) (Luc. Αγηρι).

'Αταρξέρξης. אֲחַשְׁוֵרוֹשׁ

Es. 3. 12 (A*) (Luc. 'Ασσυῆρος).

'Αταρώθ. עֲטָרוֹת, עֲטָרֹת

Nu. 32. 3 (B F) (*Mon.* Adaroch) (*Lugd.* Adaroth), 34 (A B F*) (*Mon.* Atroth): Jo. 16. 5 (A), 7 (A): 18. 13 (A): I Ch. 2. 54 (Luc. Αταρω).

'Αταρών. עֲטָרוֹת

Nu. 32. 3 (A) (Luc. Αταρωθ).

'Ατάτ. אָטָד

Luc. Αταδ.

Ge. 50. 10 (*D*), 11 (*D*).

'Αταφούτ. תַּפּוּחַ

Jo. 12. 17 (B [τ 2° sup ras B^a]) (Luc. Θαπφου).

'Ατειά. aliter in Heb.

II Es. 2. 57 (B) (חטיל) (Luc. Αττιλ).

'Ατειτά (-τιτ.). חֲטִיטָא

Luc. Αζιζα.

II Es. 2. 42 (A): 17 (Ne. 7). 45.

'Ατειφά (-τιφ.).

Luc. Ατουφα.

(1) חֲטִיפָא

II Es. 2. 54 (A): 17 (Ne. 7). 56.

(2) in libr. apocr.

I Es. 5. 32 (=חטיפא Ezr. 2. 54: Ne. 7. 56).

'Ατεργάτιον. in libr. apocr.

II Ma. 12. 26.

'Ατήρ.

Luc. Αζηρ.

(1) אָטֵר

II Es. 2. 16 (Luc. Αζερ), 42 (B): 17 (Ne. 7). 21, 45: 20. 17 (Ne. 10. 18) (A).

(2) abest in Heb.

II Es. 17 (Ne. 7). 45 (B).

(3) in libr. apocr.

I Es. 5. 15 (A) (=אטר Ezr. 2. 16: Ne. 7. 21).

'Ατητά. (1) חֲטִיטָא

II Es. 2. 42 (B (Luc. Αζιζα).

(2) in libr. apocr.

I Es. 5. 28 (29) (A) (=חטיטא Ezr. 2. 42: Ne. 7. 45) (Luc. Αζιζα).

'Ατθαράτης. in libr. apocr.

I Es. 9. 49 (50) (A) (=התרשתא Ne. 8. 9) (Luc. Αθαρασθας).

'Ατθαρίας. in libr. apocr.

I Es. 5. 40 (=התרשתא Ezr. 2. 63: Ne. 7. 65) (Luc. Αταρασθας).

'Ατιτά, *vid.* 'Ατειτά.

'Ατιφά, *vid.* 'Ατειφά.

'Ατούθ. aliter in Heb.

II Es. 13 (Ne. 3). 10 (B S) (חטוש) (Luc. Αττους).

'Ατούς. חַטּוּשׁ

II Es. 20. 4 (Ne. 10. 5) (S$^{c.a}$) (Luc. Αττους).

'Ατουφά. חֲטִיפָא

II Es. 2. 54 (B).

"Ατταλος. in libr. apocr.

I Ma. 15. 22.

'Αττάν. abest in Heb.

I Ch. 6. 59 (44) (B) (Luc. *om.*).

'Ατταρατή. in libr. apocr.

I Es. 9. 49 (50) (B) (=התרשתא Ne. 8. 9) (Luc. Αθαρασθας).

'Αττείν. שִׁטִּים

Jo. 3. 1 (F) (εκαττειν) (Luc. Σαττειμ).

'Αττήρ. אָטֵר

II Es. 2. 42 (A) (Luc. Αζηρ).

'Αττίλ. חַטִּיל

II Es. 2. 57 (A).

'Αττούς. (1) חַטּוּשׁ

II Es. 8. 2 (A): 20. 4 (Ne. 10. 5) (A): 22 (Ne. 12). 2 ($^{c.a\ (mg)}$).

(2) in libr. apocr.

I Es. 8. 29 (32) (A) (=חטוש Ezr. 8. 2).

Αὑά, Αὐά, Αὗα, Αὖα (-ας). (1) חַוָּה

[Aq. Ge. 3. 21 (20).]

(2) עִוָּה

IV Ki. 18. 34 (A) (Luc. *om.*).

(3) aliter in Heb.

I Ch. 2. 3 (B*) (שוע) (ς praec.) (Luc. Σουε).

Αὐάθ.

Joseph. Γαλβουάθ.

נָיוֹת, נָוִית* (ק״)

I Ki. 19. 18 (B) (ν praec.), 19 (B) (ν praec.), 22 (B) (ν praec.), 23 (B) (ν praec.), 23 (B): 20. 1 (B).

Αὑαράν. in libr. apocr.

I Ma. 2. 5 (Joseph. Αὐράν, Αὐρόν): 6. 43 (V).

Αὐαρίς. אֲרוֹדִי
Ge. 46. 16 (*D*) (Luc. Ορροδεις).

Αὐγία. in libr. apocr.
I Es. 5. 38 (abest in Ezr. 2. 61 : Ne. 7. 63) (Luc. Αυγεια).

Αὐείμ. (1) עַוִּים
Jo. 18. 23 (A).
(2) עִיִּים
Jo. 15. 29 (A).

Αὐηλμαρωδά. אֱוִיל מְרֹדַךְ
[**Sm.** Je. 52. 31.]

Αὔν. (1) אוֹן
Nu. 16. 1 (B) (Luc. Αμναν).
(2) אָוֶן
[**Sm., Th.** Ez. 30. 17.]

Αὐνάν. (1) אוֹן
Nu. 16. 1 (A F) (Luc. Αμναν).
(2) אוֹנָן
Ge. 38. 4, 8, 9 : 46. 12 *bis* : Nu. 26. 15 (19) *bis* : I Ch. 2. 3.
(3) עָנֵר
Samar. ࠏࠍࠓ.
Ge. 14. 13, 24 (Joseph. Ἔννηρος).

Αὐράν. in libr. apocr.
I Ma. 6. 43 (S).

Αὐρανεῖτις (-νῖτ.). חַוְרָן
Ez. 47. 16, 18 (Q).

Αὐρανός. in libr. apocr.
II Ma. 4. 40.

Αὐρημώθ. aliter in Heb.
I Ch. 7. 8 (B) (ירימות) (Luc. Ιερμωθ).

Αὐσεῖτις, *vid.* **Αὐσῖτις.**

Αὐσή. הוֹשֵׁעַ
Samar. ࠄࠅࠔࠏ.
Nu. 13. 9 (8), 17 (16).

Αὐσῖτις (-σεῖτ.). (1) עוּץ
Jb. 1. 1.
(2) abest in Heb.
Jb. 32. 2 : 42. 17 b, 17 e (A).

Αὐτά. aliter in Heb.
IV Ki. 19. 13 (A) (עוה) (Luc. *om.*).

Αὐταίας. in libr. apocr.
I Es. 9. 48 (= הודיה Ne. 8. 7) (Luc. Ωδουια).

Αὐτούς. aliter in Heb.
II Es. 13 (Ne. 3). 10 (A) (חטוש) (Luc. Αττους).

Αὐχαῖοι. aliter in Heb.
Jb. 2. 11 (A) (שוחי) (ς praec.).

Αὐχίτης (-χείτ.) (1) aliter in Heb.
Jb. 18. 1 (A) (שחי).
(2) abest in Heb.
Jb. 42. 17 e (A).

Αὐώδ. (1) אֵהוּד
Jd. 4. 1 (B[ab] [superscr υ]) (Luc. Αωδ).
(2) abest in Heb.
Jd. 3. 30 (B[ab] [superscr υ]) (Luc. Αωδ).

Αὐώθ. חַוֹּת
De. 3. 14 (*Lugd.* Aoth) : III Ki. 4. 13 (A) (Luc *om.*).

Ἀφάδ. aliter in Heb.
Je. 30. 12 (49. 23) (S*) (ארפד).

Ἀφαδανώ. אַפַּדְנוֹ
[**Aq.** Da. 11. 45.]

Ἀφαίρεμα (-έρ.). in libr. apocr.
I Ma. 11. 34.

Ἀφακά. אֲפֵקָה
Jo. 15. 53 (A).

Ἀφαλήχ. aliter in Heb.
I Ch. 7. 33 (3) (יפלט) (Luc. Ιαφλετ).

Ἀφαμήδ. aliter in Heb.
I Ch. 2. 37 (B*) (אפלל) (Luc. Ελφαελ).

Ἀφαμήλ. aliter in Heb.
Luc. Ελφαελ.
I Ch. 2. 37 (B[b]) (אפלל), 37 (B) (אפלל).

Ἀφάρ. [הַ]פָּרָה
Jo. 18. 23 (A) (Luc. Αφαρα).

Ἀφαρσαθαχαῖοι. אֲפַרְסַתְכָיֵא
II Es. 4. 9 (A) (Luc. Ἀφαρσταχαῖοι).

Ἀφαρσαῖοι. אֲפָרְסָיֵא *v.* אֲפַרְסָיֵא
II Es. 4. 9 (A) (Luc. Φαρασθαῖοι).

Ἀφαρσακκαῖοι. אֲפַרְסְכָיֵא
II Es. 5. 6 (B) (Luc. Ἀφαρασθαχαῖοι).

Ἀφαρσαχαῖοι. אֲפַרְסְכָיֵא
Luc. Ἀφαρασθαχαῖοι.
II Es. 5. 6 (A) : 6. 6.

Ἀφαρφά. aliter in Heb.
IV Ki. 5. 12 (B*) (פרפר) (Luc. Φαρφαρ).

Ἀφάχ. אֲפִיחַ
I Ki 9. 1 (A*) (Luc. Αφεκ).

Ἄφεθ. יֶפֶת
I Ch. 1. 4 (B* [vid]) (Luc. Ιαφεθ).

Ἀφεικά. aliter in Heb.
II Es. 2. 51 (B) (חקופא) (Luc. Ακουφα).

Ἀφείμ. חֻפִּם
I Ch. 7. 12 (A) (Luc. Ηφαν).

Ἀφέκ. (1) אֲפִיחַ
I Ki. 9. 1 (B) (*Qued.* Aret).
(2) אֲפִיק
Jd. 1. 31 (A).
(3) אֲפֵק
Jo. 12. 18 (A) : 19. 30 : I Ki. 4. 1 (Joseph. Ἀμφεκᾶ, Ἀφεκᾶ) (*Vind.* Apheac) : 29. 1 : IV Ki. 13. 17 (*Vind.* Aseroth).

Ἀφεκά (indecl.; -άν).
Luc. Αφεκκα.
(1) אֲפֵק
III Ki. 21 (20). 26, 30.
(2) אֲפֵקָה
Jo. 13. 4 (A).

Ἄφερ. עֵפֶר
Ge. 25. 4 (ε sup ras D[b]) (Samar. ࠏࠐࠓ) (Luc. Αφειρ) (Syr. ܥܦܪ) (Joseph. Ἀφέρας, Ἐώφρης, Ἰαφέρας) : I Ch. 4. 17 (B) (Luc. Εφερ).

Ἀφεραείμ. חֲפָרַיִם
Jo. 19. 19 (A) (Luc. Αμφαραιμ).

Ἀφέρεμα, *vid.* **Ἀφαίρεμα.**

Ἀφερρά. in libr. apocr.
I Es. 5. 34 (abest in Ezr. 2. 57 : Ne. 7. 59).

Ἀφεσδομμείν. אֶפֶס דַּמִּים
I Ki. 17. 1 (A) (Luc. Αφεσ[δα]μειν).

Ἀφεσή (B), **Ἀφεσσή** (A). aliter in Heb.
I Ch. 24. 15 (הפצץ) (Luc. Αφεσσει) (*Lucc.* Afesor).

Ἀφέχ. aliter in Heb.
Ez. 27. 16 (Q) (נפך) (ν praec.).

Ἀφιέ. יָפִיעַ
II Ki. 5. 15 (A) (Luc. Ιαναθ ?).

Ἀφίχ. אֲפִיחַ
I Ki. 9. 1 (A[1?]) (Luc. Αφεκ).

Ἀφνεί. עָפְנִי
[**Al.** Jo. 18. 24.]

Ἀφρά. עָפְרָה
Jo. 18. 23 (A) (Luc. Αφαρα).

Ἀφρασαῖοι. אֲפָרְסָיֵא *v.* אֲפַרְסָיֵא
II Es. 4. 9 (B) (Luc. Φαρασθαῖοι).

Ἀφρή. חָפְרַע
Je. 51 (44). 30 (S*) (Luc. Ουαφρη).

Ἀφφαίμ. אַפַּיִם
Luc. Ωφειμ.
I Ch. 2. 30 (A) (Syr. ܦܠܛ), 31 (A).

Ἀφφείν. חֻפִּים
I Ch. 7. 15 (A) (Luc. Οφερ).

Ἀχά. סַלְכָה
Jo. 13. 11 (B) (σ praec.) (Luc. Σελχα).

Ἀχαάβ. (1) אַחְאָב
Joseph. Ἄχαβος.
III Ki. 16. 28 (*Vind.* Acab), 29 (*Lucc.* Achab), 29 (A), 30, 33 *bis* : 17. 1 : 18. 1, 2, 3, 5, 6, 9, 12, 16 *bis*, 17 (B), 17, 20, 41, 42, 44 (A[a?]B), 45, 46 : 19. 1 : 20 (21). 1, 2, 3, 4, 8, 15, 16 *bis*, 18, 20, 21, 24, 25, 27, 29 : 21 (20). 2, 13 (A), 14 : 22. 20, 39, 40, 41, 50 (A), 52, 54 (IV Ki. 1. 1), (B* [*bis scr*]) : IV Ki. 1. 1 : 3. 1, 5 : 8. 16, 18 *bis*, 25, 27 *bis*, 27 (A), 28, 29 : 9. 7, 8 *bis*, 9, 25 : 10. 1 *bis*, 10 (*Vind.* Achab), 11, 17, 18, 30 : 21. 3, 13 : II Ch. 18. 1, 2 *bis*, 3, 19 : 21. 6 *bis*, 13 : 22. 3, 4, 5 (B), 6, 7 (B), 8 : Mi. 6. 16.
[**Aq.** III Ki. 22. 50.]
[**Th., Quint.** IV Ki. 8. 29.]
(2) aliter in Heb.
Je. 22. 15 (A) (ארז).
(3) abest in Heb.
III Ki. 20 (21). 28 : 21 (20). 14, 15 (B) : 22. 53 : IV Ki. 1. 18 a, 18 d.

Ἀχαάζ. אָחָז
IV Ki. 16. 2 (A) (Luc. Αχαζ) : Is. 7. 10 (A).

Ἀχαάμ. aliter in Heb.
II Ch. 22. 5 (A) (אחאב) (Luc. *om.*).

Ἀχάβ. aliter in Heb.
II Ch. 28. 1 (A) (אחז) (Luc. Αχαζ).

Ἀχαβάρ. aliter in Heb.
I Ch. 2. 29 (B) (אחבן) (Luc. Ναδαβ).

Ἀχάδ. אַכַּד
Ge. 10. 10 (*D E*) (Luc. Αρχαδ).

Ἀχαδναβού. aliter in Heb.
II Es. 10. 40 (S) (מכנדבי) (Luc. Ναδαβου).

Ἀχάζ. (1) אָחָז
Joseph. Ἄχαζος.
IV Ki. 15. 38 : 16. 1, 5, 7, 8, 10 *bis*, 11, 11 (A), 15, 16 (A), 19, 20 : 17. 1 : 18. 1 : 20. 11 (A) : 23. 12 : I Ch. 9. 42 (B S) (Luc. Αζαζ) : II Ch. 27. 9 (A) : 28. 16 (A), 19, 21 (A), 24, 27 : 29. 19 (A) : Ho. 1. 1 (A Q) : Mi. 1. 1 (A B Q*) : Is. 1. 1 (S Q Γ) : 7. 1, 3, 10 (B S Q Γ), 12 (A B S Γ) : 14. 28 (A B S Q Γ [?]).
[**Aq., Quint.** IV Ki. 16. 11.]
[**Sm.** IV Ki. 16. 11 : Is. 38. 8.]

(2) [יוֹ]אָחָז

IV Ki. 14. 1 (A) (Luc. Ιωαχαζ).

(3) aliter in Heb.

Je. 22. 15 (B S) (ארז) (*Wirc.* Acham [acc.]).

Ἀχαθεί. מַ[עֲ]כָתִי

IV Ki. 25. 23 (B) (Luc. Μαχαθίτης).

Ἀχαί. aliter in Heb.

I Ch. 2. 31 (B) (אחלי) (Luc. Ουλαει).

Ἀχαιά (Ἀχεά). aliter in Heb.

I Ch. 11. 41 (S) (אחלי) (Luc. Σαμααλι): II Es. 21 (Ne. 11). 5 (A) (עדיה) (Luc. Αδαια).

Ἀχαλιά. חֲכַלְיָה

II Es. 11 (Ne. 1). 1 (A S) (Luc. Χελκίας): 20. 1 (Ne. 10. 2) (A).

Ἀχαμανεί (-νί). חַכְמוֹנִי

I Ch. 11. 11 (A B) (Luc. Θεκεμινα) (Joseph. Ἀχέμαιος).

Ἀχαμαννί. חַכְמוֹנִי

I Ch. 11. 11 (S) (Luc. Θεκεμινα): 27. 32 (A) (Luc. Αμαχανι).

Ἀχαμεί. aliter in Heb.

I Ch. 27. 32 (B) (חכמוני) (Luc. Αμαχανι).

Ἀχάν. עָכָן

Luc. Αχαρ.

Jo. 7. 1 (A) (Luc. Αχαν), 18 (A), 19 (A), 20 (A): 22. 20 (A).

Ἀχάρ. (1) עָכוֹר

[**Syr.** Ho. 2. 15 (17).]

(2) עָכָן

Syr. ܥܟܪ.

Jo. 7. 1 (B) (Joseph. Ἄχαρος) (Luc. Αχαν), 18 (B F), 19 (B F), 20 (B F), 24: 22. 20 (B).

(3) עָכָר

I Ch. 2. 7 (Luc. Αχαρ).

(4) aliter in Heb.

I Ch. 11. 35 (B S) (שכר) (*s* praec.) (Luc. Ισσαχαρ).

(5) abest in Heb.

Jo. 7. 25 (B F) (Luc. *om.*).

Ἀχάς. (1) אָחָז

Luc. Αχαζ.

IV Ki. 16. 2 (B), 16 (B): I Ch. 3. 13 (A[1? vel forte a?] B): II Ch. 27. 9 (B): 28. 1 (B), 16 (B), 21 (B): 29. 19 (B): Ho. 1. 1 (B): Mi. 1. 1 (Q^a): Is. 1. 1 (A B).

(2) aliter in Heb.

IV Ki. 15. 30 (B) (עזיה) (Luc. *om.*).

Ἀχασελώθ. הַכְּסֻלּוֹת

Jo. 19. 18 (A).

Ἀχεά, *vid.* Ἀχαιά.

Ἀχεί. אֲחִי[שָׁר]

III Ki. 4. 6 (B) (Luc. Αχιηλ).

Ἀχειά (Ἀχιά). (1) אֲחוֹחַ

I Ch. 8. 4 (B) (Luc. Αωα).

(2) אֲחִיָּה

I Ki. 14. 3 (B) (Joseph. Ἐχίας, Ἀχίας), 18: III Ki. 4. 3: 11. 30: 12. 15: 14. 1 (A), 4 (A): 15. 27, 29 (B), 33: 20 (21). 22: IV Ki. 9. 9: I Ch. 8. 7: 11. 36: II Ch. 9. 29.

[**Aq.** III Ki. 14. 2, 4.]

(3) אֲחִיָּהוּ

III Ki. 14. 5 (A), 6 (A), 18 (A): II Ch. 10. 15 (A[1] B).

[**Aq.** III Ki. 14. 5, 6, 18.]

(4) aliter in Heb.

II Ki. 8. 16 (B) (אחילוד) (Luc. Αχιναaμ) (Joseph. Ἄχιλος): I Ch. 18. 15 (B S) (אחילוד) (Luc. Αχιλουδ).

(5) abest in Heb.

III Ki. 12. 24 h (B) (*Lucc.* Achiabeth), 24 i (B), 24 k (B) *bis*, 24 l (B): 15. 27 (B) (Joseph. Σειδός).

Ἀχείας (Ἀχίας). (1) אֲחִיָּה

III Ki. 11. 29 (Luc. Αχια).

(2) abest in Heb.

III Ki. 11. 29 (Luc. Αχια).

Ἀχειάχαρος, *vid.* Ἀχιάχαρος.

Ἀχείβ. אַכְשָׁף

Jo. 11. 1 (F) (Luc. Χασαφ).

Ἀχειβά. in libr. apocr.

I Es. 5. 31 (B) (= חקופא Ezr. 2. 51: Ne. 7. 53) (Luc. Ακουφα).

Ἀχειήλ (Ἀχιήλ). חִיאֵל

III Ki. 16. 34 (Luc. *om.*).

Ἀχειθάλαμ. abest in Heb.

III Ki. 2. 46 h (Luc. Αχιθαλαμ).

Ἀχεικάθ. aliter in Heb.

IV Ki. 22. 14 (B) (אחיקם) (Luc. Αχεικαμ) (*Lu.* Acican).

Ἀχεικάμ (-χικ.). (1) אֲחִימַן

Nu. 13. 23 (22) (A) (Luc. Αχιμαν).

(2) אֲחִיקָם

IV Ki. 22. 12 (*Luc.* Alchinae): 25. 22 (Joseph. Ἴκαμος, Ἀχίκαμος): II Ch. 34. 20: Je. 33 (26). 24: 46 (39). 14: 47 (40). 5, 11: 48 (41). 1 (Q^{mg}), 2 (Q^{mg}), 10 (A B S[c.a(?)] Q): 50 (43). 6.

[**Aq., Sm.** Je. 41 (48). 18 (Sw.).]

[**Th.** Je. 41 (48). 16 (Sw.), 18 (Sw.).]

Ἀχεικάρ. in libr. apocr.

To. 11. 18 (20) (S*) (Luc. Αχιαχαρ).

Ἀχείκαρος (-χίκ.). in libr. apocr.

To. 14. 10 (S) (Luc. Αχιαχαρ) *ter*.

Ἀχειλιάδ. אֲחִילוּד

III Ki. 4. 3 (B) (Luc. Αχιθαλαμ).

Ἀχειλούθ (-χιλ.). (1) אֲחִילוּד

II Ki. 20. 24 (Luc. Αχιθαλαα).

(2) aliter in Heb.

II Ki. 20. 23 (B) (יהוידע) (*cf.* v. 24) (Luc. Ιωαδδαι).

Ἀχείμ. (1) אֲחִיאָם

I Ch. 11. 35 (B S) (Luc. Αχιαμ).

(2) יָכִין

Ge. 46. 10 (A*[vid]) (Luc. Αχιν): I Ch. 24. 16 (17) (B) (Luc. Ιαχειν) (*Lucc.* Achin).

Ἀχειμά (-χιμ.). (1) אֲחִימַן

Jo. 15. 14.

(2) aliter in Heb.

III Ki. 4. 3 (A) (אחילוד) (Luc. Αχιθαλαμ).

Ἀχειμάας (-χιμ.). אֲחִימַעַץ

I Ki. 14. 50 (A): II Ki. 15. 27 (A) (Joseph. Ἀχίμας), 36 (B): 17. 17 (A), 20 (A): 18. 19, 22, 23, 27, 28, 29: III Ki. 4. 15: I Ch. 6. 8 (5. 34), 9 (5. 35), 53 (38) (A).

Ἀχειμαίας. אֲחִימַעַץ

II Ki. 15. 27 (B) (Luc. Αχιμαας).

Ἀχειμάν (-χιμ.). אֲחִימַן

Nu. 13. 23 (22) (B F): Jd. 1. 10 ($B^{ab\,mg}$).

Ἀχειμάς. אֲחִימַעַץ

Luc. Αχιμαας.

II Ki. 17. 17 (B), 20 (B).

Ἀχειμάχ. aliter in Heb.

III Ki. 4. 12 (B) (אחילוד) (Luc. Αχιαβ) (Joseph. Ἄχιλος).

Ἀχειμεί. אֲחוּמַי

I Ch. 4. 2 (A* B) (Luc. Αχιμαν).

Ἀχειμέλεχ (-χιμ.). (1) אֲבִימֶלֶךְ

I Ch. 18. 16: Ps. 33 (34). 1 (U) (Luc. Αβιμελεχ).

(2) אֲחִימֶלֶךְ

I Ki. 22. 14 (A), 16 (A), 20 (A): 23. 6 (A): 26. 6 (B^a): 30. 7 (B): II Ki. 8. 17 (*Lucc.* Achimelec): I Ch. 24. 3 (B), 6, 31.

[**Aq.** I Ki. 21. 1 (2).]

[**Sm., Th.** I Ki. 21. 1 (2): Ps. 51 (52). 2.]

(3) aliter in Heb.

II Ki. 8. 16 (A) (אחילוד) (Luc. Αχιναaμ).

Ἀχειναάβ. aliter in Heb.

III Ki. 4. 14 (B) (אחינדב) (Luc. Αχιναδαβ) (Joseph. Ἀχινάδαβος).

Ἀχεινάαμ (-χιν.). אֲחִינֹעַם

I Ki. 25. 43 (A): 27. 3 (Joseph. Ἀχίνα): 30. 5 (A [αμ sup ras A[1]]): II Ki. 3. 2 (A): I Ch. 3. 1.

Ἀχεινάαν (-χιν.). (1) אֲחִימַן

Jd. 1. 10 (B*) (Luc. Αχιμαν).

(2) אֲחִינֹעַם

I Ki. 25. 43 (B) (Luc. Αχιναaμ).

Ἀχεινάας. אֲחִימַעַץ

I Ki. 14. 50 (B) (Luc. Αχιμαας).

Ἀχεινόομ (-χιν.). אֲחִינֹעַם

Luc. Αχιναaμ.

I Ki. 14. 50 (*Lucc.* Achima): 30. 5 (B): II Ki. 2. 2: 3. 2 (B) (*Lucc.* Achima).

Ἀχειρέ (Ἀχιρέ). אֲחִירַע

Nu. 1. 15: 2. 29: 7. 78, 83: 10. 27 (*Lugd.* Achiras): III Ki. 2. 46 h (B) (Luc. Αχικαμ).

Ἀχεισάδαρ. aliter in Heb.

I Ch. 7. 10 (B) (אחישחר) (Luc. Ασσαειρ).

Ἀχεισάμα. aliter in Heb.

I Ch. 6. 53 (38) (B) (אחימעץ) (Luc. Αχιμαας).

Ἀχεισαμάς. אֲחִי שַׁמַּי

I Ch. 2. 32 (B) (Luc. ἀδελφοῦ Σεμεει).

Ἀχειτόφελ (-χιτ.). אֲחִיתֹפֶל

II Ki. 15. 12 (Joseph. Ἀχιτόφελος), 31 *bis*, 34: 16. 15, 20, 21, 23 *bis*: 17. 1, 6, 7, 14 *bis*, 15 (χ sup ras A[1]), 21, 23: 23. 34: I Ch. 27. 33, 34.

Ἀχειτώβ, *vid.* Ἀχιτώβ.

Ἀχειφά (-χιφ.). (1) חֲקוּפָא

II Es. 17 (Ne. 7). 53 (A B) (Luc. *om.*).

(2) in libr. apocr.

I Es. 5. 31 (A) (= חקופא Ezr. 2. 51: Ne. 7. 53) (Luc. Ακουφα).

Ἀχείχαρος. in libr. apocr.

Luc. Αχιαχαρ.

To. 1. 21 (S*), 22 (25) (S) *bis*.

Ἀχειώρ, *vid.* Ἀχιώρ.

Ἀχέλ, Ἀχέλ. (1) חֶלְקָת

Jo. 11. 17 (B) (Luc. Ααλακ).

(2) aliter in Heb.

III Ki. 4. 14 (B) (עדא) (Luc. Αχιαβ).

Ἀχελγαί. aliter in Heb.

Nu. 21. 11 (A F^vid [Αχελ.αι]) (עיי העברים) (Luc. Αχιλειμ χαιειμ).

Ἀχελιά. חֲכַלְיָה

II Es. 20. 1 (Ne. 10. 2) (B S) (Luc. Αχαλια).

Ἀχελσεείν. aliter in Heb.

[Al. Nu. 21. 11 (עיי).]

Ἀχζείφ. אַכְזִיב

Jo. 19. 29 (A¹) (Luc. Αχαζειβ).

Ἀχζέκ. aliter in Heb.

Jo. 15. 44 (A) (אכזיב) (Luc. Αχζειβ).

Ἀχηρειά. in libr. apocr.

To. 1. 15 (18) (B^b vid).

Ἀχηρείλ. in libr. apocr.

To. 1. 15 (18) (B*), 18 (21) (B).

Ἀχθραθαῖος. aliter in Heb.

Es. 4. 9 (A S*) (התך), 13 (A).

Ἀχιά, *vid.* Ἀχειά.

Ἀχιάβ. (1) אַחְאָב

Je. 36 (29). 21.

(2) אֶחָב

Je. 36 (29). 22.

Ἀχιάμ. אֲחִיאָם

I Ch. 11. 35 (A).

Ἀχιάν. אֲחִירָם

Nu. 26. 42 (38) (F) (Luc. Αχειραν).

Ἀχιανεί. אֲחִירָמִי

Nu. 26. 42 (38) (F) (Luc. Αχειρανι).

Ἀχίας, *vid.* Ἀχείας.

Ἀχιάχαρος (-χει.). in libr. apocr.

Luc. Αχιαχαρ.

To. 1. 21 (A B S^c.a), 22 (25) (A B) *bis*: 2. 10: 11. 18 (20) (A B S^c.a): 14. 10 (A B) *bis*, 15 (S*).

Ἀχιβούζ. aliter in Heb.

I Ch. 5. 14 (A) (בוז) (אחי seq) (Luc. Βουζ).

Ἀχιεζειρεί. אִיעֶזְרִי

Nu. 26. 34 (30) (B) (Luc. Αχιεζερι).

Ἀχιέζερ. (1) אֲבִיעֶזֶר

Jo. 17. 2 (A) (Luc. Αβιεζερ).

(2) אֲחִיעֶזֶר

Nu. 1. 12: 2. 25 (A B): 7. 66, 71 (*Mon.* Achir): 10. 25: I Ch. 12. 3.

(3) אִיעֶזֶר

Nu. 26. 34 (30) (*Lugd.* Achezzer, Achiezzer, Achiezer).

Ἀχιεζερί. אִיעֶזְרִי

Nu. 26. 34 (30) (A F).

Ἀχιήλ, *vid.* Ἀχειήλ.

Ἀχικάμ, *vid.* Ἀχεικάμ.

Ἀχίκαρος, *vid.* Ἀχείκαρος.

Ἀχιλά. חֲכִילָה

I Ki. 26. 1 (A) (Luc. Εχελα).

Ἀχιλούδ. אֲחִילוּד

I Ch. 18. 15 (A).

Ἀχιλούθ, *vid.* Ἀχειλούθ.

Ἀχιμά, *vid.* Ἀχειμά.

Ἀχιμαάμ. אֲחִימַן

Jd. 1. 10 (A) (Luc. Αχιμαν).

Ἀχιμάας, *cf.* Ἀχειμάας.

Ἀχιμαΐ. אֲחוּמַי

I Ch. 4. 2 (A^a sup ras et in mgg) (Luc. Αχιμαν).

Ἀχιμάν, *vid.* Ἀχειμάν.

Ἀχιμάσς (?). אֲחִימַעַץ

II Ki. 15. 36 (Αχιμασσυιος A* σ 2° ras A?vid) (Luc. Αχιμαας).

Ἀχιμέλεκ. אֲחִימֶלֶךְ

Luc. Αχιμελεχ

I Ki. 21. 8 (9) (A): 22. 11 (A): 30. 7 (A): I Ch. 24. 3 (A).

Ἀχιμέλεχ, *vid.* Ἀχειμέλεχ.

Ἀχινάαμ, *vid.* Ἀχεινάαμ.

Ἀχινάαν, *vid.* Ἀχεινάαν.

Ἀχινόομ, *vid.* Ἀχεινόομ.

Ἀχιού. aliter in Heb.

I Ch. 26. 7 (A) (אחיו = fratres ejus) (Luc. ἀδελφοὶ αὐτοῦ).

Ἀχιούδ. aliter in Heb.

I Ch. 26. 7 (B) (אחיו) (Luc. ἀδελφοὶ αὐτοῦ).

Ἀχιουιά (B), **Ἀχιουρά** (A). aliter in Heb.

I Ch. 7. 34 (אחי [מלא ו"] ורוהגה) (Luc. Ηειγ καὶ Ραγουε).

Ἀχιραί. אֲחִירָמִי

Nu. 26. 42 (38) (A) (Luc. Αχειρανι).

Ἀχιράμ. aliter in Heb.

I Ch. 8. 5 (A [ρᾶι]) (חורם) (Luc. Αρουαμ).

Ἀχιράν. אֲחִירָם

Nu. 26. 42 (38) (A) (Luc. Αχειραν).

Ἀχιρέ, *vid.* Ἀχειρέ.

Ἀχισάαρ. אֲחִישָׁחַר

I Ch. 7. 10 (A) (Luc. Ασσαειρ).

Ἀχισαμάκ. אֲחִיסָמָךְ

Luc. Αχισαμαχ.

Ex. 35. 34 (B): 37. 21 (38. 23) (B) (*Mon.* Ecisame).

Ἀχισαμάχ. אֲחִיסָמָךְ

Ex. 31. 6 (Joseph. Ἰσάμαχος, Ἰσάχαμος): 35. 34 (A F): 37. 21 (38. 23) (A F).

Ἀχισαμμά. אֲחִי שַׁמַּי

I Ch. 2. 32 (A) (Luc. ἀδελφοῦ Σεμεει).

Ἀχισάρ. אֲחִישָׁר

III Ki. 4. 6 (A) (Luc. Αχιηλ).

Ἀχιτόφελ, *vid.* Ἀχειτόφελ.

Ἀχιτώβ (-χειτ.).

Joseph. Ἀχίτωβος.

(1) אֲחִטוּב

I Ki. 14. 3 (B): 22. 9, 20.

(2) אֲחִיטוּב

I Ki. 22. 11, 12: II Ki. 8. 17: I Ch. 6. 7 (5. 33), 8 (5. 34), 11 (5. 37), 12 (5. 38), 52 (37): 9. 11: 18. 16: II Es. 7. 2.

(3) in libr. apocr.

I Es. 8. 2 (= אחיטוב Ezr. 7. 2): Ju. 8. 1 (S).

Ἀχίφ. אַכְשָׁף

Jo. 11. 1 (A) (Luc. Χασαφ).

Ἀχιφά, *vid.* Ἀχειφά.

Ἀχιώβ. אֲחִיהוּד

Nu. 34. 27 (A) (Luc. Αχιωρ).

Ἀχιώρ (Ἀχειώρ). (1) אֲחִיהוּד

Nu. 34. 27 (B F) (*Lugd.* Achor).

(2) in libr. apocr.

Ju. 5. 5, 22 (26): 6. 1, 2, 5 (4 a^a), 10 (7), 13 (9), 16 (13), 20 (16): 11. 9 (7): 14. 5 (13. 27^a), 6 (13. 28), 10 (6).

Ἀχοβέρ. הַחֵפֶר

IV Ki. 14. 25 (A) (Γὲθ Ἀχοβέρ = Luc. Γεθοφρα).

Ἀχοβώρ. (1) עַכְבּוֹר

Ge. 36. 38 (A^1mg E) (*Lucc.* Agnobor), 39 (χοβωρ A* [α superscr A¹] E): IV Ki. 22. 12 (*Lu.* Achiliae), 14: I Ch. 1. 49 (A) (Luc. Χωβωρ): Je. 43 (36). 12 (A).

[Th. Je. 26 (33). 22.]

(2) abest in Heb.

I Ch. 1. 50 (Luc. *om.*).

Ἀχορδάν. aliter in Heb.

Luc. Ναχορδαν.

Is. 37. 38 (O) (אסר־חדן).

Ἀχραθαῖος (-θεος). (1) aliter in Heb.

Es. 4. 5 (התך), 9 (B S?) (התך), 10 (התך).

(2) abest in Heb.

Es. 4. 12 (B S), 13 (B).

Ἀχράν. עָכְרָן

Jo. 19. 28 (A).

Ἀχσά. עַכְסָה

Luc. Ἄχσα.

Jo. 15. 16 (A), 17 (A): I Ch. 2. 49 (A) (Luc. Οξα).

Ἀχσάφ. אַכְשָׁף

Luc. Αχασαφ.

Jo. 12. 20 (A): 19. 25 (A).

Ἀχυαῖοι. aliter in Heb.

II Es. 4. 9 (A) (ארכוי*, ארכויא [ק"]) (Luc. Ἀρχυαῖοι).

Ἀχωβώρ. עַכְבּוֹר

I Ch. 1. 49 (B) (Luc. Χωβωρ).

Ἀχωνεί. aliter in Heb.

I Ch. 11. 12 (S) (אחוחי) (Luc. πατράδελφος αὐτοῦ), 29 (B S¹) (אחוחי) (Luc. Ακαθι).

Ἀχώρ, *cf.* Ἐμεκαχώρ. (1) עָכוֹר

Jo. 15. 7: Ho. 2. 15 (17): Is. 65. 10.

[Aq., Th. Jo. 7. 26.]
[Sm. Jo. 7. 24, 26.]

(2) aliter in Heb.

I Ch. 11. 29 (A^a [sup ras seq ras]) (אחוחי) (Luc. Ακαθι).

(3) abest in Heb.

Jo. 7. 24.

Ἀχωχί. אֲחוֹחִי

I Ch. 11. 12 (A) (Luc. πατραδέλφου αὐτοῦ).

Ἀψάλωμος. in libr. apocr.

I Ma. 11. 70 (A V): 13. 11.

Ἀψάρας. in libr. apocr.

I Es. 8. 7 (8) (B) (= עזרא Ezr. 7. 10) (Luc. Εζδρας).

Ἀψ ιβά. חֶפְצִי־בָהּ

IV Ki. 21. 1 (B^ab [A superscr]) (Luc. Εψιβα) (Joseph. Ἐχιβά, Ἀχιβά).

Ἀωδ, Ἀώδ. (1) אֹהַד

Ge. 46. 10 (Luc. Ανεωθ) (*Lugd.* Iao) (Joseph. Ποὐθοδος, Ἰάωδος): Ex. 6. 15 (F).

(2) אֵהוּד

Jd. 3. 15 (*Lucc.* Aoth) (Joseph. Ἰούδης, Ἡούδης, Ἀώδης), 16, 20 *bis*, 21, 23, 26 : 4. 1 (A B*).
[Sm. Jd. 3. 20.]

(3) אֵחוּד

I Ch. 8. 6 (B) (Luc. *om.*).

(4) aliter in Heb.

Jd. 3. 27 (B) (pron. suff.).

(5) abest in Heb.

Jd. 3. 18, 19, 30 (A B*).

ʽΑωδά (indecl.), **ʽΑώδα** (-ας). aliter in Heb.

Luc. Νοερα.

I Ch. 4. 5 (B) (חלאה) (Luc. Ελαα), 6 (B) (נערה), 6 (B[1]) (נערה).

ʼΑωείτης. אֲחֹחִי

II Ki. 23. 28 (B) (Luc. Ακαχι).

ʼΑώθ. אֵהוּד

I Ch. 7. 10 (B).

ʼΑωθί. aliter in Heb.

I Ch. 27. 4 (A) (אחוחי) (Luc. Αχωχι).

ʽΑών. aliter in Heb.

II Ki. 10. 1 (A) (חנון) (Luc. Αννων).

ʼΑωσάλ. aliter in Heb.

I Ch. 4. 36 (B) (עֲדִיאֵל?) (Luc. Αδαηλ ?).

B

Βααάλ. בַּעַל

Je. 2. 8 (S) (Luc. Βααλ).

Βαάδ. aliter in Heb.

III Ki. 6. 5 (38) (B) (בול) (Luc. Βουλ) (*Qued.* Bahal).

Βααδιά. aliter in Heb.

I Ch. 12. 5 (A) (בעליה) (Luc. Βαλαιας).

Βααθουρείμ. aliter in Heb.

III Ki. 2. 8 (B [signa v l prae se fert B[? txt et mg]]) (בחרים) (Luc. Βαθουρειμ).

Βάαλ, ὁ, ἡ. (1) [אֶשְׁ]בַּעַל

I Ch. 9. 39 (A) (עֲדִיאֵל?) (Luc. Ισβααλ).

(2) בֵּית אֵל

Jd. 9. 46 (A) (Luc. οἴκου τοῦ Ηλ).

(3) בַּעַל

Nu. 22. 41 : Jo. 13. 17 : Jd. 2. 13 : 6. 25, 28, 30, 31, 32 (B) : 8. 33 (B) (Luc. Βααλ-) : 9. 4 (A) (Luc. Βααλ-) : 20. 33 : III Ki. 16. 31 (Joseph. Βελίας, Βῆλος), 32 : 18. 19 (A) (Luc. *om.*), 21, 22, 26 *bis*, 40 : 19. 18 : IV Ki. 1. 2, 3, 6, 16 : 3. 2 (B) : 10. 18 (Joseph. Βάαλ, Βῆλος), 19 *ter*, 20, 21 *ter*, 22, 23, 23 (B), 23 (A B[ab mg]) (*Vind.* Bahal), 25, 26, 27, 27 (A), 28 : 11. 18 (αλ sup ras B[ab]), 18 (Luc. τῶν Βααλειμ) : 17. 16 (*Vind.* Bali ?) : 21. 3 : 23. 4 (τω B. A[a?] B, τη B. A[* vid]), 5 (τω B. B, τη B. A) : I Ch. 4. 33 (A) (Luc. Βαλααδ) : 5. 5 (A) (Luc. Βαλα), 23 (A) : 8. 30 (A) (Luc. Βαελ) : 9. 36 (Luc. Βαελ) : II Ch. 23. 17 *bis* : Ho. 2. 8 (10) (*Wirc.* Bahal) : 13. 1 (*Weing.* Bahalim) : Ze. 1. 4 (Luc. Βααλειμ) : Je. 2. 8 (A B Q) : 7. 9 : 11. 13, 17 : 12. 16 : 19. 5 : 23. 13, 27 : 39 (32). 29, 35.
[Aq. III Ki. 18. 19 : IV Ki. 23. 4 : Je. 2. 8 : 11. 13 : 19. 5.]
[Sm. IV Ki. 23. 4 : Je. 2. 8 : 19. 5.]
[Th. Jd. 2. 13 : IV Ki. 23. 4 : Je. 11. 13.]
[Al. III Ki. 18. 25.]

(4) בַּעֲלָ[ה]

Jo. 15. 9 (A), 10.

(5) בְּעָלִים

Je. 2. 23.

(6) [יְרֻ]בַּעַל

Jd. 6. 32 (A) (Luc. Ιεροβααλ).

(7) aliter in Heb.

Je. 51 (44). 25 (S*) (מלכת השמים) (Luc. ἡ βασίλισσα τοῦ οὐρανοῦ).

(8) abest in Heb.

IV Ki. 1. 18 c : Je. 2. 28.

(9) in libr. apocr.

To. 1. 5 (A B S[c.a]).

Βααλά. בַּעֲלָה

Jo. 15. 29 (A).

Βααλακαίμ. aliter in Heb.

I Ch. 8. 30 (B) (בעל) (Luc. Βαελ).

Βααλβεέρ. בַּעַל בְּרִ[ית]

Jd. 8. 33 (A) (Luc. Βααλβερειθ).

Βααλβερίθ. בַּעַל בְּרִית

Jd. 9. 4 (B) (Luc. Βααλβερ[ειθ]).

Βααλγά. בַּעַל גָּד

[Sm., Th. Jo. 13. 5.]

Βααλγάδ. בַּעַל גָּד

Jo. 12. 7 (F).

Βααλείμ (-λίμ), **ὁ, ἡ, οἱ, αἱ, τά.** (1) בַּעַל

III Ki. 22. 54 : I Ch. 5. 23 (B[ab]) (Luc. Βααλερμων).

(2) בַּעְלִי

Ho. 2. 16 (18).

(3) בְּעָלִים

Jd. 2. 11 : 3. 7 : 8. 33 : 10. 6, 10 : I Ki. 7. 4 : 12. 10 : III Ki. 18. 18 : II Ch. 24. 7 : 33. 3 : 34. 4 : Ho. 2. 13 (15) (*Wirc.* Bahalim), 17 (19) : 11. 2.
[Aq., Sm. Je. 9. 14 (13).]

Βααλειμάθ. abest in Heb.

II Ki. 5. 16 (B) (? = אלידע) (Luc. Βααλιλαθ).

Βααλζεβούβ. בַּעַל זְבוּב

[Aq. IV Ki. 1. 2.]
[Heb. IV Ki. 1. 3.]

Βααλθερηρραμώθ. בַּעֲלַת בְּאֵר רָמַת

Jo. 19. 8 (A) (Luc. Βααλεθ Βηρραθμωθ).

Βααλίμ, *vid.* **Βααλείμ.**

Βααλίς. בְּעָלִים

Je. 47 (40). 14 (Q[mg]).
[Al. Je. 40 (47). 14.]

Βαάλσαμος. in libr. apocr.

I Es. 9. 43 (= מעשיה Ne. 8. 4) (Luc. Μαασιας).

Βααλφαρασε ν. בַּעַל־פְּרָצִים

I Ch. 14. 11 (A [λ']) (Luc. Βαελφαρασιν).

Βααλώθ. (1) בְּעָלוֹת

[Aq. III Ki. 4. 16.]

(2) in libr. apocr.

I Es. 5. 31 (A) (= בצלות Ezr. 2. 52 : בצלית Ne. 7. 54) (Luc. Βαλουωθ).

Βααλών. בַּעֲלָת

Jo. 19. 44 (A) (Luc. Μααλωθ).

Βάαμ. (1) בֹּהַן

Jo. 18. 17 (A) (Luc. Βααν).

(2) בַּעֲנָה

Luc. Βαναια.

II Ki. 4. 5 (B), 9 (B).

Βαάν. aliter in Heb.

Jo. 13. 26 (B*) (מחנים) (Luc. Μααναιμ).

Βαανά. (1) בּוּנָה

I Ch. 2. 25 (A) (Luc. Αμινα).

(2) בִּנְעָא

I Ch. 9. 43 (B S).

(3) בִּנְעָה

I Ch. 8. 37 (A).

(4) בַּעֲנָא

III Ki. 4. 12 (A) (Luc. Εισβαχα), 16 (B) (Luc. Βαναίας) : II Es. 13 (Ne. 3). 4 (B S) Luc. Βαναα).

(5) בַּעֲנָה

Luc. Βαναια.

II Ki. 4. 2 (Joseph. Βανάς, Βαναόθα), 5 (A), 6 (A), 9 (A) : I Ch. 11. 30 (A) (Luc. Βανα) : II Es. 2. 2 (A) (Luc. Βαναα) : 17 (Ne. 7). 7 (Luc. Βαανα) : 20. 27 (Ne. 10. 28) (Luc. *om.*).

(6) in libr. apocr.

I Es. 5. 8 (= בענה Ezr. 2. 2 : Ne. 7. 7).

Βαανααί. בַּעֲנָה

II Ki. 23. 29 (A) (Luc. Βαανα).

Βααναίας. aliter in Heb.

I Ch. 9. 32 (B) (בני = filii) (Luc. Βαναίας).

Βαανᾶς. בַּעֲנָא

III Ki. 4. 16 (A) (Luc. Βαναίας).

Βαανί (-νεί). (1) בָּנִי

I Ch. 6. 46 (31) (A) (Luc. Βανι) : II Es. 13 (Ne. 3). 17 (S) (Luc. Βαναι).

(2) abest in Heb.

II Es. 8. 10 (A[vid]) (בני praec.) (Luc. *om.*).

(3) in libr. apocr.

I Es. 9. 34 (= בני Ezr. 10. 34) (Luc. Βαναι).

Βαάρ. יִבְחָר

Luc. Ιεβααρ.

I Ch. 3. 6 (B) : 14. 5 (B S).

Βααρά. בַּעֲרָא

I Ch. 8. 8 (A) (Luc. Βαδαα).

Βαασά. בַּעְשָׁא

III Ki. 15. 16, 17, 19 (B), 21, 22, 27 (*Luc.* Basaa, Basa), 27 (A), 28 (Joseph. Βάασανος, Βάσα), 32 (A), 33 : 16. 1 (*Vind.* Basai), 3, 4 (*Vind.* Basa), 5, 6, 7 (*Vind.* Baasaa), 8, 11, 11 (12) (A), 12 (*Vind.* Baesa), 13 : 20 (21). 22 : IV Ki. 9. 9 : II Ch. 16. 1, 3, 5, 6 : Je. 48 (41). 9 (A B Q) (*Wirc.* Basa).
[Aq. III Ki. 18. 27, 32.]
[Th. III Ki. 18. 27.]

Βαασάν. aliter in Heb.

II Es. 17 (Ne. 7). 7 (A) (בלשן) (Luc. *om.*).

Βαασία. בַּעֲשֵׂיָה

I Ch. 6. 40 (25) (A) (Luc. Βασια).

Βαβαί. בֵּבָי

II Es. 2. 11 (A) (Luc. Βοκχει).

Βααλζεβούβ. בַּעַל זְבוּב

[Heb. IV Ki. 1. 2.]

Βαβεί (-βί). (1) בֵּבָי

II Es. 2. 11 (B) (Luc. Βοκχει): 8. 11 *bis* (Luc. Βοκχει, Βαβιει): 10. 28 (Luc. Βοκχει).

(2) in libr. apocr.

I Es. 8. 37 (40) (A) (= בבי Ezr. 8. 11) (Luc. Βαβηι).

Βαβέλ. בָּבֶל

[Aq. Ge. 11. 9.]
[Heb. Ge. 10. 10.]

Βαβί, *vid.* **Βαβεί.**

Βαβυλών, ἡ (-όνα, -ῶνα, -ῶναν, -όνος, -ῶνος, -ῶνι). (1) בָּבֶל

Ge. 10. 10: IV Ki. 17. 24, 30: 20. 12, 14, 17, 18: 24. 1, 7, 10, 11, 12 *bis*, 15 ($A^{b?}$B), 15, 16 *bis*, 17, 20: 25. 1, 6, 7, 8 *bis*, 11, 13, 20, 21, 22, 23, 24, 27, 28: I Ch. 9. 1: II Ch. 32. 31: 33. 11: 36. 6 *bis*, 7 *bis*, 10, 18, 20: II Es. 1. 11: 2. 1 *bis*: 5. 12 *bis*, 17 ($A B^{ab}$): 6. 1, 5 (A): 7. 6, 16: 8. 1: 17 (Ne. 7). 6: 23 (Ne. 13). 6 ($A B^{a?b?}$ $^{mg\,inf}$ S): Ps. 86 (87). 4: 136 (137). 1, 8: Es. 2. 6: Mi. 4. 10: Za. 2. 7 (11): 6. 10: Is. 13. 1, 19: 14. 4: 21. 9: 39. 3 ([Βαβυ]λωνος pr obel B^{a} [non inst B^{b}]), 6: 43. 14: 47. 1: 48. 14, 20: Je. 20. 4, 4 (Q^{mg} sub ※), 5, 6: 21. 2, 10: 24. 1 *bis*: 25. 11 (Q^{mg} sub ※): 26 (46). 2, 13: 27 (50). 1, 2, 8, 9, 13, 14, 16, 17, 18, 23, 24 (Q), 28, 29, 34, 35, 42, 43, 45, 46: 28 (51). 1, 2, 6, 7, 8, 9, 11, 12 *bis*, 24 (B S Q), 29 *bis*, 30, 31, 33, 34, 35, 37, 41, 42, 44, 44 (Q^{mg}), 47 (Q^{mg}), 48 (Q^{mg}), 49 (Q^{mg}), 49, 53, 54, 55, 56, 58, 59, 60 *bis*, 61 ($A B S^{c.a\,mg}$ ^{inf} Q), 64: 30. 6 (49. 28), 8 (49. 30): 34. 5 (27. 6), 6 (27. 8) (Q^{mg} sub ※), 6 (27. 8), 7 (27. 9), 9 (27. 11), 10 (27. 12) (Q^{mg}), 10 (27. 13) (Q^{mg}), 10 (27. 14), 14 (27. 17) (Q^{mg} sub ※), 17 (27. 20), 18 (27. 22): 35 (28). 2, 3 (Q^{mg} sub ※) *bis*, 3 (4) (Q^{mg} sub ※), 4, 6, 11, 14: 36 (29). 1, 3 *bis*, 10, 15, 21, 22 *bis*, 28: 39 (32). 2 ($A B S^{c.a\,mg\,inf}$ Q), 3 ($A B S^{c.a\,mg\,inf}$ Q), 4 ($A B S^{c.a\,mg\,inf}$ Q), 5, 28, 36: 41 (34). 1, 2, 3, 7, 21: 43 (36). 29: 44 (37). 1 (A Q), 17, 19: 45 (38). 3, 17, 22, 23: 46 (39). 1, 3 *bis*: 47 (40). 1, 4, 4 (Q^{mg}), 5, 7 *bis*, 9, 11: 48 (41). 2, 18: 49 (42). 11: 50 (43). 3, 10: 51 (44). 30: 52. 3 (Q^{mg}), 4, 9, 10, 11 *bis*, 12 ($S^{d\,mg}$ ^{inf} Q^{mg} sub ※), 12, 15 (Q^{mg} sub ※), 17, 26, 27, 31, 32, 34: Ez. 12. 13: 17. 12 *bis*, 16, 20 (A Q): 19. 9: 21. 20 (24), 21 (26): 23. 17, 23: 24. 2: 26. 7: 29. 18, 19: 30. 10, 24, 25 *bis*: 32. 11: Da. LXX. 1. 1: 2. 18: 4. 27 (30): Da. TH. 1. 1: 2. 12, 14, 18, 24 *bis*, 48 *bis*, 49: 3. 1, 12, 97 (30): 4. 3 (6), 26 (29), 27 (30): 5. 7 ($A B^{b}$ Q).

[Aq. Ps. 86 (87). 4: Is. 14. 22: Je. 20. 6: 21. 4, 7: 22. 25: 25. 1, 9 (Sw.), 12: 27 (34). 17: 29 (36). 1, 4 (Sw.): 38 (45). 18: 51 (28). 49: 52. 15: Ez. 23. 15.]

[Sm. Ps. 86 (87). 4: Is. 14. 22: Je. 20. 6: 21. 4, 7: 25. 9 (Sw.): 27 (34). 17: 29 (36). 4 (Sw.): 38 (45). 18: 51 (28). 33, 35, 49: Ez. 23. 15: Da. 2. 48 (Sw.).]

[Th. Je. 20. 6: 21. 4, 7: 22. 25: 25. 9 (Sw.), 12: 27 (34). 17, 18, 20 *bis*, 22: 29 (36). 1, 4 (Sw.), 20: 39 (46). 3, 5, 6 *bis*, 7, 9, 11, 13: 46 (26). 26: Ez. 23. 15: Da. 2. 48.]

[Al. Je. 39 (46). 3.]

(2) בָּבֶלָה

Je. 34. 13 (27. 16).

(3) aliter in Heb.

Za. 5. 11 (שנער): Is. 14. 23 ($S^{c.a(vid)}$) (pron. suff.): Je. 28 (51). 2 (pron. suff.): 45 (38). 18 (A) (כשדים sed בבל praec.) (Luc. τῶν Χαλδαίων): 48 (41). 9 (S) (אסא) (Luc. Ασα).

(4) abest in Heb.

II Ch. 36. 5 a: Mi. 4. 8: Is. 10. 9: Je. 27 (50). 24 (A B S): 28 (51). 42 (S* punct et unc improb $S^{1\,fort}$): 39 (32). 1: Da. LXX. 1. 2: 4. 28 (31), 30 (33), 30 a: 5. 11.

(5) in libr. apocr.

I Es. 1. 38 (40) (= בבל II Ch. 36. 6) *bis*, 39 (41) (= בבל II Ch. 36. 7), 43 (45) (= בבל II Ch. 36. 10), 51 (54) (= בבל II Ch. 36. 18), 53 (56) (= בבל II Ch. 36. 20): 2. 14 (15), (= בבל Ezr. 1. 11): 4. 44, 57, 61: 5. 7 (= בָּבֶל Ezr. 2. 1: Ne. 7. 6 [semel]) *bis*: 6. 14 (15) (B) (= בבל Ezr. 5. 12), 15 (16) (= בבל Ezr. 5. 12), 17 (18) (A) (= בבל Ezr. 5. 14), 20 (21) (B) (= בבל Ezr. 5. 17), 22 (23) (= בבל Ezr. 6. 1), 25 (26) (= בבל Ezr. 6. 5): 8. 3 (= בבל Ezr. 7. 6), 6 (= בבל Ezr. 7. 9), 28 (31) (= בבל Ezr. 8. 1): Es. A 3 (11. 4): To. 14. 4 (6) (S): Ba. 1. 1, 4, 9 *bis*, 11, 12: 2. 21, 22, 24: Ep. Je. *tit.*, 1, 2, 3: Da. LXX. Su. 1, 5: Bel 2, 34, 35, 36: Da. TH. Su. 1, 5: Bel 34, 35, 36: I Ma. 6. 4: III Ma. 6. 6 (V).

Βαβυλώνιος (incl. **Βαβυλωνία**). (1) בָּבֶל

Is. 39. 1, 7: Je. 28 (51). 24 (A) (Luc. Βαβυλῶνι): Da. LXX. 2. 12, 14, 24 *bis*, 48 *bis*, 49: 3. 1, 12: 7. 1.

[Aq., Sm., Th. Ez. 23. 15.]

(2) בַּבְלָי

II Es. 4. 9.

(3) aliter in Heb.

Is. 11. 11 (שנער?, *cf.* Za. 5. 11) (Luc. Βαβυλῶνος): 14. 23 ($A B S^{*c.b}$ Q Γ) (pron. suff.).

[Aq. Jo. 7. 21 (שנער).]

(4) abest in Heb.

Jl. 2. 25 (adnot Q^{mg}): Da. LXX. 7. 4 (adnot $87^{mg\,inf}$).

(5) in libr. apocr.

I Es. 4. 53: 6. 14 (15) (A) (= בבל Ezr. 5. 12) (Luc. Βαβυλῶνος), 16 (17) (= בבל Ezr. 5. 13) (Luc. Βαβυλῶνος), 17 (18) (B) (= בבל Ezr. 5. 14) (Luc. Βαβυλῶνι): 8. 13 (14) (= בבל Ezr. 7. 16): Ep. Je. *tit.*, 1: Da. LXX. Bel 3, 23: Da. TH. Bel 3, 23, 28: II Ma. 8. 20 (Luc. Βαβυλῶνι): III Ma. 6. 6 (A).

Βαβυλωνός (?). בָּבֶל

Da. TH. 5. 7 (B*).

Βαβυλῶς (corruptio pro **Βαβυλῶνος**). בָּבֶל

II Es. 5. 17 (B*) (Luc. Βαβυλών).

Βαγαδιήλ. aliter in Heb.

Jo. 15. 41 (B) (בית־דגון) (Luc. Βηθδαγων).

Βαγαθάν. (1) בִּגְתָן

Es. 2. 21 ($S^{c.a\,mg\,sup}$) (Joseph. Βαγάθωος).

(2) בִּגְתָנָא

Es. 6. 2 ($S^{c.a\,mg}$) (Joseph. Γαβαταῖος).

Βαγασάρ. aliter in Heb.

II Es. 5. 14 (B) (ששבצר) (Luc. Σαβασάρης).

Βαγαφής. aliter in Heb.

II Es. 20. 20 (Ne. 10. 21) (B S) (מגפיעש) (Luc. Μεγαίας).

Βαγό. (1) בִּגְוַי

II Es. 8. 14 (B) (Luc. Γαβουια).

(2) in libr. apocr.

I Es. 8. 40 (42) (A) (= בגוי Ezr. 8. 14) (Luc. Βαγουια).

Βαγοεί (-γοί). (1) בִּגְוַי

II Es. 17 (Ne. 7). 19 (S) (Luc. Βαγουια): 20. 16 (Ne. 10. 17) (A S) (Luc. Βασουι).

(2) in libr. apocr.

I Es. 5. 14 (A) (= בגוי Ezr. 2. 14: Ne. 7. 19) (Luc. Βαγουαι).

Βαγοσί. aliter in Heb.

II Es. 20. 16 (Ne. 10. 17) (B) (בגוי) (Luc. Βασουι).

Βαγουά. בִּגְוַי

Luc. Βαγουαι.

II Es. 2. 2 (A), 14 (A^{vid}).

Βαγουεί. בִּגְוַי

II Es. 17 (Ne. 7) 19 (A) (Luc. Βαγουια).

Βαγουιαί. בִּגְוַי

II Es. 17 (Ne. 7). 7 (A) (Luc. Βαγουαι).

Βαγώας (-ου, -ᾳ). in libr. apocr.

Joseph. Βαγώας, Βαγώσης.

Ju. 12. 11 (10), 13 (12) (A^{1} B), 15: 13. 1, 3: 14. 14 (13).

Βαγώς. in libr. apocr.

Ju. 12. 13 (A*).

Βαδαιά. (1) בֵּדְיָה

II Es. 10. 35 (A).

(2) aliter in Heb.

I Ch. 12. 5 (B S) (בעליה) (Luc. Βαλαίας).

Βαδάμ (B), **Βαδάν** (A). בְּדָן

I C . 7. 17 (Luc. Βαδαν).

Βαδδαργείς. aliter in Heb.

Jo. 15. 60 (במדבר) (Luc. Βαρδαργεις).

Βάδεε. aliter in Heb.

I Ch. 7. 7 (B) (בלע) (Luc. Βαλαε).

Βαδεκά (B*), **Βαδεκάρ** ($A B^{b}$ [ρ superscr]). aliter in Heb.

IV Ki. 9. 25 (בדקר) (Luc. Βαδεκ) (Joseph. Βάδακος).

Βαδιά. aliter in Heb.

II Es. 13 (Ne. 3). 6 (B) (בסודיה) (Luc. Βασιδια).

Βαδιήλ. aliter in Heb.

II Es. 21 (Ne. 11). 14 (B) (זבדיאל) (Luc. Ζεχριηλ).

Βαεγγά. בַּעַל גָּד

[Aq. Jo. 13. 5.]

Βαελτεθμος. in libr. apocr.

I Es. 2. 15 (16) (A^{a} [Βα sup ras]) (abest in Ezr. 4. 7) (Luc. Βεελτεμος).

Βαενάν. in libr. apocr.

I Es. 5. 37 (B) (= טוביה Ezr. 2. 60: Ne. 7. 62) (Luc. Τωβίας).

Βαζάν ($S^{c.a}$), **Βαζεά** (A). aliter in Heb.

Es. 1. 10 ($S^{c.a}$) (בזתא).

Βάζεκ. בֶּזֶק

Jd. 1. 4 (A) (Luc. Βεζεκ).

Βαζές. בּוֹצֵץ

I Ki. 14. 4 (B) (Luc. Βαζεθ).

Βαζιήλ. aliter in Heb.

II Es. 21 (Ne. 11). 14 (S*) (זבדיאל) (Luc. Ζεχριηλ).

Βαηρωχάμα. aliter in Heb.

Je. 48 (41). 17 (S) (גרות כמוהם*, גרות כמוהם [ק״]).

Βαθαρώθ. aliter in Heb.

Jo. 19. 6 (B) (בית לבאות) (Luc. Βηθλεβαωθ).

Βαθήλ. בֵּית אֵל

Am. 5. 5 ($Q^{*\,vid}$).

Βαθησάρ. מָרֵאשָׁה

Jo. 15. 44 (B) (Luc. Βαρσηα).

Βαθθάρ. בֶּתֶר

[Sm. Ca. 2. 17.]

Βαθουήλ. (1) בְּתוּאֵל

Ge. 22. 22 (Joseph. Βαθούηλος), 23: 24. 15, 24, 47, 50: 25. 20: 28. 2, 5.

(2) פְּתוּאֵל

Jl. 1. 1.

(3) abest in Heb.

Ge. 29. 1.

Βαθούλ. (1) בְּתוּאֵל

I Ch. 4. 30 (A) (Luc. Βαθουηλ).

(2) בְּתוּל

Jo. 19. 3 (4) (A).

Βαθούν. aliter in Heb.

I Ch. 4. 30 (B) (בתואל) (Luc. Βαθουηλ).

Βαθούρα. פְּתוֹרָה

Nu. 22. 5 (A) (Luc. Φαθουρα).

Βαθουρείμ. aliter in Heb.

III Ki. 2. 8 (A) (בחרים).

Βαθραίας (-αν) (B), Βαθρέφα (A). בֵּית רָפָא

I Ch. 4. 12 (B) (בית רפא) (Luc. Βηθραφαν).

Βαθρισά (A[1?]), Βαθσαρισά (A* vid).

aliter in Heb.

IV Ki. 4. 42 (A?) (בעל שלשה) (Luc. Βηθσαλισα).

Βαθσουρά. in libr. apocr.

I Ma. 4. 61 (S).

Βαιαιλά. aliter in Heb.

I Ch. 7. 37 (B) (בארה) (Luc. *om.*).

Βαιάν, Βαίαν. (1) בְּעֹן

Nu. 32. 3 (B F vid [Βαια.]) (*Lugd.* Baam).

(2) aliter in Heb.

II Ch. 11. 18 (B*) (אביחיל) (Luc. τοῦ πατρὸς αὐτοῦ).

(3) in libr. apocr.

I Ma. 5. 4 (Joseph. Βάανος).

Βαιατγάν. aliter in Heb.

IV Ki. 9. 27 (A? vid [sup ras]) (בית הגן) (Luc. Βαιθωρων).

Βαιδαβά. aliter in Heb.

I Ch. 19. 7 (S) (מידבא) (Luc. Μηδαβα).

Βαιήλ (Βέηλ). (1) בְּאֵרִי

Ge. 26. 34 (E) (Luc. Βαιωρ).

(2) aliter in Heb.

I Ch. 5. 6 (B) (בארה) (Luc. Βαρα).

Βαιήρ (Βεήρ). (1) בְּאֵר

Jd. 9. 21 (B) (Luc. Βηρα).

(2) בְּאֵרִי

Ge. 26. 34 (A D) (Luc. Βαιωρ) (*Lugd.* Beiher).

(3) in libr. apocr.

I Es. 8. 37 (40) (B) (= בבי Ezr. 8. 11) (Luc. Βοκχει).

Βαίθ. בֵּית

II Ki. 21. 12 (B) (Luc. Βαιθσαν): Ez. 25. 9 (Q[a]).

Βαιθά. abest in Heb.

I Ch. 2. 51 (B) (?בית) (Luc. Βηθ[λεεμ]).

Βαιθαβαρά. בֵּית הָעֲרָבָה

Jo. 18. 22 (B) (Luc. Βαιθαραβα).

Βαιθαγλάαμ. בֵּית חָגְלָה

Jo. 15. 6 (B) (Luc. Βαιθαγλα).

Βαιθαισάν. בֵּית־שְׁאָן

Jo. 17. 16 (B) (Luc. Βαιθσαν).

Βαιθάκαδ. בֵּית־עֵקֶד

IV Ki. 10. 12 (A), 14 (A).

Βαιθάκαθ. בֵּית־עֵקֶד

Luc. Βαιθακαδ.

IV Ki. 10. 12 (B), 14 (B*) (*Vind.* Bethacar).

Βαιθαλά. בֵּית חָגְלָה

Jo. 15. 6 (A) (Luc. Βαιθαγλα).

Βαιθαλαγά. בֵּית־חָגְלָה

Jo. 18. 19 (A) (Luc. Βηθαγλα).

Βαιθαλάεμ. בֵּית־לָחֶם

I Ch. 2. 51 (B) (Luc. Βηθλεεμ).

Βαιθαλβάθ. בֵּית לְבָאוֹת

Jo. 19. 6 (A) (Luc. Βηθλεβαωθ).

Βαιθαμμαρχασβώθ. בֵּית־הַמַּרְכָּבֹת

Jo. 19. 5 (A) (Luc. Βηθαμαλχααχωθ).

Βαιθάν. aliter in Heb.

IV Ki. 9. 27 (B) (בית הגן) (Luc. Βαιθωρων).

Βαιθανάμ. בֵּית־עֲנוֹת

Jo. 15. 59 (B) (Luc. Βηθαρωθ).

Βαιθανάχ. בֵּית־עֲנָת

Jd. 1. 33 (B) (Luc. Βαιθενεθ).

Βαιθανεί (Βεθ.). aliter in Heb.

I Ch. 11. 43 (B S) (מתני) (Luc. Μαθθανι).

Βαιθανών. בֵּית־עֲנוֹת

Jo. 15. 59 (A) (Luc. Βηθαρωθ).

Βαιθάρ. abest in Heb.

II Ki. 15. 24 (Αβιαθαρ seq).

Βαιθαραβά. (1) בֵּית הָעֲרָבָה

Jo. 15. 6 (Luc. [Βη]θαραβα): 18. 22 (A).

(2) הָעֲרָבָה

Jo. 18. 18.

(3) aliter in Heb.

Jo. 19. 11 (B) (דבשת) (Luc. Δαβασθε).

Βαιθαράν (B), Βαιθάρρα (-αν) (A F). בֵּית הָרָן

Nu. 32. 36 (Luc. Βαιθαρραν) (*Mon.* Baetharam) (*Lugd.* Betharan).

Βαιθασιμούθ (Βεθ.). בֵּית הַיְשִׁימוֹת

Ez. 25. 9 (A B[b (vid)] Q*) (*Weing.* domum Aersimuth).

Βαιθασμώθ. in libr. apocr.

I Es. 5. 18 (A) (= עזמות Ezr. 2. 24: *cf.* בית עזמות Ne. 7. 28) (Luc. Ασμωθ).

Βαιθαύν. בֵּית אָוֶן

Jo. 18. 12 (A) (Luc. Βαιθαουν).

Βαιθαχού. aliter in Heb.

Jo. 15. 53 (B) (בית־תפוח) (Luc. Βηθθαφουε).

Βαιθβαισσεί. in libr. apocr.

I Ma. 9. 62 (S).

Βαιθβασί (Βεθβ.). in libr. apocr.

I Ma. 9. 62 (A V), 64 (A).

Βαιθβασσεί. in libr. apocr.

I Ma. 9. 64 (S V).

Βαιθγαιδών. aliter in Heb.

I Ch. 2. 51 (B) (בית־גדר) (Luc. Βηθγεδδωρ).

Βαιθγαμούλ. בֵּית גָּמוּל

[Aq. Je. 48 (31). 23.]

Βαιθγεδώρ. בֵּית־גָּדֵר

I Ch. 2. 51 (A) (Luc. Βηθγεδδωρ).

Βαιθεγενέθ. בֵּית דָּגֹן

Jo. 19. 27 (B) (Luc. Βηθδαγων).

Βαιθέμ. aliter in Heb.

I Ki. 31. 10 (B) (בית שן) (Luc. Βαιθσαν).

Βαιθενέθ. בֵּית־עֲנָת, בֵּית עֲנָת

Jd. 1. 33 (A), 33 (B).

Βαιθεώρ. abest in Heb.

I Ki. 14. 47 (B) (Luc. Βαιθροωβι).

Βαιθζαχαριά (Βεθζ.). in libr. apocr.

Joseph. Βεθζαχαριά, Βητζαχαριά.

I Ma. 6. 32, 33.

Βαιθζήθ. in libr. apocr.

I Ma. 7. 19 (V).

Βαιθήλ (Βεθ.).

Joseph. Βέθηλα, Βηθήλ, Βήθηλα, Βαίθηλα.

(1) בֵּית־אֵל, בֵּית אֵל

Ge. 12. 8 *bis*: 13. 3 *bis*: 35. 1, 3, 6, 7, 8, 15, 16: Jo. 7. 2 (B F): 8. 9: 12. 9 (B F): 16. 1, 2: 18. 13: Jd. 1. 22, 23: 4. 5: 20. 18, 26, 31: 21. 2, 19 *bis*: I Ki. 7. 16: 10. 3 (*Vind.* Betel): 13. 2 (B) (Joseph. Βήθηβος, Βηθηβώ): 30. 27 (A): III Ki. 12. 29, 32 *bis*, 33 (A): 13. 1, 4, 10, 11 *bis*, 32: IV Ki. 2. 2 *bis*, 3, 23: 10. 29: 17. 28: 23. 4, 15, 17, 19: I Ch. 7. 28: II Ch. 13. 19: II Es. 2. 28 (A): 17 (Ne. 7). 32 (A S[c.a]): Am. 3. 14: 4. 4: 5. 5, 5 (A B Q[a]): 7. 10, 13: Za. 7. 2: Je. 31 (48). 13.

[Aq. Ge. 28. 19: III Ki. 12. 33: Ho. 12. 4 (5).]

[Sm. III Ki. 12. 33: Ho. 12. 4 (5).]

[Th. Ho. 12. 4 (5).]

[Al. Jd. 1. 23: II Ch. 13. 19.]

(2) aliter in Heb.

Jo. 15. 30 (B) (כסיל) (Luc. Σεειλ): Jd. 1. 27 (A) (בית שאן) (Luc. Βεθσαν).

(3) abest in Heb.

Jo. 6. 26: Jd. 2. 1 (lacuna in Heb.): Ca. 2. 9.

(4) in libr. apocr.

To. 2. 6 (S): I Ma. 9. 50.

Βαιθηλείτης. בֵּית הָאֱלִי

III Ki. 16. 34 (B).

Βαιθήρ. abest in Heb.

Jo. 15. 59 a (A) (Luc. Θεθηρ).

Βαιθηρά. בֵּית בָּרָה

Jd. 7. 24 *bis* (Luc. Βαιθβηρα).

Βαιθηρβερίθ. (1) בֵּית אֵל בְּרִית

Jd. 9. 46 (B) (Luc. οἴκου τοῦ Ηλ διαθήκης).

(2) aliter in Heb.

Jd. 9. 50 (B) (εκ Β. = אל תבץ) (Luc. εἰς Θηβης).

Βαιθθαμέ. בֵּית־עֲנָת

Jo. 19. 38 (B) (Luc. Βηθαναθ).

Βαιθθασεινώθ. בֵּית הַיְשִׁמוֹת

Jo. 13. 20 (B) (Luc. Βησιμουθ).

Βαιθθαχαρέμ. בֵּית הַכֶּרֶם

[Th. Je. 6. 1.]

Βαιθθαχαρμά (Βεθθ.). בֵּית הַכֶּרֶם

Je. 6. 1 (B S).

Βαιθθήρ. abest in Heb.

I Ch. 6. 59 (44) (A) (Luc. Βαιθουρ).

Βαιθιλίτης. בֵּית הָאֱלִי

III Ki. 16. 34 (A).

Βαιθλάδεν. aliter in Heb.

I Ch. 4. 4 (B) (בית לחם) (Luc. Βαιθλεεμ).

Βαιθλάεμ (Βεθ.). בֵּית לֶחֶם
Luc. Βαιθλεεμ, Βηθλεεμ.
I Ch. 2. 54 (B): 4. 4 (A): 11. 26 (A B): II Es. 2. 21 (A).

Βαιθλαμάν. aliter in Heb.
III Ki. 4. 9 (B) (בית־חנן) (Luc. Βαιθναaμ).

Βαιθλαμμών. aliter in Heb.
I Ch. 2. 51 (A) (? בית־לחם) (Luc. Βηθλεεμ).

Βαιθλέεμ (Βεθ.).
Luc. Βηθλεεμ.

(1) בֵּית־לֶחֶם, בֵּית לֶחֶם
Joseph. Βήθλεμα, Βηθλεέμη.
Ge. 48. 7 (*Lugd.* Bethel): Jo. 19. 15 (A): Jd. 12. 8 (*Lucc.* Bethlem), 10 (B): 17. 9 (B): Ru. 1. 1 (B), 2 (B), 19, 22: 2. 4: 4. 11: II Ki. 2. 32 (B): 23. 14 (B), 15 (B), 16 (B), 24 (B): I Ch. 2. 51 (A), 54 (A) (Luc. Βαιθλεεμ): 11. 16, 17 (S), 18 (B S[amgsup]): II Ch. 11. 6 (B[ab]): Je. 48 (41). 17 (S[*vid]) (*Wirc.* Bethlem).

(2) abest in Heb.
Jo. 15. 59 a (B): II Ki. 23. 15 (B).

Βαιθλεεμμείτης. בֵּית הַלַּחְמִי
I Ki. 21. 19 (B) (Luc. υἱοῦ τοῦ Ελεμι).

Βαιθλωμῶν. in libr. apocr.
I Es. 5. 17 (A) (= בית לחם Ezr. 2. 21: Ne. 7. 26) (Luc. Βιθλεεμ).

Βαιθμάν. בֵּית לֶחֶם
Jo. 19. 15 (B) (Luc. Βηθλεεμ).

Βαιθμαρειμώθ. aliter in Heb.
I Ch. 4. 31 (B) (בית מרכבות) (Luc. Βαιθμαρχαβ).

Βαιθμαρχαβώθ. בֵּית מַרְכָּבוֹת
I Ch. 4. 31 (A [θ·μ]) (Luc. Βαιθμαρχαβ).

Βαιθμαχά. (1) בֵּית הַמַּעֲכָה
II Ki. 20. 15 (B) (ἡ B.) (Luc. Βαιθμακκω).

(2) בֵּית מַעֲכָה
II Ki. 20. 14 (B) (Luc. Βαιθμακκω).

Βαιθμαχερέβ. בֵּית־הַמַּרְכָּבֹת
Jo. 19. 5 (B) (Luc. Βηθαμαλχααχωθ).

Βαιθμαών. בֵּית מְעוֹן
[Aq., Sm. Je. 48 (31). 23.]

Βαίθοκ. בֶּטֶן
Jo. 19. 25 (B) (Luc. Βετελ).

Βαιθσά (Βεθ.). (1) aliter in Heb.
Jo. 21. 25 (A) (גת רמון [v. 24]) (Luc. Γεθρεμμων).

(2) in libr. apocr.
I Ma. 12. 40 (A).

Βαιθσαάν. בֵּית־שְׁאָן
I Ch. 7. 29 (B) (Luc. Βαιθσαν)

Βαιθσάμ. בֵּית שָׁן
I Ki. 31. 12 (B) (Luc. Βαιθσαν).

Βαιθσάμυς (Βεθ.). (1) בֵּית־הַשִּׁמְשִׁי
I Ki. 6. 14 (τὸν ἐν B.) (Luc. τοῦ ἐκ B.) (*Vind.* Batsamis).

(2) בֵּית־שֶׁמֶשׁ, בֵּית שֶׁמֶשׁ
Joseph. Βήθης, Βηθάμη, Βηθσάμη.
Jo. 19. 22 (B) (Luc. Βιθσαμις): 21. 16 (B) (Luc. Σαμες): Jd. 1. 33 *bis*: I Ki. 6. 9 (B) (*Vind.* Betsamys), 12 (B) *bis* (*Vind.* Betsamis, Betsames), 13 (B), 15 (B), 19 (B), 20 (B): III Ki. 4. 9 (Joseph. Βιθιέμες, Βηθσέμες): IV Ki. 14. 11 (B), 13 (B): I Ch. 6. 59 (44) (A): II Ch. 25. 21, 23: 28. 18.

(3) שֶׁמֶשׁ
Jo. 18. 17 (B) (Luc. Σαμες): 19. 12 (B) (Luc. Σαλ).

Βαιθσαμυσείτης. בֵּית־הַשִּׁמְשִׁי
I Ki. 6. 18 (B).

Βαιθσάν (Βεθ.). (1) בֵּית שְׁאָן, בֵּית־שְׁאָן
Jo. 17. 11 (A B[amg]), 16 (A) (Joseph. Βαιθσάν, Βεθσάνη, Βηθσάν, Βηθήσανα) (Luc. Βηθσαν): Jd. 1. 27 (B): III Ki. 4. 12 (A) (Luc. οἶκον Σααν): I Ch. 7. 29 (A).

(2) in libr. apocr.
I Ma. 5. 52: 12. 40 (S V), 41.

Βαιθσαρεῖσα. aliter in Heb.
IV Ki. 4. 42 (B) (בעל שלשה) (Luc. Βηθσαλισα).

Βαιθσέεμ. aliter in Heb.
II Ch. 11. 6 (A B*) (בית־לחם) (Luc. Βηθλεεμ).

Βαιθσμάς. בֵּית שֶׁמֶשׁ
Jo. 19. 22 (A) (Luc. Βιθσαμις).

Βαιθσούρ (Βεθ.). (1) בֵּית־צוּר
Jo. 15. 58.

(2) aliter in Heb.
I Ki. 30. 27 (B) (בית־אל) (Luc. Βαιθηλ).

Βαιθσοῦρα, Βαιθσουρά (Βεθ.) (indecl., -αν, -οις).
Joseph. Βεθσοῦρα, Βαιθσοῦρα, Βηθσοῦρα.

(1) בֵּית־צוּר
II Ch. 11. 7 (Luc. Βαιθσουρ).

(2) in libr. apocr.
I Ma. 4. 29, 61 (A V): 6. 7, 26, 31, 49, 50: 9. 52: 10. 14: 11. 65: 14. 7, 33: II Ma. 13. 19, 22.

Βαιθσουρών. in libr. apocr.
II Ma. 11. 5 (V).

Βαιθσωρών. בֵּית־אָוֶן
I Ki. 13. 5 (B[ab] [σ superscr]) (Luc. Βαιθωρων).

Βαιθφάλεθ. בֵּית פֶּלֶט
Jo. 15. 27 (A) (Luc. Βηθφελεθ).

Βαιθφασής. בֵּית פַּצֵּץ
Jo. 19. 21 (A) (Luc. Βηθφασσης).

Βαιθφογώρ (Βεθφ.). בֵּית פְּעוֹר
Jo. 13. 20.

Βαιθχαρμά. בֵּית הַכֶּרֶם
[Aq. Je. 6. 1.]

Βαιθχόρ. בֵּית כָּר
I Ki. 7. 11 (B).

Βαιθών. בֵּית אָוֶן
Jo. 18. 12 (B) (Luc. Βαιθαουν).

Βαιθωράμ. בֵּית חֹרֹן
II Ki. 10. 23 (9. 17) (B) (Luc. Βαιθωρων).

Βαιθωρώθ. abest in Heb.
III Ki. 2. 35 i (A) (Luc. Βαιθωρων).

Βαιθωρώμ. בֵּית חוֹרוֹן
Luc. Βαιθωρων.
II Ch. 8. 5 (B [μ sup ras B?]), 5 (B).

Βαιθωρών (Βεθ.).
Joseph. Βαιθώρα, Βεθώρα, Βαιθωρώ, Βηθωρώ.

(1) בֵּית־אָוֶן
I Ki. 13. 5 (B*).

(2) בֵּית חוֹרֹן
I Ch. 6. 68 (53): 7. 24: II Ch. 8. 5 (A) *bis*: 25. 13 (Joseph. Βηθσέμηρα).

(3) בֵּית חֹרֹן, בֵּית חוֹרֹן, בֵּית־חוֹרֹן
Jo. 16. 3, 5 (Luc. Βηθωρων): 18. 13, 14: 21. 22: I Ki. 13. 18 (B): III Ki. 9. 17 (A) (Luc. *om.*) (Joseph. Βητχώρα).

(4) בֵּתְרוֹן
[Aq. II Ki. 2. 29.]

(5) abest in Heb.
III Ki. 2. 35 i (B).

(6) in libr. apocr.
Ju. 4. 4 (3) (B S): I Ma. 3. 16 (S V), 24: 7. 39: 9. 50 (A S V[a]).

Βαικτειλαίθ (Βεκτιλέθ). in libr. apocr.
Ju. 2. 21 (12) (B S[c.a]), 21 (12) (B).

Βαιλασώρ. בַּעַל חָצוֹר
II Ki. 13. 23 (B) (Luc. Βασελλασωρ) (Joseph. Βελσεφών).

Βαιλείμ. aliter in Heb.
I Ch. 5. 23 (B*) (בעל חרמון) (Luc. Βααλερμων).

Βαιλμάιν (Βελμ.). in libr. apocr.
Ju. 4. 4 (3) (A B).

Βαιμών. בָּמוֹת
Jo. 13. 17 (B) (Luc. Βαμωθ).

Βαιναθάθ. בֵּית עֲנָת
Jo. 19. 38 (A) (Luc. Βηθαναθ).

Βαινθαναβρά. בֵּית נִמְרָה
Jo. 13. 27 (B) (Luc. Βηθαναμρα).

Βαινιαμίν, *vid.* **Βενιαμείν.**

Βαισαλέεμ. aliter in Heb.
II Es. 17 (Ne. 7). 26 (A) (בית־לחם) (Luc. Βηθλεεμ).

Βαισαφούτ. aliter in Heb.
III Ki. 4. 12 (B) (בית שאן עד) (Luc. Βαιθσααν ἕως).

Βαισεί (Βεσεί). (1) בֵּסַי
II Es. 17 (Ne. 7). 52 (S) (Luc. Βασερ).

(2) בֵּצַי
II Es. 17 (Ne. 7). 23 (B S) (Luc. Βασση).

Βεσεί, *vid.* **Βαισεί.**

Βαισελεήλ, *vid.* **Βεσελεήλ.**

Βαισηχί. פָּסַךְ
I Ch. 7. 33 (B) (Luc. Φασεχ).

Βαισωβά. aliter in Heb.
II Ch. 8. 3 (B) (חמת צובה) (Luc. Εμαθσουβα).

Βαιτανή. in libr. apocr.
Ju. 1. 9 (9[a]) (B).

Βαιτασμών. in libr. apocr.
I Es. 5. 18 (B) (= בית־עזמות עזמות Ezr. 2. 24: *cf.* Ne. 7. 28) (Luc. Ασμωθ).

Βαιτηροῦς. in libr. apocr.
I Es. 5. 17 (? = גבר Ezr. 2. 20: גבעון Ne. 7. 25) (Luc. Γαβαων).

Βαιτομαισθάιμ (Βετομεσθάιμ). in libr. apocr.
Ju. 4. 6 (5) (A B): 15. 4 (5) (A B).

Βαιτομασθέν. in libr. apocr.
Ju. 15. 4 (5) (S).

Βαιτούλια. in libr. apocr.
Ju. 2. 21 (S*): 4. 6 (5) (S).

Βαιτουλουά. in libr. apocr.
Ju. 4. 6 (5) (B): 6. 10 (7) (S), 11 (8) (S), 14 (10) (S): 7. 1 (S), 8 (S[c.a]), 20 (11) (S): 8. 3 (S): 10. 6 (S): 11. 9 (7) (S): 13. 10 (12) (S): 15. 3 (S), 6 (7) (S): 16. 21 (25) (S), 23 (28) (S).

Βαιτυλουά (Βετ.). in libr. apocr.
Ju. 4. 6 (5) (A): 6. 10 (7) (A B), 11 (8) (A B), 14 (10) (A B): 7. 1 (A B), 3 *bis*, 6 (A B), 13, 20

(11) (A B): 8. 3 (A B), 11 (10): 10. 6 (A B): 11. 9 (7) (A B): 12. 7: 13. 10 (12) (A B): 15. 3 (A B), 6 (7) (A B): 16. 21 (25) (A B), 23 (28) (A B).

Βαιφάλαδ. בֵּית פֶּלֶט

Jo. 15. 27 (B) (Luc. Βηθφελεθ).

Βαίων. בֹּהַן

Jo. 15. 6 (Luc. Βεων): 18. 17 (B) (Luc. Βααν).

Βαίωρ, *vid.* Βεώρ.

Βακάρ. aliter in Heb.

I Ch. 9. 15 (B) (בקבקר) (Luc. Βακβακαρ).

Βακατά. aliter in Heb.

I Ch. 25. 24 (B) (ישבקשה) (Luc. Ιεσβοκ).

Βακαχίδης (?). in libr. apocr.

II Ma. 8. 30 (V[a]).

Βακβαίας. aliter in Heb.

II Es. 22. 8 (Ne. 12. 9) (S[c.amg]) (בקבקיה) (Luc. Βακβακίας).

Βακβακάρ. בַּקְבַּקַּר

I Ch. 9. 15 (A).

Βακβακίας. בַּקְבֻּקְיָה

II Es. 21 (Ne. 11). 17 (S[c.amgsup]) (Luc. Βοκχείας): 22 (Ne. 12). 25 (S[c.amgsup]).

Βακβού. aliter in Heb.

II Es. 17 (Ne. 7). 53 (B) (בקבוק) (Luc. Βακβουκ).

Βακβούκ. בַּקְבּוּק

II Es. 2. 51 (A) (Luc. Βακουκ): 17 (Ne. 7). 53 (A).

Βακεδμώθ. aliter in Heb.

Jo. 13. 18 (B) (קדמות) (Luc. Καδημωθ).

Βακήνωρ. in libr. apocr.

II Ma. 12. 35.

Βακκούκ. aliter in Heb.

II Es. 2. 51 (B) (בקבוק) (Luc. Βακουκ).

Βακχά. aliter in Heb.

III Ki. 4. 12 (B) (בענא) (Luc. Εισβαχα).

Βακχείδης, *vid.* Βακχίδης.

Βακχείρ. בֻּקִּי

Nu. 34. 22 (B) (Luc. Βακκειρ) (*Mon.* Baccir: *Lugd.* Bethir).

Βακχίδης (-χείδης) (indecl. (?): -ην, -ου, -ᾳ). in libr. apocr.

I Ma. 7. 8 (V), 12, 19, 20: 9. 1, 12, 14, 25, 26, 29, 32, 34, 43, 47, 49, 57, 58, 63, 68: 10. 12: II Ma. 8. 30 (A).

Βάκχουρος. in libr. apocr.

I Es. 9. 24 (abest in Ezr. 10. 24) (Luc. Σακχουρ).

Βακχχίδης. in libr. apocr.

I Ma. 9. 1 (S*).

Βακώκ. aliter in Heb.

Jo. 15. 29 (B) (עיים) (Luc. Αυειμ).

Βάλα, Βαλά. (1) בֶּלַע

Ge. 14. 2 (E) (Luc. Βαλακ) (Joseph. Βάλας): 46. 21 (Joseph. Βόλος) (*Lucc.* Bellach).

(2) בַּעֲלָה

Jo. 15. 11 (A*) (Luc. Βααλων), 29 (B) (Luc. Βααλα).

(3) abest in Heb.

Ge. 46. 21.

Βαλαά. (1) בִּלְהָה

I Ch. 4. 29 (A) (Luc. Βαλααδ).

(2) aliter in Heb.

II Ch. 8. 6 (B) (בעלת) (Luc. Βααλαθ).

Βαλαάδ. abest in Heb.

I Ch. 7. 29 (A) (Luc. *om.*).

Βαλαάμ. (1) בִּלְהָן

Ge. 36. 27 (D[sil] E): I Ch. 1. 42 (B).

(2) בִּלְעָם

Joseph. Βάλαμος.

Nu. 22. 5 (*Lugd.* Balam), 7, 8, 9, 10, 12, 13, 14, 16, 18 (A[a] B F), 20, 21, 25, 27 *bis*, 28, 29, 30, 31, 34, 35 *bis*, 36, 37, 38, 39, 40, 41: 23. 1, 2, 3, 4, 5, 11, 16, 25, 26, 27, 28, 29, 30: 24. 1, 2, 3, 10 *bis*, 12, 15, 25: 31. 8, 16: De. 23. 4 (5), 5 (6): Jo. 13. 22: 24. 9: II Es. 23 (Ne. 13). 2: Mi. 6. 5.

(3) יִבְלְעָם

Jd. 1. 27 (A) (Luc. Ιεβλαμ).

(4) aliter in Heb.

Nu. 22. 16 (F) (בלק) (Luc. Βαλακ): I Ch. 7. 35 (B) (בן־הלם) (Luc. υἱοὶ Ιασουλ).

(5) abest in Heb.

Nu. 23. 3, 4, 12, 15.

Βαλαάν. (1) בִּלְהָן

Luc. Βαλααμ.

Ge. 36. 27 (A): I Ch. 1. 42 (A): 7. 10 *bis*.

(2) aliter in Heb.

IV Ki. 20. 12 (B) (בלאדן) (Luc. Βαλαδαν).

Βαλαάς. aliter in Heb.

II Ch. 8. 6 (A) (בעלת) (Luc. Βααλαθ).

Βαλαγάδ. בַּעַל גָּד

Jo. 11. 17 (B F) (Luc. Βααλγαδ) (Syr. [Syriac]).

Βαλαγαδά. בַּעַל גָּד

Jo. 12. 7 (B) (Luc. Βααλγαδ).

Βαλάδ. abest in Heb.

I Ch. 7. 29 (B) (Luc. *om.*).

Βαλαδάν. בַּלְאֲדָן

IV Ki. 20. 12 (A) (Joseph. Βαλάδας): Is. 39. 1 (B Q[mg] [sub ※]), 1 (B Γ).

[Aq., Sm., Th. Is. 39. 1.]

Βαλαεννών. בַּעַל חָנָן

Ge. 36. 38 (A) (Luc. Βααλενων) (*Lucc.* Ballenon), 39 (A[1mg]): I Ch. 1. 49 (A) (Luc. Βαλλενων), 50 (A).

Βαλαεννώρ. בַּעַל חָנָן

Ge. 36. 38 (E) (Luc. Βααλενων), 39 (E): I Ch. 1. 49 (B) (Luc. Βαλλενων), 50 (B).

Βαλαενών. בַּעַל חָנָן

Luc. Βααλενων.

Ge. 36. 38 (D), 39 (*D*).

Βαλαερμών. בַּעַל חֶרְמוֹן

Jd. 3. 3 (A [Βαλαερμῶ]) (Luc. Βααλερμων).

Βάλαζ. aliter in Heb.

III Ki. 7. 7 (21) (B) (בעז) (Luc. Βααζ) (Joseph. Ἀβαίζ, Βαίζ).

Βαλάθ. בַּעֲלָת

III Ki. 9. 18 (A) (Joseph. Βέλεθ, Βύλεθ).

Βαλαθανιάν. aliter in Heb.

II Es. 10. 27 (S) (מתניה) (Luc. Μαθθαναι).

Βάλακ, Βαλάκ. (1) בָּלָק

Ge. 14. 2 (A D) (Joseph. Βαληνοί, Βαλληνοί), 8: 36. 32, 33 (A D): I Ch. 1. 43, 44.

(2) בָּלָק

Joseph. Βάλακος.

Nu. 22. 2, 4 (*Lugd.* Ballae), 7, 10, 13, 14, 15, 16 (A B), 18 (A[1] B F), 18 (B F), 35, 36, 37, 38, 39, 40, 41: 23. 1, 2, 3, 5, 7, 11, 13, 15, 16, 17, 18, 25, 26, 27, 28, 29, 30: 24. 10 *bis*, 12, 13, 25: Jo. 24. 9: Jd. 11. 25 (Luc. Βαλαακ): Mi. 6. 5.

[Th. Jd. 11. 25.]

(3) יִבְלְעָם

Jd. 1. 27 (B) (Luc. Ιεβλαμ).

(4) aliter in Heb.

[Al. Nu. 22. 3 (מואב).]

(5) abest in Heb.

Nu. 23. 3, 12: Jb. 42. 17 d *bis*.

Βαλαλάθ. abest in Heb.

III Ki. 2. 35 i (A) (Luc. Βαλδαθ).

Βαλάμ. aliter in Heb.

Nu. 22. 18 (A) (בלק): I Ch. 7. 13 (B) (בלהה) (Luc. Βαλααμ).

Βαλαμών. in libr. apocr.

Ju. 8. 3.

Βαλανᾶς. aliter in Heb.

I Ch. 27. 28 (B) (בעל חנן) (Luc. Βαλααναν).

Βαλασάμ. בִּלְשָׁן

II Es. 2. 2 (A) (Luc. Βαλασαν).

Βάλατ. aliter in Heb.

I Ch. 4. 33 (B) (בעל) (Luc. Βαλααδ).

Βαλγά. בִּלְגָּה

II Es. 22 (Ne. 12). 18 (S[c.amginf]) (Luc. Βελγας).

Βαλγάδ. בַּעַל גָּד

Luc. Βααλγαδ.

Jo. 11. 17 (A): 12. 7 (A).

Βαλγάς. בִּלְגָּה

II Es. 22 (Ne. 12). 5 (S[c.amgsup]) (Luc. Βελγας).

Βαλδάδ. (1) בִּלְדַּד

Jb. 2. 11 (B S C): 8. 1: 18. 1 (B S C [?]): 25. 1 (A B S C [?]): 42. 9.

(2) abest in Heb.

Jb. 42. 17 e (B S C).

Βαλδάς. (1) aliter in Heb.

Jb. 2. 11 (A) (בלדד): 18. 1 (A) (בלדד).

(2) abest in Heb.

Jb. 42. 17 e (A).

Βάλε. בֶּלַע

Nu. 26. 42 (38), 44 (40) (Samar. *om.*): I Ch. 5. 7 (8) (A) (Luc. Βαλαα): 7. 7 (A) (Luc. Βαλαε): 8. 1 (A), 3.

Βαλεγδάε. aliter in Heb.

I Ch. 14. 7 (B S) (בעלידע) (Luc. Βααλιαδα).

Βαλεεί (-λεί). בַּלְעִי

Nu. 26. 42 (38).

Βάλεκ, Βαλέκ. (1) בֶּלַע

Ge. 36. 33 (E) (Luc. Βαλακ): I Ch. 5. 7 (8) (B) (Luc. Βαλαα).

(2) בַּעֲלַת

Jo. 19. 8 (B[ab]) (Luc. Βααλεθ).

Βαλεκάρ. aliter in Heb.

IV Ki. 9. 25 (B[a mg]) (ברקר) (Luc. Βαδεκ).

Βάλλα (fem.) (-αν, -ας), **Βαλλά, Βάλλα** (masc.). (1) בִּלְהָה

Ge. 29. 29: 30. 3, 4 (*Lugd.* Bellam [accus.]), 5, 7: 35. 21 (22), 25: 37. 2: 46. 25: I Ch. 7. 13 (A) (Luc. Βαλααμ).

(2) בֶּרַע

Ge. 14. 2 (A D).

Βαλλάθ. abest in Heb.

III Ki. 2. 35 i (B) (Luc. Βαλδαθ).

Βαλλανά. aliter in Heb.

I Ch. 27. 28 (A) (בעל חנן) (Luc. Βαλααναν).

Βαλλειά. aliter in Heb.

II Es. 2. 2 (B) (בענה) (Luc. Βαναα).

Βαλλιαδά. בְּעֶלְיָדָע

I Ch. 14. 7 (A) (Luc. Βααλιαδα).

Βαλμαινάν. aliter in Heb.

Jo. 15. 24 (B) (Heb. ?) (Luc. Βαλωθ).

Βάλνους (A), **Βαλνοῦς** (B). in libr. apocr.

I Es. 9. 31 (= בנוי Ezr. 10. 30) (Luc. Βανουι).

Βαλσάν. בִּלְשָׁן

II Es. 17 (Ne. 7). 7 (B) (Luc. *om.*).

Βαλτασάρ. (1) בֵּלְאשַׁצַּר

Da. TH. 7. 1.

(2) בֵּלְטְשַׁאצַּר (*v.* בלטאשצר Da. 10. 1)

Da. LXX. 1. 7 (Joseph. Βαλτάσαρος): 2. 26: 10. 1: Da. TH. 5. 1 (B Q), 2, 9, 22, 29, 30: 8. 1 (B Q Γ).

(3) בֵּלְשַׁאצַּר

Da. LXX. 5. 1, 29, 30: 7. 1: 8. 1: Da. TH. 1. 7 (B Q Γ): 2. 26 (B Q): 4. 5 (8) (B Q), 6 (9) (B Q), 15 (18), 16 (19) (B Q), 16 (19) (Q), 16 (19) (B Q): 5. 12: 10. 1.
[Th. Da. 5. 30.]

(4) abest in Heb.

Da. LXX. 5. 1 (*tit.*) (*cf.* 5. 1) *bis*, 5.

(5) in libr. apocr.

Ba. 1. 12.

Βαλώθ. בְּעָלוֹת

Jo. 15. 24 (A).

Βαμά. (1) בָּמָה

I Ki. 9. 12 (*Lucc.* Bamma), 13 (B), 14, 19, 25: 10. 5: I Ch. 16. 39: 21. 29 (A): II Ch. 1. 13 (A): Ez. 20. 29 (Q).
[Al. I Ki. 10. 13.]

(2) בְּעֹן

Nu. 32. 3 (A) (Luc. Βαιαν).

(3) רָמָה

Jd. 4. 5 (B) (Luc. Ραμα): I Ki. 22. 6 (B).

(4) abest in Heb.

I Ki. 11. 8 (B) (Luc. Ραμα) (Joseph. Βαλά).

Βαμαήλ. בִּמְהָל

I Ch. 7. 33 (A) (Luc. Βααμαθ).

Βαμάτ. aliter in Heb.

Je. 46 (39). 3 (S^c.a (?)) (רב־מג).

Βάμεθ. רָמַת

Jo. 19. 8 (B) (Luc. Ιαμεθ).

Βαμμά. בַּעֲנָה

II Ki. 4. 6 (B) (Luc. Βαναα).

Βαμώ. נְבוֹ

Nu. 32. 38 (A) (Luc. *om.*).

Βαμώθ. (1) בֵּית אָוֶן

I Ki. 14. 23 (B) (Luc. Βαιθωρων) (*Vind.* Bethom).

(2) בָּמָה

I Ch. 21. 29 (B) (Luc. Βαμα).

(3) בָּמוֹת

Nu. 21. 19, 20 (*Lugd.* Math): Jo. 13. 17 (A).

Βάν. in libr. apocr.

I Es. 5. 37 (A) (= טוביה Ezr. 2. 60: Ne. 7. 62) (Luc. Τωβίου [genit]).

Βανά. (1) בָּמָה

I Ki. 9. 13 (A) (Luc. Βαμα).

(2) בִּנְעָא

I Ch. 9. 43 (A) (Luc. Βαανα).

(3) בִּנְעָה

I Ch. 8. 37 (B) (Luc. Βαανα).

Βαναάμ. aliter in Heb.

I Ch. 9. 8 (B) (יבניה) (Luc. Ιεβναα).

Βαναγαίας. בְּנָיָהוּ

II Ki. 8. 18 (A) (Luc. Βαναίας).

Βαναί. (1) בְּנָיָהוּ

II Ki. 8. 18 (B) (Luc. Βαναιας): I Ch. 15. 24.

(2) in libr. apocr.

I Es. 8. 40 (B) (= בנוי Ezr. 8. 14) (Luc. Βαγουια).

Βαναία, Βαναιά. (1) בּוּנָה

I Ch. 2. 25 (B) (Luc. Αμινα).

(2) בִּנּוּי

II Es. 8. 33 (A).

(3) בָּנִי

II Es. 18 (Ne. 8). 7 (B) (Luc. Βαναιας).

(4) בְּנָיָה

I Ch. 4. 36 (A) (Luc. Βαναιας): 11. 22 (B*S) (Luc. Βαναιας): II Es. 10. 25 (A B) (Luc. Βαναιας), 30, 35, 43.

(5) בְּנָיָהוּ

III Ki. 2. 46 (B) (Luc. Βαναιας): I Ch. 15. 18.

(6) בְּנֵי יַעֲקָן

Luc. Μανικαν: *Lugd.* Banaiacab.
Nu. 33. 31 (B), 32 (B).

(7) aliter in Heb.

I Ch. 9. 8 (B) (יבניה) (Luc. Ιεβναα).

(8) abest in Heb.

III Ki. 2. 46 h (B) (Luc. Βαναιας): I Ch. 5. 4 (בני seq) (Luc. Δαναια).

Βαναίας (-νέας) (-αν, -ου). (1) בָּנִי

II Es. 18 (Ne. 8). 7 (A S).

(2) בְּנָיָה

II Ki. 20. 23: I Ch. 11. 22 (A), 31 (Luc. Βαναια): 27. 14: II Ch. 20. 14 (A).

(3) בְּנָיָהוּ

II Ki. 23. 20 (Joseph. Ναβαῖος, Βαναίας), 22: III Ki. 1. 8 (αια sup ras A¹), 10, 26, 32, 36, 38, 44 (A): 2. 29 (A), 30 (B), 34 (A): 4. 4 (A): I Ch. 11. 24: 15. 20: 16. 5 (A B), 6: 18. 17: 27. 5, 6, 34: II Ch. 31. 13.
[Th. III Ki. 2. 34: 4. 4.]

(4) aliter in Heb.

I Ch. 9. 32 (A S) (בני = filii).

(5) abest in Heb.

I Ch. 11. 23: II Ch. 35. 9 (Luc. *om.*).

(6) in libr. apocr.

I Es. 9. 35 (= בניה Ezr. 10. 43) (Luc. Βαναι).

Βαναιαύ. בְּנָיָהוּ

III Ki. 2. 46 (A) (Luc. Βαναιας).

ΒαναιΒακάτ. בְּנֵי־בְרַק

Jo. 19. 45 (B) (Luc. Βανηβαρακ).

Βαναιού. (1) בִּנּוּי

II Es. 20. 9 (Ne. 10. 10) (A B S*) (Luc. Βαναιου).

(2) בְּנָיָה

Ez. 11. 13.

(3) בְּנָיָהוּ

Luc. Βαναίας.
III Ki. 1. 44 (B): 2. 25 (B), 29 (B), 30, 35: Ez. 11. 1.

Βανάκαν. בְּנֵי יַעֲקָן

Nu. 33. 32 (F) (Luc. Μανικαν).

Βανέας, *vid.* **Βαναίας.**

Βανεί (-νί). (1) בִּנּוּי

II Es. 13 (Ne. 3). 24 (Luc. Βαναϊ).

(2) בָּנִי

I Ch. 6. 46 (31) (B): II Es. 10. 29 (A) (Luc. Βαναι), 34 (A) (Luc. Βαναιει): 13 (Ne. 3). 17 (A B) (Luc. Βαναι): 20. 14 (Ne. 10. 15) (Luc. Βαννι): 21 (Ne. 11). 22 (A B S*) (Luc. Βοννει).

(3) בֻּנִּי

II Es. 20. 14 (Ne. 10. 15) (Luc. Βαννι).

(4) in libr. apocr.

I Es. 5. 12 (= בני Ezr. 2. 10: בנוי Ne. 7. 15) (Luc. Βαναια).

Βανείας, *vid.* **Βανίας.**

Βανηβαράκ. בְּנֵי־בְרַק

Jo. 19. 45 (A).

Βανί, *vid.* **Βανεί.**

Βανιάκαν. בְּנֵי יַעֲקָן

Nu. 33. 31 (F) (Luc. Μανικαν).

Βανίας (-νείας). (1) בְּנָיָהוּ

I Ch. 16. 5 (S^c.a) (Luc. Βαναίας).

(2) in libr. apocr.

I Es. 8. 36 (39) (B) (abest in Ezr. 8. 10 בני praec.) (Luc. Βαναιας).

Βανίκαν. בְּנֵי יַעֲקָן

Luc. Μανικαν.
Nu. 33. 31 (A), 32 (A).

Βανιού. בְּנָיָהוּ

Luc. Βαναίας.
III Ki. 2. 25 (A), 30 (A).

Βανναίας. in libr. apocr.

I Es. 9. 26 (= בניה Ezr. 10. 25) (Luc. Βαναιας).

Βανναιοῦς. in libr. apocr.

I Es. 9. 33 (A) (= זבד Ezr. 10. 33) (Luc. Ζαβδια).

Βάννας. in libr. apocr.

I Es. 5. 26 (abest in Ezr. 2. 40: Ne. 7. 43) (Luc. *om.*).

Βαννούς. in libr. apocr.

I Es. 9. 34 (= בני Ezr. 10. 38) (Luc. Βεννει ?).

Βανού. בָּנִי

II Es. 2. 10 (B) (Luc. Βαναια).

Βανουαιαί. aliter in Heb.

II Es. 20. 13 (Ne. 10. 14) (A) (בנינו) (Luc. Βανουια).

Βανουεί (-ουί). (1) בִּנּוּי

II Es. 10. 30 (A), 38 (Luc. Βοννει): 17 (Ne. 7). 15 (Luc. Βαναίας): 22 (Ne. 12). 8 (Luc. οἱ υἱοὶ αὐτοῦ).

(2) בָּנִי

II Es. 2. 10 (A) (Luc. Βαναια): 10. 29 (B S) (Luc. Βαναι).

Βανῶ. [בְּ]נא

[Aq. Ez. 30. 14.]

Βαογεί. בִּגְוַי

II Es. 2. 14 (B) (Luc. Βαγουαι).

Βαορείμ. בַּחֻרִים
II Ki. 17. 18 (B [signa v l prae se fert B?txt et mg]) (Luc. Βαιθχορρων) (Joseph. Βοκχόρης) (*Vind.* Bethor).

Βαουρείμ. בַּחֻרִים, בַּחוּרִים
II Ki. 3. 16 (A) (Luc. Βαρακειμ) : 16. 5 (A) (Luc. Χορραμ) (Joseph. Χώρανος, Χώραμος) : 17. 18 (A) (Luc. Βαιθχορρων) : 19. 16 (17) (Luc. Χορραν).

Βάρα, Βαρά. (1) בֶּרַע
Ge. 14. 2 (E) (Luc. Βαλλα).
(2) abest in Heb.
Jb. 42. 17 d (S* C*).

Βάραδ, Βαράδ. (1) בְּדַד
Ge. 36. 35 : I Ch. 1. 46 (Luc. Βαδραμ).
(2) בֶּרֶד
Ge. 16. 14 (Luc. Βαρακ) (*Lugd.* Barrad) : I Ch. 7. 20 (A) (Luc. Ρααμ).
(3) abest in Heb.
Ge. 36. 39 (Dsil E) : I Ch. 1. 50 (B) : Jb. 42. 17 d (A B S1 C?).

Βαράθ. abest in Heb.
Ge. 36. 39 (A) (Luc. Βαραδ).

Βαραί. בְּרִיעִי
Nu. 26. 28 (44) (A) (Luc. Βερει).

Βαραιά. (1) בְּרָאיָה
I Ch. 8. 21.
(2) aliter in Heb.
II Es. 10. 35 (B) (בדיה) (Luc. Βαδαια).

Βαράκ. (1) בָּרָק
Joseph. Βάρακος.
Jd. 4. 6 (B), 8 (B), 9 (B), 10, 12, 14 (B) *bis*, 15 (B), 16 (B), 22 (B) : 5. 1 (B), 12 (B), 15 (B).
[Sm. Jd. 4. 22.]
(2) aliter in Heb.
Jd. 5. 15 (B) (יששכר) (Luc. Ισσαχαρ) : I Ki. 12. 11 (ברן).

Βαρακεί. בַּחֻרִים
II Ki. 3. 16 (B) (Luc. Βαρακειμ).

Βαρακχίδης. in libr. apocr.
I Ma. 7. 8 (A).

Βαραμεέθ. aliter in Heb.
III Ki. 11. 22 (23) (A) (ברח מאת) (Luc. *om.*).

Βαραμείμ. בְּרוֹמִים
[Th. Ez. 27. 24.]

Βαράχ.
Luc. Βαρακ.
(1) בָּרָק
Jd. 4. 6 (A), 8 (A), 9 (A), 14 (A) *bis*, 15 (A), 16 (A), 22 (A) : 5. 1 (A), 12 (A).
(2) abest in Heb.
Jd. 5. 12 (A).

Βαραχεί. בֶּרֶכְיָה
I Ch. 9. 16 (B) (Luc. 'Αβαραχίας).

Βαραχειά (-χιά). (1) בְּרָכָה
I Ch. 12. 3 (A).
(2) בֶּרֶכְיָה
I Ch. 3. 20 (A) : 15. 23 (Luc. Βαραχίας) : II Es. 16 (Ne. 6). 18 (Luc. Βαραχίας).
(3) בֶּרֶכְיָהוּ
I Ch. 6. 39 (24) (Luc. Βαραχίας) : 15. 17.

Βαραχιαί. בֶּרֶכְיָה
I Ch. 3. 20 (B) (Luc. Βαραχια).

Βαραχίας. (1) בֶּרֶכְיָה
I Ch. 9. 16 (A) (Luc. 'Αβαραχίας) : II Es. 13 (Ne. 3). 4 (A S) : Za. 1. 1.
(2) בֶּרֶכְיָהוּ
II Ch. 28. 12 (A) : Za. 1. 7.
(3) יְבֶרֶכְיָהוּ
Is. 8. 2.

Βαραχιήλ. בַּרַכְאֵל
Jb. 32. 2, 6.
[Aq., Sm., Th. Jb. 32. 2.]

Βαργαά. בְּרִיעָה
I Ch. 7. 23 (B) (Luc. Βαριε).

Βαρδάθα. aliter in Heb.
Es. 9. 8 (A) (פורתא).

Βαρδιαμείτης. aliter in Heb.
II Ki. 23. 31 (B) (ברחמי) (Luc. Σαραιβαθι ?).

Βαρδοχαιού. aliter in Heb.
II Es. 17 (Ne. 7). 7 (S) (מרדכי) (Luc. Μαρδοχαῖος).

Βαρειά (-ριά). (1) בְּרִיעָה
Ge. 46. 17 *bis* (Joseph. Βάρης) : Nu. 26. 28 (44) (*Lugd.* Beri) (Luc. Βερι) : I Ch. 7. 23 (A) (Luc. Βαριε), 30 (A), 31 (A) : 23. 11 (A) (Luc. Βερια).
(2) בְּרִיעִי
Nu. 26. 28 (44) (B* vid) (Luc. Βερει) (*Lugd.* Beri).
(3) aliter in Heb.
II Es. 13 (Ne. 3). 30 (A) (ברכיה) (Luc. Βαραχίου [genit]).

Βαρειγά (-ριγά). (1) בְּרִיעָה
I Ch. 8. 16 (Luc. Βαρεια).
(2) בְּרִעָה
I Ch. 8. 13 (A) (Luc. Βαραα).

Βαρέκ. aliter in Heb.
Jo. 19. 8 (B*) (בעלת) (Luc. Βααλεθ Βηρραθμωθ).

Βαρέλ. aliter in Heb.
Es. 9. 8 (A S) (אדליא) (Luc. Βαρεα).

Βαρθαλέεμ. aliter in Heb.
II Es. 2. 21 (B) (בית לחם) (Luc. Βηθλεεμ).

Βαρί. בֵּרִי
I Ch. 7. 36 (A) (Luc. Βηρει).

Βαριά, *vid.* **Βαρειά.**

Βαριαεί (-αί). בְּרִיעִי
Nu. 26. 28 (44) (B a vid F) (Luc. Βερει).

Βαριγά, *vid.* **Βαρειγά.**

Βαριμώθ. aliter in Heb.
Ez. 48. 28 (A B) (מריבת).

Βαρκός. בַּרְקוֹס
II Es. 2. 53 (A) (Luc. Βερκως).

Βαρκοῦε. aliter in Heb.
II Es. 17 (Ne. 7). 55 (ברקוס) (Luc. *om.*).

Βαρκούς. בַּרְקוֹס
II Es. 2. 53 (B) (Luc. Βερκως).

Βαρνή. (1) בַּרְנֵעַ
Nu. 32. 8 : 34. 4 : De. 1. 2, 19 : 2. 14 : 9. 23 : Jo. 10. 41 : 14. 6, 7 (B) : 15. 3.
(2) in libr. apocr.
Ju. 5. 14.

Βαρουμσεωρείμ. aliter in Heb.
I Ch. 4. 31 (A [μ'·σ]) (בראי ובשערים) (Luc. -Βαρειμ καὶ ἐν Σααριμ).

Βαρούχ.
Joseph. Βαροῦχος.
(1) בָּרוּךְ
II Es. 13 (Ne. 3). 20 : 20. 6 (Ne. 10. 7) : 21 (Ne. 11). 5 : Je. 39 (32). 12, 13, 16 : 43 (36). 4, 4 (A Q), 5, 8, 10, 13, 14 *bis*, 15, 17, 18, 19, 26, 27 : 50 (43). 3, 6 (A B S1 Q) : 51. 31 (45. 1), 32 (45. 2).
(2) aliter in Heb.
Je. 43 (36). 32 (ירמיהו sed ברוך seq).
(3) in libr. apocr.
Ba. *tit.* : 1. 1, 3 : *subscr.* : Ep. Je. *subscr.* (A).

Βαρσά. (1) בִּרְשַׁע
Ge. 14. 2 (Joseph. Βαλαίας, Βαλέας, Βαρέας).
(2) aliter in Heb.
Es. 9. 8 (B) (אדליא) (Luc. Βαρεα).

Βαρσαμί. aliter in Heb.
I Ch. 11. 33 (A) (בחרומי) (Luc. Βαραμαι).

Βάρτακος (Βαρτάκης). in libr. apocr.
I Es. 4. 29 (Luc. Βαζακός).

Βαρτασάρ. aliter in Heb.
Da. TH. 1. 7 (A a?(mg)) (בלטשאצר) : 2. 26 (A) (בלטשאצר) : 4. 5 (8) (A) (בלטשאצר), 6 (9) (A) (בלטשאצר), 16 (19) (A) (בלטשאצר) *ter* : 5. 1 (A) (בלשאצר) : 8. 1 (A) (בלשאצר).

Βαρχειά. בֶּרֶכְיָה
II Es. 13 (Ne. 3). 30 (B S) (Luc. Βαραχίου [genit]).

Βαρχοῦε. in libr. apocr.
I Es. 5. 32 (A) (= ברקוס Ezr. 2. 53 : Ne. 7. 55) (Luc. Βερκως).

Βαρωδείς. in libr. apocr.
I Es. 5. 34 (abest in Ezr. 2. 57 : Ne. 7. 59) (Luc. *om.*).

Βαρωθχαμάαμ. aliter in Heb.
Je. 48 (41). 17 (Q*) (גרות כמהם, *גרות כמוהם ["ק]).

Βαρωμείτης. בַּרְחֻמִי
II Ki. 23. 31 (A) (Luc. Σαραιβαθι ?).

Βασά. (1) בָּשָׁן
Luc. Βασαν.
Jo. 12. 4 (B) : 13. 30 (A).
(2) abest in Heb.
III Ki. 2. 46 h (B) (Luc. Βαρακ).

Βασαδῶε. aliter in Heb.
II Es. 2. 52 (B) (בצלות) (Luc. Βαδουωθ).

Βασαήλ. בְּצַלְאֵל[ק]
I Ch. 11. 22 (Svid [certe sic inc Cod Frid-Aug]) (Luc. Καβσεηλ).

Βασαλέμ. in libr. apocr.
I Es. 5. 31 (B) (= בצלות Ezr. 2. 52 : בצלית Ne. 7. 54) (Luc. Βαλουωθ).

Βασαλώθ. (1) בַּצְלוּת
II Es. 2. 52 (A) (Luc. Βαδουαθ).
(2) בַּצְלִית
II Es. 17 (Ne. 7). 54 (A S) (Luc. Βαλουαθ).

Βασάμ. בָּשָׁן
I Ch. 5. 16 (B) (Luc. Βασαν).

Βασάμυς. aliter in Heb.
I Ch. 6. 59 (44) (B) (בית שמש) (Luc. Βαιθσαμυς).

Βασάν, Βάσαν, ὁ, ἡ. (1) בָּשָׁן
Nu. 21. 33 *bis* : 32. 33 : De. 1. 4 : 3. 1 *bis*, 3, 4, 10 *bis* (*Lugd.* Chasan), 11, 13 *bis*, 14 (A Bab(vid) (ut vid) F) : 4. 43 (Joseph. Βατανίς), 47 : 29. 7

(6): 33. 22: Jo. 9. 16 (10): 12. 4 (A F), 5: 13. 12 (A) (Luc. Βασανῖτις), 30: 17. 5 (A): 21. 6: 22. 7 (A) (Luc. Βασανῖτις): III Ki. 4. 13, 18 (19): IV Ki. 10. 33: I Ch. 5. 11, 12, 16 (A), 23: 6. 62 (47), 71 (56) (A^a B): II Es. 19 (Ne. 9). 22: Ps. 67 (68). 23: 134 (135). 11: 135 (136). 20: Is. 2. 13: Je. 22. 20.

[**Aq.** Dt. 32. 14: Ps. 21 (22). 13: Is. 33. 9: Am. 4. 1.]
[**Sm.** Ps. 67 (68). 23: Is. 33. 9.]
[**Th.** Is. 33. 9: Am. 4. 1.]

(2) aliter in Heb.

Jo. 13. 18 (B) (יהצה) (Luc. Ιεσσαν): I Ch. 7. 2 (B) (יבשם) (Luc. Ιαβσαμ).

(3) abest in Heb.

Ez. 27. 6 (adnot Q^mg).

Βασανεί. בָּשָׁן

Jo. 13. 30 (B) (Luc. Βασαν).

Βασανεῖτις (-νῖτ.) (-ιν, -ιδι). בָּשָׁן

Jo. 13. 11, 12 (B), 30, 31: 17. 1: 20. 8: 21. 27: 22. 7 (B): Am. 4. 1: Mi. 7. 14 (B rescr A^1): Na. 1. 4: Za. 11. 2: Ez. 27. 6.

Βάσαρ. בֶּצֶר

I Ch. 7. 37 (A).

Βασαώθ. aliter in Heb.

II Es. 17 (Ne. 7). 54 (B) (בצלית) (Luc. Βαλουαθ).

Βασεεττά. בֵּית הַשִּׁטָּה

Jd. 7. 22 (A) (Luc. Βαιθασεττα).

Βασεί (-σί). (1) בֵּסַי

II Es. 2. 49 (Luc. Βασερ).

(2) בֵּצָי

II Es. 17 (Ne. 7). 23 (A) (Luc. Βασση).

Βασελλάν. מִשְׁאָל

Jo. 21. 30 (B) (Luc. Μισαλα).

Βασελμεουλά. אָבֵל מְחוֹלָה

Jd. 7. 22 (A) (Luc. Αβελμεουλα).

Βάσεμ. בָּשְׂמַת

Ge. 36. 4 (A) (Samar. ࠁࠔࠌࠕ) (Luc. Βασεμαθ).

Βασεμάθ. בָּשְׂמַת

Ge. 36. 17 ([Βα]σεμαθ D^vid) (Samar. ࠁࠔࠌࠕ) (*Wirc.* Asimmat).

Βασεμμάθ. בָּשְׂמַת

Luc. Βασεμαθ.

Ge. 36. 3 (A D [Βα[. .]) (Samar. ࠁࠔࠌࠕ), 10 (A D) (Samar. ࠁࠔࠌࠕ): III Ki. 4. 15 (B).

Βασενεμάθ. בָּשְׂמַת

Ge. 26. 34 (D^vid) (Luc. Μασεθαμ) (Joseph. Βασεμάθη, Βασαμάθη).

Βασηδώθ. בָּצְקַת

Jo. 15. 39 (B) (Luc. Βασεχαθ).

Βασηζά (A B S*), **Βασηζαβεήλ** (S^c.a).

aliter in Heb.

II Es. 21 (Ne. 11). 24 (A B S*) (משיזבאל) (Luc. Μασσιζαβεηλ).

Βασθαί. in libr. apocr.

I Es. 5. 31 (= בסי Ezr. 2. 49: Ne. 7. 52) (Luc. Βεσσερ).

Βασί, *vid.* **Βασεί.**

Βασιλεῖς (-εῖδαν) (?). in libr. apocr.

I Ma. 15. 23 (A).

Βασκαμά. in libr. apocr.

I Ma. 13. 23 (Joseph. Βασκά).

Βασού. בֵּצָי

II Es. 2. 17 (B) (Luc. Βασει).

Βασούθ. aliter in Heb.

II Es. 13 (Ne. 3). 17 (B) (רחום) (Luc. Ρεουμ).

Βασουρώθ. aliter in Heb.

IV Ki. 22. 1 (בצקת) (Joseph. Βοσκέθ, Βοσκεθί).

Βασσά (A), **Βασσαί** (B). in libr. apocr.

I Es. 5. 16 (= בצי Ezr. 2. 17: Ne. 7. 23) (Luc. Βασσει).

Βασσεμάθ. בָּשָׁן

De. 3. 14 (B*) (Luc. Βασαν).

Βασσεμμάθ. בָּשְׂמַת

Ge. 36. 10 (E) (Samar. ࠁࠔࠌࠕ) (Luc. Βασεμαθ).

Βασσού. בֵּצָי

II Es. 2. 17 (A) (Luc. Βασει).

Βασφάμ. aliter in Heb.

II Es. 2. 2 (B) (= בלשן) (Luc. Βαλασαν).

Βασφάν. aliter in Heb.

II Es. 17 (Ne. 7). 7 (S) (בלשן) (Luc. *om.*).

Βασωδιά. בְּסוֹדְיָה

II Es. 13 (Ne. 3). 6 (A^vid) (Luc. Βασιδια).

Βατανή. in libr. apocr.

Ju. 1. 9 (9^a) (S).

Βάτνε. בֶּטֶן

Jo. 19. 25 (A) (Luc. Βετελ).

Βατοεί. aliter in Heb.

II Es. 17 (Ne. 7). 7 (B S) (בגוי) (Luc. Βαγουαι), 19 (B) (בגוי) (Luc. Βαγουια).

Βατουσί. aliter in Heb.

II Es. 2. 2 (B) (בגוי) (Luc. Βαγουαι).

Βαύξ. בּוּז

Ge. 22. 21 (Luc. Βαυζ) (Joseph. Βαοῦξος).

Βαχεί. aliter in Heb.

I Ki. 9. 1 (B) (בכורת) (Luc. Μαχειρ) (*Qued.* Bachir).

Βαχείμ. aliter in Heb.

Mi. 1. 10 (Q^mg) (בכו) (Luc. Ενακειμ).

Βαχίδης. in libr. apocr.

Luc. Βακχίδης.

I Ma. 9. 12 (V*): II Ma. 8. 30 (V*).

Βαχούς. in libr. apocr.

I Es. 5. 32 (B) (= ברקום Ezr. 2. 53: Ne. 7. 55) (Luc. Βερκως).

Βαχχί. בֻּקִּי

Nu. 34. 22 (F) (Luc. Βακκειρ).

Βαχχίδης. in libr. apocr.

Luc. Βακχίδης.

I Ma. 7. 8 (S): 9. 1 (S^c.a, c.b), 49 (S).

Βεανά. aliter in Heb.

I Ki. 30. 21 (B) (בשור) (Luc. Βοσορ).

Βεγεθών. גִּבְּתוֹן

Jo. 19. 44 (B) (Luc. Γαβαθων).

Βεδεβηνά. מַדְמֵנָה

Jo. 15. 31 (A) (Luc. Μαρρειμ).

Βεδεί. aliter in Heb.

II Es. 13 (Ne. 3). 18 (B) (בוי) (Luc. Βαναι).

Βεεθαρά. בְּעֶשְׁתְּרָה

Jo. 21. 27 (A) (Luc. Βοσόρραν [accus.]).

Βεεθλαμών (B), **Βεελαμών** (A). בַּעַל הָמוֹן

Ca. 8. 11 (Luc. Βαθεελαμων).

Βεελείμ. aliter in Heb.

Ez. 27. 4 (נבוליך) (*Wirc.* Dobelin).

Βεελζεβούλ. בַּעַל זְבוּב

[**Sm.** IV Ki. 1. 2.]

Βεελλαμών. בַּעַל הָמוֹן

Ca. 8. 11 (S) (Luc. Βαθεελαμων).

Βεελμασσών. בַּעַל מְעוֹן

I Ch. 5. 8 (B) (Luc. Βεελμεων).

Βεελμεών. בַּעַל מְעוֹן

Nu. 32. 38 (Samar. ࠁࠏࠋࠌࠏࠍ) (*Mon.* Baalman: *Lugd.* Besseon): I Ch. 5. 8 (A).

[**Aq., Th.** Ez. 25. 9.]

Βέελσαρος. in libr. apocr.

I Es. 5. 8 (= בלשן Ezr. 2. 2: Ne. 7. 7) (Luc. Βαλσαρ).

Βεελσεπφών (B), **Βεελσεφών** (A F).

בַּעַל צְפֹן (צְפוֹן)

Luc. Βεελσεφων.

Ex. 14. 2 (*Mon.* Belsefon: *Lugd.* Beelsefor), 9: Nu. 33. 7.

[**Aq., Sm.** Ex. 14. 2.]

Βεέλτεθμος. in libr. apocr.

Luc. Βεελτεμος.

I Es. 2. 15 (16) (A* B) (abest in Ezr. 4. 7), 21 (25) (B) (abest in Ezr. 4. 17) (Joseph. Βεέλζεμος, Βέλσεμος).

Βεελτεμώθ. in libr. apocr.

I Es. 2. 21 (25) (A) (abest in Ezr. 4. 17) (Luc. Βεελτέμῳ).

Βεελφεγώρ. בַּעַל־פְּעוֹר, בַּעַל פְּעוֹר

Nu. 25. 3, 5: De. 4. 3 *bis*: Ps. 105 (106). 28: Ho. 9. 10.

Βεεννόμ. aliter in Heb.

II Ch. 33. 6 (A) (בן־הנם) (Luc. Βενεννομ).

Βεερβείν (S^1), **Βεερμείν** (B S^c.a). בַּחֲרוּמִי

I Ch. 11. 33 (Luc. Βαραμαι).

Βέζεκ. בֶּזֶק

Jd. 1. 4 (B), 5 (A B^ab mg inf) (Joseph. Ζεβέκη, Βεζέκη): I Ki. 11. 8 (A) (Luc. Ραμα).

Βεζέρ. aliter in Heb.

II Es. 13 (Ne. 3). 18 (S) (בוי) (Luc. Βαναι).

Βεήλ, *vid.* **Βαιήλ.**

Βεήρ, *vid.* **Βαιήρ.**

Βεηρά. (1) בְּאֵרָא

I Ch. 7. 37 (A) (Luc. *om.*).

(2) בְּאֵרָה

I Ch. 5. 6 (A) (Luc. Βαρα).

Βεηρεί (-ρί). בְּאֵרִי

Ho. 1. 1.

Βεηρσάβεε. בְּאֵר שֶׁבַע

Luc. Βηρσαβεε.

II Ch. 19. 4 (B): II Es. 21 (Ne. 11). 27 (B), 30 (B).

Βεηρωθά. בְּאֵרוֹת

Jo. 18. 25 (B) (Luc. Βηθωρωθ).

Βεθανεί, *vid.* **Βαιθανεί.**

Βεθασιμούθ, *vid.* **Βαιθασιμούθ.**

Βεθβασί, *vid.* **Βαιθβασί.**

Βεθεγαιώ. בֵּית־חָגְלָה
Jo. 18. 21 (B) (Luc. Βηθαγλα).

Βεθενέκ. בֵּית עֲנָת
Jd. 1. 33 (A) (Luc. Βαιθενεθ).

Βέθερ. עֶתֶר
Jo. 19. 7 (A) (Luc. Εσερ).

Βεθζαχαριά, *vid.* Βαιθζαχαριά.

Βεθήλ, *vid. sub* Βαιθήλ.

Βεθθάμυς. בֵּית־שֶׁמֶשׁ, בֵּית שֶׁמֶשׁ
Luc. Βαιθσαμυς.
I Ki. 6. 9 (A), 12 (A), 13 (A), 15 (A), 19 (A).

Βεθθαμυσείτης. בֵּית־הַשִּׁמְשִׁי
I Ki. 6. 18 (A) (Luc. Βαιθσαμυσίτης).

Βεθθαπφουέ. בֵּית־תַּפּוּחַ
Jo. 15. 53 (A) (Luc. Βηθθαφουε).

Βεθθαχαρμά, *vid.* Βαιθθαχαρμά.

Βεθθιά. בִּתְיָה
I Ch. 4. 18 (A) (Luc. Φαθθουια).

Βεθλάεμ, *vid.* Βαιθλάεμ.

Βεθλέεμ, *vid.* Βαιθλέεμ.

Βεθλλέεμ. בֵּית־לֶחֶם
II Es. 17 (Ne. 7). 26 (S) (Luc. Βηθλεεμ).

Βεθουρών. in libr. apocr.
II Ma. 11. 5 (A) (Luc. Βαιθσούρα).

Βεθσά, *vid.* Βαιθσά.

Βεθσαβέθ. בַּת־שֶׁבַע
[Aq., Th. Ps. 50 (51). 2.]

Βεθσάμες. בֵּית שֶׁמֶשׁ
Jo. 21. 16 (A) (Luc. Σαμες).

Βεθσάμυε. בֵּית שֶׁמֶשׁ
IV Ki. 14. 13 (A) (Luc. Βαιθσαμυς).

Βεθσάμυς, *vid.* Βαιθσάμυς.

Βεθσάν, *vid.* Βαιθσάν.

Βεθσούρ, *vid.* Βαιθσούρ.

Βεθσοῦρα, Βεθσουρά, Βεθσούρα, (indecl.; -αν), *vid.* Βαιθσοῦρα.

Βεθφογώρ, *vid.* Βαιθφογώρ.

Βεθώρ. abest in Heb.
I Ki. 14. 47 (A) (Luc. Βαιθροωβι).

Βεθωρώ. in libr. apocr.
Ju. 4. 4 (3) (A) (Luc. Βαιθωρων).

Βεθωρών, *vid.* Βαιθωρών.

Βειρών. בְּאֵרוֹת
Jo. 9. 23 (17) (B*) (Luc. Βηρωθ).

Βεκτελέθ. in libr. apocr.
Ju. 2. 21 (12).

Βεκτιλέθ, *vid.* Βαικτειλαίθ.

Βελαάν. aliter in Heb.
III Ki. 15. 27 (B) (יששכר) (Luc. Βεδδαμα).

Βελαμών. בַּעַל מְעוֹן
Jo. 13. 17 (A) (Βεελμωθ).

Βελβάιμ. in libr. apocr.
Ju. 7. 3 (A B).

Βελβωλά. בָּלָה
Jo. 19. 3 (A) (Luc. Βολα).

Βελγά. בִּלְגָּה
I Ch. 24. 14 (A) (Luc. Βελγαδ) (*Lucc.* Bannae [dat.]).

Βελγαί. בִּלְגַּי
II Es. 20. 8 (Ne. 10. 9) (A) (Luc. Βελγαει).

Βελεισά (-λισά). בְּעָלִים
Je. 47 (40). 14 (A B S^c.a Q).
[Al. Je. 40 (47). 14.]

Βελελεήλ. aliter in Heb.
I Ch. 8. 1 (B) (בלע) (Luc. Βαλε).

Βελιάλ. בְּלִיַּעַל
[Th. Jd. 19. 22.]

Βελιάμ. בְּלִיַּעַל
Jd. 20. 13 (A) (Luc. Βενιαμιν).

Βελισά, *vid.* Βελεισά.

Βελλασώρ. בַּעַל חָצוֹר
II Ki. 13. 23 (A) (Luc. Βασελλασωρ) (*Vind.* Ballassor).

Βελμάιν, *vid.* Βαιλμάιν.

Βελσά (B), Βελσαττείν (F), Βελσαττίμ (A).
אָבֵל הַשִּׁטִּים
Nu. 33. 49 (Samar. [Samaritan script]) (Luc. Αβελσαττειμ).

Βελσειά (-σιά). aliter in Heb.
II Es. 20. 8 (Ne. 10. 9) (B S) (בלגי) (Luc. Βελγαει).

Βελχόρ. בֵּית כַּר
I Ki. 7. 11 (A) (Luc. Βαιθχορ).

Βέν. בֵּן (constr.)
III Ki. 4. 8 (A) (υιος seq).

Βενεί. aliter in Heb.
II Es. 13 (Ne. 3). 18 (A) (בוי) (Luc. Βαναι).

Βενεσά. aliter in Heb.
Je. 47 (40). 14 (S*) (בעלים).

Βενιαμείν (Βαιν.) (-μίν). (1) בִּנְיָמִן, בִּנְיָמִין
Samar. [Samaritan script]: Joseph. Βενιαμίς, Βενιαμείς.
Ge. 35. 18, 24: 42. 4, 36: 43. 14, 15, 16, 29, 34: 44. 12: 45. 12, 14 *bis*, 22: 46. 19, 21: 49. 27: Ex. 1. 3: Nu. 1. 11, 34 (36), 35 (37): 2. 22 *bis*: 7. 60: 10. 24: 13. 10 (9) (A B F^1 mg inf): 26. 42 (38), 45 (41): 34. 21: De. 27. 12 (ιν sup ras A^a): 33. 12: Jo. 18. 11 (B), 20, 21, 28: 21. 4, 17: Jd. 1. 21 *bis*: 5. 14: 10. 9: 19. 14: 20. 3, 4, 10, 12, 13, 14, 15, 17, 18, 20, 21, 23, 24, 25, 28, 30, 31, 32, 35 *bis*, 36 *bis*, 39, 40, 41, 43, 44, 46, 48: 21. 1, 6, 13, 14, 15, 16, 17, 18, 20, 21, 23: I Ki. 9. 1, 16, 21: 10. 2, 20, 21: 13. 2 (B), 15 (B), 16 (B): 14. 16: II Ki. 2. 9, 15, 25, 31: 3. 19 *bis*: 4. 2, 2 (B): 19. 17 (18): 21. 14: 23. 29 (B): III Ki. 4. 17 (18): 12. 21, 23: 15. 22: I Ch. 2. 2 (post *a* ras 1 lit A?): 6. 60 (45): 7. 6, 10: 8. 1, 40: 9. 3, 7: 11. 31: 12. 2, 16, 29: 21. 6: 27. 21: II Ch. 11. 1, 3, 10, 12, 23: 14. 8 (7): 15. 2 (A), 8, 9: 17. 17: 31. 1: 34. 9, 32: II Es. 1. 5: 4. 1: 10. 9, 32: 13 (Ne. 3). 23: 21 (Ne. 11). 4, 7, 31, 36: 22 (Ne. 12). 34 (Luc. Μιαμειν): Ps. 67 (68). 28: 79 (80). 3: Ho. 5. 8 (*Wirc.* ueniamin): Ob. 1. 19: Za. 14. 10 (A B S^1 fort, c.a Q Γ): Je. 1. 1: 6. 1: 17. 26: 39 (32). 8, 44: 40 (33). 13: 44 (37). 12, 13: 45 (38). 7: Ez. 48. 22, 23, 24, 32.
[Aq. Ps. 67 (68). 28: 79 (80). 3.]
[Sm. Jd. 5. 14: Ps. 67 (68). 28.]
[Th. Jd. 10. 9.]
[Al. I Ki. 4. 12: 9. 21: Je. 20. 2.]

(2) בֶּן־יְמִין
I Ki. 9. 1* (Luc. ἀνὴρ Ἰεμιναῖος).

(3) בֶּן יְמִינִי, *בֶּנְיָמִינִי *v.* בִּנְיָמִינִי (ק״)
I Ch. 27. 12.

(4) יְמִינִי
Jd. 19. 16 (בני praec.): I Ki. 22. 7 (B) (בני praec.): Es. 2. 5.

(5) aliter in Heb.
I Ch. 24. 9 (B) (מימן) (Luc. Μιαμειν): II Ch. 31. 15 (מנימן): II Es. 20. 13 (Ne. 10. 14) (B S) (בנינו) (Luc. Βανουια): 22 (Ne. 12). 17 (S^c.a mg inf) (מנימין) (Luc. Μιαμειν), 41 (S^c.a mg) (מנימין) (Luc. Μιαμειν).

(6) abest in Heb.
Jo. 21. 9: III Ki. 12. 20, 24 u (B), 24 x (B), 24 y (B): II Ch. 15. 2: Ez. 48. 32 (adnot Q^mg).

(7) in libr. apocr.
I Es. 2. 7 (8) (= בנימן Ezr. 1. 5): 5. 63 (66) (= בנימן Ezr. 4. 1): 9. 5 (= בנימן Ezr. 10. 9): Es. A 1 (11. 2): II Ma. 3. 4.

Βενιαμειούδ (-μι.). בֶּן־עַמִּיהוּד
Nu. 34. 28 (B) (Luc. υἱὸς Ἀμιούδ) (*Luc.* Benmiut: *Lugd.* Benemiob).

Βενιαμίν, *vid.* Βενιαμείν.

Βενιαμιούδ, *vid.* Βενιαμειούδ.

Βενίας. בְּנָיָהוּ
I Ch. 16. 5 (S*) (Luc. Βαναιας).

Βενναίας (-νέας). aliter in Heb.
I Ch. 11. 34 (B S) ([בני הש[ם) (Luc. υἱοὶ Ασομ).

Βερέα. in libr. apocr.
I Ma. 9. 4 (Luc. Βηρζαθ?).

Βερένοια. in libr. apocr.
II Ma. 13. 4 (V).

Βερζαιέ. aliter in Heb.
I Ch. 7. 31 (A) (ברזות*, ברוית [ק״]) (Luc. Βαρζεθ).

Βερζελλαεί (-αί). בַּרְזִלַּי
Luc. Βερζελλει, Βερζελλι.
II Es. 2. 61: 17 (Ne. 7). 63 (A) *bis*.

Βερζελλεί (-λί). בַּרְזִלַּי
Joseph. Βερζελαῖος, Βεέρζελος, Βέρζελος.
II Ki. 17. 27 (*Vind.* Barsellai): 19. 31 (32), 32 (33), 33 (34), 34 (35), 39 (40): 21. 8: III Ki. 2. 7: II Es. 17 (Ne. 7). 63 (B S) *bis*.

Βερθεί. בֵּרֹתִי
I Ch. 11. 39 (B S) (Luc. Βηρωθι).

Βερία, Βεριά. (1) בְּרִיחַ
I Ch. 3. 22 (A).

(2) בְּרִיעָה
I Ch. 23. 10 (B), 11 (B).

Βεριγά. (1) בְּרִיעָה
I Ch. 7. 30 (B) (Luc. Βαρια).

(2) בְּרִעָה
I Ch. 8. 13 (B) (Luc. Βαραα).

(3) abest in Heb.
I Ch. 8. 21 (בראיה seq) (Luc. *om.*).

Βεριχά. בְּרִיעָה
I Ch. 7. 31 (B) (Luc. Βαρια).

Βερμααχά. aliter in Heb.
IV Ki. 15. 29 (A) (בית־מעכה) (Luc. Βαιθμααχα).

Βέροια. in libr. apocr.
II Ma. 13. 4 (A).

Βερσάβεε. בְּאֵר שֶׁבַע
Luc. Βηρσαβεε.
III Ki. 19. 3 (A): II Es. 21 (Ne. 11). 27 (A), 30 (A).

Βερχειά. (1) בְּרָכָה
I Ch. 12. 3 (B S) (Luc. Βαραχια).
(2) abest in Heb.
I Ch. 12. 4 (S) (*cf.* v. 3) (Luc. *om.*).

Βεσελεήλ (Βαισ.). (1) בְּצַלְאֵל
Joseph. Βασάηλος, Βεσέβηλος, Βεσελέηλος.
Ex. 31. 2 (*Lugd.* Beseel): 35. 30 (*Wirc.* Beselel): 36. 1, 2: 37. 20 (38. 22) (*Mon.* Beseel): 38 (37). 1: I Ch. 2. 20: II Ch. 1. 5.
(2) [ק]בְּצְאֵל
Jo. 15. 21 (B) (και praec.) (Luc. Καβσηλ).

Βεσελήλ. בְּצַלְאֵל
II Es. 10. 30 (A B) (Luc. Βεσσελεηλ).

Βεσεμιείν (B), **Βεσενανίμ** (A). [בְּ]צַעֲנַנִּים
Jo. 19. 33 (Luc. Σεενανειμ).

Βεσιήλ. aliter in Heb.
I Ch. 29. 8 (B [in σ ras aliq B?]) (יחיאל) (Luc. Ιειηλ).

Βεσκασπασμύς. in libr. apocr.
I Es. 9. 31 (B) (= מתניה Ezr. 10. 30) (Luc. Ματθανια).

Βεσσελήλ. בְּצַלְאֵל
II Es. 10. 30 (S) (Luc. Βεσσελεηλ).

Βεσσῆε. פָּסֵחַ
I Ch. 4. 12 (B) (Luc. Φασσε).

Βετολιώ. in libr. apocr.
I Es. 5. 21 (B) (= בית־אל Ezr. 2. 28: Ne. 7. 32) (Luc. Βαιθηλ).

Βετομεσθάιμ, *vid.* Βαιτομαισθάιμ.

Βετυλουά, *vid.* Βαιτυλουά.

Βεχώρ. בְּשׁוֹר
I Ki. 30. 21 (A) (Luc. Βοσορ).

Βεχωράθ. בְּכוֹרַת
I Ki. 9. 1 (A) (Luc. Μαχειρ).

Βεώρ (Βαιώρ). (1) בְּעוֹר, בְּעֹר
Ge. 36. 32: Nu. 22. 5: 24. 3 (*Lugd.* Bechor), 15: 31. 8: De. 23. 4 (5): Jo. 13. 22: I Ch. 1. 43 (Luc. Σεπφωρ): Mi. 6. 5.
(2) aliter in Heb.
Nu. 24. 22 (בער): III Ki. 4. 8 (B) (בן־חור) (Joseph. Οὔρης).
(3) abest in Heb.
Jb. 42. 17 d (B S C).

Βή (litera alphab.). nil in Heb.
La. 3. 5 (B): 4. 2 (B*).

Βηβαί. (1) בֵּבַי
II Es. 20. 15 (Ne. 10. 16) (A).
(2) in libr. apocr.
Luc. Βοκχει.
I Es. 5. 13 (= בבי Ezr. 2. 11: Ne. 7. 16): 8. 37 (40) (A) (= בבי Ezr. 8. 11): 9. 29 (= בבי Ezr. 10. 28): Ju. 15. 4 (5) (A).

Βηβεί (-βί). בֵּבַי
II Es. 17 (Ne. 7). 16 (Luc. Βοκχει).

Βηβφάλτ. בֵּית־פֶּלֶט
II Es. 21 (Ne. 11). 26 (S^c.a mg) (Luc. Βηθφαλατ).

Βηδαί. aliter in Heb.
II Es. 20. 15 (Ne. 10. 16) (B S) (בבי) (Luc. Βηβαι).

Βηζαιθ (-έθ). (1) aliter in Heb.
I Ch. 7. 31 (B) (ברזות*, ברזית ["ק]) (Luc. Βαρζεθ).
(2) in libr. apocr.
I Ma. 7. 19 (A) (Joseph. Βηρζηθώ, Βηθζηθώ).

Βήθ. (1) בַּיִת, constr. בֵּית
[Aq. Je. 48 (31). 22, 23.]
[Sm. Je. 48 (31). 22, 23: Ho. 5. 8.]
(2) [בֵּית־]עַזְמָוֶת
II Es. 17 (Ne. 7). 28 (A) (Luc. *om.*).
(3) abest in Heb. (lit. alphab.)
Ps. 118 (119). 9 (R): La. 1. 2: 2. 2: 3. 4 (Q), 5 (A Q), 6 (Q): 4. 2 (A B^b (vid) Q).

Βηθαβαρείμ (B), **Βηθαγγαβαρείμ** (S^c.a [superscr βα]). aliter in Heb.
II Es. 13 (Ne. 3). 16 (בית הגברים) (Luc. οἴκου τῶν δυνατῶν).

Βηθαγγαλγάλ. בֵּית הַגִּלְגָּל
II Es. 22 (Ne. 12). 29 (S^c.a mg) (Luc. Βαιθγαλ).

Βηθαγγαρείμ. aliter in Heb.
II Es. 13 (Ne. 13). 16 (S*) (בית הגברים) (Luc. οἴκου τῶν δυνατῶν).

Βηθαγλά. בֵּית־חָגְלָה
Jo. 18. 21 (A).

Βηθαέμεκ. בֵּית הָעֵמֶק
Jo. 19. 27 (A).

Βηθαζαρειά (-ριά). בֵּית עֲזַרְיָה
II Es. 13 (Ne. 3). 24 (Luc. τοῦ οἴκου Ἀζαρίου).

Βηθαιλεισού. aliter in Heb.
II Es. 13 (Ne. 3). 21 (S) (בית אלישיב) (Luc. οἴκου Ελιασουβ).

Βηθαιλεισούβ, *vid.* Βηθελεισούβ.

Βηθαιλισούβ, *vid.* Βηθελισούβ.

Βηθακάμ. aliter in Heb.
II Es. 13 (Ne. 3). 14 (S) (בית־הכרם) (Luc. Βηθαχχαραμ).

Βηθαλαμεί. aliter in Heb.
III Ki. 4. 9 (B) ([ב]שעלבים) (Luc. Θυλαβειν).

Βηθαμνά. aliter in Heb.
Jo. 13. 27 (A) (בית נמרה) (Luc. Βηθαναμρα).

Βηθαναθείμ (B), **Βηθαναθί** (S^c.a), **Βηθαναθίω** (S* vid). בֵּית הַנְּתִינִים
II Es. 13 (Ne. 3). 31 (B) (Luc. οἴκου τῶν Ναθιναίων).

Βηθανάν. בֵּית־חָנָן
III Ki. 4. 9 (A) (Luc. Βαιθναάμ).

Βηθανναθινίμ. בֵּית הַנְּתִינִים
II Es. 13 (Ne. 3). 31 (A) (Luc. οἴκου τῶν Ναθιναίων).

Βηθαραβά. בֵּית הָעֲרָבָה
Jo. 15. 60 (A) (Luc. Αρεββα).

Βηθαράμ. בֵּית הָרָם
Jo. 13. 27 (A).

Βηθασμώθ. בֵּית־עַזְמָוֶת
II Es. 17 (Ne. 7). 28 (B S) (Luc. Ασθμωθ).

Βηθαύν. בֵּית אָוֶן
Jo. 7. 2 (A) (Luc. Βηθαῦ).
[Syr. Ho. 4. 15.]

Βηθαχάμ. aliter in Heb.
II Es. 13 (Ne. 3). 14 (B) (בית־הכרם) (Luc. Βηθαχχαραμ).

Βηθαχαρμά. בֵּית הַכָּרֶם
Je. 6. 1 (Q).

Βηθαχχαρμά. בֵּית־הַכָּרֶם
II Es. 13 (Ne. 3). 14 (A) (Luc. Βηθαχχαραμ).

Βηθδαγών. (1) בֵּית דָּגֹן, בֵּית־דָּגוֹן
Jo. 15. 41 (A): 19. 27 (A).
(2) in libr. apocr.
I Ma. 10. 83 (A S^c.a, c.b V).

Βηθεί. aliter in Heb.
II Es. 20. 18 (Ne. 10. 19) (S) (בצי) (Luc. Βεσει).

Βηθελειασσούβ. בֵּית אֶלְיָשִׁיב
II Es. 13 (Ne. 3). 20 (A) (Luc. οἴκου Αλιασουβ).

Βηθελεισούβ (-αιλ.), (-λισ.). בֵּית אֶלְיָשִׁיב
II Es. 13 (Ne. 3). 20 (B S) (Luc. οἴκου Αλιασουβ), 21 (B S) (Luc. οἴκου Ελιασουβ), 21 (B) (Luc. οἴκου Ελιασουβ).

Βηθεληπουβάς (A), **Βηθελιασούβ** (A). בֵּית אֶלְיָשִׁיב
II Es. 13 (Ne. 3). 21 (Luc. οἴκου Ελιασουβ).

Βηθελισούβ, *vid.* **Βηθελεισούβ.**

Βηθζαίθ. in libr. apocr.
I Ma. 7. 19 (S).

Βηθήλ. בֵּית־אֵל
Jo. 18. 22 (A): II Es. 17 (Ne. 7). 32 (B S*) (Luc. Βεθηλ).
[Aq. III Ki. 23. 15 (Bi.), 17 (Bi.).]

Βηθήρ. aliter in Heb.
II Es. 21 (Ne. 11). 31 (S^c.a, mg inf) (בית־אל) (Luc. Βαιθηλ).

Βηθθαγααρείμ. aliter in Heb.
II Es. 13 (Ne. 3). 16 (A) (בית הגברים) (Luc. οἴκου τῶν δυνατῶν).

Βηθθαχάρ. aliter in Heb.
Je. 6. 1 (A) (בית הכרם).

Βηθλέεμ. (1) בֵּית־לֶחֶם, בֵּית לָחֶם
Ge. 35. 19: 48. 7 (A D^sil): Jd. 12. 10 (A): 17. 7, 8, 9 (A); 19. 1, 2 (A B?), 18 *bis*: Ru. 1. 1 (A), 2 (A) (Luc. *om.*): I Ki. 16. 4: 17. 12 (A), 15 (A): 20. 6, 28: II Ki. 2. 32 (A): 23. 14 (A), 15 (A), 16 (A), 24 (A): I Ch. 11. 16 (S), 17 (A B), 18 (A): Mi. 5. 2 (1): Je. 48 (41). 17 (A B S^1 Q).
[Aq., Sm. Je. 41 (48). 17.]
[Th. Jd. 17. 7, 8.]
(2) aliter in Heb.
I Ki. 16. 1 (בית הלחמי).
(3) abest in Heb.
Jo. 15. 59 a (A): II Ki. 23. 15 (A).

Βηθλεεμείτης (-μίτ.). בֵּית הַלַּחְמִי
I Ki. 16. 18 (Luc. ἐν τῇ Βηθλεεμ): 17. 58 (A): II Ki. 21. 19 (A) (Luc. υἱοῦ τοῦ Ελεμι).

Βηθμααλλών. בֵּית מִלּוֹא
Jd. 9. 20 (B) *bis* (Luc. οἴκου Μαλλων).

Βηθμααλών. בֵּית מִלּוֹא
Jd. 9. 6 (B) (Luc. ὁ οἶκος Μαλλων).

Βηθμαχά. (1) בֵּית הַמַּעֲכָה
II Ki. 20. 15 (A) (Luc. Βαιθμακκω).
(2) בֵּית מַעֲכָה
II Ki. 20. 14 (A) (Luc. Βαιθμακκω).

Βηθναμράμ. בֵּית נִמְרָה
[Al. Nu. 32. 36.]

Βηθσάβεε. בַּת־שֶׁבַע
Luc. Βηρσαβεε.
II Ki. 11. 3 (A): 12. 24 (A): III Ki. 1. 11 (A), 15 (A): Ps. 50 (51). 2 (R^1).

Βηθσάμυε. aliter in Heb.

IV Ki. 14. 11 (A) (בית שמש) (Luc. Βαιθσαμυς).

Βηθσάν. בֵּית־שַׁן ,בֵּית שְׁן

Luc. Βαιθσαν.

I Ki. 31. 10 (A), 12 (A): II Ki. 21. 12 (A).

Βηθσεεδτά. בֵּית הַשִּׁטָּה

Jd. 7. 22 (B) (Luc. Βαιθασεττα).

Βηθσούρ. בֵּית־צוּר

I Ch. 2. 45 (A): II Es. 13 (Ne. 3). 16 (A) (Luc. Βεθσουρ).

Βηθχαρέμ. בֵּית הַכֶּרֶם

[Sm. Je. 6. 1.]

Βηθώρ. בְּאֵרוֹת

Jo. 9. 23 (17) (B^ab mg) (Luc. Βηρωθ).

Βηθωραῖος. aliter in Heb.

II Ki. 23. 37 (B*) (בארתי) (Luc. Βιθαρει).

Βηθωρών. (1) חוֹרֹן

Jo. 10. 10 (A), 11 (A).

(2) in libr. apocr.

I Ma. 9. 50 (V*).

Βήλ. (1) בֵּל

Is. 46. 1: Je. 27 (50). 2 (A S Q).

(2) in libr. apocr.

Ep. Je. 40 (A): Da. LXX. Bel *tit.* (Syr.), 3, 4, 8, 9 *bis*, 10, 11, 15 *bis*, 18, 21 *bis*, 22, 28: Da. TH. Bel *tit.* (A Q), 3, 4, 6, 9 *bis*, 10 *bis*, 11, 12, 14, 18, 22, 28.

Βηλά. (1) רִבְלָה

Nu. 34. 11 (*Mon.*, *Lugd.* Beela).

(2) aliter in Heb.

Nu. 34. 11 (ומחה) (*Mon.* Ela).

Βήλεμος. in libr. apocr.

I Es. 2. 15 (16) (= בשלם Ezr. 4. 7) (Luc. Βεελσιμος).

Βήλιον. in libr. apocr.

Da. LXX. Bel 22.

Βῆλος. (1) בֵּל

Je. 27 (50). 2 (B) (Luc. Βηλ).

(2) in libr. apocr.

Ep. Je. 40 (B Q).

Βημαί. in libr. apocr.

I Es. 8. 37 (40) (B) (= בבי Ezr. 8. 11) (Luc. Βαβηι).

Βηρνεμαλουσαμηνχά. aliter in Heb.

III Ki. 4. 10 (B) (ב]ארבות לו שכה]) (Luc. Βηθναμαλουζα).

Βηρόγ. in libr. apocr.

I Es. 5. 19 (B) (= בארות Ezr. 2. 25: Ne. 7. 29) (Luc. Βηρωθ).

Βηρσάβεε (-εαι) (-αιε).

Joseph. Βερσάβη, Βεεθσαβή, Βηρσαβή.

(1) בְּאֵר־שֶׁבַע ,בְּאֵר שֶׁבַע

Jo. 15. 28 (B): 19. 2: Jd. 20. 1: I Ki. 3. 20 (*Vind.* Bersabe): 8. 2 (Joseph. Βηρσουβαί, Βηρσαβεέ): II Ki. 3. 10: 17. 11: 24. 2, 7, 15 (*Lucc.* Bersabe): III Ki. 1. 16: 4. 24 (5. 5) (A): 19. 3 (B): IV Ki. 12. 1 (2): 23. 8 (*Lu.* de Rasabe): I Ch. 4. 28: 21. 2: II Ch. 19. 4 (A): 24. 1: 30. 5: II Es. 21 (Ne. 11). 27 (S), 30 (S): Am. 8. 14.

[Sm. Ge. 21. 14, 31: 46. 1, 5.]

(2) בַּת־שׁוּעַ

I Ch. 3. 5.

(3) aliter in Heb.

I Ki. 30. 30 (B) (כור־עשן): II Ki. 11. 3 (B) (בת־שבע) (*Lucc.* Bersabe): 12. 24 (B) (בת־שבע): III Ki. 1. 11 (B) (בת־שבע), 15 (B) (בת־שבע), 28 (בת־שבע), 31 (בת־שבע): 2. 13 (בת־שבע), 18 (בת־שבע), 19 (בת־שבע): Ps. 50 (51). 2 (B S R* T) (בת־שבע).

(4) abest in Heb.

II Ki. 6. 19: III Ki. 2. 16, 46 g (B).

Βηρσάβεθ. בְּאֵר שֶׁבַע

Jo. 15. 28 (A) (Luc. Βηρσαβεε).

Βηρσαφής. בֵּית פַּצֵּץ

Jo. 19. 21 (B) (Luc. Βηθφασσης).

Βηρῶε (?). in libr. apocr.

I Es. 5. 19 (A?) (= בארות Ezr. 2. 25: Ne. 7. 29) (Luc. Βηρωθ).

Βηρώθ. (1) בְּאֵרֹת ,בְּאֵרוֹת

De. 10. 6 (Samar. [Samaritan script] ?) (*Lugd.* Boroth): Jo. 9. 23 (17) (A F): 18. 25 (A) (Luc. Βηθωρωθ): II Ki. 4. 2 (B): II Es. 2. 25: 17 (Ne. 7). 29 (A S) (Luc. Αβηρωθ).

(2) בֵּרֹתִי

I Ch. 11. 39 (A) (Luc. Βηρωθι).

(3) in libr. apocr.

I Es. 5. 19 (A? Βηρῶε) (= בארות Ezr. 2. 25: Ne. 7. 29).

Βηρωθά. בֵּרוֹתָה

Ez. 47. 16 (Q^mg [βηρωθ' α']).

Βηρωθαῖος. בְּאֵרֹתִי

II Ki. 4. 2, 3, 5, 9: 23. 37 (A B^ab) (Luc. Βιθαρει).

Βηρωθχαμάαμ. aliter in Heb.

Je. 48 (41). 17 (A Q^mg) (גרות כמוהם*, גרות כמהם [ק״]).

Βηρώς. aliter in Heb.

II Es. 17 (Ne. 7). 29 (B) (בארות) (Luc. Αβηρωθ).

Βησανά. aliter in Heb.

Jo. 18. 22 (B) (בית־אל) (Luc. Βηθηλ).

Βησεί. (1) בֵּסַי

II Es. 17 (Ne. 7). 52 (A B) (Luc. Βασερ).

(2) בֵּצָי

II Es. 20. 18 (Ne. 10. 19) (A B) (Luc. Βεσει).

Βησιμούθ. aliter in Heb.

Jo. 13. 20 (A) (בית הישמות).

Βησόρ. aliter in Heb.

II Es. 13 (Ne. 3). 16 (B S) (בית־צור) (Luc. Βεθσουρ).

Βητολιώ. in libr. apocr.

I Es. 5. 21 (A) (= בית־אל Ezr. 2. 28: Ne. 7. 32) (Luc. Βαιθηλ).

Βίβλιοι. aliter in Heb.

III Ki. 5. 17 (32) (A) (נבלים) (Luc. *om.*): Ez. 27. 9 (A B^?vid Q^a) (נבל).

[Aq. III Ki. 5. 18 (32) (נבלים).]

Βίβλος. aliter in Heb.

[Aq., Sm. Ez. 27. 9 (נבל).]

Βιθήρ. בֶּתֶר

[Aq. Ca. 2. 17.]

Βισγά. פִּסְגָּה

[Al. Nu. 23. 14.]

Βισώρ. מִישׁוֹר

Jo. 13. 17 (A) (Luc. Μισωρ).

Βλιτανή. in libr. apocr.

Ju. 1. 9 (9^a) (A).

Βνιαμείν. בִּנְיָמִן

Za. 14. 10 (S*).

Βοάμ. aliter in Heb.

IV Ki. 17. 21 (B* [¹Βοαμ]) (ירבעם) (Luc. Ιεροβοαμ).

Βοασόμ. [בְּ]עֶצֶם

I Ch. 4. 29 (A) (Luc. Ασομ).

Βοδαγών. in libr. apocr.

I Ma. 10. 83 (S*).

Βοέν. בֹּהַן

[Aq., Th. Jo. 15. 6.]

Βοθθανείς. aliter in Heb.

Jo. 15. 19 (B) (גלת מים) (Luc. Γωλαθ μαιμ).

Βοκκά. in libr. apocr.

I Es. 8. 2 (= בקי Ezr. 7. 4) (Luc. Βοκχει).

Βοκκεί (Βοκκί). בֻּקִּי

Nu. 34. 22 (A) (Luc. Βακκειρ): II Es. 7. 4 (Luc. Βοκχι).

Βοκκίας. בֻּקִּיָּהוּ

I Ch. 25. 4 (A) (Luc. Βοκχίας).

Βονεί. בָּנִי

II Es. 21 (Ne. 11). 22 (S^c.a) (Luc. Βοννει).

Βονναί. בִּנּוּי

II Es. 21. 16 (Ne. 11. 15) (S^c.a mg sup) (Luc. Βοννα).

Βοννί. abest in Heb.

I Ch. 24. 26 (A) (בנו ad fin v. 26, בני ad init v. 27) (Luc. Βοννεια).

Βόοζ. בֹּעַז

Ru. 2. 15 (A): 4. 8 (A): I Ch. 2. 11 (A), 12 (A).

[Al. II Ch. 3. 17.]

Βόος.

Luc. Βοοζ: Joseph. Βοώζης, Βόαζος.

(1) בֹּעַז

Ru. 2. 1, 3, 4, 5, 8, 11, 14, 15 (B), 19, 23: 3. 2, 7: 4. 1 (A B?), 1, 5, 8 (B), 9 (B), 13, 21 *bis*: III Ki. 7. 7 (21) (A) (Luc. Βααζ): I Ch. 2. 11 (B), 12 (B).

(2) abest in Heb.

Ru. 2. 14: 3. 10, 14: 4. 1, 2, 3.

Βόοσαλ. aliter in Heb.

I Ch. 4. 29 (B) ([ב]עצם) (Luc. ἐν Ασομ).

Βορολείας. in libr. apocr.

I Es. 5. 8 (B) (= בנוי Ezr. 2. 2: Ne. 7. 7?) (Luc. Βαγουαι).

Βορούχ. בָּרוּךְ

Je. 50 (43). 6 (S*).

Βοσαί. in libr. apocr.

I Es. 5. 14 (B) (= בגוי Ezr. 2. 14: Ne. 7. 19) (Luc. Βαγουαι).

Βόσορ, Βοσόρ. (1) בֶּצֶר

De. 4. 43 (Joseph. Βοσάρα, Βοσόρα): Jo. 20. 8: I Ch. 6. 78 (63).

(2) בָּצְרָה

Is. 34. 6: 63. 1 (A B S): Je. 31 (48). 24.

(3) בְּשׁוֹר

I Ki. 30. 9 (Joseph. Βάσελος), 10.

(4) abest in Heb.

Jo. 21. 36 (Luc. Βοσωρ).

(5) in libr. apocr.

I Ma. 5. 26 (S V*), 28 (A), 36 (A S V*).

Βόσορα, Βοσορά. (1) בָּצְרָה
[**Aq.** JE. 48 (31). 24 : 49. 13 (29. 14).]
[**Sm.** IS. 34. 6 : JE. 49. 13 (29. 14).]
[**Th.** JE. 49. 13 (29. 14).]

(2) in libr. apocr.
I Ma. 5. 26 (S), 28 (S).

Βοσοράν. בְּעֶשְׁתְּרָה
Jo. 21. 27 (B) (Luc. Βοσόρραν [accus.]).

Βοσόρρα (-ας). (1) בָּצְרָה
Ge. 36. 33 (A D) : I Ch. 1. 44 (Luc. Βοσσόρρα).

(2) abest in Heb.
Jb. 42. 17 c (B S C?).

(3) in libr. apocr.
I Ma. 5. 26 (V), 28 (V*).

Βοσρά. בָּצְרָה
Is. 63. 1 (Q^mg).
[**Sm.** Is. 63. 1 : JE. 48 (31). 24.]

Βοσσόρ. in libr. apocr.
I Ma. 5. 26 (A).

Βοσσορά. (1) abest in Heb.
Jb. 42. 17 c (A).

(2) in libr. apocr.
I Ma. 5. 26 (A).

Βοσσόρρα. abest in Heb.
Jb. 42. 17 c (C*vid [ras σ 1° C?]).

Βοσώρ. in libr. apocr.
I Ma. 5. 26 (V^a), 36 (V^a).

Βοσώρρα. in libr. apocr.
I Ma. 5. 28 (V^a).

Βοτανεί (B), **Βοτανίν** (A). בְּטֹנִים
Jo. 13. 26 (Luc. Βοτανειμ).

Βουά. abest in Heb.
Luc. *om.*
II Es. 2. 60 (B) : 17 (Ne. 7). 62 (A).

Βούβαστος. פִּי־בֶסֶת
Ez. 30. 17.

Βουγαζάν (S^c.a), **Βουγαθά** (S*), **Βουγαθάν** (AB). aliter in Heb.
Es. 7. 9 (חרבונה).

Βουγαῖος (-γεος). (1) aliter in Heb.
Es. 3. 1 (האגגי) : 8. 5 (S^c.amg) (האגגי).

(2) abest in Heb.
Es. 9. 10 (A B S^c.a).

(3) in libr. apocr.
Es. A 17 (12. 6).

Βούδεος. abest in Heb.
Es. 9. 10 (S*).

Βούζ. בּוּז
[**Aq., Sm.** JE. 25. 23 (32. 9).]

Βουζεί (-ζί). בּוּזִי
Jb. 32. 2 (A), 6 (A) : Ez. 1. 2 (3).

Βουζείτης (-ζίτ.). בּוּזִי
Jb. 32. 2 (B S C), 6 (B S C).

Βουζί, *vid.* **Βουζεί.**

Βουθάν. אֵתָם
Nu. 33. 6 (ב praec.), 7.

Βουκείας. בֻּקִּיָּהוּ
Luc. Βοκχίας.
I Ch. 25. 4 (B), 13 (B) (*Lucc.* Bocia).

Βούλ. בּוּל
III Ki. 6. 34 (38) (A).

Βουλά. בְּתוּל
Jo. 19. 4 (B) (Luc. Βαθουλ).

Βουρείμ. בַּחוּרִים
II Ki. 16. 5 (B [signa v l prae se fert B? txt et mg inf) (Luc. Χορραμ).

Βοχόρ. בֶּכֶר
Luc. Χοβωρ.
I Ch. 7. 6 (A), 8 (A) *bis*.

Βοχορεί. בִּכְרִי
Luc. Βεδδαδι.
II Ki. 20. 1 (Joseph. Βοχορίας), 2, 6, 7, 10, 13, 21, 22.

Βραῖος (*pro* **Ἐβραῖος**). עִבְרִי
Ex. 2. 7 (B*) (Luc. Ἐβραίος).

Βράμ (*pro* **Ἀβράμ**). אַבְרָם
Ge. 12. 10 (A*) (Luc. Αβραμ).

Βραουμσεωρείμ. aliter in Heb.
I Ch. 4. 31 (B) (בראי ובשערים) (Luc. -βαρειμ καὶ ἐν Σααριμ).

Βύβλιοι. aliter in Heb.
Ez. 27. 9 (B* Q^mg) (נבל).

Βωάβ. מוֹאָב
Nu. 22. 4 (F*) (Luc. Μωαβ).

Βωδείν. in libr. apocr.
I Ma. 2. 23 (S*).

Βωέ. aliter in Heb.
I Ch. 6. 5 (5. 31) (B) (בקי) *bis* (Luc. Βοκχι) (Joseph. Βοκίας, Βοκκί).

Βώζ. בּוּז
Je. 32. 9 (25. 23) (Q^mg) (Luc. Βουζ).

Βωκαί. בֻּקִּי
Luc. Βοκχι.
I Ch. 6. 5 (5. 31) (A) *bis*, 51 (36).

Βωλά. בָּלָה
Jo. 19. 3 (B) (Luc. Βολα).

Βωναί. aliter in Heb.
II Es. 20. 19 (Ne. 10. 20) (B S) (נובי*, ניבי [ק"]) (Luc. Νωβαι).

Βωραζή. aliter in Heb.
Es. 1. 10 (B S) (בנתא).

Βωρασάν. כּוֹר־עָשָׁן
I Ki. 30. 30 (A) (Luc. Βηρσαβεε).

Γ

Γά (*pro* **Γαβαών**). abest in Heb.
II Ki. 2. 13 (B [Γαι]) (Luc. Γαβαών).

Γααάδ. גִּלְעָד
Jd. 10. 4 (B*) (Luc. Γαλααδ).

Γάαδ. גַּעַל
Luc. Γααλ.
Jd. 9. 28, 30 (A), 31 (A), 35 (A), 39 (A), 41 (A).

Γααδῖτις (-ιν). aliter in Heb.
II Ki. 2. 9 (A) (גלעד) (Luc. Γαλααδῖτις).

Γααθά. גִּבְעָה
I Ki. 11. 4 (A^a?) (Luc. τὸν βουνόν).

Γαάλ. יִגְאָל
II Ki. 23. 36 (Luc. Ιωηλ).

Γααλάδ (sic ut vid) (A), **Γααλλά** (B). aliter in Heb.
IV Ki. 12. 20 (21) (סלא) (Luc. Αλλων).

Γαανναθών. גִּנְּתוֹן
II Es. 20. 6 (Ne. 10. 7) (A) (Luc. Γαναθωθ).

Γάαρ. גַּחַר
II Es. 2. 47 (A) (Luc. Γαηρ) : 17 (Ne. 7). 49 (A) (Luc. Γαηλ).

Γαάς. גַּעַשׁ
Jo. 24. 30 (A) (Luc. Γαλααδ) : Jd. 2. 9 : I Ch. 11. 32.

Γαβά. (1) גֶּבַע
II Es. 21 (Ne. 11). 31 (S*) (Luc. Γαβαα).

(2) גִּבְעָה
Jd. 19. 16 (A) (Luc. Γαβαα).

(3) abest in Heb.
II Es. 17 (Ne. 7). 48 (S) (Luc. Αγαβ).

(4) in libr. apocr.
I Es. 5. 30 (A) (= חגב Ezr. 2. 46 : חגבא Ne. 7. 48) (Luc. Αγαβ).

Γαβαά, Γάβαα. (1) גֶּבַע, גָּבַע
Jo. 18. 24 : Jd. 20. 10, 13, 33 (A) : IV Ki. 23. 8 (A) : II Es. 2. 26 : 17 (Ne. 7). 30 (A) : 21 (Ne. 11). 31 (A S^c.a).

(2) גִּבְעָה
Jo. 15. 57 : Jd. 19. 12 (Joseph. Γαβά, Γαβαά), 13, 14, 15, 16 (B) : 20. 4, 5, 9, 14, 15, 19, 20, 21 (B) (Luc. πόλεως), 25, 29, 30, 31, 34, 36, 37, 43 : I Ki. 10. 26 (B) (Luc. βουνόν) : 11. 4 (B) (Luc. βουνόν) : 13. 15 (B) (Joseph. Γαβαών, Γαβαώ) : 14. 16 (A) : 15. 34 (Luc. βουνόν).
[**Aq., Sm., Th.** Ho. 10. 9.]

(3) abest in Heb.
Jd. 19. 14 (A) : 20. 36 (A), 39 (B) (Luc. *om.*).

Γαβαάθ. (1) גִּבְעַת
Jo. 18. 28 (A) (Luc. Γαβαωθ) : 24. 33 (A).

(2) abest in Heb.
Jo. 24. 33 a (A) (Luc. Γηβααρ) (Joseph. Γαβαθά).

Γαβααθά. גִּבְעָה

Luc. βουνός.
I Ki. 10. 26 (A) : 11. 4 (A*).

Γαβααθαμωρά. גִּבְעַת הַמּוֹרֶה

Jd. 7. 1 (B) (Luc. βουνοῦ τοῦ Αμωρε).

Γαβαάρ. (1) גִּבְעַת

Jo. 24. 33 (B) (Luc. Γαβααθ).

(2) abest in Heb.

Jo. 24. 33 a (B) (Luc. Γη βααρ).

Γαβαδάν. in libr. apocr.

I Ma. 9. 37 (S).

Γαβαέ. גֶּבַע

Luc. Γαβαα.
I Ki. 14. 5 (B) : II Ch. 16. 6 : II Es. 22 (Ne. 12). 29 (S^c.a mg) (Luc. Γαβεε).
[Al. Za. 14. 10.]

Γαβαέθ. גִּבְעַת

II Ki. 23. 29 (B) (Luc. βουνοῦ).

Γαβαήλ. in libr. apocr.

To. 1. 1 (B S) : 4. 1 (A B) : 5. 6 (8) (A B) : 9. 2 (3) (A B), 5 (6) (B) : 10. 2.

Γαβάηλος. in libr. apocr.

To. 1. 14 (A B S^c.a) : 4. 1 (S), 20 (21) (B S) : 5. 6 (8) (S) : 9. 2 (3) (S), 5 (6) (A S).

Γαβαηρά. aliter in Heb.

I Ch. 4. 23 (B) (גדרה) (Luc. Γαδείροις [dat.]).

Γαβάθ. (1) גִּבְעָה

[Aq., Sm., Th. I Ki. 23. 19.]

(2) טַבָּת

Jd. 7. 22 (A) (Luc. Ταβαθ).

Γαβάθα. (1) גִּבְעַת

[Aq., Sm. Je. 31 (38). 39.]

(2) in libr. apocr.

Es. A 12 (12. 1).

Γαβαθών. גִּבְּתוֹן

Jo. 19. 44 (Luc. Γαβατθων) : III Ki. 15. 27 *bis* (Joseph. Γαβαθών, Γαβαθώ, Γαβαθώνη) : 16. 15 (A), 17.

Γάβαι. גֶּבַע

I Ch. 6. 60 (45) (B) (Luc. Γαβεαι).

Γαβαλά. בַּעֲלָה

Jo. 15. 11 (A^1?a?) (Luc. Βααλων).

Γαβαώ. גִּבְעוֹן

II Ki. 2. 12 (A) (Luc. βουνοῦ) : Je. 48 (41). 12 (B [in fin lin]).

Γαβαώθ. aliter in Heb.

III Ki. 9. 2 (B) (גבעון) (Luc. Γαβαων) : II Es. 17 (Ne. 7). 46 (B) (טבעות) (Luc. Ταβαωθ).

Γαβαωθιαρείμ. גִּבְעַת . . . עָרִים

Jo. 18. 28 (B) (Luc. Γαβαωθ . . . Ιαρειμ).

Γαβαών (indecl. ; -ῶνι). (1) גֶּבַע

II Ki. 5. 25.

(2) גִּבְעָה

II Ki. 21. 6 (Luc. βουνῷ) : II Ch. 13. 2 (Luc. *om.*) (*Lucc.* Gaba).
[Aq., Sm. II Ki. 11. 6.]

(3) גִּבְעוֹן, גִּבְעֹן

Luc. Γαβαω, Γαβαων.
Jo. 9. 9 (3), 23 (17) : 10. 1, 2, 4, 5, 6, 10, 12, 41 : 18. 25 : 21. 17 : II Ki. 2. 13 (A), 16, 24 (Luc. βουνοῦ) : 3. 30 : 20. 8 (Luc. βουνοῦ) : III Ki. 3. 4 (Joseph. Γιβρών), 4 (5) : 9. 2 (A) : I Ch. 8. 29 *bis* : 9. 35, 35 (B^b, sic Sw. App.) : 14. 16 (A B) : 16. 39 : 21. 29 : II Ch. 1. 3, 13 : II Es. 17 (Ne. 7). 25 : Is. 28. 21 : Je. 35 (28). 1 : 48 (41). 12 (A S Q) (Joseph. Ἰβρών), 16 (Γ sup ras B?[prius ψ]) (*Wirc.* Chabron).
[Al. Jo. 11. 19.]

(4) aliter in Heb.

III Ki. 16. 15 (B) (גבתון) (Luc. Γαβαθων) (*Vind.* Gabaron).

(5) abest in Heb.

Jo. 9. 33 (27) (B F) (Luc. *om.*) : 10. 12.

Γαβαωνεί. גִּבְעוֹן

I Ch. 9. 35 (A B*) (Luc. Γαβαων).

Γαβαωνείτης (-νίτ.). (1) גִּבְעוֹנִי

I Ch. 12. 4 (A B S^c.a).

(2) גִּבְעֹנִי

II Ki. 21. 1, 2 *bis*, 3, 4, 9.

(3) abest in Heb.

I Ch. 12. 4 (S) (*cf.* v. 3 supra).

Γάββης. in libr. apocr.

I Es. 5. 20 (A) (= גבע Ezr. 2. 26 : Ne. 7. 30) (Luc. Γαβαα).

Γαβδαρηνοί. aliter in Aram.

[Sm. Da. 3. 2 (Syr. ^mg) (נדבריא).]

Γάβε. גֶּבַע

Za. 14. 10 (B S* Γ) (Luc. Γαβαα).

Γαβεέ, Γάβεε. (1) גֶּבַע

Jo. 21. 17 (A) : I Ki. 13. 16 (B) (Luc. Γαβαα) : I Ch. 6. 60 (45) (A) (Luc. Γαβεαι) : Za. 14. 10 (A S^c.a) (Luc. Γαβαα).

(2) גִּבְעָה

Luc. Γαβαα.
I Ki. 13. 2 (B) (Joseph. Γέβαλα, Γαβάς) : 14. 16 (B).

(3) aliter in Heb.

I Ki. 13. 18 (B) (גבול) (Luc. Γαβαα).

Γαβεθών. גִּבְּתוֹן

Jo. 21. 23 (A) (Luc. Γεβθων).

Γάβελ. aliter in Heb.

Za. 14. 10 (Q) (נגבע) (Luc. Γαβαα).

Γάβερ, Γαβέρ. (1) גֶּבֶר, גֶּבֶר

Nu. 33. 35, 36 : De. 2. 8 : III Ki. 4. 13 (Joseph. Γαβάρης), 18 (19) (A) (Luc. *om.*) (Joseph. Γαβέρ) : 9. 26 (Joseph. Γάβελος) : 22. 49 (A) : II Ch. 8. 17 : 20. 36.
[Aq., Al. III Ki. 22. 49.]

(2) גֶּבֶר

II Es. 2. 20 (A).

(3) חֶבֶר

I Ch. 7. 31 (B) (Luc. Ιεχοβερ).

(4) עֵדֶר

Ge. 35. 16 (21) (E) (Luc. Γαδερ).

(5) aliter in Heb.

I Ch. 8. 6 (B) (גבע) (Luc. Γαβαων).

(6) abest in Heb.

III Ki. 16. 28 f (B).

Γάβες. aliter in Heb.

I Ch. 8. 6 (A) (גבע) (Luc. Γαβαων).

Γάβηλος. in libr. apocr.

To. 1. 14 (S*).

Γαβηρώθ. גֵּרוּת

[Th. Je. 41 (48). 17.]

Γαβηρωχαμάα. aliter in Heb.

Je. 48 (41). 17 (B [χ sup ras B?]) (גרות כמוהם*, נרות כמהם [ק"]) (Joseph. Μάνδρα) (*Wirc.* Chabercila).

Γαβής. יַעְבֵּץ

I Ch. 2. 55 (A) (Luc. Ιαβις) : 4. 10 (A) (Luc. Ιαβεις).

Γαβλί. גַּבְלִי

Jo. 13. 5 (A) (Luc. Γαβαι).

Γαβουαεί. aliter in Heb.

II Es. 8. 14 (A) (בגוי) (Luc. Γαβουια).

Γαβουζά. abest in Heb.

III Ki. 16. 28 a (B) (Luc. Γαζουβα) (Joseph. Ἀβιδά) (*Vind.* Gasiba).

Γαβρεί (S), Γαβρείας (-ρίας) (A B).
in libr. apocr.

To. 1. 14 (16) : 4. 20 (21).

Γαβριήλ. גַּבְרִיאֵל

Da. LXX., Th. 8. 16 : 9. 21.
[Th. Da. 8. 16.]

Γαβών. גִּבְעוֹן

I Ch. 14. 16 (S [ῶ]) (Luc. Γαβαων).

Γάγ. aliter in Heb.

I Ch. 8. 39 (B [Γ 1° sup ras B?]) (יעיש) (Luc. Ιηους).

Γάδ. (1) גָּד

Joseph. Γάδης, Γάδας, Γαδίς.
Ge. 30. 11 : 35. 26 : 46. 16 : 49. 19 : Ex. 1. 4 (A^1 B) : Nu. 1. 14, 36 (24), 37 (25) : 2. 14 *bis* : 7. 42 : 10. 20 : 13. 16 (15) : 26. 24 (15), 27 (18) : 32. 1, 2, 6, 25, 29 (B F), 31, 33, 34 : 33. 45 (*Lugd.* Gat), 46 : De. 27. 13 : 33. 20 *bis* : Jo. 4. 12 : 13. 24, 28 : 15. 37 : 18. 7 : 20. 8 (B) : 21. 7, 38 (36) : 22. 9, 10, 11, 13, 15, 21, 30, 31, 32, 33, 34 : I Ki. 13. 7 (B) : 22. 5 : II Ki. 24. 5 (Luc. Γαδδει), 11 (Joseph. Γάδος), 13, 14, 18, 19 : I Ch. 2. 2 : 5. 11 : 6. 63 (48) (A), 80 (65) : 12. 14 (A B) : 21. 9, 11, 13, 18, 19 : 29. 29 : II Ch. 29. 25 : Je. 30 (49). 1 (Q) : Ez. 48. 27, 28, 34.

(2) גָּדִי

Nu. 34. 14 : De. 3. 12, 16 (A B* F) : Jo. 1. 12 : 12. 6 : 13. 8 : 22. 1 (υἱοὶ Γ.) : I Ch. 5. 18 (B) : 12. 8 (A [δ']).

(3) גַּעַל

Jd. 9. 36 (A) (Luc. Γααλ).

(4) aliter in Heb.

III Ki. 4. 18 (19) (B) (גלעד).
[Sm. Ge. 30. 11 (בגד* *v.* בא גד [ק"]).]

(5) abest in Heb.

Ez. 48. 34 (adnot Q^mg).

Γαδαβιήλ. aliter in Heb.

II Ki. 23. 39 (30, 31) (B) (נעש : אבי־על[בון]) (Luc. Ταλσαβίης).

Γαδαιωνεί, *vid.* Γαδεωνί.

Γαδαλειά. גְּדַלְיָה

II Es. 10. 18 (A B) (Luc. Γαλαδαίας).

Γαδάρα (S), Γαδαραθειείμ (B).
aliter in Heb.

I Ch. 12. 4 (נדרתי) (Luc. Γαδηρωθι).

Γαδγάδ. (1) גִּדְגָּד

Samar. [Samaritan script]: Luc. Γαδιγαδ : *Lugd.* Galgal.
Nu. 33. 32 (in F Γα.γα.), 33 (in F Γα.γα.).

(2) גֻּדְגֹּדָה

Luc. Γαδιγαδ.
De. 10. 7 (A B) (*Mon.* Galgad : *Lugd.* Gatgat), 7 (?).

Γαδδεί (Γαδδί). (1) גַּדִּי

Nu. 13. 12 (11).

(2) גָּדִי

Luc. Γαδ.
De. 3. 16 (B^ab): 4. 43: 29. 8 (7): II Ki. 23. 36 (A) (Luc. Αγηρει): IV Ki. 10. 33 (B): 15. 14 (B) (Luc. Γαδδι), 17 (B): I Ch. 5. 18 (A), 26 (Luc. Γαδδι): 12. 8 (S), 37 (A B): 26. 32.

(3) aliter in Heb.

I Ki. 25. 44 (A* forte) (גדים) (Luc. Γολιαθ).

(4) in libr. apocr.

I Ma. 2. 2 (S).

Γαδδείν. גַּדִּי

I Ch. 12. 37 (S) (Luc. Γαδ).

Γαδδήλ. גִּדֵּל

II Es. 17 (Ne. 7). 58 (A) (Luc. Σαδδαι).

Γαδδί, *vid.* **Γαδδεί.**

Γαδδίς. in libr. apocr.

I Ma. 2. 2 (A V) (Joseph. Γάδδης, Γαδδείς).

Γάδερ. (1) גֶּדֶר

Jo. 12. 13 (A).

(2) עֵדֶר

Ge. 35. 16 (21) (A D).

(3) aliter in Heb.

I Ch. 6. 72 (57) (A^a) (דברת ?) (Luc. Δεβηρωθ).

Γαδεωνί (-δαι.) (-εί). גִּדְעֹנִי

Nu. 1. 11 (A F): 2. 22: 7. 60 (A B) (*Mon.* Gad), 65 (A B): 10. 24.
[**Al.** Nu. 10. 24.]

Γαδήλ. גִּדֵּל

II Es. 17 (Ne. 7). 49 (B S), 58 (B S) (Luc. Σαδδαι).

Γαδηρά. גְּדֵרָה

Jo. 15. 36 (Luc. Γαδιρα): I Ch. 4. 23 (A) (Luc. Γαδειροις [dat.]).

Γαδηρώθ. גְּדֵרוֹת

Jo. 15. 41 (A): II Ch. 28. 18 (A).

Γαδηρωθί. גְּדֵרָתִי

I Ch. 12. 4 (A).

Γάελ. aliter in Heb.

II Es. 2. 47 (B) (נחר) (Luc. Γαηρ).

Γάζα (-αν, -ης, -η). (1) גֶּזֶר

Jo. 10. 33 (Luc. Γαζερ).
[**Aq., Sm.** Jo. 10. 33.]

(2) עַזָּה

Ge. 10. 19 (Samar. *om.*): De. 2. 23 (*Lugd.* Gazes [gen.]): Jo. 10. 41: 11. 22 (B F): 15. 47 (Luc. *om.*): Jd. 1. 18 (A^1 B): 6. 4: 16. 1, 21: I Ki. 6. 17: IV Ki. 18. 8: I Ch. 7. 28 (A) (Luc. Αδια): Am. 1. 6, 7: Ze. 2. 4: Za. 9. 5 *bis*: Je. 29 (47). 1 (Q^mg), 5: 32. 6 (25. 20).

(3) aliter in Heb.

Jo. 13. 4 (B) (ἀπὸ Γάζης = מערה): II Ki. 5. 25 (A) (באך).

(4) abest in Heb.

III Ki. 2. 46 f (B) (Luc. *om.*).

(5) in libr. apocr.

I Ma. 11. 61 *bis*, 62: 13. 43.

Γαζαῖος. עַזָּתִי

Jo. 13. 3 (Syr. [Syriac]): Jd. 16. 2.

Γάζαρα, Γαζάρα, Γαζαρά (-αν, -ων, -οις).

(1) גֶּזֶר

Jo. 21. 21 (B) (Luc. Γαζερα).

(2) גִּזְרָה

I Ch. 14. 16 (B [α 2° superscr B?]) (Luc. Γαζηρα).

(3) abest in Heb.

Jo. 16. 5 (ויצא seq).

(4) in libr. apocr.

I Ma. 9. 52: 13. 53 (ις sup ras S^1 [prius ζ]): 14. 7, 34 (A S^c.b V): 15. 28 (S V), 35 (S V): 16. 1, 19, 21: II Ma. 10. 32.

Γάζαραν. גִּזְרָה

I Ch. 14. 16 (S) (Luc. Γαζηρα).

Γαζαρηνοί. in libr. apocr.

I Ma. 15. 28 (A), 35 (A).

Γαζάωθ. aliter in Heb.

I Ch. 9. 42 (B S) (עזמות) (Luc. Ασμωθ).

Γαζεέ (?). abest in Heb.

I Ki. 5. 5 (A) (Luc. *om.*).

Γαζέμ. גַּזָּם

II Es. 2. 48 (Luc. Γαζαμ).

Γάζερ, Γαζέρ. (1) גֶּזֶר

Jo. 12. 12: 16. 10: 21. 21 (A) (Luc. Γαζερα): Jd. 1. 29 *bis*: III Ki. 4. 32 (9. 16) (B), 33 (9. 17) (B): 9. 17 (A): 10. 23 (9. 15) (B): I Ch. 6. 67 (52): 7. 28: 20. 4.

(2) יַעְזֵיר

I Ch. 6. 81 (66) (B) (Luc. Ιαζειρ).

(3) עַזָּה

Jd. 1. 18 (A* vid) (Luc. Γάζα).

(4) abest in Heb.

Jo. 16. 10: III Ki. 2. 35 i (B).

Γαζήβ. עַזָּה

Jo. 11. 22 (A) (ב seq) (Luc. Γάζη).

Γαζήρ. יַעְזֵיר

I Ch. 6. 81 (66) (A) (Luc. Ιαζειρ).

Γαζηρά. (1) גֶּזֶר

II Ki. 5. 25.

(2) גִּזְרָה

I Ch. 14. 16 (A).

(3) in libr. apocr.

I Es. 5. 31 (A) (= גזם Ezr. 2. 48: Ne. 7. 51) (Luc. Γαζαμ): I Ma. 7. 45.

Γαζηρών. in libr. apocr.

I Ma. 4. 15 (S V).

Γαζιρείν. גְּרִזִּים

Luc. Γαριζειν.
De. 11. 29 (A): Jd. 9. 7 (A).

Γαζουβά. עֲזוּבָה

Luc. Αβουζα.
I Ch. 2. 18 (B), 19.

Γάθεθ. aliter in Heb.

Jo. 21. 17 (B) (גבע) (Luc. Γαβε).

Γάθερ. גֶּתֶר

Ge. 10. 23 (Joseph. Γεθέρης, Γόθερος, Γάθερος) (*Lucc.* Gatera): I Ch. 1. 17 (A) (Luc. Γεθερ).

Γαί. (1) גַּיְא, גַּי, גֵּי

De. 34. 6 (*Lucc.* Geth): Jo. 18. 16 (A): 19. 14 (A), 27: I Ki. 13. 18 (B) (Luc. Γαιαν): 17. 52 (A) (Luc. Γεθ): I Ch. 4. 39 (Luc. φάραγγος).
[**Heb.** Je. 2. 23.]

(2) גִּיחַ

II Ki. 2. 24 (Luc. Γιεζ).

(3) [הָ]גַּי

Es. 2. 8 *bis*.

(4) עַי

Jo. 7. 2 (Joseph. Ναιά, Ἄννα, Γαίς) (*Lu.* Ge), 3 (2) (sup ras B?), 4, 5 (A B): 8. 1 *bis*, 2, 3, 9 *bis*, 10, 14, 17, 20, 21, 23, 24 *bis*, 26, 29: 9. 9 (3): 10. 1 *bis*: 12. 9: Je. 30 (49). 3 (Q).

(5) עַי, עִיִּים

Luc. Γεει.
Nu. 33. 44 (*Mon.* Gae: *Lugd.* Gein), 45.

(6) aliter in Heb.

Jo. 7. 2 (B) (ארץ) (Luc. γῆν): IV Ki. 9. 27 (גור) (Luc. Γεθ): Es. 2. 14 (B S^c.a) (שעשגז).
[**Th.** Jo. 15. 9 (עדי).]

(7) abest in Heb.

Jo. 8. 5.

Γαιάν. aliter in Heb.

I Ch. 7. 28 (B) (עזה) (Luc. Αδια).

Γαιβαά. גִּבְעָא

I Ch. 2. 49 (A) (Luc. Γαββαα).

Γαιβαί (B), **Γαιβάν** (S). in libr. apocr.

Ju. 3. 10 (B).

Γαιβάλ (Γεβ.). (1) גְּבָל

Ps. 82 (83). 8 (A S^c.a R T): Ez. 27. 9 (Q^mg).
[**Th.** Ez. 27. 9.]

(2) עֵיבָל

De. 11. 29 (in F Γαιβα.'): 27. 4 (Samar. [Samaritan]), 13 (Joseph. Ἥβηλος, Γήβηλος, Βουλή): Jo. 9. 3 (8. 30), 6 (8. 33).

(3) aliter in Heb.

IV Ki. 23. 8 (B) (גבע) (Luc. Γαβαα) (*Lu.* Agaba [?a Gaba]): I Ch. 2. 49 (B) (גבעא) (Luc. Γαββαα).

Γαιβενθόμ. aliter in Heb.

II Ch. 28. 3 (B) (גיא בן־הנם) (Luc. φάραγγι Βεεννομ).

Γαιβήλ. עֵיבָל

Ge. 36. 23 (*Wirc.* Gaebel): I Ch. 1. 40 (B) (Luc. Ουβαλ).

Γαιδάδ. עִירָד

Ge. 4. 18 *bis* (Joseph. Ἰαράδης, Γαιδάδης) (*Lu.* Gedam).

Γαίεννα. גֵּי הִנֹּם

Jo. 18. 16 (B) (Luc. Γαι Εννομ).

Γαίθ. גַּת

I Ch. 7. 21 (A) (Luc. Γεθ).

Γαιθάμ. אֵיתָן

Je. 27 (50). 44 (S?) (Luc. Αιθαμ).

Γαιθάν. אֵיתָן

Luc. Αιθαμ.
III Ki. 4. 27 (5. 11) (Joseph. Ἄθανος): Je. 27 (50). 44 (B).

Γαιθβώρ. תָּבוֹר

Jo. 19. 22 (B) (Luc. Θαβωρ).

Γαιθήλ. aliter in Heb.

II Es. 2. 28 (B) (בית־אל) (Luc. Βαιθηλ).

Γαιθθά. גִּתָּה

Jo. 19. 13 (A) (Luc. Γεθθα-).

Γαιλλείμ. aliter in Heb.

II Es. 10. 24 (S) (שלם) (Luc. Σελλημ).

Γαιμέλα. גֵּי־הַמֶּלַח*, גֵּי־מֶלַח [ק״]

IV Ki. 14. 7 (A) (Luc. Γαιμελεχ).

Γαιμώλ. גָּמוּל

Je. 31 (48). 23 (B) (Luc. Γαμωλ).

Γαίν. aliter in Heb.

Jo. 18. 15 (A) (ימה) (Luc. Γασειν).

Γάϊος. aliter in Heb.

Es. 2. 14 (S*) (שעשגז).

Γαίρ. גּוּר

[**Al.** IV Ki. 9. 27.]

Γαιφά. עֵיפָה

I Ch. 2. 46 (A B^b), 47 : Is. 60. 6 (B).
[Aq., Sm., Th. Is. 60. 6.]

Γαιφαήλ. (1) גֵּי יִפְתַּח־אֵל

Jo. 19. 14 (B) (Luc. Γαι Ιεφθαηλ).

(2) aliter in Heb.

I Ch. 2. 46 (B*) (עיפה) (Luc. Γαιφα).

Γαιφάρ (Γεφ.). עֵיפָה

Ge. 25. 4 (Joseph. Ἠφᾶς, Ἠφαέ) : I Ch. 1. 33 (A) (Luc. Γαιφα) : Is. 60. 6 (A S Q).

Γαλά. aliter in Heb.

II Es. 21 (Ne. 11). 31 (B) (נבע) (Luc. Γαβαα).

Γαλαάδ. (1) גָּד

Nu. 32. 29 (A) (Samar. גלד) (Luc. Γαδ).

(2) גְּלִילוֹת

Jo. 22. 11 (B) (Luc. *om.*).

(3) גִּלְעָד

Ge. 31. 21, 23, 25 : 37. 25 (Joseph. Γαλαδηνή) : Nu. 26. 33 (29) *bis* (*Lugd.* Galaat), 34 (30) : 27. 1 (*Lugd.* Gaat) : 32. 1 (*Mon.* Galatidin : *Lugd.* Galaditin), 26 (*Mon.* Galad), 29, 39, 40 : 36. 1 : De. 2. 36 : 3. 10 (*Lugd.* Galatia), 12, 13, 15, 16 : 4. 43 (*Lugd.* Gaad) : 34. 1 (Luc. *om.*) : Jo. 12. 2, 5 : 13. 25, 31 : 17. 1, 5, 6 : 20. 8 : 21. 38 (36) : 22. 9 (Luc. Χαναάν), 13, 15, 32 : Jd. 5. 17 : 7. 3 : 10. 4 (A B^a), 8 (B) (Luc. Γαλααδῖτις), 17, 18 *bis* : 11. 1, 2, 5 (B), 7, 8 *bis*, 9, 10, 11, 29 *bis* : 12. 4 *ter*, 5 *bis*, 7 : 20. 1 : 21. 8, 9, 10, 12, 14 : I Ki. 11. 1 (*Vind.* Galaditum), 9 (A) (Luc. *om.*) : 13. 7 (B) : II Ki. 17. 26 (*Vind.* Gilead) : 21. 12 : 24. 6 : III Ki. 4. 13 (A) *bis* (Luc. Γαλααδίτης *semel*), 18 (19) (A) (Luc. Γαδ) : 17. 1 : 22. 3, 4, 6, 12, 15, 20, 29 : IV Ki. 8. 28 : 9. 1, 4, 14 : 10. 33 *bis* : 15. 29 : I Ch. 2. 21, 22, 23 : 5. 9, 10, 14, 16 (A) : 6. 80 (65) : 7. 14, 17 : 10. 11 : 27. 21 : II Ch. 18. 5, 11, 14, 19, 28 : 22. 5 : Ps. 59 (60). 9 : 107 (108). 9 (δ sup ras A^a) : Ca. 4. 1 : 6. 4 (5) (A B^{1 vid} S) : Ho. 6. 8 : 12. 11 (12), 11 (12) (A B Q*) (Luc. Γαλγάλοις) : Am. 1. 3 : Je. 8. 22 : 22. 6 : 26 (46). 11 : 27 (50). 19.
[Aq., Th. IV Ki. 9. 1.]
[Sm. Jd. 12. 4 : IV Ki. 9. 1 : Ca. 4. 1 : Am. 1. 3.]

(4) גִּלְעָדִי

Jd. 10. 3 (B) (Luc. Γαλααδίτης) : 11. 29 (A), 40 (B) (Luc. Γαλααδίτης).

(5) גַּעַל

Luc. Γααλ : Joseph. Γυάλης, Γάλης, Γέλλης, Γαάλης.
Jd. 9. 26, 30 (B), 31 (B), 35 (B), 36 (B), 37, 39 (B), 41 (B).

(6) גַּעַשׁ

Jo. 24. 30 (B).

(7) aliter in Heb.

Jd. 20. 45 (A) (גדעם) : I Ki. 10. 8 (B) (גלגל) (Luc. Γάλγαλα) : I Ch. 9. 15 (B) (גלל) (Luc. Γαδερ), 16 (B) (גלל) (Luc. Γαλαλ) : Je. 30 (49). 1 (A B S) (גד).

(8) abest in Heb.

Ge. 46. 20 (*Lucc.* Gaad) : I Ch. 10. 12.

(9) in libr. apocr.

Ju. 1. 8 : 15. 5 (6) : I Ma. 5. 9 (S V), 55.

Γαλααδά. aliter in Heb.

I Ch. 7. 25 (A [Γαλ sup ras A*]) (תחן sed לעדן seq) (Luc. Θααν ?).

Γαλααδδεί. aliter in Heb.

II Ki. 23. 36 (B) (גדי) (Luc. Αγηρει) : IV Ki. 10. 33 (A) (גדי) (Luc. Γαδ).

Γαλααδεί (-δί). גִּלְעָדִי

Nu. 26. 33 (29).

Γαλααδείτης (-ίτης, -ῖτις). (1) גִּלְעָד

Am. 1. 13 (A B Γ).

(2) גִּלְעָדִי

Jd. 10. 3 (A) : 11. 1, 40 (A) : 12. 7 : II Ki. 17. 27 (Joseph. Γαλαδῖται, Γαλααδῖται) (*Vind.* Galadites) : 19. 31 (32) : III Ki. 2. 7 : II Es. 2. 61 : 17 (Ne. 7). 63.

Γαλααδεῖτις (-δῖτ.) (-ιδα, -ιν, -ιδος, -ιτι, -ιδι).

(1) גִּלְעָד

Jo. 13. 11 : 17. 1 : Jd. 10. 8 (A) : I Ki. 31. 11 : II Ki. 2. 4, 5 (Γαλααδει ‖ B quae seq. abscissa sunt), 9 (B) : I Ch. 26. 31 : II Ch. 18. 2 (Luc. Γαλααδ), 3 (Luc. Γαλααδ) : Mi. 7. 14 : Ob. 1. 19 : Za. 10. 10 (ארץ ג׳) : Ez. 47. 18.

(2) in libr. apocr.

I Ma. 5. 9 (A), 17, 20 (A S), 25, 27 (Joseph. Γαλάτις), 36, 45 : 13. 22.

Γαλααδί, *vid.* **Γαλααδεί.**

Γαλααδίτης, *vid.* **Γαλααδείτης.**

Γαλααδίτιλος. aliter in Heb.

Am. 1. 13 (Q^{a vid}) (Luc. Γαλααδίτης).

Γαλααδῖτις, *vid.* **Γαλααδεῖτις.**

Γαλααδιτίτης. גִּלְעָד

Am. 1. 13 (Q*) (Luc. Γαλααδίτης).

Γαλαάθ. גִּלְעָד

III Ki. 4. 13 (B) (Luc. Γαλααδίτης).

Γαλαάμ. aliter in Heb.

I Ch. 5. 16 (B) (גלעד) (Luc. Γαλααδ).

Γαλαδειά. aliter in Heb.

II Es. 10. 18 (S) (גדליה) (Luc. Γαλαδαίας).

Γαλαδῆτις. in libr. apocr.

I Ma. 5. 20 (V^a) (Luc. Γαλααδῖτις).

Γαλαδίας. aliter in Heb.

Je. 47 (40). 8 (Q^{mg}) (גדליה) (Luc. Γοδολίας).

Γαλαδῖτις. in libr. apocr.

I Ma. 5. 20 (V*) (Luc. Γαλααδῖτις).

Γαλαθί. aliter in Heb.

I Ch. 12. 20 (A) (צלתי) (Luc. Σιλαθα).

Γαλαμαάν. abest in Heb.

II Ki. 5. 16 (B) (? = שלמה *v.* 14) (Luc. *om.*).

Γαλαννί. כַּלְנֵה

Ge. 10. 10 (E) (Samar. [illegible]) (Luc. Χαλαννη).

Γαλάται. (1) in libr. apocr.

I Ma. 8. 2 : II Ma. 8. 20.

(2) adnot. scr.

Ez. 38. 5 (Q^{mg inf}).

Γαλγαά. aliter in Heb.

Jo. 13. 5 (B) (בעל גד) (Luc. Βαελγαδ).

Γαλγάδ (?). גֻּדְגֹּדָה

De. 10. 7 (F [Γαλγα.']) (Luc. Γαδιγαδ).

Γαλγάλ. (1) גִּלְגָּל

Jo. 14. 6 (B) (Luc. Γάλγαλα) : 15. 7 (A) : Jd. 2. 1 : 3. 19 : I Ki. 15. 33 (Luc. Γάλγαλα) : Ho. 9. 15 (Luc. Γάλγαλα) (*Weing.* Galgab) : Mi. 6. 5.
[Th. Jd. 3. 19.]

(2) aliter in Heb.

Jo. 13. 5 (A) (בעל גד) (Luc. Βαελγαδ) (Syr. [illegible]).

Γάλγαλα, ἡ (-α, -ων, -οις). (1) גִּלְגָּל

Jo. 4. 19, 20 : 5. 9, 10 (F) : 9. 12 (6) : 10. 6, 7, 9, 15 (B^{b? c? mg}) : 14. 6 (A) : I Ki. 7. 16 (Luc. Γαλγαλ) : 10. 8 (A) : 11. 14, 15 *bis* : 13. 4 (B), 7 (B), 8 (B), 12 (B), 15 (B) : 15. 12, 21 : II Ki. 19. 15 (16), 40 (41) : IV Ki. 2. 1 (A B^{ab mg}) : 4. 38 : Ho. 4. 15 : Am. 4. 4 : 5. 5 *bis*.

(2) גְּלִילוֹת

Jo. 22. 10 (B) (Luc. Γαλιλωθ).

(3) aliter in Heb.

I Ki. 15. 4 (טלאים) : Ho. 12. 11 (12) (Q?) (גלגל).

(4) abest in Heb.

Jo. 24. 30 a : I Ki. 13. 15 (A).

(5) in libr. apocr.

I Ma. 9. 2.

Γαλεζώ. aliter in Heb.

II Ch. 28. 18 (B) (גמזו) (Luc. Γαμζαι).

Γαλειλαία (-λιλ.) (-λέα). (1) גָּלִגָּל

Jo. 12. 23 (B [λα sup ras B^a]) (Luc. Γελγελ).

(2) גָּלִיל

Jo. 20. 7 : 21. 32 (Luc. Γαλ[ιλ]αία) : III Ki. 9. 11 : I Ch. 6. 76 (61) : Is. 9. 1 (8. 23).

(3) גָּלִילָה

IV Ki. 15. 29.

(4) גְּלִילָה

Ez. 47. 8.

(5) גְּלִילוֹת

Jl. 3 (4). 4.

(6) aliter in Heb.

Is. 33. 9 (בשן) : Ez. 47. 8 (adnot Q^{mg}).

(7) abest in Heb.

III Ki. 9. 12.

(8) in libr. apocr.

Ju. 1. 8 : 15. 5 (6) : To. 1. 2, 5 (S) : I Ma. 5. 14, 15, 17, 20, 21, 23, 55 : 10. 30 : 11. 63 : 12. 47, 49.

Γαλείμ. גַּלִּים

Is. 10. 30 (B S^c).

Γαλέλ. גָּלָל

II Es. 21 (Ne. 11). 17 (S^{c.a mg sup}) (Luc. Γαλεκ).

Γαλέμ. abest in Heb.

Jo. 15. 59 a (B) (Luc. Γαλειμ).

Γαλέμαθ. עַלֶּמֶת

I Ch. 8. 36 (A) (Luc. Αλεφ).

Γαλέμεθ. עַלֶּמֶת

I Ch. 6. 60 (45) (B) (Luc. Αλαμωθ) : 9. 42 (A) (Luc. Αλεφ).

Γαλῆμεθ. עַלֶּמֶת

I Ch. 6. 60 (45) (A) (Luc. Αλαμωθ).

Γαληρώ. aliter in Heb.

II Ch. 28. 18 (B) (גדרות) (Luc. Γαδηρωθ).

Γαλιάθ. aliter in Heb.

Jo. 13. 5 (B) (גבלי) (Luc. Γαβαι).

Γαλιαώθ. גְּלִילוֹת

Jo. 18. 17 (B) (Luc. Γαλιλωθ).

Γαλιλαία, *vid.* **Γαλειλαία.**

Γαλιλέα, *vid.* **Γαλειλαία.**

Γαλιλώθ. גְּלִילוֹת

Jo. 22. 10 (A), 11 (A) (Luc. *om.*).

Γαλιμά. aliter in Heb.

[Th. Ez. 27. 24 (גלומי = involucra).]

Γαλλεί. (1) גַּלִּים

I Ki. 25. 44 (A [Γαδδει forte A*]) (Luc. Γολιαθ) (Joseph. Γεθλᾶ).

(2) aliter in Heb.
IV Ki. 15. 17 (A^vid) (גדי) (Luc. Γαδδι).

Γαλλείμ (Γαλλίμ). (1) גַּלִּים
Is. 10. 30 (A Q).
(2) abest in Heb.
Jo. 15. 59 (A) (Luc. Γαλειμ).

Γαλουιά. aliter in Heb.
I Ch. 25. 9 (B) (גדליהו) (Luc. Γοδολίας).

Γαμαήλ. in libr. apocr.
I Es. 8. 29 (32) (A) (Luc. Δανιηλ) (= דניאל Ezr. 8. 2): To. 1. 1 (A) (Luc. Γαβαηλ).

Γαμάηλος. in libr. apocr.
To. 4. 20 (21) (A) (Luc. Γαβάηλος).

Γαμαί. גְּמַלִּי
Nu. 13. 13 (12) (B) (Luc. Γαμαλι) (*Lug.* Game).

Γαμαιζαί. גִּמְזוֹ
II Ch. 28. 18 (A) (Luc. Γαμζαι).

Γαμαλά. עַלְמוֹן
Jo. 21. 18 (B) (Luc. Ελμων).

Γαμαλί. גְּמַלִּי
Nu. 13. 13 (12) (A).

Γαμαλιήλ. גַּמְלִיאֵל
Samar. ࠂࠌࠋࠉࠀࠋ.
Nu. 1. 10 (*Lugd.* Gamael): 2. 20 (*Lugd.* Gamaliet): 7. 54, 59 (Samar. [Samaritan]): 10. 23.

Γαμαρείας (-ρίας). (1) גְּמַרְיָה
Je. 36 (29). 3.
(2) גְּמַרְיָהוּ
Je. 43 (36). 10, 11, 12, 25 (A S^c.c mg sup Q).

Γαμέλεθ. aliter in Heb.
I Ch. 9. 42 (B S) (עלמת) (Luc. Αλεφ).

Γάμερ. גֹּמֶר
Ge. 10. 2 (Joseph. Γόμαρος), 3: I Ch. 1. 5 (Luc. Γομερ), 6 (Luc. Γομερ).

Γαμές. יַעְבֵּץ
I Ch. 2. 55 (B) (Luc. Ιαβις).

Γάμηλος. in libr. apocr.
I Es. 8. 29 (32) (B) (= דניאל Ezr. 8. 2) (Luc. Δανιηλ).

Γαμουήλ (A), **Γαμούλ** (B). גָּמוּל
I Ch. 24. 17 (Luc. Καμουηλ) (*Lucc.* Gamuel).

Γαμωάβ (S^c.a), **Γαμώλ** (Q), **Γαμωλά** (A). גָּמוּל
Je. 31 (48). 23 (גמול).

Γαμών. aliter in Heb.
Je. 31 (48). 23 (S^c.a) (מעון).

Γαναθώμ. גִּנְּתוֹן
II Es. 22 (Ne. 12). 16 (S^c.a mg inf) (Luc. Γενναθωθ).

Γανάν. חָנָן
II Es. 17 (Ne. 7). 49 (S) (Luc. Αναν).

Γανηβάθ. גְּנֻבַת
III Ki. 11. 20, 20 (B).

Γαννίμ. גַּנִּים
[Aq., Sm., Th. Jo. 21. 29.]

Γαοβήλ. עֵיבָל
I Ch. 1. 40 (A) (Luc. Ουβαλ).

Γαραβαιθθί (B), **Γαραβέθ** (S). עַרְבָתִי
I Ch. 11. 32 (Luc. Αραβαθι).

Γαραγάθα. aliter in Heb.
Jd. 7. 22 (B) (צררתה) (Luc. *καὶ ἦν συνηγμένη*).

Γαραζάν. in libr. apocr.
I Ma. 14. 34 (S*) (Luc. Γαζαρα).

Γάραρα (-ων). גְּרָר
Ge. 20. 2 (Γα|γαραρων) (E) (Luc. Γέραρα).

Γαρβαρηνός. aliter in Heb.
II Es. 1. 8 (A) (גזבר) (Luc. γανζαβραῖος).

Γαργασεί. גְּשׁוּרִי
De. 3. 14 (A B^a?b? F) (Samar. [Samaritan]) (Luc. Γαργασει) (*Lugd.* Gargasinorum).

Γαρειζείν, *vid.* **Γαριζείν.**

Γαρείτης. [הַ]גָּרִי
I Ch. 27. 31 (B) (Luc. ὁ Γαδαρι).

Γαρήβ. גָּרֵב
I Ch. 11. 40 (A [β']): Je. 38 (31). 39.

Γαρήθ. aliter in Heb.
II Ki. 23. 38 (A) (גרב) (Luc. Γαβερ).

Γαρηοβαί (-βέ). גָּרֵב
I Ch. 11. 40 (B S) (Luc. Γαρηβ).

Γαριζεί. in libr. apocr.
II Ma. 6. 2 (*Lu.* Margarizin = τὸν ἐν Γ.)

Γαριζείν (-ρει.) (-ζίν). (1) גְּרִזִים
Joseph. Γαριζίν, Γαριζεῖς, Γριζαῖος, Γρίζεις.
De. 11. 29 (B F): 27. 12: Jo. 9. 6 (8. 33): Jd. 9. 7 (B).
(2) in libr. apocr.
II Ma. 5. 23.

Γάρραι. in libr. apocr.
To. 5. 6 (8) (S^1 mg).

Γαρτασεί. גְּשׁוּרִי
De. 3. 14 (B*) (Samar. [Samaritan]) (Luc. Γαργασει).

Γάς. in libr. apocr.
I Es. 5. 34 (abest in Ezr. 2. 57) (Luc. *om.*).

Γασείν. aliter in Heb.
Jo. 18. 15 (B) (ימה).

Γασήρων. in libr. apocr.
I Ma. 4. 15 (A).

Γασιλεύ. כִּסְלֵו
Za. 7. 1 (S*[?]) (Luc. Χασελευ).

Γασιών. (1) עֶצְיֹן, עֶצְיוֹן
De. 2. 8 (*Lug.* Agrasion): III Ki. 9. 26 (A) (Luc. Γεσιων): II Ch. 8. 17 (Luc. Γεσιων): 20. 36 (Luc. Γεσιων).
[Al. III Ki. 22. 49.]
(2) abest in Heb.
III Ki. 16. 28 f (B) (Luc. Γεσιων) (*Vind.* Aesion).

Γαυά. עַוָּה
[Aq. Is. 37. 13.]

Γαυλών. (1) גּוֹלָן
De. 4. 43 (Joseph. Γαυλάνη, Γαυλάνα): Jo. 20. 8 (B) (Luc. Γωλαν): 21. 27 (B) (Luc. Γωλαν): I Ch. 6. 71 (56) (A^a).
(2) גּלוֹן
Luc. Γωλαν.
Jo. 20. 8 (B)*: 21. 27 (B).

Γαυνεί. גּוּנִי
Nu. 26. 48 (B) *bis* (Luc. Γωννι, Γωννει).

Γαφέρ. (1) עֵפֶר
I Ch. 4. 17 (A) (Luc. Εφερ).
(2) aliter in Heb.
I Ch. 1. 33 (B) (עיפה) (Luc. Γαιφα).

Γεβάλ, *vid.* **Γαιβάλ.**

Γεβεελάν. בַּעֲלַת
Jo. 19. 44 (B) (Luc. Μααλωθ).

Γεβέλεμ (B*), **Γεβελεμεῖς** (B^b [εις seq]).
aliter in Heb.
II Ki. 8. 13 (גיא־מלח) (Luc. Γαιμελαχ).

Γεβερέ. גַּתָּה חֵפֶר
Jo. 19. 13 (B) (Luc. Γεθθαεφερ).

Γεβοῦε. גִּלְבֹּעַ
II Ki. 1. 6 (A) (Luc. Γελβουε).

Γεβωθείτης. גִּבְעָתִי
I Ch. 12. 3 (B S) (Luc. Γαβαωνίτης).

Γεδάν. גִּדְעֹם
Jd. 20. 45 (B) (Luc. Γαλααδ).

Γεδδεί. גָּדִי
IV Ki. 15. 14 (A) (Luc. Γαδδι): I Ch. 12. 8 (B) (Luc. Γαδ).

Γεδδελθί. גִּדַּלְתִּי
I Ch. 25. 29 (A) (Luc. Γοδολλαθ).

Γεδδήλ. גִּדֵּל
II Es. 2. 47 (A), 56 (A) (Luc. Σαδαι).

Γεδδούρ. in libr. apocr.
I Es. 5. 30 (A) (= נחר Ezr. 2. 47: Ne. 7. 49) (Luc. Γαηλ).

Γεδδών. גְּדוֹר
Jo. 15. 58 (B) (Luc. Γεδωρ).

Γεδδώρ. (1) גְּדוֹר
I Ch. 12. 7 (S).
(2) גְּדֵרוֹת
Jo. 15. 41 (B) (Luc. Γαδηρωθ).

Γεδεών. (1) גִּדְעוֹן
Jd. 6. 11, 13, 19, 22 *bis*, 24, 27, 29, 34, 36, 39: 7. 1, 2, 4, 5, 7, 13, 14, 15, 18, 19, 20, 24, 25: 8. 4, 7, 11, 13, 21, 22 (A^1 B), 23, 24, 27 *bis*, 28, 30, 32, 33, 35.
(2) גֵּרְשׁוֹן
Jo. 21. 6 (B*) (Luc. Γηρσων): I Ch. 6. 1 (5. 27) (A) (Luc. Γεδσων).
(3) aliter in Heb.
Jd. 8. 1 (B) (pron. suff.) (Luc. *αὐτόν*).
(4) abest in Heb.
Jd. 6. 15, 17, 31 (B) (Luc. *om.*), 38 (A): 8. 9 (B) (Luc. *om.*), 15 (Luc. *om.*), 19.
(5) in libr. apocr.
Ju. 8. 1 (A) (Luc. *om.*).

Γεδεωνεί (-νί). גִּדְעֹנִי
Luc. Γαδεωνι.
Nu. 1. 11 (B) (*Lugd.* Gadeon): 7. 60 (F) (*Lugd.* Gedeoni [genit]), 65 (F) (*Lugd.* Gedeon).

Γεδηά. aliter in Heb.
II Es. 2. 56 (B) (גדל) (Luc. Σαδαι).

Γεδολλαθί. גִּדַּלְתִּי
I Ch. 25. 4 (A) (Luc. Γοδολλαθ).

Γεδούρ. גְּדוֹר
Luc. Γεδδωρ.
I Ch. 8. 31 (A): 9. 37 (A).

Γεδσιών. עֶצְיֹן
Luc. Γασιων.
Nu. 33. 35 (F), 36 (F).

Γεδσούρ. (1) גְּשׁוּר
Luc. Γεσσειρ.
II Ki. 13. 37 (Joseph. Γέσσιρα, Γεσσούρα) (*Vind.* Gessur), 38: 14. 23, 32: 15. 8: I Ch. 2. 23 (B) (Luc. Γεσουρ): 3. 2 (B) (Luc. Γεσσουρ).

(2) aliter in Heb.
I Ch. 2. 45 (B) (בית־צור) (Luc. Βηθσουρ).

Γεδσών. (1) גֵּרְשׁוֹם
I Ch. 6. 17 (2) (B), 20 (5) (B), 62 (47) (B), 71 (56) (B).
(2) גֵּרְשׁוֹן
Ex. 6. 16 (B), 17 (*Lugd.* Getson : *Lucc.* Gesson) : Nu. 3. 17 (*Lugd.* Gesson), 18, 21 (*Lugd.* Geson), 25 : 4. 22, 38 (*Mon.* Getson), 41 : 7. 7 : 10. 17 : 26. 57 (B F) : Jo. 21. 6 (B^{ab}) (Luc. Γηρσων), 27 (B) (Luc. Γηρσων) : I Ch. 6. 1 (5. 27) (B) : 23. 6 (B).
(3) גֵּרְשֹׁם
I Ch. 6. 16 (1) (B).
(4) גֵּרְשֻׁנִּי
Nu. 3. 21, 23, 24 : 4. 24, 27, 28 : Jo. 21. 33 (B) (Luc. Γηρσων) : II Ch. 29. 12 (A).
(5) abest in Heb.
Jo. 21. 37 (A) (Luc. Κεδσων).
(6) in libr. apocr.
Ju. 8. 1 (S) (Luc. *om.*).

Γεδσωνεί (-νί). (1) גֵּרְשׁוֹן
Nu. 26. 57 (A) (Luc. Γεδσων) (*Lugd.* Getson).
(2) גֵּרְשֻׁנִּי
Nu. 26. 57 : II Ch. 29. 12 (B) (Luc. Γεδσων).

Γεδώρ. (1) גְּדוֹר
Jo. 15. 58 (A) : I Ch. 12. 7 (A B) (Luc. Γεδδωρ).
(2) גְּדֹר
Luc. Γεδδωρ.
I Ch. 4. 4, 18.
(3) גְּדֵרִי
I Ch. 27. 28 (A) (Luc. Γεδδωρίτης).
(4) aliter in Heb.
Luc. Γέραρα.
II Ch. 14. 13 (12) (גרר), 14 (13) (גרר).

Γεδωρείτης. גְּדֵרִי
I Ch. 27. 28 (B) (Luc. Γεδδωρίτης).

Γεεδσών. גֵּרְשֹׁם
I Ch. 6. 43 (28) (B) (Luc. Γεδσων).

Γεεί. גּוֹיִם
Jo. 12. 23 (B) (Luc. Γοειμ).

Γέζερ. גֶּזֶר
III Ki. 9. 15 (A) (Luc. Γαζερ), 16 (A) (Luc. *om.*).

Γεζουε. aliter in Heb.
I Ch. 2. 46 (גזז) *bis* (Luc. Γαζει, Γαζας).

Γεζραῖος. [ק׳] גִּזְרִי*, גִּרְזִי
I Ki. 27. 8 (A).

Γέθ. (1) גַּת
Jo. 11. 22 (A F) : I Ki. 6. 17 : 7. 14 (A) : 17. 4, 23 (A), 52 : 21. 10 (11), 12 (13) : 27. 2, 3 (A), 4, 11 : II Ki. 1. 20 : 15. 18 : 21. 20, 22 : III Ki. 2. 39 *bis*, 40 *bis*, 41 : IV Ki. 12. 17 (18) : 14. 25 (A) : I Ch. 7. 21 (B) : 8. 13 : 18. 1 : 20. 6, 8 (B S) : II Ch. 11. 8 (Joseph. Εἰπά, Ἰπά?) : 26. 6 : Ps. 55 (56). 1 : Am. 6. 2 : Mi. 1. 10 (*Weing.* Ged), 14.
[**Aq.**, **Sm.** Ps. 55 (56). 1 : Mi. 1. 10.]
[**Quint.** Ps. 55 (56). 1.]
(2) aliter in Heb.
Jo. 12. 9 (A) (בית־אל) (Luc. Βαιθηλ) : I Ki. 17. 52 (B) (גיא) : II Ki. 21. 18 (גב) (Luc. Γαζεθ).
(3) abest in Heb.
I Ki. 27. 11 : 30. 29 (B) (Luc. *om.*) : II Ki. 21. 20 (A) (Luc. *om.*).

Γεθαιβάν (B$^{a (vid)}$), **Γεθεδάν** (B*). גִּבְּתוֹן
Jo. 21. 23 (Luc. Γεβθων).

Γεθέμ. aliter in Heb.
I Ki. 14. 33 (A) (בגדתם) (Luc. ἐν Γεθθαιμ).

Γεθερεμμών. גַּת־רִמּוֹן
Jo. 21. 24 (B) (Luc. Γεθρεμμων).

Γέθθα. abest in Heb.
I Ki. 5. 8 (Luc. Γεθ : Joseph. Γίττα).

Γεθθάι. גִּתִּים
II Ki. 4. 3 (B) (Luc. Γεθθαιμ).

Γεθθάιμ. (1) עֲוִית
Ge. 36. 35 (Syr. [Syriac]) : I Ch. 1. 46 (B) (ק׳) (Luc. Ευιθ).
(2) עֲיוֹת
I Ch. 1. 46 (B)* (Luc. Ευιθ).
(3) aliter in Heb.
I Ki. 14. 33 (B) (ἐν Γ. = בגדתם) (Luc. ἐν Γ.).
(4) abest in Heb.
Jb. 42. 17 d (Luc. Γεθεμ).

Γεθθαῖος. (1) גַּת
I Ki. 5. 8.
(2) גִּתִּי
Jo. 13. 3 : II Ki. 6. 10, 11 : 15. 18 (Luc. *om.*), 19, 22 : 18. 2 (*Vind.* Getthaeus) : 21. 19 (A) : I Ch. 13. 13 (B S) : 20. 5.
(3) aliter in Heb.
II Ch. 1. 17 (A) (חתי) (Luc. Χετταῖος).
(4) abest in Heb.
I Ki. 5. 9.

Γεθθάμ. [ק׳] עֲוִית, עֲיוֹת*
I Ch. 1. 46 (A) (Luc. Ευιθ).

Γεθθείμ (**Γεθθίμ**). גִּתִּים
Luc. Γεθθαιμ.
II Ki. 4. 3 (A) : II Es. 21 (Ne. 11). 33 (S$^{c.a\ mg\ inf}$).

Γεθθί. aliter in Heb.
Jd. 1. 10 (A) (ששי) (Luc. Σεσει).

Γεθθίμ, *vid.* **Γεθθείμ.**

Γεθθόρ. יַתִּר
I Ki. 30. 27 (B) (Luc. Ιεθερ).

Γεθράμ. aliter in Heb.
I Ch. 1. 41 (B) (יתרן) (Luc. Ιεθραν).

Γεθρεμμών. גַּת־רִמּוֹן
Jo. 19. 45 : 21. 24 (A) : I Ch. 6. 69 (54) (A).

Γεθχόβερ. גַּת הַחֵפֶר
IV Ki. 14. 25 (B) (Luc. Γεθοφρα).

Γεθωρών. aliter in Heb.
I Ch. 6. 69 (54) (B) (גת־רמון) (Luc. Γεθρεμμων).

Γειλωνίτης. גִּלֹנִי
II Ki. 23. 34 (A) (Luc. Γαλααδ).

Γειών (**Γιών**). (1) גִּחוֹן
III Ki. 1. 33 (Joseph. Γειών, Γηών, Σιών), 38, 45.
(2) גִּיחוֹן
II Ch. 32. 30 (A).

Γελαμσούρ (A), **Γελαμψούρ** (B).
aliter in Heb.
I Ki. 27. 8 (עולם . . . שורה) (Luc. Γεσσουρ).

Γελβά. aliter in Heb.
I Ch. 24. 13 (14) (B) (בלגה) (Luc. Βελγαδ).

Γελβουε. (1) גִּלְבֹּעַ
I Ki. 28. 4 : 31. 1 (*Lucc.* Gelboe), 8 : II Ki. 1. 6 (B), 21 : 21. 12 : I Ch. 10. 1 (B S), 8.
(2) כְּלֻב
I Ki. 30. 14 (B) (Luc. Χελουβ).

Γελβουθ. aliter in Heb.
I Ch. 10. 1 (A [θ']) (גלבע) (Luc. Γελβουε).

Γελγεά. גִּלְגָּל
Jo. 12. 23 (A) (Luc. Γελγελ).

Γελγέλ. (1) גִּלְגָּל
Ez. 10. 13.
(2) גִּלְגָּל
[**Aq.**, **Sm.** Jo. 12. 23.]

Γελιά. aliter in Heb.
I Ch. 4. 18 (B) (בתיה) (Luc. Φαθθουια).

Γελλά. חֹלֹן
Jo. 21. 15 (B) (Luc. Ιλων).

Γελλήμ. aliter in Heb.
II Es. 10. 24 (B) (שלם) (Luc. Σελλημ).

Γελμών. עַלְמֹן
Nu. 33. 46 (*Mon.* Celmon : *Lugd.* Gelbon), 47.

Γελωλαί. גִּלֲלַי
II Es. 22 (Ne. 12). 36 (S$^{c.a\ mg\ inf}$) (Luc. Γελωλαι).

Γελωνείτης. גִּלֹנִי
II Ki. 23. 34 (B) (Luc. Γαλααδ).

Γελωρέ. aliter in Heb.
II Ki. 23. 37 (נחרי) (Luc. Αραια).

Γεμέεθ. aliter in Heb.
I Ch. 7. 8 (B) (עלמת) (Luc. Αλαμωθ).

Γεμίας (-αν). aliter in Heb.
I Ch. 1. 22 (A) (עיבל) (Luc. Ηβηλ).

Γέμνα. aliter in Heb.
Jo. 15. 46 (B) (וימה) (Luc. Ιεμναθ).

Γενναῖος (-εος). in libr. apocr.
II Ma. 12. 2.

Γεννηθουί. גִּנְּתוֹי
II Es. 22 (Ne. 12). 4 (S$^{c.a\ mg\ sup}$) (Luc. Γενναθωθ).

Γεννηροί. in libr. apocr.
II Ma. 13. 24 (A) (Luc. Γερρηνοί).

Γεννησαί (S*), **Γεννησάρ** (A S$^{c.a, c.b}$).
in libr. apocr.
I Ma. 11. 67.

Γεουήλ. in libr. apocr.
I Es. 8. 39 (42) (B) (= יעואל*, יעיאל [ק׳] Ezr. 8. 13) (Luc. Ιειηλ).

Γερά. גֵּרָא
I Ch. 8. 5 (B) (Luc. Γηρα).

Γέραρα (-α, -ων, -οις). (1) גְּרָר
Ge. 10. 19 (Samar. *om.*) (*Lucc.* Agerara) : 20. 1, 2 (A D) : 26. 1, 6, 17, 20, 26.
(2) פְּלִשְׁתִּים
Ge. 26. 8 (Luc. *om.*).
(3) aliter in Heb.
I Ch. 4. 39 (גדר).
(4) abest in Heb.
Ge. 26. 19, 25 (E).

Γεργεσαῖος. (1) גִּרְגָּשִׁי
Ge. 10. 16 (*Lucc.* Gergesseus) : 15. 20 (21) : De. 7. 1 (*Lugd.* Gergeseum) : Jo. 3. 10 : 24. 11 : I Ch. 1. 14 (A) (Luc. Γεργεσει) : II Es. 19 (Ne. 9). 8.
(2) abest in Heb.
Ex. 3. 8 (Sam. *ins.*), 17 (Sam. *ins.*) : 13. 5 (Sam. *ins.*) (*Mon.* Gergesseorum [genit]) : 23. 23 (Sam. *ins.*) : 33. 2 (Sam. *ins.*) (*Lugd.* Gergesseum) : 34. 11 (Sam. *ins.*) : De. 20. 17 (A B$^{ab\ (mg)}$ F) (Sam. *ins.*) : Jo. 9. 1 : III Ki. 9. 20 (A) : 10. 24 (9. 20) (B).
(3) in libr. apocr.
Ju. 5. 16 (20).

Γεργεσεί. גְּשׁוּרִי
Jo. 12. 5 (B) (Luc. Γεσουρε) (Syr. ܓܫܘܪ).
Γεριάμ. aliter in Heb.
I Ch. 5. 16 (B) (שׁרון) (Luc. Σαρων).
Γερρηνοί. in libr. apocr.
II Ma. 13. 24 (V).
Γερσώμ. גֵּרְשֹׁם
Jd. 18. 30 (A) (Luc. Γηρσων).
Γεσεήλ. aliter in Heb.
I Ch. 4. 16 (B) (יהללאל) (Luc. Αλλελεηλ).
Γεσείρ. גְּשׁוּר
II Ki. 3. 3 (B) (Luc. Γεσσειρ).
Γεσειρεί (-ρί). (1) גְּשׁוּר
Jo. 13. 13 (B) (Luc. Γεσουρει).
(2) גְּשׁוּרִי
Luc. Γεσουρει, Γεσουρι.
Jo. 13. 2 (B), 11 (B) (Syr. ܓܫܘܪ), 13 (B).
(3) הַגְּשׁוּרִי וְהַגִּרְזִי (והגזרי קרי)
I Ki. 27. 8 (B) (Luc. Γεσσουραῖος + Γεζραῖος) (Joseph. Σερρῖται).
Γέσεμ. (1) גֹּשֶׁן
Ge. 45. 10: 46. 34 (A B) (*Lugd.* Gessem): 47. 1, 4, 5 (6), 27: 50. 8: Ex. 8. 22 (18): 9. 26.
[**Aq., Sm., Th., Heb.** Ge. 47. 6.]
(2) in libr. apocr.
Ju. 1. 9 (9ª).
Γέσεν. גֹּשֶׁן
Ge. 46. 34 (*D*) (Luc. Γεσεμ).
Γεσερεί. גְּשׁוּרִי
I Ki. 27. 8 (A) (Luc. Γεσσουραῖος).
Γεσιών. עֶצְיֹן
Luc. Γασιων.
Nu. 33. 35 (A Bᵃᵇ), 36 (A Bᵃᵇ).
Γεσούρ. גְּשׁוּר
I Ch. 3. 2 (A) (Luc. Γεσσουρ).
Γεσουρί. (1) גְּשׁוּר
Jo. 13. 13 (A) (Luc. Γεσουρει).
(2) גְּשׁוּרִי
Jo. 12. 5 (A F) (Luc. Γεσουρε): 13. 2 (A) (Luc. Γεσουρει), 11 (A), 13 (A) (Luc. Γεσουρει).
Γεσουρίτης. גְּשׁוּרִי
[**Al.** Jo. 13. 11.]
Γεσσίρ. גְּשׁוּר
II Ki. 3. 3 (A) (Luc. Γεσσειρ).
Γεσσιών. עֶצְיֹן
Luc. Γασιων.
Nu. 33. 35 (B*), 36 (B*).
Γεσσούρ. גְּשׁוּר
I Ch. 2. 23 (A) (Luc. Γεσουρ).
Γεσφά. גִּשְׁפָּא *v.* גִּשְׁפָּא
II Es. 21 (Ne. 11). 21 (Sᶜ·ᵃ ᵐᵍ ⁱⁿᶠ).
Γετθῖτις. גִּתִּית
[**Aq., Th.** Ps. 8. 1.]
Γεφάρ, *vid.* **Γαιφάρ.**
Γεφυρούν. in libr. apocr.
II Ma. 12. 13 (A) (Luc. *om.*).
Γηαρασίμ. גֵּי הַחֲרָשִׁים
II Es. 21 (Ne. 11). 35 (Sᶜ·ᵃ ᵐᵍ ⁱⁿᶠ) (Luc. γῆ Αρασειμ).
Γηβεεί. גַּבַּי
II Es. 21 (Ne. 11). 8 (A) (Luc. Ιεβουε).

Γηβεεννόμ, *cf.* **Βεεννόμ.** aliter in Heb.
II Ch. 28. 3 (A) (גיא בן־הנם) (Luc. φάραγγι Βεεννομ).
Γηβεί (S), **Γηβή** (B). גַּבַּי
II Es. 21 (Ne. 11). 8 (S) (Luc. Ιεβουε).
Γηζάμ. גַּזָּם
II Es. 17 (Ne. 7). 51 (Luc. Γαζαμ).
Γηλών. גִּלֹה
Jo. 15. 51 (A) (Luc. Λανου).
Γημάλα. גֵּיא־מֶלַח
II Ki. 8. 13 (A) (Luc. Γαιμελαχ).
Γηρά. (1) גֵּרָא
Ge. 46. 21 (Samar. ܓܪܐ) (Joseph. Γήλας, Γήρασος, Γήραος) (*Lucc.* Adar): Jd. 3. 15 (Joseph. Γήρας): II Ki. 16. 5: 19. 16 (17), 18 (19): III Ki. 2. 8, 35 l: I Ch. 8. 3, 5 (A), 7.
(2) abest in Heb.
Ge. 46. 21.
Γηράβ. גָּרֵב
II Ki. 23. 38 (B) (Luc. Γαβερ).
Γηρσάμ. (1) גֵּרְשׁוֹם
I Ch. 23. 15, 16: 26. 24.
(2) גֵּרְשֹׁם
Ex. 2. 22 (Joseph. Γῆρσος): 18. 3: I Ch. 15. 7 (B S) (Luc. Γεδσων).
Γηρσόμ. גֵּרְשֹׁם
Jd. 18. 30 (B) (Luc. Γηρσων).
Γηρσομνεί. גֵּרְשֻׁנִּי
I Ch. 29. 8 (B) (Luc. Γειρσωνι).
Γηρσώμ. (1) גֵּרְשֹׁם
II Es. 8. 2 (Luc. Γηρσαμ).
(2) aliter in Heb.
I Ch. 2. 47 (A) (נישן) (Luc. Γεισων).
Γηρσών. (1) גֵּרְשׁוֹם
Luc. Γεδσων.
I Ch. 6. 17 (2) (A), 20 (5) (A), 62 (47) (A), 71 (56) (A).
(2) גֵּרְשׁוֹן
Ge. 46. 11 (Luc. Γεδσων) (Joseph. Γολγόμης, Γήλσεμος, Γηρσόμης) (*Lugd.* Getson): Ex. 6. 16 (A F) (Luc. Γεδσων): Jo. 21. 27 (A): I Ch. 23. 6 (A) (Luc. Γεδσων).
[**Aq., Sm., Th.** Nu. 3. 17.]
(3) גֵּרְשֹׁם
Luc. Γεδσων.
I Ch. 6. 16 (1) (A), 43 (28) (A): 15. 7 (Aª [sup ras]).
(4) גֵּרְשֻׁנִּי
Jo. 21. 33 (A): I Ch. 23. 7 (A) (Luc. Γεδσων).
(5) in libr. apocr.
I Es. 8. 29 (32) (A) (= גרשם Ezr. 8. 2) (Luc. Γηρσαμ).
Γηρσωνεί (-νί). גֵּרְשֻׁנִּי
I Ch. 26. 21 *bis* (Luc. Γηρσαμ): 29. 8 (A) (Luc. Γειρσωνι).
Γηρσώρ. גֵּרְשׁוֹן
Jo. 21. 6 (A) (Luc. Γηρσων).
Γῆσαμ. גֶּשֶׁם
Luc. Γισαμ.
II Es. 12 (Ne. 2). 19: 16 (Ne. 6). 1, 2.
Γηών. (1) גִּיחוֹן
Ge. 2. 13 (Luc. Γιων).
(2) aliter in Heb.
Je. 2. 18 (A B S) (שחור).

(3) in libr. apocr.
Si. 24. 27 (37).
Γιββείρ. aliter in Heb.
Is. 10. 31 (נבים).
Γιεζεί.
Luc. Γιεζι.
(1) גֵּיחֲזִי
IV Ki. 4. 12, 14, 25, 27, 29, 31, 36: 5. 20, 21, 25: 8. 4, 5.
(2) abest in Heb.
IV Ki. 4. 41: 5. 25.
Γιλωναῖος. גִּילֹנִי
II Ki. 15. 12 (A) (Luc., Joseph. Γελμωναῖος).
Γιμέλ (litera alphab.). abest in Heb.
Ps. 118 (119). 17 (R): La. 1. 3 (B S): 2. 3 (B): 3. 8 (B): 4. 3 (B).
Γίμλ (litera alphab.). abest in Heb.
La. 1. 3 (A Q): 2. 3 (Aᵛⁱᵈ S? Q): 3. 7 (Q). 8 (A Q), 9 (Qᵐᵍ): 4. 3 (A Q).
Γιόν. גִּיחוֹן
II Ch. 33. 14 (B*) (Luc. Γειων).
Γιών, *vid.* **Γειών.**
Γόβ. גּוֹב
II Ki. 21. 19 (A) (Luc. Ροβ).
Γοβέλ. גְּבַל
[**Heb.** Ez. 27. 9.]
Γοδολίας (-αν). (1) גְּדַלְיָה
Ze. 1. 1: Je. 47 (40). 5 (*Wirc.* Galadiam [acc]), 6, 8 (A B S).
[**Th.** Je. 41 (48). 16 (Sw.).]
(2) גְּדַלְיָהוּ
IV Ki. 25. 22 (Joseph. Γαδαλίας, Γοδολίας), 23 *bis*, 24, 25: I Ch. 25. 3 (A), 9 (A): Je. 45 (38). 1 (A B S? Q): 46 (39). 14: 47 (40). 7, 9, 11, 12, 13, 14, 15, 16: 48 (41). 1 (A B S¹ Q) (*Wirc.* Galadian), 2 (A B S¹ Q), 4, 6, 10, 18: 50 (43). 6.
(3) aliter in Heb.
II Ki. 21. 19 (B) (גלית) (Luc. Γολιαθ): Je. 42 (35). 4 (A B Q) (יגדליהו): 43 (36). 25 (A B S* Q) (? דליהו).
Γοδολλαθεί. גִּדַּלְתִּי
I Ch. 25. 4 (B) (Luc. Γοδολλαθ).
Γοδομαθεί. aliter in Heb.
I Ch. 25. 29 (B) (גדלתי) (Luc. Γοδολλαθ) (*Lucc.* Gotholias).
Γοθά. גַּעְתָּם
Ge. 36. 16 (A).
Γοθάμ. גַּעְתָּם
I Ch. 1. 36 (A) (Luc. Γοθομ).
Γοθθλία. עֲתַלְיָה
IV Ki. 11. 13 (Aᵛⁱᵈ) (Luc. Γοθολία).
Γοθνί. עָתְנִי
I Ch. 26. 7 (A) (Luc. Οθνι).
Γοθολιά, **Γοθολία** (-αν, -ας).
Joseph. Ὀθλία, Γοθολία.
(1) עֲתַלְיָה
IV Ki. 11. 1, 3, 13 (B), 14: II Ch. 22. 12.
(2) עֲתַלְיָהוּ
IV Ki. 8. 26: 11. 2, 20: II Ch. 22. 2, 10, 11: 23. 12, 13, 21: 24. 7.
Γοθολίας. (1) עֲתַלְיָה
I Ch. 8. 26 (A) (Luc. Οθνια).

(2) in libr. apocr.
I Es. 8. 33 (36) (= עתליה Ezr. 8. 7) (Luc. Γοθονίας).

Γοθόμ. גַּעְתָּם
Ge. 36. 11, 16 (*DE*) (Luc. Γοθα) (Joseph. Γόθαμος, Ἰόθαμος) (*Wirc.* Cothom).

Γοθονίας. in libr. apocr.
Ju. 6. 15 (11) (S*) (Luc. Γοθονιηλ).

Γοθονιήλ. (1) עָתְנִיאֵל
Jo. 15. 17 : Jd. 1. 13 : 3. 9 (Joseph. Ἀθνίηλος, Γαθανόηλος), 11 : I Ch. 4. 13 *bis* : 27. 15.
(2) abest in Heb.
Jd. 1. 14 (B) (Luc. *om.*).
(3) in libr. apocr.
Ju. 6. 15 (11) (A B S^c.a^).

Γολγόλ. גִּלְגָּל
De. 11. 30 (in F Γολγο.') (Luc. Σολγολ).

Γολιάδ. (1) גָּלְיָת
I Ki. 22. 10 (B) (Luc. Γολιαθ).
(2) aliter in Heb.
I Ki. 17. 42 (B) (הפלשתי) (Luc. ὁ ἀλλόφυλος).
(3) abest in Heb.
Luc. Γολιαθ.
Ps. 143 (144). 1 (B S R) : 151. 1 (B S R).
(4) in libr. apocr.
Si. 47. 4 (5) (C) (Luc. Γολιαθ).

Γολιάθ. (1) גָּלְיָת, גָּלְיַת
Joseph. Γολίαθος.
I Ki. 17. 4, 23 (A) : 21. 9 (10) : 22. 10 (A) : II Ki. 21. 19 (A) : I Ch. 20. 5.
(2) aliter in Heb.
I Ki. 17. 42 (A) (הפלשתי) (Luc. ὁ ἀλλόφυλος).
(3) abest in Heb.
Ps. 143 (144). 1 (T) : 151. 1 (A T).
(4) in libr. apocr.
Si. 47. 4 (5) (A B S).

Γολίας. abest in Heb.
Luc. Γοδολίας.
Je. 43 (36). 25 (S^c.c mg sup^) (דליהו praec.) : 45 (38). 1 (S*) (גדליהו) : 48 (41). 1 (S*) (גדליהו), 2 (S*) (גדליהו).

Γολλάθ. גֻּלֹּת
[Aq. Jd. 1. 15 *bis*.]

Γομαδείμ. גַּמָּדִים
[Th. Ez. 27. 11.]

Γόμερ. (1) גֹּמֶר
Ho. 1. 3 (*Wirc.* Gomel) : Ez. 38. 6.
(2) adnot. scr.
Ez. 38. 5 (Q^mg inf^).

Γόμορα. עֲמֹרָה
Je. 23. 14 (S) (Luc. Γόμορρα).

Γόμορρα (-ας, -α, -ων [Ge. 18. 20 *D*]).
(1) עֲמֹרָה
Ge. 10. 19 (Luc. *om.*) : 13. 10 : 14. 2, 8, 10, 11 : 18. 20 : 19. 24 (*Lugd.* Gomoram [acc]), 28 (*Lugd.* Gomorum [genit pl]) : De. 29. 23 (22) : 32. 32 : Am. 4. 11 : Ze. 2. 9 : Is. 1. 9, 10 : 13. 19 : Je. 23. 14 (A B Q) : 27 (50). 40 : 29. 19 (49. 18).
(2) abest in Heb.
Ge. 18. 16 (Samar. *om.*).

Γοναιθλάν. גֻּלֹּת
Jo. 15. 19 (B) *bis* (Luc. Γωλαθ).

Γοονεί. aliter in Heb.
I Ch. 26. 7 (B) (עתני) (Luc. Οθνι).

Γοργείας (-γίας). in libr. apocr.
I Ma. 3. 38 : 4. 1, 5 (S V), 18 : 5. 59 : II Ma. 8. 9 : 10. 14 : 12. 32, 35 *bis*, 37.

Γόρτυνα (indecl.; -αν). in libr. apocr.
I Ma. 15. 23.

Γοσέμ. גַּשְׁמוּ
II Es. 16 (Ne. 6). 6 (S^c.a mg^) (Luc. Γισαμ).

Γόσομ. גֹּשֶׁן
Jo. 10. 41 : 11. 16 : 15. 51 (Luc. [Γο]σομ).

Γούγ. גּוֹג
I Ch. 5. 4 (Luc. Γωγ).

Γουδιήλ. (1) גְּאוּאֵל
Nu. 13. 16 (15) (A B^ab?^ F) (Samar. [illegible]).
(2) גַּדִּיאֵל
Nu. 13. 11 (10) (A B).

Γουζιήλ. גַּדִּיאֵל
Nu. 13. 11 (10) (F^1 mg inf^) (Luc. Γουδιηλ).

Γουνεί (-νί). גּוּנִי
I Ch. 5. 15.

Γοφερά. עָפְרָה
I Ki. 13. 17 (B) : I Ch. 4. 14 (B) (Luc. Εφραθ).

Γοφορά. עָפְרָה
I Ch. 4. 14 (A) (Luc. Εφραθ).

Γοωθάμ. גַּעְתָּם
I Ch. 1. 36 (B) (Luc. Γοθομ).

Γώγ. (1) אֲגַג
Nu. 24. 7 (Samar. [illegible]).
[Aq., Sm. Nu. 24. 7.]
(2) גּוֹג
Ez. 38. 2, 3 (A Q), 14, 16 (Q), 18 : 39. 1 *bis*, 11, 12 (11) *bis*, 15.
(3) עוֹג
Luc. Ωγ.
De. 3. 1 (B*), 13 (B*) : 4. 47 (B*).
(4) aliter in Heb.
Am. 7. 1 (גזי) : Ez. 39. 6 (B Q) (מגוג).
(5) abest in Heb.
Ez. 38. 1 (*tit.*) (Q^mg sup^), 17.
(6) in libr. apocr.
Si. 48. 17 (= מים).

Γωείμ. גּוֹיִם
Jo. 12. 23 (A) (Luc. Γοειμ).

Γωζάν. גּוֹזָן
Luc. Γοιζαν.
IV Ki. 17. 6 (A) : 18. 11 : 19. 12 : I Ch. 5. 26 (A [ā·]) : Is. 37. 12.

Γωζάρ. aliter in Heb.
IV Ki. 17. 6 (B) (גוזן) (Luc. Γοιζαν) (*Vind.* Abriura ?).

Γωθεί (-θί). עוּתַי
I Ch. 9. 4 (Luc. Ουθι).

Γωλά. (1) גִּלֹה
II Ki. 15. 12 (Luc. Γελμωναῖον).
(2) עַלְוָה
Ge. 36. 40 (*Lucc.* Golla) : I Ch. 1. 51 (ק״) (Luc. Αλουα).
(3) עַלְיָה
I Ch. 1. 51* (Luc. Αλουα).

Γωλάθ. גֻּלֹּת
Jo. 15. 19 (A).

Γωλαθμάιμ. גֻּלֹּת מַיִם
Jo. 15. 19 (A).

Γωλάν. (1) גּוֹלָן
Jo. 20. 8 (A) (ק״) : 21. 27 (A) *bis* : I Ch. 6. 71 (56) (B) (Luc. Γαυλων).
(2) גֹּלָן
Jo. 20. 8 (A)* : 21. 27 (A)*.

Γωλήλ. גָּלָל
I Ch. 9. 15 (A) (Luc. Γαδερ), 16 (A) (Luc. Γαλαλ).

Γωλώμ (*DE*), **Γωλών** (A). עַלְוָן
Ge. 36. 23 (Luc. Γωλαμ) (*Wirc.* Golom).

Γωνάθ. גִּינַת
Luc. Γωνωθ.
III Ki. 16. 21 (*Vind.* Gonat), 22 (B).

Γωναμάν. שׁוּנֵם
I Ki. 28. 4 (A) (Luc. Σωμαν).

Γωνεί. גּוּנִי
I Ch. 7. 13 (B) (Luc. Γουνι).

Γωυνεί (-νί). (1) גּוּנִי
Ge. 46. 24 (Joseph. Γοῦνις) (*Lugd.* Goyni) : Nu. 26. 48 (A) (*Lugd.* Ganni), 48 (A F) (*Lugd.* Acuni) : I Ch. 7. 13 (A) (Luc. Γουνι).
(2) aliter in Heb.
I Ch. 11. 34 (A) (גזוני) (Luc. Ζεννι).

Δ

Δαβασθαί. דַּבֶּשֶׁת
Jo. 19. 11 (A) (Luc. Δαβασθε).

Δαββών. עַבְדּוֹן
Jo. 21. 30 (B) (Luc. Αβδων).

Δαβείν. דְּבִיר
Jo. 10. 3 (B*) (Luc. Δαβειρ).

Δαβείρ. (1) דְּבִר, דְּבִיר
Jo. 10. 3 (A): 11. 21: 12. 13: 13. 26 (A) (Luc. Δεβηρ): 15. 15, 15 (B), 49: 21. 15: Jd. 1. 11 *bis*: I Ch. 6. 58 (43).

(2) דְּבִרָה
Jo. 10. 38 (Luc. Δεβηρα), 39.

Δαβειρώθ. דָּבְרַת
Jo. 19. 12 (B) (Luc. Δαβραθ).

Δαβειρών. aliter in Heb.
Jo. 19. 20 (B) (הרבית) (Luc. Ραββωθ).

Δαβίδ. *cf.* Δαυείδ. דָּוִד
[Aq., Th. Is. 22. 22.]

Δαβλαθά. abest in Heb.
II Ch. 36. 2 c (Luc. Δεβλαθα).

Δαβράθ. דָּבְרַת
Jo. 19. 12 (A).

Δαβρεί (-ρί). דִּבְרִי
Le. 24. 11 (Luc. Ζαμβρι).

Δαβώρ. aliter in Heb.
I Ch. 6. 72 (57) (B) (דברת?) (Luc. Δεβηρωθ).

Δαγώγ. aliter in Heb.
Ez. 20. 46 (21. 2) (Q^mg) (דרום).

Δαγών. (1) דָּגוֹן
Jd. 16. 23: I Ki. 5. 2 *bis*, 3 *bis*, 4 *ter*, 5 *ter*, 7: I Ch. 10. 10.

(2) aliter in Heb.
Is. 46. 1 (A S Q) (נבו): Ez. 20. 46 (21. 2) (A B) (דרום).

(3) abest in Heb.
I Ki. 5. 3.

(4) in libr. apocr.
I Ma. 10. 84: 11. 4.

Δάδ. (1) דָּוִד
III Ki. 2. 33 (A) (Luc. Δαυιδ).

(2) in libr. apocr.
Si. 47. 1 (S*) (Luc. Δαυιδ).

Δαδάβ. נָדָב
Ex. 24. 1 (F) (Luc. Ναδαβ).

Δαδάν. דְּדָן
Ge. 10. 7: I Ch. 1. 9 (A): Ez. 38. 13 (Q) (Luc. Δαιδαν).
[Aq., Sm., Th. Ez. 27. 15.]

Δαδειά. aliter in Heb.
II Es. 21 (Ne. 11). 10 (B) (ידעיה) (Luc. Ἰαδίας).

Δαεμιά. aliter in Heb.
II Es. 17 (Ne. 7). 7 (S) (רעמיה) (Luc. Δαιμίας).

Δαήλ. לָאֵל
Nu. 3. 24 (Luc. Δαουηλ).

Δάθαιμα, *vid.* Δάθεμα.

Δαθάν. (1) דָּתָן
Joseph. Δαθάμης.
Nu. 16. 1, 12, 24 (A), 25, 27 (A), 27: 26. 9 (A B F^1mg): De. 11. 6: Ps. 105 (106). 17.

(2) in libr. apocr.
Si. 45. 18 (22): 47. 1 (A*) (Luc. Ναθαν): IV Ma. 2. 17.

Δάθεμα (-θαιμ.). in libr. apocr.
I Ma. 5. 9 (A S) (Joseph. Διάθημα).

Δαιβηδών. aliter in Heb.
Is. 15. 2 (A S*) (דיבון).

Δαιβλαθάιμ (Δεβλ.). דִּבְלָתַיִם
Nu. 33. 46 (*Mon.* Deblataem: *Lugd.* Deblathaem), 47 (B F): Je. 31 (48). 22.

Δαιβλαθάιν. דִּבְלָתַיִם
Nu. 33. 47 (A) (Luc. Δεβλαθαιμ).

Δαιβών (Δεβ.). (1) דִּיבֹן, דִּיבוֹן
Nu. 21. 30: 32. 3 (*Lugd.* Debon), 34 (*Lugd.* Desbon): 33. 45 (*Lugd.* Debo), 46: Jo. 13. 17 (B): Je. 31 (48). 18 (A B S Q*), 22.

(2) aliter in Heb.
Jo. 13. 26 (B) (דבר) (Luc. Δεβηρ).

Δαιβώρ. דִּיבוֹן
Jo. 13. 17 (A) (Luc. Δεβων).

Δαιδαβάν. aliter in Heb.
Jo. 13. 9 (B*) (מידבא עד דיבון) (Luc. Μεδαβα εως Διβων).

Δαιδάμ. דְּדָן
Ge. 25. 3 (Δαιδαμ *D* [Δαιδα. D]) (Luc. Δεδαν): Je. 29. 9 (49. 8) (B Q).

Δαιδάν (Δεδάν). (1) דְּדָן
Ge. 25. 3 (A D) (Joseph. Δαδάνης, Δαλάνης), 3 (A E): I Ch. 1. 32 (Luc. Δαρδαν): Je. 29. 9 (49. 8) (A S): 32. 9 (25. 23): Ez. 27. 20 (A B Q*): 38. 13 (A B) (*Wirc.* Daeda).

(2) דְּדָנִים
Is. 21. 13 (A B S Q).
[Th. Is. 21. 13.]

(3) aliter in Heb.
Je. 32. 11 (25. 25) (A^a Q*) (עילם): Ez. 27. 18 (19) (Q^a) (דן) (pro και Δαν), 23 (A Q) (עדר).

(4) abest in Heb.
I Ch. 1. 32 (A) (Luc. Δαρδαν).

Δαισάν (Δεσάν). in libr. apocr.
I Es. 5. 31 (= רצין Ezr. 2. 48: Ne. 7. 50) (Luc. Ρασων).

Δαισών. (1) דִּישׁוֹן
I Ch. 1. 41 *bis* (Luc. Δαισων, Δησων).

(2) דִּישָׁן
I Ch. 1. 42 (Luc. Δαισων).

Δάκαρ. דֶּקֶר
III Ki. 4. 9 (A) (Luc. Ρηχαβ) (Joseph. Διόκληρος).

Δακουβί. in libr. apocr.
I Es. 5. 28 (29) (A) (= עקוב Ezr. 2. 42: Ne. 7. 45) (Luc. Ακκουβ).

Δαλααιά. דְּלָיָה
I Ch. 3. 24 (B) (Luc. Δαλεα).

Δαλαάν. דִּלְעָן
Jo. 15. 38 (A [Δαλαα·ι]) (Luc. Δαλλαν).

Δαλαιά (-λεά). (1) דְּלָיָה
I Ch. 3. 24 (A): II Es. 2. 60 (A): 16 (Ne. 6). 10 (Luc. Δαλλαίας): 17 (Ne. 7). 62 (Luc. Δαλαίας).

(2) דְּלָיָהוּ
I Ch. 24. 18 (A) (*Lucc.* Dalea).

(3) aliter in Heb.
II Es. 21 (Ne. 11). 5 (B S) (עדיה) (Luc. Αδαια).

Δαλαίας (-λέας). דְּלָיָהוּ
Je. 43 (36). 12 (A B Q), 25 (Q).

Δαλαισά. aliter in Heb.
Je. 43 (36). 25 (S^c.a mg sup) (דליהו).

Δαλάλ. דִּלְעָן
Jo. 15. 38 (B) (Luc. Δαλλαν).

Δαλάν. in libr. apocr.
I Es. 5. 37 (A) (= דליה Ezr. 2. 60: Ne. 7. 62) (Luc. Δαλαίας).

Δαλάφ. aliter in Heb.
Jd. 1. 31 (אחלב).

Δαλεά, *vid.* Δαλαιά.

Δαλέας, *vid.* Δαλαίας.

Δάλεθ (lit. alphab.). abest in Heb.
La. 1. 4 (B): 2. 4 (B S*): 3. 9 (B): 4. 4 (B).

Δαλειά. aliter in Heb.
II Es. 21 (Ne. 11). 10 (S) (ידעיה) (Luc. Ἰαδίας).

Δαλειδά (-λιδ.). (1) דְּלִילָה
Jd. 16. 4 (Joseph. Δαλάλη, Δαλάδη) (*Lucc.* Dalyla), 6, 10, 12 (Luc. *om.*), 13, 18.

(2) abest in Heb.
Jd. 16. 14 (A), 14 (B), 15, 19 (B) (Luc. *om.*), 20.

Δαλειήλ. aliter in Heb.
I Ch. 11. 47 (B S) (אליאל) (Luc. Ελιηλ).

Δαλειλά. abest in Heb.
I Ch. 4. 19 (B) (Luc. *om.*).

Δαλίας. דְּלָיָהוּ
Je. 43 (36). 12 (S) (Luc. Δαλαίας).

Δαλιδά, *vid.* Δαλειδά.

Δαλουιά. aliter in Heb.
II Ki. 3. 3 (כלאב) (*Lucc.* Chaleb): I Ch. 3. 1 (A) (דניאל).

Δαμâ. רָמָה
[Th. Je. 40 (47). 1.]

Δαμαδιήλ. in libr. apocr.
I Es. 5. 56 (58) (B) (= קדמיאל Ezr. 3. 9) (Luc. Κεδμιηλ).

Δαμάν. aliter in Heb.
Je. 47 (40). 1 (B S) (רמה) (*Wirc.* Daedan).

Δαμάσεκ. דַּמֶּשֶׂק
III Ki. 11. 14 (24) (B) (Luc. Δαμασκός) (*Lu.* Damasic).

Δαμασκηνή. in libr. apocr.

Ju. 1. 12 (**A B**).

Δαμασκηνός. דַּמַּשְׂקִי

[**Heb.** Ge. 15. 2.]

Δαμασκός (-όν, -οῦ, -ῷ). (1) דּוּמֶּשֶׂק

IV Ki. 16. 10.

(2) דַּמָּשֶׂק

Syr. ܕܪܡܣܘܩ.

Ge. 14. 15 : 15. 2 : II Ki. 8. 5, 6 : III Ki. 11. 22 (24) (**A**) *bis* : 15. 18 : 19. 15 : 21 (20). 34 : IV Ki. 5. 12 : 8. 7, 9 : 14. 28 : 16. 9, 10, 11, 11 (**A**), 11 (12) (**A**) : Ca. 7. 4 (5) : Am. 1. 3, 5 : 5. 27 : Za. 9. 1 : Is. 7. 8, 8 (**A B S**$^{c.b}$ **Q**^{1} **Γ**) : 8. 4 : 10. 9 : 17. 1 (**A B S Q Γ** [?]), 1, 3 : Je. 30. 12 (49. 23), 13 (49. 24), 16 (49. 27) : Ez. 27. 18 : 47. 16, 17, 18 : 48. 1.

[**Aq.** IV Ki. 16. 11 : Za. 9. 1.]
[**Sm.** IV Ki. 16. 11 : Is. 17. 1.]
[**Th.** Is. 17. 1.]
[**Quint.** IV Ki. 16. 11.]

(3) דְּמֶשֶׁק

Am. 3. 12.

(4) דַּרְמֶשֶׂק

I Ch. 18. 5, 6 : II Ch. 16. 2 : 24. 23 : 28. 5 (**A**), 23.

(5) aliter in Heb.

III Ki. 21 (20). 34 (**A**) (ברית) (Luc. διαθήκῃ) : Ze. 2. 9 (ממשק).

(6) in libr. apocr.

Ju. 1. 7 (10) (**A B S**$^{c.a}$), 12 (**S**) : 2. 27 (17) : 15. 5 (6) : I Ma. 11. 62 : 12. 32.

Δάμεθα. in libr. apocr.

I Ma. 5. 9 (**V**).

Δαμνά. דִּמְנָה

Jo. 21. 35 (**A**).

Δαμνιήλ. aliter in Heb.

I Ch. 3. 1 (**B**) (דניאל) (Luc. Δαλουια).

Δάν. (1) דָּן

Joseph. Δάν, Δάνος.

Ge. 14. 14 (Joseph. Δάν, Δάνη, Δάνος) : 30. 6 : 35. 25 : 46. 23 : 49. 16, 17 (**A B D**) : Ex. 1. 4 (Δ, ν sup ras **B**$^{1?a?b}$; *om.* **A**^{*vid} ; sup ras **A**^{1}) : 31. 6 : 35. 34 : 37. 21 (38. 23) : Le. 24. 11 : Nu. 1. 12, 38, 39 : 2. 25 *bis*, 31 : 7. 66 : 10. 25 : 13. 13 (12) : 26. 46 (42) *bis* : 34. 22 : De. 27. 13 : 33. 22, 22 (**A B F**$^{1(mg)}$) : 34. 1 (**B F**) (Luc. *om.*) : Jo. 19. 40, 48, 47 (**A**) *bis* : 21. 5, 23 : Jd. 1. 34 : 5. 17 : 13. 25 : 18. 2, 12, 16 (**A**^{1} **B**), 22, 23, 25, 26, 29, 29 (**B**), 30 : 20. 1 : I Ki. 3. 20 : II Ki. 3. 10 : 17. 11 : 24. 2, 6, 15 : III Ki. 4. 24 (5. 5) (**A**) (Luc. *om.*) : 12. 29, 30 : 15. 20 : IV Ki. 10. 29 : I Ch. 2. 2 : 21. 2 : 27. 22 : II Ch. 2. 14 (13) : 16. 4 (**A**) : 30. 5 : Am. 8. 14 : Je. 4. 15 : 8. 16 : Ez. 27. 18 (19) (**Q***) : 48. 1, 2, 32.

[**Aq.** Je. 8. 16.]
[**Al.** Je. 4. 15.]

(2) דָּנִי

Jd. 13. 2 (**A B**^{b}) : 18. 1, 11, 30.

(3) aliter in Heb.

Jd. 18. 27 (**B**) (οἱ υἱοὶ Δ. = pers. pr.) (Luc. αὐτοί), 30 (**A** [Δᾱι]) (ארץ) (Luc. γῆς) : III Ki. 4. 11 (**B**) (אבינ[רב]) (Luc. -αναδαβ), 12 (**B**) (שאן) (Luc. Σααν) : I Ch. 6. 63 (48) (**B**) (גד) (Luc. Γαδ) : 23. 9 (**B**^{b}) (הרן) (Luc. Αραν) : Is. 21. 13 (**Γ**) (דדנים) : Ez. 27. 20 (**Q**^{a}) (καὶ Δαν = Δαιδαν).

[**Aq.** Ez. 27. 19 (καὶ Δάν = ודן).]

(4) abest in Heb.

Jo. 19. 48 a : Jd. 18. 22 (**A**[Δᾱι]) : II Ki. 6. 19 : 20. 18 : 21. 11 (Luc. *om.*) : III Ki. 2. 46 g (**B**) : Ez. 48. 32 (adnot **Q**^{mg}).

(5) in libr. apocr.

To. 1. 5 (**S**).

Δανά. abest in Heb.

I Ch. 4. 19 (**A**) (Luc. *om.*).

Δανεί. דָּנִי

Jd. 13. 2 (**B**) (Luc. Δαν).

Δανεῖται (-νῖτ.). דָּנִי

I Ch. 12. 35 (Luc. Δαν).

Δανιήλ.

Joseph. Δανίηλος : *Spec.* Danihel, Danihelus.

(1) דָּנִאֵל

Ez. 14. 14, 20 : 28. 3.

(2) דָּנִיֵּאל

II Es. 8. 2 : 20. 6 (Ne. 10. 7) : Da. LXX. *tit.* : 1. 6, 7, 8, 9, 10, 11 *bis*, 17, 19, 21 : 2. 13, 14, 15, 16, 17, 18, 19 *bis*, 24, 25, 26, 27, 46, 47, 48, 49 *bis* : 5. 13, 17, 29 : 6. 2 (3), 3 (4), 4 (5), 5 (6), 10 (11), 11 (12), 13 (14), 14 (15), 16 (17), 17 (18), 20 (21) *bis*, 21 (22), 23 (24), 24 (25), 26 (27), 27 (28), 28 (29) : 7. 1, 1 (2), 15, 28 : 8. 1, 15, 27 : 9. 2, 22 : 10. 1, 2, 7, 11, 12 : 12. 4, 5, 9 : Da. TH. *tit.* : 1. 6, 7, 8, 9, 10, 11 *bis*, 17, 19, 21 : 2. 13, 14, 15 (**B Q**), 16, 17, 18, 19 (improb vid **A**$^{a?}$), 19, 24, 25, 26, 27, 46, 47, 48, 49 *bis* : 4. 5 (8) : 5. 12, 13 *ter*, 17, 29 : 6. 2 (3), 3 (4), 4 (5), 5 (6), 10 (11), 11 (12), 13 (14), 14 (15), 16 (17) *bis*, 17 (18), 20 (21) (**A**), 20 (21), 21 (22), 23 (24) *bis*, 24 (25), 26 (27), 27 (28), 28 (29) : 7. 1, 2, 15, 28 : 8. 1, 15, 27 : 9. 2, 22 : 10. 1, 2, 7, 11, 12 : 12. 4, 5, 9.

[**Th.** Da. 2. 20, 24 : 4. 5 : 6. 18, 20 *bis*.]

(3) aliter in Heb.

Da. LXX. 6. 3 (4) (pron. suff.).

(4) abest in Heb.

Da. LXX. 1. 1 (*tit.*) : 2. 1 (*tit.*) *bis* : 4. 15 (18), 16 (19) : 5. 10, 16 : 6. 4 (5), 5 (6), 7 (9) (Syr.), 14 (15), 17 (18), 18 (19) *ter*, 27 (28) : 12. *subscr.* : Da. TH. 4. 15 (18) (Luc. *om.*), 16 (19) : 6. 18 (19) : 8. 1 (**A**) (*bis scr.*).

(5) in libr. apocr.

Da. LXX. Su. 45, 48, 51 a, 52, 59 : Bel 2, 4 *bis*, 5, 7, 9 *bis*, 11 *bis*, 14, 16, 18, 19 *bis*, 21, 22 *bis*, 24, 26, 27, 28, 30, 31, 32, 34, 37, 38, 39 *bis*, 40, 42 *bis*, *subscr.* : Da. TH. Su. 45, 51, 55, 59, 61, 64 : Bel 2, 4, 7, 9 *bis*, 10, 12, 14, 16, 17, 19, 22, 24, 25, 27, 29, 30, 32, 34, 35 (**A***), 37 *bis*, 38, 39, 40 *bis*, 41, *subscr.* : I Ma. 2. 60 : III Ma. 6. 7 : IV Ma. 16. 3, 21 : 18. 13.

[**Th.** Da. 14. 13.]

Δανῖται, *vid.* **Δανεῖται.**

Δανώ. דָּן

II Ch. 16. 4 (**B**) (ו seq) (Luc. Δαν).

Δάρα. דָּרַע

I Ch. 2. 6 (Luc. Δαραδε) (Syr. ܕܪܥ).

Δαραά. aliter in Heb.

III Ki. 4. 27 (5. 11) (**A**) (דרדע) (Luc. Δαρδαε) (Joseph. Δάρδανος).

Δαραλά. aliter in Heb.

III Ki. 4. 27 (5. 11) (**B**) (דרדע) (Luc. Δαρδαε).

Δαρεῖος (-ριος) (*voc.* **Δαρεῖε, Δαρεῖ**).

(1) דָּרְיָוֶשׁ

II Es. 4. 5, 24 : 5. 5, 6, 7 : 6. 1, 12, 13, 14, 15 : 22 (Ne. 12). 22 : Hg. 1. 1 : 2. 1 (1. 15), 10 : Za. 1. 1, 7 : 7. 1 : Da. LXX. 6. 9 (10), 25 (26), 28 (29) : 9. 1 : Da. TH. 5. 31 (6. 1) : 6. 1 (2), 6 (7), 9 (10), 25 (26), 28 (29) : 9. 1 (**A B**^{1} **Q**).

[**Aq., Sm.** Da. 11. 1.]
[**Th.** Da. 5. 31.]

(2) abest in Heb.

Da. LXX. 6. 1 (2) (דריוש praec et seq), 3 (4), 5 (6), 7 (8), 12 (13), 16 (17), 19 (20), 27 (28), 28 (29).

(3) in libr. apocr.

I Es. 2. 25 (31) (= דריוש Ezr. 4. 24) : 3. 1, 3, 5, 7 *bis*, 8 : 4. 47 : 5. 2, 6, 70 (73) (= דריוש Ezr. 4. 5) : 6. 1 (= דריוש Ezr. 4. 24), 6 (= דריוש Ezr. 5. 5), 7 (= דריוש Ezr. 5. 6), 7 (= דריוש Ezr. 5. 7), 22 (23) (= דריוש Ezr. 6. 1), 33 (34) (= דריוש Ezr. 6. 12) : 7. 1 (= דריוש Ezr. 6. 13), 4 (= דריוש Ezr. 6. 14), 5 (**A**) (abest in Ezr. 6. 15), 5 (= דריוש Ezr. 6. 15) : I Ma. 1. 1 : 12. 7.

Δαρκών. דַּרְקוֹן

II Es. 2. 56 (**B**) (Luc. Δερκων).

Δαρούμ (**Q**^{mg}), **Δαρώρ** (**Q***). דָּרוֹם

Ez. 20. 46 (21. 2).

Δασά. לָשַׁע

Ge. 10. 19 (**A**) (Samar. *om.*) (Luc. Λασα).

Δάσεμ (**A** *D*), **Δάσεν** (**E**). רֶסֶן

Ge. 10. 12 (Luc. Δασεμ) (*Lucc.* Dassen).

Δαύ. דָּוִד

Luc. Δαυιδ.

I Ki. 27. 1 (**B***) : II Ki. 6. 17 (**B**$^{a?}$ sup ras).

Δαυαῖοι. דֶּהָוֵא*, דֶּהָיֵא [ק״]

II Es. 4. 9 (**A**) (Luc. Δαύλιοι).

Δαυέδ. דָּוִד

Ps. 57 (58). 1 (**B**).

Δαυείδ, Δαυίδ. *cf.* **Δάδ** (*pro* **Δᾱδ**).

Joseph. Δαυίδης, Δαβίδης.

(1) דָּוִד

Ru. 4. 17, 22 : I Ki. 16. 13, 19, 20, 21, 22, 23 : 17. 12 (**A**), 14 (**A**), 15 (**A**), 17 (**A**), 20 (**A**), 22 (**A**), 23 (**A**), 26 (**A**), 28 (**A**), 29 (**A**), 31 (**A**), 32, 33, 34, 37 (**A**), 37, 38 (**B**), 39 *bis*, 41 (**A**), 42, 43 *bis*, 44, 45, 48, 48 (**A**), 49, 50 (**A**) *bis*, 51, 54, 55 (**A**), 57 (**A**), 58 (**A**) : 18. 1 (**A**), 3 (**A**), 4 (**A**), 5 (**A**), 6 (**A**), 7, 8, 9, 10 (**A**), 11 (**A**) *bis*, 12, 14, 16, 17 (**A**), 18 (**A**), 19 (**A**), 20, 21 (**A**), 22, 23 *bis*, 24, 25, 26 *bis*, 27, 28, 29, 29 (**A**), 30 (**A**) : 19. 1 (**B**), 2 (1), 2, 4 *bis*, 5, 7 *bis*, 8, 9, 10 *bis*, 11 *bis*, 12, 14, 15, 18, 19, 20, 22 : 20. 1 (**B**), 3, 4, 5, 6, 10, 11, 12 *bis*, 15, 17, 24, 25, 27, 28 (Luc. *om.*), 33, 34 (**A**), 35, 39 (**B**), 41, 42 (**A**) : 21. 1 (2), 2 (3), 4 (5), 5 (6), 8 (9), 9 (10), 10 (11), 11 (12) *bis*, 12 (13) : 22. 1, 3, 4, 5 *bis*, 6, 14, 17, 20, 21 (**B**), 22 : 23. 1, 2, 2 (**A**), 3, 4, 5 *bis*, 6, 7 (**B**^{ab}), 8, 9, 10, 12 (**A**), 13 *bis*, 14 (**A**), 15 *bis*, 16, 18, 19, 24 (sup ras **B**$^{?vid}$), 25 *bis*, 26 *ter*, 28 : 24. 1, 2, 3, 4, 5 *bis*, 6, 8, 9 *bis*, 10 *bis*, 17 *bis*, 18, 23 *bis* : 25. 1, 4, 5, 5 (**A**) (Luc. *om.*), 8, 9 (**A**), 9, 10 *bis*, 12, 13, 13 (**A**), 13, 14, 20, 21, 22, 23 *bis*, 32, 35, 39 *bis*, 40 *bis*, 42, 43, 44 : 26. 1, 2, 3, 4, 5, 6, 7, 8, 9, 10, 12, 13, 14, 15, 17 *ter*, 21, 22, 25, 25 (**A**), 25 : 27. 1 (**A B**^{amgb}), 2, 3 (**B**), 3, 4, 5, 7, 8, 9 (**A**) (Luc. *om.*), 10, 11, 12 (**A**) : 28. 1, 2 *bis*, 17 : 29. 2, 3, 5 *bis*, 6, 8, 9, 11 : 30. 1, 3, 4, 5, 6 *bis*, 7, 7 (**A**), 8, 9, 10 (**A**) (Luc. *om.*), 11, 13, 15, 17 (**A**), 18, 18 (**A**) (Luc. *om.*), 19, 20 (**A**), 20, 21 *quater*, 22, 23, 26, 31 : 31. 13 (II Ki. 1. 1) (**B** [*bis scr.*]) *bis* : II Ki. 1. 1 *bis*, 2, 3, 4, 5, 11, 13, 14, 15, 16, 17 : 2. 1 *bis*, 2, 3 (**A**) (Luc. *om.*), 4 *bis*, 5, 10 (**A**), 11 (**A**), 13 (**A**), 15, 17, 30, 31 : 3. 1 *bis*, 2, 5 *bis*, 6, 8, 9, 10, 12, 14, 17, 18 *bis*, 19, 20 *bis*, 21 *bis*, 22 *bis*, 26 *bis*, 28, 31 *bis*, 35 *bis* : 4. 8, 9, 12 (*Vind.* Dauit) : 5. 1, 3 *bis*, 4 (**A**$^{a?}$ **B**), 6, 6 (**B**), 7 *bis*, 8 *bis*, 9 *bis*, 10, 11 *bis*, 12, 13 *bis*, 17 *ter*, 19 *bis*, 20 *bis*, 21, 23, 25 : 6. 1, 2, 5, 8, 9, 10 *ter*, 12 *ter*, 14 *bis*, 15, 16 *bis*, 17 (**A B***), 17 (**A**), 18, 20 *bis*, 21 : 7. 5, 8, 17, 18, 20, 26 (**A**) : 8. 1 *bis*, 2 (**B**), 3, 4 *bis*, 5, 6 *ter*, 7, 8, 9, 10, 11 (**A**), 13, 14, 15, 15 (**A**), 18 : 9. 1, 2, 5, 6 *bis*, 7 : 10. 2 *ter*, 3 *bis*, 4, 5, 6, 7, 17, 17 (**A B**^{abmg}), 18 : 11. 1 *bis*, 2, 3, 4, 5, 6 *bis*, 7, 8, 10 *bis*, 11, 12, 13, 14, 17, 18 (**B**), 22, 23, 25, 27 *bis* : 12. 1, 5, 7, 13 *bis*, 15, 16 *bis*, 18, 19 *ter*, 20, 24, 27, 29, 30, 31 : 13. 1 *bis*, 3, 7, 21, 30, 32, 39 : 15. 12, 13, 14, 30, 31 *bis*, 32, 37 : 16. 1, 5, 6 *bis*, 10, 11, 13, 16, 23 : 17. 1, 16 (Luc. *om.*), 17, 21 *bis*, 22, 24, 27, 29 : 18. 1, 2, 7, 9, 24 : 19. 11 (12), 16 (17) (**B**), 22 (23), 41

(42), 43 (44): 20. 1, 2, 3, 6, 11, 21, 26: 21. 3, 7, 11, 12, 15 *bis*, 16, 17, 21, 22: 22. 1, 51: 23. 1 *bis*, 8, 9, 13, 14, 15, 16, 23: 24. 1, 10 *bis*, 11 *bis*, 12, 13, 14, 17, 18, 19, 21, 22, 24, 25: III Ki. 1. 1, 8, 11, 13, 28, 31, 32 (Luc. *om.*), 37, 38 (**B**), 43, 47: 2. 1, 10 *bis*, 11, 12, 24, 32, 33 (**B**), 44, 45: 3. 1 (**A**), 3, 6, 7, 14: 4. 31 (3. 1) (**B**): 5. 1 (15), 3 (17), 5 (19), 7 (21): 6. 15 (12) (**A**): 7. 37 (51): 8. 1, 15, 16, 17 (**A**), 18, 20, 24, 25, 26, 66: 9. 4, 5, 24 (**A**): 11. 3 (4), 5 (6) (**A**), 8 (6) (**B**), 12, 13, 15, 21, 22 (24) (**A**), 27, 32, 33, 34, 36, 38 *bis*, 43: 12. 16 *bis*, 19, 20, 26: 13. 2: 14. 8 (**A**) *bis*, 31: 15. 3 (**A**), 4, 5, 8, 11, 24: 22. 51: IV Ki. 8. 19, 24: 9. 28: 11. 10: 12. 21 (22): 14. 3, 20: 15. 7, 38: 16. 2, 20: 17. 21: 18. 3: 19. 34: 20. 5, 6: 21. 7: 22. 2: I Ch. 13. 6: Ps. 3. 1: 4. 1: 5. 1: 6. 1: 7. 1: 8. 1: 9. 1: 10 (11). 1: 11 (12). 1: 12 (13). 1: 13 (14). 1: 14 (15). 1: 15 (16). 1: 16 (17). 1: 17 (18). 1, 51: 18 (19). 1: 19 (20). 1: 20 (21). 1: 21 (22). 1 (**B S R U**): 22 (23). 1: 23 (24). 1: 24 (25). 1: 25 (26). 1: 26 (27). 1: 27 (28). 1: 28 (29). 1: 29 (30). 1: 30 (31). 1: 31 (32). 1: 33 (34). 1: 34 (35). 1: 35 (36). 1: 36 (37). 1: 37 (38). 1: 38 (39). 1: 39 (40). 1: 40 (41). 1: 50 (51). 1: 51 (52). 1, 2: 52 (53). 1: 53 (54). 1, 2: 54 (55). 1: 55 (56). 1: 56 (57). 1: 57 (58). 1 (**S R T**): 58 (59). 1: 59 (60). 1: 60 (61). 1: 61 (62). 1: 62 (63). 1: 63 (64). 1: 64 (65). 1: 67 (68). 1 (**B S R**^{a}): 68 (69). 1: 69 (70). 1: 71 (72). 20: 77 (78). 70: 85 (86). 1: 88 (89). 4, 21, 36, 50: 100 (101). 1: 102 (103). 1: 107 (108). 1: 108 (109). 1: 109 (110). 1: 121 (122). 1 (**S**), 5: 123 (124). 1 (**S**): 130 (131). 1 (**A S R**): 131 (132). 1, 10, 11, 17: 132 (133). 1 (**A**^{1} **S R**): 137 (138). 1: 138 (139). 1: 139 (140). 1: 140 (141). 1: 141 (142). 1: 142 (143). 1: 143 (144). 1, 10: 144 (145). 1: Pr. 1. 1: Ec. 1. 1: Is. 7. 2, 13: 9. 7 (6): 16. 5: 22. 9, 22: 29. 1: 37. 35: 38. 5: 55. 3: Je. 13. 13: 17. 25: 21. 12: 22. 2, 4, 30: 23. 5: 37 (30). 9: 43 (36). 30: Ez. 34. 24: 37. 24, 25.

[**Aq.** I Ki. 17. 50 *bis*: 20. 35: 26. 14: II Ki. 6. 14: 8. 18: III Ki. 5. 1 (15): 9. 24: 11. 36, 39: 14. 8 *bis*: 15. 4: Ps. 4. 1: 6. 1: 8. 1: 9. 1: 10 (11). 1: 11 (12). 1: 12 (13). 1: 13 (14). 1: 15 (16). 1: 16 (17). 1: 17 (18). 1: 18 (19). 1: 19 (20). 1: 21 (22). 1: 22 (23). 1: 23 (24). 1: 24 (25). 1: 31 (32). 1: 33 (34). 1: 34 (35). 1: 38 (39). 1: 40 (41). 1: 52 (53). 1: 53 (54). 1: 54 (55). 1: 55 (56). 1: 59 (60). 1: 61 (62). 1: 71 (72). 20: 85 (86). 1: 144 (145). 1: Is. 7. 13: 22. 22 (Sw.): 29. 1: 37. 35.]

[**Sm.** I Ki. 17. 50 *bis*: 20. 35, 41: 26. 14: II Ki. 5. 9 *bis*: 6. 8, 14: 8. 18: 10. 6: 20. 26: III Ki. 5. 1 (15): 11. 36: 15. 4: Ps. 4. 1: 6. 1: 8. 1: 9. 1: 10 (11). 1: 11 (12). 1: 12 (13). 1: 15 (16). 1: 16 (17). 1: 17 (18). 1: 18 (19). 1: 19 (20). 1: 21 (22). 1: 22 (23). 1: 23 (24). 1: 24 (25). 1: 33 (34). 1: 34 (35). 1: 38 (39). 1: 39 (40). 1: 40 (41). 1: 52 (53). 1: 53 (54). 1: 54 (55). 1: 55 (56). 1: 59 (60). 1: 61 (62). 1: 71 (72). 20: 85 (86). 1: 144 (145). 1: Is. 7. 13: 22. 9, 22 (Sw.): 29. 1: 37. 35.]

[**Th.** I Ki. 17. 50 *bis*: 20. 35: 26. 14: II Ki. 2. 3: III Ki. 5. 1 (15): 15. 4: Ps. 4. 1: 6. 1: 8. 1: 9. 1: 10 (11). 1: 11 (12). 1: 12 (13). 1: 18 (19). 1: 19 (20). 1: 22 (23). 1: 38 (39). 1: 40 (41). 1: 52 (53). 1: 71 (72). 20: 137 (138). 1: 144 (145). 1: Is. 7. 13: 22. 22 (Sw.): 29. 1: 37. 35: Je. 29 (36). 16: 33 (40). 15, 17, 21, 22, 26.]

[**Al.** I Ki. 20. 35: 23. 12: 30. 20: II Ki. 20. 26: Ps. 36 (37). 1: 121 (122). 5.]

[**Heb.** II Ki. 8. 18.]

[**Quint.** Ps. 9. 1: 15 (16). 1: 16 (17). 1: 24 (25). 1: 32 (33). 1: 33 (34). 1: 55 (56). 1: 71 (72). 20.]

[**Sext.** Ps. 15 (16). 1: 16 (17). 1: 24 (25). 1: 32 (33). 1.]

(**2**) דָּוִיד

I Ch. 2. 15: 3. 1, 9: 4. 31: 6. 31 (16): 7. 2: 9. 22: 10. 14: 11. 1, 3 *bis*, 5 *bis*, 6, 7 *bis*, 9, 10, 11, 13, 15, 16, 17, 18 *bis*, 25: 12. 1, 8, 16, 17, 18 *bis*, 19, 21, 22, 23, 31, 38, 38 (**B S**): 13. 1, 2, 5, 8, 11, 12, 13 *bis*: 14. 1, 2, 3, 3 (**B S**), 8 *ter*, 10 (**A**^{a} [sup ras] **B S**), 11 *bis*, 12, 14, 17: 15. 1, 2, 3 (**A**^{a} [sup ras] **B S**), 4 (**A**^{a} [sup ras] **B S**), 11, 16, 25, 27 *bis*, 29 *bis*: 16. 1, 2, 7, 43: 17. 1 *bis*, 2, 4, 7, 15, 16, 18, 24: 18. 1, 2, 3, 4 *bis*, 6 *ter*, 7 (**A B**), 8, 9, 10, 11, 13, 13 (**A**), 14, 17: 19. 2 *ter*, 3 (**A**), 4, 5, 6, 8, 17, 17 (**A**), 18, 19: 20. 1, 2 *bis*, 3 *bis*, 7, 8 (**A**^{a} **B**): 21. 1, 2, 5, 8, 9 (**A**), 10, 11, 13, 16 *bis*, 17, 18 (**A**$^{a?}$ [sup ras et in mg] **B**), 19, 21 *bis*, 22, 23, 24, 25, 26, 28, 30: 22. 1, 2, 3, 4, 5 *bis*, 7, 17: 23. 1, 6, 25, 27: 24. 3: 25. 1: 26. 26, 32: 27. 18, 23, 24, 31, 32: 28. 1, 2, 11, 20: 29. 1, 9, 10, 20, 22, 23, 24, 26, 29: II Ch. 1. 1, 4, 4 (**A**), 8, 9: 2. 3 (2), 7 (6), 12 (11), 14 (13), 17 (16): 3. 1 *bis*: 5. 1, 2: 6. 4, 6, 7, 8, 10, 15, 16, 17, 42: 7. 6 *bis*, 10, 17, 18: 8. 11 *bis*, 14: 9. 31: 10. 16 *bis*, 19: 11. 17, 18: 12. 16: 13. 5, 6, 8: 14. 1 (13. 23): 16. 14: 23. 3, 9, 18 (**A**^{a} [sup ras] **B**), 18: 24. 16, 25: 27. 9: 28. 1: 29. 2, 25, 26, 27, 30: 30. 26: 32. 5, 30, 33: 33. 7, 14: 34. 2, 3: 35. 3, 4, 15: II Es. 3. 10: 8. 2, 20: 13 (Ne. 3). 15, 16: 22 (Ne. 12). 24, 36 (Luc. Δαβιδ), 37 *bis* (Luc. Δαβιδ), 45 (Luc. Δαβιδ), 46 (Luc. Δαβιδ): Ca. 4. 4: Ho. 3. 5: Am. 9. 11: Za. 12. 7, 8, 8 (**B S Q**), 10 (**A B S**^{1} **Q Γ**), 12 (**A**^{1} **B S Q Γ**): 13. 1 (asteriscos adpinx **B**^{ab} **Γ**^{a} **S**^{1}): Ez. 34. 23.

(**3**) aliter in Heb.

I Ki. 16. 12 (pron. suff.) (Luc. *αὐτόν*): 19. 18 (pers. pron.): 23. 13 (**B**) (שאול) (Luc. Σαουλ), 15 (נפשו) (Luc. *αὐτόν*): 25. 12 (pron. suff.): 27. 12 (**B**) (אכיש) (Luc. *om.*): II Ki. 3. 23 (המלך): 5. 6 (המלך) (Luc. *ὁ βασιλεύς*): 9. 11 (pron. suff.) (Luc. *τοῦ βασιλέως*): 10. 17 (**B***) (ארם) (Luc. *ὁ Σύρος*), 18 (**A**) (ישראל): 18. 2 (המלך) (Luc. *ὁ βασιλεύς*): 21. 1 *bis*: I Ch. 13. 6 (יערים) (Luc. *-ιαριμ*): 19. 17 (**B S**) (ארם) (Luc. *τοῦ Σύρου*), 18 (ישראל) (Luc. Ισραηλ): II Ch. 25. 28 (יהודה): 28. 27 (ירושלם): Ps. 49 (50). 1 (**A R**) (אסף): 66 (67). 1 (**B R**^{a}) (שיר): 78 (79). 1 (**S**) (אסף): 80 (81). 1 (**A**) (אסף): Is. 29. 3 (דור) (*Wirc.* Auis): Ez. 34. 25 (pron. suff.).

(**4**) abest in Heb.

I Ki. 17. 39 (**A**), 43 (**B**): 18. 6: 19. 8 (**B**), 10: 20. 15 *bis*, 43 (21. 1): 21. 10 (11): 23. 6, 9: 24. 7, 9: 26. 3, 18 (**A**): 27. 10, 11: 30. 17 (**B**): II Ki. 3. 13: 7. 1 (**A**): 8. 2: 11. 14 (**A**), 22: 12. 5, 22: 13. 37: 15. 32 (in **A** Δαδιερρηχως [*sic*]), 33: 19. 9 (10): 21. 2: 23. 23: 24. 15: III Ki. 2. 35 c, 35 e, 35 f, 35 l, 46 l (**B**): 5. 1 (15): 9. 9, 15 (**A**): 10. 23 (9. 15) (**B**): 11. 10 (**B**): 12. 24 a (**B**) *bis*, 24 b (**B**), 24 t (**B**): 14. 26: 16. 28 h (**B**): I Ch. 12. 33: 18. 7 (**S**): 28. 19: 29. 21, 30 (II Ch. 1. 1) (**B***) (*bis scr.*): II Ch. 15. 18: 21. 7 *bis*, 12, 20: Ps. *inscr.* (**R**): 32 (33). 1: 41 (42). 1 (**A***): 42 (43). 1: 44 (45). 1 (**A**): 45 (46). 1 (**A T**): 46 (47). 1 (**A R T**): 47 (48). 1 (**A**): 48 (49). 1 (**A**): 70 (71). 1: 84 (85). 1 (**T**): 90 (91). 1: 92 (93). 1: 93 (94). 1: 94 (95). 1: 95 (96). 1: 96 (97). 1: 97 (98). 1: 98 (99). 1: 103 (104). 1: 136 (137). 1: 150. *subscr.* (**T**): 151. 1, *subscr.* (**S**) (Δαα): Is. 22. 22 (**A S**$^{c.a, c.b, d.a}$).

(**5**) in libr. apocr.

I Es. 1. 3 (= דויד II Ch. 35. 3) (Luc. Δαβιδ), 4 (5) (= דויד II Ch. 35. 4) (Luc. Δαβιδ), 14 (15) (= דויד II Ch. 35. 15) (Luc. Δαβιδ): 5. 5 (Luc. Δαβιδ), 57 (60) (= דויד Ezr. 4. 10) (Luc. Δαβιδ): 8. 29 (32) (= דויד Ezr. 8. 2) (Luc. Δαβιδ), 48 (50) (= דויד Ezr. 8. 20) (Luc. Δαβιδ): Si. 45. 25 (31): 47. 1 (**A B S**$^{c.a}$ **C**), 2, 22 (25): 48. 15 (17), 22 (25) (**A B S**$^{c.c}$ **C**): 49. 4 (5): To. 1. 4 (**S**): I Ma. 1. 33: 2. 31, 57: 4. 30: 7. 32: 14. 36: II Ma. 2. 13: IV Ma. 3. 6, 7: 18. 15.

Δαφείθ. הַבַּיִת

[**Th.** Je. 39 (46). 14.]

Δάφνη. in libr. apocr.

II Ma. 4. 33.

Δεβάθα. aliter in Heb.

Je. 52. 9 (**S***) (רבלה).

Δεβαῖος (**Δαίβεος**). in libr. apocr.

I Ma. 16. 1 (**S* V**), 8 (**S**).

Δεββά. דְּבִרַת

Jo. 21. 28 (**B**) (Luc. Δαβραθ).

Δεββωρά, Δεββώρα. (**1**) דְּבֹרָה, דְּבוֹרָה

Joseph. *Δαβώρα, Δεβώρα.*

Ge. 35. 8 (**A D**) (Luc. *Δεβόρρα*): Jd. 4. 4, 5, 9, 10, 14: 5. 1, 7, 12, 15.

(**2**) abest in Heb.

Jd. 4. 6, 9 (**A**): 5. 12 (**A**).

(**3**) in libr. apocr.

To. 1. 8 (**B S**).

Δεβειρά. דְּבִרָה

[**Al.** Jo. 15. 7.]

Δεβερεί. aliter in Heb.

I Ch. 6. 72 (57) (**B**) (דברת ?) (Luc. *Δεβηρωθ*).

Δεβηλάειμ (-**άιμ**). דִּבְלַיִם

Ho. 1. 3 (*Wirc.* Debeleim).

Δεβλαά. aliter in Heb.

IV Ki. 23. 33 (**A**) (רבלה) (Luc. *Δεβλαθα*).

Δεβλάθα. (**1**) דִּבְלָתָה

Ez. 6. 14.

(**2**) aliter in Heb.

Joseph. *Ἀριβαθά, Ἀράβαθα, Σαλαβαθά.*

IV Ki. 25. 6 (**A**) (רבלתה), 20 (רבלתה), 21 (**A**) (רבלה): Je. 52. 9 (**A B S**$^{?}$ **Q**) (רבלתה), 10 (**A B S Q Γ** [*Δεβ..θα*]) (רבלתה), 26 (רבלתה), 27 (רבלה).

[**Th.** Je. 39 (46). 6 (רבלה).]

[**Quint.** IV Ki. 25. 6 (רבלתה).]

Δεβλαθάιμ, *vid.* **Δαιβλαθάιμ.**

Δεβράθ. דְּבִרַת

Jo. 21. 28 (**A**) (Luc. *Δαβραθ*).

Δεβών, *vid.* **Δαιβών.**

Δεδάν, *vid.* **Δαιδάν.**

Δεδδά. in libr. apocr.

I Es. 5. 32 (**B**) (= מחידא Ezr. 2. 52: Ne. 7. 54) (Luc. Μεειδα).

Δεειρά. דּוּרָא

Da. TH. 3. 1.

Δεεσαού. in libr. apocr.

II Ma. 14. 16 (**V**^{vid}).

Δειμών (**Διμ.**). דִּימוֹן

Luc. Ρεμμων.

Is. 15. 9 (**B S**$^{*?}$ **Q**^{mg}), 9 (**B**).

[**Aq., Sm., Th.** Is. 15. 9.]

Δείνα, Δεινά (indecl.; -**αν**, -**ας**).

Luc. *Δίνα.*

(**1**) דִּינָה

Ge. 30. 21: 34. 1, 3, 5, 13, 25, 26: 46. 15 (*Lugd.* Dynam [acc.]).

(**2**) abest in Heb.

Ge. 34. 14, 27.

Δειναῖοι (**Διν.**). דִּינָיֵא

II Es. 4. 9 (Luc. *Δαύλιοι*).

Δεινάχ. עֲנָת

Jd. 3. 31 (**B**) (Luc. *Αναθ*).

Δεκλά. דִּקְלָה
Ge. 10. 27 (Joseph. Δαήλης, Δεκλαδᾶς, Δέκελος) (*Lucc.* Declax).

Δεκλάμ. aliter in Heb.
I Ch. 1. 21 (A) (דקלה) (Luc. Δεκλα).

Δεκμών. abest in Heb.
Jo. 21. 37 (B) (Luc. Κεδσων).

Δέλεθ (lit. alphab.). abest in Heb.
Ps. 118 (119). 25 (B): La. 1. 4 (S): 3. 9 (A), 11 (Q): 4. 4 (A).

Δέλθ (lit. alphab.). abest in Heb.
La. 1. 4 (Q): 2. 4 (A[vid] S[c.a] Q): 3. 9 (Q*), 9 (Q), 12 (Q[mg]): 4. 4 (Q).

Δέλτ (lit. alphab.). abest in Heb.
La. 1. 4 (A).

Δελφών. דַּלְפוֹן
Es. 9. 7 (A B S[c.a]).

Δεμβώρα. in libr. apocr.
To. 1. 8 (A).

Δεμμών. דִּימוֹן
Is. 15. 9 (S? [μ 1° sup ras]) (Luc. Ρεμμων).

Δενεθεί. aliter in Heb.
I Ch. 3. 18 (B) (נדביה) (Luc. Ναδαβια).

Δεννάβα. (1) דִּנְהָבָה
Ge. 36. 32: I Ch. 1. 43.
(2) abest in Heb.
Jb. 42. 17 d.

Δερκών. דַּרְקוֹן
II Es. 2. 56 (A).

Δερμών. aliter in Heb.
Is. 15. 9 (S* fort) (דימון) (Luc. Ρεμμων).

Δεσάν, *vid.* Δαισάν.

Δεσέθ. aliter in Heb.
Is. 16. 7 (A B S* c.b Q Γ) (? δε Σεθ) (ה[רשת]).

Δεσσά. רִסָּה
Luc. Δρεσσα.
Nu. 33. 21 (B), 22 (B).

Δευεῖται. aliter in Heb.
II Ch. 7. 6 (B* vid) (לוים) (Luc. Λευῖται).

Δεφρώνα. זִפְרֹנָה
Nu. 34. 9 (B*) (Luc. Ζεφρωνα).

Δηβών. דִּיבוֹן
Is. 15. 2 (B S[corr pl]).

Δηλανάθ. aliter in Heb.
Jo. 17. 7 (B) (מאשר המכמתת) (Luc. ἀπὸ Ασηρ τῆς Μαχθωθ).

Δῆλος. in libr. apocr.
I Ma. 15. 23.

Δηλωνέ (B), Δηλωνεί (S). aliter in Heb.
II Es. 21 (Ne. 11). 5 (שלני) (Luc. Σηλωνει).

Δημήτρειος (-ριος). in libr. apocr.
I Ma. 7. 1, 4: 8. 31: 9. 1: 10. 2, 3, 15, 22, 25, 48, 49 (S[c.a, c.b] V), 49 (A S*), 50, 52, 67 *bis*, 69: 11. 9, 12, 19, 30, 32, 38, 39, 40, 41, 42, 52, 55, 63: 12. 24, 34: 13. 34, 35, 36: 14. 1, 2, 3, 38: 15. 1, 22: II Ma. 1. 7: 14. 1, 4, 5, 11, 26.

Δημοφών. in libr. apocr.
II Ma. 12. 2.

Δησών. (1) דִּישָׁן
Ge. 36. 26.
(2) דִּישֹׁן
I Ch. 1. 38.
(3) דִּישֹׁן, דִּשׁוֹן
Ge. 36. 21, 25 (Luc. Δαισων), 30.

Διά. aliter in Heb.
II Es. 10. 43 (B S) (ידו*, ידי [ק״]) (Luc. Ιδαι).

Διαμασκός. דַּמֶּשֶׂק
Is. 7. 8 (Q*).

Διάνυσος. in libr. apocr.
II Ma. 14. 33 (A).

Διβών. דִּיבֹן
II Es. 21. 26 (Ne. 11. 25) (S[c.a mg]) (Luc. Δαιβων).

Διμών, *vid.* Δειμών.

Διμωνά. דִּימוֹנָה
Jo. 15. 22 (A).

Διονύσια. in libr. apocr.
II Ma. 6. 7.

Διόνυσος. in libr. apocr.
II Ma. 6. 7: 14. 33 (V): III Ma. 2. 29.

Διοξένιος. in libr. apocr.
II Ma. 6. 2 (A).

Διοσκορίδης. in libr. apocr.
II Ma. 11. 38 (V).

Διόσπολις, *vid. sub* Ζεύς.

Δολδαῖος. in libr. apocr.
Luc. Αδδαι.
I Es. 8. 44 (46) (A) (= ארו Ezr. 8. 17), 45 (47) (A) (= ארו Ezr. 8. 17).

Δομείμ. דַּמִּים
[Aq. I Ki. 17. 1.]

Δορκών. דַּרְקוֹן
II Es. 17 (Ne. 7). 58 (Luc. Δερκων).

Δορυμένης. in libr. apocr.
I Ma. 3. 38: II Ma. 4. 45 (A).

Δοσίθεος. in libr. apocr.
Es. F 11 (11. 1) (A B[ab]): II Ma. 12. 19 (V[a]), 24 (V), 35 (V[a]): III Ma. 1. 3 (V[a]).

Δουδεί. (1) דֹּדַי
II Ki. 23. 9 (B[b vid])*.
(2) דּוֹדוֹ
II Ki. 23. 9 (B[b vid]) [ק״], 24 (B) (Luc. Δουδι).

Δουμα. דּוּמָה
[Aq. Is. 21. 11.]

Δούρ. דּוֹר[בְּ]
I Ch. 8. 31 (B) (Luc. Γεδδωρ).

Δουράμ. דּוֹרָם[הֲ]
I Ch. 18. 10 (A) (Luc. Αδωραμ).

Δραμά. aliter in Heb.
Je. 47 (40). 1 (Q) (רמה).

Δρίμυλος (A V[1?]), Δρύμυλος (V*). in libr. apocr.
III Ma. 1. 3.

Δύστρος. in libr. apocr.
To. 2. 12 (S).

Δωδαί (-δέ). דּוֹדוֹ
I Ch. 11. 12 (Joseph. Δώδειος).

Δωδάμ. לַקּוּם
Jo. 19. 33 (B) (Luc. Λακουμ).

Δωδανίμ. דְּדָנִים
[Aq., Sm. Is. 21. 13.]

Δωδέ, *vid.* Δωδαί.

Δωδειά (-διά). דּוֹדַי
I Ch. 27. 4 (A B*) (Luc. Δωδαι).

Δωδώαι (-δῶε). דּוֹדוֹ
I Ch. 11. 26 (Luc. Δωδει).

Δωήγ. דֹּאֵג
I Ki. 22. 9 (A) (Luc. Δωηκ) (Joseph. Δώηγος, Δώηκος).

Δωήκ. (1) דּוֹאֵג, דֹּאֵג
I Ki. 21. 7 (8): 22. 9 (B), 18 *bis* (ק״), 22 (ק״): Ps. 51 (52). 2.
(2) דּוֹיֵג
I Ki. 22. 18* *bis*, 22*.

Δωθάειμ. (1) דֹּתַיִן
Ge. 37. 17.
(2) דֹּתָן
Ge. 37. 17 (A D): IV Ki. 6. 13 (Joseph. Δωθαείν) (*Vind.* Dotham).
(3) in libr. apocr.
Ju. 4. 6 (5): 7. 3, 18: 8. 3.

Δώκ. in libr. apocr.
I Ma. 16. 15.

Δωλειά. aliter in Heb.
I Ch. 27. 4 (B[b]) (דודי) (Luc. Δωδαι).

Δωμανά. aliter in Heb.
Jd. 1. 30 (B) (נהלל) (Luc. Αμμαν).

Δώρ. (1) עֵין־דֹּר + דֹּאר
Jo. 17. 11 (A B*).
(2) דּוֹר
Jd. 1. 27: I Ch. 7. 29 (Luc. Δωρα).
(3) abest in Heb.
Jd. 1. 31.

Δωρά. in libr. apocr.
I Ma. 15. 11, 13, 25.

Δωσείθεος (-σίθ.). in libr. apocr.
Es. F 11 (11. 1) (B* S): II Ma. 12. 19 (A V*), 24 (A), 35 (A V*): III Ma. 1. 3 (A V*).

Δωταία (-τέα). in libr. apocr.
Ju. 3. 9 (14).

E

'Εαμαβά. aliter in Heb.

I Ch. 11. 33 (S) (אליחבא) (Luc. Ελιβα).

'Εαναθάν. aliter in Heb.

II Es. 8. 16 (B) (אלנתן) (Luc. *om.*).

'Εαραγά. אֶלְדָּעָה

Ge. 25. 4 (E[a]) (Luc. Ραγα).

'Εασακέμ. aliter in Heb.

I Ki. 9. 4 (B) (שעלים) (Luc. Σεγαλειμ).

'Εάσων (-ονος). in libr. apocr.

II Ma. 4. 13 (A*).

'Εβαλμαουλά. אָבֵל מְחוֹלָה

III Ki. 19. 16 (B) (Luc. Αβελμεουλ).

'Εβανεί. aliter in Heb.

II Es. 20. 4 (Ne. 10. 5) (B) (שבניה) (ς praec.) (Luc. Βαναίας).

'Εβανναιά. aliter in Heb.

II Es. 8. 33 (B) (בן־בנוי) (Luc. Βαναια).

'Εβεάρ. יִבְחָר

II Ki. 5. 15 (B) (Luc. Ιεβααρ) (*Vind.* Abear).

'Εβειά. חֲבַיָּה *v.* חֳבַיָּה

II Es. 17 (Ne. 7). 63 (A B) (Luc. Αβια).

'Εβελμαωλά. אָבֵל מְחוֹלָה

III Ki. 4. 12 (B) (Luc. Αβελμαωλα).

'Εβελχαρμείν. אָבֵל כְּרָמִים

Jd. 11. 33 (B) (Luc. Αβελ ἀμπελώνων) (*Lucc.* Abelthar).

'Έβερ. עֵבֶר

Joseph. "Εβερος.
Ge. 10. 21 (A), 24, 25: 11. 14, 15, 16, 17: Nu. 24. 24 (F[a mg]) (Luc. 'Εβραῖοι): I Ch. 1. 18 (A), 19 (A), 25.
[**Al.** Nu. 24. 24.]

'Εβλαζέρ. aliter in Heb.

IV Ki. 17. 31 (B) (נבחז [ו' רבתי]) (Luc. Εβλαιεζερ).

'Έβορ. עֵבֶר

Ge. 10. 21 (E) (Luc. Εβερ).

'Εβουγαῖος. aliter in Heb.

Es. 9. 24 (S[c.a mg]) (אגגי).

'Εβραῖος, -α (-ρεος).

Lugd. Haebreus (saepissime).

(1) עֵבֶר

Nu. 24. 24 (A B F*).

(2) עִבְרִי, עִבְרִיָּה

Ge. 39. 14, 17: 40. 15 (*Wirc.* Haebreus): 41. 12: 43. 32: Ex. 1. 15, 16, 19: 2. 6, 7 (A B[ab] F), 11, 13 (A[1?a?] B F): 3. 18: 5. 3: 7. 16: 9. 1, 13: 10. 3 (*Mon.* Hebrei): 21. 2: De. 15. 12 *bis*: I Ki. 4. 6 (*Vind.* Hebreus), 9 (A): 13. 19 (B): 14. 11: Je. 41 (34). 9 *bis*, 14.
[**Aq.** Ge. 14. 13: I Ki. 13. 3: 14. 21.]
[**Sm.** Ge. 14. 13.]
[**Al.** I Ki. 13. 7: 29. 3.]

(3) עִבְרִים

[**Al.** Nu. 27. 12.]

(4) aliter in Heb.

I Ki. 17. 8 (עבדים).

(5) abest in Heb.

Ex. 1. 22 (Samar. ࠏࠁࠓࠉࠌ).

(6) in libr. apocr.

Ju. 10. 12 (Εβ, *a* sup ras A[a]): 12. 11 (10): 14. 18 (16): II Ma. 7. 31: 11. 13: 15. 37 (38): IV Ma. 4. 11: 5. 2, 4 (A V): 8. 2: 9. 6 (A S[1], [c.a] Π), 18: 17. 9.

'Εβραίς. in libr. apocr.

IV Ma. 12. 7: 16. 15.

'Εβραϊστί. in libr. apocr.

Si. *prol.* 13.

'Εβρίμ. aliter in Heb.

Je. 31 (48). 34 (A) (נמרים).

'Εβρωνά. עַבְרֹנָה

Lugd. Eubrona.
Nu. 33. 34 (A F), 35 (A F).

'Εβσών. אִבְצָן

[**Th.** Jd. 12. 8.]

'Εγάβ. aliter in Heb.

Je. 31 (48). 34 (S) (אלעלה).

'Εγγουγαυά. aliter in Heb.

Is. 37. 13 (A) (עוה).

'Εγδρεικάν. aliter in Heb.

II Ch. 28. 7 (B) (עזריקם) (Luc. Εζρικαμ) (Joseph. 'Ερκάμ, 'Ερικάμ).

'Εγήλ. aliter in Heb.

II Es. 17 (Ne. 7). 59 (B S) (חטיל) (Luc. Αττιλ).

'Εγλά (Αἰγ.). חָגְלָה

Nu. 26. 37 (33) (*Lugd.* Ella): 27. 1 (Luc. *om.*) (*Lugd.* Tegla): 36. 11 (A B): Jo. 17. 3 (B [γ sup ras B?]).

'Εγλάμ. aliter in Heb.

I Ch. 6. 69 (54) (B) (אילון) (Luc. Αιλων).

'Εγλεί. יָגְלִי

Nu. 34. 22 (B) (Luc. Ιεκλει) (*Mon.* Ecli).

'Εγλώμ. *cf.* Αἰγλώμ. (1) עֶגְלוֹן

Jo. 12. 12 (A) (Luc. Εγλων): 15. 39 (A): Jd. 3. 12 (Joseph. Εγλων), 14, 15, 17 *bis*.
[**Aq., Sm., Th.** Jo. 10. 5.]

(2) aliter in Heb.

Jd. 3. 19 (A) (pers. pr.), 21 (A) (pron. suff.).

(3) abest in Heb.

Jo. 24. 33 b: Jd. 3. 19, 20.

'Εγλών. עֶגְלוֹן

Jo. 12. 12 (F).

'Εγνώβ. עָנוּב

I Ch. 4. 8 (A) (Luc. Ανωβ).

'Εγρεβήλ. in libr. apocr.

Ju. 7. 18 (B S).

"Εγυπος. aliter in Heb.

Je. 7. 25 (S*) (מצרים).

'Εγύπτιος, *vid.* **Αἰγύπτιος.**

"Εγυπτος, *vid.* **Αἴγυπτος.**

'Εδά. aliter in Heb.

II Es. 13 (Ne. 3). 6 (S) (יוידע) (Luc. Ιωδαε).

'Εδάν. [לְ]עַדָּן

Luc. Λααδαν.
I Ch. 23. 7 (B), 8 (B), 9 (B).

'Εδανιά. אֲדֹנִיָּה

II Es. 20. 16 (Ne. 10. 17) (B S) (Luc. 'Αδωνίας).

'Εδδαιέμ. aliter in Heb.

I Ki. 24. 3 (B) (יעלים) (Luc. τῆς θήρας τῶν ἐλάφων).

'Εδδείν. in libr. apocr.

I Es. 6. 1 (B) (= עדוא Ezr. 5. 1) (Luc. Εδδω).

'Εδδεινοῦς (-διν.). in libr. apocr.

I Es. 1. 14 (15) (= ידתון II Ch. 35. 15) (Luc. Ιδιθουμ).

'Εδδέκελ. חִדֶּקֶל

Da. Th. 10. 4 (B) (*Weingart.* Etdecel).
[**Th.** Da. 10. 4.]

'Εδδινοῦς, *vid.* **'Εδδεινοῦς.**

"Εδδος. in libr. apocr.

I Es. 5. 24 (A*) (= ידעיה Ezr. 2. 36: Ne. 7. 39) (Luc. Ιεδδουκ).

'Εδειθώμ. ידותון

II Ch. 29. 14 (B) (Luc. Ιδιθουμ).

'Εδειλ. aliter in Heb.

IV Ki. 23. 36 (B) (פדיה) (Luc. 'Ιερεμίας).

'Εδεινά. aliter in Heb.

IV Ki. 22. 1 (B) (עדיה) (Luc. 'Οζίας) (*Lucc.* Oziae [genit.]).

"Εδεμ, 'Εδέμ. (1) אֱדוֹם

Nu. 21. 4 (F[1mg]) (Luc. Εδωμ): Is. 63. 1 (A).

(2) עֵדֶן

Ge. 2. 8, 10: 4. 16.
[**Aq.** Ge. 2. 8.]

(3) עֶדֶן

IV Ki. 19. 12 (B).
[**Sm., Th.** Is. 37. 12.]

(4) abest in Heb.

Ge. 46. 20 (Luc. Εδωμ).

'Εδέν. עֵרָן

Nu. 26. 40 (36) (Samar. ࠏࠃࠍ) (*Lugd.* Dem).

'Εδενεί (-νί). עֵרָנִי

Nu. 26. 40 (36) (Samar. ࠄࠏࠃࠍࠉ) (*Lugd.* Edem).

'Εδενέ. עַדְנָא

II Es. 10. 30 (S) (Luc. Αιανασηιε).

"Εδερ. עֵדֶר

I Ch. 23. 23 (A): 24. 30 (A).

'Εδιά. יְדָיָה

I Ch. 4. 37 (A) (Luc. Ιεδδαα).

'Εδιαλείς. in libr. apocr.

I Es. 9. 34 (B) (? = בנוי Ezr. 10. 38) (Luc. *om.*?).

'Εδιδά. יְדִידָה

IV Ki. 22. 1 (A) (Luc. Ιεδιδα) (*l.u.c.* Ieddadida).

'Εδιήλ. עֲדִיאֵל
I Ch. 4. 36 (A) (Luc. Αδαηλ).

'Εδιούρ. שְׁדֵיאוּר
Luc. Σεδιουρ.
Nu. 1. 5 (A F[1] [?]) (ς praec.): 2. 10 (A) (ς praec.).

'Εδισούρ. שְׁדֵיאוּר
Nu. 7. 30 (B*) (ς praec.) (Luc. Σεδιουρ).

'Εδνά, "Εδνα. (1) עַדְנָה
I Ch. 12. 20.
(2) in libr. apocr.
To. 7. 2, 3 (S), 8, 13 (15) (A B), 15 (18): 8. 12 (13) (A B), 21 (S): 10. 12 (13): 11. 1 (A B).

'Εδνάας. עַדְנָה
II Ch. 17. 14 (Luc. Εδνας) (Joseph. 'Εδναῖος).

'Εδνέ. עַדְנָא
II Es. 10. 30 (A) (Luc. Αιαναστηε).

'Εδούδ. aliter in Heb.
II Es. 16 (Ne. 6). 15 (B*) (אלול) (Luc. Αλουλ).

'Εδραάζαρ. הֲדַרְעֶזֶר
I Ch. 19. 16 (S*) (Luc. Αδρααζαρ).

'Εδράει, *vid.* 'Εδράι.

'Εδράειμ (-άιμ). אֶדְרֶעִי
Luc. Εδραειν.
De. 3. 1 (B), 10 (B): Jo. 12. 4 (F) (Luc. Αδραϊ): 13. 31 (A) (Luc. Εδραι).

'Εδράειν (-άιν). (1) אֶדְרֶעִי
Nu. 21. 33 (A B): De. 1. 4 (*Lugd.* Eadrain): 3. 1 (A F) (*Lugd.* Hedrain), 10 (A F) (*Lugd.* Chebrain): Jo. 12. 4 (A B) (Luc. Αδραϊ): 13. 12 (B) (Luc. Εδραι), 31 (B).
(2) עֶדֶר
Jo. 15. 21 (A) (Εδραῒ) (Luc. Εβερ).
(3) abest in Heb.
Jo. 9. 16 (10) (Luc. Αδραιν).

'Εδράι (-άει). (1) אֶדְרֶעִי
Nu. 21. 33 (F) (Luc. Εδραειν): Jo. 19. 37 (A) (Luc. Αδραει).
(2) abest in Heb.
III Ki. 2. 46 h (B) (Luc. Θαρακ).

'Εδράιμ. *vid.* 'Εδράειμ.

'Εδράιν, *vid.* 'Εδράειν.

"Εδρας. in libr. apocr.
I Es. 9. 1 (A) (= עזרא Ezr. 10. 6) (Luc. "Εζδρας).

'Εδώμ (Aἰδ.). (1) אֱדוֹם
Joseph. "Αδωμος.
Ge. 25. 30: 32. 3 (4): 36. 1, 8, 9, 17, 19, 21, 31, 32, 43 *bis*: Ex. 15. 15: Nu. 20. 14, 18, 20 (*Lugd.* Aedom), 21, 23: 21. 4 (A B F*): 24. 18: 33. 37 (*Lugd.* Edom): 34. 3 (*Lugd.* Eodum [accus.]): Jo. 15. 21: Jd. 5. 4: 11. 17 *bis*, 18: I Ki. 14. 47: III Ki. 9. 26: 11. 15: 22. 48 (A) (Luc. *om.*): IV Ki. 3. 8, 9, 12, 20, 26: 8. 20, 21, 22: 14. 7 (τὸν E. [A], τὴν 'E. [B]): I Ch. 1. 43 (A), 51, 54: II Ch. 21. 8, 9, 10: Ps. 136 (137). 7: Is. 63. 1 (B S Q): Je. 9. 26 (25): La. 4. 22: Ez. 32. 29 (A Q): Da. LXX. 11. 41 (87 et ut vid Syr sub※): Da. TH. 11. 41.
[**Aq.** III KI. 22. 48: Is. 34. 6.]
[**Sm.** Ps. 59 (60). 2: Is. 11. 14: 34. 6.]
[**Th.** Is. 34. 6: Ez. 32. 29: DA. 11. 41.]
[**Al.** Ps. 136 (137). 7.]
(2) אָדָם
[**Sm.** GE. 25. 30.]
(3) עֵדֶן
IV Ki. 19. 12 (A) (Luc. Εδεμ).
(4) שֵׂעִיר
Ge. 36. 30.
(5) aliter in Heb.
[**Aq.** Ez. 27. 16 (ארם).]
(6) abest in Heb.
Jo. 15. 44 (A) (Luc. *om.*): III Ki. 11. 22: Jb. 42. 17 d.

'Εδωμείν (-μίν). אֲדֻמִּים
Jo. 18. 17 (A [Εδωμῖ]) (Luc. Εδωμειμ).
[**Aq., Sm., Th.** JO. 18. 17.]

'Εδώρ. עֵין דֹּר + דּאֹר
Jo. 17. 11 (B[ab mg]) (Luc. Δωρ).

'Εενιά. aliter in Heb.
II Es. 22 (Ne. 12). 3 (S*) (שכניה) (Luc. Σεχενίας).

'Εεχρεί. aliter in Heb.
II Es. 21 (Ne. 11). 15 (S* vid) (עזריקם) (Luc. Εζρικαμ).

'Εζαβάθ. יוֹזָבָד
II Ch. 31. 13 (B) (Luc. Ιωαζαβαδ).

'Εζείας. in libr. apocr.
I Es. 9. 14 (B) (= יחזיה Ezr. 10. 15) (Luc. 'Ιαζίας).

'Εζεκείας, *vid.* 'Εζεκίας.

'Εζεκειού, *vid.* 'Εζεκιού.

'Εζεκήλ. יְחֶזְקֵאל
I Ch. 24. 16 (Luc. Ιεζεκιηλ) (*Lucc.* Ezechiel).

'Εζεκιά. חִזְקִיָּה
Luc. Εζεκιας.
I Ch. 3. 23: II Es. 20. 17 (Ne. 10. 18).

'Εζεκίας (-είας) (-ου, -α, -ᾳ).
Luc. Ezechias.
(1) חִזְקִיָּה
IV Ki. 18. 1, 10, 14 *bis*, 15, 16 *bis*: II Es. 17 (Ne. 7). 21: Pr. 25. 1: Ze. 1. 1.
[**Aq.** PR. 25. 1.]
(2) חִזְקִיָּהוּ
IV Ki. 16. 20: 18. 9, 17, 19, 22, 29, 30, 31, 32, 37: 19. 1, 3, 5, 9, 10 (A), 14 *bis*, 15 (A), 20: 20. 1, 3, 5, 8, 10, 12 *bis*, 13 *bis*, 14 *bis*, 15 (A), 16, 19, 20, 21: 21. 3: I Ch. 3. 13 (A[? vel fortea] B): II Ch. 29. 18, 27: 30. 24: 32. 15: Is. 36. 1, 2 (ζ rescr S[1]), 4, 7 (Q[mg]), 14, 15, 16, 18, 22: 37. 1, 3, 5 (B S O Γ), 9, 10, 14, 15, 21: 38. 1, 2, 3, 5, 9, 22: 39. 1 (A B[ab (mg)] S Q Γ), 2 *bis*, 3 *bis*, 4, 8: Je. 33 (26). 18, 19.
[**Aq** IV KI. 19. 10: Is. 36. 4: 37. 14.]
[**Sm., Th.** Is. 36. 4: 37. 14.]
(3) יְחִזְקִיָּה
II Es. 2. 16 (Luc. Εζεκι): Ho. 1. 1: Mi. 1. 1.
(4) יְחִזְקִיָּהוּ
I Ch. 4. 41: II Ch. 28. 12, 27: 29. 1, 20, 30, 31, 36: 30. 1, 18, 20, 22: 31. 2, 8, 9, 11, 13, 20: 32. 2, 8, 9, 11, 12, 16, 17, 20, 22, 23, 24, 25, 26 *bis*, 27, 30 *bis*, 32, 33: 33. 3: Is. 1. 1: Je. 15. 4.
(5) aliter in Heb.
IV Ki. 18. 18 (המלך).
(6) abest in Heb.
IV Ki. 20. 2: II Ch. 32. 5: Is. 37. 15 (O) (Εζ[εκιου]): 38. 21, 22 (B) (Luc. *om.*).
(7) in libr. apocr.
I Es. 5. 15 (= יחזקיה Ezr. 2. 16: חזקיה Ne. 7. 21): 9. 14 (A) (= יחזיה Ezr. 10. 15) (Luc. 'Ιαζίας), 43 (= חלקיה Ne. 8. 4) (Luc. Χελκίας): Si. 48. 17 (19), 22 (25): 49. 4 (5): II Ma. 15. 22.

'Εζεκιού (-κειού). חִזְקִיָּהוּ
IV Ki. 18. 13 (Luc. 'Εζεκίας).

'Εζεκρεί. זִכְרִי
II Ch. 28. 7 (B) (Luc. Ζαχαρίας) (Joseph. Ζάχαρις).

'Εζέρ, "Εζερ. (1) עֵזֶר
I Ch. 4. 4 (A): 7. 21 (A).
(2) עֵזֶר
I Ch. 25. 4 (A) (Luc. -εζερ).
(3) עַזֻּר
Ez. 11. 1 (B).

'Εζερεέλ. יִזְרְעֶאל
Jd. 6. 33 (B) (Luc. Ιεζραελ).

'Εζερεί. aliter in Heb.
II Es. 21 (Ne. 11). 15 (B) (עזריקם) (Luc. Εζρικαμ).

'Εζερήλ. עֲזַרְאֵל
II Es. 10. 41 (B) (Luc. Εζριηλ).

'Εζερίας. in libr. apocr.
I Es. 8. 1 (A) (= עזריה Ezr. 7. 1) (Luc. 'Αζαρίας).

'Εζεχρί. זִכְרִי
I Ch. 28. 7 (A) (Luc. Ζαχαρίας).

'Εζίας. in libr. apocr.
I Es. 8. 2 (A) (?= עזי Ezr. 7. 4) (Luc. 'Οζίας).

'Εζλιά. יִזְלִיאָה
I Ch. 8. 18 (A) (Luc. Ιεζελια).

'Εζρά. (1) עֶזְרָא
Luc. "Εζδρας.
II Es. 22 (Ne. 12). 1 (A), 26 (A), 33 (A).
(2) abest in Heb.
II Es. 17 (Ne. 7). 7 (A) (Luc. *om.*).

'Εζραηλίτης. aliter in Heb.
III Ki. 4. 27 (5. 11) (A) (אזרחי) (Luc. 'Ισραηλίτης).

'Εζραί. עֶזְרִי
I Ch. 27. 26 (A).

'Εζραΐτης. אֶזְרָחִי
[**Al.** Ps. 88 (89). 1.]

"Εζρας (voc. -α, -ᾳ).
Luc. "Εζδρας.
(1) עֶזְרָא
II Es. 7. 1 (A), 6 (A), 10 (A), 11 (A), 12 (A), 21 (A), 25 (A): 10. 1 (A), 2 (A), 5 (A), 6 (A), 10 (A), 16 (A): 18 (Ne. 8). 1 (A), 2 (A), 4 (A), 5 (A), 9 (A), 13 (A), 15 (A): 22 (Ne. 12). 13 (A), 36 (A).
(2) abest in Heb.
II Es. 18 (Ne. 8). 8 (A): 19 (Ne. 9). 6: *subscr.* (A).
(3) in libr. apocr.
I Es. 8. 1 (A) (= עזרא Ezr. 7. 1), 3 (A) (= עזרא Ezr. 7. 6), 7 (8) (A) (= עזרא Ezr. 7. 10), 8 (9) (A) (= עזרא Ezr. 7. 11), 9 (10) (A) (= עזרא Ezr. 7. 12), 19 (21) (A) (= עזרא Ezr. 7. 21), 23 (26) (A) (= עזרא Ezr. 7. 25), 25 (28) (A) (abest in Ezr. 7. 27), 88 (92) (A) (= עזרא Ezr. 10. 1), 89 (93) (A) (= עזרא Ezr. 10. 2), 92 (97) (A) (= עזרא Ezr. 10. 5): 9. 7 (A) (= עזרא Ezr. 10. 10), 16 (A) (= עזרא Ezr. 10. 16), 39 (A) (= עזרא Ne. 8. 1), 40 (A) (= עזרא Ne. 8. 2), 42 (A) (= עזרא Ne. 8. 4), 45 (A) (= עזרא Ne. 8. 5), 46 (A) (= עזרא Ne. 8. 6), *subscr.* (A).

'Εζρεικαί (-κέ). aliter in Heb.
I Ch. 8. 38 (B) (עזריקם) (Luc. Εζρικαμ).

'Εζρεικάν (-ρικ.).
Luc. Εζρικαμ.
(1) עַזְרִיקָם
I Ch. 3. 23 (B) (Luc. Ασρικαμ): 9. 44 (S): II Ch. 28. 7 (A): II Es. 21 (Ne. 11). 15 (S[c.a]).
(2) abest in Heb.
I Ch. 9. 44 (S*) (*bis scr.*).

'Εζρεικέ, *vid.* 'Εζρεικαί.

Ἐζρείλ (-ρίλ). in libr. apocr.
I Es. 9. 34 (= עזראל Ezr. 10. 40) (Luc. Εσριηλ ?).
Ἐζρί. (1) עֶזְרָה
I Ch. 4. 17 (A) (Luc. Ιεζραα).
(2) עֶזְרִי
[Th. Jd. 8. 32.]
Ἐζριά. עֲזַרְיָה
II Es. 7. 3 (A) (Luc. Ἀζαρίας).
Ἐζριήλ. עֲזַרְאֵל
I Ch. 25. 18 (A) (Luc. Οζιηλ) (*Lucc.* Esdriel): 27. 22 (A) (Luc. Αζριηλ): II Es. 10. 41 (A): 21 (Ne. 11). 13 (A).
Ἐζρικάμ. עַזְרִיקָם
I Ch. 8. 38 (A): 9. 14 (A) (Luc. Αζρικαμ), 44 (A).
Ἐζρικάν, *vid.* Ἐζρεικάν.
Ἐζρίλ, *vid.* Ἐζρείλ.
Ἐζωρά. in libr. apocr.
I Es. 9. 34 (aliter in Ezr. 10. 40).
Ἐήλ. יַחְלְאֵל
Ge. 46. 14 (*D*) (Luc. Αιηλ).
Ἔθ. aliter in Heb.
I Ch. 20. 8 (A [pr ras I lit]) (נת) (Luc. Γεθ).
Ἐθαέλ. אֶשְׁתָּאֹל
Jd. 13. 25 (A) (Luc. Εσθαωλ).
Ἐθαών. aliter in Heb.
II Ki. 24. 6 (A) (תחתים) (Luc. Χεττιειμ).
Ἐθεί. חִתִּי
II Es. 9. 1 (B) (Luc. Χετταῖος).
Ἐθειραῖος, *vid.* Αἰθειραῖος.
Ἐθεμά. יִתְמָה
I Ch. 11. 46 (B S) (Luc. Ιεθαμ).
Ἐθθεί, Ἐθθεί. (1) אִתַּי
Luc. Ιθι: Joseph. Ἔθις, Ἐσθαῖος.
II Ki. 15. 19 (A), 21: 18. 2 (*Vind.* Ethei), 5 (*Vind.* Ethi), 12.
(2) חִתִּי
II Es. 9. 1 (A) (Luc. Χετταῖος).
(3) עַתַּי
Luc. Ιεθει.
I Ch. 2. 35 (B), 36 (B): 12. 11 (A) (Luc. Εθθι).
Ἐθθεναῖος. aliter in Heb.
II Ki. 23. 38 (B) (יתרי) (Luc. Ιεθεμ) (Syr. ܐܬܡ).
Ἐθθί, *vid.* Ἐθθεί.
Ἐθιήλ. אִיתִיאֵל
[Aq., Th. Pr. 30. 1.]
Ἐθιοπία, *vid.* Αἰθιοπία.
Ἐθιόπισσα, *vid.* Αἰθιόπισσα.
Ἐθίοψ, *vid.* Αἰθίοψ.
Ἐθναδί. aliter in Heb.
I Ch. 4. 7 (A) (אתנן) (Luc. Εθναν).
Ἐθοί. עַתַּי
I Ch. 12. 11 (B S) (Luc. Εθθι).
Ἐθραῖος. יִתְרִי
II Ki. 23. 38 (A) (Luc. Ιεθερει).
Εἰά. (1) יְחִיָּה
I Ch. 15. 24 (S*) (Luc. Ιειηλ).
(2) aliter in Heb.
I Ch. 11. 44 (S) (יעואל*, יעיאל [ק״]) (Luc. Ιειήλ).
Εἰαβείς, *vid.* Ἰαβείς.

Εἰαμείν, *vid.* Ἰαμείν.
Εἰαρίτης. יָאִרִי
[Sm. II Ki. 20. 26.]
Εἰάσων, *vid.* Ἰάσων.
Εἰδαινέ. עַדְנָא
II Es. 10. 30 (B[ab]) (Luc. Αιναση ε).
Εἰδάν. aliter in Heb.
II Ki. 24. 6 (B) (יען) (דנה praec.) (Luc. *om.*).
Εἰεβόσθαι, *vid.* Ἰεβόσθε.
Εἰεδδιλά. aliter in Heb.
IV Ki. 23. 36 (A) (פדיה) (Luc. Ἰερεμίας).
Εἰεδιδιά, *vid.* Ἰεδιδιά.
Εἰεθαραάμ, *cf.* Ἰεθεραάμ. יִתְרְעָם
II Ki. 3. 5 (A) (Luc. Ιεθραμ).
Εἰεθέρ, *vid.* Ἰεθέρ.
Εἰειήλ, Εἰειήλ, *vid.* Ἰειήλ, Ἰειήλ.
Εἰελδάφ. aliter in Heb.
IV Ki. 23. 36 (A) (זבידה*, זבודה [ק״]) (Luc. Αμιταλ).
Εἰεμενεί, *vid.* Ἰεμενεί.
Εἰερεμίας, *vid.* Ἰερεμίας.
Εἰεριχώ, *vid.* Ἰερειχώ.
Εἰερουσαλήμ, *vid.* Ἰερουσαλήμ.
Εἰεσσαιμού, *vid.* Ἰεσσαιμού.
Εἰεχονίας, *vid.* Ἰεχονίας.
Εἰζραηλεῖτις, *vid.* Ἰζραηλεῖτις.
Εἰήλ, *vid.* Ἰήλ.
Εἰηού, *vid.* Ἰηού.
Εἰθήλ. aliter in Heb.
I Ch. 15. 20 (B S) (יחיאל) (Luc. Ιειηλ).
Εἰιήλ, *vid.* Ἰειήλ.
Εἰικάν. aliter in Heb.
I Ch. 7. 2 (B) (יחמי) (Luc. Ιαμιν).
Εἰλιαδούν (Ἰλ.). in libr. apocr.
I Es. 5. 56 (58) (abest in Ezr. 3. 9) (Luc. Ελιαδουν).
Εἰλκανά. אֶלְקָנָה
II Ch. 28. 7 (B) (Luc. Ελκαναν) (Joseph. Ἐλικάς, Ἐλκάς).
Εἰού (Ἰού).
Luc. Ιου.
(1) יֵהוּא
III Ki. 16. 1 (B), 7 (B) (*Vind.* Ieu), 12 (B): 19. 16 (B), 17 (B) *bis*: IV Ki. 9. 2 (B), 5 (B), 11 (B), 13 (B), 14 (B), 15 (B), 16 (B), 17 (B), 18 (B), 19 (B), 20 (B), 21 (B), 22 (B) *bis*, 24 (B), 27 (B), 30 (B), 31 (B): 10. 1 (B), 5 (B), 11 (B), 13 (B) (Luc. *om.*), 18 (B), 18 (B [signa v l prae se fert B[? txt e mg]]) (Luc. ἐγώ), 19 (B), 20 (B), 21 (B), 23 (B), 24 (B), 25 (B), 28 (B), 29, 30 (B), 31 (B), 34 (B), 35 (B), 36 (B): 12. 1 (2) (B): 13. 1 (B): 14. 8 (B): 15. 12 (B): II Ch. 19. 12 (B) (Luc. Ιηου): 22. 8 (B), 9 (B).
[Aq., Sm. IV Ki. 12. 1 (2).]
(2) aliter in Heb.
Ge. 41. 45 (A*) (Ἰοὺ πόλις = אן).
(3) abest in Heb.
IV Ki. 9. 12 (B) (Luc. *om.*), 22 (B): 10. 15 (B) *bis*: I Ch. 26. 21 (B) (Luc. *om.*).
Εἰρâ. עִירָא
I Ch. 27. 9 (A) (Luc. Ἰδουίας).

Εἰράμ (Ἰρ.). חָרִם
II Es. 20. 5 (Ne. 10. 6) (Luc. Ηιραμ).
Εἰρâς (Ἰρ.), Εἶρας (Ἶρ.). (1) חִירָה
Ge. 38. 1 (Samar. [Samaritan]) (*Lugd.* Iras), 12.
(2) עִירָא
II Ki. 20. 26 (Luc. Ιωδαε): 23. 26 (Luc. Ιδαε), 38 (Luc. Οιαδ).
[Sm. II Ki. 20. 26.]
Εἰρώθ. [הַ]חִירֹת
Mon. Irot, *Lugd.* Iroth.
Nu. 33. 7 (A B[ab] F), 8.
Εἰσάκ. aliter in Heb.
[Aq., Sm., Th. Je. 51 (28). 41 (Q[mg]) (Sw.) (ששך).]
Εἰσάχαρ. יִשָּׂשכָר
III Ki. 15. 27 (A) (Luc. Ισσαχαρ).
Εἰσβάαλ. aliter in Heb.
[Aq., Sm., Th. II Ki. 2. 8 (איש בשת).]
Εἰσιά. יִשִּׁיָּה
I Ch. 7. 3 (B) (Luc. Ιωσια).
Εἰσκά. aliter in Heb.
II Ki. 23. 26 (B) (עקש) (Luc. Εκκις).
Εἰσμαήλ, *vid.* Ἰσμαήλ.
Εἰσσα. יַהְצָה
Nu. 21. 23 (B*) (Samar. [Samaritan]) (Luc. Ιασσα).
Εἰσσαμαγάθ. aliter in Heb.
Je. 46 (39). 2 (A) (סמגר).
Εἰσσαχάρ, *vid.* Ἰσσαχάρ.
Εἰστώβ (Ἰσ.). אִישׁ־טוֹב, איש טוב
Joseph. Ἴστοβος.
II Ki. 10. 6, 8.
Εἰσχώλ. אֶשְׁכֹּל
Ge. 14. 24 (A) (Luc. Εσχωλ).
Εἰωμάθ. aliter in Heb.
II Es. 13 (Ne. 3). 10 (S) (חרומף) (Luc. Ερωμαφ).
Εἰωσεδέκ, *vid.* Ἰωσεδέκ.
Ἐκάραθ. תָּרַח
Nu. 33. 27 (F) (Luc. Ταραθ).
Ἐκβάτανα. in libr. apocr.
I Es. 6. 22 (23) (= אחמתא Ezr. 6. 2): Ju. 1. 1, 2 (1), 14: To. 3. 7: 5. 6 (8) (S) *bis*, 6 (8) (S[1 mg]): 6. 6 (A B), 10 (S): 7. 1: 14. 12 (14), 13 (15) (S), 14 (16) (A B): II Ma. 9. 3.
Ἐκβλαάμ. aliter in Heb.
IV Ki. 9. 27 (B) (יבלעם [את praec.]) (Luc. Ιεβλααμ).
Ἐκελέθ. חֶלְקַת
Jo. 19. 25 (B[b]) (Luc. Ελκαθ).
Ἐκθαναάδ. תַּעְנָךְ
Jd. 1. 27 (A) (? Εκ = את).
Ἐκθάραθ. תָּרַח
Nu. 33. 28 (F) (ἐκ praec.) (Luc. Ταραθ).
Ἐκκâς. עָקָשׁ
II Ki. 23. 26 (A) (Luc. Εκκις).
Ἐκκής. עִקֵּשׁ
Luc. Εκκις.
I Ch. 11. 28 (A): 27. 9.
Ἐκλί. יָגְלִי
Nu. 34. 22 (A) (Luc. Ιεκλει).
Ἐκνάμ. יָקְנְעָם
Jo. 21. 34 (A) (Luc. Ιεκναμ).

Ἐκρεβήλ. in libr. apocr.
Ju. 7. 18 (A).

Ἐκρών. עֶקְרוֹן
[Sm. IV Ki. 1. 2.]

Ἐκταῖ. aliter in Heb.
I Ch. 14. 5 (B S) (אלישוע) (Luc. Ελισουε).

Ἐκτής. aliter in Heb.
I Ch. 11. 28 (B S) (עקיש) (Luc. Εκκις).

Ἐκχώχ. אֲחוֹחִי
I Ch. 27. 4 (B) (Luc. Αχωχι).

Ἐλαάδ. אֶלְעָד
I Ch. 7. 21 (B) (Luc. Λααδ).

Ἐλάδ. חֵלֶד
I Ch. 11. 30 (A) (Luc. Αλαδ).

Ἐλαζάρ. אֶלְעָזָר
Nu. 26. 1 (A*) (Luc. Ελεαζαρ).

Ἐλάμ, Ἐλάμ, *cf.* **Αἰλάμ.** (1) הֵלָם
I Ch. 7. 35 (A) (Luc. Αλαμ).
(2) in libr. apocr.
I Es. 8. 33 (36) (A) (= עילם Ezr. 8. 7) (Luc. Αιλαμ).
(3) adnot. scr.
Ez. 38. 5 (Q^mg inf) (Sw.).

Ἐλαμίτης. *vid.* **Αἰλαμείτης.**

Ἐλασά. (1) aliter in Heb.
Je. 48 (41). 1 (A B) (אלישמע) (*Wirc.* Elisa).
(2) in libr. apocr.
I Ma. 9. 5 (S V).

Ἐλβών. עֶבְרֹן
Jo. 19. 28 (B) (Luc. Αχραν).

Ἐλβωυδάδ. aliter in Heb.
Jo. 15. 30 (B) (אלתולד) (Luc. Ελθωλαδ).

Ἐλδαά. אֶלְדָּעָה
I Ch. 1. 33 (A).

Ἐλδάδ. (1) אֶלְדָּד
Nu. 11. 26 (*Mon.* Helat) (*Lugd.* Haeidat), 27 (*Lugd.* Cheldat).
(2) אֱלִידָד
Nu. 34. 21 (Samar. ࠀࠋࠃࠃ) (*Lugd.* Helsaf).

Ἐλδαμμά. aliter in Heb.
Ez. 47. 15 (A) (צדדה).

Ἐλδώμ. דּוֹר
Jo. 12. 23 (A) (Luc. Δωρ).

Ἐλεάδ. אֶלְעָד
I Ch. 7. 21 (A).

Ἐλεαζά. aliter in Heb.
II Es. 10. 25 (A) (אלעזר) (Luc. Ελεαζαρ).

Ἐλεαζάρ. (1) אֱלִיעֶזֶר
II Es. 8. 16 (Luc. Ελιεζερ).
(2) אֶלְעָזָר
Joseph. Ἐλεάζαρος.
Ex. 6. 23, 25: 28. 1: Le. 10. 6, 12, 16: Nu. 3. 2, 4, 32: 4. 16: 16. 37 (17. 2), 39 (17. 4): 19. 3, 4: 20. 25, 26, 28 *bis*: 25. 7, 11: 26. 1 (A¹BF), 3, 60, 63: 27. 2, 19, 21, 22 (A B): 31. 6, 12, 13, 21, 26, 29, 31, 41, 51, 54: 32. 2, 28: 34. 17: De. 10. 6: Jo. 14. 1: 17. 4: 19. 51: 21. 1: 22. 13: 24. 33: Jd. 20. 28: I Ki. 7. 1: II Ki. 23. 9 (A): I Ch. 6. 3 (5. 29), 4 (5. 30), 50 (35): 9. 20: 11. 12: 23. 21 (B), 22: 24. 1, 2, 3, 4 *bis*, 5, 6, 28: II Es. 7. 5: 8. 33: 10. 25 (B S): 22 (Ne. 12). 42 (S^c.a mg).

(3) aliter in Heb.
Je. 36 (29). 3 (B^a mg S) (אלעשה).
(4) abest in Heb.
Nu. 36. 1: Jo. 24. 33 a: I Ch. 24. 28 (B).
(5) in libr. apocr.
I Es. 8. 2 (ras aliq in ζ B? [forte Ελεαρ.. B*]) (= אלעזר Ezr. 7. 5), 62 (64) (= אלעזר Ezr. 8. 33): Si. 45. 23 (28): 50. 27 (29): I Ma. 2. 5 (A V) (Joseph. Ἐλεάζαρος): 6. 43 (A): IV Ma. 6. 14: 7. 5 (S), 10, 12 (S): 17. 13.

Ἐλεάζαρος. in libr. apocr.
Luc. Ελιεζερ.
I Es. 8. 43 (45) (= אליעזר Ezr. 8. 16): 9. 19 (= אליעזר), 26 (= אלעזר Ezr. 10. 25) (Luc. Ελεαζαρ): I Ma. 2. 5 (S^1,c.a): 6. 43 (S V): 8. 17: II Ma. 6. 18, 24: 8. 23: III Ma. 6. 1, 16: IV Ma. 1. 8: 5. 4, 14: 6. 1, 5, 16: 7. 1, 5 (A), 12 (A): 9. 5: 16. 15.

Ἐλεαήλ. aliter in Heb.
II Ch. 20. 14 (B) (יעיאל) (Luc. Ιειηλ).

Ἐλεαλά. aliter in Heb.
I Ch. 7. 20 (A) (אלעדה) (Luc. Ελεαδ).

Ἐλεαλή. אֶלְעָלֵה
Nu. 32. 3 (*Lugd.* Eliale), 37 (A F) (*Lugd.* Eliela): Is. 15. 4 (B*S*,c.a (fo. t) Q¹): 16. 9 (B* Q¹) (αλη bis scr S*): Je. 31 (48). 34 (A Q).
[Aq., Sm., Th. Is. 16. 9.]

Ἐλεαλήμ. אֶלְעָלֵא
Nu. 32. 37 (B^ab) (Luc. Ελεαλη).

Ἐλεανάν. (1) אֶלְחָנָן
Luc. Ελλαναν.
II Ki. 21. 19: 23. 24: I Ch. 11. 26 (Luc. Ελεανας): 20. 5 (A).
(2) aliter in Heb.
II Ki. 23. 9 (B) (אלעזר) (Luc. Ελεαζαρ) (Joseph. Ἠλός, Ἠλοῦς, Ἰλός).

Ἐλεαξάρ. אֶלְעָזָר
Nu. 27. 22 (F) (Luc. Ελεαζαρ).

Ἐλεασά. (1) אֶלְעָשָׂה
I Ch. 2. 39 (A), 40 (A): 8. 37 (A): 9. 43 (A): Je. 36 (29). 3 (Q).
(2) aliter in Heb.
Je. 48 (41). 1 (Q) (אלישמע).

Ἐλεασάν (B*b), **Ἐλεασάρ** (A). aliter in Heb.
Je. 36 (29). 3 (אלעשה).

Ἐλεζαβάδ. אֶלְזָבָד
I Ch. 12. 12 (A) (Luc. Ελσαβαδ).

Ἐλεήλ. (1) אֱלִיאֵל
I Ch. 8. 22 (Luc. Ελιηλ).
(2) aliter in Heb.
II Ch. 20. 14 (A) (יעיאל) (Luc. Ιειηλ).

Ἐλειά (-λιά). (1) אֵלִיָּה
II Es. 10. 21 (Luc. Ἐλείας).
(2) aliter in Heb.
I Ch. 12. 7 (B S) (יועאלה) (Luc. Ιωηλα).

Ἐλειάβ, *vid.* **Ἐλιάβ.**

Ἐλειαδά. (1) אֶלְיָדָע
I Ch. 17. 17 (A).
(2) aliter in Heb.
II Ch. 20. 37 (B) (אליעזר) (Luc. Ελιεζερ).

Ἐλειασείβ (-λιασ.) (-σίβ). אֶלְיָשִׁיב
Luc. Ελιασουβ.
I Ch. 3. 24 (A) (Luc. Ελιασειβ): 24. 12 (A) (*Lucc.* Enasib): II Es. 10. 36 (A S): 22 (Ne. 12). 10 *bis*, 22: 23 (Ne. 13). 4, 7 (A).

Ἐλειάσειμος (λιάσιμος). in libr. apocr.
I Es. 9. 28 (= אלישיב Ezr. 10. 27) (Luc. Ελιασουβ).

Ἐλειασείφ. אֶלְיָשִׁיב
II Es. 10. 36 (B) (Luc. Ελιασουβ).

Ἐλειασούβ (-λιασ.). אֶלְיָשִׁיב
II Es. 22 (Ne. 12). 23 (S^c.a): 23 (Ne. 13). 7 (S^c.a?a.b?), 28 (S^a?c.a?).

Ἐλειβαμᾶς (-λιβ.). אָהֳלִיבָמָה
I Ch. 1. 52 (Luc. Ελιβαμα).

Ἐλειδά. אֶלְיָדָע
Luc. Ελιαδα.
I Ch. 3. 8 (B): II Ch. 17. 17 (B).

Ἐλειέ. aliter in Heb.
II Ki. 23. 37 (B) (צלק) (Luc. Σαλααδ).

Ἐλειέζερ, *vid.* **Ἐλιέζερ.**

Ἐλειήλ (Ἐλιήλ). (1) אֱלִיאֵל
I Ch. 5. 24: 6. 34 (19) (Luc. Ελιαβ): 12. 11 (A): 15. 9 (A), 11 (A).
(2) aliter in Heb.
I Ch. 12. 6 (A) (עזראל) (Luc. Ειηλ).

Ἐλειθαινάν. aliter in Heb.
I Ch. 7. 8 (B) (אליועיני) (Luc. Ελιωναι).

Ἐλειθανά. aliter in Heb.
I Ch. 3. 23 (B) (אליועיני) (Luc. Ελιωναι).

Ἐλειθενάν. aliter in Heb.
I Ch. 3. 24 (B) (אליועיני) (Luc. Ελιωνα).

Ἐλείμ, *vid.* **Αἰλείμ.**

Ἐλειμασαί. aliter in Heb.
I Ch. 7. 26 (B) (אלישמע) (Luc. Ελισαμα).

Ἐλειμέλεκ. אֱלִימֶלֶךְ
Jo. 19. 26 (B) (Luc. Ελμελεχ).

Ἐλεισά (-λισ.).
Luc. Ελισσα.
(1) אֱלִישָׁה
Joseph. Ἐλισᾶς, Ἀλισᾶς.
Ge. 10. 4 (Samar. ࠀࠋࠉࠔࠄ): I Ch. 1. 7 (Luc. Ελισα).
(2) aliter in Heb.
I Ch. 3. 6 (B) (אלישמע) (Luc. Ελισαμα): Je. 43 (36). 20 (B S) (אלישמע), 21 (B S) (אלישמע).
(3) abest in Heb.
Ge. 10. 2: I Ch. 1. 5 (Luc. *om.*).

Ἐλεισάβεθ. אֱלִישֶׁבַע
Ex. 6. 23 (B) (Luc. Ελισαβεθ) (*Lucc.* Elisafat).

Ἐλεισαί (-λισ.). אֱלִישָׁה
Ez. 27. 7.

Ἐλεισαῖε (-λισ.).
Luc. Ελισσαιε.
(1) אֱלִישָׁע
III Ki. 19. 16 (B), 17 (B), 19 (B): IV Ki. 2. 1 (B), 2 (B) *bis*, 3 (B), 4 (B), 5 (B), 6 (B), 9 (B) *bis*, 12 (B), 14 (B), 15 (B), 19 (B), 22 (B): 3. 11 (B), 13, 14: 4. 1 (B), 2 (B), 8 (B), 17 (B), 32 (B), 38 (B): 5. 8 (B) (Luc. ὁ ἄνθρωπος τοῦ θεοῦ), 9 (B), 10 (B), 20 (B), 25 (B): 6. 1 (B), 12 (B) (*Vind.* Helisseus), 17 (B) *bis*, 18 (B), 19 (B), 20 (B), 31 (B), 32 (B): 7. 1 (B): 8. 1 (B), 4 (B), 5 (B), 7 (B), 10 (B), 13 (B), 14 (B) *bis*: 9. 1 (B): 13. 14 (B) (*Vind.* Heliseus), 15 (B), 16 (B), 20 (B), 21 (B) *bis*.
[Aq. IV Ki. 13. 17.]
[Quint. IV Ki. 6. 21.]
(2) aliter in Heb.
IV Ki. 2. 13 (B) (pron. suff.), 18 (B) (אלהם) (Luc. αὐτοῖς): 4. 25 (B) (איש־האלהים) (Luc. ὁ ἄνθρωπος

τοῦ θεοῦ et sic in seqq), 27 (B) (איש האלהים) *bis*: 5. 14 (B) (איש האלהים), 15 (B) (איש האלהים): 6. 9 (B) (איש האלהים) (Luc. Ελισσαιε), 10 (B) (איש האלהים), 15 (B) (איש האלהים): 7. 2 (B) (איש האלהים), 18 (B) (איש האלהים) (Luc. Ελισσαιε), 19 (B) (איש האלהים): 8. 2 (B) (איש האלהים).

(3) abest in Heb.

III Ki. 19. 20 (B): IV Ki. 2. 13 ($B^{ab\,mgg}$), 16 (B), 20 (B), 21 (B) (Luc. Ελισσαιε): 4. 7 (B), 16 (B), 29 (B), 30 (B), 33 (B), 36 (B) *bis*, 38 (B), 41 (B): 5. 16 (B), 19 (B), 26 (B): 6. 16 (B): 7. 2 (B), 19 (B): 8. 4 (B) (איש האלהים seq), 5 (B), 9 (B): 13. 18 (B).

(4) in libr. apocr.

Si. 48. 12 (13).

Ἐλεισαμά (-λισ.). אֱלִישָׁמָע

Nu. 1. 9 (10) (*Lugd.* Elismama): 2. 18: 7. 48, 53: 10. 22: II Ki. 5. 16 (Luc. *om.*): IV Ki. 25. 25 (Luc. Ελισαμαν): I Ch. 2. 41: 3. 6 (A), 8: 7. 26 (A): 14. 7 (A): II Ch. 17. 8 (*Lu.* Felimasat): Je. 43 (36). 12, 20 (A Q), 21 (A Q).

[Aq., Sm., Th. Je. 41 (48). 1.]

Ἐλεισαμάε. אֱלִישָׁמָע

I Ch. 14. 7 (B S) (Luc. Ελισαμα).

Ἐλεισάφ (-λισ.). (1) אֶלְיָסָף

Luc. Ελισαφαν.

Nu. 1. 14 (*Lugd.* Elisab): 2. 14 (Luc. Ελισαφ[αν]) (*Lugd.* Elisaf): 3. 24 (Luc. Ελισαφαν): 7. 42 (*Mon.* Elisaf), 47: 10. 20.

(2) aliter in Heb.

II Es. 10. 24 (אלישיב) (Luc. Ελιασουβ).

Ἐλεισαφάν (-λισ.). (1) אֱלִיצָפָן

Nu. 3. 30: 34. 25 (*Mon.* Elissafan) (*Lugd.* Elizaphan): II Ch. 29. 13.

(2) אֶלְצָפָן

Ex. 6. 22 (Samar. ࠀࠋࠉࠑࠐࠍ) (*Lugd.* Elisapham) (*Lucc.* Elisa): Le. 10. 4 (Samar. ࠀࠋࠉࠑࠐࠍ) (*Lugd.* Elisafath): I Ch. 15. 8 (A).

(3) aliter in Heb.

II Ch. 23. 1 (B) (אלישפט) (Luc. Ελισαφατ).

Ἐλεισαφάτ (-λισ.). (1) אֱלִישָׁפָט

II Ch. 23. 1 (A).

(2) aliter in Heb.

I Ch. 15. 8 (B S) (אליצפן) (Luc. Ελισαφαν).

Ἐλεισούβ (-λισ.). אֶלְיָשִׁיב

Luc. Ελιασουβ.

II Es. 10. 6 (Joseph. Ἐλεάσιβος, Ἐλιάσιβος), 27 (A B): 13 (Ne. 3). 1: 22 (Ne. 12). 23 (S*): 23 (Ne. 13). 7 (S*), 28 (A B S*).

Ἐλεισοῦε (-λισ.). aliter in Heb.

II Es. 22 (Ne. 12). 23 (A B) (אלישיב) (Luc. Ελιασουβ).

Ἐλεισούρ (-λισ.). אֱלִיצוּר

Nu. 1. 5: 2. 10: 7. 30, 35: 10. 18.

Ἐλεισοῦς (-λισ.). אֱלִישׁוּעַ

II Ki. 5. 15 (Luc. Ελισουε) (Joseph. Ἐλίης, Ἐλιφάλης?) (*Vind.* Elisuel).

Ἐλειφάαθ (-λιφ.). (1) אֱלִיפֶלֶט

II Ki. 5. 16 (Luc. Ελιφαλαθ) (*Vind.* Elipat).

(2) abest in Heb.

II Ki. 5. 16 (B) (= אליפלט) (Luc. Ελιφαλαθ?).

Ἐλειφάζ (-λιφ.). (1) אֱלִיפַז

Joseph. Ἀλιφάζης, Ἐλιφάζης.

Ge. 36. 4 (E), 10 (E) (Luc. Ελιφας), 12 (E) *bis*, 15 (D) (*Wirc.* Elifas), 16 (E): I Ch. 1. 35 (A), 36 (A): Jb. 2. 11: 4. 1 (A): 15. 1 (A S): 22. 1 (A): 42. 7 (A S), 9 (A S).

(2) abest in Heb.

I Ch. 1. 36 (A): Jb. 42. 17 e (S C), 17 e (A).

Ἐλειφάλα, Ἐλιφαλά. (1) אֱלִיפְלֵהוּ

I Ch. 15. 18 (A) (Luc. Ελιφαλ).

(2) aliter in Heb.

I Ch. 3. 8 (B) (אליפלט) (Luc. Ελιφααδ).

(3) in libr. apocr.

I Es. 8. 39 (42) (B) (= אליפלט Ezr. 8. 13) (Luc. Ελιφαλατ).

Ἐλειφάλατ. in libr. apocr.

I Es. 9. 33 (= אליפלט Ezr. 10. 33) (Luc. Ελιαφαλετ).

Ἐλειφάλεθ. (1) אֱלִיפֶלֶט

II Es. 10. 33 (B^{ab} S) (Luc. Ελιφαλετ).

(2) אֶלְפֶּלֶט

I Ch. 14. 5 (B) (Luc. Ελιφαλετ).

Ἐλειφάλετ (-λιφ.). (1) אֱלִיפֶלֶט

II Ki. 23. 34 (A) (Luc. ὁ Φελλι): I Ch. 3. 6 (A) (Luc. Ελιφαθ), 8 (A) (Luc. Ελιφααδ): 8. 39 (A): 14. 7 (A) (Luc. Ελιφαλατ): II Es. 10. 33 (A).

(2) אֶלְפֶּלֶט

I Ch. 14. 5 (A S).

Ἐλειφαλήθ. אֱלִיפֶלֶט

I Ch. 3. 6 (B) (Luc. Ελιφαθ).

Ἐλειφάνεθ. aliter in Heb.

II Es. 10. 33 (B*) (אליפלט) (Luc. Ελιφαλετ).

Ἐλειφάς (-λιφ.). (1) אֱלִיפַז

Ge. 36. 4 (A D) (Luc. Ελιφαζ), 10 (A D), 11, 12 (A D) *bis*, 15 (A), 16 (A D): I Ch. 1. 35 (B) (Luc. Ελιφαζ), 36 (B): Jb. 4. 1 (B S C): 15. 1 (B C [?]): 22. 1 (B S C [?]): 42. 7 (B C), 9 (B C).

(2) abest in Heb.

Jb. 42. 17 e (A B).

Ἐλειφενά. aliter in Heb.

I Ch. 15. 18 (B S) (אליפלהו) (Luc. Ελιφαλ).

Ἐλεκέθ. חֶלְקַת

Jo. 19. 25 (B*) (Luc. Ελκαθ).

Ἐλεμεέ. aliter in Heb.

I Ch. 20. 5 (B) (לחמי) (Luc. Λοομι).

Ἐλεμιά. aliter in Heb.

II Es. 23 (Ne. 13). 13 (B^{b}) (שלמיה) (ς praec.) (Luc. Σελεμίας).

Ἐλεσά. aliter in Heb.

Je. 48 (41). 1 (S) (אלישמע).

Ἐλεύθερος. in libr. apocr.

I Ma. 11. 7: 12. 30.

Ἐλζαβάδ (A), **Ἐληζαβάθ** (B). אֶלְזָבָד

I Ch. 26. 7 (Luc. Ιεζαβαδ).

Ἐλθειήλ (? Ἐλεειήλ). aliter in Heb.

I Ch. 11. 45 (B S) (ידיעאל) (Luc. Ιεδιηλ).

Ἐλθεκέν. אֶלְתְּקֹן

Jo. 15. 59 (A).

Ἐλθεκώ. (1) אֶלְתְּקֵא

Jo. 21. 23 (A) (Luc. Ελθεκα).

(2) אֶלְתְּקֵה

Jo. 19. 44 (A) (Luc. Ελθεκειν).

Ἐλθουδάδ (A), **Ἐλθουλά** (B). אֶלְתּוֹלַד

Jo. 19. 4 (Luc. Ελθουλαδ).

Ἐλθωδάδ. אֶלְתּוֹלַד

Jo. 15. 30 (A) (Luc. Ελθωλαδ).

Ἐλιά, *vid.* Ἐλειά.

Ἐλιαανά. אֶלְיְהוֹעֵינַי

II Es. 8. 4 (A) (Luc. Ελιανα).

Ἐλιάβ (Ἐλειάβ). (1) אָהֳלִיאָב

Joseph. Ἐλίβαζος, Ἐλίαβος.

Ex. 31. 6: 35. 34: 36. 1, 2: 37. 21 (38. 23) (*Lugd.* Eliam).

(2) אֱלִיאָב

Nu. 1. 9: 2. 7: 7. 24 (*Lugd.* Eliam), 29: 10. 16: 16. 1, 12: 26. 8, 9: De. 11. 6: I Ki. 16. 6 (Joseph. Ἰάναβος, Ταλίαβος, Ἐλίαβος): 17. 13 (A), 28 (A [β sup ras $A^{a?}$]), 28 (A): I Ch. 2. 13: 6. 27 (12): 12. 9: 15. 18 (A), 20: 16. 5: II Ch. 11. 18 (A).

(3) אֶלְיַחְבָּא

II Ki. 23. 32 (A) (Luc. Σαλαβαθ).

(4) אֱלִיעָם

II Ki. 11. 3 (*Vind.* Ela): 23. 34 (B) (Luc. Θαλααμ).

(5) aliter in Heb.

I Ch. 12. 11 (B S) (אליאל) (Luc. Ελιηλ): 27. 18 (אליהו).

(6) abest in Heb.

III Ki. 4. 6.

(7) in libr. apocr.

Ju. 8. 1 (A B).

Ἐλιαβά. (1) אֱלִיאָב

I Ch. 15. 18 (B S[1]) (Luc. Ελιαβ).

(2) אֶלְיַחְבָּא

I Ch. 11. 33 (A) (Luc. Ελιβα).

Ἐλιαβιεί. aliter in Heb.

I Ch. 24. 12 (B) (אלישיב) (Luc. Ελιασουβ).

Ἐλιαδά, *vid.* Ἐλειαδά.

Ἐλιαδάε. אֶלְיָדָע

Luc. Ελιαδαθ: *Lu.* Anadeth.

III Ki. 11. 14 (23) (B), 22 (23) (A) (Luc. *om.*).

Ἐλιαδάς. in libr. apocr.

I Es. 9. 28 (= אליועני Ezr. 10. 27) (Luc. Ελιωναι).

Ἐλιάζαρ. (1) אֱלִיעֶזֶר

II Es. 10. 23 (S) (Luc. Ελιεζερ).

(2) אֶלְעָזָר

I Ch. 23. 21 (A) (Luc. Ελεαζαρ).

Ἐλιαζέρ. aliter in Heb.

I Ch. 12. 12 (B S) (אלזבד) (Luc. Ελζαβαδ).

Ἐλιαζήρ. aliter in Heb.

II Ki. 24. 5 (A) (אל-יעזר) (Luc. Ιεζερ).

Ἐλιάθ. אֱלִיָּתָה

I Ch. 25. 27 (A) (Luc. Ηλιθα).

Ἐλιαθά. אֱלִיאָתָה

I Ch. 25. 4 (A) (Luc. Ηλιθα).

Ἐλιάκ. abest in Heb.

III Ki. 4. 6 (Luc. *om.*).

Ἐλιακείμ (-κίμ). (1) אֶלְיָקִים

IV Ki. 18. 18 (Joseph. Ἐλιακίας, Ἐλιάκιμος), 26, 37: 19. 2: 23. 34 (Joseph. Ἐλιάκειμος): II Ch. 36. 4: II Es. 22 (Ne. 12). 41 ($S^{c.a\,mg}$): Is. 22. 20: 36. 3, 11, 22: 37. 2.

(2) aliter in Heb.

I Ch. 24. 12 (A) (יקים) (ל praec.) (Luc. Ιακειμ).

Ἐλιαλεί. in libr. apocr.

I Es. 9. 34 (A) (? = בנוי Ezr. 10. 38) (Luc. Βοννει?).

Ἐλιαλωνίας. in libr. apocr.

I Es. 8. 31 (34) (B) (= אליהועיני Ezr. 8. 4) (Luc. Ελιανα).

Ἐλιάν. aliter in Heb.

II Ch. 11. 18 (B) (אליאב) (Luc. Ελιαβ).

Ἐλιανά. אֶלְיְהוֹעֵינַי

II Es. 8. 4 (B).

Ἐλίας. aliter in Heb.

IV Ki. 22. 3 (B) (אצליהו) (Luc. Ἐσσελίας).

Ἐλιάσεβος. in libr. apocr.

I Es. 9. 24 (B) (= אלישיב Ezr. 10. 24) (Luc. Ελιασουβ).

Ἐλιασείβ, *vid.* **Ἐλειασείβ.**

Ἐλιασείς. in libr. apocr.

I Es. 9. 34 (? = יעשו*, יעשי ["ק] Ezr. 10. 37) (Luc. *om.*).

Ἐλιάσιβος. in libr. apocr.

I Es. 9. 1 (A) (= אלישיב Ezr. 10. 6) (Luc. *om.*), 24 (A) (= אלישיב Ezr. 10. 24) (Luc. Ελιασουβ).

Ἐλιάσιμος, *vid.* **Ἐλειάσειμος.**

Ἐλιασούβ, *vid.* **Ἐλειασούβ.**

Ἐλιάφ. aliter in Heb.

III Ki. 4. 3 (B) (אליחרף) (Luc. Ελιαβ).

Ἐλιαωνίας. in libr. apocr.

I Es. 8. 31 (34) (A) (= אליהועיני Ezr. 8. 4) (Luc. Ελιανα).

Ἐλιβά. אֱלִיאָב

I Ch. 15. 18 (S*) (Luc. Ελιαβ).

Ἐλιβάμα (-ειβ.), (-ας). (1) אָהֳלִיבָמָה

Ge. 36. 18 (D), 41 (D^{vid}) (Luc. Ἐλιβαμᾶς) (*Lucc.* Telimas).

(2) abest in Heb.

I Ch. 1. 41 (A).

Ἐλιβαμᾶς, *vid.* **Ἐλειβαμᾶς.**

Ἐλιβέμα (-βέμας nom.). אָהֳלִיבָמָה

Luc. Ἐλιβαμά.

Ge. 36. 14 (A E), 18 (A), 41 (A E) (Luc. Ἐλιβαμᾶς).

Ἐλιδαέ. אֶלְיָדָע

II Ki. 5. 16 (A) (Luc. *om.*).

Ἐλιεδά. אֶלְיָדָע

I Ch. 3. 8 (A) (Luc. Ελιαδα).

Ἐλιέζερ (-λει.). (1) אֱלִיעֶזֶר

Ge. 15. 2: Ex. 18. 4: I Ch. 7. 8: 15. 24: 23. 15, 17, 17 (A [ζερ in mg et sup ras A^a]): 26. 25: 27. 16: II Ch. 20. 37 (A): II Es. 10. 18, 23 (A B), 31.

(2) aliter in Heb.

II Ki. 24. 5 (B) (אל־יעזר) (Luc. Ιεζερ).

(3) abest in Heb.

Ex. 2. 22 (F) (Joseph. Ἐλεάζαρος).

Ἐλιήλ, *vid.* **Ἐλειήλ.**

Ἐλιηλεί (-λί). אֱלִיאֵל

I Ch. 8. 20 (Luc. Ελιηλ).

Ἐλιμούθ. aliter in Heb.

I Ch. 12. 20 (B S) (אליהוא) (Luc. Ελιου).

Ἐλίου. אֱלִיהוּא

I Ki. 1. 1 (A) (Luc. Ειλι): I Ch. 26. 7 (A).

Ἐλιούδ. aliter in Heb.

I Ch. 12. 20 (A) (אליהוא) (Luc. Ελιου).

Ἐλιοῦς. (1) אֱלִיהוּא (*v.* אֱלִיהוּ Jb. 35. 1)

Jb. 32. 2, 4, 5, 6 (A B S C [?]), 17 (A B S C [?]): 34. 1 (A B S C [?]): 35. 1 (A B S C [?]): 36. 1.

(2) abest in Heb.

Jb. 33. 31 (A): 38. 1 (A B S C [?]).

Ἐλισά, *vid.* **Ἐλεισά.**

Ἐλισάβε (A*), **Ἐλισάβετ** (A^1 F). אֱלִישֶׁבַע

Ex. 6. 23 (Luc. Ελισαβεθ).

Ἐλισαί, *vid.* **Ἐλεισαί.**

Ἐλισαιέ, *vid.* **Ἐλεισαῖε.**

Ἐλισαμά, *vid.* **Ἐλεισαμά.**

Ἐλισαύ. אֱלִישׁוּעַ

I Ch. 14. 5 (A) (Luc. Ελισουε).

Ἐλισάφ, *vid.* **Ἐλεισάφ.**

Ἐλισαφάν, *vid.* **Ἐλεισαφάν.**

Ἐλισού. aliter in Heb.

II Es. 10. 27 (S) (אלישיב) (Luc. Ελιασουβ).

Ἐλισούβ, *vid.* **Ἐλεισούβ.**

Ἐλισοῦε, *vid.* **Ἐλεισοῦε.**

Ἐλισούρ, *vid.* **Ἐλεισούρ.**

Ἐλισοῦς, *vid.* **Ἐλεισοῦς.**

Ἐλισσαί. אֱלִישָׁע

IV Ki. 6. 20 (A) (Luc. Ελισσαιε).

Ἐλισσαῖε.

Joseph. Ἐλισσαῖος.

(1) אֱלִישָׁע

III Ki. 19. 16 (A), 17 (A), 19 (A): IV Ki. 2. 1 (A), 2 (A) *bis*, 3 (A), 4 (A), 5 (A), 6 (A), 9 (A) *bis*, 12 (A), 14 (A), 15 (A), 19 (A), 20 (A), 22 (A): 3. 11 (A): 4. 1 (A), 2 (A), 8 (A), 17 (A), 32 (A), 38 (A): 5. 8 (A) (Luc. ὁ ἄνθρωπος τοῦ θεοῦ), 9 (A), 10 (A), 20 (A), 25 (A): 6. 1 (A), 12 (A), 17 (A) *bis*, 18 (A) *bis*, 19 (A), 21 (A), 31 (A), 32 (A): 7. 1 (A): 8. 1 (A), 4 (A), 5 (A) (Luc. *om.*), 7 (A), 10 (A), 13 (A), 14 (A) *bis*: 9. 1 (A): 13. 14 (A), 15 (A), 16 (A), 17 (A), 20 (A), 21 (A) *bis*.

(2) aliter in Heb.

III Ki. 19. 19 (A) (אליהו): IV Ki. 2. 13 (A) (pron. suff.), 18 (A) (אלהם) (Luc. αὐτοῖς): 4. 25 (A) (איש־האלהים) (Luc. ὁ ἄνθρωπος τοῦ θεοῦ et sic in seqq.), 27 (A) (איש האלהים) *bis*: 5. 14 (A) (איש האלהים), 15 (A) (איש האלהים): 6. 9 (A) (איש האלהים), 10 (A) (איש האלהים), 15 (A) (איש האלהים) (Luc. Ελισσαιε τοῦ ἀνθρώπου τοῦ θεοῦ): 7. 2 (A) (איש האלהים), 18 (A) (איש האלהים), 19 (A) (איש האלהים): 8. 2 (A) (איש האלהים).

(3) abest in Heb.

III Ki. 19. 20 (A): IV Ki. 2. 4 (A), 13 (A), 16 (A), 21 (A) (Luc. *om.*): 4. 7 (A) (Luc. *om.*), 16 (A), 29 (A), 30 (A), 33 (A), 36 (A) *bis*, 38 (A), 41 (A): 5. 16 (A), 19 (A), 26 (A): 6. 16 (A): 7. 2 (A), 19 (A): 8. 4 (A) (איש האלהים et sic in seqq), 5 (A), 9 (A): 13. 18 (A).

Ἐλιφάαθ, *vid.* **Ἐλειφάαθ.**

Ἐλιφάαλ. אֱלִיפַל *v.* אֱלִיפָל

I Ch. 11. 35 (A) (Luc. Ελιφαελ).

Ἐλιφάζ, *vid.* **Ἐλειφάζ.**

Ἐλιφάθ. abest in Heb.

Ge. 36. 11 (E) (Luc. *om.*).

Ἐλιφαλά, *vid.* **Ἐλειφάλα.**

Ἐλιφαλάθ. אֱלִיפֶלֶט

II Es. 8. 13 (A^{vid}) (Luc. Ελιφαλατ).

Ἐλιφαλαίας. אֱלִיפְלֵהוּ

I Ch. 15. 21 (A) (Luc. Ελιφαλ).

Ἐλιφάλατος. in libr. apocr.

I Es. 8. 39 (42) (A) (= אליפלט Ezr. 8. 13) (? Ελιφαλα τοῦ) (Luc. Ελιφαλατ).

Ἐλιφάλεις. aliter in Heb.

I Ch. 8. 39 (B) (אליפלט) (Luc. Ελιφαλετ).

Ἐλιφάλετ, *vid.* **Ἐλειφάλετ.**

Ἐλιφάς, *vid.* **Ἐλειφάς.**

Ἐλιωδᾶς. in libr. apocr.

I Es. 9. 32 (B) (= אליעזר Ezr. 10. 31) (Luc. Ελιεζερ).

Ἐλιωζί. אֶלְעוּזַי

I Ch. 12. 5 (A) (Luc. Ελιεζερ).

Ἐλιωήλ. aliter in Heb.

I Ch. 15. 18 (B) (עני) (Luc. Ἀνανίας).

Ἐλιωηναί.

Luc. Ελιωναι.

(1) אֶלְיְהוֹעֵינַי

I Ch. 26. 3 (A).

(2) אֶלְיוֹעֵינַי

I Ch. 3. 23 (A): 7. 8 (A): II Es. 10. 22 (A) (Luc. Ελιαωναι).

(3) אֶלְיוֹעֵנַי

II Es. 10. 27 (A^1): 22 (Ne. 12). 41 ($S^{c.amg}$).

(4) אֶלְיוֹעֵינַי

I Ch. 8. 20 (A) (Luc. Ηλιωναι).

Ἐλιώθ. aliter in Heb.

I Ch. 2. 18 (B) (יריעות) (Luc. Ιερειωθ).

Ἐλιωλιαδ. aliter in Heb.

I Ch. 8. 20 (B) (אליעיני) (Luc. Ηλιωναι).

Ἐλιωνά. (1) אֶלְיוֹעֵינַי

II Es. 10. 22 (B S) (Luc. Ελιωναι).

(2) אֶלְיוֹעֵנַי

II Es. 10. 27 (A^{*vid} [Ελιων...] B) (Luc. Ελιωναι).

Ἐλιωναί. אֶלְיוֹעֵינַי

I Ch. 4. 36 (B).

Ἐλιωναίς. (1) אֶלְיְהוֹעֵינַי

I Ch. 26. 3 (B) (Luc. Ελιωναι).

(2) in libr. apocr.

I Es. 9. 22 (B [pro E al lit coep B*]) (= אליועיני Ezr. 10. 22) (Luc. Ελιαωναι).

Ἐλιωνάν. אֶלְיוֹעֵנַי

II Es. 10. 27 (S) (Luc. Ελιωναι).

Ἐλιωνᾶς. in libr. apocr.

I Es. 9. 22 (A) (= אליועיני Ezr. 10. 22) (Luc. Ελιαωναι), 32 (A) (= אליעזר Ezr. 10. 31) (Luc. Ελιεζερ).

Ἐλιωνηί. אֶלְיוֹעֵינַי

I Ch. 4. 36 (A) (Luc. Ελιωναι).

Ἐλιωνναί. אֶלְיוֹעֵינַי

I Ch. 3. 24 (A) (Luc. Ελιωνα).

Ἐλκαί. חַלְקַי

II Es. 22 (Ne. 12). 25 ($S^{c.amg\,inf}$) (Luc. Χελκίας).

Ἐλκαίσεος, *vid.* **Ἐλκεσαῖος.**

Ἐλκανά. (1) אֶלְקָנָה

Joseph. Ἀλκάνης: *Lucc.* Helchana.

Ex. 6. 24 (Syr. ܐܠܩܢܐ) (*Lugd.* Hilcana): I Ki. 1. 1, 4, 8, 19 (A) (*Vind.* Helcana), 21, 23: 2. 20: I Ch. 6. 23 (8) ($A^{a?}$ [sup ras] B), 25 (10) ($A^{a?}$ [sup ras] B), 26 (11) ($A^{a?}$ [sup ras] B), 27 (12), 34 (19), 35 (20), 36 (21): 9. 16 (A): II Ch. 28. 7 (Luc. Ελκαναν).

(2) abest in Heb.
I Ki. 1. 5, 19.

Ἑλκειά.
Luc. Χελκίας.
(1) חִלְקִיָּה
II Es. 7. 1 (B) : 18 (Ne. 8). 4 (B) : 21 (Ne. 11). 11 (B S).
(2) aliter in Heb.
II Es. 10. 15 (B S) (תקוה) (Luc. Θεκουε).
(3) in libr. apocr.
Ju. 8. 1.

Ἐλκεσαῖος (-καίσεος, -κέσεος). אֶלְקֹשִׁי
Na. 1. 1.

Ἑλκιαού. חִלְקִיָּהוּ
[Aq. IV Ki. 23. 24 (Bi.).]

Ἑλκίας. חִלְקִיָּה
II Es. 22 (Ne. 12). 21 (S^c.a mg inf) (Luc. Χελκίας).

Ἐλκωθάιμ. אֶלְתְּקֵא
Jo. 21. 23 (B) (Luc. Ελθεκα).

Ἐλλάαμ. aliter in Heb.
I Ch. 11. 46 (B) (אלנעם) (Luc. Θαναaμ).

Ἐλλαδά. aliter in Heb.
I Ch. 1. 33 (B) (אלדעה) (Luc. Ελδαα).

Ἐλλάμ. aliter in Heb.
I Ch. 11. 46 (S^vid) (אלנעם) (Luc. Θαναaμ).

Ἐλλαμαθάμ. aliter in Heb.
IV Ki. 24. 8 (A) (אלנתן) (Luc. Ελλαναθαν).

Ἐλλάν. aliter in Heb.
I Ch. 20. 5 (B) (אלחנן) (Luc. Ελεαναν).

Ἐλλαναθάμ. אֶלְנָתָן
IV Ki. 24. 8 (B) (Luc. Ελλαναθαν).

Ἑλλάς. (1) יָוָן
Is. 66. 19 : Ez. 27. 13.
(2) in libr. apocr.
I Ma. 1. 1 : 8. 9.
(3) adnot. scr.
Da. LXX. 11. 2 (adnot Syr.^mg).

Ἐλλασάρ. אֶלָּסָר
Luc. Ελλασαρ : Syr. ܠܣܪ.
Ge. 14. 1 (D E), 9.

Ἐλλή. aliter in Heb.
II Ch. 29. 12 (B) (יהללאל) (Luc. Ιαλεηλ).

Ἐλλήλ. הִלֵּל
Luc. Ελλημ.
Jd. 12. 13 (B), 15 (B^1).

Ἕλλην. (1) aliter in Heb.
Jl. 3 (4). 6 (יון) : Za. 9. 13 (יון) : Is. 9. 12 (11) (פלשתים) : Da. LXX., TH. 8. 21 (יון) : 10. 20 (יון) : 11. 2 (יון).
[Aq., Sm. Da. 11. 2 (יון) (Syr.^mg) (Sw.).]
[Th. Da. 11. 2 (יון).]
(2) abest in Heb.
Jl. 2. 25 (adnot Q^mg) : Da. LXX. 7. 6 (adnot 87^mg).
(3) in libr. apocr.
I Ma. 1. 10 : 6. 2 (A V) : 8. 18 : II Ma. 4. 36 : 11. 2 : III Ma. 3. 8 : IV Ma. 18. 20.

Ἑλληνικός. (1) aliter in Heb.
Je. 26 (46). 16 (היונה) : 27 (50). 16 (היונה).
(2) in libr. apocr.
II Ma. 4. 10, 15 : 6. 9 : 11. 24 : 13. 2 : IV Ma. 8. 8.
(3) adnot. scr.
Ez. 47. 8 (Q^mg) (Sw.).

Ἑλληνίς. in libr. apocr.
II Ma. 6. 8 (A).

Ἑλληνισμός. in libr. apocr.
II Ma. 4. 13.

Ἐλλής. חֶלֶץ
II Ki. 23. 26 (A) (Luc. Χαλλης).

Ἐλλήχ. הִלֵּל
Jd. 12. 15 (B*^vid) (Luc. Ελλημ).

Ἐλλυμαΐς. in libr. apocr.
To. 2. 10 (B).

Ἐλλών. aliter in Heb.
II Ki. 23. 28 (B) (צַלְמוֹן) (Luc. Ελιμαν).

Ἐλμέθεμ. aliter in Heb.
I Ch. 7. 8 (A) (עלמת) (Luc. Αλαμωθ).

Ἐλμωδάδ. אַלְמוֹדָד
Joseph. Ἐλμόδαδος.
Ge. 10. 26 (A) (Luc. Ιελμωδαδ) : I Ch. 1. 20 (A).

Ἐλμωδάμ. אַלְמוֹדָד
Ge. 10. 26 (E) (Luc. Ιελμωδαδ).

Ἐλνάαμ. אֶלְנַעַם
I Ch. 11. 46 (A) (Luc. Θαναaμ).

Ἐλναθάμ. אֶלְנָתָן
II Es. 8. 16 (Luc. Ελναθαν).

Ἐλναθάν. (1) אֶלְנָתָן
II Es. 8. 16 (A) (Luc. *om.*) : Je. 43 (36). 12 (Q^mg), 25 (B S Q).
[Th. Je. 26 (33). 22.]
[Al. Je. 36 (43). 12.]
(2) in libr. apocr.
I Es. 8. 43 (45) (A) (= אלנתן Ezr. 8. 16) (Luc. Ελιναθαν).

Ἐλούδ. aliter in Heb.
III Ki. 4. 12 (A) (אחילוד) (Luc. Αχιαβ).

Ἐλούλ. (1) אֱלוּל
II Es. 16 (Ne. 6). 15 (A^vid B^b S) (Luc. Αλουλ).
(2) in libr. apocr.
I Ma. 14. 27 (A V).

Ἐλούμ. aliter in Heb.
II Es. 10. 29 (S) (מלוך) (Luc. Μαλουκ).

Ἐλυμαῖος. in libr. apocr.
Ju. 1. 6.

Ἐλυμαΐς (-μες). (1) עֵילָם
Da. LXX. 8. 2 (87*).
(2) in libr. apocr.
To. 2. 10 (A S) : I Ma. 6. 1 (A).

Ἐλφάαλ. אֶלְפַּעַל
I Ch. 8. 18 (A) (Luc. Ελειφααλ).

Ἐλφάλατ. abest in Heb.
II Ki. 5. 16 (B) (? = אליפלט) (Luc. Ελιφαλαθ).

Ἐλφάτ. aliter in Heb.
I Ch. 11. 35 (B S) (אליפל) (Luc. Ελιφαελ).

Ἐλχά, Ἐλχά. סַלְכָה
De. 3. 10 (ς praec.) (Luc. [Σ]ελχα) (*Lugd.* Chelchat) : Jo. 13. 11 (A) (ς praec.) (Luc. Σελχα) : I Ch. 5. 11 (B) (ς praec.) (Luc. Σελχα).

Ἐλχάαδ. aliter in Heb.
I Ch. 8. 18 (B) (אלפעל) (Luc. Ελειφααλ).

Ἐλχιά. חִלְקִיָּה
II Es. 21 (Ne. 11). 11 (A) (Luc. Χελκίας).

Ἐλώ. אֵילוֹן
Ge. 36. 2 (A*) (Luc. Αιλωμ).

Ἐλωείτης. aliter in Heb.
II Ki. 23. 28 (A) (אחחי) (Luc. Ακαχι).

Ἐλώθ. אֵילַת
IV Ki. 14. 22 (A) (Luc. Αιλαθ).

Ἐλώμ, *cf.* **Αἰλώμ.** (1) אֵילוֹן
Ge. 36. 2 (A^1) (Luc. Αιλωμ) (Joseph. Ηλων) : III Ki. 4. 9 (B) (Luc. Αιλων).
(2) abest in Heb.
Jo. 19. 47 a (Luc. *om.*).

Ἐλών, *vid.* **Αἰλών.**

Ἐμαεσειών. aliter in Heb.
III Ki. 9. 26 (B) (עציון) (Luc. Γεσιων-).

Ἐμάθ, *vid.* **Αἰμάθ.**

Ἐμαθδώρ. חַמּוֹת דֹּאר
Jo. 21. 33 (A) (Luc. Αμαθδωρ).

Ἐμαθείς (A), **Ἐμαθθίς** (B). in libr. apocr.
I Es. 9. 29 (= עתלי Ezr. 10. 28) (Luc. Θελεει).

Ἐμάς. aliter in Heb.
Luc. Ελεασα.
I Ch. 2. 39 (B) (אלעשה), 40 (B) (אלעשה).

Ἐμασού. aliter in Heb.
II Ki. 23. 32 (B) (אליחבא) (Luc. Σαλαβαθ).

Ἐμάτ. חֲמַת
IV Ki. 23. 33 (B) (Luc. Εμαθ) : Za. 9. 2 (S^c.(a et c a vid b)).

Ἐμεεί. aliter in Heb.
I Ch. 25. 17 (B) (שמעי) (ς praec) (Luc. Σουρει).

Ἐμεθαί. אֲמִתַּי
[Th. Jn. 1. 1.]

Ἐμεκαχώρ. עֵמֶק עָכוֹר
Jo. 7. 24, 26.

Ἐμεκραφαείμ (A), **Ἐμεκραφαείν** (B). עֵמֶק רְפָאִים
Jo. 18. 16 (Luc. Εμεκ Ραφαειν).

Ἐμεμαών. חַמּוֹן
Jo. 19. 28 (B) (Luc. Αμων).

Ἐμερών. (1) חֶמְרָן
I Ch. 1. 41 (B) (Luc. Αμαδαμ).
(2) aliter in Heb.
III Ki. 16. 24 (A) (שמרון) (Luc. Σομορων).

Ἐμήρ.
Luc. Εμμηρ.
(1) אִמֵּר
I Ch. 9. 12 (B) : II Es. 2. 59 (B) : 17 (Ne. 7). 61 (A* vid).
(2) aliter in Heb.
II Ch. 18. 25 (B) (אמון) (Luc. Σεμμηρ).
(3) in libr. apocr.
I Es. 9. 21 (B) (= אמר Ezr. 10. 20).

Ἐμιούδ. (1) עַמִּיהוּד
Nu. 1. 9 (10) (B) : 2. 18 : 7. 48 (A B), 53 : 10. 22 (A B) : 34. 20 (A B^ab F) : II Ki. 13. 37 (ק) (Luc. Αμιουδ) (*Vind.* Amiot).
(2) עַמִּיחוּר
II Ki. 13. 37* (Luc. Αμιουδ).

Ἐμμάθ. חֲמַת
IV Ki. 14. 28 (B) (Luc. Εμαθ).

Ἐμμανουήλ. (1) עִמָּנוּאֵל
Is. 7. 14.
[Aq., Sm. Is. 7. 14.]
(2) abest in Heb.
Is. 8. 8 (adnot Q^mg) *bis*.

Ἐμμαούμ. in libr. apocr.

I Ma. 4. 3 (AS[c.a, a.b]) : 9. 50 (A).

Ἐμμαούς. in libr. apocr.

I Ma. 3. 57 (V).

Ἐμμήρ. (1) אִמֵּר

I Ch. 9. 12 (A [ρ̄ lineol superscr A[1 vel a?]]) : 24. 14 : II Es. 2. 37, 59 (A) : 10. 20 (ABS?) : 13 Ne. 3). 29 : 17 (Ne. 7). 40 (A) : 21 (Ne. 11). 13 (S[c.a mg inf]) : Je. 20. 1 (*Wirc.* Emmor).

(2) in libr. apocr.

I Es. 9. 21 (A) (= אמר Ezr. 10. 20).

Ἐμμηρούθ. in libr. apocr.

I Es. 5. 24 (A) (= אמר Ezr. 2. 37 : Ne. 7. 40) (Luc. Εμμηρ).

Ἐμμώθ. aliter in Heb.

II Ch. 11. 20 (B) (שלמית) (Luc. Σαλωμιθ).

Ἐμμών. (1) חֲמוֹר

Ge. 34. 8 (E) (Luc. Εμμωρ).

(2) רִמּוֹן

Jd. 20. 47 (B*) (Luc. Ρεμμων).

Ἑμμώρ.

Joseph. Ἔμμωρος.

(1) חֲמוֹר

Ge. 33. 19 : 34. 2, 4, 6 (AD), 8 (AD), 13 (AD), 18 *bis*, 20, 24, 26 (AD) : Jd. 9. 28.

(2) abest in Heb.

Ge. 34. 5.

Ἐμοσφεώς. aliter in Heb.

I Ch. 2. 53 (B) (ומשפחות) (Luc. *om.*).

Ἐμρά. abest in Heb.

Jo. 15. 35 (A*) (Luc. *om.*).

Ἐμφάλετ. aliter in Heb.

I Ch. 14. 7 (B) (אליפלט) (Luc. Ελιφαλατ).

Ἐμφαρίν. aliter in Heb.

Is. 37. 13 (S) (ספרוים) (ς praec.).

Ἐμωήδ. הַמּוֹעֵד

Je. 26 (46). 17.

Ἐνααταν. in libr. apocr.

I Es. 8. 43 (45) (B) (= אלנתן Ezr. 8. 16) (Luc. Ελιναθαν).

Ἔναβ. (1) aliter in Heb.

Jo. 13. 19 (B) (עמק) (Luc. Εμακ).

(2) in libr. apocr.

Ju. 8. 1 (S).

Ἐναγαλείμ. עֵין עֶגְלַיִם

Ez. 47. 10 (AB) (*Weingart.* Nagalim).

Ἐναδώμ. aliter in Heb.

Jo. 13. 27 (B) (עמק) (Luc. Εμεκ).

Ἐνάθ. אֻזְנוֹת

Jo. 19. 34 (B) (Luc. Αζωθ).

Ἐνάκ (**Αἰν.**), **Ἔνακ.** (1) עֵמֶק

Jo. 13. 19 (A) (Luc. Εμακ).

(2) עָנוֹק

Jo. 21. 11.

(3) עֲנָק

Nu. 13. 23 (22) (A), 29 (28) (AF) : De. 9. 2 : Jo. 15. 13, 14 : Jd. 1. 20.

(4) עֲנָקִים

De. 9. 2.

(5) abest in Heb.

Jd. 1. 10 (B).

Ἐνακά. aliter in Heb.

II Ki. 23. 25 (A) (אליקא) (Luc. *om.*).

Ἐνακείμ (**-κίμ**). (1) עֲנָקִים

De. 2. 10 (ABF?) (*Lugd.* Enacen), 11, 21 (*Lugd.* Enacin) : Jo. 11. 21, 22 : 14. 12, 15.

(2) aliter in Heb.

Je. 29 (47). 5 (עמקם) : 30 (49). 4 (ABS[1]Q) (עמקים)

Ἐνακείν. עֲנָקִים

De. 2. 10 (F*?1?) (Luc. Ενακειμ).

Ἐνακίμ, *vid.* **Ἐνακείμ.**

Ἐνάμ. abest in Heb.

Jd. 1. 10 (A) (Luc. Ενακ).

Ἐναμμάν (? ἐν Ἀμμάν). aliter in Heb.

Jd. 1. 30 (A) (נהלל) (Luc. Αμμαν).

Ἐναρέφ. aliter in Heb.

III Ki. 4. 3 (A) (אליחרף) (Luc. Ελιαβ).

Ἐνάσειβος (**-σιβ.**). in libr. apocr.

I Es. 9. 34 (= אלישיב Ezr. 10. 36) (Luc. Χελιασουβ).

Ἔνατος. in libr. apocr.

I Es. 5. 18 (B) (= ענתות Ezr. 2. 23 : Ne. 7. 27) (Luc. Αναθωθ).

Ἐνάχ. עֲנָק

Luc. Ενακ.

Nu. 13. 23 (22) (BF) (*Lugd.* Senac), 29 (28) (B) (*Lugd.* Inhac).

Ἐγγαδδεί (**-δί**). עֵין גֶּדִי, עֵין־גֶּדִי

Luc. Γαδδι : Joseph. Ἐνγαδδί, Ἐγγαδί, Ἐνγεδών, Ἐνγελαί.

I Ki. 24. 1, 2 : II Ch. 20. 2 (A) (Luc. Εγγαδδι) (Joseph. Ἐγγάδη) : Ca. 1. 14.

[**Sm.** CA. 1. 14.]

Ἐγγαδδείν. עֵין גֶּדִי

Ez. 47. 10 (A).

Ἐγγαδδί, *vid.* **Ἐγγαδδεί.**

Ἐγγαδδοί (**-οῖς**). in libr. apocr.

Si. 24. 14 (18) (S[c.a]).

Ἐγγαδεί. עֵין גֶּדִי

II Ch. 20. 2 (B) (Luc. Εγγαδδι).

Ἐνδέκελ. חִדֶּקֶל

Da. TH. 10. 4 (A).

[**Sm.** DA. 10. 4 (Q?) (Sw.).]

Ἐνέζ. קְנַז

Ge. 36. 11 (*D*) (και [κε] praec.) (Luc. Κενεζ).

Ἐνεμασσάρ (S), **Ἐνεμεσσάρ** (B). in libr. apocr.

To. 1. 15 (18).

Ἐνεμέσσαρος. in libr. apocr.

To. 1. 2, 13, 15 (18) (A), 16 (19).

Ἐνεμετιείν. עֲנָמִים

Ge. 10. 13 (E) (Samar. [Samaritan script]) (Luc. Αινειαμιειμ).

Ἐνήλ. aliter in Heb.

Luc. Ελιηλ.

I Ch. 15. 9 (S) (אליאל), 11 (B) (אליאל).

Ἐνήνιος. in libr. apocr.

I Es. 5. 8 (abest in Ezr. 2. 2 : נחמני Ne. 7. 7) (Luc. Νεμανι).

Ἐνήρ. (1) עָנֵר

I Ch. 6. 70 (55) (A) (Luc. Ανηρ).

(2) aliter in Heb.

I Ch. 15. 9 (B) (אליאל) (Luc. Ελιηλ).

Ἐνιακεφζήφ. יֶקֶב־זְאֵב

Jd. 7. 25 (B[b]) (εν praec.) (Luc. Ιακεβζηβ).

Ἐνλαμεί. abest in Heb.

III Ki. 12. 24 o (B) (Luc. Ἐλαμίτης) (*Vind.* Gaadita).

Ἐνναθώθ. הַנֵּתֹן

Jo. 19. 14 (A) (Luc. Αναθωθ).

Ἐννάκ, **Ἔννακ.** צְנָה

Nu. 34. 4 (B) (Luc. Εvακ) (*Mon.* Sennac) : Jo. 15. 3 (B*) (Luc. Σινα).

Ἐννατάν. in libr. apocr.

I Es. 8. 43 (45) (= אלנתן Ez. 8. 16) (Luc. Ελιναθαν).

Ἐνναχηρείμ. aliter in Heb.

Is. 37. 37 (S*) (סנחריב) (ς praec.).

Ἐννόμ, *cf.* **Βεεννόμ.** הִנֹּם

Jo. 15. 8 (A) *bis* : 18. 16 (A) (Luc. Ενομ) : IV Ki. 23. 10 (B) : II Ch. 33. 6 (B) (Luc. -εννομ) : II Es. 21 (Ne. 11). 30 (S[c.a (mg)]) : Je. 7. 31, 32 (ABS[c.a]Q) : 19. 6 (*Wirc.* Enom) : 39 (32). 35.

[**Aq.** JE. 19. 2.]

[**Sm.** IV KI. 23. 10 : JE. 19. 2.]

[**Th.** IV KI. 23. 10.]

Ἐννομόμ. הִנֹּם

IV Ki. 23. 10 (A [ομ bis scr]) (Luc. Εννομ).

Ἐννού. aliter in Heb.

I Ch. 26. 7 (B) (אליהו) (Luc. Ελιου).

Ἐννών. (1) aliter in Heb.

I Ch. 4. 8 (B) (ענוב) (Luc. Ανωβ).

(2) abest in Heb.

Jb. 42. 17 c.

Ἐντωφατείτης. נְטֹפָתִי

II Ki. 23. 28 (B) (Luc. Νετουφαθι).

Ἐνφάλετ. aliter in Heb.

I Ch. 14. 7 (S) (אליפלט) (Luc. Ελιφαλατ).

Ἐνφαναίας (B), **Ἐνφανίας** (S). aliter in Heb.

I Ch. 15. 21 (אליפלהו) (Luc. Ελιφαλ).

Ἐνφανδανώ (? ἐν Φ.). aliter in Heb.

Da. TH. 11. 45 (A) (אפדנו).

Ἐνώ. אוֹנוֹ

II Es. 16 (Ne. 6). 2 (B) (Luc. Ωνω).

Ἐνών. aliter in Heb.

Je. 50 (43). 13 (AQ*) (εν praec.) (ארץ מצרים).

Ἐνώς. אֱנוֹשׁ

Joseph. Ἄνωσος, Ἔνωσος.

Ge. 4. 26 (*Lucc.* Aenas) : 5. 6, 7, 9, 10, 11 : I Ch. 1. 1.

Ἐνώχ. (1) חֲנוֹךְ, חֲנֹךְ

Ge. 4. 17 *bis* (Luc. Ενως) (Joseph. Ἄνωχα, Ἔνωχα, Ἄνωχος, Ἔνωχος) (*Lucc.* Enos), 18 : 5. 18, 19, 21, 22, 23, 24 : 25. 4 : 46. 9 (Joseph. Ἀνώχης) : Ex. 6. 14 (*Lugd.* Enoc) : Nu. 26. 5 (*Lugd.* Enos) : I Ch. 1. 3, 33 : 5. 3.

[**Aq.** GE. 5. 22, 24.]

[**Sm.** GE. 5. 24.]

(2) חֲנֹכִי

Nu. 26. 5 (*Lugd.* Enosa [adj. fem.]).

(3) in libr. apocr.

Si. 44. 16 : 49. 14 (16).

Ἐπάτωρ. in libr. apocr.

II Ma. 13. 1 (V*).

Ἐπειήλ. aliter in Heb.

I Ch. 9. 6 (B) (יעואל) (Luc. Ιεηλ).

'Επιδαέ. אֶלְיָדָע

II Ki. 5. 16 (B) (Luc. *om.*) (*Vind.* Liba).

'Επιρώθ. פִּי הַחִירֹת

Nu. 33. 7 (στόμα praec.) (B*) (Luc. στόμα Ειρωθ) (*Mon.* Irot).

'Επιφάνεια. חֵמֶת

[Aq. II Ki. 8. 9.]

'Επιφανείς. in libr. apocr.

I Ma. 1. 10 (A).

'Επιφανής. (1) in libr. apocr.

I Ma. 1. 10 (S V): 10. 1: II Ma. 2. 20: 4. 7: 10. 9, 13: IV Ma. 4. 15.

(2) adnot. scr.

Da. LXX. 8. 9 (87$^{mg\,sup}$).

'Επιφαρουαίμ. aliter in Heb.

Is. 36. 19 (B*) (ספרוים) (ς praec.) (Luc. Σεπφαρειμ).

'Επιφεί (-φί). in libr. apocr.

III Ma. 6. 38 *bis*.

'Επφαρενί. aliter in Heb.

Is. 36. 19 (Q*) (ספרוים) (ς praec.) (Luc. Σεπφαρειμ).

'Επφαρουαίμ. aliter in Heb.

Is. 36. 19 (B^{1} Q^{mg}) (ספרוים) (ς praec.): 37. 13 (B) (ספרוים) (ς praec.).

'Εραήλ. aliter in Heb.

I Ch. 25. 2 (B) (אשראלה) (Luc. Ασειρηλα).

'Εργάβ. אַרְגֹּב

III Ki. 4. 13 (A) (Luc. Ραγαβαν).

'Εργασιών. aliter in Heb.

II Ch. 20. 36 (A) (= εν Γασ. בעציון) (Luc. ἐν Γεσιων).

'Εργέλ. aliter in Heb.

IV Ki. 17. 30 (B) (נרגל) (ν praec.) (Luc. Νιριγελ).

'Ερέβ. אֲרָב

Jo. 15. 52 (A).

'Ερειμώθ.

Luc. Ιεριμουθ.

(1) יְרִימוֹת

I Ch. 27. 19 (B).

(2) יְרֵמוֹת

I Ch. 25. 22 (B).

'Ερειφάθ. aliter in Heb.

I Ch. 1. 6 (B) (דיפת) (Luc. Ριφαθ).

'Ερεμάθ. aliter in Heb.

III Ki. 4. 13 (B) (רמת) (Luc. -ερμαθ).

'Ερεμμών. עֵין רִמּוֹן

Jo. 19. 7 (B) (Luc. Αιν καὶ Ρεμμων).

'Ερεταβάμ. aliter in Heb.

III Ki. 4. 13 (B) (ארגב) (Luc. Ραγαβαν).

'Ερεώ. רְחֹב

Jd. 1. 31 (B) (Luc. Ροωβ).

'Εριήλ. אַשְׂרִיאֵל

Jo. 17. 2 (A) (Luc. Εσριηλ).

'Εριφάθ. רִיפַת

Ge. 10. 3 (*D*) (Samar. ࠓࠉࠐࠕ) (Luc. Ριφαθ).

'Ερμά. חָרְמָה

Nu. 14. 45: De. 1. 44: Jo. 12. 14 (A): 15. 30 (B): 19. 4: I Ch. 4. 30 (Luc. Αραμα).

'Ερμάθ. חָרְמָה

Jo. 12. 14 (B) (Luc. Ερμα).

'Ερμάλ. חָרְמָה

Jo. 15. 30 (A) (Luc. Ερμα).

'Ερμάν. חָרְמָה

Nu. 14. 45 (B) (Luc. Ερμα).

'Ερμῆρος. in libr. apocr.

I Es. 5. 24 (B) (= אמר Ezr. 2. 37: Ne. 7. 40) (Luc. Εμμηρ).

'Ερμούθ. יְרִימוֹת

II Ch. 11. 18 (A) (Luc. Ιεριμουθ).

"Ερμων, 'Ερμών, 'Ερμών. (1) חֲמוֹר

Luc. Εμμωρ.

Ge. 34. 6 (E), 13 (E), 26 (E).

(2) חֶרְמוֹן

Luc. Αερμων.

I Ch. 5. 23 (A): Ca. 4. 8 (B).

[Aq., Sm. Ps. 88 (89). 13.]

(3) צַלְמוֹן

Jd. 9. 48.

(4) in libr. apocr.

III Ma. 5. 1, 4, 10, 18, 23, 26, 29, 33, 37.

'Ερμωνά. הַרְמוֹנָה

Am. 4. 3 (Q^{mg}).

'Ερμωνιεί. אַרְמֹנִי

II Ki. 21. 8 (A) (Luc. Αχι).

'Ερμωνιείμ (-ιίμ). (1) חֶרְמוֹן

Ps. 88 (89). 13 (ιμ fort rescr T?).

(2) חֶרְמוֹנִים

Ps. 41 (42). 7 (A B S R^{1} T).

[Sm. Ps. 41 (42). 7.]

'Ερμωνοεί. אַרְמֹנִי

II Ki. 21. 8 (B) (Luc. Αχι).

"Ερνιος. in libr. apocr.

II Ma. 11. 34 (V).

'Ερνωμείν. aliter in Heb.

Ps. 41 (42). 7 (R$^{*\,vid}$) (חרמונים).

'Ερόκ. aliter in Heb.

Jo. 16. 5 (B) (אדר) (Luc. Αδαρ).

'Ερούς. יְרוּשָׁא

IV Ki. 15. 33 (B) (Luc. Ιερουσα) (*Vind.* Deruia) (*Lucc.* Darbia).

'Ερωμάθ (B), **'Ερωμάφ** (A). aliter in Heb.

II Es. 13 (Ne. 3). 10 (חרומף) (Luc. Ερωμαφ).

'Ερωμώθ. עֵין וְרִמּוֹן

Jo. 15. 32 (B) (Luc. Αιν καὶ Ρεμμων).

"Ες. (1) אֶשְׁ[תְּמֹה]

Jo. 15. 50 (B^{b}) (Luc. Ασθεμω).

(2) יִשְׁעִי

I Ch. 4. 20 (A) (Luc. Ιεσοι).

'Εσαβανά. חֲשַׁבְנָה

II Es. 20. 25 (Ne. 10. 26) (Luc. Ασβανα).

'Εσαήλ. אָצֵל

Luc. Ασαηλ.

I Ch. 9. 43 (B S), 44 (S) *bis*.

'Εσάν. אָשָׁן

Jo. 15. 52 (A).

'Εσβεί (-βί). aliter in Heb.

Je. 26 (46). 17 (העביר).

'Εσβών. חֶשְׁבּוֹן

Jo. 21. 39 (37) (B) (Luc. [Εσεβων]).

[Sm. Is. 16. 9 (Εσβω̄ Q^{mg}).]

"Εσδ. חֶסֶד

III Ki. 4. 10 (A) (Luc. Εχω-).

'Εσδηρλών. in libr. apocr.

Ju. 3. 9 (14) (S*).

'Εσδρά. (1) עֶזְרָא

Luc. "Εζδρας.

II Es. 22 (Ne. 12). 1 (B S), 26 (S), 33 (S), 36 (S)

(2) abest in Heb.

II Es. 17 (Ne. 7). 7 (S) (Luc. *om.*).

'Εσδραηλών. in libr. apocr.

Ju. 3. 9 (14) (B).

"Εσδρας.

Luc. "Εζδρας: *Spec.* Hesdras.

(1) עֶזְרָא

II Es. *inscr.* (B): 10. 1 (S), 2 (S), 5 (S), 6 (S), 10 (S), 16 (S): 18 (Ne. 8). 1 (S), 2 (S), 4 (S), 5 (S), 6 (A S$^{c.a\,mg}$), 9 (S), 13 (S): 22 (Ne. 12). 13 (S).

(2) abest in Heb.

II Es. 9. 11 (adnot S$^{c.a\,mg\,inf}$): 18 (Ne. 8). 8 (S), 15 (S): 19 (Ne. 9). 6 (S): *subscr.* (B S).

(3) in libr. apocr.

I Es. *inscr.* (B): 8. 19 (21) (B) (= עזרא Ezr. 7. 21).

'Εσδράχ. aliter in Heb.

IV Ki. 19. 37 (B) (נסרך) (Luc. Ασραχ) (Joseph. 'Αράσκης).

'Εσδρεί (-ρί). (1) עֶזְרִי

Luc. Εζρει: *Spec.* Hesdri.

Jd. 6. 11 (B), 24 (B): I Ch. 27. 26 (B) (Luc. Εζραι).

(2) aliter in Heb.

II Ki. 21. 8 (A) (עדריאל) (Luc. Εζρι).

'Εσδρεικάν. עַזְרִיקָם

I Ch. 9. 44 (B) (Luc. Εζρικαμ).

'Εσδρηλώμ. in libr. apocr.

Ju. 7. 3 (A).

'Εσδρηλών. in libr. apocr.

Ju. 1. 8 (S): 3. 9 (14) (A S$^{c.a}$): 7. 3 (B S).

'Εσδρήμ. in libr. apocr.

Ju. 1. 8 (A).

'Εσδρί, *vid.* **'Εσδρεί.**

'Εσδριήλ.

Luc. Εζριηλ.

(1) עֲזַרְאֵל

II Es. 21 (Ne. 11). 13 (B S).

(2) עַזְרִיאֵל

I Ch. 5. 24 (B): Je. 43 (36). 26 (Q).

"Εσδρις. in libr. apocr.

II Ma. 12. 36.

'Εσεβάμα. שְׂבָם

Nu. 32. 3 (B^{ab}) (Samar. ࠔࠁࠌ) (Luc. Σεβαμα).

'Εσεβάν. אֶשְׁבָּן

I Ch. 1. 41 (A).

'Εσεβίας. חֲשַׁבְיָה

II Es. 20. 11 (Ne. 10. 12) (A S$^{c.a\,(mg)}$) (Luc. 'Ασαβίας).

'Εσεβοίν. חֶשְׁבּוֹן

Nu. 32. 37 (B$^{*\,fort}$) (Luc. Εσεβων).

'Εσεβών, 'Εσεβών. (1) אִבְצָן

Jd. 12. 8 (A), 10 (A) (ἐν 'Ε.).

(2) חֶשְׁבּוֹן

Nu. 21. 25, 26 (*Lugd.* Esbon), 27, 28 (*Lugd.* Sebon), 30, 34: 32. 3 (*Mon.* Seboon) (*Lugd.* Edebon), 37 (A B$^{ab\,salt}$ F) (*Mon.* Esebon): De. 1. 4: 2. 24, 26 (A B F$^{1\,mg}$), 30: 3. 2 (βω̄ sup ras A^{a}), 6: 4. 46: 29. 7 (6): Jo. 9. 16 (10) (A F):

12. 2, 5 : 13. 10, 17 (Luc. [Ε]σεβων), 26, 27 : 21. 39 (37) (A) (Luc. [Εσεβων]) : Jd. 11. 19, 26 : I Ch. 6. 81 (66) (Luc. Εσσεβων) : II Es. 19 (Ne. 9). 22 (A S$^{c.a\,mg}$) (Luc. Εσσεβων) : Ca. 7. 4 (5) : Is. 15. 4 : 16. 8, 9 : Je. 30 (49). 3 (A B S^{1} Q) : 31 (48). 2 (A B S$^{c.a\,mg}$ Q), 34.

[Sm. Je. 48 (31). 34.]
[Th. Je. 48 (31). 45 *bis*.]

(3) aliter in Heb.

Ps. 44 (45). 14 (B* S*) (corruptio pro ἔσωθεν) : Jb. 6. 19 (S$^{c.a}$) (שבא).

(4) abest in Heb.

De. 2. 31 (A B^{ab} F), 32 (A B^{ab} F) : III Ki. 4. 18 (19) (Luc. Εσσεβων).

(5) in libr. apocr.

Ju. 5. 15 (20) (A S).

Ἐσεβωνείτης (-νίτ.). in libr. apocr.

Ju. 5. 15 (20) (B).

Ἐσεδεκγωλά. aliter in Heb.

Jo. 19. 10 (B) (עד שריד : ועלה) (Luc. ἕως Σαρειδ καὶ προσαναβαίνει).

Ἐσεί. חֲצִי

I Ch. 2. 52 (A) (Luc. *om.*).

Ἐσειήλ. יַעֲשִׂיאֵל

I Ch. 11. 47 (S) (Luc. Ιεσσιηλ).

Ἐσειρά. aliter in Heb.

I Ch. 2. 52 (B) (חצי) (ρα transpos) (Luc. *om.*).

Ἔσελεκ. aliter in Heb.

I Ch. 8. 39 (A) (עשק) (Luc. Ασεκ).

Ἐσελώμ (A), **Ἐσελών** (B). abest in Heb.

I Ch. 4. 12 (Luc. Αθθομ).

Ἔσερ. חָצֹר

III Ki. 9. 15 (A) (Luc. *om.*) (Joseph. Ἄσωρος).

Ἐσεραήλ. אֲשַׂרְאֵל

I Ch. 4. 16 (A) (Luc. Ασερη καὶ Ιωαχειμ).

Ἐσερεβίας. in libr. apocr.

I Es. 8. 54 (55) (= שרביה Ezr. 8. 24) (Luc. Σαραβίας).

Ἐσερηχών. in libr. apocr.

Ju. 4. 6 (5) (A).

Ἐσερσοάλ. חֲצַר שׁוּעָל

II Es. 21 (Ne. 11). 27 (S$^{c.a\,mg}$) (Luc. Ασερσωαλ).

Ἐσερσουάλ. חֲצַר שׁוּעָל

I Ch. 4. 28 (A [ρ'σ, λ']) (Luc. Ασερσαωθ).

Ἐσερών.

Luc. Εσρων.

חֶצְרוֹן

I Ch. 2. 9 (B*) (Luc. Εσρωμ), 18 (B), 21 (B), 24 (B) *bis*, 25 (B).

Ἐσζρί. aliter in Heb.

II Es. 21 (Ne. 11). 15 (A) (עזריקם) (Luc. Εζρικαμ).

Ἐσζριήλ. עֲזַרְאֵל

Je. 43 (36). 26 (A).

Ἐσήλ. אָצֵל, אֲצַל

I Ch. 8. 37 (Luc. Ασσαηλ), 38 *bis* : 9. 43 (A) (Luc. Ασαηλ), 44 (A B) *bis*.

Ἐσηλεββών (B), **Ἐσηλλελφών** (B).

aliter in Heb.

I Ch. 4. 3 (הצללפוני) (Luc. Ασελαφωνει).

Ἐσηρεουλάβ. aliter in Heb.

I Ch. 4. 28 (B) (חצר שועל) (Luc. Ασερσαωθ).

Ἐσθάαμ. aliter in Heb.

I Ch. 2. 53 (B) (υἱοὶ Ἐ. = אשתאלי) (Luc. Εσθαολι).

Ἐσθαεί. aliter in Heb.

II Ki. 23. 29 (B) (אתי) (Luc. Εθθι).

Ἐσθαιμών (-θεμ.). אֶשְׁתְּמֹעַ

I Ch. 4. 17.

Ἐσθαιμωνή. aliter in Heb.

I Ch. 4. 19 (B) (אשתמע) (Luc. Εσθαμα).

Ἐσθαμώ. אֶשְׁתְּמֹעַ

I Ch. 6. 57 (42) (Luc. Χελων ?).

Ἐσθαοᾶ. אֶשְׁתָּאֹל, אֶשְׁתָּאוֹל

Luc. Εσθαωλ.

Jd. 16. 31 (B$^{b\,vid}$) : 18. 2 (B^{b}).

Ἐσθαόλ. אֶשְׁתָּאֹל, אֶשְׁתָּאוֹל

Luc. Εσθαολ, Εσθαωλ.

Jo. 19. 41 (A) : Jd. 13. 25 (B) : 16. 31 (A B*) : 18. 2 (A B*), 8, 11.

Ἐσθαολί. אֶשְׁתָּאוֹל

Jo. 15. 33 (A) (Luc. Ασθαωλ).

Ἐσθαωλαῖοι. אֶשְׁתָּאֻלִי

I Ch. 2. 53 (A) (Luc. Εσθαολι).

Ἐσθεῖε (B), **Ἐσθεμά** (A). aliter in Heb.

I Ki. 30. 28 (אשתמע) (Luc. *om.*).

Ἐσθεμώ. (1) אֶשְׁתְּמֹה

Jo. 15. 50 (A) (Luc. Ασθεμω).

(2) אֶשְׁתְּמוֹעַ

Jo. 21. 14 (A) (Luc. Ισθιμωε).

Ἐσθεμών, *vid.* **Ἐσθαιμών.**

Ἐσθήρ (Αἰσθ.).

Joseph. Ἐσθήρα, Ἔσθηρ.

(1) אֶסְתֵּר

Es. *inscr.* (A [mutil] B S) : 2. 7, 8, 10, 11, 15 *bis*, 16, 17, 18, 20 *bis*, 22 : 4. 5, 8, 9 (S), 10, 12, 13, 15, 17 : 5. 3, 4, 5 *bis*, 6, 7 (A), 12 (A S$^{c.a}$) : 6. 14 : 7. 1 (S$^{c.a\,mg}$), 2 (B S), 2, 3 (S$^{c.a\,mg\,sup}$), 5 (S$^{c.a\,mg}$), 6, 7 (S$^{c.a\,(mg)}$) : 8. 1 *bis*, 2, 3 (S$^{c.a}$), 4 *bis*, 7 : 9. 12, 13, 29, 30 (31), 31 (32).

(2) abest in Heb.

Es. 5. 6 : 8. 5 : *subscr.* : adnot (S$^{c.a,\,c.b\,mg\,inf}$).

(3) in libr. apocr.

Es. C 12 (14. 1) : D 9 (15. 12), 12 (15. 15) (A) : E (16). 13 : F 3 (10. 6).

Ἐσθράχ. aliter in Heb.

IV Ki. 19. 37 (A) (נסרך) (Luc. Ασραχ).

Ἐσίας. in libr. apocr.

I Es. 8. 33 (36) (B) (= ישעיה Ezr. 8. 7) (Luc. Ἰεσσίας).

Ἐσκαιμάν. aliter in Heb.

Jo. 15. 50 (B*) (אשתמה) (Luc. Ασθεμω).

Ἐσλιανθάν. aliter in Heb.

III Ki. 4. 12 (A) (אצל צרתנה) (παρα praec.) (Luc. Σαρθαν).

Ἐσοβά. אֶשְׁבָּע

I Ch. 4. 21 (Luc. Ασεβα).

Ἕσπερος. (1) כְּסִיל

Jb. 9. 9.

(2) עַיִשׁ

Jb. 38. 32.

Ἐσρά. abest in Heb.

II Es. 17 (Ne. 7). 7 (B) (Luc. *om.*).

Ἐσρᾶε. (1) יִזְרָח

I Ch. 27. 8 (B) (Luc. Ιεζρα).

(2) aliter in Heb.

III Ki. 4. 12 (B) (יזרעאל) (Luc. Ιεζραελ).

Ἔσρας (-α (*voc.*), -αν, -ᾳ).

Luc. Ἔζδρας.

(1) עֶזְרָא

II Es. 7. 1 (B), 10 (B), 11 (B), 12 (B), 21 (B), 25 (B) : 10. 1 (B), 2 (B), 5 (B), 6 (B), 10 (B), 16 (B) : 18 (Ne. 8). 1 (B), 2 (B), 4 (B), 5 (B), 9 (B), 13 (B) : 22 (Ne. 12). 13 (B), 26 (B), 33 (B), 36 (B).

(2) abest in Heb.

II Es. 18 (Ne. 8). 8 (B), 15 (B) : 19 (Ne. 9). 6 (B).

(3) in libr. apocr.

I Es. 8. 1 (B) (= עזרא Ezr. 7. 1), 3 (B) (= עזרא Ezr. 7. 6), 8 (9) (B) (= עזרא Ezr. 7. 11), 9 (10) (B) (= עזרא Ezr. 7. 12), 23 (26) (B) (= עזרא Ezr. 7. 25), 88 (92) (B) (= עזרא Ezr. 10. 1), 89 (93) (B) (= עזרא Ezr. 10. 2), 92 (97) (B) (= עזרא Ezr. 10. 5) : 9. 1 (B) (= עזרא Ezr. 10. 6), 7 (B) (= עזרא Ezr. 10. 10), 16 (B) (= עזרא Ezr. 10. 16), 39 (B) (= עזרא Ne. 8. 1), 40 (B) (= עזרא Ne. 8. 2), 42 (B) (= עזרא Ne. 8. 4), 45 (B) (= עזרא Ne. 8. 5), 49 (50) (= עזרא Ne. 8. 9) : *subscr.* (B).

Ἔσρεδ. סֶרֶד

Ge. 46. 14 (*D*) (Luc. Σεδεκ).

Ἐσρεί. עֶזְרָה

I Ch. 4. 17 (B) (Luc. Ιεζραα).

Ἐσρειά. עֲזַרְיָה

II Es. 7. 3 (B) (Luc. Ἀζαρίας).

Ἐσρειήλ (-ριήλ). (1) אַשְׂרִיאֵל

Nu. 26. 35 (31) (Luc. Σεριηλ) (*Lugd.* Sariel) : I Ch. 7. 14 (A).

(2) עֲזַרְאֵל

II Es. 10. 41 (S) (Luc. Εζριηλ).

(3) עַזְרִיאֵל

I Ch. 27. 19 (B) (Luc. Οζιηλ) : Je. 43 (36). 26 (B S).

Ἐσρεικάν. עַזְרִיקָם

I Ch. 9. 14 (B) (Luc. Αζρικαμ).

Ἐσρηλών. in libr. apocr.

Ju. 4. 6 (5) (B).

Ἐσριήλ, *vid.* **Ἐσρειήλ.**

Ἐσριηλεί (-λί). אַשְׂרִאֵלִי

Nu. 26. 35 (31) (Samar. [Samaritan script]) (Luc. Σεριηλι).

Ἐσρικάμ. עַזְרִיקָם

I Ch. 3. 23 (A) (Luc. Ασρικαμ).

Ἐσρρήμ. in libr. apocr.

Ju. 1. 8 (B).

Ἐσρώμ. (1) חֶצְרוֹן

Jo. 15. 3 (A) (Luc. Εσρων) : Ru. 4. 18 (A) (Luc. Εζρων) : I Ch. 2. 5 (A), 9 (A), 18 (A) (Luc. Εσρων), 21 (A), 24 (A) *bis* : 4. 1 (A) (Luc. Εσρων).

(2) aliter in Heb.

III Ki. 11. 14 (23) (B) (רזון) (Luc. Εσρων).

Ἐσρών. חֶצְרוֹן

Ru. 4. 18 (B) (Luc. Εζρων), 19 : I Ch. 2. 5 (B$^{a?\,b?\,mg}$) (Luc. Εσρωμ), 9 (B^{ab}), 25 (A) : 5. 3 (A) (Luc. Ασρων).

Ἐσσειήλ (-σιήλ). יַעֲשִׂיאֵל

I Ch. 11. 47 (A B) (Luc. Ιεσσιηλ).

Ἐσσελίας (gen. -ου). אֲצַלְיָהוּ

IV Ki. 22. 3 (A).

Ἐσσερή. חַסְרָה

II Ch. 34. 22 (A) (Luc. Ασερ).

Ἐσσιήλ, *vid.* **Ἐσσειήλ.**

Ἐσφάν. יִשְׁפָּן

I Ch. 8. 22 (A) (Luc. Ιεσφαν).

Ἐσφάχ. aliter in Heb.
I Ch. 8. 16 (A) (ישפה) (Luc. Ιεσφα).

Ἐσχώλ. אֶשְׁכֹּל
Joseph. Ἔσχων.
Ge. 14. 13, 24 (D^{sil}).

Ἐσωθ. חֶסֶד
III Ki. 4. 10 (B) (Luc. Εχωβηρ).

Ἐσωφάρ (S*), **Ἐσωφάχ** ($S^{c.a?}$). aliter in Heb.
I Ch. 19. 16 (שופך) (Luc. Σωφακ).

Ἐταβάθα. יָטְבָתָה
Nu. 33. 34 (F) (Luc. Ετεβαθα).

Ἐτεβάθα. יָטְבָתָה
Nu. 33. 33 (B^{ab} F), 34 (B^{ab}).

Ἐτερά. עֲטָרָה
I Ch. 2. 26 (A) (Luc. Αταρα).

Ἔτι (? = Ἀστίν). aliter in Heb.
Es. 1. 19 ($S^{c.a}$) (ושתי).

Ἐττήλ. חַטִּיל
II Es. 17 (Ne. 7). 59 (A) (Luc. Αττιλ).

Ἐτωφατεί. aliter in Heb.
I Ch. 11. 30 (B*) (נטופתי) (Luc. Νετωφαθι).

Εὔα. (1) חַוָּה
Ge. 4. 1.
(2) abest in Heb.
Ge. 4. 25.
(3) in libr. apocr.
To. 8. 6 (8).

Εὐαῖος, Εὐαῖος. (1) חִוִּי
Ge. 10. 17 (*Lucc.* Euueus): 36. 2 (*Wirc.* Heuaeus): Ex. 3. 8, 17: 13. 5 (*Mon.* Euuei): 23. 23, 28: 33. 2: 34. 11 (*Wirc.* Euueus): De. 7. 1: 20. 17: Jo. 3. 10: 9. 1: 11. 3 (B F): 12. 8: 24. 11: Jd. 3. 3, 5: II Ki. 24. 7 (Luc. Ευει): III Ki. 9. 20 (A): 10. 24 (9. 20) (B): I Ch. 1. 15 (A) (Luc. Ευει): II Ch. 8. 7.
[**Aq., Sm.** GE. 34. 2.]
[**Al.** JO. 9. 7 (13): 11. 19.]
(2) חִתִּי
Ge. 26. 34 (A D) (Samar. [Samaritan]).
(3) עַוִּים
De. 2. 23 (*Lugd.* Ebeuet): Jo. 13. 3: IV Ki. 17. 31.
(4) abest in Heb.
Ge. 15. 20 (21) (Luc. *om.*): Nu. 13. 30 (29) (*Lugd.* Eucheus): Is. 17. 9.

Εὐβραῖος. in libr. apocr.
IV Ma. 9. 6 (S*).

Εὐεί (**Εὐί**), **Εὐεί.** (1) אֱוִי
Jo. 13. 21.
(2) חֲוִי[לָה]
I Ch. 1. 23 (A) (Luc. Ευιλατ).
(3) aliter in Heb.
II Es. 8. 15 (A) (אהוא): 13 (Ne. 3). 25 (B S) (אוזי) (Luc. Ουζαι).

Εὐειά. aliter in Heb.
II Es. 8. 13 (B) (יעואל*, יעיאל [ק״]) (Luc. Ιειηλ).

Εὐειαλμαρωδέκ (B), **Εὐειαναρωδάχ** (A).
אֱוִיל מְרֹדַךְ
IV Ki. 25. 27 (Luc. Ευιλαδμαρωδαχ) (Joseph. Ἀβιλμαθάδαχος, Εὐιλμαραδοῦχος) (*Lucc.* Ulemadar).

Εὐειλά (**Εὐιλά**). חֲוִילָה
Ge. 10. 7 (A E) (*Lucc.* Evilad), 29 (Luc. Ευειλατ) (Joseph. Εὐίλης, Εὐιλάτης) (*Lucc.* Evilath): I Ki. 15. 7 (A) (Luc. Ευιλατ): I Ch. 1. 9 (A) (Luc. Ευιλατ).

Εὐειλάτ (**Εὐιλ.**). חֲוִילָה
Ge. 2. 11: 10. 7 (*D*) (Luc. Ευιλα) (Joseph. Εὐιλάς): 25. 18: I Ki. 15. 7 (B): I Ch. 1. 9 (B).

Εὐείμ. aliter in Heb.
II Es. 8. 15 (B) (אהוא) (Luc. Ευει).

Εὐείν. אֱוִי
Nu. 31. 8 (Luc. Ευηρε) (Joseph. Ὦχος) (*Lugd.* Euuir).

Εὐεργέτης. in libr. apocr.
Si. *prol.* 17.

Εὐζαί. אוּזַי
II Es. 13 (Ne. 3). 25 (A) (Luc. Ουζαι).

Εὐί, *vid.* **Εὐεί.**

Εὐιλά, *vid.* **Εὐειλά.**

Εὐιλάτ, *vid. sub* **Εὐειλάτ.**

Εὐιλμαρωδάχ. אֱוִיל מְרֹדַךְ
[**Aq.** JE. 52. 31.]

Εὐμά. חֻמְטָה
Jo. 15. 54 (B) (Luc. Αμματα).

Εὐμενής. in libr. apocr.
I Ma. 8. 8.

Εὐνάν. aliter in Heb.
Ez. 47. 16 (A) *bis.*

Εὐπάτωρ. in libr. apocr.
I Ma. 6. 17: II Ma. 2. 20: 10. 10 (V), 13: 13. 1 (A V^a).

Εὐπόλεμος. in libr. apocr.
I Ma. 8. 17: II Ma. 4. 11.

Εὐφραθά (A), **Εὐφρατά** (R^{vid}). אֶפְרָתָה
Ps. 131 (132). 6.

Εὐφράτης. (1) פְּרָת
Joseph. Εὐφράτης, Φοράς: *Lugd.* Eufrates.
Ge. 2. 14: 15. 18: De. 1. 7: 11. 24: Jo. 1. 4: II Ki. 8. 3 (קרי ולא כתיב): IV Ki. 23. 29: 24. 7: I Ch. 5. 9: 18. 3: II Ch. 35. 20: Je. 13. 4 (*Wirc.* Eufrates), 5, 6, 7: 26 (46). 2, 6, 10: 28 (51). 63.
[**Sm.** JE. 13. 4.]
(2) abest in Heb.
Ex. 23. 31: Jb. 42. 17 e (A).
[**Sam.** DE. 34. 1.]
(3) in libr. apocr.
I Es. 1. 23 (25) (= פרת II Ch. 35. 20), 25 (27) (abest in II Ch. 35. 21): Si. 24. 26 (36): Ju. 1. 6: 2. 24 (14): I Ma. 3. 32, 37.

Ἐφαάθ. חֵמָת
Nu. 13. 22 (21) (B) (Luc. Εμαθ).

Ἐφαδανώ. אַפַּדְנוֹ
Da. TH. 11. 45 (B Q).
[**Th.** DA. 11. 45.]

Ἐφέμ. aliter in Heb.
Is. 7. 9 (S*) (אפרים).

Ἐφερμέμ. aliter in Heb.
I Ki. 17. 1 (B) (אפס דמים) (Luc. Αφεσ[δα]μειν).

Ἐφνεί. חָפְנִי
I Ki. 2. 34 (A) (Luc. Οφνι).

Ἐφρά. (1) עָפְרָה
[**Aq., Sm., Th.** JD. 8. 27.]
(2) aliter in Heb.
III Ki. 4. 6 (B) (עבדא) (Luc. Εδραμ).

Ἐφράθ. אֶפְרָת
I Ch. 2. 19 (B).

Ἐφράθα, Ἐφραθά.
Spec. Gofera, Gufera, Cofra, Ophrah.
(1) אֶפְרָתָה
Ge. 35. 16 (Joseph. Ἐφραθηνή), 19: 48. 7 (A $B^{(?a?b}$ D): Ru. 4. 11: I Ch. 2. 24, 50: 4. 4: Ps. 131 (132). 6 (S T): Mi. 5. 2 (1) (*Weingart.* Efrata).
(2) עָפְרָה
Jd. 6. 11 (Luc. Εφρα) (Joseph. Ἐφράν), 24: 8. 27 (B) (Luc. Εφρα), 32: 9. 5 (B).
(3) aliter in Heb.
Ob. 1. 20 (A B S) (ספרד) (ς praec.).
(4) abest in Heb.
Jo. 15. 59 a.

Ἐφραθαῖος. (1) אֶפְרָתִי
Ru. 1. 2: I Ki. 1. 1 (A) (Luc. Εφραιμ): 17. 12 (A).
(2) abest in Heb.
II Ki. 23. 29 (? פרעתני *v.* 30) (Luc. *aliter*).

Ἐφραθεί (-θί). אֶפְרָתִי
III Ki. 11. 26.

Ἐφραθείτης. אֶפְרָתִי
Jd. 12. 5 (B) (Luc. ἐκ τοῦ Εφραιμ).

Ἐφραθί, *vid.* **Ἐφραθεί.**

Ἐφράιμ (**Αἰφρ.**) (-ρέμ). (1) אֶפְרַיִם
Joseph. Ἐφραίμ, Ἐφράης, Ἐφράδης, Ἐφράθης, Ἐφράνης, Ἐφράμης, Ἐφραίμης: *Lugd.* Efrem, Ephrem.
Ge. 41. 52: 46. 20 *bis*: 48. 1, 5, 13, 14, 17 *bis*, 20 *bis*: 50. 23: Nu. 1. 9 (10), 30 (32), 31 (33): 2. 18 *bis*, 24: 7. 48 (*Mon.* Eufrem): 10. 22: 13. 9 (8): 26. 32 (28), 39 (35), 41 (37): 34. 24: De. 33. 17: 34. 2 (Samar. *om.*): Jo. 14. 4: 16. 4, 5, 8, 9, 10: 17. 8 (B), 9, 10, 15: 19. 50: 20. 7: 21. 5, 20: 24. 30, 33: Jd. 1. 29: 2. 9: 3. 27: 4. 5: 5. 14 (*Ver.* Ephrem): 7. 24 *bis*: 8. 1, 2: 10. 1, 9: 12. 1, 4 *quater*, 5 *bis*, 6, 15: 17. 1, 8: 18. 2, 13: 19. 1, 16, 18: I Ki. 1. 1: 9. 4: 14. 22 (*Vind.* Efrain): II Ki. 2. 9: 13. 23 (Luc. Γοφραιμ) (*Vind.* Aefrem): 18. 6 (sup ras in A^1) (Luc. Μααιναν): 20. 21: III Ki. 4. 8: 12. 25: IV Ki. 5. 22: 14. 13: I Ch. 6. 66 (51), 67 (52): 7. 20, 22: 9. 3: 12. 30: 27. 10, 14, 20: II Ch. 13. 4: 15. 8, 9 (A? [rescr] B): 17. 2: 19. 4: 25. 7, 10, 23: 28. 7, 12: 30. 1, 10, 18: 31. 1: 34. 6, 9: II Es. 18 (Ne. 8). 16: 22 (Ne. 12). 39: Ps. 59 (60). 9: 77 (78). 9, 67: 79 (80). 3: 107 (108). 9: Ho. 4. 17 (*Wirc.* Ephrem): 5. 3, 3 (*Wirc.* Ephre), 5 (*Wirc.* Ephraem), 9, 11, 12, 13 *bis*, 14: 6. 4, 10: 7. 1, 8 *bis*, 11: 8. 9, 11: 9. 3 (*Weingart.* Efrem), 8, 11, 13 *bis*, 16: 10. 6, 11 *bis*: 11. 3, 8, 9, 12 (12. 1): 12. 1 (2), 8 (9), 14 (15): 13. 1, 12: 14. 9: Ob. 1. 19: Za. 9. 10, 13: 10. 7: Is. 7. 2, 8, 9 (A B $S^{c.a,c.b}$ Q Γ), 17: 9. 9 (8), 21 (20) *bis*: 11. 13 *ter*: 17. 3: 28. 1, 3: Je. 4. 15: 7. 15: 27 (50). 19: 38 (31). 6, 9, 18, 20: Ez. 37. 16, 19: 48. 5, 6.
[**Aq.** Ps. 79 (80). 3: Is. 7. 17: JE. 31 (38). 6, 20: Ho. 8. 9: 9. 13: 10. 6.]
[**Sm.** JD. 12. 4 *bis*: Is. 7. 17: JE. 31 (38). 6: Ho. 8. 9: 9. 13: 10. 6.]
[**Th.** JD. 5. 14: 10. 9: Is. 7. 5: Ho. 8. 9: 9. 13: 10. 6.]
[**Al.** NU. 10. 22.]
(2) אֶפְרָתִי
Jd. 12. 5 (A): I Ki. 1. 1 (B).
(3) עָפְרָה
Jd. 8. 27 (A) (Luc. Εφρα): 9. 5 (A) (Luc. Εφραθα).
(4) aliter in Heb.
I Ch. 2. 30 (B) (אפים) (Luc. Ωφειμ), 31 (B) (אפים) (Luc. Ωφειμ): Ho. 7. 6 (אפהם).
(5) abest in Heb.
Jo. 16. 10: 17. 16 (B): 19. 47 a: 21. 42 b: I Ki. 14. 23: III Ki. 11. 43 (B): 12. 24 b (B) *ter*, 24 f (B) *bis*, 24 n (B): Ho. 11. 5: Am. 6. 7: Mi. 5. 1 (4. 14) (A Q).
(6) in libr. apocr.
Si. 47. 21 (23), 23 (29): Ju. 6. 2 (1).

Ἐφρών. (1) עֶפְרוֹן, עֶפְרֹן
Ge. 23. 8 (Joseph. Ἔφραιμος), 10 *bis*, 13, 14, 16 *bis*, 17 : 25. 9 : 49. 29 (*Lugd.* Efron), 30 : 50. 13 : Jo. 15. 9 : II Ch. 13. 19*.
[**Aq., Sm., Th.** Jo. 15. 9.]
(2) עֶפְרַיִן
II Ch. 13. 19 (ק״).
(3) in libr. apocr.
Joseph. Ἐμφρών, Ἐφρών.
I Ma. 5. 46 : II Ma. 12. 27.

Ἐφρώνα. זִפְרֹנָה
Nu. 34. 9 (B^ab) (Luc. Ζεφρωνα).

Ἐφφουέ. תַּפּוּחַ
Jo. 16. 8 (A) (Luc. Θαπφουε).

Ἐχελά. חֲכִילָה
I Ki. 23. 19 : 26. 3 (Joseph. Σίκελλα).

Ἐχενιά. aliter in Heb.
Luc. Σεχενίας.
II Es. 13 (Ne. 3). 29 (B) (שכניה) (ς praec.) : 22 (Ne. 12). 3 (S^c.a) (שכניה).

Ἐχιέζερ. אֲחִיעֶזֶר
Nu. 2. 25 (F) (Luc. Αχιεζερ).

Ἐχοζόβ. אַכְזִיבָה
Jo. 19. 29 (B) (Luc. Αχαζειβ).

Ἐχράν. עָכְרָן
Nu. 1. 13 (*Lugd.* Aechraraan) : 2. 27 (*Lugd.* Aechram) : 7. 72 (*Mon.* Etchram), 77 : 10. 26 (ρ sup ras in A^a).

Ἐωβής. abest in Heb.
Jo. 15. 59 a (B) (Luc. Σωρεις).

Z

Ζααραί. זֶרַח
I Ch. 6. 41 (26) (B) (Luc. Ζαρα).

Ζααρί. צֹעֲרָה
[**Syr.** Ge. 19. 23.]

Ζαβάδ. זָבָד
II Es. 10. 27 (A S), 33 (A) (Luc. Ζαβδαι).

Ζαβαδάβ. aliter in Heb.
II Es. 10. 27 (B) (זבד) (Luc. Ζαβαδ).

Ζαβαδαίας. in libr. apocr.
I Es. 9. 35 (=זבד Ezr. 10. 43) (Luc. Ζαβαδ).

Ζαβαδαῖοι (-δεοι). in libr. apocr.
I Ma. 12. 31.

Ζαβαδιά. זְבַדְיָה
I Ch. 8. 17 : 12. 7 (A S).

Ζαβαδίας. זְבַדְיָהוּ
I Ch. 26. 2 (A).

Ζαβαούρ. aliter in Heb.
II Es. 13 (Ne. 3). 2 (זכור) (Luc. Ζακχουρ).

Ζαβάτ. זָבָד
I Ch. 11. 41 (A) (Luc. Ζαβαδ).

Ζαββούθ. זַבּוּד
III Ki. 4. 5 (A) (Luc. Ζαχουρ).

Ζαβδαί. aliter in Heb.
I Ch. 2. 14 (B^ab) (רדי) (Luc. Ρεδαι).

Ζαβδαῖος. in libr. apocr.
I Es. 9. 21 (=זבדיה Ezr. 10. 20) (Luc. Ἀβασίας).

Ζαβδεί (-δί). זַבְדִּי
I Ch. 8. 19 (Luc. Ζεβδι) : 27. 27 (A).

Ζαβδειά (-διά). זְבַדְיָה
II Es. 8. 8 (B) (Luc. Ζαβδιου) : 10. 20 (Luc. Ζαβδίας).

Ζαβδείας (-δίας). (1) זְבַדְיָה
I Ch. 27. 7 (A) (Luc. Ζαβδαίας) : II Es. 8. 8 (A) (Luc. Ζαβδιου).
(2) זְבַדְיָהוּ
II Ch. 17. 8 : 19. 11 (Luc., Joseph. Ζαβαδίας) (*Lu.* Iabadias).

Ζαβδειήλ (-διήλ). (1) זַבְדִּיאֵל
I Ch. 27. 2 (Luc. Ζαβδιηλ).
(2) in libr. apocr.
I Ma. 11. 17 (Joseph. Ζάβειλος).

Ζαβδειού (-διού). aliter in Heb.
I Ch. 27. 21 (זכריהו) (Luc. Ζαχαρίας).

Ζαβδί, *vid.* **Ζαβδεί.**

Ζαβδιά, *vid.* **Ζαβδειά.**

Ζαβδίας, *vid.* **Ζαβδείας.**

Ζαβδιήλ, *vid.* **Ζαβδειήλ.**

Ζαβδιού, *vid.* **Ζαβδειού.**

Ζάβδος. in libr. apocr.
I Es. 9. 29 (B) (=זבי Ezr. 10. 28) (Luc. Ζαβουθ).

Ζαβέδ. זָבָד
Luc. Ζαβαδ.
I Ch. 2. 36, 37 : 7. 21 (Luc. Θααθ).

Ζαβέθ. זָבָד
II Ch. 24. 26 (A) (Luc. Ζαβαθ).

Ζαβέλ. זָבָד
II Ch. 24. 26 (B) (Luc. Ζαβαθ) : II Es. 10. 33 (B S) (Luc. Ζαβδαι).

Ζαβέτ. זָבָד
I Ch. 11. 41 (B S) (Luc. Ζαβαδ).

Ζαβιδιά. זְבַדְיָה
I Ch. 12. 7 (B) (Luc. Ζαβαδια).

Ζαβού. (1) זַבַּי
II Es. 10. 28 (Luc. Ζαβουθ) : 13 (Ne. 3). 20 (A B)* (Luc. Ραββαι).
(2) זַכַּי
II Es. 13 (Ne. 3). 20 (A B) (ק״) (Luc. Ραββαι).

Ζαβουγαθά. יְזָתָא
Es. 9. 9 (A) (Luc. Ιζαθουθ).

Ζαβούδ. זַבּוּד
II Es. 8. 14 (A) (Luc. Ζακχουρ).

Ζαβουδεθάν. יְזָתָא
Es. 9. 9 (S) (Luc. Ιζαθουθ).

Ζαβούθ. זַבּוּד
III Ki. 4. 5 (B) (Luc. Ζαχουρ).

Ζαβουθαῖος. יְזָתָא
Es. 9. 9 (B) (Luc. Ιζαθουθ).

Ζαβουλών. (1) זְבֻלֻן, זְבֻלֻן, זְבוּלֻן
Joseph. Ζαβουλών, Ζάβουλος.
Ge. 30. 20 : 35. 23 : 46. 14 : 49. 13 : Ex. 1. 3 : Nu. 1. 9, 28 (30), 29 (31) (A^a? B F) : 2. 7 *bis* : 7. 24 : 10. 16 : 13. 11 (10) (A B F^1 mg inf) : 26. 22 (26) : 34. 25 : De. 27. 13 : 33. 18 *bis* : Jo. 19. 10, 16, 27 (A B^ab), 34 : 21. 7, 34 : Jd. 1. 30 : 4. 6, 10 : 5. 14, 18 : 6. 35 : 12. 12 : I Ch. 2. 1 : 6. 63 (48), 77 (62) : 12. 33, 40 : 27. 19 : II Ch. 30. 10, 11, 18 : Ps. 67 (68). 28 : Is. 9. 1 (8. 23) : Ez. 48. 26, 27, 33.
[**Aq., Sm., Th.** Is. 9. 1 (8. 23).]
(2) זְבוּלֹנִי
Nu. 26. 23 (27).
(3) abest in Heb.
Ez. 48. 33 (adnot Q^mg).

Ζαβουλωνείτης (B), **Ζαβουνίτης** (A). זְבוּלֹנִי
Luc. Ζαβουλωνίτης.
Jd. 12. 11, 12.

Ζαβουχάμ. aliter in Heb.
I Ch. 5. 14 (B) (בוז) (אחי seq) (Luc. Βουζ).

Ζαβρί. זַבְדִּי
Jo. 7. 1 (A) (Luc. Ζαβδι).

Ζαβρού. aliter in Heb.
II Es. 13 (Ne. 3). 20 (S) (זבי*, זכי [ק״]) (Luc. Ραββαι).

Ζαδδαί. aliter in Heb.
I Ch. 2. 14 (B*) (רדי) (Luc. Ρεδαι) (*Lucc.* Iaden).

Ζαζά. זָזָא
I Ch. 2. 33 (A) (? Ζαζα Sw. Οζαζα) (Luc. Ζηζά).

Ζαθαριά. aliter in Heb.
II Es. 20. 12 (Ne. 10. 13) (S* vid) (שרביה) (Luc. Σαραβίας).

Ζαθθουά. זַתּוּא
II Es. 2. 8 (A) : 17 (Ne. 7). 13 (A).

Ζαθθουειά (-ουιά). זַתּוּא
II Es. 17 (Ne. 7). 13 (S) (Luc. Ζαθθουα) : 20. 11 (Ne. 10. 15) (A) (Luc. Ζαθθαίας).

Ζαθθουί. in libr. apocr.
I Es. 5. 12 (A) (=זתוא Ezr. 2. 8 : Ne. 7. 13) (Luc. Ζαθθουα).

Ζαθθουιά, *vid.* **Ζαθθουειά.**

Ζαθοής. (1) abest in Heb.
II Es. 8. 5 (A) (Luc. *om.*).
(2) in libr. apocr.
I Es. 8. 32 (35) (abest in Ezr. 8. 5) (Luc. *om.*).

Ζαθολθά. aliter in Heb.
Es. 1. 10 (B S) (בנתא).

Ζαθού. aliter in Heb.
II Es. 17 (Ne. 7). 14 (B S) (זכי) (Luc. Ζακχαίας).

Ζαθουά. זַתּוּא
Luc. Ζαθθουα.
II Es. 2. 8 (B) : 10. 27 (A).

Ζαθουιά. זַתּוּא

Luc. Ζαθθουα.

II Es. 10. 27 (B S): 17 (Ne. 7). 13 (B): 20. 14 (Ne. 10. 15) (B S) (Luc. Ζαθθαίας).

Ζάι (lit. alphab.). (1) abest in Heb.

Ps. 118 (119). 49 (R): La. 1. 7 (A S Q*): 2. 7 (A S Q): 3. 19, 20 (Q), 21 (Q): 4. 7 (A Q).

(2) in libr. apocr.

I Es. 8. 30 (33) (A) (= Ζαχαρίας καί) (Luc. Ζαχαρίας καί).

Ζαιθάν. זֵיתָן

I Ch. 7. 10 (B) (Luc. Ζηθα).

Ζαιθόμ, *vid.* **Ζεθόμ.**

Ζάιν (lit. alphab.). abest in Heb.

La. 1. 7 (B): 2. 7 (B Γ): 4. 7 (B).

Ζαιρά. aliter in Heb.

I Ch. 4. 16 (B) (תיריא) (Luc. Εθρια).

Ζαιφά. זִיפָה

I Ch. 4. 16 (A) (Luc. Ζιφα).

Ζάκ. aliter in Heb.

Luc. Αζαζ.

I Ch. 8. 35 (B) (אחז), 36 (B) (אחז).

Ζακανάειμ. זָנוֹחַ : הַקָּיִן

Jo. 15. 56 (B) (Luc. Ζανου Ακεν).

Ζακάχ. aliter in Heb.

Jo. 12. 21 (B) (תענך) (Luc. Θααναχ).

Ζακκαρίας (?). abest in Heb.

Ps. 145 (146). 1 (R).

Ζακχαῖος. in libr. apocr.

II Ma. 10. 19.

Ζακχάν. זַכַּי

II Es. 2. 9 (A^{vid}) (Luc. Ζακχαίας).

Ζακχαρίας. abest in Heb.

Ps. 145 (146). 1 (R) (?): 146 (147). 1 (R): 147. 1 (12) (R): 148. 1 (T): 149. 1 (R).

Ζακχού. זַכַּי

II Es. 2. 9 (B) (Luc. Ζακχαίας).

Ζακχούρ. (1) זַכּוּר

Nu. 13. 5 (4) (Ζα. χουρ) (F) (Luc. Ζαγχουρ): I Ch. 4. 25 (26) (A) (Luc. Ζαχουρ): 24. 27: 25. 2 (A), 10 (A): II Es. 13 (Ne. 3). 2 (A): 22 (Ne. 12). 35: 23 (Ne. 13). 13 (Luc. Σακχουρ).

(2) זֶכֶר

I Ch. 8. 31 (A) (Luc. Ζεχρι).

(3) aliter in Heb.

II Es. 17 (Ne. 7). 14 (A) (זכי) (Luc. Ζακχαίας).

Ζάκχυρ. זַכּוּר

Nu. 13. 5 (4) (B) (Luc. Ζαγχουρ) (*Lugd.* Zacthur).

Ζακχώρ. זַכּוּר

II Es. 20. 12 (Ne. 10. 13) (A) (Luc. Ζακχουρ).

Ζαλάμ. aliter in Heb.

II Ch. 11. 19 (A) (זהם) (Luc. Ζααμ).

Ζαμαρίας. זְמִירָה

I Ch. 7. 8 (A) (Luc. Ζαμαρια).

Ζαμβεινά. aliter in Heb.

II Es. 10. 43 (S) (זבינא) (Luc. Ζεβενει).

Ζαμβράμ (A), **Ζαμβράν** (*D*). שִׁמְרֹן

Ge. 46. 13 (Luc. Σαμβρα καὶ Ζαμβριν) (Joseph. Σαμάρων, Ζαμάρωμος).

Ζαμβρεί (-ρί). (1) זַבְדִּי

Luc. Ζαβδι, Ζαβδει: Joseph. Ζεβεδαῖος.

Jo. 7. 1 (B F), 17 (F), 18.

(2) זִמְרִי

Nu. 25. 14 (Joseph. Ζαμβρίας) (*Lugd.* Zabri): III Ki. 16. 9 (Joseph. Ἀμαρῖνος, Ζαμβρίας, Σωμαραῖος) (*Vind.* Sambri), 10, 11 (12) (A), 15, 16, 18, 20: IV Ki. 9. 31: I Ch. 2. 6: 8. 36 (B) *bis*: 9. 42, 42 (A B).

[Aq. Je. 25. 25 (32. 11) (Q^{mg} sub ※) (Sw.).]

(3) עָמְרִי

Luc. Αμβρι: *Vind.* Ambri.

III Ki. 16. 16, 17, 21, 21 (22) (A), 22, 23, 25, 27, 28, 29, 29 (A), 30 (A): IV Ki. 8. 26 (B^{ab} [Z superscr]) (Luc Αχααβ): II Ch. 22. 2 (A) (Luc. Αχααβ): Mi. 6. 16 (A B).

(4) aliter in Heb.

II Ch. 29. 13 (B) (שמרי) (Luc. Σαμβρι).

(5) abest in Heb.

Luc. Αμβρι.

III Ki. 16. 24, 28 a (B).

(6) in libr. apocr.

I Es. 9. 34 (B) (= אמריה Ezr. 10. 42) (Luc. Αμαριας): I Ma. 2. 26 (*Lu.* Iambrina).

Ζαμβρή. עָמְרִי

Mi. 6. 16 (Q).

Ζαμβρί, *vid.* **Ζαμβρεί.**

Ζαμβρίς. in libr. apocr.

I Es. 9. 34 (A) (= אמריה Ezr. 10. 42) (Luc. Ἀμαρίας).

Ζαμμά. זִמָּה

Luc. Ζεμμα.

I Ch. 6. 20 (5) (A), 42 (27) (A).

Ζαμμάμ. aliter in Heb.

I Ch. 6. 42 (27) (B) (זמה) (Luc. Ζεμμα).

Ζαμμώθ. in libr. apocr.

I Es. 5. 18 (B) (abest in Ezr. 2. 24: Ne. 7. 28: עזמות praec.) (Luc. *om.*).

Ζαμόθ. in libr. apocr.

I Es. 9. 28 (= זתוא Ezr. 10. 27) (Luc. Ζαθθουα).

Ζαμρί. זִמְרִי

I Ch. 8. 36 (A) *bis* (Luc. Ζαμβρι).

Ζαμών. aliter in Heb.

I Ch. 4. 18 (זנוח) (Luc. Ζανωε).

Ζανβινά. aliter in Heb.

II Es. 10. 43 (B) (זבינא) (Luc. Ζεβενει).

Ζανώ. זָנוֹחַ

Jo. 15. 34 (A), 56 (A) (Luc. Ζανου): II Es. 13 (Ne. 3). 13 (Luc. Ζανων).

Ζανῶε. זָנֹחַ

II Es. 21 (Ne. 11). 29 (30) (S$^{c.a\,mg\,inf}$) (Luc. Ζανω).

Ζάρα. (1) זֶרַח

Ge. 36. 33 (A D): 38. 30: 46. 12 (Joseph. Ἐζελοός, Ζάρασος): Nu. 26. 13, 16 (20): Jo. 7. 1, 18, 24: 22. 20: I Ch. 1. 44: 2. 4, 6: 6. 21 (6) (A): 9. 6 (Luc. Ζηρα).

(2) abest in Heb.

Nu. 26. 15 (19) (A F).

Ζαραβιά. שֵׁרֵבְיָה

II Es. 20. 12 (Ne. 10. 13) (B) (Luc. Σαραβίας).

Ζάραε. זֶרַח

I Ch. 4. 24 (A) (Luc. Ζαρα).

Ζαραεί (-αί). זַרְחִי

Nu. 26. 13, 16 (20): Jo. 7. 17 (B), 17 (A F): I Ch. 27. 13 (A).

Ζαραιά. זְרַחְיָה

I Ch. 6. 6 (5. 32) (B) *bis*, 51 (36): II Es. 7. 4 (Luc. Ζαραιου): 8. 4 (A).

Ζαραίας (-ρέας). (1) זְרַחְיָה

I Ch. 6. 6 (5. 32) (A [Ζαραιᾶι]) (Luc. Ζαραια).

(2) in libr. apocr.

I Es. 5. 8 (= שריה Ezr. 2. 2: עזריה Ne. 7. 7) (Luc. Σαραιας): 8. 2 (A) (= זרחיה Ezr. 7. 4), 31 (34) (= זרחיה Ezr. 8. 4), 34 (37) (B) (= זבדיה Ezr. 8. 8) (Luc. Ζαβδίας).

Ζαραΐτης. אֶזְרָחִי

[Al. Ps. 88 (89). 1.]

Ζαράκης. in libr. apocr.

I Es. 1. 36 (38) (A) (= יואחז II Ch. 36. 4).

Ζαρβελθεί. aliter in Heb.

II Es. 2. 61 (B) (ברזלי) (Luc. Βερζελλι).

Ζαρδαίας. in libr. apocr.

I Es. 9. 28 (A) (= עֲזִיזָא Ezr. 10. 27) (Luc. Οζει).

Ζάρε. (1) זֶרֶד

Nu. 21. 12 (A) (Luc. Ζαρεθ): De. 2. 13 (A$^{a?}$) (Luc. Ζαρετ).

(2) זֶרַח

Ge. 36. 13, 17 (A E) (*Wirc.* Sara): I Ch. 1. 37 (A B^{ab}): II Ch. 14. 9 (8) (Joseph. Ζαραῖος): II Es. 21 (Ne. 11). 24 (S$^{c.a}$) (Luc. Ζαρα).

(3) abest in Heb.

Jb. 42. 17 c (B S C).

Ζαρέας, *vid.* **Ζαραίας.**

Ζάρεθ. (1) זֶרֶד

De. 2. 14 (F) (Luc. Ζαρετ).

(2) abest in Heb.

Jb. 42. 17 c (A) *bis*.

Ζαρεί. (1) זַרְחִי

I Ch. 27. 13 (B) (Luc. Ζαραϊ).

(2) aliter in Heb.

II Ch. 17. 16 (B) (זכרי) (Luc. Ζεχρι).

Ζαρειά. (1) זְרַחְיָה

II Es. 8. 4 (B) (Luc. Ζαραια).

(2) יִזְרַחְיָה

Luc. Ιεζερια.

I Ch. 7. 3 (B), 3 (B) (mutato ordine).

(3) [עֲ]זַרְיָה

I Ch. 2. 8 (B) (Luc. Ἀζαρίας).

(4) aliter in Heb.

I Ch. 8. 18 (B) (יזליאה) (Luc. Ιεζελια).

Ζαρείας. aliter in Heb.

II Es. 7. 1 (B) (עזריה) (Luc. Εζδρας).

Ζαρείτης. אֶזְרָחִי

III Ki. 4. 27 (5. 11) (B) (Luc. Ἰσραηλίτης).

Ζάρες. זֶרַח

I Ch. 1. 37 (B*) (ς seq) (Luc. Ζαρε): 4. 24 (B) (Luc. Ζαρα).

Ζάρετ. זֶרֶד

Nu. 21. 12 (B) (Luc. Ζαρεθ) (*Lugd.* Zireth): De. 2. 13 (Ζαρε.' F), 13 (B), 14 (A B).

Ζαρί. זַרְחִי

Jo. 7. 17 (F) (Luc. Ζαραει).

Ζαριά. זַרְחִי

I Ch. 27. 11 (B) (Luc. Ζαραίτης).

Ζαρίας. זְרַחְיָה

I Ch. 6. 6 (5. 32) (A) (Luc. Ζαραια).

Ζαριεί. זַרְחִי

Jo. 7. 17 (A) (Luc. Ζαραει).

Ζάριος. in libr. apocr.

I Es. 1. 36 (38) (B) (= יואחז II Ch. 36. 4) (Luc. Ζαράκης).

Ζατόν. in libr. apocr.
I Es. 5. 12 (B) (= זתוא Ezr. 2. 8: Ne. 7. 13) (Luc. Ζαθθουα).

Ζαφά. זִיפָה
I Ch. 4. 16 (B) (Luc. Ζιφα).

Ζαφωεί. aliter in Heb.
Ge. 36. 43 (A) (עירם) (Syr. [Syriac]) (Luc. Ζαφωιν) (*Lucc.* Fazoim).

Ζαφωείν. aliter in Heb.
Ge. 36. 43 (*D* E) (עירם) (Luc. Ζαφωιν): I Ch. 1. 54 (B) (עירם) (Luc. Αιραμ).

Ζαχαρειά (-ριά). (1) זִכְרִי
II Ch. 23. 1 (B) (Luc. Ζεχρι).
(2) זְכַרְיָה
Luc. Ζαχαρίας.
I Ch. 9. 37 (B) (Luc. Ζεχρει): II Es. 10. 26: 21 (Ne. 11). 4, 12.
(3) זְכַרְיָהוּ
Luc. Ζαχαρίας.
I Ch. 5. 7: 15. 24 (BS): 24. 25 (B): 26. 14: II Ch. 29. 1 (B).

Ζαχαριαί. in libr. apocr.
I Es. 8. 37 (40) (B) (= זכריה Ezr. 8. 11) (Luc. Ζαχαρίας).

Ζαχαρίας. (1) זִכְרִי
II Ch. 23. 1 (A) (Luc. Ζεχρι).
(2) זְכַרְיָה
IV Ki. 15. 11 (B): 18. 2 (B) (*Lucc.* Zaccharie [genit]): I Ch. 9. 21: 15. 20: 16. 5: II Ch. 17. 7: 34. 12: II Es. 5. 1: 6. 14: 8. 3, 11 (A), 16: 18 (Ne. 8). 4: 21 (Ne. 11). 5 (A): 22 (Ne. 12). 16 (S$^{c.a\,mg\,inf}$), 35, 41 (S$^{c.a\,mg}$): Za. *inscr.* (A B S$^{c.b}$ Q): 1. 1 (*Spec.* Zaccharias), 7: 7. 1, 8.
(3) זְכַרְיָהוּ
Lucc. Zaccharias.
IV Ki. 15. 8 (B): I Ch. 15. 18, 24 (A): 24. 25 (A): 26. 2, 11: II Ch. 20. 14: 21. 2: 26. 5: 29. 1 (A [seq ras 1 lit in A?]), 13 (A): 35. 8: Is. 8. 2.
(4) aliter in Heb.
I Ch. 26. 2 (B) (זבדיהו) (Luc. Ζαβαδίας): II Ch. 28. 12 (B) (ברכיהו) (Luc. Βαραχίας): 29. 12 (עזריהו) (Luc. Ἀζαρίας) *bis*: II Es. 20. 2 (Ne. 10. 3) (S*) (עזריה) (Luc. Ἀζαρίας): 22 (Ne. 12). 33 (B S) (עזריה) (Luc. Ἀζαρίας).
(5) abest in Heb.
Ps. 111 (112). 1 (R T): 137 (138). 1 (A T): 138 (139). 1 (A T): 145 (146). 1 (A B S T): 146 (147). 1 (12) (A B S T): 147. 1 (A B S T): 148. 1 (A B S T): Za. *subscr.* (A B S Q Γ [?]).
(6) in libr. apocr.
I Es. 1. 8 (= זכריהו II Ch. 35. 8), 14 (15) (= הימן II Ch. 35. 15) (Luc. Αιμαν): 6. 1 (= זכריה Ezr. 5. 1): 7. 3 (= זכריה Ezr. 6. 14): 8. 30 (33) (B) (= זכריה Ezr. 8. 3), 37 (40) (A) (= זכריה Ezr. 8. 11), 43 (45) (= זכריה Ezr. 8. 16): 9. 27 (= זכריה Ezr. 10. 26), 44 (= זכריה Ne. 8. 4): I Ma. 5. 18, 56, 56 (A S).

Ζάχουρ. זֶכֶר
I Ch. 8. 31 (B) (Luc. Ζεχρι).

Ζαχρεί (-ρί). (1) זִכְרִי
Luc. Ζεχρι.
I Ch. 8. 19 (B), 27 (B): II Ch. 17. 16 (A).
(2) aliter in Heb.
I Ch. 27. 27 (B) (זבדי) (Luc. Ζαβδι).

Ζαχρού. זַכּוּר
Nu. 13. 5 (4) (A) (Luc. Ζαγχουρ).

Ζαχχαίας. aliter in Heb.
IV Ki. 18. 2 (A) (זכריה) (Luc. Ζαχαρίας).

Ζαχχούθ. aliter in Heb.
I Ch. 25. 10 (B) (זכור) (Luc. Ζακχουρ).

Ζαχχούρ. (1) זַכּוּר
II Es. 13 (Ne. 3). 2 (S) (Luc. Ζακχουρ).
(2) זְכַרְיָה
I Ch. 9. 37 (A) (Luc. Ζεχρει).

Ζαχχώρ (S?), **Ζαχώρ** (B S*). זַכּוּר
II Es. 20. 12 (Ne. 10. 13) (Luc. Ζακχουρ).

Ζέβεε. (1) זֶבַח
Joseph. Ζέβης.
Jd. 8. 5 (A *om.* Ζε [Ζε superscr A^{1}]), 6, 7, 10, 12 *bis*, 15 *bis*, 18, 21 *bis*: Ps. 82 (83). 12.
(2) aliter in Heb.
Jd. 8. 11 (A) (ינבהה) (Luc. Ναβε).

Ζεβούλ. (1) זְבֻל
Joseph. Ζάβουλος.
Jd. 9. 28, 30, 36 *bis*, 38, 41.
(2) aliter in Heb.
[Sm. IV Ki. 1. 2 (זבוב).]

Ζεβράν. זִמְרָן
Ge. 25. 2 (A* E) (Samar. [Samaritan]) (Luc. Ζεμβραν).

Ζεγούβ. שְׂגוּב*, שְׂגִיב [ק״]
III Ki. 16. 34 (B) (Luc. *om.*).

Ζεγρί. aliter in Heb.
[Aq. I Ki. 27. 8 (גרזי).]

Ζεθόμ (Ζαιθόμ). זֵתָם
Luc. Ζηθαν.
I Ch. 23. 8: 26. 22 (B).

Ζείβ. זִיף
II Ch. 11. 8 (B) (Luc. Ζιφ).

Ζειζά (Ζιζά). (1) זִיזָא
II Ch. 11. 20.
(2) זִיזָה
I Ch. 23. 11.
(3) aliter in Heb.
I Ch. 23. 10 (זינא).

Ζειού. זִו
III Ki. 6. 34 (37) (A) (Luc. Ζιου) (*Qued.* Xiiu).

Ζειρρεί. aliter in Heb.
I Ch. 7. 3 (B) (עזי) (Luc. Οζι).

Ζειτίας. in libr. apocr.
I Es. 9. 35 (B) (= מתתיה Ezr. 10. 43) (Luc. Μαθθαθιας).

Ζείφ (Ζίφ). (1) זִיף
Jo. 15. 55: I Ki. 23. 14 (Ζ, φ sup ras A^{a}) (Joseph. Ζιφηνή), 15 (Luc. *om.*): 26. 2 (Luc. ἡ αὐχμώδης) *bis*: I Ch. 2. 42: II Ch. 11. 8 (A) (Joseph. Ζιφά).
(2) abest in Heb.
I Ki. 23. 15 (A) (זיף praec.) (Luc. *om.*).

Ζειφαῖοι (Ζιφ.) (-εοι). (1) זִיפִים
Ps. 53 (54). 2.
(2) זִפִים
Joseph. Ζιφηνοί.
I Ki. 23. 19: 26. 1.
(3) abest in Heb.
I Ki. 23. 24 (זיפה seq).

Ζεκχωρά. abest in Heb.
II Ch. 36. 5 (A) (Luc. Αμιταλ).

Ζέλφα (-αν, -ας). זִלְפָּה
Ge. 29. 24: 30. 9 (Luc. [Ζέλφαν]), 10, 12: 35. 26: 37. 2: 46. 18.

Ζεμβράν. (1) זִמְרִי
[Syr. Je. 25. 25 (32. 11).]
(2) זִמְרָן
Ge. 25. 2 (A^{a}) (Samar. [Samaritan]) (Joseph. Ζεμβράνης, Ζεβράνης): I Ch. 1. 32 (B) (Luc. Ζεμραμ).

Ζέμη. aliter in Heb.
I Ch. 7. 35 (B) (שלש) (Luc. Σελεμ).

Ζεμμά. זִמָּה
I Ch. 6. 20 (5) (B).

Ζεμμάθ. aliter in Heb.
II Ch. 29. 12 (זמה) (Luc. Ζεμμα).

Ζεμράν. זִמְרָן
I Ch. 1. 32 (A) (Luc. Ζεμραμ).

Ζεραλίας. in libr. apocr.
I Es. 9. 28 (B) (= עזיזא Ezr. 10. 27) (Luc. Οζει).

Ζερβελλαί. aliter in Heb.
II Es. 2. 61 (A) (ברזלי) (Luc. Βερζελλι).

Ζέρε. זֶרַח
Ge. 36. 17 (*D*) (Samar. [Samaritan]) (Luc. Ζαρε).

Ζεύς. (1) aliter in Heb.
Ez. 30. 14 (Διὸς πόλις = נא), 16 (Διὸς πόλις = נא).
(2) abest in Heb.
Ez. 30. 21 (adnot Q$^{mg\,inf}$).
(3) in libr. apocr.
II Ma. 6. 2, 2 (A): 11. 21.

Ζεφρωνά. זִפְרֹנָה
Nu. 34. 9 (A F [.εφρώνα]) (*Lugd.* Sefrona).

Ζεχρεί (Ζεχρί). (1) זִכְרִי
Ex. 6. 21 (*Lucc.* Zecris): I Ch. 8. 19 (A), 23 (B), 27 (A): 9. 15: 26. 25: 27. 16: II Es. 21 (Ne. 11). 9: 22 (Ne. 12). 17 (S$^{c.a\,mg\,inf}$) (Luc. Ζαχαρίας).
(2) aliter in Heb.
II Es. 21 (Ne. 11). 17 (S$^{c.a\,mg\,sup}$) (זבדי).

Ζεχρίας. in libr. apocr.
I Es. 8. 1 (B) (= עזריה Ezr. 7. 1) (Luc. Ἀζαρίας).

Ζεχριήλ. aliter in Heb.
II Es. 21 (Ne. 11). 14 (S$^{c.a\,mg}$) (זבדיאל).

Ζεχωρά. abest in Heb.
II Ch. 36. 5 (B) (Luc. Αμιταλ) (Luc. Ζαβουδα).

Ζή. abest in Heb.
La. 1. 7 (Q^{mg}) (lit. alphab.).

Ζήβ. זְאֵב
Joseph. Ζῆβος.
Jd. 7. 25 *ter*: 8. 3: Ps. 82 (83). 12.
[Sm. Jd. 7. 25.]

Ζηβαθαθά. aliter in Heb.
Es. 1. 10 (A) (בגתא).

Ζήφ. abest in Heb.
Je. 30 (49). 4 (Q^{mg} sub ※) (זו praec.).

Ζιζά, *vid.* **Ζειζά.**

Ζίφ, *vid.* **Ζείφ.**

Ζιφαί. זִיף
I Ch. 4. 16 (A) (Luc. Ζιφ).

Ζιφαῖοι, *vid.* **Ζειφαῖοι.**

Ζοβαβέλ. aliter in Heb.
Za. 4. 6 (S*) (זרבבל).

Ζόγορ. צֹעַר
Je. 31 (48). 34 (A B S).

Ζόγορα.
Joseph. Ζώαρα, Ζωώρ, Ζόαρα, Ζώϊρα.
(1) צֹעַר
Ge. 13. 10 (*Vind.* Zogara, Segor).
(2) aliter in Heb.
Je. 31 (48). 4 (צעוריה*, צעיריה [ק״]).

Ζοθόμ. זֵתָם
I Ch. 26. 22 (A) (Luc. Ζηθαν).

Ζοιζομμεί. זוּזִים
[Aq. Ge. 14. 5 (P.).]

Ζοιζομμείν. זוּזִים
[Sm. Ge. 14. 5.]

Ζομβράν. זִמְרָן
Ge. 25. 2 (D^{sil}) (Samar. ...) (Luc. Ζεμβραν).

Ζομζομμείν (A), **Ζομμείν** (F). זַמְזֻמִּים
De. 2. 20 (Luc. Ζομμειν) (*Lugd.*, *Lucc.* Zozomin).

Ζοόβ. זָהָב
Nu. 21. 14 (F).

Ζορζελλέας. in libr. apocr.
I Es. 5. 38 (A) (= ברזלי Ezr. 2. 61: Ne. 7. 63) (Luc. Βερζελλει).

Ζοροβαβέλ.
Joseph. Ζοροβάβηλος.
(1) זְרֻבָּבֶל
I Ch. 3. 19, 19 (A): II Es. 2. 2: 3. 2 (A), 8: 4. 2, 3: 5. 2: 17 (Ne. 7). 7: 22 (Ne. 12). 1, 47: Hg. 1. 1, 12, 14 (A B S $Q^{mg sinistr}$): 2. 2, 4 (A B $S^{c.a}$ Q Γ), 21, 23: Za. 4. 6 (A B $S^{c.b\ vel\ etiam\ antea}$ Q), 7, 9, 10 (A B S Q^{mg} Γ).
(2) in libr. apocr.
I Es. 4. 13: 5. 5, 8 (a sup ras $A^{a?}$) (= זרבבל Ezr. 2. 2: Ne. 7. 7), 47 (48) (= זרבבל Ezr. 3. 2), 54 (56) (= זרבבל Ezr. 3. 8), 65 (68) (= זרבבל Ezr. 4. 2), 67 (70) (= זרבבל Ezr. 4. 3): 6. 2 (= זרבבל Ezr. 5. 2), 17 (18) (abest in Ezr. 5. 14), 26 (27) (abest in Ezr. 6. 7), 28 (29) (abest in Ezr. 6. 8): Si. 49. 11 (13).

Ζουέ. זִיעַ
I Ch. 5. 13 (Luc. Ζεα).

Ζουζά. זִיזָא
I Ch. 4. 37 (A) (Luc. *om.*).

Ζουκάμ. זַעֲוָן
Ge. 36. 27 (Samar. ...) (*Lucc.* Iuscha): I Ch. 1. 42 (B) (Luc. Ζαυαν).

Ζοχομείν (B*), **Ζοχομμείν** (B^{ab} [μ superscr]) זַמְזֻמִּים
De. 2. 20 (Luc. Ζομμειν).

Ζοχρί. זִכְרִי
I Ch. 8. 23 (A) (Luc. Ζεχρι).

Ζοχριήλ. aliter in Heb.
II Es. 21 (Ne. 11). 14 (A) (זבדיאל) (Luc. Ζεχριηλ).

Ζωάβ. aliter in Heb.
I Ch. 4. 20 (B) (זוחת) (Luc. Ζαωθ).

Ζωάν. aliter in Heb.
I Ch. 4. 20 (B) (זוחת) (Luc. Ζαωθ).

Ζωελάθ. זֹחֶלֶת
[Th. III Ki. 1. 9.]

Ζωελέθ (A), **Ζωελεθεί** (B). זֹחֶלֶת
III Ki. 1. 9 (Luc. Ζεαλαθ).
[Aq., Sm. III Ki. 1. 9.]

Ζωζαβέδ. aliter in Heb.
II Ch. 24. 26 (B [pro ζ 2° al lit coep B*]) (יהוזבד) (Luc. Ιωζαβεθ).

Ζωόβ. זָהָב
Nu. 21. 14 (A B) (Luc. Ζοοβ) (*Lugd.* Zoobon).

Ζωογόνος. חַוָּה
[Sm. Ge. 3. 21 (20).]

Ζωσάρα (-αν). זֶרֶשׁ
Es. 5. 10 (B S), 14 (B S) (Joseph. Γάζασα, Ζάρασα): 6. 13 (B S), 13 ($S^{c.a\ mg}$).

Ζωχάθ. זוֹחֵת
I Ch. 4. 20 (A) (Luc. Ζαωθ) *bis*.

H

῞Η (lit. alphab.). abest in Heb.
Ps. 118 (119). 33 (R): La. 1. 5: 2. 5: 3. 12 (A B), 13 (Q), 14 (Q), 15 (Q): 4. 5.

Ἠαάλ. aliter in Heb.
I Ch. 6. 34 (19) (B) (ירחם) (Luc. Ιεραμαηλ).

Ἡβάλ. עֵיבָל
[Aq. De. 11. 29.]

Ἡδαίς. in libr. apocr.
I Es. 9. 35 (A) (= ידו*, ידי [ק״]) (Luc. Ιαδιαι).

Ἡδάν. אַדָּן
II Es. 2. 59.

Ἡδεί. עֲלִי
Luc. Ηλει.
I Ki. 1. 9 (A): 4. 11 (A^{*vid}).

Ἡδείν (-δίν). עָדִין
II Es. 17 (Ne. 7). 20 (Luc. Αδδει): 20. 16 (Ne. 10. 17) (Luc. Αδειν).

Ἡδός. in libr. apocr.
I Es. 9. 35 (B) (= ידו*, ידי [ק״] Ezr. 10. 43) (Luc. Ιαδιαι).

Ἡζείρ. חֵזִיר
II Es. 20. 20 (Ne. 10. 21) (Luc. Αζηρ).

Ἡηά. aliter in Heb.
II Es. 22 (Ne. 12). 39 ($S^{c.a\ mgg}$) (מאה) (Luc. Αμμια).

῞Ηθ (lit. alphab.). abest in Heb.
Ps. 118 (119). 57 (R): La. 1. 8: 2. 8 (B S Q Γ), 9 (A): 3. 25 (A B Q^{mg}), 26 (Q^{mg}), 27 (Q^{mg}): 4. 8.

Ἡθάμ. אֵיתָן
Ps. 73 (74). 15 (R T): Je. 29. 20 (49. 19) (A).

Ἠθάν. (1) אֵתָם
[Aq., Sm., Th. Ex. 13. 20.]
(2) aliter in Heb.
I Ch. 7. 10 (A) (זיתן) (Luc. Ζηθα).

Ἠθεί. aliter in Heb.
I Ch. 25. 28 (B) (הותיר) (Luc. Ωθειρ) (*Lucc.* Etth).

Ἠθηρεί. יִתְרִי
I Ch. 11. 40 (B) (Luc. Ιεθρει).

Ἠθού. אִיתַי
I Ch. 11. 31 (A) (Luc. Ιθι).

Ἡιού. יֵהוּא
III Ki. 19. 16 (A) (Luc. Ιου).

Ἡλά. (1) אֵלָא
III Ki. 4. 17 (18).
(2) אֵלָה
Joseph. Ἤλανος.
I Ki. 21. 9 (10): III Ki. 16. 6 (A), 8, 13, 14 (*Vind.* Baesa): IV Ki. 15. 30: 17. 1: 18. 1, 9: I Ch. 9. 8 (A) (Luc. Ηλαν).
(3) aliter in Heb.
I Ch. 24. 30 (B) (עדר) (Luc. Εδερ): II Es. 8. 7 (B) (עילם) (Luc. Αιλαμ).
(4) in libr. apocr.
I Es. 9. 27 (= עילם Ezr. 10. 26) (Luc. Αιλαμ).

Ἡλαάν. אֵלָה
III Ki. 16. 6 (B) (Luc. Ηλα).

Ἡλάδ. aliter in Heb.
Jo. 12. 16 (B) (בית־אל?) (Luc. Βαιθηλ?).

Ἡλάμ.
Luc. Αιλαμ.
(1) עוֹלָם
II Es. 10. 2*.
(2) עֵילָם
II Es. 8. 7 (A): 10. 2 (ק״), 26: 17 (Ne. 7). 34: 20. 14 (Ne. 10. 15).
(3) in libr. apocr.
I Es. 5. 12 (A) (= עילם Ezr. 2. 7: Ne. 7. 12).

Ἡλαμαῖοι. עֵלְמָיֵא
II Es. 4. 9 (B) (Luc. Αἰλαμῖται).

Ἡλαμάρ. aliter in Heb.
II Es. 2. 31 (עילם, אחר seq) (Luc. Αιλαμ ἑτέρου).

Ἡλᾶς. אֵלָה
Ge. 36. 41: I Ch. 1. 52 (Luc. Ηλα).

Ἡλασά. אֶלְעָשָׂה
II Es. 10. 22.

Ἡλεί (-λί). (1) עִילַי
I Ch. 11. 29 (Ηλι [sup ras] A^{a}) (Luc. Ηλα).
(2) עֵלִי
Joseph. Ἠλίς, Ἠλείς: *Lucc.* Heli, Eli.
I Ki. 1. 3, 9 (B), 12, 13 (Ηλεισμεθ. (sic) B), 14 (*Vind.* Heli), 17 (*Vind.* Eli), 25: 2. 11, 12, 20, 22, 27: 3. 1, 2, 5 (B), 6, 8 *bis*, 9 (A), 12, 14 *bis*, 15, 16: 4. 4 (*Vind.* Helie [genit]), 11 (A^{1} B), 13, 14 *bis*, 15, 16: III Ki. 2. 27.
(3) abest in Heb.
I Ki. 3. 18, 21: 4. 15.

Ἡλειά, Ἠλειά (-λιά). (1) אֵלִיָּה
I Ch. 8. 27: II Es. 10. 26 (Luc. Ἠλίας).
(2) aliter in Heb.
II Es. 13 (Ne. 3). 12 (B S) (הלוחש) (Luc. Αλλωης).

Ἡλειάμ, *vid.* Ἡλιάμ.

Ἡλείας (-λίας) (genit. et voc. -α). (1) אֵלִיָּה
Ma. 4. 4 (3. 23).
(2) אֵלִיָּהוּ
III Ki. 17. 22 (A).
[Aq. IV Ki. 2. 14.]
[Sm. IV Ki. 2. 14 (?).]
(3) abest in Heb.
III Ki. 19. 2 (A).
(4) in libr. apocr.
Si. 48. 1, 4, 12 (13): I Ma. 2. 58.

Ἡλειόδωρος, *vid.* Ἡλιόδωρος.

Ἡλείου, Ἡλειού (-λιού). (1) אֵלִיָּה
IV Ki. 1. 3, 4, 8, 12.
(2) אֵלִיָּהוּ
Luc., Joseph. Ἡλίας.
III Ki. 17. 1, 13, 15 (A), 16, 18, 22 (23), 23, 24: 18. 1, 2, 7 *bis*, 8, 11 (A) (Luc. Ηλιου), 14, 15, 16, 17 (B), 21, 22, 25 (*Vind.* Helias), 27, 30, 31, 36, 40, 40 (B), 41, 42, 46: 19. 1, 2, 9, 13 *bis*, 20, 21: 20 (21). 17, 20, 28: IV Ki. 1. 10, 13, 15, 17: 2. 1 *bis*, 2, 4, 6, 8, 9, 11, 13, 14 *bis*, 15: 3. 11: 9. 36: 10. 10 (*Vind.* Helie [genit]), 17: II Ch. 21. 12.
[Aq. III Ki. 17. 22, 23.]
[Sm. IV Ki. 2. 14 (?).]
(3) אֱלִיהוּא
I Ki. 1. 1 (B) (Luc. Ειλι).
(4) aliter in Heb.
Luc. Ἡλίας.
III Ki. 17. 2 (pron. suff. [אליו]), 8 (pron. suff. [אליו]), 20 (אל־יהוה): 18. 8, 17 (pron. suff. [אליו]): 19. 20 (B) (לו).
(5) abest in Heb.
III Ki. 17. 5 (B), 10 (אליה seq), 11 (אליה seq), 19 (אליה seq): 18. 18, 21, 29, 43: 19. 2 (B), 3, 6, 10, 14: IV Ki. 1. 9, 15, 16 (B) (אליו praec): 2. 10.
(6) in libr. apocr.
Ju. 8. 1.

Ἡλί, *vid.* Ἡλεί.

Ἡλιά, *vid.* Ἡλειά.

Ἡλιαθάθ. aliter in Heb.
I Ch. 25. 4 (B) (אליאתה) (Luc. Ηλιθα).

Ἡλιάμ (-λειάμ). abest in Heb.
Ez. 47. 16.

Ἡλίας, *vid.* Ἡλείας.

Ἡλιόδωρος (-λειόδ.). in libr. apocr.
II Ma. 3. 7 (A S V^{a}), 8 (A S), 23, 25, 31, 32, 33, 35, 37, 40: 4. 1: 5. 18 (A S).

Ἡλιού, *vid.* Ἡλειού.

Ἡλκανά. אֶלְקָנָה
Luc. Ελκανα.
I Ch. 9. 16 (B): 12. 6: 15. 23.

Ἡλών. אֵילוֹן
I Ch. 6. 69 (54) (A) (Luc. Αιλων).

Ἡλωνί. aliter in Heb.
II Es. 21 (Ne. 11). 5 (A) (שלני) (Luc. Σηλωνει).

Ἡλωνμαωνεμείν. אֵלוֹן מְעוֹנְנִים
Jd. 9. 37 (B) (Luc. δρυὸς ἀποβλεπόντων).

Ἡμά. aliter in Heb.
Ez. 47. 15 (16) (B Q) (חמת).

Ἡμαδαβούν. in libr. apocr.
I Es. 5. 56 (58) (abest in Ezr. 3. 9) (Luc. Ελιαδουν).

Ἡμάθ, Ἥμαθ. (1) חֲמָת
Jd. 3. 3 (A): II Ki. 8. 9: III Ki. 8. 65 (B): I Ch. 13. 5 (Luc. Εμαθ): 18. 9 (Luc. Εμαθ): II Ch. 8. 4 (Luc. Εμαθ): Za. 9. 2 (A Q): Je. 30. 12 (49. 23) (A Q): 52. 27 (Q): Ez. 47. 15 (16) (A), 16 (A Q), 20: 48. 1 (A B), 1.
[Aq., Sm. Za. 9. 2.]
(2) חֲמָתָה
I Ch. 18. 3 (Luc. Εμαθ).
(3) aliter in Heb.
II Es. 17 (Ne. 7). 55 (B S) (תמח) (Luc. Θεμαα).
(4) abest in Heb.
Ez. 47. 20.

Ἡμαθεί. חֲמָת
Ez. 47. 16 (B) (Luc. Ημαθ).

Ἡμάν. הֵימָן
III Ki. 4. 27 (5. 11) (A) (Luc. Αιμαν).

Ἡμάρ. aliter in Heb.
Je. 30. 12 (49. 23) (S) (חמת).

Ἡμασαραείμ (B), Ἡμασαραείν (A). הַמְּשָׁרָעִי
I Ch. 2. 53 (Luc. Μασερεθι).

Ἡμεί. אָמִי
II Es. 2. 57 (Luc. Αμεει).

Ἡμείμ. אָמוֹן
II Es. 17 (Ne. 7). 59 (Luc. Αμεει).

Ἡμελ. abest in Heb.
La. 2. 3 (S*^{vid}) (lit. alphab. pro γίμελ).

Ἡμισυεωσίμ (A), Ἡμισυσεσοράμ (B*). aliter in Heb.
I Ch. 4. 31 (חצי=חצר) (חצר סוסים) (Luc. Ασερσουσι).

Ἡνά. aliter in Heb.
II Es. 20. 26 (Ne. 10. 27) (S^{vid}) (ענן) (Luc. Ηιναν).

Ἡναάδ. aliter in Heb.
II Es. 3. 9 (B) (חנדד) (Luc. Ιωναδαβ).

Ἡναδάβ. aliter in Heb.
II Es. 20. 9 (Ne. 10. 10) (B*S) (חנדד) (Luc. Ιωναδαβ).

Ἡναδάδ. חֵנָדָד
II Es. 3. 9 (A) (Luc. Ιωναδαβ): 13 (Ne. 3). 18 (A) (Luc. Ναβαδ), 24 (Luc. Ηναδαβ).

Ἡναδαλάτ. aliter in Heb.
II Es. 13 (Ne. 3). 18 (B S) (חנדד) (Luc. Ναβαδ).

Ἡναδδά. עֵין חַדָּה
Jo. 19. 21 (A) (Luc. Αναδδα).

Ἡναείμ. עֵינָם
Jo. 15. 34 (A).

Ἡναλάβ. aliter in Heb.
II Es. 20. 9 (Ne. 10. 10) (B$^{b\,vid}$) (חנדד) (Luc. Ιωναδαβ).

Ἡνάμ (B), Ἡνάν (A). עָנָן
II Es. 20. 26 (Ne. 10. 27) (Luc. Ηιναν).

Ἡνγαδδί. עֵין גֶּדִי
Jo. 15. 62 (A) (Luc. Αγγαδδει).

Ἡνγαννίμ. עֵין־גַּנִּים
Jo. 19. 21 (A) (Luc. Ιαγαννειμ).

Ἡνειά (-νιά). aliter in Heb.
I Ch. 25. 9 (הוא ו׳) (Luc. αὐτὸς καί).

Ἡνηλάδ. aliter in Heb.
II Es. 20. 9 (Ne. 10. 10) (A) (חנדד) (Luc. Ιωναδαβ).

Ἡνιά, *vid.* Ἡνειά.

Ἡού. יֵהוּא
IV Ki. 9. 24 (A) (Luc. Ιου).

Ἧρ. (1) עִיר[וּ]
I Ch. 4. 15 (B) (Luc. *om.*).
(2) עֵר
Ge. 38. 3 (*Lugd.* Her), 6, 7: 46. 12 (*Lugd.* Cher) *bis*: Nu. 26. 15 (19) *bis*: I Ch. 2. 3, 3 (B): 4. 21.
(3) עֵר
Nu. 21. 15 (Samar. [Samaritan script]) (*Lugd.* Here).

Ἡρά, Ἠρά. (1) אָרַח
II Es. 2. 5 (B) (Luc. Ωρεε): 17 (Ne. 7). 10 (A B) (Luc. Ηιρα).
(2) עִירִי
I Ch. 4. 15 (A) (Luc. *om.*).
(3) aliter in Heb.
II Es. 17 (Ne. 7). 42 (S) (Luc. Ιαρειμ).

Ἡραέ. אָרַח
II Es. 16 (Ne. 6). 18 (Luc. Ηιρα).

Ἡρακλῆς. in libr. apocr.
II Ma. 4. 19, 20 (V).

Ἡράμ, Ἠράμ. (1) חָרִם
II Es. 2. 32 (Luc. Ιηραμ): 10. 21 (Luc. Ηιραμ), 31 (Luc. Μεραρει): 13 (Ne. 3). 11 (B S) (Luc. Ηιραμ): 17 (Ne. 7). 35 (Luc. Ηιραμ), 42 (A B) (Luc. Ιαρειμ): 20. 27 (Ne. 10. 28) (B S^{vid}) (Luc. Αειραμ).
(2) עִירָם
I Ch. 1. 54 (A) (Luc. Αιραμ).
(3) aliter in Heb.
II Es. 17 (Ne. 7). 10 (S) (ארח) (Luc. Ηιρα).

Ἡρείμ. aliter in Heb.
I Ki. 15. 8 (A) (החרים) (Luc. *om.*).

Ἡρέμ. חָרִם
II Es. 2. 39 (A) (Luc. Ιαριμ).

Ἡρμά. חָרִם
II Es. 13 (Ne. 3). 11 (A) (Luc. Ηιραμ).

Ἡρών. aliter in Heb.
II Es. 17 (Ne. 7). 61 (אדון) (Luc. Ηδαν).

Ἡσαάκ. עֵשָׂו
Ge. 28. 8 (E$^{a?}$) (Luc. Ησαυ).

Ἡσαιά. יְשַׁעְיָה
II Es. 8. 7 (A) (Luc. Ἰεσσίας).

Ἡσαίας (-αν, -α, -ου, -ᾳ). (1) יְשַׁעְיָה
Is. *inscr.*
(2) יְשַׁעְיָהוּ
IV Ki. 19. 2, 5, 6, 20: 20. 1, 4, 7 (A), 8, 9, 11, 14, 16, 19: II Ch. 32. 20, 32: Is. 1. 1: 2. 1: 7. 3: 13. 1: 20. 2, 3: 37. 2, 5, 6, 21: 38. 1, 4, 21: 39. 3, 5, 8.
(3) abest in Heb.
Is. 23. 13 (adnot Q^{mg}): 39. 4: *subscr.*
(4) in libr. apocr.
Si. 48. 20 (23) (A B C), 22 (25): IV Ma. 18. 14.

Ἡσάμ. חָשֻׁם
II Es. 10. 33 (B) (Luc. Ασσημ): 17 (Ne. 7). 22 (B S) (Luc. Ασσομ): 20. 18 (Ne. 10. 19) (Luc. Ασσομ).

Ἡσαμαθείμ (B), Ἡσαμαθείν (A). הַשֻּׁמָתִי
I Ch. 2. 53 (Luc. ὁ Σαμαθι).

Ἡσαμί. חָשֻׁם
II Es. 17 (Ne. 7). 22 (A) (Luc. Ασσομ).

Ἡσαού. עֵשָׂו
Ge. 32. 19 (20) (A^{1}) (Luc. Ησαυ).

ʽΗσαραεί (A), **ʽΗσαρεί** (B). הַצָּרְעִי
I Ch. 2. 54 (Luc. ὁ Σαραθι).

ʼΗσαύ. (1) יִצְחָק
Ge. 28. 8 (E*) (Luc. Ισαακ).

(2) יִשְׂרָאֵל
Ge. 32. 32 (33) (E) (Luc. Ισραηλ).

(3) עֵשָׂו
Joseph. ʼΗσαῦς.
Ge. 25. 25, 26, 27, 28, 29, 30, 32, 34 *bis*: 26. 34 : 27. 1, 5 *bis*, 6, 11, 15, 19, 21, 22, 23 (A^{a} E), 24, 30, 32, 34, 37, 38, 38 (*D*^{sil} [Ησ..D]), 41 *bis*, 42 *bis*: 28. 5, 6, 8, 9 (A D): 32. 3 (4), 4 (5), 6 (7), 8 (9), 11 (12), 13 (14), 17 (18), 18 (19), 19 (20) (D E): 33. 1, 4, 9, 15, 16: 35. 1 (A D), 29 : 36. 1, 2, 4, 5, 6, 8 *bis*, 9, 10 *ter*, 12 *bis*, 13, 14 *bis*, 15 *bis*, 17 *bis*, 18 (A D), 18 (D), 19, 40, 43 : De. 2. 4, 5, 8, 12, 22, 29 : Jo. 24. 4 *bis* : I Ch. 1. 34, 35 : Ob. 1. 6, 8, 9, 18, 18 (*υ* rescr S^{1}), 19, 21 : Ma. 1. 2, 3 : Je. 29. 11 (49. 10).
[**Aq.** Ge. 25. 34 : Je. 49. 8 (29. 9).]
[**Sm.** Ge. 33. 1 : Je. 49. 8 (29. 9).]
[**Th.** Je. 49. 8 (29. 9).]

(4) שֵׂעִיר
Nu. 24. 18 (Samar. ࠔࠏࠉࠓ).

(5) abest in Heb.
Ge. 25. 31, 33 : 27. 34 (A), 36 : 29. 1 : 32. 5 (6) : 35. 7 : Jb. 42. 17 c, 17 e.

(6) in libr. apocr.
I Es. 5. 29 (30) (= ציחא Ezr. 2. 43 : צחא Ne. 7. 46) (Luc. Σουδαει) : Ju. 7. 8, 18 : I Ma. 5. 3, 65.

ʽΗσεραί (-ρέ). חֶצְרוֹ
I Ch. 11. 37 (B S) (Luc. Εσρει).

ʽΗσῆε. הוֹשֵׁעַ
IV Ki. 18. 1 (B*) (Luc. Ωσηε).

ʽΗσιάμ. שֵׁם
II Es. 10. 33 (S) (Luc. Ασσημ).

ʼΗσύηλος. in libr. apocr.
I Es. 1. 8 (A B*) (= יחיאל II Ch. 35. 8) (Luc. Ιωηλ).

ʼΗτάμ. עֵיטָם
Luc. Ιταμ : Joseph. Αἰτά.
Jd. 15. 8, 11.

ʽΗφάλ. aliter in Heb.
I Ch. 4. 6 (חפר) (Luc. Αφερ).

ʽΗφιθείν. הַפּוּתִי
I Ch. 2. 53 (A) (Luc. Αφφουθι).

ʼΗχά, ʼΗχα. aliter in Heb.
I Ch. 5. 5 (B) (מיכה) (Luc. Μιχα) : 6. 43 (28) (B) (יחת) (Luc. Ιααθ).

ʼΗώγ. in libr. apocr.
Si. 48. 17 (S*).

Θ

Θαάθ. תַּחַת
I Ch. 6. 24 (9) (A$^{a?}$ sup ras), 37 (22) : 7. 20 (A).

Θαανάχ. תַּעֲנָךְ
Jo. 21. 25 (A) : III Ki. 4. 12 (A) (Luc. Αιθαμ) : I Ch. 7. 29 (A).

Θααρησά. aliter in Heb.
II Es. 2. 59 (B) (תל חרשא) (Luc. Θελααρησσα).

Θαβάς. aliter in Heb.
Es. 1. 10 (A) (? כרכס) (Luc. *om.*).

Θαβασών. aliter in Heb.
II Ki. 24. 6 (B) (תחתים) (Luc. Χεττιειμ).

Θαβδαρηνοί. דְּתָבְרַיָּא
[**Sm.** Da. LXX. 3. 2 (Syr.^{mg}) (Sw.).]

Θαβθαῖοι. תִּפְתָּיֵא
[**Sm.** Da. LXX. 3. 2 (Syr.^{mg}) (Sw.).]

Θαβώρ. תָּבוֹר
Jo. 19. 34 : Jd. 4. 6, 12, 14 : 8. 18 : I Ki. 10. 3 (Luc. τῆς ἐκλεκτῆς) : I Ch. 6. 77 (62) (A) : Ps. 88 (89). 13.
[**Aq.** Ps. 88 (89). 13 : Ho. 5. 1.]
[**Sm.** Ps. 88 (89). 13.]

Θαγλάθ. aliter in Heb.
I Ch. 5. 6 (A) (תלגת) (Luc. Θεγλαθ-).

Θαγλαθφαλνάσαρ.
Luc. Θεγλαθφαλασαρ.

(1) תִּגְלַת פִּלְנֶסֶר
I Ch. 5. 26 (A [θ'·φ]).

(2) aliter in Heb.
II Ch. 28. 20 (A [θ.'φ]) (תלגת פלנאסר).

Θαγναφαμάσαρ. aliter in Heb.
I Ch. 5. 26 (B) (תגלת פלנסר) (Luc. Θεγλαθφαλασαρ).

Θαδί. aliter in Heb.
I Ch. 11. 27 (A) (הרורי) (Luc. Αρωρι).

Θαεί. תֹּעִי
II Ki. 8. 9 (A), 10 (A) (Luc. *om.*).

Θάεν. תַּחַן
I Ch. 7. 25 (B) (Luc. Θααν).

Θαεσθέν. aliter in Heb.
IV Ki. 19. 12 (B) (תלאשר) (Luc. Θαλασσαρ).

Θαθθαναί. תַּתְּנַי
Luc. Τανθαναῖος.
II Es. 5. 3 (A) : 6. 13 (A).

Θαθθαναίς. תַּתְּנַי
II Es. 5. 6 (A) (Luc. Τανθαναῖος).

Θαθφώθ. תַּפּוּחַ
Jo. 17. 7 (A) (Luc. Ναφθωθ).

Θαιβαίς. תֵּבֵץ
Jd. 9. 50 (A) (Luc. Θηβης).

Θαιγραμά. תּוֹגַרְמָה
Ez. 27. 14 (B).

Θαιθάμ. aliter in Heb.
Je. 27 (50). 44 (S*) (איתן).

Θαιλάμ (B*), **Θαιλαμουήν** (B^{b} = Θαλὰμ οὗ ἦν). abest in Heb.
II Ki. 3. 12 (למי לאמר תחתו [תחתיו קרי]) (Luc. Χεβρων).

Θαιμάδ. aliter in Heb.
Is. 37. 12 (A) (תלשר).

Θαιμάθ. aliter in Heb.
Is. 37. 12 (O^{vid}) (Θαι[μα]θ] (תלשר).

Θαιμάν (Θεμ.) (-ανων). (1) תּוֹמָן
Ge. 36. 15 (A D)* (Samar. ࠕࠉࠌࠍ).

(2) תֵּימָא
Ge. 25. 15 (A) (Samar. ࠕࠉࠌࠄ) (Joseph. Θέμανος) : I Ch. 1. 30 : Is. 21. 14 : Je. 32. 9 (25. 23) (A B S$^{c.a}$ Q).

(3) תֵּימָן
Joseph. Θημανός, Θέμανος.
Ge. 36. 11, 15 (A D), 42 : Jo. 12. 3 : 13. 4 : I Ch. 1. 36, 53 : Am. 1. 12 : Ob. 1. 9 : Hb. 3. 3 : Je. 29. 8 (49. 7), 21 (49. 20) : Ez. 20. 46 (21. 2) : 25. 13.

(4) תֵּימָנִי
Luc. Θαιμάνων.
Ge. 36. 34 (A D) : I Ch. 1. 45 : Jb. 2. 11.

(5) תֵּימְנִי
I Ch. 4. 6 (Luc. Θαιμανει).

(6) תֵּמָא
Jb. 6. 19.
[**Al.** Jb. 6. 19.]

(7) תִּמְנַע
I Ch. 1. 51 (B) (Luc. Θαμνα).

(8) aliter in Heb.
I Ch. 4. 12 (B) (תחנה) (Luc. Θεεννα) : Is. 37. 12 (S^{c} Q) (תלשר) : Ez. 47. 19 (תמר) : 48. 28 (תמר).

(9) abest in Heb.
Ge. 25. 3 : Jb. 42. 17 e, 17 e (A) : Ez. 20. 45 (21. 1) (Q^{mgsup}).

(10) in libr. apocr.
Ba. 3. 22, 23.

Θαιμανείτης (Θεμ.) (-νίτης) (-νίτις).

(1) תֵּימָנִי
Jb. 4. 1 : 15. 1 (A B S C [?]) : 42. 7, 9.
[**Sm., Th.** Jb. 2. 11.]

(2) תֵּמָנִי
Jb. 22. 1.

Θαιμανεῖτις (Θεμ.) (-νῖτ.). abest in Heb.
Jb. 42. 17 d.

Θαιμανίτης, *vid.* Θαιμανείτης.

Θαιμνά. תִּמְנָה
Ge. 38. 12 (A) (Luc. Θαμνα).

Θαιρά. aliter in Heb.
IV Ki. 15. 16 (A) (תפסח) (Luc. Ταφωε).

Θακουάθ. תָּוֹקְהַת (יתיר ו״)
II Ch. 34. 22 (A) (Luc. Θεκωε).

Θαλαβείν. שַׁעַלְבִים
Jd. 1. 35 (B) (Luc. *om.*).

Θαλαμεί. תַּלְמַי
Nu. 13. 23 (22) (F) (Luc. Θαλαμειν).

Θαλασσάρ. (1) תְּלַאשָּׂר
IV Ki. 19. 12 (A).
(2) תְּלַשָּׂר
[Sm., Th. Is. 37. 12.]

Θαλγά. תִּדְעָל
Ge. 14. 1 (A) (Luc. Θαργαλ) (Joseph. Θάδαλος).

Θαλγαβανάσαρ. aliter in Heb.
I Ch. 5. 6 (B) (תלגת פלנאסר) (Luc. Θεγλαθφαλασαρ).

Θαλγάδ. תִּדְעָל
Ge. 14. 1 (*D*) (Θαλγαλ [Θαλγαδ ?]) (Luc. Θαργαλ).

Θαλγαθφελλασάρ. aliter in Heb.
IV Ki. 16. 7 (B) (תגלת פלסר) (Luc. Θεγλαφαλασαρ).

Θαλγάλ. תִּדְעָל
Luc. Θαργαλ.
Ge. 14. 1 (*D*) (Θαλγαδ ?), 9.

Θαλγαλφελλασάρ. aliter in Heb.
IV Ki. 16. 10 (B) (תגלת פלאסר) (Luc. Θεγλαφαλασαρ).

Θαλγαφελλάδαρ. aliter in Heb.
II Ch. 28. 20 (B) (תלגת פלנאסר) (Luc. Θεγλαθφαλασαρ).

Θάλε (A), **Θάλεες** (B). תֶּלַח
I Ch. 7. 25 (Luc. Θαλα).

Θάλεθ. aliter in Heb.
I Ch. 2. 33 (B) (פלת) (Luc. Φαλατ).

Θαλεί (B), **Θαλείμ** (S). aliter in Heb.
II Es. 10. 28 (עתלי) (Luc. Θελεει).

Θαλμαί. תַּלְמַי
Jo. 15. 14 (A).

Θαλμή. aliter in Heb.
I Ch. 7. 29 (B) (תענך) (Luc. Θααναχ).

Θαλπιώθ (B), **Θαλφιώθ** (A). תַּלְפִּיּוֹת
Ca. 4. 4 (B S).

Θαλχά. abest in Heb.
Jo. 19. 7 (B) (Luc. *om.*).

Θαμααχά. [בֵּי]ת־מַעֲכָה
IV Ki. 15. 29 (B) (Luc. Βαιθμααχα).

Θαμαθιά. aliter in Heb.
II Es. 10. 43 (B S) (מתתיה) (Luc. Ματθαθιας).

Θαμαῖος. in libr. apocr.
I Es. 9. 21 (B) (= שמעיה Ezr. 10. 21) (Luc. Σαμαίας).

Θαμανά. תִּמְנָע
I Ch. 1. 51 (A) (Luc. Θαμνα).

Θαμάρ. (1) תָּמָר
Joseph. Θάμαρα, Θήμαρ : *Lucc.* Thamar.
Ge. 14. 7 : 38. 6 (*Lugd.* Chamar), 11 *bis*, 13, 24 : Jd. 20. 33 : Ru. 4. 12 : II Ki. 13. 1 (A), 2 (A), 4 (A), 5 (A), 6 (A), 7 (A), 8 (A), 10 (A) *bis*, 16 (A), 19 (A), 20 (A), 22 (A), 32 (A) : 14. 27 (A) (Luc. Μααχα) : I Ch. 2. 4 : II Ch. 20. 2 (A).
[Aq., Sm., Th. Ez. 47. 19.]
(2) abest in Heb.
Ge. 38. 26 : II Ki. 13. 16 (A).

Θαμαρά. תָּמָר
II Ch. 20. 2 (B) (α seq) (Luc. Θαμαρ).

Θαμαρχάρης. תִּמְנַת־סֶרַח
Jo. 19. 50 (B*) (Luc. Θαμναθασαρ).

Θαμασεί (-σί).
Luc. Θαμεσσει.
(1) תֶּבֶץ
II Ki. 11. 21.
(2) abest in Heb.
II Ki. 11. 22 (*cf. v.* 21).

Θαμεί. תַּלְמַי
Jd. 1. 10 (A) (Luc. Θολμει).

Θαμμούζ. תַּמּוּז
Ez. 8. 14.
[Heb., Syr. Ez. 8. 14.]

Θαμνά. (1) תִּמְנָה
Ge. 38. 12 (D^{sil} E), 13, 14 (Luc. Θαμναν) (*Lugd.* Thamnan) : Jo. 15. 57 (A) : II Ch. 28. 18 (A).
(2) תִּמְנָע
Joseph. Θαμνάη.
Ge. 36. 12, 22, 40 : I Ch. 1. 36, 39 (A).
(3) תִּמְנָתָה
Jo. 19. 43 (A).

Θαμνάθα, Θαμναθά, Θαμνâθα. (1) תִּמְנָה
Jo. 15. 57 (B) (Luc. Θαμνα).
(2) תִּמְנָתָה
Jo. 19. 43 (B) (Luc., Joseph. Θαμνα) : Jd. 14. 1 *bis*, 2, 5 *bis*.
(3) in libr. apocr.
I Ma. 9. 50.

Θαμναθαῖος. תִּמְנִי
Jd. 15. 6 (A).
[Aq., Sm., Th. Jd. 15. 6.]

Θαμναθάρ (A), **Θαμναθάρες** (B). תִּמְנַת־חֶרֶס
Jd. 2. 9 (εως seq) (Luc. Θαμναθαρες).

Θαμναθασαχαρά. תִּמְנַת־סֶרַח
Jo. 24. 30 (B) (Luc. Θαμναθσαχαρ) (Joseph. Θαμνâ).

Θαμναθσάρα. תִּמְנַת־סֶרַח
Jo. 19. 50 (A) (Luc. Θαμναθασαρ).

Θαμνάν. תֵּימָן, *תּוֹמָן [ק"]
Ge. 36. 15 (E) (Samar. [illegible]) (Luc. Θαιμαν).

Θαμνασάραχ. (1) תִּמְנַת־סֶרַח
Jo. 19. 50 (B^{amg}) (Luc. Θαμναθασαρ).
(2) abest in Heb.
Jo. 21. 42 b (B) (Luc. Θαμνασαχαρ).

Θαμνασάχαρ. (1) תִּמְנַת־סֶרַח
Jo. 24. 30 (A) (Luc. Θαμναθσαχαρ) (*Lucc.* Thamnasari).
(2) abest in Heb.
Jo. 21. 42 b, 42 d (A).

Θαμνασαχάραθ. abest in Heb.
Jo. 21. 42 d (B) (Luc. Θαμνασαχαρ).

Θαμνεί (-νί). (1) תִּבְנִי
Luc. Θαβεννει : Joseph. Θαμαναῖος, Θαμναῖος : *Lucc.* Thameni.
III Ki. 16. 21, 22, 22 (B).
(2) תִּמְנִי
Jd. 15. 6 (B) (Luc. Θαμναθαῖος).
(3) abest in Heb.
III Ki. 16. 22 (Luc. Θαβεννει).

Θανά. תְּחִנָּה
I Ch. 4. 12 (A) (Luc. Θεεννα).

Θαναάχ. תַּעְנָךְ
Jd. 5. 19 (B) (Luc. Θενναχ).

Θαναέμαιθ (-μεθ). תַּנְחֻמֶת
Je. 47 (40). 8 (A B Q).

Θάναι. aliter in Heb.
II Ch. 31. 13 (B) (מחת) (Luc. Ααθ).

Θανάκ. תַּעְנָךְ
Jd. 1. 27 (B) (Luc. Εκθαναδ).

Θαναμάθ. תַּנְחֻמֶת
[Aq. Je. 40 (47). 8.]

Θαναναί. aliter in Heb.
II Es. 5. 3 (B) (תתני) (Luc. Τανθαναῖος).

Θανάχ. תַּעְנָךְ
Jo. 12. 21 (A) (Luc. Θααναχ).

Θανέμαθ (B), **Θανέμαν** (A). תַּנְחֻמֶת
IV Ki. 25. 23 (Luc. Θανεεμμαθ).

Θανθάν. aliter in Heb.
IV Ki. 18. 17 (B) (תרתן) (Luc. Τανθαν).

Θανθανᾶς. aliter in Heb.
II Es. 5. 6 (B) (תתני) (Luc. Τανθαναῖος).

Θανιείμ. aliter in Heb.
II Es. 2. 70 (B) (נתינים) (Luc. Ναθιναῖοι).

Θανουεί. aliter in Heb.
II Es. 10. 30 (B S) (בנוי) (Luc. Βανουει).

Θαπούς. תַּפּוּחַ
I Ch. 2. 43 (B) (Luc. Φεθρουθ).

Θάρα, Θαρά. (1) תַּחְרֵעַ
I Ch. 9. 41 (A) (Luc. Θαραα).
(2) תֶּרַח
Joseph. Θέρρος, Θάρρος.
Ge. 11. 24, 25, 26, 27 (A$^{1?a?}$) *bis*, 31, 32 (A E), 32 : Jo. 24. 2 : I Ch. 1. 26.
(3) aliter in Heb.
IV Ki. 19. 9 (B) (תרהקה) (Luc. Θαρθακ).
(4) in libr. apocr.
Es. A 12 (12. 1) (S$^{*\text{vid}}$) (Luc. Θεδεύτης).

Θαραβά. aliter in Heb.
Es. 1. 10 (B S) (זתר ?) (Luc. *om.*).

Θαραβαάμ. בֵּית הָעֲרָבָה
Jo. 15. 61 (B) (מ seq) (Luc. Βηθαραβα).

Θάραθ. תֶּרַח
Luc. Ταραθ.
Nu. 33. 27 (A), 28 (A).

Θαράθα. aliter in Heb.
Is. 37. 9 (A S Q*) (תרהקה).

Θαρακά. תִּרְהָקָה
IV Ki. 19. 9 (A) (Luc. Θαρθακ) : Is. 37. 9 (B O Q^{mg} Γ).

Θαραλά. תַּרְאֲלָה
Jo. 18. 27 (A).

Θαράμ. aliter in Heb.
I Ch. 2. 48 (B) (תרחנה) (Luc. Θαραανα).

Θάρας. תֶּרֶשׁ
Es. 2. 21 (S$^{\text{c.a mg sup}}$).

Θαράχ. תַּחְרֵעַ
I Ch. 9. 41 (B S) (Luc. Θαραα).

Θαργάλ. תִּדְעָל
Ge. 14. 1 (E).

Θαρέε. תַּאְרֵעַ
I Ch. 8. 35 (A) (Luc. Θαραα).

Θαρεηλά. תַּרְאֲלָה
Jo. 18. 27 (B) (Luc. Θεραλα).

Θαρές. aliter in Heb.
[Aq. Is. 19. 8 (Q^{mg}) (Sw.).]

Θαρθάκ. תַּרְתָּק
IV Ki. 17. 31.

Θαρθάν. תַּרְתָּן
IV Ki. 18. 17 (A) (Luc. Ταν θαν) (Joseph. Θαρατά): Is. 20. 1 (Q^mg Γ [?]).

Θαρρά. Θάρρα (-ας). (1) תֶּרַח
Luc. Θαρα.
Ge. 11. 27 (A* vid) *bis*, 28 (A), 32 (D): Es. 6. 2 (S^c.a mg) (Luc. *om.*).
(2) aliter in Heb.
Es. 1. 10 (B S) ([חר]בונה) (Luc. *om.*).
(3) in libr. apocr.
Es. A 12 (12. 1) (A B S^c.a) (Luc. Θεδεύτης).

Θαρρείς. abest in Heb.
Ez. 27. 16 (A) (Luc. Θαρσεις).

Θαρσά. תִּרְצָה
Jo. 12. 24 (B) (Luc. Θερσα).

Θαρσέας. in libr. apocr.
II Ma. 3. 5 (V^a).

Θαρσειλά. aliter in Heb.
IV Ki. 15. 14 (B) (תרצה) (Luc. Θερσα) (Joseph. Θαψά).

Θαρσείς, *vid.* Θαρσίς.

Θαρσής. in libr. apocr.
II Ma. 12. 35 (V^a).

Θαρσίας. in libr. apocr.
II Ma. 3. 5 (V* vid).

Θαρσίς (-είς). (1) תַּרְשִׁישׁ
Ge. 10. 4 (Joseph. Θάρσος): III Ki. 10. 22 *bis*: I Ch. 7. 10 (A): II Ch. 9. 21 *bis*: 20. 36, 37: Ps. 47 (48). 8: 71 (72). 10: Ca. 5. 14: Jn. 1. 3 *bis*, 3 (A B S^c.a): 4. 2: Is. 60. 9: 66. 19: Je. 10. 9: Ez. 38. 13 (Q^mg vid).
[Aq. III Ki. 22. 49: Ps. 47 (48). 8: Is. 2. 16: 23. 1, 6, 14: Je. 10. 9: Ez. 27. 12, 25.]
[Sm. Ps. 47 (48). 8: Is. 2. 16: 23. 1, 6, 14: Ez. 27. 12.]
[Th. Is. 2. 16: 23. 1, 6, 14: Je. 10. 9: Ez. 1. 16: 10. 9: 27. 12: Da. 10. 6.]
[Syr. Ez. 27. 12.]
[Heb. Ez. 10. 9: 27. 12.]
[Al. III Ki. 22. 49.]
(2) תַּרְשִׁישָׁה
I Ch. 1. 7.
(3) aliter in Heb.
Je. 19. 2 (B S^1) (חרסות*, חרסית [ק״]).
(4) abest in Heb.
III Ki. 16. 28 f (B): Ez. 27. 16 (B Q).

Θάρσος. (1) תַּרְשִׁישׁ
Ez. 27. 25 (A).
(2) in libr. apocr.
II Ma. 12. 35 (V*).

Θαρχνά. תִּרְחֲנָה
I Ch. 2. 48 (A) (Luc. Θαρααvα).

Θασειρεί. aliter in Heb.
II Ki. 2. 9 (B) (אשורי) (Luc. Εζρι).

Θασιμούθ. aliter in Heb.
Ez. 25. 9 (B*) (הישימות).

Θασμούς. בֵּית שֶׁמֶשׁ
Jo. 19. 38 (A) (Luc. Βιθσαμις).

Θασοβάν. אֶצְבֹּן
Ge. 46. 16 (Samar. ࠀࠑࠁࠏࠅࠍ) (Luc. Θασοβαμ) (Joseph. Ζαβρων) (*Lugd.* Chasoban: *Lucc.* Soban).

Θασούρ. aliter in Heb.
II Ki. 2. 9 (A) (אשורי) (Luc. Εζρι).

Θασσεί (-σί) (S V), Θασσίς (A).
I Ma. 2. 3 (Joseph. Θάτις, Θάθης, Μαθθῆς).

Θαῦ (lit. alphab.). abest in Heb.
Ps. 118 (119). 169 (R): La. 1. 22: 2. 22: 3. 64 (Q), 65, 66 (Q): 4. 22.
[Aq., Th. Ez. 9. 6 (Q^mg) (Sw.).]

Θαύν. [בֵּי]ת אָוֶן
I Ki. 14. 23 (A^vid) (Luc. Βαιθωρων).

Θαφέθ. (1) תַּפּוּחַ
Jo. 17. 8 (B).
(2) תֹּפֶת
Je. 19. 6 (Q^mg).
[Aq. Je. 19. 11.]
[Sm. Is. 33. 10.]
[Th. IV Ki. 23. 10: Is. 33. 10: Je. 19. 11.]
[Al. Je. 19. 6, 14.]

Θαφθώθ. תַּפּוּחַ
Jo. 17. 7 (B*) (Luc. Ναφθωθ), 8 (A) (Luc. [Θαφωθ]).

Θαφφού. (1) תַּפּוּחַ
Jo. 12. 17 (A) (Luc. Θαπφου).
(2) תַּפֻּחַ
I Ch. 2. 43 (A) (Luc. Φεθρουθ).

Θαφώθ. תָּבוֹר
Jo. 19. 22 (A) (Luc. Θαβωρ).

Θαχχειά. aliter in Heb.
I Ch. 6. 77 (62) (B) (תבור) (Luc. Θαβωρ).

Θαψά. תִּפְסַח
III Ki. 4. 24 (5. 4) (A) (Luc. *om.*).

Θεβώρ. רְחֹבוֹת
Ge. 36. 37 (E) (Luc. Ροωβωθ).

Θεδμόρ. תַּדְמֹר
II Ch. 8. 4 (A).

Θεεμά (S* [sup ras ε 2° fort ο]), Θεεμάθ (B).
aliter in Heb.
Is. 37. 12 (תלשר).

Θεησοῦς. abest in Heb.
II Ki. 5. 16 (B) (? = אלישוע) (Luc. Ελισουε ?).

Θεθήρ. abest in Heb.
Jo. 15. 59 a (B).

Θεϊέ. תּוֹחַ
I Ch. 6. 34 (19) (B) (Luc. Νααθ).

Θειμάθ. abest in Heb.
I Ki. 30. 29 (B) (Luc. *om.*).

Θειράς. תִּירָס
Ge. 10. 2 (Luc. Θιρας) (Joseph. Θείρης): I Ch. 1. 5.

Θεκεμείνα (-μίνα).
Luc. Θεχεμεινα: Joseph. Θαφίνη.
(1) aliter in Heb.
III Ki. 11. 19 (תחפנים), 20 (תחפנים), 20 (תחפנס).
(2) abest in Heb.
III Ki. 12. 24 e (B).

Θεκκουαύ (B), Θεκκουέ (A). תִּקְוָה
IV Ki. 22. 14 (Luc. Θεκουε) (*Lu.* Θ. υἱοῦ Ἀ. = Tacuelarum).

Θεκουέ, Θεκοῦε. (1) תִּקְוָה
II Es. 10. 15 (A).
(2) תְּקוֹעַ
Am. 1. 1: Je. 6. 1.
[Aq., Sm. Je. 6. 1.]
(3) aliter in Heb.
III Ki. 10. 32 (28) (B) ([מ]קוה) *bis*.

Θεκουεέμ.
Luc. Θεκουε.
aliter in Heb.
III Ki. 10. 32 (A [Θεκου|εεμ· ποροι]) ([מ]קוה), 32 (A) ([מ]קוה).

Θεκούμ. [אֶל]תְּקֹן
Jo. 15. 59 (B) (Luc. Ελθεκεν).

Θεκώ. (1) תְּקוֹעִי
I Ch. 11. 28 (B) (Luc. Θεκωίτης).
(2) abest in Heb.
Jo. 15. 59 a.

Θεκῶε. (1) תְּקוֹעַ
I Ch. 2. 24 (B): 4. 5 (B): II Ch. 11. 6 (Joseph. Θεκῶε, Θεκωάθ): 20. 20.
(2) תְּקוֹעָה
II Ki. 14. 2 (Luc. Θεκουε) (*Vind.* Tecoe).
(3) aliter in Heb.
I Ch. 4. 8 (B^a? vid [Θε superscr]) (קוץ) (Luc. Κως).
(4) in libr. apocr.
I Ma. 9. 33 (Joseph. Τοχόα, Θοκόα).

Θεκωείμ. (1) תְּקוֹעִים
II Es. 13 (Ne. 3). 5 (A S).
(2) תְּקֹעִים
II Es. 13 (Ne. 3). 27 (A) (Luc. Θεκωῖται).

Θεκωείν. (1) תְּקוֹעִים
II Es. 13 (Ne. 3). 5 (B) (Luc. Θεκωειμ).
(2) תְּקֹעִים
II Es. 13 (Ne. 3). 27 (B S) (Luc. Θεκωῖται).

Θεκωείτης (-ωίτης). (1) תְּקוֹעִי
I Ch. 27. 9 (A).
(2) תְּקֹעִי
II Ki. 23. 26 (Luc. Θεκεί).

Θεκωεῖτις. תְּקֹעִית, תְּקוֹעִית
Luc. Θεκουῖτις.
II Ki. 14. 4, 9.

Θεκωί. תְּקוֹעִי
I Ch. 11. 28 (A) (Luc. Θεκωίτης).

Θεκώμ. aliter in Heb.
I Ch. 4. 5 (A [μ']) (תקוע) (Luc. Θεκωε).

Θεκωνεί. aliter in Heb.
II Ki. 15. 12 (B) (גילני) (Luc. Τελμωναῖος).

Θεκωνείτης. תְּקוֹעִי
I Ch. 27. 9 (B) (Luc. Θεκωίτης).

Θεκώς. aliter in Heb.
I Ch. 2. 24 (A) (תקוע) (Luc. Θεκωε).

Θελαβίβ. תֵּל אָבִיב
[Aq., Sm., Th. Ez. 3. 15.]

Θελαμείν. תַּלְמַי
Nu. 13. 23 (22) (A B) (Luc. Θαλαμειν) (*Lugd.* Tholamin).

Θελαρησά. תֵּל חַרְשָׁא
II Es. 2. 59 (A) (Luc. Θελααρησσα).

Θελαρσά. תֵּל חַרְשָׁא
II Es. 17 (Ne. 7). 61 (A) (Luc. Θελλαρης A-).

Θελερσάς. in libr. apocr.
I Es. 5. 36 (B) (= תל חרשא Ezr. 2. 59: Ne. 7. 61) (Luc. Θαλαα καὶ Ρησα).

Θελκάθ. חֶלְקַת
Jo. 21. 31 (A) (Luc. Χαλκαθ).

Θελμέλεθ (B), Θελμέλεχ (A). תֵּל מֶלַח
II Es. 17 (Ne. 7). 61 (תל מלח) (Luc. Θελμελεχ).

Θελμέχελ. aliter in Heb.

II Es. 2. 59 (A) (תל מלח) (Luc. Θελμελεχ).

Θελσάς. in libr. apocr.

I Es. 5. 36 (A) (= תל חרשא Ezr. 2. 59 : Ne. 7. 61) (Luc. Θαλαα καὶ Ρησα).

Θέμα. תֶּמַח

II Es. 2. 53 (Luc. Θεμαα).

Θεμάν, *vid.* Θαιμάν.

Θεμανίτης, *vid.* Θαιμανείτης.

Θεμανῖτις, *vid.* Θαιμανείτης.

Θεμμών. aliter in Heb.

Jo. 21. 32 (B*) (קַרְתָּן) (Luc. Καρθαν).

Θενεεμάν. תַּנְחֻמֶת

[Sm. Je. 40 (47). 8.]

Θεννάχ. תַּעְנָךְ

Jd. 5. 19 (A).

Θεοδοτίων. (1) abest in Heb.

Da. TH. *inscr.* (Q).

(2) in libr. apocr.

Da. TH. Su. *inscr.* : Bel *inscr.* (A Q ?).

Θεόδοτος. in libr. apocr.

II Ma. 14. 19 : III Ma. 1. 2.

Θερά, Θέρα (-αν). (1) aliter in Heb.

I Ch. 7. 37 (B) (יִתְרָן) (Luc. *om.*).

(2) in libr. apocr.

Luc. Εεια.

I Es. 8. 40 (43) (A) (= אהוא Ezr. 8. 15), 60 (62) (= אהוא Ezr. 8. 31).

Θεργαμά. (1) אֶלְדָּעָה

Ge. 25. 4 (A) (Luc. Ραγα) (Joseph. Ἐλδᾶς).

(2) תֹּגַרְמָה

Ge. 10. 3 (A) (Luc. Θοργαμα) (*Lucc.* Thargam).

(3) תּוֹגַרְמָה

Ez. 27. 14 (A) : 38. 6.

(4) abest in Heb.

Ez. 38. 6 (adnot Q[mg inf]).

Θερέε. תֵּאָרֵעַ

I Ch. 8. 35 (B) (Luc. Θαραα).

Θερμά. (1) aliter in Heb.

Jo. 12. 24 (A) (תרצה) (Luc. Θερσα).

(2) abest in Heb.

Jo. 16. 6 (B) (Luc. *om.*).

Θερμάθ. aliter in Heb.

III Ki. 9. 18 (A) (תמר*, תדמר ["ק]) (Luc. Θοδμορ) (Joseph. Θαδάμορα).

Θερμαί. abest in Heb.

III Ki. 2. 46 d (B) (Luc. Θοδαμορ).

Θερμέλεθ. (1) aliter in Heb.

Luc. Θελμελεχ.

II Es. 2. 59 (B) (תל מלח) : 17 (Ne. 7). 61 (S) (תל מלח).

(2) in libr. apocr.

I Es. 5. 36 (= תל מלח Ezr. 2. 59 : Ne. 7. 61) (Luc. Θελμελεγ).

Θερπαμά. אֶלְדָּעָה

Ge. 25. 4 ([Θ]ερπαμ[α] *D* [ρπαμα rescr *D*[b]]) (Luc. Ραγα).

Θερσά. (1) תִּרְצָה

Nu. 26. 37 (33) : 27. 1 (Luc. *om.*) : 36. 11 (*Mon.* Tersa) : Jo. 17. 3 : III Ki. 15. 21, 33 (Joseph. Θάρση, Θαρσάλη, Ἀρσάνη) : 16. 6, 8, 9 *bis*, 15, 17, 23 (*Vind.* Therse) : IV Ki. 15. 16.

(2) aliter in Heb.

IV Ki. 15. 16 (B) (תפסח) (Luc. Ταφωε).

Θερσιλά. aliter in Heb.

IV Ki. 15. 14 (A) (תרצה) (Luc. Θερσα).

Θεσβείτης (-βίτ.). (1) תִּשְׁבִּי

III Ki. 17. 1 (B) (Joseph. Θεσσεβώνη, Θεσβώνη) : 20 (21). 17 : IV Ki. 1. 3, 8 : 9. 36.

(2) aliter in Heb.

Ma. 4. 4 (3. 23) (נביא).

(3) abest in Heb.

III Ki. 18. 27.

Θεσβῶν. aliter in Heb.

III Ki. 17. 1 (תשבי) (Luc. Θεσσεβων).

Θεσσάμυς. [בֵּי]ת שֶׁמֶשׁ

Jo. 19. 38 (B) (Luc. Βιθσαμις).

Θεσταρωθεί. aliter in Heb.

I Ch. 11. 44 (S) (עשתרתי) (Luc. Εσθαρωθι).

Θηβής. תֵּבֵץ

Jd. 9. 50 (B) (Joseph. Θῆβαι).

Θηδειά (S), Θηζειά (B). aliter in Heb.

II Es. 21 (Ne. 11). 5 (זכריה) (Luc. Ζαχαρίας).

Θηλαμού (? Θηλὰμ οὗ). abest in Heb.

II Ki. 3. 12 (A) (תחתיו קרי [תחתו לאמר למי]) (Luc. Χεβρων).

Θημά. תֶּמַח

II Es. 17 (Ne. 7). 55 (A) (Luc. Θεμαα).

Θημάν. תֵּימָא

Ge. 25. 15 (D [Θημ...] E) (Samar. תימא) (Luc. Θαιμαν).

Θημάρ.

Luc. Θαμαρ.

(1) תָּמָר

II Ki. 13. 1 (B), 2 (B), 4 (B), 5 (B), 6 (B), 7 (B), 8 (B), 10 (B) *bis*, 19 (B), 20 (B), 22 (B), 32 (B) : 14. 27 (B) (Luc. Μααχα) : I Ch. 3. 9.

(2) aliter in Heb.

Je. 30. 12 (49. 23) (B) (חמת).

(3) abest in Heb.

II Ki. 13. 16 (B).

Θηνασά. תַּאֲנַת

Jo. 16. 6 (B) (Luc. Θηναθα-).

Θηριά. תִּירְיָא

I Ch. 4. 16 (A) (Luc. Εθρια).

Θίβη. in libr. apocr.

To. 1. 2 (A).

Θιλών. תולון*, תִּילוֹן ["ק]

I Ch. 4. 20 (A) (Luc. Θωλειμ).

Θίσβη. in libr. apocr.

To. 1. 2 (B S).

Θιχών. תִּיכוֹן

Ez. 47. 16 (Q[mg]).

Θοαδά, Θοάδα (-ας). aliter in Heb.

I Ch. 4. 5 (B) (נערה) (Luc. Νοερα), 7 (B[b]) (חלאה) (Luc. Ελεα).

Θοαλμεί. תַּלְמַי

Jo. 15. 14 (B) (Luc. Θαλμαι).

Θοαμαί. aliter in Heb.

I Ch. 3. 2 (B) (תלמי) (Luc. Θολομι).

Θόβελ, Θοβέλ. (1) תֻּבַל

Ge. 10. 2 (Joseph. Θεόβηλος) (*Lucc.* Thober) : Ez. 32. 26 : 39. 1 (B Q).

(2) תּוּבַל

I Ch. 1. 5 : Is. 66. 19.

(3) תּוּבַל [קַיִן]

Joseph. Ἰουβῆλος, Θόβελος.

Ge. 4. 22 *bis* : Ez. 38. 2, 3.

(4) abest in Heb.

Ez. 32. 26 (adnot Q[mg]).

Θοβέρ. aliter in Heb.

Ez. 39. 1 (A) (תבל).

Θοεδμόρ (B[b]), Θοεδομόρ (B* cum signo perversae lect [Θοε bis scr δομ seq]). תַּדְמֹר

II Ch. 8. 4 (Luc. Θεδμαρ).

Θοκᾶνος. in libr. apocr.

I Es. 9. 14 (B) (= תקוה Ezr. 10. 15) (Luc. Θεκουε).

Θόκε. תֹּחוּ

I Ki. 1. 1 (B [Θο in mg B ?]) (Luc. Θωε).

Θόκκα. aliter in Heb.

I Ch. 4. 32 (B) (תכן) (Luc. Ενθεκεμ).

Θολάεκ. תּוֹלָע

I Ch. 7. 1 (B) (Luc. Θωλα).

Θολέ. תּוֹלָע

I Ch. 7. 2 (B) (Luc. Θωλα).

Θολμαίλημ. aliter in Heb.

II Ki. 13. 37 (B) (תלמי) (Luc. Θολμι).

Θολμεί. תַּלְמַי

II Ki. 3. 3 (A) (Luc. Θολμι) : I Ch. 3. 2 (A) (Luc. Θολομι) (Joseph. Θολομαῖος).

Θολμείν. תַּלְמַי

Jd. 1. 10 (B) (Luc. Θολμει) (*Lucc.* Thalmi).

Θολομαί. תַּלְמַי

II Ki. 13. 37 (A) (Luc. Θολμι) (*Vind.* Tolmi).

Θόμει (A [ε sup ras A[a]]), Θόμθει (B). in libr. apocr.

I Es. 5. 32 (= תמח Ezr. 2. 53 : Ne. 7. 55) (Luc. Θεμαα).

Θομμεί. תַּלְמַי

II Ki. 3. 3 (B) (Luc. Θολμι).

Θόου. (1) תֹּחוּ

I Ki. 1. 1 (A) (Luc. Θωε).

(2) תֹּעוּ

Luc. Θολα.

I Ch. 18. 9 (A), 10 (A).

(3) תֹּעִי

II Ki. 8. 10 (B) (Luc. *om.*).

Θοοῦε. תּוֹחַ

I Ch. 6. 34 (19) (A) (Luc. Νααθ).

Θοργαμά. (1) תֹּגַרְמָה

Ge. 10. 3 (D[sil] E) (Joseph. Θυγράμης).

(2) תּוֹגַרְמָה

I Ch. 1. 6 (B) : Ez. 27. 14 (Q) (*Wirc.* Thegrama).

Θορράμ. aliter in Heb.

I Ch. 1. 6 (A) (תוגרמה) (Luc. Θοργαμα).

Θουβάλ. תֻּבַל

[Aq., Sm., Th. Ez. 32. 26.]

Θουδουιά. aliter in Heb.

II Es. 17 (Ne. 7). 43 (B) (הודוה*, הודיה ["ק]) (Luc. Ωδουια).

Θουέ. aliter in Heb.
Luc. Δαουαθ.
II Es. 8. 21 (B) (אהוא), 31 (B*vid) (אהוא).

Θουλάεμ. aliter in Heb.
I Ch. 4. 29 (B) (תולד) (Luc. Θολαδ).

Θούου. תֹּעִי
II Ki. 8. 9 (B) (Luc. Θαει) (Joseph. Θαῖνος, Θάρνος).

Θουσαλά. שׁוּתֶלַח
Nu. 26. 40 (36) (A) (Luc. Σουθαλα).

Θουσαλαί. שֻׁתַלְחִי
Nu. 26. 39 (35) (A) (Luc. Σουθαλαϊ).

Θοφέθ. תֹּפֶת
[Aq. Je. 19. 12.]

Θόφθ. תֹּפֶת
[Aq. Is. 30. 33.]

Θοφθά. תֹּפֶת
IV Ki. 23. 10 (A) (Luc. Θαφφεθ).

Θόχχαν. תֹּכֶן
I Ch. 4. 32 (A) (Luc. Ενθεκεμ).

Θράξ. in libr. apocr.
II Ma. 12. 35 (A).

Θρασαῖος. in libr. apocr.
II Ma. 3. 5 (A).

Θυήλ. aliter in Heb.
II Es. 10. 34 (B*vid S) (יואל) (Luc. Ιωηλ).

Θυμασφάς. aliter in Heb.
I Ch. 2. 53 (A) (ומשפחות) (Luc. *om.*).

Θῶα. תֹּעוּ
Luc. Θολα.
I Ch. 18. 9 (B S), 10 (B S).

Θωκᾶνος. in libr. apocr.
I Es. 9. 14 (A) (= תקוה Ezr. 10. 15) (Luc. Θεκουε).

Θωλά. תּוֹלָע
Ge. 46. 13 (Luc. Θωλαν) (Joseph. Θούλας): Nu. 26. 19 (23) (*Lugd.* Choia): Jd. 10. 1: I Ch. 7. 1 (A), 2 (A) *bis*.

Θωλάδ. תּוֹלָד
I Ch. 4. 29 (A) (Luc. Θολαθ).

Θωλαεί (-αί). (1) תּוֹלָע
I Ch. 7. 2 (B) (Luc. Θωλα).
(2) תּוֹלָעִי
Nu. 26. 19 (23).

Θωμεάν. תֵּימָא
Je. 32. 9 (25. 23) (S*).

Θωσαεί. תִּיצִי
I Ch. 11. 45 (A) (Luc. Αθωσι).

Θωσαθεί. aliter in Heb.
I Ch. 20. 4 (B) (חשתי) (Luc. Εσσαθι).

Θωσουσάλα. שׁוּתֶלַח
Nu. 26. 39 (35) (A) (τω praec.) (Luc. Σουθαλα).

I

Ἰά. (1) יָהּ
[Aq. Ps. 67 (68). 5: Is. 12. 2: 38. 11 *bis*.]
[Sm. Ps. 67 (68). 5: Is. 12. 2.]
[Th. Ps. 146 (147). 1: Is. 12. 2: 38. 11 *bis*.]
[Quint. Ps. 67 (68). 5.]
(2) יְהוָה
[Heb. Ex. 6. 3.]
(3) aliter in Heb.
I Ch. 11. 40 (S) (עירא) (Luc. Ηρα).

Ἰαά. aliter in Heb.
II Ki. 3. 7 (?) (B*) (איה) (Luc. Σιβα).

Ἰααίμ. אַחְיָן
I Ch. 7. 19 (B) (Luc. Αειμ).

Ἰάαλ. יַעַר
I Ki. 14. 25 (B) (Luc. δρυμός).

Ἰααλών. אֵילוֹן
Jo. 19. 42 (A) (Luc. Ελων).

Ἰαάρα. aliter in Heb.
I Ch. 6. 21 (6) (B) (זרח) (Luc. Ζαρα).

Ἰαβάαλ. aliter in Heb.
III Ki. 16. 31 (A) (אתבעל) (Luc. Ιεθβααλ).

Ἰαβάς. aliter in Heb.
I Ch. 4. 3 (B) (ידבש) (Luc. Ιεδεβας).

Ἰαβδεδόμ (B*), **Ἰαβδοδόμ** (B^b). עֹבֵד אֱדוֹם
II Ch. 25. 24 (Luc. Αβδεδδωμ).

Ἰαβέ. יְהוָה
[Sam. Ex. 6. 3.]

Ἰαβεί (-βί). וָפְסִי
Nu. 13. 15 (14) (*Lugd.* Iarii).

Ἰαβείν (-βίν). (1) יָבִין
Joseph. Ἄβιτος, Ἰοάβινος: *Lucc.* Iabis.
Jo. 11. 1 (F): Jd. 4. 2 (B), 7 (B), 17, 23, 24, 24 (B): Ps. 82 (83). 10.
(2) יָמִין
I Ch. 2. 27 (A) (Luc. Ιαμιν).

Ἰαβείς (Ei.) (-βίς). (1) יָבִין
Jo. 11. 1 (A B) (Luc. Ιαβειν).
(2) יָבֵישׁ
Vind. Iabes.
I Ki. 11. 1 *bis*, 3, 5 (B), 9 *bis*, 10: 31. 11: II Ki. 2. 4, 5: I Ch. 10. 12.
(3) יָבֵשׁ
Jd. 21. 8 (Joseph. Ἴαβις, Ἰάβησος, Ἰάβεσος), 9, 10, 12, 14: I Ki. 31. 12 (B): II Ki. 21. 12: IV Ki. 15. 10 (B) (Joseph. Ἰάβησος), 13 (*Lucc.* Narmin), 14: I Ch. 10. 12.
(4) יָבֵשָׁה
I Ki. 31. 12, 13.
(5) aliter in Heb.
II Ch. 26. 6 (A) (יבנה) (Luc. Ιαβνη).
(6) abest in Heb.
I Ki. 12. 9 (Luc. Ιαβιν).

Ἰαβί, *vid.* Ἰαβεί.

Ἰαβίν, *vid.* Ἰαβείν.

Ἰαβινεέμ. אֲבִינֹעַם
Jd. 4. 12 (A) (Luc. Αβινεεμ).

Ἰαβίς, *vid.* Ἰαβείς.

Ἰαβνήλ. יַבְנְאֵל
Jo. 15. 11 (A): 19. 33 (A).

Ἰαβόκ. (1) יַבֹּק
Joseph. Ἰάβακχος, Ἰόβακος.
Ge. 32. 22 (23) (*Lugd.* Iacob): Nu. 21. 24: De. 2. 37 (*Lugd.* Laboc): 3. 16: Jo. 12. 2 (Luc. Ιαβωκ) (Syr. ܝܒܘܩ): Jd. 11. 13 (Luc. Ιαβωκ), 22 (Luc. Ιαβωκ).
(2) aliter in Heb.
II Ki. 15. 27 (A) (צדוק) (Luc. Σαδδωκ).

Ἰαγβής. יַעְבֵּץ
I Ch. 4. 9 (A) (Luc. Ιαβηλ).

Ἰαγούρ. יָגוּר
Jo. 15. 21 (A).

Ἰαδ. יְהוֹעַדָּה
I Ch. 8. 36 (B) (?) (Luc. Ιωδα).

Ἰαδά. (1) יְהוֹעַדָּה
I Ch. 8. 36 (B) *bis* (Luc. Ιωδα).
(2) aliter in Heb.
I Ch. 9. 42 (יערה) *bis* (Luc. Ιωδα).

Ἰαδâε. יָדָע
I Ch. 2. 28 (Luc. *om.*).

Ἰαδαί. יָהְדַּי
I Ch. 2. 47 (A) (Luc. Ιαδει).

Ἰαδαιά. יֶחְדְּיָהוּ
I Ch. 24. 20 (A).

Ἰαδδαί. יִדּוֹ
I Ch. 27. 21.

Ἰαδδούς. in libr. apocr.
I Es. 5. 38 (B) (= הקוץ Ezr. 2. 61: Ne. 7. 63) (Luc. Ακκους).

Ἰαδεί. יַדַּי *יַדּוֹ ['ק]
II Es. 10. 43 (A) (Luc. Ιδαι).

Ἰαδειά (-διά). (1) יְדָעְיָה
II Es. 21 (Ne. 11). 10 (A) (Luc. Ἰαδίας).
(2) יֶחְדְּיָהוּ
I Ch. 24. 20 (B) (Luc. Ιαδαια).

Ἰάδεινος (-διν). in libr. apocr.
I Es. 9. 48 (= ימין Ne. 8. 7) (Luc. Ιαμην).

Ἰαδηλά. יִדְאֲלָה
Jo. 19. 15 (A) (Luc. Ιεδαλα).

Ἰαδιά, *vid.* Ἰαδειά.

Ἰαδίας. יֶחְדְּיָהוּ
I Ch. 27. 30 (Luc. Ἰαδαίας).

Ἰαδιήλ. יְדִיעֲאֵל
I Ch. 7. 6 (A) (Luc. Ιεδιηλ): 26. 2 (A).

Ἰάδινος, *vid.* Ἰάδεινος.

Ἰαδού. יַדּוּעַ

Luc. Ιεδδου.
II Es. 22 (Ne. 12). 11, 22 (A B).

Ἰαειήλ. יְחִיאֵל

II Es. 10. 26 (S) (Luc. Ιειηλ).

Ἰαείρ (Ἰαίρ). (1) יָאִיר

Nu. 32. 41 (*Mon.* Ari), 41 (B F) : De. 3. 14 *bis* (*Lugd.* Iar) : Jo. 13. 30 : Jd. 10. 3 (Joseph. Ἰάρης), 4, 5 (B) : I Ch. 2. 22 (B), 23 (B^{ab}) : 20. 5 (B) (״ק).

[**Th.** Jd. 10. 4.]

(2) יָעוּר

I Ch. 20. 5 (B)*.

(3) עָרִים

Jo. 17. 9 (A).

(4) aliter in Heb.

De. 3. 14 (מעכתי) : I Ch. 2. 53 (B) (יערים) (Luc. *om.*).

Ἰαειρεί. יָאִרִי

II Ki. 20. 26 (A) (Luc. Ιεθερ).

Ἰάειρος (-άιρ.). (1) יָאִיר

Es. 2. 5 (B S).

(2) in libr. apocr.

I Es. 5. 31 (= ראיה Ezr. 2. 47 : Ne. 7. 50) (Luc. Ραια) : Es. A 1 (11. 2).

Ἰαέρ. aliter in Heb.

Jd. 7. 1 (A) (חרד) (Luc. Αρωδ).

Ἰαζείζ. יָזִיז

I Ch. 27. 31 (B) (Luc. Ιωαζ).

Ἰαζέρ. aliter in Heb.

Ex. 11. 1 (A) (עוד).

Ἰάζη. in libr. apocr.

I Ma. 5. 8 (A) (Luc. Ιαζηρ).

Ἰαζηκά. עֲזֵקָה

Jo. 15. 35 (B) (Luc. Αζηκα).

Ἰαζήλ. יִזְרְעֶאלָה

Jo. 19. 18 (B) (Luc. Ιεσραελ).

Ἰαζήρ. (1) יַעְזִיר

I Ch. 26. 31 (A).

(2) יַעְזֵר

Nu. 21. 32 (*Lugd.* Iacoer) : 32. 1 (*Mon.* Azer), 3 (*Mon.* Iazer : *Lugd.* Lazar), 35 (*Lugd.* Azzer) : Jo. 13. 25 (Luc. Ιαζειρ) : 21. 36 (37), 39 (37) : Is. 16. 8, 9 : Je. 31 (48). 32 *bis.*

(3) aliter in Heb.

Nu. 21. 24 (עז) (*Lugd.* Iazzer) : Jd. 11. 26 (A) (ערעור) (Luc. *om.*).

(4) in libr. apocr.

I Ma. 5. 8 (S V).

Ἰαζίας. יַחְזְיָה

II Es. 10. 15 (A) (Luc. Ἀζίας).

Ἰαζιήλ. יַחֲזִיאֵל

I Ch. 23. 19 (A) : 24. 23 (A).

Ἰαήλ. (1) יְחִיאֵל

II Es. 10. 26 (B) (Luc. Ιειηλ).

(2) יְעִיאֵל

II Es. 10. 43 (B S) (Luc. Ειηλ).

(3) יָעֵל

Joseph. Ἰάλη : *Lucc.* Iail.
Jd. 4. 17, 18, 21, 22 : 5. 6, 24 (B).

Ιαήρ. יָאִיר

Nu. 32. 41 (A) (Luc. Ιαειρ).

Ἰαθάμ. יוֹתָם

Jd. 9. 5 (A) (Luc. Ιωαθαμ).

Ἰαθάν. in libr. apocr.

To. 5. 14 (19) (A B).

Ἰαθεί. aliter in Heb.

I Ch. 11. 29 (S) (חשתי) (Luc. Ωσαθι).

Ἰαθιήλ. aliter in Heb.

I Ch. 16. 5 (A) (יחיאל) (Luc. Ιαιηλ).

Ἰαιεήλ. abest in Heb.

I Ch. 26. 21 (B) (Luc. *om.*).

Ἰαίρ, *vid.* Ἰαείρ.

Ἰάιρος, *vid.* Ἰάειρος.

Ἰακάβα. יַעֲקֹבָה

I Ch. 4. 36 (A) (Luc. Ιεκεβα).

Ἰακάκ. חוּקֹק

I Ch. 6. 75 (60) (A^a) (Luc. Ακωκ).

Ἰακάν. יַעֲקָן

[**Al.** Nu. 33. 31.]

Ἰακâνα. חֻקֹּקָה

Jo. 19. 34 (B) (Luc. Σικωλ).

Ἰακαρεήλ. יְקַתְאֵל

Jo. 15. 38 (B) (Luc. Ιεχθαηλ).

Ἰακέβ. יֶקֶב

[**Th.** Jd. 7. 25.]

Ἰακείμ. (1) יַעֲקָן

De. 10. 6 (*Mon.* Etin : *Lugd.* Lacu).

(2) יָקִים

I Ch. 8. 19 : 24. 12 (B) (*Lucc.* Iachib).

(3) aliter in Heb.

I Ki. 9. 4 (B) (ימיני) (Luc. Ιαβιν) (*Quedl.* Lamin).

Ἰακεφζήβ (A), **-ζήφ** (B*). יֶקֶב־זְאֵב

Jd. 7. 25 (Luc. Ιακεβζηβ).

Ἰακκώς. in libr. apocr.

I Ma. 8. 17 (V).

Ἰακλάν. aliter in Heb.

I Ch. 2. 44 (B) (ירקעם) (Luc. Ιερεκαμ).

Ἰάκουβος. in libr. apocr.

I Es. 9. 48 (A) (= עקוב Ne. 8. 7) (Lucc. Ακκουβ).

Ἰακούν. aliter in Heb.

I Ch. 3. 24 (B) (עקוב) (Luc. Ακουν).

Ἰακώβ.

Joseph. Ἰάκωβος.

(1) יַעֲקֹב, יַעֲקוֹב

Ge. 25. 26, 27, 28, 29, 30, 31, 33 *bis*, 34 : 27. 6 (D^{sil}E), 11, 15, 17 (E), 19, 21, 22 *bis*, 30 *bis*, 36, 41 *bis*, 42 (A D), 46 : 28. 1, 5 *bis*, 6, 7, 10, 16, 18, 20 : 29. 1, 4, 7, 10, 10 (A), 11, 12 (E), 13, 15, 18, 20, 21, 28 : 30. 1, 1 (A D), 2, 4, 5, 7, 9, 10, 12, 16, 17, 19, 25, 31, 36 *bis*, 37, 40, 41, 42 : 31. 1, 2, 3, 4, 11, 17, 20, 22, 24, 25 *bis*, 26, 29, 31 (A^aDEF), 32, 33 (*D*), 36, 36 (A F), 43, 45, 46, 47, 48 (51), 54 (53), 54 (Luc. *om.*) : 32. 1 (2), 2 (3), 3 (4), 4 (5), 6 (7), 7 (8), 9 (10), 18 (19), 20 (21) (Luc. *om.*), 24 (25), 25 (26), 27 (28), 28 (29), 29 (30), 30 (31) (Luc. *om.*), 32 (33) (A D) : 33. 1, 10, 17, 18 : 34. 1, 3, 5 *bis*, 6 (A E), 7 *bis*, 13, 19, 25, 27, 30 : 35. 1, 2, 4 *bis*, 6, 9, 10 (DE), 10 (A^aDE), 14, 15, 20, 22, 23, 26, 27, 29 : 36. 6 (A D) : 37. 1, 2, 34 : 42. 1, 4 (D), 29, 36 : 45. 25, 27 : 46. 2 *bis*, 5, 5 (F^a), 6, 8 *bis*, 15, 18, 19, 22, 25, 26 *bis*, 27 : 47. 7 *bis*, 8, 9, 10, 28 *bis* : 48. 2, 3 : 49. 1, 2, 7, 24, 33 : 50. 24 : Ex. 1. 1, 5 : 2. 24 : 3. 6, 15 : 4. 5 : 6. 3, 8 : 19. 3 : 33. 1 : Le. 26. 42 : Nu. 23. 7, 10, 21, 23 *bis* : 24. 5, 17, 19 : 32. 11 : De. 1. 8 : 6. 10 : 9. 5, 27 : 29. 13 (12) : 30. 20 : 32. 9 : 33. 4, 10, 28 : 34. 4 : Jo. 24. 4 *bis*, 32 : I Ki. 12. 8 : II Ki. 23. 1 : III Ki. 18. 31 (A) (Luc. Ισραηλ) : IV Ki. 13. 23 (Luc. *om.*) : 17. 34 : I Ch. 16. 13, 17 : Ps. 13 (14). 7 : 19 (20). 2 : 21 (22). 24 : 23 (24). 6 : 43 (44). 5 : 45 (46). 8, 12 : 46 (47). 5 : 52 (53). 7 : 58 (59). 14 : 74 (75). 10 : 75 (76). 7 : 76 (77). 16 (B S T) : 77 (78). 5, 21, 71 : 78 (79). 7 : 80 (81). 2, 5 : 83 (84). 9 : 84 (85). 2 : 86 (87). 2 : 93 (94). 7 : 98 (99). 4 : 104 (105). 6, 10, 23 : 113 (114). 1, 7 : 131 (132). 2, 5 : 134 (135). 4 : 145 (146). 5 : 147. 8 (19) : Ho. 10. 11 : 12. 2 (3), 12 (13) : Am. 3. 13 : 6. 8 : 7. 2, 5 : 8. 7 : 9. 8 (B Q) : Mi. 1. 5 *bis* : 2. 7, 12 : 3. 1, 8, 9 : 4. 2 : 5. 7 (6), 8 (7) : 7. 20 : Ob. 1. 10, 17, 18 : Na. 2. 3 : Ma. 1. 2 *bis* : 2. 12 : 3. 7 (6) : Is. 2. 3, 5 : 8. 17 : 9. 8 (7) : 10. 20, 21 : 14. 1 *bis* : 17. 4 : 27. 6, 9 : 29. 22 *bis*, 23 : 40. 27 : 41. 8, 14, 21 : 42. 24 : 43. 1, 22, 28 : 44. 1, 2, 5, 21, 23 : 45. 4, 19 : 46. 3 : 48. 1, 12, 20 : 49. 5, 6, 26 : 58. 1, 14 : 59. 20 : 60. 16 (Q^{mg}) : 65. 9 : Je. 2. 4 : 5. 20 : 10. 16, 25 : 26 (46). 27 *bis*, 28 : 28 (51). 19 : 37 (30). 7, 18 : 38 (31). 7, 11 : La. 1. 17 : 2. 2, 3 : Ez. 20. 5 : 28. 26 (25) : 37. 25 : 39. 25.

[**Aq.** Ge. 33. 1 : Ex. 6. 3 : Ps. 23 (24). 6 : 46 (47). 5 : 75 (76). 7 : Is. 8. 17 : 43. 22 : 59. 20 : Je. 31 (38). 7 : 51 (28). 19.]

[**Sm.** Ge. 30. 41 : 33. 1 : Ps. 23 (24). 6 : 43 (44). 5 : 46 (47). 5 : 75 (76). 7 : 77 (78). 5 : Is. 8. 17 : 29. 23 : 40. 27 : 43. 22 : 59. 20 : Je. 31 (38). 7 : Am. 7. 2, 9.]

[**Th.** Ex. 1. 5 : Is. 43. 22 : Je. 30 (37). 10 *bis* : 33 (40). 26 *bis*.]

[**Al.** Ge. 31. 33, 47.]

[**Quint.** Ps. 23 (24). 6 : 46 (47). 5.]

[**Sext.** Ps. 23 (24). 6.]

(2) יִשְׂרָאֵל

Ge. 37. 3 (A E) : 46. 1 (F) (Luc. Ισραηλ) : 49. 24 (A) (Luc. Ισραηλ), 28 : Ex. 32. 13 : III Ki. 18. 36 (A) (Luc. Ισραηλ) : I Ch. 1. 34 (Luc. Ισραηλ) : II Ch. 30. 6 (A) : Is. 8. 14 : 49. 3 (Q*) : Je. 27 (50). 4 (A).

(3) יְשֻׁרוּן

De. 32. 15.

(4) aliter in Heb.

Am. 7. 16 (ישחק) (A $B^{1?}$ a? Q).

(5) abest in Heb.

Ge. 28. 19 (A D [. . . ωβ]) : 29. 1, 5 (E), 23 *bis*, 25, 30 (E), 32, 33 : 30. 3, 10 (A), 23, 29, 37 : 31. 1, 11, 32, 33 (A E), 44 (A) : 32. 8 (9), 32 (33) ($A^{a?}$E) : 33. 1 : 35. 8, 16 : 43. 2 (D) : 45. 26 : 46. 27 (*D*) : 47. 5 : 48. 1, 9 : 49. 33 (A D F) : Ex. 20. 22 : De. 14. 20 (21) (F^{1mg}) : Ps. 97 (98). 3 (A B $S^{c.a}$ R) : Is. 42. 1, 1 (adnot Q^{mg}).

[**Al.** IV Ki. 13. 5.]

(6) in libr. apocr.

Si. 23. 12 (15) : 24. 8 (13), 23 (32) : 33. 13 a (36. 13) : 44. 23 (25) : 45. 5 (6), 17 (21) : 46. 14 (17) : 47. 22 (25) : 48. 10 : 49. 10 (12) : Ju. 8. 26 : To. 4. 12 (A B) : Ba. 2. 34 : 3. 37 : 4. 2 : Da. LXX. Su. 62 a : I Ma. 1. 28 : 3. 7, 45 : 5. 2 : II Ma. 1. 2 : III Ma. 6. 3, 13 : IV Ma. 2. 19 : 7. 19 : 13. 17 : 16. 25.

Ἰάλ. aliter in Heb.

II Ki. 3. 7 (?) (B*) (איה) (Luc. Σιβα) (Joseph. Σιβάτης ?).

Ἰαλλελήλ ($A^{a?}$ [λ 2° sup ras]), **Ἰαλλελήμ** (A^{*} vid). יְהַלֶּלְאֵל

I Ch. 4. 16 (Luc. Αλλελεηλ).

Ἰαλλήλ. יְהַלֶּלְאֵל

II Ch. 29. 12 (A) (Luc. Ιαλεηλ).

Ἰαλών. (1) אַיָּלוֹן

Jo. 21. 24 (A) (Luc. Αιλων).

(2) יָלוֹן

I Ch. 4. 17 (A).

Ἰαμά. רָמָה

Jd. 4. 5 (A) (Luc. Ραμα).

Ἰαμβρεί (-ρί). in libr. apocr.

I Ma. 9. 36 (V), 37 (S*V).

Ἰαμβρείν (-ρίν). in libr. apocr.

I Ma. 9. 36 (A), 37 (A) (Joseph. Ἀμαραίας).

Ἰαμβρί, *vid.* Ἰαμβρεί.

Ἰαμβρίν, *vid.* Ἰαμβρείν.

Ἰάμεθ. רָמַת

Jo. 19. 8 (A).

Ἰαμείν (Ei.) (-μίν). (1) יָבִין

Luc. Ιαβειν.
Jd. 4. 2 (A), 7 (A).

(2) יָמִין

Joseph. Ἰάμεινος.
Ge. 46. 10: Ex. 6. 15 (Luc. Ιαμειμ): Nu. 26. 12 (*Lugd.* Lamin): Jo. 17. 7 (Luc. Ιαμμειν): I Ch. 2. 27 (B): 4. 24.

(3) יָמִינִי

Nu. 26. 12 (F) (Luc. Ιαμεινι).

(4) יֵמִם

Ge. 36. 24 (Samar. [Samaritan]) (Luc. Εαμιν) (*Lucc.* Lammir).

(5) יִמְנָה

Nu. 26. 28 (44) (*Lugd.* Iamun).

(6) abest in Heb.

I Ki. 14. 51.

Ἰαμεινεί (Ἰαμεινί, Ἰαμινεί, Ἰαμινί). (1) יָמִינִי

Nu. 26. 12 (A B).

(2) יִמְנָה

Nu. 26. 28 (44).

Ἰαμίν, *vid.* Ἰαμείν.

Ἰαμινεί, *vid.* Ἰαμεινεί.

Ἰαμινεία. in libr. apocr.

I Ma. 4. 15 (S*).

Ἰαμινί, *vid.* Ἰαμεινεί.

Ἰαμνεία (-νία). in libr. apocr.

Ju. 1. 7 (10) (S): I Ma. 4. 15 (S? V): 5. 58 (A S^c.a V): 10. 69: 15. 40: IV Ma. 12. 8, 40.

Ἰαμνίτης. in libr. apocr.

II Ma. 12. 9.

Ἰαμουήλ. (1) חָמוּל

Nu. 26. 17 (21) (A F).

(2) לְמוּאֵל

[Sm. Pr. 31. 1.]

Ἰαμουηλί. חָמוּלִי

Nu. 26. 17 (21) (A).

Ἰαμούν. חָמוּל

Nu. 26. 17 (21) (B) (Luc. Ιαμουηλ) (*Lugd.* Iamuni).

Ἰαμουνεί. חָמוּלִי

Nu. 26. 17 (21) (B) (Luc. Ιαμουηλι) (*Lugd.* Iamuni).

Ἰανά. aliter in Heb.

Jo. 15. 43 (B) (אשנה) (Luc. Ασαννα).

Ἰαναθά. abest in Heb.

II Ki. 5. 16 (B) (? = יפיע *v.* 15) (Luc. Ιαναθ) (Joseph. Ἰεναέ).

Ἰαναί. (1) יַעְנַי

I Ch. 5. 12 (A) (Luc. Ιωανι).

(2) עֲנִי*, עֲנוֹ [ק״]

II Es. 22 (Ne. 12). 8 (9) (S^c.amg)*.

Ἰανάκ. aliter in Heb.

II Ki. 8. 18 (B) (יהוידע) (Luc. Ιωαδ).

Ἰανείν. יַעְנַי

I Ch. 5. 12 (B) (Luc. Ιωανι).

Ἰανήν (B), Ἰαννά (F) (? = νάπην [A]). aliter in Heb.

Nu. 21. 20 (גיא) (Luc. νάπην).

Ἰαννεία. in libr. apocr.

I Ma. 4. 15 (A).

Ἰανοῦε. aliter in Heb.

I Ch. 3. 7 (B) (יפיע) (Luc. Αχικαμ).

Ἰανούμ. יָנוּם, יָנִים* [ק״]

Jo. 15. 53 (A).

Ἰανουού. aliter in Heb.

I Ch. 14. 6 (B S) (יפיע) (Luc. Ιαβεγ).

Ἰανώ (A), Ἰανῶκα (B). יָנוֹחָה

Jo. 16. 6 (Luc. Ιανωχα).

Ἰανώχ. יָנוֹחַ

IV Ki. 15. 29 (A).

Ἰαούθ. aliter in Heb.

II Ch. 11. 19 (B) (יעוש) (Luc. Ιεους).

Ἰαούς. יְעִישׁ*, יְעוּשׁ [ק״]

I Ch. 7. 10 (B) (Luc. Ιηους).

Ἰάρ. יַעַר

I Ki. 14. 25 (A) (Luc. δρυμός).

Ἰάραδ. יֶרַח

Ge. 10. 26 (A) (Luc. Ιεραχ) (Joseph. Εἰράης, Ἱέραχος) (*Comp.* Seruch).

Ἰαράν. aliter in Heb.

II Ki. 24. 6 (A) (יען) (דנה praec.) (Luc. *om.*).

Ἰαρασιά. יַעֲרֶשְׁיָה

I Ch. 8. 27 (A) (Luc. Ιερσια).

Ἰαρβάλ. יְרֻבַּעַל

Jd. 7. 1 (B) (Luc. Ιεροβααλ).

Ἰάρεδ. (1) יֶרֶד

Joseph. Ἰάρεδος.
Ge. 5. 15 (A), 16 (A), 18 (D), 19, 20: I Ch. 1. 2: 4. 18.

(2) יֶרַח

Ge. 10. 26 (E) (Luc. Ιεραχ).

Ἰαρείβ (-ρίβ). (1) יְהוֹיָרִיב

I Ch. 24. 7 (A) (Luc. Ιωαρειβ).

(2) יָרֵב

Ho. 5. 13 (Q^a): 10. 6 (Q^a).

(3) יָרִיב

I Ch. 4. 24 (A) (Luc. Ιαρειμ): II Es. 8. 16 (A): 10. 18 (A).

Ἰαρεικάμ. יָקְדְעָם

Jo. 15. 56 (B) (Luc. Ιεκναεμ).

Ἰαρείμ, Ἰαρείμ (-ρίμ). (1) הָרִם

I Ch. 4. 8 (Luc. Αραιηλ ?).

(2) יְעָרִים

Jo. 9. 23 (17) (A F): 15. 9, 10 (A), 60: I Ch. 13. 5.

(3) עָרִים

Jo. 18. 28 (A).

(4) aliter in Heb.

I Ch. 24. 7 (B) (יהויריב) (Luc. Ιωαρειβ): II Es. 10. 18 (B) (יריב) (Luc. Ιαριβ): Ho. 5. 13 (A B Q*) (ירב): 10. 6 (A B Q*) (ירב).

Ἰαρειμοίθ. יְרֵמוֹת

II Es. 10. 26 (B) (Luc. Ιεριμωθ).

Ἰαρειμώθ (-ριμ.). (1) יְרֵמוֹת

Luc. Ιεριμωθ.
I Ch. 8. 14 (B): 23. 23 (A): II Es. 10. 26 (S).

(2) in libr. apocr.

I Es. 9. 28 (= ירמות Ezr. 10. 27).

Ἰαρείν. (1) יָאִרִי

II Ki. 20. 26 (B) (Luc. Ιεθερ).

(2) יְעָרִים

Luc. Ιαρειμ.
Jo. 9. 23 (17) (B): 15. 10 (B).

(3) aliter in Heb.

I Ch. 4. 24 (B) (יריב) (Luc. Ιαρειμ).

Ἰαρείρ. aliter in Heb.

III Ki. 4. 13 (A) (יאיר) (Luc. *aliter*).

Ἰαρείρ. aliter in Heb.

I Ch. 2. 23 (A) (יאיר) (Luc. Ιαειρ).

Ἰάρετ. יֶרֶד

Luc. Ιαρεδ.
Ge. 5. 15 (E), 16 (E), 18 (A E).

Ἰαρίβ, *vid.* Ἰαρείβ.

Ἰαριβαί (A), Ἰαριβεί (B). יְרִיבַי

I Ch. 11. 46 (Luc. Ιαρειβ).

Ἰαριήλ. (1) יִרְאֵל

Jo. 15. 56 (B) (Luc. Ιεζ[ρ]εελ).

(2) עָרִים

Jo. 17. 9 (B) (Luc. Ιαειρ).

Ἰαρίμ, *vid.* Ἰαρείμ.

Ἰαριμούθ. (1) יְרִימוֹת

I Ch. 12. 5 (A [I sup ras]) (Luc. Ιριμωθ).

(2) יְרֵמוֹת

I Ch. 8. 14 (A) (Luc. Ιεριμωθ).

Ἰαριμώθ, *vid.* Ἰαρειμώθ.

Ἰαριών. יִרְאוֹן

Jo. 19. 38 (A) (Luc. Ιερων).

Ἰαρμώθ. יְרֵמוֹת

II Es. 10. 27 (A) (Luc. Ιερμωθ).

Ἰαρουίας. יִרְאִיָּה

Je. 44 (37). 14 (Q*).

Ἰαρσούβοος. in libr. apocr.

I Es. 9. 48 (B) (= עקוב Ne. 8. 7) (Luc. Ακκουβ).

Ἰαρώθ. הַחִירֹת

[Sm. Ex. 14. 9.]

Ἰάς. (1) יְהוֹאָשׁ

IV Ki. 14. 8 (A) (Luc. Ιωας).

(2) abest in Heb.

I Ch. 26. 18 (A) (Luc. *om.*).

Ἰάσα. (1) יַהַץ

Is. 15. 4 (Q^mg).

(2) יַהְצָה

I Ch. 6. 79 (63) (A) (Luc. Ιεσσα).

(3) יָהְצָה

Jd. 11. 20 (B) (Luc. Ιασσα).

Ἰασαί. עֲשָׂיָה

IV Ki. 22. 12 (A) (Luc. Ἀζαρίας).

Ἰάσαρ. אֵצֶר

Ge. 36. 27 (D) (Luc. Ασαρ).

Ἰασαραιά. aliter in Heb.

I Ch. 8. 27 (B) (יערשיה) (Luc. Ιερσια).

Ἰασειήλ (-σιήλ). (1) יַחְצִיאֵל

I Ch. 7. 13 (A) (Luc. Ιασσιηλ).

(2) aliter in Heb.

II Ch. 17. 8 (עשהאל) (Luc. Ασιηλ).

Ἰασείφ. חֹסָה

Jo. 19. 29 (B) (Luc. Ωσα).

Ἰασή. aliter in Heb.

I Ch. 24. 23 (B) (יחזיאל) (Luc. Ιαζιηλ).

Ἰασήβ. אָשֵׁר

Jo. 17. 10 (B) (Luc. Ασηρ).

Ἰασήφ. aliter in Heb.

Jo. 17. 7 (A) (ישבי) (Luc. Ιασηβ).

Ἰασιήλ, *vid.* **Ἰασειήλ.**

Ἰασιμούθ. הַיְשִׁמוֹת

Ez. 25. 9 (Q[a]).

Ἰασόδ. aliter in Heb.

Za. 14. 5 (B S Γ) (אצל).

Ἰάσον. עָצֶם

Jo. 19. 3 (B) (Luc. Ιασομ).

Ἰασούβ. (1) יוֹב

Ge. 46. 13 (D) (Samar. [Samaritan]).

(2) יָשׁוּב

Nu. 26. 20 (24) (A B F[1]) (Samar. [Samaritan]): I Ch. 7. 1 (A) ["ק]: II Es. 10. 29 (A): Is. 7. 3 (A B Q Γ).

(3) יָשִׁיב

I Ch. 7. 1 (A)*.

(4) aliter in Heb.

I Ch. 2. 18 (B) (שובב) (Luc. Σουβαβ).

Ἰασουβεί (-βί). יָשֻׁבִי

Nu. 26. 20 (24) (Samar. [Samaritan]).

Ἰάσουβος. in libr. apocr.

I Es. 9. 30 (= ישוב Ezr. 10. 29) (Luc. Ιασουβ).

Ἰασούδ. aliter in Heb.

II Es. 10. 29 (B) (ישוב) (Luc. Ιασουβ).

Ἰασουιά. (1) יְשׁוֹחָיָה

I Ch. 4. 36 (Luc. Ιεσουια).

(2) aliter in Heb.

II Es. 17 (Ne. 7). 47 (S) (סיעא) (Luc. Ἰωσίας).

Ἰασούφ. יוֹב

Ge. 46. 13 (A) (Samar. [Samaritan]) (Luc. Ιασουβ) (Joseph. Ἴωβος, Ἰάσουβος) (*Lugd.* Iasup).

Ἰασσά. (1) יַהַץ

Is. 15. 4 (B S*,[c.c(fort)] Q[1]): Je. 31 (48). 34 (A Q).

(2) יַהְצָה

Jo. 13. 18 (A) (Luc. Ιεσσαν): Je. 31 (48). 21 (Q).

(3) יָהְצָה

Samar. [Samaritan].

Nu. 21. 23 (A B[a] F): De. 2. 32 (*Lugd.* Lassa).

Ἰασσαάρ. יִצְהָר

Nu. 16. 1 (F*) (Luc. Ισσααρ).

Ἰασσείβ (B*), **Ἰασσήβ** (B[ab (vid)]).

aliter in Heb.

Jo. 17. 7 (ישבי) (Luc. Ιασηβ).

Ἰασσούβ. יָשׁוּב

Is. 7. 3 (S).

Ἰασσούρ. aliter in Heb.

I Ch. 7. 1 (B) (ישוב, *ישיב ["ק]) (Luc. Ιασουβ).

Ἰάσων (Ei.) (-ονα, -ωνα, -ονος, -ωνος).

in libr. apocr.

I Ma. 8. 17: 12. 16: 14. 22: II Ma. 1. 7: 2. 23: 4. 7, 13 (A[1] S V), 19, 22, 23, 24, 26: 5. 5, 6: IV Ma. 4. 16.

Ἰαυήλ. aliter in Heb.

Ez. 27. 18 (19) (Q) (יון).

Ἰαφαγαί. יָפִיעַ

Jo. 19. 12 (A) (Luc. Ιαφφιε).

Ἰαφαήλ. aliter in Heb.

I Ch. 8. 1 (B) (אחרח) (Luc. Αηιρα).

Ἰαφαλήλ. aliter in Heb.

I Ch. 7. 33 (B) (יפלט) (Luc. Ιαφλετ).

Ἰαφαλήτ. יַפְלֵט

Luc. Ιαφλετ.

I Ch. 7. 32 (A), 33 (A) *bis*.

Ἰάφεθ. (1) יֶפֶת

Joseph. Ἰαφθᾶς, Ἰαφέθας.

Ge. 6. 1 (5. 32), 10: 7. 13: 9. 18, 23, 27: 10. 1, 2, 21: I Ch. 1. 4 (A B[a]), 5.

(2) in libr. apocr.

Ju. 2. 25 (15) (α sup ras A[a]).

Ἰαφθοσλααθί. aliter in Heb.

I Ch. 26. 5 (B) (פעלתי) (Luc. Φελλαθι).

Ἰαφίε. יָפִיעַ

Jo. 10. 3 (A) (Luc. Ιαφαιε): I Ch. 3. 7 (A) (Luc. Αχικαμ): 14. 6 (A) (Luc. Ιαβεγ).

Ἰαχάν. יַעְכָּן

I Ch. 5. 13 (A [Ιαχᾱ·ι]) (Luc. Ιωαχα).

Ἰαχεί. יָכִין

Ex. 6. 15 (A) (Luc. Ιαχειμ).

Ἰαχείμ. יָכִין

Ge. 46. 10 (A [Αχ. A*[vid]]) (Luc. Αχιν).

Ἰαχείν (-χίν). יָכִין

Ge. 46. 10 (D) (Luc. Αχιν) (Joseph. Ἰαχῖνος): Ex. 6. 15 (B F) (Luc. Ιαχειμ) (*Lugd.* Iachim): Nu. 26. 12: I Ch. 9. 10 (Luc. Ιωαχειμ): 24. 17 (A): II Es. 21 (Ne. 11). 10.

[Al. II Ch. 3. 17.]

Ἰαχεινί (Ἰαχινεί). יָכִינִי

Nu. 26. 12 (*Lugd.* Iachim).

Ἰαχειράν. אֲחִירָם

Nu. 26. 42 (38) (B) (Luc. Αχειραν).

Ἰαχειρανεί. אֲחִירָמִי

Nu. 26. 42 (38) (B) (Luc. Αχειρανι).

Ἰαχειχώλ. aliter in Heb.

I Ch. 8. 7 (B) (אחיחד) (Luc. Ουα).

Ἰαχίν, *vid.* **Ἰαχείν.**

Ἰαχινεί, *vid.* **Ἰαχεινί.**

Ἰαχιχάδ. אֲחִיחֻד

I Ch. 8. 7 (A) (Luc. Ουα).

Ἰαχούμ (B), **Ἰαχούν** (A). יָכִין

III Ki. 7. 7 (21) (Joseph. Ἰαχείν).

Ἰαώ. abest in Heb.

Ez. 1. 2 (adnot Q[mg]): 11. 1 (adnot Q[mg]).

Ἰαωαδί. אֹהַד

Ex. 6. 15 (A) (ו praec.) (Luc. Αωδ).

Ἰαωακείμ. in libr. apocr.

I Es. 1. 35 (37) (A[a vid] [ακειμ sup ras]) (= אליקים II Ch. 36. 4) (Luc. Ιωακειμ).

Ἰαωανάν. יוֹחָנָן

Je. 48 (41). 16 (S[?]).

Ἰαωκείμ. in libr. apocr.

I Es. 1. 36 (38) (A[a?]) (abest in II Ch. 36. 4) (Luc. Ιωακειμ).

Ἰαωνάν. יוֹחָנָן

Je. 48 (41). 16 (S*).

Ἰβααδά. aliter in Heb.

I Ch. 8. 8 (B) (בערא) (Luc. Βαδαα).

Ἰβλαάμ. (1) בִּלְעָם

I Ch. 6. 70 (55) (A) (Luc. Ιεβλααμ).

(2) יִבְלְעָם

IV Ki. 9. 27 (A) (Luc. Ιεβλααμ).

Ἰβουσαῖος. יְבוּסִי

Jo. 11. 3 (B[b]) (Luc. Ἰεβουσαῖος).

Ἰγαάμ. aliter in Heb.

I Ch. 8. 7 (B) (הגלם) (Luc. ἀπῴκισεν αὐτούς).

Ἰγαβής. (1) יַעְבֵּץ

I Ki. 4. 9 (Luc. Ιαβιης), 9 (B) (Luc. Ιαβηλ), 10 (B) (Luc. Ιαβεις).

(2) aliter in Heb.

I Ch. 4. 3 (A) (ידבש) (Luc. Ιεδεβας).

Ἰγάλ. יִגְאָל

Nu. 13. 8 (7) (A F) (Luc. Ιγλαν).

Ἰγλαάμ. הֶגְלָם

I Ch. 8. 7 (A) (Luc. ἀπῴκισεν αὐτούς).

Ἰδά. יְהוּדָה

Je. 19. 13 (S*).

Ἰδαέρ. aliter in Heb.

I Ch. 6. 27 (12) (B) (ירחם) (Luc. Ιεραμαηλ).

Ἰδαί. aliter in Heb.

I Ch. 5. 14 (B) (ירוח) (Luc. Αρουε).

Ἰδεαδαλεά. aliter in Heb.

Jo. 15. 39 (B) (עגלון) (Luc. Εγλων).

Ἰδεδεί. יְדִידְיָה

II Ki. 12. 25 (B) (Luc. Ιεδδιδια).

Ἰδεθών. ["ק] יְדוּתוּן ,*יְדִיתוּן

I Ch. 16. 38 (S) (Luc. Ιδιθουμ).

Ἰδειά (-διά). (1) יְדָיָה

I Ch. 4. 37 (B) (Luc. Ιεδδαα).

(2) יְדַעְיָה

I Ch. 24. 7 (A).

[Aq. Za. 6. 10.]

(3) יְהֻדִיָּה

I Ch. 4. 18 (A) (Luc. Ἰουδαία).

Ἰδείας (-δίας). (1) יְדַעְיָה

II Es. 22 (Ne. 12). 7 (S[c.a mg sup]) (Luc. Ὠδουίας), 19 (S[c.a mg inf]) (Luc. Ἰεδείας).

(2) aliter in Heb.

I Ch. 8. 39 (A) (יעוש) (Luc. Ιηους).

Ἰδειθούμ (-διθ.).

Lucc. Iditum.

(1) יְדוּתוּן

I Ch. 16. 38 (A) ["ק], 41 (A): 25. 1 (A), 3 (A[a] [in mg et sup ras]), 3 (A): Ps. 38 (39). 1 (A R[vid] T) ["ק]: 61 (62). 1 (R T): 76 (77). 1 (B R T) ["ק].

[Aq., Sm. Ps. 61 (62). 1: 76 (77). 1.]

(2) יְדִיתוּן

I Ch. 16. 38 (A)*: Ps. 38 (39). 1 (A R[vid] T)*: 76 (77). 1 (B R T)*.

(3) יְדִתוּן

II Ch. 5. 12 (B).

Ἰδειθούν (-διθ.).

Luc. Ιδιθουμ.

(1) יְדוּתוּן

I Ch. 16. 42 (A): 25. 3 (A), 6 (A): II Ch. 5. 12 (A): 29. 14 (A): II Es. 21 (Ne. 11). 17 (S[c.a mg sup]) ["ק]: Ps. 38 (39). 1 (B S) ["ק]: 61 (62). 1 (B S): 76 (77). 1 (S) ["ק].

[Aq., Sm., Th. Ps. 38 (39). 1.]

[Quint. Ps. 38 (39). 1 (P.).]

(2) יְדִיתוּן
II Es. 21 (Ne. 11). 17 ($S^{c.a\,mg\,sup}$)*: Ps. 38 (39). 1 (B S)*: 76 (77). 1 (S)*.
(3) יְדֻתוּן
II Ch. 35. 15 (A).
Ἰδειθώμ (-διθ.). (1) יְדוּתוּן
I Ch. 16. 41 (S) (Luc. Ιδιθουμ).
(2) יְדֻתוּן
II Ch. 35. 15 (B) (Luc. Ιδιθουμ).
Ἰδειθών (-διθ.).
Luc. Ιδιθουμ.
(1) יְדוּתוּן
I Ch. 16. 38 (B) [ק״], 41 (B), 42 (B S): 25. 1 (B), 3 (B) *ter*.
(2) יְדִיתוּן
I Ch. 16. 38 (B)*.
Ἰδειού. יְדַעְיָה
II Es. 22 (Ne. 12). 21 ($S^{c.a\,mg\,inf}$) (Luc. Ὠδουίας).
Ἰδερήλ. aliter in Heb.
I Ch. 26. 2 (B) (ידיעאל) (Luc. Ιαδιηλ).
Ἰδιά, *vid.* Ἰδειά.
Ἰδίας, *vid.* Ἰδείας.
Ἰδιθούμ, *vid.* Ἰδειθούμ.
Ἰδιθούν, *vid.* Ἰδειθούν.
Ἰδιθώμ, *vid.* Ἰδειθώμ.
Ἰδιθών, *vid.* Ἰδειθών.
Ἰδουά. יַדּוּעַ
II Es. 22 (Ne. 12). 22 (S ?) (Luc. Ιεδδου).
Ἰδούδ. aliter in Heb.
I Ch. 23. 19 (B) (יריהו) (Luc. Ιεδδι).
Ἰδουδά. aliter in Heb.
I Ch. 2. 32 (B) (ידע) (Luc. Ιαδα).
Ἰδούηλος. in libr. apocr.
I Es. 8. 43 (45) (= אריאל Ezr. 8. 16) (Luc. Αριηλ).
Ἰδουθών. יְדוּתוּן
I Ch. 9. 16 (A) (Luc. Ιδουθουν).
Ἰδουία. הוֹדִיָּה
I Ch. 4. 19 (B) (Luc. Ωδια).
Ἰδουμά. דּוּמָה
Joseph. Ἰδουμᾶς.
Ge. 25. 14 (A D) (Luc. Δουμα): I Ch. 1. 30.
Ἰδουμαία (-μέα). (1) אֱדוֹם
Jo. 15. 1 (A): II Ki. 8. 14 *bis*: III Ki. 11. 14, 15, 16: IV Ki. 14. 10: I Ch. 18. 11, 12: II Ch. 8. 17 (Luc. Εδωμ): 25. 19: Ps. 59 (60). 10, 11: 107 (108). 10, 11: Am. 1. 6, 9 (B^{ab} Q Γ), 11 (A^1 B Q Γ): 2. 1: Jl. 3 (4). 19 (A B $S^{c.a}$): Ob. 1. 1, 8: Ma. 1. 4: Is. 11. 14: 34. 5, 6: Je. 29. 8 (49. 7) (A B $S^{c.a(?)}$ Q), 18 (49. 17) (A B $S^{c.a(?)}$ Q), 21 (49. 20), 23 (49. 22): 32. 7 (25. 21): 34. 2 (27. 3) (A B S^1 Q): 47 (40). 11 (A B $S^{c.a(?)}$ Q): La. 4. 21 (A^1 B Q): Ez. 25. 12 (A B Q^a), 13, 14: 35. 15: 36. 5.
[**Aq.** Is. 11. 14.]
[**Sm.** Ps. 59 (60). 10.]
[**Th.** Ps. 62 (63). 1: Is. 11. 14.]
(2) אֲדוֹמִים
II Ch. 25. 14.
(3) אָדָם
Ez. 25. 14.
(4) aliter in Heb.
I Ki. 17. 1 (B) (יהודה) (Luc. Ἰουδαία): II Ki. 8. 12 (ארם), 13 (ארם): Ps. 62 (63). 1 (B R) (יהודה): Is. 7. 6 (A) (יהודה): 21. 11 (A B S Q) (דומה): 36. 1 (S*) (יהודה): 44. 26 (B) (יהודה): Je. 9. 26 (25) (יהודה): 43 (36). 31 (S*) (יהודה).
(5) abest in Heb.
III Ki. 11. 16: Jb. 42. 17 b, 17 e (A): Ez. 25. 8 ($Q^{mg\,sup}$): 35. 1 ($Q^{a?\,mg\,sup}$).
(6) in libr. apocr.
Ju. 1. 12 (B): I Ma. 4. 15 (S), 29 (A V), 61: 5. 3 (S V), 8 (V): 6. 31: 13. 33 (S*): II Ma. 12. 32.
Ἰδουμαῖος. (1) אֱדוֹם
Ge. 36. 16 (Luc. Ἰδουμαία): II Ki. 8. 14 (Luc. οἱ ἐν τῇ Ἰδουμαίᾳ): I Ch. 18. 13: II Ch. 8. 17 (B) (Luc. Εδωμ): 25. 20: Ps. 82 (83). 7.
(2) אֲדוֹמִי, אֲדֹמִי
De. 23. 7 (8): III Ki. 11. 1, 14, 17: IV Ki. 16. 6 [ק״]: III Ch. 28. 17: Ps. 51 (52). 2.
[**Aq., Sm.** I Ki. 21. 7 (8): III Ki. 11. 1, 14.]
[**Th.** III Ki. 11. 1.]
(3) aliter in Heb.
IV Ki. 16. 6 (ארומי)*.
(4) abest in Heb.
Jd. 1. 36 (A) (post אמרי): III Ki. 11. 14 (25) (B).
(5) in libr. apocr.
I Es. 4. 45 (A), 50 (A): 8. 66 (70) (= אמרי Ezr. 9. 1): II Ma. 10. 15, 16 (A).
Ἰδουμάν. דּוּמָה
Ge. 25. 14 (E).
Ἰδουμέα, *vid.* Ἰδουμαία.
Ἰδουραάμ (B), **Ἰδουράμ** (S). הֲדוֹרָם
I Ch. 18. 10 (Luc. Αδωραμ).
Ἰδώς. יְעוּץ
I Ch. 8. 10 (B) (Luc. Ιωας).
Ἰε, Ἰέ. aliter in Heb.
I Ch. 4. 2 (A^a) (יחת) (Luc. Ιαωθ): II Ch. 34. 12 (B [ιε $B^{a\,mg}$, ῑε̄ B^b]) (יחת) (Luc. Ιαεθ).
Ἰεαήλ. יַעְלָא
II Es. 17 (Ne. 7). 58 (A S) (Luc. Ιεδαλαα).
Ἰεαιά. יְחִיָּה
I Ch. 15. 24 (A) (Luc. Ιειηλ).
Ἰεαροβάαλ. יְרֻבַּעַל
Jd. 8. 29 (B) (Luc. Ιεροβααλ).
Ἰεασεί. aliter in Heb.
I Ch. 11. 45 (B S) (תיצי) (Luc. Αθωσι).
Ἰεβάαλ. (1) בַּעֲלָ[ה]
Jo. 15. 9 (B) (Luc. Βααλ).
(2) aliter in Heb.
Luc. Ισβααλ.
I Ch. 8. 33 (A) (אשבעל): 9. 39 (B) (אשבעל).
Ἰεβαάρ. (1) יִבְחָר
I Ch. 3. 6 (A): 14. 5 (A).
(2) abest in Heb.
II Ki. 5. 16 (B) (? = יבחר *v.* 15) (Luc. *om.*) (Joseph. Ἰεβαρῆς).
Ἰεβαθά. aliter in Heb.
Jo. 21. 25 (B) (גת רמון [*v.* 24]) (Luc. Γεθρεμμων).
Ἰεβακώβ. aliter in Heb.
I Ch. 26. 7 (A) (סמכיהו) (Luc. Ισβαχαμ).
Ἰεβαναιαί. יִבְנְיָה
I Ch. 9. 8 (A) (Luc. Ιεβναα).
Ἰεβάρ. יִבְחָר
II Ki. 5. 15 (A) (Luc. Ιεβααρ).
Ἰεβασάν. יִבְשָׂם
I Ch. 7. 2 (A) (Luc. Ιαβσαμ).
Ἰεβέρ. יְתֵת
Ge. 36. 40 (A) (Luc. Ιεθερ) (*Lucc.* Iephthe).
Ἰεβιά. aliter in Heb.
I Ch. 8. 9 (B) (צביא) (Luc. Σαβια).
Ἰεβλαάμ. יִבְלְעָם
Jd. 1. 27 (Luc. Ιεβλαμ).
Ἰεβναά. יִבְנְיָה
I Ch. 9. 8 (A).
Ἰεβόσθαι (Ei.) (-θε).
Luc. Μεμφιβοσθε.
(1) אִישׁ־בֹּשֶׁת
II Ki. 2. 8 (Joseph. Ἰέβωσθος), 10, 12 (A), 15: 3. 8 ($A^{?\,mg}$).
(2) aliter in Heb.
II Ki. 23. 8 (ישב בשבת) (Luc. Ιεσβααλ).
(3) abest in Heb.
II Ki. 3. 7 ($A^{1?a?}$).
Ἰεβούς. (1) יְבוּס
Jd. 19. 10, 11: I Ch. 11. 4, 5 (A).
(2) יְבוּסִי
Jo. 15. 8: 18. 16 (A), 28.
(3) aliter in Heb.
I Ch. 11. 4 (ארץ) (Luc. γῆν).
Ἰεβουσαί. יְבוּסִי
Jo. 18. 16 (B) (Luc. Ιεβους).
Ἰεβουσαῖος. (1) יְבוּסִי
Ge. 10. 16: 15. 20 (21): Ex. 3. 8 (*Lugd.* Zebusaei), 17: 13. 5 (*Mon.* Iebussei): 23. 23: 33. 2 (*Mon.* Iesseus): 34. 11 (*Wirc.* Iebuseus): Nu. 13. 30 (29): De. 7. 1: 20. 17: Jo. 3. 10: 9. 1: 11. 3 (A B* F): 12. 8: 15. 63 *bis*: 24. 11: Jd. 1. 21 *bis*: 3. 5: 19. 11 (A): II Ki. 5. 8: III Ki. 9. 20 (A): 10. 24 (9. 20) (B): I Ch. 1. 14 (A) (Luc. Ιεβουσει): 11. 4, 6 (εβ sup ras 3 litt A^1): 21. 15, 28: II Ch. 3. 1: 8. 7: II Es. 19 (Ne. 9). 8: Za. 9. 7.
[**Aq., Sm.** II Ki. 5. 8.]
(2) יְבֻסִי
II Ki. 5. 6: 24. 16, 18: I Ch. 21. 18 (A B^1).
(3) aliter in Heb.
Jo. 10. 5 (אמרי).
(4) in libr. apocr.
I Es. 8. 66 (70) (= יבוסי Ezr. 9. 1): Ju. 5. 16 (20).
Ἰεβουσεί. יְבוּסִי
II Es. 9. 1 (Luc. Ἰεβουσαῖος).
Ἰεβουσείν. יְבוּסִי
Jd. 19. 11 (B) (Luc. Ἰεβουσαῖος).
Ἰεγεβάλ. יָגְבְּהָה
Jd. 8. 11 (B) (Luc. ἐξ ἐναντίας Ναβε).
Ἰεγλόμ. יַעְלָם
Joseph. Ἰέγλωμος, Ἰόλαμος.
Ge. 36. 5 (A D [... λομ]) (*Wirc.* Ieglon), 14 (Syr. ܝܥܠܡ), 18 (A E): I Ch. 1. 35 (Luc. Ιεγλαομ).
Ἰεγλούμ. יַעְלָם
Ge. 36. 5 (E) (Luc. Ιεγλομ).
Ἰεγλώμ. יַעְלָם
Ge. 36. 18 (D^{vid}) (Luc. Ιεγλομ).
Ἰεδαιά. יְדָיָה
II Es. 13 (Ne. 3). 10 (A B) (Luc. Ιεδδεια).
Ἰεδαῖος. in libr. apocr.
I Es. 9. 30 (= עדיה Ezr. 10. 29) (Luc. Ἀδαιας).
Ἰεδδᾶε. יָדָע
I Ch. 2. 32 (A) (Luc. Ιαδα).

'Ιεδδαί. יַחְדּוֹ
I Ch. 5. 14 (A) (Luc. Ιεδδω).

'Ιεδδειά. יְדָיָה
II Es. 13 (Ne. 3). 10 (S).

'Ιεδδίας. in libr. apocr.
I Es. 9. 26 (A) (= יויה Ezr. 10. 25) (Luc. 'Ιαζίας).

"Ιεδδος. in libr. apocr.
I Es. 5. 24 (A^1 B) (= ידעיה Ezr. 2. 26 : Ne. 7. 39) (Luc. Ιεδδουκ).

'Ιεδδουά. (1) יַדּוּעַ
II Es. 20. 21 (Ne. 10. 22) ($S^{c.a}$).
(2) יְדַעְיָה
II Es. 2. 36 (A).

'Ιεδδούκ. יַדּוּעַ
II Es. 20. 21 (Ne. 10. 22) (A) (Luc. Ιεδδουα).

'Ιεδδουράν. aliter in Heb.
II Ki. 8. 10 (יורם) (Joseph. 'Αδώραμος).

'Ιεδειά. aliter in Heb.
IV Ki. 22. 1 (B) (ידידה) (Luc. Ιεδιδα) (Joseph. 'Ιέδις).

'Ιεδειού. aliter in Heb.
I Ch. 9. 12 (B) (יחזרה) (Luc. Εζερα).

'Ιεδιδά. aliter in Heb.
IV Ki. 22. 1 (A) (עדיה) (ידידה praec.) (Luc. 'Οζίας).

'Ιεδιδιά. יְדִידְיָה
II Ki. 12. 25 (A) (Luc. Ιεδδιδια).
[Aq., Th. II Ki. 12. 25.]

'Ιεδιήλ. (1) יְדִיעֲאֵל
I Ch. 11. 45 (A) : 12. 20 (A) (Luc. Ιαδιηλ).
(2) יַחְדִּיאֵל
I Ch. 5. 24 (A).

'Ιεδιού. aliter in Heb.
I Ch. 24. 23 (A) (יריהו) (Luc. Ιεδδι).

'Ιεδόμ. aliter in Heb.
II Es. 10. 23 (S) (יהודה) (Luc. 'Ιούδας).

'Ιεδούρ. aliter in Heb.
I Ch. 9. 37 (B) (גדור) (Luc. Γεδδωρ).

'Ιέεθ. יַחַת
Luc. Ιααθ.
I Ch. 6. 20 (5) (B), 43 (28) (A).

'Ιεειά. aliter in Heb.
I Ch. 25. 3 (A) (ישעיהו) (Luc. Ισαια).

'Ιεειήλ. (1) יְחִיאֵל
Luc. Ιειηλ.
II Es. 8. 9 (A) : 10. 2 (A).
(2) יְעִיאֵל
I Ch. 15. 18 (B) (Luc. Ιειηλ) : II Es. 10. 43 (A) (Luc. Ειηλ).
(3) aliter in Heb.
II Ch. 31. 13 (B) (אליאל) (Luc. Ελιηλ).

'Ιεερείμ. aliter in Heb.
I Ki. 15. 3 (A) (החרמתם) (Luc. ἀναθεματιεῖς αὐτόν).

'Ιεζάβελ. (1) אִיזֶבֶל
Joseph. 'Ιεζαβέλη : *Lucc.* Zezabel, Hiezabel.
III Ki. 16. 31 : 18. 4, 13, 19 : 19. 1, 2 : 20 (21). 5, 7, 11 (A), 14, 15, 15 (A), 23, 25 : IV Ki. 9. 7, 10, 22, 30, 36, 37 *bis*.
[Aq., Sm., Th. III Ki. 21 (20). 15.]
(2) aliter in Heb.
Luc. Ιεζραηλ.
III Ki. 18. 46 (A) (יזרעאל) : IV Ki. 9. 36 (A) (יזרעאל).
(3) abest in Heb.
III Ki. 19. 2 : 22. 53.

'Ιεζάν. יָקְשָׁן
Ge. 25. 3 (A*) (Luc. Ιεκταν).

'Ιεζδραέλ. יִזְרְעֶאל
Jo. 15. 56 (A) (Luc. Ιεζ[ρ]εελ).

'Ιεζεβούθ. יְהוֹזָבָד
IV Ki. 12. 21 (22).

'Ιέζει. אֲבִיעֶזֶר
Jo. 17. 2 (B) (Luc. Αβιεζερ).

'Ιεζείας. in libr. apocr.
I Es. 9. 26 (B) (= יויה Ezr. 10. 25) (Luc. 'Ιαζίας).

'Ιεζειήλ. אַשְׂרִיאֵל
Jo. 17. 2 (B) (Luc. Εσριηλ).

'Ιεζείρ. חֵזִיר
I Ch. 24. 15 (A) (Luc. Χηζειρ).

'Ιεζειχάρ. יוֹזָכָר
IV Ki. 12. 21 (22) (B) (Luc. Ιωζαχαρ).

'Ιεζεκιήλ.
Joseph. 'Ιεζεκίηλος : *Spec.* Ezechihelus, Ezechihel.
(1) יְחֶזְקֵאל
Ez. *inscr.* : 1. 2 (3) : 24. 24.
(2) abest in Heb.
Ez. 32. 17 (adnot Q^{mg}) : *subscr.* (A B Q).
(3) in libr. apocr.
Si. 49. 8 (10) : IV Ma. 18. 17.

'Ιεζέρ. aliter in Heb.
Ez. 11. 1 (Γ) (עזר).

'Ιεζήλ. יַחֲזִיאֵל
I Ch. 12. 4 (B S) (Luc. Εζιηλ).

'Ιέζηλος. in libr. apocr.
I Es. 8. 32 (35) (A) (= יחזיאל Ezr. 8. 5) (Luc. Αζιηλ), 35 (38) (= יחיאל Ezr. 8. 9) (Luc. Ιειηλ).

'Ιεζιά. abest in Heb.
I Ch. 8. 16 (A).

'Ιεζιήλ. יַחֲזִיאֵל
I Ch. 12. 4 (A) (Luc. Εζιηλ).

'Ιεζονίας. (1) יַאֲזַנְיָה
Je. 42 (35). 3 (Q).
(2) יַאֲזַנְיָהוּ
IV Ki. 25. 23 (A) (Joseph. 'Ιωαζανίας) : Ez. 8. 11 A Q*) : 11. 1 (Q).
(3) יְזַנְיָה
Je. 49 (42). 1 (Q^{mg}).
(4) יְזַנְיָהוּ
Je. 47 (40). 8.

'Ιεζόρικλος. in libr. apocr.
I Es. 9. 27 (B) (= יחיאל Ezr. 10. 26) (Luc. Ιειηλ).

'Ιεζούρ. עֶזֶר
II Es. 22 (Ne. 12). 42 ($S^{c.a\,mg}$).

'Ιεζραά. יִזְרַחְיָה
I Ch. 7. 3 ($A^{*\,vid}$) (Luc. Ιεζερια).

'Ιεζραέλ.
Joseph. 'Ιεζάρηλα, 'Ιεζέρελα, 'Ισεράελα, "Ιζαρα, 'Ιαζάρη.
(1) יִזְרְעֶאל
Jo. 17. 16 (A) : Jd. 6. 33 (A) : III Ki. 4. 12 (A) : 18. 45 (A) (Luc. Ιεζραηλ) : IV Ki. 8. 29 (A) *bis* (Luc. Ιεζραηλ) : 9. 15 (A) *bis* (Luc. Ιεζραηλ et in seqq), 16 (A), 17 (A), 30 (A) : 10. 6 (A), 7 (A), 11 (A) : Ho. 1. 4 *bis*, 5, 11 (2. 2) (A B) : 2. 22 (24).
[Aq., Sm., Th. IV Ki. 9. 37.]
(2) יִזְרְעֶאלָה
Jo. 19. 18 (A) (Luc. Ιεσραελ).
(3) aliter in Heb.
I Ch. 27. 8 (A) (יזרח) (Luc. Ιεζρα).
(4) abest in Heb.
IV Ki. 9. 16 (A) (Luc. Ιεζραηλ).

'Ιεζραηλῖτις. יִשְׂרְאֵלִית
Le. 24. 10 (A) (Luc. 'Ισραηλῖτις).

'Ιεζρί. עֶזְרִי
Jd. 6. 24 (A) (Luc. Εζρει).

'Ιεζριά. יִזְרַחְיָה
Luc. Ιεζερια.
I Ch. 7. 3 (A^1), 3 (A).

'Ιεζρίας. יִזְרַחְיָה
II Es. 22 (Ne. 12). 42 ($S^{c.a(mg)}$).

'Ιεζριήλ. (1) יִזְרְעֶאל
I Ch. 4. 3 ($A^{b?}$ [ρι sup ras 3 vel 4 litt]) (Luc. Ιεζρεηλ).
(2) עַזְרִיאֵל
I Ch. 5. 24 (A) (Luc. Εζριηλ).

'Ιεζρίηλος. in libr. apocr.
I Es. 9. 27 (A) (= יחיאל Ezr. 10. 26) (Luc. Ιειηλ).

'Ιεζριού. יַחְזֵרָה
I Ch. 9. 12 (A) (Luc. Εζερα).

'Ιεήλ. (1) יְחִיאֵל
I Ch. 27. 32 (B) (Luc. Ιωηλ) : II Es. 10. 2 (B S) (Luc. Ιειηλ), 21 (B S) (Luc. Ιειηλ).
(2) יְחִיאֵלִי
I Ch. 26. 22 (A) (Luc. *om.*).
(3) יְעוּאֵל
I Ch. 9. 6 (A), 35 (S)* (Luc. Ιεϊηλ).
(4) יְעִיאֵל
I Ch. 9. 35 (S) (ק״) (Luc. Ιεϊηλ).
(5) in libr. apocr.
I Es. 8. 89 (93) (A) (= יחיאל Ezr. 10. 2) (Luc. 'Ιείηλος) : Ju. 8. 1 (A^a).

'Ιεηλά. יַעְלָה
II Es. 2. 56 (B) (Luc. Ιεδλαα).

'Ιεηλί. in libr. apocr.
I Es. 5. 33 (A) (= יעלה Ezr. 2. 56 : יעלא Ne. 7. 58) (Luc. Ιεδλαα).

'Ιέηλος. in libr. apocr.
I Es. 8. 89 (93) (B) (= יחיאל Ezr. 10. 2) (Luc. 'Ιείηλος).

"Ιεθ, 'Ιέθ. יַחַת
I Ch. 4. 2 (A^a B) (Luc. Ιαωθ), 2 (B) (Luc. Ιαωθ) : 6. 20 (5) (A) (Luc. Ιααθ) : 23. 10 (Luc. Ιειηλ), 11 (Luc. Ιειηλ) : II Ch. 34. 12 (A) (Luc. Ιαεθ).

'Ιεθεβάαλ. אֶתְבַּעַל
III Ki. 16. 31 (B) (Luc. Ιεθβααλ) (Joseph. 'Ιθώβαλος, Εἰθώβαλος) (*Luc.* Bazan et Hela : *Lucc.* Elam).

'Ιεθέθ. יְתֵת
I Ch. 1. 51 (A) (Luc. Ιεθερ).

'Ιεθεμά. יִתְמָה
I Ch. 11. 46 (A) (Luc. Ιεθαμ).

'Ιεθέρ (Ei.), 'Ιέθερ, ὁ, ἡ.
Joseph. 'Ιεθεγλαῖος, 'Ιεθέρης, 'Ιοθόρης.
(1) יַתִּיר
Jo. 15. 48 (Luc. Ιθερ) : I Ch. 6. 58 (42 ; Heb. mutato ordine) (A) (Luc. *om.*).
(2) יַתִּר
Jo. 21. 14 (A) : I Ki. 30. 27 (A).

(3) יֶתֶר

Jd. 8. 20: III Ki. 2. 5, 32 (B): I Ch. 2. 17 (A), 32 *bis*: 4. 17 (A): 7. 38 (A) (Luc. Ιεθραν).

(4) יְתֵת

Ge. 36. 40 (D^{sil}E).

(5) עֶתֶר

Jo. 19. 7 (B) (Luc. Εσερ).

(6) aliter in Heb.

I Ch. 7. 37 (A) (יתרן) (Luc. *om.*).

[Al. II Ki. 20. 26 (יארי).]

(7) abest in Heb.

I Ch. 4. 17.

Ἰεθεραάμ, *cf.* Εἰεθαραάμ. יִתְרְעָם

II Ki. 3. 5 (B) (Luc. Ιεθραμ) (*Lucc.* Etheram).

Ἰεθερεί (-ρί). (1) יֶתֶר

I Ch. 4. 17 (B) (Luc. Ιεθερ).

(2) יִתְרִי

I Ch. 11. 40 (A) *bis* (Luc. Ιεθρι).

Ἰεθερμάθ. aliter in Heb.

III Ki. 10. 23 (9. 18) (B) (תמר*, תדמר [ק"]) (Luc. Θοδμορ).

Ἰεθέτ. יְתֵת

I Ch. 1. 51 (B) (Luc. Ιεθερ).

Ἰέθηλος. in libr. apocr.

I Es. 8. 32 (35) (B) (=יחזיאל Ezr. 8. 5) (Luc. Αζιηλ).

Ἰέθηρ. יֶתֶר

I Ch. 7. 38 (B) (Luc. Ιεθραν).

Ἰεθθάρ. יַתִּיר

I Ch. 6. 58 (42; Heb. mutato ordine) (B) (Luc. *om.*).

Ἰεθθεί (-θί). עַתַּי

I Ch. 2. 35 (A) (Luc. Ιεθει), 36 (A) (Luc. Ιεθει): II Ch. 11. 20.

Ἰεθιρί. הוֹתִיר

I Ch. 25. 28 (A) (Luc. Ωθειρ).

Ἰεθλά. יִתְלָה

Jo. 19. 42 (A) (Luc. Ιθλα).

Ἰεθράμ. יִתְרְעָם

I Ch. 3. 3 (A) (Luc. Ιεθρααμ).

Ἰεθράν. יִתְרָן

Ge. 36. 26 (Luc. Ιθραν) (*Lucc.* Thassa): I Ch. 1. 41 (A).

Ἰεθρεί (-ρί). יְאָתְרַי

I Ch. 6. 21 (6) (A^{a} [sup ras] B).

Ἰεθρώ. יִתְרוֹ

[Aq. Ex. 18. 1, 5.]

Ἰειά. (1) יְחִיָּה

I Ch. 15. 24 (B S^{1}) (Luc. Ιειηλ).

(2) aliter in Heb.

I Ch. 11. 44 (B) (יעואל*, יעיאל [ק"]) (Luc. Ιεϊηλ).

Ἰειβασάκα. aliter in Heb.

I Ch. 25. 4 (B) (ישבקשה) (Luc. Ιεσβοκ).

Ἰειήλ (Εἰειήλ, Εἰιήλ), **Ἰειήλ** (Εἰειήλ).

(1) יְחוּאֵל

II Ch. 29. 14*.

(2) יְחִיאֵל

I Ch. 15. 18 (Luc. Ιαιηλ): 16. 5 (B S) (Luc. Ιαιηλ): 23. 8 (A): 29. 8 (A) (Joseph. *Ιαλος): II Ch. 21. 2 (A): 29. 14 (ק"): 31. 13 (A): 35. 8: II Es. 10. 21 (A).

(3) יְחִיאֵלִי

I Ch. 26. 21, 22 (B) (Luc. *om.*).

(4) יְעוּאֵל

I Ch. 9. 35 (A B^{b})*: 11. 44 (A)*: II Ch. 26. 11*: 29. 13*.

(5) יְעִיאֵל

I Ch. 9. 35 (A B^{b}) (ק"): 11. 44 (A) (ק"): 15. 18 (A S), 21 (B S): 16. 5 *bis* (Luc. Ιειηλ, Ὀζίας): II Ch. 26. 11 (ק"): 29. 13 (ק"): 35. 9 (A) (Luc. Ιεηλ).

(6) aliter in Heb.

I Ch. 23. 9 (B) (חזיאל) (Luc. Αζιηλ): 26. 4 (B) (נְתַנְ[אֵל]) (Luc. Ναθαναηλ): II Ch. 31. 13 (A) (אליאל) (Luc. Ελιηλ).

(7) abest in Heb.

I Ch. 26. 21 (B) (Luc. *om.*).

Ἰειηλεί. in libr. apocr.

I Es. 5. 33 (B) (=יעלה Ezr. 2. 56: יעלא Ne. 7. 58) (Luc. Ιεδλαα).

Ἰεισιήλ. יַחְצִיאֵל

I Ch. 7. 13 (B) (Luc. Ιασσιηλ).

Ἰεκαί. יָגְלִי

Nu. 34. 22 (F) (Luc. Ιεκλει).

Ἰεκδαάμ. יָקְדְעָם

Jo. 15. 56 (A) (Luc. Ιεκνααμ).

Ἰεκεμιά. aliter in Heb.

I Ch. 24. 23 (A) (יקמעם) (Luc. Ἰακαμίας).

Ἰεκενιά. יְקַמְיָה

I Ch. 3. 18 (A^{a} B) (Luc. Ιεκεμια).

Ἰεκθιιήλ. יְקוּתִיאֵל

I Ch. 4. 18 (A* [improb ι 3° A?]) (Luc. Ιεφθιηλ).

Ἰεκθοήλ. יָקְתְאֵל

IV Ki. 14. 7 (A) (Luc. Καθοηλ).

Ἰεκλάν. aliter in Heb.

I Ch. 2. 44 (B) (ירקעם) (Luc. Ιερεκαμ).

Ἰεκμαάν. יָקְמְעָם

I Ch. 6. 68 (53) (A) (Luc. Ιεκμααμ).

Ἰεκμάν (B), **Ἰεκνάμ** (A). יָקְנְעָם

Jo. 19. 11 (Luc. Ιεκναμ).

Ἰεκόμ. יָקְנְעָם

Jo. 12. 22 (B) (Luc. Ιεκομμαμ).

Ἰεκομάν. abest in Heb.

I Ch. 6. 77 (62) (A) (Luc. *om.*).

Ἰεκομίας. יְקַמְיָה

I Ch. 2. 41 (A) *bis* (Luc. Ἰακεμίας).

Ἰεκονάμ. יָקְנְעָם

Jo. 12. 22 (A) (Luc. Ιεκομμαμ).

Ἰεκσάν. יָקְשָׁן

I Ch. 1. 32 (A) *bis* (Luc. Ιεξαν).

Ἰεκτάν.

Joseph. Ἰούκτας.

(1) יָקְטָן

Ge. 10. 25, 26, 29: I Ch. 1. 19 (A), 20 (A), 23 (A).

(2) יָקְשָׁן

Ge. 25. 2 (E), 3 (E).

Ἰελά. יַעְלָה

II Es. 2. 56 (A) (Luc. Ιεδλαα).

Ἰελδάφ. יִדְלָף

Ge. 22. 22 (A) (Luc. Ιεδλαφ) (Joseph. Ἰαδαφᾶς).

Ἰελεάζαρος. in libr. apocr.

I Ma. 2. 5 (S*) (Luc. Ἐλεάζαρος).

Ἰελειήλ (Ἰελιήλ). aliter in Heb.

I Ch. 5. 24 (B) (יחדיאל) (Luc. Ιεδιηλ): 11. 46 (A) (אליאל) (Luc. Ιεηλ).

Ἰελεμιά. aliter in Heb.

II Es. 23 (Ne. 13). 13 (S) (שלמיה) (ς praec.) (Luc. Σελεμίας).

Ἰελήλ. aliter in Heb.

II Es. 17 (Ne. 7). 58 (B) (יעלא) (Luc. Ιεδαλαα).

Ἰελιήλ, *vid.* Ἰελειήλ.

Ἰελλά. aliter in Heb.

IV Ki. 23. 36 (B) (זבודה*, זבידה [ק"]) (Luc. Αμιταλ).

Ἰεμά. aliter in Heb.

II Es. 8. 9 (B) (יחיאל) (Luc. Ιειηλ).

Ἰεμαά. aliter in Heb.

Luc. Ναμαλι.

III Ki. 22. 8 (A) (ימלה) (Joseph. Ὀμβλαῖος, Ἰεμβλαῖος), 9 (A) (ימלה): II Ch. 18. 8 (B) (ימלא).

Ἰεμαάς. aliter in Heb.

II Ch. 18. 7 (B) (ימלא) (Luc. Ναμαλι).

Ἰεμάειν. יָנוּם*, יָנִים (ק")

Jo. 15. 53 (B) (Luc. Ιανουμ).

Ἰεμάθ. abest in Heb.

II Ch. 36. 2 c (B) (Luc. Αιμαθ).

Ἰεμειναῖος (-μιν.). (1) בִּנְיָמִן

I Ki. 4. 12 (B) (*Vind.* Iemneus).

(2) יְמִינִי

I Ki. 9. 1 (B) (*Quedl.* Iemnaeus), 4 (A) (Luc. Ιαβιν), 21 (*Vind.* Iemeneus).

[Aq., Sm. II Ki. 16. 11.]

Ἰεμεινεί. (1) יְמִינִי

II Ki. 16. 11 (B) (Luc. Ἰεμιναῖος): III Ki. 2. 8 (B) (Luc. Ιεμενει).

(2) abest in Heb.

III Ki. 2. 35 l (B) (Luc. Ιεμενει).

Ἰεμενεί (Εἰεμ.) (-νί). יְמִינִי

Jd. 3. 15: II Ki. 16. 11 (A) (Luc. Ἰεμιναῖος): 19. 16 (17): 20. 1 (Luc. Αραχει): III Ki. 2. 8 (A), 35 l (A): Ps. 7. 1.

Ἰεμεννί. יְמִינִי

I Ki. 22. 7 (A) (Luc. Βενιαμιν).

Ἰεμήρ. אִמֵּר

II Es. 17 (Ne. 7). 61 (A^{1} B S) (Luc. Εμμηρ).

Ἰεμιά. aliter in Heb.

III Ki. 22. 9 (B) (ימלה) (Luc. Ναμαλι).

Ἰεμιάς. aliter in Heb.

III Ki. 22. 8 (B) (ימלה) (Luc. Ναμαλι).

Ἰεμιήλ. יְמוּאֵל

Ex. 6. 15 (B) (Luc. Ιεμουηλ).

Ἰεμιμά. יְמִימָה

[Aq., Sm. Jb. 42. 14.]

Ἰεμιναῖος, *vid.* Ἰεμειναῖος.

Ἰεμινναῖος. יְמִינִי

I Ki. 9. 1 (A) (Luc. Ἰεμιναῖος).

Ἰεμλά. יִמְלָא

Luc. Ναμαλι.

II Ch. 18. 7 (A), 8 (A).

Ἰεμμιναῖος. בִּנְיָמִן

I Ki. 4. 12 (A) (Luc. Ἰεμιναῖος).

Ἰεμνά. יִמְנָה

Ge. 46. 17 (Joseph. Ἰώμνης): I Ch. 7. 30 (A) (Luc. Ιαμνα): II Ch. 31. 14 (A).

Ἰεμνάα. in libr. apocr.

Ju. 2. 28 (A B $S^{c.a}$).

'Ιεμναί. aliter in Heb.
Jo. 15. 46 (A) (וימה) (Luc. Ιεμναθ).

'Ιεμολόχ. יַמְלֵךְ
I Ch. 4. 34 (B) (Luc. ἐβασίλευσεν).

'Ιεμού. יַחְמַי
I Ch. 7. 2 (A) (Luc. Ιαμιν).

'Ιεμουάθ. aliter in Heb.
IV Ki. 12. 21 (22) (שמעת).

'Ιεμουήλ, 'Ιεμουήλ. (1) חָמוּל
Ge. 46. 12 (Samar. [Samaritan]) (Syr. [Syriac]) (Joseph. Ἄμουρος, Ἰάμουρος) (*Lugd.* Gemuel): I Ch. 2. 5 (Luc. Αμουηλ).

(2) יְמוּאֵל
Joseph. Ἰούμηλος.
Ge. 46. 10 (*Lugd.* Iamuel): Ex. 6. 15 (A F).

'Ιεμουηλί. חָמוּלִי
Nu. 26. 17 (21) (F) (Luc. [Ιαμουηλι]).

'Ιεμρά. יִמְרָה
I Ch. 7. 36 (A) (Luc. Ιεμβρα).

'Ιενουήλ. abest in Heb.
I Ch. 26. 2 (3) (B) (Luc. Ναθαναηλ).

'Ιενουηλωλάμ. abest in Heb.
I Ch. 26. 2 (A) (יתניאל . . . עילם) (Luc. Ναθαναηλ + Αιλαμ).

'Ιεξάν. יָקְשָׁן
Joseph. Ἰαζάρης.
Ge. 25. 2 (A [post ε ras 1 lit A?] *D*) (Luc. Ιεκταν), 3 (A^{b} *D*) (Luc. Ιεκταν): I Ch. 1. 32 (B) *bis*.

'Ιεουδά. יְדָיָה
II Es. 2. 36 (B) (Luc. Ιεδδουα).

'Ιεουήλ. (1) יְעוּשׁ
Ge. 36. 18 (D) (Luc. Ιεουλ).

(2) in libr. apocr.
I Es. 8. 39 (42) (A) (=יעואל*, יעיאל [ק"] Ezr. 8. 13) (Luc. Ιειηλ).

'Ιεούλ. (1) יְעוּשׁ
Ge. 36. 18 (A): I Ch. 1. 35 (Luc. Ιηους).

(2) יִשְׁוִי
Ge. 46. 17 (Luc. Ιουλ) (Joseph. Ἰιούβης) (*Lugd.* Iaul: *Lucc.* Zievi).

'Ιεούς.
Luc. Ιεουλ.

(1) יְעוּץ
I Ch. 8. 10 (A) (Luc. Ιωας).

(2) יְעוּשׁ
Ge. 36. 5 (A D) (כ"), 14 (D E) (ק"), 18 (E).

(3) יְעִישׁ
Ge. 36. 5 (A D)* (Joseph. Ἰαούς) (*Wirc.* Iehul), 14 (D E)* (*Wirc.* Ieul).

'Ιεούχ. abest in Heb.
Ge. 46. 17 (*D*) (Luc. *om.*).

'Ιεραάμ. יְרֹחָם
I Ch. 9. 12 (A) (Luc. Ιεροαμ).

'Ιερακών. יַרְקוֹן
Jo. 19. 46.

'Ιεραμεί (S), 'Ιεραμείμ (B). יְרֵמַי
II Es. 10. 33 (Luc. Ιερεμει).

'Ιεραμηλεί. יְרַחְמְאֵלִי
I Ki. 30. 29 (A) (Luc. Ισραηλ).

'Ιεραμώθ. aliter in Heb.
II Es. 10. 36 (B S) (מרמות) (Luc. Μαριμωθ).

'Ιερδεβλάθαν. aliter in Heb.
IV Ki. 25. 6 (B) (רבלתה) (Luc. Δεβλαθα).

'Ιερεάμ. יְרֹחָם
I Ch. 6. 34 (19) (A) (Luc. Ιεραμαηλ).

'Ιερέας. aliter in Heb.
Je. 33 (26). 24 (S*[μι superscr]): 41 (34). 1 (B*) (ירמיהו).

'Ιερεήλ. (1) יְרִיאֵל
I Ch. 7. 2 (A) (Luc. Ιαρουηλ).

(2) in libr. apocr.
I Es. 9. 21 (= יחיאל Ezr. 10. 21) (Luc. Ιειηλ).

'Ιερειά. יְרֵחוֹ
II Es. 2. 34 (B) (Luc. Ιεριχω).

'Ιερείμ. aliter in Heb.
I Ki. 15. 3 (B) (החרמתם) (Luc. ἀναθεματιεῖς αὐτόν), 8 (B) (החרים) (Luc. *om.*).

'Ιερειμούθ (-ριμ.), 'Ιερειμούθ. (1) יְרִימוֹת
I Ch. 7. 7 (A) (Luc. Ιερεμουθ): 25. 4 (A) (Luc. Ιεριμωθ): 27. 19 (A): II Ch. 11. 18 (B).

(2) יַרְמוּת
Jo. 10. 3, 5, 23: 12. 11 (B F): 15. 35 (A).

(3) aliter in Heb.
I Ki. 30. 30 (B) (חרמה) (Luc. Ερμα).

'Ιερειμώθ (-ριμ.). (1) יְרִימוֹת
I Ch. 7. 8 (A) (Luc. Ιερμωθ).

(2) יְרִימוֹת
I Ch. 24. 30 (A): II Ch. 31. 13.

(3) יְרֵמוֹת
I Ch. 25. 22 (A) (Luc. Ιεριμουθ) (*Lucc.* Iarimoth): II Es. 10. 26 (A).

'Ιέρειχος (-ριχ.). in libr. apocr.
I Es. 5. 22 (B^{ab}) (= ירחו Ezr. 2. 34: Ne. 7. 36) (Luc. Ιεριχω).

'Ιερειχώ (Εἰερ.) (-ριχ.). (1) יְרִיחוֹ, יְרֵחוֹ
Joseph. Ἱεριχοῦς (-οῦντος), Ἱεριχώ (-οῦς).
Nu. 22. 1: 26. 3, 63: 31. 12: 33. 48, 50: 34. 15: 35. 1: 36. 13: De. 32. 49: 34. 1, 3 (Samar. *om.*): Jo. 2. 1, 2, 3: 3. 16: 4. 13, 19: 5. 10, 13: 6. 1, 2, 25: 7. 2 (F): 8. 2: 9. 9 (3): 10. 1, 28, 30 (Ιερει sup ras B^{a}): 12. 9: 13. 32 ($A^{a?}$B): 16. 1 *bis*, 7: 18. 12, 21: 20. 8 (A): 24. 11 *bis*: II Ki. 10. 5: IV Ki. 2. 4 *bis*, 5, 15, 18: 25. 5: I Ch. 6. 78 (63): 19. 5: II Ch. 28. 15: II Es. 13 (Ne. 3). 2: 17 (Ne. 7). 36: Je. 52. 8.
[Aq. Je. 52. 8.]
[Sm. Je. 39 (46). 5: 52. 8.]
[Th. Je. 39 (46). 5.]

(2) יְרֵחוֹ
II Es. 2. 34 (A).

(3) יְרִיחֹה
III Ki. 16. 34 (Luc. *om.*).

(4) aliter in Heb.
Jo. 19. 15 (B) (ידאלה) (Luc. Ιεδαλα): IV Ki. 2. 1 (B*) (גלגל) (Luc. Γαλγαλα).

(5) abest in Heb.
De. 34. 8: Jo. 2. 1: 13. 14: 21. 36 (A).

(6) in libr. apocr.
Si. 24. 14 (18): Ju. 4. 4 (3): I Ma. 9. 50: 16. 11, 14: II Ma. 12. 15.

'Ιερειχών (-ριχ.). abest in Heb.
Jo. 21. 36 (B) (Luc. Ιεριχω).

'Ιερεμαήλ. יְרַחְמְאֵל
I Ch. 2. 27 (B) (Luc. Ιεραμαηλ).

'Ιερεμεήλ. (1) יְרַחְמְאֵל
Luc. Ιεραμαηλ.
I Ch. 2. 25 (A), 26 (B), 27 (A), 33 (A), 42: Je. 43 (36). 26 (B Q).

(2) aliter in Heb.
I Ki. 1. 1 (B) (ירחם) (Luc. Ιερεμιηλ).

'Ιερεμειά, *vid.* 'Ιερεμιά.

'Ιερεμείας, *vid.* 'Ιερεμίας.

'Ιερεμήας. יִרְמְיָהוּ
Je. 43 (36). 26 (S^{vid}).

'Ιερεμί. יְרֵמַי
II Es. 10. 33 (A) (Luc. Ιερεμει).

'Ιερεμιά (-μειά). (1) יִרְמְיָה
Luc. 'Ιερεμίας.
I Ch. 5. 24 (A): 12. 10 (A B): II Es. 20. 2 (Ne. 10. 3) (S) (Luc. 'Ιερμίας): 22 (Ne. 12). 12 (B S) (Luc. 'Ιερμίας), 34 (B S) (Luc. 'Ιερμίας).

(2) יִרְמְיָהוּ
I Ch. 12. 13 (B) (Luc. Ιεραμαου).

'Ιερεμιαήλ. יְרַחְמְאֵל
Je. 43 (36). 26 (S).

'Ιερεμίας (Εἰερ.) (-μείας) (-ου). (1) יִרְמְיָה
I Ch. 12. 4 (A S^{1}): II Es. 1. 1: 22 (Ne. 12). 34 (A) (Luc. 'Ιερμίας): Je. *inscr.*: 35 (28). 5, 6, 10, 11, 12 (A), 15: 36 (29). 1: Da. LXX., TH. 9. 2.

(2) יִרְמְיָהוּ
IV Ki. 23. 31: 24. 18 (B): I Ch. 12. 13 (A) (Luc. Ιεραμαου): II Ch. 35. 25: 36. 12, 21, 22: Je. 1. 1 (B S Q), 11 (A S Q): 11. 1: 14. 1: 18. 1, 18: 19. 14 (B S Q): 20. 1, 2 (Q^{mg} sub ※), 3 *bis*: 21. 1 (B S Q), 3: 24. 3: 25. 1, 2 (Q^{mg}), 14 (49. 34) (B S Q Γ): 26 (46). 13: 28 (51). 59, 60 (B S Q), 61 (A B Q): 32. 1 (25. 13) (A Q): 33 (26). 7, 8, 9, 12, 20 (B S Q), 24 (B S Q): 35 (28). 12: 36 (29). 27, 29, 30: 37 (30). 1: 39 (32). 1, 2 (A B Q), 6: 40 (33). 1: 41 (34). 1 (A B^{ab} S Q), 6 (A B^{ab} S Q), 8, 12: 42 (35). 1, 3 (A): 43 (36). 4 *bis*, 5, 8, 10, 19, 26 (A B Q), 27 (A B Q), 27, 32: 44 (37). 2, 3, 4, 6, 12 (B S Q), 13, 14, 15, 16 (in Q^{mg} sub ※), 17 (Q^{mg}), 18 (B S Q), 21: 45 (38). 1 (B [ας sup ras B?] S Q), 7, 9 (Q^{mg} sub ※), 11, 12, 13 (B S Q), 15, 17 (B S Q), 19, 20, 27, 28: 46 (39). 14, 15: 47 (40). 1: 49 (42). 2, 4, 5, 7: 50 (43). 1, 2, 6, 8 (A B Q): 51 (44). 1, 15, 20, 24, 31 (45. 1) *bis*: 52. 1.
[Aq. Je. 1. 1: 7. 1: 26 (33). 8: 27 (34). 1: 28 (35). 12: 32 (39). 6 (Sw.), 26: 36 (43). 1: 37 (44). 4, 16: 38 (45). 6 *ter*, 10, 13, 16, 24: 40 (47). 2: 42 (49). 5.]
[Sm. Je. 1. 1: 7. 1: 26 (33). 8: 28 (35). 12: 29 (47). 1: 32 (39). 6 (Sw.), 26: 36 (43). 1: 37 (44). 16: 38 (45). 6 *ter*, 13, 16: 39 (46). 11: 47 (40). 2: 42 (49). 5.]
[Th. Je. 1. 1: 3. 1 (Sw.): 7. 1: 32 (39). 6 (Sw.): 33 (40). 19, 23: 35 (42). 18: 44 (37). 16: 38 (45). 6, 9, 10, 12: 39 (46). 11: 42 (49). 5.]
[Heb. Je. 1. 1.]
[Al. Je. 37 (44). 16.]

(3) aliter in Heb.
Je. 33 (26). 21 (A^{*fort}) (אוריהו): 43 (36). 18 (Q) (pron. suff.): 44 (37). 3 (A*) (pro ιερεα).

(4) abest in Heb.
II Ch. 36. 2 a: Je. 43 (36). 18 (A B S): *subscr.* (A B S): La. *inscr.* (B^{b} S Q Γ [Ιερεμ . .]): 1. *tit.*: *subscr.*

(5) in libr. apocr.
I Es. 1. 26 (28) (abest in II Ch. 35. 22), 30 (32) (= ירמיהו II Ch. 35. 25), 45 (47) (= ירמיהו II Ch. 36. 12), 54 (57) (= ירמיהו II Ch. 36. 21): 2. 1 (= ירמיהו II Ch. 36. 22): 9. 34 (abest in Ezr. 10. 34): Si. 49. 6 (8) (B S C): Ep. Je. *inscr.* (A B): *tit.*: *subscr.*: II Ma. 2. 1, 5, 7: 15. 14, 15.

'Ιερεμιηάς. יִרְמְיָה

I Ch. 12. 4 (S*) (Luc. 'Ιερεμίας).

'Ιερεμιήλ. יְרַחְמְאֵל

I Ch. 2. 26 (A) (Luc. Ιεραμαηλ): Je. 43 (36). 26 (A).

'Ιερεμίν. aliter in Heb.

Je. 42 (35). 3 (B S Q) (ירמיהו).

'Ιερεμώθ. (1) יְרִימוֹת

I Ch. 25. 4 (B) (Luc. Ιεριμωθ).

(2) in libr. apocr.

I Es. 9. 27 (= ירמות Ezr. 10. 26) (Luc. Ιεριμωθ), 30 (= ירמות *, [ו]רמות [ק״] Ezr. 10. 29) (Luc. Αριμωθ).

'Ιέρεχος. in libr. apocr.

I Es. 5. 22 (A B*) (= ירחו Ezr. 2. 34: Ne. 7. 36) (Luc. Ιεριχω).

'Ιεριά. יְרִיָּהוּ

I Ch. 23. 19 (A) (Luc. Ιεδδι).

'Ιεριήλ. (1) יְרוּאֵל

II Ch. 20. 16.

(2) aliter in Heb.

I Ch. 27. 32 (A) (יחיאל) (Luc. Ιωηλ).

'Ιεριμού. יְרֵמוֹת

Jo. 12. 11 (A) (Luc. Ιεριμουθ).

'Ιεριμούθ, *vid.* 'Ιερειμούθ.

'Ιεριμώθ, *vid.* 'Ιερειμώθ.

'Ιέριχος, *vid.* 'Ιέρειχος.

'Ιεριχώ, *vid.* 'Ιερειχώ.

'Ιεριχών, *vid.* 'Ιερειχών.

'Ιεριώθ. יְרִיעוֹת

I Ch. 2. 18 (A) (Luc. Ιερειωθ).

'Ιερκαάν. יָרְקְעָם

I Ch. 2. 44 (A) *bis* (Luc. Ιερεκαμ).

'Ιερμά (B), **'Ιερμάς** (A). in libr. apocr.

I Es. 9. 26 (= רמיה Ezr. 10. 25) (Luc. 'Ραμίας).

'Ιερμειά (-μιά). (1) יִרְמְיָה

I Ch. 5. 24 (B) (Luc. 'Ιερεμίας): 12. 10 (S) (Luc. 'Ιερεμίας): II Es. 20. 2 (Ne. 10. 3) (A B) (Luc. 'Ιερμίας): 22 (Ne. 12). 1 (Luc. 'Ιηρεμίας), 12 (A) (Luc. 'Ιερμίας).

(2) יִרְמְיָהוּ

I Ch. 12. 13 (S) (Luc. Ιεραμαου).

'Ιερμείας (-μίας). יִרְמְיָה

I Ch. 12. 4 (B) (Luc. 'Ιερεμίας).

'Ιερμιά, *vid.* 'Ιερμειά.

'Ιερμίας, *vid.* 'Ιερμείας.

'Ιερμούθ. יַרְמוּת

Jo. 15. 35 (B) (Luc. Ιεριμουθ).

'Ιερμώθ. יַרְמוּת

Jo. 21. 29 (A).

'Ιεροάμ. יְרֹחָם

I Ki. 1. 1 (A) (Luc. Ιερεμιηλ): I Ch. 8. 27 (A) (Luc. Ιερεαμ): 9. 8 (A): 12. 7 (A): II Es. 21 (Ne. 11). 12 (A).

'Ιεροβάαλ. (1) יְרֻבַּעַל

Lu. Ierobabeles, Hierobabel.

Jd. 8. 29 (A), 35: 9. 1 (*Lucc.* Hierobal), 2, 5 *bis*, 16, 19, 24, 28, 57 (B): I Ki. 12. 11 (A [....βααλ]).

(2) aliter in Heb.

Ho. 10. 14 (A Q^{a}) (ארבאל).

'Ιεροβεάμ. in libr. apocr.

To. 1. 5 (S).

'Ιεροβοάμ. (1) יְרֻבַּעַל

I Ki. 12. 11 (B) (Luc. Ιεροβααλ).

(2) יָרָבְעָם

Joseph. 'Ιερόβαμος, 'Ιεροβόαμος: *Luc.* Hieroboas.

III Ki. 11. 26, 28, 29, 31, 40, 40 (A): 12. 1 (2) (A) *bis* (Luc. *om.*), 1 (3) (A), 15, 20 (A B$^{ab\,mg}$), 25, 26, 32: 13. 1, 33, 34: 14. 1 (A), 2 (A) *bis*, 4 (A), 5 (A), 6 (A), 7 (A), 10 (A) *ter*, 11 (A), 13 (A) *bis*, 14 (A), 16 (A), 17 (A), 19 (A), 20 (A), 30: 15. 1, 5 (6) (A), 7, 9, 25, 29 *bis*, 30 (B), 34: 16. 2, 3, 7, 19, 26, 31: 20 (21). 22: 22. 53: IV Ki. 3. 3: 9. 9: 10. 29, 31: 13. 2, 6, 11, 13: 14. 16, 23, 24, 27, 28, 29: 15. 1, 8, 9, 18, 24, 28: 17. 21, 21 (A B$^{1?a?b}$), 22: 23. 15: I Ch. 5. 17: II Ch. 9. 29: 10. 2, 2 (A$^{a?}$ [sup ras] B), 3, 12, 15: 11. 4, 14: 12. 15: 13. 1, 2, 3, 4, 6, 8, 13, 15, 19, 20: Ho. 1. 1: Am. 1. 1: 7. 9, 10, 11.

[**Aq.** III Ki. 11. 40: 12. 3: 14. 1, 2 *bis*, 4, 5, 6, 7, 10 *ter*, 11, 13 *bis*, 14, 16, 17, 19, 20: 15. 6.]

[**Sm.** III Ki. 11. 40.]

[**Al.** III Ki. 15. 6.]

(3) aliter in Heb.

II Ki. 11. 21 (ירבשת) (Luc. Ιεροβοαλ): I Ch. 6. 27 (12) (A) (ירחם) (Luc. Ιεραμαηλ): II Ch. 10. 17 (B) (רחבעם) (Luc. Ροβοαμ), 18 (B) (רחבעם) (Luc. Ροβοαμ): Ho. 10. 14 (B Q*) (ארבאל).

(4) abest in Heb.

II Ki. 8. 7 (B): 11. 22 (*cf. v.* 21): III Ki. 11. 43 (B) (*Vind.* Hierobam): 12. 24 b (B), 24 d (B), 24 e (B) *bis*, 24 f (B) *ter*, 24 g (B), 24 h (B), 24 k (B), 24 m (B) *bis*, 24 n (B), 24 o (B) *bis*, 24 p (B*), 24 x (B): 13. 4, 6: 15. 1, 8 (B): IV Ki. 1. 18 c: 16. 3 (A): 23. 16: II Ch. 10. 2 (βοαμ sup ras A$^{a?}$): 11. 15.

(5) in libr. apocr.

Si. 47. 23 (29).

'Ιεροσόλυμα. in libr. apocr.

Luc. Ιερουσαλημ.

I Es. 1. 47 (49) (A) (= ירושלם II Ch. 36. 14): 2. 14 (15) (A) (= ירושלם Ezr. 1. 1): 8. 5 (A) (= ירושלם Ezr. 7. 7), 6 (7) (A) (= ירושלם Ezr. 7. 9): To. 1. 4 (A B), 6, 6 (S), 7 (A B): 5. 14 (19) (A B): 13. 8 (10) (A B), 9 (11) (A B): 14. 4 (6) (A B): I Ma. 1. 14, 20 (A): 10. 43: 11. 34: II Ma. 1. 1, 10: 3. 6, 9, 37: 4. 9, 19, 21: 5. 22, 25: 6. 2: 8. 31, 36: 9. 4: 10. 15: 11. 5, 8: 12. 9, 29, 31, 43: 14. 23, 37: 15. 30: III Ma. 1. 9: 3. 16 (*om.* 1 A* [superscr A^{1}]): IV Ma. 4. 3: 18. 6.

'Ιεροσολυμείτης (-μίτ.). in libr. apocr.

Si. 50. 27 (29) (A B S$^{c.a}$): II Ma. 4. 39 (V^{a}): IV Ma. 4. 22: 18. 5.

'Ιεροσολυμήτης. in libr. apocr.

II Ma 4. 39 (V*).

'Ιεροσολυμίτης, *vid.* 'Ιεροσολυμείτης.

'Ιερουλαμήμ. aliter in Heb.

Is. 40. 2 (S*) (ירשלם).

'Ιερούς. יְרוּשָׁא

IV Ki. 15. 33 (A) (Luc. Ιερουσα).

'Ιερουσά. יְרוּשָׁה

II Ch. 27. 1 (A).

'Ιερουσαλήμ (Εἰερ.). (1) יְרוּשָׁלַיִם

Es. 2. 6.

(2) יְרוּשָׁלַם

Jo. 10. 1, 3, 5, 23: 12. 10: 15. 8, 63 *bis*: 18. 28: Jd. 1. 7, 8, 21, 21 (B): 19. 10: I Ki. 17. 54: II Ki. 5. 5, 6 (*Vind.* Hierusalem), 13, 14: 8. 7: 9. 13: 10. 14: 11. 1 (*Vind.* Hierusale), 12: 12. 31: 14. 23, 28: 15. 8, 11, 14, 29, 37 (B): 16. 3, 15: 17. 20: 19. 19 (20), 25 (26), 33 (34), 34 (35): 20. 2 ($\overline{\text{Ιηλμ}}$ A? [$\overline{\text{Ιηλ}}$ A* ^{vid}]), 3, 7, 23: 24. 8, 16: III Ki. 2. 11, 35 k, 36, 38, 41: 3. 15: 4. 31 (3. 1) (B): 9. 15 (A), 19 (A): 10. 2, 23 (9. 15) (B), 24 (9. 19) (B), 29 (26), 31 (27): 11. 5 (7) (A), 13, 29, 32, 36, 42: 12. 18, 21, 27, 28: 14. 21, 25: 15. 2 (A), 4, 10: 22. 42: IV Ki. 8. 17: 9. 28: 12. 1 (2), 17 (18), 18 (19): 14. 2 (B), 2, 13 *bis*, 19, 20: 15. 2 *bis*, 33: 16. 2, 5: 18. 2, 17 *bis*, 22 *bis*, 35: 19. 10, 21, 31: 21. 1, 4, 7, 12, 13, 13 ($\overline{\text{Ιηλμ}}$ in A), 16, 19: 22. 1, 14: 23. 1, 2, 4, 5, 6, 9, 13, 20, 23, 24, 27, 30, 31, 33, 36: 24. 4, 8 *bis*, 10, 14, 15, 18, 20: 25. 1, 8, 9, 9 (10) (A): I Ch. 3. 4, 5: 6. 10 (5. 36), 15 (5. 41) (B), 32 (17): 8. 28, 32: 9. 3, 34 (in S Ιεηλ$\overline{\text{ημ}}$ sed Ιεηλ ex 35), 38: 11. 4: 14. 3, 4: 15. 3 (A^{a} [sup ras] B S): 18. 7: 19. 15: 20. 1, 3: 21. 4, 15, 16: 23. 25: 28. 1: 29. 27: II Ch. 1. 4, 13, 14, 15: 2. 7 (6), 16 (15): 3. 1: 5. 2: 6. 6 (A): 8. 6: 9. 1, 25, 27: 10. 18: 11. 1, 5, 14, 16: 12. 2 (B), 4, 5, 7, 13 *bis*: 13. 2: 14. 15 (14): 15. 10: 17. 13: 19. 1, 4 (A), 8 *bis*: 20. 5, 15, 17, 18, 20, 27, 28, 31: 21. 5, 11, 13, 20: 22. 1, 2: 23. 2: 24. 1, 6, 9, 18, 23: 25. 1 *bis*, 23 *bis*, 27: 26. 3 *bis*, 9, 15: 27. 1, 8 (A): 28. 1, 10, 24 (A B^{ab}): 29. 1, 8: 30. 1, 2, 3, 5, 11, 13, 14, 21, 26 *bis*: 31. 4: 32. 2, 9 *bis*, 10, 12, 18, 19, 22, 23, 25, 26, 33: 33. 1, 4, 7, 9, 13 (B), 15, 21: 34. 1, 3, 5, 7, 9, 22, 29, 30, 32 *bis*: 35. 18, 24 *bis*: 36. 1 (A), 2, 5, 9, 10, 11, 14 (A^{1} [sup ras] B), 19, 23: II Es. 1. 2, 3, 3 (A), 4, 5, 7, 11: 2. 1, 68: 3. 1, 8 *bis*: 4. 6: 7. 7, 8, 9, 27: 8. 29, 30, 31, 32: 9. 9: 10. 7, 7 (S$^{c.a\,(mg\,sup)}$), 9: 11 (Ne. 1). 2, 3: 12 (Ne. 2). 11, 13, 17 *bis*, 20: 13 (Ne. 3). 8, 9, 12: 14. 7 (Ne. 4. 1), 8 (Ne. 4. 2), 22 (Ne. 4. 16): 16 (Ne. 6). 7: 17 (Ne. 7). 2, 3 *bis*, 6: 18 (Ne. 8). 15: 21 (Ne. 11). 1 *bis*, 2, 3, 4, 6, 22 (S$^{c.a\,(mg)}$): 22 (Ne. 12). 27 *bis*, 28, 29, 43: 23 (Ne. 13). 6 (A B$^{a?b?\,mg\,inf}$ S), 7 (A B$^{a?b?\,mg\,inf}$ S), 16, 19, 20: Ps. 50 (51). 20: 67 (68). 30: 78 (79). 1, 3: 101 (102). 22: 115. 10 (116. 19): 121 (122). 2, 3, 6: 124 (125). 1 (2): 127 (128). 5: 134 (135). 21: 136 (137). 5, 6, 7: 146 (147). 2: 147. 1 (12): Ec. 1. 1. 12, 16: 2. 7, 9: Ca. 1. 5 (C): 2. 7: 3. 5, 10: 5. 8, 16: 6. 3 (4): 8. 4: Am. 1. 2: 2. 5: Mi. 1. 1 (περιλημ A), 5, 9, 12: 3. 10, 12: 4. 2, 8: Jl. 2. 32 (3. 5): 3 (4). 1, 6, 16 (A B S$^{c.b}$), 17, 20: Ob. 1. 11, 20: Ze. 1. 4, 12: 3. 14, 16: Za. 1. 12, 14, 16 *bis*, 17, 19 (2. 2) (B S): 2. 2 (6), 4 (8), 12 (16): 3. 2: 7. 7: 8. 3 *bis*, 4, 8, 15, 22 (A B S$^{c.b}$ Q): 9. 9, 10: 12. 2 *bis*, 3, 5, 6 *bis*, 7, 8, 9, 10, 11: 13. 1 (A B S Γ): 14. 2, 4 (B S Q Γ), 8, 10, 11, 12 (A B S$^{c.b}$ Q Γ), 14, 16, 17, 21: Ma. 2. 11: 3. 4: Is. 1. 1: 2. 1, 3: 3. 1, 8: 4. 3 *bis*, 4 (S*): 5. 3: 7. 1: 8. 14: 10. 10, 11, 12, 32: 22. 10 (A^{1} B S Q Γ), 21: 24. 23: 27. 13: 28. 14: 30. 19: 31. 5, 9: 33. 20: 36. 2, 7 (Q^{mg}), 20: 37. 10, 22, 32: 40. 2 (A B S$^{c.a,\,c.b}$ Q Γ), 9: 41. 27: 44. 26, 28: 51. 17: 52. 1, 2, 9, 9 (A B S$^{c.b}$ Q Γ): 62. 1, 6, 7: 64. 10 (9): 65. 18, 19: 66. 10, 13, 20: Je. 1. 3, 15: 3. 17: 4. 3 (B S Q), 4, 5, 10, 11, 14, 16: 5. 1: 6. 1, 6, 8: 7. 17 (A B S$^{c.a}$ Q), 34: 8. 1, 5 (Q^{mg} sub ※): 9. 11 (10): 11. 2, 6, 9, 12, 13: 13. 9, 13, 27: 14. 2, 16 (*Wirc.* Hierusalem): 15. 4 (A^{a} B S Q), 5 (A^{a} B S Q): 17. 19, 20, 21 (A B S$^{c.a\,mg}$ Q), 25, 26, 27 *bis*: 18. 11: 19. 3, 7, 13: 22. 19: 23. 14, 15: 24. 1, 8: 25. 2: 28 (51). 35 (A^{a} B S Q), 50: 32. 4 (25. 18): 33 (26). 18: 34. 2 (27. 3), 17 (27. 20): 36 (29). 1, 2, 4, 25 (Q^{mg} sub ※): 39 (32). 2 (A B S$^{c.a\,mg\,inf}$ Q), 32, 44: 40 (33). 10, 13: 41 (34). 1, 6, 7, 8 (A Q), 19 (Q^{mg}): 42 (35). 11, 13, 17 (B S Q$^{mg\,inf}$): 43 (36). 9, 9 (Q^{mg}), 31: 44 (37). 5, 11, 12: 45 (38). 28: 46 (39). 1: 47 (40). 1 (Q^{mg}): 49 (42). 18: 51 (44). 2 (A B S? Q), 6, 9, 13, 17, 21: 52. 1 (A B Q), 3 (Q^{mg} sub ※), 4, 12, 14, 29 (Q^{mg} sub ※): La. 1. 7, 8, 17: 2. 10, 13, 15: 4. 12: Ez. 4. 1, 7, 16: 5. 5: 8. 3: 9. 4, 8: 11. 15: 12. 10, 19: 13. 16: 14. 21, 22 (A B$^{ab\,mg\,inf}$ Q): 15 6: 16. 2, 3: 17. 12: 21. 2 (7), 20 (25), 22 (27): 22. 19: 23. 4: 24. 2: 26. 2: 33. 21 (A^{a} B Q): 36. 38: Da. LXX. 1. 1: 9. 2, 7, 12, 16 *bis*, 25: Da. TH. 1. 1: 9. 2, 7, 12, 16 (B Q Γ), 16, 25.

[**Aq.** III Ki. 11. 7: 15. 2, 14: 23. 13 (Bi.), 20 (Bi.), 23 (Bi.), 24 (Bi.): Ps. 121 (122). 3: Ca. 2. 7: Is. 4. 4: 31. 9: 36. 7: 40.

9: 62. 7: 66. 10: JE. 3. 17 (Sw.): 11. 6: 17. 21: 19. 15 (Sw.): 29 (36). 1: 33 (40). 10: 34 (41). 19: 35 (42). 11: 37 (44). 5: MI. 3. 12: ZA. 13. 1.]

[**Sm.** III KI. 15. 4: PS. 67 (68). 30: 121 (122). 3, 6: 124 (125). 2: CA. 2. 7: IS. 2. 1: 4. 4: 8. 14: 22. 10: 30. 19: 31. 9: 36. 7: 40. 2: 52. 9: 62. 7: JE. 11. 6: 33 (40). 10: 35 (42). 11.]

[**Th.** JD. 1. 8: III KI. 15. 2, 4: IS. 4. 4: 8. 14: 10. 11: 30. 19: 31. 9: 36. 7: 62. 7: 66. 10: JE. 2. 2: 3. 17 (Sw.): 11. 6: 19. 15 (Sw.): 27 (34). 18, 20 *bis*, 21: 29 (36). 1, 2, 20, 25: 33 (40). 10, 16: 35 (42). 11: 37 (44). 5: 39 (46). 1, 8: 52. 29: ZA. 14. 10.]

[**Al.** PS. 121 (122). 2: 127 (128). 5.]

[**Quint.** CA. 2. 7.]

(**3**) יְרוּשָׁלֵם

II Es. 4. 8, 12, 20, 23, 24: 5. 1, 2, 14, 15, 16, 17: 6. 3, 5, 5 (**A**), 9, 12, 18: 7. 13, 14, 15, 16, 17, 19: Da. LXX. 5. 2: 6. 10 (11): Da. TH. 5. 2, 3: 6. 10 (11).

(**4**) aliter in Heb.

Ge. 36. 31 (**A**) (בני ישראל) (Luc. Ισραηλ): De. 25. 6 (**F** [Ιλη̄ . . .]) (ישראל) (Luc. Ισραηλ): I Ki. 14. 45 (**A**) (ישראל) (Luc. Ισραηλ): II Ki. 13. 13 (**A**) (ישראל) (Luc. Ισραηλ): IV Ki. 1. 6 (**A**) (ישראל) (Luc. Ισραηλ): 6. 8 (**A**) (ישראל) (Luc. Ισραηλ): 22. 20 (**A**) (שלום) (Luc. εἰρήνη): II Ch. 7. 18 (**A***) (ישראל) (Luc. Ισραηλ): 25. 5 (בנימן) (Luc. Βενιαμιν): 34. 9 (**A**) (ישראל) (Luc. Ισραηλ): II Es. 23 (Ne. 13). 3 (**A*** [ras μ **A**?]) (ישראל) (Luc. Ισραηλ): Am. 1. 1 (ישראל): Ze. 3. 14 (ישראל): Za. 12. 10 (**S***) (דויד): Is. 1. 24 (**A**) (ישראל): 29. 7 (**B Q**^{mg} **Z**) (אריאל): 43. 28 (**A**) (ישראל): Je. 18. 13 (**A S**) (ישראל): 23. 6 (**S**) (ישראל): 30 (49). 2 (**S***) (ישראל): 36 (29). 23 (**S**$^{c.a\,mg}$**Q**) (ישראל): 38 (31). 4 (**Q**^{mg}) (ישראל), 21 (**A**) (ישראל): 40 (33). 7 (**S**$^{c.a}$ **Q**) (ישראל): 43 (36). 2 (**B S Q**^{mg}) (ישראל).

[**Aq., Th.** JE. 29 (36). 8 (Sw.) (ישראל).]

(**5**) abest in Heb.

II Ki. 8. 7: 11. 22: III Ki. 2. 35, 35 c, 42, 46 l (**B**): 3. 1 (**A** [Ιημλ]): 8. 16 (**B**): 12. 24 a (**B**) *bis*, 24 u (**B**): 14. 26: 16. 28 a (**B**): IV Ki. 23. 19 (**A**): II Ch. 34. 33: 35. 19 a, 19 d: 36. 2 c, 5 d: II Es. 23 (Ne. 13). 15: Ps. 64 (65). 2 (**S R T**): Ca. 5. 9 (**S**), 17 (**S**): Za. 8. 2: Is. 9. 11 (10) (**S*** [postea ras]): 23. 18 (**S**): 29. 7, 8 (**A S**$^{c.a}$): 33. 20 (**Γ**^{l}) (*bis scr*): 51. 9: 60. 1: 66. 23: Je. 2. 28 (**A B S**$^{c.a}$**Q**): 4. 2: 13. 20 (**A*****B S Q**): 24. 1 (**B**): La. 1 *tit. bis*: Ez. 21. 1 (6) (**Q**$^{mg\,sup}$): Da. LXX. 8. 9 (adnot 87 $^{mg\,sup}$): Da. TH. 9. 18 (**A Γ**).

[**Quint.** Ps. 73 (74). 3.]

(**6**) in libr. apocr.

I Es. 1. 1 (= ירושלם II Ch. 35. 1), 19 (21) (= ירושלם II Ch. 35. 18), 29 (31) (= ירושלם II Ch. 35. 24), 33 (35) (= ירושלם II Ch. 36. 2), 33 (35) (= ירושלם II Ch. 36. 3), 35 (37) (= ירושלם II Ch. 36. 4), 37 (39) (= ירושלם II Ch. 36. 5), 42 (44) (= ירושלם II Ch. 36. 9), 44 (46) (= ירושלם II Ch. 36. 10), 47 (49) (**B**) (= ירושלם II Ch. 36. 14), 52 (55) (= ירושלם II Ch. 36. 19): 2. 4 (= ירושלם II Ch. 36. 23: Ezr. 1. 2), 5 (= ירושלם Ezr. 1. 3) *bis*, 6 (7) (= ירושלם Ezr. 1. 4), 7 (8) (= ירושלם Ezr. 1. 5), 9 (10) (= ירושלם Ezr. 1. 7), 14 (15) (**B**) (= ירושלם Ezr. 1. 11), 15 (16) (= ירושלם Ezr. 4. 8), 17 (18) (= ירושלם Ezr. 4. 12), 23 (27) (= ירושלם Ezr. 4. 20), 25 (30) (= ירושלם Ezr. 4. 23), 25 (31) (= ירושלם Ezr. 4. 24): 4. 43, 44, 47, 48, 55, 57, 58, 63: 5. 2, 8 (7) (= ירושלם Ezr. 2. 1: Ne. 7. 6), 43 (44) (= ירושלם Ezr. 2. 68: abest in Ne. 7. 70), 45 (46) (abest in Ezr. 2. 70: Ne. 7. 73), 54 (56) (= ירושלם Ezr. 3. 8) *bis*, 55 (57) (abest in Ezr. 3. 8): 6. 1 (= ירושלם Ezr. 5. 1), 2 (= ירושלם Ezr. 5. 2), 8 (abest in Ezr. 5. 8) *bis*, 17 (18) (= ירושלם Ezr. 5. 14), 18 (19) (= ירושלם Ezr. 5. 15), 19 (20) (= ירושלם Ezr. 5. 16), 21 (22) (= ירושלם Ezr. 5. 17), 23 (24) (= ירושלם Ezr. 6. 3), 25 (26) (= ירושלם Ezr. 6. 5) *bis*, 29 (30) (= ירושלם Ezr. 6. 9), 32 (33) (= ירושלם Ezr. 6. 12): 8. 5 (**B**) (= ירושלם Ezr. 7. 7), 6 (7) (**B**) (= ירושלם Ezr. 7. 9): 10 (11) (= ירושלם Ezr. 7. 13), 12 (13) (= ירושלם Ezr. 7. 14), 13 (14) (abest in Ezr. 7. 15), 13 (14) (**A**^{a} **B**) (= ירושלם Ezr. 7. 15), 13 (15) (**A**^{a} **B**) (= ירושלם Ezr. 7. 16), 15 (16) (= ירושלם Ezr. 7. 17), 17 (18) (= ירושלם Ezr. 7. 19), 25 (28) (= ירושלם Ezr. 7. 27), 58 (60) (= ירושלם Ezr. 8. 29), 59 (61) (= ירושלם Ezr. 8. 30), 60 (62) (= ירושלם Ezr. 8. 31), 60 (62) (= ירושלם Ezr. 8. 32), 78 (82) (= ירושלם Ezr. 9. 9), 88 (92) (ras aliq in σα **B**?) (= ישראל Ezr. 10. 1): 9. 3 (= ירושלם Ezr. 10. 7) *bis*, 5 (= ירושלם Ezr. 10. 9), 37 (aliter in Ne. 7. 73): Si. 24. 11 (15): 36. 18 (15): Es. **A** 3 (11. 4): **F** 11 (11. 1): Ju. 1. 9 (9 a): 4. 6 (5), 8 (7), 11 (9^{b}) (**A B S**$^{c.a}$), 13: 5. 19 (23): 9. 1: 10. 8: 11. 13 (12), 14 (12), 19 (15^{a}): 13. 4 (7): 15. 5 (6), 8 (9), 9 (10): 16. 18 (22), 20 (24): To. 1. 4 (**S**), 7, 7 (**S**): 5. 14 (**S**): 13. 16 (21), 16 (21) (**S**) *bis*, 17 (22), 18 (23) (**S**): 14. 4 (6) (**S**), 5 (7), 7 (9) (**S**): Ba. 1. 2, 7 *bis*, 9, 15: 2. 2, 23: 4. 8, 30, 36: 5. 1, 5: Da. LXX. 3. 28: Da. TH. 3. 28 (*Wirc.* Ierusalem): I Ma. 1. 20 (**SV**), 29, 35, 38, 44: 2. 1, 6, 18, 31: 3. 34, 35, 45, 46: 6. 7, 12, 21 (**S**), 26, 48: 7. 17, 19, 27, 39, 47: 8. 22: 9. 3, 50, 53: 10. 7, 10, 31 (in Ι̅λ̅η̅μ̅ 1 lit ras inter λ et η **A**?, in **S*** Ι̅η̅λ̅μ̅ [η improb **S**$^{c.a}$]), 32, 39, 45, 45 (**S**), 66 (**AV**), 74, 87 (**SV**): 11. 7, 20, 41, 51, 62, 74: 12. 25, 36: 13. 2, 10, 39, 49, 51 (**V**): 14. 19, 36, 37: 15. 7, 28, 32: 16. 20.

'Ιερουσσά. יְרוּשָׁה

II Ch. 27. 1 (**B**) (Luc. Ιερουσα) (Joseph. 'Ιεράση).

'Ιερφαήλ. יִרְפְּאֵל

Jo. 18. 27 (**A**) (Luc. Ιερφηλ).

'Ιερώνυμος. in libr. apocr.

II Ma. 12. 2.

'Ιές. יְשַׁ[עְיָה]

II Es. 21 (Ne. 11). 7 (**B***^{vid}) (Luc. Ιεσσεια).

'Ιεσαβά. יָשָׁבְאָב

I Ch. 4. 17 (**A**) (Luc. Ιασαφατ).

'Ιεσαί. יִשַׁי

Is. 11. 1 (**S**).

'Ιεσαμαρί. יִשְׁמְרַי

I Ch. 8. 18 (**A**) (Luc. Ιασσημαρι).

'Ιεσβάαλ. אִישׁ־בֹּשֶׁת

[**Aq., Sm., Th.** II KI. 3. 8.]

'Ιεσβάαμ. יָשָׁבְעָם

I Ch. 12. 6 (**A**).

'Ιεσβακατάν. aliter in Heb.

I Ch. 25. 24 (**A**) (ישבקשה) (*Lucc.* Iesbachas) (Luc. Ιεσβοκ).

'Ιεσβί.

Joseph. "Ακμων.

[ק"] יִשְׁבּוֹ, *יִשְׁבִּי

II Ki. 21. 16 (Luc. Δαδου υἱὸς Ιωας).

'Ιεσβόκ. יִשְׁבָּק

Ge. 25. 2 (**A**) (Joseph. Λουσούβακος, 'Ιωσούβακος): I Ch. 1. 32 (**A**).

'Ιεσβούκ. יִשְׁבָּק

Ge. 25. 2 (*D*) (Luc. Ιεσβοκ).

'Ιεσβούς. [ק"] יְעוּשׁ, *יְעִישׁ

Ge. 36. 5 (**E**) (Luc. Ιεουλ).

'Ιεσδρεί (-ρί). יִצְרִי

I Ch. 25. 11 (Luc. Ασειρηλα).

'Ιεσεβαδά. aliter in Heb.

I Ch. 11. 11 (**B**) (ישבעם) (Luc. Ιεσσεβααλ) (Joseph. "Ισεβος, "Ισσαιμος).

'Ιεσεβάλ. aliter in Heb.

IV Ki. 21. 19 (**B**) (יטבה) (Luc. Ιετεβαθα) (Joseph. 'Ιαζαβάτη, 'Ιαβάτη).

'Ιεσεί. יִשְׁעִי

I Ch. 2. 31 (**A**) (Luc. Ιεσσουει) *bis*: 4. 42 (**A**) (Luc. Ιεσουε): 5. 24 (**A**) (Luc. Ιεσσει).

'Ιεσειά (-σιά). (**1**) יִשִּׁיָּה

I Ch. 7. 3 (**A**) (Luc. Ιωσια).

(**2**) יִשִּׁיָּהוּ

I Ch. 12. 6 (**A**) (Luc. Ιεσσουε).

(**3**) יְשַׁעְיָה

I Ch. 3. 21 (**A**) (Luc. Ιεσεε): II Es. 21 (Ne. 11). 7 (**B**^{b}) (Luc. Ιεσσεια).

'Ιέσερ. יֵצֶר

Nu. 26. 49 (**B F**) (Luc. Ιεσσερ).

'Ιεσερεί (-ρί). יִצְרִי

Nu. 26. 49 (**B F**) (Luc. Ιεσσερι).

'Ιεσθεμωή. אֶשְׁתְּמֹעַ

I Ch. 4. 19 (**A**) (Luc. Εσθαμα).

'Ιεσθέν. aliter in Heb.

I Ch. 4. 42 (**B**) (ישעי) (Luc. Ιεσουε).

'Ιεσιά, *vid.* **'Ιεσειά.**

'Ιεσίας. יִשִּׁיָּה

I Ch. 24. 21 (**A**) (Luc. 'Ιωσίας).

'Ιεσιήλ. aliter in Heb.

I Ch. 25. 2 (**A**) (אשראלה) (Luc. Ασειρηλα).

'Ιεσμά. יִשְׁמָא

I Ch. 4. 3 (**A**) (Luc. Σαμαα).

'Ιεσμεγά. aliter in Heb.

I Ki. 27. 10 (**B**) (ירחמאלי) (Luc. Αερμων).

'Ιεσόκ. יִשְׁבָּק

Ge. 25. 2 (**E**) (Luc. Ιεσβοκ).

'Ιεσού. יִשְׁוִי

Nu. 26. 28 (44) (**B***) (Samar. [Samaritan script]) (*Lugd.* Lasub).

'Ιεσουά. יִשְׁוָה

Ge. 46. 17 (**D**) (Luc. Ιεσουρ): I Ch. 7. 30 (**A**) (Luc. Ιασουα).

'Ιεσουεί (-ουί). יִשְׁוִי

Nu. 26. 28 (44) (**A B**^{ab}) (Samar. [Samaritan script]) (Luc. Ιεσου) (*Lugd.* Lasub), 44 (**A B**): I Ch. 7. 30 (**A**) (Luc. Ιεσσουε).

'Ιεσραέλ. יִזְרְעֶאל

Ho. 1. 11 (2. 2) (**Q**).

Ἰεσρί. (1) יֵצֶר
Nu. 26. 49 (A) (Luc. Ιεσσερ).
(2) יִצְרִי
Nu. 26. 49 (A) (Luc. Ιεσσερι).
Ἰεσσαάρ. יִצְהָר
Ex. 6. 18 (F) (Luc. Ισααρ).
Ἰεσσαί. (1) אִישַׁי
I Ch. 2. 13.
(2) יִשְׁוָה
Ge. 46. 17 (A) (Luc. Ιεσουρ) (Joseph. Ἰσούσιος, Ἰσοῦς) (*Lugd.* Iessussuae).
(3) יִשַׁי
Joseph. Ἰεσσαῖος.
Ru. 4. 17, 22 *bis*: I Ki. 16. 1, 3, 5, 8, 9, 10, 10 (A), 11 *bis*, 18, 19, 20, 22: 17. 12 (A), 13 (A), 17 (A), 20 (A), 58 (A): 20. 27, 30, 31: 22. 7, 8, 9, 13: 25. 10: II Ki. 20. 1: 23. 1: III Ki. 12. 16: I Ch. 2. 12: 10. 14: 12. 18: 29. 26: II Ch. 10. 16: 11. 18: Ps. 71 (72). 20: Is. 11. 1 (A B Q), 10.
[**Aq., Sm., Th., Quint.** Ps. 71 (72). 20.]
(4) יְשִׁישַׁי
I Ch. 5. 14 (A) (Luc. Σουσι).
(5) abest in Heb.
III Ki. 12. 24 t (B).
(6) in libr. apocr.
Si. 45. 25 (31) (A $S^{c\,a,c.c}$).
Ἰεσσαιβαδά. aliter in Heb.
I Ch. 11. 11 (S) (ישבעם) (Luc. Ιεσσεβααλ).
Ἰεσσαιμού (Ει.). יְשִׁימוֹן, יְשִׁמוֹן
Luc. Ιεσσεμουν.
I Ki. 23. 19, 24: 26. 1, 3.
Ἰεσσειά (-σιά). (1) יִשִּׁיָּה
I Ch. 23. 20 (A) (Luc. Ἰωσίας): II Es. 10. 31 (Luc. Ἰεσσίας).
(2) יְשַׁעְיָה
II Es. 21 (Ne. 11). 7 (A S).
Ἰεσσείας (-σίας). (1) יְשַׁעְיָהוּ
II Ch. 26. 22 (Luc. Ἠσαΐας).
[**Th.** Is. 37. 2, 5.]
(2) in libr. apocr.
I Es. 8. 33 (36) (A) (=ישעיה Ezr. 8. 7).
Ἰεσσειβάθ. abest in Heb.
II Ki. 5. 16 (B) (?=שובב *v.* 14) (Luc. *om.*).
Ἰεσσιά, *vid.* **Ἰεσσειά.**
Ἰεσσίας, *vid.* **Ἰεσσείας.**
Ἰεσσιούλ. יִשְׁוִי
I Ki. 14. 49 (B) (Luc. Ιεσσιου) (*Lucc.* Iesiul).
Ἰεσσουί. יִשְׁוִי
Nu. 26. 28 (44) (F) (Luc. Ιεσουι) *bis.*
Ἰεσχά. יִסְכָּה
Ge. 11. 29.
Ἰεταβάθα. יָטְבָתָה
De. 10. 7 (A) (Luc. Ετεβαθα) (*Lugd.* Tebatha).
Ἰεταβάθαν. יָטְבָתָה
Luc. [Ετεβαθα]: *Lugd.* Setebatha.
Nu. 33. 33 (A), 34 (A).
Ἰετάμαρος. in libr. apocr.
I Es. 8. 29 (32) (B) (=איתמר Ezr. 8. 2) (Luc. Ιθαμαρ).
Ἰεταχάλ. aliter in Heb.
IV Ki. 21. 19 (A) (יטבה) (Luc. Ιετεβαθα).
Ἰετούρ. יְטוּר
Ge. 25. 15 (A) (Luc. Ιεττουρ) (Joseph. Ἰέτουρος).

Ἰεττά. יוּטָּה
Jo. 15. 55 (A).
Ἰεττούρ. יְטוּר
Ge. 25. 15 (*D E*): I Ch. 1. 31 (Luc. Ιετουρ).
Ἰευάν. יָוָן
[**Aq.** Ez. 27. 19.]
Ἰεύς. יְעוּשׁ, יְעִישׁ* [ק"]
Ge. 36. 14 (A) (Luc. Ιεουλ).
Ἰεφαδιά. יִפְדְיָה
I Ch. 8. 25 (A).
Ἰεφαλθί. יַפְלֵטִי
Jo. 16. 3 (A) (Luc. Ιεφλητι).
Ἰεφερειά. aliter in Heb.
I Ch. 8. 25 (B) (יפדיה) (Luc. Ιεφαδια).
Ἰέφθα. (1) יָפִיעַ
Jo. 10. 3 (B) (Luc. Ιαφαιε).
(2) יִפְתָּח
Jo. 15. 43 (A).
Ἰεφθάε. (1) יִפְתָּח
Joseph. Ἰαφθᾶς, Ἰεφθάς: *Lucc.* Ieptha.
Jd. 11. 1 *bis*, 2, 3 *bis*, 5, 6, 7, 8, 9, 10, 11 *bis*, 12, 13, 14 (B), 15, 28, 29, 30, 32, 34, 40: 12. 1, 2, 4, 7 *bis*: I Ki. 12. 11.
(2) aliter in Heb.
Jd. 11. 15 (A) (ישראל) (Luc. Ισραηλ).
(3) abest in Heb.
Jd. 11. 13 (A), 15 (A), 39 (A).
[**Th.** Jd. 11. 39.]
Ἰεφθαήλ. יִפְתַּח־אֵל
Jo. 19. 14 (A), 27 (A).
Ἰεφθαμαί. יַבְנְאֵל
Jo. 19. 33 (B) (Luc. Ιαβνηλ).
Ἰεφίες. יָפִיעַ
II Ki. 5. 15 (B) (Luc. Ναφεθ?) (*Vind.* Afia).
Ἰεφιήλ. aliter in Heb.
I Ch. 7. 38 (A) (יפנה) (Luc. Ιεφοννη).
Ἰεφοννή. (1) יְפֻנֶּה
Nu. 13. 7 (6) (*Lugd.* Iepphone): 14. 6, 30, 38: 26. 65 (Ιεφō sup ras in $B^{?\,vid}$) (*Lugd.* Sepphone): 32. 12 (*Mon.* Iefone: *Lugd.* Seffone): 34. 19 (*Mon.* Sepphone): De. 1. 36: Jo. 14. 6, 13, 14: 15. 14: 21. 12: I Ch. 4. 15: 6. 56 (41).
[**Al.** Nu. 14. 6.]
(2) abest in Heb.
Jo. 15. 13.
(3) in libr. apocr.
Si. 46. 7 (9).
Ἰεφραθά. עָפְרָה
Jo. 18. 23 (B) (Luc. Αφαρα).
Ἰεχελιά. [יחיר י] יְכָלְיָה
II Ch. 26. 3 (A).
Ἰεχεμά. aliter in Heb.
IV Ki. 15. 2 (A) (יכליהו) (Luc. Ιεχελια) (Joseph. Αχια).
Ἰεχεμείας. יְקַמְיָה
I Ch. 2. 41 (B) (Luc. Ἰακεμίας) *bis.*
Ἰεχθαήλ. יָקְתְאֵל
Jo. 15. 38 (A).
Ἰεχονίας (Ειεχ.) (-ου *v.* -α). (1) יְהוֹיָכִין
II Ch. 36. 8, 9.
(2) [יחיר ו] יְכוֹנְיָה
Je. 34. 17 (27. 20).
[**Th.** Je. 27. 20 (34. 17) (Sw.).]

(3) יְכָנְיָה
I Ch. 3. 16, 17 (B) (*Lucc.* Iecchonias): Je. 35 (28). 3 (4) (Q^{mg}): 36 (29). 2.
[**Th.** Je. 27 (34). 20.]
(4) יְכָנְיָהוּ
Je. 24. 1.
(5) aliter in Heb.
I Ch. 15. 27 (B S) (כנניה) (ו praec.) (Luc. Χονενίας): Je. 22. 24 (B S Q) (כניהו), 24 (A) (יהיקים), 28 (כניהו): 42 (35). 3 (A B S) (יאזניה): 44 (37). 1 (A Q) (כניהו): Ez. 8. 11 (B Q^a) (יאזניהו) (Luc. Ἰεζονίας): 11. 1 (A B Γ) (יאזניה) (Luc. Ἰεζονίας).
(6) abest in Heb.
I Ki. 6. 19.
(7) in libr. apocr.
I Es. 1. 9 (=כונניהו [יחיר ו"] II Ch. 35. 9) (Luc. Βαναίας), 32 (34) (B) (=יהואחז II Ch. 36. 1) (Luc. Ιωαχαζ): 8. 32 (35) (B) (=שכניה Ezr. 8. 5) (Luc. Σεχενίας), 89 (93) (=שכניה Ezr. 10. 2) (Luc. Σεχενίας) (Joseph. Ἀχόνιος): Es. A 3 (11. 4): Ba. 1. 3, 9.
Ἰεχονιού. יְכָנְיָה
I Ch. 3. 17 (A) (Luc. Ἰεχονίας).
Ἰεών. עִין
Jo. 19. 21 (B) (Luc. Ια-).
Ἰεώς. יְעוּשׁ, יְעִישׁ* [ק"]
I Ch. 7. 10 (A) (Luc. Ιηους).
Ἰεωυκάμ. עֲקָן
Ge. 36. 27 (*D*) (Luc. Ιουκαμ).
Ἰζιαέλ. יִזְרְעֶאל
I Ki. 25. 43 (A) (Luc. Ιεζραηλ).
Ἰζραέλ. יִזְרְעֶאל
Luc. Ιεζραηλ.
I Ki. 29. 1 (A): II Ch. 22. 6 (A) *bis.*
Ἰζραηλεῖτις (Ειζ.) (-λῖτ.).
Luc. Ἰεζραηλῖτις.
(1) יִזְרְעֵאלִית
I Ki. 27. 3 (A) (Luc. Ἰεζρεηλῖτις): 30. 5 (A): II Ki. 3. 2 (A).
(2) יִזְרְעֵלִית
II Ki. 2. 2 (A).
Ἰζραηλίτης. יִזְרְעֵאלִי
IV Ki. 9. 21 (A) (Luc. Ἰεζραηλίτης).
Ἰζραηλῖτις, *vid.* **Ἰζραηλεῖτις.**
Ἰηδειμού. aliter in Heb.
I Ch. 24. 23 (B) (ירירו) (Luc. Ιεδδι).
Ἰήλ.
Luc. Ιειηλ.
(1) יְחִיאֵל
I Ch. 23. 8 (B): II Ch. 21. 2 (B): 31. 13 (B).
(2) יְעִיאֵל, יְעוּאֵל* [ק"]
I Ch. 9. 35 (B*): II Es. 8. 13 (A).
(3) aliter in Heb.
Ps. 130 (131). 3 (T^{edit}) (ישראל): Ez. 14. 7 (A) (ישראל).
(4) abest in Heb.
Ez. 17. 12 (A).
Ἰηού (Εἰηού).
Luc. Ιου (in III, IV Ki.): Joseph. Ἰηοῦς: *Spec.* Ieu: *Lucc.* Hieu, Ieu.
(1) יֵהוּא
III Ki. 16. 1 (A), 7 (A), 12 (A): 19. 17 (A): IV Ki. 9. 2 (A), 5 (A), 11 (A), 13 (A), 14 (A), 15 (A), 16 (A), 17 (A), 18 (A), 19 (A), 20 (A), 21 (A), 22 (A) *bis*, 27 (A), 30 (A), 31 (A): 10.

1 (A), 5 (A), 11 (A), 13 (A) (Luc. *om.*), 18 (A) *bis*, 19 (A), 20 (A), 21 (A), 23 (A), 24 (A), 25 (A), 28 (A), 30 (A), 31 (A), 34 (A), 35 (A), 36 (A): 12. 1 (2) (A): 13. 1 (A): 14. 8 (A): 15. 12 (A): I Ch. 2. 38 (A) *bis*: 4. 35 (AB^{b} [superscr]): II Ch. 19. 2 (A): 20. 34 (A): 22. 7 (A) (Luc. Ιου), 8 (A) (Luc. Ιου), 9 (A) (Luc. Ιου): 25. 17 (A) (Luc. Ιου): Ho. 1. 4 (Q^{mg}).

[**Aq.** IV Ki. 9. 20: 12. 1 (2).]
[**Sm.** IV Ki. 9. 20: 12. 1 (2): Ho. 1. 4.]
[**Th.** IV Ki. 9. 20: Ho. 1. 4.]

(2) abest in Heb.

IV Ki. 9. 12 (A), 22 (A): 10. 15 (A) *bis*.

Ἰηούλ. (1) aliter in Heb.

I Ch. 12. 3 (יהוא) (Luc. Ιηουδ): 15. 18 (A) (יעזיאל) (Luc. Οζιηλ).

(2) abest in Heb.

I Ch. 12. 4 (S) (*cf. v.* 3) (Luc. *om.*).

Ἰηρεμίας.

Luc. Ἰερεμίας.

(1) יִרְמְיָהוּ

IV Ki. 24. 18 (A): Je. 1. 1 (A): 19. 14 (A): 21. 1 (A): 25. 14 (49. 34) (A): 28 (51). 60 (A), 61 (S$^{c.a}$): 33 (26). 20 (A), 24 (A): 39 (32). 2 (S$^{c.a}$): 41 (34). 6 (B*): 43 (36). 27 (S$^{c.a}$): 44 (37). 12 (A), 18 (A): 45 (38). 1 (A), 13 (A), 17 (A): 50 (43). 8 (S$^{c.a\,mg}$).

(2) in libr. apocr.

Si. 49. 6 (8) (A).

Ἰησού. יֵשׁוּעַ

Luc. Ἰησοῦς.

II Es. 21 (Ne. 11). 26 (Luc. Σουα): 22 (Ne. 12). 8, 24.

Ἰησουά. יְהוֹשֻׁעַ

[**Aq.** De. 1. 38.]

Ἰησοῦε. (1) יְהוֹשֻׁעַ

I Ch. 7. 27 (Luc. Ιωσηε).

(2) יֵשׁוּעַ

Luc. Ἰησοῦς.

II Es. 2. 6, 40 (B).

(3) in libr. apocr.

I Es. 5. 26 (A) (= ישוע Ezr. 2. 40: Ne. 7. 43) (Luc. Ἰησοῦς).

Ἰησουείς. in libr. apocr.

I Es. 5. 26 (B) (= ישוע Ezr. 2. 40: Ne. 7. 43) (Luc. Ἰησοῦς).

Ἰησουνεί. aliter in Heb.

I Ch. 12. 6 (BS) (ישיהו) (Luc. Ιεσσουε).

Ἰησοῦς (-οῦν, -οῦ, -οῦ *v.* -οῖ).

Wirc. ihs: *Spec.* Hiesu.

(1) יְהוֹשֻׁעַ, יְהוֹשׁוּעַ

Ex. 17. 9 (*Mon.* Hiesus), 10 (*Mon.* HS), 13 (AB), 14 (*Mon.* Hiesu): 24. 13 (A$^{a?}$BF): 32. 17: 33. 11: Nu. 11. 28 (*Mon.* Iesus): 13. 17 (16): 14. 6, 30, 38: 26. 65: 27. 18, 22: 32. 12, 28: 34. 17: De. 1. 38: 3. 21, 28: 31. 3, 7, 14, 14 (AB^{ab}F), 23: 32. 44: 34. 9: Jo. *tit.*: 1. 1, 10, 12 (AB), 16: 2. 1, 23, 24: 3. 1, 5, 6, 7, 9, 10 (F): 4. 1, 4, 5 (AF), 8 *bis*, 9, 10 (AF), 14, 15, 17, 20: 5. 2, 3, 4, 7, 9, 13 *bis*, 14, 15, 15 (F): 6. 2, 6, 8 (F), 10, 12, 16, 22, 25 *bis*, 26, 27: 7. 2, 3, 6, 7, 10, 16, 19, 20, 22, 23, 24, 25: 8. 1, 3 *bis*, 9, 10, 15, 18 *bis*, 21 (BF), 23, 27, 28, 29: 9. 2, 3 (8. 30), 8 (8. 35) (AB), 8 (8. 35), 9 (3) (A), 12 (6), 14 (8) *bis*, 21 (15), 28 (22), 30 (24), 33 (27): 10. 1, 4, 6, 7, 8, 9, 12, 15 (B$^{b?c?mg}$), 17, 18, 20, 21, 22, 24 *bis*, 25 (A$^{a?}$B), 26, 27, 29, 31, 33, 34, 36, 38, 40, 41 (A), 42: 11. 6, 7, 9, 10, 12, 15 *bis*, 16, 18, 21 *bis*, 23 *bis*: 12. 7 (A$^{a?}$ [sup ras] BF), 7: 13. 1: 14. 1, 6, 13: 15. 13: 17. 4, 14, 15, 17: 18. 3, 8, 9, 10: 19. 49, 51: 20. 1: 21. 1: 22. 1, 6, 7 *bis*: 23. 1, 2: 24. 1, 2, 19, 21, 22, 24, 25, 27, 28, 31 *bis*, 29: Jd. 1. 1: 2. 6, 7 *bis*, 8, 21, 23: I Ki. 6. 14 (A) (Luc. Ιωσηε), 18 (A) (Luc. Ιωσηε): III Ki. 16. 34 (Luc. *om.*): IV Ki. 23. 8 (Luc. Ιωσηε): Hg. 1. 1, 12 (ABSQ mg sinistr, Q$^{(?)}$ mg sup), 14 (A^{b} [sup ras (seq ras)] BSQ): 2. 2, 4: Za. 3. 1, 3, 6, 8, 9: 6. 11.

[**Aq., Sm.** Jo. 1. 1: 3. 10: 4. 10: 5. 15 (16): Jd. 2. 7.]
[**Th.** Jo. 3. 10: 4. 10: 5. 15 (16): Jd. 2. 7.]
[**Al.** Jo. 9. 3 (9).]

(2) יֵשׁוּעַ

I Ch. 24. 11 (Luc. Ιησου): II Ch. 31. 15 (Luc. Ιησου): II Es. 2. 2, 36, 40 (A): 3. 2, 8, 9: 4. 3: 5. 2: 8. 33: 10. 18: 13 (Ne. 3). 19: 17 (Ne. 7). 7, 11, 39, 43: 18 (Ne. 8). 7, 17: 19 (Ne. 9). 4, 5: 20. 9 (Ne. 10. 10): 22 (Ne. 12). 1, 7, 10, 26.

(3) יֵשַׁע

[**Sext.** Hb. 3. 13.]

(4) שְׁיָא*, שָׁוְא [ק״]

II Ki. 20. 25 (B) (Luc. Σουσα).

(5) aliter in Heb.

Jo. 8. 24 (BF) (ישראל): 9. 12 (6) (pron. suff.): 11. 13 (A): 13. 1 (pron. suff.): 14. 2 (משה) (Luc. Μωυσης): 24. 26 (שם): Jd. 3. 1 (A) (יהוה): I Ch. 2. 38 (B) (יהוא) (Luc. Ιηου) *bis*, 47 (B) (יהדי) (Luc. Ιαδει): 18. 16 (B) (שושא) (Luc. Σουσα): II Ch. 20. 34 (B) (יהוא) (Luc. Ιηου).

(6) abest in Heb.

Ex. 24. 15 (B): Jo. 4. 10: 5. 5: 6. 21 (B): 7. 6: 9. 5 (8. 32), 7 (8. 34) (B), 32 (26): 10. 1, 9 (A), 12: 21. 12, 42a, 42b, 42c, 42d: 22. 34: *subscr.*

[**Aq., Sm., Th.** Is. 19. 20, 25 (Q^{mg}) (Sw.).]

(7) in libr. apocr.

I Es. 5. 5, 8 (= ישוע Ezr. 2. 2: Ne. 7. 7), 11 (= ישוע Ezr. 2. 6: Ne. 7. 11), 24 (= ישוע Ezr. 2. 36: Ne. 7. 39), 47 (48) (= ישוע Ezr. 3. 2), 54 (56) (= ישוע Ezr. 3. 8), 56 (58) (= ישוע Ezr. 3. 9), 56 (58) (abest in Ezr. 3. 9), 65 (68) (abest in Ezr. 4. 2), 67 (70) (= ישוע Ezr. 4. 3): 6. 2 (= ישוע Ezr. 5. 2): 8. 62 (64) (= ישוע Ezr. 8. 33): 9. 19 (= ישוע Ezr. 10. 18), 48 (ς improb vid B^{a}) (= ישוע Ne. 8. 7): Si. *prol.* 6: *inscr.* (ASC): 43. 23 (25): 46. 1: 48. 20 (S): 49. 12 (14): 50. 27 (29): 51. *tit.* (1): *subscr.*: Da. LXX. Bel 1: I Ma. 2. 55: II Ma. 12. 15.

Ἴθακ. aliter in Heb.

Jo. 15. 42 (B) (עתר) (Luc. Αθερ).

Ἰθαμάρ. (1) אִיתָמָר

Joseph. Ἰθάμαρος: *Lucc.* Itamar.

Ex. 6. 23: 28. 1: 37. 19 (38. 21): Le. 10. 6, 12, 16: Nu. 3. 2, 4: 4. 28, 33: 7. 8: 26. 60: I Ch. 6. 3 (5. 29): 24. 1, 2, 3, 4 *bis*, 5, 6: II Es. 8. 2.

(2) abest in Heb.

I Ch. 24. 28 (B).

(3) in libr. apocr.

I Es. 8. 29 (A) (= איתמר Ezr. 8. 2).

Ἰθαράμ. יִתְרְעָם

I Ch. 3. 3 (B) (Luc. Ιεθρααμ) (Joseph. Γεθερσᾶς, Ἰεθρόας).

Ἰθηρεί. יִתְרִי

I Ch. 11. 40 (S) (Luc. Ιεθρι).

Ἰθιήλ. aliter in Heb.

Luc. Ιειηλ.

I Ch. 15. 20 (A) (יחיאל), 21 (A^{vid}) (יעיאל).

Ἰθναζίφ. יִתְנָן: זִיף

Jo. 15. 23 (A) (Luc. Ιθναν Ζειφ).

Ἰκαάμ. aliter in Heb.

I Ch. 6. 68 (53) (B) (יקמעם) (Luc. Ιεκμααμ).

Ἰκαρί. aliter in Heb.

I Ch. 26. 29 (A) (יצהרי) (Luc. Ιεσσααρι).

Ἰκάκ. חוּקֹק

I Ch. 6. 75 (60) (B) (Luc. Ακωκ).

Ἰκάμ. קִינָה

Jo. 15. 22 (B) (Luc. Κεινα).

Ἰκασμών. aliter in Heb.

Jo. 16. 6 (B) (מכמתת) (Luc. Αχθωθ).

Ἰκεμίας. aliter in Heb.

I Ch. 23. 19 (יקמעם) (Luc. Ἰακαμίας).

Ἰκώκ. חֻקֹּקָה

Jo. 19. 34 (A) (Luc. Σικωλ).

Ἰλαάλ. יִגְאָל

Nu. 13. 8 (7) (B) (Luc. Ιγλαν) (*Lugd.* Ieglaat).

Ἰλιαδούν, *vid.* **Εἰλιαδούν.**

Ἰλιόδωρος. in libr. apocr.

II Ma. 3. 7 (V*), 8 (V), 13 (V): 5. 18 (V).

Ἴλιος (= Ἥλιος). aliter in Heb.

Luc. ἥλιος.

Ge. 41. 45 (A^{1}), 50 (A): 46. 20 (A).

Ἰλουθώθ. aliter in Heb.

Jo. 15. 34 (B) (תפוח) (Luc. Θαφφουα).

Ἰμαβαήλ. aliter in Heb.

I Ch. 7. 33 (B) (במהל) (Luc. Βααμαθ).

Ἰμαλκουέ. in libr. apocr.

I Ma. 11. 39 (SV).

Ἰμαμά. aliter in Heb.

I Ch. 8. 10 (B) (מרמה) (Luc. Μαρμια).

Ἰμανά. יִמְנָע

I Ch. 7. 35 (Luc. Ιαμνα).

Ἰμαρή. יִמְרָה

I Ch. 7. 36 (B) (Luc. Ιεμβρα).

Ἰματταθιά. aliter in Heb.

I Ch. 15. 18 (B) (מתתיהו) (ו praec.) (Luc. Ματταθίας).

Ἰναήλ. נְעִיאֵל

Jo. 19. 27 (B) (Luc. Ναειηλ).

Ἰνάθ. aliter in Heb.

I Ch. 24. 22 (יחת) (Luc. Ιααθ).

Ἰναθάν. in libr. apocr.

I Ma. 10. 80 (V*): 11. 37 (V*).

Ἰνάχεθ. נַחַת

I Ch. 1. 37 (A$^{a\,vid}$) (Luc. Ναχεθ).

Ἰνγαδείν. עֵין גֶּדִי

Ez. 47. 10 (B).

Ἰνδική. (1) הֹדּוּ

Es. 1. 1: 8. 9.

(2) abest in Heb.

Es. 3. 12: Da. LXX. 3. 1.

(3) in libr. apocr.

I Es. 3. 2: Es. B (13). 1: E (16). 1.

Ἰνδικός. in libr. apocr.

I Ma. 8. 8.

Ἰνδός. in libr. apocr.

I Ma. 6. 37.

Ἰνινά. aliter in Heb.

I Ch. 7. 30 (B) (ימנה) (Luc. Ιαμνα).

Ἰνών. aliter in Heb.

I Ch. 4. 20 (B) (תילון ,*תולון [ק״]) (Luc. Θωλειμ).

Ἰοβουσαῖος. יְבֻסִי

I Ch. 21. 18 (B$^{*\,vid}$) (Luc. Ἰεβουσαῖος).

Ἰογβεάλ. יְגַבְּהָה
[**Al.** Nu. 32. 35.]

Ἰόδ. aliter in Heb.

II Ki. 3. 7 (B?) (איה) (Luc. Σιβα).

Ἰόδας. (1) יְהוּדָה

Je. 36 (29). 22 (S*) : 43 (36). 30 (S).

(2) aliter in Heb.

Je. 6. 19 (S*) (pro ἰδού).

Ἰοδδούς. in libr. apocr.

I Es. 5. 38 (A) (=הקוץ Ezr. 2. 61 : Ne. 7. 63) (Luc. Ακκους).

Ἰοδόμ. aliter in Heb.

II Es. 10. 23 (B) (יהודה) (Luc. Ἰούδας).

Ἰοειαά (B), **Ἰοειδά** (A). aliter in Heb.

II Es. 13 (Ne. 3). 6 (יוידע) (Luc. Ιωδαε).

Ἰοθηρεί. יִתְרִי

I Ch. 11. 40 (B S) (Luc. Ιεθρι).

Ἰοθόρ, Ἰόθορ. (1) יֶתֶר

Ex. 4. 18 : I Ch. 2. 17 (B) (Luc. Ιεθερ).

(2) יִתְרָא

II Ki. 17. 25 (Luc. Ιεθερ) (Joseph. Ἰέθρας) (*Vind.* Abieter : *Lucc.* Aeter).

(3) יִתְרוֹ

Ex. 3. 1 : 4. 18 : 18. 1 (*Mon.* Iotor), 2, 5, 6, 9, 10, 12.

[**Sm.** Ex. 18. 5.]

(4) aliter in Heb.

Ex. 2. 18 (A) (רעואל) : 18. 14 (חתן משה).

(5) abest in Heb.

Ex. 2. 16 (*Lucc.* Iotor), 16 (A$^{a?}$ B F) : Jd. 1. 16 (B) (Luc. Ιωβαβ).

Ἰοκόμ. aliter in Heb.

I Ch. 24. 23 (B) (יקמעם) (Luc. Ἰακαμίας).

Ἰόλ. aliter in Heb.

II Ki. 3. 7 (A B?[?]) (איה) (Luc. Σιβα).

Ἰονίας. in libr. apocr.

Si. 50. 1 (B* S*).

Ἰοππείτης (-πίτ.) (Ἰοππεῖτε = Ἰοππεῖται II Ma. 12. 3 (A)).

in libr. apocr.

II Ma. 12. 3 (A), 7 (A V^{a}).

Ἰόππη.

Joseph. Ἰόπη, Ἰόππη.

(1) יָפוֹ

Jo. 19. 46 : II Ch. 2. 16 (15) : Jn. 1. 3 (A B S$^{c.a}$ Q).

(2) יָפוֹא

II Es. 3. 7.

(3) in libr. apocr.

I Es. 5. 53 (55) (=יפוא Ezr. 3. 7) : I Ma. 10. 75 (A S) *bis*, 76 (A S V*) : 11. 6 (A S V*) : 12. 33 : 13. 11 : 14. 5 (A S$^{c.a\,(fort),\,c.b}$ V), 34 : 15. 28, 35 : II Ma. 4. 21 (S V).

Ἰοππήτης. in libr. apocr.

II Ma. 12. 3 (V), 7 (V*).

Ἰοππίτης, *vid.* **Ἰοππείτης.**

Ἰορδάνη. יַרְדֵּן

Ps. 113 (114). 3 (A*).

Ἰορδάνης (-ην, -ου *v.* -η, -η).

Joseph. Ἰορδάνης, Ἰόρδανος.

(1) יַרְדֵּן

Ge. 13. 10, 11 : 32. 10 (11) : 50. 10, 11 : Nu. 13. 30 (29) (A B$^{ab\,(mg)}$ F) : 22. 1 : 26. 3, 63 : 31. 12 : 32. 5, 19 *bis*, 21, 29, 32 : 33. 48, 49, 50, 51 : 34. 12, 15 : 35. 1, 10, 14 : 36. 13 : De. 1. 1, 5 : 2. 29 : 3. 8, 17 (*Lugd.* Iordinis), 20, 25, 27 : 4. 21, 22, 26 (A B^{ab} F), 41, 46, 47, 49 : 9. 1 : 11. 30, 31 : 12. 10 : 27. 2, 4, 12 : 31. 2, 4, 13 : 32. 47 : Jo. 1. 2 (Syr. [Syriac]), 11, 14 (F), 15 : 2. 7, 10 : 3. 1, 8 *bis*, 11, 13 *bis*, 14, 15 *bis*, 17 *bis* : 4. 1, 3, 5, 7 (A$^{a?}$ B), 8, 9 (B), 10, 16, 17, 18 *bis*, 19, 20, 22, 23 : 5. 1 (A B), 1 : 7. 7 *bis* : 9. 1, 16 (10) : 12. 1, 7 : 13. 8, 14, 23, 27 *bis*, 32 (A^{a} B [Io sup ras B^{ab}]) : 14. 3 : 15. 5 *bis* : 16. 1, 7 : 17. 5 : 18. 7, 12, 19, 20 : 19. 22, 33, 34 : 20. 8 : 22. 4, 7 (B), 10 *bis*, 11, 25 : 23. 4 : 24. 8, 11 : Jd. 3. 28 : 5. 17 : 7. 24 *bis*, 25 : 8. 4 : 10. 8, 9 : 11. 13, 22 : 12. 5, 6 : I Ki. 13. 7 (B) : 31. 7 : II Ki. 2. 29 : 10. 17 (*Vind.* Iordannes) : 17. 22 *bis*, 24 : 19. 15 (16) *bis*, 17 (18), 18 (19), 31 (32) *bis*, 36 (37), 39 (40), 41 (42) : 20. 2 : 24. 5 : III Ki. 2. 8, 35 n : 7. 33 (46) : 17. 3, 5 : IV Ki. 2. 6, 7, 13 : 5. 10, 14 : 6. 2, 4 : 7. 15 : 10. 33 : I Ch. 6. 78 (63) *bis* : 12. 15, 37 : 19. 17 : 26. 30 : II Ch. 4. 17 : Ps. 41 (42). 7 (A B S T) : 113 (114). 3 (A^{a} S R T), 5 : Jb. 40. 18 (23) : Si. 24. 26 (36) : Za. 11. 3 : Is. 9. 1 (8. 23) : Je. 12. 5 : 27 (50). 44 : 29. 20 (49. 19) (A B S$^{c.a}$ Q) : Ez. 47. 18.

[**Aq., Th.** Jo. 1. 2, 14 : Is. 9. 1 (8. 23).]
[**Sm.** Jo. 1. 2, 14 : Ps. 41 (42). 7 : Is. 9. 1 (8. 23) : Je. 12. 5.]
[**Syr.** Je. 12. 5.]

(2) aliter in Heb.

Jd. 11. 26 (ארנון) : II Ki. 24. 7 (A) (יהודה) (Luc. Ιουδα).

(3) abest in Heb.

De. 11. 8 : 27. 3 : 28. 1 (A F) : 34. 8 : Jo. 2. 23 (F) : 3. 15 : 5. 10 (B F) : 13. 7, 32 (B) : 21. 36 : IV Ki. 2. 16 : Is. 35. 2.

(4) in libr. apocr.

Ju. 1. 9 (9^{a}) : 5. 15 (20) : I Ma. 5. 24, 52 : 9. 34, 42, 43, 45, 48 *bis*.

Ἰορδάννης. יַרְדֵּן

Ps. 41 (42). 7 (R).

Ἰόρδανος. יַרְדֵּן

Jo. 4. 9 (A).

Ἰοσειά. יְשַׁעְיָה

II Es. 8. 7 (B) (Luc. Ἰεσσίας).

Ἰοσήφ. יוֹסֵף

Ge. 39. 10 (E*) (Luc. Ιωσηφ).

Ἰοσσά. (1) חֹסָה

Luc. Ωσαε.

I Ch. 26. 10 (B) (Luc. Ισαμ), 11 (B), 16 (B).

(2) abest in Heb.

I Ch. 26. 18 (B) (Luc. *om.*).

Ἰού, *vid.* **Εἰού.**

Ἰουάν. in libr. apocr.

Ba. 1. 8 (A*).

Ἰουάχ. יוֹאָח

II Ch. 34. 8 (B) (Luc. Ιωας).

Ἰουβάλ. יוּבָל

Ge. 4. 21.

Ἰούδ. יְהֻד

Jo. 19. 45 (A) (Luc. [Ι]ουδ).

Ἰουδά. (1) יְהוּדָה

Ge. 29. 35 : 35. 23 (E) : 38. 12 (A*) : Ex. 1. 2 (A) : De. 27. 12 (B) : II Ki. 5. 5 (B*) : 24. 1 (B*) : III Ki. 1. 35 (B) : 14. 21 (B) : 15. 1 (B) : 22. 41 (B) : IV Ki. 21. 11 (B), 12 (B) : 23. 27 (B*) : I Ch. 2. 1 (B) : 5. 2 (A*) : II Ch. 11. 3 (A), 12, 14 (B) : 13. 15 : 15. 15 : 16. 6 : 17. 5 : 20. 13 (B), 15 (A^{1} B), 17 (A), 18, 20, 22 (B), 31 (B) : 21. 11 (B) : 23. 8 : 24. 18 (B), 23 (B) : 28. 9 (B) : 30. 6 (B) : 32. 9 (B), 25 (B), 33 : 34. 3 (B), 5 (B), 30 : 35. 18, 24 : II Es. 2. 1 : 4. 1, 6 : 12 (Ne. 2). 5, 7 (B) (Luc. ἡ Ἰουδαία) : 17 (Ne. 7). 6 : 21 (Ne. 11). 9 (S) : 22 (Ne. 12). 8 (B S$^{c.a}$), 34 : 23 (Ne. 13). 12 (A S) : Ho. 6. 10 (11) (B Q) : Ze. 1. 4 (A) : Za. 12. 7 (Γ^{vid}) : Je. 3. 7, 8, 10, 11 : 12. 14 (S* [ν superscr]) : 20. 4 (B S*) : 33. (26). 19 : 37 (30). 4 : 38 (31). 27 (B* S) : 39 (32). 35 (A B* Q) : 43 (36). 2 (A B* S*) : 47 (40). 15 (B* S*) : 51 (44). 26, 27 : Ez. 27. 17 (A).

[**Aq., Sm.** III Ki. 4. 20 (5. 1).]

(2) abest in Heb.

III Ki. 2. 46 a (B), 46 g (B), 46 l (B) : Je. 13. 13 (S*).

(3) in libr. apocr.

II Ma. 14. 12.

Ἰουδαδάν. aliter in Heb.

I Ch. 1. 9 (B) ([ו]דדן) (Luc. Δαδαν).

Ἰουδαία (-δέα). (1) הוֹדִיָּה

I Ch. 4. 19 (A) (Luc. Ωδια).

(2) יְהוּד

II Es. 7. 14 : Da. LXX. 2. 25 : Da. TH. 2. 25 : 6. 13 (14).

(3) יְהוּדָה

I Ki. 17. 1 (A) : 23. 3 : 27. 6, 10 : 30. 14 : II Ki. 2. 4 : IV Ki. 14. 11 (A) : 25. 22 (A) (ארץ יהודה) (Luc. γῇ Ιουδα) : I Ch. 6. 55 (40) (B) (ארץ יהודה) (Luc. γῇ Ιουδα) : II Ch. 11. 5 : 17. 12 (Luc. Ιουδα), 13 (Luc. Ιουδα), 19 : 31. 1 : 36. 23 : II Es. 1. 2 (A), 3 (A) : 21 (Ne. 11). 20 (S$^{c.a\,mg\,inf}$) : Ps. 47 (48). 12 : 62 (63). 1 (S T) : 68 (69). 36 : 75 (76). 2 : 96 (97). 8 : 113 (114). 2 : Pr. 25. 1 : Jl. 3 (4). 20 : Za. 12. 2 : Is. 1. 1 *bis* : 2. 1 : 3. 1, 8 : 7. 6 (B S Q Γ) : 8. 8 : 26. 1 (B) : 36. 1 (A B S$^{c.b}$ Q Γ) : 37. 10, 31 : 38. 9 (A B S$^{c.a}$ [postea rurs Ιουδα] Q Γ) : 44. 26 (A S Q Γ) : Je. 7. 2 : 14. 2 : 17. 20 (B S Q) : 38 (31). 23 (S*), 24 (S Q) : 41 (34). 21 (B S Q) : 43 (36). 31 (S$^{c.a}$) : La. 1. 3 : Ez. 21. 20 (25) : Da. LXX. 1. 1, 2, 6.

[**Aq.** Je. 7. 2 : 40 (47). 11 : 42 (49). 15.]
[**Sm.** Ps. 47 (48). 12 : Is. 2. 1 : Je. 7. 2.]
[**Th.** Ps. 47 (48). 12 : Je. 7. 2 : 33 (40). 16 : 42 (49). 15 : 44 (51). 24.]

(4) aliter in Heb.

Jo. 15. 1 (B) (אדום) (Luc. Ἰδουμαία) : Am. 1. 9 (A B*) (אדום), 11 (A*) (אדום) : Jl. 3 (4). 19 (S*) (אדום) : Je. 47 (40). 11 (S*) (אדום).

(5) abest in Heb.

II Ch. 1. 15 : Is. 9. 1 (8. 23) (A B? S Q), 1 (8. 23) (adnot Q^{mg}) : 37. 15 (O) ([Ιου]δαιας) : Da. LXX. 5. 10.

(6) in libr. apocr.

I Es. 1. 24 (26) (= יהודה II Ch. 35. 21), 30 (32) (= יהודה II Ch. 35. 24), 31 (33) (abest in II Ch. 35. 26), 35 (37) (= יהודה II Ch. 36. 4), 37 (39) (abest in II Ch. 36. 5), 44 (46) (= יהודה II Ch. 36. 10) : 2. 4 (= יהודה II Ch. 36. 23 : Ezr. 1. 2), 5 (= יהודה Ezr. 1. 3), 11 (12) (= יהודה Ezr. 1. 8), 15 (16) (abest in Ezr. 4. 8) : 4. 45, 49 : 5. 7 (abest in Ezr. 2. 1 : Ne. 7. 6), 8 (= יהודה Ezr. 2. 1 : Ne. 7. 6), 55 (57) (abest in Ezr. 3. 8), 69 (72) (= יהודה Ezr. 4. 4) : 6. 1 (= יהוד Ezr. 5. 1), 8 (= יהוד Ezr. 5. 8), 26 (27) (= יהודיא Ezr. 6. 7) 27 (28) (B) (= יהודיא Ezr. 6. 8) : 8. 12 (13) (= יהוד Ezr. 7. 14), 78 (82) (= יהודה Ezr. 9. 9) : 9. 3 (= יהודה Ezr. 10. 7) : Es. A 3 (11. 4) : Ju. 1. 12 (A S) : 3. 9 (15) (A B S$^{c.a}$) : 4. 1, 3, 7 (6), 13 (A B) : 8. 21 : 11. 19 (15^{a}) : To. 1. 18 (21) : Da. TH. Bel 33 : I Ma. 3. 34 : 4. 15 (A V), 29 (S), 35 : 5. 3 (A), 8 (A S), 18, 23, 60, 68 (A) : 6. 48, 53 : 7. 10 (V), 24, 46 : 9. 50, 60, 63 : 10. 38 *bis*, 45 : 11. 20, 28, 34 *bis* : 12. 35 : 13. 33 (A S$^{c.a}$ V) : 14. 33 *bis* : 15. 30, 39, 40, 41 : 16. 10 : II Ma. 1. 1, 10 : 5. 11 : 8. 9 : 10. 24 : 11. 5 : 13. 1, 13 : 14. 12, 14 : 15. 22 : III Ma. 5. 43.

Ἰουδαικός. in libr. apocr.

II Ma. 13. 21.

'Ιουδαῖος (-δεος). (1) יְהוּד

II Es. 5. 8: Da. TH. 5. 13.

(2) יְהוּדָה

Is. 19. 17: Je. 24. 5 (B): 33 (26). 2 (A B S): 47 (40). 15 (A).

[Sm. JE. 44 (51). 26.]

(3) יְהוּדִי

IV Ki. 16. 6: 25. 25: II Es. 12 (Ne. 2). 16: 14. 1 (Ne. 3. 33), 2 (Ne. 3. 34), 12 (Ne. 4. 6): 15 (Ne. 5). 1, 8, 17: 16 (Ne. 6). 6: 23 (Ne. 13). 23: Es. 2. 5: 3. 4, 6, 10, 13: 4. 3, 7, 13, 14, 16: 5. 13: 6. 10, 13: 8. 1, 3, 5, 7, 9 (S[c.a mg]), 13, 16, 17 (A[a] B S[c a mg inf]), 17 (A[a] B S): 9. 2 (1), 3, 6, 10, 12, 13, 15, 16, 18, 19, 20, 22 (A B S[c.a (mg)]), 23, 24 (A), 25, 27, 29 (A B S[c.a]): 10. 3 (S[c.a mg]), 3: Za. 8. 23: Je. 39 (32). 12: 45 (38). 19: 47 (40). 11: 48 (41). 3: 51 (44). 1 (A B Q): 52. 28 (Q[mg] sub ※), 30 (Q[mg] sub ※).

[Aq. JE. 44 (51). 1.]

[Sm. JE. 38 (45). 19: 44 (51). 1.]

[Th. JE. 44 (51). 1: 52. 28, 30.]

(4) יְהוּדָאִין

Da. LXX., TH. 3. 12.

(5) יְהוּדָיֵא

II Es. 4. 12: 5. 1: 6. 7 (A), 7, 8, 14: Da. LXX., TH. 3. 8.

(6) abest in Heb.

Es. 5. 9: 8. 9: 9. 14, 15 (S[c a mg]): Da. TH. 3. 97 (30).

(7) in libr. apocr.

I Es. 1. 19 (21) (= יהודה II Ch. 35. 18) (Luc. Ιουδα): 2. 17 (18) (= יהודיא Ezr. 4. 12), 19 (23) (abest in Ezr. 4. 15): 4. 45 (B) (Luc. Ἰδουμαῖοι), 49, 50: 6. 1 (= יהודיא Ezr. 5. 1), 5 (= יהודיא Ezr. 5. 5), 8 (abest in Ezr. 5. 8), 26 (27) (= יהודיא Ezr. 6. 7), 27 (28) (A) (= יהודיא Ezr. 6. 8) (Luc. Ἰουδαία): 7. 2 (B) (= יהודיא Ezr. 6. 14): 8. 10 (11) (= ישראל Ezr. 7. 13): Es. A 2 (11. 3): E (16). 15, 19: F 5 (10. 8): Da. LXX. Su. 4 (sub lemniscis in 87), 22: Bel 28 (tit ut vid Syr[mg]), 28: Da. TH. Su. 4: Bel 28: I Ma. 2. 23, 42 (S V): 4. 2: 8. 20, 23, 25, 27, 29, 31: 11. 23 (A S), 25, 29, 33, 34, 36: 11. 23 (S), 30, 33, 47, 49, 50, 51: 12. 3, 6, 21: 13. 36, 42: 14. 20, 22, 33, 34, 37, 40, 41, 47: 15. 1, 2, 17 *bis*: II Ma. 1. 1 *bis*, 7, 10: 3. 32: 4. 11, 35, 36: 5. 23, 25: 6. 1, 6, 8: 8. 10, 11, 32, 34, 36 *bis*: 9. 4 *bis*, 7, 15, 17, 18, 19: 10. 8, 12 (A), 12 (V), 14 (V), 15, 16 (V), 24, 29: 11. 2, 15, 16 *bis*, 23 (A), 24 (Ιου bis scr in A), 27 *bis*, 29 (A*), 31, 34: 12. 1, 3, 8, 17, 22 (V), 30, 34, 40: 13. 9, 18, 19, 23, 25 (V): 14. 5, 6, 14, 37, 39: 15. 2 (A), 12: III Ma. 1. 3, 8: 2. 28: 3. 3, 27, 29 (A): 4. 2, 17, 21: 5. 2, 3, 6, 13, 18, 20, 25, 31, 35, 38, 42, 48: 6. 1 (A), 17, 18, 30, 35: 7. 3, 6, 10: IV Ma. 5. 6.

'Ιουδαισμός. in libr. apocr.

II Ma. 2. 21: 8. 1: 14. 38 *bis*: IV Ma. 4. 26.

'Ιουδαιστεί (-τί). יְהוּדִית

IV Ki. 18. 26: II Ch. 32. 18: II Es. 23 (Ne. 13). 24: Is. 36. 11, 13.

'Ιούδας (-α [voc.], -αν, -ου, *v.* -α, -ᾳ).

Lugd. Iuda, Iudas.

(1) יְהוּד

II Es. 5. 1 (Luc. Ἰουδαία).

(2) יְהוּדָה

Ge. 35. 23 (A D): 37. 26: 38. 1, 2, 6 (A D), 7, 8, 11, 12, 12 (A[1] D E), 15, 20, 22, 23, 24 *bis*, 26: 43. 3, 8: 44. 14, 16, 18: 46. 12, 28: 49. 8, 9, 10 (A[1] B D F): Ex. 1. 2 (B): 31. 2: 35. 30: 37. 20 (38. 22): Nu. 1. 7, 24 (26), 25 (27): 2. 3 *bis* (Luc. Ιουδα, Ἰουδαῖος), 9: 7. 12: 10. 14: 13. 7 (6): 26. 15 (19), 16 (20), 18 (22): 34. 19: De. 27. 12 (A F): 33. 7 *bis*: 34. 2 (Samar. *om.*): Jo. 7. 1, 16, 17 (F), 18 (F): 11. 21: 14. 6: 15. 1, 12, 13, 20, 21, 63: 18. 5, 11, 14: 19. 1, 9 *bis*: 20. 7: 21. 4, 9, 11: Jd. 1. 2, 3, 4, 8, 9, 10, 16 *bis*, 17, 18, 19: 10. 9: 15. 9, 10, 11: 17. 7, 7 (A), 8, 9: 18. 12: 19. 1, 2 (A B[1 ?]), 18 *bis*: 20. 18: Ru. 1. 1, 2, 7: 4. 12: I Ki. 11. 8: 15. 4 (Luc. *om.*): 17. 12 (A), 52: 18. 16: 22. 5: 23. 23: 30. 16, 26: II Ki. 1. 18 (B): 2. 1 (Luc. Ἰουδαία), 4, 7, 10 (A), 11 (A): 3. 10: 5. 5 (A B?), 5: 6. 2: 11. 11: 12. 8: 19. 11 (12), 14 (15), 15 (16), 16 (17), 40 (41), 41 (42), 42 (43), 43 (44) *bis*: 20. 2, 4, 5: 21. 2: 24. 1 (A B[b]), 7 (B), 9: III Ki. 1. 9 (A[a?] B), 35 (A): 2. 32: 4. 18 (20), 24 (5. 5) (A): 12. 16 (17) (A), 20, 21, 23 *bis*, 27, 27 (A), 32: 13. 1, 12, 14, 21: 14. 21 (A), 29: 15. 1 (A), 7, 9, 17 *bis*, 22, 23, 25, 28 (A), 33: 16. 8 (A), 10 (A) (Luc. *om.*), 15 (A), 23 (A), 29 (A): 19. 3: 22. 2, 10, 29, 41 (A), 46 (A), 52: IV Ki. 3. 1 (B) (Luc. *om.*), 7, 9, 14: 8. 16 *bis*, 19, 20, 22, 23, 25 (A), 29 (A): 9. 16, 21, 27, 29: 10. 13: 12. 18 (19) *bis*, 19 (20): 13. 1, 10, 12: 14. 1, 9, 10, 11, 11 (B) (Luc. Ἰουδαία), 12, 13 (A), 15 (Luc. *om.*), 17, 18, 21, 22, 23, 28: 15. 1, 6, 8, 13, 17, 23, 27, 32, 36: 16. 1, 19: 17. 1, 13, 18, 19: 18. 1, 5, 13, 14 *bis*, 16, 22: 19. 10 (A), 30: 20. 20: 21. 11, 11 (A), 12 (A), 16, 17, 25: 22. 13, 16, 18: 23. 1, 2, 5 *bis*, 8, 11, 12, 17, 22, 24, 26, 27 (A B[ab] [ν superscr]), 28: 24. 2, 3, 5, 12, 20: 25. 21, 22 (B), 27 *bis*: I Ch. 4. 21, 27, 41: 5. 2 (A[1] [ς superscr] B), 17: 6. 15 (5. 41), 55 (40) (A), 65 (50): 9. 1, 3, 4: 12. 16, 24: 13. 6: 21. 6 (5) (A): 27. 18: 28. 4 *bis*: II Ch. 2. 7 (6): 9. 11: 10. 17: 11. 1, 3 (B), 10 (Luc. Ἰουδαία), 14 (A), 17, 23: 12. 4 (in ο med ras aliq B?), 5, 12: 13. 1 (A), 13, 14, 15 *bis*, 16, 18: 14. 4 (3), 5 (4), 6 (5), 7 (6), 8 (7), 12 (11): 15. 2 (A), 8, 9 (A? [rescr] B): 16. 1 *bis*, 7, 11: 17. 2 *bis*, 6, 7, 9 *bis*, 10, 14: 18. 3, 9, 28: 19. 1, 5, 11 (A* B): 20. 3 (A B[ab mg]), 4 *bis*, 5, 13 (A), 15 (A* vid), 22 (A[a]), 24, 27, 31 (A), 35 (A): 21. 2, 3, 8, 10, 11, 11 (A), 12, 13, 17: 22. 1, 6, 8, 10: 23. 2 *bis*: 24. 5, 6, 9, 17, 18 (A), 23 (A): 25. 5 *bis*, 10, 12, 13, 18, 19, 21 *bis*, 22, 23, 25, 26: 26. 2: 27. 4, 7: 28. 6, 9 (A), 10, 17, 18, 19, 25, 26: 29. 8: 30. 1, 6 (A), 11 (12), 24, 25 *bis*: 31. 1, 5 (6), 6, 20: 32. 1, 8, 9, 9 (A), 12, 23, 25 (A), 32: 33. 9, 14, 16: 34. 3 (A), 5 (A), 9, 11, 21, 24, 26, 29: 35. 21, 27: 36. 4, 8, 10: II Es. 1. 2 (B) (Luc. Ἰουδαία), 5, 8: 3. 9: 4. 4: 9. 9: 10. 7, 9, 23 (A): 11 (Ne. 1). 2: 12 (Ne. 2). 7 (A S) (Luc. Ἰουδαία): 14. 10 (Ne. 4. 4), 16 (Ne. 4. 10): 15 (Ne. 5). 14 (Luc. Ἰουδαία): 16 (Ne. 6). 7 (Luc. Ἰουδαία), 17 (Luc. Ἰουδαῖοι), 18 (Luc. Ἰουδαία): 21 (Ne. 11). 3, 4 *bis*, 9 (A B), 24 (S[c.a]), 25, 36: 22 (Ne. 12). 31, 32, 36 (S[c.a mg inf]), 44: 23 (Ne. 13). 12 (B), 15, 16, 17: Ps. 59 (60). 9: 67 (68). 28 (B S[c.a] R): 77 (78). 68: 107 (108). 9: Ho. 1. 1, 7 (A Q), 11 (2. 2): 4. 15: 5. 5, 10, 12, 13, 14: 6. 4, 10 (11) (A): 8. 14: 10. 11: 11. 12 (12. 1): 12. 2 (3): Am. 1. 1: 2. 4, 5: 7. 12: Mi. 1. 1, 5, 9: 5. 2 (1): Jl. 3 (4). 1, 6, 8, 18, 19: Ob. 1. 12: Na. 1. 15 (2. 1): Ze. 1. 1, 4 (B S Q): 2. 7: Hg. 1. 1, 14 (A B S Q[mg sinistr]): 2. 2, 21: Za. 1. 12, 19 (2. 2), 21 (2. 4): 2. 12 (16): 8. 13, 15 (A B S (vid) Q Γ [οικονυ|δα S*]), 19: 9. 7, 13: 10. 3, 6: 11. 14: 12. 4, 5, 6, 7, 7 (A B S Q): 14. 5, 14, 21: Ma. 2. 11 *bis*: 3. 4: Is. 5. 3, 7: 7. 1, 17: 9. 21 (20): 11. 12, 13 *ter*: 22. 8, 21 (A[a (mg)] B S Q Γ): 26. 1 (A S Q Γ[vid] [Ιουδ . .]): 36. 7 (Q[mg]): 38. 9 (S*): 40. 9: 48. 1: 65. 9: Je. 1. 2, 3 *bis*, 15, 18: 2. 28: 3. 18 (B S Q): 4. 3 (B S Q), 4, 5, 16: 5. 11, 20: 7. 17 (B S Q), 30, 34: 8. 1: 9. 11 (10): 10. 22 (A[1] B S Q): 11. 2, 6, 9, 10, 12, 13, 17: 12. 14 (A B S[1] Q): 13. 9, 11, 19: 14. 19: 15. 4: 17. 19 (A B S[c.a mg inf] Q), 20, 25, 26: 18. 11: 19. 3, 4, 7, 13 (A B S[c.a (?)] Q): 20. 4 (A S[c.a (?)] Q), 5: 21. 7, 11: 22. 1, 2, 6, 18, 24 (A[a] [sup ras] B S Q), 30: 23. 6: 24. 1, 1 (A B[ab]), 5 (A S Q), 8: 25. 1, 1 (A B S[c.a mg] Q), 2 (A B S[c.a mg] Q), 3, 14 (49. 34) (Q): 26 (46). 2: 27 (50). 4, 20, 33: 28 (51). 5, 59: 32. 4 (25. 18): 33 (26). 1 (Q), 2 (Q[mg]), 10, 18 *bis*, 19 (Q): 34. 2 (27. 3), 10 (27. 12): 35 (28). 1, 3 (4) (Q[mg]), 4: 36 (29). 3, 22 (A B S[c.a (?)] Q): 37 (30). 3: 38 (31). 23 (A B S[1] Q), 24 (A B), 27 (A B[ab] Q), 31: 39 (32). 1 (A Q), 2 (Q[mg] sub ※), 3 (Q[mg] sub ※), 4 (Q[mg] sub ※), 30, 32 *bis*, 35 (B[b] S), 44: 40 (33). 4, 7 (A B S Q[mg]), 10, 13: 41 (34). 2, 4, 7 *bis*, 19, 21 (A), 22: 42 (35). 1, 13, 17 (B S Q[mg inf]): 43 (36). 1, 2 (B[ab] S[c.a] Q), 3, 6 (B S Q), 9 (Q[mg]), 30 (A B[ab] Q), 31 (A B Q): 44 (37). 1, 7: 45 (38). 22 (A[a] B S Q): 46 (39). 1: 47 (40). 1 (A B S), 5, 11, 12, 15 (B[b (fort)] S[c.a] Q), 15: 49 (42). 19: 50 (43). 4, 5, 5 (A): 51 (44). 2, 6, 7, 9 *bis*, 14 *bis*, 17, 21, 26 (A[a ? (mg)] B S Q), 28 *bis*, 30, 31 (45. 1): 52. 3 (Q[mg] sub ※), 10, 27 (Q[mg] sub ※), 31 *bis*: La. 1. 15: 2. 2, 5: 5. 11: Ez. 4. 6: 8. 1, 17 (B Q): 9. 9: 25. 3, 8, 12: 27. 17 (B Q): 37. 16, 19: 48. 7, 8, 22, 31: Da. LXX. 9. 7: Da. TH. 1. 1, 2, 6: 9. 7.

[**Aq.** GE. 49. 9, 10: II KI. 21. 2: III KI. 12. 17, 27: 16. 8, 10, 15: IV KI. 8. 25, 29: 19. 10: 23. 12 (Bi.), 17 (Bi.), 22 (Bi.), 24 (Bi.), 26 (Bi.), 27 (Bi.): Ps. 59 (60). 9: 62 (63). 1: Is. 7. 17: 26. 1: 36. 7: 38. 9 (Sw.): JE. 12. 14: 17. 1: 24. 1: 27 (34). 1: 31 (38). 27: 34 (41). 9, 19: 37 (44). 1: 40 (47). 5: HO. 4. 15: 10. 11: HG. 1. 1.]

[**Sm.** GE. 49. 9, 10: II KI. 21. 2: III KI. 16. 8, 10, 15: IV KI. 8. 25, 29: 23. 5: Ps. 59 (60). 9: 62 (63). 1: Is. 7. 17: 36. 7: 38. 9 (Sw.): JE. 9. 26 (25): 11. 6: 12. 14: 17. 1: 24. 1: 31 (38). 27: 34 (41). 9: 37 (44). 1: 40 (47). 5: HO. 4. 15: 6. 11: 10. 11: HG. 1. 1.]

[**Th.** GE. 49. 10: JD. 10. 9: 17. 7 *bis*, 8: II KI. 21. 2: III KI. 16. 8, 10, 15: IV KI. 1. 17: 8. 25: Ps. 59 (60). 9: Is. 36. 7: 38. 9 (Sw.): JE. 11. 6: 12. 14: 17. 1: 24. 1: 27 (34). 18, 20 *bis*, 21: 29 (36). 2: 32 (39). 4: 33 (40). 14: 39 (46). 1, 4, 6, 10: 44 (51). 11, 12: 52. 27: HO. 4. 15: 10. 11: HG. 1. 1.]

[**Heb.** GE. 49. 8.]

[**Quint.** IV KI. 8. 29: 23. 5: HO. 4. 15: 6. 11.]

[**Al.** HO. 6. 11.]

(3) יְהוֹדָה (= gratiae).

II Es. 21 (Ne. 11). 17 (S[c a mg sup]).

(4) יְהוּדִי

Je. 41 (34). 9 (B S): 50 (43). 9: 51 (44). 1 (S).

(5) יְהוּדָיֵא

II Es. 4. 23 (Luc. Ἰουδαῖοι): 5. 5.

(6) aliter in Heb.

Jo. 19. 47 (B) (דָּן) (Luc. Δαν): Jd. 1. 22 (A) (יהוה): II Ki. 1. 12 (יהוה): II Ch. 12. 6 (A) (ישראל) (Luc. Ισραηλ): 24. 27 (A) (Ιουδα pro ἰδού) (Luc. ἰδού): 28. 19 (ישראל): Ho. 1. 4 (A B) (יהוא): Za. 12. 13 (S* fort) (לוי): Je. 3. 18 (A) (ישראל): 6. 19 (A S[c a]) (pro ἰδού): 32. 4 (25. 18) (A B S Q*) (pron. suff.): 41 (34). 1 (pron. suff.): 51 (44). 17 (S*) (pron. suff.): Ez. 37. 19 (pron. suff.).

(7) abest in Heb.

Jd. 17. 9 (A): II Ki. 19. 43 (44) (B): 24. 6 (A) (ו דנה praec): III Ki. 12. 24 u (B), 24 x (B), 24 y (B) *bis*: 16. 28 c (B): 22. 5, 8, 18, 30, 32: IV Ki. 1. 18 a, 18 d (A): 3. 12: 23. 34 (Luc. *om.*): I Ch. *tit.* (A): 2. 1 (A), 3 *bis*, 4, 10: 4. 1: *subscr.* (A): II Ch. *tit.* (A): 14. 1 (13. 23): 15. 2, 17 (A) (Luc. *om.*): 19. 3: 23. 3: 34. 30 (A): 35. 19 a, 19 c, 19 d: 36. 5 c, 14: *subscr.* (A): Ze. 2. 7: Hg. 1. 12: Je. 13. 13 (A B S[1] Q): 17. 19 (B*) (*bis scr*): 19. 3 (B S Q), 13 (Q[mg]): 21. 3 (A B S): 43 (36). 2, 9: 47 (40). 5 (A B S[1] Q*): Ez. 8. 15 (A) (*cf. v.* 17): 48. 30 (adnot Q[mg]).

(8) in libr. apocr.

I Es. 1. 31 (33) (= יהודה II Ch. 35. 27), 33 (35) (A) (abest in II Ch. 36. 2) (Luc. *om.*): 2. 7 (8) (= יהודה Ezr. 1. 5): 5. 5, 56 (58) (B) (= יהודה Ezr. 3. 9), 63 (66) (= יהודה Ezr. 4. 1): 9. 5 (= יהודה Ezr. 10. 9): Si. 45. 25 (31), 25 (31) (S[c.a vid]): 49. 4 (6): Ju. 4. 13 (S): 14. 7 (13. 31): Ba. 1. 3, 8 *bis*, 15: 2. 1, 23, 26: Da. LXX., TH. Su. 56, 57: I Ma. 1. 29, 44, 51, 54: 2. 4, 6, 18, 66: 3. 1, 8, 11, 12, 13, 14, 16, 17, 18, 25, 26, 39, 42, 55, 58: 4. 3, 5, 6, 8, 13, 16, 19 (S V), 21, 23, 29, 35, 36, 41, 59: 5. 3, 10, 16, 17, 20, 24, 28, 31, 38, 39, 40, 42, 44, 45 *bis*,

48, 49, 53 *bis*, 55, 61, 63, 65, 68, 68 (S V): 6. 5, 12, 19, 32, 42: 7. 6, 10 (A S), 10, 22, 23, 25, 27, 29 *bis*, 30, 31, 35, 40 *bis*, 50: 8. 1, 17, 20: 9. 1, 5, 7, 10, 12, 14, 16, 18, 19, 22, 23, 26, 28, 29, 31, 57, 72: 10. 30, 33, 37: 11. 70: 12. 4, 46, 52: 13. 1, 8 (S V), 12: 14. 4 (S V), 18: 16. 2, 9, 14: II Ma. 1. 10: 2. 14, 19: 5. 27: 8. 1, 12: 12. 5, 11 *bis*, 12, 14, 15, 21, 22, 23, 36, 38, 39, 42: 13. 1, 10, 12, 20, 23: 14. 1, 6, 10, 11, 14, 17, 18, 22, 24, 26, 33: 15. 1, 6, 15, 17, 26: *subscr.* (A V [rescr ut vid]).

[Th. Da. 13. 56.]

Ἰουδέα, *vid.* Ἰουδαία.

Ἰουδεί. יְהוּדִי

Je. 43 (36). 14 (A).

Ἰουδείθ. in libr. apocr.

Ju. *inscr.*: 8. 1, 4, 9, 32 (30): 9. 1 *bis*: 10. 10, 23 (17[a]): 11. 5 (4): 12. 2, 4, 14 (13), 16 (15), 18: 13. 2 (3), 3 (5), 4 (6), 11 (13): 14. 1, 7 (13. 30), 8, 14 (13), 17 (15): 15. 8 (9), 11 (14), 14 (16. 1): 16. 1, 6 (8), 19 (23), 20 (24), 21 (25), 25 (30): *subscr.*

Ἰουδείν (-δίν). aliter in Heb.

Ge. 26. 34 (יהודית): Je. 43 (36). 14 (Q) (יהודי), 21 (יהודי) *bis*, 23 (B S Q) (יהודי).

Ἰούδεος. *vid.* Ἰουδαῖος.

Ἰουζάλ, *v.* Ἰουζάν. אוּזָל

[Aq. Ez. 27. 19.]

Ἰουήλ. in libr. apocr.

I Es. 9. 35 (A) (= יואל Ezr. 10. 43) (Luc. Ιωηλ).

Ἰοῦλος. in libr. apocr.

I Ma. 4. 13 (A), 19 (A).

Ἰουμαία (-μέα). aliter in Heb.

Je. 29. 8 (49. 7) (S*) (אדום), 18 (49. 17) (S*) (אדום): 34. 2 (27. 3) (S*) (אדום): La. 4. 21 (A*) (אדום): Ez. 25. 12 (Q*) (אדום).

Ἰουνά. in libr. apocr.

I Es. 9. 34 (= אואל Ezr. 10. 34) (Luc. Ιουηλ).

Ἰουρεί. aliter in Heb.

I Ch. 5. 14 (B) (יחדו) (Luc. Ιεδδω).

Ἰουσίας. יֹאשִׁיָּהוּ

Ze. 1. 1 (S*).

Ἰουχάλ. יְהוּכַל

[Aq., Sm. Je. 37 (44). 3.]

Ἰππη. (1) יָפוֹ

Jn. 1. 3 (S*).

(2) in libr. apocr.

II Ma. 4. 21 (A).

Ἰρά. עִירָא

I Ch. 11. 40 (B) (Luc. Ηρα).

Ἰραάμ. יְרֹחָם

I Ch. 8. 27 (B) (Luc. Ιερεμ): 9. 8 (B) (Luc. Ιεροαμ), 12 (B) (Luc. Ιεροαμ).

Ἰράδ. עִירָד

[Aq. Ge. 4. 18.]

Ἰράμ, *vid.* Εἰράμ.

Ἰραμαήλ. יְרַחְמְאֵל

I Ch. 24. 29 (Luc. Ιερεμαηλ).

Ἰραμεήλ. יְרַחְמְאֵל

Luc. Ιεραμαηλ.

I Ch. 2. 9, 25 (B).

Ἰράς. עִירָא

I Ch. 11. 40 (A) (Luc. Ηρα).

Ἰριμούθ. יְרֵמוֹת

II Es. 21 (Ne. 11). 29 (S[c.a mg inf]) (Luc. Ιεριμουθ).

Ἰροάμ. יְרֹחָם

II Es. 21 (Ne. 11). 12 (S[c.a mg inf]) (Luc. Ιεροαμ).

Ἰροβάαλ. יְרֻבַּעַל

Jd. 7. 1 (A) (Luc. Ιεροβααλ).

Ἰρουσαλήμ. abest in Heb.

Je. 2. 28 (S*).

Ἰσαάκ.

Syr. ܐܝܣܚܩ

(1) יַעֲקֹב

Ge. 27. 6 (A) (Luc. Ιακωβ).

(2) יִצְחָק

Joseph. Ἴσακος: *Lugd.* Isac.

Ge. 17. 19, 21: 21. 3, 4, 5, 8, 10, 12: 22. 2, 3, 6, 7, 9: 24. 4, 14, 62, 63, 64, 66, 67 *bis*: 25. 5, 6, 9, 11 *bis*, 19 *bis*, 20, 21, 26, 28: 26. 1, 6, 8, 9 *bis*, 12, 16, 17, 18, 19, 20, 25, 27, 31, 32, 35: 27. 1 (D E), 5, 20, 21, 22, 26, 30 *bis*, 32, 33, 37, 39, 46: 28. 1, 5, 6, 8 (A D), 13: 31. 18, 42, 54 (53): 32. 9 (10): 35. 12, 27 *bis*, 28: 46. 1: 48. 15, 16: 49. 31: 50. 24: Ex. 2. 24 (A F): 3. 6, 15, 16: 4. 5: 6. 3, 8: 32. 13 (*Mon.* Isac): 33. 1: Le. 26. 42: Nu. 32. 11: De. 1. 8: 6. 10: 9. 5, 27: 29. 13 (12): 30. 20: 34. 4: Jo. 24. 3, 4: III Ki. 18. 36: IV Ki. 13. 23: I Ch. 1. 28, 34 *bis*: 16. 16 (A B): 29. 18: II Ch. 30. 6.

[Aq. Ge. 24. 67: Ex. 6. 3.]

(3) יִשְׂחָק

Ps. 104 (105). 9 (A B R T).

[Th. Je. 33 (40). 26.]

(4) abest in Heb.

Ge. 21. 9: 22. 13: 24. 3, 7 (A) (Luc. *om.*), 44: 26. 21 (Luc. *om.*): 27. 34 (A D [ויצעק?]), 38 (A D) (Luc. *om.*), 38 (D[sil] E*).

[Al. IV Ki. 13. 4.]

(5) in libr. apocr.

Si. 44. 22 (24) (A B[ab] S[c.a]): Ju. 8. 26 (22) (A B[a?c (vid)]): To. 4. 12 (A B): Ba. 2. 34: Da. LXX. 3. 35 (*Wirc.* Isac): Da. TH. 3. 35: II Ma. 1. 2: IV Ma. 7. 19: 13. 12 (A S[c.a] V), 17 (A S[c.a, c.b] V): 16. 20 (A S[c.a] V), 25 (A S[c.a] V): 18. 11 (A S[c.a] V).

[Th. Da. 3. (35).]

Ἰσαάρ. יִצְהָר

Ex. 6. 18 (A*): Nu. 3. 19 (F) (Luc. Ισσααρ): 16. 1 (F[1]) (Luc. Ισσααρ).

Ἰσαβά. יְשַׁעְיָה

I Ch. 3. 21 (B) (Luc. Ιεσεε).

Ἰσαβιά. יוֹשִׁבְיָה

I Ch. 4. 35 (Luc. Ιωσαβια).

Ἰσαδέκ. aliter in Heb.

I Ch. 7. 18 (B) (אישהוד) (Luc. Ιεσσουδ).

Ἰσαήλ. aliter in Heb.

Am. 5. 4 (B*) (ישראל).

Ἰσαθεί. חֲשֻׁתִי

I Ch. 27. 11 (B) (Luc. Εσσαθι).

Ἰσαί. יִשְׁעִי

I Ch. 5. 14 (B) (Luc. Σουσαι).

Ἰσαιά. יְשַׁעְיָה

II Es. 8. 19 (A) (Luc. Ιεσσια).

Ἰσαίας. עֲשָׂיָה

II Ch. 34. 20 (B) (Luc. Ἰωσίας).

Ἰσάκ. (1) יִצְחָק

Luc. Ισαακ.

Ge. 27. 1 (A): Ex. 2. 24 (B): I Ch. 16. 16 (S).

(2) יִשְׂחָק

Ps. 104 (105). 9 (S).

(3) in libr. apocr.

Si. 44. 22 (24) (B* S*): Ju. 8. 26 (B*): IV Ma. 13. 12 (S*), 17 (S*): 16. 20 (S*), 25 (S*): 18. 11 (S*).

Ἰσάκειος (-κιος). in libr. apocr.

IV Ma. 7. 14.

Ἰσαμουήλ. aliter in Heb.

I Ch. 7. 2 (B) (שמואל) (Luc. Σαμουηλ).

Ἰσανά. יְשָׁנָה

II Es. 13 (Ne. 3). 6 (B): 22 (Ne. 12). 39 (S[c.a]).

Ἰσαύ. עֵשָׂו

Ge. 27. 38 (E[a?]) (Luc. Ησαυ).

Ἰσαχάρ. יִשָּׂשכָר

Luc. Ισσαχαρ.

Ge. 49. 14 (F*): Nu. 13. 8 (7) (F): De. 27. 12 (F*): Ez. 48. 25 (B*), 33 (B[b]).

Ἰσβάαλ. (1) אֶשְׁבַּעַל

I Ch. 9. 39 (S).

(2) aliter in Heb.

I Ch. 24. 13 (A) (ישבאב) (*Lucc.* Isba).

Ἰσβαάμ. יָשָׁבְעָם

I Ch. 11. 11 (A) (Luc. Ιεσσεβααλ).

Ἰσβακώμ. aliter in Heb.

I Ch. 26. 7 (B) (סמכיהו) (Luc. Σαμαχια).

Ἰσβοάμ. יָשָׁבְעָם

I Ch. 27. 2 (A) (Luc. Ιεσβοαμ).

Ἰσδαήλ. in libr. apocr.

I Es. 5. 33 (= גדל Ezr. 2. 56: Ne. 7. 58) (Luc. Σαδαι).

Ἰσδραηλίτης. in libr. apocr.

IV Ma. 18. 1 (S).

Ἰσειά. יִשִּׁיָּה

I Ch. 23. 20 (B) (Luc. Ἰωσίας).

Ἰσείρ. aliter in Heb.

I Ch. 9. 36 (צור, ו praec) (Luc. Σουρ).

Ἰσεμιήλ. aliter in Heb.

I Ch. 2. 31 (B) (ישעי) (Luc. Ιεσσουει) *bis*.

Ἰσεραήλ. אֲשַׂרְאֵל

I Ch. 4. 16 (B) (Luc. Ασερη).

Ἰσεριήλ. יְשַׂרְאֵלָה

I Ch. 25. 14 (B) (Luc. Ιεζδρει) (*Lucc.* Isdrael).

Ἰσζραηλίτης. יִזְרְעֵאלִי

IV Ki. 9. 25 (A) (Luc. Ἰεζραηλίτης).

Ἰσιά. יִשִּׁיָּה

I Ch. 24. 25 (B) (Luc. *om.*), 25 (Luc. Ἰωσίας).

Ἰσίας. יְשַׁעְיָהוּ

I Ch. 25. 15 (A) (Luc. Ισαια).

Ἰσιμούθ. יְשִׁימוֹת

[Sm. Ez. 25. 9.]

Ἰσμαήλ (Εἰσμ.). (1) יְשִׂמְאֵל*, יְשִׂימִאֵל [ק']

I Ch. 4. 36 (A).

(2) יִשְׁמָעֵאל

Joseph. Ἰσμάηλος: *Lugd.* Ismahel (saepissime).

Ge. 16. 11, 15, 16: 17. 18, 20, 23, 25, 26: 25. 9, 12, 13 *bis*, 16, 17: 28. 9 *bis*: 36. 3 (*Wirc.* Ismal): IV Ki. 25. 23 (Luc. Ισραηλ), 25 (A B[ab] [Ισμα superscr]) (Luc. Ισραηλ): I Ch. 1. 28, 29, 31: 8. 38: 9. 44: II Ch. 19. 11 (A) (*Lu.* Izmabel): 23. 1: II Es. 10. 22 (A): Je. 47 (40). 8, 14, 15, 16: 48 (41). 1, 2 (*Wirc.* Ismahel), 3 (Q[mg]), 6 (A B S[c.a (?) mg] Q), 7 (Q[mg]), 8, 9, 9 (μ sup ras B[1 (fort)]), 10, 10 (Q[mg]), 11, 13, 14 (Q[mg]), 15, 16, 18.

[Aq. Je. 41 (48). 10.]

[Sm., Th. Je. 40 (47). 14.]

[Al. Je. 41 (48). 12.]

(3) יִשְׁמְעֵאלִים

Ge. 39. 1 (**E**) (Luc. 'Ισμαηλῖται).

(4) abest in Heb.

Ge. 21. 11 (**A**) : I Ch. 9. 44 (**S***) (*bis scr.*) : Je. 48 (41). 4 (**Q**^{mg}).

(5) in libr. apocr.

Ju. 2. 23 (13) (**A B S**$^{c.a}$).

'Ισμαηλείτης (-λῖτ.). (1) יִשְׁמְעֵאלִי

Ge. 37. 25, 27 (*Lugd.* Ismahelitis), 28 : 39. 1 (**A D**^{sil}) : Jd. 8. 24 : I Ch. 2. 17 (Luc. 'Ισραηλίτης) : Ps. 82 (83). 7.

(2) יִשְׁמְעֵלִי

I Ch. 27. 30.

(3) מְדָנִים

Ge. 37. 28 (**E**) (Luc. Μαδιναῖοι).

(4) aliter in Heb.

II Ki. 17. 25 (**A**) (ישראלי) (Luc. 'Ιεζραηλίτης).

'Ισμάηλος. in libr. apocr.

I Es. 5. 28 (29) (**B**) (= שלום Ezr. 2. 42 : שלם Ne. 7. 45) (Luc. Σελλουμ) : 9. 22 (= ישמעאל Ezr. 10. 22) (Luc. Ισμαηλ).

'Ισμάηρος. in libr. apocr.

I Es. 9. 34 (**A**) (= עמרם Ezr. 10. 34) (Luc. Αμραμ).

'Ισμασαριά. שַׁמְשְׁרַי

I Ch. 8. 26 (**B**) (Luc. Σαμψαια).

'Ισοάμ. [וְ]שֹׁהַם

I Ch. 24. 27 (**B**) (Luc. Ιεσσαμ).

'Ισοβοάμ. aliter in Heb.

I Ch. 14. 4 (**B S**) (שובב [ו praec]) (Luc. Σωβηβ).

'Ισουά. יִשְׁוָה

I Ch. 7. 30 (**B**) (Luc. Ιασουα).

'Ισουεί ('Ισουί). יִשְׁוִי

I Ki. 14. 49 (**A**) (Luc. Ιεσσιου) : I Ch. 7. 30 (**B**) (Luc. Ιεσσουε).

'Ισούρ. צוּר

I Ch. 8. 30 (**A**) (ו praec.) (Luc. Σουρ).

'Ισοῦς. שְׁיָא*, שְׁוָא (ק״)

II Ki. 20. 25 (**A**) (Luc. Σουσα).

'Ισραήδ. aliter in Heb.

Ps. 49 (50). 7 (**A**) (ישראל).

'Ισραήλ. (1) יִזְרְעֶאל

Luc. Ιεζραελ.

Jo. 17. 16 (**B**) : I Ki. 25. 43 (**B**) (Joseph. 'Αβίσαρος) : 29. 1 (**B**), 11 (Luc. Ισραηλ) : II Ki. 2. 9 (Luc. Ισραηλ) : 4. 4 (Luc. Ισραηλ) : III Ki. 18. 45 (**B**) (Luc. Ιεζραηλ), 46 (**B**) (Luc. Ιεζραηλ) : 20 (21). 23 (Luc. Ιεζραηλ) : IV Ki. 8. 29 (**B**) (Luc. Ιεζραηλ) *bis* : 9. 10 (Luc. Ιεζραηλ), 15 (**B**) (Luc. Ιεζραηλ) *bis*, 16 (**B**) (Luc. Ιεζραηλ), 17 (**B**) (Luc. Ιεζραηλ), 30 (**B**) (Luc. Ιεζραηλ), 36 (**B**) (Luc. Ιεζραηλ), 37 (**B**) (Luc. Ιεζραηλ) : 10. 6 (**B**) (Luc. Ιεζραηλ), 7 (**B**) (Luc. Ιεζραηλ), 11 (**B**) (Luc. Ιεζραηλ).

(2) יַעֲקֹב

Ge. 35. 5 : III Ki. 18. 31 (**B**) : Ps. 76 (77). 16 (**R**) : Am. 9. 8 (**A**) : Is. 2. 6 : 60. 16 (**A B S**).

(3) יִשְׂרָאֵל

Joseph. 'Ισράηλος : *Lugd.* Istrahel.

Ge. 32. 28 (29), 32 (33) (**A D**) : 33. 20 : 34. 7 : 35. 10, 21 (22) *bis* : 36. 31 (**D**^{sil} **E**) : 37. 3 (*D*) (Luc. Ιακωβ), 13 : 42. 5 : 43. 6, 8, 11 : 45. 21, 28 : 46. 1 (**A D**), 2, 5, 8, 29, 30 : 47. 27, 29, 31 : 48. 2, 8, 10 (**B**), 11 (**A**$^{a?}$ **B D**), 13 *bis*, 14, 20, 21 : 49. 2 (**A B F**), 7, 16, 24 (**B D F**) : 50. 2, 25 : Ex. 1. 1, 7 (**A**$^{a?}$ **B**), 9, 12, 13 : 2. 23, 25 : 3. 9, 10, 13, 14, 15, 16, 18 : 4. 22, 29, 31 : 5. 1, 2 *bis*, 14, 15, 19 : 6. 5, 6, 9, 11, 12, 13, 14, 26, 27 : 7. 2, 4, 5 : 9. 4 *bis*, 6 (**A**$^{a?}$ **B**), 7 (**A**$^{a?}$ **B**), 26, 35 : 10. 20, 23 : 11. 7 *bis*, 10 : 12. 3, 6, 15, 19, 21, 27, 28, 31, 35 (in mg et sup ras A, **B F**), 37, 40, 42 (**A B F**^{1}), 47, 50, 51 : 13. 2, 18, 19 : 14. 2, 3, 5, 8 (**A**^{a} **B F**) *bis*, 10 *bis*, 15, 16, 19, 20, 22, 25, 29, 30 *bis*, 31 : 15. 1 (**A**^{a} **B F**), 19, 22 : 16. 1, 2, 3, 6, 9, 10, 12, 15, 17, 31, 35 : 17. 1, 6, 7, 8, 11 : 18. 1 (Luc. *om.*), 1, 8, 12, 25 : 19. 1, 2, 3, 6 : 20. 22 : 24. 1, 4, 5, 9, 10, 11, 17 : 25. 2 : 27. 20, 21 : 28. 1, 9, 11 (**A F**), 12, 21, 23 (29), 26 (30), 34 (38) : 29. 28, 28 (**A**$^{a? mg}$ **B**), 43, 45 : 30. 12, 16 *bis*, 31 : 31. 13, 16, 17 : 32. 4, 9 (8), 20 (*Wirc.* Istrahel), 27 : 33. 5, 6 : 34. 23 (**A B**), 27, 30, 32 (**A**^{a} **B F**), 34, 35 : 35. 1, 4, 20, 29, 30 : 36. 3, 13 (39. 6), 14 (39. 7), 21 (39. 14) : 39. 11 (32), 22 (42) : 40. 30 (36), 32 (38) : Le. 1. 2 : 4. 2, 13 : 7. 13 (23), 19 (29), 24 (34) *bis*, 26 (36), 28 (38) : 9. 1, 3 : 10. 6, 11, 14 (**A**^{a} **B F**) : 11. 2 : 12. 2 : 15. 2, 31 : 16. 5, 16, 17, 19, 21, 34 : 17. 2 (Luc. *om.*), 3, 5, 8, 10, 12, 13, 14 : 18. 2 : 19. 2 : 20. 2 *bis*, 2 (Luc. αὐτοῖς) : 21. 24 : 22. 2, 3, 15, 18 *ter*, 32 : 23. 2, 10, 24, 34, 42, 43, 44 : 24. 2, 8, 10, 15, 23 *bis* : 25. 2, 33, 46, 55 : 26. 46 : 27. 2, 34 : Nu. 1. 2, 3, 16, 20, 44, 45 *bis*, 49, 52, 53, 54 : 2. 2, 32, 34 (Luc. *om.*) : 3. 8, 9, 12 *bis*, 13, 38, 40, 41 *bis*, 42, 45, 46, 50 : 4. 46 : 5. 2, 4 (Luc. *om.*), 4, 6, 9, 12 : 6. 2 (**A**^{a} **B F**), 23 (**A B S F**$^{1\,mg\,inf}$), 27 : 7. 2, 84 : 8. 6, 9, 10, 11, 14, 16 *bis*, 17, 18, 19 *quater*, 19 (**A F**) (Luc. *om.*), 20 *bis* : 9. 2, 4, 5, 7, 10, 17 *bis*, 18, 19 (**A B F**^{1}), 22 : 10. 4, 12, 28, 29, 36 : 11. 4, 16, 30 : 13. 3 (2), 4 (3), 25 (24), 27 (26), 33 (32) : 14. 2, 5, 7, 10, 27, 39 : 15. 2, 18, 25, 26, 29, 32, 38 : 16. 2, 9, 9 (**A B F**$^{1\,(mgg)}$), 25, 34, 38 (17. 3), 40 (17. 5), 41 (17. 6) (**A B**$^{ab\,mg}$ **F**) : 17. 2 (17), 5 (20), 6 (21), 9 (24), 12 (27) : 18. 5, 6, 8, 11, 14, 19, 20, 21, 22, 23, 24 *bis*, 26, 28, 32 : 19. 2, 9, 10, 13 : 20. 1, 12, 13, 14, 19, 21 *bis*, 22, 24, 29 (**A B**) : 21. 1 *bis*, 2, 3, 6, 10, 17, 21 (**F**) (Luc. Μωυσης), 23 *ter*, 24, 25 *bis*, 31 : 22. 1, 2 (Luc. Μωυσης), 3 : 23. 7, 10, 21, 23 *bis* : 24. 1, 2, 5, 17, 18 : 25. 1 (Luc. ὁ λαός), 3 (**B F**), 3, 4, 5, 6 *bis*, 8, 11 *bis*, 13 : 26. 2 *bis*, 4, 5, 51, 62 *bis*, 63, 64 : 27. 8, 11 (**B F**), 12, 20, 21 : 28. 2 : 30. 1, 2 : 31. 2, 4, 5, 12, 16, 30, 42, 47, 54 : 32. 4, 7, 9, 13, 14, 17, 18, 22, 28 : 33. 1, 3, 5, 38, 40, 51 : 34. 2, 13, 29 : 35. 2, 8, 10, 15, 34 : 36. 1, 2, 3, 4, 5, 7 *bis*, 8 *bis*, 9 : De. 1. 1, 3, 38 : 2. 12 : 3. 18 : 4. 1, 44, 45, 46 : 5. 1 *bis* : 6. 3, 4 : 9. 1 : 10. 6, 12 : 11. 6 : 13. 11 (12) : 17. 4, 12 (**A B F**^{1} mg), 20 (**A**^{a} **B F**) : 18. 1, 6 : 19. 13 : 20. 3 : 21. 8 *bis* : 22. 21, 22 (**A B**) : 23. 17 (18) *bis* : 24. 7 : 25. 6 (**A B**), 7, 10 : 26. 15 : 27. 1 (**A B**^{a} **F**), 9 *bis*, 14 : 29. 1 (28. 69), 2 (1), 10 (9), 21 (20) : 31. 1, 7, 9, 11 *bis*, 19 *bis*, 22, 23, 30 (**A F**) : 32. 45, 49, 51 *bis* : 33. 1, 5, 10, 21, 28, 29 (**A B**) : 34. 8, 9, 10, 12 : Jo. 2. 2 : 3. 1 (**F**), 7, 9, 12, 17 : 4. 4, 5, 7, 8 *bis*, 12, 14, 20 (21) (**F**), 22 (**A**$^{a?\,(mg)}$ **B F**) : 5. 1 *bis*, 2, 3, 5 (6), 10 (**F**), 12 : 6. 1 (**F**) (Luc. *om.*), 18, 23, 25 : 7. 1 *bis*, 6, 8, 12, 13, 15, 19, 20, 23, 24 (**A F**), 25 : 8. 10 (**A F**), 15, 17, 17 (**B F**), 21 (**B F**), 22 (**F**) (Luc. *om.*), 24, 27 : 9. 2, 3 (8. 30), 4 (8. 31), 5 (8. 32), 6 (8. 33), 6 (8. 33) (**A**), 8 (8. 35), 12 (6) (**A B**), 13 (7), 23 (17), 24 (18) *bis*, 25 (19), 32 (26) : 10. 1, 4, 10, 11 *bis*, 12 *bis*, 14, 15 (**B**$^{b?\,c?\,mg}$), 20, 21, 24, 29, 30, 31, 32, 34, 36, 38, 40, 42, 42 (**B F**) : 11. 5, 6, 8, 10 (**F**) (Luc. *om.*), 13, 14, 16, 19, 20, 21, 22, 23 : 12. 1, 6, 7 *bis* : 13. 6 *bis*, 13 *bis*, 14 : 14. 1 *bis*, 5, 10, 14 : 17. 13 : 18. 1, 2, 3 (**B**) : 19. 49, 51 : 20. 2, 9 : 21. 1, 3, 8, 41 (39), 43 (41), 45 (43) : 22. 9, 11 *bis*, 12, 13, 14 *bis*, 16, 18, 20 (Luc. *om.*), 21, 22, 24, 31, 32, 33 *bis* : 23. 1, 2 : 24. 1, 1 (**A**), 2, 9, 23, 31 *bis*, 32 : Jd. 1. 1, 28 : 2. 4, 6 (**A**), 7, 10, 11, 14, 20, 22 : 3. 1, 2, 4, 5, 7, 8 *bis*, 9 *bis*, 10, 12 *bis*, 13, 14, 15 *bis*, 27 (**B**) (Luc. *om.*), 27, 30, 31 : 4. 1, 3 *bis*, 4, 5, 6 (Luc. *om.*), 23, 24 : 5. 2, 3, 5, 7 *bis*, 8 (**B**), 9, 11 : 6. 1, 2 *bis*, 3, 4, 6, 6 (**A**), 7, 8 *bis*, 14, 15, 36, 37 : 7. 2, 8, 14, 15 (**B**), 23 : 8. 22, 27, 28, 33, 34, 35 : 9. 22, 55 : 10. 1, 2, 3, 6, 7, 8 *bis*, 9, 10, 11, 15, 16, 17 : 11. 4, 5 (**A**) (Luc. *om.*), 13, 15 (**B**), 16, 17 *bis*, 19 *bis*, 20 *bis*, 21 *ter*, 23 (**B**), 23, 25, 26 (**A**), 27, 33, 39, 40 : 12. 7, 8, 9, 11, 11 (**A**), 13, 14 : 13. 1, 5 : 14. 4 : 15. 20 : 16. 31 : 17. 6 : 18. 1 *bis*, 19, 29, 31 (19. 1) : 19. 12, 29, 30 : 20. 1, 2, 3, 3 (Luc. *om.*), 6 *bis*, 7, 10 *bis*, 11 (Luc. *om.*), 12, 13 *bis*, 14, 17, 18, 19, 20, 20 (**A**), 21, 22, 23, 24, 25 (**B**) (Luc. *al.*), 26, 27 (**A**), 28 (27) (**B**), 29, 30, 31, 32, 33 (**A**), 33, 34, 35 *bis*, 36, 38, 39 *bis*, 41, 42, 48 : 21. 1, 3, 3 (**A**), 3, 5 *bis*, 6 *bis*, 8, 15, 17, 18, 24, 25 : Ru. 2. 12 : 4. 7 *bis*, 11, 14 : I Ki. 1. 17 : 2. 14, 22, 28 *bis*, 29, 30, 32 (**A**) : 3. 11, 20 : 4. 1 *bis*, 2 *bis*, 3, 5, 10 *bis*, 17, 18, 21 (**A**), 22 : 5. 7 (**A B**^{ab}), 8, 8 (**A**), 10, 11 : 6. 3 : 7. 2, 3, 4, 5, 6, 7 *ter*, 8, 9, 10, 10 (**B**), 11 (**B**), 13, 14 *ter*, 15, 16, 17 : 8. 1, 4, 22 : 9. 2 (*Quedl.* Istrahel), 9, 16, 20, 21 : 10. 18 *ter*, 20 (**B**) : 11. 2, 3, 7, 8, 13, 15 : 12. 1 : 13. 2 (**B**), 4 (**B**) *bis*, 5 (**B**), 6 (**B**), 13 (**B**), 19 (**B**), 20 (**B**) : 14. 12, 18, 21, 22, 23, 37, 39, 40, 41, 45 (**B**), 47, 48 : 15. 1 (Luc. τὸν λαὸν αὐτοῦ), 2, 6, 17 *bis*, 26, 28, 29, 30, 35 : 16. 1 : 17. 2, 3, 8, 10, 11, 19 (**A**), 21 (**A**), 24 (**A**), 25 (**A**) *ter*, 26 (**A**), 45, 46, 52, 53 : 18. 6, 16, 18 (**A**) : 19. 5 : 20. 12 : 23. 10, 11, 17 : 24. 3, 15, 21 : 25. 1, 30, 32, 34 : 26. 2, 15, 20 : 27. 1, 12 : 28. 1, 3, 4, 19 *bis* : 29. 1, 3 : 30. 25 : 31. 1 *bis*, 7 *bis* : II Ki. 1. 3, 12, 19, 24 : 2. 9, 10 (**A**), 17, 28 : 3. 10, 12, 17, 18, 19 (Luc. *om.*), 21, 37, 38 : 4. 1 : 5. 1, 2 *bis*, 2 (Luc. *om.*), 3 *bis*, 5, 12 *bis*, 17 : 6. 1, 5, 15, 19, 20, 21 : 7. 6, 7 *ter*, 8, 10, 11, 23, 24, 26 (**A**), 27 : 8. 15 : 10. 9, 15, 17, 18 (**B**), 19 *bis* : 11. 1, 11 : 12. 7 *bis*, 8, 12 : 13. 12, 13 (**B**) : 14. 25 : 15. 2, 6 *bis*, 10, 13 : 16. 3, 15, 18, 21, 22 : 17. 4, 10, 11, 13, 14, 15, 24, 26 : 18. 6, 7, 16, 17 (signa v l prae se fert **B**$^{?\,txt\,et\,mg}$) : 19. 8 (9), 9 (10), 11 (12), 22 (23) *bis*, 40 (41), 41 (42), 42 (43), 43 (44) *bis* : 20. 1, 2, 14, 19 *bis*, 23 : 21. 2 *ter*, 4, 5, 15, 17 (**B**), 21 : 23. 1, 3 (Luc. Ιακωβ), 3, 9 : 24. 1 *bis*, 2, 4, 9, 15, 25 : III Ki. 1. 3, 20 (Luc. τοῦ λαοῦ), 30, 34, 35, 48 : 2. 4, 5, 11, 15, 32 (**B**) : 3. 28 : 4. 1, 7, 18 (20) (**A**), 24 (5. 5) (**A**) : 5. 13 (27) (*Quedl.* Istrahel) : 6. 1 *bis*, 15 (13) (**A**) *bis* : 8. 1, 1 (**A**) (Luc. *om.*), 2 (**A**) (Luc. *om.*), 2 (3) (**A**) (Luc. *om.*), 5 (Luc. ὁ λαός), 9, 14 *bis*, 15, 16 *bis*, 16 (Luc. *om.*), 17 (**A**^{1} **B**), 20 *bis*, 22, 23, 25 *bis*, 26, 30, 33, 34, 36, 38 (**A**) (Luc. *om.*), 41 (**A**), 43, 52, 55, 56, 59, 62, 63, 65, 66 : 9. 5 (Ιερουσαλημ), 5, 7 *bis*, 20 (**A**), 21 (**A**), 22 (**A**) : 10. 9 *bis*, 24 (9. 20) (**B**), 24 (9. 21) (**B**), 25 (9. 22) (**B**) : 11. 2, 9, 14 (25) (**B**), 16, 22 (25) (**A**), 31, 32, 37, 38 (**A**), 42 (**A**) : 12. 1, 1 (3) (**A**) (Luc. *om.*), 16 *ter*, 16 (17) (**A**), 18 (**A**), 19, 20 *bis*, 21, 24, 28, 33 : 14. 7 (**A**) *bis*, 10 (**A**), 13 (**A**) *bis*, 14 (**A**), 15 (**A**) *bis*, 16 (**A**) *bis*, 18 (**A**), 19 (**A**), 21, 24 : 15. 9, 16, 17, 19, 20, 25 *bis*, 26, 27, 30 *bis*, 31, 32 (**A**), 33, 34 : 16. 2 *bis*, 5, 8, 13 *bis*, 14, 16 (Luc. ὁ λαός), 16, 17, 19, 20, 21, 23, 26, 26 (**A**), 27, 29, 29 (**A**), 33 (**A**) (Luc. τὴν ψυχήν), 33 : 17. 1 (Luc. *om.*), 14 (**A**) (Luc. *om.*) : 18. 17, 18, 19, 20, 31, 36 (**B**), 36 : 19. 10, 14, 16, 18 : 20 (21). 7, 18, 21, 22, 26 : 21 (20). 2, 4, 7, 11, 13, 20, 21 (**B**), 22, 26, 27 *bis*, 28, 29, 31 *bis*, 32, 40, 41, 43 : 22. 1, 2, 3, 4 (**A**), 5, 6, 9, 10, 17, 18, 26 (**B**), 29, 30 *bis*, 31, 32, 33, 34, 39, 41 (**A**), 45, 52 *bis*, 53, 54, 54 (IV Ki. 1. 1) (**B*** [*bis scr*]) : IV Ki. 1. 1, 3, 6 (**B**), 16 (**A**) (Luc. *om.*), 18 (**B**) : 2. 12 : 3. 1 (**B**), 3, 4, 5, 6, 9, 10, 11, 12, 13 *bis*, 24 (**A B**^{ab} [sup ras]), 24, 27 : 5. 2, 4, 5, 6, 7, 8 *bis*, 12, 15 : 6. 8 (**B**), 9, 10, 11, 12 *bis*, 21, 23, 26 : 7. 6, 13 : 8. 12, 16, 18, 25, 26 : 9. 3, 6 *bis*, 8, 12, 14, 21 : 10. 21, 28, 29, 30, 31 *bis*, 32 *bis*, 34, 36 : 13. 1 (**A**), 2, 3, 4, 5 *bis*, 6 (Luc. *om.*), 8, 10 (**B**), 11, 12, 13, 14 *bis*, 16 (**A**), 18, 22, 25 : 14. 1, 8, 9, 11, 12, 13, 15, 16, 17, 23 (**A**), 24, 25 *bis*, 26 *bis*, 27, 28 *bis*, 29 : 15. 1, 8, 9, 11, 12, 15, 17, 18, 20, 21, 23, 24, 26, 27, 28, 29 (**B**) (Luc. *om.*), 31, 32 : 16. 3 *bis*, 5, 7 : 17. 1, 2 (Luc. *om.*), 6, 7, 8 *bis*, 9, 13, 18, 19, 20, 21 *bis*, 22, 23 *bis*, 24, 34 : 18. 1, 4, 5, 9, 10 : 19. 15, 20, 22 : 21. 2, 3, 7, 8, 9, 12 : 22. 15, 18 : 23. 13, 15, 19. 22 *bis*, 27 : 24. 13 (**A**$^{a?}$ **B**) : I Ch. 1. 43 (**A**) : 2. 1, 7 : 4. 10 : 5. 1 *bis*, 3, 17, 26 : 6. 38 (23), 49 (34), 64 (49) : 7. 29 : 9. 1 *bis*, 2 : 10. 1, 7 : 11. 1. 2 *ter* ($\overline{\text{Ιηλμ}}$ **S*** semel), 3 *bis*, 4 (**A**), 10 *bis* : 12. 32, 38 *bis*, 40 : 13. 2 *bis*, 5, 6, 8 : 14. 2 *bis*, 8 : 15. 3 (**A**^{a} [sup ras] **B S**), 12, 14, 25 (**A B S**$^{c.a}$ [superscr]), 28 : 16. 3, 4, 13, 17, 36, 40 : 17. 5, 6 *bis*, 7, 9, 10, 21, 22, 24 : 18. 14 : 19. 10, 16, 17, 19 : 20. 7 : 21. 1 *bis*, 2, 3, 4 (**A**), 5, 7, 12, 14 *bis* : 22. 1, 2, 6, 9, 10, 12, 13, 17 : 23. 1, 2, 25 : 24. 19 : 26. 29, 30 : 27. 1, 16, 22, 23, 24 : 28. 1, 4 *ter*, 5 : 29. 6, 10, 18 (Luc. Ιακωβ), 21, 23, 25, 26, 30 : II Ch. 1. 2 *bis*, 13 : 2. 4 (3), 12 (11), 17 (16) : 5. 2 (**A**), 2, 3, 4, 6, 10 : 6. 3 *bis*, 4, 5 *bis*, 6, 7, 10 *bis*, 11, 12, 13, 14, 16 *bis*, 17, 21, 24, 25, 27, 29,

32, 33 : 7. 3, 6, 8, 10, 18 (A^{a} [sup ras] B) : 8. 2, 7, 8, 9, 11 : 9. 8, 30 : 10. 1, 3 (A), 16 *ter*, 17, 18, 19 : 11. 1, 13, 16 *bis* : 12. 1, 6 (B), 13 : 13. 4, 5 *bis*, 12, 15, 16, 17, 18 : 15. 3, 4, 9 (A? [rescr] B), 13, 17 : 16. 1, 3, 4, 11 : 17. 1, 4 : 18. 3, 4, 5 (Luc. *om.*), 7, 8 (A), 9, 16, 17, 19, 25, 28, 29 *bis*, 30, 31, 32, 33, 34 : 19. 8 : 20. 7, 10, 19, 29, 34, 35 : 21. 4 (Luc. Ιουδα), 6, 13 : 23. 2 : 24. 5, 6, 9, 16 : 25. 6, 7 *bis*, 9, 17 (A), 18, 21, 22, 23, 25, 26 : 27. 7 : 28. 2, 3, 5, 8, 13, 23, 26, 27 : 29. 7, 10, 24 *bis*, 27 (A) : 30. 1 *bis*, 5 *bis*, 6 *bis*, 6 (B) (Luc. Ιακωβ), 21, 25 *bis*, 26 : 31. 1 *bis*, 5, 5 (6), 8 : 32. 17, 32 : 33. 2, 7, 8, 9, 16, 18 : 34. 7, 9 (B), 21, 23, 26, 33 *bis* : 35. 3 *ter*, 4 (Luc. *om.*), 17, 18 *ter*, 25, 27 : 36. 13 : II Es. 1. 3 (A) : 2. 2, 59, 70 : 3. 1, 2, 10, 11 : 4. 1, 3 : 5. 1, 11 : 6. 14 (Luc. τοῦ οὐρανοῦ), 16, 17 *bis*, 21 *bis*, 22 : 7. 6, 7, 10, 11, 13, 15, 28 : 8. 18, 25, 35 *bis* : 9. 1, 4, 15 : 10. 1 (A B S$^{c.a\ mg}$), 2, 5, 10, 25 : 11 (Ne. 1). 6 *bis* : 12 (Ne. 2). 10 : 17 (Ne. 7). 7, 61, 73 : 18. 1 (Ne. 7. 73) : 18 (Ne. 8). 1 (A B S^{1} [coep Ισ S* vid]), 14, 17 : 19 (Ne. 9). 1, 2 : 20. 33 (Ne. 10. 34), 39 (Ne. 10. 40) : 21 (Ne. 11). 3, 20 (S$^{c.a\ (mg)}$) : 22 (Ne. 12). 47 : 23 (Ne. 13). 2, 3 (A? [?] B S), 18, 26 *bis* : Ps. 13 (14). 7 *bis* : 21 (22). 4, 24 : 24 (25). 22 : 40 (41). 14 : 49 (50). 7 (B S R T) : 52 (53). 7 *bis* : 58 (59). 6 : 67 (68). 9, 27, 35, 36 : 68 (69). 7 : 70 (71). 22 : 71 (72). 18 : 72 (73). 1 : 75 (76). 2 : 77 (78). 5, 21, 31, 41, 55, 59, 71 : 79 (80). 2 : 80 (81). 5, 9 (A S$^{c.a}$ R T), 12, 14 (A B S^{1} R T) : 82 (83). 5 : 88 (89). 19 : 97 (98). 3 : 102 (103). 7 : 104 (105). 10, 23 : 105 (106). 48 : 113 (114). 1, 2, 17 (115. 9), 20 (115. 12) : 117 (118). 2 : 120 (121). 4 : 121 (122). 4 : 123 (124). 1 : 124 (125). 5 : 127 (128). 6 : 128 (129). 1 : 129 (130). 6 (A S$^{c.a}$ R T), 8 : 130 (131). 3 : 134 (135). 4, 12, 19 : 135 (136). 11, 14, 22 : 146 (147). 2 : 147. 8 (19) (A^{a} B S R T) : 148. 14 : 149. 2 : Pr. 1. 1 : Ec. 1. 12 : Ca. 3. 7 : Ho. 1. 1, 4 (*Wirc.* Israhel), 5, 6, 10 (2. 1), 11 (2. 2) : 3. 1, 4, 5 : 4. 1, 15, 16 : 5. 1, 3 *bis*, 5 *bis*, 9 : 6. 10 *bis* : 7. 1, 10 : 8. 3 (*Weingart.* Istrahel), 6, 8, 14 : 9. 1, 7, 10 : 10. 1, 6, 8, 9 : 11. 1 (10. 15), 1, 8, 12 (12. 1) : 12. 12 (13), 13 (14) : 13. 1, 9 : 14. 2, 6 : Am. 1. 1 : 2. 6, 11 : 3. 1, 12, 14 : 4. 5, 12 *bis* : 5. 1, 2, 3, 4 (A B^{ab} Q), 25 : 6. 1, 14 : 7. 8, 9, 10 *bis*, 11, 15, 16, 17 : 8. 2 : 9. 7 *bis*, 9, 14 : Mi. 1. 5, 13, 14, 15 : 2. 12 (B Q) : 3. 1, 8, 9 : 5. 2 (1), 3 (2) : 6. 2 : Jl. 2. 27 : 3 (4). 2, 16 : Ob. 1. 20 : Na. 2. 3 : Ze. 2. 9 : 3. 13, 15 (B S*) : Za. 1. 19 (2. 2) : 8. 13 : 9. 1 : 11. 14 : 12. 1 : Ma. 1. 1, 5 : 2. 11, 16 : 4. 6 (3. 22) : Is. 1. 3, 4, 24 (B S Q Γ) : 4. 2 : 5. 7, 19 (B S Q Γ), 24 : 7. 1 : 8. 18 : 9. 8 (7), 12 (11), 14 (13) : 10. 17, 20 *bis*, 22 : 11. 12, 16 : 12. 6 : 14. 1, 2 (S) : 17. 3, 6, 7, 9 : 19. 24, 25 : 21. 10, 17 : 24. 16 (15) : 27. 6, 12 : 29. 19 (Q^{mg} sub ※ et Ωρ.), 23 : 30. 11, 12, 15, 29 : 31. 1, 6 (B Q^{1}) : 37. 16, 21, 23 : 40. 27 : 41. 8, 14 *bis*, 16, 17, 20 (A B S$^{c.b}$ Q Γ) : 42. 24 : 43. 1, 3, 14, 15, 22, 28 (B S Q Γ) : 44. 1, 2, 5, 6, 21 *bis*, 23 : 45. 3, 4, 11, 15, 17, 25 : 46. 3, 13 : 47. 4 : 48. 1 *bis*, 2, 12, 17 : 49. 3 (A B S Q^{mg} Γ), 5, 6, 7 *bis* : 52. 12 : 54. 5 : 55. 5 : 56. 8 : 60. 9, 14 : 63. 7, 16 : 66. 20 : Je. 2. 3, 4, 14, 26, 31 : 3. 6, 8, 11, 12, 18 (B S Q), 20, 21, 23 : 4. 1 : 5. 11, 15 : 6. 9 : 7. 3, 12 : 9. 15 (14), 26 (25) : 10. 1 : 11. 3, 10, 17 : 12. 14 : 13. 11 : 14. 8 : 16. 9, 14, 15 : 17. 13 : 18. 6, 6 (Q^{mg} sub ※), 13 (B Q) : 19. 3 : 23. 6 (A B Q), 13, 7, 8 : 24. 5 : 26 (46). 27 : 27 (50. 4) (B S Q), 17, 19, 20, 29, 33 : 28 (51). 5 *bis*, 33 (Q^{mg} [sub ※]), 49 (Q^{mg}) : 30 (49). 1, 2 (A B S$^{c.a\ (?\ mg)}$ Q) : 31 (48). 13, 27 : 32. 1 (25. 15), 13 (25. 27) (Q) : 34. 3 (27. 4) : 36 (29). 4, 23 (A B S*), 25 (Q^{mg} sub ※) : 37 (30). 2, 3, 4 : 38 (31). 1, 2, 4 (A B S), 7, 9, 10, 21 (B S$^{c.a\ mg}$ Q), 23 (Q^{mg} sub ※), 27, 31, 33, 35 (37), 37 (36) : 39 (32). 20, 21, 30, 32, 36 : 40 (33). 4 (A S Q), 7 (A B S*) : 41 (34). 13 (A Q) : 42 (35). 18 (Q^{mg} sub ※), 19 (Q^{mg}) : 43 (36). 2 (A Q*) : 46 (39). 16 : 48 (41). 9 : 49 (42). 18 (Q^{mg}) : 50 (43). 10 (Q^{mg}) : 51 (44). 2, 11 (Q^{mg}), 25 : La. 2. 1, 3, 5 : Ez. 2. 3 : 3. 1, 4, 5, 7 *bis*, 17 (A^{a} B Q) : 4. 3, 4, 5, 13 : 5. 4 : 6. 2, 3, 5 (A Γ), 11 : 7. 2 : 8. 4, 6 (A), 10, 11, 12 : 9. 3, 8, 9 : 10. 19, 20 : 11. 5, 10, 11 (Q), 13, 15, 17 (A^{a} B Q Γ), 22 : 12. 6, 9, 10, 19, 22, 23, 24, 27 : 13. 2, 4, 5, 9 *bis*, 16 : 14. 1, 4, 5, 6, 7, 7 (B Q), 9, 11 : 17. 23 : 18. 2, 3, 6, 15, 25, 29 *bis*, 30, 31 : 19. 1, 9 : 20. 1, 3, 5, 13, 27, 30, 31, 38, 39, 40 (Q), 40, 42 : 21. 2 (7), 3 (8), 12 (17), 25 (30) : 22. 6, 18 : 24. 21 : 25. 3, 6 (1 sup ras B$^{?\ vid}$), 14 : 27. 17 : 28. 24, 25 : 29. 6, 16, 21 : 33. 7, 10, 11, 20, 24, 28 : 34. 2 *bis*, 13, 14, 14 (A^{a} B Q), 30 : 35. 5, 12, 15 (Q sub ※) : 36. 1 *bis*, 4, 6, 8, 8 (Q sub ※), 10, 12, 17, 21, 22 *bis*, 32, 37 : 37. 11, 12, 16 (B Q), 16, 19, 21, 22 : 38. 8, 14, 16, 17, 18, 19 : 39. 2, 4, 7 *bis*, 9, 11 (A$^{a?}$ B Q), 13 (12), 17, 22, 23, 25, 29 : 40. 2 (A B^{ab} Q Γ), 4 : 43. 2, 7 *bis*, 10 : 44. 2, 6 *bis*, 9, 10, 12, 15, 22, 28, 29 : 45. 6, 8 *bis*, 9, 15, 16, 17 *bis* : 47. 13, 18, 21, 22 *bis* : 48. 11, 19, 29, 31 : Da. LXX., TH. 1. 3 : 9. 7, 11, 20.

[**Aq.** GE. 35. 21 : 47. 31 : EX. 24. 10 : LE. 15. 2 : NU. 1. 45 : DE. 32. 8 : JO. 3. 12 : 4. 7, 21 : 6. 1 : 22. 33 : I KI. 14. 18 : 21. 2 : III KI. 4. 20 (5. 1) : 8. 1 : 11. 38 : 12. 3, 17 : 14. 7 *bis*, 10, 13 *bis*, 14, 15 *bis*, 16 *bis*, 18, 19 : 15. 32 : 21 (20). 11 (Bi.), 13 (Bi.) : 22. 4 : IV KI. 1. 16 : 13. 1, 5, 16 : 23. 13 (Bi.), 15 (Bi.), 19 (Bi.), 22, 27 (Bi.) : PS. 70 (71). 22 : 71 (72). 18 : 134 (135). 12 : IS. 1. 24 : 8. 14, 18 : 21. 17 : 29. 19 : 30. 12 (Sw.) : 31. 6 : 41. 8, 14, 16 : 44. 23 : 45. 15 : 60. 9 : JE. 10. 16 : 13. 12 : 17. 13 : 19. 15 : 21. 4 : 23. 2 : 28 (35). 2 (Sw.), 14 (Sw.) : 29 (36). 8, 21 : 31 (38). 27, 36 : 32 (39). 14, 30 : 33 (40). 7 : 46 (26). 25 : 50 (27). 18, 19, 20, 29 : EZ. 8. 6 : 20. 44 : 34. 2 : 34. 5 : HO. 4. 15 : 10. 15 : 11. 1 : AM. 7. 16 : 9. 7 : MI. 5. 1 (4. 14).]

[**Sm.** GE. 47. 31 : EX. 6. 13 : 24. 10 : LE. 15. 2 : NU. 1. 45 : DE. 32. 8 : JO. 4. 7, 21 : 6. 1 : 22. 33 : I KI. 2. 32 : 14. 18 : 21. 2 *bis* : III KI. 4. 20 (5. 1) : IV KI. 13. 16 : PS. 67 (68). 9 : 68 (69). 7 : 71 (72). 18 : 72 (73). 1 : 77 (78). 31, 59 : 80 (81). 12 : 134 (135). 12 : IS. 1. 24 : 8. 14, 18 : 21. 17 : 29. 19, 23 : 30. 11, 12 (Sw.) : 31. 6 : 40. 27 : 41. 8, 14, 16 : 43. 15 : 44. 23 : 45. 15 : 46. 13 : 60. 9 : JE. 13. 12 : 14. 8 : 17. 13 : 18. 6 : 21. 4 : 23. 2 : 31 (38). 2, 27 : 32 (39). 14, 30 : 33 (40). 7 : 50 (27). 19 : EZ. 8. 6 : 13. 4, 5 : 20. 44 : 35. 5 : HO. 4. 15 : 11. 1 : AM. 7. 16 : 9. 7 : MI. 1. 15 : 5. 1 (4. 14).]

[**Th.** GE. 47. 31 : EX. 6. 13 : LE. 15. 2 : NU. 1. 45 : DE. 32. 8 : JO. 4. 7, 21 : 6. 1 : 22. 33 : JD. 18. 19 : I KI. 2. 32 : 14. 18 : II KI. 12. 12 : 21. 2 : 24. 1 : III KI. 22. 4 : IV KI. 13. 5 : PS. 71 (72). 18 : 134 (135). 12 : IS. 1. 24 : 8. 18 : 21. 17 : 29. 19 : 30. 12 (Sw.) : 31. 6 : 41. 8, 14, 16 (Sw.) : 44. 23 : 45. 15 : 60. 9 : JE. 10. 16 : 13. 12 : 19. 15 : 21. 4 : 23. 2 : 27 (34). 21 : 28 (35). 2 (Sw.), 14 (Sw.) : 29 (36). 8, 21, 25 : 30 (37). 10 : 32 (39). 14, 15, 30 (Sw.) : 33 (40). 14, 17 : 42. (49). 9 : 46 (26). 25 : 50 (27). 18, 20 : EZ. 6. 5 : 8. 6 : 13. 5 : 20. 44 : 34. 2 : 35. 5, 15 : HO. 4. 15 : 11. 1 : MI. 5. 1 (4. 14).]

[**Al.** NU. 10. 4 : 21. 21 : DE. 32. 8 : 33. 28 : JO. 3. 7 : 11. 19 : JD. 5. 8 : I KI. 9. 21 : 28. 19 *bis* : II KI. 20. 19 : IV KI. 1. 1 : I CH. 17. 6 : II CH. 11. 16 : PS. 127 (128). 6 : IS. 14. 2 : JE. 31 (38). 2 : EZ. 20. 13.]
[**Sam.** DE. 32. 8.]
[**Heb.** PS. 71 (72). 18.]
[**Quint.** IV KI. 13. 1, 5 : PS. 71 (72). 18 : HO. 4. 15.]
[**Sext.** PS. 71 (72). 18.]

(**4**) aliter in Heb.

Ge. 50. 12 (A) (pron. suff.) (Luc. αὐτοῦ) : Ex. 14. 9 (F) (pron. suff.) (Luc. αὐτῶν) : 19. 7 (A) (העם) (Luc. τοῦ λαοῦ) : 28. 12 (pron. suff.) : Nu. 1. 47 (pron. suff.) : 4. 34 (העדה) : De. 18. 5 (Heb., Luc. *aliter*) : Jo. 6. 16 (A B) (υἱοὶ Ἰ. = העם) : 8. 16 (pron. suff.) : 9. 8 (8. 35) (pron. suff.) : 11. 13 (B F) (יהושע) : Jd. 1. 22 (A) (יוסף) (Luc. Ιωσηφ) : 2. 22 (A) (υἱοὶ Ἰ. = אבתם) : 4. 2 (B) (τοὺς υἱοὺς Ἰ. = pron. suff.) (Luc. αὐτούς) : 5. 20 (A) (סיסרא) (Luc. Σισαρα), 24 (A) (יעל, Ιηλ pro Ιαηλ) (Luc. Ιαηλ) : 11. 5 (A) (גלעד) (Luc. Γαλααδ), 20 (A) (Ιηλ ; יהצה) (Luc. Ιασσα) : 20. 45 (B) (במסלות) (Luc. ἐν ταῖς ὁδοῖς) : I Ki. 10. 20 (A) (שמואל) (Luc. Σαμουηλ) : 14. 38 (העם) (Luc. τοῦ λαοῦ) : 15. 12 (שאול) : 18. 19 (A) (Ιηλ = עדריאל) (Luc. Εδριηλ), 28 (πᾶς Ἰ. = מיכל בת־שאול) : 20. 1 (A) (Ιηλ = דוד) (Luc. Δαυιδ) : 30. 29 (B) (ירחמאלי) : II Ki. 1. 18 (A) (יהודה) (Luc. Ιουδα) : 20. 2 (A* vid) (ירושלם) : III Ki. 8. 28 (pron. suff.) : 11. 38 (39) (A) (דוד) : 15. 4 (A) (ירושלם) (Luc. Ιερουσαλημ) : 16. 15 (העם) : 21 (20). 23 (pron. suff.) : IV Ki. 8. 13 (ארם) (Luc. Συρία), 26 (signa v l prae se fert B$^{?\ txt\ et\ mg}$) (ירושלם) : 14. 2 (A) (ירושלם) (Luc. Ιερουσαλημ), 27 (B) (שמים) : I Ch. 6. 15 (5. 41) (A) (ירושלם) (Luc. Ιερουσαλημ) : II Ch. 12. 2 (A) (ירושלם) (Luc. Ιερουσαλημ) : 13. 1 (B) (יהודה) (Luc. Ιουδας) : 22. 6 (B) (יזרעאל) (Luc. Ιεζραηλ) *bis* : 29. 21 (יהודה) : II Es. 12 (Ne. 2). 12 (ירושלם) : Ca. 1. 5 (A B S) (ירושלם) : Ho. 10. 15 (אל) : Am. 5. 6 (אל) : Is. 22. 10 (A* vid) (ירושלם) : 29. 7 (A S Q* Γ) (אריאל) : 44. 6 (Γ) (צבאות) : Je. 3. 16 (ἅγιος Ἰ. = יהוה), 18 (A) (יהודה) : 7. 17 (S*) (ירושלם) : 26 (46). 10 (Q) : 41 (34). 9 (A Q^{mg}) (יהודי) : 48 (41). 12 (Q^{mg}) (ישמעאל) : 51 (44). 2 (S*) (ירושלם) : Ez. 8. 17 (A) (יהודה) : 37. 21 (pron. suff.) : Da. TH. 9. 16 (A) (ירושלם).

[**Al.** I KI. 11. 7 (עם) : III KI. 22. 50 (ὁ βασ. Ἰ. = אחזיהו בן אחאב) : II CH. 36. 23 (שמים).]

(**5**) abest in Heb.

Ge. 35. 5 : 37. 2, 14 : Ex. 2. 11 *bis* : 3. 11 : 13. 20 : 21. 17 (16) : 23. 22 : 29. 28 : *subscr.* (A) : Le. 11. 47 (F) (Luc. *om.*) : 24. 16 (Luc. *om.*) : Nu. 2. 2 : 3. 7 : 9. 18 : 15. 33 : 25. 16 : De. 6. 4 : 23. 17 (18) *bis* : 25. 9 (Luc. *om.*) : 32. 9, 44 : Jo. 4. 19 : 5. 4, 10 : 8. 22 (F) (Luc. *om.*) : 9. 12 (6) (B F), 24 (18) (F) : 10. 6, 35 : 13. 14 : 21. 42 b, 42 d : 22. 30 (B), 33 : 24. 25, 30 a, 33 a, 33 b *bis* : Jd. 1. 33 (A) : 2. 1 (lacuna in Heb.) : 6. 5 : 19. 30 (A) *bis* (Luc. *om.*) : 20. 45 (B) (Luc. *om.*) : 21. 14, 14 (B) (Luc. *om.*) : I Ki. 3. 21 : 5. 11 (B) : 7. 14 : 10. 1 : 11. 7 : 13. 4 (B), 5 (B) : 14. 41 *bis* : 15. 23 : 17. 36 : II Ki. 7. 25 (B) 27 (A) : 19. 10 (11) : 20. 13, 18 : III Ki. 2. 46 a (B), 46 g (B), 46 l (B) : 8. 32 : 9. 7 (A [*bis scr.*]) : 11. 22 : 12. 12, 24 n (B), 24 o (B), 24 t (B), 24 y (B) : 16. 28 g (B) : 21 (20). 28, 38 : 22. 4, 7, 8, 19, 20 : IV Ki. 1. 18 a (A), 18 c, 18 d (A) : 5. 8, 19 (A) (Luc. *om.*) : 6. 24 (A) (*bis scr. cf.* v. 23) (Luc. *om.*), 30 (A) (Luc. *om.*) : 7. 14 (B) : 9. 16 (Luc. Ιεζραηλ), 16 (B), 29 : 14. 23 : I Ch. 10. 7, 11 : 11. 2 (B) : 17. 6 (A) (versio duplex) : II Ch. 28. 6 : 34. 9 (A) : 35. 19 d : II Es. 19 (Ne. 9). 1 (S*) (*bis scr.* v. 2) : 22 (Ne. 12). 47 (S*) (*bis scr.*) : Ps. 80 (81). 9 (B S*) : Ec. 1. 1 : Za. 1. 21 (2. 4) : Is. 17. 8 (S Q) : 29. 22 (A S Q Γ) : 33. 20 (Γ*) : 38. 11 : 42. 1 (adnot Q^{mg}), 1 : 44. 23 : Je. 2. 2 : 13. 20 (A^{a}) : 16. 1 (Ιληλ S) : 23. 16 (Q^{mg}) : 32. 14 (25. 28) (Q^{mg} sub ※) : 39 (32). 28 (A B Q) : La. 1. *tit.* ras aliq in σ B?) : Ez. 4. 13, 14 : 10. 22 : 17. 2 : 19. 1 (Q$^{mg\ sup}$) : 20. 1 (Q$^{mg\ sup}$), 13 (A), 47 (21. 3) (A) : 25. 8 : 34. 1 (Q$^{mg\ sup}$) : 43. 18 (A B) : 44. 13, 13 (adnot Q^{mg}) : 45. 8, 9 (A) : Da. LXX. 1. 6 : 9. 19 : Da. TH. 9. 24 (A).

(**6**) in libr. apocr.

I Es. 1. 1 (A) (abest in II Ch. 35. 1) (Luc. *om.*), 3 (= ישראל II Ch. 35. 3), 4 (= ישראל II Ch. 35. 3), 4 (5) (= ישראל II Ch. 35. 4), 5 (abest in II Ch. 35. 5), 17 (19) (= ישראל II Ch. 35. 17), 18 (20) (= ישראל II Ch. 35. 18), 19 (21) (= ישראל II Ch. 35. 18) *bis*, 22 (24) (abest in II Ch. 35. 19), 30 (32) (= ישראל II Ch. 35. 25), 31 (33) (= ישראל

II Ch. 35. 27), 33 (35) (B) (abest in II Ch. 36. 2) (Luc. *om.*), 46 (48) (= ישראל II Ch. 36. 13): 2. 3 (abest in II Ch. 36. 23: Ezr. 1. 2), 5 (= ישראל Ezr. 1. 3): 5. 37 (= ישראל Ezr. 2. 59: Ne. 7. 61), 41 (abest in Ezr. 2. 64: Ne. 7. 66), 45 (46) (= ישראל Ezr. 2. 70: Ne. 7. 73), 46 (47) (= ישראל Ezr. 3. 1), 47 (48) (= ישראל Ezr. 3. 2), 57 (60) (= ישראל Ezr. 3. 10), 58 (61) (= ישראל Ezr. 3. 11), 64 (67) (= ישראל Ezr. 4. 1), 67 (70) (= ישראל Ezr. 4. 3), 68 (71) (= ישראל Ezr. 4. 3): 6. 1 (= ישראל Ezr. 5. 1), 13 (14) (= ישראל Ezr. 5. 11), 14 (15) (abest in Ezr. 5. 12): 7. 4 (= ישראל Ezr. 6. 14), 6 (= ישראל Ezr. 6. 16), 6 (A) (abest in Ezr. 6. 14), 8 (= ישראל Ezr. 6. 17) *bis*, 9 (abest in Ezr. 6. 18), 10 (abest in Ezr. 6. 19), 13 (= ישראל Ezr. 6. 21), 15 (= ישראל Ezr. 6. 22): 8. 3 (= ישראל Ezr. 7. 6), 5 (= ישראל Ezr. 7. 7), 7 (8) (= ישראל Ezr. 7. 10), 13 (14) (A) (= ישראל Ezr. 7. 15) (Luc. *om.*), 27 (30) (= ישראל Ezr. 7. 28), 46 (48) (= ישראל Ezr. 8. 18), 55 (56) (= ישראל Ezr. 8. 25), 58 (60) (= ישראל Ezr. 8. 29), 63 (66) (= ישראל Ezr. 8. 35), 63 (66) (A) (= ישראל Ezr. 8. 35), 66 (69) (A) (= ישראל Ezr. 9. 1), 69 (73) (= ישראל Ezr. 9. 4), 76 (80) (A* vid) (abest in Ezr. 9. 8) (Luc. ἡμῶν), 86 (90) (= ישראל Ezr. 9. 15), 89 (93) (= עילם [ק"] עולם*, Ezr. 10. 2), 89 (94) (= ישראל Ezr. 10. 2), 92 (97) (= ישראל Ezr. 10. 5): 9. 7 (= ישראל Ezr. 10. 10), 26 (= ישראל Ezr. 10. 26), 37 (abest in Ne. 7. 73), 37 (= ישראל Ne. 7. 73), 39 (= ישראל Ne. 8. 1): Ps. 151. 7: Si. *prol.* 3: 17. 17: 24. 8 (13): 36. 17 (14): 37. 25 (28): 45. 5 (6), 11 (13), 17 (21), 23 (29): 46. 1 (2), 10 (12): 47. 2, 11 (13), 18 (19), 23 (29): 50. 13 (15), 20 (22), 23 (25): Es. C 2 (13. 9), 6 (13. 13), 11 (13. 18), 14 (14. 3), 16 (14. 5): F 6 (10. 9), 10 (10. 13): Ju. 4. 1, 8 (7) *bis*, 9 (8), 11 (9b), 12 (10b), 15 (17): 5. 1, 23 (27): 6. 2, 10 (7), 14 (10), 16 (12) (S), 17 (13), 21: 7. 1, 4, 6, 10 (8), 17 (10), 19: 8. 1 (A* B S), 6, 33 (32): 9. 4 (3) (S), 12, 14 (19): 10. 1, 8, 19 (17b) (Aa B S): 12. 8: 13. 7 (9), 11 (13), 14 (18): 14. 4 (5), 5 (13. 28), 10 (6) *bis*, 11 (7) (B): 15. 3 (4), 4 (5), 5 (6), 7 (8), 8 (9) *bis*, 9 (10), 10 (11) (Ἰλη ' A), 12 (15), 13 (15), 14 (16. 1): 16. 7 (9) (Ἰλη ' A), 24 (29), 25 (30): To. 1. 4 *bis*, 4 (S), 5 (S), 6, 8 (S), 18 (21) (S): 5. 5 (7) (S), 9 (S): 13. 3, 18 (23) (S): 14. 4 (6) (S) *ter*, 5 (7) (S) *bis*, 7 (9) (S): Ba. 2. 1 *bis*, 11, 15, 26, 28, 35: 3. 1, 4 *bis*, 9, 10, 24, 37: 4. 4, 5: 5. 7, 8, 9: Da. LXX. 3. 35, 83: Su. 7, 28, 48 *bis*, 57: Da. TH. 3. 35, 83: Su. 48 *bis*, 57: I Ma. 1. 11, 20, 25, 30, 36, 43, 53, 58, 62, 64: 2. 16, 42, 46, 55, 70: 3. 2, 8, 10, 15, 35, 41, 46: 4. 11, 25, 27, 30, 31, 59: 5. 3 (A S1 V), 9, 45, 60, 61 (Sc.a), 62, 63: 6. 18, 21 (A V): 7. 5, 9, 13, 22, 23, 26: 8. 18: 9. 20, 21, 23, 27, 51, 73 *bis*: 10. 46, 61: 11. 23, 41: 12. 52: 13. 4, 26, 41, 42 (A), 51 (A S): 14. 11, 26: 16. 2 *bis*: II Ma. 1. 25, 26: 9. 5: 10. 38: 11. 6: III Ma. 2. 6, 10, 16: 6. 4, 9, 32: 7. 16, 23: IV Ma. 17. 22.

[Th. Da. 3. (83).]

'Ισραηλείτης (-λῖτ.) (-ην, -ιν, -ου). (1) יִזְרְעֵאלִי

Luc. 'Ιεζραηλίτης.

III Ki. 20 (21). 1, 4 (A), 6, 7, 15, 16: IV Ki. 9. 21 (B), 25 (B).

(2) יִשְׂרָאֵל

Nu. 25. 8 *bis* (*Lugd.* Istrahelites), 14: De. 27. 1 (B* vid) (Luc. 'Ισραήλ).

(3) יִשְׂרְאֵלִי

Le. 24. 10: II Ki. 17. 25 (B) (Luc. 'Ιεζραηλίτης).

(4) aliter in Heb.

Ps. 87 (88). 1 (אזרחי): 88 (89). 1 (אזרחי).

[Al. Nu. 33. 1 (= בני ישראל).]

(5) abest in Heb.

Luc. 'Ιεζραηλίτης.

III Ki. 20 (21). 16, 27.

(6) in libr. apocr.

IV Ma. 18. 1 (A V).

'Ισραηλεῖτις (-λῖτις). (1) יִזְרְעֵאלִית

Luc. 'Ιεζραηλῖτις.

I Ki. 27. 3 (B) (Luc. 'Ιεζρεηλῖτις): 30. 5 (B): II Ki. 3. 2 (B): I Ch. 3. 1.

(2) יִזְרְעֵלִית

II Ki. 2. 2 (B) (Luc. 'Ιεζραηλῖτις).

(3) יִשְׂרָאֵל

De. 22. 19.

(4) יִשְׂרְאֵלִית

Le. 24. 10 (B F), 10, 11.

'Ισραήλιος (?). abest in Heb.

II Es. 18 (Ne. 8). 3 (S* vid [Ιηλιον] [? ἥλιον]) (Luc. ἥλιον).

'Ισραηλίτης, *vid.* **'Ισραηλείτης.**

'Ισραηλῖτις, *vid.* **'Ισραηλεῖτις.**

'Ισραηλμουήλ. aliter in Heb.

II Ch. 35. 18 (A* vid) (corruptio pro Σαμουήλ) (Luc. Σαμουηλ).

'Ισράλ. יִשְׂרָאֵל

Ps. 80 (81). 14 (S*).

'Ισραμηλεί. aliter in Heb.

I Ki. 27. 10 (A) (ירחמאלי) (Luc. *om.*)

'Ισρεηλά. יְשַׂרְאֵלָה

I Ch. 25. 14 (A) (Luc. Ιεζδρει).

"Ισσααρ, 'Ισσαάρ. (1) יִצְהָר

Ex. 6. 18 (A1? a?) (Luc. Ισααρ) (*Lugd.* Isaar: *Lucc.* Issar), 21 (A B vid) (Luc. Ισααρ) (*Lucc.* Isaar): Nu. 3. 19 (A B): 16. 1 (A B): I Ch. 6. 2 (5. 28) (Luc. Ιεσσααρ), 18 (3) (Luc. Ιεσσααρ), 38 (23): 23. 12 (Luc. Ισααρ), 18 (Luc. Ισααρ).

(2) יִצְהָרִי

I Ch. 26. 23 (B) (Luc. Ισααρ).

(3) יֵצֶר

Ge. 46. 24 (Joseph. Σάρης, 'Ισσάρης) (*Lugd.* Iessaar: *Lucc.* Euzer).

(4) aliter in Heb.

I Ch. 6. 22 (7) (A) (עמינדב).

'Ισσααρείς (?). יִצְהָרִי

Nu. 3. 27 (F) (Luc. Ισσααρ εἰς).

'Ισσααρί. יִצְהָרִי

I Ch. 24. 22 (Luc. υἱοὶ Ισααρ): 26. 23 (A) (Luc. Ισααρ).

'Ισσαρεί. יִצְהָרִי

I Ch. 24. 22 (B) (Luc. υἱοὶ Ισααρ): 26. 29 (B) (Luc. Ιεσσααρει).

'Ισσαριείς. יִצְהָרִי

Nu. 3. 27 (Bab) (Luc. Ισσααρ εἰς).

'Ισσαχάρ (Εἰσ.). (1) יִצְהָר

Ex. 6. 18 (B) (Luc. Ισααρ).

(2) יִשָּׂשכָר

Joseph. 'Ισαχάρης: *Lugd.* Isachar.

Ge. 30. 18: 35. 23: 46. 13: 49. 14 (A B D F1): Ex. 1. 3: Nu. 1. 8, 26 (28), 27 (29): 2. 5 *bis*: 7. 18: 10. 15: 13. 8 (7) (A B): 26. 19 (23), 21 (25): 34. 26: De. 27. 12 (A B F1): 33. 18: Jo. 17. 10, 11: 19. 17, 23: 21. 6 (A Ba?), 28: Jd. 5. 15: 10. 1: III Ki. 4. 17 (A [χαρ sup ras A1]), 19 (17) (B): I Ch. 2. 1: 6. 62 (47), 72 (57) (Aa B): 7. 1, 5: 12. 32, 40: 26. 5: 27. 18: II Ch. 30. 18: Ez. 48. 25 (A Bab Q), 26, 33 (A B* Q Γ).

(3) abest in Heb.

Ez. 48. 33 (adnot Qmg).

'Ισσειήρ. יֵצֶר

I Ch. 7. 13 (B) (Luc. Ιεσσερ).

'Ισσοάμ. [וְ]שֹׁהַם

I Ch. 24. 27 (A) (Luc. Ιεσσαμ).

'Ιστάκαλκος (B), **'Ισταλκοῦρος** (A). in libr. apocr.

I Es. 8. 40 (42) (= זבוד Ezr. 8. 14) (Luc. Ζακχουρ).

'Ιστώβ, *vid.* **Εἰστώβ.**

'Ισφάν. יִשְׁפָּן

I Ch. 8. 22 (B) (Luc. Ιεσφαν).

'Ισχανιά. aliter in Heb.

I Ch. 24. 11 (B) (שכניהו) (Luc. Σεχενίας) (*Lucc.* Iecchenir).

'Ιταβύριον. aliter in Heb.

Ho. 5. 1 (תבור): Je. 26 (46). 18 (תבור).

'Ιτάν. יוּטָּה

Jo. 15. 55 (B) (Luc. Ιεττα).

'Ιτεβάθα. יָטְבָתָה

De. 10. 7 (F) (Luc. Ετεβαθα).

'Ιτουραῖοι. יְטוּר

I Ch. 5. 19 (A) (Luc. 'Ιεττουραῖοι).

'Ιφαμήλ. aliter in Heb.

I Ch. 7. 32 (B) (יפלט) (Luc. Ιαφλετ).

'Ιφινά. יִפְנֶּה

I Ch. 7. 38 (B) (Luc. Ιεφοννη).

'Ιώ. aliter in Heb.

II Ch. 16. 4 (B) (עיון) (Luc. Αιων).

'Ιωά. (1) יוֹאָ[ב]

I Ch. 11. 26 (A) (Luc. Ιωαβ).

(2) יוֹאָח

II Ch. 29. 12 (A) (Luc. Ιωδααθ).

(3) יוֹאָ[שׁ]

I Ch. 12. 3 (B) (Luc. Ιωας).

(4) aliter in Heb.

I Ch. 8. 2 (B) (נוחה) (Luc. Νουαα).

(5) abest in Heb.

II Ki. 21. 11 (Luc. *om.*): II Es. 22 (Ne. 12). 22 (A B S*) (Ιωαδα praec. Ιωαναν seq.) (Luc. *om.*).

'Ιωαδ. יוֹאָח

I Ch. 26. 4 (A) (Luc. Ιωαδ).

'Ιωάβ. (1) יוֹאָב

Joseph. 'Ιώαβος.

I Ki. 26. 6: II Ki. 2. 13 (A), 14 *bis*, 18, 22, 24, 26, 27, 28, 30, 32: 3. 22, 23 *bis*, 24, 26, 27, 29 *bis*, 30, 31: 8. 16: 10. 7, 9, 13, 14: 11. 1, 6 *bis*, 7, 11, 14, 16, 17, 18, 22, 25: 12. 26, 27: 14. 1, 2, 3, 19 *bis*, 20, 21, 22 *bis*, 23, 29, 30, 31, 32, 33: 17. 25 *bis*: 18. 2 *bis*, 5, 10, 11, 12, 14, 15, 16 *bis*, 20, 21 *bis*, 22 *bis*, 29: 19. 1 (2), 5 (6), 13 (14): 20. 7, 8, 9, 9 (B), 10 *bis*, 11 (B), 11 *bis*, 13, 15, 16, 17, 20, 21, 22 *bis*, 23: 23. 18, 24, 37: 24. 2, 3, 4 *bis*, 9: III Ki. 1. 7, 19, 41: 2. 5, 22, 28 *ter*, 29, 30, 31 (A): 11. 15, 16, 21: I Ch. 2. 16 (B), 54 (B) (Luc. -ιωαβ): 4. 14 (A) (Luc. Ιωβαβ): 11. 6, 20, 26 (B S), 39 (A): 18. 15: 19. 8, 10, 14, 15: 20. 1, 1 (A): 21. 2, 3, 4 (A) *bis*, 5, 6: 26. 28: 27. 7, 24, 34: II Es. 2. 6 (A): 8. 9: 17 (Ne. 7). 11 (A S): Ps. 59 (60). 2.

(2) aliter in Heb.

II Ki. 3. 27 (pron. suff.): I Ch. 6. 21 (6) (B) (יואח)

(Luc. Ιωαε) : 8. 18 (B) (יובב) (Luc. Ιωβαβ) : 19. 15 (B S) (אבשי) (Luc. Αβεσσα) : II Es. 21 (Ne. 11). 7 (S) (יועד) (Luc. Ιωαδ) : Is. 36. 3 (Γ) (יואח), 22 (Γ) (יואח).

(3) abest in Heb.

Jd. 1. 16 (A) (Luc. Ιωβαβ) : II Ki. 2. 23 (Luc. *om.*) : 11. 22 *bis* : 14. 20 (A), 30 : 18. 14, 23 : 20. 10, 17 : III Ki. 2. 29 *bis*, 30 (A), 30, 34, 46 h (B).

(4) in libr. apocr.

I Es. 5. 11 (A) (= יואב Ezr. 2. 6 : Ne. 7. 11) : 8. 35 (38) (= יואב Ezr. 8. 9).

Ἰωαβάβ. יֹבָב

I Ch. 1. 44 (B) (Luc. Ιωβαβ).

Ἰωάδ, Ἰωάδ. (1) אֵהוּד

Ex. 6. 15 (B) (ו prec.) (Luc. Αωδ) (*Lugd.* Aod).

(2) יְהוֹיָדָ[ע]

I Ch. 11. 24 (B).

(3) יוֹעֵד

II Es. 21 (Ne. 11). 7 (A B).

Ἰωαδά. (1) יוֹיָדָע

Luc. Ιωιαδα.

II Es. 22 (Ne. 12). 10 (A), 11 (A), 22 (A B S*) : 23 (Ne. 13). 28 (B S) (Joseph. Ἰώδας).

(2) aliter in Heb.

I Ch. 4. 22 (B) (יואש) (Luc. Ιωας).

Ἰωαδάε. יְהוֹיָדָע

Luc. Ιωδαε.

IV Ki. 11. 9 (A) *bis*, 15 (A), 17 (A) : 12. 2 (3) (A), 9 (10) (A) : I Ch. 12. 27 (A) (Luc. Ιωαδα) (Joseph. Ἰώδαμος) : 27. 34 (A) (Luc. Ιωαδ).

Ἰωάδανος. in libr. apocr.

I Es. 9. 19 (A) (= גדליה Ezr. 10. 18) (Luc. Ἰαδδείας).

Ἰωαδείμ (B), **Ἰωαδείν** (A). יְהוֹעַדִּין (יהיר ״)

IV Ki. 14. 2 (Joseph. Ἰωάδη, Ἰωδαδή) (*Lucc.* Ioade).

Ἰωαδέν. יְהוֹעַדָּן

II Ch. 25. 1 (A) (Luc. Ιωαδειν).

Ἰωαζαβάβ. aliter in Heb.

I Ch. 12. 4 (B S) (יוזבד) (Luc. Ιωζαβαδ).

Ἰωάζαε. aliter in Heb.

I Ch. 11. 45 (יוחא) (Luc. Ηλα).

Ἰωαζάχ. aliter in Heb.

IV Ki. 13. 25 (A) (יהואחז) (Luc. Ιωαχαζ).

Ἰωάθ. יוֹאָח

I Ch. 26. 4 (B) (Luc. Ιωαδ).

Ἰωαθάμ. יוֹתָם

Jd. 9. 7 (A) (Joseph. Ἰωθάμης, Ἰωάθαμος, Ἰωνάθης), 57 (A) (Luc. Ιωθαμ) : IV Ki. 15. 7 (A), 30 (B) (Luc. *om.*), 36 (*Vind.* Ionathan), 38 : 16. 1 : I Ch. 2. 47 : 5. 17 (B) (Luc. Ιωας) : II Ch. 26. 21 (Joseph. Ἰώθαμος), 23 (B) : 27. 1, 6, 7, 9 : Ho. 1. 1 : Mi. 1. 1 : Is. 1. 1 : 7. 1.

Ἰωαθάν. (1) יוֹנָתָן

I Ki. 13. 16 (B*) (Luc. Ιωναθαν).

(2) יוֹתָם

Luc. Ιωαθαμ.

Jd. 9. 5 (B), 7 (B), 21 (B), 57 (B) (Luc. Ιωθαμ) : IV Ki. 15. 5 (A), 32 (A) (*Lucc.* Ioatham) : I Ch. 3. 12 (B) (Luc. Ιωθαμ).

Ἰωακάν. יַעֲקָן

I Ch. 1. 42 (A) (Luc. Ιαακαν).

Ἰωακείμ (-κίμ). (1) יְהוֹיָכִין

Luc. Ιωακειν.

IV Ki. 24. 6, 8, 12, 15 (A$^{b?}$B) : 25. 27 *bis* (*Lucc.* Hiecconia) : Je. 52. 31 *bis*.

(2) יְהוֹיָקִים

Joseph. Ἰωάκειμος.

IV Ki. 23. 34, 35, 36 : 24. 1, 5, 6 (B), 19 (Luc. Ιοακειν) : I Ch. 3. 15, 16 : II Ch. 36. 4, 5, 8 : Je. 1. 3 : 22. 18 (A B Q), 24 (B S Q) (*Wirc.* Ioachim) : 24. 1 : 25. 1 (A B S$^{c.a\ mg}$ Q) : 26 (46). 2 : 33 (26). 1, 22 (Q^{mg}) : 35 (28). 3 (4) (Q^{mg}) : 42 (35). 1 : 43 (36). 1, 9, 28, 29 (Q), 30, 32 : 44 (37). 1 : 51. 31 (45. 1) : 52. 2 (Q^{mg} sub ※) : Da. LXX., TH. 1. 1, 2.

[Aq. Je. 27 (34). 1.]
[Th. Je. 26 (33). 23 (Sw.) : 27. 20 (34. 17).]

(3) יְהוֹיָקִם

Je. 33 (26). 21.

[Aq. Je. 27 (34). 1 (Sw.).]

(4) יוֹיָכִין

Ez. 1. 2.

(5) יוֹיָקִים

II Es. 22 (Ne. 12). 10 *bis*, 12, 26.

(6) יוֹקִים

I Ch. 4. 22.

(7) aliter in Heb.

II Es. 13 (Ne. 3). 8 (B S) (רקחים) (Luc. μυρεψῶν) : Je. 22. 24 (A) (כניהו).

(8) abest in Heb.

II Ch. 36. 5 d, 8.

(9) in libr. apocr.

I Es. 1. 35 (37) (A*B) (= אליקים II Ch. 36. 4), 36 (38) (B) (abest in II Ch. 36. 4), 37 (39) (ακειμ sup ras A^{a}) (= יהויקים II Ch. 36. 5), 41 (43) (= יהויכין II Ch. 36. 8) : 5. 5 : Ju. 4. 6 (5), 8 (7) (A B), 14 (11) : 15. 8 (9) : Ba. 1. 3, 7 : Da. LXX. Su. 1 (sub lemniscis in 87), 4 (sub lemniscis in 87), 4 (adnot 87^{mg}), 7, 29 : Da. TH. Su. 1, 4, 6, 28, 29, 63.

Ἰωάν. aliter in Heb.

I Ch. 12. 12 (B S) (יוחנן) (Luc. Ιωαναν).

Ἰωαναθάν. יוֹנָתָן

Luc. Ιωναθαν.

III Ki. 1. 42 (A) : II Es. 22 (Ne. 12). 11 (S$^{c.a}$), 11 (S).

Ἰωανάμ. יוֹחָנָן

I Ch. 3. 24 (A) (Luc. Ιωναν).

Ἰωανάν. (1) יְהוֹחָנָן

II Ch. 23. 1 : 28. 12 (A) : II Es. 10. 6 (A B S*) (Luc. Ιωναν), 28 : 16 (Ne. 6). 18 (S*) (Luc. Ιωναν) : 22 (Ne. 12). 13, 42 (S$^{c.a\ mg}$).

(2) יוֹחָנָן

IV Ki. 25. 23 (A) (Luc. Ιωναν) (Joseph. Ἰωάννης, Ἰωάδης) : I Ch. 3. 15 (Luc. Ιωαχας), 24 (B) (Luc. Ιωναν) : 6. 9 (5. 35) (A) : 12. 4 : II Ch. 17. 15 (Joseph. Ἰωάννης) : II Es. 8. 12 (A) (Luc. Ιωναν) : 22 (Ne. 12). 22, 23 : Je. 47 (40). 8 (S), 13 (B^{ab} [superscr ι et ανᾱ sup ras] S), 15 (B S$^{c.a}$), 16 (B S^{1}) : 48 (41). 11 (A B S) (*Wirc.* Ionan), 13 (B S), 14 (B S^{1} Q^{mg}), 15 (Q^{mg}), 16 (B) : 49 (42). 1 (B S), 8 (A B S) : 50 (43). 2 (A B S), 4 (A B S$^{?}$), 5 (A B S).

(3) aliter in Heb.

II Es. 22 (Ne. 12). 35 (B S*) (יונתן) (Luc. Ιωναθαν).

(4) in libr. apocr.

I Es. 9. 1 (A) (= יהוחנן Ezr. 10. 6) (Luc. *om.*) (Joseph. Ἰωάννης).

Ἰωανάς, Ἰωανᾶς. (1) יוֹחָנָן

Luc. Ιωαναν.

I Ch. 6. 9 (5. 35) (B), 10 (5. 36).

(2) in libr. apocr.

I Es. 9. 23 (B) (= אליעזר Ezr. 10. 23) (Luc. Ελιεζερ).

Ἰωάνης. in libr. apocr.

I Es. 8. 38 (41) (B) (= יוחנן Ezr. 8. 12) (Luc. Ιωαναν).

Ἰωαννάν. יוֹחָנָן

Je. 47 (40). 8 (A Q), 13 (A Q), 15 (A), 16 (A S* Q) : 48 (41). 11 (Q), 13 (A Q), 14 (A S* Q), 16 (A Q) : 49 (42). 1 (A Q), 8 (Q) : 50 (43). 2 (Q), 4 (Q), 5 (Q).

Ἰωαννάς. aliter in Heb.

Je. 47 (40). 15 (Q) (יוחנן).

Ἰωάννης (-ην, -ου, -η *v.* -ει). in libr. apocr.

Luc. Ιωαναν.

I Es. 8. 38 (41) (A) (= יוחנן Ezr. 8. 12) : 9. 29 (= יהוחנן Ezr. 10. 28) (Luc. Ιωναν) : I Ma. 2. 1, 2 : 8. 17 : 9. 36, 38 : 13. 53 : 16. 1, 2, 9 *bis*, 19, 21, 23 : II Ma. 4. 11 : 11. 17.

Ἰωανού. aliter in Heb.

II Ch. 28. 12 (B) (יהוחנן) (Luc. Ιωαναν).

Ἰωαράμ. יְהוֹרָם

[Heb. IV Ki. 8. 16.]

Ἰωαρείβ (-ρίβ). (1) יְהוֹיָרִיב

I Ch. 9. 10 (A).

(2) in libr. apocr.

I Ma. 2. 1 (V) (Joseph. Ἰώαβος, Ἰωάριβος) : 14. 29 (rescr. ι 2° A).

Ἰωαρείμ (-ρίμ). (1) יְהוֹיָרִיב

I Ch. 9. 10 (B) (Luc. Ιωαρειβ).

(2) יוֹיָרִיב

II Es. 8. 16 (A) (Luc. Ιαρειβ).

(3) in libr. apocr.

I Ma. 2. 1 (A S).

Ἰωαρίβ, *vid.* **Ἰωαρείβ.**

Ἰωαρίμ, *vid.* **Ἰωαρείμ.**

Ἰωάς, Ἰώας, Ἰῶας. (1) יֹאָשׁ

II Ch. 24. 1.

(2) יְהוֹאָשׁ

IV Ki. 11. 21 (12. 1) (Joseph. Ἰώαζος) : 12. 1 (2), 2 (3), 4 (5), 6 (7), 7 (8), 18 (19) : 13. 10, 25 : 14. 8 (B), 9, 11 (A), 13 *bis*, 15 (Luc. *om.*), 16, 17.

[Aq., Sm., Th., Quint. IV Ki. 14. 11.]

(3) יוֹאָשׁ

Jd. 6. 11 (Joseph. Ἴασος, Ἰώασος), 29, 30, 31 : 7. 74 : 8. 13, 29, 32 *bis* : III Ki. 22. 26 : IV Ki. 11. 2 (A B$^{b\ vid}$) (Joseph. Ἰώασος) : 12. 19 (20), 20 (21) : 13. 1, 9 (Joseph. Ἰώασος, Ἰωάσης, Ἰωᾶς), 10 (post Ιω| seq ras 2 litt [αχ vid] in B), 12, 13, 13 (A), 14, 25 : 14. 1 *bis*, 3, 17, 23 *bis*, 27 : I Ch. 3. 11 : 4. 22 (A) : 12. 3 (S) : II Ch. 18. 25 (A) : 22. 11 : 24. 2, 4, 22, 24 : 25. 17 (A), 18, 21, 23, 23 (B), 25 *bis* : Ho. 1. 1 : Am. 1. 1.

[Aq. IV Ki. 11. 2.]

(4) יוֹעָשׁ

I Ch. 7. 8 : 27. 28.

(5) יְעוּשׁ

I Ch. 23. 10 (B), 11.

(6) aliter in Heb.

IV Ki. 18. 26 (B) (יואח) (Luc. Ιωαχ), 37 (יואח) (Luc. Ιωαχ) : II Ch. 22. 11 (B*) (יהורם), 11 (B*) (? אחזיהו) : 24. 3 (B$^{a\ mg\ b}$) (יהוידע) (Luc. Ιωδαε) : 25. 25 (B) (יהואחז) (Luc. Ιωαχαζ) : 34. 8 (A) (יואח) (Joseph. Ἰωάτης) : Is. 36. 11 (B) (יואח).

(7) abest in Heb.

IV Ki. 13. 16 (Luc. ὁ βασιλεύς) (*Vind.* Ieu) : II Ch. 24. 6 (Luc. *om.*), 21.

Ἰωασά. יוֹאָשׁ

II Ch. 18. 25 (B) (Luc. Ιωας).

Ἰωάσαρ. יָשָׁר

I Ch. 2. 18 (Luc. Σαρ).

Ἰωάχ. (1) יוֹאָח

I Ch. 6. 21 (6) (A[a?] sup ras et in mg) (Luc. Ιωαε): Is. 36. 3 (A B S[c.b] Q), 11 (A S[c.b] Q), 22.

(2) יוֹאָחָ[ז]

II Ch. 34. 8 (B) (Luc. Ιωαχαζ).

Ἰωαχά. (1) יוֹאָח

II Ch. 29. 12 (Luc. Ιωαχα).

(2) יוֹאָא

I Ch. 8. 16 (A) (Luc. Ιεζια).

Ἰωαχάζ. (1) יְהוֹאָחָז

IV Ki. 10. 35 (A): 13. 1 (A), 4 (A), 8 (A), 9 (A), 10 (A), 22 (A), 25 (A): 14. 8 (A), 17 (A): 23. 30 (A) (Joseph. Ἰώαζος, Ἰωάχαζος), 31 (A): II Ch. 25. 17 (A), 25 (A): 36. 1.

(2) יוֹאָחָז

II Ch. 34. 8 (A): 36. 2, 4.

(3) abest in Heb.

IV Ki. 14. 13 (A) (Luc. *om.*).

Ἰωαχάλ. (1) יְהוּכַל

Je. 44 (37). 3 (B) (*Wirc.* Iochal).

(2) יוּכַל

Je. 45 (38). 1 (A B[ab] Q).

Ἰωαχάν. aliter in Heb.

I Ch. 8. 16 (B) (יוחא) (Luc. Ιεζια).

Ἰωαχάς. (1) אֲחַזְיָהוּ

IV Ki. 14. 13 (B) (Luc. *om.*).

(2) יְהוֹאָחָז

Luc. Ιωαχαζ.

IV Ki. 10. 35 (B) (*Lucc.* Iochas): 13. 1 (B), 4 (B), 7, 8 (B), 9 (B), 10 (B), 22 (B), 25 (B) *bis*: 14. 8 (B), 17 (B): 23. 30 (B) (*Lucc.* Iocchaz), 31 (B), 34.

(3) יוֹאָחָז

IV Ki. 14. 1 (B) (Luc. Ιωαχαζ).

(4) aliter in Heb.

IV Ki. 13. 10 (? B [post Ιω seq ras 2 litt (αχ vid)]) (יואש) (Luc. Ιωας): Je. 44 (37). 3 (A S[c.a] Q) (יהוכל): 45 (38). 1 (S) (יוכל).

Ἰωαχάχ. aliter in Heb.

Je. 44 (37). 3 (S*) (יהוכל).

Ἰώβ. (1) אִיּוֹב

Jb. *inscr.*: 1. 1, 5 *bis*, 5 (B S), 8, 9, 14, 20, 22: 2. 3, 7, 10: 3. 1, 2 (A): 6. 1: 9. 1: 12. 1: 16. 1 (A B S C [?]): 19. 1: 21. 1 (A B S C [?]): 23. 1: 26. 1 (A B S C [?]): 27. 1: 29. 1 (A B S C [?]): 32. 1 (31. 40), 1, 2, 3, 4, 12: 33. 1, 31: 34. 5, 7, 35, 36: 35. 16: 37. 14: 38. 1 (A B C [?]): 39. 31 (40. 1), 33 (40. 3): 40. 1 (6): 42. 1 (A B S C [?]), 7 *bis*, 8 *ter*, 9, 10, 10 (B S C), 12, 15, 16, 17: Ez. 14. 14, 20 (A B[ab] Q).

[Aq. Jb. 1. 14: 3. 2: 27. 1: 42. 8.]
[Sm. Jb. 32. 4: 42. 9.]
[Th. Jb. 1. 1: 3. 2: 42. 8.]

(2) aliter in Heb.

Jb. 1. 13 (pron. suff.): 2. 9 (A) (pron. suff.): 32. 1 (pers. pron.): 42. 10 (A), 15 (A), 16.

(3) abest in Heb.

Jb. 1. 16 (A), 16 (B S), 17 (A B S[c.a]), 18: 2. 8 (A): 33. 31 (A): 34. 16 (A): 36. 24: 37. 2 (A S[c.a]): 42. 8 (S*) (*bis scr.* improb 2° S[c.a] postea restit 2° improb vero 1°), 17 d, *subscr.*

Ἰωβάβ, Ἰωβάβ. (1) חֹבָב

Nu. 10. 29 [Ιω . . . F* (+βαβ F[1mg])]: Jd. 4. 11.

(2) יוֹבָב

Ge. 10. 29 (A) (Joseph. Ἰόβηλος, Ἰώβαβος): 36. 33 (D[sil]), 34 (A D): Jo. 11. 1 (Luc. Ιωαβ): I Ch. 1. 44 (A), 45: 8. 9, 18 (A).

[Aq., Sm., Th. Jo. 11. 1.]

(3) aliter in Heb.

Luc. Ιωαβ.

I Ch. 2. 16 (A) (יואב), 54 (A) (יואב): 4. 14 (B) (יואב) (Luc. Ιωβαβ): II Es. 2. 6 (B) (יואב): 17 (Ne. 7). 11 (B) (יואב).

(4) abest in Heb.

Jb. 42. 17 b, 17 d, 17 e (A).

Ἰωβάδ. יוֹבָב

Luc. Ιωβαβ.

Ge. 10. 29 (E): 36. 33 (A).

Ἰωβαήλ. aliter in Heb.

I Ch. 24. 20 (B) (שובאל) (Luc. Σουβιηλ).

Ἰωβάκ. יוֹבָב

Ge. 36. 33 (E) (Luc. Ιωβαβ).

Ἰωβέλ. יָבָל

Ge. 4. 20 (A D) (Luc. Ιωβηλ) (Joseph. Ἰούβαλος, Ἰώβηλος) (*Comp.* Thobel).

Ἰωβήβ. aliter in Heb.

II Es. 21 (Ne. 11). 17 (A) (עבדא) (Luc. Ἀβδίας).

Ἰωβήδ. (1) יָבָל

Ge. 4. 20 (E) (Luc. Ιωβηλ).

(2) עוֹבֵד

Luc. Ωβηδ.

I Ch. 2. 12 (A) *bis*, 37 (A), 38 (A): 11. 47 (A): 26. 7 (A): II Ch. 23. 1 (A).

(3) aliter in Heb.

I Ch. 5. 13 (A) (עבר) (Luc. Εβερ).

Ἰωβήθ. עוֹבֵד

I Ch. 11. 47 (B S) (Luc. Ωβηδ).

Ἰωβήλ.

Luc. Αβεδ.

(1) עֶבֶד

Jd. 9. 26 (B), 28 (B), 30 (B), 31 (B), 35 (B).

(2) abest in Heb.

Jd. 9. 36 (B).

Ἰώδ (lit. alphab.). abest in Heb.

La. 1. 10 (S): 2. 10 (B S Γ): 3. 30 (A B): 4. 10 (A B).

Ἰώδα, Ἰωδά. (1) יוֹיָדָע

Luc. Ιωιαδα.

II Es. 22 (Ne. 12). 10 (B), 11 (B S*).

(2) aliter in Heb.

I Ch. 4. 6 (B* fort) (נערה) (Luc. Νοερα).

(3) in libr. apocr.

I Es. 5. 56 (58) (A) (= יהודה Ezr. 3. 9) (Luc. Ιουδα).

Ἰωδάε, Ἰωδάε. (1) יְדַעְיָה

I Ch. 9. 10 (Luc. Ιωιαδε): II Es. 17 (Ne. 7). 39 (Luc. Εδδουα).

(2) יְהוּדָה

II Es. 22 (Ne. 12). 8 (A S*) (Luc. Ἰούδας).

(3) יְהוֹיָדָע

Luc. Ιωαδ.

II Ki. 8. 18 (A) (Joseph. Ἰωάδης): 20. 23 (A) (Luc. Ιωαδδαι): 23. 20 (B), 22 (B): III Ki. 1. 8 (B), 26, 32 (B), 36 (B), 38 (B), 44 (B): 2. 25 (B), 29 (B), 34 (B), 35 (B), 46 (B): IV Ki. 11. 4 (B) (Joseph. Ἰώδας) (*Lucc.* Aoad), 9 (B) (Luc. Ιωδαε et in seqq) *bis*, 15 (B), 17 (B): 12. 2 (3) (B), 7 (8) (B), 9 (10) (B): I Ch. 11. 22 (Luc. Ιωαδ), 24 (A S): 18. 17: 27. 5, 34 (B): II Ch. 22. 11 (B [δαε sup ras B*]) (Luc. Ιωδαε et in seqq): 23. 1, 8 *bis*, 11, 14, 16, 18: 24. 2, 3 (A B*), 6, 12, 14 *bis*, 15, 17, 20, 22, 25: Je. 36 (29). 26.

[Th. III Ki. 2. 34: 4. 4: IV Ki. 11. 4.]

(4) יוֹיָדָע

Luc. Ιωιαδα.

II Es. 22 (Ne. 12). 10 (S), 11 (S[c.a]).

(5) עִירָא

[Al. II Ki. 20. 26.]

(6) abest in Heb.

III Ki. 2. 30 (B) (Luc. Ιωαδ semel) *bis*, 46 h (B) (Luc. Ιωαδ): IV Ki. 11. 4 (B): II Ch. 23. 14.

Ἰῶδαν. aliter in Heb.

II Ch. 29. 12 (עדן) (Luc. Ιωαδαν).

Ἰώδανος. in libr. apocr.

I Es. 9. 19 (B) (= גדליה) (Luc. Ἰαδδείας).

Ἰώδας. in libr. apocr.

I Ma. 13. 8 (A).

Ἰωδείν. aliter in Heb.

Je. 43 (36). 23 (A) (יהודי).

Ἰωεθιρί. הוֹתִיר

I Ch. 25. 4 (A) (Luc. Ωθειρ).

Ἰωζάαρ. יוֹעֶזֶר

I Ch. 12. 6 (A) (Luc. Ιεζρααρ).

Ἰωζαβάδ. (1) יְהוֹזָבָד

I Ch. 26. 4 (A): II Ch. 17. 18.

(2) יוֹזָבָד

I Ch. 12. 4 (A), 20 (A): II Ch. 35. 9 (Luc. Ιωαζαβαδ): II Es. 8. 33: 10. 22 (Luc. Ιζαβαδ), 23: 21 (Ne. 11). 16 (S[c.a mg sup]).

Ἰωζαβάθ. (1) יְהוֹזָבָד

I Ch. 26. 4 (B) (Luc. Ιωζαβαδ).

(2) יוֹזָבָד

II Ch. 31. 13 (A) (Luc. Ιωαζαβαδ).

Ἰώζαβδος. in libr. apocr.

Luc. Ιωζαβαδ.

I Es. 9. 23 (= יוזבד Ezr. 10. 23), 48 (A) (= יוזבד Ne. 8. 7).

Ἰωζαβέδ. (1) יְהוֹזָבָד

II Ch. 24. 26 (A) (Luc. Ιωζαβεθ).

(2) יוֹזָבָד

I Ch. 12. 20 (A) (Luc. Ιωζαβαδ).

Ἰωζάρα. יוֹעֶזֶר

I Ch. 12. 6 (B S) (Luc. Ιεζρααρ).

Ἰωζαχάρ. יוֹזָכָר

IV Ki. 12. 21 (22) (A).

Ἰωήλ. (1) יוֹאֵל

Joseph. Ἴουλος, Οὔηλος, Ἰώηλος: *Spec.* Iohel.

I Ki. 8. 2: I Ch. 4. 35: 5. 4, 7 (8), 12: 6. 33 (18), 36 (21): 7. 3 (A): 11. 38: 15. 7 (A[a] [sup ras] B S), 11, 17: 23. 8: 26. 22: 27. 20: II Ch. 29. 12: II Es. 10. 43: 21 (Ne. 11). 9: Jl. *inscr.*: 1. 1: *subscr.*

(2) יְעִיאֵל

I Ch. 5. 7: II Ch. 35. 9 (B) (Luc. Ιεηλ).

(3) aliter in Heb.

I Ch. 3. 22 (יגאל) (Luc. Ιεγααλ): 5. 5 (B) (בעל): 12. 3 (B S) (יואל, יועאל* ["ק]) (Luc. Εζιηλ): 15. 18 (S) (עני) (Luc. Ἀνανίας): 26. 24 (B) (שבאל) (Luc. Σωβιηλ): II Ch. 9. 29 (יעדו יעדי* ["ק]) (Luc. Ιωηδ).

Ἰωηλά. יוֹעֵאלָה

I Ch. 12. 7 (A).

Ἰώθ (lit. alphab.). abest in Heb.

La. 1. 10 (A B Q): 2. 10 (A Q): 3. 28 (Q* et mg), 30 (Q): 4. 10 (Q).

Ἰωθάμ. יוֹתָם

Jd. 9. 21 (A) (Luc. Ιωαθαμ).

Ἰωθάν. יוֹתָם

I Ch. 5. 17 (A) (Luc. Ιωας).

Ἰωθών. aliter in Heb.

I Ch. 9. 16 (B) (ידותון) (Luc. Ιδουθουν).

Ἰωιαδά. (1) יְהוֹיָדָע

II Ch. 22. 11 (A) (Luc. Ιωδαε).

(2) יְהוֹעַדָּה

I Ch. 8. 36 (A) (Luc. Ιωδα) *bis*.

(3) יוֹיָדָע

II Es. 22 (Ne. 12). 22 ($S^{c.a}$): 23 (Ne. 13). 28 (A).

Ἰωιαδάε.

Luc. Ιωαδ.

(1) יְהוֹיָדָע

II Ki. 23. 20 (A), 22 (A): III Ki. 1. 8 (A), 32 (A), 36 (A), 38 (A), 44 (A): 2. 25 (A), 29 (A), 34 (A), 35 (A), 46 (A): 4. 4 (A): IV Ki. 11. 4 (A) (Luc. Ιωδαε): 12. 7 (8) (A) (Luc. Ιωδαε).

(2) abest in Heb.

III Ki. 2. 30 (A) *bis*, 34 (A): IV Ki. 11. 4 (A) (Luc. Ιωδαε).

Ἰωιαρίβ. יוֹיָרִיב

Luc. Ιωιαρειβ.

II Es. 21 (Ne. 11). 5 (A): 22 (Ne. 12). 6 ($S^{c.a\,mg\,sup}$), 19 ($S^{c.a\,mg\,inf}$).

Ἰωιάς. יוֹעֵץ

I Ch. 26. 14 (A) (Luc. Ιωαδ).

Ἰωίμ. abest in Heb.

I Ch. 8. 5 (A) (Luc. Αρουαμ).

Ἰωκάβα. יַעֲקֹבָה

I Ch. 4. 36 (B) (Luc. Ιεκεβα).

Ἰωκείμ. (1) יְהוֹיָקִים

IV Ki. 24. 6 (A) (Luc. Ιωακειμ).

(2) in libr. apocr.

I Es. 1. 36 (38) (A*) (abest in II Ch. 36. 4) (Luc. Ιωακειμ).

Ἰωλάμ. aliter in Heb.

I Ch. 1. 40 (A) (עלין) (Luc. Αλουαν): 26. 3 (B) (עילם) (Luc. Αιλαμ).

Ἰώλαμος. in libr. apocr.

I Es. 5. 12 (B) (= עילם Ezr. 2. 7: Ne. 7. 12) (Luc. Αιλαμ).

Ἰωμάν. abest in Heb.

I Ch. 4. 19 (Luc. *om.*).

Ἰωνᾶ, Ἰωνά. (1) יוֹנָה

IV Ki. 14. 25.

(2) aliter in Heb.

IV Ki. 25. 23 (B) (יוחנן) (Luc. Ιωναν).

Ἰωναά. aliter in Heb.

II Ch. 25. 1 (B) (יהועדן) (Luc. Ιωαδειν).

Ἰωνάδ. aliter in Heb.

Je. 42 (35). 16 (Q*) (יהונדב).

Ἰωναδάβ. (1) יְהוֹנָדָב

II Ki. 13. 5 (A) (Luc. Ιωναθαν): IV Ki. 10. 15 *bis* (Joseph. Ἰωνάδαβος), 23: Je. 42 (35). 8 (A B Q), 14, 16 (A B S Q ?) (*Wirc.* Nadab), 18 (Q^{mg}).

(2) יוֹנָדָב

Luc. Ιωναθαν.

II Ki. 13. 3 (A $B^{a\,(vid)\,b}$) *bis*, 32 (*Vind.* Ionathab), 35: Je. 42 (35). 6, 10, 19.

(3) aliter in Heb.

I Ki. 31. 2 (B) (אבינדב) (Luc. Αβιναδαβ).

(4) abest in Heb.

Ps. 70 (71). 1 (B S): Je. 42 (35). 18 (A B S $Q^{mg\,inf}$).

Ἰωναδάμ.

Luc. Ιωναθαν.

(1) יְהוֹנָדָב

II Ki. 13. 5 (B).

(2) יוֹנָדָב

II Ki. 13. 3 (B^{*b}) *bis* (Joseph. Ἰωνάθης).

Ἰωναδάν. aliter in Heb.

Je. 42 (35). 8 (S) (יהונדב).

Ἰωναθάμ. יְהוֹנָתָן

Luc. Ιωναθαν.

Jd. 18. 30 (B): I Ch. 9. 40 (S): Je. 44 (37). 15 (B), 20 (B): 45 (38). 26 (B) (*Wirc.* Ionathas).

Ἰωναθάν. (1) יְהוֹנָתָן

Jd. 18. 30 (A): I Ki. 14. 6 (B), 8 (B): 18. 1 (A) *bis*, 3 (A), 4 (A): 19. 2 (1), 2, 4, 6, 7, 7 (A), 7: 20. 1, 3, 4, 5, 9, 10, 11, 12, 13, 17, 18, 25, 27, 28, 30, 32, 33 (B), 34, 35, 37, 38 (37) (B), 38 *bis*, 39 (B), 40 (B), 42, 43 (21. 1): 23. 16, 18: 31. 2: II Ki. 1. 4, 5, 12, 17, 22, 23, 25, 26: 4. 4 *bis*: 9. 1, 3, 6, 7: 15. 27 (Joseph. Ἰωνάθης), 36: 17. 17, 20 (*Vind.* Ionatas): 21. 7 *bis*, 12, 13, 14, 21: 23. 32: I Ch. 8. 33, 34: 9. 39, 40 (A B): 20. 7: 27. 25, 32: II Ch. 17. 8: II Es. 22 (Ne. 12). 18 ($S^{c.a\,mg\,inf}$): Je. 44 (37). 15 (A S Q), 20 (A S Q): 45 (38). 26 (A S Q).

[Sm. Je. 37 (44). 15.]

(2) יוֹנָתָן

I Ki. 13. 2 (B) (Joseph. Ἰωνάθης), 3 (B), 16 (B^{ab}), 22 (B) *bis*: 14. 1 (B), 3 (B), 4 (B), 12 *bis* (*Vind.* Ionatas), 13 *bis* (*Vind.* Ionathas), 14, 17, 21, 27, 29, 39, 40, 41, 42 *bis*, 43 *bis*, 45, 49: 19. 1: III Ki. 1. 42 (B), 43: I Ch. 2. 32, 33: 10. 1: 11. 34: II Es. 8. 6: 10. 15: 22 (Ne. 12). 11 (A B S*), 11 (A B), 14 ($S^{c.a\,mg\,inf}$), 35 (A $S^{c.a}$).

(3) aliter in Heb.

I Ki. 20. 33 (pron. suff.): II Ki. 21. 8 (A) (המלך) (Luc. ὁ βασιλεύς): IV Ki. 15. 5 (B) (יותם) (Luc. Ιωαθαμ), 7 (B) (יותם) (Luc. Ιωαθαμ), 30 (A) (יותם) (Luc. *om.*), 32 (B) (יותם) (Luc. *om.*): I Ch. 3. 12 (A) (יותם) (Luc. Ιωθαμ): II Ch. 26. 23 (A) (יותם) (Luc. Ιωαθαμ): II Es. 16 (Ne. 6). 18 (A $S^{c.a}$) (יהוחנן) (Luc. Ιωναν): Je. 43 (36). 12 (B S) (אלנתן).

(4) abest in Heb.

I Ki. 14. 41, 42: 20. 2, 3, 15: 31. 12.

(5) in libr. apocr.

Joseph. Ἰωνάθης.

I Ma. 2. 5 (V): 4. 30 (V^a): 5. 17 (A V), 24, 55: 9. 19, 28, 31, 33, 37, 44, 47, 48, 58, 60, 62, 65, 70, 73 *bis*: 10. 3, 7, 9, 10, 15, 18, 21, 46, 59 ($S^{c.a}$ V), 62, 66, 69, 74, 76, 80, 81, 84, 86, 87, 88: 11. 5, 6, 7, 20, 21, 22, 23, 28, 29, 30, 37 (A S V^a), 41, 42, 44, 53, 57 (S V), 60, 62, 63, 67, 69 (S), 71, 74: 12. 1, 3, 5, 6, 24, 27, 28, 29, 30 (S V), 31, 35, 40, 41, 44, 46 ($S^{c.a}$), 48, 49 (S V^a), 52: 13. 8 (V^a), 11, 12, 14 (V^a), 15, 19, 23, 25: 14. 16, 18, 30 (A V): II Ma. 8. 22 (V).

Ἰωνάθας (-ου, -ᾳ). in libr. apocr.

Luc. Ιωναθαν.

I Es. 8. 32 (35) (= יונתן Ezr. 8. 6): 9. 14 (= יונתן Ezr. 10. 15): I Ma. 2. 5 (A $S^{c.a}$): 4. 30 (A S V*): 5. 17 (S): 10. 59 (S*): 11. 57 (A), 69 (A V): 12. 49 (A V*): 13. 8 (A S V*), 14 (A S V*): II Ma. 1. 23 (A S V*).

Ἰωνάθης. in libr. apocr.

I Ma. 2. 5 (S*): 10. 59 (A): II Ma. 8. 22 (A).

Ἰώναθος. in libr. apocr.

II Ma. 1. 23 (V^a).

Ἰωνάν. (1) יְהוֹחָנָן

I Ch. 26. 3 (A [ā]) (Luc. Ιωναθαν): II Es. 10. 6 ($S^{c.a}$): 16 (Ne. 6). 18 (B).

(2) יוֹחָנָן

I Ch. 12. 12 (A) (Luc. Ιωαναν): II Es. 8. 12 (B): Je. 47 (40). 8 (B): 50 (43). 4 (S*).

(3) abest in Heb.

Je. 42 (35). 4 (B) (חנן seq).

(4) in libr. apocr.

III Ma. 6. 8.

Ἰωνᾶς (-ᾶν, -ᾶ).

Wirc. Ionas.

(1) יוֹנָה

Jn. *inscr.*: 1. 1, 3, 5, 7, 15: 2. 1 *bis*, 2, 11: 3. 1, 3, 4: 4. 1, 5, 6 *bis*, 8, 9.

(2) aliter in Heb.

I Ch. 26. 3 (B) (יוחנן) (Luc. Ιωναθαν).

(3) abest in Heb.

Jn. 1. 12: 4. 4: *subscr.*

(4) in libr. apocr.

I Es. 9. 1 (B) (= יהוחנן Ezr. 10. 6) (Luc. *om.*), 23 (A) (= אליעזר Ezr. 10. 23) (Luc. Ελιεζερ): To. 14. 4 (6) (A B), 8 (10) (A B).

Ἰωνία. יָוָן

[Sm. Ez. 27. 13.]

Ἰώππη. in libr. apocr.

I Ma. 10. 75 (V) *bis*, 76 (V^a): 11. 6 (V^a).

Ἰωρά. יוֹרָה

II Es. 2. 18 (A) (Luc. Ιωρηε).

Ἰωραίας. יְרִאִיָּה

[Sm. Je. 37 (44). 13.]

Ἰωράμ. (1) יְהוֹרָם

III Ki. 22. 51 (Joseph. Ἰώραμος): IV Ki. 3. 1, 6: 8. 16, 25, 29: 9. 15, 17, 21 *bis*, 22, 23, 24: 12. 18 (19): II Ch. 17. 8 (A) (*Lu.* Ioram): 21. 1, 3 4, 5, 9, 16: 22. 1, 5, 6 *bis*, 7, 11 (A B^{ab}).

[Th. IV Ki. 1. 17 *bis*.]

(2) יוֹרָם

IV Ki. 8. 16, 21, 23, 24, 25, 28 *bis*, 29 *bis*: 9. 14, 14 (B), 16 *bis*, 29: 11. 2: I Ch. 3. 11: II Ch. 22. 6, 7.

(3) יְרֹחָם

I Ch. 27. 22 (Luc. Ιεροαμ): II Ch. 23. 1.

(4) יֹרָם

I Ch. 26. 25.

(5) abest in Heb.

III Ki. 16. 22, 28 h (B): IV Ki. 1. 18 a (Joseph. Ἰώραμος), 18 d (A) *bis*: II Ch. 22. 5.

(6) in libr. apocr.

I Es. 1. 9 (= יוזבד II Ch. 35. 9) (Luc. Ιωζαβαδ).

Ἰωράν. יְהוֹרָם

II Ch. 17. 8 (B) (Luc. Ιωραμ).

Ἰωράς. aliter in Heb.

I Ch. 12. 3 (A) (יואש) (Luc. Ιωας).

Ἰωρεέ. יוֹרַי

I Ch. 5. 13 (B) (Luc. Ιωαρειμ).

Ἰωρείβ (-ρίβ). יוֹיָרִיב

Luc. Ιωιαρειβ.

II Es. 21 (Ne. 11). 5 (B $S^{c.a\,(vid)}$), 10 (A B).

Ἰωρείμ. aliter in Heb.

II Es. 10. 18 (S) (יריב) (Luc. Ιαριβ): 21 (Ne. 11). 5 (S*) (יויריב) (Luc. Ιωιαρειβ), 10 (S) (יויריב) (Luc. Ιωιαρειβ).

Ἰωρές. יוֹרַי

I Ch. 5. 13 (A) (Luc. Ιωαρειμ).

Ἰωρήβ. aliter in Heb.

II Es. 21 (Ne. 11). 17 (S*) (עבדא) (Luc. Ἀβδίας).

Ἰωρίας. יְרִיָּה

I Ch. 26. 31 (A).

Ἰωρίβ, *vid.* Ἰωρείβ.

Ἰώριβος. in libr. apocr.

I Es. 8. 43 (45) (= יריב Ezr. 8. 16) (Luc. *om.*): 9. 19 (= יריב Ezr. 10. 18) (Luc. Ιαρειβ).

Ἰώς. abest in Heb.

III Ki. 16. 29 (B) (Ιωσαφαθ praec.) (Luc. *om.*).

Ἰωσά. aliter in Heb.

I Ch. 2. 46 (A) (מוצא) (Luc. Μουσα).

Ἰωσαβαίθ, *vid.* Ἰωσαβέθ.

Ἰώσαβδος. in libr. apocr.

I Es. 8. 62 (64) (A) (= יוזבד Ezr. 8. 33) (Luc. Ιωζαβαδ).

Ἰωσάβεε.

Joseph. Ὠσαβέθη, Ἰωσαβέθη.

(1) יְהוֹשֶׁבַע

IV Ki. 11. 2 (A B*) (*Lucc.* Iosebeth).

(2) יְהוֹשַׁבְעַת

II Ch. 22. 11 (B) *bis*.

Ἰωσαβεές. in libr. apocr.

I Es. 8. 62 (64) (B) (= יוזבד Ezr. 8. 33) (Luc. Ιωζαβαδ).

Ἰωσάβεθ (-βαίθ). (1) יְהוֹשַׁבְעַת

II Ch. 22. 11 (A) (Luc. Ιωσαβεε) *bis*.

(2) יוֹזָבָד

I Ch. 12. 20 (B S) (Luc. Ιωζαβαδ).

(3) aliter in Heb.

IV Ki. 11. 2 (B^{ab} [θ superscr]) (Luc. Ιωσαβεε).

Ἰωσαδάκ. יְהוֹצָדָק

Luc. Ιωσεδεκ: Joseph. Ἰωσάδακος, Ἰωσέδεκος.

I Ch. 6. 14 (5. 40) (B), 15 (5. 41) (B).

Ἰωσάν. aliter in Heb.

I Ch. 2. 46 (B) (מוצא) (Luc. Μουσα).

Ἰωσάφ. יְהוֹשָׁפָט

Luc. Ιωσαφατ.

II Ki. 8. 16 (A): III Ki. 22. 42 (A).

Ἰωσαφάθ.

Luc. Ιωσαφατ.

(1) יְהוֹשָׁפָט

II Ki. 20. 24 (B) (Luc. Σαφαν): III Ki. 4. 3 (B): 15. 24 (B): 22. 7 (B^a [θ superscr]), 8 (B^a [θ superscr]) *bis*, 10 (B^a [θ superscr]), 18 (B^a [θ superscr]), 29 (B^a [θ superscr]), 30 (B^a [θ superscr]), 32, 32 (B^a [θ superscr]), 41 (B*), 42 (B*), 45 (B*), 46 (B*), 52 (B*): IV Ki. 3. 1 (B*) (Luc. *om.*), 7 (A B*) (Luc. Ὀχοζίας), 11, 12 (A B*) *bis* (Luc. *om.*), 14 (A B*) (Luc. *om.*): 8. 16 (B*) *bis*: 9. 2 (B), 14 (B*): 12. 18 (19) (B*).

(2) aliter in Heb.

III Ki. 22. 46 (B*) (מלכי יהודה): IV Ki. 3. 11 (B*) (Luc. Σαφατ).

(3) abest in Heb.

III Ki. 16. 28 a (B) (Joseph. Ἰωσαφάτης, Ἰωσάφατος) (*Vind.* Iosafat), 28 c (B), 28 e (B$^{ab\,mg}$), 28 g (B) *bis*, 28 h (B), 29 (B): IV Ki. 1. 18 a (B*).

Ἰωσαφάς. aliter in Heb.

I Ch. 11. 43 (S*) (יושפט) (Luc. Ιωσαφατ).

Ἰωσαφάτ. (1) יְהוֹשָׁפָט

II Ki. 8. 16 (B) (Joseph. Ἰωσάφατος): 20. 24 (A) (Luc. Σαφαν): III Ki. 4. 3 (A), 17 (A) (Luc. *om.*), 19 (17) (B) (Luc. Ιωασαφατ): 15. 24 (A): 22. 2, 4 *bis*, 5, 7 (A B*), 8 (A B*) *bis*, 10 (A B*), 18 (A B*), 29 (A B*), 30 (A B*), 32 (A B*), 41 (A B^{ab}), 42 (B^{ab}), 45 (A B^{ab}), 46 (A B^{ab}), 49 (A), 50 (A) *bis*, 51 (A), 52 (A B^{ab}): IV Ki. 3. 1 (B^{ab}) (Luc. *om.*), 7 (B^{ab}) (Luc. Ὀχοζίας), 12 (B^{ab}) *bis* (Luc. *om.*), 14 (B^{ab}) (Luc. *om.*): 8. 16 (A B^{ab}) *bis*: 9. 2 (A), 14 (A B^{ab}): 12. 18 (19) (A B^{ab}): I Ch. 3. 10: 18. 15: II Ch. 17. 1, 3, 5, 10, 11, 12: 18. 1, 3, 4, 6, 7 *bis*, 9, 17, 28, 29, 31 *bis*: 19. 1, 2, 4, 8: 20. 1, 2, 3, 5, 15, 18, 20, 25, 27, 30, 31, 34, 35, 37: 21. 1, 2 *bis*, 12 (B): 22. 9: Jl. 3 (4). 2 (*Weingart.* Iosafat), 12.

[**Aq.** III Ki. 4. 17: 22. 49, 50 *bis*.]
[**Th.** IV Ki. 1. 17.]
[**Al.** III Ki. 22. 49, 50 *bis*.]

(2) יוֹשָׁפָט

I Ch. 11. 43 (A B S$^{c.a}$): 15. 24.

(3) aliter in Heb.

III Ki. 22. 46 (B^{ab}) (מלכי יהודה): IV Ki. 3. 11 (B^b) (שפט) (Luc. Σαφατ): 18. 18 (יואח בן־אסף) (Luc. Ιωαχ υἱὸς Σαφαν) (Joseph. Ἰώανος, Ἰώαχος, Ἰωσαφάτης), 26 (A) (יואח) (Luc. Ιωαχ).

(4) abest in Heb.

IV Ki. 1. 18 a (A B$^{a?b}$), 18 d (A): II Ch. 17. 1.

[**Th.** Jb. 42. 18.]

Ἰωσαφίας. in libr. apocr.

I Es. 8. 36 (39) (= יוספיה Ezr. 8. 10) (Luc. Ιωσεφια).

Ἰωσάφτ. יְהוֹשָׁפָט

Jl. 3 (4). 2 (S* vid).

Ἰωσεδέκ, Ἰωσέδεκ. (1) יְהוֹצָדָק

I Ch. 6. 14 (5. 40) (A), 15 (5. 41) (A): Hg. 1. 1, 12 (A B S Q$^{mg\ sinistr}$ Q$^{(?)\ mg\ sup}$), 14: 2. 2, 4: Za. 6. 11.

(2) יוֹצָדָק

II Es. 3. 2, 8: 5. 2: 10. 18: 22 (Ne. 12). 26.

(3) aliter in Heb.

Je. 23. 6 (A B S$^{c.a\,(?)}$ Q) (צדקנו).

(4) in libr. apocr.

I Es. 5. 5, 47 (48) (= יוצדק Ezr. 3. 2), 54 (56) (= יוצדק Ezr. 3. 8): 6. 2 (= יוצדק Ezr. 5. 2): 9. 19 (= יוצדק Ezr. 10. 18): Si. 49. 12 (14).

Ἰωσειά (-σιά). (1) יֹאשִׁיָּהוּ

Luc. Ἰωσίας.

I Ch. 3. 14 (B), 15 (B).

(2) יוֹשָׁה

I Ch. 4. 34 (B) (Luc. Ιωας).

(3) יוֹשַׁוְיָה

I Ch. 11. 46 (Luc. Σωσια).

(4) יְשַׁעְיָהוּ

I Ch. 25. 15 (B) (Luc. Ισαια) (*Lucc.* Aseas).

Ἰωσείας (-σίας) (-αν, -α *v.* -ου), **Ἰωσιάς.**

(1) יֹאשִׁיָּהוּ

[**Aq.** Je. 27. 2 (34. 1) (Sw.).]

(2) יֹאשִׁיָּה

Za. 6. 10.

(3) יֹאשִׁיָּהוּ

III Ki. 13. 2: IV Ki. 21. 24, 26: 22. 1, 3: 23. 16, 19, 23, 24, 28, 29, 30, 34 *bis*: I Ch. 3. 14 (A), 15 (A): II Ch. 33. 25: 34. 1, 33: 35. 1 (A^1 [supras] B), 7, 16, 18, 19, 20, 22, 23, 24, 25 *bis*, 26: 36. 1: Ze. 1. 1 (A B S$^{c.a,c.b}$ Q): Je. 1. 2, 3 *bis*: 3. 6: 22. 11 *bis*, 18: 25. 1 (A B S$^{c.a}$ Q), 3: 33 (26). 1: 42 (35). 1 (A Q): 43 (36). 1, 2: 44 (37). 1: 51. 31 (45. 1).

[**Aq.** Je. 27 (34). 1.]

(4) יוֹשָׁה

I Ch. 4. 34 (A) (Luc. Ιωας).

(5) abest in Heb.

II Ch. 35. 19 a: 36. 4 *bis*.

(6) in libr. apocr.

I Es. 1. 1 (= יאשיהו II Ch. 35. 1), 7 (= יאשיהו II Ch. 35. 7), 16 (18) (= יאשיהו II Ch. 35. 16), 19 (21) (= יאשיהו II Ch. 35. 18), 20 (22) (= יאשיהו II Ch. 35. 19), 21 (23) (abest in II Ch. 35. 19), 23 (25) (= יאשיהו II Ch. 35. 20), 23 (25) (A B$^{a\ et\ ut\ vid\ b}$) (= יאשיהו II Ch. 35. 20), 26 (28) (= יאשיהו II Ch. 35. 22), 27 (29) (= יאשיהו II Ch. 35. 23), 30 (32) (= יאשיהו II Ch. 35. 24), 30 (32) (= יאשיהו II Ch. 35. 25), 31 (33) (= יאשיהו II Ch. 35. 26), 32 (34) (= יאשיהו II Ch. 36. 1), 32 (34) (abest in II Ch. 36. 1): Si. 49. 1, 4 (5): Ba. 1. 8.

Ἰωσεικείμ. aliter in Heb.

Je. 23. 6 (S*) (צדקנו).

Ἰωσείς. in libr. apocr.

I Es. 1. 23 (25) (B*) (= יאשיהו II Ch. 35. 20) (Luc. Ἰωσίας).

Ἰωσεφειά (-φιά). יוֹסִפְיָה

II Es. 8. 10 (Luc. Ιεσσεφια).

Ἰωσζίζ. יָזִיז

I Ch. 27. 31 (A) (Luc. Ιωαζ).

Ἰώσηπος. (1) in libr. apocr.

I Ma. 5. 18 (S), 60 (S$^{c.a}$): II Ma. 8. 22 (A): 10. 19 (A).

(2) adnot. scr.

Ez. 38. 5 (Q$^{mg\ inf}$) *bis*.

Ἰώσηππος. in libr. apocr.

I Ma. 5. 18 (V^a).

Ἰωσήφ. (1) יְהוֹסֵף

Ps. 80 (81). 6.

[**Sm.** Ps. 80 (81). 6.]

(2) יוֹסֵף

Joseph. Ἰώσηπος.

Ge. 30. 24, 25: 33. 2, 7: 35. 24: 37. 2 *bis*, 3, 5, 13, 17, 23 *bis*, 28 *ter*, 29, 31, 33: 39. 1, 2, 4, 5, 6 *bis*, 7, 10 (A D E^b), 20, 21, 22: 40. 3, 4, 6, 8, 9, 12, 16, 18, 22, 23: 41. 14, 15, 16, 17, 25, 39, 41, 42, 44 (Samar. [Samaritan script]), 45 (A$^{a?\,mg}$ E), 46 *bis*, 49, 50, 51 (Luc. *om.*), 54, 55, 56, 57: 42. 3, 4, 6, 6 (Luc. *al.*), 7, 8, 9, 14, 18 (D) ([Ιωσ]ηφ) (Luc. *om.*), 23, 25, 36: 43. 15, 16, 17 *bis*, 18, 19, 25, 26, 30: 44. 2, 4, 14, 15: 45. 1, 1 (A), 3 *bis*, 4 (D^{sil} F), 4, 9, 16, 17, 21, 26, 27 *bis*, 28: 46. 4, 19, 20, 27, 28, 29, 30, 31: 47. 1 (B D), 5, 7, 11, 12, 14 (*Lugd.* Iosep), 14 (Luc. *om.*), 15, 16, 17 *bis*, 20, 23, 26, 29: 48. 1, 2, 3, 8, 9, 11 (A$^{a?}$B D), 12 (A$^{a?}$B D), 13, 17, 18, 21: 49. 22, 26: 50. 1, 2, 4, 7, 8, 14, 15 *bis*, 16, 17 *bis*, 19 (B), 22 *bis*, 23 *bis*, 24, 25, 26: Ex. 1. 5 (A^1 B), 6, 8: 13. 19 (*Mon.* Iosef): Nu. 1. 9 (10), 30 (32): 13. 8 (7), 12 (11): 26. 32 (28), 41 (37): 27. 1: 32. 33: 34. 23: 36. 1, 5, 12: De. 27. 12: 33. 13, 16: Jo. 14. 4: 16. 1, 4: 17. 1, 14, 16 (A), 17: 18. 5, 11: 24. 32, 32 (A B$^{ab\,(mg)}$): Jd. 1. 22, 35: II Ki. 19. 20 (21): III Ki. 11. 28: I Ch. 2. 2: 5. 1, 2: 7. 29: 25. 2, 9: II Es. 10. 42: 22 (Ne. 12). 14 (S$^{c.a\ mg\ inf}$): Ps. 76 (77). 16: 77 (78). 67: 79 (80). 2: 104 (105). 17: Am. 5. 6, 15: 6. 6: Ob. 1. 18: Za. 10. 6: Ez. 37. 16, 19: 48. 32.

[**Aq.** Ge. 37. 2: 43. 24: Ps. 79 (80). 2.]
[**Sm., Th.** Ge. 37. 2: Ps. 79 (80). 2.]
[**Al.** Jd. 1. 23.]

(3) פַּרְעֹה

Ge. 46. 5: 47. 1 (A).

(4) aliter in Heb.

Ge. 37. 36 (pers. pron.): 39. 4 (pron. suff.), 16 (D) (pron. suff.), 23 (pron. suff.): 45. 1 (pron. suff.): 47. 3 (pron. suff.).

(5) abest in Heb.

Ge. 39. 11: 42. 24: 43. 27 (*D*), 29: 44. 1, 17: 47. 5, 22: 48. 17: 50. 6 (A F): Ex. 13. 19 (A B^{ab} F): III Ki. 12. 24 b (B): Ez. 48. 32 (adnot Q^{mg}).

(6) in libr. apocr.

Si. 49. 15 (17): Ju. 8. 1: I Ma. 2. 53: 5. 56, 60 (S* vid): IV Ma. 2. 2: 18. 11.

Ἰώσηφος. in libr. apocr.

I Es. 9. 34 (A) (= יוסף Ezr. 10. 42) (Luc. Ιωσηφ): I Ma. 5. 18 (A), 60 (A V): II Ma. 8. 22 (V): 10. 19 (V).

Ἰωσιά, *vid.* Ἰωσειά.

Ἰωσιαού. יֹאשִׁיָּהוּ

[Aq. IV Ki. 23. 16 (Bi.), 19 (Bi.), 23 (Bi.), 24 (Bi.).]

Ἰωσίας, *vid.* Ἰωσείας.

Ἰώσιππος. in libr. apocr.

I Ma. 5. 18 (V*).

Ἰωυάν. יָוָן

Luc. Ιωυναν.
Joseph. Ἰαύανος, Ἰωύανος: *Comp.* Lotham.
Ge. 10. 2, 4: I Ch. 1. 5 (Luc. Ιωαναν), 7 (Luc. Ιωαναν).

Ἰωυκάμ. יַעְקָן

Ge. 36. 27 (A E) (Luc. Ιουκαμ).

Ἰωφαλήτ. aliter in Heb.

I Ch. 12. 3 (B S) (פלט) (Luc. Φαλετ).

Ἰωφέ. aliter in Heb.

Je. 47 (40). 8 (B) (עופי*, עיפי [ק"]).

Ἰωφέθ. aliter in Heb.

[Th. Je. 40 (47). 8 (ut vid) (עופי*, עיפי [ק"]) (Sw.).]

Ἰώχ. יוֹאָח

Is. 36. 3 (S*).

Ἰωχάβεδ. יוֹכֶבֶד

Joseph. Ἰωχαβέλη, Ἰωχαβάδη: *Lucc.* Iocabeth.
Ex. 6. 20: Nu. 26. 59 (B F) (*Lugd.* Iocabeth).

Ἰωχάβεθ. יוֹכֶבֶד

Nu. 26. 59 (A) (Luc. Ιωχαβεδ).

Ἰωχαβήλ. אִי־כָבוֹד

I Ki. 14. 3 (B) (Luc. Ιωχαβε) (*Lucc.* Beriochabel).

Ἰωχάζ. in libr. apocr.

I Es. 1. 32 (34) (A) (= יהואחז II Ch. 36. 1) (Luc. Ιωαχαζ).

Ἰωχήλ. aliter in Heb.

I Ch. 2. 34 (ירחע), 35 (ירחע) (Luc. Ιερεε).

K

Καάδ. קְהָת

Nu. 3. 17 (A) (Luc. Κααθ).

Καάθ.

Joseph. Κάαθος: *Lucc.* Chat, Chaat.

(1) קְהָת, קְהָת

Ge. 46. 11: Ex. 6. 16, 18 (*Lugd.* Gaath) *bis*: Nu. 3. 17 (B F), 19 (A B$^{ab\ mg\ inf}$ F) 27, 29: 4. 2 (B F) (*Mon.* Chat), 4 (*Lugd.* Gath), 15 *bis*: 7. 9: 16. 1: 26. 57, 58: Jo. 21. 5, 20 *bis*, 26: I Ch. 6. 1 (5. 27), 2 (5. 28), 16 (1), 18 (3), 22 (7), 38 (23), 61 (46), 66 (51), 70 (55): 15. 5 (A^{a} [sup ras] B S): 23. 6, 12.

(2) קְהָתִי, קְהָתִי

Nu. 3. 27, 30: 4. 18, 34, 37: 10. 21 (οἱ υἱοὶ K.): Jo. 21. 4, 10: I Ch. 6. 33 (18) (A^{1} [sup ras] B): II Ch. 20. 19: 29. 12: 34. 12.

(3) קְנָת

Nu. 32. 42 (B) (Luc. Κανααθ) (*Mon.* Cariathatha: *Lugd.* Canaath).

(4) aliter in Heb.

I Ch. 6. 24 (9) (B) (תחת) (Luc. Θααθ): 26. 19 (B) (קרחי) (Luc. Κορε).

Καάθεί (-θί). קְהָתִי, קְהָתִי

Nu. 26. 57: I Ch. 6. 54 (39) (Luc. Κααθ).

Καάθείτης (-θίτ.). קְהָתִי

I Ch. 9. 32.

Καάθί, *vid.* Καάθεί.

Καάθίτης, *vid.* Καάθείτης.

Καανάθ. קְנָת

Nu. 32. 42 (A) (Luc. Καναα θ).

Καβασαήλ. קַבְצְאֵל

I Ch. 11. 22 (A B) (Luc. Καβσεηλ).

Καββαθαί. aliter in Heb.

II Es. 10. 15 (A) (שבתי) (Luc. Σαββαθαι).

Κάββης. in libr. apocr.

I Es. 5. 20 (B) (= גבע Ezr. 2. 26: Ne. 7. 30) (Luc. Γαβαα).

Καβδιήλ. aliter in Heb.

II Es. 17 (Ne. 7). 43 (B) (קדמיאל) (Luc. Δεκμιηλ).

Καβέλ. aliter in Heb.

IV Ki. 15. 29 (A) (אבל) (Luc. Αβελ).

Καβεσεήλ. קַבְצְאֵל

II Ki. 23. 20 (A B*) (Luc. Γαβασαηλ).

Καβρωθαβᾶ. קִבְרוֹת הַתַּאֲוָה

[Heb. Nu. 11. 34.]

Καβσαείμ. קִבְצַיִם

Jo. 21. 22 (A) (Luc. Καβσεμ).

Καβσεήλ. [י]קַבְצְאֵל

II Es. 21 (Ne. 11). 26 (25) (S$^{c.a\ mg}$).

Καδαμώς. aliter in Heb.

I Ch. 6. 79 (64) (B) (קדמות) (Luc. Καδημωθ).

Κάδες. קֶדֶשׁ

Luc. Κεδες.
Jo. 19. 37 (B): 21. 32 (B).

Καδήμ. aliter in Heb.

Ez. 47. 19 (B) (קדש).

Καδημώθ. קְדֵמוֹת

[Aq., Sm., Th. De. 2. 26.]

Καδής, Κάδης.

Syr. ܩܕܫ

(1) קָדֵשׁ

Ge. 14. 7: 16. 14: 20. 1: Nu. 13. 27 (26): 20. 1, 14, 16, 22: 27. 14: 32. 8: 33. 36, 37: 34. 4: De. 1. 2, 19, 46: 2. 14: 9. 23: 32. 51: Jo. 10. 41 (K. βαρνη = Syr. ܩܕܫ ܕܒܪܢܐ): 14. 6, 7 (B): 15. 3: Jd. 11. 16, 17: Ps. 28 (29). 8: Ez. 47. 19 (A Q): 48. 28.

(2) קֹדֶשׁ

De. 33. 2.

(3) קֶדֶשׁ

Luc. Κεδες.
Jo. 12. 21 (22) (B): 15. 23 (B): 20. 7 (B): Jd. 4. 6 (B) (Luc. Καδης), 9 (B) (קדשה) (Luc. Καδης), 10 (B) (קדשה).

(4) קַרְתָּה

Jo. 21. 34 (B) (Luc. Καριθα).

(5) aliter in Heb.

Jo. 15. 3 (קרקע): II Es. 2. 44 (B) (קרס) (Luc. Κορες).

(6) abest in Heb.

Jo. 15. 1: I Ch. 6. 77 (61) (A).

(7) in libr. apocr.

Ju. 1. 9 (9^{a}): 5. 14: I Ma. 11. 73 (A).

Καδμιήλ. קַדְמִיאֵל

Luc. Κεδμιηλ.
II Es. 2. 40: 3. 9: 17 (Ne. 7). 43 (A S) (Luc. Δεκμιηλ): 19 (Ne. 9). 4, 5: 20. 9 (Ne. 10. 10): 22 (Ne. 12). 8, 24.

Καδμίηλος. in libr. apocr.

I Es. 5. 26 (A) (= קדמיאל Ezr. 2. 40: Ne. 7. 43) (Luc. Κεδμιηλ).

Καδωήλ. in libr. apocr.

I Es. 5. 56 (58) (A) (= קדמיאל Ezr. 3. 9) (Luc. Κεδμιηλ).

Καδών. aliter in Heb.

II Ki. 23. 13 (B*) (קציר) (Luc. *om.*).

Καζηρά. in libr. apocr.

I Es. 5. 31 (B) (= נזם Ezr. 2. 48: Ne. 7. 51) (Luc. Γαζαμ).

Κάθ. קְהָת

Nu. 4. 2 (A) (Luc. Κααθ).

Καθάαν. abest in Heb.

I Ch. 7. 26 (A) (Luc. *om.*).

Καθεινείμ. aliter in Heb.

II Es. 13 (Ne. 3). 26 (B) (נתינים) (Luc. Ναθιναῖοι).

Καθιαιρείν. aliter in Heb.

Jo. 3. 16 (B) (Luc. aliter).

Καθλάεμ. aliter in Heb.

I Ch. 11. 26 (S) (בית לחם) (Luc. Βηθλεεμ).

Καθοήλ. (יָ)קְתְאֵל

IV Ki. 14. 7 (B).

Καθουά. in libr. apocr.

I Es. 5. 30 (A) (abest in Ezr. 2. 47: Ne. 7. 49) (Luc. *om.*).

Καθουάλ. aliter in Heb.

II Ch. 34. 22 (B) (תוקהת [יתיר ו"]) (Luc. Θεκωε).

Καιδρών, *vid.* Κεδρών.

Καιειλά, *vid.* Κεειλά.

Καιθοάν. aliter in Heb.

Jo. 17. 11 (B*^{b}) (בית־שאן) (Luc. Βηθσαν).

Κάιν.
Joseph. Κάις.
(1) קַיִן
Ge. 4. 1, 2, 3, 5 *bis*, 6, 8 *bis*, 9, 13, 15 *bis*, 16, 17, 24, 25.
[Aq. Ge. 4. 5, 6, 24.]
(2) in libr. apocr.
IV Ma. 18. 11.

Καινά. (1) קַיִן
Jd. 4. 11 (B) (Luc. Κειν).
(2) abest in Heb.
I Ch. 12. 6 (B S) (Luc. *om.*).

Καΐναθ. aliter in Heb.
I Ch. 6. 26 (11) (נחת) (A[a?] [sup ras] B) (Luc. Νααθ).

Καινάιν. קַרְנַיִם
Ge. 14. 5 (E) (και Ναιν [? Καιναιν]) (Luc. Καρναιν).

Καινάμ. abest in Heb.
Luc. Καιναν.
Ge. 10. 24 (A[a]), 24 (A).

Καινάν. (1) קֵינָן
Joseph. Καινάς: *Lucc.* Chainan.
Ge. 5. 9, 10, 12, 13, 14: I Ch. 1. 2.
(2) abest in Heb.
Ge. 10. 22 (E), 24 (E) *bis*: 11. 12, 13, 13 (A D E[a]) *bis*: I Ch. 1. 18 (A) *bis*.

Καίνεος, *vid.* **Κεναῖος.**

Καινή. aliter in Heb.
I Ki. 23. 16 (חרשה), 18 (חרשה).

Καιχάρ, *vid.* **Κεχάρ.**

Κακχίδης. in libr. apocr.
I Ma. 7. 12 (A).

Καλαμώκαλος (B), **Καλαμώλαλος** (A).
in libr. apocr.
I Es. 5. 22 (= לד חדיד Ezr. 2. 33: Ne. 7. 37) (Luc. Λυδδων Αδιδ).

Κάλαχ. כָּלַח
Luc. Χαλακ.
Ge. 10. 11 (*D*), 12 (D).

Καλειταίς. in libr. apocr.
I Es. 9. 23 (B) (= קליטא Ezr. 10. 23) (? pro καλεῖται) (Luc. Καλλίτας).

Καλείτας (-λίτ.). in libr. apocr.
Luc. Καλλίτας.
I Es. 9. 23 (A) (= קליטא Ezr. 10. 23), 48 (= קליטא Ne. 8. 7).

Καλιτά (S[c.a]), **Καλιτάν** (A). קְלִיטָא
II Es. 20. 10 (Ne. 10. 11) (Luc. Καλλίτας).

Καλίτας, *vid.* **Καλείτας.**

Καλλαί. קַלַּי
II Es. 22 (Ne. 12). 20 (S[c.a mg inf]) (Luc. Καλμει).

Καλλισθένης. in libr. apocr.
II Ma. 8. 33.

Καλχαμύς. in libr. apocr.
I Es. 1. 23 (25) (A) (= כרכמיש II Ch. 35. 20) (Luc. Χαρχαμεις).

Κάλων. in libr. apocr.
I Ma. 10. 86 (A).

Καμείν. מַחֲנַיִם
Jo. 21. 38 (36) (B) (Luc. Μαναεμ).

Καμηδώθ. aliter in Heb.
I Ch. 6. 79 (64) (A) (קדמות) (Luc. Καδημωθ).

Κάμηλος. aliter in Heb.
Is. 35. 2 (S* [Καμ.]) (כרמל).

Καμουήλ. קְמוּאֵל
Ge. 22. 21 (Joseph. Καμούηλος, Μαούηλος, Μαθούηλος): Nu. 34. 24 (*Mon.*, *Lugd.* Gamuel): I Ch. 27. 17 (A) (Luc. Κεμουηλ).

Κανά. (1) קָנָה
Jo. 16. 8 (A): 19. 28 (A) (Luc. Καναει).
(2) aliter in Heb.
II Ch. 13. 19 (B) (ישנה) (Joseph. Ἰσανά) (Luc. Ιεσσηνα).
(3) adnot. scr.
Ez. 47. 8 (Q[mg]).

Καναάθ. קְנָת
Nu. 32. 42 (F): I Ch. 2. 23 (B) (Luc. Καναθ).

Κανάθ. קְנָת
I Ch. 2. 23 (A).

Καναί. קָנָה
Jo. 17. 9 (A) (Luc. *om.*).

Καναιά. aliter in Heb.
I Ch. 11. 22 (B[b]) (בניה) (Luc. Βαναίας).

Κανθάν. (1) קָנָה
Jo. 19. 28 (B) (Luc. Καναει).
(2) aliter in Heb.
II Es. 20. 10 (Ne. 10. 11) (S*) (קליטא) (Luc. Καλλίτας).

Καννασσή. מְנַשֶּׁה
Nu. 36. 1 (A) (Luc. Μανασση).

Καντά. aliter in Heb.
II Es. 20. 10 (Ne. 10. 11) (B) (קליטא) (Luc. Καλλίτας).

Καπαδοκία. כַּפְתֹּר
De. 2. 23 (F) (Luc. Καππαδοκία).

Καππάδοκες. (1) כַּפְתֹּרִים
De. 2. 23.
(2) adnot. scr.
Ez. 38. 5 (Q[mg inf]).

Καππαδοκία. (1) כַּפְתּוֹר
Am. 9. 7.
[Aq., Th. Je. 47 (29). 4.]
(2) כַּפְתֹּר
De. 2. 23 (A B).

Κάρα. שָׂרַח
Nu. 26. 30 (46) (B*) (Luc. Σαρα).

Καραβασειών (-σιών). in libr. apocr.
I Es. 9. 34 (? = כלוהי*, כלוהו ["ק] Ezr. 10. 35) (Luc. *om.*).

Καραθάιμ. קִרְיָתַיִם
Je. 31 (48). 1 (S*).

Καραθαρβόκ. קִרְיַת אַרְבַּע
Jo. 21. 11 (B) (Luc. Καριαθαρβωκ).

Καρανά. קָנָה
Jo. 17. 9 (B) (Luc. *om.*).

Καραφά. כְּפָר
Jo. 18. 24 (B) (ה seq) (Luc. Καφαρ-).

Καρειαθιαρείμ, *vid.* **Καριαθιαρείμ.**

Καρέμ. abest in Heb.
Jo. 15. 59 a.

Καρῆε. קָרֵחַ
Je. 47 (40). 8, 13: 48 (41). 11 (*Wirc.* Chares), 13 (Q[mg]), 14 (Q[mg]): 50 (43). 2, 5 (Q[mg]).

Καρήθ. aliter in Heb.
IV Ki. 25. 23 (קרח) (Joseph. Κάρεος, Κάριος) (Luc. Καρηε).

Καρία. in libr. apocr.
I Ma. 15. 23 (S V).

Καριαθαΐθ. קִרְיָתַיִם
[Aq., Th. Ez. 25. 9.]

Καριαθάιμ (-θέμ). קִרְיָתַיִם
Nu. 32. 37 (A F) (*Mon.* Chariathem: *Lugd.* Cariathen): Jo. 13. 19: I Ch. 6. 76 (61): Je. 31 (48). 1 (A B S[c.a (?)] Q), 23 (A B Q).

Καριαθάρ (B S*), **Καριαθαρβά** (S[c.a]), **Καριαθαρβό** (A). קִרְיַת הָאַרְ[בַּע]
II Es. 21 (Ne. 11). 25 (Luc. Καριαθ Αρβουκ).

Καριαθαρβόκ. קִרְיַת אַרְבַּע
Jo. 21. 11 (A) (Luc. Καριαθαρβωκ).

Καριαθβάαλ. (1) קִרְיַת־בַּעַל
Jo. 15. 60: 18. 14.
(2) aliter in Heb.
Jo. 18. 15 (קרית יערים).

Καριαθειαρείμ, *vid.* **Καριαθιαρείμ.**

Καριαθέμ, *vid.* **Καριαθάιμ.**

Καριαθέν. aliter in Heb.
Je. 31 (48). 23 (S) (קריתים).

Καριαθιαείρ. aliter in Heb.
I Ch. 2. 53 (A) (קרית יערים) (Luc. Καριαθιαρειμ).

Καριαθιαρείμ (-ρει.) (-θει.) (-ρίμ).
(1) קִרְיַת הַיְּעָרִים
Je. 33 (26). 20.
(2) קִרְיַת־יְעָרִים, קִרְיַת יְעָרִים
Jo. 18. 14 (A): Jd. 18. 12 *bis*: I Ki. 6. 21: 7. 1, 2: I Ch. 2. 50, 52: II Ch. 1. 4: II Es. 17 (Ne. 7). 29 (A S).
(3) קִרְיַת עָרִים
II Es. 2. 25 (A).
(4) aliter in Heb.
Jo. 3. 16 (A F).

Καριαθιαρείν. קִרְיַת יְעָרִים
Jo. 18. 14 (B) (Luc. Καριαθιαρειμ).

Καριαθιαρίμ, *vid.* **Καριαθιαρείμ.**

Καριαθιαριός. in libr. apocr.
I Es. 5. 19 (A) (= קרית ערים Ezr. 2. 25: קרית יערים Ne. 7. 29) (Luc. Καριαθιαρειμ).

Καριαθσεννά. קִרְיַת־סַנָּה
[Sm. Jo. 15. 49.]

Καριαιθάμ. קִרְיָתַיִם
Nu. 32. 37 (B) (Luc. Καριαθεμ).

Καριαρβοκσέφερ (A), **Καριαρβοξέφερ** (B).
קִרְיַת אַרְבַּע
Jd. 1. 10 (Luc. Καρι[αθ]αρβωκσεφερ).

Καριασσώφαρ. קִרְיַת־סֵפֶר
Jd. 1. 11 (B) (Luc. πόλις γραμμάτων).

Καριθείμ. כְּרֵתִים
[Th. Ez. 25. 16.]

Καριθιαρείμ. קִרְיַת יְעָרִים
II Es. 17 (Ne. 7). 29 (B) (Luc. Καριαθιαρειμ).

Καρίς (-ίδα), ἡ. in libr. apocr.
I Ma. 15. 23 (A).

Καριώθ. קְרִיּוֹת
Am. 2. 2 (Q[mg]): Je. 31 (48). 24, 41 (Q).

Καριωθιαρόμ. קִרְיַת עָרִים
II Es. 2. 25 (B) (Luc. Καριαθιαρειμ).

Καρκά (A), **Καρκάρ** (B). קַרְקֹר
Jd. 8. 10 (Luc. Καρκαρ).

Καρμηλείτης. כַּרְמְלִי
II Ki. 2. 2 (A) (Luc. Καρμήλιος).

Καρμηλί. כַּרְמְלִי
I Ch. 11. 37 (A) (Luc. Χερμελλι).

Καρμήλιος. (1) כַּרְמֶל
III Ki. 18. 19, 20 : IV Ki. 2. 25 : 4. 25.

(2) כַּרְמְלִי
I Ki. 30. 5 : II Ki. 2. 2 (B) : 3. 3 (ὁ K.) : 23. 35 (Luc. Καρμαλι).

(3) כַּרְמְלִית
I Ki. 27. 3 (ὁ K.) : I Ch. 3. 1 (Luc. Καρμηλῖτις).

(4) abest in Heb.
I Ki. 25. 4.

Κάρμηλος. (1) כַּרְמֶל (כַּרְמִלּוֹ IV Ki. 19. 23.)
Jo. 19. 26 : I Ki. 15. 12 (*Qued.* Carmellus) : 25. 2 *bis*, 5, 7, 40 : III Ki. 18. 42 : IV Ki. 19. 23 : II Ch. 26. 10 : Ca. 7. 5 (6) : Am. 1. 2 : 9. 3 : Mi. 7. 14 : Na. 1. 4 : Is. 32. 16 : 33. 9 (A S Q) : 35. 2 (A B S^c.a (vid), c.b Q Γ) : Je. 2. 7 : 4. 26 : 26 (46). 18 : 27 (50). 19.

[**Aq.** Is. 16. 10 : 29. 17 : 35. 2 : Je. 50 (27). 19.]
[**Sm.** Is. 10. 18 : 16. 10 : 29. 17 : 32. 15 : 35. 2 : 37. 24.]
[**Th.** Is. 16. 10 : 29. 17 : 35. 2 : 37. 24.]

(2) aliter in Heb.
I Ki. 30. 29 (B) (רכל).

(3) in libr. apocr.
Ju. 1. 8.

Καρνάιδ. in libr. apocr.
I Ma. 5. 26 (S V).

Καρνάιν, ἡ. (1) קַרְנַיִם
Ge. 14. 5 (A).

(2) in libr. apocr.
Joseph. Κρανάιν, Καρνάιν.
I Ma. 5. 43, 44.

Καρναφούκ. קֶרֶן הַפּוּךְ
[**Aq.**, **Sm.** Jb. 42. 14.]

Καρνέιν. in libr. apocr.
I Ma. 5. 26 (A).

Κάρνιον. in libr. apocr.
II Ma. 12. 21, 26.

Καροά. קָרְחָה
Jo. 21. 34 (A) (Luc. Καριθα).

Καρταθειαρειός. in libr. apocr.
I Es. 5. 19 (B) (= קרית ערים Ezr. 2. 25 : קרית יערים Ne. 7. 29) (Luc. Καριαθιαρειμ).

Καρχαμείς. כַּרְכְּמִישׁ
Je. 26 (46). 2 (Q) (Joseph. Καρχάμισσα).

Καρχηδόνιοι. תַּרְשִׁישׁ
Ez. 27. 12 (B Q), 25 (A Q^mg) : 38. 13 (B [K sup ras B^ab] Q) (*Wirc.* Cherchedon).
[**Th.** Ez. 27. 25 (P.).]

Καρχηδών (-όνα, -όνος). תַּרְשִׁישׁ
Is. 23. 1 (A B^ab S^c.a, c.b), 6, 10, 14 (A B S^c.a Q Γ).

Κασερείν. in libr. apocr.
To. 11. 1 (S).

Κασθεήλ. קַבְצְאֵל
Jo. 15. 21 (A) (Luc. Καβσηλ).

Κασία. קְצִיעָה
Jb. 42. 14 (B S C).

Κασίμ. קָצִין
Jo. 19. 13 (A) (Luc. Σιν [και praec.]).

Κασπείν (-πίν). in libr. apocr.
II Ma. 12. 13.

Κασσία. קְצִיעָה
Jb. 42. 14 (A).

Κασφώ. in libr. apocr.
I Ma. 5. 26 (S*).

Κασφών. in libr. apocr.
I Ma. 5. 36 (V).

Κασφώρ. in libr. apocr.
I Ma. 5. 26 (A S^c.a).

Κασωάρ (A), **Κασών** (B^ab [σ superscr]). קָצִיר
II Ki. 23. 13 (Luc. *om.*).

Κατάαθ. תָּחַת
Nu. 33. 26 (A B) (*Mon.* Ibath : *Lugd.* Caath), 27 (A B).

Καταβεσθήλ. aliter in Heb.
II Ki. 23. 20 (B^a mg) (קבצאל) (Luc. Γαβασαηλ).

Katavάθ. קַטָּת
Jo. 19. 15 (B) (Luc. Κοτταθ).

Κατασέμ. קָצִין
Jo. 19. 13 (B) (Luc. Σιν [και praec]).

Κατέθζαβδος. in libr. apocr.
I Es. 9. 48 (B) (= יוזבד Ne. 8. 7) (corruptio pro καὶ Ιωζ.) (Luc. καὶ Ιωζαβαδ).

Καθθάαθ. תָּחַת
Luc. Κατααθ.
Nu. 33. 26 (F), 27 (F).

Κατταθ. קַטָּת
Jo. 19. 15 (A) (Luc. Κοτταθ).

Καφάν. aliter in Heb.
Jo. 18. 27 (B) (Luc. aliter).

Καφείρα (-φίρ.), **Καφειρά.** (1) כְּפִירָה
Luc. Κεφειρα.
II Es. 2. 25 : 17 (Ne. 7). 29 (B S).

(2) in libr. apocr.
I Es. 5. 19 (A) (= כפירה Ezr. 2. 25 : Ne. 7. 29) (Luc. Κεφηρα).

Καφηραμμίν. כְּפַר הָעַמּוֹנָה, *כְּפַר הָעַמּוֹנִי [ק"]
Jo. 18. 24 (A) (Luc. Καφαραμμωνα).

Καφιρά, *vid.* **Καφειρά.**

Καχούρ. abest in Heb.
III Ki. 2. 46 h (B) (Luc. Ζακχουρ).

Κεάφ. אַכְשָׁף
Jo. 19. 25 (B) (Luc. Αχασαφ).

Κεβλαάμ. aliter in Heb.
IV Ki. 15. 10 (קבל־עם) (Luc. Ιεβλααμ).

Κεβωνά. לִבְנָה
Nu. 33. 20 (A F) (Samar. ⟨Samaritan script⟩) (Luc. Λεβωνα).

Κεδάμ. קֵדְמָה
I Ch. 1. 31 (A) (Luc. Κεδμα).

Κεδαμώθ. קְדֵמוֹת
De. 2. 26 (B) (*Lugd.* Cedemod).

Κεδδούρ. in libr. apocr.
I Es. 5. 30 (B) (= גדל Ezr. 2. 47 : Ne. 7. 49) (Luc. Γεδδηλ).

Κεδέδ. aliter in Heb.
II Es. 2. 47 (B) (גדל) (Luc. Γεδδηλ).

Κέδεε. aliter in Heb.
I Ch. 6. 72 (57) (A^a) (קדש) (Luc. Κεδες).

Κέδεμ. קֶדֶם
Je. 30. 6 (49. 28) : Ez. 25. 4 (A B Q [in μ ras aliq Q ? vid]), 10.

Κέδες. (1) קֶדֶשׁ
Jo. 12. 22 (A) : 15. 23 (A) : 19. 37 (A) : 20. 7 (A) (Joseph. Κέδασα, Κέδεσα) : 21. 32 (A) : Jd. 4. 6 (A) (Luc. Κηδης), 11 : I Ch. 6. 72 (57) (B), 76 (61) (Luc. Καδης).

(2) in libr. apocr.
I Ma. 11. 63 (V), 73 (S V).

Κέδημ. קֶדֶם
Ez. 25. 4 (Γ vid Κ[εδ]η[μ]).

Κεδημώθ. קְדֵמֹת
Jo. 13. 18 (A) (Luc. Καδημωθ).

Κέδμα. קֵדְמָה
Ge. 25. 15 (A E) (Luc. Κεδεμα) (Joseph. Κάδμασος) : I Ch. 1. 31 (B).

Κέδμαν. קֵדְמָה
Ge. 25. 15 (*D*) (Luc. Κεδεμα).

Κεδμώθ. קְדֵמוֹת
De. 2. 26 (A F) (Luc. Κεδαμωθ).

Κεδουράν. הֲדוֹרָם
I Ch. 1. 21 (A) (Luc. Αδωραμ).

Κεδρώ. in libr. apocr.
I Ma. 15. 41 (A V).

Κεδρών (Καιδ.), **ἡ.** (1) קִדְרוֹן
II Ki. 15. 23 : III Ki. 2. 37 : IV Ki. 23. 4, 6, 6 (B), 12 : II Ch. 15. 16 : 29. 16 : 30. 14 : Je. 38 (31). 40.
[**Aq.** IV Ki. 23. 4, 12 (Bi.).]
[**Sm.**, **Th.**, **Quint.** IV Ki. 23. 4.]

(2) קִטְרוֹן
Jd. 1. 30 (B).

(3) abest in Heb.
II Ki. 15. 23 (B) (Luc. *om.*).

(4) in libr. apocr.
I Ma. 15. 39, 41 (S*) : 16. 9.

Κεειλά (Καιειλά). (1) קְעִילָה
Joseph. Κίλλα.
Jo. 15. 44 (A) (Luc. Κειλα) : I Ki. 23. 1, 2, 4, 5, 6, 7 (B), 8, 10, 12 (A), 13 *bis* : I Ch. 4. 19 : II Es. 13 (Ne. 3). 17 (Luc. Κεΐλα), 18 (Luc. Κεΐλα).
[**Al.** I Ki. 23. 23.]

(2) קְעָלָה
I Ki. 23. 3, 5.

(3) aliter in Heb.
I Ki. 30. 1 (B) (צקלג).

(4) abest in Heb.
I Ki. 26. 4 (Luc. *om.*) : I Ch. 4. 19.

(5) in libr. apocr.
Ju. 15. 4 (S^c.a).

Κεειλάμ. קְעִילָה
Jo. 15. 44 (B) (Luc. Κειλα).

Κεζέζ. aliter in Heb.
I Ch. 1. 36 (A) (קנז) (Luc. Κενεζ).

Κεζείβ. אַכְזִיב
Jo. 15. 44 (B) (Luc. Αχζειβ).

Κεηλά. קְעִילָה
[**Th.** I Ki. 23. 12.]

Κειδές. קֶדֶשׁ
Jd. 4. 9 (A) (קדשה) (Luc. Καδης), 10 (A) (קדשה) (Luc. Κεδες).

Κειλάν (Κιλ.). in libr. apocr.

I Es. 5. 15 (abest in Ezr. 2. 16 : Ne. 7. 21) (Luc. *om.*).

Κειμάθ. abest in Heb.

I Ki. 30. 29 (B) (Luc. *om.*).

Κειναῖος (Κιν.). (1) קֵינִי

Jd. 1. 16 (ν sup ras ut vid B*) : 4. 11 (Luc. *om.*), 17 *bis* : 5. 24 : I Ki. 15. 6 *bis* : 30. 29 (A) (Luc. Κενεζι).

[Aq., Th. Jd. 4. 11 : I Ki. 27. 10.]
[Sm. Jd. 4. 11.]

(2) קִינִי

I Ch. 2. 55.

(3) in libr. apocr.

Ju. 2. 28 (S^c.a).

Κείρ (Κίρ). (1) קִיר

[Aq., Quint. Am. 9. 7.]

(2) aliter in Heb.

I Ch. 9. 36 (S) (קִישׁ) (Luc. Κις).

Κειρά. aliter in Heb.

II Es. 17 (Ne. 7). 47 (B) (קירס) (Luc. Κορες).

Κειράμας. in libr. apocr.

I Es. 5. 20 (B) (= הרמה Ezr. 2. 26 : Ne. 7. 30) (Luc. Ραμα).

Κειράς. קֵירֹס

II Es. 17 (Ne. 7). 47 (A S) (Luc. Κορες).

Κείς.

Luc. Κις : Joseph. Κείς, Κεῖσος, Κείσαιος.

קִישׁ

I Ki. 9. 1, 3 (*Quedl.* Cis) *bis* : 10. 11, 21 (*Vind.* Chis) : 14. 51 : II Ki. 21. 14 : I Ch. 8. 30, 33 *bis* : 9. 36 (A B), 39 *bis* : 12. 1 : 23. 21, 22 : 24. 29 *bis* : 26. 28 : II Ch. 29. 12.

Κεισαί. קִישִׁי

I Ch. 6. 44 (29) (B) (Luc. Κουσει).

Κεισαίας (Κισ.). (1) קוּשָׁיָהוּ

I Ch. 15. 17.

(2) קִישׁ

Es. 2. 5.

(3) in libr. apocr.

Es. A 1 (11. 2).

Κεισάν. aliter in Heb.

I Ch. 6. 44 (29) (A) (קישי) (Luc. Κουσει).

Κεισών (Κισ.). (1) קִישׁוֹן

Jd. 4. 7, 13 : 5. 21 *bis* : III Ki. 18. 40 : Ps. 82 (83). 10 (B S R T).

(2) קִשְׁיוֹן

Luc. Κεσιων.

Jo. 19. 20 (B) : 21. 28 (B).

Κελαιών. כִּלְיוֹן

Ru. 1. 2 (B) (Luc. Χελλαιων).

*Κέλεζ. חֵלֶק

Jo. 17. 2 (B) (Luc. Ελεκ).

Κελμωναῖοι (?). קַדְמֹנִי

Ge. 15. 19 (?) (Κελμων. [sic] D) (Luc. Κεδμωναῖοι).

Κελωθεί. aliter in Heb.

II Ki. 23. 26 (B) (פלטי) (Luc. Φαλγονι).

Κενάθ. עֲנָת

Jd. 5. 6 (A) (Luc. Αναθ).

Κεναῖος (Καίνεος). קֵינִי

Luc. Καιναῖος.

Ge. 15. 19 : Nu. 24. 21 (*Lugd.* Caeneus).

Κενδεβαῖος (-βεος). in libr. apocr.

I Ma. 15. 38, 40 : 16. 1 (A S^c.a), 4, 8 (A V).

Κενέζ, Κένεζ.

Joseph. Κέναζος, Κένεζος, Κένιζος.

(1) קְנַז

Ge. 36. 11 (A E), 15 (*Wirc.* Chene), 42 (Luc. Κενες) (*Lucc.* Cenethz) : Jo. 15. 17 : Jd. 1. 13 (B) : 3. 9 (*Lucc.* Genez), 11 : I Ch. 1. 36 (B), 53 : 4. 13, 15.

(2) aliter in Heb.

IV Ki. 15. 29 (קדש) (Joseph. Κύδισσα, Κύδισα).

(3) abest in Heb.

Jo. 14. 13 (B).

Κενεζαῖος (-ζεος). (1) קְנִזִּי

Ge. 15. 19 : Jo. 14. 6, 14.

[Aq., Sm., Th., Sam. Nu. 32. 12.]

(2) abest in Heb.

Jo. 14. 13 (A) (Luc. υἱοῦ Κενεζ).

Κενεζεί (-ζί). (1) aliter in Heb.

I Ki. 27. 10 (B) (קני) : 30. 29 (B) (קיני).

(2) abest in Heb.

I Ch. 4. 12 (A) (Luc. Κενεζαῖος).

Κενέρεθ. כִּנֶּרֶת

Jo. 19. 35 (B) (Luc. Χενερεθ).

Κενερώθ. כִּנְּרוֹת

Jo. 11. 2 (B) (Luc. Χενερεθ).

Κενέχ. קְנַז

Jd. 1. 13 (A) (Luc. Κενεζ).

Κερωέ. יִרְאוֹן

Jo. 19. 38 (B) (Luc. Ιερων).

Κεσία. קְצִיעָה

[Sm. Jb. 42. 14.]

Κεσιών. קִשְׁיוֹן

Jo. 19. 20 (A).

Κεφεινά. aliter in Heb.

Jd. 12. 1 (A) (צפונה) (Luc. Σεφηνα).

Κεφειρά. (1) כְּפִירָה

Jo. 9. 23 (17) (B F) (Luc. Κεφηρα).

(2) כְּפַר

Jo. 18. 24 (B) (ה seq.) (Luc. Καφαρ-).

Κεχάρ (Καιχ.). כִּכָּר

II Ki. 18. 23.

Κηδάρ. קֵדָר

Joseph. Κήδαρος.

Ge. 25. 13 (Samar. קדר) : I Ch. 1. 29 : Ps. 119 (120). 5 : Ca. 1. 5 : Is. 21. 16, 17 : 42. 11 : 60. 7 : Je. 2. 10 : 30. 6 (49. 28) *bis* : Ez. 27. 21.

Κῆδες. in libr. apocr.

I Ma. 11. 63 (A S).

Κηνεί. קֵנִי

I Ki. 27. 10 (A) (Luc. Κενεζι).

Κήραος. קֵרֹס

II Es. 2. 44 (A) (Luc. Κορες).

Κηράς. in libr. apocr.

I Es. 5. 29 (30) (= קרס Ezr. 2. 44 : קירס Ne. 7. 47) (Luc. Κορες).

Κηρυναῖος. in libr. apocr.

II Ma. 2. 23 (A).

Κητάβ. in libr. apocr.

I Es. 5. 30 (abest in Ezr. 2. 46 : Ne. 7. 48) (Luc. *om.*).

Κητάρ. abest in Heb.

II Es. 17 (Ne. 7). 48 (A S) (Luc. *om.*).

Κητιαῖοι, *vid.* Κιτιαῖοι.

Κητιείμ. כִּתִּים, *כִּתִּיִּים [ק״]

Is. 23. 12 (A).

Κήτιοι. כִּתִּים

Ge. 10. 4 (Luc. Κίτιοι) (Joseph. Χέθιμος) (*Lucc.* Citi) : I Ch. 1. 7 (A* vid) (Luc. Χεττιειμ).

Κιλία. in libr. apocr.

II Ma. 4. 36 (V*).

Κιλικία. in libr. apocr.

Ju. 1. 7 (10), 12 : 2. 21 (12), 25 (15) : I Ma. 11. 14 : II Ma. 4. 36 (A V¹) : IV Ma. 4. 2.

Κινά. קִינָה

Jo. 15. 22 (A) (Luc. Κεινά).

Κιναῖος, *vid.* Κειναῖος.

Κίρ, *vid.* Κείρ.

Κιράμα. in libr. apocr.

I Es. 5. 20 (A) (= הרמה Ezr. 2. 26 : Ne. 7. 30) (Luc. Ραμα).

Κισαίας, *vid.* Κεισαίας.

Κισία. קְצִיעָה

[Sm. Jb. 42. 14.]

Κισιών. קִשְׁיוֹן

Jo. 21. 28 (A) (Luc. Κεσιων).

Κισσών. קִישׁוֹן

Ps. 82 (83). 10 (A [-ω|]).

Κισών, *vid.* Κεισών.

Κιτιαῖοι (Κητ.) (-ίεοι). (1) כִּתִּים

Nu. 24. 24 (*Lugd.* Cithei) : Is. 23. 1.

(2) in libr. apocr.

I Ma. 8. 5 (A S^c.a V).

Κιτιεῖς. (1) כִּתִּים, *כִּתִּיִּים [ק״]

Is. 23. 12 (B S Q Γ).

(2) in libr. apocr.

I Ma. 8. 5 (S*).

Κίτιοι. כִּתִּים

Ge. 10. 4 (*D* E) : I Ch. 1. 7 (A^a [ι 1° sup ras] B) (Luc. Χεττιειμ) : Da. Th. 11. 30.

Κλαιοπάτρα, *vid.* Κλεοπάτρα.

Κλαυθμών. בֹּכִים (i. q. κλαίοντες).

Jd. 2. 1, 5.

Κλεοπάτρα (Κλαιοπ.) (-αν). in libr. apocr.

Es. F 11 (11. 1) : I Ma. 10. 57, 58.

Κνίδος. in libr. apocr.

I Ma. 15. 23.

Κοδιά. aliter in Heb.

II Es. 21 (Ne. 11). 7 (B) (קוליה) (Luc. Κολεια).

Κοδόηλος. in libr. apocr.

I Es. 5. 26 (B) (= קדמיאל Ezr. 2. 40 : Ne. 7. 43) (Luc. Κεδμιηλ).

Κοίλη (*c.* Συρία). in libr. apocr.

I Es. 2. 16 (17) (= Ezr. 4. 11), 20 (24) (= Ezr. 4. 16), 23 (27) (= Ezr. 4. 20) : 4. 48 : 6. 28 (29) (= Ezr. 6. 8) : 7. 1 (= Ezr. 6. 13) : 8. 64 (68) (A) (= Ezr. 8. 36) : I Ma. 10. 69 : II Ma. 3. 5, 8 : 4. 4 : 8. 8 : 10. 11 (A) : III Ma. 3. 15.

Κόιντος. in libr. apocr.

II Ma. 11. 34.

Κοκκίας. aliter in Heb.

I Ch. 25. 13 (A) (בקיהו) (Luc. Βοκχίας).

Κολειά. קוֹלָיָה

II Es. 21 (Ne. 11). 7 (S).

Κοργίας. in libr. apocr.
I Ma. 4. 5.

Κόρε. (1) קֹרַח
Joseph. Κορῆς.
Ge. 36. 5 (Joseph. Κόρηος, Κόρεος), 14, 16 (Samar. *om.*), 18 : Ex. 6. 21 (*Lucc.* Chore), 24 (*Lugd.* Chore) : Nu. 16. 1, 5, 6, 8, 16, 19 (A[1] B F), 24, 27, 32, 40 (17. 5), 49 (17. 14) : 26. 9, 10, 11 : 27. 3 : I Ch. 1. 35 : 2. 43 (A) (Luc. Καρηε) : 6. 22 (7), 37 (22) : 9. 19 : Ps. 41 (42). 1 : 43 (44). 1 : 44 (45). 1 (B S R T) : 45 (46). 1 (B S R T) : 46 (47). 1 (B S R T) : 47 (48). 1 (B S R T) : 48 (49). 1 (B S R T) : 83 (84). 1 : 84 (85). 1 : 86 (87). 1 : 87 (88). 1.
[Aq. Ps. 41 (42). 1 : 43 (44). 1 : 44 (45). 1 : 45 (46). 1 : 46 (47). 1 : 48 (49). 1 : 86 (87). 1.]
[Sm. Ps. 41 (42). 1 : 43 (44). 1 : 44 (45). 1 : 45 (46). 1 : 48 (49). 1 : 86 (87). 1.]
(2) קָרְחִי
Ex. 6. 24 (*Lugd.* Chore) : Nu. 26. 58 : I Ch. 26. 1 (A) (Luc. Κορηνοί), 19 (A) : II Ch. 20. 19 (Luc. Κορηνοί).
(3) abest in Heb.
Ex. 38. 22 (2) : Ps. 42 (43). 1 (A).
(4) in libr. apocr.
Si. 45. 18 (22).

Κόρεε. קֹרַח
I Ch. 2. 43 (B) (Luc. Καρηε).

Κορεείμ. קָרְחִים
I Ch. 26. 1 (B) (Luc. Κορηνοί).

Κορεείτης (-ρίτ.). קָרְחִי
I Ch. 9. 19 (Luc. Κορηνός), 31 (Luc. Κορηνός) : 12. 6.

Κορίνθιος. in libr. apocr.
II Ma. 11. 21.

Κορίτης, *vid.* **Κορεείτης.**

Κορχόρυς. aliter in Heb.
Ez. 27. 16 (A) (כדכד).

Κουά. in libr. apocr.
I Es. 5. 30 (B) (abest in Ezr. 2. 47 : Ne. 7. 49) (Luc. *om.*).

Κουε. קוֹעַ
Ez. 23. 23 (Q).
[Sm., Th. Ez. 23. 23.]

Κουθά. in libr. apocr.
I Es. 5. 32 (A [K, θ sup ras A[a]]) (*om.* Ezr. 2. 52 : Ne. 7. 54) (Luc. *om.*).

Κουλίας קוֹלָיָה
[Aq., Th. Je. 29 (36). 21 (Sw.).]

Κουλόν. abest in Heb.
Jo. 15. 56 a (*cf.* v. 51) (Luc. Κουλαμ).

Κράτης (-ητα). in libr. apocr.
II Ma. 4. 29 (A).

Κρῆτες. (1) כְּרֵתִים
Ze. 2. 5 : Ez. 25. 16 (B Q [sub ※] Γ).
(2) פּוּט
Ez. 30. 5.

Κρήτη. (1) aliter in Heb.
Ze. 2. 6 (חבל הים : *cf.* v. 5).
(2) in libr. apocr.
I Ma. 10. 67 (A S V[a]).

Κρίτη. in libr. apocr.
I Ma. 10. 67 (V*).

Κρουμά. aliter in Heb.
IV Ki. 23. 36 (B) (רומה) (κ praec) (Joseph. Αρουμα) (Luc. Λοβεννα).

Κυαμών (-ῶνος). in libr. apocr.
Ju. 7. 3.

Κυδιών (A), **Κυδίως** (B S). in libr. apocr.
To. 1. 2.

Κυπριάρχης. in libr. apocr.
II Ma. 12. 2.

Κύπριοι. in libr. apocr.
II Ma. 4. 29.

Κύπρος. in libr. apocr.
I Ma. 15. 23 : II Ma. 10. 13.

Κυρηναῖος. in libr. apocr.
II Ma. 2. 23 (V[a]).

Κυρήνη. (1) קִיר
[Sm. Am. 9. 7.]
(2) קִירָה
[Aq. Am. 1. 5.]
(3) in libr. apocr.
I Ma. 15. 23 (A S).

Κυρήνηνδε. קִירָה
IV Ki. 16. 9 (A) (Luc. τὴν πόλιν).
[Aq. IV Ki. 16. 9.]

Κυριναῖος. in libr. apocr.
II Ma. 2. 23 (V*).

Κῦρος. (1) כּוֹרֶשׁ
II Ch. 36. 22 (A), 22, 23 : II Es. 1. 1, 7, 8 : 3. 7 : 4. 3, 5 : 5. 13 *bis*, 14 (A), 17 : 6. 3 *bis*, 14 : Is. 44. 28 : 45. 1 : Da. LXX., TH. 1. 21 : 6. 28 (29) : 10. 1.
[Sm. Is. 44. 28.]
(2) כֹּרֶשׁ
II Es. 1. 1, 2.
(3) aliter in Heb.
II Es. 4. 12 (B) (pron. suff.) (Luc. ὑμῶν) : Da. LXX., TH. 11. 1 (דריוש).
[Th. Da. 11. 1 (דריוש).]
(4) in libr. apocr.
I Es. 2. 1 (= כורש II Ch. 36. 22 : Ezr. 1. 1), 2 (= כורש II Ch. 36. 22 : כרש Ezr. 1. 1), 3 (= כורש II Ch. 36. 23 ; כרש Ezr. 1. 2), 9 (10) (= כורש Ezr. 1. 7), 10 (11) (= כורש Ezr. 1. 8) : 4. 44, 57 *bis* : 5. 53 (55) (= כורש Ezr. 3. 7), 68 (71) (= כורש Ezr. 4. 3), 70 (73) (= כורש Ezr. 4. 5) : 6. 16 (17) (= כורש Ezr. 5. 13) *bis*, 17 (18) (= כורש Ezr. 5. 14), 21 (22) (= כורש Ezr. 5. 17), 23 (24) (= כורש Ezr. 6. 3) *bis*, 24 (25) (abest in Ezr. 6. 4) : 7. 4 (= כורש Ezr. 6. 14) : Da. TH. Bel 1.

Κωά. aliter in Heb.
[Al. III Ki. 10. 28 (מ[קוה]).]

Κῶε. aliter in Heb.
I Ch. 4. 8 (A B* [b?]) (קוץ) (Luc. Κως).

Κωθάν. חוֹתָם
I Ch. 11. 44 (B S) (Luc. Χωθαν).

Κωλά. in libr. apocr.
Ju. 4. 4 (3) (S*) : 15. 4 (5) (A).

Κωλαά. קְלָיָה
II Es. 10. 23 (A) (Luc. Κωλίας).

Κωλαδάμ (B*), **Κωλαλάμ** (B[b] per ras). מוֹלָדָה
Jo. 19. 2 (Luc. Μωλαδα).

Κωλειά. (1) קוֹלָיָה
II Es. 21 (Ne. 11). 7 (A) (Luc. Κολεια).
(2) קְלָיָה
II Es. 10. 23 (B S) (Luc. Κωλίας).

Κωλίας. קוֹלָיָה
[Aq., Th. Je. 29 (36). 21.]

Κωλιεύ. aliter in Heb.
II Es. 10. 23 (B S*) (Luc. Κωλειτα).

Κώλιος. in libr. apocr.
I Es. 9. 23 (A) (= קליה Ezr. 10. 23) (Luc. Κωλίας).

Κωλιτάς (A), **Κωλιταύ** (S[a vid]). קְלִיטָא
II Es. 10. 23 (Luc. Κωλειτα).

Κωνά (indecl., -ᾶς). in libr. apocr.
Ju. 4. 4 (3) (A B S[c.a]).

Κωνενιά. כְּנַנְיָהוּ
I Ch. 15. 22 (B S) (Luc. Ἰεχονίας).

Κῶνος. in libr. apocr.
I Es. 9. 23 (B) (= קליה Ezr. 10. 23) (Luc. Κωλίας).

Κωνσταντῖνος. adnot. scr.
Ez. 47. 3 (Q[mg]).

Κωρή. (1) קוֹרֵא
II Ch. 31. 14.
(2) קֹרֵא
I Ch. 26. 1 (B) (Luc. Κορε).

Κωρήβ. aliter in Heb.
I Ch. 9. 19 (B) (קורא) (Luc. Κορε).

Κωρηέ. קֹרֵא
I Ch. 26. 1 (A) (Luc. Κορε).

Κώς, Κῶς (Κῶ). (1) קוֹץ
I Ch. 24. 10 (B) (Luc. Ακκως) (*Lucc.* Choos).
(2) in libr. apocr.
I Ma. 15. 23.

Κώφ (lit. alph.). abest in Heb.
Ps. 118 (119). 81 (R), 145 (R) : La. 1. 19 : 2. 19 : 3. 55 (B Q), 56 (Q), 57 (Q), 58 (A) : 4. 19.

Λ

Λααδά. אֶלְעָדָה
I Ch. 7. 20 (B) (Luc. Ελεαδ).

Λααδαῖος. in libr. apocr.
I Es. 8. 44 (46) (B) (= אדו Ezr. 8. 17) (Luc. Αδδαι).

Λααδάν. (1) [בַּ]לְעֲדָן
Is. 39. 1 (A S Q).
(2) לַעְדָּן
I Ch. 26. 21 (A [δα]).

Λάαθ. לַהַד
I Ch. 4. 2 (B) (Luc. Λααδ).

Λααρματταρεί. [לִ]מַטָּרִי
I Ki. 20. 20 (A) (Luc. Ἀματτάραν).

Λαβαδαρί. aliter in Heb.
II Ki. 9. 4 (A) (לו דבר) (Luc. Λαδαβαρ).

Λαβάν.
Joseph. Λάβανος.
(1) לָבָן
Ge. 24. 29 *bis*, 50: 25. 20 (A D): 27. 43: 28. 2 (*Lugd.* Labe [genit]), 5: 29. 5, 10 (A), 10, 13 *bis*, 14, 15, 16 (*Lugd.* Labant), 19, 21, 22, 24, 25, 26, 29 (A D): 30. 25, 27, 34, 36, 40, 42: 31. 1, 2, 12, 19, 20, 22, 24, 25 *bis*, 26, 31 (A[a] D E F), 33, 36, 36 (A F), 43, 46 (48), 47, 48 (51), 55 (32. 1) *bis*: 32. 4 (5): 46. 18 (αν sup ras A[1]), 25.
[Aq. Ge. 31. 34.]
[Al. Ge. 31. 34, 47.]
(2) abest in Heb.
Ge. 29. 1, 9, 23 (λαβὼν Λαβαν) (*D* E) (Luc. *om.*), 28: 30. 31: 31. 35.
(3) in libr. apocr.
Ju. 8. 26 (23).

Λαβανά. (1) לְבָנָא
II Es. 17 (Ne. 7). 48 (Luc. Λοβνα).
(2) לְבָנָה
[Aq., Sm. Is. 37. 8: Je. 52. 1.]
[Th. Is. 37. 8.]
(3) in libr. apocr.
I Es. 5. 29 (30) (= לבנה Ezr. 2. 45: לבנא *v.* לבנה Ne. 7. 48) (Luc. Λοβνα).

Λαβανάθ. לִבְנָת
Jo. 19. 26.

Λάβανος. (1) לְבָנוֹן
III Ki. 10. 21 (A) (Luc. Λίβανος).
(2) aliter in Heb.
Ca. 4. 14 (S* vid) (לבונה).

Λαβανώ. לְבָנָה
II Es. 2. 45 (Luc. Λοβνα).

Λάβδ (lit. alph.). abest in Heb.
Ps. 118 (119). 89 (R[vid]): La. 1. 12 (A S Q*): 2. 12 (A B* S Γ): 3. 34 (A B): 4. 12 (A B*).

Λαβδώμ. עַבְדּוֹן
Jd. 12. 13 (A) (λ praec.), 15 (A [Λαβδω̃]).

Λάβεδ (lit. alph.). abest in Heb.
La. 2. 12 (B[ab]): 4. 12 (B[ab]).

Λάβεε. abest in Heb.
I Ch. 6. 60 (45) (A) (Luc. *om.*).

Λαβειά. aliter in Heb.
II Es. 2. 61 (B) (חביה) (Luc. Ωδουια).

Λαβείν. (1) דְּבִיר
Jo. 10. 3 (B[b]) (Luc. Δαβειρ).
(2) לְהָבִים
I Ch. 1. 11 (A) (Luc. Λαβιειμ).

Λαβέκ. aliter in Heb.
Jo. 17. 5 (B [in β ras aliq inferius B?]) (לבד).

Λαβιείμ. לְהָבִים
Ge. 10. 13 (Joseph. Λάβιμος) (*Lucc.* Latisim).

Λαβμνά. לִבְנָה
Luc. Λεβνα.
Jo. 10. 31 (A), 32 (A).

Λαβώ. לְבוֹא
Jd. 3. 3 (B) (Luc. Λοωβ-).

Λαβώθ (A), Λαβώς (B). לְבָאוֹת
Jo. 15. 32 (Luc. Λαβωθ).

Λάδ. לַהַד
I Ch. 4. 2 (A): (Luc. Λααδ).

Λαδαβάρ. לוֹ דְבָר
II Ki. 9. 4 (B), 5.

Λαδάν. לַעְדָּן
Luc. Λααδαν.
I Ch. 26. 21 (B) *bis*.

Λαδδάν. לַעְדָּן
I Ch. 7. 26 (B) (Luc. Λαδαν).

Λαείς (Λαίς). (1) לַיִשׁ
II Ki. 3. 15 (A)* (Luc. Σελλειμ).
(2) לָיִשׁ
I Ki. 25. 44 (A) (Luc. Ιωας) (Joseph. Λισος, Ἐλιεσός): II Ki. 3. 15 (A) (ק״) (Luc. Σελλειμ).
[Aq. II Ki. 3. 15: Is. 10. 30.]
[Sm. Is. 10. 30: 30. 30 (Sw.).]

Λαζειά (B S*), Λαζείας (S[a]). aliter in Heb.
II Es. 10. 15 (יחזיה) (Luc. Ἀζίας).

Λάθος. in libr. apocr.
I Es. 9. 31 (B) (= ? Ezr. 2. 30) (Luc. *aliter*).

Λαιβαζάθ. aliter in Heb.
I Ch. 27. 6 (B) (עמיזבד) (Luc. Αμειναζαβαδ).

Λαίς, *vid.* Λαείς.

Λάισα. (1) לַיִשׁ
Jd. 18. 14, 27.
(2) לַיְשָׁה
Is. 10. 30 (Q[mg]).
(3) לַיְשָׁה
Jd. 18. 7.

Λακαιδαιμόνιοι (-κεδ.). in libr. apocr.
II Ma. 5. 9.

Λακεείμ (B), Λακειά (A). לִקְחִי
I Ch. 7. 19 (Luc. Λοκεειμ).

Λακκοῦνος. in libr. apocr.
I Es. 9. 31 (? = כלל Ezr. 10. 30) (Luc. *aliter*).

Λακούβατος. in libr. apocr.
I Es. 5. 28 (29) (B) (= עקוב Ezr. 2. 42: Ne. 7. 45) (Luc. Ακκουβ).

Λακωνικά. abest in Heb.
Is. 3. 22.

Λάμ. in libr. apocr.
I Es. 8. 33 (36) (B) (= עילם Ezr. 8. 7) (Luc. Αιλαμ).

Λαμάς. לַחְמָס
Jo. 15. 40 (A) (Luc. Λαμμας).

Λάμβδ (lit. alph.). abest in Heb.
La. 2. 12 (Q[mg]).

Λάμδ (lit. alph.). abest in Heb.
La. 1. 12 (Q[mg]): 3. 34 (Q[mg]), 35 (Q), 36 (Q): 4. 12 (Q).

Λάμεδ (lit. alph.). abest in Heb.
La. 1. 12 (B Q[1] Γ).

Λάμεχ. לֶמֶךְ
Joseph. Λάμεχος.
Ge. 4. 18, 19, 23 *bis*, 24: 5. 25, 26, 28, 30, 31: I Ch. 1. 3.
[Aq. Ge. 4. 24.]
[Heb., Sam. Ge. 5. 25, 26.]

Λαμμοῦν. aliter in Heb.
[Aq. Pr. 31. 1 (למואל).]

Λαμμών. aliter in Heb.
I Ch. 2. 51 (לחם) (Luc. -λεεμ).

Λαμώθ. aliter in Heb.
Ez. 27. 16 (B Q) (ראמות *v.* ראמת) (*Weingast.* Lamota).

Λανάκ. aliter in Heb.
Jd. 12. 15 (A) (עמלקי).

Λανιήλ (*pro* Δαν.). aliter in Heb.
Da. LXX. 5. 16 (87[ed]).

Λαούλ. aliter in Heb.
I Ki. 14. 16 (A) (לשאול) (Luc. τοῦ Σαουλ).

Λασά. לָשַׁע
Ge. 10. 19 (E) (Luc. *aliter*).

Λασεννδάκ. לֶשֶׁם דָּן
Jo. 19. 47 (B) (Luc. Λεσεν Δαν).

Λασθένης (-ει, -ι). in libr. apocr.
I Ma. 11. 31, 32.

Λατουριείμ. לְטוּשִׁם
Ge. 25. 3 (*D*) (Samar. [Samaritan script]) (Luc. Λατουσιειμ).

Λατουσιείμ. (1) לְטוּשִׁם
Ge. 25. 3 (A E) (Samar. [Samaritan script]) (Joseph. Λατούσιμος).
(2) abest in Heb.
I Ch. 1. 32 (A) (Luc. *om.*).

Λαφειδώθ (-φιδ.). לַפִּידוֹת
Jd. 4. 4.

Λαχεά. aliter in Heb.
II Es. 2. 60 (B) (דליה) (Luc. Δαλαια).

Λαχείς. (1) לָכִישׁ
Joseph. Λάχεις, Λάχισα.
Jo. 10. 3, 5, 23, 31, 32, 33, 34, 35: 12. 11: 15. 36 (A): IV Ki. 14. 19 *bis*: 18. 14, 17: 19. 8:

II Ch. 11. 9: 25. 27 *bis*: 32. 9: II Es. 21 (Ne. 11). 30: Mi. 1. 13: Is. 36. 2 (A B S Q): 37. 8 (B Γ): Je. 41 (34). 7.

[**Aq., Sm., Th.** Jo. 10. 33: Is. 37. 8.]

(2) aliter in Heb.

Jo. 19. 47 (B) (לשם) (Luc. Λεσεν).

(3) abest in Heb.

Mi. 1. 15.

Λαχής. לָכִישׁ

Jo. 15. 39 (B^ab [superscr λ]) (Luc. Λαχεις) Is. 36. 2 (Γ Λα[χ]ης).

Λεαδάν. לַעְדָּן

Luc. Λααδαν.

I Ch. 23. 7 (A), 8 (A), 9 (A).

Λεαλήμ. אֶלְעָלֵא

Nu. 32. 37 (B*) (Samar. ࠀࠋࠏࠋࠄ) (Luc. Ελεαλη) (*Mon.* Elealem).

Λεασαμύς. abest in Heb.

II Ki. 5. 16 (? = אלישמע) (Luc. Σαμυς).

Λέβ. חֶבֶל

Jo. 19. 29 (B) (Luc. *σχοίνισμα*).

Λεβηδών. aliter in Heb.

Is. 15. 2 (Q Γ) ([ו]דיבון).

Λεβκαβή *v.* **Λεβκαμή.** לֵב קָמַי

[**Sm.** Je. 51 (28). 1.]

Λεβμνά. לִבְנָה

Luc. Λεβνα.

Jo. 10. 29 (A) *bis*, 39 (A): 12. 15 (A).

Λεβνά. לִבְנָה

Jo. 10. 29 (B) *bis*, 31 (B), 32 (B): 12. 15 (B): 15. 42 (A): 21. 13 (A).

Λεβωνά. (1) לְבוֹנָה

Jd. 21. 19.

(2) לִבְנָה

Nu. 33. 21 (A F) (Samar. ࠋࠁࠍࠄ).

Λεδάν. לַעְדָּן

I Ch. 26. 21 (A) (Luc. Λααδαν) *bis*.

Λεεμεί. לַחְמִי

I Ch. 20. 5 (A) (Luc. Λοομι).

Λεία (Λία) (-αν, -ας, -ᾳ). (1) לֵאָה

Lugd. Lia.

Ge. 29. 16, 17, 23, 24, 25, 30, 31, 32: 30. 9, 10, 11, 12, 13, 14 *bis*, 16, 17 (D^sil E), 18, 19, 20: 31. 4, 14, 33 (A E), 33 (D), 33: 33. 1, 2, 7: 34. 1: 35. 23, 26: 46. 15, 18 (A¹ D): 49. 31: Ru. 4. 11.

[**Al.** Ge. 31. 33.]

(2) abest in Heb.

Ge. 29. 33: 30. 15 (לָהּ): 34. 14 (Luc. *om.*).

Λεειεί. לֵוִי

Ma. 3. 3 (S*).

Λειήλ (Λιήλ). [אֱ]לִיאֵל

I Ch. 11. 46 (B S) (Luc. Ιεηλ).

Λείς. לַיִשׁ

[**Th.** Is. 10. 30: 30. 30 (Sw.).]

Λεμνά. (1) לִבְנָה

Luc. Λεβνα.

Jo. 10. 39 (F): 15. 42 (B): 21. 13 (B).

(2) aliter in Heb.

Jo. 15. 11 (B) (יבנאל) (Luc. Ιαβνηλ).

Λεμωνά. לִבְנָה

Samar. ࠋࠁࠍࠄ: Luc. Λεβωνα.

Nu. 33. 20 (B) (*Mon.* Lamona), 21 (B).

Λεσέμ. לֶשֶׁם

Jo. 19. 47 (A) (Luc. Λεσεν).

Λεσέν. לֶשֶׁם

Jo. 19. 47 (A).

Λεσσαού. in libr. apocr.

II Ma. 14. 16 (A).

Λευεί (Λευί). (1) לֵוִי

Joseph. Ληουίς, Λευίς: *Lugd.* Leui, Leuui: *Lucc.* Leuui.

Ge. 29. 34 (A D): 34. 25 (A *D*), 30: 35. 23 (*D*): 46. 11: 49. 5: Ex. 1. 2: 2. 1 *bis*: 6. 16 *bis*, 19: 32. 26 (*Mon.* Leuui), 28: Nu. 1. 49: 3. 6, 15 (A^a B F), 17: 4. 2: 16. 1, 7, 8, 10: 17. 3 (18), 8 (23): 18. 2, 21: 26. 57, 58, 59 *bis*: De. 10. 8: 18. 1: 27. 12: 31. 9 (A F): 33. 8: Jo. 13. 14: 18. 7 (*υἱὸς* Λ. = לוי): 21. 1 (*υἱὸς* Λ. = לוי), 10, 40 (38) (הלוים): I Ki. 14. 3 (B) (Luc. Ηλει): III Ki. 12. 31: I Ch. 2. 1: 6. 1 (5. 27), 16 (1), 19 (4), 38 (23), 43 (28), 47 (32): 9. 18: 12. 26: 21. 6: 23. 6, 14, 24, 27: 24. 6, 20: 27. 17: II Es. 8. 15, 18 (Luc. *om.*): 17 (Ne. 7. 43) (B) (Luc. Λευῖται): 20. 39 (Ne. 10. 40) (A S) (Luc. Λευῖται): 22 (Ne. 12). 23: Ps. 134 (135). 20: Za. 12. 13 (A B S¹ [sup ras] Q): Ma. 2. 8: 3. 3 (A B S^c.a Q): Ez. 40. 46: 48. 31.

[**Heb.** Ge. 49. 5.]

(2) לְחִי

Jd. 15. 9 (Luc. Λεχει).

(3) abest in Heb.

Ge. 34. 14: Nu. 4. 4 (A F) (Luc. *om.*): De. 33. 8: Je. 38 (31). 14: Ez. 43. 19 (A).

(4) in libr. apocr.

I Es. 8. 46 (48) (= לוי Ezr. 8. 18): Si. 45. 6 (7): To. 1. 7: Da. LXX. Bel 1.

(5) adnot. scr.

Ez. 48. 30 (Q^mg).

Λευείς (Λευίς) (-είν). (1) לֵוִי

Luc. Λευι.

Ge. 34. 25 (E): 35. 23 (A E).

(2) in libr. apocr.

I Es. 9. 14 (= לוי Ezr. 10. 15) (Luc. Λευῖται): IV Ma. 2. 19.

Λευείτης (Λευίτ.) (Λευῖτε = Λευῖται).

Joseph. Ληουίτης, Λευίτης.

(1) לֵוִי

Ex. 4. 14 (*Lugd.* Leuuitis (nom.): 6. 25: 37. 19 (38. 21): Le. 25. 32 *bis*, 33 *bis*: Nu. 1. 47, 50, 51, 53 *bis*: 2. 17, 33: 3. 9, 12 *bis*, 20, 32, 39, 41 *bis*, 45 *ter*, 46, 49: 4. 18 (A B^ab F), 46: 7. 5, 6: 8. 6, 9, 10 *bis*, 11 (A B F¹ mg), 12, 13, 14, 15, 18, 19, 20 *bis*, 21, 22 *bis*, 24, 26: 18. 6, 23, 24, 26, 30: 31. 30: 35. 2 *bis*, 4, 6, 7, 8: De. 10. 9: 12. 12, 18 (A F), 19: 14. 26 (27), 28 (29): 16. 11, 14 (Luc. *om.*): 17. 9 (A F), 18: 18. 1, 6, 7: 21. 5 (בני לוי): 24. 8: 26. 11, 12, 13: 27. 9, 14: 31. 25: Jo. 3. 3: 9. 6 (8. 33): 14. 3, 4: 21. 3, 4, 8, 20, 27, 34, 41 (39): Jd. 17. 7, 9, 11, 12, 13: 18. 3, 15 (Luc. *om.*): 19. 1: 20. 4: I Ki. 6. 15: II Ki. 15. 24: III Ki. 8. 4 (A) (Luc. *om.*): I Ch. 6. 48 (33), 64 (49): 9. 2, 14, 26, 31, 33, 34 (A): 13. 2: 15. 2, 4 (A^a [sup ras] B S), 11, 12, 14, 15, 16, 17, 22, 26, 27: 16. 4: 23. 2, 3, 26, 27 (A) (בני ל׳) (duplex versio) (Luc. Λευι): 24. 6, 30, 31: 26. 20: 28. 13, 21: II Ch. 5. 4, 5, 12: 7. 6 (A B¹): 8. 14, 15: 11. 13, 14: 13. 9, 10: 17. 8 *bis*: 19. 8, 11: 20. 14, 19: 23. 2, 4, 6, 7, 8, 18 (A^a [sup ras] B): 24. 5 *bis*, 6, 11: 29. 4, 5, 12, 16, 25, 26, 30, 34 *bis*: 30. 15, 16, 17, 22, 25, 27: 31. 2 *bis*, 4, 9, 12, 14, 17, 19: 34. 9, 12 *bis*, 13, 30: 35. 3, 5, 8, 9 *bis*, 10, 11, 14, 15, 18: II Es. 1. 5: 2. 40, 70: 3. 8 *bis*, 9, 10, 12: 6. 20: 7. 7: 8. 20, 29, 30, 33: 9. 1: 10. 5, 15, 23: 13 (Ne. 3). 17: 17 (Ne. 7). 1, 43 (A S), 73: 18 (Ne. 8). 9, 11, 13: 19 (Ne. 9). 4, 5, 38 (Ne. 10. 1): 20. 9 (Ne. 10. 10), 28 (Ne. 10. 29), 34 (Ne. 10. 35), 37 (Ne. 10. 38) *bis*, 38 (Ne. 10. 39) *ter*, 39 (Ne. 10. 40) (B) (בני הלוי): 21 (Ne. 11). 3, 15, 16 (S^c.a mg sup), 17 (18) (S^c.a mg sup), 20 (S^c.a mg inf), 22, 36: 22 (Ne. 12). 1, 8, 22, 24, 27, 30, 44 *bis*, 47 *bis*: 23 (Ne. 13). 5 (A B^a? b? mg inf S), 10 *bis*, 13, 22, 29, 30: Ma. 2. 4: Is. 66. 21: Ez. 43. 19: 44. 10, 15: 45. 5: 48. 11, 12, 13, 22.

[**Aq.** Nu. 1. 47.]

[**Sm.** Nu. 1. 47: Ez. 44. 10.]

[**Th.** Nu. 1. 47: Je. 33 (40). 18, 21, 22.]

(2) לֵוָיֵא

II Es. 6. 16, 18: 7. 13, 24.

(3) aliter in Heb.

II Es. 6. 14 (מצלחין) (Luc. *κατηύθυνον*).

(4) abest in Heb.

Nu. 35. 3 (F): II Ch. 23. 6, 18 (A^a [sup ras] B).

(5) in libr. apocr.

I Es. 1. 3 (= לוי II Ch. 35. 3), 5 (= לוי II Ch. 35. 5), 7 (8) (= לוי II Ch. 35. 8), 9 (= לוי II Ch. 35. 9), 10 (= לוי II Ch. 35. 10), 13 (14) (= לוי II Ch. 35. 14), 15 (16) (= לוי II Ch. 35. 15), 19 (21) (= לוי II Ch. 35. 18): 2. 7 (8) (= לוי Ezr. 1. 5): 4. 55: 5. 26 (= לוי Ezr. 2. 40: Ne. 7. 43), 45 (46) (= לוי Ezr. 2. 70: Ne. 7. 73), 54 (56) (= לוי Ezr. 3. 8), 56 (58) (= לוי Ezr. 3. 8), 56 (58) (= לוי Ezr. 3. 9), 57 (59) (= לוי Ezr. 3. 10), 60 (63) (= לוי Ezr. 3. 12): 7. 6 (= לויא Ezr. 6. 16), 6 (A) (abest in Ezr. 6. 16 [*bis scr.*]) (Luc. *om.*), 9 (= לויא Ezr. 6. 18), 10 (abest in Ezr. 6. 19), 11 (= לוי Ezr. 6. 20): 8. 5 (= לוי Ezr. 7. 7), 22 (24) (= לויא Ezr. 7. 24), 42 (44) (= לוי Ezr. 8. 15), 48 (50) (= לוי Ezr. 8. 20), 58 (60) (= לוי Ezr. 8. 29), 59 (61) (= לוי Ezr. 8. 30), 62 (64) (= לוי Ezr. 8. 33): 92 (97) (= לוי Ezr. 10. 5): 9. 23 (= לוי Ezr. 10. 23), 37 (= לוי Ne. 7. 73), 48 (= לוי Ne. 8. 7), 53 (54) (= לוי Ne. 8. 11): Es. F 11 (11. 1).

(6) adnot. scr.

Is. 44. 15 (Q^mg): Ez. 44. 13 (Q^mg).

Λευειτικόν (Λευιτ.). (1) aliter in Heb.

Le. *tit.*

(2) abest in Heb.

Le. *subscr.*

Λευί, *vid.* **Λευεί.**

Λευιάθαν. לִוְיָתָן

[**Aq.** Jb. 3. 8: 40. 20 (25): Ps. 73 (74). 14: Is. 27. 1 *bis*: Ez. 32. 2.]

[**Sm.** Jb. 3. 8: 40. 20 (25): Is. 27. 1 *bis*.]

[**Th.** Is. 27. 1 *bis*.]

Λευίν. לֵוִי

Ge. 29. 34 (E) (Luc. Λευι).

Λευίτης, *vid.* **Λευείτης.**

Λευιτικόν, *vid.* **Λευειτικόν.**

Λεύκιος. in libr. apocr.

I Ma. 15. 16.

Λημνά. לִבְנָה

IV Ki. 23. 31 (B) (Luc. Λοβεννα).

Ληχά. לֵכָה

I Ch. 4. 21 (B) (Luc. Λαιχα).

Ληχάδ. aliter in Heb.

I Ch. 4. 21 (A) (לכה) (Luc. Λαιχα).

Λία, *vid. sub* **Λεία.**

Λίβανος. (1) לְבָנוֹן
Jo. 11. 17 : 12. 7 : 13. 5, 6 : Jd. 3. 3 : 9. 15 : III Ki. 4. 29 (5. 13) : 5. 6 (20), 14 (28) *bis* : 7. 39 (2) : 9. 19 (A) : 10. 17, 21 (B) : IV Ki. 14. 9 *ter* : 19. 23 : II Ch. 2. 8 (7) *bis*, 16 (15) : 8. 6 : 9. 16, 20 : 25. 18 *ter* : II Es. 3. 7 : Ps. 28 (29). 5 : 71 (72). 16 : 91 (92). 13 : 103 (104). 16 : Ca. 3. 9 : 4. 8 *bis*, 11, 15 : 5. 15 : 7. 4 (5) : Ho. 14. 6, 7, 8 : Na. 1. 4 : Hb. 2. 17 : Za. 10. 10 : 11. 1 : Is. 2. 13 : 10. 34 : 14. 8 : 29. 17 : 33. 9 : 35. 2 : 37. 24 : 40. 16 : 60. 13 (in *νου* ras aliq B?) : Je. 18. 14 : 22. 6, 20, 23 : Ez. 17. 3 : 27. 5 : 31. 3, 15, 16.
[**Aq.** III Ki. 9. 19 : Ps. 28 (29). 6.]
[**Sm.** III Ki. 9. 19 : Ps. 28 (29). 6 : 71 (72). 16 : Ca. 4. 8.]
[**Th., Quint., Sext.** Ps. 28 (29). 6.]
(2) aliter in Heb.
Ca. 4. 6 (לבונה), 14 (A B S[1]) (לבונה).
(3) abest in Heb.
Jd. 21. 19 (A) (לבונה seq) : III Ki. 2. 46 c (B) : I Ch. 5. 23 : Is. 14. 8 (A B S[c.b (vid)] Q Γ).
(4) in libr. apocr.
I Es. 4. 48 *bis* : 5. 53 (55) (= לבנון Ezr. 3. 7) : Si. 24. 13 (17) : 50. 12 (13) : Ju. 1. 7 (10).

Λίβυες. (1) לֻבִים
Da. LXX., TH. 11. 43.
(2) לוּבִים
II Ch. 12. 3 : 16. 8 : Na. 3. 9 (Λιβυαις S).
[**Al.** Na. 3. 9.]
(3) פוט
Je. 26 (46). 9 : Ez. 27. 10 : 38. 5.
(4) abest in Heb.
Ez. 30. 5 (פוט praec).
(5) adnot. scr.
Ez. 38. 5 (Q[mg inf]) : Da. LXX. 7. 8 (87[mg]).

Λιήλ, *vid.* Λειήλ.

Λοάδα (-ας). aliter in Heb.
I Ch. 4. 7 (B*) (חלאה) (Luc. Ελεα).

Λοβενά. (1) לִבְנָה
IV Ki. 23. 31 (A) (Luc. Λοβεννα) : Je. 52. 1.
(2) abest in Heb.
II Ch. 36. 2 a (B) (Luc. Λοβεννα) (Joseph. Τομάνη).

Λοβενεί (-νί). לִבְנִי
Ex. 6. 17 (*Lucc.* Lobon) : Nu. 3. 18 (A B[ab mg inf] F), 21 : 26. 58 : I Ch. 6. 17 (2) (Luc. Λοβεννι), 20 (5) (Λοβέῖνι [νι A[a? (mg)]] A) (Luc. Λοβεννι), 29 (14).

Λοβνά, Λόβνα (-αν). (1) לִבְנָה
IV Ki. 19. 8 (A) : I Ch. 6. 57 (42) : II Ch. 21. 10 (A) : Is. 37. 8 (A B Γ).
(2) abest in Heb.
II Ch. 36. 2 a (A) (Luc. Λοβεννα).

Λοβόν. לָבָן
De. 1. 1.

Λοβώ. לְבוֹא
Jd. 3. 3 (A) (Luc. Λοωβ-).

Λόδ. לֹד
I Ch. 8. 12 (A) (Luc. Λωδ) : II Es. 2. 33 (Luc. Λύδδων) : 17 (Ne. 7). 37 (Luc. Λύδδων).

Λοδαῖος. in libr. apocr.
I Es. 8. 45 (47) (B) (= אדו Ezr. 8. 17) (Luc. Αδδαι).

Λοζών. in libr. apocr.
I Es. 5. 33 (= דרקון Ezr. 2. 56 : Ne. 7. 58) (Luc. Δερκων).

Λομνά, Λόμνα (-αν). לִבְנָה
Luc. Λοβνα.
IV Ki. 8. 22 (A) : 19. 8 (B) : 24. 18 (A) (Luc. Λοβεννα) : II Ch. 21. 10 (B) : Is. 37. 8 (S O Q).

Λούδ. (1) לוּד
Ge. 10. 22 (Joseph. Λούδας) : I Ch. 1. 17 (A) : Is. 66. 19 (A B Q).
(2) aliter in Heb.
Ez. 23. 23 (A) (קוע).
(3) in libr. apocr.
Ju. 2. 23 (13).

Λουδαείμ. aliter in Heb.
Is. 15. 5 (Γ) (לוחית).

Λουδεί. aliter in Heb.
II Ki. 23. 24 (A) (דודו) (Luc. Δουδι).

Λουδιείμ (A), **Λουδιείν** (E). לוּדִים
Ge. 10. 13 (Luc. Λουδιειμ) (Joseph. Λούμαιος, Λουδίειμος).

Λουείθ (Λουίθ). לוּחִית
Is. 15. 5 (A B S Q).
[**Aq.** Is. 15. 5 : Je. 48 (31). 5.]

Λούζ. לוּז
[**Aq., Sm., Heb.** Ge. 28. 19.]

Λοῦζα, Λουζά. (1) לוּז
Ge. 35. 6 : 48. 3 (*Lugd.* Lyza) : Jd. 1. 23, 26.
(2) לוּזָה
Jo. 16. 2 (A) : 18. 13 *bis* (Luc. *om. sec.*).
(3) abest in Heb.
Ge. 35. 9 : Jo. 16. 1 (B) (Luc. *om.*).

Λούθ. לוּד
Is. 66. 19 (S).

Λουίθ, *vid.* Λουείθ.

Λουκάμ. aliter in Heb.
III Ki. 4. 12 (B) (ליקמעם) (Luc. Οὐκάμ).

Λωωμείμ (A), **Λοωμείν** (*D* [ειν D[b]] E). לְאֻמִּים
Ge. 25. 3 (Luc. Λοωμιειμ) (Syr. ܠܐܘܡܝܢ) (Joseph. Λούουρις).

Λυδδά. (1) לֹד
II Es. 21 (Ne. 11). 35 (S[c.a mg inf]) (Luc. Λυδδα).
(2) in libr. apocr.
I Ma. 11. 34.

Λυδδών. לֹד
II Es. 2. 33 (A) (versio duplex).

Λυδία. in libr. apocr.
I Ma. 8. 8.

Λυδοί. (1) לוּד
Ez. 27. 10 : 30. 5.
[**Sm.** Is. 66. 19.]
(2) לוּדִים
Je. 26 (46). 9.
(3) abest in Heb.
Ez. 38. 5 (A).

Λυκία. in libr. apocr.
I Ma. 15. 23 (A S[c.a, c.b] V).

Λύμαις. in libr. apocr.
I Ma. 6. 1 (S V).

Λυσίας (-αν, -ου, -ᾳ). in libr. apocr.
I Ma. 3. 32, 38 : 4. 26, 34, 35 : 6. 6, 17, 55 : 7. 2 : II Ma. 10. 11 : 11. 1, 12, 15 *bis*, 16 *bis*, 22, 35 : 12. 1 : 13. 2, 4, 26 : 14. 2.

Λυσίμαχος. in libr. apocr.
Es. F 11 : II Ma. 4. 29, 39 *bis*, 40, 41 *bis*.

Λωδαβάρ. לֹא דְבָר
II Ki. 17. 27 (Luc. Λαδαβαρ) (*Vind.* Loddabar).

Λωδιείμ. לוּדִיִּים (יחיר י)
I Ch. 1. 11 (A) (Luc. Λουδιειμ).

Λώθ. (1) לוֹט
Ps. 82 (83). 9 (R*).
(2) lit. alphab. (?).
Ps. 118 (119). 72 (R).

Λωθάσουβος. in libr. apocr.
I Es. 9. 44 (? = חשם Ne. 8. 4) (Luc. Ασσομ).

Λωρανεῖτις. aliter in Heb.
Ez. 47. 18 (B) (חורן).

Λώτ. (1) לוֹט
Joseph. Λῶτος : *Spec.* Loth.
Ge. 11. 27, 31 : 12. 4, 5 : 13. 1 (*Vind.* Loth), 5, 7, 8, 10, 11 *bis*, 12, 14 : 14. 12, 16 : 19. 1 *bis*, 5, 6, 9, 10, 12, 14, 15 (A[1] D E), 18, 23, 29 *bis*, 30, 36 : De. 2. 9 (*Lugd.* Lod), 19 : Ps. 82 (83). 9 (A B S R[1] T).
[**Aq., Sm.** Ps. 82 (83). 9.]
(2) abest in Heb.
Ge. 12. 20 (Samar. ࠋࠅࠈ) : 14. 14 : 19. 25 (A).
(3) in libr. apocr.
Si. 16. 8 (9).

Λωτάν. לוֹטָן
Ge. 36. 20 (*Lucc.* Lothanh), 22 *bis*, 29 : I Ch. 1. 38, 39, 39 (A).

M

Μααδίας. מַעַדְיָה
II Es. 22 (Ne. 12). 5 (S$^{c.a\ mg\ sup}$) (Luc. Μαασίας).

Μααζειά. מַעַזְיָה
II Es. 20. 8 (Ne. 10. 9) (A) (Luc. Μααζίας).

Μααζιώθ. (1) מַחֲזִיאוֹת v. מַחֲוִיאֹת
I Ch. 25. 4 (A).
(2) מַחֲזִיאוֹת
I Ch. 25. 30 (A).

Μάαθ. (1) מַחַת
I Ch. 6. 35 (20) (A) (Luc. Αμιωθ): II Ch. 29. 12 (B): 31. 13 (A) (Luc. Ααθ).
(2) aliter in Heb.
Je. 52. 27 (S) (חמת).

Μααθμωάβ. in libr. apocr.
I Es. 8. 31 (B) (= פחת מואב Ezr. 8. 4) (Luc. Φααθ Μωαβ).

Μααί. מָעַי
II Es. 22 (Ne. 12). 36 (S$^{c.a\ mg\ inf}$) (Luc. Μαια).

Μααλά. (1) מַחְלָה
Nu. 26. 37 (33) (F) (Luc. Μαλα): 27. 1 (F) (Luc. *om.*): 36. 11 (B F) (Luc. Μαλαα) (*Mon.* Mathala): Jo. 17. 3 (B).
(2) aliter in Heb.
III Ki. 4. 16 (B) (בעלות?) (Luc. Γαλααδ).

Μααλλών. מִלּוֹא
Luc. Μαλλων.
Jd. 9. 6 (A), 20 (A) *bis*.

Μααλούχ. מַלּוּךְ
II Es. 20. 27 (Ne. 10. 28) (S^{vid}) (Luc. Μαλουκ).

Μααλσιά. aliter in Heb.
II Es. 20. 25 (Ne. 10. 26) (A) (מעשיה) (Luc. Μαασίας).

Μααλώ. מִלֹּא
IV Ki. 12. 20 (21) (Luc. Μαλλων).

Μααλών. מַחְלוֹן
Joseph. Μαλαών, Μάλλων, Μάλαος.
Ru. 1. 2, 5: 4. 9, 10.

Μααλώτ. aliter in Heb.
III Ki. 4. 16 (A) ([ב]עלות) (Luc. Γαλααδ).

Μααμάν. aliter in Heb.
I Ch. 8. 4 (A) (נעמן) (Luc. Ναμει).

Μαάν. (1) [יָקְ]מְעָם
III Ki. 4. 12 (A) (Luc. Ουκαμ).
(2) יָקְנְעָם
Jo. 21. 34 (B) (Luc. Ιεκναμ).
(3) מַחֲנַיִם
Jo. 13. 26 (B^{ab}) (Luc. Μααναιμ).
(4) מָעוֹן
Luc. ἐπήκοος.
I Ki. 23. 24 (B) (Joseph. Σίμων), 25 (B) *bis*: 25. 2 (B) (Luc. ἔρημος) (Joseph. Ἐμμᾶ).
(5) aliter in Heb.
I Ki. 25. 1 (B) (פארן) (Luc. ἐπήκοος).

Μαανά. מַחֲנַיִם
Jo. 13. 30 (B) (Luc. Μααναιμ).

Μαανάειμ (-άιμ). מַחֲנַיִם
II Ki. 17. 27 (Luc. παρεμβολάς): III Ki. 4. 14 (A) (Luc. Μαχειλαμ): I Ch. 6. 80 (65) (A) (Luc. Βαναθ).

Μααναιεῖον. מַחֲנַיְמָה
III Ki. 4. 14 (B) (Luc. Μαχειλαμ).

Μαανάιθ. aliter in Heb.
I Ch. 6. 80 (65) (B) (מחנים) (Luc. Βαναθ).

Μαανάιμ, *vid.* **Μαανάειμ.**

Μααντί. in libr. apocr.
I Es. 5. 31 (A [M sup ras A^1]) (= מעונים Ezr. 2. 50: Ne. 7. 52) (Luc. Μοονειμ).

Μάας. מַעַץ
I Ch. 2. 27.

Μαασά. (1) מַעֲשֵׂיָהוּ
II Ch. 34. 8 (B) (Luc. Μαασίας).
(2) מִשְׁאָל
Jo. 19. 26 (B) (Luc. Μασαλ).
(3) מָשָׁל
I Ch. 6. 74 (59) (B) (Luc. Μασιλ).

Μαασαί. (1) מַעַזְיָהוּ
I Ch. 24. 18 (B) (Luc. Μοοζια) (*Lucc.* Mazia).
(2) aliter in Heb.
I Ch. 6. 40 (25) (B) (בעשיה) (Luc. Βασια).

Μαασαιά. (1) מַעְשַׂי
I Ch. 9. 12 (B) (Luc. Μαασει).
(2) מַעֲשֵׂיָה
II Es. 10. 22 (B S) (Luc. Μαασίας): 18 (Ne. 8). 4 (S) (Luc. Μαασσίας): 20. 25 (Ne. 10. 26) (B S) (Luc. Μαασίας).
(3) מַעֲשֵׂיָהוּ
I Ch. 15. 18 (S) (Luc. Μαασια).

Μαασαίας (-σέας) (-αν). (1) מַחְסֵיָה
Je. 28 (51). 59 (B S$^{c.a\ (?)}$ Q): 39 (32). 12 (B* Q).
(2) מַעֲשֵׂיָה
Je. 21. 1 (Q) (*Wirc.* Masee): 36 (29). 25 (B* Q): 44 (37). 3 (B* S Q).
(3) מַעֲשֵׂיָהוּ
II Ch. 28. 7 (B) (Luc. Μαασίας) (Joseph. Ἀμασίας): Je. 42 (35). 4 (B S$^{c.a}$ Q).
(4) aliter in Heb.
Je. 49 (42). 1 (B) (הושעיה): 50 (43). 2 (S$^{c.a}$) (הושעיה).
(5) in libr. apocr.
Ba. 1. 1.

Μαασειά (-σιά). מַעֲשֵׂיָה
II Es. 10. 22 (A) (Luc. Μαασίας): 18 (Ne. 8). 4 (A) (Luc. Μαασσίας): 21 (Ne. 11). 5 (B) (Luc. Μασίας).

Μαασηα. מַעֲשֵׂיָה
II Es. 10. 18 (S) (Luc. Μαασίας), 30 (A) (Luc. Μαασια).

Μαασηια. מַעֲשֵׂיָה
II Es. 10. 18 (A) (Luc. Μαασίας).

Μαασιά, *vid.* **Μαασειά.**

Μαασίας (-ου). (1) מַעֲשֵׂיָה
II Es. 13 (Ne. 3). 23 (A) (Luc. Μαασσίας): 21 (Ne. 11). 7 (A): 22 (Ne. 12). 41 (S$^{c.a\ mg}$), 42 (S$^{c.a\ mg}$).
[Th. Je. 29 (36). 21.]
(2) מַעֲשֵׂיָהוּ
I Ch. 15. 20 (A): II Ch. 34. 8 (A) (Joseph. Ἀμασίας).

Μαασμᾶν. in libr. apocr.
I Es. 8. 43 (45) (שמעיה Ezr. 8. 16) (Luc. Σεμεια).

Μαασσαιά. (1) מַעֲשֵׂיָה
II Es. 18 (Ne. 8). 7 (B) (Luc. Μαασίας).
(2) מַעֲשֵׂיָהוּ
I Ch. 15. 18 (B) (Luc. Μαασια).

Μαασσαίας. (1) מַחְסֵיָה
Je. 28 (51). 59 (A).
(2) aliter in Heb.
Je. 50 (43). 2 (B*) (הושעיה).

Μαασφάραθ. מִסְפֶּרֶת
II Es. 17 (Ne. 7). 7 (A) (Luc. Μασφαρ).

Ματαρωθορέχ. עַטְרוֹת אַדָּר
Jo. 18. 13 (B) (Luc. Αταρωθ Εδδαρ).

Μααφά. in libr. apocr.
I Ma. 5. 35 (A V) (Joseph. Μαάφη, Μελλά).

Μααχά, Μάαχα (-αν). (1) מִיכָיָהוּ
II Ch. 13. 2.
(2) מַעֲכָה
II Ki. 3. 3 (B) (*Lucc.* Aga): 10. 6 (A), 8 (A) (Joseph. Μιχᾶ): III Ki. 2. 39 (A): 15. 2 (*Lucc.* Maccha), 10 (A) (Luc. Ανα), 13 (A) (Luc. Ανα), 20 (A): I Ch. 8. 29 (A) (Luc. Μαχα): 27. 16 (A) (Luc. Μαχατι): II Ch. 11. 20, 21, 22: 15. 16.

Μααχάθ. מַעֲכָה
II Ki. 3. 3 (A) (Luc. Μααχα).

Μααχαθί. מַעֲכָתִי
Je. 47 (40). 8 (Q).

Μααχάμ. aliter in Heb.
III Ki. 14. 21 (B [signa v l prae se fert B$^{?\ txt\ et\ mg}$]) (נעמה) (Luc. Νααvα).

Μααχώς. aliter in Heb.
Jo. 15. 40 (B) (כתליש) (Luc. Καθαλεις).

Μαβά. aliter in Heb.
II Ch. 1. 13 (B) (במה) (Luc. βαμα).

Μαβάρ. מִבְחָר
I Ch. 11. 38 (A) (Luc. Μαβααρ).

Μαβασάμ (B), **Μαβασάν** (A). מִבְשָׂם
I Ch. 4. 25 (Luc. Μασεμαμ).

Μαβδαρεῖτις (-ρῖτις) (-ιδι). מִדְבָּר
Jo. 5. 5 (6) (A B^{ab}): 18. 12.

Μαβσάμ. מִבְשָׂם
Ge. 25. 13 (E) (Luc. Μασσαν).

Μαβσάν. מִבְשָׂם
I Ch. 1. 29 (A) (Luc. Μαβσαμ).

Μαβσάρ. מִבְצָר
I Ch. 1. 53 (A) (Luc. Βαμαηλ).

Μαγαδά. מִגְדָּל
Jo. 15. 37 (B) (Luc. Μαγδαλ).

Μαγαήλ. aliter in Heb.
II Es. 21 (Ne. 11). 7 (B) (מעשיה) (Luc. Μαασιας).

Μαγαρώθ. מַעֲרָת
Jo. 15. 59 (B) (Luc. Μααρωθ).

Μαγαώ. abest in Heb.
III Ki. 2. 35 i (B) (Luc. Μαγδω).

Μαγγεδών. מִגְרוֹן
[Th. Is. 10. 28.]

Μαγδάλ. מִגְדָּל
Jo. 15. 37 (A).

Μαγδαλιή. מִגְדַּל־אֵל
Jo. 19. 38 (A) (Luc. Μαγδαλιηλ).

Μάγδουλος. מִגְדֹּל
Ez. 29. 10 (Q).

Μαγδώ. (1) מְגִדּוֹ
III Ki. 9. 15 (A) (Luc. Μαγεδδω) (Joseph. Μαγέδω, Μαγιαδδώ).
(2) abest in Heb.
III Ki. 2. 35 i (A).

Μάγδωλος. (1) מִגְדּוֹל
Je. 26 (46). 14.
(2) מִגְדֹּל
Ex. 14. 2 : Nu. 33. 7 (*Lugd.* Mandolo [acc.]) : Je. 51 (44). 1 : Ez. 29. 10 (A B) : 30. 6.

Μαγεβίς. מַגְבִּישׁ
II Es. 2. 30 (A) (Luc. Μακβεις).

Μαγεβώς. (1) מַגְבִּישׁ
II Es. 2. 30 (B) (Luc. Μακβεις).
(2) abest in Heb.
II Es. 17 (Ne. 7). 33 (A) (Luc. Μαγβεις).

Μαγεδαών. מְגִדּוֹ
IV Ki. 9. 27 (B) (Luc. Μαγεδδω).

Μαγεδδεί. מְגִדּוֹ
I Ch. 7. 29 (B) (Luc. Μαγεδδω).

Μαγεδδώ. (1) מְגִדּוֹ
Jo. 17. 11 (B) : IV Ki. 23. 29 (A), 30 (A) : I Ch. 7. 29 (A).
[Sm. IV Ki. 23. 30.]
(2) aliter in Heb.
Is. 10. 29 (28) (A) (מגרון).

Μαγεδδών. מְגִדּוֹ
Jo. 12. 21 (A) (Luc. Μαγεδδω).

Μαγεδδώρ. מְגִדּוֹ
Jo. 17. 11 (A) (Luc. Μαγεδδω).

Μαγεδιήλ. מַגְדִּיאֵל
I Ch. 1. 54 (A) (Luc. Μαγδεηλ).

Μαγεδώ. (1) מְגִדּוֹ
Jd. 1. 27 (B) (Luc. Μαγεδδων) : IV Ki. 23. 29 (B) (Luc. Μαγεδδω).
(2) aliter in Heb.
Is. 10. 29 (28) (B S$^{c.a, c.b}$ Q) (מגרון).

Μαγεδών. (1) מְגִדּוֹ
Luc. Μαγεδδων.
Jd. 1. 27 (A) : II Ch. 35. 22 (Joseph. Μένδη).
(2) aliter in Heb.
[Th. Is. 10. 29 (28) (Sw.) (מגרון).]

Μαγθάν. aliter in Heb.
IV Ki. 11. 18 (B) (מתן) (Luc. Ματθαν) (Joseph. Μάθας).

Μαγμώς. abest in Heb.
II Es. 17 (Ne. 7). 33 (S) (Luc. Μαγβεις).

Μαγρών. מִגְרוֹן
[Aq., Sm., Heb. Is. 10. 28.]

Μαγῶα. aliter in Heb.
I Ch. 1. 5 (A) (מגוג) (Luc. Μαγωγ).

Μαγώγ. (1) מָגוֹג
Ge. 10. 2 (Joseph. Μαγώγης) : I Ch. 1. 5 (B) : Ez. 38. 2 : 39. 6 (Γ).
(2) abest in Heb.
Ez. 38. 1 (*tit.*) (Q$^{mg\ sup}$).

Μαγών. מִגְרוֹן
I Ki. 14. 2 (B) (Luc. Μαγεδδω).

Μαδάθ. aliter in Heb.
I Ch. 4. 21 (B) (לעדה) (Luc. Λαδηι).

Μαδαί. (1) מָדַי
Ge. 10. 2 (A *D*) (Joseph. Μάδης) (*Lucc.* Madias) : I Ch. 1. 5 (A).
(2) מְדָן
Ge. 25. 2 (A?) (Luc. Μαδαν).

Μαδαιά. aliter in Heb.
II Es. 10. 35 (S) (בדיה) (Luc. Βαδαια).

Μαδαίμ, Μαδάιμ. (1) מָדַי
I Ch. 1. 5 (B) (Luc. Μαδαι).
(2) מְדָן
Ge. 25. 2 (A*) (Luc. Μαδαν).

Μαδάμ. מִדְיָן
I Ch. 1. 32 (B) (Luc. Μαδιαμ).

Μαδάν. מְדָן
Ge. 25. 2 (*D*E) (Joseph. Μαδάνης) : I Ch. 1. 32 (A) (Luc. Μαδαιμ).

Μαδασήλ. aliter in Heb.
II Es. 13 (Ne. 3). 23 (B S) (מעשיה) (Luc. Μαασσιας).

Μαδβαρεῖτις (-ρῖτ.) (-ιδι). מִדְבָּר
Jo. 5. 5 (6) (B*) (Luc. μαβδαρῖτις).

Μαδεβηνά. aliter in Heb.
Is. 10. 31 (מדמנה).

Μαδειανεῖτις, *vid.* **Μαδιανεῖτις.**

Μαδιάμ. (1) דְּדָן
Ge. 25. 3 (E) (Luc. Δεδαν).
(2) מִדְיָן
Ge. 25. 2 (Joseph. Μαδιάνης), 4 : 36. 35 (Samar. מצׄדאנזׄתח) : Ex. 2. 15 (Joseph. Μαδιανή), 16 : 3. 1 : 4. 19 : 18. 1 : Nu. 22. 4 (Joseph. Μαδιανῖται, Μαδιηνῖται) (*Lugd.* Mazyam), 7 (*Lugd.* Mazziam) : 25. 15 (A F), 18 (A F) : 31. 3 (A F) *bis*, 7 (A F), 8 (A F), 8, 9 (A F) : Jo. 13. 21 : Jd. 6. 1 (*Lucc.* Mazia), 2 *bis*, 3, 6, 7, 11, 13, 14 (Luc. *om.*), 16, 33 : 7. 1, 2, 7, 8, 12, 13, 14, 15, 23, 24, 25 *bis* : 8. 1, 3, 5, 12, 22, 26, 28 : 9. 17 : III Ki. 11. 18 : I Ch. 1. 33, 46 : Ps. 82 (83). 10 (A B S T) : Hb. 3. 7 (A B S$^{c.a}$ Q) : Is. 9. 4 (3) : 10. 26 : 60. 6 (M*a* sup ras B^{ab}).
[Al. Hb. 3. 7.]
(3) מְדָן
I Ch. 1. 32 (B).
(4) מָעוֹן
Jd. 10. 12.
(5) abest in Heb.
Ex. 2. 15 : Jd. 7. 13 (A) : Jb. 42. 17 d.
(6) in libr. apocr.
Ju. 2. 26 (16).

Μαδιάν. (1) מִדְיָן
Nu. 25. 15 (B) (*Lugd.* Maziam), 18 (B) : 31. 3 (B) (*Lugd.* Madie [genit]) *bis*, 7 (B), 8 (B), 9 (B) : I Ch. 1. 32 (A) : Hb. 3. 7 (S*).
[Aq., Th. Ex. 4. 19 : 18. 1 : Nu. 31. 3.]
[Sm. Ex. 4. 19 : 18. 1.]
(2) aliter in Heb.
III Ki. 10. 23 (9. 15) (B) (מגדו) (Luc. Μαγεδδω).

Μαδιανείτης (-νίτ.). מִדְיָנִי
Nu. 10. 29 (*Lugd.* Madienensis) : 31. 2 (*Lugd.* Madianensis).

Μαδιανεῖτις (-δει.) (-νῖτ.) (-ιν, -ιδος, -ιδι).
מִדְיָנִית
Nu. 25. 6, 14 (*Lugd.* Mazianitis), 15.
[Al. Nu. 25. 6.]

Μαδιανίτης, *vid.* **Μαδιανείτης.**

Μαδιανῖτις, *vid.* **Μαδιανεῖτις.**

Μαδιηναῖος.
Luc. Μαδιναῖοι.
(1) מִדְיָן
Ge. 37. 28 (A D) (*Lugd.* Madianeus) : Nu. 25. 17 (*Lugd.* Mazianus).
(2) מְדָנִים
Ge. 37. 36 (Samar. מצׄדאנזׄתח) (*Lugd.* Madianeus).

Μαδμηνά. מַדְמַנָּה
I Ch. 2. 49 (A) (*Luc.* Μεδμηνα).

Μαδούχ. aliter in Heb.
II Es. 10. 32 (S?) (מלוך) (Luc. Μαλωκ).

Μαδών. (1) מָדוֹן
Jo. 11. 1 (A) : II Ki. 21. 20 ("ק) (Luc. ἐκ Ῥαάζης).
(2) מִדִּין
Jo. 15. 61 (A) (Luc. Μαδδειν) : II Ki. 21. 20* (Luc. ἐκ Ῥαάζης).

Μαέβερ. aliter in Heb.
III Ki. 4. 12 (B) (מעבר).

Μαεήλας. in libr. apocr.
I Es. 9. 19 (B) (= מעשיה Ezr. 10. 18) (Luc. Μαασίας).

Μάεθ. (1) מַחַת
II Ch. 29. 12 (A) (Luc. Μααθ).
(2) aliter in Heb.
II Ch. 31. 13 (B) (נחת) (Luc. Ναιθ).

Μαελά. מַחְלָה
I Ch. 7. 18 (B) (Luc. Μααλαθ).

Μαελέθ. מָחֲלַת
Ge. 28. 9 (*Lugd.* Malaleel).

Μαεμωνεί. אַלְמֹנִי
I Ki. 21. 2 (3) (B) (Luc. *om.*).

Μαεραεί. מַהְרַי
II Ki. 23. 28 (A) (Luc. Μααρναν).

Μαεσσιά. aliter in Heb.
I Ch. 6. 46 (30) (A) (אמציה) (Luc. Αμασια).

Μαέφλα. aliter in Heb.
I Ch. 6. 79 (64) (B) (מיפעת) (Luc. Μωφααθ).

Μαζάν. aliter in Heb.
Es. 1. 10 (B S*) (בזתא).

Μαζάρ. מִבְצָר
Ge. 36. 42 : I Ch. 1. 53 (B) (Luc. Βαμαηλ).

Μαζιάμ. aliter in Heb.
Ps. 82 (83). 10 (R) (מדין).

Μαζιτίας. in libr. apocr.
I Es. 9. 35 (A) (? = מתתיה Ezr. 10. 43) (Luc. Μαθθαθίας).

Μαζούρ. aliter in Heb.
[Aq. Jb. 37. 9 (מזרים).]

Μαζουρώθ. מַזָּרוֹת
Jb. 38. 32.
[Th. Jb. 38. 32.]

Μαζώρ. מֵרוֹז
Jd. 5. 23 (A) (Luc. Μαρωρ).

Μαήκ. in libr. apocr.
Ju. 2. 23 (13) (S*).

Μάηλος. in libr. apocr.
I Es. 9. 26 (A) (= מימן Ezr. 10. 25) (Luc. Μιαμιδαίας ?).

Μάηρος. in libr. apocr.
I Es. 9. 34 (B) (= עמרם Ezr. 10. 34) (Luc. Αμραμ).

Μάθ. מַ[חַ]ת
IV Ki. 19. 13 (B) (Luc. Εμαθ): Am. 6. 2 (Q).

Μαθανάηλ. aliter in Heb.
II Es. 22 (Ne. 12). 36 (Sc.a mg inf) (נתנאל) (Luc. Ναθαναηλ).

Μαθανάν. aliter in Heb.
II Es. 10. 37 (B) (מתני) (Luc. Μαθθανια).

Μαθανιά. (1) מַתְּנַי
II Es. 10. 33 (B S) (Luc. Μαθθανιαμ).
(2) מַתַּנְיָה
II Es. 10. 26 (B S) (Luc. Ματθανίας), 30 (B) (Luc. Μαθθανια), 37 (B S) (Luc. Μαθθανια): 21 (Ne. 11). 17 (B) (Luc. Μαθανίας): 22 (Ne. 12). 8 (A) (Luc. Μαθθανίας), 35 (S*) (Luc. Μαθθανίας): 23 (Ne. 13). 13 (S*) (Luc. Μαθθανίας).

Μαθαρίμ. מְתָאָר
Jo. 19. 13 (A) (Luc. Αμαθαρι).

Μαθεκκά. מִתְקָה
Samar. ꟷ; Luc. Ματτεκα.
Nu. 33. 28 (A F), 29 (A F).

Μαθήλας. in libr. apocr.
I Es. 9. 19 (A) (= מעשיה Ezr. 10. 18) (Luc. Μαασίας).

Μαθθαθά. מַתַּתָּה
II Es. 10. 33 (A) (Luc. Μαθθαθ).

Μαθθαθίας. מַתִּתְיָה
II Es. 10. 43 (A) (Luc. Ματθαθίας).

Μαθθάν. (1) מַתָּן
Je. 45 (38). 1 (Q^mg).
(2) מַתַּנְ[יָה]
IV Ki. 24. 17 (B*) (Luc. Ματθανίας).

Μαθθανά. מַתְּנַי
II Es. 10. 37 (S) (Luc. Μαθθανια).

Μαθθαναί. (1) מַתְּנַי
Luc. Μαθθανια.
II Es. 10. 33 (A) (Luc. Μαθθανιαμ), 37 (A): 22 (Ne. 12). 19 (Sc.a mg inf).
(2) מַתַּנְיָה
II Es. 10. 27 (A).

Μαθθανί. מִתְנִי
I Ch. 11. 43 (A) (Luc. Ματθανι).

Μαθθανιά. מַתַּנְיָה
II Es. 10. 26 (A) (Luc. Ματθανίας), 30 (A), 37 (A): 21 (Ne. 11). 17 (S*) (Luc. Μαθανίας): 22 (Ne. 12). 35 (A Sc.a) (Luc. Μαθθανίας): 23 (Ne. 13). 13 (Sc.a) (Luc. Μαθθανίας).

Μαθθανίας. (1) מַתַּנְיָה
II Es. 21 (Ne. 11). 17 (A S³·ᵃ) (Luc. Μαθανίας), 22 (Sc.a (mg)): 22 (Ne. 12). 25 (Sc a mg sup): 23 (Ne. 13). 13 (A).
(2) מַתַּנְיָהוּ
II Ch. 29. 13 (B*) (Luc. Ματθανίας).
(3) aliter in Heb.
IV Ki. 25. 23 (A) (נתניה) (Luc. Ναθανίας).

Μαθθουσάλα. מְתוּשֶׁלַח
I Ch. 1. 3 (B) (Luc. Μαθουσαλα).

Μαθουσά. מְתוּשֶׁלַח
Ge. 5. 27 (A*) (Luc. Μαθουσαλα).

Μαθουσαλά, Μαθουσάλα.
Joseph. Μαθουσάλας.
(1) מְתוּשָׁאֵל
Ge. 4. 18 *bis*.
(2) מְתוּשֶׁלַח
Ge. 5. 21 (*Lucc.* Matusala), 22, 25, 26, 27 (A¹ D E): I Ch. 1. 3 (A).
[Heb., Sam. Ge. 5. 25, 26.]

Μαιαιναμαίνιος. in libr. apocr.
I Es. 5. 8 (B^ab mg) (abest in Ezr. 2. 2: ? = נחמני Ne. 7. 7) (Luc. *om.*).

Μαιανεί. aliter in Heb.
Jo. 15. 34 (B) (עינם) (Luc. Ηναειμ).

Μαιάννας. in libr. apocr.
I Es. 9. 48 (= מעשיה Ne. 8. 7) (Luc. Μασσίας).

Μαιαφής. aliter in Heb.
II Es. 20. 20 (Ne. 10. 21) (A) (מגפיעש) (Luc. Μεγαίας).

Μαιδαβά. מֵידְבָא
Jo. 13. 9 (A [β sup ras A^a?]) (Luc. Μεδαβα): I Ch. 19. 7 (B) (Luc. Μηδαβα).

Μαιδαβάν. מֵידְבָא
Jo. 13. 9 (B^a? b) (Luc. Μεδαβα).

Μαιήλ. מְחוּיָאֵל
Ge. 4. 18 (A) (Samar. ꟷ) (Joseph. Μαρούηλος) *bis*.

Μαινάμ. aliter in Heb.
Jo. 15. 23 (B) (? יתנן) (Luc. Ιθναν).

Μαισά. מוֹצָא
Luc. Μωσα.
I Ch. 8. 36 (sup M vestigia appar ras et litur in B), 37 (i. q. *v.* 36).

Μαισαλώθ. in libr. apocr.
I Ma. 9. 2 (S V).

Μαιφάαθ. מֵפַעַת
Jo. 13. 18 (B) (Luc. Μαιφα[α]θ).

Μαιχά. aliter in Heb.
I Ch. 4. 21 (B) (מרשה) (Luc. Μαρισα).

Μαιωδάκ. aliter in Heb.
Je. 27 (50). 2 (B) (מרדך).

Μαιωδάχ (Μεω.). aliter in Heb.
Is. 39. 1 (S Q*) (מראדך): Je. 27 (50). 2 (A S Q) (מרדך).

Μαιών. aliter in Heb.
I Ch. 4. 17 (מרים) (Luc. Μωεωρ, Μαρω).

Μακαβαῖος. in libr. apocr.
I Ma. *subscr.* (V): II Ma. 2. 19 (V*): 10. 1 (V*), 19 (V*).

Μακαββαῖος. in libr. apocr.
II Ma. 10. 16 (V).

Μακαιδών, *vid.* Μακεδών.

Μακαλώθ. (1) מִקְלוֹת
I Ch. 8. 32 (B) (Luc. Μαγεδδωθ).
(2) abest in Heb.
I Ch. 8. 31 (Luc. *om.*).

Μακαλῶν. in libr. apocr.
I Es. 5. 21 (= מכמס Ezr. 2. 27: Ne. 7. 31) (Luc. Μακβεις).

Μακέβ. in libr. apocr.
I Ma. 5. 26 (A).

Μακέδ. in libr. apocr.
I Ma. 5. 26 (S V), 36.

Μακεδδώ. מְגִדּוֹ
IV Ki. 9. 27 (A) (Luc. Μαγεδδω).

Μακεδώ. aliter in Heb.
Is. 10. 28 (29) (S*) (מגרון).

Μακεδώθ. aliter in Heb.
Luc. Μακελωθ.
I Ch. 9. 37 (A) (מקלות), 38 (A) (מקלות).

Μακεδών (-καιδ.) (-όνος *v.* -ῶνος, -όνων, -όσιν).
(1) מְגִדּוֹ
IV Ki. 23. 30 (B) (Luc. Μαγεδδω).
(2) aliter in Heb.
Es. 9. 24 (אגגי).
(3) in libr. apocr.
Es. E (16). 10, 14: I Ma. 1. 1: 6. 2: II Ma. 8. 20 *bis*.

Μακελάθ (A F), Μακελλάθ (B). קְהֵלָתָה
Luc. Μακελαδ: *Lugd.* Magollat.
Nu. 33. 22, 23 (*Mon.* Maceda).

Μακελλειά. aliter in Heb.
I Ch. 15. 18 (B) (מקניהו) (Luc. Μακκανια).

Μακελλώθ. מִקְלוֹת
Luc. Μακελωθ.
I Ch. 9. 37 (B S), 38 (B).

Μακενιά. מִקְנֵיָהוּ
I Ch. 15. 18 (A) (Luc. Μακκανια), 21 (B S) (Luc. Μακκανίας).

Μακενίας. מִקְנֵיָהוּ
I Ch. 15. 21 (A) (Luc. Μακκανίας).

Μακηδά. מַקֵּדָה
Syr. ܡܩܕܐ: Joseph. Μακκηδα, Μακχίδα.
Jo. 10. 10, 16, 17, 21, 28 (A) *bis*, 29: 12. 16 (A): 15. 41 (A) (Syr. ܢܩܝܠ).

Μακηδάν. מַקֵּדָה
Luc. Μακηδα.
Jo. 10. 28 (B) *bis*: 15. 41 (B).

Μακηλώθ. מַקְהֵלֹת
Luc. Μακηδωθ.
Mon. Machelos: *Lugd.* Macheloth.
Nu. 33. 25, 26.

Μακκαβαικός. in libr. apocr.
I Ma. *subscr.* (S).

Μακκαβαῖος (-βεος). in libr. apocr.
Joseph. Μακαβαῖος, Μακκαβαῖος: *Spec.* Machabaeus.
I Ma. *inscr.*: 2. 4 (A S^c.a V), 66: 3. 1: 5. 24, 34: 8. 20: *subscr.* (A): II Ma. *inscr.*: 2. 19 (A V^a): 5. 27: 8. 1, 5, 16: 10. 1 (A V^a), 16 (A), 19 (A V¹), 21, 25, 30, 33, 35: 11. 6, 7, 15 *bis*: 12. 19, 20: 13. 24: 14. 6, 27, 30: 15. 7, 21: *subscr.* (V): III Ma. *inscr.*: *subscr.*: IV Ma. *inscr.*: *subscr.*

Μακκαῖος. in libr. apocr.
II Ma. *subscr.* (A).

Μακκελλά. aliter in Heb.

I Ch. 15. 18 (S) (מקניהו) (Luc. Μακκανια).

Μακμάς. מַחְמַד

[Th. Ho. 9. 6 (P.).]

Μακοσί. מָכִי

Nu. 13. 16 (15) (B^{ab}) (Samar. ‫מכשי‬) (Luc. Μαχι).

Μακράν (vel potius adv. μακράν). aliter in Heb.

II Ki. 15. 17 (מרחק).

Μάκρων. in libr. apocr.

II Ma. 10. 12.

Μαχί. מָכִי

Nu. 13. 16 (15) (B^{*b}) (*Lugd.* Macchi) (Samar. ‫מכשי‬) (Luc. Μαχι).

Μάλ. aliter in Heb.

III Ki. 4. 27 (5. 11) (B) (מחול) (Luc. Μααλα) (Joseph. Ἡμάων).

Μαλά. מַחְלָה

Nu. 26. 37 (33) (A B) (*Lugd.* Machala): 27. 1 (A B) (Luc. *om.*) (*Lugd.* Magala): Jo. 17. 3 (A) (Luc. Μααλα).

Μαλαά. מַחְלָה

Nu. 36. 11 (A) (*Lugd.* Machala).

Μαλαθεί. aliter in Heb.

I Ch. 2. 54 (B) (מנחתי) (Luc. Μαναθι).

Μαλαί. מָדַי

Ge. 10. 2 (E) (Luc. Μαδαι).

Μαλάμ. aliter in Heb.

II Es. 2. 7 (B) (עילם) (Luc. Αιλαμ).

Μάλαχ. מֶלֶךְ

I Ch. 9. 41 (B S) (Luc. Μελχιηλ).

Μαλαχίας. (1) מַלְאָכִי

Spec. Malachihel.

Ma. *inscr.*

[Aq., Sm., Th. Ma. 1. 1.]

(2) abest in Heb.

Ma. *subscr.* (A B S Q).

Μαλδόχεος. aliter in Heb.

II Es. 17 (Ne. 7). 7 (B) (מרדכי) (Luc. Μαρδοχαίος).

Μαλελεήλ. מַהֲלַלְאֵל

Joseph. Μαλάηλος.

Ge. 5. 12 (*Lucc.* Malelel), 13, 15, 16, 17: I Ch. 1. 2: II Es. 21 (Ne. 11). 4 (A).

Μαλελήμ. aliter in Heb.

II Es. 21 (Ne. 11). 4 (B S) (מהללאל) (Luc. Μαλεληλ).

Μαλελιήλ. מַגְדִּיאֵל

Ge. 36. 43 (E) (Luc. Μαγέδιηλ).

Μαλέχεθ. מֹלֶכֶת

I Ch. 7. 18 (Luc. Μελχαθ).

Μαλησεάρ. aliter in Heb.

Es. 1. 14 (מרס מרסנא ?).

Μαλθέα. aliter in Heb.

Jb. 42. 14 (A) (הפוך).

Μαλί (?). גְּמַלִּי

Nu. 13. 13 (12) (F) (Μ.ιλι) (Luc. Γαμαλι).

Μαλλῶται. in libr. apocr.

II Ma. 4. 30.

Μαλούλ. aliter in Heb.

II Es. 22 (Ne. 12). 2 (B) (מלוך) (Luc. Μαλουκ).

Μαλούχ.

Luc. Μαλουκ.

(1) מַלּוּךְ

II Es. 10. 29 (A), 32 (A B S*) (Luc. Μαλωκ): 20. 4 (Ne. 10. 5), 27 (Ne. 10. 28) (A B): 22 (Ne. 12). 2 (A S).

(2) מְלִיכוּ, *מְלוּכִי [ק״]

II Es. 22 (Ne. 12). 14.

Μαλσάρ. aliter in Heb.

II Es. 2. 2 (B) (מספר) (Luc. Μασφαρ).

Μαλσιά. aliter in Heb.

II Es. 21 (Ne. 11). 5 (A) (מעשיה) (Luc. Μασίας).

Μαλταννaῖος. in libr. apocr.

I Es. 9. 33 (B) (= מתני Ezr. 10. 33) (Luc. Μαθθαναι).

Μαλχειά. מַלְכִּיָּה

I Ch. 9. 12 (B) (Luc. Μελχίας).

Μάλωθ. aliter in Heb.

I Ch. 8. 35 (A) (מלך) (Luc. Μελχιηλ).

Μαλώχ. (1) מַלּוּךְ

I Ch. 6. 44 (29).

(2) מֶלֶךְ

I Ch. 9. 41 (A) (Luc. Μελχιηλ).

Μαμά. aliter in Heb.

I Ch. 1. 30 (B*) (משמע) (Luc. Μασεμα).

Μαμβρή (indecl., -ήν ?). (1) מוֹרֶה

[Sm. Ge. 12. 6.]

(2) מַמְרֵא

Ge. 13. 18: 14. 13, 24 (Joseph. Μαμβρῆς): 18. 1: 23. 17, 19: 25. 9: 35. 27: 49. 30 (*Lugd.* Mambrae): 50. 13.

Μαμδαί. in libr. apocr.

I Es. 9. 34 (B) (= בניה Ezr. 10. 35) (Luc. Βαναια).

Μαμνιτάναιμος. in libr. apocr.

I Es. 9. 34 (A) (= מרמות Ezr. 10. 36) (Luc. *om.*).

Μαμουχαῖος (-χεος).

Luc. Βουγαῖος *v.* Μουχαῖος.

(1) מוּמְכָן

Es. 1. 16 ($S^{c.a}$)*.

(2) מְמוּכָן

Es. 1. 16 ($S^{c.a}$) (ק״), 21 ($S^{c.b}$).

Μάμουχος. in libr. apocr.

I Es. 9. 30 (= מלוך Ezr. 10. 29) (Luc. Μαλουκ).

Μαρρώθ. מְרוֹן, *מְרָאוֹן [ק״]

Jo. 12. 20 (B) (Luc. [Σ]αμαρων).

Μαμτάναιμος. in libr. apocr.

I Es. 9. 34 (B) (= מרמות Ezr. 10. 36) (Luc. *om.*).

Μαμφέ. aliter in Heb.

II Es. 13 (Ne. 3). 19 (S) (מצפה) (Luc. Μασφα).

Μαμφείν. (1) מֻפִּים

Ge. 46. 21 (Luc. Μαμφειμ) (Joseph. Νομφθής) (*Lugd.* Manphim: *Lucc.* Afim).

(2) aliter in Heb.

I Ch. 7. 15 (B) (שפים) (Luc. Σαφιν).

Μάν. (1) חֶבְרוֹן

Ge. 35. 27 (E) (? praec Μαμβρη) (Luc. Χεβρων).

(2) aliter in Heb.

Jo. 15. 50 (B^b) (מה[אשת]) (Luc. Ασθεμω).

(3) in libr. apocr.

Es. E (16.) 17 (A) (Luc. Αμαν).

Μανάειμ. מַחֲנַיִם

II Ki. 2. 12 (A) (Luc. παρεμβολῆς): 17. 24 (B) (Luc. παρεμβολάς): 19. 32 (33) (Luc. παρεμβολαῖς).

Μανάειν. מַחֲנַיִם

II Ki. 17. 24 (A) (Luc. παρεμβολάς).

Μανάεμ. מַחֲנַיִם

II Ki. 2. 8 (B) (Luc. παρεμβολῆς) (Joseph. Μάναλις).

Μαναήλ. aliter in Heb.

Nu. 21. 19 (B*) *bis* (מ praec 2°) (נחליאל) (Samar. ‫נחליאל‬) (Luc. Ναχαιηλ): IV Ki. 25. 25 (B*) (ישמעאל) (Luc. Ισραηλ).

Μαναήμ.

Joseph. Μανάημος.

(1) מְנַחֵם

IV Ki. 15. 14 (*Lucc.* Manee), 16 (B), 17 (B), 19 (B), 20 (B), 21 (B), 22 (B), 23 (B).

(2) abest in Heb.

I Ch. 4. 19 (B) (Luc. *om.*).

Μαναήν.

Luc. Μαναημ.

(1) מְנַחֵם

IV Ki. 15. 16 (A), 17 (A), 19 (A), 20 (A), 21 (A), 22 (A), 23 (A).

(2) aliter in Heb.

IV Ki. 15. 22 (A) (pron. suff.).

Μανάθ. מְנֻחֹתִי

I Ch. 2. 54 (A) (Luc. Μαναθι).

Μαναθεί (-θί). מְעוֹנֹתַי

I Ch. 4. 14 (Luc. Μαωναθει).

Μαναιά. aliter in Heb.

II Es. 10. 25 (S) (בניה) (Luc. Βαναίας).

Μανάιμ. מַחֲנַיִם

Luc. Μααναιμ.

Jo. 13. 26 (A), 30 (A): 21. 38 (36) (A) (Luc. Μανεεμ).

[Sm. II Ki. 2. 29.]

Μαναναήλ. נַחֲלִיאֵל

Nu. 21. 19 ($B^{ab\ vid}$) *bis* (מ praec 2°) (Samar. ‫נחליאל‬) (Luc. Ναχαιηλ).

Μανασεή. מְנַשֶּׁה

II Es. 10. 30 (B^{a} ?) (Luc. Μανασση).

Μανασσαίας. aliter in Heb.

Je. 21. 1 (B*) (מעשיה).

Μανασσή.

Lugd. Manasse, Mannasse.

(1) מְנַשֶּׁה

Ge. 41. 51 (E): 46. 20 (D^{sil}): 48. 1 (B D F), 5 (B D), 13 (B D), 14, 17 (B D), 20 (B D) *bis*: 50. 23 (B D): Nu. 1. 10 (B F), 32 (34) (B F), 33 (35) (B F): 2. 20 (B F) *bis*: 7. 54 (B F): 10. 23 (B F): 13. 12 (11) (B F): 26. 32 (28) (B F), 33 (29) (B F), 38 (34) (B F): 27. 1 (B F): 32. 33 (B F), 39 (B F), 40 (B F), 41 (B F): 34. 14 (B F) (*Lugd.* Mannase), 23 (B F): 36. 1 (B F), 12 (B F): De. 3. 13 (B F), 14 (B F): 33. 17 (B F): 34. 2 (B F) (Samar. *om.*): Jo. 1. 12: 4. 12: 12. 6: 13. 7 (B), 29, 31: 14. 4: 16. 4, 9: 17. 1 (B), 1, 2, 5 (A), 6 *bis*, 7, 8 *bis*, 9 *bis*, 10, 11, 12: 18. 7 (B): 20. 8: 21. 5, 6, 25, 27: 22. 1, 7, 9 (Μαν sup ras B^{a}?), 10, 11, 13, 15, 21, 30, 31: Jd. 1. 27 (B) (Luc. Μωνσης): 6. 15 (B), 35 (B): 7. 23 (B): 11. 29 (B) (Luc. *om.*): 12. 4 (B): III Ki. 4. 13 (A) (Luc. *aliter*): IV Ki. 20. 21 (B) (Luc. Μανασσης et sic in seqq): 21. 1 (B), 17, 18 (B), 20 (B): 24. 3 (B): I Ch. 5. 18 (Luc. Μανασση), 23, 26: 6. 61 (46), 62 (47), 70 (55), 71 (56) (B): 7. 14, 17, 29: 9. 3: 12. 19, 20 *bis*,

31, 37: 27. 20, 21: II Ch. 15. 9 (A?B): 30. 1, 10, 11, 18: 31. 1: 32. 33 (A* B) (Luc. Μανασσης et in seqq): 33. 10, 11, 18, 23 (B): 34. 6 (Luc. Μανασση), 9: II Es. 10. 30 (A B* S), 33: Ps. 59 (60). 9 (B S*): 79 (80). 3: 107 (108). 9 (S): Is. 9. 21 (20) (B S Γ), 21 (20) (B S Q Γ): Je. 15. 4 (B S Q): Ez. 48. 4 (B Q), 5.

[Aq. Ps. 79 (80). 3.]
[Sm. Jd. 12. 4.]

(2) מְנַשֶּׁה

Jd. 18. 30 (B).

(3) מְנַשִּׁי

De. 29. 8 (7) (B F): IV Ki. 10. 33: I Ch. 26. 32.

(4) מַשָּׂא

Ge. 25. 14 (*D*) (Luc. Μασση): I Ch. 1. 30 (B) (Luc. Μασσα).

(5) מֵשָׁא

Ge. 10. 30 (E) (Luc. Μασση).

(6) aliter in Heb.

Jo. 18. 11 (A) (בנימן) (Luc. Βενιαμιν).

(7) abest in Heb.

Ge. 46. 20 (D[sil]) *bis*: Nu. 34. 13 (B F): De. 4. 43 (B F): Jo. 13. 8, 31 (A[a?] B): 22. 32, 33, 34: II Ch. 36. 5 c.

(8) in libr. apocr.

I Es. 9. 33 (B) (= מנשה Ezr. 10. 33) (Luc. Μανασσης): Ju. 16. 22 (26) (A).

Μανασσῆας. in libr. apocr.

I Es. 9. 31 (= מנשה Ezr. 10. 30) (Luc. Μανασση).

Μανασσῆς (-ῆ).

Lucc. Manases.

(1) מְנַשֶּׁה

Jd. 1. 27 (A) (Luc. Μωυσης): IV Ki. 20. 21 (A): 21. 1 (A), 9, 11, 16, 18 (A), 20 (A): 23. 12, 26: 24. 3 (A): I Ch. 3. 13 (A[1? vel forte a?] B): II Ch. 32. 33 (A[a?]): 33. 1 (B), 9, 13, 20, 22 *bis*, 23 (A): Ps. 59 (60). 9 (S[c.a] R): 107 (108). 9 (A R T): Is. 9. 21 (20) (Q).

(2) abest in Heb.

II Ch. 35. 19 c.

(3) in libr. apocr.

I Es. 9. 33 (A) (= מנשה Ezr. 10. 33): Ju. 8. 2, 7: 10. 3: 16. 22 (26) (B S), 23 (28), 24 (29) (A B): To. 14. 10 (A B).

Μανάχα. מָנַחַת

Ge. 36. 23 (E) (Luc. Μαναχαθ).

Μαναχάθ. מָנַחַת

Ge. 36. 23 (D[sil]): I Ch. 1. 40 (A) (Luc. Μανααθ).

Μαναχαθί. מָנַחַת

I Ch. 8. 6 (A) (Luc. Μανουαθ).

Μανδαί. in libr. apocr.

I Es. 9. 34 (A) (= בניה Ezr. 10. 35) (Luc. Βαναια).

Μανεί (-νί). (1) aliter in Heb.

I Ch. 3. 24 (B) (ענני) (Luc. Ἀνανιας).

(2) in libr. apocr.

I Es. 5. 31 (B) (= מעונים Ezr. 2. 50: Ne. 7. 52) (Luc. Μοονειμ): 9. 30 (= בני Ezr. 10. 29) (Luc. Βαναια).

Μάνης. in libr. apocr.

I Es. 9. 21 (? = מעשיה Ezr. 10. 21) (Luc. Μaασιας).

Μανθαναείν. מַתָּנָה

Nu. 21. 18 (B F[1]) (*Lugd.* Manthapae), 19 (A B F[1 mg]).

Μανθανέν. מַתָּנָה

Luc. Μανθαναειν.
Nu. 21. 18 (F*), 19 (F[mg]).

Μανθανίας. aliter in Heb.

Luc. Ματθανιας.
I Ch. 9. 15 (B) (מתניה): 25. 4 (B) (מתניהו), 16 (B) (מתניהו) (*Lucc.* Matthanias): II Ch. 17. 8 (B) (נתניהו) (Luc. Ναθανιας): 20. 14 (B) (מתניה) (Luc. Μαθθανιας).

Μανθανίν. מַתָּנָה

Nu. 21. 18 (A) (Luc. Μανθαναειν).

Μανθεί. aliter in Heb.

I Ch. 25. 4 (B) (מל[ות]) (Luc. Μαλληθι).

Μανί, *vid.* **Μανεί.**

Μάνιος. in libr. apocr.

II Ma. 11. 34 (? = Μάνλιος).

Μαννασσή.

Luc. Μανασση.

(1) מְנַשֶּׁה

Ge. 41. 51 (A): 46. 20 (A): 48. 1 (A), 5 (A), 13 (A), 17 (A), 20 (A) *bis*: 50. 23 (A): Nu. 1. 10 (A), 32 (34) (A), 33 (35) (A): 2. 20 (A) *bis*: 7. 54 (A): 10. 23 (A): 13. 12 (11) (A): 26. 32 (28) (A), 33 (29) (A), 38 (34) (A): 27. 1 (A): 32. 33 (A), 39 (A), 40 (A), 41 (A): 34. 14 (A), 23 (A): 36. 12 (A): De. 3. 13 (A), 14 (A): 33. 17 (A): 34. 2 (A): Jo. 13. 7 (A): 17. 1 (A): 18. 7 (A[a?] sup ras): Jd. 6. 15 (A), 35 (A): 7. 23 (A): 11. 29 (A) (Luc. *om.*): 12. 4 (A): I Ch. 6. 71 (56) (A[a]): Is. 9. 21 (20) (A) *bis*: Je. 15. 4 (A): Ez. 48. 4 (A).

(2) מְנַשֶּׁה

Jd. 18. 30 (A).

(3) מְנַשִּׁי

De. 4. 43 (A): 29. 8 (7) (A).

(4) abest in Heb.

Ge. 46. 20 (A) *bis*: Nu. 34. 13 (A).

Μαννάχαθ. מָנַחַת

Ge. 36. 23 (A) (Luc. Μαναχαθ) (*Wirc.* Manachas: *Lucc.* Manachachal).

Μανοχώ. abest in Heb.

Jo. 15. 59 a.

Μανῶε. מָנוֹחַ

Joseph. Μανώχης.
Jd. 13. 2, 8, 9 *bis*, 11, 12, 13, 15, 16 *bis*, 17, 19 *bis*, 20, 21 *bis*, 22: 16. 31.

[Th. Jd. 13. 8.]

Μανωεμείν. aliter in Heb.

II Es. 2. 50 (B) (מעונים) (Luc. Μοωνειμ).

Μανώζ. מָעוֹז

[Th. Jd. 6. 26.]

Μαουδά. מְחִידָא

II Es. 2. 52 (Luc. Μεειδα).

Μαουέκ. מָעוֹז

Jd. 6. 26 (B) (Luc. Μαωζ).

Μαουιά. מְחִיָּיאֵל

Samar. [Samaritan script]: Luc. Μαιηλ.
Ge. 4. 18 (*D*), 18 (D).

Μαουιήλ. מְחִיָּיאֵל

Samar. [Samaritan script]: Luc. Μαιηλ.
Ge. 4. 18 (E) *bis*.

Μαούλ. מָחוֹל

III Ki. 4. 27 (5. 11) (A) (Luc. Μααλα).

Μαρααγάβε. מַעֲרֵה־גָבַע

Jd. 20. 33 (B) (Luc. δυσμῶν τῆς Γαβαα).

Μαραγελδά. מַרְעֲלָה

Jo. 19. 11 (B) (Luc. Μαραλα).

Μαραθχαῖος. מָרְדֳּכַי

II Es. 2. 2 (B) (Luc. Μαρδοχαῖος).

Μαραθών. aliter in Heb.

I Ch. 27. 30 (A) (מרנתי) (Luc. Μεραθων).

Μαραιά, *vid.* **Μαρεά.**

Μαραίθ. מַטְרֵד

Ge. 36. 39 (E) (Luc. Ματρεθ).

Μαραιώθ. מְרָיוֹת

Luc. Μαρεωθ.
I Ch. 6. 6 (5. 32) (A), 7 (5. 33) (A): II Es. 7. 3 (A) (Luc. Μαριωθ).

Μαραρεί. (1) מְרָרִי

Luc. Μεραρι.
I Ch. 6. 1 (5. 27) (B*), 16 (1) (B*), 19 (4) (B*), 29 (14) (B[a] [superscr]): 23. 6 (B) (Luc. Μεραρει).

(2) in libr. apocr.

Ju. 16. 6 (8) (S).

Μαργανασάρ (B), **Μαργαννασάρ** (S).

aliter in Heb.

Je. 46 (39). 3 (נרגל שראצר) (Joseph. Ῥεγέλσαρος) (*Wirc.* Acharnasar).

Μαρδοχαικός. in libr. apocr.

II Ma. 15. 36 (37).

Μαρδοχαῖος (-χεος). (1) מָרְדֳּכַי

II Es. 2. 2 (A): 17 (Ne. 7). 7 (A): Es. 2. 5, 7 (S[c a mg]) (Luc. *om.*), 10, 11, 15 (A B S[c.a mg]), 19, 20, 21, 22: 3. 2, 3, 4, 5 (A B S[c.a mg (vid)]): 4. 1, 4, 5, 7, 10, 12, 13, 15, 17: 5. 9, 9 (S[c.a mg]) (Luc. *om.*), 13, 14: 6. 2 (Luc. *om.*), 3, 4, 10, 11 (B S), 12, 13: 7. 9, 10: 8. 1, 2 *bis*, 9 (S[c.a mg]) (Luc. *om.*), 15: 9. 3, 3 (4) (S[c.a mg]) (Luc. *om.*), 20, 23, 29, 30 (31): 10. 3.

(2) abest in Heb.

Es. 2. 23: 3. 3, 4, 7: 6. 4: 9. 25.

(3) in libr. apocr.

I Es. 5. 8 (= מרדכי Ezr. 2. 2: Ne. 7. 7): Es. A 1 (11. 2), 11 (11. 12), 12 (12. 1), 15 (12. 4), 16 (12. 5), 16 (12. 5) (A S[c.a]), 17 (12. 6): C 1 (13. 8) (S[c.a]) (Luc. *om.*): E (16.) 13: F 1 (10. 4).

Μαρδόχαος. in libr. apocr.

Es. C 1 (13. 8) (A) (Luc. *om.*).

Μαρδόχεος, *vid.* **Μαρδοχαῖος.**

Μαρδοχοικός. in libr. apocr.

II Ma. 15. 36 (37) (V).

Μαρεά (-αιά). מְרָיָה

II Es. 22 (Ne. 12). 12 (B S) (Luc. Ἀμαριας).

Μαρεδώθ. aliter in Heb.

Jo. 12. 21 (B) (מגדו) (Luc. Μαγεδδω).

Μαρέθ. aliter in Heb.

I Ch. 4. 17 (B) (ישבח sed מרד ad init. v.) (Luc. Ναρε).

Μαρεί (-ρί). aliter in Heb.

I Ch. 3. 22 (B) (בריח) (Luc. Βερια): II Es. 10. 34 (B S) (עמרם) (Luc. Αμβραμ).

Μαρειά, *vid.* **Μαριά.**

Μαρειβάαλ. מְרִי־בַעַל, מְרִיב בַּעַל

Luc. Μεμφιβααλ.
I Ch. 9. 40 (B), 40 (B S).

Μαρειβάλ. מְרִיב בַּעַל

I Ch. 9. 40 (S) (Luc. Μεμφιβααλ).

Μαρειήλ. aliter in Heb.

Luc. Μαρεωθ.
I Ch. 6. 6 (5. 32) (B) (מריות) (Joseph. Μαραίωθος), 7 (5. 33) (B) (מריות), 52 (37) (B) (מריות) (Luc. Μαραιωθ).

Μαρεισά (-ρισ.), **Μαρείσα** (-ης). (1) מָרֵשָׁה
I Ch. 2. 42 : II Ch. 14. 10 (9) (B) : 20. 37 (*Lu.* Marea).
(2) aliter in Heb.
I Ch. 2. 42 (B) (מישע) (Luc. Μουσα).
(3) in libr. apocr.
II Ma. 12. 35.

Μαρεισάν (-ρισ.). מָרֵשָׁה
II Ch. 11. 8 (Luc. Μαρισα).

Μαρεμώθ. מְרֵמוֹת
II Es. 10. 36 (A) (Luc. Μαριμωθ).

Μαρερώθ. (1) aliter in Heb.
II Es. 7. 3 (B) (מריות) (Luc. Μαριωθ).
(2) in libr. apocr.
I Es. 8. 2 (A) (=מריות Ezr. 7. 3) (Luc. Μαραιωθ).

Μαρεσά. מָרֵשָׁה
[Sm. Mi. 1. 15.]

Μαρησά. (1) מָרֵאשָׁה
Jo. 15. 44 (A) (Luc. Βαρσηα).
(2) מָרֵשָׁה
Luc. Μαρισα : Joseph. Μάρισα, Μάρησα.
I Ch. 4. 21 (A) : II Ch. 14. 9 (8) (A), 10 (9) (A).

Μαρί, *vid.* **Μαρεί.**

Μαριά (-ειά). (1) [אֲ]מַרְיָה
II Es. 10. 42 (B S) (Luc. Ἀμαρίας) : 22 (Ne. 12). 2 (B S*) (Luc. Ἀζαρίας).
(2) מְרָיָה
II Es. 22 (Ne. 12). 12 (A) (Luc. Ἀμαρίας).
(3) מִרְיָם
Nu. 12. 1 (F*) (Luc. Μαριαμ).

Μαριάμ. (1) מִרְיָם
Joseph. Μαριάμη, Μαριάμμη.
Ex. 15. 20, 21 : Nu. 12. 1 (A B F$^{1\,vid}$) (*Mon., Lugd.* Maria), 4, 5, 10 *bis*, 15 *bis* : 20. 1 : 26. 59 : De. 24. 9 : I Ch. 6. 3 (5. 29) : Mi. 6. 4.
(2) abest in Heb.
Ex. 6. 20.

Μαρίας. aliter in Heb.
II Ch. 31. 15 (אמריהו) (Luc. Ἀμαρίας).

Μαριλά. מַרְעֲלָה
Jo. 19. 11 (A) (Luc. Μαραλα).

Μαριμώθ. (1) מְרֵמוֹת
II Es. 8. 33 (A^{vid}).
(2) מְרֵמֹת
II Es. 22 (Ne. 12). 3 (S$^{c.a\,(mg)}$) (Luc. Μαρειμωθ).
(3) aliter in Heb.
Ez. 47. 19 (מריבות) : 48. 28 (Q Γ) (מריבת).

Μαρισά, *vid.* **Μαρεισά.**

Μαρισάν, *vid.* **Μαρεισάν.**

Μαρισάς. aliter in Heb.
I Ch. 2. 42 (A) (מישע) (Luc. Μουσα).

Μαρισήλ. aliter in Heb.
II Ch. 14. 9 (8) (B) (מרשה) (Luc. Μαρισα).

Μαριώθ. מְרָיוֹת
I Ch. 9. 11 (A) (Luc. Μεραιωθ) : II Es. 21 (Ne. 11). 11 : 22 (Ne. 12). 15 (S$^{c.a\,mg\,inf}$) (Luc. Μαριμωθ).

Μαρμά. מִרְמָה
I Ch. 8. 10 (A) (Luc. Μαρμια).

Μαρμαθί. in libr. apocr.
I Es. 8. 61 (63) (A) (= מרמות Ezr. 8. 33) (Luc. Μαριμωθ).

Μαρμασίμ (S), **Μαρμασιμά** (B), **Μαρμασιμνά** (A). aliter in Heb.
Es. 9. 9 (פרמשתא) (Luc. Μαρμασιμα).

Μαρμηνά. aliter in Heb.
I Ch. 2. 49 (B) (מדמנה) (Luc. Μεδμηνα).

Μαρμώθ. aliter in Heb.
I Ch. 9. 11 (B) (מריות) (Luc. Μεραιωθ).

Μαρμωθί. in libr. apocr.
I Es. 8. 61 (63) (B) (= מרמות Ezr. 8. 33) (Luc. Μαριμωθ).

Μαρρών.
Syr. ܡܪܘܢ.
(1) מָדוֹן
Jo. 11. 1 (B F [Μαρρω.']) (Luc. Μαδων).
(2) מֵרוֹם
Luc. Μερρωμ.
Jo. 11. 5 (B), 7 (A B).

Μαρωδάχ. (1) מְרֹאדַךְ
Is. 39. 1 (A B Q Γ).
(2) מְרֹדָךְ
[Sm. Je. 50 (27). 2.]

Μαρωδαχβαλδάν. בְּרֹאדַךְ בַּלְאֲדָן
IV Ki. 20. 12 (B) (Luc. Μαρωδαχ Βαλαδαν).

Μαρώθ. מַעֲרָת
Jo. 15. 59 (A) (Luc. Μααρωθ).

Μαρών. מְרוֹן ,מְרֹאוֹן* [ק"]
Jo. 12. 20 (A) (Luc. [Σ]αμαρων).

Μασά. מוֹצָא
Luc. Μωσα.
I Ch. 9. 42 (A S), 43 (A S).

Μασαάλ. מִשְׁאָל
Jo. 21. 30 (A) (Luc. Μισαλα).

Μασαήλ. aliter in Heb.
II Es. 10. 21 (B S) (מעשיה) (Luc. Μαασίας).

Μασαί. מַעֲשַׂי
I Ch. 9. 12 (A) (Luc. Μαασει).

Μασαίας (-σέας). (1) מַחְסֵיָה
Je. 39 (32). 12 (S).
(2) מַעֲשֵׂיָה
Je. 21. 1 (S) : 36 (29). 25 (S) : 44 (37). 3 (A) (*Wirc.* Massaeus).
(3) מַעֲשֵׂיָהוּ
I Ch. 15. 20 (S) (Luc. Μαασίας) : Je. 42 (35). 4 (A S*).
(4) aliter in Heb.
II Ch. 17. 16 (B) (עמסיה) (Luc. Ἀμασίας) : Je. 33 (26). 20 (S) (שמעיהו) : 49 (42). 1 (A) (הושעיה) : 50 (43). 2 (A S*) (הושעיה).

Μασαιίας. aliter in Heb.
II Ch. 17. 16 (A) (עמסיה) (Luc. Ἀμασίας).

Μασάλ. מָשָׁל
I Ch. 6. 74 (59) (A^a) (Luc. Μασιλ).

Μασαλαμί. מְשֶׁלֶמְיָה
I Ch. 9. 21 (B) (Luc. Μεσολλαμια).

Μασαλαμίθ. מְשִׁלֵּמוֹת
II Es. 21 (Ne. 11). 13 (S$^{c.a\,mg\,inf}$) (Luc. Μασαλλιμωθ).

Μασαλλάμ. מְשֻׁלָּם
I Ch. 9. 8 (A) (Luc. Μοσολλαμ).

Μασάψ. מִשְׁאָל
Jo. 19. 26 (A) (Luc. Μασαλ).

Μασβάκ (B), **Μασβάχ** (A). aliter in Heb.
II Ki. 8. 8 (מבטח [מ praepos]) (Luc. Ματεβακ).

Μασεαλήμ. מְשֻׁלָּם
I Ch. 9. 8 (B) (Luc. Μοσολλαμ).

Μασέας, *vid.* **Μασαίας.**

Μασεζεβηά (S), **Μασεζειήλ** (A [ζει sup ras]). aliter in Heb.
II Es. 13 (Ne. 3). 4 (משיזבאל) (Luc. Μασσιζαβελ).

Μασεθμάθ. בָּשְׂמַת
Ge. 36. 4 (E) (Samar. ࠁࠔࠌࠕ) (Luc. Βασεμαθ).

Μασεθμάν. בָּשְׂמַת
Ge. 36. 3 (E) (Samar. ࠁࠔࠌࠕ) (Luc. Βασεμαθ).

Μασείας. מַעֲשֵׂיָה
II Es. 10. 21 (A) (Luc. Μαασίας).

Μάσεκ. מֶשֶׁק
Ge. 15. 2 (Samar. משק).

Μασέκκα (-ας). (1) מַשְׂרֵקָה
Ge. 36. 36 : I Ch. 1. 47 (A) (Luc. Μασερικα).
(2) abest in Heb.
I Ch. 1. 51 (*cf.* *v.* 47 [A]) (Luc. *om.*).

Μασελλαμιά. מְשֶׁלֶמְיָהוּ
I Ch. 26. 2 (A) (Luc. Σελεμίας).

Μασελμώθ. מְשִׁלֵּמִית
I Ch. 9. 12 (B) (Luc. Μασελιμωθ).

Μασεμάθ. בָּשְׂמַת
III Ki. 4. 15 (A) (Luc. Βασεμαθ).

Μασεμαννή. מִשְׁמַנָּה
I Ch. 12. 10 (S) (Luc. Μασαμαννη).

Μασεμμάθ. בָּשְׂמַת
Luc. Βασεμαθ.
Ge. 26. 34 (A E) (Luc. Μασεθαμ) (*Lugd.* Bassemat) : 36. 3 (*D*) (Samar. ࠁࠔࠌࠕ), 4 (D) (Samar. ࠁࠔࠌࠕ), 13 (A) (Samar. ࠁࠔࠌࠕ), 17 (A E) (Samar. ࠁࠔࠌࠕ).

Μασεμμανή. מִשְׁמַנָּה
I Ch. 12. 10 (B) (Luc. Μασαμαννη).

Μασερέθ. מְצָדוֹת
I Ki. 23. 14 (A) (Luc. Μεσσεραμ).

Μασερεθμεμφωνμάιμ. מִשְׂרְפֹת מַיִם
Jo. 13. 6 (B) (Luc. Μασερεφωθ Μαειμ).

Μασερέμ. aliter in Heb.
I Ki. 23. 14 (B) (מצדות) (Luc. Μεσσεραμ).

Μασερεφωθμάιμ. מִשְׂרְפֹת מַיִם
Jo. 13. 6 (A) (Luc. Μασερεφωθ Μαειμ).

Μασερών. מִשְׂרְפוֹת
Jo. 11. 8 (B) (Luc. Μασρεφωθ).

Μασευμάν. מִצְפָּה
Jo. 11. 3 (B) (Luc. Μασσηφα).

Μασή (S), **Μασηά** (B). מַעֲשֵׂיָה
II Es. 10. 30 (Luc. Μαασια).

Μασηκαφάτ. מִצְפָּה
Jo. 11. 8 (F) (Luc. Μασ[σ]ηφα).

Μασηφά.
Luc. Μασσηφα.
(1) מִצְפָּה
I Ki. 7. 12 (A), 16 (A) : 10. 17 (A) : Je. 47 (40). 10 (S Q).
(2) מִצְפָּה
I Ki. 22. 3 (A).

Μασηφάθ. מִצְפָּה

Je. 47 (40). 8 (Q).

Μασηφάτ. מִצְפָּה

I Ki. 7. 6 (A) (Luc. Μασσηφα) *bis.*

Μασηφατί. מִצְפָּתָה

I Ki. 7. 5 (A[vid]) (Luc. Μασσηφα).

Μασί. aliter in Heb.

II Ch. 29. 12 (עמשי) (Luc. Αμεσσι).

Μασίας. (1) מַעֲשֵׂיָהוּ

Luc. Μaασίας.
II Ch. 23. 1 (A): 28. 7 (A).

(2) in libr. apocr.

I Es. 5. 34 (A) (abest in Ezr. 2. 57: Ne. 7. 59) (Luc. *om.*).

Μασμά. מִשְׁמָע

Ge. 25. 14 (A) (Luc. Μασμαν) (Joseph. Μασμασος): I Ch. 1. 30 (A B[ab]) (Luc. Μασεμα): 4. 25.

Μασμάν. (1) מִשְׁמַנָּה

I Ch. 12. 10 (A [ā]) (Luc. Μασαμαννη).

(2) מִשְׁמָע

Ge. 25. 14 (*D* E).

Μασογά, *v.* **Μασογάβ.** מִשְׂגָּב

[**Aq., Th.** Je. 48 (31). 1.]

Μασρεφωθμαείμ (A), **Μασρεφωθμαίθ** (F[vid]). מִשְׂרְפוֹת מַיִם

Jo. 11. 8 (Luc. Μασρεφωθ Μαιν).

Μασουρούθ. מֹסֵרוֹת

Luc. Μασουρωθ.
Nu. 33. 30 (A), 31 (A).

Μασσά. (1) מוֹצָא

Luc. Μωσα.
I Ch. 9. 42 (B), 43 (B).

(2) aliter in Heb.

I Ch. 1. 29 (B) (מבשם) (Luc. Μαβσαμ).

Μασσαίας. (1) מַחְסֵיָה

Je. 39 (32). 12 (A).

(2) מַעֲשֵׂיָה

Je. 21. 1 (A): 36 (29). 25 (A).

(3) מַעֲשֵׂיָהוּ

Luc. Μaασίας.
I Ch. 15. 20 (B): II Ch. 23. 1 (B): 26. 11 (A) (Luc. Μaασσίας).

Μασσαλαμείθ. מְשֻׁלֶּמֶת

IV Ki. 21. 19 (A) (Luc. Μεσολλαμ).

Μασσάμ (A), **Μασσάν** (*D*). מִבְשָׂם

Ge. 25. 13 (A) (Luc. Μασσαν) (Joseph. Μάσσαμος).

Μασσεμάθ. בָּשְׂמַת

Ge. 36. 13 (*D* E) (Samar. [Samaritan]) (Luc. Βασεμαθ).

Μασσή. מַשָּׂא

Ge. 25. 14 (A E) (Joseph. Μάσμησος): I Ch. 1. 30 (A) (Luc. Μασσα).

Μασσηέ. מֵשָׁא

Ge. 10. 30 (A) (Luc. Μασση).

Μασσημά. מִצְפָּה

Jo. 18. 26 (B) (Luc. Μασσηφα).

Μασσηφά. (1) מִצְפָּה

Jo. 11. 3 (F): Jd. 10. 17 (A): 11. 11, 34: 20. 1, 3 (Luc. *om.*): 21. 1, 5, 8: I Ki. 10. 17 (B) (Joseph. Μασφά, Μασφαθά) (*Vind.* Massephat): IV Ki. 25. 23 (A), 25 (A): Je. 47 (40). 6 (A B S), 8 (A B S) (Joseph. Μασφαθά), 10 (A B), 12, 13, 15: 48 (41). 1 (A B S), 3, 10, 14 (Q[mg]).

[**Aq.** Jd. 10. 17: Je. 41 (48). 10.]
[**Th.** Je. 41 (48). 16 (Sw.): Jd. 10. 17.]

(2) מִצְפֶּה

Jo. 11. 8 (A) (Luc. Μασ[σ]ηφα): 13. 26 (B) (Luc. Μασφα): I Ki. 22. 3 (B).

(3) aliter in Heb.

[**Th.** Ge. 36. 36 (משרקה).]

(4) abest in Heb.

Jd. 21. 2 (A).

(5) in libr. apocr.

I Ma. 3. 46 *bis.*

Μασσηφάθ. מִצְפָּה

Luc. Μασσηφα.
Jo. 11. 3 (A) (Joseph. Μασφάθη): I Ki. 7. 5 (B [θ sup ras B[? vid]]) (Joseph. Μασφάτη), 6 (B) (*Lucc.* Masefat) *bis*, 7, 11 (B), 12 (B), 16 (B): IV Ki. 25. 23 (B) (Joseph. Μοσφοθâ), 25 (B) (Joseph. Μασωφθâ): Je. 47 (40). 6 (Q): 48 (41). 1 (Q[mg]) *bis.*

Μασσηφάς. מַשְׂרֵקָה

[**Th.** Ge. 36. 36.]

Μασσίας. (1) מַעֲשֵׂיָה

[**Th.** Je. 29 (36). 21 (Sw.).]

(2) in libr. apocr.

I Es. 9. 22 (A) (=מעשיה Ezr. 10. 22) (Luc. Μaασσίας).

Μασσουρούθ. מֹסֵרוֹת

Nu. 33. 31 (B F[1 mgg dextr et inf]) (Luc. Μασουρωθ).

Μασσουρώθ. מֹסֵרוֹת

Nu. 33. 30 (B F[1 mgg dextr. et inf]) (*Mon.* Masurut) (Luc. Μασουρωθ).

Μασσώχ. מִצְפֶּה

Jo. 11. 8 (B) (Luc. Μασ[σ]ηφα).

Μαστρεφώθ. מִשְׂרְפוֹת מַיִם

[**Aq., Sm.** Jo. 11. 8.]

Μασφά. (1) מִצְפָּה

II Ch. 16. 6 (Luc. Μασφα) (Joseph. Μασταφάς).
[**Sm.** Jd. 10. 17.]

(2) מִצְפֶּה

Jo. 13. 26 (A): 15. 38 (A B*) (Luc. Μασηφα): 18. 26 (A) (Luc. Μασσηφα).

(3) abest in Heb.

Jo. 21. 37 (A) (Luc. Μαφα).

Μασφανώθ. aliter in Heb.

[**Aq., Sm.** Je. 40 (47). 6 (מצפתה).]

Μασφάρ. מִסְפָּר

II Es. 2. 2 (A): 17 (Ne. 7). 7 (Luc. Μαιφαρ).

Μασφάραδ. aliter in Heb.

II Es. 17 (Ne. 7). 7 (S) (מספרת) (Luc. Μασφαρ).

Μασφασσάτ. מִבְצָר

Jo. 19. 29 (B) (Luc. ὀχυρώματος).

Μασφέ. מִצְפָּה

II Es. 13 (Ne. 3). 19 (A B) (Luc. Μασφα).

Μασφέραν. aliter in Heb.

II Es. 17 (Ne. 7). 7 (B) (מספרת) (Luc. Μασφαρ).

Μασχάθ. בָּצְקַת

Jo. 15. 39 (A) (Luc. Βασεχαθ).

Ματαήλ. aliter in Heb.

II Es. 21 (Ne. 11). 7 (S) (מעשיה) (Luc. Μaασίας).

Ματάν. in libr. apocr.

I Es. 9. 27 (B) (= מתניה Ezr. 10. 26) (Luc. Μαθθανίας).

Ματεβέθ. aliter in Heb.

I Ch. 18. 8 (A) ([מ]טבחת) (Luc. ταβααθ).

Ματεκκά. מִתְקָה

Samar. [Samaritan]: Luc. Ματτεκα: *Mon.* Mateccat: *Lugd.* Matecca.
Nu. 33. 28 (B), 29 (B).

Ματθαθίας. מַתִּתְיָה

II Es. 18 (Ne. 8). 4 (S*) (Luc. Μαθθίας).

Ματθάν. (1) מַתָּן

II Ch. 23. 17.

(2) מַתַּנְ[יָה]

IV Ki. 24. 17 (B[ab] [τ superscr]) (Luc. Ματθανίας).

Ματθανίας. (1) מַתַּנְיָה

I Ch. 9. 15 (A): II Ch. 20. 14 (A) (Luc. Μαθθανίας).

(2) מַתַּנְיָהוּ

I Ch. 25. 4 (A), 16 (A): II Ch. 29. 13 (A B[ab]).

(3) in libr. apocr.

I Es. 9. 27 (A) (= מתניה Ezr. 10. 26) (Luc. Μαθθανίας), 31 (A) (= מתניה Ezr. 10. 30) (Luc. Ματθανια).

Ματθίας. מַתִּתְיָהוּ

I Ch. 25. 21 (A).

Ματράδ. מַטְרֵד

I Ch. 1. 50 (A) (Luc. Ματρηθ).

Ματραείθ (-αίθ). מַטְרֵד

Ge. 36. 39 (Μα sup ras A[1?]) (Luc. Ματρεθ) (*Lucc.* Matrab).

Ματταθείας, *vid.* **Ματταθίας.**

Ματταθιά. מַתִּתְיָהוּ

I Ch. 15. 18 (S) (Luc. Ματταθίας).

Ματταθίας (-θείας) (-ου, -ᾳ). (1) מַתִּתְיָה

Luc. Ματθαθίας.
I Ch. 9. 31 (A B* S): 16. 5: II Es. 18 (Ne. 8). 4 (A B S[a? c.a? (vid)]) (Luc. Μαθθίας).

(2) מַתִּתְיָהוּ

I Ch. 15. 18 (A), 21 (A): 25. 3 (Luc. Μαθθαθίας) 21 (B) (Luc. Ματθίας) (*Lucc.* Matthatias).

(3) in libr. apocr.

I Es. 9. 33 (=מתתה Ezr. 10. 33) (Luc. Ματθίας), 43 (=מתתיה Ne. 8. 4): I Ma. 2. 1, 14, 16, 17, 19, 24, 27, 39, 45, 49: 11. 70 (Joseph. Ματθίας): 14. 29: 16. 14: II Ma. 14. 19.

Ματταρεί.

Luc. Αματταρι.

(1) מַטְרִי

I Ki. 10. 21 (Joseph. Ματρίς) (*Vind.* Mattharin).

(2) abest in Heb.

I Ki. 10. 21 (B) (*Vind.* Matharin).

Ματταρείτ. מַטְרִי

I Ki. 10. 21 (A) (Luc. Αματταρι).

Ματτθίας. מַתִּתְיָה

I Ch. 9. 31 (B[b vid]) (Luc. Ματθαθίας).

Μαῦροι. adnot. scr.

Ez. 38. 5 (Q[mg inf]).

Μαφά. (1) abest in Heb.

Jo. 21. 37 (B).

(2) in libr. apocr.

I Ma. 5. 35 (S).

Μαφεθάδ (S), **Μαφεκάδ** (A B). מִפְקָד

II Es. 13 (Ne. 3). 31 (Luc. ἐπισκέψεως).

Μαφετά. נֶפֶת

Jo. 17. 11 (B) (Luc. Νοφεθ).

Μαφθώ. נֶפְתּוֹחַ
Jo. 15. 9 (B) (Luc. Ναφ[θ]ω).
Μαχά. (1) מִיכָא
II Es. 21 (Ne. 11). 17 (B S) (Luc. Μιχα).
(2) מַעֲכָה
Luc. Μααχα.
I Ch. 11. 43 (A): 19. 6 (A): 27. 16 (B) (Luc. Μαχατι).
Μαχαβαναί. מַכְבַּנַּי
I Ch. 12. 13 (A) (Luc. Μαχαβανει).
Μαχαβηνά. מַכְבֵּנָא
I Ch. 2. 49 (B) (Luc. Μαχβανα).
Μαχάδ. abest in Heb.
II Ki. 13. 37 (Luc. Χαλααμα) (*Vind.* Hacma).
Μαχαδναβού. aliter in Heb.
II Es. 10. 40 (B) (מכנדבי *v.* מבנדבי) (Luc. Ναδαβου).
Μαχαήλ. מִיכָאֵל
II Es. 8. 8 (A) (Luc. Μιχαηλ).
Μαχαθά. מַעֲכָתִי
I Ch. 4. 19 (A) (Luc. Μακαθι).
Μαχαθθεί. מַעֲכָתִי
IV Ki. 25. 23 (A) (Luc. Μαχαθίτης).
Μαχαθί.
Luc. Μαχαθει.
(1) מַעֲכַת
Jo. 13. 13 (A).
(2) מַעֲכָתִי
Jo. 12. 5 (F): 13. 11 (A), 13 (A).
[Aq., Sm., Th. De. 3. 14.]
Μαχαθίτης. מַעֲכָתִי
[Aq. Je. 40 (47). 8.]
Μαχαίας. aliter in Heb.
Je. 28 (51). 59 (S*) (מחסיה).
Μαχαλίμ. מְכֻלָּלִים
[Th. Ez. 27. 24.]
Μαχαμάς. מִכְמָשׂ
II Es. 21 (Ne. 11). 31 (A B S*) (Luc. Μαγμας).
Μαχαμηνά. מַכְבֵּנָא
I Ch. 2. 49 (A) (Luc. Μαχβανα).
Μαχάν. aliter in Heb.
IV Ki. 11. 18 (A) (מתן) (Luc. Ματθαν).
Μαχαναθεί. aliter in Heb.
I Ch. 8. 6 (B) (מנחת) (Luc. Μανουαθ).
Μαχανάμ. aliter in Heb.
I Ch. 1. 40 (B) (מנחת) (Luc. Μανααθ).
Μαχανάρεθ. [מִ]כִּנֶּרֶת
De. 3. 17 (B; εθ sup ras B[1]) (Luc. ἀπὸ Χενερεθ) (*Lugd.* Malechanaret).
Μαχανιά. aliter in Heb.
II Es. 22 (Ne. 12). 8 (B S) (מתניה) (Luc. Μαθθανίας).
Μαχαρείμ. aliter in Heb.
Jo. 15. 31 (B) (מדמנה) (Luc. Μαραρειμ).
Μαχαταί. מַעֲכָתִי
II Ki. 23. 34 (A) (Luc. Μακαρθι).
Μαχατεί (-τί).
Luc. Μαχαθει.
(1) מַעֲכַת
Jo. 13. 13 (B).
(2) מַעֲכָתִי
Jo. 12. 5 (A): 13. 11 (B) (Syr. ܡܥܟܬ), 13 (B).

Μαχαχααχεί. aliter in Heb.
II Ki. 23. 34 (B) (מעכתי) (Luc. Μακαρθι).
Μαχεί. מַעֲכָתִי
Jo. 12. 5 (B) (Luc. Μαχαθει).
Μαχείρ (-χίρ). (1) מָחִיר
I Ch. 4. 11 (Luc. Μαειρ).
(2) מָכִי
Nu. 13. 16 (15) (F) (Samar. ࠌࠊࠉ) (Luc. Μαχι).
(3) מָכִיר
Ge. 50. 23: Nu. 26. 33 (29) *bis*: 27. 1: 32. 39, 40: 36. 1: De. 3. 15 (*Lugd.* Mathair): Jo. 13. 31, 31 (B): 17. 1: Jd. 5. 14: II Ki. 9. 4, 5: 17. 27 (Joseph. Μάχειρος): I Ch. 2. 21, 23: 7. 14, 15, 16, 17.
(4) מִכְרִי
I Ch. 9. 8 (B) (Luc. Μαχειρι).
(5) abest in Heb.
Ge. 46. 20 *bis*.
Μαχειρί. מָכִירִי
Nu. 26. 33 (29).
Μαχεμάς.
Luc. Μαχμας.
(1) מִכְמָס
II Es. 17 (Ne. 7). 31 (A B S*).
(2) מִכְמָשׂ
Joseph. Μαχμά.
I Ki. 13. 2 (B), 5 (B), 11 (B), 16 (B), 23 (B): 14. 31 (B).
(3) aliter in Heb.
III Ki. 4. 9 (B) (מקץ) (Luc. Μαγχας).
(4) abest in Heb.
I Ki. 13. 22 (B).
Μαχενέρεθ. [מִ]כִּנֶּרֶת
De. 3. 17 (A F) (Luc. ἀπὸ Χενερεθ).
Μαχές. לַחְמָס
Jo. 15. 40 (B) (Luc. Λαμμας).
Μαχής. לָכִישׁ
Jo. 15. 39 (B*) (*cf.* v. 40) (Luc. Λαχεις).
Μαχθώθ. מִכְמְתָה
Jo. 16. 6 (A) (Luc. Αχθωθ): 17. 7 (A).
Μαχί. מָכִי
Nu. 13. 16 (15) (A) (Samar. ࠌࠊࠉ).
Μαχίρ, *vid.* Μαχείρ.
Μαχμά. aliter in Heb.
Is. 10. 29 (28) (S*) (מכמש).
Μαχμαίς. in libr. apocr.
I Ma. 9. 73 (V[a]).
Μαχμάς. (1) מִכְמָס
II Es. 2. 27 (B) (Luc. Μακμας): 17 (Ne. 7). 31 (S[c.a]).
(2) מִכְמָשׂ
I Ki. 14. 5 (B), 31 (A) (*Vind.* Machmas): II Es. 21 (Ne. 11). 31 (S[c.a]) (Luc. Μαγμας): Is. 10. 29 (28) (A B S[c] Q).
[Th. I Ki. 13. 23.]
(3) aliter in Heb.
III Ki. 4. 9 (A) (מקץ) (Luc. Μαγχας): Ho. 9. 6 (מחמד).
(4) in libr. apocr.
I Ma. 9. 73 (A S V*).
Μαχνά. מַכְנָה
II Es. 21 (Ne. 11). 28 (S[c a mg inf]) (Luc. Μαμη).

Μαχναδααβού. מַכְנַדְבַי *v.* מַבְנַדְבַי
II Es. 10. 40 (A) (Luc. Ναδαβου).
Μαχώ. [מִ]יָּנוֹחָה
Jo. 16. 7 (B) (Luc. ἀπὸ Ιανωχα).
Μαχώς. aliter in Heb.
IV Ki. 23. 13 (A) (כמוש) (Luc. Χαμως).
Μάψαρ. מִבְצָר
II Ki. 24. 7 (Luc. Βοσόρραν).
Μαωείν. מַחֲוִים
I Ch. 11. 46 (A) (Luc. Μαωθι).
Μαωζείμ. מָעֻזִּים
[Th. Da. 11. 38.]
Μαώθ. aliter in Heb.
Je. 31 (48). 23 (S*) (מעון).
Μαών. (1) מָעוֹן
Jo. 15. 55 (A): I Ki. 23. 24 (A) (Luc. ἐπήκοος), 25 (A) *bis* (Luc. ἐπήκοος, *om.*): 25. 2 (A) (Luc. ἔρημος): I Ch. 2. 45 (A) *bis*.
[Th. I Ki. 2. 32.]
(2) מְעוֹן
Je. 31 (48). 23 (A B Q).
Μαώρ. מָעוֹן
Jo. 15. 55 (B) (Luc. Μαων).
Μαώχ. מָעוֹז
Jd. 6. 26 (A) (Luc. Μαωζ).
Μεαζώθ. מַחֲזִיאוֹת
I Ch. 25. 30 (B) (Luc. Μααζιωθ) (*Lucc.* Mazoth).
Μεαλωθί. מַלּוֹתִי
I Ch. 25. 4 (A) (Luc. Μαλληθι).
Μεαμίμ. מִיָּמִן
II Es. 10. 25 (A) (Luc. Μιαμειδέας).
Μεβαάλ. aliter in Heb.
I Ch. 11. 38 (B S) (מבחר) (Luc. Μαβααρ).
Μεγαλααρείμ. מִגְדַּל־אֵל חֳרֵם
Jo. 19. 38 (B) (Luc. Μαγδαλιηλ Ωραμ).
Μεγεδδώ. מְגִדּוֹ
Jd. 5. 19 (Luc. Μαγεδδω).
Μεδάν. abest in Heb.
III Ki. 9. 15 (A) (?= מלוא) (Luc. ἄκραν).
Μεδιήλ. aliter in Heb.
I Ch. 1. 54 (B) (מגדיאל) (Luc. Μαγδιηλ).
Μεεδδά. in libr. apocr.
I Es. 5. 32 (A) (= מחידא Ezr. 2. 52: Ne. 7. 54) (Luc. Μεειδα).
Μεειδά. מְחִידָא
II Es. 17 (Ne. 7). 54.
Μεεινώμ. מְעוּנִים
II Es. 17 (Ne. 7). 52 (A) (Luc. Μοωνειμ).
Μεελβώθ. aliter in Heb.
Jo. 13. 17 (B) (בעל מעון) (Luc. Βεελμωθ).
Μεεσσήλ. aliter in Heb.
II Es. 10. 18 (B) (מעשיה) (Luc. Μαασίας).
Μεζοό (*D*), Μεζοόβ (A E). מֵי זָהָב
Ge. 36. 39 (Luc. Μαιζοοβ).
Μεηρά. מַהֲרַי *v.* מְהָרִי
I Ch. 27. 13 (B) (Luc. Μααρι).
Μεταβεήλ. מְהֵיטַבְאֵל
II Es. 16 (Ne. 6). 10 (A) (Luc. Μετεβεηλ).

Μέθ. מַחַת

I Ch. 6. 35 (20) (B) (Luc. Αμιωθ).

Μεθαθεί. aliter in Heb.

I Ch. 25. 26 (B) (מלותי) (Luc. Μαλληθι) (*Lucc.* Misael).

Μεθθανίας. מַתַּנְיָה

IV Ki. 24. 17 (A) (Luc. Ματθανιας).

Μεθλά. מְתֹם

Jd. 20. 48 (B) (Luc. *om.*).

Μεθωρών. in libr. apocr.

I Ma. 3. 16 (A).

Μειάβ. מַצָּב

I Ki. 14. 15 (A) (Luc. τῇ ὑποστάσει).

Μειαμείν (Μιαμ.). מִיָּמִן

I Ch. 24. 9 (A): II Es. 20. 7 (Ne. 10. 8) (A).

Μειαμών. מִיָּמִן

II Es. 20. 7 (Ne. 10. 8) (S) (Luc. Μιαμειν).

Μειβδειά. aliter in Heb.

I Ch. 7. 3 (B) (עבדיה) (Luc. Αβδια).

Μείλητος (Μίλ.). aliter in Heb.

Ez. 27. 18 (צחר) (*Weingart.* Meletus).

Μειμίν. מִיָּמִין

II Es. 22 (Ne. 12). 5 (S^c.a mg) (Luc. Μιαμειν).

Μειναβειά. aliter in Heb.

I Ch. 11. 47 (B S) (מצביה) (Luc. Μασαβια).

Μειναῖος (Μιν.). (1) מְעוּנִי

I Ch. 4. 41 [״ק] (Luc. Κιναίους): II Ch. 26. 7.

(2) מְעִינִי

I Ch. 4. 41* (Luc. Κιναίους).

(3) aliter in Heb.

II Ch. 20. 1 (עמוני) (Luc. Αμμανειμ): 26. 8 (עמוני): Jb. 2. 11 (נעמתי): 11. 1 (נעמתי): 20. 1 (נעמתי) (A B S C [?]): 42. 9 (נעמתי).

(4) abest in Heb.

Jb. 42. 17 e.

Μειρών. aliter in Heb.

Jo. 18. 26 (B) (כפירה) (Luc. Κεφειρα).

Μεισαδαί (Μισ.). (1) מוֹסֵרָה

De. 10. 6 (Samar. [Samaritan script]) (Luc. Μισαδε) (Mon. Ιακειμ M. = Achimisade) (*Lugd.* Mansadae).

(2) מִישָׁאֵל

Le. 10. 4 (Luc. Μισαηλ) (*Lugd.* Miseat).

(3) עַמִּישַׁדַּי

Nu. 10. 25 (A) (Luc. Αμισαδε) (*Lugd.* Amisade).

[Al. Nu. 10. 25.]

Μεισαήλ (Μισ.). (1) מִישָׁאֵל

Spec. Misahel.

Ex. 6. 22 (F) (*Lucc.* Misael, Masiel): II Es. 18 (Ne. 8). 4: Da. LXX., TH. 1. 6 (Joseph. Μισάηλος), 7, 11, 19: 2. 17.

[Al. Le. 10. 4.]

(2) aliter in Heb.

Luc. Μιχαηλ.

I Ch. 27. 18 (B) (מיכאל): II Ch. 21. 2 (מיכאל).

(3) in libr. apocr.

I Es. 9. 44 (= מישאל Ne. 8. 4): Da. LXX. 3. 24, 88: Da. TH. 3. 88: I Ma. 2. 59: IV Ma. 16. 3, 21: 18. 12.

Μεισαίας. in libr. apocr.

I Es. 5. 34 (B) (abest in Ezr. 2. 57: Ne. 7. 59) (Luc. Αμεει?).

Μεισάχ (Μισ.). מֵישַׁךְ

Joseph. Μισάχης.

Da. LXX. 1. 7: 2. 49: 3. 12, 13, 14, 16 (*Wirc.* Misac), 19 (*Wirc.* Mis), 20, 93 (26), 95 (28), 96 (29), 97 (30): Da. TH. 1. 7 (B Q Γ [Μισα . .]): 2. 49 (B Q Γ): 3. 12 (B Q), 13 (B Q), 14 (B Q), 16 (B Q), 19 (B Q), 20 (B Q), 23 (B Q), 93 (26) (B Q) *bis*, 95 (28) (B Q), 96 (29) (B Q), 97 (30) (B Q).

[Aq. Da. 3. 23.]
[Sm. Da. 3. 97 (30) (Syr^mg).]
[Th. Da. 3. 22, 23, 97 (30).]

Μεισουλάμ. מְשֻׁלָּם

II Es. 21 (Ne. 11). 11 (B) (Luc. Μοσολλαμ).

Μεισώ, ἡ. abest in Heb.

Jo. 21. 36 (B) (Luc. Μισωρ).

Μεισώρ (Μισ.). (1) מִישֹׁר, מִישׁוֹר

De. 3. 10 (*Lugd.* Mysorum): Jo. 13. 9, 16, 17 (B), 21 (Luc. Μισουρ): Je. 31 (48). 21.

(2) abest in Heb.

Jo. 21. 36 (A).

Μειταβὴλ (Μιτ.). aliter in Heb.

II Es. 16 (Ne. 6). 10 (B S) (מהיטבאל) (Luc. Μετεβεηλ).

Μειφειθείμ. aliter in Heb.

I Ch. 2. 53 (B) (פותי) (Luc. Αφφουθι).

Μειχά (Μι.). (1) מִיכָא

II Ki. 9. 12 (Joseph. Μίχανος): I Ch. 9. 15: II Es. 20. 11 (Ne. 10. 12) (A S^c.a (mg)): 21 (Ne. 11). 17 (A), 22 (A B S ?).

(2) מִיכָה

Jd. 17. 8 (A), 9 (A), 10 (A), 12 (A) *bis*, 13 (A): 18. 2 (A), 3 (A), 4 (A), 13 (A), 15 (A), 18 (A) (Luc. *om.*), 22 (A) *bis*, 23 (A), 24 (A) (Luc. *om.*), 26 (A), 27 (A), 31 (A): I Ch. 5. 5 (A): 8. 34 (A), 35 (A): 9. 40, 41: 23. 20 (A) (Luc. Μιχας): 24. 24 *bis* (Luc. Μιχαιας 1°), 25 (Luc. *om.*).

(3) מִיכָיְהוּ

Jd. 17. 1 (A), 4 (A), 5 (A).

(4) abest in Heb.

Jd. 18. 22 (A), 30 (A).

(5) in libr. apocr.

Ju. 6. 15 (11) (B S).

Μειχαήλ (Μιχ.). מִיכָאֵל

Nu. 13. 14 (13) (*Lugd.* Misachel): I Ch. 5. 13 (Luc. Μαχαηλ), 14: 6. 40 (25): 7. 3: 8. 16: 12. 20: 27. 18 (A): II Es. 8. 8 (B): Da. LXX., TH. 10. 13, 21: 12. 1.

Μειχάηλος. in libr. apocr.

I Es. 8. 34 (37) (B) (= מיכאל Ezr. 8. 8) (Luc. Μιχαηλ).

Μειχαιά (Μιχ.). מִיכָיָה

II Es. 22 (Ne. 12). 35 (Luc. Μιχαίας).

Μειχαίας (Μιχ.) (-έας) (-αν, -α *vel* -ου, -ᾳ, -α [voc]). (1) מִיכָה

Luc. Μιχα.

Jd. 17. 8 (B), 9 (B), 10 (B), 12 (B) *bis*, 13 (B): 18. 2 (B), 3 (B), 4 (B), 13 (B), 15 (B), 18 (B) (Luc. *om.*), 22 (B) *bis*, 23 (B), 26 (B), 27 (B), 31 (B): II Ch. 18. 14 (Luc. Μιχαιας): 34. 20 (Luc. Μιχαιας): Mi. *tit.*: 1. 1: Je. 33 (26). 18 (״ק).

(2) מִיכָיָה

IV Ki. 22. 12 (*Lu.* Melchias): II Es. 22 (Ne. 12). 41 (S^c.a mg): Je. 33 (26). 18*.

(3) מִיכָיְהוּ

Joseph. Μαχαία.

Jd. 17. 1 (B) (Luc. Μιχα), 4 (B) (Luc. Μιχα), 5 (B) (Luc. Μιχα): III Ki. 22. 8, 9, 13, 14, 15, 24, 25, 26, 28: II Ch. 17. 7: 18. 7, 8, 12, 13, 23, 24, 25, 27: Je. 43 (36). 11, 13.

(4) abest in Heb.

Jd. 18. 22 (B) (Luc. Μιχα), 24 (B) (Luc. *om.*): III Ki. 22. 19: Mi. *subscr.*

Μειχᾶς. מִיכָה

I Ch. 23. 20 (B) (Luc. Μιχας).

Μεκεδώ. מְגִדּוֹ

III Ki. 4. 12 (B) (Luc. Μαγεδδω).

Μέλεφ. [מֵ]חֵלֶף

Jo. 19. 33 (A) (Luc. Μεελεφ).

Μελζώθ. aliter in Heb.

I Ch. 25. 4 (B) (מחזיאות) (Luc. Μααζιωθ).

Μελλειή. aliter in Heb.

I Ch. 7. 31 (B) (מלכיאל) (Luc. Μελχιηλ).

Μελληθί. מַלּוֹתִי

I Ch. 25. 26 (A) (Luc. Μαλληθι).

Μελλιήλ. מַלְכִּיאֵל

Nu. 26. 29 (45) (B*) (Luc. Μελχιηλ) (*Lugd.* Melchiel).

Μελλιηλεί. מַלְכִּיאֵלִי

Nu. 26. 29 (45) (B*) (Luc. Μελχιηλι).

Μελουσάμ (B), Μελουσαμά (S).

aliter in Heb.

II Es. 10. 29 (משלם) (Luc. Μοσολλαμ).

Μελχά, Μέλχα (-ας). מִלְכָּה

Ge. 11. 29 *bis*: 22. 20, 23: 24. 15, 24, 47: Nu. 26. 37 (33): 27. 1 (Luc. *om.*): 36. 11: Jo. 17. 3.

Μελχαβανναί (B), Μελχαβαννεά (S).

aliter in Heb.

I Ch. 12. 13 (מכבני) (Luc. Μαχαβανει).

Μελχάμ (A), Μελχάς (B). מַלְכָּם

I Ch. 8. 9 (Luc. Μελχομ).

Μελχειά (-χιά). (1) מַלְכִּיָּה

I Ch. 6. 40 (25): 24. 9 (Luc. Μελχιηλ) (*Lucc.* Michas): II Es. 10. 25 (Luc. Μελχίας), 31 (Luc. Μελχίας): 13 (Ne. 3). 11 (S) (Luc. Μελχίας), 14 (Luc. Μελχίας), 31 (Luc. Μελχίας): 20. 3 (Ne. 10. 4) (Luc. Μελχίας): 21 (Ne. 11). 12 (Luc. Μελχίας).

(2) aliter in Heb.

I Ch. 26. 14 (שכל) (Luc. Σαχαρ).

Μελχείας (-χίας). (1) מַלְכִּיָּה

I Ch. 9. 12 (A): II Es. 13 (Ne. 3). 11 (AB): 18 (Ne. 8). 4: 22 (Ne. 12). 42 (S^c.a mg).

[Aq., Th. Je. 38 (45). 1.]

(2) מַלְכִּיָּהוּ

Je. 45 (38). 6.

(3) in libr. apocr.

I Es. 9. 26 (= מלכיה Ezr. 10. 25), 32 (= מלכיה Ezr. 10. 31), 44 (= מלכיה Ne. 8. 4).

Μελχειήλ (-χιήλ). (1) מַלְכִּיאֵל

Joseph. Μελχίηλος.

Ge. 46. 17 (*Lugd.* Melchi): Nu. 26. 29 (45) (A B^ab F): I Ch. 7. 31 (A).

(2) in libr. apocr.

Ju. 6. 15 (11) (A B S^c.a).

Μελχειηλεί (-χιηλεί, -χιηλί). מַלְכִּיאֵלִי

Nu. 26. 29 (45) (A B^ab F).

Μελχειράμ (-χιρ.). מַלְכִּירָם

I Ch. 3. 18.

Μελχεισά. מַלְכִּישׁוּעַ

I Ki. 14. 49 (B) (Luc. Μελχισεδδι): 31. 2 (B) (Luc. Μελχισουε).

Μελχεισοῦε (-χισ.). מַלְכִּי־שׁוּעַ, מַלְכִּישׁוּעַ
I Ki. 14. 49 (A) (Luc. Μελχισεδδι) (Joseph. Μέλχισος) : I Ch. 8. 33 (A) : 9. 39 : 10. 2 (A B).

Μελχεσοῦε. מַלְכִּי־שׁוּעַ
I Ch. 8. 33 (B) (Luc. Μελχισουε).

Μελχήλ. aliter in Heb.
I Ch. 8. 35 (B) (מלך) (Luc. Μελχιηλ).

Μελχιά, *vid.* Μελχειά.

Μελχίας, *vid.* Μελχείας.

Μελχιήλ, *vid.* Μελχειήλ.

Μελχιηλεί (-λί), *vid.* Μελχειηλεί.

Μελχιράμ, *vid.* Μελχειράμ.

Μελχιροῦε. aliter in Heb.
I Ki. 31. 2 (A) (מלכי שוע) (Luc. Μελχισουε).

Μελχισέδεκ. (1) מַלְכִּי־צֶדֶק
Ge. 14. 18 : Ps. 109 (110). 4.
(2) aliter in Heb.
I Ch. 10. 2 (S) (מלכי־שוע) (Luc. Μελχισουε).

Μελχισοῦε, *vid.* Μελχεισοῦε.

Μελχό. מֹלֶךְ
III Ki. 11. 5 (7) (A) (Luc. Μελχομ).

Μελχόλ. (1) מִיכַל
Joseph. Μελχάλη, Μελχόλη, Μιχαάλ, Μιχάλη.
I Ki. 14. 49 : 18. 20, 27 : 19. 11, 12, 13, 17, 17 (B) : 25. 44 : II Ki. 3. 13, 14 : 6. 16, 20, 21, 23 : 21. 8 (A) (Luc. Μεροβ) : I Ch. 15. 29 (A B).
(2) aliter in Heb.
Je. 30. (49). 1 (A B S) (מלכם), 3 (B S) (מלכם).
(3) abest in Heb.
II Ki. 12. 30 (B) (מלכם seq) (Luc. *om.*).

Μελχόμ. מַלְכָּם
Je. 30 (49). 3 (A).
[Aq., Sm. Am. 1. 15.]

Μελχόρλ. מִיכַל
I Ch. 15. 29 (S) (Luc. Μελχολ).

Μελώ. מִלּוֹא
III Ki. 9. 15 (A) (Luc. ἄκρα), 24 (A) (Luc. *om.*).
[Aq. III Ki. 9. 15, 24.]

Μεμαγεδαώ. aliter in Heb.
III Ki. 4. 12 (A) (מגדו) (Luc. Μαγεδδω).

Μεμβρά. abest in Heb.
Jo. 15. 35 (B) (Luc. *om.*).

Μεμβραδεί. aliter in Heb.
III Ki. 4. 12 (A) (מעבר לי[קמעם]) (Luc. Μαεβερ εἰς Οὐκάμ).

Μέμμιος (V), **Μέμμος** (A). in libr. apocr.
II Ma. 11. 34.

Μεμφιβάαλ. מְפִיבֹשֶׁת
[Al. II Ki. 19. 24 (25).]

Μεμφιβόσθαι (-θε).
Joseph. Μεμφίβοσθος.
(1) אִישׁ בֹּשֶׁת, אִישׁ־בֹּשֶׁת
II Ki. 3. 14, 15 : 4. 5, 8 *bis*, 12 (*Vind.* Isboset).
(2) מְפִיבֹשֶׁת
Luc. Μεμφιβααλ : *Lucc.* Memfibos, Memfiboste.
II Ki. 4. 4 : 9. 6 *bis*, 10, 11, 12 *bis*, 13 : 16. 1, 4 : 19. 24 (25), 25 (26), 30 (31) : 21. 7, 8 (Luc. Μεμφιβοσθε) (Joseph. Ἰέβωσθος).
[Aq., Sm., Th. II Ki. 9. 6.]
(3) aliter in Heb.
II Ki. 4. 7 (pers. pr.).
(4) abest in Heb.
II Ki. 3. 7 (A* B), 8 (B), 11 : 4. 1, 2 : 9. 8 (Luc. *om.*) : 19. 26 (27) (Luc. Μεμφιβααλ).

Μέμφις (-ι [dat]). (1) מֹף
Ho. 9. 6.
(2) נֹא
Ez. 30. 15.
(3) נֹף
Is. 19. 13 : Je. 2. 16 : 26 (46). 14, 19 : 51 (44). 1 (S$^{c.a\ mg}$) : Ez. 30. 13, 16 (Q^{mg}).
[Sm. Ez. 30. 16.]
(4) abest in Heb.
Ez. 30. 13 (B).
(5) in libr. apocr.
Ju. 1. 10 (9^{b}) (A B S$^{c.a}$).
(6) adnot. scr.
Ez. 30. 21 (Q$^{mg\ inf}$).

Μενασσέ. מְנַשֶּׁה
[Aq. IV Ki. 23. 12 (Bi.), 26 (Bi.).]

Μενεί. מְנִי
[Sm. Je. 51 (28). 27.]

Μενέλαος. in libr. apocr.
II Ma. 4. 23, 27, 29, 32, 34, 39, 43, 45, 47, 50 : 5. 5, 15, 23 : 11. 29, 32 : 13. 3, 7.

Μενέσθεσις (?). in libr. apocr.
II Ma. 4. 21 (A).

Μενεσθεύς. in libr. apocr.
II Ma. 4. 4 (e conjec. Hort), 21 (V).

Μεραθών. aliter in Heb.
I Ch. 27. 30 (B) (מרנתי).

Μεραμώθ. מְרֵמוֹת
II Es. 13 (Ne. 3). 21 (Luc. Μαρειμωθ) : 20. 5 (Ne. 10. 6) (A) (Luc. Μεριμωθ).

Μεραρεί (-ρί). (1) מְרָרִי
Joseph. Μάραιρος : *Lugd.* Maerari (*saepissime*), Merari (*semel*).
Ge. 46. 11 : Ex. 6. 16 (*Lucc.* Merarii), 19 : Nu. 3. 17, 20, 33 *bis*, 35 (*Mon.* Merarii [genit]), 36 : 4. 29, 33, 42, 45 : 7. 8 : 10. 17 : 26. 57 *bis* : Jo. 21. 7, 34, 40 (38) : I Ch. 6. 1 (5. 27) (A B^{b}), 16 (1) (A B^{b}), 19 (4) (A B^{b}), 29 (14) (A B^{b}), 44 (29), 47 (32) (A), 63 (48), 77 (62) : 9. 14 : 15. 6 (A^{a} [sup ras] S), 17 (A S) : 23. 6 (A), 21 : 24. 26, 27 : 26. 10 (A), 19 (A) : II Ch. 29. 12 : 34. 12 : II Es. 8. 19.
(2) in libr. apocr.
Ju. 8. 1 : 16. 6 (8) (A B).

Μεραώθ. מְרָיוֹת
I Ch. 6. 52 (37) (A) (Luc. Μαραιωθ).

Μεργάβ. aliter in Heb.
III Ki. 4. 32 (9. 16) (B) (עירהרג) (Luc. Αροαβ).

Μερειμώθ. מְרֵמוֹת
II Es. 8. 33 (B) (Luc. Μαριμωθ).

Μεριβάαλ. מְרִיב בַּעַל
I Ch. 8. 34 (B) (Luc. Μεμφιβααλ) *bis*.

Μερόβ. מֵרַב
Joseph. Μερόβη.
I Ki. 14. 49 (B) : 18. 17 (A), 19 (A).

Μερρά (indecl.), **Μέρρα** (-αν, -ας). (1) מָרָה
Ex. 15. 23 *bis* (Joseph. Μάρ).
(2) aliter in Heb.
[Sm. Ps. 80 (81). 8 (מריבה).]

Μερράν, ἡ. in libr. apocr.
Ba. 3. 23.

Μερραρεί. מְרָרִי
Luc. Μεραρει, Μεραρι.
I Ch. 6. 47 (32) (B) : 15. 6 (B), 17 (B) : 26. 10 (B), 19 (B).

Μερρών. מֵרוֹם
Luc. Μερρωμ.
Jo. 11. 5 (A F), 7 (F).

Μερωδακβαλαδάν. בְּרֹאדַךְ בַּלְאֲדָן
IV Ki. 20. 12 (A) (Luc. Μαρωδαχ Βαλαδαν).

Μερωδάχ. מְרֹאדַךְ
Is. 39. 1 (Q^{mg}).

Μεσάβ. (1) מַצָּב
I Ki. 14. 11 (A) (Luc. ὑπόστασις).
(2) מַצָּבָה
I Ki. 14. 12 (A) (Luc. ὑπόστασις).

Μεσαρά. aliter in Heb.
I Ki. 23. 19 (A) (מצדות) (Luc. Μεσσεραμ).

Μεσαράς. aliter in Heb.
I Ki. 24. 23 (A) (מצודה) (ς seq) (Luc. Μεσσαρα).

Μεσειά. מַעֲשֵׂיָה
II Es. 21 (Ne. 11). 5 (S*) (Luc. Μασιας).

Μεσεινώμ. aliter in Heb.
II Es. 17 (Ne. 7). 52 (B) (מעונים) (Luc. Μοωνειμ).

Μεσέχ. מֶשֶׁךְ
[Aq., Sm., Th. Ez. 32. 26.]

Μεσημά. aliter in Heb.
I Ch. 2. 55 (B [in εσ corr aliq B?]) ([מ]חמת) (Luc. Εμαθ).

Μεσολαβών. in libr. apocr.
I Es. 8. 43 (45) (B) (= משלם Ezr. 8. 16) (Luc. Μεσολλαμ).

Μεσολλάμ. (1) מְשֻׁלָּם
IV Ki. 22. 3 (B) : II Es. 8. 16 (A).
(2) מְשֻׁלֶּמֶ[ת]
IV Ki. 21. 19 (B) (Joseph. Ἐμασέλμη) (*Lucc.* Masthelamitaba).

Μεσολλεμιά. מְשֶׁלֶמְיָהוּ
I Ch. 26. 9 (A) (Luc. Σελεμίας).

Μεσοποταμία. (1) אֲרָם
Nu. 23. 7 : Jd. 3. 8 (A).
(2) אֲרַם נַהֲרַיִם
Ge. 24. 10.
[Sm. Ps. 59 (60). 2.]
(3) נַהֲרַיִם
I Ch. 19. 6 : Ps. 59 (60). 2.
(4) פַּדָּן
Ge. 28. 2 (A), 5 (E), 6, 7 (D^{sil} E) : 33. 18 : 35. 9, 26 : 46. 15 : 48. 7.
(5) פַּדַּן אֲרָם
Ge. 25. 20 (A D [Μεσο sup ras A^{1}]) : 28. 2 (D^{sil} E), 5 (A D), 7 (A) : 31. 18.
(6) [פְּתוֹר] אֲרָם
De. 23. 4 (5).
(7) abest in Heb.
Ge. 27. 43 (A D).
(8) in libr. apocr.
Ju. 2. 24 (14) : 5. 7, 8 (9) : 8. 26 (23).

Μεσουάμ. aliter in Heb.
II Es. 8. 16 (B) (משלם) (Luc. Μεσολλαμ).

Μεσουλάβμ. aliter in Heb.

II Es. 16 (Ne. 6). 18 (S*vid) (משלם) (Luc. Μοσολλαμ).

Μεσουλάμ. מְשֻׁלָּם

II Es. 10. 15 (B S) (Luc. Μεσσολλαμ) : 13 (Ne. 3). 6, 30 (Luc. Μεσολλαμ) : 16 (Ne. 6). 18 (A B Sc.a) (Luc. Μοσολλαμ) : 20. 7 (Ne. 10. 8) (Luc. Μοσολλαμ), 20 (Ne. 10. 21) (Luc. Μεσσολλαμ) : 21 (Ne. 11). 7 (A) (Luc. Μεσολλαμ), 11 (A S) (Luc. Μοσολλαμ) : 22 (Ne. 12). 13 (Luc. Μεσολλαμ), 33 (B S*) (Luc. Μοσολλαμ).

Μεσουλλάμ. מְשֻׁלָּם

II Es. 22 (Ne. 12). 33 (Sc.a) (Luc. Μοσολλαμ).

Μέσοχ. מֶשֶׁךְ

Ez. 38. 2 (B Q), 3 (B Q) : 39. 1 (B).

Μεσράειμ. מִצְרַיִם

Ge. 10. 13 (E) (Luc. Μεσαραιμ).

Μεσραίαμ. מִצְרַיִם

I Ch. 1. 8 (A) (Luc. Μεστραειμ).

Μεσράιμ. מִצְרַיִם

I Ch. 1. 11 (A) (Luc. Μεστραειμ).

Μεσράιν. מִצְרַיִם

Luc. Μεσαραιμ.

Ge. 10. 6 (A E) (Joseph. Μέρση), 13 (A) (Joseph. Μερσαῖος, Μεσραῖος, Μεστραῖος, Μέσραμος).

Μεσσαάμ. מִשְׁעָם

I Ch. 8. 12 (B) (Luc. Μεσοαμ).

Μεσσάβ. מַצָּב

I Ki. 14. 1 (B) (Luc. ὑπόστασις).

Μεσσαλήν. מְשֻׁלָּם

IV Ki. 22. 3 (A) (Luc. Μεσολλαμ).

Μεσσαλώθ. in libr. apocr.

I Ma. 9. 2 (A).

Μεσσαρά. aliter in Heb.

I Ki. 24. 23 (B) (מצודה) (Joseph. Μασθηρώ).

Μεσσάφ.

Luc. ὑπόστασις.

(1) מַצָּב

I Ki. 14. 6 (B), 11 (B), 15 (B).

(2) מַצָּבָה

I Ki. 14. 12 (B).

Μεσσεινώμ. aliter in Heb.

II Es. 17 (Ne. 7). 52 (S) (מעונים) (Luc. Μοωνειμ).

Μεστράιμ. מִצְרַיִם

Ge. 10. 6 (*D*) (Luc. Μεσαραιμ) : I Ch. 1. 8 (B) (Luc. Μεστραειμ).

Μεσωβιά. מְצֹבָיָה

I Ch. 11. 47 (A) (Luc. Μασαβια).

Μεσωζεβήλ. מְשֵׁיזַבְאֵל

II Es. 20. 21 (Ne. 10. 22) (Luc. Βασση Ζαβιηλ).

Μεταασδδοῦς. in libr. apocr.

I Es. 1. 27 (29) (B) (= מגדו II Ch. 35. 22) (Luc. Μαγεδδω).

Μεταβεήλ. מְהֵיטַבְאֵל

I Ch. 1. 50 (A).

Μεταβηχάς. aliter in Heb.

I Ch. 18. 8 (B S) (מ[טבחת]) (Luc. ταβααθ).

Μεταεδδαοῦς. in libr. apocr.

I Es. 1. 27 (29) (A) (= מגדו II Ch. 35. 22) (Luc. Μαγεδδω).

Μετασολλάμ. aliter in Heb.

II Es. 10. 15 (A) (משלם) (Luc. Μεσσολλαμ).

Μετεβεήλ. מְהֵיטַבְאֵל

Ge. 36. 39.

Μετοδιήλ. מַגְדִּיאֵל

Ge. 36. 43 (A *D*vid) (Luc. Μαγεδιηλ) (*Lucc.* Magediel).

Μετταθίας. מַתִּתְיָהוּ

I Ch. 15. 21 (B S) (Luc. Ματταθίας).

Μετωφαθεί. נְטוֹפָתִי

I Ch. 2. 54 (B) (Luc. Νετωφαθει).

Μεφριβάαλ. aliter in Heb.

I Ch. 8. 34 (A) (מריב בעל) (Luc. Μεμφιβααλ) *bis*.

Μεχριβάαλ. aliter in Heb.

Luc. Μεμφιβααλ.

I Ch. 9. 40 (A) (מריב בעל), 40 (A) (מרי־בעל).

Μεωζήλ. מְאוּזָּל

Ez. 27. 18 (19) (Q).

Μεών. מָעוֹן

I Ch. 2. 45 (B) (Luc. Μαων) *bis*.

Μηδαβά. (1) מֵידְבָא

I Ch. 19. 7 (A).

(2) in libr. apocr.

I Ma. 9. 36.

Μηδεία (-δία). in libr. apocr.

I Es. 3. 1, 14 : 6. 22 (23) (= מדי Ezr. 6. 2) : To. 1. 14 (16), 14 (17), 15 (18) (S), 15 (18) : 3. 7 : 4. 1, 20 (21) : 5. 2 (S), 4 (5) (S), 5 (7), 6 (8) (S) *bis*, 10 (11) (S) *bis* : 6. 6 (S), 10 (S) : 9. 2 (3) (A B), 5 (6) (S) : 11. 15 (19) (A B) : 14. 4 (6) *bis*, 12 (14) (S), 13 (15) (S), 14 (16) (A B), 15 (S) *bis* : I Ma. 6. 56 : 8. 8 : 14. 1, 2.

Μηδικός. מָדִי

Da. LXX. 9. 1.

Μῆδοι. (1) מָדָאָה

Da. LXX., TH. 5. 31 (6. 1) [ק״].

(2) מָדַי, מָדָי

IV Ki. 17. 6 : 18. 11 : Es. 1. 3, 14, 18, 19 : 10. 2 : Is. 13. 17 : Je. 28 (51). 11, 28 : 32. 11 (25. 25) (Qmg) : Da. LXX. 5. 28 : 8. 20 : Da. TH. 5. 28 : 6. 8 (9), 12 (13), 15 (16) : 8. 20 : 9. 1.

[**Aq.**, **Sm.** Is. 21. 2 : Je. 25. 25 (32. 11) : Da. 11. 1 (Syr mg).]

[**Th.** Is. 21. 2 : Da. 6. 8.]

[**Heb.** Is. 21. 2.]

[**Al.** Je. 25. 25 (32. 11).]

(3) מָדָיָא

Da. LXX., TH. 5. 31 (6. 1)*.

(4) aliter in Heb.

II Ch. 36. 20 (פרס).

(5) abest in Heb.

Ez. 27. 11 (Qmg sub ※ in txt) : Da. LXX. 5. 30 : 6. 12 a.

[**Sm.** Ez. 27. 11 (ג[מדים]).]

(6) in libr. apocr.

Ju. 1. 1 : 16. 10 (12) : I Ma. 1. 1.

(7) adnot. scr.

Da. LXX. 7. 5.

Μηδώθ. (1) אַשְׁדּוֹת

Jo. 12. 3 (B) (Luc. Μεσιδωθ).

(2) אֲשֵׁדוֹת

Jo. 12. 8 (A) (Luc. Ασηδωθ).

Μηλών. [מֵ]אֵלוֹן

Jo. 19. 33 (A) (Luc. Ωλαμ).

Μήμ (lit. alph.). abest in Heb.

Ps. 118 (119). 97 (R) : La. 1. 13 : 2. 13 : 3. 36 (Q), 38 (Q), 39 : 4. 13.

Μημών (B), **Μηνών** (S). aliter in Heb.

II Es. 10. 29 (ירמות*, רמות [ק״]) (Luc. Ρημωθ).

Μηρώζ. מֵרוֹז

Jd. 5. 23 (B) (Luc. Μαρωρ).

Μηφάαθ. מֵפַעַת

Jo. 13. 18 (A) (Luc. Μαιφα[α]θ).

Μιαμείμ. מִיָּמִן

II Es. 20. 7 (Ne. 10. 8) (B) (Luc. Μιαμειν).

Μιαμείν, *vid.* **Μειαμείν.**

Μιαρί. aliter in Heb.

II Es. 13 (Ne. 3). 2 (A) (אמרי) (Luc. Αμαρει).

Μιεί. aliter in Heb.

I Ch. 11. 46 (B S) (מחוים) (Luc. Μαωθι).

Μιθραδάτης.

Luc. Μιθριδάτης.

(1) מִתְרְדָת

II Es. 1. 8 (B*) (*Luc.* Mitridates) : 4. 7.

(2) in libr. apocr.

I Es. 2. 15 (16) (B* Aa) (= מתרדת Ezr. 4. 7).

Μιθριδάτης. (1) מִתְרְדָת

II Es. 1. 8 (A Bab).

(2) in libr. apocr.

I Es. 2. 10 (11) (ατ sup ras Aa) (= מתרדת Ezr. 1. 8), 15 (16) (A* vid Bab) (= מתרדת Ezr. 4. 7).

Μίληλος. in libr. apocr.

I Es. 9. 26 (B) (= מימן Ezr. 10. 25) (Luc. Μιαμιδαίας).

Μίλητος, *vid.* **Μείλητος.**

Μιλχά. aliter in Heb.

I Ch. 8. 29 (Ba?b?) (מעכה) (Luc. Μαχα).

Μιναῖοι, *vid.* **Μειναῖοι.**

Μισά. מֵישָׁא

I Ch. 8. 9 (B).

Μισαάλ. aliter in Heb.

I Ch. 8. 12 (A) (משעם) (Luc. Μεσοαμ).

Μισαδαί, *vid.* **Μεισαδαί.**

Μισαήλ, *vid.* **Μεισαήλ.**

Μισάκ. מֵישַׁךְ

Da. TH. 1. 7 (A) : 2. 49 (A) : 3. 12 (A), 13 (A), 14 (A), 16 (A), 19 (A), 20 (A), 22 (A), 23 (A), 93 (26) (A) *bis*, 95 (28) (A), 96 (29) (A), 97 (30) (A).

Μισάχ, *vid.* **Μεισάχ.**

Μισώρ, *vid.* **Μεισώρ.**

Μιταήλ, *vid.* **Μειταήλ.**

Μιτάτ. aliter in Heb.

IV Ki. 24. 18 (B) (חמיטל*, חמוטל [ק״]) (Luc. Αμιταλ).

Μιχά, *vid.* **Μειχά.**

Μιχαήλ, *vid.* **Μειχαήλ.**

Μιχαιά, *vid.* **Μειχαιά.**

Μιχαίας, **Μιχέας**, *vid.* **Μειχαίας.**

Μιχιά. מִיכָה

Luc. Μιχα.

I Ch. 8. 34 (B) (*Lucc.* Macca), 35 (B).

Μιχόλ. מִיכַל

II Ki. 21. 8 (B) (Luc. Μεροβ).

Μνασαίας. aliter in Heb.
Je. 36 (29). 25 (B^a?b) (מעשיה): 39 (32). 12 (B^b) (מחסיה): 44 (37). 3 (B^ab) (מעשיה).

Μνασσαίας. aliter in Heb.
Je. 21. 1 (B^ab) (מעשיה): 50 (43). 2 (B^ab) (הושעיה)

Μοδεδειά (-διά). aliter in Heb.
II Es. 10. 34 (B S) (מעדי) (Luc. Μουουδι).

Μοζέ (-αί). מִזָּה
Ge. 36. 13, 17 (*Wirc.* Mose).

Μοήλ. aliter in Heb.
I Ch. 23. 21 (B) (מחלי) (Luc. Μοολι).

Μοκμούρ. in libr. apocr.
Ju. 7. 18 (S^c.a vid).

Μολάθ. מַחֲלַת
II Ch. 11. 18 (A) (Luc. Μαελλεθ).

Μολεί. מַחְלִי
Nu. 3. 33 (B*) (Luc. Μοολι).

Μολλάθ. מַחֲלַת
II Ch. 11. 18 (B) (Luc. Μαελλεθ) (Joseph. Μαχάνη).

Μόλοχ, Μολόχ. (1) מֹלֶךְ
IV Ki. 23. 10 (Luc. Μελχομ): Je. 39 (32). 35.
[Aq. Le. 18. 21: 20. 2, 3, 4.]
[Sm. Le. 18. 21: IV Ki. 23. 10.]
[Th. Le. 18. 21.]
[Al. Le. 20. 5.]
(2) מַלְכְּ[כֶם]
Am. 5. 26.
(3) מַלְכָּ[ם]
Ze. 1. 5 (Q^mg).
[Aq. IV Ki. 23. 13 (Bi.): Ze. 1. 5 (P.).]
[Sm., Th. Ze. 1. 5 (P.).]

Μολχά. aliter in Heb.
I Ch. 8. 29 (B*) (מעכה) (Luc. Μαχα).

Μολχόλ. aliter in Heb.
I Ki. 19. 17 (A) (מיכל) (Luc. Μελχολ): IV Ki. 23. 13 (B) (מלכם) (Luc. Μολοχ) (*Lu.* Mulcro [dat]): I Ch. 20. 2 (B) (מלכם) (Luc. τοῦ βασιλέως αὐτῶν).

Μολχόμ. (1) מַלְכָּם
I Ch. 20. 2 (A) (Luc. τοῦ βασιλέως αὐτῶν): Je. 30 (49). 1 (Q), 3 (Q).
(2) aliter in Heb.
[Aq. Am. 5. 26 (מלככם).]

Μομδεῖος (B), Μομδεις (A). in libr. apocr.
I Es. 9. 34 (= מעדי Ezr. 10. 34) (Luc. Μοουδεια).

Μονεί. עֲמוֹנָה*, [ק״] [עַ]מּוֹנִי
Jo. 18. 24 (B) (Luc. -αμμωνα).

Μοοδειά. מַעֲדַי
II Es. 10. 34 (A) (Luc. Μουουδει).

Μοοζάλ. aliter in Heb.
I Ch. 24. 18 (A) (מעזיהו) (Luc. Μουζια).

Μοολά. מַחְלָה
I Ch. 7. 18 (A) (Luc. Μααλαθ).

Μοολάμ. [מֶ]חֶלֶף
Jo. 19. 33 (B) (Luc. Μεελεφ).

Μοολεί (-λί). (1) מַחְלִי
Ex. 6. 19 (*Lucc.* Moolli): Nu. 3. 20 (*Lugd.* Moola), 33 (A B^ab F): I Ch. 6. 19 (4) (Luc. Μοολλι), 29 (14) (A), 47 (32) (Luc. Μοολλι): 23. 21, 21 (A), 23: 24. 26, 28, 30 (A): II Es. 8. 18.
(2) in libr. apocr.
I Es. 8. 46 (48) (= מחלי Ezr. 8. 18) (Luc. Μοολλει).

Μοολλάμ. aliter in Heb.
I Ch. 9. 7 (B) (משלם) (Luc. Μοσολλαμ).

Μοολλεί. מַחְלִי
I Ch. 24. 30 (B) (Luc. Μοολι).

Μοορά. מְהָרַי
I Ch. 11. 30 (A?[sup ras pl litt]) (Luc. Μαρρι).

Μοοραί. מְהָרַי *v.* מַהֲרַי
I Ch. 27. 13 (A) (Luc. Μααρι).

Μοοσσείας (-σίας). in libr. apocr.
I Es. 9. 31 (= מעשיה Ezr. 10. 30) (Luc. aliter).

Μοουλαθείτης. מְחֹלָתִי
I Ki. 18. 19 (A) (Luc. Μαολλαῖος): II Ki. 21. 8 (A) (Luc. Μααθει).

Μοουνείμ. מְעוּנִים
II Es. 2. 50 (A) (Luc. Μοωνειμ).

Μοουσεί. מוּשִׁי
I Ch. 24. 30 (B) (Luc. Ομουσι).

Μοοχά. מַעֲכָה
Luc. Μααχα.
I Ch. 7. 15 (A), 16 (A): 19. 6 (B S).

Μοσαληά. aliter in Heb.
I Ch. 26. 2 (B) (משלמיהו) (Luc. Σελεμίας).

Μοσεί. מוּשִׁי
I Ch. 6. 47 (32) (B) (Luc. Μουσει).

Μοσερεί. מִצְרִי
II Es. 9. 1 (B) (Luc. Αἰγύπτιος).

Μοσμάν. נַעֲמָן
Ge. 46. 21 (D) (Luc. Νοεμμαν).

Μοσοάθ (B), Μοσόθ (A^vid). מַשְׁחִית
IV Ki. 23. 13 (Luc. Αμεσσωθ) (*Lu.* Amissa).

Μόσοκ. מֶשֶׁךְ
Ez. 38. 3 (A).

Μοσολαήλ. aliter in Heb.
I Ch. 26. 1 (B) (משלמיהו) (Luc. Σελεμίας).

Μοσολάμ. מְשֻׁלָּם
I Ch. 5. 13 (B) (Luc. Μοσολλαμ).

Μοσολαμώθ. מְשִׁלֵּמוֹת
II Ch. 28. 12 (ο 1° improb A^b) (Luc. Μασσαλιμωθ).

Μοσολλάμ. (1) מְשֻׁלָּם
I Ch. 5. 13 (A): 8. 17 (Luc. Μεσομμα): 9. 7 (A), 12: II Ch. 34. 12 (Luc. Μεσολλαμ): II Es. 10. 29 (A) (Luc. Μοσολλαμ): 13 (Ne. 3). 4 (A S) (Luc. Μοσολλαμ): 18 (Ne. 8). 4 (A S^c.a mg sinistr) (Luc. Μεσολλαμ): 22 (Ne. 12). 16 (S^c.a mg inf), 25 (S^c.a mg sup), 33 (A).
(2) מְשֶׁלֶמְיָה
I Ch. 9. 21 (A) (Luc. Μεσολλαμια).
(3) מְשֶׁלֶמְיָהוּ
I Ch. 26. 1 (A) (Luc. Σελεμίας).

Μοσόλλαμος. (1) מְשֻׁלָּם
I Ch. 3. 19 (A) (Luc. Μοσολλαμ).
(2) in libr. apocr.
Luc. Μεσολλαμ.
I Es. 8. 43 (45) (A) (= משלם Ezr. 8. 16): 9. 14 (= משלם Ezr. 10. 15).

Μοσολλαμώθ. מְשִׁלֵּמִית
I Ch. 9. 12 (A) (Luc. Μασελιμωθ).

Μοσολλόμ. מְשֻׁלָּם
I Ch. 9. 11 (Luc. Μοσολλαμ).

Μοσολόαμος. מְשֻׁלָּם
I Ch. 3. 19 (B) (Luc. Μοσολλαμ).

Μοσομαμείδ. aliter in Heb.
I Ch. 26. 9 (B) (משלמיהו) (Luc. Σελεμίας).

Μόσοχ. (1) מַשׁ
Ge. 10. 23 (Samar. [Samaritan]) (Joseph. Μησᾶς).
(2) מֶשֶׁךְ
Ge. 10. 2 (Samar. [Samaritan]) (Joseph. Μέσχης, Μοσόχης): I Ch. 1. 5, 17 (A): Ez. 32. 26: 38. 2 (A): 39. 1 (A Q).
[Aq. Ez. 27. 13: 38. 2.]
[Sm., Th. Ez. 38. 2.]
(3) aliter in Heb.
Is. 66. 19 ([משכ[י).

Μοσφαιθάμ. מִשְׁפְּתַיִם
Jd. 5. 16 (A) (Luc. μοσφαθαιμ).

Μοσωβάβ. מְשׁוֹבָב
I Ch. 4. 34 (Luc. ἐπιστρέφων).

Μουσεί (-σί). מוּשִׁי
Nu. 3. 33 (B) (*Lugd.* Moysi): 26. 58 (B F) (*Lugd.* Musi): I Ch. 23. 21 (A) (Luc. Μοουσι), 23 (Luc. Μοουσι): 24. 26 (A) (Luc. Ομουσι), 30 (A) (Luc. Ομουσι).

Μουσῆς (-ῆ [acc]). מֹשֶׁה
Ex. 2. 10 (F) (Luc. Μωση), 15 (F) (Luc. Μωυσης).

Μουσί, *vid.* Μουσεί.

Μουχαῖος (-χεος). aliter in Heb.
Luc. Βουγαῖος *v.* Μουχαῖος.
Es. 1. 16 (A B S*) (ממוכן [ק״], מומכן*), 21 (A B S^c.a) (ממוכן).

Μουχμούρ. in libr. apocr.
Ju. 7. 18 (S*).

Μοχατεί. מַעֲכָתִי
Je. 47 (40). 8 (B S).

Μοχέ. aliter in Heb.
I Ch. 1. 37 (A) (מזה) (Luc. Μαζε).

Μοχμούρ. in libr. apocr.
Ju. 7. 18 (B).

Μοχόρ. aliter in Heb.
I Ch. 11. 36 (B S) (מכרתי) (Luc. Μεχωραθι).

Μοχορέ. מִכְרִי
I Ch. 9. 8 (A) (Luc. Μαχειρι).

Μοωχά. מַעֲכָה
Luc. Μααχα.
I Ch. 7. 15 (B), 16 (B): 9. 35: 11. 43 (B S).

Μύνδος. in libr. apocr.
I Ma. 15. 23.

Μυρσινών. aliter in Heb.
Jd. 1. 35 (A) (חרס), 35 (B) (חרס) (Luc. *om.*).

Μυσῆς (-ῆς [genit]).
Ex. 18. 2 (A*) (Luc. Μωυσης).

Μωά. aliter in Heb.
Je. 31 (48). 15 (S*) (מואב): 47 (40). 11 (S*) (מואב).

Μωάβ, ὁ, ἡ.
Joseph. Μώαβος.
(1) מֹאָבִי
II Es. 9. 1 (Luc. Μωαβίτης).
(2) מוֹאָב
Ge. 19. 37: 36. 35 (A D): Nu. 21. 11, 13, 13 (A B), 15, 20, 26, 28, 29: 22. 1, 3 *bis*, 4, 4 (A B F^1 (vid)), 7, 8 (Luc. *om.*), 10, 14, 21, 36: 23. 6, 7, 17: 24. 17: 25. 1: 26. 3, 63: 31. 12: 33. 44, 48, 49, 50: 35. 1: 36. 13: De. 1. 5: 2. 8, 18: 29. 1 (28. 69): 32. 49 (A F): 34. 1, 5, 6 (A F) (Luc. *om.*), 8: Jo. 13. 32 (A^a? B): 24. 9: Jd. 3. 12, 14, 15, 17,

28 (τοὺς ἐχθροὺς ἡμῶν τὴν Μ.), 28, 29, 30: 10. 6: 11. 15, 17, 18 *quater*, 25: Ru. 1. 1, 2, 6 *bis*, 22: 2. 6: 4. 3: I Ki. 12. 9: 14. 47: 22. 3 *bis*, 4: II Ki. 8. 2 *bis*, 12: 23. 20 (B): III Ki. 11. 5 (7) (β sup ras Aᵃ seq ras 1 lit), 33: IV Ki. 1. 1: 3. 4, 5, 7 *bis*, 10, 13, 18, 21, 22, 23, 24 *bis*, 26: 13. 20: 23. 13: 24. 2 (Luc. Μωαβιτῶν): I Ch. 1. 46: 4. 22: 8. 8: 11. 22: 18. 2, 2 (B S), 11: II Ch. 20. 1, 10 (A Bᵃᵇ), 22, 23 (Aᵃ B): Ps. 59 (60). 10: 82 (83). 7: 107 (108). 10: Am. 2. 1, 2 *bis*: Mi. 6. 5: Ze. 2. 8, 9: Is. 11. 14: 15. 9: 16. 2 (β rescr [? sup ras φ] S¹), 4, 6, 7, 11, 12, 13, 14: Je. 9. 26 (25): 31 (48). 1, 2, 4, 9, 11, 13, 15 (A B S? Q), 16, 18, 20 *bis*, 24, 25, 26, 28, 29, 31, 31 (Qᵐᵍ), 35, 36, 38, 38 (A Sᶜ·ᵃ Q), 39, 39 (A B Sᶜ·ᵃ ⁽ᵛⁱᵈ⁾ ᵐᵍ Q), 42, 43, 44: 34. 2 (27. 3): 47 (40). 11 (A B S¹ Q): Ez. 25. 8, 9, 11: Da. LXX. 11. 41 (Syr): TH. 11. 41.

[**Aq.** NU. 24. 17: 31. 12: DE. 34. 1: IV KI. 23. 13 (Bi.): Ps. 59 (60). 10: 107 (108). 10: IS. 11. 14: 15. 1 *bis*: 16. 2, 14: JE. 48 (31). 41.]

[**Sm.** NU. 24. 17: 31. 12: Ps. 59 (60). 10: 107 (108). 10: IS. 11. 14: 15. 1 *bis*: 16. 11, 14: 25. 10: JE. 48 (31). 29.]

[**Th.** IS. 11. 14: 15. 1 *bis*: 16. 14: JE. 48 (31). 40, 41, 45, 46, 47 *bis*: DA. 11. 41.]

[**Al.** IV KI. 1. 1.]

[**Quint.** Ps. 107 (108). 10.]

(3) מֵידְבָא

Nu. 21. 30.

(4) aliter in Heb.

I Ki. 27. 2 (A) (מעוך) (Luc. Αχιμααν): IV Ki. 3. 24 (B*ᵛⁱᵈ) (ישראל) (Luc. Ισραηλ): Je. 31 (48). 35 (A) (במה).

[**Aq., Sm.** JE. 48 (31). (משגב) (Sw.).]

(5) abest in Heb.

Jo. 13. 14: 24. 33 b (Luc. *om.*): Jd. 10. 11 (A): I Ki. 22. 3 (B* *bis scr*): III Ki. 22. 54 (IV Ki. 1. 1) (B* [*bis scr*]): Jb. 42. 17 d: Is. 29. 1: Ez. 25. 8 [*tit.*] (Qᵐᵍ ˢᵘᵖ).

(6) in libr. apocr.

Ju. 1. 12: 5. 2, 22 (26): 6. 1 (A), 2 (Bᵃᵇ S): 7. 8.

Μωαβείτης (-βίτ.). (1) מוֹאָב

Ge. 19. 37: Ex. 15. 15: De. 2. 9: I Ch. 18. 2 (A) (Luc. Μωαβ).

(2) מוֹאָבִי, מֹאָבִי

De. 2. 11, 29: 23. 3 (4): I Ch. 11. 46: II Es. 23 (Ne. 13). 1.

(3) מוֹאָבִית

II Ch. 24. 26 (ὁ Μ.) (Luc. Μωαβῖτις).

(4) abest in Heb.

II Ch. 36. 5 b.

(5) in libr. apocr.

I Es. 8. 66 (70) (=מאבי Ezr. 9. 1).

Μωαβεῖτις (-βῖτ.) (-τεις). (1) מוֹאָב

Is. 15 *tit.*, 1 *bis*, 2, 4, 5, 8: 16. 7: 25. 10: Je. 31 (48). 33 (ארץ מ״): 32. 7 (25. 21).

(2) מוֹאֲבִית, מֹאֲבִית

Ru. 1. 4, 22: 2. 2 (Luc. *om.*), 6: 4. 5, 10: III Ki. 11. 1: II Es. 23 (Ne. 13). 23 (A B Sᶜ·ᵃ ᵐᵍ).

Μωαβίτης, *vid.* **Μωαβείτης**.

Μωαβῖτις, *vid.* **Μωαβεῖτις**.

Μωαλδά. מוֹלָדָה

I Ch. 4. 28 (B) (Luc. Μουλαδα).

Μωάμ. מוֹאָב

Ge. 36. 34 (E) (Luc. Μωαβ): Da. LXX. 11. 41 (*cod.* 87).

Μωδάδ. (1) מֵידָד

Samar. מידד [Samaritan script]

Nu. 11. 26 (*Lugd.* Modas), 27 (*Lugd.* Modat).

(2) aliter in Heb.

I Ch. 2. 29 (A [δ 2° sup ras Aᵃ]) (מוליד) (Luc. Μωωλι).

Μωδαδά. מוֹלָדָה

Jo. 15. 26 (A) (Luc. Μωλαδα).

Μωδαείμ. in libr. apocr.

I Ma. 16. 4 (A).

Μωδαείν. in libr. apocr.

I Ma. 2. 1 (Sᶜ·ᵃ): 9. 19 (S).

Μωδεείμ (-δείμ) (-δίμ). in libr. apocr.

I Ma. 2. 15 (V), 23 (A V), 70 (V): 9. 19 (A): 13. 25 (A), 30 (A).

Μωδεείν (-δείν) (-δίν).

Joseph. Μωδαΐς, Μωδεείν.

in libr. apocr.

I Ma. 2. 1 (A S*), 15 (A S), 23 (Sᶜ·ᵃ), 70 (A S): 9. 19 (V): 13. 25 (S V), 30 (S V): 16. 4 (S V).

Μωδείμ, *vid.* **Μωδεείμ**.

Μωδείν, *vid.* **Μωδεείν**.

Μωδιείμ (A), **Μωδιείν** (V). in libr. apocr.

II Ma. 13. 14.

Μωδίμ, *vid.* **Μωδείμ**.

Μωδίν, *vid.* **Μωδεείν**.

Μώδιον (?). in libr. apocr.

I Ma. 2. 1 (V).

Μωέθ. in libr. apocr.

I Es. 8. 62 (64) (=נועדיה Ezr. 8. 33) (Luc. Ιωαδεια).

Μωήλ. aliter in Heb.

I Ch. 2. 29 (B) (מוליד) (Luc. Μοωλι).

Μωλά. [מֵ]אֵלוֹן

Jo. 19. 33 (B) (Luc. Ωλαμ).

Μωλαδά. (1) מוֹלָדָה

Jo. 15. 26 (B): 19. 2 (A): I Ch. 4. 28 (A) (Luc. Μουλαδα).

(2) מֹלָדָה

II Es. 21 (Ne. 11). 26 (Sᶜ·ᵃ ᵐᵍ ⁱⁿᶠ).

Μωλαδάμ. מוֹלָדָה

Jo. 19. 2 (Bᵃ ⁽ᵛⁱᵈ⁾ ᵐᵍ) (Luc. Μωλαδα).

Μωναιώ. מְנֻחוֹת

I Ch. 2. 52 (Luc. *aliter*).

Μωουλαθεί. מְחֹלָתִי

II Ki. 21. 8 (B) (Luc. Μααθει).

Μῶραδ. מֶרֶד

I Ch. 4. 17 (A) (Luc. Βαραδ).

Μωραθεί (-θί). aliter in Heb.

Mi. 1. 1 (A Q*) (מרשתי).

Μωραθείτης. aliter in Heb.

Je. 33 (26). 18 (מורשתי).

Μωρασθαί. מוֹרַשְׁתִּי

[**Aq.** Je. 26 (33). 18.]

Μωρασθεί (B), **Μωρασθίν** (Qᵐᵍ). מֹרַשְׁתִּי

Mi. 1. 1.

Μωρήδ. מֶרֶד

I Ch. 4. 18 (A) (Luc. Νωρωηλ).

Μωσά. (1) מֵישָׁא

I Ch. 8. 9 (A) (Luc. Μισα).

(2) מֵישַׁע

IV Ki. 3. 4 (Joseph. Μεισᾶς, Μισᾶς).

Μωσῆς (-ῆν *v.* -ῆ, -ῆ *v.* -έως, -εῖ *v.* -ῆ).

Luc. Μωυσῆς.

(1) מֹשֶׁה

Ex. 2. 21 (A): 4. 27 (B): 10. 29 (B): 11. 10 (B): 12. 28 (B): 15. 24 (B): 16. 22 (B), 33 (B): 17. 15 (B): 18. 8 (B), 25 (B): 19. 3 (B), 9 (B) *bis*, 19 (B): 20. 20 (B): 24. 2 (B), 13 (B): 31. 18 (B): 32. 1 (B), 30 (B): 33. 8 (B), 8 (A B), 9 (B) *bis*: 34. 8 (B), 29 (B), 31 (B), 34 (B), 35 (B): 35. 4, 20 (B): 36. 2 (B), 3 (B), 6 (B): 37. 19 (38. 21) (B F), 20 (38. 22) (B): 38. 27 (40. 31) (B): 39. 22 (42) (B), 23 (43) (B): 40. 14 (16) (B), 16 (18) (B), 17 (19) (B), 29 (35) (B): Le. 1. 1 (A): 8. 5 (B), 15 (B), 19 (B), 20 (B), 23 (B*), 24 (B), 28 (B), 29 (B) *ter*, 30 (B*), 36 (B): 9. 1 (B), 6 (B), 10 (B), 23 (B): 10. 6 (B), 7 (B), 11 (B), 16 (A B), 20 (A): 24. 23 (B): De. 4. 46 (B): 29. 1 (28. 69) (B F): 34. 10 (B): Jd. 1. 20 (B): I Ki. 12. 6 (A) (Luc. Μωσῆς), 8 (A) (Luc. Μωσῆς): III Ki. 8. 9 (A) (Luc. Μωσῆς), 53 (A) (Luc. Μωσῆς), 56 (A): IV Ki. 14. 6 (A) (Luc. Μωσῆς et in seqq): 18. 4 (A), 6 (A), 12: I Ch. 15. 15 (S): 23. 13: 26. 24 (B): II Es. 6. 18 (A): 18 (Ne. 8). 14 (B): Ps. 76 (77). 21: 89 (90). 1 (A): 105 (106). 16 (A): Mi. 6. 4 (A B): Ma. 4. 6 (3. 22) (B S): Is. 63. 12 (A B): Je. 15. 1 (A B): Da. LXX. 9. 11, 13: Da. TH. 9. 11 (A), 13 (A Q*).

[**Sm., Th.** Jo. 1. 14: Is. 63. 11 (Sw.).]

(2) abest in Heb.

Le. 8. 12 (B), 28 (B): 10. 16 (B): De. 32. 44 (B): Da. LXX. 9. 10.

(3) in libr. apocr.

Luc. Μωσῆς.

I Es. 1. 10 (11) (A) (=משה II Ch. 35. 12): 5. 48 (49) (B) (=משה Ezr. 3. 2): 7. 6 (abest in Ezr. 6. 16), 9 (A) (=משה Ezr. 6. 18): 9. 39 (B) (=משה Ne. 8. 1): Si. 24. 23 (32) (S): 45. 1 (A S), 15 (18) (A): 46. 1 (A B), 7 (9) (A): To. 1. 8 (S): Ba. 2. 2 (Γ Μωσε[ω]ς), 28 (A): Da. TH. Su. 3 (A), 62 (A): II Ma. 1. 29 (A): 2. 8 (A), 11: 7. 6 (A), 30 (A): IV Ma. 2. 17 (A S): 17. 19 (A V): 18. 18 (A V).

[**Aq.** IV KI. 23. 25 (Bi.): Jo. 1. 14: Is. 63. 11 (Sw.).]

Μωσρί. מִצְרִי

II Es. 9. 1 (A) (Luc. Αἰγύπτιος).

Μωυσῆ. מֹשֶׁה

De. 34. 5 (Bᵇ) (Luc. Μωσῆς).

Μωυσῆς, -ῆ (voc), -ῆν *v.* ῆ, -έως, -ῆ *v.* -ῆς (?), -ῆ *v.* -εῖ.

Lugd. Moyses (saepissime).

(1) מֹשֶׁה

Ex. 2. 10 (A B) (Luc. Μωση), 11, 14, 15, 15 (A B), 17, 21, 21 (B F): 3. 1, 3, 4 *bis*, 6, 11, 13, 14, 15 (A B F; Μωυ sup ras A¹): 4. 1, 3, 4, 10, 14, 18 *bis*, 19, 20 *bis*, 21, 27 (A F), 28, 29, 30: 5. 1, 4, 20, 22: 6. 1, 2, 9 *bis*, 10, 12, 13, 20, 26, 27, 28, 29, 30: 7. 1, 6, 7, 8, 10, 14, 19, 20: 8. 1 (7. 26), 5 (1), 8 (4), 9 (5), 12 (8) *bis*, 13 (9), 16 (12), 20 (16), 25 (21), 26 (22), 29 (25), 30 (26), 31 (27): 9. 1, 8 *bis*, 10 (Aᵃ? B), 11 (Aᵃ? B), 12 (Aᵃ?), 13, 22, 23, 27, 29, 33, 35: 10. 1, 3, 8, 9, 12, 13, 16, 21, 22, 24, 25, 29 (A): 11. 1, 3, 4, 9, 10 (A): 12. 1, 21, 28 (A), 31, 35, 43, 50: 13. 1, 3, 19: 14. 1, 11, 13, 15, 21, 26, 27, 31: 15. 1 (Aᵃ [*om.* A*ᵛⁱᵈ] B F), 22, 24 (A F): 16. 2, 4, 6, 8 (Luc. *om.*), 9, 11, 15, 19 (Aᵃ [sup ras] B F), 20 (Aᵃ [sup ras] B F) *bis*, 22 (A F), 24, 25, 28, 32, 33 (A F), 34: 17. 2 *bis*, 3, 4, 5, 6, 9, 10 *bis*, 11, 12, 14, 15 (A F): 18. 1, 2 (A¹? ᵃ? B F), 2, 5, 5 (A B), 6, 7, 8 (A F), 12 *bis*, 13 *bis*, 15, 17, 24, 25 (A F), 26, 27: 19. 3 (A F), 7, 8, 9 (A F) *bis*, 10, 14, 17, 19 (A F), 20 *bis*, 21, 23, 25: 20. 19, 20 (A F), 21, 22: 24. 1, 2 (A F), 3, 4, 6, 8, 9, 12, 13 (A F), 15, 16, 18: 25. 1: 30. 11, 17, 22, 34: 31. 1, 12, 18 (A): 32. 1, 1 (A F), 7, 11, 15, 17, 19, 21, 23, 25, 26, 28, 29, 30 (A F), 31, 33: 33. 1, 7, 8 (A F), 8 (F), 9 (A F) *bis*, 11, 12, 17: 34. 1, 4, 8 (A F), 27, 29 *bis*, 29 (A F), 30, 31 (A F), 31, 33 (A) (Luc. *om.*), 34 (A F), 35 (A F), 35: 35. 1, 20 (A F), 29, 30: 36. 2 (A F), 3 (A F), 5, 6 (A), 8 (39. 1), 12 (39. 5), 14 (39. 7), 29 (39. 21), 34 (39. 26), 37 (39. 29), 40 (39. 31): 37. 19 (38. 21) (A), 20 (38. 22) (A F): 38. 27 (40. 31) (A F), 27 (40. 32): 39. 11 (32), 14 (33), 22 (42) (A F), 23 (43) (A F), 23 (43): 40. 1, 14 (16) (A F),

16 (18) (A F), 17 (19) (A F), 19 (21), 21 (23), 23 (25) (Luc. αὐτῷ), 25 (27), 27 (33), 29 (35) (A F): Le. 1. 1 (B F): 4. 1: 5. 14: 6. 1 (5. 20), 8 (1), 19 (12) (B F), 24 (17): 7. 12 (22), 18 (28), 28 (38): 8. 1, 4, 5 (A F), 6, 9, 10, 12 (A F), 13 *bis*, 15 (A F), 16, 17, 19 (A F), 20 (A F), 21 *bis* (Luc. *om.* 1°), 23 (A B^{ab} F), 24, 24 (A F), 28 (A F), 29 (A F) *ter*, 30 (A B^{ab} F), 31, 36 (A F): 9. 1 (A F), 5, 6 (A F), 7, 10 (A F), 21, 23 (A): 10. 3, 4, 5 ($A^{1?a?(mg)}$ $B^{ab\,mg\,inf}$), 6 (A), 7 (A), 11 (A), 12, 16 (F), 19, 20 (B F): 11. 1: 12. 1: 13. 1: 14. 1, 33: 15. 1: 16. 1, 2, 34: 17. 1: 18. 1: 19. 1: 20. 1: 21. 1, 16, 24: 22. 1, 17, 26: 23. 1, 9, 23, 26, 33, 44: 24. 1, 11, 13, 23 (A F), 23: 25. 1: 26. 46: 27. 1, 34: Nu. 1. 1, 17, 19, 44, 48, 54: 2, 1, 33, 34 (Luc. *om.*): 3. 1 *bis* (Luc. *om.* 2°) (*Lugd.* Moyssi), 5, 11, 14, 16, 38, 39, 40, 42, 44, 49, 51 *bis*: 4. 1, 17, 21, 34, 37 *bis*, 41, 45 *bis*, 46, 49 *bis*: 5. 1, 4, 5, 11: 6. 1 (A^{a} B F), 22: 7. 1, 4, 6, 11, 89: 8. 1, 3 (A $B^{a\,mg\,inf}$ F), 4, 5, 20 *bis*, 22, 23: 9. 1, 4, 5, 6, 8, 9, 23: 10. 1, 13, 29 *bis*, 35: 11. 2 *bis*, 10, 10 (A^{a} B F), 11, 16, 21 (A^{a} B F), 23, 24, 27, 28 *bis*, 29, 30: 12. 1 (Luc. Μω[υ]ση), 2, 3, 4, 7, 8, 11, 13, 14: 13. 2 (1), 4 (3), 17 (16) *bis*, 18 (17), 27 (26), 31 (30): 14. 2, 5, 11, 13, 26, 36, 39, 41, 44: 15. 1, 17, 22, 23, 33, 35, 36, 37: 16. 2 (Luc. Μω[υ]ση), 3, 4, 8, 12, 15, 16, 18 (A^{1} B F), 20, 23, 25, 28, 36 (17. 1), 40 (17. 5) (A $B^{ab\,(vid)}$ F), 41 (17. 6), 42 (17. 7), 43 (17. 8), 44 (17. 9), 46 (17. 11), 47 (17. 12), 50 (17. 15): 17. 1 (16), 6 (21), 7 (22), 8 (23), 9 (24), 10 (25), 11 (26), 12 (27): 18. 25: 19. 1: 20. 2, 3, 6, 7, 9, 10, 11, 12 (*Lugd.* Moysent [accus]), 14, 23, 27, 28: 21. 5, 7, 7 (A $B^{ab\,vid}$ F), 8, 9, 16, 32, 34: 25. 4, 5, 6, 10, 16: 26. 1, 3, 4, 9, 52, 59, 63, 64: 27. 2, 5, 6, 11, 12, 15, 18, 22, 23: 28. 1: 30. 1 *bis*, 2, 17: 31. 1, 3, 6, 7 (A B), 12, 13, 14, 15, 21, 25, 31 *bis*, 41 *bis*, 42, 47 *bis*, 48, 49, 51, 54: 32. 2, 6, 20, 25, 28, 29, 33, 40: 33. 1, 2, 50: 34. 1, 13, 16: 35. 1 (A^{a} B F), 9: 36. 1, 5, 10, 13: De. 1. 1, 3, 5: 4. 41, 44, 45, 46 (A F): 5. 1: 27. 1, 9, 11: 29. 1 (28. 69) (A): 29. 2 (1): 31. 1, 7, 9, 10, 14, 14 (A B^{ab} F), 16, 22, 24, 30: 32. 44, 45, 48: 33. 1, 4: 34. 1, 5 (A B* F), 7, 8 *bis*, 9 *bis*, 10 (A F), 12: Jo. 1. 1 *bis*, 2, 3, 5, 7, 13, 14 (F) (Luc. *om.*), 15, 17 *bis*: 3. 7: 4. 12, 14: 9. 4 (8. 31) *bis*, 5 (8. 32), 6 (8. 33), 8 (8. 35), 30 (24): 11. 12, 15 *ter*, 20, 23: 12. 6 *bis*: 13. 8 *bis*, 12, 15, 21, 24, 29, 32 ($A^{a?}$ B): 14. 5, 6, 7, 9, 10, 11: 17. 4: 18. 7: 20. 2: 21. 2, 8: 22. 2, 4, 5, 7 (Luc. Ἰησοῦς), 9: 23. 6: Jd. 1. 16, 20 (A): 3. 4: 4. 11: I Ki. 12. 6 (B) (Luc. Μωσῆς et in seqq), 8 (B): III Ki. 2. 3: 8. 9 (B), 53 (B), 56 (B) (Luc. Μωυση): IV Ki. 14. 6 (B) (Luc. Μωσῆς et in seqq): 18. 4 (B), 6 (B): 21. 8: 23. 25: I Ch. 6. 3 (5. 29), 49 (34): 15. 15 (A B): 21. 29: 22. 13: 23. 14, 15: 26. 24 (A): II Ch. 1. 3: 5. 10: 8. 13: 23. 18 (A^{a} [sup ras] B): 24. 6, 9: 30. 16: 33. 8: 34. 14: 35. 6, 12: II Es. 3. 2: 6. 18 (B): 7. 6: 11 (Ne. 1). 7, 8: 18 (Ne. 8). 1, 14 (A S): 19 (Ne. 9). 14: 20. 29 (Ne. 10. 30): 23 (Ne. 13). 1: Ps. 89 (90). 1 (B S R T): 98 (99). 6: 102 (103). 7: 104 (105). 26: 105 (106). 16 (B S R T), 23, 32: Mi. 6. 4 (Q): Ma. 4. 6 (3. 22) (A Q Γ): Is. 63. 12 (S Q): Je. 15. 1 (S Q): Da. TH. 9. 11 (B Q), 13 (B $Q^{a\,vid}$).

[**Aq.** Ex. 9. 35: 18. 5: 32. 1, 25: Jo. 4. 10: 14. 2.]

[**Sm.** Ex. 5. 20: 9. 35: 18. 5: 32. 1, 9, 25: Jo. 4. 10: 14. 2.]

[**Th.** Ex. 5. 20: 32. 1, 9, 25: Jo. 4. 10.]

(2) aliter in Heb.

Ex. 4. 6 (A) (pron. suff.), 11 (pron. suff.): 16. 23 (A F): 17. 12 (pron. suff.), 13 (F) (יהושע) (Luc. Ιησους): Nu. 17. 11 (26) (pers. pr.): 21. 21 (ישראל) (A B): De. 2. 17 (F) (pron. suff.): 34. 4 (pron. suff.): Jo. 12. 7 ($A^{*\,fort}$) (יהושע) (Luc. Ιησους).

(3) abest in Heb.

Ex. 2. 22 (B): 3. 7, 12 (B): 4. 13 (A B): 10. 6 (B), 18: 11. 8: 15. 25: 20. 1 (A): 24. 4: 32. 22: 33. 10 (A): 34. 4, 10 (A^{a} B F), 28: 39. 23 (43): Le. 8. 14 (A B), 16, 18, 19, 22, 24, 25 (F), 28 (A F): 9. 2, 7: 10. 15, 16 (A F): Nu. 4. 41: 12. 1: 14. 20: 34. 13 (B*): De. 6. 4 ($B^{*\,vid}$ F): 31. 23 (A F): 32. 44 (A F): Jo. 9. 7 (8. 34): 12. 1 (A F [Μωι . . . ς]): 13. 14: III Ki. 9. 6 (Luc. Μωσῆς): I Ch. 16. 40 (Luc. Μωσῆς): II Ch. 35. 19 b (Luc. Μωσῆς).

[**Al.** Nu. 3. 16.]

(4) in libr. apocr.

Luc. Μωσῆς.

I Es. 1. 6 (= משה II Ch. 35. 6), 10 (11) (B) (= משה II Ch. 35. 12): 5. 48 (49) (A) (= משה Ezr. 3. 2): 7. 9 (B) (= משה Ezr. 6. 18): 8. 3 (= משה Ezr. 7. 6): 9. 39 (A) (= משה Ne. 8. 1): Si. 24. 23 (32) (A B): 45. 1 (B), 15 (18) (B S): 46. 1 (S), 7 (9) (B S): To. 6. 13: 7. 11 (14) (S), 12 (15), 13 (16) (S): Ba. 1. 20: 2. 2 (A B Q), 28 (B Q): Da. LXX. Su. 3: Da. TH. Su. 3 (B Q), 62 (B Q Γ): II Ma. 1. 29 (V): 2. 4, 8 (V), 10: 7. 6 (V), 30 (V): IV Ma. 2. 17 (V): 9. 2 (S): 17. 19 (S): 18. 18 (S).

Μωφάζ. [מֵ]אוּפָז

Je. 10. 9 (A B Q).

Μωφάθ. מֵיפַעַת, *מוּפַעַת [ק״]

Je. 31 (48). 21 (A Q).

Μωφάς. (1) [מֵ]אוּפָז

Je. 10. 9 (S).

(2) aliter in Heb.

Je. 31 (48). 21 (B) (מיפעת, *מופעת [ק״]).

Μωφεέθ. aliter in Heb.

[**Sm.** Je. 48 (31). 28 (פי־פחת).]

Μωχά. מַעֲכָה

Ge. 22. 24 (Joseph. Μαχᾶς): I Ch. 2. 48: 3. 2 (Luc. Μααχα) (Joseph. Μαχάμη): 19. 7 (Luc. Μααχα).

Μωχατεί. מַעֲכָתִי

Je. 47 (40). 8 (A).

N

Νάαθος. in libr. apocr.

I Es. 9. 31 (A) (abest in II Es. 10. 30) (Luc. *om.*).

Νααλάλ. נַהֲלָל

[**Aq., Sm., Th., Heb.** Jd. 1. 30.]

Νααλέας. aliter in Heb.

II Ki. 23. 30 (A) (נחלי געש) (Luc. Νεχαβαι).

Νααλιήλ. נַחֲלִיאֵל

Nu. 21. 19 (A F [.α—|ηλ 1°, .α.|λιηλ 2°]) (Samar. [illegible]) (Luc. Ναχαιηλ).

Νααλώλ. נַהֲלָל

Jo. 19. 15 (A) (Luc. Αναλωθ): 21. 35 (A) (Luc. Αλωμ).

Νάαμ. נַעַם

Ch. 4. 15 (A) (Luc. Νοομ).

Νααμά. נַעֲמָה

III Ki. 14. 21 (A) (Luc. Νααναα), 31 (A) (Luc. *om.*).

Νααμιά (B*), **Νααμμανεί** (S). aliter in Heb.

II Es. 17 (Ne. 7). 7 (רעמיה) (Luc. Δαιμίας).

Νααvá. aliter in Heb.

I Ch. 8. 7 (B) (עזא) (Luc. Αζαν).

Νααvάν. abest in Heb.

III Ki. 12. 24 a (B) (Luc. Νααvα).

Νααραθά. נַעֲרָתָה

Jo. 16. 7 (A) (Luc. Αναραθα).

Νααραί. (1) נַחֲרַי

I Ch. 11. 39 (A) (Luc. Νοαραι).

(2) נַעֲרַי

I Ch. 11. 37 (B S) (Luc. Ναραι).

Νααράν (A), **Νααρνάν** (B). נַעֲרָן

I Ch. 7. 28 (Luc. Νοαραν).

Ναάς. (1) נָחָשׁ

Joseph. Ναάσης.

I Ki. 11. 1 *bis*, 2: 12. 12: II Ki. 10. 2: 17. 25 (Luc. Ιεσσαι), 27: I Ch. 4. 12 (Luc. Ηρναας): 19. 1 (A), 2 (A S).

(2) aliter in Heb.

I Ch. 26. 4 (B) ([נתנ[אל) (Luc. Ναθαναηλ).

(3) abest in Heb.

I Ki. 11. 10: III Ki. 12. 24 a (B).

Νaασθάμ. נְחֻשְׁתָּן

[**Aq.** IV Ki. 18. 4.]

Νaασσών. נַחְשׁוֹן

Ex. 6. 23 (ααασω sup ras in A^{1}): Nu. 1. 7 (A F): 2. 3: 7. 12 (A B $S^{a?\,c.a?}$ F), 17: 10. 14: Ru. 4. 20 *bis*: I Ch. 2. 10 (Luc. Ναασων), 11 (Luc. Ναασων).

Νaασών. נַחְשׁוֹן

Nu. 7. 12 (S*) (Luc. Νaασσων).

Ναβά. נַחְבִּי

Nu. 13. 15 (14) (Luc. Ναβια) (*Lugd.* Abi).

Ναβαάλ. נַהֲלָל

Jo. 19. 15 (B) (Luc. Αναλωθ).

Ναβάδ. (1) aliter in Heb.

III Ki. 15. 25 (A) (נדב) (Luc. Ναδαβ).

(2) in libr. apocr.

To. 11. 18 (20) (S).

Ναβαδάθ. in libr. apocr.

I Ma. 9. 37 (V).

Ναβαδίας. aliter in Heb.

I Ch. 3. 18 (A^{a} [sup ras]) (Luc. Ναδαβια).

Ναβάθ. (1) נְבָט

Luc. Ναβατ: Joseph. Ναβαταῖος.

III Ki. 11. 26 (B): 15. 1 (B*): 16. 3 (B*): 20 (21). 22 (B*).

(2) aliter in Heb.

III Ki. 15. 25 (B*) (נדב) (Luc. Ναδuβ), 27 (B*) (נדב) (Luc. Ναδαβ).

(3) abest in Heb.

III Ki. 15. 34 (B*) (Luc. Ναβατ).

Ναβαί. (1) נֹבַח

Jd. 8. 11 (B) (Luc. Ναβε).

(2) נֶגֶב

Jo. 10. 40 (B) (Luc. Ναγεβ).

Ναβαιώθ. נְבָיוֹת, נְבָיֹת

Samar. ࠍࠁࠉࠅࠕ : Joseph. Ναβαιώτης.

Ge. 25. 13 (A D): 28. 9 (*Lugd.*, *Wirc.* Nabeoth): 36. 3 (A E): I Ch. 1. 29: Is. 60. 7.

Ναβαιώρ. נְבָיוֹת

Ge. 36. 3 (*D*) (Samar. ࠍࠁࠉࠅࠕ).

Ναβάλ. (1) נָבָל

Joseph. Νάβαλος.

I Ki. 25. 3, 4, 5, 9, 10 14, 19 (A), 25 (A), 25, 26, 34, 36 *bis*, 37, 38, 39 (A), 39 *bis*: 27. 3: 30. 5: II Ki. 2. 2: 3. 33.

(2) aliter in Heb.

I Ki. 25. 22 (pron. suff.): II Ki. 3. 34 (B) (נפול).

Ναβαλλάτ. נְבַלָּט

II Es. 21 (Ne. 11). 34 (S^c.a mg inf) (Luc. Ναβαλατ).

Ναβαρείας (-ρίας). in libr. apocr.

I Es. 9. 44 (= חשבדנה Ne. 8. 4) (Luc. Ἀψαδάνας).

Ναβάτ. (1) נְבָט

Lu. Nabath.

III Ki. 11. 26 (A): 12. 1 (2) (A) (Luc. *om.*), 15: 15. 1 (A B^ab): 16. 3 (A B^ab) (*Vind.* Nadab), 26, 31: 20 (21). 22 (A B^a? b): 22. 53: IV Ki. 3. 3: 9. 9: 10. 29: 13. 2, 11: 14. 24: 15. 9, 18, 24, 28: 17. 21: 23. 15 (*Lu.* Natae): II Ch. 9. 29: 10. 2, 15: 13. 6.

(2) aliter in Heb.

III Ki. 14. 20 (A) (נדב) (Luc. *om.*): 15. 25 (B^ab) (נדב) (Luc. Ναδαβ et in seqq), 27 (B^ab) (נדב), 31 (B) (נדב).

(3) abest in Heb.

III Ki. 11. 43 (B): 15. 34 (A B^ab): 16. 19 (*Vind.* Nebat): IV Ki. 13. 6 (A) (Luc. *om.*): 16. 3 (A) (Luc. *om.*).

(4) in libr. apocr.

Si. 47. 23 (29).

Ναβαταῖοι (-τεοι). in libr. apocr.

I Ma. 5. 25 (A): 9. 35.

Ναβαύ, Νάβαυ. (1) נְבוֹ

Nu. 32. 3 (*Mon.* Nebau): 33. 47 (Luc. [Να]βαυ): De. 32. 49 (Samar. ࠍࠁࠅ): 34. 1 (Samar. ࠍࠁࠅ): I Ch. 5. 8: Is. 15. 2: Je. 31 (48). 1, 22.

(2) נֹבַח

Nu. 32. 42 (*Lugd.* Nabu).

(3) abest in Heb.

Nu. 27. 12.

Ναβδαιήλ (Ναβδεήλ). (1) אַדְבְּאֵל

Joseph. Ἀβδεῆλος.

Ge. 25. 13 (Samar. ࠀࠃࠁࠀࠋ): I Ch. 1. 29 (Luc. Αβδιηλ).

(2) abest in Heb.

Ge. 25. 3 (Luc. *om.*): I Ch. 1. 32 (A) (Luc. *om.*).

Νάβεθ. נֹבַח

Jd. 8. 11 (A) (Luc. Ναβε).

Ναβεί (-βί). נַחְבִּי

Nu. 13. 15 (14) (B F) (Luc. Ναβια).

Ναβειά (-βιά). נְבוֹ

II Es. 17 (Ne. 7). 33 (Luc. Ναβαυ).

Ναβί, *vid.* **Ναβεί.**

Ναβιά, *vid.* **Ναβειά.**

Ναβού. נְבוֹ

Luc. Ναβαυ.

II Es. 2. 29 (B): 10. 43.

Ναβουδονοσόρ. aliter in Heb.

Je. 52. 4 (Q*) (נבוכדראצר).

Ναβουζαρδάν. נְבוּזַרְאֲדָן

Joseph. Ναβουζαρδάνης.

IV Ki. 25. 8 (B), 11, 20: Je. 47 (40). 1 (*Wirc.* Nabusardan): 48 (41). 10 (Q^mg): 50 (43). 6: 52. 12 (A B S* Q Γ), 16 (Q^mg), 26, 30 (Q^mg).

[**Aq.** Je. 52. 15, 16 (Sw.).]
[**Sm.** Je. 46 (39). 11.]
[**Th.** Je. 46 (39). 9, 10, 11, 13: 52. 15, 16, 30.]

Ναβουζαρδάρ. aliter in Heb.

IV Ki. 25. 8 (A) (נבוזרדן) (Luc. Ναβουζαρδαν).

Ναβουθά. נָבוֹת

III Ki. 20 (21). 3 (A*) (Luc. Ναβουθαι).

Ναβουθαί. (1) נָבוֹת

Joseph. Νάβουθος, Ναβώθης: *Lu.* Nabutheus.

III Ki. 20 (21). 1, 2, 3 (A^1 B), 4 (A), 6, 7, 8, 9, 12 (A), 13 (A) *bis* (Luc. *om.*), 14, 15 (A), 15 *bis*, 16 *bis*, 18, 19: IV Ki. 9. 21, 25, 26.

[**Th.** III Ki. 21 (20). 13.]

(2) abest in Heb.

III Ki. 20 (21). 27.

Ναβουσαζαβάν. נְבוּשַׁזְבָּן (נון ועירא)

[**Th.** Je. 46 (39). 13.]

Ναβουσαράχ. aliter in Heb.

Je. 46 (39). 3 (Q) (נבו שרסכים).

Ναβουσαρείς (-ρίς). aliter in Heb.

Je. 46 (39). 3 (A B S? Q) (רב־סריס) (Joseph. Ναβώσαρις) (*Wirc.* Nabusari).

Ναβουσαχάρ. aliter in Heb.

Je. 46 (39). 3 (A B S) (נבו שרסכים) (*Wirc.* Nathacar).

Ναβουσεείς. aliter in Heb.

Je. 46 (39). 3 (S*) (רב־סריס).

Ναβουχοδονοσόρ.

Joseph. Ναβοκοδρόσορος, Ναβουχοδονόσορος.

(1) נְבוּכַדְנֶאצַּר

II Ch. 36. 6, 10, 13: II Es. 1. 7: 5. 12, 14: 6. 5: Je. 34. 5 (27. 6) (A B Q), 6 (27. 8) (Q^mg): 35 (28). 3 (Q^mg): 36 (29). 3 (Q^mg): 41 (34). 1: Da. LXX. 1. 1: 5. 12: Da. TH. 1. 1.

[**Aq.** Je. 36 (29). 1, 3.]
[**Sm.** Je. 36 (29). 3.]
[**Th.** Je. 36 (29). 1, 3: 46 (39). 5.]

(2) נְבוּכַדְנֶצּוֹר (יתיר ו׳)

II Es. 2. 1.

(3) נְבוּכַדְנֶצַּר

II Es. 17 (Ne. 7. 6): Es. 2. 6: Je. 41 (34). 1 (?): Da. LXX. 2. 28, 46: 3. 1, 2 *bis*, 3 *bis*, 5, 7, 9, 13, 14, 16, 19 (*Wirc.* Nabucodonosor), 91 (24), 95 (28): 4. 1 (4), 25 (28), 28 (31), 30 (33): 5. 2: Da. TH. 2. 28, 46 (A B Q^a Γ): 3. 1, 2 (A Q Γ), 3, 3 (A Γ^vid), 5, 7, 9, 13, 14, 16, 19, 91 (24), 93 (26), 95 (28): 4. 1 (4), 15 (18), 25 (28), 28 (31), 30 (33), 31 (34): 5. 2, 11.

[**Aq.** Da. 3. 24 (91).]
[**Th.** Da. 3. 2†, 3†, 9†, 24 (91): 4. 1, 25 (Syr.^mg) (Sw.).]

(4) נְבוּכַדְרֶאצַּר

Je. 24. 1: 26 (46). 2, 13 (A Q): 28 (51). 34: 39 (32). 1: 42 (35). 11: 44 (37). 1 (A S Q) (*Wirc.* Nabuchodonossor): 46 (39). 1: 50 (43). 10: 51 (44). 30: 52. 4 (A B S Q^a), 12 (S^d mg inf Q^mg), 28 (Q^mg), 29 (Q^mg), 30 (Q^mg): Ez. 26. 7: 29. 18, 19: 30. 10.

[**Aq.** Je. 21. 2, 7: 22. 25: 25. 1, 9 (Sw.).]
[**Sm.** Je. 21. 2 (Sw.), 7, 9 (Sw.).]
[**Th.** Je. 21. 2, 7: 22. 25: 25. 9 (Sw.): 26 (46). 26: 39 (32). 28: 46 (39). 11: 52. 28, 29, 30.]

(5) נְבוּכַדְרֶצּוֹר

Je. 30. 6 (49. 28) (יתיר ו׳).

(6) נְבֻכַדְנֶאצַּר

Luc. Ναβουχοδονοσσορ.

IV Ki. 24. 1, 10 (B), 11 (B): 25. 1, 8, 22: I Ch. 6. 15 (5. 41).

[**Aq.** Je. 35 (28). 11, 14.]
[**Sm.** Je. 35 (28). 11.]
[**Th.** Je. 34 (27). 20: 35 (28). 11, 14.]

(7) נְבֻכַדְנֶצַּר

Da. LXX. 1. 18: 2. 1: Da. TH. 1. 18: 2. 1 (A), 1: 4. 34 (37): 5. 18.

[**Al.** Da. 1. 18.]

(8) abest in Heb.

II Ch. 36. 5 a: Ez. 29. 17 (*tit.*) (Q^mg sup): Da. LXX. 2. 1 (*tit.*) (87 Syr), 48: 3. 98 (4. 1): 4. 30 a, 30 c, 34 b, 34 c: Da. TH. 3. 98 (4. 1).

(9) in libr. apocr.

I Es. 1. 38 (40) (= נבוכדנאצר II Ch. 36. 6), 39 (41) (= נבוכדנאצר II Ch. 36. 7), 43 (45) (= נבוכדנאצר II Ch. 36. 10), 46 (48) (= נבוכדנאצר II Ch. 36. 13): 2. 9 (10) (= נבוכדנצר Ezr. 1. 7): 5. 7 (= נבוכדנצור [יתיר ו׳] Ezr. 2. 1: נבוכדנצר Ne. 7. 6): 6. 14 (15) (= נבוכדנצר Ezr. 5. 12), 17 (18) (= נבוכדנצר Ezr. 5. 14), 25 (26) (= נבוכדנצר Ezr. 6. 5): Es. A 3 (11. 4): Ju. 1. 1 (5^a), 5 (5^b), 7 (7^b), 11, 12: 2. 1, 4, 19 (11): 3. 2, 8 (13): 4. 1: 6. 2, 4 (4^a): 11. 1, 4, 7 (5) *bis*, 23 (21): 12. 13 (12): 14. 18 (16): To. 14. 15 (A B S^c.a): Ba. 1. 9, 11, 12: Ep. Je. 1.

Ναβουχοδοσόρ. aliter in Heb.

Da. TH. 2. 46 (Q*) (נבוכדנצר).

Ναβουχορδονοσόρ. aliter in Heb.

Je. 44 (37). 1 (B) (נבוכדראצר).

Ναβώ. נְבוֹ

Nu. 32. 38 (F) (Luc. *om.*): II Es. 2. 29 (A) (Luc. Ναβαυ): Is. 46. 1 (B) (*Wirc.* Dagon).

[**Aq., Th.** Is. 46. 1.]

Ναβώθ. נֹבַח

Nu. 32. 42 (*Mon.* Nabau).

Νάβωκ. נֶקֶב

Jo. 19. 33 (B) (Luc. αννεκβ).

Νάγαι (-γε). נֹגַהּ

I Ch. 3. 7 (Joseph. Ναγέης) (Luc. Νεεγ).

Ναγαργασνασέρ. aliter in Heb.

Je. 46 (39). 3 (B [sed aliter dist] S^1) (נרגל שראצר).

Νάγε, *vid.* **Νάγαι.**

Νάγεβ. נֶגֶב

Jo. 10. 40 (A F): 11. 16 (A) (Luc. Νεγεβ): 12. 8 (B F) (Luc. ἐν τῇ ἐρήμῳ): 15. 19: Ob. 1. 19 (εναγεβ S*), 20: Ez. 20. 46 (21. 2), 47 (21. 3).

Ναγέδ. abest in Heb.

II Ki. 5. 16 (B) (? = נפג *v.* 15) (Luc. *om.*).

Νάγεθ (A B), **Νάγετ** (S). aliter in Heb.

I Ch. 14. 6 (נגה) (Luc. Ναγε).

Ναδάβ. (1) נָדָב

Ex. 6. 23 (A B^ab F): 24. 1 (A B), 9: 28. 1 (Joseph. Νάδαβος): Le. 10. 1: Nu. 3. 2, 4: 26. 60, 61: III Ki. 15. 25 (A) (*Lucc.* Nadab), 31 (A): I Ch. 2. 28, 30: 6. 3 (5. 29): 8. 30 (A): 9. 36: 24. 1 (A^a B), 2.

[**Aq.** III Ki. 14. 20.]

(2) aliter in Heb.

Ca. 7. 1 (2) (B S) (נדיב).

(3) in libr. apocr.

To. 14. 10 (S) *quater*.

Ναδαβάθ. in libr. apocr.

I Ma. 9. 37 (A) (Joseph. Ναβαθα).

Ναδαβαῖος. נוֹדָב

I Ch. 5. 19 (Luc. Νηδαβαῖος).

Ναδασαί. aliter in Heb.

II Ki. 24. 6 (B) (חדשי) (ν praec) (Luc. Καδης).

Ναδειά. aliter in Heb.

II Es. 20. 8 (Ne. 10. 9) (B) (מעזיה) (Luc. Μααζίας).

Ναεβανά. aliter in Heb.

IV Ki. 5. 12 (A) (אבנה) (Luc. Αβανα).

Ναεήλ. aliter in Heb.

II Es. 13 (Ne. 3). 1 (S) (חננאל) (Luc. Ανενεηλ).

Νάεθ. נַחַת

II Ch. 31. 13 (A) (Luc. Νααθ).

Ναεί. aliter in Heb.

Jd. 1. 31 (B) (אפיק) (Luc. Αφεκ).

Νάειδος, *vid.* Ναῖδος.

Ναεμάνει (-νι). נַחֲמָנִי

II Es. 17 (Ne. 7). 7 (A B) (Luc. Ναιμανι).

Ναεμιά. aliter in Heb.

II Es. 17 (Ne. 7). 7 (B[ab]) (רעמיה) (Luc. Δαιμίας).

Ναζαραῖοι. in libr. apocr.

I Ma. 3. 49 (V).

Ναζειραῖος (-ζιρ.). (1) נְזִירֵי

La. 4. 7.

[Aq., Sm., Th. Am. 2. 12.]

(2) aliter in Heb.

[Sm., Th. Nu. 32. 12 (קנזי).]

(3) in libr. apocr.

I Ma. 3. 49 (A S).

Ναζηραῖος. נָזִיר

[Sm. Nu. 6. 18, 19.]

Ναζιραῖος, *vid.* Ναζειραῖος.

Ναήμ. abest in Heb.

I Ch. 4. 19 (A) (נחם praec) (Luc. Ναουμ).

Ναθαλίας. aliter in Heb.

I Ch. 25. 2 (B) (נתניה) (Luc. Ναθανίας).

Ναθάμ. נָתָן

Ps. 50 (51). 2 (R*).

Νάθαν. (1) [אֱל]נָתָן

Je. 43 (36). 12 (A Q*), 25 (A).

[Al. Je. 36 (43). 12.]

(2) דָּתָן

Nu. 26. 9 (F*) (Luc. Δαθαν).

(3) נָתָן

Joseph. Νάθας.

II Ki. 5. 14 (*Vind.* Natham: *Lucc.* Nathae [genit]): 7. 2, 3, 4, 17: 12. 1, 5, 7, 13 *bis*, 15, 25: 23. 36: III Ki. 1. 8, 10, 11, 22, 23, 24 (Luc. *om.*), 32, 34, 38, 44, 45: 4. 5 *bis*: I Ch. 2. 36 *bis*: 3. 5: 11. 38: 14. 4: 17. 1 (A B S? [N superscr]), 2, 3, 15: 29. 29: II Ch. 9. 29: 29. 25: II Es. 8. 16 (Luc. *om.*): 10. 39: Ps. 50 (51). 2 (A B S R[1] T): Za. 12. 12.

(4) נְתַן (? constr.)

IV Ki. 23. 11.

(5) נְתַנְיָהוּ

I Ch. 25. 12 (B) (Luc. Ναθανίας).

(6) aliter in Heb.

Za. 12. 12 (A*[vid]) (דויד): Is. 20. 1 (A B[b] [?] S*): Je. 45 (38). 1 (A B S).

(7) abest in Heb.

II Ki. 5. 16 (B) (? = נתן *v.* 14) (Luc. *om.*): III Ki. 1. 23 (B*) (*bis scr*): 2. 46 h (B) *bis.*

(8) in libr. apocr.

I Es. 8. 43 (45) (= נתן Ezr. 8. 16): Si. 47. 1 (A[b] B S C): To. 5. 14 (S).

Ναθανά. aliter in Heb.

I Ch. 26. 2 (A) (יתניאל) (Luc. Ναθαναηλ).

Ναθαναεμέθ. aliter in Heb.

Je. 47 (40). 8 (S) (תנחמת) (ו praec.).

Ναθαναήλ.

Joseph. Ναθανάηλος.

(1) נְתַנְאֵל

Nu. 1. 8: 2. 5: 7. 18 (A B S), 23: 10. 15: I Ch. 2. 14: 15. 24: 24. 6: 26. 4 (A): II Ch. 17. 7: 35. 9: II Es. 10. 22: 22 (Ne. 12). 21 (S[c.a mg inf]).

(2) in libr. apocr.

I Es. 1. 9 (= נתנאל II Ch. 35. 9): Ju. 8. 1.

Ναθανάηλος. in libr. apocr.

I Es. 9. 22 (B) (= נתנאל Ezr. 10. 22) (Luc. Ναθαναηλ).

Ναθανείμ. נְתִינִים

II Es. 17 (Ne. 7). 60 (A) (Luc. Ναθιναῖοι).

Ναθανιά. aliter in Heb.

Luc. Μαθθανίας.

II Es. 22 (Ne. 12). 35 (B) (מתניה): 23 (Ne. 13). 13 (B) (מתניה).

Ναθανίας. (1) נְתַנְיָה

IV Ki. 25. 23 (B), 25: I Ch. 25. 2 (A): Je. 47 (40). 14 (Q[mg]): 48 (41). 1 (incep Ναθαλ S*), 2 (Q[mg]), 7 (Q[mg]), 10 (Q[mg]), 15 (Q[mg]).

[Th. Je. 48 (41). 16 (Sw.).]

(2) נְתַנְיָהוּ

I Ch. 25. 12 (A) (*Lucc.* Natamas): II Ch. 17. 8 (A): Je. 43 (36). 14: 47 (40). 8.

(3) in libr. apocr.

I Es. 9. 34 (= נתן Ezr. 10. 39) (Luc. Ναθαν).

Ναθείν. נְתִינִים

II Es. 8. 20 (B[b vid] [ειμ non inst]) (Luc. Ναθιναῖοι).

Ναθεινειγείμ (-θινιν.). aliter in Heb.

II Es. 17 (Ne. 7). 60 (B*, b? S) (Luc. Ναθιναῖοι).

Ναθεινίμ (-νείμ), (-θινείμ).

Luc. Ναθιναῖοι.

(1) נְתִינַיָּא

II Es. 7. 24.

(2) נְתִינִים

II Es. 2. 43 (B), 58 (A), 70 (A): 7. 7: 8. 20 (A B*), 20: 13 (Ne. 3). 26: 17 (Ne. 7). 46, 73: 20. 28 (Ne. 10. 29).

Ναθεινίν. נְתִינִים

II Es. 2. 58 (B) (Luc. Ναθιναῖοι).

Ναθιναῖοι. נְתִינִים

II Es. 2. 43 (A): 21 (Ne. 11). 3 (A S[c.a mg]), 21 (S[c.a mg inf]) *bis.*

Ναθινείμ, *vid.* Ναθεινίμ.

Ναθώθ. [עֲ]נָתוֹת

II Es. 17 (Ne. 7). 27 (A) (Luc. Αναθωθ)

Ναιβάλ. aliter in Heb.

Ps. 82 (83). 8 (B S*).

Ναιβάς. נִבְחַז (ו רבתא)

IV Ki. 17. 31 (A) (Luc. Εβλαιεζερ).

Ναιβεώρ. נְבָיֹת

Ge. 25. 13 (E) (Samar. [Samaritan] ניבאות) (Luc. Ναβαιωθ).

Ναίδ. נוֹד

Ge. 4. 16.

Ναῖδος (Νάειδος). in libr. apocr.

I Es. 9. 31 (? = בניה Ezr. 10. 30) (Luc. Βαναίας).

Ναιέ. וְאַיָּה

Ge. 36. 24 (E) (Luc. Αιαι).

Ναιμάν.

Luc. Νεεμαν.

(1) נַעֲמָן

IV Ki. 5. 1, 2, 6, 9, 11, 17, 20, 21 *bis*, 23, 27.

(2) aliter in Heb.

IV Ki. 5. 19 (pron. suff.).

(3) abest in Heb.

IV Ki. 5. 5, 8, 14, 23 (A).

Ναιμίας. in libr. apocr.

I Es. 5. 40 (B) (abest in Ezr. 2. 63: Ne. 7. 65) (Luc. Νεεμίας).

Νάιν, Ναίν. (1) קַרְנַיִם

Ge. 14. 5 (E) (και Ναιν [? Καιναιν]) (Luc. Καρναιν).

(2) aliter in Heb.

Luc. Αιν.

III Ki. 15. 20 (A) (עיון) (ν praec): IV Ki. 15. 29 (A) (τῆ | praec).

Ναισθά. נְחֻשְׁתָּא

IV Ki. 24. 8 (A) (Luc. Νεεσθαν).

Νακάν. abest in Heb.

Jo. 18. 27 (B) (Luc. *om.*).

Νάκεβ. נֶקֶב

Jo. 19. 33 (A) (Luc. αννεκβ).

Ναμαθίτης. נַעֲמָתִי

[Sm. Jb. 2. 11: 42. 9.]

Ναμαναδάθης. in libr. apocr.

Es. A 17 (12. 6) (ut vid B[b (forb)]) (Luc. 'Αμαδάθης).

Ναμβρά. נִמְרָה

Nu. 32. 3 (B) (Luc. Μαμβραν) (*Mon.* Nabra).

Ναμεσθεί. aliter in Heb.

III Ki. 19. 16 (B) (נמשי) (Luc. Ναμεσσι) (Joseph. Νεμεσαῖος).

Ναμεσίας. נִמְשִׁי

IV Ki. 9. 20 (A) (Luc. Ναμεσι).

Ναμεσσά. נִמְשִׁי

IV Ki. 9. 14 (A[a] [α 2° sup ras]) (Luc. Ναμεσι).

Ναμεσσεί (-σί). (1) נִמְשִׁי

Luc. Ναμεσι: Joseph. 'Αμασῆς, Νεμεσαῖος: *Spec.* Namessi.

IV Ki. 9. 2 (B) (*Lucc.* Mannasse), 14 (A*[vid] B): II Ch. 22. 7 (Luc. Ναμεσσει).

[Aq., Sm., Th. IV Ki. 9. 20.]

(2) abest in Heb.

[Sm., Th., Quint. IV Ki. 13. 6.]

Ναμεσσείας (-σίας). נִמְשִׁי

IV Ki. 9. 20 (B) (Luc. Ναμεσι).

Ναμεσσί, *vid.* Ναμεσσεί.

Ναμεσσίας, *vid.* Ναμεσσείας.

Ναμμαούν. in libr. apocr.

I Ma. 4. 3 (S*) (ν praec).

Ναμνά. aliter in Heb.

I Ch. 1. 39 (B) (תמנע) (Luc. Θαμνα).

Ναμουήλ. נְמוּאֵל

Nu. 26. 9, 12 (*Lugd.* Annanuel): I Ch. 4. 24.

Ναμουηλεί (-λί). נְמוּאֵלִי

Nu. 26. 12.

Ναμρά. נִמְרָה

Nu. 32. 3 (F) (Luc. Μαμβραν).

Ναμράμ. נִמְרָה
Nu. 32. 36 (B F) (Luc. [Ν]αμβραν) (*Mon.*, *Lugd.* Nambram).

Ναναία, ἡ. in libr. apocr.
II Ma. 1. 13 *bis*.

Ναναῖος. in libr. apocr.
II Ma. 1. 15.

Ναούμ.
Joseph. Ναοῦμος.
(1) נַחוּם
Na. *inscr.*: 1. 1.
(2) נְחוּם
II Es. 17 (Ne. 7). 7.
(3) abest in Heb.
Na. *subscr.*
(4) in libr. apocr.
To. 14. 4 (6) (S).

Ναργέλ. נֵרְגַל
[**Th.** Je. 46 (39). 13.]

Νασαράχ. נִסְרֹךְ
Is. 37. 38 (B).

Νασβᾶς. in libr. apocr.
To. 11. 18 (20) (A B).

Νασεί. in libr. apocr.
I Es. 5. 32 (B) (= נציח Ezr. 2. 54: Ne. 7. 56) (Luc. Νεσια).

Νασείβ (-σίβ). (1) נְצִיב
Luc. ὑπόστεμα.
Jo. 15. 43 (B) (Luc. Νεσειβ): I Ki. 13. 3 (B), 4 (B).
(2) aliter in Heb.
I Ki. 1. 1 (B) (בן־צוף) (Luc. υἱοῦ Σωφ): 10. 5 (נצבי) (Luc. ἀνάστημα).

Νάσειβος. in libr. apocr.
I Es. 9. 1 (B) (= אלישיב Ezr. 10. 6) (Luc. *om.*).

Νασέρ. aliter in Heb.
Je. 46 (39). 3 (A S* Q) (נרגל שראצר) (*Wirc.* Nesei).

Νασίβ, *vid.* **Νασείβ.**

Νασίθ. in libr. apocr.
I Es. 5. 32 (A) (= נציח Ezr. 2. 54: Ne. 7. 56) (Luc. Νεσια).

Νασούς. נְצִיחַ
II Es. 2. 54 (B) (Luc. Μεσεια).

Νασσών. נַחְשׁוֹן
Nu. 1. 7 (B) (Luc. Ναασσων).

Νασώρ. in libr. apocr.
I Ma. 11. 67 (A V).

Ναυβουζαρδάν. נְבוּזַרְאֲדָן
Je. 52. 12 (S?).

Ναυή.
Joseph. Ναύηκος, Ναυῆχος.
(1) נוּן
Ex. 33. 11: Ne. 11. 28: 13. 9 (8) (AB), 17 (16): 14. 6, 30 (inter υ et η ras 1 lit in A?), 38: 26. 65: 27. 18: 32. 12, 28: 34. 17: De. 1. 38: 31. 23 (A F): 32. 44: 34. 9: Jo. *tit.* (A): 1. 1: 2. 1, 23: 6. 6: 14. 1: 19. 49, 51: 21. 1: 24. 29: Jd. 2. 8: III Ki. 16. 34 (Luc. *om.*): II Es. 18 (Ne. 8). 17.
[**Aq.**, **Sm.** Jo. 1. 1.]
(2) abest in Heb.
Jo. 2. 24 (F) (Luc. *om.*): 5. 9 (B) (Luc. *om.*): 17. 4 (A): *subscr.*: Jd. 2. 21 (B) (Luc. *om.*).
(3) in libr. apocr.
Si. 46. 1: To. 1. 1 (A).

Ναυιώθ. נָיוֹת, נָוִית* [ק״]
Luc. Αυαθ.
I Ki. 19. 18 (A), 19 (A), 22 (A), 23 (A) *bis*: 20. 1 (A).

Ναυνά. נוּן
Nu. 13. 9 (8) (F) (Luc. Ναυη).

Ναφά. aliter in Heb.
II Ki. 3. 34 (A) (נפול) (Luc. Ναβαλ).

Νάφαγ. נֶפֶג
I Ch. 14. 6 (A) (Luc. Ναφεκ).

Νάφαθ. aliter in Heb.
I Ch. 3. 7 (B) (נגה) (Luc. Νεεγ) (Joseph. Νάφης): 14. 6 (B) (נפג) (Luc. Ναφεκ).

Νάφαλ. aliter in Heb.
[**Th.** II Ki. 3. 34 (נפול).]

Ναφάρ. aliter in Aram.
II Es. 4. 10 (A) (אסנפר) (Luc. Σαλμα νασσάρης).

Νάφατ. aliter in Heb.
I Ch. 14. 6 (S) (נפג) (Luc. Ναφεκ).

Νάφεγ. נֶפֶג
Ex. 6. 21 (F) (Luc. Ναφεκ): I Ch. 3. 7 (A) (Luc. Νεεγ).

Ναφεδδώρ. נָפַת דּוֹר
Jo. 12. 23 (A) (Luc. [Ν]αφαθδωρ).

Ναφεδώρ. נָפוֹת דּוֹר
Jo. 11. 2 (A*) (Luc. Ναφεθδωρ).

Ναφέθ. (1) נָפִישׁ
Ge. 25. 15 (*D*) (Luc. Ναφεις).
(2) aliter in Heb.
Jo. 17. 7 (B^ab mg) (תפוח) (Luc. Ναφθωθ).

Ναφεθά. נֶפֶת
Jo. 17. 11 (A) (Luc. Νοφεθ).

Ναφεθδώρ. נָפוֹת דּוֹר
Jo. 11. 2 (A¹ F).

Ναφεισαδαῖοι. aliter in Heb.
I Ch. 5. 19 (B) (נפיש) (Luc. Ναφισαῖοι).

Ναφεισεί (-φισί). in libr. apocr.
I Es. 5. 31 (= נפיסים*, נפוסים [ק״] Ezr. 2. 50: נפישסים*, נפושסים [ק״] Ne. 7. 52) (Luc. Νεφωσειμ).

Ναφεισών. נְפוּסִים, נְפִיסִים* [ק״]
II Es. 2. 50 (B) (Luc. Νεφουσειμ).

Νάφεκ. (1) נֶפֶג
Ex. 6. 21 (A B) (*Lugd.* Naphaec: *Lucc.* Nafeth): II Ki. 5. 15 (Luc. Ναφεθ) (*Vind.* Naphech).
(2) abest in Heb.
II Ki. 5. 16 (B) (?=נפג *v.* 15) (Luc. *om.*).

Ναφές. נָפִישׁ
Luc. Ναφεις: Joseph. Νάφαισος, Ναφαῖος.
Ge. 25. 15 (A E): I Ch. 1. 31.

Ναφθώ. נֶפְתּוֹחַ
Jo. 15. 9 (A) (Luc. Ναφ[θ]ω): 18. 15.

Ναφισαῖοι. נָפִישׁ
I Ch. 5. 19 (A).

Ναφισί, *vid.* **Ναφεισεί.**

Ναφλαζών. נִבְשָׁן
Jo. 15. 62 (B) (Luc. Νεβσαν).

Νάχεθ. (1) נַחַת
I Ch. 1. 37 (A*).
(2) aliter in Heb.
I Ch. 4. 19 (B) (נחם) (Luc. Ναουμ).

Νάχεμ. נַחַם
I Ch. 4. 19 (A) (Luc. Ναουμ).

Νάχες. aliter in Heb.
I Ch. 1. 37 (B) (נחת) (Luc. Ναχεθ).

Νάχοθ. נַחַת
Samar. ℵ𐡄𐡍: Luc. Ναχεθ.
Ge. 36. 13 (*D*^sil E), 17 (A *D*) (*Wirc.* Nachot).

Νάχομ. נַחַת
Ge. 36. 13 (A) (Samar. ℵ𐡄𐡍) (Luc. Ναχεθ).

Ναχορδάν. aliter in Heb.
Is. 37. 38 (S* Q^mg) (אסר־חדן).

Ναχών. נָכוֹן
II Ki. 6. 6 (A) (Luc. Ορνα).

Ναχώρ, **Νάχωρ.** (1) נָחוֹר
Joseph. Ναχώρης.
Ge. 11. 22 (A), 23, 24, 25, 26, 27 (A), 29 *bis*: 22. 20, 23: 24. 10, 15, 24, 47: 29. 5: 31. 53: Jo. 24. 2: I Ch. 1. 26.
(2) נַחְרַי
I Ch. 11. 39 (B S) (Luc. Νoαραι).
(3) נַחַת
Ge. 36. 17 (E) (Samar. ℵ𐡄𐡍) (Luc. Ναχεθ).
(4) abest in Heb.
Ge. 11. 31 (*D*) (Luc. *om.*).
[**Aq.** Ge. 12. 5 (P.).]

Νεβάτ. נְבָט
[**Aq.** IV Ki. 23. 15 (Bi.).]

Νεβηρείμ. aliter in Heb.
Is. 15. 6 (Γ) (נמרים).

Νεβούς. נְבוֹ
[**Sm.** Is. 46. 1.]

Νεβρείμ (-ρίμ). aliter in Heb.
Is. 15. 6 (S) (נמרים): Je. 31 (48). 34 (נמרים).

Νεβρείν. aliter in Heb.
Je. 31 (48). 34 (B) (נמרים).

Νεβρίμ, *vid.* **Νεβρείμ.**

Νεβρώδ. (1) נִמְרוֹד
I Ch. 1. 10: Mi. 5. 6 (5) (*Weingart.* Nebroth).
(2) נִמְרֹד
Joseph. Ναβρώδης, Νεβρώδης: *Lucc.* Nebrot.
Ge. 10. 8 (A *D*), 9 (A).

Νεβρών. נִמְרֹד
Luc. Νεβρωδ.
Ge. 10. 8 (E), 9 (*D* E).

Νεβσάν. נִבְשָׁן
Jo. 15. 62 (A [Νεβσᾶ]).

Νεεμείας (-μίας), (-α *vel* -ου). (1) נְחֶמְיָה
II Es. 2. 2 (A): 11 (Ne. 1). 1: 13 (Ne. 3). 16: 17 (Ne. 7). 7: 18 (Ne. 8). 9: 20. 1 (Ne. 10. 2): 22 (Ne. 12). 26, 47 (A S^c.a).
(2) aliter in Heb.
II Es. 17 (Ne. 7). 70 (B S*) (התרשתא) (Luc. Αθαρασθας).
(3) in libr. apocr.
I Es. 5. 8 (= נחמיה Ezr. 2. 2: Ne. 7. 7), 40 (A) (abest in Ezr. 2. 63: Ne. 7. 65): Si. 49. 13 (15) (A S^c.a): II Ma. 1. 18, 20, 21, 23, 31, 33, 36 (A V^a): 2. 13.
(4) adnot. scr.
II Es. 11 (Ne. 1). 1 (B^c mg sup).

Νεέμιος. נְחֶמְיָה
II Es. 2. 2 (B) (Luc. Νεεμίας).

Νεερέ. aliter in Heb.

I Ch. 11. 30 (B S) (מהרי) (Luc. Μαρρι).

Νεεσθάμ. נְחֻשְׁתָּן

[**Sm.** IV Ki. 18. 4.]

Νεεσθέν. נְחֻשְׁתָּן

[**Th.** IV Ki. 18. 4.]

Νεεσσαράν. נַעֲרָה

I Ki. 21. 7 (8) (B) (Luc. Νεεσσαρ).

Νεθιέ. aliter in Heb.

II Es. 2. 54 (A) (נציח) (Luc. Μεσεια).

Νεθωφαθείτης. נְטֹפָתִי

IV Ki. 25. 23 (A) (Luc. Νετωφαθίτης).

Νεθωφατεί. נְטוֹפָתִי

I Ch. 11. 30 (B) (Luc. Νετωφαθι).

Νεισά, *vid.* **Νισά.**

Νεισάν, *vid.* **Νισάν.**

Νεισειά. נְצִיחַ

II Es. 17 (Ne. 7). 56 (A) (Luc. Νεσια).

Νεισός. aliter in Heb.

III Ki. 6. 4 (37) (B) (זו) (Luc. Ζιου).

Νειφεῖς. in libr. apocr.

I Es. 5. 21 (B) (=נבו? Ezr. 2. 28 : Ne. 7. 33) (Luc. aliter).

Νεκούβ. aliter in Heb.

II Es. 17 (Ne. 7). 53 (S) (בקבוק) (Luc. Βακβουκ).

Νεκωδά. נְקוֹדָא

II Es. 2. 60 : 17 (Ne. 7). 50 (A B), 62.

Νεκωδάμ. נְקוֹדָא

II Es. 17 (Ne. 7). 50 (S) (Luc. Νεκωδα).

Νεκωδάν.

Luc. Νεκωδα.

(1) נְקוֹדָא

II Es. 2. 48 (A).

(2) in libr. apocr.

I Es. 5. 37 (=נקודא Ezr. 2. 60 : Ne. 7. 62).

Νέμεκ. עֵמֶק

Jo. 13. 27 (A) (εν εμεκ?) (Luc. Εμεκ).

Νεμηρείμ (-ρίμ). נִמְרִים

Is. 15. 6 (B Q^mg).

[**Aq., Sm.** Je. 48 (31). 34.]

Νεμίας. in libr. apocr.

II Ma. 1. 36 (V*).

Νεμμάθ. חַמַּת

Jo. 21. 32 (B) (Luc. Αμαθδωρ).

Νεμμών. aliter in Heb.

Is. 15. 9 (S*) (דימון).

Νεμρά. abest in Heb.

Jo. 15. 35 (A¹) (Luc. *om.*).

Νεμρείμ. נִמְרִים

Is. 15. 6 (A Q*) : Je. 31 (48). 34 (Q).

Νεπωφαθείτης. aliter in Heb.

II Ki. 23. 28 (A) (נטפתי) (Luc. Νετουφαθι [*v.* 29]).

Νεσδραείμ. אֶדְרֶעִי

Jo. 13. 12 (A) (? εν εσδ.) (Luc. Εδραι).

Νεσεβών. aliter in Heb.

Je. 30 (49). 3 (S*) (חשבון) (ν praec).

Νεσερέχ. נִסְרֹךְ

[**Aq.** Is. 37. 38.]

Νεσθά. נְחֻשְׁתָּא

IV Ki. 24. 8 (B) (Luc. Νεεσθαι).

Νεσθαλεί (B), **Νεσθάν** (A). נְחֻשְׁתָּן

IV Ki. 18. 4 (Luc. Νεεσθαν).

Νεσίβ. נְצִיב

Jo. 15 43 (A) (Luc. Νεσειβ).

Νεσσαρά. aliter in Heb.

I Ki. 23. 19 (B) (במצדות) (Luc. Μεσσεραμ).

Νεσσαράν. נַעֲרָה

I Ki. 21. 7 (8) (A) (Luc. Νεεσσαρ).

Νεσταίν. abest in Heb.

Es. 9. 7 (B) (Luc. -νεσταν).

Νετέβας. in libr. apocr.

I Es. 5. 18 (B) (= נטפה Ezr. 2. 22 : Ne. 7. 26) (Luc. Νετωφατι).

Νετουφάτ. נְטוֹפָתִי

I Ch. 27. 13 (Luc. Νετωφαθι).

Νετωφά. נְטֹפָה

Luc. Νετωφατι.

II Es. 2. 22 (B) : 17 (Ne. 7). 26 (S).

Νετώφαε. in libr. apocr.

I Es. 5. 18 (A) (=נטפה Ezr. 2. 22 : Ne. 7. 26) (Luc. Νετωφατι).

Νετωφαθεί (-θί). (1) נְטוֹפָתִי

I Ch. 2. 54 (A) : 9. 16 (A) (Luc. Νετοφατι) : 11. 30 (A [Νετω sup ras pl litt A?]), 30 (A S).

(2) נְטֹפָתִי

II Es. 22 (Ne. 12). 28 (S^c.a mg) (Luc. Νετωφατι).

Νετωφατεί (-τί). (1) נְטוֹפָתִי

Luc. Νετωφαθι.

I Ch. 11. 30 (B) : 27. 15.

(2) נְטֹפָתִי

Je. 47 (40). 8 (A B Q).

Νεφαδδώρ. נָפַת דּאר

III Ki. 4. 11 (A) (Luc. Νετωφατι ?).

Νεφθαί. in libr. apocr.

II Ma. 1. 36 (V).

Νεφθαλεί (-λί). (1) נַפְתָּלִי

Luc. Νεφθαλειμ.

Ge. 30. 8 (A D) : 46. 24 (A) : 49. 21 (B *D* F) : Ex. 1. 4 (sup ras A¹ ; N, φθ sup ras B^1?a?b) : Nu. 1. 15, 42, 43 : 2. 29 (B [θαλει B^1?a?] F), 29 (B^1?a? F) : 7. 78 : 10. 27 : 13. 15 (14) : 26. 48, 50 : 34. 28 (*Mon.* Neptalin) : De. 27. 13 : 33. 23 (A F) *bis* : 34. 2 (B) (Luc. *om.*) : Jo. 19. 32, 39 (post Νε ras aliq in B?) : 20. 7 (Luc. *om.*) : 21. 6, 32 : Jd. 1. 33 (B) : 4. 6 (A), 6, 10 (Luc. Νεφθαλει[μ]) : 5. 18 (B) (Luc. Νεφθαλει[μ]) : 6. 35 (Luc. Νεφθαλει[μ]) : 7. 23 (B) : III Ki. 4. 15 (Luc. Νεφθαλει) : 7. 2 (14) (B) : 15. 20 : IV Ki. 15. 29 (B) : I Ch. 2. 2 (B) : 6. 62 (47), 76 (61) (B) : 7. 13 (Luc. Νεφθαλει[μ]) : 12. 34 (B S), 40 (A B) : 27. 19 : II Ch. 16. 4 : 34. 6 (B) : Ps. 67 (68). 28 (B) : Is. 9. 1 (8. 23) (Q) : Ez. 48. 4 (A B).

(2) abest in Heb.

Jd. 1. 33 (B).

(3) in libr. apocr.

To. 7. 3 (B).

Νεφθαλείμ (-λίμ). (1) נַפְתֻּחִים

Ge. 10. 13 (E) : I Ch. 1. 11 (A) (Luc. Νεφθωσειμ).

(2) נַפְתָּלִי

Joseph. Νεφθαλεῖς : *Lugd.* Nephthalim (saepissime).

Ge. 35. 25 : 46. 24 (*D*) : 49. 21 (A) : Nu. 2. 29 (A^a) (*Lugd.* Nephthalym), 29 (A) : De. 33. 23 (B) *bis* : 34. 2 (A F) (Luc. *om.*) : Jd. 1. 33 (A) : 4. 6 (B) : 5. 18 (A) (Luc. Νεφθαλει[μ]) : 7. 23 (A) : III Ki. 7. 2 (14) (A) : IV Ki. 15. 29 (A) : I Ch. 2. 2 (A) : 6. 76 (61) (A) : 12. 34 (A), 40 (S) : II Ch. 34. 6 (A) : Ps. 67 (68). 28 (S) : Is. 9. 1 (8. 23) (A B S Γ) : Ez. 48. 3, 4 (Q), 34 (A B Q Γ^vid) (*Wirc.* Neptalim).

[**Aq., Sm., Th.** Is. 9. 1 (8. 23).]

(3) in libr. apocr.

To. 1. 1, 2, 4, 5 : 7. 3 (A S).

(4) adnot. scr.

Ez. 48. 34 (Q^mg).

Νεφθαλείν. נַפְתָּלִי

Ps. 67 (68). 28 (R^a).

Νεφθαλέμ. נַפְתָּלִי

Ge. 30. 8 (E) (Luc. Νεφθαλειμ).

Νεφθαλί, *vid.* **Νεφθαλεί.**

Νεφθαλιείμ. נַפְתֻּחִים

Ge. 10. 13 (A) (Luc. Νεφθαλειμ) (Joseph. Νέδεμος) (*Lucc.* Neptabin).

Νεφθαλίμ, *vid.* **Νεφθαλείμ.**

Νεφθάρ. in libr. apocr.

II Ma. 1. 36, 36 (A).

Νεφουσείμ. נְפוּסִים, *נְפִיסִים [ק״]

II Es. 2. 50 (A).

Νεφφαθιείτης. aliter in Heb.

IV Ki. 25. 23 (B) (נטפתי) (Luc. Νετωφαθίτης).

Νεφωσαείμ (A), **Νεφωσασεί** (B), **Νεφωσασείμ** (S). נְפִישְׁסִים, *נְפוּשְׁסִים [ק״]

II Es. 17 (Ne. 7). 52.

Νεφωτά. aliter in Heb.

II Es. 2. 22 (A) (נטפה) (Luc. Νετωφατι).

Νεχαώ.

Joseph. Νεχαῦς, Νεχαώς.

(1) נְכֹה

IV Ki. 23. 29, 33, 34, 35 : II Ch. 35. 20, 22 : 36. 4 (χ sup ras A^h) : Je. 26 (46). 2.

(2) aliter in Heb.

II Ch. 36. 4 (Φαραὼ N. = מלך־מצרים).

(3) abest in Heb.

IV Ki. 23. 29 (B), 35 (A) : II Ch. 36. 2 c, 4 a : Je. 26 (46). 17.

Νεχωδά. נְקוֹדָא

II Es. 2. 48 (B) (Luc. Νεκωδα).

Νεωφατί. aliter in Heb.

Je. 47 (40). 8 (S) (נטפתי).

Νηλών. aliter in Heb.

I Ch. 6. 57 (42) (A) (יתר) (*cf.* חילן *v.* 43) (Luc. Αλωμ).

Νηνδώρ. עֵין דּוֹר

I Ki. 28. 7 (A) (ν praec) (Luc. Αενδωρ).

Νήρ. (1) נֵר

Joseph. Νῆρος.

I Ki. 14. 50 (A), 51 : 26. 5 : II Ki. 2. 8, 12 (A) : 3. 23, 25, 28, 37 : 4. 12 : III Ki. 2. 5, 32 : I Ch. 8. 33 : 9. 36, 39 : 26. 28.

(2) abest in Heb.

II Ki. 11. 21 (Luc. Ιεροβοαλ) : I Ch. 8. 30 (A).

Νηργέλ. נֵרְגַל

Je. 46 (39). 3 (A Q^mg).

[**Aq., Th.** Je. 46 (39). 13.]

Νηργές (Q), **Νηρεά** (Q^mg). aliter in Heb.

Je. 46 (39). 3 (נרגל).

Νηρεί. נֵר

I Ki. 14. 50 (B) (Luc. Νηρ).

Νηρείας (-ρίας). (1) נֵרִיָּה

Je. 28 (51). 59 (A B S^c.a Q): 39 (32). 12, 16: 43 (36). 4 (*Wirc.* Neri [genit]): 50 (43). 3: 51. 31 (45. 1).

[Aq. Je. 43 (36). 8: 51 (28). 59.]

[Sm. Je. 43 (36). 8.]

(2) נֵרִיָּהוּ

Je. 43 (36). 14 (A Q): 50 (43). 6.

(3) abest in Heb.

II Ch. 36. 5 (Luc. Ἰερεμίας): Je. 43 (36). 14.

(4) in libr. apocr.

Ba. 1. 1.

Νηριγέλ. נֵרְגַל

[Sm. Je. 46 (39). 13.]

Νιανά. aliter in Heb.

II Es. 10. 28 (B) (חנניה) (Luc. Ἀνανίας).

Νικάνωρ (Νεικ.) (-ορα, -ορος, -ορι *v.* -ορει). in libr. apocr.

I Ma. 3. 38: 7. 26, 27, 31, 32, 33, 39, 43, 44, 47: 9. 1: II Ma. 8. 9, 10, 12, 14, 23, 24, 34: 9. 3: 12. 2: 14. 12, 14, 15, 17, 18, 23, 26, 27, 28, 30 *bis*, 37, 39: 15. 1, 6, 25, 28, 30, 32, 33, 35, 37 (38): IV Ma. 3. 20.

Νινευείτης. in libr. apocr.

To. 1. 19 (22) (A).

Νινευή (Νην., Νηνευί), (indecl., -ήν, -ῆς).

(1) נִינְוֵה

Luc. Νινευι.

Ge. 10. 11, 12: IV Ki. 19. 36: Jn. 1. 2: 3. 2, 3 *bis*, 4, 5, 6, 7: 4. 11: Na. 1. 1: 2. 9: 3. 7: Ze. 2. 13: Is. 37. 37.

(2) in libr. apocr.

Ju. 1. 1 (5^a): 2. 1 (A), 21 (12): To. 1. 3, 10 (11), 17 (20), 19 (22) (B S), 22 (25): 7. 3: 11. 1, 15 (S), 16, 16 (S), 17 (20): 14. 1 (S), 4 (6), 4 (6) (S), 8 (10), 10 (13) (A B), 15, 15 (S), 15.

Νινευήτης. in libr. apocr.

To. 2. 2 (S).

Νισά.

Luc. Νισαν.

(1) aliter in Heb.

II Es. 12 (Ne. 2). 1 (S*) (ניסן): Es. 8. 9 (A B S*) (סיון).

(2) in libr. apocr.

Es. A 1 (11. 2) (A B S*).

Νισάν (Νεισάν). (1) נִיסָן

II Es. 12 (Ne. 2). 1 (A B S^c.a): Es. 3. 7 (S^c.a (mg)) (Luc. *om.*).

(2) abest in Heb.

Es. 4. 12 (S^c a mg inf) (Luc. *om.*).

(3) in libr. apocr.

I Es. 5. 6: Es. A 1 (11. 2) (S?).

Νλθειναινείμ (?). aliter in Heb.

II Es. 17 (Ne. 7). 60 (B? ?) (נתינים) (Luc. Ναθιναῖοι).

Νό. נֹא

[Sm. Ez. 30. 14, 15.]

Νοαδεί. נוֹעַדְיָה

II Es. 8. 33 (A^1 B) (Luc. Ιωαδδεια).

Νοαδίας. נוֹעַדְיָה

II Es. 16 (Ne. 6). 14 (B S) (Luc. Ωδη).

Νόβ. נֹב

II Ki. 21. 16 (A) (Luc. Ιωας): II Es. 21 (Ne. 11). 32 (S^c.a mg inf).

Νοβά.

Luc. Νομβα.

(1) נֹב

I Ki. 22. 19 (A).

(2) נֹבֶה

I Ki. 21. 1 (2) (A): 22. 9 (A).

Νοβάθ. נֹב

I Ki. 22. 11 (A) (Luc. Νομβα).

Νοεβά. in libr. apocr.

I Es. 5. 31 (?=נקודא Ezr. 2. 48: Ne. 7. 50) (Luc. Νεκωδα).

Νοεμά. (1) נַעֲמָה

Ge. 4. 22 (Luc. Νοεμμα) (Joseph. Νααμα).

(2) נַעֲמָן

Nu. 26. 44 (40) (A) (Luc. Νοεμαν).

Νοεμάν. נַעֲמָן

Ge. 46. 21 (A) (Luc. Νοεμμαν) (Joseph. Νεεμάνης) (*Lugd.* Alohelmal): Nu. 26. 44 (40) (F).

Νοεμανεί (-νί). (1) נָעֳמִי

Nu. 26. 44 (40) (A B^a mg inf F) (Samar. [Samaritan script]).

(2) נַעֲמָן

Nu. 26. 44 (40) (B) (Luc. Νοεμαν) (*Lugd.* Nomen).

Νοεμμεί. נָעֳמִי

Ru. 1. 3 (A) (Luc. Νοομι).

Νοεμμείν.

Luc. Νοομι.

(1) נָעֳמִי

Ru. 1. 2 (A).

(2) abest in Heb.

Ru. 1. 15 (A), 18 (A).

Νοεμμών. aliter in Heb.

Jo. 21. 32 (A) (קרתן) (Luc. Καρθαν).

Νοερέ. aliter in Heb.

II Ki. 23. 28 (B) (מהרי) (Luc. Μααρναι).

Νόϊς. נֹא

[Th. Ez. 30. 14, 15.]

Νομβά, Νόμβα. (1) נֹב

I Ki. 22. 19 (B) (Luc. Nouban).

(2) נֹבֶה

Joseph. Ναβά, Νομβά.

I Ki. 21. 1 (2) (B): 22. 9 (B).

Νομεέ. aliter in Heb.

I Ch. 7. 20 (A) (תחת) (Luc. Θααθ).

Νόμμα. נֹב

I Ki. 22. 11 (B) (Luc. Νομβα) (*Lucc.* Nomba).

Νοό. aliter in Heb.

I Ki. 30. 30 (B) (עתך) (Luc. Ναγεβ).

Νοοζά. aliter in Heb.

I Ch. 11. 30 (B S) (בענה) (Luc. Βανα).

Νοόμ. נַעַם

I Ch. 4. 15 (B).

Νοομά. (1) aliter in Heb.

I Ch. 8. 4 (B) (נעמן) (Luc. Ναμει), 7 (נעמן) (Luc. Νααμαν).

(2) in libr. apocr.

I Es. 9. 35 (A) (=נבו Ezr. 10. 43) (Luc. Ναβαυ).

Νοομέ. aliter in Heb.

I Ch. 7. 20 (B) (תחת) (Luc. Θααθ).

Νοομμά. נַעֲמָה

II Ch. 12. 13 (Luc. Νααμα) (*Lucc.* Naath).

Νοομμεί. נָעֳמִי

Luc. Νοομι.

Ru. 1. 8 (A): 2. 2 (A), 22 (A): 3. 1 (A): 4. 5 (A), 9 (A).

Νοομμείν. נָעֳמִי

Luc. Νοομι.

Ru. 1. 11 (A), 19 (A), 20 (A), 21 (A), 22 (A): 2. 6 (A), 20 (A) *bis*: 4. 14 (A), 16 (A).

Νοορά. (1) נַעֲרָה

Luc. Νοερα.

I Ch. 4. 5 (A), 6 (A) *bis*.

(2) נַעֲרַי

I Ch. 11. 37 (A) (Luc. Ναραι).

Νοοσθάμ. נְחֻשְׁתָּן

[Heb. IV Ki. 18. 4.]

Νοτωφαθεί. נְטוֹפָתִי

I Ch. 11. 30 (S) (Luc. Νετωφαθι).

Νουά. (1) [מְ]נוּחָה

Jd. 20. 43 (B) (Luc. κατάπαυσιν).

(2) נֹעָה

Nu. 26. 37 (33) (A B): 27. 1 (Luc. *om.*): 36. 11 (*Mon.* Anna): Jo. 17. 3.

Νούμ. (1) נוּן

I Ch. 7. 27 (Luc. Νουν).

(2) (lit. alphab.). abest in Heb.

La. 1. 14 (S): 2. 14 (S): 3. 40 (A): 4. 14 (A).

Νουμήμιος. in libr. apocr.

I Ma. 14. 24.

Νουμήνιος. in libr. apocr.

I Ma. 12. 16: 14. 22: 15. 15.

Νούν (lit. alphab.). abest in Heb.

La. 1. 14 (A B Q Γ): 2. 14 (A B Q Γ): 3. 40 (B Q), 41 (Q), 42 (Q): 4. 14 (B Q).

Νουσά. נֹעָה

Nu. 26. 37 (33) (F) (Luc. Νουα).

Νῦν (lit. alphab.). abest in Heb.

Ps. 118 (119). 105 (B).

Νῶ. נֹא

[Aq. Ez. 30. 15.]

Νωά. נוֹחָה

I Ch. 8. 2 (A) (Luc. Νουαα).

Νωαδά. נוֹעַדְיָה

II Es. 8. 33 (A*) (Luc. Ιωαδδεια).

Νωαδειά (-διά). aliter in Heb.

Luc. Νεαριου.

I Ch. 3. 22 (נעריה), 23 (נעריה): 4. 42 (נעריה) (Luc. Νααρίας).

Νωαδίας. נוֹעַדְיָה

II Es. 16 (Ne. 6). 14 (A) (Luc. Ωδη).

Νῶαι, *vid.* **Νῶε.**

Νωβαί. נִיבַי, נוֹבַי* [ק"]

II Es. 20. 19 (Ne. 10. 20) (A).

Νωδάβ. aliter in Heb.

II Ki. 6. 6 (B*) (נכון) (Luc. Ορνα).

Νῶε (-αι).

Joseph. Νῶε, Νώεος, Νῶχος.

(1) נֹחַ

Ge. 5. 29, 30: 6. 1 (5. 32) *bis*, 8, 9 *ter*, 10, 13, 22: 7. 1, 5, 6, 7, 9, 11, 13 *bis*, 13 (A D), 15, 23: 8. 1,

6, 11, 13, 15, 18, 20: 9. 1, 8, 17, 18, 19, 20, 24, 28, 29: 10. 1, 32: I Ch. 1. 4: Is. 54. 9: Ez. 14. 14, 20.

[Aq., Sm., Th. Is. 54. 9 *bis*.]

(2) aliter in Heb.

Ge. 7. 16 (pers. pron.).

(3) abest in Heb.

Ge. 8. 13: 9. 12 (Luc. *om.*): I Ch. 1. 4 (Luc. *om.*).

(4) in libr. apocr.

Si. 44. 17: To. 4. 12 (13) (A B): IV Ma. 15. 31.

Νωεμείν.

Luc. Νοομι: Joseph. Νοάμις.

(1) נָעֳמִי

Ru. 1. 3 (B) (*Lucc.* Noemmin), 8 (B), 11 (B), 19 (B), 20 (B), 21 (B), 22 (B): 2. 1, 2 (B), 6 (B), 20 (B) *bis*, 22 (B): 3. 1 (B): 4. 3, 5 (B), 9 (B), 14 (B), 16 (B), 17.

(2) abest in Heb.

Ru. 1. 15 (B), 18 (B).

Νωμά. נַעֲמָה

Jo. 15. 41 (A) (Luc. Νομα).

Νωμαθίτης. נַעֲמָתִי

[Th. JB. 2. 11: 42. 9.]

Νωμάν. נַעֲמָה

Jo. 15. 41 (B) (Luc. Νομα).

Νωρωήλ. aliter in Heb.

I Ch. 4. 18 (B) (מרד) (Luc. Μαρω).

Νωτεφατεί. נְטוֹפָתִי

I Ch. 9. 16 (B) (Luc. Νετοφατι).

Νωφάθ. aliter in Heb.

Je. 31 (48). 21 (S^c.a) (מופעת*, מיפעת [ק״]).

Νωχαθεί. aliter in Heb.

I Ch. 4. 19 (B) (מעכתי) (Luc. Μακαθι).

Ξ

Ξανθικός. in libr. apocr.

II Ma. 11. 30, 33, 38.

Ξέρξης. אֲחַשְׁוֵרוֹשׁ

Da. LXX. 9. 1.

Ξοροβαβέλ. זְרֻבָּבֶל

Hg. 2. 4 (S*).

O

Ὀαλούμ. aliter in Heb.

II Es. 13 (Ne. 3). 12 (S) (שלום) (Luc. Σελλουμ).

Ὀαρεβωά. aliter in Heb.

Es. 1. 10 (A) (חרבונא) (Luc. Θαρρα).

Ὀβά. aliter in Heb.

I Ch. 7. 34 (A) (יחבה) (Luc. Ιαβα).

Ὀβάβ. חֹבָב

Nu. 10. 29 (B) (Luc. Ιωβαβ) (*Lugd.* Ioab).

Ὀβαιά. חֲבַיָּה

II Es. 2. 61 (A) (Luc. Ωδουια).

Ὀββειά. in libr. apocr.

I Es. 5. 38 (B) (=חביה Ezr. 2. 61: Ne. 7. 63) (Luc. Ωδουια).

Ὀββδειού (-διού). (1) עוֹבַדְיָה

Ob. *inscr.* (B).

(2) עֹבַדְיָה

Ob. 1. 1 (B).

(3) abest in Heb.

Ob. *subscr.* (B).

Ὀβδιά, Ὀββδιά. (1) עֹבַדְיָה

I Ch. 7. 3 (A) (Luc. Αβδια): 9. 16 (A) (Luc. Αβια).

(2) in libr. apocr.

I Es. 5. 38 (A) (=חביה Ezr. 2. 61: Ne. 7. 63) (Luc. Ωδουια).

Ὀβδίας. עֹבַדְיָה

II Es. 22 (Ne. 12). 25 (S^c.a mg sup) (Luc. Ἀβδίας).

Ὀββδιού, *vid.* **Ὀββδειού.**

Ὀγά. aliter in Heb.

I Ch. 7. 34 (A) (רוהגה) (Luc. Ραγουε).

Ὀγοθολιά. עֲתַלְיָה

I Ch. 8. 26 (B) (Luc. Οθλια).

Ὀδολάμ. (1) עֶגְלוֹן

Jo. 10. 5 (B*) (Luc. Οδολ[λ]αμ).

(2) עֲדֻלָּם

Luc. Οδολλαμ.

I Ki. 22. 1 (A): II Ch. 11. 7 (B).

Ὀδολιά. aliter in Heb.

I Ch. 3. 24 (B) (הודויהו*, הודיוהו [ק״]) (Luc. Ωδια).

Ὀδολλά. עֲדֻלָּם

Jo. 15. 35 (A) (Luc. Αδαλαμ).

Ὀδολλάμ. (1) עֶגְלוֹן

Jo. 10. 3 (Luc. Οδολ[λ]αμ), 5 (B^ab) (Luc. Οδολ[λαμ]), 23, 34, 37.

(2) עֲדֻלָּם

Jo. 12. 15: 15. 35 (B) (Luc. Αδαλαμ): I Ki. 22. 1 (B) (Joseph. Ἀδολλάμη): II Ki. 23. 13: I Ch. 11. 15: II Ch. 11. 7 (A): Mi. 1. 15 (λ 1° ras B^a vid): II Es. 21 (Ne. 11). 29 (30) (S^c.a mg inf).

[Aq. Za. 6. 10.]
[Sm. Mi. 1. 15.]

(3) in libr. apocr.

II Ma. 12. 38.

Ὀδολλαμήτης. עֲדֻלָּמִי

Ge. 38. 20 (E) (Luc. Ὀδολλαμίτης).

Ὀδολλαμίτης (-μείτ.). עֲדֻלָּמִי

Ge. 38. 1 (A^b? E), 12 (A D), 20 (A D).

Ὀδολλάχ. עֶגְלוֹן

Jo. 10. 5 (A) (Luc. Οδολ[λ]αμ).

Ὄδομ. עֵדֶן

II Ch. 31. 15 (Luc. Ιαδαν).

Ὀδομηρά. in libr. apocr.

I Ma. 9. 66 (A S? V).

Ὀδορρά. הֲדוֹרָם

Ge. 10. 27 (Samar. ࠄࠃࠅࠓࠌ) (Luc. Οδορραμ) (Joseph. Ἐδώραμος) (*Lucc.* Odorren).

Ὀδουιά. הודויה

II Es. 20. 18 (Ne. 10. 19) (Luc. Ὠδίας).

Ὀδουίας. aliter in Heb.

I Ch. 27. 9 (B) (עירא) (Luc. Ἰδουίας).

Ὀδυιά. הוֹדַוְיָה

I Ch. 9. 7 (B) (Luc. Ωδουια).

Ὀεβοχά. aliter in Heb.

II Ki. 21. 18 (B [signa v l adscr B^?mg]) (סבכי) (Luc. Σοβεκχι).

Ὀζά. (1) עֻזָּא

Joseph. Ὀζᾶς.

II Ki. 6. 3 (B): IV Ki. 21. 18, 26: I Ch. 13. 7, 9, 10, 11 *bis*.

(2) עֻזָּה

II Ki. 6. 6 (B), 7 (B), 8 (B) *bis*: I Ch. 6. 29 (14) (B) (Luc. Οζια).

(3) עֻזָּן

Nu. 34. 26 (*Mon.* Uxa).

(4) aliter in Heb.

I Ch. 2. 29 (A) (אחבן) (Luc. Ναδαβ).

Ὀζαζά (? ὁ Ζαζά). זָזָא

I Ch. 2. 33 (A) (Luc. Ζηιζα).

Ὀζάζας. עֲזַזְיָהוּ

II Ch. 31. 13 (A) (Luc. Ὀζίας).

Ὀζάμ. aliter in Heb.

I Ch. 2. 33 (B) (זזא) (Luc. Ζηζα).

Ὀζάν. (1) אָזֵן

I Ch. 7. 24 (Luc. Ηρ- ?).

(2) abest in Heb.

Jo. 6. 26 (B*) (Luc. Αζαν).

Ὄζαρ. עֵזֶר

I Ch. 7. 21 (B) (Luc. Εζερ).

'Οζεί ('Οζί). (1) עֻזָּא
II Es. 17 (Ne. 7). 51 (Luc. Αζα).
(2) עֻזִּי
Joseph. Ὄζις.
I Ch. 6. 5 (5. 31), 6 (5. 32), 51 (36) (Luc. Οζιηλ): 7. 2, 3 (A), 7: 9. 8 (Luc. 'Οζίας): II Es. 21 (Ne. 11). 22 (A B S*): 22 (Ne. 12). 19 (S$^{c.a\ mg\ inf}$), 42 (S$^{c\ a\ mg}$).

'Οζειά, 'Οζιά, 'Οζειά, 'Οζιά. (1) אֲחַזְיָהוּ
I Ch. 3. 11 (B) (Luc. 'Οχοζίας).
(2) חֲזָיָה
II Es. 21 (Ne. 11). 5 (Luc. 'Οζίας).
(3) יַעֲזִיָּהוּ
Luc. Οζιας.
I Ch. 24. 26, 27.
(4) עֻזִּיָּא
I Ch. 11. 44 (Luc. 'Οζίας).
(5) עֻזִּיָּה
Luc. 'Οζίας.
I Ch. 6. 24 (9) (B): II Es. 10. 21: 21 (Ne. 11). 4 (A).
(6) aliter in Heb.
II Es. 10. 27 (B S) (עזיזא) (Luc. Οζει).

'Οζείας ('Οζίας), (-αν, -α v. -ου). (1) אֲחַזְיָה
II Ch. 20. 35 (A) (Luc. 'Οχοζίας).
(2) אֲחַזְיָהוּ
I Ch. 3. 11 (A) (Luc. 'Οχοζίας).
(3) עֻזִּיָּהוּ
I Ch. 15. 21: II Ch. 31. 13 (B).
[Al. IV Ki. 15. 6.]
(4) עֻזִּיָּה
I Ch. 6. 24 (9) (A$^{a?}$ [sup ras]): Ho. 1. 1: Am. 1. 1: Za. 14. 5.
(5) עֻזִּיָּהוּ
IV Ki. 15. 34 (B): II Ch. 26. 1 (A), 3 (*Lucc.* Odias), 8, 9, 11, 14, 18 *bis* (*Lu.* Odias), 19, 21, 22, 23: 27. 2: Is. 1. 1: 6. 1: 7. 1.
(6) abest in Heb.
I Ch. 15. 18.
(7) in libr. apocr.
I Es. 5. 31 (= עזא Ezr. 2. 49: Ne. 7. 51) (Luc. Αζα): 8. 2 (B) (= עזריה Ezr. 7. 3): Ju. 6. 15 (11) (O, *as* sup ras A$^{a?}$), 16 (13), 21 (19): 7. 23 (12), 30 (23): 8. 9, 28, 35 (34): 10. 6: 13. 18 (23): 14. 6 (13. 28): 15. 4.

'Οζείβ. זִיף
Jo. 15. 55 (B) (ו praec) (Luc. Ζιφ).

'Οζειήλ ('Οζιήλ). (1) יַחֲזִיאֵל
I Ch. 16. 6 (A B S$^{c.a\ mg}$) (Luc. Ιεζιηλ): 23. 19 (B) (Luc. Ιαζιηλ): II Ch. 20. 14 (Luc. Ιεζιηλ) (Joseph 'Ιαζίηλος).
(2) יַעֲזִיאֵל
I Ch. 15. 18 (B S) (Luc. Ιειηλ).
(3) עֲזִיאֵל
I Ch. 15. 20.
(4) עֻזִּיאֵל
Ex. 6. 18 (*Lugd., Lucc.* Odiel), 22: Le. 10. 4 (A) (*Lugd.* Ozzel): Nu. 3. 19 (*Lugd.* Ozael), 30 (*Lugd.* Gaziel): I Ch. 4. 42: 6. 2 (5. 28), 18 (3): 7. 7: 15. 10: 23. 12, 20: 24. 24: 25. 4 (A): II Ch. 29. 14.
(5) עֻזִּיאֵלִי
I Ch. 26. 23.
(6) aliter in Heb.
I Ch. 27. 19 (A) (עזריאל): II Es. 22 (Ne. 12). 36 (A B S*) (עזראל) (Luc. Εζριηλ).
(7) in libr. apocr.
Ju. 8. 1.

'Οζειηλείς ('Οζιηλείς) (?). עָזִּיאֵלִי
Nu. 3. 27 (Luc. Οζιηλ εἰς).

'Οζειού ('Οζιού). (1) עֻזִּיָּהוּ
I Ch. 27. 25.
(2) aliter in Heb.
I Ch. 27. 20 (עזזיהו).

'Οζί, *vid.* 'Οζεί.

'Οζιά, 'Οζιά, *vid.* 'Οζειά, 'Οζειά.

'Οζίας, *vid.* 'Οζείας.

'Οζιζά. עֻזִּיזָא
II Es. 10. 27 (A) (Luc. Οζει).

'Οζιήλ, *vid.* 'Οζειήλ.

'Οζιηλείς (?), *vid.* 'Οζειηλείς.

'Οζίηλος. in libr. apocr.
I Es. 1. 9 (A$^{a?}$) (= יעיאל II Ch. 35. 9) (Luc. Ιειηλ).

'Οζιού, *vid.* 'Οζειού.

'Οζιυί. עֻזִּי
II Es. 7. 4 (A) (Luc. 'Οζίας).

'Οζόμ. aliter in Heb.
Luc. Αναν.
I Ch. 2. 26 (B) (אונם), 28 (B) (אונם).

'Οζονίας. aliter in Heb.
IV Ki. 25. 23 (B) (יאזניהו) (Luc. 'Ιεζονίας).

'Οζούζ. עָזָז
I Ch. 5. 8 (Luc. Ιωαζαζ).

'Οζρειήλ. עֲזַרְאֵל
I Ch. 12. 6 (B S) (Luc. Ιεζρααρ): II Es. 22 (Ne. 12). 36 (S$^{c.a}$ [ρ superscr]) (Luc. Εζριηλ).

'Οθαλί. עַתְלָי
II Es. 10. 28 (A) (Luc. Θελεει).

'Οθαργαεί. aliter in Heb.
Jo. 13. 27 (B) (בית הרם) (Luc. Βηθαραμ).

'Οθεκώ (? ὁ Θεκώ) (B S), 'Οθεκωί (? ὁ Θεκωί) (A). aliter in Heb.
I Ch. 11. 28 (B S) (התקועי) (Luc. ὁ Θεκωίτης).

'Οθολλαμίτης. עֲדֻלָּמִי
Ge. 38. 12 (E) (Luc. 'Οδολλαμίτης).

'Οθόμ. אֵתָם
Ex. 13. 20 (*Mon.* Othon).

'Οθονίας. in libr. apocr.
I Es. 9. 28 (= מתניה Ezr. 10. 27) (Luc. Ματθανια).

Οἰαά. aliter in Heb.
II Es. 17 (Ne. 7). 46 (A^{vid}) (צחא) (Luc. Σουλαι).

Οἰδομηρά. in libr. apocr.
I Ma. 9. 66 (S*).

'Οκεινά. in libr. apocr.
Ju. 2. 28 (A B).

Ὄλδα (-αν). חֻלְדָּה
Joseph. 'Οολδά, Ὄλδα.
IV Ki. 22. 14: II Ch. 34. 22.

'Ολί. אַחְלָי
I Ch. 11. 41 (A) (Luc. Σαμααλι).

'Ολιβά (-άν). (1) אָהֳלִיבָה
Ez. 23. 4 (A) *bis*, 11 (A), 22 (A Q), 36 (A B), 44 (A).
(2) אָהֳלִיבָמָה
Ge. 36. 25 (E) (Luc. Ελιβεμαθ).
(3) abest in Heb.
Ez. 23. 22 (A).

'Ολιβαιμά, 'Ολιβεμά (indecl., -άν, -ᾶς). אָהֳלִיבָמָה
Luc. 'Ελιβαμά: Joseph. 'Αλιβάμη.
Ge. 36. 2 (*Wirc.* Elibeman [accus]), 5, 14 (*D*) (*Wirc.* Elibemath), 18 (A) (*Wirc.* Elibemat), 18 (E) (*Wirc.* Elibam), 25 (A D) (Luc. Ελιβεμαθ) (*Lucc.* Elibathe).

'Ολιβέμμα. אָהֳלִיבָמָה
Ge. 36. 18 (D) (Luc. 'Ελιβαμά).

Ὄλλα (-αν). אָהֳלָה
Ez. 23. 4 (A) *bis*, 5 (A), 36 (A), 44 (A Q).

'Ολοφέρνης (-η v. -ην, -ους v. -ου, -ῃ). in libr. apocr.
Ju. 2. 4, 14 (7): 3. 5 (1^{b}): 4. 1: 5. 1, 22 (26), 24 (28): 6. 1, 10 (7), 17 (13) *bis*: 7. 1, 6, 16, 26 (15): 10. 13, 17, 18, 20, 21 (19): 11. 1, 20 (18), 22 (20): 12. 3, 5 (4), 6 (5), 7 (6), 10, 13 (12), 15, 16, 17, 20: 13. 2 (4), 6 (8), 9 (11), 15 (19): 14. 3 (4), 6 (13. 29), 11 (7), 13 (12), 18 (16): 15. 11 (14): 16. 19 (23).

'Ολύμπιος. in libr. apocr.
II Ma. 6. 2.

'Ομαχαθεί. [הַ]מַּעֲכָתִי
De. 3. 14 (B) (? ὁ Μαχ.) (Luc. ὁ Ιαειρ).

'Ομεί. aliter in Heb.
I Ch. 11. 33 (B) (שעלבני) (Luc. Σαλαβωνι).

'Ομμείν. אֵמִים
De. 2. 10 (B F), 11 (B F) (*Lugd.* Ommin).

'Ομμιείν. אֵמִים
De. 2. 11 (A) (Luc. Ομμειν).

'Ομμόθ. אֻמּוֹת
Nu. 25. 15 (B) (Luc. Αμμωθ).

'Ομοζέ. aliter in Heb.
I Ch. 1. 37 (B) (מזה) (ו praec) (Luc. Μαζε).

'Ομουσεί (-σί). (1) מוּשִׁי
Ex. 6. 19 (ו praec): Nu. 3. 20 (ו praec) (Luc. Μουσι) (*Lugd.* Omosi), 33 (ο praec) (?) (Luc. Μουσι): 26. 58 (F) (ο praec) (Luc. Μουσι) (*Lugd.* Musi): I Ch. 6. 47 (32) (A) (Luc. Μουσει): 23. 21 (B) (Luc. Μοουσι): 24. 26 (B).
(2) מֻשִׁי v. מֻשִּׁי
I Ch. 6. 19 (4).

'Ονειάρης (-νιάρ.). in libr. apocr.
I Ma. 12. 19–20 (A^{vid} S$^{c.a\ vid}$ V*).

'Ονείας ('Ονίας) (-ου, -ᾳ). in libr. apocr.
Si. 50. 1 (A B^{b} S$^{c.a}$): I Ma. 12. 7, 8, 19 (S*^{vid} V^{1}), 20 (incep ν S* [improb S$^{1\ (fort)}$ postea ras]): II Ma. 3. 1, 5, 31, 33, 35: 4. 1, 4, 7, 33, 34, 34 (A), 36, 38: 15. 12, 14: IV Ma. 4. 1, 13, 16.

'Ονιάρης, *vid.* 'Ονειάρης.

'Ονίας, *vid.* 'Ονείας.

'Οννόμ. הִנֹּם
Jo. 18. 16 (A) (Luc. Ενναμ).

'Ονόμ. הִנֹּם
Jo. 15. 8 (B) (Luc. Εννομ) *bis*.

'Οοά. aliter in Heb.
I Ch. 3. 20 (A) (אהל) (Luc. Αθα).

Ὄολα (indecl., -αν). אָהֳלָה
Ez. 23. 4 (B^{a} Q) *bis*, 5 (B Q Γ), 36 (B Q), 44 (B).
[Aq. Ez. 23. 36.]

'Οολεί. חֲלִי
Jo. 19. 25 (A) (Luc. Αχει).

'Οόλιβα (-αν). אָהֳלִיבָה
Ez. 23. 4 (B Q Γ), 4 (Q Γ), 11 (B Q), 22 (B), 36 (Q), 44 (B Q).

Ὀόλιβαν. אָהֳלִיבָה

Ez. 23. 4 (B).

Ὄολλα. אָהֳלָה

Ez. 23. 4 (B* Γ) *bis*.

Ὀομά. in libr. apocr.

I Es. 9. 35 (B) (= נבו Ezr. 10. 43) (Luc. Ναβαυ).

Ὀομμείν. אֵמִים

De. 2. 10 (A) (Luc. Ομμειν).

Ὄπλα. עֹפֶל

II Ch. 27. 3 (B) (Luc. Οφραα) : 33. 14 (B) (Luc. Οφλα).

Ὀράμ. (1) הֹרָם

[Aq., Sm. Jo. 10. 33.]

(2) aliter in Heb.

I Ch. 4. 31 (B^ab) (Luc. aliter).

Ὀρέμ. חָרֵם

II Es. 22 (Ne. 12). 15 (S^c.amg inf) (Luc. Ρεουμ).

Ὄρεχ, Ὀρέχ. (1) אָרַח

I Ch. 7. 39 (Luc. *om.*).

(2) אֶרֶךְ

Ge. 10. 10.

Ὀρή. עָרֵי (= civitates)

IV Ki. 17. 6 (Luc. ὁρίοις) : 18. 11 (Luc. ὅροις).

Ὀρθωσία. in libr. apocr.

I Ma. 15. 37.

Ὀριήλ. אוּרִיאֵל

I Ch. 6. 24 (9) (B) (Luc. Ουριηλ).

Ὀρνά, Ὀρνά. (1) אֲרַוְנָה

Joseph. Ὀρόννας, Ὀρώνας.

II Ki. 24. 18 (ק״), 20 *bis*, 21, 22, 23 *bis*, 24.

(2) אֲרַנְיָה

II Ki. 24. 18*.

(3) אָרְנָן

I Ch. 21. 15, 18, 20 *bis*, 21 (A), 21, 22, 23, 24, 25, 28 : II Ch. 3. 1.

(4) אַרְנָן

I Ch. 3. 21 (A^a [sup ras] B) (Luc. Αρνων).

(5) הָאֲרַוְנָה ,*הָאוֹרְנָה [ק״]

II Ki. 24. 16 (*Lucc.* Omei [genit.]).

(6) aliter in Heb.

I Ch. 2. 18 (ארדן) (Luc. Αβδωμ).

Ὀρνᾶν. אָרְנָן

I Ch. 21. 21 (B) (Luc. Ορνα).

Ὀρνειά (-νιά). aliter in Heb.

III Ki. 4. 5 (B) (עזריהו).

Ὀρνείλ. aliter in Heb.

II Ki. 3. 4 (B^edit) (אדניה) (Luc. Ορνια).

Ὀρνειού (-νιού). abest in Heb.

III Ki. 2. 46 h (B) (Luc. Ορνια).

Ὀρνιά, *vid.* Ὀρνειά.

Ὀρνίας. aliter in Heb.

II Ki. 3. 4 (A) (אדניה) (Luc. Ορνια).

Ὀρνιού, *vid.* Ὀρνειού.

Ὀρφά. עָרְפָּה

Ru. 1. 4, 14.

Ὀρωνάιμ. (1) חֹרֹנַיִם

Je. 31 (48). 5 (S^c a).

(2) חֹרוֹנַיִם *v.* חֹרֹנַיִם

Je. 31 (48). 3 (S).

Ὀσά, Ὀσά. (1) חֹסָה

I Ch. 16. 38 (S) (Luc. Ωσηε).

(2) aliter in Heb.

I Ch. 3. 20 (B) (אהל) (Luc. Αθα).

Ὀσσά, Ὀσσά. (1) אָסָא

I Ch. 9. 16 (B) (Luc. Ασα).

(2) חֹסָה

I Ch. 16. 38 (B) (Luc. Ωσηε).

Οὐαὶ βαρχαβώθ (B), Οὐαὶ χαβώθ (A).

אִי כָבוֹד

I Ki. 4. 21 (Luc. Ουαι βαρ ιωχαβηδ) (Joseph. Ἰαχώβης, Ἰσχάβης).

Οὐαύ (lit. alph.). abest in Heb.

Ps. 118 (119). 41 (R) : La. 1. 6 : 2. 6 : 3. 15, 16 (Q), 17 (Q), 18 (Q) : 4. 6.

Οὐαφρή. חָפְרַע

Je. 51 (44). 30 (A B S? Q).

[Aq. Je. 44 (51). 30.]

Οὐβάλ. (1) אוּבַל

Da. TH. 8. 2.

[Th. Da. 8. 2.]

(2) אוּבַל *v.* אֻבַל

Da. TH. 8. 3, 6.

(3) aliter in Heb.

Da. TH. 8. 16 (אולי).

Οὐβήν. in libr. apocr.

I Es. 8. 32 (35) (B) (= עבד בן Ezr. 8. 6) (Luc. υἱός).

Οὐβίας. aliter in Heb.

I Ch. 27. 30 (A) (אוביל) (Luc. Ωβιλ).

Οὐγαυά. [וְ]עִוָּה

Is. 37. 13 (B S O Q^mg Γ).

Οὐδ. aliter in Heb.

I Ch. 1. 17 (A) (חול) (Luc. Ουλ).

[Aq., Sm., Th. Ez. 27. 10 (פוט).]

Οὐδα. aliter in Heb.

Je. 10. 22 (A*) (יהודה).

Οὐδάν. abest in Heb.

II Ki. 24. 6 (B) (ו דנה praec) (Luc. *om.*).

Οὐδειά. aliter in Heb.

II Ch. 28. 12 (B) (עזריהו) (Luc. Ἀζαρίας).

Οὐδού. aliter in Heb.

IV Ki. 19. 13 (B) (עוה) (Luc. *om.*).

Οὐδουιά. הוֹדְיָה ,*הוֹדַוְיָה [ק״]

II Es. 17 (Ne. 7). 43 (A S) (Luc. Ωδουια).

Οὐελιάφ. aliter in Heb.

II Ki. 23. 34 (A) (אליעם) (Luc. Θαλααμ).

Οὐεσβεί. וְשֹׁבִי (= et Shobi).

II Ki. 17. 27 (Luc. καὶ Σεφεει) (Joseph. Σειφαρ) (*Vind.* Sobi).

Οὐήλ. (1) אוּאֵל

II Es. 10. 34 (A B^ab) (Luc. Ιωηλ).

(2) in libr. apocr.

I Es. 9. 35 (B) (יואל Ezr. 10. 43) (Luc. Ιωηλ).

Οὐθαί. עוּתַי

II Es. 8. 14 (A) (Luc. Ωθαι).

Οὐθί. (1) עוּתַי

II Es. 8. 14 (B) (Luc. Ωθαι).

(2) in libr. apocr.

I Es. 8. 40 (42) (A) (= עותי Ezr. 8. 14) (Luc. Ωθαι).

Οὐιερεχώ (S), Οὐιεχωά (B). aliter in Heb.

II Es. 10. 36 (S) (וניה) (Luc. Ουανια).

Οὐκάμ. יַעְקָן

I Ch. 1. 42 (A) (Luc. Ιαακαν).

Οὐκάν. עֲקָן

Ge. 36. 27 (Luc. Ιουκαμ) (*Lucc.* Iuschan).

Οὔλ. חוּל

Ge. 10. 23 (Joseph. Ὄτρος, Οὖλος).

Οὐλαί. אוּלַי

Da. LXX. 8. 16.

Οὐλαιμαδαράχ (Q), Οὐλαιμαδαχάρ (B), Οὐλαιμαραδάχ (A). אֱוִיל מְרֹדַךְ

Je. 52. 31 (*Lucc.* Ulemadar).

Οὐλάμ. (1) אוּלָם

I Ch. 7. 16 (Luc. Ηλαμ), 16 (17) (A) (Luc. Ηλαμ) : 8. 39 (A), 40 (A).

(2) aliter in Heb.

Da. LXX. 8. 2 (Syr) (אולי).

Οὐλαμάις. אוּלָם לַיִשׁ

Jd. 18. 29 (B) (Luc. Ωαισα).

Οὐλαμβανούς (E^a?), Οὐλαμμαούς (D E*), Οὐλαμμαύς (A). אוּלָם לוּז

Ge. 28. 19 (Luc. Ουλαμμαους) (*Lugd.* Ulanmaus).

Οὐλεδαμαχάρ. aliter in Heb.

Je. 52. 31 (S) (אויל מרדך).

Οὔνομα. אוֹנָם

Luc. Αναν.

I Ch. 2. 26 (A), 28 (A).

Οὐουνιά. aliter in Heb.

II Es. 10. 36 (A) (וניה) (Luc. Ουανια).

Οὔρ, Οὔρ. (1) אוּר

[Aq., Sm., Th. Ge. 11. 28.]

(2) חוּר

Nu. 31. 8 : Jo. 13. 21.

Οὐρά. יוֹרָה

II Es. 2. 18 (B) (Luc. Ιωρηε).

Οὐραιοερχεί. aliter in Heb.

II Ki. 23. 35 (B) (פערי הארבי) (Luc. Αφαρει).

Οὐρεί (-ρί), Οὐρεί (-ρί). (1) אוּרִי

Samar. [Samaritan script].

Ex. 31. 2 (A) : 35. 30 (A F) : 37. 20 (38. 22) (A F) : I Ch. 2. 20 *bis*.

(2) אוּרִיָּה

I Ch. 11. 41 (B S) (Luc. Οὐρίας).

(3) חוּרַי

I Ch. 11. 32 (Luc. Ουρια).

(4) חוּרִי

I Ch. 5. 14.

(5) עִירִי

I Ch. 7. 7 (Luc. Οὐρίας).

(6) aliter in Heb.

I Ch. 6. 42 (27) (A) (איתן) (Luc. Ηθαμ).

(7) in libr. apocr.

I Es. 8. 61 (63) (A) (= אוריה Ezr. 8. 33) (Luc. Οὐρίας).

Οὐρειά (-ριά). אוּרִיָּה

II Es. 18 (Ne. 8). 4 (A B S^c.a) (Luc. Οὐρίας).

Οὐρείας (-ρίας) (-αν, -ου *v.* -α, -ᾳ). (1) אוּרִי

Samar. [Samaritan script] : Luc. Ουρει, Ουρι.

Ex. 31. 2 (B) : 35. 30 (B) (*Wirc.* Ur) : 37. 20 (38. 22) (B) (*Mon.* Urias) : II Ch. 1. 5.

(2) אוּרִיָּה

II Ki. 11. 3 (*Lucc.* Uri), 6 *bis*, 7, 8 *bis*, 9, 10 *bis*, 11, 12 *bis*, 14, 15, 16, 17, 21, 24, 26 *bis* : 12. 9, 10, 15 : 23. 39 (Luc. Ουρει) : III Ki. 15. 5 (A) : IV Ki. 16. 10, 11, 11 (A), 15, 16 : I Ch. 11. 41 (A) : II Es. 8. 33 (Luc. Ἀρείας) : 13 (Ne. 3). 4, 21 (A B) : 18 (Ne. 8). 4 (S*) : Is. 8. 2.

[Aq. III Ki. 15. 5 : IV Ki. 16. 11.]

[Sm., Quint. IV Ki. 16. 11.]

(3) אוּרִיָּהוּ

Je. 33 (26). 20, 21 (Ουρ sup ras A?).

(4) aliter in Heb.

Is. 21. 8 (Mass. אַרְיֵה).

(5) in libr. apocr.

I Es. 8. 61 (63) (B) (= אוריה Ezr. 8. 33) : 9. 43 (= אוריה Ne. 8. 4).

Οὐρί, Οὐρί, *vid.* **Οὐρεί, Οὐρεί.**

Οὐριά, *vid.* **Οὐρειά.**

Οὐρίας, *vid.* **Οὐρείας.**

Οὐριήλ. אוּרִיאֵל

I Ch. 6. 24 (9) (A[a?] [sup ras]) : 15. 5, 11 (A) : II Ch. 13. 2 (Luc. *aliter*) (*Lucc.* Ariel).

Οὖς. עוּץ

Ge. 36. 28 (E) (Samar. [Samaritan]) (Luc. Ως).

[Aq., Th. Jb. 1. 1 : Je. 25. 20 (32. 6).]

Οὐσά. עֻזָּא

II Es. 2. 49 (B) (Luc. *om.*).

Οὐσαθί. חֻשָׁתִי

I Ch. 20. 4 (A) (Luc. Εσσαθι).

Οὐτά. (1) aliter in Heb.

Is. 37. 13 (Q* ?) (עוה).

(2) abest in Heb.

II Es. 17 (Ne. 7). 47 (A S) (Luc. *om.*).

(3) in libr. apocr.

I Es. 5. 30 (abest in Ezr. 2. 46 : Ne. 7. 48) (Luc. *om.*).

Οὐτέ. aliter in Heb.

Is. 37. 13 (Q* ?) (עוה).

Οὐτού. in libr. apocr.

I Es. 8. 40 (42) (B) (= עותי Ezr. 8. 14) (Luc. Ωθαι).

Οὐφάζ. אוּפָז

[Aq. Je. 10. 9.]

Οὐφείρ. (1) אוֹפִיר

I Ch. 1. 23 (A) (Luc. Ωφειρ).

(2) אוֹפִר

Ge. 10. 29 (Joseph. Ὀφίρης, Σοφίρης) (*Lucc.* Ufer).

Οὐφίδ. אֶפֹד

Nu. 34. 23 (A F) (Luc. Σουφι).

Ὄφαρ. חֵפֶר

I Ch. 11. 36 (B S) (Luc. Ωφαρ).

Ὀφέκ. אֲפֵק

Jo. 12. 18 (B) (Luc. Αφεκ).

Ὄφελ. עֹפֶל

II Es. 21 (Ne. 11). 21 (S[c.a mg inf]) (Luc. Οφλαα).

Ὄφερ, Ὄφερ. (1) חֵפֶר

Nu. 26. 36 (32) (*Lugd.* Othor), 37 (33) : 27. 1 (*Lugd.* Aphor) : Jo. 12. 17 (Luc. Εφερ et in seqq) : 17. 2, 3 : III Ki. 4. 10 (A) (Luc. Φαρα).

(2) עֵפֶר

I Ch. 1. 33 (Luc. Γοφερ) : 5. 24 (Luc. Αφερ).

Ὀφερεί (-ρί). חֶפְרִי

Nu. 26. 36 (32) (*Lugd.* Othor).

Ὀφιή. יָפוֹ

[Aq., Sm., Th. Jn. 1. 3.]

Ὀφιμίν. חֻפִּים

Ge. 46. 21 (A) (Samar. [Samaritan]) (Luc. Οφιμειν) (Joseph. Ὀππαΐς, Ὀπταΐς) (*Lucc.* Afin).

Ὄφλα. עֹפֶל

II Ch. 27. 3 (A) (Luc. Οφραα) : 33. 14 (A) : II Es. 13 (Ne. 3). 27 (S) (Luc. Οφλαα).

Ὀφλάδ. aliter in Heb.

I Ch. 2. 37 (A) (אפלל) (Luc. Ελφαελ) *bis*.

Ὀφμείν. חֻפִּים

Ge. 46. 21 (*D*) (Samar. [Samaritan]) (Luc. Οφιμειν).

Ὀφνεί (-νί). חָפְנִי

I Ki. 1. 3 : 2. 34 (B) : 4. 3 (*Vind.* Ophne), 11 (*Vind.* Ofni), 17 (A) (Luc. *om.*).

Ὄφοαλ. עֹפֶל

II Es. 13 (Ne. 3). 27 (B) (Luc. Οφλαα).

Ὀφρά. עַפְרָה

[Th. Mi. 1. 10.]

Ὀφρῆ. חָפְרַע

[Th. Je. 44 (51). 30.]

Ὀφρήν. חָפְרַע

[Aq., Th. Je. 51 (44). 30.]

Ὀφσιβά. חֶפְצִי־בָהּ

IV Ki. 21. 1 (A) (Luc. Εψιβα).

Ὀφφά. חֻפָּה

I Ch. 24. 13 (A) (*Lucc.* Chobra).

Ὀχίηλος. in libr. apocr.

I Es. 1. 9 (A* [?] B) (= יעיאל II Ch. 35. 9) (Luc. Ιειηλ).

Ὀχιμώθ. אֲחִימוֹת

I Ch. 6. 25 (10) (A[a?] [sup ras]) (Luc. Αμιωθ).

Ὀχοζάθ. (1) אֲחֻזַּת

Ge. 26. 26 (A E).

(2) abest in Heb.

Ge. 21. 22, 32.

Ὀχοζάχ. אֲחֻזַּת

Ge. 26. 26 (*D*) (Luc. Οχοζαθ).

Ὀχοζεί.

Luc. Ὀχοζίας.

(1) אֲחַזְיָה

IV Ki. 9. 23 (A).

(2) אֲחַזְיָהוּ

IV Ki. 8. 29 (B) : 9. 21 (B), 23 (A).

Ὀχοζείας (-ζίας) (-ου *v.* -α, -ᾳ). (1) אֲחַזְיָה

IV Ki. 1. 2 : 9. 16, 23 (B), 27, 29 : II Ch. 20. 35 (B).

[Sm. IV Ki. 1. 2.]

(2) אֲחַזְיָהוּ

III Ki. 22. 40, 50 (A), 52 : IV Ki. 1. 18 (B), 18 d (A) : 8. 24, 25, 26 (*Lucc.* Ochodias), 29 (A) : 9. 21 (A), 23 (B) : 10. 13 *bis* (*Vind.* Ochozia [genit], Ochosiae) : 11. 1, 2 (*Lucc.* Ocozias) : 12. 18 (19) : 13. 1 : II Ch. 20. 37 : 22. 1 *bis*, 2, 7, 8, 8 (B), 9 *bis*, 10, 11 *bis*.

[Aq. III Ki. 22. 50 : IV Ki. 14. 13.]

(3) aliter in Heb.

IV Ki. 15. 13 (A) (עזיה) (Luc. Ἀζαρίας) : II Ch. 21. 17 (יהואחז) : 22. 6 (עזריהו) : 26. 1 (B) (עזיהו) (Luc. Ὀζίας).

(4) abest in Heb.

IV Ki. 1. 3, 17 (A).

Ὀχχοφφά. aliter in Heb.

I Ch. 24. 13 (B) (חפה) (Luc. Οφφα).

Ὀψειβά. חֶפְצִי־בָהּ

IV Ki. 21. 1 (B*) (Luc. Εψιβα) (*Lu.* Ebsibas : *Lucc.* Ebsiba).

Π

Παθαιά. פְּתַחְיָה

II Es. 21 (Ne. 11). 24 (B) (Luc. Φαθαια).

Παθαῖος. in libr. apocr.

I Es. 9. 23 (B) (= פתחיה Ezr. 10. 23) (Luc. Φεθείας).

Παθειά. פְּתַחְיָה

II Es. 21 (Ne. 11). 24 (S*) (Luc. Φαθαια).

Παθούρης (-ῃ). (1) פַּתְרוֹס

Je. 51 (44). 1, 15 (A B S[1] Q) : Ez. 29. 14 (A).

(2) פַּתְרֹס

Ez. 30. 14 (A).

Παθύρης. פַּתְרוֹס

Je. 51 (44). 15 (S*).

Παιδείας, *vid.* **Πεδίας.**

Πακταλαί. in libr. apocr.

Ju. 2. 21 (12) (A).

Πάμφιλος. adnot. scr.

II Es. *subscr.* (S[1 ?mg inf]) *bis* : Es. *subscr.* (S[c.a,c.b mg inf]) *bis*.

Παμφυλία. (1) גּוֹיִם

[Sm. Je. 14. 1, 9.]

(2) in libr. apocr.

I Ma. 15. 23.

Πάρθοι. פַּרְתְּמִים

[Sm. Da. 1. 3.]

Παροσώμ. aliter in Heb.

I Ch. 23. 7 (B) (גרשני) (Luc. Γεδσων).

Παρτιᾶται. in libr. apocr.

I Ma. 15. 23 (A).

Πασχώρ. פַּשְׁחוּר

I Ch. 9. 12 (B) (Luc. Φασεουρ) : Je. 20. 1, 2 (Q[mg]), 3 *bis*, 6 (Q[mg]) : 21. 1 (*Wirc.* Pashor) : 45 (38). 1.

[Aq., Th. Je. 38 (45). 1.]

Πάτροκλος. in libr. apocr.

II Ma. 8. 9.

Πατροσονοείμ. פַּתְרֻסִים

Ge. 10. 14 (E) (Luc. Πατροσονιειμ) (Joseph. Πεθρώσιμος, Φεθρώσιμος).

Πατροσωνιείμ. פַּתְרֻסִים

Ge. 10. 14 (A) (Luc. Πατροσονιειμ) (*Lucc.* Patrosin): I Ch. 1. 12 (A$^{a?}$ [sup ras]) (Luc. Φαθερωσειμ).

Παχών. in libr. apocr.

III Ma. 6. 38.

Πεδίας (Παιδείας). in libr. apocr.

I Es. 9. 34 (? = כלוהי*, כלוהו [ק"] Ezr. 10. 35) (Luc. Βαδαια).

Πειθώ. פִּתֹם

Ex. 1. 11 (B) (Samar. בתאתם) (Luc. Πιθω).

Πεῖρα. in libr. apocr.

I Es. 5. 19 (B) (= כפירה Ezr. 2. 25 : Ne. 7. 29) (Luc. Κεφηρα).

Πεντάπολις. in libr. apocr.

Wi. 10. 6.

Περσέπολις. in libr. apocr.

II Ma. 9. 2 (A).

Περσεύς. in libr. apocr.

I Ma. 8. 5.

Πέρσης. (1) פָּרַס

II Ch. 36. 22 *bis*, 23 : II Es. 1. 1 *bis*, 2, 8 : 3. 7 : 4. 3, 5, 5 (B), 7, 24 : 6. 14 : 7. 1 : 9. 9 : Es. 1. 3, 14, 18, 19 : 10. 2 : Ez. 27. 10 : 38. 5 : Da. LXX. 5. 28 : 8. 20 : 10. 1, 13 *bis*, 20 : Da. TH. 5. 28 : 6. 8 (9), 12 (13), 15 (16) : 8. 20 : 10. 1, 13 *bis*, 20.

[Aq. Da. 10. 13.]
[Th. Da. 6. 8 : 10. 13.]

(2) פָּרְסָאָה

Da. LXX., TH. 6. 28 (29) (ק").

(3) פַּרְסִי

II Es. 22 (Ne. 12). 22.

(4) פָּרְסָיָא

Da. LXX., TH. 6. 28 (29)*.

(5) aliter in Heb.

Is. 21. 2 (מדי) : 49. 12 (סינים) : Je. 32. 11 (25. 25) : Ez. 30. 5 (כוש) : Da. LXX. 5. 31 (Syr^{mg}) (מדיא).

(6) abest in Heb.

II Es. 4. 6 (A) (*cf v.* 5) (Luc. *om.*) : 11 (Ne. 1). 1 (S*) (Luc. *om.*) : Ez. 38. 5 (adnot Q$^{mg\ inf}$ in Sw. App. p. 859) : Da. LXX. 1. 21 : 5. 30 : 6. 12 a (13) : 7. 5 (adnot 87^{mg}).

(7) in libr. apocr.

I Es. 1. 54 (57) (= פרס II Ch. 36. 20) : 2. 1 (= פרס II Ch. 36. 22 : Ezr. 1. 1), 2 (= פרס II Ch. 36. 22 : Ezr. 1. 1), 3 (= פרס II Ch. 36. 23 : Ezr. 1. 2), 10 (11) (= פרס Ezr. 1. 8), 15 (16) (abest in Ezr. 4. 7), 25 (31) (= פרס Ezr. 4. 24) : 5. 6, 53 (55) (= פרס Ezr. 3. 7), 68 (71) (= פרס Ezr. 4. 3) : 7. 4 (= פרס Ezr. 6. 14), 5 (A) (abest in Ezr. 6. 14) (Luc. *om.*) : 8. 1 (= פרס Ezr. 7. 1), 77 (81) (= פרס Ezr. 9. 9) : Es. E (16). 10, 14, 23 : Ju. 16. 10 (12) : Da. TH. Bel 1 : I Ma. 1. 1 : II Ma. 1. 33 : IV Ma. 18. 6 (A S$^{c.b}$ V).

Περσικός. in libr. apocr.

II Ma. 1. 19.

Περσίπολις. in libr. apocr.

II Ma. 9. 2 (V).

Περσίς (-ιδι [-ιδη]). (1) פָּרַס

Da. LXX., TH. 11. 2.

(2) in libr. apocr.

I Es. 3. 1, 9, 14 : Ju. 1. 7 (7^{b}) (A B S$^{c.a}$) : I Ma. 3. 31 : 6. 1, 5, 56 : 14. 2 : II Ma. 1. 12, 20 : 9. 1, 21.

Πετεφρῆς (-ῆ, -ῇ). (1) פּוֹטִיפַר

Ge. 37. 36 (E) (*Lugd.* Petefreti [dat]) : 39. 1.

(2) פּוֹטִי פֶרַע

Ge. 41. 45 (E), 50 (E) : 46. 20 (D^{sil}) (*Lugd.* Petefres [genit]).

Πέτρα. סֶלַע (i. q. πέτρα).

Jd. 1. 36.

Πετρεφῆς (-ῆ (gen), -ῇ).

Luc. Πετεφρης.

(1) פּוֹטִיפַר

Ge. 37. 36 (A).

(2) פּוֹטִי פֶרַע

Ge. 41. 45 (A), 50 (A) : 46. 20 (A).

Πιθώθ (F*), Πιθώμ (A). פִּתֹם

Ex. 1. 11 (Samar. בתאתם) (Luc. Πιθω).

Πίπι. (1) אֲדֹנָי

Is. 3. 15 (Q^{mg} sub ※) : 9. 17 (16) (Q^{mg}).

[Aq., Sm. Ez. 2. 4.]

(2) יְהוָה

Is. 1. 2 (Q^{mg}), 4 (Q^{mg}), 9 (Q^{mg} et identidem) : 5. 12 (Q^{mg}) : 10. 26 (Q^{mg}) : 11. 3 (Q^{mg}) : 14. 3 (Q^{mg}), 5 (Q^{mg}) : Ez. 33. 1 (Q^{mg}) : 36. 23 (Q^{mg}).

[Aq. Nu. 16. 5 : 22. 22, 24 : IV Ki. 21. 4 : Ps. 24 (25). 12 : 25 (26). 1 : 26 (27). 11, 14 : 27 (28). 1, 8 : 29 (30). 11 : 30 (31). 7, 10, 15 : 31 (32). 2, 5, 10 : 32 (33). 4, 6, 8, 10, 12, 18, 20, 22 : Is. 59. 13 : 66. 5 : Je. 20. 13 : Ez. 30. 6.]
[Sm. Nu. 16. 5 : 22. 22, 24 : IV Ki. 21. 4 : Ps. 24 (25). 12 : 25 (26). 1 : 26 (27). 4, 14 : 27 (28). 1 : 30 (31). 15 : 31 (32). 2, 5, 10, 11 : 32 (33). 8, 10, 20, 22 : Ez. 30. 6.]
[Th. Nu. 16. 5 : 22. 22, 24 : IV Ki. 21. 4 : Ps. 26 (27). 11 : Is 59. 13 : Ez. 30. 6.]
[Al. Nu. 1. 48 : Jo. 17. 4 : III Ki. 5. 7 (21).]
[Heb. Ge. 4. 26 : Nu. 16. 5 : 22. 22, 24 : Ps. 71 (72). 18.]
[Quint. IV Ki. 21. 4 : Ps. 25 (26). 1 : 26 (27). 11 : 27 (28). 8 : 30 (31). 10, 25 : 31 (32). 2.]
[Sext. Ps. 26 (27). 7, 11, 14 : 27 (28). 8 : 30 (31). 15 : 31 (32). 2 : 32 (33). 20.]

(3) יֱהוִֹה

Is. 3. 15 (Q^{mg} sub ※) : Ez. 21. 13 (18) (Q^{mg}).

[Aq., Sm. Ez. 12. 23.]
[Th. Ez. 2. 4 : 12. 23.]

Πίς. aliter in Heb.

Je. 26 (46). 15 (Q* pro Ἄπις) (אביריך).

Πλειάς (Πλιάς). (1) כִּימָה

Jb. 38. 31.

[Sm. Jb. 38. 31 : Am. 5. 8.]
[Th. Am. 5. 8.]

(2) עָשׁ

Jb. 9. 9.

Πολαμάχ. aliter in Heb.

III Ki. 4. 12 (B) (תענך) (Luc. Αιθαμ).

Πολεμάις. in libr. apocr.

I Ma. 10. 1 (A*).

Πόντος. אֶלָּסָר

[Sm. Ge. 14. 1, 9.]

Ποσειδώνιος (-σιδ.) (A V^{a}), Ποσιδόνιος (V*). in libr. apocr.

II Ma. 14. 19.

Πτολεμαεῖς (-αῖς). in libr. apocr.

I Ma. 12. 48 (S V*) : II Ma. 13. 25.

Πτολεμαϊκός. in libr. apocr.

III Ma. 1. 2.

Πτολεμαῖος (-μεος). in libr. apocr.

Es. F 11 (11. 1) *ter* : I Ma. 1. 18 (A^{a} [sup ras] S V), 18 : 3. 38 (A S) : 10. 51, 55, 57 : 11. 3 (S*$^{c.b\ (vid)}$), 8, 13, 15, 16, 17 (A V^{a}), 18 : 15. 16 : 16. 11, 16, 18 : II Ma. 1. 10 : 4. 45, 46 : 6. 8 : 8. 8 : 9. 29 : 10. 12 (inter αι et ος 3 ut vid litt ras A?) : III Ma. 1. 2 : 3. 12 : 7. 1 : IV Ma. 4. 22.

Πτολεμαῖς, *vid.* Πτολεμαεῖς.

Πτολεμαίς (-ίδαν *v.* -ίδα, -ίδος). in libr. apocr.

I Ma. 5. 15, 22, 55 : 10. 1 (A$^{a?}$ [τ superscr et αι sup ras] S V), 39, 56, 57, 58, 60 : 11. 3 (A S$^{c.a}$ V), 22 *bis*, 24 : 12. 45, 48 : 13. 12 : II Ma. 13. 24, 25 : III Ma. 7. 17.

Πτολεμαΐτης. in libr. apocr.

I Ma. 12. 48 (A V^{1}).

Πτολέμεος, *vid.* Πτολεμαῖος.

Πτωλεμαῖος. in libr. apocr.

I Ma. 11. 17 (V*).

Πῶραδ. aliter in Heb.

I Ch. 4. 17 (B) (מרד) (Luc. Βαραδ).

P

Ῥαά. צָרְעָה

Jo. 15. 33 (B) (Luc. Σαραα).

Ῥαάβ. (1) רַהַב

Ps. 86 (87). 4.

(2) רְחוֹב, רְחֹב

Luc. Ροωβ.

Nu. 13. 22 (21) (B) : Jo. 19. 28 (B) : 21. 31 (B) : Jd. 18. 28 (B) : II Ki. 8. 3 (Luc. Ρααφ) (Joseph. Ἀραός), 12 (Luc. Ρααφ).

(3) רָחָב

Joseph. Ῥαάβη, Ῥαχάβη.

Jo. 2. 1, 3 : 6. 17, 23, 25.

Ῥααβιά. (1) רְחַבְיָה

I Ch. 23. 17 *bis* (Luc. Ρααβια, Ραβια).

(2) רְחַבְיָהוּ

I Ch. 24. 21 (Luc. Αβια).

Ῥααβίας. רְחַבְיָהוּ

I Ch. 26. 25 (A) (Luc. Αβια).

Ῥααιά *vid.* Ῥαεά.

Ῥαάμ. aliter in Heb.

I Ch. 12. 7 (B S) (ירחם) (Luc. Ιεροαμ).

Ῥααμά. רָמָה

Luc. Ραμα.

III Ki. 15. 17 (B), 21 (B), 22 (B).

Ῥαασσείς. in libr. apocr.

Ju. 2. 23 (13) (S).

Ῥαασσών. רְצִין

Luc. Ρασων.

IV Ki. 15. 37 (*Vind.* Rhasson) : 16. 5 (Joseph. Ἀράσης Ῥαάσης), 6, 9 : Is. 7. 1 (A S Q Γ) : 8. 6 (A S Q Γ vid).

Ῥααύ. רְחֹב

Jo. 19. 30 (B) (Luc. Αροωβ).

Ῥααφών (?). in libr. apocr.

I Ma. 5. 28 (V*).

Ῥαβά. (1) עֲרָבָה

Jo. 11. 2 (B) (Luc. Αραβα).

(2) רַבָּה

[Aq., Sm., Th. Ez. 25. 5.]

Ῥαβάθ. (1) עֲרָבָה

Jo. 11. 2 (A) (Luc. Αραβα).

(2) רַבָּה

II Ki. 12. 26 (A) (Luc. Ραββαθ) : 17. 27 (B) (Luc. Ροωβωθ) : Je. 30 (49). 2 (S*).

Ῥαβαμάγ (Q), Ῥαβαμάθ (B), Ῥαβαμάκ (A). רַב־מָג

Je. 46 (39). 3 (Joseph. Ἀρέμαντος ?).

Ῥαββά. רַבָּה

Jo. 13. 25 (A) : I Ch. 20. 1 (B) : Am. 1. 14 : 6. 2.

Ῥαββάθ. רַבָּה

Joseph. Ἀράβαθα, Ῥαβαθά.

II Ki. 11. 1 (*Vind.* Rabba) : 12. 26 (B), 27, 29 : 17. 27 (A) (Luc. Ροωβωθ) (*Vind.* Rabbat) : I Ch. 20. 1 (A) (Luc. Ραββα) *bis* : Je. 30 (49). 2 (A B S¹ Q), 3 (A B Q¹) : Ez. 21. 20 (25).

Ῥάββαν. רַבָּה

I Ch. 20. 1 (B) (Luc. Ραββα).

Ῥαββίμ. רַבִּים

[Aq. Je. 41 (48). 12.]

Ῥαββώθ. (1) רַבָּה

Je. 30 (49). 3 (Q* vid).

(2) רַבִּית

Jo. 19. 20 (A).

Ῥαβειαί. רִיבַי

I Ch. 11. 31 (S) (Luc. Ριβαι).

Ῥαβίας. רְחַבְיָהוּ

I Ch. 26. 25 (B) (Luc. Αβια).

Ῥαβομόγ. רַב־מָג

[Sm., Th. Je. 39 (46). 13.]

Ῥαβσάκης. רַבְשָׁקֵה

Is. 36. 2 (B), 4 (B Qmg), 12 (B Qmg), 13 (Qmg), 22 (B Qmg) : 37. 4 (B Qmg), 8 (B? [sup ras] Qmg).

[Aq., Sm., Th. Is. 36. 11.]

Ῥαβσαρείς (-ρίς). רַב־סָרִיס

IV Ki. 18. 17 (A) (Luc. Ραψεις) : Je. 46 (39). 3 (Qmg).

[Th. Je. 46 (39). 13.]

Ῥάγαι. in libr. apocr.

To. 9. 2 (3) (S), 5 (6) (S).

Ῥαγαύ. (1) רְעוּ

Joseph. Ῥεοῦς, Ῥάγαυος, Ῥοῦμος.

Ge. 11. 18, 19, 20, 21 : I Ch. 1. 25.

(2) in libr. apocr.

Ju. 1. 5 (6), 15 (5).

Ῥαγεθλωμῶν. in libr. apocr.

I Es. 5. 17 (B) (בית־לחם Ezr. 2. 21 : Ne. 7. 26) (Luc. Βιθλεεμ).

Ῥάγεμ. רֶגֶם

I Ch. 2. 47 (B) (Luc. Ρεγμα).

Ῥάγη. in libr. apocr.

To. 6. 10 (A B).

Ῥαγμά. (1) רַעְמָה

Ez. 27. 22 (A Q).

(2) aliter in Heb.

I Ch. 4. 3 (B) (ישמא) (Luc. Σαμαα Ραδαβαα).

Ῥάγοι. in libr. apocr.

To. 1. 14 (17) (A B) : 4. 1, 20 (21) (A B) : 5. 5 (7) (A B) : 6. 13 (A B), 13 (S) : 9. 2 (3) (A B).

Ῥαγουήλ.

Joseph. Ῥαγούηλος.

(1) דְּעוּאֵל

Nu. 1. 14 : 7. 42, 47 : 10. 20.

[Al. Nu. 10. 20.]

(2) רְעוּאֵל

Ge. 36. 4 (Joseph. Ῥαούηλος, Ῥαγούηλος), 10, 13, 17 *bis* : Ex. 2. 18 (B F) (Luc. Ιοθορ) : Nu. 2. 14 (Samar. [Samaritan script]) : 10. 29 : I Ch. 1. 35, 37 : 9. 8.

(3) abest in Heb.

Ge. 25. 3 (A E) : I Ch. 1. 32 (A) (Luc. *om.*).

(4) in libr. apocr.

To. 1. 1 (S) : 3. 7, 17 *bis* : 6. 11 (A), 13 (S), 13 : 7. 1 (S), 1 (A B), 3 (A B), 6, 9 (10) (S), 10, 10 (A B), 11, 12 (S), 15 (18) (B S) : 8. 9 (11), 11 (13), 15 (17) (A B), 20 (23) (A B) : 9. 3 (5), 6 (S) : 10. 7, 7 (A B), 8 (S), 10, 13 (S) : 11. 1 (A B), 15 (S) : 14. 12 (14) (A B).

Ῥαγουῆλος. in libr. apocr.

To. 6. 11 (B S) : 7. 1 (S) : 14. 12 (14) (S), 13 (15) (S).

Ῥαδά. aliter in Heb.

I Ch. 4. 2 (B) (ראיה) (Luc. Ρεαα).

Ῥαδδαί. רַדַּי

I Ch. 2. 14 (A) (Luc. Ρεδαι).

Ῥαεά (Ῥααιά). רְאָיָה

II Es. 17 (Ne. 7). 50 (Luc.Ρααια).

Ῥάεμ. רַחַם

I Ch. 2. 44 (A [μ']) (Luc.Ρααμ).

Ῥαεμμαέρ. aliter in Heb.

III Ki. 11. 14 (23) (B) (רח מאת[ב]) (*Lu.* Ramathad) (Luc. Ραεμαθ).

Ῥαεσών. רְצִין

II Es. 17 (Ne. 7). 50 (S) (Luc. Ρaασων).

Ῥαζείς (-ζίς). in libr. apocr.

II Ma. 14. 37.

Ῥαζών. רְזוֹן

III Ki. 11. 22 (23) (A) (Joseph. Ῥάζος) (Luc. *om.*).

Ῥαήλ. aliter in Heb.

I Ch. 7. 3 (B) (יואל) (Luc. Ιωηλ) : 27. 27 (B) (רמתי) (Luc. Ῥαμαθαῖος).

Ῥάθ. עֲרָבָה

Jo. 11. 2 (F) (Luc. Αραβα).

Ῥαθαμά. רִתְמָה

Luc. Ραμαθα : *Mon.* Rathma : *Lugd.* Rathaman

Nu. 33. 18 (Aa B F), 19 (Aa B F).

Ῥαθαμείν. in libr. apocr.

I Ma. 11. 34 (Joseph. Ῥαμαθαίν, Ῥαμαθά, Ἀρμαθαίμ).

Ῥαθμέν. רֹתֶם

III Ki. 19. 4 (B) (Luc. ραθαμειν).

Ῥάθυμος. in libr. apocr.

I Es. 2. 15 (16) (A* B) (= רחום Ezr. 4. 8), 16 (17) (= רחום Ezr. 4. 9), 21 (25) (= רחום Ezr. 4. 17), 25 (30) (= רחום Ezr. 4. 23).

Ῥάθυος. in libr. apocr.

I Es. 2. 15 (Aa [ος sup ras]) (= רחום Ezr. 4. 8) (Luc. Ραθυμος).

Ῥαιά. רְאָיָה

II Es. 2. 47 (A) (Luc. Αραια).

Ῥαιφάν (Ῥεφ.). aliter in Heb.

Ho. 5. 26 (? = כיון) (*Weingart.* Rempham).

Ῥάμ. רָם

I Ch. 2. 9 (Luc. Αραμ), 25 (A), 27 (A) : Jb. 32. 2 (B S).

Ῥαμά. (1) רָאמָה

Za. 14. 10.

[Al. Za. 14. 10.]

(2) רָם

Jb. 32. 2 (A).

(3) רָמָה

Jo. 18. 25 : 19. 29, 36 (A) : Jd. 19. 13 (B) : I Ki.

19. 18, 19, 22, 23 *bis*: 20. 1: 25. 1 (A) (Luc. Αρμαθαιμ): 28. 3 (A) (Luc. Αρμαθαιμ): II Ch. 16. 1 (Joseph. Ἀριμαθῶν), 5, 6: 22. 6 (Luc. Ραμωθ): II Es. 2. 26 (A): 21 (Ne. 11). 33 (S[c.a mg inf]): Is. 10. 29: Je. 38 (31). 15 (B S[c.a mg] Q): 47 (40). 1.

[Aq. I Ki. 28. 3: Je. 40 (47). 1.]
[Sm. I Ki. 19. 19: 28. 3.]
[Th. I Ki. 28. 3.]

(4) רָמוֹת
I Ki. 30. 27 (B): II Ch. 22. 5 (B).

(5) רַעְמָה
Ez. 27. 22 (B).

(6) abest in Heb.
II Ch. 36. 5 (Luc. Λοβεννα).

Ῥάμαθ, Ῥαμάθ. (1) רָמוֹת
I Ki. 30. 27 (A) (Luc. Ραμα).

(2) רָמֶת
Jo. 19. 21 (A).

(3) aliter in Heb.
III Ki. 19. 4 (A) (רתם) (Luc. ραθαμειν).

Ῥαμαθαῖος. רָמָתִי
I Ch. 27. 27 (A).

Ῥαμάτ. aliter in Heb.
Je. 46 (39). 3 (S* [-α'μ]).

Ῥάμεε. רַחַם
I Ch. 2. 44 (B) (Luc. Ρααμ).

Ῥαμεήλ. [יְ]רַחְמְאֵל
I Ch. 2. 33 (B) (Luc. Ιεραμαηλ).

Ῥαμέν. abest in Heb.
Jo. 15. 34 (Luc. *om.*).

Ῥαμεσή. רַעְמְסֵס
Ex. 1. 11 (F).

Ῥαμεσσαί. aliter in Heb.
I Ch. 7. 10 (B) (תרשיש) (Luc. Θαρσεις)

Ῥαμεσσή (indecl., -ῆς).
Luc. Ραμεση.

(1) גֹּשֶׁן
Ge. 46. 28 (A B).

(2) רַעְמְסֵס
Lugd. Ramense.
Ge. 47. 11 (A B): Ex. 1. 11 (A B): 12. 37: Nu. 33. 3 (B* vid F), 5.

(3) in libr. apocr.
Ju. 1. 9 (9a).

Ῥαμεσσών. רַעְמְסֵס
Nu. 33. 3 (A B[a]) (Luc. Ραμεση).

Ῥαμιά. רַמְיָה
II Es. 10. 25 (Luc. Ῥαμείας).

Ῥαμμά (indecl., -άν). (1) רָמָה
Luc. Ραμα.
I Ki. 22. 6 (A) (Luc. Βαμα): III Ki. 15. 17 (A), 21 (A), 22 (A).

(2) aliter in Heb.
I Ki. 30. 30 (A) (חרמה) (Luc. Ερμα).

Ῥαμμάθ. (1) רָמֹת
III Ki. 22. 20 (A) (Luc. Ραμαθ).

(2) abest in Heb.
IV Ki. 9. 16 (B) (Luc. Ραμαθ).

Ῥαμμαθί. abest in Heb.
IV Ki. 9. 16 (A) (Luc. Αραμειν).

Ῥαμμώ. קָמוֹן
Jd. 10. 5 (A) (Luc. Καλκων).

Ῥαμμώθ. (1) רָאמוֹת
Ez. 27. 16 (A)

(2) רָאמֹת
De. 4. 43 (A) (Samar. ࠓࠀࠌࠅࠕ) (Luc. Ραμωθ).

(3) רָמֹת
Luc. Ραμαθ.
II Ch. 18. 2 (A), 3 (A), 5 (A), 11 (A), 14 (A), 19 (A), 28 (A).

Ῥαμμών. (1) רִמּוֹן
Nu. 33. 20 (B) (Luc. Ρεμμων) (*Mon.* Remmon).

(2) aliter in Heb.
I Ch. 6. 80 (65) (B) (ראמות) (Luc. Ραμαθ).

Ῥαμνών. קָמוֹן
Jd. 10. 5 (B) (Luc. Καλκων) (Joseph. Καμμών).

Ῥαμώθ. (1) [מְ]רָמוֹת
II Es. 13 (Ne. 3). 4 (Luc. Μαριμωθ).

(2) רָאמֹת, רָאמוֹת
De. 4. 43 (B F) (Samar. ࠓࠀࠌࠅࠕ) (Joseph. Ἀρίμανος) (*Lugd.* Ramotho): Jo. 20. 8 (A): I Ch. 6. 80 (65) (A).

(3) רָמָה
IV Ki. 8. 29 (A) (Luc. Ραμαθ).

(4) רָמַת
Jo. 13. 26 (A) (Luc. Ραμεθ).

(5) רָמֹת
Spec. Regmath.
Jo. 21. 38 (36): III Ki. 4. 13 (A) (Luc. -ερμαθ): IV Ki. 8. 28 (A) (Luc. Ραμαθ): 9. 14 (A) (Luc. Ραμαθ et in seqq): II Ch. 18. 2 (B), 3 (B), 5 (B), 11 (B), 14 (B), 19 (B), 28 (B).

(6) aliter in Heb.
I Ch. 6. 71 (56) (A[a]) (עשתרות) (Luc. Ασταρωθ).

Ῥάν. רָם
I Ch. 2. 25 (B) (Luc. Ραμ).

Ῥαννών. aliter in Heb.
I Ch. 4. 20 (A) (רנה) (Luc. Ρεννα).

Ῥαούλ. aliter in Heb.
II Es. 4. 8 (B) (רחום) (Luc. Ρεουμ).

Ῥαούμ. רְחוּם
Luc. Ρεουμ.
II Es. 4. 9 (B), 17 (B), 23 (B): 13 (Ne. 3). 17 (A S): 20. 25 (Ne. 10. 26).

Ῥαρά. בְּאֵרָה
Jd. 9. 21 (A) (Luc. Βηρα).

Ῥαραιήλ. aliter in Heb.
I Ch. 9. 15 (B) (חרש) (Luc. Αρης).

Ῥασάς. aliter in Heb.
Je. 31 (48). 21 (S[c.a]) (יהצה).

Ῥασεί. רְצִין
Is. 7. 8 (S[c.b]).

Ῥασειά (-σιά). רִצְיָא
I Ch. 7. 39 (Luc. Ρασια).

Ῥασείμ. (1) [חָ]רָשִׁים
I Ch. 4. 14 (A) (Luc. Φαρα).

(2) רָצִים
IV Ki. 11. 4 (A).
[Th. IV Ki. 11. 4.]

(3) רְצִין
Is. 7. 8 (B).

Ῥασείν (-σίν). (1) רָצִים
IV Ki. 11. 4 (B) (Luc. Ρασειμ).

(2) רְצִין
Is. 7. 1 (B), 8 (A Q).
[Aq., Sm., Th. Is. 8. 6.]

Ῥάσεφ. רֶשֶׁף
I Ch. 7. 25 (A) (Luc. Ρασηφ).

Ῥασιλεύ. aliter in Heb.
Za. 7. 1 (S* ?) (כסלו).

Ῥασίν, *vid.* Ῥασείν.

Ῥασούβ. יָשׁוּב
Nu. 26. 20 (24) (F*) (Samar. ࠉࠔࠅࠁ) (Luc. Ιασουβ).

Ῥασουήλ. abest in Heb.
Ge. 25. 3 (Ρασου[ηλ] D) (Luc. Ραγουηλ).

Ῥασρείμ (B), Ῥασσείμ (A). רָצִים
IV Ki. 11. 19 (Luc. Ρασειμ).

Ῥασσείς. in libr. apocr.
Ju. 2. 23 (13) (A B).

Ῥασσών. רְצִין
Is. 8. 6 (B).

Ῥασών. רְצִין
II Es. 2. 48 (Luc. Ρaασσων): 17 (Ne. 7). 50 (A B) (Luc. Ραασων).

Ῥαφά. (1) רָפָא
I Ch. 20. 8 (Luc. Ραφαιν + γίγαντες [?]).

(2) רָפָה
Joseph. Ἄραφος.
II Ki. 21. 16 (Luc. γίγαντες), 18 (Luc. γίγαντες), 20 (Luc. Τιτᾶνος), 22 (Luc. γίγαντες + Ραφα).

Ῥαφαείμ (-αίμ). רְפָאִים
De. 2. 11 (A) (Samar. *om.*), 20 (A) (Luc. Ραφαειν) *bis*: Jo. 15. 8 (A): II Ki. 23. 13 (B) (Luc. Τιτάνων).
[Aq. Ge. 14. 5: II Ki. 5. 18, 22: Jb. 26. 5: Is. 14. 9: 26. 19.]
[Sm. II Ki. 5. 18, 22.]
[Th. Is. 14. 9.]
[Al. I Ch. 11. 15: 14. 9.]

Ῥαφαείν (-αίν). (1) רְפָאִים
Ge. 15. 20 (Luc. Ραφαειμ): De. 2. 11 (B F) (Samar. *om.*) (Luc. Ραφαειμ) (*Lugd.* Raphain), 20 (B), 20 (αε sup ras) (B F): 3. 11 (*Lugd.* Rafain), 13: Jo. 15. 8 (B) (Luc. Ραφαειμ): II Ki. 23. 13 (A) (Luc. Τιτάνων).

(2) in libr. apocr.
Ju. 8. 1 (A S).

Ῥαφαήλ. (1) רְפָאֵל
I Ch. 26. 7.

(2) in libr. apocr.
Spec. Raphahel.
To. 1. 1 (S): 3. 16 (25) (A B), 17 (S): 5. 4 (5): 6. 11 (S), 14 (S), 18 (S): 7. 9 (10): 8. 2, 3 (S): 9. 1, 5 (6): 11. 2, 7: 12. 15.

Ῥαφάθ. aliter in Heb.
Je. 31 (48). 21 (S*) (יהצה).

Ῥαφαί. רָפָה
I Ch. 8. 37 (B) (Luc. Αραχα).

Ῥαφαιά. (1) רָפָה
I Ch. 8. 37 (A) (Luc. Αραχα).

(2) רְפָיָה
I Ch. 3. 21 (A): 4. 42 (Luc. Ῥαφαίας): 7. 2 (A): 9. 43 (A[1] [sup ras] B) (Luc. Αραχα): II Es. 13 (Ne. 3). 9 (Luc. Ῥαφαίας).

Ῥαφαιάν. רְפָיָה
I Ch. 9. 43 (S) (Luc. Αραχα).

Ῥαφαίμ, *vid.* Ῥαφαείμ.

Ῥαφαίν, *vid.* Ῥαφαείν.

Ῥαφακά (indecl., -άν). דָּפְקָה
Lugd. Rafasa.
Nu. 33. 12, 13.

ʽΡαφάλ. aliter in Heb.

I Ch. 3. 21 (B) (רפיה) (Luc. Ραφαια).

ʽΡαφάν. רָפוּא

Nu. 13. 10 (9) (F[1 mg inf]) (Luc. Ραφαυ).

ʽΡαφαρά. aliter in Heb.

I Ch. 7. 2 (B) (רפיה) (Luc. Ραφαια).

ʽΡαφαραείν. רְפָאִים

De. 2. 20 (F) (Luc. Ραφαειν).

ʽΡάφεθ. aliter in Heb.

IV Ki. 19. 12 (A) (רצף) (Luc. Ραφεις): Is. 37. 12 (B O Q[mg] Γ) (רצף).

ʽΡαφεί. abest in Heb.

III Ki. 2. 46 f (B) (Luc. *om.*).

ʽΡαφείς, ʽΡάφεις. aliter in Heb.

IV Ki. 18. 17 (B) (רב־סרים) (Luc. Ραψεις) (Joseph. ʼΑράχαρις, ʼΑνάχαρις): 19. 12 (B*) (רצף): Is. 37. 12 (A) (רצף).

ʽΡαφέλ. in libr. apocr.

I Ma. 5. 37 (V[fort]).

ʽΡάφες. aliter in Heb.

IV Ki. 19. 12 (B[ab]) (רצף) (Luc. Ραφεις): Is. 37. 12 (S Q*) (רצף).

ʽΡάφη, ʽΡαφή.

Luc. Ραφα.

(1) רָפָא

I Ch. 8. 2.

(2) רָפַח

I Ch. 7. 25.

ʽΡαφία. in libr. apocr.

III Ma. 1. 1.

ʽΡαφιδείν. רְפִידִם ,רְפִדִם

Mon. Rapidin: *Lugd.* Rafidin.
Ex. 17. 1, 8: 19. 2: Nu. 33. 14, 15.

ʽΡαφού. רָפוּא

Nu. 13. 10 (9) (A B) (Luc. Ραφαυ) (*Lugd.* Rafu).

ʽΡαφών. in libr. apocr.

I Ma. 5. 37 (A S) (Joseph. ʽΡόμφοι).

ʽΡαχαβείν (-βίν). רֵכָבִים

Je. 42 (35). 2 (Q), 3 (Q), 5 (Q[mg]).
[**Aq.**, **Th.** JE. 35 (42). 2.]

ʽΡαχήλ. (1) רָחֵל

Joseph. ʽΡαχήλα: *Lugd.* Rachael.
Ge. 29. 6 (A E), 9, 10, 11, 12 (A), 16, 17, 18 *bis*, 20, 25, 28, 29 (A D), 30 (A), 30, 31: 30. 1 *bis*, 2, 6, 7, 8 (A D) (Luc. *om.*), 14, 15, 22, 25: 31. 4, 14, 19, 32, 33, 34: 33. 1, 2, 7: 35. 16, 19, 20, 24, 25: 46. 19, 22, 25: 48. 7: Ru. 4. 11 (B): I Ki. 10. 2: Je. 38 (31). 15.

(2) רָכָל

I Ki. 30. 29 (A) (Luc. Ραγουηλ [*v.* 28] ?).

(3) abest in Heb.

Ge. 30. 3, 5, 23.

ʽΡαχήν. aliter in Heb.

Ru. 4. 11 (A) (רחל) (Luc. Ραχηλ).

ʽΡαψάκης. (1) רַבְשָׁקֵה

IV Ki. 18. 17, 19, 26, 27, 28, 37: 19. 4, 8: Is. 36. 2 (A S Q Γ), 4 (A S Q* Γ), 12 (A S Q* Γ), 13, 22 (A S Q* Γ O [?]): 37. 4 (A S O Q* Γ), 8 (A B*vid S O Q*).

(2) in libr. apocr.

Si. 48. 18 (20).

ʽΡαώβ. רְחֹב

Jo. 19. 30 (A) (Luc. Αρωβ).

ʽΡαώμ. aliter in Heb.

I Ch. 7. 12 (B) (עיר חשם) (Luc. Ιεριμουθ).

ʽΡεββάθ. רַבָּה

Je. 30 (49). 3 (S).

ʽΡεββωρά. דְּבֹרָה

Ge. 35. 8 (E) (Luc. Δεβορρα).

ʽΡέβεκ. רֶבַע

Jo. 13. 21 (A) (Luc. Ροβε).

ʽΡεβέκκα (-αν, -ας, -ᾳ). (1) וְעָקֹב

Ge. 27. 17 (A) (Samar. ⵖⵖⵖⵖ) (Luc. Ιακωβ).

(2) רִבְקָה

Ge. 22. 23: 24 15, 29, 30, 45, 51, 53, 58, 59, 60, 61 *bis*, 64, 67 25. 20, 21, 28: 26. 7, 8, 35: 27. 5, 6, 11, 15, 42, 46: 28. 5: 29. 12 (Syr. ܪܦܩܐ): 35. 8: 49. 31.

(3) abest in Heb.

Ge. 25. 21 (? pro לנכח), 26: 26. 7: 29. 1.

ʽΡέβες. אָבֶץ

Jo. 19. 20 (B) (Luc. Αεμις).

ʽΡεβιέ. רִיבַי

I Ch. 11. 31 (B) (Luc. Ριβαι).

ʽΡεβλαθά. (1) רִבְלָה

IV Ki. 25. 21 (B) (Luc. Δεβλαθα).
[**Th.** JE. 46 (39). 6.]

(2) רִבְלָתָה

[**Aq.** JE. 52. 9.]
[**Th.** JE. 46 (39). 5.]

ʽΡεβουήλ. aliter in Heb.

[**Th.** PR. 31. 1 (למואל).]

ʽΡεβωμά. aliter in Heb.

[**Aq.** JE. 46 (39). 13 (רב־מג).]

ʽΡέγεμ. רֶגֶם

I Ch. 2. 47 (A) (Luc. Ρεγμα).

ʽΡεγμά. (1) רַעְמָא

I Ch. 1. 9.

(2) רַעְמָה

Joseph. ʽΡάμος, ʽΡέγμος.
Ge. 10. 7 (D[sil] E) *bis*: I Ch. 1. 9.

(3) aliter in Heb.

Jo. 15. 22 (B) (דימונה) (Luc. Διμωνα).

ʽΡεγχμά. רַעְמָה

Ge. 10. 7 (A) (Luc. Ρεγμα) *bis*.

ʽΡεελειά. רְעֵלָיָה

II Es. 2. 2 (B) (Luc. ʽΡεελίας).

ʽΡεελείας (-λίας). (1) רְעֵלָיָה

II Es. 2. 2 (A).

(2) in libr. apocr.

I Es. 5. 8 (A) (= בנוי Ezr. 2. 2: Ne. 7. 7) (Luc. Βαγουαι).

ʽΡεελμά. aliter in Heb.

II Es. 17 (Ne. 7). 7 (A) (רעמיה) (Luc. Δαιμίας).

ʽΡεηθά. abest in Heb.

Jo. 19. 19 (B[a (vid) mg]) (Luc. *om.*).

ʽΡεήλ. aliter in Heb.

II Es. 2. 47 (B) (ראיה) (Luc. Αραια).

ʽΡεημά (*D*), ʽΡεηρά (A). רְאוּמָה

Ge. 22. 24 (*D*) (Samar. ⵖⵖⵖⵖ) (Luc. Ρεημα) (Joseph. ʽΡοῦμα).

ʽΡεηρώθ. abest in Heb.

Jo. 19. 19 (B*) (Luc. *om.*).

ʽΡειά. רְאָיָה

I Ch. 4. 2 (A) (Luc. Ρεαα).

ʽΡειβά. רִיבַי

II Ki. 23. 29 (B) (Luc. Εριβα).

ʽΡειήλ. יְרִיאֵל

I Ch. 7. 2 (B) (Luc. Ιαρουηλ).

ʽΡεισών (ʽΡισ.). דִּישָׁן

Ge. 36. 21, 28 (A D), 30.

ʽΡέκεμ. רֶקֶם

Jo. 18. 27 (A) (Luc. Ρεκεν).

ʽΡεκκάθ. רַקַּת

Jo. 19. 35 (A) (Luc. Ρακκαθ).

ʽΡέκομ. רֶקֶם

I Ch. 2. 43 (B) (Luc. Ρωκημ).

ʽΡεκχά. רֵכָב

Luc. Ρηχαβ.
II Ki. 4. 5 (B), 6 (B), 9 (B).

ʽΡεμάθ. (1) רָמָה

Je. 47 (40). 1 (Q[mg]).

(2) רָמֹת

IV Ki. 9. 4 (A) (Luc. Ραμαθ).

ʽΡεμέλε. aliter in Heb.

IV Ki. 14. 7 (B) (גי־המלח*, גי־מלח [ק״]) (Luc. Γαιμελεχ).

ʽΡεμμάθ. (1) יַרְמוּת

Jo. 21. 29 (B) (Luc. Ιερμωθ).

(2) רִמּוֹן

IV Ki. 5. 18 (A) (Luc. Ρεμμαν).

(3) רָמֹת

Luc. Ραμαθ: Joseph. ʼΑραμαθά, ʼΑραμώθα, ʽΡαμάθη.
III Ki. 22. 3 (*Lu.* Remma [ad Galaath]), 4, 6, 12, 15, 20 (B), 29: IV Ki. 9. 4 (B).

(4) abest in Heb.

IV Ki. 9. 16 (A) (Luc. Ραμαθ).

ʽΡεμμάν. (1) רִמּוֹן

IV Ki. 5. 18 (B).

(2) רִמֹּן

IV Ki. 5. 18, 18 (B).

(3) aliter in Heb.

Ho. 4. 3 (A Q*) (εἰς τὸ ὄρος τὸ ʽΡ. = ההרמונה).

ʽΡέμμας. רֶמֶת

Jo. 19. 21 (B) (Luc. Ραμαθ).

ʽΡεμμιόν. רִמּוֹן

II Es. 21 (Ne. 11). 29 (S[c.a mg inf]) (Luc. Ρεμμων).

ʽΡεμμώθ. (1) רָמָה

IV Ki. 8. 29 (B) (Luc. Ραμαθ).

(2) רָמוֹת

II Ch. 22. 5 (A) (Luc. Ραμαθ).

(3) רִמֹּן

Luc. Ρεμμων.
Nu. 33. 19 (F), 20 (F): Jo. 19. 7 (A).

(4) רָמֹת

Luc. Ραμαθ.
IV Ki. 8. 28 (B): 9. 1, 14 (B).
[**Aq.**, **Sm.**, **Th.** IV KI. 9. 1.]

ʽΡεμμών, ὁ, ἡ. (1) רִמֹּן ,רִמּוֹן

Nu. 33. 19 (A B), 20 (A): Jo. 15. 32 (A): Jd. 20. 45 (Joseph. ʽΡοά), 47, 47 (A B?): 21. 13: II Ki. 4. 2 (Joseph. ʼΕρεμμών, ʼΙερεμμών), 5, 9: I Ch. 4. 32 (Ρε sup ras A[a?]) (Luc. Ενρεμμων): Za. 14. 10.
[**Al.** ZA. 14. 10.]

(2) רִמּוֹנִי

I Ch. 6. 77 (62).

(3) aliter in Heb.

Is. 15. 9 (A S^c.a, c.b Q* Γ) (דימון), 9 (A S^c.a, c.b Q Γ) (דימון).

Ῥεμμωνά (B), **Ῥεμμωνάμ** (A). רִמּוֹן

Jo. 19. 13 (המ׳ seq) (Luc. *om.*).

Ῥεμνά. דּוּמָה

Jo. 15. 52 (B) (Luc. Ρουμα).

Ῥενάθ. abest in Heb.

Jo. 19. 19 (A) (Luc. *om.*).

Ῥεννά. דִּנָּה

Jo. 15. 49.

Ῥεούμ. (1) רְחוּם

II Es. 2. 2 (A) (Luc. Ρεϊουμ) : 4. 8 (A), 9 (A), 17 (A), 23 (A).

(2) רֶחֶם

II Es. 22 (Ne. 12). 3 (S^c.a mg).

(3) aliter in Heb.

II Es. 20. 27 (Ne. 10. 28) (A) (חרם) (Luc. Αειραμ).

Ῥεσέφ. רֶצֶף

[**Aq., Sm., Th.** Is. 37. 12.]

Ῥεσσά. רִסָּה

Luc. Δρεσσα : *Lugd.* Lesa.

Nu. 33. 21 (A F), 22 (A F).

Ῥεσφά. רִצְפָּה

II Ki. 3. 7 (Joseph. Ῥαισφά) : 21. 8 (B), 10, 11.

Ῥεφάν, *vid.* **Ῥαιφάν.**

Ῥεφάς. aliter in Heb.

Je. 31 (48). 21 (A B) (יהצה).

Ῥεφφάθ. aliter in Heb.

II Ki. 21. 8 (A) (רצפה) (Luc. Ρεσφα).

Ῥεώβ. רְחוֹב

[**Aq., Sm., Th.** Jd. 18. 28.]

Ῥηβαί. רִיבַי

I Ch. 11. 31 (A) (Luc. Ριβαι).

Ῥήμη. in libr. apocr.

I Ma. 1. 10 (V).

Ῥημώθ. רָמוֹת, יְרֵמוֹת* ["ק]

II Es. 10. 29 (A) (Luc. Ρηιμωθ).

Ῥής (lit. alphab.). abest in Heb.

Le. 1. 20 (A S Q) : 2. 20 (A S Q) : 3. 58 (Q), 59 (Q), 60 (Q) : 4. 20 (A Q).

Ῥησαίας. in libr. apocr.

I Es. 5. 8 (= רעליה Ezr. 2. 2 : רעמיה Ne. 7. 7) (Luc. Σαραίας).

Ῥησεί. aliter in Heb.

III Ki. 1. 8 (רעי) (Luc. οἱ ἑταῖροι αὐτοῦ).

Ῥησφαραχείν. aliter in Heb.

III Ki. 4. 10 (B) ([ארץ חפר אבינ[דב) (τῆς Φαρ-).

Ῥησών. דִּישָׁן

Ge. 36. 28 (E) (Luc. Ρεισων).

Ῥηφά. aliter in Heb.

I Ch. 4. 12 (A) (רכה) (Luc. Ρηχαβ).

Ῥηχά. aliter in Heb.

I Ch. 2. 55 (B) (רכב) (Luc. Ρηχαβ) : 5. 5 (ראיה) (Luc. Ραια).

Ῥηχάβ. (1) רֵכָב

Joseph. Θαηνός, Θαῦνος, Θάννος.

II Ki. 4. 2, 5 (A), 6 (A), 9 (A) : IV Ki. 10. 15, 23 (*Vind.* Raechab) : I Ch. 2. 55 (A) : II Es. 13 (Ne. 3). 14 : Je. 42 (35). 6 (A B S^c.a (?) mg Q), 8 (Q^mg sub ※), 14 (A B S^1 Q), 16, 19.

(2) רֵכָבִים

[**Th.** Je. 42 (35). 18.]

(3) aliter in Heb.

I Ch. 4. 8 ([אח[רחל), 12 (B) (רכה).

(4) abest in Heb.

Je. 42 (35). 18 (A B Q).

Ῥηχαβῖται. רֵכָבִים

[**Sm.** Je. 42 (35). 2, 5.]

Ῥῆχας. aliter in Heb.

III Ki. 4. 9 (B) (Luc. Ρηχαβ).

Ῥηχόβ. רְכָב

Je. 42 (35). 14 (S*).

Ῥήχς (lit. alphab.). abest in Heb.

La. 1. 20 (B) : 2. 20 (B) : 3. 58 (B) : 4. 20 (B).

Ῥιαζήρ. aliter in Heb.

I Ch. 26. 31 (B) (יעזיר) (Luc. Ιαζηρ).

Ῥινοκοροῦρα (Ῥειν.). aliter in Heb.

Is. 27. 12 (נחל מצרים).

Ῥισών. aliter in Heb.

I Ch. 1. 38 (A) (דישן) (Luc. Δισαν).

Ῥιφαέ. aliter in Heb.

I Ch. 1. 6 (A) (דיפת) (Luc. Ριφαθ).

Ῥιφάθ. רִיפַת

Ge. 10. 3 (A E) (Samar. ࠓࠉࠐࠕ) (Joseph. Ῥιφάθης) (*Lucc.* Rifat).

Ῥοάβ. רְחוֹב

II Ki. 10. 8 (A) (Luc. -ρααβ).

Ῥόβε. רֶבַע

Jo. 13. 21 (B).

Ῥοβλαθά. רִבְלָתָה

[**Sm.** Je. 52. 9.]

Ῥοβοάβ. in libr. apocr.

I Es. 5. 11 (B) (= יואב Ezr. 2. 6 : Ne. 7. 11) (Luc. Ιωαβ).

Ῥοβοάμ.

Joseph. Ῥοβόαμος.

(1) רְחַבְעָם

III Ki. 11. 43 : 12. 1, 3, 6 (A) (Luc. *om.*), 12, 16 (17) (A), 18 (A), 18, 21 *bis*, 23, 27, 27 (A) : 14. 21 *bis*, 25, 27, 29, 30, 31 : 15. 5 (6) (A) (Luc. *om.*) : I Ch. 3. 10 : II Ch. 9. 31 : 10. 1, 3, 6, 12, 13, 17 (A), 18, 18 (A) : 11. 1, 1 (B) (Luc. *om.*), 3, 5, 17, 18, 21, 22 (A) : 12. 1, 2, 5, 10, 13 *bis*, 15 *bis*, 16 : 13. 7 *bis*.

[**Aq.** III Ki. 12. 17, 18, 27 : 15. 6.]
[**Sm., Th.** III Ki. 12. 18.]
[**Heb.** III Ki. 12. 6.]

(2) aliter in Heb.

III Ki. 12. 20 (B*) (ירבעם) (Luc. Ιεροβοαμ) : 14. 22 (יהודה).

(3) abest in Heb.

II Ki. 8. 7 (A) : 14. 27 : III Ki. 12. 13, 24 a (B), 24 n (B), 24 p (B), 24 p (B^b), 24 q (B) *bis*, 24 r (B), 24 s (B), 24 u (B), 24 x (B), 24 y (B).

(4) in libr. apocr.

Si. 47. 23 (28) (A B S C [Ροβ . . .]).

Ῥοβογμά. aliter in Heb.

[**Th.** Je. 46 (39). 13 (רב־מג).]

Ῥόβοκ. (1) רֶבַע

Nu. 31. 8 (Luc. Ροβεκ) (Joseph. Ῥοβέης) (*Lugd.* Rohoc).

(2) רֶקֶם

Jo. 13. 21 (B) (Luc. Ορoκομον).

Ῥοβομόγ. רַב־מָג

[**Th.** Je. 46 (39). 13 (Q^mg sub ※).]

Ῥοβώθ. abest in Heb.

I Ch. 1. 51 (B, *cf. v.* 48 [A]) (Luc. *om.*).

Ῥογήλ. רֶגֶל

[**Aq., Sm., Th.** III Ki. 1. 9.]

Ῥόδιοι. (1) דְּדָן

Ez. 27. 15 (B Q).

(2) דֹּדָנִים

Ge. 10. 4 (Samar. ࠃࠅࠃࠍࠉࠌ).

(3) דּוֹדָנִים *v.* רוֹדָנִים

I Ch. 1. 7 (Luc. Δωδανειμ).

(4) abest in Heb.

Ez. 27. 15 (adnot Q^mg).

Ῥόδοκος. in libr. apocr.

II Ma. 13. 21.

Ῥόδος. in libr. apocr.

I Ma. 15. 23.

Ῥόειμος. in libr. apocr.

I Es. 5. 8 (A* B) (= רחום Ezr. 2. 2 : נחום Ne. 7. 7) (Luc. Ναουμ).

Ῥόκομ. רֶקֶם

Joseph. Ῥέκεμος : *Lugd.* Rocum.

Nu. 31. 8 : Jo. 13. 21 (A) (Luc. Ορoκομ) : I Ch. 2. 43 (A) (Luc. Ρωκημ).

Ῥόμ. aliter in Heb.

II Ki. 21. 19 (B) (נוב) (Luc. Ροβ).

Ῥομελιά. רְמַלְיָהוּ

II Ch. 28. 6 (B) (Luc. Ῥομελίας) : Is. 7. 1 (B S*).

Ῥομελίας. (1) רְמַלְיָהוּ

IV Ki. 15. 25, 27, 30, 32 (*Vind.* Romoli), 37 (*Vind.* Romolie) : 16. 1, 5 : II Ch. 28. 6 (A) : Is. 7. 1 (A S^c.b Q Γ), 5, 9 : 8. 6.

(2) in libr. apocr.

I Es. 5. 8 (A^a [ομελιου sup ras]) (= רחום Ezr. 2. 2 : נחום Ne. 7. 7) (Luc. Ναουμ).

Ῥομελχεί. aliter in Heb.

I Ch. 25. 31 (B [superscr ωθ B^ab]) (רוממתי) (*Lucc.* Ramasi) (Luc. Ραμαθι-).

Ῥομμά. aliter in Heb.

I Ki. 25. 44 (B) (גלים) (Luc. Γολιαθ).

Ῥομμάν. aliter in Heb.

Am. 4. 3 (B) (εἰς τὸ ὄρος τὸ Ῥ. = ההרמונה).

Ῥοόβ. רְחוֹב

II Es. 20. 11 (Ne. 10. 12) (S^c.a (mg)) (Luc. Ροωβ).

Ῥοολλάμ. aliter in Heb.

II Ch. 11. 19 (B) (זהם) (Luc. Ζααμ).

Ῥουβείν. רְאוּבֵן

Luc. Ρουβην.

Ge. 42. 22 (E), 37 (E).

Ῥουβήν.

Joseph. Ῥουβῆλος.

(1) רְאוּבֵן

Ge. 29. 32 (Syr. ܪܘܒܝܠ) : 30. 14 (A D) : 35. 21 (22), 23 : 37. 21, 22, 29 : 42. 22 (A D), 37 (A D F) : 46. 8, 9 : 48. 5 : 49. 3 : Ex. 1. 2 : 6. 14 *bis* : Nu. 1. 5, 20, 21 (A^a? B F) : 2. 10 *bis*, 16 : 7. 30 : 10. 18 : 13. 5 (4) : 16. 1 : 26. 5 *bis* : 32.

1, 2, 6, 25, 29, 31, 33, 37: De. 11. 6: 27. 13: 33. 6: Jo. 4. 12: 13. 15, 23 *bis*: 15. 6: 18. 7, 17: 20. 8: 21. 7: 22. 9, 10, 11, 13, 15, 21, 30, 31, 32, 33 (Ρου sup ras B^ab), 34: Jd. 5. 15, 16: I Ch. 2. 1 (Luc. Ρουβιν et in seqq): 5. 1, 3, 18: 6. 63 (48) (Luc. Ρουβιμ), 78 (63) (Luc. Ρουβιμ): Ez. 48. 6, 7.

[**Aq.** Ge. 49. 3: Nu. 1. 21: Jd. 5. 16.]
[**Sm.**, **Th.** Ge. 49. 3: Nu. 1. 21.]
[**Syr.** Ge. 49. 3.]

(2) רְאוּבֵנִי

Nu. 26. 7: 34. 14: De. 3. 12, 16: 4. 43: 29. 8 (7): Jo. 1. 12: 12. 6: 13. 8: 22. 1 (B) (οἱ υἱοὶ Ῥ.): IV Ki. 10. 33 (Luc. Ρουβιμ): I Ch. 5. 6 (οἱ Ῥ.) (Luc. Ρουβιν), 26 (Luc. Ρουβιν): 11. 42 (Luc. Ρουβηνι): 12. 37 (Luc. Ρουβιμ): 27. 16.

(3) abest in Heb.

Jo. 21. 36.

(4) adnot. scr.

Ez. 48. 30 (Q^mg), 31.

Ῥουβηνεί (-νί). רְאוּבֵנִי

I Ch. 26. 32 (Luc. Ρουβην).

Ῥουβηνῖται. רְאוּבֵנִי

Jo. 22. 1 (A) (Luc. Ρουβην).

Ῥουβίμ. רְאוּבֵן

Ge. 30. 14 (E) (Luc. Ρουβην).

Ῥουδαῖος. [חֲ]רֻדִי

II Ki. 23. 25 (B) (Luc. Αδαρι).

Ῥούθ.

Joseph. Ῥούθη.

(1) רוּת

Ru. *tit.*: 1. 4, 14, 16, 22: 2. 2, 8, 21, 22: 3. 9: 4. 5, 10, 13.

(2) abest in Heb.

Ru. 1. 15: 2. 14, 18, 19, 23: 3. 5, 16: *subscr.*

Ῥουμά. דּוּמָה

Jo. 15. 52 (A).

Ῥουφαῖος (B S), **Ῥούφανος** (A).

abest in Heb.

Es. 9. 9.

Ῥοχχωθβαινειθεί. aliter in Heb.

IV Ki. 17. 30 (B) (סכות בנות) (Luc. Σοκχωθ Βανειθα).

Ῥοώβ. רְחוֹב, רְחֹב

Nu. 13. 22 (21) (A): Jo. 19. 28 (A): 21. 31 (A): Jd. 1. 31 (A): II Ki. 10. 6 (Luc. -ρααβ), 8 (B) (Luc. -ρααβ): I Ch. 6. 75 (60) (Luc. *om.*): II Es. 20. 11 (Ne. 10. 12) (A).

Ῥοωβόθ. רְחֹבֹת

Ge. 10. 11 (D^a) (Luc. Ροωβωθ).

Ῥοωβώθ. רְחֹבֹת, רְחֹבוֹת

Ge. 10. 11 (E): 36. 37 (A^1 D^sil): I Ch. 1. 48 (A).

Ῥοωβώς. רְחֹבֹת

Ge. 10. 11 (A) (Luc. Ροωβωθ).

Ῥοώθ. רְחֹב

Nu. 13. 22 (21) (F) (Luc. Ροωβ).

Ῥοώς. רֹאשׁ

Luc. Ρως.

II Ki. 15. 32 (signa v l prae se fert B^?txt et mg): 16. 1.

Ῥοωώθ. רְחֹבוֹת

Ge. 36. 37 (A*) (Luc. Ροωβωθ).

Ῥυμά. רוּמָה

IV Ki. 23. 36 (A) (Luc. Λοβεννα).

Ῥωγελείμ. רֹגְלִים

II Ki. 17. 27 (A) (Luc. Ρακαβειν) (*Lugd.* Rogelim).

Ῥωγελλείμ. רֹגְלִים

Luc. Ρακαβειν.

II Ki. 17. 27 (B): 19. 31 (32).

Ῥωγήλ. רֹגֵל

Jo. 15. 7: 18. 16: II Ki. 17. 17: III Ki. 1. 9.

Ῥωδιήλ. aliter in Heb.

I Ch. 12. 20 (B S) (ידיעאל) (Luc. Ιαδιηλ).

Ῥώθ. aliter in Heb.

Je. 32. 9 (25. 23) (S*) (בוז).

Ῥωκεείμ. aliter in Heb.

II Es. 13 (Ne. 3). 8 (A) (חרחיה *v.* חרהיה) (Luc. μυρεψῶν).

Ῥωμαῖοι. (1) aliter in Heb.

Da. LXX. 11. 30 (ציים כתים).

(2) in libr. apocr.

I Ma. 8. 1, 23, 26 (S^c.a), 27, 28 (S), 29: 12. 16: 14. 40: 15. 16: II Ma. 4. 11: 8. 10, 36: 11. 34 *bis*.

(3) adnot. scr.

Jl. 2. 25 (Q^mg): Da. LXX. 7. 7 (87^mg).

Ῥωμεθμαέζερ. aliter in Heb.

I Ch. 25. 31 (A [θ'μ]) (רוממתי עזר) (Luc. Ραμαθιεζερ).

Ῥωμεί. aliter in Heb.

I Ch. 25. 4 (B) (רממתי) (Luc. Ραμαθι-).

Ῥωμελίας. רְמַלְיָהוּ

[**Th.** Is. 7. 5.]

Ῥωμεμθί. רֹמַמְתִּי

I Ch. 25. 4 (A) (Luc. Ραμαθι-).

Ῥώμη. in libr. apocr.

I Ma. 1. 10 (A S): 7. 1: 8. 17, 19, 24, 26 (A S* V), 28 (A V): 12. 1, 3: 14. 16, 24: 15. 15.

Ῥώς, ἡ. (1) רֹאשׁ

Joseph. Ἄρως, Ῥώς.

Ge. 46. 21: Ez. 38. 2, 3: 39. 1.

[**Sm.**, **Th.** Ez. 38. 2.]

(2) aliter in Heb.

Je. 32. 9 (25. 23) (A B S^1 Q) (בוז).

Ῥωσαί. abest in Heb.

I Ch. 26. 6 (Luc. *om.*).

Σ

Σά. [לַ]יְשָׁה

Is. 10. 30 (A B Q).

Σααδούκ. צָדוֹק

II Es. 7. 2 (A) (Luc. Σαδδουκ).

Σάαλ. (1) צֹחַר

Ge. 46. 10 (*D*) (Samar. ࠑࠇࠑ) (Luc. Σααρ).

(2) שָׁאָל

II Es. 10. 29 (A).

Σααλείμ. שַׁעֲלִים

I Ki. 9. 4 (A) (Luc. Σεγαλειμ) (*Quedl.* Sagalin).

Σααμαίας. שְׁמַעְיָה

II Es. 22 (Ne. 12). 34 (A) (Luc. Σαμαίας).

Σαανά. סְנָאָה

II Es. 2. 35 (B) (Luc. Σενναα).

Σάαρ. (1) אֵצֶר

Luc. Ασαρ.

Ge. 36. 21 (A) (*Lucc.* Asam), 27 (A), 30 (A D).

(2) יִצְהָר

Ex. 6. 21 (F) (Luc. Ισααρ).

(3) יִצְחַר

I Ch. 4. 7* (Luc. Εισαρ).

(4) יֵצֶר

I Ch. 7. 13 (A) (Luc. Ιεσσερ).

(5) צֹחַר

Samar. ࠑࠇࠓ.

Ge. 23. 8: 25. 9: 46. 10 (A) (Joseph. Σόαρος, Σααρᾶς, Σαοῦλος, Οὔλσαρος) (*Lugd.* Asaar): Ex. 6. 15: I Ch. 4. 7 (ק״) (Luc. Εισαρ).

(6) שֶׂרַח

Ge. 46. 17 (A) (Luc. Σαρα) (Joseph. Σάρρα) (*Lugd.* Sara).

Σααρά. שֶׁאֱרָה

I Ch. 7. 23 (24) (A) (Luc. Σαραα).

Σααρείς (? Σααρ εἰς). יִצְהָרִי

Nu. 3. 27 (A) (Luc. Ισσααρ εἰς).

Σααρήλ (B), **Σααρήμ** (A). שַׁחֲרַיִם

I Ch. 8. 8 (Luc. Σεωρειν).

Σααριά. שְׁחַרְיָה

I Ch. 8. 26 (A) (Luc. Σαραια).

Σααρών. שָׁרוֹן

Is. 33. 9 (Q*).

Σαβά. (1) סְבָא

Joseph. Σάβας.

Ge. 10. 7: I Ch. 1. 9 (A).

[**Aq.**, **Sm.** Ps. 71 (72). 10: Is. 43. 3.]
[**Th.** Is. 43. 3.]

(2) שְׁבָא

Ge. 10. 7 (A D): 25. 3 (E): III Ki. 10. 1, 4, 10, 13: I Ch. 1. 9 (A), 32 (A): II Ch. 9. 1, 3, 9, 12: Ps. 71 (72). 10: Is. 60. 6 (A B^ab S Q): Je. 6. 20: Ez. 27. 22: 38. 13 (A B) (*Wirc.* Sada).

[**Aq.** Jb. 1. 15: Ps. 71 (72). 10, 15: Ez. 27. 23.]
[**Sm.** Ps. 71 (72). 10, 15: Ez. 27. 23.]
[**Th.** Ps. 71 (72). 15: Ez. 27. 23.]
[**Al.** Jb. 6. 19.]

(3) aliter in Heb.

III Ki. 4. 3 (B) (שישא) (Luc. Σαφατ): I Ch. 8. 1 (B) (אשבל) (Luc. Ασβηλ).

Σαβαδών. aliter in Heb.

I Ch. 9. 36 (B S) (עבדון) (ς praec) (Luc. Αβδων).

Σαβαείμ. (1) סְבָאִים

Is. 45. 14 (B).

[**Aq., Sm., Th.** Is. 45. 14 (Q^mg).]

(2) צְבָיִים

II Es. 17 (Ne. 7). 59 (Luc. Σαβωειμ).

(3) שְׁבָאִים

[**Aq., Sm., Th.** Jl. 3 (4). 8.]

Σαβαείν. (1) סְבָאִים

Is. 45. 14 (S*).

(2) צְבִי

[**Th.** Da. 11. 45.]

Σαβαθά. (1) סַבְתָּא

I Ch. 1. 9 (A) (Luc. Σεβαθα).

(2) סַבְתָּה

Ge. 10. 7 (Joseph. Σαβάθης).

(3) שִׁפְטָן

Nu. 34. 24 (B) (Luc. [Σ]αφαθα) (*Mon.* Cabatha).

(4) aliter in Heb.

I Ch. 4. 8 (B) (צבבה) (Luc. Σαβηβα).

Σαβαθαί. שַׁבְּתַי

II Es. 10. 15 (B S) (Luc. Σαββαθαι).

Σαβαθάν. שִׁפְטָן

Nu. 34. 24 (A) (Luc. [Σ]αφαθα).

Σάβαθος. in libr. apocr.

I Es. 9. 28 (= זבד Ezr. 10. 27) (Luc. Ζαβαδ).

Σαβαί (indecl., -ῶν). (1) שֹׁבַי

II Es. 17 (Ne. 7). 45 (A) (Luc. Σωβαι).

(2) שְׁבָא

I Ch. 1. 32 (B) (Luc. Σαβα) : Jb. 6. 19 (B S* C).

Σαβαῖται. שְׁבָא

[**Heb.** Jb. 1. 15.]

Σαβάκ. שׁוֹבַךְ

II Ki. 10. 16 (A) (Luc. Σωβα + Σαβεε).

Σαβακαθά. סַבְתְּכָא

Ge. 10. 7 (Samar. [Samaritan]) (Luc. Σαβεκαθα) (Joseph. Σαβάκτας, Σαβακαθᾶς).

Σαβαμά. שִׂבְמָה

Is. 16. 9 (Q) : Je. 31 (48). 32 (Q).

Σαβάν. שְׁבָא

Luc. Σαβα.

Ge. 10. 7 (E) : 25. 3 (A D) (*Lucc.* Abaudus) : I Ch. 1. 9 (B), 22 (A) : Ez. 38. 13 (Q).

Σαβανασάρ. aliter in Heb.

Lucc. Salmanasarus, Salmanasar.

II Es. 1. 8 (B) (ששבצר) (Luc. Σαβασάρης) (Joseph. Σαραβασάνης).

Σαβανάσσαρος. in libr. apocr.

I Es. 6. 17 (18) (B) (= ששבצר Ezr. 5. 14) (Luc. Σασαβαλάσσαρος) (Joseph. Σαβάσηρος, Σαγαβάσσαρος, Ἀβάσσαρος).

Σαβανεί. שְׁבַנְיָה

II Es. 20. 4 (Ne. 10. 5) (S^c.a) (Luc. Βαναιας).

Σαβανιά. שְׁבַנְיָה

II Es. 20. 10 (Ne. 10. 11) (B) (Luc. Σεχενίας).

Σαβανναιοῦς. in libr. apocr.

I Es. 9. 33 (B) (= זבד Ezr. 10. 33) (Luc. Ζαβδια).

Σάβαννος. in libr. apocr.

I Es. 8. 62 (64) (= בנוי Ezr. 8. 33) (Luc. Βαναίας).

Σαβαρείμ. סִבְרַיִם

Ez. 47. 16 (Q^mg).

Σαβάτ. (1) שְׁבָט

Za. 1. 7.

(2) שָׁפָט

I Ch. 5. 12 (B) (Luc. Σαφαν).

(3) aliter in Heb.

I Ch. 1. 9 (B) (סבא) (Luc. Σαβα).

(4) in libr. apocr.

I Ma. 16. 14 (A V).

Σαβατά. סַבְתָּא

I Ch. 1. 9 (B) (Luc. Σεβαθα).

Σαβατειά. שְׁפַטְיָה

Luc. Σαφατίας.

II Ki. 3. 4 (B) (*Lucc.* Aphatias) : I Ch. 3. 3 (B) (Joseph. Σαφατίας).

Σαβαύ. שְׁבָא

Ge. 10. 28 (E) (Luc. Σαβαν).

Σαββαίας. in libr. apocr.

I Es. 9. 32 (= שמעיה Ezr. 10. 31) (Luc. Σαμείας).

Σαββάτ. in libr. apocr.

I Ma. 16. 14 (S).

Σαββαταίας. in libr. apocr.

I Es. 9. 48 (A) (= שבתי Ne. 8. 7) (Luc. Σαββαθαῖος).

Σαββαταῖος. in libr. apocr.

I Es. 9. 14 (= שבתי Ezr. 10. 15) (Luc. Σαββεθαῖος).

Σαβδών. aliter in Heb.

I Ch. 9. 36 (A) (עבדון) (*s* praec) (Luc. Αβδων).

Σάβεε. שֶׁבַע

Jo. 19. 2 (A) (Luc. Σαβα) : II Ki. 20. 1 (B) (Joseph. Σαβαῖος), 2, 6, 7 (B), 10, 13, 21, 22.

Σαβεί. (1) צְבִי

[**Th.** Da. 11. 16.]

(2) שֹׁבַי

II Es. 17 (Ne. 7). 45 (B S) (Luc. Σωβαι).

(3) in libr. apocr.

I Es. 5. 28 (29) (A) (= שבי Ezr. 2. 42 : Ne. 7. 45) (Luc. Σωβαι).

Σαβειή (-βιή). in libr. apocr.

I Es. 5. 34 (= צבים Ezr. 2. 57 : צביים Ne. 7. 59) (Luc. Σαβωειμ).

Σαβείρ. aliter in Heb.

[**Th.** Da. 11. 16 (צבי).]

Σαβειτάλ. aliter in Heb.

I Ch. 3. 3 (B) (אביטל) (*s* praec) (Luc. Αβιταμ).

Σάβερ. שֶׁבֶר

I Ch. 2. 48 (B) (Luc. Σαβαρ).

Σάβετ. עֶבֶד

Jd. 9. 35 (A) (*s* praec) (Luc. Αβεδ).

Σαβεύ. שְׁבָא

Ge. 10. 28 (A) (Luc. Σαβαν) (Joseph. Σάφας, Σαβεύς) (*Lucc.* Soba).

Σαβιά. (1) [חֲ]שַׁבְיָה

II Es. 8. 24 (A^vid) (Luc. Ἀσαβίας).

(2) שְׁבַנְיָה *v.* שְׁבָיָה

I Ch. 8. 10 (B) (Luc. Σεχια).

(3) aliter in Heb.

II Es. 10. 25 (S) (מלכיה) (Luc. Μελχίας).

Σαβίας. in libr. apocr.

I Es. 1. 9 (= חשביהו II Ch. 35. 9) (Luc. Ασαβίας).

Σαβιή, *vid.* **Σαβειή.**

Σαβούδ. aliter in Heb.

I Ch. 4. 25 (26) (A) (זכור) (Luc. Ζαχουρ).

Σαβρεί. aliter in Heb.

I Ch. 7. 36 (B) (ברי) (Luc. Βηρει).

Σαβχειά. aliter in Heb.

I Ch. 26. 7 (B) (סמכיהו) (Luc. Σαμαχια).

Σαβωείν. סְבָאִים

Is. 45. 14 (Q^mg).

Σάγαε (B), **Σάγαφ** (A). שַׁעַף

Luc. Σααφ.

I Ch. 2. 47, 49.

Σαγή. שָׁגֵא

I Ch. 11. 34 (A) (Luc. Σαμαια).

Σαδάδακ. צְדָדָה

Nu. 34. 8 (A) (Samar. [Samaritan]) (Luc. Σαραδακ).

Σαδαθά. aliter in Heb.

II Ch. 4. 17 (A) (צרדתה) (Luc. Σαριδαθα).

Σαδαίας. in libr. apocr.

Ba. 1. 1 (A).

Σαδαμά. אֲדָמָה

Ge. 14. 2 (E) (*s* praec) (Luc. Αδαμα).

Σαδδαί. שַׁדַּי

Ez. 10. 5.

Σάδδακ. צְדָדָה

Nu. 34. 8 (F) (Samar. [Samaritan]) (Luc. Σαραδακ).

Σαδδούκ. (1) צָדוֹק

II Ki. 8. 17 (B) (Luc. Σαδουκ) : II Es. 7. 2 (B) : 13 (Ne. 3). 29 (A B) : 20. 21 (Ne. 10. 22) (B S) (Luc. Εδδωκ) : 21 (Ne. 11). 11 (A B) (Luc. Σαδδοκ) : 23 (Ne. 13). 13 (B S) : Ez. 40. 46 (B Q) : 43. 19 : 44. 15 : 48. 11.

(2) abest in Heb.

Ez. 42. 13.

Σάδδουκος (A), **Σαδδούλουκος** (B).

in libr. apocr.

I Es. 8. 2 (= צדוק Ezr. 7. 2) (Luc. Σεδδουκ).

Σαδδούχ. צָדוֹק

Ez. 40. 46 (A).

Σαδδώκ. צָדוֹק

II Ki. 15. 24, 25.

Σαδή (lit. alphab.). abest in Heb.

La. 1. 18 (A B^b S Q) : 2. 18 (A B^a? b S Q) : 3. 52 (A B^a?, Q), 53 (Q), 54 (Q) : 4. 18 (A B^ab Q).

Σαδήλ. aliter in Heb.

II Es. 17 (Ne. 7). 49 (A) (גדל) (Luc. Γαδηλ).

Σαδίας. aliter in Heb.

I Ch. 9. 12 (A) (עדיה) (Luc. Αδαια).

Σαδούκ. צָדוֹק

II Es. 13 (Ne. 3). 4 (S) (Luc. Σαδδουκ) : 20. 21 (Ne. 10. 22) (A) (Luc. Εδδωκ) : 21 (Ne. 11). 11 (S) (Luc. Σαδδοκ).

Σαδούχ. צָדוֹק

II Ki. 8. 17 (A) (Luc. Σαδουκ) : III Ki. 4. 4 (B) (Luc. Σαδδουκ) : II Es. 13 (Ne. 3). 29 (S) (Luc. Σαδδουκ).

Σαδώκ. (1) צָדוֹק

Luc. Σαδδουκ.

II Ki. 15. 27 (B) (Luc. Σαδδωκ), 29, 35 *bis*, 36 : 17. 15 : 18. 19, 22, 27 : 19. 11 (12) : 20. 25 : III Ki. 1. 8, 26, 32, 34, 38, 39 (*Lucc.* Saddoc), 44, 45 : 2. 35 : 4. 2, 4 (A) : IV Ki. 15. 33 (*Vind.* Saddoc : *Lucc.* Sadduc) : I Ch. 6. 8 (5. 34) *bis*, 12 (5. 38) *bis*, 53 (38) (Luc. Σαδουκ) : 9. 11 : 12. 28 (Joseph. Σάδωκος) : 15. 11 (Luc. Σαδουκ) : 16.

39 : 18. 16 : 24. 3, 6, 31 : 27. 17 : 29. 22 (B) : II Ch. 27. 1 (A) : 31. 10 : II Es. 13 (Ne. 3). 4 (B) : 23 (Ne. 13). 13 (A).

(2) aliter in Heb.

III Ki. 4. 14 (A) (עדא) (Luc. Αχιαβ).

(3) abest in Heb.

III Ki. 2. 46 h (B).

Σαδώμ. aliter in Heb.

Jo. 15. 62 (B) (ς praec: αδωμ = αλων [מלח]) (Luc. ἁλῶν).

Σαδώρ. aliter in Heb.

II Ch. 27. 1 (B) (צדוק) (Luc. Σαδδουκ).

Σαδώχ. צָדוֹק

I Ch. 29. 22 (A) (Luc. Σαδδουκ).

Σαείρ. aliter in Heb.

I Ch. 2. 23 (B*) (יאיר) (ς praec) (Luc. Ιαειρ).

Σαεμηρών. שֹׁמְרוֹן

III Ki. 16. 24 (B) (Luc. Σομορων) (Joseph. Σαμαρεών) (*Vind.* Someron).

Σαήλ. (1) יַחְצְאֵל

Nu. 26. 48 (B*) (Luc. Ασιηλ) (*Lugd.* Oedasiel).

(2) [עֲ]שָׂהאֵל

II Es. 10. 15 (S*) (Luc. Ασαηλ).

Σαηλεί. יַחְצְאֵלִי

Nu. 26. 48 (B*) (Luc. Ασιηλι) (*Lugd.* Oedasiel).

Σαθαρβουζάν. שְׁתַר בּוֹזְנַי

II Es. 6. 13 (B) (Luc. Θαρβουζαναῖος).

Σαθαρβουζανά. שְׁתַר בּוֹזְנַי

Luc. Θαρβουζαναῖος.

II Es. 5. 3 (B), 6 (B) : 6. 6 (B) (Joseph. Σαραβαζάνης).

Σαθαρβουζαναί (-νέ). שְׁתַר בּוֹזְנַי

Luc. Θαρβουζαναῖος.

II Es. 5. 3 (A) : 6. 6 (A), 13 (A).

Σαθαρβουζάνης. שְׁתַר בּוֹזְנַי

II Es. 5. 6 (A) (Luc. Θαρβουζαναῖος).

Σαθούρ. סְתוּר

Nu. 13. 14 (13) (Luc. Θασουρ) (*Lugd.* Sathor).

Σαθραβουζάνης. in libr. apocr.

Luc. Σαθραβωζάνης.

I Es. 6. 3 (= שתר בוזני Ezr. 5. 3) (Joseph. Σαρωβαζάνης), 7 (A) (= שתר בוזני Ezr. 5. 6), 26 (27) (= שתר בוזני Ezr. 6. 6) (Joseph. Σαραβασάνης) : 7. 1 (= שתר בוזני Ezr. 6. 13).

Σαθραβουρζάνης. in libr. apocr.

I Es. 6. 7 (B) (= שתר בוזני Ezr. 5. 6) (Luc. Σαθραβωζάνης).

Σαιά. (1) יְשַׁעְיָהוּ

I Ch. 25. 3 (B) (Luc. Ισαια).

(2) aliter in Heb.

I Ch. 4. 22 (B) (שרף) (Luc. Σαραφ).

Σαιζά (**Σεζά**). שִׁיזָא

I Ch. 11. 42 (B S) (Luc. Σιζαι).

Σαιλααμμά. aliter in Heb.

Ez. 47. 16 (15) (Q) (צדדה).

Σαιλάμ. עֵילָם

Ge. 14. 1 (*D*) (Luc. Αιλαμ).

Σαιλώμ, *vid.* **Σελώμ.**

Σαιμά. שַׁמָּה

II Ki. 23. 25 (B) (Luc. Σαμαιας).

Σαιραίας. שְׂרָיָה

Je. 28 (51). 59 (A*fort).

Σάις (-ιν). סִין

Ez. 30. 15 (B Q), 16 (Q).

Σακαρείμ. שַׁעֲרַיִם

Jo. 15. 36 (B) (Luc. Σεβαρειμ).

Σακχούς. aliter in Heb.

I Ch. 25. 2 (B) (זכור) (Luc. Ζακχουρ).

Σάλα. שֶׁלַח

Joseph. Σάλης, Σέλας.

Ge. 10. 24 *bis* (Luc. Σαλα, Σαλᾶς) : 11. 13 (12) (A D E[a]), 13 (A D E[a]), 14, 15 : I Ch. 1. 18 (A) *bis*, 24.

Σαλαβαλλάτ. aliter in Heb.

II Es. 12 (Ne. 2). 19 (S) (סנבלט) (Luc. Σαναβαλατ).

Σαλαβείμ. שַׁעַלְבִים

III Ki. 4. 9 (A) (Luc. Θαλαβειν).

Σαλαβείν. שַׁעַלַבִּין

Jo. 19. 42 (B) (Luc. Σααλαβειν).

[Aq., Sm., Th., Heb. JD. 1. 35.]

Σαλαβωνείτης. שַׁעַלְבֹנִי

II Ki. 23. 32 (Luc. Σαλαβανι).

Σαλαβωνί. שַׁעַלְבֹנִי

I Ch. 11. 33 (A).

Σάλαδ. סֶלֶד

Luc. Σαλεδ.

I Ch. 2. 30 (A), 30.

Σαλαθιήλ.

Joseph. Σαλαθίηλος.

(1) שְׁאַלְתִּיאֵל

I Ch. 3. 17 (*Lucc.* Salatiel) : II Es. 3. 2 (A), 8 : 5. 2 : 22 (Ne. 12). 1 : Hg. 1. 1 : 2. 23.

(2) שַׁלְתִּיאֵל

Hg. 1. 12, 14 (A B S Q[mg sinistr]) : 2. 2.

(3) aliter in Heb.

I Ch. 3. 19 (פדיה) (Luc. Φαδαια).

(4) abest in Heb.

Hg. 2. 21.

(5) in libr. apocr.

I Es. 5. 5, 47 (48) (= שאלתיאל Ezr. 3. 3), 54 (56) (= שאלתיאל Ezr. 3. 8) : 6. 2 (= שאלתיאל Ezr. 5. 2).

Σαλαιμάθ. aliter in Heb.

I Ch. 8. 36 (B) (עלמת) (Luc. Αλεφ).

Σαλαλά. aliter in Heb.

III Ki. 22. 42 (A) (שלחי) (Luc. Σελεει).

Σαλαμά. שַׁמְלָה

Luc. Σαμλα.

Ge. 36. 36 (A), 37 (A).

Σαλαμάν. שַׁלְמַן

Ho. 10. 14.

Σαλαμανάσσαρ. שַׁלְמַנְאֶסֶר

IV Ki. 18. 9 (B) (Luc. Σαλμανασσαρ).

Σαλαμεί. שַׁלְמַי

II Es. 17 (Ne. 7). 48 (B) (Luc. Σελεμει).

Σαλαμειά (-μιά). שֶׁלֶמְיָהוּ

I Ch. 26. 14 (B) (Luc. Σελεμίας).

Σαλαμείθ. שְׁלֹמִית

Le. 24. 11 (B[ab]) (Luc. Σαλμιθ).

Σαλαμείμ. abest in Heb.

Jo. 19. 47 a (A) (Luc. *om.*).

Σαλαμείν. (1) שַׁעַלַבִּין

Jo. 19. 42 (A) (Luc. Σααλαβειν).

(2) abest in Heb.

Jo. 19. 47 a (B) (Luc. *om.*).

Σαλαμιά, *vid.* **Σαλαμειά.**

Σαλαμίας. שֶׁלֶמְיָהוּ

Je. 43 (36). 14 (A).

Σαλαμιήλ. (1) שְׁלֻמִיאֵל

Nu. 1. 6 (*Lugd.* Salamichel) : 2. 12 : 7. 36, 41 : 10. 19.

(2) שְׁמוּאֵל

Nu. 34. 20.

(3) in libr. apocr.

Ju. 8. 1 (A B).

Σαλασαδαί. in libr. apocr.

Ju. 8. 1 (A).

Σαλασάθ. aliter in Heb.

I Ch. 8. 37 (B) (אלעשה) (Luc. Ελεασα).

Σαλασειά (-σιά). שְׁלִישִׁיָּה

Je. 31 (48). 34 (B Q).

Σαλαχώθ. שַׁלֶּכֶת

[Al. I Ch. 26. 16.]

Σαλαώθ. aliter in Heb.

I Ch. 27. 8 (B) (שמהות) (Luc. Σαμαωθ).

Σαλεί. (1) שִׁלְחִי

II Ch. 20. 31 (Luc. Σελεει).

(2) aliter in Heb.

I Ch. 8. 20 (A) (צלתי) (Luc. Σελαθι).

Σαλείμ. aliter in Heb.

Jo. 19. 22 (B) (?) (Luc. Σασειμα).

Σαλειμούθ. שְׁלוֹמִית

II Es. 8. 10 (B) (Luc. Σαλιμωθ).

Σαλειμώθ (-λιμ.). in libr. apocr.

I Es. 8. 36 (39) (= שלומית Ezr. 8. 10) (Luc. Σαλιμωθ).

Σαλεισά. שִׁלְשָׁה

I Ch. 7. 37 (Luc. Σελεμσαν).

Σαλέμ. שַׁלֻּם

I Ch. 4. 25 (Luc. Σελλημ).

Σάλεφ, Σαλέφ. (1) צָלָף

II Es. 13 (Ne. 3). 30 (S) (Luc. Σελεφ).

(2) שֶׁלֶף

Joseph. Σάλεφος.

Ge. 10. 26 : I Ch. 1. 20 (A).

Σαλή. שִׁלְחִים

Jo. 15. 32 (B) (Luc. Σελεειμ).

Σαλήμ. (1) שָׁלֵם

Ge. 14. 18 : 33. 18 (Samar. ࠔࠋࠌ).

[Aq., Sm., Th., Heb. Ps. 75 (76). 3.]

(2) aliter in Heb.

Je. 48 (41). 5 (B S Q).

(3) in libr. apocr.

Ju. 4. 4 (3).

Σάλημος. in libr. apocr.

I Es. 8. 1 (= שלום Ezr. 7. 2) (Luc. Σελλουμ).

Σαλημώθ. שְׁלֹמִית

II Ch. 11. 20 (A) (Luc. Σαλωμιθ).

Σάλθας. in libr. apocr.

I Es. 9. 22 (B) (= אלעשה Ezr. 10. 22) (Luc. Ηλασα).

Σαλθεί. צִלְּתַי

I Ch. 8. 20 (B) (Luc. Σελαθι).

Σαλιμώθ, *vid.* **Σαλειμώθ.**

Σαλισά (S[c.a]), **Σαλισιά** (A). שְׁלִישִׁיָּה

Je. 31 (48). 34.

Σαλισσά. שָׁלִשָׁה

I Ki. 9. 4 (**A**) (Luc. Σελχα).

Σαλλαί. סַלָּי

II Es. 22 (Ne. 12). 20 (**S**$^{c.a\ mg\ inf}$) (Luc. Σαλουαι).

Σαλλούμ. שַׁלּוּם

I Ch. 2. 40 (**A**), 41 (**A**) : 3. 15 (**A**) (Luc. Σελλουμ) : II Es. 13 (Ne. 3). 12 (**A**) (Luc. Σελλουμ).

Σάλλουμος (**A B**^{*b}), **Σαλλουμού** (**B**$^{a?\ c?}$) (?). in libr. apocr.

I Es. 9. 25 (= שַׁלֻּם Ezr. 10. 24) (Luc. Σελλουμ).

Σαλλώμ. שַׁלּוּם

I Ch. 9. 17 (**A**) (Luc. Σελλουμ).

Σαλμά. שַׂמְלָה

Ge. 36. 37 (**E**) (Luc. Σαμλα).

Σαλμαά. שְׁמַע

Jo. 15. 26 (**B**) (Luc. Σαμα).

Σαλμάν.

Luc. Σαλμων.

(1) צַלְמֻנָּע

Ps. 82 (83). 12 (**R***).

(2) שַׂלְמָא

I Ch. 2. 11 (**A**) *bis*.

(3) שַׂלְמָה

Ru. 4. 20 (**B**).

(4) שַׂלְמוֹן

Ru. 4. 21 (**B**).

Σαλμανά. צַלְמֻנָּע

Joseph. Ζαρμούνης, Σαλμανᾶς.

Jd. 8. 5 (**A**), 6 (**A**), 7 (**A**), 10 (**A**), 12 (**A**) *bis*, 15 (**A**) *bis*, 18 (**A**), 21 (**A**) *bis*: Ps. 82 (83). 12 (**A S R**^{a} **T**).

Σαλμανάσαρ. שַׁלְמַנְאֶסֶר

IV Ki. 17. 3 (**A**) (Luc. Σαλμανασσαρ).

Σαλμώ. aliter in Heb.

I Ch. 8. 36 (**B**) (עזמות) (Luc. Ασμωθ).

Σαλμών. (1) חֲצַרְמָוֶת

Ge. 10. 26 (**E**) (Luc. Ασαραμωθ).

(2) סָלוּא

Nu. 25. 14 (**B**) (Luc. Σαλωμ) (*Lugd.* Salom).

(3) שַׂלְמָא

I Ch. 2. 11 (**B**) *bis*.

(4) שַׂלְמָה

Ru. 4. 20 (**A**).

(5) שַׂלְמוֹן

Ru. 4. 21 (**A**).

(6) שַׁלֻּם

Je. 39 (32). 7 (**S***).

(7) abest in Heb.

Je. 39 (32). 8 (**S***).

Σάλοας. in libr. apocr.

I Es. 9. 22 (**A**) (= אלעשה Ezr. 10. 22) (Luc. Ηλασα).

Σαλομών (-ῶντα *v.* -ῶνα, -ῶντος). (1) שְׁלֹמֹה

II Ki. 12. 24 (**B**^{b}) : Ps. 71 (72). 1 (**B* T**) : Pr. 25. 1 (**S**) : Ca. 1. 1 (**S**).

[**Aq.** III Ki. 5. 11 (25).]
[**Sm.** III Ki. 11. 14.]

(2) abest in Heb.

Luc. Σολομων.

II Ki. 8. 8 (**B**^{ab} [ο superscr]) : 14. 27 (**B**^{b}): Pr. *subscr.* (**S**).

(3) in libr. apocr.

Wi. 1. *tit.* (**S**) : *subscr.* (**S**) : IV Ma. 18. 16 (**A**).

Σαλουαί. סַלּוּ

II Es. 22 (Ne. 12). 7 (**S**$^{c.a\ mg\ sup}$) (Luc. Σαλουια).

Σαλουιά. שָׁאָל

II Es. 10. 29 (**B S**) (Luc. Σααλ).

Σαλούμ. (1) שַׁלּוּם

Luc. Σαλλουμ.

I Ch. 2. 40 (**B**), 41 (**B**) : 3. 15 (**B**) (Luc. Σελλουμ) : II Es. 2. 42 (**B**) (Luc. Σελλουμ) : 7. 2 (**B**) (Luc. Σελλουμ) : 10. 42 (**B S**) (Luc. Σελλουμ) : 13 (Ne. 3). 12 (**B**) (Luc. Σελλουμ).

(2) שַׁלֻּם

II Es. 17 (Ne. 7). 45 (**B S**) (Luc. Σελλουμ).

(3) in libr. apocr.

I Es. 5. 28 (**A**) (= שלום Ezr. 2. 42 : שלם Ne. 7. 45) (Luc. Σελλουμ).

Σαλουμώθ. שְׁלֹמִית

I Ch. 23. 18 (**A**) (Luc. Σαλωμιθ).

Σαλπαά. צְלָפְחָד

Nu. 27. 7 (**F**^{vid} [Σαλ|παα.]) (Luc. Σαλπααδ).

Σαλπαάδ. (1) צְלָפְחָד

Joseph. Σωλοφάντης, Ὀλοφάντης.

Nu. 26. 37 (33) (*Lugd.* Salpaat) *bis* : 27. 1, 7 (**A B**): 36. 2 (*Lugd.* Salpaal), 6 (*Mon.* Ab.adpaat), 10 (*Mon.* Salpaat), 11 (*Lugd.* Salphaath) : Jo. 17. 3 (**B**) : I Ch. 7. 15 (**A**) *bis*.

(2) aliter in Heb.

Jo. 17. 3 (**B**) (pron. suff.).

Σαλφαάδ.

Luc. Σαλπααδ.

(1) צְלָפְחָד

Jo. 17. 3 (**A**).

(2) aliter in Heb.

Jo. 17. 3 (**A**) (pron. suff.).

Σαλώ. (1) סָלוּא

Nu. 25. 14 (**A**) (Luc. Σαλωμ).

(2) סַלּוּא

I Ch. 9. 7 (**A**) (Luc. Σαλωμ).

Σαλώμ. (1) סָלוּא

Nu. 25. 14 (**F**).

(2) סַלּוּא

I Ch. 9. 7 (**B**).

(3) שַׁלּוּם

Luc. Σελλουμ.

I Ch. 6. 12 (5. 38) (**B**), 13 (5. 39) (**B**) : 9. 17 (**B**), 17, 19 (**A** [μ']).

(4) שַׁלֻּם

I Ch. 9. 31 (Luc. Σελλουμ) : Je. 39 (32). 7 (**A B S**^{1} **Q**).

(5) aliter in Heb.

Je. 48 (41). 5 (**A**).

(6) abest in Heb.

Je. 39 (32). 8 (**A B**^{b} **S**$^{c.a(?)}$ **Q**).

(7) in libr. apocr.

Ba. 1. 7 : I Ma. 2. 26.

Σαλωμεθεί (-θί). שְׁלֹמִית

I Ch. 3. 19 (Luc. Σαλωμιθ).

Σαλωμείθ. (1) שְׁלֹמוֹת

I Ch. 23. 9 (**A**)* (Luc. Σαλωμιθ).

(2) שְׁלֹמִית

Le. 24. 11 (**A B* F**) (Luc. Σαλμιθ) : I Ch. 23. 9 (**A**) [ק״] (Luc. Σαλωμιθ).

Σαλωμώ. שְׁלֹמֹה

I Ch. 29. 28 (**A***) (Luc. Σαλομων).

Σαλωμώθ. (1) שְׁלֹמוֹת

I Ch. 24. 22 (Luc. Σαλωμιθ) *bis* : 26. 25* (Luc. Σαλαμιθ), 26 (Luc. Σαλαμιθ).

(2) שְׁלֹמִית

Luc. Σαλωμιθ.

I Ch. 23. 18 (**B**) : 26. 25 [ק״] (Luc. Σαλαμιθ), 28.

Σαλωμών (indecl., -ῶντα, -ῶνος *v.* -ῶντος).

(1) שְׁלֹמֹה

II Ki. 5. 14 (*Vind.* Solomon) : 12. 24 (**A B***) (Luc. Σαλομων) : III Ki. 1. 10 (Luc. Σολομῶν et in seqq), 11, 12, 13, 17, 19 (Luc. *om.*), 21 (Luc. Σολομῶν et in seqq), 26, 30, 33, 34, 37, 38, 39 *bis*, 43, 46, 47, 50, 51 *ter*, 52, 53 *ter* : 2. 1, 12 (**B**), 13, 17 (Σαλωμω sup ras in **B**^{a}), 19, 22, 23, 25, 27, 29 *bis*, 41, 45 : 3. 2 (2. 46) (**A**), 2 (1) (**A**), 3, 4, 5, 6, 10, 15 : 4. 1, 7, 11, 15, 18 (5. 1) (**A**) *bis* (Luc. *om.*), 20 (5. 7) (Luc. Σολομῶν et in seqq), 22 (5. 2), 24 (5. 5) (**A**), 24 (5. 6) (**A**), 25 (5. 9), 26 (5. 10), 30 (5. 14) (**B**), 32 (9. 16) (**B**), 33 (9. 17) (**B**) : 5. 1 (15), 2 (16), 7 (21), 8 (22), 10 (24), 11 (25) *bis*, 12 (26) *bis*, 13 (27) (**A**), 15 (29), 16 (30), 17 (32) (**A**) : 6. 1, 3 (5. 32) (**B**), 6 (2) (**A**), 15 (11) (**A** [Σαλω sup ras **A**^{1}]), 15 (**A**), 20 (21) (**A**) : 7. 1 (13), 2 (14), 26 (40), 31 (45), 34 (47) (**A**), 34 (48), 37 (51) *bis*, 38 (1), 45 (8) : 8. 1, 1 (**A**), 2 (**A**) (Luc. *om.*), 5 (**A**) (Luc. *om.*), 14 (12) (**A**) (Luc. *om.*), 22 (Luc. Σολομῶν et in seqq), 54, 63, 65 : 9. 1 *bis*, 2, 10, 11, 11 (**A**), 12, 15 (**A**) (Luc. *om.*), 16 (**A**) (Luc. Σολομῶν et in seqq), 17 (**A**), 19 (**A**) *bis*, 21 (**A**), 22 (**A**), 23 (**A**), 25 (**A**), 26, 27, 28 : 10. 1, 2, 3, 4, 10, 13 *bis*, 14, 16, 21 *bis*, 23 (9. 15) (**B**), 24 (9. 19) (**B**), 24 (9. 21) (**B**), 25 (9. 22) (**B**), 26 (23), 27 (24), 29 (26) (**A**), 32 (28) : 11. 1, 2, 3 (4), 5 (**A**) 5 (6) (**A**), 5 (7) (Σ sup ras **A**^{1}), 8 (6) (**B**), 9, 11, 14, 14 (25) (**B**), 22 (25) (**A**), 26, 27, 28, 31, 40 *bis*, 41 *bis*, 42, 43 *bis* : 12. 1 (2) (**A**), 6, 21, 23 : 14. 21, 26 (**A B**$^{a?\ b?\ mg\ inf}$) : IV Ki. 21. 7 : 23. 13 : 24. 13 (**A B**$^{1?\ a?}$ [Σαλωμῶ| sup ras]) : 25. 16 : I Ch. 3. 5 (Luc. Σαλομων), 10 (Luc. Σαλομων) : 6. 10 (5. 36), 32 (17) (Luc. Σαλομων) : 14. 4 (Luc. Σαλομων) : 18. 8 (Luc. Σολομων et in seqq) : 22. 5, 6, 7, 9, 17 : 23. 1 : 28. 5 (Luc. Σαλομων et in seqq), 6, 9, 11, 20 : 29. 1, 19, 22, 23, 25, 28 (**A**^{1}**B**) : II Ch. 1. 1, 2, 3, 5, 6, 7, 8, 11, 13, 14, 16 : 2. 1 (1. 18), 2 (1), 3 (2), 11 (10), 17 (16) : 3. 1, 3 : 4. 11, 16, 18, 19, 22 (5. 1) : 5. 1, 2, 6 : 6. 1 (**A**^{a} **B**), 13 : 7. 1 (**B**), 5 (**B**), 7 *bis*, 8, 10, 11 *bis*, 12 : 8. 1, 2, 2 (**B**), 3, 6 (**A**$^{a\ mg}$ **B**), 6, 8, 9, 10, 11, 12, 17, 18 *bis* : 9. 1 *ter*, 2 *bis*, 3, 9, 10, 12, 14, 15, 20 *bis*, 22, 23, 25, 28, 29, 30, 31 : 10. 2, 6 : 11. 3, 17 *bis* : 12. 9 : 13. 6, 7 : 30. 26 : 33. 7 : 35. 3, 4 : II Es. 2. 55 (**A**) : 17 (Ne. 7). 57 (**A B S**$^{c.a\ (mg)}$), 60 : 21 (Ne. 11). 3 (Luc. Σολομων) : 22 (Ne. 12). 45 (Luc. Σολομων) : 23 (Ne. 13). 26 (Luc. Σολομων) : Ps. 71 (72). 1 (**B**^{ab} **S**) : 126 (127). 1 (**R**) : Pr. 1. 1 (**B S**) : 25. 1 (**B**) : Ca. 1. 1 (**A B**), 5 (**A B C**) : 3. 7 (**A B C**), 9 (**A B C**), 11 (**A B**) : 8. 11 (**A B**), 12 (**A B**) : Je. 52. 20.

[**Aq.** III Ki. 4. 21 (5. 1) *bis* : 5. 13 (27) : 8. 1, 12 : 9. 11, 23, 25 : Pr. 25. 1.]
[**Sm.** III Ki. 2. 46 : 3. 1 : 4. 21 (5. 1) *bis* : 5. 13 (27) : 9. 11.]

(2) aliter in Heb.

Luc. Σολομων.

III Ki. 9. 14 (מלך) : 10. 5 (שלחנו), 10 (מלך), 29 (26) (**A**^{1}**B**) (pron. suff.) : 11. 22 (23) (**A**) (pron. suff.) : I Ch. 2. 51 (שלמא) (Luc. Σαμα), 54 (שלמא) (Luc. Σαμαα) : 7. 13 (**B**) (שלום) (Luc. Σελλημ) : 9. 19 (**B**) (שלום) (Luc. Σελλουμ) : II Ch. 8. 16 (שלם sed שלמה praec) (Luc. Σαλομων) : 32. 19 (**B**) (θῦ Σαλω|μων corruptio pro θεους λαων) (Luc. θεοὺς τῶν λαῶν) : Am. 1. 6 (Mass. שְׁלֵמָה), 9 (Mass. שְׁלֵמָה).

(3) abest in Heb.

Luc. Σολομῶν.

II Ki. 8. 8 (**A B***) : 14. 27 (**A B***) : 24. 25 : III Ki. 1. 51 (**A***) *bis* (*bis scr*) : 2. 29, 35 a, 35 b, 35 d, 35 e, 35 g, 35 h, 35 l, 46, 46 a (**B**), 46 b (**B**) *bis*, 46 c (B), 46 e (B), 46 g (B), 46 h (B), 46 i (B), 46 l (B): 3. 5: 4. 28 (5. 12) (של seq), 31 (3. 1) (B): 7. 37 (51), 50 (1) (B): 8. 1 (B), 53: 9. 9: 10. 6: 11. 43 (B): 12. 24 a (B), 24 b (B) *ter*, 24 c (B) *bis*, 24 d (B), 24 n (B), 24 p (B): I Ch. 28. 19 (Luc. Σαλομων): 29. 29 (II Ch. 1. 1) (*bis scr*) (Luc. *om.*): II Ch. 9. 10 (Luc. Σαλομων et in seqq), 12, 13, 21 (A).

(4) in libr. apocr.

Luc. Σολομων.
I Es. 1. 3 (= שלמה II Ch. 35. 3), 4 (5) (= שלמה II Ch. 35. 4): 5. 33 (= שלמה Ezr. 2. 55: Ne. 7. 57), 35 (= שלמה Ezr. 2. 58: Ne. 7. 60): Wi. *tit.* (B): *subscr.* (B): Si. 47. 13 (15) (B C), 23 (26) (A B C): II Ma. 2. 8 (A), 10 (A), 12 (A): IV Ma. 18. 16 (S).

Σαμά, Σάμα. (1) שִׁמְאָם

I Ch. 9. 38 (A) (Luc. Σαμαα).

(2) שַׁמָּה

I Ki. 16. 9 (B) (Luc. Σαμαα) (Joseph. Σάμαλος).

(3) שֶׁמַע

I Ch. 5. 8 (Luc. Σεμεει): 8. 13 (Luc. Σαμαα).

(4) שִׁמְעָא

I Ch. 6. 30 (15) (A) (Luc. Σαμαα).

(5) שִׁמְעָה

II Ki. 13. 32 (Luc. Σαμαα) (Joseph. Σαμᾶς).

(6) aliter in Heb.

II Ch. 24. 26 (B) (שמעת) (Luc. Σαμααθ).

(7) abest in Heb.

I Ch. 4. 28 (B).

(8) in libr. apocr.

I Es. 5. 23 (B) (= סנאה Ezr. 2. 35: Ne. 7. 38) (Luc. Σενναα).

Σαμαά, Σαμάα (indecl., -ας). (1) שֶׁבַע

Jo. 19. 2 (B) (Luc. Σαβε).

(2) שִׁמְאָם

I Ch. 9. 38 (B S).

(3) שֶׁמַע

Jo. 15. 26 (A) (Luc. Σομα).

(4) שַׁמּוּעַ

I Ch. 14. 4 (B).

(5) שִׁמְעָא

I Ch. 2. 13 (B) (*Lucc.* Sama): 3. 5 (A): 6. 39 (24): 20. 7.

(6) שִׁמְעָה

II Ki. 13. 3.

(7) שְׁמָעָה

I Ch. 12. 3 (A) (Luc. Ασμα).

(8) שְׁמַעְיָה

I Ch. 3. 22 (B*) (Luc. Σεμεα).

(9) aliter in Heb.

Luc. Σαβαα.
I Ch. 1. 47 (A) (שמלה), 48 (A) (שמלה).

(10) abest in Heb.

I Ch. 1. 51 (*cf. v.* 47 [A]), 51 (*cf. v.* 48 [A]): 4. 28 (A) (Luc. Σαμα).

Σαμαάν. aliter in Heb.

II Es. 2. 46 (B) (שמלי*, שלמי [ק״]) (Luc. Σελαμει).

Σαμαβά. aliter in Heb.

I Ch. 11. 33 (B) (אליחבא) (Luc. Ελιβα).

Σαμαβάσσαρος. in libr. apocr.

I Es. 2. 14 (15) (A) (= ששבצר Ezr. 1. 11) (Luc. Σασαβαλάσσαρος).

Σαμαγάδ. aliter in Heb.

Je. 46 (39). 3 (Q) (סמגר).

Σαμαγάρ. (1) סַמְגַּר

Je. 46 (39). 3 (Q^{mg}) (Joseph. Σεμέγαρος).

(2) שַׁמְגַּר

Jd. 3. 31 (B) (Luc. Σαμεγαρ) (Joseph. Σαάγαρος, Σαμάγαρος).

Σαμαγώθ. aliter in Heb.

Je. 46 (39). 3 (B S).

Σαμαέ. abest in Heb.

II Ki. 5. 16 (B) (? = שמוע *v.* 14) (Luc. Σαμυς).

Σαμαεί, *vid.* **Σαμαί.**

Σαμαειά, *vid.* **Σαμαιά.**

Σαμαείθ. aliter in Heb.

I Ch. 8. 21 (B) (שמעי) (Luc. Σεμεει).

Σαμαήλ. [י]שְׁמָעֵאל

II Es. 10. 22 (B) (Luc. Ισμαηλ).

Σαμάθ. שִׁמְעָת

II Ch. 24. 26 (A) (Luc. Σαμααθ).

Σαμαθά. aliter in Heb.

I Ch. 11. 44 (B S) (שמע) (Luc. Σαμμα).

Σαμαθιείμ. שִׁמְעָתִים

I Ch. 2. 55 (Luc. Σαμαθειν).

Σαμαί (-εί). (1) שַׁמַּי

I Ch. 2. 28 (B) *bis* (Luc. Σεμεει 1°, *om.* 2°), 44 (B).

(2) שִׁמְעִי

I Ch. 8. 21 (A) (Luc. Σεμεει).

(3) שְׁמַעְיָה

Luc. Σαμαια.
I Ch. 15. 11 (S): 26. 7 (B).

(4) aliter in Heb.

II Es. 17 (Ne. 7). 48 (S) (שלמי) (Luc. Σελεμει).

Σαμαιά (-αειά). (1) שַׁמָּה

II Ki. 23. 11 (B) (Luc. Σαμαίας) (Joseph. Σαβαίας, Κησαβαῖος).

(2) שַׁמּוּעַ

I Ch. 14. 4 (S) (Luc. Σαμαα).

(3) שִׁמְעָא

I Ch. 2. 13 (A) (Luc. Σαμαα).

(4) שְׁמַעְיָה

Luc. Σαμαίας.
I Ch. 3. 22 (A B^{ab}) (Luc. Σεμεα), 22 (Luc. Σεμεα): 9. 14: II Es. 8. 13, 16 (B) (Luc. Σεμεειδ): 10. 21, 31 (B) (Luc. Σαμείας): 13 (Ne. 3). 29 (A B): 20. 8 (Ne. 10. 9): 21 (Ne. 11). 15 (Luc. Σεμεείας): 22 (Ne. 12). 35, 36.

Σαμαίας (-μέας) (-αν, -ου, -ᾳ). (1) [י]שְׁמַעְיָה

I Ch. 12. 4.

(2) [י]שְׁמַעְיָהוּ

I Ch. 27. 19.

(3) שֶׁמַע

II Es. 18 (Ne. 8). 4.

(4) שְׁמַעְיָה

III Ki. 12. 22: I Ch. 4. 37 (A) (Luc. Σαμαια): 15. 8 (B S) (Luc. Σαμαια), 11 (B) (Luc. Σαμαια): 24. 6 (B): 26. 4 (B), 6 (B): II Ch. 12. 5 (A), 7 (A), 15 (A): 29. 14 (B): II Es. 10. 31 (A): Je. 36 (29). 31 *bis*, 32.

(5) שְׁמַעְיָהוּ

II Ch. 11. 2: 35. 9: Je. 33 (26). 20 (A B Q): 36 (29). 24.

(6) abest in Heb.

III Ki. 12. 24 o (B) *bis* (*Vind.* Saameam, Ameas) 24 y (B): I Ch. 12. 4 (S).

(7) in libr. apocr.

I Es. 1. 9 (= שמעיהו II Ch. 35. 9): 8. 39 (42) (= שמעיה Ezr. 8. 13), 43 (45) (= שמעיה Ezr. 8. 16) (Luc. Σεμεια).

Σαμαιήλ. [י]שְׁמָעֵאל

II Es. 10. 22 (S) (Luc. Ισμαηλ).

Σαμαῖος. in libr. apocr.

I Es. 9. 21 (A) (= שמעיה Ezr. 10. 21) (Luc. Σαμαίας).

Σαμαλά. שַׂמְלָה

Luc. Σαμλα.
Ge. 36. 36 (*D*), 37 (*D*).

Σαμαλιήλ. שַׁמּוּעַ

Nu. 13. 5 (4) (A) (Luc. Σαλαμιηλ).

Σαμαμιήλ. in libr. apocr.

Ju. 8. 1 (S).

Σαμάν. aliter in Heb.

I Ch. 3. 5 (B) (שמעא) (Luc. Σαμαα) (Joseph. Ἀμασέ? Ἀμνοῦ?).

Σαμανάσσαρ. aliter in Heb.

IV Ki. 18. 9 (A^{vid}) (שלמנאסר) (Luc. Σαλμανασσαρ).

Σαμανάσσαρος. in libr. apocr.

I Es. 2. 14 (15) (B) (= ששבצר Ezr. 1. 11) (Luc. Σασαβαλάσσαρος).

Σαμάρ. שִׁמְרִי

I Ch. 4. 37 (B) (Luc. Σαμαρει).

Σαμαράθ. שִׁמְרָת

I Ch. 8. 21 (Luc. Σαμαρει).

Σαμαραιά. שְׁמַרְיָהוּ

I Ch. 12. 5 (B) (Luc. Σαμαρίας).

Σαμαραῖος. צְמָרִי

Ge. 10. 18 (A E^{a}): I Ch. 1. 16 (A).

Σαμαράμ. שִׁמְרֹן

Nu. 26. 20 (24) (B*) (Luc. Αμβραμ) (*Lugd.* Iabran).

Σαμαρανεί. שִׁמְרֹנִי

Nu. 26. 20 (24) (B*) (Luc. Αμβραμι).

Σαμαρεί (-ρί). (1) שִׁמְרִי

I Ch. 11. 45 (A) (Luc. Σαμαρι).

(2) aliter in Heb.

I Ch. 8. 18 (B) (ישמרי) (Luc. Ιασσημαρι).

Σαμαρειά (-ριά), Σαμάρεια (-ρία). (1) שָׁמִיר

Jd. 10. 1 (A), 2 (A).

(2) שֹׁמְרוֹן

III Ki. 13. 32: 16. 28, 29, 32: 18. 2: 20 (21). 1, 18: 21 (20). 1, 10, 17, 34, 43: 22. 10, 37 *bis*, 38, 52: IV Ki. 1. 2, 3: 2. 25: 3. 6: 5. 3: 6. 19, 20 *bis*, 24, 25: 7. 1, 18: 10. 1 *bis*, 12, 17 *bis*, 35, 36: 13. 1, 6, 9, 10, 13: 14. 14, 16, 23: 15. 8, 13, 14 *bis*, 17, 23, 25, 27: 17. 1, 5, 6, 24 *bis*, 26, 28: 18. 9, 10, 34: 21. 13: 23. 18, 19: II Ch. 18. 2, 9: 22. 9: 25. 13, 24: 28. 8, 9, 15: Ho. 7. 1: 8. 5, 6: 10. 5, 7: 14. 1: Am. 3. 9 (Σαμα sup ras B^{ab}), 12: 4. 1: 6. 1: 8. 14: Mi. 1. 1, 5, 6: Ob. 1. 19: Is. 8. 4 (ας scr ut vid B^{a}): 9. 9 (8): 10. 9, 10, 11: 36. 19: Je. 23. 13: 38 (31). 5: 48 (41). 5: Ez. 16. 46, 51, 53, 55 (A Q): 23. 4, 33 (B^{ab}).

[**Aq.** III Ki. 21 (20). 10 (Bi.): IV Ki. 23. 18 (Bi.), 19 (Bi.): Is. 7. 9.]
[**Sm.** Is. 7. 9.]
[**Th.** Ez. 23. 33 (Q sub ※).]
[**Al.** III Ki. 16. 24.]

(3) שְׁמַרְיָה

Luc. Σαμαρίας.
II Es. 10. 32, 41 (B S).

(4) שְׁמַרְיָהוּ

I Ch. 12. 5 (A S) (Luc. Σαμαρίας).

(5) שָׁמְרַיִן

II Es. 4. 17.

(6) aliter in Heb.
IV Ki. 10. 1 (יזרעאל): 18. 11 (ישראל): II Es. 7. 3 (אמריה) (Luc. Ἀμαρίας): 21 (Ne. 11). 4 (A B) (אמריה) (ς praec) (Luc. Ἀμαρίας).
(7) abest in Heb.
III Ki. 21 (20). 1: IV Ki. 1. 18 a: 17. 32: II Ch. 36. 5 b: Ez. 23. 33 (A).
(8) in libr. apocr.
I Es. 2. 15 (16) (= שמרין Ezr. 4. 10), 21 (25) (= שמרין Ezr. 4. 17): Si. 50. 26 (28): Ju. 1. 9 (9ᵃ): 4. 4 (3): To. 14. 4 (S): I Ma. 3. 10: 5. 66: 10. 38: II Ma. 15. 1.

Σαμαρείας (-ρίας). (1) שִׁמְרִי
I Ch. 4. 37 (A) (Luc. Σαμαρει).
(2) שְׁמַרְיָה
Luc. Σαμαρίας.
II Ch. 11. 19: II Es. 10. 41 (A).

Σαμαρειμώθ (-ριμ.). שְׁמִירָמוֹת
I Ch. 16. 5 (B S) (Luc. Σεμιραμωθ).

Σαμάρειος. צְמָרִי
Ge. 10. 18 (E*) (Luc. Σαμαραῖος).

Σαμαρεῖται (-ρῖτ.). שֹׁמְרֹנִים
IV Ki. 17. 29.

Σαμαρεῖτις (-ρῖτ.) (-ιν, -ιδος, -ίδων). in libr. apocr.
I Ma. 10. 30: 11. 28, 34.

Σαμαρί, *vid.* Σαμαρεί.

Σαμαριά, Σαμαρία, *vid.* Σαμαρειά, Σαμάρεια.

Σαμαρίας, *vid.* Σαμαρείας.

Σαμαρίθ. שִׁמְרִית
II Ch. 24. 26 (A) (Luc. Σαμιραμωθ).

Σαμαριμώθ, *vid.* Σαμαρειμώθ.

Σαμαρῖται, *vid.* Σαμαρεῖται.

Σαμαρῖτις, *vid.* Σαμαρεῖτις.

Σαμασά. שִׁמְשַׁי
II Es. 4. 8 (B) (Luc. Σαμαίας).

Σάματος. in libr. apocr.
I Es. 9. 34 (= שלמיהו Ezr. 10. 41) (Luc. Σαμαίας).

Σαμαχειά (-χιά). יִסְמַכְיָהוּ
II Ch. 31. 13.

Σαμαχίας. סְמַכְיָהוּ
I Ch. 26. 7 (A) (Luc. Σαμαχια).

Σαμαώθ. (1) שַׁמְהוּת
I Ch. 27. 8 (A) (Luc. Σαμαωθ).
(2) שַׁמּוֹת
I Ch. 11. 27 (B S) (Luc. Σαμμωθ).

Σαμβραμεί. שִׁמְרֹנִי
Nu. 26. 20 (24) (F) (Luc. Αμβραμι).

Σαμβρί. שִׁמְרִי
II Ch. 29. 13 (A).

Σάμε. שֶׁמֶשׁ
Jo. 18. 17 (A) (Luc. Σαμες): 19. 12 (A) (Luc. Σαλ).

Σαμεά. שִׁמְאָה
I Ch. 8. 32 (A) (Luc. Σαμαα).

Σαμεαίς. שִׁמְשַׁי
II Es. 4. 17 (B) (Luc. Σαμαίας).

Σαμεγάρ. שַׁמְגַּר
Jd. 3. 31 (A) (*Lucc.* Semegar): 5. 6.

Σαμεέ. aliter in Heb.
II Es. 4. 9 (B) (שמשי) (Luc. Σαμαίας).

Σαμεί (-μί). (1) שׁוּחָם
Nu. 26. 46 (42) (B F) (Luc. Σαμε) (*Lugd.* Sami).
(2) שׁוּחָמִי
Luc. Σαμεϊ.
Nu. 26. 46 (42) (B F), 47 (43).

Σαμειά. שְׁמַעְיָה
I Ch. 9. 16 (B) (Luc. Σαμαια).

Σαμείας. שְׁמַעְיָה
Luc. Σαμαίας.
I Ch. 26. 4 (A), 6 (A): II Ch. 29. 14 (A) (-μειιας).

Σαμειδή. שׁוּחָם
Nu. 26. 46 (42) (A) (Luc. Σαμε).

Σαμειδηί. שׁוּחָמִי
Nu. 26. 46 (42) (A) (Luc. Σαμεϊ).

Σαμείν. aliter in Heb.
I Ki. 13. 18 (B) (צבעים) (Luc. Σαβαιν).

Σαμείρ. שָׁמִיר
Luc. Σαμάρεια.
Jo. 15. 48 (B) (Luc. Σαφειρ): Jd. 10. 1 (B), 2 (B).

Σαμειραμώθ.
Luc. Σεμιραμωθ.
(1) שְׁמִירָמוֹת
I Ch. 15. 20 (S): II Ch. 17. 8 (B) [ק״].
(2) שְׁמָרִימוֹת
II Ch. 17. 8 (B)*.

Σαμέλλιος. in libr. apocr.
Luc. Ῥαμέλιος.
I Es. 2. 15 (16) (B) (= שמשי Ezr. 4. 8) (Joseph. Σεμέλιος), 16 (17) (B) (= שמשי Ezr. 4. 9), 21 (25) (= שמשי Ezr. 4. 17), 25 (30) (B) (= שמשי Ezr. 4. 23).

Σαμεννάσαρ. aliter in Heb.
IV Ki. 17. 3 (B) (שלמנאסר) (Luc. Σαλμανασσαρ) (Joseph. Σαλμανάσσης) (*Vind.* Salmanassar).

Σαμερεί. שִׁמְרִי
I Ch. 11. 45 (B S) (Luc. Σαμαρι).

Σάμες. שֶׁמֶשׁ
Jo. 19. 41 (A).

Σαμεσά. שִׁמְשַׁי
II Es. 4. 23 (B) (Luc. Σαμαίας).

Σάμεχ (lit. alphab.). abest in Heb.
La. 4. 15 (B).

Σάμηρ. (1) שׁוֹמֵר
I Ch. 7. 32 (B) (Luc. Σωμηρ).
(2) שָׁמִיר*, שָׁמוּר [ק״]
I Ch. 24. 24 (Luc. Σεμμηρ).
(3) שֶׁמֶר
III Ki. 16. 24 (B) (Luc. Σεμμηρ) (Joseph. Σωμαραῖος) (*Vind.* Semor).

Σαμί, *vid.* Σαμεί.

Σαμίας, *cf.* Σαμείας. שְׁמַעְיָה
I Ch. 9. 16 (A) (Luc. Σαμαια).

Σαμισαδαί. עַמִּישַׁדַּי
Nu. 2. 25 (A) (ς praec) (Luc. Αμισαδε) (*Lugd.* Samisade).

Σαμμά. (1) שַׁמָּא
I Ch. 7. 37 (A) (Luc. Σεμμα).
(2) שַׁמָּה
Luc. Σαμαα.
I Ki. 16. 9 (A): 17. 13 (A).
(3) שְׁמָע
I Ch. 11. 44 (A).

Σαμμαί. (1) שַׁמָּה
II Ki. 23. 25 (A) (Luc. Σαμαίας).
(2) שַׁמַּי
I Ch. 2. 28 (A) *bis* (Luc. Σεμεει 1°, *om.* 2°), 44 (A) (Luc. Σαμαι).

Σαμμαίας (-μέας).
Luc. Σαμαίας.
(1) שַׁמָּה
II Ki. 23. 11.
(2) שְׁמַעְיָה
I Ch. 24. 6 (A): II Ch. 12. 5 (B) (Joseph. Σαμαίας), 7 (B), 15 (B).

Σαμμαού. שַׁמּוּעַ
I Ch. 14. 4 (A) (Luc. Σαμαα).

Σάμμαυς. שֶׁמֶשׁ
Jo. 19. 41 (B) (Luc. Σαμες).

Σαμμέας, *vid.* Σαμμαίας.

Σαμμιού. aliter in Heb.
I Ch. 9. 4 (B) (עמיהוד) (Luc. Αμιουδ).

Σαμμού. (1) שַׁמּוּעַ
Nu. 13. 5 (4) (F) (ad fin lin) (Luc. Σαλαμιηλ).
(2) in libr. apocr.
I Es. 9. 43 (B) (= שמע Ne. 8. 4) (Luc. Σαμαίας).

Σαμμουέ. שַׁמּוּעַ
II Ki. 5. 14 (A) (Luc. Σαμαα): II Es. 21 (Ne. 11). 17 (S^c.a mg sup) (Luc. Σαμαίας).

Σαμμοῦς. (1) שַׁמּוּעַ
II Ki. 5. 14 (B) (Luc. Σαμαα) (*Vind.* Samaet: *Lucc.* Saman).
(2) in libr. apocr.
I Es. 9. 43 (A) (= שמע Ne. 8. 4) (Luc. Σαμαίας).

Σαμνάν (B*ᵇ), Σαμνάς (A Bᵃ ᵛⁱᵈ). aliter in Heb.
II Ki. 23. 33 (שמה) (Luc. Σαμαα).

Σάμος. in libr. apocr.
I Ma. 15. 23.

Σαμού. שִׁמְעִי
II Es. 10. 23 (A B) (Luc. Σεμεει).

Σαμούας. שְׁמַעְיָהוּ
II Ch. 17. 8 (B) (Luc. Σαμαίας).

Σαμούδ. aliter in Heb.
II Es. 10. 23 (S) (שמעי) (Luc. Σεμεει).

Σαμουεί (-ουί). שַׁמּוּעַ
II Es. 21 (Ne. 11). 17 (A B S*) (Luc. Σαμαίας).

Σαμουήλ. (1) שָׁאוּל
Luc. Σαουλ.
Ge. 46. 10 (A): I Ki. 11. 13 (B*) (*Vind.* Saul: *Quedl.* Samuel), 15.
(2) שְׁמוּאֵל
Joseph. Σαμούηλος: *Spec.* Samuhel.
I Ki. 1. 20: 2. 18, 21, 26: 3. 1, 3, 4, 6, 6 (A), 7, 8, 9 (A), 9, 10 (A) *bis*, 10, 11, 15 *bis*, 16 *bis* (Luc. *om.* 2°), 18, 19, 20, 21: 7. 3, 5, 6, 8, 9 *bis*, 10, 12, 13, 15: 8. 1, 4, 6 *bis*, 7, 10, 19, 21, 22 *bis*: 9. 14, 15 (A^a? B), 17, 18, 19, 22, 23, 24, 26 *bis*, 27: 10. 1, 9, 14, 15, 16 (A), 17, 20 (B), 24, 25 *bis*: 11. 7, 12, 14: 12. 1, 6, 11 (Luc. Σαμψων), 18 (B) *bis*, 19 (B), 20 (B): 13. 8 (B) *bis*, 10 (B), 11 (B), 13 (B), 15 (B): 15. 1, 10, 11, 12, 12 (A), 13, 14, 16, 17, 20, 22, 24, 26, 27, 28, 31, 32, 33 *bis*, 34, 35 *bis*: 16. 1, 2, 4, 7, 8, 10 *bis*, 11 *bis*, 13 *bis*: 19. 18 *bis*, 20, 22: 25. 1: 28. 3, 11, 12, 14, 15, 16, 20: I Ch. 6. 28 (13), 33 (18): 7. 2 (A): 9. 22: 11. 3: 26. 28: 29. 29: II Ch. 35. 18 (A¹ B): Ps. 98 (99). 6: Je. 15. 1 (B S Q).
[Aq., Sm. Nu. 34. 20: I Ki. 13. 8.]

(3) שַׁמּוּעַ
Nu. 13. 5 (4) (B) (Luc. Σαλαμιηλ).

(4) aliter in Heb.
I Ki. 10. 20 (A) (ישראל) : 15. 12 (B) (שאול) : I Ch. 27. 17 (B) (קמואל) (Luc. Κεμουηλ).

(5) abest in Heb.
I Ki. 3. 4, 6, 21 : 9. 24 : 10. 22 : 11. 15 : 12. 4, 5 : 16. 12 : I Ch. 10. 13.

(6) in libr. apocr.
I Es. 1. 18 (20) (= שמואל II Ch. 35. 18) : Si. 46. 13 (16) (A S C).

Σαμουί, *vid.* Σαμουεί.

Σαμουίας. שְׁמַעְיָהוּ
II Ch. 17. 8 (A) (Luc. Σαμαίας).

Σαμράμ. (1) שִׁמְרוֹן
I Ch. 7. 1 (A) (Luc. Σομβραν).

(2) שִׁמְרֹן
Nu. 26. 20 (24) (B^{a} F) (Luc. Αμβραμ).

Σαμραμεί. שִׁמְרֹנִי
Nu. 26. 20 (24) (B^{ab}) (Luc. Αμβραμι).

Σαμρών. שִׁמְרוֹן
Jo. 12. 20 (A) (Luc. [Σ]αμαρων).

Σαμσαί. שִׁמְשַׁי
Luc. Σαμαίας.
II Es. 4. 8 (A), 9 (A), 17 (A), 23 (A).

Σαμσαριά. שַׁמְשְׁרַי
I Ch. 8. 26 (A) (Luc. Σαμψαια).

Σαμφανή. צָפְנַת פַּעְנֵחַ
[Aq. Ge. 41. 45.]

Σάμχ (lit. alphab.). abest in Heb.
La. 1. 15 : 2. 15 (B S Q) : 3. 43, 43 (Q), 45 (Q) : 4. 15 (Q).

Σαμψάτης (A), **Σαμψάμης** (S V).
in libr. apocr.
I Ma. 15. 23.

Σαμψών. (1) שִׁמְשׁוֹן
Jd. 13. 24 : 14. 1, 3, 5, 7, 10, 12, 15, 16, 20 : 15. 1, 3, 4, 6, 7, 10, 11, 16 : 16. 1, 2, 3, 6, 7, 9, 10, 12, 13, 14, 20, 23, 25 *bis*, 26, 27, 28, 29, 30.

(2) aliter in Heb.
Jd. 16. 15 (B) (pron. suff.) (Luc. αὐτόν), 19 (B) (pron. suff.) (Luc. αὐτόν).

(3) abest in Heb.
Jd. 14. 16, 18, 19 : 15. 11, 12 : 16. 30.

Σαμώθ. שַׁמּוֹת
I Ch. 11. 27 (A) (Luc. Σαμμωθ).

Σαμώλ. abest in Heb.
Je. 39 (32). 8 (B*).

Σάν. שְׁאָן
III Ki. 4. 12 (A) (Luc. Σααν).

Σανάα (-ας). in libr. apocr.
Es. 5. 23 (A) (= סנאה Ezr. 2. 35 : Ne. 7. 38) (Luc. Σενναα).

Σαναβαλάτ. סַנְבַלַּט [*v.* סַנְבַּלַּט]
II Es. 12 (Ne. 2). 10 (S) : 14. 7 (Ne. 4. 1) (S).

Σαναβαλλάτ. סַנְבַלַּט [*v.* סַנְבַּלַּט]
Luc. Σαναβαλατ.
II Es. 12 (Ne. 2). 10 (A B), 19 (A B) : 14. 1 (Ne. 3. 33) (A), 7 (Ne. 4. 1) (A B) : 16 (Ne. 6). 1, 2, 5, 12, 14 (A B^{ab} S) : 23 (Ne. 13). 28 (Joseph. Σαναβαλλέτης).

Σαναβάσσαρος. in libr. apocr.
Luc. Σασαβαλασσάρης.
I Es. 2. 11 (12) (A [αναβ sup ras]) (= ששבצר Ezr. 1. 8) (Joseph. Ἀβέσσαρος) : 6. 17 (18) (A [Σαιναβ.]) (= ששבצר Ezr. 5. 14) (Joseph. Σαβάσηρος, Σαναβάσαρος, Σαβανάσσαρος), 19 (20) (= ששבצר Ezr. 5. 16).

Σαναβείς. in libr. apocr.
I Es. 5. 24 (B) (abest in Ezr. 2. 37 : Ne. 7. 40) (Luc. *om.*).

Σαναμάσσαρος. in libr. apocr.
I Es. 2. 11 (12) (B) (= ששבצר Ezr. 1. 8) (Luc. Σασαβαλασσάρης).

Σανανâ (A B^{a} S), **Σανανάτ** (B*).
aliter in Heb.
II Es. 17 (Ne. 7). 38 (סנאה) (Luc. Σενναα).

Σαναχιά. aliter in Heb.
II Es. 8. 3 (B^{ab}) (שכניה) (Luc. Σεχενίας).

Σαναών. צַאֲנָן
[Aq. Mi. 1. 11.]

Σανεί (-νί). [ו]שְׁנִי
I Ch. 6. 28 (B) (Luc. [καὶ] ὁ δεύτερος).

Σανείρ (**Σανίρ**). שְׂנִיר *v.* שְׁנִיר
De. 3. 9 : I Ch. 5. 23 : Ca. 4. 8 (A B) : Ez. 27. 5 (A Q).
[Sm. Ca. 4. 8.]

Σανεσάρ. שֶׁנְאַצַּר
I Ch. 3. 18 (B) (Luc. Σανασαρ).

Σανί, *vid.* Σανεί.

Σανιείρ. שְׂנִיר *v.* שְׁנִיר
Ca. 4. 8 (S).

Σανίρ, *vid.* Σανείρ.

Σανιών. צַאֲנָן
[Th. Mi. 1. 11.]

Σανιώρ. שְׂרִין
De. 3. 9.

Σανναχιά. aliter in Heb.
II Es. 8. 3 ($B^{*\,vid}$ [Σα||ναχια]) (שכניה) (Luc. Σεχενίας).

Σανσαννά. סַנְסַנָּה
Jo. 15. 31 (A) (Luc. Σεενναχ).

Σαού. (1) עֵשָׂו
Ge. 32. 19 (20) (A*) (Luc. Ησαυ).

(2) שְׁוָא
I Ch. 2. 49 (B) (Luc. Σουε).

Σαουιά. (1) aliter in Heb.
II Es. 7. 4 (B) (עזי) (Luc. Ὀζίας).

(2) in libr. apocr.
I Es. 8. 2 (A) (= עזי Ezr. 7. 4) (Luc. Ὀζίας).

Σαούλ. (1) שָׁאוּל
Luc. Σαοῦλος.
Ge. 36. 37, 38 : 46. 10 (D^{sil}) (*Lugd.* Saul) : Ex. 6. 15 : Nu. 26. 13 (*Lugd.* Saul) : I Ki. 9. 2, 3 *bis*, 5, 7, 8, 10, 15 ($A^{a?}$ B), 17, 18, 19, 21, 22, 24 *bis*, 25, 26 *bis*, 27 : 10. 11, 12, 15, 16, 21, 26 : 11. 4, 5 *bis*, 6 (B), 7, 11, 12, 13 (A $B^{a\,mg}$), 15 : 13. 2 (B) *bis*, 3 (B), 4 (B) *bis*, 7 (B), 9 (B), 10 (B), 11 (B), 13 (B), 15 (B), 16 (B), 22 (B) *bis* : 14. 1 (B), 2 (B), 16 (B), 17, 18, 19 *bis*, 20, 21, 33, 34, 35, 36, 37, 38, 40, 41 *bis*, 42, 43, 44, 45, 46, 47, 49, 50, 51, 52 *bis* : 15. 1, 4, 5, 6, 7, 9, 11, 12 (A), 13 *bis*, 15, 16, 20, 24, 26, 31, 31 (A), 34, 35 *ter* : 16. 1, 2, 14, 15 (B), 17, 19 (B), 20, 21, 22, 23 *bis* : 17. 2, 8, 11, 12 (A), 13 (A), 14 (A), 15 (A), 19 (A), 31 (A), 32, 33, 34, 37, 38, 39, 55 (A), 57 (A), 58 (A) : 18. 1 (A), 2 (A), 5 (A) *ter*, 6 (A), 7, 8, 9, 10 (A) *bis*, 11 (A), 12, 12 (A), 13 (A), 15, 17 (A) *bis*, 18 (A), 19 (A), 20 *bis*, 21, 21 (A), 22, 23, 24, 25, 25 (B), 27 (A), 28, 29 (A), 30 (A) : 19. 1, 2 (1), 2, 4, 6 *bis*, 7, 9, 10 *bis*, 11, 14, 17 *bis*, 18, 19, 20 *bis*, 21 *bis*, 24 : 20. 25, 26, 27, 28, 30, 32 (Luc. τῷ πατρὶ αὐτοῦ), 33 : 21. 7 (8) *bis*, 10 (11), 11 (12) : 22. 6 *bis*, 7, 9, 12, 13, 21, 22 : 23. 7, 7 (A), 8, 9, 10, 11, 12 (A), 13 (A), 14, 15, 16, 17 *bis*, 19, 21, 24, 25 (Σ sup ras $A^{?vid}$), 25, 26 *ter*, 27, 28 : 24. 2, 4, 5, 8 *bis*, 9 *bis*, 10, 17 *ter*, 23 *bis* : 25. 44 : 26. 1, 2, 3 *bis*, 4, 5 *bis*, 6, 7, 17, 21, 25 *bis* : 27. 1 *bis*, 4 : 28. 3, 4, 5, 6, 7, 8, 9, 10, 12 *bis*, 14, 15 (A) (Luc. *om.*), 15, 20, 21, 25 : 29. 3, 5 : 31. 2 *bis*, 3, 4 *bis*, 5, 6, 7, 8 (B), 11, 12, 13 (II Ki. 1. 1) (B [*bis scr*]) (Luc. *om.*) : II Ki. 1. 1, 2, 4, 5, 6, 12, 17, 21, 22, 23, 24 : 2. 4, 5 (A), 7, 8 *bis*, 10, 12 (A), 15 : 3. 1 *bis*, 6, 6 ($A^{1?a?}$ B), 7 ($A^{1?a?}$ B), 8, 10, 13, 14 : 4. 1, 2, 4 *bis*, 8 *bis*, 10 : 5. 2 : 6. 16, 20, 23 : 9. 1, 2, 3, 6, 7, 9 *bis* : 12. 7 : 16. 5, 8 : 19. 17 (18), 24 (25) : 21. 1, 2, 4, 6, 7 *bis*, 8 *bis*, 11, 12 *bis*, 13, 14 : 22. 1 : I Ch. 1. 48 (A), 49 (A) : 4. 24 : 5. 10 : 6. 24 (9) ($A^{c?}$ [sup ras] B) : 8. 33 *bis* : 9. 39 *bis* : 10. 2 *bis*, 3, 4 *bis*, 5, 6, 7, 8, 11, 12, 13 *bis* : 11. 2 : 12. 1, 2, 19 *bis*, 23, 29 *bis* : 13. 3 : 15. 29 : 26. 28 : Ps. 17 (18). 1 : 51 (52). 2 : 53 (54). 2 : 56 (57). 1 : 58 (59). 1 : Is. 10. 29.
[Aq. I Ki. 18. 27 : II Ki. 7. 15 : 21. 2, 6.]
[Sm. I Ki. 10. 11 : 13. 1 : 18. 27 : II Ki. 7. 15 : 21. 2, 6.]
[Th. I Ki. 18. 27 : II Ki. 7. 15 : 21. 2.]
[Al. I Ki. 18. 8 : 23. 12.]

(2) aliter in Heb.
I Ki. 15. 12 (B) (שמואל) (Luc. Σαμουηλ) : 18. 21 (pron. suff.), 26 (pron. suff.) : 23. 7 (B*) (דוד) (Luc. Δαυιδ) : 27. 3 (A^{1}) (דוד) (Luc. Δαυιδ) : I Ch. 2. 49 (A) (שוא) (Luc. Σουε).

(3) abest in Heb.
I Ki. 9. 24 : 10. 26 : 13. 15 (B) : 14. 23, 24, 33, 35, 42 *bis* : 15. 13, 17, 27, 30 : 19. 22 : 22. 11 (A), 16 : 24. 18 : 31. 3 (A [*bis scr*]) : II Ki. 3. 7 : I Ch. 1. 51 (B, *cf. v.* 48 [A]), 51 (B, *cf. v.* 49 [A]) : 10. 14 (A).
[Al. I Ki. 28. 19.]

(4) in libr. apocr.
I Ma. 4. 30.

Σαουλεί (-λί). שָׁאוּלִי
Nu. 26. 13.

Σαπφάαδ. aliter in Heb.
I Ch. 7. 15 (B) (Luc. Σαλπααδ).

Σαπφείν. שֻׁפִּם
I Ch. 7. 12 (B) (Luc. Σαφαν).

Σαπφούς. in libr. apocr.
I Ma. 2. 5 (S V) (Joseph. Ἀπφοῦς, Ἀφφοῦς).

Σαρά, **Σάρα** (indecl., -αν, -ας, -ᾳ). (1) צְמָרַיִם
Jo. 18. 22 (B) (Luc. Σαμαρειμ).

(2) צָרְעָה
Jd. 13. 25 (A) (Luc. Σαραα).

(3) שָׂרָה
Is. 51. 2 (S*).

(4) שָׂרַח
Nu. 26. 30 (46) (A B^{ab} F).

(5) שָׂרַי
Ge. 11. 29, 30 (A D), 31 : 12. 5, 11, 17 : 16. 1, 2, 3 (A), 5, 6 *bis*, 8 *bis* : 17. 15 *bis*.

(6) aliter in Heb.
I Ch. 4. 5 (B) (אשחור) (Luc. Ασοωρ).

Σαραά. צָרְעָה
Jo. 15. 33 (A) : 19. 41 (A) : Jd. 13. 2 (A) (Joseph. Σαρασᾶ), 25 (B) : 16. 31 : 18. 2 (B), 8, 11 : II Ch. 11. 10 (Joseph. Σαράμ) : II Es. 21 (Ne. 11). 29 ($S^{c.a\,mg\,inf}$) (Luc. Σαρα).

Σαρααύ. שְׂרָיָה
I Ch. 4. 35 (B) (Luc. Σαραια).

Σαραβαιά. שֵׁרֵבְיָה
II Es. 19 (Ne. 9). 4 (A) (Luc. Σαραβίας).

Σαραβεθθεί. aliter in Heb.
I Ch. 11. 32 (A) (ערבתי) (Luc. Αραβαθι).

Σαραβιά.
Luc. Σαραβίας.
(1) שֵׁרֵבְיָה
II Es. 18 (Ne. 8). 7 : 19 (Ne. 9). 4 (S) : 20. 12 (Ne. 10. 13) (A S^c.a) : 22 (Ne. 12). 8, 24.
(2) aliter in Heb.
II Es. 19 (Ne. 9). 4 (B) (= שבניה [שרביה seq]).

Σαραβίας. in libr. apocr.
I Es. 9. 48 (A¹B) (שרביה Ne. 8. 7).

Σαραγών. סַרְגּוֹן
[**Aq.**, **Th.** Is. 20. 1.]

Σαράδα. אַדָּרָה
Jo. 15. 3 (B) (ς praec) (Luc. Αδδαρα).

Σαράδακ. צְדָדָה
Nu. 34. 8 (B) (Samar. [Samaritan script]) (*Mon.* Sadara : *Lugd.* Aradath).

Σαραδιά. aliter in Heb.
II Es. 19 (Ne. 9). 4 (S) (שבניה) (Luc. Σαβανίας).

Σαράθ. צָרְעָה
Jo. 19. 41 (B) (Luc. Σαραα).

Σαραθαῖοι. צָרְעָתִי
I Ch. 2. 53 (Luc. Σαρααθι).

Σαραθί. צָרְעָתִי
I Ch. 4. 2 (A) (Luc. Σαλαθιηλ).

Σαραί. שֶׂרַח
I Ch. 7. 30 (A) (Luc. Σαραα).

Σαραιά (-ρεά). (1) שְׁחַרְיָה
I Ch. 8. 26 (B).
(2) שְׁעַרְיָה
I Ch. 8. 38 (Luc. Σερια).
(3) שְׂרָיָה
IV Ki. 25. 18 (A) (Luc. Σαραίας) : I Ch. 4. 13, 14 (B) (Luc. Σαραίας), 35 (A) : 6. 14 (5. 40) (B) (Luc. Σαραίας) : II Es. 20. 2 (Ne. 10. 3) : 21 (Ne. 11). 11 : 22 (Ne. 12). 1 (Luc. Σαραίας), 12 : Je. 47 (40). 8 (B).
(4) שְׂרָיָהוּ
Je. 43 (36). 26.
(5) aliter in Heb.
II Es. 8. 24 (שרביה) (Luc. Σαραβίας) : 22 (Ne. 12). 34 (B S) (שמעיה) (Luc. Σαμαίας).
(6) abest in Heb.
I Ch. 8. 27 (Luc. *om.*).

Σαραίας (-ρέας). (1) שְׂרָיָה
II Ki. 8. 17 (A) : IV Ki. 25. 18 (B) (Joseph. Σεβαῖος, Σαραίας, Ἄζαρος), 23 (Joseph. Σερίας) : I Ch. 6. 14 (5. 40) (A), 14 (5. 40) : II Es. 2. 2 (A^a?) : 7. 1 : Je. 28 (51). 59 (A? B S Q), 59, 61 (A B S^c.a mg inf Q) : 47 (40). 8 (A S Q) : 52. 24 (Q).
[**Aq.**, **Sm.** Je. 51 (28). 59.]
(2) in libr. apocr.
I Es. 5. 5 : 8. 1 (A) (= שריה Ezr. 7. 1).

Σαράλ. צָרְעָה
Jd. 13. 2 (B) (Luc. Σαραα).

Σαραμέλ. in libr. apocr.
I Ma. 14. 28 (A).

Σαραουρείτης. aliter in Heb.
II Ki. 23. 33 (B) (שרר praec) (ההררי) (Luc. Αρεριμα).

Σαραρίας. in libr. apocr.
I Es. 9. 48 (A* vid) (= שרביה Ne. 8. 7) (Luc. Σαραβίας).

Σαράσα. aliter in Heb.
Is. 37. 38 (A S Q) (שראצר).

Σαρασαδαί. in libr. apocr.
Ju. 8. 1 (B).

Σαράσαρ. שַׂרְאֶצֶר
IV Ki. 19. 37 (Luc. Σαρασα) (Joseph. Σελεύκαρος, Σαράσαρος) : Za. 7. 2 : Is. 37. 38 (B O Γ) : Je. 46 (39). 3 (Q).
[**Th.** Je. 39 (46). 13.]

Σαράφ, Σάραφ. (1) שָׂרָף
I Ch. 4. 22 (A).
(2) aliter in Heb.
I Ch. 7. 25 (B) (רשף) (Luc. Ρασηφ).

Σαραφεί. צֹרְפִי
II Es. 13 (Ne. 3). 31 (B) (Luc. Σεραφει).

Σαρβαγάρ. aliter in Heb.
II Es. 5. 16 (B) (ששבצר) (Luc. Σαβασάρης).

Σαρβαχά. aliter in Heb.
Es. 9. 8 (ארידתא).

Σαργαρείμ. שַׁעֲרַיִם
Jo. 15. 36 (A) (Luc. Σεβαρειμ).

Σαργών. סַרְגּוֹן
[**Sm.** Is. 20. 1.]

Σαρεά, *vid.* **Σαραιά.**

Σαρέας, *vid.* **Σαραίας.**

Σάρεδ. סֶרֶד
Nu. 26. 22 (26).

Σαρεδεί (-δί). סַרְדִּי
Nu. 26. 22 (26) (ante ει ras 1 lit in B? vid) (*Lugd.* Sadri).

Σάρεθ. צֶרֶת
I Ch. 4. 7 (A) (Luc. Σαρηθ).

Σαρείκ. aliter in Heb.
I Ki. 22. 5 (B) (חרת) (Luc. Σαριχ) (Joseph. Σάρις).

Σαρειρά (-ριρ.). (1) aliter in Heb.
III Ki. 11. 26 (B) (צרדה) : 14. 17 (A) (תרצתה).
[**Aq.** III Ki. 14. 17 (תרצתה).]
(2) abest in Heb.
III Ki. 11. 43 (B) : 12. 24 b (B^{1 a vid} sed σ superscr post α), 24 f (B), 24 k (B), 24 l (B) (*Vind.* Arita : *Lu.* Arira), 24 n (B) (*Vind.* Sarari).

Σαρεισά. abest in Heb.
III Ki. 12. 24 b (B) (Luc. Σαρειρα).

Σάρεπτα. (1) צָרְפַת
Ob. 1. 20 (A B S Q*).
(2) צָרְפָתָה
III Ki. 17. 9 (B) (Joseph. Σαριφθά, Σαρεφθά), 10.

Σαρέσθεος. aliter in Heb.
Es. 1. 14 (A) (שתר) (Luc. Σαρσαθαῖος).

Σάρεφθα. צָרְפַת
Ob. 1. 20 (Q^a).

Σαρεφί. צֹרְפִי
II Es. 13 (Ne. 3). 31 (A) (Luc. Σεραφει).

Σάρθ. צֶרֶת
Jo. 13. 19 (A).

Σαρθαθά. aliter in Heb.
II Es. 7. 21 (B^b [γαρ Σ. = γ' Αρσ.]) (ארתחשסתא) (Luc. Ἀρταξέρξης).

Σαρθίδ. שָׂרִיד
Jo. 19. 10 (A) (Luc. Σαρειδ).

Σαριά. (1) שְׁעַרְיָה
I Ch. 9. 44 (Luc. Σααρια).
(2) שְׂרָיָה
I Ch. 4. 14 (A) (Luc. Σαραίας).

Σαρίδ. שָׂרִיד
Jo. 19. 12 (A) (Luc. [Σ]αρ[ε]ιδ).

Σαριδά. צְרֵדָה
III Ki. 11. 26 (A) (Luc. Σαρειρα).

Σαριείς. יִצְהָרִי
Nu. 3. 27 (B*) (Luc. Ισσααρ εἶς) (*Lugd.* Isaar).

Σαριού. שָׂרַי
II Es. 10. 40 (B) (Luc. Σαρουα).

Σαριρά, *vid.* **Σαρειρά.**

Σαρισαδαί. in libr. apocr.
Ju. 8. 1 (S).

Σαριών. שִׂרְיוֹן
[**Sm.** Ps. 28 (29). 6.]

Σαρμώθ. חֲצַרְמָוֶת
Ge. 10. 26 (A*) (Luc. Ασαρμωθ).

Σαρουά. צְרוּעָה
III Ki. 11. 26 (A) (Luc. *om.*) (*Lucc.* Sorum).
[**Aq.** III Ki. 11. 26.]

Σαρουέ. שָׂרַי
II Es. 10. 40 (S) (Luc. Σαρουα).

Σαρουεία (-ία), **Σαρουιά** (-ας, -α), ὁ, ἡ.
(1) צְרֻיָה, צְרוּיָה
I Ki. 26. 6 : II Ki. 2. 13 (A) (Joseph. Σουρίς), 18 : 3. 39 : 8. 16 : 14. 1 : 16. 9, 10 : 17. 25 (Joseph. Σουρία) : 18. 2 : 19. 21 (22), 22 (23) : 21. 17 : 23. 18 (Luc. *om.*), 37 : III Ki. 1. 7 : 2. 5 (υιοσαρουιας [A]), 22 : I Ch. 2. 16 (*Lucc.* Sarbia) *bis* : 11. 6, 39 : 18. 12, 15 : 26. 28 : 27. 24.
(2) aliter in Heb.
Je. 44 (37). 13 (B) (יראייה), 14 (B) (יראייה).
(3) abest in Heb.
III Ki. 2. 28 (B).

Σαρουίας. aliter in Heb.
Je. 44 (37). 13 (A S) (יראייה), 14 (A S) (יראייה).

Σάρρα (indecl., -αν, -ας, -ᾳ). (1) שָׂרָה
Ge. 17. 15, 17, 19, 21 : 18. 6, 9, 10 *bis*, 11 *bis*, 12, 13, 14, 15 : 20. 2 *bis*, 14, 16, 18 : 21. 1 *bis*, 2 (Luc. *om.*), 3, 6, 7, 9, 12 : 23. 1, 1 (D) (Luc. *om.*), 2 *bis*, 19 : 24. 36 : 25. 10, 12 : 49. 31 : Is. 51. 2 (A B S^c Q).
[**Aq.** Ge. 20. 2 : 24. 67.]
(2) שֶׂרַח
Ge. 46. 17 (D) (Luc. Σαρα).
(3) שָׂרָי
Ge. 11. 30 (E) (Luc. Σαρα).
(4) abest in Heb.
Ge. 24. 67.
(5) in libr. apocr.
To. 3. 7, 17 *bis* : 6. 11, 12 (S) : 7. 1 (A B), 8, 9 (10) (S), 10 (S), 12 (15) : 10. 10, 11 (S), 12 (S), 12, 12 (S) : 11. 15 (S), 17 : 12. 12, 14.

Σαρσαθά. aliter in Heb.
II Es. 15 (Ne. 5). 14 (S) (ארתחשסתא) (Luc. Ἀρταξέρξης).

Σαρσαθαῖος. aliter in Heb.
Es. 1. 14 (B S) (שתר).

Σαρσάρ. שַׂרְאֶצֶר
Je. 46 (39). 3 (Q^mg).

Σαρσάφαρ. הַר־שֶׁפֶר
Nu. 33. 24 (A) (Luc. Σαφαρ).

Σαρσαχείμ. שַׂרְסְכִים
Je. 46 (39). 3 (Q^mg).

Σαρσουσείν. חֲצַר סוּסָה
Jo. 19. 5 (B) (Luc. A[σα]ρσουσιν).

Σαρχεδών. in libr. apocr.
To. 2. 1 (S).

Σαρωθεί (B), **Σαρωθιέ** (A). in libr. apocr.
I Es. 5. 34 (abest in Ezr. 2. 57 : Ne. 7. 59) (Luc. *om.*).

Σαρών. (1) שָׁרוֹן
I Ch. 5. 16 (A) : 27. 29 (A) (Luc. Ασαρων) : Is. 33. 9 (A B S^c.b Q^a).
[Aq. Ca. 2. 1 : Is. 35. 2.]
[Sm., Th. Is. 35. 2.]
(2) adnot. scr.
Is. 35. 2 (Q^mg [ex Eus. d. e. 301]).

Σαρωνείτης (-νίτ.). שָׁרוֹנִי
I Ch. 27. 29 (Luc. Ἀσαρωνίτης).

Σασαβασσάρ. שֵׁשְׁבַּצַּר
Luc. Σαβασάρης.
II Es. 1. 11 (A) : 5. 16 (A).

Σασαβάσσαρος. שֵׁשְׁבַּצַּר
Luc. Σαβασάρης.
II Es. 1. 8 (A) : 5. 14 (A).

Σασασάρ. aliter in Heb.
Je. 46 (39). 3 (A) (שראצר).

Σασγαί (?). aliter in Heb.
Es. 2. 14 (S^c.a) (שעשגז) (Luc. Γαι).

Σασειμάθ. *חֲצַר סוּסָה, שֶׁחֲצִימָה [ק״]
Jo. 19. 22 (A) (Luc. Σασειμα).

Σατάν. שָׂטָן
III Ki. 11. 14, 14 (25) (B), 23 (A).
[Aq. Nu. 22. 22 : I Ki. 29. 4 : Jb. 1. 6 : Za. 3. 1.]
[Sm., Th. I Ki. 29. 4 : Za. 3. 1.]
[Heb. Nu. 22. 22.]

Σατανᾶς (-ᾶν). (1) שָׂטָן
Jb. 2. 3 (A).
[Al. Jb. 2. 3.]
(2) in libr. apocr.
Si. 21. 27 (30).

Σατεί. סֹטַי
II Es. 2. 55 (B) (Luc. Σωται).

Σατραί. *שִׁרְטַי, שִׁטְרַי [ק״]
I Ch. 27. 29 (A).

Σαττεί. שִׁטִּים
Jo. 2. 1 (A) (Luc. Σαττειμ).

Σαττείμ. שִׁטִּים
Nu. 25. 1 (F) (Luc. Σαττειν).

Σαττείν. שִׁטִּים
Nu. 25. 1 (A B) (*Lugd.* Gatin) : Jo. 2. 1 (B F [ἐξαττειν]) (Luc. Σαττειμ) (Syr. ܫܛܝܡ) : 3. 1 (A B) (Luc. Σαττειμ).

Σαυά. שׁוּעַ
Ge. 38. 2 (*Lugd.* Sauua), 12 (*Lugd.* Auna) : I Ch. 2. 3 (A B^ab) (Luc. Σουε).

Σαυαράν. in libr. apocr.
I Ma. 6. 43 (A).

Σαύη, Σαυή (-ην). שָׁוֵה
Ge. 14. 5, 17 (Σαυην A, Σαυη D).

Σαυνάν. aliter in Heb.
Ez. 47. 16 (B Q*) (תיכון).

Σαυνίς (-είς). שׁוּנִי
Ge. 46. 16 (Luc. Σαυνεις) (Joseph. Σοῦνις) (*Lugd.* Saonis).

Σαυχαῖοι. (1) שׁוּחִי
Jb. 2. 11 (A [?] B S C).
(2) abest in Heb.
Jb. 42. 17 e (B S C^a).

Σαυχείτης (-χίτ.). (1) שׁוּחִי
Jb. 8. 1 : 42. 9.
(2) שֻׁחִי
Jb. 18. 1 (B S C [?]) : 25. 1 (A B S C [?]).

Σαύχιος. in libr. apocr.
Jb. 42. 17 e (C*).

Σαυχίτης, *vid.* **Σαυχείτης.**

Σάφ. abest in Heb.
III Ki. 4. 6 (B) (Luc. Ιωαβ).

Σαφάγ. in libr. apocr.
I Es. 5. 34 (B) (abest in Ezr. 2. 57 : Ne. 7. 59) (Luc. *om.*).

Σαφάθ. (1) שָׁפָט
Luc. Σαφατ.
III Ki. 19. 16 (B) (Joseph. Σαφάτης) : I Ch. 3. 22 (B).
(2) aliter in Heb.
I Ch. 19. 18 (B) (שופך) (Luc. Σωφακ).

Σαφαθιά. שְׁפַטְיָה
II Ki. 3. 4 (A) (Luc. Σαφατιας).

Σαφαθφανή. צָפְנַת פַּעְנֵחַ
[Sm. Ge. 41. 45.]

Σαφάλ. aliter in Heb.
I Ch. 4. 36 (37) (B) (שפעי ?) (Luc. Σωφει).

Σαφάμ. aliter in Heb.
I Ch. 5. 12 (A) (שפט) (Luc. Σαφαν).

Σαφαμφανή. צָפְנַת פַּעְנֵחַ
[Aq. Ge. 41. 45.]

Σαφαμώς. שִׂפְמוֹת
I Ki. 30. 28 (A) (Luc. Σεφειμωθ).

Σαφάν. (1) צָפוֹן
Jo. 13. 27 (B) (Luc. Σαφων).
(2) שָׁפָט
Nu. 13. 6 (5) (F) (Luc. Σαφαθ).
(3) שָׁפָן
IV Ki. 22. 14 (A) : 25. 22 : II Ch. 34. 8, 15, 15 (B), 16, 18 *bis*, 20 *bis* : Je. 33 (26). 24 : 36 (29). 3 : 43 (36). 10 (*Wirc.* Saphani [genit], 11, 12 : 46 (39). 14 : 47 (40). 5 : 48 (41). 2 (Q^mg) : Ez. 8. 11.
(4) aliter in Heb.
IV Ki. 18. 37 (B) (אסף) (Luc. Ασαφ) : I Ch. 8. 16 (B) (ישפה) (Luc. Ιεσφα).

Σαφανιά. צְפַנְיָה
I Ch. 6. 36 (21) (B).

Σαφανίας. (1) צְפַנְיָה
I Ch. 6. 36 (21) (A) (Luc. Σαφανια).
(2) aliter in Heb.
Je. 45 (38). 1 (A B S).

Σάφαρ. (1) שֶׁפֶר
Mon. Safan.
Nu. 33. 23 (B [pr ras 1 lit]), 24 (B).
[Aq., Sm., Th. Nu. 33. 23.]
(2) aliter in Heb.
I Ch. 26. 1 (B) (אסף) (Luc. Ασαφ).

Σαφαρά. aliter in Heb.
[Sm. Ob. 1. 20 (ספרד).]

Σαφαράδ. סְפָרַד
Ob. 1. 20 (Q^a).
[Th. Ob. 1. 20.]

Σαφάραθ (A B), **Σαφαραθί** (S). סֹפֶרֶת
II Es. 17 (Ne. 7). 57 (Luc. Ασοφερεθ).

Σαφάτ. (1) שָׁפָט
Nu. 13. 6 (5) (A B) (Luc. Σαφαθ) (*Lugd.* Sapha) : III Ki. 19. 16 (A), 19 : IV Ki. 3. 11 (A) : 6. 31 (A) : I Ch. 3. 22 (A).
(2) שְׁפַטְ[יָה]
Je. 45 (38). 1 (Q*).
(3) abest in Heb.
III Ki. 4. 6 (A) (Luc. Ιωαβ).
(4) in libr. apocr.
Luc. Σαφατια.
I Es. 5. 9 (A) (= שפטיה Ezr. 2. 4 : Ne. 7. 9), 34 (A) (abest in Ezr. 2. 57 : Ne. 7. 59).

Σαφατάν. שִׁפְטָן
Nu. 34. 24 (F) (Luc. [Σ]αφαθα).

Σαφατειά (-τιά). (1) שְׁפַטְיָה
I Ch. 9. 8 : II Es. 2. 4 (A), 57 : 8. 8 : 17 (Ne. 7). 9, 59 : 21 (Ne. 11). 4 (Luc. Σαφατιας).
(2) שְׁפַטְיָהוּ
I Ch. 12. 5 (Luc. Σαφατίας).

Σαφατείας (-τίας). (1) שְׁפַטְיָה
I Ch. 3. 3 (A) : Je. 45 (38). 1 (Q^mg).
(2) שְׁפַטְיָהוּ
I Ch. 27. 16 : II Ch. 21. 2.

Σαφατιά, *vid.* **Σαφατειά.**

Σαφατίας, *vid.* **Σαφατείας.**

Σαφεί. aliter in Heb.
I Ki. 30. 28 (B) (שפמות) (Luc. Σεφειμωθ).

Σαφείμ. שֻׁפִּם
I Ch. 7. 12 (A) (Luc. Σαφαν).

Σαφείρ. שָׁמִיר
Jo. 15. 48 (A).

Σαφέκ. abest in Heb.
I Ki. 30. 29 (B) (Luc. *om.*).

Σαφηλά. שְׁפֵלָה
Ob. 1. 19 (Q^mg).

Σαφθαιβαιθμέ. aliter in Heb.
Jo. 19. 27 (B) (צפונה בית העמק) (Luc. Σαφα Βηθαεμεκ).

Σαφούτ. aliter in Heb.
I Ch. 20. 4 (B) (ספי) (Luc. Σαπφι).

Σαφυεί (B), **Σαφυθί** (A). in libr. apocr.
I Es. 5. 33 (= שפטיה Ezr. 2. 57 : Ne. 7. 59) (Luc. Σαφατια).

Σαφφάθ. aliter in Heb.
IV Ki. 22. 14 (B) (שפן) (Luc. Σαφαν).

Σαφφάν. שָׁפָן
Luc. Σαφαν.
IV Ki. 22. 3 (B), 8 *bis* (Joseph. Σάφας), 10 *bis*, 12 *bis* (*Lu.* Iosafan).

Σαφφούς. in libr. apocr.
I Ma. 2. 5 (A).

Σαφών. (1) צָפוֹן
Nu. 26. 24 (15) (B F).
(2) צָפוֹן
Jo. 13. 27 (A).
(3) צִפְיוֹן
Ge. 46. 16 (Samar. צפיון) (Joseph. Ζοφωνίας, Σαφωνίας).

Σαφωνεί (-νί). צְפוֹנִי
Nu. 26. 24 (15).

Σαχανιά. (1) שְׁכַנְיָה
II Es. 8. 3 (A) (Luc. Σεχενίας).
(2) aliter in Heb.
II Es. 19 (Ne. 9). 4 (A) (שבניה) (Luc. Σεχενίας).

Σαχάρ. שָׂכָר
I Ch. 11. 35 (A) (Luc. Ισσαχαρ).

Σαχερδάν. in libr. apocr.
To. 1. 21 (A).

Σαχερδονός. in libr. apocr.
To. 1. 21 (B S), 22 (25) (B S).

Σαχερδονοσός. in libr. apocr.
To. 1. 22 (25) (A).

Σαχιάρ. שָׂכָר
I Ch. 26. 4 (A) (Luc. Σαχαρ).

Σάχμ (lit. alphab.). abest in Heb.
La. 2. 15 (A).

Σάχχ (lit. alphab.). abest in Heb.
La. 4. 15 (A).

Σαών. שְׁאֹן
Je. 26 (46). 17.
[Th. Je. 31 (48). 45.]

Σαωχώ. שׂוֹכֹה
Jo. 15. 35 (B) (Luc. Σωχω).

Σβλεγί. aliter in Heb.
II Ki. 23. 37 (A) (צלק) (Luc. Σαλααδ).

Σέ (?). aliter in Heb.
Is. 16. 7 (S^c.a) (חרשת).

Σεβακαιτάν. aliter in Heb.
I Ch. 25. 4 (A) (ישבקשה) (Luc. Ιεσβοκ).

Σεβάμα, Σεβαμά. (1) שְׂבָם
Nu. 32. 3 (A B*).
(2) שִׂבְמָה
Nu. 32. 38 : Jo. 13. 19 : Is. 16. 8, 9 (A B S Γ).

Σεβανί. שְׁבַנְיָה
II Es. 20. 4 (Ne. 10. 5) (A) (Luc. Βαναιας).

Σεβανιά. שְׁבַנְיָה
II Es. 20. 10 (Ne. 10. 11) (A S) (Luc. Σεχενίας), 12 (Ne. 10. 13) (Luc. Σαβανίας).

Σεβαρείμ. שְׁבָרִים
[Al. Jo. 7. 5.]

Σεβεγών. צִבְעוֹן
Ge. 36. 2 (Joseph. Εὐσεβεών), 14 (*Wirc.* Seboin), 20 (A D), 24 *bis*, 29 : I Ch. 1. 38 (B), 40.
[Aq., Th. Ge. 36. 24.]

Σέβεε. שֶׁבַע
I Ch. 5. 13 (B) (Luc. Σαβεε).

Σεβεθαχά (A), Σεβεκαθά (B). סַבְתְּכָא
I Ch. 1. 9 (Luc. Σεβεκαθα).

Σεβέλλιος. in libr. apocr.
I Es. 2. 16 (17) (A) (= שמשי Ezr. 4. 9) (Luc. Ῥαμέλιος).

Σέβερ. שֶׁבֶר
I Ch. 2. 48 (A) (Luc. Σαβαρ).

Σεβετών. צִבְעוֹן
I Ch. 1. 38 (A) (Luc. Σεβεγων).

Σεβιά. (1) צִבְיָא
I Ch. 8. 9 (A) (Luc. Σαβια).
(2) שְׁבָיָה v. שְׁכְיָה
I Ch. 8. 10 (A) (Luc. Σεχια).

Σεβοείμ. צְבֹעִים
II Es. 21 (Ne. 11). 34 (S^c.a mg inf) (Luc. Σεβωειν).

Σεβοχαεί. סִבְּכַי
II Ki. 21. 18 (A) (Luc. Σοβεκχι).

Σεβράμ. סִבְרַיִם
Ez. 47. 16 (B).

Σεβρωνά. עַבְרֹנָה
Luc. Εβρωνα : *Mon.* Ebrona.
Nu. 33. 34 (B) (ς praec), 35 (B) (ἐκ Σ.).

Σεβωείμ (-βωίμ). (1) סְבָאִים
Is. 45. 14 (A Q*).
(2) צְבֹאִים
Ho. 11. 8.
(3) צְבוֹיִם
Samar. [Samaritan script]
Ge. 10. 19 (Samar. *aliter*) : 14. 2, 8 : De. 29. 23 (22) (B).
(4) צְבִיִּם*
Ge. 10. 19 (Samar. *aliter*).
(5) צְבִיִּים*
Samar. [Samaritan script]
Ge. 14. 2, 8 : De. 29. 23 (22) (B).
(6) צְבֹעִים
[Sm. I Ki. 13. 18.]

Σεβωείν. (1) סְבָאִים
Is. 45. 14 (S^c.a, c.b Q^1).
(2) צְבוֹיִם, צְבִיִּים* [ק״]
De. 29. 23 (22) (A F).

Σεβωίμ, *vid.* Σεβωείμ.

Σεγεγών. צִבְעוֹן
Ge. 36. 20 (E) (Luc. Σεβεγων).

Σεγούβ. (1) שְׂגוּב
III Ki. 16. 34 (A) [ק״] (Luc. *om.*) : I Ch. 2. 21 (A), 22 (A).
(2) שְׂגִיב*
III Ki. 16. 34 (A) (Luc. *om.*).

Σεγρεί. סִתְרִי
Ex. 6. 22 (B) (Luc. Σετρι) (*Lugd.* Zetri : *Lucc.* Soseri).

Σεδδούκ. שָׂרִיד
Jo. 19. 12 (B) (Luc. [Σ]αρ[ε]ιδ).

Σεδεεκίας. צִדְקִיָּהוּ
Je. 44 (37). 17 (S).

Σεδεκιά. צִדְקִיָּהוּ
IV Ki. 24. 17 (B) (Joseph. Σαχχίας, Σεδεκίας) : I Ch. 3. 15 (B) (Luc. Σεδεκιας) : Je. 24. 8 (B^a).

Σεδεκίας (-α, -αν, -α *vel* -ου). (1) צִדְקִיָּה
III Ki. 22. 11, 24 (A) : I Ch. 3. 16 : II Es. 20. 1 (Ne. 10. 2) (Luc. Σεχενίας) : Je. 34. 10 (27. 12) : 35 (28). 1 : 36 (29). 3.
(2) צִדְקִיָּהוּ
IV Ki. 24. 17 (A) (Luc. Σεδεκια), 18, 20 : 25. 2, 7 *bis* : I Ch. 3. 15 (A) : II Ch. 18. 10, 23 : 36. 10, 11 (ενοσεδεκ B*) : Je. 1. 3 : 21. 1, 3, 7 : 24. 8 (A B* S Q) : 25. 14 (49. 34) (Q) : 26. 1 (49. 34) : 28 (51). 59 : 34. 2 (27. 3) : 36 (29). 21, 22 : 39 (32). 1, 3, 4, 5 : 41 (34). 2, 4, 6, 8, 21 : 43 (36). 12 : 44 (37). 1, 3, 17 (A B Q) : 43 (38). 19 (S) : 46 (39). 1, 2, 5 : 51 (44). 30 : 52. 1 (A B^ab S Q), 3 (Q^mg sub ※), 5, 8 (Q^mg), 10, 11.
[Aq. Je. 44 (37). 18 (Q^mg sub ※) : 45 (38). 17, 24 : 51 (28). 59 : 52. 1.]
[Sm. Je. 38 (45). 17 : 51 (28). 59 : 52. 1.]
[Th. Je. 39 (46). 1, 4, 5, 6, 7 : 52. 1.]
(3) aliter in Heb.
Je. 43 (36). 12 (S) (שמעיהו) : 44 (37). 3 (S) (שלמיה).
(4) abest in Heb.
II Ch. 36. 17.
(5) in libr. apocr.
I Es. 1. 44 (46) (= צדקיהו II Ch. 36. 10), 44 (46) (= צדקיהו II Ch. 36. 11) : Ba. 1. 1, 8.

Σεδεκιού. צִדְקִיָּהוּ
III Ki. 22. 24 (B) (Luc. Σεδεκίας).

Σεδέμ. aliter in Heb.
II Es. 10. 43 (B S) (זבד) (Luc. Ζαβαδ).

Σεδιούρ. שְׁדֵיאוּר
Nu. 1. 5 (B F^1 [?]) (*Lugd.* Sediur) : 2. 10 (B F) : 7. 35 : 10. 18.

Σεδισούρ. שְׁדֵיאוּר
Nu. 7. 30 (A B^ab F) (Luc. Σεδιουρ) (*Lugd.* Sedior).

Σεδράκ. (1) שַׁדְרַךְ
Da. Th. 3. 12 (A), 13 (A), 14 (A), 16 (A) (*Wirc.* Sedrac), 19 (A), 20 (A), 22 (A), 23 (A), 93 (26) (A) *bis*, 95 (28) (A), 96 (29) (A), 97 (30) (A).
(2) aliter in Heb.
Za. 9. 1 (A Q) (חדרך).

Σεδράχ. (1) שַׁדְרַךְ
Joseph. Σεδράχης.
Da. LXX. 1. 7 : 2. 49 : 3. 12, 13, 14, 16, 19, 20, 93 (26), 95 (28), 96 (29), 97 (30) : Da. Th. 1. 7 : 2. 49 : 3. 12 (B Q), 13 (B Q), 14 (B Q), 16 (B Q), 19 (B Q), 20 (B Q), 23 (B Q), 93 (26) (B Q) *bis*, 95 (28) (B Q), 96 (29) (B Q), 97 (30) (B Q).
[Aq. Da. 3. 23.]
[Sm. Da. 3. 97 (30) (Syr^mg).]
[Th. Da. 3. 22†, 23, 30 (97).]
(2) aliter in Heb.
Za. 9. 1 (B S) (חדרך).

Σεεί. aliter in Heb.
I Ch. 4. 20 (B) (ישעו) (Luc. Ιεσοι) : 5. 24 (B) (ישעי) (Luc. Ιεσσει).

Σεειρά. שְׂעִירָה
Jo. 12. 7 (A F) (Luc. Ασσεειρα).

Σεειράμ. סָרָה
II Ki. 3. 26 (Luc. Σεειρα).

Σεειρώθα. שְׂעִירָתָה
Jd. 3. 26 (A) (Luc. Σηρωθα).

Σεεμιά. aliter in Heb.
II Es. 13 (Ne. 3). 30 (A) (שלמיה) (Luc. Σελεμίας).

Σεεννάκ. צְנָה
Nu. 34. 4 (A F) (Luc. Εναк) (*Lugd.* Sennac).

Σεζά, *vid.* Σαιζά.

Σεηρά. שֶׁאֱרָה
I Ch. 7. 24 (Luc. Σαραα).

Σέθ (?). [חֲרֶ]שֶׂת
Is. 16. 7 (A B S* Q Γ).

Σεθεννάκ. aliter in Heb.
Jo. 15. 31 (B) (סנסנה) (Luc. Σεεννακ).

Σεθθεί. aliter in Heb.
Luc. Ιθι.
II Ki. 15. 19 (B) (אתי) (ς praec), 22 (אתי) (ς praec), 22 (אתי).

Σεθιήλ. aliter in Heb.
II Es. 21 (Ne. 11). 7 (S) (איתיאל) (ς praec) (Luc. Εθιηλ).

Σεθρεί. סִתְרִי
Ex. 6. 22 (A) (Luc. Σετρι).

Σειάν. שִׁיאֹן
Jo. 19. 19 (A) (Luc. Σηω).

Σειβά (Σιβά). (1) צִבָא
II Ki. 16. 4 (B).
(2) צִיבָא
Joseph. Σιβᾶς.
II Ki. 9. 2 *bis*, 3, 4, 9, 10, 11, 12 : 16. 1 (B), 2, 2 (B), 3 (B), 4 (B): 19. 17 (18), 29 (30).

Σειδών, *vid.* **Σιδών**.

Σειδώνειος, *vid.* **Σιδώνιος**.

Σειδωνία, *vid.* **Σιδωνία**.

Σειδώνιος, *vid.* **Σιδώνιος**.

Σειλαθά. יִתְלָה
Jo. 19. 42 (B) (Luc. Ιθλα).

Σειλώ. שֵׁלָה
[**Sm.** JE. 26 (33). 6.]

Σειλωάμ (Σιλ.). שִׁלֹחַ
II Es. 13 (Ne. 3). 15 (S): Is. 8. 6 (Luc. Σιλωα) (Joseph. Σιλωά, Σιλωᾶς).

Σείμων, *vid.* **Σίμων**.

Σείν (Σίν). (1) סִין
Ex. 16. 1 : 17. 1 (*Mon.* Sina) : Nu. 33. 11 (B F), 12 (B F).
(2) צִן
Nu. 13. 22 (21): 20. 1 : 27. 14 (B F) (Luc. Σινα), 14 (Luc. Σινα) : 33. 36 : 34. 3 : De. 32. 51 : Jo. 15. 1 (B).
(3) abest in Heb.
Nu. 33. 36.

Σεινά (Σινά). (1) סִינַי
Joseph. Σινά, Σιναῖον ὄρος : *Lucc.* Syna.
Ex. 16. 1 : 19. 1 (*Mon.* Synae), 2, 11, 18, 20 (*Mon.* Sinae), 23 : 24. 16 : 31. 18 (*Mon.* Syna): 34. 2, 4, 29 (A F) (Samar. ℵ̇גבנת), 32: Le. 7. 28 (38) *bis*: 25. 1 : 26. 46 : 27. 34 : Nu. 1. 1, 19 : 3. 1 (Luc. *om.*), 4, 14 : 9. 1, 5 : 10. 12 : 26. 64 : 28. 6 : 33. 15, 16 : De. 33. 2 : Jd. 5. 5 : II Es. 19 (Ne. 9). 13 (A B S*): Ps. 67 (68). 9 (B S$^{c.a}$ R^a), 18 (B S).
[**Sm.** JD. 5. 5.]
(2) צִן
Nu. 27. 14 (A).
(3) abest in Heb.
Ex. 19. 16, 17 (B): Nu. 26. 61.
(4) in libr. apocr.
Si. 48. 7 : Ju. 5. 14.

Σειουάν (Σιουάν). (1) סִיוָן
Es. 8. 9 (S$^{c.a\,mg}$).
(2) in libr. apocr.
Ba. 1. 8 (A$^{a?}$ B Q).

Σειρά. aliter in Heb.
III Ki. 7. 33 (46) (B) (צרתן) (Luc. Σαρθαν).

Σειράκ. in libr. apocr.
Si. 50. 27 (29) (S).

Σειράχ (Σιρ.). in libr. apocr.
Si. *prol. inscr.* (C): *inscr.*: 50. 27 (29) (A B) : 51. 1 : *subscr.*

Σείς. [ק]צִיץ
Jo. 18. 21 (A) (κα praec) (Luc. -κασεις).

Σεισά. שִׁשָׁא
III Ki. 4. 3 (A) (Luc. Σαφατ).

Σεισαρά (Σισ.).
Joseph. Σισάρης.
(1) סִיסְרָא
Jd. 4. 2 (*Lucc.* Sysara), 7, 9, 12, 13, 14, 15 *bis*, 16, 17, 18, 22 *bis*: 5. 20 (B), 26, 28, 30 (A B^{ab}): I Ki. 12. 9 : Ps. 82 (83). 10.
[**Al.** JD. 5. 30.]
(2) abest in Heb.
Jd. 4. 19, 20 (B) : 5. 28 (A).

Σεισαράθ. סִיסְרָא
II Es. 17 (Ne. 7). 55 (A) (Luc. *om.*).

Σεισάχ (Σισ.). שֵׁשַׁךְ
[**Aq.**, **Th.** JE. 28 (51). 41.]
[**Sm.** JE. 25. 26 (32. 12) : 28 (51). 41.]

Σείφ. (1) סוּף
Jd. 11. 16 (B) (Luc. ἐρυθρᾶς).
(2) צוּף
I Ki. 9. 5 (Luc. Σιφα) (*Quedl.* Sipham).

Σειφά. צוֹפִים
I Ki. 1. 1 (B) (Luc. Σιφα).

Σείων (Σίων), **Σειών** (Σιών). (1) סִיחוֹן
Jo. 13. 21 (B).
(2) צִיּוֹן
II Ki. 5. 7 : III Ki. 8. 1 : IV Ki. 19. 21, 31 : I Ch. 11. 5 : II Ch. 5. 2 : Ps. 2. 6 : 9. 12, 15 : 13 (14). 7 : 19 (20). 3 : 47 (48). 3, 12, 13 : 49 (50). 2 : 50 (51). 20 : 52 (53). 7 : 64 (65). 2 : 68 (69). 36 : 73 (74). 2 : 75 (76). 3 : 77 (78). 68 : 83 (84). 8 : 86 (87). 2, 5 : 96 (97). 8 : 98 (99). 2 : 101 (102). 14, 17 (A$^{a?}$ B S R T), 22 : 109 (110). 2 : 124 (125). 1 : 125 (126). 1 : 127 (128). 5 : 128 (129). 5 : 131 (132). 13 : 132 (133). 3 : 133 (134). 3 : 134 (135). 21 : 136 (137). 1, 3 : 145 (146). 10 : 147. 1 (12): 149. 2 : Ca. 3. 11 (A S$^{c.a}$): Am. 1. 2 : 6. 1 : Mi. 1. 13 : 3. 10 (B Q), 12 : 4. 2, 7, 8, 10, 11, 13 : Jl. 2. 1, 15, 23, 32 (3. 5) : 3 (4). 16 (A B S$^{c.b}$ Q), 17, 21 : Ob. 1. 17, 21 : Ze. 3. 14, 16 : Za. 1. 14, 17 : 2. 7 (11), 10 (14) : 8. 2, 3 : 9. 9, 13 : Is. 1. 8, 26 (27) : 2. 3 : 3. 16, 17 : 4. 3, 4, 5 : 8. 18 : 10. 12, 24, 32 : 12. 6 : 14. 32 : 16. 1 : 18. 7 : 24. 23 : 28. 16 : 29. 8 : 30. 19 : 31. 4, 9 (B S Q Γ) : 33. 5, 14, 20 : 34. 8 : 35. 10 : 37. 22, 32 : 40. 9 : 41. 27 : 46. 13 : 49. 14 : 51. 3, 11 (in ω ras aliq ut vid B^b), 16 : 52. 1 (A B Q Γ), 2, 7, 8 : 59. 20 : 60. 14 : 61. 3 : 62. 1, 11 : 64. 10 (9) : 66. 8 : Je. 3. 14 : 4. 6, 31 : 6. 2, 23 (A B S$^{c.a,\,c.b}$ Q) : 8. 19 (B S Q) : 9. 19 (18) : 14. 19 : 27 (50). 5, 28 : 28 (51). 10, 24, 35 : 33 (26). 18 : 38 (31). 6, 12 : La. 1. 4, 6, 17 : 2. 1, 4, 6, 8, 10, 13, 18 : 4. 2, 11, 22 : 5. 11, 18.
[**Aq.** Ps. 49 (50). 2 : 50 (51). 20 : 83 (84). 8 : 86 (87). 5 : Is. 8. 18 : 31. 9 : 33. 20 : 40. 9 : 51. 16 : 52. 7, 8 : 59. 20 : JE. 37 (30). 17 : 38 (31). 6 : 50 (27). 5 : 51 (28). 10 : MI. 3. 12.]
[**Sm.** Ps. 47 (48). 12 : 73 (74). 2 : 86 (87). 5 : 124 (125). 1 : 136 (137). 2 (P.) : Is. 8. 18 : 31. 9 : 33. 20 : 40. 9 : 46. 13 : 51. 16 : 52. 7, 8 : 59. 20 : JE. 9. 19 (18) : 37 (30). 17 : 38 (31). 6, 12 : 50 (27). 5 : MI. 4. 8.]
[**Th.** Ps. 47 (48). 12 : 86 (87). 5 : Is. 31. 9 : 33. 20 : 40. 9 : 52. 8 : JE. 37 (30). 17 : 38 (31). 12.]
[**Heb.** Ps. 47 (48). 3.]
[**Al.** Ps. 125 (126). 1.]
(3) צִיֻּנִים
Je. 38 (31). 21.
(4) שִׁיחוֹר
Jo. 19. 26 (B) (Luc. Σιωρ).
(5) aliter in Heb.
Jo. 13. 19 (B) (שחר) (Luc. *om.*) (Syr. ܨܗܪܐ) : III Ki. 8. 1 (ירושלם) : II Ch. 32. 30 (B) (גיחון) (Luc. Γειων) : II Es. 23 (Ne. 13). 4 (S* vid) (εν Σ. pro εγγιων) (Luc. ἐγγίων) : Is. 9. 11 (10) (רצין) : 22. 1 (חזיון), 5 (A B S$^{c.a\,et\,antea}$ Q Γ) (חזיון) : 23. 4 (S*) (צידון), 12 (A B^a S Q Γ^{vid}) : 25. 5 (Mass. צָיוֹן) : 32. 2 (Mass. צָיוֹן) : Da. LXX. 9. 24 (קדשך).
[**Th.** Is. 32. 2 (Mass. צָיוֹן).]
(6) abest in Heb.
Jd. 13. 21 (B) : III Ki. 3. 15 : Ps. 72 (73). 28 : Is. 1. 21 : 52. 1 : Da. LXX. 9. 19 (ω sup ras 87 ?).
(7) in libr. apocr.
I Es. 8. 78 (82) (= pron. suff. Ezr. 9. 9) : Si. 24. 10 (15) : 36. 19 (16) : 48. 18 (20), 24 (27) : Ba. 4. 9, 14, 24 : I Ma. 4. 37, 60 : 5. 54 : 6. 48, 62 : 7. 33 : 10. 11 : 14. 26.

Σειώρ (Σιώρ). (1) צִיעֹר
Jo. 15. 54 (A).
(2) צְעִירָה
IV Ki. 8. 21 (B).
(3) שִׁחוֹר
Je. 2. 18 (Q^{mg}).
[**Aq.**, **Sm.**, **Th.** JE. 2. 18.]
(4) שַׁחַר
Jo. 13. 19 (A).
(5) שִׁיחוֹר
Jo. 19. 26 (A).

Σεκελά. צִקְלַג
Jo. 19. 5 (A) (Luc. Σικελαγ).

Σεκελάκ. צִקְלַג
Luc. Σεκελαγ.
Jo. 15. 31 (B) (Luc. Σικελεθ) : I Ki. 27. 6 (B) *bis* (Joseph. Σέκελλα) : 30. 1 (B) *bis*, 14 (B), 26 (B) : 31. 13 (II Ki. 1. 1) (B [bis scr]) (Luc. *om.*) : II Ki. 1. 1 (B) : 4. 10 (B).

Σεκενιά. שְׁכַנְיָהוּ
I Ch. 24. 11 (A) (Luc. Σεχενίας).

Σεκχαί. סַלְכָה
Jo. 12. 5 (B) (Luc. Σελχα).

Σελαμί. שַׂלְמַי ,*שַׁמְלַי [ק״]
II Es. 2. 46 (A) (Luc. Σελαμει).

Σελδαμμά. aliter in Heb.
Ez. 47. 15 (B) (צדדה).

Σελέ. aliter in Heb.
II Es. 13 (Ne. 3). 30 (B) (צלף) (Luc. Σελεφ).

Σελεεί. abest in Heb.
III Ki. 16. 28 a (B) (*Vind.* Sellaei [genit]).

Σελεείμ. שִׁלְחִים
Jo. 15. 32 (A).

Σελειμμούθ. שְׁלוֹמִית
II Es. 8. 10 (A^{vid}) (Luc. Σαλιμωθ).

Σελεμεί (-μί). שְׁלֹמִי
Nu. 34. 27 (λεμ sup ras B^a).

Σελεμειά (-μιά). (1) שֶׁלֶמְיָה
II Es. 10. 39 (B S) (Luc. Σελεμει) : 23 (Ne. 13) 13 (A B*) (Luc. Σελεμίας).
(2) שֶׁלֶמְיָהוּ
I Ch. 26. 14 (A) (Luc. Σελεμίας) : II Es. 10. 41 (B S).

Σελεμίας. (1) שֶׁלֶמְיָה
II Es. 10. 39 (A) (Luc. Σελεμει) : Je. 44 (37). 3 (A B Q) (*Wirc.* Aclemiae [genit]), 13.
(2) שֶׁלֶמְיָהוּ
II Es. 10. 41 (A) (Luc. Σαμαίας) : Je. 43 (36). 14 (B S Q) : 45 (38). 1.
(3) aliter in Heb.
Je. 43 (36). 12 (A B Q) (שמעיהו).
(4) in libr. apocr.
I Es. 9. 34 (= שלמיה Ezr. 10. 39) (Luc. *om.*).

Σελεύκεια (-κία). in libr. apocr.
I Ma. 11. 8.

Σέλευκος. in libr. apocr.

I Ma. 7. 1 : II Ma. 3. 3 : 4. 7 : 5. 18 : 14. 1 : IV Ma. 3. 20 : 4. 3, 4, 13, 15.

Σελέφ. צֶלֶף

II Es. 13 (Ne. 3). 30 (A).

Σέλη. aliter in Heb.

I Ch. 11. 39 (B S) (צלק) (Luc. Σελληκ).

Σεληκάν. צֵלַע

Jo. 18. 27 (28) (B) (Luc. Σελα-).

Σελιά. [אֲ]צַלְיָהוּ

II Ch. 34. 8 (Luc. Ἐσσελίας).

Σελλά. (1) צִלָּה

Ge. 4. 19, 22, 23.

(2) aliter in Heb.

Jo. 21. 35 (B) (דמנה ?) (Luc. Δαμνα ?).

Σελλασάρ. אֶלָּסָר

Ge. 14. 1 (A) (Luc. Ελασαρ).

Σελλή. שִׁלֵּם

Nu. 26. 49 (B) (Samar. [illegible]) (Luc. Σελ[λ]ημ) (*Lugd.* Sillen).

Σέλληκ. צֶלֶק

I Ch. 11. 39 (A).

Σελλήμ. (1) הִלֵּל

Luc. Ελλημ.
Jd. 12. 13 (A) (ϛ praec), 15 (A) (ϛ praec).

(2) שִׁלֵּם

Nu. 26. 49 (A F) (Samar. [illegible]) (Luc. Σελ[λ]ημ).

(3) שַׁלֻּם

IV Ki. 22. 14 (B) (Joseph. Σάλλουμος, Σέλουμος) : II Ch. 28. 12 (Luc. Σελλειμ) : 34. 22 : Je. 22. 11 (*Wirc.* Sellen).

(4) in libr. apocr.

Ju. 6. 15 (11) (S*).

Σελλημεί (-μί). שִׁלֵּמִי

Nu. 26. 49 (Samar. [illegible]).

Σελλής. (1) שֵׁלֶשׁ

I Ch. 7. 35 (A) (Luc. Σελεμ).

(2) aliter in Heb.

II Ki. 3. 15 (B) (ליש קרי לוש]) (Luc. Σαλλειμ) : 23. 26 (B) (חלין) (ϛ praec) (Luc. Χαλλης).

Σελλησά. שִׁלֹה

Jo. 16. 6 (B) (Luc. -σηλω).

Σελλούμ. (1) שַׁלּוּם

IV Ki. 15. 13 (Luc. Σελλημ), 14, 15 : I Ch. 6. 12 (5. 38), 13 (5. 39) : 7. 13 (A) (Luc. Σελλημ) : II Es. 2. 42 (A) : 7. 2 (A) : 10. 42 (A).

(2) שַׁלֻּם

IV Ki. 15. 10 (Luc. Σελλημ) (Joseph. Σέλλημος, Σέλλουσμος) : 22. 14 (A) (Luc. Σελλημ) : II Es. 17 (Ne. 7). 45 (A).

(3) abest in Heb.

Luc. Σελλημ.
IV Ki. 15. 10 (A), 13 (*Lucc.* Sellem).

Σελλώμ. צַלְמוֹן

II Ki. 23. 28 (A) (Luc. Ελιμαν).

Σελμανά (B). צַלְמֻנָּע

Luc. Σαλμανα.
Jd. 8. 5, 6, 7, 10, 12 *bis*, 15 *bis*, 18, 21 *bis* : Ps. 82 (83). 12.

Σελμεί. שַׁלְמַי

II Es. 17 (Ne. 7). 48 (A) (Luc. Σελεμει).

Σελμώ. צַלְמוֹן

Ps. 67 (68). 15 (B^a).

Σελμών. צַלְמוֹן

Ps. 67 (68). 15 (B S).
[**Sm.** Ps. 67 (68). 15.]

Σελμωνά, Σελμῶνα (-ῶναν). (1) חַשְׁמֹנָה

Mon., Lugd. Salmona.
Nu. 33. 29 (B), 30 (B).

(2) עַצְמוֹן

Nu. 34. 5 (A) (Samar. [illegible]) (Luc. Ασελμωνα) : Jo. 15. 4 (B) (Luc. Ασεμωνα).

(3) צַלְמֹנָה

Nu. 33. 41, 42.

Σελνά. aliter in Heb.

I Ch. 6. 57 (42) (B) (יתר) (Luc. Αλωμ).

Σελχά. (1) סַלְכָה

Jo. 12. 5 (F) : I Ch. 5. 11 (A).

(2) aliter in Heb.

I Ki. 9. 4 (B) (שלשה) (*Quedl.* Seliha).

Σελώμ (Σαιλ.). שַׁלֻּם

Je. 42 (35). 4 (A B S^{c.a} Q).

Σεμά. שַׁמָּא

I Ch. 7. 37 (B) (Luc. Σεμμα).

Σεμάα, Σεμαά. (1) שֶׁמַע

Luc. Σαμα.
I Ch. 2. 43 (B), 44.

(2) שִׁמְאָה

I Ch. 8. 32 (B) (Luc. Σαμαα).

Σεμάβα. שְׂבָם

Nu. 32. 3 (F) (Samar. [illegible]) (Luc. Σεβαμα).

Σεμαθεί. aliter in Heb.

I Ch. 12. 20 (B S) (צלתי) (Luc. Σιλαθα).

Σεμαιά (-μεά). שְׁמַעְיָה

I Ch. 15. 8 (A) (Luc. Σαμαια) : II Es. 10. 31 (S) (Luc. Σαμειας).

Σεμαίας. שְׁמַעְיָהוּ

[**Sm.** Je. 26 (33). 20 : 29 (36). 24.]

Σεμάρ. aliter in Heb.

Is. 36. 19 (Q) (חמת).

Σεμεά, *vid.* **Σεμαιά.**

Σεμεγών. abest in Heb.

I Ch. 4. 19 (B) (Luc. *om.*).

Σεμεεί (Σεμεί). (1) שִׁמְעָא

II Ki. 21. 21 ["ק] (Luc. Σαμαα).

(2) שִׁמְעִי

Ex. 6. 17 (Σ sup ras 2 litt in A¹) : Nu. 3. 18 (A B^{ab mg inf} F^{vid} [Σεμε.]), 21 (A B) : II Ki. 16. 5 (Joseph. Σαμούις, Σεμεί, Σούμας), 7, 13 : 19. 16 (17), 18 (19), 21 (22), 23 (24) (*Lugd.* Sesin) : 21. 21 (Luc. Σαμαα) (Joseph. Σουμᾶς) : III Ki. 1. 8 (Luc. Σαμαίας) (Joseph. Σιμουεις) : 2. 8 (Joseph. Σουμουίς), 36 (Joseph. Σουμούισος), 38 *bis*, 39 *bis*, 40 *bis*, 41, 42, 44 : 4. 17 (18) (A) (Luc. Σαμα) (Joseph. Σουμούις, Σουβέης) : I Ch. 3. 19 (A) : 4. 26, 27 : 5. 4 (Luc. Σαμεε) : 6. 17 (2), 29 (14) (A), 42 (27) : 23. 7, 9, 10 *bis* : 25. 17 (A) (Luc. Σουρει) : 27. 27 : II Ch. 29. 14 : 31. 12, 13 : II Es. 10. 33, 38.

(3) שְׁמַעְיָה

I Ch. 5. 4 (B) : II Es. 16 (Ne. 6). 10 (Luc. Σαμαίας).

(4) שְׁמַעְיָהוּ

II Ch. 31. 15.

(5) שָׁשַׁי

Nu. 13. 23 (22) (A) (Luc. Σεσει).

(6) aliter in Heb.

III Ki. 22. 42 (B) (שלחי) (Luc. Σελεει) (*Lucc.* Selthi).

(7) abest in Heb.

III Ki. 2. 35 l : I Ch. 25. 3 (Luc. *om.*).

(8) in libr. apocr.

I Es. 9. 33 (= שמעי Ezr. 10. 33).

Σεμεείας, *vid.* **Σεμείας.**

Σεμεί, *vid.* **Σεμεεί.**

Σεμειά. שְׁמַעְיָה

II Es. 8. 16 (A) (Luc. Σεμεειδ) : 13 (Ne. 3). 29 (S) (Luc. Σαμαιας) : 22 (Ne. 12). 18 (S^{c.a mg inf}) (Luc Σεμείας).

Σεμείας (-εείας) (-ου, -ᾳ). (1) שִׁמְעִי

Es. 2. 5.

(2) שְׁמַעְיָה

I Ch. 15. 11 (A) (Luc. Σαμαια) : 26. 7 (A) (Luc. Σαμαια) : II Es. 22 (Ne. 12). 6 (S^{c.a mg sup}), 42 (S^{c.a mg}).

(3) in libr. apocr.

Es. A 1 (11. 2) : To. 5. 14 (19) (A).

Σεμείν. שְׁמַעְיָה

I Ch. 5. 4 (A) (Luc. Σεμεει).

Σεμειρά (-μιρά). aliter in Heb.

I Ch. 7. 19 (שמידע) (Luc. Σαμειδα).

Σεμειραμώθ (-μιρ.). (1) שְׁמִרִימוֹת

II Ch. 17. 8 (A)*.

(2) שְׁמִירָמוֹת

I Ch. 15. 18 (B S), 20 (A B) : 16. 5 (A) : II Ch. 17. 8 (A) ("ק).

Σεμείς. in libr. apocr.

I Es. 9. 23 (A) (= שמעי Ezr. 10. 23) (Luc. Σεμεει).

Σεμειών, *vid.* **Σεμιών.**

Σεμελίας. in libr. apocr.

To. 5. 14 (19) (S).

Σεμέλλιος. in libr. apocr.

Luc. Ῥαμέλιος.
I Es. 2. 15 (16) (A) (= שמשי Ezr. 4. 8), 25 (30) (A) (= שמשי Ezr. 4. 23).

Σεμέν. aliter in Heb.

I Ch. 4. 17 (B) (שמי) (Luc. Σαμι).

Σεμεοῦ. in libr. apocr.

To. 5. 14 (19) (B).

Σεμερών. (1) שֹׁמְרוֹן

III Ki. 16. 24 (B) (Luc. Σομορων) (Joseph. Μαρεών) (*Vind.* Someron).

(2) שִׁמְרוֹן

I Ch. 7. 1 (B) (Luc. Σομβραν).

Σεμεών. שִׁמְעוֹן

II Es. 10. 31 (Luc. Συμεων).

Σέμηρ, Σεμήρ.

Luc. Σεμμηρ.

(1) שֶׁמֶר

Joseph. Σώμαρος.
III Ki. 16. 24 (*Vind.* Somer), 24 (A).

(2) aliter in Heb.

III Ki. 22. 26 (B) (אמן).

Σεμιούδ. עַמִּיהוּד

Luc. Εμιουδ.
Nu. 1 9 (10) (A F) (ϛ praec) (*Lugd.* Emiut) : 7. 48 (F) (ϛ praec) : 10. 22 (F) (ϛ praec) : 34. 20 (B*).

Σεμιρά, *vid.* **Σεμειρά.**

Σεμιρᾶε. שְׁמִידָע

Jo. 17. 2 (A) (Luc. Σαμιδαε).

Σεμιραμώθ, *vid.* Σεμειραμώθ.

Σεμιών (Σεμειών). שִׁמְעוֹן

I Ch. 4. 20 (Luc. Σαμι).

Σεμμαί. שַׁמַּי

I Ch. 4. 17 (A) (Luc. Σαμι).

Σέμμηρ. (1) שֶׁמֶר

I Ch. 6. 46 (31): 7. 34 (B) (Luc. Σωμηρ): 8. 12 (A) (Luc. Σαμαιηλ).

(2) aliter in Heb.

II Ch. 18. 25 (A) (אמון) (ς praec).

Σεμρίμ. צְמָרַיִם

Jo. 18. 22 (A) (Luc. Σαμαρειμ).

Σεμρών. שִׁמְרוֹן

Jo. 19. 15 (A).

Σεμφώρ. abest in Heb.

Jb. 42. 17 d (A[vid]).

Σεμωείθ. aliter in Heb.

Jd. 11. 33 (A) (מנית; ς praec) (Luc. Σεμενειθ).

Σέν (lit. alphab.). abest in Heb.

La. 1. 21 (S Q): 2. 21 (A Q): 3. 61 (A Q), 62 (Q), 63 (Q): 4. 21 (A Q).

Σένα. צְנָה

Jo. 15. 3 (A) (Luc. Σινα).

Σεναάρ. שִׁנְעָר

Ge. 14. 1 (E): Da. LXX. 1. 2.

Σενάν. צַאֲנָן

[Aq. Mi. 1. 11.]

Σεναχειρείμ. in libr. apocr.

II Ma. 8. 19 (V[a]): 15. 22 (V[a]): III Ma. 6. 5 (V).

Σεναχηρείμ. (1) סַנְחֵרִיב

IV Ki. 18. 13 (A) (Luc. Σενναχειρειμ).

(2) in libr. apocr.

II Ma. 8. 19 (V*).

Σενείρ. שְׂנִיר

Ez. 27. 5 (B) (*Wirc.* Enir: *Weingart.* -anir).

Σενερέχ. aliter in Heb.

[Sm., Th. Is. 37. 38 (נסרך).]

Σενηρήβ. סַנְחֵרִיב

[Aq. Is. 36. 1.]

Σεννά. (1) צְנָן

Jo. 15. 37 (B) (Luc. Σεναμ).

(2) aliter in Heb.

IV Ki. 8. 22 (B [signa v l prae se fert B[? txt et mg]]) (לבנה) (Luc. Λοβνα).

Σενναά. סְנָאָה

II Es. 2. 35 (A).

Σενναάν. aliter in Heb.

Mi. 1. 11 (Q[a]) (צאנן).

Σενναάρ. (1) סֶנֶה

I Ki. 14. 4 (B).

(2) שִׁנְאָב

Ge. 14. 2 (Joseph. Συναβάνης, Συαβάρης, Σενάβαρος).

(3) שִׁנְעָר

Luc. Σεναар.

Ge. 10. 10: 11. 2 (Joseph. Σενάαρ, Σίναρον): 14. 1 (A D) (Syr. ܣܢܥܪ), 9: Da. TH. 1. 2.

[Th. Da. 1. 2.]

(4) aliter in Heb.

Mi. 1. 11 (A B[ab] Q*) (צאנן) *Weingart.* Aelam).

Σέννακ. צְנָה

Jo. 15. 3 (B[ab] [pr Σ in mg sinistr]) (Luc. Σινα).

Σεννάμ. צְנָן

Jo. 15. 37 (A) (Luc. Σεναμ).

Σενναχηρείβ. סַנְחֵרִיב

Is. 37. 21 (Q[mg]).

Σενναχηρείμ (-ρίμ).

Luc. Σενναχειρειμ: Joseph. Σεναχήριμος.

(1) סַנְחֵרִב

IV Ki. 19. 20.

(2) סַנְחֵרִיב

IV Ki. 18. 13 (B): 19. 16, 36: II Ch. 32. 1, 2, 9, 10 (A), 22: Is. 36. 1: 37. 17, 21, 37 (B S[1 vel certe a b] O).

(3) in libr. apocr.

Si. 48. 18 (20) (A B S C [Σεννα . . . .]): To. 1. 15 (18) (A S), 18 (21) (A S), 18 (21) (S), 22 (25) (S): II Ma. 8. 19 (A): 15. 22 (A V*): III Ma. 6. 5 (A).

Σεννών. aliter in Heb.

I Ch. 4. 7 (B) (אתנן) (Luc. Εθναν).

Σενσείς. in libr. apocr.

I Es. 9. 23 (B) (= שמעי Ezr. 10. 23) (Luc. Σεμεει).

Σενώ (lit. alphab.). abest in Heb.

La. 1. 21 (A).

Σεπφάμα. שְׁפָמָה

Nu. 34. 10 (F) (Luc. Σεπφαμαρ).

Σεπφάμαρ. (1) שְׁפָם

Nu. 34. 11 (*Lugd.* Sepphomar).

(2) שְׁפָמָה

Nu. 34. 10 (A B; φαμ sup ras in B?) (*Mon.* Sepfomar).

Σεπφαρείμ. סְפַרְוַיִם

Is. 36. 19 (A O [?]): 37. 13 (A).

Σεπφαρείν (-ρίν). סְפַרְוַיִם

Is. 36. 19 (S O [?]): 37. 13 (Q*).

Σεπφαρουδίμ (-ουέμ). סְפַרְוַיִם

Is. 36. 19 (Γ): 37. 13 (Q[mg] Σεπφ[α]ρ. O).

Σεπφαρουδίν. סְפַרְוַיִם

IV Ki. 17. 24 (B) (Luc. Σεπφαρειμ).

Σεπφαρουέμ, *vid.* Σεπφαρουαίμ.

Σεπφαρουμάιν. aliter in Heb.

IV Ki. 18. 34 (B) (ספרוים) (Luc. Σεπφαρειμ).

Σεπφαρούν. סְפַרְוַיִם

IV Ki. 17. 31 (B) (Luc. Σεπφαρειμ).

Σεπφώρ. צִפֹּר, צִפּוֹר

Nu. 22. 2, 4, 10, 16: 23. 18: Jo. 24. 9: Jd. 11. 25.

[Th. Jd. 11. 25.]

Σεπφωρά, Σεπφώρα (-αν). (1) צִפֹּרָה

Joseph. Σαπφώρα.

Ex. 2. 21 (*Lucc.* Seffora): 4. 25: 18. 2 (*Mon.* Seffora).

(2) שִׁפְרָה

Ex. 1. 15 (*Lugd.* Sedphora).

Σεραδά. צֶרֶת

Jo. 13. 19 (B) (Luc. Σ ρθ).

Σεράρ. in libr. apocr.

I Es. 5. 32 (= סיסרא Ezr. 2. 53: Ne. 7. 55) (Luc. Σισαρα).

Σεραφείν. צֹרְפִי

II Es. 13 (Ne. 3). 31 (S) (Luc. Σεραφει).

Σέρεδ. סֶרֶד

Ge. 46. 14 (A) (Luc. Σεδεκ) (Joseph. Σάραδος) (*Lugd.* Seber: *Lucc.* Seder).

Σερεί. aliter in Heb.

Jo. 15. 27 (B) (חצר) (Luc. Ασαρ-): II Ki. 21. 8 (B) (עדריאל) (Luc. Εζρι).

Σέρες. aliter in Heb.

II Es. 21 (Ne. 11). 6 (B) (פרץ) (Luc. Φαρες).

Σεριών. שִׂרְיוֹן

[Aq., Quint., Sext. Ps. 28 (29). 6.]

Σερούκ. aliter in Heb.

I Ch. 2. 22 (B*) (שגוב) (Luc. Σεγουβ).

Σερούχ. (1) שְׂרוּג

Joseph. Σεροῦγος.

Ge. 11. 20, 21, 22 (A), 23: I Ch. 1. 26 (Luc. Σερουγ).

(2) aliter in Heb.

Luc. Σεγουβ.

I Ch. 2. 21 (B) (שגוב), 22 (B[ab]) (שגוב).

Σερσουλά. חֲצַר שׁוּעָל

Jo. 19. 3 (A) (Luc. Α[σα]ρσολα).

Σεσαθάν. aliter in Heb.

III Ki. 4. 12 (B) (צרתנה) (Luc. Σαρθαν).

Σεσεί. (1) שֵׁשַׁי

Nu. 13. 23 (22) (F).

(2) שָׁשַׁי

II Es. 10. 40 (Luc. Σενσειρ).

Σεσειράθ. סִיסְרָא

II Es. 17 (Ne. 7). 55 (B S) (Luc. *om.*).

Σεσείς. in libr. apocr.

I Es. 9. 34 (B) (= ששי Ezr. 10. 40) (Luc. Σεσεει).

Σεσθήλ. in libr. apocr.

I Es. 9. 31 (= בצלאל Ezr. 10. 30) (Luc. Βεσελεηλ).

Σεσσεί. שֵׁשַׁי

Luc. Σεσει.

Nu. 13. 23 (22) (B): Jd. 1. 10 (B).

Σεσσείς. in libr. apocr.

I Es. 9. 34 (A) (= ששי Ezr. 10. 40) (Luc. Σεσεει).

Σετεβάθα. יָטְבָתָה

Luc. Ετεβαθα.

Nu. 33. 33 (B*), 34 (B*).

Σετειρῶθα. שְׂעִירָתָה

Jd. 3. 26 (B) (Luc. Σηρωθα).

Σετίμ. שִׁטִּים

[Aq., Sm., Th. Mi. 6. 5.]

Σετρί. סִתְרִי

Ex. 6. 22 (F).

Σέφ (B), Σέφε (A). סַף

II Ki. 21. 18 (Luc. ἐπισυνηγμένους).

Σεφεί. aliter in Heb.

I Ki. 19. 22 (B) (שכו) (Luc. Σεφι).

Σεφείν. שִׁפְעִי

I Ch. 4. 37 (A) (Luc. Σωφει).

Σεφέκ (B), Σεφέρ (A). צְפַת

Jd. 1. 17 (Luc. Σεφεκ).

Σεφηλά. (1) שְׁפֵלָה

II Ch. 26. 10: Ob. 1. 19 (A B S Q): Je. 39 (32). 44: 40 (33). 13.

(2) in libr. apocr.

I Ma. 12. 38.

Σέφθα. aliter in Heb.

III Ki. 17. 10 (A) (צרפתה) (Luc. Σαρεπτα).

Σεφιείμ. שֻׁפִּים
I Ch. 26. 16 (A) (Luc. τοῖς προθύροις).

Σεφνεί (-νί). aliter in Heb.
I Ch. 27. 27 (שפמי) (Luc. Σαφαμ).

Σεφράιμ (Q), **Σεφράμ** (A). סִבְרַיִם
Ez. 47. 16.

Σεφφάν. שָׁפָן
IV Ki. 22. 3 (A) (Luc. Σαφαν).

Σεφφαρουάιμ.
Luc. Σεπφαρειμ.
(1) סְפַרְוַיִם
IV Ki. 17. 24 (A), 31 (A), 31 (A) (ק״): 18. 34 (A [ΣA¹]): 19. 13 (A).
(2) סְפָרִים
IV Ki. 17. 31 (A)*.

Σεφφαρουάιν. סְפַרְוַיִם
IV Ki. 19. 13 (B) (Luc. Σεπφαρειμ).

Σεφφαρούν. סְפַרְוַיִם*, סְפָרִים [ק״]
IV Ki. 17. 31 (B) (Luc. Σεπφαρειμ).

Σεφφείμ. שֻׁפִּים
I Ch. 7. 15 (A) (Luc. Σαφιν).

Σεφφί. סִפַּי
I Ch. 20. 4 (A) (Luc. Σαπφι).

Σεχά. aliter in Heb.
I Ch. 11. 42 (A) (שיזא) (Luc. Σιζαι).

Σεχεήλ (S*), **Σεχεηλού** (B¹). aliter in Heb.
II Es. 11 (Ne. 1). 1 (כסלו) (Luc. Χασαλευ).

Σεχελιού. aliter in Heb.
II Es. 22 (Ne. 12). 14 (S^c.a mg inf) (שבניה) (Luc. Σεχενίας).

Σέχεμ. שֶׁכֶם
Jo. 17. 2 (A [υιοισεχεμ A*]) (Luc. Συχεμ).

Σεχενιά. שְׁכַנְיָה
Luc. Σεχενίας.
I Ch. 3. 21 (B), 22: I Es. 13 (Ne. 3). 29 (A S) (ς praec): 16 (Ne. 6). 18: 22 (Ne. 12). 3 (A B).

Σεχενίας. (1) שְׁכַנְיָה
I Ch. 3. 21 (A): II Es. 10. 2.
(2) in libr. apocr.
I Es. 8. 29 (32) (A) (= שכניה Ezr. 8. 3), 32 (35) (A) (= שכניה Ezr. 8. 5).

Σεχενλού. aliter in Heb.
II Es. 11 (Ne. 1). 1 (B* vid) (כסלו) (Luc. Χασαλευ).

Σεχονίας. (1) שְׁכַנְיָה
II Es. 8. 5 (A) (Luc. Σεχενίας).
(2) שְׁכַנְיָהוּ
II Ch. 31. 15 (Luc. Σεχενίας).

Σεχχώθ. סֻכּוֹת
II Ch. 4. 17 (B; pro χ 2° ω B* vid [χ B¹]) (Luc. Σοχωθ).

Σεωρείμ (B), **Σεωρίν** (A). שְׂעֹרִים
I Ch. 24. 8 (Luc. Σεωρειμ) (*Lucc.* Seroib).

Σηά. צִחָא
II Es. 17 (Ne. 7). 46 (B S) (Luc. Σουλαι).

Σήγωρ, Σηγώρ. (1) צֹעַר, צוֹעַר
Luc. Σιγωρ.
Ge. 14. 2, 8: 19. 22, 23 (*Lugd.* Sygor), 30, 30 (A E): De. 34. 3 (Luc. *om.*) (*Lucc.* Fogor): Is. 15. 5: Je. 31 (48). 34 (Q).
(2) aliter in Heb.
IV Ki. 17. 4 (B) (סוא) (Luc. Αδραμελεχ) (Joseph. Σώας) (*Vind.* Adramalec).

Σηδαμείν. aliter in Heb.
II Es. 3. 7 (B) (צדנים) (Luc. Σιδώνιοι).

Σηείμ. צִיִּים
Is. 23. 13 (Q^mg sub ※).

Σηείρ. (1) שֵׂעִיר
Ge. 14. 6: 32. 3 (4): 33. 14 (Joseph. Σάειρα, Σήειρος), 16: 36. 8, 9, 20, 21: De. 1. 2 (Luc. Σιειρ et in seqq), 44: 2. 1, 4, 5, 8, 12, 22, 29: 33. 2 (Luc. Σηειρ): Jo. 11. 17 (B F): 12. 7 (B) (Luc. Ασσεειρα): 15. 10 (A) (Luc. Σιειρ): 24. 4: Jd. 5. 4: I Ch. 1. 38 (B): 4. 42 (Luc. Σιειρ et in seqq): II Ch. 20. 10, 22, 23 (A^a B), 23: 25. 11, 14: Is. 21. 11: Ez. 25. 8 (A Γ): 35. 2, 3, 7, 15.
[Aq., Sm., Th. Is. 21. 11: Ez. 25. 8.]
(2) aliter in Heb.
Luc. Αροηρ.
De. 2. 9 (A* vid B) (ער), 18 (B) (ער).
[Al. De. 2. 18 (ער).]
(3) abest in Heb.
Ez. 35. 1 (*tit.*) (Q^mg sup).

Σηειρά. שֵׂעִיר
Jo. 11. 17 (A) (Luc. Σηειρ).

Σήθ. (1) שֵׁם
Ge. 10. 31 (A) (Luc. Σημ).
(2) שֵׁת
Joseph. Σῆθος.
Ge. 4. 25, 26: 5. 3, 4, 6, 7, 8: Nu. 24. 17 (*Lugd.* Set): I Ch. 1. 1 (B).
(3) in libr. apocr.
Si. 49. 16 (19).

Σηθίρ שֵׂעִיר
I Ch. 1. 38 (A) (Luc. Σηειρ).

Σήκιμα (-οις). שְׁכֶם
Ge. 35. 4 (E) (Luc. Σίκιμα).

Σηλαλέφ. צֵלַע הָאֶלֶף
Jo. 18. 28 (A) (Luc. Σελαελαφ).

Σηλεί. סַלָּי
II Es. 21 (Ne. 11). 8 (Luc. Σηλεει).

Σηλώ.
Joseph. Σιλοῦς, Σιλώ.
(1) סַלָּא
II Es. 21 (Ne. 11). 7 (A B S*) (Luc. Σαμαα).
(2) שִׁלוֹ, שִׁילוֹ
Jd. 21. 19 (A), 21 (A) *bis*: Je. 7. 12 (B S*).
[Aq., Sm. Je. 48 (41). 5.]
(3) שִׁלֹה
Jo. 18. 1 (B), 8, 9 (A), 10: 19. 51: 21. 2: 22. 9, 12: Jd. 18. 31 (A): I Ki. 1. 3, 9 (B): III Ki. 14. 2 (A), 4 (A): Je. 33 (26). 6 (B S*).
[Aq. III Ki. 14. 2, 4: Je. 33 (26). 6.]
(4) שִׁלוֹ
Ps. 77 (78). 60 (S*): Je. 7. 14 (A B S*): 33 (26). 9 (B).
(5) aliter in Heb.
Luc. Συχεμ.
Jo. 24. 1 (שכם), 25 (שכם).
(6) abest in Heb.
Jd. 21. 21 (A) (שילו praec): III Ki. 12. 24 h (B).

Σηλώμ. (1) סַלָּא
II Es. 21 (Ne. 11). 7 (S^c.a) (Luc. Σαμαα).
(2) שִׁילֹה
III Ki. 2. 27 (Luc. Σηλω).
(3) שִׁילוֹ
Je. 7. 12 (A S^c.a Q).
(4) שֵׁלָה
Luc. Σιλωμ.
Ge. 38. 5 (Joseph. Σάλας), 11, 14, 26: 46. 12: Nu. 26. 16 (20) (F) (Luc. Σηλων): I Ch. 2. 3 (A) (Luc. Σηλων): 4. 21 (Luc. Σηλων).
(5) שִׁלֹה
Luc. Σηλω.
Jo. 18. 1: Jd. 18. 31 (B): 21. 12 (A): I Ki. 1. 9 (A): 2. 14: 3. 21: 4. 3 (A), 4, 12: 14. 3 (B): Je. 33 (26). 6 (A S^a (vid) Q).
(6) שִׁלוֹ
I Ki. 1. 24 (Luc. Σηλω): Ps. 77 (78). 6 (B S^c.a R T): Je. 7. 14 (S^c.b Q): 33 (36). 9 (A S Q).
[Sm. Ps. 77 (78). 60.]
(7) aliter in Heb.
I Ki. 1. 21 (ἐν Σ. = ליהוה).
(8) abest in Heb.
Nu. 26. 15 (19) (A F) (Samar. *om.*): I Ki. 1. 24 (Luc. Σηλω): 4. 3 (Luc. Σηλω) (*Vind.* Selon).

Σηλών. (1) שֵׁלָה
Nu. 26. 16 (20) (A B): I Ch. 2. 3 (B).
(2) שִׁלֹה
Jd. 21. 12 (B) (Luc. Σηλω).
(3) שִׁילוֹ, שִׁלוֹ
Luc. Σηλω.
Jd. 21. 19 (B), 21 (B) *bis*.

Σηλωνεί (-νί). (1) שִׁילֹנִי
I Ch. 9. 5.
(2) שֵׁלָנִי
Nu. 26. 16 (20).

Σηλωνείτης (-νίτ.). (1) שִׁילוֹנִי
II Ch. 9. 29.
(2) שִׁילֹנִי
III Ki. 11. 29 (*Lu.* Silonites): 12. 15: 15. 29 (B).
(3) שִׁלוֹנִי
II Ch. 10. 15.
(4) abest in Heb.
III Ki. 12. 24 k (B) (Luc. *om.*).

Σηλωνί, *vid.* Σηλωνεί.

Σηλωνίτης, *vid.* Σηλωνείτης.

Σήμ. (1) שֵׁם
Joseph. Σημᾶς.
Ge. 6. 1 (5. 32), 10: 7. 13: 9. 18, 23, 26, 27: 10. 1, 21, 22, 31 (E): 11. 10 *bis*, 11: I Ch. 1. 4, 17.
(2) in libr. apocr.
Si. 49. 16 (19).

Σήμηρ. שֶׁמֶר
I Ch. 8. 12 (B) (Luc. Σαμαιηλ).

Σήν. aliter in Heb.
Jo. 15. 26 (B) (אמם) (Luc. Αμαμ).

Σήρων. in libr. apocr.
I Ma. 3. 13, 23.

Σής. aliter in Heb.
I Ch. 1. 1 (A) (שת) (Luc. Σηθ).

Σησάχ. שֵׁשַׁךְ
Je. 32. 12 (25. 26) (Q^mg sub ※).
[Sm. Je. 28 (51). 41.]

Σηών. (1) סִיחֹן, סִיחוֹן
Luc. Σιων: Joseph. Σιχών.
Nu. 21. 21 (A B), 23 *bis*, 26, 27, 28, 29 (B F), 34: 32. 33: De. 1. 4: 2. 24, 26, 30 (B F), 31, 32 A B^ab F): 3. 2, 6: 4. 46: 29. 7 (6): 31. 4: Jo. 2. 10: 9. 16 (10): 12. 2, 5: 13. 10, 21 (B), 27: Jd. 11. 19, 20 (B), 20, 21: III Ki. 4. 18 (19): II Es. 19 (Ne. 9). 22: Ps. 134 (135). 11: 135 (136). 19.
[Aq., Sm. De. 29. 7 (6).]
[Th. Je. 31 (48). 45.]
(2) שִׂיאֹן
De. 4. 48.

Σηώρ. סִיחוֹן

Jo. 13. 21 (A) (Luc. Σιων) *bis*.

Σθύρ. aliter in Heb.

I Ch. 11. 35 (B) (אור) (Luc. Ουρ).

Σιαιά. סִיעָא

II Es. 17 (Ne. 7). 47 (A) (Luc. Ἰωσίας).

Σιάλ. aliter in Heb.

II Es. 21 (Ne. 11). 21 (S$^{c.a\ mg\ inf}$) (ציחא) (Luc. Σιααν).

Σιαράμ. aliter in Heb.

III Ki. 7. 33 (46) (A) (צרתן) (Luc. Σαρθαν).

Σιβά, *vid.* **Σειβά.**

Σιββά.
Luc. Σιβα.

(1) צִבָא

II Ki. 16. 4 (A).

(2) צִיבָא

II Ki. 16. 1 (A), 2 (A), 3 (A), 4 (B).

Σίδη. in libr. apocr.

I Ma. 15. 23.

Σιδόνιοι. צִידֹנִים

IV Ki. 23. 13 (A) (Luc. Σιδώνιοι).
[**Aq., Sm., Th.** De. 3. 9.]

Σιδών (**Σειδ.**) (-ῶνα *v.* -όνα, -ῶνος *v.* -όνος).

(1) צִידוֹן, צִדוֹן

Ge. 10. 15, 19 (Samar. *aliter*): 49. 13 (*Lugd.* Sydonia): Jo. 11. 8: 19. 28: Jd. 1. 31: 10. 6: II Ki. 24. 6: I Ch. 1. 13 (A): Jl. 3 (4). 4: Za. 9. 2: Is. 23. 4 (A B S^1 Q Γ), 12 (B*): Je. 29 (47). 4: 32. 8 (25. 22): 34. 2 (27. 3): Ez. 27. 8: 28. 21, 22.
[**Aq.** Is. 23. 12: Je. 25. 22 (32. 8).]
[**Sm.** Is. 23. 12: Za. 9. 2.]
[**Th.** Is. 23. 12.]

(2) צִידֹנִים

Jd. 18. 7 (A) (Luc. Σιδώνιοι).
[**Sm.** Jd. 18. 7.]

(3) aliter in Heb.

Jo. 11. 2 (צפון).

(4) abest in Heb.

Jd. 18. 9 (A; *cf. v.* 7): Ez. 25. 16 (A): 28. 20 (A* Q$^{mg\ sup}$).

(5) in libr. apocr.

Ju. 2. 28: Da. LXX. Su. 56: I Ma. 5. 15.

Σιδωνία (**Σειδ.**). צִידוֹן

III Ki. 17. 9 (Luc. Σιδων).

Σιδώνιος (**Σειδ.**) (-ειος). (1) צִדֹנִי

III Ki. 5. 6 (20): 11. 5 (A), 6 (5), 33: 16. 31: II Es. 3. 7 (A).
[**Aq., Sm.** III Ki. 11. 1: Ez. 32. 30.]

(2) צִידוֹן

Jd. 18. 28.

(3) צִידֹנִי

Jo. 13. 4, 6: Jd. 3. 3: 10. 12: 18. 7, 7 (B): IV Ki. 23. 13 (B): I Ch. 22. 4.
[**Aq.** IV Ki. 23. 13 (Bi.).]
[**Sm.** Jd. 10. 12.]

(4) abest in Heb.

Jd. 18. 9 (A; *cf. v.* 7).

(5) in libr. apocr.

I Es. 5. 53 (55) (= צדני Ezr. 3. 7).

Σικειμῖται, *vid.* **Σικιμῖται.**

Σικελά. צִקְלַג

I Ki. 30. 14 (A) (Luc. Σεκελαγ).

Σικελάγ.
Luc. Σεκελαγ.

(1) צִיקְלַג

I Ch. 12. 20 (A).

(2) צִקְלַג

I Ki. 27. 6 (A): 30. 1 (A) *ter*, 26 (A): II Ki. 1. 1 (A): 4. 10 (A) (*Vind.* Sicelag): I Ch. 4. 30 (A): 12. 1 (A).

Σικελάκ. צִקְלַג

Jo. 19. 5 (B) (Luc. Σικελαγ).

Σικελέγ. צִקְלַג

Jo. 15. 31 (A) (Luc. Σικελεθ).

Σικελέτ. aliter in Heb.

II Es. 21 (Ne. 11). 28 (S$^{c.a\ mg\ inf}$) (צקלג) (Luc. Σεκελαγ).

Σίκιμα (-α, -ων, -οις). (1) שְׁכֶם

Ge. 33. 18: 35. 4 (A D): Jo. 24. 32 *bis*: Jd. 8. 31 (A): 9. 1 (A), 2 (A), 3 (A), 6 *bis*, 7, 18, 20 *bis*, 23 *bis*, 24 (ανδρασικιμων A), 25, 26 *bis*, 31 (A), 34 (A), 39 (A), 41 (A), 46 (A), 47 (A), 49 (*Lucc.* Sychima), 57 (A): 21. 19 (A): III Ki. 12. 1 *bis* (*Vind.* Sicm, Sicem), 25: Ps. 59 (60). 8: 107 (108). 8: Ho. 6. 9 (*Wirc.* Sicimam [accus]).
[**Aq.** Jd. 8. 31.]
[**Sm.** Jd. 8. 31: 9. 6: Ps. 59 (60). 8.]
[**Th.** Jd. 8. 31: 9. 1, 41, 46.]

(2) abest in Heb.

Ge. 35. 5: III Ki. 12. 24 n (B), 24 u (B), 24 x (B).

(3) in libr. apocr.

Si. 50. 26 (28).

Σικιμῖται (-κειμ.). in libr. apocr.

IV Ma. 2. 19.

Σικυών. in libr. apocr.

I Ma. 15. 23 (S$^{c.a,\ c.b}$ V).

Σιλωά. שִׁלֹחַ

[**Aq., Sm., Th.** Is. 8. 6.]

Σιλωάμ, *vid.* **Σειλωάμ.**

Σίμ. צִן

Jo. 15. 1 (A) (Luc. Σιν).

Σιμιραμώθ. שְׁמִירָמוֹת

I Ch. 15. 18 (A) (Luc. Σεμιραμωθ).

Σίμων (**Σειμ.**) (indecl., -ωνι). in libr. apocr.

I Es. 9. 32 (= שמעון Ezr. 10. 31) (Luc. Συμεων): Si. 50. 1: I Ma. 2. 3: 5. 17, 20, 21, 55: 9. 19, 33, 37, 62, 65, 67: 10. 82: 11. 59, 64, 65: 12. 33, 38: 13. 1, 13, 14, 17, 20, 25, 27, 33, 34, 36, 42, 45, 47, 50, 53: 14. 4, 17, 20, 23, 24, 25, 27, 29, 32, 35, 40, 41, 46, 47, 49: 15. 1, 2, 17, 21, 24, 26, 32, 33, 36: 16. 1, 2, 13, 14, 16 *bis*: II Ma. 3. 4, 11: 4. 1, 3, 4, 6, 23: 8. 22: 10. 19, 20: 14. 17: IV Ma. 4. 1, 4, 5.

Σίν, *vid.* **Σείν.**

Σινά, *vid.* **Σεινά.**

Σιναί. סִינַי

II Es. 19 (Ne. 9). 13 (S$^{c.b}$) (Luc. Σινα).
[**Aq., Th.** Ex. 19. 11: Ps. 67 (68). 9 (P.).]
[**Sm.** Ex. 19. 11: Ps. 67 (68). 9.]

Σιναίν. סִינַי

Ps. 67 (68). 18 (R^a).

Σινείμ. סִינִים

[**Aq., Sm., Th.** Is. 49. 12.]

Σινμαλκουή. in libr. apocr.

I Ma. 11. 39 (A).

Σιόν. צִיּוֹן

Je. 6. 23 (S*).

Σιουάν, *vid.* **Σειουάν.**

Σιράχ, *vid.* **Σειράχ.**

Σισαρά, *vid.* **Σεισαρά.**

Σισαραά. סִיסְרָא

II Es. 2. 53 (A) (Luc. Σισαρα).

Σισάχ, *vid.* **Σεισάχ.**

Σισίννης.
Joseph. Σισίνης.
in libr. apocr.

I Es. 6. 3 (abest in Ezr. 5. 3), 7 (= תתני Ezr. 5. 6), 26 (27) (= תתני Ezr. 6. 6) (Joseph. Ἀναβάσσαρος?): 7. 1 (= תתני Ezr. 6. 13).

Σιώ. צִיּוֹן

Is. 31. 9 (A): Je. 8. 19 (A).

Σιωμάμ. שׁוּנֵם

IV Ki. 4. 8 (A?) (Luc. Σωμαν).

Σίων, Σιών, *vid.* **Σείων, Σειών.**

Σιωνά. שִׁיאֹן

Jo. 19. 19 (B) (Luc. Σηω).

Σιωνάμ. שׁוּנֵם

IV Ki. 4. 8 (A$^{*\ vid}$) (Luc. Σωμαν).

Σιώρ, *vid.* **Σειώρ.**

Σκαφώ. in libr. apocr.

I Ma. 5. 26 (V).

Σκύθαι. (1) עֵילָם

[**Sm.** Ge. 14. 1, 9.]

(2) abest in Heb.

Jd. 1. 27 (Σκυθῶν πόλις i. q. בית־שאן).

(3) in libr. apocr.

Ju. 3. 10: II Ma. 4. 47: 12. 29: III Ma. 7. 5.

Σκυθοπολεῖται (-λῖτ.). in libr. apocr.

II Ma. 12. 30.

Σμύρνα. in libr. apocr.

I Ma. 15. 23 (V).

Σναμουέ. aliter in Heb.

II Es. 22 (Ne. 12). 18 (S$^{c.a\ mg\ inf}$) (שמוע) (Luc. Σαμουε).

Σοβαθέ. aliter in Heb.

I Ch. 5. 13 (A) (שבע) (Luc. Σαβεε).

Σοβάκ. [י]שְׁבָּק

I Ch. 1. 32 (B) (Luc. Ιεσβοκ).

Σόβαλ, Σοβάλ. aliter in Heb.

I Ch. 7. 37 (B) (בצר) (Luc. Βασαρ): 27. 2 (B) (ישבעם) (Luc. Ιεσβοαμ).

Σοββά. עֲצָבָה

[**Sm.** Je. 51 (44). 19 (Q^{mg} sub ※).]

Σοββαθαῖος. שַׁבְּתַי

II Es. 21 (Ne. 11). 16 (S$^{c.a\ mg\ sup}$) (Luc. Σαθθαῖος).

Σοββοχαί. סִבְּכַי

I Ch. 11. 29 (A) (Luc. Σοβοκχα): 20. 4 (A) (Luc. Σοβακχι).

Σόβνας. שֶׁבְנָא

Is. 36. 3 (B), 11 (Q^{mg}).

Σοβνειά. שְׁבַנְיָהוּ

I Ch. 15. 24 (S) (Luc. Σαβανια).

Σοβοάμ (S), **Σοβοκάμ** (B). aliter in Heb.

I Ch. 12. 6 (ישבעם) (Luc. Ιεσβααμ).

Σοβοχαί (-χέ). סִבְּכַי

I Ch. 11. 29 (B S) (Luc. Σοβοκχα): 20. 4 (B) (Luc. Σοβακχι): 27. 11 (Luc. Σαχ•κι).

Σογχώ. שׂוֹכֹה
Luc. Σοκχωθ.
I Ki. 17. 1 (A [εισογχω]), 1.

Σόδομα (-ης, -α, -ων, -οις). (1) סְדֹם
Ge. 10. 19 (Luc. *aliter*): 13. 10, 12, 13 (*Vind.* Sodom): 14. 2, 8, 10, 11, 12, 17, 21, 22: 18. 16, 20, 22, 26: 19. 1 *bis*, 24, 28: De. 29. 23 (22): 32. 32: Ho. 4. 11: Ze. 2. 9: Is. 1. 9, 10: 3. 9: 13. 19: Je. 23. 14: 27 (50). 40: 29. 19 (49. 18): La. 4. 6: Ez. 16. 46, 48, 49 (δ et μ sup ras Aª), 53, 55, 56.
[Aq. Ez. 16. 53.]
(2) abest in Heb.
Ge. 14. 16.

Σοδομεῖται (-μῖτ.). (1) אַנְשֵׁי סְדֹם
Ge. 19. 4.
(2) in libr. apocr.
III Ma. 2. 5.

Σοδουιά. aliter in Heb.
II Es. 2. 40 (B) (הודויה) (*s* praec) (Luc. Ωδουια).

Σοήνη. (1) סְבָא
Is. 43. 3 (A [ν 2° sup ras Aª] B S Q).
(2) סְוֵנֵה
Ez. 29. 10 (A).

Σοκχώ. (1) סֻכּוֹת
III Ki. 21 (20). 16 (A).
(2) סֻכֹּת
Luc. Σοκχωθ.
Nu. 33. 6 (Aª).
(3) שֶׂכוּ
Luc. Σεφι.
I Ki. 19. 22 (A).

Σοκχώθ. (1) סֻכֹּת, סֻכּוֹת
Ex. 12. 37 (A) (Luc. Σοχωθ): 13. 20 (Luc. Σοχωθ): Nu. 33. 5 (A Bab F) (*Mon.* Occhot: *Lugd.* Soccoth), 6 (B F): Jd. 8. 5, 6, 8, 14 *bis*, 15, 16 (A): III Ki. 7. 33 (46): 21 (20). 16 (B) (Luc. Σοκχω): II Ch. 4. 17 (A) (Luc. Σοχωθ).
[Sm. Ge. 33. 17.]
(2) שׂוֹכֹה
I Ki. 17. 1 (B) *bis* (Joseph. Σωκώ).
(3) שׂוֹכוֹ
II Ch. 11. 7 (Luc. Σοκχω) (Joseph. Σωχώ).
(4) aliter in Heb.
Jo. 15. 11 (B) (שכרונה) (Luc. Σαχαρωνα).
(5) abest in Heb.
Jd. 8. 15 (A).

Σοκχώθα, Σοκχωθά. (1) סֻכּוֹת
Luc. Σιχωθ.
Jo. 13. 27 (B).
(2) סֻכֹּתָה
Luc. Σοχωθ.
Ex. 12. 37 (B F¹).

Σοκχωθβενιθεί. סֻכּוֹת בְּנוֹת
IV Ki. 17. 30 (A) (Luc. Σοκχωθ Βανειθα).

Σολλήμ. שַׁלֻּם
II Es. 10. 24 (A) (Luc. Σελλημ).

Σολομών (-ῶνα, -ῶντος). (1) שְׁלֹמֹה
III Ki. 2. 12 (A): 4. 30 (5. 14) (A): II Ch. 7. 1 (A) (Luc. Σαλομων), 5 (A) (Luc. Σαλομων): Pr. 1. 1 (A): 25. 1 (A): Ca. 1. 5 (S): 3. 7 (S), 9 (S), 11 (S): 8. 11 (S), 12 (S).
[Aq. III Ki. 5. 1 (15): 11. 14: Ps. 71 (72). 1.]
[Sm., Th. III Ki. 5. 1 (15), 2 (16): Ps. 71 (72). 1.]
(2) abest in Heb.
II Ki. 8. 7: Pr. *subscr.* (A C).
(3) in libr. apocr.
Wi. *tit.* (A): *subscr.* (A C): Si. 47. 13 (15) (A S), 23 (26) (S): II Ma. 2. 8 (V), 10 (V), 12 (V): IV Ma. 18. 16 (V).

Σολυμείτης. in libr. apocr.
Si. 50. 27 (29) (S*).

Σολωμώ. שְׁלֹמֹה
[Aq. IV Ki. 23. 13 (Bi.).]

Σομά. aliter in Heb.
Jo. 15. 52 (B) (אשען) (Luc. Εσαν).

Σομαῖοι. אֵימִים
Ge. 14. 5 (A) (Luc. Ἐμμαῖοι).

Σομαιώθ. aliter in Heb.
II Ch. 24. 26 (B) (שמרית) (Luc. Σαμιραμωθ).

Σομέ (-αί). שַׁמָּה
Luc. Σομε.
Ge. 36. 13, 17 (*Wirc.* Soma): I Ch. 1. 37 (B) (Luc. Σαμμα).

Σομεά. שִׁמְעָא
I Ch. 6. 30 (15) (B) (Luc. Σαμαα).

Σομεεί. שִׁמְעִי
I Ch. 6. 29 (14) (B) (Luc. Σεμεει).

Σομεείς. in libr. apocr.
I Es. 9. 34 (= שמעי Ezr. 10. 38) (Luc. Σεμεει).

Σομερών. שִׁמְרוֹן
Jo. 11. 1 (A F).

Σομηρών. שֹׁמְרוֹן
III Ki. 16. 24 (A) (Luc. Σομορων).

Σομμαῖοι. אֵימִים
Ge. 14. 5 (E) (Luc. Ἐμμαῖοι).

Σομμέ. שַׁמָּה
I Ch. 1. 37 (A) (Luc. Σαμμα).

Σομμώθ. אֻמּוֹת
Nu. 25. 15 (A F) (*s* praec) (Luc. Αμμωθ).

Σόμνας (-αν). (1) שֶׁבְנָא
IV Ki. 18. 37: 19. 2: Is. 22. 15: 36. 3 (A S Q Γ), 11, 22: 37. 2.
(2) שֶׁבְנָה
Joseph. Σουβαναῖος.
IV Ki. 18. 18, 26.

Σομνιά. שְׁבַנְיָהוּ
I Ch. 15. 24 (B) (Luc. Σαβανια).

Σομογεννουνίν (S), **Σομολογεννουνείν** (B).
aliter in Heb.
I Ch. 11. 34 (ה[שם הגזוני]) (Luc. Ασομ τοῦ Ζεννι).

Σομορών. (1) צְמָרַיִם
II Ch. 13. 4 (Joseph. Σαμαρῶν).
(2) שֹׁמְרוֹן
II Es. 14. 2 (Ne. 3. 34) (Luc. Σαμάρεια): Is. 7. 9 *bis*.
[Al. III Ki. 16. 24.]
(3) שָׁמְרַיִן
II Es. 4. 10 (A) (Luc. Σαμάρεια).

Σοννάμ. הִנֹּם
Jo. 18. 16 (B) (*s* praec) (Luc. Ενομ).

Σόρ. (1) צוּר
Je. 21. 13.
(2) צוֹר
Ez. 26. 15: 27. 3 *bis*, 8, 32 (B).
(3) צֹר
Ez. 26. 2, 3, 4, 7: 27. 2.
[Aq. Ps. 44 (45). 13.]
[Th. Ps. 44 (45). 13: Ez. 26. 2 (P.), 3 (Q? sub ※).]
[Quint., Sext. Ps. 44 (45). 13.]
(4) abest in Heb.
Ez. 26. 1 (*tit.*) (Q mg inf): 27. 1 (*tit.*) (Q mg sup).

Σορέ. שֶׂרַח
I Ch. 7. 30 (B) (Luc. Σαραα).

Σόρος. שֶׁרֶשׁ
I Ch. 7. 16 (A) (Luc. Φαρες, Φορος).

Σοσομαί. סִסְמָי *v.* סִסְמַי
I Ch. 2. 40 (Luc. Σασαμει) *bis*.

Σόστρατος. in libr. apocr.
II Ma. 4. 28 (V), 29 (V*).

Σουά. in libr. apocr.
I Es. 5. 29 (30) (B) (= סיעהא Ezr. 2. 44: סיעא Ne. 7. 47) (Luc. Ιωσια).

Σουαά. צִיחָא
II Es. 2. 43 (A) (Luc. Σουδδαει).

Σουάλ. שׁוּעָל
I Ch. 7. 36 (A) (Luc. Σουαν).

Σούβ. [חֲ]שׁוּב
II Es. 13 (Ne. 3). 23 (S*) (Luc. Ασουβ).

Σουβά. (1) צוֹבָא
II Ki. 10. 6 (A), 8 (Joseph. Σουβᾶς).
(2) צוֹבָה
I Ki. 14. 47 (Joseph. Σωβά): II Ki. 8. 3, 5, 12 (B): III Ki. 11. 14 (23) (B) (*Lu.* Saba), 22 (23) (A): I Ch. 18. 3 (Joseph. Σωφήνη), 5, 9: 19. 6 (A).
(3) abest in Heb.
II Ki. 8. 7: III Ki. 2. 46 h (B): 14. 26.

Σουβαήλ. (1) שְׁבָאֵל
I Ch. 26. 24 (A) (Luc. Σωβιηλ).
(2) שְׁבוּאֵל
I Ch. 23. 16 (Luc. Σουβιηλ): 25. 4.
(3) שׁוּבָאֵל
I Ch. 24. 20 (A) (Luc. Σουβιηλ): 25. 20 (Luc. Σουβιηλ) (*Lucc.* Sabael).

Σουβάλ. שׁוֹבָל
Luc. Σωβαλ.
I Ch. 4. 1, 2.

Σουβάς. in libr. apocr.
I Es. 5. 34 (abest in Ezr. 2. 57: Ne. 7. 59) (Luc. *om.*).

Σούδ. (1) [אִי]שְׁהוֹד
I Ch. 7. 18 (A) (Luc. Ιεσσουδ).
(2) aliter in Heb.
Ez. 23. 23 (A) (שוע).
(3) in libr. apocr.
Ba. 1. 4.

Σουδεί (-δί). סוֹדִי
Nu. 13. 11 (10) (A B F¹ mg inf) (Samar. ࠎࠅࠃࠉ).

Σουδίας. in libr. apocr.
I Es. 5. 26 (= הודויה Ezr. 2. 40: הודוה*, [ק"] הודיה Ne. 7. 43) (Luc. Ωδουια).

Σουέ. (1) סוּחַ
I Ch. 7. 36 (A).
(2) שׁוּעַ
Ez. 23. 23 (B Q).
[Sm., Th. Ez. 23. 23.]

Σουήλ. שׁוּר
Ge. 25. 18 (A) (Luc. Σουρ).

Σουήνη. סְוֵנֵה
Ez. 30. 6 (A).

Σουθάλα. שׁוּתֶלַח
Nu. 26. 39 (35) (F), 40 (36) (F).

Σουθαλαί. שֻׁתַלְחִי
Nu. 26. 39 (35) (F).

Σουθιά. aliter in Heb.
II Es. 2. 43 (B) (ציחא) (Luc. Σουδδαει).

Σουλά. שׁוּעָל
I Ch. 7. 36 (B) (Luc. Σουαν).

Σουλαμῖτις (-ιδι). שׁוּלַמִּית
Ca. 6. 12 (7. 1) (A S): 7. 1 (A S).

Σουμάν. aliter in Heb.
IV Ki. 4. 8 (B*) (שונם) (Luc. Σωμαν) (*Spec.* Somam).

Σουμανεῖτις (-ῖτις). aliter in Heb.
III Ki. 2. 21 (A) (שנמית), 22 (A) (שנמית): IV Ki. 4. 25 (A*) (שונמית): Ca. 6. 12 (7. 1) (B) (שולמית): 7. 1 (B) (שולמית).

Σουμανίτης, ἡ. aliter in Heb.
Luc. Σωμανῖτις.
III Ki. 1. 15 (A*) (שונמית): 2. 17 (A) (שונמית): IV Ki. 4. 12 (A) (שונמית).

Σουμανῖτις, *vid.* Σουμανεῖτις.

Σουνάμ (A), Σουνάν (B). שׁוּנֵם
Jo. 19. 18 (Luc. Συνημ).

Σουνεί (-νί). שׁוּנִי
Nu. 26. 24 (15) (Luc. Σωυνι) (*Lugd.* Sunt) *bis*.

Σούπ. צוּף
I Ki. 1. 1 (A) (Luc. Σωφ).

Σούρ. (1) אַ[שּׁוּר]
Ez. 16. 28 (A).

(2) צוּר
Nu. 25. 15 (Joseph. Οὔρης, Σούρης, Ἀσούρ): 31. 8: Jo. 13. 21: Jd. 7. 25 (B) (Luc. Σουρ-): I Ch. 8. 30 (B).

(3) צַחַר
[Aq., Th. Ez. 27. 18.]

(4) שׁוּר
Ge. 16. 7 (Luc. *om.*): 20. 1: 25. 18 (D^{sil} E): Ex. 15. 22: I Ki. 15. 7 (A) (Luc. Σουδ).

(5) aliter in Heb.
I Ch. 11. 35 (S) (אור) (ς praec) (Luc. Ουρ).

(6) in libr. apocr.
Ju. 2. 28 (A B^{ab} $S^{a?a.b,c.a}$).

Σουρεί (-ρί). (1) חוּרִי
Nu. 13. 6 (5) (Luc. Σουδρι).

(2) צְרִי
I Ch. 25. 3.

Σουρείν. צוּר
Jd. 7. 25 (A) (Luc. Σουρ-).

Σουρεισαδαί (-ρισ.) (-αεί). צוּרִישַׁדָּי
Luc. Σουρισαδε.
Nu. 1. 6 (*Lugd.* Surisade): 2. 12: 7. 36, 41 (*Mon.* Surisadae): 10. 19.

Σουρί, *vid.* Σουρεί.

Σουριά. aliter in Heb.
II Es. 13 (Ne. 3). 21 (S) (אוריה) (ς praec) (Luc. Οὐρίας).

Σουριήλ. צוּרִיאֵל
Nu. 3. 35.

Σουρισαδαεί, Σουρισαδαί, *vid.* Σουρεισαδαί.

Σοῦρος. שֶׁרֶשׁ
I Ch. 7. 16 (B) (Luc. Φαρες, Φορος).

Σούς. שַׁוְשָׁא
I Ch. 18. 16 (S) (Luc. Σουσα).

Σουσά, Σοῦσα (indecl., -ων, -οις). (1) חֹסָה
Jo. 19. 29 (A) (Luc. Ωσα).

(2) שַׁוְשָׁא
I Ch. 18. 16 (A).

(3) שׁוּשַׁן
Es. 1. 2: 2. 5: 3. 15 (A) (Luc. Σουσαν): 4. 8, 16: 8. 14, 15: 9. 6 (A S), 11, 12, 15 (ουσοις sup ras A^a), 15 ($S^{c.amg}$), 18: Da. LXX., TH. 8. 2.

(4) abest in Heb.
II Es. 11 (Ne. 1). 1 (S*).

(5) in libr. apocr.
I Es. 5. 29 (30) (A) (=סיעהא Ezr. 2. 44: סיעא Ne. 7. 47) (Luc. Ιωσια): Es. A 2 (11. 3) (A ? [μεσουσοις] B S): E (16). 18.

Σουσαί. שִׁשַׁי
Jo. 15. 14 (A) (Luc. Σουσει).

Σουσακείμ.
Joseph. Ἴσωκος, Ἴσακος, Σούσακος.

(1) שׁוּשַׁק
III Ki. 14. 25*.

(2) שִׁישַׁק
III Ki. 11. 40: 14. 25 [ק״] (*Lucc.* Susachim): II Ch. 12. 2, 5 *bis*, 9.

(3) abest in Heb.
II Ki. 8. 7: III Ki. 12. 24 c (B), 24 d (B) *bis*, 24 e (B), 24 f (B): II Ch. 12. 10.

Σουσάν. שׁוּשַׁן
II Es. 11 (Ne. 1). 1 (Luc. Σοῦσα): Es. 2. 3, 8 (A B $S^{c.a mg inf}$): 3. 15 (B S).

Σουσαναχαῖοι. שׁוּשַׁנְכָיֵא
II Es. 4. 9 (A).

Σουσάννα (-αν, -ης *v.* -ας). in libr. apocr.
Da. LXX. Su. *inscr.*, 2 (*Wirc.* Susanna), 7, 29, 30: Da. TH. Su. *inscr.* (A Q), 2, 7 (A Q), 22, 24, 27, 28, 29 (A Q), 31 (A Q), 42, 63 (A Q Γ).

Σουσεί (-σί). (1) סוּסִי
Nu. 13. 12 (11).

(2) שֵׁשַׁי
Jo. 15. 14 (B).

(3) abest in Heb.
II Ki. 23. 9 (B*) (?) (Luc. Δουδει ?).

Σουσείτης (?). abest in Heb.
II Ki. 23. 9 (B*) (Luc. Δουδει ?).

Σουσί, *vid.* Σουσεί.

Σουσυναχαῖοι. שׁוּשַׁנְכָיֵא
II Es. 4. 9 (B) (Luc. Σουσαναχαῖοι).

Σουτάλα. שׁוּתֶלַח
Luc. Σουθαλα.
Nu. 26. 39 (35) (B) (*Lugd.* Suthala), 40 (36) (B) (*Lugd.* Sytala).

Σουτάλααμ. abest in Heb.
Ge. 46. 20 (Samar. *om.*) (Luc. Σουθαλααμ) (*Lugd.* Sutalam: *Lucc.* Suthala) *bis*.

Σουταλαεί. שֻׁתַלְחִי
Nu. 26. 39 (35) (B) (Luc. Σουθαλαϊ).

Σουτεί (A B), Σουτιεί ($S^{c.a (vid)}$), Σουτιή (S^{*vid}). סוֹטַי
II Es. 17 (Ne. 7). 57 (Luc. Σωται).

Σούφ. צוּף [ק״], *צִיף
I Ch. 6. 35 (20) (Luc. Σουφι).

Σουφεί (-φί). (1) אֵפֹד
Nu. 34. 23 (B) (ς praec) (*Lugd.* Sofi).

(2) צוֹפַי
I Ch. 6. 26 (11) ($A^{a?}$ [sup ras] B).

Σουφείρ. (1) aliter in Heb.
III Ki. 10. 11 (אופיר) (Luc. Σωφειρ), 11 (A) (אופיר) (Luc. *om.*): I Ch. 29. 4 (אופיר): II Ch. 9. 10 (אופיר): Is. 13. 12 (אופיר).
[Th. Ps. 44 (45). 10 (אופיר): Je. 10. 9 (Q^{mg} sub ※) (אופז).]

(2) in libr. apocr.
Si. 7. 18 (20): To. 13. 17 (22).

Σουφί, *vid.* Σουφεί.

Σόφλα. aliter in Heb.
II Es. 13 (Ne. 3). 27 (A) (עפל) (ς praec) (Luc. Οφλαα).

Σοφονίας (-αν, -ου). (1) צְפַנְיָה
Ze. *inscr.*: 1. 1: Za. 6. 10, 14: Je. 21. 1: 36 (29). 25, 29: 52. 24 (Q).

(2) צְפַנְיָהוּ
IV Ki. 25. 18 (Luc. Σαφανιας) (Joseph. Σεφενίας): Je. 44 (37). 3 (*Wirc.* Stephanian [accus]).

(3) abest in Heb.
Ze. *subscr.*

Σοφοτίας. in libr. apocr.
I Es. 8. 34 (37) (B) (=שפטיה Ezr. 8. 8) (Luc. Σαφατιας).

Σόφυλλος. in libr. apocr.
III Ma. 2. 29 (V).

Σοχλώ. aliter in Heb.
III Ki. 4. 10 (A) (שכה) (Luc. *aliter*).

Σοχοχά. סְכָכָה
Jo. 15. 61 (A) (Luc. Σχαχα).

Σοχώθ. (1) סֻכֹּת
Nu. 33. 5 (B*) (Luc. Σοκχωθ).

(2) aliter in Heb.
De. 1. 19 (A) (חרב) (Luc. Χωρηβ).

Σοχώθα. סֻכֹּתָה
Ex. 12. 37 (F*) (Luc. Σοχωθ).

Σπανία. in libr. apocr.
I Ma. 8. 3.

Σπάρτη. in libr. apocr.
I Ma. 14. 16.

Σπαρτίαι. in libr. apocr.
I Ma. 12. 6 (A).

Σπαρτιᾶται. in libr. apocr.
I Ma. 12. 2, 5, 6 (S V), 20, 21: 14. 20 *bis*, 23: 15. 23 (S V).

Συβαεί. in libr. apocr.
I Es. 5. 30 (? = *שמלי, שלמי [ק״] Ezr. 2. 46: שלמי Ne. 7. 48) (Luc. Σελαμει).

Συήνη. (1) סְבָא
Is. 43. 3 (Γ).

(2) סְוֵנֵה
Ez. 29. 10 (B Q): 30. 6 (B Q).

(3) סִין
Ez. 30. 16 (A B).

Συκιών (A), Συκυών (S*). in libr. apocr.
I Ma. 15. 23.

Συλλήμ. שִׁלֵּם
Ge. 46. 24 (Samar. [Samaritan]) (Joseph. Σέλλιμος).

Συμαέρ. שְׁמִידָע
Nu. 26. 36 (32).

Συμαερεί (-ρί). שְׁמִידָעִי
Nu. 26. 36 (32).

Συμαρείμ. שְׁמִידָע

Jo. 17. 2 (B) (Luc. Σαμιδαε).

Συμεών. (1) שִׁמְעוֹן

Joseph. Σεμεών, Συμεών: *Lugd.* Symeon.
Ge. 29. 33: 34. 25, 30: 35. 23: 42. 24, 36: 43. 23: 46. 10: 48. 5: 49. 5: Ex. 1. 2: 6. 15 *bis*: Nu. 1. 6, 22, 23: 2. 12 *bis*: 7. 36: 10. 19: 13. 6 (5): 26. 12: 34. 20: De. 27. 12: Jo. 19. 1, 8, 9 *bis*: 21. 9: Jd. 1. 3 *bis*, 17: I Ch. 2. 1: 4. 24, 42: 6. 65 (50): 12. 25: II Ch. 15. 9 (A$^{?}$B): 34. 6: Ez. 48. 24, 25, 33.

[**Heb.** Ge. 49. 5.]

(2) שִׁמְעוֹנִי

I Ch. 27. 16.

(3) שִׁמְעִי

Za. 12. 13.

(4) שִׁמְעֹנִי

Nu. 25. 14: 26. 14: Jo. 21. 4.

(5) aliter in Heb.

I Ch. 4. 37 (B) (שמעיה) (Luc. Σαμαια).

(6) abest in Heb.

Ge. 34. 14: Nu. 26. 12: De. 33. 6 (A): Ez. 48. 33 (adnot Q^{mg}).

(7) in libr. apocr.

Ju. 6. 15 (11): 9. 2: I Ma. 2. 1, 65: IV Ma. 2. 19.

Σύμμαχος. adnot. scr.

Is. 7. 2 (Γ$^{?mg}$).

Συμόβορ. שֶׁמְאֵבֶר

Ge. 14. 2 (A$^{1?a?}$ D E) (Samar. ࠔࠌࠀࠁࠓ) (Luc. Συμορ) (Syr. ܫܡܐܒܪ) (Joseph. Συμμόβορος).

Συμοών. שִׁמְרוֹן

Jo. 11. 1 (B) (Luc. Σομερων): 12. 20 (B) (Luc. [Σ]αμαρων): 19. 15 (B) (Luc. Σεμρων).

Συρεία (-ρία). (1) אָרָם

Jd. 18. 7 (A).

[**Sm.** Jd. 18. 7.]

(2) אֲרָם

Ge. 28. 2 (A) (Luc. *om.*), 5 (E) (Luc. *om.*), 6, 7 (D^{sil} E) (Luc. *om.*): 33. 18: 35. 9, 26: 46. 15: Jd. 3. 8, 10 (Luc. *om.*): 10. 6 (A): II Ki. 8. 5 (Luc. ὁ Σύρος), 6: 10. 6 (Luc. ὁ Σύρος et in seqq), 6 (A), 8, 9, 11, 13, 14, 15, 16, 17 (A B$^{ab\ mg}$), 18 (A B$^{ab\ (mg)}$), 18, 19: 15. 8 (Luc. Συρία): III Ki. 10. 33 (29): 15. 18: 19. 15: 21 (20). 1 (A), 20 *bis* (Luc. οἱ Σύροι, Συρία), 21, 22, 23, 26, 27, 28, 29: 22. 1, 3, 11, 31, 35: IV Ki. 5. 1 *bis*, 2, 5: 6. 8, 9 (Luc. οἱ Σύροι), 11, 23, 24: 7. 4, 5 *bis*, 6, 10, 12 (Luc. οἱ Σύροι), 14, 15 (Luc. οἱ Σύροι), 16: 8. 7, 9, 29: 9. 14, 15: 12. 17 (18), 18 (19) (βασιλευσυριας A): 13. 3, 4, 5, 7, 17 *bis* (Luc. Ισραηλ, Συρια), 19 *bis*, 22 (A), 24: 15. 37: 16. 5, 6 *bis*, 7: 24. 2: I Ch. 18. 6: 19. 6 *bis*: II Ch. 1. 17: 16. 2, 7 *bis* (Luc. Συρίας, Ισραηλ): 18. 10, 30, 34: 20. 2: 22. 5, 6: 24. 23, 24: 28. 5, 23: Ps. 59 (60). 2 *bis*: Ho. 12. 12 (13): Am. 1. 5: Is. 9. 12 (11): Ez. 16. 57.

[**Aq.** De. 23. 4 (5): II Ki. 10. 16: IV Ki. 8. 28: Is. 7. 1, 8: Je. 42 (35). 11.]
[**Sm.** IV Ki. 8. 28: Ps. 59 (60). 2 *bis*: Is. 7. 1, 8: Je. 42 (35). 11: Ez. 27. 16.]
[**Th.** IV Ki. 8. 28: Ez. 27. 16.]

(3) אֲרַמִּי

De. 26. 5.

(4) aliter in Heb.

II Ki. 10. 17 (B*) (דוד) (Luc. ὁ Σύρος): III Ki. 21 (20). 21 (A) (ישראל) (Luc. Ισραηλ).

[**Sm.** Jb. 32. 2 (רם).]
[**Al.** III Ki. 22. 48 (אדום).]

(5) abest in Heb.

Ge. 48. 7: Jd. 18. 9 (A; *cf.* *v.* 7): II Ki. 10. 13 (A) (Luc. ὁ Σύρος): III Ki. 11. 1 (A) (Luc. Σύρας): 16. 28 e (B): 21 (20). 17 (B): 22. 12 (B): IV Ki. 6. 24 (A [*bis scr*]): 9. 16: Mi. 7. 12 (A Q).

(6) in libr. apocr.

I Es. 2. 16 (17) (aliter in Ezr. 4. 11), 20 (24) (aliter in Ezr. 4. 16), 21 (25) (B) (aliter in Ezr. 4. 17), 23 (27) (aliter in Ezr. 4. 20): 4. 48: 6. 3 (aliter in Ezr. 5. 3), 7 (aliter in Ezr. 5. 6) *bis*, 26 (27) (aliter in Ezr. 6. 6) *bis*, 28 (29) (aliter in Ezr. 6. 8): 7. 1 (aliter in Ezr. 6. 13): 8. 19 (21) (aliter in Ezr. 7. 21), 23 (26) (aliter in Ezr. 7. 25), 64 (68) (aliter in Ezr. 8. 36): Ju. 1. 12 (A B S$^{c.a}$): 8. 26 (22): I Ma. 3. 13, 41: 7. 39: 10. 69: 11. 2, 60: II Ma. 3. 5, 8: 4. 4: 8. 8: 10. 11: III Ma. 3. 15: IV Ma 4. 2: 13. 9 (A*).

Σύριοι. אַשּׁוּר

Nu. 24. 22 (B*) (Luc. Ἀσσύριοι).

Συριστεί (-τί). אֲרָמִית

IV Ki. 18. 26: II Es. 4. 7: Is. 36. 11: Da. LXX., Th. 2. 4 (*Wirc.* Syricate).

Σύρος, Σύρα. (1) אֲרָם

Ge. 22. 21: II Ki. 8. 5, 6: I Ch. 18. 5 *bis*: 19. 10, 12 (Luc. Συρία), 14, 15, 16 *bis*, 17 (A), 18 *bis*, 19: Am. 9. 7: Is. 17. 3 (A* B S Q Γ).

[**Sm., Th.** II Ki. 10. 16.]

(2) אֲרַמִּי

Ge. 25. 20 (A^{1}D E), 20 (A D): 28. 5: 31. 20, 24: IV Ki. 5. 20: 8. 28, 29 (A): 9. 15: I Ch. 7. 14.

(3) aliter in Heb.

I Ki. 21. 7 (8) (ארמי) (Luc. Ἰδουμαῖος et in seqq): 22. 9 (ארמי), 18 (ארמי), 22 (ארמי): I Ch. 19. 17 (B S) (דויד).

(4) abest in Heb.

Ge. 29. 1: 31. 22: 46. 20: III Ki. 11. 1 (B): II Ch. 22. 6: 36. 5 b (B).

[**Al.** IV Ki. 9. 16.]

Συχέμ, Σύχεμ.

Joseph. Συχέμης.

(1) שְׁכֶם

Ge. 12. 6: 33. 19: 34. 2, 4 (A *D*), 6, 8, 11, 13, 18, 20, 24, 26 *bis*: 37. 12, 13, 14 (*Lugd.* Syche): Jo. 17. 7 (A) (Luc. Ωναθ): 20. 7 (Luc. *om.*): 21. 21: Jd. 8. 31 (B) (Luc. Σίκιμα): 9. 1 (B) (Luc. Σικιμα), 2 (B) (Luc. Σικιμα), 3 (B) (Luc. Σικιμα), 28 *bis*, 31 (B) (Luc. Σικιμα et in seqq), 34 (B), 39 (B), 41 (B), 46 (B), 47 (B), 57 (B): 21. 19 (B): I Ch. 6. 67 (52) (Luc. Συχεμ): 7. 28: II Ch. 10. 1 *bis*: Je. 48 (41). 5 (*Wirc.* Sychem).

[**Aq.** Ge. 33. 18: Je. 41 (48). 5.]
[**Sm.** Je. 41 (48). 5.]
[**Quint.** Ho. 6. 9.]

(2) שֶׁכֶם

Nu. 26. 35 (31): Jo. 17. 2 (B): I Ch. 7. 19.

(3) abest in Heb.

Ge. 34. 7 (A E).

(4) in libr. apocr.

Ju. 5. 16 (20).

Συχεμεεί (-μεί). שִׁכְמִי

Nu. 26. 35 (31) (B) (Luc. Συχεμί).

Συχεμεί (-μί). שִׁכְמִי

Nu. 26. 35 (31) (A B^{ab} F).

Συχήμ. שֶׁכֶם

Ge. 34. 4 (E) (Luc. Συχεμ).

Σφαραέδ. סְפָרַד

[**Aq.** Ob. 1. 20.]

Σφραθά. סְפָרָד

Ob. 1. 20 (Q$^{*\ nisi\ fort\ 1}$).

Σχεδία. (1) aliter in Heb.

Jd. 1. 31 (A) (חלבה) (Luc. Ελβα).

(2) in libr. apocr.

III Ma. 4. 11.

Σῶα. סוֹא

IV Ki. 17. 4 (A) (Luc. Ωσηε).

Σωάζ. aliter in Heb.

I Ch. 26. 14 (B) (יועץ) (Luc. Ιωαδ).

Σώβ. aliter in Heb.

I Ch. 1. 40 (B) (שפי) (Luc. Σαπφει).

Σωβά. צוֹבָה

Luc. Σουβα.
II Ki. 8. 12 (A): I Ch. 19. 6 (S): II Ch. 8. 3 (A) (Luc. -σουβα).

Σωβάβ. (1) שׁוֹבָב

II Ki. 5. 14 (B) (Luc. Ιεσσεβαν) (*Vind.* Asebath: *Lucc.* Soban): I Ch. 2. 18 (A) (Luc. Σουβαβ): 14. 4 (A) (Luc. Σωβηβ).

(2) aliter in Heb.

I Ch. 3. 5 (A) (שובל).

Σωβαδάν. aliter in Heb.

II Ki. 5. 14 (A) (שובב) (Luc. Ιεσσεβαν).

Σωβαί. שֹׁבַי

II Es. 2. 42 (A).

Σωβάκ. שׁוֹבַךְ

Joseph. Σέβεκος, Σάβεκος.
II Ki. 10. 16 (B) (Luc. Σωβα, Σαβεε) (*Vind.* Sabae), 18 (Luc. Σαβεε) (*Vind.* Sobae).

Σωβάλ. (1) שׁוֹבָל

Ge. 36. 20, 23, 29 (A D): I Ch. 1. 38 (Luc. Σουβαλ), 40 (Luc. Σουβαλ): 2. 50 (A) (Luc. Σωβα), 52 (Luc. Σωβα).

(2) aliter in Heb.

I Ch. 19. 6 (B) (צובה) (Luc. Σουβα): Ps. 59 (60). 2 (צובה).

[**Sm.** Ps. 59 (60). 2 (צובה).]

Σωβάν. aliter in Heb.

I Ch. 3. 5 (B) (שובל) (Luc. Σωβαβ) (Joseph. Σεβαν).

Σωβάρ. שׁוֹבָל

Ge. 36. 29 (E) (Luc. Σωβαλ): I Ch. 2. 50 (B) (Luc. Σωβα).

Σωβάχ. שׁוֹפַךְ

I Ch. 19. 18 (A) (Luc. Σωφακ).

Σωβενιά. שְׁבַנְיָהוּ

I Ch. 15. 24 (A) (Luc. Σαβανια).

Σωβηβά. צֹבֵבָה

I Ch. 4. 8 (A) (Luc. Σαβηβα).

Σωβήκ. שׁוֹבֵק

II Es. 20. 24 (Ne. 10. 25) (Luc. Σωβειρ).

Σωβώθ. אֹבֹת

Luc. Ωβωθ.
Nu. 33. 43 (B) (*s* praec) (*Mon.* Soboth: *Lugd.* Nobth), 44 (B) (ἐκ Σ) (*Mon.* Sobot).

Σωγάλ. שׁוּעָל

I Ki. 13. 17 (B).

Σωγάρ. (1) צוּעָר

Nu. 1. 8: 2. 5: 7. 18 (*Lugd.* Sugar), 23: 10. 15.

(2) aliter in Heb.

I Ch. 2. 47 (B) (גישן) (Luc. Γεισων).

Σωγλάμ. aliter in Heb.

I Ch. 12. 20 (B) (ציקלג) (Σεκελαγ).

Σωδουιά. aliter in Heb.

II Es. 2. 40 (A) (הודויה) (*s* praec) (Luc. Ωδουια).

Σῶε. שׁוּחַ

I Ch. 1. 32 (B) (Luc. Σουε).

Σωήλ. aliter in Heb.
II Es. 2. 44 (B) (סיעהא) (Luc. Ἰωσίας).

Σωθάλα (A), Σωθάλαθ (B). שׁוּתֶלַח
I Ch. 7. 20 (Luc. Σουθαλα).

Σωθέλε. שׁוּתֶלַח
I Ch. 7. 21 (A $B^{ab\ mg}$) (Luc. *om.*).

Σωθηβά. aliter in Heb.
Jo. 15. 60 (B) (הרבה) (Luc. Αρεββα).

Σωί. שׁוּחִי
[Sm. Jb. 42. 9.]

Σωιήκ. aliter in Heb.
I Ch. 8. 25 (B) (ששק) (Luc. Σισαχ).

Σωίτης. שׁוּחִי
[Th. Jb. 2. 11: 42. 9.]

Σωιφάρ. in libr. apocr.
Jb. 42. 17 e (S*).

Σωκάγ. aliter in Heb.
I Ch. 12. 20 (S) (ציקלג) (Luc. Σεκελαγ).

Σωκαθιείμ. שׂוּכָתִים
I Ch. 2. 55 (Luc. Σουχαθειμ).

Σωκήλ. aliter in Heb.
I Ch. 8. 14 (B) (ששק) (Luc. Σισαχ).

Σωκλά. aliter in Heb.
I Ch. 12. 1 (B S) (צקלג) (Luc. Σεκελαγ).

Σωλά. aliter in Heb.
I Ch. 7. 32 (שועא) (Luc. Σουα): 11. 34 (B S) (שגא) (Luc. Σαμαια).

Σωλάμ. aliter in Heb.
I Ch. 1. 40 (B) (עלין) (Luc. Αλουαν).

Σωμάν. שׁוּנֵם
I Ki. 28. 4 (B) (Joseph. Σούνη): IV Ki. 4. 8 (B^{ab}).

Σωμανεῖτις (-νῖτ.) (-ιν). aliter in Heb.
III Ki. 1. 3 (B) (שונמית), 15 (A^1 B) (שונמית): 2. 17 (B) (שונמית), 21 (B) (שנמית): IV Ki. 4. 12 (B) (שונמית), 25 ($A^{a?}$B) (שונמית), 36 (B) (שנמית).

Σωμανίτη. aliter in Heb.
III Ki. 1. 3 (A) (שונמית) (Luc. Σωμανῖτις): IV Ki. 4. 36 (A) (שנמית) (Luc. Σωμανῖτις).

Σωμανῖτις, *vid.* Σωμανεῖτις.

Σωμεί. aliter in Heb.
I Ch. 11. 33 (S) (שעלבני) (Luc. Σαλαβωνι).

Σωμειών. abest in Heb.
I Ch. 4. 19 (A) (Luc. *om.*).

Σωμήρ. (1) שׁוֹמֵר
I Ch. 7. 32 (A).
(2) שֹׁמֵר
IV Ki. 12. 21 (22) (Luc. Σεμμηρ).
(3) שֶׁמֶר
I Ch. 7. 34 (A).

Σωμωρών. שֹׁמְרַיִן
II Es. 4. 10 (B) (Luc. Σαμάρεια).

Σωνάν. aliter in Heb.
Luc. Αναν.
I Ch. 1. 40 (B) (ענה), 41 (B) (ענה).

Σώρ. שְׁפוֹ
Ge. 36. 23 (E) (Luc. Σωφαν).

Σωραίθ. צִיעֹר
Jo. 15. 54 ($B^{ab\ vid}$ [superscr αι]) (Luc. Σιωρ).

Σωρείν. צֹרִים
II Es. 3. 7 (B) (Luc. Τύριοι).

Σωρής. abest in Heb.
Jo. 15. 59 a (A) (Luc. Σωρεις).

Σωρήχ. שׂוֹרֵק
Jd. 16. 4 (A) (Luc. Σωρηκ).

Σώρθ. צִיעֹר
Jo. 15. 54 (B*) (Luc. Σιωρ).

Σωσάμ. שֵׁשָׁן
I Ch. 2. 34 (B) (Luc. Σισαν) *bis*.

Σωσάν. שֵׁשָׁן
Luc. Σισαν. Syr. ܣܝܣܢ.
I Ch. 2. 31 *bis*, 34 (A) *bis*, 35.

Σωσάννα. in libr. apocr.
Da. TH. Su. *tit.* (B^{rescr}), 7 (B^{rescr}), 29 (B^{rescr}), 31 (B^{rescr}).

Σωσάρα (-αν, -ᾳ). aliter in Heb.
Luc. Ζωσάρα.
Es. 5. 10 (A) (זרש), 14 (A) (זרש): 6. 13 (A).

Σωσεί. abest in Heb.
II Ki. 23. 9 (A) (Luc. Δουδει ?).

Σωσήκ. שָׁשַׁק
Luc. Σισαχ.
I Ch. 8. 14 (A), 25 (A).

Σωσίν. aliter in Heb.
I Ch. 8. 8 (B) (חושים) (Luc. Ωσειμ).

Συριακός. (1) abest in Heb.
Jb. 42. 17 b, 17 e (A).
(2) in libr. apocr.
II Ma. 15. 36 (37) (V).

Σωσίπατρος. in libr. apocr.
II Ma. 12. 19, 24.

Σώστρατος. in libr. apocr.
II Ma. 4. 28 (A), 29 (A V^1).

Σωταί. סֹטַי
II Es. 2. 55 (A).

Σωύε. שׁוּחַ
Ge. 25. 2 (Joseph. Σοῦος): I Ch. 1. 32 (A) (Luc. Σουε).

Σώφ. שְׁפוֹ
Ge. 36. 23 (A) (שוף) (Luc. Σωφαν) (*Wirc.* Sofa).

Σωφά. צוֹפַח
I Ch. 7. 36 (A) (Luc. Σουφα).

Σωφάν. (1) שׁוֹפָן
Nu. 32. 35 (F) (Samar. [illegible]) (Luc. Σοφαρ).
(2) שְׁפוֹ
Ge. 36. 23 (*D*).
(3) שְׁפוּפָם
Nu. 26. 43 (39) (Samar. [illegible]) (Luc. Σοφαν) (*Lugd.* Sofan).
(4) שְׁפוּפָן
I Ch. 8. 5 (A) (Luc. Σεπφαμ).
(5) aliter in Heb.
I Ch. 27. 29 (B) (שפט) (Luc. Σαφατ).
(6) abest in Heb.
Jb. 42. 17 e (A).

Σωφανεί (-νί). שׁוּפָמִי
Nu. 26. 43 (39) (Luc. Σοφανι) (*Lugd.* Siofan).

Σωφάρ. (1) צוֹפַר
Jb. 2. 11: 20. 1 (A B S C [?]).
(2) צְפוֹ
Ge. 36. 11 (Joseph. Ὄφους, Σώφαρος), 15 (*Wirc.* Sofar).
(3) צְפִי
I Ch. 1. 36 (Luc. Σεπφουη).
(4) צִפֹּר
Jb. 11. 1: 42. 9.
(5) שׁוֹפָן
Nu. 32. 35 (A B) (Samar. [illegible]) (Luc. Σοφαρ) (*Lugd.* Sofar).
(6) שְׁפִי
I Ch. 1. 40 (A) (Luc. Σαπφει).
(7) aliter in Heb.
I Ch. 7. 35 (A) (צופה) (Luc. Σουφα): 19. 16 (B) (שופך) (Luc. Σωφακ).
(8) abest in Heb.
Jb. 42. 17 e (A B S? C).

Σωφαρά. אוֹפִירָה
III Ki. 9. 28 (A) (ς praec) (Luc. Σωφειρα).

Σωφαρφάκ. aliter in Heb.
I Ch. 8. 5 (B) (שפופן) (Luc. Σεπφαμ).

Σωφάς. aliter in Heb.
I Ch. 7. 36 (B) (צופח) (Luc. Σουφα).

Σωφάτ. שָׁפָט
I Ch. 27. 29 (A) (Luc. Σαφατ).

Σωφάχ. שׁוֹפָךְ
I Ch. 19. 16 (A) (Luc. Σωφακ).

Σωφείρ (-φίρ). (1) aliter in Heb.
Jb. 22. 24 (אופיר) (ς praec in S): 28. 16 (B S) (אופיר).
[Th. Jb. 22. 24 (אופיר).]
[Al. III Ki. 22. 49 (אופיר).]
(2) abest in Heb.
III Ki. 16. 28 f (B) (Luc. Σωφειρα) (*Vind.* Sosora).

Σωφειρά. aliter in Heb.
II Ch. 8. 18 (B) (אופירה) (ς praec).

Σωφήρα, Σωφηρά. (1) אוֹפִירָה
III Ki. 9. 28 (B) (ς praec) (Luc., Joseph. Σώφειρα): II Ch. 8. 18 (A) (ς praec) (Luc. Σωφειρα).
(2) סְפָרָה
Ge. 10. 30 (*Lucc.* Gofer).

Σωφίμ. צוֹפִים
I Ki. 1. 1 (A) (Luc. Σιφα).

Σωφίρ, *vid.* Σωφείρ.

Σωχά. שׁוֹכֹה*, שׁוֹכוֹ [ק"]
Jo. 15. 48 (B) (Luc. Σωχω).

Σωχάθ. aliter in Heb.
I Ch. 7. 35 (B) (צופח) (Luc. Σουφα).

Σωχάρ. שָׂכָר
I Ch. 26. 4 (B) (Luc. Σαχαρ).

Σωχηθά. aliter in Heb.
I Ch. 4. 22 (B) (כזבא) (Luc. Χωζηβα).

Σωχώ. (1) סֻכּוֹת
Jo. 13. 27 (A) (Luc. Σιχωθ).
(2) שׂוֹכֹה
Jo. 15. 35 (A), 48 (A)*.
(3) שׂוֹכוֹ
Jo. 15. 48 (A) (ק"): II Ch. 28. 18 (Luc. Σοκχωθ).

Σωχών. שׂוֹכוֹ
I Ch. 4. 18 (Luc. Σωχω).

T

Ταagάδ. גִּלְגָּל

Jo. 15. 7 (B*) (Luc. Γαλγαλ).

Τάαμ. (1) נַחַם

Ge. 22. 24 (Luc. Γααμ) (Joseph. Γάδαμος).

(2) abest in Heb.

Ge. 46. 20 (*Lugd.* Taan).

Ταβαά. aliter in Heb.

II Es. 17 (Ne. 7). 30 (S) (נבע) (Luc. Γαβαα).

Ταβάθ. טַבַּת

Jd. 7. 22 (B).

Ταβαθίτης. aliter in Heb.

I Ch. 12. 3 (A) (גבעתי) (Luc. Γαβαωνίτης).

Ταβαώθ. (1) טַבָּעוֹת

II Es. 17 (Ne. 7). 46 (S).

(2) in libr. apocr.

I Es. 5. 29 (30) (B) (= טבעות Ezr. 2. 43 : Ne. 7. 46).

Ταββαώθ. טַבָּעוֹת

Luc. Ταβαώθ.

II Es. 2. 43 (A) : 17 (Ne. 7). 46 (A).

Ταβεήλ. טָבְאֵל

II Es. 4. 7 : Is. 7. 6.

Τάβεκ. טֶבַח

Ge. 22. 24 (Joseph. Ταβαῖος) (Luc. Ταβεχ).

Ταβελίας. טְבַלְיָהוּ

I Ch. 26. 11 (A) (Luc. Ταβεηλ).

Ταβέλλιος. in libr. apocr.

I Es. 2. 15 (16) (= טבאל Ezr. 4. 7).

Ταβενραημά. טַבְרִמֹּן

III Ki. 15. 18 (A) (Luc. Ταβερεμμαν).

Ταβέρ. aliter in Heb.

II Es. 2. 20 (B) (גבר) (Luc. Γαβερ).

Ταβερεμά. טַבְרִמֹּן

III Ki. 15. 18 (B) (Luc. Ταβερεμμαν).

Ταβλαί. טְבַלְיָהוּ

I Ch. 26. 11 (B) (Luc. Ταβεηλ).

Ταβληθεί (B*), **Ταβληθλεί** ($B^{ab\ vid}$).

aliter in Heb.

III Ki. 4. 11 (טפת) (Joseph. Βασίμα ?) (Luc. Ταβααθ).

Ταβώθ.

Luc. Ταβαωθ.

(1) טַבָּעוֹת

II Es. 2. 43 (B).

(2) in libr. apocr.

I Es. 5. 29 (30) (A) (= טבעות Ezr. 2. 43 : Ne. 7. 46).

Τάδ. אָטָד

Ge. 50. 11 ($B^{*\ vid}$) (Luc. Αταδ).

Ταιβάθα. יָטְבָתָה

De. 10. 7 (B) (Luc. Ετεβαθα) (*Mon.* Isaegebaria = εἰς Τ.).

Ταιβάν. in libr. apocr.

Ju. 3. 10 (A).

Ταλείμ. aliter in Heb.

Is. 10. 30 (S*) (גלים).

Ταλμών. טַלְמוֹן

II Es. 22 (Ne. 12). 25 ($S^{c.a\ mg\ sup}$) (Luc. Τελμων).

Τάμαλ. aliter in Heb.

II Es. 17 (Ne. 7). 30 (B) (גבע) (Luc. Γαβαα).

Ταμμάμ. aliter in Heb.

I Ch. 9. 17 (B) (טלמון) (Luc. Τελμων).

Ταναθάν. aliter in Heb.

Is. 20. 1 (B* $S^{c\ a,\ d.a,\ al}$ Q* Γ [?]) (תרתן).

Τάναχ. (1) תַּחַן

Nu. 26. 39 (35) (Samar. ꠀ) (*Lugd.* Tanath).

(2) תַּעְנַךְ

Jo. 17. 11 (A) (Luc. Θα[α]ναχ) : 21. 25 (B) (Luc. Θααναχ).

Ταναχεί (-χί). תַּחֲנִי

Nu. 26. 39 (35) (Samar. [Samaritan]) (*Lugd.* Sanach).

Τανθαναί. aliter in Heb.

II Es. 6. 13 (B) (תתני) (Luc. Τανθαναῖος) (Joseph. Τάγανος).

Τάνις. (1) סִין

Ez. 30. 15 (A).

(2) צֹעַן

Nu. 13. 23 (22) (*Lugd.* Safon) : Ps. 77 (78). 12, 43 : Is. 19. 11, 13 : 30. 4 (*Wirc.* Ani [ablat]) : Ez. 30. 14.

[Sm. Ps. 77 (78). 43.]

[Al. Nu. 13. 23 (22).]

(3) abest in Heb.

Ez. 30. 13 (A).

(4) in libr. apocr.

Ju. 1. 10 (9^{b}) (A B $S^{c.a}$).

(5) adnot. scr.

Ez. 30. 21 ($Q^{mg\ inf}$).

Τανύ. aliter in Heb.

Jo. 21. 16 (B) (יטה) (Luc. Ιεττα).

Τανώ. זָנוֹחַ

Jo. 15. 34 (B) (Luc. Ζανω).

Τάραθ. תָּרַח

Nu. 33. 27 (B), 28 (B).

Ταραφαλλαῖοι. טַרְפְּלָיֵא

II Es. 4. 9 (B) (Luc. Ταρφαλλαῖοι).

Ταρμί. aliter in Heb.

I Ch. 4. 19 (A) (גרמי) (Luc. Γαρμει).

Ταροσότομος. in libr. apocr.

I Es. 8. 29 (32) (B) (= גרשם Ezr. 8. 2) (Luc. Γηρσαμ).

Ταρσεῖς (-σῖς). in libr. apocr.

II Ma. 4. 30.

Ταρφαλλαῖοι. טַרְפְּלָיֵא

II Es. 4. 9 (A).

Τασβαρηνός. aliter in Heb.

II Es. 1. 8 (B) (גזבר) (Luc. γανζαβραίου).

Τασειφά. in libr. apocr.

I Es. 5. 29 (30) (B) (= חשופא Ezr. 2. 43 : חשפא Ne. 7. 46) (Luc. Ασουφα).

Τατάμ (B), **Ταταμί** (A). abest in Heb.

Jo. 15. 59 a.

Ταφατά. טָפַת

III Ki. 4. 11 (A) (Luc. Ταβααθ).

Τάφεθ. (1) תֹּפֶת

IV Ki. 23. 10 (B) (Luc. Θαφφεθ) : Je. 7. 31, 32 (A B Q) *bis* : 19. 13 (Q^{mg} sub ÷), 14 (A).

[Aq., Sm. Je. 7. 31.]

(2) adnot. scr.

Je. 19. 14 (Q^{mg}).

Ταφέκ. אֲפֵקָה

Jo. 15. 4 (B) (Luc. Αφεκκα).

Τάφετ. תֹּפֶת

Je. 7. 32 (S) *bis*.

Ταφνάς. (1) תַּחְפַּנְחֵס

Je. 2. 16 (″ק) : 26 (46). 14 (Q) : 50 (43). 7, 8, 9 : 51 (44). 1.

[Aq., Sm. Je. 43 (50). 7.]

(2) תְּחַפְנְחֵס

Ez. 30. 18.

(3) תַּחְפַּנֵס

Je. 2. 16*.

(4) in libr. apocr.

Ju. 1. 9 (9^{a}).

Ταφόθ. תֹּפֶת

[Sm. IV Ki. 23. 10.]

Ταφού. תַּפּוּחַ

Jo. 16. 8 (B) (Luc. Θαπφουε).

Ταχαχμάς. aliter in Heb.

Ho. 9. 6 (Q^{mg} [sub οἱ ο′]) (מחמד).

Τέ. aliter in Heb.

Es. 2. 14 (A) (שעשגז) (Luc. Γαι) : Ez. 39. 12 (11) (B) (גיא).

Τεθρίτης. aliter in Heb.

II Ki. 23. 38 (A) (יתרי) (Luc. Ιεθερει).

Τειτᾶνες, *vid.* **Τιτᾶνες.**

Τελαμείν. טַלְמוֹן

II Es. 21 (Ne. 11). 19.

Τελαμών. טַלְמֹן

II Es. 17 (Ne. 7). 45 (B S) (Luc. Σελμων).

Τέλεμ. טֶלֶם

Jo. 15. 24 (A).

Τελεμιά. (1) aliter in Heb.

II Es. 13 (Ne. 3). 30 (B) (שלמיה) (Luc. Σελεμίας).

(2) abest in Heb.

II Es. 13 (Ne. 3). 30 (S) (Luc. *om.*).

Τελεμίας. (1) aliter in Heb.

II Es. 13 (Ne. 3). 30 (S) (Luc. Σελεμιας).

(2) abest in Heb.

II Es. 13 (Ne. 3). 30 (S) (Luc. *om.*).

Τέλημ (B), **Τέλλημ** (A S). טֶלֶם

II Es. 10. 24 (Luc. Τελλημ).

Τελμάν. טַלְמוֹן

I Ch. 9. 17 (A) (Luc. Τελμων).

Τελμών. טַלְמֹן

II Es. 2. 42 (Luc. Σελμων).

Τεμά. אֶשְׁתְּמוֹעַ

Jo. 21. 14 (B) (Luc. Ισθιμωε).

Τεμμών. aliter in Heb.

Jo. 21. 32 ($B^{a?b\ vid}$) (קרתן) (Luc. Καρθαν).

Τεφώ (V), **Τεφών** (A $S^{c.a}$). in libr. apocr.

I Ma. 9. 50.

Τηβήθ. טֵבֵת

Es. 2. 16 (Sc.a) (Luc. Αδαρ).

Τήθ (lit. alphab.). abest in Heb.

La. 1. 9 : 2. 8 (A), 9 (B S Q Γ) : 3. 25 (Q*), 26 (Q*), 27 : 4. 9.

Τηκία. in libr. apocr.

I Ma. 15. 23 (S*).

Τηναθσηλώ. תַּאֲנַת שִׁלֹה

Jo. 16. 6 (A) (Luc. Θηναθασηλω).

Τιαδή (lit. alphab.). abest in Heb.

La. 1. 18 (B*) : 2. 18 (B*) : 3. 52 (B*) : 4. 18 (B*).

Τίγρης. חִדֶּקֶל

Da. LXX. 10. 4.

Τίγρις. (1) חִדֶּקֶל

Ge. 2. 14 (Joseph. Δίγλαθ) : Da. TH. 10. 4.
[Th. DA. 10. 4.]

(2) in libr. apocr.

Si. 24. 25 (35) : Ju. 1. 6 (B S) : To. 6. 2 (1), 3 (2) (S).

Τιμόθεος. in libr. apocr.

I Ma. 5. 6, 11, 34, 37, 40 : II Ma. 8. 30, 32 : 9. 3 : 10. 24, 32, 37 : 12. 2, 10, 18, 19, 20, 21, 24.

Τιτᾶνες (Τειτ.). (1) רְפָאִים

II Ki. 5. 18, 22 (*Vind.* Tithani).
[Al. I Ch. 11. 15.]

(2) in libr. apocr.

Ju. 16. 6 (8).

Τίτος. in libr. apocr.

II Ma. 11. 34.

Τνατόθ. aliter in Heb.

II Es. 20. 6 (Ne. 10. 7) (B) (גנתון) (Luc. Γαναθωθ).

Τολβάνης. in libr. apocr.

I Es. 9. 25 (= טלם Ezr. 10. 24) (Luc. Τελλημ).

Τολμάν. in libr. apocr.

I Es. 5. 28 (29) (A) (= טלמן Ezr. 2. 42 : Ne. 7. 45) (Luc. Σελμων).

Τολμών. טַלְמֹן

II Es. 17 (Ne. 7). 45 (A) (Luc. Σελμων).

Τομμάν. נַּנִּים

Jo. 19. 21 (B) (Luc. -γαννειμ).

Τουβεινοί (A), **Τουβιανοί** (V). in libr. apocr.

II Ma. 12. 17.

Τουβίας. in libr. apocr.

I Ma. 5. 13.

Τούδας. aliter in Heb.

II Ch. 19. 11 (Ab) (יהודה) (Luc. Ιουδα).

Τουδείας. aliter in Heb.

I Ch. 26. 31 (B) (יריה) (Luc. Ἰωρίας).

Τουδιήλ. גְּאוּאֵל

Nu. 13. 16 (15) (B*(fort)b) (Samar. [Samaritan script]) (Luc. Γουδιηλ).

Τουνά. aliter in Heb.

I Ch. 25. 3 (B) (גדליהו) (Luc. Γοδολίας).

Τούρ. in libr. apocr.

Ju. 2. 28 (S*).

Τουραία. aliter in Heb.

I Ch. 5. 19 (B) (Luc. Ἰεττουραῖοι).

Τούς. [חַ]טּוּשׁ

Luc. Αττους.

II Es. 8. 2 (B) : 20. 4 (Ne. 10. 5) (B S*).

Τόφολ. תֹּפֶל

De. 1. 1 (*Lugd.* Hobol).

Τόχος. תַּחַשׁ

Ge. 22. 24 (Joseph. Ταοῦος, Ταύαος).

Τρίγις. in libr. apocr.

Ju. 1. 6 (A).

Τρίπολις. in libr. apocr.

II Ma. 14. 1.

Τρύφων. in libr. apocr.

I Ma. 11. 39, 54, 56 : 12. 39, 42, 49 : 13. 1 (incep σ S* [Τρ S1]), 12, 14, 20, 21 (S V), 22, 24, 31, 34 : 14. 1 : 15. 10, 25, 37, 39.

Τρωγλοδύται (A), **Τρωγοδύται** (B). סֻכִּיִּים

II Ch. 12. 3 (Luc. Σουχιειμ).

Τσαδή (lit. alphab.). abest in Heb.

La. 1. 18 (Ba vid).

Τύριος. (1) צֹרִי

Jo. 19. 35.

(2) צֹר

Jo. 19. 29.

(3) צֹרִי

III Ki. 7. 2 (14) (B) : I Ch. 22. 4 : II Ch. 2. 14 (13) : II Es. 3. 7 (A).

(4) in libr. apocr.

I Es. 5. 53 (55) (= צרי Ezr. 3. 7) : Si. 46. 18 (21) (A B Sc.a) : II Ma. 4. 49.

Τύροι. in libr. apocr.

Si. 46. 18 (21) (S*).

Τύρος. (1) צֹר

III Ki. 5. 1 (15) : Ps. 82 (83). 8 : 86 (87). 4 : Za. 9. 3 : Ez. 27. 32 (A Q [sub ※]) : 28. 12.
[Aq. III KI. 5. 1 (15) : PS. 86 (87). 4.]
[Sm. III KI. 5. 1 (15) : PS. 86 (87). 4 : ZA. 9. 2.]
[Th. III KI. 5. 1 (15) : EZ. 27. 32.]

(2) צַר

Jo. 19. 35.

(3) צֹר

II Ki. 5. 11 (*Vind.* Tiri) : 24. 7 : III Ki. 7. 1 (13) : 9. 11, 12 : I Ch. 14. 1 : II Ch. 2. 3 (2), 11 (10) : Ps. 44 (45). 13 (Aa B S R T) : Am. 1. 9, 10 : Jl. 3 (4). 4 : Za. 9. 2 : Is. 23. 1, 5, 8, 15 *bis* : Je. 29 (47). 4 : 32. 8 (25. 22) : 34. 2 (27. 3) : Ez. 28. 2 : 29. 18, 18 (Aa [ν sup ras] B Q).
[Aq. II KI. 24. 7 : IS. 23. 15 : JE. 25. 22 (32. 8) : EZ. 26. 2.]
[Sm. II KI. 24. 7 : IS. 23. 15 : EZ. 26. 2.]
[Th. PS. 44 (45). 13 : IS. 23. 15 : EZ. 26. 2.]
[Quint. PS. 44 (45). 13.]

(4) aliter in Heb.

Am. 3. 11 (Mass צַר) : Mi. 7. 12 (מצור) : Ez. 29. 20 (pers. suff.).
[Aq. AM. 3. 11.]

(5) abest in Heb.

Is. 23. 16 : Ez. 28. 1 (*tit.*) (Qmg sup), 11 (*tit.*) (Qmg sup).

(6) in libr. apocr.

Ju. 2. 28 : I Ma. 5. 15 : 11. 59 : II Ma. 4. 18, 32, 44 (A).

Τωαδᾶε (S), **Τωαδάς** (B). aliter in Heb.

I Ch. 12. 27 (יהוידע) (Luc. Ιωαδα).

Τώβ. (1) טוֹב

Jd. 11. 3, 5.

(2) aliter in Heb.

Jd. 18. 28 (A) (רחוב) (Luc. Ροωβ).

Τωβαδωβειά (B), **Τωβαδωνιά** (A). טוֹב אֲדוֹנִיָּה

II Ch. 17. 8 (Luc. Τωβαδωνια).

Τωβειά (-βιά). (1) טֹבִיָּה

II Es. 12 (Ne. 2). 19 (Luc. Τωβίας).

(2) טוֹבִיָּה

II Es. 2. 60 (B) (Luc. Τουβίας) : 12 (Ne. 2). 10 (A Bab mg S) (Luc. Τωβίας et in seqq) : 14. 7 (Ne. 4. 1) : 16 (Ne. 6). 12 (B) : 17 (Ne. 7). 62 : 23 (Ne. 13). 4, 7 (A S), 8.

Τωβείας (-βίας) (-αν, -α *v.* -ου *v.* -ω, -ᾳ).

(1) טוֹבִיָּה

II Es. 2. 60 (A) (Luc. Τουβίας) : 14. 3 (Ne. 3. 35) (A B Sc.a) : 16 (Ne. 6). 1, 12 (A S), 14, 17 *bis*, 19.
[Aq. ZA. 6. 10.]

(2) in libr. apocr.

To. 1. 9, 20 (23) (A S) : 2. 1, 2 (S), 3 (S) : 3. 17 *bis* : 4. 2 (B S), 3 (S) : 5. 1, 3 (S), 4 (S), 7 (9) (A B), 9 (10) (S) *bis*, 10 (11) (S), 17 (21) (A B) : 6. 11 (S), 14 (S), 18 : 7. 2 (S), 5, 7 (S), 9 (10), 10 (A B), 11, 12 (A B) : 8. 1 (A B), 2 (S), 4, 5 (7) (A B), 20 (23) (S) : 9. 1, 5 (6) (S), 6 (S), 6 (A B), 6 (S) : 10. 7 (A B), 7, 8 (S), 9 (A B), 10 (S), 12, 13 (S) : 10. 2 (A) : 11. 1 (A B), 2 (A B), 7 (S), 7 (A), 10 (S), 15, 15 (S) *bis*, 16 (B*), 17 (B), 17 (S) *bis*, 19 (A B) : 12. 1 : 14. 3 (S), 12 (14) : II Ma. 3. 11 (Τωβιω A).

Τωβείθ. in libr. apocr.

To. *inscr.* (S) : 1. 1 (S), 3 (S) : 3. 17 (S) *ter* : 4. 1 (S) : 5. 1 (S), 3 (S), 9 (10) (S), 10 (11) (S) *ter*, 17 (22) (S), 18 (23) (S) : 7. 4 (S) : 9. 5 (6) (S) : 10. 1 (S), 6 (S) : 11. 17 (S) *bis* : 12. 1 (S) : 14. 1 (S), 13 (15) (S) : *subscr.* (S).

Τώβεις, Τωβείς (-βίς) (-ειν). (1) טוֹבִיָּה

II Es. 14. 3 (Ne. 3. 35) (S*) (Luc. Τωβίας).

(2) in libr. apocr.

I Es. 5. 28 (29) (B) (? = שבי Ezr. 2. 42 : Ne. 7. 45) (Luc. Σωβαι) : To. 10. 8 (S) : 11. 10 (S), 18 (S) : 12. 4 (S).

Τωβείτ (-βίτ). in libr. apocr.

To. *inscr.* (A B) : 1. 1 (A B), 3 (A B), 20 (23) (B) : 3. 17 (A B) *ter* : 4. 1 (A B) : 5. 11 (16) (A B), 12 (17) (A B), 18 (23) (A B), 21 (26) (A B) : 7. 2 (A B), 4 (A B), 7 (A B) : 10. 1 (A B), 6 (A B) : 11. 10 (A B), 16 (Avid Bab), 17 (A), 17 (A B) : 12. 1 (A B) : 13. 1 (A B) : 14. 1 (A B), 13 (15) (A B) : *subscr.* (A B).

Τωβιά, *vid.* Τωβειά.

Τωβίας, *vid.* Τωβείας.

Τωβιήλ. in libr. apocr.

To. 1. 1.

Τωβίς, *vid.* Τωβείς.

Τωβίτ, *vid.* Τωβείτ.

Τωζαβάθ. aliter in Heb.

I Ch. 12. 20 (B S) (יוזבד) (Luc. Ιωζαβαδ).

Υ

Ὑδάσπης. in libr. apocr.

Ju. 1. 6.

Ὑρκανός. in libr. apocr.

II Ma. 3. 11.

Ὑχοῦε. וְקוֹעַ

Ez. 23. 23 (B).
[Sm., Th. EZ. 23. 23.]

Φ

Φααβμωάβ. aliter in Heb.

II Es. 13 (Ne. 3). 11 (B [μ sup ras B^{ab}]) (Luc. Φααθ ἡγουμένου Μωαβ).

Φααδμωάβ. פַּחַת מוֹאָב

Luc. Φααθ ἡγουμένου Μωαβ.
II Es. 10. 30 (B S) : 20. 14 (Ne. 10. 15) (B).

Φάαθ. [מֵי]פָעַת

I Ch. 6. 79 (64) (A) (Luc. Μωφααθ).

Φααθμωάβ. (1) פַּחַת מוֹאָב

Luc. Φααθ ἡγουμένου Μωαβ.
II Es. 2. 6 (A) : 8. 4 : 10. 30 (A) : 13 (Ne. 3). 11 (A) : 17 (Ne. 7). 11 : 20. 14 (Ne. 10. 15) (A S).

(2) in libr. apocr.

I Es. 5. 11 (A [θ'μ]) (= פחת מואב Ezr. 2. 6 : Ne. 7. 11) (Luc. Φααθ ἡγουμένου Μωαβ) : 8. 31 (34) (A [θ'μ]) (= פחת מואב Ezr. 8. 4).

Φααιά. פְּתַחְיָה

II Es. 10. 23 (S) (Luc. Φεθείας).

Φααλφαθισείμ. aliter in Heb.

I Ch. 14. 11 (B) (בעל־פרצים) (Luc. Βαελφαρασιν).

Φαγά. aliter in Heb.

Es. 9. 7 (A) (אספתא) (Luc. Φασα, Φαρνα).

Φαγαί. פַּגְעִיאֵל

Nu. 7. 77 (A ad fin bis) (Luc. Φαγεηλ).

Φαγαιήλ (**Φαγεήλ**). פַּגְעִיאֵל

Nu. 1. 13 (*Lugd.* Faceel) : 2. 27 (*Lugd.* Fageel) : 7. 72 (*Mon.* Fagael), 77 (B F) : 10. 26.

Φαγγαί. יָפִיעַ

Jo. 19. 12 (B) (Luc. Ιαφφιε).

Φαγεήλ, *vid.* **Φαγαιήλ.**

Φαγώρ. abest in Heb.

Jo. 15. 59 a.

Φαδαειό (S), **Φαδαείς** (B). aliter in Heb.

II Es. 20. 24 (Ne. 10. 25) (פלחא) (Luc. Φαλλαει).

Φαδαήλ. פְּדַהְאֵל

Nu. 34. 28 (*Mon.* Fanel : *Lugd.* Fadael).

Φαδαιά. (1) פְּדָיָה

II Es. 13 (Ne. 3). 25 (Luc. Φαδαϊ) : 21 (Ne. 11). 7 (A) : 23 (Ne. 13). 13.

(2) aliter in Heb.

II Es. 10. 23 (B*) (פתחיה) (Luc. Φεθείας).

Φαδαίας. פְּדָיָה

I Ch. 3. 18 (A^a [sup ras]) (Luc. Φαδαια) : II Es. 18 (Ne. 8). 4.

Φαδασούρ. פְּדָהצוּר

Nu. 1. 10 (B) (Luc. Φαδασσουρ).

Φαδασσούρ. פְּדָהצוּר

Nu. 1. 10 (A F) (*Lugd.* Fadasur) : 2. 20 (*Lugd.* Fadam) : 7. 54, 59 : 10. 23 (*Lugd.* Phadasur).

Φαδουρά. aliter in Heb.

II Es. 2. 55 (פרודא).

Φαδών. פָּדוֹן

II Es. 2. 44 : 17 (Ne. 7). 47.

Φαηζελδαίας. in libr. apocr.

I Es. 5. 38 (B) (= ברזלי הגלעדי Ezr. 2. 61 : Ne. 7. 63) (Luc. Βερζελλει τοῦ Γαλααδίτου).

Φαθαιά. פְּתַחְיָה

II Es. 21 (Ne. 11). 24 (A).

Φαθαῖος. in libr. apocr.

I Es. 9. 23 (A) (= פתחיה Ezr. 10. 23) (Luc. Φεθείας).

Φαθεί. aliter in Heb.

III Ki. 4. 11 (B) (נפת) (Luc. Νετωφατι ?).

Φαθειά. פְּתַחְיָה

II Es. 21 (Ne. 11). 24 ($S^{c.a}$) (Luc. Φαθαια).

Φαθούρα. פְּתוֹרָה

Nu. 22. 5 (B F) (*Lugd.* Fatura).

Φαθουρῆς. פַּתְרֹס

Ez. 30. 14 (Q).
[Th. Ez. 29. 14.]

Φαθώρ. פְּתוֹר

[Aq. De. 23. 4 (5).]

Φαθωρῆς. (1) פַּתְרוֹס

Ez. 29. 14 (B Q).

(2) פַּתְרֹס

Ez. 30. 14 (B).

(3) adnot. scr.

Ez. 30. 21 ($Q^{mg\,inf}$).

Φαιθών. פִּיתוֹן

I Ch. 9. 41 (B S) (Luc. Φιθωθ).

Φαίλαρις. in libr. apocr.

III Ma. 5. 20 (A).

Φαισή, *vid.* **Φεσή.**

Φαισού (A), **Φαισούρ** (B). in libr. apocr.

I Es. 9. 22 (= פשחור Ezr. 10. 22) (Luc. Φαδασσουρ).

Φακάραθ. פֹּכֶרֶת

II Es. 17 (Ne. 7). 59 (B) (Luc. Φακεραθ).

Φακάρεθ. in libr. apocr.

I Es. 5. 34 (= פכרת Ezr. 2. 57 : Ne. 7. 59) (Luc. Φακεραθ).

Φάκεε. פֶּקַח

IV Ki. 15. 25, 27 (Joseph. Φακέας) (*Lucc.* Facee), 29, 30, 31, 32, 37 (*Vind.* Phaceas) : 16. 1, 5 : II Ch. 28. 6 : Is. 7. 1 (A B S Q).

Φακείας. פְּקַחְיָה

Luc. Φακεῖα.
IV Ki. 15. 22 (A) (*Lucc.* Facia), 23 (A), 26 (A) (Luc. Φακεΐας).

Φακέραθ. פֹּכֶרֶת

II Es. 2. 57 (A).

Φάκες. פֶּקַח

Is. 7. 1 (Γ).

Φακεσίας. aliter in Heb.

Luc. Φακεῖα.
IV Ki. 15. 22 (B) (פקחיה), 23 (B) (פקחיה) (Joseph. Φακεσίας), 26 (B) (פקחיה) (Luc. Φακεΐας).

Φακουά. אֲפֵקָה

Jo. 15. 53 (B) (Luc. Αφακα).

Φακούδ (Q), **Φακούκ** (B). פְּקוֹד

Ez. 23. 23.
[Sm., Th. Ez. 23. 23.]

Φαλααδφαθεισεί. aliter in Heb.

I Ch. 14. 11 (S) (בעל־פרצים) (δ'φ) (Luc. Βαελφαρασιν).

Φαλαβμωάβ. aliter in Heb.

II Es. 2. 6 (B) (פחת מואב) (Luc. Φααθ ἡγουμένου Μωαβ).

Φαλαδαιά. aliter in Heb.

I Ch. 27. 20 (B) (פדיהו) (Luc. Φαδαίας).

Φαλαδαῖος. in libr. apocr.

I Es. 9. 44 (B) (= פדיה Ne. 8. 4) (Luc. Φαδαίας).

Φαλαεί. פִּלְחָא

II Es. 20. 24 (Ne. 10. 25) (A) (Luc. Φαλλαει).

Φαλαεττειά. פְּלַטְיָה

I Ch. 4. 42 (B) (Luc. Φαλτίας).

Φαλαιά. (1) פְּלָיָה

I Ch. 3. 24 (A) (Luc. Φαδια).

(2) aliter in Heb.

II Es. 10. 23 ($B^{b\,vid}$) (פתחיה) (Luc. Φεθείας) : 21 (Ne. 11). 7 (B S) (פדיה) (Luc. Φαδαια).

Φαλαίας. in libr. apocr.

I Es. 5. 29 (30) (= פדון Ezr. 2. 44 : Ne. 7. 47) (Luc. Φαδων).

Φαλάκ (S), **Φαλάλ** (B). פָּלָל

II Es. 13 (Ne. 3). 25 (Luc. Φαλλη).

Φαλαλιά. פְּלַלְיָה

II Es. 21 (Ne. 11). 12 (A $S^{c.a\,mg\,inf}$) (Luc. Φαλλαλίας).

Φαλάξ. aliter in Heb.

II Es. 13 (Ne. 3). 25 (A) (פלל) (Luc. Φαλλη).

Φάλαρις (-εις) (-ιδος). in libr. apocr.

III Ma. 5. 20 (V), 42.

Φαλδαίας. aliter in Heb.

I Ch. 3. 18 (B) (פדיה) (Luc. Φαδαια).

Φαλδαῖος. in libr. apocr.

I Es. 9. 44 (A) (= פדיה Ne. 8. 4) (Luc. Φαδαίας).

Φαλδάλ ($D^{*\,vid}$), **Φαλδάς** (A $D^{1?}$). פִּלְדָּשׁ

Ge. 22. 22 ($D^{*\,vid}$) (Luc. Φαλδας).

Φαλδειά. פְּלַטְיָה

II Es. 20. 22 (Ne. 10. 23) (S*) (Luc. Φαλτίας).

Φαλδιί. aliter in Heb.

I Ch. 27. 20 (A) (פדיה) (Luc. Φαδαίας).

Φάλεγ. פֶּלֶג

I Ch. 1. 25 (B^{ab}).

Φάλεθ. פֶּלֶת

Nu. 16. 1 (Luc. Φαλεκ) (Joseph. Φαλαούς) (*Lugd.* Falec) : I Ch. 2. 33 (A) (Luc. Φαλατ).

Φαλεθθί. פַּלְתִּי

I Ch. 18. 17 (A) (Luc. Φερεθι).

Φάλεκ. (1) פֶּלֶג

Ge. 10. 25 : 11. 16 (Joseph. Φάλεγος, Φάλεκος), 17 (A^1 D E), 18, 19 : I Ch. 1. 19 (A) (Luc. Φαλεγ), 25 (A) (Luc. Φαλεγ).

(2) aliter in Heb.

I Ch. 2. 47 (B) (פלט) (Luc. Φαλεγ).

Φάλετ. פֶּלֶט

I Ch. 2. 47 (A) (Luc. Φαλεγ).

Φαλεττιά. פְּלַטְיָה.

I Ch. 4. 42 (A) (Luc. Φαλτίας).

Φάλεχ. פֶּלֶג

I Ch. 1. 25 (B^{*b}) (Luc. Φαλεγ).

Φαλίας. in libr. apocr.

I Es. 9. 48 (B) (= פלאיה Ne. 8. 7) (Luc. Φαλαίας).

Φάλκ. פֶּלֶג
Ge. 11. 17 (A*) (Luc. Φαλεκ).
Φαλλετί (B), **Φαλλετιά** (A). פְּלַטְיָה
I Ch. 3. 21 (Luc. Φαλατίας).
Φάλλητ. פֶּלֶט
I Ch. 12. 3 (A) (Luc. Φαλετ).
Φαλλού. פַּלּוּא
Nu. 26. 5 (A F) (*Lugd.* Fallu), 8.
Φαλλούδ. פַּלּוּא
Ge. 46. 9 (A) (Luc. Φαλλου) (Joseph. Φαλούς, Φαλλούς) (*Lugd.* Fallus).
Φαλλουεί (-ουί). פַּלֻּאִי
Nu. 26. 5 (Luc. Φαλλουι) (*Lugd.* Fallua).
Φαλλούς. (1) פַּלּוּא
Ge. 46. 9 (*D*) (Luc. Φαλλου): Ex. 6. 14 (*Lugd.* Fallus): I Ch. 5. 3 (Luc. Φαλλους).
(2) aliter in Heb.
I Ch. 27. 10 (פלוני) (Luc. Φαλλωνι).
Φαλλωνί. פְּלוֹנִי
I Ch. 11. 27 (A) (Luc. Φελλώνι).
Φαλνάσαρ. פִּלְנְאֶסֶר
I Ch. 5. 6 (A) (Luc. -φαλασαρ).
Φαλτεί (-τί). פַּלְטִי
Nu. 13. 10 (9) (ABF$^{1 mg inf}$) (*Lugd.* Falti): I Ki. 25. 45 (Joseph. Ὀφέλτιος, Φέλτιος).
Φαλτειά (-τιά). (1) פְּלַטְיָה
II Es. 20. 22 (Ne. 10. 23) (ABS?) (Luc. Φαλτίας).
(2) פִּלְתִּי
I Ch. 18. 17 (B S) (Luc. Φερεθι).
Φαλτειήλ (-τιήλ). פַּלְטִיאֵל
Nu. 34. 26 (in F Φα.τιήλ) (*Mon.* Fatiel: *Lugd.* Faluel): II Ki. 3. 15 (Luc. Φαλτίας).
Φαλτί, *vid.* **Φαλτεί.**
Φαλτιά, *vid.* **Φαλτειά.**
Φαλτίας. פְּלַטְיָהוּ
Ez. 11. 1 (A B^{1} Q Γ), 13.
Φαλτιήλ, *vid.* **Φαλτειήλ.**
Φαλώς (A), **Φαλώχ** (B). aliter in Heb.
I Ch. 5. 26 (פול) (Luc. Φουλ).
Φανά. aliter in Heb.
I Ch. 4. 20 (B) (חנן) (Luc. Ανναν).
Φανουήλ. (1) פְּנוּאֵל
Jd. 8. 8 *bis*, 9, 17: III Ki. 12. 25 (Joseph. Φανουῆλος): I Ch. 4. 4: 8. 25 (A) ("פ).
(2) פְּנִיאֵל
I Ch. 8. 25 (A)*.
[Sm. Ge. 32. 30 (31).]
Φαντίας. aliter in Heb.
Ez. 11. 1 (B*) (פלטיהו).
Φαρά. (1) פָּרָה
Jo. 18. 23 (B) (Luc. Αφρα).
(2) פֻּרָה
Jd. 7. 10, 11.
(3) aliter in Heb.
I Ch. 3. 24 (B) (פליה) (Luc. Φαδια).
Φαραάθα (S), **Φαραδάθα** (B). פּוֹרָתָא
Es. 9. 8 (Luc. Φαρδαθα vel Φαραδαθα).
Φαραεί. פַּעֲרַי
II Ki. 23. 35 (A) (Luc. Αφαρει).
Φαραθωθεί. aliter in Heb.
I Ch. 11. 31 (S*) (פרעתני) (Luc. Φαραθωνι).

Φαραθώμ. פִּרְעָתוֹן
Jd. 12. 15 (B) (Luc. Φρααθων) (Joseph. Φαραθώς) (*Lucc.* Pharatom).
Φαραθών. (1) פִּרְעָתוֹנִי
I Ch. 27. 14.
(2) in libr. apocr.
I Ma. 9. 50 (A S$^{c.a}$ V).
Φαραθωνεί (-νί). פִּרְעָתֹנִי
I Ch. 11. 31 (A B).
Φαραθωνείτης. פִּרְעָתוֹנִי
Luc. Ἐφραθωνίτης.
Jd. 12. 13 (B), 15 (B).
Φαραθωνί, *vid.* **Φαραθωνεί.**
Φαρακείμ (A), **Φαρακέμ** (B). in libr. apocr.
I Es. 5. 31 (abest in Ezr. 2. 51: Ne. 7. 53) (Luc. *om.*).
Φαράν. (1) פָּארָן
Ge. 14. 6 (Samar. ࠐࠀࠓࠍ): 21. 21: Nu. 10. 12 (Samar. ࠁࠐࠀࠓࠍ et in seqq) (*Lugd.* Faran): 13. 1 (12. 16), 4 (3), 27 (26): De. 1. 1 (*Lugd.* Pharam): 33. 2: I Ki. 25. 1 (A) (Luc. ἐπήκοος): III Ki. 11. 18, 18 (A) (Luc. *om.*): Hb. 3. 3 (A B S* Q).
[Aq., Th. Hb. 3. 3.]
[Sm. III Ki. 11. 18: Hb. 3. 3.]
(2) aliter in Heb.
IV Ki. 23. 34 (A*) (פרעה) (Luc. Φαραω).
[Aq. Je. 13. 4 (פרת).]
(3) abest in Heb.
Nu. 33. 36 (Luc. *om.*).
Φαρασείν. פְּרָצִים
I Ch. 14. 11 (A) (Luc. -φαρασιν).
Φαραφωνεί. aliter in Heb.
I Ch. 11. 31 (S$^{c.a}$) (פרעתני) (Luc. Φαραθωνι).
Φαραώ. (1) פַּרְעֹה
Joseph. Φαραώθης.
Ge. 12. 15 *bis*, 15 (A D), 17, 18, 20: 37. 36: 39. 1 (A D E^{a}): 40. 2, 7, 11 *bis*, 13, 13 (A E), 14, 17, 19, 20, 21: 41. 1, 4, 7, 8 *bis*, 9, 10, 14 *bis*, 15, 16 *bis*, 17, 25 *ter*, 28 *bis*, 32 (Luc. *om.*), 34, 35, 37, 38, 39, 41, 42, 44 *bis*, 45, 46 *bis*, 55 *bis*: 42. 15, 16: 45. 2, 8, 16 *bis*, 17, 21: 46. 31, 33 (*Lugd.* Farao): 47. 1 (B D), 2, 3 *bis*, 4, 5, 7 *bis*, 8, 9, 10, 11, 14, 19, 20 *bis*, 22 *bis*, 23, 24, 25, 26 *bis*: 50. 4 *bis*, 6, 7: Ex. 1. 11, 19 (Luc. τῷ βασιλεῖ), 22: 2. 5, 7, 8, 9, 10, 15 *bis*: 3. 10, 11: 4. 21, 22: 5. 1 (F), 2, 5, 6, 10, 14, 15, 20, 21, 23: 6. 1, 11, 12, 13, 27, 29, 30: 7. 1, 2, 3, 4, 7, 9 *bis*, 10 *bis*, 11, 13, 14, 15, 20, 22, 23: 8. 1 (7. 26), 8 (4), 9 (5), 12 (8) *bis*, 15 (11), 19 (15) *bis*, 20 (16), 24 (20), 25 (21), 28 (24), 29 (25), 30 (26), 31 (27), 32 (28): 9. 1, 7 (A$^{a?}$ B) *bis*, 8, 10 (A$^{a?}$ B), 12 (A$^{a?}$ B), 13, 20, 27 (*Mon.* Farao), 33, 34, 35: 10. 1, 3, 6, 7, 8, 16, 18, 20, 24, 27, 28: 11. 1, 3, 5, 8, 9, 10 (A$^{a?}$ B), 10: 12. 29, 30: 13. 15, 17 (A B): 14. 3 (A$^{a mg}$ B F), 4 *bis*, 5, 8, 9 (A B^{a} F), 10, 17, 18, 23, 28: 15. 4, 19: 18. 4, 8, 10: De. 6. 21, 22: 7. 8, 18: 11. 3: 29. 2 (1): 34. 11: I Ki. 2. 27: 6. 6 (*Vind.* Farao): III Ki. 3. 2 (1) (A) *bis*: 4. 31 (3. 1) (B), 32 (9. 16) (B): 7. 45 (8): 9. 16 (A) (Joseph. Φαραώνης), 24 (A): 11. 1, 18 (Joseph. Φαραών), 19, 20 (α 2° sup ras A^{1}), 20 (B), 21, 22: IV Ki. 17. 7: 18. 21: 23. 29, 33, 34 (A$^{1(vid)}$ B), 35 *ter*: I Ch. 4. 18: II Ch. 8. 11: II Es. 19 (Ne. 9). 10: Ps. 134 (135). 9: 135 (136). 15: Ca. 1. 9: Is. 30. 2, 3: 36. 6: Je. 26 (46). 2, 17, 25, 25 (Q^{mg} sub ※): 29 (47). 1 (Q^{mg} sub ※): 32. 5 (25. 19): 44 (37). 5, 7, 11: 50 (43). 9 (B S Q): Ez. 17. 17: 29. 2, 3: 30. 21, 22, 25: 31. 2, 18: 32. 2, 31, 31 (A), 32.
[Aq. Ge. 42. 15: Ex. 7. 1: III Ki. 9. 24: 11. 20: Je. 44 (51). 30: Ez. 29. 3.]
[Sm. Ex. 7. 1: III Ki. 3. 1: Je. 44 (51). 30: Ez. 29. 3.]
[Th. Je. 44 (51). 30: Ez. 29. 3: 30. 24: 32. 31.]
[Al. Ge. 46. 5: Ex. 7. 1: 10. 8.]
(2) aliter in Heb.
Ge. 40. 13 (D) (pron. suff.): 47. 1 (A) (יוסף): Ex. 4. 21 (F*) (pron. suff.): 14. 5 (מלך מצרים) (A): II Ch. 36. 4 (Φ. Νεχαώ = מלך מצרים).
(3) abest in Heb.
Ge. 41. 26 (A D): 47. 5, 20: Ex. 2. 6, 22 (F): 3. 18 (A B), 19 (Luc. *om.*): 5. 1: 10. 8 (A), 10 (A^{a} sup ras) (Luc. *om.*): 12. 31: 14. 6, 17: 18. 8 (A B), 9: Jo. 16. 10 *bis*: I Ki. 10. 18: III Ki. 2. 35 c, 35 f: 4. 32 (9. 16) (B): 9. 9: 11. 18: II Ch. 35. 20: 36. 2 c, 4, 4 a, 4 a (B), 4 a: Ez. 29. 1 (*tit.*) (A$^{? mg}$ Q): 30. 20 (*tit.*) (Q$^{mg sup}$): 32. 1 (*tit.*) (Q$^{mg sup}$).
(4) in libr. apocr.
I Es. 1. 23 (25) (abest in II Ch. 35. 20): III Ma. 2. 6: 6. 3.
Φαρειδά (-ριδ.). (1) פְּרִידָא
II Es. 17 (Ne. 7). 57 (A) (Luc. Φαδουρα).
(2) in libr. apocr.
I Es. 5. 33 (= פרודא Ezr. 2. 55: פרידא Ne. 7. 57) (Luc. Φαδουρα).
Φάρες, Φαρές. (1) פַּרְעֹשׁ
II Es. 2. 3 (B): 10. 25 (S$^{c.a}$ [ras S$^{c.b}$]).
(2) פֶּרֶץ
Ge. 38. 29 (Joseph. Φάρεσος): 46. 12 (*Lugd.* Fares) *bis*: Nu. 26. 16 (20), 17 (21): 33. 19, 20: Ru. 4. 12, 18 *bis*: I Ch. 2. 4, 5: 4. 1: 9. 4: 27. 3: II Es. 21 (Ne. 11). 4, 6 (A S).
(3) פַּרְצִי
Nu. 26. 16 (20) (Luc. Φαρεσ[ι]).
(4) פֶּרֶשׁ
I Ch. 7. 16 (A).
(5) abest in Heb.
Nu. 26. 15 (19) (A F).
(6) in libr. apocr.
I Es. 5. 5: 8. 30 (33) (B) (= פרעש Ezr. 8. 3).
Φαρεσθαχαῖοι. [אֲ]פַרְסַתְכָיֵא
II Es. 4. 9 (B) (Luc. Ἀφαρασταχαῖοι).
Φαριδά, *vid.* **Φαρειδά.**
Φαριείν (S), **Φαρισίν** (B). פְּרָצִים
I Ch. 14. 11 (Luc. -φαρασιν).
Φαρισών. in libr. apocr.
I Ma. 9. 66 (V).
Φαρνάχ. פַּרְנָךְ
Nu. 34. 25 (Luc. Φαραναχ) (*Mon.* Faenach: *Lugd.* Senach).
Φαρουάιμ. פְּרֻוַיִם
II Ch. 3. 6 (Luc. Φαρουειμ).
Φαρουέ. פָּרוּחַ
[Aq. III Ki. 4. 17.]
Φαρρού. פָּרוּחַ
III Ki. 4. 17 (A) (Luc. *om.*).
Φαρσαλαμά. in libr. apocr.
I Ma. 7. 32 (S*).
Φαρσάν. פַּרְשַׁנְ[דָּתָא]
Es. 9. 7 (B) (Luc. Φαρσαν-).
Φαρσανεστάν (A), **Φαρσαννεσταίν** (S$^{c.a}$,) **Φαρσαννεστάν** (S^{*vid}). aliter in Heb.
Es. 9. 7 (פרשנדתא) (Luc. Φαρσανεσταν).
Φαρφά (B$^{a mg b}$), **Φαρφαρά** (A). פַּרְפַּר
IV Ki. 5. 12 (A) (Luc. Φαρφαρ).
Φασγά. (1) פִּסְגָּה
De. 3. 17 (A B) (*Lugd.* Fascia): 34. 1: Jo. 12. 3: 13. 20 (Luc. -φασγα).

(2) aliter in Heb.
Es. 9. 7 (B S^c.a) (אספתא) (Luc. Φασα).
(3) abest in Heb.
Jo. 12. 19 (A) (Luc. om.).
Φασεδούρ. aliter in Heb.
II Es. 17 (Ne. 7). 41 (B) (פשחור) (Luc. Φαδασσουρ).
Φασειρών (-σιρ.). in libr. apocr.
I Ma. 9. 66 (A S).
Φασέκ. פָּסֵחַ
II Es. 13 (Ne. 3). 6 (Luc. Φεσσε).
Φασεούρ. פַּשְׁחוּר
II Es. 17 (Ne. 7). 41 (A S) (Luc. Φαδασσουρ): 21 (Ne. 11). 12 (A S) (Luc. Φασουρ).
Φασή. פָּסֵחַ
II Es. 2. 49 (A) (Luc. Φασσα).
Φασῆλις (-ιδα). in libr. apocr.
I Ma. 15. 23 (S V).
Φασίν. in libr. apocr.
I Ma. 9. 50 (S*).
Φασιρών, *vid.* Φασειρών.
Φασμά. מִצְפֶּה
Jo. 15. 38 (B^ab mg) (Luc. Μασηφα).
Φασοδομή (B S), Φασοδομίν (A). פַּס דַּמִּים
I Ch. 11. 13 (Luc. τοῖς Σερραν).
Φασούρ. פַּשְׁחוּר
II Es. 2. 38 (A) (Luc. Φαδδας): 10. 22 (Luc. Φαρσουρ): 20. 3 (Ne. 10. 4) (Luc. Φασσουρ).
Φασράθ. aliter in Heb.
II Es. 2. 57 (B) (פכרת) (Luc. Φακεραθ).
Φάσσορος. in libr. apocr.
I Es. 5. 25 (B) (= פשחור Ezr. 2. 38: Ne. 7. 41) (Luc. Φαδασσουρ).
Φασσούρ. פַּשְׁחוּר
II Es. 2. 38 (B) (Luc. Φαδδας): 21 (Ne. 11). 12 (B) (Luc. Φασουρ).
Φάσσουρος. in libr. apocr.
I Es. 5. 25 (A) (= פשחור Ezr. 2. 38: Ne. 7. 41) (Luc. Φαδασσουρ).
Φασφά (A), Φασφαί (B). פִּסְפָּה
I Ch. 7. 38 (Luc. Φασφα).
Φασχούρ. פַּשְׁחוּר
[Sm. Je. 21. 1.]
Φασχώρ. פַּשְׁחוּר
I Ch. 9. 12 (A) (Luc. Φασεουρ).
Φαυλού. פַּלּוּא
Nu. 26. 5 (B) (Luc. Φαλλου).
Φαχάραθ (A), Φαχάρατ (S). פֹּכֶרֶת
II Es. 17 (Ne. 7). 59 (Luc. Φακεραθ).
Φεγγείθ. aliter in Heb.
II Ki. 3. 4 (B) (חגית) (Luc. Αγγιθ).
Φεδωνεί. aliter in Heb.
I Ch. 11. 36 (B S) (פלני) (Luc. Φελλωνι).
Φεθειά. פְּתַחְיָה
I Ch. 24. 16 (A) (Luc. Φαθια): II Es. 10. 23 (A) (Luc. Φεθείας).
Φειδών. פִּרְאָם
Jo. 10. 3 (B) (Luc. Φεδαμ) (Syr. ܦܝܪܐܡ).
Φεινεές (Φιν.).
Joseph. Φινεές, Φινεέσης, Φινέης.
(1) פִּינְחָס
Ex. 6. 25 (*Lugd.* Phynees): Nu. 25. 7 (*Lugd.* Finees), 11: 31. 6: Jo. 22. 13, 30, 31, 32: 24. 33: Jd. 20. 28: I Ki. 2. 34: 4. 4, 11 (*Vind.* Pinees), 17 (A) (Luc. om.), 19: 14. 3 (B): I Ch. 6. 4 (5. 30) *bis*, 50 (35): 9. 20: II Es. 7. 5: 8. 2, 33: Ps. 105 (106). 30.
(2) פִּנְחָס
I Ki. 1. 3.
(3) abest in Heb.
Jo. 24. 33 a.
(4) in libr. apocr.
I Es. 5. 5: 8. 2 (= פינחס Ezr. 7. 5), 29 (32) (A) (= פינחס Ezr. 8. 2), 62 (64) (= פינחס Ezr. 8. 33): Si. 45. 23 (28): I Ma. 2. 26 (S V), 54: IV Ma. 18. 12.
Φεινώ (Φινώ). פּוּנֹן
Samar. ࠁࠅࠍࠍ.
Nu. 33. 42 (A B) (*Mon.* Pyno: *Lugd.* Phyno), 43 (A B).
Φεινών (Φιν.). (1) פּוּנֹן
Luc. Φινω.
Nu. 33. 42 (A), 43 (A).
(2) פִּינֹן
Ge. 36. 41 (*D* E): I Ch. 1. 52 (Luc. Φινα).
Φειρά. כְּפִירָה
Jo. 18. 27 (26) (B) (Luc. Κεφειρα).
Φεισών (Φισ.). (1) פִּישׁוֹן
Ge. 2. 11.
[Heb. Ge. 2. 11.]
(2) in libr. apocr.
Si. 24. 25 (35).
Φελεθθεί. פְּלֵתִי
Luc. Φελτι.
II Ki. 15. 18 (Luc. Φελθι): 20. 7, 23 (Luc. δυνάστας): III Ki. 1. 38, 44.
Φελειά. פְּלָאיָה
II Es. 20. 10 (Ne. 10. 11) (A S^c a (mg)) (Luc. Φαλαίας).
Φέλεκ. חֵלֶק
Jo. 17. 2 (A) (Luc. Ελεκ).
Φελετθεί. abest in Heb.
II Ki. 15. 18 (B) (? = פלתי) (Luc. Φελθι).
Φελεττεί. פְּלֵתִי
II Ki. 8. 18 (B) (Luc. Φελτι).
Φεληθαῖοι. פְּלֵתִי
[Sm. II Ki. 20. 23.]
[Al. II Ki. 8. 18.]
Φεληθί. פְּלֵתִי
[Aq. II Ki. 20. 23.]
Φεληтεί. פִּלְטַי
II Es. 22 (Ne. 12). 17 (S^c.a mg inf) (Luc. Αφεληθι).
Φελιήλ. aliter in Heb.
I Ch. 8. 25 (B) (פניאל*, פנואל [ק״]) (Luc. Φανουηλ).
Φελλανεί. פְּלֹנִי
I Ki. 21. 2 (3) (B) (Luc. om.).
Φελλωνεί (-νί). (1) פְּלֹנִי
I Ch. 11. 36 (A).
(2) aliter in Heb.
II Ki. 23. 26 (A) (פלטי) (Luc. Φαλγονι).
Φελμωνί. פְּלֹנִי
I Ki. 21. 2 (3) (A) (Luc. om.).
Φελωνεί. פְּלוֹנִי
I Ch. 11. 27 (B S) (Luc. Φελλωνι).
Φεναεδδώρ. נָפוֹת דּוֹר
Jo. 11. 2 (B) (Luc. Ναφεθδωρ).
Φεγγίθ. aliter in Heb.
II Ki. 3. 4 (A) (חגית) (Luc. Αγγιθ).
Φενεδδώρ. נָפַת דּוֹר
Jo. 12. 23 (B^a (txt) b) (Luc. [Ν]αφαθδωρ).
Φένικες. כְּנַעֲנִים
Jb. 40. 25 (30) (C).
Φενναεδδώρ. נָפַת דּוֹר
Jo. 12. 23 (B^a mg) (Luc. [Ν]αφαθδωρ).
Φεννάνα (-ᾳ). פְּנִנָּה
Joseph. Φέναννα.
I Ki. 1. 2 *bis*, 4.
Φεννεδδώρ. נָפַת דּוֹר
Jo. 12. 23 (B*) (Luc. [Ν]αφαθδωρ).
Φεραάμ. פִּרְאָם
Jo. 10. 3 (A) (Luc. Φεδαμ).
Φερεζαῖος (-ζεος). (1) פְּרִזִּי
Ge. 13. 7 (*Vind.* Feretaeus): 15. 20: 34. 30: Ex. 3. 8, 17: 23. 23: 33. 2 (*Mon.* Phereteus: *Lugd.* Ferezeus): 34. 11 (*Wirc.* Phereseus): De. 7. 1: 20. 17: Jo. 3. 10: 9. 1: 11. 3: 12. 8: 24. 11: Jd. 1. 4 (Φε sup ras et in mg B), 5 (A B^ab mg inf): 3. 5: III Ki. 9. 20 (A): 10. 24 (9. 20) (B): II Ch. 8. 7: II Es. 19 (Ne. 9). 8.
(2) פְּרָזִי
De. 3. 5: I Ki. 6. 18.
(3) abest in Heb.
Ex. 13. 5: Jo. 16. 10.
(4) in libr. apocr.
I Es. 8. 66 (70) (= פרזי Ezr. 9. 1): Ju. 5. 16 (20).
Φερεζί. פְּרִזִּי
II Es. 9. 1 (A) (Luc. Φερεζαῖος).
Φερειδά. פְּרִידָא
II Es. 17 (Ne. 7). 57 (B S) (Luc. Φαδουρα).
Φερεσθεί. aliter in Heb.
II Es. 9. 1 (B) (פרזי) (Luc. Φερεζαῖος).
Φερομεχουραθί. aliter in Heb.
I Ch. 11. 36 (A) (ח]פר המכרתי]) (α praec) (Luc. Ωφαρ ὁ Μεχωραθι).
Φεσή (Φαισή). פָּסֵחַ
II Es. 17 (Ne. 7). 51 (B S) (Luc. Φασσα).
Φεσηχί. פָּסֵחַ
I Ch. 7. 33 (A) (Luc. Φασεχ).
Φεσσῆ. פָּסֵחַ
I Ch. 4. 12 (A) (Luc. Φασσε): II Es. 17 (Ne. 7). 51 (A) (Luc. Φασσα).
Φεταιά. פְּתַחְיָה
I Ch. 24. 15 (16) (B) (Luc. Φαθια) (*Lucc.* Phanes?).
Φή (lit. alphab.). abest in Heb.
La. 1. 17: 2. 17: 3. 46 (Q), 47 (Q), 48 (Q), 49: 4. 16 (Q^mg), 17 (A B Q^a).
Φθαιήλ. יִפְתַּח־אֵל
Jo. 19. 27 (B) (Luc. Εφθαηλ).
Φθαλειμωάβ. in libr. apocr.
I Es. 5. 11 (B) (= פחת מואב Ezr. 2. 6: Ne. 7. 11) (Luc. Φααθ ἡγουμένου Μωαβ).
Φιαγά. aliter in Heb.
Es. 9. 7 (S* vid) (אספתא) (Luc. Φασα).
Φιαθάς. in libr. apocr.
I Es. 9. 48 (A) (= פלאיה Ne. 8. 7) (Luc. Φαλαίας).
Φιεθρών. aliter in Heb.
[Aq., Th. Ex. 14. 9 (פי החירת).]
Φιερώθ (?). פִּי הַחִירֹת
[Aq., Th. Ex. 14. 9.]
Φιθώθ. פִּתֹם
Ex. 1. 11 (F^l mg) (Samar. ࠁࠐࠕࠌࠍ) (Luc. Πιθω) (*Lugd.* Phythona).

Φιθών. (1) פִּיתוֹן
I Ch. 8. 35 (Luc. Φιθωθ).
(2) פִּיתֹן
I Ch. 9. 41 (A) (Luc. Φιθωθ).

Φικόλ. פִּיכֹל
Luc. Φιχολ: Joseph. Φίλοχος, Φικόλ.
Ge. 21. 22, 32 (A): 26. 26 (A D).

Φιλίππειον. aliter in Heb.
[Th. Pr. 8. 19 (פז).]

Φίλιππος. in libr. apocr.
I Ma. 1. 1: 6. 2, 14, 55, 63: 8. 5: II Ma. 5. 22 (ιππον sup ras et in mg A^a): 6. 11: 8. 8: 9. 29: 13. 23.

Φιλίστεια. פְּלִשְׁתִּים
[Sm. Je. 47 (29). 1.]

Φιλιστιαῖος. פְּלִשְׁתִּי
I Ki. 17. 23 (A) (Luc. Φυλιστιαῖος).
[Sm. Je. 47 (29). 4.]

Φιλιστιείμ. פְּלִשְׁתִּים
[Aq., Sm., Th. Is. 9. 12 (11).]

Φιλομήτωρ. in libr. apocr.
II Ma. 4. 21: 9. 29: 10. 13.

Φιλοπάτωρ. in libr. apocr.
III Ma. 1. 1: 3. 12: 7. 1.

Φινεές, *vid.* **Φεινεές.**

Φινείς. in libr. apocr.
I Es. 5. 21 (A) (? = נבו Ezr. 2. 29: Ne. 7. 33) (Luc. Ναβαυ).

Φινές. פִּינֹן
Ge. 36. 41 (A) (Luc. Φινων).

Φινεώς. in libr. apocr.
I Ma. 2. 26 (A).

Φινίκη. צִידוֹן
Is. 23. 2 (A).

Φινόε. in libr. apocr.
I Es. 5. 31 (? = פסח Ezr. 2. 49: Ne. 7. 51) (Luc. Φασσα).

Φινώ, *vid.* **Φεινώ.**

Φινών, *vid.* **Φεινών.**

Φισόν. aliter in Heb.
II Es. 2. 49 (B) (פסח) (Luc. Φασσα).

Φισών, *vid.* **Φεισών.**

Φιχόλ. פִּיכֹל
Ge. 21. 32 (D): 26. 26 (E).

Φόγωρ, Φογώρ. (1) פְּעוֹ
Ge. 36. 39.
(2) פָּעִי
I Ch. 1. 50 (Luc. Φαουα).
(3) פְּעוֹר
Nu. 23. 28: 25. 18 *bis*: 31. 16: De. 3. 29: 4. 46: 34. 6: Jo. 22. 17.
[Sam. Nu. 31. 16.]
(4) in libr. apocr.
To. 1. 2 (S).

Φοινείκη, *vid.* **Φοινίκη.**

Φοινεικών. *vid.* **Φοινικών.**

Φοινήκη. צִידוֹן
Is. 23. 2 (Γ).

Φοίνικες. (1) כְּנַעַן
Jo. 5. 12.
(2) כְּנַעֲנִים
Jb. 40. 25 (30) (A B S).
(3) צִידֹנִים
De. 3. 9 (*Lugd.* Fiphenices).

(4) abest in Heb.
Pr. 29. 42 (31. 24) (S^c.a).

Φοινίκη (-νείκη). (1) כְּנַעַן
Ex. 16. 35.
(2) כְּנַעֲנִי
Jo. 5. 1.
(3) צִידוֹן
Is. 23. 2 (B S Q).
(4) in libr. apocr.
I Es. 2. 16 (17) (aliter in Ezr. 4. 11), 20 (24) (aliter in Ezr. 4. 16), 21 (25) (aliter in Ezr. 4. 17), 23 (27) (aliter in Ezr. 4. 20): 4. 48 (Φοινικ sup ras A^a): 6. 3 (aliter in Ezr. 5. 3), 7 (aliter in Ezr. 5. 6) *bis*, 26 (27) (aliter in Ezr. 6. 6) *bis*, 28 (29) (aliter in Ezr. 6. 8): 7. 1 (aliter in Ezr. 6. 13): 8. 19 (21) (aliter in Ezr. 7. 21), 23 (26) (aliter in Ezr. 7. 25) (Luc. *om.*), 64 (68) (aliter in Ezr. 8. 36): II Ma. 3. 5, 8: 4. 4, 22: 8. 8: 10. 11: III Ma. 3. 15: IV Ma. 4. 2.

Φοινικών (-νεικ.). (1) תָּמָר
Ez. 47. 19 (in Q? sub ÷).
(2) aliter in Heb.
Ez. 47. 18 (תמדו).

Φοίνισσα. כְּנַעֲנִית
Ex. 6. 15 (*Lugd.* Phynissa).

Φολλαθί. פְּעֻלְּתַי
I Ch. 26. 5 (A) (Luc. Φελλαθι).

Φόρος, Φορός. (1) פַּרְעֹשׁ
Luc. Φαρες.
II Es. 2. 3 (A^vid): 8. 3: 10. 25 (A B S*): 13 (Ne. 3). 25 (Luc. Φορεως): 17 (Ne. 7). 8: 20. 14 (Ne. 10. 15) (Luc. Φορες).
(2) in libr. apocr.
Luc. Φαρες.
I Es. 5. 9 (= פרעש Ezr. 2. 3: Ne. 7. 8): 8. 29 (32) (B) (= פינחס Ezr. 8. 2) (Luc. Φινεες), 30 (33) (A) (= פרעש Ezr. 8. 3): 9. 26 (= פרעש Ezr. 10. 27).

Φόσηπος. in libr. apocr.
I Es. 9. 34 (B) (= יוסף Ezr. 10. 42) (Luc. Ιωσηφ).

Φουά. (1) פּוּאָה
Jd. 10. 1: I Ch. 7. 1 (A).
(2) פֻּוָּה
Samar. [Samaritan script].
Ge. 46. 13 (Luc. Φουδ) (Joseph. Φρουρᾶς, Φουρᾶς, Φουᾶς): Nu. 26. 19 (23) (*Lugd.* Fua) (Luc. Φουλα).
(3) פּוּעָה
Ex. 1. 15.
(4) aliter in Heb.
IV Ki. 15. 19 (Joseph. Φοῦλος) *bis*.

Φουαεί (-αί). פּוּנִי
Nu. 26. 19 (23) (A B^1 F [Φου|.ι]) (Samar. [Samaritan script]) (Luc. Φουλαϊ) (*Lugd.* Fuei).

Φουασούδ. aliter in Heb.
III Ki. 4. 19 (17) (B) (פרוח) (Luc. Βαρσαουχ).

Φούδ, τό, οἱ. (1) פּוּט
Ge. 10. 6 (A E) (Luc. Φουθ) (Joseph. Φούδης, Φούτης): I Ch. 1. 8 (Luc. Φουτ): Ez. 27. 10 (Q^mg).
[Aq., Sm., Th. Ez. 30. 5.]
(2) aliter in Heb.
Is. 66. 19 (A B Q^mg) (פול): Ez. 23. 23 (A) (פקוד).
(3) abest in Heb.
Ez. 38. 5 (adnot Q^mg inf in Sw. App. p. 859).
(4) in libr. apocr.
Ju. 2. 23 (13).

Φουεί. פּוּנִי
Nu. 26. 19 (23) (B*^vid) (Samar. [Samaritan script]) (Luc. Φουλαϊ).

Φούθ. (1) פּוּט
Ge. 10. 6 (D).

(2) aliter in Heb.
Is. 66. 19 (S Q*).

Φούλ. פּוּל
[Sm. I Ch. 5. 26.]

Φούτ. (1) פּוּט
I Ch. 1. 8 (A).
[Al. Na. 3. 9.]
(2) aliter in Heb.
I Ch. 7. 1 (B) (פואה) (Luc. Φουα).

Φουτιήλ. פּוּטִיאֵל
Ex. 6. 25 (*Lucc.* Fuiziel).

Φουτιφάρ. פּוֹטִיפַר
[Aq., Sm. Ge. 37. 36.]

Φούχ. aliter in Heb.
[Sm. I Ch. 5. 26.]

Φρααθώμ. פִּרְעָתוֹן
Jd. 12. 15 (A) (Luc. Φρααθων).

Φράθ. [אֶ]פְרָת
I Ch. 2. 19 (A) (Luc. Εφραθ).

Φραθωνίτης. פִּרְעָתוֹנִי
Luc. Ἐφρααθωνίτης.
Jd. 12. 13 (A), 15 (A).

Φαραώ. פַּרְעֹה
Ex. 13. 17 (F) (Luc. Φαραω).

Φρουραί, τό, αἱ (indecl., -ῶν).
(1) aliter in Heb.
Es. 9. 26 (A B S*) (פורים), 26 (פור), 28 (A B S*) (פורים), 29 (B S*) (פרים).
(2) in libr. apocr.
Es. F 11 (11. 1) (B).

Φρουραιά. (1) aliter in Heb.
Es. 9. 29 (A) (פרים) (Luc. Φρουραι).
(2) in libr. apocr.
Es. F 11 (11. 1) (A B*) (Luc. Φρουραι).

Φρουρίμ.
Luc. Φρουραι.
(1) aliter in Heb.
Es. 9. 26 (S^c.a) (פורים), 28 (S^c.a) (פורים), 29 (S^c.b) (פרים).
(2) in libr. apocr.
Es. F 11 (11. 1) (S^c.a).

Φρύξ. in libr. apocr.
II Ma. 5. 22.

Φυλιστιαῖος (-α). (1) פְּלֶשֶׁת
[Aq. Ps. 59 (60). 10: 82 (83). 8: 86 (87). 4: 107 (108). 10.]
[Sm. Ps. 82 (83). 8: 86 (87). 4.]
(2) פְּלִשְׁתִּי
[Aq. Ps. 55 (56). 1.]
[Sm. Jd. 10. 12: I Ki. 13. 17: Ps. 55 (56). 1: Am. 1. 8.]

Φυλιστιείμ, *cf.* **ἀλλόφυλος.** (1) פְּלֶשֶׁת
Ex. 15. 14.
(2) פְּלִשְׁתִּים
Ge. 10. 14 (Joseph. Φυλιστῖνος): 21. 32, 34: 26. 1, 14, 15, 18 (A E): Ex. 13. 17 (*Mon.* Philistiim): 23. 31: Jo. 13. 2 (Luc. Φιλιστιειμ), 3 (Luc. Φιλιστιειμ): Jd. 10. 6 (B) (Luc. ἀλλόφυλοι et in seqq), 7 (B), 11 (B): 13. 1 (B), 5 (B): 14. 2 (B): I Ch. 1. 12 (A^a? [sup ras]) (Luc. Φυλιστιειμ).
[Th. Jd. 3. 3.]
(3) abest in Heb.
Jo. 13. 5 (Luc. Φιλιστιειμ).
(4) in libr. apocr.
Si. 46. 18 (21): 47. 7 (8): 50. 26 (28): I Ma. 3. 24.

X

Χαάζ. aliter in Heb.

Luc. Αζαζ.
I Ch. 8. 35 (A) (אחז), 36 (A) (אחז): 9. 42 (A) (אחז).

Χααιά. aliter in Heb.

II Ch. 26. 3 (B) (יכיליה [״יר י״]) (Luc. Ιεχελια).

Χαάμ. aliter in Heb.

II Ki. 19. 38 (39) (B*) (כמהם) (Luc. Αχιμααμ).

Χαανά. aliter in Heb.

III Ki. 22. 11 (B) (כנענה) (Luc. Χαναan).

Χαάχ. aliter in Heb.

I Ch. 5. 26 (B) (חלח) (Luc. Αλλαν).

Χαβά. in libr. apocr.

Ju. 4. 4 (3) (S).

Χαβασείν (-σίν). חֲבַצִּנְיָה

Je. 42 (35). 3.

Χαββά. כַּבּוֹן

Jo. 15. 40 (A) (Luc. Χαββω).

Χαβέλ. aliter in Heb.

I Ch. 2. 9 (B) (כלובי) (Luc. Χαλωβι).

Χάβερ. חֶבֶר

Jd. 4. 11 (B) (Luc. *om.*), 17 *bis*, 21: 5. 24 (B): I Ch. 7. 31 (A) (Luc. Ιεχοβερ), 32 (Luc. Ιεχοβερ).
[Aq., Sm., Th. Jd. 4. 11.]

Χαβρά. כַּבּוֹן

Jo. 15. 40 (B) (Luc. Χαββω).

Χαβρείμ. in libr. apocr.

Ju. 8. 10 (A).

Χαβρείς, Χάβρεις (-ειν). in libr. apocr.

Ju. 6. 15 (11): 8. 10 (B S): 10. 6.

Χαβώλ. כָּבוּל

Jo. 19. 27 (A) (Luc. Χοβωλ).

Χαβώρ. חָבוֹר

I Ch. 5. 26 (Luc. Αβωρ).

Χαδάν. aliter in Heb.

I Ch. 26. 21 (B) (לעדן) (Luc. Λααδαν).

Χαδάσαι. in libr. apocr.

I Es. 5. 20 (A^{vid}) (abest in Ezr. 2. 26: Ne. 7. 30) (Luc. *om.*).

Χάδεος. aliter in Heb.

Je. 28 (51). 54 (S*) (כשדים).

Χαδιάσαι. in libr. apocr.

I Es. 5. 20 (B) (abest in Ezr. 2. 26: Ne. 7. 30) (Luc. *om.*).

Χαήλ. aliter in Heb.

II Es. 10. 30 (B) (כלל) (Luc. Χαλμαναι).

Χαθλώς. כִּתְלִישׁ

Jo. 15. 40 (A) (Luc. Καθαλεις).

Χαιθάμ. aliter in Heb.

Je. 27 (50). 44 (S?) (איתן).

Χαιλεών, Χελαιών, Χελεών. כִּלְיוֹן

Luc. Χελλαιων: Joseph. Χελλίων.
Ru. 1. 2 (A), 5 (*Lucc.* Chellon): 4. 9.

Χαιλών (Χελών). (1) חֹלוֹן

Je. 31 (48). 21.

(2) חֵלֹן

Nu. 1. 9 (*Lugd.* Chelom): 2. 7: 7. 24, 29: 10. 16.

Χαιρέας (Χερέας, Χεραίας) (-αν, -ου).

in libr. apocr.

II Ma. 10. 32, 37.

Χαλά. חֲלַח

I Ch. 5. 26 (A) (Luc. Αλλαν).

Χαλαζά. כָּל־חֹזֶה

II Es. 21 (Ne. 11). 5 (A) (Luc. Χολαζα).

Χάλακ. כָּלַח

Ge. 10. 11 (E).

Χαλαμά. חֵילָם

[Th. II Ki. 10. 16.]

Χαλαμάκ. abest in Heb.

II Ki. 10. 16 (B) (חילם seq) (Luc. Χαλααμα) (Joseph. Χαλαμάς) (*Vind.* Chalama).

Χαλαννή. (1) כַּלְנֵה

Ge. 10. 10 (A D^a) (Samar. [Samaritan]) (*Lucc.* Chalane).

(2) כַּלְנוֹ

Is. 10. 9.

Χάλαχ. כָּלַח

Luc. Χαλακ. *Lucc.* Chalech.
Ge. 10. 11 (A), 12 (A).

Χαλγαεί. aliter in Heb.

Nu. 21. 11 (עיי העברים) (B) (Luc. Αχιλειμ χαιειμ).

Χαλδά. הֲדַד *v.* חֲדַד

Ge. 25. 15 (*D*) (Samar. [Samaritan]) (Luc. Χοδδαδ).

Χαλδαικός. כַּשְׂדִּים

Da. LXX. 1. 4.

Χαλδαῖος (-δεος) (incl. ἡ Χαλδαία).

(1) כַּשְׂדָּאָה

II Es. 5. 12 (A) (ק״).

(2) כַּשְׂדִּי

Ge. 11. 28, 31: 15. 7: IV Ki. 24. 2 (B): 25. 4, 5, 9 (10) (A), 13, 24, 25, 26 (B): II Ch. 36. 17 (כשדיים [״יהיר י״]): II Es. 19 (Ne. 9). 7: Hb. 1. 6: Is. 13. 19: 23. 13: 43. 14: 47. 1, 5: 48. 14, 20: Je. 21. 4, 9: 22. 25: 24. 5: 27 (50). 8, 10, 25, 35, 45: 28 (51). 4, 24, 35, 54 (A B S? Q): 39 (32). 4, 24, 25, 29, 43: 40 (33). 5: 42 (35). 11 (B $S^{c.a\,(?)\,mg}$ Q): 44 (37). 5, 8, 9, 10, 11, 13, 14: 45 (38). 2, 18, 19, 23: 47 (40). 9, 10: 48 (41). 3, 18: 50 (43). 3: 52. 7, 8, 14, 17: Ez. 1. 2 (3): 11. 24: 12. 13: 16. 29: 23. 14 (כשדיים*, כשדים [ק״]), 15, 16, 23: Da. LXX. 2. 2, 4: 9. 1: Da. TH. 1. 4: 2. 2, 4: 9. 1.

[Aq. Ge. 11. 28: Jb. 1. 17: Je. 40 (47). 9: 50 (27). 1: 51 (28). 24.]
[Sm. Ge. 11. 28: Je. 38 (45). 19: 40 (47). 9: 50 (27). 45: 51 (28). 24.]
[Th. Ge. 11. 28: Je. 39 (32). 5, 28: 46 (39). 5, 8: Da. 5. 30 (Syr. mg).]

(3) כַּשְׂדָּי

Da. LXX., TH. 2. 10.

(4) כַּשְׂדָּיֵא *v.* כַּסְדָּיֵא

II Es. 5. 12 (A)*: Da. LXX. 2. 5, 10: 5. 7, 30: Da. TH. 2. 5, 10: 4. 4 (7): 5. 7, 30 (B).
[Th. Da. 4. 4: 5. 30.]

(5) כַּשְׂדָּאִין

Da. LXX. 3. 8: Da. TH. 3. 8: 5. 11.

(6) aliter in Heb.

Je. 28 (51). 1 (רב קמי), 64 (B) (pro κακῶν): Ez. 17. 4 (A) (כנען): 23. 20 (פלגשיהם): Da. TH. 7. 1 (בבל).

(7) abest in Heb.

II Ch. 36. 5 b: Je. 27 (50). 22: Da. TH. 2. 7 (A): 5. 15 (Q).

(8) in libr. apocr.

I Es. 1. 49 (52) (=כשדיים [״יהיר י״] II Ch. 36. 17): 4. 45, 50 (B) (Luc. Ἰδουμαῖοι): 6. 14 (15) (= כסדיא*, כשדאה [ק״] Ezr. 5. 12): Ju. 2. 23 (13) (B): 5. 6, 7: Ba. 1. 2: Ep. Je. 40: Da. LXX. 3. 25, 48: Da. TH. 3. 48.

Χαλδαιστί. abest in Heb.

Da. LXX. 2. 26.

Χάλδεος, *vid.* **Χαλδαῖος.**

Χαλεά. aliter in Heb.

II Es. 21 (Ne. 11). 5 (B S) (כל־חזה) (Luc. Χολαζα).

Χαλέβ. (1) כָּלֵב

Joseph. Χάλεβος.
Nu. 13. 7 (6), 31 (30) (*Lugd.* Chalep): 14. 6, 24, 30, 38: 26. 65 (A $B^{?\,vid}$ F): 32. 12: 34. 19: De. 1. 36: Jo. 14. 6, 13, 14: 15. 13, 14, 16, 17, 18: 21. 12: Jd. 1. 12, 13 (λεβ sup ras $A^{a?}$), 14, 15, 20: 3. 9: I Ki. 30. 14 (A) (Luc. Χελουβ): I Ch. 2. 18, 19, 24, 42 (B), 46, 48, 49, 50: 4. 15: 6. 56 (41).

(2) כְּלוּב

I Ch. 4. 14.

(3) כְּלוּבָי

I Ch. 2. 9 (A) (Luc. Χαλωβι).

(4) aliter in Heb.

Jd. 5. 24 (A) (חבר) (Luc. Χαβερ).

(5) abest in Heb.

Jo. 15. 15, 19 (A): Jd. 1. 13 (B).

(6) in libr. apocr.

Si. 46. 7 (9), 9 (11): I Ma. 2. 56.

Χαλειά. [י]כָלְיָהוּ

IV Ki. 15. 2 (B) (Luc. Ιεχελια) (*Lucc.* Ieccelia).

Χάλεκ. כָּלַח

Ge. 10. 12 (E) (Luc. Χαλακ).

Χαλέμ. aliter in Heb.

I Ch. 2. 42 (A) (כלב) (Luc. Χαλεβ).

Χαλήλ. כָּלָל

II Es. 10. 30 (A) (Luc. Χαλμαναι).

Χαλκά. aliter in Heb.

I Ch. 2. 6 (B) (כלכל) (Luc. Καλχαδ).

Χαλκάδ. aliter in Heb.

III Ki. 4. 27 (5. 11) (B) (כלכל) (Luc. Χαλκαλ) (Joseph. Χάλκεος, Χάρκεος).

Χαλκηδών. תַּרְשִׁישׁ

Ez. 38. 13 (A).

Χαλκίας (-ου). חִלְקִיָּהוּ

IV Ki. 18. 18 (A) (Luc. *om.*).

Χαλμείς. in libr. apocr.

Ju. 6. 15 (11) (A).

Χαλοείμ. כַּסְלֻחִים

Ge. 10. 14 (E) (Luc. Χασλωνιειμ).

Χαλού. חֹלֹן

Jo. 15. 51 (B) (Luc. Χειλου).

Χαλφεί. in libr. apocr.
I Ma. 11. 70 (A V).

Χαλχάλ. כַּלְכֹּל
III Ki. 4. 27 (5. 11) (A) (Luc. Χαλκαλ): I Ch. 2. 6 (A) (Luc. Καλχαδ).

Χάμ. (1) חָם
Joseph. Χαμᾶς.
Ge. 6. 1 (5. 32) (E), 10 (D E): 7. 13: 9. 18, 18 (A D), 22: 10. 1, 6, 20: I Ch. 1. 4, 8: 4. 40: Ps. 77 (78). 51: 104 (105). 23, 27: 105 (106). 22.
[Aq., Sm. Ps. 77 (78). 51.]
(2) aliter in Heb.
Luc. Χανααν.
Ge. 9. 25 (E) (כנען), 27 (E) (כנען).

Χαμαάμ.
Luc. Αχιμααμ.
(1) כִּמְהָם
Joseph. Ἀχίμανος.
II Ki. 19. 37 (38) (B), 38 (39) (B^{ab} [μα superscr]).
(2) כִּמְהָן
II Ki. 19. 40 (41) (B).

Χαμμάς. aliter in Heb.
II Es. 2. 27 (A) (מכמש) (Luc. Μακμας).

Χαμματά. חַמָּה
Jo. 15. 54 (A) (Luc. Αμματα).

Χαμωάμ. כְּמוֹהָם
[Sm. Je. 41 (48). 17.]

Χαμώθ (B), **Χαμών** (A). חַמּוֹן
I Ch. 6. 76 (61) (Luc. Χαμωθ).

Χαμώς, ὁ, οἱ. (1) כְּמוֹשׁ
Nu. 21. 29 (*Lugd.* Thamos): Jd. 11. 24 (A B^{ab}): III Ki. 11. 5 (7), 33 (*Lu.* Cama): IV Ki. 23. 13 (B): Je. 31 (48). 7 (ק״), 13.
[Aq. IV Ki. 23. 13 (Bi.).]
[Th. Je. 48 (31). 46.]
(2) כְּמִישׁ
Je. 31 (48). 7*.

Χανάα. כַּנֵּה
Ez. 27. 23 (B).

Χανάαν, Χανаάν. (1) כְּנַעַן
Lugd. Channaan (saepissime).
Ge. 9. 18, 22, 25 (A D), 26, 27 (A D): 10. 6, 15: 11. 31: 12. 5, 5 (A D) (Luc. *om.*): 13. 12: 16. 3: 17. 8: 23. 2, 19: 28. 1 (Luc. Χαναναίων), 6 (Luc. Χαναναίων), 8: 31. 18: 33. 18: 35. 6: 36. 5, 6: 37. 1: 42. 5, 7, 13, 29, 32: 44. 8 (A D): 45. 17, 25: 46. 6, 12, 31: 47. 1, 4, 13, 14, 15 (Samar. [Samaritan]): 48. 3, 7: 49. 30 (A B F): 50. 5, 13: Ex. 15. 15: Le. 18. 3 (*Wirc.* Chanaam): 25. 38 (Luc. Χαναναίων): Nu. 13. 18 (17): 26. 15 (19): 27. 12 (Samar. *om.*) (*Lugd.* Cannaan): 32. 30, 32: 33. 40, 51: 34. 2 *bis*, 29: 35. 10, 14: De. 32. 49: Jo. 14. 1: 21. 2: 22. 9, 10, 11, 32: Jd. 3. 1: 4. 2 (A B?), 23, 24, 24 (B) (Luc. *om.*): 5. 19: 21. 12: I Ch. 1. 8, 13 (A): 16. 18: Ps. 104 (105). 11: 105 (106). 38: 134 (135). 11: Ho. 12. 7 (8): Ze. 1. 11: 2. 5: Is. 23. 11: Ez. 16. 29 (Q $Γ^{vid}$): 17. 4 (B Q) (*Weingart.* Chanaam).
[Aq., Th. Jo. 5. 12.]
[Sm. Ex. 16. 35: Jo. 5. 12.]
(2) כְּנַעֲנָה
III Ki. 22. 24: I Ch. 7. 10 (B): II Ch. 18. 10 (B), 23 (B).
(3) כְּנַעֲנִי
Ge. 50. 11 (Samar. [Samaritan]): De. 11. 30: Jo. 13. 4: Ez. 16. 3.
(4) aliter in Heb.
De. 32. 49 (B) (מואב) (Luc. Μωαβ): II Ki. 19. 37 (38) (A) (כמהם) (Luc. Αχιμααμ et in seqq), 38 (39) (A) (כמהם), 40 (41) (A) (כמהן): Is. 23. 8 (Q^{mg} sub ※) (כנעניה): Ez. 27. 23 (A Q) (כנה).
[Sm. Jd. 10. 12 (מעון).]
[Th. Is. 23. 8 (כנעניה).]
(5) abest in Heb.
Ge. 16. 2 (D) (Luc. *om.*): 35. 27: 36. 6: Ex. 12. 40 (*Mon.* Canan): Nu. 32. 30: II Es. 20. 38 (Ne. 10. 39) (S*) (Luc. *om.*).
(6) in libr. apocr.
Si. 16. 9 (10) ($S^{c.a}$): Ju. 5. 3, 9, 10 (9): Ba. 3. 22: Da. TH. Su. 56: I Ma. 9. 37.
[Th. Da. Su. 56 (Syr^{mg}): Da. 13. 56.]

Χανααvά. כְּנַעֲנָה
II Ch. 18. 10 (A) (Luc. Χανααν).

Χανααvεῖτις (-νῖτ.) (-ιν, -ιδι). (1) כְּנַעַן
Is. 19. 18 (B).
(2) כְּנַעֲנִית
I Ch. 2. 3 (Luc. Χαναvῖτις).
(3) aliter in Heb.
Za. 11. 7 (B Q) (εἰς τὴν Χ. = לכן עניי).

Χαναῖος. כְּנַעֲנִי
Luc. Χαναναῖος.
Jo. 17. 13 (A): Jd. 1. 27 (A), 29 (A).

Χανάν. כְּנַעַן
Ge. 44. 8 (F) (Luc. Χανααν).

Χανανά. כְּנַעֲנָה
Luc. Χανααν.
III Ki. 22. 11 (A): II Ch. 18. 23 (A) (Χα|νανα).

Χαναναῖος (-νεος). (1) כְּנַעַן
Ge. 36. 2: 49. 30 (*D*) (Luc. Χανααν): Ex. 6. 4: Le. 14. 34: Nu. 13. 3 (2): Ez. 16. 29 (A).
(2) כְּנַעֲנִי
Ge. 10. 18, 19 (-ων A E^{b}, -ον E*): 12. 6: 13. 7: 15. 20 (21): 24. 3, 37: 34. 30: 38. 2: Ex. 3. 8, 17: 13. 5 (*Mon.* Cananeus), 11: 23. 23, 28: 33. 2 (A B^{ab} F): 34. 11 (*Wirc.* Channaneus): Nu. 13. 30 (29) (*Lugd.* Channaneus): 14. 25, 43, 45: 21. 1 (A) (Luc. Χαναvεις): De. 1. 7 (ναι sup ras $B^{?\,vid}$): 7. 1 (*Lugd.* Hannaneus): 20. 17: Jo. 3. 10: 7. 9: 9. 1: 11. 3: 12. 8: 13. 3 (A): 16. 10 *bis*: 17. 12, 13 (B), 16, 18: 24. 11: Jd. 1. 1, 3, 4, 5 (A $B^{ab\,mg\,inf}$), 9 (Χανα sup ras B^{ab}), 10, 17, 27 (B), 28, 29 (B), 29, 30, 32, 33: 3. 3, 5: II Ki. 24. 7 (Luc. Χαναvι): III Ki. 9. 16 (A) (Luc. *om.*): II Es. 19 (Ne. 9). 8, 24: Pr. 29. 42 (31. 24): Ob. 1. 20: Za. 14. 21.
[Aq. Ex. 6. 15: Jb. 40. 25 (30).]
[Sm., Th. Ex. 6. 15.]
(3) aliter in Heb.
Jo. 11. 3 (A*) (אמרי) (Luc. Ἀμορραῖος): II Ki. 23. 8 (תחכמני) (Luc. Θεκεμανει): IV Ki. 25. 26 (A) (כשדי) (Luc. Χαλδαῖος): Ho. 4. 18 (סבעם): Za. 11. 11 (כן עניי).
(4) abest in Heb.
Jo. 13. 2, 13: 16. 10: III Ki. 9. 20 (A): 10. 24 (9. 20) (B).
(5) in libr. apocr.
I Es. 8. 66 (70) (= כנעני Ezr. 9. 1): Ju. 5. 16 (20).

Χαναvάν. כְּנַעֲנָה
I Ch. 7. 10 (A) (Luc. Χανααν).

Χαναναναῖος. כְּנַעֲנִי
Jo. 13. 3 (B) (Luc. Χαναναῖος).

Χαναvεί (-νί). (1) כְּנָנִי
II Es. 19 (Ne. 9). 4 (A $S^{c.a}$) (Luc. Χωνενιας).
(2) כְּנַעֲנִי
Nu. 21. 3 (A) (Luc. Χαναvειν): II Es. 9. 1 (Luc. Χαναναῖος).

Χαναvεῖς (-νίς) (-ειν [-ιν]). כְּנַעֲנִי
Nu. 21. 1 (B F), 3 (B F): 33. 40 (Luc. Χαναναῖος?).

Χαναvείτης. כְּנַעֲנִי
III Ki. 4. 32 (9. 16) (B) (Luc. Χανααvίτης).

Χαναvεῖτις (-νῖτ.) (-ιν). (1) כְּנַעַן
Is. 19. 18 (A S Q Γ).
(2) כְּנַעֲנִית
Ge. 46. 10.
(3) aliter in Heb.
Za. 11. 7 (A S) (εἰς τὴν Χ. = לכן עניי).

Χανάνεος, *vid.* **Χαναναῖος.**

Χανανί, *vid.* **Χαναvεί.**

Χανανίς, *vid.* **Χαναvεῖς.**

Χανανῖτις, *vid.* **Χαναvεῖτις.**

Χαννά. aliter in Heb.
Jo. 15. 51 (B) (גלה) (Luc. Λανου).

Χανουναῖος. in libr. apocr.
I Es. 8. 47 (49) ($A^{a?}$ B) (= מררי Ezr. 8. 19) (Luc. Μεραρει).

Χαρά. in libr. apocr.
I Es. 5. 36 (A) (= כרוב Ezr. 2. 59: Ne. 7. 61) (Luc. Χερουβ[ιδαν]).

Χαρααθαλάν. in libr. apocr.
I Es. 5. 36 (B) (= כרוב אדן Ezr. 2. 59: כרוב אדון Ne. 7. 61) (Luc. Χερουβιδαν).

Χαραβείν. aliter in Heb.
Je. 42 (35). 3 (A) (רכבים).

Χαραδάθ. חֲרָדָה
Luc. Χαραδαδ.
Nu. 33. 24 (*Mon.* Carada: *Lugd.* Charath), 25.

Χαραιφεί. חֲרִיפִי*, חֲרוּפִי [ק״]
I Ch. 12. 5 (B S) (Luc. Χαραφι).

Χαράν. חָרָן
Is. 37. 12 (S*).

Χάραξ. in libr. apocr.
II Ma. 12. 17.

Χαρεά. in libr. apocr.
I Es. 5. 32 (A) (= חרשא Ezr. 2. 52: Ne. 7. 54) (Luc. *om.*).

Χαρήβ (B), **Χαρήμ** (A). חָרִם
I Ch. 24. 8 (Luc. Χειραμ) (*Lucc.* Choreb).

Χαρκαμύς. in libr. apocr.
I Es. 1. 23 (25) (B) (= כרכמיש II Ch. 35. 20) (Luc. Χαρκαμεις).

Χαρκηδόνιοι. תַּרְשִׁישׁ
Ez. 27. 12 (A).

Χαρκηδών. תַּרְשִׁישׁ
Is. 23. 1 (B* S*), 14 (S*).

Χαρμαδαί. aliter in Heb.
I Ch. 11. 37 (B S) (כרמלי) (Luc. Χερμελλι).

Χαρμάν. aliter in Heb.
Ez. 27. 23 (כלמד).

Χαρμεί (-μί). כַּרְמִי
Ge. 46. 9 (Joseph. Χάρμισος): Ex. 6. 14 (*Lugd.* Charmin): Nu. 26. 6 (*Lugd.* Diarmi) *bis*: Jo. 7. 1, 18 (F): I Ch. 2. 7: 4. 1: 5. 3.

Χάρμεις, Χαρμείς (-μίς) (-μειν, -μιν).
(1) aliter in Heb.
Je. 26 (46). 2 (A B S) (כרכמש).
(2) in libr. apocr.
Ju. 6. 15 (11) (B S): 8. 10: 10. 6.

Χαρμή. in libr. apocr.
I Es. 5. 25 (= חרם Ezr. 2. 39 : Ne. 7. 42) (Luc. Αραμ).

Χαρμί, *vid.* **Χαρμεί.**

Χαρμίς, *vid.* **Χαρμείς.**

Χαρούβ. כְּרוּב
II Es. 17 (Ne. 7). 61 (B S*) (Luc. Αχερουβ).

Χαρούς. aliter in Heb.
II Es. 2. 59 (B) (כרוב) (Luc. Χερουβ).

Χαρρά (-ᾶς). חָרָן
Ge. 29. 4 (E) (Luc. Χαρραν) : Ez. 27. 23 (B Q*).

Χαρράν. (1) חָרָן
Ge. 11. 31 (Joseph. Χαρρά), 32 : 12. 4, 5 : 27. 43 (*Lugd.* Charra) : 28. 10 : 29. 4 (A D) : IV Ki. 19. 12 : Is. 37. 12 (A B S^c.b O Q Γ) : Ez. 27. 23 (A Q^a).

(2) כְּרָן
Ge. 36. 26 : I Ch. 1. 41.

(3) aliter in Heb.
Am. 1. 5 (עדן).

(4) abest in Heb.
Ge. 11. 32 (Luc. *om.*).

Χαρρεί. aliter in Heb.
II Ki. 20. 14 (ברים) (Luc. πόλις).

Χαρσείθ (-σίθ). חַרְסוּת*, חַרְסִית [ק״]
Je. 19. 2 (A S^c.a Q).

Χαρφαρσαραμά. in libr. apocr.
I Ma. 7. 31 (A) (Joseph. Καφαρσαλαμά).

Χάσαδ. כֶּשֶׂד
Ge. 22. 22 (*D*) (Luc. Χαζαθ).

Χασαλεύ. in libr. apocr.
I Ma. 1. 54 (S*) : 4. 52 (S*).

Χασαλώθ. כְּסֻלּוֹת
Jo. 19. 18 (B) (Luc. Αχασελωθ).

Χασαλωθβαθώρ. כִּסְלֹת תָּבֹר
Jo. 19. 12 (A) (Luc. Χασελλαθ Θαβωρ).

Χασαλών. כְּסָלוֹן
Jo. 15. 10 (A).

Χασβεί (-βί). (1) כָּזְבִּי
Nu. 25. 15 (Samar. ΛΥΠΑ ΔΔΔ) (Joseph. Χοσβία) (*Lugd.* Hasbi), 18 (*Lugd.* Hasbin).

(2) כְּזִיב
Ge. 38. 5 (Samar. ΔΔΔ) (*Lugd.* Chasbin).

Χασεβά. in libr. apocr.
I Es. 5. 31 (? = נזם Ezr. 2. 48 : Ne. 7. 51) (Luc. Γαζαμ).

Χασεηλού. כִּסְלֵו
II Es. 11 (Ne. 1). 1 (A) (Luc. Χασαλευ).

Χασείρ. כְּסִיל
Jo. 15. 30 (A) (Luc. Σειειλ).

Χασελεού. in libr. apocr.
I Ma. 4. 52 (A).

Χασελεύ. (1) כִּסְלֵו
Za. 7. 1 (A B Q Γ^a).

(2) in libr. apocr.
I Ma. 1. 54 (A S^c.a V) (Joseph. Ἐξελέους, Κασελεύς) : 4. 52 (S? V), 59 : II Ma. 1. 9, 18 : 10. 5.

Χασελωθαιθ. כִּסְלֹת תָּ[בֹר]
Jo. 19. 12 (B) (Luc. Χασελλαθ Θαβωρ).

Χάσζαδ. כֶּשֶׂד
Ge. 22. 22 (A) (Luc. Χαζαθ) (Joseph. Ζάχαμος).

Χασιλεύ (S^1? c.a,c.b), **Χασλεύ** (Γ*). כִּסְלֵו
Za. 7. 1.

Χασλών. (1) כִּסְלוֹן
Nu. 34. 21 (*Mon.* Chasron : *Lugd.* Chedon).

(2) כְּסָלוֹן
Jo. 15. 10 (B) (Luc. Χασαλων).

Χασλωνιείμ. כַּסְלֻחִים
I Ch. 1. 12 (A^a? [sup ras]) (Luc. Χασλωειμ).

Χασμωνιείμ. כַּסְלֻחִים
Ge. 10. 14 (A) (Joseph. Χέσλοιμος) (Luc. Χασλωνιειμ) (*Lucc.* Caslonim).

Χασφώθ (A), **Χασφών** (S). in libr. apocr.
I Ma. 5. 36 (Joseph. Χασφο[μάκη]).

Χαταρωθεί. אַרְכִּי עֲטָרוֹת
Jo. 16. 2 (B) (Luc. Αρχι Αταρωθ).

Χαττούς. חַטּוּשׁ
I Ch. 3. 22 (B) (Luc. Ατους).

Χάφ. (1) חָם
Luc. Χαμ.
Ge. 6. 1 (5. 32) (A), 10 (A).

(2) abest in Heb. (lit. alphab.).
La. 1. 11 : 2. 11 : 3. 32, 33 (Q) : 4. 11 (B Q).

Χαφαρσαλαμά. in libr. apocr.
I Ma. 7. 31 (S^1 V).

Χαφεί. in libr. apocr.
I Ma. 11. 70 (S).

Χαφεναθά. in libr. apocr.
I Ma. 12. 37.

Χαφθοριείμ. כַּפְתֹּרִים
Ge. 10. 14 (Luc. Καφθοριειμ) (Joseph. Χέφθωμος) (*Lucc.* Chapterini).

Χαφθώρ. כַּפְתּוֹר
[**Aq.** De. 2. 23.]

Χαφθωρείμ. כַּפְתֹּרִים
[**Aq.** De. 2. 23.]

Χαφιρά. כְּפִירָה
II Es. 17 (Ne. 7). 29 (A [ι sup ras 2 litt A^a?]) (Luc. Κεφειρα).

Χαφοριείμ. aliter in Heb.
I Ch. 1. 12 (A^a? [sup ras]) (כפתרים) (Luc. Καφθοριειμ).

Χεββά. aliter in Heb.
Jd. 1. 31 (B) (חלבה) (Luc. Ελβα).

Χεβρών. (1) חֶבְרוֹן
Ge. 13. 18 : 23. 2 (Joseph. Νεβρών), 19 : 35. 27 (A D) : 37. 14 : Ex. 6. 18 (*Lugd.* Hebron : *Lucc.* Cebron) : Nu. 3. 19 : 13. 23 (22) (Joseph. Ἐβρών) (*Lugd.* Chebron 2°) *bis* : Jo. 10. 3, 5, 23, 36, 39 : 11. 21 : 12. 10 : 14. 13, 14, 15 : 15. 13, 54 : 20. 7 (Joseph. Ἱέβρων) : 21. 11, 13 : Jd. 1. 10 (B), 10, 20 : 16. 3 : I Ki. 30. 31 : II Ki. 2. 1 (Joseph. Γιβρων), 3, 11 (A), 32 : 3. 2, 5, 19, 20, 22, 27, 32 : 4. 1, 8, 12 : 5. 1 (*Vind.* Cebron), 3 *bis*, 5, 13 : 15. 7, 9, 10 : III Ki. 2. 11 : I Ch. 2. 42, 43 : 3. 1, 4 : 6. 2 (5. 28), 18 (3), 55 (40), 57 (42) : 11. 1, 3 *bis* : 12. 23, 38 : 15. 9 : 23. 12, 19 : 29. 27 : II Ch. 11. 10.

(2) חֶבְרוֹנִי
I Ch. 26. 23.

(3) חֶבְרֹנִי
Nu. 26. 58 (A) (Luc. Χεβρωνι).

(4) קִטְרוֹן
Jd. 1. 30 (A) (Luc. Κεδρων).

(5) aliter in Heb.
Ez. 27. 18 (A) (חלבון).

(6) abest in Heb.
Jd. 1. 10 (B) : II Ki. 2. 2 (B), 13 (A) : III Ki. 2. 35 l (Luc. Γαβαθα).

(7) in libr. apocr.
Ju. 2. 24 (14) (S) : I Ma. 5. 65 : 15. 41 (S^c.a, c.b).

Χεβρωνεί (-νί). (1) חֶבְרוֹנִי
I Ch. 26. 30, 31 *bis*.

(2) חֶבְרֹנִי
Nu. 26. 58 (B F) (*Lugd.* Chebroni).

Χεβρωνείς. חֶבְרֹנִי
Nu. 3. 27 (A B) (Luc. Χεβρων εἰς) (*Lugd.* Ochebron [ὁ X.]).

Χεβρωνί, *vid.* **Χεβρωνεί.**

Χεζράθ. aliter in Heb.
III Ki. 15. 20 (B) (כנרות) (Luc. Χενερεθ).

Χεικάμ. [אֲ]חִיקָם
Je. 48 (41). 10 (S*).

Χειλών. aliter in Heb.
I Ch. 13. 9 (A) (כידן) (Luc. Χεδων) (Joseph. Χειδών).

Χειμά (Χιμά). (1) aliter in Heb.
I Ch. 5. 13 (B) (יעכן) (Luc. Ιωαχα).

(2) in libr. apocr.
Ju. 6. 15 (A).

Χειράμ (Χιράμ). (1) חוּרָם
I Ch. 14. 1 (ק״) : II Ch. 2. 3 (2), 11 (10), 12 (11), 13 (12) : 4. 11, 11 (ק״), 16 : 8. 2 (A), 18 : 9. 10, 21.

(2) חִירוֹם
III Ki. 5. 10 (24) (*Quedl.* Chira), 17 (32) (A) : 6. 3 (5. 32) (B) : 7. 26 (40).

(3) חִירָם
II Ki. 5. 11 (Joseph. Εἴρωμος, Ἱέρωμος) (*Vind.* Thyra) : III Ki. 5. 1 (15) *bis*, 2 (16), 7 (21), 8 (22) (A), 11 (25) *bis*, 12 (26) : 7. 1 (13) (Joseph. Χείρωμος), 26 (40), 31 (45) : 9. 11 *bis*, 12, 14, 27 : 10. 11, 22 : I Ch. 14. 1* : II Ch. 4. 11*.
[**Aq.** III Ki. 5. 1 (15) *bis*, 11 (25).]
[**Sm., Th.** III Ki. 5. 1 (15) *bis*, 2 (16), 8 (22).]

(4) abest in Heb.
III Ki. 7. 31 (45).

Χελαιούδ (-λεούδ). in libr. apocr.
Ju. 1. 6 (A S^c.a).

Χελαιών, *vid.* **Χαιλεών.**

Χελβώ (Q), **Χελβών** (B). חֶלְבּוֹן
Ez. 27. 18.

Χέλεγ. חֵלֶק
Nu. 26. 34 (30) (B) (Luc. Χελεκ).

Χελεγεί. חֶלְקִי
Nu. 26. 34 (30) (B) (Luc. Χελεκι).

Χελεθθεί. aliter in Heb.
II Ki. 8. 18 (B) (כרתי) (Luc. Χερεθι) : 20. 7 (B*) (כרתי) (Luc. *om.*), 23 (B) (כרי*, כרתי [ק״]) (Luc. δυνάστας).

Χέλεκ. חֵלֶק
Nu. 26. 34 (30) (A).

Χελεκί. חֶלְקִי
Nu. 26. 34 (30) (A F).

Χέλεοι. in libr. apocr.
Ju. 2. 23 (13) (A S).

Χελεούδ, *vid.* **Χελαιούδ.**

Χελεούλ. in libr. apocr.
Ju. 1. 6 (B).

Χέλεχ. חֵלֶק

Nu. 26. 34 (30) (F) (Luc. Χελεκ).

Χελεών, *vid.* Χαιλεών.

Χελιά. *כְּלוּהַי ,כְּלוּהוּ [ק״]

II Es. 10. 35 (A) (Luc. Χελιασουβ).

Χελκάθ. חֶלְקַת

Jo. 19. 25 (A) (Luc. Ελκαθ).

Χελκανά. [נַ]חַל קָנָה

Jo. 16. 8 (B) (Luc. χειμάρρου Κανα).

Χελκάτ. חֶלְקַת

Jo. 21. 31 (B) (Luc. Χαλκαθ).

Χελκειά (-κιά). (1) חִלְקִיָּה

I Ch. 9. 11 (B) (Luc. Ἑλκίας): II Es. 18 (Ne. 8). 4 (A S) (Luc. Χελκίας).

(2) aliter in Heb.

II Es. 10. 35 (B S) (כלוהי*, כלוהו [ק״]) (Luc. Χελιασουβ): 11 (Ne. 1). 1 (B) (חכליה) (Luc. Χελκίας).

Χελκείας (-κίας) (-αν, -ου, -ᾳ). (1) חִלְקִיָּה

IV Ki. 18. 37: 22. 8, 10, 12: I Ch. 6. 13 (5. 39) *bis* (Joseph. Ἑλκίας): II Ch. 35. 8: II Es. 22 (Ne. 12). 7 (S[c.a mg sup]): Je. 36 (29). 3.

(2) חִלְקִיָּהוּ

IV Ki. 18. 18 (B) (Luc. *om.*), 26: 22. 4 (Joseph. Ἐλιακίας, Χελκίας), 8, 14: 23. 4, 24: II Ch. 34. 9 (Luc. Χελκια), 14, 15 *bis*, 18, 20, 22: Is. 22. 20: 36. 3, 22: Je. 1. 1.

[Aq., Sm., Th., Heb. Je. 1. 1.]

(3) abest in Heb.

IV Ki. 18. 37 (A) (Luc. *om.*): II Ch. 35. 19 a: Is. 36. 11 (S[mg, 1? a.b? Γ]).

(4) in libr. apocr.

I Es. 1. 8 (= חלקיה II Ch. 35. 8): 8. 1 (= חלקיה Ezr. 7. 1): Ju. 8. 1 (B S): Ba. 1. 1, 7: Da. LXX. Su. 2 (*Wirc.* Elchiae [genit]), 7, 29: Da. TH. Su. 2, 29, 63.

Χελκειό. חִלְקִיָּה

II Es. 7. 1 (A) (? -κείου) (Luc. Χελκίας).

Χελκιά, *vid.* Χελκειά.

Χελκίας. *vid.* Χελκείας.

Χέλλης. (1) חֶלֶץ

I Ch. 2. 39 (Luc. Αλλαν) *bis*.

(2) חֶלֶץ

I Ch. 11. 27 (Luc. Ελλης): 27. 10 (A).

(3) aliter in Heb.

II Ch. 34. 22 (B) (חסרה) (Luc. Ασερ).

Χελμάθ. aliter in Heb.

I Ki. 26. 1 (B) (חכילה) (Luc. Εχελα).

Χελμέλ. aliter in Heb.

Is. 29. 17 (Γ) (כרמל), 17 (S*) (כרמל).

Χελούβ. כְּלוּב

I Ch. 27. 26 (A) (Luc. Χαλουβ).

Χελούς. in libr. apocr.

Ju. 1. 9 (9[a]) (A B).

Χελχά. חֵלֶק

Jo. 12. 7 (B) (Luc. Αλοκ).

Χελχείας (-χίας). (1) חִלְקִיָּה

I Ch. 6. 46 (30) (A) (Luc. Χελκια): 9. 11 (A) (Luc. Ἑλκίας).

(2) חִלְקִיָּהוּ

I Ch. 26. 11 (A) (Luc. Χελκίας).

Χελών, *vid.* Χαιλών.

Χεμήρ. aliter in Heb.

II Es. 17 (Ne. 7). 40 (S) (אמר) (Luc. Εμμηρ).

Χενάρα. כִּנֶּרֶת

Nu. 34. 11 (B) (Luc. Χενερεθ) (*Lugd.* Chenara).

Χενεζεί. abest in Heb.

I Ch. 4. 12 (B) (Luc. Κενεζαῖος).

Χενενίας. כְּנַנְיָה

I Ch. 15. 27 (A) (Luc. Χονενίας).

Χενέρεθ, Χενερέθ. (1) כִּנְּרוֹת ,כִּנֶּרֶת

Jo. 11. 2 (F): 12. 3 (B F): III Ki. 15. 20 (A).

(2) כִּנֶּרֶת

Nu. 34. 11 (A F): Jo. 13. 27 (B) (Luc. Χενερωθ).

[Al. De. 3. 17.]

Χενερεθθί. כִּנְּרוֹת

Jo. 11. 2 (A) (Luc. Χενερεθ).

Χενέρωθ. כִּנֶּרֶת

Jo. 13. 27 (A): 19. 35 (A) (Luc. Χενερεθ).

Χεννέρεθ. כִּנְּרוֹת

Jo. 12. 3 (A) (Luc. Χενερεθ).

Χεραίας, *vid.* Χαιρέας.

Χεράμ. חוּרָם

II Ch. 8. 2 (B [Χειραμ]) (Luc. Χειραμ).

Χερέας, *vid.* Χαιρέας.

Χερεθθεί. (1) כְּרֵתִי

Luc. Χερεθι.

II Ki. 8. 18 (A): 15. 18 (Luc. Χετθι): 20. 7 (B[ab vid] [ρ superscr]) (Luc. *om.*), 23 (A) (ק״) (Luc. πλινθίου): III Ki. 1. 38 (Luc. Χορρι), 44 (Luc. Χορρι).

(2) aliter in Heb.

II Ki. 20. 23 (A) (כרי*) (Luc. πλινθίου).

Χερεθθιείν. כְּרֵתִים

[Aq. Ez. 25. 16.]

Χερηθαῖοι. כְּרֵתִי

[Sm. II Ki. 20. 23.]
[Al. II Ki. 8. 18.]

Χερηθεί (-θί). (1) כָּרִי

[Aq. II Ki. 20. 23*.]

(2) כְּרֵתִי

I Ki. 30. 14 (A) (Luc. Χορρι): I Ch. 18. 17 (A) (Luc. ἱερέων).

[Aq. II Ki. 20. 23 (ק״).]

Χερμέλ. כַּרְמֶל

Jo. 12. 22: 15. 55: Is. 29. 17 (A B S Q Z), 17 (A B S[c.b] Q Z Γ [?]): 32. 15 *bis*: 33. 9 (B Γ).

Χερόθ. [הַ]חִירֹת

[Th. Ex. 14. 2.]

Χερούβ. כְּרוּב

II Es. 2. 59 (A): 17 (Ne. 7). 61 (A S[a? c a?]) (Luc. Αχερουβ).

Χεσελεύ. כִּסְלֵו

II Es. 11 (Ne. 1). 1 (S[c.a mg]) (Luc. Χασαλευ).

Χεσλαιουδά. in libr. apocr.

Ju. 1. 6 (S*).

Χέσλης. aliter in Heb.

I Ch. 27. 10 (B) (חלץ) (Luc. Χελλης).

Χεσλούς. in libr. apocr.

Ju. 1. 9 (9[a]) (S).

Χέτ. חֵת

Ge. 23. 3, 5, 7, 10 *bis*, 16, 18, 20 (*Lucc.* Ceth): 25. 10 (A D): 27. 46: 49. 32.

Χεταῖος. חִתִּי

Luc. Χετταῖος.

Ge. 25. 9 (E): 26. 34 (E) *bis*: 36. 2 (E).

Χετεείν. כִּתִּים

[Al. Nu. 24. 24.]

Χετθί. חִתִּי

I Ch. 11. 41 (A).

Χετιείμ. כִּתִּים

[Aq., Sm., Th. Is. 23. 1.]

Χετιήλ. aliter in Heb.

I Ch. 4. 18 (B) (יקותיאל) (Luc. Ιεφθιηλ).

Χετταῖος. (1) גִּתִּי

Luc. Γεθθαῖος.

II Ki. 21. 19 (B [signa v l prae se fert B[? txt et mg]]): I Ch. 13. 13 (A).

(2) חֵת

Ge. 10. 15 (*Lucc.* Cettheus): I Ch. 1. 13 (A) (Luc. Εθ).

(3) חִתִּי

Ge. 15. 20: 23. 10: 25. 9 (A D): 26. 34 (A D): 36. 2 (A D): 49. 29, 30: 50. 13: Ex. 3. 8 (*Lugd.* Cheteus), 17: 13. 5 (*Mon.* Cettheus): 23. 23, 28: 33. 2 (*Mon.* Cetteus): 34. 11: Nu. 13. 30 (29): De. 7. 1: 20. 17: Jo. 1. 4 (F) (Luc. *om.*): 3. 10: 9. 1: 11. 3 (A B): 12. 8 (Luc. *om.*): 24. 11: Jd. 3. 5: I Ki. 26. 6: II Ki. 11. 3 (*Vind.* Cethaeus: *Lucc.* Cettheus), 6 (*Vind.* Cetthaeus), 17 (*Vind.* Hetaeus), 21, 24: 12. 9, 10: 23. 39 (Luc. Χεττει): III Ki. 9. 20 (A): 10. 24 (9. 20) (B): 11. 1: 15. 5 (A): IV Ki. 7. 6: II Ch. 1. 17 (B): 8. 7: II Es. 19 (Ne. 9). 8: Ez. 16. 3, 45 (A B Q[1(mg)]).

[Aq. Jo. 1. 4: III Ki. 15. 5.]
[Sm., Th. Jo. 1. 4.]

(4) in libr. apocr.

I Es. 8. 66 (70) (= חתי Ezr. 9. 1).

Χεττάν. כִּתִּים

[Sm. Ge. 10. 4.]

Χεττεί. (1) חִתִּי

I Ch. 11. 41 (B S) (Luc. Χετθι).

(2) abest in Heb.

II Ki. 15. 18 (B) (? = כרתי) (Luc. Χετθι).

Χεττείν. (1) חִתִּים

Jd. 1. 26 (B) (Luc. Χεττιειν).

(2) כִּתִּים

Ez. 27. 6 (B).

Χεττιείμ. (1) חִתִּים

Jd. 1. 26 (A) (Luc. Χεττιειν).

(2) כִּתִּיִּים

Je. 2. 10 (A B Q).

(3) כִּתִּים

Ez. 27. 6 (A Q) (*Weingart.* Chettiim): Da. TH 11. 30 (Q*).

(4) in libr. apocr.

I Ma. 1. 1.

Χεττιείν. (1) חִתִּים

III Ki. 10. 33 (29) (B) (Luc. Χεττιειμ).

(2) כִּתִּיִּים

Je. 2. 10 (S).

Χεττούρα (-ας). קְטוּרָה

Joseph. Κατούρα, Χατούρα.

Ge. 25. 1, 4: I Ch. 1. 32, 33.

Χεττούς. חַטּוּשׁ

I Ch. 3. 22 (A [χ sup ras A[b ?]]) (Luc. Ατους).

Χεφειρά. כְּפִירָה

Jo. 9. 23 (17) (A) (Luc. Κεφηρα): 18. 26 (A) (Luc. Κεφειρα).

Χηζείν. aliter in Heb.
I Ch. 24. 14 (15) (B) (חזיר) (Luc. Χηζειρ) (*Lucc.* Chezir).

Χήλ. aliter in Heb.
II Es. 10. 30 (S) (כלל) (Luc. Χαλμαναι).

Χθαόδ. aliter in Heb.
I Ch. 11. 30 (B) (חלד) (Luc. Αλαδ).

Χιά. [אֲ]חִיָּהוּ
II Ch. 10. 15 (A*) (Luc. Αχια).

Χιλουών. חֹלֹן
Jo. 15. 51 (A [Χιλουω̄]) (Luc. Χειλου).

Χιμά, *vid.* Χειμά.

Χιοῦν. כִּיּוּן
[Aq., Sm. Am. 5. 26.]

Χιράμ, *vid.* Χειράμ.

Χοάδ. aliter in Heb.
II Ch. 28. 12 (B) (חדלי) (Luc. Αδλι).

Χόαδδ. aliter in Heb.
I Ch. 11. 30 (S) (חלד) (Luc. Αλαδ).

Χοβάρ. (1) כְּבָר
Ez. 1. 1, 2 (3): 3. 15, 23: 10. 15, 20, 22: 43. 3.
[Th. Ez. 10. 22 (Q sub ※).]
(2) abest in Heb.
Jb. 42. 17 e (A).

Χόβερ. חֵבֶר
Nu. 26. 29 (45).

Χοβερεί (-ρί). חֶבְרִי
Nu. 26. 29 (45).

Χόβολ. חֶבֶר
Ge. 46. 17 (*D*) (Luc. Χοβορ).

Χοβούδ. aliter in Heb.
I Ch. 27. 26 (B) (כלוב) (Luc. Χαλουβ).

Χόβωλ. בֶּכֶר
Ge. 46. 21 (*D*) (Luc. Χοβορ).

Χοβώρ, Χόβωρ. (1) בֶּכֶר
Ge. 46. 21 (A) (Luc. Χοβορ) (Joseph. Βάκχαρις, Βαχάρης).
(2) חֶבֶר
Ge. 46. 17 (A) (Luc. Χοβορ) (Joseph. Ἀβαρός, Χωβαρός) (*Lugd.* Iobor).
(3) עַכְבּוֹר
Luc. Αχοβωρ.
Ge. 36. 38 (D), 39 (A* *D*) (Samar. *om.*).

Χοδαλλογόμορ. כְּדָרְלָעֹמֶר
Luc. Χοδολλογομορ.
Ge. 14. 4 (*D*), 17.

Χοδδάδ. (1) חֲדַד
I Ch. 1. 30 (A) (Luc. Αδαδ).
(2) חֲדַר *vel* הֲדַד
Ge. 25. 15 (E) (Samar. ࠇࠃࠃ) (Joseph. Χόδαμος).

Χοδδάν. חֲדַד *vel* חֲדַר
Ge. 25. 15 (A) (Samar. ࠇࠃࠃ) (Luc. Χοδδαδ).

Χοδολλαγόμορ. כְּדָרְלָעֹמֶר
Ge. 14. 1 (D) [Χ]οδολλα[γομορ] (Samar. ࠊࠃࠓ ࠋࠏࠌࠓ) (Luc. Χοδολλογομορ).

Χοδολλογόμορ. כְּדָרְלָעֹמֶר
Joseph. Χοδολάμορος.
Ge. 14. 1 (A E), 4 (A E), 5, 9.

Χοδχόδ. כַּדְכֹּד
[Aq., Sm., Th. Ez. 27. 16.]

Χολασεωλά. aliter in Heb.
Jo. 15. 28 (B) (חצר שועל).

Χολδαί (A), Χολδειά (B). חֶלְדַּי
I Ch. 27. 15 (Luc. Ολδια).

Χολθεί. כְּרֵתִי
I Ki. 30. 14 (B) (Luc. Χορρι).

Χονδάν. aliter in Heb.
I Ch. 1. 30 (B) (חדד) (Luc. Αδαδ).

Χορβέ. in libr. apocr.
I Es. 5. 12 (= זכי Ezr. 2. 9: Ne. 7. 14) (Luc. Ζακχαι).

Χορδαῖοι. חֹרִי
Ge. 14. 6 (E) (Luc. Χορραῖοι).

Χορεθθεί. כְּרֵתִי
II Ki. 20. 7 (A) (Luc. *om.*).

Χορεί. כָּרִי
IV Ki. 11. 19 (A) (Luc. Χορρι).

Χορράθ. כְּרִית
III Ki. 17. 3, 5.

Χορραῖος. (1) חִוִּי
Ge. 34. 2: Jo. 9. 13 (7).
(2) חֹרִי
Ge. 14. 6 (A): 36. 20, 21: De. 2. 12, 22.

Χορρεί (Χορρί). (1) חוֹרִי
I Ch. 1. 39.
(2) חֹרִי
Ge. 36. 22, 29, 30.
(3) כָּרִי
IV Ki. 11. 4, 19 (B).
[Th. IV Ki. 11. 4.]

Χορχόρ. aliter in Heb.
Ez. 27. 16 (B Q) (כדכד) (*Weingart.* Chorco).

Χοσάμαος (B), Χοσομαῖος (A).
in libr. apocr.
I Es. 9. 32 (? = שמריה Ezr. 10. 32) (Luc. Σαμαρίας).

Χουά. aliter in Heb.
IV Ki. 17. 24 (A) (כותה) (Luc. Χωθα).

Χουβάλ. aliter in Heb.
[Aq., Sm., Th. Ez. 30. 5 (כוב).]

Χούθ. (1) כּוּשׁ
Ge. 10. 7 (E) (Luc. Χους).
(2) כּוּת
IV Ki. 17. 30 (B) (Luc. Χωθα) (Joseph. Χούθης, Χουθᾶς).

Χουνθά. aliter in Heb.
IV Ki. 17. 24 (B) (כותה) (Luc. Χωθα).

Χούς. (1) כּוּשׁ
Ge. 10. 6 (Joseph. Χουσαῖος), 7 (A D), 8: I Ch. 1. 8, 9, 10.
(2) in libr. apocr.
Ju. 7. 18 (B S).

Χουσαρσαθάιμ.
Joseph. Χουσάρσαθος, Χούσαρθος.
(1) כּוּשַׁן רִשְׁעָתַיִם
Luc. Χουσανρεσαμωθ.
Jd. 3. 8 (*Lucc.* Chusarsaton), 8 (Luc. αὐτῷ), 10, 10 (B) (Luc. *om.*).
(2) abest in Heb.
Jd. 3. 10 (B) (Luc. *om.*).

Χουσεί (-σί). (1) חוּשַׁי
II Ki. 15. 32 (Joseph. Χουσίς), 37: 16. 16 *bis*, 17, 18: 17. 5, 6, 7, 8, 14, 15: III Ki. 4. 16: I Ch. 27. 33.

(2) כּוּשׁ
Ps. 7. 1.
(3) כּוּשִׁי
II Ki. 18. 21 *bis*, 22, 23, 31, 31 (A), 32 *bis*: Ze. 1. 1: Je. 43 (36). 14.
(4) in libr. apocr.
Ju. 7. 18 (A).

Χουχεί (-χί). aliter in Heb.
I Ch. 7. 36 (B) (סוח) (Luc. Σουε).

Χριστιανός. adnot. scr.
Ez. 47. 3 (Q^{mg}).

Χσέν (lit. alphab.). abest in Heb.
La. 1. 21 (B): 2. 21 (B): 3. 61 (B): 4. 21 (B).

Χωβά. in libr. apocr.
Ju. 4. 4 (3) (A B): 15. 4 (5) (S*), 5 (6).

Χωβαί. in libr. apocr.
Ju. 15. 4 (5) (A B S$^{c\,a}$).

Χωβάλ. חוֹבָה
Ge. 14. 15 (Luc. Χοβαλ) (Joseph. Ὠβά).

Χωβασμασομέλ. כָּבוּל מִשְּׂמֹאל
Jo. 19. 27 (B) (Luc. Χοβωλ ἀπὸ ἀριστερῶν).

Χωβήβ. aliter in Heb.
Ps. 105 (106). 19 (R^{vid}).

Χωβόρ. abest in Heb.
[Th. Jb. 42. 18.]

Χωζάρ. aliter in Heb.
I Ch. 5. 26 (B) (גוזן) (Luc. Γωζαν).

Χωζηβά. כֹּזֵבָא
I Ch. 4. 22 (A).

Χωθάμ. חוֹתָם
I Ch. 7. 32 (A) (Luc. Ουθαμ).

Χωθάν. חוֹתָם
I Ch. 7. 32 (B) (Luc. Ουθαμ): 11. 44 (A [α̅ι]).

Χωλά. in libr. apocr.
Ju. 15. 4 (5) (B).

Χωμενίας. aliter in Heb.
II Ch. 31. 12 (B) (כונניהו [יהיו ו״]) (Luc. Χωνενίας).

Χωνενειά (-νιά). כְּנַנְיָהוּ
I Ch. 15. 22 (A) (Luc. Ἰεχονίας): 26. 29 (B) (Luc. Χονενια).

Χωνενίας. כּוֹנַנְיָהוּ [יהיו ו״]
II Ch. 31. 13 (B): 35. 9 (A* B).

Χωρή. קוֹרֵא
I Ch. 9. 19 (A) (Luc. Κορε).

Χωρήβ. (1) חֹרֵב, חוֹרֵב
Ex. 3. 1: 17. 6: 33. 6 (*Lugd.* Chorebon): De. 1. 2, 6, 19 (B F): 4. 10, 15: 5. 2 (*Lugd.* Horeb): 9. 8: 18. 16: 29. 1 (28. 69): III Ki. 8. 9: 19. 8: II Ch. 5. 10: Ps. 105 (106). 19 (A B S T): Ma. 4. 6 (3. 22).
(2) עוֹרֵב
[Sm. Is. 10. 26.]
(3) in libr. apocr.
Si. 48. 7.

Χωχενίας. aliter in Heb.
Luc. Χωνενίας.
I Ch. 26. 29 (A) (כנניהו) (Luc. Χονενια): II Ch. 31. 12 (A) (כונניהו [יהיו ו״]), 13 (A) (כונניהו [יהיו ו״]): 35. 9 (A? [χ 2° sup ras]) (כונניהו [יהיו ו״]).

Ψ

Ψονθομφανήχ (A), **Ψονσομ' φανήχ** (E).
צָפְנַת פַּעְנֵחַ
Ge. 41. 45 (Samar. [illegible]) (Luc. Ψομθομφάνηχ) (Joseph. Ψονθονφάνηχον).

Ω

'Ωάβδειος (-διος). in libr. apocr.
I Es. 9. 27 (= עבדי Ezr. 10. 26) (Luc. Αβδια).

'Ωαχάλ. יוּכַל
Je. 45 (38). 1 (B*).

'Ωβάβ. (1) חֹבָב
Nu. 10. 29 (A) (Luc. Ιωβαβ).
(2) aliter in Heb.
I Ch. 7. 34 (B) (חבה) (Luc. Ιαβα).

Ὤβδη. aliter in Heb.
I Ch. 8. 22 (B) (עבר) (Luc. Αβερ).

'Ωβδί. aliter in Heb.
I Ch. 24. 27 (A) (עברי) (Luc. Αβαρια).

'Ωβήβ. aliter in Heb.
II Es. 21 (Ne. 11). 17 (B) (עבדא) (Luc. 'Αβδίας).

'Ωβήδ. (1) עוֹבֵד
Joseph. 'Ωβήδης.
Ru. 4. 17, 21, 22 : I Ch. 2. 12 (B) *bis*, 37, 38 : 26. 7 (B) : II Ch. 23. 1.
(2) aliter in Heb.
I Ch. 5. 13 (B) (עבר) (Luc. Εβερ) : 8. 12 (עבר) (Luc. Αβερ), 22 (A) (עבר) (Luc. Αβερ).

'Ωβήθ. (1) עֶבֶד
II Es. 8. 6 (B) (Luc. -αδαβ).
(2) in libr. apocr.
I Es. 8. 32 (35) (A) (= עבד Ezr. 8. 6) (Luc. -αδαβ υἱός).

'Ωβήν. aliter in Heb.
II Es. 8. 6 (A [-ῆ]) (עבד) (Luc. -αδαβ).

'Ωβώθ. אֹבֹת
Nu. 21. 10 (A B$^{\text{ab mg inf}}$ F), 11 (A B$^{\text{ab mg inf}}$ F) : 33. 43 (A F), 44 (A F).

Ὤγ. (1) עוֹג, עֹג
Joseph. Ὤγης.
Nu. 21. 33 : 32. 33 : De. 1. 4 : 3. 1 (A B$^{\text{b?c?}}$ F), 3, 4, 10, 11, 13 (A B^{ab} F) : 4. 47 (A B^{ab} F) : 29. 7 (6) : 31. 4 : Jo. 2. 10 : 9. 16 (10) : 12. 4 : 13. 12, 30, 31 : III Ki. 4. 18 (19) : II Es. 19 (Ne. 9). 22 : Ps. 134 (135). 11 : 135 (136). 20.
(2) abest in Heb.
Nu. 24. 23 (A B) (Luc. Γωγ).

'Ωγυνί. גּוּנִי
Nu. 26. 48 (Luc. Γωυνι).

Ὤδ, Ὦδ. (1) אֵהוּד
I Ch. 8. 6 (A) (Luc. Αωδ [mutato ordine verborum]).
(2) הוֹד
I Ch. 7. 37 (Luc. Ιηουδ).
(3) aliter in Heb.
I Ch. 25. 4 (B) (עזר) (Luc. -εζερ).

'Ωδάβ. aliter in Heb.
II Ki. 6. 6 (B$^{\text{?}}$) (נכון) (Luc. Ορνα).

'Ωδειά (-διά). הוֹדַוְיָהוּ
II Ch. 20. 37 (Luc. Δουδίας) (*Lu.* Oziae).

Ὧδερ. עֵדֶר
I Ch. 8. 15 (A) (Luc. Αδαρ).

Ὤδηδ, 'Ωδήδ. (1) עֹדֵד
II Ch. 28. 9 (Joseph. 'Ωδηδᾶς, 'Ωβηδάς).
(2) עוֹדֵד
II Ch. 15. 1 (B).
(3) aliter in Heb.
I Ch. 8. 15 (B) (עדר) (Luc. Αδαρ).

'Ωδιά, *vid.* 'Ωδειά.

'Ωδιήλ. עַדִיאֵל
I Ch. 27. 25.

'Ωδουά. הוֹדְיָה
II Es. 20. 13 (Ne. 10. 14) (A) (Luc. Ωδίας).

'Ωδουέ (A), **'Ωδούθ** (B S). aliter in Heb.
II Es. 10. 24 (אורי) (Luc. Οὐρίας).

'Ωδουιά. (1) הוֹדַוְיָה
I Ch. 5. 24 (Luc. Ιωδουια) : 9. 7 (A).
(2) הוֹדִיָּה
II Es. 20. 10 (Ne. 10. 11).
(3) הוֹדַיְוָהוּ*, הוֹדַוְיָהוּ [ק״].
I Ch. 3. 24 (A) (Luc. Ωδια).

'Ωδούμ. aliter in Heb.
II Es. 20. 13 (Ne. 10. 14) (B S) (הודיה) (Luc. Ωδίας).

'Ωζάβαδος. in libr. apocr.
I Es. 9. 29 (A) (= זבי Ezr. 10. 28) (Luc. Ζαβουθ).

'Ωθηρεί. הוֹתִיר
I Ch. 25. 4 (B) (Luc. Ωθειρ).

'Ωίμ. aliter in Heb.
I Ch. 8. 5 (B) (חורם) (Luc. Αρουαμ).

'Ωκαίληδος (B), **'Ωκείδηλος** (A). in libr. apocr.
I Es. 9. 22 (= יוזבד Ezr. 10. 22) (Luc. Ιωζαβαδ).

'Ωκλά. aliter in Heb.
I Ch. 4. 30 (B) (צקלג) (Luc. Σεκελαγ).

'Ωλά. עֻלָּא
I Ch. 7. 39 (Luc. *om.*).

'Ωλαί. אוּלַי
Da. LXX. 8. 16 (87^{a} [superscr]).

Ὤλαμος. in libr. apocr.
I Es. 9. 30 (= משלם Ezr. 10. 29) (Luc. Μοσολλαμ).

'Ωλών. חֹלֹן
Jo. 21. 15 (A) (Luc. Ιλων).

'Ωμαθαδακέθ. חַמַּת רַקַּת
Jo. 19. 35 (B) (Luc. Αμμαθ καὶ Ρακκαθ).

'Ωμάμ. אוֹנָם
Ge. 36. 23. (*D*) (Luc. Ωμαν).

'Ωμάν. (1) אוֹמָר
Ge. 36. 11 (Luc. Ωμαρ) (Joseph. Ὤμερος, Ὤμανος).
(2) אוֹנָם
Ge. 36. 23 (A E) (*Wirc.* Onam : *Lucc.* Onan).

'Ωμάρ. אוֹמָר
Ge. 36. 15 : I Ch. 1. 36.

Ὤν. (1) אָוֶן
Ho. 4. 15 (B* Q^{mg}) (*Wirc.* Og) : 5. 8 : 10. 5, 8 : Am. 1. 5.
[Aq. Ez. 30. 17.]
[Sm. Ho. 5. 8.]
[Th. Ho. 5. 8 : 10. 5 : Am. 1. 5.]
(2) aliter in Heb.
Ho. 12. 4 (5) (B Q* ^{mg}) (אל) : Is. 22. 5 (S*) (חזיון) : Je. 50 (43). 13 (B S Q^{mg}) (ארץ מצרים).
(3) abest in Heb.
Ge. 41. 48 (A) (Luc. *om.*) : Ex. 1. 11 (Luc. Ωρ).

'Ωνά. (1) אוֹנוֹ
II Es. 16 (Ne. 6). 2 (A S) (Luc. Ωνω).
(2) עֲנָה
Ge. 36. 24 (E) (Luc. Αιναν).

'Ωνάμ. aliter in Heb.
I Ch. 1. 40 (A) (ענה) (Luc. Αναν).

'Ωνάν. (1) אוֹנָם
I Ch. 1. 40 (Luc. Ωνών).
(2) עֲנָה
Ge. 36. 24 (A *D*) (Luc. Αιναν) (*Wirc.* Annam).
(3) aliter in Heb.
I Ch. 1. 38 (B) (?, ענה praec) (Luc. Ασαρ καὶ Δισαν), 42 (B) (יעקן) (Luc. Ιαακαν) : 8. 12 (B) (אונו).

'Ωνᾶς. עֲנָה
Ge. 36. 24 (A E) (Luc. Αιναν) (*Wirc.* Annas).

'Ωνεί. עֻנִּי
I Ch. 15. 20 (B S) (Luc. 'Ανανίας).

'Ωνώ (indecl., -οῦς). (1) אוֹנוֹ
I Ch. 8. 12 (A) (Luc. Ωνων) : II Es. 2. 33 (A) (Luc. Ανω) : 21 (Ne. 11). 35 (S$^{\text{c.a mg inf}}$).
(2) אֹנוֹ
II Es. 17 (Ne. 7). 37 (B) (Luc. Ανω).
(3) in libr. apocr.
I Es. 5. 22 (= אונו Ezr. 2. 33 : אנו Ne. 7. 37) (Luc. Ανω).

'Ωνών. (1) אוֹנוֹ
II Es. 2. 33 (B) (Luc. Ανω).
(2) אֹנוֹ
II Es. 17 (Ne. 7). 37 (A S) (Luc. Ανω).

Ὢξ. (1) עוּץ
Ge. 22. 21 (Luc. Ωζ) (Joseph. Οὖξος).
(2) in libr. apocr.
Ju. 8. 1.

Ὠούδας. in libr. apocr.
I Es. 9. 23 (= יהודה Ezr. 10. 23) (Luc. Ἰούδας).

Ὢρ. (1)
Nu. 20. 22, 23, 25, 27: 21. 4: 33. 37, 39, 41: De. 32. 50 (A B F[1]).
(2) חוּר
Joseph. Οὗρος, Οὐρί, Ὦρος.
Ex. 17. 10, 12: 24. 14: 31. 2: 35. 30: III Ki. 4. 8 (A) (Luc. -ωρ): I Ch. 2. 19, 20, 50: 4. 1, 4: II Ch. 1. 5.
(3) abest in Heb.
Nu. 27. 13.

Ὠρά. (1) אוּר
I Ch. 11. 35 (A) (Luc. Ουρ).
(2) עִיר
I Ch. 7. 12 (A) (Luc. Ιερ.- ?).

Ὠραί. עִירָא
I Ch. 11. 28 (Luc. Εἴρας).

Ὠράμ, Ὠράμ. (1) חָרִם
Jo. 19. 38 (A).
(2) aliter in Heb.
I Ch. 1. 23 (A) (יובב) (Luc. Ιωβαβ).
[**Al.** II Ki. 13. 34 (אחריו).]

Ὠρανίτης. חֹרֹנִי
II Es. 23 (Ne. 13). 28 (S[c.a (mg)]) (Luc. Ὡρωνίτης).

Ὠρανῖτις. חַוְרָן
Ez. 47. 18 (A).

Ὠραννείμ. חֹרֹנַיִם
[**Sm.** Is. 15. 5.]

Ὠρείων, *vid.* **Ὠρίων.**

Ὠρήβ. עֹרֵב, עוֹרֵב
Joseph. Ὤρηβος.
Jd. 7. 25 *ter*: 8. 3: Ps. 82 (83). 12.

Ὠρήρ. aliter in Heb.
I Ch. 8. 15 (B) (ערד) (Luc. Αραδ).

Ὠριγενής (Ὠρ.) (-οῦς). adnot. scr.
II Es. *subscr.* (S[1? mg inf]): Es. *subscr.* (S[c.a, c.b mg inf]): Is. 3. 25 (Q[mg]): 14. 6 (Q[mg]), 11 (Q[mg]): 21. 13 (Q[mg]), 15 (Q[mg]): 23. 13 (Q[mg]): 29. 19 (Q[mg]): Je. 3. 8 (Q[mg]): 11. 8 (Q[mg]): 12. 13 (Q[mg]): 17. 1 (Q[mg]): Ez. 32. 17 (Q[mg]): 40. 6 (Q[mg]), 7 (Q[mg]), 12 (Q[mg]), 16 (Q[mg]), 21 (Q[mg]), 22 (Q[mg]) *bis*, 24 (Q[mg]).

Ὠριόν. abest in Heb.
Is. 13. 10 (S*) (כסיליהם).

Ὠρίων. (1) כְּסִיל
Jb. 38. 31.
[**Aq.** Am. 5. 8.]
(2) abest in Heb.
Is. 13. 10 (A B* S[c.a] Q) (כסיליהם seq).

Ὡρωναείμ (-άιμ). חֹרֹנַיִם *v.* חוֹרוֹנַיִם
Is. 15. 5 (Q[mg]): Je. 31 (48). 3 (A B Q), 5 (A [ρ sup ras A[a]] B Q), 34.
[**Aq.** Is. 15. 5.]

Ὡρωνείν. חוֹרֹן
Luc. -ωρων.
Jo. 10. 10 (B), 11 (B).

Ὡρωνήν. aliter in Heb.
II Ki. 13. 34 (B) (אחריו ?) (Luc. Σωραιμ).

Ὦς.
Samar. [Samaritan script].
עוּץ
Ge. 10. 23 (Joseph. Οὔσης) (*Lucc.* Obo): 36. 28 (A D) (*Lucc.* Oe): I Ch. 1. 17 (A) (Luc. Ουζ), 42 (Luc. Ους).

Ὡσά, Ὡσά. (1) חֹסָה
Joseph. Ὡσάς, Ὀλσάς.
I Ch. 26. 10 (A) (Luc. Ισαμ), 11 (A) (Luc. Ωσαε), 16 (A) (Luc. Ωσαε).
(2) aliter in Heb.
III Ki. 16. 9 (B) (ארצה) (Luc. Ασα) (*Vind.* Ossa).

Ὡσαιά. הוֹשַׁעְיָה
II Es. 22 (Ne. 12). 32 (Luc. Ὡσαίας).

Ὡσαίας, Ὡσαίας (-αν). (1) הוֹשַׁעְיָה
Je. 49 (42). 1 (S[c.a] Q): 50 (43). 2 (Q).
(2) יְשַׁעְיָה
II Es. 8. 19 (B) (Luc. Ιεσσια).
(3) יְשַׁעְיָהוּ
I Ch. 26. 25 (Luc. Ιωσηε).
(4) in libr. apocr.
I Es. 8. 47 (49) (A) (= ישעיה Ezr. 8. 19) (Luc. Ιεσσια).

Ὡσάμ. חֻשָׁם
II Es. 18 (Ne. 8). 4 (A S[c.a mg dextr]) (Luc. Ασομ).

Ὡσαμώ (A[a] [sup ras]), **Ὡσαμώθ** (B).
הוֹשָׁמָע
I Ch. 3. 18 (Luc. Ωσαμα).

Ὡσάν. aliter in Heb.
I Ch. 4. 4 (חושה) (Luc. Ουσα).

Ὤσαρ. אֵצֶר
I Ch. 1. 42 (B) (Luc. Ασαρ).

Ὡσερημά. aliter in Heb.
Je. 31 (48). 32 (B S[c.a]) (שבמה).

Ὡσή. הוֹשֵׁעַ
I Ch. 27. 20 (Luc. Ωσηε).

Ὡσῆε, Ὡσῆε. (1) הוֹשֵׁעַ
IV Ki. 15. 30: 17. 1 (Joseph. Ὡσῆος, Ὡσῆς), 3, 4, 6: 18. 1 (A B[ab]), 9, 10: II Es. 20. 23 (Ne. 10. 24) (A): Ho. *inscr.*: 1. 1, 2 *bis*.
(2) חֹסָה
I Ch. 16. 38 (A).
(3) יְהוֹשֻׁעַ
Luc. Ιωσηε.
I Ki. 6. 14 (B), 18 (B).
(4) aliter in Heb.
IV Ki. 17. 6 (B*) (אשור).
(5) abest in Heb.
Ho. *subscr.*

Ὡσηθά. aliter in Heb.
II Es. 20. 23 (Ne. 10. 24) (B S) (הושע) (Luc. Ωσηε).

Ὡσθηρά. aliter in Heb.
Ez. 47. 16 (A) (ברותה).

Ὡσίμ. (1) חוּשִׁים
I Ch. 8. 8 (A) (Luc. Ωσειμ).
(2) חֻשִׁים
I Ch. 8. 11 (A) (Luc. Μεωσειμ).

Ὡσιμέν. חֻשִׁים
I Ch. 8. 11 (B) (Luc. Μεωσειμ).

Ὠφάζ. (1) אוּפָז
Da. TH. 10. 5 (*Wirc.* Ofae).
[**Aq., Th.** Da. 10. 5.]
(2) aliter in Heb.
[**Sm.** Pr. 8. 19.]

Ὠφαλ. עֹפֶל
II Es. 13 (Ne. 3). 26 (Luc. Οφλαα).

Ὠφέ. עֵיפַי, *עוֹפַי [ק״]
Je. 47 (40). 8 (S).

Ὠφείρ. אוֹפִיר
Jb. 28. 16 (A C).
[**Aq.** Ps. 44 (45). 10: Is. 13. 12.]
[**Quint., Sext.** Ps. 44 (45). 10.]

Ὠφείρδε. אוֹפִירָה
III Ki. 22. 49 (A) (Luc. Σωφειρα).
[**Aq.** III Ki. 22. 49.]

Ὠφελεθθεί. פְּלֵתִי
II Ki. 8. 18 (A[vid]) (ο praec) (Luc. Φελτι).

Ὠφέτ. aliter in Heb.
Je. 47 (40). 8 (A) (*עופי, עיפי [ק״]).

Ὠχαζάμ (A), **Ὠχαιά** (B). אֲחֻזָּם
I Ch. 4. 6 (Luc. Οζα).

Appendix 2

Greek Ecclesiasticus with Hebrew Equivalents

Appendix 2 contains a complete concordance of the parts of the Greek Ecclesiasticus where corresponding Hebrew equivalents can be given. The text followed is, in general, I. Lévi's. The notation used is that of H. B. Swete's Cambridge text. The numbers attached to the Hebrew equivalents correspond, so far as is possible, with the numbers in the main body of the concordance. This arrangement has been pursued for facility of reference. Any important variations to be found in J. H. A. Hart's edition of Codex 248, shortly to be published by the Cambridge Press, are inserted in square brackets from proof sheets kindly communicated to the editor by Mr. Hart.

H.A.R.
May 1906

A

'Ααρών. (1) אַהֲרֹן Si. 36. 22 †: 45. 6 (A²? B S) (1): 45. 20 (1): 45. 25 (B C) (1): 50. 13 (1): 50. 16 (1).

'Αβειρών. (1) אֲבִירָם Si. 45. 18 (1).

ἀβοηθησία. (1) מְשׁוּאָה Si. 51. 10 (1).

'Αβραάμ. (1) אַבְרָהָם Si. 44. 19 (B S) (1): 44. 22 (1).

'Αβράμ. (1) אַבְרָהָם Si. 44. 19 (A) (1).

ἀβροχία. (1) בַּצֹּרֶת Si. 32 (35). 26 (1).

ἄβυσσος. (1) תְּהוֹם (4) רַבָּה Si. 16. 18 (1): 42. 18 (1): 43. 23 (4).

ἀγαθοποιός. (1) *a.* טוֹב *b.* יָטַב hi. Si. 42. 14 (1 *b*, 1 *a* marg.).

ἀγαθός. (4) *b.* טוֹבָה, טוֹב *d.* יָטַב hi. (14) ἀγαθὸς εἶναι יָטַב hi. Si. [5. 11 (–, 4 *b* [D])]: 6. 11 (4 *b*): 6. 19 †: 7. 13 †: 7. 19 (4 *b*): 7. 21 (B) †: 11. 12 (4 *b*): 11. 14 (4 *b*): 11. 19 (4 *b*): 11. 23 †: 11. 25 *bis* (4 *b*): 11. 31 (4 *b*): 12. 1 (4 *b*): 12. 3 (4 *b*): 12. 5 (4 *b*): 12. 7 (4 *b*): 12. 8 (4 *b*): 12. 9 (4 *b*): 13. 24 (4 *b*): 13. 25 (4 *b*): 13. 26 (4 *b*): 14. 4 (4 *b*): 14. 5 (14): 14. 14 (B S C) (4 *b*): 14. 14 †: 14. 25 (4 *b*): 26. 1 (4 *b*): 30. 18 (4 *b*): 33. 13 (30. 27) (4 *b*): 34 (31). 11 (4 *b*): 35 (32). 13 (4 *b*): [35 (32). 23 –]: 32 (35). 12 (4 *b*): 37. 18 (4 *b*): 39. 25 ?: 39. 25 (4 *b* ?): 39. 27 (4 *b* ?): 39. 33 (4 *b*): 41. 11 –: 41. 13 *bis* (4 *b*): 42. 25 (4 *b*): 44. 11 (4 *b*): 45. 26 (4 *b*): 51. 18 (4 *d* ?): 51. 21 (4 *b*).

ἀγαθότης. Si. 45. 23 †.

ἀγαθοῦν. Si. 49. 9 †.

[**ἀγαθύνειν.** Si. 13. 25 –.]

ἀγαλλίαμα. (2) *a.* גִּיל (6) שִׂמְחָה (8) תִּפְאֶרֶת Si. 6. 31 (8): 15. 6 (6): 30. 22 (2 *a*): 34 (31). 28 (6).

ἀγαπᾶν. (1) אָהֵב *a.* qal. *b.* ni. *c.* אַהֲבָה (20) חָבַב (21) רָדַף Si. 3. 17 (1 *b*): 3. 26 (1 *a*): 4. 10 †: 4. 12 *bis* (1 *a*): 4. 14 *bis* †: 6. 33 †: 7. 21 (20, 1 *a* [C]): 7. 30 (1 *a*): 7. 35 (1 *b*): [10. 19 †: 13. 13 –]: 13. 15 (1 *a*): 30. 23 †: 34 (31). 5 (22): 40. 20 (S¹) (1 *c*): 45. 1 (1 *a* ?): 46. 13 (1 *a*): 47. 8 (1 *a*): 47. 16 –: 47. 22 (1 *a* ?).

ἀγάπη. Si. 48. 11 (S¹) ?.

ἀγάπησις. (1) אַהֲבָה Si. [11. 14 †]: 40. 20 (A B) (1): 48. 11 (A B S² C) ?.

ἀγαπητός. Si. 15. 13 †.

ἀγγέλλειν. (2) נָבַע hi. Si. 43. 2 (S²) (2).

ἄγγελος. [(7) מַלְאָךְ] Si. [43. 26 (7)]: 48. 21 †.

ἄγειν. (27) γῆρας ἄγειν זָקֵן hi. Si. 30. 24 (27).

ἁγιάζειν. (7) קָדַשׁ *b.* ni. *e.* hi. Si. 14. 16 (S²) †: 32 (35). 11 (7 *e*): 33 (36). 4 (A B S² C) (7 *b*): 45. 4 –: 49. 7 †.

ἁγίασμα. (2) מִקְדָּשׁ (7) קֹדֶשׁ Si. 36. 18 (7): 45. 12 (7): 47. 10 (2 sup lin, †): 47. 13 (2): 49. 6 (7): 50. 11 (2).

ἁγιασμός. Si. 7. 31 †.

ἅγιος. (1) אֱלוֹהַּ (6) מִקְדָּשׁ (12) קָדוֹשׁ (15) קֹדֶשׁ (22) אֵל Si. 4. 14 (15): 7. 31 (A S) (15): [14. 20 –]: 16. 9 (S²) –: 42. 17 (12): 43. 10 (22): 45. 2 (1): 45. 6 (12): 45. 10 (15): 45. 15 (15): 45. 24 (6): 47. 8 (22): 47. 10 (15): 48. 12 (A) ?: 48. 20 ?: 49. 12 (15): 50. 11 †.

[**ἀγκάλη.** Si. 9. 8 –.]

ἀγκών. (1) אַצִּיל Si. 41. 19 (1).

ἀγνοεῖν. (7) שָׁחַת Si. 5. 15 (7).

ἀγνόημα. Si. 51. 19 †.

[**ἄγνοια.** (6) שְׁחִיתָה Si. 30. 11 (6).]

ἀγοράζειν. (4) קָנָה Si. 37. 11 (†, † sup lin, 4 marg.).

ἀγρυπνία. (1) *a.* שָׁקַד *b.* שְׁקִידָה Si. 34 (31). 1 (1 *a* marg., †): 34 (31). 2 †: 34 (31). 20 †: 38. 26 (1 *b*): 42. 9 †.

ἀγωγός. Si. 48. 17 (S²) †.

ἀγωνίζεσθαι. (1) עָצָה ni. Si. 4. 28 (1).

'Αδάμ. (1) אָדָם Si. 40. 1 (A B² S C) (1): 49. 16 (1).

[**ἀδάμας.** Si. 16. 16 †.]

ἀδελφός. (1) אָח Si. 7. 12 (1): 7. 18 (1): 10. 20 (1): 40. 24 (1): 45. 6 –: 49. 15 (1): 50. 12 †.

ᾅδης. (3) מָוֶת (6) שְׁאוֹל Si. 9. 12 (3): 14. 12 (6): 14. 16 (6): 41. 4 (6 ?): 48. 5 (6): 51. 5 †: 51. 6 (6).

[**ἀδιαλείπτως.** Si. 11. 19 –.]

ἀδιάστρεπτος (S), **ἀδιάτρεπτος** (A B C). Si. 42. 11 ?.

ἀδιάφορος. Si. 7. 18 †: 42. 5 (B) †.

ἀδικεῖν. (11) עָוָה *b.* ni. (25) יָצַק *a.* hi. *b.* hoph. (26) עָנָה *a.* hi. Si. 4. 9 *bis* (25 *b*, *a*): 13. 3 *bis* (26 *a*, 11): 32 (35). 16 (25 *b* ?): 33 (36). 11 (B S) –.

ἀδίκημα. (6) פֶּשַׁע Si. 10. 6 (6).

ἀδικία. (8) חָמָס (9) מַעַל (20) עֹשֶׁק (37) זָדוֹן Si. 7. 3 †: 7. 6 (37): 10. 7 (A S C) (20): 10. 8 (8): 14. 9 †: 40. 12 –: 41. 18 (B S C) (9).

ἄδικος. (5) מִרְמָה (12) עֹשֶׁק (16) רֶשַׁע (18) שֶׁקֶר (20) עָוֹן (21) מַעֲשַׁקּ Si. 5. 8 (18): 7. 2 (A B S) (20): 10. 7 (B) (12): 32 (35). 15 (21): 32 (35). 23 (B S C) (16): 40. 13 †: 51. 6 (5).

ἀδολεσχεῖν. (1) סוֹד (2) טָרַד Si. 7. 14 (1): 35 (32). 9 (2).

ἀδοξία. Si. 3. 11 †.

ἄδοξος. (1) קָלָה ni. Si. 10. 31 (1).

ἀθάνατος. Si. 51. 9 (A) †.

ἀθυμεῖν. Si. 35 (32). 11 (A) †.

ἀθῷος. (7) ἀθῷος εἶναι נָקָה ni. Si. 7. 8 (7): 11. 10 (S¹) (7).

ἀθῳοῦν. (2) נָקָה *b.* ni. Si. 11. 10 (A B S² C) (2 *b*): 12. 12 (B², *cf.* 11. 10) –: 16. 11 (2 *b*).

αἷμα. (1) דָּם Si. 8. 16 (1): 11. 32 (1): 12. 16 (1): 14. 18 (–, 1 marg.): 39. 26 (1): 40. 9 (1): 50. 15 –.

αἱμάσσειν. Si. 42. 5 (A B C) –.

αἰνεῖν. (2) *a.* הָלַל pi. (3) יָדָה hi. (9) קָנָה pi. Si. 11. 2 (2 *a*): 44. 1 (2 *a*): 47. 6 (A B S² C) (9): [47. 9 ?]: 47. 10 (2 *a* ?): 50. 18 †: 51. 1 (2 *a*): 51. 6 (B) †: 51. 11 (2 *a*): 51. 12 (2 *a*): 51. 22 (3 ?): 51. 23 (S¹) †.

αἴνεσις. (9) שִׁירָה Si. 15. 20 (C) †: 51. 29 (9).

[**αἰνετός.** Si. 37. 22 –.]

αἴνιγμα. Si. 47. 15 †.

αἶνος. (3) תְּהִלָּה Si. 15. 9 (3): 15. 10 (3).

αἴρειν. (14) נָשָׂא *a.* qal. (29) נוּחַ hi. Si. 13. 2 (14 *a*): 36. 19 (A B³ S) †: 38. 7 (29).

αἵρεμα. (1) הַשָּׂגָה Si. 32 (35). 12 (S) (1, † marg.).

[**αἱρετικός**], **αἱρετός.** (3) מַחְמָד Si. 11. 31 (B S) (3).

αἰσχύνειν. (2) בּוֹשׁ *a.* qal. Si. 4. 20 (2 *a*): 4. 26 (2 *a*): 13. 7 †: 41. 17 (2 *a*): 42. 1 (2 *a*): 51. 18 †: 51. 29 (2 *a*).

αἰσχύνη. (1) *c.* בֹּשֶׁת [בשאת semel] (11) קָלוֹן Si. 4. 21 *bis* (1 *c*): 5. 14 (1 *c*): 6. 1 (11): 25. 22 (1 *c*): 41. 16 (1 *c*).

αἰσχυντηρός. (1) *a.* בּוֹשׁ *b.* בּוֹשִׁי Si. 35 (32). 10 (1 *b*): 42. 1 (1 *a*).

Αἰφραίμ. (1) אֶפְרַיִם Si. 47. 21 (A S¹) (1).

αἰών. (4) עַד (5) *a.* עוֹלָם (10) εἰς τὸν αἰῶνα עוֹלָם Si. 7. 36 (5 *a*): 11. 17 (4): 11. 33 (10): 12. 10 (4): 14. 17 (5 *a*): 15. 6 (A S C) (5 *a*): 36. 22 (5 *a* ?): 37. 26 (–, 10 [C D]): 39. 20 *bis* (5 *a*): 40. 12 –: 40. 17 (4): 41. 13 †: 42. 18 –: 42. 21 (5 *a*): 42. 21 –: 42. 23 (4 ?): 43. 6 (5 *a*): 43. 7 (S¹) †: 44. 2 (5 *a*): 44. 13 (5 *a*): 44. 18 (5 *a*): 45. 7 (5 *a*): 45. 13 (5 *a* ?): 45. 15 (S) (5 *a*): 45. 24 (5 *a*): 46. 19 †: 47. 11 (5 *a*): 47. 13 (4): 48. 25 (5 *a*): 49. 12 (5 *a*): 50. 23 –: [50. 29 –]: 51. 8 (5 *a*).

αἰώνιος. (1) *a.* עוֹלָם Si. 15. 6 (B) (1 *a*): 30. 17 (S²) (1 *a*): 45. 15 (A B) (1 *a*).

ἀκάθαρτος. Si. 40. 15 †: 51. 5 †.

ἀκαίρως. (1) בַּל עֵת Si. 35 (32). 4 (1).

ἀκάρδιος. (1) c. חֲסַר לֵב Si. 6. 20 (1 c).

ἀκοή. (1) שָׁמַע a. qal. Si. 42. 1 (1 a): 43. 24 (1 a).

ἀκούειν. (8) שָׁמַע a. qal. c. hi. Si. 6. 23 †: 6. 33 (8 a): 6. 35 (B) (8 a): 11. 8 (8 a): [13. 13 bis –]: 16. 5 (8 a): 16. 24 (8 a): 25. 18 †: 34 (31). 22 (8 a): 48. 7 (8 c).

[ἀκουσίως. (3) בְּלֹא טַעַם Si. 25. 18 (3).]

ἀκουστός. (2) ἀκουστὸν ποιεῖν שָׁמַע a. ni. b. hi. Si. 45. 9 (2 b): 46. 17 (2 a): 50. 16 (2 b).

ἀκουτίζειν. (1) שָׁמַע hi. Si. 45. 5 (1).

ἄκρα. Si. 43. 19 †.

ἀκριβάζειν. (1) דָּרַשׁ ni. Si. 46. 15 (1 P).

ἀκρίβεια. (2) צָנַע hi. Si. 16. 25 (2): [35 (32). 3 (2)]: 42. 4 †.

ἀκριβής. (1) צָנַע hi. (2) אָמַן ni. Si. 34 (31). 24 (2): 35 (32). 3 (1).

ἀκρίς. (1) אַרְבֶּה Si. 43. 17 (1).

[ἀκρίτως. Si. 13. 10 –.]

ἀκρόαμα. (1) מִזְמוֹר Si. 35 (32). 4 (1).

ἀκροᾶσθαι. (2) שָׁמַע (3) צוּת polel. Si. 6. 35 (A S C) (2): 14. 23 (3).

ἀκρόασις. (4) אָזַן hi. (5) שְׁמוּעָה Si. 4. 29 (S¹) †: 5. 11 (4, 5 [C]).

ἀκροατής. (2) קָשַׁב hi. Si. 3. 29 (2).

ἄκρος. (1) אֶפֶס Si. 44. 21 (1).

ἀκρότομος. (3) שֵׁן (4) צוּר Si. 40. 15 (3): 48. 17 (4).

ἀκτίς. Si. 43. 4 †.

ἀλγεῖν. Si. 40. 29 (S) †.

ἀλήθεια. (1) d. אֱמֶת Si. 4. 25 †: 4. 28 †: [5. 11 –]: 7. 20 (1 d): 37. 15 (1 d): 41. 19 P: 45. 10 †.

ἀληθινός. (1) c. אֱמֶת Si. 42. 1 (S) (1 c): [42. 8 (1 c)].

ἀληθινῶς. (2) אֱמֶת Si. 42. 1 (A B C) (2): 42. 8 (2).

ἀλισγεῖν. Si. 40. 29 (A B C) †.

ἁλίσκεσθαι. (1) יָקַשׁ pu. Si. 9. 4 †: 34 (31). 7 (1).

ἀλλά. (1) ἀλλ' ἤ a. וְאוּלָם b. אַךְ (2) וְ (3) כִּי אִם (4) אַךְ Si. 3. 18 (S²) (2): 12. 2 –: 36 (33). 1 (3): 37. 1 (–, 4 marg. et D): 37. 7 (4): 37. 12 (1 b): 38. 9 –: 44. 10 (1 a).

ἀλλάσσειν. (3) מוּר hi. Si. 7. 18 (3).

ἀλλογενής. (1) זוּר Si. 45. 13 (1).

ἀλλοιοῦν. (2) a. שָׁנָה qal. d. שָׂנֵא qal. Si. 12. 18 (2 d): 13. 25 (2 d): 25. 17 †: 33 (36). 6 (2 a): 40. 5 (2 a P).

ἀλλοίωσις. (1) שָׁנָה hithp. (2) תְּשׁוּבָה Si. 37. 17 †: 43. 8 (1, 2 marg.).

ἄλλος. (2) אַחֵר Si. 14. 4 (2): 14. 18 (2).

ἀλλότριος. (2) זוּר (3) b לֹא לָךְ (4) a. נֵכָר c. נָכְרִי Si. 8. 18 (2): 9. 8 (3 b): 11. 34 (2 P): 35 (32). 18 †: 33 (36). 3 (4 a): 40. 29 (2): 40. 29 (–, † marg.): 45. 18 (2): 49. 5 (4 c).

ἅλμη. (1) b. מֶלַח Si. 39. 23 (B S) (1 b): 39. 24 (A C) (1 b).

ἅλς [(ἅλας)]. (1) b. מֶלַח Si. 39. 26 (1 b): 43. 19 (1 b).

[ἀλύπως. Si. 4. 8 –.]

ἅμα. (1) יַחַד (2) אַף Si. 16. 19 (2): 35 (32). 8 (1): 45. 15 –.

ἁμαρτάνειν. (2) a. חָטָא qal. (7) a. רָשַׁע hi. (8) שָׁחַת pi. Si. 5. 4 (2 a): 7. 7 (7 a): 7. 36 (8): 10. 29 (7 a): 15. 20 †: 35 (32). 12 (A B S²) †: 38. 15 (2 a): 42. 1 (2 a).

ἁμαρτία. (2) a. חָטָא c. חֵטְא e. חַטָּאת f. חֵט (6) עָוֹן (8) b. פֶּשַׁע (16) מַעַל Si. 3. 14 (2 e): 3. 15 (6): 3. 27 bis (6): 3. 30 (2 e): 4. 21 (6): 4. 26 (6): 5. 5 bis (6): 5. 6 (6): [7. 2 –]: 7. 8 (2 f): 8. 5 (8 b): 10. 13 (2 c): 12. 12 (B²) –: 12. 14 (6): 13. 24 (6): 14. 1 †: 16. 9 (6): 25. 24 (6): 35 (32). 12 (S¹) †: 38. 10 (8 b): 46. 7 †: 47. 11 (8 b): 47. 23 †: 47. 24 (2 e): 48. 15 (2 e): 48. 16 (16).

ἁμαρτωλός. (1) a. חָטָא (4) רַע (5) a. רָשָׁע (6) a. זֵד b. דוֹן (7) חָמָס (8) עַוָּל (9) בְּלִיַּעַל Si. 3. 27 †: 5. 6 (5 a): 5. 9 (cf. 6. 1) –: 6. 1 (4): 7. 16 †: 8. 10 (5 a): 9. 11 (5 a): 10. 23 †: 11. 9 (6 a): [11. 15 (5 a P)]: 11. 21 (8 P): 11. 32 (9): 12. 4 (cf. 7) (4 P): 12. 6 (4): 12. 7 (4): 12. 14 (6 b): 13. 17 (5 a): 15. 7 (6 b): 15. 9 (5 a): 15. 12 (7): 16. 6 (5 a): 16. 13 (8): 25. 19 (1 a): 35 (32). 17 (†, 7 marg.): 39. 25 (4): 39. 27 (4): 40. 8 (A B S) P: 41. 5 (4, † marg.): 41. 6 (8, † marg.): 41. 11 †.

ἀμαυροῦν. (1) כָּהָה ni. 43. 4 (1 P).

[ἀμελεῖν. Si. 5. 7 –.]

ἀμέτρητος. (2) קָצָה Si. 16. 17 (2): 30. 15 †.

ἀμνημονεῖν. Si. 37. 6 †.

ἀμνησία. (1) שָׁכַח Si. 11. 25 (1).

ἀμνός. (2) a. כֶּבֶשׂ Si. 13. 17 (2 a).

[ἀμοιρεῖν. (1) בְּאַיִן Si. 3. 24 (1).]

ἀμφότεροι. (3) שְׁנַיִם Si. 10. 7 (3): 40. 18 (3): 40. 19 (3): 40. 20 (3): 40. 21 (3): 40. 22 (3): 40. 23 (3): 40. 24 (3): 40. 25 (3): 40. 26 (3): 40. 27 (C) †: 41. 14 (3).

ἄμωμος. (1) תָּמִים Si. 34 (31). 8 (1): 40. 19 †.

ἄν. (1) κἄν a. וְגַם אִם b. וְאִם c. וְאַף כִּי (2) אִם (3) ὅπως ἄν שֶׁ (4) ἕως ἄν עַד Si. 3. 13 (B) (1 a): 9. 13 (A B S² C) (1 b): 12. 5 (B) –: 12. 17 (B C) (2): 13. 23 (1 b): 14. 7 –: 16. 11 (1 c): [16. 15 (3)]: 32 (35). 22 (A B S) (4): 37. 12 (A B C) –: 43. 30 –.

ἀνὰ μέσον. (1) בֵּין Si. 25. 18 (1): 34 (31). 18 (1).

ἀναβαίνειν. (11) a. עָלָה qal. Si. 48. 18 (11 a).

ἀναβάλλειν. (1) עָטָה Si. 50. 11 (S¹) (1).

ἀνάβασις. (2) a. עָלָה c. מַעֲלָה Si. 25. 20 (2 c): 50. 11 (2 a).

ἀναγγέλλειν. (10) a. נָגַד hi. Si. 16. 22 (10 a).

ἀνάδειξις. Si. 43. 6 †.

ἀναθάλλειν. (2) b. הָיָה פֹּרֵחַ c. פָּרַח qal. (3) מָלֵא Si. 11. 22 (2 c): 46. 12 –: 49. 10 (2 b P): 50. 10 (3).

ἀναθαυμάζειν. (1) תָּמַהּ Si. 11. 13 (A??) (1).

ἀναιδής. (3) c. עַז Si. 40. 30 (3 c).

[ἀναισθήτως. Si. 3. 21 –.]

ἀνακαίειν. (4) לָהַט pi. Si. 9. 8 (4).

ἀνακάμπτειν. Si. 40. 11 –.

ἀνακράζειν. (3) רוּעַ hi. Si. 50. 16 (3).

ἀναλαμβάνειν. (3) b. לָקַח ni. (12) עָטָה Si. 48. 9 (3 b): 49. 14 (B S) (3 b): 50. 11 (A B S²) (12).

ἀνάλημμα. Si. 50. 2 †.

ἀναλύειν. (1) שָׁבַת hi. Si. 3. 15 (A B S² C) (1).

ἀναμένειν. (1) קָוָה pi. (2) אָחַר pi. Si. 5. 7 (2): 6. 19 (1).

ἀναμιμνήσκειν. (1) זָכַר b. ni. Si. 3. 15 (1 b).

ἀναξηραίνειν. (3) רָתַח hi. Si. 14. 9 †: 43. 3 (3).

ἀνάξιος. (2) קָלָה ni. Si. 25. 8 (A B S²) (2).

ἀναπαύειν. [(6) רָבַץ a. qal.] (11) שָׁכַב (15) מָצָא נַחַת Si. 3. 6 †: 34 (31). 21 (15): [35 (32). 2 (6 a)]: 47. 23 (11).

ἀνάπαυσις. (1) a. נוּחַ c. מְנוּחָה d. נַחַת e. נוּחָה (4) d. שָׁבַת (5) שָׁקַט b. qal. (8) מִשְׁעָן Si. 6. 28 (1 c): 11. 19 (1 d): 30. 17 (S²) (1 e): 34 (31). 3 (1 a): 34 (31). 4 (1 a): 36. 29 (8): 38. 14 †: 38. 23 (†, 4 d marg.): 40. 5 (1 a): 40. 6 (5 b): 51 27 †.

ἀναπίπτειν. (2) רָבַץ (3) יָשַׁב Si. 25. 18 (3): 35 (32). 2 (2).

ἀναποδίζειν. (1) עָמַד Si. 46. 4 (B S² C) (1): 48. 23 P.

ἀνάπτειν. Si. 3. 15 (S¹) †.

ἀναρίθμητος. (1 a. אֵין מִסְפָּר Si. 37. 25 (1 a P, 1 a [D]).

ἀναστενάζειν. (1) אָנַח b. hithp. Si. 25. 18 (1 b).

ἀναστρέφειν. (8) a. שׁוּב qal. c. pil. (12) הָדַף (13) הָגָה (14) רָטַשׁ hithp. Si. 8. 8 (14): 12. 12 (A S) (12): 12. 16 (S) †: 38. 25 (8 c, † sup lin): 40. 11 (8 a): 50. 28 (13).

ἀνατέλλειν. (8) פָּרַח a. qal. b. hi. Si. 37. 18 (8 a, 8 b [D]).

[ἀνατολή. Si. 39. 31 †.]

ἀνατρέπειν. (2) הָדַף Si. 12. 12 (B) (2): 12. 16 (A B) †.

ἀναφέρειν. (16) דּוּחַ hi. Si. 8. 19 (16).

ἀνδρεῖος. (2) חַיִל Si. 26. 2 (2).

ἀνδρίζεσθαι. (4) גָּבַר hithp. Si. 34 (31). 25 (4).

ἀνεγείρειν. (1) רָפָא Si. 49. 13 (1).

ἀνελεήμων. (1) *b.* אַכְזָרִי Si. 13. 12 (1 *b*): 32 (35). 22 (1 *b*): 37. 11 (A B S) (1 *b*).

ἄνεμος. (1) רוּחַ Si. 5. 9 (1): 43. 20 (1).

ἄνεσις. Si. 15. 20 (A B S) †.

ἄνευ. (1) בְּלֹא Si. 35 (32). 18 —: 35 (32). 19 (1): 51. 25 (1).

ἀνέχειν. (9) עָצַר Si. 48. 3 (9 ?).

ἀνήρ. (1) אָדָם (2) אִישׁ (3) *a.* אֱנוֹשׁ (5) *a.* בַּעַל (6) *a.* גֶּבֶר (12) נֶפֶשׁ
Si. 4. 2 (12 ?): 4. 10 (5 *a*): [6. 36 †]: 7. 25 (6 *a*): 8. 6 (A) (3 *a* ?): 9. 16 (2): 9. 18 (2): 10. 5 (6 *a*): 10. 23 (2): 10. 25 ?: 11. 2 (A B C) (1): 11. 2 (S C) (1): 11. 28 (B S) (2): 12. 9 (2): 12. 14 †: 13. 16 (1): 14. 1 (3 *a*): 14. 2 (A) (2): 14. 3 †: [14. 3 (2)]: 14. 20 (3 *a*): 15. 7 (B S C) (2): 15. 8 (2): 15. 12 (2): 16. 12 (2): 16. 23 (6 *a*, † sup. lin.): 25. 18 (5 *a*): 25. 22 (5 *a*): 25. 23 (5 *a*): 26. 1 (5 *a*): 26. 2 (5 *a*): 30. 22 (1): 34 (31). 20 (2): 35 (32). 18 (2): 36 (33). 2 †: 36. 28 (2): 37. 12 (†, 2 marg. et D): 37. 14 (3 *a*): 37. 19 —: 37. 23 (—, † marg. et C D): 37. 24 —: 37. 25 (2, — [C], 3 *a* [D *om.* marg.]): 38. 4 (6 *a*): 40. 23 †: 40. 29 (2): 40. 29 (2): 41. 1 (2): 41. 8 ?: 42. 9 (S^{2}) †: 42. 10 (2 ?): 42. 14 (2): 42. 21 (S*) —: 44. 1 (2): 44. 3 (2): 44. 6 (2): 44. 10 (2): 44. 23 (2): 45. 18 (2): [46. 16 †]: 49. 15 (6 *a*): [50. 26 —].

ἀνθιστάναι. (7) *a.* יָצַב hithp. [(13) קוּם *a.* qal.] (16) שָׁקַל Si. 8. 2 (16): 46. 6 ?: 46. 7 (7 *a*): [51. 2 (13 *a*)].

ἄνθος. (9) נֵץ Si. 50. 8 (9): 51. 15 —.

ἀνθρακιά. (1) גַּחֶלֶת Si. 11. 32 (1).

ἄνθραξ. (11) אוֹדֶם Si. 8. 10 †: 35 (32). 5 (11).

ἄνθρωπος. (1) אָדָם (2) אִישׁ (3) *a.* אֱנוֹשׁ (6) בָּשָׂר (14) חַי (21) זָכָר (22) מֵת
Si. 3. 11 (2): 3. 17 —: 3. 23 †: 4. 5 †: 4. 27 —: 5. 13 (A B S) (1): 7. 11 (3 *a*): 7. 35 (S) †: 8. 1 (2): 8. 2 (2): 8. 3 (2): 8. 5 (2): 8. 6 (B S) (3 *a* ?): 8. 12 (2): 8. 19 (6): 9. 13 (2): 10. 7 (2): 10. 11 (A B S) (1): 10. 12 (1): 10. 18 (3 *a*): 10. 19 (3 *a*): 10. 19 —: 11. 2 (S) (1): 11. 2 (A B) (1): 11. 4 (1): 11. 26 —: 11. 27 (1): 11. 29 (2): 11. 32 (2): [12. 17 (2)]: 13. 15 (1): 13. 25 (3 *a*): 14. 3 (2): 15. 7 (22): 15. 7 (A) (2): 15. 14 (1): 15. 17 (1): 15. 19 (2): 16. 20 (S^{2}) —: 16. 21 †: 20. 7 —: 27. 5 (Heb. 6. 22) (2): 27. 6 (Heb. 6. 22) †: 30. 22 (2): 34 (31). 16 (2): 34 (31). 19 (3 *a*): 34 (31). 27 (3 *a*): 34 (31). 27 ?: 35 (32). 17 (2): 36 (33). 3 (2): 32 (35). 24 (3 *a*): 32 (35). 24 (1): 36. 25 (2): 36. 27 †: 36. 28 (1): 36. 31 (2): [38. 5 (3 *a*)]: 38. 6 (3 *a*): 39. 26 (1): 40. 1 †: 40. 8 ?: 41. 1 (2): 41. 2 (2): 41. 11 (1): [41. 11 †]: 41. 15 (2 ?): 41. 15 (2, † marg.): [41. 21 —]: 42. 1 (14): 42. 12 (21, † marg.): 43. 1 (S*) †: 44. 22 †: 45. 1 (2): 46. 19 (1): 47. 5 (2): 49. 16 (3 *a*): 51. 7 —.

[**ἀνιέναι.** Si. 5. 4 —.]

ἀνιστάναι. (7) *a.* עָמַד qal. (8) *a.* קוּם qal. Si. 34 (31). 20 (8 *a*): 34 (31). 21 ?: 47. 1 (7 *a*): 47. 12 (7 *a*): 48. 1 (8 *a*).

ἀνόητος. (2) פָּתָה Si. 42. 8 (2).

ἀνοίγειν. (8) פָּתַח qal. (13) נָשָׂא Si. 15. 5 (8): 34 (31). 12 (8): 40. 14 (13): 43. 14 †: 51. 25 (8).

ἀνομβρεῖν [(-ίζειν)]. (1) נָבַע hi. Si. 50. 27 (1).

ἀνομία. (18) *b.* פֶּשַׁע Si. 41. 18 (18 *b*): 46. 20 —: 49. 2 †.

ἄνομος. (16) *a.* רָשָׁע (22) בָּגַד (23) חָמָס Si. [10. 9 —]: 16. 4 (22): 39. 24 †: 40. 10 (16 *a*): 49. 3 (23).

ἀνορθοῦν. (5) נָעַר pi. Si. 11. 12 (5 ?).

ἀντάλλαγμα. (1) *b.* תַּחֲלִיף (2) מְחִיר Si. 6. 15 (2): 44. 17 (1 *b*).

ἀνταποδιδόναι. (4) *b.* שׁוּב hi. (5) שִׁלֵּם *a.* qal. *e.* תַּשְׁלוּמָה (7) פָּעַל Si. 3. 31 (7): 7. 28 —: 32 (35). 13 (5 *e*): 32 (35). 13 (B S) (4 *b*, 5 *a* marg.): 32 (35). 23 (4 *b*): 32 (35). 24 (4 *b*): 36. 25 (4 *b*).

ἀνταπόδομα. (5) תַּשְׁלוּמָה Si. 12. 2 (5): 14. 6 (5): 48. 8 (5).

ἀντί. (1) תַּחַת (2) תְּמוּר Si. 3. 14 (2): 4. 10 (2): 6. 1 (1): 10. 14 (1): 10. 15 —.

ἀντίδικος. (2) צָר Si. 33 (36). 9 (2, † marg.).

ἀντίζηλος. (2) צָרָה S 1 (2).

ἀντικαταλλάσσειν. (1) חָלַף hi. Si. 46. 12 (1).

ἀντιλαμβάνεσθαι. (2) חָזַק *c.* hithp. Si. 3. 12 (2 *c*): 12. 4 †: 12. 7 †.

ἀντιλέγειν. (3) סָרַב pi. Si. 4. 25 (3).

ἀντιλήπτωρ. (8) עֵזֶר Si. 13. 22 (8).

ἀντίληψις. (6) סָמַךְ Si. 11. 12 †: 51. 7 (6).

ἀντίπτωμα. (1) מוֹקֵשׁ (2) כַּעַס Si. 34 (31). 29 (2): 35 (32). 20 (1).

ἀνυπονόητος. Si. 11. 5 †.

ἀνυψοῦν. (2) *b.* רוּם hi. (3) גִּיל hi. (4) נָשָׂא (5) נָגַע hi. Si. 4. 11 †: 7. 11 (2 *b*): 11. 1 (4): 11. 13 (4): 13. 23 (5): 38. 3 (2 *b*): 40. 26 (3): 44. 21 (A B S^{4}) —: 45. 6 (S) (2 *b*): 46. 20 (4): 47. 5 (2 *b*): 47. 11 (2 *b*): 49. 12 (2 *b*): 51. 9 (2 *b*).

ἀξία. Si. 10. 28 ?: 38. 17 †.

ἄξιος. Si. 25. 8 (S^{1}) †.

ἀξιοῦν. (8) חָפֵץ Si. 51. 14 (8).

ἀξίως. Si. 14. 11 †: [16. 20 —].

ἀπαγγέλλειν. (2) *a.* נָגַד hi. (3) *c.* חָוָה pi. Si. 16. 25 (3 *c*): 37. 14 (2 *a*): 42. 19 (3 *c*): 44. 3 †.

ἀπάγειν. Si. 46. 3 (A) ?.

ἀπαγωγή. Si. 38. 19 (B) —.

ἀπαιδευσία. Si. 4. 25 †.

ἀπαίδευτος. (1) אֱוִיל (6) סָכָל (7) פָּרַע Si. 6. 20 (1): 8. 4 (1): 10. 3 (7): 51. 23 (6).

ἀπαίρειν. Si. 48. 18 —.

ἀπαιτεῖν. (1) פָּרַע hi. Si. 14. 16 (S^{1}) †: 34 (31). 2 (1).

ἀπαίτησις. (2) שְׁאָלָה Si. 34 (31). 31 †: 40. 30 (S) (2).

ἀπαλλοτριοῦν. (4) נָכַר pi. (6) חָפַף Si. 11. 34 (4, *vel* 6).

ἀπαναίνεσθαι. (2) מָאַס (3) בּוּז Si. 4. 4 (3): 6. 23 —: 41. 4 (2).

ἀπαντᾶν. (1) פָּגַע *a.* qal. (6) נָגַע [(7) קָרַב אֶל] Si. [9. 3 (7)]: 34 (31). 22 (6): 36 (33). 1 (1 *a*): 40. 23 †: 43. 22 †.

[**ἀπάντησις.** Si. 34 (31). 31 †.]

ἀπαρχή. (5) תְּרוּמָה Si. 7. 31 (A B^{2} S) —: 7. 31 (5): [36. 16 †]: 45. 20 ?.

[**ἅπας.** Si. 16. 22 —.]

ἀπατᾶν. (3) פָּתָה *a.* qal. Si. 14. 16 (B S^{2} C) †: 30. 23 (S^{2} C) (3 *a* ?).

ἀπειθεῖν. (6) מָרָה *a.* qal. (12) סָרַב Si. 30. 12 (6 *a*): 41. 2 (12).

ἀπειθής. (4) חָנֵף Si. 16. 6 (4): 47. 21 †.

ἀπέναντι. (1) מִנֶּגֶד (2) מִנֶּגֶב (3) נֶגֶד Si. 37. 4 (1, † marg. et D): 37. 5 (A) (—, 3 marg. et D).

ἀπερίσπαστος. (1) שָׁלֵו Si. 41. 1 (1).

ἀπέρχεσθαι. (8) מָשַׁךְ (14) שׁוּב Si. 14. 19 (8): 41. 10 (14).

ἀπέχειν. (10) μακρὰν ἀ. *b.* רָחַק qal. Si. 9. 13 (10 *b*).

ἀπληστεύεσθαι. Si. 34 (31). 17 ?: 37. 29 †.

ἀπληστία. (1) לֹא מוּסָר (2) רָבָה hi. Si. 37. 30 (2, † marg. et D): 37. 31 (1).

ἄπληστος. Si. 34 (31). 20 †.

ἀπό. (1) מִ׳ (2) מֵאַחֲרֵי (3) מִנֶּגֶד
Si. 4. 4 —: 4. 5 —: 4. 20 (1): 6. 6 (1): 6. 12 (1): 6. 13 *bis* (1): [6. 19 —]: 7. 2 *bis* (1): 7. 6 (1): 7. 31 (B*) —: 7. 34 (1): 8. 5 (1): 8. 11 (1): 9. 8 (1): 9. 13 (1): 10. 8 (1): 10. 12 —: 10. 12 (1): 10. 17 (A B C) (1): [11. 13 —]: 11. 18 (1): 11. 18 (S^{1}) —: [11. 19 (1 ?)]: 11. 23 —: 11. 24 ?: 11. 32 (1): 11. 33 (1): 12. 11 (1): 12. 16 —: 14. 2 —: 14. 4 —: 14. 14 (B S C) (1): 14. 17 —: 14. 27 (A S^{1}) †: 14. 27 (1): [15. 8 (1)]: 16. 4 (1): 16. 17 (B S) (1): 16. 26 (1): 16. 26 †: 20. 5 †: 25. 24 (1): 30. 23 (1): 34 (31). 13 (1): 35 (32). 13 (1): 35 (32). 22 †: 36. 16 †: 36. 19 (1): 37. 8 (1, † marg.): 37. [6,] 10 (—, 1 [D]): 38. 5 (†, 1 marg.): [38. 5 †]: 38. 10 (1): 38. 18 (1): 39. 19 (3): 39. 20 (1): 39. 25 (1): 40. 1 (1): 40. 3 (1): 40. 4 (1): 40. 6 (1): 40. 6 ?: 40. 8 ?: 40. 11 *bis* (1): 41. 10 (1): 41. 17 (1): 41. 17 (S*) †: 41. 17 (1): 41. 18 *bis* (1): 41. 18 (B S C) (1): 41. 19 (1): 41. 19 ?: 41. 19 *bis* (1): 41. 20 (A B S^{2} C) (1): 41. 20 (1): 41. 21 *ter* (1): 41. 22 —: 41. 22 (1): 42. 1 (1): 42. 1 (A B) (1):

42. 13 *bis* (1): 42. 20 (–, 1 marg.): 43. 7 †: 43. 20 (B C[?]) †: 43. 22 –: 44. 2 (1): 44. 21 *bis* (?, 1): 45. 1 (S) ?: 45. 16 (1): 46. 7 (1 ?): 46. 8 (1): 46. 11 (2): 46. 17 (1): 46. 19 (1): 47. 2 *bis* (1): 47. 10 †: 47. 22 (1): [47. 23 ?]: 47. 24 (1 ?): 48. 6 (1 ?): [48. 12 (1)]: 48. 15 *bis* (1): 49. 14 †: 50. 4 (1): 50. 27 –: 51. 2 (1): 51. 4 (1): 51. 5 (1): 51. 8 (1): 51. 9 (A S) (1): 51. 9 (A) (1): 51. 20 (1).

ἀποδιδόναι. (8) שׁוּב *b.* hi. (9) שִׁלַּם pi. (11) מַתָּן Si. 4. 31 (11, 8 *b* [C]): 11. 26 –: 12. 6 (8 *b*): 32 (35). 13 (A) (8 *b*, 9 marg.).

ἀποδοχεῖον. (1) אוֹצָר (2) מִקְוֶה Si. 39. 17 (1): 50. 3 (2).

ἀποθαυμάζειν. (2) תָּמַהּ (3) סָעַר hi. Si. 11. 13 (A¹BSC¹) (2): 40. 7 ?: 47. 17 (BSC) (3).

ἀποθνήσκειν. (2) גָּוַע (4) *a.* מוּת qal. (5) אָסַף ni. Si. 10. 11 (4 *a*): 11. 19 (4 *a*): 14. 17 (2): 16. 3 (4 *a*): 25. 24 (2): 40. 28 (5): 41. 9 (4 *a*).

ἀποκαλύπτειν. (1) גָּלָה *a.* qal. *c.* pi. (4) חָשַׂף Si. 3. 18 (S²) (1 *a*): 4. 18 (1 *a*): 6. 9 (A B S² C) (4): 39. 22 (C) †: 41. 16 (S²) †: 42. 19 (1 *c*).

ἀποκάλυψις. (2) חָסַף (3) נָגַד hi. Si. 11. 27 (3): 42. 1 (2).

ἀποκενοῦν. (2) רָשַׁשׁ po. Si. 13. 5 (2): 13. 7 †.

ἀποκρίνειν. (7) עָנָה *a.* qal. (9) שׁוּב *a.* hi. *c.* הֵשִׁיב דָּבָר Si. 4. 8 (9 *a*): 5. 12 (7 *a*): 11. 8 (9 *c*).

ἀπόκρισις. (5) פִּתְגָּם (6) [*a.* עָנָה] *b.* מַעֲנֶה Si. 5. 11 (5, 6 *a* [C]): 8. 9 (5): 20. 6 (6 *b*).

ἀποκρύπτειν. (5) צָפַן hi. Si. 41. 15 *bis* (5, † marg. 2° loco).

ἀπόκρυφος. (1) *a.* מַטְמוֹן *b.* מַטְמֹנֶת (3) *a.* סֵתֶר *e.* סָתַר ni. Si. 14. 21 †: 16. 21 (3 *a* ?): 42. 9 (1 *b*, 1 *a* marg.): 42. 19 (3 *e*): 43. 32 ?: 48. 25 (3 *e*).

ἀποκτείνειν. (2) הָרַג *a.* qal. (5) נָכָה hi. Si. 30. 23 (B) (2 *a*): 47. 4 (5).

ἀποκωλύειν. (3) מָנַע Si. 7. 33 (3).

ἀπολείπειν. (6) חָסֵר Si. 3. 13 (6).

ἀπολλύναι. (1) אָבַד *a.* qal. *b.* pi. *c.* hi. (8) *a.* הָרַג (14) כָּשַׁל *b.* hi. (31) *c.* שָׁבַת qal. (33) שָׁחַת *a.* pi. *b.* hi. (36) שָׁמַם *b.* qal. (37) שָׁרַשׁ pi. (39) פָּחַז hi. Si. [3. 26 †]: 3. 26 (A S C) †: 6. 3 (37): 6. 4 (33 *a*): 8. 2 (39): 8. 12 (1 *b*): 9. 6 (A B S² C) †: 10. 3 (33 *b*): 10. 16 (37): 10. 17 (36 *b*): 30. 23 (A S C) (8 *a*): 34 (31). 25 (14 *b*): 41. 2 (1 *a*): 41. 6 †: 44. 9 (31 *c*): 46. 6 ?: 49. 7 (1 *c*).

ἀποπλανᾶν. (4) סוּר (5) שׁוּעַ hi. Si. 4. 19 (4): 13. 6 (5 ?): 13. 8 †.

ἀπορεῖν. Si. [3. 24 –]: 10. 27 (BSC) ?.

ἀπορία. Si. 4. 2 †.

ἀπόρρητος. (1) מְכוּעָר Si. 13. 22 (1 ?).

ἀπορρίπτειν. (12) שָׁלַךְ *a.* hi. Si. 6. 21 (12 *a*).

ἀποσβεννύναι. (1) כָּבָה Si. 3. 30 (1): 43. 21 †.

ἀποστέλλειν. (13) *a.* שָׁלַח qal. (15) חָלַק ni. Si. 15. 9 (15): 15. 11 (C ?) †: 48. 18 (A B S²) (13 *a*).

ἀποστερεῖν. Si. 4. 1 †.

ἀποστρέφειν. (13) *a.* סוּג ni. (18) עָלַם hi. (24) שׁוּב *a.* qal. Si. 4. 4 –: 4. 5 –: 8. 5 (24 *a*): 9. 8 (18): 14. 8 –: 46. 11 (13 *a*).

ἀποστροφή. (3) שׁוּב *b.* hi. Si. 41. 21 (3 *b*).

ἀποτίνειν. (3) שִׁלַּם pi. Si. 8. 13 (3): 14. 16 (A ?) †.

ἀποτρέπειν. Si. 48. 18 (S*) †.

ἀποτρέχειν. (5) פָּטַר Si. 35 (32). 11 (5).

ἀπρόσκοπος. Si. 35 (32). 21 †.

ἅπτεσθαι. (3) נָגַע *a.* qal. Si. 13. 1 (3 *a*).

ἀπωθεῖν. (18) רָחַק *d.* hithp. Si. 13. 10 (18 *d*).

ἀπώλεια. (6) חֵרֶם (12) *b.* רַע (16) *b.* שַׁחַת (22) מָוֶת [(23) אָסוֹן] Si. 9. 9 (16 *b*): 16. 9 (6): 34 (31). 6 †: 33 (36). 11 –: [41. 9 (23)]: 41. 10 †: 48. 6 (16 *b*): 51. 2 (22 *vel* 16 *b*): 51. 12 (12 *b*).

ἀργός. (2) שָׁוְא Si. 37. 11 (2 ?).

ἀργύριον. (1) *a.* כֶּסֶף Si. 40. 25 (1 *a* ?): 47. 18 (1 *a*): 51. 25 (1 *a*): 51. 28 (1 *a*).

[**ἀρέσκεια.** (2) חֵפֶץ Si. 11. 23 (2).]

ἀρέσκειν. Si. 47. 6 (S¹) †.

ἀρεστός. (2) *a.* טוֹב (3) *b.* יוֹשֶׁר Si. 48. 16 (3 *b*): 48. 22 (2 *a* ?).

ἀρεταλογία (-λόγιον). (1) הוֹד Si. 36. 19 (B¹) (1).

ἀριθμός. (7) *b.* מִסְפָּר *e.* סָפַר qal. Si. 26. 1 (7 *b*): 37. 25 (7 *b*): 41. 13 (7 *b*): 42. 7 (7 *e*): 45. 11 (7 *b*): 51. 28 †.

ἄρκος. (1) דּוֹב Si. 25. 17 (A S) (1): 47. 3 (1).

ἅρμα. (1) *e.* מֶרְכָּבָה Si. 48. 9 †: 49. 8 (1 *e*).

ἀρνός. (2) *a.* טָלֶה S. 46. 16 (2 *a*): 47. 3 †.

ἀροτριᾶν. (1) חָרַשׁ *a.* qal. Si. 6. 19 (1 *a*): 7. 12 (1 *a*).

ἄροτρον. (3) מַלְמֵד Si. 38. 25 (3).

ἅρπαγμα. (1) גָּזֵל Si. 16. 13 (1).

ἁρπάζειν. Si. 6. 2 (S) †.

ἄρρην. (4) זָכָר Si. 36. 26 (4).

ἀρρώστημα. (1) חוֹלִי, חֳלִי (2) כְּאֵב (3) אָסוֹן (4) מַחֲלָה Si. 10. 10 (3): 30. 17 (2): 34 (31). 2 (1, 3 marg.): 34 (31). 22 (4): 38. 9 (1, 3 marg.).

ἄρρωστος. Si. 7. 35 †.

ἄρτος. (3) *a.* לֶחֶם Si. 10. 27 †: 12. 5 (3 *a*): 14. 10 (3 *a*): 15. 3 (3 *a*): 34 (31). 23 (3 *a*): 34 (31). 24 (3 *a*): 41. 19 (3 *a*): 45. 20 (3 *a*).

ἀρχαῖος. (3) יָשָׁן (4) *a.* קֶדֶם Si. 9. 10 (3): 16. 7 (4 *a*).

ἄρχειν. Si. 47. 21 –.

ἀρχή. (18) *a.* קֶדֶם (20) *a.* רֹאשׁ *c.* רֵאשִׁית (23) תְּחִלָּה Si. 7. 31 (B¹) –: 10. 12 (23): 10. 13 †: [10. 20 *bis* –]: 11. 3 (20 *a*): 15. 14 (20 *c*): 16. 26 (20 *a*): 25. 24 (23): 36. 16 (18 *a*): 36. 20 (20 *a*): 37. 16 (20 *a*): 39. 25 (20 *a*): 39. 26 ?: 39. 32 (20 *a*): 51. 20 (23).

ἀρχιτέκτων. Si. 38. 27 ?.

ἄρχων. (14) נָגִיד (19) סֶרֶן (25) קָצִין (37) פֵּאָה Si. 10. 14 †: 33 (36). 12 (37): 41. 18 †: 46. 13 (14): 46. 18 (19): 48. 12 –: 48. 15 (25).

Ἀρών. (1) אַהֲרֹן Si. 45. 6 (A¹) (1).

ἀσεβεῖν. (10) חָטָא Si. 15. 20 (10).

ἀσεβής. (7) חָמָס (8) חָנֵף (14) *c.* רָשָׁע (17) עַוְלָה (18) *a.* זָדוֹן *b.* זֵד [(19) בָּגַד] Si. 7. 17 †: 9. 12 (18 *b*): 12. 5 (18 *a*): 12. 6 (14 *c*): 13. 24 (A S) (18 *b*): 16. 1 (17): 16. 3 (? *vel* 18 *b*): [16. 4 (19)]: 33 (36). 11 (S²) –: 39. 30 ?: 40. 15 (7): 41. 5 ?: 41. 7 (14 *c*): 41. 8 ?: 41. 10 (8): 42. 2 (14 *c*).

ἀσθενεῖν. Si. 34 (31). 19 (C) †.

ἀσθμαίνειν. Si. 34 (31). 19 (A B S) †.

ἀσπάζεσθαι. (1) *b.* שָׁאַל שָׁלוֹם Si. 41. 20 (1 *b*).

ἀσπίς. (3) צִנָּה Si. 37. 5 (–, 3 marg. et D).

Ἀσσύριοι. (1) אַשּׁוּר Si. 48. 21 (1).

ἀστήρ. (1) כּוֹכָב Si. 43. 9 (S) (1): 50. 6 (1).

ἀστοχεῖν. (1) מָאַס Si. 7. 19 (1): 8. 9 (1).

ἀστραπή. (1) בָּרָק (2) זִק Si. 35 (32). 10 (1): 43. 13 (2, et † marg.).

ἄστρον. (1) כּוֹכָב Si. 43. 9 (A B C) (1): 44. 21 (A B S⁴) –.

ἀσύνετος. (4) שָׁוְא Si. 15. 7 (4).

[**ἀσφάλεια.** Si. 10. 19 †.]

[**ἀσφαλής.** Si. 5. 10 –.]

ἀσχημοσύνη. (4) אִוֶּלֶת Si. 30. 13 (4).

ἀσχολία. (1) עֵסֶק Si. 40. 1 (1).

ἄτεκνος. (1) עֲרִירִי Si. 16. 3 (1).

ἀτιμάζειν [(-ᾶν)]. (1) *a.* בּוּז *b.* בָּזָה qal. (3) כָּלַם *b.* hi. (6) קָלָה *a.* ni. *b.* hi. (11) בּוֹשׁ hi. Si. 3. 13 (3 *b*): 8. 4 (1 *a*): 8. 6 (11): 9. 6 (S¹) †: 10. 23 (1 *b*): 10. 29 (6 *b*): 11. 6 (6 *a*).

ἀτιμία. (5) [*a.* קָלָה ni.] *c.* קָלוֹן Si. 3. 10 *bis* (5 *c*, –): 5. 13 (5 *c*): [6. 1 †: 10. 19 (5 *a*)].

ἄτιμος. (3) קָלָה ni. Si. 10. 19 –: 10. 19 (3).

ἀτμίς. Si. 43. 4 †.

ἀτραπός. (3) דֶּרֶךְ (4) [*a.* שְׁבוּלֶת *b.* שְׁבִיל] Si. 5. 9 [(3 + 4 *a* (?), 4 *b* [C])].

αὔγασμα. Si. 43. 11 ?.

αὖλαξ. (3) תֶּלֶם Si. 7. 3 †: 38. 26 (3 ?).

αὐλίζειν. (3) לִין, לוּן a. qal. b. hithpalel. Si. 14. 26 (3 b): 51. 23 (3 a).

αὐλός. (1) חָלִיל Si. 40. 21 (?, 1 marg.).

αὐξάνειν. (8) חָדַשׁ hithp. Si. 43. 8 (8).

αὔριον. (1) a. מָחָר Si. 10. 10 (1 a).

αὐτάρκης. (2) לְאֵל יַד (3) דַּי Si. 5. 1 (2): 11. 24 (3): 34 (31). 28 †: 40. 18 †.

αὐτός, *passim.*

ἀφαιρεῖν. (15) לָקַח (26) b. עָבַר hi. Si. 9. 13 (15): 47. 11 (26 b).

ἀφαίρεσις. Si. 41. 21 †.

ἀφάλλεσθαι. (3) דָּלַג pi. Si. 36. 31 (A S) (3).

ἀφανής. (2) סָתַר a. pu. b. hoph. Si. 41. 14 (2 b, 2 a marg.).

ἀφανίζειν. Si. 45. 26 †.

ἀφέστιος. Si. 37. 11 (B) †.

ἀφιέναι. (4) b. נוּחַ hi. (7) נָתַן (12) רָפָה hi. (17) שִׁית Si. 6. 3 (4 b): 6. 27 (12): 15. 14 (17 + 7): 20. 7 (A) †: 39. 32 (4 b).

ἀφικνεῖσθαι. Si. 43. 27 (A B S) †: 43. 30 ?: 47. 16 –.

ἀφιστάναι. (7) חָדַל (12) מוּשׁ (22) נָדַח hi. (27) סוּר a. qal. (37) רָחַק a. qal. b. hi. μακρὰν ἀ. c. hithp. (42) פָּשַׁע (43) מָרָה (44) פָּרַע a. qal. b. hi. (45) פָּרַג hi. (46) נוּס (47) נָטָה Si. 7. 2 (37 b, 37 a [C]): 10. 12 †: 10. 12 (27 a): 13. 10 (37 c): 15. 11 (A? B S) (42): 16. 7 (43): 19. 2 ?: 30. 23 (37 b): 34 (31). 1 (44 b, 45 marg.): 32 (35). 21 (12): 38. 10 (46 ?, 47 marg.): 38. 12 (12, † marg.): 38. 20 (44 a): 42. 9 ?: 47. 23 (44 b): 47. 24 (22): 48. 15 (7).

ἄφοβος. Si. 5. 5 †.

ἀφορίζειν. (15) b. רוּם hoph. Si. 47. 2 (15 b).

ἀφροσύνη. (1) אִוֶּלֶת Si. [3. 21 –]: 8. 15 (1): [16. 7 –]: 47. 20 †: 47. 23 (1).

ἄφρων. (8) a. כְּסִיל (14) פֶּתָה Si. 16. 23 ?: 20. 7 (B S) (8 a): 34 (31). 7 (14, † marg.): 34 (31). 30 (8 a).

ἀφυστερεῖν. (1) מָנַע Si. 14. 14 (1).

ἄχι [(ἄχη)]. Si. 40. 16 (A B S C [?]) †.

ἄχρηστος. (2) שָׁוְא (3) יָאַל ni. Si. 16. 1 (2): 37. 19 (†, 3 marg. et D).

ἄωρος. Si. 16. 3 (S²) –.

B

βαθμός. (3) βαθμὸς θυρῶν סִיף Si. 6. 36 (3).

βάθος. (9) תְּהוֹם Si. 51. 5 (9 ?).

βαθύς. (4) פֶּלֶא Si. 3. 21 (S²) (4).

βαλλάντιον. (1) כִּיס Si. 18. 33 (S²) (1).

βάλλειν. (6) נָפַל a. qal. Si. 37. 8 (6 a).

βάρος. (1) כָּבֵד Si. 13. 2 (1).

βαρύνειν. (3) כָּבֵד c. hi. (10) בָּאַשׁ ni. (11) רָבָה Si. 3. 26 (B) (10): 3. 27 (11): 8. 15 (A S) (3 c).

βαρύς. (2) a. כָּבֵד (7) חָזָק Si. 34 (31). 2 (7): 40. 1 (2 a).

βασανίζειν. Si. 4. 17 –.

βασιλεία. (4) e. מַלְכוּת h. מַמְלֶכֶת Si. 10. 8 (4 e): 44. 3 (4 e): 46. 13 (A S C) (4 b): [47. 11 (4 e ?)]: 47. 21 (4 b).

βασιλεύειν. (3) מָלַךְ a. qal. Si. 47. 13 (3).

βασιλεύς. (2) d. מֶלֶךְ h. מַמְלֶכֶת i. מַלְכוּת (7) נָדִיב Si. 7. 4 (2 d): 7. 5 (2 d): 8. 2 (7 ?): 10. 3 (2 d): 10. 10 (2 d): 38. 2 (2 d): 45. 3 (2 d): 45. 25 †: 46. 13 (B) (2 b): 46. 20 (2 d): 47. 11 (2 i ?): 48. 6 (2 d): 48. 8 †: 48. 23 ?: 49. 4 (2 d): 51. 1 †: 51. 6 –.

βασκαίνειν. (2) רַע Si. 14. 6 (2 ?): 14. 8 –.

βάσκανος. (1) רַע עַיִן (2) רַע Si. 14. 3 (1): 37. 11 (2).

βαστάζειν. (2) נָשָׂא Si. 6. 25 (2).

βαφή. Si. 34 (31). 26 †.

βδέλυγμα. (7) a. תּוֹעֵבָה (8) זִמָּה Si. 10. 13 (8): 13. 20 *bis* (7 a): 15. 13 (7 a): 49. 2 (7 a).

βδελυκτός (B), βδελυρός (A S C). (2) מָאַס ni. Si. 41. 5 (2).

βδελύσσειν. (8) תָּעַב b. pi. Si. 11. 2 (8 b): 16. 8 †.

βεβηλοῦν. (1) c. חָלַל pi. (3) פָּתָה a. pu. b. hithp. Si. 42. 10 (3 a, 3 b marg.): 47. 20 (1 c).

βελτίων. (5) מִ׳ Si. 30. 15 (5): 30. 16 †.

βῆμα. (3) צַעַד Si. 45. 9 (3).

βία. (7) אוֹנֶס (8) גָּזֵל Si. 30. 20 (B²) (7, 8 marg.).

βιάζεσθαι. (8) עָמַד לִפְנֵי (9) אָנַס ni. Si. 4. 26 (8): 34 (31). 21 (9).

βιβλίον. Si. 50. 27 †.

βίος. (2) חַי Si. 34 (31). 4 †: 38. 19 –: 40. 29 (2).

βιοῦν. (2) חָיָה Si. 40. 28 (2).

βλάστημα. (1) שָׁתִיל Si. 50. 12 (1).

βλαστός. (5) a. פֶּרַח Si. 50. 8 (5 a).

βλάσφημος. (2) זִיד hi. Si. 3. 16 (2).

βλέπειν. (2) a. חָזָה (12) שָׁגַח hi. (13) צָפָה Si. [3. 22 –]: 15. 18 (2 a): 30. 20 (–, ? marg.): 40. 29 (12): 51. 7 (A) (13).

βοήθεια. (4) נָצַל hi. Si. 8. 16 (4): 40. 24 ?: 40. 26 ?.

βοηθεῖν. (6) עָזַר a. qal. (13) סָמַךְ Si. 12. 17 (13): 51. 7 (6).

βοηθός. (6) a. עֵזֶר d. γίγνεσθαι β. עָזַר Si. 36. 29 (6 a, † marg. et D): 51. 2 †: 51. 2 (6 d ?).

βόθρος. (6) מַהֲמֹרָה עֲמוּקָה Si. 12. 16 (6).

βορέας, βορέης. (1) a. צָפוֹן Si. 43. 17 (1 a ?): 43. 20 (1 a).

βουλεύειν. (5) חָשַׁב (6) a. יָעַץ qal. (12) סוֹד hithp. Si. 9. 14 (A S) (12): 12. 16 (5): 37. 8 (5): 37. [7,] 10 (?, 6 a [D]): 44. 3 (6 a).

βουλή. (2) e. עֵצָה (5) מַחֲשֶׁבֶת (7) סוֹד (13) חָכַם (14) יָד Si. 6. 2 (14): 30. 21 (A B S C¹) (†, 2 e marg.): 35 (32). 18 *bis* (13, –): 35 (32). 19 (2 e): 37. 7 (14, † marg. et D): 37. [7,] 10 (?, 7 [D]): 37. 13 (2 e): 37. 16 (5): 40. 25 (A B² S C) ?: 47. 23 (2 e ?).

βοῦς. (1) a. אַלּוּף Si. 38. 25 (1 a).

βραδύνειν. (2) מָהַהּ hithpalp. Si. 32 (35). 22 (2).

βραχίων. (1) c. זְרוֹעַ Si. 7. 31 ?: 33 (36). 7 (1 c).

βροντᾶν. (1) רָעַם hiph. Si. 46. 17 (1 ?).

βροντή. (1) רַעַם (2) קוֹלוֹת Si. 35 (32). 10 †: 40. 13 (2): 43. 17 (1): [46. 17 –].

βρυγμός. Si. 51. 3 †.

βρῶμα. (1) a. אֹכֶל c. מַאֲכָל (5) b. מַטְעַמִּים Si. 13. 7 –: 30. 16 (A¹ B¹ S) –: 30. 18 –: 33. 13 (30. 25) (1 c): 36. 23 (1 c): 36. 23 (1 a, 1 c marg.): 36. 23 (†, 1 c marg.): 36. 24 (5 b): 37. 30 (†, 1 a marg. et D): 51. 3 †.

βωμός. (2) מִזְבֵּחַ Si. 50. 12 †: 50. 14 (2).

Γ

γάλα. (1) a. חָלָב Si. 39. 26 (1 a ?): 46. 8 (1 a).

γαλαθηνός. (1) חָלָב Si. 46. 16 (1).

γάρ, *passim.*

γαστήρ. (6) רֶחֶם Si. 37. 5 (–, † marg. et D): 40. 1 (6).

γαυρίαμα. (3) תִּפְאֶרֶת Si. 43. 1 (?, † marg.): 47. 4 (3 ?).

[**γαυριᾶν.** Si. 11. 14 †.]

γε. Si. 34 (31). 12 –.

γενεά. (2) a. דּוֹר Si. 4. 16 –: 14. 18 (–, 2 a marg.): 44. 7 (2 a): 44. 14 [*bis*] (?, 2 a): 44. 16 (2 a *bis*): 45. 26 (2 a).

γένεσις. (1) דּוֹר Si. 44. 1 (1).

γένημα. (8) b. פְּרִי (11) יָלַד Si. 6. 19 (8 b): 10. 18 (11): 45. 20 (S[1]) –.

γεννᾶν. (6) יָלַד c. hi. Si. 3. 7 –: 7. 28 (A S) –: 14. 18 †: 41. 9 *bis* (6 c).

γένος. (4) מִין Si. 13. 16 (4).

γέρων. (2) שִׂיב Si. 8. 9 (2).

γεύειν. Si. 36. 24 †.

γεωργία. (1) עֲבֹדָה Si. 7. 15 (1).

γεώργιον. (1) b. עֲבֹדָה Si. 27. 6 (Heb. 6. 22) (1 b).

γῆ. (1) אֲדָמָה (2) b. אֶרֶץ (17) עָפָר (20) תֵּבֵל Si. 10. 4 (20): 10. 9 (17): 10. 9 (S[2]) †: 10. 16 (2 b): 10. 17 (2 b): 16. 18 (2 b): 16. 19 (20): 36. 22 (2 b): 38. 4 (2 b): 38. 8 (†, 2 b marg.): 39. 31 †: 40. 3 (17): 40. 11 *bis* (2 b): 41. 10 *bis* †: 43. 17 (2 b): 43. 19 –: 44. 17 (A B S[2]) –: 44. 21 (A B S[4]) –: 44. 21 (2 b): 45. 22 ?: 46. 8 (2 b): 46. 9 (2 b): 46. 20 (2 b): 47. 15 (2 b): [47. 18 –]: 47. 24 (1): 48. 15 *bis* (2 b): 49. 14 *bis* (2 b, †): 50. 17 (2 b): 51. 9 (2 b).

γῆρας. (3) b. שֵׂיבָה (4) γ. ἄγειν זָקֵן hi. (5) יְשִׁישׁ Si. 3. 12 †: 8. 6 (5 ?): 30. 24 (4): 46. 9 (3 b).

γηράσκειν. (2) d. זָקֵן hi. Si. 8. 6 (2 d).

γίγας. (1) a. גִּבּוֹר (6) נָסִיךְ Si. 16. 7 (6): 47. 4 (1 a ?).

γίγνεσθαι. (3) בּוֹא (6) d. הָיָה qal. (13) יָלַד b. ni. (31) עָשָׂה b. ni. (99) ἐγκρατὴς γ. חָזַק hithp. (100) γ. ὡς דָּמָה Si. 4. 10 (6 d): 4. 29 (6 d): 5. 4 (31 b, [6 d (C)]): 5. 5 †: 5. 11 (6 d): 6. 1 (6 d): 6. 27 (99): 7. 6 (6 d): 7. 28 –: 8. 12 –: 13. 9 (6 d): 18. 33 (6 d): 34 (31). 4 (6 d): 34 (31). 6 †: 34 (31). 22 (6 d): 34 (31). 29 (A) †: 35 (32). 1 (6 d): 35 (32). 8 (100): 40. 10 †: 41. 5 –: 42. 10 ?: 42. 15 (S[2]) †: 43. 19 †: 44. 9 *bis* (6 d): 44. 17 (6 d): 44. 17 (A B S[2]) (6 d): 44. 17 †: 44. 20 (3): 45. 13 ?: 45. 15 (6 d): 46. 1 (6 d ?): 46. 4 ?: 47. 21 ?: 49. 15 (13 b): 50. 23 (6 d): [50. 29 *bis* –]: 51. 2 *bis* (–, 6 d): 51. 17 (6 d).

γιγνώσκειν. (4) יָדַע a. qal. b. ni. c. hi. (9) מָצָא (11) נָכַר b. ni. [(15) קָפַץ] Si. 4. 24 (4 b, 15 ? [C]): 6. 27 (9): 8. 18 (4 a): 11. 28 (11 b): 12. 1 †: 12. 8 (S[2]) (4 b): 12. 11 (4 a): 16. 3 (S[2]) –: 16. 15 †: [16. 17 (A S) (4 b)]: 35 (32). 8 (4 a): [33 (36). 5 (4 a)]: 36. 22 (4 a, † marg.): 37. 8 (4 a): 38. 5 (4 c): 42. 18 –: 46. 6 (4 a ?): 46. 15 –.

γλυκαίνειν. (1) מָתַק a. qal. b. hi. (2) נָעֵם hi. Si. 12. 16 †: 38. 5 (1 b): 40. 18 (1 a): 40. 30 (1 b): 47. 9 (†, 2 marg.): 49. 1 (1 b): 50. 18 †.

γλύκασμα. (2) תְּנוּבָה Si. 11. 3 (2).

γλυκύς. (3) עָרֵב Si. 6. 5 (3).

γλύμμα. (3) פִּתּוּחַ Si. 45. 11 (3 ?).

γλῶσσα. (2) a. לָשׁוֹן (4) שָׂפָה Si. 4. 24 (A B S[2]) (2 a): 4. 29 (2 a): 5. 13 (2 a): 5. 14 (2 a): 6. 5 (4): 36. 28 (2 a): 37. 18 (2 a): 40. 21 (2 a): 51. 2 (2 a): 51. 5 (4): 51. 6 (2 a): 51. 22 (4 + 2 a ?).

γλωσσώδης. (2) לָשׁוֹן Si. 4. 24 (S[1]) (2): 8. 3 (2): 9. 18 (2).

γνήσιος. Si. 7. 18 †.

γνόφος. (5) עֲרָפֶל Si. 45. 5 (5).

γνώμη. Si. 6. 23 –.

γνῶσις. (1) b. דַּעַת [(3) בִּין hi.] Si. [3. 24 (1 b): 11. 14 (3): 15. 1 –]: 40. 5 (†, 1 b marg.).

γογγύζειν. (1) אָנַן hithpo. Si. 10. 25 (1).

γογγυσμός. (3) דִּבָּה Si. 46. 7 (3).

Γολιάθ (A B S), **Γολιάδ** (C). (1) גָּלְיָת Si. 47. 4 (1).

γόνυ. (2) בֶּרֶךְ Si. 25. 23 (2).

γραμματεία. Si. 44. 4 †.

γραμματεύς. (2) a. סָפַר (7) חָקַק po. Si. 10. 5 (7): 38. 24 (2 a).

γραφή. (1) b. כְּתָב Si. 39. 32 (1 b): 42. 7 (1 b): 44. 5 (1 b): 45. 11 (1 b).

[**γρηγορεῖν.** Si. 13. 13 –.]

γυνή. (1) אִשָּׁה (16) γ. ὕπανδρος בְּעֻלָה Si. 7. 19 (1): 7. 26 (1): 9. 1 (1): 9. 2 (1): 9. 3 (1): 9. 8 *bis* (1): 9. 9 (16): 10. 18 (1): 15. 2 (1): 19. 2 (1): 25. 17 (1): 25. 19 (1): 25. 20 (1): 25. 22 (1): 25. 24 (1): 26. 1 (1): 26. 2 (1): 36. 26 (1): 36. 27 (1): 36. 29 (1): 36. 30 (1): 37. 11 (1): 40. 19 (1): 40. 23 (1): 40. 25 (B[1]) †: 41. 20 (†, 1 marg.): 41. 21 ?: 42. 6 (1): 42. 12 (1): 42. 13 *bis* (1): 42. 14 *bis* (1, †): 47. 19 (1).

γυροῦν. (2) נָקַף hi. Si. 43. 12 (2).

Γώγ. Si. 48. 17 (B C) †.

Δ

Δάθαν. (1) דָּתָן Si. 45. 18 (1): 47. 1 (A[1]) †.

δάκρυ. (1) דִּמְעָה Si. 32 (35). 18 (1): 38. 16 (1).

δακρύειν. (5) דָּמַע a. qal. b. hi. Si. 12. 16 (5 b): 34 (31). 13 (5 a ?).

δάμαλις. Si. 38. 26 †.

δανίζειν. (1) לָוָה a. qal. b. hi. Si. 8. 12 *bis* (1 a, 1 b).

δανισμός. Si. 18. 33 †.

δασύς. (2) רַעֲנָן Si. 14. 18 (2).

Δαυείδ (Δαυίδ). (1) דָּוִיד, דָּוִד Si. 45. 25 (1): 47. 1 (1): 47. 2 (1): 47. 22 (1 ?): 48. 15 (1): 48. 22 (A B S[2] C) (1): 49. 4 (1).

δέ, *passim.*

δέησις. (3) צְעָקָה (8) b. תַּחֲנוּן (9) תְּפִלָּה Si. 4. 6 (3): 32 (35). 16 (8 b): 32 (35). 20 (3): 36. 22 (9): 51. 11 (8 b).

δεικνύειν. (12) b. רָאָה hi. Si. 45. 3 (12 b ?).

δειλία. Si. 4. 17 –.

δειλός. Si. 37. 11 †.

[**δεῖν** (*vincire*). (9) הָיָה חָבוּל Si. 34 (31). 6 (9, † marg.).]

δεινός. Si. 38. 16 †.

δεῖσθαι. (12) עָתַר a. qal. b. hi. (15) שָׁוַע pi. (16) אָבַד Si. 4. 5 (A B S[2]) –: 11. 12 (C) (16 ?): 37. 15 (12 a, 12 b marg. et D): 38. 14 (12 b): 50. 19 †: 51. 9 (15).

δέκα. (1) עֶשֶׂר Si. 41. 4 (1): 44. 23 (1).

δέκατος. (1) c. מַעֲשֵׂר Si. 32 (35). 11 (1 c, 1 c et † marg.).

δεκτός. Si. 3. 17 †.

δένδρον. (3) עֵץ Si. 14. 18 (3).

δεξιός. (2) a. יָמִין Si. 12. 12 (2 a): 33 (36). 7 (2 a): 47. 5 (2 a): 49. 11 ?.

δέσις. Si. 45. 11 (A B S[2]) †.

δεσμεύειν. Si. 12. 12 (B[2]) –.

δεσμός. (1) e. מוֹסֵר (11) תַּחְבֻּלָה Si. 6. 25 (11 ?): 6. 30 (1 e): 13. 12 †.

δεσπότης. Si. 3. 7 –: 33 (36). 1 (B S C) –.

δευτεροῦν. (1) שָׁנָה qal. Si. 7. 14 (1 ?): 50. 21 (1).

δευτέρωσις. (2) שָׁנָה Si. 42. 1 (2).

δέχεσθαι. (6) קָבַל pi. Si. 6. 23 (B C) —: 32 (35). 20 †: 41. 1 (S) (6): 50. 12 (6): 51. 16 †.

δή. (1) נָא Si. 42. 15 (A S C) (1): 44. 1 (1).

δῆλος. Si. 36 (33). 3 (A S) ?: 45. 10 †.

διά. I. διά. *c.* gen. (1) בְּעַד (2) ב׳ (3) בִּגְלַל Si. 7. 28 —: 10. 30 (S²) (3): 11. 21 (2): 11. 30 (A¹) †: 14. 23 (1): [16. 11 —]: 35 (32). 2 (S²) —: [42. 21 ?].

II. διὰ παντός. (1) לְדוֹרוֹתָם (2) תָּמִיד Si. 6. 37 (2): 45. 13 (1).

III. διά. *c.* acc. (1) בִּגְלַל (2) בַּעֲבוּר (3) לְמַעַן (4) διὰ τοῦτο בַּעֲבוּר (5) διὰ τοῦτο לָכֵן (6) διὰ τοῦτο לְמַעַן (7) διὰ τοῦτο עַל כֵּן (8) מ׳ (9) ב׳ (10) διὰ τοῦτο בַּעֲבוּר כֵּן (11) διὰ τοῦτο כִּי זֶה Si. [5. 3 —]: 10. 8 (1): 10. 13 (7): 10. 30 (A B S¹ C) (1): 10. 30 (1): 15. 11 (8): 16. 8 (9): [25. 18 —]: 25. 24 (1): [34 (31). 11 (7)]: 34 (31). 13 (11, *vel* 7 [† marg.]): 35 (32). 2 (9): 37. 31 (9): 39. 32 (7): 40. 10 (2): 41. 7 (1 ?): 43. 14 (6): 43. 26 (3): 44. 12 (A B S*) —: 44. 17 (A B S²) (4): 44. 17 (B S*) †: 44. 21 (7): 44. 22 (2): 45. 24 (5): 47. 12 (A B S) (2 ?): 51. 12 (7): 51. 20 (10): 51. 21 (10).

διαβαίνειν. (8) צָעַד Si. 9. 13 (8).

διαβολή. (3) דִּבָּה Si. 38. 17 †: 51. 2 (B S) (3): 51. 6 †.

[**διάβολος.** (3) רָכִל Si. 11. 29 (3).]

διαβουλή. Si. 51. 2 (A) †.

διαβούλιον. (2) מְזִמָּה (5) יֵצֶר Si. 15. 14 (5): 44. 4 (2).

διαγγέλλειν. (4) נָבַע hi. Si. 43. 2 (A B S¹ C) (4, † marg.).

διάγειν. Si. 38. 27 ?.

διαγογγύζειν. (3) רָגַז Si. 34 (31). 24 (3).

διαδέχεσθαι. Si. 14. 20 (A) †.

διάδημα. (1) *b.* צָנִיף Si. 11. 5 (1 *b*): 47. 6 (1 *b*).

διαδιδράσκειν. Si. 11. 10 †.

διάδοχος. (4) שָׁרֵת pi. (5) חָלַף hi. Si 46. 1 (4): 48. 8 (5).

διαθήκη. (2) בְּרִית (8) *a.* חֹק, חוֹק *b.* חֻקָּה Si. 11. 20 (8 *a*): 14. 12 (8 *a*): 14. 17 (8 *a*): 16. 22 (8 *a*): 41. 19 (2): 42. 2 (8 *a*): 44. 11 —: [44. 12 —]: 44. 18 †: 44. 20 (2): 44. 20 (8 *a*): 44. 22 (2): 45. 5 (8 *a*): 45. 7 (8 *a*): 45. 15 (2): 45. 17 (8 *a*): 45. 24 (8 *a*): 45. 25 (2): 47. 11 (8 *b*).

διαθρύπτειν. Si. 43. 15 ?.

διαίρεσις. (5) יָרַד Si. 14. 15 (5).

διακριβάζεσθαι (-βεῖν, -βοῦν). Si. 51. 19 †.

διαλέγεσθαι. (3) שָׁעָה Si. 14. 20 (B S C) (3).

διαλογισμός. (2) מַחֲשָׁבָה (5) מָנָה (6) חֶשְׁבּוֹן Si. 9. 15 (6 ?): 13. 26 (2): 27. 5 (Heb. 6. 22) (6): 40. 2 —: 40. 29 (S) (5).

διαμασᾶσθαι. (1) עִיס Si. 34 (31). 16 (1).

διαμάχεσθαι. (2) רִיב (3) נָצָה Si. 8. 1 (2): 8. 3 (3 ?): [51. 19 †].

διαμαχίζεσθαι. Si. 51. 19 †.

διαμένειν. (6) עָמַד (7) אָמַן ni. (8) כּוּן (9) לָוָה Si. 12. 15 (6): 40. 17 (A B S) (8): 41. 12 (9): 41. 13 †: 44. 11 (7): 44. 13 (S²) (6): 46. 9 (6).

διανοεῖσθαι. (2) בִּין *a.* qal. *e.* hithpo. (4) חָשַׁב *a.* qal. (10) שִׂים Si. 3. 22 (2 *e*): 3. 29 (2 *a*): 6. 37 (2 *e*): 14. 21 (10): 16. 20 (10): 16. 23 *bis* (2 *a*, 4 *a*): 34 (31). 15 (2 *e*): 39. 32 (2 *e*): 42. 18 (2 *e*): 51. 18 (4 *a*).

διανόημα. (3) שֵׂכֶל (4) חָכְמָה Si. 35 (32). 18 (†, 4 et 3 marg.): 42. 20 (3).

διάνοια. (7) דֵּעוּת Si. 3. 24 (7 ?): [13. 8 †].

διαπορεύεσθαι. (9) רָכַב Si. 8. 16 (9).

διαρπάζειν. (10) בָּעַר pu. Si. 6. 2 †: 36. 30 (10).

διασκορπίζειν. (10) *a.* פּוּץ qal. Si. 48. 15 (A S) (10 *a*).

διαστέλλειν. (22) נָצַב hi. Si. 16. 26 ?: 44. 23 (B S) (22).

διαστρέφειν. (15) סָלַף pi. Si. 4. 17 (C) †: 11. 34 (15).

διασώζειν. (7) אָצַל ni. Si. 46. 8 (7).

διαφθείρειν. (8) נָפַל hi. Si. 47. 22 (8).

διαφθορά. Si. 34 (31). 5 †.

διάφορος. Si. 42. 5 (A S C) †.

διαφυλάσσειν. (3) *a.* שָׁמַר qal. Si. [16. 10 —]: 41. 16 (A B S* C) (3 *a*).

διαχωρίζειν. (1) בָּדַל *b.* hi. (7) בָּדַד Si. 6. 13 (1 *b*): 12. 9 (7).

διαψιθυρίζειν. (1) לָחַשׁ Si. 12. 18 (A B S) (1).

δίγλωσσος. (2) בַּעַל שְׁתַּיִם Si. 5. 9 —: 5. 14 (2): 6. 1 (2).

διδάσκειν. (8) לָמַד *b.* pi. Si. 9. 1 (8 *b*): 45. 5 (8 *b*): 45. 17 (8 *b*).

διδόναι. (5) הָיָה (22) נָגַשׁ *b.* hi. (24) נָשָׂא *b.* qal. (26) *a.* נָתַן qal. *b.* ni. *e.* מַתַּת *f.* מַתָּנָה (37) שִׂים (38) שׁוּב *b.* hi. (54) διδόναι ἐλπίδα בָּטַח hi. (55) δ. ἐξουσίαν מָשַׁל hi. (56) שִׁית Si. 4. 5 (26 *a*): 6. 32 (37): 6. 37 †: 7. 20 (26 *a*): 7. 31 (26 *a*): 8. 9 (38 *b*): 9. 2 †: 9. 6 (26 *a*): 10. 28 (26 *a*): 11. 17 (S) †: 11. 33 (24 *b*): 12. 4 (26 *a* ?): 12. 5 *bis* (26 *a*): 12. 7 (26 *a*): 13. 6 (54): 13. 22 —: 14. 13 (26 *a*): 14. 16 (26 *a*): 15. 17 (26 *b*): 15. 20 †: 30. 11 (55): 30. 21 (26 *a*): 34 (31). 6 (5): 32 (35). 12 (26 *a*): 36. 20 (26 *a*): 36. 21 (26 *a*): 36. 25 (26 *a*): 37. 21 —: 37. 27 (26 *a*): 38. 6 (26 *a*): 38. 11 (22 *b* ?): 38. 12 (26 *a* ?): 38. 20 (38 *b*, 56 marg.): 38. 26 (56): 41. 22 (26 *e*): 43. 33 ?: 44. 23 (26 *a*): 45. 5 (37, 26 *a* marg.): 45. 7 (26 *a*): 45. 17 (26 *a*): 45. 20 (26 *a*): 45. 21 (26 *f*): 45. 26 (26 *a*): 46. 9 (26 *a*): 47. 5 (26 *a*): 47. 8 (26 *a*): 47. 10 ?: 47. 11 (26 *a* ?): 47. 20 (26 *a* ?): 47. 22 (26 *a*): 47. 23 (26 *a*): 49. 5 (26 *a*): 50. 20 —: 50. 23 (26 *a*): [50. 29 —]: 51. 17 *bis* (†, 26 *a*): 51. 22 (26 *a*): 51. 30 (26 *a*).

διεξάγειν. (2) הָלַךְ hithp. Si. 3. 17 (2).

διέρχεσθαι. (5) חָלַף Si. 32 (35). 21 (†, 5 marg.).

διεστραμμένως. (1) נָכַר hithp. Si. 4. 17 (A B S) (1).

διηγεῖσθαι. (5) *b.* סָפַר pi. (7) נָשָׂא Si. [33 (36). 7 —]: 43. 24 (5 *b*): 44. 5 (7): 44. 15 (?, † marg.).

διήγημα. (3) שִׂיחָה (4) שְׁמוּעָה Si. 8. 8 (3): 8. 9 (4 ?).

διήγησις. (3) שִׂיחָה (4) שְׂעִיָּה (5) סוֹד Si. 6. 35 (3): 9. 15 (5): 38. 25 (4).

διϊστάναι. (5) נָצַב hi. Si. 44. 23 (A) (5).

δικάζειν. (3) שָׁפַט *b.* ni. Si. 8. 14 (3 *b*).

δίκαιος. (10) *b.* צַדִּיק *c.* צֶדֶק Si. 9. 16 (10 *c*): 10. 23 —: [12. 15 —]: 16. 3 (S²) *bis* —: 36 (33). 3 (B) ?: 32 (35). 22 (A S¹) (10 *c*): 32 (35). 23 (A) †: 44. 17 (10 *b*).

δικαιοσύνη. (10) *b.* צֶדֶק Si. 16. 22 (10 *b*): 44. 10 †: 45. 26 ?.

δικαιοῦν. (3) צָדֵק *c.* hi. *d.* hithp. (6) נָקָה ni. Si. 7. 5 (3 *d*): 9. 12 (6): 10. 29 (3 *c*): 13. 22 †: 34 (31). 5 (6): 42. 2 (3 *c*).

δικαίωμα. Si. 4. 17 †: 35 (32). 16 †.

δικαίως. (2) צֶדֶק Si. 32 (35). 22 (B S²) (2).

[**διότι.** Si. 51. 24 †.]

διπλάσιος. (1) פִּי שְׁנַיִם (2) כֶּפֶל Si. 12. 5 (1): 26. 1 (2).

διπλοῦς. Si. 50. 2 †.

δίς. (1) *a.* פַּעֲמַיִם (4) שָׁנָה Si. 7. 8 (4): 12. 12 (B²) —: 13. 7 (1 *a*): 35 (32). 7 (1 *a*): 45. 14 (1 *a*).

δισσός. (6) שָׁנָה Si. 42. 24. (6).

δίχα. (1) שְׁנַיִם Si. 47. 21 (1).

διψῆν. (4) צָמֵא Si. 51. 24 (4).

διώκειν. (11) רוּץ (14) אָהֵב Si. 11. 10 (11): 34 (31). 5 (14).

δοκιμάζειν. (1) בָּחַן Si. 27. 5 (Heb. 6. 22) †: 34 (31). 10 †: 34 (31). 26 (1, † marg.): 39. 34 (S) †: 42. 8 †.

δοκιμασία. Si. 6. 21 †.

δόλιος. (9) רָכִל (10) בֶּצַע Si. [10. 8 —]: 11. 29 (9 *vel* 10).

δολιότης. (4) תַּרְמִית Si. 37. 3 (4).

δόμα. (5) מַשְׂאֵת (6) *a.* מַתָּן Si. 7. 33 (6 *a*): 38. 2 (5).

δόξα. (4) *a.* הָדָר (5) *a.* הוֹד *b.* הוֹדָאָה (13) *b.* כָּבוֹד (15) *b.* מַשּׂוֹא (21) תֹּאַר (26) גֹּבַהּ (27) נְהָרָה (28) רָצוֹן Si. 3. 10 (13 *b*): 3. 11 (13 *b*): 4. 13 (13 *b*):

4. 21 (13 *b*): 5. 13 (13 *b*): 6. 29 †: 6. 31 (13 *b*): 7. 4 (13 *b*): 8. 14 (28): 9. 11 †: 10. 5 (S^2) —: 10. 5 (5 *a*): [10. 15 —]: 11. 4 †: 14. 27 †: 32 (35). 15 (15 *b*): 36. 19 (13 *b*): [37. 26 (—, 13 *b* [CD]): 38. 2 (15 *b*)]: 40. 3 (B) (26): 40. 27 (13 *b*): 42. 16 (13 *b*): 42. 17 (13 *b*): 42. 25 (?, 21 marg.): 43. 1 (4 *a* †, 27 marg.): 43. 9 (4 *a*): 43. 12 (13 *b*): 44. 2 (13 *b*): 44. 13 †: 44. 19 (13 *b*): 45. 2 ?: 45. 3 ?: 45. 7 (†, 21 marg.): 45. 20 (13 *b*): 45. 23 ?: 45. 26 ?: 47. 6 †: 47. 8 (13 *b* ?): 47. 11 †: 47. 20 (13 *b*): 49. 5 (13 *b*): 49. 8 —: 49. 12 (13 *b*): 50. 7 —: 50. 11 (13 *b*): 50. 13 (13 *b*): 51. 17 (5 *b*).

δοξάζειν. (1) *b.* אָדַר hi. (4) *a.* גָּדַל pi. (5) *a.* הָדַר ni. *c.* qal. (7) כָּבֵד *b.* ni. *c.* pi. *f.* hithp. (15) גִּיל (16) חָזַק pi. (17) עָנָה pi. (18) יָרֵא ni.
Si. 3. 10 (7 *f*): 3. 20 †: 7. 27 —: 7. 31 (5 *c*): 10. 23 (7 *c*): 10. 24 (7 *b*): 10. 26 (7 *f* ?): 10. 27 (7 *f*): 10. 28 (7 *c*): 10. 29 (7 *c*): 10. 30 *bis* (7 *b*): 10. 31 (7 *f*, *vel* 7 *b* ?): 33 (36). 7 (1 *b*, † marg.): 43. 28 (4 *a* ?, 15 marg. ?): 43. 30 (4 *a* ?): 44. 7 (—, 7 *b* marg.): 45. 3 (16): 46. 2 (5 *a*): 46. 12 —: 47. 6 (17): [47. 13 —]: 48. 4 (18): 48. 6 (7 *b*): 49. 16 †: 50. 5 (5 *a*): 50. 11 (5 *a*).

δόρυ. (1) חֲנִית Si. 38. 25 (1).

δόσις. (2) *a.* מַתָּן *b.* מַתַּת *c.* מַתָּנָה (3) תְּרוּמָה Si. 4. 3 (2 *a*): 7. 31 (3): 11. 17 (2 *a* ?): 32 (35). 11 †: 32 (35). 12 (2 *c*, 2 *b* marg.): 41. 19 (?, 2 *b* marg.): 41. 21 †: 42. 3 †: 42. 7 (2 *b*, ? marg.).

δουλεύειν. (1) עָבַד *a.* qal. Si. 3. 7 —: 25. 8 (1 *a*).

[**δοχεῖον.** (1) מִקְוֶה Si. 50. 3 (1).]

δρόσος. (1) טַל Si. 43. 22 (1 marg.).

δύναμις. (6) *b.* גְּבוּרָה (16) מְאֹד (17) הוֹדָאָה Si. 6. 26 —: 7. 27 (A) —: 7. 30 (16): 8. 13 †: 44. 3 (6 *b*, † marg.): 46. 5 †: [51. 17 (17)].

δύνασθαι. (4) יָכֹל Si. 8. 17 (4): 34 (31). 10 (4): 43. 30 (4).

δυναστεία. (1) *b.* גְּבוּרָה Si. 3. 20 †: 15. 18 (1 *b*): 33 (36). 3 (1 *b*): 43. 29 (†, 1 *b* marg.).

δυναστεύειν. (2) מָשַׁל (4) יָכֹל Si. 5. 3 (A B S^2) (4): 12. 5 †: 48. 12 (S) (2).

δυνάστης. (7) גָּדוֹל (12) מֹשֵׁל (13) *b.* נָדִיב (20) שַׂר (23) אֵל (24) נָשִׂיא Si. 4. 27 (12): 7. 6 (13 *b*): 8. 1 (7): 10. 3 (20): 10. 24 (12 ?): 11. 6 (24): 13. 9 (13 *b*): 16. 11 †: 41. 17 (†, 20 marg.): 46. 5 (23): 46. 6 (23): 46. 16 ?.

δυνατός. (26) δ. ἐν יָדַע Si. 47. 5 (A B^2 S C) (26).

δύο. (1) שְׁנַיִם Si. 38. 17 (1): 44. 23 (1): 46. 4 ?: 46. 8 (1): 50. 25 (1).

δώδεκα (*vel* ιβ΄). (1) שְׁנֵים עָשָׂר Si. [44. 23 (1)]: 49. 10 (1).

δωρεῖσθαι. (1) זָבַד (4) חָבַר pi. Si. 7. 25 (4, 1 [C]).

δωροκοπεῖν. (1) שָׁחַד Si. 32 (35). 14 (1).

δῶρον. Si. 7. 9 —: 40. 12 —.

E

ἐάν. (1) אִם (2) כִּי Si. 3. 13 (A S C) (1): 4. 16 —: 4. 19 (1): 6. 12 (1): 6. 32 *bis* (1): 6. 33 *bis* (1, —): 6. 36 —: 8. 12 (1): 8. 13 (1): 9. 10 —: 11. 10 †: 11. 10 (1): 12. 1 (1): 12. 5 (A S) —: 12. 11 (1): 12. 15 (1): 12. 16 (1): 12. 17 (A S) (1): 13. 4 *bis* (1): 13. 5 (1): 13. 25 *bis* (1): 14. 11 (1): 15. 15 (1): 15. 16 —: 15. 17 —: 16. 2 (1): 34 (31). 14 —: 34 (31). 27 (1): 35 (32). 7 (1): 32 (35). 17 (2): 36. 31 —: 37. 12 (S) —: 37. 12 (1): 41. 9 *bis* (1): 42. 7 —: 50. 29 —.

ἑαυτοῦ, *passim.*

ἐγγίζειν. (10) נָגַע *a.* qal. *b.* hi. (14) פָּנָה Si. 37. 30 (10 *b*, † [D]): 51. 6 (A S) (10 *a*): 51. 23 (A B S^2) (14).

ἐγγυᾶν. (2) עָרַב Si. 8. 13 *bis* (2).

ἐγγύς. (4) קָרוֹב Si. 51. 26 (4).

ἐγείρειν. (8) עוּר *d.* hi. (10) עָמַד hi. (12) *b.* קוּם hi. Si. 10. 4 (10): 33 (36). 8 (8 *d*): 36. 20 (12 *b*): 48. 5 (12 *b*): 49. 13 (12 *b*).

ἐγκαθίζειν. (1) יָשַׁב *b.* hi. Si. 8. 11 (1 *b*).

ἐγκαινίζειν. (1) חָדַשׁ pi. Si. 33 (36). 6 (1).

ἐγκαλεῖν. (4) עָנָה Si. 46. 19 (4).

ἐγκαταλείπειν. (6) *a.* נָטַשׁ qal. (8) עָזַב *a.* qal. (10) רָפָה hi. (16) נוּחַ hi. Si. 3. 16 †: 4. 19 †: 7. 30 (8 *a*): 9. 10 (6 *a*): 41. 8 ?: 44. 8 (S^1) (16): 44. 13 (A S) ?: 47. 22 (A) (6 *a*): 51. 10 (10): 51. 20 ?.

ἐγκρατής. (1) תָּפַשׂ (2) *ἐ. γίγνεσθαι* חָזַק hithp. Si. 6. 27 (2): 15. 1 (1).

ἐγκυλίειν. Si. 37. 3 †.

ἔγκυος. Si. 42. 10 †.

ἔδαφος. Si. 11. 5 †.

ἔδεσμα. (2) מַטְעָם Si. 33. 13 (30. 25) (2): 34 (31). 21 (A B S) (2): 37. 29 (2, † marg.): 40. 29 (2).

Ἐζεκίας. (1) יְחִזְקִיָּהוּ Si. 48. 17 (1): 48. 22 (1 ?): 49. 4 (1).

ἔθειν. Si. 37. 14 †.

ἔθνος. (2) *a.* אֻמָּה (4) גּוֹי (13) עַם Si. 4. 15 (2 *a*): 10. 8 *bis* (4): 10. 15 —: 10. 16 (4): 16. 6 (4): 16. 9 (4): 16. 9 (S^2) —: 32 (35). 23 (4): 33 (36). 2 (4): 33 (36). 3 (13): 33 (36). 3 (S^1) †: [33 (36). 12 †]: 39. 23 (4): 44. 19 (4): 44. 21 (4): 46. 6 ?: 46. 6 (4): 49. 5 (4): 50. 25 *bis* (4, 13): 51. 8 †.

εἰ. (1) אִם Si. 5. 12 (1): 6. 7 —: 7. 22 (1): 16. 11 (1): 34 (31). 18 (1): 34 (31). 21 (1): 35 (32). 7 (1): 36. 28 (1).

εἰ δὲ μή. (1) וְאִם אַיִן Si. 5. 12 (1).

εἰ μή. (1) אִם לֹא (2) אִם אַיִן Si. 12. 2 (1): 16. 2 (2).

εἴ τε. Si. 41. 4 *ter* —.

εἰδέναι. (4) יָדַע *a.* qal. (7) רָאָה Si. 6. 36 (C) (7): 9. 11 (4 *a*): 11. 19 (4 *a*): [16. 15 (4 *a*)]: 20. 6 (7): 48. 11 (S C) (7).

εἴδησις. Si. 42. 18 (A B) —.

εἶδος. (11) עֶצֶם *cf.* (6). Si. 43. 1 (11): 45. 11 (S^1) †.

εἴδωλον. (3) אֱלִיל Si. 30. 19 (—, 3 marg.).

εἶναι. II. 2. **εἶ.** Si. 3. 18 †: 36. 22 —.

3. **ἐστί, ἔστι** (1) יֵשׁ (2) הָיָה (4) בָּרָא ni. Si. 3. 10 —: 3. 22 —: 3. 28 †: 4. 21 *bis* (1): 5. 1 (1): 5. 4 (A B S) —: 5. 12 (1): 5. 14 (4): 6. 8 (1): 6. 9 (A B S^2) (1): 6. 10 (A B S^2) (1): 6. 15 *bis* —: 6. 20 —: 6. 21 (S^2) (2): 6. 22 (A B C) —: 6. 22 —: 6. 30 —: 7. 11 (1): 7. 22 *bis* —: 7. 23 —: 7. 26 —: 8. 16 —: 9. 10 ?: [9. 11 —]: 10. 24 —: 11. 3 (S^2) —: [11. 4 —]: 11. 9 —: 11. 11 (1): 11. 12 (1): 11. 14 —: 11. 18 (1): 11. 23 ?: 11. 24 (2 ?): 12. 3 (B) —: 13. 24 (A) —: 13. 24 (A B S^1 C) —: 14. 6 —: 14. 16 —: 15. 8 —: 15. 13 —: 16. 2 —: [16. 21 †]: 18. 33 —: 20. 5 *bis* (1): 20. 6 *bis* (1): 30. 12 †: 30. 13 (C) †: 30. 16 *bis* —: 30. 23 —: 34 (31) 7 —: 34 (31). 9 —: 35 (32). 23 —: 32 (35). 13 —: 32 (35). 15 *bis* —: 33 (36). 5 —: 33 (36). 12 —: 36. 23 (1): 36. 26 (?, 1 marg.): 36. 28 *bis* (1, —): 36. 30 *bis* —: 37. 1 (—, 1 marg. et D): 37. 7 (1): 37. 13 †: 37. 18 —: 37. 19 *bis* (1, —): 37. 20 (1): 37. 22 (1): 38. 2 †: 38. 8 —: 38. 13 (1, — marg.): 38. 21 —: 39. 17 —: 39. 17 (C^1) —: 39. 18 —: 39. 19 —: 39. 20 —: 39. 21 [*bis*] —: 39. 28 (1): 39. 34 —: 40. 26 *bis* —: 40. 29 —: 41. 1 —: 41. 2 —: 41. 4 —: 41. 16 —: 42. 21 —: 42. 22 (A B C) —: 43. 8 —: 43. 27 —: 43. 31 —: 43. 32 ?: 44. 9 (A B^2 S) —: [44. 12 —]: 45. 22 †: 50. 25 —: 51. 26 —.

4. **ἐσμέν.** Si. 8. 5 —.

6. **εἰσίν.** (1) יֵשׁ Si. 3. 18 (S^2) —: 7. 24 —: [11. 14 —]: 44. 8 (1): 44. 9 (1): 44. 9 (B^1) —.

III. **ᾖ.** (1) הָיָה Si. 16. 11 —: 45. 24 (1).

IV. **εἴη.** (1) הָיָה Si. 46. 11 (1): [49. 10 (1)].

V. 1. **ἴσθι.** (1) הָיָה Si. 4. 30 (1): 5. 10 (1).

3. **ἔστω.** (1) הָיָה Si. 4. 31 (1): 5. 10 (1): [5. 11 —]: 5. 12 (A B S) (—, † marg.): 9. 15 (1): 9. 16 —: 34 (31). 10 (A B S^1 C) (1).

4. **ἔστωσαν.** (1) הָיָה Si. 6. 6 (1): 9. 16 —: 11. 10 †.

VI. ὤν, οὖσα, ὄντα, ὄντες. (1) הָיָה
Si. 7. 11 (A B C) –: 42. 10 –: 46. 8 –: 51. 13 (1).

VII. 3. ἦν. Si. [49. 13 –]: 51. 6 –: 51. 7 *bis* –.

VIII. 2. ἔσῃ (1) הָיָה
(2) ἀθῷος ἔσῃ נָקָה ni. (3) πανοῦργος ἔσῃ עָרַם hi. Si. 4. 10 †: 6. 32 (3): 6. 33 †: 7. 8 (2): 7. 25 †: 11. 10 (S¹) (2): 12. 11 (1): [18. 33 –]: 42. 1 (1): 42. 8 (1).

3. ἔσται. (1) הָיָה (2) עָמַד
(3) ἀγαθὸς ἔσται יָטַב hi. Si. 5. 12 (C) (–, † marg.): 6. 11 –: 6. 12 †: 6. 21 (A B S¹) (1): 9. 11 –: 10. 1 –: 11. 23 †: 12. 1 (1): 12. 3 (A S) –: 14. 5 (3): [30. 12 †]: 34 (31). 10 (S²) (1): 37. 4 (2): [37. 26 (–, 2 [D])]: 37. 30 †: 39. 16 †.

6. ἔσονται. (1) הָיָה
Si. 4. 16 –: 6. 29 (1).

8. ἐσόμενα. (1) הָיָה ni.
Si. 42. 19 (A S C) (1): 48. 25 (1).

εἰπεῖν, ἐρεῖν. (1) אָמַר *a.* qal. *b.* ni.
Si. 5. 1 (1 *a*): 5. 3 (A B S²) (1 *a*): 5. 4 (1 *a*): 5. 6 (1 *a*): 7. 9 –: 11. 19 (1 *a* ?): 11. 23 (1 *a*): 11. 24 (1 *a*): 12. 16 (B²) –: 13. 6 –: 13. 23 (1 *a*): 15. 10 (1 *b*): 15. 11 (1 *a*): 15. 12 (1 *a*): 16. 17 (1 *a*): 34 (31). 12 (1 *a*): 34 (31). 31 ?: 37. 1 (1 *a*): 37. 9 (?, 1 *a* [D]): 39. 15 (1 *a*): 39. 17 –: 39. 21 (1 *a*): 39. 34 (1 *a*): 43. 27 †.

εἰρηνεύειν. (4) שָׁקַט (5) אֱנוֹשׁ שָׁלוֹם
Si. 6. 6 (5): 41. 1 (4 ?): 44. 6 (4).

εἰρήνη. (5) שַׁלְוָה (6) *a.* שָׁלוֹם
Si. 13. 18 *bis* (6 *a*): 38. 8 : 41. 14 –: 44. 14 (6 *a* ?): 45. 24 (6 *a*): 47. 13 (5): 47. 16 –: 50. 23 (6 *a*).

εἰρηνικός. (2) *b.* שָׁלוֹם Si. 4. 8 (2 *b*).

εἰς. (1) אֶל (2) כְּ (3) לְ
(4) עַד (5) עַל (6) εἰς τί לָמָה
(7) בְּ (8) εἰς τὸ c. inf. בַּעֲבוּר לְ
(9) אַחֲרֵי (10) εἰς τὸν αἰῶνα עוֹלָם
[(11) עַל יְדֵי] Si. 3. 31 (7): 4. 19 †: 4. 22 (3): [4. 23 –]: 4. 31 (3): [5. 1 –]: 6. 9 (A B S²) (3): 6. 24 *bis* –: 6. 28 (3): 6. 29 *bis* –: 7. 7 (7): 7. 13 †: 7. 36 (3): 8. 1 (5 *vel* 7): 9. 3 (7): 9. 9 (C) (1): 9. 9 (1): 10. 4 (3): 10. 8 (1): [10. 13 (4 ?)]: 10. 13 (4): 10. 29 –: 11. 6 (7): 11. 12 (3): 11. 17 (3): 11. 29 (1): 11. 31 (3): 11. 32 (3): 11. 33 (10): 12. 3 –: 12. 6 (A) –: [12. 6 –]: 12. 10 (3): 12. 11 –: 12. 16 –: [13. 13 –]: 13. 25 *bis* (3): 14. 15 (3): 16. 19 (1): [25. 21 *bis* –]: 30. 14 (7): 30. 21 (3): 34 (31). 6 †: 34 (31). 10 (–, 3 marg.): 34 (31). 27 (3): 34 (31). 30 –: 35 (32). 11 (3): 36. 3r (1): 37. 2 (3): 37. 7 (1, 5 marg. et D): 37. 26 (?, 10 [CD]): 38. 5 (3): 38. 15 (3, 5 marg.): 38. 20 (1, 5 marg.): 38. 26 (3): 39. 17 (A B S C²) –: 39. 20 (A B S² C) (4): 39. 21 (6): 39. 21 (3): 39. 23 (B S) (3): 39. 24 (A C) (3 ?): 39. 26 (3): 39. 27 *bis* (3): 39. 28 ?: 39. 29 (3): 39. 30 (3): 39. 31 –: 40. 1 (1): 40. 7 ?: 40. 11 *bis* (1): 40. 12 –: 40. 14 (3): 40. 17 (3): 40. 23 ?: 40. 24 ?: 40. 29 (5): [41. 9 (11 ?)]: 41. 9 *bis* (3): 41. 10 *bis* (1): 41. 13 †: 42. 14 –: 42. 18 –: 42. 21 –: 42. 23 (3): [43. 6 –]: 43. 6 (–, 4 marg.): 44. 14 (3): 45. 5 (3): 45. 9 (3): 45. 11 (3): 45. 15 –: 45. 16 †: 45. 23 ?: 45. 24 (4): 45. 26 (3): 46. 8 (1): 46. 8 –: 47. 11 (3): 47. 13 (3): 47. 16 –: 48. 6 (5): 48. 8 –: 48. 10 (A B S²) (3): 48. 17 (1): 48. 17 –: 49. 1 (2): 49. 12 (3): 50. 15 –: 50. 16 (3): [50. 29 –]: 51. 3 †: 51. 7 –: 51. 20 (9).

εἷς. (1) אֶחָד (2) זֶה (3) כֹּל
(4) οὐδὲ εἷς כֹּל Si. [4. 25 †]: 5. 10 (1, † [C]): [5. 15 –]: 6. 6 (1): 7. 8 (1): [7. 18 –]: 12. 12 (B²) –: 16. 3 (S²) (1 ?): 16. 3 (1): 16. 4 (1): 16. 11 (1): 35 (32). 1 (1): 38. 17 –: 42. 20 (4 [B S], 3 [A C]): 42. 24 *bis* (2): 42. 25 *bis* (2): 46. 4 (1): 49. 14 †.

εἰσάγειν. (2) בּוֹא hi. (14) נָגַשׁ hi.
(15) נָטָה hi. Si. 11. 29 (2): 45. 5 (14): 46. 8 (2): 48. 17 (15).

εἰσακούειν. (1) *a.* אָזַן hi. (10) שָׁמַע *a.* qal.
Si. 4. 6 (S C) (10 *a*): 4. 15 (S) (10 *a*): 32 (35). 16 (10 *a*): 36. 22 (10 *a*): 51. 11 (10 *a* + 1 *a*).

εἰσηγορεῖσθαι. (1) חָפַשׂ pi. Si. 13. 11 (A B S¹) (1).

εἴσοδος. (1) *c.* מָבוֹא Si. 14. 22 (B) (1 *c*).

εἰσπορεύεσθαι. Si. 4. 13 †.

εἰσφέρειν. Si. 6. 24 –.

ἐκ. (1) בְּ (2) לְ (3) מִ
Si. 3. 11 –: 4. 9 (3): 5. 7 (3): 6. 18 –: 7. 23 (1): 7. 35 (3): 8. 6 †: 9. 8 †: 10. 7 (3): 10. 16 (S² C) †: 10. 17 (B S¹) (3): 10. 17 (S) (3): 11. 12 (3): 11. 19 ?: [11. 34 (3)]: 12. 12 (2): 13. 11 (3): 15. 14 (3 + 1): 16. 17 (1): 18. 33 †: 34 (31). 15 †: 35 (32). 1 (3): 36. 31 (3): 37. 9 (?, 3 [D]): 38. 4 (3): 39. 32 (3): 40. 1 (3): 41. 10 (3): 44. 23 (3): 45. 4 (3): 45. 6 (2): 45. 25 (2): 45. 25 †: 46. 12 –: 46. 20 (3): 47. 4 †: 47. 9 –: 47. 21 (3): 47. 22 ?: 47. 23 ?: 47. 23 (1): [48. 3 –]: 48. 5 *bis* (3): [48. 18 –]: 48. 20 ?: 49. 10 ?: 50. 12 (3): 50. 15 –: 50. 20 (1): 50. 22 (3): 51. 2 *bis* (3): 51. 3 *ter* (3): 51. 4 (A B) (3): 51. 5 (3): [51. 5 –: 51. 6 –]: 51. 8 (3): 51. 12 *bis* (3, 1): 51. 15 *bis* (–, 3).

ἕκαστος. (1) אָדָם (3) *a.* אִישׁ (5) כֹּל
Si. 16. 14 (5 + 1): 46. 11 (1).

ἑκατόν. (1) מֵאָה Si. 41. 4 (1).

ἐκβαίνειν. (2) יָצָא Si. 38. 18 (2).

ἐκβάλλειν. Si. 7. 26 †: [12. 8 †].

[ἐκβολή. Si. 10. 20 –.]

ἔκγονος. (1) בֵּן (2) בְּנֵי בָנִים (3) נִין
(8) *a.* נֵצֶר *b.* נָצַר Si. 40. 15 (8 *a*, 8 *b* marg.): 44. 11 (2 ?): 45. 13 (1): 47. 22 (3).

ἐκδέχεσθαι. (7) לָקַח (8) נָשָׂא
Si. 6. 23 (A S) –: 6. 33 –: 35 (32). 14 (A B¹ S) (7, 8 marg. ?).

ἐκδιδόναι. (3) יָצָא hi. Si. 7. 25 (3): [7. 26 †]: 38. 26 ?.

ἐκδιηγεῖσθαι. (1) *a.* סָפַר pi. (3) שָׁעָה
a. hi. *b.* hithp. Si. 34 (31). 11 (1 *a*): 33 (36). 10 †: 42. 15 (1 *a*): 42. 17 (1 *a*): 43. 31 –: 44. 8 (3 *b*, 3 *a* marg.).

ἐκδικεῖν. (3) *a.* נָקַם qal. *b.* ni. *i.* נְקָמָה
Si. 5. 3 *bis* †: 12. 8 (B S¹) †: 39. 30 (A B S¹ C) (3 *i*, 3 *a* marg. ?): 46. 1 (3 *b*).

ἐκδίκησις. (2) *b.* נָקַם (4) *d.* מִשְׁפָּט
Si. 5. 7 (2 *b*): 7. 17 †: 12. 6 (2 *b*): [12. 6 –]: 32 (35). 23 (2 *b*): 39. 28 ?: 39. 29 (4 *d*): 47. 25 –: 48. 7 (2 *b*).

ἐκδιώκειν. Si. 30. 19 (–, † marg.): 39. 30 (S²) †.

ἐκδύειν. Si. 43. 20 (S) †.

ἐκεῖ. (8) *a.* שָׁם Si. [8. 16 –]: 12. 17 (8 *a*): 35 (32). 12 ?: 43. 25 (8 *a*).

ἐκεῖνος. Si 40. 6 †.

ἐκζητεῖν. (6) חָקַר Si. [33 (36). 2 –]: 44. 5 (6): 47. 25 †: 51. 14 –: 51. 21 †.

ἐκθαυμάζειν. Si. 43. 18 †.

ἐκθλίβειν. (11) אָכַף Si. 40. 14 (A) †: [46. 5 (11)].

ἐκκαίειν. (3) *b.* דָּלַק hi. (9) יָצַת ni.
(17) הִסִּיק (18) הִשִּׂיק (19) יָקַד
Si. 8. 10 †: 16. 6 *bis* (17, 9): 43. 4 (3 *b*, 17 marg.): [43. 10 †]: 43. 21 (18): 51. 4 †.

ἐκκλησία. (1) *d.* קָהָל Si. 15. 5 (1 *d*): 34 (31). 11 (1 *d*): 44. 15 (–, 1 *d* marg.): [46. 7 (1 *d*)]: 50. 13 (1 *d*): 50. 20 (1 *d*).

ἔκκλητος. Si. 42. 11 †.

ἐκκλίνειν. (8) מוּט *b.* ni. (11) נָטָה
a. qal. *b.* hi. (21) שָׁנָה (23) נוּף hi.
Si. 6. 33 (S) (11 *b*): 7. 2 (11 *b*, ? [C]): 8. 2 (21): 9. 9 (11 *a*): 12. 15 (8 *b*): 35 (32). 17 (11 *b*): 46. 2 (B C) (23).

ἐκλάμπειν. (2) *b.* מַזְהִירָה (4) שָׁבַק hi.
Si. 43. 4 †: 43. 8 (2 *b*): 50. 7 (4).

ἐκλέγειν. (1) בָּחַר (4) לָקַח (8) נָשָׂא
Si. [6. 23 –]: 35 (32). 14 (B²) (4, 8 marg. ?): 45. 4 (1): 45. 16 (1).

ἐκλείπειν. (47) *a.* תָּמַם qal. (48) רָקַב
Si. 14. 19 (48): 40. 14 (B S C) (47 *a*): 42. 24 (B C) ?: 49. 4 (47 *a*).

ἐκλεκτός. (1) *c.* בָּחִיר Si. 46. 1 (1 *c*): 47. 22 ?: 49. 6 –: [49. 13 –].

ἐκλύειν. (20) שָׁחַח ni. Si. 43. 10 (20).

ἐκμάσσειν. (1) גָּלָה pi. Si. 12. 11 (1).

ἐκνήφειν. Si. 34 (31). 2 †.

ἐκπετάζειν. (3) *a.* פָּרַשׂ qal. Si. 48. 20 (3 *a*): 51. 19 †.

ἐκπέτεσθαι. (1) עוּף Si. 43. 14 (1).

ἐκπορεύεσθαι. (5) *a.* יָצָא qal. Si. 42. 13 (A B S) (5 *a*).

ἐκπορνεύειν. Si. 46. 11 †.

[ἔκπρακτος. Si. 10. 9 –.]

ἐκριζοῦν. (2) נָתַשׁ Si. 3. 9 (2): 3. 28 (C¹) –: 49. 7 (2).

ἐκρίπτειν. Si. 10. 9 (S²) †.

ἐκτείνειν. (4) יָשַׁט hi. (16) *a.* שָׁלַח
(20) נוּף hi. (21) פָּתַח (22) נָשַׂג hi.
(23) שִׁית Si. 4. 31 (21, 4 [C]): 7. 32 (4 ?): 14. 13 (22): 15. 16 (16 *a*): 34 (31). 14 (4, 23 marg.): 34 (31). 18 (4): 46. 2 (A S) (20): 50. 15 –.

ἐκτήκειν. (7) מָחָה Si. 34 (31). 1 (7).

ἐκτίλλειν. (7) דָּעַךְ ni. Si. 10. 15 (A B S² C) –: 40. 16 (7).

ἐκτρίβειν. (7) *a.* כָּנַע qal. *b.* hi. (21) הָמַם (22) שָׁחַק (23) נָדַף ni

Si. 5. 7 (S²) –: 6. 36 (22): 33 (36). 9 (23): 46. 18 (7 *a*): 47. 7 (7 *b*): 48. 21 (21).

ἐκτύπωμα. (2) צִיץ Si. 45. 12 (2).

ἐκφαίνειν. (2) גָּלָה qal. (3) נָבַע hi. Si. 8. 19 (2): 14. 7 –: 16. 25 (3): 27. 6 (Heb. 6. 22) †.

ἐκφεύγειν. (2) יָצָא (5) שָׂרִיד (6) מָלַט ni. Si. 6. 35 (2): 11. 10 †: 16. 13 (6): 40. 6 (5 + ?).

ἐκφυσᾶν. (2) נָשַׁב Si. 43. 4 (A S C) (2).

ἐκχεῖν. (12) שָׁפַךְ *a.* qal. *b.* ni. (13) רָבָה hi. Si. 16. 11 †: 20. 13 (12 *a*): 30. 18 (12 *a*): 35 (32). 4 (12 *a*): 32 (35). 17 (13, † marg.): 33 (36). 8 (12 *a*): 37. 29 (12 *b*, † marg.): 39. 28 ?: 50. 15 –.

[**ἑκών.** Si. 14. 7 –.]

ἐλαία. (1) זַיִת Si. 50. 10 (1).

ἔλαιον. (1) יִצְהָר (4) שֶׁמֶן Si. 39. 26 (1): 45. 15 (4).

ἐλατός. (1) מִקְשָׁה Si. 50. 16 (1).

ἐλαττονοῦν. (1) *a.* חָסֵר (4) קָצַר Si. 16. 23 (A) (1 *a*): 30. 24 (C) (4).

ἐλαττοῦν, ἐλασσοῦν. (1) חָסֵר *b.* pi. *c.* adj. (4) אָצַל ni. (5) קָצַר

Si. 16. 23 (B S) (1 *c*): 30. 24 (A B S) (5): 34 (31). 27 (1 *c*): 34 (31). 30 (1 *b*): 35 (32). 24 †: 38. 24 (1 *c*): 39. 18 †: 41. 2 (1 *c*): 42. 21 (4): 47. 23 (1 *c*): 50. 3 †.

ἐλάττωσις. (1) *a.* חֶסֶר *b.* מַחְסוֹר Si. 34 (31). 4 (1 *a*): 40. 26 (1 *b*).

ἐλαύνειν. (5) נָהַג Si. 38. 25 (5).

Ἐλεαζάρ. (1) אֶלְעָזָר Si. 45. 23 (1): 50. 27 (1).

ἐλεγμός. (1) *c.* תּוֹכַחַת Si. 35 (32). 17 (1 *c*): 41. 4 (1 *c*): 48. 7 (1 *c*): 48. 10 †.

ἐλέγχειν. Si. 34 (31). 31 ?.

ἔλεγχος. (1) *d.* תּוֹכַחַת Si. 16. 12 (1 *d*).

ἐλεεῖν. (5) חָמַל (6) חָנַן *c.* ho. (14) רָחַם *a.* pi. (17) יָשַׁע hi.

Si. 12. 13 (6 *c*): 16. 9 (5): [16. 10 –]: 33 (36). 1 (17): 36. 17 (14 *a*).

ἐλεημοσύνη. (3) *a.* צֶדֶק *b.* צְדָקָה Si. 3. 14 (3 *b*): 3. 30 (3 *b*): 7. 10 (3 *b*): 12. 3 (3 *b*): 16. 14 (3 *b*): 34 (31). 11 †: 40. 17 (3 *b*): 40. 24 (3 *a*, 3 *b* marg.).

ἐλεήμων. (3) רַחוּם Si. 37. 11 (C) †: 48. 20 †: 50. 19 (3).

Ἐλεισαῖε (-ισ., -ισσ.). (1) אֱלִישָׁע Si. 48. 12 (1 ?).

ἔλεος. (2) חֶסֶד (3) *b.* יְשׁוּעָה (6) *a.* רַחַם (7) רָצוֹן Si. 5. 6 (6 *a*): 16. 11 (6 *a*): 16. 12 (6 *a*): [16. 16 (6 *a*)]: 32 (35). 25 (A B S) (3 *b*): 32 (35). 26 ?: 36. 28 †: 44. 10 (2): 44. 23 –: 46. 7 (2): 47. 22 (2): 50. 4 (S¹) †: 50. 22 (7): 50. 24 (2): 51. 3 (2): 51. 8 (6 *a*): 51. 29 †.

ἐλευθερία. (1) *b.* חֹפֶשׁ Si. 7. 21 (1 *b*).

ἐλεύθερος. Si. 10. 25 †.

ἐλλείπειν. Si. 42. 24 (A S) ?.

ἐλλιπής. (1) מְהוּמָה Si. 14. 10 (1 ?).

ἐλπίς. (14) תּוֹחֶלֶת (18) διδόναι ἐλπίδα בָּטַח hi. Si. 13. 6 (18): 14. 2 (14): 49. 10 ?.

ἐμαυτοῦ. Si. 51. 16 –: 51. 27 –.

ἐμβάλλειν. Si. 12. 8 (A) †.

ἐμβίωσις. (1) מִחְיָה Si. 38. 14 (1).

ἐμβλέπειν. (1) צָפָה pi. Si. 42. 12 †: 42. 18 –: 51. 7 (B S) (1).

[**ἐμεῖν.** Si. 34 (31). 21 †.]

ἐμμένειν. (4) כּוּל pilp. (5) עָמַד hi. (6) קָוָה pi. Si. 6. 20 (4): 7. 22 (5, – [C]): 11. 21 (6).

ἔμμονος. (1) אָמַן ni. (2) עָמַד Si. 30. 17 (1 *vel* 2).

ἐμπιπλάναι. (6) שָׂבַע *g.* ni. (8) צוּף Si. 4. 12 †: 12. 16 (6 *g*): [13. 10 †]: 14. 9 †: 34 (31). 3 †: 35 (32). 15 (A B S²) †: 37. 24 (A) (?, 6 *g* [C D]): 47. 14 (8): 47. 15 ?: 48. 12 (B S C) ?.

ἐμπίπτειν. (3) נָפַל (7) קָרַב hithp. (8) סָנַר hithpo. Si. 3. 26 (B) †: 8. 1 († *vel* 3): 9. 3 (3 *vel* †): 13. 10 (7): 38. 15 (†, 8 marg.).

ἐμπιστεύειν. (1) אָמַן *a.* ni. *b.* hi. (2) בָּטַח Si. 4. 16 –: 4. 17 †: 6. 7 (2): 7. 25 (S¹) –: 16. 3 (1 *b*): 36 (33). 3 †: 36. 21 (1 *b*): 50. 24 (1 *a*).

ἐμποδίζειν. (3) עָמַד (4) מָנַע (5) כָּלָא Si. 12. 5 (5 ?): 35 (32). 3 (4): 46. 4 (A S¹) (3).

ἐμποιεῖν. (2) סָפַק hi. Si. 42. 17 (2).

ἐμπολιορκεῖν. Si. 50. 4 †.

ἔμπορος. (2) *a.* סָחַר Si. 37. 11 (A B S) (2 *a*): 42. 5 †.

[**ἐμπρήθειν.** (2) יָצַת *b.* hi. Si. 49. 6 (2 *b*).]

ἐμπυρίζειν. (1) בָּעַר *a.* pi. (3) *b.* יָצַת hi. Si. 8. 10 (1 *a*): 49. 6 (3).

ἐμφυσᾶν. (5) נָשַׁב Si. 43. 4 (B) (5).

ἐν. (1) ב׳ (2) כ׳ (3) ל׳ (4) לִפְנֵי (5) מ׳ (6) לִפְנֵי ἐν ἡμέραις (8) עִם (7) עַל (9) ἐν μέσῳ בֵּית (10) בְּתוֹךְ (11) אַחַר (12) כְּפִי (13) בֵּין (14) אֶל (15) בְּעֵת (16) ἐν μέσῳ בֵּין (17) ἐν μέσῳ בְּתוֹךְ

Si. 3. 7 (A B S¹ C) –: 3. 8 (1): 3. 10 (1): 3. 11 †: 3. 12 *bis* (1, –): 3. 13 –: 3. 15 (1): 3. 15 (S¹) (6): 3. 17 (1): 3. 23 (1): 3. 24 (A¹ vid) –: 3. 26 (A B S²) (1): [3. 28 –]: 3. 28 (A B S) –: 3. 29 (S¹) –: [3. 30 –]: 3. 31 (1): 4. 2 †: 4. 6 (1): 4. 7 (C) (3): 4. 8 (1): 4. 9 (1): 4. 16 –: 4. 17 *ter* (3 ?, 1, 3 ?): 4. 23 (1): 4. 24 (1): 4. 24 (A B S) (1): 4. 29 *bis* (1): 4. 30 *bis* (1): 4. 31 (10, 15 [C]): 5. 2 (B S³) (11): [5. 5 –]: 5. 7 (1): 5. 8 (1, – [C]): 5. 9 *bis* (3, –, 3 [C]): 5. 10 (6): 5. 11 (3, 1 [C]): [5. 11 –]: 5. 11 (1): 5. 12 (C) (6): 5. 13 (1): 5. 15 *bis* –: 6. 2 (1): 6. 7 (1): 6. 8 *bis* (12, 1): 6. 10 (A B S²) (1): 6. 11 (1): 6. 19 (1): 6. 20 –: 6. 25 (S¹) (1): 6. 26 *bis* –: 6. 34 –: 6. 37 *bis* (1): 7. 6 (1): 7. 7 (1): 7. 8 (1): 7. 9 –: 7. 10 (1): 7. 11 (1): 7. 14 *bis* (1): 7. 16 (1): 7. 18 (1): 7. 20 –: 7. 27 –: 7. 29 (1): 7. 30 (1): 7. 36 (1): 8. 5 †: 8. 6 ?: 8. 8 (1): 8. 9 (1): 8. 10 (1): 8. 15 –: 8. 16 (1): 9. 4 (1): 9. 7 (1): 9. 7 †: 9. 8 (1): 9. 9 †: 9. 12 (B) (1): 9. 13 (16): 9. 15 †: 9. 16 (1): 9. 17 (1): 9. 17 †: 9. 18 (1): 9. 18 (6): 10. 3 (1): 10. 4 (1): 10. 5 (1): 10. 6 (1): 10. 9 (1): 10. 11 (1): [10. 15 –]: 10. 18 (S¹) (3): 10. 20 (16): 10. 20 ?: 10. 26 (1 ?): 10. 27 (S²) –: 10. 27 (A B C) –: 10. 28 (1): 10. 31 *quater* (1): 11. 1 (16): 11. 2 *bis* (1): 11. 3 (1): 11. 4 (5): 11. 4 (1): 11. 4 (B C) (5): 11. 8 (17): 11. 9 (1): 11. 12 (S²) †: 11. 19 (15): 11. 20 *ter* (1): 11. 21 *bis* (1): 11. 22 (A B S) –: 11. 22 (1): [11. 24 –]: 11. 25 *bis* –: 11. 26 (A) –: 11. 26 –: 11. 27 –: 11. 28 (1): 11. 30 (1): 11. 31 (1): 11. 34 –: 12. 5 *bis* (1, –): 12. 8 *bis* (1): 12. 9 *ter* (1, †, 1): 12. 12 (B²) –: 12. 14 (1): [12. 15 –]: 12. 16 *bis* (1): 12. 16 (A B S²) (1): [13. 1 †: 13. 2 –]: 13. 4 (1): 13. 7 –: 13. 8 (1): [13. 13 –]: 13. 19 –: 13. 24 (6): [13. 25 –]: 13. 26 –: 14. 1 *bis* –: 14. 4 (1): 14. 5 (1): 14. 7 –: 14. 16 (1): 14. 20 *bis* (1): 14. 21 *bis* (–, 1): 14. 22 –: 14. 24 (1): 14. 25 –: 14. 26 (1): 14. 27 (1): 15. 5 (17): 15. 9 (1): 15. 10 (1): 15. 14 (1): 15. 18 –: [16. 4 –]: 16. 5 (A B) –: 16. 6 *bis* (1): [16. 7 (1)]: 16. 9 (1): 16. 10 (1): [16. 10 –: 16. 11 –]: 16. 13 (1): 16. 17 *bis* (1): [16. 18 (6 ?)]: 16. 18 (1): 16. 19 (1): 16. 21 (1): [16. 22 –]: 16. 25 (A B S²) (1): 16. 25 (1): 16. 26 (2 ?): 18. 33 (1): 20. 13 (1): [25. 23 –]: 27. 5 (Heb. 6. 22) (6): 30. 11 (1): [30. 12 (1)]: 30. 13 (A B S) †: 30. 13 (1): 30. 20 (–, 1 marg.): 30. 20 (B³) (1): 30. 21 (1): 30. 23 (1): 34 (31). 3 *bis* (3, †): 34 (31). 4 *bis* (3, †): 34 (31). 7 (1): 34 (31). 9 (1): 34 (31). 10 (1): 34 (31). 14 (1): 34 (31). 21 (A B S) (1): 34 (31). 22 (1): 34 (31). 25 (6): 34 (31). 26 [*ter*] (– [–], 3, – marg.): 34 (31). 27 (S²) *bis* (1, –): 34 (31). 28 (1): 34 (31). 29 (1): 34 (31). 31 *ter* (1, ?, †): 35 (32). 1 (A B) (3): 35 (32). 3 –: 35 (32). 5 (6): 35 (32). 6 (2 *vel* –): 35 (32). 8 –: 35 (32). 9 (16): 35 (32). 11 (1): [35 (32). 12 (1 ?)]: 35 (32). 15 (1): 35 (32). 19 (11): 35 (32). 20 *bis* (1): 35 (32). 21 (1): 35 (32). 23 (1): 36 (33). 1 (1): 36 (33). 2 *bis* (–, 1): 32 (35). 11 *bis* (1): 32 (35). 12 (1): 32 (35). 20 –: 32 (35). 25 (A B S) (1): 32 (35). 26 *bis* (?, 1): 33 (36). 4 *bis* (1): 33 (36). 11 –: 36. 20 (5): 37. 3 –: 37. 4 *bis* (14 *vel* 6, ? [D], 1): 37. 6 *bis* (1): 37. 8 (S) (3): 37. 12 (7 + 1 marg. et D, + 2 marg.): 37. 15 (1): 37. 20 (1): 37. 25 –: 37. 26 –: 37. 27 (1): 37. 28 (A B S) –: 37. 29 (3, 14 marg. et D): 37. 30 (1): 38. 6 (1): 38. 7 (1): 38. 8 –: 38. 9 (1): 38. 13 (1): 38. 19 –: 38. 23 *ter* (†, 2 marg., –, 7): 38. 24 †: 38. 25 *ter* (1, 1 ?, 7): 39. 15 ?: 39. 15 –: 39. 15 (1): 39. 16 (1): 39. 17 –: 39. 17 †: 39. 17 –: 39. 18 (1): 39. 28 *bis* ?: 39. 31 *bis* (1): 39. 32 (1): 39. 33 (1): 39. 34 (1): 39. 35 (1): 40. 3 (B) (3): 40. 3 –: 40. 5 –: 40. 6 –: 40. 6 *bis* †, ?: 40. 6 (5): 40. 7 ?: 40. 13 (1): 40. 14 (7): 40. 17 †: 40. 17 (S*) –: 40. 26 (A S C) (1 ?): 40. 26 (7): 40. 29 (3): 40. 29 (5 ?): 40. 30 (3 ?):

40. 30 (1): 41. 1 (6): 41. 1 (1):
41. 2 (A S) —: 41. 4 (A B S[4] C) (1):
41. 4 (1): 41. 11 (1): 41. 14 †:
41. 14 (1): 41. 16 —: 42. 7 †:
42. 7 (1): 42. 9 (1): 42. 10 *bis* (1):
42. 11 —: 42. 11 (?, 1 marg.): 42. 12 —:
42. 12 (9): 42. 15 (1): 42. 16 (S[2]) —:
42. 17 (4): 42. 18 (1): 42. 23 (3):
43. 1 (?, † marg.): 43. 2 †: 43. 2 (1):
43. 3 (1): 43. 4 (5 ?): 43. 5 —:
43. 6 —: 43. 8 (1): 43. 8 *bis* †: 43. 9 (1):
43. 10 *bis* (1): 43. 11 ?: 43. 12 (1 ?):
43. 15 ?: 43. 16 *bis* ?: [43. 23 (1)]:
43. 26 (1): 43. 30 —: [44. 2 —]: 44. 3
quater (1): 44. 4 (1): 44. 4 (S) (1 ?):
44. 4 (A) —: 44. 4 (B S) (1): 44. 5 (1):
44. 6 (A S) —: 44. 6 (6): 44. 7 (1):
44. 7 (5, 1 marg.): 44. 11 ?: [44. 12 —]:
44. 14 (1 ?): 44. 17 (3, 1 marg.):
44. 19 (1): 44. 20 *ter* (1): 44. 21
bis (1): 44. 22 (3): 44. 23 (1):
44. 23 —: 44. 23 (3): 44. 23 (1):
45. 1 (3): 45. 2 (A S) ?: 45. 2 (1):
45. 3 (1): 45. 4 (1): 45. 7 (1):
45. 8 (S) (1): 45. 9 *bis* (1): 45. 11
(A B S[2]) —: 45. 11 (1): 45. 15 (1):
45. 15 (B) (3): 45. 15 (2): 45. 15 (1):
45. 17 (A B) —: 45. 17 (1): 45. 17 —:
45. 18 *bis* (1): 45. 19 (1): 45. 19
(S) (3): 45. 19 (1): 45. 20 (A S) —:
45. 22 ?: 45. 22 (10 ?): 45. 23 (1):
45. 23 —: 45. 23 (1): 45. 23 †: 45. 26
bis —, ?: 46. 1 †: 46. 1 (1): 46. 2 (1):
46. 2 (A S[2]) (1): 46. 4 (1): 46. 5 (2):
46. 5 (B C) ?: 46. 6 (1): 46. 7 (1):
46. 11 (3): [46. 12 (3)]: 46. 14 (1): 46. 15
bis (1): 46. 16 ?: 46. 16 (1): 46. 17 (1):
46. 20 (1): 47. 1 (8): 47. 3 (3):
47. 3 —: 47. 3 (3): 47. 3 —: 47. 4
bis (1): 47. 4 (6): 47. 5 (1): 47. 5 †:
47. 6 (1): 47. 6 —: 47. 6 (1): 47. 8
bis (1): [47. 9 —]: 47. 10 (A B C) (3 ?):
47. 10 (1): 47. 11 (6): 47. 12 (A B S) (3):
47. 13 (1): 47. 14 (1): 47. 15 ?:
47. 16 —: 47. 17 (1): 47. 17 —:
47. 18 (1): 47. 19 (1): 47. 20 (A B C) (1):
48. 3 (1): 48. 4 —: 48. 5 (2): 48. 7
bis (1): 48. 9 *bis* (1): 48. 10 (B S) †:
48. 11 ?: 48. 12 (1): 48. 12 (5):
48. 13 †: 48. 14 *bis* (1): 48. 15 *bis* (1):
48. 15 (A S) (3): [48. 17 (2)]: 48
18 [*bis*] (1): 48. 20 (1): 48. 22 (1):
48. 22 ?: 48. 23 ?: 48. 24 —: 49. 1 (1):
49. 1 (6): 49. 2 (6): 49. 3 (1): 49. 6 (1):
49. 7 (5): 49. 9 ?: [49. 10 †]: 49. 10 (1):
49. 12 ?: [49. 13 —]: 49. 16 *bis* †, —:
50. 1 *bis* (1): 50. 3 (1): 50. 5 *bis* (1):
50. 6 *bis* (5, 1): 50. 7 (1): 50. 8 *bis* (1):
50. 10 —: 50. 11 *bis* (1): 50. 12 *bis* (1):
50. 13 *bis* (1): 50. 16 (1): 50. 18 *bis* (—,
6): 50. 19 (1): 50. 20 (1): 50. 21
(B S) (3): 50. 23 *bis* (1 ?, —): 50. 24 —:
50. 25 (1): 50. 26 *bis* (—, 1): 50. 27 †:
50. 28 (1): 51. 4 (S) (5 ?): 51. 10
bis (1): 51. 11 (1): 51. 13 —: 51. 15
bis (—, 1): 51. 17 †: 51. 19 *bis* (1, †):
51. 20 (1): 51. 22 (1): 51. 23 (1):
51. 24 †: 51. 27 (1): 51. 28 *bis* (1):
51. 29 *bis* (1): 51. 30 (1).

ἐνάγειν. (1) נָשָׂא hi. Si. 4. 21 (A[1 vid]) (1).

ἔναντι. (1) בְּעֵינֵי (2) לִפְנֵי (3) נֶגֶד (4) לְ Si. 3. 18 (2): 7. 5 (2): 7. 33 (2): 10. 7 (4): 11. 26 (B S) —: 15. 17 (2): 37. 5 (B S) (—, 3 marg. et D): 38. 3 (2): 38. 15 (2): 42. 1 (1): 42. 8 (2): 46. 7 †: 46. 19 —: 50. 13 (3): 50. 16 (2): 51. 2 (3): 51. 14 —.

ἐναντίον. (1) מִ׳ (2) לִפְנֵי [(3) לְעֵינֵי] Si. [33 (36). 4 (3): 38. 15 (2)]: 39. 20 (1): 43. 3 (2): 46. 6 †.

ἐναντίος. (5) ἐξ ἐναντίας c. מִנֶּגֶד Si. 37. 9 (?, 5 c [D]).

ἐνάρχεσθαι. (4) רֵאשִׁית Si. 36. 29 (4, ? [D]): 38. 16 †.

ἐνδελεχεῖν, ἐνδελεχίζειν. (1) תָּמִיד Si. 9. 4 †: 12. 3 †: 37. 12 (1): 41. 6 ?.

ἐνδελεχισμός. Si. 7. 13 †.

ἐνδελεχῶς. (2) תָּמִיד (3) כָּלִיל Si. 37. 18 (3): 45. 14 (2): 51. 11 (2).

ἔνδεσμα (?). Si. 34 (31). 21 (C) †.

ἐνδιδύσκειν. (1) לָבַשׁ c. hithp. Si. 50. 11 (1 c).

[**ἔνδοθεν.** Si. 10. 14 —.]

ἐνδοξάζεσθαι. (4) פָּאַר hithp. Si. 38. 6 (4).

ἔνδοξος. (3) a. כָּבֵד ni. Si. 10. 22 †: 11. 6 (3 a): [43. 2 †]: 44. 1 †.

ἐνδόσθια [(ἐντ.)]. (2) גֵּו Si. 10. 9 (2).

ἐνδύνειν. (2) a. לָבַשׁ qal. b. hi. Si. 6. 31 (2 a): 43. 20 (A B C) (2 a): 45. 8 (2 b): 45. 13 ?.

ἐνεδρεύειν. (1) אָרַב a. qal. (4) רָגַל pi. (5) רָצַד Si. 5. 14 (4): 11. 31 ?: 11. 32 (1 a): 14. 22 (5).

ἔνεδρον. (1) אָרַב a. qal. Si. 8. 11 (1 a): 11. 29 ?.

ἐνεῖναι. Si. 37. 2 †.

ἕνεκα, ἕνεκεν. (1) בְּ׳ (2) בַּעֲבוּר Si. 7. 18 (B) (1): 38. 17 (2).

ἐνεξουσιάζεσθαι. (1) מָשַׁל hi. Si. 47. 19 (1).

[**ἐνέργημα.** (1) מַעֲשֶׂה Si. 16. 15 (1).]

ἐνευλογεῖσθαι. (2) b. בָּרַךְ pi. Si. 44. 21 (2 b).

ἐνθυμεῖσθαι. (9) בִּין hithp. Si. 16. 20 (9).

ἐνθύμημα. (8) מְזִמָּה (9) חֶשְׁבּוֹן (10) רָצוֹן Si. 27. 6 (Heb. 6. 22) (9): 35 (32). 12 (10): 32 (35). 24 (8): 37. 3 †.

ἐνθυσιάζειν. Si. 34 (31). 7 †.

ἐνίοτε. Si. 37. 14 —.

ἐνισχύειν. (4) חָזַק a. qal. b. pi. Si. 48. 22 (4 a): 50. 4 (4 b).

ἐννοεῖν. (1) בִּין b. hithp. Si. 14. 21 (A S) (1 b).

ἐνοικίζειν. Si. 11. 34 †.

ἐντέλλεσθαι. (7) a. צָוָה pi. b. pu. Si. 7. 31 (7 b): 15. 20 (7 a): 45. 3 (7 a): 48. 22 ?.

ἔντερον. (2) קֶרֶב Si. 34 (31). 20 (2).

ἔντιμος. (4) כָּבֵד ni. Si. 10. 19 (4): 10. 19 —: 10. 20 (4).

ἐντολή. (4) מִצְוָה (12) צָוָה pi. Si. 6. 37 (4): 10. 19 (4): 15. 15 (4): 35 (32). 23 (4): 35 (32). 24 †: 37. 12 (4): 39. 31 (12): 45. 5 (4): 45. 17 (4).

ἐντρέπειν. (2) כָּלַם ni. Si. 4. 22 †: 4. 25 †: 41. 16 (2).

ἐντρεχής. Si. 34 (31). 22 †.

ἐντρυφᾶν. (5) בּוּץ hithp. Si. 14. 4 (S[2]) (5).

ἐνυποκρίνεσθαι. Si. 36 (33). 2 (S) †.

ἐνώπιον. (1) נֶגֶד (2) לְעֵינֵי (3) לִפְנֵי Si. 8. 18 (3): 33 (36). 4 *bis* (2): 39. 19 (1).

Ἑνώχ. (1) חֲנוֹךְ Si. 44. 16 (1): 49. 14 (1 ?).

ἐξαγγέλλειν. (2) סָפַר b. pi. Si. 44. 15 (—, 2 b marg.).

ἐξάγειν. (4) b. יָצָא hi. Si. 44. 23 (4 b ?).

ἐξαιρεῖν. (5) יָשַׁע hi. (7) מָלַט a. ni. b. pi. (8) a. נָצַל hi. Si. 4. 9 (5): 5. 7 (C) †: 10. 15 (S[1]) —: 36 (33). 1 (7 a ?): 51. 8 (8 a): 51. 12 (7 b): 51. 12 (A) —.

ἐξαίρειν. (13) יָרַשׁ b. hi. (27) a. סוּר qal. (36) שָׁחַת hi. (37) b. שָׁמַד hi. (38) נָדַף ni. (39) סָחָה pi. (40) שָׁבַת hi. (41) כָּנַע hi. Si. 7. 6 (40): 10. 17 (A S C) (39): 16. 9 †: 19. 3 (36): 32 (35). 23 (13 b): 33 (36). 9 (41): 37. 7 †: 47. 4 (27 a): 47. 5 (38): 47. 22 (37 b): 49. 2 (40).

ἐξαίφνης (-εφ.). Si. 16. 3 (S[2]) —.

ἐξακολουθεῖν. (1) הָלַךְ אַחַר Si. 5. 2 (A B S[4] C) (1).

ἑξακόσιοι. (1) שֵׁשׁ מֵאוֹת Si. 16. 10 (1): 46. 8 (1).

ἐξαλείφειν. (5) b. שָׁחַת hi. (6) כָּרַת ni. Si. 40. 12 —: 41. 11 (6): 44. 13 (B) ?: 44. 18 (5 b): 46. 20 —: 47. 22 ?.

ἐξαμαρτάνειν. (1) b. חָטָא hi. Si. 47. 23 (1 b ?).

ἐξανιστάναι. (10) זוּחַ Si. 8. 11 (10).

ἐξάπινα [(-ης)]. (2) a. בִּתְאוֹם Si. 5. 7 (2 a): 11. 21 (2 a).

ἐξάπτειν. (6) יָצָא hi. Si. 35 (32). 16 (6).

ἐξεγείρειν. (13) קִיץ hi. Si. 35 (32). 11 †: 40. 7 (13).

ἐξέρχεσθαι. (5) a. יָצָא qal. Si. 5. 7 (5 a): 14. 22 (5 a): [16. 9 †]: 42. 13 (C) (5 a).

ἐξετάζειν. (3) חָקַר Si. 3. 21 (3): 11. 7 (3): 13. 11 (3).

[**ἐξέτασις.** Si. 16. 22 —.]

[**ἐξευρίσκειν.** Si. 35 (32). 17 †.]

ἐξηχεῖν. (2) קוֹל Si. 40. 13 (2).

[**ἔξηχος** (?). Si. 47. 9 †.]

ἐξιλάσκειν. (5) a. כָּפַר pi. (7) סָלַח (8) נָשָׂא Si. 3. 30 (5 a): 5. 6 (7): 16. 7 (8): 45. 16 (5 a): 45. 23 (5 a).

ἐξιλασμός. (4) a. סָלַח b. סְלִיחָה Si. 5. 5 (4 b): 16. 11 (4 a).

ἕξις. (7) עֶצֶם Si. 30. 14 (7).

ἐξισάζειν. Si. 35 (32). 9 †.

ἐξιστάναι. (30) הָמָה Si. 43. 18 (30).

ἐξισχύειν. (1) חַיִל Si. 7. 6 (1).

ἐξιχνεύειν. (1) חָקַר (2) דָּרַשׁ Si. 6. 27 (2): 42. 18 (1).

ἔξοδος. (4) *a.* יָצָא qal. (5) יָבַל Si. 38. 23 (4 *a*): 40. 1 (4 *a*): 43. 2 (†, 4 *a* marg.): 50. 5 (4 *a*): 50. 8 (5).

ἐξολλύναι. (3) סָפָה ni. Si. 5. 7 (A B S) (3).

ἐξομβρεῖν. (1) נָבַע hi. Si. 10. 13 (1).

ἐξομολογεῖν. (3) *b.* יָדָה hi. (5) סָפַר pi. Si. 51. 1 (3 *b*): 51. 1 (5): 51. 12 (3 *b*).

ἐξομολόγησις. (1) הוֹד (4) תְּרוּעָה (5) תְּפִלָּה Si. 39. 15 (4): 47. 8 (1): 51. 11 (5).

ἐξουδενεῖν, ἐξουθενεῖν. (1) בּוּז (3) בָּזָה (8) חָרַף Si. 19. 1 (3): 34 (31). 22 (B) (1): 34 (31). 31 (B) (8).

ἐξουδενοῦν. (1) בּוּז (9) חָרַף Si. 34 (31). 22 (A S C) (1): 34 (31). 31 (A S) (9): 47. 7 †.

ἐξουσία. (2) מֶמְשָׁלָה (6) ἐξουσίαν ἔχειν *b.* שַׁלִּיט (7) מָשַׁל hi. (8) διδόναι ἐξουσίαν מָשַׁל hi. Si. 9. 13 (6 *b* Ᵽ): 10. 4 (2): 30. 11 (8): 45. 17 (7).

ἐξουσιάζειν. (3) קוּם po. Si. 35 (32). 9 (S) (3).

[**ἐξυβρίζειν.** (3) נָבַע hi. Si. 10. 13 (3).]

ἑορτή. (3) *a.* מוֹעֵד Si. 43. 7 (3 *a* Ᵽ): 47. 10 Ᵽ.

[**ἐπαγγέλλειν.** Si. 3. 24 †.]

ἐπάγειν. (12) נָשָׂא *b.* hi. Si. 4. 17 –: 4. 21 (A^2 B S C) (12 *b*): 46. 3 (B S C) Ᵽ: 47. 20 Ᵽ: 48. 2 †.

ἐπαγωγή. (3) שֹׁד (4) מַכָּה (5) עֶבְרָה (6) נֶגַע Si. 3. 28 (4): 5. 8 (5 –[C]): 10. 13 (6): 38. 19 (A S) –: 40. 9 (A B^2 S C) (3).

ἐπαινεῖν. (3) יָשַׁר ni. Si. 9. 17 (3).

ἔπαινος. (3) תְּהִלָּה Si. 44. 8 †: 44. 15 (–, 3 marg.).

ἐπαίρειν. (11) נוּף hi. (12) נָטָה *a.* qal. (14) נָשָׂא *a.* qal. Si. 6. 2 †: 11. 4 †: 35 (32). 1 Ᵽ: 33 (36). 3 (11): [33 (36). 9 †]: 46. 2 (12 *a*): 47. 4 (11): 48. 18 (12 *a*): 50. 20 (14).

ἐπαιτεῖν. (1) סָלַל hithpo. Si. 40. 28 (1).

ἐπαίτησις. (1) שְׁאֵלָה Si. 40. 28 †: 40. 30 (A B C) (1).

ἐπαίτιος (-ετ.). Si. 37. 11 (A S^2) †.

ἐπακολουθεῖν. (5) מָלֵא Si. 46. 6 (5).

ἐπακούειν. (4) עָנָה *a.* qal. (9) שָׁמַע *a.* qal. Si. 4. 6 (9 *a*): [4. 15 (9 *a*)]: 46. 5 (4 *a*): 48. 20 Ᵽ.

ἔπαλξις. Si. 9. 13 †.

ἐπανακαλεῖν. (1) קָרָא Si. 48. 20 (S^1) (1 Ᵽ).

ἐπανήκειν. (2) שׁוּב Si. 4. 18 (2).

ἐπάνοδος. Si. 38. 21 †.

ἐπάνω. Si. 45. 12 †.

ἐπαοιδός. (2) חָבַר Si. 12. 13 (2).

ἐπεγείρειν. Si. 46. 1 †.

ἐπεῖναι. (1) הָיָה *b.* ni. Si. 42. 19 (B) (1 *b*).

ἐπέρχεσθαι. (25) נָשַׂג hi. Si. 3. 8 (25): 16. 21 (S^2) †.

ἐπερωτᾶν. (4) שָׁאַל *a.* qal. Si. 35 (32). 7 (4 *a*).

ἐπερώτημα. Si. 36 (33). 3 (S) Ᵽ.

ἐπέτειος (-τιος). (1) שָׁנָה Si. 37. 11 (A) (†, 1 marg. et D).

ἐπέχειν. (10) בָּטַח (11) שָׁעַן ni. Si. 5. 1 (11): 5. 8 (10, –[C]): 13. 11 (10): 15. 4 (10): 16. 3 (10): 32 (35). 15 (10): 37. 11 –.

ἐπί. I. *c.* gen. (1) בְּ (2) מִ (3) עַל (4) לְ (5) אֶל Si. 3. 26 –: 3. 26 (B) †: 5. 14 (3): 6. 28 (4): 6. 30 †: [9. 8 –: 9. 10 Ᵽ]: 9. 13 (3): 10. 4 (3): 11. 5 (3): 12. 12 (S^2) †: 12. 12 (A S) (4): 12. 12 (4): 13. 7 (S^2) (1): 14. 7 –: 14. 10 (3): 14. 18 (3): 14. 23 (3): 15. 4 (B S^1 C) (1): 16. 24 (3): 34 (31). 12 (3): 34 (31). 12 (A B C) (3): 34 (31). 12 (3): 34 (31). 19 (3): 34 (31). 22 (A S^2 C) (1): 32 (35). 16 (5): 36. 22 †: 36. 28 (–, 1 marg. Ᵽ): 37. 14 –: 37. 14 (3): 37. 22 (A B C) (3): 37. 29 (3, 5 marg.): 38. 8 (†, 2 marg.): [38. 23 –]: 39. 31 –: 40. 1 (A C) †: 40. 3 –: 40. 5 (3): 40. 8 (A B S) Ᵽ: 40. 15 (3): 40. 16 (3): 43. 7 (B C) (1 Ᵽ): 43. 18 (2): 43. 19 –: 43. 20 (A S C [?]) –: [46. 12 Ᵽ]: 49. 8 –: 49. 11 Ᵽ: 49. 14 (3): 50. 8 (B) (3): 50. 9 (3): 50. 14 –: 50. 15 –: 51. 9 (A B^2 S) (2).

II. *c.* dat. (1) אֶל (2) בְּ (3) לְ (4) עַל (5) מִ (6) לִפְנֵי (7) עִם Si. 3. 15 (A B S^2 C) (4): 3. 27 (A B S^2 C) (4): 4. 26 (5): 5. 1 (4): 5. 5 (4): 5. 8 (4, –[C]): 5. 12 (A B S) (4): 5. 14 (4): 6. 21 (4): 7. 12 (4): 7. 12 (S^2) (4): 7. 33 (5): 8. 7 (4): 10. 6 Ᵽ: 11. 13 (4): 12. 12 (B) (3): 13. 7 (A B S^1 C) (2): 13. 7 (1): 14. 10 (4): 15. 4 (A S^2) (2): 16. 1 (2): 16. 2 (2): 16. 9 (S^2) –: 16. 20 (4): 18. 32 (1): [25. 20 Ᵽ]: 30. 18 (4): 30. 18 (6, – marg.): 33 (30). 13 †: 34 (31). 12 (S) (4): 34 (31). 15 (2, – marg.): 34 (31). 20 (4): 34 (31). 22 (B S^1) (2): 34 (31). 23 (4): 34 (31). 24 (4): 35 (32). 5 (4): 35 (32). 6 (4): 35 (32). 13 (4 Ᵽ): [35 (32). 24 (2)]: 32 (35). 18 (A) (4): 32 (35). 19 (4): [32 (35). 16 (1)]: 32 (35). 22 –: 36. 17 (2): 36. 20 (2): 37. 8 (1): 37. 11 –: 37. 11 (C) –: 37. 15 (7): 37. 22 (S) (4): 38. 16 (4): 40. 1 (S) (4): 40. 1 (B S^1) –: 41. 16 (4): 41. 19 (A S C) (1): 42. 6 (4): 42. 11 Ᵽ: 43. 7 (A S) (2): 46. 1 –: 46. 12 (3): 47. 13 (3): 47. 20 (4): [50. 2 †]: 50. 8 (A S) (4): 50. 21 (A) (3): [51. 29 (2)].

III. *c.* acc. (1) אֶל (2) עַד (3) עַל (4) בְּ (5) ־ָה (6) מִ (7) לְ Si. 3. 27 (S^1) (3): 4. 17 –: 5. 6 (1, 3 [C]): 5. 7 (S) (1): 6. 11 (4): 7. 3 –: 8. 3 (3): 9. 1 (3): 9. 2 (3): 9. 9 (A B S) (1): [11. 14 (4): 11. 30 (7 Ᵽ)]: 12. 12 (A B S^1) †: [14. 2 –]: 15. 4 (3): 15. 19 (1): 16. 3 (4): [16. 19 (1): 34 (31). 27 †]: 32 (35). 18 (B S) (3): 33 (36). 2 (3): 33 (36). 3 (3, † marg.): 33 (36). 3 (S^1) –: 39. 20 (S^1) (2): 40. 1 (A B C) (3): 40. 10 (3): 41. 19 (B) (1): 41. 22 –: 43. 20 (3): 44. 23 (3): 46. 2 (3): 46. 6 Ᵽ: 46. 9 (3): 46. 13 (3): 47. 20 (3): 47. 25 –: 48. 2 (7): 48. 18 (3): 49. 13 †: 50. 7 (1): [50. 15 –]: 50. 17 (3): 50. 17 (5): 50. 20 (3): 50. 28 (3): 51. 9 (B) (6).

ἐπιβαίνειν. (1) דָּרַךְ *a.* qal. *b.* hi. Si. 9. 2 (1 *b*): [11. 30 †]: 46. 9 (1 *b*): 51. 15 (1 *a*).

ἐπιβάλλειν. (22) רוּם hi. Si. 33 (36). 2 (22 Ᵽ).

ἐπιβλέπειν (-βλέπτειν). (4) נָבַט hi. (9) צָפָה *a.* qal. (11) רָאָה (16) גָּלָה ni. Si. 11. 12 (9 *a*): 11. 30 (11): 16. 19 (4): 34 (31). 14 (4): 33 (36). 2 –: 39. 20 (4): 42. 16 (16).

[**ἐπίβουλος.** Si. 18. 33 –.]

ἐπιγινώσκειν. (2) יָדַע *a.* qal. (3) נָכַר *b.* hi. (7) נָשַׂג hi. Si. 9. 13 (2 *a*): 12. 12 (7): 15. 19 (3 *b*): 33 (36). 5 *bis* (2 *a*): 37. 12 (2 *a*): 44. 23 †.

ἐπιδεής. (1) עָנִי (2) צָרִיךְ Si. 4. 1 (1): 34 (31). 4 (2).

ἐπιδεικνύειν. (3) נָגַד hi. Si. 46. 20 (C Ᵽ) (3): 50. 21 Ᵽ.

ἐπιδεῖν (*egere*). Si. 41. 2 †.

ἐπιδέχεσθαι. (1) קָבַל pi. (2) נָשָׂא Si. 36. 26 (1): 41. 1 (A B C) (1): [50. 21 Ᵽ]: 51. 26 (2).

ἐπιδιδόναι. (4) שִׂים Si. 6. 32 (A S C) (4).

ἐπίδοξος. Si. 3. 18 (S^2) –.

ἐπιζητεῖν. (1) בָּקַשׁ pi. Si. 40. 26 (A B S) (1).

ἐπιθαυμάζειν. (1) סָעַר hi. Si. 47. 17 (A) (1).

ἐπιθεωρεῖν. Si. 42. 22 (S) –.

ἐπιθυμεῖν. (1) אָוָה *b.* hithp. (4) חָמַד *c.* hi. Si. 16. 1 (1 *b*): 40. 22 (4 *c*).

ἐπιθύμημα. (2) *c.* מַחְמָד Si. 45. 12 (2 *c* Ᵽ).

ἐπιθυμητός. Si. 42. 22 –.

ἐπιθυμία. (1) *d.* תַּאֲוָה (3) *c.* חֲמוּדָה *d.* מַחְמָד Si. 3. 29 †: 5. 2 (B S^4) (1 *d vel* 3 *c*): 6. 37 †: 14. 14 †: 36. 27 (3 *d*).

ἐπικαλεῖν. (5) קָרָא *a.* qal. *b.* ni. Si. [13. 13 –]: 46. 5 (5 *a*): 46. 16 Ᵽ: 47. 5 (5 *a*): 47. 18 (5 *b*): 48. 20 (A B S^2 C) (5 *a* Ᵽ): 51. 10 †.

ἐπικαλύπτειν. (2) כָּסָה *a.* qal. (7) צוּף hi. Si. 39. 22 (A B S) (7): 47. 15 (2 *a*).

ἐπικροτεῖν. (5) נוּף hi. Si. 12. 18 (5).

ἐπιλαμβάνειν. Si. 4. 11 †.

ἐπιλανθάνειν. (3) שָׁכַח *a.* qal. (5) מָחָה ni. Si. 3. 14 (5): 7. 27 –: 13. 10 †: 35 (32). 15 (S^1) †: 37. 6 (3 *a*, † marg.): 38. 21 †: 44. 10 Ᵽ.

ἐπιλέγειν. Si. 6. 18 (–, Ᵽ [C]).

ἐπιλησμονή. (1) ἐπιλησμονὴν ποιεῖν שָׁכַח pi. Si. 11. 27 (1).

ἐπιμαρτύρεσθαι. (1) עוּד hi. Si. 46. 19 (1).

ἐπιμελεῖσθαι. Si. 33 (30). 13 †.

[**ἐπινοεῖν.** (2) נָבַט hi. Si. 51. 19 (2).]

ἐπίνοια. Si. 40. 2 —.

[**ἐπιξενοῦν.** Si. 47. 3 †.]

ἐπιπίπτειν. (4) נָפַל a. qal. Si. 25. 19 (4 a).

ἐπίπονος. (2) עֲבֹדָה Si. 7. 15 (2).

ἐπισκέπτειν. (5) a. פָּקַד qal. b. ni. (10) רָאָה Si. 7. 22 (10, —[C]): 7. 35 †: 32 (35). 21 (5 a): 46. 14 (5 a): 49. 15 (5 b).

ἐπισκοπή. (5) פָּקַד a. qal. [(10) מִצְפֶּה] Si. 16. 18 (5 a): [37. 14 (10, † marg. et D)].

ἔπισος (ἐφ.). Si. 9. 10 ?: 34 (31). 27 †.

ἐπιστήμη. (1) a. בִּינָה b. תְּבוּנָה (2) a. דֵּעַ b. דַּעַת (4) b. שֵׂכֶל Si. 10. 30 (4 b): [11. 14 (4 b)]: 16. 24 (4 b): 16. 25 (2 a): 35 (32). 3 (4 b, † marg.): 38. 3 (2 b): 38. 6 (1 a): 45. 5 (1 b): 50. 27 (4 b?).

ἐπιστήμων. (2) יָדַע (3) a. שָׂכַל hi. (4) חָכָם Si. 10. 25 (4?): 40. 29 (2): 47. 12 (3 a).

ἐπιστοιβάζειν. (2) נָתַן Si. 8. 3 (2).

ἐπιστρέφειν. (18) שׁוּב a. qal. c. hi. Si. 5. 7 (18 a): [8. 5 (18 a)]: 40. 1 (S^{2}) (18 a): 48. 10 (18 c).

ἐπιστροφή. (2) [שׁוּב a. qal.] b. מְשׁוּבָה Si. [40. 1 (2 a)]: 49. 2 (2 b).

ἐπισυνάγειν. (1) אָסַף b. ni. Si. 16. 10 (1 b).

ἐπισυνιστάναι. (7) חָרָה Si. 45. 18 (7).

ἐπιταφή. Si. 40. 1 (A C ?) †.

[**ἐπιτήδευμα.** Si. 9. 4 ?.]

ἐπιτιθέναι. (15) נָתַן a. qal. (32) שִׁית Si. 10. 5 (32): 11. 31 (15 a).

ἐπιτιμᾶν. (2) נוּף hi. Si. 11. 7 (2).

ἐπιτίμιον. (1) עֹנֶשׁ (2) חַיָּב Si. 8. 5 (B^{2} S^{4}) (2): 9. 5 (1).

ἐπίτιμος. חַיָּב Si. 8. 5 (A B^{1} S^{1}) (1).

ἐπιχαίρειν. (6) הָלַל hithp. Si. 8. 7 (6).

ἐπίχαρμα. (2) שִׂמְחָה Si. 6. 4 (2): 42. 11 †.

ἐπιχείρημα. Si. 9. 4 ?.

ἐπιχορηγεῖν. (1) כּוּל pilp. Si. 25. 22 (1).

ἔπος. (1) מָשָׁל Si. 44. 5 (1).

ἑπτά. (1) a. שִׁבְעָה b. שִׁבְעִים Si. 37. 14 (1 a, 1 b marg.).

ἑπταπλάσιος. (1) שִׁבְעָתַיִם Si. 7. 3 (A) (1): 32 (35). 13 (A S) (1): 40. 8 (A B S) ?.

ἑπταπλασίως. (1) b. שִׁבְעָתַיִם Si. 7. 3 (B S C) (1 b).

ἑπταπλοῦς. (1) שִׁבְעָתַיִם Si. 32 (35). 13 (B) (1).

ἐπωμίς. (3) מְעִיל Si. 45. 8 (3).

ἐργάζεσθαι. (8) עָבַד a. qal. (9) a. עָשָׂה (11) a. פָּעַל Si. 7. 20 (8 a): 10. 27 (8 a): 13. 4 (8 a): 14. 19 (11 a): 30. 13 (A B S) †: 51. 2 †: 51. 30 (9 a).

ἐργασία. (1) מְלָאכָה (3) b. עֲבֹדָה Si. 6. 19 (3 b): 7. 15 (1): 37. 11 —: 51. 8 †.

ἐργάτης. (1) פָּעַל Si. 19. 1 (1): 40. 18 †.

ἔργον. (2) גְּמוּל (3) דָּבָר (4) דֶּרֶךְ (10) מְלָאכָה (19) b. מַעֲשֶׂה (20) b. פֹּעַל d. מִפְעָל (28) עֵסֶק Si. 3. 8 (19 b): 3. 17 †: 3. 23 †: 4. 29 (A B S^{1}) (10): [5. 3 †]: 7. 25 (28): 9. 17 †: 10. 6 (4): 10. 26 †: 11. 4 (19 b): 11. 4 (20 b): [11. 14 —]: 11. 20 (10): 11. 21 ?: [11. 26 —]: 11. 27 †: 14. 19 (19 b): 15. 19 (20 d): 16. 12 (20 d): 16. 14 (19 b): 16. 21 †: 16. 22 (†, 19 b sup lin): 16. 26 (19 b): 34 (31). 22 (B S) (19 b): 35 (32). 23 (4 vel 19 b): 32 (35). 24 (2): 37. 11 (10): 37. 16 (19 b): 38. 8 (19 b): 38. 25 †: 39 16 ?: 39. 19 (19 b): 39. 33 (19 b): 42. 15 (19 b): 42. 15 (†, 19 b marg.): 42. 16 (19 b): 42. 22 —: 43. 2 (19 b): 43. 4 †: 43. 25 (19 b): 43. 28 (19 b): 43. 32 (19 b): 45. 10 (19 b): 45. 11 (19 b): 45. 11 †: 45. 12 †: 47. 8 (19 b): 47. 22 (3): 48. 14 (19 b): 49. 1 (19 b): 51. 30 (19 b).

ἐρεθισμός. (3) תַּחֲרָה Si. 34 (31). 29 (3).

ἐρημία. Si. 47. 17 (A) †.

ἔρημος. (2) c. חָרֵב (5) מִדְבָּר Si. 8. 16 †: 9. 7 (A B S^{2} C) †: 13. 19 (5): 43. 21 (2 c): 45. 18 (5).

ἐρημοῦν. (2) חָרַב ni. (10) שָׁמֵם Si. 16. 4 (2): 49. 6 (10).

ἐρίζειν. Si. 8. 2 †: 11. 9 †.

ἔρις. (2) רִיב Si. 40. 5 (2 ?): 40. 9 †.

ἔριφος. (1) גְּדִי Si. 47. 3 (1).

ἑρμηνεία (-νία). (1) מְלִיצָה Si. 47. 17 (B S C) (1).

ἑρπετόν. (5) רִמָּה Si. 10. 11 (5).

ἔρχεσθαι. Si. 47. 25 —.

ἐρώτημα. Si. 36 (33). 3 (A B) ?.

ἐσθίειν (incl. **φαγεῖν**). (1) a. אָכַל qal. Si. 6. 19 (1 a): 11. 19 (1 a ?): 30. 19 (—, 1 a marg.): 34 (31). 16 (†, 1 a marg.): 36. 23 (1 a): 45. 21 (1 a).

ἔσοπτρον. Si. 12. 11 †.

ἐσχάρα. Si. 50. 12 †.

ἐσχατογήρως. (1) וְיָשִׁישׁ [marg. שָׁב[כּוֹשֵׁל (2) כָּשַׁל Si. 41. 2 (2): 42. 8 (1).

ἔσχατος. (1) b. אָחוֹר c. אַחֲרוֹן d. אַחֲרִית (9) c. ἐπ᾽ ἐσχάτῳ בְּקֵץ Si. 3. 26 (1 d): 3. 26 (B) (1 d ?): 6. 28 (1 b): 7. 36 (1 d): 12. 12 (1 b): 13. 7 (9): 14. 7 —: 34 (31). 22 (1 d): 38. 20 (1 d): 41. 3 (1 c): 48. 24 (1 d): 51. 14 —.

ἑταίρα. Si. 41. 20 (B) ?.

ἑταιρίζεσθαι. (1) זוּר (2) זָנָה Si. 9. 3 (4 vel 2).

ἑταῖρος. (2) a. רֵעַ c. מֵרֵעַ d. רֵיעַ Si. 11. 6 (B^{1} S) —: 37. 2 (A B) (2 a, 2 d [D]): 37. 4 (A B) (2 c, † marg.): 37. 5 (A B) (—, † marg. et D): 40. 23 (A B S) ?: 42. 3 (B) †.

ἕτερος. (2) אֶחָד (4) a. אַחֵר e. אָחוֹר (7) זָר Si. 11. 6 (A B^{2} C) —: 11. 19 (4 a ?): 11. 31 (A) †: 14. 4 (7): 14. 15 (4 a): 14. 18 (2): 35 (32). 9 †: 37. 2 (S) †: 37. 4 (S) †: 37. 5 (S) †: 40. 23 (C) ?: 41. 20 (A S C) ?: 42. 3 (A S C) †: 49. 5 (4 e).

ἔτι. (11) עוֹד Si. 41. 1 (11): 43. 30 (11): 51. 13 —.

ἑτοιμάζειν. (5) כּוּן pil. (15) פָּקַד ni. (19) נָצַב hi. Si. 39. 31 (15 ?): 45. 20 —: 47. 13 (19): 49. 12 (5).

ἕτοιμος. Si. 51. 3 †.

ἔτος. (3) a. שָׁנָה Si. 41. 4 (3 a).

εὖ. (3) εὖ ποιεῖν. a. יָטַב hi. b. טוֹב Si. 11. 17 (S) †: 12. 1 (3 b): 12. 2 (3 a): 12. 5 †: 14. 7 —: 14. 11 (3 a): 14. 13 (3 a).

εὐαρεστεῖν. (1) הָלַךְ hithp. Si. 44. 16 (1).

[**εὐγενής.** Si. 41. 21 —.]

εὐδία. (1) חֹם Si. 3. 15 (1).

εὐδοκεῖν. (3) חָפֵץ (10) בָּחַר (11) c. neg. אָנַף hithp. Si. 9. 12 ?: 15. 17 (3): 37. 28 (10): 45. 19 (11).

εὐδοκία. (1) a. רָצוֹן (2) צָלַח hi. Si. 9. 12 (2): 11. 17 (1 a): 15. 15 (1 a): 35 (32). 14 †: 32 (35). 20 (1 a): 39. 18 (1 a): 41. 4 †: 43. 26 (A) (2).

εὐδοκιμεῖν. (1) בָּחַר ni. (2) גָּבַר a. qal. b. hi. Si. [35 (32). 2 —: 37. 28 (1)]: 39. 34 (A B C) (2 b, 2 a marg.): 40. 25 ?: 41. 16 (1).

εὔδοξος. (1) גָּבֹהַּ Si. 40. 3 (A S C) (1).

εὐεξία. (1) שֵׁר Si. 30. 15 (1, † marg.).

εὔζωνος. (3) צָבָא Si. 36. 31 (3).

εὐθύνειν. (3) כּוּן hi. Si. 6. 17 —: 37. 15 (3): 38. 10 †: 49. 9 ?.

εὐθύς. (2) a. יָשַׁר qal. Si. 4. 18 †: 39. 24 (2 a).

εὐθύτης. (3) תָּמִים (4) אֱמֶת Si. 7. 6 (3): 51. 15 (4).

εὐκαιρία. Si. 38. 24 †.

εὐκοσμία. (1) כָּבוֹד Si. 35 (32). 2 (1 ?): 45. 7 (1, † marg.).

εὐλαβεῖσθαι. (1) גּוּר (14) פָּחַד Si. 7. 6 (1): 7. 29 (14): 41. 3 (14).

εὐλαβής. Si. 11. 17 (S^{2}) ?.

εὔλαλος. (2) חֵן Si. 6. 5 (2).

εὐλογεῖν. (1) c. בָּרַךְ pi. g. בְּרָכָה Si. 4. 13 (1 g): 34 (31). 23 (1 c): 35 (32). 13 (1 c): 39. 35 (1 c): 43. 11 (1 c): 45. 15 (1 c): 50. 22 (1 c): 51. 12 (1 c).

[**εὐλογητός.** Si. 50. 29 —.]

εὐλογία. (1) בְּכוֹרָה (2) *d.* בְּרָכָה
Si. 3. 8 (2 *d*): 3. 9 (2 *d*): 7. 32 (2 *d*): 11. 22 (2 *d*): 11. 22 –: 36. 22 †: 37. 24 †: 39. 22 (2 *d*): 40. 17 †: 40. 27 (2 *d*): 42. 15 (S^2) †: 44. 22 †: 44. 23 (2 *d*, 1 marg.): 45. 1 †: 46. 11 (2 *d*): 47. 6 †: [49. 10 †]: 50. 20 (2 *d*): 50. 21 ?.

[**εὐμαρῶς.** Si. 8. 8 –.]

εὔμορφος. (1) חֵן Si. 9. 8 (1).

εὐνοῦχος. Si. 30. 20 †.

εὐοδία. (2) צָלֵחַ *a.* qal. *b.* מִצְלַחַת
Si. 10. 5 †: 38. 13 (A B) (2 *b*): 43. 26 (S C) (2 *a*).

εὐοδοῦν. (3) צָלֵחַ *a.* qal. *b.* hi.
Si. 11. 17 (A B) (3 *a*): 15. 10 †: 38. 14 (3 *b*, † marg.): 41. 1 (3 *b*): [43. 26 (3 *a*)].

εὔπορος. Si. 37. 11 (C) †.

εὐπρέπεια. Si. 47. 10 ?.

[**εὐπρεπής.** (4) רַעֲנָן Si. 50. 10 (4).]

εὐπροσηγορία (C), **εὐπροσήγορος** (A B S).
(1) שָׁלוֹם Si. 6. 5 (1).

εὕρεμα. (2) הַשָּׂגַת (3) נָשַׂג hi.
Si. 32 (35). 12 (A B) (2, 3 marg.).

εὕρεσις. (1) שִׂיג Si. 13. 26 (1).

εὕρησις (?). Si. 40. 20 (C) †.

εὑρίσκειν. [(5) דָּרַךְ hi.] (8) מָצָא *a.* qal. *b.* ni. (10) נָשַׂג hi. (16) חָשַׁב ni. (17) נָתַן ni. Si. 3. 18 (8 *a*): 3. 31 (8 *a*): 6. 14 *bis* (8 *a*): 6. 16 (10): 6. 18 (–, 10 [C]): 6. 28 (8 *a*): 11. 19 (8 *a*): 12. 2 (8 *a*): 12. 5 (10): 12. 16 (8 *a*): 12. 17 (8 *b*): [15. 1 (5)]: 15. 6 (A S^1) (8 *a*): 16. 14 †: 20. 5 (16): 34 (31). 8 (8 *b*, 8 *a* marg.): 34 (31). 22 (10 *vel* 8): 35 (32). 14 (10): 35 (32). 16 †: 35 (32). 17 †: 33 (36). 11 –: 40. 18 (8 *a*): 42. 1 (8 *a*): 44. 17 (8 *b*): 44. 19 (17): 44. 20 (8 *b*): 44. 23 (8 *a*): 51. 16 (8 *a*): 51. 20 (8 *a*): 51. 26 (8 *a*): 51. 27 (8 *a*).

εὔρωστος. (1) טוֹב Si. 30. 15 (1).

εὐσέβεια. (2) חֶסֶד Si. 49. 3 (2).

εὐσεβής. (3) צַדִּיק (4) טוֹב (5) פָּחַד pi.
Si. 11. 17 (A B S^1 C) (3 ?): 11. 22 (3): 12. 2 (3): 12. 4 –: 13. 17 (3): 13. 24 (B C) †: 16. 13 (3): 37. 12 (5): 39. 27 (4 ?): 43. 33 ?: [50. 29 –].

εὐφραίνειν. (3) *a.* גִּיל verb. (17) *a.* שׂוּשׂ (19) שָׂמַח *a.* qal. *b.* pi. (23) עָלַץ hi. (24) אָשַׁר pi. (25) קָרָה ni. (26) בּוּעַ (27) דָּשֵׁן pi.
Si. 4. 18 (24): 14. 5 (25): 16. 1 (19 *a*): 16. 2 (26): 18. 32 (19 *a*): 26. 2 (27): 35 (32). 2 (19 *a*): 32 (35). 25 (A B S) (19 *b*): 39. 31 (17 *a*): 40. 14 (3 *a*): 40. 20 (23): 51. 15 –: 51. 29 (19 *a*).

εὐφροσύνη. (3) גִּיל (5) *c.* טוֹבָה (15) *d.* שִׂמְחָה (16) שָׂשׂוֹן (19) רָצוֹן (20) תַּעֲנוּג Si. 4. 12 (19): 6. 28 (20): 9. 10 –: 13. 8 †: 15. 6 (16): 30. 16 (5 *c*): 30. 22 (15 *d*): 34 (31). 27 (15 *d* ? *vel* 3): 34 (31). 28 (16): 34 (31). 31 ?: 32 (35). 11 (16): 37. 4 †: 50. 23 (A B S^2) †.

εὐφρόσυνος. Si. 50. 23 (S^1) †.

εὐχαριστία. Si. 37. 11 †.

εὔχεσθαι. (9) פָּלַל *a.* qal. *b.* hithp.
Si. 38. 9 (9 *b*, 9 *a* marg.).

εὐωδία. (1) נִיחוֹחַ (2) רֵיחַ נִיחֹחַ
Si. 38. 11 (1 ?): 38. 13 (S C) †: 43. 26 (B) †: 45. 16 (2): 50. 15 –.

[**ἐφάλλεσθαι.** (2) דָּלַג pi. Si. 36. 31 (2).]

ἐφέστιος. Si. 37. 11 (S^1 C) †.

ἐφικνεῖσθαι. [(1) חָקַר] Si. 43. 27 (C) †: [43. 30 (1)].

ἐφιστάναι. (8) נָתַן Si. 12. 11 (8): 40. 25 ?: 41. 22 –.

ἐφορᾶν. Si. 7. 9 –.

Ἐφραίμ. (1) אֶפְרַיִם Si. 47. 21 (B S^2 C) (1): 47. 23 (1).

ἔχειν. (10) הָיָה לְ׳ (17) יֵשׁ (47) ἐξουσίαν ἔ. *b.* שַׁלִּיט (57) χρείαν ἔ. *d.* צָרִיךְ *e.* צוֹרֶךְ Si. 3. 13 †: [3. 24 –: 6. 1 –]: 9. 13 (47 *b* ?): [11. 24 †]: 13. 5 †: 13. 6 (57 *d*): 14. 11 (17): 15. 12 (57 *e*): 16. 3 (10): 20. 6 –: 36. 31 –: [40. 29 –]: 51. 3 †.

ἔχθρα. (4) שָׂנֵא (5) צַר
Si. 6. 9 (B S^2) (4): 37. 2 (B S) (5).

ἐχθρός. (1) אֹיֵב (10) צַר (14) שָׂנֵא *a.* qal. Si. 6. 1 (14 *a*): 6. 4 (14 *a*): 6. 9 (A C) (14 *a*): 6. 13 (14 *a*): [8. 7 –]: 12. 8 (14 *a*): 12. 9 (14 *a*): 12. 10 (14 *a*): 12. 16 (10): 12. 16 (1): 18. 31 (14): 33 (36). 9 (1): 33 (36). 12 (†, 1 marg.): 37. 2 (A) (10): 42. 11 †: 45. 2 –: 46. 1 (1): 46. 5 ?: 46. 7 (A B S^2 C) †: 46. 16 (1 ?): 47. 7 (10): 49. 9 (1): 51. 8 (A S) †.

ἔχις. (1) פֶּתֶן Si. 39. 30 (1).

ἑωθινός. (3) אוֹר Si. 50. 6 (3).

ἕως (incl. ἕως οὗ). (1) *a.* עַד *b.* עַד עֵת *c.* עַד אֲשֶׁר (2) בְּ׳ (3) אֶל (4) לְ׳ (5) עַל (6) שֶׁעוֹד (7) כְּשֶׁ׳
Si. 4. 17 (1 *b*): 4. 28 (1 *a*): 6. 18 (–, ? [C]): 9. 12 †: 10. 16 (A B S^1) (1 *a*): 13. 7 (1 *a*): 13. 23 (1 *a*): 20. 7 (1 *a*): 30. 12 (A) (6 *vel* 7): 32 (35). 20 –: 32 (35). 21 *bis* (1 *a*): 32 (35). 22 (1 *a*): 32 (35). 23 (1 *a*): 32 (35). 24 (1 *a*): 32 (35). 25 ?: 32 (35). 26 (S^1) ?: 37. 2 (3, 5 marg., 1 *a* [D]): 37. 30 (3, 5 [D]): 40. 1 (1 *a*): 40. 3 (B S C) (1 *a*): 40. 4 (A B S) (1 *a*): 40. 8 ?: 42. 21 (B) †: 42. 22 (S C) –: 44. 13 (1 *a*): 44. 21 *bis* (1 *a*): 45. 13 ?: 46. 9 (1 *a*): 46. 19 –: 47. 7 (1 *a*): 47. 25 (B S) (1 *c* ?): 48. 15 (1 *c*): 48. 25 (1 *a*): 50. 19 (1 *a*): 51. 6 (4): 51. 14 –: 51. 15 (A) –.

Z

ζῆλος. (1) קִנְאָה Si. 30. 24 (1): 40. 5 (1): 48. 2 (1).

ζηλοῦν. (4) *a.* קָנָא pi. Si. 9. 1 (4 *a*): 9. 11 (4 *a*): 37. [7], 10 (?, 4 *a* [D]): 45. 18 (4 *a*): 45. 23 (4 *a*): 51. 18 –.

ζῆν. (3) חַי Si. 7. 33 (3): 37. 26 (?, † [C]): 42. 8 (3): 42. 23 ?: 44. 14 ?: 45. 16 (3): 48. 11 ?.

ζητεῖν. (6) *a.* בִּקֵּשׁ pi. (8) דָּרַשׁ *a.* qal. (19) חָקַר Si. 3. 21 (8 *a*): 4. 11 †: 6. 27 (19): 7. 4 (6 *a*): 7. 6 (6 *a*): 12. 12 (6 *a*): 14. 16 (6 *a*): 35 (32). 15 (8 *a*): 39. 17 –: 40. 26 (C) (6 *a*): 44. 20 (S) †: 51. 3 (6 *a*): 51. 13 (6 *a*): [51. 21 †].

Ζοροβαβέλ. Si. 49. 11 ?.

ζυγός. (1) *a.* מֹאזְנַיִם (7) עֹל (11) אֵיפָה Si. 40. 1 (7): 42. 4 (1 *a vel* 11): 51. 26 (7).

ζωή. (3) *b.* חַיָּה (4) חַי (11) דּוֹר (12) נְשָׁמָה (13) נֶפֶשׁ Si. 3. 12 (4): 4. 1 (4): 4. 12 (4): [5. 1 –: 5. 11 –]: 6. 16 (4): 9. 13 (12): 10. 9 (A B S^1 C) (4): 10. 29 (13): 11. 14 (4): [11. 24 –: 13. 2 –: 13. 13 –]: 15. 17 (4): 16. 3 (4): [18. 33 –]: 30. 17 (4): 30. 21 (C^2) †: 30. 22 (4): 34 (31). 27 *bis* (4): 37. 18 (4): 37. 25 (4): 37. 27 (4, † marg. et D): 37. 31 (4): 39. 26 (A B S) (4): 40. 18 (4): 40. 28 (4): 40. 29 (4): 41. 4 (–, 4 marg.): 41. 13 (4): 45. 5 (4): 48. 11 ?: 48. 14 (4): 48. 23 ?: 50. 1 (11): 51. 6 (3 *b*).

ζῷον. (1) *c.* חַי (2) בָּשָׂר Si. 13. 15 (2): 43. 25 (1 *c*): 49. 16 (1 *c*).

H

ἤ (†† πρὶν ἤ). (1) לִפְנֵי (2) מִ׳ (3) μᾶλλον ἤ מִ׳ (4) וְ׳ (5) πρὶν ἤ *a.* בְּטֶרֶם *b.* טֶרֶם Si. 4. 10 (3 ?): 10. 27 (S^1) (4): 10. 27 (A B C) –: 10. 27 (B S C^1) (2): 11. 7 †† (A S) (5 *a*): 11. 8 †† (5 *b*): 13. 7 –: 16. 3 (S^2) (2 ?): 16. 3 *bis* (2): 16. 22 (4): 30. 14 (2): 30. 15 (2): 30. 17 (2 ?): 37. 14 (2): 40. 28 (2): 41. 12 (2): 41. 15 (2): 42. 14 (†, 2 marg.): 48. 25†† (1): 51. 13†† –: 51. 24 (S^2) †.

ἡγεῖσθαι. (20) מָשַׁל (24) נָצִיב (25) נָשִׂיא (31) רֹאשׁ (34) שַׂר (36) גָּדוֹל Si. 9. 17 (20 ?): 10. 2 (31): 10. 20 (31): 35 (32). 1 (B^3) –:

35 (32). 1 ?: 41. 17 (A B C) (25): 44. 4 (34): 46. 18 (24): 49. 15 (36).

ἡγεμονία. (3) מֶמְשֶׁלֶת Si. 7. 4 (3): 10. 1 (3).

ἥδεσθαι. Si. 37. 4 †.

ἡδύνειν. (3) *b.* עָרַב hi. Si. 40. 21 (3 *b*).

ἡδύς. (6) נוֹעַם Si. 35 (32). 6 (6): 40. 21 †.

Ἠλ[ε]ίας. (1) אֵלִיָּהוּ Si. 48. 1 –: 48. 4 (1): 48. 12 (1 ?).

ἥλιος. (9) שֶׁמֶשׁ Si. 42. 16 (9): 43. 2 (9): 43. 4 (9): 46. 4 (9): 48. 23 ?: 50. 7 (9).

ἡμέρα. (9) יוֹם (28) דּוֹר Si. 3. 15 (9): 5. 7 *bis* (9): 5. 8 (9, –[C]): 6. 8 (9): 6. 10 (A B S² C) (9): 11. 4 (9): 11. 25 *bis* (9, ?): 11. 26 –: [12. 6 –]: 14. 14 (9): 26. 1 (9): 30. 24 (9): 37. 25 (9, – marg. [D]): 37. 25 (?, 9 [D]): 38. 17 (9): 38. 27 ?: 40. 1 *bis* (9): 40. 2 –: 40. 6 ?: 41. 13 (9): 44. 7 (9): 45. 14 (9): 45. 15 (9): 46. 4 (9): 46. 7 (9): 47. 1 †: [47. 9 –]: 47. 13 (9): 48. 12 (9): 48. 18 (9): 48. 23 ?: 49. 3 (9): 49. 12 ?: 50. 1 (9): 50. 3 (28): 50. 6 (9): 50. 8 *bis* (9): 50. 22 †: 50. 23 *bis* †, –: 50. 24 (9 ?): 51. 10 (9).

Ἠσαίας. (1) יְשַׁעְיָהוּ Si. 48. 20 (A B C) (1): 48. 22 ?.

ἠχεῖν. (7) רָנַן pi. (8) רוּעַ hi. Si. 45. 9 †: 47. 10 (7): 50. 16 (8).

ἦχος, ἠχώ. (5) פֶּקַע (6) קוֹל (7) הָמוֹן Si. 45. 9 (6): 46. 17 (5): 47. 9 (6): 50. 18 (S²) (7).

Ἠώγ. Si. 48. 17 (S¹) †.

Θ

θάλασσα. (2) יָם Si. [39. 29 †]: 40. 11 †: 43. 24 (2): 44. 21 *bis* (2 ?, 2): 50. 3 †.

θάλλειν. (4) עָלָה [(5) אוֹר] Si. [13. 25 –: 13. 26 (5)]: 14. 18 (4).

θάνατος. (2) דֶּבֶר (4) מוּת *a.* qal. *d.* מָוֶת (6) שְׁאוֹל (11) גָּוַע Si. 4. 28 (4 *d*): 9. 13 (4 *d*): 11. 14 (4 *d*): 14. 12 (4 *d*): 14. 17 (11): 15. 17 (4 *d* ?): 30. 17 (4 *a*): 37. 2 (4 *d*): 37. 18 (4 *d*): 38. 18 †: 39. 29 (2): 40. 5 (4 *d*): 40. 9 (2 ?): 41. 1 (4 *d*): 41. 2 (4 *d*): 41. 3 (4 *d*): 48. 5 (4 *d*): 51. 6 (4 *d*): 51. 9 (B S) (6).

θάπτειν. Si. 44. 14 ?.

θαυμάζειν. (9) *c.* שָׁמֵם hithpo. (12) תָּמַהּ *a.* qal. (14) קָדַשׁ *a.* ni. *b.* hi. Si. 7. 29 (14 *b*): 11. 13 (C²) (12 *a*): 11. 21 ?: 33 (36). 4 (S¹) (14 *a*): 38. 3 †: 43. 24 (9 *c*).

θαυμάσιος. (3) פָּלָא *a.* ni. *b.* hi. (4) *b.* תָּמַהּ (5) מוֹפֵת (6) גְּבוּרָה Si. 34 (31). 9 (3 *b*): 33 (36). 6 (5): [33 (36). 7 –: 33 (36). 10 †]: 38. 6 (6): 39. 20 (B) (3 *a*): 42. 17 (3 *a*+6 marg.): 43. 25 (4 *b*): 48. 4 –: 48. 14 (4 *b*).

θαυμαστός. (3) יָרֵא ni. (6) *a.* פָּלָא ni. *c.* פֶּלֶא (7) תָּמַהּ Si. 11. 4 (6 *c*): 16. 11 (7): 39. 20 (A S C) (6 *a*): 43. 2 (3): 43. 8 (S) (3): 43. 29 (6 *a*).

[**θαυμαστοῦν.** (4) יָרֵא ni. Si. 43. 8 (4).]

θαυμαστῶς. (2) יָרֵא ni. Si. 43. 8 (A B C) (2).

θεῖος. Si. 6. 35 –.

θέλειν. (8) חָפֵץ *a.* verb. Si. 6. 32 (8 *a*): 6. 35 (8 *a*, ? [C]): 7. 13 (8 *a*): 15. 15 (8 *a*): 15. 16 (8 *a*).

θέλημα. (4) רָצוֹן (8) צֹרֶךְ Si. 8. 15 †: 16. 3 (S²) (4): 35 (32). 17 (8): 43. 16 ?.

θέμα. (3) תְּנוּפָה Si. 30. 18 (3 ?).

θεμέλιον. (3) *d.* יְסוֹד Si. 3. 9 †: 10. 16 †: 16. 19 (3 *d*): 50. 15 –.

θεμελιοῦν. (1) *b.* בָּנָה ni. Si. 50. 2 (1 *b*).

θεός. (3) אֵל (4) אֱלוֹהַּ *b.* pl. (7) *a.* ייי *vel* ייָ (יְהוָֹה) (14) *d.* κύριος [δ] θ. ייי (יְהוָֹה) Si. 4. 28 (14 *d*): 7. 9 (A B S² C) –: 16. 18 (B) –: 33 (36). 1 (4 *b*): 33 (36). 5 (4 *b*): 36. 22 ?: 40. 26 (S¹) (4 *b*): 40. 26 (S¹) (7 *a*): 41. 8 (A B C) ?: 41. 19 ?: [42. 25 ?: 44. 16 (14 *d*)]: 45. 1 (4 *b* ?): 47. 13 (3): 47. 18 †: 47. 18 (A B S) †: 50. 17 (S²) †: 50. 17 †: 50. 22 (7 *a*+4 *b* ?): 51. 1 (4 *b*).

θεραπεύειν. (7) רָפָא Si. 32 (35). 20 †: 38. 7 (7).

θερίζειν. (4) קָצַר *a.* qal. Si. 7. 3 (4 *a*).

θερισμός. Si. 51. 20 (A ?) †.

θερμαίνειν. Si. 38. 17 †.

θέρος. (1) קַיִץ Si. 50. 8 (1).

θεωρεῖν. Si. [11. 13 –]: 42. 22 (A B C) –.

θημωνιά (θιμ.). Si. 39. 17 –.

θήρα. Si. 36. 24 †.

θηρευτής. (3) אָחוּ Si. 11. 30 (3).

θηρίον. (2) *b.* חַיָּה Si. 10. 11 †: 12. 13 (2 *b*): 39. 30 (2 *b*).

θησαυρός. (1) *a.* אוֹצָר (9) *a.* סוּמָה *b.* סִימָה (10) הוֹן Si. 6. 14 (10): 40. 18 (1 *a*, 9 *b* marg.): 41. 12 (1 *a*, 9 *a* marg.): 41. 14 (1 *a*, 9 *b* marg.): 43. 14 (1 *a* ?).

θλᾶν. (3) רָצַץ *a.* qal. (4) בָּקַע pi. Si. 30. 12 (3 ? *vel* 4).

θλίβειν. (12) אִכְפָּה (13) כָּשַׁל *a.* qal. *b.* hi. Si. 4. 4 †: 30. 21 (13 *a*, 13 *b* marg.): 34 (31). 31 (?, † marg.): 46. 5 (12): 46. 16 ?.

θλῖψις. (6) *b.* מְצוּקָה *c.* צוּקָה (11) *b.* צָרָה (12) רָעָה Si. 3. 15 (11 *b*): 6. 8 (11 *b*): 6. 10 (A B S²) (12): 32 (35). 26 (6 *b*): 37. 4 (6 *c*): 40. 24 (11 *b*): 51. 3 (11 *b*): 51. 10 (11 *b*).

θορυβεῖν. Si. 40. 6 †.

θράσος. Si. 11. 2 (S) †: 40. 6 (B² ?) †.

θρασύς. (5) גָּבֹהַּ Si. 4. 29 (S²) (5).

θρῆνος. (3) קִינָה Si. 38. 16 (3).

θρόνος. (3) *a.* כִּסֵּא Si. 10. 14 (3 *a*): 40. 3 (3 *a*): 47. 11 (3 *a*).

θυγάτηρ. (2) בַּת Si. 7. 24 (2, † [C]): 7. 25 (2, ? [C]): 36. 26 *bis* (?, †, ? marg.): 42. 9 (2): 42. 11 (?, 2 marg.).

θυμίαμα. (7) *d.* קְטֹרֶת *e.* קָטַר hi. Si. 45. 16 (7 *e*): 49. 1 (7 *d*).

θυμός. (1) אַף (6) חָרוֹן (23) *c.* רֹגֶז (31) עֱזוּז Si. 5. 6 (23 *c*): 10. 18 (1): 30. 24 †: 34 (31). 30 –: 33 (36). 8 (1): 39. 28 *bis* ?: 40. 5 †: 45. 18 (31): 45. 19 (6): 48. 10 ?.

θυμώδης. (3) בַּעַל אַף Si. 8. 16 (3)

θύρα. Si. 6. 36 (A B¹ S C) †.

θυρίς. (2) חַלּוֹן Si. 14. 23 (2).

θύρωμα. (4) פֶּתַח Si. 14. 23 (4).

θυσία. (1) אִשֶּׁה (2) *b.* זֶבַח (4) מִנְחָה (9) תְּרוּמָה Si. 7. 31 (9): 32 (35). 15 (2 *b*): 45. 14 (4 ?): 45. 21 (1).

[**θυσιάζειν.** Si. 34 (31). 7 †.]

θυσιαστήριον. (3) מִזְבֵּחַ Si. 47. 9 ?: 50. 11 (3): 50. 15 –.

θώραξ. (4) *c.* שִׁרְיָן Si. 43. 20 (4 *c*).

I

Ἰακώβ. (1) יַעֲקֹב Si. 33 (36). 13 (1): 44. 23 †: 45. 5 (1): 45. 17 †: 46. 14 (1): 47. 22 ?: 48. 10 ?: 49. 10 (1).

ἰᾶσθαι. (3) רָפָא *a.* qal. Si. [16. 10 –]: 38. 9 (3).

ἴασις. (4) *a.* מַרְפֵּא *b.* רִפְאוּת *d.* רָפָא Si. 3. 28 (4 *b*): 38. 2 (4 *d*): 38. 14 (4 *b*): 43. 22 (4 *a*).

ἰατρός. (1) *b.* רָפָא Si. 10. 10 (1 *b*): 38. 1 (1 *b*): 38. 3 (A B S² C) (1 *b*): 38. 12 (1 *b* ?): 38. 15 (B S) (1 *b*).

ἰδεῖν. (4) *a.* חָזָה (6) יָדַע *a.* qal. (9) נָבַט hi. (13) רָאָה Si. 6. 36 (A B S) (13): [14. 8 –]: 15. 7 (13): 33 (36). 3 (A B S² C) (13): 37. 9 (9): 37. 27 (13): 43. 11 (13): 45. 19 (13): 46. 10 (6 *a*): 48. 11 (A B) (13): 48. 24 (4 *a*): 49. 8 (13): 51. 27 (13).

ἴδιος. (5) pron. suff. Si. 11. 34 †: [18. 33 –]: 37. 19 (5): 37. 22 (5).

ἰδού. (7) *a.* הֵן Si. 16. 18 (7 *a*).

Ἰεζεκιήλ. (1) יְחֶזְקֵאל Si. 49. 8 (1).

ἱερατεία. Si. 45. 7 †.

ἱερατεύειν. (1) *b.* כָּהַן pi. Si. 45. 15 (1 *b*).

Ἰερεμίας. (1) יִרְמְיָהוּ Si. 49. 6 (B S C) (1).

ἱερεύς. (1) *a.* כֹּהֵן Si. 7. 29 (1 *a*): 7. 31 (1 *a*): 50. 1 (1 *a*): 50. 12 (A B S²) †: 50. 27 (S¹) –.

Ἰεροβοάμ. (1) יָרָבְעָם Si. 47. 23 (1).

ἱερός. Si. 50. 2 †.

Ἱεροσολυμ[ε]ίτης. Si. 50. 27 (A B S²) –.

Ἰερουσαλήμ. (1) יְרוּשָׁלַםִ Si. 36. 18 (1).

ἱερωσύνη. (1) *b.* כְּהוּנָה Si. 45. 24 (1 *b*)

Ἰεσσαί. (1) יִשַׁי Si. 45. 25 (A S²) (1).

Ἰεφοννή. (1) יְפֻנֶּה Si. 46. 7 (1).

Ἰηρεμίας. (1) יִרְמְיָהוּ Si. 49. 6 (A) (1).

Ἰησοῦς. (1) יְהוֹשֻׁעַ (2) יֵשׁוּעַ Si. 43. 23 †: 46. 1 (1): 48. 20 (S) †: 49. 12 ?: 50. 27 (2): 51. 1 –: 51. *subscr.* –.

ἱκανός. (2) דַּי Si. 34 (31). 19 (2).

ἱκετεία (-τία). (1) קוֹל (2) צְעָקָה (3) אֲנָקָה Si. 32 (35). 17 (2, 3 marg.): 51. 9 (1).

ἱκέτης. Si. 4. 4 †: 36. 22 (B) †.

ἱλαρός. (2) אוֹר Si. 13. 26 (2).

ἱλαροῦν. (1) אוֹר hi. Si. 7. 24 (A B) (1): 32 (35). 11 (1): 43. 22 †.

ἱλαρύνειν. (2) אוֹר hi. (3) הָלַל pi. Si. 7. 24 (S) (2): 36. 27 (†, 3 marg.).

ἱμάτιον. (1) בֶּגֶד Si. 11. 4 ?: 14. 17 (1): 39. 26 (1): 42. 13 (1).

ἵνα, incl. ἵνα μή. (1) אֲשֶׁר (2) לְ׳ (3) לְמַעַן (4) עֲבוּר (5) ו׳ (6) ἵνα μή לָמָּה (7) ἵνα μή פֶּן Si. 3. 8 (4): 6. 2 (5 ?): 7. 32 (3): 8. 4 (7): 8. 11 (2 ?): 8. 15 (7 sup lin): 9. 6 (7): 9. 13 (7): 12. 5 (6): 13. 10 (B) (7): 13. 10 (7): 30. 13 (7): 35 (32). 2 (3): 37. 15 (1): 38. 14 (1): 44. 18 (2): 45. 24 (1): 45. 26 (3): 46. 6 (3): 47. 13 (1).

ἵνα τί. Si. 14. 3 †.

Ἰονίας. (1) יוֹחָנָן Si. 50. 1 (B¹ S¹) (1).

Ἰούδας. (1) יְהוּדָה Si. 45. 25 (1): 45. 25 (S² vid) –: 49. 4 (1).

ἰοῦσθαι. (1) חָלָא hi. Si. 12. 10 (1).

ἵππος. Si. 48. 9 †.

Ἰσαάκ (A B² S²), **Ἰσάκ** (B¹ S¹). (1) יִצְחָק Si. 44. 22 (1).

ἰσηγορεῖσθαι. (1) חָפַשׁ Si. 13. 11 (S² C) (1).

[**ἴσος.** Si. 9. 10 ?: 34 (31). 27 †.]

Ἰσραήλ. (1) יִשְׂרָאֵל (2) יְשֻׁרוּן, יְשׁוּרוּן Si. 36. 17 (1): 37. 25 (1, 2 marg. et D): 45. 5 (1): 45. 11 (1 ?): 45. 17 (1): 45. 23 (1): 46. 1 (1): 46. 10 †: 47. 2 (1): 47. 11 †: 47. 18 (1): 47. 23 ?: 50. 13 (1): 50. 20 (1): 50. 23 –.

ἱστάναι. (10) יָצַב hithp. (15) *b.* כּוּן hi. (16) כָּרַת *a.* qal. *b.* ni. (18) נָטָה (20) נָצַב *a.* ni. *b.* hi. (26) *a.* עָמַד qal. *b.* hi. (28) קוּם *a.* qal. *c.* hi. (31) שִׂים (38) עָרַךְ hi. Si. 6. 34 –: 11. 20 ?: 12. 12 *bis* (26 *b*, 26 *a*): 14. 25 (18): 14. 26 (A S¹ C) (31): 37. 9 (28 *a* ?, 28 *a* [D]): 37. 13 †: 39. 17 (38): 40. 12 –: 43. 10 (26 *a*): 44. 12 –: [44. 18 (16 *b*, 16 *a* marg.)]: 44. 20 (A B) (16 *a*): 44. 21 (28 *c*): 44. 22 (28 *c*): 45. 7 (31): 45. 23 (26 *a*): 45. 24 (28 *c*): 46. 3 (10): 47. 9 (–, 15 *b* marg.): 47. 13 (15 *b*): 49. 13 (20 *b*): 50. 12 (20 *a*).

ἰσχύειν. (7) חַיִל (25) חַי Si. 7. 6 (A S C) (7): 30. 14 (25): 41. 1 (7 ?): 43. 15 ?: 43. 28 †: 50. 29 –.

ἰσχυρός. (6) אַמִּיץ (13) *a.* חָזָק (19) עָצוּם Si. 3. 21 †: 6. 21 (A B C) †: 8. 12 (13 *a*): 13. 2 –: 15. 18 (6): 16. 5 (19): [48. 2 †].

ἰσχύς. (3) בָּמָה (5) *b.* גְּבוּרָה (16) כֹּחַ (21) *b.* עֹז, עוֹז (22) עָצְמָה Si. 3. 12 (S¹) †: 3. 13 †: 5. 2 (A B S² C) (16): 6. 21 (S) †: 6. 29 (21 *b*): 9. 2 (3): 9. 14 (16): 11. 12 †: 14. 13 –: 16. 7 (5 *b*): 34 (31). 30 (16): 38. 5 (16): 38. 18 †: 39. 28 ?: 40. 26 (16): 41. 2 (22): 43. 30 (16): 44. 6 (16): 45. 8 (21 *b*): 45. 12 (21 *b*): 46. 9 (22).

ἰχνεύειν. Si. 51. 15 –.

ἰχνευτής. (1) חָקַר Si. 14. 22 (1).

ἴχνος. (2) חֵקֶר (4) *b.* עָקְבָה Si. 13. 26 (4 *b*): 37. 17 †: 42. 19 (2): 50. 29 †.

Ἰωσεδέκ. Si. 49. 12 (A B S C[?]) ?.

Ἰωσ[ε]ίας. (1) יֹאשִׁיָּהוּ Si. 49. 1 (1): 49. 4 (1).

Ἰωσήφ. (1) יוֹסֵף Si. 49. 15 (1).

K

καθαιρεῖν. (12) הָפַךְ Si. 10. 14 (12).

καθάπερ. (1) כַּאֲשֶׁר Si. 33 (36). 5 (1).

καθαρίζειν. (5) טָהֵר *b.* pi. Si. 38. 10 (5).

καθαριότης. (2) טֹהַר Si. 43. 1 (?, 2 marg.).

καθαρισμός. (2) *b.* טָהֳרָה Si. 51. 20 (2 *b*).

καθέδρα. (1) *a.* מוֹשָׁב Si. 7. 4 (1 *a*, ? [C]): 12. 12 (1 *a*).

[**καθεύρεμα.** Si. 32 (35). 12 (*cod.*) †.]

καθήκειν. Si. 10. 23 –.

καθῆσθαι. (3) *a.* יָשַׁב Si. 9. 9 †: 37. 14 –: 40. 3 (3 *a*): 50. 26 (3 *a*).

καθίζειν. (4) יָשַׁב *a.* qal. *b.* hi. Si. 10. 14 (4 *b*): 11. 1 (4 *b*): 11. 5 (4 *a*): 12. 12 (4 *b*): 34 (31). 12 (4 *a*): 34 (31). 18 (4 *a*): 35 (32). 1 †.

καθίπτασθαι. Si. 43. 17 –.

καθιστάναι. (5) *b.* כּוּן hi. Si. 35 (32). 1 ?: 46. 13 (5 *b*): 48. 10 (5 *b*).

καθό. Si. 16. 20 (S²) –.

καθυστερεῖν [(-ίζειν)]. (3) שָׁבַת hi. (4) בָּצַר ni. Si. 16. 13 (3): 37. 20 (4).

καθώς. (1) כְ׳ (2) כַּאֲשֶׁר Si. 7. 28 –: 7. 31 (2): 14. 11 †: 36. 16 (1): 43. 31 –.

καί, *passim.*

καίειν. (2) *a.* בָּעַר qal. Si. 40. 30 (2 *a*): 48. 1 (2 *a*).

καιρός. (3) יוֹם (4) מוֹעֵד (8) עֵת (11) קֵץ Si. 3. 31 (8): 4. 20 (8): 4. 23 †: 5. 7 (3, 8 [C]): 6. 8 (8): 8. 9 (8): 10. 4 (8): 10. 26 (4 ?): 11. 19 †: 12. 16 (8): 20. 6 (8): 20. 7 *bis* (8): 30. 24 (8): 34 (31). 28 (8): 32 (35). 26 *bis* (?, 8): 33 (36). 10 (11): 37. 4 (8): 38. 3 (S¹) †: 38. 13 (8): 39. 16 (A B S² C) (8): 39. 17 –: 39. 28 ?: 39. 31 †: 39. 33 (C) (8): 39. 34 (8): 40. 5 (8): 40. 7 ?: 40. 23 (8 ?): 40. 24 (8 ?): 43. 6 (8): 44. 17 (8): 46. 19 (8): 47. 10 ?: 48. 10 (8): 51. 10 (3): 51. 12 (3): 51. 20 (A) †: 51. 30 *bis* (†, 8).

κακία. (11) *b.* רַע *d.* רָעָה Si. [11. 14 (11 *d*)]: 14. 6 (11 *d*): 14. 7 –: 25. 19 *bis* (11 *d*): [34 (31). 10 (11 *b*)].

κακός. (13) *b.* רַע *c.* רָעָה (14) רָשָׁע (20) עָוֹן Si. 7. 1 *bis* (13 *b*, 13 *c*, 13 *b* [C] *bis*): 7. 2 (C) (20): 11. 14 (13 *b*): [11. 14 (13 *c*)]: 11. 25 *bis* (13 *c*): 11. 31 (13 *b*): 12. 3 (14): 12. 5 (13 *b*): 12. 8 (13 *c*): 12. 9 (13 *c*): 12. 17 (13 *b*): 13. 25 (13 *b*): 34 (31). 10 (13 *b*): 34 (31). 13 (13 *c*): 36 (33). 1 (13 *b*): 37. 18 (13 *c*, 13 *b* marg. et D): 39. 25 (†, 13 *b* marg.): 39. 27 (13 *c*, † marg.).

κακοῦν. (5) עָנָה *c.* pi. (7) רָעַע *b.* hi. (11) בָּאַשׁ ni. Si. 3. 26 (11): 7. 20 (†, 7 *b* [C]): 11. 24 ?: 33 (36). 11 (A²) –: 38. 21 (7 *b*): 49. 7 *bis* (5 *c*, †).

κακοῦργος. (2) רַע Si. 11. 33 (2).

κάκωσις. (3) רָעָה Si. 11. 27 (3): 13. 12 †.

καλεῖν. (9) קָרָא *b.* ni. Si. 5. 14 (9 *b*): 36. 17 (9 *b*).

καλλονή. (3) *a.* טוֹב *b.* טוֹבָה Si. [4. 23 –]: 6. 15 (3 *b*): 34 (31). 23 (3 *a*).

κάλλος. (3) *b.* יֳפִי (9) תֹּאַר, תּוֹאַר Si. 9. 8 (3 *b*): 9. 8 †: 11. 2 (9): 36. 27 (9): 40. 22 ?: 42. 12 (9): 43. 9 (9): 43. 18 (9).

καλός. (1) *b.* חָמַד ni. (2) *a.* טוֹב *d.* יָטַב hi. [(4) יָשָׁר] (6) נָאוֶה (7) *c.* נָעֵם (16) נָאֶה
Si. [11. 14 (4)]: 12. 16 (B^{2}) —: 13. 6 —: 14. 3 (6): [14. 20 —]: 36. 23 (1 *b* ?, 7 *c* marg.): 37. 9 (2 *a* ?, † marg. et D): 39. 16 (2 *a*): 41. 2 (2 *a*): 41. 12 (S^{2}) —: 41. 16 (16): 42. 6 †: 46. 10 (2 *a*).

καλύπτειν. (4) חָפָה (5) מָלֵא pi.
Si. 13. 7 (S) †: 37. 3 (5): 40. 27 (4).

κάμινος. (3) כִּבְשָׁן (4) כּוּר
Si. 27. 5 (Heb. 6. 22) (3): 34 (31). 26 (4): 43. 4 (4).

κάμπτειν. Si. 7. 23 †: [30. 12 †]: 38. 18 †.

καρδία. (4) *a.* לֵב *b.* לֵבָב (5) מְעִי (6) נֶפֶשׁ Si. 3. 26 (4 *a*): 3. 26 (B) (4 *a* ?): 3. 27 (4 *a*): 3. 29 (4 *a*): 4. 3 (5): 5. 2 (B S^{4}) (6): 6. 37 (4 *a*): 7. 27 (B S) —: 8. 2 ?: 8. 19 (4 *a*): 9. 1 (S^{1}) —: 10. 12 (4 *a*): 11. 30 (A^{2} B S) (4 *a*): 12. 16 (4 *a*): [13. 8 †]: 13. 25 (4 *a*): [13. 25 —]: 13. 26 (4 *a*): 14. 21 (4 *a*): 16. 20 (4 *a*): 16. 23 (4 *a*): 16. 24 (4 *a*): 25. 13 (4 *a*): 27. 6 (Heb. 6. 22) †: 30. 16 (4 *b*, † marg.): 30. 22 (4 *b*): 30. 23 (4 *a*): 33. 13 (30. 27) (4 *a*): 34 (31). 26 —: 34 (31). 28 (4 *a*): 36. 24 (4 *a*, † marg.): 36. 25 (4 *a*): 37. 13 (4 *b*): 37. 17 (4 *b*): 38. 10 (4 *a*): 38. 18 (4 *b*): 38. 19 —: 38. 20 (4 *a*): 38. 26 (4 *a*): 39. 35 (4 *a*): 40. 2 —: 40. 6 (6): 40. 20 (4 *a*): 40. 26 (4 *a*): 42. 18 (4 *a*): 43. 18 (4 *b*): 45. 26 (4 *a*): 46. 11 (4 *a*): 47. 8 (4 *a*): 48. 10 (4 *a*): 48. 19 (4 *a*): 49. 3 (B S C) (4 *a*): 50. 23 (4 *b*): 50. 27 (4 *a*): 50. 28 (4 *a*): 51. 15 —: 51. 20 (4 *a*): [51. 21 (5)].

καρπός (*fructus*). (7) *a.* פְּרִי (9) תְּבוּאָה (11) גַּרְגַּר Si. 6. 3 (7 *a*): 6. 19 (9): 11. 3 (7 *a*): 27. 6 (Heb. 6. 22) (7 *a*): 37. 22 (7 *a*): 37. 23 (—, 7 *a* marg. et D): 50. 10 (11).

κάρπωμα. (2) עֹלָה Si. 45. 16 (S) (2).

κάρπωσις. (2) עֹלָה Si. 30. 19 (—, ? marg.): 45. 16 (A B) (2).

κάρταλλος. (4) כְּלוּב Si. 11. 30 (4 ?).

καρτερεῖν. (1) כּוּל hithpilp.
Si. 12. 15 (1).

κασσίτερος. (2) בַּרְזֶל Si. 47. 18 (2).

κατά. I. *c.* gen. (1) אֶל (2) בְּ [(3) עִם] Si. 4. 22 (1): 6. 12 (2): [8. 14 (3)]: 8. 15 †.

κατά. II. *c.* acc. (1) כְּ (2) לְ (3) עַל (4) כְּמוֹ (5) בְּ (6) אַחַר (7) καθ᾽ ἡμέραν כָּל־יוֹם (8) καθ᾽ ὅσον בְּכֹל Si. 4. 18 —: 4. 25 (S^{2}) —: 6. 17 (1): 6. 22 (1): [7. 18 —]: 7. 26 —: 8. 14 (1): 8. 15 †: 9. 14 (1): 10. 2 *bis* (1): 10. 28 ?: 11. 26 —: 13. 16 †: 14. 13 †: 14. 25 (3): 16. 12 *bis* (1): 16. 14 (1): 19. 1 †: 34 (31). 6 (3): 35 (32). 17 (6, † marg.): 32 (35). 12 (1): 32 (35). 12 (5, 1 marg. sup lin): 32 (35). 24 —: 32 (35). 19 (B S C) (1): 36. 22 (1, 5 marg.): 36. 28 †: 36. 29 †: 37. 12 (1): 38. 16 (1): 38. 17 (1): 38. 19 —: 42. 16 (3): 43. 8 (†, 1 marg.): 43. 10 —: 43. 22 —: 43. 30 (8): 45. 3 (2): 45. 5 †: 45. 11 (2): 45. 14 (7): 46. 1 †: [47. 9 —]: 50. 22 (1): 50. 23 —: 51. 3 (1).

καταβαίνειν. (8) יָרַד *a.* qal. Si. 32 (35). 18 (8 *a*): 50. 20 (B S) (8 *a*).

καταβάλλειν. (4) נָפַל *b.* hi. (8) שָׁחַת *b.* hi. (10) שָׁבַר (11) נָבֵל Si. 7. 7 (4 *b*): 8. 16 (8 *b*): 14. 18 (11): 47. 4 (10).

καταβαρύνειν. (1) כָּבֵד *b.* hi. Si. 8. 15 (B) (1 *b*).

κατάβασις. (2) *a.* יָרַד Si. 43. 17 (†, 2 *a* marg.): 46. 6 ?.

καταβιβρώσκειν. Si. 33 (36). 11 —.

καταβόησις. (1) אֲנָחָה Si. 32 (35). 19 (A B) (1).

κατάγειν. (3) *b.* יָרַד hi. (12) זוּב hi. Si. 32 (35). 19 †: 38. 16 (12): 48. 3 ?: 48. 6 (3 *b*).

καταγελᾶν. (1) *b.* בּוּז Si. 7. 11 (1 *b*).

καταγινώσκειν. Si. 14. 2 †.

κατάγνωσις. (1) חֶרְפָּה Si. 5. 14 (1).

καταγράφειν. (1) כָּתַב Si. 48. 10 (1).

καταδεσμεύειν. Si. 7. 8 †.

καταδυναστεύειν. (13) מָשַׁל Si. 48. 12 (A B C) (13).

[**καταθλίβειν.** Si. 13. 4 †.]

καταιγίς. (3) זַלְעָפָה (5) *c.* מִסְעָר Si. 16. 21 †: 36 (33). 2 (?, 5 *c* marg.): 43. 17 (3).

καταισχύνειν. (1) בּוֹשׁ *a.* qal. *b.* hi. (2) *b.* חָפֵר hi. (3) חָרַף pi. Si. 15. 4 (1 *a*): 42. 11 (†, 1 *b* marg.): 42. 14 (3, 2 *b* marg.).

κατακληρονομεῖν. (3) יָרַשׁ *b.* hi. (5) נָחַל *c.* hi. *d.* hithp. Si. 4. 16 —: 15. 6 (3 *b*): 36. 16 (5 *d*): 44. 21 (5 *c*): 46. 1 (A S) (5 *c*).

[**κατακλίνειν.** Si. 9. 8 —.]

κατακλυσμός. (1) מַבּוּל (3) נָהָר Si. 39. 22 (3): 40. 10 †: 44. 17 (1): 44. 18 (B S) —.

[**κατάκριμα.** Si. 43. 10 †.]

καταλαμβάνειν. (11) נָשַׂג hi. (19) דָּרַךְ hi. (20) נָגַע hi. Si. 7. 1 (11): 11. 10 (20): 15. 1 (19): 15. 7 (19): 48. 15 (S C) †.

κατάλειμμα. (5) *b.* שְׁאֵרִית Si. 44. 17 (A B S^{2}) (5 *b*): 47. 22 ?.

καταλείπειν. (9) נוּחַ hi. (11) *a.* עָזַב qal. (17) *a.* שָׁאַר ni. (19) נָטַשׁ (20) עָבַר hithp. Si. 11. 19 (11 *a*): 13. 4 †: 13. 7 (20): 14. 15 (11 *a*): 44. 8 (A B S^{2}) (9): 47. 22 (B S C) (19): 47. 23 (11 *a*): 48. 15 (A B) (17 *a*): 49. 4 (11 *a*).

καταλύειν. (3) חָנָה (14) שָׁכַן (15) רָגַע hi. Si. 14. 24 (3): 14. 25 (14): 14. 27 (14): 36. 31 (15): 43. 17 (14): 43. 20 †: 47. 12 (A B) (14).

κατάλυμα. (4) *b.* שָׁכַן Si. 14. 25 (4 *b*).

καταμανθάνειν. (5) בִּין hithp. (6) נָבַט hi. Si. 9. 5 (5): 9. 8 (6).

καταμωκᾶσθαι. (3) עָרַץ hi. Si. 13. 7 (3).

καταναλίσκειν. (1) *a.* אָכַל qal. Si. 45. 19 (1 *a*).

κατανόησις. (1) נָבַט hi. Si. 41. 21 (1).

κατανύσσεσθαι. (7) *a.* אָנַח hithp. *b.* אֲנָחָה Si. 12. 12 (7 *a*): 14. 1 †: 47. 20 (7 *b*).

καταπαύειν. (7) נוּחַ *a.* qal. *b.* hi. (11) שָׁבַת *a.* qal. (14) שָׁכֵן Si. 5. 6 (7 *a*, 7 *b* [C]): 10. 17 (11 *a*): 38. 23 (†, 11 *a* marg.): 43. 5 (S^{2}) †: 43. 13 (B$^{1\ vid}$ S) †: 44. 23 (7 *a*): 45. 3 ?: 47. 12 (S) (14): 47. 13 (7 *b*).

κατάπαυμα [(*v.* κατάπαυσις)]. (3) *b.* שֶׁבֶת Si. 36. 18 (3 *b* ?).

καταπέτασμα. (2) פָּרֹכֶת Si. 50. 5 (2).

καταπτήσσειν. Si. 35 (32). 18 †.

κατάπτωσις. Si. 32 (35). 19 (S) †.

κατάρα. (5) קְלָלָה Si. 3. 9 (5): [38. 19 —]: 41. 9 †: 41. 9 (5): 41. 10 †.

καταρᾶσθαι. (6) *a.* קָלַל pi. Si. 3. 16 (6 *a*): 4. 5 (6 *a*): 4. 6 †.

καταράσσειν. Si. 46. 6 ?.

κατασκεύασμα. (1) *a.* מָלֵא *b.* מְלוּאָה (2) רָבִיד Si. 35 (32). 6 (2 ? *vel* 1 *b*, 1 *a* marg.).

κατασκηνοῦν. (6) חָנָה Si. 4. 15 (6 ?).

κατάσκοπος. (1) רָגַל pi. Si. 11. 30 (1).

κατασπεύδειν. (6) מָהַר *b.* ni. (9) נָצַח Si. 35 (32). 10 (9): 43. 5 (A B S^{1} C) (9, † marg.): 43. 13 (A B^{2} C) †: 50. 17 (6 *b*).

καταστρέφειν. (12) נָכָה hi. [(13) הָדַף] Si. [10. 13 —]: 10. 13 (12): 10. 16 †: [12. 12 (13)].

καταστροφή. Si. 9. 11 †.

κατάσχεσις. Si. 4. 16 —.

καταφυτεύειν. (1) נָטַע Si. 49. 7 (A B S^{2} C) (1).

κατέναντι. (1) מִן (2) לִפְנֵי Si. 42. 24 (1): 47. 9 ?: 50. 19 (2).

κατεσθίειν (incl. καταφαγεῖν). (1) אָכַל *a.* qal. Si. 6. 3 (1 *a*): 43. 21 †.

κατευθύνειν. (9) תָּמַם (10) נָתַן Si. 49. 2 †: 49. 3 (9): 51. 20 (10).

κατέχειν. (8) יָרַשׁ Si. 46. 9 (B S C) (8).

κατιοῦν. Si. 12. 11 †.

κατισχύειν. Si. 49. 3 †.

κατοικεῖν. (7) דּוּר (11) יָשַׁב *a.* qal. Si. 10. 2 (11 *a*): 33 (36). 11 (A$^{1\ vid}$ C) —: [50. 26 —]: 50. 26 (7).

κατοικία. (3) מְכוֹנָה Si. 44. 6 (A S) (3).

[**κατορθοῦν.** Si. 49. 9 —.]

κάτω. (2) *b.* תַּחְתִּי Si. 51. 6 (A B S^{1}) (2 *b*).

κατώτατος. (1) *b.* תַּחְתִּי Si. 51. 6 (S^{2}) (1 *b*).

καῦμα. (2) חֹרֶב Si. 14. 27 (2): 43. 3 (2): 43. 4 †: 50. 11 (A) †.

καύσων. (3) שָׁרָב Si. 43. 22 (3, † marg.).

καυχᾶσθαι. (5) פָּאַר hithp. Si. 11. 4 †: 38. 25 (5): 48. 4 (5): 50. 20 (5).

καύχημα. (6) תִּפְאָרָה (7) הוֹד Si. 9. 16 (6): 10. 22 (6): [34 (31). 10 (6)]: 44. 7 (6): 45. 8 (6): 45. 12 (7): 50. 11 (B S) (6).

καύχησις. (1) תִּפְאָרָה Si. 34 (31). 10 (1).

κέδρος. (1) אֶרֶז Si. 50. 12 (1).

κέντρον. Si. 38. 25 †.

κεραμεύς. (1) יָצַר Si. 27. 5 (Heb. 6. 22) (1).

κέρας. (3) קֶרֶן Si. 47. 5 (3): 47. 7 (3 ?): 47. 11 (3): 49. 5 (3).

κεφαλαιοῦν. (1) כָּלַל pi. Si. 35 (32). 8 (1).

κεφαλή. (5) *a.* רֹאשׁ Si. 4. 7 (5 *a*): 11. 1 (5 *a*): 11. 13 (5 *a*): 12. 18 (5 *a*): 13. 7 (5 *a*): 33 (36). 12 (5 *a*): 38. 3 (5 *a*): 44. 23 (5 *a*).

κῆτος. Si. 43. 25 (B) †.

κίδαρις. (2) מִצְנֶפֶת Si. 45. 12 (2).

κίνδυνος. Si. 3. 26 †: 43. 24 †.

κινεῖν. (7) *b.* נוּעַ hi. Si. 12. 18 (7 *b*): 13. 7 (7 *b*).

κινύρα. Si. 39. 15 †.

κλάδος. (6) *a.* עָנָף (10) נֵצֶר Si. 6. 29 (B S) †: 14. 26 (6 *a*): 40. 15 †.

κλαίειν. (1) *a.* בָּכָה Si. 7. 34 (1 *a*).

κλαυθμός. (2) *b.* בְּכִי Si. 38. 17 (†, 2 *b* marg.).

κλείειν. (4) סָתַם Si. 15. 4 (S) †: [30. 18 †]: 30. 18 (4): 42. 6 †.

κλέπτης. (1) *b.* גַּנָּב Si. 5. 14 (1 *b*).

κληρονομεῖν. (5) *b.* יָרַשׁ hi. (7) נָחַל *a.* qal. *b.* hi. (8) מָצָא Si. 4. 13 (8): 6. 1 (5 *b*): 10. 11 (7 *a*): 37. 26 (–, ? [C], 7 *a* [D]): 39. 23 (5 *b*): 45. 22 (7 *a*): 46. 1 (B C) (7 *b*).

κληρονομία. (6) *a.* נַחֲלָה Si. 9. 6 (A B S² C) (6 *a*): 41. 6 †: 42. 3 (6 *a*): 44. 11 (6 *a*): 44. 23 (6 *a*): 45. 20 (6 *a*): 45. 22 (6 *a* ?): 45. 25 *bis* (6 *a*): 46. 8 (6 *a*): 46. 9 (6 *a*).

κλῆρος. (1) גּוֹרָל Si. 14. 15 (1): 25. 19 (1): 37. 8 –.

κλίνειν. (4) מוֹט *b.* ni. (7) נָטָה *b.* hi. Si. 4. 8 (7 *b*): 6. 33 (A B C) (7 *b*): 15. 4 (A B C) (4 *b*): 51. 16 †.

κλίνη. (4) מִטָּה Si. 48. 6 (4).

κλοιός. (6) חֲבָלָה ? Si. 6. 24 –: 6. 29 (A C) (6).

κλοπή. Si. 41. 19 (A B C) †.

κλώθειν. Si. 45. 11 –.

κλῶσμα. (1) פָּתִיל Si. 6. 30 (1).

κοιλία. (5) *a.* מֵעִים (6) קֶרֶב (7) רֶחֶם Si. 36. 23 †: 40. 30 (6): 51. 5 (7 ?): 51. 21 (5 *a*).

κοίμησις. (1) נוּחַ Si. 46. 19 (1): 48. 13 †.

κοινῇ. (1) יַחְדָּו Si. 50. 17 (1).

κοινωνεῖν. (3) חָבַר *a.* pu. *b.* hithp. *d.* qal. Si. 13. 1 (3 *d*): 13. 2 (3 *b*): 13. 2 (3 *b vel* 3 *a*): 13. 17 (3 *a*).

κοινωνός. (1) *a.* חָבֵר *c.* חָבֵר (2) שֻׁתָּף Si. 6. 10 (A B S² C) (1 *a*): 41. 18 (B S C) (1 *a*, 2 marg.): 42. 3 (1 *c*, 2 marg.).

κοίτη. (2) יָצוּעַ (6) *d.* מִשְׁכָּב Si. 34 (31). 19 (2, † marg.): 40. 5 (6 *d*): 41. 22 –.

κόκκος. (2) שָׁנִי (3) *b.* תּוֹלַעַת Si. 45. 11 (2 + 3 *b*).

κολάπτειν. (2) חָרַת Si. 45. 11 (2).

κόλπος. (1) חֵיק Si. 9. 1 (1).

κοπάζειν. (10) שָׁבַת hi. Si. 39. 28 ?: 43. 23 †: 46. 7 (10): 48. 10 (10).

κοπετός. (2) מִסְפֵּד Si. 38. 17 (2).

κοπιᾶν. (6) *a.* יָגַע (8) לָאָה ni. (11) *a.* עָמַל *c.* עָמָל (15) עָבַד Si. 6. 19 (15): 11. 11 (11 *a*): 34 (31). 3 (11 *c*, 11 *a* marg.): 34 (31). 4 (6 *a vel* 11 *a*): 43. 30 (8): 51. 27 †.

κόπος. (6) יְגִיעַ (7) עָמָל Si. 13. 26 (7): 14. 15 (6).

[**κόπτειν.** Si. 10. 10 †.]

κορακισμός (?). Si. 41. 19 (C) †.

Κόρε. (1) קֹרַח Si. 45. 18 (1).

[**κόρη.** (1) אִישׁוֹן Si. 3. 24 (1).]

κοσμεῖν. (7) תָּכַן (8) אָחַז ni. (9) סָדַר Si. 42. 21 (7): 45. 12 ?: 47. 10 ?: 48. 11 ?: 50. 9 (8): 50. 14 (9).

κόσμος. (3) עֲדִי (9) נִיב *v.* נוּב (10) זִיו Si. 6. 30 †: 35 (32). 5 († *vel* 9, 10 marg.): 43. 9 (†, 4 marg.): 50. 19 †.

κοῦφος. Si. 11. 21 †: 11. 26 –.

κραταιός. (3) גִּבּוֹר (10) תַּקִּיף Si. 6. 14 (10): [12. 6 –: 32 (35). 22 (3)]: 46. 1 (3): 46. 5 †.

κρατεῖν. (19) תָּמַךְ Si. 4. 13 (19): 10. 13 †: 38. 25 (19).

κράτος. (6) עֹז Si. 47. 5 (6).

κρείσσων. (2) *a.* טוֹב Si. 10. 27 (2 *a*): 16. 3 (S²) (2 *a*): 16. 3 (2 *a* ?): 30. 14 (2 *a*): 30. 17 (2 *a*): 36. 26 ?: 40. 28 (2 *a*): 41. 15 (2 *a*): 42. 14 (†, 2 *a* marg.).

κρήνη. Si. 48. 17 †.

κρίμα. (4) *a.* חֹק (7) *b.* מִשְׁפָּט (8) חֵלֶק Si. 30. 20 (B³) (7 *b*): 35 (32). 16 (A B S²) (7 *b*): 38. 22 (4 *a*): 41. 2 (4 *a* et † marg.): 41. 3 (4 *a*): 41. 4 (8): 42. 2 (†, 7 *b* marg.): 42. 15 (S²) †: 43. 10 (4 *a*): 43. 13 (?, 7 *b* marg.): 45. 5 (7 *b*): 45. 17 (7 *b*): 48. 7 (7 *b*).

κρίνειν. (9) רִיב *a.* verb. (10) שָׁפַט *a.* qal. *c.* מִשְׁפָּט (14) צִוָּה pi. Si. 4. 9 (10 *c*): 4. 15 (10 *a*): 8. 14 (10 *a* ?): 16. 12 (B S) (10 *a*): 32 (35). 22 (10 *a*): 32 (35). 25 (9 *a* ?): 42. 8 †: 45. 26 ?: 46. 14 (14 ?).

κρίνον. (3) *a.* שׁוּשַׁן Si. 50. 8 (3 *a*).

κρίσις. (7) רִיב *b.* subst. (8) *d.* מִשְׁפָּט Si. 11. 9 (7 *b* ?): 16. 26 †: 32 (35). 22 (8 *d*): 32 (35). 25 (7): 38. 16 (8 *d*): [43. 25 †]: 45. 10 (8 *d*): [48. 10 †].

κριτής. (5) *a.* שֹׁפֵט *b.* מִשְׁפָּט (7) מֹשֵׁל Si. 7. 6 (7, – marg.): 8. 14 (5 *a*): 10. 1 (5 *a*): 10. 2 (5 *a*): 10. 24 (7 ?): 32 (35). 15 (5 *b*): 41. 18 †: 46. 11 (5 *a*).

κρύπτειν. (3) *a.* טָמַן qal. (5) כָּסָה *d.* pu. (9) סָתַר *a.* ni. *b.* pu. (11) עָלַם hi. [(13) צָפַן *c.* hi.] (14) חָלַף Si. [4. 23 (13 *c*)]: 6. 12 (9 *a*): 12. 8 (5 *d*): 16. 17 (9 *a*): 37. [6], 10 (?, 11 [D]): 39. 19 (9 *a*, 9 *b* marg.): 41. 14 (3 *a*): 42. 20 (14).

κρυπτός. (5) *a.* סָתַר ni. *b.* מִסְתָּר (6) רָז (7) עָלַם ni. Si. 3. 22 (5 *a*): 4. 18 (5 *d*): 8. 18 (6): 11. 4 (7): [13. 11 †].

κρύσταλλος. Si. 43. 20 †.

κρύφιος. (6) סוֹד Si. 42. 1 (6).

κτᾶσθαι. (1) *b.* בַּעַל (9) קָנָה *a.* qal. Si. 6. 4 (1 *b*): 6. 7 *bis* (9 *a*): 36. 29 (9 *a*): 51. 20 (9 *a*): 51. 21 (9 *a*): 51. 25 (9 *a*): 51. 28 (9 *a*).

κτείνειν. Si. 16. 12 (A) †.

κτῆμα. (2) *a.* כֶּרֶם (5) קִנְיָן Si. 36. 30 (2 *a*): 51. 21 (5).

κτῆνος. (1) בְּהֵמָה Si. 7. 22 (1, – [C]): 40. 8 ?: 43. 25 (A S C) †.

κτῆσις. (4) *c.* מִקְנֶה *d.* קִנְיָן Si. 36. 29 (4 *d*, ? [D]): 42. 4 (4 *c*, † marg.): 43. 25 (A S C) †.

κτίζειν. (1) בָּרָא *a.* qal. *b.* ni. (3) *b.* יָצַר ni. (8) חָלַק *a.* qal. *b.* ni. (9) יָצָא hi. Si. 7. 15 (8 *b*): 10. 18 †: 34 (31). 13 (1 *a vel* 8 *a*): 34 (31). 27 †: 38. 1 (8 *a*): 38. 4 (9, 1 *a* marg.): 38. 12 –: 39. 21 †: 39. 25 (8 *a*): 39. 28 (3 *b* ?, 1 *b* marg.): 39. 29 (3 *b* ?): 40. 1 (8 *a*): 40. 10 (1 *b*): 44. 2 (8 *a*): 49. 14 (3 *b*).

κτίσις. (3) בְּרִיָּה Si. [16. 16 (3)]: 16. 17 †: 43. 25 (B) †: 49. 16 †.

κτίσμα. (1) מַעֲשֶׂה Si. 36. 20 (1).

κυκλόθεν. (2) *a.* סָבִיב *b.* מִסָּבִיב Si. 45. 9 (2 *a*): 46. 5 ?: 46. 16 (2 *b*): 47. 7 (2 *b*): 47. 13 (2 *b*): 50. 12 (2 *a*): 51. 4 (2 *a*).

κυκλοῦν. (2) נָקַף hi. Si. 45. 9 (2): 50. 12 (2).

κύκλωσις. (1) חוּג Si. 43. 12 (1, † marg.).

[**κυλίειν.** (8) יָצַר ni. Si. 37. 3 (8).]

κυνήγιον. Si. 13. 19 †.

κυπάρισσος. (4) עֵץ שֶׁמֶן Si. 50. 10 (4).

κυριεύειν. (4) מָשַׁל (7) רָדָה Si. 37. 18 (4, † marg. et D): 44. 3 (†, 7 marg.).

κύριος. (1) אָדוֹן (4) *a.* אֵל (5) אֱלוֹהַּ (6) אֱלֹהִים (11) *a.* יְהוָֹה (י״י *vel* ״ *vel* ייי) (18) *a.* κ. ὁ θεός (יְהוָֹה) ייי (25) הַקָּדוֹשׁ (26) עֶלְיוֹן Si. 3. 16 †: 3. 18 (4 *a*): 3. 20 (6): [3. 31 –]: 4. 13 (11 *a*): 4. 14 †: 4. 28 (18 *a*): 5. 3 (11 *a*): 5. 4 (A B S) (4 *a*, 11 *a* [C]): 5. 7 *bis* †: 6. 16 (4 *a*): 6. 17 –: 6. 37 (26): 7. 4 (4 *a*, 4 *a* ? [C]): 7. 5 †: 7. 9 (S¹) –: 7. 29 (4 *a*): 7. 31 (4 *a*): 9. 16 (6): 10. 4 (6): 10. 5 (6): 10. 7 (1): 10. 12 †: 10. 13 (6 ?): 10. 14 (6): 10. 15 –: 10. 16 (6): 10. 19 –: 10. 20 (6): [10. 20 –]: 10. 22 (6): 10. 24 (6): 11. 4 (11 *a*): 11. 12 (11 *a*): 11. 14 (11 *a*): [11. 14 (11 *a*)]: 11. 17 †: 11. 21 (11 *a*): 11. 21 (11 *a* sup lin): 11. 22 (4 *a*): 11. 26 –: [13. 13 –: 14. 2 –]: 14. 11 (4 *a*): 15. 1 (11 *a*): 15. 9 (4 *a*): 15. 10 †: 15. 11 (4 *a*): 15. 13 (11 *a*): 15. 18 (11 *a*): 16. 2 (11 *a*): 16. 3 (S²) –: [16. 10 –]: 16. 11 (S²) †:

[16. 15 (11 *a*)]: 16. 17 (4 *a*): [16. 19 –]: 16. 26 (4 *a*): 30. 19 †: 35 (32). 14 (4 *a*): 35 (32). 16 (11 *a*): [35 (32). 24 †]: 35 (32). 24 (11 *a*): 36 (33). 1 (11 *a*): 32 (35). 13 (5): 32 (35). 15 (6): [32 (35). 16 –]: 32 (35). 21 (A) (4 *a*): 32 (35). 22 (4 *a*, 1 marg.): 33 (36). 5 (6): 36. 17 –: 36. 22 –: 36. 22 (6 ?): [37. 12 –]: 37. 21 –: 38. 1 (4 *a*): 38. 4 (4 *a*): 38. 9 (4 *a*): 38. 12 –: 38. 14 (4 *a*): 39. 16 (4 *a*): 39. 16 (S^1) †: 39. 33 (4 *a*): 39. 35 (25 ?, † marg.): 40. 26 (A B S^2 C) (6): 40. 26 (A B S^2 C) (11 *a*): 40. 27 (6): 41. 4 (4 *a*): 42. 15 (4 *a*): 42. 15 (6): 42. 16 (A S^2 C) (11 *a*): 42. 17 (4 *a*): 42. 17 (6): 42. 18 (B C^2[?]) –: 43. 5 (11 *a*, 26 marg.): 43. 9 (4 *a*): 43. 29 (11 *a*): 43. 30 ?: 43. 33 ?: 44. 2 (26): 44. 16 (11 *a*): 45. 16 †: 45. 19 (11 *a*): 45. 21 (11 *a*): 45. 23 (5): 46. 3 (11 *a*): 46. 5 (S) (4 *a*): 46. 5 (4 *a*): 46. 6 (11 *a*): 46. 9 –: 46. 10 (11 *a*): 46. 11 (4 *a*): 46. 13 †: 46. 13 (11 *a*): 46. 14 ?: 46. 14 (6): 46. 16 (4 *a* ?): 46. 17 (11 *a*): 46. 19 (11 *a*): 47. 5 (4 *a*): 47. 6 –: 47. 11 (A B^1 S C) (11 *a*): 47. 18 †: 47. 22 (4 *a* ?): 48. 3 (4 *a*): [48. 7 –: 48. 10 ?]: 48. 13 (S) †: 48. 20 (4 *a*): 48. 22 (A B S^2 C) –: 49. 3 (4 *a*): 49. 12 –: [49. 15 –]: 50. 13 (11 *a*): 50. 17 (A B S^1) (26): 50. 19 –: 50. 19 †: 50. 20 (11 *a*): 50. 21 (S^2) –: 50. 29 (11 *a*): [50. 29 –]: 51. 1 (6): 51. 8 (11 *a*): 51. 10 *bis* (11 *a*, †): 51. 12 (11 *a*): 51. 22 (11 *a*).

κύων. (1) כֶּלֶב Si. 13. 18 (1).

κῶδας (?). Si. 45. 9 (S^1) †.

κώδων. (2) רִמּוֹן Si. 45. 9 (A B S^2) (2)

κωλύειν. (3) מָנַע (5) שׁוּב hi. Si. 4. 23 (3): 46. 7 (5).

Λ

λαγών. (1) כֶּסֶל Si. 47. 19 (1).

λαῖλαψ. (2) *b.* סְעָרָה Si. 48. 9 (B S) (2 *b*): 48. 12 ?.

λάκκος. (4) אָשִׁיחַ Si. 50. 3 (A) (4).

λαλεῖν. (2) דָּבַר *a.* qal. *c.* pi. *f.* דָּבָר (4) *a.* מָלַל pi. Si. 13. 6 –: 13. 22 (2 *f*): 13. 23 *bis* (2 *a*): 35 (32). 3 (4 *a*): 35 (32). 7 (2 *c*): 51. 25 (2 *c*).

[**λαλητός.** Si. 18. 33 –.]

λαλιά. (4) דִּבָּה (5) שִׂיחַ (6) בִּטָּא *vel* בִּטָּה Si. 5. 13 (6): 13. 11 (5): 20. 5 ?: 35 (32). 4 (5): 32 (35). 17 (5): 42. 11 (4).

λαμβάνειν. (5) חָזַק hi. (11) *a.* לָקַח qal. (17) *a.* נָשָׂא qal. Si. 4. 22 (17 *a*): 4. 27 †: 4. 31 (11 *a*, [17 *a* [C]]): [12. 12 –]: 14. 16 †: 35 (32). 2 (17 *a*): 32 (35). 16 (17 *a*): 37. 5 (–, 5 marg. et D): 38. 2 (17 *a*): 42. 1 (17 *a*): 46. 19 (11 *a* ?).

λαμπάς. Si. 48. 1 †: 48. 9 (A) †.

λαμπρός. (1) טוֹב Si. 33. 13 (30. 25) †: 34 (31). 23 (1).

λαός. (6) גּוֹי (14) עַם (18) עֵדָה Si. 9. 17 (14): 10. 1 (14): 10. 2 (14): 10. 3 †: [16. 11 –]: 16. 17 (14): 34 (31). 9 (14): 32 (35). 25 (14): 33 (36). 11 –: 36. 17 (14): 36. 19 †: 36. 22 (A B S^2) (14): 37. 23 (–, 14 marg. et D): 37. 26 (?, 14 [D]): 41. 18 (14): 42. 11 (14): 44. 4 (6): 44. 4 –: 44. 15 (–, 18 marg.): 45. 3 ?: 45. 7 –: 45. 9 (14): 45. 15 (14): 45. 16 †: 45. 22 ?: 45. 22 †: 45. 23 (14): 45. 24 –: 45. 26 ?: 46. 7 (18): 46. 13 (14): 46. 20 –: 47. 4 †: 47. 5 (14): 47. 23 †: 47. 23 (14 ?): 48. 15 (14): 48. 15 †: 49. 2 (A B S^2 C) –: 49. 12 (B S) †: 49. 15 (14): [50. 1 †]: 50. 4 (A B S^2) (14): 50. 5 †: 50. 17 †: 50. 19 (14): 50. 26 (6): [51. 14 (?) –].

λαπιστής. Si. 20. 7 –.

λάρυγξ. (2) חֵךְ Si. 6. 5 (2).

λατρεύειν. (4) שֵׁרֵת pi. Si. 4. 14 (4).

[**Λαχεῖς.** Si. 48. 18 –.]

λέβης. (3) סִיר Si. 13. 2 (3).

λέγειν. (1) אָמַר *a.* qal. Si. 12. 16 (B^2) –: 35 (32). 9 †: 33 (36). 12 (1 *a*): 51. 24 †.

λειτουργεῖν. (4) שֵׁרֵת pi. (6) יָצַב hithp. Si. 4. 14 (4): 7. 30 (S^1) (4): 8. 8 (6): 10. 25 ?: 45. 15 (4): 50. 14 (4): 50. 19 (S^1) †.

λειτουργία. Si. 50. 19 †.

λειτουργός. (2) שֵׁרֵת pi. (3) לִיץ hi. Si. 7. 30 (A B S^2) (2): 10. 2 (3).

Λευεί (B S), **Λευί** (A). (1) לֵוִי Si. 45. 6 (1).

λευκότης. (1) לְבָנָה Si. 43. 18 (1).

λέων. (1) *a.* אֲרִי *b.* אַרְיֵה (2) כְּפִיר Si. 4. 30 (†, 1 *b* [C]): 13. 19 (1 *a*): 47. 3 (2).

λήθη. Si. 14. 7 –.

[**λῆξις.** Si. 10. 20 –.]

λῃστής. (1) גְּדוּד Si. 36. 31 (1).

λῆψις. (2) לֶקַח (3) שׁוֹאָה Si. 41. 19 ?: 42. 7 (2, 3 marg.).

λίβανος. (1) לְבוֹנָה Si. 50. 9 (1).

Λίβανος. (1) לְבָנוֹן Si. 50. 8 (1): 50. 12 (1).

λίθος. (1) *a.* אֶבֶן Si. 6. 21 (1 *a*): 43. 15 ?: 45. 11 (1 *a*): 46. 5 (1 *a*): 47. 4 –: 50. 9 (1 *a*).

λιθουργός. Si. 45. 11 †.

λιθώδης. Si. 35 (32). 20 †.

λικμᾶν. (1) זָרָה *a.* qal. Si. 5. 9 (1 *a*).

λιμός. Si. 39. 29 †: 40. 9 (A B^2 S C) †: 48. 2 †: 51. 19 (B S) †.

λιπαίνειν. (1) דִּשֵּׁן pi. Si. 38. 11 (1).

λογεῖον (λόγιον). (1) חֹשֶׁן [(2) דָּבָר] Si. 36 19 (A ? B^3 S) †: [45. 3 (?, 2 marg.)]: 45. 10 (A B) (1).

λογίζεσθαι. Si. 40. 19 †.

λογισμός. (1) *a.* מַחֲשָׁבָה (2) מָנָה Si. 40. 29 (A B C) (2): 43. 23 (1 *a*, † marg.).

λόγος. (1) *a.* אָמַר *c.* אֹמֶר *d.* מַאֲמָר *f.* אוֹמֶר (2) *a.* דָּבָר (8) פֶּה (18) שִׂיחַ (19) שִׂיחָה (20) בִּטָּה (21) חֶשְׁבּוֹן Si. 3. 8 (1 *d*): [3. 23 †]: 4. 23 (2 *a*): 4. 24 (1 *f*): 4. 29 (S^2) †: 5. 10 (2 *a*): 7. 14 (2 *a*): 7. 36 †: 8. 17 †: 9. 17 (20): 9. 18 (C) †: 9. 18 (8): 11. 8 (19): 12. 12 (1 *a*): 13. 11 (18): 13. 12 †: 13. 23 †: 16. 24 (2 *a*): 20. 13 (2 *a*): 27. 6 (Heb. 6. 22) (21): 34 (31). 22 (1 *a* ? + 2 *a*): 34 (31). 22 (A) †: 34 (31). 31 (2 *a*): 35 (32). 8 (A B) (1 *a*): 35 (32). 12 †: 36. 24 †: 37. 16 (2 *a*, 1 *d* marg. et D): 37. 20 (2 *a*): 39. 17 †: 39. 31 (8): 41. 22 (2 *a* ?, 2 *a* marg.): 42. 1 (2 *a*): 42. 1 †: 42. 3 (21): 42. 15 (1 *f*): 42. 20 (2 *a*): 43. 5 (2 *a*): 43. 10 (2 *a*): 43. 26 (2 *a*): 43. 27 (2 *a*): 44. 4 (18): 45. 3 (2 *a* ?, 2 *a* marg.): 45. 10 (S) †: 48. 1 (2 *a*): 48. 3 (2 *a*): 48. 5 †: 48. 13 (2 *a*): 51. 5 †.

λύκος. (2) זְאֵב Si. 13. 17 (2).

λυπεῖν. (13) פּוּחַ Si. 3. 12 †: 4. 2 (13 ?).

λύπη. (3) *c.* עַצֶּבֶת (9) דִּין (10) קִפָּאוֹן (11) רַע Si. 12. 9 †: 14. 1 (9): 30. 21 (9): 30. 23 (10): 30. 23 (9): 36. 25 (3 *c*): 37. 2 (9): 38. 17 †: 38. 18 *bis* (9, 11): 38. 19 –: 38. 20 †.

[**λυπηρός.** Si. 5. 4 †.]

λυρίζειν. (1) נָגַן *b.* pi. Si. 9. 4 (B^2 [superscr.]) (1 *b* ?).

λυτροῦν. (3) פָּדָה *a.* qal. (10) יָשַׁע hi. Si. 48. 20 (10): 49. 10 ?: 50. 24 †: 51. 2 (3 *a*): 51. 3 †.

Λώτ. (1) לוֹט Si. 16. 8 (1).

M

μακαρίζειν. (1) אָשַׁר *a.* pi. Si. 11. 28 (1 *a*): 25. 23 (1 *a*): 34 (31). 9 (1 *a*): 37. 24 (1 *a*): 45. 7 †.

μακάριος. (1) *b.* אֶשֶׁר Si. 14. 1 (1 *b*): 14. 2 (1 *b*): 14. 20 (1 *b*): 25. 8 (1 *b*): 26. 1 (1 *b*): 34 (31). 8 (1 *b*): 48. 11 (1 *b*): 50. 28 (1 *b*).

μακράν. (3) *c.* רָחוֹק (6) μ. ἀπέχειν *a.* רָחַק qal. (8) μ. ἀφιστάναι רָחַק *b.* hi. *c.* hithp. Si. 9. 13 (6 *a*): 13. 10 (8 *c*): 15. 8 (3 *c*): 16. 22 †: 30. 23 (8 *b*).

μακροημέρευσις. Si. 30. 22 (A B S^2 C) †.

μακροθυμεῖν. (2) אָפַק hithp. Si. 32 (35). 22 (2).

μακροθυμία. (1) c. אֶרֶךְ רוּחַ d. אֹרֶךְ רוּחַ Si. 5. 11 (1 c, 1 d marg. ?).

μακρόθυμος. (2) אֶרֶךְ אַפַּיִם Si. 5. 4 (A B S) (2).

μακρός. Si. 10. 10 †.

μᾶλλον. (3) τόσῳ μ. כְּדֵי כֵן Si. 4. 10 †: 11. 11 (3): 13. 9 (3).

μανθάνειν. (4) a. לָמַד qal. (5) לָקַח (6) שָׁמַע Si. 8. 8 (4 a): 8. 9 (6): 8. 9 (5): 16. 24 (5).

μαρσίππιον (BS[1]), **μάρσιππος** (AC). (1) כִּיס Si. 18. 33 (1).

μαρτυρία. (2) b. עֵדוּת Si. 34 (31). 23 (2 b): 34 (31). 24 (†, 2 b marg.): 45. 17 (A) †.

μαρτύριον. (2) c. עֵדוּת Si. 36. 20 (2 c): 45. 17 (B S) †.

μάσσειν (?). Si. 42. 5 †.

μαστιγοῦν. (2) a. נָגַע Si. [16. 10 –]: 30. 14 (2 a).

μάστιξ. Si. 39. 28 ?: 40. 9 (A B[2] S C) ?.

[**μάταιος.** Si. 3. 24 †.]

μάχη. (3) מַצּוּת (5) a. רִיב subst. Si. 6. 9 (A B S[2] C) (5 a): 8. 16 †: 34 (31). 26 (3 *vel* 5 a).

μεγαλαυχεῖν. Si. 48. 18 †.

μεγαλεῖος. (1) b. גָּדוֹל (3) גְּבוּרָה Si. 33 (36). 10 †: 42. 21 (3 ?, 3 marg.): 43. 15 ?: 45. 24 (1 b).

μεγαλοημέρευσις. Si. 30. 22 (S[1]) †.

μεγαλοποιεῖν. (1) הִפְלִיא לַעֲשׂוֹת Si. 50. 22 (B) (1).

μεγαλύνειν. (7) אָמֵץ pi. (8) כָּבֵד ni. Si. 33 (36). 4 (8): 43. 31 –: 45. 2 (7): 49. 11 ?: 50. 18 (A S[2]) †.

μεγαλωσύνη. (3) a. גָּדַל qal. Si. 44. 2 (3 a).

μέγας. (1) a. אַדִּיר (2) a. גָּדוֹל (9) פָּלָא c. hi. (12) a. רַב c. רוֹב (13) d. רָבָה hi. (25) גְּבוּרָה (26) עֶלְיוֹן Si. 3. 18 †: 3. 20 (12 a): 5. 15 (13 d): 7. 25 †: 10. 24 (2 a): 34 (31). 12 (2 a): 40. 1 (2 a): 40. 13 (1 a): 41. 12 –: 43. 5 (†, 2 a marg.): 43. 28 (2 a): 43. 29 †: 43. 32 (12 c): 44. 19 –: 46. 1 (2 a ?): 46. 5 (26): 46. 17 (1 a): 48. 22 ?: 48. 24 (25): 50. 1 –: 50. 16 (1 a): 50. 22 (A S) (9 c).

μεγιστάν. (5) שַׂר (6) שִׁלְטוֹן (7) נָדִיב Si. 4. 7 (A B S[1] C) (6): 8. 8 (5): 10. 24 ?: 11. 1 (7): 35 (32). 9 (5 ?): 38. 3 (7, † marg.).

μέθη. (4) חֶמֶר Si. [34 (31). 26 –]: 34 (31). 30 (4).

μεθύειν. (2) רָוָה b. pi. Si. 35 (32). 13 (2 b): 39. 22 (2 b).

μέθυσος. Si. 19. 1 †.

μειοῦσθαι. Si. 43. 7 †.

μελετᾶν. (3) הָגָה a. qal. Si. 6. 37 (3 a): 14. 20 (S[2]) (3 a).

μέλι. (1) דְּבַשׁ Si. 39. 26 (1): 46. 8 (1): 49. 1 (1).

μέλισσα. (1) דְּבֹרָה Si. 5. 7 (S[2]) –: 11. 3 (1).

μέλος. (2) נַחַת (3) שִׁיר (4) קוֹל (5) מִזְמוֹר Si. 35 (32). 6 († *vel* 4): 40. 21 (3): 44. 5 (5): 47. 9 †: 50. 12 (2): 50. 18 †.

μελύνειν. Si. 50. 18 (S[1]) †.

μέμφεσθαι. (1) סָלַף pi. Si. 11. 7 (1): 41. 7 ?.

μέν. (1) τὰ μέν שֶׁזֶּה (2) ἡ μέν אֶחָד Si. [10. 9 –]: 14. 18 *bis* (1, 2): 48. 16 –.

μένειν. (8) כּוּן ni. (12) עָמַד (17) נָגַע hi. Si. 37. 2 (B[3] S[2]) (17): 40. 17 (C) (8): 42. 23 ?: 44. 13 (A B S[1]) (12).

μερίζειν. (2) חָלַק a. qal. d. חִלֵּק (6) נָתַן Si. [16. 16 (2 a)]: 41. 9 –: 44. 23 (2 d): 45. 20 (6).

μέριμνα. (2) דְּאָגָה Si. 30. 24 (2): 34 (31). 1 (2): 34 (31). 2 (2): 42. 9 (2).

μερίς. (1) a. חֵלֶק d. מַחֲלֹקֶת (5) נַחֲלָה Si. 7. 31 (1 a): 11. 18 †: 14. 9 (1 a): 14. 14 †: 16. 26 ?: 41. 21 (1 d): 44. 23 †: 45. 22 (5): 45. 22 ?.

μέρος. (23) שְׁכֶם Si. 37. 18 (23, † marg. et D).

μεσημβρία. (3) b. צָהַר hi. Si. 43. 3 (3 b).

μεσοπωρεῖν, μεσοπορεῖν, μεσόπωρος. Si. 34 (31). 21 ? *vel* †.

μέσος (ἀνὰ μέσον *sub* ἀνά, ἐν μέσῳ *vid.* ἐν). (6) a. תָּוֶךְ Si. 48. 17 (6 a).

μετά, I. c. gen. (1) בְּבֵית (2) עִם (3) אַחַר (4) אֵת (5) עַל Si. 4. 17 (2): 7. 34 (2): 8. 1 (2): 8. 2 (5): 8. 3 (2): 8. 14 (2): 8. 15 (2): 8. 16 *bis* (2): 8. 17 (2): 9. 4 (2): [9. 8 –]: 9. 9 *bis* (2): 9. 10 (3 ?): 9. 14 (2): 9. 15 (2): 12. 15 (2 ?): 13. 11 (2): 13. 13 (2): 13. 26 –: 14. 19 (3): 16. 2 (4): 34 (31). 20 *bis* (4 ?, 2): 35 (32). 18 (3 ?): 37. [6], 10 (?, 2 [D]): 37. 11 *octiens* (2, –, 2, –, 2, – *ter*): 37. 12 †: 40. 8 ?: 40. 23 †: 41. 6 ?: 42. 10 (1): 44. 11 (2): 44. 20 (2): 47. 23 ?: 50. 22 –: 50. 24 (2): 51. 20 †.

III. c. acc. (1) a. אַחֲרֵי b. מֵאַחֲרֵי c. אַחַר (2) תַּחַת (3) μετὰ ταῦτα בְּכֵן Si. 3. 31 †: 13. 7 (3): 35 (32). 18 (1 c): 41. 22 (1 b): 44. 9 (1 b): 44. 12 (S[2]) –: 46. 20 (1 a): 47. 1 (1 a): 47. 12 (1 a): 47. 23 (1 a ?): 48. 8 (A B[2] S) (2).

μεταβολή (S), **μεταβολία** (A B C). Si. 37. 11 †.

[**μεταβουλία.** Si. 37. 11 †.]

μετάγειν. (3) סָבַב Si. 10. 8 (3).

μεταμελεῖν. (4) קָצַף hithp. Si. 35 (32). 19 (4).

μετανοεῖν. (2) b. שׁוּב qal. Si. 48. 15 (2 b).

μετάνοια. Si. 44. 16 †.

μεταστρέφειν. (1) a. הָפַךְ qal. Si. 11. 31 (1 a): 39. 23 (B S), 24 (A C) (1 a).

μετατιθέναι. (1) b. לָקַח ni. (7) הָפַךְ ni. Si. 6. 9 (7): 44. 16 (1 b ?): 49. 14 (A) (1 b).

μετέχειν. Si. 51. 28 †.

μετέωρος. Si. 37. 14 †.

μέτριος. Si. 34 (31). 20 †.

μέτρον. (1) מַתְכֹּנֶת Si. 34 (31). 27 (1).

μέχρι. Si. 47. 10 ?.

μή. (1) אַל (2) לֹא (3) אַיִן (4) פֶּן Si. 3. 10 (1): 3. 12 (1): 3. 13 (1): 3. 21 *bis* (1): 3. 23 (1): [3. 24 *bis* (3)]: 4. 1 *bis* (1): 4. 2 *bis* (1): 4. 3 *bis* (1): 4. 4 –: 4. 4 (2): 4. 5 –: 4. 5 (2): 4. 9 (1): 4. 20 (1): 4. 22 *bis* (1): 4. 23 (1): [4. 23 (1)]: 4. 25 (1): 4. 26 *bis* (1): 4. 27 *bis* (1): 4. 29 (1): 4. 30 (1): 4. 31 (1): 5. 1 *bis* (1): 5. 2 (A B S C) (1): 5. 3 (A B S[4]) (1): 5. 4 (1): 5. 5 (1): 5. 6 (1 *vel* –): 5. 7 *bis* (1): 5. 8 (1, – [C]): 5. 9 (1): 5. 9 (–, 1 [C]): 5. 14 *bis* (1): 5. 15 (1): 6. 1 (1): 6. 2 (1): 6. 7 (1): 6. 23 –: 6. 25 (1): 6. 27 (1): 6. 35 (1): 7. 1 (1): 7. 3 (1): 7. 4 (1): 7. 5 *bis* (1): 7. 6 (1): 7. 7 *bis* (1): 7. 8 (1): 7. 9 –: 7. 10 *bis* (1): 7. 11 (1): 7. 12 (1): 7. 13 (1): 7. 14 *bis* (1): 7. 15 (1): 7. 16 (1): 7. 18 (1): 7. 19 (1): 7. 20 (1): 7. 21 (1): 7. 24 (1, – [C]): 7. 25 (S[1]) (1): 7. 26 (1): 7. 27 –: 7. 30 (2): 7. 33 (1): 7. 34 (1): 7. 35 (1): 8. 1 (1): 8. 2 (1): 8. 3 *bis* (1): 8. 4 ?: 8. 5 (1): 8. 6 (1): 8. 7 (1): 8. 8 (1): 8. 9 (1): 8. 10 *bis* (1, 4): 8. 11 (1): 8. 12 (1): 8. 13 (1): 8. 14 (1): 8. 15 (1): 8. 16 *bis* (1): 8. 17 (1): 8. 18 (1): 8. 19 *bis* (1): 9. 1 (1): 9. 2 (1): 9. 3 (1): 9. 4 (1): 9. 5 (1): 9. 6 (1): 9. 7 *bis* †: 9. 8 (1): [9. 8 –]: 9. 9 *bis* (1): 9. 10 (1): 9. 11 (1): 9. 12 (1): 9. 13 (2): 10. 6 *bis* (1): [10. 19 –]: 10. 26 *bis* (1): 11. 2 *bis* (1): 11. 4 *bis* (1): 11. 7 (1): 11. 8 *bis* (1): 11. 9 *bis* (1): 11. 10 †: 11. 21 (2): 11. 23 (1): 11. 24 (1): 11. 28 (1): 11. 29 (2): 12. 3 (S[1]) –: 12. 3 (2): 12. 4 –: 12. 5 –: 12. 5 (1): 12. 7 †: 12. 10 (1): 12. 12 (1): 12. 12 †: 12. 12 (1): 12. 12 (B[2]) –: 13. 2 *bis* †: 13. 8 (1): 13. 8 (A B C) (1): 13. 10 *bis* (1): 13. 11 *bis* (1): 13. 12 †: 13. 24 (3): 14. 14 *bis* (1): 15. 11 (1): 15. 12 (4): 16. 1 (1): 16. 2 (1): 16. 3 *bis* (1): [16. 15 (2)]: 16. 17 (1): 16. 17 (B) †: 18. 32 (1): 18. 32 (A B S) †: 18. 33 (1): 25. 13 *bis* (2): 25. 21 *bis* (1, ?): 30. 11 [*bis*] (1): 30. 21 *bis* (1): 34 (31). 12 (1): 34 (31). 12 (B S) (1): 34 (31). 14 *bis* (1): 34 (31). 16 *bis* (1, 4): 34 (31). 17 (1): 34 (31). 18 (1): 34 (31). 22 (1): 34 (31). 25 (1): 34 (31). 31 *quater* (1, ?, 1, ?): 35 (32). 1 ?: 35 (32). 3 (1): 35 (32). 4 (1): 35 (32). 4 †: 35 (32). 9 *bis* (1): 35 (32). 11 *bis* (1, –): 35 (32). 12 †: 35 (32). 19 (1): 35 (32). 20 *bis* (1): 35 (32). 21 (1): 32 (35). 14 (1): 32 (35). 15 (1): [33 (36). 2 –]: 33 (36). 11 (S[1]) –: 36. 31 (2, 3 marg. et D): 37. 6 *bis* (1): 37. [7], 10 (?, 1 [D]): 37. 11 –: 37. 27 (1): 37. 29 *bis* (1): 38. 9 (1): 38. 11 †: 38. 12 (2, 1 marg.): 38. 16 (1): 38. 20 (1): 38. 21 (1): 40. 28 (1): 41. 3 (1): 41. 22 –: 41. 22 (1): 42. 1 *bis* (1): 42. 12 *bis* (1): 43. 30 (1): 51. 10 (1): 51. 29 (2).

μὴ οὐκ. (1) אִם אַיִן Si. 7. 6 (1).

μή ποτε. (1) פֶּן (2) לָמָּה Si. 7. 6 (1): 8. 1 (2): 8. 2 (1): 9. 3 (1): 9. 4 (1): 9. 5 (1): 9. 9 (1): 11. 33 (2): 12. 12 (2): 30. 12 (2): 34 (31). 17 (1): 37. 8 (2): 42. 9 *bis* (1): 42. 10 *bis* (1): 42. 10 ?: 42. 11 (1 ?, 1 marg.).

μηδέ. (1) וְכֵן (2) וְאַל (3) וְ Si. [4. 25 –: 5. 15 –]: 7. 4 (1): 7. 12 (1): [7. 18 –]: 7. 18 (3): 7. 20 (1): 9. 1 †: 16. 1 (2): 18. 32 (C) †.

μηδείς (μηθείς). (4) אַל (5) דָּבָר (12) גֶּבֶר Si. 4. 25 (S²) –: 10. 6 –: 11. 28 (12): 35 (32). 19 (4+5).

μήν (certe). Si. 9. 13 (S¹) †.

μήν (mensis). (1) חֹדֶשׁ Si. 43. 8 (1).

μηνίαμα (B), μήνιμα (A S), μῆνις (C). (1) תַּחֲרָה Si. 40. 5 (1).

μηνιᾶν. Si. 10. 6 (B C¹) †.

μηνίειν. Si. 10. 6 (A S C² vid) †.

μήτηρ. (1) אֵם Si. 3. 6 (1): [3. 8 –]: 3. 9 (1): 3. 11 (1): 3. 16 (C) †: 3. 16 (1): 4. 10 †: 4. 10 †: 7. 27 –: 15. 2 (1): 40. 1 (1): 40. 1 (1, † marg.): 41. 17 (1).

μήτρα. (2) רֶחֶם Si. 49. 7 (2): 50. 22 (2).

μίγμα. (1) מִרְקַחַת Si. 38. 8 (1).

μικρολόγος. (1) קָטֹן Si. 14. 3 (1).

μικρός. (3) מְעַט (19) אֱלִיל Si. 5. 15 (3): 11. 3 (19): [11. 32 –]: 19. 1 –: 25. 18 (S¹) –: 25. 19 (3).

[**μίμημα.** Si. 40. 5 †.]

μιμνήσκεσθαι. (1) זָכַר a. qal. c. hi. (5) פָּקַד (6) c. neg. שָׁכַח (7) נָכַר hi. Si. 3. 31 †: 7. 16 (1 a): 7. 28 –: 7. 36 (1 a): 8. 5 (1 a): 8. 7 (1 a): 9. 12 (1 a): 11. 25 (6 ?): 14. 12 (1 a): 15. 8 (1 a): 16. 17 (1 a): 16. 17 †: 34 (31). 13 (1 a, † marg.): 33 (36). 10 (5): 38. 20 (1 a, 7 marg.): 38. 22 (1 a): 41. 3 (1 a): 42. 15 (1 a): 49. 9 (1 c): 51. 8 (1 a).

μισεῖν. (5) שָׂנֵא a. qal. g. pu. (7) אוץ hi. (8) גָּעַל ni. Si. 7. 15 (7): 7. 25 (S) (5 a): 9. 18 (5 g): 12. 6 (5 a): 15. 11 (5 a): 15. 13 (5 a): 34 (31). 16 (8): 36 (33). 2 (5 a): 42. 9 ?.

μισητός. (4) מָאַס ni. (5) שָׂנֵא Si. 10. 7 (5): 20. 5 (4): 37. 20 (4).

μίσθιος. (1) שָׂכִיר (2) שָׂכָר Si. 7. 20 (2, 1 [C]): 37. 11 (†, 1 marg. et D).

μισθός. (5) b. פְּעֻלָּה (6) a. שָׂכָר (8) גּוֹרָל Si. 11. 18 (6 a): 11. 22 (B S) (8): 36. 21 (5 b): 51. 22 (6 a): 51. 30 (6 a).

μνημονεύειν. Si. 37. 6 (S¹) †.

μνημοσύνη. (1) זִכָּרוֹן Si. 45. 11 (S¹) (1).

μνημόσυνον. (1) a. זֵכֶר b. זִכָּרוֹן c. אַזְכָּרָה e. זָכַר hi. (3) שֵׁם Si. 10. 17 (1 a): 38. 11 (1 c): 38. 23 (1 a): 41. 1 (1 a): 44. 9 (1 a): 45. 1 (1 a): 45. 9 (1 b): 45. 11 (A B S²) (1 b): 45. 16 (1 c): 46. 11 (1 a): 49. 1 (3): [49. 10 †]: 49. 13 (1 a): 50. 16 (1 e).

μόλιβος, μόλιβδος, [μόλυβος]. (2) עֹפֶרֶת Si. 47. 18 (2).

μόλις. Si. 35 (32). 7 †.

μολύνειν. Si. 13. 1 †.

μόνον. Si. 37. 1 –: 45. 13 †: [50. 22 –].

μόνος. Si. 45. 25 †.

μουσικός. (2) a. שִׁיר b. שִׁירָה (3) מִזְמוֹר Si. 35 (32). 3 (2 a): 35 (32). 5 (2 a, 2 b marg.): 35 (32). 6 (3): 40. 20 †: 44. 5 (3): 49. 1 (3).

[**μοχθηρός.** Si. 5. 14 –.]

μοχλός. (1) בְּרִיחַ Si. 49. 13 (1).

μυρεψός. (2) a. רֹקֵחַ Si. 38. 8 (2 a, † marg.): 49. 1 (2 a).

μυριάς. (1) רְבָבָה Si. 47. 6 (1).

μύριοι. Si. 16. 3 (S²) †.

μυστήριον. (2) סוֹד Si. 8. 18 (S²) (2).

μῶμος. (1) מוּם Si. 11. 31 †: 11. 33 (1): 47. 20 (1).

μωρία. (1) אִוֶּלֶת Si. 41. 15 (1).

μωρός. (2) a. נָבָל (5) כְּסִיל (6) פֶּתָה Si. 4. 27 (2 a): 8. 17 (6): 16. 23 †: 20. 13 (5): 42. 8 (5): 50. 26 (2 a).

Μωσῆς. (1) מֹשֶׁה Si. 45. 1 (A S) (1): 45. 15 (A) (1): 46. 1 (A B C) (1): 46. 7 (A) (1).

Μωυσῆς. (1) מֹשֶׁה Si. 45. 1 (B) (1): 45. 15 (B S) (1): 46. 1 (S) (1): 46. 7 (B S C) (1).

N

Ναβάτ. (1) נְבָט Si. 47. 23 (1).

Νάθαν. (1) נָתָן Si. 47. 1 (A³ B S C) (1).

ναός. (3) דְּבִיר (4) a. הֵיכָל Si. 45. 9 (3): 49. 12 (A) (4 a): 50. 1 (4 a): 50. 7 (4 a): 51. 14 –.

Ναυή. (1) נון Si. 46. 1 (1).

νεανίσκος. (4) נַעַר Si. 35 (32). 7 (4).

Νεεμίας. (1) נְחֶמְיָה Si. 49. 13 (A S²) (1).

νεκρός. (3) מוּת (6) גָּוַע Si. 7. 33 (3): 8. 7 (6): 38. 16 (3): 38. 23 (†, 3 marg.): 48. 5 (6).

νέμειν. Si. 49. 13 (B S¹) †.

νέος. (3) חָדָשׁ (7) νεώτερος b. נַעַר Si. 9. 10 bis (3): 42. 8 †: 50. 8 †: 50. 23 (S¹) –: 51. 13 (7 b).

νεότης. (3) b. נְעוּרִים [c. נְעוּרוֹת] Si. 6. 18 (–, ? [C]): 7. 23 (3 b): 30. 11 (3 b): [30. 12 (3 c)]: 42. 9 (3 b): 47. 4 (3 b): 47. 14 (3 b ?): 51. 15 (3 b).

νεφέλη. (4) עָב (6) a. עָנָן Si. 13. 23 (4): 32 (35). 20 (6 a): 32 (35). 21 (6 a, 4 marg.): 32 (35). 26 †: 43. 14 ?: 43. 15 ?: 50. 6 (4): 50. 7 (6 a): 50. 10 †.

νήπιος. (3) b. נַעַר (6) קָטֹן Si. 30. 12 (3 b vel 6): 30. 13 (C) †.

νῆσος. (1) אִי Si. [43. 23 (1, † marg.)]: 47. 16 –.

νοεῖν. (1) בִּין c. hithp. (8) יָדַע (9) בָּקַר pi. Si. 11. 7 (9): 14. 21 (B C) (1 c): 34 (31). 15 (8, ? marg.).

νομή. (2) b. מַרְעִית Si. 13. 19 (2 b).

νόμος. (1) דָּבָר (4) מִצְוָה (5) מִשְׁפָּט (7) תּוֹרָה Si. 9. 15 †: [10. 19 (4 ?): 11. 14 (1)]: 15. 1 (7): 35 (32). 15 († vel 7): 35 (32). 24 (7): 36 (33). 2 (7): 36 (33). 3 bis (1, 7): 41. 8 ?: 42. 2 (7): 44. 20 (4): 45. 5 (7): 45. 17 (5): 46. 14 ?: 49. 4 (7).

νόσος. (1) d. חוֹלִי Si. 37. 30 (A S) (1 d).

νοσσιά. (2) קֵן Si. 36. 31 (2).

νότος. Si. 43. 16 ?.

νύκτωρ. (1) לַיְלָה Si. 38. 27 (1).

νῦν. (9) a. עַתָּה Si. 11. 19 (9 a): 11. 23 (9 a): 11. 24 ?: 39. 35 (9 a): 50. 22 (9 a).

νύξ. (1) a. לַיְלָה Si. 40. 5 (1 a).

νυσταγμός. (2) נוּמָה Si. 34 (31). 2 (2).

Νῶε. (1) נֹחַ Si. 44. 17 (1 ?).

νωθρός. (2) רָפֶה (3) רשׁשׁ Si. 4. 29 (2): 11. 12 (3).

Ξ

ξένος. Si. 46. 12 (S¹) –.

ξηραίνειν. Si. 10. 17 (B) †: [19. 3 †]: 40. 13 †.

ξηρός. (2) c. יָבֵשׁ (6) תֵּבֵל Si. 6. 3 (2 c): 37. 3 (6): 39. 22 (6).

ξύλον. (3) a. עֵץ (5) ξ. προσκόμματος תְּקָלָה Si. 6. 3 (B S) (3 a): 8. 3 (3 a): 27. 6 (Heb. 6. 22) (3 a): 34 (31). 7 (A B S² C) (5): 38. 5 (3 a).

O

ὁ, *passim*.

ὁδοιπορία. Si. 3. 28 (C[1 vid]) –.

ὁδοιπόρος. (1) *c.* אֹרֵחַ Si. 42. 3 (†, 1 *c* sup lin).

ὁδός. (1) *a.* אֹרַח (3) *a.* דֶּרֶךְ (7) מָבוֹא (19) צַעַד Si. [5. 2 †]: 6. 26 –: 8. 15 –: [11. 14 (3 *a*)]: 11. 26 –: 14. 21 (3 *a*): 14. 22 (A S) (7): 16. 20 (3 *a*): 35 (32). 20 (3 *a*): 35 (32). 21 (3 *a*): 37. 9 (?, 3 *a* [D]): 37. 15 (19): 39. 24 (1 *a* ?): 47. 23 †: 48. 22 (3 *a*): 49. 3 (A) †: 49. 6 (1 *a*): 49. 9 (3 *a* ?).

ὀδούς. (1) שֵׁן Si. 39. 30 (1).

[ὀδύνη. (29) מַכָּה Si. 30. 12 (29).]

οἰκέτης. (1) עֶבֶד (2) *a.* עָבַד [*b.* עֲבוֹדָה] Si. 4. 30 (†, 2 *b* [C]): 6. 11 †: 7. 20 (2 *a*): 7. 21 (1): 10. 25 (1): 36. 22 (A S) (1): 37. 11 –: 42. 5 –.

οἰκία. (2) בַּיִת Si. 4. 30 (S) (2).

οἰκίζειν. (1) יָשַׁב ni. Si. 10. 3 (1).

οἰκοδομεῖν. (1) *a.* בָּנָה qal. (4) חָסַם Si. 48. 17 (4 ?): 49. 7 (1 *a*): 49. 12 ?.

οἰκοδομή. Si. 40. 19 –.

οἰκόπεδον. (1) הֲרִיסָה Si. 49. 13 (1 ?).

οἶκος. (5) בַּיִת Si. 3. 9 †: 4. 30 (A B C) (5): 11. 29 (5): 14. 24 (5): 14. 24 (S[1]) †: 35 (32). 11 (5): 47. 13 (5): 48. 15 (5): 49. 12 (B[1] S) ?: 50. 1 (5): 50. 5 (5): 50. 18 (A B S[1]) †: 51. 23 (5).

οἰκτείρειν. (4) רָחַם pi. Si. 36. 18 (4).

οἰκτιρμός. (2) *a.* רַחֲמִים Si. 5. 6 (2 *a*): [16. 10 –].

οἶνος. (2) יַיִן (5) שֵׁכָר (7) תִּירוֹשׁ (9) ἐν οἴνῳ שָׁכוּר Si. 9. 9 (9): 9. 10 (2 ?): 19. 2 (2): 34 (31). 25 *bis* (2, 7): 34 (31). 26 (2, † marg. *vel* 5): 34 (31). 27 *bis* (2, 2 *vel* 7): 34 (31). 28 (2): 34 (31). 29 (2): 34 (31). 31 (2): 35 (32). 5 (2): 35 (32). 6 (2 *vel* 7): 40. 20 (2 ?): 49. 1 (2).

οἷος. (4) כְּ׳ Si. 49. 14 (4).

ὀκνεῖν. Si. 7. 35 †.

ὀκνηρός. Si. 37. 11 †.

ὄλβος. Si. 30. 15 †.

ὄλεθρος. (7) חָרַם hi. (8) חָרַב hi. Si. 39. 30 (7, 8 marg.).

ὀλιγοποιεῖν. (1) מָעַט hi. Si. 48. 2 (1).

ὀλίγος. (3) מִזְעָר (4) מְעַט (12) קָטֹן (13) מְעֹט Si. 6. 19 (4): 19. 1 (13): 34 (31). 19 (3, † marg.): 35 (32). 8 (4): 40. 6 (4): 42. 4 (4): 43. 32 (4): 51. 16 †: 51. 27 (12 ?).

ὀλιγοστός. (2) מִזְעָר Si. 48. 15 (2).

ὀλιγοψυχεῖν. (6) תָּקוּץ רוּחַ (7) קָצַר hithp. Si. 4. 9 (6): 7. 10 (7).

ὀλισθαίνειν. (2) נָטָה (3) תָּעָה hi. Si. 3. 24 (3): 9. 9 (2): 14. 1 †.

ὁλκή. Si. 8. 2 †.

ὁλοκαρποῦσθαι. (1) כָּלִיל נִקְטַר Si. 45. 14 (1).

ὅλος. (1) *a.* כֹּל Si. 6. 26 (A B S) –: 7. 27 –: 7. 29 (1 *a*): 7. 30 (1 *a*).

ὁλοσφύρητος [(-ατος)]. Si. 50. 9 ?.

ὄμβρος. Si. 49. 9 ?.

ὁμιλεῖν. (4) הָגָה Si. 11. 20 (4 ?).

ὁμίχλη. (5) עָנָן Si. 43. 22 (5).

ὅμοιος. (3) כָּמוֹ (4) כֵּן (11) מִין Si. 7. 12 (4): 13. 15 (11): 13. 16 (11): 44. 19 †: 45. 6 –: 48. 4 (3 ?).

ὁμοιοῦν. Si. 13. 1 †: 36. 17 †: 45. 2 †.

ὁμολογεῖν. Si. 4. 26 †.

ὄναγρος. (2) פֶּרֶא Si. 13. 19 (2).

ὀνειδίζειν. (4) כָּלַם hi. (6) נָאַץ Si. 8. 5 (4): 41. 7 ?: 41. 22 (6): 43. 17 (B S C) †.

ὀνειδισμός. (3) חֶרְפָּה (6) חֶסֶד Si. 6. 9 (A B S[2] C) (3): 34 (31). 31 (3): 41. 22 (3, 6 marg.): 42. 14 (†, 3 marg.): 47. 4 ?.

ὄνειδος. (2) חֶרְפָּה Si. 3. 11 †: 6. 1 (2): 41. 6 ?.

Ὀνίας. (1) יוֹחָנָן Si. 50. 1 (A B[3] S[2]) (1).

ὄνομα. (3) *a.* שֵׁם Si. 6. 1 (3 *a*): 6. 22 (3 *a*): 15. 6 (3 *a*): 36. 17 (3 *a*): 36. 20 (3 *a*): 37. 1 (–, 3 *a* marg. et D): 37. 26 (?, 3 *a* [C D]): 39. 35 (3 *a*): 40. 19 (3 *a*): 41. 11 (3 *a*): 41. 12 (3 *a*): 41. 13 (3 *a*): 43. 8 (†, 3 *a* marg.): 44. 8 (3 *a*): 44. 14 ?: 45. 15 (3 *a*): 46. 1 †: 46. 11 (3 *a*): 46. 12 (3 *a*): 47. 10 (3 *a*): 47. 13 (3 *a*): 47. 16 –: 47. 18 (3 *a*): 50. 20 (3 *a*): 51. 1 (3 *a*): 51. 3 –: 51. 11 (3 *a*): 51. 12 (3 *a*).

[ὀνομάζειν. Si. 36. 17 †.]

ὀνομαστός. (2) *a.* שֵׁם Si. 44. 3 (2 *a*).

ὀπίσω. (1) *a.* אַחַר, אַחֲרֵי Si. 14. 22 (1 *a*): 34 (31). 8 (1 *a*): 46. 6 (1 *a*): 46. 10 (1 *a*).

ὅπου. (1) *a.* מָקוֹם *b.* בְּמָקוֹם (2) בְּ׳ Si. 8. 16 (2): 35 (32). 4 (1 *b*): [35 (32). 9 –]: 42. 6 (1 *a*).

ὀπτασία. Si. 43. 2 –: 43. 16 (?, † marg.).

ὅπως. (1) לְ׳ (2) לְמַעַן (3) שֶׁ׳ Si. [16. 15 (3): 33 (36). 7 –]: 46. 1 (1): 46. 10 (2).

ὅραμα. (6) נָבַט hi. Si. 43. 1 (†, 6 marg.).

ὁρᾶν. (5) *a.* חָזָה (8) *a.* רָאָה qal. (11) נָבַט hi. Si. 13. 7 (8 *a*): 16. 5 (8 *a*): 16. 20 (S[2]) –: 16. 21 (8 *a*): 37. 24 (?, 8 *a* [D]): 38. 25 (A) †: 42. 15 (5 *a*): 42. 25 (?, 11 marg.): 43. 31 ?: 43. 32 (8 *a*).

ὅρασις. (2) *a.* חָזוֹן (4) *a.* מַרְאֶה (9) נָבַט hi. Si. 11. 2 (A B C) (4 *a*): 25. 17 (4 *a*): 40. 6 (A B[1] S C) (2 *a*): 41. 20 (9): 46. 15 †: 48. 22 ?: 49. 8 (4 *a*).

ὀργή. (1) אַף (2) זַעַם (4) *a.* חֵמָה (14) רֹגֶז (20) עֶבְרָה (21) עַזּוּת (22) כָּלָה Si. 5. 6 (1): 5. 7 (2): 7. 16 (20): 10. 18 (21): 16. 6 (4 *a*): 16. 11 *bis* (1, 14): 25. 22 †: 33 (36). 8 (4 *a*): [33 (36). 10 †]: 33 (36). 11 –: 39. 23 (2): 44. 17 (22): 45. 18 (1): 45. 19 (1): 47. 20 (1): [47. 25 –]: 48. 10 (1): [51. 9 †].

[ὀρθός. (8) כּוּן ni. Si. 5. 11 (–, 8 [C]).]

ὀρθρίζειν. (1) שָׁחַר pi. Si. 4. 12 †: 6. 36 (1): 35 (32). 14 (1).

ὁρισμός (S), ὁρκισμός (A B). Si. 33 (36). 10 †.

ὅρκος. (2) *b.* שְׁבוּעָה Si. 33 (36). 10 [C] †: 44. 21 (2 *b* ?).

ὄρος. (2) *b.* הַר Si. 16. 19 (2 *b*): 43. 4 (2 *b*): 43. 16 (?, 2 *b* marg.): 43. 21 (2 *b*): 50. 12 (S[1]) †: 50. 26 –.

ὀρύσσειν. (3) חָצַב Si. 48. 17 (3).

ὀρφανός. (1) יָתוֹם Si. 4. 10 (1): 32 (35). 17 (1).

ὅς, *passim*.

ὅσιος. (4) יָשָׁר (7) *b.* תָּמִים Si. 39. 24 (7 *b*, 4 marg.).

[ὁσίως. Si. 3. 22 –.]

ὀσμή. Si. 50. 15 –.

ὅσος. (2) *b.* כֹּל אֲשֶׁר *c.* כֹּל (3) καθ' ὅσον בְּכֹל Si. 3. 18 (2 *c*): 40. 11 –: 41. 10 –: 43. 30 (3): 46. 11 (2 *b*): 46. 11 –.

ὅστις. (1) אֲשֶׁר Si. 25. 23 †: 38. 27 (1): 41. 8 ?.

ὀστοῦν. (2) *a.* עֶצֶם (3) גְּוִיָּה Si. 46. 12 –: 49. 10 (2 *a*): 49. 15 (3).

ὀσφραίνεσθαι. (1) רוּחַ hi. Si. 30. 19 (–, 1 marg.).

ὀσφύς. (4) מָתְנַיִם Si. 32 (35). 22 (4, † marg.).

ὅτε. (1) אֲשֶׁר Si. 38. 13 (1): 44. 17 (A S[2]) †.

ὅτι. (1) כִּי (2) אֲשֶׁר Si. 3. 20 (1): 4. 17 (1): 6. 17 (1): 7. 16 –: 7. 17 (1): 7. 28 –: 8. 5 (1): 8. 7 –: 8. 8 (1): 8. 9 (1): 8. 16 (1): 9. 12 (1): 9. 13 (1): 10. 9 (2): 10. 13 (1): 11. 4 (1): 11. 21 (1): 11. 26 –: 12. 6 (1): 12. 11 –: 13. 13 †: 14. 12 (1): 14. 16 (1): 15. 9 (1): 15. 11 –: 15. 12 (A B C) –: 15. 18 –: 16. 17 –: 34 (31). 13 (1): 32 (35). 13 (1): 32 (35). 15 (1): 33 (36). 5 (1): 36. 22 (1): 37. 21 –: 38. 22 (1): 39. 16 †: 41. 7 (1): 46. 6 (1): 46. 10 (1): 50. 29 (1): 51. 2 –: 51. 8 –: 51. 24 †: 51. 27 (1).

οὐ, *passim*.

οὐ μή. (1) לֹא (2) אַל (3) פֶּן Si. [5. 4 –]: 6. 8 (2): 6. 10 (1): 7. 1 (2, ? [C]): 7. 3 (3): [7. 7 (2)]: 9. 12 (1): 9. 13 (2): 11. 10 *bis* (1): 12. 15 (1): 13. 12 (1): 14. 5 (1): 15. 4 *bis* (1): 15. 7 *bis* (1): 15. 8 (1): 16. 13 (1): 16. 17 (1):

34 (31). 22 (1): 35 (32). 18 (1): 32 (35). 17 (1): 32 (35). 21 *bis* (1): 32 (35). 22 (1): 38. 8 (1): 43. 10 (1): 43. 27 (1): 43. 30 (1): 47. 22 *ter* (1): 51. 18 †: 51. 20 ?.

οὗ. (1) בַּאֲשֶׁר (2) מָקוֹם (3) ב׳
Si. 4. 13 –: 15. 16 (1): 34 (31). 14 (2): 36. 30 *bis* (3): 36. 31 (1): 41. 19 –.

οὐαί. Si. 41. 8 ?.

οὐδὲ μή. (1) לֹא Si. 32 (35). 22 (1, † marg.): 47. 22 (1).

οὐδείς, οὐθείς. (2) אַיִן (8) כֹּל c. neg.
(9) *a.* לֹא (10) מְאוּמָה c. neg.
(18) כֹּל בָּשָׂר (19) אֱנוֹשׁ (20) קַל
(21) רִיק Si. 5. 8 (9 *a*, – [C]): 8. 16 (20): [10. 9 –]: 15. 20 *bis* (19): 18. 33 (10 ?): 39. 20 (A B S^2 C) (2): 40. 6 (21, † marg.): 40. 7 ?: 42. 21 (8): 42. 24 †: 48. 12 (18).

οὐραγεῖν. (2) אָחַר hithp.
Si. 35 (32). 11 (2).

οὐρανός. (4) *a.* שָׁמַיִם Si. [16. 15 (4 *a*)]: 16. 18 *ter* (4 *a*): 43. 1 (A B S^2 C) (4 *a* ?, 4 *a* marg.): 43. 8 –: 43. 9 (4 *a*): 43. 12 –: 45. 15 (4 *a*): 46. 17 (4 *a*): 48. 3 (4 *a*): [48. 3 –]: 48. 20 –.

οὖς. (1) *a.* אֹזֶן Si. 3. 29 (1 *a*): 4. 8 (1 *a*): 6. 33 (1 *a*): 16. 5 (1 *a*): 51. 16 †.

οὔτε. (1) לֹא—וְלֹא (2) לֹא
Si. 30. 19 (2): 42. 21 *bis* (1 ?).

οὔτε μή. (1) וְלֹא Si. 30. 19 (1).

οὕτως. (6) וְ׳ (10) כִּי (13) *a.* כֵּן
c. עַל כֵּן (19) אַף Si. 3. 15 –: 5. 9 –: 6. 1 (13 *a*): 6. 17 (13 *a*): [8. 16 (10)]: 10. 2 (13 *a*): 11. 30 –: 12. 10 –: 12. 14 (13 *a*): 13. 17 †: 13. 19 (13 *a*): 13. 20 (6): 14. 18 (–, 13 *a* marg.): 16. 10 (13 *a*): 16. 12 (13 *a*): 27. 6 (Heb. 6. 22) (13 *a*): 30. 19 (–, 13 *a* marg.): 30. 20 (B^3) (13 *a*): 34 (31). 26 (13 *a*, 10 marg.): 35 (32). 1 †: 33 (36). 4 (13 *a*): 36. 24 (6, † marg.): 36. 31 (13 *a*): 38. 22 (†, 13 *a* marg.): 38. 27 (19): 39. 15 (13 *a*): 39. 23 (13 *a*): 39. 24 (13 *a*): 39. 25 (13 *a*): 39. 27 (13 *a*): 40. 14 (10): 41. 10 (13 *a*, † marg.): 44. 22 (†, 13 *a* marg.): 46. 3 –: 47. 2 (13 *a*): 47. 6 (13 *c*): 48. 3 (A B S^1) ?: 49. 12 ?.

ὀφθαλμός. (2) עַיִן Si. [3. 22 –]: 4. 1 †: 4. 5 –: 8. 16 (2): 9. 8 (2): 10. 20 ?: 11. 12 (2): 11. 21 (2 sup lin): 11. 26 (A) –: 12. 16 (2): 14. 8 –: 14. 9 (2): 14. 10 (2): 15. 19 (2): 16. 5 (2); 16. 20 (S^2) (2 ?): 30. 20 (–, 2 marg.): 34 (31). 13 *bis* (2): 32 (35). 12 (2): 39. 19 (2): 39. 20 (S^1) –: 40. 22 (2): 43. 4 (2): 43. 18 (2): 44. 23 (2): 45. 12 ?: 51. 27 (2).

ὀφιόδηκτος. (1) נָשַׁךְ Si. 12. 13 (1).

ὄχλος. (8) קְהִלָּה Si. 7. 7 (8).

ὀχυροῦν. (2) חָזַק pi. Si. 48. 17 (2).

ὀψίζειν. (1) עָרַב hi. Si. 36. 31 (1).

Π

παγετός. (2) כְּפוֹר Si. 3. 15 (2).

παγίς. (4) מְצוֹדָה (5) *a.* פַּח (9) שׁוֹט
Si. 9. 3 (4): 9. 13 (5 *a*): 51. 2 (9).

πάγος. Si. 43. 22 (S^2) †.

παιδεία (-δία). (3) *b.* דֵּעָה (5) מוּסָר
(10) לִמּוּד (11) מַרְדּוּת (12) תְּבוּנָה
(13) מִדְרָשׁ (14) לֶקַח
Si. 4. 17 †: 4. 24 (A B S) (12): 6. 18 (–, ? [C]): 8. 8 (A B) (14): 9. 1 (A B C) –: [16. 10 –]: 16. 25 †: 34 (31). 17 (5): 35 (32). 14 (5 *vel* 14): 41. 14 –: 42. 5 (–, 5 marg. ?): 42. 8 (5, 11 marg.): 44. 4 †: 50. 27 (5): 51. 16 (3 *b*): 51. 23 (13): 51. 26 †: 51. 28 (10).

παιδεύειν. (1) בִּין *b.* ni. (4) יָסַר
a. qal. *c.* pi. (12) זָהִיר (13) חָכַם
a. qal. *b.* hithp. (14) כּוּן ni.
Si. 6. 32 (13 *b*): 7. 23 (4 *c* ?, 4 *a* [C]): 10. 1 (4 *a*): [10. 25 –]: 30. 13 (4 *a*): 34 (31). 19 (1 *b*, 14 sup lin et marg.): 37. 23 (–, 13 *a* marg. et C D): 40. 29 (†, 4 *a* marg.): 42. 8 (12).

παιδευσία (?). Si. 4. 25 (S^1) †.

παιδευτής. (2) חָכַם ni. Si. 37. 19 (2).

παιδίσκη. Si. 41. 22 –.

παίειν. Si. 47. 3 (C) †.

παίζειν. (3) שָׂחַק pi. Si. 35 (32). 12 ?: 47. 3 (A B S) (3).

παῖς. Si. 6. 29 (A) †.

παλαιοῦν. (1) *a.* בָּלָה qal. (2) *b.* יָשֵׁן
c. יָשַׁן hithp. Si. 9. 10 (2 *b*): 11. 20 (2 *c* ?): 14. 17 (1 *a*).

πάλιν. (3) *a.* שׁוּב Si. 4. 18 –: 36 (33). 1 (3 *a* ?, 3 *a* marg.).

παμβασιλεύς. Si. 50. 15 –.

πανοπλία. Si. 46. 6 †.

πανούργευμα (B S^2 C), **πανούργημα** (A S^1).
(1) מַעֲרוּמִים Si. 42. 18 (1).

πανοῦργος. (1) חָכָם (4) π. εἶναι עָרַם hi.
Si. 6. 32 (4): 37. 19 (1).

πάντῃ. (1) בְּאֶרֶץ Si. 50. 22 (1).

πάντοθεν. (2) סָבִיב Si. 51. 7 (2).

παντοκράτωρ. (3) *b.* צָבָא Si. 42. 17 (3 *b*): 50. 14 –: 50. 17 †.

παρά. I. *c. gen.* (1) מ׳ (2) עִם
(3) מֵאֵת Si. 3. 8 –: 3. 16 (A) –: 5. 6 (B) (?, 2 [C]): 7. 4 *bis* (1): 8. 8 (1): 8. 9 *bis* (1): 11. 14 (1): [11. 14 (1): 11. 14 (1)]: 12. 2 *bis* (1): 15. 9 (1): 16. 11 (B S^2) (2): 16. 17 (A) (1): 37. 21 –: 38. 2 *bis* (3): 38. 8 (1 ?): 41. 4 (1): 50. 21 (1 ?).

II. παρά *c. dat.* (1) עִם (2) פְּנֵי
(3) אֵצֶל (4) עַל
Si. 5. 6 (A S C) (?, 1 [C]): 7. 5 (2): 12. 12 (A S) (3): 16. 11 (A S^1) (1): 32 (35). 15 (1): 50. 12 (A B S^2) (4).

III. *c. acc.* (1) מ׳ (2) עַל
(3) אֵצֶל Si. 12. 12 (B) (3): 15. 5 (1): 43. 28 (1): 50. 12 (S^1) (2).

παραβαίνειν. (2) *b.* מָרָה hi. (3) סוּר
a. qal. (4) עָבַר (8) פָּחַז
Si. 10. 19 (4): 34 (31). 10 *bis* (3 *a*): 38. 19 (B C) –: 39. 31 (2 *b*): 40. 14 †: 42. 10 (?, 8 marg.).

παραβλέπειν. (2) עָבַר hithp.
Si. 38. 9 (2).

παραβολή. (1) *a.* מָשָׁל (3) חִידָה
Si. 3. 29 (1 *a*): 13. 26 †: 43. 8 (B) †: 47. 15 †: 47. 17 (3).

παραγίγνεσθαι. (1) *a.* בּוֹא qal.
Si. 48. 25 (1 *a*).

παράδεισος. (2) עֵדֶן Si. 40. 17 †: 40. 27 (2).

παραδιδόναι. (16) נָתַן *b.* ni. (17) סָגַר hi.
Si. 4. 19 († *vel* 17): 11. 6 (16 *b*): 42. 7 †.

παραδοξάζειν. Si. 10. 13 †.

παράδοξος. (1) פֶּלֶא Si. 43. 25 (1).

παρακαλεῖν. (4) חָלַם hi. (10) נָחַם
a. ni. *b.* pi. (16) פּוּג [(17) אָשַׁר pi.]
Si. 16. 9 (S^2) –: [25. 23 (17)]: 30. 23 (16 ?): 32 (35). 21 †: 38. 17 (10 *a*): 38. 23 (10 *a*): 48. 24 (10 *b*): 49. 10 (4).

παράκεισθαι. Si. 30. 18 †: 34 (31). 16 †.

παρακλίνειν. (1) נָתַן Si. 47. 19 (S) (1).

παρακμάζειν. Si. 42. 9 †.

παρακύπτειν. (2) שָׁקַף *b.* hi.
Si. 14. 23 (2 *b*).

παραλύειν. (6) *b.* כִּשָּׁלוֹן
Si. 25. 23 (6 *b* ?).

παραμένειν. (2) עָמַד (3) מָצָא ni.
Si. 6. 8 (2): 6. 10 (A B S^2 C) (3): 11. 17 ?: 38. 19 (A S) –.

παρανακλίνειν. (1) נָתַן
Si. 47. 19 (A B C) (1).

παράνομος. Si. 16. 3 (S^2) –.

παρατιθέναι. (8) יָצַק ho. Si. 15. 16 (8).

[**παραχρῆμα.** Si. 9. 13 –.]

[**παρεγκλίνειν.** (1) נָתַן Si. 47. 19 (1).]

παρειδέναι. Si. 7. 10 (A C) †.

παρέλκειν. (1) מָנַע (2) דָּאַב hi.
(3) עָלַם hithp. Si. 4. 1 (2): [4. 2 (3)]: 4. 3 (1).

παρεμβάλλειν. (5) דָּבַר pi.
Si. 11. 8 (5).

παρεμβολή. (2) *a.* מַחֲנֶה (8) צָבָא
Si. 43. 8 (A S C) (8): 48. 21 (2 *a* ?).

παρέξ. (4) *a.* לְבַד מ׳ Si. 49. 4 (4 *a*).

παρέρχεσθαι. (4) *b.* חֲלִיפוֹת (11) עָבַר
a. qal. (18) עָדַר ni.
Si. 11. 19 †: 14. 14 (11 *a*): 42. 19 (4 *b*): 42. 20 (18 ?).

παρθενία (-εία). (1) נְעוּרִים (2) בְּתוּלִים
Si. 15. 2 (1): 42. 10 (2).

παρθένος. (1) *a.* בְּתוּלָה (2) *b.* נַעֲרָה
Si. 9. 5 (1 *a*): 30. 20 (2 *b*).

παριδεῖν. (6) נָטַשׁ [(7) נָשָׂא]
Si. 7. 10 (B S) †: 8. 8 (6): [30. 11 (7)]: 35 (32). 18 †: 32 (35). 17 (A) (6).

παριέναι (*permittere*). (6) *c.* רִפְיוֹן (9) רָשַׁשׁ
Si. 4. 29 (9): 25. 23 (6 *c*).

παριστάναι. (14) קוּם Si. 51. 2 (14).

παροικεῖν. (1) *a.* גּוּר Si. 41. 19 (1 *a*, † marg.).

παροικία. (2) *a.* מָגוֹר (3) מְכוֹנָה
Si. 16. 8 (2 *a*): 41. 5 ?: 44. 6 (B) (3).

παροιμία. (1) מָשָׁל (2) חִידָה
Si. 6. 35 (1): 8. 8 (2): 47. 17 (1 ?).

παροργίζειν. (2) כָּעַס *b.* hi.
Si. 3. 16 (2 *b* ?): 4. 2 †: 4. 3 †.

παρρησιάζεσθαι. Si. 6. 11 †.

πᾶς. (1) כֹּל (5) *c.* יַחַד (8) διὰ παντός. *g.* תָּמִיד Si. 3. 12 (S^1) (1): 3. 13 (1): 5. 9 *bis* (1, –, 1 [C]): 6. 26 –: 6. 26 (C) –: 6. 35 (1): 6. 37 (8 *g*): 7. 13 †: 7. 33 (1): 7. 36 (1): 8. 5 (1): 8. 7 (1): 8. 19 (1): 9. 15 (1): 10. 2 †: 10. 6 (1): 10. 27 (S^2) –: 10. 27 †: 11. 29 (1): 12. 5 (1): 12. 13 (1): [13. 13 –]: 13. 15 *bis* (1): 13. 16 (1): 13. 23 (1): 14. 17 (1): 14. 19 (1): 15. 13 †: 15. 18 (1): 15. 19 (1): [16. 7 –]: 16. 9 (S^2) –: 16. 14 (1): [16. 16 (1)]: 16. 21 (S^1) –: 25. 13 *bis* (1): 25. 19 –: 25. 24 (5 *c*): 30. 15 –: 34 (31). 7 (1): 34 (31). 13 (1): 34 (31). 15 (1): 34 (31). 22 *bis* (1): 35 (32). 2 †: 35 (32). 23 (1): 32 (35). 11 (1): 33 (36). 1 (1): 33 (36). 2 (1): 33 (36). 13 (1): 36. 22 (1): 36. 23 (1): 36. 26 (1 ?): 36. 27 (1): 37. 1 (1): 37. 7 (1): 37. 11 –: 37. 11 (B S C) –: 37. 15 (1): 37. 16 *bis* (1): 37. 20 (1): 37. 21 –: 37. 24 (?, 1 [C D]): 37. 28 *ter* (1, – marg. et D, 1 *bis*): 37. 28 (A B S) (1): 37. 29 (1, – marg. et D): 38. 7 (A C) –: 38. 10 (1): 38. 27 –: 39. 16 *bis* (1): 39. 17 –: 39. 18 –: 39. 19 (1): 39. 21 (1): 39. 26 ?: 39. 27 (1): 39. 29 †: 39. 33 *bis* (1): 39. 34 (1): 39. 35 (1): 40. 1 –: 40. 1 (1): 40. 8 ?: 40. 10 †: 40. 11 (1): 40. 12 –: 40. 16 –: 40. 16 (1): 40. 27 (A B S) (1): 41. 1 (1): 41. 2 (1): 41. 4 (1): 41. 10 (1): 41. 16 *bis* (1): 41. 16 †: 42. 1 (1, † marg.): 42. 7 (1): 42. 8 (1): 42. 12 (1): 42. 16 (1): 42. 17 *bis* –: 42. 18 –: 42. 20 (1): 42. 22 –: 42. 23 –: 42. 23 *bis* (1): 42. 24 (1): 43. 6 †: 43. 20 (1): 43. 22 (ABS^1C) (1): 43. 25 (1): 43. 26 †: 43. 27 (1): 43. 28 (1): 43. 33 (1): 44. 7 (1): 44. 18 (1): 44. 22 (1): 44. 23 (1): 45. 4 (1): 45. 13 †: 45. 16 (1): 46. 10 (1): 46. 18 (1): 46. 19 (1 ?): 47. 8 *bis* (1): [47. 15 –: 47. 18 –]: 47. 25 (1): 48. 13 (1): 48. 15 *bis* (1): 49. 1 –: 49. 4 (1): 49. 16 (1): 50. 9 †: 50. 13 *bis* (1): 50. 17 (1): 50. 20 (B S) (1): 50. 22 –: 50. 29 –.

πάσσαλος. Si. 14. 24 †.

πάσσειν. (4) נוּף hi. Si. 43. 17 (4).

πάσχειν. Si. 38. 16 †.

πατάσσειν. Si. 48. 21 ?.

πατήρ. (1) *a.* אָב Si. 3. 8 (1 *a*): 3. 9 (1 *a*): 3. 10 (1 *a*): [3. 10 –]: 3. 11 (1 *a*): 3. 12 (1 *a*): 3. 14 (1 *a*): 3. 16 (A B S) (1 *a*): 4. 10 (1 *a*): 7. 27 –: 8. 9 (1 *a*): 38. 23 (S^1) †: 41. 7 (1 *a*): 41. 17 (1 *a*): 42. 9 (A B S) (1 *a*): 44. 1 *bis* (1 *a*): 44. 19 (1 *a*): 44. 22 (1 *a*): 47. 23 ?: 48. 10 (1 *a*): 48. 22 –: 51. 10 (1 *a*).

πατριά. (1) *a.* אָב Si. 42. 9 (C) (1 *a*).

πατρικός. (2) בֵּית אָבִיהָ Si. 42. 10 (2).

παύειν. (2) חָדַל Si. 34 (31). 17 (2).

πάχνη. (2) כְּפוֹר Si. 43. 19 (2).

πέδη. Si. 6. 24 –: 6. 29 (B S C) †.

πεζός. (1) רַגְלִי Si. 16. 10 (1): 46. 8 (1).

πείθειν. (2) *a.* בָּטַח Si. 4. 15 †: 35 (32). 24 (2 *a*).

πεινᾶν. Si. 4. 2 †.

πειράζειν. (1) נָסָה pi. (2) נִסָּיוֹן
Si. 4. 17 †: 13. 11 (2): 37. 27 (1).

πειρασμός. (3) *a.* נִיסּוּי *b.* נִיסָּיוֹן
Si. 6. 7 (3 *b*): 27. 5 (Heb. 6. 22) †: 36 (33). 1 (3 *a*): 44. 20 (3 *a*).

πένης. (7) רָשׁ Si. 10. 22 (C) (7): 11. 21 ?: 13. 18 (7).

πενθεῖν. (1) *a.* אָבַל qal. *c.* hithp.
Si. 7. 34 *bis* (1 *a*, 1 *c*): 48. 24 (1 *a*): 51. 19 ?.

πένθος. (1) *a.* אֵבֶל Si. 16. 3 (S^2) –: 38. 17 (1 *a*): 41. 11 †.

πέρδιξ. (2) עוֹף Si. 11. 30 (2).

περί. I. *c. gen.* (1) אֶל (2) בְּ׳ (3) מִ׳ (4) עַל (5) לְ׳
Si. 4. 20 (1): 4. 25 (1): 4. 28 (4): 5. 5. (1): 7. 31 †: 11. 9 (2): 13. 12 (4): 16. 7 (5): 16. 8 (4): 30. 14 (B^2) –: 30. 16 (AB^1S) –: 35 (32). 1 (B^3) –: 36. 22 (4): 37. 11 (A S C) (4, 1 marg. et D): 37. 11 *octiens* (1 [4 marg. et D], 1, 4, 1 [4 marg. et D], 4 *bis*, –): 37. 11 (A B S) –: 41. 2 (2): 41. 12 (4): 41. 17 (ABS^2C) (1, 4 marg.): 41. 17 (1, 4 marg.): 41. 18 *bis* (4): 41. 18 (B S C) (4): 41. 19 (4): 41. 20 (S^1) (3): 41. 20 (3): 41. 22 (4): [42. 1 (†, 4 marg.)]: 42. 1 (4, 1 marg.): 42. 2 (4, 1 marg.): 42. 2 (4): 42. 3 *bis* (4): 42. 4 *bis* (4): 42. 5 *bis* (4): 42. 8 (4): 45. 16 (4): 45. 23 (4): 51. 14 (2).
III. *c. acc.* (1) οἱ περί אַנְשֵׁי
Si. 11. 10 †: 45. 18 (1).

περιβάλλειν. (5) עָטָה
Si. 40. 4 (5, † marg.).

περιβλέπειν. Si. 9. 7 †.

περιβολή. (3) עֲזָרָה (4) מַעֲטֶה
Si. 11. 4 (4): 50. 11 (3).

περίβολος. Si. 50. 2 †.

περιεργάζεσθαι. Si. 3. 23 †.

περιεργασία (S^2), **περιέργεια** (ABS^1).
Si. 41. 22 –.

περιέχειν. Si. 51. 7 †.

περιζωννύναι. (1) *a.* אָזַר qal.
Si. 45. 7 (1 *a*).

περιλαμβάνειν. (1) חָבַק *a.* qal.
Si. 30. 20 (1 *a*).

περίμετρον. Si. 50. 3 †.

περιπατεῖν. (2) הָלַךְ *a.* qal. *c.* hithp.
Si. 9. 13 (2 *c*): 10. 27 (A B C) –: 13. 13 (2 *a*).

περισκελής. (1) מִכְנָס Si. 45. 8 (1).

περισπᾶν. (3) נָקַשׁ Si. 41. 2 (3).

[**περισπασμός.** Si. 6. 7 †.]

περισσεύειν. (1) *c.* יָתַר Si. 10. 27 (A S) (1 *c*): 11. 12 (1 *c*).

περισσός. (1) *c.* יוֹתֵר Si. 3. 23 (1 *c*).

περιστέλλειν. (1) אָסַף Si. 38. 16 (1).

περιστολή. Si. 45. 7 †.

περιστροφή. (1) שָׁנַח hi. Si. 50. 5 (1).

περιτιθέναι. (19) עָטַר Si. 6. 31 (19).

περκάζειν. Si. 51. 15 –.

πετεινός. (2) עוֹף (5) רֶשֶׁף
Si. 11. 3 (2): 43. 14 ?: 43. 17 (?, 5 ? marg.).

πέτρα. (2) סֶלַע (3) *a.* צוּר
Si. 40. 15 (2, 3 *a* marg.).

πηγνύναι. (8) *b.* קָפָא hi. (12) בּוֹא hi.
Si. 14. 24 (B S C) (12): 43. 19 †: 43. 20 (8 *b*).

πῆξις. (1) מַטֶּה Si. 41. 19 (1).

πήσσειν. (1) בּוֹא hi. Si. 14. 24 (A) (1).

πιέζειν (-άζ.). (3) לָכַד ni.
Si. 9. 4 (B a marg) (3).

πικραίνειν. (2) מָרַר *b.* hi.
Si. 38. 17 (2 *b*).

πικρία. (4) *c.* מַר (8) כְּאֵב
Si. 4. 6 (4 *c* + 8): 7. 11 (4 *c*): 34 (31). 29 (8).

πικρός. (1) *a.* מַר Si. 25. 18 (ABS^2) –: 30. 17 †: 41. 1 (1 *a* ?).

πιμπλάναι. (1) *a.* מָלֵא qal. (3) *b.* שָׂבַע ni.
Si. [14. 9 †]: 34 (31). 5 †: 36. 19 (1 *a*): 37. 24 (?, 3 *b* [C D]): 42. 25 (3 *b* ?): 48. 12 (A) ?.

πίνειν. (3) שָׁתָה *a.* qal. *b.* ni.
Si. 9. 10 (3 *a* ?): 34 (31). 27 (3 *a*): 34 (31). 28 (3 *b*): 34 (31). 29 (3 *b*).

πίπτειν. (6) מוּט *b.* ni. (12) נָפַל *a.* qal. (23) שָׁבַת (24) עָרַר hithpalp. (25) τείχη πεπτωκότα חֳרָבָה pl.
Si. 13. 21 (6 *b*): 14. 2 (23): 19. 1 (24 ?): 49. 13 (25): 50. 17 (12 *a*).

πίσσα. (1) זֶפֶת Si. 13. 1 (1).

πιστεύειν. (1) אָמַן *b.* hi. (3) בָּטַח (4) נָצַר Si. 11. 21 ?: 12. 10 (1 *b*): 13. 11 (1 *b*): 35 (32). 21 (3): 35 (32). 23 †: 35 (32). 24 (4): 36. 31 (1 *b*).

πίστις. (1) *b.* אֱמוּנָה Si. 15. 15 †: 37. 26 (?, † [C D]): 40. 12 –: 41. 16 –: 45. 4 (1 *b*): 46. 15 ?: 46. 15 (B) †: 49. 10 ?.

πιστός. (1) *a.* אָמַן ni. *b.* אֱמוּנָה *c.* אֹמֶן
Si. 6. 14 (1 *b*): 6. 15 (1 *b*): 6. 16 (1 *b*): 34 (31). 23 (1 *a*): 36 (33). 3 ?: 37. 13 (1 *a* + 1 *c* ?): 37. 22 –: 37. 23 (–, † marg. et D): 44. 20 (1 *a*): 46. 15 (1 *a*): 48. 22 ?.

πλανᾶν. (1) נוּד (18) תָּקַל hi.
Si. 3. 24 †: 9. 7 †: 9. 8 †: 15. 12 (18): 16. 23 ?: 36. 30 (1): 51. 13 –.

[**πλάνη.** (4) שִׁבְלוּת Si. 11. 14 (4).]

[**πλάνησις.** Si. 10. 19 †.]

[**πλάσσειν.** Si. 15. 12 (*cod.*) †.]

πλατυσμός. (2) בֶּטַח Si. 47. 12 (A B S) (2).

πλεῖν. (2) יָרַד Si. 43. 24 (2).

[**πλεονάζειν.** Si. 13. 9 –.]

[**πλεονασμός.** Si. 5. 5 –.]

πλεονέκτης. Si. 14. 9 †.

πλευρά. (9) מָתְנַיִם Si. 30. 12 (9): 42. 5 –.

πληγή. (3) *a.* מַכָּה Si. 25. 13 *bis* (3 *a*, ?).

πλῆθος. (3) הָמוֹן (11) *a.* רוֹב (15) עֵדָה (16) מְתִים Si. 5. 6 (11 *a*): 6. 34 –: 7. 7 (15): 7. 9 –: 7. 14 (15): 7. 16 (16): [14. 1 †]: 16. 1 †: 16. 3 (A S) †: 16. 9 (S^2) –: 32 (35). 23 †: 42. 11 (15 ?, 15 marg.): 44. 19 (3): 51. 3 (11 *a*).

πληθύνειν. (10) *c.* רָבָה hi. (15) גָּדַל (16) פָּרָה Si. 6. 5 *bis* (10 *c*, –): 11. 10 (10 *c*): 11. 32 (10 *c*): 16. 2 (16): 34 (31). 30 (10 *c*): 40. 15 †: [41. 9 ?]: 43. 30 †: 44. 21 (A B S^4) –: 47. 18 (10 *c*): 47. 24 (15): 48. 16 †.

πλημμέλεια. (2) מַעַל (6) מָעַל Si. 7. 31 †: 10. 7 (S^2) (2): 38. 10 (6): 41. 18 †: 49. 4 –.

πλημμελεῖν. (1) *a.* אָשֵׁם (2) מָעַל Si. 9. 13 (1 *a*): 10. 7 (A B S^1 C) (2): 49. 4 †.

πλήν. (3) אַךְ (11) זוּלָה Si. 33 (36). 5 (11): 33 (36). 12 (11): 45. 13 ?: 45. 22 (3).

πλήρης. (2) *a.* מָלֵא Si. 42. 16 †: 50. 6 (2 *a*).

πληροῦν. (2) *c.* מָלֵא pi. Si. 45. 15 (2 *c* ?).

πλησίον. (10) *a.* רֵעַ *e.* רֵיעַ Si. 5. 12 (10 *a*): 6. 17 (10 *a*): 9. 14 (10 *a*): 10. 6 (10 *e*): 13. 15 †: 15. 5 (10 *a*): 25. 18 (10 *a*): 34 (31). 15 (10 *a*): 34 (31). 31 (10 *a*): 36. 19 (B^3) †.

πλησμονή. Si. 45. 20 †.

πλοῖον. Si. 36 (33). 2 ?.

πλοκή. Si. 41. 19 (S) †.

πλούσιος. (3) *a.* עָשִׁיר (6) חַיִל (7) πλουσιώτερος עָשִׁיר (8) הוֹן Si. 8. 2 (8): 10. 22 †: 10. 30 †: 13. 2 (7): 13. 3 (3 *a*): 13. 18 (3 *a*): 13. 19 (3 *a*): 13. 20 (3 *a*): 13. 21 (3 *a*): 13. 22 (3 *a*): 13. 23 (3 *a*): 30. 14 (3 *a*): 34 (31). 3 (3 *a*): 34 (31). 8 †: 44. 6 (6).

πλουτεῖν. (2) עָשַׁר *b.* hi. *d.* hithp. Si. 11. 18 (2 *d*): 11. 21 (A) (2 *b* ?).

πλουτίζειν. (1) עָשַׁר *b.* hi. Si. 11. 21 (B S) (1 *b* ?): 19. 1 (1 *b* ?).

πλοῦτος. (7) *a.* עֹשֶׁר *c.* עָשִׁיר Si. 10. 30 (7 *a*): 10. 31 (S) †: 10. 31 (A B C) (7 *a*): 10. 31 (A B) (7 *a*): 10. 31 (S C) †: 11. 14 (7 *a*): 13. 24 (7 *a*): 14. 3 (7 *a*): 30. 16 (7 *a*): 34 (31). 1 (7 *c*).

πνεῖν. (1) נָשַׁב hi. Si. 43. 16 ?: 43. 20 (1).

πνεῦμα. (3) רוּחַ (5) סְעָרָה (6) נֶפֶשׁ Si. 9. 9 †: 38. 23 (A B S^2) (6): 39. 28 (3 ?): 43. 17 (5): 48. 12 ?: 48. 24 (3).

πνιγμός. (1) מְצוּקָה Si. 51. 4 (1).

ποδήρης. (6) כְּתֹנֶת Si. 45. 8 (6).

πόθεν. (1) מַדּוּעַ Si. 37. 3 (1).

ποιεῖν. (5) בָּרָא *a.* qal. (11) יָטַב hi. (27) עָבַד *a.* qal. (33) *a.* עָשָׂה qal. *c.* מַעֲשֶׂה (34) *a.* פָּעַל (42) *b.* שָׁלֵם pi. (50) ἀκουστὸν ποιεῖν שָׁמַע *a.* ni. *b.* hi. (74) εὖ π. *a.* טוֹב adj. *c.* יָטַב hi. (119) προσφιλῆ π. אָהֵב hi. (120) κακὰ π. רָעַע hi. (121) ἐπιλησμονὴν π. שָׁכַח pi. Si. 4. 6 †: 4. 7 (119 ?): 6. 4 †: 7. 1 (33 *a*): 7. 10 –: 7. 12 –: 7. 30 (33 *a*): 8. 15 †: 8. 16 †: 8. 18 (33 *a*): [10. 9 –]: 10. 12 (33 *a*): 10. 26 (27 *a*): 11. 27 (121): 12. 1 (74 *a*): 12. 1 (11): 12. 2 (74 *c*): 12. 5 –: 12. 5 †: 14. 7 *bis* –: 14. 11 (74 *c*): 14. 13 (74 *c*): 15. 1 (33 *a*): 15. 11 (33 *a*): 15. 14 (5 *a*): 15. 15 (33 *a*): 16. 3 (S^2) (33 *a*): [16. 9 –]: 16. 9 (S^2) –: 16. 14 (33 *a* ?): 16. 20 (S^2) –: 20. 13 †: 30. 20 (B^3) (33 *a*): 34 (31). 9 (33 *a*): 34 (31). 10 *bis* (120, †): 35 (32). 2 †: 35 (32). 12 (42 *b*): 35 (32). 13 (33 *a*): 35 (32). 18 –: 35 (32). 19 *bis* (34 *a*, 33 *c*): 32 (35). 22 (33 *a*): 38. 8 (33 *a*): 38. 15 (33 *a*): 38. 17 †: 39. 28 ?: 42. 11 (?, 33 *a* marg.): 42. 24 (33 *a*): 43. 5 (33 *a*): [43. 6 †]: 43. 11 (33 *a*): 43. 33 ?: 45. 9 (50 *b*): 45. 19 †: 46. 7 (33 *a*): 46. 17 (50 *a*): 47. 8 (33 *a*): 48. 14 (33 *a*): 48. 16 (33 *a*): 48. 22 ?: 50. 16 (50 *b*): 50. 22 (A S) (33 *a*): 50. 22 (33 *a*): 50. 29 –: 51. 18 †.

ποίησις. Si. 16. 26 †: 51. 19 †.

ποικιλία. (4) מִין Si. 43. 25 (4).

ποικιλτής. (1) חָשַׁב Si. 45. 10 (1).

ποῖος. (2) *a.* מָה Si. 10. 19 (2 *a*): 10. 19 *bis* –: 10. 19 (A B S^2 C) –.

πολεμεῖν. (1) לָחַם *b.* ni. Si. 4. 28 (1 *b*).

πολέμιος. Si. [37. 5 (–, † marg. et D)]: 46. 3 (A B S^1 C) †.

πόλεμος. (4) *a.* מִלְחָמָה, מִלְחֶמֶת Si. 37. 5 (–, † marg. et D): 37. 11 (4 *a*, ? marg.): 40. 6 †: 46. 1 †: 46. 3 (S^2) (4 *a*): 46. 6 ?: 46. 6 (4 *a*): 47. 5 (4 *a*).

πολιά. Si. 6. 18 (–, ? marg.).

[**πολιορκεῖν.** (6) צוּר Si. 50. 4 (6).]

πόλις. (4) עִיר (5) *a.* קִרְיָה (6) שַׁעַר (9) מָכוֹן Si. 7. 7 (6): 9. 7 †: 9. 13 –: 9. 18 (A B S) †: 10. 2 (4): 10. 3 (4): 16. 4 (4): 34 (31). 24 (6): 36. 18 (5 *a*): 36. 18 (B) (9): 36. 31 *bis* (4): 40. 19 (4): 42. 11 (4): 46. 2 (4): 48. 17 (4): 49. 6 (5 *a*): 50. 4 (4).

πολύπειρος. (1) וָתִיק Si. 36. 25 (1).

πολύς, πλείων, πλεῖστος. (3) הָמוֹן (4) כָּבֵד *a.* adj. (9) *a.* רַב *b.* רוֹב *d.* רָבָה qal. *e.* hi. (26) סָפַק Si. 3. 18 (S^2) –: 3. 23 (9 *a*): 3. 24 (9 *a*): 5. 6 (9 *a*): 6. 6 (9 *a*): 6. 22 (9 *a*): 8. 2 (9 *a*): 9. 8 (9 *a*): 11. 5 (9 *a*): 11. 6 (9 *a*): 11. 10 (9 *e*): 11. 13 (9 *a*): [11. 24 ?]: 11. 29 (9 *d*): 12. 16 (B^2) –: 12. 18 (9 *b*): 13. 11 *bis* (9 *b*, 9 *a*, 9 *e* sup lin): 13. 22 (9 *a*): 15. 18 (26): 16. 5 (9 *a*): 16. 12 *bis* (9 *b*, –): 16. 17 (4 *a*): 16. 21 †: 18. 32 †: 20. 5 †: 30. 23 (9 *a*): 34 (31). 6 (9 *a*): 34 (31). 12 (26): 34 (31). 18 (9 *a*): 34 (31). 25 (9 *a*): 34 (31). 29 –: 35 (32). 8 (9 *e*): 35 (32). 9 (9 *e*): [36 (33). 2 ?]: 37. 11 –: 37. 19 (9 *a*): 37. 30 (9 *b*): 37. 31 (9 *a*): 42. 4 (9 *a*): 42. 5 –: 42. 6 †: 42. 11 †: 43. 27 †: 43. 32 (9 *b*): 44. 2 (9 *a*): 45. 9 (3): 49. 13 †: 50. 18 (3 ?): 51. 3 (9 *a*): 51. 16 (9 *e*): 51. 27 (9 *a*): 51. 28 *bis* –.

πολυτελής. (6) חֵפֶץ Si. 45. 11 (6): 50. 9 (6).

πονεῖν. (8) יָגַע (9) כָּאַב Si. 11. 11 (8): 13. 5 (9).

πονηρία. (4) *a.* רַע *b.* רוֹעַ *c.* רָעָה (6) פַּחַז Si. 3. 28 (4 *a*): 12. 10 (4 *b*): 25. 13 *bis* (4 *c*, 4 *c* ?): 25. 17 (4 *a*): 34 (31). 24 (4 *b*): 41. 17 (S^1) (†, 6 marg.): 42. 13 (4 *c*): 42. 14 (4 *b*, 4 *a* marg.): 46. 7 (4 *c*): 47. 25 (4 *c*).

πονηρός. (4) *a.* רַע *c.* רָעָה (6) πονηρότερος רַע (18) צָרָה Si. 3. 24 (4 *a*): 4. 20 (4 *a*): 5. 14 (4 *a* ?): 6. 1 (4 *a*): 6. 4 †: 9. 1 (4 *c*): 11. 33 (4 *a*): 13. 24 (4 *a*): 14. 5 (4 *a*): 14. 6 (6): 14. 8 –: 14. 9 †: 14. 10 (4 *a*): 34 (31). 13 *bis* (4 *a*, 6): 34 (31). 24 (4 *a*): 37. 3 (4 *a*, † marg.): 37. 27 (4 *a*): 39. 34 (6): 42. 5 –: 42. 6 (4 *a*, † marg.): 51. 12 (18).

πόνος. (3) *b.* חוֹלִי (6) *a.* כְּאֵב *b.* מַכְאוֹב Si. 3. 27 (6 *a*): 11. 21 ?: 14. 15 †: 34 (31). 20 (6 *b*): 37. 30 (B C) (3 *b*): 38. 7 (6 *b*).

πορεία. Si. 43. 5 †.

πορεύεσθαι. (3) הָלַךְ *a.* qal. *b.* pi. (6) מָלֵא pi. [(16) רָכַב] (17) לוּז ni. Si. 4. 17 (3 *a*): 5. 2 (B S^4) (3 *a*): 5. 9 (†, 3 *a* [C]): 8. 15 (3 *a*): [8. 16 (16)]: 12. 11 (3 *b*): 34 (31). 8 (17): 35 (32). 20 (3 *a*): 46. 10 (6).

πορνεία. (1) *b.* זְנוּת (2) פַּחַז Si. 41. 17 (A B S^2 C) (1 *b*, 2 marg.).

πόρνη. (1) זָנָה Si. 9. 6 (1).

πόρρω. Si. 47. 16 –.

πορφύρα. (1) *a.* אַרְגָּמָן Si. 45. 10 (1 *a*).

ποσαπλῶς. Si. 10. 31 (S) †: 10. 31 (S^2) †.

ποσαχῶς. Si. 10. 31 (A B C) †: 10. 31 (A B S^1 C) †.

πόσος. Si. 11. 11 (A) †.

ποταμός. (1) יְאֹר (2) *a.* נָהָר (3) נַחַל (5) שִׁבֹּלֶת Si. 4. 26 (5): 39. 22 (1): 40. 13 (3): 40. 16 (3): 44. 21 (2 *a*): 47. 14 (1).

ποτίζειν. (3) שָׁקָה hi. Si. 15. 3 (3).

ποῦ. Si. 43. 28 †.

πούς. (6) *a.* רֶגֶל Si. 6. 24 –: 6. 36 (6 *a*): 40. 25 (6 *a* ?): 51. 15 (6 *a*).

πρᾶγμα. Si. 11. 9 –: 34 (31). 15 †.

πρᾶξις. (2) פֹּעַל (3) עֵסֶק (4) עֵשֶׁק Si. 11. 10 (4): 32 (35). 24 (2): 37. 16 (2): 38. 24 (3).

πραότης, *vid.* πραΰτης.

πρᾶσις. (1) *a.* מִמְכָּר Si. 37. 11 (1 *a*, 1 *a* ? marg.): 42. 5 (1 *a*).

πράσσειν. (1) הָלַךְ Si. 10. 6 (1).

πραΰς. (1) *c.* עָנִי Si. 3. 18 (S²) –: 10. 14 (1 *c*).

πραΰτης. (1) *a.* עֲנָוָה Si. 3. 17 (1 *a*): 4. 8 (1 *a*): 10. 28 (1 *a*): 36. 28 †: 45. 4 (1 *a*).

πρέπειν. Si. 35 (32). 3 –.

πρεσβύτερος. (6) *b.* שָׂב Si. 4. 7 (S²) †: 6. 34 –: 7. 14 †: 35 (32). 3 (6, † marg.).

[**πρεσβύτης.** Si. 25. 20 †.]

πρίν. (1) πρὶν ἤ לִפְנֵי (2) בְּטֶרֶם (3) πρὶν ἤ בְּטֶרֶם (4) טֶרֶם (5) πρὶν ἤ טֶרֶם Si. 11. 7 (2 [B C], 3 [A S]): 11. 8 (5 [B], 4 [A S C]): 14. 13 (2): 48. 25 (1): 51. 13 –.

πρό. (1) לִפְנֵי (2) מִפְּנֵי (3) רֹאשׁ (4) מ׳ Si. [10. 20 –]: 11. 28 (1): 30. 24 †: 35 (32). 10 *bis* (1): 37. 16 (3, 1 marg. et D): 40. 16 (2, 1 marg.): 42. 21 (4): 45. 13 (1 ?): 46. 19 –: 48. 10 (1 ?): 51. 30 †.

πρόβατον. Si. 47. 3 †.

πρόγονος. Si. 8. 4 †: 9. 6 (S¹) †.

προέρχεσθαι. (2) נִצַּח pi. Si. 35 (32). 10 (2).

προηγεῖσθαι. (3) נָשִׂיא Si. 41. 17 (S) (3).

προθυμία. (1) נָדַב Si. 45. 23 (1).

προκοπή. (1) עָלָה Si. 51. 17 (1).

προνομεύειν. (7) נָסַח ni. Si. 48. 15 (7).

προπετής. Si. 9. 18 (25) †.

πρός. III. *c. acc.* (1) אֶל (2) בּ׳ (3) עַל (4) עִם (5) כּ׳ (6) ל׳ (7) לִפְנֵי (8) לְפִי Si. 3. 10 –: 4. 12 –: 4. 18 –: 5. 7 (A B C) (1): 6. 36 –: 7. 24 (1, 6 [C]): 13. 2 (1): 13. 17 (6): 13. 18 *bis* (1): 25. 19 (5): 38. 1 (7, 8 ? [D]): 40. 8 (A B S) ?: 42. 8 (2 ?): 44. 18 (4): 45. 3 (1 ?): 46. 4 ?: [48. 10 (7 ?)]: 48. 10 (3): 48. 20 (1): 49. 3 (1): 50. 29 –: 51. 19 –: 51. 23 (1).

προσάγειν. (6) *c.* נָגַשׁ hi. (11) קָרַב אֶל *a.* qal. Si. 12. 13 (11 *a*): 14. 11 †: 45. 16 (6 *c*).

προσανατρέπειν. (1) הָדַף Si. 13. 23 (1).

προσανοικοδομεῖν. (1) נָטַע ni. Si. 3. 14 (†, 1 marg.).

προσαπειλεῖν. Si. 13. 3 (S) †.

προσαπωθεῖν. (1) נָדַח ni. Si. 13. 21 (1).

προσγελᾶν. (1) שָׂחַק Si. 13. 6 (1): 13. 11 (1).

προσδεῖν (*indigere*). (2) *a.* צָרִיךְ *b.* צָרִיךְ (3) חָנַן hithp. (4) אָבַד (5) סָכַן hi. Si. 4. 3 (5): 4. 5 (S¹) –: 11. 12 (A B S) (4 ?): 13. 3 (A B C) (3): 18. 32 (A S¹ C) †: 42. 21 (2 *b*, 2 *a* marg.).

προσδεῖν (*alligare*). Si. 18. 32 (B S²) †.

προσδέχεσθαι. (3) לָקַח (6) קִבֵּל pi. Si. 7. 9 –: 15. 2 (6): 32 (35). 14 (3).

προσδοκία. Si. 40. 2 –.

προσεῖναι. Si. 13. 24 (S²) –.

προσεμβριμᾶσθαι. Si. 13. 3 †.

προσεπιτιμᾶν. Si. 13. 22 †.

προσέρχεσθαι. (10) קָרַב *a.* qal. (13) אָזַן hi. Si. 4. 15 (B) (13): 6. 19 (10 *a*): 6. 26 –: 9. 13 (10 *a*).

προσευχή. (3) תְּפִלָּה (4) שׁוֹעָה Si. 7. 10 (3): 7. 14 (3): 32 (35). 21 (4): 50. 19 (3): 51. 1 –: 51. 13 –.

προσέχειν. (2) אָזַן hi. (17) *a.* שִׂים (19) שָׁמַר *a.* qal. *b.* ni. (23) נָצַר (24) גּוּר (25) הָיָה זָהִיר Si. 4. 15 (A S C) (2): 6. 13 (19 *b*): 7. 24 (23): [10. 19 –]: 11. 33 (24): 13. 8 (19 *b*): 13. 13 (25): 16. 24 (17 *a*): 35 (32). 24 (19 *a*): 37. 31 (19 *b*).

προσκαλεῖν. Si. 13. 9 *bis* †.

προσκολλᾶν. (4) חָבַר pu. Si. 6. 34 –: 13. 16 (4).

πρόσκομμα. (1) מוֹקֵשׁ (4) ξύλον προσκόμματος תִּקָּלָה (5) יָקֹשׁ ni. (6) סָלַל hithp. Si. 34 (31). 7 (A B S² C) (4): 34 (31). 30 (1, 5 marg.): 39. 24 (6).

προσκόπτειν. (4) תָּקַל ni. Si. 13. 23 (4): 30. 13 †: 34 (31). 17 †: 35 (32). 20 (4).

προσκρούειν. (2) יָקֹשׁ ni. Si. 13. 2 (2).

προσκυνεῖν. (6) שָׁחָה hithpal. Si. 50. 17 (6).

προσκύνησις. (1) נָפַל Si. 50. 21 (1).

προσλογίζεσθαι. (1) חָשַׁב *c.* hi. Si. 7. 16 (1 *c*).

προσοχή. (1) עָנָה hithp. Si. 11. 18 (1).

προσοχθίζειν. (2) מָאַס (5) קוּץ Si. 6. 25 (5): 38. 4 (2): 50. 25 (5).

προσπαίζειν. (2) רָגַל hi. Si. 8. 4 (2).

προσπίπτειν. (4) נָפַל Si. 25. 21 (4).

προσποιεῖν. (2) סָפַק pi. Si. 34 (31). 30 (2).

προσπορεύεσθαι. (6) חָבַר Si. 12. 14 (6).

πρόσταγμα. Si. 6. 37 †: 34 (31). 7 (S¹) †: 39. 16 †: 39. 18 †: 43. 13 †.

προσταράσσειν. (1) חָמַר hi. Si. 4. 3 (1).

προστάσσειν. Si. 3. 22 †.

προστάτης. Si. 45. 24 †.

προστιθέναι. (4) יָסַף *c.* hi. Si. 3. 27 (4 *c*): 5. 5 (4 *c*): 37. 31 (4 *c*): 42. 21 ?: 45. 20 ?: 48. 23 ?.

πρόσφατος. (2) חָדָשׁ Si. 9. 10 (2).

προσφέρειν. Si. 7. 9 –.

προσφιλής. (1) προσφιλῆ ποιεῖν אָהַב hi. Si. 4. 7 (1): 20. 13 †.

προσφορά. (3) עֹלָה (4) אִשֶּׁה Si. 14. 11 †: 38. 11 †: 46. 16 (3): 50. 13 (4): 50. 14 †.

πρόσωπον. (2) אַף [(3) מַרְאֶה] (5) פֶּה (6) פָּנִים Si. 4. 4 –: 4. 22 (6): 4. 27 (6): 6. 12 (6): 7. 6 (6): 7. 24 (6): 8. 11 (6): 10. 5 (6): 12. 18 (6): 13. 25 (6): [13. 25 –]: 13. 26 (6): 14. 8 –: [25. 17 (3)]: 25. 17 (6): 34 (31). 6 †: 34 (31). 13 (6): 32 (35). 11 (6): 32 (35). 15 (6): 32 (35). 16 (6): 36. 27 (6): 37. 17 (C ?) –: 38. 8 (†, 6 marg.): 40. 6 ?: 41. 21 (2, 5 marg.): 42. 1 (6): 45. 3 (6): 45. 5 †: 50. 17 (6).

πρότερον. (1) לְפָנִים Si. 12. 17 –: 37. 8 (1): 46. 3 (B C) (1).

πρότερος. (1) *a.* לְפָנִים (4) *c.* רִאשׁוֹן Si. 34 (31). 18 (1 *a*): 41. 3 (4 *c*): 46. 3 (A S) (1).

προφανῶς. Si. 51. 13 –.

προφητεία. (1) חָזוֹן (2) נְבוּאָה Si. 36. 20 (1): 44. 3 (A B S²) (2): 46. 1 (2): 46. 20 (2).

προφητεύειν. Si. 46. 20 †: 47. 1 †: 48. 13 †.

προφήτης. (1) *a.* חֹזֶה *b.* חָזוֹן (2) *a.* נָבִיא *c.* נְבוּאָה Si. [36. 20 (1 *b*)]: 36. 21 (2 *a*): 44. 3 (S¹) (2 *c*): 46. 13 (2 *c* ?): 46. 15 (1 *a*): [47. 1 †]: 48. 1 (2 *a*): 48. 8 (2 *a*): 48. 22 ?: 49. 7 (2 *a*): 49. 10 (2 *a*).

πρωΐ. (1) *a.* בֹּקֶר *b.* בַּבֹּקֶר Si. 34 (31). 20 (1 *b*): 47. 10 (B) (1 *a*).

πρώϊος. (1) *a.* בֹּקֶר Si. 47. 10 (A S C) (1 *a*).

πρωτογένημα. Si. 45. 20 ?.

πρωτόγονος. (2) בְּכוֹר Si. 36. 17 (A B S¹) (2).

πρῶτον. [(1) רִאשׁוֹן] (2) לְפָנִים Si. 11. 7 (2): [34 (31). 17 (1 ?)].

πρῶτος. (3) *a.* רִאשׁוֹן (6) ἐν πρώτοις *b.* לְפָנִים Si. 4. 17 –: 34 (31). 17 (6 *b* ?): 45. 20 –.

πρωτότοκος. (1) *a.* בְּכוֹר Si. 36. 17 (S²) (1 *a*).

πταίειν. (3) כָּשַׁל Si. 37. 12 (3).

πτέρνα. (1) *a.* עָקֵב Si. 12. 17 (1 *a*).

πτόησις. Si. 50. 4 (S¹) †.

πτῶμα. Si. 34 (31). 6 †.

πτῶσις. (2) *d.* מַפֶּלֶת (5) מוּם (6) מִכְשׁוֹל Si. 3. 31 (5): 4. 19 †: 4. 22 (6): 5. 13 (2 *d*, † [C]): 11. 30 †: 13. 13 †: 50. 4 (A B S²) †.

πτωχεία. (2) עוֹנִי (3) דַּלַּל (4) רֵישׁ Si. 10. 31 (A B C) (3): 10. 31 (S) †: 10. 31 (S C) †: 10. 31 (A B) (3): 11. 12 ?: 11. 14 (4): 13. 24 (2).

πτωχός. (1) אֶבְיוֹן (2) *a.* דַּל (4) *a.* עָנִי (7) רוּשׁ Si. 4. 1 (4 *a*): 4. 4 (2 *a*): 4. 8 (4 *a*): 7. 32 (1): 10. 22 (7): 10. 23 (2 *a*): 10. 30 (2 *a*): 13. 3 (2 *a*): 13. 19 (2 *a*): 13. 20 (1): 13. 21 (S¹) (2 *a*): 13. 23 (2 *a*): 18. 33 –: 30. 14 †: 34 (31). 4 (4 *a*): 32 (35). 16 (2 *a*): 38. 19 –.

πύλη. (1) דֶּלֶת Si. 49. 13 (1).

πῦρ. (2) *a.* אֵשׁ (5) *a.* לֶהָבָה *b.* שַׁלְהֶבֶת (9) שָׁבִיב Si. 3. 30 (2 *a*): 7. 17 –: 8. 3 (2 *a*): 8. 10 (9): 9. 8 (2 *a*): 11. 32 –: 15. 16 (2 *a*): 16. 6 (2 *a*): 33 (36). 11 –: 39. 26 (2 *a*): 39. 26 (C) †: 39. 29 (2 *a*):

40. 30 (2 a): 43. 21 (5 a): 45. 19 (9): 48. 1 (2 a): 48. 3 (2 a): 48. 9 †: 50. 9 (2 a): [51. 4 (5 b)]: 51. 4 (2 a).

πυρά. (1) שַׁלְהֶבֶת Si. 51. 4 (1).

πύργος. Si. 49. 12 (A B[1]) ?.

πυρεῖον. Si. 50. 9 †.

πύρινος. (1) אֵשׁ Si. 48. 9 (1).

πυρός. Si. 39. 26 (A B S) ?.

πυρώδης. (1) אור Si. 43. 4 (1).

πῶς. Si. 49. 11 ?.

Ρ

ῥαθυμεῖν. Si. 35 (32). 11 †.

Ῥαψάκης. (1) רַב שָׁקֵה Si. 48. 18 (1).

ῥεῖν. (2) זוב Si. 46. 8 (2).

ῥῆμα. (2) a. דָּבָר (9) מוֹצָא (10) מַעֲנֶה [(11) παρεμβάλλειν ῥ. דִּבֵּר] Si. 4. 24 (A B S) (10): [11. 8 (11)]: 12. 12 †: [34 (31). 15 †]: 39. 17 (9): 41. 16 †: 46. 15 (A S C) (2 a): 47. 8 ?.

ῥίζα. (5) שֹׁרֶשׁ Si. 10. 15 —: 40. 15 (5): 47. 22 ?.

ῥιζοῦν. (2) נָטַע pu. Si. 3. 28 (2).

ῥίπτειν. Si. 10. 9 (A B S[1] C) †.

Ῥοβοάμ. (1) רְחַבְעָם Si. 47. 23 (A B S C[?]) (1).

ῥόδον. Si. 50. 8 †.

ῥοΐσκος. (1) פַּעֲמוֹן Si. 45. 9 (1).

ῥομφαία. (2) חֶרֶב (4) כִּידוֹן Si. 39. 30 (2, 2 ? marg.): 40. 9 (2): 46. 2 (4).

ῥοῦς. Si. 4. 26 —.

ῥύεσθαι. (5) b. נָצַל hi. Si. 40. 24 (5 b).

ῥύμη. Si. 9. 7 †: 9. 7 (S[1]) †.

ῥύσις. Si. 51. 9 †.

Σ

σάκκος. Si. 25. 17 (B) †.

σαλεύειν. (2) זוּעַ (7) c. מוּג ni. (9) מוט a. qal. Si. 13. 21 (9 a): 16. 18 †: 43. 16 ?: 48. 12 (2): 48. 19 (7 c ?).

σάλος. (6) פַּחַד Si. 40. 5 (6).

σάλπιγξ. (1) חֲצֹצְרָה Si. 50. 16 (1).

Σαλωμών. (1) שְׁלֹמֹה Si. 47. 13 (B C) (1): 47. 23 (A B C) (1).

Σαμάρ[ε]ια. Si. 50. 26 †.

Σαμουήλ. (1) שְׁמוּאֵל Si. 46. 13 (A S C) (1).

σάρξ. (1) a. בָּשָׂר (3) שְׁאֵר (4) חַי Si. 13. 16 (1 a): 14. 17 (1 a): 14. 18 (—, 1 a marg.): 34 (31). 1 (3): 39. 19 (1 a): 40. 8 ?: 41. 4 (1 a): 44. 18 (1 a): 44. 20 (1 a): 44. 23 (4): 45. 4 ?: 46. 19 †.

σεαυτοῦ. (1) pron. suff. (2) נַפְשְׁךָ Si. 3. 18 (2): 4. 7 (2): 4. 27 (2): 6. 2 —: 6. 3 (A B C) (1): 6. 3 (S[1]) —: [6. 7 —]: 6. 31 †: 7. 7 (1): 7. 16 (1): 7. 25 (S) —: 9. 1 (1): 12. 12 (1): 14. 11 (2): 30. 21 (—, 1 marg.): 34 (31). 15 (2 *vel* 1): 38. 21 (1).

Σ[ε]ινά. (1) סִינַי Si. 48. 7 (1).

Σειράκ. (1) סִירָא Si. 50. 27 (S) (1).

Σ[ε]ιράχ. (1) סִירָא Si. 50. 27 (A B) (1): 51. 1 —: 51. *subscr.* (1).

Σ[ε]ιών. (1) צִיּוֹן Si. 36. 19 (1): 48. 18 (1): 48. 24 (1).

σελήνη. (1) יָרֵחַ Si. 43. 6 (1): 43. 7 †: 50. 6 (1).

σεμίδαλις. Si. 38. 11 —: 39. 26 ?.

Σενναχηρείμ. (1) סַנְחֵרִיב Si. 48. 18 (A B S C[?]) (1).

[**σεπτός.** Si. 48. 22 ?.]

Σήθ. (1) שֵׁת Si. 49. 16 (1).

Σήμ. (1) שֵׁם Si. 49. 16 (1).

σημεῖον. (1) a. אוֹת Si. 33 (36). 6 (1 a, † marg.): 42. 18 —: 43. 6 (1 a): 43. 7 †: 45. 3 ?.

σ… ρον. (1) a. הַיּוֹם Si. 10. 10 (1 a): 38. 22 (1 a): 47. 7 (1 a).

σήπειν. (3) רָקַב Si. 14. 19 (3).

σής. (2) עָשׁ Si. 42. 13 (2).

σιαγών. (1) לְחִי Si. 32 (35). 18 (1).

σιγᾶν. (3) חָרַשׁ b. hi. (5) סָכַת ni. Si. 13. 23 (5): 20. 7 (A B) (3 b).

σίδηρος [(-ον)]. (1) בַּרְזֶל (7) נְחֹשֶׁת Si. 39. 26 (1): 48. 17 (7).

Σίκιμα. (1) שְׁכֶם Si. 50. 26 (1).

Σιών, *vid.* **Σειών.**

Σίμων. (1) שִׁמְעוֹן Si. 50. 1 (1).

σιωπᾶν. (6) חָרַשׁ hi. Si. 20. 5 (6 ?): 20. 6 *bis* (6): 20. 7 (S) (6): 35 (32). 8 (6).

σιωπή. (2) חָרַשׁ hi. Si. 41. 20 (2).

σκανδαλίζειν. (2) יָקַשׁ hoph. Si. 9. 5 (2): 35 (32). 15 (2).

σκάνδαλον. Si. 7. 6 †.

σκεπάζειν. (3) a. חָסָה Si. 14. 27 (3 a): 48. 12 ?.

σκεπαστής. (2) מָעוֹז Si. 51. 2 (2).

σκέπη. (9) מָכוֹן Si. 6. 14 †: 6. 29 (9): 14. 26 (A B S[2] C) †.

σκευάζειν. (1) מָלַח pu. Si. 49. 1 (1).

σκεῦος. (1) כְּלִי Si. 27. 5 (Heb. 6. 22) (1): 43. 2 †: 43. 8 (1): 45. 8 †: 50. 9 (1).

σκηνή. (1) אֹהֶל Si. 14. 25 (1): 14. 26 (S[1]) †.

σκῆπτρον. (2) מַטֶּה Si. 32 (35). 23 (2).

[**σκληρισμός.** Si. 10. 20 —.]

σκληροκαρδία. (2) זְדוֹן לֵב Si. 16. 10 (2).

σκληροκάρδιος. Si. 16. 9 (S[3]) —.

σκληρός. (9) כָּבֵד Si. 3. 26 (9): 3. 26 (B) (9 ?): 3. 27 (9).

σκληροτράχηλος. (1) b. מַקְשֵׁה עֹרֶף Si. 16. 11 (1 b).

σκληρύνειν. (3) קָשָׁה b. hi. Si. [16. 15 (3)]: 30. 12 †.

σκόλοψ. Si. 43. 19 †.

σκοπή. (1) מִצְפָּה (2) שֵׁן Si. 37. 14 (1, 2 marg. et D).

σκοπιά. Si. 40. 6 †.

σκοπός. (3) צָפָה a. qal. Si. 37. 14 (3 a).

σκορακισμός. Si. 41. 19 (A B S) ?.

σκορπίζειν. (4) b. פּוּץ qal. Si. 48. 15 (B C) (4 b).

σκορπίος. (1) עַקְרָב Si. 39. 30 (1).

[**σκότος.** (2) a. חֹשֶׁךְ Si. 11. 14 (2 a ?): 16. 16 †.]

σκοτοῦν. (2) קָדַר b. hi. Si. 25. 17 (2 b).

σκώληξ. (1) רִמָּה (2) b. תּוֹלֵעָה Si. 7. 17 (1): 10. 11 (A B S[2] C) (1+2 b).

σκώπτειν. Si. 10. 10 †.

σμάραγδος. (2) בָּרֶקֶת Si. 35 (32). 6 (2).

Σολομών. (1) שְׁלֹמֹה Si. 47. 13 (A S) (1): 47. 23 (S) (1).

Σολυμείτης. Si. 50. 27 (S[1]) —.

σός. (1) pron. suff. Si. 38. 22 (1).

Σουφείρ. (1) אוֹפִיר Si. 7. 18 (1).

σοφία. (3) חָכְמָה (4) מוּסָר (7) תְּבוּנָה (8) לֶקַח (9) חָכָם Si. 4. 11 (3): [4. 23 (3)]: 4. 24 (3): 6. 18 (A B C) (—, 3 [C]): 6. 22 (4): 6. 37 †: 8. 8 (S) (3): 11. 1 (3): [11. 14 (3)]: 14. 20 (3): 15. 3 (†, 7 marg.): 15. 10 (9): 15. 18 (3): 34 (31). 11 (A) †: 37. 20 (S[1]) †: 37. 21 —: 38. 24 (3): 40. 20 †: 41. 14 (3): 41. 15 (3): 42. 21 (3 ?): 43. 33 ?: 44. 15 (—, 3 marg.): 45. 26 (3): 50. 27 (7): [50. 29 —]: 51. 13 —: 51. 17 †: 51. *subscr.* (3).

σοφίζειν. (1) *b.* בִּין hithpal. (2) *a.* חָכַם qal. *d.* hithp. *e.* חָכַם Si. 7. 5 (1 *b*): 10. 26 (2 *d*): 35 (32). 4 (2 *d*): 37. 20 (2 *e*): 38. 24 (2 *d*): 38. 25 (B S) (2 *d*): 47. 14 (2 *a*): 47. 14 (C) †: 50. 28 (2 *a*).

σοφός. (2) *a.* חָכָם *c.* חָכְמָה *d.* חָכַם (9) σ. εἶναι יָסַר ni. (10) שָׂכַל hi. Si. 3. 29 (2 *c*): 6. 33 (9): 6. 34 –: 7. 19 (10): 8. 8 (2 *a*): 9. 14 (2 *a*): 9. 17 (2 *a*): 10. 1 †: 10. 25 (A B S^2 C) (10): 20. 7 (2 *a*): 20. 13 (2 *a*): 36 (33). 2 (2 *d*): 37. 22 (2 *a*): 37. 23 (–, 2 *a* marg. et D): 37. 24 (2 *a*): 37. 26 (?, 2 *a* [C D]): 44. 4 (2 *a*).

σπείρειν. Si. 6. 19 †: 7. 3 †.

σπένδειν. Si. 50. 15 –.

σπέρμα. (1) *a.* זֶרַע Si. 10. 19 *bis* (1 *a*): 10. 19 *ter* –: 10. 19 (1 *a*): 41. 6 ?: 44. 11 (1 *a*): 44. 12 –: 44. 13 †: 44. 21 (1 *a*): 44. 21 (A B S^4) –: 45. 15 (1 *a*): 45. 21 (1 *a*): 45. 24 (1 *a*): 45. 25 (1 *a*): 46. 9 (1 *a*): 47. 20 †: 47. 22 ?: 47. 23 ?.

σπεύδειν. (4) חוּשׁ *b.* hi. (7) רוּץ Si. 11. 11 (7): 33 (36). 10 (4 *b*).

σπινθήρ. (1) *c.* נִצּוֹץ Si. 11. 32 (1 *c*): 42. 22 –.

[**σπλάγχνον.** (3) כֶּסֶל Si. 47. 19 (3).]

σποδός. (1) אֵפֶר Si. 10. 9 (1): 40. 3 (1).

σπονδεῖον. Si. 50. 15 –.

σπόριμος. (2) שָׂדֶה Si. 40. 22 (S^1) (2).

σπόρος. (4) שָׂדֶה Si. 40. 22 (A B S^2 C) (4).

σπουδή. Si. 43. 22 †.

στάθμιον. (3) פֶּלֶס Si. 42. 4 (3).

σταθμός. [(5) פֶּלֶס] (6) *b.* מִשְׁקָל Si. 6. 15 (6 *b*): 16. 25 (6 *b*): [42. 4 (5)]: 42. 7 †.

[**στάσις.** Si. 12. 15 –: 43. 6 †.]

σταφυλή. (1) עֵנָב Si. 39. 26 (1): 50. 15 –: 51. 15 –.

στέαρ. (1) חֵלֶב Si. 47. 2 (1).

στέγειν. (1) כָּסָה pi. Si. 8. 17 (1).

στειροῦν. Si. 42. 10 ?.

στέλεχος. Si. 50. 12 †.

στενάζειν. (3) אָנַח *b.* hithp. Si. 16. 3 (S^2) –: 30. 20 *bis* (–, ? marg., 3 *b*): 36. 30 †.

στενοχωρία. (4) צָרָה Si. 10. 26 (4).

[**στένωσις.** Si. 25. 23 –.]

στερεῖν. (2) מָנַע Si. 7. 21 (2): 37. 21 –.

στερεοῦν. (1) אָמֵץ *a.* qal. *b.* pi. (2) חָזַק *a.* qal. *c.* hi. Si. 34 (31). 11 (2 *a*): 39. 28 †: 42. 11 (?, 2 *c* marg.): 42. 17 (1 *b*, 1 *a* marg.): 42. 25 †: 45. 8 †: 50. 1 (2 *a*).

στερέωμα. (2) רָקִיעַ Si. 43. 1 ?: 43. 8 (2).

στέφανος. (4) עֲטָרָה (5) צִיץ Si. 6. 31 (4): 15. 6 –: 35 (32). 2 †: 40. 4 (5): 45. 12 (4): 50. 12 (4).

στήλη. Si. 45. 10 (S) †.

στήριγμα. (4) מִשְׁעָן Si. 3. 31 (4): 49. 15 †.

στηρίζειν. (6) סָמַךְ *a.* qal. *b.* ni. (12) חָזַק *a.* hi. *b.* hithp. (13) יָצַב hithp. (14) יָסַד pi. (15) שָׁעַן ni. (16) עָמַד hi. Si. 3. 9 (14): 5. 10 (6 *a*): 6. 37 †: 13. 21 (6 *b* ?): 15. 4 (15): 39. 32 (13 ?): 40. 19 (16): 42. 17 (12 *b*, 12 *a* marg.).

στολή. (3) בֶּגֶד Si. 6. 29 (3): 6. 31 (3): 45. 10 (A B) (3): 50. 11 (3).

στόμα. (1) *a.* פֶּה *b.* פּוּם (5) חֵךְ (6) פָּנִים Si. 5. 12 (1 *a*): 8. 11 (6): 13. 24 (1 *a*): 14. 1 (1 *a*): 15. 5 (1 *a*): 15. 9 (1 *a* sup lin): 30. 18 (1 *a*, 1 *b* marg.): 37. 22 †: 39. 17 (1 *a*): 39. 35 (–, 1 *a* marg.): 40. 30 –: 49. 1 (5): 51. 25 (1 *a*).

στόμωμα. Si. 34 (31). 26 †.

στοχάζεσθαι. Si. 9. 14 †.

στρεβλός. (3) עָקוֹב Si. 36. 25 (3).

στρέφειν. (3) הָפַךְ *b.* ni. Si. 6. 28 (3 *b*): 34 (31). 20 (S^1) ?.

στρόφος. (1) הָפַךְ Si. 34 (31). 20 (A B S^2) (1 ?).

στῦλος. (4) *b.* עַמּוּד Si. 36. 29 (4 *b*).

σύ, *passim.*

συγγενής. (3) רֵעַ Si. 41. 21 (3).

[**συγγηρᾶν.** Si. 11. 14 †.]

συγγνώμη. Si. 3. 13 †.

σύγκεισθαι. (2) פָּעַל ni. Si. 43. 26 (2 ?).

σύγκριμα. (3) מִשְׁפָּט Si. 35 (32). 5 (3): 35 (32). 17 †.

[**συγκτίζειν.** (1) יָצַר ni. Si. 11. 14 (1).]

συγκύπτειν. (2) נַחַת Si. 12. 11 (2).

συμβαίνειν. Si. 37. 9 †.

συμβιοῦσθαι. Si. 13. 5 †.

συμβολή. Si. 18. 32 †.

συμβολοκοπεῖν. (1) זָלַל (2) סָבָא Si. 9. 9 †: 18. 33 (1 *vel* 2).

συμβουλεύειν. (1) יָעַץ *a.* qal. [*b.* ni.] [(4) חָשַׁב] (5) סוֹד hithp. Si. 8. 17 (5 ?): 9. 14 (B C) (5 ?): 37. 7 (1 *a*): [37. 8 (4): 37. 10 (?, 1 *b* [D])].

[**συμβουλή** (?). Si. 18. 32 †.]

συμβουλία. Si. 6. 23 –: 37. 11 –.

σύμβουλος. (1) *a.* יָעַץ (2) בִּין hi. (3) בַּעַל סוֹד Si. 6. 6 (3): 37. 7 (1 *a*): 37. 8 (1 *a*): 42. 21 (2).

συμπονεῖν. Si. 37. 5 (–, † marg. et D).

συμποσία. (1) מִשְׁתֶּה Si. 35 (32). 5 (A) (1).

συμπόσιον. (2) מִשְׁתֶּה Si. 34 (31.) 31 (2): 35 (32). 5 (B S) (2): 49. 1 (2).

συμφέρειν. (1) *a.* טוֹב (4) גָּלַל hithp. Si. 12. 14 (A) (4): 30. 19 (–, ? marg.): 37. 28 (1 *a*).

συμφύρειν. (3) גָּלַל hithp. Si. 12. 14 (B S) (3).

[**σύν.** (1) לְ Si. 40. 17 †: 47. 19 (1).]

συνάγειν. (1) אָסַף *a.* qal. (18) מָנַע (32) צָבַר (34) קָבַץ *c.* pi. (35) אָצַל pu. Si. 13. 16 (35 ?): 14. 4 *bis* (18, 34 *c*): 33 (36). 13 (1 *a*): 47. 18 (32).

συναγωγή. (13) עֵדָה (20) מַעֲמָד (21) קָבַל pi. Si. 4. 7 (13): 16. 6 (13): 34 (31). 3 (21): 41. 18 (13): 43. 20 (20): 45. 18 (13): 46. 14 (13).

συναλγεῖν. (1) עָכַר Si. 37. 12 (†, 1 marg.).

συναναστρέφειν. Si. 41. 5 †.

συναπολλύναι. (2) סָפָה *b.* ni. Si. 8. 15 (2 *b*).

συνάπτειν. Si. 32 (35). 20 †.

σύνδειπνος. (1) בַּעַל לֶחֶם Si. 9. 16 (1).

[**συνδιαιτᾶν.** (1) נָבַט hi. Si. 37. 4 (1).]

συνεγγίζειν. (1) נָגַע hi. Si. 32 (35). 21 (1).

σύνεγγυς. Si. 14. 24 †: 51. 6 –.

συνεδρεύειν. (1) קוּם po. (2) סוּר hithp. Si. 11. 9 (1): 42. 12 (2).

συνείδησις. Si. 42. 18 (S C) –.

σύνεσις. (1) *c.* בִּינָה *d.* תְּבוּנָה (3) *a.* דַּעַת *b.* מַדָּע (6) *b.* שֶׂכֶל *d.* מַשְׂכִּיל (8) מוּסָר Si. 3. 13 (3 *b*): 3. 23 –: 5. 10 (3 *a*, † [C]): 5. 12 –: [6. 33 –]: 6. 35 (1 *c*): 8. 9 (6 *b*): 10. 3 (6 *b*): 13. 22 (6 *d*): 14. 20 (1 *d*): 15. 3 (6 *b*): 37. 22 (3 *a*, ? [C]): 37. 23 (–, 3 *a* marg. et D): 44. 3 (1 *d*): 44. 4 †: 47. 14 (8): 47. 23 (1 *c*): 50. 27 (6 *b*).

συνετός. (1) בִּין *a.* qal. *b.* ni. *c.* hi. (2) חָכָם (7) שָׂכַל *a.* hi. (9) בּוֹן ni. Si. 3. 29 (2): 6. 36 (1 *a*): 7. 21 (A S) (7 *a*): 7. 25 (1 *b*, 9 [C]): 9. 15 (1 *b*): 10. 1 (1 *c*): 10. 23 (7 *a* ?): 10. 25 (S^1) (7 *a*): 16. 4 †: 19. 2 †: 36 (33). 3 (1 *b*): 36. 24 (1 *c*, 9 marg.).

συνηθίζειν. Si. 9. 4 (B^2 [*superscr*]) †.

σύνθεσις. (4) קְטֹרֶת Si. 49. 1 (4).

συνθλίβειν. Si. 34 (31). 14 †.

συνοικεῖν. (5) בָּבִית Si. 42. 9 †: 42. 10 (5).

συνοικίζειν. (2) יָשַׁב Si. 16. 4 (2).

σύνολος. Si. 9. 9 –.

συντέλεια. (5) כָּלָה pi. (6) *b.* כָּלִיל (9) קֵץ (12) תְּקוּפָה (13) εἰς συντέλειαν לָנֶצַח (14) סוֹף Si. 11. 27 (14): 16. 3 (S^2) –: 37. 11 †: 39. 28 ?: 40. 14 (13): 43. 7 (12): 43. 27 (9): 45. 8 (6 *b*): 47. 10 ?: 50. 11 †: 50. 14 (5).

συντελεῖν. (7) כָּלָה *a.* qal. *b.* pi. (19) שָׁבַת Si. 38. 8 (19, † marg.): 45. 19 (7 *a*): 50. 19 (7 *b*).

συντηρεῖν. (3) שָׁמַר *a.* qal. *b.* ni. Si. 4. 20 (3 *a*): 6. 26 (B C) –: 13. 12 †: 13. 13 (3 *b*): 15. 15 (3 *a*): 37. 12 (3 *a*): 41. 14 –: 44. 20 (3 *a*).

συντρίβειν. (1) נָדַע *a.* qal. (19) שָׁבַר *a.* qal. *b.* ni. (27) מָחַץ Si. 13. 2 (19 *b*): 32 (35). 22 (27): 32 (35). 23 (1 *a*): 33 (36). 12 †: 47. 7 (19 *a*).

[συντριβή. Si. 11. 13 †.]

σύντριμμα. (3) *a.* שֶׁבֶר Si. 40. 9 (A B² S C) (3 *a*).

συσσείειν. (3) *a.* רָעַשׁ qal. Si. 16. 19 (3 *a*).

συστέλλειν. (2) קָפַץ (3) קָפַד Si. 4. 31 (2, 3 [C]).

συστροφή. (6) סוּפָה Si. 43. 17 (6).

σφάλλειν. (1) מוט ni. Si. 13. 22 *bis* (†, 1): 36. 31 (B) †.

σφενδόνη. (2) קֶלַע Si. 47. 4 (2).

σφιγγία. (1) עָנָה hithp. Si. 11. 18 (1 ?).

σφόδρα. (2) *a.* מְאֹד Si. 6. 20 –: 7. 17 *semel* (2 *a bis*): 11. 6 (2 *a*): 39. 16 –: 43. 11 (2 *a*): 43. 29 (2 *a* ?): 47. 24 (2 *a*): 51. 24 (2 *a*).

σφοδρῶς. Si. 13. 13 –.

σφραγίς. (1) חוֹתָם Si. 35 (32). 5 (1 *vel* †): 35 (32). 6 († *vel* 1): 42. 6 (1): 45. 11 (1): 45. 12 ?: 49. 11 ?.

σχολή. Si. 38. 24 †.

σώζειν. (9) פָּדָה *a.* qal. (17) גָּאַל Si. 33 (36). 11 –: 51. 8 (17): 51. 12 (9 *a*).

σῶμα. (1) בָּשָׂר (2) *c.* גְּוִיָּה (11) שְׁאֵר (13) עֶצֶם Si. 7. 24 (11, 11 ? marg.): 30. 14 (1): 30. 15 †: 30. 16 (†+13, 11+13 marg.): 38. 16 (11): 41. 11 (2 *c*): 44. 14 ?: 47. 19 (2 *c*): 48. 13 (1): 51. 2 (1).

σωτήρ. (1) *c.* יֵשַׁע Si. 51. 1 (1 *c*).

σωτηρία. (5) תְּשׁוּעָה Si. 4. 23 †: [13. 13 –]: 40. 7 ?: 46. 1 (5).

σωτήριον. (3) תְּשׁוּעָה Si. 39. 18 (3): 47. 2 †: 50. 15 (S²) –.

T

τανύειν. (1) נָטָה Si. 43. 12 (1).

ταπεινός. (4) דַּל (5) *b.* מָךְ (7) *b.* עָנִי Si. 3. 20 (7 *b*): 10. 15 –: 11. 1 (4): 12. 5 (5 *b*): 13. 21 (A B S² C) (4): 13. 22 (4): 32 (35). 21 (4).

ταπεινότης. (1) עֲנָוָה Si. 13. 20 (B S C) (1).

ταπεινοῦν. (20) שָׁפֵל *b.* hi. (21) מָעַט pi. (22) כָּאַף hi. Si. 3. 18 (21): 4. 7 (22): 6. 12 †: 7. 11 (20 *b*): 7. 17 (20 *b*): 12. 11 †: 13. 8 †: 40. 3 †.

ταπείνωσις. (5) עֲנָוָה Si. 11. 12 †: 13. 20 (A) (5).

ταράσσειν. (9) *a.* הָמָה Si. 51. 21 (9 *a*).

ταραχή. (14) דְּאָגָה Si. 11. 34 †: 40. 5 (14).

τάσσειν. (1) סָדַר Si. 10. 1 (1 ?).

ταῦρος. (6) בָּקָר Si. 6. 2 –: 38. 25 (6 ?).

ταφή. Si. 38. 16 †: 40. 1 (A B S¹ C) †.

τάφος. (2) גָּלוֹל Si. 30. 18 (2 ?).

ταχινός. Si. 11. 22 †.

τάχος. Si. 11. 21 ?: [16. 4 –: 16. 11 –].

ταχύνειν. Si. [5. 6 –]: 43. 13 †.

ταχύς. (2) *a.* מָהַר pi. Si. 4. 29 (A S¹) †: 5. 11 (2 *a*, † [C]): 6. 7 (2 *a*): 6. 19 (2 *a*): 6. 20 (B¹) †: 48. 20 –.

τε. (1) ו (2) εἴ τε ו Si. 13. 25 (A S) –: 13. 25 (1): 40. 3 (A ?) –: 41. 4 *ter* (– *bis*, 2): 45. 21 (A B S²) –.

[τείνειν. (5) סָדַר Si. 10. 1 (5 ?).]

τεῖχος. (7) τείχη πεπτωκότα חָרְבָּה pl. Si. 49. 13 (A B S²) (1).

τέκνον. (1) אַחֲרִית (3) בֵּן (7) יֶלֶד (10) צֶאֱצָאִים (12) נִין (13) נַעַר Si. 3. 9 –: 3. 11 –: 3. 12 (3): 3. 17 (3): 4. 1 (3): 6. 18 (–, ?[C]): 6. 23 –: 6. 32 (3): 7. 23 (3): 10. 28 (3): 11. 10 (3): 11. 28 (1): 14. 11 (3): 14. 26 †: 16. 1 (13): 16. 3 (3): 16. 24 –: 34 (31). 22 (3): 35 (32). 22 (1): 37. 27 (3): 38. 9 (3): 38. 16 (3): 40. 19 (7): 40. 28 (†, 3 marg.): 41. 5 (12, † marg.): 41. 5 †: 41. 6 (3, † marg.): 41. 7 (7 ?): 41. 14 –: 42. 5 –: 44. 9 (3): 44. 12 –: 47. 20 (10).

τεκταίνειν. (3) יָלַד hi. Si. 11. 33 (3).

τέκτων. (3) עָשָׂה Si. 38. 27 (3).

τελεῖν. Si. 7. 25 (A B S²) †.

τέλειος. (3) *a.* תָּמִים Si. 44. 17 (3 *a*).

τελειοῦν. (6) שָׁלֵם Si. 7. 25 (S¹) †: 7. 32 (6): 34 (31). 10 (6): 50. 19 (A B S²) †.

[τελείως. Si. 6. 37 –.]

τελευτᾶν. (1) גָּוַע (2) מות *a.* qal. (3) נָפַל Si. 8. 7 †: 10. 10 (3): 14. 13 (2 *a*): 14. 18 (–, 1 marg.): 14. 20 (A B S¹ C) †: 37. 31 (1).

τελευτή. (3) מָוֶת Si. 11. 26 –: 11. 28 (3): [16. 22 –]: 40. 2 –: 46. 20 †: 48. 14 (3).

τέλος. (9) כָּלָה Si. [10. 13 (9 ?)]: 10. 13 (9): 12. 11 †: 43. 26 †.

τέρας. (2) *c.* פָּלָא ni. (5) אות Si. 45. 19 (5): 48. 14 (2 *c*).

[τέρψις. Si. 13. 25 –.]

τέσσαρες. (1) אַרְבַּע Si. 37. 18 (1).

τεχνίτης [(-νή.)]. (4) אָרַג Si. 9. 17 †: 45. 11 (4).

τηρεῖν. Si. 6. 26 (A S) –.

τήρησις. (1) שָׁמַר Si. 35 (32). 23 (1).

τιθέναι. (8) כָּרַת *a.* qal. *b.* ni. (16) נָתַן (25) שִׂים *a.* qal. Si. 7. 6 (16): 14. 26 (B S²) (25 *a*): 44. 18 (8 *b*, 8 *a* marg.): 50. 28 (16).

τίκτειν. (2) *a.* יָלַד qal. Si. 8. 18 (2 *a*): 48. 19 (2 *a*).

τιμᾶν. (3) כָּבֵד *a.* pi. Si. 3. 8 (3 *a*): 38. 1 †.

τιμή. (5) כָּבוֹד Si. 3. 11 (5): 10. 28 ?: 38. 1 (A B S¹ C) –: 45. 12 (5).

τις. (7) מִי (14) יֵשׁ מ׳ Si. 10. 24 –: 16. 17 (A B S²) (7): 48. 16 *bis* (14).

τίς. (4) אֲשֶׁר (8) *a.* מָה *d.* מִי (10) εἰς τί לָמָּה (21) מֵאַיִן Si. 5. 3 (A B S⁴ C) (8 *d*): 5. 4 (8 *a*): 6. 34 –: 7. 28 –: 8. 18 (8 *a*): 9. 11 (8 *a*): 10. 9 (8 *a*): 10. 29 *bis* (8 *d*): 11. 19 (8 *a*): 11. 23 (8 *d*): 11. 23 (8 *a*): 11. 24 ?: 12. 1 (8 *d*): 12. 13 (8 *a vel* 8 *d*): 13. 2 (–, 8 *a* sup lin): 13. 6 –: 13. 17 (8 *a*): 13. 18 †: 13. 18 (21): 13. 23 (8 *d*): 14. 3 †: 14. 5 (8 *d*): 16. 17 (8 *a*): 16. 20 (8 *d*): 16. 22 *bis* (8 *d*, 8 *a*): 30. 19 (–, 8 *a* marg.): 34 (31). 9 (8 *d*): 34 (31). 10 *bis* (8 *d*): 34 (31). 13 †: 34 (31). 27 (8 *a*): 36. 31 (8 *d*): 37. 8 (8 *a*): 37. 27 (8 *a*): 38. 25 (8 *a*): 39. 17 *bis* –: 39. 21 –: 39. 21 (A B S) (10): 41. 4 (8 *a*): 41. 14 (8 *a*): 42. 25 (†, 8 *d* marg.): 43. 3 (8 *d*): 43. 31 *bis* –: 46. 3 (8 *d*): 48. 4 (4): 51. 24 (A S) †: [51. 24 †].

τοιγαροῦν. Si. 41. 16 –.

τοιοῦτος. (2) *b.* כָּאֵלֶּה Si. 7. 35 †: 16. 5 (2 *b*): 45. 13 ?: 49. 14 –.

τοῖχος. (5) קִיר Si. 14. 24 (5).

τολμηρός. (1) אַכְזָרִי (2) עַז Si. 8. 15 (1): 19. 3 (2).

τόξον. (3) קֶשֶׁת Si. 43. 11 (3): 50. 7 (3).

τόπος. (6) מָכוֹן (8) מָקוֹם (14) *b.* ἐπὶ τὸν (τοῦ) τ. תַּחַת Si. 4. 5 (8): 12. 12 (14 *b*): 13. 22 (8): 16. 3 (B) †: 16. 14 †: 36. 18 (A S) (6): 38. 12 (8): 41. 19 (8): 46. 12 –: 49. 10 ?.

τόσος. (1) τόσῳ μᾶλλον כְּדֵי כֵן Si. 11. 11 (B¹ S² C) (1): 13. 9 (1).

τοσοῦτος. (2) τοσούτῳ μᾶλλον כְּדֵי כֵן Si. 3. 18 –: 11. 11 (B² S¹) (2): [13. 9 (2)].

τότε. (2) *a.* אָז (3) אַחַר Si. 11. 7 (3): 48. 19 ?: 50. 16 (2 *a*): 50. 17 –: 50. 20 (2 *a*).

τράπεζα. (4) שֻׁלְחָן Si. 6. 10 (A B S² C) (4): 14. 10 (4): 34 (31). 12 (4): 40. 29 (4).

τραῦμα. (4) פֶּצַע Si. 34 (31). 30 (4, † marg.).

τράχηλος. (4) *a.* צַוָּאר Si. 6. 24 –: 7. 23 †: [30. 12 †]: 51. 26 (4 *a*).

τραχύς. (3) עָקֹב (4) גָּבֹהַּ Si. 4. 29 (B C) (4): 6. 20 (A B² S C) (3).

τρέπειν. (4) הָפַךְ *b.* ni. Si. 37. 2 (4 *b*): 39. 27 (4 *b*).

[τρίβειν. (4) מָחַץ Si. 32 (35). 23 (4).]

τρίβος. Si. 6. 36 (B²) –.

τριπλασίων (A), τριπλασίως (B S C). Si. 43. 4 †.

τρίς. (2) *b.* שָׁלֹשׁ Si. 13. 7 (2 *b*): 48. 3 (2 *b*).

τρίτος. (1) *a.* שְׁלִישִׁי Si. 45. 23 ?: 50. 25 (1 *a*).

τρόμος. (8) רַעַשׁ Si. 16. 19 (8).

τροπή. (4) פֶּרֶץ Si. 45. 23 (4).

τροφή. (1) *b.* מַאֲכָל (6) תַּעֲנוּג Si. [14. 16 (6)]: 37. 20 (1 *b* + 6): 41. 1 (6).

τρυβλίον. (3) טֶנֶא Si. 34 (31). 14 (3).

τρυφᾶν. (3) עָנַג hithpal. Si. 14. 4 (A B S¹ C) (3).

τρυφή. (2) תַּעֲנוּג (5) שֶׁמֶן Si. 11. 27 (2): 14. 16 (2): 18. 32 (5+2): [25. 21 ?]: 37. 29 (A B S) (2).

τρύφημα. (1) תַּעֲנוּג Si. 34 (31). 3 (1, † marg.).

[τύπτειν. Si. 16. 10 –.]

τυραννίς. (2) שֵׁבֶט Si. 47. 21 (2).

τύραννος. Si. 11. 5 †.

Τύριος (A B S² C), Τύρος (S¹). (1) צֹר Si. 46. 18 (1).

Υ

ὕαινα. (1) צָבוּעַ Si. 13. 18 (1).

ὑακίνθινος. (2) תְּכֵלֶת Si. 6. 30 (2): 40. 4 (A S) †.

ὑάκινθος. (2) תְּכֵלֶת Si. 40. 4 (B C) †: 45. 10 (2).

ὕβρις. (1) *b.* גַּאֲוָה Si. [5. 3 †]: 10. 6 (1 *b*): 10. 8 (1 *b*).

ὑβριστής. (3) זָדוֹן (4) לֵץ Si. 8. 11 (4): 32 (35). 23 (3).

ὑγεία, ὑγίεια. (4) חַי (5) עֶצֶם Si. 30. 14 (B²) –: 30. 15 (4): 30. 16 (A²?) –: 30. 16 (5 ?): 34 (31). 20 (4).

ὑγιής. (1) חַי Si. 30. 14 (1).

ὕδωρ. (1) מַיִם (4) מִקְוֶה (5) ἀποδοχεῖον (-α) ὑδάτων מִקְוֶה Si. 3. 30 (1): 15. 3 (1): 15. 16 (1): 38. 5 (1): 39. 17 *bis* †: 39. 23 (B S), 24 (A C) †: 39. 26 (1): 40. 11 †: 40. 16 †: 43. 20 (†, 4 marg.): 43. 20 (1): 43. 20 (4): 48. 17 (A) (1): 48. 17 (4): 50. 3 (5): 50. 8 (1).

ὑετός. (2) מָטָר (8) חֲזִיז Si. 32 (35). 26 (8): 40. 13 (8): 43. 18 (2).

υἱός. (3) בֵּן (5) זֶרַע [(15) שֵׁבֶט] Si. 4. 10 (3): 4. 11 (3): 7. 3 –: 16. 1 (3): 30. 13 (3): 36. 22 (S¹) †: 36. 28 (3): 38. 25 (3): 40. 1 (3): 45. 9 (3): [45. 11 (15 ?)]: 45. 13 (3): 45. 23 (3 ?): 45. 25 (3): 45. 25 †: 45. 25 (A B S¹ C) †: 46. 1 (A) (3): 46. 7 (3): 46. 10 (5): 46. 12 (3): 47. 2 –: 47. 12 (3): 47. 23 (3): 48. 10 (3): 49. 12 ?: 50. 1 (3): 50. 13 (3): 50. 16 (3): 50. 20 –: 50. 27 (3): 51. 1 –: 51. *subscr.* (3).

ὑμνεῖν. (5) *b.* רָנַן hi. Si. 39. 35 (5 *b*): 47. 8 (A B C) –: 51. 11 †.

ὕμνησις. Si. 47. 8 (S) –.

ὕμνος. (6) שֶׁבַח Si. 44. 1 (6).

ὑπακούειν. (7) *a.* שָׁמַע qal. Si. 4. 15 (A B C) (7 *a*): 42. 23 (7 *a*).

ὕπανδρος. (2) ὕ. γυνή בְּעֻלָה Si. 9. 9 (2): 41. 21 ?.

ὑπαντᾶν. (2) קָרָא (3) קָדַם (4) קָרַב Si. 9. 3 (4): 12. 17 (2): 15. 2 (3).

ὑπάρχειν. (6) מְכוּנָה Si. 38. 11 †: 41. 1 (6): 44. 9 †.

ὑπεναντίος. (5) עָר Si. 47. 7 (5 ?).

ὑπέρ. I. *c. gen.* (1) לְ (2) מִן Si. 4. 28 (1): 51. 9 (B S) (2 ?).

II. *c. acc.* (1) מִן (2) עַל Si. 7. 19 (1): 8. 13 (1): 13. 2 (1): 30. 16 (2): 30. 17 (1): 36. 27 (2): 40. 18 (1): 40. 19 (1): 40. 20 (1): 40. 21 (1): 40. 22 (1): 40. 23 (1): 40. 24 (1): 40. 25 (1): 40. 26 (1): 40. 27 †: 49. 16 (2).

ὑπεράγειν. (1) גָּבַר Si. 36. 27 (1).

ὑπεραίρειν. (4) פָּלָא מִן ni. Si. 48. 13 (4).

ὑπερβαίνειν. Si. 20. 7 †.

ὑπερβάλλειν. (1) עָבַר hithp. Si. 5. 7 (1).

ὑπερέχειν. (1) יֵשׁ עוֹד Si. 43. 30 (1).

ὑπερηφανεύεσθαι. (4) גָּאָה Si. 10. 9 (4).

ὑπερηφανία. (2) *a.* גַּאֲוָה *b.* גָּאוֹן (3) זָדוֹן (6) שׁוֹאָה Si. 10. 7 (2 *a*): 10. 12 (2 *b*): 10. 13 (3): 10. 18 (3): [10. 20 –]: 15. 8 †: 16. 8 (2 *a*): 48. 18 (2 *b*): 51. 10 (B) (6).

ὑπερήφανος. (1) *a.* גֵּאֶה *c.* גַּאֲוָה (4) לֵץ (8) שׁוֹאָה Si. 3. 28 (4): [10. 15 –]: 11. 30 (1 *a*): 13. 1 (4): 13. 20 (1 *c*): 34 (31). 26 (4): 35 (32). 12 †: 35 (32). 18 (4): 51. 10 (A S) (8).

ὑπεριδεῖν. (6) *b.* עָלַם hithp. (8) נָטַשׁ Si. 32 (35). 17 (B S) (8): 38. 16 (6 *b*, † marg.).

ὑπερορᾶν. Si. 14. 8 –.

ὕπνος. (4) *b.* שֵׁנָה *e.* שֵׁינָה (5) נומה Si. [13. 13 –]: 34 (31). 1 (5): 34 (31). 2 (5): 34 (31). 20 (4 *b*): 40. 5 (4 *e*): 40. 6 ?: 42. 9 ?.

ὑπνοῦν. (6) מוּת Si. 46. 20 (6).

ὑπό. I. *c. gen.* (1) מִן (2) לִפְנֵי (3) לְ Si. 3. 16 (B S C) –: 3. 17 (2): 3. 20 (3): 7. 15 †: 13. 21 *bis* (1): 14. 27 (B S² C) †: 30. 19 (–, † marg.): 45. 1 (A B) ?: 46. 13 –: 48. 12 (1): [49. 15 –]: 50. 2 †.

III. *c. acc.* (1) בְּ (2) תַּחַת Si. 14. 26 (1): [16. 15 (2)]: 51. 26 (1).

ὑποβλέπεσθαι. Si. 37. [7,] 10 (?, † marg.).

ὑπογράφειν. (1) פָּקַד ni. Si. 50. 1 (S²) (1).

ὑπόδειγμα. (1) אוֹת Si. 44. 16 (1).

ὑποδεικνύναι. (5) נָגַד *a.* hi. *b.* hoph. (7) רָאָה *b.* hi. Si. 3. 23 (A B S) (7 *b*): 14. 12 (5 *b*): 46. 20 (A B S) (5 *a*): 48. 25 (5 *a*): 49. 8 (5 *a*).

ὑπόδημα. (1) *b.* נַעַל Si. 46. 19 (1 *b*).

ὑποδιδόναι. Si. 3. 23 (C) †.

ὑποκρίνεσθαι. (2) לָהַהּ hithpalp. Si. 35 (32). 15 (2): 36 (33). 2 (A B) †.

ὑπόληψις. Si. 3. 24 †.

ὑπομένειν. (3) קָוָה *a.* qal. *c.* תִּקְוָה Si. 16. 22 (3 *c*): 36. 21 (3 *a*): 51. 8 †.

ὑπομονή. (1) *b.* תִּקְוָה Si. 16. 13 †: 41. 2 (1 *b*).

ὑπόνοια. (2) דִּמְיוֹן Si. 3. 24 (2).

ὑποπνεῖν. Si. 9. 13 (C) †.

ὑποπτεύειν. (2) פָּחַד Si. 9. 13 (A B S) (2).

ὑπορράπτειν. Si. 50. 1 (A B S¹) †.

ὑποστρωννύναι. (3) יָצַע Si. 4. 27 (3).

ὑποσχάζειν. Si. 12. 17 †.

ὑποτιθέναι. (1) נָטָה *b.* hi. (5) בּוֹא hi. Si. 6. 25 (1 *b*): 51. 26 (5).

ὑποχωρεῖν. (1) ὑποχωρῶν γίνεσθαι רָחוֹק Si. 13. 9 (1).

ὑστερεῖν. (3) חָסֵר *a.* verb. *b.* adj. (6) אָחַר hithp. Si. 7. 34 (6): 10. 27 (A) ?: 11. 11 (6): 11. 12 (3 *b*): 13. 4 †: 51. 24 (3 *a*).

ὑφιστάναι. (4) כּוּל hithpalp. Si. 43. 3 (4).

ὑψηλός. Si. 3. 18 (S²) –: 50. 2 –: 50. 2 (S¹) †.

ὕψιστος. (2) *a.* מָרוֹם (3) *a.* עֶלְיוֹן (4) (יְהוָֹה) ייי (5) אֵל Si. 4. 10 (5): 7. 9 –: 7. 15 (5): 9. 15 †: 12. 2 (4): 12. 6 (5): 16. 17 (S¹) (2 *a* ?): 32 (35). 12 (†, 5 infr. lin.): 32 (35). 21 (B S) (5): 37. 15 (5): 38. 2 (5): 41. 4 (3 *a* ?): 41. 8 (3 *a* ?): 42. 2 (3 *a*):

42. 18 (A S C[1]) –: 43. 2 (4): 43. 9 (2 *a*): 43. 12 (5, † marg.): 44. 20 (3 *a*): 44. 23 (S[1]) –: 46. 5 (3 *a*): 47. 5 (3 *a*): 47. 8 (3 *a*): 48. 5 (4): 49. 4 (3 *a*): 50. 7 †: 50. 14 (3 *a*): 50. 15 –: 50. 16 (3 *a*): 50. 17 (3 *a*): 50. 19 †: 50. 21 †.

ὕψος. (1) בָּמָה (6) *a.* מָרוֹם Si. 16. 17 (A B S[2]) (6 *a*): 43. 1 (?, 6 *a* marg.): 43. 8 (6 *a*): 46. 9 (1): 50. 2 †: 51. 19 †.

ὑψοῦν. (5) גָּדַל *b.* pi. (13) רוּם *b.* pil. *c.* hi. *i.* מָרוֹם Si. 15. 5 (13 *b*): 43. 30 (13 *c*): 43. 30 (13 *i* ?, 13 *b* marg.): 45. 6 (A B) (13 *c*): 50. 10 †: 50. 22 (5 *b*).

Φ

φανερός. (4) נָכֹחַ (5) רָאָה ni. Si. 6. 22 (4): [16. 16 (5)].

φαντασιοκοπεῖν. (1) מזור ומתירא [(2) פָּחַז hithp.] Si. 4. 30 (1, 2 [C]).

[**Φαραώ.** (1) פַּרְעֹה Si. 16. 15 (1).]

φάρμακον. (2) תְּרוּפָה Si. 6. 16 †: 38. 4 (2).

φάρυγξ. (1) *b.* גָּרוֹן (3) חֵךְ, חֵיךְ Si. 34 (31). 12 (1 *b*): 36. 24 (3).

φείδεσθαι. (2) *a.* חָמַל Si. 13. 12 (2 *a*): 16. 8 (2 *a*).

φέρειν. (29) עָטָה Si. 47. 6 (29).

φθέγγεσθαι. (1) דָּבַר pi. [(3) עָנָה] (7) שׁוּב hi. Si. 5. 11 (7, 3 [C]): 13. 22 (1).

φθονερός. Si. 14. 10 †.

[**φιλάργυρος.** Si. 10. 9 –.]

φιλία. Si. 6. 17 –: 9. 8 †.

φιλιάζειν. (1) אָהֵב Si. 37. 1 (1).

φίλος. (1) *a.* אָהֵב qal. (3) *a.* חָבֵר *b.* חָבִיר (5) *b.* רֵעַ *c.* רֵיעַ Si. 6. 1 (1*a*): 6. 5 (1*a*): 6. 7 (1*a*): 6. 8 (1*a*): 6. 9 (A B S[2] C) (1*a*): 6. 10 (A B S[2] C) (1*a*): 6. 13 (1*a*): 6. 14 (1*a*): 6. 15 (1*a*): 6. 16 (1*a*): 7. 12 (5 *b*+3 *a*): 7. 18 (1*a*): 9. 10 *bis* (1*a*): 12. 8 (1*a*): 12. 9 (5 *c*): 13. 21 *bis* (5 *b*): 14. 13 (1 *a*): 37. 1 (†, 1 *a* marg. et D): 37. 1 *bis* (–, 1 *a* marg. et D): 37. 2 †: 37. 4 (1 *a*): 37. 5 (–, 1 *a* ? marg. et D): 37. 6 (3 *b*, 3 *a* marg. et D): 40. 23 ?: 41. 18 (B S C) (5 *b*): 41. 22 (1 *a*).

Φινεές. (1) פִּינְחָס Si. 45. 23 (1).

φλογίζειν. (2) לָהַט *b.* qal. Si. 3. 30 (2 *b*).

φλόξ. (1) אֵשׁ Si. 8. 10 (1): 45. 19 (1).

φοβεῖν. (9) יָרֵא Si. 6. 16 (9 *b*): 6. 17 –: 7. 31 †: 10. 19 –: 10. 20 (9 *b*): 10. 24 (9 *b* ?): 15. 1 (9 *b*): 15. 13 (9 *b*): 15. 19 (9 *b* ?): 35 (32). 14 †: 35 (32). 16 (9 *b*): 36 (33). 1 (9 *b*).

φοβερός. (3) *a.* יָרֵא ni. Si. 9. 18 (3 *a*): 43. 29 (3 *a* ?).

φόβος. (1) *a.* אֵימָה (4) *a.* יִרְאָה *b.* מוֹרָא (6) פַּחַד Si. 4. 17 –: 9. 13 (6): 9. 16 (4 *a*): [10. 20 –]: 10. 22 (4 *a* ?): 16. 2 (4 *a*): 35 (32). 18 †: 33 (36). 2 (6): 40. 2 –: 40. 5 (1 *a*): 40. 7 †: 40. 26 *bis* (4 *a* ?, 4 *a*): 40. 27 (4 *a*): 45. 2 (†, 4 *b* marg.): 45. 23 –.

φοῖνιξ. Si. 50. 12 †.

φονεύειν. (1) הָרַג *a.* qal. Si. 9. 13 (1 *a* ?).

φορεῖν. (2) עָטָה Si. 11. 5 (2): 40. 4 (2).

φραγμός. (1) *a.* גָּדֵר *c.* גְּדִיר Si. 36. 30 (1 *c*, 1 *a* [D]).

φρόνιμος. (1) בִּין *b.* hi. Si. 38. 4 (1 *b*).

φροντίζειν. (1) דָּאַג (4) פָּחַד Si. 8. 13 –: 35 (32). 1 (1): 41. 12 (4): 50. 4 (1).

φύειν. (4) צָמַח Si. 14. 18 (†, 4 sup lin).

φυλακή. (2) *a.* אַשְׁמֹרֶת *b.* מִשְׁמָר Si. 42. 11 (?, 2 *b* marg.): 43. 10 (2 *a*).

φυλάσσειν. (1) *a.* זָהַר ni. (11) שָׁמַר *a.* qal. *b.* ni. Si. 4. 20 †: [12. 6 –]: 12. 11 †: 35 (32). 22 (11 *b*, 1 *a* marg.): 37. 8 (11 *a*): 40. 29 †: 43. 4 (B S[1] C) †: 45. 11 (S[1]) ?.

φυλή. (6) מַטֶּה (7) מִשְׁפָּחָה (8) *a.* שֵׁבֶט Si. 16. 4 (7): 33 (36). 13 (8 *a*): 44. 23 (8 *a*): 45. 6 (6): 45. 11 (A B S[2]) ?: 45. 25 (6): 48. 10 (8 *a* ?).

Φυλιστιείμ. (1) *a.* פְּלִשְׁתִּים *b.* פְּלֶשֶׁת Si. 46. 18 (1 *a*): 47. 7 (1 *a*): 50. 26 (1 *b*).

φύλλον. (1) עָלֶה Si. 6. 3 (1): 6. 3 (A C) †: 14. 18 (1 ?).

φυσᾶν. (1) נָפַח Si. 43. 4 (A S[2]) (1).

φυτεύειν. (1) *a.* נָטַע qal. Si. 10. 15 –: 43. 23 †: 49. 7 (S[1]) (1 *a*).

[**φύτευμα.** Si. 10. 19 †.]

φυτόν. (1) *b.* נֶטַע Si. 3. 28 (1 *b*).

φωνεῖν. Si. 45. 17 (B S) †.

φωνή. (10) *a.* קוֹל Si. 43. 17 (10 *a*): 45. 5 (10 *a*): 45. 9 †: 46. 17 (10 *a*): 46. 20 (10 *a*): 47. 10 (S[2]) –: 50. 16 (10 *a*): 50. 18 (10 *a*).

φῶς. (1) *a.* אוֹר Si. [3. 24 (1 *a*): 16. 16 (1 *a*)]: 35 (32). 16 †: 50. 29 †.

φωστήρ. Si. 43. 7 †.

φωτίζειν. (6) רָאָה *b.* ni. (9) זָהַר hi. (10) שָׁרַק hi. Si. 42. 16 ?: 43. 9 (9, 10 marg.): 45. 17 (A) †: 50. 7 (6 *b*).

X

χάλαζα. (2) *a.* בָּרָד Si. 39. 29 (2 *a*): 43. 15 ?: 46. 5 ?.

Χαλέβ. (1) כָּלֵב Si. 46. 7 (1): 46. 9 (1).

χαλεπός. (2) χαλεπώτερος פֶּלֶא Si. 3. 21 (A B S[1] C) (2).

χαλκός. (1) *b.* נְחֹשֶׁת Si. 12. 10 (1 *b*): 50. 3 (B S) †.

Χαναάν. Si. 16. 9 (S[2]) †.

χαρά. (8) טוֹב Si. 30. 16 (A B S[2] C) (8): [37. 17 †].

χαράσσειν. Si. 50. 27 †.

χαρίζεσθαι. (2) עָשָׂה Si. 12. 3 (2).

χάρις. (2) חֵן (3) חֶסֶד (4) *a.* טוֹב *b.* טוֹבָה (5) רַחַם (7) χάριν *c.* לְמַעַן *d.* בַּעֲבוּר *e.* עַל Si. 3. 18 (5): 3. 31 (4 *a*): 4. 21 (2): 6. 18 (S) (–, † [C]): 7. 19 (4 *b*+2): 7. 33 (A B) †: 7. 33 (3): 8. 19 (4 *b*): 12. 1 †: 20. 13 (4 *b*): 30. 16 (S[1]) (4 *a*): 34 (31). 6 –: 34 (31). 17 (7 *d*): 35 (32). 2 (7 *e*): 35 (32). 10 (2): 35 (32). 16 (S[1]) †: 37. 5 (–, † marg. et D): 37. 21 –: 38. 14 (7 *c*): 38. 17 (7 *d*): 40. 17 (3): 40. 22 ?: 42. 1 (2): 44. 23 (2).

χάρισμα. Si. 7. 33 (S) †.

χεῖλος. (5) שָׂפָה (6) נֹפֶת Si. 12. 16 (5): 34 (31). 23 (5): 39. 15 †: 40. 16 (6): 49. 13 (S[1]) †: 50. 20 (5): 51. 2 (5).

χεῖν. (6) שָׁפַךְ Si. 43. 19 (†, 6 marg.).

χείρ. (2) *a.* יָד (4) כַּף Si. 4. 9 –: 4. 19 –: 4. 31 (2 *a*): 5. 12 (2 *a*): 7. 32 (2 *a*): 8. 1 (2 *a*): 9. 17 (2 *a* ?): 10. 4 (2 *a*): 10. 5 (2 *a*): 11. 6 (2 *a*): 12. 18 (2 *a*): 14. 25 (2 *a*): 15. 14 (2 *a*): 15. 16 (2 *a*): 25. 23 (2 *a*): 34 (31). 14 (2 *a*): 34 (31). 18 (2 *a*): 32 (35). 12 (2 *a*): 33 (36). 3 (–, 2 *a* marg.): 33 (36). 7 (2 *a*): 38. 10 †: 38. 13 (2 *a*): 38. 15 (†, 2 *a* marg.): 39. 31 (A) †: 40. 14 (4): 42. 6 (2 *a*): 43. 12 (2 *a*): 45. 15 (2 *a*): 46. 2 (2 *a*): 46. 4 (2 *a*): 47. 4 (2 *a*): 48. 18 (2 *a*): 48. 19 †: 48. 20 (4): 48. 20 (2 *a*): 49. 6 (2 *a*): 49. 11 ?: 50. 12 (2 *a*): 50. 13 (2 *a*): 50. 15 –: 50. 20 (2 *a*): 51. 3 (2 *a*): 51. 8 †: 51. 19 (2 *a*).

χερουβείμ (B C), **χερουβείν** (A S) [(-βίμ)]. Si. 49. 8 –.

χήρα. (1) *a.* אַלְמָנָה Si. 32 (35). 17 (1 *a*): 32 (35). 18 –.

χθές, ἐχθές. (2) *a.* אֶתְמוֹל Si. 38. 22 (2 *a*).

χιλιάς. (1) אֶלֶף Si. 16. 10 (1): 46. 8 (1).

χίλιοι. (1) אֶלֶף Si. 6. 6 (1): 16. 3 (1): 41. 4 (1): 41. 12 (1).

χιών. (1) *a.* שֶׁלֶג Si. 43. 13 †: 43. 17 (1 *a*).

χλόη. (5) צֶמַח Si. 40. 22 (5): 43. 21 (5).

χολέρα. (1) זָרָא (2) צַעַר (3) תַּשְׁנִיק Si. 34 (31). 20 (2+3): 37. 30 (1).

χορηγεῖν. (3) סָפַק (4) סָמַךְ Si. 39. 33 (3): 44. 6 (4).

χόρτασμα. (3) כָּלָה pi. Si. 38. 26 (3).

χόρτος. Si. 40. 16 †.

χοῦς. Si. 44. 21 (A B S[4]) –.

χρεία. (2) *a.* צֹרֶךְ, צוֹרֶךְ *b.* צָרַךְ *c.* צָרִיךְ *d.* צָרוּךְ (4) עֵסֶק Si. 3. 22 (4): 8. 9 (2 *a* ?): 11. 9 †: 11. 23 ?: 13. 6 (2 *c*): 13. 6 –: 15. 12 (2 *a*): 35 (32). 2 (2 *a*): 35 (32). 7 (2 *c*): 37. 8 (2 *a*): 38. 1 (2 *a*): 38. 12 (2 *a*): 39. 21 (2 *a*): 39. 26 ?: 39. 31 (B S C) (2 *a*): 39. 33 (2 *a*, 2 *d* marg.): 42. 23 (2 *a*, 2 *d* marg.).

χρῆμα. (4) נְכָסִים (6) *a.* חוֹל *b.* חַיִל (7) טוֹבָה (8) הוֹן (9) חָרוּץ Si. 5. 1 (6 *b*): 5. 8 (4, – [C]): 10. 8 –: 14. 3 (9): 14. 5 (7): 34 (31). 3 (8): 37. 6 †: 40. 13 (6 *a* ?, 6 *b* marg.): 40. 26 (6 *b*): 46. 19 †.

χρησιμεύειν. (1) כָּשֵׁר Si. 13. 4 (1).

χρήσιμος. Si. 7. 22 †: 10. 4 †.

χρηστοήθεια. (1) טוֹב בָּשָׂר Si. 37. 11 (1).

χρίειν. (2) *a.* מָשַׁח qal. Si. 45. 15 (2 *a*): 46. 13 (2 *a*): 48. 8 (2 *a*).

χριστός. (1) *a.* מָשִׁיחַ Si. 46. 19 (1 *a*): 47. 11 (B[2]) †.

χρονίζειν. (1) אָחַר *b.* pi. (6) עָבַר hithp. (7) מָהַהּ hithp. Si. 6. 21 (1 *b*): 7. 16 (6): 14. 12 (7).

χρόνος. (5) קֵץ Si. 43. 6 (5).

χρυσίον. (1) *a.* זָהָב (2) חָרוּץ (4) פַּז (5) מָמוֹן Si. 7. 18 (1 *a*): 7. 19 †: 8. 2 (1 *a*): 30. 15 (4): 34 (31). 5 (2, † marg.): 34 (31). 6 (1 *a*): 34 (31). 8 (5): 40. 25 (1 *a*): 41. 12 †: 45. 11 –: 47. 18 (1 *a*): 50. 9 (1 *a*).

χρυσός. (1) *a.* זָהָב Si. 45. 10 (1 *a*): 51. 28 (1 *a*).

χρυσοῦς (-σεος). (1) *a.* זָהָב (2) פַּז Si. 6. 30 (1 *a*): 35 (32). 5 (1 *a*): 35 (32). 6 (1 *a vel* 2): 45. 9 –: 45. 12 (2).

χύτρα. (1) *b.* פָּרוּר Si. 13. 2 (1 *b*).

χώρα. Si. 10. 16 †: 43. 3 †: 47. 17 †.

Χωρήβ. (1) חוֹרֵב Si. 48. 7 (1).

Ψ

ψάλλειν. (2) נָגַן *b.* pi. *c.* מַנְגִּינָה Si. 9. 4 (2 *b* ? *vel* 2 *c*).

ψαλμῳδός. Si. 47. 9 (S) †: 50. 18 (B S) †.

ψαλτήριον. (2) נֵבֶל Si. 40. 21 (2).

ψαλτῳδός. Si. 47. 9 (A B C) †: 50. 18 (A) †.

ψεύδεσθαι. (4) כָּחַשׁ pi. Si. 7. 13 (4).

ψευδής. (1) *b.* כָּזָב (4) שֶׁקֶר Si. [8. 19 –]: 36. 24 (1 *b*, † marg.): 51. 5 (4).

ψεῦδος. (1) *b.* כָּזָב (2) *a.* כַּחַשׁ Si. 7. 12 †: 7. 13 (2 *a*): 41. 17 (2 *a*): 51. 2 (1 *b*).

[ψεῦσμα. Si. 4. 25 –.]

ψεύστης. (1) *b.* כָּזָב Si. 15. 8 (1 *b*).

ψιθυρίζειν. (1) לָחַשׁ *b.* qal. Si. 12. 16 (B[2]) –: 12. 18 (C) (1 *b*).

ψίθυρος. Si. 5. 14 †.

ψυχή. (2) *c.* חַי (3) לֵבָב, לֵב (4) נֶפֶשׁ (5) רוּחַ Si. 4. 2 (4): 4. 6 (4): 4. 17 (3): 4. 20 (4): 4. 22 (4): 5. 2 (A B S[4] C) (3): 6. 2 *bis* (4, †): 6. 4 (4): 6. 26 –: 6. 32 (3): 7. 11 (5): 7. 17 †: 7. 20 (4): 7. 21 (4): 7. 26 –: 7. 29 (3): 9. 2 (4): 9. 6 (4): 9. 9 (3): [10. 9 –]: 10. 28 (4): 10. 29 (4): 12. 11 (3): 14. 2 (4): 14. 4 (4): 14. 8 –: 14. 9 †: 14. 16 (4): 16. 17 (4): 19. 3 (4): [30. 12 (4)]: 30. 21 (4): 30. 23 (4): 34 (31). 20 (4): 34 (31). 28 †: 34 (31). 29 †: 35 (32). 23 (4): 37. 6 †: 37. 8 (4): 37. 12 *bis* (3): 37. 14 (3): 37. 19 (4): 37. 22 (4): 37. 27 (4): 37. 28 (4): 37. 29 (C) †: 39. 26 (C) (2 *c*): 40. 29 (4): 45. 23 (3): 47. 15 ?: [48. 5 –]: 50. 25 (4): 51. 3 (4): 51. 6 (4): 51. 19 (4): 51. 20 (4): 51. 24 (4): 51. 26 (4): 51. 29 (4).

ψυχρός. (2) צִינָּה Si. 43. 20 (2).

ψωμίζειν. (1) אָכַל *b.* hi. Si. 15. 3 (1 *b*).

Ω

ὦ. (5) הוֹ, חוֹי (7) הֶאָח Si. 37. 3 (5 ?, 5 marg. et D): 41. 1 (†, 5 marg.): 41. 2 (7).

ᾠδή. (6) *a.* שִׁיר *b.* שִׁירָה Si. 39. 15 (6 *b* ?): [47. 9 –]: 47. 17 (6 *a*).

ὠδίν. Si. 7. 27 –.

ὠδίνειν. (3) *a.* חוּל, חִיל qal. Si. 43. 17 (A) (3 *a*): 48. 19 (3 *a*).

ὠμόλινον. Si. 40. 4 †.

ὦμος. (3) שְׁכֶם Si. 6. 25 (3).

ὥρα. (5) עֵת Si. 11. 22 (5): 11. 27 (5): 12. 15 (5): 35 (32). 11 (5): 39. 33 (A B S) (5).

ὡραῖος. (5) *c.* נָאָה verb. (9) אָדַר ni. (10) הָדַר ni. (11) יוֹפִי Si. 15. 9 (5 *c*): 32 (35). 26 ?: 43. 11 (9, 10 marg.): 45. 12 (11 ?).

ὡς. (1) ־ל (2) כִּי (3) כַּאֲשֶׁר (4) מָה (5) כְּמוֹ (6) ב׳ (7) ל׳ (8) γίνεσθαι ὡς דָּמָה ל׳ Si. 3. 7 –: 3. 15 (2): 3. 16 †: 4. 10 *bis* (2, †): 4. 30 (2): 5. 7 (S[2]) –: 6. 2 –: 6. 3 (2): 6. 11 (5): 6. 19 (2): 6. 19 (A C) (2): 6. 20 –: 6. 21 (2): 8. 11 (2): 8. 12 (2): 8. 13 (2): 8. 16 †: 9. 8 (6): 11. 30 (2): 12. 10 (2): 12. 11 (2): 12. 17 (2): 13. 11 –: 14. 17 (2): 14. 18 (2): 14. 22 (6): 15. 2 *bis* (2): 25. 17 (7): [25. 20 (2)]: 30. 12 (B S C) (6): 30. 13 (C) †: 34 (31). 16 (2): 34 (31). 19 †: 35 (32). 1 (2): 35 (32). 8 (B S) (8): 35 (32). 16 †: 36 (33). 2 ?: 36 (33). 3 ?: 32 (35). 26 (S) ?: 32 (35). 26 (A B S[2] C) (2): 38. 11 †: 38. 16 –: 38. 22 †: 38. 27 ?: 39. 17 ?: 39. 22 *bis* (2): 39. 23 (B S), 24 (A C) –: 40. 3 (A ?) †: 40. 4 (C) †: 40. 6 *bis* (7, ?): 40. 6 (2): 40. 13 (2): 40. 13 (†, 2 marg.): 40. 17 –: 40. 27 (2): 41. 1 (4): 41. 2 (S[2]) †: 42. 21 (S) †: 42. 22 –: 42. 22 (A B) –: 43. 14 ?: 43. 17 (?, 2 marg.): 43. 17 (2): 43. 19 (2): 43. 20 (2): 43. 21 (2): 44. 9 *bis* (3): 44. 21 (A B S[4]) *bis* –: 46. 2 (4): 47. 3 *bis* (2): 47. 13 (S[1]) (1): 47. 14 (4): 47. 14 (2): 47. 18 *bis* (2): 47. 25 (A) –: 48. 1 *bis* (2): 48. 4 (4): 48. 19 (2): [48. 22 ?]: 49. 1 *bis* (2): 49. 11 ?: 49. 15 (A S) (4): 50. 6 *bis* (2): 50. 7 *bis* (2): 50. 8 (A B[2] S) (2): 50. 8 (B) (2): 50. 8 (2): 50. 9 *bis* (2): 50. 10 *bis* (2): 50. 12 *bis* (2): 51. 15 (B S) –.

ὡσαύτως. (5) כֵּן Si. 49. 7 (5).

ὡσεί. (1) כִּי Si. 50. 3 †: 50. 8 (A S) (1).

ὥσπερ. (1) כַּאֲשֶׁר (2) כִּי Si. 30. 20 (1): 33 (36). 4 (1): 47. 2 (2).

ὠτίον. (1) אֹזֶן Si. 43. 24 (1).

ὠφέλεια (-λία). (2) *b.* תּוֹעָלָה, הוֹעָלָה Si. 30. 23 (2 *b*): 41. 14 (2 *b*).

ὠφελεῖν. (1) יָעַל hi. Si. 5. 8 (1, – [C]): 38. 21 (1).

Appendix 3

Hexaplaric Fragments

A further supply of Hexaplaric material has been brought to light since the concordance was published, notably by the discovery of considerable portions of the Psalter, which are being prepared for publication by G. Mercati of the Vatican Library. Dr. Mercati very kindly lent the editor of this volume a transcript of the fragments, so that he is able to give a list of all fresh occurrences of words not hitherto recorded as occurring in the other Greek versions. For this kindness a great debt of gratitude is due to Dr. Mercati.

The following additional fragments may also be noted: Aquila (F. C. Burkitt); Genesis 40.3–7 (Margaret Gibson); Genesis 1.1–5 (B. P. Grenfell and A. S. Hunt); Jerome on the Psalms (G. Morin, *Anecdota Maredsolana*); fragments of Job and Habakkuk (E. Klostermann); Psalms 22 and 90–103 (C. Taylor).

H.A.R.
May 1906

A

α, *vid.* α λω.

αα (האח). **Heb.** Ps. 34. 25.

ααα (האח). **Aq.** Ps. 34. 25.

αααα (האח). **Heb.** Ps. 34. 21.

αααααα (האח). **Aq.** Ps. 34. 21.

ααθ (אחת). **Heb.** Ps. 88. 36.

ααλλελ (אחלל). **Heb.** Ps. 88. 35.

ααμιν (העמים). **Heb.** Ps. 48. 2.

● ααρς (הארע, ארע). **Heb.** Ps. 45. 3, 10.

ααφής, *vid* αλφής.

αββαιθ (הבית). **Heb.** Ps. 29. 1.

αββωτέειμ (הבטחים). **Heb.** Ps. 48. 7.

αβδαχ (עבדך). **Heb.** Ps. 88. 40, 51.

αβδω (עבדו). **Heb.** Ps. 34. 27.

αβι (אבי). **Heb.** Ps. 88. 27.

αβιν (הבין). **Heb.** Ps. 31. 9.

αβλη (הבלי). **Heb.** Ps. 30. 7.

αβνηκορ (ל[בני קרח]). **Heb.** Ps. 45. 1.

αβου (הבו *ter*, אהבו). **Heb.** Ps. 28. 1 *bis*, 2 : 30. 24.

ἀγαθός. **Aq.** Ge. 1. 4 : Ps. 102. 5 (T).
Sm. Jb. 22. 18 : Ps. 35. 5.
Quint. Ps. 35. 5.

ἀγαθύνειν. **Quint.** Ps. 35. 4.

ἀγαλλίαμα. **Quint.** Ps. 31. 7.

ἀγαλλιᾶν. **Aq.** Ps. 30. 8 : 31. 11.
Quint. Ps. 30. 8 : 31. 11 : 34. 27.

ἀγαλλίασις. **Quint.** Ps. 29. 6.

ἀγαλώθ (עגלות). **Heb.** Ps. 45. 10.

ἀγαπᾶν. **Aq.**, **Sm.** Ps. 30. 24 : 96. 10 (T).
Quint. Ps. 30. 24.

ἀγαυριᾶν, *vid.* γαυριᾶν.

ἄγγελος. **Aq.** III Ki. 21 (20). 9 *bis*.

αγι (יגיה). **Heb.** Ps. 17. 29.

ἁγιάζειν. **Aq.** Ps. 88. 36 : 95. 9 (T) : 101. 20 (T) : 102. 1 (T) (P).
Sext. Ps. 45. 5.

ἁγιασμός. **Sm.** Ps. 88. 36.

αγιλα (אנילה). **Heb.** Ps. 30. 8.

ἅγιος. **Aq.** Ps. 45. 5.
Sm. Ps. 88. 40.
Quint. Ps. 45. 5 : 88. 36.

ἁγιωσύνη. **Quint.** Ps. 29. 5.

ἄγχειν. **Quint.** Ps. 31. 9.

ἀγχιστεύειν. **Aq.** Ps. 102. 4 (T).

αδ (עד). **Heb.** Ps. 27. 9 : 45. 10 : 88. 47.

Αδαδ. **Aq.** III Ki. 21 (20). 9, 10, 16.

αδαϊ *vid.* αλαι.

ἀδαμ (אדם). **Heb.** Ps. 30. 20 : 48. 3 : 88. 48.

ἀδαμωθ (אדמות). **Heb.** Ps. 48. 12.

ἀδελφός. **Aq.** Ps. 21. 23 (T) : 34. 14 : 48. 8.
Sm. Ps. 21. 23 (T) : 34. 14 : 48. 8.
Quint. Ps. 34. 14 : 48. 8.
Sext. Ps. 34. 14.

ᾅδης. **Aq.**, **Quint.** Ps. 29. 4 : 48. 15 *bis* : 88. 49.
Sm. Ps. 29. 4 : 88. 49.
Th., **Sext.** Ps. 48. 15.

ἀδικεῖν. **Quint.** Ps. 88. 34.

ἀδικία. **Sm.** Ps. 88. 33 : Hb. 3. 6.
Th. Hb. 3. 6.
Quint. Ps. 35. 4, 5 : 88. 51.

ἀδίκως. **Aq.** Jb. 38. 15.
Quint. Ps. 34. 19.

αδιω (עדיו). **Heb.** Ps. 31. 9.

ἀδολεσχία. **Sm.** Jb. 7. 13.

αδωναϊ (אדני). **Heb.** Ps. 29. 9 : 34. 17, 22, 23 : 88. 51.

αδωρ (pro λδωρ ?) (לדור). **Heb.** Ps. 48. 12.

αεα (היה). **Heb.** Ps. 88. 42.

ἀεί, αἰεί. **Aq.** Ps. 31. 7 (*αἰεί*) : 45. 4, 8, 12 : 48. 14 : 88. 38, 46, 49 : Hb. 3. 3.
Sm. Hb. 3. 3.
Quint. Ps. 31. 7 : 45. 4, 8, 12 : 48. 14 : 88. 38, 46, 49.

αεις (האיש, איש). **Heb.** Ps. 1. 1 : 111. 1.

ἀετός. **Aq.** Ps. 102. 5 (T).

αζεχρ (pro λζεχρ) (לזכר). **Heb.** Ps. 29. 5.

αηλ (האל). **Heb.** Ps. 17. 31, 33, 48.

ἀηττησία. **Sm.** Ps. 30. 5.

αθ, *vid.* ουαθ.

ἀθεσία. **Aq.** Ps. 35. 2 : 88. 33 : 102. 12 (T).

αθθα (אתה). **Heb.** Ps. 17. 28, 29 : 30. 4, 5 : 31. 7 : 88. 27.

ἀθροίζειν. **Aq.** Ps. 101. 23 (T).

αϊ (חי). **Heb.** Ps. 17. 47.

αϊδ (pro αϊλ) (חיל). **Heb.** Ps. 17. 33.

αϊεγγιθι (היגיר). **Heb.** Ps. 29. 10.

ἀϊη (1) = היה. **Heb.** Ps. 29. 11 : 30. 3 ; (2) = איה. **Heb.** Ps. 88. 50.

αἰθήρ. **Sm.** Ps. 88. 38.

αϊθι (הייתי). **Heb.** Ps. 29. 8.

ἀϊιμ (חיים). **Heb.** Ps. 29. 6.

αϊλ (חיל). **Heb.** Ps. 17. 33 (*cf.* αϊδ), 40.

αἷμα. **Aq.**, **Quint.** Ps. 29. 10.

αϊν (עין). **Heb.** Ps. 34. 19.

αἰνεῖν. **Aq.** Ps. 34. 27 : 91. 5 (T).
Sm. Ps. 29. 13.
Quint. Ps. 34. 18.

αἴνεσις. **Quint.** Ps. 34. 28.

αἶνος. **Aq.** Ps. 31. 7.

αϊρα (העירה). **Heb.** Ps. 34. 23.

αἴρειν. **Aq.** Ps. 95. 8 (T).

αἰσθάνεσθαι. **Sm.** Jb. 23. 5.

αἰσχύνειν. **Aq.**, **Quint.** Ps. 34. 26.

αἰσχύνη. **Aq.**, **Quint.** Ps. 34. 26 : 88. 46.
Sm. Ps. 88. 46.

αϊωδέχχα (היורך). **Heb.** Ps. 29. 10.

αϊωμ (היום). **Heb.** Ps. 34. 28.

αἰών. **Aq.** Ps. 27. 9 : 29. 7 : 48. 12 : 88. 29, 37, 38, 53 : 91. 9 (T) : 101. 9 (T).
Sm. Ps. 27. 9 : 29. 7 : 48. 10 : 88. 29, 37, 38, 53.
Quint. Ps. 27. 9 : 29. 7, 13 : 30. 2 : 48. 12 : 88. 29, 30 *bis*, 37, 38, 53.
Sext. Ps. 48. 14.

ἀκακία. **Aq.** Jb. 2. 9.

ἀκέραιος. **Sm.** Ps. 17. 26 *bis*.

ἀκιμωθω (הקמתו). **Heb.** Ps. 88. 44.

ακισα, *vid.* ου ακισα.

ακοββαι (עקבי). **Heb.** Ps. 48. 6.

ἀκοή. **Quint.** Ps. 17. 45.

ἀκούειν. **Aq.** III Ki. 21 (20). 8, 12 : Ps. 21. 25 (T) : 30. 23 : 48. 2 : 101. 21 (T).
Sm. Ps. 29. 11 : 48. 2.
Quint. Ps. 48. 2.

ἀκριβάζειν. **Quint.** Ps. 88. 32.

ἀκρίβεια. **Aq.** Ps. 88. 32.

ἀκρότομος. **Sm.** Jb. 31. 22.

ἀκυροῦν. **Aq.** Ps. 88. 34.

αλ (על). **Heb.** Ps. 17. 42, 43 : 28. 3 *bis* : 30. 24 : 34. 13 : 45. 1, 3 : 48. 7 : 88. 48.

ἀλαζονεύεσθαι. **Sm.** Ps. 48. 7.

ἀλαϊ (אלהי, עלי ?). **Heb.** Ps. 34. 16, 21, 26 (*αδαϊ*).

ἀλαλάζειν. **Th.** Ps. 31. 11.

αλαυι (*vel potius* αλαιυ) (עליו). **Heb.** Ps. 88. 46.

αλάχ (עליך, הלך). Ps. 1. 1 : 31. 8.

ἀλείφειν. **Aq.** Ps. 88. 52.

αλη (עלי). **Heb.** Ps. 48. 12.

ἀλήθεια. **Aq.** Ps. 29. 10 : 30. 6.
Sm. Ps. 30. 6 : 88. 50.
Quint. Ps. 29. 10 : 30. 24.
Sext. Ps. 30. 6.

ἀληθινός. **Quint.** Ps. 30. 6.

ἀλλά. **Aq.** IV Ki. 23. 23.
Sm. Jb. 6. 21 : 27. 7 : Ps. 88. 44.

ἀλλάσσειν. **Sm.** Ps. 88. 35.

ἀλλοιοῦν. **Aq.**, **Quint.** Ps. 88. 35.

ἀλλότριος. **Sm.** (ut omnino vid), **Quint.** Ps. 17. 45, 46.

αλμωθ (עלמות). **Heb.** Ps. 45. 1.

αλουμαυ (עלומיו). **Heb.** Ps. 88. 46.

● = correction on page xxvi

αλρεγη, *vid.* οὐ αλρεγη.
ἄλσος. Aq. IV Ki. 23. 14.
ἄλσωμα. Aq. IV Ki. 23. 15.
αλφής (pro ααφής) (החפץ). Heb. Ps. 34. 27.
α λώ (אח לא). Heb. Ps. 48. 8.
αμ (עם). Heb. Ps. 17. 28.
ἅμα. Aq. Ps. 48. 3, 11 : 101. 23 (T).
Sm., Quint. Ps. 34. 26.
ἀμάδ (עמד). Heb. Ps. 1. 1.
ἅμαξα. Aq., Sm. Ps. 45. 10.
αμαρθι (אמרתי). Heb. Ps. 29. 7 : 30. 23.
ἁμαρτωλός. Quint. Ps. 31. 10 : 35. 2.
ἀμαυροῦσθαι. Th. I Ki. 3. 2.
ἀμείβειν. Aq. Ps. 102. 10 (T).
αμην (אמן). Heb., Quint. Ps. 88. 53.
αμιμ (עמים). Heb. Ps. 88. 51.
ἀμιμιμ (עמים). Heb. Ps. 17. 48.
αμμααζερηνι (המאזרני). Heb. Ps. 17. 33.
[αμ]μαγδιλιμ (המגדילים). Heb. Ps. 34. 26.
αμμαϊμ (המים). Heb. Ps. 28. 3.
αμμαχ (עמך). Heb. Ps. 27. 9.
αμμηαλιμ (המיחלים). Heb. Ps. 30. 25.
ἀμοιβή. Aq. Ps. 102. 2 (T).
αμου (המו). Heb. Ps. 45. 7.
αμρου (אמרו). Heb. Ps. 34. 21.
ἀμφιέζειν. Sm. Ps. 34. 26 : 88. 46.
ἄμωμος. Sm. Ps. 17. 31, 33.
Quint. Ps. 17. 26 *bis*, 31, 33.
ἄν. Sm. Ps. 17. 38.
ἀναβιβάζειν. Aq. Ps. 29. 4 : 96. 9 (T) : 102. 25 (T).
ἀναβοᾶν. Aq. Ps. 17. 42 : 21. 25 (T).
ἀναβολεῖν (?). Aq. Ps. 88. 46.
ἀναγγέλλειν. Quint. Ps. 29. 10.
ἀνάγειν. Sm., Quint. Ps. 29. 4.
ἀνάγκη. Quint. Ps. 30. 8.
ἀναιτίως. Sm. Ps. 34. 19.
ἀνακόπτειν. Quint. Ps. 88. 45.
ἀναλίσκεσθαι. Sm. Ps. 17. 38.
ἀναλογίζεσθαι. Sm. Jb. 21. 5.
αναμ (ענם). Heb. Ps. 17. 42.
ἀνάμνησις. Sext. Ps. 88. 48.
ἀναπαύειν. Sm. Ps. 88. 45.
ἀνάπτειν. Aq. Ps. 88. 47.
ἀναστρέφειν. Sm. Ps. 88. 45.
ἀνασώζειν. Aq. Ps. 29. 2.
ἀναφορά. Th. Jb. 42. 8.
ἀνδρίζεσθαι. Quint. Ps. 30. 25.
ἄνεμος. Quint. Ps. 17. 43.
ἀνήρ. Aq. I Ki. 6. 19 : IV Ki. 23. 16, 17 *bis*, 18 : Ps. 17. 26 : 48. 3, 8 : 88. 49.
Sm. Ps. 17. 26 : 48. 8 : 88. 49.
Quint. Ps. 17. 26 : 48. 3, 8 : 88. 49.
Sext. Jb. 34. 19.
ἀνθιστάναι. Sm. Ps. 17. 40.
ἄνθρωπος. Aq. IV Ki. 23. 14, 20 : Jb. 25. 6 : Ps. 30. 20 : 48. 3, 13 : 88. 48.
Sm. Jb. 15. 16 : 25. 6 : Ps. 30. 20 : 48. 13 : 88. 48.
Th. Ps. 48. 3 : 88. 48.
Quint. Ps. 30. 20 : 48. 3, 13 : 88. 48.
Sext. Ps. 48. 3 : 88. 49.
ανι (עני, אני *bis*). Heb. Ps. 17. 28 : 88. 28, 48.
ἀνίθ (חנית). Heb. Ps. 45. 10.
ἀνιστάναι. Aq. IV Ki. 23. 24, 25 : Ps. 17. 39 : 34. 2 : 88. 44.
Quint., Sext. Ps. 34. 2.
ἀννωθην (הנותן). Heb. Ps. 17. 48.
ἀνόητος. Aq. Ps. 48. 11.
Sext. Ps. 48. 13.
ἀνόμημα. Aq. Ps. 102. 3 (T).
ἀνομία. Aq. Ps. 48. 6.
Quint. Ps. 48. 6 : 88. 33.
Sext. Ps. 35. 4, 5.
ἄνους. Quint. Ps. 48. 11.
ἀνταλλάσσειν. Aq. Ps. 45. 3.
ἀνταναιρεῖν. Sext. Ps. 45. 10.
ἀνταποδιδόναι. Sm. Ps. 30. 24.
ἀντέχειν. Sm. Jb. 17. 9.
ἀντί. Aq., Th. Hb. 3. 16.
ἀντίδικος. Sm. Ps. 34. 1.
ἄντικρυς. Sm. Ps. 88. 37.
ἀντιλαμβάνειν. Quint. Ps. 17. 36.
ἀντιλήπτωρ. Quint. Ps. 45. 8, 12.
ἀντιλογία. Sm. Ps. 30. 21.
Quint. Ps. 17. 44 : 30. 21.
Heb. Jb. 19. 28.
ἄνω. Aq. Ps. 17. 32.
ἀνώνυμος. Sm. Jb. 30. 8.
ἀνωφελής. Aq. Ps. 91 (T). 8, 10 (?) : Hb. 3. 6.
ἀνωχὲλωείμ (= ἀνὼχ ἐλ.) (אנכי אלהים). Heb. Ps. 45. 11.
ἀπαγγέλλειν. Sm. Jb. 23. 5.
ἅπαξ. Sm., Quint. Ps. 88. 36.
ἅπας. Aq., Sm. Ps. 21. 24 *bis* (T).
ἀπιδεῖν. Aq. Ps. 102. 20 (T).
ἀπό. Aq. III Ki. 21 (20). 7 : IV Ki. 23. 12 (*ἀπὸ ἐκεῖθεν*), 16, 17, 22, 26, 27 (*ἀπὸ ἐπί*) : Jb. 3. 23 : Ps. 17. 32 (*ἀπὸ ἄνω*), 46 : 21 (T). 21 *bis*, 22 *bis*, 24 : 29. 4 : 34. 17 *bis* : 88. 34 : 90 (T). 3 *bis*, 5 *bis*, 7 *bis* : 97. 5 (T) : 101. 20 (T) : 102 (T). 4, 12.
Sm. Jb. 20. 21 : 39. 22 : Ps. 17. 46 : 21 (T). 21, 22 : 30. 5, 21 : 34. 17 *bis*, 22 : 88. 34.
Quint. Ps. 17. 46 : 27. 7 : 29. 4 : 30. 21 *bis* : 34. 17 *bis*, 22 : 88. 34.
Sext. Ps. 31. 7.
ἀποδιδόναι. Aq., Quint. Ps. 30. 24.
ἀποθνήσκειν. Aq., Quint. Ps. 48. 11.
ἀποκαθιστάναι. Sm. Ps. 34. 17.
ἀποκατασπᾶν. Aq. Ps. 88. 45.
ἀποκρίνεσθαι. Aq. III Ki. 21 (20). 11.
ἀποκρύπτειν. Aq. Jb. 3. 23.
Quint. Ps. 88. 47.
ἀπόκρυφος. Aq. Hb. 3. 14.
Quint. Ps. 30. 21.
ἀπολακτίζειν. Aq., Sm., Th. I Ki. 2. 29.
ἀπολείπειν. Sm. Jb. 20. 21.
ἀπολλύειν. Aq. Jb. 6. 9 : Ps. 48. 11 : 91. 10 (T) : 101. 27 (T).
Sm. Jb. 6. 9 : 27. 7.
Quint. Ps. 48. 11.
ἀποξενοῦν. Aq. Ps. 17. 46 (*ἀπεξενωμένου*).
ἀπορεῖν, *vid.* ἀπορρήσσειν.
ἀπορρεῖν. Aq. Ps. 17. 46.
ἀπορρίπτειν. Aq. IV Ki. 23. 27 : Ps. 88. 39.
ἀποσιωπᾶν. Sm. Ps. 29. 13.
ἀποστασία. Sm. I Ki. 1. 16 : 2. 12.
ἀποστέλλειν. Aq. III Ki. 21 (20). 7, 9, 10 : IV Ki. 23. 16.
ἀποστρέφειν. Aq. IV Ki. 23. 26 : Ps. 21. 25 (T).
Sm. Ps. 17. 38 : 88. 44.
Quint. Ps. 34. 13 : 88. 44.
ἀποτίνειν. Aq. Ps. 21. 26 (T).
ἀπότισις. Aq. Ps. 90. 8 (T).
ἀπωθεῖν. Aq., Sm. Ps. 88. 39.
Quint. Ps. 35. 5 : 88. 39.
ἄρα. Aq. Ps. 30. 23.
Sm. Jb. 38. 28.
ἆρα. Aq., Sm., Th. Jb. 27. 8.
ἀργύριον. Aq. III Ki. 21 (20). 7.
αρη (ירא). Heb. Ps. 111. 1.
ἀρημωθ (הרימות). Heb. Ps. 88. 43.
αριμ (הרים). Heb. Ps. 45. 3, 4.
ἀρισωνιμ (הראשנים). Heb. Ps. 88. 50.
ἅρμα. Quint. Ps. 45. 10.
ἀρουμ (ארום). Heb. Ps. 45. 11.
αρους (ארץ). Heb. Ps. 17. 30.
ἀρρωστία. Aq. Ps. 102. 3 (T).
αρς (ארץ). Heb. Ps. 34. 20 : 45. 7 : 88. 28.
ἀρσαείμ (רשעים). Heb. Ps. 1. 1.
ἄρτος. Aq., Sm. I Ki. 2. 36.
Th. I Ki. 1. 24 : 2. 36.
αρφ (חרפה). Heb. Ps. 88. 42.
αρφαθ (חרפת). Heb. Ps. 88. 51.
αρφου (הרפו). Heb. Ps. 45. 11.
ἄρχων. Aq. III Ki. 20 (21). 14, 15, 17.
Sm. Ps. 17. 44 (?).
ἀρω, *vid.* ματ ἀρω.
αρωκ (חרק). Heb. Ps. 34. 16.
ασα (איעצה). Heb. Ps. 31. 8.
ἀσέβεια. Quint. Ps. 35. 2 : 88. 33.
ἀσεβής. Aq. Ps. 35. 2 : 90. 8 (T) : 91. 8 (T).
ἀσεράων (= ασερ λω) (אשר לא). Heb. Ps. 1. 1.
ασιβα (השיבה). Heb. Ps. 34. 17.
ασιδαυ (חסידיו). Heb. Ps. 29. 5 (*ασιλαυ*) : 30. 24.

ασιθι (חסיתי). Heb. Ps. 30. 2.

ασιλαυ, *vid.* ασιδαυ.

ασιρ, *vid.* σιρ.

ᾆσμα. Aq. Ps. 91. 1 (T).
Sm. Ps. 30. 1 : 48. 1.
Quint. Ps. 27. 7.

ασμιθαυμ (אצמיתם). Heb. Ps. 17. 41.

ασουβ (אשוב). Heb. Ps. 17. 38.

ασουμ (עצום). Heb. Ps. 34. 18.

ἀσπίς (*scutum*). Aq. Ps. 34. 2 : 90 (T). 4, 13.
Sm. Ps. 34. 2.

ασσα (עששה). Heb. Ps. 30. 10.

ασσαάθ (השחת). Heb. Ps. 48. 10.

ασσακερ (אשקר). Heb. Ps. 88. 34.

ασσανε (אשנה). Heb. Ps. 88. 35.

ασσωμριμ (השמרים). Heb. Ps. 30. 7.

ἀστράγαλος. Sm. Ps. 17. 37.

ἀστραπή. Aq. Ps. 96. 4 (T).

ἀσύνετος. Aq. Ps. 48. 11 : 91 (T). 6.

ἀσχημοσύνη. Sm. Ps. 34. 26.

ἀτελέσφορος. Sm. Jb. 31. 40.

ἀτονεῖν. Aq. Ps. 17. 37.

ἀτταείμ (חטאים). Heb. Ps. 1. 1.

αττε (אטה). Heb. Ps. 48. 5.

αὐλή. Aq. IV Ki. 23. 12 : Ps. 95. 8 (T).

αὐλίζειν. Aq. Ps. 29. 6.
Sm. Ps. 29. 6 : 48. 13 (?).
Quint. Ps. 29. 6 : 48. 13.

αὐστηροῦν. Aq. Ps. 45. 4.

αὐχήν. Sm. Ps. 17. 41.

αυωναν (pro -αμ) (עונם). Heb. Ps. 88. 33.

αφ (אף). Heb. Ps. 88. 28, 44.

ἀφανίζειν. Quint. Ps. 45. 9.

ἄφαρ (עפר). Heb. Ps. 29. 10.

ἀφαχθ (הפכת). Heb. Ps. 29. 12.

ἀφή. Sm. Ps. 88. 33.

ἀφιέναι. Aq. IV Ki. 23. 18.

ἄφιρ (אפיר). Heb. Ps. 88. 34.

ἀφιστάναι. Aq. IV Ki. 23. 19, 27 *bis*.
Sm. Jb. 34. 5.

ἀφορίζειν. Quint. Ps. 88. 40.

ἀφόρισμα. Aq. Ps. 88. 40.

ἀφορμή. Heb. Jb. 19. 28.

ἄφρονος (!). Sm. Jb. 21. 5.

ἀφροσύνη. Sm. Jb. 21. 23.

ἄφρων. Quint. Ps. 48. 11.

αχαμιμ (חכמים). Heb. Ps. 48. 11.

ἀχαμωθ (חכמות). Heb. Ps. 48. 4.

ἀχην (אכן). Heb. Ps. 30. 23.

αχχαβωδ (הכבוד). Heb. Ps. 28. 3.

αωδεννου (אהודנו). Heb. Ps. 27. 7.

αωλαμ (העולם). Heb. Ps. 27. 9.

αωσιμ (החוסים). Heb. Ps. 17. 31.

B

βααδαρεθ (בהדרת). Heb. Ps. 28. 2.

βααλωθαμ (בחלותם). Heb. Ps. 34. 13.

βααμ (בעם). Heb. Ps. 34. 18.

βααμιρ (בהמיר). Heb. Ps. 45. 3.

βαάνφη (בחנפי). Heb. Ps. 34. 16.

βααρβ (בערב). Heb. Ps. 29. 6.

βααρς (בארץ). Heb. Ps. 45. 9, 11.

βααφζι (בחפזי). Heb. Ps. 30. 23.

βααφφω (באפו). Heb. Ps. 29. 6.

βάδισμα. Sm. Ps. 17. 37.

βαεζράθι (ε *latet*) (בעזרתי). Heb. Ps. 34. 2.

βαεμουναθαχ (באמונתך). Heb. Ps. 88. 50 (*cf.* βαμουναθι).

βαες (באש). Heb. Ps. 45. 10.

βακααλ (בקהל). Heb. Ps. 34. 18.

βακαρ (ביקר). Heb. Ps. 48. 13.

βαλ (בל). Heb. Ps. 29. 7 : 31. 9 : 45. 6.

βαλβαβαμ (בלבם). Heb. Ps. 34. 25.

βαμ (בם). Heb. Ps. 48. 15.

βαμεθγε (במתג). Heb. Ps. 31. 9.

βαμμαλαμα (במלחמה). Heb. Ps. 88. 44.

βαμμαρβ (?) ([במר[חב). Heb. Ps. 30. 9.

βαμουναθι (באמונתי). Heb. Ps. 88. 34 (*cf.* βαεμουναθαχ).

βαναυ (בניו). Heb. Ps. 88. 31.

βανη (בני). Heb. Ps. 17. 46.

βαραθα (בראת). Heb. Ps. 88. 48.

βαρουχ (ברוך). Heb. Ps. 30. 22 : 88. 53.

βαρσωναχ (ברצונך). Heb. Ps. 29. 8.

βαρσωνω (ברצונו). Heb. Ps. 29. 6.

βαρύς. Quint. Ps. 34. 18.

βασιλεία. Quint. Ps. 45. 4.

βασιλεύειν. Aq. Ps. 95. 10 (T) : 96. 1 (T) : 101. 16 (T).

βασιλεύς. Aq. III Ki. 21 (20). 11, 12, 13, 16 *bis* : IV Ki. 23. 12 *bis*, 13 *bis*, 19, 21, 22, 23, 25 : Ps. 45. 7 : 101. 23 (T).
Quint. Ps. 88. 28.

βασωμ (בצום). Heb. Ps. 34. 13.

βαταθι (בטחתי). Heb. Ps. 30. 7.

βατε (בטח). Heb. Ps. 27. 7.

βαφιεμ (בפיהם). Heb. Ps. 48. 14.

βαχ (בך). Heb. Ps. 17. 30 : 30. 2, 20.

βαχας (בכעס). Heb. Ps. 30. 10.

βγηουαθω (בגאותו). Heb. Ps. 45. 4.

βδαμί (בדמי). Heb. Ps. 29. 10.

βδέλυγμα. Aq. IV Ki. 23. 13.

βδερχ (בדרך). Heb. Ps. 31. 8.

βεβηλοῦν. Aq., Sm., Quint. Ps. 88. 32, 35, 40.

βεεζδαχ (pro βεεσδ.?) (בחסדך). Heb. Ps. 30. 8.

βεειρ (בעיר). Heb. Ps. 30. 22.

Βειθσαμυς. Aq. I Ki. 6. 19.

βεκοδοσ[ι] (ι *latet vel om.*) (בקדשי). Heb. Ps. 88. 36.

βεκορβ (בקרב). Heb. Ps. 35. 2.

βελλενουου (בלענוהו). Heb. Ps. 34. 25.

βέλος. Aq. Ps. 90. 5 (T).

βεσαύει (בשועי). Heb. Ps. 30. 23.

βεχι (בכי). Heb. Ps. 29. 6.

βηηκι (σαθιβηηκι *sic conflat.*) (בחיקי). Heb. Ps. 88. 51.

βηθαμου (בתימו). Heb. Ps. 48. 12.

βηνναυ (βεηναυ?) (בעיניו). Heb. Ps. 35. 3.

βησάθ (בעצת). Heb. Ps. 1. 1.

βία. Sm. Ps. 34. 17.

βιαδαθ (בידך). Heb. Ps. 30. 6.

βιβλίον. Aq. IV Ki. 23. 24.

βιεδ (ביד). Heb. Ps. 30. 9.

βιμη (בימי). Heb. Ps. 48. 6.

βκερβα (בקרבה). Heb. Ps. 45. 6.

βκωλω (בקולו). Heb. Ps. 45. 7.

βλαστάνειν. Aq. Ps. 91. 8 (T).

βλεβ (בלב). Heb. Ps. 45. 3.

βνη (בני). Heb. Ps. 28. 1 : 30. 20 : 48. 3 *bis* : 88. 48.

βοήθεια. Aq., Sm. Ps. 21. 20 (T) : 34. 2 : 45. 2.
Quint. Ps. 34. 2.

βοηθεῖν. Aq. III Ki. 21 (20). 16 : Ps. 27. 7 : 45. 6.
Sm., Quint. Ps. 27. 7 : 45. 6.

βοηθός. Sm. Ps. 29. 11.
Quint. Ps. 27. 7 : 29. 11 : 45. 2.

βοκρ (בקר). Heb. Ps. 45. 6.

βούλεσθαι. Aq. Ps. 34. 27 *bis*.
Sext. Ps. 35. 4.

βωράθ (pro βθωραθ) (בתורת). Heb. Ps. 1. 2.

βραχίων. Aq., Sm., Quint. Ps. 17. 35.

βρεδέθι (ברדתי). Heb. Ps. 29. 10.

βριθ (ברית). Heb. Ps. 88. 40.

βριθι (בריתי). Heb. Ps. 88. 35.

βροντᾶν. Aq., Sm., Quint. Ps. 28. 3.

βρύχειν. Aq., Quint. Ps. 34. 16.

βσαβτ (בשבט). Heb. Ps. 88. 33.

βσακ (בשחק). Heb. Ps. 88. 38.

βσαλουι (בשלוי). Heb. Ps. 29. 7.

βσαρώθ (בצרות). Heb. Ps. 30. 8 : 45. 2.

βσεβωθαμ (pro βσεμ.) (בשמותם). Heb. Ps. 48. 12.

βσεδκαθαχ (בצדקתך). Heb. Ps. 30. 2.

βσεθρ (בסתר). Heb. Ps. 30. 21.

βσεμωθαμ, *vid.* βσεβωθαμ.

βσχχα (בסכה). Heb. Ps. 30. 21.

βχέννωρ (בכנור). Heb. Ps. 48. 5.

βχωρ (בכור). Heb. Ps. 88. 28.

βω (בו). Heb. Ps. 17. 31 : 27. 7 *bis.*

βωρ (בור). Heb. Ps. 29. 4.

βωσα (בושה). Heb. Ps. 88. 46.

Γ

γαβρ (נבר). Heb. Ps. 17. 26 : 88. 49.

γαδρωθας (pro -θαυ) (גדרתיו). Heb. Ps. 88. 41.

γαῖα. Quint. Ps. 48. 12.

γαμ (גם). Heb. Ps. 48. 3 *bis.*

γαυα (?), *vid.* ραυα.

γαυριᾶν (ἀγ.). Aq. Ps. 27. 7 : 95. 12 (T).

γε, καί γε. Aq. IV Ki. 23. 15 *bis*, 19, 24, 27 : Ps. 48. 3 *bis.*
Quint. Ps. 48. 3 *bis* : 88. 28, 44.

γεδουδ (גדוד). Heb. Ps. 17. 30.

γείτων. Aq., Sm., Quint. Ps. 88. 42.

γενεά. Aq. Ps. 48. 12 *bis* : 101. 25 *bis* (T).
Sm., Quint. Ps. 48. 12 *bis.*

γεννᾶν, *vid.* γίγνεσθαι.

γεννητός. Th. Jb. 15. 14.

γῆ. Aq. IV Ki. 23. 24 : Ps. 21. 28 (T) : 45. 3, 7, 9, 10, 11 : 88. 40, 45 : 96 (T). 1, 9 : 97. 3 (T) : 101 (T). 16, 20, 26 : 102. 11 (T) : Hb. 3. 9.
Sm. Jb. 39. 24 : Ps. 45. 3, 9, 10, 11 : 88. 40, 45.
Quint. Ps. 45. 3, 7, 9, 10, 11 : 88. 28, 40, 45.
Sext. Ps. 45. 9.

γηγενής. Sext. Ps. 48. 3.

γίγνεσθαι. Aq. Ge. 1. 5 : III Ki. 21 (20). 12, 15 : IV Ki. 23. 25 : Ps. 29. 8 : 30. 3 : 31. 9 : 88. 42.
Sm. Ps. 21 (T). 15, 20 : 31. 9 : 34. 22 : 88. 42.
Quint. Ps. 29. 8 (*ἐγεννήθην*) : 30. 3 : 31. 9 : 88. 42.

γιγνώσκειν. Aq. III Ki. 21 (20). 7, 13 : Ps. 90. 14 (T) : 91. 7 (T).
Quint. Ps. 17. 44 : 45. 11.

γλυπτός. Aq. Ps. 96. 7 (T).

γλῶσσα. Aq., Quint. Ps. 30. 21 : 34. 28.
Sm. Ps. 21. 16 (T) : 30. 21 : 34. 28.

γλωσσόκομον. Aq. I Ki. 6. 19.

γνόφος. Aq. Ps. 96. 2 (T).

γνωρίζειν. Aq. Ps. 102. 7 (T).

γνωριστής. Aq. IV Ki. 23. 24.

γράφειν. Aq. IV Ki. 23. 21, 24 : Ps. 101. 19 (T).

γρηγορεῖν. Sm. Ps. 34. 23.

γυνή. Aq. III Ki. 21 (20). 7.
Th. Jb. 15. 14.

γωιμ (גוים). Heb. Ps. 45. 7.

Δ

δάβρη (דברי). Heb. Ps. 34. 20.

δαμμου (דמו). Heb. Ps. 34. 15.

δαρχαμ (דרכם). Heb. Ps. 48. 14.

Δαυείδ (Δᾱδ *ut plur.*). Aq. Ps. 28. *tit.* : 29. 1 : 30. 1 : 35. 1 : 88. 36, 50 : 102. 1 (T).
Sm. Ps. 28. *tit.* : 29. 1 : 30. 1 : 35. 1 : 88. 36, 50.
Quint. Ps. 28. *tit.* : 29. 1 : 30. 1 : 34. 1 (*δαείδ*) : 35. 1 : 88. 36, 50.

δέησις. Aq. Ps. 30. 23.
Quint. Ps. 27. 6.

δεῖν (*vincire*). Aq. III Ki. 21 (20). 14.

δεῖσθαι. Aq., Quint. Ps. 29. 9.

δελλιθανη (דליתני). Heb. Ps. 29. 2.

δεξιά. Aq. IV Ki. 23. 13 : Ps. 17. 36 : 88. 26, 43 : 90. 7 (T).
Sm., Quint. Ps. 17. 36 : 88. 26, 43.

δέρρις. Aq., Sm., Th. Hb. 3. 7.

δερχ (דרך). Heb. Ps. 88. 42.

δερχι (דרכי). Heb. Ps. 17. 33.

δερχω (דרכו). Heb. Ps. 17. 31.

δέσμιος. Aq. Ps. 101. 21 (T).

δεσπότης. Sm. Ps. 34. 22, 23 : 88. 50.

δεῦτε. Aq., Quint. Ps. 45. 9.

δή. Aq. III Ki. 21 (20). 7.

δημιουργεῖν. Sm. Jb. 37. 15.

διά. I. *c. gen.* Sm. Ps. 17. 30 *bis* : 48. 5 : 88. 37, 38, 50.
Quint. Ps. 88. 35.
Sext. Ps. 30. 7 (*διὰ κενῆς*).

II. διὰ παντός. Quint. Ps. 34. 27.

III. *c. acc.* Sm. I Ki. 2. 25 : Ps. 45. 3 : 48. 6 : Hb. 3. 6.
Th. I Ki. 1. 6.
Quint. Ps. 30. 23 : 45. 3.

διάβημα. Aq., Quint. Ps. 17. 37.

διαδηματίζειν. Aq. Ps. 102. 4 (T).

διαδικασία. Sm. Ps. 34. 23.

διαθήκη. Quint. Ps. 88. 29, 35, 40.

διαίρεσις. Quint. Ps. 45. 5.

δίαιτα. Th. Jb. 18. 5.

διακόπτειν. Aq., Sm. Ps. 88. 41.

διακόσιοι. Aq. III Ki. 21 (20). 15.

διαλείπειν. Aq. Ps. 88. 45.

διαλιμπάνειν. Aq. Ps. 45. 10.

διαλογίζεσθαι. Quint. Ps. 35. 5.

διαλύειν. Sm. Ps. 88. 34.

διανεύειν. Quint. Ps. 34. 19.

διανιστάναι. Sm. Ps. 34. 23.

διαπορεύεσθαι. Quint. Ps. 88. 42.

διαπρέπεια. Aq. Ps. 95. 9 (T).

διαρπάζειν. Sm., Quint. Ps. 88. 42.

διαρρηγνύναι. Quint. Ps. 29. 12.

διασκεδάζειν. Quint. Ps. 88. 34.

διαστρέφειν. Aq. Ps. 17. 27.
Quint. Ps. 17. 27 : 124. 3 (J).

διασχίζειν. Quint. Ps. 34. 15.

διασώζειν. Aq. Ps. 90. 14 (T).

διατελεῖν. Sm. Ps. 88. 49.

διατρέφειν. Quint. Ps. 30. 4.

διαφεύγειν. Sm. Ps. 88. 49.

διαφθορά. Aq. Ps. 48. 10 : 102. 4 (T).
Quint. Ps. 29. 10 : 48. 10.

διαφυλάσσειν (-αττειν). Sext. Ps. 30. 7.

διάψαλμα. Sm. Ps. 4. 3 (J) : 31. 7 : 45. 4, 8 : 48. 14 : 88. 38, 46, 49.
Th. Ps. 4. 3 (J).
Sext. Ps. 31. 7 : 45. 4, 8.

διαψεύδεσθαι. Aq. Ps. 88. 36.

διδάσκειν. Aq., Sm., Quint. Ps. 17. 35.

διδόναι. Aq. III Ki. 21 (20). 13 : Ps. 17. 33, 36, 41, 48 : 45. 7 : 48. 8 : 88. 28.
Sm. Ps. 17. 36 : 48. 8 : 88. 28.
Quint. Ps. 17. 36, 41, 48 : 45. 7 : 48. 8.

διελέγχειν. Sm. Jb. 22. 4.

διηγεῖσθαι. Aq., Sm. Ps. 21. 23 (T).

διηνεκῶς. Sm. Ps. 34. 27.

δικάζειν. Aq. Ps. 34. 1 *bis* : 95. 10 (T) : 102. 9 (T).
Sm., Quint. Ps. 34. 1.

δίκαιος. Aq. Ps. 31. 11 : 34. 24, 27, 28 : 96 (T). 2, 6, 11.
Sm. Jb. 17. 9.
Th. Jb. 15. 14.
Quint. Ps. 31. 11.

δικαιοσύνη. Aq. Ps. 30. 2 : 102. 6 (T).
Sm. Ps. 34. 24, 27, 28.
Quint. Ps. 30. 2 : 34. 24, 27, 28.

δικαίωσις. Aq. Ps. 34. 23.

δίκη. Quint. Ps. 34. 1, 23.

δίκτυον. Sm. Ps. 30. 5.
διορίζειν. Aq. Ps. 91. 10 (T).
διώκειν. Aq. Ps. 17. 38.
δοκεῖν. Sm. Jb. 13. 5.
δόλος. Sm. (?), Quint. Ps. 35. 4.
Sext. Ps. 34. 20.
δολοῦν. Quint. Ps. 35. 3.
δόξα. Aq. Ps. 28. 1, 2, 3 : 29. 13 : 95. 7 (T) : 96. 6 (T) : 101 (T). 16, 17.
Sm. Ps. 28. 1, 2, 3.
Quint. Ps. 28. 1, 2, 3 : 29. 13.
δοξάζειν. Aq. Ps. 21. 24 (T) : 90. 15 (T).
Sm. Ps. 21. 24 (T).
δόρυ. Aq. Ps. 45. 10.
δουλεύειν. Aq. Ps. 96. 7 (T) : 101. 23 (T).
Quint. Ps. 17. 44.
δοῦλος. Aq. III Ki. 21 (20). 9, 12 : Ps. 34. 27 : 35. 1 : 88. 40, 51 : 101. 29 (T).
Sm. Ps. 34. 27 : 35. 1 : 88. 51.
Quint. Ps. 34. 27 : 35. 1 : 88. 40, 51.
δρομοῦν. Aq. IV Ki. 23. 12.
δύναμις. Sm. Ps. 17. 33, 40 : 45. 8, 12 : 48. 7.
Quint. Ps. 17. 33 : 29. 8 : 45. 2, 8, 12 : 48. 7, 11.
δύνασθαι. Aq. III Ki. 21 (20). 9 : Ps. 17. 39.
Sm. Ps. 17. 39.
δύο. Aq. III Ki. 21 (20). 15, 16 : IV Ki. 23. 12.
δύσις. Aq. Ps. 102. 12 (T).
δῶμα. Aq. IV Ki. 23. 12.
δωρεά (incl. δωρεάν). Aq., Sext. Ps. 34. 19.
δωρεῖν. Quint. Ps. 29. 11.
δωρητικός. Aq. Ps. 102. 8 (T).
δῶρον. Aq. Ps. 95. 8 (T).

E

ἐάν. Aq. Ps. 88. 31.
Sm. Jb. 21. 6 : Ps. 88. 31, 32.
Quint. Ps. 88. 31, 32.
ἐγγίζειν. Quint. Ps. 31. 6.
Sext. Ps. 31. 9.
ἐγκαινισμός. Aq., Quint. Ps. 29. 1.
ἐγκατά[δυσις]. Sm. Ps. 48. 2.
ἐγκαταλείπειν. Sm. Ps. 88. 31.
Quint. Ps. 88. 31, 39.
ἔγκατον. Aq. Ps. 35. 2 : 45. 6 : 102. 1 (T).
Sm. Ps. 21. 15 (T).
ἐγκατονάρφοβος (?). Aq. Jb. 4. 13.
εδ (עד). Heb. Ps. 17. 38.
εδάλλεγ (אדלג). Heb. Ps. 17. 30.
ἐδαφίζειν. Aq. Ps. 45. 7.
ἐδράζειν. Aq. Ps. 95. 10 (T).
Sm. Ps. 17. 35.
ἔδρασμα. Aq. Ps. 96. 2 (T).
εεζεκ (החזק). Heb. Ps. 34. 2.
εεζινου *vid.* σεζινου.
εεζου (חזו). Heb. Ps. 45. 9.
ἐελθ (העלית). Heb. Ps. 29. 4.
εελικ (החליק). Heb. Ps. 35. 3.
εελλέλεχ (cod. σελλ.) (אהלך). Heb. Ps. 34. 18.
εεμεδεθ (העמדת, העמדתה). Heb. Ps. 29. 8 : 30. 9.
εετηθ (העטית). Heb. Ps. 88. 46.
εζαχ (חזקי): Heb. Ps. 30. 25.
ἐζρ (עזרה). Heb. Ps. 45. 2.
εθ (את). Heb. Ps. 27. 9 *bis* : 30. 8, 24 : 34. 1 *bis*.
εθαββαρθ (התעברת). Heb. Ps. 88. 39.
εθαλλαχθι (התהלכתי). Heb. Ps. 34. 14.
ἐθανναν (אתחנן). Heb. Ps. 29. 9.
ἐθνήου (אתנהו). Heb. Ps. 88. 28.
ἔθνος. Aq. Ps. 95. 10 (T) : 101. 16 (T).
Sm., Sext. Ps. 48. 2.
Quint. Ps. 17. 44 : 45. 7 : 88. 51.
εθονι (את עניי). Heb. Ps. 30. 8.
εἰ. Aq. III Ki. 21 (20). 10 : Jb. 27. 3 : Ps. 88. 32, 36.
Sm. Jb. 23. 6 : Ps. 17. 32.
Th. Jb. 27. 3.
Quint. Ps. 88. 36.
εἰκῇ. Aq. Ps. 30. 7 : 88. 48.
εἶναι. Aq. Ps. 17. 31, 42 : 35. 2 : 45. 11 : 88. 37.
Sm. Jb. 29. 4 : Ps. 17. 31, 42, 47 : 27. 8 : 30. 4 : 45. 11 : 88. 27, 37, 48 *bis*.
Th. Jb. 29. 4 : 41. 26.
Quint. Ps. 17. 26, 27, 31, 42 : 27. 8 : 30. 4 : 31. 7, 9 : 35. 2 : 45. 11 : 48. 13 : 88. 27, 37, 50.
Sext. Ps. 88. 49.
Al. Ps. 88. 46, 49.
εἰπεῖν. Aq. Ge. 1. 3 : III Ki. 21 (20). 8, 9 *bis*, 10, 11, 12, 13, 14 *quater* : IV Ki. 23. 17 *bis*, 18, 27 : Ps. 34. 21, 25, 27 : 95. 10 (T).
Sm. Ps. 34. 21, 25.
Quint. Ps. 29. 7 : 30. 23 : 34. 21, 25, 27.
εἰρήνη. Aq. Ps. 34. 20, 27.
Sm. Ps. 34. 27.
εἰρηνικός. Sext. Ps. 34. 20.
εἰς. Aq. I Ki. 2. 11 : III Ki. 21 (20). 7 *quater*, 13 : IV Ki. 23. 15, 25 : Ps. 17. 35, 40 : 21 (T). 20, 28 : 29. 7 : 34. 23 *bis* : 48. 5, 11, 12 *bis*, 15 *ter* : 88. 29, 37, 40, 45, 53 : 91 (T). 1, 9 : 95 (T). 8, 13 : 96. 3 (T) : 101 (T). 26, 29 : 102. 9 *bis* (T).
Sm. I Ki. 2. 11 : Ps. 17. 35, 40 : 21 (T). 16, 18 : 29. 7 : 30. 6, 9 : 34. 2, 13, 23 : 88. 29, 40, 45, 53.
Th. I Ki. 2. 3, 11 : Hb. 3. 3.
Quint. Ps. 17. 35 : 29. 4, 7, 10, 13 : 30. 2, 3, 6, 9 : 34. 2, 13, 23 *bis* : 48. 5, 12 *bis*, 15 *bis* : 88. 29, 30, 37, 38, 40, 41, 45.
Sext. Ps. 30. 1, 3 : 35. 1 : 45. 1 : 48. 1, 12, 14 *bis*.
Al. Ps. 88. 46, 49.
εις (איש). Heb. Ps. 30. 21 : 48. 3 (*είς*), 8.
εἷς. Aq. I Ki. 2. 36 : III Ki. 21 (20). 13 : Ps. 88. 36.
Sm., Th. I Ki. 2. 36.
εἰσαεί (?). Al. Ps. 88. 46, 49.
εἰσακούειν. Aq. Ps. 21. 22 (T).
Sm. Ps. 30. 23.
Th., Sext. Ps. 29. 11.
Quint. Ps. 17. 42 : 27. 6 : 29. 11.
εἰσέτι. Aq. Ps. 21. 27 (T).
εἰσφεύξις (?). Sm. Ps. 31. 7.
ἐκ, ἐξ. Aq. IV Ki. 23. 18 : Jb. 31. 17 : Ps. 21. 25 (T) : 34. 22 : 88. 48, 49 : 101. 20 (T) : 102. 12 (T).
Sm. Ps. 21 (T). 21, 22 : 29. 4 : 88. 49.
Th. I Ki. 14. 4.
Quint. Ps. 17. 44 : 29. 4 : 30. 5, 8 : 88. 48, 49.
ἑκατόνταρχος. Aq. Jb. 4. 13 (?).
ἐκβωθ (עקבות). Heb. Ps. 88. 52.
ἐκδίκησις. Aq., Quint. Ps. 17. 48.
ἐκεῖ. Aq. IV Ki. 23. 16, 20.
ἐκεῖθεν. Aq. IV Ki. 23. 12.
ἐκεῖνος. Aq. IV Ki. 23. 15.
ἐκζητεῖν. Aq. Ps. 21. 27 (T).
ἐκκαίειν. Quint. Ps. 88. 47.
εκκης (עקש). Heb. Ps. 17. 27.
ἐκκλησία. Aq. Ps. 21 (T). 23, 26 : 34. 18.
Quint. Ps. 34. 18.
ἐκκλίνειν. Aq. Jb. 13. 20.
ἐκλεκτός. Aq. Ps. 17. 27.
Quint. Ps. 17. 27 *bis*.
ἐκλεκτοῦν. Aq. Ps. 17. 27.
ἐκμυκτηρίζειν. Sext. Ps. 34. 16.
ἐκπορεύεσθαι. Quint. Ps. 88. 35.
εκρα (אקרא). Heb. Ps. 29. 9.
εκσερθ (הקצרת). Heb. Ps. 88. 46.
ἔκστασις. Quint. Ps. 30. 23.
ἐκτείνειν. Aq. Jb. 38. 15.
ἐκτός. Aq. Ps. 90. 8 (T).
Sm. Ps. 17. 32.
ἐκτρίβειν. Aq. Ps. 91. 8 (T).
ἐκχεῖν. Sm. Ps. 21. 15 (T).
ἐκχλευάζειν. Quint. Ps. 34. 16.
ελ. (1)=אֵל Heb. Ps. 30. 2 : 31. 9 : 34. 19, 25 *bis*.
(2)=אַל Heb. Ps. 29. 10 : 30. 7.
ἔλαφος. Quint. Ps. 17. 34.
ἔλεος. Aq. Ps. 88. 29, 34, 50 : 91. 3 (T) : 97. 3 (T) : 102 (T). 4, 8.
Sm. Ps. 31. 10 : 88. 29, 34, 50.
Quint. Ps. 30. 8 : 31. 10 : 88. 29, 34, 50.
Sext. Ps. 34. 24.
ελθαρακ (=ελ θαρακ) (אל תרחק). Heb. Ps. 34. 22.
ελθαρες (=ελ θαρες) (אל תחרש). Heb. Ps. 34. 22.
ελιων (עליון). Heb. Ps. 45. 5 : 88. 28.
Ἑλκανά (אלקנה). Aq., Sm., Th. I Ki. 2. 11.

ελλελθ (חללת). **Heb.** Ps. 88. 40.

ἐλπίζειν. **Aq.** Ps. 17. 31.
Sm. Ps. 30. 25.
Quint. Ps. 17. 31: 27. 7: 30. 2, 7, 20, 25: 31. 10.

ἐλπίς. **Aq.** Ps. 45. 2.

ελω (אלוה). **Heb.** Ps. 17. 32.

ἐλωαΐ (אלהי). **Heb.** Ps. 17. 29: 29. 13: 34. 23, 24.

ἐλωείμ (אלהים). **Heb.** Ps. 35. 2: 45. 2, 5, 6 *bis*.

ἐλωή (אלוהי, אלהי *bis*). **Heb.** Ps. 17. 47: 45. 8, 12 (*omnino excis.*).

ἐλωηνου, *vid.* ελωννου.

ἐλωννου (אלהינו). **Heb.** Ps. 17. 32.

εμ. (1)=אֵם **Heb.** Ps. 34. 14.
(2)=אם **Heb.** Ps. 88. 31, 32, 36 (ε *latet*).
(3)=עִם Ps. 88. 39.

ἐμαθαχ (חמתך). **Heb.** Ps. 88. 47.

ἐμάραθ (אמרת). **Heb.** Ps. 17. 31.

ἐμβλέπειν. **Sm.** Ps. 21. 18 (T).

ἐμεθθαχ (אמתך). **Heb.** Ps. 29. 10.

εμμανου (עמנו). **Heb.** Ps. 45. 8, 12.

εμματ (אמוט). **Heb.** Ps. 29. 7.

εμμωαυ (a praep. μη seiunct.)(עמו[מ]). **Heb.** Ps. 88. 34.

εμουνιμ (אמונים). **Heb.** Ps. 30. 24.

ἐμπεριπατεῖν. **Aq., Quint.** Ps. 34. 14.

ἐμπιπλάναι. **Aq.** Ps. 21. 27 (T): 90. 16 (T): 102. 5 (T).
Sm., Th. Jb. 22. 18.

ἐμπιπράναι. **Aq.** iv Ki. 23. 11, 15 *bis*, 16, 20: Ps. 45. 10.

ἔμπροσθεν. **Aq.** Jb. 8. 16.
Sm. Ps. 17. 43.

εμωσημ (אמחצם). **Heb.** Ps. 17. 39.

ἐν. **Aq.** Ge. 40. 7: i Ki. 2. 36: 6. 19 *bis*: iii Ki. 21 (20). 9, 10, 12, 14 *bis*, 16 *bis*: iv Ki. 23. 11, 12, 15, 16, 19 *bis*, 23 *bis*, 24 *bis*, 25 *ter*, 26: Ps. 17. 30 *bis*, 31: 21 (T). 23, 25, 26: 29. 8, 10 *bis*: 30. 2, 22: 31. 9, 10, 11: 34. 2, 13, 16, 18, 25: 35. 2, 3: 45. 2, 3 *ter*, 4, 6, 7, 9, 10, 11: 48. 5, 6, 7, 12, 13, 14: 88. 26, 31, 33, 36, 38, 44: 90 (T). 4, 8, 15, 16: 91 (T). 3, 5 *bis*, 8: 95 (T). 9, 10 *bis*, 12, 13: 96 (T). 7, 12: 101 (T). 17, 22 *bis*, 23, 24, 25: 102 (T). 4 (?), 5: Hb. 3. 14.
Sm. Ge. 40. 7: i Ki. 2. 36: Jb. 7. 13: 23. 6: Ps. 17. 31: 21 (T). 15, 23: 29. 8: 34. 2, 18, 25: 45. 2, 3 *bis*, 6, 9, 11: 48. 13, 15: 88. 26, 33 *bis*, 38, 44.
Th. i Ki. 2. 36: Jb. 18. 5: Ps. 35. 2, 3: 48. 15.
Quint. Ps. 17. 30 *bis*: 27. 7: 29. 6, 7, 8, 10 *bis*: 30. 2, 9, 10, 21 *bis*, 22, 23 *bis*: 31. 6, 8, 9: 34. 13, 16, 18 *bis*, 25: 35. 2, 3, 5: 45. 2, 3 *bis*, 4, 6, 9, 10, 11: 48. 5, 6, 12, 13, 14, 15: 88. 26, 33 *bis*, 34, 36, 38, 44, 51.
Sext. Ps. 34. 13.

ἐναλλαγή. **Aq.** Ps. 102. 7 (T).

ἐναντίον. **Th.** Jb. 15. 4.
Quint. Ps. 30. 20.

ἐνδελεχῶς. **Aq.** Ps. 34. 27.

ἐνδύειν. **Aq.** Ps. 34. 26.
Quint. Ps. 34. 13, 26.

ἔνδυμα. **Al.** i Ki. 2. 18.

ἕνεκα, ἕνεκεν. **Aq.** Ps. 96. 8 (T).
Sm., Quint., Sext. Ps. 30. 4.

ἐνεός. **Sm.** Jb. 13. 5.

ἐνιστάναι. **Sm.** Ps. 35. 5.

ἐνναμ (חנם). **Heb.** Ps. 34. 19.

ἐννηθι (עניתי). **Heb.** Ps. 34. 13.

ἐννοεῖν. **Sm.** Jb. 31. 1.

ἐντέλλεσθαι. **Aq.** iv Ki. 23. 21.

ἐντίναγμα. **Sm.** Hb. 3. 10.

ἐντολή. **Aq., Sm., Quint.** Ps. 88. 32.

ἐντρέπειν. **Quint.** Ps. 34. 26.

ἐντροπή. **Aq., Quint.** Ps. 34. 26.

ἐνώπιον. **Sext.** Ps. 35. 3.

ἐνωτίζεσθαι. **Aq., Sm., Quint.** Ps. 48. 2.

ἐξ, *vid.* ἐκ.

ἐξάγειν. **Aq., Sm., Quint.** Ps. 30. 5.

ἐξαιρεῖν. **Sm.** Ps. 21. 21 (T).
Sext. Ps. 30. 3.

ἐξαμαρτάνειν. **Aq.** iv Ki. 23. 15.

ἐξαριθμεῖν. **Sm.** Ps. 21. 17 (T).

ἐξαρκεῖν. **Aq.** iii Ki. 21 (20). 10.

ἐξεγείρειν. **Aq., Quint.** Ps. 34. 23.

ἐξεργάζεσθαι. **Quint.** Ps. 30. 20.

ἐξέρχεσθαι. **Aq.** iii Ki. 21 (20). 16, 17.

ἐξευφραίνειν. **Aq.** Ps. 88. 43.

ἐξίλασμα. **Aq., Sm., Quint.** Ps. 48. 8.

ἐξισοῦν. **Aq., Sm.** Ps. 17. 34.

ἔξοδος. **Aq.** Ps. 88. 35.

ἐξολεθρεύειν (-οθρ.). **Aq., Quint.** Ps. 17. 41.

ἐξομοιοῦν. **Aq.** Ps. 48. 13.

ἐξομολογεῖν. **Aq.** Ps. 29. 13: 34. 18: 91. 2 (T).
Sm. Ps. 34. 18.
Quint. Ps. 27. 7: 29. 5, 13: 34. 18.

ἐξουδενοῦν. **Aq.** Ps. 101. 18 (T).
Sm. Ps. 88. 39.

ἐξυπνίζειν. **Aq., Quint.** Ps. 34. 23.

ἐπάγειν. **Sm.** Jb. 22. 17.

ἐπαίρειν. **Quint.** Ps. 27. 9.

ἐπακούειν. **Aq.** Ps. 90. 15 (T).
Sm. Ps. 27. 6.
Quint. Ps. 30. 23.

ἐπανιστάναι. **Quint.** Ps. 17. 40.

ἐπαρχία. **Aq.** iii Ki. 21 (20). 14, 15.

ἐπέρχεσθαι. **Sm.** Jb. 23. 6.

ἐπευφραίνειν. **Sm., Quint.** Ps. 88. 43.

ἐπί. I. *c. gen.* **Aq.** iv Ki. 23. 12, 13, 21, 24, 27: Jb. 30. 4: Ps. 28. 3 *bis*: 102. 11 (T).
Sm. Ps. 28. 3 *bis*: 35. 5.
Quint. Ps. 28. 3 *bis*: 35. 5: 48. 12.
Sext. Ps. 45. 9.
II. *c. dat.* **Aq.** iv Ki. 23. 26: Ps. 45. 3: 48. 7: 90. 13 (T).
Sm. Ps. 30. 2: 48. 7: 88. 48.
Th. Jb. 18. 5: Ps. 35. 5.
Quint. Ps. 30. 2, 7, 8: 48. 7 *bis*.
III. *c. acc.* **Aq.** iii Ki. 21 (20). 12: iv Ki. 23. 16, 17, 20 *bis*: Jb. 27. 8: Ps. 17. 42, 43: 34. 13, 16, 21, 26: 88. 46, 48 (ἐπὶ τί): 89. 17 (T): 96. 9 (T): 102 (T). 10, 13.
Sm. Jb. 27. 8: Ps. 17. 34: 30. 25.
Th. Jb. 27. 8.
Quint. Ps. 17. 31, 34: 29. 2: 30. 20: 31. 8, 10, 11: 34. 16, 20, 21, 26: 48. 3 (ἐπὶ τὸ αὐτό), 11 (ἐπὶ τὸ αὐτό): 88. 46, 48 (ἐπὶ τί).
Sext. Ps. 30. 2.

ἐπιβαίνειν. **Sm.** Ps. 17. 30.

ἐπιβλέπειν. **Aq.** Ps. 90. 8 (T): 101. 20 (T).

ἐπιδεῖν (*videre*). **Sm.** Ps. 34. 19, 21.

ἐπίθεσις. **Aq.** Ps. 34. 20.

ἐπικαλεῖν. **Sm.** Ps. 17. 42.
Quint. Ps. 48. 12: 88. 27.

ἐπικλᾶν. **Sm.** Ps. 45. 10.

ἐπικλασμός. **Aq.** Ps. 17. 46 (*cod.* -κλισμ.).

ἐπιλαμβάνειν. **Aq., Quint.** Ps. 34. 2.

ἐπιλέγειν. **Aq.** iv Ki. 23. 24.

ἐπινίκιος (-ον). **Sm.** Ps. 30. 1: 35. 1.

επιπι (*pro* εθ πιπι) (את יהוה). **Heb.** Ps. 111. 1.

ἐπίπλαστος. **Aq.** Ps. 96. 7 (T).

ἐπιρρεῖν. **Sm.** Jb. 22. 16.

ἐπισκέπτειν. **Aq.** iii Ki. 21 (20). 15 *bis*: Ps. 88. 33.
Sm., Quint. Ps. 88. 33.

ἐπισκιάζειν. **Aq.** Ps. 90. 4 (T).

ἐπιστηρίζειν. **Quint.** Ps. 31. 8.

ἐπιστρέφειν. **Aq.** iii Ki. 21 (20). 9: iv Ki. 23. 20, 25: Ps. 17. 38: 21. 28 (T): 31. 9: 34. 13, 17: 88. 44.
Quint. Ps. 34. 17.

ἐπιχαίρειν. **Sm.** Ps. 34. 19, 24.
Quint. Ps. 34. 19, 24, 26.

ἑπτά. **Aq.** iii Ki. 21 (20). 15.
Th. Jb. 2. 13.

ερα (יראה). **Heb.** Ps. 48. 11 (*cf.* ιερε).

εργλαϊ (רגלי). **Heb.** Ps. 30. 9.

ἔργον. **Aq.** Jb. 36. 9.
Quint. Ps. 45. 9.

ερδοφ (ארדוף). **Heb.** Ps. 17. 38.

ἐρεῖν. **Aq.** Ps. 101. 25 (T).

εριμ (הרעים). **Heb.** Ps. 28. 3.

ἔρχεσθαι. **Aq.** iv Ki. 23. 17, 18: Ps. 95 (T). 8, 13.
Sm. Ps. 45. 9.

ἐρωμεμεχ (ארוממך). **Heb.** Ps. 29. 2.

ες (אש). **Heb.** Ps. 88. 47 (*cf.* βαες).

εσβεθ (השבת). **Heb.** Ps. 88. 45.

εσγέρθανι (הסגרתני). **Heb.** Ps. 30. 9.

εσδ (חסד). **Heb.** Ps. 31. 10.

εσδαχ (חסדיך). **Heb.** Ps. 88. 50.

εσδι (חסדי). **Heb.** Ps. 88. 29 (*cf.* ιεσδι).

εσδω (חסדו). **Heb.** Ps. 30. 22.

εσερ (אשר). **Heb.** Ps. 30. 8, 20: 45. 9: 88. 52 *bis*.

εσθαυου (השתחוו). **Heb.** Ps. 28. 2.

εσθερθα (הסתרת). **Heb.** Ps. 29. 8.

ἐσθίειν. **Aq.** Ps. 21. 27 (T).

εσιληνι (הצילני). **Heb.** Ps. 30. 3.
ἐσμεθ (השמחת). **Heb.** Ps. 88. 43.
εσμωρ (אשמור). **Heb.** Ps. 88. 29.
ἑσπέρα. **Th.** Ge. 1. 5.
Quint. Ps. 29. 6.
εσρή (אשרי). **Heb.** Ps. 1. 1 : 111. 1.
εσχιλεχ (אשכילך). **Heb.** Ps. 31. 8.
ἑταῖρος. **Aq.** Ps. 34. 14.
ἕτερος. **Aq., Sm., Th., Quint.** Ps. 48. 11.
ἔτι. **Aq.** Ps. 48. 10 : 91. 8 (T).
Quint. Ps. 48. 10 (*bis*?).
ἑτοιμάζειν. **Aq.** Ps. 88. 38 : 101. 29 (T).
Quint. Ps. 88. 38.
ἔτος. **Aq.** IV Ki. 23. 23 : Ps. 101 (T). 25, 28.
εττη (הטה). **Heb.** Ps. 30. 3.
εὐαρεστεῖν. **Sext.** Ps. 34. 14.
εὖγε. **Sm.** Ps. 34. 21 *bis*, 25 *bis*.
Quint. Ps. 34. 21 *bis*, 25.
εὐδοκεῖν. **Sm., Quint.** Ps. 48. 14.
εὐδοκία. **Aq.** Ps. 29. 6, 8.
Sm. Ps. 29. 8.

εὔζωνος. **Aq.** Ps. 17. 30.
εὐθηνία. **Quint.** Ps. 29. 7.
εὐθής (-ύς). **Sm.** Ps. 31. 11.
Quint. Ps. 31. 11 : 48. 15.
εὐθύτης. **Aq.** Ps. 95. 10 (T).
εὐλαβεῖσθαι. **Sm.** Ps. 21. 24 (T).
εὐλογεῖν. **Aq., Sm., Quint.** Ps. 27. 9.
εὐλογητός. **Aq.** Ps. 30. 22 : 88. 53.
Sm. Ps. 88. 53.
Quint. Ps. 17. 47 : 30. 22 : 88. 53.
εὐνομία. **Aq.** Jb. 11. 6.
εὐπορία. **Aq.** Ps. 17. 33, 40 : 48. 7, 11.
εὑρίσκειν. **Aq.** IV Ki. 23. 23 (?) : Ps. 35. 3.
Th., Sext. Ps. 45. 2.
Quint. Ps. 35. 3 : 45. 2.
εὐρύχωρος. **Sm., Quint.** Ps. 30. 9.
εὐφημεῖν. **Sm.** Ps. 34. 27.
εὐφημία. **Sm.** Ps. 31. 7.
εὐφραίνειν. **Aq.** Ps. 29. 2 : 30. 8 : 31. 11 : 34. 19, 24, 26, 27 : 91. 5 (T) : 95. 11 (T) : 96. 1 (T).
Sm. Ps. 29. 2 : 30. 8 : 34. 27.
Quint. Ps. 29. 2 : 30. 8 : 31. 11 : 34. 27 : 45. 5.

εὐφροσύνη. **Aq.** Ps. 29. 12 : 96. 11 (T).
Sm., Quint. Ps. 29. 12.
εὐχή. **Aq.** Ps. 21. 26 (T).
ἐφέλκειν. **Aq.** Jb. 5. 5.
ἐφήδεσθαι. **Sm.** Ps. 34. 26.
ἐφθά (אפתח). **Heb.** Ps. 48. 5.
ἐφιχιδ (אפקיד). **Heb.** Ps. 30. 6.
εφλι (הפליא). **Heb.** Ps. 30. 22.
ἐφορᾶν. **Al.** (?), **Quint.** Ps. 34. 17.
ἐφούδ. **Al.** I Ki. 2. 18.
εφτηνι (*pro* σεφτηνι) (שפטני). **Heb.** Ps. 34. 24.
ἐχαζεβ (אכזב). **Heb.** Ps. 88. 36.
ἐχθραίνειν. **Quint.** Ps. 34. 19.
ἐχθρός. **Aq.** Ps. 17. 38, 41 : 29. 2 : 34. 19 : 88. 43, 52 : 91. 10 *bis* (T).
Sm. Jb. 27. 7 : Ps. 17. 38, 41 : 29. 2 : 30. 9 : 34. 19 : 88. 43, 52.
Quint. Ps. 17. 41 : 29. 2 : 30. 9 : 88. 43, 52.
ἕως. **Aq.** Ps. 17. 38 : 27. 9 : 45. 10 : 91. 8 (T).
Sm. Ps. 17. 38 : 27. 9 : 45. 10.
Quint. Ps. 27. 9 : 45. 10 : 88. 47.
εωσηβ (ישבי). **Heb.** Ps. 48. 2.

Z

ζαναθ (זנחת). **Heb.** Ps. 88. 39.
ζαρω (זרעו). **Heb.** Ps. 88. 30, 37.
ζε (זה). **Heb.** Ps. 48. 14.
ζεδαρχαμ, *vid.* ζε *et* δαρχαμ.
ζερουωθαϊ (זרועתי). **Heb.** Ps. 17. 35.

ζῆν. **Aq.** Ps. 17. 47 : 21. 27 (T) : 88. 49.
Sm., Quint. Ps. 17. 47 : 88. 49.
ζητεῖν. **Aq.** III Ki. 21 (20). 7.
ζοῦ (זו). **Heb.** Ps. 30. 5 : 31. 8.
ζουλαθι (זולתי). **Heb.** Ps. 17. 32.
ζχορ (זכר). **Heb.** Ps. 88. 48.

ζωή. **Aq.** Ps. 29. 6 : 102. 4 (T).
Sm., Quint. Ps. 29. 6.
ζωημέρου (*pro* ζωμμ. ?) (זמרו). **Heb.** Ps. 29. 5.
ζωθ (זאת). **Heb.** Ps. 48. 2.
ζωμμέρου, *vid.* ζωημ.
ζωννύναι. **Aq.** III Ki. 21 (20). 11.

H

ἤ. **Aq.** Ps. 29. 10.
Sm. Jb. 22. 17 : Ps. 88. 48.
Th. Jb. 15. 14.
Quint. Ps. 29. 10.
ηβωσα (אבושה). **Heb.** Ps. 30. 2.
ηζχορ (זכר). **Heb.** Ps. 88. 51, *cf.* ζχορ.
ηκι (חיקי). **Heb.** Ps. 34. 13.
ηλ (אל). **Heb.** Ps. 28. 3 : 30. 6.
ηλαμ (חילם). **Heb.** Ps. 48. 7, 11.
ηλαυ (אליו). **Heb.** Ps. 31. 6 : 35. 3.
ηλαχ (אליך). **Heb.** Ps. 29. 9 : 30. 23 : 31. 9.

ηλι (אלי). **Heb.** Ps. 88. 27.
ηλιμ (אלים). **Heb.** Ps. 28. 1.
ἥλιος. **Aq.** IV Ki. 23. 11 : Ps. 88. 37.
Sm., Quint. Ps. 88. 37.
ημεθ (אמת). **Heb.** Ps. 30. 6.
ἡμέρα. **Aq.** IV Ki. 23. 22 : Jb. 42. 16 : Ps. 34. 28 : 48. 6 : 88. 30 : 91. 1 (T) : 101 (T). 24, 25.
Sm. Jb. 42. 16 : Ps. 88. 46.
Th. Jb. 42. 16.
Quint. Ps. 34. 28 : 48. 6 : 88. 30, 46.
ἡμερόβιος. **Sm.** Ps. 88. 48.
ἡμέτερος. **Sext.** Ps. 34. 14.

ἡμίονος. **Sm.** Jb. 39. 22.
ην (אין). **Heb.** Ps. 31. 9 : 35. 2.
ηναυ (עיניו). **Heb.** Ps. 35. 2.
ηναχ (עיניך). **Heb.** Ps. 30. 23.
ηνηνου (עיננו). **Heb.** Ps. 34. 21.
ηνι (עיני). **Heb.** Ps. 30. 10 : 31. 8.
ηρφου (חרפו). **Heb.** Ps. 88. 52 *bis*.
ἥττησις. **Sm.** Ps. 88. 41.
ἠχεῖν. **Quint.** Ps. 45. 4, 7.
Sext. Ps. 45. 4.

Θ

θαάγς (*pro* θαάγε) (תהגה). **Heb.** Ps. 34. 28.
θαειρ (תאיר). **Heb.** Ps. 17. 29.
θάλασσα. **Aq., Sm., Quint.** Ps. 45. 3.
θαμιδ (תמיד). **Heb.** Ps. 34. 27.

θαμιμ (תמים). **Heb.** Ps. 17. 26.
θαμμιμ (תמים). **Heb.** Ps. 17. 33.
θαμμιν (תמים). **Heb.** Ps. 17. 31.
θαμωγ (תמוג). **Heb.** Ps. 45. 7.

θάνατος. **Aq., Quint.** Ps. 48. 15 : 88. 49.
Sm. Ps. 21. 16 (T) : 88. 49 : Hb. 3. 5.
θανατοῦν. **Sm.** I Ki. 2. 25.
θανάτωσις. **Aq.** Ps. 101. 21 (T).

θανούναϊ (תחנוני). Heb. Ps. 27. 6 : 30. 23.

θασιβ (תשיב). Heb. Ps. 88. 44.

θασουβ (תשוב). Heb. Ps. 34. 13.

θαυμαστοῦν. Aq. Ps. 30. 22.

θβουνωθ (תבונות). Ps. 48. 4.

θεᾶσθαι. Sm. Ps. 45. 9.
Sext. Ps. 30. 8.

θεβαρ (תבער). Heb. Ps. 88. 47.

θεθ (תחת). Heb. Ps. 17. 39.

θεθαϊ (תחתי). Heb. Ps. 17. 40.

θεθαμμαμ, *vid.* θεμαμμαμ.

θεθβαραβ (תתברר). Heb. Ps. 17. 27.

θεθι (תחתי). Heb. Ps. 17. 37.

θεθφαθθαλ (תתפתל). Heb. Ps. 17. 27.

θελαθαχ (תהלתך). Heb. Ps. 34. 28.

θέλειν (ἐθέλειν). Aq. III Ki. 21 (20). 8.
Sm. I Ki. 2. 25 : Ps. 34. 27 *bis.*
Quint. Ps. 34. 27 *bis.*

θέλημα. Quint. Ps. 29. 6, 8.

θεμαμμαμ (*pro* θεθαμμαμ?) (תתמם). Heb. Ps. 17. 26.

θεμας (תמאס). Heb. Ps. 88. 39.

θεμελιοῦν. Aq. Ps. 101. 26 (T).

θεμμου (*pro* -μω[τ] *vel* -μου[τ]) (תמוט). Heb. Ps. 45. 6.

θεινηνι (תנחני). Heb. Ps. 30. 4.

θεός. Aq. Ge. 1. 3 : III Ki. 21 (20). 10 : IV Ki. 23. 16, 17, 21 : Ps. 17. 29, 30, 32 *bis* : 34. 23, 24 : 45. 6 *bis*, 8, 11, 12 (?) : 48. 8 : 96 (T). 7, 9 : 97. 3 (T).
Sm. Ps. 17. 29, 30, 31, 32 *bis*, 33 : 28. 3 : 34. 23, 24 : 45. 2, 6, 8, 11 : 48. 8 : 88. 27.
Th. Ps. 28. 1.
Quint. Ps. 17. 29, 30, 32 *bis*, 47, 48 : 28. 3 : 29. 13 : 34. 23, 24 : 45. 2, 5, 6 *bis*, 8, 11, 12 (?) : 48. 8.
Sext. Ps. 30. 3, 6.

θεοφιλ (*pro* θεσφιλ) (תשפיל). Heb. Ps. 17. 28.

θερβννι (*pro* θερβηνι) (תרבני). Heb. Ps. 17. 36.

θερε, *vid.* θερς.

θεριβ (תרחיב). Heb. Ps. 17. 37.

θερς (*pro* θερε) (תראה). Heb. Ps. 34. 17.

θεσδηνι (תסעדני). Heb. Ps. 17. 36.

θεσθερ (תסתר). Heb. Ps. 88. 47.

θεσθιρημ (תסתירם). Heb. Ps. 30. 21.

θεσσερηνι (תצרני). Heb. Ps. 31. 7.

θεσφιλ, *vid.* θεοφιλ.

θηληχ (תלך). Heb. Ps. 31. 8.

θισφνημ (?) (תצפנם). Heb. Ps. 30. 21.

θλίβειν. Aq. Ps. 31. 7.
Sm. Ps. 30. 10.
Quint. Ps. 88. 43.

θλῖψις. Aq. Ps. 45. 2 : 90. 15 (T).
Sm. Ps. 45. 2.
Quint. Ps. 45. 2.
Sext. Ps. 31. 7.

θορυβεῖν. Sm. Jb. 15. 23.

θου (תהיו). Heb. Ps. 31. 9.

θωσιηνι (תוציאני). Heb. Ps. 30. 5.

θριγκός. Sm. Ps. 88. 41.

θρόνος. Aq. Ps. 88. 30, 37, 45 : 96. 2 (T).
Sm. Ps. 88. 37, 45.
Quint. Ps. 88. 30, 37, 45.

θσωβαβηνι (תסובבני). Heb. Ps. 31. 7.

θυγάτηρ. Aq. Ps. 96. 8 (T).

θυμός. Aq. IV Ki. 23. 26 *bis.*
Quint. Ps. 30. 10.
Sext. Ps. 88. 47.

θυρεός. Aq. Ps. 17. 31, 36 : 34. 2.
Quint. Ps. 34. 2.
Sext. Ps. 45. 10.

θυσιάζειν. Aq. IV Ki. 23. 20.

θυσιαστήριον. Aq. IV Ki. 23. 12, 15 *bis*, 16, 17, 20.

θωει (*pro* θωσι) (תושיע). Heb. Ps. 17. 28.

θωραθι (תורתי). Heb. Ps. 88. 31.

θωσι, *vid.* θωει.

I

ιααδ (יחד). Heb. Ps. 48. 3.

ιααδε (יחד). Heb. Ps. 48. 11.

ιαδαθ (ידעת). Heb. Ps. 30. 8.

ιαδαϊ (ידי). Heb. Ps. 17. 35.

ιαδομ (ידם). Heb. Ps. 29. 13.

ιαδω (ידו). Heb. Ps. 88. 26.

Ιακωβ (יעקב). Aq., Sm. Ps. 21. 24 (T) : 45. 8, 12 (*paene excisus*).
Quint., Heb. Ps. 45. 8, 12 (*paene excisus*).

ιαλιν (ילין). Heb. Ps. 29. 6.

ιαλλήλου (יהללו). Heb. Ps. 88. 32.

ιαλληχουν (ילכון). Heb. Ps. 88. 31.

ιαμιμ (ימים). Heb. Ps. 45. 3.

ιαμουθω (ימותו). Heb. Ps. 48. 11.

ιαρόννου (ירנו). Heb. Ps. 34. 27.

ιαροσου (ירצו). Heb. Ps. 48. 14.

ἰασάβ (ישב). Heb. Ps. 1. 1.

ια[σ]βου (יחשבון). Heb. Ps. 34. 20 (*excis.*).

ἰᾶσθαι. Aq. Ps. 102. 3 (T).

ἰασουαθι (ישועתי). Heb. Ps. 88. 27.

ιγγιου (יניעו). Heb. Ps. 31. 6.

ιδαββερ (ידבר). Heb. Ps. 48. 4.

ιδαββήρου (ידברו). Heb. Ps. 34. 20.

ιδαθι (?). Heb. Ps. 48. 5 (*cf.* Field).

ιδαυ (יחדו). Heb. Ps. 34. 26.

ἰδεῖν. Aq. Ge. 1. 4 : I Ki. 6. 19 : III Ki. 21 (20). 7, 13 (?) : IV Ki. 23. 16 : Jb. 42. 16 : Ps. 34. 21, 22 : 96. 4 (T) : 97. 3 (T).
Sm. Jb. 42. 16 : Ps. 34. 22.
Quint. Ps. 34. 21, 22 : 45. 9.
Sext. Ps. 48. 11.

ἰδού. Aq. III Ki. 21 (20). 13 *bis* : Ps. 91. 10 *bis* (T).

ιεβαου (*pro* ιεβλου?) (יבלו). Heb. Ps. 17. 46.

ιεβλου, *vid.* ιεβαου.

ἴεγδελ (ינדל). Heb. Ps. 34. 27.

ιεδαλ (*pro* ουεδαλ) (והדל). Heb. Ps. 48. 9.

ιεεμου, (יהמו). Heb. Ps. 45. 4.

ἴεζεβου (יעזבו). Heb. Ps. 88. 31.

ἴεθέν (יתן). Heb. Ps. 48. 8.

ιεθερ (יתר). Heb. Ps. 30. 24.

ιειε (1) = יהיה Heb. Ps. 88. 37.
(2) = יחיה Heb. Ps. 88. 49.

ιεμου (*pro* ισμου *vel* ιεσμου?) (שמחו). Heb. Ps. 31. 11.

ιεμρου (יחמרו). Heb. Ps. 45. 4.

ιεράσουι (ירעשו). Heb. Ps. 45. 4.

ἱερατικός. Al. I Ki. 2. 18.

ἱερε (יראה). Heb. Ps. 48. 10 (*cf.* ερα) : 88. 49.

ἱερεύς. Aq. IV Ki. 23. 20, 24.

ιερημ (ירעם). Heb. Ps. 48. 15.

Ιεροβοαμ (ירבעם). Aq. IV Ki. 23. 15.

Ιερουσαλημ (ירושלם). Aq. Ps. 101. 22 (T) (?).

ἴεσαυου (ישועו). Heb. Ps. 17. 42.

ιεσαχα (ישעך). Heb. Ps. 17. 36.

ιεσδι (*pro* ουεσδι?, *cf.* εσδι) (וחסדי). Heb. Ps. 88. 34.

ιεσεμου (ישמחו). Heb. Ps. 34. 24.

ιεσμου (ישמחו). Heb. Ps. 45. 5 (*cf.* ιεμου *et* ιεσεμου).

ἱεσμωρου (ישמרו). Heb. Ps. 88. 32.

ἴεσσι (ישעי). Heb. Ps. 17. 47.

ἴεφαε (*pro* ιεφδε) (יפדה). Heb. Ps. 48. 8.

ιεφδε, *vid.* ἴεφαε.

ιεφφολου (יפלו). Heb. Ps. 17. 39.

ιεχχον (יכון). Heb. Ps. 88. 38.

ιηβωσου (יבשו). Heb. Ps. 34. 26.

ἴθαλλάλου (יתהללו). Heb. Ps. 48. 7.

ἴθανι (חייתני). Heb. Ps. 29. 4.

ἴϊδαθι (יחידתי). Heb. Ps. 34. 17.

ικερσου (יקרצו). Heb. Ps. 34. 19.

ἱκεσία. Sm. Ps. 27. 6 : 30. 23.

ἴκραηνι, *vid.* ουϊκραηνι.

ἱλαρός. Aq., Sm., Th. Jb. 33. 26.

ιλεϊ (אלי). Heb. Ps. 30. 3.

ιμαλλετ (ימלט). Heb. Ps. 88. 49.

ιμη (ימי). Heb. Ps. 88. 46.

ιμιν (ימין). Heb. Ps. 88. 43.

ιμινώ (ימינו). Heb. Ps. 88. 26.

ἵνα. Aq. Jb. 6. 9.
Sm. Jb. 6. 9 : Ps. 17. 37 : 48. 8.
Quint. Ps. 45. 6.

ιοβαδου (יאבדו). Heb. Ps. 48. 11.

Ιουδα. Aq. Ps. 96. 8 (T).

ιουχαλευ (יכלו). Heb. Ps. 17. 39.

ἵππος. Aq., Sm., Quint. Ps. 31. 9.

ιρ (עיר). Heb. Ps. 45. 5.

ιρα (אירא). Heb. Ps. 48. 6.

ιριβίαϊ (יריבי). Heb. Ps. 34. 1.

ισαββουνι (יסובני). Heb. Ps. 48. 6.

ισμιαννι (?) (יעמידני). Heb. Ps. 17. 34.

ισμου, *vid.* ιεμου.

ισουβερ (ישבר). Heb. Ps. 45. 10.

ισουμοχ (ישמחו). Heb. Ps. 34. 19.

ισουωθ (ישועות). Heb. Ps. 27. 8.

Ισραηλ. Aq. III Ki. 21 (20). 15 : Ps. 97. 3 (T) : 102. 7 (T).

ισρη (ישרי). Heb. Ps. 31. 11.

ισροφ (ישרף). Heb. Ps. 45. 10.

ἱστάναι. Aq. Ps. 30. 9.
Sm. Ps. 17. 34 : 30. 9 : 34. 2.
Quint. Ps. 17. 34 : 29. 8 : 30. 9 : 35. 5 : 88. 44.

ἰσχυρός. Aq. Jb. 9. 2 : Ps. 17. 31, 33, 48 : 30. 6 : 88. 27 : 101. 25 (T).
Sm. Jb. 9. 2.
Th. Jb. 9. 2 : Ps. 17. 33.
Quint. Ps. 17. 31, 33 : 30. 6.

ἰσχυρότης. Aq. Ps. 21. 20 (T).

ἰσχύς. Sm. Jb. 23. 6 : Ps. 21. 16 (T) : 27. 8 : 45. 2 : 48. 11.
Quint. Ps. 48. 15 : 88. 27.

ισωβαβέννου (יסובבנו). Heb. Ps. 31. 10.

ιωμρου (יאמרו *bis*). Heb. Ps. 34. 25, 25 (?).

ιωσία (הושיעה). Heb. Ps. 27. 9.

K

καθά. Aq. IV Ki. 23. 27.

καθαιρεῖν. Quint. Ps. 88. 41.

καθαίρειν. Quint. Ps. 88. 45.

καθαρεύειν. Sm. Ps. 17. 27.

καθαρίζειν. Aq. Ps. 88. 45 (κεκαθαρισμόν).

κάθαρμα. Aq. IV Ki. 23. 24.

καθαρός. Sm. Ps. 17. 27.

καθήκειν. Sm. I Ki. 2. 13.

καθῆσθαι. Aq. Ps. 48. 2.

καθιστάναι. Quint. Ps. 17. 44.

καί γε, *vid. sub* γε.

καινίζειν. Aq. Ps. 102. 5 (T).

καίπερ. Aq. Ps. 88. 28, 44 : 95. 10 (T).

κακία. Aq. III Ki. 21 (20). 7 : Ps. 34. 26.
Sext. Ps. 35. 5.

κακός. Aq. Ge. 40. 7.
Sm. Ps. 48. 6.
Quint. Ps. 34. 26.

κακοῦν. Sm. Ps. 34. 13.

κακουργία. Quint. Ps. 34. 17.

κακοῦργος. Sm. Ps. 21. 17 (T).

κακουχεῖν. Aq. Ps. 34. 13 : 101. 24 (T).

κακουχία. Aq. Ps. 30. 8.

κάκωσις. Sm. Ps. 21. 22 (T) : 34. 26.

καλεῖν. Aq. I Ki. 13. 20 : IV Ki. 23. 16, 17 : Ps. 29. 9 : 88. 27.
Sm. I Ki. 13. 20 : Ps. 88. 27.

καλεφ (?). Heb. Ps. 111. 1 (?).

καμαϊ (קמי). Heb. Ps. 17. 40.

καρβαμ (קרבם). Heb. Ps. 48. 12.

καρδία. Aq. IV Ki. 23. 25 : Ps. 21. 27 (T) : 27. 7 : 30. 25 : 34. 25 : 35. 2 : 45. 3 : 48. 4 : 96. 11 (T).
Sm. Ps. 21. 15 (T) : 27. 7 : 30. 25 : 31. 11 : 34. 25 : 45. 3 : 48. 4.
Quint. Ps. 27. 7 : 30. 25 : 31. 11 : 34. 25 : 35. 2 : 45. 3 : 48. 4.

καρωβ, *vid.* καρωθ.

καρωθ (*pro* καρωβ) (קרב). Heb. Ps. 31. 9.

κασέ (קצה). Heb. Ps. 45. 10.

κασθ (קשת). Heb. Ps. 45. 10.

κατά. I. *c. gen.* Aq. I Ki. 2. 19 : Jb. 36. 9.
Sm. I Ki. 2. 19 : Ps. 34. 21 : 88. 36.
Th. I Ki. 2. 19.
Sext. Ps. 34. 15.
II. *c. acc.* Aq. IV Ki. 23. 16, 19, 21, 22, 25 : Ps. 34. 24.
Sm. Jb. 21. 5 : Ps. 34. 24 : 48. 14.
Quint. Ps. 17. 43 : 34. 24.

καταβαίνειν. Aq. Ps. 29. 4.
Quint. Ps. 29. 4, 10.

κατάγειν. Quint. Ps. 48. 15.

καταδιώκειν. Sm. Ps. 17. 38.

κατάδυσις. Aq. Ps. 88. 48.
Quint. Ps. 48. 2.

κατάδυτος. Quint. Ps. 88. 48.

καταισχυμμός. Sm. Ps. 34. 26.

καταισχύνειν. Aq., Sm. Ps. 30. 2 : 34. 26.
Quint. Ps. 30. 2.

κατακαίειν. Sm., Quint. Ps. 45. 10.

κατακλυσμός. Quint. Ps. 31. 6.

κατακόπτειν. Aq., Sm. Ps. 45. 10.

κατακρύπτειν. Quint. Ps. 30. 21.

κατακυριεύειν. Quint. Ps. 48. 15.

καταλαμβάνειν. Aq., Sm. Ps. 17. 38.

καταλείπειν. Aq. Ps. 48. 11 : 88. 31.
Sm., Quint. Ps. 48. 11 (-λήψ.).

καταλύειν. Aq. IV Ki. 23. 12, 15.

καταμεγαλύνεσθαι. Sm. Ps. 34. 26.

κατανοεῖν. Sm. Ps. 21. 18 (T).
Th. Jb. 37. 14.

κατανύσσεσθαι. Sext. Ps. 34. 15.

καταπαύειν. Quint. Ps. 45. 10.

καταπίνειν. Sm. Ps. 34. 25.

καταποντίζειν. Aq., Quint. Ps. 34. 25.

καταράσσειν. Quint. Ps. 88. 45.

κατάργησις. Sm. Ps. 45. 9.

καταρτίζειν. Quint. Ps. 17. 34.

κατασκευάζειν. Aq. Ps. 17. 35.

κατασκήνωμα. Th., Quint. Ps. 45. 5.

καταστρέφειν. Quint. Ps. 88. 40.

κατατρέχειν. Sm. Ps. 17. 30.

κατατρίβειν. Quint. Ps. 48. 15.

καταφέρειν. Sm. Ps. 21. 16 (T).

καταφυγή. Sm. Ps. 30. 3, 4.
Quint. Ps. 30. 3, 4 : 45. 2.
Sext. Ps. 31. 7.

κατέναντι. Aq. Ps. 21. 26 (T) : 35. 2 : 88. 37.
Sm. Jb. 10. 17.
Th. (?), Quint. Ps. 35. 2.

κατεργάζεσθαι. Aq. Ps. 91 (T). 8, 10.

κάτεργον. Aq. Ps. 91. 5 (T).

κατοικεῖν. Quint. Ps. 48. 2.

κατορύσσειν (-ύττειν). Sm. Ps. 34. 26.

καυχᾶσθαι. Aq. III Ki. 21 (20). 11.
Quint. Ps. 48. 7.
Sext. Ps. 31. 11.

κενός. Sext. Ps. 30. 7.

κέρας. Aq., Sm. Ps. 21. 22 (T).

κερου (קראו). Heb. Ps. 48. 12.

κεσθ (קשת). Heb. Ps. 17. 35.

κεφαλή. Quint. Ps. 17. 44.

κημός. Aq., Sm., Quint. Ps. 31. 9.

κηρός. Aq. Ps. 96. 5 (T).
Sm. Ps. 21. 15 (T).

κῆτος. Aq. Ps. 90. 13 (T).

κιθάρα. Aq. Ps. 48. 5.

κλαυθμός. Aq., Sm., Quint. Ps. 29. 6.

κληρονομία. Aq., Quint. Ps. 27. 9.

κληρουχία. Sm. Ps. 27. 9.

κλίνειν. Aq., Sm., Quint. Ps. 30. 3 : 48. 5.
Sext. Ps. 45. 7.

κνίζειν. Aq. Ps. 34. 19.

κοδεω (*pro* κοδσω) (קדשו). Heb. Ps. 29. 5.

κοδς̌ (קדש). Heb. Ps. 28. 2 : 45. 5.

κοίτη. Sm. Jb. 7. 13 : Ps. 35. 5.
Quint. Ps. 35. 5.

κολοβοῦν. Aq. Ps. 88. 46 : 101. 24 (T).

κόλπος. Aq., Sm., Quint. Ps. 34. 13 : 88. 51.

κοπετός. Quint. Ps. 29. 12.

κοπιᾶν. Quint. Ps. 35. 4.

κόπτειν. **Aq.** IV KI. 23. 14.
Κόρ (קרה). **Heb.** PS. 48. 1 *vid.* ἀβνηκορ.
Κορέ (קרח). **Quint.** PS. 45. 1 : 48. 1.
κόσμος. **Aq.** PS. 102. 5 (T).
Sm. JB. 37. 15.
κουμ (קום). **Heb.** PS. 17. 39.
κουφίζειν. **Sm.** JB. 7. 14.
κράζειν. **Quint.** PS. 17. 42 : 29. 9 : 30. 23.
κραταιός. **Sm.** PS. 17. 32, 47.
κραταιότης. **Sext.** PS. 45. 4.
κραταιοῦν. **Quint.** PS. 27. 7 : 30. 25.
κραταίωμα. **Aq.** PS. 27. 8.
κραταίωσις. **Sext.** PS. 30. 4.
κρατεῖν. **Sm.** PS. 34. 2.
κράτος. **Aq.** PS. 27. 8 : 29. 8 : 45. 2 : 95. 7 (T).
κρίμα. **Aq.** I KI. 2. 13 : PS. 88. 31 : 96. 2 (T).
Sm., Quint. PS. 88. 31.
κρίνειν. **Aq.** IV KI. 23. 22 : PS. 34. 24 : 95. 13 *bis* (T).
Sm., Quint. PS. 34. 24.
κριός. **Aq., Sm.** PS. 28. 1.
κρίσις. **Aq.** PS. 34. 23 : 102. 6 (T).
Sm. PS. 34. 23.
κριτής. **Aq.** IV KI. 23. 22.
Quint. PS. 34. 23.
κρύπτειν. **Sm.** PS. 29. 8.
Quint. PS. 30. 5, 20.
κρυφαίως. **Sm.** HB. 3. 14.
κρύφιος. **Quint.** PS. 45. 1.
κτῆνος. **Aq., Sm., Th., Quint.** PS. 48. 13.
κτίζειν. **Aq.** PS. 88. 48 : 101. 19 (T).
Sm., Quint. PS. 88. 48.
κυκλοῦν. **Aq.** PS. 48. 6.
Sm. PS. 31. 7, 10 : 48. 6.
Quint. PS. 31. 10 : 48. 6.
Sext. PS. 31. 7.
κύριος. **Aq.** GE. 1. 4 (*pro καί*) : I KI. 6. 19 : III KI. 21 (20). 9 : IV KI. 23. 24 : JB. 27. 8 : PS. 29. 9, 13 : 34. 22, 23 : 88. 51.
Sm. I KI. 2. 25 : JB. 22. 17 : 27. 8 : PS. 88. 51.
Th. JB. 15. 4 : 27. 8 : PS. 17. 42 : 27. 6, 7 *bis* : 28. 1, 3 *bis* : 30. 2, 10, 22, 24 : 31. 10 : 34. 1. 23, 24, 27 : 35. 1.
Quint. PS. 29. 9 : 34. 17, 22, 23 : 88. 51.
Sext. PS. 17. 42.
κύφειν. **Aq.** JB. 22. 29.
Sm. PS. 34. 14.
κύων. **Aq.** PS. 21. 21 (T).
Sm. PS. 21 (T). 17, 21.
κωλ (קול). **Heb.** PS. 27. 6 : 28. 3 : 30. 23.
κῶλον. **Aq.** PS. 17. 37.
κωλύειν. **Aq.** III KI. 21 (20). 7.
κωφεύειν. **Aq.** PS. 34. 22.

Λ

λααβδ (לעבד). **Heb.** PS. 35. 1.
λααραρι (להררי). **Heb.** PS. 29. 8.
λααρς (לארץ). **Heb.** PS. 88. 40, 45.
λαβαλώθ (לבלות). **Heb.** PS. 48. 15.
λαβεκρ (לבקר). **Heb.** PS. 48. 15.
λαβλωμ (לבלום). **Heb.** PS. 31. 9.
λαβνη (לבני). **Heb.** PS. 48. 1.
λαγη (לעני). **Heb.** PS. 34. 16.
λαηριμ (לאחרים). **Heb.** PS. 48. 11.
λάκκος. **Quint.** PS. 29. 4.
λαλεῖν. **Aq.** III KI. 21 (20). 11 : IV KI. 23. 16 : PS. 34. 20 : 48. 4.
Sm., Quint. PS. 48. 4.
Sext. PS. 34. 20 *bis*.
λαμα (למה). **Heb.** PS. 48. 6.
λαμαλαμα (למלחמה). **Heb.** PS. 17. 35, 40.
λαμαλχή (למלכי). **Heb.** PS. 88. 28.
λαμαν (למען). **Heb.** PS. 29. 13.
λαμανασση (למנצח). **Heb.** PS. 30. 1 : 35. 1 (evan. λ) : 45. 1 : 48. 1.
λαμβάνειν. **Aq.** IV KI. 23. 16.
λαμεσαλ (למשל). **Heb.** PS. 48. 5.
λαμεσφατι (למשפטי). **Heb.** PS. 34. 23.
λαμου (למו). **Heb.** PS. 27. 8 : 48. 14.
λαμσω (למצא). **Heb.** PS. 35. 3.
λανεγδ (לנגד). **Heb.** PS. 35. 2.
λανες (?) (לנצח). **Heb.** PS. 88. 47 (*cf.* ωδλανες).
λανου (לנו). **Heb.** PS. 45. 8, 12.
λαός. **Aq.** III KI. 21 (20). 8, 10, 15 : IV KI. 23. 21 : PS. 17. 48 : 27. 9 : 48. 2 : 95 (T). 10, 13 : 96. 6 (T) : 101 (T). 19, 23.
Sm. PS. 27. 9.
Quint. PS. 17. 28, 44 *bis*, 48 : 27. 9 : 34. 18 : 48. 2.
λαρασά (לרשע). **Heb.** PS. 31. 10.
λαρεσα (לרשע). **Heb.** PS. 35. 2.
λαχολ (לכל). **Heb.** PS. 17. 31.
λαωσιμ (לחוסים). **Heb.** PS. 30. 20.
λβηθ (לבית). **Heb.** PS. 30. 3.
λδαυείδ (לדוד). **Heb.** PS. 28. 1 : 29. 1 : 30. 1 : 34. 1 : 35. 1 : 88. 36, 50 (λδᾱδ).
λδωρ, *vid.* αδωρ.
λέαινα. **Aq.** PS. 90. 13 (T).
λεαίνειν. **Aq., Quint.** PS. 17. 43.
λεβ (לב). **Heb.** PS. 31. 11.
λεββαβεχεμ (לבבכם). **Heb.** PS. 30. 25.
λεββαυ (לבי). **Heb.** PS. 35. 2.
λεββί (לבי *ter*). **Heb.** PS. 27. 7 *quater* : 48. 4.
λέγειν. **Aq.** III KI. 21 (20). 13, 14 : IV KI. 23. 21 : PS. 90. 2 (T).
Sm. JB. 22. 17 : PS. 34. 27.
Sext. PS. 34. 25.
λειοῦν. **Aq.** PS. 35. 3.
λέξις. **Aq.** PS. 34. 16.
λεπτοκοπεῖν. **Sm.** PS. 17. 43.
λεπτύνειν. **Aq.** IV KI. 23. 15.
Quint. PS. 17. 43.
λερβι (לריבי). **Heb.** PS. 34. 23.
λέων. **Aq.** PS. 21. 22 (T).
Sm. PS. 21 (T). 17, 22 : 34. 17.
Quint. PS. 34. 17.
λζεχρ, *vid.* αζεχρ.
λησίμ (לצים). **Heb.** PS. 1. 1.
λι (לי). **Heb.** PS. 17. 36, 41, 45, 48 : 29. 2, 11, 12 : 30. 3, 5, 10, 22 : 31. 7 : 34. 14, 19, 24.
λιαια (ליהוה). **Heb.** PS. 29. 5.
λιριαχ (ליראיך). **Heb.** PS. 30. 20.
λιχάς (?). **Aq.** III KI. 21 (20). 10.
λμαωλ (למחול). **Heb.** PS. 29. 12.
λογίζεσθαι. **Sm.** PS. 35. 5.
Th. JB. 41. 26.
λόγιον. **Aq., Quint.** PS. 17. 31.
λογισμός. **Aq.** PS. 91. 6 (T).
λόγος. **Aq., Th.** I KI. 2. 19.
Sm. I KI. 2. 19 : PS. 35. 4.
λόγχη. **Sm.** PS. 45. 10.
λοιμός. **Aq.** PS. 90 (T). 3, 6 : HB. 3. 5.
λοομ (לחם). **Heb.** PS. 34. 1.
λόχος. **Sm.** PS. 17. 30.
λπιπι. **Heb.** PS. 29. 5.
λσαχηναυ (לשכניו). **Heb.** PS. 88. 42.
λσετφ (לשטף). **Heb.** PS. 31. 6.
λσωνωθ (?) (לשנות). **Heb.** PS. 30. 21.
λύειν. **Sm.** PS. 21. 15 (T).
λύτρον. **Sm.** PS. 48. 9.
λυτροῦν. **Aq., Sm.** PS. 30. 6 : 48. 8 *bis*.
Quint. PS. 30. 6 : 31. 7 : 48. 8 *bis*.
λύτρωσις. **Aq., Sm., Quint.** PS. 48. 9.
Sext. PS. 48. 8.
λύχνος. **Aq., Sm., Quint.** PS. 17. 29.
Th. JB. 18. 5.
λφνωθ (לפנות). **Heb.** PS. 45. 6.
λχου (לכו). **Heb.** PS. 45. 9.
λῶ (1) = לא. **Heb.** PS. 1. 1 *bis* : 31. 6 : 34. 20 : 45. 3 : 48. 8 (*cf.* αλω), 10 : 88. 31, 32, 34, 35 *bis*, 49 (*vid.* ουλω).
(2) = לו. **Heb.** PS. 88. 29 *bis*.
λωαμαϊ (לחמי). **Heb.** PS. 34. 1.
λωλαμ (לעולם). **Heb.** PS. 29. 7, 13 : 30. 2 : 48. 9, 12 : 88. 29, 37, 38 (עולם), 53.
λωσιηνι (להושיעני). **Heb.** PS. 30. 3.

M

μα (מה). Heb. Ps. 88. 47, 48.
μαάδου (מעדו). Heb. Ps. 17. 37.
μαβσαραυι (*vel*-ραιυ) (מבצריו). Heb. Ps. 88. 41.
μαγαρθ (מגרתה). Heb. Ps. 88. 45.
μαγεν (מגן). Heb. Ps. 17. 31, 36 : 34. 2.
μαζμωρ (מזמור). Heb. Ps. 28. 1 : 29. 1 : 30. 1 : 48. 1 (?).
μαϊμ (מים). Heb. Ps. 31. 6.
μακράν. Sm. Ps. 21. 20 (T) : 34. 22.
μακρόθυμος. Aq. Ps. 102. 8 (T).
μακρύνειν. Aq. Ps. 21. 20 (T) : 34. 22 : 102. 12 (T).
Quint. Ps. 34. 22.
μαλάμμεδ (מלמד). Heb. Ps. 17. 35.
μαλαμώθ (מלחמות). Heb. Ps. 45. 10.
μαλλαχωθ (*pro* μαμλ.) (ממלכות). Heb. Ps. 45. 7.
μαοζ (מעוז). Heb. Ps. 30. 3.
μαοζί (מעוזי). Heb. Ps. 30. 5.
μαρμωθ (מרמות). Heb. Ps. 34. 20.
μάρτυς. Aq., Quint. Ps. 88. 38.
Sm. Jb. 10. 17.
μασε (מחסה). Heb. Ps. 45. 2.
μαστιγοῦν. Th. Ps. 34. 15.
μάστιξ. Quint. Ps. 31. 10 : 34. 15 : 88. 33.
μασωρ (מצור). Heb. Ps. 30. 22.
μάταιος. Sm. Ps. 88. 48.
ματαιότης. Aq., Sm., Quint. Ps. 30. 7.
ματαίως. Quint. Ps. 88. 48.
ματ ἀρω (מטהרו). Heb. Ps. 88. 45.
μάτην. Th., Quint. Ps. 34. 19.
μάτου (מטו). Heb. Ps. 45. 7.
μαυθ (? ; *cf.* μωθ) (מות). Heb. Ps. 88. 49.
μαφαλωθ (מפעלות). Heb. Ps. 45. 9.
μάχαιρα. Aq. Ps. 21. 21 (T).
Sm. Ps. 21. 21 (T) : 88. 44.
μαχωβιμ (מכאובים). Heb. Ps. 31. 10.
μαωγ (מעוג). Heb. Ps. 34. 16.
μεββελαδη (מבלעדי). Heb. Ps. 17. 32.
μεββεσέ (מה בצע). Heb. Ps. 29. 10.
μεγαλορρημονεῖν (-λορη.) Quint. Ps. 34. 26.
μεγαλύνειν. Aq. Ps. 34. 26, 27 : 91. 6 (T).
Quint. Ps. 34. 27.
μέγας. Aq. III Ki. 21 (20). 13 : IV Ki. 23. 26 : Jb. 4. 12 (?).
Sm. Ps. 34. 27.
Quint. Ps. 34. 18.

μεεθθα (מחתה). Heb. Ps. 88. 41.
μεθύσκειν. Aq. III Ki. 21 (20). 16.
μεϊεδ (מיד). Heb. Ps. 88. 49.
μεϊωρδη (מיורדי). Heb. Ps. 29. 4.
μελετᾶν. Aq., Sm., Quint. Ps. 34. 28 (Quint. μελεταίσεις).
Th. Ps. 48. 4.
μελέτη. Aq., Quint. Ps. 48. 4.
μελῳδεῖν. Aq. Ps. 29. 13.
μελῴδημα. Aq. Ps. 30. 1 : 91. 1 (T).
μεμαστωρωθεειμ (*pro* μεμασγ.) (ממסגרותיהם). Heb. Ps. 17. 46.
μέν. Sext. Ps. 34. 20.
μενεγδ (מנגד). Heb. Ps. 30. 23.
μερεσθ (מרשת). Heb. Ps. 30. 5.
μερυχση (?) (מרכסי). Heb. Ps. 30. 21.
μεσαυε, *vid.* μοσαυε.
μεσημβρία. Aq. III Ki. 21 (20). 16.
μεσιω (משיחו). Heb. Ps. 27. 8.
μέσος. Aq. Ps. 21. 23 (T) : 48. 12.
Sm. Ps. 21. 23 (T) : 45. 6.
Quint. Ps. 35. 2 : 45. 6 : 48. 12.
μεσσαρ (מצר). Heb. Ps. 31. 7.
μεσσω (מן שאו[ל]). Heb. Ps. 29. 4.
μεσσωνεμ (?) (משאיהם). Heb. Ps. 34. 17.
μεσχνη ? *vid.* μοσχνη.
μετά. I. *c. gen.* Aq., Quint. Ps. 17. 27 *bis* : 45. 8, 12.
Sm. Ps. 45. 8, 12.
II. *c. acc.* Aq. III Ki. 21 (20). 15 : IV Ki. 23. 25 : Ps. 48. 14.
Quint. Ps. 48. 14.
μετατιθέναι. Sext. Ps. 45. 3.
μετάφρενον. Aq. Ps. 90. 4 (T).
μεχφεριμ (מכפירים). Heb. Ps. 34. 17.
μή. Aq. III Ki. 21 (20). 8 *bis*, 11 : IV Ki. 23. 18 : Jb. 6. 9 : Ps. 21. 20 (T) : 29. 7 : 30. 2 : 31. 9 *bis* : 34. 19, 22 *bis*, 24, 25 *bis* : 45. 6 : 88. 31, 32 : 101. 25 (T).
Sm. Jb. 6. 9 : 37. 15 : Ps. 17. 32, 37 : 21. 20 (T) : 29. 13 : 30. 2 : 31. 6, 9 *bis* : 34. 19 *bis*, 22, 24, 25 : 88. 31, 32, 36, 49.
Quint. Ps. 29. 7, 10, 13 : 30. 2 : 31. 9 : 34. 19, 22 *bis*, 24, 25 *bis* : 45. 6 : 88. 31, 32, 34.
Sext. Ps. 31. 9 : 88. 34.
μη = מה. Heb. Ps. 88. 48.
μηδείς. Th. Jb. 41. 26.
μηεμμωαυ (? μη εμμ.) (מעמו). Heb. Ps. 88. 34.
μηερθ, *vid.* νηερθ.

μηηρα (מהרה). Heb. Ps. 30. 3.
μημαυ (מימיו). Heb. Ps. 45. 4.
μήν. Sm. Jb. 6. 21.
μήνη. Aq. Ps. 88. 38.
μηνίειν. Aq. Ps. 102. 9 (T).
μηνυρίζειν, *vid.* μινυρίζειν.
μήτηρ. Aq. Ps. 34. 14.
μῆτις. Th. Jb. 38. 28.
μι (מי). Heb. Ps. 17. 32 : 88. 49.
μιαίνειν. Aq. IV Ki. 23. 13, 16.
μικρύνειν. Quint. Ps. 88. 46 (σμικρ.).
μιμμενι (?) (ממני). Heb. Ps. 34. 22.
μιμνήσκεσθαι. Aq. Ps. 21. 28 (T) : 88. 48, 51 : 97. 3 (T).
Sm. Jb. 21. 6.
Quint. Ps. 88. 48, 51.
μιν[υ]ρίζειν. Sm. Ps. 48. 4 (μην.ρίσει).
μισβιθ (משבית). Heb. Ps. 45. 10.
μισγαβ (משגב). Heb. Ps. 45. 8, 12.
μισεῖν. Aq. Ps. 30. 7 : 34. 19 : 96. 10 (T).
Sm. Ps. 17. 41 : 30. 7 : 34. 19.
Quint. Ps. 17. 41 : 30. 7 : 34. 19 : 35. 3.
μισοποιεῖν. Aq. Ps. 17. 41.
μισχνωθαμ (משכנתם). Heb. Ps. 48. 12.
μνήμη. Quint. Ps. 29. 5.
μνημονεύειν. Sm. Ps. 88. 48, 51.
Μολοχ. Aq. IV Ki. 23. 13 (T).
μονογενής. Quint. Ps. 34. 17.
μονόζωνος. Quint. Ps. 17. 30.
μονόκερως. Sm. Ps. 21. 22 (T).
μόρφωμα. Aq. IV Ki. 23. 24.
μοσαυε (?, *pro* μεσαυε) (משוה). Heb. Ps. 17. 34.
μριβη (מריב). Heb. Ps. 30. 21.
μσιαχ (משיחך). Heb. Ps. 88. 39, 52.
μσουδωθ (מצודות). Heb. Ps. 30. 3.
μσχνη (? μεσχνη ; *cf.* μισχνωθαμ) (משכני). Heb. Ps. 45. 5.
μυκτηρίζειν. Quint. Ps. 34. 16.
μυκτηρισμός. Sext. Ps. 34. 16.
μυριάς. Aq. Ps. 90. 7 (T).
μωδ (מאד). Heb. Ps. 45. 2.
μωθ (? ; *cf.* μαυθ) (מות). Heb. Ps. 48. 15.
Μωσῆς (משה). Aq. Ps. 102. 7 (T).
μωσῒ (מושיע). Heb. Ps. 17. 42.

N

ναар (נהר). Heb. Ps. 45. 5.
ναβαρ (נבר). Heb. Ps. 17. 27.
νάβλα. Aq. Ps. 91. 4 (T).
ναθαθ (נחתה). Heb. Ps. 17. 41.
ναθαν (נתן). Heb. Ps. 45. 7.
νακαμωθ (נקמות). Heb. Ps. 17. 48.
νεανιότης. Aq. Ps. 88. 46.
νεβαλ (נבהל). Heb. Ps. 29. 8.
νεγδ (נגד). Heb. Ps. 30. 20.

νεγδι (נגדי). Heb. Ps. 88. 37.
νέγρεσθι (נגרותי). Heb. Ps. 30. 23.
νεδμου (נדמו). Heb. Ps. 48. 13.
νεελαθαχ (נחלתך). Heb. Ps. 27. 9.
νεεμαν (נאמן). Heb. Ps. 88. 38.
νεεμάναθ (נאמנת). Heb. Ps. 88. 29.
νεζρω (נזרו). Heb. Ps. 88. 40.
νέμειν. Aq. Ps. 48. 15.
νεμσα (נמצא). Heb. Ps. 45. 2.
νεμσαλ (נמשל). Heb. Ps. 48. 13.
νεότης. Quint. Ps. 88. 46.
νέουσα (נחושה). Heb. Ps. 17. 35.
νεσβαθ (?) (נשבעתי). Heb. Ps. 88. 36.

νεύειν. Aq. IV Ki. 23. 16 : Ps. 101. 18 (T).
νεφέλη. Aq. Ps. 96. 2 (T).
νεφ[σαμ] (?) (נפשם). Heb. Ps. 48. 9.
νεφσί (נפשי). Heb. Ps. 29. 4 : 30. 8, 10 : 34. 13, 17.
νεφσινου (נפשנו). Heb. Ps. 34. 25.
νεφσω (נפשו). Heb. Ps. 88. 49.
νηερθ (*corr. ex* μηερθ) (נארתה). Heb. Ps. 88. 40.
νηρι (נרי). Heb. Ps. 17. 29.
νῆσος. Aq. Ps. 96. 1 (T).
νηστεία. Aq., Sm., Quint. Ps. 34. 13.

νηχαρ (נכר). Heb. Ps. 17. 46.
νηχιμ (נכים). Heb. Ps. 34. 15.
νικοποιός. Quint. Ps. 35. 1 : 45. 1 : 48. 1.
νιρα (נירא). Heb. Ps. 45. 3.
νισβαθ (נשבעת). Heb. Ps. 88. 50 (*cf.* νεσβαθ).
νόμος. Aq. IV Ki. 23. 24, 25 : Ps. 88. 31.
Sm., Quint. Ps. 88. 31.
Th. Jb. 22. 22.
νουμ (נאם). Heb. Ps. 35. 2.
νύξ. Aq. Jb. 30. 17 : Ps. 91. 3 (T).
Sm. Jb. 30. 17.
Th. Jb. 2. 13 : 30. 17.
νωσηρ (נצר). Heb. Ps. 30. 24.
νῶτος. Quint. Ps. 17. 41.

ξηραίνειν. Sm. Jb. 8. 12 : Ps. 21. 16 (T).

Ο

ὃ (?). Heb. Ps. 48. 8.
οδ (*pro* ολδ) (חלד). Heb. Ps. 88. 48.
ὅδε. Aq. III Ki. 21 (20). 10 *bis*, 13, 14.
ὁδεύειν. Sm. Ps. 88. 31.
ὁδηγεῖν. Sm., Quint. Ps. 30. 4.
ὁδός. Aq. Jb. 3. 23 : Ps. 17. 31, 33 : 88. 42, 101. 24 (T) : 102. 7 (T).
Sm. Jb. 17. 9 : Ps. 17. 31, 33 : 35. 5 : 88. 42.
Quint. Ps. 17. 31, 33 : 31. 8 : 35. 5 : 48. 14 : 88. 42.
Sext. Ps. 35. 5.
ὀδούς. Aq., Quint. Ps. 34. 16.
Th. I Ki. 14. 4.
ὀδύνη. Sm. Ps. 35. 5.
ὀδύρεσθαι. Th. I Ki. 1. 6.
οζ (עז). Heb. Ps. 27. 8 : 29. 8.
οζει (עזי). Heb. Ps. 27. 7.
οζναχ (אזנך). Heb. Ps. 30. 3.
οζνι (אזני). Heb. Ps. 48. 5.
οιβαυ (אויביו). Heb. Ps. 88. 43.
οιβαχ (אויביך). Heb. Ps. 88. 52.
οϊεβαϊ (אויבי). Heb. Ps. 17. 38.
οϊεββαϊ (איבי). Heb. Ps. 29. 2.
οἰκεῖν (*incl.* ἡ οἰκουμένη). Aq. Ps. 95 (T). 10, 13.
Sext. Ps. 48. 2.
οἰκεῖος. Sm. Ps. 48. 12 (*sed* οἰκείων *pro* οἰκιῶν).
οἰκία. Aq., Sm. (?), Quint., Sext. Ps. 48. 12.
οἰκοδομεῖν. Aq. IV Ki. 23. 13 (?) : Ps. 101. 17 (T).
οἶκος. Aq. Ge. 40. 7 : I Ki. 2. 11 : IV Ki. 23. 12, 19, 24 : Ps. 29. 1 : 97. 3 (T).
Sm. Ge. 40. 7 : I Ki. 2. 11 : Jb. 22. 18 : Ps. 29. 1.
Th. I Ki. 2. 11.
Quint. Ps. 29. 1 : 30. 3.

οἰκτείρειν. Sm. Ps. 29. 11.
οἰκτίρμων. Aq. Ps. 102. 8 (T).
οἰμωγή. Aq. Ps. 101. 21 (T).
ὀκκωθαϊ (חקתי). Heb. Ps. 88. 32.
ὀκτωκαιδέκατος. Aq. IV Ki. 23. 23.
ὀλεθρεύειν (-λοθ). Sm. Ps. 34. 17.
ὀλίγος. Sm. Ps. 29. 6 (ὀλίγιστος).
ὅλος. Aq., Quint. Ps. 34. 28.
Th. Jb. 41. 26.
ὀμνύναι. Aq., Sm., Quint. Ps. 88. 36, 50.
ὅμοιος. Aq. IV Ki. 23. 25 *bis*.
ὁμοιοῦν. Quint., Sext. Ps. 48. 13.
ὁμοίως. Aq. Ps. 88. 47 : 91. 8 (T).
ὁμοῦ. Aq. Ps. 34. 26.
ὀνειδίζειν. Aq., Quint. Ps. 88. 52 *bis*.
Sm. Ps. 88. 52.
ὀνειδισμός. Aq., Quint. Ps. 88. 51.
ὄνειδος. Aq., Quint. Ps. 88. 42.
Sm. Ps. 88. 42, 51 (ὄνειδον).
ὄνηνι (חנני). Heb. Ps. 30. 10.
ονι, *vid.* εθονι.
ὀννεχαθ (חנכת). Heb. Ps. 29. 1.
ὄνομα. Aq. Ps. 21. 23 (T) : 90. 14 (T) : 91. 2 (T) : 101 (T). 16, 22 : 102. 1 (T).
Sm. Ps. 21. 23 (T) : 30. 4 : 48. 12.
Quint. Ps. 28. 2 : 30. 4 : 48. 12.
ὄντως. Sm. Ps. 30. 23.
ὀπίσω. Sext. Ps. 48. 14.
ὅπλον. Quint. Ps. 34. 2 : 45. 10.
ὅπως. Aq. IV Ki. 23. 24.
Quint. Ps. 29. 13.
δραματίζεσθαι. Aq. Ps. 45. 9.

ὁρᾶν. Aq. IV Ki. 23. 17, 24 : Ps. 48. 10, 11 : 88. 49 : 90. 8 (T) : 101. 17 (T).
Sm. Ps. 88. 49.
Quint. Ps. 48. 10, 11 : 88. 49.
Al. Ps. 34. 17 : 48. 10.
ὀργή. Aq. IV Ki. 23. 26.
Quint. Ps. 88. 47.
ὀργίζειν. Aq. IV Ki. 23. 26.
Quint. Ps. 88. 39.
ὄρθρος. Sm. Ps. 48. 15.
ὄρνεον. Sm. Hb. 3. 5.
ὄρος. Aq. IV Ki. 23. 13, 16 : Ps. 45. 3, 4 : 96. 5 (T) : Hb. 3. 10.
Sm. Ps. 45. 3 : Hb. 3. 10.
Th. Hb. 3. 10.
Quint. Ps. 29. 8 : 45. 3, 4.
Sext. Ps. 45. 4.
ορφ (ערף). Heb. Ps. 17. 41.
ὅσιος. Aq. Ps. 29. 5 : 30. 24 : 96. 10 (T).
Sm., Quint. Ps. 29. 5 : 30. 24.
ὅσος. Aq. III Ki. 21 (20). 9.
οσραμ (עשרם). Heb. Ps. 48. 7.
ὀστοῦν. Aq. IV Ki. 23. 14, 16, 18 *bis*, 20.
Sm. Ps. 21 (T). 15, 18.
ὄστρακον. Sm. Ps. 21. 16 (T).
οσχι (חשכי). Heb. Ps. 17. 29.
ὅταν. Sm. Jb. 40. 24.
Sext. Ps. 48. 11.
ὅτε. Sm., Th. Jb. 29. 4.
ὅτι. Aq. Ge. 1. 4 : I Ki. 6. 19 : III Ki. 21 (20). 7 *bis*, 13 : IV Ki. 23. 22, 23 : Ps. 17. 28, 29, 30, 32 : 30. 4, 5, 22 : 34. 20 : 35. 3 : 45. 11 : 48. 11 : 90 (T). 3 : 91 (T). 4 (?), 5, 10 : 95. 13 (T) : 96. 9 (T) : 101 (T). 17, 20.
Sm. Jb. 24. 13 : 31. 21, 29 : Ps. 17. 28, 30 : 30. 4, 5, 10 : 45. 11.
Quint. Ps. 17. 28, 29, 30, 32 : 27. 6 : 30. 4, 5 : 35. 3 : 45. 11 : 48. 11.

ου (1) = ו. **Heb.** Ps. 34. 23 (*cf.* ουαθ, ου ακισα, οὐ αλρεγη, οὐλω).

(2) = הוא. **Heb.** Ps. 17. 31 : 27. 8 : 88. 27 (ουϊκραηνι).

ουααρηεμ, *vid.* οὐδαρηεμ.

ουαββωτη (והבוטח). **Heb.** Ps. 31. 10.

ου ἀδαμ (ואדם). **Heb.** Ps. 48. 13.

ουαδωρ (ודר). **Heb.** Ps. 48. 12.

ουαζβου (ועזבו). **Heb.** Ps. 48. 11.

ουαθ, *vel* ου αθ (ואתה *semel*). **Heb.** Ps. 88. 39 *bis*.

ουαϊ (ויחי). **Heb.** Ps. 48. 10.

ουαϊαλεζ (ויעלז *semel*). **Heb.** Ps. 27. 7 *bis*.

ου ακισα (והקיצה). **Heb.** Ps. 34. 23.

ουαλ (ועל). **Heb.** Ps. 17. 34.

οὐ αλρεγη (ועל רגעי). **Heb.** Ps. 34. 20.

οὐαλσωνι (ולשוני). **Heb.** Ps. 34. 28.

ουαμην (ואמן). **Heb.** Ps. 88. 53.

ουαναυαθαχ (וענותך). **Heb.** Ps. 17. 36.

ουανι (ואני). **Heb.** Ps. 29. 7 : 30. 7, 23 : 34. 13.

ου ἀννηνί (וחנני). **Heb.** Ps. 29. 11.

ουαρεσν (ורסן). **Heb.** Ps. 31. 9.

ουαρημ (ורעם). **Heb.** Ps. 27. 9.

ουβααρ (ובער). **Heb.** Ps. 48. 11.

ουβαμωτ (?) (ובמות). **Heb.** Ps. 45. 3.

οὐβαναρωθ (ובנהרות). **Heb.** Ps. 88. 26.

οὐβανγαϊβ (*pro* -αϊμ) (ובנגעים). **Heb.** Ps. 88. 33.

οὐβαρεχ (וברך). **Heb.** Ps. 27. 9.

ουβαρουχ (וברוך). **Heb.** Ps. 17. 47.

οὐβελωαϊ (ובאלהי). **Heb.** Ps. 17. 30.

ουβμόφατι (?) (ובמשפטי). **Heb.** Ps. 88. 31.

ουβριθι (ובריתי). **Heb.** Ps. 88. 29.

ου. βσαλη (ובצלעי). **Heb.** Ps. 34. 15.

ουγιλου (ונילו). **Heb.** Ps. 31. 11.

οὐδαρηεμ (*pro* ουααρ.) (ואחריהם). **Heb.** Ps. 48. 14.

οὐδείς. **Sm.** Jb. 31. 1.

ουεβιων (ואביון). **Heb.** Ps. 48. 3.

ουεβροβ (וברב). **Heb.** Ps. 48. 7.

ουεδαλ, *vid.* ιεδαλ.

ουεέεσάμου (וישמחו). **Heb.** Ps. 34. 27.

ουεζρα (יעזרה). **Heb.** Ps. 45. 6.

ουεθαζερηνι (ותאזרני). **Heb.** Ps. 29. 12.

ουεϊεριβου (וירחיבו). **Heb.** Ps. 34. 21.

ουελ (ואל). **Heb.** Ps. 29. 9 : 34. 24.

ουεμ (עם *bis*, ועם *semel*). **Heb.** Ps. 17. 26, 27 *bis*.

ουεμιναχ (וימינך). **Heb.** Ps. 17. 36.

ουερνίνου (והרנינו). **Heb.** Ps. 31. 11.

ουεσιγημ (ואשינם). **Heb.** Ps. 17. 38.

οὐεσοκημ (ואשחקם). **Heb.** Ps. 17. 43.

ουηδ (ועד). **Heb.** Ps. 88. 38.

ουην (ואין). **Heb.** Ps. 17. 42.

οὐηναιμ, *vid.* οὐνναϊμ.

οὐθεζορήνι (ותאזרני). **Heb.** Ps. 17. 40.

οὐθεθθεν (ותתן). **Heb.** Ps. 17. 36.

ουθνεελνι (ותנהלני). **Heb.** Ps. 30. 4.

ουθφέλλαθι (?) (ותפלתי). **Heb.** Ps. 34. 13.

ουιαεμας (ויאמץ). **Heb.** Ps. 30. 25.

ουϊαρουμ (וירום). **Heb.** Ps. 17. 47.

ουϊεδαββερ (וידבר). **Heb.** Ps. 17. 48.

ουϊεθθεν (ויתן). **Heb.** Ps. 17. 33.

ουϊερογου (ויחרגו). **Heb.** Ps. 17. 46.

ουϊκαρ (ויקר). **Heb.** Ps. 48. 9.

ουικρηηνι (הוא יקראני). **Heb.** Ps. 88. 27, *cf.* ου.

ουϊφρου (ויחפרו). **Heb.** Ps. 34. 26.

ουιωμρου (ויאמרו). **Heb.** Ps. 34. 27.

οὐκ . σσες (?) (וקיץ). **Heb.** Ps. 45. 10.

ουκούμ (וקומה). **Heb.** Ps. 34. 2.

ουλμαν (ולמען). **Heb.** Ps. 30. 4.

οὐλω (ולא). **Heb.** Ps. 17. 37, 38, 39, 42 : 29. 2, 13 : 30. 9 : 34. 15 : 88. 34, 44, 49 (? ου λω).

ουμ (ומי). **Heb.** Ps. 17. 32.

οὐμαγεννη (ומגני). **Heb.** Ps. 27. 7.

οὐμαγεννι (ומגני). **Heb.** Ps. 27. 7.

οὐμαοζ (ומעוז). **Heb.** Ps. 27. 8.

ουμασαννεαϊ (ומשנאי). **Heb.** Ps. 17. 41.

οὐμεσσιρι (ומשירי). **Heb.** Ps. 27. 7 *bis* (?).

ουμσουδαθι (ומצודתי). **Heb.** Ps. 30. 4.

ουμσωθαϊ (ומצותי). **Heb.** Ps. 88. 32.

ουμωσα (ומוצא). **Heb.** Ps. 88. 35.

οὖν. **Quint.** Ps. 34. 13.

ουναάθα (ונחתה). **Heb.** Ps. 17. 35.

οὐνάζερθι (ונעזרתי). **Heb.** Ps. 27. 7 *bis*.

ουνεσσαφου (ונאספו). **Heb.** Ps. 34. 15.

ουνεσσημ (ונשאם). **Heb.** Ps. 27. 9.

οὐνναϊμ (*pro* ουηναιμ) (ועינים). **Heb.** Ps. 17. 28.

ουοζ (ועז). **Heb.** Ps. 28. 1 : 45. 2.

ουοϊεβαϊ (ואיבי). **Heb.** Ps. 17. 41.

οὐρανός. **Aq.** Ps. 88. 30 : 95. 11 (T) : 96. 6 (T) : 101 (T). 20, 26.
Quint. Ps. 88. 30.

οὖς. **Aq.**, **Sm.**, **Quint.** Ps. 30. 3 : 48. 5.

ουσαλημ (ומשלם). **Heb.** Ps. 30. 24.

ουσαμθι (ושמתי). **Heb.** Ps. 88. 30.

ουσεμα (ואשמחה). **Heb.** Ps. 30. 8.

ουσέννα (וצנה). **Heb.** Ps. 34. 2.

ουσουρ (וצור). **Heb.** Ps. 88. 27.

ουσουραμ (וצורם [קרי]). **Heb.** Ps. 48. 15.

οὕτως. **Quint.**, **Sext.** Ps. 34. 14.

οὐφαδθι (ופקדתי). **Heb.** Ps. 88. 33.

οὐχέσσω (וכסאו). **Heb.** Ps. 88. 30, 37, 45.

[ουχλ]ίμμα (?) (וכלמה). **Heb.** Ps. 34. 26.

ουωδου (והודו). **Heb.** Ps. 29. 5.

ουωρεκ (?) (ואורך). **Heb.** Ps. 31. 8.

ὀφθαλμός. **Aq.** Jb. 22. 29 : Ps. 17. 28 : 34. 19, 21 : 35. 2, 3 : 90. 8 (T).
Sm. Ps. 17. 28 : 34. 21.
Th. Ps. 35. 3.
Quint. Ps. 17. 28 : 30. 10 : 31. 8 : 34. 19, 21 : 35. 2, 3.

ὀχλάζειν. **Aq.** Ps. 45. 4, 7.

ὄχλος. **Aq.** III Ki. 21 (20). 13.

ὀχύρωμα. **Aq.**, **Quint.** Ps. 88. 41.
Sm. Ps. 45. 8, 12.

Π

παγίς. **Quint.** Ps. 30. 5.

παιδότης. **Aq.** Ps. 102. 5 (T).

παίειν. **Aq.** Ps. 17. 39.

παῖς. **Aq.** III Ki. 21 (20). 14, 15, 17.

παλαιοῦν. **Quint.** Ps. 17. 46.

πανοπλία. **Sm.** Ps. 34. 2.

παντοκράτωρ. **Sm.** Jb. 22. 17.

παρά. I. *c. genit.* **Aq.** Ps. 21. 26 (T).

II. *c. dat.* **Quint.** Ps. 88. 28.

παραβάλλειν. **Aq.** Ps. 48. 13.

παράβασις. **Sm.** Ps. 88. 33.

παραβολή. **Aq.**, **Sm.**, **Quint.** Ps. 48. 5 (**Quint.** εἰς παραβολεῖν).

παρασιωπᾶν. **Quint.** Ps. 34. 22.

παραστρέφειν. **Aq.**, **Sm.** Jb. 34. 5.

παρατιθέναι. **Aq.**, **Quint.** Ps. 30. 6.

παραφυλάσσειν. **Sm.** Ps. 30. 7.

παρεικάζειν. **Sm.** Ps. 48. 13.

παρεῖναι. **Sm.** I Ki. 3. 16.

παρεκτός. **Aq.** Ps. 17. 32.

παρενοχλεῖν. **Sm.**, **Sext.** Ps. 34. 13.

πάρεξ. **Quint.** Ps. 17. 32.

παρέρχεσθαι. **Aq.** Ps. 88. 42.
Sm. Hb. 3. 10.

παρέχειν. **Sm.** Ps. 17. 33, 41.

παριστάναι. **Sext.** Ps. 35. 5.

παροδεύειν. **Sm.** Ps. 88. 42.

παροργίζειν. **Aq.** IV Ki. 23. 19, 26.

παροργισμός. **Aq.** IV Ki. 23. 26.

πᾶς. **Aq.** III Ki. 21 (20). 8 *bis*, 9, 10, 13, 15 : IV Ki. 23. 19 *bis*, 20, 21, 24, 25 *quater*, 26 : Ps. 17. 31 : 30. 24, 25 : 48. 2 *bis* : 88. 41, 42, 43, 48 : 91 (T). 8, 10 : 96 (T). 6, 7 *bis*, 9 *bis* : 97. 3 (T) : 101 (T). 16, 27 : 102 (T). 1, 3 *bis*, 6.

Sm. Ps. 17. 31 : 21. 15 (T) : 30. 24, 25 : 31. 11 : 48. 2 *bis* : 88. 41 *bis*, 42, 43, 48, 51.
Th. Ps. 35. 5.
Quint. Ps. 17. 31 : 30. 24, 25 : 31. 11 : 48. 2 *bis* : 88. 41, 42, 43, 48, 51.
Sext. Ps. 35. 5.

πατάσσειν. **Aq.** I Ki. 6. 19.

πατεῖν. **Aq.** Ps. 90. 13 (T).

πατήρ. **Aq.** Ps. 88. 27 : 102. 13 (T).
Sm., Quint. Ps. 88. 27.

παύειν. **Sm.** Ps. 45. 10.

πείθειν. **Aq., Th.** Jb. 27. 8.
Sm. Jb. 27. 8 : 31. 21 : Ps. 17. 31 : 30. 7 : 48. 7.
Quint. Ps. 48. 7.

πειράζειν. **Sext.** Ps. 34. 16.

πένης. **Aq.** Ps. 21. 25 (T).
Sm. Ps. 48. 3.
Quint. Ps. 17. 28 : 48. 3.

πενθεῖν. **Quint.** Ps. 34. 14.

πένθος. **Aq.** Ps. 34. 14.

πεπιστωμένως. **Aq.** Ps. 88. 53 *bis*.

πεποίθησις. **Sm.** Ps. 45. 2.

πέρας. **Aq.** Ps. 21. 28 (T) : 97. 3 (T).
Sm., Quint. Ps. 45. 10.

περιαθροισμός. **Aq.** Ps. 34. 16.

περιβάλλειν. **Quint.** Ps. 88. 46.

περιέρχεσθαι. **Sm.** Ps. 21. 17 (T).

περιέχειν. **Sext.** Ps. 31. 7.

περίζωμα. **Sm.** Ps. 17. 40 (*cod.* ὥσπερ ῥίζωμα).

περιζωννύναι. **Aq.** Ps. 17. 33, 40 : 29. 12.
Sm., Quint. Ps. 17. 33 : 29. 12.
Sm. Ps. 21. 17 (T).

περικυκλοῦν.
Quint. Ps. 31. 8.

περιλύειν. **Aq.** III Ki. 21 (20). 11 : Ps. 101. 20 (T).

περιοχή. **Aq., Quint.** Ps. 30. 22.

περισσῶς. **Quint.** Ps. 30. 24.

περισώζειν. **Aq.** IV Ki. 23. 18 : Ps. 88. 49 (*περισσώσει?*).

περιτείχισμα. **Sm.** Ps. 88. 27.

περιτιθέναι. **Sm.** Ps. 17. 40.

περιτρέπειν. **Sm.** Ps. 17. 37 : 45. 7.

περίφραγμα. **Aq.** Ps. 88. 41.
Sm. Ps. 17. 46 : 88. 41 (?).

πέτεσθαι. **Aq.** Ps. 90. 5 (T).

πέτρα. **Th.** I Ki. 14. 4.

πηλός. **Quint.** Ps. 17. 43.

πίνειν (**πίννειν**). **Aq.** III Ki. 21 (20). 12, 16.

ΠΙΠΙ *vel* יהוה.

Aq. III Ki. 21 (20). 13 *bis*, 14 : IV Ki. 23. 12, 16, 21, 23, 25, 26, 27 : Ps. 17. 31, 32, 42, 47 : 21 (T). 20, 24, 27, 28 : 27. 6, 7 *bis* (repetitur enim vers.), 8 : 28. 1 *bis*, 2 *bis*, 3 *bis* : 29. 2, 3, 5, 8, 9, 11 *bis*, 13 (?) : 30. 2, 6, 7, 10, 22, 24 *bis*, 25 : 31. 10, 11 : 34. 1, 22, 24, 27 : 35. 1 : 45. 8, 9, 12 : 88. 47, 50, 52, 53 : 90 (T). 2, 9 : 91 (T). 2, 5, 6, 9, 10 : 95 (T). 7 *bis*, 8, 9, 10, 13 : 96 (T). 1, 5, 9, 10, 12 : 101 (T). 16, 17, 20, 22 : 102 (T). 1, 2, 6, 8.
Sm. Ps. 17. 29 (?), 31, 32, 42, 47 : 21 (T). 20, 24 : 27. 6, 7 *bis* (repetitur enim vers.), 8 : 28. 1 *bis*, 2 *bis*, 3 *bis* : 29. 2, 3, 5, 8, 9, 11 *bis*, 13 : 30. 2, 6, 7, 10, 22, 24 *bis*, 25 : 31. 10, 11 : 34. 1, 22, 24, 27 : 35. 1, 6 : 45. 8, 9, 12 : 88. 47, 52, 53.
Th. Ps. 29. 3, 5, 8, 11, 13 : 34. 22.
Quint. Ps. 17. 31, 32, 42, 47 : 27. 6, 7 *bis* (repetitur enim vers.) : 28. 1 *bis*, 2 *bis*, 3 *bis* : 29. 2, 3, 5, 8, 9, 11 *bis*, 13 : 30. 2, 6, 7, 10, 22, 24 *bis*, 25 : 31. 10, 11 : 34. 1, 22, 24, 27 : 35. 1, 6 : 45. 8, 9, 12 : 88. 47, 52, 53.
Hebr. Ps. 1. 2 : 17. 31, 32, 42, 47 : 27. 6, 7 *bis* (repetitur enim vers.), 8 : 28. 1 *bis*, 2 *bis*, 3 *bis* : 29. 2, 3, 8, 9, 11 *bis*, 13 : 30. 2, 6, 7, 10, 22, 24 *bis*, 25 : 31, 10, 11 : 34. 1, 22, 24, 27 : 35. 1 : 45. 8, 9, 12 : 88. 47, 50, 52, 53 : 111. 1 (*επιπι* [*pro* *εθ πιπι*]).
Al. (?) Ps. 27. 8 : 29. 13.

πίπτειν. **Aq.** Ps. 90. 7 (T).
Sm. Ps. 17. 39.

πίστις. **Aq.** Ps. 88. 50 : 97. 3 (T).
Quint. Ps. 88. 34, 50.

πιστός. **Aq., Quint.** Ps. 88. 29, 38.
Sm. Ps. 88. 38.

πιστοῦν. **Sm.** Ps. 88. 29.

πλάγιος. **Aq.** Ps. 90. 6 (?) (T).

πλατεῖα. **Quint.** Ps. 17. 43.

πλατύνειν. **Aq., Quint.** Ps. 17. 37 : 34. 21.
Sm. Ps. 34. 21.

πλεονέκτημα. **Aq.** Ps. 29. 10.

πλῆθος. **Aq.** Ps. 48. 7.
Sm. Ps. 21. 23 (T) : 34. 18 : 48. 7.
Quint. Ps. 30. 20 : 48. 7.

πλήν. **Aq.** IV Ki. 23. 26.
Quint. Ps. 17. 32 : 31. 6.

πληροῦν. **Aq.** IV Ki. 23. 14.

πλησίον. **Th.** Ps. 34. 14.

πλήσσειν. **Aq.** Ps. 34. 15.

πλούσιος. **Aq., Sm., Quint.** Ps. 48. 3.

πλοῦτος. **Aq., Sm., Th., Quint.** Ps. 48. 7.

πνεῦμα. **Aq., Quint.** Ps. 30. 6.

ποιεῖν. **Aq.** III Ki. 21 (20). 9 *bis*, 10 : IV Ki. 23. 12 *bis*, 15, 17, 19 *ter*, 21, 22, 23 : Ps. 30. 24 : 102 (T). 6, 10.
Sm. Jb. 13. 5 : 22. 17 : Ps. 45. 9 : 88. 41, 49.
Quint. Ps. 30. 24.

ποίημα. **Aq.** IV Ki. 23. 19 : Ps. 89. 17 (T) : 91 (T). 5, 6 : 101. 26 (T).

ποιμαίνειν. **Quint.** Ps. 27. 9 : 48. 15.

ποίμνιον. **Aq.** Ps. 48. 15.

πολεμεῖν. **Aq., Sm., Quint.** Ps. 34. 1 *bis*.

πόλεμος. **Aq.** III Ki. 20 (21). 14 : Ps. 17. 35, 40 : 45. 10 : 88. 44.
Sm. Ps. 17. 35, 40 : 45. 10 : 88. 44.
Quint. Ps. 17. 35 : 45. 10 : 88. 44.

πόλις. **Aq.** III Ki. 21 (20). 12 : IV Ki. 23. 17, 19, 27 : Ps. 30. 22.
Quint. Ps. 30. 22 : 45. 5.

πολύς. **Aq.** Ps. 21. 26 (T) : 34. 18 : 96. 1 (T) : 102. 8 (T).
Sm. Jb. 23. 6 : Ps. 34. 18 : 88. 51.
Th., Sext. Ps. 34. 18.
Quint. Ps. 30. 20 : 31. 6, 10.

πονηρός. **Aq.** I Ki. 2. 19 : Ps. 48. 6 : 96. 10 (T).
Sm. Ge. 40. 7 : I Ki. 2. 19.
Th. I Ki. 2. 19.
Quint. Ps. 35. 5 : 48. 6.

πορεύεσθαι. **Aq.** III Ki. 21 (20). 9 : Ps. 88. 31.
Quint. Ps. 31. 8 : 88. 31.

πόσος. **Quint.** Ps. 34. 17.

ποταμός. **Aq.** Ps. 88. 26 : Hb. 3. 9.
Sm. Ps. 88. 26.
Quint. Ps. 45. 5 : 88. 26.

πότε. **Quint.** Ps. 88. 47.
Sext. Ps. 34. 17 (?).

ποῦ. **Quint.** Ps. 88. 50.

πούς. **Aq.** III Ki. 21 (20). 10 : Ps. 17. 34, 39 : 30. 9.
Sm. Ps. 17. 34, 39 : 21. 17 (T) : 30. 9.
Quint. Ps. 17. 34 : 30. 9.

πρᾶος, πραΰς. **Aq.** Ps. 21. 27 (T).

πράσσειν. **Sm.** Ps. 30. 24.

πρεσβύτερος. **Aq.** III Ki. 21 (20). 8.

πρόβατον. **Quint.** Ps. 48. 15.

πρόβλημα. **Sm., Quint.** Ps. 48. 5.

πρός. **III.** *c. acc.* **Aq.** III Ki. 21 (20). 7, 9, 10, 12, 13 : IV Ki. 23. 12, 17, 25 : Ps. 21 (T). 25, 28 : 29. 9 *bis* : 30. 3, 7 (?), 23 : 35. 3 : 90. 7 (T) : 101 (T). 18, 20.
Sm. Ps. 17. 27 *bis*, 42 : 21. 20 (T) : 29. 6 : 30. 3 : 34. 1 *bis*.
Quint. Ps. 17. 42 : 29. 9 *bis* : 30. 3, 23 : 31. 6, 9.
IV. *anom.* **Quint.** Ps. 45. 6 (*πρὸς πρωΐ*).

προσεγγίζειν. **Aq.** III Ki. 21 (20). 13 : Ps. 90. 7 (T).

προσέρχεσθαι. **Sm.** I Ki. 3. 1.
Sext. Ps. 48. 1[illegible].

προσευχή. **Aq.** Ps. 34. 13 : 101. 18 *bis* (T).
Sm., Quint. Ps. 34. 13.

προσκολλᾶν. **Aq.** Ps. 90. 14 (T).
Sm. Ps. 21. 16 (T).

προσκυνεῖν. **Aq.** Ps. 21. 28 (T) : 28. 2 : 95. 9 (T) : 96. 7 (T).
Sm., Quint. Ps. 28. 2.

προσόχθισμα. **Aq.** IV Ki. 23. 13 *bis*, 24.

πρόσταγμα. **Sm.** Ps. 88. 32.

προστιθέναι. **Aq.** III Ki. 21 (20). 10.

πρόσωπον. **Aq.** IV Ki. 23. 13, 25, 27 : Ps. 17. 43 : 21 (T). 25, 28 : 95. 13 (T) : 96 (T). 3, 5 : 101 (T). 26, 29.
Quint. Ps. 17. 43 : 30. 21.

προφήτης. **Aq.** III Ki. 21 (20). 12 : IV Ki. 23. 18.

προφορά. **Sm.** Ps. 88. 35.

πρωΐ. **Aq.** Ge. 1. 5.
Quint. Ps. 45. 6 : 48. 15.

πρώϊος (*incl.* **πρωΐα**). **Aq.** Ps. 48. 15.

πρῶτος. **Aq.** Ge. 1. 5 : III Ki. 21 (20). 9 : Ps. 88. 50.
Sm. Ps. 88. 50.

πρωτότοκος. **Aq., Sm., Quint.** Ps. 88. 28.

πτέρνα. **Aq., Quint.** Ps. 48. 6.

πτέρνωσις. **Aq.** Ps. 88. 52.

πτέρυξ. **Aq.** Ps. 90. 4 (T).

πτηνόν. **Aq.** Hb. 3. 5.

πτῆξις. **Aq.** Ps. 88. 41.

πτόησις. **Aq.** Ps. 35. 2.

πτωχός. **Aq.** Ps. 48. 3.

πῦρ. **Aq.** IV Ki. 23. 11 : Ps. 45. 10 : 88. 47 : 96. 3 (T).
Sm. Ps. 45. 10.
Quint. Ps. 45. 10 : 88. 47.

πυρετός. **Sm.** Jb. 20. 26.

πυροῦν. **Aq., Quint.** Ps. 17. 31.

Ρ

ρα (רע). **Heb.** Ps. 48. 6.
ρααθα (ראתה). **Heb.** Ps. 34. 21.
ρααθι (רעתי). **Heb.** Ps. 34. 26.
ραβ (רב). **Heb.** Ps. 30. 20 : 34. 18.
ραββιμ (רבים). **Heb.** Ps. 31. 10 : 88. 51.
ῥάβδος. **Sm., Quint.** Ps. 88. 33.
ραβιμ (רבים). **Heb.** Ps. 31. 6.
ραειθα (?), *vid.* ρασιθα.
ραϊθ (ראית). **Heb.** Ps. 30. 8.
ραμωθ (רמות). **Heb.** Ps. 17. 28.

ραννη (רני). **Heb.** Ps. 31. 7.
ρασιθα (*pro* ραειθα) (ראיתה). **Heb.** Ps. 34. 22.
ραυα (*pro* γαυα ?) (נאוה). **Heb.** Ps. 30. 24.
ρεγε (רגע). **Heb.** Ps. 29. 6.
ρεγλαι, *vel* -λαῒ (רגלי). **Heb.** Ps. 17. 34, 39.
ρεκ (רק). **Heb.** Ps. 31. 6.
ῥῆμα. **Aq.** III Ki. 21 (20). 9 *bis*, 12 : IV Ki. 23. 16 *bis*, 17, 24 : Jb. 38. 16.
Th. Jb. 15. 4.
Quint. Ps. 35. 4.
ῥημίμ (רמים). **Aq.** Ps. 21. 22 (T).

ριβα (ריבה). **Heb.** Ps. 34. 1.
ῥίζα. **Heb.** Jb. 19. 28.
ῥίζωμα, *vid.* περίζωμα.
ῥίπτειν. **Aq.** IV Ki. 23. 12.
ῥομφαία. **Quint.** Ps. 88. 44.
ῥοπή. **Aq.** Ps. 88. 38.
ρουη (רוחי). **Heb.** Ps. 30. 6.
ῥύεσθαι. **Aq.** Ps. 21. 21 (T) : 90. 3 (T) : 96. 10 (T).
Quint. Ps. 17. 44 : 30. 2 : 88. 49.

Σ

σααδαϊ (צעדי). **Heb.** Ps. 17. 37.
σααθ (שחת). **Heb.** Ps. 29. 10.
σαβαώθ (צבאות) **Heb.** Ps. 45. 8, 12.
σάββατον. **Aq.** Ps. 91. 1 (T).
σαδδικιμ (צדיקים). **Heb.** Ps. 31. 11.
σαθι (שאתי). **Heb.** Ps. 88. 51.
σαθου (שתו). **Heb.** Ps. 48. 15.
σάκκος. **Aq., Sm.** Ps. 29. 12.
Quint. Ps. 29. 12 : 34. 13.
σαλεύειν. **Aq.** IV Ki. 23. 18.
Quint. Ps. 29. 7 : 45. 6, 7.
Sext. Ps. 45. 6 (?).
σαλωμ (שלום). **Heb.** Ps. 34. 20, 27.
σαμ (שם). **Heb.** Ps. 45. 9.
σαμάθ (שמעת). **Heb.** Ps. 30. 23.
σαμθ (שמת). **Heb.** Ps. 88. 41.
σαμμαϊμ (שמים). **Heb.** Ps. 88. 30.
σαμου (שמחו). **Heb.** Ps. 34. 15.
σανηθι (שנאתי). **Heb.** Ps. 30. 7.
σαρ (צר). **Heb.** Ps. 30. 10.
σαραυι (*pro* -αιυ) (צריו). **Heb.** Ps. 88. 43.
σασουου (שםהו). **Heb.** Ps. 88. 42.
σατανᾶς. **Aq.** Jb. 1. 6.
σαυ (שוא). **Heb.** Ps. 30. 7 : 88. 48.
σαφανθα (צפנת). **Heb.** Ps. 30. 20.
σβεννύναι. **Th.** Jb. 18. 5.
σεδκαχ (צדקך). **Heb.** Ps. 34. 28.
σεδκι (צדקי). **Heb.** Ps. 34. 27.
σεζινου (*pro* εεζ.) (האזינו). **Heb.** Ps. 48. 2.
σεθρ (סתר). **Heb.** Ps. 31. 7.
σείειν. **Aq., Quint.** Ps. 45. 4.
σεκ (?) (שק). **Heb.** Ps. 34. 13.
σεκκι (שקי). **Heb.** Ps. 29. 12.
σεκρ (שקר). **Heb.** Ps. 34. 19.
σελ (סלה). **Sext.** Ps. 88. 38, 46, 49.
Heb. Ps. 45. 4, 8, 12 : 48. 14 : 88. 38, 46, 49.
σελα (סלה). **Heb.** Ps. 31. 7.

σελει (סלעי). **Heb.** Ps. 30. 4.
σελήνη. **Quint.** Ps. 88. 38 (*cod.* -ίνη).
σεμα (שמחה). **Heb.** Ps. 29. 12.
σεμαχ (שמך). **Heb.** Ps. 30. 4.
σεμεθ (שמחת). **Heb.** Ps. 29. 2.
σεμω (שמו). **Heb.** Ps. 28. 2.
σεννημω (שנימו). **Heb.** Ps. 34. 16.
σερουφα (צרופה). **Heb.** Ps. 17. 31.
σεφρ (ספר). **Heb.** Ps. *tit.*
σεφτηνι, *vid.* εφτηνι.
σεωθι (שחתי). **Heb.** Ps. 34. 14.
σήμερον. **Aq.** III Ki. 21 (20). 13.
σιαγών. **Quint.** Ps. 31. 9.
σίκλος. **Aq., Sm.** I Ki. 13. 20.
σιμου (שמעו). **Heb.** Ps. 48. 2.
σιμωθ (שמות). **Heb.** Ps. 45. 9.
σιρ (שיר). **Heb.** Ps. 29. 1 : 45. 1.
σιρ (? ιααδ σιρ *pro* ιαδ ασιρ) (שיר[ע]). **Heb.** Ps. 48. 3 sed *cf.* ιααδε.
σιωπᾶν. **Aq.** Ps. 29. 13.
Sm. Ps. 48. 13.
Th. Ps. 34. 15.
Quint. Ps. 29. 13 : 34. 15.
σκάνδαλον. **Quint.** Ps. 48. 14.
σκεπάζειν. **Quint.** Ps. 30. 21.
σκέπη. **Quint.** Ps. 30. 21 : 31. 7.
σκηνοῦν. **Aq.** Ps. 101. 29 (T).
σκήνωμα. **Aq.** Ps. 45. 5 : 48. 12.
Quint. Ps. 48. 12.
σκῆπτρον. **Aq.** Ps. 88. 33.
σκολιεύειν. **Sm.** Ps. 17. 27.
σκολιός. **Sm.** Jb. 14. 9 : Ps. 17. 27.
σκόπελον. **Aq.** IV Ki. 23. 17.
σκορπίζειν. **Aq.** Ps. 91. 10 (T) (?).
σκότος. **Aq., Sm., Quint.** Ps. 17. 29.
Th. Jb. 18. 5.
σκυθρωπάζειν. **Aq., Quint.** Ps. 34. 14.
σκυθρωπός. **Sm.** Ps. 34. 14.

σκύμνος. **Aq.** Ps. 34. 17 : 90. 13 (T).
σκώληξ. **Aq., Sm.** Jb. 25. 6.
σμα (שמע). **Heb.** Ps. 29. 11.
σμας (שמע). **Heb.** Ps. 27. 6.
σμην (? *pro* σμηη) (שמחי). **Heb.** Ps. 34. 26.
σμικρύνειν, *vid.* μικρύνειν.
σουρ (1) = צור. **Heb.** Ps. 17. 32 : 88. 44.
(2) = שור. **Heb.** Ps. 17. 30.
σουρι (צורי). **Heb.** Ps. 17. 47.
σοφία. **Aq., Sm., Quint.** Ps. 48. 4.
σπανίζειν. **Aq.** Ps. 88. 40.
σπέρμα. **Aq.** Ps. 21. 24 (T) : 88. 30, 37 : 101. 29 (T).
Sm. Ps. 21. 24 (T) : 88. 37.
Quint. Ps. 88. 30, 37.
σπεύδειν. **Aq., Sm.** Ps. 21. 20 (T).
στατήρ. **Aq., Sm.** I Ki. 13. 20.
στερεός. **Aq.** Ps. 17. 32, 47 : 88. 27, 44.
Quint. Ps. 17. 32, 47 : 88. 27.
στερρότης. **Sm., Quint.** Ps. 88. 44.
στερροῦν. **Sm.** Ps. 30. 25.
στέφανος. **Sm.** Ps. 88. 40.
στήλη. **Aq.** IV Ki. 23. 14.
στηλοῦν. **Aq., Sm., Th.** I Ki. 3. 10.
στόμα. **Aq.** Ps. 21. 22 (T) : 34. 21 : 48. 4, 14.
Sm. Ps. 21. 22 (T) : 34. 21 : 35. 4 : 48. 4.
Quint. Ps. 34. 21 : 35. 4 : 48. 4, 14.
στρατιά. **Aq.** Ps. 45. 8, 12 (στρατειῶν).
στρεβλός. **Aq., Quint.** Ps. 17. 27.
στρέφειν. **Aq., Quint.** Ps. 29. 12.
συγκαταγνύναι. **Sm.** Ps. 17. 39.
συγκλᾶν. **Quint.** Ps. 45. 10.
συγκλείειν. **Quint.** Ps. 30. 9.
συγχεῖν. **Sm.** Ps. 45. 3.
συκοφαντεῖν. **Aq.** Ps. 102. 6 (T).
συμβάλλειν. **Quint.** Ps. 48. 13.
συμβαστάζειν. **Sm.** Jb. 7. 13.
συμβιβάζειν. **Sext.** Ps. 31. 8.

συμπαρεῖναι. Sm. JB. 37. 15.

συμφορά. Aq. PS. 34. 17.

σύν. II. *c. dat.* Aq. IV KI. 23. 21 : PS. 34. 1.

III. *a. c. acc.* Aq. III KI. 21 (20). 12, 13 : IV KI. 23. 12 *bis*, 13, 14, 15 *quater*, 16 *bis*, 17, 19, 20, 24 *quinquiens*, 27 : PS. 91. 7 (T).

συνάγειν. Quint. PS. 34. 15.

συναγωγή. Sm. PS. 21. 17 (T).

συναρπάζειν. Aq. PS. 88. 42.

συνεπισχύειν. Aq. PS. 17. 36.

σύνεσις. Quint. PS. 31. 9 : 48. 4.
Th. PS. 48. 4.

συνετίζειν. Quint. PS. 31. 8.

συνθήκη. Aq. IV KI. 23. 21 : PS. 88. 29, 35, 40.
Sm. PS. 88. 29, 35.

συνιέναι. Aq. JB. 37. 14.
Sm. JB. 24. 13.
Quint. PS. 35. 4.

συνοδοῦν (? συνοχοῦν). Aq. PS. 17. 48.

συντέλεια. Th. JB. 15. 4.

συντέμνειν. Sm. PS. 88. 46.

συντιθέναι. Th. I KI. 3. 8 (?).

συντρίβειν. Aq. IV KI. 23. 14 : PS. 45. 10.
Quint. PS. 45. 10.

συσκιασμός. Aq. III KI. 21 (20). 12, 16.

συστέλλειν. Aq. PS. 17. 46.

σφάλλειν. Aq. PS. 45. 6.

σφόδρα. Aq. PS. 91. 6 (T) : 96. 9 (T).
Quint. PS. 45. 2.

σφοδρότης. Aq. IV KI. 23. 25.

σφωθαϊ (שפתי). Heb. PS. 88. 35.

σχίζειν. Aq. HB. 3. 9.

σχολάζειν. Quint. PS. 45. 11.

σώζειν. Aq., Sm. JB. 27. 8 : PS. 17. 28, 42 : 21. 22 (T) : 27. 9.
Th. JB. 27. 8.
Quint. PS. 17. 28, 42 : 27. 9 : 29. 4 : 30. 3.

σωλ (שאול). Heb. PS. 48. 15 : 88. 49.

σωνη (שנאי). Heb. PS. 34. 19.

σωτηρία. Aq. PS. 88. 27 : 90. 16 (T) : 97. 3 (T).
Sm. PS. 27. 8 : 88. 27.
Quint. PS. 17. 36, 47 : 27. 8 : 88. 27.

σωτήριον. Aq. PS. 17. 36, 47 : 27. 8.
Sm. PS. 17. 47.

T

ταλαιπωρία. Aq. JB. 13. 27.

ταμνου (טמנו). Heb. PS. 30. 5.

ταπεινός. Th. JB. 41. 26.

ταπεινοῦν. Aq., Sm. PS. 17. 28.
Quint. PS. 17. 28 : 34. 13, 14.
Sext. PS. 34. 13.

ταπεινόφρων. Aq. JB. 22. 29.

ταπείνωσις. Quint. PS. 88. 41.

ταράσσειν. Quint. PS. 29. 8 : 30. 10 : 45. 3, 4.
Sext. PS. 45. 4 *bis*, 7.

ταραχή. Quint. PS. 30. 21.

τάφος. Aq. IV KI. 23. 16 *bis*, 17.

ταχύνειν. Sext. PS. 30. 3.

τε. Sm. JB. 21. 6.
Sext. PS. 48. 3.

τείχισμα. Aq. PS. 17. 30.

τεῖχος. Sm., Quint. PS. 17. 30.

Τ[ε]ιων (ציון). Aq. PS. 101 (T). 17, 22.

τελεῖν. Aq. PS. 17. 38.

τέλειος. Aq. PS. 17. 26, 31.

τελειοῦν. Aq. PS. 17. 26.

τελευταῖος. Aq. PS. 45. 10 (ἕως τελευταίου).

τέλος. Aq. PS. 102. 9 (T).
Th. PS. 48. 7 : HB. 3. 3.
Quint. PS. 88. 47.
Sext. PS. 30. 1 : 35. 1 : 45. 1 : 48. 1.

τένων. Aq. PS. 17. 41.

τέρας. Sext. PS. 45. 9.

τήκειν. Th. I KI. 2. 33.
Quint. PS. 45. 7.

τιθέναι. Aq. III KI. 21 (20). 12 *bis* : PS. 88. 30, 41.
Quint. PS. 17. 33, 35 : 45. 9 : 88. 28, 30, 41.

τιμή. Aq., Quint. PS. 48. 9, 13.
Sm. PS. 48. 13.
Sext. PS. 28. 1.

τίς. Aq. III KI. 21 (20). 14 *bis* : IV KI. 23. 17 : PS. 17. 32 *bis* : 29. 10 : 88. 47, 48, 49.
Sm. JB. 22. 17 *bis* : 23. 5 : PS. 17. 32 *bis* : 48. 6 : 88. 48 *bis*, 49.
Quint. PS. 17. 32 *bis* : 29. 10 : 48. 6 : 88. 48, 49.
Sext. PS. 88. 49.

τις. Sm. JB. 13. 5.

τοιγαροῦν. Sm. JB. 7. 11.

τοιοῦτος. Th. JB. 15. 4.

τόξον. Aq., Sm., Quint. PS. 17. 35 : 45. 10.

τόπος. Aq. IV KI. 23. 14.

τοῦβαχ (טובך). Heb. PS. 30. 20.

τουτέστι. Aq. JB. 22. 29 (?).

τρέχειν. Aq. PS. 17. 30 : 48. 14.
Quint. PS. 17. 30.
Sext. PS. 48. 14.

τριάκοντα. Aq. III KI. 21 (20). 15, 16.

τρίβος. Quint. PS. 17. 46.

Υ

ὕδωρ. Aq. PS. 28. 3.
Sm. PS. 28. 3 : HB. 3. 10.
Quint. PS. 28. 3 : 31. 6 : 45. 4.

υἱός. Aq. III KI. 21 (20). 7, 9, 10, 15, 16 : IV KI. 23. 13, 15 : JB. 25. 6 : PS. 17. 46 : 28. 1 : 30. 20 : 48. 3 *bis* : 88. 31, 48 : 101 (T). 21, 29 : 102 (T). 7, 13.
Sm. JB. 25. 6 : PS. 17. 46 : 28. 1 : 88. 31, 48.
Th. PS. 28. 1 : 45. 1 : 48. 3.
Quint. PS. 17. 45, 46 : 30. 20 : 45. 1 : 48. 1, 3 *bis* : 88. 31, 48.
Sext. PS. 48. 3.

ὑμνεῖν. Aq. PS. 21 (T). 23, 24, 26 : 34. 18 : 48. 7 : 101. 19 (T).
Sm. PS. 21 (T). 23, 24 : 34. 18.

ὕμνησις. Aq. PS. 21. 26 (T) : 34. 28 : 101. 22 (T).

ὕμνος. Sm. PS. 34. 28.

ὑπαίρειν. Sext. PS. 28. 2 (*pro* ὑπεραίρειν ?).

ὑπακούειν. Aq., Sm. PS. 17. 42.

ὑπέρ. I. *c. gen.* Aq. PS. 96. 9 (T).
Sm. PS. 48. 8.
Quint. PS. 45. 1.

ὑπεραίρειν, *vid.* ὑπαίρειν.

ὑπερασπιστής. Sm. PS. 17. 31 : 27. 7.
Quint. PS. 17. 31 : 27. 7, 8 : 30. 5.

ὑπερβαίνειν. Quint. PS. 17. 30.

ὑπερβολή (?). Th. I KI. 2. 3.

ὑπερέπαρσις. Aq. PS. 45. 8.

ὑπερεπαρτής. Aq. PS. 45. 12.

ὑπερηφανία. Aq., Sm., Quint. PS. 30. 24.
Th. JB. 41. 26.

ὑπερήφανος. Sm., Quint. PS. 17. 28.

ὑπεροχή. Th. I KI. 2. 3.

ὑπερπηδᾶν. Aq. PS. 17. 30.

ὑπερῷον. Aq. IV KI. 23. 12.

ὑπέχειν. Quint. PS. 88. 51.

ὑπό. I. *c. gen.* Aq. PS. 90. 4 (T).

III. *c. acc.* Aq. PS. 17. 37, 39.
Sm. PS. 17. 39.

ὑποκάτω. Sm., Quint. Ps. 17. 37.

ὑποκεῖσθαι. Aq. Jb. 16. 4.

ὑπόκρισις. Aq., Quint. Ps. 34. 16.

ὑποστέλλειν. Aq. Ps. 21. 24 (T).

ὑποστηρίζειν. Sm. Ps. 17. 36.

ὑποτάσσειν. Quint. Ps. 17. 48.

ὑφιστάναι. Sm. Ps. 17. 39 : 88. 44.

ὑψηλός. Aq. Ps. 17. 28.
Sm. Ps. 17. 47.
Quint. Ps. 88. 28.

ὕψιστος. Aq. Ps. 45. 5 : 91 (T). 2, 9 : 96. 9 (T).
Th. Ps. 45. 7.
Quint. Ps. 45. 5.

ὕψος. Aq. Ps. 101. 20 (T).

ὑψοῦν. Aq., Quint. Ps. 17. 47 : 29. 2 : 45. 11 : 88. 43.
Sm. Ps. 29. 2 : 45. 11 : 88. 43.

ὕψωμα. Aq. IV Ki. 23. 13, 15 *ter*, 19, 20.

Φ

φααδ (פחד). Heb. Ps. 35. 2.

φααλθα (פעלת). Heb. Ps. 30. 20.

φαδιθ, *vid.* φαλιθ.

φαδω (פדה). Heb. Ps. 48. 8.

φαίνειν. Aq., Sm. Ps. 17. 29.

φαλητ (פלט). Heb. Ps. 31. 7.

φαλιθ (*pro* φαδιθ) (פדיתה). Heb. Ps. 30. 6.

φάναι. Aq., Quint. Ps. 35. 2.

φαναχ (פניך). Heb. Ps. 29. 8 : 30. 21.

φανη (פני). Heb. Ps. 17. 43.

φαρασθ (פרצת). Heb. Ps. 88. 41.

φάρυγξ. Sm. Ps. 21. 16 (T).

φεγγοῦν. Aq. Ps. 17. 29.

φεδιων (פדיון). Heb. Ps. 48. 9.

φέθεθα (פתחת). Heb. Ps. 29. 12.

φελλετηνι (פלטני). Heb. Ps. 30. 2.

φέρειν. Aq. Ps. 28. 1 *bis*, 2 : 95 (T). 7 *bis*, 8.
Sm., Quint. Ps. 28. 1 *bis*, 2.
Th. Ps. 28. 1.

φεσα. (1) = פסח. Aq. IV Ki. 23. 21, 22, 23.
(2) = פשע. Heb. Ps. 35. 2.

φθορά. Aq. IV Ki. 23. 13 (?).

φι (פי). Heb. Ps. 48. 4.

φιεμ (פיהם). Heb. Ps. 34. 21.

φλαγαυ (פלגיו). Heb. Ps. 45. 5.

φοβεῖν. Aq. Ps. 21 (T). 24, 26 : 45. 3 : 90. 5 (T) : 101. 16 (T) : 102. 11 (T).
Sm. Ps. 21. 24 (T) : 45. 3 : 48. 6.
Quint. Ps. 30. 20 : 45. 3 : 48. 6.

φόβος. Quint. Ps. 35. 2.

φόρος. Aq. Jb. 38. 16.

φορτικός. Sm. Jb. 7. 20.

φραγμός. Quint. Ps. 88. 41.

φσαμ (פשעם). Heb. Ps. 88. 33.

φυλακή. Sm. Jb. 37. 13.

φυλάσσειν. Aq. Ps. 88. 29, 32 : 96. 10 (T).
Sm. Ps. 88. 29, 32.
Quint. Ps. 30. 24 : 88. 29, 32.

φωνή. Aq. Ps. 28. 3 : 30. 23 : 45. 7.
Sm. Ps. 27. 6 : 28. 3 : 30. 23.
Quint. Ps. 27. 6 : 28. 3 : 45. 7.

φωτίζειν. Aq. Ps. 96. 4 (T).
Sm. Ps. 17. 29.
Quint. Ps. 17. 29 *bis* : 31. 8.

Χ

χαα (כאח). Heb. Ps. 34. 14.

χααφαρ (כעפר). Heb. Ps. 17. 43.

χαβημωθ (כבהמות). Heb. Ps. 48. 13.

χαβωδ (כבוד). Heb. Ps. 28. 1, 2 : 29. 13.

χαϊαλωθ (כאילות). Heb. Ps. 17. 34.

χαίρειν. Aq. Ps. 96. 1 (T).

χαλινός. Aq., Quint. Ps. 31. 9.

χαλκοῦς. Aq., Sm., Quint. Ps. 17. 35.

χαμμα (כמה). Heb. Ps. 34. 17.

χαμω (כמו). Heb. Ps. 88. 47.

χασαμς (כשמש). Heb. Ps. 88. 37.

χασων (כצאן). Heb. Ps. 48. 15.

χεεβλ (כאבל). Heb. Ps. 34. 14.

χειλ (*pro* χσιλ ?) (כסיל). Heb. Ps. 48. 11.

χεῖλος. Aq., Sm., Quint. Ps. 88. 35.

χείμαρρος. Aq. IV Ki. 23. 12.

χείρ. Aq. III Ki. 21 (20). 13 : Ps. 17. 35 : 21. 21 (T) : 88. 26, 49 : 89. 17 (T) : 91. 5 (T) : 101. 26 (T).
Sm. Ps. 17. 35 : 21 (T). 17, 21 : 30. 6, 9 : 88. 26, 49.
Quint. Ps. 17. 35 : 30. 6, 9 : 88. 26, 49.

χελλωθαμ (כלותם). Heb. Ps. 17. 38.

χεν (כן). Heb. Ps. 45. 3.

χεσλ (כסל). Heb. Ps. 48. 14.

χι (כי). Heb. Ps. 17. 28, 29, 30, 32 : 27. 6 : 29. 2, 6 : 30. 4, 5, 10, 22 : 34. 20 : 35. 3 : 45. 11 : 48. 11 : 88. 38 (χι αρη = כירה).

χιαρη (כירה). Heb. Ps. 88. 38.

χιεμ (כי אם). Heb. Ps. 1. 2.

χιλιάς. Aq. III Ki. 21 (20). 10 (?), 15 : Ps. 90. 7 (T) (?).

χιμη (כימי). Heb. Ps. 88. 30.

χισους (כסוס). Heb. Ps. 31. 9.

χλόη. Aq. Ps. 91. 8 (T).

χολ (כל). Heb. Ps. 30. 24, 25 : 31. 11 : 34. 28 : 48. 2 *bis* : 88. 41, 42, 43, 48, 51.

χόλος. Aq. Ps. 88. 47.

χορός. Aq., Sm., Quint. (?) Ps. 29. 12.

χορσελαϊ (קרסלי). Heb. Ps. 17. 37.

χοῦς. Aq. III Ki. 21 (20). 10 : IV Ki. 23. 12, 15 : Ps. 29. 10.
Sm. Ps. 21. 16 (T).
Quint. Ps. 29. 10.

χοφρω (כפרו). Heb. Ps. 48. 8.

χρηε (כרע). Heb. Ps. 34. 14.

χριστός. Th. Hb. 3. 13.
Sm. Ps. 27. 8 : Hb. 3. 13.
Quint. Ps. 27. 8 : 88. 39, 52.

χρυσίον. Aq. III Ki. 21 (20). 7.

χσεδκαδ (כצדקך). Heb. Ps. 34. 24 ; *cf.* σεδκαχ.

χσιλ, *vid.* χειλ.

χφαρδ (כפרד). Heb. Ps. 31. 9.

χωλαίνειν. Quint. Ps. 17. 46.

χώρα. Aq. Ps. 95. 12 (T).

Ψ

ψάλλειν. Quint. Ps. 29. 5, 13.

ψαλμός. Quint. Ps. 28 *tit.* : 29. 1 : 30. 1 : 48. 1.
Sext. Ps. 45. 1.

ψαλτήριον. Sm., Quint. Ps. 48. 5.

ψεύδεσθαι. Sm., Quint. Ps. 88. 36.

ψευδής. Sm. Ps. 34. 19.
Quint. Ps. 30. 7.

ψεῦδος. Aq. Ps. 34. 19.

ψυχή. Aq. IV Ki. 23. 25 : Ps. 21. 21 (T) : 29. 4 : 30. 10 : 34. 13, 17, 25 : 48. 9 : 88. 49 : 96. 10 (T) : 102 (T). 1, 2.
Sm. Ps. 21. 21 (T) : 29. 4 : 30. 10 : 34. 13, 17, 25 : 48. 9 : 88. 49.
Quint. Ps. 29. 4 : 30. 10 : 34. 13, 17, 25 : 48. 9 : 88. 49.

Ω

ωβρη (עברי). **Heb.** Ps. 88. 42.

ωδ, *vid.* ωδλανες.

ὡδεχ (אודך). **Heb.** Ps. 29. 13 : 34. 18.

ᾠδή. **Quint.** Ps. 29. 1 : 45. 1.

ωδλανες. *vel* ωδ λανες (עוד לנצח). **Heb.** Ps. 48. 10.

ωεβη (איבִי). **Heb.** Ps. 34. 19.

ὠζηρ (עזר). **Heb.** Ps. 29. 11.

ωθι (אותי). **Heb.** Ps. 30. 6.

ωϊηβ (אויב). **Heb.** Ps. 30. 9.

ὡς. **Aq.** III Ki. 21 (20). 11, 12 : Ps. 17. 34, 43 : 31. 9 : 34. 14 *ter* : 48. 13, 15 : 88. 30, 37, 38 : 91. 6 (T) : 96. 5 (T) : 101. 27 (T) : 102. 5 (T).
Sm. Jb. 13. 27 : Ps. 17. 35, 40 (? ὥσπερ), 43 : 21 (T). 15, 16, 17 : 31. 9 : 48. 13 : 88. 37.
Th. Jb. 15. 14.
Quint. Ps. 17. 34, 43 *bis* : 31. 9 : 34. 14 *quater* : 48. 15 : 88. 30, 37, 38, 47, 52.
Sext. Ps. 34. 14.

ωση (עשה). **Heb.** Ps. 30. 24.

ὥσπερ (*vid.* ὡς). **Th.** Jb. 29. 4.

ὠτίον. **Quint.** Ps. 17. 45.

ὠφέλεια. **Quint.** Ps. 29. 10.

ωφση (חפצי). **Heb.** Ps. 34. 27.

Appendix 4

Hebrew/Aramaic Index to the Septuagint

by Takamitsu Muraoka

As this index is about to go to press, I look back over the past thirty-odd years with some amount of nostalgic sentiments.* The oldest of the translations of the Jewish Bible, the Septuagint, has been, along with Hebrew and Aramaic linguistics, constantly at the center of my scholarly interest over those years. As a text critic I have been keenly aware of the value of the Septuagint. In order, however, for me to make responsible and meaningful use of the Septuagint, it has been necessary to know what Hebrew or Aramaic word was being translated and how the ancient translator(s) understood and interpreted the text.

For scholars with such interests, Hatch and Redpath's *Concordance to the Septuagint*, published 1897–1906, is an indispensable tool. Particularly helpful is the numbered list at the head of each Greek entry giving the Hebrew and Aramaic words and phrases (hyponyms) that the Greek lexeme in question translates. Hatch and Redpath further enhanced the value of their concordance by appending the "Hebrew Index to the Entire Concordance" (vol. 3, pp. 217–72), meticulously prepared when computers had not been heard of. Hatch and Redpath's reverse index includes all the Hebrew and Aramaic words, including proper nouns, that appear in those numbered lists in the body of the concordance. Each Hebrew and Aramaic word in the index is followed by the page numbers and column letters where it is to be found.

Generations of users of the concordance justly bemoaned the fact that actual Greek hyponyms had not been given. For instance, the Septuagint rendering of the verb אָמַר qal is represented in fifty different places in HR's concordance and appendix 2, but the user of the reverse index is given only a list of page numbers and column letters:

> אָמַר qal 37 *c*, 74 *a*, 109 *c*, 113 *c*, 120 *a*, 133 *a*, 222 *a*, 267 *a*, 299 *b*, 306 *b*, 313 *a*, 329 *c*, 339 *b*, 365 *a*, 384 *a*, 460 *c*, 477 *a*, 503 *c*, 505 *c*, 520 *b*, 534 *c*, 537 *b*, 538 *b*, 553 *b*, 628 *b*, 757 *b*, 841 *c*, 863 *c*, 881 *c*, 991 *b*, 1056 *b*, 1060 *a*, 1061 *a*, 1139 *a*, 1213 *b*, 1220 *c*, 1231 *b*, *c*, 1310 *b*, 1318 *b*, 1423 *c*, 1425 *b*, *69 b*, *72 b*, *173 a*, *183 b*, *c*, *200 a* (2), *207 c*, *211 b*.

One dearly wishes to be able to examine those fifty Greek terms at once instead of leafing through the fifteen hundred pages of the concordance proper to find out what those fifty Greek words are. While I was busy writing my doctoral dissertation in Jerusalem, my wife, Keiko, undertook the laborious task of converting over thirty thousand mere page/column references into actual Greek words and phrases. A neatly handwritten list of 508 legal-size pages was completed in Manchester on 31 May 1971. A couple of publishers whom I tried to interest in the work turned it down. In the meantime there appeared in the early 1970s *An Expanded Hebrew Index for the Hatch-Redpath Concordance to the Septuagint*, compiled by Elmar Camilo Dos Santos (Jerusalem: Dugith). The publication of this work seemed to have sounded the death knell for the publication of my manuscript, apparently now to be available only for my own private use—until last summer when I received email from David Aiken of Baker Book House, who had heard of the manuscript through Albert Pietersma and wanted to know whether I would consent to having it published in conjunction with a proposed reprint of Hatch and Redpath. Since Dos Santos's handwritten work was no longer available, and in any event was compiled with little critical interaction with HR's Hebrew-Greek equivalents, I was naturally delighted at the prospect that my dear manuscript stood a real chance of being typeset and thus made available to hundreds of other scholars. I lost no time in dusting it off and getting it ready for publication.

General Policy

There are a number of ways in which my work on this project has gone beyond my wife's manual labor.

First, this index represents a partial and critical revision of Hatch and Redpath. It is more than a mere conversion of their page/column references into Greek words, for I have focused on identifying the Hebrew or Aramaic lexemes or phrases that a given Greek lexeme is translating. (Which Hebrew or Aramaic words is, for instance, the Greek noun ἀγάπη translating?) My revision is necessarily partial and incomplete, for a complete revision would have required study of every single verse of the Septuagint, comparing it with the extant Hebrew or Aramaic original texts and their variant readings. Instead, I first examined every list of Semitic hyponyms in the body of HR's concordance (a) to identify

*For a more detailed discussion of matters briefly presented here and other related issues, the reader is referred to my article "A New Index to Hatch and Redpath," forthcoming in *Ephemerides Theologicae Lovanienses*.

those hyponyms that appear *prima facie* implausible or problematic and (b) to study the Hebrew, Aramaic, and Greek passages where they occur. Second, I studied those Septuagint passages that Hatch and Redpath marked with an obelus (†), signifying that "the identification of the Greek and Hebrew is doubtful or at least that a student should examine the passage for himself." The reason I call my revision critical is that Hatch and Redpath attempted to identify each Septuagint word with a word or a phrase in the Masoretic Text of the Jewish Bible (though they do not state which edition of the Bible was used). They were naturally aware of the problematic nature of this policy, for there are countless cases in which the Septuagint can be shown to be translating a word or phrase at variance with what one finds in the Masoretic Text. They had their reasons for not departing from this rigid policy, but I believe that such a position is untenable. By contrast, my policy has been to identify the Hebrew or Aramaic lexemes and word forms that I believe the translator(s) had in mind in translating the way they did. This, of course, involves an element of subjective judgment. There is, however, no science without subjective judgment and creativity. I have not, of course, allowed my imagination to run wild: I have aimed at staying as close as possible to the Semitic text, whether in the form of its *textus receptus* or variant readings in manuscripts. Nonetheless, I have retained in my index all of the hyponyms identified by Hatch and Redpath, marking some, though, as implausible.

Second, a certain amount of textual criticism has been applied to the Septuagint text. Hatch and Redpath's textual basis for the Septuagint was the three major uncials—Alexandrinus (A), Vaticanus (B), and Sinaiticus (S)—as well as the Sixtine edition of 1587 (R). They accorded equal value to each of these four. As a consequence, in cases of textual differences one could have a variety of Greek words translating the same Hebrew or Aramaic word. Further, textual studies of the Septuagint have not stood still during the past hundred years; since the days of Hatch and Redpath there have appeared three major editions of the Septuagint, including the ongoing Göttingen Septuagint project, aiming to produce the earliest recoverable (i.e., critical) edition of the Septuagint. A revised index cannot turn a blind eye to all this. I have therefore based my identification of Semitic hyponyms on the form of the Septuagint that may be said to be the earliest. In practical terms, this meant following the Göttingen edition, where available, though not blindly. I have also made use of Rahlfs's *Handausgabe*, the Cambridge Larger Septuagint, and numerous other *Einzeluntersuchungen*. I must admit, however, that, inasmuch as the individual volumes of the Göttingen Septuagint became available at different points in the course of my project, the extent of my use of it is not even. In a few cases I have also drawn upon sources that have not been incorporated into this critical edition—𝔓967 for Daniel and Ezekiel, for instance.

Third, for a reason not stated, Hatch and Redpath did not give Hebrew and Aramaic equivalents for Greek words occurring in the apocryphal books. Redpath himself remedied this defect for Sirach (see appendix 2), and I did the same for I Esdras (most of which is a translation of parts of the books of Chronicles, Ezra, and Nehemiah) in my *Greek-Hebrew/Aramaic Index to I Esdras* (Septuagint and Cognate Studies 16; Chico, Calif.: Scholars Press, 1984). All relevant information in my I Esdras index has been incorporated into the present work.

Fourth, since the publication of the original concordance, the textual criticism of the Jewish Bible has not stood still either. On the contrary, the discoveries in the Judean Desert have revolutionized this branch of biblical studies, and a revised index has to take these new data into account. In addition to fragments of the canonical books of the Jewish Bible, further fragments of the book of Ben Sira have come to light, notably the Masada fragments. Hatch and Redpath's appendix 2, dealing with the then-known Cairo Geniza Hebrew fragments, has been revised in the light of these more recent textual findings.

Fifth, I have, for the most part, retained the mode of referencing used by Hatch and Redpath, even when the chapter and verse numbers they give for certain books do not agree with those in Rahlfs and the Göttingen edition. I have adopted the latter only when proposing new Hebrew or Aramaic equivalents (and then not consistently, for the reasons given under the second point above). I have also retained HR's abbreviations for the name of biblical books (e.g., I Ki. instead of I Sa.).

Last, despite my personal interest in questions of grammar, I do not regard this index as an appropriate forum for exercising strictures in this regard and making my own understanding of Hebrew and Aramaic grammar apply. I have retained Hatch and Redpath's mode of vocalizing all Hebrew and Aramaic verbs as qal and peal respectively, even when some of them are not attested in those conjugations. Similarly, Aramaic grammarians may question my vocalization of some Aramaic nouns in the putative absolute state form. It should also be noted that I attach no great importance to the distinction between hafel and afel in Biblical Aramaic.

Explanation of Symbols

Economy of space and ease of reference necessitated that certain symbols and abbreviations be used in order to avoid undue length in the index. What follows is a listing of these typographic conventions:

≈ the symbol ≈ between a Hebrew or Aramaic word and a Greek word indicates that the two are equivalent; דָּבָר ≈ λόγος, for example, indicates that λόγος is used in the Septuagint to translate the Masoretic Text's דָּבָר

(Aramaic)
all keywords are Hebrew unless "Aramaic" is included in parentheses following the keyword; the words "Hebrew and Aramaic" are included in parentheses to indicate the coalescing of two identically spelled lexemes

Aramaizing
a Scripture reference marked "Aramaizing" indicates that the Greek lexeme in question can be identified with a Hebrew word that the Septuagint translator(s) misread as Aramaic or interpreted it under the influence of Aramaic; in the following entry, for example,

טוּב II pa. (Aramaic)
#ἑτοιμάζειν 563c (Mi. 7.3 Aramaizing; Na. 3.8 Aramaizing)

the term "Aramaizing" signifies that the translator(s) may have misread Hebrew טוּב in Mi. 7.3 and Na. 3.8 as if it were a form of Aramaic טוּב pael ("to prepare")

183c italic page numbers and column letters refer to HR's appendix 2 on the apocryphal book of Ben Sira (Ecclesiasticus); in the following entry, for example,

אָמַר qal
λόγος 881c, *183c*

the italic reference *183c* signifies that the equivalence אָמַר qal ≈ λόγος is found not only in the main concordance on page 881c but also, with reference to Sirach, in the third column of page *183* in appendix 2

a Greek lexeme marked with # is a new equivalent not mentioned by HR; in the following entry, for example,

הָתַל pi.
#καταμωκᾶσθαι *181b* (Si. 13.7)

the symbol # signifies that I propose equating the Greek verb καταμωκᾶσθαι used at Si. 13.7 with the Hebrew verb הָתַל pi.; when no page number is given for a Greek equivalence, it means that the term was not concorded by HR

* a Greek lexeme marked with * can be equated with a Hebrew or Aramaic term in the apocryphal book of I Esdras (for which HR did not give Semitic-Greek equivalents); fuller information and references where the equivalence applies may be found in my *Greek-Hebrew/Aramaic Index to I Esdras*; in the following entry, for example,

בָּשַׁל pi.
*ἕψειν 592a

the symbol * signifies that the Greek verb ἕψειν is listed on HR 592a with בָּשַׁל pi. as one of its hyponyms and that this equivalence applies to I Esdras as well; by turning to my index of I Esdras, the reader will find that this Hebrew-Greek equivalence is found in I Es. 1.11 [= II Ch. 35.13]; this use of the asterisk (always at the beginning of a line) should be distinguished from HR's use of the same symbol to identify the Kethiv as the Hebrew text underlying the Greek hyponym

§ a Greek lexeme marked with § is a transliteration of the underlying Hebrew or Aramaic lexeme rather than a translation of it; in the following entry, for example,

פַּלְמֹנִי
§φελλανει, φελμουνι, φελμωνι 1426b

the symbol § signifies that φελλανει, φελμουνι, and φελμωνι are transliterations of the keyword פַּלְמֹנִי; Greek accents and breathing marks have been dispensed with in such cases

\+ a Scripture reference preceded by a plus sign (+) ought to be added to the list of passages where the equivalence applies; in the following entry, for example,

טוֹב
ἀγαθός 2a, *165a* (+Si. 42.25)

the symbol + signifies that one should add Si. 42.25 to HR's list of passages where טוֹב is rendered by ἀγαθός

– a Scripture reference preceded by a minus sign (–) ought to be deleted from the list of passages where the equivalence is supposed to apply; in the following entry, for example,

הָפַךְ ni.
μετατιθέναι *184b* (–Si. 49.14)

the symbol – signifies that one should delete Si. 49.14 from HR's list of passages where הָפַךְ ni. is rendered by μετατιθέναι

[ ] a Greek lexeme enclosed within [ ] indicates that the Greek term is a textual variant in Sirach in Codex 248 and its congeners; in the following entry, for example,

שְׁבִיל
[ἀτραπός] *168c*

the symbol [ ] signifies that HR's appendix 3 lists ἀτραπός as a textual variant in Sirach in Codex 248

? a Greek lexeme preceded by a question mark signifies that HR's Greek term is regarded by me as doubtful; the question mark indicates less distrust in HR's data than does my use of the double square brackets, explained next; in the following entry, for example,

> אָכַף qal
> ?φορεῖν 1437c (Pr. 16.27[26])

the symbol ? signifies that HR's Greek term φορεῖν is doubtful in Pr. 16.27[26]; this symbol (always at the beginning of a line) should not be confused with a question mark in parentheses (?), which is carried over from HR and means something different

⟦ ⟧ a Greek lexeme within ⟦ ⟧ signifies that the enclosed data provided by HR are implausible; double square brackets indicate greater distrust in HR's data than does my use of the question mark, explained above; in the following entry, for example,

> כַּר
> ⟦τόπος 1364b (Is. 30.23)⟧

the symbols ⟦ ⟧ signify that HR 1364b lists τόπος as a translation of כַּר, but that I regard that equivalence as implausible at Is. 30.23

⟦ ⟧ → a Greek lexeme within ⟦ ⟧ and followed by an arrow (→) signifies that the enclosed data provided by HR are not only regarded as implausible but that I am correcting the equivalence in one of four ways:

(1) if I am correcting only the Greek half of the equivalence, the arrow will point at a new Greek term, which will always be listed under the same Hebrew or Aramaic keyword; in the following entry, for example,

> כָּרַע qal
> ⟦κλαίειν 766a⟧ → ὀκλάζειν

the Greek word following ⟦ ⟧ → indicates that κλαίειν, identified on HR 766a as translating כָּרַע qal, is not the correct reading of the passage in question (I Ki. 4.19) but should be replaced by a form of ὀκλάζειν

(2) if I am correcting only the Hebrew or Aramaic half of the equivalence, the arrow will point at a new Hebrew or Aramaic term; the reader should look for the Greek term under the new Hebrew or Aramaic term; in the following entry, for example,

> כֹּרֶם
> ⟦κτῆμα 793c⟧ → כֶּרֶם

the Hebrew word following ⟦ ⟧ → signifies that the correct hyponym of κτῆμα is not כֹּרֶם but כֶּרֶם (obtainable by pointing the Hebrew word differently from the reading in the Masoretic Text); the reader will find κτῆμα listed under the keyword כֶּרֶם

(3) if I am correcting both halves of HR's equivalence, the arrow will point at a new Hebrew-Greek or Aramaic-Greek combination; the reader should turn to the new Hebrew or Aramaic term to find the new Greek term; in the following entry, for example,

> תְּבוּאָה
> ⟦κουρά 781a⟧ → אֶרֶץ ≈ χώρα

the words following ⟦ ⟧ → signify that I regard as implausible both the Hebrew and Greek terms in HR's equivalence (תְּבוּאָה ≈ κουρά); the correct equivalents (אֶרֶץ ≈ χώρα) follow the arrow

(4) if the Hebrew or Aramaic term cannot be ascertained but the Greek term needs to be corrected, then the arrow will point at a placeholder XXX and the new Greek term; in the following entry, for example,

> שְׂאֵת
> ⟦δῖνη 336a⟧ → XXX ≈ δεινός

what follows ⟦ ⟧ → indicates that I regard as implausible HR's equivalence שְׂאֵת ≈ δῖνη and that the correct Greek term is δεινός; the correct Hebrew term, however, cannot be identified and so is marked with XXX

* * * * * * * * * * * * *

This seems to be the right moment to pay tribute to the enormous service rendered by Hatch and Redpath and their team of anonymous co-workers to the cause of biblical, Septuagintal, and a host of related disciplines. It is a great privilege to be able to offer—a century after the concordance was first published—something that might enhance its usefulness.

It remains only to thank my wife again for a labor of love twice performed—initially in preparing the manuscript described above and more recently in helping to proofread the galleys. I must also mention David Aiken of Baker Book House, who carefully and efficiently oversaw the process of keying and proofreading the manuscript, made many a suggestion for better and more user-friendly presentation of the data, and drew my attention to not a small number of slips.

December 1997
Leiden, The Netherlands

א

אָב
ἀρχιπατριώτης (רָאשֵׁי אָבוֹת) 166a
γονεῖς (אָב וָאֵם) 274c
⟦δύναμις (בֵּית אָבוֹת) 350a⟧
#καταδεικνύναι 730b (Ge. 4.21)
⟦κατοικεῖν 751c⟧
μητρόπολις 952c
ὁμοπάτριος 993c
*πατήρ (בֵּית אָבוֹת) 1105a (I Es. 1.11), *188a*
*πατριά (בֵּית אָבוֹת, אָב) 1111a, *188b*
πατριάρχης (רֹאשׁ אָבוֹת, אָב) 1111c
*πατρικός (בֵּית אָבִיהָ, בֵּית אָבוֹת) 1111c (I Es. 1.5), *188b*
πατρῷος 1112a
πρόπαππος (אֲבִי אָב) 1208b
אַב (Aramaic)
*πατήρ 1105a
אֵב
γέν(ν)ημα 238c
καρπός ("fruit") 723c
ῥίζα 1251c
אָבַד qal
#ἀποδιδράσκειν 127b (Si. 30[33].40)
ἀποθνήσκειν 128a
#ἀπολείπειν 136b (Jb. 11.20)
ἀπολλύειν, ἀπολλύναι 136c (+II Ch. 22.10; Pr. 11.23), *168a* (Si. 20.22; 41.6)
ἀπώλεια, ἀπωλία 151c
ἐκλείπειν 435c
ἐκτρίβειν 444a
ἔξοικος γίνεσθαι 497c
ὁ ἐν λύπῃ 889c
ὀλλύναι 987b
παραναλίσκειν 1062b
⟦προσδεῖν ("to be needy") *190a*⟧
אָבַד pi.
αἴρειν 34c
#ἀποβάλλειν 125c (De. 26.5)
ἀπολλύειν, ἀπολλύναι 136c, *168a*
ἀπωθεῖν 151a
ἀπώλεια, ἀπωλία 151c
ἀφανίζειν 181b
ἐξαίρειν 485a
ἐξολεθρεύειν, ἐξολοθρεύειν 497c
κατασκάπτειν 743c
κατασπᾶν 745a
ὀλλύναι 987b
אָבַד hi.
ἀπολλύειν, ἀπολλύναι 136c, *168a*
ἐξαποστέλλειν 488a
ἐξολεθρεύειν, ἐξολοθρεύειν 497c
אֲבַד pe. (Aramaic)
ἀπολλύειν, ἀπολλύναι 136c
אֲבַד aph. (Aramaic)
ἀποκτείνειν, ἀποκτέννειν 135a
ἀπολλύειν, ἀπολλύναι 136c
ἐκδιδόσθαι εἰς ἀπώλειαν 151c, 422a
ἐξάγειν 483a
אֲבַד hoph. (Aramaic)
ἀπολλύειν, ἀπολλύναι 136c
אֲבֵדָה
ἀπώλεια, ἀπωλία 151c
אֲבַדֹּה
ἀπώλεια, ἀπωλία 151c
אֲבַדּוֹן
ἀπώλεια, ἀπωλία 151c
אָבְדָן, אֲבַדָן
ἀπώλεια, ἀπωλία 151c
אָבָה I
ἀκούειν + neg. (אָ׳ + neg.) 45a
ἀπειθεῖν (אָ׳ + neg.) 119c
βούλεσθαι 226b
διαλύειν 305a
(ἐ)θέλειν 628b
εὐδοκεῖν 569a
προσέχειν 1215b
συνθέλειν 1316a
אָבָה II qal
#κατανύσσειν *181c* (Si. 14.1)
אֲבוֹי
θόρυβος 654a
אִבּוּל
#πύλη 1240b (Da. LXX 8.2, 3, 6)
אֵבוּס
⟦ἀποθήκη 128a⟧ → מַאֲבוּס
⟦παθμή(?), πάθνη(?) 1045a⟧ → φάτνη, πάθνη
φάτνη, πάθνη 1425b
אֲבַטִּיחִים
πέπων 1119b
אָבִיב
νέος 942a
παρεστηκώς 1070c
אֶבְיוֹן
ἀδύνατος 28a
ἀθυμεῖν, ἀθυμοῦν 30a
ἀνὴρ ἐν ἀνάγκαις 76a, 88a
ἀπελπίζειν, ἀφελπίζειν 120b
ἀσθενής 172b
δεῖσθαι 288a
ἐνδεής 469b
ἐπιδεῖν ("to lack") 519a
πένης 1117a
πτωχός 1239b, *190c*
ταπεινός 1334b
אֲבִיּוֹנָה
κάππαρις 719a
אַבִּיר
δυνάστης 355b
θεός 630a
ἰσχύειν 692c
ἰσχύς 694b
אָבִיר
⟦ἄγγελος 7b⟧
⟦ἀδύνατος 28a⟧
⟦ἆπις 122c⟧ → חַף
δυνατός 355c
ἰσχυρός 693b
ταῦρος 1337c
אָבַל qal
πενθεῖν 1117b, *188b*
στενάζειν 1288b
אָבַל hi.
πενθεῖν 1117b
אָבַל hithp.
θρηνεῖν 654c
καταπενθεῖν 741b
*πενθεῖν 1117b, *188b*
אָבֵל adj.
λυπεῖν 889b
παθεινός 1045a
πενθεῖν 1117b
πένθος 1118a
⟦ποθεινός 1153c⟧ → παθεινός
⟦συμπαθής 1304c⟧ → παθεινός
אֵבֶל
κλαυθμός 767a
ὀδύνη 967a
πάθος 1045b
πενθεῖν 1117b
πενθικός 1118a
πένθος 1118a, *188b*
אֲבָל
καὶ μάλα 894b
ναί 939a
ναὶ ἰδοῦ 673c
πλήν 1145c
אֶבֶן (Hebrew and Aramaic)
ᾅδης (אַבְנֵי־בוֹר) 24a
ἀπολιθοῦν (דָּמַם כָּאֶ׳) 136c
δισσὸν στάθμιον (אֶ׳ וָאֶ׳) 337b
κατάλιθος 737c
⟦κατισχύειν 751b⟧
κονία λεπτή (אַבְנֵי־גִר) 777c
*λίθινος 876b
*λίθος 876c, *183b*
λιθουργικὸς τέχνη (חָרָשׁ אֶ׳) 878b
τὰ λιθουργικά (חֲרֹשֶׁת אֶ׳) 878b
πάριος (אַבְנֵי שַׁיִשׁ) 1070b
πετροβόλος (אַבְנֵי־קֶלַע) 1130a
στάθμιον 1286b
⟦στάθμιον μέγα καὶ μικρός (אֶ׳ וָאֶ׳) 926c⟧
χάλιξ 1453a
אֹבֶן
λίθος 876c
אַבְנֵט
ζώνη 601a
στέφανος 1289c
אָבַס qal
σιτευτός 1267b
אֲבַעְבֻּעֹת
φλυκτίς 1433b
אָבַק ni.
παλαίειν 1051b
אָבָק
κονιορτός 777c
אֲבָקָה
κονιορτός 777c
אָבַר hi.
ἱστάναι, ἱστᾶν 689a
אֵבֶר
ἔκτασις 442a
πτεροφυεῖν (עָלָה אֵ׳) 1238a
πτέρυξ 1238a
אֶבְרָה
μετάφρενον 917b
אֲגֻדָּה
δέσμη 292a
⟦ἐπαγγελία 503b (–Am. 9.6)⟧ → אַגָּדָה
στραγγαλιά 1295a
#συνάλλαγμα 1310c (Is. 58.6)
συνάντησις 1311c
אַגָּדָה
#ἐπαγγελία 503b (Am. 9.6)
אֱגוֹז
καρύα 725a
אֲגוֹרָה
ὀβολός 960a
אֵגֶל
βῶλος 232c
אֲגַם
#βάθος 189a (Pr. 18.3)
ἕλος 453b
λίμνη 878c
σύστεμα, σύστημα 1323c
אָגֵם
λυπεῖν (אָ׳ נֶפֶשׁ) 889b
πονεῖν 1186a
אַגְמוֹן
⟦ἄνθραξ 96a⟧
⟦κρίκος 786a⟧
אַגָּן
κρατήρ 784a
#τορνευτός (Ca. 7.2[3])
אֲגַף
ἀντιλαμβάνεσθαι 110c
παράταξις 1064b
πρόσωπον 1223c
ἐπὶ (τὸ) πρόσωπον (עַל אֲ׳) 1224a
אָגַר qal
#ἀθροίζειν 30a (Je. 18.21)
#διασῴζειν 312b (Pr. 10.5)
⟦εὐφραίνειν 581a⟧
πολὺν ποιεῖν 1154b
אִגַּר (Aramaic)
*#στέγη 1288a (I Es. 6.4)
אִגְּרָא (Aramaic)
*ἐπιστολή 530c
אֶגְרוֹף
πυγμή 1240a
אֲגַרְטָל
*#σπονδεῖον 1285a (I Es. 2.13)
ψυκτήρ 1486a
אִגֶּרֶת
ἐπιστολή 530c

אֵד
νεφέλη 943b
πηγή 1130b
אָדַב hi.
⟦καταρρεῖν 743b⟧ → דּוּב hi.
אָדוֹן
ἀνήρ 88a
ἄρχων 166b
δεσπότης 292c
ἡγεῖσθαι (אֲדֹנִים) 602c
θεράπων (בֶּן אָ׳) 648b
#κριτής *182b* (Si. 41.18)
*κύριος 800b, *182c*
κύριος ὁ θεός, (ὁ) κύριος θεός 800b
χρᾶν, χρᾶσθαι 1473c
אֱדַיִן (Aramaic)
οὕτω(ς) οὖν (בֵּא׳) 1035c
*τότε (בֵּא׳, אֱ׳) 1367c
אַדִּיר
§αδωρηεμ, αδωρην (אַדִּירֵיהֶם) 28b
δυνάστης 355b
δυνατός 355c
θαυμαστός 627b
θαυμαστοῦν 627c
θαυμαστῶς 627c
ἰσχυρός 693b
ἰσχύς 694b
κραταιός 782a
κριός 788c
μέγας 902c, *184a*
μεγιστᾶν 907a
στερεός 1289a
σφοδρός 1327a
ὑπερέχειν 1409b
אָדַם qal
πυροῦν 1245c
אָדַם pu.
ἐρυθ(ρ)οδανοῦν 548b
אָדָם
ἀνήρ 88a, *167a*
ἀνθρώπινος 96b
ἄνθρωπος (בֶּן־אָ׳) 96b, *167a*
υἱὸς ἀνθρώπου 96b
βροτός 231a
γηγενής (בֶּן אָ׳, אָ׳) 255c
ἕκαστος 418a, *173b*
θνητός 654a
λαός 853b
#σάρξ *191a* (Si. 30.38 [33.30])
אָדֹם
ἐρυθρός 548b
⟦ἕψεμα, ἕψημα 592a⟧ → נָזִיד
πυρρός 1246a
אֹדֶם
ἄνθραξ *167a*
σάρδιον 1259b
אֲדַמְדָּם
πυρ(ρ)ίζειν 1246a
ὑποπυρρίζειν 1416c
אֲדָמָה
γαῖα 233b
γεωργός (אָהֵב אֲ׳) 240b
ἄνθρωπος γεωργὸς γῆς (אִישׁ אֲ׳) 240b, 240c
γῆ 240c, *170a*
φιλογέωργος (אֹהֵב אֲ׳) 1431a
χθών 1468c
χῶμα 1480c
χώρα 1481a
אַדְמוֹנִי
πυρράκης 1246a
אֶדֶן
βάσις 214b
κεφαλίς 763a
κρίκος 786a
⟦στῦλος 1297c⟧ → κρίκος
אֲדֹנָי
#ἅγιος *165b* (Si. 43.10)
§αδωναι 28a
§αδωναιε 28b
δεσπότης 292c
θεός 630a
θεοσέβεια, θεοσεβία (יִרְאַת אֲ׳) 648a
κύριος (אֲ׳ יֱהוִֹה) 800b, *182c* (Si. 42.15, 16, 17; 48.5)
κύριος ὁ θεός, (ὁ) κύριος θεός 630a
אָדַר ni.
δοξάζειν 343b
ὡραῖος *196a*
אָדַר hi.
δοξάζειν *172a*
אֶדֶר
δορά 344a
אִדַּר (Aramaic)
ἅλων, ἅλως 60a
אֲדַרְגָּזְרִין (Aramaic)
ἡγεῖσθαι 602c
ὕπατος 1407b
אַדְרַזְדָּא (Aramaic)
*#ἐπιμελῶς 525c (I Es. 8.21)
אֲדַרְכּוֹן
δραχμή 349a
אֶדְרָע (Aramaic)
*#ἵππος 687b (I Es. 2.30)
אַדֶּרֶת
δέρρις 291c
δορά 344a
μεγαλωσύνη 902c
μέγας 902c
μηλωτή 922a
στολή 1291c
ψιλός 1485c
אָהֵב qal
ἀγαπᾶν 5b, *165a*
γεωργός (אָ׳ אֲדָמָה) 240b
διώκειν *171c*
⟦ἐνοικεῖν 476a⟧ → ἀγαπᾶν
ἐρᾶσθαι, ἔρασθαι 540b
#ἑταῖρος *177c* (Si. 37.5)
ἔχειν + gen. 586c
⟦ζητεῖν 597a⟧ → φιλεῖν
⟦κρατεῖν 783a⟧ → אָחַז qal
φιλαμαρτήμων (אָ׳ פֶּשַׁע) 1430b
φιλεῖν 1430b
φιλιάζειν 1431a, *195a*
φιλογέωργος (אָ׳ אֲדָמָה) 1431a
εἶναι φιλογύναιος/φιλογύνης (אָ׳ נָשִׁים) 1431a
φίλος 1431b, *195a* (+Si. 36[33].6)
χαίρειν 1452a
אָהֵב ni.
ἀγαπᾶν 5b, *165a*
אָהֵב pi.
ἀγαπητός 7a
ἐραστής 540b
φιλεῖν 1430b
φίλος 1431b
אָהֵב hi.
προσφιλῆ ποιεῖν *189b, 190b*
אַהַב
ἀγαπᾶν 5b
φιλία 1430c
אֹהַב
ἔρως 553b
אַהֲבָה
ἀγαπᾶν 5b, *165a*
ἀγάπη 6c
ἀγάπησις 7a, *165a*
⟦εὐφροσύνη 582c⟧ → ἀγαπᾶν
φιλία 430c
אֲהָהּ
ἆ, ἀά 1a
δεῖσθαι 288a
μηδαμῶς 920b
οἴμ(μ)οι 983b
ὦ, ὤ 1491a
אָהַל I hi.
⟦ἐπιφαύσκειν 538a⟧ → הָלַל hi.
אָהַל II qal
ἀποσκηνοῦν 140c
⟦ἐνσκηνοῦν(?) 476c⟧
σκηνοῦν 1273a
אָהַל II pi.
⟦διέρχεσθαι 328c⟧
⟦εἰσέρχεσθαι 410b⟧
אֹהֶל
αὐλαία 177a
δέρρις 291c
δίαιτα 303a
#θεράπαινα (מְתֵי אֹ׳) 648a (Jb. 31.31)
κατάλυμα 738c
⟦οἰκήτωρ 969b⟧ → οἶκος
οἰκία 969b
οἶκος 973a
παράρυμα 1063c
⟦σκέπειν 1269a (Ex. 26.7)⟧ → σκέπη
σκέπη 1269a
σκηνή 1271a, *191b*
σκήνωμα 1273b
συσκήνιος (אֲשֶׁר בָּא׳) 1323a
σύσκηνος (אֲשֶׁר בָּא׳) 1323a
אֲהָלוֹת
ἀλόη 59b
§αλωθ 60a
στακτή 1286c
אוֹב
#ἀπο/ἐκ τῆς γῆς φωνεῖν 240c (Is. 8.19; 19.3)
ἐγγαστρίμυθος (בַּעֲלַת־אוֹב, שֹׁאֵל אוֹב) 362b
θελητής 629b
⟦τέμενος 1345a⟧ → θελητής
#φυσητήρ 1446c (Jb. 32.19)
אוּד
δαλός 284c
אוֹדוֹת
⟦ἀπὸ (τοῦ) προσώπου (עַל אוֹ׳) 1223c (Jd. 6.7B)⟧
אָוָה pi.
αἱρετίζειν 36a
(ἐ)θέλειν 628b
ἐπιθυμεῖν 520b
#ἐπιθυμία *176c* (Si. 6.37)
אָוָה hithp.
ἐπιθυμεῖν 520b, *176c*
ἐπιθυμία 521a
⟦καταμετρεῖν 739b⟧ → תָּאָה hi.
אַוָּה
ἐπιθυμεῖν 520b
ἐπιθυμία 521a
אוּזָל
§ασα(η)λ 171c
אוֹי
οἴμ(μ)οι (אוֹי־נָא לִי, אוֹי־נָא, אוֹי) 983b
οὐαί 1027c
ὦ, ὤ 1491a
אוֹיָה
οἴμ(μ)οι (אוֹ׳ לִי) 983b
אֱוִיל
ἀνόητος 105a
ἀπαίδευτος 115c, *167c*
ἀσεβής 170b
ἄστεγος 173b
ἄφρων 186c
⟦ἡγεῖσθαι 602c⟧ → אַיִל III
μωρός 938c
#παράνομος 1062b (Pr. 14.9)
προπετής 1208b
φαῦλος 1425c
אֱוִילִי
ἄπειρος 120b
אוּל
⟦ἰσχυρός 693b⟧ → אֵל
אוּלַי
ἴσως 695c
אֻלָם I, אוּלָם
§αιλαμ, αιλαμμειν 31a
§ελαμ 447c
κρηπίς 786a
ναός 939a
§ουλαμ 1030a
אוּלָם II conj.
ἀλλά (וְאוּלָם) *166a*
πλήν, πλὴν ὅτι 1145c
אִוֶּלֶת
ἀβουλία 1b
ἀνόητος 105a
ἄνοια 105a
⟦ἀρά 152b⟧ → אָלָה III subst.
ἀσχημοσύνη *168c*
ἀφροσύνη 186b, *169c*
ἄφρων 186c, *169c* (Si. 20.22)
⟦διατριβή 314a⟧
κακία 708a
κακός 709b
μωρία *185c*
אוֹמֶר
λόγος *183c*
אָוֶן
ἀδικία 25b
ἄδικος 26c
ἀνομία 106b
ἄνομος 107c
ἀσεβής 170b
ἄτοπος 176b
ἄφρων (אִישׁ־אָ׳, אָ׳) 186c
βλάσφημος (מְבָרֵךְ־אָ׳) 221a
⟦γογγυσμός 274b⟧
κακία 708a

κακός 709b
κακοῦργος (פֹּעַל־אָ׳) 711c
κενός, καινός ("empty") 759a
κόπος 778c
μάταιος 898c
μάτην 899c
⟦μηδείς, μηθείς 920c⟧ → אַיִן
μόχθος 935c
ὀδύνη 967a
παράνομος (אִישׁ־אָ׳) 1062b
πένθος 1118a
πονηρία 1186b
πόνος 1188b
⟦οὐχ ὑπάρχων 1406b⟧ → אַיִן

אוֹן I
ἀναψυχή 86a
δόξα 341a
δύναμις 350a
ἐπιδεής *176c*
⟦ἡλίου πόλις 606b, 1174a⟧
⟦κόπος 778c⟧ → אָוֶן
τὸ ὑπάρχον, (τὰ) ὑπάρχοντα 1406a

אוֹן II
see אָן, אוֹן

אוּפִר, אוֹפִיר
διάχρυσος 316a

אוֹפָן
ἄξων 113c, *166b* (Si. 36[33].5)
τροχός 1376c

אוֹפִר
see אוֹפִר, אוֹפִיר

אוּץ qal
κατασπεύδειν 745b
κοπιᾶν 778b
προπορεύεσθαι 1208c
στενοχωρεῖν 1288c
ταχύς 1339a

אוּץ hi.
ἐπισπουδάζειν 529b
κατισχύειν 751b
⟦μισεῖν *185b*⟧ → קוּץ qal
⟦σπουδάζειν 1285c⟧ → ἐπισπουδάζειν

אוֹצָר
ἀποδοχεῖον *168a*
*ἀποθήκη 128a
*#γαζοφυλάκιον 233a (I Es. 5.45)
εἰδωλεῖον, εἰδώλιον (בֵּית אוֹצַר אֱלֹהִים) 376a
θησαύρισμα 651c
θησαυρός (בֵּית אוֹ׳, אוֹ׳) 651c, *179b*
*#κιβωτός 763c (I Es. 1.54)
παράθεσις 1059c
πλοῦτος 1150c

אוֹר I qal
ἀναβλέπειν 73b
διαφαύσκειν 314b
διαφωτίζειν 315c
φωτίζειν 1451b

אוֹר I ni.
διαφαύσκειν 314b
διαφώσκειν 315c
φωτίζειν 1451b

אוֹר I hi.
*#ἀνακαλύπτειν 78a (I Es. 8.76)
ἀνάπτειν 81c
⟦διδόναι 317b⟧
⟦διέρχεσθαι 328c⟧
ἐκλάμπειν 435a
ἐπιβλέπειν 516c
ἐπισκοπὴν ποιεῖν (אוֹר עֵינַיִם hi.) 528c
ἐπιφαίνειν 537c
§θαειρ (תָּאִיר) *205a*
ἱλαροῦν *180a*
ἱλαρύνειν *180b*
φαίνειν 1423a
φωτίζειν 1451b

אוֹר II subst.
⟦διαφαύσκειν 314b⟧ → אוֹר I ni.
⟦διαφώσκειν 315c⟧ → אוֹר I ni.
#ἡ ὥρα τοῦ διαφωτίζειν τὸν ἥλιον 315c (Ne. 8.3)
ἑωθινός *178a*
ἠδώ 605a
ἥλιος 606b
ἡμέρα (אוֹר הַבֹּקֶר) 607b
⟦θάλλειν *179a*⟧
⟦ἰδεῖν 669b (I Ki. 14.29)⟧
ἱλαρός *180a*
μεσημβρία 912c
*#ὄρθρος, ὀρθός 1011b (I Es. 9.41)
πρωΐ (עַד־אוֹר הַבֹּקֶר) 1234b
φέγγος 1426a
φῶς 1450b, *195c* (+Si. 36[33].7)
⟦φωτίζειν 1451b⟧ → ἡ ὥρα τοῦ διαφωτίζειν τὸν ἥλιον
φωτισμός 1451c

אוּר I
⟦ἀλήθεια 53a⟧ → תֹּם
δῆλος 295b, *171a* (Si. 45.10)
*δήλωσις 295c
πῦρ 1242b
πυρώδης *191c*
φῶς 1450b
φωτίζων, φωτίζοντες (אוּרִים) 1451b

אוּר II
#πῦρ 1242b

אוֹרָה
⟦§αριωθ (אוֹרֹת) 158a⟧
φῶς 1450b

אוֹת I
⟦θαυμάσιος 627a⟧ → σημεῖον
σημεῖον 1263b, *191a* (+Si. 42.18)
τέρας *193b*
ὑπόδειγμα *194c*

אוֹת II ni.
ὁμοιοῦν 993a
συμφωνεῖν 1306c

אָז
ἀρχή 163c
εἶτα (כִּי־אָז) 415c
⟦ἔτι (מֵאָז) 561a⟧
⟦ἡμέρα 607b⟧
⟦ἱκανῶς 684a⟧
οὕτω(ς) 1035c
πάλαι (מֵאָז) 1051a
⟦παλαιός (מֵאָז) 1051b⟧ → πάλαι
τότε (אָז, מֵאָז) 1367c, *193c*

אֲזָא pe. (Aramaic)
ἐκκαίειν 432b
καίειν 705a

אַזְדָּא (Aramaic)
#ἀλήθεια 53a (Da. LXX 2.5)
ἀφιστᾶν, ἀφιστάναι, ἀφιστάνειν 184b

אֵזוֹב
⟦ὑσσωπίον 1418b⟧ → ὕσσωπος
ὕσσωπος 1418b

אֵזוֹר
εἰλεῖν 377c
ζώνη 601a
ζωννύειν, ζωννύναι 601a
περίζωμα 1123a

אַזְכָּרָה
ἀνάμνησις 80a
μνημόσυνον 931c, *185b*

אָזַל qal
ἐκλείπειν 435c
#ἐξέρχεσθαι 491c (Nu. 24.7)
παραλύειν (אָזְלַת יָד) 1062a
σπανίζειν 1281c

אֲזַל pe. (Aramaic)
*#ἀναζευγνύειν 76c (I Es. 2.25)
ἀπέρχεσθαι 121a
εἰσέρχεσθαι 410b
ἔρχεσθαι 548b
*#παραγίνεσθαι 1056c (I Es. 6.8)
πορεύεσθαι 1189a
ὑποστρέφειν 1417b

אֲזַל pa. (Aramaic)
⟦πορεύεσθαι 1189a⟧ → אֲזַל pe.

אָזַן pi.
⟦οὖς 1034c⟧ → אֹזֶן

אָזַן hi.
ἀκούειν 45a
ἀκρόασις *166a*
εἰσακούειν 408b, *173b*
ἐνωτίζεσθαι 482b, *175c* (Si. 30[33].27)
ἐπακούειν 505c
προσέρχεσθαι *190b*
προσέχειν 1215b, *190b*
⟦ὑπακούειν 1405c⟧ → ἀκούειν

אָזֵן
ζώνη 601a

אֹזֶן
ἀκούειν 45a
εἰσακούειν 408b
λαλιά (מִשְׁמַע אָזְנַיִם) 846c
⟦νοῦς 950c⟧
οὖς 1034c, *187b* (+Si. 51.16)
ὠτίον 1496c, *196c*

אֲזִקִּים
χειροπέδη 1467a

אָזַר qal
ζωννύειν, ζωννύναι 601a
περιέχειν 1123a
περιζωννύναι 1123b, *188b*

אָזַר ni.
περιζωννύναι 1123b

אָזַר pi.
ἐνισχύειν 475a
κατισχύειν 751b
περιζωννύναι 1123b

אָזַר hithp.
ἰσχύειν 692c
περιζωννύναι 1123b

אֶזְרוֹעַ
βραχίων 230a

אֶזְרָח
αὐτόχθων 179c
ἐγχώριος 367c

אָח I
ἀδελφιδός 20a
ἀδελφιδοῦς 20a
*ἀδελφός 20a, *165b*
ἐγγύς 363c
ἕτερος 560a
ἴσος (כְּאָחִיו) 688c
πλησίον 1148b

אָח II interj.
εὖγε 568c

אַח I
ἐσχάρα 557c

אַח II (Aramaic)
ἀδελφός 20a

אֹחַ
⟦ἦχος 620c⟧

אָחַד hithp.
⟦διαπορεύεσθαι 308b⟧

אֲחַד pe. (Aramaic)
#ἐξαίρετος 486b (Ge. 48.22 Aramaizing)
#ἐρείδειν 544c (Ge. 49.6 Aramaizing)
#κρατεῖν 783a (Da. TH 5.2)

אֶחָד
ἅμα 60b
ἄλλος 56b
#ἅμα 60b
ἅπαξ 118a
⟦δεύτερος 293b⟧ → אַחֵר
εἷς *173b* (–Si. 16.3; 42.21)
εἰσάπαξ (פַּעַם אַחַת, פַּעַם אֶ׳) 410a
ἑνδέκατος (אַחַת עֶשְׂרֵה) 469c
⟦ἐξαίρετος 486b⟧ → אֲחַד pe.
⟦ἕτερος 560a, *177d*⟧ → אַחֵר
⟦ἔτι 561a⟧ → אַחֵר
ἡ μέν *184b*
ἴσος 688c
κοινός 775a
*νουμηνία, νεομηνία (אֶ׳ לַחֹדֶשׁ, יוֹם אֶ׳) 950b (I Es. 5.53; 9.17, 40)
νουμηνία τοῦ μηνός (אֶ׳ לַחֹדֶשׁ) 950b
ὀλίγος (אֶ׳ pl.) 986b
*#ὁμοθυμαδόν (כְּאִישׁ אֶ׳, כְּאֶ׳) 992b
#ὁμοίως 993b (Ez. 45.11)
ὁμοῦ (כְּאֶ׳) 994a
οὐδείς, οὐθείς (אֶ׳ + neg., עַד־אֶ׳) 1028b
*#πᾶς (כְּאֶ׳) 1073a (I Es. 1.58)
*πρῶτος 1235c
τις (אֶחָד) 1354a

אָחוּ
ἄχι 187c
βούτομον 229c

אַחְוָה
ἀναγγέλλειν 74a

אַחֲוָה
⟦διαθήκη 300c⟧ → אֲחֻזָּה ≈ κατάσχεσις

אָחוֹר
⟦τὰ ἔμπροσθεν 459b⟧ → τὰ ὀπίσθε(ν)
ἐξόπισθεν 500a
τὰ ἐπερχόμενα 509c
ἔσχατος 558a, *177b*
τὰ ἐπ᾽ ἐσχάτοις 558a
⟦ἕτερος *177d*⟧
ἡλίου δυσμαί 357b
⟦κενός, καινός ("empty") 759a⟧
ἐκ τῶν ὄπισθε(ν) 1001b

τὸ/τὰ ὄπισθε(ν) 1001b
ὀπίσθιος 1001c
ὀπίσω 1001c
εἰς τὸ/τὰ ὀπίσω 1001c
ὁ/τὸ/τὰ ὀπίσω 1001c

אָחַז qal
ἀντέχειν 109c
ἅπτεσθαι 150b
ἐπιλαμβάνειν 523c
ἔρχεσθαι + subj. παγίς (= פַּח) 548b
ἔχειν 586c
θηρεύειν 650b
θηρευτής *179b*
καταλαμβάνειν 735a
κατέχειν 750c
κρατεῖν 783a
λαμβάνειν 847a
πιέζειν, πιάζειν 1132c
προκαταλαμβάνειν 1207a
συνέχειν 1315b
σφηνοῦν 1325a
τάσσειν 1337a
τείνειν 1339c
⟦ὑπολαμβάνειν 1414c⟧ → ἐπιλαμβάνειν

אָחַז ni.
ἐγκτᾶσθαι 367a
θηρεύειν 650b
κατακληρονομεῖν 733b
κατέχειν 750c
κληρονομεῖν 768a
συγκατακληρονομεῖν 1299b

אָחַז pi.
κρατεῖν 783a

אָחַז ho.
ἐνδεῖν 469c

אֲחֻזָּה
⟦ἔγκτησις 367a⟧ → κτῆσις
ἔγκτητος 367a
⟦κατάπαυσις 741a⟧ → κατάσχεσις
κατάσχεσις 746b
#κατόχιμος εἶναι 756c (Le. 25.46; +Za. 11.14)
κληρονομία 769a
κτῆσις 795a

אֲחִידָה (Aramaic)
⟦κρατεῖν 783a⟧ → אֲחַד pe.

אַחְלַי
ὀφ(ε)ίλειν 1039a

אַחְלָמָה
ἀμέθυστος 65b

אָחַר qal
χρονίζειν 1476a

אָחַר pi.
ἀναμένειν *166c*
βραδύνειν 229c
ἐγχρονίζειν 367c
καθυστερεῖν 704c
κατέχειν 750c
μένειν 910a
χρονεῖν 1476a
χρονίζειν 1476a, *196c*

אָחַר hi.
#χρονίζειν 1476a (II Ki. 20.5)

אָחַר hithp.
οὐραγεῖν *187a*
ὑστερεῖν *194c*

אַחֵר
ἄλλοθεν (מִמָּקוֹם אַ׳) 56b
*ἄλλος 56b, *166a*
ἀλλότριος 57a
δεύτερος 293b
⟦ἔντιμος 479a⟧ → חוֹר, חֹר
ἑταίρα (אַחֶרֶת) 559b
ἕτερος *177c* (+Si. 30[33].28; 49.5)
#ἔτι 561a
καινός, κενός ("new") 705b
*#μεταγενής 915c (I Es. 8.1)

אַחַר (Hebrew and Aramaic)
ἀκολουθεῖν 44c
⟦ἀπιέναι 122c⟧
εἶτα (וְאַ׳ דִּבְרֵי) 415c
ἐν *174b*
ἐξακολουθεῖν (הָלַךְ אַ׳) 486c, *175c*
ἐξόπισθε(ν) (מֵאַ׳) 500a
ἐπακολουθεῖν (אַ׳, הָלַךְ אַ׳ qal, מָלֵא אַ׳ pi.) 505b
⟦ἐπιπορεύεσθαι 527a⟧
ἔσχατος 558a
ἔχειν 586c
κατά *181a*
καταλείπειν 736a
κατόπισθε(ν) 756a
⟦λατρεύειν 863a⟧
μετά + gen. *184b*
" + acc. *184b*
#μεταγενής 915c (I Es. 8.1)
ὄπισθε(ν) (אַ׳, מֵאַ׳) 1001b
ὀπίσω (אַ׳, עַד אַ׳) 1001c, *186b*
τότε 1367c, *193c*
⟦ὕστερον 1418c⟧

אַחֲרוֹן
αἰών 39b
⟦δεύτερος 293b⟧
δυσμή 357b
ἐπέρχεσθαι (אַחֲרֹנִים) 509c
*ἔσχατος (אַ׳, לָאַחֲרֹנָה) 558a, *177b*
ἕτερος 560a
⟦καιρός 706a⟧
⟦κατάλοιπος 738a⟧
#λοιπός 888a (Is. 9.1 [8.23])
μέλλειν 909b
*#τὰ νῦν (דְּבָרִים אַחֲרוֹנִים) 951c (I Es. 1.33)
ὀπίσω 1001c
ὕστερον (הָאַ׳) 1418c
ὕστερος, ὕστατος 1418c

אָחֳרִי (Aramaic)
ἄλλος 56b
ἕτερος 560a

אַחֲרֵי (Hebrew and Aramaic)
ἀπό (מֵאַ׳) *167c*
εἰς *173a*
⟦ἔμπροσθε(ν) (מֵאַ׳) 459b⟧ → τὰ ὄπισθε(ν)
ἐξόπισθε(ν) (מֵאַ׳, מִן אַ׳) 500a
ἐπ᾽ ἐσχάτων τῶν ἡμερῶν (אַ׳ דְנָה) 558a
κατόπισθε(ν) (אַ׳, מֵאַ׳, מֵאַ׳ לְ־, עַל־אַ׳, אֶל־אַ׳) 756a
μετά + acc. (אַ׳, מֵאַ׳) *184b*
ὄπισθε(ν) (אַ׳, מֵאַ׳) 1001b
τὰ ὄπισθε(ν) 1001b
ὀπίσω (אַ׳, מֵאַ׳, עַל אַ׳) 1001c, *186b*
εἰς τὸ/τὰ ὀπίσω (אַ׳, מֵאַ׳) 1001c
ἐκ τῶν ὀπίσω 1001c
ἐπὶ τὰ ὀπίσω 1001c
ὀπίσω αὐτοῦ (אַ׳־כֵן) 1001c
ὁ/τὸ/τὰ ὀπίσω (אַ׳, מֵאַ׳) 1001c
ὕστερον 1418c

אַחֲרִי (Aramaic)
ἔσχατος 558a (Da. 2.28)

אַחֲרִית
ἔγγονος 363b
ἐγκατάλειμμα 365a
ἔκγονος 421c
ὁ ἐπιὼν χρόνος 520a, 1476b
ἔσχατος (אַ׳, בְּאַ׳) 558a, *177b*
ἐπ᾽ ἐσχάτων 558a
ἐπ᾽ ἐσχάτων ἡμερῶν 558a
κατάλοιπος 738a
σπέρμα 1282b
συντέλεια 1318c
τέκνον 1340c, *193a* (+Si. 16.3)
τελευταῖος 1343b
τελευτή 1344a
#τέλος *193b* (Si. 12.11)
ὕστερον 1418c

אָחֳרָן (Aramaic)
*ἄλλος 56b
ἕτερος 560a
οὐδείς, οὐθείς (אָ׳ + neg.) 1028b

אֲחֹרַנִּית
ὀπισθίως 1001c
ὀπισθοφανής 1001c
ὀπισθοφανῶς 1001c
ὀπίσω 1001c
εἰς τὸ/τὰ ὀπίσω 1001c

אֲחַשְׁדַּרְפְּנִים
διοικητής 336b
*#οἰκονόμος 973a (I Es. 8.64)
στρατηγός 1295b
τοπάρχης 1364b
τύραννος 1378c

אֲחַשְׁדַּרְפְּנִין (Aramaic)
σατράπης 1260c
ὕπατος 1407b

אַט
ἄγαλμα 5b
⟦κλίνειν 771a⟧
κατὰ σχολήν (לְאַט) 1328b

אָטָד
ῥάμνος 1248a

אָטַם qal
βαρύνειν (subj. οὖς) 191a
δικτυωτός 335c
ἐνεὸν (ἑαυτὸν) ποιεῖν (אָ׳ שְׂפָתַיִם) 472c, 1154a
κρυπτός 792c
φράσσειν 1438b

אָטַם hi.
βύειν 232a

אָטַר qal
συνέχειν 1315b

אִטֵּר
ἀμφοτεροδέξιος (אִ׳ יַד־יְמִינוֹ) 68a

אֵי
ποῖος (אֵי לְ־, אֵי זֶה) 1170a, *189b* (Si. 30[33].40)

אִי I
ὀνοκένταυρος 995b

אִי II
⟦ἔθνος 368b⟧
⟦θάλασσα 621a⟧ → יָם
νῆσος 944c, *185b*

אִי III
οὐαί 1027c

אָיַב qal
ἀντίκεισθαι 110c
#ἀπειθεῖν 119c (Je. 13.25)
διώκειν 338b
ἐκθλίβειν 432a
*#ἐναντιοῦν 468c (I Es. 8.51)
ἔχθρα 589b
ἐχθραίνειν 589b
ἐχθρεύειν 589c
*ἐχθρός 589c, *178c*
θλίβειν 652b
πολέμιος 1171b
ὑπεναντίος 1407b

אֵיבָה
*#ἔχθρα 589b (I Es. 5.49)
ἐχθραίνειν 589b
ἐχθρός 589c
μῆνις 923b

אֵיד
ἀπολλύειν, ἀπολλύναι 136c
ἀπώλεια, ἀπωλία 151c
ἀτυχεῖν (בְּיוֹם אֵיד) 176c
δύσκολος 357b
⟦ἡμέρα 607b⟧
θλῖψις 652c
κάκωσις 712a
καταστροφή 746a
ὄλεθρος 986a
⟦πονηρός 1186c (Ob. 13)⟧ → πόνος
πόνος 1188b
πτῶμα 1239a
τροπή 1375a

אַיָּה
γύψ 283b
ἰκτίν, ἰκτῖνος 684b

אַיֵּה
#οὐκέτι 1030a (Jb. 14.10)

אֵיךְ
τίς 1355c
τί ὅτι 1355c

אֵיכָכָה
#ποσαχῶς *189c* (Si. 10.31)

אַיָּל
ἔλαφος 448c

אַיִל I
§αιλ 31a
§αιλαμ, αιλαμμειν 31a
§αιλαμμωθ 31b
§αιλαμμων 31b
§αιλεου 31b
§αιλευ 31b
ἀμνός 66b
§ελεου (אֵילָיו, אֵילוֹ) 452b
§ελευ (אֵלָיו, אֵילוֹ) 452b
*κριός 788c

אַיִל II
τερέβινθος, τερέμινθος, τέρμινθος 1345b

אַיִל III
ἄρχων 166b
⟦γενεά 236a⟧
ἡγεῖσθαι 602c
⟦ἡγεμών 603c⟧ → ἡγεῖσθαι
⟦ἰσχυρός 693b⟧ → אֵל

אֱיָל
ἀβοήθητος (אֱ׳ + neg.) 1b

אֱיָלָה
ἀντίληψις 111b

ἔλαφος 448c
אֱלוּת
βοήθεια, βοηθία 222c
אֵלָם, אֵילָם
§αιλαμ, αιλαμμειν 31a
§αιλαμμωθ 31b
§αιλαμμων 31b
§ελαμμωθ (אֵילַמָּיו, אֵילַמּוֹ) 448a
§ελαμμων (אֵילַמָּיו, אֵילַמּוֹ) 448a
אִילָן (Aramaic)
δένδρον 289c
אָיֹם
θάμβος 623b
φοβερός 1435c
אֵימָה, אֵמָה
ἀπειλή 120a
δειλία 286c
κατάπληξις 742a
τρόμος 1374c
φόβος 1435c, *195c*
אֵימְתָנִי (Aramaic)
ἔκθαμβος 431c
φόβος 1435c
אַיִן
ἀβασίλευτος (מֶלֶךְ אַיִן) 1a
ἀβοήθητος (אֵין אֱיָל) 1b
ἀδυνατεῖν (אֵין עִם) 27c (II Ch. 14.11)
§α(ι)ννακειμ (אֵין נָקִי) 105a
ἀκάρδιος (אֵין לֵב, לֶב־אֵ׳) 43c
ἀμοιρεῖν (בְּאַיִן) *166b*
ἀναρίθμητος (אֵין־קֵץ, אֵין מִסְפָּר) 81c, *166c*
ἀνεξέλεγκτος (אֵין חֵקֶר) 87b
ἀνεξιχνίαστος (אֵין חֵקֶר) 87b
ἀνίατος (אֵין מַרְפֵּא) 102b
ἀπαίδευτος (אֵין מוּסָר) 115c
ἀπέρα(ν)τος (אֵין חֵקֶר) 120c
ἀσθενεῖν (אֵין כֹּחַ) 172a
ἀτείχιστος (אֵין חוֹמָה) 175b
ἀφαιρεῖν 180a
ἀφανίζειν 181b
ἄχρηστος (אֵין חֵפֶץ) 187c
εἰ δὲ μή (וְאִם־אַ׳) *172b*
εἰ μή (אִם אַ׳) *172b*
§ενακιμ (אֵין נָקִי) *467c*
*#οὐχ εὑρίσκειν (אֵין כֹּחַ) 576c (I Es. 9.11)
#ἔχειν + neg. (מֵאֵין, בְּאַיִן) *178c* (Si. 3.25; 20.6)
μή *184c*
μὴ οὐκ (אִם אַיִן) *184c*
μηδείς, μηθείς (אַ׳, אֵ׳ + ptc.) 920c
παρ᾽ ὀλίγον (כְּאַ׳) 986b
οὐδαμοῦ (אַיִן) 1028a
οὐδείς, οὐθείς 1028b, *187a*
οὐκ ἐτεκνοποίει (אֵין לָהּ וָלָד) 1342a
οὐκέτι 1030a
οὐκέτι μή 1030b
⟦οὐκέτι οὐ μή 1030c⟧
⟦τίς (מֵאַ׳) *193d*⟧ → מָה et al.
#οὐχ ὑπάρχων 1406b
אֵיפָה
ζυγός *178b*
μέτρα δισσά (אֵ׳ וְאֵ׳) 337b
μέτρον, μέτρος 918b
§οιφ(ε)ι 985a
πέμμα 1116b
⟦τάλαντον 1333c⟧ → μέτρον, μέτρος

אִישׁ
see also אֱנוֹשׁ
ἄγροικος (אִישׁ שָׂדֶה) 17a
⟦ἀδελφός 20a⟧
⟦ἁδρός 27c⟧
*ἀνήρ 88a, *167a*
ἀνὴρ κτηνοτρόφος (אִישׁ מִקְנֶה) 795a
*ἄνθρωπος 96b, *167a*
ἄνθρωπος γεωργὸς γῆς (אִישׁ אֲדָמָה) 240b, 240c
υἱὸς τοῦ ἀνθρώπου 96b
ἀντικεῖσθαι (אִישׁ מִלְחָמוֹת) 110c
ἄρσην, ἄρρην 160c
ἄρχων + εἶναι (אִישׁ שַׂר) 166b
*ἕκαστος (אִישׁ, אִישׁ אִישׁ, כָּל־אִישׁ, אִישׁ . . . רֵעַ) 418a, *173b*
ἀνὴρ ἕκαστος 418a
εἷς ἕκαστος 418a
εἷς . . . ἕκαστος (אִישׁ אֶחָד אִישׁ אֶחָד) 418a
ἑκάτερος 420a
ἕτερος 560a
εὔλαλος (אִישׁ שְׂפָתַיִם) 572a
⟦ἡγεῖσθαι 602c⟧
καθ᾽ ἑκάστην ἡμέραν (אִישׁ יוֹמוֹ) 607b
ἱκανός (אִישׁ דְּבָרִים) 683c
κεῖσθαι (אִישׁ מִלְחָמוֹת) 758b
⟦κουρεύς 781a⟧ → ἀνήρ
μηδείς, μηθείς (אִישׁ + neg.) 920c
οὐδείς, οὐθείς (אִישׁ + neg.) 1028b
παιδάριον (אִישׁ־נַעַר) 1045c
⟦παῖς 1049a⟧
πᾶς (כָּל־אִישׁ) 1073a
πάντες (כָּל־אֲנָשִׁים, כָּל־אִישׁ) 1073a
πεζός (אִישׁ רַגְלִי) 1114b
πενθικός (אִישׁ עֶדְיוֹ עָלָיו) 1118a
#πλησίον 1148b (Ez. 18.8)
καθεστηκὼς πρεσβύτερος (אִישׁ שֵׂיבָה) 1201c
καθεστηκὼς πρεσβύτης (אִישׁ שֵׂיבָה) 1202c
#στρατόπεδον (אֲנָשִׁים) 1296a (Je. 48[41].12)
σύμβουλος (אִישׁ עֵצָה) 1304a
συνετὸς καρδίας/καρδίᾳ (אִישׁ לֵבָב) 1315a
τις 1354a
ἐάν/εἴ τις (אִישׁ אִישׁ) 1354a
υἱός 1384c
ὕπανδρος (תַּחַת אִישׁ) 1406b
ψυχή 1486a
אִישׁוֹן
ἡσυχία 620b
κόρη 779c, *182b*
κόρη ὀφθαλμοῦ, αἱ κόραι τῶν ὀφθαλμῶν 1039b
אִיתַי (Aramaic)
γίνεσθαι 256b
*#εὑρίσκειν 576c (I Es. 6.21)
ἔχειν 586c
אֵיתָן
ἄβατος 1a
#ἀρχαῖος 162c (Is. 23.17)
δυνάστης 355b
§ηθαμ 605a
ἰσχυρός 693b
κράτος 784a
#ναρκᾶν 939c (Jb. 33.19)
τραχύς 1371a
χώρα 1481a

אַךְ
ἀλλά *166a*
ἀλλ᾽ ἤ *166a*
ἔτι 561a
ἦ μήν 602c
ἴσως 695c
μόνον 933a
μόνος 933b
νῦν, νυνί 951c
νῦν/νυνὶ δέ (אַךְ, אַךְ־עַתָּה) 951c
ὄντως 1000c
ὁρᾶν 1005a
οὕτω(ς) 1035c
πάρεξ, παρέξ 1068c
πλήν 1145c, *189a*
⟦τότε 1367c (De. 28.29)⟧
אַכְזָב
κενός 759a
ψευδής 1484b
⟦ψεῦδος 1485a⟧ → ψευδής
אַכְזִיב
μάταιος 898c
אַכְזָר
ἀνελεημόνως 86c
ἀνελεήμων 86c
ἀνίατος 102b
#δείδειν 286a (Jb. 41.2)
אַכְזָרִי
ἀνελεήμων 86c, *167a*
ἀνίατος 102b
ἰταμός 696a
στερεός 1289a
τολμηρός *193c*
אַכְזְרִיּוּת
ἀνελεήμων 86c
אֲכִילָה
βρῶσις 231c
אָכַל qal
ἀναλίσκειν 79b
ἀνάλωσις 79c
ἀριστᾶν (אָ׳ לֶחֶם) 157b
βιβρώσκειν 219c
βρῶσις 231c
*#γεύειν 240a (I Es. 9.2)
ἐξαναλίσκειν 487b
⟦ἐξέχειν 495b⟧
*ἔσθειν, ἐσθίειν 554a, *177b*
⟦ἐχθρός 589c⟧
καίειν 705a
κάπτειν 719a
καρπίζεσθαι (אָ׳ מִתְּבוּאָה) 723c
καταβιοῦν (אָ׳ לֶחֶם) 729a
κατάβρωμα 729b
κατάβρωσις 729b
⟦κατακαίειν 732b⟧ → καίειν and κατέσθειν, κατεσθίειν
καταναλίσκειν 739b, *181b*
⟦καταφλέγειν 748a⟧ → καταφλογίζειν and κατέσθειν, κατεσθίειν
καταφλογίζειν 748a
κατέσθειν, κατεσθίειν *181c*
⟦ " 749b (Jb. 20.26)⟧
σητόβρωτος (אָ׳ עָשׁ) 1265b
συγκαίειν 1299a
συνδειπνεῖν 1312c
συνεσθίειν 1314a
φλέγειν 1432c
ψωμίζειν 1490c
אָכַל ni.
βιβρώσκειν 219c

βρῶσις 231c
ἐμπιπράναι, ἐμπρήθειν 457c
ἔσθειν, ἐσθίειν 554a
καταναλίσκειν 739b
κατέσθειν, κατεσθίειν 749b
⟦ποιεῖν 1154a (Ex. 12.16)⟧ → עָשָׂה ni.
προσεμπιπράναι 1213b
אָכַל pu.
βιβρώσκειν 219c
καταβιβρώσκειν 729a
κατακαίειν 732b
κατέσθειν, κατεσθίειν 749b
אָכַל hi.
διδόναι φαγεῖν 317b
ἔσθειν, ἐσθίειν 554a
τρέφειν 1371b
ψωμίζειν 1490c, *196c*
אֲכַל pe. (Aramaic)
διαβάλλειν (אֲ׳ קְרַץ) 298c
ἔσθειν, ἐσθίειν 554a
καταμαρτυρεῖν (אֲ׳ קַרְצֵי) 739a
κατέσθειν, κατεσθίειν 749b
ψωμίζειν 1490c
אֹכֶל
⟦ἀρκεῖν (לְפִי אֹ׳) 158a⟧
βορά 224c
βρῶμα 231b, *169c*
βρῶσις 231c
εἰς τοὺς καθήκοντας (לְפִי אֹ׳) 700a
τὸν καθῆκον (כְּפִי אֹ׳) 700a
σῖτος 1267a
τροφή 1376b
אָכְלָה
ἀνάλωσις 79c
βρῶμα 231b
βρῶσις 231c
ἔμπυρος 460a
ἔσθειν, ἐσθίειν 554a
καταβιβρώσκειν 729a
κατάβρωμα 729b
אָכֵן
#ἀλλά 54c (Jb. 32.8)
ὄντως 1000c
⟦εἰ οὕτω(ς) 1035c⟧ → כֵּן I ≈ οὕτω(ς) and אִם ≈ εἰ
⟦οὐχ οὕτω(ς) 1035c⟧ → ἀλλα πλήν 1145c
אָכַף qal
ἐκβιάζειν 421b
ἐκθλίβειν *173c*
?φορεῖν 1437c (Pr. 16.27[26])
אֶכֶף
θλίβειν *179c*
אִכָּר
ἀροτήρ 159b
γεωργός 240b
אַל (Hebrew and Aramaic)
δεῖσθαι (אַל־נָא) 288a
μή *184c*
μηδαμῶς (אַל־נָא, אַל) 920b
μηδέ (וְאַל) *184c*
μηδείς, μηθείς 920c, *185a*
μηκέτι (אַל . . . עוֹד, אַל) 921b
οὐ μή *186c*
οὐδείς, οὐθείς 1028b
אֵל
⟦ἄγγελος 7b⟧
ἅγιος *165b*

ἄρχων 166b
⟦γίγας (אֵל גִּבּוֹר) 256b⟧
δύναμις 350a
δυνάστης *172c*
εἴδωλον 376a
⟦ἐπίσκοπος 529a⟧
ἡ χεὶρ ἔχει (הָיָה לְאֵל יָד) 586c
θεῖος 628a
θεός 630a, *179b* (+Si. 47.18)
ἰσχύειν (לְאֵל יָד + neg., יֵשׁ־לְאֵל יָד) 692c
ἰσχυρός 693b
#ἰσχύς 694b (Ca. 2.7; 3.5)
κύριος 800b, *182c* (+Si. 30[33].25)
οὐρανός 1031b
ὕψιστος *194c*

אֶל

⟦[ἀπαντᾶν] (קָרַב אֶל) *167c*⟧ → קָרַב, קָרֵב qal ≈ ὑπαντᾶν
εἰς ἀπάντησιν (אֶל־פְּנֵי) 117b
αὐτάρκης (יֵשׁ לְאֵל יָד) *169a*
διανοεῖσθαι (עָצַב אֶל לֵב, אֶל לֵב hithp.) 306b
⟦ἐγκαλεῖν (קָרָא אֶל) 365a⟧ → קָרָא I qal
εἰς *173a* (–Si. 9.9)
⟦ἐκδικεῖν (פָּקַד אֶל) 422b⟧ → פָּקַד qal
⟦ἐκκαλεῖν (קָרָא אֶל) 432c⟧ → קָרָא I qal
ἐκτός (אֶל־מִן) 443c
ἐν *174b*
ἐξ ἐναντίας κατά (אֶל מוּל, אֶל מוּל פְּנֵי) 468b
ἔνδον (אֶל תּוֹךְ) 470b
ἔξω, ἐξωτέρω (אֶל־מִחוּץ לְ־) 501c
ἔξωθεν (אֶל־הַחוּץ) 502b
ἐπακολουθεῖν (פָּנָה אֶל) 505b
ἐπάνω 507b
ἐπί + gen. *176b* (–Si. 5.6, 7)
" + dat. *176b* (–Si. 5.6, 7)
" + acc. *176b* (–Si. 5.6, 7)
ἔσωθεν (אֶל־מִבֵּית לְ־) 559a
ἔχειν (אֶל יָד) 586c
ἕως *178c*
⟦κατά + gen. *181a*⟧
κατόπισθε(ν) (אֶל־אַחֲרֵי) 756a
ὄπισθε(ν) (אֶל־מִבֵּית לְ־) 1001b
⟦ὀπίσω 1001c⟧
ἐν τοῖς ὠσίν 1034c
περί + gen. *188b*
⟦περιχαρής (שָׂמֵחַ אֱלֵי־גִיל) 1128b⟧ → שָׂמֵחַ II and גִּיל II subst.
πλησίον (אֶל־מוּל) 1148b
⟦ " (קָרוֹב אֶל־בַּיִת) 1148b⟧ → קָרוֹב
⟦ " (אֶל) 1148b⟧
πρός + acc. *190a*
⟦προσάγειν (קָרַב אֶל) *190a*⟧ → קָרַב, קָרֵב qal
⟦πρόστομα(?) (אֶל־פְּנֵי) 1222b⟧ → פֶּה ≈ στόμα
⟦εἰς (τὸ) πρόσωπον (אֶל־פָּנִים) 1223c⟧ → פָּנִים
⟦ἐπὶ (τὸ) πρόσωπον (אֶל פָּנִים) 1224a⟧ → פָּנִים
⟦κατὰ (τὸ) πρόσωπον (אֶל פָּנִים, אֶל עֵבֶר פָּנִים, אֶל מוּל פָּנִים) 1224a⟧ → פָּנִים
⟦συνοικεῖν (בּוֹא אֶל) 1317c⟧ → בּוֹא qal
⟦ὑποκάτω (אֶל־תַּחַת לְ־, אֶל־תַּחַת) 1413c⟧ → תַּחַת

אֶלְגָּבִישׁ

πετροβόλος 1130a
χάλαζα 1452b

אַלְגּוּמִּים

πεύκινος 1130a

אָלָה I qal

ἀρά 152b
ἀρᾶσθαι 152c
ἐξορκίζειν 500a

אָלָה I hi.

ἀρᾶσθαι 152c

אָלָה II qal

⟦θρηνεῖν 654c⟧

אָלָה III subst.

⟦ἄβατος 1a (Je. 49[42].18)⟧ → שַׁמָּה
ἀρά 152b
ἀρᾶσθαι 152c
κατάρα 742b
ὁρκισμός 1013b
ὅρκος 1013c
ὁρκωμοσία 1013c

אַלָּה

τερέβινθος, τερέμινθος, τέρμινθος 1345b

אֵלָה

⟦δένδρον συσκιάζον 289c, 1323a⟧
δρῦς 349c
§ηλα 606a
#στέλεχος 1288a (Ge. 49.21)
τερέβινθος, τερέμινθος, τέρμινθος 1345b

אֱלָהּ (Aramaic)

⟦ἄγγελος 7b⟧
εἴδωλον 376a
*θεός 630a
*κύριος 800b
κύριος ὁ θεός, (ὁ) κύριος θεός 630a, 800b

אֵלֶּה

ἄλλος 56b
ὅδε 960b
οὕτω(ς) (עַל־א׳, כָּא׳, הָא׳, כַּדְּבָרִים הָא׳) 1035c
τοιοῦτος (כָּא׳, כָּא׳, א׳) 1362b, *193c*

אֱלֹהִים

ἄγγελος (בֶּן א׳) 7b
εἰδωλεῖον, εἰδώλιον (בֵּית א׳, בֵּית אוֹצַר א׳) 376a (I Es. 2.10)
θεῖος 628a
*θεός *179b*
⟦κρίσις παρὰ τοῦ θεοῦ 630a⟧
⟦τὸ κριτήριον τοῦ θεοῦ (הָא׳) 630a⟧
⟦οἶκος θεοῦ 630b⟧
⟦τὸ ὄρος τοῦ θεοῦ (הָא׳) 630a⟧
⟦ὁ τόπος οὗ εἱστήκει (ἐκεῖ) ὁ θεός 630a⟧
⟦ὁ τόπος τοῦ θεοῦ (הָא׳) 630b⟧
θεοσέβεια, θεοσεβία (יִרְאַת א׳) 648a
θεοσεβής (יְרֵא א׳) 648a
*κύριος (אֱלֹהֵי צְבָאוֹת א׳) 800b, *182c* (+Si. 45.23)
κύριος ὁ θεός, (ὁ) κύριος θεός 630a, 800b
παντοκράτωρ (אֱלֹהֵי) 1053c
⟦πάτραρχος 1111a⟧ → פַּתְכְרָא ≈ πάταχρος

אֱלוּ (Aramaic)

ἰδού 673c

אֱלוֹהַּ

⟦ἄγγελος 7b⟧
⟦ἅγιος 12a, *165b*⟧
βδέλυγμα 215b
γλυπτός 271a
δεσπότης 292c
εἴδωλον 376a
θεῖος 628a
θεός 630a, *179b* (+Si. 41.19)
κύριος 800b, *182c* (–Si. 45.23)
οὐρανός 1031b

אֱלוּל

οἰώνισμα 985b

אֵלוֹן

βάλανος 189c
δρῦς 349c

אַלּוֹן

βάλανος 189c
⟦δένδρον βαλάνου 289c⟧
δρῦς 349c
ἐλάτινος 448a

אַלּוּף

ἄκακος 43b
ἀρχηγός 165a
βοῦς 229a, *169c*
διδασκαλία 316c
ἡγεῖσθαι 602c
ἡγεμονία 603c
ἡγεμών 603c
μάθημα 892a
μαθητής 892a
οἰκεῖος 968c
φίλος 1431b
χιλίαρχος 1469a

אָלַח ni.

ἀκάθαρτος 42c
ἀχρειοῦν 187c

אַלְיָה

ὀσφύς 1023c

אֱלִיל I adj.

μάταιος 898c
μικρός *185a*

אֱלִיל II subst.

βδέλυγμα 215b
δαιμόνιον 283b
εἴδωλον 376a, *172b*
θεός 630a
κακός 709b
οἰώνισμα 985a
χειροποίητος 1467a

אֲלִימוּת

#θράσος 654b (Ez. 19.7)

אֵלֵּךְ (Aramaic)

ἐκεῖνος pl. (א׳ pl.) 428a

אַלְלַי

οἴμ(μ)οι (א׳ לִי) 983b

אָלַם ni.

ἄλαλος 52b
ἄλαλος γίνεσθαι 256c
ἀποκωφοῦν 136a
ἄφωνος 187b
κατανύσσεσθαι 739c
κωφοῦν 840c
σιωπᾶν 1267c
⟦συγκλείειν 1299c⟧ → συνέχειν
συνέχειν 1315b

אָלַם pi.

δεσμεύειν 292a

אִלֵּם

ἄλαλος 52b
δύσκωφος 357b
ἐν(ν)εός 472c
κωφός 840c
μογ(γ)ίλαλος 932b

אֵלֶם

see אֵלָם, אֵילָם

אֻלָם

see אוּלָם I, אֻלָם

אַלְמֻגִּים

#ἀπελέκητος 120b (III Ki. 10.12)
πελεκητά 1116b

אֲלֻמָּה

δράγμα 348b

אַלְמָן

χηρεύειν 1468b

אַלְמֹן

χηρ(ε)ία 1468b

אַלְמָנָה

⟦ἀγύναιος 18b⟧ → γύναιον
γύναιον 278b
χήρα 1468a, *195c*

אַלְמָנוּת

⟦χήρα 1468a⟧ → אַלְמָנָה
χηρ(ε)ία 1468b
χήρευσις 1468b

אַלְמֹנִי

§αλμωνι 59a
§ελ(ι)μωνι 453b
κρύφιος (פְּלֹנִי א׳) 793a

אִלֵּן (Aramaic)

ἐκεῖνος pl. (א׳ pl.) 428a

אָלַף I qal

μανθάνειν 895b

אָלַף I pi.

διδάσκειν 316c
⟦διορίζειν 336b⟧ → פָּלָה hi.
⟦ἔνοχος 476c⟧

אָלַף II hi.

πολυτόκος 1185c

אֶלֶף I

ἀρχηγός (רָאשׁ אֲלָפִים) 165a
δισχίλιος (אַלְפַּיִם) 337c
ἑξήκοντα μυριάδες (שֵׁשׁ־מֵאוֹת א׳) 937a
ταῦρος 1337c
χιλιαρχία 1469a
χιλίαρχος (שַׂר א׳, רָאשׁ אֲלָפִים) 1469a
*χιλιάς 1469a, *196a*
χίλιοι 1470c, *196a*
χιλιοπλασίως (א׳ פְּעָמִים) 1470a
χίλιος 1470a

אֶלֶף II

βοῦς 229a
ταῦρος 1337c

אֲלַף (Aramaic)

#χιλιάς 1469a (Da. 7.10)

אָלַץ pi.

παρενοχλεῖν 1068c
στενοχωρεῖν 1288c

אַלְקוּם

#δημηγορεῖν 296a (Pr. 24.66 [30.31])

אֵם

ἀρχαῖος 162c

#ἀρχή 163c (Ec. 5.10)
γονεῖς (אֵם, אָב וָאֵם) 274c
μήτηρ 924a, *185a*
⟦μητριά(?) 925c⟧ → μήτηρ
μητρόπολις 925c
ὁμομήτριος (בֶּן־אִמּוֹ) 993c

אִם
ἀλλά (כִּי אִם) *166a*
ἄν *166b*
κἄν (וְאִם, וְגַם אִם) *166b*
ἔα (אִם־אָמְנָם) 360a
ἐάν *172a*
εἰ *172b*
εἰ δὲ μή (וְאִם + neg.) *172b*
εἰ μή (אִם + neg.) *172b*
ἦ 602c
ἦ μήν (אִם, אִם + neg.) 602c
ἦ μὴν μή (אִם + neg.) 602c
ἦ μὴν οὐκ 602c
μὴ οὐκ (אִם + neg.) *184c*
⟦ὅσος 1019a⟧
⟦ὅστις (רַק אִם) 1022b⟧

אָמָה
ἅβρα 1b
δούλη 346a
θεράπαινα 648a
οἰκέτις 969b
*παιδίσκη 1048b

אַמָּה (Hebrew and Aramaic)
δεκάπηχυς (עֶשֶׂר אַמּוֹת) 289a
δίπηχυς (אַמָּתַיִם) 337a
μέτρον, μέτρος 918b
ὀκτάπηχυς (שְׁמֹנֶה אַמּוֹת) 985c
πεντάπηχυς (חָמֵשׁ בָּאַ׳) 1118c
*πῆχυς 1131b
τὸ ὑπέρθυρον (אַמּוֹת הַסִּפִּים) 1410a

אֻמָּה
see אֻמָּה, אִימָה

אֻמָּה (Hebrew and Aramaic)
ἔθνος 368b, *172b*
λαός 853b
φυλή 1444b

אָמוֹן
ἁρμόζειν 159a

אֵמוּן
ἀλήθεια 53a
πίστις 1138b
στήριγμα, στήρισμα 1290c

אֱמוּנָה
ἀλήθεια 53a
ἀληθινός 54a
ἀξιόπιστος 113a
πίστις 1138b, *188c* (+Si. 15.15)
πιστός 1138c, *188c*
στηρίζειν 1290c

אַמִּיץ
ἰσχυρός 693b, *180c*
κραταιός 782a
κρατεῖν 783a
κράτος 784a
σκληρός 1274b

אָמִיר
μετέωρος 917c

אָמַל pulal
ἀσθενεῖν 172a
ἐκλείπειν 435c
κενοῦν 759b
ὀλιγοῦν 987a
πενθεῖν 1117b
(σ)μικρύνειν 927c

אֻמְלָל
ἀσθενής 172b

אָמַן qal
θρεπτός 654c
τιθηνεῖν 1351c
τιθηνός 1351c
#χρήσιμος (א׳ pass. ptc.) *196b* (Si. 7.22)

אָמַן ni.
⟦αἴρειν 34c⟧
ἀκριβής *166a*
ἀξιόπιστος 113a
διαμένειν *171b*
ἔμμονος *174b*
ἐμπιστεύειν 458b, *174b* (–Si. 7.26; 36.21)
⟦θαυμαστός 627b⟧
πιστεύειν 1137c
πίστιν ἔχειν 586c, 1138b
πιστός 1138c, *188c*
πιστοῦν 1139a

אָמַן hi.
(ἐ)θέλειν 628b
ἐμπιστεύειν 458b, *174b* (+Si. 7.26; 36.21)
καταπιστεύειν 741c
πείθειν 1114b
πιστεύειν 1137c, *188c*
#πιστοῦν 1139a

אֲמַן haph. (Aramaic)
πιστεύειν 1137c
πιστός 1138c

אָמָן
τεχνίτης 1347c

אָמֵן
ἀληθινός 54a
ἀληθῶς 54b
§αμην 65c
γένοιτο 256b (Nu. 5.22; Is. 25.1; Je. 15.11)

אֲמָנָה
πίστις 1138b

אֹמְנָה
στηρίζειν 1290c

אָמְנָה
ἀληθῶς 54b

אָמְנָם
ἀλήθεια 53a
ἀληθῶς 54b
ἔα (אִם־א׳) 360a
⟦εἶτα (א׳ כִּי) 415c⟧

אֻמְנָם
ἀληθῶς 54b
ὄντως 1000c

אָמֵץ qal
ἀνδρίζεσθαι 86b
ἰσχύειν 692c
κατισχύειν 751b
κραταιοῦν 782b
στερεοῦν 1289a, *192a*
ὑπερέχειν 1409b

אָמֵץ pi.
ἀνδρίζεσθαι 86b
ἀποστέργειν 145a
⟦ἀποστρέφειν 145b⟧
ἐνισχύειν 475a
ἐρείδειν 544c
θάρσος περιτιθέναι 626c, 1127c
ἰσχυρὸν ποιεῖν 693b, 1154a
ἰσχύς ἐστι 694b
κατισχύειν 751b
κραταιοῦν 782b
κρατεῖν 783a
μεγαλύνειν *184a*
παρακαλεῖν 1060a
στερεοῦν *192a*

אָמֵץ hi.
κραταιοῦν 782b

אָמֵץ hithp.
ἀνθιστάναι 95c
κραταιοῦν 782b
σπεύδειν 1284a
φθάν(ν)ειν 1429b

אָמֹץ
ψαρός 1484a

אֹמֶץ
θάρσος 626c

אָמַר qal
αἰτεῖν (א׳ הָבוּ) 37c
ἀναγγέλλειν 74a
ἀντειπεῖν, ἀντερεῖν 109c
ἀπαγγέλλειν 113c
ἀπειπεῖν, ἀπερεῖν 120a
ἀποκρίνειν 133a
⟦βοᾶν 222a⟧
⟦γινώσκειν 267a⟧
διαγγέλλειν 299b
διανοεῖσθαι 306b
διατάσσειν 313a
διηγεῖσθαι 329c
δοκεῖν 339b
ἐγκαλεῖν 365a
(ἐ)θέλειν 628b
*εἰπεῖν, ἐρεῖν 384a, *173a*
ἐμφανίζειν 460a
ἐντέλλεσθαι, ἐντελλέσθειν(?) 477a
ἐπαγγέλλειν 503c
⟦ἐπακούειν 505c⟧
⟦ἐπιθυμεῖν 520b⟧
ἐπιτάσσειν 534c
ἐπιτρέπειν 537b
ἐπιχαίρειν (א׳ הֶאָח) 538b
⟦ἐρωτᾶν 553b⟧
⟦εὑρίσκειν 576c⟧ → εἰπεῖν, ἐρεῖν
⟦καυχᾶσθαι 757b⟧
λαλεῖν 841c
*λέγειν 863c, *183b*
λόγος 881c, *183c*
⟦ὀμνύειν, ὀμνύναι 991b⟧
παραγγέλλειν 1056b
⟦παρακαλεῖν 1060a⟧ → אָמֵץ pi.
παρακαλεύειν 1061a
⟦πιστοῦν 1139a⟧ → אָמַן hi.
προσειπεῖν 1213b
προστάσσειν, προστάττειν 1220c
προφασίζεσθαι 1231b
προφητεύειν 1231c
συνᾴδειν 1310b
συντάσσειν 1318b
φάναι 1423c
φάσκειν 1425b

אָמַר ni.
ἀπαγγέλλειν 113c
εἰπεῖν, ἐρεῖν 384a, *173a*
εὑρίσκειν 576c
καλεῖν 712c
λέγειν 863c

אָמַר hi.
αἱρεῖν 36a

אָמַר hithp.
λαλεῖν 841c

אֲמַר pe. (Aramaic)
ἀναγγέλλειν 74a
βλασφημεῖν (אֲ׳ שָׁלוּ, אֲ׳ שָׁלָה) 221a
*εἰπεῖν, ἐρεῖν 384a
*ἐπιτάσσειν 534c
καλεῖν 712c
*λέγειν 863c
παραγγέλλειν 1056b
προστάσσειν, προστάττειν 1220c
*#ὑπαγορεύειν 1405c (I Es. 6.30)

אִמַּר (Aramaic)
*#ἀρήν (= HR's ἀρνός) 159b (I Es. 6.29; 7.7; 8.14)

אֹמֶר
⟦θαρρεῖν, θαρσεῖν 626c⟧
⟦κρίμα 786b⟧ → ῥῆμα
λαλεῖν 841c
λέγειν 863c
λόγιον 880c
λόγος 881c, *183c*
λόγοις τοῖς πρὸς χάριν ἐμβάλλεσθαι (אֲמָרִים הֶחֱלִיק) 455a
πολυρρήμων (כַּבִּיר אֲמָרִים) 1181b
ῥῆμα 1249a
ῥῆσις 1251c
⟦χεῖλος 1456b⟧

אֵמֶר
εἰπεῖν, ἐρεῖν 384a
λαλιά 846c
λέγειν 863c
ῥῆμα 1249a

אִמְרָה
⟦κρίμα 786b⟧ → λόγιον
λόγιον 880c
λόγος 881c
ῥῆμα 1249a
φωνή 1447b

אֶמְרָה
ῥῆμα 1249a

אֶמֶשׁ
(ἐ)χθές 1468c

אֱמֶת
ἀλήθεια 53a, *166a*
ἀληθεύειν 53c
ἀληθής 53c
ἀληθινός 54a, *166a*
ἀληθῶς 54b
δίκαιος 330c
δικαιοσύνη 332c
⟦ἐλεημοσύνη 450b⟧
⟦εὐθύτης *177d*⟧
πίστις 1138b
πιστός 1138c

אַמְתַּחַת
μάρσιππος 896b

אָן
⟦δεξιός 290a⟧
ἔνθα καὶ ἔνθα (אָנָה וָאָנָה) 473b
ἕως τίνος (עַד־אָנָה) 1355c
οὐδαμοῦ (אָנָה וָאָנָה) 1028a
τίς (אָנָה) 1355c (Ne. 2.16)
μέχρι τίνος (עַד אָנָה עַד־אָן) 1355c

אוֹן, אֹן
ἡλίου πόλις 606b, 1174a
אָנָּא
δέομαι 288a
ἰδού 673c
אָנָה I qal
στενάζειν 1288b
ταπεινοῦν 1334c
אָנָה II pi.
#ἐπάγειν 503c (Ps. 87[88].8)
παραδιδόναι 1058a
אָנָה II pu.
ἀρέσκειν 155c
προσέρχεσθαι 1213c
אָנָה II hithp.
προφασίζεσθαι 1231b
אֲנָה (Aramaic)
ἐγώ 367c
אָנָה
μηδαμῶς 920b
ὤ, ὦ 1491a
ὢ δή 1491a
אִנּוּן (Aramaic)
ἐκεῖνος 428a
אֱנוֹשׁ
⟦ἄγγελος 7b⟧
#ἀνδρίζεσθαι 86b (Je. 2.25; 18.12)
ἀνήρ 88a, *167a*
ἀνθρώπινος 96b
ἄνθρωπος 96b, *167a*
⟦ἄρχων 166b⟧
βροτός 231a
δύναμις 350a
⟦εἰρηνεύειν (אֱ׳ שְׁלוֹם) *173a*⟧
κατοικεῖν 751c
κάτοικος 756a
λαός 853b
νεανίσκος 940b
⟦οἰκεῖν 968a⟧
οἰκεῖος 968c
οὐδείς, οὐθείς *187a*
⟦παῖς 1049a⟧
πάντες (כָּל־הָאֲנָשִׁים) 1073a
οἱ περί (אַנְשֵׁי) *188b*
אָנַח ni.
ἀναστενάζειν 82a
καταστενάζειν 745c
στενάζειν 1288b
στένειν 1288b
אָנַח hithp.
ἀναστενάζειν *166c*
κατανύσσεσθαι *181c*
στενάζειν *192a*
אֲנָחָה
καταβόησις *181b*
κατανύσσεσθαι *181c*
στεναγμός 1288a
אֲנִי
ἐγώ 367c
ἐγώ εἰμι 367c
אֳנִי
ναῦς 940a
πλοῖον 1150a
אֳנִיָּה
ναῦς 940a
ναυτικός 940a
πλοῖον 1150a, *189a* (Si. 36[33].2)

אֲנִיָּה
ταπεινοῦν 1334c
אֲנָךְ
ἀδαμάντινος 19a
ἀδάμας 19a
אָנֹכִי
ἐγώ εἰμι 367c
אָנַן hithpo.
γογγύζειν 274a, *170c*
אָנַס qal
βιάζεσθαι *169b*
אֲנַס pe. (Aramaic)
ἀδυνατεῖν 27c
אֹנֶס
βία *169b* (Si. 20.4)
אָנַף qal
ἐπάγειν (supply ὀργήν) 503c
⟦ἐπαίρειν 505a⟧ → ἐπάγειν
*ὀργίζειν 1010a
παροξύνειν 1072a
אָנַף hithp.
εὐδοκεῖν + neg. *177c*
θυμοῦν 662b
ὀργίζειν 1010a
אֲנָפָה
χαραδριός 1454c
אָנַק qal
στενάζειν 1288b
אָנַק ni.
κατοδυνᾶν 751c
#στεναγμός 1288a (Ez. 24.17)
אֲנָקָה
ἱκετ(ε)ία *180a*
μυγάλη 936b
στεναγμός 1288a
אָנַשׁ qal
βίαιος 218a
⟦κατακρατεῖν 734b⟧
στερεός (אָ׳ pass. ptc.) 1289a
#ταλαιπωρία 1333a (Ps. 68[69].20)
אָנַשׁ ni.
ἀρρωστεῖν 160b
אֱנָשׁ (Aramaic)
ἀνήρ 88a
ἀνθρώπινος 96b
ἄνθρωπος (בַּר־אֱ׳, אֱ׳) 96b (Da. LXX 2.38)
οὐδείς, οὐθείς (אֱ׳ + neg.) 1028b
אֹנֶשׁ
#πτωχεία *190c* (Si. 11.12)
אַנְתָּה (Aramaic)
#γυνή 278b (Da. 6.24)
אָסוּךְ
ἀλείφειν 52c
אָסוֹן
[ἀπώλεια, ἀπωλία] *168b*
ἀρρώστημα *168b*
⟦ἐξεικονίζειν 490c⟧
#θάνατος *179a* (Si. 38.18)
μαλακία 894b
μαλακίζεσθαι 894b
אֵסוּר
δεσμός 292a
אֱסוּר (Aramaic)
*#ἀπαγωγή 115c (I Es. 8.24)
δεσμός 292a
⟦παράδοσις 1059b⟧ → δεσμός
אָסִיף
συναγωγή 1309b
συντέλεια 1318c
אָסִיר
ἀπάγειν 115b
#ἀπαγωγή 115c (Is. 14.17)
#δέσμιος 292a (Za. 9.12; La. 3.34)
*δεσμός 292a
δεσμωτήριον 292b
δεσμώτης 292b
πεδᾶν 1113a
φυλακή 1440c
אַסִּיר
#ἀπαγωγή 115c (Is. 10.4)
δεῖν ("to bind") 287b
⟦δέσμιος 292a⟧ → אָסִיר
⟦ἐπαγωγή 504b⟧ → ἀπαγωγή
אָסָם
ταμ(ι)εῖον, ταμίον 1334a
אָסַף qal
αἴρειν 34c
ἀνταναιρεῖν 108c
ἀπολλύειν, ἀπολλύναι 136c
ἀποσυνάγειν 148b
ἀφαιρεῖν 180a
ἀφιστᾶν, ἀφιστάναι,
ἀφιστάνειν 184b
δύ(ν)ειν 350a
εἰσάγειν 407c
⟦εἰσφέρειν 415a⟧ → συνάγειν
ἔκλειψις 437a
ἐμβάλλειν 455a
ἐξαίρειν 485a
ἐπιστρέφειν 531a
*ἐπισυνάγειν 534a
καθιστάναι 702c
καταπαύειν 740c
κατέχειν 750c
περιστέλλειν 1126c, *188c*
προσάγειν 1211a
προσλαμβάνειν 1218b
προστιθέναι 1221a
συλλέγειν 1302b
*συνάγειν 1307b, *192c*
συναγωγή 1309b
συναπολλύναι 1312a
συντελεῖν 1319b
τιθέναι 1348c (Ge. 42.17)
אָסַף ni.
*ἄγειν 9a
ἀπέρχεσθαι 121a
ἀποθνῄσκειν *168a*
ἀποκαθιστᾶν, ἀποκαθιστάναι
131b
εἰσέρχεσθαι 410b
ἐκλείπειν 435c
ἐξέρχεσθαι 491c
*ἐπισυνάγειν 534a, *177a*
#θάπτειν *179a* (Si. 44.14)
⟦καθαρίζειν, καθερίζειν 698a⟧
καταφεύγειν 747b
⟦κόπτειν 779a⟧ → סָפַד qal
προστιθέναι 1221a, *190b* (Si. 42.21)
συμψᾶν 1307a
*συνάγειν 1307b
συνέρχεσθαι 1314a
*#τελευτᾶν *193b* (Si. 8.7)
אָסַף pi.
ἐπισυνάγειν 534a
ἔσχατος 558a
οὐραγεῖν 1031b
συνάγειν 1307b
אָסַף pu.
συνάγειν 1307b
אָסַף hithp.
συνάγειν 1307b
אֹסֶף
§ασαφειν (אֲסֻפִּים) 169c
§εσεφειν, εσεφιμ (אֲסֻפִּים) 554a
⟦συνάγειν 1307b (Ne. 12.25)⟧ →
אָסַף qal
אֹסֶף
συνάγειν 1307b
אֲסֵפָה
συναγωγή 1309b
אֲסֻפָּה
σύναγμα 1309b
⟦σύνθεμα 1316a⟧ → σύναγμα
⟦σύνταγμα 1318a⟧ → σύναγμα
אֲסַפְסֻף
ἐπίμικτος 525c
אָסְפַּרְנָא (Aramaic)
ἐπιδέξιος 519b
*#ἐπιμέλεια 525b (I Es. 6.10)
*ἐπιμελῶς, ἐπιμελέστερον 525c
ἑτοίμως 565a
*#σπουδή 1285c (I Es. 6.10)
אָסַר qal
ἀπάγειν 115b
*δεῖν ("to bind") 287b
δεσμεύειν 292a
δέσμιος 292a
δεσμός 292a
δεσμωτήριον 292b
δεσμώτης 292b
ἐπιδεῖν ("to bind") 519a
ἐπισάσσειν 527b
εὔχεσθαι 583c
ζευγνύειν, ζευγνύναι 593c
ζωννύειν, ζωννύναι 601a
κατέχειν 750a
ὁρίζειν 1011c
⟦παιδεύειν 1047a⟧ → יָסַר qal
παρατάσσειν (אָ׳ מִלְחָמָה) 1064c
πεδᾶν 1113a
⟦περιδεῖν 1122c⟧
περιζωννύναι 1123b
συνάπτειν 1312b
#συνδεῖν 1312c (Ex. 14.25)
συνιστάναι, συνιστᾶν 1317a
φυλακή (אָ׳ pass. ptc.) 1440c
אָסַר ni.
ἀπάγειν 115b
δεῖν ("to bind") 287b
κατέχειν 750c
אָסַר pu.
δεῖν ("to bind") 287b
אֱסָר (Aramaic)
δεσμός 292a
δόγμα 339b
אֱסָר
ὁρισμός 1013b
אָע (Aramaic)
*ξύλινος 957c
*ξύλον 958a

אַף I (Hebrew and Aramaic)
see also אַף כִּי
ἅμα *166b*
§αφφω (אַף־הוּא) 187b
ἔα 360a
ἔτι 561a
ναὶ δή (וְאַף) 939a
καὶ νῦν 951c
κἄν (וְאַף כִּי) *166b*
νῦν/νυνὶ δέ 951c
#ὁμοίως 993b (Ps. 67[68].6)
οὕτω(ς) *187b*
πλὴν ὅτι 1145c
προσέτι 1214a
?τίς 1355c (Ge. 3.1; +II Ch. 6.18)
אַף II subst. (Hebrew and Aramaic)
see also אַפַּיִם
ἐκδίκησις 423a
ἐνώτιον (נֶזֶם אַף) 482c
[[ἔχθρα 589b]] → שִׂנְאָה
θυμός (חֲרִי־אַף, חֲרוֹן אַף) 660c, *179c* (+Si. 40.5)
θυμοῦν (חָרָה אַף) 662b
θυμώδης (בַּעַל אַף) 662c, *179c*
μακροθυμεῖν (הֶאֱרִיךְ אַף) 893b
μυκτήρ 936b
μυκτηρίζειν 936c
ὀργή (אַף, חֲרוֹן אַף) 1008b (I Es. 9.13), *186c*
[[ἡ ὀργὴ τοῦ θυμοῦ, ὀργὴ θυμοῦ 660c, 1008b]] → ὀργή
ὀργίζειν (חָרָה אַף) 1010a
[[" (אַף) 1010a]] → ὀργή
ὀργίλος 1010b
πρόσωπον 1223c, *190b*
ῥίς 1252c
אָפַד
συνάπτειν 1312b
συσφίγγειν 1324a
אֵפֹד
see אֵפֹד, אֵפוֹד
אֲפֻדָּה
ἐπωμίς 540b
περιχρυσοῦν (אֲפֻדַּת זָהָב) 1128b
אַפֶּדֶן
[[§ενφανδανω 482a]]
[[§εφαδανω (אַפַּדְנוֹ) 585b]]
[[§φανδανω (אַפַּדְנוֹ) 1424a]]
אָפָה qal
ἀρχισιτοποιός (שַׂר אֹפִים, אֹ׳) 166a
πέσσειν 1128c
πέψις 1130a
ποιεῖν 1154a
σιτοποιός 1267b
אָפָה ni.
πέσσειν 1128c
ποιεῖν 1154a
אֵפוֹא
[[ἀληθῶς 54b]]
§αφφω 187b
νῦν, νυνί 951c
אֵפֹד, אֵפוֹד
ἐπωμίς 540b
§εφουδ, εφωδ 586b
ἱερατ(ε)ία 678c
ποδήρης 1153c
στολή 1291c
אָפִיל
ὄψιμος 1044b

אַפַּיִם
see also אַף II subst.
μακροθυμία (אֶרֶךְ אַ׳, אֹרֶךְ אַ׳) 893c
μακρόθυμος (אֶרֶךְ אַ׳) 893c, *184a*
ὀξύθυμος (קְצַר־אַ׳) 1001a
ἐπὶ (τὸ) πρόσωπον (עַל אַ׳, לְאַ׳) 1223c, 1224a
κατὰ (τὸ) πρόσωπον (עַל אַ׳) 1224a
אָפִיק
ἄφεσις 182b
νάπη 939c
πεδίον 1113b
πηγή 1130b
πλευρά 1142a
πλήρωμα 1148b
φάραγξ 1424b
χειμάρρο(υ)ς 1457a
אֲפִיק
[[κῦμα (אֲ׳ נְחָלִים) 799a]]
אֹפִיר
see אוֹפִר, אוֹפִיר
אַף כִּי
καὶ νῦν 951c
κἄν (וְאַף כִּי) *166b*
πλὴν καί 1145c
προσέτι 1214a
אָפֵל
γνόφος 272c
אֹפֶל
γνόφος 272c
#σκοτεινός 1276a (IV Ki. 5.24)
σκοτία 1276b
σκοτομήνη 1276b
σκότος 1276b
[[σκοτωμένη(?) 1277a]] → σκοτομήνη
אֲפֵלָה
ἀωρία 188c
γνόφος 272c
γνοφώδης 273a
σκοτ(ε)ινός (כָּאֲ׳) 1276a
σκότος 1276b
אֹפֶן
[[ἁρμόζειν 159a]]
אָפֵס qal
αἴρειν 34c
ἀποκόπτειν 133a
ἐκλείπειν 435c
אֶפֶס
ἄκρος 51b, *166a*
ἀπώλεια, ἀπωλία 151c
§αφεσις 182b
[[βία 218a]]
διεκβολή 328b
ἐκλείπειν 435c
ἔκλειψις 437a
ἔσχατος 558a
κενός, καινός ("empty") 759a
[[ὀλίγος 986b]]
ὀλιγοστός 986c
οὐδείς, οὐθείς 1028b
οὐκέτι 1030a
πέρας 1120a
πλήν 1145c
אֶפְעֶה
ἀσπίς ("snake") 173b
βασιλίσκος 214a
ὄφις 1042b

אָפַף qal
περιέχειν 1123a, *188b* (Si. 51.7)
περιχεῖν 1128b
אָפַק hithp.
ἀνέχειν 87c
ἐγκρατεύεσθαι 366c
μακροθυμεῖν *183c*
אֵפֶר
κοπρία 778c
σποδιά 1284c
σποδός 1285a, *192a*
אֲפֵר
τελαμών, ταλαμών 1342b
אֶפְרֹחַ
ν(ε)οσσός 949c
νοσσίον 949c
אַפִּרְיוֹן
φορεῖον, φόριον 1437c
אֲפָרְסְכָי (Aramaic)
*#ἡγεμῶν 603c (I Es. 6.7, 27)
אֶפְרָתָה, אֶפְרָת
ἱππόδρομος 687b
אֶצְבַּע (Hebrew and Aramaic)
δάκτυλος 284b
χειροτονία (שְׁלֹחַ אֶ׳) 1467a
אָצִיל
ἐπίλεκτος 525a
אַצִּיל
#ἀγκάλη 15b (III Ki. 3.20)
ἀγκών 15c, *165b*
διάστημα 311c
אָצַל qal
ἀφαιρεῖν 180a
ὑπολείπειν 1415a
אָצַל ni.
#ἀπέχειν 122a (Je. 7.10)
[[διασῴζειν *171b*]]
ἐλαττοῦν, ἐλασσοῦν *174a*
ἐξέχειν 495b
#συνάγειν *192c* (Si. 13.16)
אָצַל pu.
[[συνάγειν *192c*]] → אָצַל ni.
אָצַל hi.
παραιρεῖν 1060a
אֵצֶל
[[ἀγκάλη 15b]] → אַצִּיל
ἐγγύς 363c
ἔχειν 586c
παρά + dat. *187b*
" + acc. *187b*
πλησίον 1148b
אֶצְעָדָה
χλιδών 1471b
אָצַר qal
θησαυρίζειν 651b
συνάγειν 1307b
אָצַר ni.
συνάγειν 1307b
אָצַר hi.
[[ἐντέλλεσθαι, ἐντελλέσθειν(?) 477a]]
אֶקְדָּח
κρύσταλλος 792c
אַקּוֹ
τραγέλαφος 1369a

אֹר
see also אוֹר II subst.
ποταμός (אֹר, יְאוֹר, יְאֹר) 1196a
אֲרִאֵיל, אֲרְאֵל
§αριηλ 156b
אָרַב qal
[[δικάζειν 330b]] → רִיב I qal
δόλιος (אֹרֵב־דָּם) 340b
ἐγκάθετος 364b
ἐγκάθετος γίνεσθαι 256c
ἐνέδρα 472a
ἐνεδρεύειν 472a, *175b*
ἔνεδρον 472b, *175b*
ἐχθρός 589c
θηρεύειν 650b
καταράσσειν 743a
[[κοινωνεῖν 775a]]
πολέμιος 1171b
אָרַב pi.
ἐνεδρεύειν 472a
ἔνεδρον 472b
אָרַב hi.
[[ἐνεδρεύειν 472a]] → אָרַב qal
אֶרֶב
ἐνεδρεύειν 472a
σκέπη 1269a
אֹרֶב
ἔχθρα 589b
אַרְבֶּה
ἀκρίς 50c, *166a*
ἀττέλεβος 176c
βροῦχος 231a
אָרְבָּה
ἐπιβάλλειν 516a
אֲרֻבָּה
θυρίς 663c
καπνοδόχη 718c
καταρ(ρ)άκτης 743a
ὀπή 1001b
אַרְבַּע (Hebrew and Aramaic)
τεσσαρακοστός (אַרְבָּעִים) 1346a
τέσσαρες *193b*
τεσσαρεσκαιδέκατος, τεσσαρισκαιδέκατος (אַ׳ עֶשְׂרֵה) 1346b
τέταρτος 1346b
τετρακοσιοστός (אַ׳ מֵאוֹת) 1347b
אַרְבָּעָה (Hebrew and Aramaic)
*τεσσαρεσκαιδέκατος, τεσσαρισκαιδέκατος (אַ׳ עָשָׂר) 1346b
τέταρτος 1346b
τετράμηνος (אַ׳ חֳדָשִׁים) 1347b
τετράς 1347b
τετράστιχος (אַ׳ טוּרִים) 1347c
אָרַג qal
ἐργάζεσθαι, ἐργάζειν 540c
ἔριθος 547b
τεχνίτης *193b*
ὑφαίνειν 1419a
ὑφάντης 1419a
ὑφαντός 1419a
אֶרֶג
[[δρομεύς 349a]]
#ἱστός 692c (Is. 38.12)
ὕφασμα 1419a
אַרְגְּוָן (Aramaic)
πορφύρα 1195b

אַרְגָּז
§αργος 153a
§εργαβ 540c
θέμα 629b
אַרְגָּמָן
ὁλοπόρφυρος 989b
πορφύρα 1195b, *189c*
πορφύρεος, πορφυροῦς 1195c
πορφυρίς 1195c
אָרָה qal
τρυγᾶν 1377a
אֲרוּ (Aramaic)
ἰδού 673c
אֻרְוָה
φάτνη, πάθνη 1425b
אָרוּז
⟦κυπαρίσσινος (אֶרֶז) 799b⟧
אֲרוּכָה
μῆκος 921b
φυή 1440c
אָרוֹן
⟦ἅγιος 12a⟧
γλωσσάκομον, γλωσσάκομος 272b
*κιβωτός 763c
σορός 1278c
אֶרֶז
*κέδρινος 758a
κέδρος (עֵץ אֶ׳, אֶ׳) 758a, *182a*
κυπαρίσσινος 799b
κυπάρισσος 799c
אָרַח qal
#ἔρχεσθαι 548b (Jb. 31.32)
⟦ἔσχατος 558a⟧ → אָחוֹר
ξένος 957a
ὁδοιπόρος 962b
⟦ὁδός 962b (Jb. 34.8)⟧ → אֹרַח
אֹרַח
ὁδοιπόρος *186a*
אֹרַח
#βάσις 214b (Jd. 5.6A)
τὰ γυναικεῖα 278b
ἐνιαυτός 474b
ἔργον 541c
⟦ἔρχεσθαι 548b⟧ → אָרַח qal
⟦ἔσχατος 558a⟧ → אַחֲרִית
κύκλος 797a
ὁδός 962b, *186a*
τρίβος 1372b
אֳרַח (Aramaic)
ὁδός 962b
τρίβος 1372b
אֹרְחָה
ὁδοιπόρος 962b
אֲרֻחָה
ἑστιατορ(ε)ία 557c
ξενισμός 956c
σύνταξις 1318a
אֲרִי
λέων 874c, *183b*
אֲרִיאֵל
§αριηλ 156b
אַרְיֵה (Hebrew and Aramaic)
λέαινα 863c
λέων 874c, *183b*
אֲרִיָּה
θῆλυς 650a

אֲרִיךְ (Aramaic)
#ἐξεῖναι 490c (II Es. 4.14)
*#καλῶς ἔχειν 717b (I Es. 2.20)
אָרַךְ qal
μακράν 892c
⟦μακροθυμεῖν 893b⟧
πλατύνειν 1141b
γίνεσθαι πολυχρόνιος (אָרְכוּ הַיָּמִים) 1185c
אָרַךְ hi.
ἀνέχειν 87c
⟦δεικνύειν, δεικνύναι 286a⟧ → רָאָה I hi.
ἐφέλκειν, ἐφελκύειν 585b
μακρόβιος (אָ׳ יָמִים hi.) 893a
μακροημερεύειν (אָ׳ יָמִים hi.) 893c
μακροήμερος γίνεσθαι (אָ׳ יָמִים hi.) 893b
μακροήμερος/μακροχρόνιος/πολυήμερος γίνεσθαι (אָ׳ יָמִים hi.) 256c
μακροθυμεῖν (אָ׳ אַף hi.) 893b
μακρὸν χρόνον ζῆν (אָ׳ יָמִים hi.) 594c
ἀπὸ μακρότητος (מֵאָרִיךְ) 894a
μακροχρονίζειν (אָ׳ יָמִים hi.) 894a
μακροχρόνιος γίνεσθαι/εἶναι (אָ׳ יָמִים hi.) 894a
μακρύνειν 894a
μένειν 910a
⟦περιέχειν 1123a⟧ → ὑπερέχειν
πλεονάζειν 1141c
πληθύ(ν)ειν 1144b
πολυήμερος γίνεσθαι/εἶναι (אָ׳ יָמִים hi.) 1181a
πολυχρονίζειν 1185c
#συμπαραμένειν 1304c (Ps. 71[72].5)
ὑπερέχειν 1409b
⟦ὑψοῦν 1422a⟧
χαλᾶν 1452c
אֲרַךְ (Aramaic)
⟦ἐξεῖναι 490c⟧ → אֲרִיךְ
אָרֵךְ
μακρός 893c
אָרֹךְ
μακρὰν εἶναι 892c
μακρός 893c
ἐπὶ πολύ 1181b
אֶרֶךְ
μακροθυμία (אֶ׳ אַפַּיִם) 893c
⟦ " (אֶ׳ רוּחַ) *184a*⟧
μακρόθυμος (אֶ׳ רוּחַ, אֶ׳ אַפַּיִם) 893c, *184a*
אֹרֶךְ
⟦βάσις 214b⟧ → אֶדֶן
εὖρος 579c
μακροθυμία (אֹ׳ אַפַּיִם) 893c, *184a*
⟦ " (אֹ׳ רוּחַ) *184a*⟧
⟦μακρός 893c⟧ → πολύς, πλείων, πλεῖστος
μακρότης 894a
μῆκος 921b
πολύς, πλείων, πλεῖστος 1181b
אַרְכָא
see אַרְכָא, אַרְכָה
אַרְכֻבָּה (Aramaic)
γόνυ 274c

אַרְכָה (Aramaic)
#πολυήμερος 1181a (Da. LXX 4.24)
#χρόνος 1476b (Da. LXX 7.12)
אַרְכָא, אַרְכָה (Aramaic)
μακρόθυμος 893c
μακρότης 894a
אֲרֻכָה
see also אֲרוּכָה
ἴαμα 668a
συνούλωσις 1318a
אַרְכִּי
ἀρχιεταῖρος 165c
#πρῶτος 1235c (I Ch. 27.33)
אֲרָם
ἀλλόφυλος 57c
אַרְמוֹן
ἄμφοδον 68a
ἄντρον 112a
βᾶρις 190c
βασίλειον 194b
θεμέλιον 629b
#ναός 939a (Je. 37[30].18)
οἶκος 973a
πόλις 1174a
πυργόβαρις 1244c
*#πύργος 1244c (I Es. 1.55)
אֹרֶן
⟦πίτυς 1139a⟧
אַרְנֶבֶת
δασύπους 285b
χοιρογρύλλιος (and variants) 1472a
אֲרַע (Aramaic)
*γῆ 240c
*#ἐγχώριος (דִּי אֲ׳) 367c (I Es. 6.24)
ἐλάττων, ἐλάσσων, ἐλάχιστος 448b
ἥσσων 620a
אַרְעִי (Aramaic)
ἔδαφος 367c
אֶרֶץ
ἄγριος 16c
ἀγρός 17a
ἄνθρωπος 96b
γαῖα 233b
*γῆ 240c, *170a*
ἐγχώριος 367c
ἔδαφος 367c
ἔθνος 368b
⟦ἔξωθεν (מֵאֶ׳) 502b⟧
ἔρημος (אֶ׳ מִדְבָּר, אֶ׳ נְשַׁמָּה) 545a
⟦κατοικεῖν 751c⟧
⟦ὁδός 962b⟧
*ἡ οἰκουμένη 968a
⟦οἶκος 973a (Je. 27[50].16)⟧ → γῆ
ὅριον 1012a
ἡ ὑπ᾽ οὐρανόν/οὐρανῶν, ἡ ὑπὸ τὸν οὐρανόν, τὰ ὑπ᾽ οὐρανόν 1031b
πάντη (בְּאֶ׳) *187b*
⟦παροικεσία (אֶ׳ מְגוּרִים) 1071c⟧ → מָגוֹר II
πατρίς (אֶ׳ מוֹלֶדֶת) 1112a
⟦πεδίον 1113b⟧ → γῆ
τὰ πεπτωκότα (אֶ׳ הֲרִיסוּת) 1135c
ἡ σύμπασα 1305a
#ὑπόγαιος (תַּחַת הָאֶ׳) 1412c (Je. 45[38].11)
χαμαί (אַרְצָה) 1454a

χώρα 1481a
אֲרַק (Aramaic)
γῆ 240c
אָרַר qal
ἀρᾶσθαι 152c
⟦διασκεδάζειν 309c⟧
ἐπικαταρᾶσθαι 522c
ἐπικατάρατος 522c
κακῶς ἐρεῖν 384a, 712a
καταρᾶσθαι 742c
κατάρασις 743a
אָרַר pi.
ἐπικαταρᾶσθαι 522c
καταρᾶσθαι 742c
אָרַר ho.
καταρᾶσθαι 742c
אָרַשׂ pi.
λαμβάνειν 847a
μνηστεύεσθαι 932a
אָרַשׂ pu.
ἀμνήστευτος (אָ׳ pu. + neg.) 66b
μνηστεύεσθαι 932a
אֲרֶשֶׁת
δέησις 285c
θέλησις 629b
אֵשׁ
ἐμπυρισμός 460b
⟦κάρπωμα 724c⟧ → אִשֶּׁה
*πῦρ 1242b, *190c* (+Si. 8.10; 23.16; 45.19)
πυρίκαυστος (שְׂרוּף אֵשׁ, שְׂרֵפַת אֵשׁ, שְׂרֵפָה מַאֲכֹלֶת אֵשׁ) 1245b
πύρινος 1245b, *191b*
πυρισμός 1245b
⟦φλόξ (שְׁבִיב) 1433a, *195b*⟧
אֵשׁ (Aramaic)
ἔπαρμα 508b
*θεμέλιον 629b
אֶשָּׁא (Aramaic)
*#πῦρ 1242b (I Es. 6.24)
אִשָּׁה
(τὰ) γυναικεῖα (בֵּית־נָ׳, כְּנָ׳) 278b
γυναικών (בֵּית־נָ׳) 278b
*γυνή 278b, *170c*
ἕκαστος 418a
ἑκάτερος 420a
ἑταίρα 559b
ἕτερος 560a
⟦ἡγεῖσθαι 602c⟧ → נָשִׂיא
θῆλυς 650a
θυγάτηρ 656b
κοράσιον 779c
μήτηρ (אִ׳) 924a
⟦ " (בֶּן־אִ׳) 924a⟧
φιλογύναιος/φιλογύνης εἶναι (אָהֵב נָשִׁים) 1431a
אִשֶּׁה
⟦θυμίαμα 660b⟧ → θυσίασμα
θυσία 664a, *179c*
θυσιάζειν 666a
θυσίασμα 666a
καρποῦν 724c
κάρπωμα 724c
κάρπωσις 725a
ὁλοκαύτωμα 987c
προσφορά *190b*
πῦρ 1242b

אָשׁוּחַ
#λάκκος *183a* (Si. 50.3)
אֲשׁוּיָה
see also אָשְׁיָה
ἔπαλξις 506b
אֲשׁוּר
διάβημα 299a
⟦ἔνταλμα 476c⟧
אַשֻּׁר, אֲשׁוּר
see also אֲשֻׁר
ποῦς 1198b
אָשְׁיָה
#ἔπαλξις 506b
אָשִׁיחַ
⟦λάκκος *183a*⟧ → אָשׁוּחַ
אָשִׁישׁ
κατοικεῖν 751c
אֲשִׁישָׁה
#ἀμόρα (Ca. 2.5)
ἀμορίτης 66c
λάγανον ἀπὸ τηγάνου 840b, 1347c
πέμμα 1116b
אֶשֶׁךְ
μόνορχις (מְרוֹחַ אֶ׳) 933b
אֶשְׁכֹּל
βότρυς 226a
אֶשְׁכָּר
δῶρον 359a
⟦μισθός 930a⟧ → שָׂכָר
אֶשֶׁל
ἄρουρα 159c
אָשַׁם, אָשֵׁם I qal
ἀγνοεῖν 16a
ἁμαρτάνειν 60c
⟦ἀνιέναι (= ἀνίημι) 102b⟧ → נָשָׂא qal
⟦ἀφανίζειν 181b⟧ → שָׁמֵם I qal
ἐξιλάσκειν 495c
⟦ἐξολεθρεύειν, ἐξολοθρεύειν 497c⟧ → שָׁמֵם I qal
μεταμελεῖν 916b
μνησικακεῖν 932a
παραπίπτειν 1063b
⟦πλημμέλεια, πλημμελία 1145b⟧ → πλημμέλησις
πλημμελεῖν 1145b, *189a*
πλημμέλησις 1145c
אָשַׁם, אָשֵׁם I ni.
⟦ἀφανίζειν 181b⟧ → שָׁמֵם I qal
אָשַׁם, אָשֵׁם I hi.
κρίνειν 787b
אָשֵׁם II
ἁμαρτάνειν 60c
ἁμαρτία 62a
⟦πλημμέλεια, πλημμελία 1145b⟧ → אָשָׁם
אָשָׁם
ἄγνοια 16a
ἀδικία 25b
ἁμαρτία 62a
?βάσανος 191c
*#ἐξιλασμός 496b (I Es. 9.20)
καθαρισμός 698c
πλημμέλεια, πλημμελία 1145b, *189a* (Si. 7.31)
περὶ (τῆς) πλημμελείας 1145b
τὸ τῆς πλημμελείας 1145b
εἰς ὃ ἐπλημμέλησε 1145b
ἐπλημμέλησε 1145b
περὶ ὧν/οὗ ἐπλημμέλησε 1145b
πλημμέλημα 1145c
⟦πλημμέλησις 1145c⟧ → אָשַׁם, אָשֵׁם I qal
אַשְׁמָה
*ἄγνοια 16a
ἁμαρτάνειν 60c
*ἁμαρτία 62a
*#ἀνομία 106b
ἐλέγχειν 449b
⟦ἡμέρα 607b⟧
ἱλασμός 684c
πλημμέλεια, πλημμελία 1145b
πλημμελεῖν 1145c
⟦πλημμέλημα 1145c (II Es. 10.19)⟧ → πλημμέλησις
#πλημμέλησις 1145c
אַשְׁמֻרָה, אַשְׁמוּרָה
ὄρθρος, ὀρθός 1011b
πρὸς ὄρθρον (אַשְׁמֻרוֹת) 1011b
φυλακή 1440c
אַשְׁמֹרֶת
φυλακή 1440c, *195c*
אֶשְׁנָב
δικτυωτός 335c
τοξικόν 1363c
אַשָּׁף (Hebrew and Aramaic)
ἐπαοιδός 508a
μάγος 891b
φιλόσοφος 1432b
אַשְׁפָּה
⟦ἐπιθυμία 521a⟧
τόξον 1363c
φαρέτρα 1425a
אֶשְׁפָּר
ἀρτοκοπι(α)κός 161b
ἐσχαρίτης 558a
אַשְׁפֹּת
κοπρία 778c
אָשַׁר qal
κατορθοῦν 756b
אָשַׁר pi.
#εὐθύς (adj.) *177c* (Si. 4.18)
εὐφραίνειν *178b*
ζηλοῦν, ζηλεῖν(?) 594b
κατευθύνειν 750b
μακαρίζειν 892a, *183a* (+Si. 45.7)
⟦[παρακαλεῖν] *187d*⟧ → μακαρίζειν
אָשַׁר pu.
ἀσφαλής 174b (Pr. 3.18 [from Aramaic root שׁרר?])
⟦μακαρίζειν 892a⟧ → אָשַׁר pi.
πλανᾶν 1139b
אֲשֶׁר
⟦ἄκλητος (יִקָּרֵא + neg. + אֲ׳) 44b⟧ → קָרָא I ni.
ἐπάν (בְּכָל־עֵת אֲ׳) 506b
ἕως (עַד אֲ׳) *178c*
ἵνα *180b*
καθάπερ (כַּאֲ׳) *180a*
καθώς (כַּאֲ׳) *180b*
οἷος 984c
οἷος ἐγώ (אֲ׳ כָּמֹנִי) 984c
ὅμορος (אֲ׳ עַל־יַד) 993c
ὅσος (כֹּל אֲ׳, אֲ׳) 1019a, *186c*
πάντες ὅσοι, πάντα ὅσα 1019a
τὰ ὅσα 1019a
ὅστις 1022b, *186c*
ὅτε *186c*
ὅτι *186c*
οὗ (בַּאֲ׳) *187a*
οὕτω(ς) (זֶה אֲ׳, כַּאֲ׳) 1035c
⟦ὁ ἐν (τῇ) στενοχωρίᾳ (ὤν) (אֲ׳ מוּצָק לָהּ) 1288c⟧ → מוּצָק
⟦συσκήνιος (אֲ׳ בְּאָהֳלְ) 1323a⟧ → אֹהֶל
⟦σύσκηνος (אֲ׳ בְּאֹהֶל) 1323a⟧ → אֹהֶל
⟦ταμίας (אֲ׳ עַל־בַּיִת) 1334a⟧ → בַּיִת
τις 1354a
ἐάν/εἴ τις 1354a
τίς 1355c, *193c*
διὰ τί 1355c
τοιοῦτος (אֲ׳ בָּזֶה) 1362b
ὃν τρόπον (כַּאֲ׳, אֲ׳, הַדָּבָר אֲ׳, בְּכֹל אֲ׳) 1375a
⟦ὑπόχρεως (אֲ׳־לוֹ נֹשֶׁא) 1418b⟧ → נָשָׁא qal
ὡς (כַּאֲ׳) *196a*
ὥσπερ (כַּאֲ׳) *196c*
אֶשֶׁר
μακαρίζειν 892a
μακάριος 892b, *183a*
μακαριστός 892c
אֹשֶׁר
μακάριος 892b
אָשֻׁר
#τρίβος 1372b (Ps. 43[44].18)
אַשֻּׁר
see אַשֻּׁר, אֲשׁוּר
אֲשֵׁרָה
ἄλσος 59c
δένδρον 289c
אֻשַּׁרְנָא (Aramaic)
*#ἔργον 541c (I Es. 6.11)
#χορηγία 1472c (I Es. 5.3, 9)
אֶשְׁתַּדּוּר (Aramaic)
*#πόλεμος 1172a (I Es. 2.27)
*#πολιορκίαν συνίστασθαι (אֶ׳ עֲבַד) 1174a (I Es. 2.23)
#φυγαδεία 1440b (II Es. 4.15, 19)
אָת (Aramaic)
σημεῖον 1263b
אֵת I object marker
ἐκεῖνος (אֹתוֹ] ,אֹתָהּ] אֵת [אֹתָהּ]) 428a
⟦ἐκτός 443c⟧
ἐπάνω 507b
אֵת II ("with")
ἐντεῦθεν (מֵאֵת זֶה) 479a
ἔχειν 586c (Jd. 4.11)
μετά + gen. *184b*
μετέχειν 917b
⟦ὀπίσω (מֵאֵת) 1001c⟧
παρά + gen. (מֵאֵת) *187b*
κατὰ (τὸ) πρόσωπον (אֶת־פְּנֵים) 1224a
σύν + gen. (= אֶת־) 1307a
" + acc. (= אֵת, אֶת־ [see σύμπας at, e.g., Ec. 1.14]) 1307a
אֵת III
ἄροτρον 159c
אָתָא qal
see also אָתָה qal
⟦συνάγειν 1307b⟧ → אָסַף hithp.
אָתָה qal
#δεῦρο 293a (Ca. 4.8)
δεῦτε 293a
ἐπέρχεσθαι 509c
ἔρχεσθαι 548b
ἥκειν 605a
*παρεῖναι 1065c
אָתָה hi.
ἔρχεσθαι 548b
φέρειν 1426c
אֲתָה pe. (Aramaic)
δεῦτε 293a
*ἔρχεσθαι 548b
*#παραγίνεσθαι 1056c (I Es. 6.20)
*#παρεῖναι 1065c (I Es. 6.3)
אֲתָה aph. (Aramaic)
ἄγειν 9a
φέρειν 1426c
אֲתָה haph. (Aramaic)
ἄγειν 9a
φέρειν 1426c
אַתָּה
σὺ εἶ (subj. of verb) 1298b
אָתוֹן
ἡμίονος 618c
ὄνος 1000a
θήλεια ὄνος 650a, 1000a
ὑποζύγιον 1413b
אַתּוּן (Aramaic)
κάμινος 718a
אַתּוּק
ἀπόλοιπος 138c
אַתִּיק
ἀπόλοιπος 138c
περίστυλον 1127a
στοά 1291c
אִתְּמוֹל, אֶתְמוֹל, אֶתְמוּל
ἔμπροσθε(ν) 459b
(ἐ)χθές (כְּאֶתְמוֹל, מֵאֶתְמוֹל, אֶתְמוֹל) 1468c, *195c*
ἡμέρα pl. 607b
אֶתְנָה
μίσθωμα 930c
אֶתְנַן
ἀρχαῖος 162c
#δῶρον 359a (Ho. 8.9)
μισθός 930a
μίσθωμα 930c
אֲתַר (Aramaic)
*τόπος 1364b

ב

בְּ (Hebrew and Aramaic)
διά + gen. *171a*
" + acc. *171a*
εἰς *173a*
⟦εἶτα (בָּהֶם) 415c⟧
ἐκ *173b*
ἐν *174b*
ἕνεκα, ἕνεκεν *175b*
ἐπί + gen. *176b*
" + dat. *176b*
" + acc. *176b*
*#ἔχειν 586c (I Es. 5.57)
ἕως *178c*
κατά + gen. *181a*
" + acc. *181a*
ὅπου *186b*
⟦ὅσα 1019a (Es. 1.17)⟧ → ὡς
οὗ *187a*
περί + gen. *188b*
πρός + acc. *190a*
ὑπό + acc. *194b*
ὡς 1494b (Es. 1.17), *196b*
בִּאָה
εἰσπορεύεσθαι 414a
בְּאִישׁ (Aramaic)
*πονηρός 1186c
בָּאַר pi.
διασαφεῖν 309c
σαφῶς 1261a
בְּאֵר
λάκκος 841a
φρέαρ 1438b
בֹּאר
λάκκος 841a
בָּאַשׁ qal
ἐπόζειν 539a
#κακοῦν *180c* (Si. 3.26)
ὄζειν 967c
בָּאַשׁ ni.
⟦αἰσχύνειν 36c⟧ → בּוֹשׁ I qal
⟦βαρύνειν *169a*⟧
⟦κακοῦν *180c*⟧ → בָּאַשׁ qal
בָּאַשׁ hi.
⟦αἰσχύνειν 36c⟧ → בּוֹשׁ I qal
βδελύσσειν, βδελύττειν 216a
ἐπόζειν 539a
#πονηρός 1186c (Ge. 34.30)
προσόζειν 1218c
σαπριοῦν 1259b
בָּאַשׁ hithp.
⟦αἰσχύνειν 36c⟧ → בּוֹשׁ hithpo.
בְּאֵשׁ pe. (Aramaic)
λυπεῖν 889b
בְּאשׁ
ὀσμή 1018c
σαπρία 1259a
בָּאְשָׁה
βάτος ("bramble") 215a
בְּאֻשִׁים
ἄκανθα 43c

בָּאתַר (Aramaic)
ὀπίσω 1001c
בָּבָה
κόρη 779c
בָּבֶל
σύγχυσις 1301a
בַּג
⟦διαρπαγή 308c⟧ → בַּז
בָּגַד qal
ἀθεῖν 29b
ἀθετεῖν 29b
ἀθετίζειν 29c
ἀνομεῖν 106b
ἄνομος *167b*
⟦[ἀσεβής] *168c*⟧ → ἄνομος
⟦ἀσυνετεῖν 174a⟧ → ἀσυνθετεῖν
ἀσυνθετεῖν 174b
ἀσύνθετος 174b
§γεθθαιμ, γεθεμ (בְּגַדְתֶּם) 235b
ἐγκαταλείπειν 365a
⟦ἐργάζεσθαι, ἐργάζειν 540c⟧
ἡττᾶν 620b
καταφρονεῖν 748a
καταφρονητής 748a
παράνομος 1062b
בֶּגֶד I
⟦ἀθέτημα 29c⟧ → בֶּגֶד II
⟦ἀθέτησις 29c⟧ → בֶּגֶד II ≈
ἀθέτημα
ἀμφίασις 67c
ἔνδυμα 471c
ἔνοπλος (מְלֻבָּשׁ בְּגָדִים) 476b
*ἱμάτιον 685a, *180b*
ἱματιοφύλαξ (שֹׁמֵר בְּגָדִים) 686a
ἱματισμός 686a
περιβόλαιον 1122b
περίβλημα 1122b
ῥάκος 1247c
στολή 1291c, *192b*
στολισμός 1292b
χιτών 1471a
בֶּגֶד II
ἀθέτημα 29c (Je. 12.1)
בֹּגְדוֹת
καταφρονητής 748a
בָּגוֹד
ἀθεσία 29b
ἀσύνθετος 174b
בִּגְלַל
χάριν 1455a
בַּד I
ἀναφορεύς 85c
διωστήρ 339a
⟦ἔξαλλος 487a⟧ → בַּר III, בָּר
σκυτάλη 1278a
φορεύς 1437c
בַּד II
§βαδ 188a
§βαδδ(ε)ιν (בַּדִּים) 188a
§βαδδι (בַּדִּים) 188a
βύσσινος 232b

ἐκλεκτός 437a
λίνον 879b
λινοῦς 879b
ποδήρης 1153c
#στολή 1291c (Ez. 10.2, 6, 7)
ἡ στολὴ ἡ ἁγία 12a (–III Ki. 8.7)
בַּד III
ἐγγαστρίμυθος 362b
#μαντεία (בַּדִּים) 896a (Is. 16.6)
בַּד IV
ἴσος 688c
בַּד V
ἀπῶρυξ 152a
κλών 772b
בָּדָא
πλάσσειν 1140b
ψεύδεσθαι 1484b
בָּדַד
διαχωρίζειν *171b*
μονάζειν 932c
בָּדָד
μόνος (לְבָ׳, בָּ׳) 933b
κατὰ μόνας (לְבָ׳, בָּ׳) 933b
χωρίζειν 1482b
בְּדִיל
⟦ἄνομος 107c⟧
κασσιτέρινος 725b
κασσίτερος 725b, *181a* (Si. 47.18)
⟦μόλιβ(δ)ος, μόλυβ(δ)ος 932b⟧
→ עֹפֶרֶת
בָּדַל ni.
*#ἀλλοτριοῦν 57c
ἀποσχίζειν 148c
διαστέλλειν 311b
⟦διαχωρίζειν 316a⟧ → χωρίζειν
*χωρίζειν 1482b
בָּדַל hi.
ἀφορίζειν 185c
διαιρεῖν 302c
διαστέλλειν 311b
διαχωρίζειν 316a, *171b* (+Si.
36[33].11)
διϊστάνειν, διϊστάναι 330b
διορίζειν 336b
ἱστάναι, ἱστᾶν 689a
*χωρίζειν 1482b
בָּדָל
λοβός 880a
בְּדֹלַח
ἄνθραξ 96a
κρύσταλλος 792c
בָּדַק qal
ἐπισκευάζειν 528b
בָּדַק ni.
#δοκιμάζειν *171c* (Si. 34[31].10)
#ὑπορράπτειν *194c* (Si. 50.1)
בֶּדֶק
⟦§βεδεκ 217a⟧
בְּדַר pa. (Aramaic)
διασκορπίζειν 310b

בֹּהוּ
ἀκατασκεύατος 44a
οὐδείς, οὐθείς (תֹּהוּ וָבֹ׳) 1028b
בַּהַט
σμαραγδίτης 1278b
σμάραγδος 1278b
בְּהִילוּ (Aramaic)
*σπουδή 1285c
בָּהִיר
τηλαυγής 1348b
בָּהַל ni.
⟦ἐξέρχεσθαι 491c⟧
κατασπουδάζειν 745b
παραλύειν 1062a
παριέναι ("to allow") 1070b
σπεύδειν 1284a
σπουδάζειν 1285c
σπουδή 1285c
ταράσσειν 1336a
בָּהַל pi.
*#εἴργειν 401b (I Es. 5.72)
⟦ἐμποδίζειν 458c⟧ → בָּלָה pi.
*#ἐπισπεύδειν 529b (I Es. 1.27)
⟦κατασπᾶν 745a⟧ →
κατασπεύδειν
κατασπεύδειν 745b
σπεύδειν 1284a
σπουδάζειν 1285c
#συνταράσσειν 1318a (Ps.
20[21].9)
ταράσσειν 1336a
בָּהַל pu.
ἐπισπουδάζειν 529b
σπεύδειν 1284a
בָּהַל hi.
ἐπισπεύδειν 529b
κατασπεύδειν 745b
σπουδάζειν 1285c
בְּהַל pa. (Aramaic)
ἐκστάσει περιέχεσθαι 441b
κατασπεύδειν 745b
συνταράσσειν 1318a
ταράσσειν 1336a
בְּהַל ithpa. (Aramaic)
ταράσσειν 1336a
בְּהַל hithpe. (Aramaic)
σπεύδειν 1284a
σπουδή 1285c
בֶּהָלָה
ἀπορία 140a
κατάρα 742b
σπουδή 1285c
#ταραχή 1336c (Da. LXX 11.7)
בְּהֵמָה
θηρίον 650c
*κτῆνος 794a, *182c*
κτηνώδης 795a
τετράπους 1347b
בֹּהֶן
ἄκρος 51b

בֹּהַק
ἀλφός 60a
בַּהֶרֶת
αὐγάζειν 176c
αὔγασμα 176c
τηλαύγημα 1348b
τηλαυγής 1348b
בּוֹא qal
ἄγειν 9a
αἴρειν 34c
ἀναβαίνειν, ἀναβέννειν 70a
ἀναστρέφειν 82b
⟦ἀνατέλλειν 83a⟧
ἀναφέρειν 84c
ἀνήκειν 87c
⟦ἀνιστᾶν, ἀνιστάναι 102c⟧ → ἔρχεσθαι
⟦ἀνοίγειν (בּוֹא פֶּתַח) 105b⟧ → פָּתַח qal
⟦ἀνταποδιδόναι 108c⟧
*#ἀπαντᾶν 117a (I Es. 9.4)
ἀπέρχεσθαι 121a
ἀπέχειν 122a
ἀποστρέφειν 145b (+Nu. 23.17)
ἀριθμεῖν 156b
#ἀρχὴ σαββάτου (בָּאֵים שַׁבָּת) 163c (II Ch. 23.8)
ἀφικνεῖσθαι 184a
βαδίζειν 188a
γίνεσθαι 256b, *170b*
δεῦρο 293a
δεῦτε 293a
διαβαίνειν, διαβέννειν 298a
διαπορεύεσθαι 308b
διάστεμα, διάστημα 311c
διέρχεσθαι 328c
δύ(ν)ειν 350a
δυσμή 357b
⟦(ἐ)θέλειν 628b⟧ → ἔρχεσθαι
εἰσάγειν 407c
εἰσδύειν 410b
*εἰσέρχεσθαι 410b
εἰσιέναι 413c
εἰσόδιον 413c
εἴσοδος 413c
εἰσπηδᾶν 414a
εἰσπορεύεσθαι 414a
εἰσφέρειν 415a
⟦ἐκεῖ (וַיָּבֹא) 423c⟧
ἐκκλ(ε)ίνειν 433c
⟦ἐκπορεύεσθαι 439c⟧
ἐμβαίνειν 455a
⟦ἐμβάλλειν 455a⟧
ἐμπαραγίνεσθαι 456c
⟦ἐξέλευσις 491a⟧
ἐξέρχεσθαι 491c
⟦ἔξοδος 497b⟧
ἐπάγειν 503c
ἐπανέρχεσθαι 506c
ἐπανήκειν 506c
ἐπεισφέρειν 509b
ἐπέρχεσθαι 509c
ἐπιβάλλειν 516a
ἐπιδιδόναι 519b
ἐπιδύνειν 519c
ἐπιπαραγίνεσθαι 526a
ἐπιστρέφειν 531a
*#ἐπισυνάγειν 534a (I Es. 5.50)
⟦ἐπιτιθέναι 535c⟧
*ἔρχεσθαι 548b
εὑρίσκειν 576c
⟦εὐφραίνειν 581a⟧
ἥκειν 605a
⟦καθίζειν 701c⟧ → יָשַׁב qal
καθιστάναι 702c
καλεῖν 712c
καταβαίνειν 727a
καταλαμβάνειν 735a
*κατισχύειν 751b
⟦κρατεῖν 783a⟧
§λαβω, λοβω (לְבוֹא) 840b
οἴχεσθαι 985a
⟦ὁρᾶν (including ὄπτεσθαι) 1005a⟧
#ὁρμᾶν 1014a (Hb. 1.8)
*παραγίνεσθαι 1056c, *187b*
⟦παραδιδόναι 1058a⟧
παρεῖναι 1065c
⟦παρέρχεσθαι 1068c⟧ → πορεύεσθαι
παροικεῖν (בּוֹא לָגוּר) 1071b
πλεῖν 1141c
πορεύεσθαι 1189a
προβαίνειν 1204a
προσέρχεσθαι 1213c
⟦προσκαλεῖν 1216c⟧
προσπορεύεσθαι 1219b
συγκαταμιγνύναι 1299b
*συμβαίνειν 1302c
συμπορεύεσθαι 1305c
συναντᾶν (בּוֹא לְ־, בּוֹא) 1311a
συναντήσας σοι (לִקְרַאת בּוֹאֲךָ) 1311a
συναυλίζεσθαι 1312c
συνεισέρχεσθαι (בּוֹא עִם) 1313b
συνέρχεσθαι 1314a
*#συνιστάναι 1317a (I Es. 1.29)
συνοικεῖν (בּוֹא אֶל) 1317c
⟦ὑπολαμβάνειν 1414c⟧
φέρειν 1426c
ἃ ἔφερεν (הַבָּא בְיָדוֹ) 1426c
בּוֹא hi.
⟦ἀγαπᾶν 5b⟧ → אָהֵב qal
*ἄγειν 9a
αἴρειν 34c
ἀναβαίνειν, ἀναβέννειν 70a
*ἀνάγειν 75b
ἀναφέρειν 84c
⟦ἀνταποδιδόναι 108c⟧
ἀντιτιθέναι 112a
ἀπάγειν 115b
ἀπερείδεσθαι 120c
*#ἀποστέλλειν 141b
*ἀποφέρειν 149c
διάγειν 299c
⟦διδόναι 317b⟧
διέρχεσθαι 328c
δύ(ν)ειν 350a
εἰσάγειν 407c (Ex. 34.26), *173b* (Si. 48.17)
εἰσέρχεσθαι 410b
ποιεῖν εἰσελθεῖν 1154a
ποιεῖν εἰσέρχεσθαι 410b
εἴσοδος 413c
εἰσσπᾶν 415a
*εἰσφέρειν 415a
⟦ἐκπορεύεσθαι 439c⟧
⟦ἐξάγειν 483a⟧
ἔξοδος 497b
ἐπάγειν 503c
⟦ἐπιδεικνύειν, ἐπιδεικνύναι 518c⟧ → רָאָה I hi.
⟦ἐπιδιδόναι 519b⟧ → יָהַב qal
ἔρχεσθαι 548b
καθιστάναι 702c
καλεῖν 712c
κατάγειν 729b
καταφέρειν 747b
*#κομίζειν 777b (I Es. 9.39, 40)
λαμβάνειν 847a
*#μετάγειν 915c (I Es. 1.45; 2.10)
*#παράγειν 1056b (I Es. 5.55)
παραγίνεσθαι 1056c
#παραφέρειν 1065b (Jd. 6.5A)
πηγνύναι *188c*
πήσσειν *188c*
πορεύεσθαι 1189a
προσάγειν 1211a
προσδέχεσθαι 1212c
προσφέρειν 1222c
συμπορεύεσθαι 1305c
συνάγειν 1307b
συνάπτειν 1312b
τιθέναι 1348c (Ex. 34.26)
ὑποτιθέναι *194c*
φέρειν 1426c
φοράζειν(?) 1437c
בּוֹא ho.
ἄγειν 9a
ἀποστέλλειν 141b
ἀποφέρειν 149c
βάπτειν 190b
εἰσάγειν 407c
εἰσέρχεσθαι 410b
εἰσοδιάζειν 413c
εἰσφέρειν 415a
εὑρίσκειν 576c
ἥκειν 605a
προσάγειν 1211a
φέρειν 1426c
בּוּז I qal
ἀτιμάζειν *168c*
⟦[ἀτιμᾶν] *168c*⟧
ἐξουδενεῖν, ἐξουθενεῖν 500b
ἐξουδενοῦν, ἐξουθενοῦν 500b, *176a*
ἐξουδένωσις, ἐξουθένωσις 500c
καταγελᾶν *181b*
καταφρονεῖν 748a
μυκτηρίζειν (הָיָה לָבוּז) 936c
#φαυλίζειν 1425c (Is. 37.22)
בּוּז II
ἀτιμάζειν 175c
ἀτιμία 175c
ἐξουδένωσις, ἐξουθένωσις 500c
καταγελᾶν (הָיָה לָבוּז) 729c
καταφρονεῖν 748a
μυκτηρίζειν 936c
#ὀνειδίζειν (הָיָה בוּז) *186b*
בּוּזָה
μυκτηρισμός 936c
בּוּךְ ni.
πλανᾶν 1139b
ταράσσειν 1336a
בּוּס qal
ἐμπαίζειν 456b
ἐξουδενεῖν, ἐξουθενεῖν 500b
ἐξουδενοῦν, ἐξουθενοῦν 500b
καταπατεῖν 740b
εἶναι εἰς καταπάτημα 740b
πατεῖν 1105a
בּוּס polel
καταπατεῖν 740b
μολύνειν 932c
בּוּס ho.
φύρεσθαι 1446b
בּוּס hithpo.
φύρεσθαι 1446b
בּוּעַ qal
εὐφραίνειν *178b*
בּוּעַ hithpal.
⟦ἐντρυφᾶν *175c*⟧ → τρυφᾶν
τρυφᾶν *194b*
בּוּץ
βύσσινος 232b
στολαὶ βύσσιναι 232b
βύσσος 232b
בּוּקָה
ἐκτιναγμός 443b
בּוֹקֵר
αἰπόλος 34c
בּוּר
⟦ἰδεῖν 669b⟧
בּוֹר
ἀγγεῖον 7b
ᾅδης (יוֹרֵד־בּוֹר, אַבְנֵי־בוֹר) 24a
βόθρος 224a
⟦γῆ 240c⟧
#θησαυρός 651c (Am. 8.5)
λάκκος (בֵּית בּוֹר, בּוֹר) 841a
ὀχύρωμα 1043c
φρέαρ 1438b
בּוֹשׁ I qal
*αἰσχύνειν 36c (+I Ki. 13.4; 27.12; II Ki. 16.21; Pr. 13.5), *165b*
αἰσχύνη 37a
αἰσχύνη λαμβάνει 847a
⟦αἰσχύνην ὀφ(ε)ίλειν 1039a⟧ → αἰσχύνη
αἰσχυντηρός *165b*
⟦ἀναξηραίνειν 80b⟧ → יָבֵשׁ I hi.
*#ἐντρέπειν 480c (I Es. 8.51), *175b* (Si. 4.22)
ἐπαισχύνεσθαι 505b
καταισχύνειν 731c, *181b*
בּוֹשׁ I polel
αἰσχύνειν 36c
ἐσχατίζειν 558a
χρονίζειν 1476a
בּוֹשׁ I hi.
αἰσχύνειν 36c
ἀτιμάζειν *168c*
ἀτιμία 175c
ἄφρων 186c
γυνὴ κακοποιός 278b, 709b
καταισχύνειν 731c, *181b*
⟦παράνομος 1062b⟧ → בִּישׁ
בּוֹשׁ I hithpo.
αἰσχύνειν 36c (+I Ch. 19.6)
בּוֹשׁ II subst.
#ἀτιμία 175c (Jb. 40.13)
בּוֹשָׁה
αἰσχύνη 37a
בּוֹשִׁי
αἰσχυντηρός *165c*
בַּז
διαρπαγή 308c
διαρπάζειν 308c
προνομή 1208a
σκῦλον 1277b
בַּזָּא
μέρος 911c
בָּזָה qal
ἀπαναίνεσθαι *167c*

ἀτιμάζειν 175c, *168c*
ἀτιμοῦν 176a
#ἐγκαταλείπειν *172a* (Si. 3.16 [A])
⟦ἐξατιμάζειν 490a⟧ → ἀτιμάζειν
ἐξουδενεῖν, ἐξουθενεῖν *176a*
ἐξουδένημα, ἐξουθένημα 500b
ἐξουδενοῦν, ἐξουθενοῦν 500b
εὐκαταφρόνητος 571c
καταφρονεῖν 748a
μυκτηρίζειν 936c
φαυλίζειν 1425c

בָּזָה ni.
⟦ἀλισγεῖν 54c⟧ → ἐξουδενοῦν, ἐξουθενοῦν
ἀτιμάζειν 175c
ἄτιμος 176a
ἀτιμοῦν 176a (+I Ki. 15.9)
ἐξουδενοῦν, ἐξουθενοῦν 500b
εὐκαταφρόνητος 571c

בָּזֹה
φαυλίζειν 1425c

בִּזָּה
διαρπαγή 308c
διαρπάζειν (בַּז) 308c
μυκτηρισμός 936c
⟦ὀνειδισμός 994c⟧ → μυκτηρισμός
*προνομή 1208a
σκῦλον 1277b

בָּזַז qal
διαρπάζειν 308c
κληρονομεῖν 768a
ποιεῖν + προνομήν (= בַּז) 1154a (Is. 33.23)
προνομεύειν 1207c
προνομή 1208a
σκυλεύειν 1277b

בָּזַז ni.
διαρπάζειν 308c
προνομεύειν 1207c
προνομή 1208a

בָּזַז pu.
?διασκορπίζειν 310b

בִּזָּיוֹן
ἀτιμάζειν 175c

בָּזָק
§βεζεκ 217a

בָּזַר qal
διασκορπίζειν 310b
διδόναι 317b

בָּזַר pi.
διασκορπίζειν 310b

בָּחוֹן
δοκιμαστός 340a

בָּחוּר
δυνατός 355c
ἐκλεκτός 437a
εὐμεγέθης 575a
νεανίας 940a
⟦νεανικός 940b⟧ → νεανίσκος
*νεανίσκος 940b

בְּחוּרוֹת
νεότης 942c

בְּחוּרִים
ἐκλεκτός 437a

בָּחִיר
ἐκλεκτός 437a, *173c*

בָּחַל I qal
⟦ἐπωρύεσθαι 540b⟧ → הָלַךְ qal ≈ πορεύεσθαι

בָּחַל II pu.
⟦ἐπισπουδάζειν 529b⟧ → בָּהַל pu.

בָּחַן qal
ἀνθιστάναι 95c
διακρίνειν 304a
δοκιμάζειν 339c, *171c*
ἐκλεκτός 437a
ἐξετάζειν 495a
ἐπισκέπ(τ)ειν 527c
⟦ἐπιστρέφειν 531a⟧ → ἐπισκέπ(τ)ειν
ἐτάζειν 559b
κρίνειν 787b

בָּחַן ni.
φαίνειν 1423a
φανερός 1424a
φανερὸς γίνεσθαι 256c

בָּחַן pu.
δικαιοῦν 334b

בֹּחַן
ἐκλεκτός 437a

בָּחַר qal
αἱρεῖν 36a
αἱρετίζειν 36a
διακρίνειν 304a
⟦ἐκδέχεσθαι 422a⟧ → ἐκλέγειν
ἐκλέγειν 435a, *173c*
ἐκλεκτός 437a
ἐξαιρεῖν 484b
ἐπιθυμεῖν 520b
*ἐπιλέγειν 524c
εὐδοκεῖν *177c*
ζηλοῦν, ζηλεῖν(?) 594b
⟦μέτοχος 918a⟧ → חָבֵר
⟦νεανίας 940a⟧ → בָּחוּר
⟦νεανίσκος 940b⟧ → בָּחוּר
#πειράζειν *188b* (Si. 4.17)

בָּחַר ni.
αἱρετός 36b
ἀρεστός 156a
δοκιμάζειν 339c
ἐκλεκτός 437a
εὐδοκεῖν *177c*
πυροῦν 1245c

בָּחַר pu.
⟦κοινωνεῖν 775c⟧

בָּטָה, בָּטָא qal
λαλιά *183a*
λέγειν 863c

בָּטַח qal
ἀσφάλεια, ἀσφαλία 174b
#ἄφοβος γίνεσθαι *169c* (Si. 5.5)
ἐλπίζειν 453c
⟦ἐλπίς 454a⟧ → מִבְטָח
ἔχειν τὴν ἐλπίδα 454a, 586c
ἐμπιστεύειν *174b*
ἐπελπίζειν 509c
ἐπέχειν *176b*
ἡσυχάζων (שָׁקַט וּבָטַח) 620a
θαρρεῖν, θαρσεῖν 626c
καταπείθειν 741a
πείθειν 1114b, *188b*
πεποιθὼς γίνεσθαι 1114b
πεποιθὼς εἶναι 1114b
πιστεύειν *188c*

בָּטַח hi.
ἐλπίς 454a, *174b*
διδόναι ἐλπίδα *171b*
#ἐπαγγέλλειν *176a* (Si. 20.33)
ἐπελπίζειν 509c
πεποιθέναι ποιεῖν 1114b, 1154a

בֶּטַח
ἀναψυχή 86a
ἀσφάλεια 174b
ἀσφαλῶς 174c
εἰρήνη 401b
ἐλπίζειν 453c
ἐλπίς 454a
ἡσυχία 620b
πείθειν 1114b
πεποιθώς (בֶּ׳, לָבֶ׳) 1114b
⟦πεποιθὼς εἶναι 1114b⟧ → πεποιθώς
πεποιθότως (לָבֶ׳) 1119b
πλατυσμός *189a*

בִּטְחָה
πείθειν 1114b

בִּטָּחוֹן
ἐλπίς 454a
⟦πεποιθὼς εἶναι 1114b⟧ → בָּטַח qal
πεποίθησις 1119b

בַּטֻּחוֹת
ἄδηλος 23c

בָּטֵל
ἀργεῖν, ἀργᾶν 153a

בְּטֵל pe. (Aramaic)
*ἀργεῖν, ἀργᾶν 153a

בַּטֵּל pa. (Aramaic)
*#ἀποκωλύειν 136a
καταργεῖν 743a
*#κωλύειν 839b (I Es. 2.30; 6.6)

בֶּטֶן
γαστήρ 234b
ἐπίθεμα 520a
καρδία 719a
κοιλία 773a
σπλάγχνα 1284c
τέκνον (פְּרִי־בֶ׳) 1340c

בָּטְנָה
τερέβινθος, τερέμινθος, τέρμινθος 1345b

בִּי
δεῖσθαι 288a

בִּיטָה
λόγος *183c*

בִּין qal
αἰσθάνεσθαι 36b
γινώσκειν 267a
διανοεῖσθαι 306b, *171b*
εἰδεῖν, εἰδέναι 374b
⟦εἰπεῖν, ἐρεῖν 384a⟧
ἐννοεῖν 475c
⟦ἐπέχειν 511a⟧
ἐπίστασθαι 529b
καταδέχεσθαι 730b
⟦μελετᾶν 908b⟧
νοεῖν 946a
νοητῶς 946b
προνοεῖν 1207c
προσέχειν 1215b
⟦προσήκειν 1215c⟧ → προσέχειν
σοφίζειν 1280a
συνετός 1315a, *192c*
συνίειν, συνιέναι 1316b
φρονεῖν 1439a

בִּין ni.
ἀγαθός 2a
ἐπιστήμων 530b
νοήμων 946a
ὀρθ(ρ)ός 1010c
παιδεύειν *187a*
σοφός 1280b
σύνεσις 1314a
συνετός 1315a, *192c* (+Si. 7.25; 36.24)
φρόνιμος 1439b

בִּין polel
παιδεύειν 1047a

בִּין hi.
ἀναγγέλλειν 74a
γινώσκειν 267a
γνῶσις *170c*
διανοεῖσθαι (בִּין hi., הָיָה מֵבִין) 306b
*διδάσκειν 316c
⟦δυνατός 355c⟧
⟦ἐκδέχεσθαι τῇ καρδίᾳ 422a, 719a⟧ → κατανοεῖν
*#ἐμφυσιοῦν 461a (I Es. 9.48, 55)
ἐντιθέναι 479a
ἐπιγινώσκειν 517c
*#ἐπιστήμων 530b (I Es. 8.44)
εὖ συνιστάναι 568b
*#καταμανθάνειν 739a (Jb. 35.4[5])
κατανοεῖν 739c
#μανθάνειν 895b (Is. 28.20)
νοεῖν 946a
νοήμων 946a
πανοῦργος 1053a
συμβιβάζειν 1303b
σύμβουλος *192b*
σύνεσις 1314a
διδόναι σύνεσιν 317b, 1314a
συνετίζειν 1315a
συνετός 1315a, *192c*
συνετῶς ποιεῖν 1154b, 1315b
συνίειν, συνιέναι 1316b
ὑποδεικνύειν, ὑποδεικνύναι 1413a
φράζειν 1438b
φρόνιμος 1439b, *195b*

בִּין hithpo.
γινώσκειν 267a
διανοεῖσθαι *171b*
εἰδεῖν, εἰδέναι 374b
εἰπεῖν, ἐρεῖν 384a
ἐνθυμεῖσθαι *175b*
ἐννοεῖν *175b*
ἐπιγινώσκειν 517c
#ἐπινοεῖν *177a* (Si. 51.19)
ζητεῖν 597a
καταμανθάνειν *181b*
κατανοεῖν 739c
νοεῖν 946a, *185b*
νουθετεῖν 950b
#ὅρασις *186b* (Si. 41.20)
⟦παρορᾶν 1072b⟧
σοφίζειν *192a*
συλλογίζειν 1302c
συνίειν, συνιέναι 1316b

בֵּין, בַּיִן (Hebrew and Aramaic)
δειλινός (בֵּין הָעַרְבַּיִם) 287a
ἐν (מִבֵּין) *174b* (Si. 50.6; –51.4)

(τὸ) πρὸς ἑσπέραν (בֵּין הָעַרְבַּיִם) 557a
μεσίτης 912c
μέσος 913a
ἀνὰ μέσον *166b*
εἰς μέσον 913a
ἐν μέσῳ *174b*
μηρός (בֵּין רַגְלַיִם) 923c
ὀψέ (בֵּין הָעַרְבַּיִם) 1044a
συνέχειν 1315b

בִּינָה (Hebrew and Aramaic)
διανοεῖσθαι 306b
διάνοια 306c
διάνοια ἀγαθή 306c
ἔννοια 475c
ἐπιστήμη 530a, *177a*
ἐπιστήμῃ εἶναι (יָדַע בִּ׳) 530a
νουθετεῖν 950b
παιδ(ε)ία 1046c
σοφία 1278c
σύνεσις 1314a, *192c*
#συνίειν, συνιέναι 1316b (Jb. 20.2)
φρόνησις 1439a

בֵּיצָה
ᾠόν 1493b

בִּיר
⟦λάκκος 841a⟧

בִּירָה (Hebrew and Aramaic)
*βᾶρις 190c
§βειρα 217a
⟦μητρόπολις 925c⟧
οἰκοδομή 972c
⟦οἶκος 973a⟧
πόλις 1174a

בִּירָנִית
οἴκησις 969b

בִּישׁ
#παράνομος 1062b (Pr. 10.5 Aramaizing)

בַּיָּשׁ
#αἰσχυντηρός *165c* (Si. 26.15)

בַּיִת (Hebrew and Aramaic)
⟦ἀδικία (בֵּית־הַמֶּרִי) 25b⟧ → מְרִי
ἀνήρ 88a
⟦ἀρχιδεσμοφύλαξ (שַׂר בֵּית־הַסֹּהַר) 165b⟧ → שַׂר
⟦§βαιθακαθ, βαιθακαδ (בֵּית־עֵקֶד) 189b⟧
βασιλ(ε)ία (בֵּית מֶלֶךְ) 192a
βασίλειον (בֵּית מַלְכוּת, בֵּית מֶלֶךְ) 194b
βασιλικός (בֵּית מֶלֶךְ) 214a
⟦§βηθ 217c⟧
βιβλιοθήκη (בֵּית סִפְרַיָּא) 218b
βίος (בַּ׳, הוֹן בַּ׳) 220a, *169b* (Si. 34[31].4)
⟦γραμματεύς (עַל־בַּ׳) 275b⟧
γυναικεῖος (בֵּית נָשִׁים) 278b
γυναικών (בֵּית נָשִׁים) 278b
δεσμωτήριον (בֵּית סֹהַר) 292b
δίαιτα 303a
⟦δύναμις (בֵּית אָבוֹת) 350a⟧
⟦δυνάστης 355b⟧
*εἰδωλεῖον, εἰδώλιον (בֵּית אֱלֹהִים, בֵּ׳ אוֹצַר אֱלֹהִים) 376a
ἐκτός (אֶל־מִבַּ׳) 443c
ἔνδεσμος 470a
ἐνδογενής (מוֹלֶדֶת בַּ׳) 470b
ἔνδοθεν (לְמִבַּיִת) 470b
⟦ἐνοικεῖν 476a⟧
ἔσω (מִבֵּית לְ־, בַּיְתָה, בַּבַּ׳) 558c
ἔσωθεν (מִבַּיְתָה, מִבַּ׳, בַּיְתָה, בַּבַּ׳, בֵּית לְ־, אֶל־מִבֵּית לְ־, מִבַּ׳ לְ־) 559a
εὐρύς 579c
θήκη 649c
θησαυρός (בֵּית אוֹצָר) 651c
θίασος (בֵּית מַרְזֵחַ) 652a
*τὰ ἴδια (בֵּיתוֹ) 673b
*ἱερός (בֵּית אֱלָהָא, בֵּית אֱלֹהִים) 683a
λάκκος (בֵּית בּוֹר) 841a
λαός 853b
μετά + gen. (בְּבֵית) *184b*
#μέσος 913a (Jb. 8.17)
ἐν μέσῳ (בַּיִת) *174b*
*ναός 939a
οἰκεῖος 968c
οἰκία 969b, *186a*
οἰκογενής (יְלִיד בַּ׳, בֶּן־בַּ׳) 970c
⟦ " (בַּ׳) 970c⟧
οἰκονόμος (רַב בַּ׳, עַל־בַּ׳) 973a
*οἶκος 973a, *186a*
⟦ὄπισθε(ν) (אֶל מִבֵּית לְ׳) 1001b⟧
ὀχύρωμα (בֵּית סֹהַר, בַּ׳) 1043c
⟦πανοικί 1052c⟧ → πανοικ(ε)ία
πανοικ(ε)ία 1052c
πατρία (בֵּית אָבוֹת) 1111a
πατρικός (בֵּית אָבִיהָ) *188b*
πλησίον (קָרוֹב אֶל־בַּ׳) 1148b
συναγωγή 1309b
⟦σύνδεσμος 1312c⟧ → ἔνδεσμος
συνοικεῖν (בְּבַיִת) *192c*
σύσκηνος (גָּר בַּ׳) 1323a
ταμίας (אֲשֶׁר עַל־בַּ׳) 1334a
τέκνον 1340c
τόπος 1364b
υἱός 1384c
#τὰ ὑπάρχοντα 1406b (Ge. 45.18; I Es. 6.32; Es. 8.7)
φυλή 1444b
χωρῶν (כְּבֵית) 1482b
?ψαλίς 1483a

בִּית pe. (Aramaic)
αὐλίζειν 178b
κοιμᾶν 773c

בִּיתָן
οἶκος 973a

בָּכָא
ἄπιος 122c
⟦κλαυθμών 767a⟧ → בָּכָה qal

בָּכָה qal
ἀποκλαίειν 132b
⟦δακρύειν 284a⟧ → κλαίειν
ἐλεεῖν 449c
⟦ἐπιπίπτειν 526b⟧ → κλαίειν
*κλαίειν 766a, *182a*
*κλαυθμός 767a
#κλαυθμών 767a (II Ki. 5.23, 24)
πενθεῖν 1117b

בָּכָה pi.
ἀποκλαίειν 132b
θρηνεῖν 654c

בֶּכֶה
κλαίειν 766a

בֹּכֶר, בְּכוֹר
παιδίον 1047c
πρεσβύτερος, πρεσβυτέρα 1201c
πρωτογενής 1235b
πρωτόγονος *190c*
πρωτότοκος 1237a, *190c*

בִּכּוּרָה, בִּכּוּרָה
πρόδρομος σύκου 1206a, 1301b
πρώϊμος, πρόϊμος 1235a
πρωτόγονος 1235c

בְּכוֹרָה
see בְּכוֹרָה, בְּכֹרָה

בִּכּוּרִים
ἀρχή 163c
§βακχουρια, βακχουροι(?) 189c
καρπός ("fruit") 723c
νέος 942a
⟦πρόδομος 1206a⟧ → πρόδρομος
πρόδρομος 1206a
πρωτογέν(ν)ημα 1235b
πρωτότοκος 1237a
#ὡραῖος 1493c (Jb. 18.13)

בָּכוּת
πένθος 1118a

בְּכִי
κλαίειν 766a
*κλαυθμός (קוֹל בְּ׳) 767a (I Es. 5.65), *182a*
κοπετός 778a
κραυ(γ)ή 784b
πένθος 1118a

בֹּכִים
κλαυθμών 767a

בְּכִירָה
πρεσβύτερος, πρεσβυτέρα 1201c
πρωτότοκος 1237a

בְּכִית
πένθος 1118a

בָּכַר pi.
πρωτοβολεῖν 1235b
πρωτοτοκεύειν 1237a

בָּכַר pu.
⟦γίνεσθαι 256b⟧

בָּכַר hi.
πρωτοτοκεῖν 1237a

בֵּכֶר
κάμηλος 717c

בְּכֹר
see בְּכֹר, בְּכוֹר

בְּכוֹרָה, בְּכֹרָה
⟦εὐλογία 574b⟧ → בְּרָכָה
πρεσβεῖον 1201b
πρωτοτοκεῖον, πρωτοτόκιον 1237a
πρωτότοκος 1237a

בַּל
⟦ἀκαίρως (בַּל עֵת) *166a*⟧ → עֵת
#οὐ 1026c
οὐκέτι μή 1030b
⟦ὅστις + neg. οὐ 1022b⟧

בָּל (Aramaic)
ἀγωνίζεσθαι (שׂוּם בָּל) 18c

בְּלָא pa. (Aramaic)
κατατρίβειν 747a
παλαιοῦν 1051b

בָּלַג hi.
⟦ἀναπαύειν 80b⟧ → חָדֵל, חָדַל I qal
ἀναψύχειν 86a

בָּלָה qal
#γῆρας 255c (Ps. 91[92].11)
κατατρίβειν 747a
παλαιοῦν 1051b, *187a*
#παλαίωσις 1051c (Na. 1.15 [2.1])

בָּלָה pi.
παλαιοῦν 1051b
⟦συντελεῖν 1319b⟧ → כָּלָה I pi.
ταπεινοῦν 1334c

בָּלֶה
παλαιός 1051b
παλαιοῦν 1051b

בִּלֵּהּ pi.
ἐμποδίζειν 458c

בַּלָּהָה
ἀπώλεια, ἀπωλία 151c
ὀδύνη 967a
ταραχή 1336c
⟦τάραχος 1337a⟧ → ταραχή

בְּלוֹ (Aramaic)
φόρος 1438a

בְּלוֹיִם
παλαιός 1051b

בְּלִי
⟦ἀγνωσία (בְּ׳־דַעַת) 16b⟧ → דַּעַת
⟦ἀδίκως (בְּ׳־לְבוּשׁ) 27b⟧
⟦ἀκουσίως (בִּבְ׳־דַעַת) 50a⟧ → דַּעַת
ἀνταναίρειν 108c
⟦ἄνυδρος (בְּ׳־מַיִם) 112a⟧ → מַיִם
⟦ἄτιμος (בְּ׳־שֵׁם) 176a⟧ → שֵׁם
γυμνός (בְּ׳ לְבוּשׁ) 278a
⟦ζητεῖν 597a⟧
οὐδὲν (οὐ) μή 1028b
οὐκέτι μή (הוֹסִיף בְּ׳) 1030b (Is. 32.10)
#οὐχ ὑπάρχων 1406b (Ze. 3.6)

בְּלִיל
ἀναποιεῖν 81b
⟦ἄχυρον, ἄχυρος(?) 188a⟧ → מוֹץ
βρῶμα 231b
φάντη, πάθνη 1425b

בְּלִימָה
οὐδείς, οὐθείς 1028b

בְּלִיַּעַל
ἁμαρτωλός *166b*
ἀνόμημα 106b
ἀνομία 106b
ἀποστασία 141a
ἀσεβής (בֶּן־בְּ׳) 170b
ἄφρων 186c
ἐναντίος 468b
λοιμός (adj.) 887c
#παρανομεῖν 1062b (Jb. 34.18)
παράνομος (בֶּן־בְּ׳, בְּ׳) 1062b

בָּלַל qal
ἀναποιεῖν 81b
ἀναφυρᾶν 85c
#παραβάλλειν 1055c (Jd. 19.21)
συγχεῖν 1301a
φυρᾶν 1446b

בָּלַל hi.
⟦ἐκρεῖν 441a⟧ → נָבֵל qal

בָּלַל hithpo.
⟦συμμιγνύναι 1304b⟧ → συναναμιγνύναι, συναναμίσγειν
συναναμιγνύναι, συναναμίσγειν 1311a

בָּלַם qal
ἄγχειν 18b

בָּלַס qal
κνίζειν 772c
בָּלַע qal
γεύειν 240a
καταπίνειν 741c
κατέσθειν, κατεσθίειν 749b
⟦συνάγειν 1307b (Jb. 20.15)⟧
בָּלַע ni.
καταπίνειν 741c
בָּלַע pi.
ἀπολλύειν, ἀπολλύναι 136c
διασκεδάζειν, διασκεδαννύειν, διασκεδαννύναι 309c
ἐξάπινα, ἐξαπίνης (כְּבַלַּע) 488a
καταπάτημα 740b
καταπίνειν 741c
καταποντίζειν 742a
⟦παίειν 1048c⟧
⟦συνταράσσειν 1318a⟧ → בָּהַל pi.
ταράσσειν 1336a
בָּלַע pu.
καταπίνειν 741c
בָּלַע hithp.
καταπίνειν 741c
בֶּלַע
καταπίνειν 741c
καταποντισμός 742a
בִּלְעֲדֵי, בַּלְעֲדֵי
ἔξω, ἐξωτέρω (מִבַּ׳) 501c
πάρεξ, παρέξ (מִבַּ׳) 1068c
πλήν (בַּ׳, מִבַּ׳, בִּלְעֲדֵי רַק) 1145c
בָּלַק qal
ἐρημοῦν 546c
בֵּלֶת
πλήν 1145c
בִּלְתִּי
ἀνίατος 102b
ἀνωφελής (בִּ׳ הוֹעִיל) 113a
τὸ καθόλου μή 704a
⟦οὐδ᾽ οὕτω(ς) (מִבִּ׳) 1035c⟧
πάρεξ, παρέξ 1068c
בָּמָה
§αβ(β)αμα (בַּ׳, הַבַּ׳) 1a
ἀγαθός 2a
ἄλσος 59c
§βαμα 190b
§βαμωθ 190b
βουνός 228b
βωμός 232c
εἴδωλον 376a
ἐπάνω (עַל בָּמֳתֵי) 507b
⟦ἔρημος 545a⟧ → שְׁמָמָה
θυσιαστήριον 666b
ἰσχύς 694b, *180c*
στήλη 1290b
ὑψηλός 1419b
ὑψηλότατος 1419b
ὕψος 1421b, *195b*
בֵּן
⟦ἄγγελος (בֶּן אֱלֹהִים, בֵּן) 7b⟧
ἀλλόφυλος (בְּנֵי־קֶדֶם, בֶּן־נֵכָר) 57c
ὁ πρωῒ ἀνατέλλων (בֶּן־שַׁחַר) 83a
ἀνεψιός (בֶּן דּוֹד) 87c
ἀνήρ 88a
ἄνθρωπος (בֶּן־אָדָם, בֵּן) 96b
ἄξιος 113a
ἀρνίον 159b
ἄρσην, ἄρρην 160c
ἀσεβής (בֶּן־בְּלִיַּעַל) 170b
ἀσθενής (בֶּן־עָנִי) 172b
§βανε 190b
§βανη 190b
§βε(ν) 217c
γηγενής (בֶּן אָדָם) 255c
δυνατός (בְּנֵי חַיִל) 355c
ἔγγονος 363b
ἀλλογενὴ ἔθνος (בֶּן־נֵכָר) 368b
εἰκοσαετής (בֶּן עֶשְׂרִים שָׁנָה) 377a
ἑκατονταετής (בֶּן מֵאָה־שָׁנָה) 420b
ἔκγονος (בְּנֵי בָנִים, בֵּן) 421c, *173b*
ἐνεῖναι 472b
ἐνιαύσιος (בֶּן־שָׁנָה) 474a
ἑξηκονταετής (בֶּן שִׁשִּׁים שָׁנָה) 495c
θεράπων (בֶּן אָדוֹן) 648a
⟦ἰός 687a⟧ → υἱός
⟦κοιλία (בֵּן pl.) 773a⟧
λαός 853b
μηνιαῖος (בֶּן־חֹדֶשׁ) 923b
⟦μήτηρ (בֶּן־אִשָּׁה) 924a⟧
μοσχάριον (בֶּן־בָּקָר) 934b
μόσχος (בֶּן בָּקָר) 934c
ν(ε)οσσός 949c
οἰκογενής (בֶּן־בַּיִת, בֵּן) 970c
οἶκος (בָּנִים) 973a
ὁμομήτριος (בֶּן־אִמּוֹ) 993c
παιδίον 1047c
*παῖς 1049a
παράνομος (בֶּן־בְּלִיַּעַל) 1062b
πενταετής (בֶּן־חָמֵשׁ שָׁנִים) 1118b
πεντηκονταετής (בֶּן־חֲמִשִּׁים שָׁנָה) 1119a
περιστερά (בֶּן יוֹנָה) 1126c
πολίτης (בֶּן־עַמִּי) 1180c
πῶλος 1246b
σκύμνος 1278a
σπέρμα 1282b
⟦συναγωγή 1309b⟧ → עֵדָה I
*τέκνον 1340c
⟦ " *193a* (+Si. 30[33].30; –16.3)⟧ → אַחֲרִית
τριακονταετής (בֶּן שְׁלֹשִׁים שָׁנָה) 1372a
τριετής (בֶּן שָׁלֹשׁ שָׁנִים) 1373a
*υἱός 1384c, *194a* (+Si. 30[33].28)
בָּנָה qal
⟦ἀλοιφή 59b⟧
ἀνοικοδομεῖν 106a
⟦διδόναι 317b⟧
διοικοδομεῖν 336b
ἐξοικοδομεῖν 497c
⟦θεμελιοῦν 629c⟧ → יָסַד pi.
ἱστάναι, ἱστᾶν 689a
κατασκευή 774b
κατορθοῦν 756b
λαξεύειν λίθους (qal גָּזִית בָּ׳) 853b, 876c
*οἰκοδομεῖν 970c, *186a*
οἰκοδομή 972c
οἰκοδόμος 973a
περιοικοδομεῖν 1124c
ποιεῖν 1154a
*#συνοικοδομεῖν 1317c (I Es. 5.68)
בָּנָה ni.
ἀνοικοδομεῖν 106a
θεμελιοῦν *179b*
οἰκοδομεῖν 970c
τεκνοποιεῖν 1342a
בְּנָה pe. (Aramaic)
ἀνοικοδομεῖν 106a
*οἰκοδομεῖν 970c
*#οἰκοδομή 972c (I Es. 6.21)
בְּנָה ithpe. (Aramaic)
ἀνοικοδομεῖν 106a
*οἰκοδομεῖν 970c
בֹּנֶה
*#οἰκοδόμος 973a
בָּנִים
⟦ἀμεσσαῖος(?) 65c⟧ → μεσαῖος
⟦δυνατός 355c⟧
#μεσαῖος (I Ki. 17.23)
בִּנְיָן (Hebrew and Aramaic)
αἰθρίζειν 30c
διάστεμα, διάστημα 311c
διορίζειν 336b
⟦προτείχισμα 1230b⟧
בְּנַס pe. (Aramaic)
θυμός 660c
⟦στυγνὸς γίνεσθαι 1297c⟧ → σύννους
#σύννους 1317b (Da. LXX 2.12 [𝔓967])
בֹּסֶר
ὄμφαξ 994a
ὄμφαξ πρὸ ὥρας (גֶּפֶן בִּסְרוֹ) 994a
בְּעָא pe. (Aramaic)
see also בְּעָה pe.
αἰτεῖν 37c
ἀξιοῦν 113b
εὔχεσθαι 583c
ζητεῖν 597a
בְּעַד
ἐκτός (מִבַּ׳ לְ־, בְּ׳) 443c
ἔξωθεν 502b
⟦ἔχειν (בְּ׳ יַד) 586c⟧ → יָד
κάτοχος 756c
#τιμή 1353a (Pr. 6.26)
בָּעָה qal
ζητεῖν 597a
⟦κατακαίειν 732b⟧ → בָּעַר I pi.
בָּעָה ni.
ἁλίσκειν 54c (Is. 30.13)
καταλαμβάνειν 735a
בְּעָה pe. (Aramaic)
see also בְּעָא pe.
ἀξιοῦν 113b
εὔχεσθαι 583c
ζητεῖν 597a
בְּעָה pa. (Aramaic)
ζητεῖν 597a
בָּעוּ (Aramaic)
αἴτημα 38a
ἀξίωμα 113b
δεῖσθαι 288a
εὐχή 584b
בִּעוּתִים
φοβερισμός 1435b
בָּעַט
ἀπολακτίζειν 136a
⟦ἐπιβλέπειν 516c⟧ → נָבַט hi.
בְּעִיר
κτῆνος 794a
πορεῖον 1189a (Ge. 45.17)
φορεῖον, φόριον 1437c
בָּעַל qal
⟦ἀμελεῖν 65b⟧
ἔχειν ἄνδρα 586c, 88a
⟦ἐπιτηδεύειν εἰς (בָּ׳ בַּת qal) 535b⟧
κατακυριεύειν 735a
κατοικεῖν 751c
κτᾶσθαι 793b
κύριος 800b
συνοικεῖν 1317c, *192c* (Si. 25.8; 42.10)
συνοικίζειν 1317c
#ὕπανδρος γυνή (בְּעֻלָה) *194a* (Si. 9.9)
בָּעַל ni.
συνοικίζειν 1317c
#τυγχάνειν ἀνδρός 88a (Pr. 30.23)
בַּעַל
αἰσχύνη 37a
ἀνήρ 88a, *167a*
ἄνθρωπος 96b
ἄπληστος (בַּ׳ נֶפֶשׁ) 122c
ἄρχων 166b
δασύς (בַּ׳ שֵׂעָר) 285b
δίγλωσσος (בַּ׳ שְׂפָתַיִם) *171b*
εἴδωλον 376a
⟦ἐνδεής 469b⟧
ἔνορκος (בַּ׳ שְׁבוּעָה) 476b
ἐνυπνιαστής (בַּ׳ חֲלֹמוֹת) 481b
ἐπᾴδιον, ἐπαείδιον (בַּ׳ לָשׁוֹן) 504c
ἔχειν 586c
ἡγεῖσθαι 602c
θυμώδης (בַּ׳ אַף) *179c*
ἱππάρχης, ἵππαρχος (בַּ׳ פָּרָשִׁים) 687a
κατοικεῖν 751c
κρίνειν (בַּ׳ מִשְׁפָּט) 787b
κτᾶσθαι 793b, *182c*
κύριος 800b
⟦ὅρκος (בַּ׳ שְׁבוּעָה) 1013c⟧ → ἔνορκος
πτερωτός (בַּ׳ כָּנָף) 1238b
σύμβουλος (בַּ׳ סוֹד) *192b*
σύνδειπνος (בַּ׳ לֶחֶם) *192c*
συνωμότης (בַּעַל בְּרִית) 1322c
χρᾶν, χρᾶσθαι 1473c
בְּעֵל (Aramaic)
§βααλ (בְּ׳־טְעֵם) 188a
§βααλταμ (בְּ׳־טְעֵם) 188a
§βαδαταμεν (בְּ׳־טְעֵם) 188a
§βαλγαμ (בְּ׳־טְעֵם) 189c
§βαλταμ (בְּ׳־טְעֵם) 190b
*#ὁ (supply γράφων) τὰ προσπίπτοντα (בְּ׳־טְעֵם) 1219a (I Es. 2.17, 25)
בַּעֲלָה
ἐγγαστρίμυθος (בַּעֲלַת־אוֹב) 362b
ἑωθινός (בַּעֲלוֹת שַׁחַר) 592a
ἡγεῖσθαι 602c
κυρία 799c
⟦ὕπανδρος γυνή *170c*, *194a*⟧ → בָּעַל qal
בָּעַר I qal
ἀνακαίειν 78a
ἀνάπτειν 81c
διαφλέγειν 315b
ἐκκαίειν 432b, *173c* (Si. 23.16)
#ἐμπυρίζειν *174b*
καίειν 705a, *180b*
κατακαίειν 732b
κατέσθειν, κατεσθίειν 749b
ὀργίζειν (חֵמָה בָעֲרָה) 1010a

בָּעַר I pi.
ἀνάπτειν 81c
ἀφανίζειν 181b
διαρπαγή 308c
#διαρπάζειν *171b* (Si. 6.2)
ἐκκαθαίρειν 432a
ἐκκαθαρίζειν 432a
ἐμπυρίζειν 460a
⟦ " *174b*⟧
ἐξαίρειν 485a
ἐξολεθρεύειν, ἐξολοθρεύειν 497c
ἐπιλέγειν 524c
καθαρίζειν, καθερίζειν 698a
καίειν 705a
⟦καρποῦν 724c⟧
καταβόσκειν 729a
κατακαίειν 732b
καῦσις 757a
בָּעַר I pu.
διαρπάζειν *171b*
בָּעַר I hi.
ἀνακαίειν 78a
ἐκκαίειν 432b
ἐμπυρίζειν 460a
ἐξάπτειν 489c
⟦ἐξεγείρειν 490b⟧ → עור I hi.
καίειν 705a
καταβόσκειν 729a
⟦κατακαίειν 732b⟧
בָּעַר II qal
ἄφρων 186c
βάρβαρος 190c
בָּעַר II ni.
ἀφρονεύεσθαι 186b
ματαιοῦν 899b
μωραίνειν 938b
בַּעַר
⟦ἄνους 108b⟧ → ἄφρων
ἄφρων 186c
ἐξουδενοῦν, ἐξουθενοῦν 500b
בְּעֵרָה
πῦρ 1242b
בָּעַת ni.
θαμβεῖν 623b
θορυβεῖν 654a
κατασπεύδειν 745b
ταράσσειν 1336a
בָּעַת pi.
ἐκταράσσειν 442a
θαμβεῖν 623b
καταπλήσσειν 742a
⟦καταρᾶσθαι 742c⟧
ὀλλύναι 987b
πνίγειν 1153b
στροβεῖν 1297a
בְּעָתָה
σπουδή 1285c
ταραχή 1336c
בֹּץ
#ὀλίσθημα 987b (Je. 45[38].22)
בִּצָּה
βούτομον 229c
πάπυρος 1054b
בָּצִיר I subst.
τρυγητής 1377b
τρύγητος 1377b (Le. 26.5; Is. 24.13)
τρυγητός 1377b (Jd. 8.2; I Ki. 13.21; Is. 32.10)
בָּצִיר II adj.
σύμφυτος 1306c
בָּצָל
κρόμ(μ)υον 791b
בָּצַע qal
ἀδικεῖν 24c
διακόπτειν 303c
δόλιος *171c*
δωρολήπτης (בּוֹצֵעַ בֶּצַע) 359a
⟦ἐπέχειν 511a⟧
πλεονεκτεῖν 1142a
συντελεῖν 1319b
בָּצַע pi.
ἀναιρεῖν 77b
ἐκτέμνειν 442c
ἐπιτελεῖν 535a
συντελεῖν 1319b
συντέλειαν συντελεῖν 1319b
בֶּצַע
ἀδικία 25b
ἀνομία 106b
ἄνομος 107c
#βραχύς 230c (Is. 57.17)
δωρολήπτης (בּוֹצֵעַ בּ׳) 359a
δῶρον 359a
⟦μίασμα 926c⟧ → עָצֵב
πλείων, πλέον, πλεῖον 1181b
πλεονεξία 1142a
πλῆθος 1142c
συντέλεια 1318c
συντελεῖν 1319b
?ὑπερηφαν(ε)ία 1409c
χρήσιμος 1474c
ὠφέλεια, ὠφελία 1497a
בָּצֵק I qal
διαρρηγνύειν, διαρρηγνύναι, διαρρήσσειν 309a
τυλοῦσθαι 1378a
בָּצֵק II subst.
σταῖς 1286c
#στέαρ 1287b (Ho. 7.4)
בָּצַר I qal
ἰσχυρός 693b
ὀχυρός 1043b
?σύμφυτος 1306c
τειχήρης 1339c
τειχίζειν 1339c
#ὑψηλός (בָּ pass. ptc.) 1419b (Ne. 9.25; Is. 2.15)
בָּצַר I ni.
ἀδυνατεῖν 27c
ἐκλείπειν 435c
καθυστερεῖν *180b*
בָּצַר I pi.
ὀχυροῦν 1043c
ὀχύρωμα 1043c
בָּצַר II qal
ἀφαιρεῖν 180a
ἐκτρυγᾶν 444b
τρυγᾶν 1377a, *194b* (Si. 30[33].25)
τρυγητής 1377b
בֶּצֶר
#τεῖχος 1339c (Am. 1.12)
בָּצְרָה
ὀχύρωμα 1043c
בִּצָּרוֹן
ὀχύρωμα 1043c
בַּצֹּרֶת
ἀβροχία *165a*
בַּקְבֻּק
βῖκος 220a
στάμνος 1286c
בְּקִיעַ
⟦κρυπτός 792c⟧
ῥάγμα 1247c
⟦ῥῆγμα 1248c⟧ → ῥάγμα
בָּקַע qal
ἀνασχίζειν 83a
ἀνοίγειν 105b
διαρρηγνύειν, διαρρηγνύναι, διαρρήσσειν 309a
⟦ἐπικρατεῖν 523b⟧
⟦ἐπικροτεῖν 523c⟧
καταδυναστεύειν 731a
#κατασχίζειν 746c (Is. 63.12)
προκαταλαμβάνειν 1207a
ῥηγνύναι 1248c
σχίζειν 1327c
בָּקַע ni.
διακόπτειν 303c
διαρρηγνύειν, διαρρηγνύναι, διαρρήσσειν 309a
⟦διασχίζειν 312b⟧ → σχίζειν
ἔκρηγμα 441a
⟦ἔκρημα(?) 441a⟧ → ἔκρηγμα
⟦εὑρίσκειν 576c⟧
⟦καταρρηγνύναι 743b⟧ → ῥηγνύναι
ῥηγνύναι 1248c
σχίζειν 1327c
בָּקַע pi.
ἀναρρηγνύναι 82a
διαρρηγνύειν, διαρρηγνύναι, διαρρήσσειν 309a
διασπᾶν 310c
θλᾶν *179b*
ῥηγνύναι 1248c
σχίζειν 1327c
בָּקַע pu.
διαρρηγνύειν, διαρρηγνύναι, διαρρήσσειν 309a
καταρρηγνύναι 743b
בָּקַע hi.
ἀποστρέφειν 145b
διακόπτειν 303c
בָּקַע ho.
ῥηγνύναι 1248c
בָּקַע hithp.
ῥηγνύναι 1248c
τήκειν 1348a
בֶּקַע
δραχμή 349a
בִּקְעָה I
ὁδὸς λεῖος 872b
πεδ(ε)ινός 1113a
⟦πεδία 1113b⟧
*πεδίον 1113b
περίχωρος (כִּכַּר בּ׳) 1128b
בִּקְעָה II (Aramaic)
πεδίον 1113b
בָּקַק qal
ἐκτινάσσειν 443b
εὐκληματεῖν 571c
καταφθείρειν 747c
בָּקַק ni.
ταράσσειν 1336a
φθείρειν 1429c
φθορά 1430a
בָּקַק polel
λυμαίνειν, λοιμαίνειν 889b
בָּקַר pi.
ἐκζητεῖν 430c
ἐπισκέπ(τ)ειν 527c, *177a* (Si. 7.35)
#μετανοεῖν 916b (Pr. 20.25)
νοεῖν *185b*
בַּקַּר pa. (Aramaic)
*ἐπισκέπ(τ)ειν 527c
בְּקַר ithpa. (Aramaic)
*ἐπισκέπ(τ)ειν 527c
בָּקָר
#ἅμαξα (כְּלֵי בּ׳) 60c (I Ch. 21.23)
βουκόλιον 226a
βοῦς 229a
δάμαλις 284c
κτῆνος 794a
μοσχάριον (בֶּן־בּ׳) 934b
*μόσχος (בֶּן בּ׳, בּ׳) 934c
μόσχος βοῶν 934c
⟦ταῦρος *193a*⟧
בֹּקֶר
ἄστρον (כּוֹכְבֵי בּ׳) 173c
ἑωθινός 592a
ἑωσφόρος 593c
ἡμέρα (בּ׳, אוֹר בּ׳) 607b
ὄρθρος, ὀρθός 1011b
ὄρθρου (בַּבּ׳) 1011b
πρὸς ὄρθρον 1011b
πρωΐ (לִפְנוֹת בּ׳, לַבּ׳, בַּבּ׳, בּ׳) 1234b, *190c*
ἕως (τὸ) πρωΐ (עַד־אוֹר בּ׳, עַד־בּ׳) 1234b
τὸ πρὸς πρωΐ πρωΐ (לִפְנוֹת בּ׳) 1234b
πρωΐθεν 1235a
*πρωϊνός, προϊνός 1235a
*τὸ πρωϊνός (לַבּ׳, בַּבּ׳) 1235a (I Es. 1.11)
⟦πρωϊόθεν 1235b⟧ → πρωΐθεν
πρώϊος (בַּבּ׳, בּ׳) 1235b, *190c*
⟦ " (לַבּ׳) 1235b⟧ → πρώϊος (בּ׳)
φέγγος πρωϊνόν 1426a
בַּקָּרָה
ἐπισκέπ(τ)ειν 527c
ζητεῖν 597a
בִּקֹּרֶת
ἐπισκοπή 528c
בָּקַשׁ pi.
⟦ἀθετεῖν 29b⟧
ἀναζητεῖν 77a
ἀξιοῦν 113b
βουλεύειν 227a
*#δεῖσθαι 288a (I Es. 8.53)
ἐγείρειν 364a
ἐκζητεῖν 430c
*#ἐμποιεῖν 458c (I Es. 5.38)
ἐπερωτᾶν 510b
⟦ἐπιβλέπειν 516c⟧
*ἐπιζητεῖν 520a, *176c*
ἐπισκέπ(τ)ειν 527c
ἐρευνᾶν 544c
εὑρίσκειν 576c
*ζητεῖν 597a, *178a* (+Si. 6.27; 30[33].26, 34)
θεραπεύειν 648a
#ὀρθρίζειν *186c* (Si. 4.12)
παραιτεῖσθαι 1060a

προσκολλᾶν 1217a
⟦συ(ν)ζητεῖν 1301a⟧ → ζητεῖν
בָּקַשׁ pu.
ἀνετάζειν 87b
ἐτάζειν 559b
ζητεῖν 597a
בַּקָּשָׁה
ἀξιοῦν 113b
*ἀξίωμα 113b
ζητεῖν 597a
בַּר I ("son") (Hebrew and Aramaic)
⟦ἄνθρωπος (בַּר אֱנָשׁ) 96b⟧
⟦παιδ(ε)ία 1046c⟧
τέκνον 1340c
υἱός 1384c
בַּר II ("crop")
γένημα 238c
⟦θησαυρός 651c⟧ → בּוֹר
σῖτος 1267b
בַּר III, בָּר ("pure")
ἄμεμπτος 65b
ἐκλεκτός 437a
#ἔξαλλος 487a (II Ki. 6.14)
εὐθύς (adj.) 571a
καθαρός 698c
τηλαυγής 1348b
בַּר IV ("field") (Aramaic)
ἄγριος 16c
ἀγρός 17a
γῆ 240c
ἔξω, ἐξωτέρω 501c
בֹּר
καθαριότης 698c
καθαρός 698c
בָּרָא I qal
⟦ἄρχειν 163a⟧
⟦δεικνύειν, δεικνύναι 286a⟧ → רָאָה I hi.
⟦διατάσσειν 313a⟧ → שִׂים, שׂוּם I, qal
καταδεικνύναι 730b
κατασκευάζειν 744a
κτίζειν 795b, *182c*
#κτίσις *182c* (Si. 16.26)
ποιεῖν 1154a, *189b* (+Si. 45.19)
בָּרָא I ni.
γεννᾶν 237b
γίνεσθαι 256b
ἐστί, ἔστι (= εἶναι II.3) *172b*
κτίζειν 795b, *182c* (+Si. 39.21, 29)
ποιεῖν 1154a
בָּרָא II pi.
ἐκκαθαίρειν 432a
ἐκκαθαρίζειν 432a
⟦ἑτοιμάζειν 563c⟧
בָּרָא III pi.
κατακεντεῖν 733b
בָּרָא IV hi.
⟦ἐνευλογεῖσθαι 473a⟧ → בָּרַךְ pi.
בַּרְבֻּרִים
ἐκλεκτός 437a
ὄρνιθες ἐκλεκταί 1014b
בָּרַד
χάλαζα 1452b
בָּרָד
καταιγίς 731b
χάλαζα 1452b, *195a* (+Si. 43.15)
#χιών *196a* (Si. 43.13)

בָּרֹד
ποικίλος 1168c
σποδοειδὴς ῥαντός 1248a, 1285a
בָּרָה qal
βρῶσις 231c
⟦ἐκλέγειν 435a⟧ → בָּחַר qal
ἔσθειν, ἐσθίειν 554a
συνεσθίειν 1314a
בָּרָה hi.
παραδειπνίζειν 1057c
περιδειπνεῖν, περιδειπνίζειν 1122c
ψωμίζειν 1490c
בְּרוֹמִים
ἐκλεκτός 437a
בְּרוֹשׁ
ἀρκεύθινος 158a
ἄρκευθος 158a
κέδρινος 758a
κέδρος 758a
κυπάρισσος 799c
πεύκη (עֵץ בּ׳) 1130a
πεύκινος 1130a
πίτυς 1139a
בְּרוֹת
κυπάρισσος 799c
בָּרוּת
βρῶμα 231b
בַּרְזֶל
⟦ἐπίλεκτος 525a⟧
⟦κασσίτερος *181a*⟧
μάχαιρα 899c
σιδήριον 1266a
⟦σίδηρον 1266a⟧ → σιδήριον
σίδηρος 1266a, *191b*
σιδηροῦς 1266b
בָּרַח qal
ἀναχωρεῖν 85c
ἀποδιδράσκειν 127b
ἐκχωρεῖν 446c
σώζειν 1328b
φεύγειν 1428b
φυγή 1440b
בָּרַח hi.
ἀπωθεῖν 151a
διϊκνεῖσθαι 330b
διώκειν 338b
ἐκβράζειν 421b
ἐκδιώκειν 423b
בָּרַח
see בָּרִחַ, בָּרַח
בְּרִי
ἐκλεκτός 437a
⟦ἰσχυρός 693b⟧
בָּרִיא
ἀστεῖος 173b
ἐκλεκτός 437a
⟦ἕξις 496b⟧
ἰσχυρός 693b
παχύς 1112c
בִּרְיָה
βρῶμα 231b
בְּרִיָּה
κτίσις *182c*
בָּרִחַ, בָּרַח
#ἀποστάτης 141b (Jb. 26.13)
φεύγειν 1428b

בְּרִיחַ
βάλανος 189c
⟦θεμελιοῦν 629c⟧
κλεῖθρον 767b
μοχλός 936a, *185c*
בְּרִית
διαθήκη 300c, *171a*
⟦ἐντολή 479b⟧
*#ὁρκωμοσία 1013c (I Es. 9.93)
συνθήκη 1316a
בֹּרִית
πόα, ποία 1153b
בָּרַךְ qal
ἐπευκτός 511a
εὐλογεῖν 572a
*εὐλογητός 574a
εὐλογία 574b
⟦κλαίειν 766a⟧ → בָּכָה qal
πίπτειν 1135c
בָּרַךְ ni.
ἐνευλογεῖσθαι 473a
εὐλογεῖν 572a
בָּרַךְ pi.
αἰνεῖν 33a
βλάσφημος (מְבָרֵךְ אָוֶן) 221a
εἰπεῖν/ἐρεῖν ῥῆμα εἰς/πρός 384a
ἐνευλογεῖσθαι 473a, *175b*
⟦ἐννοεῖν κακά (חָטָא וּבֵרֵךְ) 475c⟧
ἐπεύχεσθαι 511a
*εὐλογεῖν 572a, *177c*
εὐλογία 574b
בָּרַךְ pu.
⟦διατρέφειν 314a⟧
εὐλογεῖν 572a
⟦εὐλογία 574b⟧ → בְּרָכָה
בָּרַךְ hi.
κοιμίζειν 774c
#συγκάμπτειν 1299b (Ps. 68[69].10)
בָּרַךְ hithp.
ἐνευλογεῖσθαι 473a
ἐπιφημίζειν 538a
εὐλογεῖν 572a
בְּרַךְ pe. (Aramaic)
εὐλογητός 574a
κάμπτειν 718b
#πίπτειν 1135c (Da. LXX 6.10[11])
בָּרַךְ pa. (Aramaic)
εὐλογεῖν 572a
בֶּרֶךְ (Hebrew and Aramaic)
*γόνυ 274c, *170c*
μηρός 923c
בְּרָכָה
#ἐγκωμιάζειν 367b (Pr. 29.2)
ἐγκώμιον 367b
εὐλογεῖν 572a, *177c*
εὐλογητός 574a
εὐλογία 574b, *178a* (+Si. 40.17; 44.22; 47.6)
בְּרֵכָה
κολυμβήθρα 777b
κρήνη 785c
λίμνη 878c
בְּרַם (Aramaic)
πλήν 1145c
בָּרַק qal
ἀστράπτειν 173c
#στίλβειν 1291b (Ez. 21.29[33])

בָּרָק
ἀστραπή 173c, *168c*
⟦ἄστρον 173c⟧ → ἀστραπή
ἐξαστράπτειν 490a
κεραυνός 760b
στίλβωσις 1291c
בַּרְקָנִים
§βαρακηνειμ 190c
§βαρκηνιμ 190c
§βαρκομμειν 190c
בָּרֶקֶת
σμάραγδος 1278b, *191c*
בָּרְקַת
#σμάραγδος 1278b (Ez. 28.13)
בָּרַר qal
διακρίνειν 304a
ἐκλέγειν 435a
ἐκλεκτός 437a
καθαρός 698c
בָּרַר ni.
ἀφορίζειν 185c
ἐκλεκτός 437a
בָּרַר pi.
ἐκλέγειν 435a
בָּרַר hi.
ἅγιος 12a
#εὐθύνειν *177c* (Si. 6.17)
παρασκευάζειν 1064a
בָּרַר hithp.
ἁγιάζειν 10c
ἐκλέγειν 435a
בְּשֹׂרָה, בְּשׂוֹרָה
εὐαγγελία 568b
εὐαγγέλιον 568c
בֶּשֶׂם
εὐώδης 584c
ἥδυσμα 604c
θυμίαμα 660b
μύρον 937b
בֹּשֶׂם
ἄρωμα 169b
εὐώδης 584c
ἥδυσμα 604c
ὀσμή 1018c
ὀσμὴ ἡδεῖα 604c
σύνθεσις 1316a
בָּשַׂר pi.
ἀναγγέλειν 74a
εὐαγγελίζειν 568b
בָּשַׂר hithp.
εὐαγγελίζειν 568b
בָּשָׂר
ἄνθρωπος 96b, *167a*
βροτός 231a
⟦δόξα 341b⟧
ζῷον *178c*
κρέας 784c
μεγαλόσαρκος (גְּדֵל בּ׳) 902a
οὐδείς, οὐθείς (כֹּל בּ׳ + neg.) *187a*
σάρκινος 1259b
σάρξ 1259b, *191a* (+Si. 40.8)
ὁ οἰκεῖος τοῦ σπέρματος 1282b
σῶμα 1330a, *193c*
χρηστοήθεια (טוֹב בּ׳) *196b*
χρώς 1480a
בְּשַׂר (Aramaic)
σάρξ 1259b

בְּשֹׂרָה
see בְּשֹׂרָה, בְּשׂוֹרָה
בָּשַׁל qal
ἕψειν 592a
παριστάναι 1070c
#περκάζειν *188c* (Si. 51.15)
בָּשַׁל pi.
*ἕψειν 592a
⟦μαγειρεῖον 891a⟧ → μάγειρος
μάγειρος 891b
*ὀπτᾶν 1004a
בָּשַׁל pu.
ἑφθός 585c
ἕψειν 592a
בָּשַׁל hi.
πέπειρος 1119b
בָּשֵׁל
ἑφθός 585c

בָּשָׁן
πίων 1139a
בָּשַׁס polel
κατακονδυλίζειν 734a
בֹּשֶׁת
αἰσχύνειν 36c
*αἰσχύνη (’בֹּ [also spelled בשאת], (בֹּ׳ פָּנִים) 37a, *165c*
καταισχύνειν 731c
בַּת I (“measure”) (Hebrew and Aramaic)
ἀποθήκη 128a
§βαδος 188c
§βατος (“bath”) 215a
κάδος 697a
κεράμιον 759c
κοτύλη 781a
*μετρητής 918a
μέτρον, μέτρος 918b
χοεύς 1472a

χοῖνιξ 1472a
בַּת II (“daughter”)
γυνή 278b
ἐνιαύσιος (בַּת־שָׁנָה) 474a
⟦ἐπιτηδεύειν εἰς (בָּעַל בַּת) 535b⟧
θῆλυς 650a
*θυγάτηρ 656b, *179c*
κώμη 839c
ὅριον 1012a
περίοικος 1124c
περισπόρ(ε)ιον 1126a
σειρήν (בַּת יַעֲנָה) 1262a
στρουθός (בַּת־יַעֲנָה) 1297a
συγκυρεῖν 1300c
בְּתוּלָה
ἄφθορος 183b
#νεᾶνις 940b (Si. 20.4)
νύμφη 951a
παρθενικός 1070a
⟦παρθένιος 1070a⟧ → παρθενικός

*παρθένος 1070a, *188a*
בְּתוּלִים
διαπαρθενεύειν (עָשָׂה דַּדֵּי בְּ׳ pi.) 307b
παρθέν(ε)ια 1069c, *188a*
παρθένος 1070a
בָּתַק pi.
κατασφάζειν 746b
בָּתַר I qal
διαιρεῖν 302c
προαιρεῖν 1203c
בָּתַר I pi.
διαιρεῖν 302c
בָּתַר II (Aramaic)
see בָּאתַר
בֶּתֶר
κοίλωμα 773c
בִּתְרוֹן
παρατείνειν 1065a

ג

גֵּא
ὑβριστής 1380a
גָּאָה
⟦ἀγρεύειν 16c⟧
δοξάζειν 343b
ἐνδόξως 471a
ἐξυβρίζειν 501b
θάλλειν 623b
ὑπερηφανεύεσθαι *194b*
גֵּאָה
ὕβρις 1380a
גֵּאֶה
ὑβρίζειν 1379c
⟦ὕβρις 1380a⟧ → ὑβριστής
ὑβριστής 1380a
ὑπερήφανος 1410a, *194b*
ὑψηλός 1419b
גַּאֲוָה
καύχημα 757c
κραταιότης 782b
μεγαλοπρέπεια, μεγαλοπρεπία 901c
μεγαλοπρεπής 901c
ὑβρίζειν 1379c
ὕβρις 1380a, *194a*
ὑπερηφαν(ε)ία 1409c, *194b*
ὑπερηφανεύεσθαι 1409b
ὑπερήφανος *194b*
גְּאוּלִים
λύτρωσις 890c
גָּאוֹן
ἀγαλλίαμα 4c
⟦ἀδικία 25b⟧
δόξα 341b
⟦ἐξαίρειν 485a⟧
ἰσχύς 694b
καλλονή 715a
ὕβρις 1380a
ὑπερηφαν(ε)ία 1409c, *194b*
ὕψος 1421b
ὑψοῦν 1422a
φρύαγμα 1440a

גֵּאוּת
δόξα 341b
εὐπρέπεια, εὐπρεπία 576b
κράτος 784a
ὕβρις 1380a
ὑπερηφαν(ε)ία 1409c
ὑψηλός 1419b
גַּאֲיוֹן
ὑπερήφανος 1410a
גָּאַל I qal
#ἀγχιστεία 18b (Ne. 13.29)
ἀγχιστεύειν 18b
ἀγχιστεύς 18b
ἀγχιστευτής 18c
#ἀντιλαμβάνεσθαι 110c (Is. 49.26)
ἐκλαμβάνειν 435a
ἐκλύειν 438a
⟦ἐλεεῖν 449c⟧
ἐξαιρεῖν 484b
λύτρον 890a
λυτροῦν 890a
λυτρωτής 891a
ῥύεσθαι 1254b
σῴζειν *193c*
גָּאַל I ni.
ἀπολυτροῦν 139a
λυτροῦν 890a
גָּאַל I pu.
ἀγχιστεύειν 18b
גָּאַל II ni.
μολύνειν 932c
גָּאַל II pi.
ἀλισγεῖν 54c
גָּאַל II pu.
ἀλισγεῖν 54c
*#χωρίζειν 1482b (I Es. 5.39)
גָּאַל II hithp.
ἀλισγεῖν 54c
συμμολύνεσθαι 1304c

גֹּאַל
⟦ἀγχιστεία 18b⟧ → גָּאַל I qal
גְּאֻלָּה
ἀγχιστεία 18b
λύτρον 890a
λύτρωσις 890c
λυτρωτός 891a
גַּב (Hebrew and Aramaic)
?αὐχήν 179c
#ἐπάνω (עַל גַּבֵּי) 507b (Da. LXX 7.6)
νῶτον, νῶτος 956b
οἴκημα πορνικός 969b, 1195a
ὀφρύς (גַּב עַיִן) 1042c
πορνεῖον, πορνίον 1194c
#ὑπεράνω (עַל גַּבֵּי) 1408b (Da. TH 7.6)
גָּב
§γηβειν (גָּבִים) 255c
גֵּב
ἀκρίς 50c
βόθυνος 224b
φάτνωσις 1425c
φρέαρ 1438b
גֹּב (Aramaic)
λάκκος 841a
גָּבַהּ qal
ἀπέχειν 122a
δοξάζειν 343b
ἐπαίρειν 505a
μεγαλαυχεῖν 901b
μέγας γίνεσθαι 256c, 902c
ὑψηλός 1419b
ὑψοῦν 1422a
גָּבַהּ hi.
μετεωρίζειν 917b
ὑψηλός 1419b
ὑψηλὸν ποιεῖν 1154b, 1419b
ὕψος 1421b
ὑψοῦν 1422a

גָּבֹהַּ
⟦ἕξις 496b⟧
μετέωρος 917c
ὑπερήφανος 1410a
ὑψηλὸς εἰς ὑπεροχήν (גָּ׳ גָּ׳) 1411a
ὑψηλοκάρδιος (גְּבַהּ־לֵב) 1419b
ὑψηλός 1419b
ὑψηλότερος 1419b
ὕψος 1421b
גֹּבַהּ
⟦δόξα *171c*⟧
⟦δύναμις 350a⟧
#ἔνδοξος *175b* (Si. 40.3)
εὔδοξος *177c*
κακοφροσύνη (גֹּ׳ רוּחַ) 712a
μέγεθος 907a
πλῆθος 1142c
ὑψηλός 1419b
ὕψος 1421b
ὑψοῦν 1422a
גַּבְהוּת
ὑψηλός 1419b
גַּבְהָן
θρασύς *179c* (Si. 4.29)
⟦τραχύς *194a*⟧ → θρασύς
גְּבֻל, גְּבוּל
⟦βάσις 214b⟧
γεῖσος 235b
γῆ 240c
διορίζειν 336b
κληρονομία 769a
⟦μερίζειν 910c⟧ → ὁρίζειν
ὁρίζειν 1011c
ὅριον 1012a
περίβολος 1122b
גְּבוּלָה
ὅριον 1012a
גִּבֹּר, גִּבּוֹר
ἀνήρ 88a
γίγας 256b, *170b*
⟦ " (אֵל גִּ׳) 256b⟧
δύναμις 350a

δύνασθαι 353a
δυναστ(ε)ία 354c
δυνάστης 355b
δυναστός 355c
υἱὸς δυναστός 355c
ἐξουσιαστής 501b
ἐπαίρειν 505a
ἰσχύειν (גְּ׳ חַיִל ,גִּ׳) 692c
ἰσχυρός 693b
κραταιός 782a, *182b*
μαχητής 901a
*#μεγιστάν 907a (I Es. 8.26)
ὀχυρός 1043b
πλεμιστής 1171c

גְּבוּרָה (Hebrew and Aramaic)
ἀνδραγαθ(ε)ία 86a
δύναμις 350a, *172b*
δυναστ(ε)ία 354c, *172b*
θαυμάσιος *179a*
ἰσχύειν 692c
ἰσχύς 694b, *180c*
μεγαλωσύνη 902c
μεγαλεῖος *184a* (+Si. 43.15)
μέγας *184a*
σθένος 1265c
⟦σύνεσις 1314a⟧ → δύναμις

גִּבֵּחַ
ἀναφάλαντος 84c

גַּבַּחַת
ἀναφαλάντωμα 84c
⟦κρόκη 791b⟧ → עֵרֶב II
⟦φαλάντωμα 1423c⟧ → ἀναφαλάντωμα

גְּבִינָה
τυρός 1379b

גָּבִיעַ
κεράμιον 759c
κόνδυ 777c
κρατήρ 784a

גְּבִיר
κύριος 800b

גְּבִירָה
βασίλισσα 214a
δυναστεύειν 355a
ἡγεῖσθαι 602c
μείζων 902c

גָּבִישׁ
§γαβ(ε)ις 233a

גָּבַל qal
ἱστάναι, ἱστᾶν 689a
⟦ὁρίζειν 1011c⟧ → גְּבוּל ,גְּבֻל
ὅριον 1012a

גָּבַל hi.
ἀφορίζειν 185c

גְּבֻל
see גְּבוּל ,גְּבֻל

גַּבְלוּת
συμπλέκειν 1305b

גִּבֵּן
κυρτός 839a

גַּבְנֹן
τυροῦν 1379b

גִּבְעָה
βουνός 228b
θίς 652a
⟦νάπη 939c⟧
ὄρος 1014b

גִּבְעֹל
σπερματίζειν 1283c

גָּבַר ,גָּבֵר qal
δυνατός 355c
δυνατὸς ἰσχύι 355c, 694b
ἐνισχύειν 475a
ἐπικρατεῖν 523b
εὐδοκιμεῖν *177c*
κατισχύειν 751b
κραταιοῦν 782b
ὑπεράγειν *194b*
ὑπερδυναμοῦν 1409a
ὑπερισχύειν 1410b
ὑψοῦν 1422a (Ge. 7.20, 24)

גָּבַר ,גָּבֵר pi.
δυναμοῦν 353a
κατισχύειν 751b

גָּבַר ,גָּבֵר hi.
δυναμοῦν 353a
δυναστεύειν 355a
εὐδοκιμεῖν *177c*
κατισχύειν 751b
μεγαλύνειν 902a

גָּבַר ,גָּבֵר hithp.
ἀνδρίζεσθαι *167a*
ἰσχύειν 692c
ἰσχύς 694b
τραχηλιᾶν 1370b

גְּבַר (Aramaic)
ἀνήρ 88a
*ἄνθρωπος 96b
τακτικός 1333a

גֶּבֶר
ἀνδρεῖος 86b
ἀνήρ 88a, *167a*
ἄνθρωπος 96b
ἄρσην, ἄρρην 160c
δυνατός 355c
δυνατὸς ἀνήρ 88a, 355c
⟦δυνατοῦν 356c⟧ → δυνατός
⟦κρείσσων, κρείττων, κράτιστος 785a⟧
μηδείς, μηθείς *185a*

גִּבָּר (Aramaic)
ἰσχυρός 693b

גִּבֹּר
see גִּבּוֹר ,גִּבֹּר

גְּבֶרֶת
ἄρχειν 163a
⟦ἰσχύς 694b⟧ → גְּבוּרָה
κυρία 799c

גַּג
δῶμα 358b
ἐσχάρα 557c
⟦ἐσχαρίς 558a⟧ → ἐσχάρα
ὕπαιθρος 1405c

גַּד
δαιμόνιον 283b
κόριον 780a
τύχη 1379c

גְּדָבְרִין (Aramaic)
διοικητής 336b
τύραννος 1378c

גָּדַד qal
#ἐπισυνιστάναι 534b (Je. 20.10)
θηρεύειν 650b

גָּדַד hithpo.
#ἐκκόπτειν 434c
⟦ἐμφράσσειν 460c⟧ → גָּדַר hithp.

ἐντομίδας ποιεῖν 480c, 1154a
⟦καταλύειν 738b⟧ → גּוּר I qal
κατατέμνειν 746c
κόπτειν 779a
φοιβᾶν 1436c

גְּדַד pe. (Aramaic)
ἐκκόπτειν 434c
ἐκτίλλειν 443a
ἐξαίρειν 485a

גְּדָה
#κρηπίς 786a
#τεῖχος 1339c (Is. 8.7)

גְּדוּד
§γεδδουρ 235b
⟦γέν(ν)ημα 238c⟧
δύναμις 350a
⟦ἐμφραγμός 460c⟧ → גָּדֵר
ἐξοδία 497b
#εὔζωνος *177c* (Si. 36.31)
ἰσχυρός 693b
ληστήριον 876a
ληστής 876a, *183b*
μονόζωνος 933a
πειρατήριον 1116a
πειρατής 1116a
συστρέμμα 1323c

גְּדוּדָה
⟦κόπτειν 779a⟧ → גָּדַד hithpo. ≈ ἐκκόπτειν

גָּדֹל ,גָּדוֹל
⟦ἅγιος 12a⟧ → μέγας
ἁδρός 27c
δοξάζειν 343b
δυνάστης 355b, *172c*
δυνατός 355c
⟦ἔσχατος 558a⟧
εὐγενής 569a
ἡγεῖσθαι *178c*
ἰσχυρός 693b
κακόφρων (גְּדָל־חֵמָה) 712a
μεγαλεῖος, μεγαλίος 901b, *184a*
μεγαλοπτέρυγος (גְּ׳ כְּנָפַיִם) 901c
μεγαλορ(ρ)ήμων (מְדַבֵּר גְּדֹלוֹת) 901c
μεγαλύνειν 902a
*μεγάλως 902b
*#μεγαλωστί 902c (I Es. 5.65)
*μέγας 902c, *184a* (+Si. 7.25)
⟦μέγεθος 907a⟧ → גֹּדֶל
μεγιστάν 907a
μείζων 902c
ὀνομαστός (שֵׁם גָּ׳) 1000a
#πλούσιος 1150b (Es. 1.20)
πολυέλεος (גְּדָל־חֶסֶד) 1181a
πολύς, πλείων, πλεῖστος 1181b
πρεσβύτερος, πρεσβυτέρα 1201c
ὑπερέχειν 1409b
ὑπέρογκος 1410c
ὑψοῦν 1422a

גְּדֻלָּה ,גְּדוּלָה ,גְּדוּלָּה
δυναστ(ε)ία 354c
⟦εὐφροσύνη 582c⟧
μεγαλωσύνη 902c, *184a* (Si. 44.2)
μέγας 902c
πλοῦτος 1150c
χάρις 1455a

גִּדּוּף
κονδυλισμός 777c
ὀνειδισμός 994c
⟦φαυλισμός 1425c⟧

גִּדּוּפָה
⟦δείλαιος 286c⟧ → δηλαϊστός
δηλαϊστός 295b

גָּדִי
§υἱοὶ γαδ 1384c

גְּדִי
αἰγίδιον 30c
ἀρήν (= HR's ἀρνός) 159b
ἔριφος 547c, *177b*

גִּדְיָה
⟦κρηπίς 786a⟧ → גְּדָה

גְּדִלִים
στρεπτός 1296b

גָּדִיר
φραγμός *195b*

גָּדִישׁ I
ἅλων, ἅλως 60a
θημωνία ἅλωνος 650b
σῖτος ὥριμος 1267b, 1494a
στοιβή, στυβή 1291c
σωρός 1331a

גָּדִישׁ II
#σορός 1278c (Jb. 21.32)

גָּדַל ,גָּדֵל I qal
ἁδρύνειν 27c
αὐξάνειν, αὔξειν 178c
δεινὸς εἶναι 288a
ἐκτρέφειν 443c
κατισχύειν 751b
μεγαλύνειν 902a
μέγας 902c
μέγας γίνεσθαι 256c, 902c
μείζων εἶναι 902c
πληθύ(ν)ειν *189a*
ὑπερέχειν (גָּ׳ מִן) 1409b
*#ὑπερφέρειν 1411a
ὑψοῦν 1422a

גָּדַל ,גָּדֵל I pi.
αὐξάνειν, αὔξειν 178c
γεννᾶν 237b
δοξάζειν 343b, *172a*
ἐκπαιδεύειν 438c
ἐκτρέφειν 443c
μεγαλύνειν 902a, *184a* (Si. 49.11)
μηκύνειν 921c
⟦περιτιθέναι 1127c⟧ → נָשָׂא qal
ποιεῖν πρωτεύειν 1235b
ποιεῖν αὐτὸν πρῶτον 1235c
συνεκτρέφεσθαι 1313c
τρέφειν 1371b
#ὑπερφέρειν 1411a (I Es. 8.75)
ὑψοῦν 1422a, *195c*
#φύειν 1440c (Ca. 5.13)

גָּדַל ,גָּדֵל I pu.
ἁδρύνειν 27c
⟦ἱδρύειν 678c⟧ → ἁδρύνειν

גָּדַל ,גָּדֵל I hi.
κατισχύειν 751b
μεγαλορ(ρ)ημονεῖν (גָּ׳ hi., גְּ׳ פֶּה hi.) 901c
μεγαλύνειν 902a
μεγαλωσύνη 902c
μέγας 902c
ὑψοῦν 1422a

גָּדַל ,גָּדֵל I hithp.
μεγαλύνειν 902a
ὑψοῦν 1422a

גָּדֵל II
μεγαλοσάρκος (גְּדַל בָּשָׂר) 902a

μεγαλύνειν 902a
μέγας 902c
μείζων 902c

גֹּדֶל
ἰσχύς 694b
μεγαλεῖος, μεγαλιος 901b
μεγαλωσύνη 902c, *184a*
μέγας 902c
⟦ἡ ἰσχὺς ἡ μεγάλη 902c (De. 9.26)⟧
#μέγεθος 907a (Ex. 15.16)
ὑψηλός 1419b
ὕψος 1421b

גָּדֹל
see גָּדֹל, גָּדוֹל

גְּדֻלָּה
see גְּדֻלָּה, גְּדוּלָּה, גְּדוּלָה

גָּדַע qal
ἀπορρίπτειν 140b
#ἀφορίζειν 185c (Ma. 2.3)
ἐξολεθρεύειν, ἐξολοθρεύειν 497c
κατατέμνειν 746c
συγκλᾶν 1299c
συντρίβειν 1321a, *193a*

גָּדַע ni.
ἀφαιρεῖν 180a
#διαθρύπτειν *171a* (Si. 43.15)
ἐκκόπτειν 434c
ἐξαίρειν 485a
καταγνύναι 730a
κατασκάπτειν 743c
⟦κλᾶν 766c⟧ → συγκλᾶν
συγκλᾶν 1299c
συντρίβειν 1321a

גָּדַע pi.
ἐκκόπτειν 434c
κατακόπτειν 734b
κόπτειν 779a
συγκλᾶν 1299c
⟦συνθλᾶν 1316a⟧ → συγκλᾶν

גָּדַע pu.
ἐκκόπτειν 434c
κόπτειν 779a

גָּדַף pi.
βλασφημεῖν 221a
#βλάσφημος *169b* (Si. 3.16)
⟦καταλαλεῖν 735a⟧ → παραλαλεῖν
#ὀνειδίζειν 994b
παραλαλεῖν 1061b
παροξύνειν 1072a
παροργίζειν 1072b

גָּדַר qal
ἀναστρέφειν 82b
ἀνοικοδομεῖν 106a
οἰκοδόμος 973a
περιοικοδομεῖν 1124c
τειχιστής 1339c

גָּדַר hithp.
#ἐμφράσσειν 460c

גָּדֵר
#ἐμφραγμός 460c (Mi. 5.1 [4.14])
*#στερέωμα 1289b (I Es. 8.81)
τοῖχος 1362c
φραγμός 1438b, *195b*

גְּדֵרָה, גְּדֶרֶת
ἀγέλη 10b
διάστεμα, διάστημα 311c
ἔπαυλις 508c
μάνδρα 895a
φραγμός 1438b

גָּהָה
διαπαύειν 307b

גֵּהָה
#ἀνίατος (מִבְּלִתִּי גֵ׳) 102b (Je. 8.18)
εὐεκτεῖν ποιεῖν (יָטַב גֵּ׳ hi.) 569c, 1154a

גָּהַר
διακάπτειν 303a
κύπτειν 799c
⟦συγκαλύπτειν 1299a⟧ → συγκάμπτειν
συγκάμπτειν 1299b

גַּו I
⟦ἕξις (גוֹ) 496b⟧
σῶμα 1330a

גַּו II (Hebrew and Aramaic)
#ἔγκατον 366b (Jb. 41.6[7])
μέσος 913a

גֵּו
ἐνδόσθια *175b*
⟦μέσος 913a⟧ → μετάφρενον
μετάφρενον 917b
νῶτον, νῶτος 956b
σῶμα 1330a

גּוּב I hi.
#ἀποκρίνειν *168a* (Si. 36[33].4)

גּוּב II
§γαβιν (גֵּבִים) 233a

גּוֹב
ἀκρίς 50c

גּוֹבַי
ἀκρίς 50c

גּוּד qal
πειρατεύειν 1116a

גֵּוָה (Hebrew and Aramaic)
ὕβρις 1380a
ὑπερηφαν(ε)ία 1409c
ὑπερηφανεύεσθαι 1409b

גּוּז qal
ἐκπερᾶν 439a
ἐπέρχεσθαι 509c

גּוֹזָל
ν(ε)οσσός 949c
περιστερά 1126c

גּוּחַ
⟦κερατίζειν 760b⟧ → נָגַח qal

גּוֹי
ἄνθρωπος 96b
§γη 240c
§γωειμ (גּוֹיִם) 283b
*ἔθνος 368b, *172b*
⟦ἐχθρός 589c⟧ → ἔθνος
λαός 853b, *183a*
πάροικος 1071c
φυλή 1444b

גְּוִיָּה
⟦ἕξις 496b⟧
⟦ὀστοῦν *186c*⟧
πτῶμα 1239a
σῶμα 1330a, *193c* (+Si. 37.22)

גּוֹלָה, גֹּלָה
*αἰχμαλωσία 38b
αἰχμάλωτος 39b
ἀποικεσία 130c
ἀποικία 130c
ἀποικισμός 131a
μετοικεσία 917c
#μετοικία 917c (Je. 9.11[10])
*παροικία 1071c

גּוֹלֵל
#τάφος *193a* (Si. 30.18)

גּוּמָץ
βόθρος 224a

גָּוַע qal
ἀποθνήσκειν 128a, *168a*
ἀπολλύειν, ἀπολλύναι 136c
ἀπολύειν 138c
ἀπώλεια, ἀπωλία 151c
γηράσκειν, γηρᾶν 256a
ἐκλείπειν 435c
ἐξαναλίσκειν 487b
θάνατος *179a*
#κοιμᾶν 773c (Je. 51.33 [45.3])
⟦εἶναι ἐν κόποις 778c⟧ → יָגִיעַ
νεκρός *185a*
#πίπτειν 1135c (Jb. 14.10)
τελευτᾶν 1343b, *193b*

גּוּף hi.
#κλείειν 767a (Ne. 7.3)

גּוּפָה
σῶμα 1330a

גּוּר I qal
⟦γείτων 235b⟧ → גֵּר
διατρίβειν 314a
#ἐγκαθίζειν 364c (Ez. 35.5)
ἐνοικεῖν 476a
#ἐπιξενοῦσθαι 526a (Pr. 21.7)
καθίζειν 701c
#καταλύειν 738b (Je. 5.7)
κατοικεῖν 751c
*οἰκεῖν 968a
παρατάσσειν 1064c
παροικεῖν (גּוּר qal, בּוֹא לָגוּר) 1071b, *188a*
παροικεσία (אֶרֶץ מְגוּרִים) 1071c
πάροικος 1071c
προσγεννᾶν 1212c
προσγίνεσθαι 1212c
προσέρχεσθαι 1213c
προσηλυτεύειν 1216a
προσήλυτος 1216a
προσκεῖσθαι 1216c
⟦προσοικεῖν 1218c⟧ → παροικεῖν
προσπορεύεσθαι 1219b
συμβόσκειν 1303c
σύσκηνος (גַּר בַּיִת) 1323a
ὑποστέλλειν 1417a

גּוּר I hithpo.
⟦κατατέμνειν 746c⟧ → גָּדַד hithpo.
κατοικεῖν 751c

גּוּר II qal
ἀπέχειν 122a
εὐλαβεῖσθαι 572a, *177c*
#προσέχειν *190b*
#σαλεύειν 1257c (Ps. 32[33].8)
#φοβεῖν 1433b
#φόβος 1435c (Jb. 41.16[17])

גּוּר III qal
#ἐπιτιθέναι 535c (Ps. 58[59].3)

גּוּר IV
σκύμνος 1278a

גּוֹר
σκύμνος 1278a

גּוֹרָל
κληρονομία 769a
κλῆρος 770a, *182a*
κληρωτί (בְּגוֹ׳) 770c
ὅριον 1012a

גּוֹרֶן
see also גֹּרֶן
⟦φάρυγξ 1425b⟧ → גָּרוֹן

גּוּשׁ
βῶλαξ 232c

גֵּז
κουρά 781a
πόκος 1170b

גִּזְבָּר
*#γαζοφύλαξ 233b (I Es. 2.11)
§γασβαρηνος, γαρβαρηνος 234b

גִּזְבַּר (Aramaic)
γάζα 233a
*#γαζοφύλαξ 233b (I Es. 8.19)

גִּזָּה
πόκος 1170b

גָּזַז qal
κείρειν 758b

גָּזַז ni.
διαστέλλειν 311b

גָּזִית
ἀπελέκητος 120b
κολάπτειν 776b
λαξεύειν 853b
λαξεύειν λίθους (בָּנָה גָּ׳) 853b, 876c
ξεστός 957a
ξυστός 959c
τμητός 1362b

גָּזַל qal
ἀναρπάζειν 82a
ἀποβιάζεσθαι 125c
ἅρπαγμα 159c
ἁρπάζειν 160a
ἀφαιρεῖν 180a
διαρπάζειν 308c

גָּזַל ni.
ἀφαιρεῖν 180a

גָּזֵל
ἁρπαγή 159c
ἅρπαγμα 159c, *168b*
βία *169b*

גְּזֵלָה
ἁρπαγή 159c
ἅρπαγμα 159c

גָּזָם
κάμπη 718b

גֶּזַע
ῥίζα 1251c
στέλεχος 1288a

גָּזַר qal
αἴρειν 34c
διαίρειν 302c
?ἐκκλ(ε)ίνειν 433c
⟦ἐκλείπειν 435c⟧ → גָּזַר ni.
καταδιαιρεῖν 730b
τέμνειν 1345a

גָּזַר ni.
ἀποσχίζειν 148c

ἀπωθεῖν 151a
διαφωνεῖν 315c
#ἐκλείπειν 435c (Hb. 3.17)
κατακρίνειν 734c
גְּזַר pe. (Aramaic)
γαζαρηνός 233a
גְּזַר ithpe. (Aramaic)
ἀποσχίζειν 148c
τέμνειν 1345a
גֶּזֶר
διαίρεσις 302c
διχοτόμημα 338a
גְּזֵרָה I
ἄβατος 1a
גְּזֵרָה II (Aramaic)
σύγκριμα 1300b
גִּזְרָה
ἀπόλοιπος 138c
ἀπόσπασμα 141a
διάστεμα, διάστημα 311c
גָּחָה qal
ἐκσπᾶν 441b
גָּחוֹן
κοιλία 773a
στῆθος 1290a
גַּחֶלֶת
ἄνθραξ 96a, *167a* (Si. 8.10)
ἄνθραξ πυρός 96a
ἀνθρακιά *167a*
גַּי
§γαι 233b
§γαιμελα (גֵּי־מֶלַח, גֵּי־הַמֶּלַח) 233b
§γεμελεδ (גֵּי־מֶלַח, גֵּי־הַמֶּלַח) 236a
§γη 240c
νάπη 939c
φάραγξ 1424b
χάος 1454b
גַּיְא, גֵּיא, גֵּא
αὐλών 178c
§γαι 233b
§γε (subst.) 235a
§γη 240c
§γησρασειμ (גֵּ׳ חֲרָשִׁים) 256b
§γωληλα (גֵּ׳ לַיְלָה) 283b
κοιλάς 772c
νάπη 939c
πολυάνδρ(ε)ιον 1181a
φάραγξ 1424b
χάος 1454b
χειμάρρους, χείμαρρος 1457a
גִּיד
νεῦρον 943a
גִּיחַ qal
#ἐκχεῖν *174a* (Si. 6.11)
μαιμάσσειν 892a
⟦μαιοῦσθαι 892a⟧ → μαιμάσσειν
προσκορούειν 1217b
גִּיחַ hi.
ἐπέρχεσθαι 509c
παλαίειν 1051b
גִּיחַ aph. (Aramaic)
ἐμπίπτειν 458a
προσβάλλειν 1212b
גִּיל I qal
ἀγαλλίαμα εὑρίσκειν 4c
ἀγαλλιᾶσθαι 4c
δοξάζειν *172a*
ἐμπίπλασθαι εὐφρασύνης 457a
ἐπαίρειν (גִּיל לֵב qal) 505a
ἐπιχαίρειν 538b
εὐφραίνειν 581a, *178b*
ἐμπλήθεσθαι εὐφροσύνης 582c
πανηγυρίζειν 1052c
χαίρειν 1452a
גִּיל I hi.
ἀνυψοῦν *167b*
גִּיל II subst.
ἀγαλλίαμα 4c, *165a*
ἀγαλλίασις 5b
εὐφραίνειν 581a
εὐφροσύνη 582c, *178b*
περιχαρής (שָׂמֵחַ אֱלֵי־גִיל) 1128b
χαρά 1454b
גִּיל III subst.
ἡλικία 606b
συνήλικος (כְּגִיל) 1315c
συντρέφεσθαι (כְּגִיל) 1321a
גִּילָה
ἀγαλλίαμα 4c
גִּיר, גִּר (Hebrew and Aramaic)
#κονία 777c (Jb. 28.4)
κονία λεπτή (אַבְנֵי־ג׳) 777c
#κονίαμα 777c
גִּישׁ
βῶλαξ 232c
גַּל
ἀφανισμός 182a
βουνός 228b
κῦμα 799a
⟦μετοικία 917c⟧ → גּוֹלָה, גָּלָה
συναγωγή 1309b
#συναγωγὴ λίθων 876c, 1309b (Jb. 8.17)
σωρός 1331a
χελώνη 1467b
χῶμα 1480c
גֵּל
βόλβιτον 224b
גְּלָא pe. (Aramaic)
see גְּלָא, גְּלָה pe.
גְּלָא peil (Aramaic)
see גְּלָא, גְּלָה peil
גְּלָא aph. (Aramaic)
see גְּלָא, גְּלָה aph.
גַּלָּב
κουρεύς 781a
גַּלְגַּל (Hebrew and Aramaic)
§γελγελ 235c
τροχός 1376c, *194b* (Si. 36[33].5)
גֻּלְגֹּלֶת
κεφαλή 760c
κρανίον 782a
גֶּלֶד
βύρσα 232b
גָּלָה qal
ἄγειν 9a
αἰχμαλωσία 38b
αἰχμαλωτεύειν 39a
αἰχμαλωτίζειν 39b
αἰχμαλώτισσα(?) 39b
αἰχμάλωτος 39b
αἰχμάλωτος γίνεσθαι 256c
ἀναγινώσκειν 75c
ἀνακαλύπτειν 78a
ἀνοίγειν 105b
ἀπέρχεσθαι 121a
#ἀποικεσία 130c (IV Ki. 19.25)
ἀποικία 130c
ἀποικίζειν 131a
ἀποκαλύπτειν 131c, *168a*
εἰσακούειν (גָּ׳ אֹזֶן qal) 408b
⟦ἐκλύειν 438a⟧ → גָּלַל qal ≈ ἕλκειν, ἑλκύειν
ἐκτιθέναι 443a
ἐκφαίνειν *174a*
⟦ἕλκειν, ἑλκύειν 453a⟧ → גָּלַל qal
μετοικεῖν 917c
μετοικεσία (יוֹם גָּלוּת) 917c
μετοικίζειν 918a
גָּלָה ni.
ἄγειν 9a
αἰχμαλωτίζειν 39b
ἀνακαλύπτειν 78a
ἀνοίγειν 105b
ἀπέρχεσθαι 121a
ἀποκαλύπτειν 131c
δεικνύειν, δεικνύναι 286a
⟦ἐγκαλύπτειν 365a⟧ → ἐκκαλύπτειν
εἰσέρχεσθαι 410b
ἐκκαλύπτειν 432c
ἐπιβλέπ(τ)ειν *176c*
ἐπιφαίνειν 537c
ὁρᾶν (including ὄπτεσθαι) 1005a
φαίνειν 1423a
φανερός 1424a
גָּלָה pi.
ἄγειν 9a
ἀνακαλύπτειν 78a
ἀνασύρειν 83a
ἀποκαλύπτειν 131c (+Ps. 36[37].5; Ca. 4.1), *168a*
ἀφιστᾶν, ἀφιστάναι, ἀφιστάνειν 184b
ἐκμάσσειν *173c*
φανεροῦν 1424b
גָּלָה pu.
#γινώσκειν *170b* (Si. 16.15)
גָּלָה hi.
ἄγειν 9a
αἰχμαλωτεύειν 39a
*#ἀπάγειν 115b (I Es. 1.56)
ἀποικεῖν 130c
ἀποικίζειν 131a
#ἀποφέρειν 149c (Jb. 15.28)
⟦ἐπιφαίνειν 537c⟧ → גָּלָה ni.
§ι(ε)γλααμ, ιγααμ (הֶגְלָם) 669b
μεταίρειν 916a
μετοικία 917c
*μετοικίζειν 918a
גָּלָה ho.
ἄγειν 9a
αἰχμαλωτεύειν 39a
αἰχμάλωτος 39b
ἀπάγειν 115b
ἀποικία 130c
ἀποικίζειν 131a
⟦κατοικίζειν 755c⟧ → ἀποικίζειν
גָּלָה hithp.
γυμνοῦν 278b
גְּלָה, גְּלָא pe. (Aramaic)
⟦ἀνακαλύπτειν 78a⟧ → φωτίζειν
ἀποκαλύπτειν 131c
δηλοῦν 295c
ἐκφαίνειν 444c
#φωτίζειν 1451b (Da. LXX 2.28 [𝔓967])
גְּלָה, גְּלָא peil (Aramaic)
ἀποκαλύπτειν 131c
ἐκφαίνειν 444c
גְּלָה, גְּלָא aph. (Aramaic)
*#αἰχμαλωτεύειν 39a (I Es. 6.16)
ἀποικίζειν 131a
גֻּלָּה
ἀνθέμιον 95b (+Ex. 38.16 [37.19])
γωλαθ (גֻּלּוֹת) 283b
λαμπάδιον, λαμπαδεῖον 852c
στρεπτός 1296b
גֹּלָה
see גּוֹלָה, גֹּלָה
גָּלוּ (Aramaic)
*#αἰχμαλωσία 38b
גָּלוֹל
⟦τάφος *193a*⟧ → גּוֹלֵל
גִּלּוּלִים
βδέλυγμα 215b
⟦διανόημα 306c⟧
⟦διάνοια 316c⟧
εἴδωλον 376a
⟦ἐνθύμημα 473c⟧
⟦ἐπιθύμημα 520c⟧
ἐπιτήδευμα 535b
גָּלוּת, גָּלֻת
αἰχμαλωσία 38b
ἀποικεσία 130c
ἀποικία 130c
ἀποικίζειν 131a
μετοικεσία 917c
גָּלַח pi.
κείρειν 758b
ξυρᾶν 959c
גָּלַח pu.
ξυρᾶν 959c
גָּלַח hithp.
ξυρᾶν 959c
גִּלָּיוֹן
διαφανῆ λακωνικά 314b, 841c
τόμος 1363c
גָּלִיל
?κύβος 796a
στρέφειν 1296c
στροφεύς 1297b
⟦τορευτός 1367b⟧ → τορνευτός
#τορνευτός (Ca. 5.14)
גְּלִילָה
ὅριον 1012a
גָּלַל qal
⟦ἀποκαλύπτειν 131c⟧ → גָּלָה pi.
ἀποκυλίειν 136a (+Ge. 29.10)
ἀφαιρεῖν 180a
#ἕλκειν, ἑλκύειν 453a (Jb. 20.28)
⟦ἐλπίζειν 453c⟧
κυλίειν 798c
περιαιρεῖν 1121b
גָּלַל ni.
ἑλίσσειν 453a
#κατακυλίειν 734c (I Ki. 14.8)
κυλίειν 798c
גָּלַל pilp.
κατακυλίειν 734c
גָּלַל polal
#ἀποτείνειν 148c (Is. 9.4)

גָּלַל hi.
⟦ἀποκυλίειν 136a⟧ → גָּלַל qal
גָּלַל hithpo.
συκοφαντεῖν 1301c
συμφέρειν *192b*
συμφύρειν *192b*
φύρεσθαι 1446b
גָּלַל hithpalp.
φύρεσθαι 1446b
גָּלָל subst.
βόλβιτον 224b
κόπρος 779a
גְּלָל I
διά + gen. (בִּגְ׳) *171a*
" + acc. (בִּגְ׳) *171a*
⟦εἴσοδος 413c⟧
גְּלָל II (Aramaic)
⟦ἐκλεκτός 437a⟧
*#ξυστός 959c (I Es. 6.9, 25)
גָּלַם
εἰλεῖν 377c
גֹּלֶם
ἀκατέργαστος 44a
גַּלְמוּד
ἄγονος 16b
⟦θάνατος 623b⟧
χήρα (גַּלְמוּדָה) 1468a
גָּלַע hithp.
⟦ἔνδεια 469b⟧
#ἐπονείδιστος 539a
⟦συμπλέκειν 1305b⟧
גָּלַשׁ
⟦ἀναβαίνειν 70a⟧ →
ἀναφαίνειν
ἀναβέννειν 70a
ἀναφαίνειν 84c
⟦ἀποκαλύπτειν 131c⟧ → גָּלָה pi.
גָּלֻת
see גָּלֻת ,גָּלוּת
גַּם
⟦ἀληθῶς 54b⟧
*#ἅμα 60b
κἄν (וְגַם אִם) *166b*
ἔτι 561a
καὶ νῦν (וְגַם עַתָּה) 951c
גֹּמֶא
βίβλινος 218b
ἕλος 453b
πάπυρος 1054b
גֹּמֶד
σπιθαμή 1284b
גָּמָה pi.
ἀφανίζειν 181b
גָּמָה hi.
ποτίζειν 1197c
גְּמוּל
⟦αἴνεσις 33c⟧
ἀνταποδιδόναι 108c
ἀνταπόδομα 109b
ἀνταπόδοσις 109b
ἀπόδοσις 127c
δόμα 341a
ἔργον 541c, *177b*
גְּמוּלָה
ἀνταποδιδόναι 108c
ἀνταπόδοσις 109b
גָּמַל qal
ἀγαθὸν ποιεῖν 2a, 1154a
ἀνθεῖν 95b
ἀνταποδιδόναι 108c
ἀπογαλακτίζειν 125c
βλαστᾶν, βλαστάνειν,
βλαστεῖν 220c
βουλεύειν 227a
#γεννᾶν *170a* (Si. 14.18)
ἐκτρέφειν 443c
ἐνδεικνύναι 469c
ἐνεργεῖν 473a
ἐξανθεῖν 487c
ἐπάγειν 503c
ἐπιχειρεῖν 538c
ἐργάζεσθαι, ἐργάζειν 540c
εὐεργετεῖν 569c
μνησικακεῖν 932a
גָּמַל ni.
ἀπογαλακτίζειν 125c
גָּמָל
*κάμηλος 717c
גָּמַר
ἐκλείπειν 435c
εὐεργετεῖν 569c
συντελεῖν 1319b
גְּמַר pe. (Aramaic)
τελεῖν 1342c
גַּן
ἄμπελος 66c
κῆπος 763a
παράδεισος 1057c
גָּנַב qal
κλέμμα 767b
κλέπτειν 767b
κλέπτης 767c
κλοπή 772b
κλοποφορεῖν 772b
#κρύπτειν (גָּ׳ לֵב qal) 791c (Ge. 31.20)
ὑφαιρεῖν 1419a
גָּנַב ni.
κλέπτειν 767b
גָּנַב pi.
ἰδιοποιεῖσθαι 673b
κλέπτειν 767b
גָּנַב pu.
κλέπτειν 767b
κλοπή 772b
גָּנַב hithp.
διακλέπτειν 303b
גַּנָּב
κλέπτειν 767b
κλέπτης *182a*
κλοπή 772b
גְּנֵבָה
κλέμμα 767b
גַּנָּה
κῆπος 763a
παράδεισος 1057c
גִּנָּה
κῆπος 763a
גְּנַז (Aramaic)
*#γαζοφυλάκιον 233a
גִּנְזַיָּא (Aramaic)
*#βιβλιοφυλάκιον (בֵּית גִּ׳) 219b
גְּנָזִים
γαζοφυλάκιον 233a
θησαυρός 651c
גִּנְזִין (Aramaic)
§γαζα 233a
גַּנְזַךְ
§ζακχον 593a
§ζακχω 593a
גָּנַן qal
ὑπερασπίζειν 1408c
גָּנַן hi.
⟦ὑπερασπίζειν 1408c⟧ → גָּנַן qal
גָּעָה
ῥημνύναι φωνήν 1248c, 1447b
גָּעַל qal
ἀπωθεῖν 151a
ἀφιστᾶν, ἀφιστάναι,
ἀφιστάνειν 184b
βδελύσσειν, βδελύττειν 216a
προσοχθίζειν 1218c
גָּעַל ni.
προσοχθίζειν 1218c
μισεῖν *185b*
גָּעַל hi.
ὠμοτοκεῖν 1493b
גָּעַר
ἀπειλεῖν 120a
ἀπειλή 120a
ἀποσκορακίζειν 141a
⟦ἀφορίζειν 185c⟧ → גָּרַע qal
διαστέλλειν 311b
ἐπιτιμᾶν 537a
λοιδορεῖν 887b
⟦συλλοιδορεῖν 1302c⟧ →
λοιδορεῖν
גְּעָרָה
ἀπειλή 120a
ἀποσκορακισμός 141a
ἐλεγμός 449a
ἐπιτίμησις 537b
#φωνή 1447b (Is. 30.17 *bis*)
גָּעַשׁ qal
σαλεύειν 1257c
ταράσσειν 1336a
גָּעַשׁ hithp.
κυμαίνειν 799a
σαλεύειν 1257c
σπαράσσειν 1281c
ταράσσειν 1336a
גָּעַשׁ hithpo.
?ἐξεμεῖν 491a
גַּף I
μόνος (בְּגַפּוֹ + suf.) 933b
גַּף II (Aramaic)
πτερόν 1237c
גַּפָּה
χεῖλος *195b*
גֶּפֶן
ἄμπελος 66c
ἀμπελών 67a
ὄμφαξ πρὸ ὥρας (גֶּ׳ בִּסְרוֹ) 994a
גָּפְרִית
θεῖον 628a
גֵּר
#γείτων 235b (Jb. 19.5)
γειώρας 235b
ξένος 957a
πάροικος 1071c
προσήλυτος 1216a
גֹּר
see גּוּר ,גֵּר
גָּרָב
ἄγριος 16c
ψώρα ἀγρία 1490c
ψωραγριᾶν 1490c
גַּרְגְּרוֹת
τράχηλος 1370b
גָּרַד hithp.
⟦ἀποξεῖν 139b⟧ → ξύειν
ξύειν 957c
גָּרָה pi.
ἐγείρειν 364a
κρίνειν εἰκῆ (גֵּ׳ מָדוֹן) 787b
⟦ὀρύσσειν 1017c⟧ → כָּרָה I qal
παρασκευάζειν 1064a
גָּרָה hithp.
ἀνθιστάναι 95c
ἐρεθίζειν 544b
ἐρίζειν 547b
#παροξύνειν 1072a (Da. LXX 11.11[10])
προσυμπλέκεσθαι 1222b
συμβάλλειν 1303a
συμπροσπλέκειν 1306a
συνάπτειν 1312b
συνάπτειν (εἰς) πόλεμον 1172a, 1312b
גֵּרָה
μηρυκισμός 923c
ὀβολός 960a
גָּרוֹן
⟦ἰσχύς 694b⟧
λάρυγξ 862c
τράχηλος 1370b
φάρυγξ 1425b, *195a*
גָּרַז ni.
ἀπορρίπτειν 140b
גַּרְזֶן
ἀξίνη 113a
πέλεκυς 1116b
σίδηρος 1266a
גְּרֹל
⟦κακόφρων (גְּרָל־חֵמָה) 712a⟧ →
גָּדֹל ,גָּדוֹל
גָּרַם qal
?ὑπολείπειν 1415a
גָּרַם pi.
ἐκμυελίζειν, ἐκμυελεῖν 438b
גֶּרֶם (Hebrew and Aramaic)
§γαρεμ 234b
ὀστέον, ὀστοῦν 1021c
ῥάχις 1248b
גֹּרֶן
ἅλων, ἅλως 60a
εὐρύχωρος 580a
גָּרַס qal
#ἐπιθυμεῖν 520b (Ge. 49.14)
ἐπιποθεῖν 526c
גָּרַס hi.
ἐλβάλλειν 420c
גָּרַע qal
ἀπολείπειν 136b
ἀποστερεῖν 145a
ἀπωθεῖν 151a
ἀφαιρεῖν 180a

⟦ἀφικνεῖσθαι 184a⟧ → נָגַע hi.
ἐξαίρειν 485a
ξυρᾶν 959c
συντελεῖν 1319b
גָּרַע ni.
ἀνθυφαιρεῖν 102b
ἀφαιρεῖν 180a
ἐξαλείφειν 486a
ὑστερεῖν 1418b, *194c* (Si. 13.4)
גָּרַע pi.
#ἐξανθεῖν (גָּ׳ נִין pi.) 487c (Si. 51.18)
גָּרַף
ἐκβάλλειν 420c
ἐκσύρειν 441c
גָּרַר qal
ἀνάγειν 75b
ἕλκειν, ἑλκύειν 453a
⟦ἐπιξενοῦσθαι 526a⟧ → גּוּר I qal
גָּרַר hithpo.
⟦στρέφειν 1296c⟧ → חִיל, חוּל hithpo.
גֶּרֶשׂ
ἐρικτός 547b
#σύνοδος 1317b (De. 33.14)
χίδρον 1469a
גָּרַשׁ qal
⟦ἀφανίζειν 181b⟧ → גָּרַשׁ pi.
ἐκβάλλειν 420c
ἐξαίρειν *175c* (Si. 16.9)
κλυδωνίζεσθαι 772b
גָּרַשׁ ni.
ἀπωθεῖν 151a
גָּרַשׁ pi.
ἀπολύειν 138c
⟦ἀπορρίπτειν 140b⟧ → גָּרַשׁ hithp.
#ἀφανίζειν 181b (Ez. 36.5)
ἐκβάλλειν 420c
ἐκβολή 421b
ἐκριζοῦν 441a
ἐκρίπτειν, ἐκριπτεῖν 441a
ἐξαίρειν 485a
ἐξαποστέλλειν 488a
μετοικίζειν 918a
גָּרַשׁ pu.
ἐκβάλλειν 420c (+Ps. 108[109].10)
#ἐξαίρειν 485a (Pr. 20.13)
גָּרַשׁ hithp.
#ἀπορρίπτειν 140b (Mi. 2.9)
#ἀφορίζειν 185c (II Ki. 8.1)
גְּרֻשָׁה
καταδυναστεία 731a
גֵּרְשֻׁנִּי
§δῆμος τοῦ γεδσων 296a
§υἱοὶ γηρσων, υἱοὶ γεδσωθων, υἱοὶ γεδσωνι 1384c
גָּשַׁם pu.
ὑετὸς γίνεσθαι 256c, 1384a
ὑετὸς καταβαίνει 727a
גָּשַׁם hi.
ὑετίζειν 1384a
גֶּשֶׁם
βροχή 231b
ὑετός 1384a
*χειμερινός 1457c
*χειμών 1457c
גְּשֵׁם (Aramaic)
σῶμα 1330a
גָּשַׁשׁ pi.
ψηφαλᾶν 1485b
גַּת
ληνός 875c
גִּתִּית
⟦ληνός 875c⟧ → גַּת

ד

דָּאַב qal
ἀσθενεῖν 127a
#πεινᾶν 1115b (Je. 38[31].12, 25)
דָּאַב hi.
παρέλκειν *187c*
דְּאָבוֹן
τήκειν 1348a
דָּאג
ἰχθύς 696a
דָּאַג
δαψιλεύεσθαι 285b
λόγον ἔχειν 586c, 881c
μεριμνᾶν 911a
φοβεῖν 1433b
φροντίζειν 1439c, *195b*
דְּאָגָה
#ἀθυμεῖν 30a (Je. 30.12 [49.23])
ἔκθλιψις 432a
ἔνδεια 469b
εὐλάβεια, εὐλαβία 572a
θλῖψις 652c
θυμοῦν 662b
μέριμνα *184b*
ταραχή *193a*
#φοβερός 1435c (Pr. 12.25)
φοβερὸς λόγος 881c
דָּאָה I qal
ὅρμημα 1014a
πεταννύναι, πετάζειν 1128c
דָּאָה II subst.
γρύψ 278a
γύψ 283b
דֹּב, דּוֹב (Hebrew and Aramaic)
ἄρκ(τ)ος 158a, *168b*
λύκος 889a
דֹּבֶא
ἰσχύς 694b
דִּבָּה
γογγυσμός *170c*
διαβολή *171a*
⟦ἔκσκασις 441b⟧
κατειπεῖν (יָצָא דִ׳ ho.) 749a
λαλία *183a*
λοιδορία 887c
ὀνείδισμα 994c
ῥήματα πονηρά 1186c, 1249a
ψόγος 1485c
דְּבוֹרָה, דְּבֹרָי
μέλισσα 909a, *184b*
דְּבַח I pe. (Aramaic)
*#ἐπιθύειν 520b (I Es. 6.24)
θυσιάζειν 666a
דְּבַח II subst. (Aramaic)
θυσίασμα 666a
דִּבְיוֹנִים
⟦κόπρος περιστερῶν 779a⟧ → חֲרָאִים ≈ κόπρος
דְּבִיר, דְּבִר
§δαβ(ε)ιρ 283a
ναός 939a, *185a*
⟦χρηματιστήρι(?) 1474c⟧ → δαβ(ε)ιρ
דְּבֵלָה
παλάθη 1051a
דָּבַק, דָּבֵק qal
ἀκολουθεῖν 44c
ἅπτεσθαι 150b
ἔχειν 586c
καταλαμβάνειν 735a
κολλᾶν 776b
προσέχειν 1215b
προσκεῖσθαι 1216c
προσκολλᾶν 1217a
προστιθέναι 1221a
דָּבַק, דָּבֵק pu.
κολλᾶν 776b
προσκολλᾶν 1217a
דָּבַק, דָּבֵק hi.
⟦καταβαίνειν 727a⟧
καταδιώκειν 730b
καταλαμβάνειν 735a
καταφθάνειν 747b
κολλᾶν 776b
προσκολλᾶν 1217a
συνάπτειν 1312b
συνδεῖν 1312c
φθάν(ν)ειν 1429b
דָּבַק, דָּבֵק ho.
κολλᾶν 776b
דְּבַק pe. (Aramaic)
εὐνοεῖν 575a
ὁμονοεῖν 993c
προσκολλᾶν 1217a
דֶּבֶק
πνεύμων 1153b
σύμβλημα 1303b
דָּבַר qal
⟦γραμματεύς 275b⟧
διηγεῖσθαι 329c
ἡγεῖσθαι 602c
λαλεῖν 841c, *183a*
λέγειν 863c
λόγος 881c
παρεμβάλλειν ῥῆμα *191a*
דָּבַר ni.
καταλαλεῖν 735a
λαλεῖν 841c
דָּבַר pi.
ἀναγγέλειν 74a
ἀντειπεῖν, ἀντερεῖν 109c
⟦ἀπολλύειν, ἀπολλύναι 136c⟧ → אָבַד pi.
*διαλέγεσθαι 304b
διηγεῖσθαι 329c
εἰπεῖν, ἐρεῖν 384a
⟦εἶτα (וְאַחַר דִּבְּרִי) 415c⟧ → אַחַר
ἐντέλλεσθαι, ἐντελλέσθειν(?) 477a
καλεῖν 712c
καταλαλεῖν 735a
*λαλεῖν 841c, *183a*
λέγειν 863c
λόγος 881c
μεγαλορ(ρ)ήμων (מְדַבֵּר גְּדֹלוֹת) 901c
⟦μελετᾶν 908b⟧ → λαλεῖν
ὁμιλεῖν 991a
παρεμβάλλειν *187c*
προσλαλεῖν 1218b
προστάσσειν, προστάττειν 1220c
ῥῆμα 1249a
συλλαλεῖν 1301c
συντάσσειν 1318b
φθέγγεσθαι 1429c, *195a*
χρηματίζειν 1474c
ψευδολογεῖν (pi. כָּזָב דִּ׳) 1485a
דָּבַר pu.
λαλεῖν 841c
דָּבַר hi.
⟦πατάσσειν 1103b⟧ → ὑποτάσσειν
ὑποτάσσειν 1417b
דָּבַר hithp.
λαλεῖν 841c
דָּבָר
§αβεδ(δ)ηριν (הַדְּבָרִים) 1a
ἀγγελία 7a
⟦ἄδικος 26c⟧
ἀναγγέλλειν (שׁוּב דָּ׳ hi.) 74a
ἀντιλογία 111b
ἀποκρίνειν (שׁוּב דָּ׳ hi.) *168a*
ἀπόκρισις 134b
βασιλικός (דְּבַר מַלְכוּת) 214a
βιβλιοθήκη (דִּבְרֵי הַיָּמִים) 218b
⟦βιβλίον, βυβλίον 218b⟧
γράμμα 275a
⟦διαθήκη 300c⟧
δίκη 335b
δόλος (דְּבַר מִרְמָה) 340b
⟦ " (דָּ׳) 340b⟧
*εἰπεῖν, ἐρεῖν (הָיָה דָּ׳, דָּ׳) 384a
ἔκθεσις 431c
*ἐντέλλεσθαι, ἐντελλέσθειν (שִׂים דָּ׳ בְּפִי) 477a
ἐντολή (דִּבְרֵי, דָּ׳) 479b
ἐπερώτησις 511a
ἔργον 541c
⟦ " *177b*⟧
ἱκανός (אִישׁ דְּבָרִים) 683c
*#ἱστορεῖν 692b (I Es. 1.42)
⟦τὸ καθῆκον, τὰ καθήκοντα 700a⟧

⟦κρίμα 786a⟧
κρίσις 789c
λαλεῖν (הָיָה דָ׳, דָ׳ הָיָה, דָ׳) 841c, *183a*
λαλία 846c
λέγειν 863c
λογεῖον, λόγιον 880c
⟦["] *183d*⟧ → λόγος
λόγος 881c, *183c* (–Si. 20.13; +36[33].3; 36.24; 39.17; 47.22)
μηδείς, μηθείς 920c, *185a*
νόμος 947b
⟦ " *185b*⟧
⟦ὁρισμός 1013b⟧
οὐδείς, οὐθείς (דָ׳ + neg.) 1028b
οὕτω(ς) (כַּדְּבָרִים הָאֵלֶּה) 1035c
πολυλογία (רֹב דְּבָרִים) 1181a
*πρᾶγμα 1199c
πραγματ(ε)ία 1200b
*πρόσταγμα 1219c
προστάσσειν, προστάττειν (יָצָא דָ׳) 1220c
*ῥῆμα 1249a, *191a*
ῥῆσις 1251c
ῥητός 1251c
⟦τὸ ἐξελθὸν ἐκ τοῦ στόματος 1292b⟧ → פֶּה ≈ στόμα
συντάσσειν 1318b
τις (כָּל־דָ׳) 1354a
τρόπος 1375a
ὃν τρόπον (זֶה הַדָּ׳ אֲשֶׁר) 1375a
φωνή 1447b
⟦χρῆμα 1474b⟧ → ῥῆμα
דֶּבֶר
#ἀποστολή 145a (Je. 39[32].36)
θάνατος 623b, *179a*
θανατοῦν 625a
דֹּבֶר
κοίτη 775b
דִּבֵּר
see דְּבִר, דְּבִיר
דִּבְרָה
#ἕνεκεν (עַל־דִּבְרַת דִּי) 472b (Da. 2.30)
λόγος 881c
דִּבְרָה
ἐπικαλεῖν (שִׂים דִּ׳ hi.) 521b
λαλία 846c
λόγος 881c
τάξις 1334b
דֹּבְרוֹת
σχεδία 1327c
דִּבְרִי
see דִּבְרִי, דְּבוֹרָה
דְּבַשׁ
μέλι 908c, *184a*
μελισσών 909b
דָּג
ἁλιεύς 54b
ἰχθυ(η)ρός 696a
ἰχθυϊκός 696a
ἰχθύς 696a
κῆτος 763c
ὄψος 1044c
דָּגָה I subst.
ἰχθύς 696a
κῆτος 763c
דָּגָה II qal
πληθύ(ν)ειν 1144b
דָּגַל qal
ἐκλοχίζειν 437c
#τάσσειν 1337a (Ca. 2.4)
דָּגַל ni.
τάσσειν 1337a
דֶּגֶל
ἡγεμονία 603c
τάγμα 1333a
דָּגָן
ἄρτος 161b
πυρός 1245b
σῖτος 1267b
τροφή 1376b
דָּגַר qal
συνάγειν 1307b
דַּד
διαπαρθενεύειν (עָשָׂה דַּדֵּי בְּתוּלִים pi.) 307b
דְּהַב (Aramaic)
*χρυσίον 1477a
χρυσός 1478c
*χρυσοῦς, χρύσεος 1478c
דָּהַר qal
διώκειν 338b
#σπεύδειν 1284a (Jd. 5.22B)
דַּהֲרָה
#σπουδή 1285c (Jd. 5.22B)
דּוּב qal
#μέριμνα 911a (Pr. 17.12)
דּוּב hi.
ἐκτήκειν 443a
καταρρεῖν 743b (I Ki. 2.33)
דּוֹב
see דֹּב, דּוֹב
דַּוָּג
ἁλιεύς 54b
דּוֹד
ἀγαπητός 7a
ἀδελφιδός 20a
ἀδελφός 20a
ἀδελφὸς τοῦ πατρός 20a, 1105a
#ἀνεψιός (בֶּן דּוֹד) 87c
καταλύειν 738b
μαστός, μασθός 898b
οἰκεῖος 968c
πατραδελφός 1111a
#συγγένεια 1298b (Is. 38.12)
⟦συγγενής 1298c⟧ → דּוֹדָה
φιλία 1430c
דּוּד
κάλαθος 712a
κάμινος 718a
κάρταλλος 725a
κόφινος 781b
*λέβης 863c
דּוֹדָה
τοῦ ἀδελφοῦ τοῦ πατρὸς θυγάτηρ 20a
θυγάτηρ τοῦ ἀδελφοῦ 656b
θυγάτηρ τοῦ ἀδελφοῦ τοῦ πατρός 1105a
συγγένεια, συγγενία 1298b
συγγενής 1298c
דּוּדַי
⟦κάλαθος 712a⟧ → דּוּד
μανδραγόρας, μανδραγόρος 895b
μῆλα μανδραγορῶν/ μανδραγόρου (דּוּדָאִים) 895b, 921c
דָּוָה qal
ἀποκαθημένη 131b
ἄφεδρος 182b
דָּוֶה
αἱμορροεῖν 33a
ὀδυνᾶν 967a
⟦ὀδύνη 967a⟧
ὀδυνηρός 967b
⟦ὀδύρεσθαι 967b⟧ → ὀδυνᾶν
#πεινᾶν *188b* (Si. 4.2)
דּוּחַ hi.
ἀναφέρειν *167a*
ἀποκλύζειν 132c
ἐκκαθαρίζειν 432a
⟦ἔκρυσις 441b⟧
ἐξωθεῖν 502b
πλύνειν 1151b
דְּוַי
ἀπορεῖν 140a
λυπεῖν 889b
ὀδύνη 967a
דּוּךְ qal
τρίβειν 1372b
דּוּכִיפַת
ἔποψ 539b
⟦ὕποψ 1418b⟧ → ἔποψ
דּוּמָה
ᾅδης 24a
דּוּמִיָּה
πρέπειν 1201b
⟦ὑποτάσσειν 1417b⟧ → רָדַד qal
דּוּמָם
ἡσυχάζειν 620a
κατανύσσεσθαι 739c
דּוּן, דִּין
⟦καταμένειν 739a⟧ → דּוּר I qal
דָּוֹן
#λύπη *183c* (+Si. 38.17)
דּוֹנַג, דֹּנַג
κηρός 763b
דּוּץ
⟦προτρέχειν 1231b⟧ → רוּץ qal
⟦τρέχειν 1371c⟧ → רוּץ qal
דּוּק hi.
#ἀριθμεῖν 156b (Ge. 14.14)
דּוּר I qal
#καταμένειν 739a (Ge. 6.3)
κατοικεῖν 751c, *181c*
οἰκεῖν 968a
דּוּר II qal
#ὑποκαίειν 1413c (Ez. 24.5)
דּוּר III pe. (Aramaic)
κατοικ(ε)ία 755b
κατοικεῖν 751c
νοσσεύειν 949b
דּוֹר, דֹּר
γενεά 236a, *170a*
γένεσις 237a, *170a*
διὰ παντός (לְדוֹרֹתָם) *171a*
ἔκγονος 421c
ζωή *178b*
ἡμέρα *179b*
⟦τέκνον 1340c (Jo. 22.27)⟧ → γενεά
דּוּרָא (Aramaic)
#περίβολος 1122b (Da. LXX 3.1)
דּוּשׁ, דִּישׁ qal
ἀλοᾶν 59a
#κατάγειν 729b (Hb. 3.12)
καταγνύναι 730a
καταξαίνειν 740a
καταπατεῖν 740b
καταπάτησις 740c
νεῖκος 941b
#πρίειν, πρίζειν 1203a (Am. 1.3)
συμπατεῖν 1305a
דּוּשׁ, דִּישׁ ni.
καταπατεῖν 740b
πατεῖν 1105a
דּוּשׁ, דִּישׁ ho.
καθαίρειν 697c
דּוּשׁ, דִּישׁ pe. (Aramaic)
ἀναστατοῦν 82a
דָּחָה qal
ἀνατρέπειν 84b
ἐκθλίβειν 432a
ὑποσκελίζειν 1416c
ὠθεῖν 1492c
דָּחָה ni.
ἀπωθεῖν 151a
#προσαπωθεῖν *190a* (Si. 13.21)
ὑποσκελίζειν 1416c
דָּחָה pu.
ἐξωθεῖν 502b
דַּחֲוָה (Aramaic)
ἔδεσμα 368a
דְּחִי
ὀλίσθ(ρ)ημα 987b
דְּחַל qal
#πτοεῖν 1238c (Ez. 2.5, 7 Aramaizing)
דְּחַל pe. (Aramaic)
ὑπέρφοβος (דְּחִיל יַתִּיר) 1411b
φοβεῖν 1433b
φοβερός 1435c
דְּחַל pa. (Aramaic)
εὐλαβεῖσθαι 572a
φοβερίζειν 1435b
φόβος ἐπιπίπτει 1435c
דֹּחַן
κέγχρος 757c
דָּחַף qal
#ἀναστρέφειν *166c* (Si. 36[33].12)
διώκειν 338b
⟦ἐπιτελεῖν 535a⟧
σπεύδειν 1284a
דָּחַף ni.
σπεύδειν 1284a
ὑποστρέφειν 1417b
דָּחַק qal
ἐκθλίβειν 432a
דַּי
αὐτάρκης *169a*
⟦ἑκούσιος 438c⟧ → נָדַב hithp.
ἱκανός (בְּדֵי, דַּי) 683c (Na. 2.12[13]; Hb. 2.13), *180a*
ἱκανοῦσθαι 684a
ὅσος 1019a
דִּי (Aramaic)
καταχρύσεα (דִּי זְהַב) 748c
*ὅσος (מִן־דִּי, דִּי) 1019a
ὅστις 1022b
ἐάν/εἴ τις (מָה דִי) 1354a
ὃν τρόπον (כָּל־קֳבֵל דִּי) 1375a
דַּיָּג
ἁλιεύς 54b
דַּיָּה
ἔλαφος 448c

דִּין I qal
διακρίνειν 304a
δίκαιος 330c
κρίνειν 787b
κρίσις 789c
συνέδριον 1313a

דִּין I ni.
κρίνειν 787b

דִּין II pe. (Aramaic)
*#δικάζειν 330b (I Es. 8.23)
κρίνειν 787b

דִּין III subst. (Hebrew and Aramaic)
*#κολάζειν (דִּין אִתְעֲבֵד) 776a (I Es. 8.24)
κρίμα 786b
κρίνειν 787b
κρίσις 789c
κριτήριον 791a
⟦λύπη *183c*⟧

דַּיָּן (Hebrew and Aramaic)
*#δικαστής 335b (I Es. 8.23)
κρίνειν 787b
*κριτής 791a

דָּיֵק
βελόστασις 217b
περίτειχος 1127b
προμαχών 1207c
προφυλακή 1234a

דַּיִשׁ
ἀλοητός 59b (+Am. 9.13)

דִּישׁוֹן ,דִּישֹׁן
πύγαργος 1240a
⟦πύδαργος 1240a⟧ → πύγαργος

דַּךְ
#ἀπορία *168a* (Si. 4.2)
πένης 1117a
ταπεινός 1334b
ταπεινοῦν 1334c

דָּךְ ,דֵּךְ (Aramaic)
ἐκεῖνος 428a

דָּכָא ni.
συντρίβειν 1321a

דָּכָא pi.
ἀδικεῖν 24c
ἀτιμάζειν 175c
⟦καθαιρεῖν 697b⟧ → דְּכָא pa.
παίειν 1048c
ταπεινοῦν 1334c
τιτρώσκειν 1362a

דָּכָא pu.
κακοῦν 711b
μαλακίζεσθαι 894b

דָּכָא hithp.
κολαβρίζεσθαι 776a
⟦σκολαβρίζειν 1275a⟧ → κολαβρίζεσθαι
ταπεινοῦν 1334c

דְּכָא pa. (Aramaic)
#καθαιρεῖν 697b (Jb. 19.2 Aramaizing)
#καθαρίζειν 698a (Is. 53.10 Aramaizing)

דַּכָּא
ὀλιγόψυχος (דְּ׳ וּשְׁפַל־רוּחַ) 987a
ταπεινός 1334b
ταπείνωσις 1335c

דָּכָה qal
ταπεινοῦν 1334c

דָּכָה ni.
ταπεινοῦν 1334c

דָּכָה pi.
ταπεινοῦν 1334c

דַּכָּה
θλαδίας (פְּצוּעַ־דַּ׳) 652a

דֳּכִי
ἐπίτριψις 537c

דָּכַךְ pulp.
#θλίβειν pass. (מְדֻכְדָּךְ נֶפֶשׁ) *179c* (Si. 4.4)

דִּכֵּן (Aramaic)
ἐκεῖνος 428a

דְּכַר (Aramaic)
*κριός 788c

דִּכְרוֹן
ὑπόμνημα 1416b

דִּכְרוֹנָא (Aramaic)
*#ὑπομνηματίζεσθαι (כְּתַב דִּ׳) 1416b (I Es. 6.23)

דָּכְרָן (Aramaic)
*#ὑπόμνημα 1416b (I Es. 2.22)
ὑπομνηματισμός 1416b

דַּל I subst.
θύρα 662c

דַּל II adj.
⟦ἁδρός 27c⟧ → גָּדֹל, גָּדוֹל
ἀδύνατος 28a
?ἀσεβής 170b
ἀσθενεῖν 172a
ἀσθενής 172b
ἥσσων, ἥττων 620a
πένεσθαι 1117a
πένης 1117a
πενιχρός 1118b
πονηρός 1186c
πτωχός 1239b, *190c*
ταπεινός 1334b, *193a*

דָּלַג qal
#ἐφάλλεσθαι 585b (Ze. 1.9)

דָּלַג pi.
ἅλλεσθαι 55c
ἀφάλλεσθαι *169a*
⟦[ἐφάλλεσθαι] *178b*⟧ → ἀφάλλεσθαι
πηδᾶν 1131a
ὑπερβαίνειν 1409a

דָּלָה qal
ἀντλεῖν 112a
ἐξαντλεῖν 488a

דָּלָה pi.
ὑπολαμβάνειν 1414c

דַּלָּה
κατάλοιπος 738a
πλόκιον 1150b
πτωχός 1239b

דָּלַח qal
⟦καταπατεῖν 740b⟧
ταράσσειν 1336a

דְּלִי
κάδος 697a

דָּלִית
κλάδος 766a
κλῆμα 767c

דָּלַל qal
ἀσθενεῖν 172a
ἐκλείπειν 435c
πτωχεία *190c*
πτωχεύειν 1239b
ταπεινοῦν 1334c

דָּלַל ni.
ἔκλειψις 437a
πτωχεύειν 1239b

דָּלַף qal
νυστάζειν 956a
στάζειν 1286a

דֶּלֶף
σταγών 1286a

דָּלַק qal
⟦δόλιος 340b⟧ → חָלָק ≈ λεῖος
ἐκκαίειν 432b
ἐκκλ(ε)ίνειν 433c
⟦ἐκπέτεσθαι 439a⟧ → ἐξάπτειν
ἐμπυρίζειν 460a
ἐξάπτειν 489c
καίειν 705a
καταδιώκειν 730b

דָּלַק hi.
ἀνακαίειν 78a
ἐκκαίειν 432b, *173c*
συγκαίειν 1299a

דְּלַק pe. (Aramaic)
#βαδίζειν 188a (Da. LXX 7.9 [𝔓967])
⟦καίειν 705a⟧
φλέγειν 1432c

דַּלֶּקֶת
ῥῖγος 1251c

דֶּלֶת
θύρα 662c
θύρωμα 664a
πύλη 1240b, *190c*
σανίς 1259a
σελίς 1262c
τρώγλη 1378a

דָּם
αἷμα 31b, *165c*
δόλιος (אֶרֶב־דָּם) 340b
ἔνοχος (דָּם בְּרֹאשׁ ,דָּם) 476c
αἵματι ἔνοχος 476c
αἱμάτων μέτοχος 918a
φόνος 1437c

דָּמָה I qal
ὅμοιος 992b
ὅμοιος εἶναι 992b
#ὅμοιος γίνεσθαι 992b (Is. 23.2)
ὁμοιοῦν 993a
γίνεσθαι ὡς (דָּ׳ לְ qal) *170b*, *196b*

דָּמָה I ni.
⟦ἀπορρίπτειν 140b⟧ → רָמָה I ni.
ὁμοιοῦν 993a

דָּמָה I pi.
διαγινώσκειν 299c
(ἐ)θέλειν 628b
εἰπεῖν, ἐρεῖν 384a
ἐνθυμεῖσθαι 473c
παραλογίζεσθαι ἐξολεθρεῦσαι 497c
ὅμοιος εἶναι 992b
ὁμοιοῦν 993a
ὑπολαμβάνειν 1414c

דָּמָה I hithp.
ὅμοιος εἶναι 992b

דָּמָה II qal
ἀφαιρεῖν 180a
διαλείπειν 304b
σιγᾶν 1265c
⟦σιωπᾶν 1267c⟧ → σιγᾶν

דְּמָה pe. (Aramaic)
ὅμοιος 992b
ὁμοίωμα 993a
ὁμοίωσις 993b
#παραδειγματίζειν 1057c (Da. LXX 2.5)

דֻּמָה
⟦κατασιγᾶν 743c⟧

דְּמוּת
(ε)ἰδέα 374b, 669b
εἰκών 377b
ὅμοιος 992b
ὁμοίωμα 993a
ὁμοίωσις 993b

דִּמְיוֹן
ὑπόνοια *194c*

דָּמִים ("price")
#καταλλαγή 738a (Is. 9.5[4])

דָּמַם qal
ἀπολιθοῦν (דָּ׳ כָּאָבֶן qal) 136c
⟦ἀπορρίπτειν 140b⟧ → רָמָה I ni.
ἀφιστᾶν, ἀφιστάναι, ἀφιστάνειν 184b
ἐάν 361a
ἐξαγορεύειν + neg. 484a
⟦ἐπαίρειν 505a⟧ → רוּם I qal
ἱστάναι, ἱστᾶν 689a
⟦κατάγειν 729b⟧
κατανύσσεσθαι 739c
#παῦσις 1112c (Je. 31[48].2)
#πίπτειν 1135c (Je. 30[49].26)
σιωπᾶν 1267c
⟦ὑποτάσσειν 1417b⟧ → רָדַד qal

דָּמַם ni.
⟦ἀπορρίπτειν 140b⟧ → רָמָה I ni.
#κατανύσσεσθαι 739c (Is. 6.5)
παύειν 1112b

דָּמַם hi.
⟦ἀπορρίπτειν 140b⟧ → רָמָה I ni.

דְּמָמָה
αὔρα 179a

דֹּמֶן
κοπρία 778c
κόπριον 779a
κόπρος 779a
#παράδειγμα 1057b (Je. 8.2; 9.22[21]; 16.4)

דָּמַע qal
δακρύειν 284a, *170a*

דָּמַע hi.
δακρύειν *170a*

דֶּמַע
ληνός 875c

דִּמְעָה
δάκρυ(ον) 284a, *170a*

דְּנָה ,דֵּן (Aramaic)
ἔμπροσθε(ν) (מִן־קֳדָמַת דְּנָה) 459b
ἐπ' ἐσχάτων τῶν ἡμερῶν (אַחֲרֵי דְנָה) 558a
οὕτω(ς) (כָּל־קֳבֵל דְּנָה ,כִּדְנָה) 1035c
τάδε (כִּדְנָה) 960b
*#τοιοῦτος (כִּדְנָה) 1362b (I Es. 2.20)
τότε (כָּל־קֳבֵל דְּנָה) 1367c
*#ὑπογεγραμμένος 1412c (I Es. 2.16)

דֵּעַ
εἰδεῖν, εἰδέναι 374b
ἐπιστήμη 530a, *177a*

דֵּעָה
γινώσκειν 267a
γνῶσις 273c
ἐπιστήμη 530a
παιδ(ε)ία *187a*
דָּעַךְ qal
σβέννυναι 1261a
דָּעַךְ ni.
ἐκτίλλειν *174a*
ἐπιγινώσκεσθαι + neg. 517c
דָּעַךְ pu.
⟦ἐκκαίειν 432b⟧ → בָּעַר I qal
דַּעַת
ἀγνωσία (בְּלִי־ד׳) 16b
αἴσθησις 36b
ἀκουσίως (בִּבְלִי־ד׳) 50a
⟦ἀνήκοος (בְּלִי ד׳) 88a⟧
#ἀφροσύνη (חֹסֶר ד׳) *169c* (Si. 13.8)
βουλή 227c
βούλημα 228b
γινώσκειν 267a
γνῶσις 273c, *170c*
εἰδέναι γνωστόν 274a, 374b
γραμματικός (יָדַע ד׳) 275c
εἰδεῖν, εἰδέναι 374b
ἐννοία 475c
ἐπιγνώμων (יָדַע ד׳) 518c
ἐπίγνωσις 518c
ἐπίστασθαι 529b
ἐπιστήμη 530a, *177a*
νοῦς ἐπιγνώμων 950c
⟦παιδ(ε)ία 1046c⟧ → σοφία
σοφία 1278c
#σοφός 1280b (Pr. 14.7)
σύνεσις 1314a, *192c*
φρόνησις 1439a
דֳּפִי
σκάνδαλον 1268b
דָּפַק qal
καταδιώκειν 730b
κρούειν 791c
דָּפַק hithp.
κρούειν 791c
דַּק
ἔφηλος 585b
λεπτός 874a
דֹּק
καμάρα 717c
דָּקַק qal
λεπτός 874a
λεπτὸς γίνεσθαι 256c
λεπτύνειν 874b
דָּקַק hi.
κατατήκειν 746c
#λε(ι)αίνειν 863c (Ps. 17[18].42)
λεπτός 874a
λεπτύνειν 874b
דָּקַק ho.
#βιβρώσκειν 219c (Is. 28.28)
καταπατεῖν 740b
דְּקַק pe. (Aramaic)
λεπτὸς γίνεσθαι 256c, 874a
λεπτύνειν 874b
דְּקַק aph. (Aramaic)
θλᾶν 652a
κατακόπτειν 734b
καταλεαίνειν 736a
καταλεῖν 736a
#καταλοᾶν (Da. LXX 2.34 [𝔓967])
κοπανίζειν 778a
λεπτύνειν 874b
πατάσσειν 1103b
συναλο(ι)ᾶν 1311a
דָּקַר qal
ἀποκεντεῖν 132b
ἐκκεντεῖν 432c
συμποδίζειν 1305c
דָּקַר ni.
ἡττᾶν 620b
דָּקַר pu.
ἐκκεντεῖν 432c
κατακεντεῖν 733b
דָּר (Aramaic)
γενεά 236a
דֹּר
see דּוֹר, דֹּר
דֵּרָאוֹן
⟦αἰσχύνη 37a⟧
#διασπορά 311a (Da. LXX 12.2)
דָּרְבוֹן
βούκεντρον 226a
דָּרְבָן
δρέπανον 349a
דַּרְדַּר
τρίβολος 1372b
דָּרוֹם
§δαρομ 285b
λίψ 879c
νότος 949c
#τρυγών 1377b (Ps. 83[84].3)
דְּרוֹר
ἄφεσις 182b
ἐκλεκτός 437a
στρουθός 1297a
דָּרַךְ qal
⟦ἀνατέλλειν 83a⟧
διατείνειν 313a
διοδεύειν 336a
ἐντείνειν 477a
⟦ἐπανιστάναι, ἐπανιστάνειν 506c⟧ → πατεῖν
ἐπιβαίνειν 515c, *176c*
ἐπιβιβάζειν 516c
καταπατεῖν 740b
#ὁδοιπόρος *186a* (Si. 42.3)
ὁδός 962b
πατεῖν 1105a
πατητής, πατητός 1111a
περιπατεῖν 1125a
πιέζειν, πιάζειν 1132c
τείνειν 1339c
τοξότης (דֹּרֵךְ קֶשֶׁת) 1364b
τρυγᾶν 1377a
דָּרַךְ hi.
ἀλοᾶν 59a
διαπορεύεσθαι 308b
ἐμβιβάζειν 455c
ἐντείνειν 477a
ἐπιβαίνειν *176c*
ἐπιβιβάζειν 516c
#ἐπιτυγχάνειν 537c (Pr. 12.27)
εὑρίσκειν 576c,
⟦["] *178a*⟧ → καταλαμβάνειν
καταλαμβάνειν *181b*
καταπατεῖν 740b
ὁδηγεῖν 962a
πατεῖν 1105a
πατῆσαι ποιεῖν 1105a, 1154a
דֶּרֶךְ
⟦ἁμάρτημα 62a⟧ → רֶכֶב ≈ ἅρμα
⟦ἁμαρτία 62a⟧
⟦ἀνομία 106b⟧
ἀτραπός *168c*
#βλέπειν εἰς (דַּרְכֵי) 221a (Pr. 16.25)
βλέπειν πρός 221a
βλέπειν κατά 221a
⟦γῆ 240c⟧
⟦δικαίωμα 334b⟧
δίοδος 336a
⟦ἐγγίζειν (בַּד׳ בְּעוֹד) 362b⟧
τὰ κατ᾽ ἐθισμόν 368b
ἔννοια 475c
⟦ἔξοδος 497b⟧ → ὁδός
ἔργον 541c
⟦ " *177b*⟧
ἔρχεσθαι 548b
*#εὐοδία (ד׳ יְשָׁרָה) 575b
⟦ζωή 599c⟧ → ὁδός
ἡμέρα 607b
ἴχνος 696b
καθήκειν 700a
κακία (ד׳ רָעָה) 708a
⟦ " (ד׳) 708a⟧
⟦καρδία 719a⟧
καταβαίνειν 727a
⟦κατάβασις 729a⟧
ὁδοποιεῖν (פִּנָּה ד׳) 962b
ὁδός 962b, *186a* (+Si. 36[33].11)
παράλιος (ד׳ הַיָּם) 1061c
παριέναι ("to go past") (עָבַר ד׳) 1070b
πάροδος 1071a
περίπατος 1125b
πλάσμα 1140b
πολυοδία (רֹב ד׳) 1181a
πρᾶξις 1200c
πυθμήν 1240a
σκολιαῖς ὁδοῖς πορεύεσθαι (נֶעְקַשׁ דְּרָכַיִם) 1275b
τρίβος 1372b
דַּרְכְּמוֹן
§δραχμη 349a
*μνᾶ 931a
νόμισμα 947a
דְּרָע (Aramaic)
βραχίων 230a
דָּרַשׁ qal
*#ἀκούειν 45a (I Es. 5.66)
ἀναζητεῖν 77a
ἀνετάζειν 87b
ἀντέχειν 109c
δεῖσθαι 288a
⟦ἐκβάλλειν 420c⟧ → גָּרַשׁ pu.
ἐκδικεῖν 422b
ἐκζητεῖν 430c, *173c* (Si. 51.14)
ἐλπίζειν 453c
ἐξετάζειν 495a, *175c* (Si. 3.21c)
⟦ἐξιχνεύειν *176a*⟧
ἐξιχνιάζειν 497a
ἐπερωτᾶν 510b
ἐπιζητεῖν 520a
ἐπισκέπ(τ)ειν 527c
ἐπισκοπεῖν 528c
*ἐτάζειν 559b
*ζητεῖν 597a, *178a*
κρίνειν 787b
⟦μηρύεσθαι 923c⟧
προσαγορεύειν 1212a
πυνθάνεσθαι 1242b
⟦χρησιμολογεῖν(?) 1474c⟧ → χρησμολογεῖν
χρησμολογεῖν 1475a
דָּרַשׁ ni.
ἀκριβάζειν *166a*
ἀποκρίνειν 133a
ἐκζητεῖν 430c
ἐμφανὴς γίνεσθαι 256c, 460c
ἐπισκέπ(τ)ειν 527c
ζητεῖν 597a
⟦ζήτημα τίθεσθαι 598c, 1348c⟧ → ζητεῖν
דָּרַשׁ pi.
⟦ἐκζητεῖν 430c⟧ → דָּרַשׁ qal
דָּשָׁא qal
βλαστᾶν, βλαστάναι, βλαστεῖν 220c
דָּשָׁא hi.
βλαστᾶν, βλαστάναι, βλαστεῖν 220c
דֶּשֶׁא
ἄγρωστις 18b
βοτάνη 225c
πόα, ποία 1153b
χλόη 1471c
⟦χλωροβοτάνη (יֶרֶק ד׳) 1471c⟧ → βοτάνη
χόρτος 1473a
דָּשֵׁן I qal
τὸν καλυπτῆρα ἐπιτιθέναι 717b
κορεννύναι 779c
דָּשֵׁן I pi.
εὐφραίνειν *178b*
#ἱλαροῦν *180a* (Si. 43.22)
λιπαίνειν 879b, *183b*
πιαίνειν 1132c, *188c* (Si. 26.13)
דָּשֵׁן I pu.
ἐμπιπλᾶν, ἐμπι(μ)πλάναι, ἐμπλήθειν 457a
דָּשֵׁן I hothp.
παχύνειν 1112c
דָּשֵׁן II adj.
πίων 1139a
πλησμονή 1149c
דֶּשֶׁן
ἀγαθός 2a
κατακάρπωσις 733a
πιότης 1135b
σποδιά 1284c
σποδός 1285a
דָּת (Hebrew and Aramaic)
γνώμη 273a
γράφειν 276a
δόγμα 339b
δογματίζειν (דָּת, דָּתָא נֶפְקַת) 339b
ἔκθεμα 431c
νόμιμος 946c
νόμισμα 947a
*#νόμος 947b (I Es. 8.9, 12, 19, 23, 24)
ὁρισμός 1013b
*πρόσταγμα 1219c
דִּתְאָ (Aramaic)
χλόη 1471c
דִּתָבַר (Aramaic)
οἱ ἐπ᾽ ἐξουσιῶν (דִּתָבְרַיָּא) 500c

ה

־הַ (article)
#ὅσος 1019a
־ָה (locative *hē*ʾ)
ἐπί + acc. *176b*
הָא (Aramaic)
ἰδού 673c
ὅδε 960b
הֶא
ἰδού 673c
⟦λαμβάνειν 847a⟧
הֶאָח
ἐπιχαίρειν (אָמַר הֶ׳) 538b
εὖγε 568c
ἡδύ μοι 604c
ὦ *196a*
הַב
αἰτεῖν (אָמַר הָבוּ) 37c
הַבִּירָה
§αβειρ(ρ)α, αβιρα 1b
הָבַל qal
ἐπιβάλλειν κενά 516a
⟦ἐπιποθεῖν 526c⟧
κενὰ ἐπιβάλλειν 759a
ματαιοῦν 899b
הָבַל hi.
ματαιοῦν 899b
הֶבֶל
#ἀνομία *167b* (Si. 49.2)
ἀτμός 176b
εἴδωλον 376a
καταιγίς 731b
κενός, καινός ("empty") 759a
μάταιος 898c
ματαιότης 899a
ματαίως 899b
μάτην 899c
οὐδείς, οὐθείς 1028b
הֲבֵל
ματαιότης 899a
הַבָּמָה
§αβ(β)αμα 1a
הָבַר
ἀστρολόγος 173c
הָגַג hi.
⟦ἐκ/ἀπὸ τῆς κοιλίας φωνεῖν 773a⟧ → הָגָה qal
הָגָה qal
ἀναστρέφειν *166c*
βοᾶν 222a
#ἐκ/ἀπὸ τῆς κοιλίας φωνεῖν 773a
⟦κτείνειν 793c⟧ → הָרַג qal
μελετᾶν *184a*
⟦ " 908b⟧
⟦ὁμιλεῖν *186b*⟧
φωνεῖν 1447b
הָגָה hi.
ἐκ τῆς κοιλίας φωνεῖν 1447b
הֶגֶה
μελετᾶν 908b
μελέτη 908c
μέλος 909b
הָגוּת
μελέτη 908c
הָגִיג
κραυ(γ)ή 784b
μελέτη 908c
הִגָּיוֹן
μελέτη 908c
#στεναγμός 1288a (Ge. 3.16)
ᾠδή 1492a
הָגִין
⟦κάλαμος 712b⟧
הָגָר
κυρτός 839a
הַדָּבְרִין (Aramaic)
δυνάστης 355b
μεγιστᾶν 907a
τύραννος 1378c
ὕπατος 1407b
#φίλος 1431b (I Es. 8.13)
הֲדַדְרִמּוֹן
⟦ῥοών 1254b⟧ → רִמּוֹן
הָדָה
ἐπιβάλλειν + χεῖρα (= יָד) 516a
הַדָּם (Aramaic)
εἰς ἀπώλειαν εἶναι (הַדָּמִין עֲבַד) 151c
διαμελίζειν (הַדָּמִין עֲבַד) 305c
הֲדֹם
ὁ τόπος οὗ ἔστη 689a
στάσις 1286c
ὑποπόδιον 1416c
הֲדַס
μυρσίνη 937b
הֲדַס
#μυρσινών 937c (Jd. 1.35)
הָדַף qal
ἀναστρέφειν *166c*
ἀνατρέπειν 84b
ἀπωθεῖν 151a
ἀφαιρεῖν 180a
διωθεῖν 338b
ἐκδιώκειν 423b
#ἐξαίρειν *175c* (Si. 33[36].9; 47.5)
?ἐξαναλίσκειν 487b
ἐξολεθρεύειν, ἐξολοθρεύειν 497c
⟦[καταστρέφειν] *181c*⟧ → ἀναστρέφειν
παραλύειν 1062a
προσανατρέπειν *190a*
ὠθεῖν 1492c
הָדַר qal
δοξάζειν *172a*
⟦ἐλεεῖν 449c⟧
θαυμάζειν 626c
⟦ὄρος 1014b (Is. 45.2)⟧ → הַר
τιμᾶν 1353a
ὡραῖος (הָ׳ pass. ptc.) 1493c
הָדַר ni.
δοξάζειν 343b, *172a*
ὡραῖος *196a*
הָדַר hithp.
ἀλαζονεύεσθαι 52a
הֲדַר pa. (Aramaic)
δοξάζειν 343b
εὐλογεῖν 572a
הָדָר
δόξα 341b, *171c*
*#δοξάζειν 343b
ἔνδοξος 470c
ἔπαινος 504c
εὐπρέπεια, εὐπρεπία 576b
κάλλος 715a
λαμπρότης 853a
μεγαλοπρέπεια, μεγαλοπρεπία 901c
τιμή 1353a
ὡραῖος 1493c
ὡραιότης 1494a
הֶדֶר
δόξα 341b
הֲדַר (Aramaic)
δόξα 341b
הֲדָרָה
⟦αἰνεῖν 33a⟧ → יָדָה hi.
αὐλή 177b
δόξα 341b
⟦ἐξομολογεῖν 499a⟧
הָהּ
ὦ, ὤ 1491a
הוֹ
οὐαί 1027c
ὦ *196a*
הוּא (Hebrew and Aramaic)
ἄνθρωπος 96b
§αφφω (אַף־הוּא) 187b
ἐκεῖνος (הוּא, הַהוּא, הַהִוא) 428a
ποῖος (מַן־הוּא) 1170a
τοιοῦτος (כְּ־ . . . הַהוּא, הוּא) 1362b
הֲוָא pe. (Aramaic)
see הֲוָה pe.
הוֹד
⟦ἁγιωσύνη 15b⟧
ἀρεταλογία, ἀρεταλόγιον *168b*
ἀρετή 156a
δόξα 341b, *171c* (+Si. 42.25; 45.7; 51.17)
*#δοξάζειν 343b, *172a* (Si. 3.20)
ἕξις 496b
ἐξομολόγησις 499c
⟦ " *176a*⟧
εὐπρεπής 576b
⟦ζωή 599c⟧
ἰσχύς 694b
#κάλλος *180c* (Si. 26.17)
κατάκαρπος 733a
μεγαλοπρέπεια, μεγαλοπρεπία 901c
τιμή 1353a
ὡραιότης 1494a
הוֹדְאָה
⟦δόξα *171c*⟧
⟦δύναμις *172b*⟧
הָוָה qal
*γίνεσθαι 256b
הֲוָה pe. (Aramaic)
*γίνεσθαι 256b
#εἶναι 378a
הַוָּה
ἀδικία 25b
⟦αἰσχύνη 37b⟧
ἀνομία 106b
#ἀπώλεια, ἀπωλία 151c (Pr. 11.6)
⟦ἀσέβεια, ἀσεβία 169c⟧ → ἀπώλεια, ἀπωλία
καταθύμιος 731b
#μάταιος 898c (Ps. 5.9)
ματαιότης 899a
ὀδύνη 967a
ταραχώδης 1337a
הוֹה
οὐαί 1027c
#ταλαιπωρία 1333b (Is. 47.11)
הוֹי
οἴμ(μ)οι 983b
οὐαί 1027c
ὦ, ὤ 1491a, *196a*
הוּךְ pe. (Aramaic)
*#συμπορεύεσθαι 1305c (I Es. 8.10)
*#συνεξορμᾶν 1313c (I Es. 8.11)
הוֹלֵלוֹת
⟦παραφορά 1065b⟧ → περιφορά
περιφέρεια 1128a
περιφορά 1128a
הוּם qal
ἀπολλύειν, ἀπολλύναι 136c
הוּם ni.
ἠχεῖν 620c
הוּם hi.
ἐξάλλεσθαι 487a
ταράσσειν 1336a
הוּן hi.
συναθροίζειν 1310b
הוֹן
ἀρκεῖν 158a
βίος (הוֹן בַּיִת) 220a
δόξα 341b
δύναμις 350a
θησαυρός *179b*
ἱκανός 683c
ἰσχύς 694b
κτῆμα 793c
κτῆσις 795a
⟦κτίσις 795c⟧ → κτῆσις
πλούσιος *189a*
πλουτεῖν 1150c

πλοῦτος 1150c
τιμή 1353a
ὕπαρξις 1406b
τὸ ὑπάρχον, (τὰ) ὑπάρχοντα 1406b
χρῆμα *196b*
הוֹר
⟦ὄρος 1014b⟧ → הַר
הוּת polel
ἐπιτιθέναι 535c
הָזָה qal
ἐνυπνιάζεσθαι 481b
הִי
οὐαί 1027c
הִיא
ἐκεῖνος (הַהִיא) 428a
τότε (בָּעֵת הַהִיא) 1367c
הָיָה qal
ἀνιστᾶν, ἀνιστάναι 102c
ἀποβαίνειν 125b
γεννᾶν 237b
*γίνεσθαι 256b, *170b*
διατελεῖν 313a
διδόναι 317b, *171b*
δοκεῖν (הָ׳ כְּ־ qal) 339b
δύνασθαι (הָ׳ לְ־ qal) 353a
ἐγγίζειν (הָ׳ עוֹד qal) 362b
⟦ " (הָ׳ לְ־ qal 362b)⟧ → ἐκδιδόναι + ἀνδρί
ἐστί, ἔστι (= εἶναι II.3) *172b*
ἦ (= εἶναι III) *172c*
εἴη (= εἶναι IV) *172c*
ἴσθι (= εἶναι V.1) *172c*
ἔστω (= εἶναι V.3) *172c*
ἔστωσαν (= εἶναι V.4) *172c*
ὤν, οὖσα, ὄντα, ὄντες (= εἶναι VI) *173a*
ἦν (= εἶναι VII.3) *173a*
ἔσῃ (= εἶναι VIII.2) *173a*
ἔσται (= εἶναι VIII.3) *173a*
ἔσονται (= εἶναι VIII.6) *173a*
εἰπεῖν, ἐρεῖν (הָ׳ דָּבָר qal) 384a
ἐκδιδόναι + ἀνδρί (= לְאִישׁ) 422a
⟦ἐκτείνειν 442a⟧
⟦ἐμφύρεσθαι 461a⟧ → συναναφύρεσθαι
ἐνεῖναι 472b
ἐπεῖναι 509b
⟦ἐπιβαίνειν 515c⟧ → ἀποβαίνειν
⟦ἐπικληροῦν 523a⟧ → קָרָא I qal ≈ ἐπικαλεῖν
ἔρχεσθαι 548b
ἔχειν (הָ׳ לְ־ qal) 586c, *178c*
⟦ζῆν 594c⟧ → חַי
⟦ἱστάναι, ἱστᾶν 689a⟧
⟦καθῆσθαι 700b⟧ → ἦν (= εἶναι VII.3)
καθίζειν 701c
⟦καλεῖν 712c⟧
⟦καταλείπειν 736a⟧
κατοικεῖν 751c
κτᾶσθαι 793b
λογίζεσθαι 880a
⟦μένειν 910a (Ez. 48.8 [A])⟧
παραγίνεσθαι 1056c
⟦περιτιθέναι 1127c⟧
ποιεῖν 1154a (Ex. 26.24; II Ki. 8.7)
⟦σκεπάζειν 1268c⟧
συγγίνεσθαι (הָ׳ עִם qal) 1298c
συμβαίνειν 1302c
#συμπίπτειν 1305b (I Ki. 1.18)
⟦συμφύρειν 1306c⟧ → συναναφύρεσθαι
συναναφύρεσθαι 1311a
συνοικεῖν (הָ׳ לְ־ qal) 1317c
ὑπάρχειν 1406b
φαίνειν 1423a
הָיָה ni.
γίνεσθαι 256b
κοιμᾶν 773c
ἐσόμενα (= εἶναι VIII.8) *173a*
⟦ἐπεῖναι *176b*⟧
הַיָּה
⟦ὀδύνη 967a⟧ → הַוָּה
הֵיכָל
ἅλων, ἅλως 60a
βᾶρις 190c
βασίλειον 194b
⟦θησαυρός 651c⟧ → ναός
#ἱερός *180a* (Si. 50.2)
*ναός 939a, *185a* (+Si. 36.19)
*οἶκος 973a
ὀχύρωμα 1043c
τέμενος 1345a
הֵיכַל (Aramaic)
θρόνος 655b
*ναός 939a
*οἶκος 973a
הֵילֵל
ἑωσφόρος 593c
הִין
§(ε)ιν 378a
χοῦς ("liquid measure") 1473b
הָכַר hi.
ἐπίκεισθαι 523a
הַכָּרָה
αἰσχύνη 37a
הָלָא ni.
ἀπωθεῖν 151a
הָלְאָה
αἰών 39b
#αἰῶνος χρόνος 39b (Is. 18.7)
ἐκεῖ 423c
ἐπέκεινα (מֵהָ׳ לְ־, הָ׳) 509b
εἰς τὸν αἰῶνα χρόνον 1476b
הִלּוּלִים
αἰνετός 34b
§ελλουλιμ 453b
χορός 1472c
הֵלִיךְ, הָלִיךְ
ὁδός 962b
הֲלִיכָה
ἀτραπός 176c
διατριβή 314a
πορ(ε)ία 1189a
הָלַךְ qal
ἄγειν 9a (+Ez. 30.18)
⟦αἴρειν 34c⟧ → ἄγειν
αἰχμαλωτίζειν 39b
ἀκολουθεῖν (הָ׳ qal, הָ׳ לְרֶגֶל qal) 44c
ἀναβαίνειν, ἀναβέννειν 70a
ἀναστρέφειν 82b
ἀνέρχεσθαι 87b
ἀνταναιρεῖν 108c
ἀντέχειν 109c
ἀπαίρειν 115c
ἀπαλλάσσειν 116b
ἀπέρχεσθαι 121a
ἀποδιδράσκειν 127b
ἀποίχεσθαι 131a
*#ἀποκαθιστάναι 131b (Jb. 22.28)
ἀπολύειν 138c
ἀποστρέφειν 145b
ἀποτρέχειν 149b
*βαδίζειν 188a
⟦γίνεσθαι 256b⟧
δεῦρο 293a
δεῦτε 293a
διαβαίνω, διαβέννειν 298a
διαπορεύεσθαι 308b
διατρέχειν 314a
#διεξάγειν *171c* (Si. 3.17 [C])
διέρχεσθαι 328c
⟦διώκειν 338b⟧
⟦ἐγείρειν 364a⟧ → πορεύεσθαι
⟦(ἐ)θέλειν 628b⟧
⟦εἰρήνη 401b⟧
*εἰσέρχεσθαι 410b
εἰσπορεύεσθαι 414a
ἐκπορεύεσθαι 439c
⟦ἔνθεν καὶ ἔνθεν (וַיֵּלֶךְ וְהָלֹם) 473b⟧ → הֲלֹם ≈ ἔνθεν
ἐξακολουθεῖν (הָ׳ אַחַר qal) 486c, *175c*
ἐξαποστέλλειν 488a
ἐξέρχεσθαι 491c
ἐπακολουθεῖν (הָ׳ אַחַר qal, הָ׳ qal) 505b
ἐπανέρχεσθαι 506c
ἐπέρχεσθαι 509c
ἐπιβαίνειν 515c
ἐπιστρέφειν 531a
ἐπιφέρειν 538a
ἔρχεσθαι 548b
ἡγεῖσθαι (הָ׳ לִפְנֵי qal) 602c
ἥκειν 605a
ἰέναι 678c
⟦καθῆσθαι 700b⟧ → πορεύεσθαι
⟦καταβαίνειν 727a⟧
⟦καταδιώκειν 730b⟧
κατακολουθεῖν 734b
κοιμᾶν 773c
⟦μολύνειν 932c⟧
ὁδεύειν 961c
⟦ὁδηγεῖν 962a⟧ → הָלַךְ hi.
*#οἴχεσθαι 985a
ὁμιλεῖν 991a
παραγίνεσθαι 1056c
παραπορεύεσθαι 1063b
παρέρχεσθαι 1068c
πατεῖν (הָ׳ בְּ־ qal) 1105a
περιπατεῖν 1125a
⟦ " *188c*⟧
πορ(ε)ία 1189a
*πορεύεσθαι 1189a, *189c*
εἶναι πεπορευμένος 1189a
πόρευσις 1194b
πράσσειν, πράττειν 1201a, *190a*
προβαίνειν 1204a
προπορεύεσθαι (הָ׳ qal, הָ׳ לִפְנֵי qal) 1208c
προσέρχεσθαι 1213c
προσπορεύεσθαι (הָ׳ qal) 1219b
⟦ " (הָ׳ לִפְנֵי qal) 1219b⟧ → προπορεύεσθαι
ῥεῖν 1248b
συμπορεύεσθαι 1305c
⟦συμπροπορεύεσθαι 1306a⟧ → συμπορεύεσθαι
συνέρχεσθαι 1314a
⟦συνοδεύειν 1317b⟧ → συνέρχεσθαι
#φθίνειν 1430a (Jb. 31.26)
הָלַךְ ni.
ἀνταναιρεῖν 108c
הָלַךְ pi.
#ἀναστρέφειν 82b
διαπορεύεσθαι 308b
διέρχεσθαι 328c
κακὸς ὁδοιπόρος 709b
ὁδοιπόρος 962b
περιπατεῖν 1125a, *188c* (Si. 13.13)
πορεύεσθαι 1189a, *189c*
#πόρευσις 1194b (Ge. 33.14)
προπορεύεσθαι 1208c
הָלַךְ hi.
ἄγειν 9a
ἀνάγειν 75b
⟦ἀναστρέφειν 82b⟧ → הָלַךְ pi.
*ἀπάγειν 115b
ἀπαίρειν 115c
ἀποφέρειν 149c
?αὐλίζειν 178b
διάγειν 299c
⟦διατηρεῖν 313a⟧
διδόναι 317b
εἰσάγειν 407c
εἰσέρχεσθαι 410b
ἐξαποστέλλειν 488a
καθοδηγεῖν 704a
#κατάγειν 729b (Ho. 2.14[16])
ὁδηγεῖν 962a
περιάγειν 1121b
πορεύεσθαι 1189a
⟦τάσσειν 1337a⟧ → κατάγειν
ὑπάγειν 1405c
הָלַךְ hithp.
ἀναστρέφειν 82b
διαπορεύεσθαι 308b
διεξάγειν *171c* (Si. 3.17 [A])
διέρχεσθαι 328c
διοδεύειν 336a
ἑλίσσειν 453a
ἐμπεριπατεῖν 456c
εὐαρεστεῖν 568c, *177c*
#ἰέναι 678c (I Ki. 25.15)
⟦κατακαυχᾶσθαι 733a⟧ → הָלַל hithpo.
περιστάναι (הָ׳ בְּרַגְלֵי hithp.) 1070c
περιοδεύειν 1124c
περιπατεῖν 1125a, *188c*
πορεύεσθαι 1189a
προπορεύεσθαι 1208c
συστρέφειν 1323c
χωροβατεῖν 1482c
הֲלַךְ pe. (Aramaic)
ἀπέρχεσθαι 121a
ἀποφέρειν 149c
πορεύεσθαι 1189a
הֲלַךְ pa. (Aramaic)
διαπορεύεσθαι 308b
περιπατεῖν 1125a
הֲלַךְ aph. (Aramaic)
περιπατεῖν 1125a
πορεύεσθαι 1189a
הֲלָךְ
πάροδος 1071a

הֲלָךְ (Aramaic)
*#κάθοδος (הֲ׳, הִלְכָה) 704a (I Es. 2.24)
μέρος 911c
φόρος 1438a
הָלַל qal
ἄνομος 107c
αὐγεῖν 176c
παρανομεῖν 1062b
παράνομος 1062b
הָלַל pi.
αἰνεῖν 33a (+Ps. 17[18].3; 112[113].3), *165c*
αἴνεσις 33c
αἰνετός 34b
αἶνος 34b
§αλληλουια (הַלְלוּ־יָהּ) 55c
ἐγκωμιάζειν 367b
ἐξομολογεῖν 499a
ἐπαινεῖν 504c
*εὐλογεῖν 572c
#εὐφραίνειν 581a
⟦ἱλαρύνειν *180b*⟧
καθυμνεῖν 704b
*ὑμνεῖν 1405a
*ὕμνος 1405b
הָלַל pu.
⟦αἰνεῖν 33a⟧ → הָלַל pi.
αἰνετός 34b
ἐγκωμιάζειν 367b
ἐπαινε(σ)τός 504c
#ἐταίνειν 504c (Ps 43[44].8)
⟦πενθεῖν 1117b⟧ → יָלַל hi.
הָלַל polel
ἐξιστᾶν, ἐξιστάναι 496c
ἐπαινεῖν 504c
περιφέρειν 1128a
περιφορά 1128a
הָלַל hi.
⟦διδόναι 317b⟧
ἐπιφαύσκειν 538a
⟦ἐπιφώσκειν 538b⟧ → ἐπιφαύσκειν
#ἱλαρύνειν *180b* (Si. 36.27)
הָלַל hithp.
ἀγαλλιᾶσθαι 4c
αἰνεῖν 33a
ἐγκαυχᾶσθαι 366b
ἐνδοξάζεσθαι 470c
ἐπαινεῖν 504c
ἐπιχαίρειν *177a*
καυχᾶσθαι 757b
הָלַל hithpo.
⟦ἐκμαίνεσθαι 438b⟧ → μαίνεσθαι
κατακαυχᾶσθαι 733a
μαίνεσθαι 892a
παραφέρειν 1065b
⟦προσποιεῖν 1219b (I Ki. 21.13[14])⟧
συγχεῖν 1301a
הָלַם qal
ἀποκόπτειν 133a
ἀποτέμνειν 148c
ἐλαύνειν 448c
ἐμπαίζειν 456b
ἐμποδίζειν 458c
καταπατεῖν 740b
καταράσσειν 743a
μεθύνειν, μεθύσκειν 907c
παιδεύειν 1047a
σφυροκοπεῖν 1327c
הֲלֹם
⟦αἰών 39b⟧ → עוֹלָם
ἐκεῖ 423c
ἔνθεν 473b
ἐνταῦθα 476c
ὧδε 1491b
הַלְמוּת
ἀποτομή 149b
σφῦρα 1327b
הֵם
νῦν, νυνί (הַיָּמִים הָהֵם) 951c
τοιοῦτος (כָּהֵם) 1362b
הָמָה qal
ἀναπτεροῦν 81c
βοᾶν 222a
βομβεῖν 224c
#βρόμος 231a (Jb. 6.7)
ἐξιστᾶν, ἐξιστάναι *176a*
⟦εὐφραίνειν 581a⟧
ἠχεῖν 620c
θρασύς 654b
θροεῖν 655b
κυμαίνειν 799a
?λιμώσσειν 879b
μαιμάσσειν 892a
⟦μάσσειν 898a⟧ → μαιμάσσειν
σπαράσσειν 1281c
στενάζειν 1288b
συνταράσσειν 1318a
ταράσσειν 1336a, *193a*
ὑβριστικός 1380b
הֵמָּה
ἐκεῖνος pl. (הֵ׳ pl., הָהֵ׳ pl.) 428a
הָמוֹן
ἁρμονία 159a
βοή 222c
δύναμις 350a
ἔθνος 368b
ἐξηχεῖν 495c
ἦχος, ἠχώ 620c, 621b, *179c*
θόρυβος 654a
ἰσχύς 694b
⟦λαός 853b⟧ → πλῆθος
μέγας 902c
ὄχλος 1043a
?παρεμβολή 1067b
πλῆθος 1142c, *189a*
πλοῦτος 1150c
πολυάνδρ(ε)ιον 1181a
⟦πολυοχία(?) 1181b⟧ → πολυοχλία
πολυοχλία 1181b
πολύς, πλείων, πλεῖστος 1181b, *189b*
πλῆθος πολύς 1181c
συναγωγή 1309b
ταράσσειν 1336a
⟦φωνή 1447b (I Ki. 4.14)⟧ → βοή
הֲמוֹנָה
πολυάνδρ(ε)ιον 1181a
הַמּוּנְכָא (Aramaic)
see הַמְנִיכָא, הַמְּוּנְכָא, הַמּוּנְכָא (Aramaic)
הֶמְיָה
#πολύς, πλείων, πλεῖστος 1181b (Is. 14.11)
הָמַם qal
ἀφανίζειν 181b
ἐκτρίβειν *174a*
ἐξαναλίσκειν 487b
ἐξιστᾶν, ἐξιστάναι 496c
συγχεῖν 1301a
συνταράσσειν 1318a
הָמָן
ἀφορμή 186b
הַמְנִיכָא, הַמְּוּנְכָא, הַמּוּנְכָא (Aramaic)
μανιάκης 895c
הֵן
ἤ 602c
ἰδού 673c, *180a*
ἴσως 695c
νῦν οὖν (לָהֵן) 951c
הֵנָּה I ("here, hither")
ἔνθα 473b
ἔνθεν 473b
ἐνταῦθα 476c
ἐντεῦθεν 479a
ἔτι (עַד־הֵ׳) 561a
νῦν, νυνί 951c
τὸ νῦν 951c
ὧδε 1491b
הֵנָּה II ("they")
ἐκεῖνος pl. (הָהֵ׳ pl.) 428a
τοιοῦτος (כָּהֵ׳) 1362b
הִנֵּה
⟦γίνεσθαι 256b⟧
ἐκεῖνος 428a
ἐξαίφνης, ἐξέφνης (וְהִ׳) 486b
ἔρχεσθαι 548b
⟦ἔτι 561a⟧
εὐθύς (adv.) 571b
ἔχειν 586c
ἤδη 604b
ἰδεῖν 669b
ἰδού (הִ׳, הִ׳־נָא) 673c
ναί 939a
νῦν, νυνί (וְהִ׳, הִ׳־נָא, הִ׳) 951c
ὅδε 960b
οἴεσθαι 967c
ὁρᾶν 1005a
παρεῖναι 1065c
?πλήν 1145c (Ez. 16.49)
τίς 1355c
הֲנָחָה
ἄφεσις 182b
הַס
⟦εὐλαβεῖσθαι 572a⟧
σιγᾶν 1265c
σιωπᾶν 1267c
σιωπή 1268a
הָסָה hi.
κατασιωπᾶν 743c
הֲפוּגָה
ἔκνηψις 438b
הָפַךְ qal
ἀλλάσσειν 55b
ἀναστρέφειν 82b
⟦ἀπαλλοτριοῦν *167d*⟧
ἀποστρέφειν 145b
ἐκστρέφειν 441c
ἐκτρέπειν 443c
ἐπιστρέφειν 531a
καθαιρεῖν *180a*
καταστρέφειν 745c
μεταβάλλειν 915b
μεταστρέφειν 916c, *184b* (–Si. 39.24)
στρέφειν 1296c
στρόφος *192b*
הָפַךְ ni.
ἀποστρέφειν 145b
#ἔσται (= εἶναι VIII.3) *173a* (Si. 6.12)
ἐπανιστάναι, ἐπανιστάνειν 506c
ἐπιβαίνειν 515c
ἐπιστρέφειν 531a
εὐμετάβολος 575a
ἡγεῖσθαι 602c
καταστρέφειν 745c
μεταβάλλειν 915b
μετατιθέναι *184b* (–Si. 49.14)
μεταστρέφειν 916c
σκολιάζειν 1275b
στρέφειν 1296c, *192b*
τρέπειν *194a*
הָפַךְ ho.
ἐπιστρέφειν 531a
הָפַךְ hithp.
διαστρέφειν 312a
κυλίειν 798c
στρέφειν 1296c
הֵפֶךְ, הֶפֶךְ
διαστρέφειν 312a
ἐκστρέφειν 441c
הֲפֵכָה
καταστροφή 746a
הֲפַכְפַּךְ
σκολιός 1275b
הַצָּלָה
⟦σκέπη 1269a⟧ → צָלַל III hi.
הַר
⟦βουνός 228b⟧
⟦γῆ 240c⟧
ἡ ὀρεινή 1010c
ὁ ἐν τῇ ὀρεινῇ 1010c
ὄρος 1014b, *186c*
הַרְאֵל
§αριηλ 156b
הַרְבֵּה
*#μέγας 902c (I Es. 8.91)
הָרַג qal
ἀναιρεῖν 77b
ἀναίρεσις 77c
ἀποκεντεῖν 132b (+Ze. 1.10)
ἀποκέντησις 132b
*ἀποκτείνειν, ἀποκτέννειν 135a
⟦ " *168a*⟧
ἀπολλύειν, ἀπολλύναι 136c, *168a*
ἀφανίζειν 181b
⟦διαπαρατηρεῖσθαι 307b⟧
⟦διαρπαγή 308c⟧
ἐκκεντεῖν 432c
θανατοῦν 625a
θνήσκειν 653c
κατασφάζειν 746b
#κτείνειν 793c (Pr. 25.5)
νεκρός 941b
σφαγή 1324a
σφάζειν 1324b
φονεύειν 1437a, *195b*
φονευτής 1437b
הָרַג ni.
ἀναιρεῖν 77b
ἀποκτείνειν, ἀποκτέννειν 135a
πίπτειν 1135c

⟦φονεύειν 1437a⟧
הָרַג pu.
ἀφαιρεῖν 77b
θανατοῦν 625a
הֶרֶג
ἀναιρεῖν (הֲ׳ הֲרֻגִים) 77b
ἀπολλύειν, ἀπολλύναι 136c
κτείνειν 793c
הֲרֵגָה
ἀναιρεῖν 77b
σφαγή 1324a
הָרָה I qal
γαστήρ 234b
ἐν γαστρὶ λαμβάνειν 234b, 847a
ἐν γαστρὶ ἔχειν 586c
γεννᾶν 237b
θανατοῦν 625a
⟦κύειν, κυεῖν 796b⟧
συλλαμβάνειν 1301c
συλλαμβάνειν ἐν γαστρί 1301c
τίκτειν 1351c
ὠδίνειν 1492c
הָרָה II adj.
ἐν γαστρὶ ἔχειν 234b
συλλαμβάνειν 1301c
σύλληψις 1302c
הֵרוֹן
⟦στεναγμός 1288a⟧ → הִגָּיוֹן
הֲרֵי
#ἰδού 673c (Jb. 3.3)
הֲרִיָּה
γαστήρ 234b
ἐν γαστρὶ ἔχειν 586c
הֵרָיוֹן
κύησις 796b
σύλληψις 1302c
הֲרִיסָה
κατασκάπτειν 743c
καταστρέφειν 745c
οἰκόπεδον *186a*
הֲרִיסוּת
τὰ πεπτωκότα (אֶרֶץ הֲ׳) 1135c
הָרַס qal
βιάζεσθαι 218a
⟦ἐγγίζειν 362b⟧
ἐξαίρειν 485a
καθαιρεῖν 697b
καταβάλλειν 728c
κατασκάπτειν 743c
κατασπᾶν 745a
καταστρέφειν 745c
συντρίβειν 1321a
הָרַס ni.
καθαιρεῖν 697b
κατασκάπτειν 743c
ῥηγνύναι 1248c
συμπίπτειν 1305b
הָרַס pi.
καθαιρεῖν 697b
καθαίρεσις 697c
הַשָּׂגָה
⟦αἵρεμα *165c*⟧ → נָשַׂג hi. ≈ εὕρεμα
הַשָּׂגַת
⟦εὕρεμα *178a*⟧ → נָשַׂג hi.
הִתּוּךְ
χωνεύειν 1480c
הָתַל pi.
#καταμωκᾶσθαι *181b* (Si. 13.7)
μυκτηρίζειν 936c

ו

וּ, וְ
εἶτα 415c
ἤ *178a*
ἵνα *180b*
μηδέ *184c*
οὕτω(ς) 1035c, *187b* (–Si. 36.24)
τε *193a*
εἴ τε *193a*
ὡς *196a*
וָו
ἀγκύλη 15b
κεφαλίς 763a
κρίκος 786a
וָלָד
οὐκ ἐτεκνοποίει (לָהּ וָ׳ + neg.) 1342a
וָתִיק
πολύπειρος *189b*

ז

זְאֵב
λύκος 889a, *183c*
זֹאת
ἐκεῖνος (הַ׳, ז׳) 428a
ἐν τῷ νῦν καιρῷ (בַּפַּעַם הַז׳) 706a, 951c
οὕτω(ς) (ז׳, כְּ׳, מִז׳) 1035c
⟦ " (בְּז׳) 1035c⟧ → οὕτω(ς) (כְּז׳)
τοιοῦτος (ז׳, כְּ׳) 1362b
ὡσαύτως (כְּ׳) 1495c
זָבַד qal
δωρεῖσθαι 359a, *172c*
זֶבֶד
δῶρον 359a
זְבוּב
μυῖα 936b
זָבַח qal
⟦ἐκζητεῖν 430c⟧
*ἐπιθύειν 520b
θυάζειν(?) 656b
θύειν 659a
θῦμα 659c
⟦θυμιάζειν, θυμιᾶν 660a⟧
θυσία 664a
θυσιάζειν 666a
⟦προσφέρειν 1222c (De. 17.1)⟧ → θύειν
σφάζειν 1324b
זָבַח pi.
θύειν 659a
⟦θυμιάζειν, θυμιᾶν 660a⟧
θυσιάζειν 666a
זֶבַח
θῦμα 659c
θυμίαμα 660b
θυσία 664a, *179c* (+Si. 7.31)
θυσιάζειν 666a
θυσίασμα 666a
ὁλοκαύτωμα 987c
σφάγιον 1324b
זָבַל qal
αἱρετίζειν 36a
זְבֻל
ἅγιος 12a
δόξα 341b
κατοικητήριον 755b
οἶκος 973a
τάξις 1334b
זְבַן pe. (Aramaic)
ἐξαγοράζειν 484a
זָג
γίγαρτον 256b
זֵד
ἁμαρτωλός *166b*
ἄνομος 107c, *167b* (Si. 39.24)
#ἀσεβής 170b (Is. 25.2, 5; 29.5), *168c*
θρασύς 654b
παράνομος 1062b
#πονηρός 1186c (Is. 25.4)
#ὑβριστής 1380a (Pr. 27.13)
ὑπερήφανος 1410a
זָדוֹן
ἀδικία *165b*
ἁμαρτωλός *166b*
ἀσέβεια, ἀσεβία 169c
ἀσεβής *168c*
ἰταμία 696a
#παράνομος 1062b (Pr. 21.24)
σκληροκαρδία (זְ׳ לֵב) *191b*
ὕβρις 1380a
ὑβριστής *194a*
⟦ὑβρίστια 1380b⟧ → ὑβρίστρια
ὑβρίστρια 1380b
ὑπερηφαν(ε)ία 1409c, *194b*
זֶה
ἄλλος 56b
αὐτοῦ (adv.) (בָּזֶה) 179c
⟦δεύτερος (מִזֶּה) 293b⟧
διὰ τοῦτο (כִּי זֶה) *171a*
εἷς 406c, *173b* (+Si. 36[33].15)
ἐκεῖνος (הַזֶּה) 428a
ἔνθεν (מִזֶּה) 473b
ἐνταῦθα (מִזֶּה, בָּזֶה, בָּזֶה) 476c
ἐντεῦθεν (מִזֶּה, מֵאֵת זֶה) 479a
⟦ἀπ᾽ ἐντεῦθεν (מִזֶּה) 479a⟧ → ἐντεῦθεν
ἕτερος 560a
ἰδού 673c
τὰ μέν (שֶׁזֶּה) *184b*
νῦν, νυνί (הַיּוֹם הַזֶּה) 951c
οὕτω(ς) (כָּזֶה, זֶה אֲשֶׁר זֶה) 1035c
ποῖος (אֵי זֶה) 1170a
τίς (מַה־זֶּה, זֶה) 1355c
διὰ τί (לָמָּה־זֶּה) 1355c
ἵνα τί (לָמָּה־זֶּה) 1355c
τί ὅτι (לָמָּה־זֶה, מַה־זֶּה) 1355c
τί τοῦτο (מַזֶּה) 1355c
*τοιοῦτος (זֶה, כָּזֶה, אֲשֶׁר־כָּזֶה, כְּזֹאת) 1362b
τότε (בָּזֶה) 1367c
ὃν τρόπον 1375a
*#τὸ ὑποκείμενον 1414b (I Es. 8.8)
ὧδε (בָּזֶה) 1491b
זֹה
οὕτω(ς) (כָּזֹה) 1035c
זָהָב
καταχρύσεα (דִּי זָ׳) 748c
νέφη χρυσαυγοῦντα 944a
περιχρυσοῦν (אֲפֻדַּת זָ׳) 1128b
χρυσαυγεῖν 1477a
*χρυσίον 1477a, *196c*
χρυσός 1478c, *196c*
⟦χρυσοτορευτός (זָ׳ מִקְשָׁה) 1478c⟧ → χρυσοῦς, χρύσεος
*χρυσοῦς, χρύσεος 1478c, *196c*
χρυσοχόος (צֹרֵף בַּזָּ׳) 1480a

*#χρύσωμα (כְּפוֹר זָ׳) 1480a (I Es. 8.56)

זָהִיר
παιδεύειν *187a*
προσέχειν (הָיָה זָ׳) *190b*

זְהִיר (Aramaic)
*#προνοεῖν 1207c (I Es. 2.24)
#φυλάσσειν, φυλάττειν 1441c

זְהִירָה
#ἐκλάμπειν *173c* (Si. 43.8)

זָהַר qal
#φωτίζειν *195c* (Si. 42.16)

זָהַר ni.
διαστέλλειν 311b
προσέχειν 1215b
φυλάσσειν, φυλάττειν 1441c, *195c*

זָהַר hi.
⟦ἀφιστᾶν, ἀφιστάναι, ἀφιστάνειν 184b⟧
διαμαρτύρεσθαι 305b
διαπειλεῖν 307c
διαστέλλειν 311b
ἐκλάμπειν 435a
⟦λάμπειν 853a⟧ → ἐκλάμπειν
προαπαγγέλλειν 1204a
σημαίνειν 1263a
φαίνειν 1423a
φυλάσσειν, φυλάττειν 1441c
φωτίζειν *195c*

זֹהַר
αὔρα 179a
λαμπρότης 853a
φωστήρ 1451b

זוּב qal
γονορρυεῖν 274c
γονορρυής 274c
#πορεύεσθαι 1189a (La. 4.9)
ῥεῖν 1248b, *191a*
ῥύσις 1255c

זוּב hi.
κατάγειν *181b*

זוֹב
⟦γόνος 274c⟧ → רִיר
ῥύσις 1255c

זוּד, זִיד qal
ἀνθιστάναι 95c
ἐπιτιθέναι 535c
ἕψειν 592a

זוּד, זִיד hi.
ἀσεβεῖν 170a
ἐπιτιθέναι 535c
#καθυβρίζειν 704b (Je. 28[51].2)
παραβιάζεσθαι 1056a
ὑπερηφανεῖν 1409b
ὑπερηφανεύεσθαι 1409b

זוּד aph. (Aramaic)
ὑπερηφανεύεσθαι 1409b

זוז hi.
#τίναγμα 1354a (Jb. 28.26)

זוּזִים
⟦ἔθνος ἰσχυρόν 368b⟧ → עִזּוּז ≈ ἰσχυρός

זוּחַ
ἐξανιστάναι *175c*

זָוִיָּה
καλλωπίζειν 715b

זוּל
συμβάλλειν 1303a

זוּלָה
ἐκτός 443c
πάρεξ, παρέξ 1068c
πλήν 1145c, *189a*

זוּן I ho.
θηλυμανής 650a

זוּן II ithpe. (Aramaic)
τρέφειν 1371b
χορηγεῖν 1472b

זוּעַ I qal
προσκυνεῖν 1217b
σαλεύειν 1257c, *191a* (+Si. 43.16)
τρομεῖν 1374c

זוּעַ I pilp.
ἐπίβουλος 517b

זוּעַ II pe. (Aramaic)
#τρέμειν 1371b

זְוָעָה
ἀνάγκη 76a
⟦διασκορπισμός 310c⟧
⟦διασπορά 311a⟧
ἔκστασις 441b
ἐλπὶς πονηρά 454a

זוּר I, זָר qal
ἀλλογενής 55c, *166a*
ἄλλος 56b
ἀλλότριος 57a, *166b*
ἀπαλλοτριοῦν 116c
ἀποπιάζειν 139c
⟦ἀσεβής 170b⟧ → זֵד
γυνὴ πόρνη 278b
ἐγγίζειν + neg. 362b
ἐκπιέζειν, ἐκπιάζειν, ἐκπιεζεῖν 439a
ἑταιρίζεσθαι *177c*
⟦παράνομος 1062b⟧ → זֵד
πρόσφατος 1222c
⟦σκορπίζειν 1275c⟧ → זָרָה pi.
στερεῖν 1288c

זוּר I, זָר ni.
ἀπαλλοτριοῦν 116c

זוּר I, זָר ho.
ἀπαλλοτριοῦν 116c

זוּר II qal
#συντρίβειν 1321a (Is. 59.5)

זוּרֶה
⟦συντρίβειν 1321a⟧ → זוּר II qal

זָחַח ni.
χαλᾶν 1452c

זָחַל qal
ἡσυχάζειν 620a
σύρειν 1322c

זִיד qal
see זוּד, זִיד qal

זִיד hi.
see זוּד, זִיד hi.

זֵידוֹן
ἀνυπόστατος 112b

זִיו (Hebrew and Aramaic)
ἕξις 496b
μορφή 934b
ὅρασις 1007b
ὄψις 1044c
πρόσοψις 1219a
#ὡραιότης 1494a (Ps. 49[50].11)

זִיז
?εἴσοδος 413c
μονιός 933a
⟦ὡραιότης 1494a⟧ → זִיו

זִיקוֹת
#ἀστραπή *168c* (Si. 43.13)
φλόξ 1433a

זִיר
κόσμος *182b*

זַיִת
ἐλαία 446c, *174a*
ἐλάϊνος 446c
ἐλα(ιο)λογεῖν (חָבַט זַ׳) 447a
ἐλαιών 447c

זַךְ, זָךְ
ἁγνός 16b
ἀτρύγητος, ἄτρυγος 176c
διαφανής 314b
καθαρός 698c
ὅσιος 1018b
#φανερός 1424a (Pr. 16.2)

זָכָה qal
ἄμεμπτος 65b
ἀποκαθαρίζειν 131b
δικαιοῦν 334b
νικᾶν 945b

זָכָה pi.
ἁγνός 16b
δικαιοῦν 334b
ἁγνὸν ἔχειν 586c
κατορθοῦν 756b

זָכָה hithp.
καθαρὸς γίνεσθαι 256c, 698c

זָכוּ (Aramaic)
δικαιοσύνη 332c
εὐθύτης 571b

זְכוּכִית
ὕαλος 1379c

זְכוּר
ἀρσενικός 160b

זָכַךְ qal
ἄμεμπτος 65b
καθαριοῦν 698c
καθαρός 698c

זָכַךְ hi.
ἀποκαθαίρειν 131a

זָכַר qal
ἀναμιμνήσκειν 79c
μιμνήσκεσθαι 927c, *185a*
μνεία 931a
μνείαν ποιεῖν 931a, 1154a
μνημονεύειν 931c
ὀνομάζειν 999c

זָכַר ni.
ἀναμιμνήσκειν 79c, *166c*
⟦ἀρσενικός 160b⟧ → זָכָר
μιμνήσκεσθαι 927c
μνεία γίνεσθαι 256c, 931a
ἐστὶ μνεία 931a
μνημόσυνον 931c
μνημόσυνος 932a

זָכַר hi.
⟦ἀγαλλιᾶσθαι 4c⟧ → גָּדַל, גָּדֵל I qal ≈ μεγαλύνειν
⟦ἀγαπᾶν 5b⟧
⟦ἄμνησις(?) 66b⟧ → ἀνάμνησις
ἀναμιμνήσκειν 79c
ἀνάμνησις 80a
ἀναφωνεῖν 85c
⟦εἰδεῖν, εἰδέναι 374b⟧
⟦ἐπικαλεῖν 521b⟧ → גָּדַל, גָּדֵל I qal ≈ μεγαλύνειν
ἐπονομάζειν 539a
καλεῖν 712c
μιμνήσκεσθαι 927c, *185a*
μνημόσυνον *185b*
διδόναι εἰς μνημόσυνον 317b, 931c
ὀνομάζειν 999c
ὑπομιμνήσκειν 1416a
ἐπὶ τῶν ὑπόμνημα 1416b
ὑπομνηματογράφος 1416b

זָכָר
*ἀνήρ 88a
ἄνθρωπος *167a*
ἀρσενικός 160b
ἄρσην, ἄρρην 160c, *168b*

זֵכֶר, זֶכֶר
μνεία 931a
μνήμη 931b
⟦μνημονεύειν 931c⟧ → זָכַר qal
μνημόσυνον 931c, *185b*
ὄνομα 995b

זִכָּרוֹן
ἀγαυρίαμα 7a
ἀνάμνησις 80a
μνήμη 931b
μνημοσύνη *185b*
μνημόσυνον 931c, *185b*
μνημόσυνος 932a
#ψαλμός 1483b (Za. 6.14)

זַלְזַל
βοτρύδιον μικρόν 226b

זָלַל qal
ἀνάξιος 80b
ἀσωτία 175a
ἀτιμοῦν 176a
συμβολοκοπεῖν 1303b, *192b*
ταπεινοῦν 1334c

זָלַל ni.
τρόμος λαμβάνει 847a
σαλεύειν 1257c

זָלַל hi.
#καταφρονεῖν 748a (Je. 2.36)

זַלְעָפָה, זִלְעָפָה
ἀθυμία 30a
καταιγίς 731b, *181b*

זִמָּה
ἀνόμημα 106b
ἀνομία 106b
ἄνομος 107c
ἀνόσιος 108b
ἀπαλλοτρίωσις 116c
ἀσέβεια, ἀσεβία 169c
ἀσεβεῖν 170a
ἀσέβημα 170b
⟦ἀφροσύνη 186b⟧
βδέλυγμα *169b*
βρόμος 231a
⟦§ζέμα 593b⟧
#§ζέμμα 593b
κακός 709b
παρανόμως (בְּזִ׳) 1062c

זְמוֹרָה
κλῆμα 767c

זָמִיר I
τομή 1363c

זָמִיר II
ψαλμός 1483b
ψαλτός 1484a
זְמִירָה
#φυλακή 1440c (Jb. 35.10)
זָמַם qal
ἀδικία 25b
βουλεύειν 227a
#διαλογίζεσθαι 304c (Ps. 139[140].9)
διανοεῖσθαι 306b, *171b* (Si. 51.18)
ἐγχειρεῖν 367b
⟦ἐγχειρίζειν 367b⟧ → ἐγχειρεῖν
⟦ἐκτείνειν 442a⟧
ἐνθυμεῖσθαι 473c
ἐπιτιθέναι 535c
θεωρεῖν 649b
#ὁρμᾶν 1014a (Je. 4.28)
⟦παρατάσσειν 1064c⟧
παρατηρεῖν 1065a
πονηρεύεσθαι 1186a
זְמָם
⟦διαλογίζεσθαι 304c⟧ → זָמַם qal
זָמַן pu.
συνταγή 1318a
⟦χρόνος 1476b⟧ → זְמָן
זְמָן
⟦ἐπιτελεῖν 535a⟧
#καιρός 706a, *180b* (Si. 32[35].26)
ὅρος 1017c
χρόνος 1476b
זְמַן I aph. or ithpa. (Aramaic)
ποιεῖν 1154a
συνειπεῖν 1313b
συντιθέναι 1320c
זְמַן II (Aramaic)
καιρός 706a
τρίς (זִמְנִין תְּלָתָה) 1373a
*χρόνος 1476b
זָמַר I qal
τέμνειν 1345a
זָמַר I ni.
τέμνειν 1345a
זָמַר II pi.
ὑμνεῖν 1405a, *194a* (Si. 51.11)
ψάλλειν 1483a
ψαλμός 1483b
זְמָר (Aramaic)
μουσικός 935c
זַמָּר (Aramaic)
ᾄδειν 19a
*#ἱεροψάλτης 683c (I Es. 8.22)
זֶמֶר
καμηλοπάρδαλις 717c
זִמְרָה I
καρπός ("fruit") 723c
זִמְרָה II
#αἴνεσις 33c
ψαλμός 1483b
#ὕμνησις 1405b
זִמְרָת
⟦αἴνεσις 33c⟧ → זִמְרָה II
⟦ὕμνησις 1405b⟧ → זִמְרָה II
זַן (Hebrew and Aramaic)
γένος 239b

זָנַב pi.
καταλαμβάνειν τὴν οὐραγίαν 735a, 1031b
κόπτειν τὴν οὐραγίαν 779a, 1031b
זָנָב
κέρκος 760c
οὐρά 1031a
זָנָה qal
ἐκπορνεύειν 440c
ἐμπόριον εἶναι 459a
ἑταιρίζεσθαι *177c*
πορν(ε)ία 1194c
πορνεύειν 1194c
πόρνη 1195a, *189c*
πορνικός 1195a
זָנָה pu.
πορνεύειν 1194c
זָנָה hi.
ἐκπορνεύειν 440c
πορνεύειν 1194c
זְנוּנִים
πορν(ε)ία 1194c
זְנוּת
πορν(ε)ία 1194c, *189c* (+Si. 42.8)
זָנַח qal
ἀποστρέφειν 145b
ἀποτρίβειν 149c
ἀπωθεῖν 151a
זָנַח hi.
ἐκβάλλειν 420c
ἐκλείπειν 435c
καταλείπειν 736a
μιαίνειν 925c
זָנַק pi.
ἐκπηδᾶν 439a
זֵעָה
ἱδρώς 678c
זַעֲוָה
ἀνάγκη 76a
⟦διασκορπισμός 310c⟧
⟦διασπορά 311a⟧
ἔκστασις 441b
ταραχή 1336c
זְעֵיר (Hebrew and Aramaic)
μικρός 926c
זָעַם qal
⟦ἀδικία 25b⟧
ἀπειλεῖν 120a
⟦ἐπάγειν ὀργήν 503c, 1008b⟧ → זַעַם ≈ ὀργή
ἐπικαταρᾶσθαι 522c
θυμοῦν 662b
καταρᾶσθαι 742c
μισεῖν 929a
μισητός 930a
ὀργίζειν 1010a
⟦παρατάσσειν 1064c⟧
⟦ὑπεριδεῖν 1410b⟧
זָעַם ni.
ἀναιδής 77b
זַעַם
⟦ἀπαιδευσία 115c⟧
ἀπειλή 120a
ἐμβρίμημα 456a
θυμός 660c
ὁπλομάχος (כְּלֵי ז׳) 1003c
ὀργή 1008b, *186c*

πικρία 1132c
זָעַף qal
αἰτιᾶσθαι 38b
⟦ἀσθενής 172b⟧
διατρέπειν 314a
θυμοῦν 662b
σκυθρωπός 1277a
ταράσσειν 1336a
זָעֵף
ἐκλύειν 438a
ταράσσειν 1336a
זַעַף
ἀπειλή 120a
θυμός 660c
θυμοῦν 662b
ὀργή 1008b
ὀργίζειν (בְּז׳) 1010a
σάλος 1258a
זָעַק qal
ἀναβοᾶν 73c
ἀνακράζειν 78b
βοᾶν 222a
#γελᾶν 235b (Je. 20.8)
κράζειν 781b
στενάζειν 1288b
זָעַק ni.
⟦ἀναβαίνειν, ἀναβέννειν 70a⟧ → ἀναβοᾶν
ἀναβοᾶν 73c
βοᾶν 222a
κράζειν 781b
זָעַק hi.
ἀναβοᾶν 73c
βοᾶν 222a
καλεῖν 712c
κηρύσσειν 763c
κράζειν 781b
παραγγέλλειν 1056b
זְעִק pe. (Aramaic)
βοᾶν 222a
καλεῖν 712c
זַעַק
ἀναβοᾶν 73c
κραυ(γ)ή 784b
זְעָקָה
βοᾶν 222a
βοή 222c
κραυ(γ)ή 784b
⟦φωνή 1447b⟧ → κραυ(γ)ή
זֶפֶת
ἀσφαλτόπισσα 174c
πίσσα 1137c, *188c*
זִק
⟦ἀστραπή *168c*⟧ → זִיקוֹת
πέδη 1113a
χειροπέδη 1467a
זָקָן
*πώγων 1246a
⟦φάρυγξ 1425b⟧
זָקֵן I qal
γηράσκειν, γηρᾶν 256a
זָקֵן I hi.
γῆρας ἄγειν *165a, 170b*
γηράσκειν, γηρᾶν 256a, *170b*
זָקֵן II adj.
⟦ἀνήρ 88a⟧
γερουσία 240a
γέρων 240a, *170a* (Si. 35[32].9)

*πρεσβύτερος, πρεσβυτέρα 1201c
πρεσβύτης 1202c
φύλαρχος (זְקַן שֵׁבֶט) 1441c
זֹקֶן
γῆρας 255c
זִקְנָה
γῆρας 255c
γηράσκειν, γηρᾶν 256a
זְקֻנִים
γῆρας 255c
זָקַף qal
ἀνορθοῦν 108b
זְקַף pe. (Aramaic)
*#κρεμάζειν 785c (I Es. 6.31)
ὀρθοῦν 1011a
זָקַק qal
διηθεῖν 330a
ἐπιχεῖν 538c
זָקַק pi.
⟦ἐκχεῖν, ἐκχέειν 445c⟧ → χεῖν
#χεῖν 1457c (Ma. 3.3)
זָקַק pu.
⟦δοκίμιον 340a⟧ → δόκιμος
δόκιμος 340a
καθαρίζειν, καθερίζειν 698a
זָר
#ἑταίρα *177b* (Si. 41.20)
ἑταιρίζεσθαι (זוּר) *177c*
ἕτερος 560a
ἐχθρός 589c
λαὸς ἀλλότριος 853b
ὁ/τὸ πέλας 1116b
γυνὴ πόρνη (זָרָה) 1195a
זֵר
κυμάτιον 799a
στεφάνη 1289c
στρέπτος κυμάτιον 1296b
στρέπτος στεφάνη 1296b
זָרָא
χολέρα 1472a, *196a*
זָרַב pu.
τήκειν 1348a
זָרָה qal
διασκορπίζειν 310b
διασπείρειν 310c
καθαρός 698c
λεπτὸν ποιεῖν 874a, 1154a
λικμᾶν, λιχμᾶν 878b, *183b*
σπείρειν 1282a
זָרָה ni.
διασκορπισμός 310c
λικμᾶν, λιχμᾶν 878b
זָרָה pi.
διασκορπίζειν 310b
διασπείρειν 310c
?ἐναντιοῦν 468c
ἐξιχνιάζειν 497a
⟦καθυβρίζειν 704b⟧ → זִיד, זוּד hi.
λικμᾶν, λιχμᾶν 878b
λικμήτωρ 878b
σκορπίζειν 1275c
זָרָה pu.
ἐκτείνειν 442a
κατασπείρειν 745b
זְרוּעַ
ἀντίληψις 111b

βραχίων 230a, *169c*
ἐπίχειρον 538c
#ὦμος 1493a (Ma. 2.3)
זֵרוּעַ
σπέρμα 1282b
σπόριμος 1285b
זַרְזִיף
στάζειν 1286a
זַרְזִיר
ἀλέκτωρ 52c
זָרַח qal
ἀνατέλλειν 83a (Si. 26.16)
ἐξανατέλλειν 487c
#ἐξανθεῖν 487c (Ho. 7.9)
ἐπιφαίνειν 537c
φαίνειν 1423a
#φωτίζειν *195c* (Si. 42.16)
זֶרַח
λαμπρότης (נֹגַהּ ז׳) 853a
זָרַם qal
#βιαίως 218b (Je. 18.14)

⟦ἐξουδένωμα 500c⟧
זֶרֶם
ψεκάς 1484a
זִרְמָה
αἰδοῖον 30c
זָרַע qal
⟦ἀνατέλλειν 83a⟧ → זָרַח qal
κατασπείρειν 745b
σπείρειν 1282a, *192a* (Si. 7.3)
σπέρμα 1282b
σπορά 1285b
σπόριμος 1285b
σπόρος 1285b
זָרַע ni.
ἐκσπερματίζειν 441b
σπείρειν 1282a
זָרַע pu.
σπείρειν 1282a
זָרַע hi.
#ἔγκυος γίνεσθαι 256c, 367a, *170b*, *172b* (Si. 42.10)

σπείρειν 1282a
σπερματίζειν 1283c
זֶרַע
*γενεά 236a
γένος 239b
⟦ἔθνος 368b⟧ → עַם, עָם I
καρποφόρος 724c
⟦κυριεύειν 800a⟧
σπείρειν 1282a
*σπέρμα 1282b, *192a* (+Si. 41.6; 44.12, 13)
σπόρος 1285b
#συγγενής 1298c (Ez. 22.6)
υἱός 1384c, *194a*
#φυτόν 1447a (Ez. 17.5)
זְרַע (Aramaic)
γένεσις 237a
σπέρμα 1282b
זֵרֹעִים
⟦ὄσπριον 1021c⟧ → זֵרוּעַ ≈ σπόριμος
σπέρμα 1282b

זֵרְעֹנִים
ὄσπριον 1021c
σπέρμα 1282b
זָרַק qal
⟦δέχεσθαι 294c⟧
διασκορπίζειν 310b
ἐκχεῖν, ἐκχέειν 445c
⟦ἐξανθεῖν 487c⟧ → זָרַח qal
καταπάσσειν 740a
κατασκεδαννύναι 744a
πάσσειν 1102c
περιχεῖν 1128b
#προβάλλειν 1204a
προσχεῖν 1223c
ῥαίνειν, ῥανίζειν 1247c
ῥίπτειν, ῥιπτεῖν 1252b
σπείρειν 1282a
זָרַק pu.
περιραντίζειν, περιρραντίζειν 1126a
זֶרֶת
σπιθαμή 1284b

ח

חֹב ("love")
#ἑκουσίως 438c (Jb. 31.33)
חָבָא ni.
⟦ἐγκατακρύπτειν 365a⟧ → ἐγκρύπτειν
ἐγκρύπτειν 367a
κατακρύπτειν 734c
καταφεύγειν 747b
⟦κρυβῇ 791c⟧ → κρυφῇ
κρύπτειν 791c
κρυφῇ 793a
חָבָא pu.
κρύπτειν 791c
חָבָא hi.
⟦κατακρύπτειν 734c⟧ → κρύπτειν
κρύπτειν 791c
⟦σκεπάζειν 1268c⟧
חָבָא ho.
κρύπτειν 791c
חָבָא hithp.
§αχαβιν (מִתְחַבְּאִים) 187b
⟦καταβαίνειν 727a⟧
κατακρύπτειν 734c
κρύβειν 791c
κρύπτειν 791c
⟦§μεθαχαβειν (מִתְחַבְּאִים) 907b⟧
חִבָּא
#ἀγάπησις *165a* (Si. 11.15)
חָבַב qal
ἀγαπᾶν *165a*
#φείδεσθαι 1426a (De. 33.3)
חָבָה qal
ἀποκρύπτειν 134b
חָבָה ni.
κρύπτειν 791c
⟦κρύφιος 793a⟧ → κρύπτειν

חֲבוּלָה (Aramaic)
ἁμαρτία 62a
παράπτωμα 1063c
חַבּוּרָה, חֲבוּרָה
μώλωψ 938a
ὑπώπιον 1418b
חָבַט qal
ἐλα(ιο)λογεῖν (ח׳ זַיִת qal) 447a
ῥαβδίζειν 1247a
⟦συνταράσσειν 1318a⟧ → XXX ≈ συμφράσσειν
חָבַט ni.
ἐκτινάσσειν 443b
τινάσσειν 1354a
חָבִיר
see also חָבֵר
φίλος *195a*
חָבַל I qal
#ἀφανίζειν 181b
⟦[δεῖν] ("to bind") (הָיָה חָבוּל) *170b*⟧ → διδόναι
δεσμεύειν 292a
διαλύειν 305a
διάλυσις 305b
#διδόναι 317b
ἐνεχυράζειν 473a
ἐνεχύρασμα 473a
⟦σχοίνισμα 1328a⟧ → חֶבֶל II
חָבַל I ni.
⟦καταφρονεῖν 748a⟧
חָבַל I pi.
διαφθείρειν 314c
καταφθείρειν 747c
#λυμαίνειν 889b (Pr. 27.13)
φθείρειν 1429c
ὠδίνειν 1492c
חָבַל I pu.
καταφθείρειν 747c
ὀλέκειν 986b

חָבַל II qal
δεῖν ("to bind") *170b* (Si. 34[31].6)
חֲבַל I pa. (Aramaic)
ἀφανίζειν 181b
διαφθείρειν 314c
ἐκκόπτειν 434c
*#κακοποιεῖν 709a (I Es. 6.32)
λυμαίνειν, λοιμαίνειν 889b
חֲבַל I ithpa. (Aramaic)
διαφθείρειν 314c
φθείρειν 1429c
חֲבַל II subst. (Aramaic)
ἀφανισμός 182a
διαφθορά (חֲבָל, חֲ׳) 315a
חֵבֶל
ὀδύνη 967a
ὁ πόνος τῶν ὠδίνων 1188b, 1492b
ὠδίν 1492b
חֶבֶל I
διαφθορά 315a
φθορά 1430a
φορβαία, φορβέα 1437c
χορός 1472c
חֶבֶל II
#δεσμός *170c*
κλῆρος 770a
περίχωρος 1128b
σειρά 1262a
⟦συγκυρεῖν 1300c⟧
σχοινίον 1328a
⟦παλαιὰ σχοινία 1328a⟧ → מֶלַח II ≈ σχοινίον
σχοίνισμα 1328a
σχοινισμός 1328a
חֲבָל (Aramaic)
*#κακία 708a (I Es. 2.24)
φθορά 1430a
חֲבֹל
ἐνεχύρασμα 473a

ἐνεχυρασμός 473a
ἐνέχυρον 473a
חֹבֵל
κυβερνήτης 796a
πρωρεύς (ח׳, רַב ח׳) 1235b
חִבְלָה
κλοιός *182a*
חֲבֹלָה
ἐνεχυρασμός 473a
חֲבַצֶּלֶת
ἄνθος 96a
κρίνον 788c
חָבַק qal
⟦περιβάλλειν 1121c⟧ → περιλαμβάνειν
περιλαμβάνειν 1124b, *188b*
חָבַק pi.
περιβάλλειν 1121c
περιλαμβάνειν 1124b
περίλημμα, περίληψις 1124b
⟦συνέρχεσθαι 1314a⟧ → συνέχειν
συνέχειν 1315b
חִבֻּק
ἐναγκαλίζεσθαι 467b
חָבַר qal
ἐπᾴδειν, ἐπαείδειν 504c
ἐπαοιδός 508a, *176b*
ἔχειν 586c
κοινωνεῖν *182a*
κοινωνός *182a*
μέτοχος 918a
προσπορεύεσθαι *190b*
συζευγνύναι 1301a
συμπροσεῖναι 1306a
συμφωνεῖν 1306c
συνάπτειν 1312b
συνέχειν 1315b

#φαρμακεύειν (ח׳ act. ptc.) 1425a (Ps. 57[58].6)
φάρμακος 1425a
⟦φαρμακοῦν 1425a⟧ → φάρμακος
חָבַר pi.
⟦δωρεῖσθαι *172d*⟧
συνάπτειν 1312b
חָבַר pu.
ἐξαρτᾶν, ἐξαρτίζειν 490a
κοινωνεῖν 775a, *182a*
μετοχή 918a
⟦μέτοχος 918a⟧ → μετοχή
προσκολλᾶν *190b*
συμπλέκειν 1305b
חָבַר hi.
ἐνάλλεσθαι 467c
חָבַר hithp.
⟦ἄγειν 9a⟧
ἀποσυμμιγνύναι 148b
κοινωνεῖν 775a, *182a*
συμμιγνύναι 1304b
συνανάμιξις 1311a
συντάσσειν 1318b
φιλιάζειν 1431a
חֲבַר (Aramaic)
συνέταιρος 1315a
φίλος 1431b
חַבָּר
⟦ἔθνος 368b⟧
חָבֵר
see also חָבִיר
⟦ἔρχεσθαι 548b⟧
ἑταῖρος 559c
κοινωνός 775a, *182a*
μέτοχος 918a
#πλησίον 1148b (Jd. 4.11A)
προσκεῖσθαι 1216c
προστιθέναι 1221a
φίλος *195a*
חֶבֶר
ἐπαοιδή, ἐπῳδή 508a
κοινός 775a
⟦φαρμακεύειν 1425a (Ps. 57[58].6)⟧ → חָבַר qal
חֲבַרְבֻּרוֹת
ποίκιλμα 1168c
חַבְרָה (Aramaic)
ἄλλος 56b
#λοιπός 888a (Da. TH 7.20)
חֶבְרָה
κοινωνεῖν 775a
חֲבֶרֶת
κοινωνός 775a
חֹבֶרֶת
συμβολή 1303b
חָבַשׁ qal
ἀποκαθιστᾶν, ἀποκαθιστάναι 131b
ἀρχηγός 165a
δεῖν ("to bind") 287b
δύ(ν)ειν 350a
⟦ἐμπιπλᾶν, ἐμπι(μ)πλάναι, ἐμπλήθειν 457a⟧
ἐπισάσσειν 527b
ζωννύειν, ζωννύναι 601a
ἰᾶσθαι 668a
καταδεῖν 730b
μοτοῦν, μωτοῦν 935c
περιτιθέναι 1127c
συμπλέκειν 1305b
חָבַשׁ pi.
⟦ἀνακλύπτειν 78a⟧
δεσμεύειν 292a
חָבַשׁ pu.
κατάδεσμος 730b
חֲבִתִּים
τήγαγον 1347c
חַג
ἑορτάζειν (חַג־חַג qal, קָדַשׁ חַג hithp.) 502c
*ἑορτή 503a, *176a* (+Si. 43.7)
חָגָא
φόβητρον, φόβηθρον 1435c
חָגָב
ἀκρίς 50c
חָגַג qal
ἑορτάζειν (ח׳ qal, ח׳־חַג qal) 502c
ταράσσειν 1336a
חָגוּ
ὀπή 1001b
σκέπη 1269a
τρυμαλιά 1377b
חָגוֹר
διαζωννύναι 300b
ζωννύναι, ζωννύειν 601a
חֲגוֹר
ζώνη 601a
ζωννύναι, ζωννύειν 601a
περίζωμα 1123a
περιζωννύναι 1123b
חֲגוֹרָה
ζώνη 601a
παραζώνη 1059c
περίζωμα 1123a
חָגַר qal
ἀναζωννύειν 77a
ἀναλαμβάνειν 78c
ἐνδύ(ν)ειν 471a
ζωννύναι, ζωννύειν 601a
ζῶσις 601c
⟦κυρτός 839a⟧ → חִגֵּר
περιζωννύναι 1123b
#συζωννύναι 1301b (Le. 8.7)
#χωλαίνειν 1480b (Ps. 17[18].46)
חִגֵּר
#κυρτός 839a (III Ki. 21[20].11)
חַד I
ἀκονᾶν 45a
ὀξύς 1001a
חַד II (Aramaic)
εἰσάπαξ (כַּחֲדָה) 410a
ἑπταπλασίως (חַד־שִׁבְעָה) 540b
*πρῶτος 1235c
חָדַד qal
ὀξύνειν 1001a
ὀξύς 1001a
חָדַד hi.
#ὀξύνειν 1001a (Za. 1.21 [2.4])
παροξύνειν 1072a
חָדַד ho.
ἐξακονεῖν 486c
ὀξύνειν 1001a
חָדַד hithp.
#ὀξύνειν 1001a (Ez. 21.16[21])
חָדָה qal
⟦ἐξιστᾶν, ἐξιστάναι 496c⟧ → חָרֵד I qal
#εὐφραίνειν 581a (Ps. 85[86].11)
#χαίρειν 1452a (Pr. 17.19; Je. 38[31].13)
חָדָה pi.
εὐφραίνειν 581a
חַדּוּד
#ὀξύς 1001a (Jb. 41.22)
חַדּוּדִים
ὀβελίσκος 960a
חֶדְוָה (Hebrew and Aramaic)
εὐφροσύνη 582c, *178b* (Si. 34[31].31)
⟦καύχημα 757c⟧
חֲדִי (Aramaic)
στῆθος 1290a
חָדֵל, חָדַל I qal
#ἀναπαύειν 80b (Jb. 10.20)
ἀνιέναι (= ἀνίημι) 102b
⟦ἀπείθειν(?) 119c⟧ → ἀπειθεῖν
ἀπειθεῖν 119c
ἀπειπεῖν, ἀπερεῖν 120a
ἀπέχειν 122a
ἀπολείπειν 136b
ἀφιέιν, ἀφιέναι 183b
*ἀφιστᾶν, ἀφιστάναι, ἀφιστάνειν 184b, *169b*
βούλεσθαι + neg. 226b
διαλείπειν 304b
δύνασθαι + neg. 353a
ἐάν 361a
(ἐ)θέλειν + neg. 628b
?ἐκκαίειν 432b
ἐκλείπειν 435c
ἐκφεύγειν 445b
ἐνδιδόναι 470b
ἐπέχειν 511a
ἡσυχάζειν 620a
κοπάζειν 778a
⟦κοπιᾶν 778b⟧ → κοπάζειν
παρέρχεσθαι 1068c
παριέναι ("to allow") 1070b
παριέναι γῆν 1070b
παύειν 1112b, *188b*
προσέχειν 1215b
σιωπᾶν 1267c
ὑστερεῖν 1418b
חָדֵל II adj.
ἀπειθεῖν 119c
ὑστερεῖν 1418b
חֵדֶק
ἄκανθα 43c
חָדַר
⟦ἐξιστᾶν, ἐξιστάναι 496c⟧ → חָרֵד I qal
חֶדֶר
ἀποθήκη 128a
κοιτών 775c
ταμ(ι)εῖον, ταμίον 1334a
חָדַשׁ pi.
ἀνακαινίζειν 78a
ἐγκαινίζειν 364c, *172a*
ἐπανακαινίζειν 506b
ἐπισκευάζειν 528b
καινίζειν 705b
חָדַשׁ hithp.
ἀνακαινίζειν 78a
αὐξάνειν *169a*
חָדָשׁ
#ἐγκαινίζειν 364c (Is. 16.11)
ἕτερος 560a
καινός, κενός ("new") 705b
#καινότης 705c (Ez. 47.12)
νέος 942a, *185a*
πρόσφατος 1222c, *190b*
προσφάτως 1222c
חֹדֶשׁ
ἑξάμηνον (שִׁשָּׁה חֳדָשִׁים) 487b
⟦ἑορτή 503a⟧
ἑπτάμηνος (שִׁבְעָה חֳדָשִׁים) 540a
ἡμέρα 607b
*μήν ("month") 922a, *185a*
μηνιαῖος (בֶּן־ח׳) 923b
*νουμηνία, νεομηνία (ח׳, רֹאשׁ ח׳, אֶחָד לַח׳) 950b
νουμηνία τοῦ μηνός (אֶחָד לַח׳) 950b
τετράμηνον (אַרְבָּעָה חֳדָשִׁים) 1347b
τρίμηνον (שְׁלֹשׁ חֳדָשִׁים, שְׁלֹשָׁה חֳדָשִׁים) 1373a
חֲדָשָׁה
κορύνη 780a
חֲדַת (Aramaic)
*#καινός 705b (I Es. 6.24)
חֲוָא pa. (Aramaic)
φράζειν 1438b
חֲוָא aph. (Aramaic)
κρίνειν (הַחֲוֵא פְּשַׁר) 787b
חוּב pi.
καταδικάζειν 730b
⟦κινδυνεύειν 765a⟧
חוֹב
ὀφ(ε)ίλειν 1039a
חוּג I qal
#περιστροφή 1127a, *188c* (Si. 50.5)
חוּג II subst.
γῦρος 283b
γυροῦν 283b
θρόνος 655b
#κύκλωσις 798c, *182c* (Si. 43.12)
חוּד qal
διηγεῖσθαι 329c
προβάλλειν 1204a
חָוָה pi.
ἀναγγέλλειν 74a
ἀπαγγέλλειν *167b*
διδάσκειν 316c
#λαλεῖν (ח׳ דֵּעָה pi.) 841c (Jb. 32.18[17b])
חֲוָה pa. (Aramaic)
ἀναγγέλλειν 74a
ἀπαγγέλλειν 113c
γνωρίζειν 273a
δηλοῦν 295c
ὑποδεικνύειν, ὑποδεικνύναι 1413a
חֲוָה aph. (Aramaic)
ἀναγγέλλειν 74a
ἀπαγγέλλειν 113c
γνωρίζειν 273a
δηλοῦν 295c
δήλωσις 295c
διασαφεῖν 309c
εἰπεῖν, ἐρεῖν 384a

חַוָּה
ἀβουλία 1b
ἔπαυλις 508c
ζωή 599c
κώμη 839c
חוֹחַ
ἄκαν 43c
ἄκανθα 43c
§ακχουχ (הַחוֹחַ, חוֹחַ) 52a
§αχουχ (הַחוֹחַ) 187c
δεσμός 292a
κνίδη 772c
μάνδρα 895a
§χοζει 1472a
חוּט I aph. (Aramaic)
ἀνυφοῦν 112b
חוּט II noun
περίμετρον 1124c
ῥάμμα 1248a
σπαρτίον 1281c
חוּל, חִיל qal
ἀλγεῖν 52b
ἀνθεῖν 95b
εὐλαβεῖσθαι 572a
ἥκειν 605a
καταντᾶν 739c
#κοπάζειν 778a
⟦κοπιᾶν 778b⟧ → κοπάζειν
ὀδυνᾶν 967a
ὀδύνη 967a
ὀδύνη λαμβάνει 847a, 967a
πονεῖν 1186a
σαλεύειν 1257c
συμφοράζειν 1306b
συντρίβειν 1321a
ταράσσειν 1336a
ταραχή 1336c
⟦τραυματίζειν 1370b⟧ → חָלַל II ni.
φοβεῖν 1433b
χορεύειν 1472b
ὠδῖνας ἔχειν 586c, 1492b
ὠδίνειν 1492c, *196a*
חוּל, חִיל polel
γεννᾶν 237b
ἐξεγείρειν 490b
καταρτίζειν 743b
μαιοῦσθαι 892a
πηγνύναι 1130c
πλάσσειν 1140b
συλλαμβάνειν 1301c
#ταράσσειν 1336a (Ps. 108[109].22)
τρέφειν 1371b
χειμάζειν 1457a
χορεύειν 1472b
ὠδίν 1492b
ὠδίνειν 1492c
חוּל, חִיל hi.
ἀλγεῖν 52b
⟦ἐπέχειν 511a⟧ → יָחַל ni.
προσμένειν 1218c
συσσείειν 1323b
⟦ὑπομένειν 1415c⟧ → יָחַל hi.
חוּל, חִיל ho.
ὠδίνειν 1492c
חוּל, חִיל hithpo.
ἱκετεύειν 684a
#σαλεύειν 1257c (Je. 28[51].7)
#στρέφειν 1296c (Je. 37[30].23)
συστρέφειν 1323c
#φροντίζειν 1439c (Jb. 15.20)
חוּל, חִיל hithpalp.
ταράσσειν 1336a
חוֹל
ἄμμος 66a
παράλιος 1061c
⟦χρῆμα *196b*⟧ → חַיִל
חוֹלִי
see חוֹלִי, חֳלִי
חוּם
⟦λευκός 874c⟧ → φαιός
⟦ποικίλος 1168c⟧ → נָקֹד
φαιός 1423b
חוֹמָה
ἀτείχιστος (חוֹ׳ + neg.) 175b
ὅρμος 1014a
περίβολος 1122b
προτείχισμα 1230b
τειχήρης 1339c
τειχίζειν 1339c
*τεῖχος 1339c
τοῖχος 1362c
חוּס qal
#ἐλεεῖν 449c (Ez. 24.14)
φείδεσθαι 1426a
חוֹף
αἰγιαλός 30c
ὅρμος 1014a
παραθαλάσσιος (חוֹף הַיָּם) 1059c
παράλιος (חוֹף הַיָּם, לְחוֹף, חוֹף, לְחוֹף יַמִּים) 1061c
חוּץ
#αἴθριος (בַּחוּץ) 30c
ἀοίκητος 113c
δίοδος 336a
ἔξοδος 497b
ἔξω, ἐξωτέρω (כַּחוּץ, בַּחוּץ, חוּץ, אֶל־מִחוּץ לְ־, מִחוּץ לְ־, לַחוּץ, הַחוּץ, חוּצָה, הַחוּצָה, חוּצָה לְ־) 501c
ἕως ἔξω (לַחוּצָה, הַחוּצָה) 501c
ἐξωτέρω (מִחוּץ, חוּץ) 501c
ἔξωθεν (בַּחוּץ, אֶל־הַחוּץ, חוּץ, מִן הַחוּץ, מֵהַחוּץ, מִחוּץ, לַחוּץ, בְּחוּצוֹת, חוּצָה, מִחוּץ לְ־) 502b
ὁ ἔξωθεν (מִחוּץ) 502b
ἔξωθεν οὗ (מִחוּץ) 502b
ὁ ἐξώτερος (לַחוּץ) 502c
⟦ἔπαυλις 508c⟧ → חָצֵר
ὁδός 962b
τὰ ὑπ᾽ οὐρανόν (חוּצוֹת) 1031b
πανταχῇ (בַּחוּצוֹת) 1053b
#πάρεξ (חוּץ מִן) 1068c (Ec. 2.25)
⟦παρέξω (מִחוּץ לְ־) 1068c⟧
πλατεῖα (subst.) 1140c
חוֹק
διαθήκη *171a*
⟦κόλπος 777a⟧ → חֵק, חֵיק
חוּק
⟦κύκλωσις *182c*⟧
חָוַר qal
μεταβάλλειν 915b
חוּר, חָר
ἀέρινος 28c
⟦κοσμεῖν 780b⟧
חוֹר, חֹר
ἔντιμος 479a
ὀπή 1001b
חִוַּר (Aramaic)
λευκός 874c
חוּרָי
βύσσος 232b
חוּשׁ, חִישׁ qal
βοηθεῖν 223b
εἰσακούειν 408b
⟦ἑτοιμάζειν 563c⟧
ὀξέως 1001a
παρεῖναι 1065c
πρόθυμος 1206c
προσέχειν 1215b
⟦σπεύδειν 1284a⟧
#σπουδάζειν 1285c (Jb. 31.5)
⟦συνιέναι, συνιέναι 1316b⟧ → בִּינָה
חוּשׁ, חִישׁ hi.
ἐγγίζειν 362b
κινεῖν 765b
ὁρμᾶν 1014a
σπεύδειν *192a*
συνάγειν 1307b
חוֹתָם, חֹתָם
ἀποσφράγισμα 148c
δακτύλιος 284b
σφραγίς 1327b, *193b*
חֲזָא pe. (Aramaic)
see חֲזָה, חֲזָא pe.
חָזָה qal
ἀναγγέλλειν 74a (–Is. 30.10b)
#ἀπαγγέλλειν 113c, *167b* (Si. 44.3)
ἀνακρούειν 78c
βλέπειν 221a, *169b*
⟦γίνεσθαι 256b⟧
γινώσκειν 267a
εἰδεῖν, εἰδέναι 374b
ἐνυπνιάζεσθαι 481b
ἐφορᾶν 586b
θεωρεῖν 649b, *179b* (Si. 42.22)
ἰδεῖν 669b, *179c*
ἰδού 673c
μαντ(ε)ία 896a
ὁρᾶν 1005a, *186b*
ὅρασις 1007b
ὁρατικός 1008a
σκέπτεσθαι 1269b
συνεπίστασθαι 1313c
חֲזָה, חֲזָא pe. (Aramaic)
βλέπειν 221a
δεῖν ("to be necessary") + inf. (חֲ׳ pe. + לְ־ + inf.) 287a
εἰδεῖν, εἰδέναι 374b
θεωρεῖν 649b
ἰδεῖν 669b
κατανοεῖν 739c
ὁρᾶν 1005a
*#ὑπεριδεῖν 1410b (I Es. 2.18)
חָזֶה
⟦ἧπαρ 619c⟧
στηθύνιον 1290a
חֹזֶה
προφήτης 1232b, *190c*
συνθήκη 1316a
חֵזוּ (Aramaic)
ὅραμα 1004c
ὅρασις 1007b
πρόσοψις 1219a
ὕπνος 1411c
חָזוֹן
ἐξηγητής 495b
ὅραμα 1004c
ὅρασις 1007b, *186b*
προφητ(ε)ία 1231c, *190c*
προφήτης *190c*
ὕπνος 1411c
חָזוּת (Hebrew and Aramaic)
⟦κύτος 839a⟧
ὅρασις 1007b
חָזוּת
⟦ἐλπίς 454a⟧
θεωρητός 649c
⟦κέρας 759c⟧
ὅραμα 1004c
חִזָּיוֹן
θαῦμα 626c
⟦μελέτη 908c⟧ → הִגָּיוֹן
ὅραμα 1004c
ὅρασις 1007b
φάντασμα 1424b
φάσμα 1425b
חֲזִיז, חָזִיז
κυδοιμός (חֲ׳ קֹלוֹת) 796a
⟦τίναγμα 1354a⟧ → זוּז hi.
φαντασία 1424b
ὑετός *194a*
חֲזִיר
σῦς 1323a
ὕειος, ὕϊος 1384a
ὗς 1418b
חָזַק qal
ἀνδρίζεσθαι 86b
ἀνιστᾶν, ἀνιστάναι 102c
βαρύνειν 191a
ἐνισχύειν 475a, *175b*
ἐπικρατεῖν 523b
⟦ζῆν 594c⟧
*ἰσχύειν 692c
προσέχειν ἰσχυρῶς 694b, 1215b
*#ἰσχύς 694b (I Es. 8.91)
δίδοσθαι ἰσχύν 317b, 694b
καθιστάναι 702c
καταβιάζεσθαι 729a
κατισχύειν 751b
κραταιός 782a
κραταιοῦν 782b
κρατεῖν 783a
⟦κρεμάζειν, κρεμᾶν, κρεμαννύναι 785c⟧
περιπλέκειν 1125b
σκληρύνειν 1275a
στερεοῦν 1289a
⟦ " *192a*⟧ → חָזַק pu.
ὑπερισχύειν 1410b
ὑπερκρατεῖν 1410b
חָזַק pi.
ἀντιλαμβάνεσθαι 110c
*#βοηθεῖν (חִ׳ בְּיַד pi., חִ׳ יַד pi.) 223b (I Es. 2.8)
⟦διδόναι 317b⟧
δοξάζειν *172a*
ἐνισχύειν 475a, *175b*
ἐπισκευάζειν 528b
ἰσχύειν 692c, *180c* (Si. 43.15)
#ἰσχυρός 693b (Pr. 8.29)
ἰσχυροῦν 694a
καθυστερεῖν + neg. 704c
κατακρατεῖν 734b
κατέχειν 750c
*κατισχύειν 751b
κραταιοῦν 782b
κρατεῖν 783a

#κράτος 784a (Is. 22.21)
ὀχυροῦν 1043c, *187c*
παρακαλεῖν 1060a
σκληρύνειν 1275a
στερεοῦν 1289a
*#στολίζειν 1292b (I Es. 1.2)

חָזַק pu.
#στερεοῦν 1289a, *192a* (Si. 50.1)

חָזַק hi.
ἀνταπόδοσις 109c
ἀντιλαμβάνεσθαι 110c
ἀσφαλίζειν 174b
βιάζεσθαι 218a
⟦δέχεσθαι 294c⟧
ἐγκρατεῖν 366c
#ἐγκρατὴς γίνεσθαι 256b, 367a, *170b, 172a* (Si. 6.27)
?εἰσάγειν 407c
ἐνισχύειν 475a
ἐπιλαμβάνειν 523c
ἐφιστάναι 585c
ἔχειν 586c
καρτερεῖν 725a
καταδυναστεύειν 731a
κατακρατεῖν 734b
καταλαμβάνειν 735a
κατέχειν 750c
κατισχύειν 751b
κραταιοῦν 782b
κρατεῖν 783a
κράτος 784a
λαμβάνειν 847a, *183a*
παρασφαλίζεσθαι 1064a
⟦προέχειν 1206b⟧ → προσέχειν
προσέχειν 1215b
στερεοῦν *192a*
στηρίζειν *192b*
συνέχειν 1315b
ὁ χειραγωγῶν (מַחֲזִיק בְּיָד) 1467a
χωρεῖν 1482b

חָזַק hithp.
ἀνθιστάναι 95c
ἀνταπόδοσις 109c
⟦ἀντιλαμβάνεσθαι *167b*⟧
βοηθεῖν 223b
⟦ἐγκρατὴς γίνεσθαι *170b, 172a*⟧
ἐνισχύειν 475a
*#ἐπιχειρεῖν 538c (I Es. 1.26)
*#γίνεσθαι εὐθαρσήν 570a (I Es. 8.27)
ἰσχύειν 692c
κατενισχύειν 749a
κατισχύειν 751b
κραταιοῦν 782b
κρατεῖν 783a
προσκαρτερεῖν 1216c
στηρίζειν *192b*

חָזָק
βαρύς *169a*
δυνάστης 355b
δυνατός 355c
⟦ἠχεῖν 620c⟧
ἰσχύειν 692c
ἰσχυρός 693b, *180c*
ἰσχύς 694b
κατισχύειν 751b
κραταιός 782a
στερεοκάρδιος (חֲזַק־לֵב) 1289a
στερεός 1289a
σφοδρός (חָ׳ מְאֹד) 1327a
ὑπερισχύειν 1410b
⟦ὑψηλός 1419b⟧
φιλόνεικος (חֲזַק־מֵצַח) 1431a

חָזֵק
ἰσχυρός 693b
⟦κραταιοῦν 782b⟧ → חָזַק qal

חֵזֶק
ἰσχύς 694b

חֹזֶק
δύναμις 350a
ἰσχύς 694b
κραταιός 782a
#μόλις (בְּחָ׳) 932c, *185b* (Si. 35[32].7)

חֶזְקָה
ἰσχυρός 693b
κατακρατεῖν 734b
κατισχύειν 751b
κρατεῖν 783a

חָזְקָה
ἐκτενῶς (בְּחָ׳) 443a
⟦ἰσχυρός 693b⟧ → חָזָק
ἰσχυρῶς (בְּחָ׳) 694b
κραταιῶς (בְּחָ׳) 783a
κράτος 784a

חָזַר qal
#στρέφειν 1296c, *192b* (Si. 36[33].5)

חָח
ἄγκιστρον 15b
⟦γαλεάγρα 233c⟧ → סוּגַר ≈ γαλέαγρος
κημός, κιμός 763a
παγίς, πακίς 1044b
σφραγίς 1327b
φιμός 1432c

חֵט
ἁμαρτία *166b*

חָטָא qal
⟦ἀγαπᾶν 5b⟧
ἀδικεῖν 24c
ἁμαρτάνειν 60c, *166b*
ἁμαρτία 62a, *166b*
ἁμαρτωλός 64b, *166b*
⟦ἀνομεῖν 106b⟧ → רָשַׁע qal
ἀσεβεῖν *168c*
ἀσεβής 170b
⟦ἐννοεῖν κακά (חָ׳ וּבֵרֵךְ qal) 475c⟧
ἐξαμαρτάνειν 487a
⟦ποιεῖν 1154a (Ez. 33.16)⟧ → ἁμαρτάνειν

חָטָא pi.
ἀναφέρειν ἁμαρτίαν 84c
ἀποτιννύειν 149b
ἀφαγνίζειν 180a
ἐξιλάσκειν 495c
ἐξιλασμός 496b
καθαρίζειν, καθερίζειν 698a
ῥαντίζειν 1248a

חָטָא hi.
ἁμαρτάνειν 60c
διαμαρτάνειν 305b
ἐκκλ(ε)ίνειν 433c
ἐξαμαρτάνειν 487a, *175c*
ἐφαμαρτάνειν 585b
μιαίνειν 925c
ἁμαρτεῖν ποιεῖν 1154a

חָטָא hithp.
ἁγνίζειν 15c
ἀφαγνίζειν 180a

חֵטְא
ἁμαρτάνειν 60c
ἁμάρτημα 62a
ἁμαρτία 62a, *166b*

חַטָּא
ἁμαρτάνειν 60c
ἁμαρτωλός 64b
ἄνομος 107c
ἀσεβής 170b
ἀνὴρ ἀσεβής 170b

חֲטָאָה
ἁμαρτία 62a

חַטָּאָה
ἁμαρτία 62a
ἁμαρτωλός 64b
ἀνομία 106b

חַטָּאת
ἅγνισμα 16a
ἁγνισμός 16a
ἀδικία 25b
ἁμαρτάνειν 60c
ἁμάρτημα 62a
ἁμαρτία 62a, *166b*
ἀνόμημα 106b
ἀνομία 106b
ἀσέβεια, ἀσεβία 169c
ἀσέβημα 170b
ἐξιλασμός 496b
ἱλασμός 684c
κακία 708a
⟦καρδία 719a⟧
⟦μάταιος 898c⟧ → הֶבֶל
μετακίνησις 916a

חָטַב qal
ἀμφίταπος 68a
⟦ἐργάζεσθαι, ἐργάζειν 540c⟧
κόπτειν 779a
ξυλοκόπος (חֹטֵב עֵץ) 958a
συνάγειν 1307b

חָטַב pu.
περικοσμεῖν 1124a

חִטָּה
πυρός 1245b, *191c* (Si. 39.26)
σῖτος 1267b

חֲטִי (Aramaic)
#ἁμαρτία 62a (I Es. 7.8)

חַטָּיָא (Aramaic)
⟦ἁμαρτία 62a (I Es. 7.8)⟧ → חֲטִי

חָטַם qal
ἐπάγειν 503c

חָטַף qal
ἁρπάζειν 160a
#συντόμως 1321a (Pr. 23.28)

חֹטֶר
βακτηρία 189c
#ἱμάς 685a, *180b* (Si. 30[33].35)
ῥάβδος 1247a

חַי (Hebrew and Aramaic)
ἀέν(ν)αος 28b
ἄνθρωπος (חַי ,חַיִּים ,אֶרֶץ) 96b, *167a*
βίος (חַי ,יְמֵי חַיִּים) 220a, *169b*
⟦ἐξεγείρειν 490b⟧ → חָיָה pi.
ζῆν 594c, *178a* (+Si. 30[33].29; 44.14)
ζωγρεῖν (שָׁבָה חַיִּים) 599b
*ζωή (חַיִּים) 599c, *178b*
ζῷον 601b, *178c*
θηρίον 650c
θνητός 654a
ἰσχύειν *180c*
σάρξ *191a*
ὑγ(ε)ία, ὑγίεια *194a*
νὴ τὴν ὑγίειαν (חַי ,חֵי) 944b, 1380b
ὑγιής 1380c, *194a*
#ὑπάρχειν 1406b (Ps. 145[146].2)
ψυχή (חַיִּים) 1486a, *196b*

חֲיָא pe. (Aramaic)
see חֲיָה ,חֲיָא pe.

חַיָּב
⟦ἐπιτίμιον *177a*⟧ → ἐπίτιμος
#ἐπίτιμος *177a*

חִידָה
αἴνιγμα 34b
διήγημα 330a
διήγησις 330a
παραβολή *187b*
παροιμία *188a*
πρόβλημα 1205c

חָיָה qal
ἀναζωπυρεῖν, ἀναζωπυρίζειν 77a
ἀναψύχειν 86a
ἀνιστᾶν, ἀνιστάναι 102c
βιοῦν 220b, *169b*
⟦γίνεσθαι 256b⟧ → הָיָה qal
⟦ἐκτρέφειν 443c⟧
ἐπιζῆν 520a
ζῆν 594c
ζωή 599c
ζωὴν ἰδεῖν/εἰδέναι 599c
?καταπαύειν 740c
περιποιεῖν 1125c
σῴζειν 1328b
ὑγιάζειν 1380b
ὑγιὴς εἶναι 1380c

חָיָה pi.
διασῴζειν 312b
διατρέφειν 314a
⟦διδάσκειν 316c⟧ → חָוָה pi.
ἐκτρέφειν 443c
ἐξανιστάναι 487c
#ἐξεγείρειν 490b (Is. 38.16)
ζῆν 594c
ζῆν ποιεῖν 594c, 1154a
ζωγρεῖν 599b
⟦ζώειν 599c⟧ → ζῆν
ζωογονεῖν 601b
⟦ζῷον 601b⟧ → חַי
ζωοποιεῖν 601c
ζωοῦν 601c
⟦περιβιοῦν 1122a⟧ → περιποιεῖν
περιποιεῖν 1125c
#ποίησις 1168c, *189b* (Si. 16.26)
σῴζειν 1328b
τρέφειν 1371b
ὑγιάζειν 1380b
φυλάσσειν, φυλάττειν 1441c

חָיָה hi.
διατρέφειν 314a
ἐκτρέφειν 443c
ζῆν 594c
ζωγρεῖν 599b
διδόναι ζωήν 599c
ζωογονεῖν 601b
ζωοποιεῖν 601c
ζωπυρεῖν 601c
περιποιεῖν 1125c

σώζειν 1328b
τρέφειν 1371b
חֲיָה, חֲיָא pe. (Aramaic)
ζῆν 594c
חַיָּה
⟦ἑρπετός 548a⟧
ζῆν 594c
ζωή 599c, *178b*
ζωογονεῖν 601b
ζῷον 601b
θήρ 650b
θηρίον 650c, *179b*
κτῆνος 794a
τάγμα 1333a
τετράπους 1347b
ψυχή 1486a
חֵיוָא (Aramaic)
θηρίον 650c
חַיּוּת
⟦ζῆν 594c⟧ → חַי
חֵיךְ
λάρυγξ *183a*
φάρυγξ *195a*
חַיִל (Hebrew and Aramaic)
ἀνδρεῖος 86b, *167a*
δύναμις 350a
υἱοὶ δυνάμεων 350a, 353a
δυνάστης (אֱנוֹשׁ ח׳, אִישׁ ח׳) 355b
δυνατός (ח׳, בְּנֵי ח׳) 355c
δυνατὸς ἰσχύϊ 355c, 694b
⟦ἔθνος 368b⟧
⟦ἐξισχύειν *176a*⟧
εὐπορία 576a
ἰσχύειν (ח׳, גִּבּוֹר ח׳) 692c, *180c*
ἰσχύς 694b, *180c* (Si. 3.13)
*ὄχλος 1043a
παῖς 1049a
παράταξις 1064b
*#πεζός 1114b (I Es. 8.51)
#πλῆθος 1142c, *189a* (Si. 16.3)
πλούσιος *189a*
πλοῦτος 1150c
πόλεμος 1172a
στρατ(ε)ία 1295c
στρατόπεδον 1296a
συναγωγή 1309b
σῶμα 1330a
τὸ ὑπάρχον, (τὰ) ὑπάρχοντα 1406b
χρῆμα *196b*
חֵיל
ἀρχή 163c
δύναμις 350a
חִיל I subst.
⟦ὀδύνη 967a⟧
ὠδίν 1492b
חִיל II qal
see חוּל, חִיל qal
חִיל II polel
see חוּל, חִיל polel
חִיל II hi.
see חוּל, חִיל hi.
חִיל II ho.
see חוּל, חִיל ho.
חִיל II hithpo.
see חוּל, חִיל hithpo.
חִיל II hithpalp.
see חוּל, חִיל hithpalp.

חִין
ἐλεεῖν 449c
חַיִץ
τοῖχος 1362c
חִיצוֹן
ἔξω, ἐξωτέρω (ח׳, ח׳ לְ־) 501c
τὸ ἔξωθεν 502b
ἐξώτερος, ἐξώτατος 502c
⟦ἐσώτερος, ἐσώτατος 559a⟧ → ἐξώτερος, ἐξώτατος
חֵיק, חֵק
ἀγκάλη 15b
βάθος 189a
κόλπος 777a, *182b*
κόλπωμα 777b
κύκλωμα 798c
σύγκοιτος (שֹׁכֶבֶת ח׳) 1300a
חִישׁ qal
see חוּשׁ, חִישׁ qal
חִישׁ hi.
see חוּשׁ, חִישׁ hi.
חֵךְ
λάρυγξ 862c
στόμα *192b*
φάρυγξ 1425b, *195a*
חָכָה qal
ἐμμένειν 456a
חָכָה pi.
ἐμμένειν 456a
⟦ἱμείρεσθαι 686a⟧ → ὁμείρεσθαι
μένειν 910a
ὁμείρεσθαι 991a
ὑπομένειν 1415c, *194c* (Si. 51.8)
חַכָּה
ἄγκιστρον 15b
חַכִּים (Aramaic)
σοφιστής 1280b
σοφός 1280b
חַכְלִיל
χαροποιός 1456a
חַכְלִלוּת
⟦μέλας 908b⟧ → πέλειος, πελιός
πέλειος, πελιός 1116b
⟦πελιδνός 1116b⟧ → πέλειος, πελιός
חָכַם qal
ἄφρων (ח׳ + neg.) 186c
πανουργότερος γίνεσθαι 256c
σοφὸς γίνεσθαι 256c, 1280b
γίνεσθαι σοφώτερος 256c, 1280b
⟦παιδεύειν *187a*⟧
πανοῦργος 1053a
σοφίζειν 1280a, *192a*
σοφός *192a*
σοφὸς εἶναι 1280b
σοφώτερος εἶναι 1280b
φρονεῖν 1439a
חָכַם ni.
παιδευτής *187a*
חָכַם pi.
#παιδεύειν 1047a, *187a* (Si. 37.23)
#σοφία 1278c, *191c* (Si. 6.37)
σοφίζειν 1280a
חָכַם hi.
σοφίζειν 1280a
חָכַם hithp.
κατασοφίζεσθαι 745a
παιδεύειν *187a*

σοφίζειν 1280a, *192a*
חָכָם
⟦ἀληθής 53c⟧
βουλή *169c*
εἰδεῖν, εἰδέναι 374b
ἐπιστήμων *177a*
πανοῦργος 1053a, *187b*
σοφία *191c*
σοφιστής 1280b
σοφός 1280b, *192a*
σοφῶς 1281b
συνετός (ח׳, חֲכַם־לֵב) 1315a
⟦συνετῶς 1315b⟧
φρόνιμος (ח׳, ח׳־לֵב) 1439b
חָכְמָה (Hebrew and Aramaic)
αἴσθησις 36b
#γνῶσις 273c, *170c* (Si. 36[33].8)
διανόημα *171b*
ἐπιστήμη 530a, *177a* (Si. 36[33].11)
⟦ζωή 599c⟧
προσεχόντως (בְּח׳) 1215c
*σοφία 1278c, *191c*
σοφός *192a*
σοφῶς (בְּח׳) 1281b
σύνεσις 1314a
τέχνη 1347c
φρόνησις 1439a
φρόνιμος 1439b
חֵל
ἀρχή 163c
περίτειχος 1127b
προτείχισμα 1230b
חֹל
βέβηλος 216b
חָלָא qal
μαλακίζεσθαι 894b
חָלָא hi.
ἰοῦσθαι *180b*
חֶלְאָה
ἰός 687a
חָלָב
γάλα 233b, *170a*
γαλαθηνός 233c, *170a*
⟦πιότης 1135b⟧ → חֵלֶב, חֵלֶב
חֵלֶב, חֵלֶב
ἀπαρχή 118b
⟦γάλα 233b⟧ → חָלָב
⟦θυσία 664a⟧
μυελός 936b
#πιότης 1135b (Ez. 25.4)
*στέαρ 1287b, *192a*
חֶלְבְּנָה
χαλβάνη 1452c
חֶלֶד
γῆ 240c
ἡ οἰκουμένη 968a
ὑπόστασις 1417a
חֹלֶד
γαλῆ 233c
חָלָה qal
ἀρρωστεῖν 160b
ἀρρωστία (ח׳ qal, רָעָה חוֹלָה) 160b
ἄρρωστος 160b
ἀσθενεῖν 172a
ἐκλείπειν 435c
ἐνοχλεῖν 476b
κακῶς ἔχειν 586c, 712a
⟦καταδεῖσθαι 730b⟧ → חָלָה pi.

κοπιᾶν 778b
μαλακίζεσθαι 894b
μετριάζειν 918a
πονεῖν 1186a
τιτρώσκειν 1362a
חָלָה ni.
ἀλγηρός 52c
ἀσθενεῖν 172a
ἐκλείπειν 435c
μαλακίζεσθαι 894b
ὀδυνηρός 967b
πάσχειν 1103a
φλεγμαίνειν 1432c
חָלָה pi.
⟦ἀποστέλλειν 141b⟧
δεῖσθαι (ח׳ פָּנִים pi.) 288a, *170b* (Si. 30[33].28, 30)
ἐκζητεῖν 430c
ἐξιλάσκειν 495c
ζητεῖν 597a
θεραπεύειν 648a
#θεράπων 648b (Pr. 18.14)
#καταδεῖσθαι 730b
λιτανεύειν 879c
חָלָה pu.
⟦ἁλίσκειν, ἁλίσκεσθαι 54c⟧
חָלָה hi.
*#ἀσθενεῖν 172a (I Es. 1.28)
חָלָה ho.
πονεῖν 1186a
τιτρώσκειν 1362a
חָלָה hithp.
ἀρρωστεῖν 160b
μαλακίζεσθαι 894b
חַלָּה
ἄρτος (ח׳, חַלַּת לֶחֶם) 161b
κολλυρίς 776c
λάγανον, λάγανος(?) 840b
חֲלוֹם
ἐνυπνιάζεσθαι 481b
ἐνυπνιαστής (בַּעַל חֲלֹמוֹת) 481b
ἐνύπνιον 481b, *175c* (Si. 31[34].1)
ὅραμα 1004c
ὕπνος 1411c
חַלּוֹן
διόρυγμα 336c
θυρίς 663c, *179c*
חֲלוּק
λεῖος 872b
חֲלוּשָׁה
τροπή 1375a
חַלְחָלָה
ἔκλυσις 438a
ταραχή 1336c
ὠδίν 1492b
חָלַט hi.
ἀναλέγειν 79a
חֲלִי
ὁρμίσκος 1014a
חֳלִי, חוֹלִי
⟦ἁμαρτία 62a⟧
ἀρρώστημα *168b*
ἀρρωστία 160b
μαλακία 894b
μαλακίζεσθαι 894b
νόσος 949b, *185c*
πόνος 1188b, *189c*
τραῦμα 1369c

חֲלִיָה
καθόρμιον 704b
חָלִיל I adj.
γίνεσθαι + neg. 256b
ἵλεως 684c
μηδαμῶς (חָלִילָה, חָלִלָה, חָלִילָה מִן, חָלִלָה מִן) 920b
חָלִיל II subst.
αὐλός 178c, *169a*
חֲלִיפָא, חֲלִיפָה
ἀλλάσσειν 55b
ἀντάλλαγμα 108c
δισσός 337b
ἐξαλλάσσειν 487a
⟦ἐπάγειν 503c⟧ → חָלַף hi.
#πάλιν 1051c (Jb. 14.14)
παρέρχεσθαι (חֲלִיפוֹת) *187c*
στολή 1291c
חֲלִיצָה
ἱμάτιον 685a
πανοπλία 1053a
στολή 1291c
חֶלְכָה
πένης 1117c
πτωχός 1239b
חָלַל I ni.
βεβηλοῦν 216b, *169b* (Si. 42.10)
βεβήλωσις 217a
⟦εἰσβεβηλοῦν 410a⟧ → βεβηλοῦν
μιαίνειν 925c
⟦ταράσσειν 1336a⟧ → חִיל, חוּל polel
חָלַל I pi.
βεβηλοῦν 216b
⟦ἐκβεβηλοῦν 421b⟧ → βεβηλοῦν
⟦εὐφραίνειν 581a⟧
μιαίνειν 925c
⟦στρωννύειν, στρωννύναι 1297b⟧ → חָלַל II pi. ≈ τιτρώσκειν
τρυγᾶν 1377a
חָלַל I pu.
βεβηλοῦν 216b
חָלַל I hi.
*ἄρχειν, ἄρχεσθαι 163a
βεβηλοῦν 216b
ἐνάρχεσθαι 469a
⟦ἔρχεσθαι 548b⟧ → ἄρχειν, ἄρχεσθαι
חָלַל I ho.
⟦ἐλπίζειν 453c⟧ → יָחַל hi.
חָלַל II qal
⟦εὐφραίνειν 581a⟧ → הָלַל pi.
⟦κοπιᾶν 778b⟧ → חָדַל, חָדֵל I qal ≈ κοπάζειν
חָלַל II ni.
#τραυματίζειν 1370b (I Ki. 31.3)
חָלַל II pi.
⟦ἀναβαίνειν, ἀναβέννειν 70a⟧
#τιτρώσκειν 1362a (Ez. 28.7)
τραυματίζειν 1370b
חָלַל II pu.
⟦τραυματίας 1369c⟧ → חָלָל
חָלַל II polel
θανατοῦν 625a
τραυματίζειν 1370b
חָלָל
βέβηλος 216b
βεβηλοῦν 216b
θνήσκειν 653c
νεκρός 941b
#πτῶμα 1239a, *190c* (Si. 34[31].6)
τιτρώσκειν 1362a
τραῦμα 1369c
τραυματίας (חָ׳, חֲלַל חֶרֶב) 1369c
τραυματίζειν 1370b
τροποῦν 1376a
חָלַם I qal
ἐμπίπτειν εἰς ὁράματα καὶ ἐνύπνια (חָ׳ חֲלֹמוֹת qal) 458a
ἐνυπνιάζεσθαι 481b
ἐνύπνιον 481b
ἰδεῖν ἐνύπνιον 481b
ἰδεῖν 669b
#ὁρᾶν + ἐνύπνιον (= חֲלוֹם) 1005a (Ge. 41.15; Da. LXX 2.3)
ὕπνος 1411c
חָלַם I hi.
ἐνυπνιάζεσθαι 481b
⟦παρακαλεῖν 1060a, *187d*⟧ → נָחַם pi.
חָלַם II qal
#ἀπορρήσσειν 140a (Jb. 39.4)
חֵלֶם (Aramaic)
ἐνύπνιον 481b
ὅραμα 1004c
חַלָּמִישׁ
ἀκρότομος 51c
στερεός 1289a
στερεὰ πέτρα 1129c, 1289a
חָלַף qal
ἀλλάσσειν 55b
ἀπέρχεσθαι 121a
ἀφαιρεῖν 180a
διελαύνειν 328b
διέρχεσθαι 328c, *171c*
διηλοῦν 330a
ἐπέρχεσθαι 509c
⟦κατακρύπτειν 734c⟧
⟦καταστρέφειν 745c⟧
⟦κρύπτειν *182b*⟧
μεταβάλλειν 915b
παρέρχεσθαι 1068c, *187c* (Si. 11.19; 42.20)
#πορευέσθαι 1189a (Jb. 29.20)
τιτρώσκειν 1362a
חָלַף pi.
ἀλλάσσειν 55b
חָלַף hi.
ἀλλάσσειν 55b
ἀνθεῖν 95b
ἀντικαταλάσσειν *167b*
διάδοχος *171a*
⟦ἐλίσσειν 453a⟧ → ἀλλάσσειν
#ἐπάγειν 503c (Jb. 10.17)
#ἐπανθεῖν + subj. δένδρον (= עֵץ) 506c (Jb. 14.7)
παραλογίζεσθαι 1062a
חֲלַף pe. (Aramaic)
ἀλλάσσειν 55b
ἀλλοιοῦν 56a
חָלַץ qal
#ἀποπίπτειν 139c
δύναμις 350a
δυνατός 355c
ἐκδύ(ν)ειν 423c
ἐκκλ(ε)ίνειν 433c
ἐνοπλίζειν 476b
εὔζωνος 570a
μάχιμος 901b
⟦ὁπλιστής (חָלוּץ) 1003b⟧ → ὁπλίτης
ὁπλίτης (חָלוּץ) 1003b
ὑπολύειν 1415c
חָלַץ ni.
⟦δύ(ν)ειν 350a⟧ → ἐκδύ(ν)ειν
ἐκδύ(ν)ειν 423c
ἐνοπλίζειν 476b
ἐξοπλίζειν 500a
εὔοδος 575c
ῥύεσθαι 1254b
חָלַץ pi.
⟦ἀποπίπτειν 139c⟧ → חָלַץ qal
ἐξαιρεῖν 484b
⟦θλίβειν 652b⟧
ῥύεσθαι 1254b
חָלַץ hi.
πιαίνειν 1132c
חָלָץ
ὀσφύς 1023c
πλευρά 1142a
πολεμιστής 1171c
חָלַק qal
ἀπονέμειν 139a
διαιρεῖν 302c
διαμερίζειν 305c
διανέμειν 306a
διαστέλλειν 311b
ἐπιμερίζειν 525c
⟦κατακληρονομεῖν (חָ׳ נַחֲלָה qal) 733b⟧ → κληρονομεῖν
κατέχειν 750c
κληρονομεῖν (חָ׳ נַחֲלָה qal) 768a
κτίζειν *182c*
⟦λαμβάνειν 847a (II Ch. 28.21)⟧ → לָקַח qal
μερίζειν 910c, *184b*
⟦συμμερίζεσθαι 1304b⟧ → μερίζειν
חָלַק ni.
⟦ἀποστέλλειν *168b*⟧
διαιρεῖν 302c
#διαστέλλειν 311b, *171b* (Si. 15.9)
⟦ἐκπορεύεσθαι 439c⟧
?ἐπιπίπτειν 526b
κτίζειν *182c*
μερίζειν 910c
חָלַק pi.
ἀπομερίζειν 139a
διαδιδόναι 300b
διαιρεῖν 302c
διαμερίζειν 305c
⟦διαμετρεῖν 306a⟧ → διαμερίζειν
διδόναι 317b
διϊστάνειν, διϊστάναι 330b
ἐμβατεύειν 455c
⟦ἔχειν 586c⟧
καταδιαιρεῖν 730b
κληρονομεῖν 768a
μερίζειν 910c
μερίς 911a
חָלַק pu.
διαμερίζειν 305c
καταμετρεῖν 739c
παραδιδόναι 1058a
חָלַק hi.
ἀγοράζειν 16b
γλωσσοχαριτοῦν (חָ׳ לָשׁוֹן hi.) 272b
δολιοῦν 340b
δολοῦν 340c
λόγοις τοῖς πρὸς χάριν ἐμβάλλεσθαι (חָ׳ אֲמָרִים hi.) 1455a
⟦παρασκευάζειν 1064a⟧
τύπτειν 1378b
חָלַק hithp.
διαιρεῖν 302c
חָלָק
ἄστεγος 173b
λεῖος 872b
⟦λιπαίνειν 879b⟧ → שָׁמֵן I hi.
τὰ πρὸς χάριν 1455a
חֲלָק (Aramaic)
μερίς 911a
⟦νέμειν 941c⟧
חֵלֶק
⟦βρόχος 231b⟧
διαμερίζειν 305c
ἐπιμερίζειν 525c
#κληροδοσία 768a (Da. LXX 11.21, 32, 34)
κληρονομία 769a
κλῆρος 770a
κρίμα *182b*
μερίζειν 910c, *184b*
μερίς 911a, *184b* (+Si. 11.18; 14.14; 26.3)
μέρος 911c
חֶלְקָה I ("smoothness")
γυμνός 278a
διαβολή 299a
δόλιος 340b
δολιότης 340b
חֶלְקָה II ("portion of field")
μερίζειν 910c
μερίς 911a
חֲלֻקָּה
μερίς 911a
חֲלַקּוֹת
ὀλίσθ(ρ)ημα 987b
חֲלַקְלַקּוֹת
ὀλίσθ(ρ)ημα 987b
חָלַשׁ qal
?οἴχεσθαι 985a
τρέπειν 1371b
חַלָּשׁ
ἀδύνατος 28a
חָם I ("husband's father")
πενθερός 1117c
חָם II ("heat")
θερμός 649b
חֹם
εὐδία *177c*
ἡμέρα 607b
θερμαίνειν 649a
θερμός 649b
καῦμα 757a
μεσημβρία (חֹם הַיּוֹם) 912c
חֵמָא
θυμός 660c
חֲמָא, חֱמָא (Aramaic)
θυμός 660c

ὀργή 1008b

חֶמְאָה

βούτυρον 229c

חָמַד qal

βούλεσθαι 226b
ἐνθυμεῖσθαι 473c
ἐπιθυμεῖν 520b
#ἐπιθύμημα 520c (Nu. 16.15)
εἶναι ἐπιθυμητής 520c
ἐπιθυμία 521a, *176c* (Si. 14.14)
#ἐπιποθεῖν 526c (Si. 25.21)
εὐδοκεῖν 569a
κάλλος 715a
καταθύμιος 731b
⟦νικᾶν 945b⟧

חָמַד ni.

#ἐπιθύμημα 520c (Ps. 18[19].10)
ἐπιθυμητός 520c
⟦καλός *181a*⟧
ὡραῖος 1493c

חָמַד pi.

ἐπιθυμεῖν 520b

חָמַד hi.

ἐπιθυμεῖν *176c*

חֶמֶד

ἐπιθύμημα 520c
ἐπιθυμητός 520c
ἐπίλεκτος 525a
#καλός 715b (Ge. 49.14)

חֶמְדָּה

ἐκλεκτός 437a
ἔπαινος 504c
ἐπιθύμημα 520c
ἐπιθυμητός 520c
ἐπιθυμία 521a
κάλλος 715a
ὡραῖος 1493c

חֲמֻדוֹת

ἐλεηνός 451a
ἐπιθύμημα 520c
ἐπιθυμητός 520c
ἐπιθυμία 521a
καλός 715b

חָמָה qal

#ὑποβλέπεσθαι 1412c, *194b* (Si. 37.10 Aramaizing)

חַמָּה

ἥλιος 606b
θέρμη 649b

חֵמָה I ("anger")

ἄκρατος 50b
ἐνθύμιον 474a
θολερός 654a
θυμός 660c
θυμὸς ὀργή 660c, 1008b
θυμὸς πλάγιος (חֲמַת־קֶרִי) 660c
*θυμοῦν (עָלְתָה חֵ׳) 662b (I Es. 1.49)
θυμώδης 662c
ἰός 687a
κακόφρων (גְּדָל־חֵ׳) 712a
⟦ " (גְּרָל־חֵ׳) 712a⟧
ὀργή 1008b, *186c*
ὀργὴ θυμοῦ 1008b
ὀργίζειν (בָּעֲרָה חֵ׳) 1010a
ὀργίλος 1010b
ὁρμή 1014a

חֵמָה II ("curd")

βούτυρον 229c

חֲמוּדָה

ἐλεηνός 451c
ἐπιθυμία *176c*

חָמוֹץ

ἀδικεῖν 24c

חַמּוּק

ῥυθμός 1255b

חֲמֹר, חֲמוֹר

⟦ἐξαλείφειν 486c⟧ → מָחָה qal
ὄνος 1000a, *186b* (Si. 30[33].33)
*ὑποζύγιον 1413b

חֲמוֹרָה

⟦ἐξαλείφειν 486c⟧ → מָחָה qal

חָמוֹת

πενθερά 1117c

חֹמֶט

σαῦρα 1261a

חָמִיץ

⟦ἀναποιεῖν 81b⟧ → בְּלִיל

חֲמִשִׁי, חֲמִישִׁי

ἐπίπεμπτος 526b
τὸ πέμπτον μέρος 911c, 1116c
*πέμπτος 1116c
πεντεκαιδέκατος (חֲמִשָּׁה עָשָׂר) 1118c

חָמַל qal

αἱρετίζειν 36a
ἐλεεῖν 449c, *174a*
ἐπιποθεῖν 526c
#πάσχειν 1103a (Za. 11.5; Ez. 16.5)
περιποιεῖν 1125c
⟦πονεῖν 1186a (I Ki. 23.21)⟧ → עָמַל qal
*φείδεσθαι 1426a, *195a*

חֶמְלָה

φείδεσθαι 1426a

חָמַם qal

διαθερμαίνειν 300c
⟦ἐκκαίειν 432b⟧ → προσκαίειν
θερμαίνειν 649c
θερμασία 649c
θέρμη 649b
θέρμη γίνεται 649b
θερμὸς γίνεσθαι 256c
παραθερμαίνειν 1059c
προσκαίειν 1216b

חָמַם pi.

θάλπειν 623b

חָמַם hi.

#θερμαίνειν 649a, *179b* (Si. 38.17)

חָמַם hithp.

θερμαίνειν 649c

חַמָּן

βδέλυγμα 215b
εἴδωλον 376a
τὸ ξύλινον χειροποίητον 957c
τέμενος 1345a

חָמַס qal

ἀθετεῖν 29b
ἀσεβεῖν 170a
⟦διαπετάζειν, διαπεταννύειν, διαπεταννύναι 307c⟧ → διασπᾶν
#διασπᾶν 310c (La. 2.6)
ἐπίκεισθαι 523a
⟦τρυγᾶν 1377a⟧

חָמַס ni.

παραδειγματίζειν 1057c

חָמָס

ἀδικεῖν 24c
ἀδίκημα 25a
ἀδικία 25b, *165b*
ἄδικος 26c
ἀθεσία 29b
ἁμαρτωλός *166b*
ἀνομία 106b
ἄνομος *167b*
#ἀπειθής 119c, *167c* (Si. 47.21)
ἀπώλεια, ἀπωλία 151c
ἀσέβεια, ἀσεβία 169c
ἀσεβής 170b, *168c*
#μόχθος 935c (Je. 28[51].35)
ὄνειδος 995a
παράνομος 1062b
#ψευδής 1484b (Am. 6.3)

חָמֵץ I qal

ἀδικεῖν 24c
ζυμοῦσθαι 599b

חָמֵץ I hithp.

ἐκκαίειν 432b

חָמֵץ II subst.

ἐρύθημα 548a
⟦ἐρύθρημα 548a⟧ → ἐρύθημα
ζύμη 599b
ζυμίτης 599b
ζυμοῦσθαι 599b
ζυμωτός 599b

חֹמֶץ

ὄμφαξ 994a
ὄξος 1001a

חָמַק qal

παρέρχεσθαι 1068c

חָמַק hithp.

ἀποστρέφειν 145b

חָמַר I qal

ἄκρατος 50b
καταχρίειν 748c
ταράσσειν 1336a

חָמַר I hi.

⟦προσταράσσειν *190b*⟧

חָמַר I pealal

συγκαίειν 1299a
ταράσσειν 1336a

חָמַר II qal

#καταχρίειν 748c (Ex. 2.3)

חֵמָר

ἀσφαλτόπισσα 174c
ἄσφαλτος 174c

חֶמֶר

μέθη *184a*
οἶνος 983c

חֲמַר (Aramaic)

*οἶνος 983c

חֹמֶר I ("homer")

ἀρτάβαι ἕξ 161b
ἄχυρον, ἄχυρος 188a
§γομορ 274b
κόρος ("kor") 780a
⟦ταράσσειν 1336a⟧ → חָמַר I qal

חֹמֶר II ("clay")

κονιορτός 777c
πήλινος 1131a
πηλός 1131a

חֹמֶר III ("heap")

θημωνία, θ(ε)ιμωνία 650b

חֲמֹר

see חֲמוֹר, חֲמֹר

חָמַשׁ qal

πέμπτη γενεά (חֲמֻשִׁים) 236a (Ex. 13.18)
διασκευάζειν (חֲמֻשִׁים) 310a (Jo. 4.12)
εὔζωνος (חֲמֻשִׁים) 570a (Jo. 1.14)

חָמַשׁ pi.

ἀποπεμπτοῦν 139b

חָמֵשׁ

πέμπτος 1116c
πενταετής (בֶּן־חָ׳ שָׁנִים) 1118b
πεντακαιδέκατος (חֲמִשָּׁה עָשָׂר, חָ׳ עֶשְׂרֵה) 1118c
πεντάκις (חָ׳ פְּעָמִים) 1118b
πεντάπηχυς (חָ׳ בָּאַמָּה) 1118c
πενταπλασίως (חָ׳ יָדוֹת) 1118c
πεντηκονταετής (בֶּן־חֲמִשִּׁים שָׁנָה) 1119a
πεντηκόνταρχος (שַׂר־חֲמִשִּׁים) 1119a
πεντηκοστός (חֲמִשִּׁים) 1119a

חֹמֶשׁ I ("fifth")

ἀποπεμπτοῦν 139b

חֹמֶשׁ II ("abdomen")

ψόα, ψοιά 1485c

חֲמִשִׁי

see חֲמִשִׁי, חֲמִישִׁי

חֲמִשִּׁים

⟦πέμπτη γενεᾷ 1116c⟧ → חֲמִישִׁי, חֲמִשִׁי ≈ πέμπτος

חֵמֶת

ἀσκός 172c

חֵן

ἀρέσκεια 155b
#δεκτός 289c (Pr. 22.11)
ἔλεος, ἔλαιος 451a
#ἐπιχαρής 538c (Na. 3.4)
⟦ἐπίχαρις 538c⟧ → ἐπιχαρής
εὔλαλος (שְׂפַת חֵן) *177c*
εὔμορφος *178a*
εὐχάριστος 583c
χάρις 1455a, *195a* (+Si. 3.18; 7.33; 26.15)

חָנָה qal

ἐγκάθετος 364b
ἐπιβαίνειν 515c
καταλύειν 738b, *181b*
κατασκηνοῦν *181c*
καταστρατοπεδεύειν 745c
κυκλοῦν (חָ׳ qal, חָ׳ סָבִיב qal) 798b
παρατάσσειν 1064c
*παρεμβάλλειν 1066b
παρεμβολή 1067b
περικαθίζειν 1123c
περιχαρακοῦν 1128b
στρατοπεδεύειν 1296a

חַנּוּן

ἐλεήμων 450c
οἰκτ(ε)ίρμων 983a

חָנַט qal

⟦ἐκφέρειν 444c⟧
ἐνταφιάζειν 477a
θάπτειν 625c

חֲנֻטִים

ταφή 1338a

חִנְטִין (Aramaic)
*πυρός 1245b
חָנִיךְ
ἴδιος 673b
חֲנִינָה
ἔλεος, ἔλαιος 451a
חֲנִית
δόρυ 344b, *172b*
ζιβύνη, σιβύνη 598c
⟦μάχαιρα 899c⟧
ὅπλον 1003c
?ῥομφαία 1253a
σειρομάστης 1262a
חָנַךְ qal
ἐγκαινίζειν, ἐγκενίζειν 364c
חֲנֻכָּה (Hebrew and Aramaic)
*ἀγκαινισμός, ἐγκαινισμός(?) 15b
ἐγκαίνια 364c
ἐγκαίνισις 364c
ἐγκαινισμός 364c
ἐγκαίνωσις 364c
חִנָּם
ἀδίκως 27b
δωρεά 358c (Si. 20.23)
διὰ κενῆς 759a
μάταιος 898c
#ματαίως 899b (Ps. 3.8)
μάτην 899c
#ψευδής 1484b (Pr. 24.28[43])
חֲנָמַל
πάχνη 1112c
חָנַן qal
δεῖσθαι 288a
ἐλεᾶν 449a
ἐλεεῖν 449c, *174a*
ἔλεος ποιεῖν 451a, 1154a
οἰκτείρειν 982c
οἰκτ(ε)ίρμων 983a
#προσκαλεῖν 1216c (Jb. 19.17)
חָנַן ni.
⟦καταστενάζειν 745c⟧ → אָנַח ni.
חָנַן pi.
δεῖσθαι 288a
חָנַן polel
ἐλεᾶν 449a
חָנַן ho.
ἐλεᾶν 449a
⟦ἐλεεῖν *174a*⟧
חָנַן hithp.
ἀξιοῦν 113b
δεῖσθαι 288a
καταδεῖσθαι 730b
παραιτεῖσθαι 1060a
προσδεῖν ("to be needy") *190a*
חֲנַן pa. (Aramaic)
οἰκτ(ε)ιρμός 983a
חֲנַן ithpe. (Aramaic)
δεῖσθαι 288a
εὔχεσθαι 583c
חָנֵף I qal
ἀνομεῖν 106b
μιαίνειν 925c
μολύνειν 932c
φονοκτονεῖν 1437b
חָנֵף I hi.
⟦ἐξάγειν 483a⟧
⟦ἐπάγειν 503c⟧
μιαίνειν 925c
φονοκτονεῖν 1437b
חָנֵף II
#ἀκάθαρτος 42c, *165c* (Si. 40.15)
ἁμαρτωλός 64b
ἄνομος 107c
ἀπειθής *167c*
ἀσεβής 170b, *168c*
δόλος 340b
παράνομος 1062b
ὑποκριτής 1414c
חֹנֶף
ἄνομος 107c
חֲנֻפָּה
μολυσμός 932c
חָנַק ni.
ἀπάγχεσθαι 115c
חָנַק pi.
ἀποπνίγειν 139c
חָסַד I pi.
#καταγινώσκειν 730a, *181b* (Si. 14.2)
⟦ὅσιος εἶναι 1018b⟧ → ὁσιοῦν
ὁσιοῦν 1018c
חָסַד II pi.
ἐπονείδιστος γίνεσθαι 256c, 539a
#ὀνειδίζειν 994b (Pr. 25.10)
חֶסֶד I ("grace")
ἀντιλήπτωρ (מָשַׁךְ ח׳) 111a
δίκαιος 330c
δικαιοσύνη 332c
δόξα 341b
ἐλεημοσύνη 450b
ἐλεήμων 450c
ἔλεος, ἔλαιος 451a, *174a*
?ἐλπίς 454a
#εὐεργεσία 569c (+Si. 51.8)
εὐσέβεια *178b*
#εὐχαριστία (גְּמִילוּת ח׳, תַּגְמוּל ח׳) 583c, *178b* (Si. 37.11)
⟦ζωή 599c⟧
οἰκτείρημα, οἴκτειρμα(?) 983a
ὀνειδισμός *186b*
ὅσιος 1018b
πολυέλεος (רַב־ח׳, גְּדָל־ח׳) 1181a
*#τιμᾶν (נָטָה ח׳ hi.) 1353a (I Es. 8.26)
*χάρις 1455a, *195a*
חֶסֶד II ("disgrace")
ὄνειδος 995a
חָסָה qal
ἀντέχειν 109c
ἐλπίζειν 453c
εὐλαβεῖσθαι 572a
πείθειν 1114b
πεποιθὼς εἶναι 1114b
σκεπάζειν (ח׳ qal, ח׳ בְּצֵל qal) 1268c
σῴζειν 1328b
σκεπάζειν *191b*
#ὑφιστάναι 1419a (Jd. 9.15B)
חָסוֹן
ἰσχυρός 693b
ἰσχύς 694b
חָסוּת
πείθειν 1114b
חָסִיד
ἐλεεῖν 449c
ἐλεήμων 450c
εὐλαβεῖσθαι 572a
εὐλαβής 572a
⟦εὐσεβής 580b⟧ → εὐλαβής
ὅσιος 1018b
חֲסִידָה
§ασιδα 172c
ἔποψ 539b
ἐρωδιός, ἀρωδιός 169b, 553b
πελεκάν 1116b
⟦ὕποψ 1418b (Le. 11.19 variant reading)⟧
חָסִיל
βροῦχος 231a
ἐρυσίβη, ἐρισύβη 548b
חָסִין
δυνατός 355c
חַסִּיר (Aramaic)
ὑστερεῖν 1418b
חָסַל qal
κατέσθειν, κατεσθίειν 749b
חָסַם qal
⟦οἰκοδομεῖν *186a*⟧
#περιστόμιον 1127a (Ez. 39.11)
φιμοῦν 1432c
חָסַן ni.
συνάγειν 1307b
חֲסַן aph. (Aramaic)
κατέχειν 750c
חֲסַן adj. (Aramaic)
ἰσχυρός 693b
ἰσχύς 694b
κράτος 784a
חֹסֶן
#δυναστεία 354c (Ez. 22.25)
θησαυρός 651c
ἰσχύς 694b
κράτος 784a
חָסַף qal
ἀποκάλυψις 132b, *168a* (Si. 42.1)
חֲסַף (Aramaic)
ὀστράκινος 1023b
ὄστρακον 1023b
⟦πήλινος 1131a⟧ → טִין
חִסְפָּס
κόριον 780a
חָסֵר I qal
ἀπολείπειν *168a*
ἀπορεῖν 140a, *168a* (Si. 3.25)
ἐλαττονεῖν 448a
ἐλαττονοῦν, ἐλασσονοῦν 448a
ἐνδεής 469b
ἐνδεὴς γίνεσθαι 256c, 469b
ἐνδεῖσθαι 469c
ἐπιδεῖν ("to lack") 519a
προσδεῖν ("to be needy") 1212c
ὑστερεῖν 1418b, *194c*
חָסֵר I pi.
ἐλαττονοῦν *174a*
στερίσκειν 1289c
חָסֵר I hi.
ἐλαττονεῖν 448a
κενὸν ποιεῖν 759a, 1154a
חָסֵר II adj.
ἀκάρδιος (חֲסַר־לֵב) 43c, *166a*
ἄφρων (חֲסַר־לֵב) 186c
ἐλαττονοῦν *174a*
ἐλαττοῦν, ἐλασσοῦν *174a*
⟦ἐλάττωσις *174a*⟧
ἐνδεής 469b
⟦ἔνδεια (ח׳־לֵב) 469b⟧ → חֶסֶר
ὑστερεῖν 1418b, *194c*
חֶסֶר
ἔνδεια 469b
חֹסֶר
ἔκλειψις 437a
#ἐλάττωσις *174a*
ἔνδεια 469b
חֶסְרוֹן
ὑστέρημα 1418c
חַף
ἄμεμπτος 65b
חֹף
#ἆπις 122c
חָפָא pi.
ἀμφιάζειν, ἀμφιέζειν 67c
חָפָה qal
⟦διατρέπειν 314a⟧ → חָפֵר qal
ἐπικαλύπτειν 522b
καλύπτειν *181a*
κατακαλύπτειν 732c
חָפָה ni.
περιαργυροῦν (ח׳ בַּכֶּסֶף ni.) 1121c
#σκεπάζειν 1268c (I Ki. 23.26)
חָפָה pi.
καταχρυσοῦν 748c
⟦ξυλοῦν 959b⟧
χρυσοῦν 1478c
חֻפָּה
παστός 1102c
σκεπάζειν 1268c
חָפַז qal
⟦αἰσθάνεσθαι 36b⟧
ἔκστασις 441b
θαμβεῖν 623b
θραύειν 654b
σπεύδειν 1284a
חָפַז ni.
δειλιᾶν 287a
θαμβεῖν 623b
σαλεύειν 1257c
חִפָּזוֹן
σπουδή 1285c
ταραχή 1336c
חֹפֶן
δράξ 348c
κόλπος 777a
χείρ 1457c
חָפַף qal
σκιάζειν 1274b
חָפֵץ I qal
ἀγαπᾶν 5b
αἱρεῖν 36a
αἱρετίζειν 36b
ἀξιοῦν *167b*
βούλεσθαι 226b
βουλεύειν 227a
ἔγκεισθαι 366b
(ἐ)θέλειν 628b, *179a*
ἐπιθυμεῖν 520b
εὐδοκεῖν 569a, *177c*
χρείαν ἔχειν 586c, 1474a (Pr. 18.2; Is. 13.17)
θέλημα 629a
⟦ἱστάναι, ἱστᾶν 689a⟧

חָפֵץ II adj.
βούλεσθαι 226b
(ἐ)θέλειν 628b
θέλημα 629a
θέλησις 629b
θελητής 629b
חֵפֶץ
⟦[ἀρέσκεια] *168b*⟧
ἄχρηστος (חֵ׳ + neg.) 187c
βούλεσθαι 226b
βουλεύειν 227a
(ἐ)θέλειν 628b
ἐκλεκτός 437a
εὔχρηστος 584c
θέλημα 629a
θελητός 629b
μέλειν 908b
ὅσα βεβούλευμαι 1019a
πολυτελής *189c*
πρᾶγμα 1199c
τίμιος 1353c
#χρεία 1474a (Je. 22.28; 31[48].38), *196a* (Si. 11.23; 15.12)
חָפַר qal ("to dig")
ἀνασκάπτειν 82a
ἀνορύσσειν 108b
ἐφοδεύειν 586b
ζητεῖν 597a
κατασκοπεύειν 745a
ὀρύσσειν 1017c
חָפֵר qal ("to feel shame")
αἰσχύνειν 36c
#διατρέπειν 314a (Es. 7.8)
ἐντρέπειν 480c
ἐπαισχύνεσθαι 505b
καταγελᾶν 729c
καταισχύνειν 731c
⟦ὀνειδίζειν 994b⟧ → חָרַף I pi. or pu.
חָפֵר hi. ("to feel shame")
αἰσχύνειν 36c
ἐπονείδιστος εἶναι 539a
ἔχειν παρρησίαν (חָ׳ hi. + neg.) 586c
καταισχύνειν *181b*
ὀνειδίζειν 994b
חָפַשׂ qal
ἐξερευνᾶν, ἐξεραυνᾶν 491b
ἐρευνᾶν 544c
חָפַשׂ ni.
ἐξερευνᾶν, ἐξεραυνᾶν 491b
חָפַשׂ pi.
⟦εἰσηγορεῖσθαι *173b*⟧ → ἰσηγορεῖσθαι
ἐξερευνᾶν, ἐξεραυνᾶν 491b
ἐρευνᾶν 544c
ἰσηγορεῖσθαι *180b*
σκάλλειν 1268a
חָפַשׂ pu.
⟦ἁλίσκειν, ἁλίσκεσθαι 54c⟧ → חָפַשׂ ni.
ἐξερευνᾶν, ἐξεραυνᾶν 491b
חָפַשׂ hithp.
⟦καταδεῖν 730b⟧ → עָמַס qal
κατακαλύπτειν 732c
⟦κραταιοῦν 782c⟧ → חָזַק hithp.
⟦περικαλύπτειν 1124a⟧ → συγκαλύπτειν
συγκαλύπτειν 1299a
חֵפֶשׂ
ἐξερεύνησις, ἐξεραύνησις 491b
חָפְשִׁי
ἄφεσις 182b
δείδειν (חָ׳ + neg.) 286a
ἐλεύθερος 452b
חָפַשׁ pi.
εἰσηγορεῖσθαι *173b*
חָפַשׁ pu.
ἀπελευθεροῦν 120b
חֹפֶשׁ
⟦ἐκλεκτός 437a⟧
ἐλευθερία *174b*
חֻפְשָׁה
ἐλευθερία 452b
חָפְשׁוּת
§απφουσωθ 151a
§αφφουσιων 187b
חָפְשִׁית
§απφουσωθ 151a
§αφφουσωθ 187b
חֵץ
βέλος 217a
βολίς 224b (Si. 51.6)
⟦γούζαν (חִצִּים) 275a⟧ → σχίζα
κοντός 778a
σχίζα 1327c
τόξευμα 1363c
⟦τόξον 1363c⟧ → קֶשֶׁת
חָצַב, חָצֵב qal
ἀποθερίζειν 128a
διακόπτειν 303c
ἐκλατομεῖν 435a
κόπτειν 779a
λατομεῖν 862c
λατόμος 862c
μεταλλεύειν 916b
ὀρύσσειν 1017c, *186c*
ποιεῖν + μνημεῖον acc. (= קֶבֶר) 1154a (Is. 22.16)
⟦τεχνίτης 1347c⟧
⟦ὑπερείδειν 1409b⟧ → נָצַב hi.
חָצַב, חָצֵב ni.
ἐγγλύφειν 363b
חָצַב, חָצֵב pu.
λατομεῖν 862c
חֹצֵב
*#λατόμος 862c
חָצָה qal
διαιρεῖν 302c
ἐπιδιαιρεῖν 519b
ἡμισεύειν 618c
⟦μερίζειν 910c⟧ → μεριτεύεσθαι
μεριτεύεσθαι 911c
חָצָה ni.
διαιρεῖν 302c
διαρρηγνύειν, διαρρηγνύναι, διαρρήσσειν 309a
μερίζειν 910c
חֲצוֹצְרָה
see חֲצוֹצְרָה, חֲצֹצְרָה
חֲצוֹת
μεσονύκτιον (חֲ׳־לַיְלָה) 912c
μέσος 913a
חֵצִי, חֲצִי
βέλος 217a
ἥμισυς 618c
μεσονύκτιον (חֲ׳־לַיְלָה) 912c
μέσος 913a
μεσοῦν 913c
σχίζα 1327c
חָצִיר
⟦αὐλή 177b (Is. 34.13)⟧ → חָצֵר
βοτάνη 225c
πράσον 1200c
χλόη 1471c
χλωρός 1471c
χόρτος 1473a, *196a* (Si. 40.16)
חֹצֶן
ἀναβολή 73c
κόλπος 777a
חֲצַף aph. (Aramaic)
ἀναιδής 77b
ἐπείγειν 509a
#πικρῶς 1133b (Da. LXX 2.15)
ὑπερισχύειν 1410b
חָצַץ pi.
⟦ἀνακρούειν 78c⟧ → חצצר pi.
חָצַץ pu.
διαιρεῖν 302c
חָצָץ
ψῆφος 1485c
חצצר pi.
#ἀνακρούειν 78c (Jd. 5.11)
σαλπίζειν 1258c
חֲצוֹצְרָה, חֲצֹצְרָה
ἠχεῖν 620c
*σάλπιγξ 1258b, *191a*
חָצֵר
αὐλή 177b
ἐξέδρα 490c
ἐξώτερος, ἐξώτατος 502c
ἔπαυλις 508c
κώμη 839c
οἰκία 969b
περίπατος 1125b
σκηνή 1271a
חֲצֵרֹת, חֲצֵרוֹת
⟦αὐλών 178c⟧ → חָצֵר ≈ αὐλή
חֹק
ἀκριβασμός 50c
#ἀκρίβεια 50c (III Ki. 11.33)
ἀριθμεῖν 156b
αὐτάρκης 179b
διαθήκη *171a*
⟦διακρίβεια 304a⟧ → ἀκρίβεια
*δικαίωμα 334b
δόσις 344c
ἐντολή 479b
⟦ἔργον 541c⟧
⟦κρίμα 786b, *182b* (+Si. 42.15)⟧
νόμιμος 946c
νόμος 947b
ὅριον 1012a
πρόσταγμα 1219c
σύνταξις 1318a
#χρόνος 1476b (Jb. 14.5, 13)
חֵק
see חֵק, חֵיק
חָקָה pu.
διαγράφειν 300a
ἐκτύπωσις 444b
ζωγράφειν 599b
חָקָה hithp.
ἀφικνεῖσθαι 184a
חֻקָּה
⟦διαθήκη *171a*⟧
διαστολή 311c
δικαίωμα 334b
ἐντολή 479b
⟦κρίμα 786b⟧
νόμιμος 946c
νόμος 947b
πρόσταγμα 1219c
חָקַק qal
ἀφορίζειν 185c
γράφειν 276a
διαγράφειν 300a
διατάσσειν 313a
ζωγράφειν 599b
⟦ἰσχυρὸν ποιεῖν 693b, 1154a (Pr. 8.29)⟧
חָקַק polel
ἄρχων 166b
βασιλεύς 197a
γραμματεύς *170c*
γράφειν 276a
⟦ἐξερευνᾶν, ἐξεραυνᾶν 491b⟧ → חָקַר qal
ἡγεῖσθαι 602c
חָקַר qal
ἀνακρίνειν 78c
#ἀφικνεῖσθαι *169b* (Si. 43.30)
δοκιμάζειν 339c
ἐκζητεῖν 430c, *173c*
ἐλέγχειν 449b
ἐξακριβάζεσθαι 486c
ἐξερευνᾶν, ἐξεραυνᾶν 491b
ἐξετάζειν *175c*
ἐξιχνεύειν 497a, *176a* (+Si. 6.27)
ἐξιχνιάζειν 497a
ἐρευνᾶν 544c
ἐρωτᾶν 553b
ἐτάζειν 559b
⟦[ἐφικνεῖσθαι] *178b*⟧ → ἀφικνεῖσθαι
ζητεῖν 597a, *178a* (+Si. 3.21 [C]; –6.27)
ἰχνεύειν 696b
ἰχνευτής *180c*
καταγινώσκειν 730a
חָקַר ni.
εἰκάζειν 376c
?ἐκλείπειν 435c
εἶναι τέρμα 1345c
חָקַר pi.
ἐξιχνιάζειν 497a
חֵקֶר
ἀνεξέλεγκτος (חֵ׳ + neg.) 87b
ἀνεξιχνίαστος (חֵ׳ + neg.) 87b
ἀπέρα(ν)τος (חֵ׳ + neg.) 120c
ἐξετασμός 495a
ἐξεύρεσις 495a
ἐξιχνιάζειν 497a
ἐξιχνιασμός 497a
ἴχνος 696b, *180c*
πέρας 1120a
חֹר I
ν(ε)οσσ(ε)ία 949b
ὀπή 1001b
τρώγλη 1378a
חֹר, חוֹר II
ἄρχων 166b
ἐλεύθερος 452b
ὁ υἱὸς ὁ ἐλεύθερος 452b

חֹר III
see חֹר, חוֹר
חֹר
see חֹר, חוֹר
חֲרָאִים
κόπρος 779a
חָרֵב I qal
ἀναξηραίνειν 80b
ἐκλείπειν 435c
ἐξερημοῦν 491c
⟦ἐξολεθρεύειν, ἐξολοθρεύειν 497c⟧
ἐρημοῦν 546c, *177b*
ξηραίνειν 957a
חָרֵב I ni.
ἐρημοῦν 546c
⟦ " *177b*⟧
חָרֵב I pu.
διαφθείρειν 314c
ἐρημοῦν 546c
חָרֵב I hi.
ἐξερημοῦν 491c
ἐρημοῦν 546c
ὄλεθρος *186a*
חָרֵב I ho.
ἐρημοῦν 546c
חָרֵב II adj.
μὴ ἀναποιεῖν 81b
ἐρημία 545a
ἔρημος 545a
ἐρημοῦν 546c
חֲרַב hoph. (Aramaic)
*ἐρημοῦν 546c
חֶרֶב
⟦ἄγγελος 7b⟧
ἐγχειρίδιον 367b
⟦λόγχη 887b⟧
μάχαιρα 899c
ξίφος 957c
πόλεμος 1172a
*ῥομφαία 1253a, *191c*
σίδηρος 1266a
σφαγή 1324a
τραυματίας (חָלָל ח׳) 1369c
φόνος 1437c
חֹרֶב
διψᾶν (= HR's διψῆν) 338a
ἔρημος 545a, *177b*
#εὐδία 569a, *177c* (Si. 3.15)
καῦμα 757a, *181c*
⟦καύσων 757b⟧ → καῦμα
ξηρασία 957b
חָרְבָּה
ἐξερημοῦν 491c
ἐρημία 545a
*ἔρημος 545a
ἐρημοῦν 546c
ἐρήμωσις 547a
⟦νάπη 939c⟧
οἰκόπεδον 973a
τείχη πεπτωκότα (ח׳ pl.) *188c, 193a*
#συμπίπτειν (הָיָה לְח׳) 1305b (Is. 64.11[10])
חָרָבָה
γῆ 240c
ἔρημος 545a
ξηρός 957b
חַרְגֹּל
ὀφιομάχης 1042b
חָרֵד I qal
⟦ἐκπέτεσθαι 439a⟧ → ἐξιστᾶν, ἐξιστάναι
ἐξιστᾶν, ἐξιστάναι 496c
πτοεῖν 1238c
ταράσσειν 1336a
τρέμειν 1371b
φοβεῖν 1433b
φόβος 1435c
φόβος λαμβάνει 847a, 1435c
חָרֵד I hi.
ἀποσοβεῖν 141a
διώκειν 338b
ἐκτρίβειν 444a
ἐκφοβεῖν 445b
ἐξιστᾶν, ἐξιστάναι 496c (+Is. 41.2)
παρενοχλεῖν 1068c
#φοβερίζειν 1435b (II Es. 10.3)
חָרֵד II adj.
δειλός 287a
διώκειν 338b
ἐξιστᾶν, ἐξιστάναι 496c
*#ἐπικινεῖν 523a (I Es. 8.69)
*#πειθαρχεῖν 1114b (I Es. 8.90)
חֲרָדָה
⟦αἰσχύνειν 36c⟧
ἔκστασις 441b
φόβος 1435c
חָרָה qal
ἀθυμεῖν, ἀθυμοῦν 30a
σκληρῶς ἀποκρίνεσθαι 133a
βαρέως φέρειν (ח׳ בְּעֵינֵי qal) 190c, 1426c
βαρυθυμεῖν 191a
⟦γίνεσθαι 256b⟧
#διαμαχίζεσθαι 305c, *171b* (Si. 51.19)
ἐκκαίειν 432b
ἐπισυνιστάναι *177a*
θυμοῦν (ח׳ qal, ח׳ אַף qal) 662b
λυπεῖν 889b
λυπηρὸς εἶναι 890a
⟦ὀργή 1008b (Nu. 12.9)⟧ → חֳרִי
ὀργίζειν (ח׳ qal, ח׳ אַף qal) 1010a
παροξύνειν 1072a
περίλυπος γίνεσθαι (ח׳ לְ־ qal) 256c, 1124c
πονηρὸν φαίνεσθαι 1186c, 1423a (Ne. 4.7[1])
σκληρὸν φαίνεσθαι (ח׳ בְּעֵינֵי qal) 1274b, 1423a
σκληρῶς 1275a
συγχεῖν 1301a
πονηρὸν εἶναι 1423a
חָרָה ni.
ἀντίκεισθαι 110c
⟦μάχεσθαι 900c⟧ → חרר ni.
חָרָה hi.
δεινῶς χρᾶσθαι 288a
חָרָה tiph.
παροξύνειν 1072a
חָרָה hithp.
παραζηλοῦν 1059c
חֲרוּזִים
ὁρμίσκος 1014a
חָרוּל
φρύγανα ἄγρια 16c
φρύγανον 1440a
חָרוֹן
θυμός (ח׳ אַף, ח׳) 660c, *179c*
*ὀργή (ח׳ אַף) 1008b
חָרוּץ I ("decided")
δίκη 335b
חָרוּץ II ("gold")
χρυσίον 1477a, *196c*
χρυσός 1478c
χρῆμα *196b*
חָרוּץ III ("threshing sledge")
⟦ἀλοᾶν 59a⟧
πρίων 1203a
σκληρότης 1274c
חָרוּץ IV ("moat")
⟦περίτειχος 1127b⟧ → τεῖχος
τεῖχος 1339c
חָרוּץ V ("diligent")
ἀνδρεῖος 86b
⟦ἐκλεκτός 437a⟧
חַרְחוּר
ἐρεθισμός 544b
חֶרֶט
γραφίς 278a
חַרְטֹם (Hebrew and Aramaic)
ἐξηγητής 495b
ἐπαοιδός 508a
σοφιστής 1280b
σοφός 1280b
φάρμακος 1425a
חֳרִי
θυμός (ח׳ אַף, ח׳) 660c
ὀργή 1008b
חֹרִי
χονδρίτης 1472b
חֲרִי
⟦κόπρος (חֲרֵי יוֹנִים) 779a⟧ → חֲרָאִים
חָרִיט
θύλακος 659c
חָרִיץ
σκέπαρνον 1269a
στρυ(ν)φαλίς 1297b
τρίβολος 1372b
חָרִישׁ
ἀροτρίασις 159c
θερισμός 649a
σπόρος 1285b
חֲרִישִׁי
συγκαίειν 1299a
חָרַךְ
⟦ἐπιτυγχάνειν 537c⟧ → דָּרַךְ hi.
חֲרַךְ ithpa. (Aramaic)
κατακαίειν 732b
φλογίζειν 1432c
חֲרַכִּים
δίκτυον 335c
חָרַם I hi.
ἀνάθεμα, ἀνάθημα 77a
ἀναθεματίζειν 77a
ἀναιρεῖν 77b
ἀνατιθέναι 83b
ἀποκτείνειν, ἀποκτέννειν 135a
ἀπολλύειν, ἀπολλύναι 136c
ἀφανίζειν 181b
ἀφανισμός 182a
#ἀφορίζειν 185c (Is. 45.24)
⟦ἐνθυμεῖσθαι 473c⟧ → חָמַד qal
⟦ἐξερημοῦν 491c⟧ → חָרֵב I hi.
ἐξολεθρεύειν, ἐξολοθρεύειν 497c
ἐρημοῦν 546c
§ηρειμ 619c
§ιεερειμ (הַחֲרִמְתֶּם) 678c
§ιερ(ε)ιμ (ח׳ hi., הַחֲרִמְתֶּם) 679a
ὄλεθρος *186a*
φονεύειν 1437a
חָרַם I ho.
ἀναθεματίζειν 77a
ἀνατιθέναι 83b
*#ἀνιεροῦν 102c (I Es. 9.4)
ἐξολεθρεύειν, ἐξολοθρεύειν 497c
θανάτῳ ὀλεθρεύεσθαι 986a
חָרַם II qal
κολοβόριν 776c
חֵרֶם I, חֵרֶם ("ban")
ἀνάθεμα, ἀνάθημα 77a
ἀναθεματίζειν 77a
ἀπολλύειν, ἀπολλύναι 136c
ἀπώλεια, ἀπωλία 151c, *168b*
ἄρδην 155b
ἀφορίζειν 185c
ἀφόρισμα 186a
⟦ἐκθλιβή 432a⟧
ἐξολέθρευμα, ἐξολόθρευμα 499a
ὀλέθριος 986a
חֵרֶם II ("net")
ἄγκιστρον 15b
ἀμφίβληστρον 67c
σαγήνη 1257a
חָרְמָה
ἀνάθεμα, ἀνάθημα 77a
ἐξολέθρευσις, ἐξολόθρευσις 499a
חֶרְמֵשׁ
δρέπανον 349a
חֶרֶס
ἥλιος 606b
κνήφη 772c
ὀστρακώδης 1023b
חַרְסוּת
⟦θάρσεις, θαρσίς (ח׳, חַרְסִית) 626c⟧
⟦§χαρσ(ε)ιθ (ח׳, חַרְסִית) 1456a⟧
חָרַף I qal
⟦ἄτοπος 176b⟧ → חָרַף I pi. ≈ ἄτοπον πράττειν
ἐξουδενεῖν, ἐξουθενεῖν *176a*
ἐξουδενοῦν *176a*
ἐπονείδιστος 539a
⟦ἥκειν 605a⟧
ὀνειδίζειν 994b
חָרַף I pi.
#ἀτιμάζειν 175c (Pr. 27.22)
#ἄτοπον πράττειν 176b (Jb. 27.6)
καταισχύνειν *181b*
ὀνειδίζειν 994b, *186b* (Si. 41.22)
διδόναι εἰς ὄνειδον 995a
παροξύνειν 1072a
חָרַף I pu.
#ὀνειδίζειν 994b (Pr. 20.4; Je. 15.9)

חָרַף II ni.
διαφυλάσσειν, διαφυλάττειν 315c
חֹרֶף
ἔαρ 361b
⟦ἐπιβρίθειν 517c⟧
χειμερινός 1457c
חֶרְפָּה
αἰσχύνη 37a
⟦διασπορά 311a⟧ → דֵּרָאוֹן
κατάγνωσις *181b*
ὀνειδισμός 994c, *186b*
ὄνειδος 995a, *186b* (+Si. 41.6)
חָרַץ qal
γλωσσότμητος 272b
γρύζειν 278a
⟦καταβαίνειν 727a⟧
συντέμνειν 1320b
חָרַץ ni.
?συντέλεια 1318c
συντέμνειν 1320b
חֲרַץ (Aramaic)
ὀσφύς 1023c
חַרְצֻבּוֹת
ἀνάνευσις 80a
σύνδεσμος 1312c
חַרְצַן
στέμφυλ(λ)ον 1288a
חָרַק qal
βρύχειν 231b
חָרַר qal
θερμαίνειν 649a
⟦συμφρύγειν 1306c⟧
חָרַר ni.
βραγχ(ν)ιᾶν 229c
ἐκλείπειν 435c
#μάχεσθαι 900c (Ca. 1.6)
συμφρύγειν 1306c
⟦συμφρυγίζειν 1306c⟧ → συμφρύγειν
חָרַר pilp.
ταραχή 1336c
חֲרֵרִים
ἅλιμον 54b
חֶרֶשׂ
αὐχμός 180a
§κειραδες (קִיר־חֶ׳) 758b
⟦ὀξύς 1001a⟧ → חַדּוּד
ὀστράκινος 1023b
ὄστρακον 1023b
חָרַשׁ I qal
⟦αἰσχύνειν 36c⟧
⟦ἀλοητός 59b⟧ → דַּיִשׁ
⟦ἁμαρτωλός 64b⟧ → רָשָׁע
ἀροτριᾶν 159b, *168b*
θερίβειν 648c
καταδαμάζειν 730a
⟦κατασκευάζειν 744a⟧ → τεκταίνειν
λιθουργικὸς τέχνη (חָ׳ אֶבֶן qal) 878b
τεκταίνειν 1342b
τέκτων 1342b
חָרַשׁ I ni.
ἀροτριᾶν 159b
חָרַשׁ II qal
ἀποκωφοῦν 136a
παρασιωπᾶν 1063c
σιγᾶν 1265c
חָרַשׁ II hi.
ἀποσιωπᾶν 140c
ἡσυχάζειν 620a
ἡσυχίαν ἄγειν 9a, 620b
κωφεύειν 840c
παρακούειν 1061b
παρασιωπᾶν 1063c
σιγᾶν 1265c, *191b*
σιωπᾶν 1267c, *191b*
σιωπή 1268a, *191b*
חָרַשׁ II hithp.
κωφεύειν 840c
חָרָשׁ
§αρασιμ (חֲרָשִׁים) 152c
ἀρχιτεκτονεῖν 166a
ἀρχιτέκτων 166b
§γησρασειμ (גֵּיא חֲרָשִׁים) 256b
οἰκοδόμος 973a
§ρασ(ε)ιμ, ρασσειμ (חֲרָשִׁים) 1248a
⟦τεκταίνειν 1342b⟧ → חָרַשׁ I qal
*τέκτων 1342b
ἀνὴρ τέκτων 1342b
τέκτων σιδήρου 1266a
#τέχνη 1347c (Ex. 28.11)
τεχνίτης 1347c
χαλκεύς 1453a
חֵרֵשׁ
κωφός 840c
חֹרֵשׁ
χαλκεύς 1453a
חֹרֶשׁ
#αὐχμώδης 180a (I Ki. 23.14, 15)
δρυμός 349b
πυκνός 1240a
חֲרֹשֶׁת
δρυμός 349b
κατεργάζεσθαι 749b
λιθουργεῖν 878b
τὰ λιθουργικά (חֲ׳ אֶבֶן) 878b
τὰ ἔργα τὰ τεκτονικά 1342b
חָרַת qal
κολάπτειν 776b, *182b*
חָשִׂיף, חֲשִׂיף
ποίμνιον 1169c
חָשַׂךְ qal
ἀπόκεισθαι 132b
ἀφειδῶς (חָ׳ qal + neg.) 182b
*κουφίζειν (חָ׳ לְמַטָּה מִן qal) 781a
περιποιεῖν 1125c
συνάγειν 1307b
ὑπεξαιρεῖσθαι 1407c
ὑπεξερεῖσθαι 1407c
φείδεσθαι 1426a
חָשַׂךְ ni.
ἀλγεῖν (חָ׳ ni. + neg.) 52b
κουφίζειν 781a
חָשַׂף qal
⟦ἀνακαλύπτειν 78a⟧ → ἀποκαλύπτειν
ἀποκαλύπτειν 131c, *168a*
#ἀποκάλυψις (חָסַף) 132b, *168a* (Si. 42.1)
#ἀποσύρειν 148c (Is. 30.14)
ἐξαντλεῖν 488a
⟦ἐξερευνᾶν, ἐξεραυνᾶν 491b⟧ → חָפַשׂ pi.
⟦ἐρευνᾶν 544c⟧ → חָפַשׂ pi.
κατασύρειν 746b
⟦κατερευνᾶν 749b⟧ → κατασύρειν
חָשַׁב qal
#ἄγειν 9a, *165a* (Si. 30[33].39)
ἀρχιτεκτονεῖν 166a
ἀρχιτεκτονία 166b
βουλεύειν 227a, *169c*
διαλογίζεσθαι 304c
διανοεῖσθαι 306b, *171b*
δοκεῖν 339b
⟦ἐπιστρέφειν 531a⟧ → שׁוּב hi.
ἐπιχειρεῖν 538c
εὐλαβεῖσθαι 572a
ἡγεῖσθαι 602c
⟦λαλεῖν 841c⟧
λογίζεσθαι 880a
λογισμός 881a
λογιστής 881c
μνησικακεῖν 932a
⟦ποιεῖν 1154a⟧
ποικιλία 1168c, *189b* (Si. 38.27)
ποικιλτής 1169a, *189b*
⟦[συμβουλεύειν] *192b*⟧ → βουλεύειν
ὑφάντης 1419a
ὑφαντός 1419a
φροντίζειν 1439c
חָשַׁב ni.
δοκεῖν 339b
ἐκλογίζεσθαι 437c
εὑρίσκειν *178a*
λογίζεσθαι 880a, *183c* (Si. 40.19)
προσλογίζεσθαι 1218b
חָשַׁב pi.
διαλογίζεσθαι 304c
διανοεῖσθαι 306b
ἐκλογίζεσθαι 437c
κινδυνεύειν 765a
λογίζεσθαι 880a
προσλογίζεσθαι 1218b
συλλογίζειν 1302c
ὑπολαμβάνειν 1414c
חָשַׁב hi.
προσλογίζεσθαι *190b*
חָשַׁב hithp.
συλλογίζεσθαι 1302c
חֲשַׁב pe. (Aramaic)
λογίζεσθαι 880a
חֵשֶׁב
ποίησις 1168c
συνυφή 1322c
ὕφασμα 1419a
חֶשְׁבּוֹן
λογισμός 881a, *183c* (+Si. 27.6; 42.3)
λόγος *183c*
ψῆφος 1485c
חִשָּׁבוֹן
διαλογισμός *171a*
⟦ἐνθύμημα *175b*⟧
λογισμός 881a
μηχανή 925c
חָשָׁה qal
#ἀφαίρεσις 181b, *169a* (Si. 41.21)
παρασιωπᾶν 1063c
σιγᾶν 1265c
σιωπᾶν 1267c
⟦σπουδάζειν 1285c⟧ → חִישׁ, חוּשׁ qal
חָשָׁה hi.
ἡσυχάζειν 620a
κατασιωπᾶν 743c
σιγᾶν 1265c
σιωπᾶν 1267c
חֲשׁוֹךְ (Aramaic)
σκότος 1276b
חֲשַׁח pe. (Aramaic)
χρείαν ἔχειν 586c, 1474a
εἶναι ὑστέρημα 1418c
חַשְׁחוּ (Aramaic)
*χρεία 1474a
חֲשֵׁיכָה
σκότος 1276b
חָשַׁךְ qal
σκοτάζειν 1276a
⟦σκοτία 1276b⟧ → חֲשֵׁכָה
σκοτίζειν 1276b
⟦σκότος 1276b⟧ → חֹשֶׁךְ
σκοτοῦν 1277a
συσκοτάζειν 1323b
חָשַׁךְ hi.
κρύπτειν 791c
σκοτάζειν 1276a
σκοτίζειν 1276b
συσκοτάζειν 1323b
חָשֹׁךְ
ἀνὴρ νωθρός 956b
חֹשֶׁךְ
γνόφος 272c
ὁμίχλη 991b
σκοτ(ε)ινός 1276a
[σκότος] 1276b, *191c* (+Si. 16.16)
חֲשֵׁכָה
σκοτεινός 1276a
#σκοτία 1276b (Mi. 3.6)
σκότος 1276b
חָשַׁל ni.
κοπιᾶν 778b
חֲשַׁל pe. (Aramaic)
⟦δαμάζειν 284c⟧
#πρίειν, πρίζειν 1203a (Da. LXX 2.40 [𝔓967])
חַשְׁמַל
ἤλεκτρον 606a
חַשְׁמַן
#πρέσβυς 1201b (Ps. 67[68].32)
חֹשֶׁן
λογεῖον, λόγιον 880a, *183c*
περιστήθιον 1127a
ποδήρης 1153c
חָשַׁק qal
αἱρεῖν 36a
ἐλπίζειν 453c
ἐνθυμεῖσθαι 473c
ἐπιθυμεῖν 520b
πραγματεύεσθαι 1200b
προαιρεῖν 1203c
חָשַׁק pi.
κατακοσμεῖν 734b
חָשַׁק pu.
καταργυροῦν 743a
περιαργυροῦν (מְחֻשָּׁק כֶּסֶף) 1121c
חֵשֶׁק
ἐπιθυμία 521a
πραγματ(ε)ία 1200b

חֲשֻׁקִים
ψαλίς 1483a
חַת
ἀσθενεῖν 172a
πτοεῖν 1238c
φόβος 1435c
חָתָה qal
αἴρειν 34c
ἀποδεῖν 126a
ἐκτίλλειν 443a
σωρεύειν 1331a
חִתָּה
§αγαθ 1c
חִתָּה
φόβος 1435c
חִתּוּל
μάλαγμα 894b
חַתְחַת
θάμβος 623b
חִתִּית
⟦ἐκφοβεῖν 445b⟧ → חָתַת pi.
φόβος 1435c
חָתַךְ ni.
κρίνειν 787b
συμτέμνειν 1320b
חָתַל pu.
σπαργανοῦν 1281c
חָתַל ho.
σπάργανον 1281c
חֲתֻלָּה
σπαργανοῦν 1281c
חָתַם qal
⟦ἀποσφράγισμα 148c⟧ → חוֹתָם, חֹתָם
⟦διασφραγίζεσθαι 312b⟧ → σφραγίζειν
ἐπισφραγίζειν (עַל הֶחָתוּם) 534b
κατασφραγίζειν 746b
συντελεῖν 1319b
σφραγίζειν 1327a
חָתַם ni.
σφραγίζειν 1327a
חָתַם pi.
σφραγίζειν 1327a
חָתַם hi.
σφραγίζειν 1327a
חֲתַם pe. (Aramaic)
σφραγίζειν 1327a
חֹתָם
see חוֹתָם, חֹתָם
חֹתֶמֶת
δακτύλιος 284b
חָתַן qal
ἀδελφὴ τῆς γυναικός 19b
γαμβρός 234a
γυνή (חֹתֶנֶת) 278b
πενθερά (חֹתֶנֶת) 1117c
πενθερός (חֹתֵן) 1117c
חָתַן hithp.
γαμβρεύειν 234a
ἐπιγαμβρεύειν 517c
ἐπιγαμίαν ποιεῖν 517c, 1154a
*#ἐπιμιγνύναι 525c (I Es. 8.84)
חָתָן
γαμβρός 234a
νυμφίος 951b
חֲתֻנָּה
νύμφευσις 951a
חָתַף qal
#ἀπαλλάσσειν 116b (Jb. 9.12)
חָתַר qal
διορύσσειν 336c
⟦κατακρύπτειν 734c⟧ → κατορύσσειν
κατορύσσειν 756b
ὀρύσσειν 1017c
παραβιάζεσθαι 1056a
חָתַת qal
ἐκλείπειν 435c
ἡττᾶν 620b
κατακρύπτειν 734c
⟦καταλλάσσειν 738a⟧ → יָלַל hi. ≈ ἀλαλάζειν
⟦παραδιδόναι 1058a⟧ → παραλύειν
⟦παραλύειν 1062a⟧ → לָאָה ni.
πτήσσειν 1238b
πτοεῖν 1238c
συντρίβειν 1321a
חָתַת ni.
⟦ἀσθενῆ ποιεῖν 172b, 1154a⟧ → חָתַת hi.
δειλιᾶν 287a
ἐκλείπειν 435c
ἐξιστᾶν, ἐξιστάναι 496c
ἡττᾶν 620b
#καταπτήσσειν 742b (Pr. 29.9)
πτοεῖν 1238c
στέλλεσθαι 1288a
συντρίβειν 1321a
φοβεῖν 1433b
חָתַת pi.
ἐκφοβεῖν 445b
πτοεῖν 1238c
חָתַת hi.
#ἀσθενῆ ποιεῖν 172b, 1154a
διασκεδάζειν, διασκεδαννύειν, διασκεδαννύναι 309c
πτοεῖν 1238c

ט

טְאֵב pe. (Aramaic)
ἀγαθύνειν 4b
טָב (Aramaic)
ἀγαθός 2a
⟦καθαρός 698c⟧ → χρηστός
*#κρίνειν 787b (I Es. 6.20)
χρηστός 1475a
טְבוּלִים I ("dipped")
⟦παραβαπτά (סְרוּחֵי ט׳) 1056a⟧ → טָבַל qal ≈ βαπτός
טְבוּלִים II ("tiara")
#τιάρα 1348c (Ez. 23.15)
טַבּוּר
ὀμφαλός 994a
טָבַח qal
θύειν 659a
μαγειρεύειν 891b
σφαγή 1324a
σφάζειν 1324b
טַבָּח (Hebrew and Aramaic)
ἀρχιδεσμοφύλαξ (שַׂר טַבָּחִים) 165b
ἀρχιδεσμώτης (שַׂר טַבָּחִים) 165b
ἀρχιμάγειρος (שַׂר טַבָּחִים, רַב־טַבָּחַיָּא ,רַב־טַבָּחִים) 165c
μάγειρος 891b
טֶבַח
θῦμα 659c
σφαγή 1324a
σφάγιον 1324b
טַבָּחָה
μαγείρισσα 891b
טִבְחָה
θῦμα 659c
σφαγή 1324a
טָבַל qal
βάπτειν 190b
βαπτίζειν 190b
βαπτός 190b
μολύνειν 932c
טָבַל ni.
βάπτειν 190b
טָבַע qal
διαδύνειν 300b
ἐμπηγνύναι 456c
טָבַע pu.
⟦καταπίνειν 741c⟧ → καταποντίζειν
καταποντίζειν 742a
טָבַע hi.
#καταδύ(ν)ειν 731a (Je. 45[38].22)
טָבַע ho.
ἑδράζειν 368a
⟦καταλύειν 738b⟧ → טָבַע hi. ≈ καταδύ(ν)ειν
πηγνύναι 1130c
טַבַּעַת
δακτύλιος 284b
σύμβλησις 1303b
⟦συμβολή 1303b⟧ → σύμβλησις
טָהוֹר
ἅγιος 12a
*#ἁγνίζειν 15c
ἁγνός 16a
δίκαιος 330c
δόκιμος 340a
καθαρίζειν, καθερίζειν 698a
καθαρός 698c
טָהֵר qal
⟦ἀκάθαρτος 42c⟧
ἄμεμπτος 65b
καθαρίζειν, καθερίζειν 698a
καθαρὸς εἶναι 698c
טָהֵר pi.
ἁγνιασμός 15c
ἁγνίζειν 15c
ἁγνισμός 16a
ἀφαγνίζειν 180a
καθαρίζειν, καθερίζειν 698a, *180a*
καθαρὸς εἶναι 698c
טָהֵר pu.
⟦βρέχειν 230c⟧ → מָטַר ho.
טָהֵר hithp.
*ἁγνίζειν 15c
καθαρίζειν, καθερίζειν 698a
καθαρὸς εἶναι 698c
טֹהַר
καθαριότης 698c, *180a*
καθάρισις 698c
καθαρότης 699c
κάθαρσις 699c
טְהָר
καθαρισμός 698c
טָהֳרָה
ἁγνεία 15c
⟦ἀκάθαρτος 42c⟧
καθαρίζειν, καθερίζειν 698a
καθαρισμός 698c, *180a*
טוֹב I qal
ἀγαθύνειν 4b
εὖ εἶναι 568a
ἡδέως γίνεσθαι 256c
καλλιοῦσθαι 715a
καλός 715b
καλῶς 717b
συμφέρειν 1306b
טוֹב I hi.
ἀγαθοῦν 4b
ἀγαθύνειν 4b
εὐάρμοστος (מֵטִב נַגֵּן) 568c
καλῶς 717b
καλῶς ποιεῖν 717b, 1154a
εὖ ποιεῖν 1154a
#τέρπειν 1345c (Si. 26.13)
χρηστότης 1475a
טוֹב II adj.
ἀγαθοποιός *165a*
*ἀγαθός 2a, *165a*
ἀγαθῶς 4b
ἀγαθωσύνη, ἀγαθοσύνη 4c
⟦ἅγιος 12a⟧ → ἀγαθός
αἱρετός 36b
⟦ἀληθής 53c⟧ → ἀληθινός
ἀληθινός 54a
ἀρέσκειν (טוֹב בְּעֵינֵי ,טוֹב) 155c
ἀρεστός (טוֹב בְּעֵינֵי ,טוֹב) 156a, *168b*
ἀστεῖος 173b
βελτίων, βέλτιστος 217b

βούλεσθαι (טוֹב בְּעֵינַיִם) 226b
δικαιοσύνη 332c
δοκεῖν (טוֹב בְּעֵינֵי, טוֹב) 339b
⟦ἐκλεκτός 437a⟧
ἐλεεῖν (טוֹב עַיִן) 449c
ἐναντίος (טוֹב + neg.) 468b
εὖ ποιεῖν 568b, 1154a, *177c*, *189b*
εὐειδής (טוֹב מַרְאֶה) 569c
εὐθής 570b
εὔρωστος *178b*
εὐσεβής 580b, *178b* (+Si. 12.4)
εὐφραίνειν (טוֹב לֵב) 581a
εὐφροσύνη (טוֹב לֵב) 582c
ἡδέως γίνεσθαι (טוֹב לֵב) 604a
καθαρός 698c
⟦καλλονή *180c*⟧
καλός (טוֹב מַרְאֶה, טוֹב) 715b, *181a*
καλῶς 717b
κιν(ν)άμωμον (קָנֶה הַטּוֹב) 765c
κρείσσων, κρείττων, κράτιστος 785a, *182b* (+Si. 30[33].30; –16.3)
λαμπρός 853a, *183a* (+Si. 33.13 [30.25])
μύρον (שֶׁמֶן טוֹב) 937b
ὀρθῶς 1011c
⟦πιότης 1135b⟧ → χρηστότης
#πρέπειν 1201b, *190a* (Si. 35[32].3)
συμφέρειν *192b*
⟦χαρά *195a*⟧ → טוּב I
χάρις 1455a, *195a*
#χρήσιμος 1474c (Za. 6.10, 14)
χρηστοήθεια (טוֹב בָּשָׂר) *196b*
*χρηστός 1475a
*χρηστότης 1475a
ὡραῖος 1493c

טוּב I
#ἀγαθοποιός *165a*
ἀγαθός 2a, *165a* (+Si. 42.25)
ἀγαθωσύνη, ἀγαθοσύνη 4c
δόξα 341b
εὐφροσύνη (טוּב לֵב) 582c
#καλλονή 715a, *180c* (Si. 34[31].23)
καλός 715b
#χαρά 1454b, *195a* (Si. 30.16)
χρηστότης 1475a

טוב II pa. (Aramaic)
#ἑτοιμάζειν 563c (Mi. 7.3 Aramaizing; Na. 3.8 Aramaizing)

טוֹבָה
ἀγαθός 2a, *165a*
ἀγαθοῦν 4b
ἀγαθωσύνη, ἀγαθοσύνη 4c
*#ἐπανόρθωσις 507a (I Es. 8.52)
εὐφροσύνη *178b*
καλλονή *180c*
καλός 715b
συμφέρειν 1306b
χάρις *195a*
χρῆμα *196b*
χρηστότης 1475a

טָוָה qal
νήθειν 944b

טוח qal
ἀλείφειν 52c
⟦ἀπαμαυροῦν 116c⟧ → טָחַח qal
ἐξαλείφειν 486c

טוח ni.
ἐξαλείφειν 486c

טוֹטָפוֹת
ἀσάλευτος 169c

טול pilp.
ἐκβάλλειν 420c

טול hi.
αἴρειν 34c
ἀπορρίπτειν 140b
βάλλειν 189c
ἐκβάλλειν 420c
ἐκβολὴν ποιεῖσθαι 421b, 1154a
ἐμβάλλειν 455a
ἐξεγείρειν 490b
ἐπαίρειν 505a
⟦παραδιδόναι 1058a⟧ → ἀπορρίπτειν

טול ho.
ἐκρίπτειν, ἐκριπτεῖν 441a
⟦ἐπέρχεσθαι 509c⟧
⟦θαυμάζειν 626c⟧
καταράσσειν 743a

טוּר I
γένος 239b
ἐξέδρα 490c
στίχος 1291b

טוּר II (Aramaic)
ὄρος 1014b

טוש qal
πετόμενος ζητῶν 1129b

טְוָת (Aramaic)
ἄδειπνος 19b
νήστης, νῆστις 945b

טָחָה pilp.
βολή 224b

טְחוֹן
#μύλος 936c (La. 5.13)

טְחוֹרִים
ἕδρα 368a
ναῦς 940a

טחח qal
#ἀπαμαυροῦν 116c (Is. 44.18)

טָחַן qal
ἀλεῖν 52c
ἀλήθειν 53c
καταισχύνειν 731c
καταλεῖν 736a
⟦κατελαύνειν 749a⟧ → καταλεῖν

טַחֲנָה
ἀλήθειν 53c

טִיב
#ἀγαθοποιός *165a*

טִיחַ
ἀλοιφή 59b

טִיט
βόρβορος 224c
πηλός 1131a

טִין (Aramaic)
#πήλινος 1131a (Da. LXX 2.41, 43)

טִירָה
ἀπαρτία 118a
ἐξέδρα 490c
ἔπαλξις 506b
ἔπαυλις 508c
κώμη 839c

טַל (Hebrew and Aramaic)
δρόσος 349b, *172b*
⟦ἴαμα 668a⟧

טָלָא qal
διάλευκος 304c
διάραντος 308c
ῥαντός 1248a
σποδοειδὴς ῥαντός 1248a, 1285a

טָלָא pu.
καταπελματοῦσθαι 741b

טָלֶה
ἀρήν (= HR's ἀρνός) 159b, *168b*

טַלְטֵלָה
ἐκτρίβειν 444a

טְלִי
⟦ἀρήν (= HR's ἀρνός) 159b⟧ → טָלֶה

טלל aph. (Aramaic)
κατασκηνοῦν 744b
σκιάζειν 1274b

טָמֵא I qal
ἀκαθαρσία 42b
ἀκάθαρτος 42c
ἀκάθαρτος γίνεσθαι 256c
ἐκμιαίνεσθαι 438b
μιαίνειν 925c

טָמֵא I ni.
ἀκάθαρτος 42c
μιαίνειν 925c

טָמֵא I pi.
ἀκαθαρσία 42b
βεβηλοῦν 216b
⟦ἐξαίρειν 485a⟧
*μιαίνειν 925c
μίανσις 926b

טָמֵא I pu.
μιαίνειν 925c

טָמֵא I hithp.
μιαίνειν 925c

טָמֵא I hothp.
μιαίνειν 925c

טָמֵא II adj.
ἀκαθαρσία 42b
ἀκάθαρτος 42c
ἀποκαθημένη 131b
μιαίνειν 925c
ῥύπος 1255b

טָמְאָה
ἀκαθαρσία 42b

טֻמְאָה
ἀκαθαρσία 42b
ἀκάθαρτος 42c
ἁμαρτία 62a
*#βδέλυγμα 215b (I Es. 7.13)
μιαίνειν 925c

טָמַן qal
ἐγκρύπτειν 367a
⟦ἐκπορεύεσθαι 439c⟧
κατακρύπτειν 734c
⟦κατορύσσειν 756b⟧ → κατακρύπτειν
κρύπτειν 791c, *182b*
ὑπομένειν 1415c

טָמַן ni.
κρύπτειν 791c

טָמַן hi.
#ἀποκρύπτειν 134b, *168a* (Si. 41.15)
κατακρύπτειν 734c
κρύπτειν 791c

טֶנֶא
ἀποθήκη 128a
κάρταλλος 725a
τρυβλίον *194b*

טָנַף pi.
μολύνειν 932c

טַס
#κατασκεύασμα 744b, *181c* (Si. 35.6 [32.8])

טָעָה hi.
πλανᾶν 1139b

טָעַם qal
γεύειν 240a, *170a* (Si. 36.24)

טְעַם pa. (Aramaic)
ψωμίζειν 1490c

טַעַם
ἀγγελία 7b
ἀκουσίως (בְּלֹא ט׳) *166a*
γεῦμα 240b
ἡδονή 604b
κακόφρων (סָרַת ט׳) 712a
λόγος 881c
παιδ(ε)ία 1046c
σύνεσις 1314a
τρόπος 1375a

טְעֵם (Aramaic)
*#ἀποσημαίνειν (ט׳ הַד) 140c
§βααλ (בְּעֵל־טְעֵם) 188a
§βααλταμ (בְּעֵל־ט׳) 188a
§βαδαταμεν (בְּעֵל־ט׳) 188a
§βαλγαμ (בְּעֵל־ט׳) 189c
§βαλταμ (בְּעֵל־ט׳) 190b
γεῦσις 240b
*γνώμη 273a
*#γράφειν (שִׂים ט׳) 276a (I Es. 6.17)
δόγμα 339b
*#δογματίζειν (שִׂים ט׳) 339b (I Es. 6.34)
ἐντολή 479b
*#ἐπιτάσσειν (שִׂים ט׳) 534c (I Es. 2.26, 28; 6.28)
κρίνειν (שׂוּם ט׳) 787b
*#νόμος 947b
#ὁ (supply γράφων) τὰ προσπίπτοντα (בְּ־טְעֵם) 1219a (I Es. 2.17, 25)
*#πρόσταγμα 1219c (I Es. 7.4)
*#προστάσσειν, προστάττειν (שׂוּם ט׳) 1220c
*#συντάσσειν (שִׂים ט׳) 1318b (I Es. 2.30)
ὑπακούειν (שִׂים ט׳) 1405c

טָעַן I pu.
ἐκκεντεῖν 432c

טָעַן II qal
γεμίζειν 236a

טַף
ἀπαρτία 118a
ἀποσκευή 140c
ἔκγονος 421c
⟦λαός 853b⟧
#λοιπός 888a (Je. 50[43].6)
νήπιος 944b
οἰκία 969b
ὄχλος 1043a

παιδίον 1047c
πανοικ(ε)ία 1052c
συγγέν(ε)ια 1298b
σῶμα 1330a
*τέκνον 1340c

טָפַח pi.
ἐπικρατεῖν 523b
στερεοῦν 1289a

טֶפַח
γεῖσος 235b
παλαιστή(ς) 1051c

טֹפַח
παλαιστή(ς) 1051c

טִפֻּחִים
[[θηλάζοντα μαστούς 650a]]

טָפַל qal
ἐπισημαίνειν 527b

טִפְסָר
βελόστασις 217b

טְפַר (Aramaic)
ὄνυξ 1000c

טָפַשׁ qal
τυροῦν 1379b

טָרַד qal
ἀδολεσχεῖν *165b*
ἐκβάλλειν 420c

טְרַד pe. (Aramaic)
ἀπάγειν 115b
#ἀποστέλλειν 141b (Da. LXX 4.22)
ἐκδιώκειν 423b

טְרָה pe. (Aramaic)
#ἐκρίπτειν, ἐκριπτεῖν 441a (Jd. 15.15B Aramaizing)
#ῥίπτειν 1252b (Jd. 15.15B Aramaizing)

טָרַח hi.
[[καταπλάσσειν 741c]] → מָרַח qal
[[καταπλήσσειν 742a]] → מָרַח qal ≈ καταπλάσσειν

טֹרַח
κόπος 778c
[[πλησμονή 1149c]]

טָרִי
[[ἐκρίπτειν, ἐκριπτεῖν 441a]] → טְרָה pe.
φλεγμαίνειν 1432c

טֶרֶם
οὐδέπω 1029c
πρίν (בְּטֶ׳, טֶ׳) *190a*
πρὶν ἤ (בְּטֶ׳, טֶ׳) 602a, 1203a, *178a*, *190a* (+Si. 51.13)

טָרַף qal
ἅρπαξ 160a
ἁρπάζειν 160a
θήρα 650b
θηριάλωτος γίνεσθαι 256c
θηριόβρωτος (טָרֹף טֹרַף) 650c
θηριόβρωτος γίνεσθαι 256c
συντρίβειν 1321a

טָרַף ni.
#ἐξιστᾶν, ἐξιστάναι 496c (Jd. 5.4A)
θηριάλωτος γίνεσθαι 256c, 650c
θηρεύειν 650b

טָרַף pu.
ἁρπάζειν 160a
θηριόβρωτος γίνεσθαι 256c

טָרַף hi.
συντάσσειν 1318b

טָרָף
κάρφος 725b

טֶרֶף
ἅρπαγμα 159c
ἁρπάζειν 160a
βλαστός 220c
βορά 224c
βρῶμα 231b
διαρπαγή 308c
θήρα 650b
#θηρίον 650c (Ge. 37.33)
προανατέλλειν (טֶ׳ צֶמַח) 1204a
τροφή 1376b

טְרֵפָה
ἁρπαγή 159c
θήρα 150b
θηριάλωτος 150c

י

יי, י׳י, יְיָ, ייי׳ (the theophoric name in Sirach manuscripts)
see also יְהוָה, יֱהֹוִה, יְהֹוָה
θεός 630a, *179b*
κύριος 800b, *182c* (+Si. 26.3; 36[33].11)
κύριος (ὁ) θεός 630a, 800b, *179b*, *182c*
[[ὕψιστος 1420b, *194d*]] → עֶלְיוֹן

יָאַב
ἐπιποθεῖν 256c

יְאוֹר
see יְאֹר

יָאַל I ni.
ἀγνοεῖν 16a
ἄχρηστος *169c*
[[δύνασθαι + neg. 353a]] → לָאָה ni.
?ἐκλείπειν 435c

יָאַל II hi.
ἄγειν 9a
ἄρχειν 163a
ἐπιεικῶς, ἐπιεικέστερον 519c
ἔχειν 586c
[[καταμένειν 739a]]
[[κοπιᾶν 778b]] → לָאָה ni.

יְאֹר
διῶρυξ, διώρυγος, διώρυχος 339a
ποταμός 1196a, *189c*

יָאַשׁ ni.
[[ἀνέχειν 87c]]
ἀνιέναι (= ἀνίημι) 102b
[[ἔρχεσθαι 548b]] → ἀνιέναι

יָאַשׁ pi.
ἀποτάσσειν 148c

יָבַב pi.
καταμανθάνειν 739a

יְבוּל
γέν(ν)ημα 238c
ἐκφόριον 445c
ἰσχύς 694b
καρπός ("fruit") 723c
σπόρος 1285b

יָבַל hi.
ἀνάγειν 75b
ἀπάγειν 115b
φέρειν 1426c

יָבַל ho.
ἄγειν 9a
ἀναφέρειν 84c
ἀπάγειν 115b
ἀπαλλάσσειν 116b
ἀποφέρειν 149c
#διάγειν 299c (Is. 55.12)
ἐμπορεύεσθαι 459a
#φέρειν 1426c (Jb. 17.1)

יְבַל aph. (Aramaic)
*#ἀπερείδεσθαι 120c
*ἀποφέρειν 149c
κομίζειν 777b

יָבָל
διαπορεύεσθαι (פֶּלֶג יָ׳) 308b
ἔξοδος *176c*
παραρρεῖν 1063c

יַבֶּלֶת
μυρμηκιᾶν 937b

יָבַם pi.
ἀδελφὸς τοῦ ἀνδρός 20a
γαμβρεύειν 234a
ἐπιγαμβρεύειν 517c
συνοικεῖν 1317c

יָבָם
ἀδελφὸς τοῦ ἀνδρός 20a, 88a

יְבָמָה
[[γυνή 278b]]
γυνὴ τοῦ ἀδελφοῦ 20a, 278b
σύννυμφος 1317b

יָבֵשׁ I qal
ἀποξηραίνειν 139b
ξηραίνειν 957a
ξηρασία 957b
ξηρὸς γίνεσθαι 256c, 957b

יָבֵשׁ I pi.
μαραίνειν 896a
ξηραίνειν 957a

יָבֵשׁ I hi.
#ἀναξηραίνειν 80b
ἀποξηραίνειν 139b
[[ἐξαίρειν 485a]] → ξηραίνειν
καταξηραίνειν 740a
ξηραίνειν 957a

יָבֵשׁ II adj.
κατάξηρος 740a
ξηρασία 957b
ξηρός 957b, *185b*
σταφίς (עֵנָב יָ׳) 1287a

יַבֶּשָׁה (Aramaic)
#γῆ 240c (Da. LXX 2.10)
#ξηρός 957b (Da. TH 2.10)

יַבָּשָׁה
ἄνυδρος 112a
γῆ 240c
ξηρασία 957b
ξηρός 957b

יַבֶּשֶׁת
[[γῆ 240c]] → יַבָּשָׁה
[[ξηρός 957b]] → יַבָּשָׁה

יָגַב qal
§γαβιν (יוֹגְבִים) 233a
γεωργός 240b
§γηβειν (יוֹגְבִים) 255c

יָגָה ni.
[[ἄγειν 9a]] → נָהַג qal

יָגָה pi.
ταπεινοῦν 1334c

יָגָה hi.
ἀδικεῖν 24c
ἔγκοπον ποιεῖν 366c, 1154a
#ἐξουδενεῖν 500b, *176a* (Si. 34[31].31)
καταδυναστεύειν 731a
ταπεινοῦν 1334c
[[φθάν(ν)ειν 1429b]] → נָגַע hi.

יָגוֹן
κόπος 778c
λύπη 889c
[[μόχθος 935c]] → πόνος
ὀδύνη 967a
πένθος 1118a
πόνος 1188b

יָגֵעַ
κατάκοπος 734a
κοπιᾶν 778b
#εἶναι ἐν κόποις 778c (Ps. 87[88].15)

יְגִיעַ
ἔργον 541c
καρπός ("fruit") 723c
κόπος 778c, *182b*
μόχθος 935c
πόνος 1188b

יְגִיעָה
κόπωσις 779c

יָגַע qal
ἐκλείπειν 435c
[[κοιμᾶν 773c]] → גָּוַע qal
κοπιᾶν 778b, *182b*
[[μανθάνειν 895b]]
μοχθεῖν 935c
παρεκτείνειν 1066b
ποιεῖν ἐπιᾶσαι 1154a

יָגַע pi.
⟦κακοῦν 711b⟧ → κοποῦν
κοποῦν 778c
יָגַע hi.
ἔγκοπον ποιεῖν 366c
παροξύνειν 1072a
יָגָע
κοπιᾶν 778b
יָגֵעַ
ἔγκοπος 366c
κοπιᾶν 778b
πονεῖν *189c*
יְגַר (Aramaic)
βουνός 228b
יָגֹר
δείδειν 286a
διευλαβεῖσθαι 329c
ἔκφοβος εἶναι 445c
εὐλαβεῖσθαι 572a
ὑποπτεύειν 1416c
φοβεῖν 1433b
יָד
⟦ἄγγελλος 7b⟧
ἀγκών 15c
ἀγκωνίσκος 15c
ἀδικεῖν (יָד הָיְתָה) 24c
ἀμέτρητος (רְחַב יָדַיִם) 65c
ἀμφοτεροδέξιος (אִטֵּר יַד־יְמִינוֹ) 68a
⟦ἀνάγκη (יַד עָמֵל) 76a⟧ → עָמֵל
#διδόναι ἄνεσιν (שִׂים יָדַיִם) 87b (II Ch. 23.15)
*#ἀντίλη(μ)ψις 111b (I Es. 8.27)
ἀποκτείνειν, ἀποκτέννειν (שָׁלַח יָד) 135a
ἅπτεσθαι (שָׁלַח יָד) 150b
αὐτάρκης (לְאֵל יָד) *169a*
βουλή *169c*
βραχίων 230a, *169c* (Si. 7.31)
βρόχος 231b
⟦γνωρίζειν (נָשָׂא יָד) 273a⟧
⟦δάκτυλος 284b⟧
δεκαπλασίων (עֶשֶׂר יָדוֹת) 289a
δεκαπλασίως (עֶשֶׂר יָדוֹת) 289a
δεξιός (יַד יָמִין) 290a
διάδοχος (לְיַד) 300b
διακούειν (שִׁית יָד hi.) 304a
⟦διακρίνειν (שִׁית יָד) 304a⟧ → διακούειν
διαρπάζειν (שָׁלַח יָד) 308c
#διδόναι δόξαν (נָתַן יָד) 341b (II Ch. 30.8)
δύναμις 350a
⟦[εἰς] (עַל יְדֵי) *173a*⟧ → לְ
⟦ἐντολή 479b⟧
ἔργον (מִשְׁלַח יָד) 541c
εὐρύχωρος (רְחַב יָדַיִם) 580a
ἔχειν (עַל יַד, לְיַד, בִּידֵי, אֶל יַד, הָיָה . . . יָדַיִם) 586c
⟦ " " (בְּעַד יָד) 586c⟧
ἕως ἐχόμενον (עַל יְדֵי) 586c
*#ἰσχύς 694b, *180c* (I Es. 8.52; Si. 3.13)
καρπός ("wrist") 724b
⟦κινύρα 765c⟧
#κλοπή 772b, *182a* (Si. 41.19)
κοινωνία (תְּשׂוּמֶת יָד) 775a
*#μεγαλειότης 901b (I Es. 1.5)
μέρος 911c
*#μετέχειν (הָיְתָה יָד) 917b (I Es. 8.70)
⟦μέτρον, μέτρος 918b⟧ → μέρος
ὅμορος (אֲשֶׁר עַל־יַד) 993c
ὅριον 1012a
παραλύειν (אָזְלַת יָד) 1062a
πενταπλασίως (חָמֵשׁ יָדוֹת) 1118c
πῆχυς 1131b
πλατύς (רְחַב יָדַיִם) 1141b
πλησίον, πλησιέστερον (עַל־יַד) 1148b
πληγεὶς ὑπό (בְּיַד) 1149c
συγκατατίθεσθαι (שִׁית יַד) 1299b
συγκυρεῖν 1300c
τελειοῦν (מִלֵּא אֶת־יָדוֹ pi.) 1343a
τόπος 1364b (De. 23.13; Is. 56.5)
ὑποτάσσειν (נָתַן יָד־תַּחַת) 1417b
ὑποχείριος (בְּיַד) 1418a
ἃ ἔφερεν (הַבָּא בְיָדוֹ) 1426c
⟦χεῖλος 1456a⟧
*χείρ 1457c, *195b* (Si. 30[33].30)
ὁ χειραγωγῶν (מַחֲזִיק בְּיַד) 1467a
χειροῦσθαι (שָׁלַח יָד) 1467a
יַד (Aramaic)
*χείρ 1457c
יְדָא aph. (Aramaic)
ἐξομολογεῖν 499a
יָדַד qal
βάλλειν 189c
διαίρεσις *171a*
יָדָה qal
τοξεύειν 1363c
יָדָה pi.
ἐπιτιθέναι 535c
יָדָה hi.
αἰνεῖν 33a, *165c* (+II Ch. 20.21)
αἴνεσις 33c
ἀνθομολογεῖσθαι 96a
ἀνθομολόγησις 96a
ἐξαγορεύειν 484a
⟦ἐξηγεῖσθαι 495b⟧ → יָרָה hi.
ἐξομολογεῖν 499a, *176a*
ἐξομολόγησις 499c, *176a* (Si. 47.8)
εὐλογεῖν 572a
*ὁμολογεῖν 993c
ὑμνεῖν 1405a
יָדָה hithp.
*#ἀνθομολογεῖσθαι 96a (I Es. 8.9)
ἐξαγορεύειν 484a
ἐξομολογεῖν 499a
⟦προσαγορεύειν 1212a⟧ → ἐξαγορεύειν
יָדִיד
ἀγαπᾶν 5b
ἀγαπητός 7a
יְדִידוּת
ἀγαπᾶν 5b
יָדַע qal
αἰσθάνεσθαι 36b
αἴσθησις 36b
αἰσθητικός 36c
⟦ἀκούειν 45a⟧
ἀπογινώσκειν (י׳ qal + neg.) 126a
γινώσκειν 267a, *170b*
γνωρίζειν 273a
γνῶσις 273c
γνωστῶς 274a
γραμματικός (י׳ דַּעַת qal) 275c
⟦δεικνύειν, δεικνύναι 286a⟧ → יָדַע hi.
δηλοῦν 295c
διαγινώσκειν 299c
δυνατὸς ἐν *172c*
⟦ἐγείρειν 364a⟧ → עוּר I ni.
εἰδεῖν, εἰδέναι 374b, *172b*
⟦εἰπεῖν, ἐρεῖν 384a⟧ → יָדַע hi.
ἐπιγινώσκειν 517c, *176c*
ἐπιγνώμων (י׳ qal, י׳ דַּעַת qal) 518c
ἐπισκοπεῖν 528c
ἐπίστασθαι 529b
ἐν ἐπιστήμῃ εἶναι (י׳ בִּינָה qal) 530a
ἐπιστήμων 530b, *177a*
εὔγνωστος 569a
ἰδεῖν 669b, *179c*
#καταλαμβάνειν 735a (Jb. 34.24)
κληρονομεῖν 768a
μανθάνειν 895b
νοεῖν *185b*
⟦οἰκτείρειν 982c⟧
πανοῦργος 1053a
⟦προσέχειν 1215b⟧ → γινώσκειν
συγγίνεσθαι 1298c
συνειδέναι 1313b
συνετός 1315a
συνίειν, συνιέναι 1316b
⟦σῴζειν 1328b⟧
#φρονεῖν 1439a (Is. 44.28)
יָדַע ni.
γινώσκειν 267a, *170b*
γνωρίζειν 273a
γνωστός 274a
δηλοῦν 295c
διαγινώσκειν 299c
διάδηλος γίνεσθαι 256c, 300a
εἰδεῖν, εἰδέναι 374b
ἐμφανὴς γίνεσθαι 460c
ἐξαγγέλλειν 483a
ἐξιλάσκειν 495c
ἐπιγινώσκειν 517c
περίβλεπτος γίνεσθαι 256c, 1122b
יָדַע pi.
⟦ἐπιδεῖν, ἐφιδεῖν ("to see") 519a⟧ → ἰδεῖν
ἰδεῖν 669b
יָדַע pu.
ἀναγγέλλειν 74a
⟦γνώριμος 273b⟧ → מוֹדָע
⟦γνώστης 274a⟧ → γνωστός
γνωστός 274a
εἰδέναι τὸ ὄνομα 374b
⟦ἰδεῖν 669b⟧ → εἰδέναι τὸ ὄνομα
φίλος 1431b
יָדַע hi.
ἀναγγέλλειν 74a
ἀναδεικνύειν 76c
ἀπαγγέλλειν 113c
ἀποκρίνειν 133a
γινώσκειν 267a, *170b*
γνωρίζειν 273a
δεικνύειν, δεικνύναι 286a
δηλοῦν 295c
διαμαρτύρεσθαι 305b
διαστέλλειν 311b
*διδάσκειν 316c
εἰδεῖν, εἰδέναι 374b
#εἰπεῖν, ἐρεῖν 384a (Is. 19.12)
ἐμφανίζειν 460c
ἐπιγινώσκειν 517c
παραδεικνύναι 1057c
σημαίνειν 1263a
συμβιβάζειν 1303b
⟦ὑμνεῖν 1405a⟧ → יָדָה hi.
φανερὸς εἶναι 1424a
יָדַע ho.
ἀναγγέλλειν 74a
γινώσκειν 267a
יָדַע hithp.
ἀναγνωρίζειν 76b
γινώσκειν 267a
יְדַע pe. (Aramaic)
γινώσκειν 267a
γνῶσις 273c
*γνωστός 274a
εἰδεῖν, εἰδέναι 374b
ἐπιγινώσκειν 517c
*#ἐπίστασθαι 529b (I Es. 8.23)
φανερὸς εἶναι (יְדִיעַ לֶהֱוֵא) 1424a
יְדַע aph. (Aramaic)
ἀναγγέλλειν 74a
ἀπαγγέλλειν 113c
*γνωρίζειν 273a
δηλοῦν 295c
*#διδάσκειν 316c (I Es. 9.48)
*#λέγειν 863c
*#προσφωνεῖν 1223c (I Es. 2.21)
σημαίνειν 1263a
*ὑποδεικνύειν, ὑποδεικνύναι 1413a
יִדְּעֹנִי
γνωριστής 273b
γνώστης 274a
ἐγγαστρίμυθος 362b
ἐπαοιδός 508a
τερατοσκόπος 1345b
יָהּ
§αλληλουια (הַלְלוּ־יָהּ) 55c
θεός 630a
κύριος 800b
יָהַב qal
#ἀποδιδόναι 126b (Ge. 29.21)
δεῦτε 293a
διδόναι 317b
ἐάν 361a
⟦εἰσάγειν 407c⟧ → בּוֹא hi.
#ἐπιδιδόναι 519b (Am. 4.1)
φέρειν 1426c
יְהַב pe. (Aramaic)
ἀποδιδόναι 126b (Da. TH 6.2[3])
διδόναι 317b
*#ἐμβάλλειν 455a (I Es. 6.20)
*παραδιδόναι 1058a
*#ὑποβάλλειν 1412c (I Es. 2.18)
יְהַב peil (Aramaic)
διδόναι 317b
יְהַב ithpe. (Aramaic)
*διδόναι 317b
παραδιδόναι 1058a
*#φορολογεῖν (מִדָּה הִתְיְהֵבַת) 1438a (I Es. 2.27)
יְהָב
μέριμνα 911a
יָהַד hithp.
ἐνιουδαΐζειν 475a
ἰουδαΐζειν 687a
περιτέμνειν 1127b
יְהוּדִית
ἰουδαϊστί 687a
יְהוָה, יֱהוִה, יְהֹוָה
see also יי, י״י, ייי, יייי
δεσπότης 292c
εὐσέβεια, εὐσεβία (יִרְאַת י׳) 580a

*θεός 630a
*κύριος (יְ׳ צְבָאוֹת, אֲדֹנָי יְ׳, יְ׳) 800b
ἄγγελος κυρίου 800b
κύριος ὁ θεός, (ὁ) κύριος θεός 630a, 800b
ὁ λόγος κυρίου 800b
τὸ ὄνομα κυρίου 800b
τὸ πρόσωπον κυρίου 800b
τὸ στόμα κυρίου 800b
παντοκράτωρ 1053c
יָהִיר
ἀλαζών 52a
αὐθάδης 176c
יַהֲלֹם
ἴασπις 669a
⟦σμάραγδος 1278b⟧ → בָּרֶקֶת
יוֹבֵל
⟦ἀφαίρεσις 181b⟧ → ἄφεσις
ἄφεσις 182b
ἀφέσεως σημασία 182b, 1263b
ἐνιαυτὸς ἀφέσεως 182b
⟦ἱερός 683a⟧
σάλπιγξ 1258b
σημασία 1263b
יוּבַל
ἰκμάς 684b
יוֹם (Hebrew and Aramaic)
ἀδύνατος (קְשֵׁה יוֹם) 28a
ἀνδροῦν (יְמֵי עֲלוּמִים) 86b
ἀρχή (יְמֵי־קֶדֶם) 163c
⟦ " (יוֹם) 163c⟧
ἀτυχεῖν (בְּיוֹם אֵיד) 176c
αὐθημερινός 177a
αὐθημερόν (בְּיוֹמוֹ, בַּיּוֹם) 177a
αὔριον (יוֹם מָחָר) 179a
ἄωρος (עוּל יָמִים) 188c
βιβλιοθήκη (דִּבְרֵי הַיָּמִים) 218b
βίος (יוֹם, יְמֵי חַיִּים) 220a
πολὺν χρόνον βιοῦν (רָבָה יָמִים hi.) 220b
γενεά 236a
δειλινός (רוּחַ הַיּוֹם) 287a
⟦ἡ ἐπιοῦσα 520a⟧
ἔτος 565a
εὐφροσύνη 582c
μακρὸν χρόνον ζῆν (אָרַךְ יָמִים hi.) 594c, 893c
ζωή (יוֹם pl.) 599c
*ἡμέρα 607b, *179b* (+Si. 36[33].7, 9, 32; 50.23)
ἑκάστη ἡμέρα (יוֹם בְּיוֹם) 418a
ἡμέραν καθ᾽ ἡμέραν (יוֹם יוֹם) 607b
*ἡ σήμερον ἡμέρα (הַיּוֹם) 607b, 1264a
καθ᾽ ἑκάστην ἡμέραν (יוֹם בְּיוֹם, אִישׁ יוֹמוֹ, יוֹם וָיוֹם, כָּל־יוֹם וָיוֹם, כָּל־הַיּוֹם) 418a, 607b
καθ᾽ ἡμέραν (יוֹם יוֹם, יוֹם בְּיוֹם, כָּל־יוֹם, תָּמִיד יוֹם בְּיוֹמוֹ) 607b, *181a* (I Es. 5.51; 6.30)
τὸ καθ᾽ ἡμέραν 607b
⟦καθήκειν 700a⟧
καιρός 706a, *180b*
μακρόβιος (אָרַךְ יָמִים hi.) 893a
μακροημερεύειν (אָרַךְ יָמִים hi., רָבוּ יָמִים) 893a
μακροήμερος γίνεσθαι (אָרַךְ יָמִים hi.) 256c, 893b
μακροχρονίζειν (אָרַךְ יָמִים hi.) 894a
μακροχρόνιος γίνεσθαι (אָרַךְ יָמִים hi.) 256c, 894a
μακροχρόνιος εἶναι (אָרַךְ יָמִים hi.) 894a
μεσημβρία (כְּחֹם הַיּוֹם) 912c
μετοικεσία (יוֹם גָּלוּת) 917c
νῦν, νυνί (הַיָּמִים הָהֵם, הַיּוֹם הַזֶּה) 951c
⟦ὁδός 962b⟧
ὀλιγόβιος (קְצַר יָמִים) 986b
οὐδέποτε (מִיָּמָיו + neg.) 1029c
διὰ παντός (כָּל־הַיּוֹם) 1073a
πολυημερεύειν (רָבוּ יָמִים) 1181a
πολυήμερος γίνεσθαι (אָרַךְ יָמִים hi.) 256c, 1181a
πολυήμερος εἶναι (אָרַךְ יָמִים hi.) 1181a
γίνεσθαι πολυχρόνιος (אָרְכוּ הַיָּמִים) 1185c
πώποτε (מִיָּמִים) 1246b
σήμερον (הַיּוֹם הַזֶּה, כַּיּוֹם, הַיּוֹם, בַּיּוֹם) 1264a, *191b*
*ἐν τῇ σήμερον (הַיּוֹם הַזֶּה, הַיּוֹם) 1264a
ἐν ταῖς σήμερον ἡμέραις (הַיּוֹם) 1264a
ἐν τῇ σήμερον ἡμέρᾳ (הַיּוֹם) 1264a
ἡ ἡμέρα ἡ σήμερον (הַיּוֹם, הַיּוֹם הַזֶּה) 1264a
ἡ σήμερον (הַיּוֹם הַזֶּה, הַיּוֹם) 1264a
καθὰ καὶ σήμερον (בַּיּוֹם הַזֶּה) 1264a
καθὼς ἔχεις σήμερον (כַּיּוֹם הַזֶּה) 1264a
τὸ τῆς σήμερον (הַיּוֹם) 1264a
ὡς σήμερον (כַּיּוֹם הַזֶּה, כַּיּוֹם, כְּהַיּוֹם) 1264a
ὥσπερ καὶ σήμερον (כְּהַיּוֹם הַזֶּה) 1264a
εἰς τέλος ἡμέρας μιᾶς (כַּיּוֹם תָּמִים) 1344a
τριημερία (שְׁלֹשֶׁת יָמִים) 1373a
τριταῖος (שְׁלֹשֶׁת הַיָּמִים) 1373c
*χρόνος 1476b
#ὥρα 1493b (Jb. 15.32)
יוֹמָם
ἡμέρα 607b
ἐν ἡμέρᾳ 607b
ἡμέραν 607b
ἡμέρας (בְּיוֹ׳, יוֹ׳) 607b
יָוֵן
ἰλύς 685a
⟦ὕλη 1405a⟧ → ἰλύς
⟦ὕλις(?) 1405a⟧ → ἰλύς
יוֹנָה
περιστερά (יוֹ׳, בֶּן יוֹ׳) 1126c
יוֹנֶקֶת
βλαστός 220c
κλάδος 766a
παραφυάς 1065b
ῥάδαμνος 1247c
יוֹפִי
ὡραῖος *196a*
יוֹרֶה
πρώϊμος, πρόϊμος 1235a
יוֹשֶׁר
see יוֹשֶׁר, יֹשֶׁר
יוֹתֵר
περισσ(ε)ία 1126b
περισσεύειν 1126b
περισσός, περιττός 1126c, *188c*
יוֹתֶרֶת
λαβός 880a
יָזַן pu.
θηλυμανής 650a
יֶזַע
βία 218a
יָחַד pi.
⟦εὐφραίνειν 581a⟧ → חָדָה qal
#συνθλίβειν 1316b, *192c* (Si. 34[31].14)
יַחַד
ἅμα *166b*
ἀμφότεροι 68a
*#μόνος 933b (I Es. 5.71)
κατὰ μόνας 933b
ὁμοθυμαδόν 992b
ὁμοῦ 994a
πᾶς *188a*
יַחְדָּיו, יַחְדָּו
κοινῇ *182a*
ὁμοθυμαδόν 992b
ὡσαύτως 1495c
יָחַל ni.
ἐπέχειν 511a
יָחַל pi.
διαλείπειν 304b
⟦ἐγγίζειν 362b⟧ → ἐλπίζειν
ἐλπίζειν 453c
ἐπελπίζειν 509c
προσδέχεσθαι 1212c
#προσμένειν 1218c (Jd. 3.25A)
ὑπομένειν 1415c
ὑφιστάναι 1419a
יָחַל hi.
⟦ἀκούειν 45a⟧
διαλείπειν 304b
ἐλπίζειν 453c
⟦ἐνωτίζεσθαι 482b⟧
μένειν 910a
ὑπομένειν 1415c
יָחַם qal
ἐγκισσᾶν 366b
יָחַם pi.
ἐν γαστρὶ λαμβάνειν 234b
ἐγκισσᾶν 366b
κισσᾶν 765c
יַחְמוּר
βούβαλος 226a
יָחֵף
ἀνυπόδετος, ἀνυπόδητος 112b
יָחַר pi.
⟦χρονίζειν 1476a⟧ → אָחַר hi.
יָחַר hi.
⟦χρονίζειν 1476a⟧ → אָחַר hi.
יַחַשׂ
συνοδ(ε)ία 1317b
יָחַשׂ hithp.
ἀριθμός 156c
γενεαλογεῖσθαι 237a
*#γενικός 237b (I Es. 5.39)
ἐγκαταλοχίζειν 366b
καταλοχία 738b
*καταλοχισμός 738b
καταριθμεῖν 743a
§μεθωεσειμ (מִתְיַחְשִׂים) 908a
*#μεριδαρχία 910c (I Es. 8.28)
συλλοχισμός 1302c
συνοδ(ε)ία 1317b
יָטַב qal
ἀγαθός 2a
ἀγαθύνειν 4b
ἀρέσκειν (יָ׳, יָ׳ בְּעֵינֵי qal, יָ׳ לִפְנֵי qal) 155c
ἀρεστός (יָ׳ בְּעֵינֵי qal) 156a
βελτίων, βέλτιστος 217b
βελτίων γίνεσθαι 256c
εὖ γίνεσθαι 256c, 568a
σαυτοῦ γίνεσθαι (יָ׳ לִבְּךָ qal) 256c
εὖ εἶναι 568a
καλῶς εἶναι 717b
χαίρειν (יָ׳ בְּעֵינֵי qal) 1452a
יָטַב hi.
ἀγαθοποιεῖν 1c
ἀγαθοποιός *165a*
ἀγαθός 2a, *165a*
ἀγαθὸς ἔσται (= εἶναι VIII.3) *165a*, *173a*
ἀγαθοῦν 4b
ἀγαθύνειν 4b
ἀκριβῶς 50c
βελτίων, βέλτιστος 217b
βελτίονα ποιεῖν 1154a
διορθοῦν 336b
ἐλεεῖν 449c
καλὸν ἐπιτηδεύειν 535b, 715b
ἐποικτείρειν 539a
⟦ἑτοιμάζειν 563c⟧ → טוּב II pa.
εὖ ποιεῖν 568b, 1154a, *177c*, *189b*
εὖ χρᾶσθαι 568b, 1473c
εὐεκτεῖν ποιεῖν (יָ׳ גֵּהָה hi.) 569c, 1154a
εὐόδως 576a
θάλλειν 623b
καλλίονα ποιεῖν 1154a
καλός 715b, *181a*
καλὸν/κάλλιον ποιεῖν 715b, 1154a
καλὸς εἶναι 715b
καλῶς 717b
καλῶς εἶναι 717b
καλῶς ποιεῖν 1154a
ὀρθῶς 1011c
ποιεῖν + ἀγαθά acc. (= טוֹבָה) 1154a (Je. 18.10)
⟦ " *189b*⟧
σφόδρα 1325a
#τέρπειν 1345c (Si. 26.13)
יְטַב pe. (Aramaic)
ἀγαθύνειν 4b
*#βούλεσθαι 226b
יַיִן
γλεῦκος 270c
#κατοινοῦσθαι (Hb. 2.5)
οἰνοπότης (סֹבְאֵי־יָ׳) 983c
οἶνος 983c, *186a*
συμπόσιον (מִשְׁתֵּה יָ׳) 1306a
יָכַח ni.
ἀληθεύειν 53c
διελέγχειν 328b
ἔλεγχος 449c
יָכַח hi.
βλασφημεῖν 221a
διελέγχειν 328b
ἐλεγμός 449a
ἐλέγχειν 449b, *174a* (Si. 34[31].31)
ἔλεγχος 449c
ἐνάλλεσθαι 467c
⟦ἐξελέγχειν 491a⟧ → ἐλέγχειν

⟦ἑτοιμάζειν 563c⟧
#μαστιγοῦν 898a (Pr. 3.12)
ὀνειδίζειν 994b
παιδεύειν 1047a
יָכַח ho.
ἐλέγχειν 449b
יָכַח hithp.
διελέγχειν 328b
יָכֹל qal
ἀνέχειν 87c
βλέπειν (לִרְאוֹת יָ׳ qal) 221a
⟦γίνεσθαι 256b⟧
*δύνασθαι 353a, *172b*
δυναστεύειν *172c*
δυνατός 355c
ἐκποιεῖν 439b
#ἱκανός 683c (Jl. 2.11)
ἰσχύειν 692c
⟦ποιεῖν 1154a (II Ch. 7.7)⟧ → ἐκποιεῖν
#ὑποφέρειν 1418a (Jb. 4.2; 31.23)
⟦χωρεῖν 1482b⟧ → δύνασθαι
יָכֹל hi.
⟦δύνασθαι 353a⟧ → יָכֹל qal
יָכֹל ho.
⟦ὑποφέρειν 1418a⟧ → יָכֹל qal
יְכִל, יְכֵל pe. (Aramaic)
δύνασθαι 353a
δυνατός 355c
ἰσχύειν 692c
τροποῦν 1376a
יָלַד qal
#ἀποβαίνειν 125b (Jb. 15.35)
γένημα *170a*
γεννᾶν 237b
⟦γεννητής(?) 239b⟧ → γεννητός
γεννητός 239b
γίνεσθαι 256b
γυνὴ τίκτουσα 278b
#ἐκγεννᾶν 421c (Ps. 109[110].3)
κτᾶσθαι 793b
μήτηρ 924a
παιδίον 1047c
⟦τέκνα ποιεῖν 1154b, 1340c⟧ → τεκνοποιεῖν
τεκνοποιεῖν 1342a
τίκτειν 1351c, *193b*
τοκετός 1363b
ὠδίν 1492b
יָלַד ni.
εἶναι ἀπόγονος 126a
γένεσις 237a
γεννᾶν 237b
γέννησις 239b
γεννητός 239b
γίνεσθαι 256b, *170b*
*#τέκνον 1340c (I Es. 8.93)
τίκτειν 1351c
יָלַד pi.
μαῖα 892a
μαιοῦσθαι 892a
יָלַד pu. (= qal pass.)
ἀπόγονος 126a
γεννᾶν 237b
γίνεσθαι 256c (Ps. 89[90].2)
⟦ἑδράζειν 368a⟧ → γίνεσθαι
τίκτειν 1351c
יָלַד hi.
γεννᾶν 237b, *170a*
γεννῶσαν ποιεῖν 1154a
γίνεσθαι 256b
ἐκτίκτειν 443a
τεκνοποιεῖν 1342a
τεκταίνειν *193b*
τίκτειν 1351c
יָלַד ho.
γένεσις (הוּלֶדֶת) 237a
τίκτειν 1351c
יָלַד hithp.
ἐπαξονεῖν 508a
⟦ἐπισκέπ(τ)ειν 527c⟧ → ἐπαξονεῖν
יֶלֶד
ἄρσην, ἄρρην 160c
*νεανίας 940a
νεανίσκος 940b
ν(ε)οσσός 949c
νεώτερος 942a
παιδάριον 1045c
παιδίον 1047c
παῖς 1049a
τέκνον 1340c, *193a*
υἱός 1384c
יַלְדָּה
κοράσιον 779c
#νεᾶνις 940b (Da. TH 11.6)
παιδίσκη 1048b
παῖς 1049a
יַלְדוּת
⟦γεννᾶν 237b⟧ → יָלַד qal
⟦ἐκγεννᾶν 421c⟧ → יָלַד qal
νεότης 942c
יִלּוֹד
γεννᾶν 237b
τίκτειν 1351c
יָלִיד
γενεά 236a
ἔγγονος 363b
ἔκγονος 421c
οἰκογενής (יְ׳ בַּיִת, יְ׳) 970c
υἱός 1384c
יָלַל hi.
ἀλαλάζειν 52a
θρηνεῖν 654c
ὀλολύζειν 989b
#πενθεῖν 1117b (Ps. 77[78].63)
יְלֵל
⟦καῦμα 757a⟧
יְלָלָה
ἀλαλαγμός 52a
θρηνεῖν 654c
ὀλολυγμός 989b
יַלֶּפֶת
λ(ε)ιχήν 873c
λειχῆνας ἔχων 586c, 873c
יֶלֶק
ἀκρίς 50c
βροῦχος 231a
יַלְקוּט
συλλογή 1302c
יָם
δυσμή 357b
θάλασσα 621a, *179a* (+Si. 50.3)
*#λιμήν 878c (I Es. 5.55)
λουτήρ 888c
παραθαλάσσιος (חוֹף הַיָּם, יָם, עַל שְׂפַת הַיָּם) 1059c (Ez. 25.9)
παράλιος (מַיִם, חוֹף הַיָּם, יָם, דֶּרֶךְ הַיָּם, לְחוֹף יַמִּים) 1061c
ποντοπορεῖν (בְּלֶב־יָם) 1189a
יַם (Aramaic)
θάλασσα 621a
יֵמִים
§ιαμ(ε)ιν 668a
יְמִימָה
ἡμέρα 607b
יָמִין
*δεξιός (יָ׳, יַד יָ׳) 290a, *170c*
χεὶρ δεξιά 290a
ἡ χεὶρ ἡ δεξιά, ἡ δεξιὰ χείρ 1457c
ἐπιδέξιος 519b
⟦θάλασσα 621a⟧ → יָם
יְמִינִי
ἀμφοτεροδέξιος (אִטֵּר יַד־יְמִינוֹ) 68a
יָמַן hi.
δεξιός 290a
יָמַר hithp.
θαυμάζειν 626c
יָמַשׁ hi.
ποιεῖν ψηλαφᾶν 1154b
ψηλαφᾶν 1485b
יָנָה hi.
θλίβειν 652b
κακοῦν 711b
יְנִיקָה
⟦ἁπαλότης 116c⟧
#κλάδος 766a, *182a* (Si. 40.15)
#παιδίον 1047c (Is. 66.12)
יָנַק qal
ἔσθειν, ἐσθίειν 554a
θηλάζειν 650a
παιδίον νήπιος 944b
יָנַק hi.
θηλάζειν 650a
τροφεύειν 1376b
τροφός 1376c
יַנְשׁוּף
ἶβις, ἴβις, ἰβις 374b, 669a
κύκνος 798c
יַנְשׁוֹף
ἶβις, ἴβις, ἰβις 669a
יָסַד qal
θεμέλιον, θεμέλιος 629b
θεμελιοῦν 629c
θεμελίωσις 630a
*#οἰκοδομή 972c (I Es. 5.64)
יָסַד ni.
ἐπισυνάγειν 534a
θεμελιοῦν 629c
κτίζειν 795b
συνάγειν 1307b
יָסַד pi.
(ἐ)θέλειν 628b
εἰς τὰ θεμέλια ἐμβάλλειν 455a, 629b
ἐπιτάσσειν 534c
θεμέλιον, θεμέλιος 629b
*θεμελιοῦν 629c
ἱστάναι, ἱστᾶν 689a
καταρτίζειν 743b
*#οἰκοδομεῖν 970c (I Es. 5.58)
στηρίζειν *192b*
יָסַד pu.
θεμελιοῦν 629c
*#οἰκοδομεῖν 970c (I Es. 5.53)
יָסַד ho.
ἄρχειν 163a
*#ἔγερσις 364b (I Es. 5.62)
θεμέλιον, θεμέλιος 629b
θεμελίωσις 630a
יְסַד
θεμελιοῦν 629c
יְסוֹד
βάσις 214b
διάστεμα, διάστημα 311c
θεμέλιον, θεμέλιος 629b, *179b*
#ὑπόστασις 1417a (Je. 23.22)
#ὑπόστημα, ὑπόστεμα 1417a (Je. 23.18)
יְסוּדָה
θεμέλιον, θεμέλιος 629b
יִסּוֹר
#παιδ(ε)ία 1046c, *187a* (Si. 4.17)
#πικρία 1132c (Je. 2.21)
יָסַךְ
⟦χρίειν 1475b⟧ → סוּךְ qal
יָסַף qal
⟦γίνεσθαι 256b⟧
προστιθέναι 1221a
#πρόσθεσις 1216b (Ez. 47.13)
יָסַף ni.
πλείονα ποιεῖν 1181b
προστιθέναι 1221a
יָסַף hi.
ἀναλαμβάνειν 78c
⟦ἀναλίσκειν 79b⟧ → סוּף I qal
διδόναι 317b
⟦δύνασθαι 353a⟧
⟦ἔρχεσθαι 548b⟧
οὐκέτι 1030a
οὐκέτι μή (יָ׳ hi. + neg.) 1030b
πάλιν (יָסַף hi. + inf.) 1051c
πλεῖον ποιεῖν 1154a
πλεῖον, πλείων, πλέον 1181b
πρόσθεμα 1216b
*προστιθέναι 1221a, *190b*
⟦προτιθέναι 1231a⟧ → προστιθέναι
σοφώτερος εἶναι (יָ׳ לֶקַח hi.) 1280b
⟦συνάγειν 1307b⟧ → אָסַף ni.
ὑπερβαίνειν 1409a
φορεῖν 1437c
יְסַף hoph. (Aramaic)
προστιθέναι 1221a
יָסַר qal
⟦ἄρχων 166b⟧
παιδεύειν 1047a
⟦ " *187a*⟧
יָסַר ni.
παιδεύειν 1047a
σοφὸς εἶναι *192a*
יָסַר pi.
νουθετεῖν 950b
#παιδ(ε)ία 1046c (Am. 3.7; Hb. 1.12)
παιδεύειν 1047a, *187a*
#παιδευτής 1047c (Ho. 5.2)
יָסַר pu.
#παιδεύειν 1047a (Ho. 7.15)
#ὑπήκοος 1411c (Pr. 13.1)
יָסַר hi.
παιδεύειν 1047a

יָסַר nith.
παιδεύειν 1047a
יָע
ἀναλημπτήρ, ἀναλή(μ)πτωρ 79b
θερμαστρίς 649a
§ιαμ(ε)ιν (יָעִים) 668a
καλυπτήρ 717b
κρεάγρα 784c
יָעַד qal
καθομολογεῖν 704b
⟦κοσμεῖν 780b⟧ → עָדָה qal
τάσσειν 1337a
יָעַד ni.
⟦γινώσκειν 267a⟧ → יָדַע ni.
⟦γνωρίζειν 273a⟧ → יָדַע ni.
ἐπισυνάγειν 534a
ἐπισυνιστάναι 534b
προσέρχεσθαι 1213c
συνάγειν 1307b
συναθροίζειν 1310b
συνέρχεσθαι 1314a
συντάσσειν 1318b
τάσσειν 1337a
יָעַד hi.
ἀνθιστάναι 95c
יָעַד ho.
⟦ἐξεγείρειν 490b⟧ → עוּר I ho.
κεῖσθαι 758b
יְעוֹרִים
⟦δρυμός 349b⟧ → יַעַר
יָעַט qal
#περιτιθέναι 1127c (Is. 61.10)
יְעַט pe. (Aramaic)
*#συμβουλευτής (יְעַט act. ptc.) 1303c
σύμβουλος 1304a
#φίλος 1431b (I Es. 8.13)
יְעַט ithpa. (Aramaic)
συμβουλεύειν 1303c
יָעַל hi.
ἀνωφελής (hi. יָ׳, בְּלִתִּי יָ׳ hi. + neg.) 113a
ὄφελος 1039b
περαίνειν 1119b
⟦ποιεῖν 1154a⟧
#συμφέρειν 1306b, *192b* (Si. 30.19)
ὠφέλεια, ὠφελία 1497a
ὠφελεῖν 1497b, *196c*
ὠφέλημα 1497c
יָעֵל
ἔλαφος 448c
τραγέλαφος 1369a
יַעֲלָה
πῶλος 1246b
יָעֵן
στρουθίον 1297a
יַעֲנָה
σειρήν (בַּת יַ׳, יַ׳) 1262a
στρουθός (בַּת יַ׳, יַ׳) 1297a
יָעֵף I qal
#ἀπορεῖν 140a (Is. 8.22)
ἐκλείπειν 435c
ἐκλύειν 438a
κοπιᾶν 778b
ὀλιγοψυχεῖν 987a
πεινᾶν 1115b
יָעֵף I ho.
⟦φέρειν 1426c⟧ → עוּף I qal
יָעֵף II
πεινᾶν 1115b
יְעָף
τάχος 1338c
יָעַץ qal
ἀναγγέλλειν 74a
⟦βούλεσθαι 226b⟧ → βουλεύειν
βουλεύειν 227a, *169c*
βουλευτής 227c
βουλευτικός 227c
βουλή 227c
*#ἐπιβουλή 517b (I Es. 5.73)
⟦ἐπιστηρίζειν 530b⟧ → עֵצָה qal
*συμβουλεύειν 1303c, *192b*
*σύμβουλος 1304a, *192b*
συνετίζειν 1315a
יָעַץ ni.
⟦ἀπαγγέλλειν 113c⟧
⟦βούλεσθαι 226b⟧ → βουλεύειν
βουλεύειν 227a, *169c* (Si. 37.10)
⟦γινώσκειν 267a⟧ → יָדַע qal
ἐπιγνώμων 518c
παραγγέλλειν 1056b
συμβουλεύειν 1303c
⟦["] *192b*⟧ → βουλεύειν
יָעַץ hithp.
βουλεύειν 227a
יַעַר
ἀγρός 17a
δρυμός 349b
κηρίον 763b
יָפָה qal
καλλιοῦσθαι 715a
καλὸς γίνεσθαι 256c, 715b
ὡραιοῦσθαι 1494a
#ὡραῖος κάλλει (יָפָה יָ׳ qal) 1493c (Ps. 44[45].2)
יָפָה pi.
καλλωπίζειν 715b
יָפָה pealel
⟦ὡραῖος κάλλει 715a, 1493c⟧ → יָפָה qal and יֹפִי, יְפִי ≈ κάλλος
יָפָה hithp.
ὡραϊσμός 1494a
יָפֶה
ἀγαθός 2a
βελτίων, βέλτιστος 217b
εὐπρόσωπος (יְפַת־מַרְאֶה) 576b
εὔριζος (יְפֵה־נוֹף) 576c
ἡδύφωνος (יְפֵה קוֹל) 604c
κάλλος 715a, *180c* (Si. 26.16)
καλλωπίζειν (יְפֵה־פִיָּה) 715b
καλός (יְפַת־מַרְאֶה ,יָ׳) 715b
καλὸς τῷ εἴδει 375c, 715b
ὡραῖος 1493c
יָפַח hithp.
ἐκλύειν 438a
יְפִי ,יֹפִי
δόξα 341b
κάλλος 715a (Ps. 44[45].2), *180c*
καλός 715b
ὡραιότης 1494a
יָפַע hi.
ἐμφαίνειν 460c
ἐμφανῶς 460c
ἔρχεσθαι 548b
⟦κατασπεύδειν 745b⟧
#ὀπτασία 1004b, *186b* (Si. 43.2)
παρρησιάζεσθαι 1073a
#ποιεῖν + φῶς acc. (= אוֹר) 1154a (Jb. 37.15)
⟦προσέχειν 1215b⟧
εἶναι φέγγος 1426a
יִפְעָה
κάλλος 715a
יָצָא qal
ἄγειν 9a
⟦ἀκούειν 45a⟧
⟦ἀνάπτειν 81c⟧
ἀναστρέφειν 82b
ἀνατέλλειν 83a
ἀνατολή 83c
ἀναφύειν 85c
ἀνθεῖν 95b
#ἀξία (יוֹצֵא) 113a, *167b* (Si. 10.28)
#ἀπαίρειν 115c, *167c* (Si. 30.40 [33.32])
ἀπέρχεσθαι 121a
ἀποβαίνειν 125b
ἀποτρέχειν 149b
ἀφιέναι, ἀφιέναι 183b
γέν(ν)ημα 238c
γίνεσθαι 256b
διαπορεύεσθαι 308b
διεκβάλλειν 328a
#διεκβολή 328b (Ez. 47.11)
διεξάγειν 328b
διεξέρχεσθαι 328b
διέξοδος 328b
διέρχεσθαι 328c
#διηγεῖσθαι 329c (Es. 1.17)
⟦εἰσέρχεσθαι 410b⟧
⟦εἴσοδος 413c⟧
⟦εἰσπορεύεσθαι 414a⟧
ἐκβαίνειν *173b*
ἐκνήφειν + οἶνος (= יַיִן) 438b
ἐκπηδᾶν 439a
ἐκπορεύεσθαι 439c, *173c*
ἐκστρατεύειν 441c
ἐκφέρειν 444c
ἐκφεύγειν 445b, *174a*
⟦ἐμπορεύεσθαι 459a⟧ → ἐκπορεύεσθαι
ἐξάγειν 483a
ἐξαίρειν 485a
ἐξαποστέλλειν 488a
ἐξεῖναι 490c
*ἐξέρχεσθαι *175c* (–Si. 42.13)
⟦ " 491c⟧
ἐξέχειν 495b
ἐξιέναι 495c
ἐξιστᾶν/ἐξιστάναι + καρδία (= לֵב) 496c
ἐξοδία 497b
ἐξοδιάζειν 497b
ἔξοδος 497b, *176a*
ἐπάγειν (לִפְקוֹד יָ׳ qal) 503c
ἐπέρχεσθαι 509c
⟦ἐπιδιηγεῖσθαι 519c⟧ → διηγεῖσθαι
⟦ἔρχεσθαι 548b⟧ → ἐξέρχεσθαι
ἥκειν 605a
⟦ἱστάναι, ἱστᾶν 689a⟧
⟦καταδιώκειν 730b⟧
⟦κατασπεύδειν 745b⟧
κατισχύειν 751b
⟦μένειν 910a⟧
παρέρχεσθαι 1068c
⟦ποιεῖν 1154a⟧
πορεύεσθαι 1189a
#πορνεύειν 1194c (Jd. 2.15A)
προσπίπτειν 1219a
προστάσσειν, προστάττειν 1220c
στρατεύειν 1295a
συνεκπορεύεσθαι 1313b
συνεξέρχεσθαι 1313c
יָצָא hi.
ἀναγγέλλειν 74a
ἀνάγειν 75b
αὐξάνειν, αὔξειν 178c
δεικνύειν, δεικνύναι 286a
διανοίγειν 307b
⟦διδάσκειν 316c⟧
⟦διεξάγειν 328b⟧ → יָצָא ho.
⟦εἰσάγειν 407c (Ez. 42.1; Jo. 2.3)⟧ → ἐξάγειν
*ἐκβάλλειν 420c
ἐκδιδόναι 422a, *173b*
ἐκπορεύεσθαι 439c
ἐκσπᾶν 441b
*ἐκφέρειν 444c
ἐξάγειν 483a, *175c*
ἐξαιρεῖν 484b
ἐξαίρειν 485a
⟦ἐξανθεῖν 487c⟧ → ἐκφέρειν
ἐξαποστέλλειν 488a
⟦ἐξάπτειν *175c*⟧
ἐξέρχεσθαι 491c
ἔξοδος 497b
καταφέρειν 747b
κατειπεῖν (דִּבָּה יָ׳ hi.) 749a
κτίζειν *182c*
λαμβάνειν 847a
ὁδηγεῖν 962a
⟦συνάγειν 1307b (II Ki. 10.16)⟧
φέρειν 1426c
יָצָא ho.
ἄγειν 9a
διεκβολή 328b
#διεξάγειν 328b (Ez. 12.5)
τὸ ὕδωρ τῆς ἐκβολῆς 421b
ἐξάγειν 483a
ἐξέρχεσθαι 491c
יְצָא shaph. (Aramaic)
*#συντελεῖν 1319b (I Es. 7.5)
τελεῖν 1342c
יָצַב hithp.
ἀνθιστάναι 95c, *167a*
ἀνιστᾶν, ἀνιστάναι 102c
διαμένειν 305c
ἐπιβαίνειν 515c
ἐφιστάναι 585c
ἱστάναι, ἱστᾶν 689a, *180b*
καθιστάναι 702c
⟦κατασκοπεύειν 745a⟧
λειτουργεῖν *183b*
παριστάναι 1070c
⟦στήκειν 1290b⟧ → ἱστάναι, ἱστᾶν
στηλοῦν 1290b
στηρίζειν *192b*
συμπαριστάναι 1304c
συνάγειν 1307b
יְצַב pa. (Aramaic)
ἀκριβῶς 50c
ἐξακριβάζεσθαι 486c
⟦ἐξακριβοῦσθαι 486c⟧ → ἐξακριβάζεσθαι
יָצַג hi.
ἀνατιθέναι 83b
ἀπερείδεσθαι 120c
ἀποκαθιστᾶν, ἀποκαθιστάναι 131b

βαίνειν 189b
ἱστάναι, ἱστᾶν 689a
καταλείπειν 736a
παρατιθέναι 1065a
παριστάναι 1070c
τιθέναι 1348c

יָצַג ho.
#παράκεισθαι 1061a, *187c* (Si. 30.18)
#παρατιθέναι 1065a, *187c* (Si. 15.16)
ὑπολείπειν 1415a

יִצְהָר
ἔλαιον, ἔλεον 447a, *174a*
⟦καρπός ("fruit") 723c⟧
πιότης 1135b

יָצוּעַ
ἔνδεσμος 470a
κοίτη 775b, *182b* (+Si. 41.22)
μέλαθρον 908b
πλευρά 1142a
στρωμνή 1297b

יְצִיא
ἐξέρχεσθαι 491c

יַצִּיב (Aramaic)
ἀκρίβεια 50c
ἀκριβής 50c
ἀλήθεια 53a
ἀληθινός 54a
ἀληθῶς 54b

יָצִיעַ
ἔνδεσμος 470a
μέλαθρον 908b
πλευρά 1142a

יָצַע hi.
⟦καταβαίνειν 727a⟧
ὑποστρωννύναι 1417b, *194c* (Si. 4.27)

יָצַע ho.
στρωννύειν, στρωννύναι 1297b
⟦ὑποστρωννύναι 1417b⟧ → στρωννύειν, στρωννύναι

יָצַק qal
ἀποχεῖν, ἀποχύνειν 150a
διδόναι 317b
ἐγχεῖν 367b
ἐκπορεύεσθαι 439c
ἐκχεῖν, ἐκχέειν 445c
ἐλαύνειν 448c
ἐπιτιθέναι 535c
ἐπιχεῖν 538c
ἱστάναι, ἱστᾶν 689a
κατακενοῦν 733b
κατατιθέναι 746c
καταχεῖν 748c
πηγνύναι 1130c
χεῖν 1457c
χωνεύειν 1480c
χώνευσις 1481a

יָצַק pi.
⟦ἐπιχεῖν 538c⟧ → יָצַק hi.

יָצַק hi.
⟦ἀδικεῖν *165b*⟧ → צוּק hi.
ἐπιχεῖν 538c
ἱστάναι, ἱστᾶν 689a
τιθέναι 1348c (Jo. 7.23)

יָצַק ho.
⟦ἀδικεῖν *165b*⟧ → צוּק ho.
ἐκχεῖν, ἐκχέειν 445c
⟦ἐπείσχυσις(?) 509b⟧ → ἐπίχυσις
ἐπιρρεῖν 527a
ἐπιχεῖν 538c
ἐπίχυσις 539a
⟦παρατιθέναι *187d*⟧
στρωννύειν, στρωννύναι 1297b
χυτός 1480b

יְצֻקָה
χύσις 1480b

יָצַר qal
διαβούλιον *171a*
⟦ἐπιγονή 518c⟧ → יֵצֶר
⟦ἱστάναι, ἱστᾶν 689a⟧ → XXX ≈ τετραίνειν
καταδεικνύναι 730b
κατασκευάζειν 744a
κεραμεύς 759b, *182a* (+Si. 36[33].13)
κέραμος 759c
κτίζειν 795b
#κτίστης 796a (II Ki. 22.32)
#περιποιεῖν 1125c (Is. 43.21)
πλάσσειν 1140b
ποιεῖν 1154a, *189b* (Si. 4.6)
⟦προσπλάσσειν 1219b⟧
#στερεοῦν 1289a (Am. 4.13)
συντάσσειν 1318b

יָצַר ni.
γίνεσθαι 256b
#ἐγκυλίειν *172a* (Si. 37.3)
κτίζειν 795b, *182c* (+Si. 36[33].10; –39.29)
⟦[κυλίειν] *182d*⟧ → ἐγκυλίειν
[συγκτίζειν] *192b*

יָצַר pu.
πλάσσειν 1140b

יָצַר ho.
σκευαστός 1269b
χωνευτός 1481a

יֵצֶר
#διαβούλιον 299b, *171a* (Si. 15.14)
διανοεῖσθαι (יֵ׳ מַחֲשָׁבוֹת) 306b
διάνοια (יֵ׳ מַחֲשָׁבוֹת) 306c
ἔγκεισθαι 366b
ἐνθύμημα (יֵ׳ מַחֲשָׁבוֹת) 473c, *175b* (Si. 27.6)
#ἐπιγονή 518c (Am. 7.1)
πλάσμα 1140b
πονηρία 1186b

יָצַת qal
ἐμπυρίζειν 460a
καίειν 705a
κατακαίειν 732b

יָצַת ni.
ἀνάπτειν 81c
διδόναι 317b
ἐκκαίειν 432b, *173c*
ἐκλείπειν 435c
⟦ἐκχεῖν, ἐκχέειν 445c⟧ → ἐκκαίειν
ἐμπιπράναι, ἐμπρήθειν 457c
#ἐμπυρίζειν 460a (Je. 4.26)
#καίειν 705a (Je. 26[46].19)
κατασκάπτειν 743c

יָצַת hi.
ἀνάπτειν 81c
ἐμπιπράναι, ἐμπρήθειν 457c, *174b*
ἐμπυρίζειν 460a, *174b*
#ἐξάπτειν 489c, *175c* (Si. 35[32].16)
καίειν 705a
κατακαίειν 732b

יֶקֶב
⟦ἀπολήνιον 136c⟧ → ὑπολήνιον
ληνός 875c
⟦οἶνος 983c⟧ → ληνός
προλήνιον 1207c
ὑπολήνιον 1415c

יָקַד qal
καίειν 705a
ἐκκαίειν *173c*

יָקַד ni.
#συγκαίειν 1299a (Jb. 30.17)

יָקַד ho.
καίειν 705a

יְקַד pe. (Aramaic)
καίειν 705a

יְקֵדָא (Aramaic)
καῦσις 757a

יְקָהָה
γῆρας 255c
προσδοκία 1213a

יְקוֹד
καίειν 705a

יְקוּם
ἀνάστημα, ἀνάστεμα 82b
#ἐξανάστασις (Ge. 7.4)
ὑπόστασις 1417a

יָקוֹשׁ
θηρευτής 650c
παγίς, πακίς 1044b

יַקִּיר (Hebrew and Aramaic)
ἀγαπητός 7a
βαρύς 191a
τίμιος 1353c

יָקַע qal
ἀφιστᾶν, ἀφιστάναι, ἀφιστάνειν 184b
ναρκᾶν 939c

יָקַע hi.
ἐξηλιάζειν 495c
παραδειγματίζειν 1057c

יָקַע ho.
ἐξηλιάζειν 495c

יָקַץ qal
ἐγείρειν 364a
ἐκνήφειν 438b
ἐξανιστάναι 487c
ἐξεγείρειν 490b
ἐξυπνίζειν 501b

יָקַר qal
δοκιμάζειν 339c
ἔντιμος 479a
ἔντιμος γίνεσθαι 256c
ἐντιμοῦν 479b
τιμᾶν 1353a
⟦τιμή 1353a⟧ → τιμᾶν

יָקַר hi.
ἔντιμος εἶναι 479a
#εὖ ποιεῖν 1154a, *189b* (Si. 12.5)
σπάνιον εἰσάγειν 407c, 1281c
#τιμᾶν 1353a (Pr. 25.2, 27)

יָקָר
⟦ἐκλεκτός 437a⟧ → χρηστός
ἔντιμος 479a
#πληθύ(ν)ειν 1144b (Ps. 35[36].7 Aramaizing?)
πολυτελής 1185c
τιμή 1353a
τίμιος 1353c
χρηστός 1475a

יְקָר (Hebrew and Aramaic)
⟦δοκίμιον 340a⟧ → δόκιμος
δόκιμος 340a
δόξα 341b
δοξάζειν (עָשָׂה יְ׳ ,יְ׳) 343b
ἔντιμος 479a
τιμή 1353a
τίμιος 1353c

יָקֹשׁ qal
ἐπιτιθέναι 535c
θηρευτής (יָקוֹשׁ) 650c
συνιστάναι, συνιστᾶν 1317a

יָקֹשׁ ni.
⟦ἐγγίζειν 362b⟧ → נָגַשׁ ni.
⟦κινδυνεύειν 765a⟧
παγίς, πακίς 1044b
πρόσκομμα *190b*
⟦προσκρούειν *190b*⟧
πταίειν 1237c
#σκανδαλίζειν *191b*
#συλλαμβάνειν 1301c (Ps. 9.16)

יָקֹשׁ pu.
ἁλίσκεσθαι *166a*
παγιδεύειν, πακιδεύειν 1044a

יָקֹשׁ ho.
⟦σκανδαλίζειν *191b*⟧ → יָקֹשׁ ni.

יָרֵא I qal
ἀγωνιᾶν 18c
ἐξιστᾶν, ἐξιστάναι 496c
εὐλαβεῖσθαι 572b
εὐλογεῖν 572b
θαρρεῖν, θαρσεῖν (יָ׳ qal + neg.) 626c
πτοεῖν 1238c
σέβειν 1261c
φοβεῖν 1433b
εἶναι φοβούμενος 1433b
φροντίζειν 1439c

יָרֵא I ni.
δοξάζειν *172a*
ἔνδοξος 470c
#ἐντρέπειν 480c (Is. 16.12)
⟦ἐπιφαίνειν 537c⟧ → רָאָה I ni.
⟦ἐπιφάνεια, ἐπιφανία 537c⟧ → רָאָה I ni.
⟦ἐπιφανής 538a⟧ → רָאָה I ni.
⟦ἐπιφανὴς εἶναι 538a⟧ → רָאָה I ni. ≈ ἐπιφαίνειν
θαυμαστός 627b, *179a*
⟦[θαυμαστοῦν] *179a*⟧ → θαυμαστῶς
θαυμαστῶς 627c, *179a*
κραταιός 782a
μέγας 902c
φοβερός 1435c, *195b*
χαλεπός 1453a

יָרֵא I pi.
#φοβεῖν 1433b (II Ch. 32.18)
φοβερίζειν 1435b
⟦φοβεροῦν(?) 1435c⟧ → φοβερίζειν

יָרֵא I hithp.
φαντασιοκοπεῖν *195a*
#φυλάσσειν, φυλάττειν 1441c, *195c* (Si. 12.11)

יָרֵא II adj.
⟦δειλός 287a⟧
θεοσεβής (יְ׳ אֱלֹהִים) 648a
σέβειν 1261c

φοβεῖν (יָ, הָיָה יָ) 1433b, *195b* (+Si. 26.3)

יִרְאָה
⟦ἐπισκοπή 528c⟧
εὐσέβεια, εὐσεβία (יִרְאַת יְהוָה ,יָ) 580a
σέβειν 1261c
φοβεῖν 1433b
φόβος 1435c, *195b* (+Si. 50.29)

יָרַד qal
ᾅδης (יוֹרֵד־בּוֹר) 24a
⟦ἀναβαίνειν, ἀναβέννειν 70a⟧ → ἐμβαίνειν and καταβαίνειν
⟦διαβαίνειν, διαβέννειν 298a⟧
διέρχεσθαι 328c
⟦εἰσέρχεσθαι 410b⟧
⟦εἰσπορεύεσθαι 414a⟧
⟦ἐκκλ(ε)ίνειν 433c⟧
ἐμβαίνειν 455a
ἔρχεσθαι 548b
καθαιρεῖν 697b
*καταβαίνειν 727a, *181b*
κατάβασις 729a, *181b*
καταβιβάζειν 729a
κατάγειν 729b
καταδύ(ν)ειν 731a
καταπηδᾶν 741b
#καταρρεῖν 743b (I Ki. 21.13[14])
κατασπᾶν 745a
κλίνειν 771a
πίπτειν 1135c
πλεῖν *189a*
πορεύεσθαι 1189a
προβαίνειν 1204a
⟦προσκαταβαίνειν 1216c⟧ → καταβαίνειν
συγκαταβαίνειν 1299b
συμπίπτειν 1305b

יָרַד hi.
ἄγειν 9a
⟦ἀναβιβάζειν 73a⟧
ἀναφέρειν 84c
ἀποστέλλειν 141b
ἀφαιρεῖν 180a
βρέχειν 230c
διδόναι 317b
⟦ἐπεγείρειν 509a⟧
⟦ἐπιβιβάζειν 516c⟧
καθαιρεῖν 697b
καταβιβάζειν 729a
κατάγειν 729b, *181b*
⟦καταρρεῖν 743b⟧ → יָרַד qal
καταφέρειν 747b
καταχαλᾶν 748b
παιδεύειν 1047a
παραδιδόναι 1058a
#ταπεινοῦν 1334c (Jd. 5.13A)
φέρειν 1426c

יָרַד ho.
ἀφαιρεῖν 180a
καθαιρεῖν 697b
καταβαίνειν 727a
καταβιβάζειν 729a
κατάγειν 729b

יָרָה qal
ἀκοντίζειν 45a
βάλλειν 189c
⟦βολίς 224b⟧
ἐκφέρειν 444c
κατατοξεύειν 747a
προβάλλειν 1204a
ῥίπτειν, ῥιπτεῖν 1252b
ῥοιζεῖν, ῥοίζεσθαι 1253a
τοξεύειν 1363c
τοξότης 1364b

יָרָה ni.
κατατοξεύειν 747a

יָרָה hi.
ἀκοντίζειν 45a
ἀκοντιστής 45a
ἀναγγέλλειν 74a
ἀποκρίνειν 133a
?γέν(ν)ημα 238c
δεικνύειν, δεικνύναι 286a
δηλοῦν 295c
διδάσκειν 316c
⟦δυνάστης 355b⟧ → מוֹרָא
εἰπεῖν, ἐρεῖν 384a
ἐξηγεῖσθαι 495b
ἡγεῖσθαι 602c
κατατοξεύειν 747a
νομοθετεῖν 947a
#νομοθέτης 947b (Ps. 9.20)
ὁδηγεῖν 962a
παιδεύειν 1047a
προβιβάζειν 1205c
πρώϊμος, πρόϊμος 1235a
ῥοιζεῖν, ῥοίζεσθαι 1253a
συμβιβάζειν 1303b
τοξεύειν 1363c
τοξότης 1364b
ὑποδεικνύειν, ὑποδεικνύναι 1413a
φράζειν 1438b
φωτίζειν 1451b

יָרוֹק
χλωρός 1471c

יָרֵחַ
σελήνη 1262b, *191a*

יֶרַח
μήν ("month") 922a

יְרַח (Aramaic)
δωδεκάμηνον (יַרְחִין תְּרֵי עֲשַׂר) 358b
*μήν ("month") 922a

יָרַט
οὐκ ἀστεῖος 173b
ῥίπτειν, ῥιπτεῖν 1252b

יָרִיב
ἀδικεῖν 24c
⟦δικαίωμα 334b⟧ → רִיב II subst.
⟦κρίσις 789c⟧ → רִיב II subst.

יְרִיעָה
αὐλαία 177a
δέρρις 291c
ἱμάτιον 685a
#σκηνή 1271a (II Ki. 7.2)

יָרֵךְ
⟦ἡμέρα 607b⟧
καυλός 757a
κλίτος 771c
μηρός 923c
πλάγιος 1139b
πλευρόν 1142b
σκέλος 1268c

יַרְכָּה
ἄκρος 51b
βάθος 189a
ἔσχατος 558a
ἐσώτερον (בְּיַרְכְּתֵי) 558c
θεμέλιον, θεμέλιος 629b
κλίτος 771c
⟦κλιτύς 772a⟧ → κλίτος
κοῖλος 773c
μέρος 911c
ὀπίσθιος 1001c
ὁ/τὸ/τὰ ὀπίσω (יַרְכְּתֵי) 1001c
παρατείνειν 1065a

יַרְכָה (Aramaic)
μηρός 923c

יָרַק qal
ἐμπτύειν 460a
πτύειν 1238c

יָרָק
λαχαν(ε)ία 863b
λάχανον 863b
⟦χλωροβοτάνη (יְרַק דֶּשֶׁא) 1471c⟧ → χλωρός
χλωρός 1471c

יֶרֶק
λάχανον 863b
χλωρός 1471c

יֵרָקוֹן
ἀνεμοφθορία 87a
ἴκτερος 684b
ὤχρα 1497c

יְרַקְרַק
χλωρίζειν 1471c
χλωρότης 1471c

יָרַשׁ qal
ἀγχιστεύειν 18b
ἀπολλύειν, ἀπολλύναι 136c
⟦ἀρχή 163c⟧ → רֹאשׁ
ἐκβάλλειν 420c
ἐκβιάζειν 421b
⟦ἐκζητεῖν 430c⟧ → דָּרַשׁ qal
ἐκτρίβειν 444a
κατακληρονομεῖν 733b
κατακυριεύειν 735a
κατέχειν 750c, *181c*
κατοικεῖν 751c
*κληρονομεῖν 768a
κληρονομία 769a
κληρόνομος 770a
κλῆρος 770a
κτῆσις 795a
κυριεύειν 800a
λαμβάνειν 847a
παραλαμβάνειν 1061b
⟦προνομεύειν 1207c⟧ → κληρονομεῖν
⟦πτωχεύειν 1239b⟧ → יָרַשׁ hi.

יָרַשׁ ni.
ἐκτρίβειν 444a
ἐξαίρειν 485a
πένεσθαι 1117a
πτωχεύειν 1239b

יָרַשׁ pi.
ἐξαναλίσκειν 487b

יָרַשׁ hi.
ἀπολλύειν, ἀπολλύναι 136c, *168a* (Si. 20.22)
διδόναι 317b
ἐκβάλλειν 420c
ἐκτρίβειν 444a
ἐξαίρειν 485a, *175c*
ἐξέλκειν, ἐξελκύειν 491a
ἐξολεθρεύειν, ἐξολοθρεύειν 497c
*κατακληρονομεῖν 733b, *181b*
κληροδοτεῖν 768a
κληρονομεῖν 768a, *182a*
κυριεύειν 800a
ὀλεθρεύειν, ὀλοθρεύειν 986a
⟦ὀλέθρευσις 986a⟧ → ἐξολεθρεύειν, ἐξολοθρεύειν
?περιτιθέναι 1127c
#πτωχεύειν 1239b
πτωχίζειν 1239b

יְרֵשָׁה
κληρονομία 769a

יְרֻשָּׁה
κληρονομεῖν 768a
κληρονομία 769a
κλῆρος 770a
κτᾶσθαι 793b
⟦παραλαμβάνειν 1061b⟧ → κτᾶσθαι

יִשְׂחָק
γέλως, γέλος(?) 235c

יָשַׂם qal
⟦παρατιθέναι 1065a⟧
τιθέναι 1348c

יֵשׁ
⟦ἀποκρίνειν 133a⟧
ἐστί, ἔστι (= εἶναι II.3) 378c, *172b* (+Si. 4.21)
εἰσίν (= εἶναι II.6) *172c*
ἔχειν 586c, *178c* (+Si. 13.5)
ἰσχύειν (יֶשׁ־לְאֵל) 692c
⟦καταβαίνειν 727a⟧
⟦κατοικεῖν 751c⟧ → יָשַׁב qal
ποιεῖν (יֵשׁ עֹשֶׂה) 1154a
σώζειν (יֵשׁ מוֹשִׁיעַ) 1328b
τις (יֵשׁ מִן) *193c*
ὑπακούειν (יֵשׁ עֹנֶה) 1405c
ὕπαρξις 1406b
ὑπάρχειν 1406b
τὸ ὑπάρχον, (τὰ) ὑπάρχοντα (אֲשֶׁר יֶשׁ־לְ) 1406b
ὑπερέχειν (יֵשׁ עוֹד) *194b*
ὑπόκεισθαι 1414b

יָשַׁב qal
⟦ἀναπαύειν 80b⟧ → שָׁבַת qal
ἀναπίπτειν *166c*
ἀοίκητος (יָ qal + neg.) 113c
⟦ἀποκαθιστᾶν, ἀποκαθιστάναι 131b⟧ → שׁוּב qal
⟦ἀποστρέφειν 145b⟧ → שׁוּב qal
βασιλεύειν 194c
διακαθιζάνειν 303a
διαμένειν 305c
διατρίβειν 314a
ἐγκαθῆσθαι 364b
ἐγκαθίζειν 364c
⟦ἐγκαταλείπειν 365a⟧ → ἐγκαθῆσθαι
⟦ἐδαφίζειν 367c⟧
⟦εἰσέρχεσθαι 410b⟧
⟦ἐνθρονίζεσθαι (יָ . . . עַל כִּסֵּא מַלְכוּת qal) 473c⟧ → θρονίζειν
ἐνοικεῖν 476a
ἔνοικος 476b
ἐπικαθίζειν 521b
#ἐρείδειν 544c (Jb. 17.10)
⟦ἔρχεσθαι 548b⟧ → שׁוּב qal
ἡσυχάζειν 620a
θεραπεύειν 648a
θρονίζειν (יָ עַל כִּסֵּא qal) 655b
ἱστάναι, ἱστᾶν 689a
καθέδρα (יָ qal, שֶׁבֶת) 699c
καθέζεσθαι 699c
καθεύδειν 700a

*καθῆσθαι 700b, *180a*
*καθίζειν 701c, *180a*
καταγίνεσθαι 730a
καταλύειν 738b
καταμένειν 739a
⟦καταπαύειν 740c⟧ → שָׁבַת qal
κατασκηνοῦν 744b
κατέχειν (יָ׳ עַל qal) 750c
κατοικ(ε)ία 755b
*κατοικεῖν 751c, *181c*
κατοίκησις 755b
κατοικητήριον 755b
*κατοικίζειν 755c
κάτοικος 756a
⟦κοιμᾶν 773c⟧ → שָׁכַב qal
κωθωνίζεσθαι (יָ׳ לִשְׁתּוֹת qal) 839b
μένειν 910a
οἰκεῖν 968a
#οἰκίζειν 970c (Jb. 22.8)
ἡ οἰκουμένη 968b
παρακαθῆσθαι 1060a
παρακαθίζειν 1060a
παραμένειν 1062a
παροικεῖν 1071b
συγκαθῆσθαι 1299a
*συγκαθίζειν 1299a
συνοικίζειν *192c*
ὑπομένειν 1415c

יָשַׁב ni.
⟦καταλύειν 738b⟧ → שָׁבַת ni.
κατοικεῖν 751c
κατοικίζειν 755c
οἰκεῖν 968a
οἰκίζειν *186a*

יָשַׁב pi.
⟦κατασκηνοῦν 744b⟧ → יָשַׁב qal

יָשַׁב hi.
ἀντικαθίζειν 110c
⟦ἀποκαθιστᾶν, ἀποκαθιστάναι 131b⟧ → שׁוּב hi.
ἐγκαθίζειν 364c, *172a*
*#ἔχειν 586c (I Es. 9.12, 18)
καθίζειν 701c, *180a*
κατοικεῖν 751c
κατοικίζειν 755c
⟦λαμβάνειν 847a (II Es. 10.2, 10, 14, 18)⟧ → καθίζειν
*#συνοικίζειν 1317c (I Es. 8.93; 9.7)
τιθέναι 1348c

יָשַׁב ho.
κατοικεῖν 751c
οἰκεῖν 968a

יְשׁוּב
*#κατοίκησις 755b (I Es. 1.21)

יְשׁוּעָה
ἔλεος *174a*
σώζειν 1328b
σωτήρ 1331a
σωτηρία 1331b
σωτήριον 1332a

יָשַׁט hi.
⟦αἴρειν 34c⟧
ἐκτείνειν 442a, *173c*

יְשִׁימוֹן ,יְשִׁמֹן
γῆ ἄνυδρος 112a, 240c
⟦γῆ διψῶσα 240c, 338a⟧
ἔρημος 545a

יָשִׁישׁ
γῆρας *170b*
ἐσχατογήρως (שָׁב [כּוֹשֵׁל margin] וְיָ׳) *177b*
παλαιός 1051b
πρεσβύτερος, πρεσβυτέρα 1201c, *190a* (Si. 25.20)
πρεσβύτης 1202c
πολὺς χρόνος 1181b, 1476b (Jb. 12.12)

יָשָׁם
ἀφανίζειν 181b
ἐρημοῦν 546c

יָשֵׁן I, יָשַׁן qal
⟦ἐξυπνοῦν 501c⟧ → ὑπνοῦν
καθεύδειν 700a
κοιμᾶν 773c
ὑπνοῦν 1412a

יָשֵׁן I, יָשַׁן pi.
κοιμίζειν 774c

יָשֵׁן II adj.
ὕπνος 1411c
ὑπνοῦν 1412a

יָשֵׁן III, יָשַׁן ni. ("to be old")
παλαιὰ παλαιῶν 1051b
παλαιοῦν 1051b
χρονίζειν 1476a

יָשֵׁן III, יָשַׁן hithp. ("to be old")
παλαιοῦν *187a*

יָשָׁן
ἀρχαῖος 162c, *168c*
παλαιός 1051b
παλαιοῦν *187a*

יְשָׁנָה
⟦ισανα 688b⟧

יָשַׁע ni.
βοηθεῖν 223b
διασώζειν 312b
σώζειν 1328b

יָשַׁע hi.
ἀμύνειν 67c
ἀνασώζειν 83a
βοηθεῖν 223b
βοηθός 223c
διασώζειν 312b
⟦εἰσακούειν 408b⟧
ἐλεεῖν *174a*
ἐξαιρεῖν 484b, *175c*
λυτροῦν *183c*
#ποιεῖν + σωτηρίαν (= תְּשׁוּעָה) 1154a (I Ch. 11.14)
ῥύεσθαι 1254b
σώζειν (יָ׳ hi., יֵשׁ מוֹשִׁיעַ) 1328b
σωτήρ 1331a
σωτηρία 1331b
σωτήριον 1332a

יֵשַׁע ,יֶשַׁע
ἔλεος, ἔλαιος 451a
σώζειν 1328b
σωτήρ 1331a, *193c*
σωτηρία 1331b
σωτήριον 1332a

יָשְׁפֵה ,יָשְׁפֶה
ἴασπις 669a
ὀνύχιον 1000c

יָשַׁר ,יָשֵׁר qal
ἀρέσκειν (יָ׳ qal, יָ׳ בְּעֵינֵי qal) 155c
δοκεῖν 339b
εὐδοκεῖν 569a
εὐθής 570b
εὐθύνειν 570c
εὐθύς (adj.) 571a, *177c*
κατευθύνειν 750b

יָשַׁר ni.
⟦ἐπαινεῖν *176a*⟧ → שִׁיר I ho.

יָשַׁר pi.
⟦ἀρχή (יָ׳ pi., שָׂרָה) 163c⟧
εὐθύς (adj.) 571a
εὐθὺ ποιεῖν 571a, 1154a
κατευθύνειν 750b
κατορθοῦν 756b
ὁμαλίζειν 990c
ὀρθοτομεῖν 1011a

יָשַׁר pu.
κατάγειν 729b

יָשַׁר hi.
νεύειν δίκαια (יָ׳ נֶגֶד hi.) 330c
κατευθύνειν 750b
ὁμαλίζειν 990c

יָשָׁר
ἀγαθός 2a
ἀλήθεια 53a
ἀληθινός 54a
ἄμεμπτος 65b
?ἀνδρεῖος 86b
ἀρεστός 156a
βελτίων, βέλτιστος 217b
δίκαιος 330c
δοκεῖν (יָ׳ בְּעֵינֵי) 339b
ἐκτείνειν 442a
εὐθής 570b
εὐθύς (adj.) 571a
εὐθύτης 571b
*#εὐοδία (דֶּרֶךְ יְשָׁרָה) 575b (I Es. 8.50)
[καλός] *181a*
⟦ " 715b⟧
κατευθύνειν 750b
κατορθοῦν 756b
ὀρθ(ρ)ός 1010c
ἀνὴρ ὀρθ(ρ)ός 1010c
ὅσιος 1018b, *186c*
προθύμως (יִשְׁרֵי לֵבָב) 1206c
συνθήκη 1316a
χρηστός 1475a

יֹשֶׁר ,יוֹשֶׁר
ἀληθινός 54a
ἁπλότης 122c
ἀρεστός *168b*
δίκαιος 330c
εὐθύς (adj.) 571a
εὐθύτης 571b
καθαρός 698c
ὀρθ(ρ)ός 1010c
ὀρθῶς (בְּיָשְׁרוֹ) 1011c
ὁσιότης 1018c

יְשָׁרָה ,יִשְׁרָה
εὐθύτης 571b

יָשֵׁשׁ
πρεσβύτερος, πρεσβυτέρα 1201c

יְתִב pe. (Aramaic)
καθῆσθαι 700b
καθίζειν 701c
*οἰκεῖν 968a

יְתִב aph. (Aramaic)
κατοικίζειν 755c

יָתֵד
⟦ἄνθρωπος 96b⟧
⟦ἄρχων 166b⟧
πάσσαλος 1102c, *188a* (Si. 14.24)
στήριγμα, στήρισμα 1290c
⟦σωτηρίαγμα(?) 1332a⟧ → στήριγμα, στήρισμα
⟦σωτήρισμα(?) 1332c⟧ → στήριγμα, στήρισμα

יָתוֹם
ὀρφανός 1018a, *186c*

יְתוּר
κατασκέπτεσθαι, κατασκέπτειν 744a

יַתִּיר (Aramaic)
⟦ἅγιος 12a⟧
περισσός, περιττός 1126c
ἐκ περισσοῦ (יַתִּירָה) 1126c
περισσότερος 1126c
περισσῶς (יַתִּירָה) 1126c
#σκληρός 1274b (Ex. 1.14)
ὑπερφέρειν 1411a
ὑπερφερής 1411b
ὑπέρφοβος (דְּחִיל יַ׳) 1411b

יָתַר qal
λοιπός 888a
περισσεύειν *188c*

יָתַר ni.
ἀπολείπειν 136b
ἐγκαταλείπειν 365a
ἐπίλοιπος 525a
⟦εὑρίσκειν 576c⟧
καταλείπειν 736a
κατάλοιπος 738a
λοιπός 888a
περισσεύειν 1126b
περισσός, περιττός 1126c
⟦ὑπολαμβάνειν 1414c⟧ → ὑπολείπειν
ὑπολείπειν 1415a
⟦ὑπόλοιπος 1415c⟧ → ἐπίλοιπος

יָתַר hi.
ἀπολείπειν 136b
ἐγκαταλείπειν 365a
ἐκζεῖν 430c
#ἐπαίρειν 505a, *176a* (Si. 35[32].1)
⟦εὐλογεῖν 572b⟧ → πολυωρεῖν
καταλείπειν 736a
περιποιεῖν 1125c
#περισσεύειν 1126b, *188c* (Si. 30[33].38)
πληθύ(ν)ειν 1144b
πολυωρεῖν 1186a
προσκαταλείπειν 1216c
ὑπολείπειν 1415a

יֶתֶר I ("remainder")
ἔλλειμμα 453b
ἐπίλοιπος 525a
κατάλ(ε)ιμμα 736a
καταλείπειν 736a
κατάλοιπος 738a
#λεῖμμα 872b (II Ki. 21.2)
λοιπός 888a
νευρά, νευρέα 943a
περισσός, περιττός 1126c
περισσῶς (עַל־יֶ׳) 1126c
⟦πιστός 1138c⟧
πλεόνασμα 1142a
ὑπολείπειν 1415a
⟦ὑπόλοιπος 1415c⟧ → ἐπίλοιπος

יֶתֶר II ("quiver")
φαρέτρα 1425a

יִתְרָה
ἃ περιεποιήσατο 1125c

יִתְרוֹן
περισσ(ε)ία 1126b

כ

כְּ (Hebrew and Aramaic)
*#ἀκολούθως 45a (I Es. 5.48, 68; 7.9; 8.12)
*#ἅμα 60b (I Es. 8.68)
εἰς *173a*
ἐν *174b*
καθώς 704c, *180b*
κατά + acc. *181a*
οἷος *186a*
*ὁμοίως 993b (+I Es. 5.66)
πρός + acc. *190a*
*τοιοῦτος 1362b (+I Es. 1.19)
ὡς 1494b, *196a* (+Si. 3.16)
ὡσεί *196c*
ὥσπερ *196c*
כָּאַב qal
ἀλγεῖν 52b
#ἄρρωστος 160b, *168b* (Si. 7.35)
προσμίγνυνται λύπη 889c
πονεῖν *189c*
ἐν τῷ πόνῳ (כ׳ ptc.) 1188b
כָּאַב hi.
ἀλγεῖν 52b
ἀλγεῖν ποιεῖν 1154a
ἀχρειοῦν 187c
?διαστρέφειν 312a
ὀδύνη 967a
#προσταράσσειν 1220b, *190b* (Si. 4.3)
כְּאֵב
ἄλγημα 52c
ἀρρώστημα *168b*
λυπεῖν 889b
πικρία *188c*
πληγή 1142b
πόνος 1188b, *189c*
כָּאָה ni.
ἐξωθεῖν 502b
κατανύσσεσθαι 739c
ταπεινοῦν 1334c
כָּאָה hi.
?διαστρέφειν 312a
כְּאֶחָד
*#ἅμα 60b
כָּאַף hi.
ταπεινοῦν *193a*
כָּבֵד I qal
βαρεῖσθαι 190c
βαρύνειν 191a, *169a* (Si. 3.27)
βαρύς 191b
βαρὺς γίνεσθαι 256c
βαρυωπεῖν 191c
γνοφώδης 273a
δοξάζειν 343b
ἐνισχύειν 475a
καταβαρύνειν 728c
κατισχύειν 751b
μέγας 902c
εἶναι πλούσιος 1150b
πολύς, πλείων, πλεῖστος 1181b
כָּבֵד I ni.
δοξάζειν 343b, *172a*
ἐνδοξάζεσθαι 470c
ἔνδοξος 470c, *175b*
ἔντιμος 479a, *175b*
ἐντιμότερος (נִכְבָּד מִן) 479a
μεγαλύνειν *184a*
כָּבֵד I pi.
βαρύνειν 191a
δόξα 341b
δοξάζειν 343b, *172a* (+Si. 47.6)
ἐντίμως 479b
εὐλογεῖν 572b
τιμᾶν 1353a, *193b*
#φοβεῖν 1433b, *195b* (Si. 7.31)
כָּבֵד I pu.
δοξάζειν 343b
τιμᾶν 1353a
כָּבֵד I hi.
βαρέως ἀκούειν 45a, 190c
βαρύνειν 191a, *169a*
βαρύς 191b
καταβαρύνειν *181b*
πλεονάζειν 1141c
σκληρύνειν 1275a
כָּבֵד I hithp.
βαρύνειν 191a
δοξάζειν *172a*
τιμὴν ἑαυτῷ περιτιθέναι 1127c, 1353a
כָּבֵד II adj.
⟦βαθύγλωσσος (עִמְקֵי שָׂפָה וְכִבְדֵי לָשׁוֹן) 189a⟧ → βαρύγλωσσος
βάρος *169a*
βαρύγλωσσος (כִּבְדֵי לָשׁוֹן) 191a
#βαρυκάρδιος (כְּבֵד לֵב) 191a (Ps. 4.2)
βαρύς 191b, *169a*
βραδύγλωσσος (כְּבַד לָשׁוֹן) 229c
ἔνδοξος 470c
ἰσχνόφωνος (כְּבַד־פֶּה) 692c
ἰσχυρός 693b
μέγας 902c
πλῆθος 1142c
πλήρης 1147a
πολύς, πλείων, πλεῖστος 1181b, *189b*
σκληρός *191b*
στιβαρός 1291a
כָּבֵד III subst.
ἧπαρ 619c
ἡπατοσκοπεῖσθαι (רָאָה בַּכָּ׳) 619c
כֹּבֶד
βάρος 190c
βαρύνειν 191a
δόξα 341b
ἔνδοξος 470c
⟦στρωννύειν, στρωννύναι 1297b⟧ → רָבַד qal
כֹּבֶד
βαρύς 191b
δόξα 341b
כְּבֵדוּת
βία 218a
כָּבָה qal
ἀποσβεννύναι 140c
⟦ἐπισκευάζειν 528b⟧
σβεννύναι 1261a
כָּבָה pi.
ἀποσβεννύναι 140c, *168b* (+Si. 43.21)
σβεννύναι 1261a
כָּבוֹד
⟦γλῶσσα, γλῶττα 271b⟧
δόξα 341b, *171c* (+Si. 44.13)
δοξάζειν 343b
⟦δόξις(?) 344a⟧ → δόξα
⟦δύναμις 350a⟧ → δόξα
ἔνδοξος 470c
λόγοι ἔνδοξοι 470c
τὸ ὄνομα τὸ ἔνδοξος 470c
⟦εὐκοσμία *177c*⟧
καλός 715b
πλοῦτος 1150c
τιμή 1353a, *193b*
§χαβωθ 1452a
כַּבִּיר
ἀναρίθμητος 81c
⟦βαρύς 191b⟧ → כָּבֵד I qal
δυνατός 355c
?ἔνδοξος 470c
ἔντιμος 479a
πλῆθος 1142c
πολυρρήμων (כַּ׳ אֲמָרִים) 1181b
πολύς, πλείων, πλεῖστος 1181b
⟦πρεσβύτερος, πρεσβυτέρα 1201c⟧ → כָּבֵד II adj. ≈ βαρύς
כֶּבֶל
πέδη 1113a
χειροπέδη 1467a
כָּבַס qal
γναφεύς, κναφεύς 272c
כָּבַס pi.
⟦ἀποκρύνειν(?) 134b⟧ → ἀποπλύνειν
ἀποπλύνειν 139c
πλύνειν 1151b
כָּבַס pu.
πλύνειν 1151b
כָּבַס hothp.
πλύνειν 1151b
כָּבַר hi.
βαρύνειν 191a
ἰσχύειν 692c
כְּבָר adv.
ἤδη 604b
כְּבָרָה
λικμός 878b
כִּבְרָה
§χαβραθα (כברת) 1452a
כֶּבֶשׂ
ἀμνάς 66a
ἀμνός 66b, *166b*
*ἀρήν (= HR's ἀρνός) 159b
ἀρνίον 159b
πρόβατον 1204b
כִּבְשָׂה, כַּבְשָׂה
ἀμνάς 66a
πρόβατον 1204b
כָּבַשׁ qal
βιάζεσθαι 218a
#διαρπάζειν 308c (Is. 5.17)
ἐκβιάζειν 421b
καταδυναστεύειν 731a
καταδύ(ν)ειν 731a
κατακτᾶσθαι 734c
κατακυριεύειν 735a
καταχωννύναι 748c
כָּבַשׁ ni.
καταδυναστεύειν 731a
κατακυριεύειν 735a
⟦κραταιοῦν 782c⟧ → κρατεῖν
κρατεῖν 783a
ὑποτάσσειν 1417b
כָּבַשׁ pi.
καταδυναστεύειν 731a
כָּבַשׁ hi.
#ὠθεῖν 1492c (Je. 41[34].11)
כִּבְשָׁן
καμιναῖος 718a
κάμινος 718a, *181a*
כַּד
ὑδρ(ε)ία 1381a
כִּדְבָה, כְּדַב (Aramaic)
ψευδής 1484b
כְּדֵי
τόσῳ μᾶλλον (כְּ׳ כֵן) *184a*
כְּדִי (Aramaic)
τόσῳ μᾶλλον (כְּ׳ כֵן) *193c*
τοσούτῳ μᾶλλον (כְּ׳ כֵן) *193c*
כַּדְכֹּד
ἴασπις 669a
כֹּה
ἐντεῦθεν 479a
⟦ἰδού 673c⟧
*ὅδε 960b
κατὰ τάδε 960b
οὕτω(ς) (בְּכֹה, כֹּה) 1035c
⟦οὐχ οὕτω(ς) 1035c⟧ → οὕτω(ς)
ὧδε 1491b
כָּה (Aramaic)
ὧδε 1491b
כָּהָה qal
ἀμαυροῦν 65a
ἀμβλύνειν 65b
ἀναλάμπειν (כָּ׳ qal + neg.) 79a
ἐκτυφλοῦν 444c
⟦πηροῦν 1131b⟧ → πωροῦν
πωροῦν 1246c
כָּהָה pi.
ἀμαυρός 65a
ἀμαυροῦν *166b*
ἐκψύχειν 446c
νουθετεῖν 950b
כֵּהֶה
ἀκηδία 44a
αὐγάζειν 176c
βαρύνειν 191a
⟦καπνίζειν 718c⟧
כֵּהָה
ἴασις 668c
כְּהוּנָּה
see כְּהוּנָּה, כְּהֻנָּה

כְּהֵל pe. (Aramaic)
δύνασθαι (אִיתַי כְ׳, כְּ׳) 353a
כָּהַן qal (always as ptc. כֹּהֵן)
⟦ἀδελφός 20a⟧
*ἀρχιερεύς 165b
αὐλάρχης 177a
ἱερατεύειν 679a
ἱεράτευμα 679a
*ἱερατικός 679a
*ἱερεύς 679a, *180a*
ἱερωσύνη 683c
כָּהַן pi.
ἱερατ(ε)ία 678c
ἱερατεύειν 679a, *180a*
λειτουργεῖν 872c
⟦περιτιθέναι 1127c⟧ → יָעַט qal
כָּהֵן (Aramaic)
*ἱερεύς 679a
כְּהוּנָּה ,כְּהֻנָּה
ἱερατ(ε)ία 678c
*ἱερατεύειν 679a
ἱερωσύνη *180a*
כּוֹבַע
περικεφαλαία 1124a
כָּוָה ni.
κατακαίειν 732b
כַּוָּה (Aramaic)
θυρίς 663c
כְּוִיָּה
κατάκαυμα 733a
כּוֹכָב
ἀστήρ 173b, *168c*
ἄστρον (כּוֹכְבֵי בֹקֶר ,כּוֹ׳) 173b, *168c*
כּוּל pilp.
ἀρκεῖν 158a
διατρέφειν 314a
διοικεῖν 336a
ἐκτρέφειν 443c
ἐμμένειν *174b*
ἐπιχορηγεῖν *177a*
κατευθύνειν 750b
οἰκονομεῖν 973a
πραΰνειν 1201a
σιτομετρεῖν 1267b
τρέφειν 1371b
ὑπομένειν 1415c
φέρειν 1426c
χορηγεῖν 1472b
כּוּל hi.
δέχεσθαι 294c
δύνασθαι 353a
δύνασθαι συνέχειν 1315b
⟦ἱκανὸς εἶναι 683c⟧ → יָכֹל qal ≈ ἱκανός
⟦συντέλεια 1318c⟧ → כָּלָה II subst.
ὑποφέρειν 1418a
χωρεῖν 1482b
כּוּל hithpal.
καρτερεῖν *181a*
ὑφιστάναι *194c*
כּוּמָז
ἐμπλόκιον 458c
#σφραγίς 1327b, *193b* (Si. 35.5 [32.7])
כּוּן qal
γίνεσθαι 256b
διαμένειν *171b*
συνίειν, συνιέναι 1316b
כּוּן ni.
ἀγαθός 2a
ἀλήθεια 53a
ἀληθής 53c
ἀνορθοῦν 108b
*γίνεσθαι 256b
δυνατός 355c
ἑδράζειν 368a
ἐμφανής 460c
ἐπιστηρίζειν 530b
ἑτοιμάζειν 563c
ἕτοιμος 564c, *177c* (Si. 48.10)
εὐθής 570b
εὐθύς (adj.) 571a
εὐφραίνειν 581a
ἔχειν 586c
ἱστάναι, ἱστᾶν 689a
καθιστάναι 702c
καταρτίζειν 743b
κατευθύνειν 750b
κατορθοῦν 756b
μένειν 910a, *184b*
⟦[ὄρθρος, ὀρθός] *186c*⟧
ὀρθοῦν 1011a
⟦παιδεύειν *187a*⟧
σαφῶς 1261a
στερεοῦν 1289a
στήκειν 1290b
συναντιλαμβάνεσθαι 1312a
⟦συνετός *192c*⟧ → בִּין hi.
*#συντελεῖν 1319b (I Es. 1.17)
כּוּן pu.
κατευθύνειν 750b
κτίζειν 795b
כּוּן polel
ἀνορθοῦν 108b
βουλεύειν 227a
διορθοῦν 336b
διορίζειν 336b
ἑτοιμάζειν 563c, *177c*
θεμελιοῦν 629c
καταρτίζειν 743b
κατευθύνειν 750b
κτίζειν 795b
πλάσσειν 1140b
συνιστάναι, συνιστᾶν 1317a
כּוּן hi.
ἀνορθοῦν 108b
⟦διδόναι 317b⟧
διορθοῦν 336b
⟦δρᾶν 348c⟧
⟦ἔνδοξος 470c⟧
*ἑτοιμάζειν 563c, *177c* (Si. 47.13)
ἑτοιμασία 564c
ἕτοιμος 564c
εὐθύνειν *177c*
ἱστάναι, ἱστᾶν 689a, *180b* (+Si. 37.13)
καθαρὸν τιθέναι 698c, 1348c
καθιστάναι *180a*
καταρτίζειν 743b
κατευθύνειν 750b
*κατορθοῦν 756b
κρίνειν 787b
#περιποιεῖν 1125c (Jb. 27.17)
#στηρίζειν 1290c, *192b* (Si. 6.37)
στοχάζεσθαι 1295a
#συνιστάναι 1317a (Jb. 28.23)
τιθέναι 1348c
⟦ὑποφέρειν 1418a⟧ → כּוּל hi.
⟦φέρειν 1426c⟧ → כּוּל hi. ≈ ὑποφέρειν
כּוּן ho.
διορθοῦν 336b
ἑτοιμάζειν 563c
#εἰς ὀχείαν (כּוּן ptc.) 1042c (Si. 36[33].6)
כּוּן hithpo.
ἀνορθοῦν 108b
κατασκευάζειν 744a
κατευθύνειν 750b
οἰκοδομεῖν 970c
כַּוָּן
§χαυβων 1456a
§χαυων 1456a
כּוֹס
ἐρωδιός, ἀρωδιός 553b
⟦κόνδυ 777c⟧ → קֻבַּעַת
νυκτικόραξ 951a
ποτήριον 1197b
φιάλη 1430a
כּוּר
κάμινος 718a, *181a*
πύρωσις 1246a
χωνευτήριον 1481a
כּוֹשָׁרָה
#ἀνδρεία 86a (Ps. 67[68].6)
כּוֹתֶרֶת
γεῖσος 235b
כָּזַב qal
ψεύστης 1485b
כָּזַב ni.
#διαρτᾶν 309c
ψευδὴς γίνεσθαι 256c, 1484b
כָּזַב pi.
⟦ἀποφθέγγεσθαι 150a⟧
⟦διαρτᾶν 309c⟧ → כָּזַב ni.
διαψεύδεσθαι 316b
ἐκλείπειν 435c
κενός, καινός ("empty") 759a
ψεύδεσθαι 1484b
כָּזַב hi.
⟦ὁ λέγων ψευδῆ με λέγειν 863c (Jb. 24.25)⟧ → φάναι ψευδῆ με λέγειν
φάναι ψευδῆ με λέγειν 1423c
ὁ φάμενος (λέγων) ψευδῆ με λέγειν 1484b
כָּזָב
ἀδίκως 27b
κακία 708a
κενός, καινός ("empty") 759a
μάταιος 898c
μάταιον ἀπόφθεγμα 150a, 898c
ψευδής 1484b, *196a* (+Si. 31[34].1)
ψευδολογεῖν (pi. כְּ׳ דָּבַר) 1485a
ψεῦδος 1485a, *196a*
ψεύστης (כָּזַב ,כְּ׳) 1485b, *196b*
כֹּחַ
ἀσθενεῖν (כֹּחַ + neg.) 172a
#βία 218a (Is. 63.1)
*δύναμις 350a
δυνατῶς (בְּכֹחַ) 356c
⟦θυμός 660c⟧
*ἰσχύειν (עָצַר כֹּחַ) 692c, *180c* (Si. 41.1)
ἰσχύς 694b, *180c*
κατισχύειν (עָצַר כֹּחַ) 751b
χαμαιλέων 1454b
⟦χείρ 1457c (Nu. 14.17)⟧ → ἰσχύς
כָּחַד ni.
ἀπεῖναι 120a
⟦ἀποκρύπτειν 134b⟧ → κρύπτειν
ἀπολλύειν, ἀπολλύναι 136c
ἀφανίζειν 181b
ἀφιστᾶν, ἀφιστάναι, ἀφιστάνειν 184b
ἐκλείπειν 435c
ἐκλιμπάνειν 437c
ἐκτρίβειν 444a
ἔρημος 545a
κρύπτειν 791c
λανθάνειν 853a
כָּחַד pi.
⟦διακρύπτειν 304b⟧ → κρύπτειν
⟦ἐκτρίβειν 444a⟧ → כָּחַד ni.
ἐμφανίζειν (כְּ׳ pi. + neg.) 460c
κρύπτειν 791c
ψεύδεσθαι 1484b
כָּחַד hi.
ἐκτρίβειν 444a
ἐξαίρειν 485a
ἐξολεθρεύειν, ἐξολοθρεύειν 497c
κρύπτειν 791c
ὄλεθρος 986a
כָּחַל qal
στιμ(μ)ίζεσθαι, στιβίζεσθαι 1291b
כָּחַשׁ qal
ἀλλοιοῦν 56a
כָּחַשׁ ni.
ψεύδεσθαι 1484b
כָּחַשׁ pi.
ἀρνεῖσθαι 159b
ψεύδεσθαι 1484b, *196a*
ψευδὴς γίνεσθαι 256c, 1484b
ψεῦδος 1485a
כָּחַשׁ hithp.
ψεύδεσθαι 1484b
כַּחַשׁ
ψευδής 1484b
ψεῦδος 1485a, *196a*
כִּי
see also אַף כִּי
ἄν (וְאַף כִּי) *166b*
διὰ τοῦτο (כִּי זֶה) *171a*
δικαίως (הֲכִי) 335a
ἐάν *172a*
εἶτα (כִּי־אָז) 415c
⟦ " (אָמְנָם כִּי) 415c⟧
ἦ μήν 602c
⟦ναὶ μήν 939a⟧ → מָה et al. ≈ καί τις
νῦν, νυνί (כִּי עַתָּה) 951c
καὶ νῦν (אַף כִּי) 951c
νῦν/νυνὶ δέ (כִּי עַתָּה ,כִּ׳) 951c
νῦν οὖν 951c
ὅστις 1022b
#ὅστις ἄν 1022b (Ex. 22.9[8]; Nu. 5.6; IV Ki. 4.24)
ὅτι *186c*
οὕτω(ς) 1035c, *187b*
כִּי אִם
ἀλλά *166a*
πλήν 1145c
כִּיד
σφαγή 1324a

כִּידוֹד
ἐσχάρα 557c
כִּידֹן, כִּידוֹן
ἀσπίς ("shield") 173a
γαῖσος, γαισός 233b
ἐγχειρίδιον 367b
ζιβύνη, σιβύνη 598c
πυρφόρος 1246a
ῥομφαία *191c*
כִּיּוֹר
βάσις 214b
δαλός 284c
⟦λέβης 863c (III Ki. 7.40)⟧ → סִיר
λουτήρ 888c
χυτρόκαυλος, χυτρόγαυλος 1480b
כִּילַי
ὑπηρέτης 1411c
כֵּילַפּוֹת
λαξευτήριον 853b
כִּיס
βαλ(λ)άντιον 189c
⟦ " *169a*⟧
μαρσίππιον, μαρσύππιον 896b, *184a*
μάρσιππος 896b
ποτήριον 1197b
⟦φιάλη 1430a⟧ → כּוֹס
כִּיר
χυτρόπους, κυθρόπους 1480b
כִּיֹּר
λουτήρ 888c
כָּךְ
#οὕτω(ς) 1035c, *187b* (Si. 13.17)
כָּכָה
ὅδε 960b
οὕτω(ς) 1035c
כִּכָּר
ἀγγεῖον 7b
ἄρτος (כִּכַּר לֶחֶם) 161b
§αχεχαρ, αχχεχζαρ (הַכִּ׳) 187c
διτάλαντον (כִּכָּרַיִם) 337c
§καιχαρ, κεχαρ 708a
περίοικος 1124c
περίχωρος (כִּכַּר בִּקְעָה ,כִּ׳) 1128b
*τάλαντον 1333c
§χεχαρ 1468a
כַּכַּר (Aramaic)
τάλαντον 1333c
כֹּל (Hebrew and Aramaic)
⟦ἄλλος 56b⟧
ἀμφότεροι 68a
*ἅπας 118c
⟦εἷς *173b*⟧
οὐδὲ εἷς *173b*
ἕκαστος (כָּל־אִישׁ ,כֹּל) 418a, *173b*
καθ' ἑκάστην ἡμέραν (כָּל־הַיּוֹם, כָּל־יוֹם וָיוֹם) 418a, 607b
ἐπάν (בְּכָל־עֵת אֲשֶׁר) 506b
ἕτερος 560a
εὐτάκτως (כֻּלּוֹ) 580c
καθ' ἡμέραν (כָּל־יוֹם) *181a*
κυκλόθεν (כָּל מַעֲבָר) 796b
λοιπός 888a
μηδείς, μηθείς (כֹּל + neg.) 920c
*ὅλος 989b, *186b*
*ὅσος (כָּל־אֱנָשׁ ,כָּל־אֲשֶׁר ,כֹּל) 1019a, *186c* (I Es. 6.32)
καθ' ὅσον (בְּכֹל) *181a, 186c*
πάντες ὅσοι, πάντα ὅσα 1019a
ὅστις (כָּל־הַ־) 1022b
οὐδείς, οὐθείς (כֹּל + neg., כָּל בָּשָׂר) 1028b, *187a*
οὕτω(ς) (כָּל־קֳבֵל דְּנָה) 1035c
πανταχοῦ (כָּלָם) 1053b
πάντοθεν (כָּלֶה ,כֹּל) 1053b (Je. 20.9)
*πᾶς (כֹּל אִישׁ ,כָּל־אִישׁ ,כֹּל) 1073a, *188a* (–Si. 3.12; +36[33].15; 30[33].26, 29, 31, 38; 40.8; 42.17, 22, 23)
διὰ παντός (כָּל־הַיּוֹם) 1073a
πάντες (כֹּל הָאֲנָשִׁים ,כָּל־אִישׁ) 1073a
πᾶς τόπος 1073a
σύμπας 1305a
⟦συντέλεια 1318c⟧ → כָּלָה I pi.
⟦συντελεῖν 1319b⟧ → כָּלָה I pi.
εἰς (τὸ) τέλος (כָּלֹה) 1344a
τις (כָּל־דָּבָר) 1354a
τότε (כָּל־קֳבֵל דְּנָה) 1367c
ὃν τρόπον (כְּכֹל אֲשֶׁר, כָּל־קֳבֵל דִּי) 1375a
⟦χλόη 1471c⟧ → XXX ≈ μολόχη
כָּלָא qal
ἀνέχειν 87c
ἀποκωλύειν 136a
ἐμποδίζειν *174b*
κατακλείειν 733b
κωλύειν 839b
μακρύνειν 894a
παραδιδόναι 1058a
ὑποστέλλειν 1417a
φυλάσσειν, φυλάττειν (הָיָה כָלוּא) 1441c
כָּלָא ni.
κωλύειν 839b
συνέχειν 1315b
כֶּלֶא
φυλακή 1440c
כִּלְאַיִם
διάφορος 315b
⟦δίφορος 337c⟧ → διάφορος
ἑτερόζυγος 560a
ἐκ δύο ὑφασμένος 1419a
כֶּלֶב
#κυνικός 799b (I Ki. 25.3)
κύων 839a, *183c*
כָּלָה I qal
ἀναλίσκειν 79b
#ἀπέχειν 122a (Ma. 3.6)
ἀποκαθαίρειν 131a
ἀπολλύειν, ἀπολλύναι 136c
ἀφανίζειν 181b
⟦γινώσκειν 267a⟧
διατελεῖν 313a
ἐκλείπειν 435c
ἐκτελεῖν 442c
ἐπιτελεῖν 535a
κατατρίβειν 747a
#κοπάζειν 778a (II Ki. 13.39)
παρέρχεσθαι 1068c
παύειν 1112b
πληροῦν 1147c
σήπειν 1265b
*#συντέλεια 1318c (I Es. 2.1)
συντελεῖν 1319b, *192c*
συντέμνειν 1320b
τελεῖν 1342c
τελειοῦν 1343a
τήκειν 1348a
כָּלָה I pi.
ἀναλίσκειν 79b
*ἀπολλύειν, ἀπολλύναι 136c
διδόναι 317b
⟦δύνασθαι 353a⟧ → יָכֹל qal
ἐκλείπειν 435c
ἐκτήκειν 443a
ἐκτρίβειν 444a
ἐξαναλίσκειν 487b
ἐξολεθρεύειν, ἐξολοθρεύειν 497c
ἐπιτελεῖν 535a
καταπαύειν 740c
κατέσθειν, κατεσθίειν 749b
⟦κοπάζειν 778a⟧ → כָּלָה I qal
παύειν 1112b
*#ἄγειν ἐπὶ πέρας 1120a (I Es. 9.17)
πληροῦν 1147c
συντέλεια 1318c, *192c*
*συντελεῖν 1319b, *192c*
σφακελίζειν 1324c
*τελεῖν 1342c
εἰς (τὸ) τέλος (כַּלֵּה) 1344a
ἕως εἰς (τὸ) τέλος (עַד־לְכַלֵּה) 1344a
⟦τήκειν 1348a⟧ → ἐκτήκειν
χόρτασμα *196a*
כָּלָה I pu.
ἐκλείπειν 435c
ἐξαναλίσκειν 487b
⟦ἐξολεθρεύειν, ἐξολοθρεύειν 497c⟧ → ἐξαναλίσκειν
συντελεῖν 1319b
כָּלָה II subst.
ἐκλείπειν 435c
ὀργή *186c*
σὺν παντί 1073a
συντέλεια 1318c
συντέλειν 1319b
εἰς (τὸ) τέλος (לְכָ׳) 1344a
כָּלֶה
σφακελίζειν 1324c
כָּלָה
τέλος *193b*
כַּלָּה
νύμφη 951a
כְּלוּא
φυλακή 1440c
#φυλάσσειν, φυλάττειν 1441c (Je. 52.31)
כְּלוּב
ἄγγος 9a
κάρταλλος *181a*
παγίς, πακίς 1044b
כְּלִי
ἀγγεῖον 7b
ἄγγος 9a
⟦ἀποσκευή 140c⟧ → κατασκευή
βουλή 227c
διασκευή 310a
⟦ἐπιστολή 530c⟧
ἐργαλεῖον 541b
ἔργον 541c
κάδιον 697a
κατασκευή 744b
κόσμος 780c
κυλίκιον 799a
ὁπλομάχος (כְּ׳ זַעַם) 1003c
ὅπλον 1003c
ὄργανον (כְּ׳־שִׁיר ,כְּ׳ עֹז ,כְּ׳) 1008b
πέλεκυς 1116b
πέλυξ (כְּ׳ מַפֵּץ) 1116b
ποτήριον 1197b
*σκεῦος 1269b, *191b* (+Si. 43.2; 45.8)
כְּלִיא
φυλακή 1440c
כִּלְיָה
νεφρός 944a
כִּלָּיוֹן
ἐκλείπειν 435c
συντελεῖν 1319b
כָּלִיל
ἅπας 118c
ἐνδελεχῶς *175b*
ὁλοκαρποῦσθαι (כָּ׳ נִקְטַר) *186b*
ὁλόκαυτος 987c
ὁλοκαύτωμα 987c
ὅλος 989b
πανδημ(ε)ί 1052c
πᾶς 1073a
διὰ παντός 1073a
σὺν παντὶ τῷ λαῷ 1073a
⟦περιτιθέναι 1127c⟧ → כָּלַל pi.
στέφανος 1289c
συντέλεια 1318c, *192c* (+Si. 50.11)
συντελεῖν 1319b
#τελείωσις 1343a (Je. 2.2)
כָּלַל qal
⟦περιτιθέναι 1127c⟧ → כָּלַל pi.
τελειοῦν 1343a
כָּלַל pi.
κεφαλαιοῦν *182a*
#περιτιθέναι 1127c (Ez. 27.3, 4)
כְּלַל shaph. (Aramaic)
*#ἐπιτελεῖν 535a (I Es. 6.4, 14)
*#θεραπεύειν 648a (I Es. 2.18)
καταρτίζειν 743b
*#συντελεῖν 1319b
כְּלַל ishtaph. (Aramaic)
*#ἀνιστάναι 102c
καταρτίζειν 743b
*#συντελεῖν 1319b
כָּלַם ni.
αἰσχύνειν 36c
*#αἰσχύνη *165c* (Si. 20.23)
ἀπαναισχυντεῖν (מִן + הִכָּלֵם + neg.) 117a
ἀτιμάζειν 175c
ἀτιμοῦν 176a
⟦ἐκκλ(ε)ίνειν 433c⟧
*ἐντρέπειν 480c, *175b*
ἐξατιμοῦν 490a
καταισχύνειν 731c
λαμβάνειν τὴν κόλασιν 776b
⟦κοπάζειν 778a⟧ → כָּלָה I qal
#ὑπείκειν 1407b (Je. 38[31].19)
כָּלַם hi.
ἀντικρίνεσθαι 110c
⟦ἀποκωλύειν 136a⟧ → כָּלָא qal
ἀτιμάζειν 175c, *168c*
ἀτιμία 175c
#διατρέπειν 314a (Jd. 18.7B)
καταισχύνειν 731c
καταλαλεῖν 735a
ὀνειδίζειν 994b, *186b*
כָּלַם ho.
⟦ἀποκωλύειν 136a⟧ → כָּלָא qal

כְּלִמָּה
αἰσχύνη 37b
ἀτιμία 175c
βάσανος 191c
ἐντροπή 481a
ὀνειδισμός 994c
ὄνειδος 995a

כְּלִמּוּת
ἀτιμία 175c

כַּמָּה
#ποσαπλῶς 1195c (Ps. 62[63].1)

כְּמוֹ
ὅμοιος *186b*

כְּמוֹ
κατά *181a*
οἷος (כְּמֹנִי) 984c
οἷος ἐγώ (כְּמֹנִי, אֲשֶׁר כָּמֹנִי) 984c
ὅμοιος 992b
οὕτω(ς) 1035c
*τοιοῦτος (כָּמֹהוּ) 1362b
τρόπος 1375a
ὡς *196b*
ὡσαύτως (כָּמוֹהָ, כָּמֹהוּ) 1495c

כַּמֹּן
κύμινον 799b

כָּמַס qal
συνάγειν 1307b

כָּמַר ni.
πελιοῦσθαι 1116b
συνταράσσειν 1318a
συστρέφειν 1323c
ταράσσειν 1336a

כֹּמֶר
#ἱερεύς 679a (Ze. 1.4)
§χωμαρειμ (כְּמָרִים) 1480c

כֵּן I (Hebrew and Aramaic)
διὰ τοῦτο (בַּעֲבוּר כֵּן, עַל כֵּן) *171a*
⟦ἐπ᾽ ἐσχάτῳ (בְּכֵן) *177b*⟧
ἐκεῖνος 428a
μετὰ ταῦτα (בְּכֵן) *184b*
μηδέ (וְכֵן) *184c*
*#ὅδε 960b (I Es. 6.23)
ὅμοιος 992b, *186b*
ὅμοιος εἶναι 992b
ὀπίσω αὐτοῦ (אַחֲרֵי־כֵן) 1001c
ὀρθῶς 1011c
*οὕτω(ς) (כֵּן, עַל כֵּן) 1035c, *187b* (+Si. 20.4; 36.24)
⟦τοῖος 1362b⟧ → τοιόσδε
τοιόσδε 1362b
τοιοῦτος 1362b
τόσῳ μᾶλλον (כְּדֵי כֵן) *184a, 193c*
τοσοῦτος 1367b, *193c* (Si. 3.18)
τοσούτῳ μᾶλλον (כְּדֵי כֵן) *193c*
τότε (בְּכֵן, כֵּן) 1367c
ὡσαύτως 1495c, *196c*

כֵּן II
ἀσφαλής 174b
εἰρηνικός 402c

כֵּן III
ἀρχή 163c
⟦ἀρχιοινοχοΐα 166a⟧
βάσις 214b
ἑτοιμασία 564c
ῥίζα 1251c
τόπος 1364b

כָּנָה pi.
αἰνεῖν *165c*
βοᾶν 222a
ἐντρέπειν 480c
θαυμάζειν πρόσωπον 626c

כַּנָּה
σκνίψ 1275a

כִּנּוֹר
κιθάρα 765a
§κινυρα 765c
ὄργανον 1008b
ψαλτήριον 1483c

כִּנָּם
σκνίψ 1275a

כְּנֵמָא (Aramaic)
#ὅδε 960b (II Es. 4.9)
οὕτω(ς) 1035c
τοιοῦτος 1362b

כָּנַן
⟦καταρτίζειν 743b⟧ → כּוּן polel

כָּנַס qal
ἐκκλησιάζειν 433b
συνάγειν 1307b

כָּנַס pi.
ἐπισυνάγειν 534a
#συνάγειν 1307b (Ez. 22.20)

כָּנַס hithp.
συνάγειν 1307b

כָּנַע qal
ἐκτρίβειν *174a*

כָּנַע ni.
αἰσχύνειν 36c
*ἐντρέπειν 480c, *175b* (Si. 4.25)
ἐπιστρέφειν 531a
κατανύσσεσθαι 739c
συστέλλειν 1323b
ταπεινοῦν 1334c
⟦τρέπειν 1371b⟧ → ἐντρέπειν

כָּנַע hi.
ἀποστρέφειν 145b
ἐκτρίβειν 444a, *174a* (+Si. 33[36].9)
ἐξαίρειν *175c*
ταπεινοῦν 1334c
τροποῦν 1376a

כִּנְעָה, כִּנְעָה
ὑπόστασις 1417a

כָּנַף ni.
⟦ἐγγίζειν 362b⟧

כָּנָף
ἄκρος 51b
ἀναβολή 73c
⟦ἱερός 683a⟧
κράσπεδον 782a
μεγαλοπτέρυγος (גְּדוֹל כְּנָפַיִם) 901c
πεταινός 1129a
πτερύγιον 1238a
πτέρυξ 1238a
πτερωτός (בַּעַל כָּ׳, כָּ׳) 1238b
συγκάλυμμα 1299a

כְּנַשׁ pe. (Aramaic)
ἐπισυνάγειν 534a
συνάγειν 1307b

כְּנַשׁ ithpe. (Aramaic)
συνάγειν 1307b

כְּנָת (Aramaic)
*#βουλή 227c (I Es. 2.17)
σύνδουλος 1313a
*#συνέταιρος 1315a (I Es. 6.3, 7, 27; 7.1)
*#ὁ συντασσόμενος 1318b (I Es. 2.16, 25, 30)

כִּסֵּא
δίφρος 337c
ἐνθρονίζεσθαι (יָשַׁב ... עַל כִּ׳ מַלְכוּת) 473c
ἡγεῖσθαι (מֵעַל כִּ׳) 602c
θρονίζειν (יָשַׁב עַל כִּ׳) 655b
θρόνος 655b, *179c*
πρωτοβαθρεῖν (שׂוּם אֶת־כִּסְאוֹ מֵעַל) 1235b

כָּסָה qal
ἐπικαλύπτειν 522b, *176c*
κρύπτειν 791c
#κρυφαῖος 793a (Ex. 17.16)

כָּסָה ni.
καλύπτειν 716c
κατακαλύπτειν 732c

כָּסָה pi.
ἐπικαλύπτειν 522b
ἐφιστάναι 585c
καλύπτειν 716c
κατακαλύπτειν 732c
καταφεύγειν 747b
κρύπτειν 791c
κρυπτός 792c
περιβάλλειν 1121c
περικαλύπτειν 1124a
σκεπάζειν 1268c
στέγειν *192a*
συγκαλύπτειν 1299a

כָּסָה pu.
ἀναπτύσσειν 81c
ἐπικαλύπτειν 522b
καλύπτειν 716c
κρύπτειν *182b*
περιβάλλειν 1121c

כָּסָה hithp.
κρύπτειν 791c
περιβάλλειν 1121c

כֶּסֶה
εὔσημος 580c

כֵּסֶה
θρόνος 655b

כָּסוּי
κάλυμμα 716c
κατακάλυμμα 732c

כְּסוּת
ἀμφιάζειν, ἀμφιέζειν 67c
ἀμφίασις 67c
ἱματισμός 686a
περιβόλαιον 1122b

כָּסַח qal
ἀνασκάπτειν 82a
ῥίπτειν, ῥιπτεῖν 1252b

כְּסִיל
#ἄνους 108b (Ps. 48[49].10)
ἀπαίδευτος 115c
ἀσεβής 170b
ἀσύνετος 174a
ἀφροσύνη 186b
ἄφρων 186c, *169c*
ἐνδεὴς φρενῶν 469b, 1438c
ἕσπερος 557c
μωρός *185c*
παράνομος 1062b

כְּסִילוּת
ἄφρων 186c

כֶּסֶל, כֵּסֶל
ἀφροσύνη 186b
ἐλπίς 454a
#ἰσχύς 694b (Jb. 31.24)
λαγών *183a*
μηρίον 923b
⟦μηρός 923c⟧ → μηρίον
⟦σκάνδαλον 1268b⟧ → מִכְשׁוֹל
[σπλάγχνον] *192a*
ψύα 1485c

כִּסְלָה
ἀφροσύνη 186b

כֻּסֶּמֶת
ζέα 593a
ὀλύρα 990c

כָּסַס qal
συναριθμεῖν 1312b

כָּסַף qal
μὴ ἀποποιεῖσθαι 139c
?ἕτοιμος 564c

כָּסַף ni.
ἐπιθυμεῖν 520b
ἐπιθυμία 521a
ἐπιποθεῖν 526c

כֶּסֶף
*ἀργύρεος, ἀργυροῦς 153a
*ἀργύριον 153b, *168b*
ἄργυρος 155b
ἀργυρώνητος (מִקְנַת כֶּ׳) 155b
δίδραγμον, δίδραχμον, δίδραχμα 328a
περιαργυροῦν (מְחֻשָּׁק כֶּ׳, צִפּוּי כֶּ׳, נֶחְפָּה בַכֶּ׳) 1121c
τιμή 1353a
χρῆμα 1474b

כְּסַף (Aramaic)
ἀργύρεος, ἀργυροῦς 153a
ἀργύριον 153b
ἄργυρος 155b

כַּסְפְּיָא (Aramaic)
*#γαζοφυλάκιον 233a (I Es. 8.45)
*#γαζοφύλαξ (נְתִינִים בְּכָ׳) 233b (I Es. 8.46)

כֶּסֶת
προσκεφάλαιον 1217a

כְּעַן (Aramaic)
*νῦν, νυνί 951c
καὶ νῦν 951c
τὸ νῦν 951c

כְּעֶנֶת (Aramaic)
*#νῦν 951c (I Es. 2.18, 28)

כָּעַס qal
θυμός 660c
θυμοῦν 662b
μεριμνᾶν 911a
ὀργίζειν 1010a

כָּעַס pi.
⟦παροξύνειν 1072a⟧ → παροργίζειν
παροργίζειν 1072b

כָּעַס hi.
ἀθυμεῖν, ἀθυμοῦν 30a
ἐκπικραίνειν 439a
θυμοῦν 662b
παραπικραίνειν 1063a
παροξύνειν 1072a
παροργίζειν 1072b, *188a*
⟦πικραίνειν 1132c⟧ → παραπικραίνειν

כַּעַס
ἀθυμία 30a
ἀντίπτωμα *167b*
γλωσσώδης 272b
⟦γνῶσις 273c⟧
θυμός 660c
ὀργή 1008b
ὀργίλος 1010b
παρόργισμα 1072c
παροργισμός 1072c
כַּעַשׂ
ὀργή 1008b
כְּעַת (Aramaic)
*#τὰ ὑπογεγραμμένα 1412c (I Es. 2.25)
#φάναι 1423c (II Es. 4.17)
כַּף
δάκτυλος 284b
δράξ (מְלֹא כַף, כַּף) 348c
ἐπικροτεῖν (תָּקַע כַּף, מָחָא כַף) 523c
θυΐσκη 659c
ἴχνος 696b
κάλλυνθρον 715b
καρπός ("wrist") 724b
κλάδος 766a
⟦πῆχυς 1131b⟧ → χείρ
πλάτος 1141a
πούς (כַּף רֶגֶל) 1198b
ταρσός 1337a
τρυβλίον 1377a
χείρ 1457c, *195b* (+Si. 38.10)
כֵּף
πέτρα 1129c
כָּפָה qal
ἀνατρέπειν 84b
כִּפָּה
ἀρχή 163c
ῥάδαμνος 1247c
כְּפוֹר
§καφουδηθ, καφουρη (כְּפוֹרֵי) 757c
§κεφ(φ)ουρε (כְּפוֹרֵי) 763a
§κεφ(φ)ουρης (כְּפוֹרֵי) 763a
ὁμίχλη 991b
παγετός *187a*
πάγος 1045a
πάχνη 1112c, *188b*
*#φιάλη 1430a (I Es. 2.13)
§χαφουρη (כְּפוֹרֵי) 1456a
§χεφουρη (כְּפוֹרֵי) 1468a
כְּפִיס
κάνθαρος 718c
כְּפִיר
⟦δράκων 348b⟧
⟦κώμη 839c⟧ → כֹּפֶר, כָּפָר
λέων 874c, *183b*
σκύμνος λέοντος 874c, 1278a
⟦πλούσιος 1150b⟧
σκύμνος 1278a
כָּפַל qal
διπλοῦς 337a
ἐπιδιπλοῦν 519c
כָּפַל ni.
διπλασιάζειν 337a
כֶּפֶל
διπλάσιος *171c*
διπλοῦς 337a
πτύξις 1238c
כָּפַן
λ(ο)ιμός 878c
כָּפַף qal
κάμπτειν 718b, *181a* (+Si. 30.12)
κατακάμπτειν 733a
καταράσσειν 743a
כָּפַף ni.
ἀντιλαμβάνεσθαι 110c
כָּפַר qal
ἀσφαλτοῦν 174c
כָּפַר pi.
ἁγιάζειν 10c
ἀθῳοῦν 30b
ἀπαλείφειν 116b
ἐκκαθαρίζειν 432a
ἐξιλάσκειν 495c, *175c*
ἱλάσκεσθαι, ἱλάζειν 684b
ἵλεως γίνεσθαι 256c, 684c
καθαρίζειν, καθερίζειν 698a
καθαρὸς γίνεσθαι 256c, 698c
כָּפַר pu.
ἁγιάζειν 10c
ἀποκαθαίρειν 131a
ἀφαιρεῖν 180a
ἀφίειν, ἀφιέναι 183b
ἐξιλάσκειν 495c
περικαθαρίζειν 1123c
כָּפַר hithp.
ἐξιλάσκειν 495c
כָּפַר nith.
ἐξιλάσκειν 495c
כָּפָר
ἐποίκιον 539a
κώμη 839c
כֹּפֶר I ("redemption")
ἄλλαγμα 55b
ἀλοιφή 59b
ἀντάλλαγμα 108c
ἄσφαλτος 174c
#δῶρον 359a (Jb. 36.18)
ἐξίλασμα 496b
κύπρος 799c
λύτρον 890a
περικάθαρμα 1123c
כֹּפֶר II ("village")
κώμη 839c
כַּפָּרָה
#ἐξιλασμός 496b (Ez. 7.25)
כִּפֻּרִים
εἰσφορά 415c
ἐξίλασις 496b
ἐξιλασμός 496b
ἱλασμός 684c
καθαρισμός 698c
כַּפֹּרֶת
ἐξιλασμός 496b
ἱλαστήριον 684c
כְּפַת peil (Aramaic)
πεδᾶν 1113a
συμποδίζειν 1305c
כְּפַת pa. (Aramaic)
πεδᾶν 1113a
συμποδίζειν 1305c
כַּפְתֹּר, כַּפְתּוֹר
σφαιρωτήρ, σφυρωτήρ 1324c
כַּר
ἀρήν (= HR's ἀρνός) 159b
βελόστασις 217b
ἔριφος 547c
ἑρπετός 548a
κριός 788c
σάγμα 1257a
⟦τόπος 1364b (Is. 30.23)⟧
χάραξ 1454c
כֹּר (Hebrew and Aramaic)
⟦βαιθ 189b⟧
⟦βεθ 217a⟧
*κόρος ("kor") 780a
כְּרָא ithpe. (Aramaic)
ἀκηδιᾶν 44a
φρίττειν 1439a
כִּרְבֵּל pu.
περιζωννύναι 1123b
כַּרְבְּלָא (Aramaic)
περικνημίς 1124a
τιάρα 1348c
כָּרָה I qal
⟦ἐγχειρεῖν 367b⟧
⟦ἐγχειροῦν 367b⟧ → ἐγχειρεῖν
ἐκλατομεῖν 435a
ἐνάλλεσθαι 467c
λατομεῖν 862c (Si. 50.3)
μισθοῦσθαι 930b
ὀρύσσειν 1017c
παρατιθέναι 1065a
כָּרָה I ni.
ὀρύσσειν 1017c
כָּרָה II
⟦διηγεῖσθαι 329c⟧
כֵּרָה
παράθεσις 1059c
כְּרוּב
§χερουβ 1467b
§χερουβ(ε)ιμ, χερουβ(ε)ιν (כְּרֻבִים, כְּרוּבִים) 1467c
כָּרוֹז (Aramaic)
κῆρυξ 763c
כְּרַז aph. (Aramaic)
κηρύσσειν 763c
כָּרִי
§χορρ(ε)ι 1472c
כְּרִיתֻת, כְּרִיתוּת
ἀποστάσιον 141b
כַּרְכֹּב
ἐσχάρα 557c
כַּרְכֹּם
κρόκος 791b
כֶּרֶם
ἄμπελος 66c
ἀμπελών 67a
κτῆμα 793c, *182c*
#φυτόν 1447a (Jb. 24.18)
§χαρμειν, χαρμιμ (כְּרָמִים) 1455c
χωρίον 1482c
כֹּרֵם
ἀμπελουργός 67a
⟦κτῆμα 793c⟧ → כֶּרֶם
כַּרְמִיל
κόκκινος 775c
כַּרְמֶל
ἀμπελών 67a
§χερμελ 1467b
כָּרְסֵא (Aramaic)
θρόνος 655b
כִּרְסֵם pi.
λυμαίνειν, λοιμαίνειν 889b
כָּרַע qal
ἀδυνατεῖν 27c
ἀναπίπτειν 81b
⟦ἐκτρέφειν 443c⟧
⟦ἐμπίπτειν 458a⟧
⟦ἰσχύειν + neg. 692c⟧
*κάμπτειν 718b
κατακλίνειν 733c
κατακυλίνειν 734c
⟦κλαίειν 766a⟧ → ὀκλάζειν
κλίνειν 771a
ὀκλάζειν 985b
πίπτειν 1135c
προπίπτειν 1208b
προσκυνεῖν 1217b
προσπίπτειν 1219a
συγκάμπτειν 1299b
συμποδίζειν 1305c
ταπεινοῦν 1334c
כָּרַע hi.
ἐμποδοστατεῖν(?) 458c
κάμπτειν 718b
συμποδίζειν 1305c
ταράσσειν 1336a
ταραχή 1336c
ὑποσκελίζειν 1416c
כְּרָעַיִם
ἀκρωτήριον 51c
πούς 1198b
σκέλος 1268c
כַּרְפַּס
βύσσινος 232b
καρπάσι(ν)ος 723c
כָּרַר pilp.
ἀνακρούειν 78c
ὀρχεῖσθαι 1018a
כָּרֵשׂ
κοιλία 773a, *182a* (Si. 36.23)
כָּרַת qal
ἀποκόπτειν (כָּ׳ qal, שָׁפְכָה כָּ׳ qal) 133a
ἀποσπᾶν 141a
ἀφαιρεῖν 180a
διατιθέναι 313b
ἐκκόπτειν 434c
ἐκτρίβειν 444a
ἐξαίρειν 485a
ἐξολεθρεύειν, ἐξολοθρεύειν 497c
ἱστάναι, ἱστᾶν 689a, *180b*
κατακόπτειν 734b
#κατεργάζεσθαι 749b
κόπτειν 779a
ὀλεθρεύειν, ὀλοθρεύειν 986a
περιτέμνειν 1127b
ποιεῖν + διαθήκην (= בְּרִית) 1154a (Is. 28.15; Je. 41[34].18b)
συγκατατίθεσθαι 1299b
συντελεῖν 1319b
τιθέναι 1348c, *193b*
כָּרַת ni.
⟦ἀναλίσκειν 79b⟧ → ἐξαίρειν
ἀποθνήσκειν 128a
ἀπολλύειν, ἀπολλύναι 136c
ἀφιστᾶν, ἀφιστάναι, ἀφιστάνειν 184b
ἐγκαταλείπειν 365a
ἐκκόπτειν 434c
ἐκλείπειν 435c

ἐκτρίβειν 444a
ἔκτριψις 444b
⟦ἐξάγειν 483a⟧ → ἐξαίρειν
ἐξαίρειν 485a
ἐξαλείφειν *175c*
ἐξολεθρεύειν, ἐξολοθρεύειν 497c
ἐξολλύειν, ἐξολλύναι 499a
ἱστάναι, ἱστᾶν *180b*
ὀλλύναι 987b
τιθέναι *193b*
כָּרַת pu.
ἐκκόπτειν 434c
ὀλεθρεύειν, ὀλοθρεύειν 986a
כָּרַת hi.
ἀπολλύειν, ἀπολλύναι 136c
ἀφαιρεῖν 180a
ἀφανίζειν 181b
ἐκκόπτειν 434c
ἐκτρίβειν 444a
ἐξαίρειν 485a
ἐξαναλίσκειν 487b
ἐξολεθρεύειν, ἐξολοθρεύειν 497c
ἐξολέθρευσις, ἐξολόθρευσις 499a
καθαιρεῖν 697b
κατασπᾶν 745a
κόπτειν 779a
ὀλεθρεύεσθαι, ὀλοθρεύεσθαι 986a
πλήσσειν 1149c
τύπτειν 1378b
כָּרַת ho.
ἐξαίρειν 485a
⟦ἐξέρχεσθαι 491c⟧ → ἐξαίρειν
כְּרֻתוֹת
⟦κατεργάζεσθαι 749b⟧ → כָּרַת qal
κολάπτειν 776b
כֶּשֶׂב
ἀμνός 66b
ἀρήν (= HR's ἀρνός) 159b
πρόβατον 1204b
כִּשְׂבָּה
ἀμνάς 66a
כָּשָׂה qal
πλατύνειν 1141b
כַּשִּׁיל
πέλεκυς 1116b
כָּשִׁיר
#ἀνδρεῖος 86b (Ec. 10.10)
כָּשַׁל qal
ἀδυνατεῖν 27c
ἀνιέναι (= ἀνίημι) 102b
ἄνισχυς εἶναι 105a
ἀσθενεῖν 172a
ἐσχατογήρως (כָּ׳ qal, שָׂב [כּוֹשֵׁל [margin וִישִׁישׁ) *177b*
θλίβειν *179c*
καταναλίσκειν 739b
κοπάζειν 778b
παραλύειν 1062a
πίπτειν 1135c
πταίειν *190c*
συντρίβειν 1321a
כָּשַׁל ni.
ἄνισχυς εἶναι 105a
ἀπολλύειν, ἀπολλύναι 136c
ἀσθενεῖν 172a
⟦διανοεῖσθαι 306b⟧ → שָׂכַל I hi.
⟦κακοῦν 711b⟧ → כָּשַׁל hi.
κοπάζειν 778b
πλανᾶν 1139b
προσκόπτειν 1217b
σκανδαλίζειν 1268b
συντρίβειν 1321a
ὑποσκέλισμα 1416c
כָּשַׁל pi.
⟦ἀτεκνοῦν 175b⟧ → שָׁכֹל, שָׁכֵל pi.
כָּשַׁל hi.
ἀπολλύειν, ἀπολλύναι *168a*
ἀσθενεῖν 172a
ἐξασθενεῖν 490a
⟦ἐξουδενεῖν, ἐξουθενεῖν 500b⟧ → ἐξασθενεῖν
θλίβειν *179c*
#κακοῦν 711b (Ez. 33.12)
σκῶλον 1278b
τροποῦν 1376a
כָּשַׁל ho.
ἀσθένεια 172a
#ἀσθενεῖν 172a (Ez. 21.15[20])
כִּשָּׁלוֹן
παραλύειν *187c*
πτῶμα 1239a
כָּשַׁף pi.
φαρμακεύειν 1425a
φάρμακος 1425a
כֶּשֶׁף
φαρμακ(ε)ία 1425a
φάρμακον 1425a
כַּשָּׁף
φάρμακος 1425a
כָּשֵׁר qal
εὐθής 570b
στοιχεῖν 1291c
#συμφέρειν 1306b (Pr. 31.19)
χρησιμεύειν *196b*
כִּשְׁרוֹן
ἀνδρ(ε)ία 86a
כָּתַב qal
*#ἀναγράφειν 76b
ἀπογράφειν 126a
γράμμα 275a
*γράφειν 276a
γραφή 277c
*#διαγορεύειν 300a
διαγράφειν 300a
⟦διαθήκη 300c⟧
ἔγγραπτος 363b
ἐγγράφειν 363b
ἐπιγράφειν 518c
*#ἐπιτάσσειν 534c
⟦ἔχειν 586c⟧
*#ἱστορεῖν 692b (I Es. 1.33)
*καταγράφειν (כָּ׳ qal, כָּ׳ שִׂטְנָה qal) 730a, *181b*
⟦μερίζειν 910c⟧
χωροβατεῖν 1482c
כָּתַב ni.
*γράφειν 276a
δογματίζειν 339b
ἐγγράφειν 363b
καταχωρίζειν 748c
πέμπειν 1116b
כָּתַב pi.
γράφειν 276a
כְּתַב pe. (Aramaic)
*γράφειν 276a
#ἐπιτάσσειν 534c (I Es. 5.51)
כְּתָב (Hebrew and Aramaic)
ἀπογραφή 126a
γράμμα 275a
γράφειν 276a
*γραφή 277c, *170c*
δόγμα 339b
ἐπιστολή 530c
λέξις 873c
ὁρισμός 1013b
כְּתֹבֶת
γράμμα 275a
כִּתִּית
κόπτειν 779a
כֹּתֶל
τοῖχος 1362c
כְּתַל (Aramaic)
*τοῖχος 1362c
כָּתַם ni.
κηλιδοῦσθαι 763a
כֶּתֶם
ἀργύριον 153b
⟦ἱματισμός 686a⟧
λίθος 876c
λίθος πολυτελής 876c, 1185c
πολυτελής 1185c
χρυσίον 1477a
כְּתֹנֶת, כֻּתֹּנֶת
ἱμάτιον 685a
§κοθωνος 772c
⟦§μεχωνωθ (כְּתֹנֶת, כָּתְנוֹת) 918c⟧ → χοθωνωθ, χωθωνωθ
ποδήρης *189b*
*στολή 1291c
χιτών 1471a
§χοθωνωθ, χωθωνωθ (כָּתְנוֹת) 1472a
כָּתֵף
γωνία 283c
ἐπωμίς 540b
κλίτος 771c
⟦νότος 949c⟧ → νῶτον, νῶτος
νῶτον, νῶτος 956b
ὀρόφωμα 1017c
ὠμία 1492c
⟦ὠμίς 1493a⟧ → ὠμία
*ὦμος 1493a
כָּתַר pi.
μένειν 910a
περιέχειν 1123a
#ὑπομένειν 1415c (Ps. 141[142].7)
כָּתַר hi.
καταδυναστεύειν 731a
κρατεῖν 783a
כֶּתֶר
διάδημα 300a
כֹּתֶרֶת
γεῖσος 235b
γλυφή 271b
ἐπίθεμα 520a
κεφαλίς 763a
μέλαθρον 908b
στῦλος 1297c
§χωθαρ 1480b
§χωθαρεθ (כֹּתָרוֹת) 1480b
כָּתַשׁ qal
μαστιγοῦν 898a
כָּתַשׁ pu.
#κατακόπτειν 734b (Ze. 1.11)
כָּתַת qal
ἐκθλίβειν 432a
λεπτός 874a
συγκόπτειν 1300b
⟦συντρίβειν 1321a⟧ → συγκόπτειν
כָּתַת pi.
κατακόπτειν 734b
συγκόπτειν 1300b
כָּתַת hi.
κατακόπτειν 734b
כָּתַת ho.
ἀπολλύειν, ἀπολλύναι 136c
κατακόπτειν 734b
κόπτειν 779a
οὐκέτι εἶναι 1030a

ל

לְ (Hebrew and Aramaic)
⟦βοηθός (לִי) 223c⟧
εἰς 403a, *173a* (–Si. 39.24)
εἰς τό + inf. (בַּעֲבוּר לְ־ + inf.) *173a*
ἐκ *173b*
⟦ἕκαστος (לוֹ) 418a⟧ → XXX ≈ αὐτῷ
ἐν *174b*
ἔναντι *175a*
ἐπί + gen. *176b*
" + dat. *176b*
" + acc. *176b*
⟦ἔσω 558c⟧
ἔχειν (הָיָה לְ־) *178c*
ἕως *178c*
ἵνα *180b*

⟦ἴσος 688c⟧
κατά + acc. *181a*
ὅπως *186b*
⟦παῖς 1049a⟧
περί + gen. *188b*
πρός + acc. *190a*
[σύν] *192c*
ὑπέρ + gen. *194b*
ὑπό + gen. *194b*
ὡς *196b*
γίνεσθαι ὡς (דָּמָה לְ־) *196b*
לוֹא, לֹא
ἀδιάλυτος (לֹא־יִקָּרֵעַ) 24b
ἄκαυστος (pu. לֹא נֻפָּח) 44a
ἀκίνητος (qal לֹא סוּר) 44a
ἄκλητος (אֲשֶׁר לֹא יִקָּרֵא) 44b
ἀκουσίως (בְּלֹא טַעַם) *166a*
ἀλλότριος (לֹא לָךְ, לֹא־לוֹ) 57a, *166b*
ἀμνήστευτος (pu. לֹא אֹרַשׂ) 66b
ἀναλάμπειν (qal לֹא כָבָה) 79a
ἀναρίθμητος (ni. לֹא סָפַר וְלֹא מָנָה) 81c
ἄνευ (בְּלֹא) *167a*
ἀνήκοος (qal לֹא שָׁמַע) 88a
ἀνωφελής (hi. לֹא יָעַל) 113a
ἀοίκητος (qal לֹא יָשַׁב) 113c
ἀπειθεῖν (qal לֹא שָׁמַע, לֹא אָבָה) (לֹא) 119c
ἀπερίτμητος (qal לֹא מוּל) 120c
ἀπληστία (לֹא מוּסָר) *167c*
ἄπληστος (qal לֹא שָׂבַע) 122c
ἀπογινώσκειν (qal לֹא יָדַע) 126a
ἄσβεστος (pu. לֹא נֻפָּח) 169c
ἄσηπτος (qal לֹא־רָקַב) 171c
ἀφειδῶς (qal לֹא חָשַׂךְ) 182b
ἄφοβος (qal לֹא־פָחַד) 185c
ἄφρων (qal לֹא חָכַם) 186c
ἄωρος (לֹא־עֵת) 188c
δεῖν ("to bind") (ni. לֹא פָּתַח) 287b
⟦διαλύειν (qal לֹא שָׁכַב) 305a⟧
εἰ μή (אִם לֹא) *172b*
ἐμφανίζειν (pi. לֹא כִחֵד) 460c
ἐναντίος (לֹא טוֹב) 468b
εὐλαβεῖσθαι (qal לֹא נוּד) 572a
ἦ μήν (אִם־לֹא) 602c
ἦ μὴν μή (אִם־לֹא) 602c
ἰδού (הֲלֹא) 673c
κενός, καινός ("empty") (qal לֹא סָכַן) 759a
⟦ " (pu. לֹא רָאָה) 759a⟧
μή *184c*
*μηδείς, μηθείς 920c
μηκέτι 921b
νῦν οὖν (הֲלֹא) 951c
οὐ 1026c
οὐδὲ μή *187a*
οὐδείς, οὐθείς 1028b, *187a*
οὐδέποτε 1029c
οὐκέτι 1030a
οὐκέτι μή (לֹא עוֹד, לֹא, hi. לֹא יָסַף) 1030b
⟦οὐκέτι οὐ μή (לֹא עוֹד, לֹא) 1030c⟧
οὔτε (לֹא . . . וְלֹא, לֹא) *187b*
οὔτε μή (וְלֹא) *187b*
⟦ἐν πενθικοῖς (לֹא שָׁתוּ) 1118a⟧
συντόμως (בְּלֹא מִשְׁפָּט) 1321a
#ὡς (הֲלֹא) 1494b, *196a* (Si. 42.22)
לָא (Aramaic)
οὐ 1026c
οὐδείς, οὐθείς (לָא, לָא אֱנָשׁ, אָחֳרָן לָא) 1028b
*οὐκέτι 1030a
לָאָה qal
#κόπος 778c (Jb. 4.2)
παραλύειν 1062a
#πόνος 1188b (Jb. 4.5)
לָאָה ni.
ἀσθενεῖν 172a
#διαλείπειν 304b (Je. 9.5[4])
δύνασθαι + neg. 353a
ἐπέχειν 511a
κοπιᾶν 778b, *182b*
#παραλύειν 1062a
παριέναι ("to allow") 1070b
לָאָה hi.
ἀγῶνα παρέχειν 18c, 1069c
ἐκλύειν 438a
κατάκοπαν ποιεῖν 734a, 1154a
λυπεῖν 889a
παρενοχλεῖν 1068c
לָאַט qal
⟦ἐπικρύπτειν 523c⟧ → κρύπτειν
κρύπτειν 791c
φείδεσθαι 1426a
לָאַט, לָאט
ἡσυχῆ 620b
לָאט
ἡσυχῆ (בְּלָאט) 620b
ἐν κρυφῇ (בְּלָאט) 793a
לְאֹם
⟦ἄρχων 166b⟧
ἔθνος 368b
λαός 853b
φυλή 1444b
לֵב (Hebrew and Aramaic)
ἀκάρδιος (לֵב + neg., לֵב + neg., חֲסַר־לֵב) 43c, *166a*
#ἀσύνετος (אֹבַד לֵב) 174a (Ps. 75[76].5)
ἄφρων (חֲסַר־לֵב) 186c
#βαρυκάρδιος (כְּבֵד לֵב) 191a (Ps. 4.2)
βούλεσθαι (שִׂים לֵב qal) 226b
ἑκουσίως βούλεσθαι (נָשָׂא לֵב qal) 226b, 438c
*#βουλή 227c (I Es. 7.15)
σαυτοῦ γίνεσθαι (יָטַב לִבְּךָ qal) 256c
διανοεῖσθαι (עָצַב אֶל לֵב, אֶל לֵב hithp.) 306b
διάνοια 306c
ἔνδεια (חֲסַר לֵב) 469b
ἐπαίρειν (גִּיל לֵב qal) 505a
⟦ἐπέρχεσθαι (בְּלִבִּי) 509c⟧
#ἐπιμελεῖσθαι (עָלָה עַל לֵב hi.) 525b, *177a* (Si. 33[30].13)
⟦ἔσθειν, ἐσθίειν (סָעַד לֵב qal) 554a⟧ → סָעַד qal
#ἑτεροκλινῶς (בְּלֹא לֵב וָלֵב) (I Ch. 12.34)
εὐφραίνειν (טוֹב לֵב) 581a
εὐφροσύνη (טוּב לֵב) 582c
ἡδέως γίνεσθαι (טוֹב לֵב qal) 604a
θρασυκάρδιος (סוּג לֵב qal, רְחַב־לֵב) 654b
*καρδία 719a, *181a* (+Si. 13.25; 51.15)
τὰ ἀπὸ καρδίας 719a
κατανοεῖν (שׂוּם עַל־לֵב qal) 739c
νοῦς 950c
νωθροκάρδιος (נַעֲוֵה־לֵב) 956b
ἐν ὁμονοίᾳ 993c
ποντοπορεῖν (בְּלֶב־יָם) 1189a
προσέχειν (שׂוּם לֵב qal) 1215b
σκληροκαρδία (זְדוֹן לֵב) *191b*
σκληροκάρδιος (עִקֶּשׁ־לֵב, קְשֵׁה־לֵב) 1274b
#σπλάγχνον 1284c, *192a* (Si. 36[33].5)
στερεοκάρδιος (חִזְקֵי־לֵב) 1289a
στῆθος 1290a
συνετός (חֲכַם־לֵב) 1315a
τολμᾶν (מָלֵא לֵב qal) 1363b
ὑψηλοκάρδιος (גְּבַהּ־לֵב) 1419b
φρήν 1438c
φρόνησις 1439a
φρόνιμος (חֲכַם־לֵב) 1439b
ψυχή 1486a, *196b*
לָבֵא
#σκύμνος 1278a (Ps. 56[57].4)
לְבָאָה
#λέων 874c (Na. 2.12[13])
לָבַב pi.
καρδιοῦν 723c
κολλυρίζειν 776c
לֵבָב
διάνοια 306c
ἐπιθυμία 521a
*καρδία 719a, *181a*
νοῦς 950c
προθύμως (יִשְׁרֵי לֵ׳) 1206c
σκληροκαρδία (עָרְלַת לֵ׳) 1274b
συνετὸς καρδιάς/καρδίᾳ (אִישׁ לֵ׳) 1315a
ψυχή 1486a, *196b*
לְבַב (Aramaic)
καρδία 719a
לְבַד
ἐκτός (מִלְּ׳, לְ׳ מִן) 443c
#ἴδιος 673b (Pr. 5.18)
μόνον (לְ׳ + suf.) 933a
μόνος (לְ׳ + suf.) 933b, *185c* (Si. 30[31].26)
κατὰ μόνας (לְ׳, לְ׳ + suf.) 933b
μονώτατος (לְ׳ + suf.) 933b
πάρεξ, παρέξ (מִלְּ׳, לְ׳ עַל, לְ׳ מִן) 1068c, *187c*
πλήν (מִלְּ׳, לְ׳ מִן, לְ׳) 1145c
לַבָּה
⟦πῦρ 1242b⟧ → φλόξ
φλόξ 1433a
לְבוֹנָה
λίβανος 876b, *183b*
λιβανωτός 876b
לְבוּשׁ (Hebrew and Aramaic)
see also לְבֻשׁ
⟦ἀδίκως (בְּלִי־לְ׳) 27b⟧
γυμνός (בְּלִי לְ׳) 278a
ἐδύ(ν)ειν 471a
ἔνδυμα 471c
ἔνδυσις 472a
⟦ἐνθύμημα 473c⟧ → ἔνδυμα
⟦ἔχειν 586c⟧ → לָבֵשׁ, לָבַשׁ qal
ἱμάτιον 685a
ἱματισμός 686a
περιβόλαιον 1122b
περιβολή 1122b
στολή 1291c
לָבַט ni.
⟦εἰρηνοποιεῖν 403a⟧
συμπλέκειν 1305b
ὑποσκελίζειν 1416c
לְבִי
⟦λέων 874c⟧ → לְבָאָה
⟦σκύμνος 1278a⟧ → לָבֵא
לָבִיא
λέων 874c
σκύμνος 1278a
לְבִיָּא
σκύμνος 1278a
לְבִיבוֹת
κολλύρα 776c
κολλυρίς 776c
לָבַן qal
πλινθ(ε)ία 1150a
πλινθεύειν 1150a
πλινθουργία (לְ׳ לְבֵנִים qal) 1150a
לָבַן hi.
#ἀποκαλύπτειν 131c (Da. TH 11.35)
καθαρίζειν, καθερίζειν 698a
λευκαίνειν 874b
לָבַן hithp.
ἐκλευκαίνειν 437c
לָבָן adj.
ἔκλευκος 437c
λευκαθίζειν 874b
λευκαίνειν 874b
⟦λευκανθίζειν 874b⟧ → λευκαθίζειν
λευκός 874c
χλωρός 1471c
לֹבֶן
#λευκότης 874c, *183b* (Si. 43.18)
לְבָנָה
⟦λευκότης *183b*⟧
σελήνη 1262b
לְבֵנָה
πλινθ(ε)ία 1150a
πλίνθος 1150a
πλινθουργία (לָבַן לְבֵנִים) 1150a
⟦ " (לְ׳) 1150a⟧ → πλινθ(ε)ία
לִבְנֶה
λεύκη 874b
στυράκινος 1298b
לְבֹנָה
λίβανος 876b
לָבֵשׁ, לָבַשׁ qal
ἀμφιάζειν, ἀμφιέζειν 67c
ἐνδιδύσκειν 470b
ἐνδύ(ν)ειν 471a, *175b*
ἐνδυναμοῦν 472a
ἐξιστᾶν/ἐξιστάναι + ἐκστάσει (= חֲרָדָה) 496c
#ἔχειν 586c (Es. 4.2)
περιβάλλειν 1121c
φύρεσθαι 1446b
לָבֵשׁ, לָבַשׁ pu.
ἐνδύ(ν)ειν 471a
ἔνοπλος (מְלֻבָּשׁ בְּגָדִים) 476b
*στολίζειν 1292b
לָבֵשׁ, לָבַשׁ hi.
ἐνδιδύσκειν 470b
ἐνδύ(ν)ειν 471a, *175b*
περιβάλλειν 1121c
περιτιθέναι 1127c
στολίζειν 1292b
#στολιστής (לְ׳ ptc.) 1292b (IV Ki. 10.22)

לָבֵשׁ, לְבַשׁ hithp.
ἐνδιδύσκειν *175b*
לְבַשׁ pe. (Aramaic)
ἐνδύ(ν)ειν 471a
στολίζειν 1292b
לְבַשׁ aph. (Aramaic)
ἐνδύ(ν)ειν 471a
לְבֻשׁ
see also לְבוּשׁ
ἀμφίασις 67c
στολή 1291c
לֹג
κοτύλη 781a
לֵדָה
τίκτειν 1351c
τόκος 1363b
לֵה (Aramaic)
see also לָא
οὐδείς, οὐθείς 1028b
לֹה
see also לוֹא, לֹא
ἰδού (הֲלֹה) 673c
לַהַב
⟦ὀξυσθενής 1001a⟧
στίλβειν 1291b
⟦φλέξ(?) 1432c⟧ → φλόξ
φλέψ 1432c
φλόξ 1433a
לֶהָבָה
καίειν 705a
καταφλέγειν 748a
πῦρ 1242b, *190c*
φέγγος 1426a
φλόξ 1433a
לֶהֶבֶת
λόγχη (לְ׳ חֲנִית) 887b
φλόξ 1433a
לַהַג
μελέτη 908c
לָהָה qal
ἐκλείπειν 435c
לָהָה hithpalp.
ὑποκρίνεσθαι *194c*
לָהַט qal
⟦ταράσσειν 1336a⟧
φλέγειν 1432c
⟦φλέξ(?) 1432c⟧ → φλέγειν
φλογίζειν *195b*
לָהַט pi.
#ἀνακαίειν *166c*
ἀνάπτειν 81c
κατακαίειν 732b
καταφλέγειν 748a
συμφλέγειν 1306b
φλέγειν 1432c
φλογίζειν 1432c
לַהַט
φλόξ 1433a
לְהָטִים
φαρμακ(ε)ία 1425a
לָהַם hithp.
μαλακός (כְּמִתְלַהֲמִים) 894b
לָהֵן (Aramaic)
πλήν 1145c
לַהֲקָה
ἐκκλησία 433a

לוּ
ὀφ(ε)ίλειν 1039a
לוֹא
see לוֹא, לֹא
לָוָה I qal ("to borrow")
δαν(ε)ίζειν 285a
⟦ " *170a*⟧
לָוָה I hi. ("to borrow")
δαν(ε)ίζειν 285a, *170a*
ἐκδαν(ε)ίζειν 421c
κιχρᾶν 765c
לָוָה II qal ("to accompany")
διαμένειν *171b*
συμπροσεῖναι 1306a
לָוָה II ni. ("to accompany")
ἐπισυνάγειν 534a
καταφεύγειν 747b
προσκεῖσθαι 1216c
προστιθέναι 1221a
⟦προτιθέναι 1231a⟧
συμπαραγίνεσθαι 1304c
לוּז I ni.
γογγύζειν 274a
καμπύρος 718b
παράνομος 1062b
πορεύεσθαι *189c*
σκολιάζειν 1275b
לוּז I hi.
⟦ἐκλείπειν 435c⟧
λείπειν 872c
לוּז II subst.
καρύϊνος 725a
παραρρεῖν 1063c
לוּחַ
⟦ἀρχή 163c⟧
πλάξ 1140b
πλάτος 1141a
πυξίον 1242b
σανιδωτός 1259a
σανίς 1259a
לוּט qal
⟦εἰλεῖν 377c⟧ → ἐνειλεῖν
ἐνειλεῖν 472b
לוּט hi.
ἐπικαλύπτειν 522b
לִוְיָה
στέφανος 1289c
לִוְיָתָן
δράκων 348b
κῆτος 763c
τὸ μέγας κῆτος 902c
לוּל
⟦εἰλικτός 377c⟧ → ἑλικτός
ἑλικτός 453a
לִין, לוּן qal
#ἀποπαρθενοῦν 139b (Si. 20.4)
*αὐλίζειν 178b, *169a*
⟦γογγύζειν 274a⟧ → לִין, לוּן hi.
ἐπικοιμᾶσθαι 523b
καταλύειν 738b
κατάλυμα 738c
καταπαύειν 740c
κοιμᾶν 773c
κοιτάζεσθαι 775b
μένειν 910a
παρεμβάλλειν 1066b
ὑπάρχειν 1406b
ὑπνοῦν 1412a

לִין, לוּן ni.
γογγύζειν 274a
διαγογγύζειν 299c
לִין, לוּן hi.
γογγύζειν 274a
διαγογγύζειν 299c
κοιμίζειν 774c
לִין, לוּן hithpo.
αὐλίζειν 178b, *169a*
לוּעַ
καταβαίνειν 727a
εἶναι φαῦλος 1425c
לִיץ, לוּץ qal
ἀκόλαστος 44c
ἀλαζών 52a
ἀπαίδευτος 115c
ἄφρων 186c
κακός 709b
κακὸς ἀποβαίνειν 709b
#λοιμεύεσθαι 887c (Pr. 19.19)
λοιμός (adj.) 887c
ὑβριστής *194a*
ὑπερήφανος 1410a, *194b*
לִיץ, לוּץ polel
λοιμός (adj.) 887c
לִיץ, לוּץ hi.
⟦ἀντιτάσσεσθαι 112a⟧
⟦ἄρχων 166b⟧
ἑρμηνευτής 547c
καθυβρίζειν 704b
λειτουργός *183b*
παρανομεῖν 1062b
πρεσβευτής 1201b
πρεσβύτης 1202c
לִיץ, לוּץ hithp.
εὐφραίνειν 581a
לוּשׁ qal
τρίβειν 1372b
φυρᾶν 1446b
φύρασις 1446b
לָז
ἐκεῖνος (הַלָּז) 428a
לָזֶה
ἐκεῖνος (הַלָּ׳) 428a
לֵזוּ
ἐκεῖνος (הַלֵּ׳) 428a
לְזוּת
ἄδικος 26c
לַח
πρόσφατος 1222c
ὑγρός 1380c
χλωρός 1471c
לְחוּם
σάρξ 1259b
לְחִי
σιαγόνιον 1265c
σιαγών 1265c, *191b*
?χεῖλος 1456a (Jb. 40.26)
לָחַךְ qal
ἐκλείχειν 437a
לָחַךְ pi.
ἐκλείχειν 437a
λείχειν 873c
לָחַם I qal ("to eat")
βρῶσις 231c
δειπνεῖν 288a
#ἔσθειν 554a (Pr. 9.5)

σιτοῦν 1267c
συνδειπνεῖν (לְ׳ אֶת־לֶחֶם qal) 1312c
לָחַם II qal ("to fight")
⟦ἐνδυάζειν 471a⟧ → συνδυάζειν
πολεμεῖν 1170b
⟦συνδοιάζειν 1313a⟧ → συνδυάζειν
συνδυάζειν 1313a
לָחַם II ni. ("to fight")
διαμάχεσθαι 305c
ἐκπολεμεῖν 439b
ἐκπολιορκεῖν 439c
ἐφιστάναι 585c
καταπολεμεῖν 742a
μάχεσθαι 900c
μονομαχεῖν 933a
παράταξις 1064b
παρατάσσειν 1064c
πατάσσειν 1103b
περικαθίζειν 1123c
⟦ποιεῖν 1154a⟧
*πολεμεῖν 1170b, *189b*
*πόλεμος 1172a
*#πόλεμον ἐγείρειν 1172a (I Es. 1.25)
πολιορκεῖν (לְ׳ ni. + prep.) 1173c
συμπολεμεῖν 1305c
συνεκπολεμεῖν 1313b
לָחֵם
⟦πολεμεῖν 1170b⟧ → לָחַם II qal
לֶחֶם
ἄριστον 158a
ἀρσιτᾶν (אָכַל לֶ׳ qal) 157b
*ἄρτος (כִּכַּר לֶ׳, חַלַּת לֶ׳, לֶ׳, פַּת־לֶ׳) 161b, *168b*
βίος 220a
βρωτὸν σίτου 232a
τὰ δέοντα 287b
δῶρον 359a
καταβιοῦν (אָכַל לֶ׳ qal) 729a
κατάβρωμα 729a
μασ(σ)ᾶν 898a
σιτίον 1267b
σῖτον 1267b
συνδειπνεῖν (אָכַל אֶת־לֶ׳ qal) 1312c
σύνδειπνος *192c*
τράπεζα 1369b
τροφή 1376b
ψωμός 1490c
לְחֶם (Aramaic)
δεῖπνον 288a
δοχή 348b
ἑστιατορ(ε)ία 557c
ζωή 599c
לְחֵנָה (Aramaic)
παράκοιτος 1061a
לָחַץ qal
ἀποθλίβειν 128a
ἐκθλίβειν 432a
θλίβειν 652b
⟦κακοῦν 711b⟧
παραθλίβειν 1059c
πολιορκεῖν 1173c
לָחַץ ni.
προσθλίβειν 1216b
לַחַץ
ἐκθλίβειν 432a
θλιμμός 652c

θλῖψις 652c
στενός 1288c
לָחַשׁ qal
ψιθυρίζειν *196b*
לָחַשׁ pi.
ἐπᾴδειν, ἐπαείδειν 504c
לָחַשׁ hithp.
ψιθυρίζειν 1485c
לַחַשׁ
ἀκροατής 51a
διαψιθυρίζειν *171b*
ἐπᾴδειν, ἐπαείδειν 504c
⟦ἐπιλαλεῖν 523c⟧ → ἐπᾴδειν, ἐπαείδειν
ψιθυρισμός 1485c
לַט
⟦ἐπαοιδή, ἐπῳδή 508a⟧ → φαρμακ(ε)ία
⟦κρυβῇ (בַּלָּט) 791c⟧ → ἐν κρυφῇ
ἐν κρυφῇ (בַּלָּט) 793a
λάθρα (בַּלָּט) 840c
λαθραίως (בַּלָּט) 841a
φαρμακ(ε)ία 1425a
לֹט
στακτή 1286c
לְטָאָה
καλαβώτης 712a
⟦χαλαβώτης 1452b⟧ → καλαβώτης
לָטַשׁ qal
ἀκίς 44b
ἀκίσιν ἐνάλλεσθαι 467c
στιλβοῦν 1291b
σφυροκόπος 1327c
χαλκεύειν 1453a
לָטַשׁ pu.
ἀκονᾶν 45a
ἐξακονεῖν 486c
לִיָה
προσκεῖσθαι 1216c
לַיִל
§γωληλα (גֵּיא לַיְלָה) 283b
μεσονύκτιον (חֲצוֹת־לַיְלָה, חֲצִי לַיְלָה) 912c
νυκτερινός 951a
νύξ 954c
לַיְלָה
*#ἀωρία 188c (I Es. 1.14)
νύκτωρ *185c*
νύξ *185c*
לֵילֵי (Aramaic)
νύξ 954c
לִילִית
ὀνοκένταυρος 995b
לִין qal
see לִין, לוּן qal
לִין ni.
see לִין, לוּן ni.
לִין hi.
see לִין, לוּן hi.
לִין hithpo.
see לִין, לוּן hithpo.
לִיץ qal
see לִיץ, לוּץ qal
לִיץ polel
see לִיץ, לוּץ polel
לִיץ hi.
see לִיץ, לוּץ hi.
לִיץ hithp.
see לִיץ, לוּץ hithp.
לַיִשׁ
σκύμνος λέοντος 874c, 1278a
μυρμηκολέων 937b
לָכַד qal
ἀγρεύειν 16c
ἁρπάζειν 160a
δεικνύειν, δεικνύναι 286a
ἐνδεικνύναι 469c
κατακληροῦσθαι 733c
κατακρατεῖν 734b
καταλαμβάνειν 735a
κατέχειν 750c
κληρονομεῖν 768a
κρατεῖν 783a
κυριεύειν 800a
⟦λαγχάνειν 840b⟧
λαμβάνειν 847a
πατάσσειν 1103b
προκαταλαμβάνειν 1207a
συλλαμβάνειν 1301c
σύλληψις 1302c
לָכַד ni.
ἁλίσκειν, ἁλίσκεσθαι 54c
ἐνδεικνύναι 469c
κατακληροῦσθαι 733c
κληροῦν 770c
λαμβάνειν 847a
πιέζειν, πιάζειν *188c*
προκαταλαμβάνειν 1207a
συλλαμβάνειν 1301c
συνέχειν 1315b
לָכַד hithp.
#συμποδίζειν 1305c (Pr. 20.11)
συνέχειν 1315b
לֶכֶד
⟦σαλεύειν 1257c⟧
לָכֵן
διὰ τοῦτο *171a*
οὕτω(ς) 1035c
⟦οὐδ᾽ οὕτω(ς) 1035c⟧ → כֵּן I ≈ οὕτω(ς)
⟦οὐχ οὕτω(ς) 1035c⟧ → כֵּן I ≈ οὕτω(ς)
לֻלָאוֹת
ἀγκύλη 15b
לָמַד qal
διδάσκειν 316c
μανθάνειν 895b, *184a*
לָמַד pi.
δεικνύειν, δεικνύναι 286a
*διδάσκειν 316c, *171b*
διδαχή 316b
#εὐοδοῦν 575c, *178a* (Si. 15.10)
μανθάνειν 895b
לָמַד pu.
διδασκαλία 316c
διδάσκειν 316c
לָמָה, לָמָּה
ἵνα μή *180b*
τίς 1355c
διὰ τί (לָמָּה־זֶּה, לָמָּה) 1355c
εἰς τί 1355c, *173a*, *193c*
ἵνα τί (לָמָּה זֶּה, לָמָּה) 1355c
ἵνα τί τοῦτο 1355c
κατὰ τί 1355c
τί ὅτι (לָמָּה זֶּה) 1355c
לְמָה (Aramaic)
#ὅπως μή 1004b (I Es. 2.24)
לִמּוּד
διδακτός 316c
μανθάνειν 895b
παιδ(ε)ία 1046c, *187a*
לְמַעַן
διά + acc. *171a*
διὰ τοῦτο *171a*
ἵνα *180b*
ὅπως *186b*
τότε 1367c
χάριν *195a*
לָעַב hi.
μυκτηρίζειν 936c
לָעַג qal
ἐκμυκτηρίζειν 438b
ἐξουδενοῦν, ἐξουθενοῦν 500b, *176a* (Si. 34[31].22)
καταγελᾶν 729c
καταχαίρειν 748b
μυκτηρίζειν 936c
μυκτηρισμός 936c
לָעַג ni.
#φαυλίζειν 1425c (Is. 33.19)
לָעַג hi.
ἐκγελᾶν 421c
ἐκμυκτηρίζειν 438b
#ἐξουδενοῦν, ἐξουθενοῦν 500b, *176a* (Si. 34[31].22)
καταγελᾶν 729c
καταμωκᾶσθαι 739b
לָעַג hithp.
#ἐμπαίζειν 456b (Na. 2.3[4])
לַעַג
καταπάτημα 740b
#μυκτηρισμός 936c
ὄνειδος 995a
φαυλισμός 1425c
לָעֵג
⟦ἐκμυκτηρίζειν 438b⟧ → לָעַג qal
⟦φαυλισμός 1425c⟧ → לַעַג
לָעַז qal
βάρβαρος 190c
לָעַט hi.
γεύειν 240a
לַעֲנָה
ἀνάγκη 76a
ὀδύνη 967a
πικρία 1132c
χολή 1472a
לָעַס qal
#διαμασᾶσθαι 305c, *171b* (Si. 34[31].16)
לָעַע qal
#ἀπληστεύεσθαι 122c, *167c* (Si. 34[31].17)
לַפִּיד
λαμπάς 852c
לִפְנֵי
*#αὐλή 177b
*#ἔμπροσθεν 459b
ἐν *174b*
ἐν ἡμέραις *174b*
ἔναντι *175a*
ἐναντίον *175a*
ἐνώπιον *175c*
ἐπί + dat. *176b*
ἤ *178a*
κατέναντι *181c*
πρὶν ἤ *190a*
πρό *190a*
πρός + acc. *190a*
*#πρὸς τῇ/τὰς ἀνατολῇ 83c
*#κατὰ πρόσωπον 1223c
ὑπό + gen. *194b*
לָפַת qal
περιλαμβάνειν 1124b
לָפַת ni.
⟦καταλείπειν 736a⟧
ταράσσειν 1336a
לָצוֹן
ἄνομος 107c
⟦θλίβειν 652b⟧
λοιμός (adj.) 887c
ὕβρις 1380a
לְקֳבֵל (Aramaic)
*#κατακολουθεῖν 734a
לָקַח qal
ἄγειν 9a
ἀγοράζειν (לָ׳ qal, לָ׳ בִּמְחִיר qal) 16a
αἴρειν 34c
αἰχμαλωτεύειν 39a
#ἀκούειν 45a (Pr. 16.21)
ἀναιρεῖν 77b
*ἀναλαμβάνειν 78c
ἀνασπᾶν 82a
ἀνταναιρεῖν 108c
ἀπολαμβάνειν 136a
⟦ἀπολλύειν, ἀπολλύναι 136c⟧
ἀποφέρειν 149c
ἀφαιρεῖν 180a, *169a*
⟦γινώσκειν 267a⟧
δέχεσθαι 294c, *171a*
⟦ἐγείρειν 364a⟧ → קוּם I hi.
εἰσάγειν 407c
⟦ἐκβάλλειν 420c⟧ → ἐκλαμβάνειν
ἐκδέχεσθαι *173b*
ἐκλαμβάνειν 435a (+Je. 23.31; 39[32].33)
ἐκλέγειν 435a, *173c*
ἐκφέρειν 444c
ἐξάγειν 483a
#ἐξαίρετος εἶναι 486b
⟦ἐξέρχεσθαι 491c⟧
ἐξωθεῖν 502b
⟦ἐπιτιθέναι 535c⟧
⟦ἔρχεσθαι 548b⟧
ἔχειν 586c
⟦ἰδεῖν 669b⟧
⟦καλεῖν 712c⟧
⟦καταβάλλειν 728c⟧ → καταλαμβάνειν
καταλαμβάνειν 735a
κομίζειν 777b
κτᾶσθαι 793b
*λαμβάνειν 847a, *183a* (+Si. 14.16)
μανθάνειν *184a*
μεταπέμπεσθαι 916c
μετατιθέναι 917a
νοσφίζεσθαι 949c
⟦παιδεύειν 1047a⟧
παραλαμβάνειν 1061b
πρίασθαι 1203a
προσάγειν 1211a
προσδέχεσθαι *190a*
προσκαθιστάναι 1216b

προσλαμβάνειν 1218b
προχειρεῖν, προχειρίζειν 1234a
*συλλαμβάνειν 1301c
συλλέγειν 1302b
συναπάγειν 1312a
συναρπάζειν 1312c
⟦τολμᾶν 1363b⟧
?φέρειν 1426c (IV Ki. 2.20)

לָקַח ni.
ἄγειν 9a
ἀγρεύειν 16c
ἀναλαμβάνειν 78c, *166c*
εἰσέρχεσθαι 410b
⟦ἐξαιρεῖν 484b⟧ → ἐξαίρετος εἶναι
#ἐξαίρετος εἶναι 486b
λαμβάνειν 847a
μετατιθέναι *184b*

לָקַח pu.
ἄγειν 9a
ἀναλαμβάνειν 78c
γίνεσθαι 256b
λαμβάνειν 847a

לָקַח ho.
εἰσάγειν 407c
λαμβάνειν 847a

לָקַח hithp.
ἐξαστράπτειν 490a
φλογίζειν 1432c

לֶקַח
⟦ἀκούειν 45a⟧ → לָקַח qal
ἀπόφθεγμα 150a
δῶρον 359a
⟦εἰρήνη 401b⟧
ἐπιγνωμοσύνη 518c
⟦ἔργον 541c⟧
λῆψις *183b*
ὁμιλία 991a
παιδ(ε)ία 1046c, *187a* (+Si. 51.16)
⟦σοφία *191d*⟧ → παιδ(ε)ία
σοφώτερος εἶναι (יָסַף לֶ׳ hi.) 1280b

לָקַט qal
⟦εἰσφέρειν 415a⟧ → συνάγειν
συλλέγειν 1302b
συνάγειν 1307b

לָקַט pi.
ἀναλέγειν 79a
συλλέγειν 1302b
συνάγειν 1307b

לָקַט pu.
συνάγειν 1307b

לָקַט hithp.
συλλέγειν 1302b
συστρέφειν 1323c

לֶקֶט
ἀποπίπτειν 139c

לָקַק qal
ἐκλείχειν 437a
λάπτειν 862c
λείχειν 873c

לָקַק pi.
λάπτειν 862c

לִקְרַאת
*#ἀπάντησις 117b

לָקַשׁ pi.
⟦ἐργάζεσθαι, ἐργάζειν 540c⟧

לְשַׁד
ἐγκρίς 367a

לָשׁוֹן
ἄνθραξ 96a
⟦βαθύγλωσσος (עִמְקֵי שָׂפָה וְכִבְדֵי לָ׳) 189a⟧ → βαρύγλωσσος
#βαθύχειλος καὶ βαρύγλωσσος 189b, 191a
βαρύγλωσσος (כִּבְדֵי לָ׳) 191a
βραδύγλωσσος (כְּבַד לָ׳) 229c
γλῶσσα, γλῶττα 271b, *170c*
γλωσσοχαριτοῦν (חָלַק לָ׳ hi.) 272b
γλωσσώδης 272b, *170c*
διάλεκτος 304c
ἐπᾴδειν, ἐπαείδειν (בַּעַל לָ׳) 504c
λέξις 873c
λοφιά 888c
φωνή 1447b

לִשְׁכָּה
αὐλή 177b
γαζοφυλάκιον 233a
ἐξέδρα 490c
θησαυρός 651c
κατάλυμα 738c
οἶκος 973a
παστοφόριον 1102c
περίπατος 1125b

לֶשֶׁם
λιγύριον 876b

לָשַׁן poel
καταλαλεῖν 735a

לָשַׁן hi.
παραδιδόναι 1058a

לִשָּׁן (Aramaic)
γλῶσσα, γλῶττα 271b

מַאֲבוּס
#ἀποθήκη 128a (Je. 27[50].26)

מְאֹד
ἀμύθητος (שָׁנָה מְ׳) 67c
δύναμις 350a, *172b*
ἰσχύς 694b
*λίαν 876a
μέγας 902c
πολύς, πλείων, πλεῖστος 1181b
*σφόδρα (עַד־מְ׳, בִּמְ׳ מְ׳, מְ׳ מְ׳, עַד־לִמְ׳) 1325a, *193b*
ἕως σφόδρα (עַד־לִמְ׳) 1325a
σφόδρα λίαν (עַד־מְ׳) 876a, 1325a
σφόδρα σφόδρα (בִּמְ׳ מְ׳) 1325a
σφοδρός (חָזָק מְ׳) 1327a
σφοδρῶς, σφοδρότερον 1327a
#ἕως τέλους 1344a (Ps. 37[38].6)

מֵאָה
ἑκατόν 420a, *173b*
ἑκατονταετής (בֶּן מְ׳־שָׁנָה) 420b
ἑκατονταπλασίων (מְ׳ פְּעָמִים) 420b
ἑκατονταπλασίως (מְ׳ פְּעָמִים) 420b
ἑκατοντάρχης, ἑκατόνταρχος (שַׂר מֵאוֹת) 420b
ἑκατοντάς 420b
ἑκατοστεύειν 420b
ἑξακόσιοι (שֵׁשׁ מֵאוֹת) *175c*
ἑξακοσιοστός (שֵׁשׁ מֵאוֹת) 486c
§μηα(?) 920b
ἑξήκοντα μυριάδες (שֵׁשׁ־מֵאוֹת אֶלֶף) 937a
πατριάρχης (שַׂר מֵאוֹת) 1111c
τετρακοσιοστός (אַרְבַּע מֵאוֹת) 1347b

מְאָה (Aramaic)
ἑκατόν 420a

מַאֲוַי
ἐπιθυμία 521a

מְאוּם
ἄμωμος (מְ׳ + neg.) 68b
⟦δῶρον 359a⟧
μῶμος 938b

מְאוּמָה
μηδείς, μηθείς 920c
ὁστισοῦν 1023b
οὐδείς, οὐθείς (מְ׳ + neg.) 1028b (+Jb. 42.2), *187a*
τις 1354a
ὁτιοῦν τι 1023b, 1354a

מָאוֹר
θεωρεῖν 649b
φαίνειν 1423a
φαῦσις 1425c
φῶς 1450b
φωστήρ 1451b
φωτίζειν 1451b
φωτισμός 1451c

מְאוּרָה
κοίτη 775b

מֹאזְנַיִם
ζυγός, ζυγόν 599a, *178b*

מֹאזְנַיִן (Aramaic)
ζυγός, ζυγόν 599a

מַאֲכָל
βρῶμα 231a, *169c*
βρώσιμος 231c
βρῶσις 231c
*βρωτός 232a
ἔσθειν, ἐσθίειν 554a
καρπόβρωτος 723c
κατάβρωμα 729b
#κυνήγιον *182c* (Si. 13.19)
παράθεσις 1059c
⟦τροφή *194b*⟧ → τρυφή
#τρυφή 1377c

מַאֲכֹלֶת
κατακαίειν 732b
πυρίκαυστος (מַ׳ אֵשׁ) 1245b

מַאֲכֶלֶת
μάχαιρα 899c
ῥομφαία 1253a

מַאֲמַצִּים
κραταιοῦν 782b
⟦κρατεῖν 783a⟧ → κραταιοῦν

מַאֲמָר
λόγος 881c, *183c* (Si. 3.8)
#πρόσταγμα 1219c (Es. 2.20)
τὰ προσταχθέντα 1220c

מֵאמַר (Aramaic)
⟦λόγος 881c (Da. TH 4.14), *183d*⟧ → ῥῆμα
ῥῆμα 1249a

מָאן (Aramaic)
*σκεῦος 1269b

מָאֵן pi.
ἀνανεύειν 80a
ἀπαναίνεσθαι 116c
ἀπαναισχυντεῖν (מֵ׳ הִכָּלֵם pi.) 117a
ἀπειθεῖν 119c
βούλεσθαι + neg. 226b
δύνασθαι + neg. 353a
(ἐ)θέλειν 628b
εἰσακούειν + neg. 408b
#ὀκνεῖν *186a* (Si. 7.35)
προαιρεῖν + neg. 1203c
ὑπακούειν + neg. 1405c

מָאַס qal
⟦αἴρειν 34c⟧ → פָּרַר hi.
ἀπαναίνεσθαι 116c, *167c*
ἀπαρνεῖσθαι 118a
ἀπειθεῖν 119c
ἀπειπεῖν, ἀπειρεῖν 120a (+Jb. 10.3)
ἀποδοκιμάζειν 127c
ἀποποιεῖσθαι 139c
ἀπορρίπτειν 140b
ἀπωθεῖν 151a
ἀστοχεῖν *168c*
ἀφαιρεῖν 180a
ἀφιστᾶν, ἀφιστάναι, ἀφιστάνειν 184b
βούλεσθαι + neg. 226b
ἐγκαταλείπειν 365a
(ἐ)θέλειν 628b
ἐξουδενεῖν, ἐξουθενεῖν 500b
ἐξουδενοῦν, ἐξουθενοῦν 500b
ἡγεῖσθαι ἄξιον + neg. 602c
θυμοῦν 662b
μισεῖν 929a
ὀλιγωρεῖν 987a
⟦προαιρεῖν 1203c⟧
προσοχθίζειν 1218c, *190b*
ὑπεριδεῖν 1410b
φαυλίζειν 1425c

מָאַס ni.
ἀποδοκιμάζειν 127c
⟦βδελυκτός, βδελυρός *169b*⟧
ἐξουδενοῦν, ἐξουθενοῦν 500b

μισεῖν 929a
μισητός *185b*
#παρακμάζειν *187c* (Si. 42.9)
πονηρεύεσθαι 1186a

מַאֲפֶה
πέσσειν 1128c

מַאֲפֵל
γνόφος 272c
νεφέλη 943b

מָאַר hi.
ἔμμονος 456a
πικρία 1132c

מַאֲרָב
ἐνέδρα 472a
ἔνεδρον 472b

מְאֵרָה
⟦ἀπορία 140a⟧
⟦ἔνδεια 469b⟧
κατάρα 742b

מֵאֵת
see also מִן and אֵת II
ἀπὸ (τοῦ) προσώπου (מֵ׳ פְּנֵי)
1223c
ἐκ (τοῦ) προσώπου (מֵ׳ פְּנֵי) 1223c

מִבְדָּלוֹת
ἀφορίζειν 185c

מָבוֹא
δύσις 357b
δυσμή 357b
εἴσοδος 413c, *173b*
εἰσπορεύεσθαι 414a
ἔρχεσθαι 548b
⟦ὁδός 962b, *186a*⟧ → εἴσοδος
οἰκία 969b
συμπορεύεσθαι 1305c

מְבוּכָה
⟦κλαυθμός 767a⟧ → בָּכָה qal

מַבּוּל
κατακλυσμός 734a, *181b*

מְבוֹנִים
⟦δυνατός 355c⟧

מְבוּסָה
⟦ἀπώλεια, ἀπωλία 151c⟧
καταπατεῖν 740b
καταπάτημα 740b
πλάνησις 1140a

מַבּוּעַ
πηγή 1130b

מְבוּקָה
ἀνατιναγμός 83b

מִבְחוֹר
ἐκλεκτός 437a

מִבְחָר
#δοκιμάζειν 339c (Je. 6.27)
⟦δυνάστης 355b⟧
ἐκλεκτός 437a
⟦ἐκσαρκίζειν 441b⟧
ἐπίλεκτος 525a
κάλλος 715a

מַבָּט
ἐλπίς 454a
⟦πεποιθὼς εἶναι 1114b⟧ → מִבְטָח
≈ πεποιθώς

מִבְטָא
διαστολή 311c

מִבְטָח
ἐλπίς 454a
πείθειν 1114b
πεποιθώς 1114b

מַבְלִיגִית
⟦ἐκβραγμός 421b⟧ → ἐκβρασμός
ἐκβρασμός 421c

מִבְנֶה
οἰκοδομή 972c

מִבְצָר
ἡ πόλις ἡ ἰσχυρά 693b
§μαψαρ 901b
ὀχυρός 1043b
ὀχύρωμα 1043c
περιοχή 1125a
περιτειχίζειν 1127b
#πόλις 1174a (Da. LXX 11.24)
στερεοῦν 1289a
τειχήρης 1339c
τειχίζειν 1339c
#ὕψος 1421b (Is. 25.12)

מִבְרָח
φυγαδ(ε)ία 1440b

מְבֻשִׁים
δίδυμος 328a

מְבַשְּׁלוֹת
μαγειρεῖον 891a

מִגְבָּלוֹת
⟦ἄνθος 96a⟧
καταμεμιγμένος ἐν ἄνθεσι 739b

מִגְבָּעָה
κίδαρις 764c

מֶגֶד
ἀκρόδρυα 51a
⟦κορυφή 780a⟧
ὥρα 1493b

מַגְדּוֹל
μεγαλύνειν 902a

מְגִדּוֹן
#ἐκκόπτειν 434c (Za. 12.11)

מִגְדָּל
*βῆμα 217c
⟦μεγαλωσύνη 902c⟧ → גֹּדֶל
πύργος 1422c

מִגְדָּנָה
δόμα 341a
*#δόσις 344c (I Es. 2.6)
δῶρον 359a

מָגוֹר I
ἀπώλεια, ἀπωλία 151c
συναθροίζειν 1310b

מָגוֹר II
μετοικία 917c
μέτοικος 918a
παροικεῖν 1071b
παροικεσία 1071c (+Za. 9.12)
παροίκησις 1071c
παροικία 1071c, *188a*

מְגוֹרָה
ἀπώλεια, ἀπωλία 151c

מְגוּרָה
ἅλων, ἅλως 60a
θλῖψις 652c
παροικία 1071c

מַגְזֵרָה
ὑποτομεύς 1417c

מַגָּל
δρέπανον 349a

מְגִלָּה (Hebrew and Aramaic)
⟦βιβλίον, βυβλίον 218b⟧ →
χαρτίον
κεφαλίς 763a
*#τόμος 1363c (I Es. 6.23)
χάρτης 1456a
χαρτίον 1456a

מָגַן pi.
παραδιδόναι 1058a
ὑπερασπίζειν 1408c

מָגֵן
ἀντιλήπτωρ 111a
ἀντίληψις 111b
ἀσπίς ("shield") 173a
βοήθεια, βοηθία 222c
θυρεός, θυραιός 663c
κραταιός 782a
ὁπλοθήκη 1003c
ὅπλον 1003c
πελταστής (נֹשֵׂק מָ׳, נֹשֵׂא מָ׳) 1116b
πέλτη 1116b
#σκέπη 1269a (Jd. 5.8A)
ὑπερασπίζειν 1408c
ὑπερασπισμός 1408c
ὑπερασπιστής 1408c

מְגִנָּה
ὑπερασπισμός 1408c

מִגְעַל
#ἀλισγεῖν *166a* (Si. 40.29)

מִגְעֶרֶת
ἀνάλωσις 79c

מַגֵּפָה
ἀπώλεια, ἀπωλία 151c
θραῦσις 654c
πληγή 1142b
πταῖσμα 1237c
πτῶσις 1239a
συνάντημα 1311c

מָגַר pi.
καταράσσειν 743a

מְגַר pa. (Aramaic)
*#ἀφανίζειν 181b (I Es. 6.33)
καταστρέφειν 745c

מְגֵרָה
⟦διασχίζειν 312b⟧
πρίων 1203a

מִגְרָעוֹת
διάστεμα, διάστημα 311c

מִגְרָשׁ
ἀφορίζειν 185c
ἀφόρισμα 186a
διάστεμα, διάστημα 311c
κατάσχεσις 746b
ὅμορος 993c
⟦περιπόλ(ε)ιον 1125c⟧ →
περισπόρ(ε)ιον
περισπόρ(ε)ιον 1126a
περίχωρος 1128b
προάστ(ε)ιον 1204a
⟦σπόριον(?) 1285b⟧ →
περισπόρ(ε)ιον
συγκυρεῖν 1300c

מַד
ἱμάτιον 685a
λαμπήνη 853a
μανδύας 895b
χιτών 1471a

מַדְבַּח (Aramaic)
*θυσιαστήριον 666b

מִדְבָּר
ἀγρός 17a
ἄνυδρος 112a
⟦αὐχμώδης 180a⟧ → חֹרֶשׁ
γῆ ἄνυδρος 240c
ἐρημικός 545a
ἔρημος (אֶרֶץ מ׳, מ׳) 545a, *177b*
ἐρημοῦν (בַּמּ׳) 546c
λαλιά 846c
§μαβδαριτις, μαδβαριτις 891a
πεδίον 1113b
⟦ἔρημος τόπος 1364b (Je. 13.24)⟧

מָדַד qal
ἀποδιδόναι 126b
διαμετρεῖν 306a
διατάσσειν 313a
ἐκμετρεῖν 438b
μετρεῖν 918a
⟦μέτρον, μέτρος 918b⟧ → מֵדַד ≈
κάλαμος

מָדַד ni.
ἐκμετρεῖν 438b

מָדַד pi.
⟦γίνεσθαι 256b⟧
διαμετρεῖν 306a
⟦ἐκμετρεῖν 438b⟧ → διαμετρεῖν
#καταμετρεῖν 739b (Mi. 2.4)

מָדַד hithpo.
ἐμφυσᾶν 461a

מֵדַד
#κάλαμος 712b (Ez. 42.20)

מִדָּה (Hebrew and Aramaic)
ἀριθμός 156c
γεωμετρικός 240b
διαμέτρησις 306b
διάστεμα, διάστημα 311c
ἔνδυμα 471c
⟦ἱστάναι, ἱστᾶν 689a⟧ → עָמַד qal
μέτρον, μέτρος 918b
σύμμετρος 1304b
ὑπερμεγέθης 1410c
ὑπερμήκης (מִדּוֹת) 1410c
ὑψηλός 1419b
*#φορολογεῖν (מִ׳ הִתְיַהֲבַת) 1438a
(I Es. 2.27)
*#φορολογία 1438a
φόρος 1438a

מַדּוּ
μανδύας 895b

מַדְוֶה
νόσος 949b
ὀδύνη 967a

מַדּוּחִים
ἔξωσμα 502c

מָדוֹן
ἀντιλογία 111b
διακρίνειν 304a
δικαιοσύνη 332c
⟦κακός 709b⟧
κρίνειν εἰκῇ (גֵּרָה מָ׳) 787b
κρίσις 789c
⟦κριτής 791a⟧ → דַּיָּן
λοίδορος 887c
§μαδων 891c
μάχη 901a
μάχιμος 901b
νεῖκος 941b

מַדּוּעַ
πόθεν *189b*
τίς 1355c

διὰ τί 1355c
ἵνα τί 1355c
ἵνα τί τοῦτο 1355c
τί ὅτι 1355c
ὡς τί 1355c
מְדוֹר (Aramaic)
κατοικ(ε)ία 755b
מְדוּרָה
δαλός 284c
ξύλα κείμενα 758b (Is. 30.33)
#ὑποκαίειν 1413c (Am. 4.2)
מְדוּשָׁה
⟦καταλείπειν 736a⟧
מִדְחֶה
ἀκαταστασία 44a
מַדְחֵפוֹת
διαφθορά 315a
⟦καταφθορά 747c⟧ → διαφθορά
מַדַּי
ἱκανός 683c
מָדוֹן
ἀντιλογία 111b
κρίσις 789c
#κριτήριον 791a (Jd. 5.10B)
λοίδορος 887c
μάχιμος 901b
ταραχή 1336c
מִדְיָן
§μαδων 891c
מְדִינָה (Hebrew and Aramaic)
βασιλ(ε)ία (מְדִינוֹת ,מ׳, מְדִינוֹת מַלְכוּת) 192a
ἐπαρχία 508b
#περίχωρος 1128b (Es. 9.12)
*#πόλις 1174a (I Es. 2.22)
σατραπ(ε)ία 1260c
*χώρα 1481a
מְדֹכָה
θυΐα 659c
מְדָן
κρίσις 789c
νεῖκος 941b
ταραχή 1336c
מַדָּע
ἐπιστήμη 530a
συνείδησις 1313b
σύνεσις 1314a, *192c*
#συνιέιν, συνιέναι 1316b (Is. 59.15)
φρόνησις 1439a
מַנְדַּע, מַדַּע (Aramaic)
σύνεσις 1314a
φρόνησις 1439a
מֹדָע
γνώριμος 273b
מַדְקְרוֹת
τιτρώσκειν 1362a
מְדָר (Aramaic)
κατοικ(ε)ία 755b
κατοικητήριον 755b
מַדְרֵגָה
προτείχισμα 1230b
φάραγξ 1424b
מִדְרָךְ
βῆμα 217c
מִדְרָשׁ
βιβλίον, βυβλίον 218b
γραφή 277c
παιδ(ε)ία *187a*
מָה I, מַה, מֶה, מַה־, מָה
αἴτημα (מָה אֶתֵּן) 38a
δίς (כַּמֶּה פְּעָמִים) 337b
ἔτι (עַד מָה) 561a
ἱκανός (כַּמֶּה) 683c
λίαν 876a
ὅσος 1019a
ὅστις 1022b
οὐδείς, οὐθείς (מ׳ + neg.) 1028b
πηλίκος (כַּמָּה) 1131a
ποῖος 1170a, *189b*
ποσάκις (עַד־כַּמֶּה פְּעָמִים ,כַּמָּה) 1195c
#ποσαπλῶς 1195c (Ps. 62[63].1)
πόσος (כַּמָּה) 1195c
ἐάν τις (מַה־שֶּׁ־, מָה דִי, מַה־) 1354a
μή τι (מָה־) 1354a
*τίς (מָה־זֶּה, מ׳) 1355c, *193c* (+Si. 13.18)
διὰ τί (לָמָּה, מַה־, מֶה) 1355c, *193c* (Si. 36[33].7)
ἕως τίνος (כַּמָּה) 1355c
ἵνα τί (לָמָּה, מַה־) 1355c
κατὰ τί (בַּמָּה) 1355c
τί ὅτι (לָמָּה, מַה־זֶּה, מַה־) 1355c
⟦τί οὗτοι (מָהֵם) 1355c (Ez. 8.6 Kethiv)⟧
τί τοῦτο (מַה־, מָה) 1355c
⟦τί ὑμεῖς (מַלְּכֶם) 1355c (Is. 3.15 Kethiv)⟧
τὸ ὑπάρχον, (τὰ) ὑπάρχοντα 1406b
ὡς (מָה) *196b*
מָה II, מָא (Aramaic)
ἐάν τις 1354a
τίς 1355c
מָהַהּ hithpalp.
βραδύνειν 229c, *169c*
ἐκλύειν 438a
⟦ἐξιστᾶν, ἐξιστάναι 496c⟧ → תָּמַהּ qal
ἐπιμένειν 525c
θορυβεῖν 654a
στρατεύειν 1295a
ταράσσειν 1336a
ὑπομένειν 1415c
ὑστερεῖν 1418b
χρονίζειν *196c*
מְהוּמָה
ἀπώλεια, ἀπωλία 151c
ἐκλιμία 437c
ἔκστασις 441b
ἐλλιπής *174b*
θαυμαστός 627b
θόρυβος 654a
σύγχυσις 1301a
ταραχή 1336c
τάραχος 1337a
מָהִיר
*#εὐφυής 583c (I Es. 8.3)
ὀξυγράφος 1001a
ὀξύς 1001a
⟦σπεύδειν 1284a⟧ → מָהַר pi.
ταχύς 1339a
מָהַל qal
μίσγειν 929a
מַהֲלָךְ
⟦ὁδός 962a⟧
περίπατος 1125b
πορ(ε)ία 1189a
מַהֲלָל
ἐγκωμιάζειν 367b
מַהֲלֻמוֹת
#αἱμάσσειν *165c* (Si. 42.5)
⟦θάνατος 623b⟧ → מָוֶת
τιμωρία 1354a
מַהֲמֹרָה
βόθρος (מ׳ עֲמוּקָה) *169c*
מַהֲמֹרוֹת
ταλαιπωρία 1333a
מַהְפֵּכָה
καταστρέφειν 745c
מַהְפֶּכֶת
⟦ἀπόκλεισμα 132c⟧ → צִינֹק
καταρ(ρ)άκτης 743a
φυλακή 1440c
מָהַר qal
ταχύνειν 1338c
φερνή 1428a
φερνίζειν 1428b
מָהַר ni.
ἀσθενεῖν 172a
ἀσθενής 172b
ἐξιστᾶν, ἐξιστάναι 496c
κατασπεύδειν *181c*
ὀλιγόψυχος 987a
⟦ταχινός 1338b⟧
מָהַר pi.
ἐπισπεύδειν 529b
κατασπεύδειν 745b, *181c* (Si. 45.3)
ὀξέως 1001a
σπεύδειν 1284a
σπουδή 1285c
ταράσσειν 1336a
ταχέως 1338b
ταχινός 1338b
ταχινὸς εἶναι 1338b
τάχος 1338c
ἐν τάχει 1338c
τὸ τάχος 1338c
ταχύνειν 1338c
ταχύς 1339a, *193a*
מֹהַר
δόμα 341a
φερνή 1428a
מְהֵרָה
ταχέως (בִּמ׳, מ׳) 1338b
τάχος 1338c
ἐν τάχει 1338c
τὸ τάχος 1338c
ταχύνειν 1338c
ταχύς (בִּמ׳, מ׳) 1339a
מַהֲתַלּוֹת
πλάνησις 1140a
מוֹאל
συναντᾶν (לְמוֹ׳) 1311a
מוֹבָא
εἴσοδος 413c
מוּג qal
θραύειν 654b
σαλεύειν 1257c
מוּג ni.
διαπίπτειν 308a
ἐξιστᾶν, ἐξιστάναι 496c
καταπτήσσειν 742b
ταράσσειν 1336a
τήκειν 1348a
σαλεύειν *191a*
מוּג polel
ἀπορρίπτειν 140b
⟦εὐφραίνειν 581a⟧
מוּג hithpo.
σαλεύειν 1257c
σύμφυτος 1306c
τήκειν 1348a
מוּד polel
⟦σαλεύειν 1257c⟧
מוֹדַע
γνώριμος 273b
מוֹדַעַת
γνώριμος 273b
מוּזָר
φαντασιοκοπεῖν (מוּ׳ וּמִתְיָרֵא) *195a*
מוּט qal
ἀδυνατεῖν 27c
κλίνειν 771a
μεθιστᾶν, μεθιστάναι, μεθιστάνειν 907b
μετακινεῖν 916a
μετατιθέναι 917a
πίπτειν 1135c
σαλεύειν 1257c
⟦ " *191a*⟧ → מוּט ni.
σφάλλειν 1324c
מוּט ni.
ἐκκλ(ε)ίνειν *173c*
ἐνδιδόναι 470b
ἐξαίρειν 485a
κινεῖν 765b
κλίνειν 771a, *182a*
μεταναστεύειν 916b
πίπτειν 1135c, *188c*
σαλεύειν 1257c (+Hb. 3.6), *191a* (Si. 13.21)
σφάλλειν *193b*
מוּט hi.
ἐκκλ(ε)ίνειν 433c
πίπτειν 1135c
מוֹט
ἀναφορεύς 85c
πτῶσις *190c*
σάλος 1258a
מוֹטָה
δεσμός 292a
ζυγός, ζυγόν (מֹטוֹת עֹל, מֹטוֹת) 599a
κλοιός, κλοιόν(?) 772a
⟦σκῆπτρον 1273c⟧ → מַטֶּה
σύνδεσμος 1312c
מוּךְ qal
ἀπορεῖν 140a
πένεσθαι 1117a
ταπεινὸς εἶναι 1334b
ταπεινοῦν 1334c
מוּל I qal
ἀπερίτμητος 120c
ἔρχεσθαι 548b
κλίτος 771c
περικαθαίρειν 1123c
περικαθαρίζειν 1123c
περιτέμνειν (מוּל qal, qal הָיָה מוּל) 1127b
מוּל I ni.
περιτέμνειν (מוּל ni., תָּמַם לְהִמּוֹל) 1127b

περιτομή 1128a

מול II hi.

ἀμύνειν 67c

מוּל III, מוֹל

ἐγγύς, ἐγγίων, ἐγγύτατος, ἔγγιστα 363c

ἐξ ἐναντίας (אֶל מ׳ פְּנֵה) 468b

ἐξ ἐναντίας κατά (אֶל מ׳) 468b

ἔχειν (מִמּ׳ מ׳) 586c

⟦μέρος 911c (Nu. 8.2, 3)⟧

⟦ὅριον 1012a⟧ → גְּבַל, גְּבוּל

πλησίον (מִמּ׳ אֶל־מ׳, מ׳) 1148b

κατὰ (τὸ) πρόσωπον (אֶל מ׳ פָּנִים, מִמּ׳ פָּנִים) 1224a

συναντᾶν (לְמ׳) 1311a

σύνεγγυς 1313a

מוֹלֶדֶת

γενεά 236a

γένεσις 237a

γεννᾶν 237b

γίνεσθαι 256b

ἔκγονος 421c

ἐνδογενής (מ׳ בַּיִת) 470b

ὁμοπάτριος (מ׳ אָבִיךָ) 993c

πατρίς (אֶרֶץ מ׳, מ׳) 1112a

συγγένεια, συγγενία 1298b

φυλή 1444b

מוּלָה

περιτομή 1128a

מוּם

μωμᾶσθαι 938b

μωμητός 938b

μῶμος 938b, *185c* (+Si. 30[33].31)

מוּסָב

πρόσθεμα 1216b

מוּסָד

ἔδαφος 367c

θεμέλιον, θεμέλιος 629b

מוֹסָד

θεμέλιον, θεμέλιος 629b

θεμελιοῦν 629b

מוּסָדָה

διάστεμα, διάστημα 311c

מוֹסֵר

δεσμός 292a, *170c*

מוּסָר

ἀπαίδευτος (מו׳ + neg.) 115c

ἀπληστία (מו׳ + neg.) *167c*

#εὐκοσμία *177c* (Si. 35[32].2; 45.7)

νουθέτημα 950b

παιδ(ε)ία 1046c, *187a* (+Si. 41.14)

παιδεύειν 1047a

⟦παιδευτής 1047c⟧ → יָסַר pi.

⟦σοφία 1278c⟧

⟦ " *191c*⟧ → חָכְמָה

σύνεσις *192c*

מוֹעֵד

βουλή 227c

§εμωηδ (הַמּו׳) 461a

*ἑορτή 503a, *176a* (+Si. 36[33].8; 50.6)

καιρός 706a, *180b*

καιρὸν ὡρῶν 706a

ὧραι καιρῶν 706a

μαρτυρία 896b

μαρτύριον 896b

§μωηδ 938a

#ὁρισμός *186c* (Si. 33[36].10)

ὅρος 1017c

πανήγυρις 1052c

σημεῖον 1263b

συνταγή 1318a

τάσσειν 1337a

#χρόνος τακτός (מו׳ רֶגֶל) 1333a, 1476b (Jb. 12.5)

ὥρα 1493b

מוֹעָדָה

ἑορτή 503a

מוּעָדָה

ἐπίκλητος 523a

מוֹעֵצָה

ἀσέβεια, ἀσεβία 169c

βουλή 227c

διαβουλία 299b

διαβούλιον 299b

⟦ἐνθύμημα 473c⟧

⟦ἐπιθύμημα 520c⟧

ἐπιτήδευμα 535b

ὁδός 962b

מוּעָקָה

θλῖψις 652c

מוֹפֵת

θαυμάσιος *179a*

σημεῖον 1263b

τέρας 1345a

τερατοσκόπος 1345b

מוֹץ

ἄχυρον, ἄχυρος(?) 188a (+Is. 30.24)

מוֹצָא

ἄπαρσις 118a

#διεκβολή 328b (Ez. 47.8)

διέξοδος 328b

ἐκπορεύεσθαι 439c

ἐξέρχεσθαι 491c

ἔξοδος 497b

⟦ἔπαρσις 508b⟧ → ἄπαρσις

πηγή (מו׳ מַיִם) 1130b

πορ(ε)ία 1189a

ῥῆμα (מו׳ פֶּה) *191a*

τόπος ὅθεν γίνεται 1364b

ὑδραγωγός (מוֹצָאֵי מַיִם) 1380c

מוֹצָאָה

ἔξοδος 497b

λυτρών 890c

מוּצָק

κονία 777c

ὁ ἐν (τῇ) στενοχωρίᾳ (ὤν) (אֲשֶׁר מוּ׳ לָהּ) 1288c

τάξις 1334b

χεῖν 1457c

מוּצָק

κατάχυσις 748c

מוּצָקָה

ἐπαρυστ(ρ)ίς 508b

χώνευσις 1481a

מוק hi.

⟦διανοεῖσθαι 306b⟧

מוֹקֵד

φρύγιον 1440b

מוֹקְדָה

καῦσις 757a

מוֹקֵשׁ

βρόχος 231b, *169c* (Si. 51.3)

δυσκολία 357b

ἐνσκολιεύεσθαι (בְּמו׳) 476c

ἰξευτής 686c

κοίλασμα 773a

παγίς, πακίς 1044b

ἐμπίπτει εἰς παγίδας 1044b

πρόσκομμα 1217a, *190b*

σκάνδαλον 1268b

σκληρότης 1274c

σκῶλον 1278b

σφάλμα 1325a

ὑποσκελίζειν (נָתַן מו׳) 1416c

מוֹקֶשֶׁת

ἀντίπτωμα *167b*

מוֹר

σμύρνα, ζμύρνα 1278b

מור ni.

ἐκλείπειν 435c

מור hi.

ἀθετεῖν 29b

ἀλλάσσειν 55b, *166a*

⟦καταμετρεῖν 739b⟧ → מָדַד pi.

ταράσσειν 1336a

τιθέναι 1348c (Ho. 4.7)

מוֹרָא

#δυνάστης 355b (Jb. 36.22)

θαυμάσιος 627a

⟦ὅραμα 1004c⟧ → מַרְאֶה

τρόμος 1374c

φοβερός 1435c

φόβος 1435c, *195b*

מוֹרַג

ἅμαξα 60c

ἄροτρον 159c

τροχός 1376c

מוֹרָד

κατάβασις 729a

καταφερής 747b

ὁδός 962b

מוֹרֶה

ὑψηλός 1419b

מוֹרָה

ξυρόν 959c

σίδηρος 1266a

מוֹרָשׁ

ἄρθρον 156b

⟦ἔρημος 545a⟧

κατακληρονομεῖν 733b

κατοικεῖν 751c

מוֹרָשָׁה

κατάσχεσις 746b

κληρονομία 769a

κλῆρος 770a

מוֹרֶשֶׁת

κληρονομία 769a

מוּשׁ qal

ἀφιστᾶν, ἀφιστάναι, ἀφιστάνειν 184b, *169b*

ἐκλείπειν 435c

κινεῖν 765b

κλίνειν 771a

μεθιστᾶν, μεθιστάναι, μεθιστάνειν 907b

παύειν 1112b

χωρίζειν 1482b

ψηλαφᾶν 1485b

מוּשׁ hi.

#αἴρειν 34a

⟦κωλύειν 839b⟧

ποιεῖν ψηλαφᾶν 1154b

ψηλαφᾶν 1485b

מוֹשָׁב

διατριβή 314a

δίφρος 337c

καθέδρα 699c, *180a*

καταγίνεσθαι 730a

⟦κατάσχεσις 746b⟧ → κατοίκησις

κατοικ(ε)ία 755b

κατοικεσία 755b (+La. 1.7)

κατοίκησις 755b

κατοικητήριον 755b

κατοικοδομεῖν 756a

οἰκητός 969b

οἰκία 969b

⟦παροίκησις 1071c⟧ → κατοίκησις

מוֹשְׁכוֹת

⟦φραγμός 1438b⟧ → מְשׂוּכָה

מוֹשָׁעוֹת

σώζειν 1328b

מוּת qal

see also מֵת

ἀναιρεῖν 77b

ἀναλίσκειν 79b

ἀποθνήσκειν 128a, *168a*

ἀποκτείνειν, ἀποκτέννειν 135a

ἀπολλύειν, ἀπολλύναι 136c

γίνεσθαι ὁ ἀποθνήσκων 256c

ἐκλείπειν 435c

ἔκτρωμα 444b

ἐναποθνήσκειν 469a

θανατηφόρος 623b

θάνατος 623b, *179a*

θανατοῦν 625a

θνήσκειν 653c

θνητός 654a

#κοιμᾶν 773c (Si. 48.11)

*μεταλλάσσειν τὸν βίον 916a (I Es. 1.31)

νεκρός 941b, *185a*

πίπτειν 1135c

συντελεῖν 1319b

⟦τεθνήκειν(?) 1339c⟧ → ἀποθνήσκειν

τελευτᾶν 1343b, *193b*

τελευτή 1344a

ὑπνοῦν *194b*

מוּת polel

ἀποκτείνειν, ἀποκτέννειν 135a

⟦ἐπιδιδόναι 519b⟧ → נָתַן qal

θάνατος 623b

θανατοῦν 625a

מוּת hi.

ᾅδης 24a

ἀναιρεῖν 77b

ἀποθνήσκειν 128a

ἀποκτείνειν, ἀποκτέννειν 135a

διαφθείρειν 314c

ἐκτρίβειν 444a

θάνατος 623b

θανατοῦν 625a

πατάσσειν 1103b

מוּת ho.

ἀναιρεῖν 77b

ἀποθνήσκειν 128a

ἀποκτείνειν, ἀποκτέννειν 135a

ἀπολλύειν, ἀπολλύναι 136c

ἔνοχος 476c

θανατοῦν 625a

προσαποθνήσκειν 1212b

τελευτᾶν 1343b

מָוֶת
ᾅδης 24a, *165b*
ἀποθνήσκειν 128a
θάνατος 623b, *179a* (+Si. 36[33].14)
θανατοῦν 625a
θανάτωσις 625c
θνήσκειν 653c
τελευτή 1344a, *193b* (+Si. 30[33].32)

מוֹת (Aramaic)
*#θάνατος 623b (I Es. 8.24)

מוֹתָר
#κατάλοιπος 738a (Nu. 3.26)
#περίλοιπος 1124b (Ps. 20[21].12)
⟦περισσ(ε)ία 1126b⟧ → יוֹתֵר ≈ περισσεύειν
περισσός, περιττός 1126c

מִזְבֵּחַ
§αμμαζειβι, αμμασβη (הַמּ׳) 66a
βωμός 232c, *169c*
*θυσιαστήριον 666b, *179c*

מֶזֶג
κρᾶμα 782a

מָזֶה
τήκειν 1348a

מַזְהִירָה
⟦ἐκλάμπειν *173c*⟧

מָזוּ
ταμ(ι)εῖον, ταμίον 1334a

מְזוּזָה
ἀναπτύσσειν 81c
πρόθυρον 1206c
σταθμός 1286b
στοά 1291c
φλιά 1432c

מָזוֹן (Hebrew and Aramaic)
τροφή 1376b

מָזוֹר I
#ἀλγηρός 52c (Je. 37[30].13)
ὀδύνη 967a

מָזוֹר II
ἔνεδρον 472b

מֵזַח
ζώνη 601a

מַזְלֵג
κρεάγρα 784c

מִזְלָג
κρεάγρα 784c

מְזִמָּה
⟦βδέλυγμα 215b⟧
βουλή 227c
βουλὴ καλή 227c, 715b
διαβούλιον 299b, *171a*
διαλογισμός 305a
ἐγχείρημα 367b
ἐνθύμημα *175b*
ἔννοια 475c
⟦οὐδείς, οὐθείς (מ׳ + neg.) 1028b⟧ → מְאוּמָה
παρανομία 1062b
παράνομος 1062b
φρόνιμος 1439b

מִזְמוֹר
ἀκρόαμα *166a*
μέλος *184b*
μουσικός *185c*
ψαλμός 1483b
ᾠδή 1492a

מַזְמֵרָה
δρέπανον 349a

מְזַמֶּרֶת
⟦ἧλος 607b⟧ → מַסְמְרוֹת, מַסְמֵרוֹת

מִזְעָר
μικρός 926c
ὀλίγος 986b, *186a*
ὀλιγοστός 986c, *186a*

מְזָרֶה
διασπορά 311a
λικμᾶν, λιχμᾶν 878b

מַזָּרוֹת
§μαζουρωθ 892a

מִזְרָח
ἀνατολή 83c
ἡλίου ἀνατολή 83c, 606b

מְזָרִים
ἀκρωτήριον 51c

מִזְרָע
σπείρειν 1282a

מִזְרָק
διυλίζειν (מִזְרָקִים) 337c
⟦ἐσχάρα 557c⟧
⟦καλυπτήρ 717b⟧ → דָּשֵׁן I qal ≈ τὸν καλυπτῆρα ἐπιτιθέναι
φιάλη 1430a

מֵחַ
μυελοῦν, μυαλοῦν 936b

מֹחַ
μυελός 936b

מָחָא qal
ἐπικροτεῖν (מָ׳ כַּף qal) 523c
κροτεῖν 791c

מָחָא pi.
κροτεῖν 791c

מְחָא pe. (Aramaic)
see also מְחָה pe.
πατάσσειν 1103b

מְחָא pa. (Aramaic)
ἀντιποιεῖν 111c

מְחָא ithpe. (Aramaic)
πηγνύναι 1130c

מַחֲבֵא
κρύπτειν 791c

מְחַבְּרוֹת
δοκός 340a
στροφεύς 1297b

מַחְבֶּרֶת
συμβολή 1303b

מַחֲבַת
τήγανον 1347c

מַחֲגֹרֶת
περιζωννύναι 1123b

מָחָה qal
ἀλοιφή 59b
ἀπαλείφειν 116b
ἀπονίπτειν 139a
ἀφαιρεῖν 180a
ἐκτήκειν *174a*
ἐξαλείφειν 486c

מָחָה ni.
ἐξαλείφειν 486c, *175c* (Si. 44.13)
ἐπιλανθάνειν *176c*

מָחָה hi.
ἐξαλείφειν 486c

מְחָה pe. (Aramaic)
see also מְחָא pe.
#τύπτειν 1378b (Da. TH 5.19)

מְחוּגָה
κόλλη 776c

מָחוֹז
λιμήν 878c

מָחוֹל
συναγωγή 1309b
χαρά 1454b
χορός 1472c

מְחוֹלָה
χορός 1472c

מַחֲזֶה
ὅραμα 1004c

מֶחֱזָה
θύρα 662c
θύρωμα 664a

מְחִי
⟦λόγχη 887b⟧ → רֹמַח

מִחְיָה
ἐμβίωσις *174b*
ζῆν 594c
ζωή 599c
τὰ πρὸς ζωήν 599c
ὑπόστασις ζωῆς 599c, 1417a
ζωοποίησις 601c
περιποίησις 1125c
*#τροφή 1376b (I Es. 8.76, 77)

מְחִיר
ἀγοράζειν (לָקַח בִּמְ׳) 16b
ἄλλαγμα 55b
ἀνάλλαγμα 79b
ἀντάλλαγμα 108c, *167b*
#διάφορος *171b* (Si. 7.8; 34[31].5; 42.5)
δωρεά 358c
δῶρον 359a
λύτρον 890a
μισθός 930a
τιμή 1353a
χρῆμα 1474b

מַחֲלֶה
νόσος 949b

מַחֲלָה
ἀρρώστημα *168b*

מַחֲלָה
μαλακία 894b
νόσος 949b
πόνος 1188b

מְחֹלָה
χορεύειν 1472b
χορός 1472c

מְחִלָּה
τρώγλη 1378a

מַחֲלָיִים
μαλακία 894b

מַחֲלָף
*#θυίσκη 659c (I Es. 2.13)
παραλλάσσειν 1061c

מַחְלָפוֹת
βόστρυχος 225c
σειρά 1262a

מַחֲלָצוֹת
περιπόρφυρος 1125c
ποδήρης 1153c

מַחְלְקָה (Aramaic)
μερισμός 911c
*#φυλή 1444b (I Es. 1.4, 10)

מַחְלְקוֹת
μερίζειν 910c

מַחֲלֹקֶת
διαίρεσις 302c
διαμερισμός 306a
διάταξις 312c
#δόσις *172b* (Si. 42.3)
ἐφημερία 585b
κλῆρος 770a
μερίς 911a, *184b*
μερισμός 911c
*#φυλή 1444b (I Es. 7.9)

מַחֲלַת
§μαελεθ 892a

מַחְמָד
αἱρετός *165c*
*ἔνδοξος 470c
ἐπιθύμημα 520c, *176c*
ἐπιθυμητός 520c
ἐπιθυμία (מַ׳ pl.) 521a, *176c*
ἐπίλεκτος 525a
#ἴδιος *180a* (Si. 11.34)
ὡραῖος 1493c

מַחֲמַדִּים
ἐπιθύμημα 520c
ἐπιθυμητός 520c

מַחְמָל
ὑπὲρ ὧς φείδονται 1426a

מַחְמֶצֶת
ζυμωτός 599b

מַחֲנֶה
⟦ἀγρός 17a⟧
#ἀτείχιστος 175b (Nu. 13.20[19])
δύναμις 350a
⟦ἐκεῖ (בַּמַּ׳) 423c⟧
λαός 853b
⟦οἶκος 973a⟧
παράταξις 1064b
παρεμβάλλειν 1066b
παρεμβολή 1067b, *187c*
πόλεμος 1172a
#στρατοκῆρυξ (רִנָּה בַּמַּ׳) 1296a (III Ki. 22.36)
⟦συναγωγή 1309b⟧ → παρεμβολή
τάξις 1334b

מַחֲנַיִם
παρεμβολή 1067b

מַחֲסֶה, מַחְסֶה
ἀντιλήπτωρ 111a
βοηθός 223c
ἐλπίς 454a
ἔρεισμα 544c
καταφυγή 748b
πείθειν 1114b
σκέπη 1269a
φείδεσθαι 1426a

מַחְסוֹם
#φυλακή 1440c (Ps. 38[39].1)

מַחְסוֹר
ἐλαττονοῦν, ἐλασσονοῦν 448a
ἐλάττων, ἐλάσσων, ἐλάχιστος 448b
ἐλάττωσις *174a*
ἐνδεής 469b

ἔνδεια 469b
ἐνδεῖσθαι 469c
ἐπιδεῖν ("to lack") 519a
ὑστέρημα 1418c
מָחַץ qal
βάλλειν 189c
⟦βάπτειν 190b⟧ → רָחַץ qal
ἐκθλίβειν 432a
βάλλειν θάνατον 623b
θλᾶν 652a
θραύειν 654b
καταγνύναι 730a
κατατοξεύειν 747a
παίειν 1048c
πατάσσειν 1103b
⟦στρωννύειν, στρωνύναι 1297b⟧ → τιτρώσκειν
συνθλᾶν 1316a
συντρίβειν *193a*
#τιτρώσκειν 1362a (Jb 26.12)
⟦[τρίβειν] *194a*⟧ → συντρίβειν
מַחַץ
ὀδύνη 967a
מַחְצֵב
λατομητός 862c
τετράπεδος 1347b
מֶחֱצָה
ἡμίσευμα 618c
מַחֲצִית
ἡμίσευμα 618c
ἥμισυς 618c
*#μεσημβρινός (מַ׳ יוֹם) 912c (I Es. 9.41)
⟦μέσος 913a⟧ → ἥμισυς
⟦μεσοῦν 913c⟧ → ἥμισυς
מָחַק qal
ἀποτρίβειν 149c
διηλοῦν 330a
מֶחְקָר
πέρας 1120a
מָחָר
αὔριον (יוֹם מָ׳, מָ׳) 179a, *169a*
ἐπαύριον 508c
מַחֲרָאָה
λυτρών 890c
מַחֲרֵשָׁה
δρέπανον 349a
θερίβειν 648c
מַחֲרֶשֶׁת
θέριστρον 649a
מָחֳרָת
αὔριον 179a
ἐπαύριον 508c
ἔχειν 586c
מַחְשֹׂף
περισύρειν 1127b
מַחֲשָׁבָה
⟦ἁμαρτία 62a⟧
⟦ἀποστέλλειν 141b⟧
ἀρχιτεκτονεῖν 166a
τὸν ἔργον τῆς ἀρχιτεκτονίας 166b
βουλή 227c
διαλογισμός 305a, *171a* (+Si. 36[33].5)
διανοεῖσθαι (יֵצֶר מַחֲשָׁבוֹת) 306b
διανόημα 306c
διανόησις 306c
διάνοια 306c
ἐνθύμημα (יֵצֶר מַחֲשָׁבוֹת) 473c
λογισμός 881a, *183c*
ποικιλία 1168c
מַחֲשֶׁבֶת
βουλή *169c*
διανόησις 306c
⟦ἐξαποστέλλειν 488a⟧ → XXX ≈ ἀποστέλλειν
λογισμός 881a
μηχανεύειν 925c
σοφία 1278c
מַחְשָׁךְ
σκοτ(ε)ινός 1276a
σκοτίζειν 1276b
σκότος 1276b
⟦σκοτοῦν 1277a⟧ → σκοτίζειν
ταλαιπωρία 1333a
מַחְתָּה
ἐπαρυστ(ρ)ίς 508b
θυΐσκη 659c
πυρεῖον, πυρίον 1245b, *191b* (Si. 50.5)
ὑπόθεμα 1413c
מְחִתָּה
ἀλλοτρίωσις 57c
δειλία 286c
ἐγκότημα 366c
πτοεῖν 1238c
συντριβή 1322a
τρόμος 1374c
מַחְתֶּרֶת
διόρυγμα 336c
מְטָא, מְטָה pe. (Aramaic)
ἐγγίζειν 362b
παρεῖναι 1065c
φθάν(ν)ειν 1429b
מַטְאֲטֵא
βάραθρον 190c
מַטְבֵּחַ
σφάζειν 1324b
מְטָה pe. (Aramaic)
see מְטָא, מְטָה pe.
מַטֶּה
βακτηρία 189c
ζυγός, ζυγόν 599a
⟦θυμός 660c⟧
#πῆξις *188c* (Si. 41.19)
πληγή 1142b
ῥάβδος 1247a
σκῆπτρον 1273c, *191b*
στήριγμα, στήρισμα 1290c
φυλή 1444b, *195c*
מַטָּה
κάτω, κατώτερον, κατωτάτω (לְמַ׳, מַ׳) 756c
κάτωθεν (מִלְּמַ׳) 756c
κουφίζειν (חָשַׂךְ לְמַ׳ מִן) 781a
ὑποκάτω (לְמַ׳) 1413c
מִטָּה
δίφρος 337c
κλίνη 771b, *182a*
מֻטֶּה, מַטֶּה
ἀδικία 25b
⟦πῆξις *188d*⟧
מַטְוֶה
νήθειν 944b
מְטִיל
χυτός 1480b
מַטְמוֹן
ἀπόκρυφος 134c, *168a*
θησαυρός 651c
מַטְמֹנֶת
ἀπόκρυφος *168a*
מַטָּע
φυτ(ε)ία 1446c
φύτευμα 1447a
φυτόν 1447a
מַטְעָם
ἔδεσμα *172b*
מַטְעַמּוֹת
βρῶμα 231b
ἔδεσμα 368a
מַטְעַמִּים
βρῶμα *169c*
ἔδεσμα 368a
מִטְפַּחַת
ἐπιβόλαιον (מִטְפָּחוֹת) 517b
περίζωμα 1123a
מָטַר ni.
βρέχειν 230c
מָטַר hi.
βρέχειν 230c
ἐπάγειν ὑετόν 503c, 1384a
ἐπιβρέχειν 517c
νίπτειν 945c
⟦ῥίπτειν, ῥιπτεῖν 1252b⟧ → νίπτειν
ὕειν 1384a
ὑετίζειν 1384a
מָטַר ho.
#βρέχειν 230c (Ez. 22.24)
מָטָר
ὑετός 1384a, *194a*
מַטָּרָה
§αματταρι 65a
§αρματταρει, αματταρι (לְמַ׳) 159a
§λααρματταραι (לְמַ׳) 840a
σκοπός 1275c
φυλακή 1440c
מַי
⟦θάλασσα 621a⟧ → יָם
⟦κῦμα 799a⟧
מִי
⟦οὐδείς, οὐθείς 1028b⟧ → τίς
ὀφ(ε)ίλειν (מִי־יִתֵּן) 1039a
εἰ γὰρ ὄφελον (מִי יִתֵּן) 1039a
ποῖος 1170a
τις 1354a, *193c*
ἐάν/εἴ τις 1354a
τίς 1355c, *193c*
מֵיטָב
ἀγαθός, ἀγαθώτερος 2a
βελτίων, βέλτιστος 217b
κρείσσων, κρείττων, κράτιστος 785a
מִיכַל
?μικρός 926c
מַיִם
ἄνυδρος (בְּלִי־מַ׳) 112a
⟦ἔθνος 368b⟧ → עַם, עָם I
⟦ἡμέρα 607b⟧ → יוֹם
οὖρον (מֵימֵי רַגְלַיִם) 1034b
πηγή (מוֹצָא מַ׳) 1130b
πότος 1198a
ποτός 1198a
ὑγρασία 1380c
ὑδραγωγός (מוֹצָאֵי מַ׳) 1380c
ὑδροποτεῖν (מַ׳ שָׁתָה) 1381a
ὑδροφόρος (שֹׁאֵב מַ׳) 1381a
*ὕδωρ 1381a, *194a* (+Si. 40.11)
ὑετός 1384a
מִין
γένος 239b, *170a*
καὶ τὰ ὅμοια αὐτῷ (לְמִינֵהוּ, לְמִינָהּ) 992b
⟦καὶ τὰ ὅμοια αὐτῶν (לְמִינָהּ, לְמִינוֹ) 992b⟧ → καὶ τὰ ὅμοια αὐτῷ
ὁμοιότης 993a
ὅμοιος *186b*
ποικιλία *189b*
מִיץ qal
ἀμέλγειν 65b
ἐκπιέζειν, ἐκπιάζειν, ἐκπιαζεῖν 439a
ἐξέλκειν, ἐξελκύειν 491a
מִישׁ qal
αἴρειν 34c
διαλείπειν 304b
ἐκλείπειν 435c
ἐκπορεύεσθαι 439c
κινεῖν 765b
παρέρχεσθαι 1068c
ψηλαφᾶν 1485b
מִישׁוֹר, מִישֹׁר
εὐθύς (adj.) 571a
εὐθύτης 571b, *177c* (Si. 51.15)
κατευθύνειν 750b
κατορθοῦν 756b
§μ(ε)ισωρ 908b
ἡ πεδ(ε)ινή 1113a
πεδίον 1113b
מֵישָׁרִים
ἀλήθεια 53a
δικαιοσύνη 332c
εὐθύς (adj.) 571a
εὐθὺς ὁδός 571a
εὐθύτης 571b
κατευθύνειν 750b
κατορθοῦν 756b
ὀρθ(ρ)ός 1010c
συνθήκη 1316a
מֵיתָר
δέρρις 291c
κάλος 716c
⟦κατάλοιπος 738a⟧ → מוֹתָר
⟦περίλοιπος 1124b⟧ → מוֹתָר
⟦περισσός, περιττός 1126c⟧ → מוֹתָר
σχοίνισμα 1328a
מָךְ
#ἥσυχος 620b (Si. 25.20)
ταπεινός *193a*
מַכְאֹב, מַכְאוֹב
ἀλγηδών 52b
ἄλγημα 52c
ἄλγος 52c
⟦ἐπίπονος (עַל מַ׳) 527a⟧ → πόνος
διαφθορά 315a
μαλακία 894b
μάστιξ 898b
ὀδύνη 967a
πληγή 1142b
πόνος 1188b (Je. 51.33 [45.3]), *189c*

מַכְבֵּר
§μαχβαρ 900c
מִכְבָּר
ἐσχάρα 557c
παράθεμα 1059c
⟦περίθεμα 1123b⟧ → παράθεμα
מַכָּה
ἐπαγωγή *176a*
κοπή 778b
μάστιξ 898b, *184a* (Si. 40.9)
νόσος 949b
πατάσσειν 1103b
πληγή 1142b, *189a*
σύντριψις 1322c
τροπή 1375a
מִכְוָה
κατάκαυμα 733a
מָכוֹן
ἀσφάλεια, ἀσφαλία 174b
ἕδρασμα 368b
ἑτοιμασία 564c
ἕτοιμος 564c
κατόρθωσις 756b
πόλις *189b*
σκέπη *191b*
*τόπος 1364b, *193c*
מְכוֹנָה
βάσις 214b
ἕτοιμος 564c
κατοικία *181c*
§μεχωνωθ 918c
παροικία *188a*
ὑπάρχειν *194a*
מְכוֹעָר
ἀπόρρητος *168a*
מְכוּרָה, מְכוֹרָה
ἴδιος 673b
λαμβάνειν 847a
ῥίζα 1251c
מָכַךְ qal
ταπεινοῦν 1334c
מָכַךְ ni.
ταπεινοῦν 1334c
מִכְלָה I
καθαρός 698c
מִכְלָה II
⟦βρῶσις 231c⟧
ποίμνιον 1169c
מִכְלוֹל
εὐπάρυφος 576a
⟦εὐπόρφυρος 576b⟧ →
εὐπάρυφος
⟦θώραξ 668c⟧
מִכְלָל
εὐπρέπεια, εὐπρεπία 576b
מַכֹּלֶת
§μαχαλ 900c
מִכְמַנִּים
ἀπόκρυφος 134c
מִכְמָר, מִכְמֹר
ἀμφίβληστρον 67c
ἡμίεφθος 618c
מִכְמֹרֶת, מִכְמֶרֶת
ἀμφίβληστρον 67c
ἀμφιβολεύς (פָּרַשׂ מ׳) 68a
σαγήνη 1257a

מְכֹנָה
§μεχωνωθ (מְכֹנוֹת, מ׳) 918c
מִכְנָס
περισκελής 1126a, *188c*
⟦περισκέλιον 1126a⟧ →
περισκελής
מֶכֶס
τέλος 1344a
מִכְסָה
ἀριθμός 156c
τέλος 1344a
מִכְסֶה
⟦γλύμμα 271a⟧ → κατακάλυμμα
διφθέρα 337c
ἐπικάλυμμα 522b
κάλυμμα 716c
κατακάλυμμα 732c
στέγη 1288a
מְכַסֶּה
κατακάλυμμα 732c
περιβόλαιον 1122b
⟦συμβολή 1303b⟧
מַכְפֵּלָה
διπλοῦς 337a
τὸ διπλοῦν σπήλαιον 337a,
1284b
מָכַר qal
ἀποδιδόναι 126b
διδόναι 317b
⟦κτᾶσθαι 793b⟧
πιπράσκειν 1135c
ποιεῖν + πρᾶσιν (= מִמְכָּר) 1154a
(Ne. 13.20)
πρᾶσις 1200c
πωλεῖν 1246b
מָכַר ni.
ἀποδιδόναι 126b
παραδιδόναι 1058a
πιπράσκειν 1135c
πωλεῖν 1246b
מָכַר hithp.
πιπράσκειν 1135c
מֶכֶר
πρᾶσις 1200c
τιμή 1353a
מִכְשׁוֹל
ἀσθένεια 172a
⟦ἀσθενεῖν 172a⟧ → כָּשַׁל ho.
βάσανος 191c
κόλασις 776b
πτῶμα 1239a
πτῶσις *190c*
σκάνδαλον 1268b
σκῶλον 1278b
מַכְשֵׁלָה
ἀσθενεῖν 172a
מִכְתָּב
γράμμα 275a
*γραπτόν 275c
γραφή 277c
מִכְתָּם
στηλογραφία 1290b
מַכְתֵּשׁ
⟦ἡ κατακεκομμένη (הַמּ׳) 734b⟧
→ כָּתַשׁ pu. ≈ κατακόπτειν
λάκκος 841a
מָלֵא I qal
⟦ἀναθάλλειν *166d*⟧

ἀναπληροῦν 81b
γένειν 235c
ἐμπιπλᾶν, ἐμπι(μ)πλάναι,
ἐμπλήθειν 457a
ἐπακολουθεῖν *176a*
ἐπισυνάγειν 534a
καταριθμεῖν 743a
⟦κατασκεύασμα *181c*⟧
⟦λαμβάνειν 847a (III Ki.
18.33[34])⟧
πιμπλάναι 1133b, *188c*
⟦πληθύ(ν)ειν 1144b⟧ →
πιμπλάναι
πλήρης 1147a
πλήρης εἶναι 1147a
πληροῦν 1147c
πληροφερεῖσθαι 1148b
πλήρωσις 1148b
⟦συμπληροῦν 1305c⟧ → πληροῦν
συντελεῖν 1319b
τολμᾶν (מ׳ לֵב qal) 1363b
מָלֵא I ni.
ἀναπληροῦν 81b
ἐμπιπλᾶν, ἐμπι(μ)πλάναι,
ἐμπλήθειν 457a
πιμπλάναι 1133b
πληθύ(ν)ειν 1144b
⟦πλήρης 1147a⟧ → מָלֵא I qal
πληροῦν 1147c
σφόδρα 1325a
#φθείρειν 1429c (Jb. 15.32)
מָלֵא I pi.
ἀναπληροῦν 81b
*ἀναπλήρωσις 81b
*ἐμπιπλᾶν, ἐμπι(μ)πλάναι,
ἐμπλήθειν 457a
ἐπακολουθεῖν (מ׳ אַחַר pi.) 505b
⟦ἔργον 541c⟧ → מְלָאכָה
καθυφαίνειν 704c
καλύπτειν *181a*
μέγα 902c
πιμπλάναι 1133b
πλήρης 1147a
πληροῦν 1147c, *189a* (+Si.
30[33].25)
πορεύεσθαι 1189a, *189c*
#προσκεῖσθαι (מ׳ אַחַר pi.) 1216c
(De. 1.36)
*συμπλήρωσις 1305c
συνεπακολουθεῖν 1313c
συντελεῖν 1319b
συνυφαίνειν 1322c
τελειοῦν (מ׳ אֶת־יָדוֹ pi.) 1343a
מָלֵא I pu.
πληροῦν 1147c
מָלֵא I hithp.
κατατρέχειν 747a
מָלֵא II
ἄξιος 113a
γένειν 235c
ἐμπιπλᾶν, ἐμπι(μ)πλάναι,
ἐμπλήθειν 457a
μεστός 913c
πλήρης 1147a, *189a* (+Si. 42.16)
πληροῦν 1147c, *189a*
πλήρωσις 1148b
מְלָא pe. (Aramaic)
πληροῦν 1147c
מְלָא ithpe. (Aramaic)
πιμπλάναι 1133b

מְלֹא
δράξ (מ׳ כַּף) 348c
ἐμπιπλᾶν, ἐμπι(μ)πλάναι,
ἐμπλήθειν 457a
⟦ἐνοικεῖν 476a⟧
ἱστάναι, ἱστᾶν (מ׳־קוֹמָה) 689a
κατοικεῖν 751c
πιμπλάναι 1133b
πλῆθος 1142c
πλήρης 1147a
πληροῦν 1147c
πλήρωμα 1148b
πλήρωσις 1148b
מִלֹּא
see מְלֹא, מִלּוֹא
מְלֵאָה
ἅλων, ἅλως 60a
#ἀπαρχὴ ἅλωνος 118b (Ex.
22.29[28])
ἀφαίρεμα 181a
⟦γέ(ν)νημα 238c⟧
κυοφορεῖν 799b
מִלֻּאִים
γλυφή 271b
πλήρωσις 1148b
τελείωσις 1343a
ἡ θυσία τῆς τελειώσεως 1343a
ὕφασμα (מְלָאָה) 1419a
מַלְאָךְ
*ἄγγελος 7b, *165a*
ἀνήρ 88a
κατασκοπεύειν 745a
⟦παῖς 1049a⟧
⟦παρακαλεῖν 1060a⟧
πρέσβυς 1201b
מַלְאַךְ (Aramaic)
ἄγγελος 7b
מְלָאכָה
⟦αἴνεσις 33c⟧
γεωργεῖν (עָשָׂה מְלֶאכֶת שָׂדֶה)
240b
γραμματεύς (עָשָׂה מ׳) 275b
ἐργάζεσθαι, ἐργάζειν 540c
ἐργασία 541b, *177b*
ἐργάσιμος 541c
*ἔργον 541c, *177b* (+Si. 3.17;
30[33].33)
ἐφημερία 585b
#κατασκεύασμα *181c* (Si.
35[32].6)
κατασκευή 744b
κατεργασία 749b
ἔργον λατρευτός 863b
λειτουργ(ε)ία 873b
παρακαταθήκη 1060c
πραγματ(ε)ία 1200b
πραγματεύεσθαι (עָשָׂה מ׳) 1200b
מַלְאָכוּת
ἄγγελος 7b
מִלֵּאת
πλήρωμα 1148b
מַלְבּוּשׁ
ἔνδυμα 471c
ἱμάτιον 685a
ἱματισμός 686a
περιβόλαιον 1122b
στολισμός 1292b
מַלְבֵּן
πλινθεῖον, πλινθίον 1150a
⟦πλίνθος 1150a⟧ → לְבֵנָה

מִלָּה (Hebrew and Aramaic)
ἀπόκρισις 134b
δόλος 340b
θρύλ(λ)ημα 656b
λαλεῖν 841c
λέξις 873c
λόγος 881c
πρᾶγμα 1199c
προσταγή 1219c
πρόσταγμα 1219c
ῥῆμα 1249a
מִלּוֹ
⟦ἴσος 688c⟧
מְלוֹא
πλήρης 1147a
πλήρωμα 1148b
מִלֹּא, מִלּוֹא
ἄκρα 50b
ἀνάλημμα 79b
מְלוּאָה
⟦κατασκεύασμα 181c⟧
מַלּוּחַ
ἅλιμον 54b
מְלוּכָה
βασιλ(ε)ία 192a
βασιλεύειν 194c
βασιλεύς 197a
βασιλικός 214a
מָלוֹן
καταλύειν 738b
κατάλυμα 738c
παρεμβολή 1067b
σταθμός 1286b
στρατοπεδ(ε)ία 1296a
מְלוּנָה
ὀπωροφυλάκιον 1004b
מָלַח qal
ἁλίζειν 54b
מָלַח pu.
μιγνύναι 926c
σκευάζειν *191b*
מָלַח ho.
ἁλίζειν 54b
ἅλς, ἅλα(ς) 59b
מְלַח (Aramaic)
*ἅλς, ἅλα(ς) 59b
מֶלַח I
ἅλμη *166b*
*ἅλς, ἅλα(ς) 59b, *166b*
ἁλυκός 60a
§γαιμελα (גֵּי־מֶ׳) 233b
§γεμελεδ (גֵּי־מֶ׳) 236a
§μαλα 894b
מֶלַח II
#σχοινίον 1328a (Je. 45[38].11)
מַלָּח
ἐπιβάτης 516b
κωπηλάτης 840b
ναυτικός 940a
מְלֵחָה
ἅλμη 59a
ἁλμυρίς 59a
ἁλμυρός 59a
מִלְחָמָה
⟦ἄθῳος 30a⟧
ἀντίκεισθαι (אִישׁ מִלְחָמָה) 110c
ἀντιπολεμεῖν (אִישׁ מִ׳) 111c
⟦δύναμις 350a⟧
⟦θυμός 660c⟧ → חֵמָה I
⟦κεῖσθαι (אִישׁ מִלְחָמוֹת) 758b⟧ → ἀντίκεισθαι
μάχη 901a
μαχητής (אִישׁ מִ׳) 901a
μάχιμος (אִישׁ מִ׳) 901b
μητρόπολις (עִיר מִ׳) 925c
ὁπλομάχος 1003c
παράταξις 1064b
παρατάσσειν (אָסַר מִ׳) 1064c
πολεμεῖν 1170b
πολεμία 1171b
πολεμικός 1171b
πολέμιος 1171b
πολεμιστής (תָּפַשׂ מִ׳, מִ׳) 1171c
*πόλεμος 1172a, *189b*
מָלַט ni.
ἀνασῴζειν 83a
⟦διαβαίνειν, διαβέννειν 298a⟧
διαλανθάνειν 304b
διασῴζειν 312b
διαφεύγειν 314b
ἐκσπᾶν 441b
ἐκφεύγειν *174a*
ἐξαιρεῖν 484b, *175c*
⟦περισῴζειν 1127b⟧ → σῴζειν
ῥύεσθαι 1254b
σῴζειν 1328b
מָלַט pi.
ἀνασῴζειν 83a
διασῴζειν 312b
ἐξαιρεῖν 484b, *175c*
⟦εὑρίσκειν 576c⟧
ῥύεσθαι 1254b
σῴζειν 1328b
מָלַט hi.
σῴζειν 1328b
τίκτειν 1351c
מָלַט hithp.
διαρριπτεῖν, διαρρίπτειν 309c
⟦ἔχειν 586c⟧
מְלִילָה
στάχυς 1287b
מְלִיצָה
ἑρμην(ε)ία *177b*
σκοτεινὸς λόγος 881c, 1276a
מָלַךְ qal
βασιλ(ε)ία 192a
*βασιλεύειν 194c, *169a*
βασιλεύς 197a
κρατεῖν 783a
מָלַךְ ni.
βουλεύειν 227a
מָלַךְ hi.
*#ἀναδεικνύειν βασιλέα 76c, 197a (I Es. 1.32, 35[4], 44[10])
βασιλεύειν (מָ׳ hi., מָ׳ מֶלֶךְ hi.) 194c
γίνεσθαι βασιλεύς 197a, 256c
καθιστάναι (εἰς) βασιλέα 197a, 703a
χρίειν εἰς βασιλέα 197a
⟦διδόναι 317b⟧
מָלַךְ ho.
βασιλεύειν 194c
מֶלֶךְ (Hebrew and Aramaic)
ἀβασίλευτος (מֶ׳ + neg.) 1a
ἄρχων 166b
ὁ ἄρχων βασιλείας 166b
βασιλ(ε)ία (בֵּית מֶ׳, מְדִינוֹת מֶ׳, מֶ׳) 192a
βασίλειον (בֵּית מֶ׳) 194b
*βασιλεύειν (מָלַךְ מֶ׳, הָיָה מֶ׳, מֶ׳ hi.) 194c
*βασιλεύς 197a, *169a*
*βασιλικός (בֵּית מֶ׳, מֶ׳) 214a
⟦" " (לִפְנֵי מֶ׳) 214a⟧
*#τὰ βασιλικά (רְכוּשׁ מֶ׳) 214a (I Es. 1.7)
βουλή 227c (Ec. 2.12 Aramaizing)
ἡγεῖσθαι 602c
στρατηγός 1295b
מְלַךְ (Aramaic)
βουλή 227c
#ὑστεροβουλία 1418c (Pr. 24.71 [31.3] Aramaizing)
מֹלֶךְ
ἄρχων 166b
βασιλεύς 197a
§μελχο 909c
מַלְכֹּדֶת
σύλληψις 1302c
מַלְכָּה (Hebrew and Aramaic)
βασίλισσα 214a
γυνή 278b
מַלְכוּ (Aramaic)
*βασιλ(ε)ία (שָׁלְטָן מַ׳, מַ׳) 197a
βασίλειον 194b
βασιλεύειν 194c
βασιλεύς 197a
βασιλικός 214a
θρόνος 655b
ὁ τόπος τοῦ θρόνου 655b, 1364b
מַלְכוּת
*βασιλ(ε)ία (מְדִינוֹת מַ׳, מַ׳) 192a, *169a*
βασίλειον (בֵּית מַ׳) 194b
*βασιλεύειν (מַ׳, נָגַע לְמַ׳ hi.) 194c
*βασιλεύς 197a
⟦" " *169a*⟧
βασιλικός (דְּבַר־מַ׳, מַ׳) 214a
ἐνθρονίζεσθαι (יָשַׁב . . . עַל כִּסֵּא מַ׳) 473c
⟦ἡδύς 604c⟧
מַלְכָּם
§μολχολ, μολχομ 932c
מִלְכֹּם
βασιλεύς 197a
מְלֶכֶת
βασίλισσα 214a
מָלַל qal
ἀποπίπτειν 139c
ἐκπίπτειν 439b
ἐπιπίπτειν 526b
σημαίνειν 1263a
מָלַל ni.
ἀποξηραίνειν 139b
מָלַל pi.
ἀναγγέλλειν 74a
λαλεῖν 841c, *183a*
מָלַל polel
ἀποπίπτειν 139c
מָלַל I hithpo.
ἀσθενεῖν 172a
מְלַל pa. (Aramaic)
εἰπεῖν, ἐρεῖν 384a
⟦ἐπηχεῖν(?) 511b⟧ → XXX ≈ ἐπακούειν
λαλεῖν 841c
מַלְמֵד, מַלְמָד
ἀροτρόπους, ἀρατρόπους 159c
ἄροτρον *168b*
מָלַץ ni.
γλυκύς 271a
מָלַק qal
ἀποκνίζειν 132c
מַלְקוֹחַ
λαμβάνειν 847a
λάρυγξ 862c
σκῦλον 1277b
מַלְקוֹשׁ
ὄψιμος 1044b
מַלְקָחַיִם, מֶלְקָחַיִם
ἐπαρυστήρ 508b
ἐπαρυστ(ρ)ίς 508b
λαβίς 840a
מַלְתָּעוֹת
μύλη 936c
מַמְּגֻרָה
ληνός 875c
מֵמַד
#κάλαμος 712b (Ez. 42.20)
μέτρον, μέτρος 918b
מָמוֹן
χρυσίον *196c*
מָמוֹת
θάνατος 623b
θανατοῦν 625a
מַמְזֵר
ἀλλογενής 55c
ἐκ πόρνης 1195a
מִמְכָּר
διάπρασις 308b
πρᾶσις 1200c, *190a*
מִמְכֶּרֶת
πρᾶσις 1200c
מַמְלֶכֶת, מַמְלָכָה
ἀρχή 163c
βασιλ(ε)ία 192a, *169a*
βασίλειον 194b
βασίλειος 194c
βασιλεύειν 194c
βασιλεύς 197a, *169a*
βασίλισσα 214a
νομός 949b
מַמְלָכוּת
βασιλ(ε)ία 192a
βασιλεύς 197a
מַמְלֶכֶת
see מַמְלֶכֶת, מַמְלָכָה
מִמְסָךְ
κέρασμα 760b
#πότος 1198a (Pr. 23.30)
מֶמֶר
ὀδύνη 967a
מַמְרוֹרִים
πικρία 1132c
מִמְשָׁל
δυναστ(ε)ία 354c
κυρ(ε)ία 799c
κυριεία 800a

מֶמְשֶׁלֶת, מֶמְשָׁלָה
ἀρχή 163c
βασιλ(ε)ία 192a
δεσποτ(ε)ία 292c
δυναστ(ε)ία 354c
ἐξουσία 500c, *176a*
ἡγεμονία *179a*
κατάρχειν 743c
οἰκονομία 973a
στρατ(ε)ία 1295c
מַמְתַּקִּים
*γλύκασμα 270c
γλυκασμός 270c
מָן I
§μαν 895a
§μαννα 895c
מָן II (Aramaic)
ὅσος (מַן־דִּי) 1019a
ποῖος (מַן־הוּא) 1170a
מַן (Aramaic)
*τίς 1355c
מֵן
χορδή 1472b
מִן (Hebrew and Aramaic)
διά + acc. *171a*
ἐκ *173b* (–Si. 10.17)
ἐκεῖθεν (מִן־תַּמָּה) 427b
ἐκτός (לְבַד מִן) 443c
ἔμπροσθε(ν) (מִן־קַדְמַת דְּנָה, מִן־קֳדָם) 459b
ἐν *174b*
ἐναντίον *175a*
ἐξόπισθε(ν) (מִן־אַחֲרֵי) 500a
ἔξωθεν (מִן הַחוּץ) 502b
ἐπάνω (עֶלָּא מִן) 507b
ἐπί + gen. *176b* (–Si. 51.9)
" + dat. *176b*
" + acc. *176b*
ἤ *178a*
⟦κατέναντι *181c*⟧
μᾶλλον ἤ *178a*
μέρος 911c
#οὐδαμοῦ 1028a (Jb. 21.9)
παρά + gen. *187b*
" + acc. *187b*
πάρεξ, παρέξ (לְבַד מִן) 1068c, *187c*
περί + gen. *188b*
πλήν 1145c
πρό *190a*
ἀπὸ (τοῦ) προσώπου 1223c
ἐκ (τοῦ) προσώπου (מִן קֳדָם) 1223c
κατὰ (τὸ) πρόσωπον (מִן קֳדָם) 1224a
τις (יֵשׁ מִן) *193c*
ὑπέρ + gen. *194b*
" + acc. *194b*
ὑπεραίρειν (פָּלָא מִן ni.) *194b*
ὑποκάτωθεν (מִן־תְּחוֹת) 1414b
מְנָא (Aramaic)
§μανη (מְנֵא) 895b
מַנְגִּינָה
ψάλλειν *196a*
#ψαλμός 1483b (La. 3.63)
מִנְדָּה (Aramaic)
φόρος 1438a
מַנְדַּע (Aramaic)
σύνεσις 1314a
φρήν 1438c
φρόνησις 1439a
מַנְדַּע
see מַדָּע, מַנְדַּע
מָנָה I qal
⟦ἀλλάσσειν 55b⟧
ἀριθμεῖν 156b
#ἀριθμός 156c (Jd. 11.33B)
ἐξακριβάζεσθαι 486c
ἐξαριθμεῖν 489c
⟦διαλογισμός *171a*⟧
λογισμός *183c*
παραδιδόναι 1058a
מָנָה I ni.
ἀναρίθμητος (מָ׳ ni. + neg. + וְ־סָפַר + neg.) 81c
ἀριθμεῖν 156b
ἐξαριθμεῖν 489c
λογίζεσθαι 880a
מָנָה I pi.
⟦ἀναδεικνύειν 76c⟧ → ἀποδεικνύειν
#ἀποδεικνύειν 126a (Da. LXX 1.11)
διατάσσειν 313a
⟦διδόναι 317b⟧ → מָנָה I pu.
ἐκτάσσειν 442a
καθιστάναι 702c
προστάσσειν, προστάττειν 1220c
מָנָה I pu.
#διδόναι 317b
καθιστάναι 702c
מָנֶה II
*#ἀποστολή 145a
μερίς 911a (+Na. 3.8), *184b* (Si. 26.3)
מְנָה pe. (Aramaic)
ἀριθμεῖν 156b
μετρεῖν 918a
מַנִּי pa. (Aramaic)
*#ἀναδεικνύειν 76c (I Es. 8.23)
καθιστάναι 702c
מָנֶה
§*μνα 931a
מִנְהָג
ἄγειν 9a
מִנְהָרָה
μάνδρα 895a
τρυμαλιά 1377b
מָנוֹד
κίνησις 765c
מָנוֹחַ
ἀνάπαυσις 80c
κατάπαυσις 741a
στάσις 1286c
מְנוּחָה
ἀναπαύειν 80b
ἀνάπαυμα 80c
ἀνάπαυσις 80c, *166c*
κατάπαυσις 741a
מָנוֹס
καταφυγή 748b
φυγή 1440b
מְנוּסָה
φεύγειν 1428b
φυγή 1440b
מָנוֹר
ἀντίον 111b
μέσακλον 912c
מְנוֹרָה
λαμπάδιον, λαμπαδεῖον 852c
λυχνία 891a, *183c* (Si. 26.17)
מִנְחָה (Hebrew and Aramaic)
δῶρον 359a
*θυσία 664a, *179c*
θυσίασμα 666a
§μαανα 891a
§μανα 895a
§μαναα(ν)(?), μανααμ 895a
§μαναχ 895a
§μαννα 895c
§μανναειμ 896a
ξένιον 956b
ὁλοκαύτωμα 987c
προσφορά 1223b
מְנִי
τύχη 1379c
מִנְיָן (Aramaic)
*ἀριθμός 156c
מָנַע qal
ἀνέχειν 87c
ἀπέχειν 122a
ἀποκωλύειν 136a, *168a*
ἀποστρέφειν 145b
ἀποτυγχάνειν 149c
ἀφαιρεῖν 180a
ἀφιστᾶν, ἀφιστάναι, ἀφιστάνειν 184b
ἀφυστερεῖν 187b, *169c*
διαλείπειν 304b
ἐκκλ(ε)ίνειν 433c
ἐμποδίζειν *174b*
ἐξαίρειν 485a
⟦ἐξαφιστάναι 490a⟧ → ἀφιστᾶν, ἀφιστάναι, ἀφιστάνειν
ἐφιστάναι 585c
κρύπτειν 791c
κωλύειν 839b, *183c*
παρέλκειν *187c*
στερεῖν 1288c, *192a*
⟦συνάγειν 1307b (Jb. 20.13), *192c*⟧ → συνέχειν
συνέχειν 1315b (+Jb. 20.13; Si. 14.4)
⟦ὑστερεῖν 1418b⟧ → στερεῖν
מָנַע ni.
ἀπέχειν 122a
ἀφαιρεῖν 180a
ἐπέχειν 511a
ὀκνεῖν 985b
מַנְעוּל
κλεῖθρον 767b
מִנְעָל
ὑπόδημα 1413b
מַנְעַמִּים
ἐκλεκτός 437a
מְנַעַנְעִים
⟦κύμβαλον 799b⟧ → מְצִלְתַּיִם
מְנַקִּית
κύαθος 796a
מְנָת
μερίς 911a
מַס
ἔργον 541c
ἥττημα 620c
τέλος 1344a
ὑπήκοος (לָמַס) 1411c
φορολόγητος, φωρολόγητος 1438a
φόρος 1438a
מֵסַב
ἀνάκλισις 78b
κύκλος 797a
κύκλωμα 798c
מַסְגֵּר
δεσμός 292a
#δεσμωτήριον 292b (Is. 24.22)
δεσμώτης 292b
ὀχύρωμα 1043c
⟦συγκλείειν 1299c⟧ → סָגַר hi. or pi.
φυλακή 1440c
מִסְגֶּרֶת
διάπηγος(?) 308a
στεφάνη 1289c
σύγκλεισμα 1300a
συγκλεισμός 1300a
συγκλειστός 1300a
מַסָּד
θεμέλιον, θεμέλιος 629b
מִסְדְּרוֹן
προστάς 1220b
מָסָה hi.
βρέχειν 230c
ἐκτήκειν 443a
μεθιστᾶν, μεθιστάναι, μεθιστάνειν 907b
τήκειν 1348a
מַסָּה
πεῖρα 1115c
πειρασμός 1116a
⟦πικρασμός 1132c⟧ → πειρασμός
מַסְוֶה
κάλυμμα 716c
מִסְחָר
ἔμπορος 459a
מָסַךְ
κεραννύναι, κεραννύειν 759c
κιρνᾶν 765c
מֶסֶךְ
κέρασμα 760b
מָסָךְ
ἐπικάλυμμα 522b
ἐπίσπαστρον 529b
κάλυμμα 716c
κατακάλυμμα 732c
καταπέτασμα 741b
σκέπη 1269a
συσκιάζειν 1323a
מְסֻכָּה
ἐνδεῖν 469c
מַסֵּכָה
γλυπτός 271a
συνθήκη 1316a
χώνευμα 1480c
χωνευτός 1481a
מִסְכֵּן
πένης 1117a
#προσδεῖν ("to be needy") *190a*
#πτωχός *190c* (Si. 30.14)
מִסְכֵּנוּת
πτωχ(ε)ία 1239b
מִסְכְּנוֹת
ὀχυρός 1043b
περίχωρος (מִ׳ עָרִים) 1128b

⟦σκήνωμα 1273b⟧ → מִשְׁכָּן
מַסֵּכֶת
δίασμα 310c
מְסִלָּה
ἀνάβασις 72c
δίοδος 336a
ὁδός 962b
τάξις 1334b
τρίβος 1372b
מַסְלוּל
ὁδός 962b
מַסְמְרוֹת, מַסְמְרוֹת
ἧλος 607b
מַסְמְרִים, מַסְמְרִים
ἧλος 607b
מָסַס ni.
#ἀναλύειν 79b (Si. 3.15)
βρέχειν 230c
δειλιαίνειν 287a
δειλιᾶν 287a
διαλύειν 305a
ἐξιστᾶν, ἐξιστάναι 496c
⟦ἐξουδενοῦν, ἐξουθενοῦν 500b⟧ → מָאַס ni.
ἡττᾶν 620b
θραύειν 654b
⟦θραυμός 654c⟧ → θραυσμός
θραυσμός 654c
#καταπλήσσειν 742a (Jo. 5.1)
⟦κατατήκειν 746c⟧ → καταπλήσσειν
πτοεῖν 1238c
σαλεύειν 1257c
τήκειν 1348a
מָסַס hi.
ἀφιστᾶν, ἀφιστάναι, ἀφιστάνειν 184b
מַסָּע
ἀναζυγή 77a
ἀπαίρειν 115c
ἀπαρτία 118a
ἐξαίρειν 485a
ἔξαρσις 490a
ἐπαίρειν 505a
⟦ἔρχεσθαι 548b⟧
παρεμβολή 1067b
σταθμός 1286b
στρατιά, στρατεία 1295c
מַסָּע
ἀργός 153a
מִסְעָד
ὑποστήριγμα 1417a
מִסְעָר
καταιγίς *181b*
מִסְפֵּד
κοπετός 778a, *182a*
κόπτειν 779a
πένθος 1118a
מִסְפּוֹא
χόρτασμα 1473a
מִסְפָּחוֹת
ἐπιβόλαιον 517b
⟦περιβόλαιον 1122b⟧ → ἐπιβόλαιον
מִסְפַּחַת
σημασία 1263b

מִסְפָּר
#αἰών (מ׳ + neg. + יְמֵי) *165c* (Si. 41.13)
ἀναρίθμητος (מ׳ + neg.) 81c, *166c*
ἀριθμητός 156c
*ἀριθμός 156c, *168b*
⟦βιβλίον, βυβλίον 218b⟧ → סֵפֶר
διήγησις 330a
ἐξαριθμεῖν 489c
ἐξήγησις 495b
ἔτος ἐξ ἔτους (בְּמ׳ שָׁנִים) 565a
καταριθμεῖν 743a
⟦πλῆθος 1142c (Ps. 146[147].4)⟧
συντέλεια 1318c
מָסַר qal
ἀφιστᾶν, ἀφιστάναι, ἀφιστάνειν 184b
מָסַר ni.
⟦ἐξαριθμεῖν 489c⟧ → סָפַר ni.
מָסֹרֶת
⟦ἀριθμός 156c⟧ → מִסְפָּר
מִסְתּוֹר
ἀπόκρυφος 134c
מִסְתָּר
ἀόρατος 113c
ἀπόκρυφος 134c
κεκρυμμένος (בְּמִסְתָּרִים) 758c
κρυπτός 792c, *182c* (+Si. 4.18)
κρυφαῖος 793a
λάθρα (בְּמ׳) 840c
מַעְבָּד
ἔργον 541c
מַעֲבָד (Aramaic)
#ἔργον 541c (Da. TH 4.34)
מַעֲבֶה
πάχος 1112c
מַעֲבָר
διάβασις 298c
⟦κυκλόθεν (כָּל מַעֲבָר) 796b⟧
⟦ὁ/ἡ/τὸ πέρα(ν) 1119b⟧ → עֵבֶר
#πάροδος 1071a (IV Ki. 25.24)
מַעְבָּרָה
διάβασις 298c
φάραγξ 1424b
מַעְגָּל
ἄξων 113c
⟦αὔξων(?) 179a⟧ → ἄξων
λαμπήνη 853a
ὁδός 962b
⟦πεδίον 1113b⟧
στρογγύλωσις 1297a
τρίβος 1372b
τροχ(ε)ιά 1376c
מָעַד qal
ἀσθενεῖν 172a
σαλεύειν 1257c, *191a* (Si. 16.18?)
ὑποσκελίζειν 1416c
מָעַד hi.
συγκάμπτειν 1299b
מַעֲדַנּוֹת
δεσμός 292a
מַעֲדַנִּים
κόσμος 780c
τρυφή 1377c
מַעֲדַנִית
#τρέμειν 1371b (I Ki. 15.32)
מַעְדֵּר
ἀροτριᾶν 159b

ἀροτριοῦν 159c
מָעוֹג
ἐγκρυφίας 367a
⟦μυκτηρισμός 936c⟧ → לַעַג
מָעוֹז
ἀνδρίζεσθαι 86b
ἀντίληψις 111b
βοήθεια, βοηθία 222c
βοηθός 223c
δύναμις 350a
δυναστ(ε)ία 354c
ἐνισχύειν 475a
ἰσχυρός 693b
ὀχύρωμα ἰσχυρός 693b
ἰσχύς 694b
καταφυγή 748b
κατισχύειν 751b
κραταιοῦν 782c
κραταίωμα 783a
κραταίωσις 783a
§μαωζει(μ), μαωζειν (מָעֻזִּים) 901b
§μαωζι 901b
σκεπαστής *191b*
#σκέπη 1269a (Is. 30.3)
στάσις 1286c
ὑπερασπιστής 1408c
ὑποστήριγμα 1417a
מָעוֹן
ἁγίασμα 11b
διατριβή 314a
⟦εὐπρέπεια, εὐπρεπία 576b⟧
⟦καταφυγή 748b⟧
κατοικητήριον 755b
#κατοικία 755b (Ps. 86[87].7)
κοίτη 775b
§μουων 935c
οἶκος 973a
*#σκήνωμα 1273b (I Es. 1.60)
τόπος 1364b
מְעוֹנָה
κατοικητήριον 755b
κοίτη 775b
μάνδρα 895a
מָעוֹר
⟦σπήλαιον 1284b⟧ → מְעָרָה
מָעֹז
ὀχύρωμα 1043b
מָעַט qal
ἐλάσσων γίνεσθαι 256c
ἐλαττονοῦν, ἐλασσονοῦν 448a
ἐλαττοῦν, ἐλασσοῦν 448b
ἐλάττων, ἐλάσσων, ἐλάχιστος 448b
ὀλίγος εἶναι 986b
ὀλιγοστὸς εἶναι 986c
ὀλιγοῦν 987a
(σ)μικρύνειν 927c
מָעַט pi.
ὀλιγοῦν 987a
ταπεινοῦν *193a*
מָעַט hi.
ἐλαττονεῖν 448a
ἐλαττονοῦν, ἐλασσονοῦν 448a
ἐλαττοῦν, ἐλασσοῦν 448b
ἐλάττων, ἐλάσσων, ἐλάχιστος 448b
ὀλιγοποιεῖν *186a*

⟦ὁ τὸ ὀλίγος (הַמַּמְעִיט) 986b⟧ → ἐλάττων, ἐλάσσων, ἐλάχιστος
ὀλίγον ποιεῖν 986b, 1154a
ὀλιγοστὸν ποιεῖν 986c, 1154a
ὀλιγοῦν 987a
(σ)μικρύνειν 927c
#φθονερός *195a* (Si. 14.10)
מְעַט, מְעָט
βραχύς 230c
⟦ἐκλείπειν (כִּמְ׳) 435c⟧
ἐλάττων, ἐλάσσων, ἐλάχιστος 448b
ἱκανός + neg. 683c
μηδείς, μηθείς 920c
μικρός 926c, *185b*
κατὰ μικρόν 926c
κατὰ μικρὸν μικρόν (מְ׳־מְ׳) 926c
μικρὸν ὅσον ὅσον (כִּמְ׳־רֶגַע) 926c, 1019a
μικρὸς μερίς 926c
μικροῦ (כִּמְ׳) 926c
μικρύνειν 927c
ὀλίγος (מְ׳, כִּמְ׳) 986b, *186a* (+Si. 20.13; 51.16)
ὀλιγοστός 986c
ἐν τάχει (כִּמְ׳) 1338c
מְעֹט
⟦εὖ γίνεσθαι 568a⟧
ὀλίγος *186a*
מַעֲטֶה
καταστολή 745c
περιβολή *188b*
מַעֲטָפָה
μεσοπόρφυρος 913a
מְעִי I
ἔλεος, ἔλαιος 451a
καρδία *181a* (–Si. 4.3)
⟦ " 719a⟧
מְעִי II
⟦χνοῦς 1471c⟧ → χοῦς
χοῦς ("dust") 1473b
מְעִיל
διπλοΐς 337a
ἐπενδύτης 509c
ἐπωμίς *177b*
*#ἐσθής 557a (I Es. 8.71, 73)
ἱμάτιον 685a
ποδήρης 1153c
στολή 1291c
ὑποδύτης 1413b
χιτών 1471a
מֵעִים
κοιλία 773a, *182a*
#σπλάγχνα 1284c (Je. 28[51].13)
מְעִין (Aramaic)
κοιλία 773a
מַעְיָן
πηγή 1130b
מָעַךְ qal
ἐμπηγνύναι 456c
θλαδίας 652a
מָעַךְ pu.
πίπτειν 1135c
מָעַל
ἀδικεῖν 24c
ἀθετεῖν 29b
*ἁμαρτάνειν 60c
*ἀνομεῖν 106b

ἀπειθεῖν 119c
ἀσυνθετεῖν 174b
ἀφιστᾶν, ἀφιστάναι, ἀφιστάνειν 184b
⟦λανθάνειν 853a⟧ → עָלַם I ni.
παραπίπτειν 1063b
⟦παριδεῖν 1070b⟧ → עָלַם I hi.
παριδὼν παριδεῖν (מָ׳ מַעַל) 1070b
πλανᾶν 1139b
⟦πλημμέλεια, πλημμελία *189a*⟧
πλημμελεῖν 1145b, *189a*
⟦ὑπεριδεῖν 1410b⟧ → עָלַם I hi.

מַעַל I subst.
ἀδικία 25b, *165b*
ἀθεσία 29b
ἀθέτημα 29c
ἀθέτησις 29c
ἁμαρτία *166b*
*ἀνομία 106b
ἀποστασία 141a
ἀπόστασις 141b
ἀσυνθεσία 174b
λήθη 875c
παραβαίνειν 1055b
παράπτωμα 1063c
⟦παριδὼν παριδεῖν (מָעַל מָ׳) 1070b⟧ → עָלַם I hi. ≈ παριδεῖν
πλημμέλεια, πλημμελία 1145b, *189a*
⟦ὑπεριδεῖν 1410b⟧ → עָלַם I hi.

מַעַל II adv.
ἄνωθεν 112c
ἀνώτερος, ἀνώτατος 112c
ἐπάνω (מִלְמַעְלָה, לְמַעְלָה, מַעְלָה, מִמַּ׳ לְ׳) 507b
ἐπάνωθεν (מִלְמַעְלָה, לְמַעְלָה, מִמַּ׳, מִמַּ׳ מִן) 507c
ἐπέκεινα (מַעְלָה) 509b
κύκλος (מִמַּ׳) 797a
εἰς τὸ μετέωρος (מִלְמַעְלָה) 917c
ἕως σφόδρα (עַד לְמַעְלָה) 1325a
ὑπεράνω (מַעְלָה, מִלְמַעְלָה, מִמַּ׳ לְ׳, לְמַעְלָה) 1408b
ὑπεράνωθεν (מִמַּ׳) 1408c
ὕψιστος (מִמַּ׳) 1420b
ὕψος (מַעְלָה) 1421b

מְעַל (Aramaic)
δυσμή 357b

מֵעַל
#ἐπάνω *176b* (Si. 45.12)
ἀπὸ (τοῦ) προσώπου (מֵ׳ פָּנִים) 1223c
ἐκ (τοῦ) προσώπου (מֵ׳ פָּנִים) 1223c

מֹעַל
*#αἴρειν 34c
ἐπαίρειν 505a

מַעֲלָה
ἀναβαίνειν, ἀναβέννειν 70a
ἀνάβασις 72c, *166c*
κλιμακτήρ 771a
προσανάβασις 1212a
⟦πρόσβασις 1212b⟧ → προσανάβασις

מַעֲלֶה
ἀναβαθμίς 69c
ἀναβαθμός 70a
ἀνάβασις 72c
#ἄνωθεν (מִלְמַ׳) 112c (Ge. 6.16)
βαθμός 189a
διαβούλιον 299b
κλιμακτήρ 771a
κλῖμαξ 771a

מַעֲלִיל
⟦ἐπιτήδευμα 535b⟧ → מַעֲלָל

מַעֲלָל
ἀνομία 106b
διαβούλιον 299b
ἐπιτήδευμα 535b
ἔργον 541c
πρᾶγμα 1199c

מַעֲמָד
ἱστάναι, ἱστᾶν 689a
στάσις 1286c, *192a* (Si. 36[33].12)
*#τάξις 1334b (I Es. 1.15)

מָעֳמָד
ὑπόστασις 1417a
συναγωγή *192c*

מַעֲמָסָה
καταπατεῖν 740b

מַעֲמַקִּים
βάθος 189a

מַעֲנֶה
ἀποκρίνειν 133a
ἀπόκρισις *168a*
ἀπόκρισιν διδόναι 134b
εἰσακούειν 408b
ἐπακούειν 505c
ῥῆμα *191a*

מַעֲצֵבָה
λύπη 889c

מַעֲצָד
σκέπαρνον 1269a

מַעְצוֹר
συνέχειν 1315b

מַעֲקֶה
στεφάνη 1289c

מַעֲקַשִּׁים
σκολιός 1275b

מַעַר
αἰσχύνη 37b
ἀσχημοσύνη 174c
ἔχειν (כְּמַ׳) 586c

מַעֲרָב I
συμμικτός 1304b

מַעֲרָב II
δυσμή 357b
λίψ 879c

מַעֲרָב III
ἐμπορία 459a
ἔμπορος 459a

מַעֲרָבָה
δυσμή 357b
⟦λίψ 879c⟧ → מַעֲרָב II

מַעֲרֶה
§μαραα 896a

מְעָרָה
σπήλαιον 1284b
σχισμή 1328a

מַעֲרוּמִים
#ἀγνόημα *165b* (Si. 51.19)
πανούργευμα *187a*

מַעֲרִיץ
φόβος 1435c

מַעֲרָכָה
⟦καῦσις 757a⟧
*παράταξις 1064b
παρεμβολή 1067b

מַעֲרֶכֶת
θέμα 629b
πρόθεσις 1206b

מַעֲרֻמִּים
γυμνός 278a

מַעֲרָצָה
ἰσχύς 694b

מַעֲשֶׂה
⟦ἀδικία 25b⟧
[ἐνέργημα] *175b*
ἐνεργός 473a
ἐπιτήδευμα 535b
ἐργάζεσθαι, ἐργάζειν 540c
ἐργασία 541b
ἐργάσιμος 541c
*ἔργον 541c, *177b* (+Si. 30[33].31; 36[33].15)
⟦κακός 709b⟧
κατασκευή 744b
κόσμος 780c
κτίσμα *182c*
⟦ὀχύρωμα 1043c⟧
ποιεῖν 1154a, *189b*
ἃ ποιεῖ 1154a
ποίημα 1168b
ποίησις 1168c
ποικιλία 1168c
#ποίμνιον 1169c (I Ki. 25.2)
πρᾶγμα 1199c
ῥυθμός 1255b
τέχνη 1347c

מַעֲשֵׂר
⟦ἀπαρχή 118b⟧
⟦δεκάς 289a⟧ → δέκατος
δέκατος 289a, *170c*
ἐκφόριον 445c
ἐπιδέκατος 519a

מַעֲשַׁק
ἄδικος *165b*

מַעֲשַׁקּוֹת
ἀδικία 25b
συκοφάντης 1301c

מִפְגָּע
κατεντευκτής 749a

מַפָּח
ἀπώλεια, ἀπωλία (מַ׳ נֶפֶשׁ) 151c
[ὀδύνη] *186a*

מַפֻּחַ
φυσητήρ 1446c

מֵפִיץ
⟦ῥόπαλον 1254b⟧ → מַפֵּץ

מִפְלָאָה
ἐξαίσιος 486b

מִפְלַגָּה
διαίρεσις 302c
*#μεριδαρχία 910c (I Es. 1.11)

מַפָּלָה, מַפֵּלָה
πίπτειν 1135c
πτῶσις 1239a

מִפְלָט
σώζειν 1328b

מִפְלֶצֶת
εἴδωλον 376a
κατάδυσις 731b

מִפְלָשׂ
⟦διάθεσις 300c⟧ → διάκρισις
διάκρισις 304a

מַפֶּלֶת
πίπτειν 1135c
πτῶμα 1239a
πτῶσις 1239a, *190c*

מִפְעָל
ἔργον 541c, *177b*

מִפְעָלָה
ἔργον 541c

מַפָּץ
πέλυξ (כְּלִי מַ׳) 1116b

מַפֵּץ
⟦διασκορπίζειν 310b⟧ → פּוּץ hi.
#ῥόπαλον 1254b (Pr. 25.18)

מִפְקָד
ἀποχωρίζειν 150a
#ἐξεγείρειν *175c* (Si. 35[32].11)
ἐπίσκεψις 528b
καθὼς προσέταξεν (בְּמִ׳) 1220c

מִפְרָץ
διακοπή 303c
διέξοδος 328b

מַפְרֶקֶת
νῶτον, νῶτος 956b

מִפְרָשׂ
ἀπέκτασις 120b
⟦ἐπέκτασις 509b⟧ → ἀπέκτασις
στρωμνή 1297b

מִפְשָׂעָה
ἀναβολή 73c

מַפְתֵּחַ
#κλείειν *182a* (Si. 42.6)
κλείς 767b

מִפְתָּח
⟦ἀναφέρειν 84c⟧
ἀνοίγειν 105b

מִפְתָּן
αἴθριος 30c
§αμαφεθ (הַמִ׳) 65a
βαθμός 189a
πρόθυρον 1206c
⟦προπύλαιον 1208c⟧ → πρόπυλον
πρόπυλον 1208c

מֵץ
κονιορτός 777c
χνοῦς 1471c
⟦χοῦς ("dust") 1473b⟧ → χνοῦς

מָצָא qal
⟦ἀναδεικνύειν 76c⟧ → ἀποδεικνύειν
ἀναπαύειν (מָ׳ נַחַת qal) *166c*
#ἀποδεικνύειν 126a (Da. LXX 1.20)
ἀρέσκειν 155c
ἀρκεῖν 158a
αὐταρκεῖν 179b
ἀφικνεῖσθαι 184a
γίνεσθαι 256b
?γινώσκειν 267a, *170b*
δύνασθαι 353a
⟦ἐπικαλεῖν 521b⟧
εὔθετος 570b
εὐπορεῖν 576a
εὑρετής 576c
*εὑρίσκειν 576c, *178a* (+Si. 16.14)
ἔχειν 586c
ζητεῖν 597a

ἰδεῖν 669b
#ἰσχύειν 692c (Is. 22.3)
καταλαμβάνειν 735a
κατατυγχάνειν 747a
κληρονομεῖν *182a*
⟦λαμβάνειν 847a (IV Ki. 10.15)⟧
→ εὑρίσκειν
συμβαίνειν 1302c
συναντᾶν 1311a
τυγχάνειν 1378a
?ὑποφέρειν 1418a

מָצָא ni.
⟦ἀθετεῖν 29b⟧ → נָאַץ qal
ἁλίσκειν, ἁλίσκεσθαι 54c
⟦ἀρέσκειν 155c⟧ → ἀρκεῖν
ἀρκεῖν 158a
ἐπιφαίνειν 537c
*εὑρίσκειν 576c, *178a*
ἔχειν 586c
καταλαμβάνειν 735a
⟦καταλείπειν 736a⟧
παραμένειν *187c*
⟦προφέρειν 1231b⟧ → מָצָא hi.

מָצָא hi.
αὐτομολεῖν 179c
εὑρίσκειν 576c
παραδιδόναι 1058a
προσφέρειν 1222c
#προφέρειν 1231b (Pr. 10.13)

מַצָּב
§μεσαβ 912c
§μεσσαβ 913c
§μεσσαφ 913c
οἰκονομία 973a
σύστεμα, σύστημα 1323c
ὑπόστασις 1417a
ὑπόστημα, ὑπόστεμα 1417a

מֻצָּב
στάσις 1286c
χάραξ 1454c

מַצָּבָה
ἀνάστημα, ἀνάστεμα 82b
§μεσαβ 912c
§μεσσαφ 913c

מַצֵּבָה
θυσιαστήριον 666b
λίθος 876c
στήλη 1290b
στῦλος 1297c
ὑπόστημα, ὑπόστεμα 1417a

מַצֶּבֶת
θήκη 649c
στήλη 1290b
⟦στήλωσις 1290c⟧ → στήλη

מְצַד
⟦βοήθεια, βοηθία 222c⟧
κρεμαστός 785c
ὀχύρωμα 1043c
περιοχή 1125a
⟦στενός 1288c⟧ → מֵצַר
τειχίζειν 1339c

מָצָה qal
ἀπορρεῖν 140a
ἐκκενοῦν 432c
ἐκστραγγίζειν 441c
στάζειν 1286a
#στραγγίζειν 1295a (Le. 1.15)

מָצָה ni.
καταστραγγίζειν 745c
⟦στραγγίζειν 1295a⟧ → מָצָה qal

מַצָּה I
*ἄζυμος 28c
ἄρτος ἄζυμος 161b

מַצָּה II
⟦κακός 709b⟧
μάχη 901a, *184a* (Si. 8.16)

מִצְהָלָה
χρεμετισμός 1474b

מָצוֹד
θήρευμα 650c
ὀχύρωμα 1043c
χάραξ 1454c

מְצוֹדָה
ἀμφίβληστρον 67c
παγίς, πακίς *187a*
φυλακή 1440c

מְצוּדָה
καταφυγή 748b
ὀχύρωμα 1043c
παγίς, πακίς 1044b
περιοχή 1125a
στενός 1288c

מִצְוָה
δικαίωμα 334b
ἔνταλμα 476c
ἐντολή 479b, *175b*
*#ἐπιταγή 534c (I Es. 1.18)
⟦κρίσις 789c⟧ → מִשְׁפָּט
λέγειν 863c
λόγος 881c
*νόμος 947b, *185b*
⟦ὁδός 962b⟧
*πρόσταγμα 1219c
προστάσσειν, προστάττειν 1220c
ῥῆμα 1249a
*#τὰ τεταγμένα 1337a (I Es. 1.15)
φωνή 1447b (De. 28.9)

מְצוֹלָה, מְצוּלָה
ἄβυσσος 1b
βάθος 189a
βυθός 232b
⟦σκιὰ θανάτου 623b⟧ → צַלְמָוֶת

מָצוֹק
ἀνάγκη 76a
θλῖψις 652c
πολιορκία 1174a

מְצוּקָה
ἀνάγκη 76a
θλῖψις 652c, *179c*
πνιγμός *189b*

מָצוֹר
ὀχυρός 1043b
περιοχή 1125a
#πολιόρκησις (Si. 50.4)
στενοχωρία 1288c
συγκλεισμός 1300a
συνοχή 1318a
τειχήρης 1339c
χαράκωσις 1454c
χάραξ 1454c

מְצוּרָה
ὀχυρός 1043b
πύργος 1244c
#συστροφή 1324a (Ez. 13.21)
τειχήρης 1339c
τειχίζειν 1339c
τεῖχος 1339c

מַצּוּת
παροινεῖν 1072a
μάχη *184a*

מֵצַח
μέτωπον 918c
ὄψις 1044b
φιλόνεικος (חֲזַק־מֵ׳) 1431a

מִצְחָה
κνημίς 772c

מְצִלָּה
#χαλινός 1453a (Za. 14.20)

מְצֻלָּה
κατάσκιος (בִּמְ׳) 745a

מַצְלַחַת
εὐοδία *178a*

מְצִלְתַּיִם
κυμβαλίζειν 799a
*κύμβαλον 799b

מִצְנֶפֶת
κίδαρις 764c, *182a*
μίτρα 931a

מִצְעָד
διάβημα 299a

מִצְעָר
μικρός 926c
ὀλίγος 986b

מִצְפֶּה
#σκοπή *191c*
σκοπιά 1275c
⟦[ἐπισκοπή] *177a*⟧ → σκοπή

מִצְפָּה
ὅρασις 1007b
σκοπή *191c*
σκοπιά 1275c

מַצְפֻּנִים
κρύπτειν 792a

מָצַץ qal
ἐκθηλάζειν 431c

מֵצַר
θλίβειν 652b
θλῖψις 652c
κίνδυνος 765a
#στενός 1288c (I Ki. 23.14, 19; 24.1, 23)

מַצְרֵף
δοκιμάζειν 339c
δοκίμιον 340a

מַק
⟦κονιορτός 777c⟧ → מֵץ

מַקֶּבֶה
σφῦρα 1327b
τέρετρον 1345c

מַקֶּבֶת
βόθυνος 224b
σφῦρα 1327b

מִקַּדְמַת (Aramaic)
*#ἔμπροσθεν 459b

מִקְדָּשׁ
ἁγιάζειν 10c
ἁγίασμα 11b, *165b*
ἁγιασμός 11c
ἁγιαστήριον 12a
ἅγιος 12a, *165b*
ἀφορίζειν 185c
*ἱερός 683a
⟦ὅσιος 1018b⟧ → ἅγιος
τελετή 1343b

מַקְהֵלוֹת
ἐκκλησία 433a

מַקְהֵלִים
ἐκκλησία 433a

מִקְוֶה I
ἀποδοχεῖον *168a*
⟦[δοχεῖον] *172b*⟧ → ἀποδοχεῖον
συνάγειν 1307b
συναγωγή 1309b
συνιστάναι, συνιστᾶν 1317a
σύστεμα, σύστημα 1323c
ὕδωρ *194a*
ἀποδοχεῖον/ἀποδοχεῖα ὑδάτων *194a*

מִקְוֶה II
*#ἐλπίς 454a
ὑπομονή 1416b

מָקוֹם
⟦ἅγιος 12a⟧
ἄλλοθεν (מִמָּ׳ אַחֵר) 56a
⟦γῆ 240c⟧
θεμέλιον, θεμέλιος 629b
⟦θρόνος 655b⟧
⟦λαός 853b (Ru. 4.10)⟧
⟦ὁδός 962b⟧
οἶκος 973a
ὅπου (בִּמְ׳, מָ׳) *186b*
οὗ *187a*
⟦πόλις 1174a (De. 21.19)⟧ → τόπος
⟦συναγωγή 1309b⟧ → מִקְוֶה I
τάξις 1334b
*τόπος 1364b, *193c*
χώρα 1481a

מָקוֹר
πηγή 1130b
ῥύσις 1255c
ὕδατος ἔξοδος 497b, 1381a
φλέψ 1432c

מִקָּח
λαμβάνειν 847a

מַקָּחוֹת
ἀγορασμός 16c

מִקְטָר
θυμίαμα (מִקְטַר קְטֹרֶת) 660b

מִקְטֶרֶת
θυμιατήριον 660c

מַקֵּל
βακτηρία 189c
ῥάβδος 1247a

מִקְלָט
ἀφορίζειν 185c
καταφυγή 748b
φυγαδευτήριον (עָרֵי מִ׳, מִ׳) 1440b
φυγάδιον, φυγαδεῖον 1440b

מִקְלַעַת
γραφίς 278a
διατόρευμα 314a
ἐγκολάπτειν 366c
πλοκή 1150b

מִקְנֶה
ἀποσκευή 140c
ἔγκτημα 367a
ἔγκτητος 367a
κτῆνος 794a
κτηνοτρόφος 795a
ἀνὴρ κτηνοτρόφος (אִישׁ מִ׳) 795a
κτῆσις 795a, *182c*
ὕπαρξις 1406b

τὸ ὑπάρχον, (τὰ) ὑπάρχοντα 1406b
מִקְנָה
ἀργυρώνητος (מִקְנַת כֶּסֶף) 155b
ἔγκτησις 367a
κτᾶσθαι 793b
κτῆσις 795a
πρᾶσις 1200c
מִקְסָם
μαντ(ε)ία 896a
⟦μαντεύεσθαι 896a⟧ → קסם qal
מִקְצוֹעַ
γωνία 283c
κέρας 759c
κλίτος 771c
μέρος 911c
מָקַק ni.
ἐντήκειν 479a
καταφθείρειν 747c
ῥεῖν 1248b
σήπειν 1265b
τήκειν 1348a
מָקַק hi.
τήκειν 1348a
מִקְרָא
*ἀνάγνωσις 76b
ἀνακαλεῖν 78a
ἐπίκλητος 523a
ἡμέρα μεγάλη (קְרָא מ׳) 607b
καλεῖν 712c
κλητός 771a
מִקְרֶה
περίπτωμα 1126a
σύμπτωμα 1306b
συνάντημα 1311c
מְקָרֶה
δόκωσις 340a
מְקֵרָה
θερινός 648c
κοιτών 775c
מִקְשָׁה I
ἐλατός 448a, *174a*
στερεός 1289a
τορευτός 1367b
⟦χρυσοτορευτός (זָהָב מ׳) 1478c⟧ → χρυσοῦς, χρύσεος and זָהָב ≈ χρυσοῦς, χρύσεος
#χρυσοῦς, χρύσεος 1478c
מִקְשָׁה II
σικυήρατον, σικυήλατον 1267a
מַקְשֶׁה
σκληροτράχηλος (מ׳ עֹרֶף) *191c*
מַר
?ἐλεγμός 449a
κατάπικρος 741b
κατώδυνος 756c
⟦μετέωρος 917c⟧
ὀδύνη 967a
πικρασμός 1132c
πικρία 1132c, *188c*
πικρός 1133a, *188c*
πικρῶς 1133b
σταγών 1286a
מֹר
⟦κρόκινος 791b⟧ → κρόκος
κρόκος 791b
σμύρνα, ζμύρνα 1278b
στακτή 1286c
מָרָא hi.
⟦πικρία 1132c⟧ → πικρός
πικρός 1133a
ὑψοῦν 1422a
מָרֵא (Aramaic)
βασιλεύς 197a
θεός 630a
κύριος 800b
מַרְאֶה
#ἀποβλέπειν 125c (Ma. 3.9a)
δόξα (מַרְאֵה עֵינַיִם) 341b
(ε)ἰδέα 374b, 669b
εἶδος 375c
εὐειδής (טוֹב מ׳) 569c
εὐπρόσωπος (יְפַת־מ׳) 576b
ἰδεῖν 669b
καλός (טוֹב מ׳, יְפַת מ׳) 715b
⟦ὁμοίωμα 993a⟧
ὀπτασία 1004b
ὅραμα 1004c
ὅρασις (מַרְאֵה עֵינֵי, מ׳) 1007b, *186b*
ὁρατής 1008a
ὁρατός 1008b
ὀφθαλμός 1039b
ὄψις 1044b
⟦[πρόσωπον] 1223c (I Ki. 16.7), *190b*⟧
מַרְאָה
κάτοπτρον 756b
ὀπτασία 1004b
ὅραμα 1004c
ὅρασις 1007b
מֻרְאָה
πρόλοβος 1207c
מַרְאֲשׁוֹת, מְרַאֲשׁוֹת
πρὸς κεφαλῆς 760c
מַרְבַדִּים
δισσαὶ χλαῖναι 337b
κειρία 758b
⟦κηρία 763b⟧ → κειρία
χλαῖνα 1471b
מַרְבָּה
⟦τὸ πλεονάζον 1141c⟧ → רָבָה hi. ≈ πλεονάζειν
מִרְבֶּה
μέγας 902c
מַרְבִּית
περισσεύειν 1126b
πλεονασμός 1142a
πλῆθος 1142c
(τὸ) πλεῖστον 1181c
מַרְבֵּץ
νομή 946b
מַרְבֵּק
⟦ἀνιέναι (= ἀνίημι) 102b⟧
βουκόλιον 226a
ἐκ δεσμῶν ἀνειμένος 292a
νομάς 946b
⟦σιτευτός 1267b⟧
⟦τρέφειν 1371b⟧
מַרְגּוֹעַ
⟦ἁγιασμός 11c⟧
⟦ἁγνισμός 16a⟧
מַרְגְּלוֹת
πούς 1198b
(τὰ) πρὸς ποδῶν 1198b
σκέλος 1268c
מַרְגֵּמָה
σφενδόνη 1325a
מָרַד qal
ἀδικεῖν 24c
ἀθετεῖν 29b
ἀπειθεῖν 119c
ἀποστατεῖν 141b
ἀποστάτης γίνεσθαι 141b, 256c
⟦ἀσέβης 170b⟧
#αὐτομολεῖν 179c (I Ki. 20.30)
*ἀφιστᾶν, ἀφιστάναι, ἀφιστάνειν 184b, *169b* (Si. 16.7)
⟦παραπικραίνειν 1063a⟧ → מָרָה I qal
מְרַד (Aramaic)
*ἀπόστασις 141b
מֶרֶד
ἀποστασία 141a
ἀπόστασις 141b
מָרָד (Aramaic)
*ἀποστάτις 141b
מַרְדּוּת
⟦αὐτομολεῖν 179c⟧ → מָרַד qal
παιδ(ε)ία *187a* (+Si. 30[33].33)
מָרָה I qal
ἀμελεῖν 65b
ἀπειθεῖν 119c, *167c*
ἀσεβεῖν 170a
ἀφιστάναι *169b*
εἰσακούειν + neg. 408b
ἐρεθίζειν 544b
ἐρεθιστής 544b
ἐρίζειν 547b
⟦ἔρις 547b⟧ → אָמַר qal ≈ εἰπεῖν, ἐρεῖν
ἐριστής 547b
παραβαίνειν 1055b
παραπικραίνειν 1063a
παροξύνειν (מ׳ פִּי qal) 1072a
מָרָה I hi.
ἀπειθεῖν 119c (+Ex. 23.21)
ἀφιστᾶν, ἀφιστάναι, ἀφιστάνειν 184b
παραβαίνειν 1055b, *187b*
παραπικραίνειν 1063a
מָרָה II
ἀνθιστάναι 95c
ἀπειθής 119c
πικρία 1132c
⟦πικρός 1133a⟧ → מַר
מָרָה
λυπηρός 890a
מֹרָה
ἐρίζειν (מֹרַת רוּחַ) 547b
מָרוֹד
ἄστεγος 173c
⟦διωγμός 338b⟧ → רָדַף qal
מָרוּד
#ἀπωσμός 152a (La. 1.7)
מָרוֹחַ
μόνορχις (מ׳ אָשֶׁךְ) 933b
מָרוֹם
⟦ἀνταναιρεῖν 108c⟧ → רום I hi.
⟦κραυ(γ)ή 784b⟧ → זְעָקָה
μετέωρος 917c
ὄρος 1014b
οὐρανός 1031b
ὑψηλός 1419b
ὕψιστος 1420b, *194c* (+Si. 26.16; 36[33].15)
ὕψος 1421b, *195b*
ὑψοῦν 1422a, *195c*
מֵרוֹץ
δρόμος 349a
מְרוּצָה
δρόμος 349a
מְרוּקִים
θεραπ(ε)ία 648a
מַרְזֵחַ
θίασος (בֵּית מ׳) 652a
#χρεμετισμός 1474b (Am. 6.7)
מָרַח qal
καταπλάσσειν 741c
מֶרְחָב
εὐρύχωρος 580a
πλάτος 1141a
πλατυσμός 1141c
מֶרְחָק
ἔσχατος 558a
μακράν 892c
ὁ μακράν (מִמּ׳) 892c
οἱ μακράν (בְּמֶרְחַקִּים) 892c
μακρόθεν (מִמּ׳, מ׳) 893b
ὁ μακρόθεν (מִמּ׳) 893b
διὰ χρόνου (πολλοῦ) (מִמּ׳) 1181b, 1476b
πόρρω (מִמּ׳) 1195b
πόρρωθεν (מִמּ׳, מ׳) 1195b
מַרְחֶשֶׁת
ἐσχάρα 557c
מָרַט qal
⟦ἕτοιμος 564c⟧
*#κατατίλλειν 747a (I Es. 8.71)
μαδᾶν 891c
μαδαροῦν 891c
ῥάπισμα 1248a
⟦σπᾶν 1281b⟧
τίλλειν 1352c
מָרַט ni.
μαδᾶν 891c
מָרַט pu.
ἄρδην 155b
⟦ἕτοιμος 564c⟧
τίλλειν 1352c
מְרַט pe. (Aramaic)
ἐκτίλλειν 443a
τίλλειν 1352c
מְרִי
ἀδικία (בֵּית־מ׳) 25b
ἀνήκοος 88a
ἀντιλογία 111b
ἀπειθής 119c
ἐρεθισμός 544b
⟦ὀδύνη 967a⟧ → מַר
παραπικραίνειν 1063a
מְרִיא
ἀρήν (= HR's ἀρνός) 159b
στεατοῦσθαι 1287c
ταῦρος 1337c
מְרִיבָה
ἀντιλογία 111b
ἀντιπίπτειν 111c
λοιδόρησις 887c
λοιδορία 887c
§μαριμωθ (מְרִיבוֹת) 896a
μάχη 901a

παραπικρασμός 1063b
מֹרִיָּה
ὑψηλός 1419b
מְרִירוּת
ὀδύνη 967a
מְרִירִי
ἀνίατος 102b
מֹרֶךְ
δειλία 286c
מֶרְכָּב
ἅρμα 158b
ἐπίβασις 516b
ἐπίσαγμα 527b
מֶרְכָּבָה
ἅρμα 158b, *168b*
ἱππασία 687a
מִרְמָה
ἀδικία 25b
ἄδικος 26c, *165b*
ἀσέβεια, ἀσεβία 169c
δόλιος 340b
δολιότης 340b
δόλος ('דִּבֵּר מ', 'מ') 340b
⟦πικρία 1132c⟧ → מְרֹרָה
πλάνη 1140a
ψεῦδος 1485a
מִרְמָס
⟦διαρπαγή 308c⟧
καταπατεῖν 740b
καταπάτημα 740b
πάτημα 1105a
συμπατεῖν 1305a
מֵרֵעַ
γνώριμος 273b
ἑταῖρος 559c, *177c*
νυμφαγωγός 951a
συνέταιρος 1315a
φίλος 1431b
מִרְעֶה
βόσκημα 225c
νομή 946b
מַרְעִית
βόσκημα 225c
νομή 946b, *185b*
ποίμνιον 1169c
מַרְפֵּא
ἀνίατος ('מ' + neg.) 102b
ἴαμα 668a
ἰᾶσθαι 668a
ἴασις 668c, *179b*
ἰατρ(ε)ία 669a
ἰατρός 669a
מַרְפֵּה
ἴασις 668c
מִרְפָּשׂ
τὸ τεταραγμένον ὕδωρ 1336a
מָרַץ ni.
ὀδυνηρός 967b
מָרַץ hi.
παρενοχλεῖν 1068c
מַרְצֵעַ
ὀπήτιον 1001b
מַרְצֶפֶת
βάσις 214b
מָרַק I qal
καθαρός 698c
⟦προβάλλειν 1204a (Je. 26[46].4)⟧ → זָרַק qal(?)
מָרַק I pu.
ἐκτρίβειν 444a
⟦προσβάλλειν 1212b⟧ → זָרַק qal ≈ προβάλλειν
מָרַק II
ζωμός 601a
מֶרְקָח
μυρεψικός 936c
מֶרְקָחָה
ἐξάλειπτρον 486c
⟦ζωμός 601a⟧ → מָרַק II
מִרְקַחַת
μυρεψικός 936c
μυρεψός 937a
μύρον 937b
μίγμα *185a*
מָרַר qal
κατώδυνος 756c
πικραίνειν 1132c
πικρὸς γίνεσθαι 256c, 1133a
מָרַר pi.
διαβουλεύεσθαι 299b
κατοδυνᾶν 751c
πικρῶς 1133b
מָרַר hi.
⟦ἀπειθεῖν 119c⟧ → מָרָה I hi.
ὀδυνᾶν 967a
ὀδύνη 967a
#παραπικραίνειν 1063a (Ho. 10.5)
πικραίνειν 1132c, *188c*
πικροῦν 1133b
מָרַר hithpalp.
ἀγριαίνειν 16c
ἐξαγριαίνειν, ἐξαγριοῦν 484b
θυμοῦν 662b
ὀργίζειν 1010a
מְרֵרָה
χολή 1472a
מְרֹרָה
κακός 709b
πικρία 1132c
χολή 1472a
מְרֹרִים
πικρία 1132c
πικρίς 1133a
מִרְשַׁעַת
ἄνομος 107c
מַשָּׂא
*αἴρειν 34c
ἀναφορά 85b
⟦ἀπαιτεῖν 116b⟧ → מַשָּׁא
⟦ἀπαίτησις 116b⟧ → מַשָּׁא
ἄρσις 161a
ἀρτός 161b
βάσταγμα 215a
γόμος 274b
δόμα 341a
δόξα 341b
ἐπαίρειν 505a
ἔπαρσις 508b
⟦ἔργον 541c⟧ → ἀρτός
θαυμάζειν 626c
λῆμμα 875c
ὅραμα 1004c
ὅρασις 1007b
ὁρμή 1014a
ῥῆμα 1249a
#ὑπερηφανία 1409c (Ps. 73[74].3)
ὑπόστασις 1417a
φορτίον 1438b, *195b* (Si. 30[33].33)
χρηματισμός 1474c
ᾠδή 1492a
מַשָּׂאָה
λόγιον 880c
מַשְׂאֵת
ἄρσις 161a
ἀφορισμός 186b
#δόμα 341a (II Ki. 19.42[43]), *171c*
δῶρον 359a
καθὼς εἶπε 384a
ἔπαρσις 508b
⟦κρίνειν 787b⟧
λαμβάνειν 847a
λῆμμα 875c
μερίς 911a
πύργος 1244c
σημεῖον 1263b
σύσσημον 1323b
מִשְׂגָּב
ἀντιλαμβάνεσθαι 110c
ἀντιλήπτωρ 111a
βοηθός 223c
ἰσχυρός 693b
καταφυγή 748b
⟦κραταίωμα 783a⟧
ὀχυρός 1043b
מַשּׂוֹא
δόξα *171c*
מְשׂוּכָה
φραγμός 1438b
מַשּׂוֹר
πρίων 1203a
מְשׂוּרָה
ζυγός, ζυγόν 599a
μέτρον, μέτρος 918b
מָשׂוֹשׂ
ἀγαλλίαμα 4c
ἀγαπᾶν 5c
βούλεσθαι ἔχειν 586c
⟦ἔπαρσις 508b⟧
εὐφροσύνη 582c
χαρά 1454b
מִשְׂחָק
παίγνιον 1045c
מַשְׂטֵמָה
⟦μανία 895c⟧ → שָׂטָה qal
מִשְׂכָּה
στρωννύειν, στρωννύναι 1297b
מַשְׂכִּיל
σύνεσις 1314a, *192c*
συνετῶς 1315b
מַשְׂכִּית
διάθεσις 300c
#δόξα 341b (Pr. 18.11)
κρυπτός 792c
ὁρμίσκος 1014a
σκοπιά 1275c
σκοπός 1275c
מַשְׂכֹּרֶת
μισθός 930a
מַשְׂמְרוֹת
ἧλος 607b
מִשְׂפָּח
ἀνομία 106b
מִשְׂרָה
ἀρχή 163c
מִשְׂרְפֹת, מִשְׂרְפוֹת
κατακαίειν 732b
מַשְׂרֵת
τήγανον 1347c
מַשָּׁא
ἀπαιτεῖν 116b
ἀπαίτησις 116b
מַשְׁאָב
ὑδρεύεσθαι 1380c
מַשָּׁאָה
ὀφείλημα 1039b
מַשָּׁאוֹן
δόλος 340b
מִשְׁאָלָה
αἴτημα 38a
מִשְׁאֶרֶת
ἐγκατάλ(ε)ιμμα 365a
φύραμα 1446b
מִשְׁבְּצוֹת
ἀσπιδίσκη 173a
κροσ(σ)ωτός 791b
περισιαλοῦν 1126a
συνδεῖν 1312c
מַשְׁבֵּר
ὠδίν 1492b
מִשְׁבָּר
μετεωρισμός 917c
συντριβή 1322a
#σύντριμμα 1322b (Je. 3.22)
συντριμμός 1322b
מִשְׁבָּת
#κατοικεσία 755b (La. 1.7)
⟦μετοικεσία 917c⟧ → κατοικεσία
מִשְׁגֶּה
ἀγνόημα 16a
מָשָׁה qal
ἀναιρεῖν 77b
#ἐκσπᾶν 441b (Ez. 17.9)
מָשָׁה hi.
ἕλκειν, ἑλκύειν 453a
προσλαμβάνειν 1218b
מַשֶּׁה
χρέος 1474b
מְשׁוֹאָה
ἀβοηθησία *165a*
ἀοίκητος 113c
ἀφανισμός 182a
ταλαιπωρία 1333a
מַשּׁוּאוֹת
⟦ἐπαίρειν 505a⟧ → מַשָּׂא
מְשׁוּבָה
ἀδικεῖν 24c
ἁμαρτία 62a
ἀποστροφή 148b
ἐπιστροφή *177a*
κακία 708a
מְשׁוּגָה
πλάνος 1140b
מָשׁוֹט, מִשּׁוֹט
κώπη 840b
κωπηλάτης ('תֹּפֵשׂ מ') 840b
מְשׁוּסָּה
διαρπαγή 308c

מָשַׁח qal
ἀλείφειν 52c
διαχρίειν 316a
⟦ἑτοιμάζειν 563c⟧
καθιστάναι 702c
χρίειν 1475b, *196b*
χριστός 1475c
מָשַׁח ni.
χρίειν 1475b
מְשַׁח (Aramaic)
*ἔλαιον, ἔλεον 447a
מִשְׁחָה
ἄλειμμα 52c
χρῖσις 1475c
χρῖσμα 1475c
χριστός 1475c
מָשְׁחָה
γέρας 240a
χρῖσμα 1475c
מַשְׁחִית
διαφθορά 315a
ἔκλειψις 437a
ἐξαλείφειν 486c
ἐξάλειψις 487a
ἐξολεθρεύειν, ἐξολοθρεύειν 497c
ἐξολέθρευσις, ἐξολόθρευσις 499a
§μοσθαθ, μοσο(α)θ 934b
φθορά 1430a
מִשְׁחָר
ἑωσφόρος 593c
מִשְׁחַת
ἀδοξεῖν 27c
מָשְׁחָת
φθάρμα 1429b
⟦φθαρτός 1429b⟧ → φθάρμα
מִשְׁטוֹחַ
ψυγμός 1486a
מִשְׁטָח
ψυγμός 1486a
מֶשִׁי
τριχαπτός 1374b
מָשִׁיחַ
χρίειν 1475b
χρῖσμα 1475c
χριστός 1475c, *196b*
מָשַׁךְ qal
ἄγειν 9a
ἀντιλήπτωρ (מָ׳ חֶסֶד qal) 111a
ἀπάγειν 115b
ἀπέρχεσθαι 121a, *167c*
διατείνειν 313a
ἐκτείνειν 442a
ἐκχεῖν, ἐκχέειν 445c
ἕλκειν, ἑλκύειν 453a
⟦ἐνισχύειν 475a⟧
ἐντείνειν 477a
ἐξέλκειν, ἐξελκύειν 491a
ἐπάγειν 503c
ἐπισπᾶν 529b
ἐπιτείνειν 535a
καταστρέφειν 745c
#μακρύνειν 894a (Ps. 119[120].5)
παρατείνειν 1065a
συνέλκειν 1313c
τείνειν 1339c
מָשַׁךְ ni.
μηκύνειν 921c
χρονίζειν 1476a
מָשַׁךְ pu.
ἄγειν 9a
θλίβειν 652b
μετέωρος 917c
מֶשֶׁךְ
ἕλκειν, ἑλκύειν 453a
§μασεκ 898a
τὰ παρατείνοντα 1065a
מִשְׁכָּב
⟦ἀμφίταπος 68a⟧
κλίνη 771b
κοιμᾶν 773c
κοίτη 775b, *182b*
κοιτών 775c
στρῶμα 1297b
מִשְׁכַּב (Aramaic)
#καθεύδειν 700a (Da. LXX 4.7)
κοίτη 775b
מִשְׁכָּן
⟦αἰχμαλωσία 38b⟧
⟦ἀποικία 130c⟧ → αἰχμαλωσία
ἐνοικεῖν 476a
⟦κάλυμμα 716c⟧ → κατάλυμα
κατάλυμα 738c
κατασκήνωσις 744c
⟦κιβωτός 763c⟧ → σκηνή
οἶκος 973a
σκηνή 1271a
σκήνωμα 1273b
συναγωγή 1309b
מִשְׁכַּן (Aramaic)
κατασκηνοῦν 744b
מָשַׁל qal
αἰνιγματιστής 34b
ἄρχειν 163a
ἄρχων 166b
βασιλεύς 197a
δεσπόζειν 292b
δεσπότης 292c
δυναστεύειν 355a
δυνάστης 355b, *172c*
εἰπεῖν, ἐρεῖν 384a
εἰπεῖν/ἐρεῖν παραβολήν 384a, 1056a (Ez. 18.3)
ἐξουσιάζειν 501b
ἡγεῖσθαι 602c, *178c* (+Si. 30[33].27)
⟦θαυμάζειν 626c⟧
θρύλ(λ)ημα 656b
καταδυναστεύειν *181b*
κατακυριεύειν 735a
κατάρχειν 743c
κραταιοῦν 782c
κρατεῖν 783a
κριτής *182b*
κυρ(ε)ία 799c
κυριεύειν 800a, *182c*
κύριος εἶναι 800b
λέγειν 863c
παραβολή 1056a
τυραννεῖν 1378c
מָשַׁל ni.
καταλογίζεσθαι 738a
ὁμοιοῦν 993a
παρασυμβάλλειν 1064a
מָשַׁל pi.
⟦λέγειν 863c (Ez. 20.49 [21.5])⟧ → מָשַׁל qal
מָשַׁל hi.
ἐνεξουσιάζεσθαι *175b*
ἐξουσία *176a*
διδόναι ἐξουσίαν *171b*, *176a* (+Si. 30[33].28)
καθιστάναι 702c
κατακυριεύειν 735a
τεχνάζεσθαι 1347c
ὑποτάσσειν 1417b
מָשָׁל
ἔπος *177a*
θρῆνος 655a
ἴσος 688c
παραβολή 1056a, *187b*
παροιμία 1072a, *188a*
προοίμιον 1208b
מֹשֶׁל
κυρ(ε)ία 799c
ὅμοιος 992b
מִשְׁלוֹחַ
ἐπιβάλλειν 516a
מִשְׁלָח
ἀποστέλλειν 141b
βόσκημα 225c
ἐπιβάλλειν 516a
ἔργον (מִשְׁלַח יָד) 541c
מִשְׁלֹחַ
ἐξαποστέλλειν 488a
מִשְׁלַחַת
ἀποστολή 145a
מְשַׁמָּה
ἔρημος 545a
ἐρημοῦν 546c
κατάκαυμα 733a
ὄλεθρος 986a
מִשְׁמָן
πίων 1139a
מַשְׁמַנִּים
*λίπασμα 879b
מִשְׁמָע
λαλιά (מִשְׁמַע אָזְנַיִם) 846c
מִשְׁמַעַת
ἀκοή 44b
παράγγελμα 1056b
ὑπακούειν 1405c
מִשְׁמָר
ἐφημερία 585b
προφυλακή 1234a
προφύλαξ 1234a
φυλακή 1440c, *195c*
מִשְׁמֶרֶת
ἀποθήκη 128a
διατηρεῖν 313a
διατήρησις 313b
*ἐφημερία 585b
παρεμβολή 1067b
πρόσταγμα 1219c
προφύλαξ 1234a
φύλαγμα 1440c
φυλακή 1440c
φυλάσσειν, φυλάττειν 1441c
מִשְׁנֶה
δευτερεύειν 293b
*#δευτέριος 293b (I Es. 1.31)
δευτερονόμιον (מִשְׁנֵה הַתּוֹרָה, מִשְׁנֵה תּוֹרָה) 293b
δεύτερος 293b
δευτεροῦν 294c
δευτέρωσις 294c
διαδέχεσθαι 300a
διάδοχος 300b
διπλασιασμός 337a
διπλοῦς 337a
δισσός 337b
⟦ἔδεσμα 368a⟧
§μαασαναι, μεσαναι 891a
§μασαναι 898a
§μασενα 898a
מְשִׁסָּה
ἅρπαγμα 159c
διαρπαγή 308c
διαφόρημα 315b
προνομή 1208a
מִשְׁעוֹל
αὖλαξ 177a
מִשְׁעָן
ἀνάπαυσις *166c*
ἀντιστήριγμα 111c
#βοήθεια, βοηθία *169b* (Si. 40.26)
ἐπιστήριγμα 530b
ἰσχύς 694b
στήριγμα *192b*
מַשְׁעֵן
ἰσχύειν 692c
מַשְׁעֵנָה
ἰσχύειν 692c
מִשְׁעֶנֶת
βακτηρία 189c
⟦κυριεύειν 800a⟧
ῥάβδος 1247a
מִשְׁפָּחָה
γενεά 236a
γένεσις 237a
γενετή (עֵקֶר מִ׳) 237b
⟦γέννησις 239b⟧ → γένεσις
γένος 239b
δῆμος 296a
εἶδος 375c
κλῆρος 770a
λαός 853b
οἶκος πατριᾶς/πατριῶν 973a, 1111a
πατριά 1111a
⟦πατρίς 1112a⟧ → πατριά
συγγένεια, συγγενία 1298b
συγγενής 1298c
υἱός 1384c
φυλή 1444b, *195c*
מִשְׁפָּט
⟦ἀδίκημα 25a⟧
#ἀδικία (מִ׳ + neg.) 25b (Pr. 15.29 [16.8])
ἀληθεύειν 53c
⟦ἀρχή 163c⟧
διακρίνειν 304a
διάταξις 312c
δίκαιος 330c
δικαιοσύνη 332c
δικαίωμα 334b
δικαίωσις 335b
δίκη 335b
ἐθισμός 368b
εἶδος 375c
ἐκδίκησις 423a, *173c*
ἐντολή 479b
⟦ἐπιστροφή 534a⟧
*καθήκειν 700a
*κρίμα 786b, *182b* (+Si. 41.16)
κρίνειν (מִ׳, בַּעַל מִ׳) 787b, *182b*

κρίσις 789c, *182b* (+Si. 30[33].38)
κριτήριον 791a
κριτής 791a, *182b* (–Si. 32[35].15)
νόμος 947b, *185b*
*#προσήκειν 1215c (I Es. 5.51)
πρόσταγμα 1219c
σύγκριμα *192b*
σύγκρισις 1300b
σύνταξις 1318a
συντόμως (בְּלֹא מ׳) 1321a

מִשְׁפְּתַיִם
διγομία 316c
§μοσφαιθαμ 934b

מַשְׁקֶה
⟦ἀρχή 163c⟧
ἀρχιοινοχόος (שַׂר מַשְׁקִים) 166a
⟦ " (מ׳) 166a⟧
#οἰνοχοεῖν 984c
#οἰνοχόος 984c
πότος 1198a
ποτός 1198a

מִשְׁקוֹל
⟦στάθμιον 1286b⟧ → σταθμός
σταθμός 1286b

מַשְׁקוֹף
φλιά 1432c

מִשְׁקָל
*ὁλκή 987b
στάθμιον 1286b
σταθμός 1286b, *192a* (+Si. 26.15)

מִשְׁקֹלֶת, מִשְׁקֶלֶת
στάθμιον 1286b
⟦σταθμόν(?) 1286b⟧ → στάθμιον
σταθμός 1286b

מִשְׁקָע
καθιστάναι 702c

מִשְׁרָה
⟦κατεργάζεσθαι 749b⟧

מַשְׁרוֹקִיתָא (Aramaic)
σύριγξ 1322c

מָשַׁשׁ pi.
ἐρευνᾶν 544c
ψηλαφᾶν 1485b

מָשַׁשׁ hi.
ψηλαφητός 1485b

מִשְׁתֶּה
γάμος 234a
δοχή 348b
⟦εὐφροσύνη 582c⟧
κώθων 839b
πίνειν 1134a
πόμα 1186a
πόσις 1195c
πότημα 1197b
πότος 1198a
*ποτός 1198a
συμποσία *192b*
συμπόσιον (מִשְׁתֵּה הַיַּיִן) 1306a, *192b*

מִשְׁתֵּי (Aramaic)
πότος 1198a

מַת
ἀνήρ 88a
ἄνθρωπος *167a*
⟦ἀριθμός 156c⟧
βραχύς 230c
εἰδεῖν, εἰδέναι (מְתֵי סוֹד) 374b
⟦ἔργον 541c⟧
⟦ἐχθρός 589c⟧
#θεράπαινα (מְתֵי אֹהֶל) 648a (Jb. 31.31)
ὀλίγος 986b
ὀλιγοστός 986c
συνέδριον 1313a

מֵת
#νεκρός 941b (Is. 5.13)
#ψυχή 1486a (Ez. 44.25)

מַתְבֵּן
ἅλων, ἅλως 60a

מֶתֶג
κέντρον 759b
χαλινός 1453a

מָתוֹק
γλυκάζειν 270c
γλυκαίνειν 270c
γλύκασμα 270c
γλυκύς 271a

מָתַח
διατείνειν 313a

מָתַי
ὅσον χρόνον (עַד מָ׳) 1019a
ἕως τίνος (עַד מָ׳, מָ׳) 1355c, 1476b

מְתִים
πλῆθος *189a*

מַתְכֹּנֶת
ἴσος 688c
στάσις 1286c
σύνθεσις 1316a
σύνταξις 1318a
μέτρον *184c*

מְתַלְּעוֹת
μύλη 936c
⟦στομίς 1295a⟧ → τομίς
τομίς 1363c

מְתֹם
ἴασις 668c
ὁλοκληρία 989a

מַתָּן
⟦ἀποδιδόναι *168a*⟧
δόμα 341a, *171c*
δόσις 344c, *172b*
#δότης 344c (Si. 3.17 [C])

מַתְּנָא (Aramaic)
δόμα 341a
δωρεά 358c

מַתָּנָה
διδόναι *171b*
δόμα 341a
δόσις *172b* (+Si. 41.21)
δύναμις 350a
δῶρον 359a
εὐγένεια 569a
εὐτονία 581a
λῆψις δώρων 876a

מָתְנַיִם
ἰσχύς 694b
νῶτον, νῶτος 956b
ὀσφύς 1023c, *186c*
πλευρά *189a*

מָתַק qal
γλυκαίνειν 270c, *170b*
γλυκερός 270c

מָתַק hi.
γλυκαίνειν 270c, *170b*

מֶתֶק
γλυκύς 271a

מֹתֶק
γλυκύτης 271a

מַתַּת
διδόναι *171b*
δόμα 341a
δόσις 344c, *172b*
καθὼς ἂν ἐκποιῇ 439b

נ

נָא I
ἀξιοῦν 113b
δεῖσθαι (נָא, נָא + neg.) 288a
δή *171a*
⟦ἔτι 561a⟧
ἰδού (הִנֵּה־נָא) 673c
μηδαμῶς (נָא + neg.) 920b
νῦν, νυνί (הִנֵּה־נָא, נָא) 951c
οἴμ(μ)οι (אוֹי־נָא לִי, אוֹי־נָא) 983b
⟦τις 1354a⟧

נָא II
ὠμός 1493a

נֹא
⟦μερίς 911a⟧ → מָנָה II

נֹאד
ἀσκός 172c

נָאָה I qal
ὡραῖος *196a*

נָאָה I pilp.
πρέπειν 1201b
ὥρα 1493b
ὡραῖος 1493c
ὡραιοῦσθαι 1494a

נָאָה II
⟦ἁγιαστήριον 12a⟧
⟦θυσιαστήριον 666b⟧
νομή 946b
οἶκος 973a
πεδίον 1113b
τόπος 1364b

נָאֶה
καλός *181a*

נְאוֹד
ἀσκός 172c

נָאוֶה
ἁρμάζειν 159a
ἡδύνειν 604c
καλός 715b, *181a*
πρέπειν 1201b
συμφέρειν 1306b
ὡραῖος 1493c

נָאַם qal
εἰπεῖν, ἐρεῖν 384a
τάδε εἶπειν 960b
λέγειν 863c
τάδε λέγει (נְאֻם) 863c, 960b
⟦ὅδε 960b⟧
φάναι 1423c

נָאַף qal
μοιχαλίς 932b
μοιχᾶσθαι 932b
μοιχ(ε)ία 932b
μοιχεύειν 932b
μοιχός 932b

נָאַף pi.
μοιχαλίς 932b
μοιχᾶσθαι 932b
μοιχεύειν 932b
μοιχός 932b

נַאֲפוּפִים
μοιχ(ε)ία 932b

נִאֻפִים
⟦μοιχᾶσθαι 932b⟧ → μοιχεύειν
μοιχ(ε)ία 932b
μοιχεύειν 932b

נָאַץ qal
#ἀθετεῖν 29b (Je. 15.16)
ἐκκλ(ε)ίνειν 433c
ζηλοῦν, ζηλεῖν(?) 594b
μυκτηρίζειν 936c
ὀνειδίζειν *186b*
παροξύνειν 1072a

נָאַץ pi.
ἀθετεῖν 29b
ἀπωθεῖν 151a
παροξύνειν 1072a
⟦παροργίζειν 1072b⟧ → παροξύνειν

נָאַץ hithpo.
βλασφημεῖν 221a

נְאָצָה
ἐλεγμός 449a
ὀργή 1008b
παροργισμός 1072c

נֶאָצָה
βλασφημία 221a

נְאָקָה
στεναγμός 1288a

נֵאַר pi.
ἀποτινάσσειν 149a
καταστρέφειν 745c

נָבָא ni.
ἀνακρούειν 78c
ἀποφθέγγεσθαι 150a
προφητεύειν 1231c, *190c* (Si. 48.13)

נָבָא hithp.
⟦λαλεῖν 841c⟧
προφητεύειν 1231c
נְבָא ithpa. (Aramaic)
*προφητεύειν 1231c
נָבַב
ἄλλως 59a
κοῖλος 773c
נְבוּאָה (Hebrew and Aramaic)
λόγος 881c
προφητ(ε)ία 1231c, *190c*
*#προφητεύειν 1231c (I Es. 7.3)
προφήτης *190c*
נְבִזְבָּה (Aramaic)
δωρεά 358c
נָבַח qal
ὑλακτεῖν 1405a
נָבַט ni.
⟦ἐμβλέπειν 455c⟧ → נָבַט pi.
נָבַט pi.
#ἐμβλέπειν 455c
נָבַט hi.
ἀναβλέπειν 73b
βλέπειν 221a, *169b* (Si. 15.18)
⟦ἐκζητεῖν 430c⟧ → κατανοεῖν
ἐμβλέπειν 455c, *174b* (Si. 30[33].30; 36[33].15)
ἐπιβλέπειν 516c, *176c*
ἐπιδεῖν, ἐφιδεῖν ("to see") 519a
ἐπινοεῖν *177a*
⟦ἐπιστρέφειν 531a⟧ → ἐπιβλέπειν
ἐφορᾶν 586b
ἰδεῖν 669b, *179c*
καταμανθάνειν *181b*
κατανοεῖν 739c
κατανόησις *181c*
κατεμβλέπειν 749a
ὅραμα *186b*
ὁρᾶν *186b*
⟦ὅρασις *186b*⟧
περιβλέπειν 1122b
⟦προσέρχεσθαι 1213c⟧
σκοπεύειν 1275b
⟦[συνδιαιτᾶν] *192c*⟧
נָבִיא
ἀποφθέγγεσθαι 150a
⟦ἀφηγεῖσθαι 183a⟧
*προφήτης 1232b, *190c*
ψευδοπροφήτης 1485a
נְבִיא (Aramaic)
*προφήτης 1232b
נְבִיאָה
προφῆτις 1233c
נֵבֶךְ
πηγή 1130b
נָבֵל qal
ἀποβάλλειν 125c
ἀποπίπτειν 139c
ἀπορρεῖν 140a
ἀπορρίπτειν 140b
διαπίπτειν 308a
ἐκπίπτειν 439b
#ἐκρεῖν 441a (Is. 64.6[5])
καταβάλλειν *181b*
καταρρεῖν 743b
καταφθείρειν 747c
#κατεσθίειν *181c* (Si. 43.21)
⟦παλαιοῦν 1051b⟧ → בָּלָה qal
πίπτειν 1135c
φθείρειν 1429c
φθορά 1430a
נָבֵל pi.
⟦ἀκαθαρσία 42b⟧ → נְבֵלָה
⟦ἀπολλύειν, ἀπολλύναι 136c⟧
ἀτιμάζειν 175c
ἀφιστᾶν, ἀφιστάναι, ἀφιστάνειν 184b
נָבָל
ἀπαίδευτος 115c
ἀσύνετος 174a
ἄφρων 186c
μωρός 938c, *185c* (+Si. 36[33].5)
§ναβαλ 938a
נֶבֶל, נֵבֶל
ἀγγεῖον 7b
ἀσκός 172c
εὐφροσύνη 582c
#κέρας 759c (Je. 31[48].12)
κιθάρα 765a
#κινύρα *182a* (Si. 39.15)
§ναβαλ 938a
§ναβλα 938a
§νεβελ 941a
ὄργανον 1008b
ψαλμός 1483b
ψαλτήριον 1483c, *196a*
נְבָלָה
ἄδικος 26c
ἀνόμημα 106b
ἀνομία 106b
⟦ἀπολλύειν, ἀπολλύναι (עָשָׂה נְ׳ עִם) 136c⟧
ἀπόπτωμα 140a
ἀσχήμων 175a
ἀφροσύνη 186b
ἄφρων γυνή 278b
μωρός 938c
נְבֵלָה
#ἀκαθαρσία 42b (Na. 3.6)
θνησιμαῖος 653b
νεκριμαῖος 941b
νεκρός 941b
σῶμα 1330a
נַבְלוּת
ἀκαθαρσία 42b
נָבַע qal
ἀναπιδύειν 81a
נָבַע hi.
ἀγγέλλειν *165a*
ἀναγγέλλειν 74a
ἀνομβρεῖν 167b
ἀποκρίνειν 133a
ἀποφθέγγεσθαι 150a
διαγγέλλειν *171a*
ἐκφαίνειν *174a*
ἐξερεύγεσθαι 491b
ἐξομβρεῖν *176a*
⟦[ἐξυβρίζειν] *176a*⟧ → ἐξομβρεῖν
ἐρεύγεσθαι 544c
προϊέναι 1207a
φθέγγεσθαι 1429c
נֶבְרַשְׁתָּא (Aramaic)
λαμπάς 852c
φῶς 1450b
נֶגֶב
§αργαβ (הַנֶּ׳) 152c
ἀπέναντι (מִנֶּ׳) *167c*
ἔρημος 545a
λίψ 879c
μεσημβρία 912c
§ναγεβ 938c
§ἡ γῆ ἡ ναγεβ 938c
§ὁ ἐν ναγεβ 938c
νότος 949c
נָגַד hi.
ἀγγέλλειν 7b
ἀναγγέλλειν 74a, *166c*
#ἀναφέρειν 84c (I Ki. 3.13)
*ἀπαγγέλλειν 113c, *167b*
ἀποκαλύπτειν 131c
ἀποκάλυψις *168a*
⟦γινώσκειν 267a⟧
δεικνύειν, δεικνύναι 286a
εἰπεῖν, ἐρεῖν 384a (+Is. 48.6)
ἐπιδεικνύειν *176c*
ἐπισυνιστάναι 534b
λαλεῖν 841c
προλέγειν 1207c
σημαίνειν 1263a
ὑποδεικνύειν, ὑποδεικνύναι 1413a, *194c*
נָגַד ho.
ἀναγγέλλειν 74a
ἀπαγγελία 113c
ἀπαγγέλλειν 113c
ὑποδεικνύναι *194c*
נְגַד pe. (Aramaic)
ἕλκειν, ἑλκύειν 453a
נֶגֶד (Hebrew and Aramaic)
ἄντικρυς (לְנֶ׳) 110c
ἀπέναντι (מִנֶּ׳, נֶ׳) *167c*
ἀπό (מִנֶּ׳) *167c*
βλέπειν 221a
νεύειν δίκαια (יָשַׁר נֶ׳ hi.) 330c
ἔναντι *175a*
ἐναντίος (מִנֶּ׳) 468b
ἐξ ἐναντίας (מִנֶּ׳, לְנֶ׳, נֶ׳) 468b, *175b*
ἐνώπιον *175c*
ἔρχεσθαι (מִנֶּ׳) 548b
εὐθύς (adj.) 571a
ἔχειν 586c
#κατέναντι 749a (Da. 6.10[11] et al.)
ὅμοιος (כְּנֶ׳) 992b
εἰς τὰ ὦτα 1034c
προκεῖσθαι (נֶ׳ פָּנִים) 1207b
⟦προσκεῖσθαι (נֶ׳ פְּנֵי) 1216c⟧ → προκεῖσθαι
ἀπὸ (τοῦ) προσώπου (מִנֶּ׳) 1223c
κατὰ (τὸ) πρόσωπον 1224a
נָגַהּ qal
ἀναβαίνειν, ἀναβέννειν 70a
λάμπειν 853a
נָגַהּ hi.
διδόναι + φῶς (= אוֹר) 317b
ἐκλάμπειν 435a
φωτίζειν 1451b
נֹגַהּ
ἀνατολή 83c
λάμπειν 853a
λαμπρότης (נֹ׳ זֶרַח) 853a
τηλαύγησις 1348b
φέγγος 1426a
⟦φθέγγος(?) 1429c⟧ → φέγγος
φῶς 1450b
נְגַהּ (Aramaic)
πρωΐ (בְּנָגְהָא) 1234b
נְגֹהָה
αὐγή 176c
נָגַח qal
κερατίζειν 760b
נָגַח pi.
κερατίζειν 760b
נָגַח hithp.
συνκερατίζεσθαι 1299c
נַגָּח
κερατιστής 760b
נָגִיד
ἄρχων 166b, *168c*
βασίλειον 194b
βασιλεύς 197a
⟦εἰσηγεῖσθαι 413c⟧ → ἡγεῖσθαι
*ἐπιστάτης 529c
ἡγεῖσθαι 602c
σεμνός 1263a
נְגִינָה
κιθάρα 765a
ὕμνος 1405b
ψαλμός 1483b
ψαλτήριον 1483c
ᾠδή (נְגִינוֹת) 1492a
נָגַן qal
ψάλλειν 1483a
נָגַן pi.
εὐάρμοστος (מֵטִב נַגֵּן) 568c
εὐλογεῖν 572b
κιθαρίζειν 765a
λυρίζειν *183c*
ψάλλειν 1483a, *196a*
ψαλμός 1483b
נָגַע qal
#ἄγειν 9a (Is. 53.8)
ἀπαντᾶν *167c*
ἅπτεσθαι 150b, *168b*
ἀφάπτειν 182b
ἐγγίζειν 362b, *172a*
*#ἐνιστάναι 475a
ἐφάπτειν 585b
θιγγάνειν 652a
μαστιγοῦν 898a, *184a*
μίσγειν 929a
εἶναι ἐν πόνῳ 1188b
προσάγειν 1211a
προσεγγίζειν 1213b
συναντᾶν 1311a
συνάπτειν 1312b
φθάν(ν)ειν 1429b
נָגַע ni.
ἀναχωρεῖν 85c
נָגַע pi.
ἅπτεσθαι 150b
ἐλέγχειν 449b
ἐτάζειν 559b
נָגַע pu.
μαστιγοῦν 898a
נָגַע hi.
ἀναπληροῦν 81b
ἀνυψοῦν *167b*
ἅπτεσθαι 150b
ἀφικνεῖσθαι 184a (+Jb. 15.8)
γίνεσθαι 256b
ἐγγίζειν 362b, *172a* (+Si. 37.2)
ἐγκολλᾶν 366c
ἐκτιθέναι 443a
ἰσχύειν 692c
καθίγειν(?) 701b

καταβαίνειν 727a
κατάγειν 729b
καταλαμβάνειν *181b*
κολλᾶν 776b
μένειν *184b*
παραγίνεσθαι 1056c
παρεῖναι 1065c
προσάγειν 1211a
προσπίπτειν 1219a
⟦συνάγειν 1307b (Da. LXX 12.12)⟧ → συνάπτειν
συνάπτειν 1312b
συνεγγίζειν *192c*
τιθέναι 1348c (Ez. 13.14)
φθάν(ν)ειν 1429b

נֶגַע
ἁφή 182c
⟦ἐγγίζειν 362b⟧ → נָגַע qal
ἐπαγωγή *176a*
ἐτασμός 559c
λέπρα (נֶ׳־צָרַעַת) 873c
μάστιξ 898b
ὀδύνη 967a
πληγή 1142b
συνάντημα 1311c

נָגַף qal
θραύειν 654b
κερατίζειν 760b
κόπτειν 779a
⟦παιδεύειν 1047a⟧ → παίειν
παίειν 1048c
πατάσσειν 1103b
πληγή 1142b
προσκόπτειν 1217b
πταίειν 1237c
τροποῦν 1376a
τύπτειν 1378b

נָגַף ni.
ἐπικοπή 523b
θραύειν 654b
⟦κοπή 778b⟧ → ἐπικοπή
πίπτειν 1135c
πλήσσειν 1149c
προσκόπτειν 1217b
πταίειν 1237c
πτῶσις 1239a
συντρίβειν 1321a
τροποῦν 1376a

נָגַף hithp.
προσκόπτειν 1217b

נֶגֶף
θραύειν 654b
θραῦσις 654c
πληγή 1142b
πρόσκομμα 1217a
πτῶσις 1239a

נָגַר ni.
⟦ἐπέρχεσθαι 509c⟧
καταπίνειν 741c
καταφέρειν 747b

נָגַר hi.
⟦ἀθροίζειν 30a⟧ → אָגַר qal
⟦ἐγκαθίζειν 364c⟧ → גּוּר I qal
κατασπᾶν 745a
παραδιδόναι 1058a

נָגַר ho.
καταφέρειν 747b

נָגַשׂ qal
ἀπαιτεῖν 116b
#ἀπαίτησις *167c* (Si. 34[31].31)
#ἄρχων 166b (Is. 60.17)
διδόναι 317b
⟦ἐλαύνειν 448c⟧ → ἐξελαύνειν
ἐξελαύνειν 491a
⟦ἐπίσκοπος 529a⟧
ἐπιστάτης 529c
ἐργοδιώκτης 541c
πράσσειν, πράττειν 1201a
ὑπονύσσειν 1416c
φορολόγος, φωρολόγος 1438a

נָגַשׂ ni.
⟦προσάγειν 1211a⟧ → נָגַשׁ ni.
συμπίπτειν 1305b

נָגַשׂ hi.
διδόναι *171b*

נָגַשׁ qal
ἀποστρέφειν 145b
ἀφιστᾶν, ἀφιστάναι, ἀφιστάνειν 184b
ἐγγίζειν 362b
*#ἐνιστάναι 475a
⟦ἐπιστρέφειν 531a⟧ → ἀποστρέφειν
κολλᾶν 776b
κυριεύειν 800a
παρατάσσειν 1064c
⟦ποιεῖν τόπον 1154b, 1364b (Is. 49.20)⟧
πορεύεσθαι 1189a
πράκτωρ 1200b
προάγειν 1203b
προσάγειν 1211a
προσεγγίζειν 1213b
*προσέρχεσθαι 1213c
προσπορεύεσθαι 1219b

נָגַשׁ ni.
ἀποστρέφειν 145b
ἐγγίζειν 362b
εἰσέρχεσθαι 410b
*#ἐνιστάναι 475a
καταλαμβάνειν 735a
προσάγειν 1211a
προσεγγίζειν 1213b
*προσέρχεσθαι 1213c

נָגַשׁ hi.
ἐγγίζειν 362b
εἰσάγειν *173b*
⟦εὕρεμα *178a*⟧
ἐφάπτειν 585b
προσάγειν 1211a, *190a*
προσεγγίζειν 1213b
προσφέρειν 1222c
?φέρειν 1426c

נָגַשׁ ho.
προσάγειν 1211a

נָגַשׁ hithp.
βουλεύειν 227a

נֵד
#θημωνία *179b* (Si. 39.17)
πῆγμα 1130c
#τεῖχος 1339c (Ex. 15.8)

נָדָא hi.
ἐξωθεῖν 502b

נָדַב qal
δοκεῖν 339b
προθυμία *190a*
φέρειν 1426c

נָדַב hithp.
⟦ἀκουσιάζειν 49c⟧ → ἑκουσιάζεσθαι
δυνάστης 355b
ἑκουσιάζεσθαι 438c
ἑκούσιος 438c
*#εὔχεσθαι 583c (I Es. 8.50)
*#εὐχή 584b (I Es. 2.9)
#παρρησιάζεσθαι *188a* (Si. 6.11)
προαίρεσις 1203c
προθυμεῖν, προθυμοῦν 1206c

נְדַב ithpa. (Aramaic)
*#αἱρετίζειν 36a
ἀκουσιάζειν 49c
*#βούλεσθαι 226b (I Es. 8.10)
*#δωρεῖσθαι 359a
ἑκουσιάζεσθαι 438c
ἑκουσιασμός 438c
*#ἐνθυμεῖσθαι 473c (I Es. 8.11)

נְדָבָה
αἵρεσις 36a
ἀφαίρεμα 181a
δόμα 341a
ἑκούσιος 438c
ἑκουσίως (בִּנְ׳) 438c
*#ἐπαγγελία 503b (I Es. 1.7)
*#εὐχή 584b (+I Es. 2.7)
ὁμολογία 993c
ὁμόλογως 993c
#τὰ προσφερόμενα 1222c (Ex. 36.3)
σφάγιον 1324b

נִדְבָּךְ (Aramaic)
*δόμος 341a

נָדַד qal
ἀνίπτασθαι 102c
ἀποξενοῦν 139b
ἀποπηδᾶν 139b
ἀφιστᾶν, ἀφιστάναι, ἀφιστάνειν 184b
διαφεύγειν 314b
ἐξιστᾶν, ἐξισάναι 496c
καταβαίνειν 727a
καταπεταννύναι 741b
⟦κατατάσσειν 746c⟧
πλανήτης 1140a
πτοεῖν 1238c
φεύγειν 1428b
φυγαδεύειν 1440b

נָדַד polal
ἀφάλλεσθαι 181b

נָדַד ho.
ἐξωθεῖν 502b
πέτεσθαι 1129b

נָדַד hithpo.
ταράσσειν 1336a

נְדַד pe. (Aramaic)
ἀφιστᾶν, ἀφιστάναι, ἀφιστάνειν 184b
⟦γίνεσθαι 256b⟧

נְדֻדִים
#ἀγρυπνία (נְדֻדֵי שֵׁנָה) *165b* (Si. 34[31].20)
ὀδύνη 967a

נָדָה pi.
ἀποκαθημένη 131b
βδελύσσειν, βδελύττειν 216a
⟦ἔρχεσθαι 548b⟧ → נָדַר qal ≈ εὔχεσθαι
⟦εὔχεσθαι 583c⟧ → נָדַר qal

נֵדֶה
μίσθωμα 930c

נִדָּה
ἁγνισμός 16a
ἀκαθαρσία 42b
ἄφεδρος 182b
⟦μετακινεῖν 916a⟧ → נוּד qal
⟦μετακίνησις 916a⟧ → נוּד qal
*#μολύνειν 932c
*#μολυσμός 932c (I Es. 8.83)
ῥαντισμός 1248a
χωρισμός 1482c

נָדַח qal
ἐξωθεῖν 502b
ἐπιβάλλειν 516a

נָדַח ni.
ἀπεῖναι 120a
ἀπολλύειν, ἀπολλύναι 136c
ἀπωθεῖν 151a
διασπείρειν 310c
διασπορά 311a
ἐκκρούειν 435a
ἐξωθεῖν 520b
πλανᾶν 1139b
⟦προσαπωθεῖν *190a*⟧
σπείρειν 1282a
φεύγειν 1428b
φυγάς 1440b

נָדַח hi.
ἀπολλύειν, ἀπολλύναι 136c
ἀποπλανᾶν 139c
ἀπωθεῖν 151a
ἀφιστᾶν, ἀφιστάναι, ἀφιστάνειν 184b, *169b*
διασκορπίζειν 310b
διασπείρειν 310c
ἐκβάλλειν 420c
ἐξοκέλλειν 497c
ἐξωθεῖν 502b

נָדַח ho.
φεύγειν 1428b

נָדִיב
ἄρχειν 163a
ἄρχων 166b
βασιλεύς *169a*
δίκαιος 330c
δοκεῖν 339b
δυνάστης 355b, *172c*
εὐσεβής 580b
καταδέχεσθαι 730b
μεγιστάν *184a*
§ναδαβ 939a
πρόθυμος 1206c
τύραννος 1378c

נְדִיבָה
⟦ἐλπίς 454a⟧
ἡγεμονικός 603c
⟦συνετός 1315a⟧

נָדָן
κολεός 776b
μίσθωμα 930c

נִדְנֶה (Aramaic)
ἕξις (גּוֹ נִדְנֶה) 496b

נָדַף qal
ἐκλείπειν 435c
ἐκρίπτειν, ἐκριπτεῖν 441a

נָדַף ni.
⟦ἀνεμόφθορος 87a⟧
διώκειν 338b
ἐκλείπειν 435c
ἐκτρίβειν *174a*
⟦ἐξαίρειν *175c*⟧

ἐξωθεῖν 502b
κινεῖν 765b
⟦ὀνειδίζειν 994b⟧ → גָּדַף pi.
φέρειν 1426c

נָדַר qal
εὔχεσθαι 583c
εὐχή 584b
ὁμολογεῖν 993c

נֶדֶר, נֵדֶר
δῶρον 359a
εὔχεσθαι 583c
εὐχή 584b
ὁμολογία 993c

נָהַג qal
ἄγειν 9a (+La. 1.4)
αἰχμαλωτεύειν 39a
ἀπάγειν 115b
#ἀπαντᾶν *167c* (Si. 40.23)
#διάγειν *171a* (Si. 38.27)
ἐλαύνειν *174a*
ἐπάγειν 503c
ὁδηγεῖν 962a
παραλαμβάνειν 1061b

נָהַג pi.
ἄγειν 9a
ἀνάγειν 75b
ἀπάγειν 115b
εἰσάγειν 407c
ἐπάγειν 503c
παρακαλεῖν 1060a

נָהָה qal
θρηνεῖν 654c

נָהָה ni.
⟦ἐπιβλέπειν 516c⟧

נְהוֹר (Aramaic)
φῶς 1450b

נְהִי
θρῆνος 655a
κοπετός 778a
οἶκτος, οἰκτρός 983b

נְהִיר (Aramaic)
φῶς 1450b

נַהִירוּ (Aramaic)
γρηγόρησις 278a

נָהַל pi.
ἄγειν 9a
ἀντιλαμβάνεσθαι 110c
διατρέφειν 314a
ἐκτρέφειν 443c
⟦καταπαύειν 740c⟧ → נוּחַ hi.
παρακαλεῖν 1060a

נָהַל hithp.
ἐνισχύειν 475a

נַהֲלֹל
ξύλον 958a
ῥαγάς 1247c

נָהַם qal
βοᾶν 222a
⟦μεταμελεῖν 916b⟧ → נָחַם ni.
⟦πεινᾶν 1115b⟧

נַהַם
βρυγμός 231b
θυμός 660c

נְהָמָה
στεναγμός 1288a
φωνή 1447b

נָהַק qal
βοᾶν 222a
κράζειν 781b

נָהַר I qal
ἥκειν 605a
συνάγειν 1307b

נָהַר II qal
φωτίζειν 1451b

נָהָר
κατακλυσμός *181b*
πλημμύρα γίνεται (עָשַׂק נ׳) 1145c
*ποταμός 1196a, *189c*

נְהַר (Aramaic)
ποταμός 1196a

נְהָרָה
δόξα *171c*
φέγγος 1426a

נוּא qal
?διαστρέφειν 312a

נוּא hi.
ἀθετεῖν 29b
ἀνανεύειν 80a
ἀφιστᾶν, ἀφιστάναι,
 ἀφιστάνειν 184b
?διαστρέφειν 312a

נוּב qal
ἀποστάζειν 141a
πληθύ(ν)ειν 1144b
⟦ῥεῖν 1248b⟧

נוּב polel
εὐωδιάζειν 585a

נוֹב
#κόσμος *182b*

נוּד qal
ἀπαλλοτριοῦν 116c
δειλιᾶν 287a
εὐλαβεῖσθαι (נוּד qal + neg.) 572a
θρηνεῖν 654c
κινεῖν 765b
#μετακινεῖν 916a
#μετακίνησις 916a (II Es. 9.11)
μεταναστεύειν 916b
πενθεῖν 1117b
πεταννύναι, πετάζειν 1128c
πλανᾶν *188c*
στενάζειν 1288b
συλλυπεῖσθαι 1302c
τρέμειν 1371b

נוּד hi.
κινεῖν 765b
σαλεύειν 1257c

נוּד hithpolel
ὀδύρεσθαι 967b
σείειν 1261c

נוּד pe. (Aramaic)
σαλεύειν 1257c

נוֹד
⟦ζωή 599c⟧

נָוָה I qal
περαίνειν 1119b

נָוָה I hi.
δοξάζειν 343b

נָוֶה II
δίαιτα 303a
νομή 946b

נָוֶה
δίαιτα 303a
ἔπαυλις 508c
εὐπρέπεια, εὐπρεπία 576b
εὐπρεπής 576b
⟦εὐφροσύνη 582c⟧
κατάλυμα 738c
κατάλυσις 739a
μάνδρα 895a
νομή 946b
⟦νομός 949b⟧ → νομή
τόπος 1364b
ὡραιότης 1494a

נוּחַ qal
ἀναπαύειν 80b, *166c* (Si. 34[31].21)
ἀνάπαυσις 80c, *166c*
⟦ἀνάπαυσιν διδόναι 80c⟧ → נוּחַ hi.
ἀφιέιν, ἀφιέναι 183b
ἐπαναπαύεσθαι 506b
καθίζειν 701c
καταπαύειν 740c, *181c*
κατάπαυσις 741a
κοίμησις *182a*
συμφωνεῖν 1306c

נוּחַ hi.
αἴρειν *165c*
ἀναπαύειν (הֵנִיחַ) 80b
⟦ " (הִנִּיחַ) 80b⟧
#ἀνάπαυσιν διδόναι 80c
ἀνάπαυσιν ποιεῖν 80c, 1154a
ποιεῖν ἀνάπαυμα 80c, 1154a
#ἀνιέναι (= ἀνίημι) 102b (Je. 15.6)
ἀποτιθέναι 148c
ἀφιέιν, ἀφιέναι 183b, *169b*
διδόναι 317b
ἐᾶν 361a
⟦ἐγκαταλείπειν *172a*⟧
⟦ἐμπιπλᾶν, ἐμπι(μ)πλάναι,
 ἐμπλήθειν 457a⟧
ἐναφιέναι 469b
ἐπαναπαύεσθαι 506b
ἐπαφιέναι 509a
ἐπιλανθάνειν 524a
#ἐπιστηρίζειν 530b (Ps. 37[38].2)
ἐπιτιθέναι 535c
καθιέναι 701c
#καθιζάνειν 701c (Pr. 18.16)
καθιστάναι 702c
⟦κατακληρονομεῖν 733b⟧ → נָחַל hi.
καταλείπειν 736a, *181b*
καταλιμπάνειν 737c
καταπαύειν 740c, *181c*
#λείπειν 872c (Pr. 11.3)
παραδιδόναι 1058a
⟦συνάγειν 1307b⟧ → כָּנַס pi.
τιθέναι 1348c
#ὑφιστάναι 1419a (Za. 9.8)

נוּחַ ho.
ἀναπαύειν 80b
ἀπόλοιπος 138c
τιθέναι 1348c

נוֹחַ
κατάπαυσις 741a

נוּחָה
ἀνάπαυσις *166c*

נוּט
σαλεύειν 1257c

נְוָלִי (Aramaic)
δημεύειν (שְׂוָה + נ׳ ithpa.) 295c
διαρπαγή 308c
διαρπάζειν (שׂוּם + נ׳ ithpe., נ׳ + שְׂוָה ithpa.) 308c

נוּם qal
#νυσταγμός 956a (Je. 23.31)
νυστάζειν 956a
ὑπνοῦν 1412a

נוּמָה
νυσταγμός *185c*
ὕπνος *194b* (+Si. 42.9)
ὑπνώδης 1412a

נוּן ni.
διαμένειν 305c

נוּן hi.
διαμένειν 305c

נוּס qal
ἀναχωρεῖν 85c
ἀποδιδράσκειν 127b
⟦ἀφιστάναι *169b*⟧
διαφεύγειν 314b
διώκειν 338b
ἐκφεύγειν 445b
ἐμφράσσειν 460c
καταφεύγειν 747b
καταφυγή 748b
κινεῖν 765b
φεύγειν 1428b
φθείρειν 1429c (De. 34.7)
φυγαδευτήριον 1440b
φυγάς εἶναι 1440b
φυγή 1440b

נוּס hi.
ἐκφεύγειν 445b
μετακινεῖν 916a
συνάγειν 1307b
⟦φεύγειν 1428b⟧

נוּעַ qal
ἄρχειν 163a
διασκορπίζειν 310b
ἐξιστᾶν/ἐξιστάναι + ψυχή (= נֶפֶשׁ) 496c
ἐπαίρειν 505a
κινεῖν 765b
⟦κλίνειν 771a⟧
μετακινεῖν 916a
μετανιστάναι 916b
σαλεύειν 1257c
σείειν 1261c
#στενάζειν *192a* (Si. 36.30)
στένειν 1288b
συναθροίζειν 1310b
σφαλερός 1324c
φοβεῖν 1433b

נוּעַ ni.
λικμᾶν, λιχμᾶν 878b
σαλεύειν 1257c

נוּעַ hi.
βασιλεύειν (נוּעַ לְמַלְכוּת hi.) 194c
διασκορπίζειν 310b
ἐγείρειν 364a
καταρεμβεύειν 743a
καταρομβεύειν 743a
κινεῖν 765b, *182a*
⟦λιγμίζειν(?) 876b⟧ → λικμίζειν
⟦λικμᾶν, λιχμᾶν 878b⟧ → λικμίζειν
#λικμίζειν
μετακινεῖν 916a
σαλεύειν 1257c

נוֹעַם
see נוֹעַם, נֹעַם

נוּף qal
διαρραίνειν 309a
נוּף polel
παρακαλεῖν 1060a
נוּף hi.
αἴρειν 34c
ἀναφέρειν 84c
ἀποδιδόναι 126b
ἀφαιρεῖν 180a
ἀφορίζειν 185c
⟦ἐκκλ(ε)ίνειν *173c*⟧ → ἐκτείνειν
⟦ἐκτείνειν *173c*⟧
ἕλκειν, ἑλκύειν 453a
#ἐξαίρειν *175c* (Si. 37.7)
ἐπαίρειν 505a, *176a* (+Si. 46.2)
ἐπιβάλλειν 516a
ἐπικροτεῖν *176c*
ἐπιτιθέναι 535c
παρακαλεῖν 1060a
πάσσειν *188a*
#σαλεύειν *191a* (Si. 43.16)
#ταράσσειν 1336a (Is. 30.28)
φέρειν 1426c
נוֹף
εὔριζος (יְפֵה נוֹף) 576c
נוּר (Aramaic)
πῦρ 1242b
נוּשׁ
⟦ταλαιπωρία 1333a⟧ → אָנַשׁ qal
נָזָה qal
ἐπιρραντίζειν 527a
⟦κατάγειν 729b⟧
ῥαντίζειν 1248a
נָזָה hi.
θαυμάζειν 626c
περιρ(ρ)αίνειν 1126a
προσραίνειν 1219c
ῥαίνειν, ῥανίζειν 1247c
נָזִיד
ἕψεμα, ἕψημα 592a
נָזִיר
ἁγιάζειν 10c
ἁγίασμα 11b
ἁγιασμός 11c
ἅγιος 12a
ἁγνεία 15c
δοξάζειν 343b
εὔχεσθαι 583c
ἡγεῖσθαι 602c
§ναζ(ε)ιρ 939a
ναζ(ε)ιραῖος 939a
נָזַל qal
⟦ἐξέρχεσθαι 491c⟧ → אָזַל qal
καταβαίνειν 727a
ὄμβρημα 991a
ῥαίνειν, ῥανίζειν 1247c
ῥεῖν 1248b
ῥοιζεῖν, ῥοίζεσθαι 1253a
τήκειν 1348a
ὕδωρ 1381a
#φέρειν pass. 1426c (Je. 18.14)
נָזַל hi.
ἐξάγειν 483a
נֶזֶם
ἐνώτιον (נ׳ אַף, נ׳) 482c
נָזַף hi.
ἐπιτιμᾶν *177a*
נְזַק pe. (Aramaic)
ἐνοχλεῖν 476b
נְזַק aph. (Aramaic)
*#ἐνοχλεῖν 476b
κακοποιεῖν 709a
κακοποίησις 709b
נָזַר ni.
⟦ἁγίασμα 11b⟧ → נֵזֶר
⟦ἀπαλλοτριοῦν 116c⟧ → זוּר I, זוֹר ni.
προσέχειν 1215b
נָזַר hi.
ἁγιάζειν 10b
ἁγνίζειν 15c
ἀφαγνίζειν 180a
εὐλαβῆ ποιεῖν 572a, 1154a
εὔχεσθαι 583c
εὐχή 584b
נֵזֶר
ἁγίασμα 11b
ἅγιος 12a
ἅγνεια 15c
ἁγνισμός 16a
ἀφόρισμα 186a
βασίλειον 194b
§εζερ 368b
εὐχή 584b
καθαγιάζειν 697a
§νεζερ 941b
πέταλον 1128c
נָחָה qal
εὐοδοῦν 575c
ὁδηγεῖν 962a
נָחָה hi.
ἄγειν 9a
δεικνύειν, δεικνύναι 286a
ἐπάγειν 503c
εὐοδοῦν 575c
⟦καθιζάνειν 701c⟧ → נוּחַ hi.
καθοδηγεῖν 704a
μεταπέμπεσθαι 916c
ὁδηγεῖν 962a
παρακαλεῖν 1060a
⟦τιθέναι 1348c (III Ki. 10.26)⟧ → נוּחַ hi.
נִחוּמִים
μεταμέλεια 916b
παράκλησις 1061a
παρακλητικός 1061a
נָחוּשׁ
χάλκειος 1453a
⟦χαλκοῦς, χάλκεος 1453c⟧ → χάλκειος
נְחוּשָׁה
χάλκειος 1453a
χαλκός 1453b
χαλκοῦς, χάλκεος 1453c
נְחִירַיִם
μυκτήρ 936b
נָחַל qal
#διαιρεῖν 302c (Jo. 18.4)
⟦διέρχεσθαι 328c⟧
ἐμβατεύειν 455c
⟦ἐξολεθρεύειν, ἐξολοθρεύειν 497c⟧ → κατακληρονομεῖν
κατακληρονομεῖν 733b
κατέχειν 750c
κληρονομεῖν 768a, *182a*
#κλῆρος 770a (Je. 12.13)
κτᾶσθαι 793b
μερίζειν 910c
נָחַל pi.
κατακληρονομεῖν 733b
καταμερίζειν 739a
καταμετρεῖν 739b
נָחַל hi.
ἀποδιαιρεῖν 126b
ἀποδιαστελλεῖν 126b
#διαδιδόναι 300b (Si. 30[33].32)
διαιρεῖν 302c
διαμερίζειν 305c
κατακληροδοτεῖν 733b
κατακληρονομεῖν 733b, *181b* (+Si. 33.16)
καταμερίζειν 739a
κληρονομεῖν 768a, *182a*
μερίζειν 910c
נָחַל hithp.
κατακληρονομεῖν 733b
⟦ " *181b*⟧
καταμερίζειν 739a
κληρονομεῖν 768a
נַחַל I
⟦διορυγή 336c⟧ → διῶρυξ, διώρυγος, διῶρυχος
διῶρυξ, διώρυγος, διῶρυχος 339a
⟦κῦμα (אֲפִיק נְחָלִים) 799a⟧
§νααλ (נַחֲלֵי) 938a
νάπη 939c
§ναχαλ 940a
§ναχαλει, ναχαλη (נַחֲלֵי) 940a
ποταμός 1196a, *189c*
φάραγξ 1424b
χειμάρρους, χείμαρρος 1457a
נַחַל II
#φοῖνιξ 1436c (Jb. 29.18), *195b* (Si. 50.12)
נַחֲלָה
διαίρεσις 302c
ἔγκληρος 366c
εὔκληρος 571c
κατακληρονομεῖν (חָלַק אֶת־נ׳, נ׳) 733b
κατάσχεσις 746b
κληροδοσία 768a
κληρονομεῖν (נָתַן נ׳, חָלַק נ׳, נ׳) 768a
κληρονομία 769a, *182a*
κλῆρος 770a
κληροῦν 770c
κληρουχία 770c
κτῆμα 793c
μερίζειν 910c
μερίς 911a, *184b*
μέρος 911c
⟦οἶκος 973a⟧
τόπος 1364b
נַחֲלַת
κληρονομία 769a
נָחַם ni.
ἀναπαύειν 80b
⟦ἀνιέναι (= ἀνίημι) 102b⟧ → נוּחַ hi.
⟦ἐλεεῖν 449c⟧ → חוּס qal
ἐνθυμεῖσθαι 473c
θυμοῦν 662b
ἱλάσκεσθαι, ἱλάζειν 684b
ἵλεως γίνεσθαι 256c, 684c
μεταμελεῖν 916b (+Pr. 5.11)
#μετάμελος 916b (Pr. 11.3)
μετανοεῖν 916b
παρακαλεῖν 1060a, *187c* (+Si. 32[35].21)
παύειν 1112b
נָחַם pi.
διαναπαύειν 306b
ἐλεεῖν 449c
⟦ἐπισκέπ(τ)ειν 527c⟧
⟦ἡγεῖσθαι 602c⟧
⟦θαυμάζειν 626c⟧
παρακαλεῖν 1060a, *187c*
παράκλησις 1061a
παρακλήτωρ 1061a
נָחַם pu.
παρακαλεῖν 1060a
נָחַם hithp.
#ἀπειλεῖν 120a (Ge. 27.42; Nu. 23.19)
παρακαλεῖν 1060a
נֹחַם
παράκλησις 1061a
נֶחָמָה
παρακαλεῖν 1060a
נָחַץ qal
κατασπεύδειν 745b, *181c* (Si. 35[32].10)
σπουδή 1285c
נַחֲרָה
φωνὴ ὀξύτητος 1001a, 1447b (Je. 8.16)
נָחַשׁ pi.
#ἐξερευνᾶν, ἐξεραυνᾶν 491b (Ps. 108[109].11)
οἰωνίζεσθαι 985b
οἰωνισμός 985b
⟦φαρμακεύειν 1425a⟧
נַחַשׁ
οἰωνισμός 985b
οἰωνός 985b
נָחָשׁ
δράκων 348b
ὄφις 1042b
נְחָשׁ (Aramaic)
χαλκός 1453b
χαλκοῦς, χάλκεος 1453c
נְחֹשֶׁת
πέδη 1113a
πέδη χάλκεια 1113a, 1453a
πέδη χαλκῆ 1453c
σίδηρος, [σίδηρον] *191b*
*#χάλκειος δεσμός 1453a (I Es. 1.40)
χαλκός 1453b, *195a*
*χαλκοῦς, χάλκεος 1453c
נָחַת qal
⟦ἐπιστηρίζειν 530b⟧ → נוּחַ hi.
#καταβαίνειν 727a
⟦κοιμᾶν 773c⟧
נָחַת ni.
ἐμπηγνύναι 456c
נָחַת pi.
⟦καταγνύναι 730a⟧ → נָחַת pi.
⟦τιθέναι 1348c (Ps. 17[18].32)⟧ → נָתַן qal
נְחֵת pe. (Aramaic)
ἀποστέλλειν 141b
καταβαίνειν 727a
נְחֵת aph. (Aramaic)
*#ἀποτιθέναι 148c

κεῖσθαι 758b
*τιθέναι 1348c
נְחֵת hoph. (Aramaic)
καταφέρειν 747b
נַחַת
ἀναπαύειν (מָצָא נַ׳) *166c*
ἀνάπαυσις 80c, *166c*
#ἐλευθερία *174b* (Si. 30[33].34)
⟦θυμός 660c⟧
⟦καταβαίνειν 727a⟧ → נָחֵת qal
συγκύπτειν *192b*
נָחֵת
⟦κρύπτειν 791c⟧ → חָבָא ni.
#πραΰς 1201a (Jl. 3[4].11)
נָטָה qal
αἴρειν 34c (+I Ch. 21.10)
⟦αἱρεῖν 36a⟧ → αἴρειν
ἀφικνεῖσθαι 184a
βάλλειν 189c
βαστάζειν 215a
ἐκκλ(ε)ίνειν 433c, *173c*
ἐκτείνειν 442a, *173c* (Si. 46.2)
ἐντείνειν 477a
ἐπαίρειν *176a* (–Si. 46.2)
ἐπιβάλλειν + χεῖρα (= יָד) 516a
ἱστάναι, ἱστᾶν 689a, *180b*
καταχεῖν 748c
κλίνειν 771a
⟦μετέωρος 917c⟧
ὀλισθαίνειν *186a*
παριδεῖν 1070b
πηγνύναι 1130c
ποιεῖν 1154a
προσέχειν 1215b
σαλεύειν 1257c
στερεοῦν 1289a
τανύειν 1334b, *193a*
#τείνειν 1339c (Ez. 30.22)
ὑποτιθέναι 1417c
ὑψηλός (זְרוֹעַ נְטוּיָה) 1419b
⟦ὑψοῦν 1422a⟧ → ὑψηλός
נָטָה ni.
ἐκλείπειν 435c
ἐκτείνειν 442a
⟦ἐκτιθέναι 443a⟧ → ἐκτείνειν
נָטָה hi.
ἀποκλίνειν 132c
ἀποπλανᾶν 139c
ἀφαιρεῖν 180a
διαστρέφειν 312a
εἰσάγειν *173b*
⟦ἐκκλείειν κρίσιν 433a⟧ → ἐκκλ(ε)ίνειν κρίσιν
ἐκκλ(ε)ίνειν 433c, *173c* (–Si. 6.33; 7.2)
ἐκκλ(ε)ίνειν κρίσιν 433c
ἐκτείνειν 442a
ἐπαίρειν + ῥάβδος (= מַטֶּה) 505a
⟦ἐπιβλέπειν 516c⟧ → נָבַט hi.
ἐπικλίνειν 523a
εὐθύνειν 570c
κλίνειν 771a, *182a* (+Si. 51.16)
παραβάλλειν 1055c
πηγνύναι 1130c
⟦πλανᾶν 1139b⟧
προσέχειν 1215b
ὑποτιθέναι *194c*
נָטִיל
⟦ἐπαίρειν 505a⟧ → נָטַל qal
נְטִיפוֹת
ὁρμίσκος 1014a
στραγγαλίς 1295a
נְטִישׁוֹת
κλῆμα 767c
κληματίς 768a
⟦ὑποστήριγμα 1417a⟧
נָטַל qal
αἴρειν 34c
#ἐξαίρειν 485a (Na. 1.2)
#ἐπαίρειν 505a (Ze. 1.11)
נָטַל pi.
ἀναλαμβάνειν 78c
נְטַל pe. (Aramaic)
αἴρειν 34c
ἀναλαμβάνειν 78c
נְטַל peil (Aramaic)
ἐξαίρειν 485a
ἐξεγείρειν 490b
נֵטֶל
δυσβάστακτος 357b
נָטַע qal
ἱστάναι, ἱστᾶν 689a
καταφυτεύειν 748b, *181c*
πηγνύναι 1130c
φύειν 1440c
φυτ(ε)ία 1446c
φυτεύειν 1446c, *195c*
נָטַע ni.
προσανοικοδομεῖν *190a*
φυτεύειν 1446c
נָטַע pu.
⟦ῥιζοῦν *191b*⟧ → נֶטַע
נֶטַע
νεόφυτος 943a
#ῥιζοῦν *191b* (Si. 3.28)
#τέκνον *193a* (Si. 3.9)
φυτεύειν 1446c
φυτόν *195c*
נְטִעִים
⟦νεόφυτος 943a⟧ → נֶטַע
נָטַף qal
ἀποστάζειν 141a
ἀποσταλάζειν 141a
ἐξιστᾶν, ἐξιστάναι 496c
στάζειν 1286a
נָטַף hi.
ἀποσταλάζειν 141a
δακρύειν 284a
δάκρυ(ον) 284a
⟦ἐπιβλέπειν 516c⟧ → נָבַט hi.
κλαίειν δάκρυσι 766a
ὀχλαγωγεῖν 1042c
⟦σταγών 1286a⟧ → נָטָף
σταλάζειν 1286c
נָטָף
σταγών 1286a
στακτή 1286c
נָטַר qal
διαμένειν 305c
⟦ἐξαίρειν 485a⟧ → נָטַל qal
μηνίειν 923b
τηρεῖν 1348b
φυλάκισσα 1441b
φυλάσσειν, φυλάττειν 1441c
נְטַר pe. (Aramaic)
διατηρεῖν 313a
⟦στηρίζειν 1290c⟧
⟦συντηρεῖν 1320c⟧ → διατηρεῖν
#τηρεῖν 1348b (Da. LXX 7.28 [𝔓967])
נָטַשׁ qal
ἀνιέναι (= ἀνίημι) 102b
ἀξιοῦν 113b
ἀποσκορακίζειν 141a
ἀποστρέφειν 145b
ἀποτινάσσειν 149a
ἀπωθεῖν 151a
ἀφιέναι, ἀφιέναι 183b
διαχεῖν 316a
ἐγκαταλείπειν 365a, *172a* (+Si. 6.19)
⟦ἐδαφίζειν 367c⟧ → רָטַשׁ pi.
ἐκρίπτειν, ἐκριπτεῖν 441a
⟦ἐκτείνειν 442a⟧
ἐκχεῖν, ἐκχέειν 445c
ἐπιβάλλειν 516a
καταβάλλειν 728c
καταλείπειν *181b*
κλίνειν 771a
παριδεῖν *188a*
ῥάσσειν 1248a
ὑπεριδεῖν *194b*
נָטַשׁ ni.
ἐγκαταλείπειν 365a
ἐκρίπτειν, ἐκριπτεῖν 441a
συμπίπτειν 1305b
σφάλλειν 1324c
נָטַשׁ pu.
ἐγκαταλείπειν 365a
נִיב
⟦ἐπιτιθέναι 535c⟧
κόσμος (נוֹב, נִיב) *182b*
נִיד
κίνησις 765c
נִידָה
σάλος 1258a
נִיחוֹחַ, נִיחֹחַ (Hebrew and Aramaic)
εὐωδία (רֵיחַ נִי׳, נִי׳) 584c, *178b*
θυσία 664a
*#σπονδή 1285a (I Es. 6.31)
נִין
ἔκγονος *173b*
⟦ἐπίγνωστος 518c⟧
σπέρμα 1282b, *192a* (Si. 47.23)
συγγένεια, συγγενία 1298b
τέκνον *193a*
נִיס
⟦φεύγειν 1428b⟧
נִיסוּ
πειρασμός *188b*
נִיצוֹץ
σπινθήρ 1284c
נֵיר
λύχνος 891b
נִיר I qal
νεοῦν 943a
φωτίζειν 1451b
נִיר II
θέσις 649b
⟦κατάλ(ε)ιμμα 736a⟧
λαμπτήρ 853a
λύχνος 891b
φῶς 1450b
נִיר III
νέωμα 944b
נָכָא ni.
σβεννύναι 1261a
נָכֵא
λυπηρός 890a
ὀλιγόψυχος ἀνήρ (רוּחַ נְכֵאָה) 987a
σκυθρωπάζειν (רוּחַ נְכֵאָה) 1277a
נְכֹאת
θυμίαμα 660b
נֶכֶד
⟦ἐπίγνωστος 518c⟧ → נָכַר ni.
⟦ὄνομα 995b⟧
σπέρμα 1282b
נָכָה ni.
πλήσσειν 1149c
נָכָה pu.
πλήσσειν 1149c
נָכָה hi.
ἀδικεῖν 24c
ἀναιρεῖν 77b
ἀποκτείνειν, ἀποκτέννειν 135a, *168a*
ἀπολλύειν, ἀπολλύναι 136c
βάλλειν 189c
διακόπτειν 303c
⟦διασπείρειν 310c⟧
ἐκζεῖν 430c
ἐκκαίειν 432b
ἐκκόπτειν 434c
ἐκπολεμεῖν 439b
ἐκπολιορκεῖν 439c
ἐμπολιορκεῖν 458c
ἐξολεθρεύειν, ἐξολοθρεύειν 497c
#ἐπάγειν + χεῖρα πρὸς χεῖρα (= כַּפַּיִם) 503c
⟦ἐπιβουλεύειν 517b⟧
θανατοῦν 625a
⟦κατάγειν 729b⟧ → πατάσσειν
⟦καταγνύναι 730a⟧ → πατάσσειν
κατακόπτειν 734b
καταστρέφειν *181c*
κοπή 778b
κόπτειν 779a
κροτεῖν 791c
λαμβάνειν 847a
μαστιγοῦν 898a
μαστίζειν 898b
μάχεσθαι 900c
παίειν 1048c
παραδιδόναι 1058a
πατάσσειν 1103b
πληγή 1142b
πλήσσειν 1149c
⟦συγκαίειν 1299a⟧
συγκόπτειν 1300b
συγχεῖν 1301a
συντρίβειν 1321a
τιτρώσκειν 1362a
τρέπειν 1371b
τύπτειν 1378b
φονεύειν 1437a
⟦χαράσσειν 1454c⟧ → πατάσσειν
נָכָה ho.
ἁλίσκειν, ἁλίσκεσθαι 54c
μαστιγοῦν 898a
πίπτειν 1135c
πληγή 1142b
πλήσσειν 1149c

πονεῖν 1186a
#συντρίβειν 1321a (Ze. 3.18)
נָכֶה
ἡσύχιος (נְכֵה רוּחַ) 620b
πλήσσειν 1149c
נֵכֶה
μάστιξ 898b
נָכֹחַ
ἀγαθός 2a
ἀλήθεια 53a
ἐνώπιος 482b
εὐθύς (adj.) 571a
εὔκολος 571c
#κοῦφος 781b (Si. 11.21)
⟦σοφός 1280b⟧ → ἀγαθός
φανερός *195a*
נֵכַח
εὔκολος 571c
נֹכַח
#ἀπέναντι *167c* (Si. 36[33].14)
ἐξ ἐναντίας (עַד נ׳, נ׳) 468b
#ὀπτασία *186b* (Si. 43.16)
ὀρθ(ρ)ός (לְנ׳) 1010c
נָכַל pi.
δολιοῦν 340b
נָכַל hithp.
δολιοῦν 340b
נֵכֶל
δολιότης 340b
נְכַס (Aramaic)
*#ἀργυρικός 153b
βίος 220a
τὸ ὑπάρχον, (τὰ) ὑπάρχοντα 1406b
נְכָסִים
τὸ ὑπάρχον, (τὰ) ὑπάρχοντα 1406b
χρῆμα 1474b, *196b*
נָכַר ni.
γινώσκειν *170b*
ἐπιγινώσκειν 517c
#ἐπίγνωστος 518c (Jb. 18.19)
ἐπινεύειν 526a
נָכַר pi.
ἀπαλλοτριοῦν 116c, *167c*
εἰδεῖν, εἰδέναι 374b
⟦πιπράσκειν 1135c⟧ → מָכַר qal
συνεπιτιθέναι 1313c
נָכַר hi.
αἰδεῖσθαι 30c
αἰσχύνειν 36c
*#ἀκούειν 45a
γινώσκειν 267a
γνωρίζειν 273a
ἐπιγινώσκειν 517c, *176c* (+Si. 44.23)
μιμνήσκεσθαι *185a*
נָכַר hithp.
ἀλλοτριοῦν 57c
ἀποξενοῦν 139b
διεστραμμένως *171c*
πονηρεύεσθαι 1186a
נֵכָר
ἀλλογενής 55c
ἀλλογενὴ ἔθνος (בֶּן־נֵ׳) 368b
ἀλλότριος 57a, *166b*
ἀλλοτρίωσις 57c
ἀλλόφυλος (בֶּן־נֵ׳) 57c

ἕτερος 560a
נֹכֶר, נֵכֶר
ἀλλότριος 57a
ἀπαλλοτρίωσις 116c
נָכְרִי
*ἀλλογενής 55c
ἀλλότριος 57a, *166b*
ἀλλόφυλος 57c
ἴδιος + neg. 673b
ξένος 957a
נְכֹת
§νεχωθα (נְכֹתוֹ, נְכֹתֹה) 944b
§νεχωτα (נְכֹתֹה) 944b
נִמְבְזָה
⟦ἀτιμοῦν 176a⟧ → בָּזָה ni.
נְמָלָה
μύρμηξ 937b
נָמֵר
πάρδαλις 1065c
נְמַר (Aramaic)
πάρδαλις 1065c
נֵס
ἄρχειν 163a
⟦δόξα 341b⟧
ἱστίον 692b
⟦καταφυγή 748b⟧ → נוּס qal
σημεία, σημαία 1263a
σημεῖον 1263b
σημείωσις 1264a
σύσσημον 1323b
נְסַב pe. (Aramaic)
#ἀπολλύειν, ἀπολλύναι *168a* (Si. 9.6 Aramaizing)
נְסִבָּה
μεταστροφή 917a
נָסָה qal
⟦ἀφιστάναι *169b*⟧
נָסָה pi.
#ἐγχειρεῖν 367b (Je. 29[49].16)
ἐκπειράζειν 438c
πεῖραν λαμβάνειν 847a, 1115c
πειράζειν, πειρᾶν 1115c, *188b*
נָסַח qal
ἐξωθεῖν 502b
κατασπᾶν 745a
μεταναστεύειν 916b
נָסַח ni.
ἐξαίρειν 485a
προνομεύειν *190a*
נְסַח ithpe. (Aramaic)
καθαιρεῖν 697b
*#λαμβάνειν 847a (I Es. 6.32)
נִסָּיוֹן
πειράζειν *188b*
#πειρασμός *188b* (Si. 6.7)
נָסִיךְ
ἄρχειν 163a
ἄρχων 166b
γίγας *170b*
σπονδή 1285a
נָסַךְ qal
καθιστάναι 702c
ποιεῖν 1154a
ποτίζειν 1197c
σπένδειν 1282b
נָסַךְ ni.
θεμελιοῦν 629c

נָסַךְ pi.
σπένδειν 1282b
נָסַךְ hi.
σπένδειν 1282b
נָסַךְ ho.
σπένδειν 1282b
נְסַךְ pa. (Aramaic)
#ἐπιτελεῖν 535a (Da. LXX 2.46 [𝔓967])
ποιεῖν + σπονδήν (= נִיחֹחַ) 1154a (Da. LXX 2.46)
σπένδειν 1282b
σπονδή 1285a
נֵסֶךְ, נֶסֶךְ (Hebrew and Aramaic)
σπένδειν 1282b
σπονδή 1285a
χωνεύειν 1480c
χωνευτός 1481a
נִסְמָן
⟦κέγχρος 757c⟧
נָסַס qal
φεύγειν 1428b
נָסַס hithpo.
?κυλίειν 798c
φεύγειν 1428b
נָסַע qal
αἴρειν 34c
ἀναβαστάζειν 73a
*ἀναζευγνύειν, ἀναζευγνύναι 76c
ἀπαίρειν 115c
ἀπέρχεσθαι 121a
ἐκσπᾶν 441b
ἐξαίρειν 485a
ἐξέρχεσθαι 491c
κινεῖν 765b
προπορεύεσθαι 1208c
στρατοπεδεύειν 1296a
נָסַע ni.
#ἐξαίρειν 485a (Za. 10.2)
ἐξέρχεσθαι 491c
נָסַע hi.
αἴρειν 34c
ἀπαίρειν 115c
ἐκκόπτειν 434c
ἐξαίρειν 485a
ἐπαίρειν 505a
μεταίρειν 916a
נָסַק hi.
ἐκκαίειν *173c*
נְעוּרִים
γένεσις 237a
νεότης 942c, *185a*
νηπιότης 944c
παιδάριον 1045c
παῖς 1049a
παρθεν(ε)ία 1069a, *188a*
παρθενικός 1070a
נָעִים
εὐπρέπ(ε)ια 576b
εὐπρεπής 576b
ἡδύνειν 604c
ἡδύς 604c
καλός 715b
κρείσσων, κρείττων, κράτιστος 785a
τερπνός 1345c
τερπνότης 1345c
ὡραῖος 1493c

נָעַל qal
ἀποκλείειν 132b
κλείειν 767a
σφηνοῦν 1325a
ὑποδεῖν 1413b
⟦ὑποδύειν 1413b⟧ → ὑποδεῖν
נָעַל hi.
ὑποδεῖν 1413b
נַעַל
σανδάλιον 1259a
ὑπόδημα 1413b, *194c*
נָעֵם qal
#εἰς ἀγαθόν *165a* (Si. 7.13)
βελτίων φαίνεσθαι 217b
εὐπρεπής 576b
ἡδέως ἅπτεσθαι 604a
ἡδύνειν 604c
καλὸς εἶναι δοκεῖν 715b
κρείττων εἶναι 785a
⟦πίων 1139a⟧
ὡραιοῦσθαι 1494a
נָעֵם hi.
γλυκαίνειν *170b*
נֹעַם, נוֹעַם
ἡδύς *179a*
κάλλος 715a
καλός 715b
λαμπρότης 853a
σεμνός 1263a
τερπνότης 1345c
נַעֲצוּץ
⟦στοιβή, στυβή 1291c⟧
נָעַר I qal
⟦ἐξεγείρειν 490b (Je. 28[51].38)⟧ → עוּר I ni.
נָעַר II qal
ἀποσείειν 140c
⟦ἐκτείνειν 442a⟧ → ἐκτινάσσειν
ἐκτινάσσειν 443b
נָעַר II ni.
ἀποτινάσσειν 149a
ἐκτινάσσειν 443b
נָעַר II pi.
ἀνορθοῦν *167b*
ἐκτινάσσειν 443b
נָעַר II hithp.
ἐκτινάσσειν 443b
נַעַר I
διακονία 303b
διάκονος 303b
⟦ἐκτάσσειν 442a⟧ → נָעַר II qal ≈ ἐκτινάσσειν
⟦κοράσιον 779c⟧ → παιδάριον
νεανίας 940a
νεᾶνις 940b
*νεανίσκος 940b, *185a*
νέος 942a
παῖς νέος 942a
νεώτερος 942a, *185a*
νήπιος 944b, *185b*
παιδάριον (אִישׁ־נַ׳, נַ׳) 1045c
παιδίον 1047c
παῖς 1049a
παρθένος 1070a
τέκνον *193a*
נַעַר II
⟦διασκορπίζειν 310b⟧
⟦σκορπίζειν 1275c⟧ → διασκορπίζειν

נַעַר
νεανίας 940a
νεότης 942c
νήπιος 944b
παῖς 1049a
נַעֲרָה
ἅβρα 1b
γυνή 278b
δοῦλος (subst.) 346b
θεράπαινα 648a
θεράπων 648b
κοράσιον 779c
νεᾶνις 940b
παιδίον 1047c
παιδίσκη 1048b
παῖς 1049a
παρθένος 1070a, *188a*
נְעֻרוֹת
#νεότης 942c, *185a* (Si. 30.12)
נְעֹרֶת
ἀποτίναγμα 149a
καλάμη στιππύου 712b, 1291b
στιππύον, στιππεῖον, στύππιον 1291b
נָפָה
§νεφθα (נָפַת) 944a
נָפַח qal
ἀποκακεῖν 131c
ἐκφυσᾶν 445c
ἐμφυσᾶν 461a
καίειν 705a
#προσεκκαίειν 1213b (Nu. 21.30)
ὑποκαίειν 1413c
φυσᾶν 1446c, *195c*
נָפַח pu.
ἄκαυστος (נָ׳ pu. + neg.) 44a
ἄσβεστος (נָ׳ pu. + neg.) 169c
נָפַח hi.
ἐκφυσᾶν 445c
נְפִילִים
γίγας 256b
נֹפֶךְ
ἄνθραξ 96a
στακτή 1286c
נָפַל qal
ἄλογος 59b
ἀποπίπτειν 139c
⟦ἀσύνετος 174a⟧
ἀφιστᾶν, ἀφιστάναι, ἀφιστάνειν 184b
βάλλειν 189c, *169a*
γίνεσθαι 256b
διαπίπτειν 308a
διαφωνεῖν 315c
ἔγκεισθαι 366b
ἐκπίπτειν 439b
ἐμπίπτειν 458a, *174b*
ἐμπλέκεσθαι 458b
ἐπέρχεσθαι 509c
ἐπιπίπτειν 526b, *177a*
ἐπιστρέφειν 531a
ἔρχεσθαι 548b
⟦ἔσθειν, ἐσθίειν 554a⟧
καταβάλλειν 728c
κατακλίνειν 733c
καταπηδᾶν 741b
καταπίπτειν 741c
καταφεύγειν 747b
κατοικεῖν 751c
§ναβαλ (נָפוֹל) 938a
§ναφα (נָפוֹל) 940a
#ὀλισθαίνειν 987a (Si. 25.8)
παρεμβάλλειν 1066b
περιπίπτειν 1125b
πίπτειν 1135c, *188c*
πλήσσειν 1149c
προσκύνησις *190b*
προσπίπτειν 1219a, *190b*
προστιθέναι 1221a
προσχωρεῖν 1223c
πτῶσις 1239a
ῥίπτειν, ῥιπτεῖν 1252b
συμπίπτειν 1305b
ταπεινοῦν 1334c
⟦τελευτᾶν 1343b, *193b*⟧ → πίπτειν
φεύγειν 1428b
נָפַל ni.
⟦ἀφιστᾶν, ἀφιστάναι, ἀφιστάνειν 184b⟧ → נָפַל qal
נָפַל pilp.
⟦πίπτειν 1135c (Ez. 28.23)⟧ → נָפַל qal
נָפַל hi.
ἀποπίπτειν 139c
ἀπορρίπτειν 140b
ἀφιστᾶν, ἀφιστάναι, ἀφιστάνειν 184b
βάλλειν 189c
δεῖσθαι 288a
διαδιδόναι 300b
διαπίπτειν 308a
ἐκκόπτειν 434c
ἐμβάλλειν 455a
ἐπιβάλλειν 516a
ἐπιπίπτειν 526b
ἐπιρρίπτειν, ἐπιρριπτεῖν 527a
καθίζειν 701c
καταβάλλειν 728c, *181b*
καταμετρεῖν 739b
⟦κατέχειν 750c⟧
κληροδοτεῖν 768a
⟦λαμβάνειν 847a (I Ki. 14.42; Ne. 11.1)⟧ → βάλλειν
παραπίπτειν 1063b
πίπτειν 1135c
ποιεῖν ψήφισμα 1154b
ῥάσσειν 1248a
ῥίπτειν, ῥιπτεῖν 1252b
στηρίζειν 1290c
ταράσσειν 1336a
τιθέναι 1348c (Es. 9.24)
נָפַל hithp.
δεῖσθαι 288a
ἐπιτιθέναι 535c
*#χαμαιπετής 1454b
⟦προσεύχεσθαι 1214a⟧ → פָּלַל hithp.
נְפַל pe. (Aramaic)
γίνεσθαι 256c
ἐκπίπτειν 439b
ἐκτινάσσειν 443b
πίπτειν 1135c
*#ὑποπίπτειν 1416c (I Es. 8.17)
φαίνειν 1423a
נֵפֶל
ἔκτρωμα 444b
πτῶσις 1239a
נָפַץ qal
⟦διασπείρειν 310c⟧ → פּוּץ ni.
ἐκτινάσσειν 443b
נָפַץ pi.
ἄφεσις 182b
⟦διασκορπίζειν 310b⟧ → פּוּץ ni.
⟦διασκορπισμός 310c⟧ → פּוּץ ni.
ἐδαφίζειν 367c
ἐκτινάσσειν 443b
συγκόπτειν 1300b
συντρίβειν 1321a
נָפַץ pu.
κατακόπτειν 734b
λεπτός 874a
נֶפֶץ
κεραυνοῦν, κεραύνωσις 760c
נְפַק pe. (Aramaic)
δογματίζειν (דָּתָא נָפְקַת) 339b
ἐκπορεύεσθαι 439c
ἐξέρχεσθαι 491c
נְפַק aph. (Aramaic)
*ἐκφέρειν 444c
φέρειν 1426c
נִפְקָא (Aramaic)
δαπάνη 285b
נִפְקָה (Aramaic)
*#δαπάνημα 285b (I Es. 6.25)
*#σύνταξις 1318a (I Es. 6.29)
נָפַשׁ ni.
ἀναπαύειν 80b
ἀναψύχειν 86a
καταπαύειν 740c
⟦παύειν 1112b⟧
נֶפֶשׁ
ἀνήρ 88a, *167a*
ἄπληστος (רְחַב נֶ׳, בַּעַל נֶ׳) 122c
ἀπώλεια, ἀπωλία (מַפַּח נֶ׳) 151c
βοηθεῖν (עָמַד עַל־נֶ׳) 223b
ἐλεύθερος (לְנֶ׳) 452b
ἐλπίδα ἔχειν (נָשָׂא נֶ׳) 454a (De. 24.15)
ἐμπνεῖν 458c
⟦ἐνύπνιον 481b⟧
ζωή *178b*
⟦καρδία 719a, *181a*⟧
κεφαλή 760c
λυπεῖν (אֲגַם נֶ׳) 889b
ὁ ἐν ὀδύνῃ (מַר נֶ׳) 967a
ὀλιγοψυχεῖν (קָצְרָה נֶ׳) 987a
πνεῦμα *189b*
πνοή 1153b
σεαυτοῦ (נַפְשְׁךָ) *191a*
σῶμα 1330a
ὑγ(ε)ία, ὑγίεια 1380b (Es. 9.31)
ψυχή 1486a, *196b*
נֹפֶת
κηρίον 763b
μέλι 908c
נֵץ
ἄνθος 96a (Ze. 2.2), *167a*
βλαστός (נִצָּה, נֵץ) 220c
#ἐξανθεῖν (גֶּרַע נֵץ) 487c (Si. 51.15)
ἱέραξ 678c
נָצַב ni.
ἀνθιστάναι 95c
διαμένειν 305c
ἐπιστηρίζειν 530b
⟦ἔρχεσθαι 548b⟧
ἐφιστάναι 585c
ζῆν 594c
ἱστάναι, ἱστᾶν 689a, *180c*
καθιστάναι 702c
ὁλόκληρος 989a
ὀρθοῦν 1011a
παριστάναι 1070c
περιϊστάναι 1123c
πηγνύναι 1130c
σκοπεύειν 1275b
στερεοῦν 1289a
στηλοῦν 1290b
נָצַב hi.
ἀνιστᾶν, ἀνιστάναι 102c
βεβαιοῦν 216b
⟦διαστέλλειν *171b*⟧
διϊστάναι *171c*
⟦ἑτοιμάζειν *177c*⟧
ἐφιστάναι 585c
ἱστάναι, ἱστᾶν 689a, *180c* (+Si. 47.13)
#οἰκοδομεῖν 970c (Ho. 10.1)
⟦παριστάναι 1070c⟧ → ἱστάναι, ἱστᾶν
ποιεῖν + ὅρια acc. (= גְּבוּל) 1154a (Ps. 73[74].17)
στηλοῦν 1290b
στηρίζειν 1290c
#ὑπερείδειν 1409b (Pr. 9.1)
ὑπόστασις 1417a
נָצַב ho.
στηρίζειν 1290c
ὑπόστασις 1417a
נְצִב
λαβή 840a
§νασ(ε)ιβ 939c
נָצָה qal
⟦ἀνάπτειν 81c⟧
διαμάχεσθαι *171b*
καθαιρεῖν 697b
נָצָה ni.
#ἅπτεσθαι 150b (Je. 31[48].9)
διαπληκτίζεσθαι 308a
μάχεσθαι 900c
μάχιμος 901b
נָצָה hi.
ἐπισυνιστάναι 534b
ἐπισύστασις 534b
⟦ἐφιστάναι 585c⟧ → ἐπισυνιστάναι
נִצָּה
ἄνθος 96a
βλαστός (נֵץ נִ׳) 220c
נֹצָה
§νε(ε)σσα 943a
#ὄνυξ 1000c (Ez. 17.3, 7)
πτερόν 1237c
נִיצוֹץ
σπινθήρ *192a* (+Si. 42.22)
נָצַח qal
⟦κατασπεύδειν *181c*⟧
נָצַח ni.
ἀναιδής 77b
#ὑπερορᾶν 1410c (Ez. 7.19)
נָצַח pi.
ἐνισχύειν 475a
ἐπισκοπεῖν 528c
ἐπιστάτης 529c
*ἐργοδιώκτης 541c
ἰσχύειν 692c
#κατισχύειν 751b (Je. 15.18)
νικᾶν 945b
προέρχεσθαι *190a*
#ταχύνειν *193a* (Si. 43.13)

⟦εἰς (τὸ) τέλος (לַמְנַצֵּחַ) 1344a⟧ → נֵצַח, נֶצַח

נֵצַח, נֶצַח
αἷμα 31b
αἰών 39b
⟦ἰσχύειν 692c⟧ → נָצַח pi.
νίκη 945b
νῖκος 945c
διὰ παντός (לָנֶ׳) 1073a
εἰς χρόνον πολύν (לָנֶ׳ נְצָחִים) 1181b, 1476b
εἰς (τὸ) τέλος (לָנֶ׳, נ׳) 1344a
εἰς συντέλειαν (לָנֶ׳) *192c*
εἰς τὸν αἰῶνα χρόνον (לָנֶ׳) 1476b

נְצִיב
ἀνάστημα, ἀνάστεμα 82b
ἡγεῖσθαι 602c, *178c*
§νασ(ε)ιβ (נְצִבֵי ,נ׳) 939c
§νασεφ, νασιφ 939c
στήλη 1290b
στηλοῦν 1290b
σύστεμα, σύστημα 1323c
⟦ὑπόστημα, ὑπόστεμα 1417a⟧ → σύστεμα, σύστημα
φρουρά 1440a

נָצִיר
διασπορά 311a

נָצַל ni.
⟦ἀπέχειν 122a⟧ → אָצַל ni.
#διασώζειν *171b* (Si. 46.8)
ἐκσπᾶν 441b
ῥύεσθαι 1254b
σώζειν 1328b

נָצַל pi.
σκυλεύειν 1277b
⟦συσκευάζειν 1323a⟧ → σκυλεύειν
σώζειν 1328b

נָצַל hi.
ἀπελαύνειν 120b
ἀφαιρεῖν 180a
βοήθεια, βοηθία 222c, *169b*
ἐκσπᾶν 441b
ἐξαιρεῖν 484b, *175c*
⟦καθαρίζειν, καθερίζειν 698a⟧
κατευθύνειν 750b
μακρὰν ποιεῖν 892c
περιαιρεῖν 1121b
*ῥύεσθαι 1254b, *191c*
⟦συνάγειν 1307b (Ez. 34.12)⟧ → ἀπελαύνειν
σώζειν 1328b
#ὑπολείπειν 1415a (Ez. 14.20)

נָצַל ho.
ἐκσπᾶν 441b

נָצַל hithp.
περιαιρεῖν 1121b

נְצַל aph. (Aramaic)
ἐξαιρεῖν 484b
ῥύεσθαι 1254b

נִצָּן
ἄνθος 96a

נָצַץ qal
⟦σπινθήρ 1284c⟧ → נִיצוֹץ

נָצַץ hi.
ἀνθεῖν 95b
ἐξανθεῖν 487c

נָצַר qal
ἀντιλαμβάνεσθαι 110c
διασπορά 311a
διατηρεῖν 313a
διαφυλάσσειν, διαφυλάττειν 315c
⟦ἔκγονος *173b*⟧
ἐκζητεῖν 430c
ἐνισχύειν 475a
⟦ἐντέλλεσθαι, ἐντελλέσθειν(?) 477a⟧
ἐξαιρεῖν 484b
ἐξερευνᾶν, ἐξεραυνᾶν 491b
⟦ἐξίπτασθαι ποιεῖν 496b⟧
ἐπίστασθαι τὸν νοῦν 529b
ζητεῖν 597a
⟦κολλᾶν 776b⟧ → צָרַר II hi.
παύειν 1112b
⟦περιέχειν 1123a⟧ → צוּר I qal
πιστεύειν *188c*
⟦πλάσσειν 1140b⟧ → יָצַר qal
ποιεῖν + ἔλεος (= חֶסֶד) 1154a
⟦πολιορκεῖν 1173c⟧ → צוּר I qal
προσέχειν *190b*
ῥύεσθαι 1254b
σπήλαιον 1284b
τηρεῖν 1348b
φυλακή 1440c
φυλάσσειν, φυλάττειν 1441c
⟦φυτεύειν 1446c⟧

נֵצֶר
ἄνθος 96a
ἔκγονος *173b*
κλάδος *182a*
φυτόν 1447a

נְקֵא (Aramaic)
καθαρός 698c
λευκός 874c

נָקַב qal
ἀρᾶσθαι (נ׳ qal, קָבַב) 152c
#βιβρώσκειν 219c (Jb. 5.3)
διακόπτειν 303c
διαστέλλειν 311b
⟦ἐπικατάρατος εἶναι 522c⟧ → קָבַב qal
ἐπονομάζειν 539a
⟦καταρᾶσθαι 742c⟧ → קָבַב qal
ὀνομάζειν 999c
τετραίνειν 1347a
τρυπᾶν 1377b

נָקַב ni.
ἀνακαλεῖν 78a
ἐπικαλεῖν 521b
ὀνομάζειν 999c
*#σημαίνειν 1263a (I Es. 8.49)
⟦συνάγειν 1307b (II Es. 8.20)⟧ → קָבַץ ni.

נֶקֶב
#ἀποθήκη 128a (Ez. 28.13)

נְקֵבָה
θηλυκός 650a
θῆλυς 650a

נָקֹד
⟦λευκός 874c⟧ → ῥαντός
ποικίλος 1168c
ῥαντός 1248a
⟦φαιός 1423b⟧

נָקַד qal
§νωκηδ, νωκηθ 956b
*#προσπίπτειν 1219a (I Es. 9.47)

נְקֻדָּה
στίγμα 1291a

נִקֻּדִים
βιβρώσκειν 219c
εὐρωτιᾶν 580a
κολλύριον 776c
κολλυρίς 776c

נָקָה qal
ἀθῳοῦν 30b

נָקָה ni.
ἀθῷος 30a
ἀθῷος ἔσῃ (= εἶναι VIII.2) *165c*, *173a*
ἀθῳοῦν 30b, *165c*
ἀτιμώρητος εἶναι 176b
δικαιοῦν *171c*
⟦ἐκδικεῖν 422b⟧ → נָקַם ni.
καθαρίζειν, καθερίζειν 698a
καθαρὸς εἶναι 698c
κάθαρσις 699c
καταλείπειν 736a

נָקָה pi.
ἀθῷος 30a
ἀθῷον ἐᾶν 361a
ἀθῷον ποιεῖν 1154a
ἀθῳοῦν 30b
⟦ἐκδικεῖν 422b⟧ → נָקַם qal
⟦ἐκζητεῖν 430c⟧ → נָקַם qal ≈ ἐκδικεῖν
καθαρίζειν, καθερίζειν 698a
καθαρός 698c

נָקִי
ἀθῷος 30a
ἀληθινός 54a
ἄμεμπτος 65c
ἀναίτιος 78a
§α(ι)ννακειμ (אֵין נ׳) 105a
δίκαιος 330c
§ενακιμ (אֵין נ׳) 467c
καθαρός 698c

נָקִיא
δίκαιος 330c

נִקָּיוֹן
ἀθῷος 30a
⟦γομφιασμός 274c⟧ → קִהָיוֹן
δικαιοσύνη *332c*
καθαρίζειν, καθερίζειν 698a

נָקִיק, נְקִיק
τρυμαλιά 1377b
τρώγλη 1378a

נָקַם qal
ἀμύνειν 67c
δίκη 335b
ἐκδικάζειν 422b
ἐκδικεῖν 422b, *173c*
#τίειν 1348c (Pr. 24.22)

נָקַם ni.
ἀνταποδιδόναι 108c
ἐκδικεῖν (נ׳ מִן ni.) 422b, *173c*
ἐκδίκησιν ποιεῖν 423a, 1154b
⟦ἐξανιστάναι 487c⟧ → קוּם I qal
κρίσιν ποιεῖν 789c, 1154a

נָקַם pi.
ἐκδικεῖν 422b

נָקַם ho.
ἐκδικεῖν 422b
ἐκδικεῖσθαι ἐκ 422b
ἐκδικούμενα παραλύειν 422b, 1062a
⟦παραλύειν 1062a⟧

נָקַם hithp.
ἐκδικεῖν 422b
ἐκδικητής 423b
⟦ἐκδιώκειν 423b⟧

נָקָם
ἀνταπόδοσις 109b
δίκαιος 330c
δίκη 335b
⟦ἐκδικησία(?) 423a⟧
ἐκδίκησις 423a, *173c*
κρίσις 789c

נְקָמָה
ἐκδικεῖν *173c*
ἐκδίκησις 423a

נָקַע
ἀφιστᾶν, ἀφιστάναι, ἀφιστάνειν 184b

נָקַף I pi.
ἀναντλεῖν 80b

נָקַף II hi.
γυροῦν *170c*
κύκλος 797a
κυκλοῦν 798b, *182c*
⟦περιβάλλειν 1121c⟧ → περιλαμβάνειν
περιέχειν 1123a
περικυκλοῦν 1124a
περιλαμβάνειν 1124b
ποιεῖν σισόην 1154b, 1267a
συνάπτειν 1312b
συντελεῖν 1319b

נֹקֶף
καλαμᾶσθαι 712b
⟦ῥώξ 1255c⟧

נִקְפָּה
σχοινίον 1328a

נָקַר qal
ἐκκολάπτειν 434b
ἐκκόπτειν 434c
ἐξορύσσειν 500a

נָקַר pi.
ἐκκόπτειν 434c
ἐξορύσσειν 500a
⟦συγχεῖν 1301a⟧ → XXX ≈ συγκαίειν
⟦συνθλᾶν 1316a⟧ → XXX ≈ συγκαίειν

נָקַר pu.
ὀρύσσειν 1017c

נִקְרָה, נְקָרָה
ὀπή 1001b
τρώγλη 1378a

נָקַשׁ qal
περισπᾶν *188c*
#προσκρούειν *190b* (Si. 13.2)
⟦συλλαμβάνειν 1301c⟧ → יָקַשׁ ni.

נָקַשׁ ni.
⟦ἐκζητεῖν 430c⟧ → בָּקַשׁ pi.

נָקַשׁ pi.
?ἐκβιάζειν 421b
⟦ἐξερευνᾶν, ἐξεραυνᾶν 491b⟧ → נָחַשׁ pi.

נָקַשׁ hithp.
παγιδεύειν, πακιδεύειν 1044a

נְקַשׁ pe. (Aramaic)
συγκροτεῖν 1300c

נֵר
λαμπτήρ 853a
λύχνος 891b, *183c* (Si. 26.17)
φῶς 1450b
נִרְגָּן
δίθυμος 330b
κέρκωψ 760c
נֵרְדְּ
νάρδος 939c
נָשָׂא qal
αἴρειν 34c, *165c*
αἱρετίζειν 36a
αἰσχύνειν 36c
ἀναβλέπειν (נ׳ qal, נ׳ עֵינַיִם qal, נ׳ פָּנִים qal) 73b
ἀναβοᾶν (נ׳ qal, נ׳ קוֹל qal) 73c
ἀναιρεῖν 77b
ἀνακύπτειν (נ׳ רֹאשׁ qal) 78c
ἀναλαμβάνειν 78c
ἀναλάμπειν 79a
#ἀναντλῆναι 80b (Pr. 9.12)
ἀναστέλλειν 82a
ἀναφέρειν 84c
ἀνιέναι (= ἀνίημι) 102b (Je. 27[50].7)
ἀνιστᾶν, ἀνιστάναι 102c
ἀνοίγειν *167b*
⟦ἀνταίρειν 108b⟧ → שָׂנֵא qal ≈ μισεῖν
ἀνταλλάσσειν (נ׳ פָּנִים qal) 108c
ἀντιλαμβάνεσθαι 110c
ἀντιτάσσεσθαι 112a (+III Ki. 11.34)
⟦ἀντλεῖν 112a⟧ → ἀναντλῆναι
ἀνυψοῦν *167b*
ἀξιοῦν (נ׳ רִנָּה qal) 113b
ἀποφέρειν 149c
ἀφαιρεῖν 180a
ἀφίειν, ἀφιέναι 183b
βάλλειν 189c
βαστάζειν 215a
βοᾶν 222a
ἑκουσίως βούλεσθαι (נ׳ לֵב qal) 226b, 438c
γέμειν 235c
⟦γνωρίζειν (נ׳ יָד qal) 273a⟧
δεῖσθαι (נ׳ תְּפִלָּה qal) 288a
δέχεσθαι 294c
διαίρειν 302c
⟦διδόναι *171b*⟧
διηγεῖσθαι *171c*
δοκεῖν τῇ διανοίᾳ (נ׳ לֵב qal) 339b
δορατοφόρος (נֹשֵׂא רֹמַח) 344b
ἐκδέχεσθαι *173b*
ἐκλέγειν *173c*
⟦ἐκσπᾶν 441b⟧ → מָשָׁה qal
ἐκτείνειν 442a
ἐκφέρειν 444c
ἐξαίρειν 485a
ἐξιλάσκειν *175c*
ἐπάγειν 503c
ἐπαίρειν 505a, *176a*
ἐπαισχύνεσθαι + πρόσωπον (= פָּנִים) 505b
#ἔπαρσις 508b (IV Ki. 19.25; La. 3.47)
ἐπιβάλλειν 516a
ἐπιδέχεσθαι *176c*
ἐπιτιθέναι 535c
⟦ἔσθειν, ἐσθίειν 554a⟧
εὐίλατος 571c
εὑρίσκειν + χάριν (= חֶסֶד/חֵן) 576c
εὐφραίνειν + understood object φωνήν (= קוֹל) 581a
ἔχειν 586c
ζημιοῦν (נ׳ עֹנֶשׁ qal) 594c
θαυμάζειν 626c
θαυμαστός (נְשׂוּא פָנִים) 627b
θυρεοφόρος, θυρεωφόρος (נֹשֵׂא צִנָּה) 663c
ἰδεῖν (נ׳ אֶת־עֵינַיִם qal) 669b
ἵλεως γίνεσθαι 256c, 684c
⟦καταδυναστεύειν 731a⟧
καταλαμβάνειν 735a
⟦κατέσθειν, κατεσθίειν 749b⟧ → אָכַל qal
κομίζειν 777b
λαμβάνειν 847a, *183a*
⟦ποιεῖν λήθην 875c, 1154a⟧ → נָשָׁה II qal
λύειν 889a
μιμνήσκεσθαι 927c
ὁπλοφόρος (נֹשֵׂא צִנָּה) 1004a
⟦παιδεύειν 1047a⟧
παραδέχεσθαι 1058a
[παριδεῖν] *188a*
πελταστής (נֹשֵׂא מָגֵן) 1116b
περιτιθέναι 1127c
προσδέχεσθαι 1212c
προσφέρειν 1222c
σάλος 1258a
σημειοῦν 1264a
σκυλεύειν 1277b
συναντιλαμβάνεσθαι 1312a
*#συνοικεῖν μετὰ θυγατέρος (נ׳ מִבְּנוֹת qal) 1317c (I Es. 8.67)
*#συνοικίζειν 1317c (I Es. 8.81; 9.36)
τάσσειν 1337a
τιθέναι 1348c
⟦τροποφορεῖν 1376b⟧ → τροφοφορεῖν
τροφοφορεῖν 1376c
ὑπέχειν 1411c
#ὑπολαμβάνειν 1414c (Je. 44[37].9)
ὑποστέλλειν (נ׳ פָּנִים qal) 1417a
ὑποφέρειν 1418a
ὑψοῦν 1422a
φέρειν 1426c
φωνεῖν 1447b
χωρεῖν 1482b
נָשָׂא ni.
αἴρειν 34c
ἄρσις 161a
αὐξάνειν, αὔξειν 178c
βαστάζειν *169a*
δόμα 341a
δοξάζειν 343b
ἐξαίρειν 485a
ἐπαίρειν 505a
λαμβάνειν 847a
μετεωρίζειν 917b
μετέωρος 917c
πληροῦν 1147c
ὑπαίρειν 1405c
ὑπεραίρειν 1408b
ὑψηλός 1419b
ὑψοῦν 1422a
נָשָׂא pi.
αἴρειν 34c
ἀνιστᾶν, ἀνιστάναι 102c
ἀντιλαμβάνεσθαι 110c
*#βοηθεῖν 223b (I Es. 2.6)
⟦διδόναι 317b⟧
*δοξάζειν 343b
ἐλπίζειν + ψυχῇ (= נֶפֶשׁ) 453c
ἐπαίρειν 505a
εὔχεσθαι + ψυχή (= נֶפֶשׁ) 583c
λαμβάνειν 847a
ποιεῖν πρωτεύειν 1235b
ποιεῖν αὐτὸν πρῶτον 1235c
τιμᾶν 1353a
ὑψοῦν 1422a
נָשָׂא hi.
⟦ἐνάγειν *175a*⟧
ἐπάγειν 503c, *176a*
#ἐπαίρειν 505a (Ob. 3)
⟦ἔρχεσθαι 548b⟧
λαμβάνειν 847a
נָשָׂא hithp.
αὔξειν 178c
γαυριοῦν 234c
γαυροῦν 234c
ἐπαίρειν 505a
⟦εὐφροσύνη 582c⟧
κατανιστάναι 739b
ὑψοῦν 1422a
נְשָׂא pe. (Aramaic)
*#ἀποφέρειν 149c
ἐξαίρειν 485a
λαμβάνειν 847a
ῥιπίζειν 1252a
נְשָׂא ithpa. (Aramaic)
*#ἀντιπαρατάσσειν 111b (I Es. 2.26)
ἐπαίρειν 505a
נָשַׂג hi.
ἀφικνεῖσθαι 184a
ἐκποιεῖν 439b
ἐκτείνειν *173c*
⟦ἐξολεθρεύειν, ἐξολοθρεύειν 497c⟧
ἐπέρχεσθαι *176b*
ἐπιγινώσκειν *176c*
⟦ἐπιστρέφειν 531a⟧ → שׁוּב hi.
⟦εὖ ποιεῖν 568b, 1154a⟧ → ἐκποιεῖν
εὐπορεῖν 576a
εὑρίσκειν 576c, *178a*
#εὕρεμα *178a* (Si. 32[35].12)
#εὕρεσις *178a* (Si. 13.26)
ἰσχύειν 692c
καταλαμβάνειν 735a, *181b*
#κατέχειν 750c (Ps. 72[73].12)
λαμβάνειν 847a
συναντᾶν 1311a
#ὑπερβαίνειν 1409a (Jb. 24.2)
נָשִׂיא
⟦ἀνήρ 88a⟧
ἀρχηγός 165a
ἄρχων 166b
ἀφηγεῖσθαι 183a
βασιλεύς 197a
δυνάστης *172c*
⟦ἔθνος 368b⟧
ἐπαίρειν 505a
ἡγεῖσθαι 602c, *178c*
νεφέλη 943b
νέφος 944a
προηγεῖσθαι *190a*
*#προστάτης 1221a (I Es. 2.12)
נָשַׂק ni.
ἀνάπτειν 81c
נָשַׂק hi.
ἐκκαίειν *173c*
καίειν 705a
נָשָׁא qal
ἀπαιτεῖν (נ׳ qal, נָשָׁה) 116b
ὀφ(ε)ίλειν 1039a
ὑπόχρεως (אֲשֶׁר־לוֹ נֹשֶׁא) 1418b
נָשָׁא hi.
ἀναπείθειν 81a (Je. 36[29].8)
ἀνθιστάναι 95c
ἀπατᾶν 119b
#ἀποπλανᾶν *168a* (Si. 13.6)
⟦ἐγχειρεῖν 367b⟧ → נָסָה pi.
⟦ἐπαίρειν 505a⟧
⟦πείθειν 1114b⟧ → ἀναπείθειν
נְשָׁא (Aramaic)
⟦γυνή 278b (Da. 6.24)⟧ → אִנְתָּה
נָשַׁב qal
ἐκφυσᾶν *174a*
⟦ἐμφυσᾶν *174b*⟧
נָשַׁב hi.
πνεῖν 1151c, *189a*
נָשָׁה I qal
ἀπαιτεῖν (נ׳ qal, נָשָׁא) 116b
δάν(ε)ιον 285a
δαν(ε)ιστής 285a
#ἐγκαταλείπειν 365a (De. 32.18)
⟦ἐκφέρειν 444c⟧ → נָשָׂא qal
κατεπείγειν 749a
ὀφ(ε)ίλειν 1039a
ὀφείλημα ἐστι 1039b
ὑπόχρεως 1418b
⟦ὠφελεῖν 1497b⟧ → ὀφ(ε)ίλειν
נָשָׁה II qal
ἐπιλανθάνειν 524a, *176c* (Si. 13.10)
#ποιεῖν λήθην 875c, 1154a (Jb. 7.21)
נָשָׁה II ni.
ἐπιλανθάνειν 524a
נָשָׁה II pi.
ἐπιλαθέσθαι ποιεῖν 1154a
נָשָׁה II hi.
κατασιωπᾶν 743c
⟦ὀφ(ε)ίλειν 1039a⟧ → נָשָׁה I qal
נְשִׁי
⟦τόκος 1363b⟧ → נֶשֶׁךְ
נְשִׁיָּה
ἐπιλανθάνειν 524a
נְשִׁיקָה
φίλημα 1430c
נָשַׁךְ I qal
ἐκδαν(ε)ίζειν 421c
πλήσσειν 1149c
ὀφιόδηκτος *187c*
נָשַׁךְ I pi.
δάκνειν 284a
נָשַׁךְ II qal
ἐκδαν(ε)ίζειν 421c
נָשַׁךְ II hi.
ἐκτοκίζειν 443b
נֶשֶׁךְ
τόκος 1363b
נִשְׁכָּה
γαζοφυλάκειν 233a
נָשַׁל qal
ἐκπίπτειν 439b

ἐκρεῖν 441a
ἐξαίρειν 485a
καταναλίσκειν 739b
λύειν 889a
נָשַׁל pi.
ἐκβάλλειν 420c
נָשַׁם qal
#ζῆν 594c (Jb. 18.20)
נִשְׁמָא (Aramaic)
πνεῦμα 1151c
πνοή 1153b
נְשָׁמָה
ἐμπνεῖν 458c
ἔμπνευσις 458c
ζωή 178b
θυμός 660c
πνεῦμα 1151c
πνοή (נִשְׁמַת־רוּחַ נ׳) 1153b, 189b (Si. 30[33].29)
נָשַׁף
ἀποστέλλειν 141b
πνεῖν 1151c
נֶשֶׁף
ἀωρία 188c
ἑωσφόρος 593c
μεσονύκτιον 912c
νύξ 954c
ὄψε 1044a
πρωΐ 1234b
σκοτ(ε)ινός 1276a
σκότος 1276b
#φῶς 195c (Si. 35[32].16)
נָשַׁק qal
ἐντείνειν 477a
#ἐπιλαμβάνειν 523c (Jl. 2.9)
καταφιλεῖν 747c
πελταστής (נשֵׁק מָגֵן) 1116b
προσκυνεῖν 1217b
#συνάπτειν 1312b (Ne. 3.19)
τοξότης (נשֵׁק קֶשֶׁת) 1364b
ὑποκούειν 1405c
φιλεῖν 1430b
נָשַׁק pi.
δράσσεσθαι 348c
καταφιλεῖν 747c
φιλεῖν 1430b
נָשַׁק hi.
πτερύσσεσθαι 1238b
נֵשֶׁק, נֶשֶׁק I
βέλος 217a
ὅπλον 1003c
πόλεμος 1172a
⟦συνάπτειν 1312b⟧ → נָשַׁק qal
נֵשֶׁק II
#στακτή 1286c (III Ki. 10.25 || II Ch. 9.24)
נֶשֶׁר
ἀετός 28c
נְשַׁר (Aramaic)
ἀετός 28c
נָשַׁת qal
θραύειν 654b
ξηραίνειν 957a
נָשַׁת ni.
⟦πίνειν 1134a⟧ → שָׁתָה I ni.
נִשְׁתְּוָן (Aramaic)
*#τὰ γραφέντα 276a
διάταγμα 312c
*#ἐπιστολή 530c (I Es. 2.30)
*#προσφωνεῖν (הֲתִיב נ׳) 1223c (I Es. 6.6)
#φορολόγος 1438a (I Es. 4.7, 18; 5.5)
נָתַח pi.
διαιρεῖν 302c
διχοτομεῖν 338a
#καταγνύναι 730a (II Ki. 22.35)
κρεανομεῖν 784c
μελίζειν 909a
נֵתַח
διχοτόμημα 338a
μέλος 909b, 184b
μερίς 911a
נָתִיב
τρίβος 1372b
נְתִיבָה
ἀτραπός 176c
⟦ὁδός 962b⟧ → τρίβος
τρίβος 1372b
נָתִין
*#ἱερόδουλος 683a (I Es. 1.3 et al.)
נְתִין (Aramaic)
*#ἱερόδουλος 683a (I Es. 8.22)
נְתִיתִים
διδόναι 317b
נָתַךְ qal
δακρύειν 284a
ἐκκαίειν 432b
ἐπέρχεσθαι 509c
στάζειν 1286a
נָתַךְ ni.
ἐκκαίειν 432b
⟦ἐκχεῖν, ἐκχέειν 445c⟧ → χεῖν
στάζειν 1286a
τήκειν 1348a
χεῖν 1457c
χωνεύειν 1480c
נָתַךְ hi.
ἀμέλγειν 65b
#διατήκειν 313a (Hb. 3.6)
⟦ἐπαφιέναι 509a (Jb. 10.1)⟧ → עָזַב qal
χωνεύειν 1480c
נָתַךְ ho.
#διατήκειν 313a (Hb. 3.6)
χωνεύειν 1480c
נָתַן qal
ἄγειν 9a (–Pr. 1.20; Is. 43.6)
⟦αἰτεῖν 37c⟧
αἴτημα (מָה אֶתֵּן) 38a
⟦ἀναβάλλειν 72c⟧ → ἐμβάλλειν
⟦ἀνιστᾶν, ἀνιστάναι (נ׳ צְבִי qal) 102c⟧ → יָצַב hithp.
ἀντιδιδόναι 110b
*#ἀπερείδεσθαι 120c (I Es. 1.41; 2.10)
*ἀποδιδόναι 126b
ἀπόδομα 127c
ἀποστέλλειν 141b
ἀποτίνειν 149a
ἀφιεῖν, ἀφιέναι 183b, 169b
⟦γίνεσθαι 256c⟧
⟦δεικνύειν, δεικνύναι 286a⟧ → διδόναι
⟦δεκτός 289c⟧
⟦διαδιδόναι 300b⟧ → διδόναι
διατιθέναι 313b
*διδόναι 317b, 171b (+Si. 30[33].28, 31)
διεμβάλλειν 328b
δόμα 341a
#δότης 344c (Si. 3.17 [A])
δωρεῖσθαι 359a
ἐᾶν 361a
εἰπεῖν/ἐρεῖν + δίκαια (= צֶדֶק) 384a (Jb. 36.3)
⟦ἐκβάλλειν 420c⟧ → ἐμβάλλειν
*ἐκδιδόναι (נ׳ בְּ qal, נ׳ לְחֹק qal) 422a
ἐκτίνειν 443b
ἐκχεῖν, ἐκχέειν 455c
#ἐλεᾶν 449a
⟦ἐλεεῖν 449c⟧ → ἐλεᾶν
#ἐμβάλλειν 455a
ἐνδιδόναι 470b
ἐνδύ(ν)ειν 471a
⟦ἐπαίρειν 505a⟧
*ἐπιβάλλειν + χεῖρα (= יָד) 516a
ἐπιδιδόναι 519b
ἐπίκεισθαι 523a
ἐπιστοιβάζειν 177a
ἐπιτάσσειν 534c
ἐπιτιθέναι 535c, 177a
ἐπιχεῖν 538c
εὐδοκεῖν 569a
ἐφιστάναι 585c, 178b
ἔχειν 586c
*#θέσις 649b (I Es. 1.3)
⟦ἱστάναι, ἱστᾶν 689a⟧ → διδόναι
⟦καθιέναι 701c⟧ → τιθέναι
καθιστάναι 702c
⟦κατακαλύπτειν (נ׳ עַל qal) 732c⟧
κατακληρονομεῖν 733b
κατατάσσειν 746c
⟦κατατιθέναι 746c⟧ → τιθέναι
κατευθύνειν 181c
κηρύσσειν (נ׳ קוֹל qal) 763c
κληρονομεῖν (נ׳ נַחֲלָה qal) 768a
μερίζειν 184b
οἰκεῖν (נ׳ pass. ptc.) 968a
⟦οἰκτείρειν 982c⟧
ὀφ(ε)ίλειν (מִי־יִתֵּן) 1039a
εἰ γὰρ ὄφελον (מִי־יִתֵּן) 1039a
*παραδιδόναι 1058a
παράδωσις(?) 1059c
παρακλίνειν 187c
⟦παραλύειν 1062a⟧
παρανακλίνειν 187c
παρατιθέναι (נ׳ qal, נ׳ לִפְנֵי qal) 1065a
⟦[παρεγκλίνειν] 187c⟧ → παρανακλίνειν
περιτιθέναι 1127c
ποιεῖν 1154a
προδιδόναι 1206a
προεκφέρειν 1206a
προϊέναι 1207a
προσδιδόναι 1213a
προστιθέναι 1221a
⟦προτιθέναι 1231a⟧ → προστιθέναι
στηρίζειν 1290c
συνάγειν 1307b
τάσσειν 1337a
τιθέναι 1348c, 193b
⟦τρυπᾶν 1377b⟧
ὑποσκελίζειν (נ׳ מוֹקֵשׁ qal) 1416c
ὑποτάσσειν (נ׳ יָד תַּחַת qal) 1417b
ὑποτιθέναι 1417c
⟦φέρειν 1426c⟧ → διδόναι
χαρίζεσθαι 1454c
נָתַן ni.
⟦γίνεσθαι 256c⟧
διδόναι 317b, 171b (+Si. 26.3)
ἐκτιθέναι 443a
⟦ἐπιτιθέναι 535c⟧ → ἐκτιθέναι
εὑρίσκειν 178a
*παραδιδόναι 1058a, 187b
παράδοσις 1059b
נָתַן ho.
⟦διδόναι 317b⟧ → נָתַן qal
⟦ἐπιχεῖν 538c⟧ → נָתַן qal
⟦κρεμάζειν, κρεμᾶν, κρεμαννύναι 785c⟧
נְתַן pe. (Aramaic)
*διδόναι 317b
נָתַס qal
ἐκτρίβειν 444a
נָתַץ qal
διασπείρειν 310c
καθαιρεῖν 697b
καταβάλλειν 728c
καταλύειν 738b
κατασκάπτειν 743c
κατασπᾶν 745a
καταστρέφειν 745c
συνθλᾶν 1316a
נָתַץ ni.
ἀφανίζειν 181b
διαθρύπτειν 302b
נָתַץ pi.
καθαιρεῖν 697b
κατασκάπτειν 743c
κατασπᾶν 745a
καταστρέφειν 745c
*#λύειν 889a (I Es. 1.55)
נָתַץ pu.
καθαιρεῖν 697b
κατασκάπτειν 743c
נָתַץ ho.
καθαιρεῖν 697b
נָתַק qal
ἀφιστᾶν, ἀφιστάναι, ἀφιστάνειν 184b
ἐκκενοῦν 432c
ἐκσπᾶν 441b
ἐκτομί(α)ς 443b
#ἕλκειν, ἑλκύειν 453a (Pr. 25.20)
נָתַק ni.
ἀπορρήσσειν 140a
ἀποσπᾶν 141a
διαρρηγνύειν, διαρρηγνύναι, διαρρήσσειν 309a
διασπᾶν 310c
ἐκρηγνύναι 441a
⟦παράγειν 1056b⟧ → ῥηγνύναι
ῥηγνύναι 1248c
נָתַק pi.
διαρρηγνύειν, διαρρηγνύναι, διαρρήσσειν 309a
διασπᾶν 310c
σπᾶν 1281b
נָתַק hi.
ἀποσπᾶν 141a
ἀφιστᾶν, ἀφιστάναι, ἀφιστάνειν 184b

נָתַק ho.
ἐκκενοῦν 432c
ἐξέλκειν, ἐξελκύειν 491a
נֶתֶק
θραῦσμα 654c
νίτρον 945c
⟦τραῦμα 1369c⟧ → θραῦσμα
נָתַר qal
ἀπορρεῖν 140a
נָתַר pi.
#ἐξάλλεσθαι 487a (Na. 3.17)
πηδᾶν 1131a
נָתַר hi.
διαλύειν 305a
⟦διατήκειν 313a⟧ → נָתַךְ hi.
λύειν 889a
נְתַר aph. (Aramaic)
ἐκτινάσσειν 443b
נָתַשׁ qal
ἀποσπᾶν 141a
ἐκβάλλειν 420c
ἐκκόπτειν 434c
ἐκριζοῦν 441a, *173c*
ἐκτελεῖν 442c
ἐκτίλλειν 443a
ἐξαίρειν 485a
ἔξαρσις 490a
καθαιρεῖν 697b
נָתַשׁ ni.
#ἀφιστάναι 184b (Da. LXX 11.4)
?ἐκκλ(ε)ίνειν 433c
ἐκλείπειν 435c
ἐκσπᾶν 441b
ἐκτίλλειν 443a
נָתַשׁ ho.
⟦κατακλᾶν 733b⟧ → תָּשַׁשׁ ho.

ס

סְאָה
δίμετρον (סָאתַיִם) 335c
μετρητής 918a
μέτρον, μέτρος 918b
οἰφ(ε)ί 985a
סָאַן
⟦ἐπισυνάγειν 534a⟧
סָבָא
μέθυσος 908a
οἰνοπότης (סֹבֵא־יַיִן) 983c
⟦οἰνοῦσθαι 984c⟧
οἰνοφλυγεῖν, οἰνοφρύγειν(?) 984c
συμβολοκοπεῖν *192b*
סֹבֶא
οἶνος 983c
סָבַב qal
αἴτινος 38b
#ἀναστρέφειν 82b
ἀναχωρεῖν 85c
ἀποστρέφειν 145b
διέρχεσθαι 328c
ἐκκλ(ε)ίνειν 433c
ἐπιστρέφειν 531a
#καθίζειν *180a* (Si. 35[32].1)
κατακλίνειν 733c
⟦κυκλεύειν 796b⟧ → κυκλοῦν
κυκλόθεν 796b
κύκλος 797a
κυκλοῦν 798b
⟦κύκλωμα 798c⟧
#μεταβάλλειν 915b (Is. 13.8)
μετάγειν *184b*
μετέρχεσθαι 917b
περιέρχεσθαι 1123a
περιϊστάναι 1123c
περικυκλοῦν 1124a
περιστρέφειν 1127a
⟦προσάγειν 1211b⟧
ῥεμβεύειν 1248c
στρέφειν 1296c
סָבַב ni.
διέρχεσθαι 328c
ἐκπορεύεσθαι 439c
ἐπιστρέφειν 531a
κυκλοῦν 798b
μεταστρέφειν 916c
⟦παρέρχεσθαι 1068c⟧ → διέρχεσθαι and περιέρχεσθαι
περιέρχεσθαι 1123a
περικυκλοῦν 1124a
περιπορεύεσθαι 1125c
סָבַב pi.
⟦περιαιρεῖν 1121b⟧ → περιέρχεσθαι
περιέρχεσθαι 1123a
סָבַב polel
κυκλοῦν 798b
περιέρχεσθαι 1123a
סָבַב hi.
*ἀποστρέφειν (ס׳ פָּנִים hi.) 145b
ἐπιστρέφειν 531a
ἐπιτιθέναι 535c (IV Ki. 24.17)
κυκλοῦν 798b
*μεταστρέφειν 916c
μεταφέρειν 917b
μετέρχεσθαι 917b
περιάγειν 1121b
περιέρχεσθαι 1123a
ποιεῖν + τείχη acc. (= חוֹמָה) 1154a (II Ch. 14.7[6])
στρέφειν 1296c
⟦συγκαλύπτειν 1299a⟧ → כָּסָה pi.
⟦τιθέναι 1348c (IV Ki. 24.17)⟧ → ἐπιτιθέναι
סָבַב ho.
περιάγειν 1121b
περικυκλοῦν 1124a
στροφωτός 1297b
συμπορπᾶν 1306a
סִבָּה
μεταστροφή 917a
סָבִיב
⟦ἐπιστρέφειν 531a⟧ → סָבַב qal
κυκλόθεν (ס׳ ס׳, מִס׳, ס׳) 796b, *182c*
ὁ κυκλόθεν (מִס׳) 796b
κύκλος (ס׳ ס׳, מִס׳, ס׳) 797a
κυκλοῦν (ס׳, חָנָה ס׳) 978b
κύκλωμα 798c
πάντοθεν *187b*
περικυκλοῦν 1124a
περίοικος 1124c
περιφερής 1128a
⟦ὑπέρκυκλῳ 1410c⟧
סְבִיבָה
#περικύκλῳ 1121a, 1124b
#σύνεγγυς *192c* (Si. 14.24)
סָבַךְ qal
*#περιπλέκειν 1125b (Na. 1.10)
סָבַךְ pu.
⟦κοιμᾶν 773c⟧ → שָׁכַב qal
סְבָךְ
δάσος 285b
§σαβεκ 1257a
φυτόν 1447a
סְבֹךְ
δρυμός 349b
μάνδρα 895a
סֹבֶךְ
#σμῖλαξ 1278b (Na. 1.10; Je. 26[46].14)
סַבְּכָא (Aramaic)
see also שַׂבְּכָא
σαμβύκη 1259a
סָבַל qal
ἀναλαμβάνειν 78c
ἀναφέρειν 84c
ἀνέχειν 87c
πονεῖν 1186a
ὑπέχειν 1411c
סָבַל pu.
παχύς 1112c
סָבַל hithp.
παχύνειν 1112c
סְבַל poel (Aramaic)
τιθέναι 1348c
סַבָּל
ἆρσις 161a
νωτοφόρος 956c
סֵבֶל
ἆρσις 161a
ἀρτήρ 161a
סֹבֶל
⟦ζυγός, ζυγόν 599a⟧
ἐπ᾽ αὐτῶν κείμενος 758b
⟦κῦδος 796a⟧
סִבְלָה, סְבָלָה
δυναστ(ε)ία 354c
ἔργον 541c
καταδυναστεία 731a
πόνος 1188b
סְבַר pe. (Aramaic)
προσδέχεσθαι 1212c
ὑπονοεῖν 1416b
סָגַד qal
κύπτειν 799c
προσκυνεῖν 1217b
סְגִד pe. (Aramaic)
προσκυνεῖν 1217b
סְגוֹר
συγκλεισμός 1300a
סְגֻלָּה
περιουσιασμός 1125a
περιούσιος 1125a
λαὸς περιούσιος 1125a
ὃ περιπεποίημαι 1125c
περιποίησις 1125c
סֶגֶן, סָגָן
ἄρχων 166b
βασιλεύς 197a
*#μεγιστάν 907a (I Es. 8.70)
στρατηγός 1295b
סְגַן (Aramaic)
ἡγεῖσθαι 602c
σατράπης 1260c
στρατηγός 1295b
τοπάρχης 1364b
ὕπατος 1407b
סָגַר qal
ἀναπληροῦν 81b
ἀποκλείειν 132b
ἀπόκλειστος 132c
καθαρός 698c
⟦καταλαμβάνειν 735a⟧
κατειλεῖν 749a
κλείειν 767a
#προσοίγειν 1218c (Ge. 19.6)
συγκλείειν 1299c
συγκλειστός 1300a
συναποκλείειν 1312a
σύνδεσμος 1312c
סָגַר ni.
ἀποκλείειν 132b
ἀποκλίνειν 132c
ἀφορίζειν 185c
ἐγκλείειν 366c
κλείειν 767a
συγκλείειν 1299c
סָגַר pi.
ἀποκλείειν 132b
#συγκλείειν 1299c
סָגַר pu.
⟦ἀποκλείειν 132b⟧ → סָגַר pi.
κλείειν 767a
ὀχυροῦν 1043c
συγκλείειν 1299c
סָגַר hi.
ἀποκλείειν 132b
ἀφορίζειν 185c
ἐξαίρειν 485a
κλείειν 767a
παραδιδόναι 1058a, *187b*
συγκλείειν 1299c
סָגַר hithpo.
ἐμπίπτειν *174b*

סְגַר pe. (Aramaic)
ἐμφράσσειν 460c
סַגְרִיר
χειμερινός 1457c
סַד
⟦κύκλωμα 798c⟧ → κώλυμα
κώλυμα 839c
ξύλον 958a
סָדִין
βύσσος 232b
ὀθόνιον 967c
σινδών 1267a
סָדַר qal
κοσμεῖν *182b*
τάσσειν *193a*
⟦[τείνειν] *193a*⟧ → τάσσειν
סֵדֶר
#τάξις 1334b (Pr. 31.24[26])
סַהַר
⟦τορευτός 1367b⟧ → τορνευτός
#τορνευτός (Ca. 7.2[3])
סֹהַר
ἀρχιδεσμοφύλαξ (שַׂר בֵּית־ס׳) 165b
δεσμωτήριον (בֵּית ס׳) 292b
ὀχύρωμα (בֵּית ס׳) 1043c
סוּג qal
⟦ἀναμιγνύναι 79c⟧
ἀφιστᾶν, ἀφιστάναι, ἀφιστάνειν 184b
ἐκκλ(ε)ίνειν 433c
θρασυκάρδιος (סוּג לֵב qal) 654b
φράσσειν 1438b
סוּג ni.
ἀντιλέγειν 111a
ἀποστρέφειν 145b, *168b*
ἀποχωρεῖν 150a
ἀπωθεῖν 151a
ἀφιστᾶν, ἀφιστάναι, ἀφιστάνειν 184b
ἐκκλ(ε)ίνειν 433c
⟦ἐπιστρέφειν 531a⟧ → ἀποστρέφειν
סוּג hi.
ἐκνεύειν 438b
μεταίρειν 916a
μετακινεῖν 916a
μετατιθέναι 917a
⟦ὑπερβαίνειν 1409a⟧ → נָשַׂג hi.
סוּג ho.
ἀφιστᾶν, ἀφιστάναι, ἀφιστάνειν 184b
סוּגַר
#γαλέαγρος 233c (Ez. 19.9)
⟦κημός, κιμός 763a⟧ → γαλέαγρος
סוּד qal
ἀδολεσχεῖν *165b*
סוּד hithp.
⟦βουλεύειν *169c*⟧
συμβουλεύειν *192b*
συνεδρεύειν *192c*
סוֹד
βουλή 227c, *169c*
γνώμη 273a
διήγησις *171c*
εἰδεῖν, εἰδέναι (מְתֵי סוֹד) 374b
⟦ἐπισκοπή 528c⟧
⟦κραταίωμα 783a⟧
κρύφιος *182c*
μυστήριον *185c*
σύμβουλος (בַּעַל סוֹד) *192b*
συναγωγή 1309b
συνεδριάζειν 1313a
συνέδριον 1313a
σύνταγμα 1318a
συστροφή 1324a
⟦ὑπόστασις 1417a⟧ → יְסוֹד
⟦ὑπόστημα, ὑπόστεμα 1417a⟧ → יְסוֹד
סוּחָה
κοπρία 778c
סוּךְ qal
ἄλειμμα 52c
ἀλείφειν 52c
ἔλαιον, ἔλεον 447a
χρίειν 1475b
סוּךְ hi.
ἀλείφειν 52c
סוּמָה
θησαυρός *179b*
סוּמְפֹּנְיָא, סוּמְפֹּנְיָה (Aramaic)
συμφωνία 1306c
סוּס I
ἱππεύς (רֹכֵב, סוּס) 687a
*ἵππος 687b, *180b* (Si. 36[33].6)
סוּס II
χελιδών (סוּס, סוּס עָגוּר) 1467b
סוּסָה
ἵππος 687b
סוּף I qal
ἀναλίσκειν 79b (+Pr. 23.28)
ἐκλείπειν 435c
ἔλος 453b
καταναλίσκειν 739b
συντελεῖν 1319b
τελεῖν 1342c
סוּף I hi.
⟦ἐκλείπειν 435c⟧ → אָסַף ni.
סוּף II pe. (Aramaic)
συντελεῖν 1319b (Da. TH 4.30)
τελεῖν 1342c (Da. LXX 4.30)
סוּף II aph. (Aramaic)
ἀφανίζειν 181b
λικμᾶν, λιχμᾶν 878b
סוּף III
ἐρυθρός 548b
ἔσχατος 558a
πάπυρος 1054b
§σ(ε)ιφ 1262b
סוֹף (Hebrew and Aramaic)
ἄκρος 51b
#ἔσχατος *177b* (Si. 51.14)
καταστροφή 746a
ὀπίσω 1001c
πέρας 1120a
συντέλεια 1318c (Na. 1.3), *192c*
τέλος 1344a
סוּפָה
γνόφος 272c
#δῖνη 336a (Jb. 37.9)
καταιγίς 731b
καταστροφή 746a
λαῖλαψ 841a
⟦ὀδύνη 967a⟧
ὀργή 1008b
⟦συντέλεια 1318c⟧ → סוֹף
συστροφή *193a*
סוּר qal
⟦αἱρετίζειν 36a⟧
ἀκίνητος (סוּר qal + neg.) 44a
ἄκυρον ποιεῖν 51c
ἀνακάπτειν 78b
#ἀναχωρεῖν 85c (Pr. 25.8)
ἀπέρχεσθαι 121a
ἀπέχειν 122a
ἀποπλανᾶν *168a*
ἀποστρέφειν 145b
ἀποσχίζειν 148c
ἀφαιρεῖν 180a
ἀφιστᾶν, ἀφιστάναι, ἀφιστάνειν 184b, *169b*
#ἐγγίζειν *172a* (Si. 51.23)
⟦ἐκκινεῖν 432c⟧ → ἐκκλ(ε)ίνειν
ἐκκλ(ε)ίνειν 433c
ἐκλείπειν 435c
ἐκνεύειν 438b
ἐκπίπτειν 439b
ἐκφεύγειν (סוּר מִנִּי qal) 445b
ἐξαίρειν 485a
⟦" " *175c*⟧
ἐπιστρέφειν 531a
κακόφρων (סָרַת טַעַם) 712a
κινεῖν 765b
λαμβάνειν 847a
μακράν 892c
μακρύνειν 894a
μεθιστᾶν, μεθιστάναι, μεθιστάνειν 907b
*παραβαίνειν 1055b, *187b*
παρέρχεσθαι 1068c
περιαιρεῖν 1121b
סוּר polel
ἀφιστᾶν, ἀφιστάναι, ἀφιστάνειν 184b
סוּר hi.
ἀθετεῖν 29b
αἴρειν 34c
⟦αἱρεῖν 36a⟧ → ἀφαιρεῖν
ἀναφαιρεῖν 84c
#ἀνθιστάναι 95c (II Ki. 5.6)
ἀπαλλάσσειν 116b
*#ἀποκαθιστάναι 131b
ἀποκαλύπτειν 131c
⟦ἀποστέλλειν 141b⟧ → ἀφιστᾶν, ἀφιστάναι, ἀφιστάνειν
ἀποστρέφειν 145b
ἀφαιρεῖν 180a (+Ez. 26.16)
ἀφιστᾶν, ἀφιστάναι, ἀφιστάνειν 184b
διαλλάσσειν 304c
διαστέλλειν 311b
⟦διαφαιρεῖν(?) 314b⟧ → ἀφαιρεῖν
διαχωρίζειν 316a
⟦ἐκκλείειν 433a⟧ → ἐκκλ(ε)ίνειν
ἐκκλ(ε)ίνειν 433c
ἐκσπᾶν 441b
ἐξαίρειν 485a, *175c*
ἐξαποστέλλειν 488a
⟦ἑτοιμάζειν 563c⟧ → כּוּן hi.
καθαιρεῖν 697b
κατασπᾶν 745a
μεθιστᾶν, μεθιστάναι, μεθιστάνειν 907b
μετάγειν 915c
μεταίρειν 916a
παραβαίνειν 1055b
περιαιρεῖν 1121b
⟦περιτέμνειν 1127b⟧ → περιαιρεῖν
σαλεύειν 1257c
סוּר ho.
αἴρειν 34c
ἀφαιρεῖν 180a
ἀφιστᾶν, ἀφιστάναι, ἀφιστάνειν 184b
παράλλαξις 1061c
περιαιρεῖν 1121b
סוּת I hi.
⟦ἀγαπᾶν 5c⟧ → ἀπατᾶν
ἀπατᾶν 119b
ἀποστρέφειν 145b
εἰπεῖν, ἐρεῖν 384a
ἐπισείειν 527b
μετατιθέναι 917a
παρακαλεῖν 1060a
⟦πεποιθέναι ποιεῖν 1114b, 1154a⟧
⟦προσεπιαπατᾶν 1213b⟧
συμβάλλειν 1303a
συμβουλεύειν 1303c
סוּת II subst.
περιβολή 1122b
סָחַב qal
διασπασμός 310c
συμψᾶν 1307a
σύρειν 1322c
סְחָבָה
ῥάκος 1247c
סָחָה pi.
ἐξαίρειν *175c*
λικμᾶν, λιχμᾶν 878b
סָחִישׁ
ἀνατέλλειν 83a
סָחַף
λάβρος 840a
סָחַר qal
ἐμπορεύεσθαι 459a
ἐμπορεύεσθαι ἐπί 459a
ἐμπορία 459a
ἔμπορος 459a, *174b*
#κυκλοῦν 798b (Jb. 40[41].4)
μεταβολή 915c
μεταβόλος 915c
πορεύεσθαι 1189a
⟦πόρος 1195a⟧ → ἔμπορος
סָחַר pilp.
ταράσσειν 1336a
סַחַר
ἐμπορεύεσθαι 459a
ἐμπορία 459a
ἐργάζεσθαι, ἐργάζειν 540c
μεταβόλος 915c
סְחֹרָה
ἐμπορία 459a
סֹחֵרָה
⟦κυκλοῦν 798b⟧ → סָחַר qal
סֵטִים
παράβασις 1056a
סִיג
ἀδόκιμος 27b
ἀναμιγνύναι 79c
σύγκρασις 1300b
סִימָה
θησαυρός *179b*
סִיס
χελιδών 1467b

סִיף
βαθμὸς θυρῶν *169a*
סִיפֹּנְיָה (Aramaic)
see also סוּמְפֹּנְיָא, סוּמְפֹּנְיָה
συμφωνία 1306c
סִיר
ἄκανθα 43c
ἀκάνθινος 43c
⟦κρεάγρα 784c⟧ → יָעֶ
λέβης 863c (+I Ki. 2.14; III Ki. 7.40), *183b*
ποδιστήρ 1153c
#σκάνδαλον 1268b (Ho. 4.17)
#σκηνοπηγ(ε)ία 1273a
σκόλοψ 1275b
ὑποχύτηρ 1418b
*χαλκίον 1453a
סָךְ
⟦τόπος 1364b⟧
סֹךְ
κατάλυμα 738c
μάνδρα 895a
σκηνή 1271a
τόπος 1364b
סֻכָּה
σκηνή 1271a
*σκηνοπηγ(ε)ία 1273a
⟦σκήνωμα 1273b⟧ → σκηνή
ὕλη 1405a
סִכּוּת
⟦σκηνή 1271a (Am. 5.26)⟧ → סֻכָּה
סָכַךְ qal
#ἀντιλαμβάνεσθαι 110c (Ps. 138[139].13)
ἐπισκεπάζειν 527b
ἐπισκιάζειν 528c
περικαλύπτειν 1124a
⟦προφυλακή 1234a⟧ → סֹכֵךְ
σκεπάζειν 1268c
σκιάζειν 1274b
συσκιάζειν 1323a
סָכַךְ pilp.
⟦διασκεδάζειν, διασκεδαννύειν, διασκεδαννύναι 309c⟧
⟦ἐπεγείρειν 509a⟧
סָכַךְ hi.
ἀποκενοῦν 132b
πρὸς δίφρους καθῆσθαι (סָ׳ רַגְלַיִם hi.) 337c
ἐπισκιάζειν 528c
⟦καθῆσθαι 700b⟧
κατασκηνοῦν 744b
παρασκευάζειν (לְהָסֵךְ אֶת־רַגְלָיו) 1064a
σκεπάζειν 1268c
συγκλείειν 1299c
φράσσειν 1438b
סֹכֵךְ
#προφυλακή 1234a (Na. 2.5[6])
סָכַל ni.
ἀγνοεῖν 16a
ματαιοῦν 899b
μωραίνειν 938b
סָכַל pi.
διασκεδάζειν, διασκεδαννύειν, διασκεδαννύναι 309c
⟦μωραίνειν 938b⟧ → μωρεύειν
μωρεύειν 938b
סָכַל hi.
ἀφρόνως 186b
ματαιοῦν 899b
#ὑπεριδεῖν 1410b (Nu. 22.30)
#ὑπερορᾶν 1410c (Le. 26.37)
#ὑπερόρασις 1410c (Nu. 22.30)
סָכָל
ἀπαίδευτος *167c*
ἀφροσύνη 186b
ἄφρων 186c
μωρός 938c
סֶכֶל
ἄφρων 186c
סִכְלוּת
ἀφροσύνη 186b
⟦εὐφροσύνη 582c⟧ → ἀφροσύνη
ὀχληρία 1043a
סָכַן qal
#δεῖν ("to be necessary") 287a (Jb. 15.3)
⟦διδάσκειν 316c⟧
⟦ἐπισκοπὴ εἶναι 528c⟧
θάλπειν 623b
κενός, καινός ("empty") (סָ׳ qal + neg.) 759a
סָכַן ni.
κινδυνεύειν 765a
סָכַן hi.
προϊδεῖν 1206c
⟦προσδεῖν ("to be needy") *190a*⟧
סָכַר I qal
*#πολιορκεῖν 1173c (I Es. 5.72)
סָכַר I ni.
ἐμφράσσειν 460c
ἐπικαλύπτειν 522b
סָכַר I pi.
παραδιδόναι 1058a
סָכַר II qal
μισθοῦσθαι 930b
סָכַת ni.
σιγᾶν *191b*
סָכַת hi.
σιωπᾶν 1267c
סַל
κανοῦν 718c
κόφινος 781b
סָלָא pu.
⟦ἐπαίρειν 505a⟧ → סָלַל pu.
סָלַד pi.
ἅλλεσθαι 55c
סָלָה qal
ἐξουδενοῦν, ἐξουθενοῦν 500b
סָלָה pi.
ἐξαίρειν 485a
סָלָה pu.
συμβαστάζειν 1303b
סֶלָה
διάψαλμα 316b
סִלּוֹן
?ἐπισυνιστάναι 534b
σκόλοψ 1275b
סָלַח qal
ἀφαιρεῖν 180a
ἀφιέναι, ἀφιέναι 183b
ἐξιλάσκειν *175c*
ἐξιλασμός *175c*
εὐϊλατεύειν 571b
ἱλάσκεσθαι, ἱλάζειν 684b
ἵλεως γίνεσθαι 256c, 684c
ἵλεως εἶναι 684c
καθαρίζειν, καθερίζειν 698a
μιμνήσκεσθαι + neg. 927c
סָלַח ni.
ἀφίειν, ἀφιέναι 183b
סַלָּח
ἐπιεικής 519c
סְלִיחָה
ἀφίειν, ἀφιέναι 183b
ἐξιλασμός *175c*
ἱλασμός 684c
סָלַל qal
⟦ἐρευνᾶν 544c⟧ → שָׁאַל, שָׁאַל qal
ὁδοποιεῖν 962b
τρίβειν 1372b
סָלַל pilp.
περιχαρακοῦν 1128b
סָלַל pu.
#ἐπαίρειν 505a (La. 4.2)
סָלַל hithp.
ἐμποιεῖν 458c
ἐπαιτεῖν *176a*
πρόσκομμα *190b*
סֹלְלָה
πρόσχωμα 1223c
⟦πρόχωμα 1234a⟧ → πρόσχωμα
χαρακοβολία (שָׁפַךְ ס׳) 1454c
χάραξ 1454c
χῶμα 1480c
סֻלָּם
κλίμαξ 771a
סַלְסִלּוֹת
κάρταλλος 725a
סֶלַע
ἀντιλήπτωρ 111a
κραταίωμα 783a
⟦κραταίωσις 783a⟧ → κραταίωμα
κρημνός 785c
λεωπετρία, λεοπετρία (צְחִיחַ סֶ׳) 875b
πέτρα 1129c, *188c*
στερέωμα 1289b
סָלְעָם
ἀττάκης 176c
סָלַף pi.
διαστρέφειν *171b*
ἐξαίρειν 485a
καταστρέφειν 745c
λυμαίνειν, λοιμαίνειν 889b
μέμφεσθαι *184b*
φαυλίζειν 1425c
φαῦλον ποιεῖν 1154b, 1425c
סֶלֶף
⟦ὑποσκελισμός 1416c⟧
סְלֵק pe. (Aramaic)
*ἀναβαίνειν, ἀναβέννειν 70a
ἀναφύειν 85c
προσφύειν 1223c
סְלֵק aph. (Aramaic)
ἀναφέρειν 84c
סְלֵק hoph. (Aramaic)
ἀναφέρειν 84c
סָלַק
ἀναβαίνειν, ἀναβέννειν 70a
סֹלֶת
σεμίδαλις 1262c
סַם
ἥδυσμα 604c
ἡδυσμός 604c
θυμίαμα 660b
σύνθεσις 1316a
σύνθετος 1316a
סְמָדַר
κυπρίζειν 799c
κυπρισμός 799c
סָמַךְ qal
ἀντιλαμβάνεσθαι 110c
ἀντιλήπτωρ 111a
ἀντίληψις *167b*
ἀντιστήριγμα 111c
ἀντιστηρίζειν 111c
ἀπερείδεσθαι 120c
βοηθεῖν *169b*
ἐπιστηρίζειν 530b
ἐπιτιθέναι 535c
ἐφιστάναι 585c
⟦ἱστάναι, ἱστᾶν 689a⟧ → ἐφιστάναι
⟦προσάγειν 1211b⟧ → ἐπιτιθέναι
στηρίζειν 1290c, *192b*
ὑποστηρίζειν 1417b
χορηγεῖν *196a*
סָמַךְ ni.
ἀντιστηρίζειν 111c
ἐπιστηρίζειν 530b
καταθαρσεῖν 731b
στηρίζειν 1290c, *192b*
סָמַךְ pi.
στηρίζειν 1290c
סֶמֶל, סֵמֶל
γλυπτός 271a
εἰκών 377b
#στήλη 1290b (Ez. 8.3)
סָמַר qal
καθηλοῦν 700b
סָמַר pi.
φρίττειν 1439a
סְנֶה
βάτος ("bramble") 215a
#σκόλοψ *191c* (Si. 43.19)
סַנְוֵרִים
ἀορασία 113c
#τυφλός 1379b (Is. 61.1)
סְנַפִּיר
πτερύγιον 1238a
סָס
σής 1265b, *191b* (Si. 42.13)
סָעַד qal
ἀντιλαμβάνεσθαι 110c
ἀριστᾶν 157b
βοηθεῖν 223b
ἔσθειν, ἐσθίειν 554a
⟦περικυκλοῦν 1124a⟧
στηρίζειν 1290c
סְעַד pa. (Aramaic)
*βοηθεῖν 223b
סְעִיף
κλάδος 766a
ὀπή 1001b
σπήλαιον 1284b

σχισμή 1328a
τρυμαλιά 1377b
סָעַף pi.
συνταράσσειν 1318a
סֵעֵף
παράνομος 1062b
סְעַפָּה
παραφυάς 1065b
סְעִפָּה
ἰγνύα 669b
סָעַר qal
ἀκατάστατος 44a
ἐξεγείρειν κλύδωμα 490b
ἐξεγείρεσθαι 490b
κλύδων 772b
σείειν 1261c
סָעַר ni.
ἐκκινεῖν 432c
סָעַר pi.
ἐκβάλλειν 420c
סָעַר poel
ἀποφυσᾶν 150a
סָעַר hi.
ἀποθαυμάζειν *168a*
⟦ἐπιθαυμάζειν *176c*⟧ → ἀποθαυμάζειν
סַעַר
καταιγίς 731b
κλύδων 772b
λαῖλαψ 841a
ὀργή 1008b
συσσεισμός 1323b
סְעָרָה
ἐξαίρειν 485b
καταιγίς 731b
λαῖλαψ 841a, *183a*
ὀργή 1008b
πνεῦμα *189b*
σάλος 1258a
σεισμός 1262b
συσσεισμός 1323b
φέρειν 1426c
סַף
αἰλάμ, αἰλαμμεῖν 31a
§απφωθ 151a
ἀρχισωματοφύλαξ (שֹׁמֵר הַסַּף) 166a
αὐλή 177b
§αφφωθ (סִפִּים) 187b
*εἴσοδος 413c
θύρα 662c
λέβης 863c
πρόθυρον 1206c
πρόπυλον 1208c
πύλη 1240b
πυλών 1242a
§σαφ(φ)ωθ (סִפִּים) 1261a
σταθμός 1286b
τὸ ὑπέρθυρον (אַמּוֹת הַסִּפִּים) 1410a
סָפַד qal
⟦ἐπιληπτεύεσθαι 525a⟧
κλαίειν 766a
κόπτειν 779a
סָפַד ni.
κόπτειν 779a
סָפָה qal
ἀπολλύειν, ἀπολλύναι 136c
ἀφαιρεῖν 180a
ἀφανίζειν 181b
ἐξαίρειν 485b
⟦προστιθέναι 1221a (Is. 30.1; Am. 3.15)⟧ → יָסַף qal and ni.
συνάγειν 1307b
συναπολλύναι 1312a
סָפָה ni.
ἀπολλύειν, ἀπολλύναι 136c
ἐξολλύναι *176a*
⟦προστιθέναι 1221a (I Ki. 12.25; 26.10; 27.1)⟧ → יָסַף ni.
συμπαραλαμβάνειν 1304c
συνάγειν 1307b
συναπολλύναι 1312a, *192c*
סָפָה hi.
⟦συνάγειν 1307b⟧ → אָסַף qal
סִפּוֹן
δοκός 340a
סָפַח qal
παραρρίπτειν, παραριπτεῖν 1063c
סָפַח ni.
προστιθέναι 1221a
סָפַח pu.
διαιτᾶν 303a
סָפַח hithp.
στηρίζειν 1290c
סַפַּחַת
σημασία 1263b
סָפִיחַ
τὰ αὐτόματα ἀναβαίνοντα 70a
αὐτόματος 179c
סְפִינָה
πλοῖον 1150a
סַפִּיר
σάπφειρος 1259b
סֵפֶל
λεκάνη, λακάνη 873c
סָפַן qal
κοιλοσταθμεῖν 773c
κοιλόσταθμος 773c
ξυλοῦν 959b
ὀροφοῦν 1017c
⟦ταφνοῦν(?) 1338a⟧
φατνοῦν 1425c
סָפַק qal
ἐπικρούειν 523c
κροτεῖν 791c
⟦μεταστενάζειν 916c⟧ → XXX ≈ στενάζειν
πολύς, πλείων, πλεῖστος *189b*
συγκροτεῖν 1300c
χορηγεῖν *196a*
סָפַק pi.
προσποιεῖν *190b*
סָפַק hi.
#ἐκποιεῖν 439b (Si. 42.17)
⟦ἐμποιεῖν *174b*⟧
#προσποιεῖν *190b* (Si. 34[31].30)
סָפַר qal
ἀριθμεῖν 156b
ἀριθμός *168b*
⟦βιβλίον, βυβλίον 218b⟧ → סֵפֶר
γραμματεύς 275b, *170c*
γραμματικός 275c
⟦διηγεῖσθαι 329c⟧ → סָפַר pi.
⟦ἐξαγγέλλειν 483a⟧ → סָפַר pi.
ἐξαριθμεῖν 489c
ἥγησις 604a
⟦συνάγειν 1307b⟧ → אָסַף qal
סָפַר ni.
ἀναρίθμητος (מָנָה + neg. + ס׳ ,ר׳ ni. + neg.) 81c
ἀριθμεῖν 156b
ἐξαριθμεῖν 489c
ψηφίζειν 1485b
סָפַר pi.
ἀναγγέλλειν 74a
ἀπαγγέλλειν 113c
⟦ἀριθμεῖν 156b⟧ → סָפַר qal
⟦ἀριθμός 156c⟧ → מִסְפָּר
διαγγέλλειν 299b
διηγεῖσθαι 329c, *171c*
ἐκδιηγεῖσθαι 422b, *173b*
ἐξαγγέλλειν 483a
ἐξαριθμεῖν 489c
ἐξηγεῖσθαι 495b
ἐξιλάσκειν *175c*
ἐξομολογεῖν *176a*
⟦λαλεῖν 841c⟧
λέγειν 863c
ὑποδεικνύειν, ὑποδεικνύναι 1413a
סָפַר pu.
ἀναγγέλλειν 74a
⟦βίβλος, βύβλος 219b⟧ → סֵפֶר
διηγεῖσθαι 329c
ἐκδιηγεῖσθαι 422b
סָפַר (Aramaic)
*#ἀναγνώστης 76b
*γραμματεύς 275b
סֵפֶר
⟦ἀριθμός 156c⟧ → סָפַר qal
*βιβλίον, βυβλίον 218b
*βίβλος, βύβλος 219b
γράμμα 275a
γραμματικός 275c
ἐπιστολή 530c
⟦λόγος 881c (Da. TH 12.4)⟧ → βιβλίον, βυβλίον
συγγραφή 1299a
סֹפֵר
*#ἀναγνώστης 76b
#πρέσβυς 1201b (Is. 39.1)
סְפַר (Aramaic)
βιβλιοθήκη (בֵּית סִפְרַיָּא) 218b
*βιβλίον, βυβλίον 218b
*βίβλος, βύβλος 219b
סְפָר
ἀριθμός 156c
סִפְרָה
ἐπαγγελία 503b
סְפֹרָה
γραμματεία 275b
סָקַל qal
καταλιθοβολεῖν 737c
λιθοβολεῖν 876c
⟦λίθος 876c⟧
סָקַל ni.
λιθοβολεῖν 876c
סָקַל pi.
διαρριπτεῖν, διαρρίπτειν 309c
λιθάζειν 876b
⟦χαρακοῦν 1454c⟧
סָקַל pu.
λιθοβολεῖν 876c
סַר
συγχεῖν 1301a
ταράσσειν 1336a
סָרַב pi.
ἀντιλέγειν *167b*
סָרָב
ἀπειθεῖν *167c*
παροιστρᾶν 1072a
סַרְבָּלִין (Aramaic)
§σαραβαρα 1259b
#ὑπόδημα 1413b (Da. LXX 3.21)
סָרָה
ἀνίατος (בִּלְתִּי ס׳) 102b
ἀνομία 106b
ἄνομος 107c
ἀπειθεῖν 119c
ἀσέβεια, ἀσεβία 169c
πλανᾶν 1139b
סָרַח I qal
ἐπικαλύπτειν 522b
εὐθηνεῖν 570b
κατασπαταλᾶν 745b
⟦παραβαπτά (סְרוּחֵי טְבוּלִים) 1056a⟧ → τιάρα and טָבַל qal ≈ βαπτός
συγκαλύπτειν 1299a
τιάρα 1348c
#ὑποκαλύπτειν 1413c (Ex. 26.12)
סָרַח I ni.
οἴχεσθαι 985a
סָרַח II qal
#ἀσθενεῖν 172a (Ez. 17.6)
סִרְיוֹן
θώραξ 668c
ὅπλον 1003c
סָרִיס
ἀρχιευνοῦχος (רַב סָרִיסִים, שַׂר סָרִיסִים) 165c
δυνάστης 355b
εὐνοῦχος 575b, *178a* (Si. 30.20)
σπάδων 1281b
סָרַךְ (Aramaic)
ἡγεῖσθαι 602c
τακτικός 1333a
סֶרֶן
ἄρχων 166b, *168c*
τὸ προσέχον 1215b
σατραπ(ε)ία 1260c
σατράπης 1260c
στρατηγός 1295b
סַרְעַפָּה
⟦κλάδος 766a⟧
סִרְפַּד
κόνυζα 778a
סָרַר
ἀνήκοος 88a
ἀπειθεῖν 119c
ἀπειθής 119c
ἀποστάτης 141b
ἄσωτος 175a
παραπικραίνειν 1063a
παραφρονεῖν 1065b
παροιστρᾶν 1072a
σκολιός 1275b
סְתָיו, סְתָו
χειμών 1457c
סָתַם qal
ἀναφράσσειν 85c

ἐμφράσσειν 460c
καλύπτειν 716c
κατακαλύπτειν 732c
κλείειν _182a_
κρύφιος 793a
σφραγίζειν 1327a
φράσσειν 1438b
סָתַם pi.
ἐμφράσσειν 460c
סָתַר ni.
οὐκ ἀναβαίνω 70a
ἀποκρύπτειν 134b
ἀπόκρυφος _168a_
⟦ἀποστρέφειν 145b⟧ → סָתַר hi.
ἀφιστᾶν, ἀφιστάναι, ἀφιστάνειν 184b
καταδύ(ν)ειν 731a
κατακρύπτειν 734c
κρύπτειν 791c, _182b_ (–Si. 4.18)
κρυπτός 792c, _182c_
κρύφιος 793a
σκεπάζειν 1268c
סָתַר pu.
ἀφανής _169b_
κρύπτειν 792a, _182b_
סָתַר hi.
ἀπαλλάσσειν 116b
ἀποκρύπτειν 134b
ἀποστρέφειν 145b
ἀποστροφή 148b
κατακρύπτειν 734c
κρύπτειν 792a
κρυφῇ 793a
σκεπάζειν 1268c
סָתַר ho.
ἀφανής _169b_
סָתַר hithp.
εἰδεῖν/εἰδέναι + neg. 374b
κρύπτειν 792a
σκεπάζειν 1268c
סְתַר I pa. (Aramaic)
ἀπόκρυφος 134c
σκοτ(ε)ινός 1276a
סְתַר II pe. (Aramaic)
*#καθαιρεῖν 697b (I Es. 6.16)
καταλύειν 738b
λύειν 889a
סֵתֶר
ἀποκρυβή 134b
ἀποκρυφή 134c
ἀπόκρυφος 134c, _168a_
#βοήθεια 222c (Ps. 90[91].1)
βοηθός 223c
δόλος 340b
⟦ἐρεθίζειν 544b⟧
καταφυγή 748b
⟦κρύβδην (בַּסֵּ׳) 791c⟧ → κρυβῆ
κρυβῆ (בַּסֵּ׳) 791c
κρύπτειν 792a
κρυφαίως (בַּסֵּ׳) 793a
κρυφῇ (בַּסֵּ׳) 793a
ἐν κρυφῇ (בַּסֵּ׳) 793a
κρύφιος 793a
λάθρα (בַּסֵּ׳) 840c
λάθριος (בַּסֵּ׳) 841a
σκέπη 1269a
סִתְרָה
σκεπαστής 1269a

ע

עָב I
πάχος 1112c
עָב II
ἄλσος 59c
νεφέλη 943b, _185b_ (+Si. 32[35].26)
νέφος 944a
עֹב
ζυγοῦν 599b
⟦ξυλοῦν 959b⟧ → ζυγοῦν
עָבַד qal
⟦γεωργός 240b⟧
δουλ(ε)ία 345a
δουλεύειν 345a, _172b_
⟦δοῦλος (subst.) 346b⟧ → עֶבֶד
δουλοῦν 348b
ἐργάζεσθαι, ἐργάζειν 540c, _177b_ (+Si. 30.13)
ἐργάζεσθαι τὰ ἔργα (עָ׳ qal, לַעֲבֹד) 540c, 541c
ἔργον 541c
πρὸς τὸ ἔργον (לַעֲבֹד עֲבֹדָה) 541c
καταδουλοῦν 731a
κατεργάζεσθαι 749b
⟦κατόχιμος εἶναι 756c⟧ → אָחַז
κοπιᾶν _182b_
*λατρεύειν (עָ׳ qal, הָיָה עֹבֵד) 863a
λειτουργεῖν 872c
⟦οἰκέτης _186a_⟧
ποιεῖν 1154a, _189b_
προσκυνεῖν 1217b
ὑπήκοος 1411c
#χρᾶν 1473c (Is. 28.21)
עָבַד ni.
ἐργάζεσθαι, ἐργάζειν 540c
κατεργάζεσθαι 749b
עֻבַּד pu.
δουλεύειν 345a
ἐργάζεσθαι, ἐργάζειν 540c
עָבַד hi.
δουλεύειν 345a
δουλοῦν 348b
#ἐργάζεσθαι, ἐργάζειν _177b_ (Si. 30[33].34)
#ἐργασία _177b_ (Si. 30[33].36)
καταδουλοῦν 731a
καταδυναστεύειν 731a
ποιεῖν 1154a
עֲבַד pe. (Aramaic)
*#γίνεσθαι 256c (I Es. 2.24)
δοῦλος (subst.) 346b
*#ἐπιτελεῖν 535a (I Es. 8.16)
ἑστὼς ἐνώπιον 689a
*#παραβαίνειν (עֲ׳ pe. + neg.) 1055b (I Es. 8.24)
*ποιεῖν 1154a
*#συμποιεῖν 1305c (I Es. 6.28)
*#συνεργεῖν 1314a (I Es. 7.2)
*#πολιορκίαν συνιστάναι/συνιστᾶν (pe. אֶשְׁתַּדּוּר עֲ׳) 1317a
עֲבַד ithpe. (Aramaic)
εἰς ἀπώλειαν/ἀπωλίαν εἶναι (ithpe. הַדָּמִין עֲ׳) 151c
*γίνεσθαι 256c
διαμελίζειν (ithpe. הַדָּמִין עֲ׳) 305c
*#ἐπιτελεῖν 535a (I Es. 8.21)
ποιεῖν 1154a
*#συντελεῖν 1319b (I Es. 2.27; 6.10)
עֶבֶד
⟦ἄγγελος 7b⟧
ἄνθρωπος 96b
⟦ἄρχων 166b⟧
δουλ(ε)ία 345a
δουλεύειν 345a
δούλη 346a
δοῦλος (adj.) 346b
δοῦλος (subst.) 346b
⟦δύναμις 350a⟧
⟦ἔθνος 368b⟧
ἐργασία 541b
θεραπ(ε)ία 648a
θεραπεύειν 648a
θεράπων 648b
ἑστὼς ἐνώπιον 689a
⟦λαός 853b (Ps. 135[136].22; Is. 48.20)⟧ → δοῦλος (subst.)
οἰκέτης 969a, _186a_ (+Si. 7.20; 30[33].33; 35.39; 42.5)
⟦οἶκος 973a (Je. 22.2)⟧
παιδάριον 1045c
παιδίον 1047c
*παῖς 1049a
σέβειν 1261c
ὑπηρέτης 1411c
עֲבֵד (Aramaic)
δοῦλος (subst.) 346b
⟦εὑρίσκειν 576c⟧
*παῖς 1049a
עֲבוֹדָה, עֲבֹדָה
⟦ἀναφορά 85b⟧
ἀποσκευή 140c
ἀρτός 161b
γεωργία _170a_
γεώργιον _170a_
δουλ(ε)ία 345a
§εβδαθ (עֲבֹדַת) 361b
ἐνεργεῖν (צְבָא צָבָא בַּעֲבֹדַת) 473a
⟦ἐπίπονος _177a_⟧
ἐργάζεσθαι, ἐργάζειν 540c
ἐργαλεῖον 541b
*ἐργασία 541b, _177b_
ἔργον 541c
ποιεῖν τὰ ἔργα (לַעֲבֹדָה) 541c
πρὸς τὸ ἔργον (לַעֲבֹד עֲבֹדָה) 541c
*#ἐφημερία 585b (I Es. 1.16)
§εφραθ (עֲבֹדַת) 586c
⟦καθήκειν 700a⟧
κατασκευή 744b
κάτεργον 749b
⟦κρατεῖν 783a⟧
λατρ(ε)ία 863a
λατρευτός 863b
λειτουργ(ε)ία 873b
λειτουργεῖν 872c
λειτούργημα 873b
λειτουργήσιμος 873b
λειτουργικός 873b
⟦[οἰκέτης] _186a_⟧ → עֲבֻדָּה
⟦παρασκευή 1064a⟧ → κατασκευή
ποιεῖν 1154a
σύνταξις 1318a
τέχνη 1347c
עֲבֻדָּה
γεώργιον 240b
ἔργον 541c
#οἰκέτης _186a_ (Si. 4.30)
ὑπηρεσία 1411c
עַבְדוּת
*δουλ(ε)ία 345a
*#δουλεύειν 345a (I Es. 8.80)
עָבָה pi.
παχύνειν 1112c
παχύτερος 1112c
עֲבוֹדָה
see עֲבוֹדָה, עֲבֹדָה
עֲבוֹט
ἐνέχυρον 473a
⟦ἱμάτιον 685a⟧ → ἐνέχυρον
עֲבוּר
διά + acc. _171a_
διὰ τοῦτο (בַּעֲ׳ כֵּן) _171a_
εἰς τό + inf. (בַּעֲ׳ לְ) _173a_
ἕνεκα, ἕνεκεν (בַּעֲ׳) _175b_
ἵνα _180b_
σῖτος 1267b
χάριν (בַּעֲ׳) _195a_
עָבַט qal
δαν(ε)ίζειν 285a
ἐνεχυράζειν 473a
עָבַט pi.
⟦ἐκκλ(ε)ίνειν 433c⟧ → עָוַת pi.
עָבַט hi.
δαν(ε)ίζειν 285a
δάν(ε)ιον 285a
עַבְטִיט
⟦κλοιός, κλοιόν(?) 772a⟧ → על
עֲבִי
πάχος 1112c
עֳבִי
πάχος 1112c
⟦πλάτος 1141a⟧ → πάχος
עֲבִידָא (Aramaic)
δουλ(ε)ία 345a

*ἔργον 541c
*#οἰκοδομή 972c (I Es. 2.30)
πρᾶγμα 1199c

עָבַר qal
ἀναβαίνειν, ἀναβέννειν 70a
ἀναπαύειν 80b
ἀπέρχεσθαι 121a
ἀφαιρεῖν 180a
ἀφιστᾶν, ἀφιστάναι, ἀφιστάνειν 184b
βαδίζειν 188a
γίνεσθαι 256c
διαβαίνειν, διαβέννειν 298a
διάβασις 298c
διαπερᾶν 307c
διαπορεύεσθαι 308b
διεκβάλλειν 328a
διέρχεσθαι 328c
διοδεύειν 336a
δόκιμος 340a
ἐγκαταλείπειν 365a
εἰσέρχεσθαι 410b
⟦εἰσπορεύεσθαι 414a (De. 11.11 [8QMez])⟧ → בּוֹא qal
ἐκκλ(ε)ίνειν 433c
ἐκπεριπορεύεσθαι 439a
⟦ἐκπορεύεσθαι 439c⟧
⟦ἐξέρχεσθαι 491c⟧
ἐξολεθρεύειν, ἐξολοθρεύειν 497c
ἐπέρχεσθαι 509c
ἐπιβάλλειν 516a
⟦ἐπιπαρέρχεσθαι 526a⟧ → παρέρχεσθαι
ἐπιπορεύεσθαι 527a
ἔρχεσθαι 548b
ἥκειν 605a
⟦ἱστάναι, ἱστᾶν 689a⟧
καταλύειν 738b
⟦κατασκέπτεσθαι, κατασκέπτειν (עָ׳ לָתוּר qal) 744a⟧ → תּוּר qal
#λαλεῖν (עָ׳ qal + פֶּה as subj.) 841c (Ps. 16[17].3)
οἴχεσθαι 985a
παραβαίνειν 1055b, *187b*
παράγειν 1056b
παρακούειν 1061b
παραλλάσσειν 1061c
παραπορεύεσθαι 1063b
παρέρχεσθαι 1068c, *187c*
⟦παρέχειν 1069c⟧
παριέναι ("to go past") (עָ׳ qal, עָ׳ דֶּרֶךְ qal) 1070b
παροδεύειν 1071a
πάροδος 1071a
#παύειν 1112b (Is. 24.11), *188b* (Si. 23.16)
περιέρχεσθαι 1123a
πλήρης 1147a
#πορ(ε)ία 1189a (Na. 1.8; Hb. 3.10)
πορεύεσθαι 1189a
προέρχεσθαι 1206a
προπορεύεσθαι (עָ׳ qal, עָ׳ לִפְנֵי qal) 1208c
προσάγειν 1211b
⟦προσέρχεσθαι 1213c⟧ → προέρχεσθαι
συνέχειν 1315b
ὑπεραίρειν 1408b
ὑπερβαίνειν 1409a
φέρειν 1426c
ἄλλως χρᾶσθαι 59a, 1473c (Es. 1.19)
χωροβατεῖν 1482c

עָבַר ni.
διαβαίνειν, διαβέννειν 298a

עָבַר pi.
#συλλαμβάνειν 1301c (Jb. 39.13)

עָבַר hi.
#ἀναβάλλειν 72c (Ps. 77[78].21; 88[89].38)
ἀναβιβάζειν 73a
ἀναφέρειν 84c
ἀπάγειν 115c
ἀποστρέφειν 145b
ἀποτροπιάζεσθαι 149c
ἀφαιρεῖν 180a, *169a*
*#ἀφιστᾶν, ἀφιστάναι, ἀφιστάνειν 184b (I Es. 1.30)
ἀφορίζειν 185c
⟦ἀφορισμός 186b⟧
διαβαίνειν, διαβέννειν 298a
διαβιβάζειν 299a
διαγγέλλειν 299b
διάγειν 299c
διακομίζειν 303b
διαπορεύεσθαι 308b
διέρχεσθαι 328c
ἐκβάλλειν 420c
ἐξάγειν 483a
ἐξαίρειν 485b
⟦ἐξεγείρειν 490b⟧ → עוּר I hi.
ἐπάγειν 503c
⟦ἐπέρχεσθαι 509c⟧ → עָבַר qal
ποιεῖν καθαρισμόν 698c
παραβιβάζειν 1056a
παραγγέλλειν 1056b
παράγειν 1056b
παραφέρειν 1065b
παρέρχεσθαι 1068c
περιάγειν 1121b
περιαιρεῖν 1121b
περικαθαίρειν 1123c
περιτιθέναι 1127c

עָבַר hithp.
⟦ἀναβάλλειν 72c⟧ → עָבַר hi.
καταλείπειν *181b*
παραβλέπειν *187b*
παροξύνειν 1072a
ὑπερβάλλειν *194b*
ὑπεριδεῖν 1410b
χρονίζειν *196c*

עֵבֶר
ἐπέκεινα (מֵעֵ׳ לְ־) 509b
§μαεβερ (מֵעֵ׳) 891c
μέρος 911c
#παριδεῖν *188a* (Si. 7.10)
πέρα(ν) (בְּעֵבֶרִי, בְּעֵ׳, עֵ׳ לְ־, עֵ׳, מֵעֵ׳ לְ־) 1119b
ὁ/ἡ/τὸ πέρα(ν) (עֵ׳ לְ־, עֵ׳) 1119b
#πέρας 1120a (Ps. 7.6)
κατὰ (τὸ) πρόσωπον (אֶל עֵ׳ פָּנִים) 1224a

עֲבַר (Aramaic)
πέρα(ν) 1119b
ὁ/ἡ/τὸ πέρα(ν) (מֵעֲבַר, עֲ׳) 1119b

עֲבָרָה
§αραβωθ (עַבְרוֹת) 152c
διάβασις 298c

עֶבְרָה
⟦ἄγγελος 7b⟧
⟦ἀπολλύειν, ἀπολλύναι 136c⟧ → אָבַד qal
#ἔκστασις 441b (Pr. 26.10)
ἐπαγωγή *176a*
εὐστροφία 580c
θυμός 660c
θυμὸς ὀργῆς 660c, 1008b
μῆνις 923b
ὀργή 1008b, *186c* (Si. 25.22)
ὅρμημα 1014a

עֶבְרוֹן
#ὀργή *186c* (Si. 7.16)

עִבְרִי
περάτης 1120b

עֲבָרִים
⟦πέρα(ν) 1119b⟧
ὁ/ἡ/τὸ πέρα(ν) 1119b

עָבַת pi.
?ἐξαιρεῖν 484b

עָבֹת
αὐχήν 179c
δασύς 285b
κατάσκιος 745a
#σύσκιος 1323a (III Ki. 14.23; Ca. 1.16; Ez. 6.13)

עֲבֹת
ἀλυσιδωτός 60a
δεσμός 292a
ἐμπλόκιον 458c
ζυγός, ζυγόν 599a
ζυγοῦ ἱμᾶς 599a, 685a
ἱμάς 685a
καλώδιον 717b
κροσός, κρωσσός 791b
⟦νεφέλη 943b⟧ → עָב II
πλέκειν 1141c
πλοκή 1150b
πυκάζειν 1240a
στέλεχος 1288a

עָגַב qal
ἐπιτιθέναι 535c
ἐραστής 540b

עֲגָבָה
ἐπίθεσις 520a

עֻגָה
ἐγκρυφίας 367a

עָגוּר
στρουθίον 1297a
χελιδών (סוּס עָ׳) 1467b

עָגִיל
περιδέξιον 1122c
τροχίσκος 1376c

עֲגִילָה
#θυρεός, θυραιός 663c (Ps. 45[46].9)

עָגֹל
στρογγύλος 1297a
στρογγυλοῦν 1297a

עֵגֶל
δάμαλις 284c
μοσχάριον 934b
μόσχος 934c

עֶגְלָה
βοΐδιον 224b
δάμαλις 284c
μόσχος 934c

עֲגָלָה
ἅμαξα 60c
⟦θυρεός, θυραιός 663c⟧ → עֲגִילָה

עָגַם qal
στενάζειν 1288b

עָגַן ni.
κατέχειν 750c

עַד (Hebrew and Aramaic)
αἰών 39b, *165c*
διά + gen. (בְּעַד) *171a*
εἰς *173a*
ἐξ ἐναντίας (עַד נֹכַח) 468b
ἐπέκεινα 509b
⟦ἐπί + acc. *176b*⟧
ἔτι (עַד) 561a
⟦ " (עַד מָה, עַד־הֵנָּה) 561a⟧
ἕως (עַד־אֲשֶׁר, עַד־עֵת, עַד) *178c* (+Si. 30[33].29; 42.22; 51.14)
ἕως ἄν *166b*
⟦καιρός 706a⟧ → עֵת
ἀπὸ μακρόθεν (עַד־מֵרָחוֹק) 893b
ὁ μέλλων αἰών 909b
μόνιμος 933a
ὀπίσω (עַד אַחַר) 1001c
⟦ὅσος 1019a⟧
ὅσον χρόνον (עַד מָתַי) 1019a
ἕως ὅτου 1022b
οὐδείς, οὐθείς (עַד־אֶחָד + neg.) 1028b
διὰ παντός 1073a
ἕως πόρρω (עַד־לְמֵרָחוֹק) 1195b
ποσάκις (עַד־כַּמֶּה פְעָמִים) 1195c
σφόδρα (עַד־לִמְאֹד, עַד־מְאֹד) 1325a
ἕως σφόδρα (עַד־לִמְאֹד, עַד־לְמַעְלָה) 1325a
σφόδρα λίαν (עַד־מְאֹד) 876a, 1325a
εἰς (τὸ) τέλος (עַד־תֻּמָּם, לָעַד) 1344a
ἕως εἰς (τὸ) τέλος (עַד־לְכַלֵּה, עַד־תֻּמָּם) 1344a
ἕως τίνος (עַד־מָתַי, עַד־אָנָה) 1355c
μέχρι τίνος (עַד־אָנָה, עַד־אָן) 1355c
εἰς τὸν αἰῶνα χρόνον (עַד־עוֹלָם) 1476b
ὅσον χρόνον (עַד־מָתַי) 1476b

עֵד
⟦ἄνθρωπος 96b⟧
ἐγγυᾶν 363b
ἔτασις 599c
μαρτυρεῖν 896b
μαρτυρία 896b
μαρτύριον 896c
μάρτυς 897c

עֲדָא pe. (Aramaic)
μένειν (עֲ׳ pe. + neg.) 910a
παρέρχεσθαι 1068c

עֲדָא aph. (Aramaic)
#ἀπολλύειν, ἀπολλύναι 136c (Da. LXX 7.26)

עָדָה qal
ἀναλαμβάνειν 78c
⟦ἐπιλαμβάνειν 523c⟧ → λαμβάνειν
⟦ἔρχεσθαι 548b⟧ → παρέρχεσθαι
κατακοσμεῖν 734b
κοσμεῖν 780b
λαμβάνειν 847a
παρέρχεσθαι 1068c (Jb. 28.8 Aramaizing)

περιτιθέναι 1127c
עָדָה hi.
#ἐκκλ(ε)ίνειν 433c (Jb. 29.11 Aramaizing)
κοσμεῖν 780b
עֲדָה pe. (Aramaic)
αἴρειν 34c
ἀφαιρεῖν 180a
παρέρχεσθαι 1068c
עֲדָה aph. (Aramaic)
ἀφαιρεῖν 180a
ἀφιστᾶν, ἀφιστάναι, ἀφιστάνειν 184b
μεθιστᾶν, μεθιστάναι, μεθιστάνειν 907b
עֵדָה I
⟦βουλή 227c⟧ → עֵצָה
ἐπισύστασις 534b
λαός *183a*
?παρεμβολή 1067b
πλῆθος *189a*
συναγωγή (קְהַל עֵ׳, עֵ׳) 1309b, *192c*
συστροφή 1324a
עֵדָה II
μαρτύριον 896c
עִדָּה
ἀποκαθημένη 131b
עֵדוּת
διαθήκη 300c
μαρτυρία 896b, *184a*
μαρτύριον 896c, *184a*
עֲדִי
⟦ἐπιθυμία 521a⟧
κόσμος 780c, *182b* (+Si. 6.30; 43.9)
ἐν πενθικοῖς (שָׁתוּ אִישׁ עֶדְיוֹ עָלָיו + neg.) 1118a
περιστολή 1127a
αἱ στολὴ τῶν δοξῶν 1291c
עָדִין
τρυφερός 1377c
עָדַן hithp.
⟦ἐντρυφᾶν 481a⟧ → τρυφᾶν
τρυφᾶν 1377c
עֵדֶן
⟦θύπη(?) 662c⟧ → τρυφή
κόσμος 780c
παράδεισος 1057c, *187b* (+Si. 40.17)
τρυφή 1377c
עִדָּן (Aramaic)
ἔτος 565a
καιρός 706a
ὥρα 1493b
עֲדֶנָּה
ἕως τοῦ νῦν 951c
עָדַף qal
πλεονάζειν 1141c
ὑπερέχειν 1409b
ὑπολείπειν 1415a
עָדַף hi.
πλεονάζειν 1141c
עָדַר I qal
⟦αἴρειν 34c⟧ → עָדַר II ni.
⟦παρατάσσειν 1064c⟧ → עָרַךְ qal
עָדַר I ni.
ἀροτριᾶν 159b
ἀροτριοῦν 159c
σκάπτειν 1268b
παρέρχεσθαι *187c*
עָדַר II ni.
#αἴρειν 34c
ἀπολλύειν, ἀπολλύναι 136c
διαφωνεῖν 315c
#κρύπτειν *182b* (Si. 42.20)
λανθάνειν 853a
עָדַר II pi.
παραλλάσσειν 1061c
עֵדֶר
ἀγέλη 10b
βουκόλιον 226a
μάνδρα 895a
ποίμνη 1169c
ποίμνιον 1169c
עֲדָשָׁה
φακός 1423b
עוּב hi.
γνοφοῦν 272c
עוּג
ἐγκρυφίας 367a
עוּגָב
κιθάρα 765a
ὄργανον 1008b
ψαλμός 1483b
#ψαλτήριον 1483c (Ez. 33.32)
עוּד qal
μαρτυρεῖν 896b
עוּד pi.
περιπλέκειν 1125b
עוּד polel
ἀναλαμβάνειν 78c
עוּד hi.
⟦διαμαρτυρεῖν 305b⟧
διαμαρτύρεσθαι 305b
διαμαρτυρία 305b
ἐπιμαρτύρεσθαι 525b, *177a*
καταμαρτυρεῖν 739a
μαρτυρεῖν 896b
μάρτυρας ποιεῖν 1154a
עוּד ho.
διαμαρτύρεσθαι 305b
עוּד hithpo.
ἀνορθοῦν 108b
עוֹד (Hebrew and Aramaic)
αἰών 39b
ἄλλος 56b
ἐγγίζειν (הָיָה עוֹד בַּדֶּרֶךְ בְּעוֹד) 362b
ἕτερος 560a
ἔτι 561a, *177c* (+Si. 30[33].29)
ἕως (שֶׁעוֹד) *178c*
μηκέτι (עוֹד + neg.) 921b
νεότης 942c
οὐκέτι (עוֹד, עוֹד + neg.) 1030a
οὐκέτι μή (עוֹד + neg.) 1030b
οὐκέτι οὐ μή (עוֹד + neg.) 1030c
πάλιν 1051c
ὑπερέχειν (יֵשׁ עוֹד) *194b*
עָוָה qal
ἀδικεῖν 24c
ἀνομεῖν 106b
ἀσεβεῖν 170a
⟦ἀτιμάζειν 175c⟧ → ἀδικεῖν
עָוָה ni.
ἀδικεῖν 24c, *165b*
νωθροκάρδιος (נַעֲוֵה־לֵב) 956b
ταλαιπωρεῖν 1333a
עָוָה pi.
⟦ἀνακαλύπτειν 78a⟧ → עָרָה I pi.
ταράσσειν 1336a
עָוָה hi.
ἀδικεῖν 24c, *165b* (Si. 13.3a)
ἀδικία 25b
ἀνομεῖν 106b
ἔρχεται ἀδικία 548b
κακοποιεῖν 709a
עַוָּה
⟦ἀδικία 25b (Ez. 21.27)⟧ → עַוְלָה or עָוֹן
עוֹז
ἰσχυρῶς (בְּעוֹז) 694b
ἰσχύς 694b, *180c*
עוּז qal
βοηθεῖν 223b
עוּז hi.
ἐνισχύειν 475a
συνάγειν 1307b
עֲוָיָא (Aramaic)
ἀδικία 25b
עֲוִיל
ἄδικος 26c
עָוַל pi.
#ἄδικος *165b* (Si. 40.13)
#ἀσεβής 170b (Is. 26.10)
παρανομεῖν 1062b
⟦ποιεῖν + neg. 1154a⟧
עָוֶל
ἀδικία 25b
ἄδικος 26c
ἁμαρτωλός *166b*
ἄνομος 107c
παράνομος 1062b
עַוָּל
ἀδικία 25b
ἄδικος 26c
ἀνομία 106b
ταράσσειν τὸ δίκαιον 330c
παράπτωμα 1063c
πλημμέλημα 1145c, *189a* (Si. 38.10)
עוּל I qal
ἐν γαστρὶ ἔχειν 234b, 586c
λοχεύειν 889a
πρωτοκοκεῖν 1237a
עוּל II subst.
ἄωρος (עוּל יָמִים) 188c
παιδίον 1047c
עוֹל
ζυγός, ζυγόν *178b*
עַוְלָה
ἀδίκημα 25a (+Is. 61.8)
ἀδικία 25b
ἄδικος 26c
ἀνομία 106b
ἄνομος 107c
#ἀσέβεια, ἀσεβία 169c (Pr. 1.19)
ἀσεβής *168c*
⟦δόλιος 340b⟧ → מִרְמָה
κακός 709b
φαῦλος 1425c
עוֹלָה
see also עֹלָה
⟦ἀδικία 25b⟧ → עַוְלָה
ἀναφορά 85b
κάρπωμα 724c
ὁλοκάρπωμα 987c
ὁλοκάρπωσις 987c
עוֹלֵל, עוֹלָל
νήπιος 944b
τέκνον 1340c
ὑποτίτθιον, ὑποτίθθιον 1417c
עוֹלָם
see also עָלַם
ἀεί, αἰεί (מֵעוֹ׳) 28b
ἀέν(ν)αος 28b
*αἰών 39b, *165c*
εἰς τὸν αἰῶνα *165c*, *173a*
ἀρχή 163c
αἰώνιος 41c
§γελαμ 235b
διὰ παντός 1073a
εἰς τὸν αἰῶνα χρόνον (עַד־עוֹ׳, לְעוֹ׳) 1476b
*#τὸν ἅπαντα χρόνον (עַד עוֹ׳) 1476b
עָוֹן
ἄγνοια 16a
ἀδίκημα 25a
ἀδικία 25b
ἄδικος *165b*
αἰτία 38a
ἁμαρτάνειν 60c
ἁμάρτημα 62a
*ἁμαρτία 62a, *166b*
ἀνομεῖν 106b
ἀνόμημα 106b
ἀνομία 106b
ἄνομος 107c
ἀσέβεια, ἀσεβία 169c
⟦ἀτιμία 175c⟧
κακία 708a
⟦κακός *180c*⟧
παρανομία 1062b
עוֹנִי
πτωχεία *190c*
עוֹנֶשׁ
see also עֹנֶשׁ
ἐπιτίμιον *177a*
עִוְעִים
πλάνησις 1140a
עוּף I qal
ἀποστέλλειν 141b
ἐκλύειν 438a
ἐκπετάζειν, ἐκπεταννύναι 439a
ἐκπέτεσθαι *173c*
⟦ἐφιστάναι 585c⟧ → עוּף I hi.
⟦κοπιᾶν 778b⟧ → עָיֵף I qal
πεταννύναι πετάζειν 1128c
πέτασθαι 1128c
πέτεσθαι 1129b
#φέρειν 1426c (Da. LXX 9.21)
עוּף I polel
#πεταννύναι 1128c (Ez. 32.10)
πέτεσθαι 1129b
עוּף I hi.
ἐφιστάναι 585c
עוּף I hithpo.
ἐκπετάζειν, ἐκπεταννύναι 439a
πέτεσθαι 1129b
עוּף II qal
ἐκψύχειν 446c
#σκοτοῦν 1277a (Jd. 4.21B)

עוֹף (Hebrew and Aramaic)
ὄρνεον 1014a
πέρδιξ *188b*
πετεινός 1129a, *188c*
עוּץ qal
βουλεύειν 227a
βουλή 227c
עוּק hi.
κυλίειν 798c
עָוַר ni.
#ἐξεγείρειν 490b (Je. 28[51].38)
עָוַר pi.
ἀποτυφλοῦν 149c
ἐκτυφλοῦν 444c
עִוֵּר
ἐκτυφλοῦν 444c
τυφλός 1379b
τυφλοῦν 1379c
עוּר I qal
ἀγρυπνεῖν 18a
ἐγείρειν 364a
#ἐγρήγορος 367b (La. 4.14)
ἐξεγείρειν 490b
ἑτοιμάζειν 563c
עוּר I ni.
ἐγείρειν 364a
⟦ἐκπορεύεσθαι 439c⟧
ἐντείνειν 477a
ἐξεγείρειν 490b
ἐξυπνίζειν 501b
עוּר I polel
ἐγείρειν 364a
ἐξεγείρειν 490b
ἐπεγείρειν 509a
σπᾶν 1281b
συνεγείρειν 1313a
עוּר I hi.
*ἐγείρειν 364a, *172a*
ἐκκαίειν 432b
⟦ἐξαίρειν 485b⟧ → ἐξεγείρειν
ἐξεγείρειν 490b
δεήσεως ἐπακούειν 505c
ἐπανιστάναι, ἐπανιστάνειν 506c
ἐπεγείρειν 509a
⟦ἑτοιμάζειν 563c⟧
⟦σκεπάζειν 1268c⟧
עוּר I ho.
#ἐξεγείρειν 490b (Ez. 21.16[21])
עוּר I hithpo.
ἐξεγείρειν 490b
ἐπανιστάναι, ἐπανιστάνειν 506c
μιμνήσκεσθαι 927c
עוּר II (Aramaic)
ἀχύρον, ἀχύρος(?) 188a
κονιορτός 777c
עוֹר
⟦ἀσχημοσύνη 174c⟧ → עֶרְוָה
βύρσα 232b
δέρμα 291b
δερμάτινος 291c
⟦σῶμα 1330a⟧ → δέρμα
χρῶμα 1480a
χρώς 1480a
עִוָּרוֹן
ἀορασία 113c
ἀποτύφλωσις 149c
עֲיָרִים
ὄνος 1000a
עַוֶּרֶת
τυφλός 1379b
עוּשׁ qal
συναθροίζειν 1310b
עוֹשֶׁר
see also עֹשֶׁר
πλοῦτος *189a*
עָוַת pi.
ἀδικεῖν 24c (+Ps. 61[62].9)
ἀφανίζειν 181b
διαστρέφειν 312a
#ἐκκλ(ε)ίνειν 433c (Jl. 2.7)
καταδικάζειν 730b
ταράσσειν 1336a
עָוַת pu.
διαστρέφειν 312a
עָוַת hithp.
διαστρέφειν 312a
עוּת
⟦εἰπεῖν, ἐρεῖν 384a⟧
עַוָּתָה
ταραχή 1336c
עַז
ἀναιδής (עַז פָּנִים) 77b (+Ec. 8.1), *166c* (Si. 40.30)
αὐθάδης 176c
βίαιος 218a
δυνατός 355c
θρασύς 654b
ἰσχυρός 693b
ἰσχύς 694b
κραταιός 782a
σκληρός 1274b
σφοδρός 1327a
τολμηρός *193c*
עֵז (Hebrew and Aramaic)
αἴγειος 30c
αἴξ 34b
*ἔριφος 547c
*#χίμαρος (צְפִיר עִזִּין) 1470c
עֹז
⟦ἁγίασμα 11a⟧
⟦ἁγιωσύνη 15b⟧
αἶνος 34b
⟦ἀναιδής 77b⟧ → עַז
ἀντίληψις 111b
ἁρμόζειν 159a
βοήθεια, βοηθία 222c
βοηθός 223c
δόξα 341b
δύναμις 350a
δυναστ(ε)ία 354c
δυνατός 355c
εὐκλεής 571c
ἰσχύειν 692c
ἰσχυρός 693b
ἰσχύς 694b, *180c*
κραταιός 782a
κραταιοῦν 782c
κραταίωμα 783a
κράτος 784a, *182b*
ὄργανον (כְּלִי עֹז) 1008b
ὀχυρός 1043b
ὀχύρωμα 1043c
τιμή 1353a
#ὑπερηφανία 1409c (Le. 26.19)
ὑψηλός 1419b
עֲזָאזֵל
ἀποπομπαῖος 139c
ἀποπομπή 139c
ἄφεσις 182b
עָזַב qal
#ἀμνημονεῖν *166b* (Si. 37.6)
ἀνεξέλεγκτος (עֹזֵב תּוֹכַחַת) 87b
ἀπολείπειν 136b
ἀφίειν, ἀφιέναι 183b
διαρπάζειν 308c
*ἐγκαταλείπειν 365a, *172a* (+Si. 3.16 [C]; 41.8)
ἐγκαταλιμπάνειν 366b
ἐκλείπειν 435c
ἐπαφιέναι 509a
ἐπιστρέφειν 531a
ἐπιτρέπειν 537b
⟦καταλειμμάνειν 736a⟧ → καταλιμπάνειν
καταλείπειν 736a, *181b*
καταλιμπάνειν 737c
παριέναι ("to allow") 1070b
#συγγνώμην ἔχειν *192b* (Si. 3.13)
⟦συγκύπτειν 1300c⟧
συναίρειν 1310c
⟦συνεγείρειν 1313a⟧
ὑπεριδεῖν 1410b
ὑπερορᾶν 1410c
ὑπολείπειν 1415a
עָזַב ni.
ἀοίκητος εἶναι 113c
ἐγκαταλείπειν 365a
καταλείπειν 736a
עָזַב pu.
ἀφίειν, ἀφιέναι 183b
ἐγκαταλείπειν 365a
עִזָּבוֹן
ἀγορά 16b
μισθός 930a
עִזּוּז
ἰσχυρός 693b
κραταιός 782a
עֱזוּז
δύναμις 350a
δυναστ(ε)ία 354c
θυμός *179c*
κατισχύειν 751b
עֱזוּת
ὀργή *186c*
עָזַז qal
ἀσφαλῆ τιθέναι 174b, 1348c
βοηθεῖν 223b
#διαφεύγειν 314b (Je. 11.15)
δυναμοῦν 353a
ἐνδυναμοῦν 472a
ἰσχύειν 692c
κατισχύειν 751b
κραταιοῦν 782c
עָזַז hi.
ἀναιδής 77b
ἀναιδῶς ὑφίστασθαι 77b
עָזְנִיָּה
ἁλιάετος, ἁλίαιτος, ἁλίετος 54b
עָזַק pi.
φραγμὸν περιτιθέναι 1127c, 1438b
עִזְקָא (Aramaic)
δακτύλιος 284b
עָזַר qal
ἀνιστᾶν, ἀνιστάναι 102c
ἀντιλαμβάνεσθαι 110c
ἀντιλήπτωρ *167b*
βοήθεια, βοηθία 222c
βοηθεῖν 223b, *169b*
βοηθός 223c, *169c*
βοηθὸς γίνεσθαι 223c, 256c, *169c*
ἐξαιρεῖν 484b
#ἰσχύειν 692c (II Ch. 25.8)
κατισχύειν 751b
προσκεῖσθαι 1216c
συμβοηθός 1303b
*#συμβραβεύειν 1304a
συμμαχεῖν 1304a
συνεπισχύειν 1313c
συνεπιτιθέναι 1313c
σώζειν 1328b
ὠφελεῖν 1497b
עָזַר ni.
βοηθεῖν 223b
κατισχύειν 751b
עָזַר hi.
⟦βοήθεια, βοηθία 222c⟧ → עָזַר qal
⟦βοηθεῖν 223b⟧ → עָזַר qal
κατισχύειν 751b
עֵזֶר
βοήθεια, βοηθία 222c
βοηθεῖν 223b
βοηθός 223c
עֶזְרָה
ἀντίληψις 111b
βοήθεια, βοηθία 222c
βοηθεῖν 223b
βοηθός 223c
ἐλπίς 454a
עֲזָרָה
αὐλή 177b
⟦ἱερός 683a⟧
ἱλαστήριον 684c
περιβολή *188b*
עֵט
γραφεῖον 277c
κάλαμος 712b
σχοῖνος 1328b
עֵטָא (Aramaic)
βουλή 227c
עָטָה qal
ἀναβάλλειν 72c, *166c*
⟦ἀφαιρεῖν 180a⟧
διδόναι 317b
⟦καταλαλεῖν (ע׳ עַל שָׂפָם qal) 735a⟧
περιβάλλειν 1121c
#στολή 1291c (Is. 22.17)
φέρειν *195a*
φορεῖν *195b*
עָטָה hi.
καταχεῖν 748c
עָטִין
?ἔγκατον 366b
עֲטִישָׁה
πταρμός 1237c
עֲטַלֵּף
νυκτερίς 951a
עָטַף qal
ἀκηδιᾶν 44a
ἄσημος 171c

ἐκλύειν 438a
⟦ἐξέρχεσθαι 491c⟧
περιβάλλειν 1121c
⟦πληθύ(ν)ειν 1144b⟧

עָטַף ni.
ἐκλείπειν 435c

עָטַף hi.
ἀκηδιᾶν 44a
ἐκλείπειν 435c
ἐκλύειν 438a
ὀλιγοψυχεῖν 987a

עָטַר qal
παρεμβάλλειν 1066b
περιτιθέναι *188c*
στεφανοῦν 1290a

עָטַר pi.
στεφανοῦν 1290a

עֲטָרָה
στεφάνη 1289c
στέφανος 1289c, *192a*

עִי
ἄβατος 1a
ὀπωροφυλάκιον 1004b

עִיט qal
διαμασᾶσθαι *171b*
⟦κλίνειν 771a⟧ → נָטָה qal
ὁρμᾶν τοῦ θέσθαι 1014a

עַיִט
ὄρνεον 1014a
πετεινός 1129a, *188c* (Si. 43.14)

עֵילוֹם
αἰών 39b

עֲיָם
βίαιος 218a

עָיַן qal
ὑποβλέπεσθαι 1412c

עָיַן poel
#ἀποβλέπειν 125c (Jd. 9.37A)
#βλέπειν 221a

עַיִן (Hebrew and Aramaic)
§αιν(α) 33a
§αινειν 33a
βάσκανος (רַע עַ׳) 214c, *169a*
εἶδος 375c
ἐλεεῖν (טוֹב עַ׳) 449c
*#ἐπισκοπή 528c (I Es. 6.5)
ἐφορᾶν 586b
ὄμμα 991b
⟦ὁμοίωμα 993a⟧ → ὅρασις
#ὁρᾶν 1005a (Nu. 24.3, 15)
ὅρασις 1007b
ὀφθαλμός 1039b, *187c* (+Si. 4.2)
ὀφρύς (גַּב עַ׳) 1042c
ὄψις 1044b
πηγή 1130b

עֵינַיִם
ἀναβλέπειν (נָשָׂא עֵ׳) 73b
ἀρέσκειν (יָטַב בְּעֵינֵי, טוֹב בְּעֵינֵי, יָשָׁר בְּעֵינֵי) 155c
" + neg. (רַע בְּעֵינֵי, רָעַע בְּעֵינֵי) 155c
ἀρεστός (יָטַב בְּעֵינֵי, טוֹב בְּעֵינֵי) 156a
βαρέως φέρειν (חָרָה בְּעֵינֵי) 190c, 1426c
ἐνώπιόν σου βλέποντες (לְעֵינֶיךָ) 221a
βούλεσθαι (טוֹב בְּעֵינֵי) 226b
δοκεῖν (יָשָׁר בְּעֵינֵי, טוֹב בְּעֵינֵי) 339b
δόξα (מַרְאֵה עֵ׳) 341b
ἔναντι (בְּעֵינֵי) *175a*
⟦[ἐναντίον] (לְעֵינֵי) *175a*⟧ → ἐνώπιον
ἐνώπιον (לְעֵינֵי) *175c*
ἐνώπιος (בְּעֵ׳) 482b
ἐπιμελεῖσθαι (שִׂים עֵ׳) 525b
ἐπισκοπὴν ποιεῖν (אוֹר עֵ׳ hi.) 528c
ἰδεῖν (נָשָׂא אֶת־עֵ׳) 669b
καταφαίνεσθαι (בְּעֵינָיו) 747b
μεγαλόφρων (רוּם עֵ׳) 902a
ὅρασις (מַרְאֵה עֵינֵי) 1007b
ὁρατὴς εἶναι (עֵינָיו עַל־) 1008a
κατὰ (τὸ) πρόσωπον (עֵ׳) 1224a (Ge. 20.16; I Ki. 16.7)
" (לְעֵ׳) 1224a (Ps. 49[50].21)
σκληρὸν φαίνεσθαι (חָרָה בְּעֵינֵי) 1274b, 1423a
φαίνειν (בְּעֵינֵי) 1423a
χαίρειν (יָטַב בְּעֵינֵי) 1452a

עָיֵף I qal
διψᾶν (= HR's διψῆν) 338a
ἐκλείπειν 435c
ἐκλύειν 438a
κοπιᾶν 778b
ὀλιγοψυχεῖν 987a
πεινᾶν 1115b

עָיֵף II adj.
ἄβατος 1a
ἄνυδρος 112a
ἐκλείπειν 435c

עֵיפָה
ὀμίχλη 991b
σκότος 1276b

עִיר I
ἄκρα 50b
⟦γῆ 240c⟧
*#κατοικία 755b (I Es. 9.12, 37)
*κώμη 839c
μητρόπολις (עִיר פְּרָזוֹת, עִיר מַמְלָכָה) 925c
§ορη(?) (עָרֵי) 1010c
περίχωρος (מִסְכְּנוֹת עָרִים) 1128b
*πόλις 1174a, *189b*
φυγαδευτήριον (עָרֵי מִקְלָט) 1440b

עִיר II
τρόμος 1374c

עִיר III ("angel") (Aramaic)
ἄγγελος 7b
ἐγρήγορος 367b
§ειρ 401a

עַיִר
ὄνος 1000a
ὄνος ἐρημίτης (עַ׳ פֶּרֶא) 1000a
πῶλος 1246b

עֵירֹם
γυμνός 278a
γυμνότης 278b

עַיִשׁ
ἕσπερος 557c

עַכָּבִישׁ
ἀράχνη 152c

עַכְבָּר
μῦς 937c

עָכוֹר
§εμεκ (עֵמֶק עָ׳) 456a

עָכַס pi.
παίζειν 1049a

עֶכֶס
⟦ἱματισμός 686a⟧
κύων 839a

עָכַר qal
ἀπαλλάσσειν 116b
διαστρέφειν 312a
ἐκτρίβειν 444a
ἐμποδοστάτης 458c
ἐξολλύειν, ἐξολλύναι 499a
μισητὸν ποιεῖν 930a, 1154a
ὀλεθρεύειν, ὀλοθρεύειν 986a
συναλγεῖν *192c*
τάραχος 1337a

עָכַר ni.
ἀνακαινίζειν 78a
ἀπολλύειν, ἀπολλύναι 136a

עִכְרוֹן
⟦ὀργή *186c*⟧

עַכְשׁוּב
ἀσπίς ("snake") 173b

עַל (Hebrew and Aramaic)
*#δι᾽ ἣν αἰτίαν (עַל דְּנָה) 38a
ἄνωθεν 112c
διὰ τοῦτο (עַל־כֵּן) *171a*
⟦[εἰς] (עַל יְדֵי, עַל) *173a*⟧ → לְ
ἐν *174b*
ἐπάνω (מֵעַל לְ־, מֵעַל, עַל־פְּנֵי, עַל, עַל רֹאשׁ, עַל בָּמֳתֵי) 507b
ἐπάνωθεν (מֵעַל לְ־, מֵעַל, עַל) 507c
ἐπί + gen. *174b* (+Si. 6.30)
" + dat. *174b*
" + acc. *174b* (–Si. 5.6)
ἔχειν (עַל יַד) 586c
ἕως *178c*
ἕως ἐχόμενον (עַל יְדֵי) 586c
⟦ζητεῖν 597a⟧
#κατά + gen. *181a* (Si. 4.22)
" + acc. *181a*
μετά + gen. *184b*
ὀπίσω 1001c
οὕτω(ς) (עַל כֵּן) *187b*
παρά + dat. *187b*
" + acc. *187b*
περί + gen. *188b*
πλησίον (עַל־יַד) 1148b
πρός + acc. *190a*
ὑπέρ + acc. *194b*
ὑπεράνω (מֵעַל לְ־, מֵעַל, עַל, עַל גַּב, עֶלְיוֹן עַל) 1408b (Da. TH 7.6)
ὑπεράνωθεν (מֵעַל לְ־) 1408c
#ὑπερφέρειν 1411a (Da. LXX 1.20 [𝔓967])
χάριν *195a*
χρείαν ἔχειν (עַל + suf.) 586c, 1474a (Ps. 15[16].2)

עֹל
ζυγός, ζυγόν (מֹטוֹת עֹל, עֹל) 599a
κλοιός, κλοιόν(?) 772a

עֵלָּא (Aramaic)
ἐπάνω (עֵ׳ מִן) 507b

עָלַב hi.
*#ἐκμυκτηρίζειν 438b (I Es. 1.51)

עָלַג pi.
ψελλίζειν 1484a

עָלָה qal
⟦ἀδικεῖν 24c⟧ → עָוַת pi.
*ἀναβαίνειν, ἀναβέννειν 70a, *166b*
ἀνάβασις 72c, *166c*
ἀναβιβάζειν 73a
ἀνάγειν 75b
ἀναλαμβάνειν 78c
ἀνάπτειν 81c
ἀναφέρειν 84c
ἀναφύειν 85c
#ἀνήκειν 87c (I Ki. 27.8)
ἀνιέναι (= ἄνειμι) 102b
ἀνιστᾶν, ἀνιστάναι 102c
ἀπέρχεσθαι 121a
ἀπολλύειν, ἀπολλύναι (עָ׳ בַּתֹּהוּ qal) 136c
ἀποπηδᾶν 139b
ἀποτρέχειν 149b
⟦γίνεσθαι 256c⟧
δεῦρο 293a
⟦διαβαίνειν, διαβέννειν 298a⟧
διανοεῖσθαι 306b
διεκβάλλειν 328a
εἰσέρχεσθαι 410b
εἰσπορεύεσθαι 414a
ἐκβαίνειν 420c
⟦ἐκβάλλειν 420c⟧ → διεκβάλλειν
⟦ἐμβαίνειν 455a⟧ → ἀναβαίνειν, ἀναβέννειν
ἐνδύ(ν)ειν 471a
ἐνεῖναι 472b
ἐξέρχεσθαι 491c
⟦ἐπάγειν 503c⟧ → עָלָה hi.
ἐπεῖναι 509b
ἐπέρχεσθαι 509c
ἐπιβαίνειν 515c
ἐπιβάλλειν 516a
*ἔρχεσθαι 548b
ἥκειν 605a
⟦θερίζειν 648c⟧
⟦ἱστάναι, ἱστᾶν 689a⟧ → עָמַד qal
καταχωρίζειν 748c
⟦λαμβάνειν 847a (I Ch. 21.18)⟧ → ἀναβαίνειν, ἀναβέννειν
ὄρθρου (בַּעֲלוֹת הַשַּׁחַר) 1011b
⟦παρέρχεσθαι 1068c⟧
πορεύεσθαι 1189a
προανατάσσειν 1204a
⟦προκοπή *190a*⟧
προσαναβαίνειν 1212a
προσφορά *190b*
ἕως (τὸ) πρωΐ (עַד עֲלוֹת הַשַּׁחַר) 1234b
πτεροφυεῖν (עָ׳ אֵבֶר qal) 1238a
συγκομίζεσθαι 1300a
συμπλέκειν 1305b
*συναναβαίνειν 1311a
σχάζειν 1327c
τροποῦν 1376a
ὑπεραίρειν (עָ׳ עַל qal) 1408b
ὑπερκεῖσθαι (עָ׳ עַל qal) 1410b
φύειν 1440c
⟦χάζεσθαι 1452a⟧ → σχάζειν

עָלָה ni.
ἀναβαίνειν, ἀναβέννειν 70a
ἀναχωρεῖν 85c
ἀφιστᾶν, ἀφιστάναι, ἀφιστάνειν 184b
⟦γίνεσθαι 256c⟧
ἐπαίρειν 505a
ὑπερυψοῦν 1411a

עָלָה hi.
ἄγειν 9a
ἀναβαίνειν, ἀναβέννειν 70a
*ἀναβιβάζειν 73a
ἀνάγειν 75b
ἀναμαρυκᾶσθαι 79c
ἀνασπᾶν 82a
*ἀναφέρειν 84c
ἅπτειν 150c
γλύφειν 271b
#διανόημα (מַעֲלָה, מַעֲלֶה) 306c (Pr. 14.14; 15.24)
ἐγείρειν 364a
ἐξάγειν 483a
ἐξάπτειν + λύχνον (= נֵר) 489c
ἐπάγειν 503c
#ἐπανάγειν 506b (Za. 4.12)
ἐπιβάλλειν 516a
⟦ἐπισκευάζειν 528b⟧
ἐπιτιθέναι 535c
καίειν 705a
*#μετάγειν 915c (I Es. 5.69)
μηρυκᾶσθαι, μαρυκᾶσθαι 923c
ποιεῖν + ὁλοκαύτωμα (= עֹלָה) 1154a (Le. 17.8)
" + κάρπωσιν (= עֹלָה) 1154a (Jb. 42.8)
*προσφέρειν 1222c
⟦συνάγειν 1307b⟧ → ἀνάγειν
συναναφέρεσθαι 1311a
τιθέναι 1348c (Ez. 14.4, 7)
ὑφαίνειν 1419a
#ὑψοῦν 1422a (I Ch. 17.17)
φέρειν 1426c
עָלָה ho.
ἀναβαίνειν, ἀναβέννειν 70a
ἀναφέρειν 84c
⟦καταγράφειν 730a⟧
עָלָה hithp.
#ἐπαίρειν 505a (Ps. 36[37].35)
עָלֶה
ἀνάβασις 72c
⟦θάλλειν *179a*⟧
στέλεχος 1288a
φύλλον 1446a, *195c*
עֲלָה (Aramaic)
ἁμαρτία 62a
κατηγορεῖν 751a
πρόφασις 1231b
עֹלָה
see also עוֹלָה
*θυσία 664a
κάρπωμα 724c, *181a*
κάρπωσις 725a, *181a*
ὁλοκάρπωμα 987c
ὁλοκάρπωσις 987c
*ὁλοκαύτωμα 987c
*ὁλοκαύτωσις 988c
*#προσφορά 1223b (I Es. 5.52)
עֲלָוָה (Aramaic)
*#θυσία 664a
ὁλοκαύτωσις 988c
עֲלוּמִים
ἀνδροῦν (יְמֵי עֲ׳) 86b
νεότης 942c
#χρόνος 1476b (Ps. 88[89].45)
עֲלוּקָה
βδέλλα 215a
עָלַז qal
ἀγαλλιᾶσθαι 4c
ἀναθάλλειν 77a
⟦διαφεύγειν 314b⟧ → עוּז qal
⟦ἐνδιατρίβειν 470b⟧
εὐλαβεῖσθαι 572a
καροῦσθαι 723c
κατατέρπεσθαι 746c
καυχᾶσθαι 757b
λοιμός (adj.) 887c
#ταράσσειν 1336a (Ps. 67[68].4)
⟦τέρπειν 1345c⟧ → κατατέρπεσθαι
ὑβρίζειν 1379c
ὑψοῦν 1422a
χαίρειν 1452a
עֲלָטָה
κεκρυμμένος (בָּעֲ׳) 792a
עֱלִי I
μετέωρος 917c
עִלִּי II (Aramaic)
ὑπερῷον 1411b
עִלַּי (Aramaic)
θεός 630a
ὕψιστος 1420b
עֲלִיָּה
ἀνάβασις 72c
#προκοπή *190a* (Si. 51.17)
ὑπερῷον 1411b
עֶלְיוֹן (Hebrew and Aramaic)
ἀνώτερος, ἀνώτατος 112c
ἐπάνω 507b
ἐσώτερος, ἐσώτατος 559a
κύριος *182c*
μέγας *184a*
#ὑπεράγειν *194b* (Si. 30[33].31)
ὑπεράνω (עֲ׳ עַל, עֲ׳) 1408b
ὑπερῷον 1411b
ὑπερῷος 1411b
ὑψηλός 1419b
ὕψιστος 1420b, *194c* (+Si. 42.18; 43.2)
עַלִּיז
⟦ἀσεβής 170b⟧
⟦πλούσιος 1150b⟧
ὕβρις 1380a
φαύλισμα 1425c
φαυλίστρια 1425c
χαίρειν 1452a
עֲלִיל
?δοκίμιον 340a
עֲלִילָה
ἁμαρτία 62a
⟦ἀνομία 106c⟧ → ἁμαρτία
⟦ἀσέβεια, ἀσεβία 169c⟧
ἔνδοξος 470c
ἐνθύμημα 473c
ἐπιτήδευμα 535b
ἔργον 541c
εὐεργεσία 569c
θέλημα 629a
⟦μεγαλεῖος, μεγαλιός 901b⟧ → ἔργον
πρόφασις 1231b
προφασιστικός 1231b
עֲלִילִיָּה
ἔργον 541c
עָלַל polel
⟦γίνεσθαι 256c⟧
ἐπανατρυγᾶν 506c
ἐπιφυλλίζειν 538b
ἐπιφυλλίδα ποιεῖν 538b, 1154a
καλαμᾶσθαι 712b, *180c* (Si. 30[33].25)
עָלַל hithp.
ἐμπαίζειν 456b
καταμωκᾶσθαι 739b
עָלַל hithpo.
προφασίζεσθαι 1231b
עֲלַל pe. (Aramaic)
εἰσέρχεσθαι 410b
εἰσπορεύεσθαι 414a
ἔρχεσθαι 548b
עֲלַל aph. (Aramaic)
εἰσάγειν 407c
εἰσφέρειν 415a
καλεῖν 712c
עֲלַל hoph. (Aramaic)
εἰσάγειν 407c
εἰσέρχεσθαι 410b
עֹלֵלוֹת
ἐπιφυλλίς 538b
καλαμᾶσθαι 712b
καλάμη 712b
#καλάμημα 712b (Je. 29.10 [49.9])
⟦κατάλ(ε)ιμμα 736a⟧ → καλάμημα
⟦ὑποφυλλίς 1418a⟧ → ἐπιφυλλίς
עָלַם I qal
#κρύφιος 793a (Ps. 45[46].title)
עָלַם I ni.
κρυπτός *182c*
λανθάνειν 853a
⟦παρανομεῖν 1062b⟧
παρέρχεσθαι 1068c
παρορᾶν 1072b
ὑπερορᾶν 1410c
עָלַם I hi.
ἀποκρύπτειν 134b
ἀποστρέφειν 145b, *168b*
κρύπτειν 792a, *182b*
παρακαλύπτειν 1060c
#παριδεῖν 1070b (Le. 6.2 [5.21]; Nu. 5.6, 12)
#παρορᾶν 1072b (Is. 57.11)
ὑπεριδεῖν 1410b, *194b*
ὑπερορᾶν 1410c
ὑπέροψις 1411a
עָלַם I hithp.
#ἀποστρέφειν πρόσωπον *168b* (Si. 4.4)
ἐγκυλίειν 367a
⟦ἐπιπίπτειν 526b⟧
παρέλκειν *187c*
ὑπεριδεῖν 1410b
ὑπερορᾶν 1410c
עָלַם II (Aramaic)
*αἰών (יוֹמָת עָלְמָא) 39b
αἰώνιος 41c
עֹלָם
see also עוֹלָם
αἰών 39b
αἰώνιος 41c
עֶלֶם
νεανίσκος 940b
עַלְמָה
νεᾶνις 940b
νεότης 942c
παρθένος 1070a
עֲלָמוֹת
§αλαιμωθ, αλεμωθ, αλημωθ 52a
עָלַס ni.
§νεελας(σ)α (נֶעֱלָסָה) 941a
עֲלַע (Aramaic)
πλευρά 1142a
πλευρόν 1142b
עַלְעוֹל
#καταιγίς *181b* (Si. 43.17)
עָלַף pu.
ἀπορεῖν 140a
#ἐκλύειν 438a (Ez. 31.15)
#ἐξιστᾶν, ἐξιστάναι 496c
עָלַף hithp.
ἐκλείπειν 435c
καλλωπίζειν 715b
ὀλιγοψυχεῖν 987a
עֻלְפֶּה
⟦ἐκλύειν 438a⟧ → עָלַף pu.
⟦ἐξιστᾶν, ἐξιστάναι 496c⟧ → עָלַף pu.
עָלַץ qal
ἀγαλλιᾶσθαι 4c
καταγελᾶν 729c
⟦κατορθοῦν 756b⟧
καυχᾶσθαι 757b
?στερεοῦν 1289a
עָלַץ hi.
εὐφραίνειν *178b*
עַם, עָם I
#ἀλλογενής 55c (I Es. 8.66, 67, 80, 90)
ἀνήρ 88a
ἄνθρωπος 96b
αὐτόχθων 179c
γενεά 236a
γένος 239b
γῆ 240c
*δῆμος 296a
⟦δοῦλος (subst.) 346b⟧
δύναμις 350a
*ἔθνος 368b, *172b*
" (עַם הָאָרֶץ) 368b (I Es. 1.34)
⟦ἡγεῖσθαι 602c⟧
*λαός 853b, *183a*
" (בְּנֵי עַם) 853b (I Es. 1.7, 11), *183a* (+Si. 30[33].27; 44.4; 47.4)
#οἱ ἐκ τοῦ λαοῦ 853b (I Es. 1.13)
*ὄχλος 1043a
παῖς 1049a
*πλῆθος 1142c
πολίτης (בֶּן־עַמִּי) 1180c
συναγωγή (עַם, עַם הַקָּהָל) 1309b
עַם II (Aramaic)
ἔθνος 368b
λαός 853b
עִם (Hebrew and Aramaic)
*#ἅμα 60b
⟦ἀνοίγειν (הָיָה עִם) 105b⟧
ἐν *174b*
ἐπί + dat. *176b*
ἔχειν 586c
⟦[κατά + gen.] *181a*⟧ → μετά + gen.
μετά + gen. *184b*
⟦ὀπίσω 1001c⟧
παρά + gen. *187b*
" + dat. *187b*

πρός + acc. *190a*
συγγίνεσθαι (הָיָה עִם) 1298c
עָמַד qal
ἀναβαίνειν, ἀναβέννειν 70a
ἀνθιστάναι 95c
*ἀνιστᾶν, ἀνιστάναι 102c, *167b*
ἀφιστᾶν, ἀφιστάναι, ἀφιστάνειν 184b
βιάζεσθαι (ע׳ לִפְנֵי qal) *169b*
βοηθεῖν (ע׳ עַל־נֶפֶשׁ qal) 223b
⟦γίνεσθαι 256c⟧
γρηγορεῖν 278a
⟦διαβαίνειν, διαβέννειν 298a⟧
διαβιοῦν 299a
διαμένειν 305c, *171b* (–Si. 41.13)
?διέρχεσθαι 328c
ἐγρηγορεῖν 367b
ἀγαθὸς ἔσται (= εἶναι VIII.3) *173a*
ἔμμονος *174b*
ἐμποδίζειν *174b*
ἐνιστάναι 475a
*#ἐπιδέχεσθαι 519b (I Es. 9.14)
ἐξανιστάναι 487c
⟦ἐξιστᾶν, ἐξιστάναι 496c⟧ → ἱστάναι, ἱστᾶν
ἐπανιστάναι, ἐπανιστάνειν 506c
ἐπεῖναι 509b
ἐπιβαίνειν 515c
*#εὐπρεπῶς (עַל עֲמֹד) 576b (I Es. 1.10)
ἐφιστάναι 585c
ἥκειν 605a
*ἱστάναι, ἱστᾶν 689a, *180c* (+Si. 39.17)
ἱστάνειν 692b
καθιστάναι 702c
κτίζειν 795b
μένειν 910a, *184b* (Si. 42.23)
νέμειν *185a*
⟦ " 941c⟧
ὀρθοῦν 1011a
παραμένειν 1062a, *187c* (+Si. 11.17)
?παραπορεύεσθαι 1063b
παραστήκειν 1064a
⟦παρέρχεσθαι 1068c⟧
παριστάναι (ע׳ qal, ע׳ לִפְנֵי qal) 1070c
#προϊστάναι 1207a (Is. 43.24)
στάσις 1286c
⟦στήκειν 1290b⟧ → ἱστάναι, ἱστᾶν
#συνίειν, συνιέναι 1316b (II Ch. 20.17)
συνιστάναι, συνιστᾶν 1317a
⟦ὑπολείπειν 1415a⟧ → ὑφιστάναι
ὑφιστάναι 1419a
χωματίζεσθαι (ע׳ עַל תֵּל qal) 1480c
עָמַד hi.
ἄγειν 9a
#ἀνάστασις 82a (Da. LXX 11.20)
ἀνιστᾶν, ἀνιστάναι 102c
διατηρεῖν 313a
⟦διδόναι 317b⟧
*ἐγείρειν 364a, *172a*
ἐμμένειν *174b*
ἐπανιστάναι, ἐπανιστάνειν 506c
ἐφιστάναι 585c
⟦ἔχειν 586c⟧ → ἄγειν
*ἱστάναι, ἱστᾶν 689a, *180c*
καθιστάναι 702c
παρέχειν 1069c
παριστάναι 1070c
πιστοῦν 1139a
⟦ποιεῖν 1154a (Ne. 10.32[33])⟧ → ἱστάναι, ἱστᾶν
⟦στεγάζειν 1287c⟧ → ἱστάναι, ἱστᾶν
στηρίζειν *192b*
συνάγειν 1307b
τάσσειν 1337a
עָמַד ho.
ἱστάναι, ἱστᾶν 689a
עִמָּד
πλήν 1145c
עֹמֶד
στάσις 1286c
⟦στῦλος 1297c⟧ → עַמּוּד
τόπος 1364b
עָמָה
περιβάλλειν *188b*
עֻמָּה
ἐξισοῦν 496c
ἔχειν (לְעֻמַּת) 586b
#κατέναντι (לְעֻמַּת) *181c* (Si. 36[33].15; 42.24)
πλάγιος 1139b
σύμφωνος (לְעֻמַּת) 1306c
⟦συμφώνως (לְעֻמַּת) 1306c⟧ → σύμφωνος
τρόπος (לְעֻמַּת) 1375a
עַמּוּד
κιών 766a
στάσις 1286c
στῦλος 1297c, *192b*
עַמּוֹן
§υἱοὶ αμμων (עַמֹּנִים) 1384c
עֲמוּקָה
βόθρος (מַהֲמֹרָה ע׳) *169c*
עַמִּיק (Aramaic)
βαθύς 189b
עָמִיר
δράγμα 348b
καλάμη 712b
#χόρτος 1473a (Je. 9.22[21])
עָמִית
πλησίον 1148b
πολίτης 1180c
עָמַל qal
κακοπαθεῖν 709a
κοπιᾶν 778b, *182b* (+Si. 30[33].26; 51.27)
μοχθεῖν 935c
⟦ποιεῖν 1154a (Ec. 8.17)⟧ → μοχθεῖν
πονεῖν 1186a
עָמָל
#ἀνάγκη 76a (Jb. 20.22)
κακός 709b, *182b*
κοπιᾶν *182b*
κόπος 778c
μόχθος 935c
ὀδύνη 967a
πονηρία 1186b
πόνος 1188b
עָמֵל
⟦ἀνάγκη (יַד ע׳) 76a⟧
κατακοπή 734a
κοπιᾶν 778b
μοχθεῖν 935c
ὁ ἐν πικρίᾳ 1132c
ἐν πόνοις 1188b
עָמַם qal
ἐπιτιθέναι 535c
עָמַם ho.
ἀμαυροῦν 65a
עָמַס qal
αἴρειν 34c
ἐπιγεμίζειν 517c
καταδεῖν 730b
καταπατεῖν 740b
⟦κατευοδοῦν 750c⟧
עָמַס hi.
ἐπισάσσειν 527b
⟦παιδεύειν 1047a⟧
עָמַק qal
βαθύνειν 189a
⟦βαρύνειν 191a⟧ → βαθύνειν
עָמַק hi.
βαθέως βουλὴν ποιεῖν 189a, 1154a
βάθος 189a
βαθύνειν 189a
βαθύς 189b
τὴν βαθὺν βουλὴν βουλεύεσθαι 189b
⟦ἐμβαθύνειν 455a⟧ → βαθύνειν
καταπηγνύναι 741b
עֵמֶק
ἀλλόγλωσσος (עִמְקֵי שָׂפָה) 56a
ἀλλόφωνος (ע׳ שָׂפָה) 59a
⟦βαθύγλωσσος (עִמְקֵי שָׂפָה וְכִבְדֵי לָשׁוֹן) 189a⟧ → βαθύχειλος
βαθύφωνος (עִמְקֵי שָׂפָה) 189b
βαθύχειλος (עִמְקֵי שָׂפָה) 189b
עָמֹק
βάθος 189a
βαθύς 189b
ἔγκοιλος 366c
κοῖλος 773c
ταπεινός 1334b
עֵמֶק
⟦αὖλαξ 177a⟧ → תֶּלֶם
αὐλών 178c
⟦γῆ 240c⟧
§εμεκ (ע׳ עָכוֹר) 456a
κοιλάς 772c
⟦κοῖλος 773c⟧ → κοιλάς
πεδίον 1113b
φάραγξ 1424b
עֹמֶק
βαθύς 189b
πέταυρον, πέτευρον 1129a
עָמַר pi.
δράγματα συλλέγειν 348b
עָמַר hithp.
ἀθετεῖν 29b
καταδυναστεύειν 731a
עֲמַר (Aramaic)
ἔριον 547b
עֹמֶר
§γομορ 274b
δράγμα 348b
ψωμός 1490c
עֵנָב
σταφίς (ע׳ יָבֵשׁ, ע׳) 1287a
σταφυλή 1287a, *192a* (+Si. 51.15)
עָנַג hithp.
⟦ἐμπαρρησιάζεσθαι 456c⟧ → παρρησιάζεσθαι
ἐντρυφᾶν 481a
κατατρυφᾶν 747a
παρρησίαν ἔχειν 586c, 1073a (Jb. 27.10)
παρρησιάζεσθαι 1073a
⟦πεποιθὼς εἶναι 1114b⟧
τρυφᾶν 1377c
τρυφερότης 1377c
עָנֹג
τρυφερός 1377c
עָנֻג
τρυφερός 1377c
עָנַד
ἐγκλοιοῦν 366c
עָנָה I qal
#αἰνεῖν *165c* (Si. 47.6)
ἀκούειν 45a
ἀκρόασις 51a
ἀνθιστάναι 95c
ἀνταποκρίνεσθαι 109b
ἀντειπεῖν, ἀντερεῖν 109c
ἀντικαθιστάναι 110c
ἀντικρίνεσθαι 110c
ἀποκρίνειν 133a, *168a*
[ἀπόκρισις] 134b (II Es. 7.12), *168a*
ἀπόκρισιν διδόναι 134b, 317b
⟦ἄρχειν 163a⟧
ἐγκαλεῖν *172a*
εἴκειν ("to yield") 377a
εἰπεῖν, ἐρεῖν 384a
εἰσακούειν 408b
#ἐνακούειν 467c (Na. 1.12)
ἐξάρχειν 490a
ἐπακούειν 505c, *176a*
ἐπερωτᾶν 510b
*#ἐπιφωνεῖν 538b (I Es. 9.47)
καταλέγειν 736a
καταμαρτυρεῖν 739a
#κρίνειν pass. *182b* (Si. 42.8)
μαρτυρεῖν 896b
περιστᾶν 1126a
ὑπακούειν (ע׳ qal, יֵשׁ עוֹנֶה) 1405c
⟦ὑποκρίνεσθαι 1414b⟧ → ἀποκρίνειν
ὑπολαμβάνειν 1414c
φθέγγεσθαι 1429c
⟦["] *195a*⟧ → פִּתְגָם
*#φωνεῖν 1447b (I Es. 5.61; 8.92; 9.10)
ψευδομαρτυρεῖν 1485a
עָנָה I ni.
#ἀντακούειν 108b (Jb. 11.2)
ἀποκρίνειν 133a
εἰσακούειν 408b
ἐπακούειν 505c
עָנָה I pi.
⟦ἀποκρίνειν 133a⟧ → עָנָה I qal
⟦δοξάζειν *172a*⟧
⟦εἰσακούειν 408b⟧ → עָנָה I qal
⟦ἐνακούειν 467c⟧ → עָנָה I qal
ἐξάρχειν 490a
⟦κακοῦν *180d*⟧ → עָנָה II qal
עָנָה I hi.
περιστᾶν 1126a
⟦ὑπακούειν 1405c⟧ → עָנָה I qal

עָנָה II qal
κακοῦν 711b
ταπεινοῦν 1334c
עָנָה II ni.
⟦ἀντακούειν 108b⟧ → עָנָה I ni.
ἐντρέπειν 480c
κακοῦν 711b, *180c*
ταπεινοῦν 1334c
עָנָה II pi.
⟦ἐπάγειν 503c⟧ → אָנָה II pi.
κακία 708a
κακοῦν 711b, *180c* (+Si. 30[33].40)
κακουχεῖν 711c
#παιδ(ε)ία 1046c (Ps. 17[18].35)
παροξύνειν 1072a
⟦σαλεύειν 1257c⟧ → נוּעַ hi.
ταπεινοῦν 1334c
עָנָה II pu.
#κακοῦν 711b (Za. 10.2)
κάκωσις 712a
πραΰτης, πραότης 1201b
ταπεινοῦν 1334c
עָנָה II hi.
ἀδικεῖν *165b*
ταπεινοῦν 1335a
עָנָה II hithp.
κακοῦν 711b
κακουχεῖν 711c
προσοχή *190b*
σφιγγία *193b*
ταπεινοῦν 1335a
עֲנָה pe. (Aramaic)
ἀποκρίνειν 133a
εἰπεῖν, ἐρεῖν 384a
ἐκφωνεῖν 445c
ὑποβάλλειν 1412c
ὑπολαμβάνειν 1414c
#φωνεῖν 1447b (Da. LXX 2.20 [𝔓967])
עֲנֵה (Aramaic)
πένης 1117a
עֹנָה
ὁμιλία 991a
עָנָו
πένης 1117a
πραΰς 1201a
πτωχός 1239b
ταπεινός 1334b, *193a*
ταπείνωσις 1335c
עֲנָוָה
⟦παιδ(ε)ία 1046c⟧ → עָנָה II pi.
ταπεινοῦν 1335a
#ταπείνωσις 1335c (Ps. 21[22].21)
ὑπακοή 1405c
עַנְוָה
πραΰτης, πραότης 1201b, *190a*
ταπεινότης *193a*
ταπείνωσις *193a*
עֱנוּת
δέησις 285c
עָנִי
⟦ἀδικία 25b⟧
ἀδύνατος 28a
ἀσθενής 172b
ἐκπίπτειν 439b
#ἐπιδεής *176c* (Si. 34[31].4)
πένεσθαι 1117a
πένης 1117a
πενιχρός 1118b
πραΰς 1201a, *190a*
πτωχός 1239b, *190c*
ταπεινός 1334b
ταπεινοῦν 1335a
ταπείνωσις 1335c
עֳנִי
ἀσθενής (בֶּן־עֳ׳) 172b
⟦ἐπιδεής *176c*⟧
θλῖψις 652c
⟦κακία 708a⟧ → ταπείνωσις
κάκωσις 712a
ὀδύνη 967a
πενιχρός 1118b
πτωχ(ε)ία 1239b
ταπείνωσις 1335c
עָנִיו
πραΰς 1201a
עִנְיָן
⟦πειρασμός 1116a⟧ → περισπασμός
περισπασμός 1126a
עָנַן pi.
συννεφεῖν 1317b
עָנַן polel
ἄνομος 107c
⟦ἀποβλέπειν 125c⟧ → עַיִן polel
ἀποφθέγγεσθαι 150a
⟦βλέπειν 221a⟧ → עַיִן polel
κληδονίζεσθαι 767c
κληδονισμός 767c
κληδών 767c
οἰώνισμα 985b
ὀρνιθοσκοπεῖν 1014b
עָנָן
ἀτμίς 176b
γνόφος 272c
νεφέλη 943b, *185b* (+Si. 43.15; 50.10)
νέφος 944a
ὁμίχλη *186b*
σκότος 1276b
עֲנָן (Aramaic)
νεφέλη 943b
עֲנָנָה
γνόφος 272c
עָנָף
ἀναδενδράς 76c
βλαστός 220c
κλάδος 766a, *182a*
κλῆμα 767c
παραφυάς 1065b
עֲנַף (Aramaic)
κλάδος 766a
עָנֵף
βλαστός 220c
עָנַק qal
κρατεῖν 783a
עָנַק hi.
ἐφοδιάζειν 586b
ἐφόδιον 586b
עֲנָק
γίγας 256b
ἔνθεμα 473b
κλοιός, κλοιόν(?) 772a
περίθεμα 1123b
עָנַשׁ qal
ἐπιβάλλειν φόρον 516a, 1438a
ἐπιζήμιον 520a
*ζημιοῦν 594c
συκοφαντ(ε)ία 1301c
עָנַשׁ ni.
ζημία 594c
ζημίαν τίειν 1348c
ζημιοῦν 594c
עֹנֶשׁ
see also עוֹנֶשׁ
#ἐκδικεῖν *173c* (Si. 30.19)
ζημία 594c
ζημιοῦν (נָשָׂא ע׳) 594c
#φόρος 1438a (III Ki. 10.15)
עֲנָשׁ (Aramaic)
*ζημία 594c
עָסִיס
γλυκασμός 270c
?μέθη 907b
νᾶμα 939a
οἶνος νέος 942a, 983c
עָסַס qal
καταπατεῖν 740b
עֵסֶק
ἀσχολία *168c*
ἔργον *177b*
πρᾶξις *189c*
χρεία *196a*
עֳפִי (Aramaic)
φύλλον 1446a
עָפַל pu.
ὑποστέλλειν 1417a
עָפַל hi.
διαβιάζεσθαι 299a
עֹפֶל
ἄδυτον 28a
ἕδρα 368a
ναῦς 940a
§οπελ 1001b
§οπλα 1003b
§οφλα 1042c
עַפְעַפַּיִם
⟦ἀνατέλλειν 83a⟧
βλέφαρον 221c
εἶδος 375c
⟦κρόταφος 791b⟧
ὀφθαλμός 1039b
עָפַר pi.
πάσσειν 1102c
עָפָר
ἄμμος 66a
#αὐχμώδης 180a (Mi. 4.8)
γῆ 240c, *170a*
ἔδαφος 367c
κονιορτός 777c
πηλός 1131a
σποδιά 1284c
⟦χνοῦς 1471c⟧ → χοῦς
χοῦς ("dust") 1473b
χῶμα 1480c
עֹפֶר
νεβρός 941a
עֹפֶרֶת
μόλιβ(δ)ος, μόλυβ(δ)ος 932b, *185b*
עֵץ
δένδρον 289c, *170c*
δένδρος 290a
κέδρος (עֵץ אֶרֶז) 758a
κυπάρισσος (עֵץ שֶׁמֶן) *182c*
λινοκαλάμη (פִּשְׁתֵּי עֵץ) 879b
ξυλάριον, ξυλήριον 957c
*ξύλινος 957c
ξυλοκόπος (חֹטֵב עֵץ) 958a
*ξύλον 958a, *185c*
ξυλοῦν (שְׁחִיף עֵץ, שָׂחִיף עֵץ) 959b
ξυλοφορία (קֻרְבַּן עֵצִים) 959c
ξυλοφόρος 959c
πεύκη (עֵץ בְּרוֹשׁ) 1130a
⟦ῥάβδος 1247a (Ez. 37.16, 17, 19, 20)⟧ → שֵׁבֶט, שֵׁבֶט
#σύμβολον 1303c (Ho. 4.12)
σχίδαξ 1327c
עָצַב I qal
ἀποκωλύειν 136a
ὀλιγόψυχος (עֲצוּבַת רוּחַ) 987a
ταπεινοῦν 1335a
עָצַב I ni.
διαπίπτειν 308a
διαπονεῖν 308a
θραύειν 654b
καταπίπτειν 741c
*λυπεῖν 889b
עָצַב I pi.
βδελύσσειν, βδελύττειν 216a
#λυπεῖν *183c* (Si. 3.12)
παροξύνειν 1072a
עָצַב I hi.
παροργίζειν 1072b
עָצַב I hithp.
διανοεῖσθαι (עָ׳ אֶל לֵב hithp.) 306b
κατανύσσεσθαι 739c
עָצַב II pi.
πλάσσειν 1140b
⟦ποιεῖν 1154a (Jb. 10.8)⟧ → πλάσσειν
עָצָב
γλυπτός 271a
εἴδωλον 376a
θεός 630a
#μίασμα 926c (Ez. 33.31)
עַצָּב
ὑποχείριος 1418a
עֶצֶב ,עֶצֶב
λύπη 889c
λυπηρός 890a
μεριμνᾶν 911a
ὀδύνη 967a
πόνος 1188b
עֹצֶב I
ἀνομία 106b
εἴδωλον 376a
עֹצֶב II
ὀδύνη 967a
עִצָּבוֹן
λύπη 889c
עַצֶּבֶת
ἀσθένεια 172a
λύπη 889c, *183c*
#σύμπτωμα 1306b (Pr. 27.9)
σύντριμμα 1322b
עָצָה qal
#ἐπιστηρίζειν 530b (Ps. 31[32].8)
עָצָה ni.
ἀγωνίζεσθαι *165b*
עָצֶה
ψόα, ψοιά 1485c
עֵצָה
βούλεσθαι 226b

βουλεύειν 227a
βουλή 227c, *169c*
ἔργον 541c
*#κρίμα 786b (I Es. 9.4)
*#κρίνειν 787b (I Es. 8.94)
#κρύφιος *182c* (Si. 42.1)
συμβουλία 1303c
σύμβουλος (אִישׁ עֵ׳) 1304a

עָצוּם
ἀναρίθμητος 81c
βαρύς 191b
⟦δυναστ(ε)ία 354c⟧ → δυνάστης
δυνάστης 355b
δυνατός 355c
ἰσχύειν 692c
ἰσχυρός 693b, *180c*
κραταιός 782a
μέγας 902c
πλῆθος 1142c
⟦πολύς, πλείων, πλεῖστος 1181b (Nu. 32.1)⟧
πλῆθος πολύς 1181c

עֲצִיב (Aramaic)
⟦ἰσχυρός 693b⟧
μετὰ κλαυθμοῦ 767a
⟦μέγας 902c⟧

עֶצְיוֹן ,עֶצְיֹן
⟦ἐργασία 541b⟧

עָצַל ni.
ὀκνεῖν 985b

עָצֵל
ἀεργός 28c
ἄφρων 186c
ὀκνηρός 985b
⟦παρανομία 1062b⟧

עַצְלָה
⟦δειλία 286c⟧
ὀκνηρία 985b
#ὀκνηρός 985b (Pr. 18.8)

עַצְלוּת
ὀκνηρός 985b

עָצַם ,עָצֵם qal
δυνατώτερος γίνεσθαι 256c, 355c
ἰσχύειν 692c
καμμύειν 718b
#κατακυριεύειν 735a (Ps. 9.31 [10.10])
κατισχύειν 751b
κραταιός 782a
κραταιοῦν 782c
πλῆθος 1142c
πληθύ(ν)ειν 1144b
στερεοῦν 1289a
ὑπερισχύειν 1410b

עָצַם ,עָצֵם pi.
καμμύειν 718b
#στηρίζειν 1290c (Pr. 16.30)

עָצַם ,עָצֵם hi.
κραταιοῦν 782c

עֶצֶם
⟦ἁρμονία 159a⟧
εἶδος στερεώματος 375c, *172b*
ἕξις *175c*
⟦ἑκάτερος 420a⟧
καιρός 706a
⟦κράτος 784a⟧ → עֹצֶם
ὀστέον, ὀστοῦν 1021c, *186c* (+Si. 49.15)
πάχος 1112c
πλευρά 1142a
σῶμα *193c*
⟦ὑγ(ε)ία, ὑγίεια *194a*⟧ → שֹׁר II

עֹצֶם
κραταιός 782a
κράτος 784a
⟦ὀστέον, ὀστοῦν 1021c⟧ → עֶצֶם

עָצְמָה
ἰσχύς 694b, *180c* (+Si. 38.18)

עֲצֻמוֹת
?βουλή 227c

עָצַר qal
ἀνέχειν *167a*
ἀπέχειν 122a
ἄρχειν 163a
βιάζεσθαι 218a
δεῖν ("to bind") 287b
δύνασθαι 353a
ἐπαγωγή 504a
ἐπέχειν 511a
ἔχειν 586c
ἰσχύειν (עָ׳ כֹּחַ qal) 692c
καταλαμβάνειν 735b
κατέχειν 750c
κατισχύειν (עָ׳ qal, עָ׳ כֹּחַ qal) 751b
κρατεῖν 783a
κωλύειν 839b
παύειν 1112b
πολιορκεῖν 1173c
στεῖραν ποιεῖν 1154b, 1288a
συγκλείειν 1299c
⟦συγχεῖν 1301a⟧
συνέχειν 1315b
φυλάσσειν, φυλάττειν 1441c

עָצַר ni.
κοπάζειν 778a
§νε(ε)σσαραν 941b
παύειν 1112b
#στειροῦν *192a* (Si. 42.10)
συνέχειν 1315b

עֹצֶר
⟦ἔρως γυναικός (עֹ׳ רַחַם) 553b⟧ → רַחַם
θλῖψις 652c
#συγκλεισμός 1300a (II Ki. 5.24)
ταπείνωσις 1335c

עֲצָרָה
ἀργ(ε)ία 153a
θεραπ(ε)ία 648a
ἱερ(ε)ία 679a
πανήγυρις 1052c

עֲצֶרֶת
ἐξόδιον 497b
σύνοδος 1317b

עָקַב qal
πτέρνα 1237c
πτερνίζειν 1237c
#ταράσσειν 1336a (Ho. 6.9[8])

עָקַב pi.
#ἀνταλλάσσειν 108c (Jb. 37.4)

עָקֵב
ἴχνος 696b, *180c* (Si. 13.26; 42.19)
#παραυτίκα (עַל עֵ׳) 1065b (Ps. 69[70].3)
#παραχρῆμα (עַל עֵ׳) 1065c (Ps. 39[40].15)
πούς 1198b
πτέρνα 1237c, *190c*
πτερνισμός 1237c

עָקֹב
⟦βαθύς 189b⟧
σκολιός 1275b
τραχύς *194a*

עֵקֶב
ἄμειψις 65b
#ἀντάλλαγμα 108c (Ps. 88[89].51)
ἀντάμειψις 108c
ἀνταπόδοσις 109b
#γενεά 236a (Pr. 22.4)
διαπαντός 1073a
πλήν 1145c

עָקְבָה
⟦ἴχνος *180c*⟧
πτερνισμός 1237c

עָקַד qal
συμποδίζειν 1305c

עָקֹד
διάλευκος 304c
λευκός 874c
⟦ῥαντός 1248a⟧ → נָקֹד

עֵקֶד
§βαιθακαθ, βαιθακαδ (בֵּית־עֵ׳) 189b

עָקָה
θλῖψις 652c

עָקוֹב
στρεβλός *192b*

עָקַל pu.
διαστρέφειν 312a

עֲקַלְקַל
διαστρέφειν 312a
στραγγαλιά 1295a

עֲקַלָּתוֹן
σκολιός 1275b

עָקַר qal
ἐκτίλλειν 443a

עָקַר ni.
ἐκριζοῦν 441a
⟦ἐκρίπτειν, ἐκριπτεῖν 441a⟧ → ἐκριζοῦν

עָקַר pi.
νευροκοπεῖν 943a
παραλύειν 1062a

עֲקַר ithpe. (Aramaic)
ἐκριζοῦν 441a
#ἐξαίρειν 485a (Da. LXX 7.8 [𝔓967])

עָקָר
ἄγονος 16b
στεῖρος, στεῖρα (עֲקָרָה ,עֲקֶרֶת) 1288a

עֵקֶר
γενετή (עֵ׳ מִשְׁפָּחָה) 237b

עִקַּר (Aramaic)
φυή 1440c

עַקְרָב
σκορπίος 1276a, *191c*

עָקַשׁ ni.
σκολιαῖς ὁδοῖς πορεύεσθαι 1275b

עָקַשׁ pi.
διαστρέφειν 312a

עָקַשׁ hi.
σκολιὸς ἀποβαίνειν 125b, 1275b

עִקֵּשׁ
διατρέφειν 312a
σκαμβός 1268a
σκληροκάρδιος (עִ׳־לֵב) 1274b
σκολιός 1275b
⟦στραγγαλιώδης 1295a⟧ → στραγγαλώδης
στραγγαλώδης 1295a
στρεβλός 1296a
#ψευδής (עִ׳ דְּרָכִים) 1484b (Pr. 28.6)

עִקְּשׁוּת
οὐκ ἀγαθός 2a
σκολιός 1275a

עָר (Aramaic)
ἐχθρός 589c
#πόλεμος *189b* (Si. 37.5)
⟦ὑπεναντίος *194b*⟧ → צַר II

עָרַב I, עָרֵב qal
⟦ἐνδέχεσθαι 470b⟧ → עָרַב IV qal ≈ ἐκδέχεσθαι
ἐπιμιγνύναι 525c
συμμιγνύναι 1304b
σύμμικτος 1304b

עָרַב I, עָרֵב hithp.
*ἐπιμιγνύναι 525c
μιγνύναι 926c
παράγειν 1056b

עָרַב II qal
ἀρέσκειν 155c
#γλυκαίνειν *170b* (Si. 50.18)
ἡδέως 604a
ἡδύνειν 604c, *179a*
ἡδύς γίνεσθαι 256c, 604c
⟦παύειν 1112b⟧ → עָבַר qal

עָרַב III qal
δυσμή 357b
ἑσπέρα 557a

עָרַב III hi.
ὀψίζειν 1044b, *187c*

עָרַב IV qal
διδόναι 317b
διεγγυᾶν 328a
ἐγγυᾶν 363b, *172a*
ἐγγύη 363c
ἐκδέχεσθαι 422a

עֲרַב pa. (Aramaic)
ἀναμιγνύναι 79c

עֲרַב ithpa. (Aramaic)
ἀναμιγνύναι 79c
συγκεραννύναι 1299b
συμμιγής 1304b

עֶרֶב
δείλη 286c
*δειλινός (בֵּין הָעַרְבַּיִם ,עֶ׳) 287a
ἑσπέρα 557a
πρὸς (τὸ) ἑσπέραν (בֵּין הָעַרְבַּיִם) 557a
τὸ ἑσπέρας (הָעֶ׳ ,לָעֶ׳ ,בָּעֶ׳ ,עֶ׳) 557a
τὸ πρὸς ἑσπέραν (לִפְנוֹת־עֶ׳) 557a
ἑσπερινός 557c
⟦ἕσπερος 557c⟧
⟦ἡμέρα 607b (Je. 6.4)⟧ → ἑσπέρα
⟦κλών 772b⟧
ὀψέ (בֵּין הָעַרְבַּיִם ,עֶ׳) 1044a

עֵרֶב I
ἐπίμικτος 525c
σύμμικτος 1304b

עֵרֶב II
κρόκη 791b
עָרֵב, עֵרֶב
⟦ἑσπέρα 557a (Is. 21.13)⟧ → עֶרֶב
עָרֵב
γλυκύς *170b*
ἡδύνειν 604c
עֹרֵב
κόραξ 779c
#κορώνη 780b (Je. 3.2)
עָרֹב
κυνόμυια 799b
עֲרָבָה I ("willow")
ἄγνος 16b
ἰτέα 696a
עֲרָבָה II ("desert")
ἄβατος 1a
⟦ἄπειρος 120b⟧
§αραβα 152c
§αραβωθ (עֲרָבֹת) 152c
γῆ ἄνυδρος 240c
γῆ διψῶσα 240c, 338a
ἔρημος 545a
⟦ἑσπέρα 557a⟧ → עֶרֶב
§ραβα 1247a
§ραβωθ (עֲרָבוֹת) 1247c
עֲרָבָה III ("west")
δυσμή 357b
ἡ πρὸς δυσμοῖς 357b
עֲרֻבָּה
ἐγγύη 363c
עֵרָבוֹן
§αρραβων 160a
עָרַג qal
ἀναβλέπειν 73b
ἐπιποθεῖν 526c
#προσδοκᾶν 1213a (De. 32.2)
עֲרָד (Aramaic)
ὄναγρος 994b
עָרָה I ni.
ἐπέρχεσθαι 509c
⟦ἔρχεσθαι 548b⟧ → ἐπέρχεσθαι
עָרָה I pi.
ἀνακαλύπτειν 78a (+Is. 24.1)
ἀνταναιρεῖν 108c
ἀποκαλύπτειν 131c
ἐκκενοῦν 432c
עָרָה I hi.
ἀποκαλύπτειν 131c
παραδιδόναι 1058a
עָרָה I hithp.
ἀποχεῖν, ἀποχύνειν 150a
⟦ἐπαίρειν 505a⟧ → עָלָה hithp.
עָרָה II
τὸ ἄχι τὸ χλωρόν 187c, 1471c
עֲרוּגָה
⟦βόλος 224c⟧ → βῶλος
βῶλος 232c
φιάλη 1430a
עָרוֹד
#ἄγριος 16c (Je. 31[48].6)
עֶרְוָה
αἰσχύνη 37b
ἀποκάλυψις 132b
ἀσχημοσύνη 174c
ἀσχήμων 175a
γύμνωσις 278b
ἴχνος 696b
⟦κακία 708a⟧ → רָעָה III
עַרְוָה (Aramaic)
ἀσχημοσύνη 174c
עָרוֹם
γυμνός 278a
עָרוּם
πανοῦργος 1053a
συνετός 1315a
φρόνιμος 1439b
עֶרְיָה
⟦αἰσχύνειν 36c⟧ → ἀσχημονεῖν
ἀσχημονεῖν 174c
ἐντείνειν 477a
עֲרִיסָה
σῖτος 1267b
φύραμα 1446b
עֲרִיפִים
⟦ἀπορία 140a⟧ → צַר I
עָרִיץ
ἀδικεῖν 24c
ἀνδρεῖος 86b
ἄνομος 107c
δυνάστης 355b
ἰσχύειν 692c
ἰσχυρός 693b
καταδυναστεύειν 731a
κραταιός 782a
λοιμός (adj.) 887c
ὑπερήφανος 1410a
ὑπερυψοῦν 1411a
עֲרִירִי
ἄτεκνος 175b, *168c*
ἐκκήρυκτος 432c
עָרַךְ qal
αἴρειν 34c
ἀναλαμβάνειν 78c
βοηθεῖν εἰς 223b
εἰπεῖν/ἐρεῖν + κρίμα (= מִשְׁפָּט) 384a
ἐπιστοιβάζειν 530b
ἐπιτιθέναι 535c
⟦ἐπιτρέπειν 537b⟧
ἑτοιμάζειν 563c
ἕτοιμος 564c
ἰσοῦν 689a
καίειν 705a
⟦κεντεῖν 759b⟧
κοσμεῖν 780b
ὁμοιοῦν 993a
παρασκευάζειν 1064a
παράταξις 1064b
παρατάσσειν 1064c
παριστάναι 1070c
⟦προστιθέναι 1221a (Le. 24.8)⟧ → προτιθέναι
προτιθέναι 1231a
στοιβάζειν 1291c
συνάπτειν 1312b
עָרַךְ hi.
⟦ἱστάναι, ἱστᾶν *180c*⟧
τιμᾶν 1353a
τιμογραφεῖν 1354a
עֵרֶךְ
ζεῦγος 594a
#ἴσος 688c (Jb. 41.3[4])
ἰσόψυχος (כְּעֶרְכִּי) 689a
πρόθεσις 1206b
#προσφορά *190b* (Si. 38.11)
στολή 1291c
συντίμησις 1320c
τιμᾶν 1353a
τιμή 1353a
τίμημα 1353c
עָרֵל I qal
ἀπερίτμητος 120c
περικαθαρίζειν 1123c
עָרֵל II
ἄλογος (עֲרַל שְׂפָתַיִם) 59b
ἀπερίτμητος 120c
ἰσχνόφωνος (עֲרַל שְׂפָתַיִם) 692c
עָרְלָה
ἀκαθαρσία 42b
ἀκροβυστία 51a
σκληροκαρδία (עָרְלַת לֵבָב) 1274b
עָרַם qal
πανουργεύειν 1053a
עָרַם ni.
διϊστάνειν, διϊστάναι 330b
עָרַם hi.
καταπανουργεύεσθαι 740a
πανουργεύειν 1053a
πανοῦργος ἔσῃ (= εἶναι VIII.2) *173a*, *187b*
πανουργότερος 1053a
πανουργότερος γίνεσθαι 256c, 1053a
⟦πανουργότερος εἶναι 1053a⟧ → πανουργότερος γίνεσθαι
עֵרֹם
γυμνός 278a
עָרֹם
γυμνός 278a
עָרְמָה
βουλή 227c
δόλος 340a
πανουργία 1053a
φρόνησις 1439a
עֲרֵמָה
δράγμα 348b
θεμέλιον, θεμέλιος 629b
θημωνία, θε(ι)μωνία 650b
?κυψέλη 839a
στοιβή, στυβή 1291c
σωρός 1331a
χῶμα 1480c
עַרְמוֹן
ἐλάτη 448a
πλάτανος 1140c
עַרְעָר
ἀγριομυρίκη 16c
⟦πτωχός 1239b⟧ → ταπεινός
ταπεινός 1334b
עָרַף qal
ἀποκτείνειν, ἀποκτέννειν 135a
κατασκάπτειν 743c
λυτροῦν 890a
νευροκοπεῖν 943a
συννεφής 1317b
⟦τιμὴν διδόναι 317b⟧
עֹרֶף
αὐχήν 179c
⟦καρδία 719a⟧ → τράχηλος
⟦κόμη 777b⟧ → פֶּרַע
νῶτον, νῶτος 956b
σκληροτράχηλος (קְשֵׁה־ע׳, מַקְשֶׁה־ע׳) 1274c, *191c*
σφόνδυλος 1327a
*τράχηλος 1370b, *194a* (Si. 30.12)
φυγάς 1440b
עֲרָפֶל
γνόφος 272c, *170c*
θύελλα 659c
ὁμίχλη 991b
σκότος 1276b
עָרַץ qal
δειλιᾶν 287a
διατρέπειν 314a
ἐκκλ(ε)ίνειν 433c
εὐλαβεῖσθαι 572a
θραύειν 654b
μεγαλαυχεῖν 901b
πτήσσειν 1238b
πτοεῖν 1238c
?τιτρώσκειν 1362a
עָרַץ ni.
ἐνδοξάζεσθαι 470c
עָרַץ hi.
⟦καταμωκᾶσθαι *181b*⟧
ταράσσειν 1336a
φοβεῖν 1433b
עָרַק qal
νεῦρον 943a
φεύγειν 1428b
עָרַר qal
γυμνὸς γίνεσθαι 256c, 278a
עָרַר pilp.
κατασκάπτειν 743c
עָרַר hithpal.
κατασκάπτειν 743c
πίπτειν *188c*
עֶרֶשׂ
κλίνη 771b
στρωμνή 1297b
עֵשֶׂב
ἄγρωστις 18b
βοτάνη 225c
παμβότανον 1052b
χλόη 1471c
χλωρός 1471c
χόρτασμα 1473a
χόρτος 1473a
עֲשַׂב (Aramaic)
χλόη 1471c
χόρτος 1473a
עָשָׂה qal
⟦ἀγαπᾶν 5c⟧
*ἄγειν 9a (–I Ch. 29.19)
⟦ἁμαρτάνειν 60c⟧
⟦ἀναστρέφειν 82b⟧
ἀναφέρειν 84c
⟦ἀνήρ 88a⟧
ἀνομεῖν (ע׳ תּוֹעֵבָה qal) 106b
⟦ἀπολλύειν, ἀπολλύναι (ע׳ qal, ע׳ נְבָלָה עִם qal) 136c⟧
ἀσεβεῖν (תֶּבֶל ע׳ qal) 170a
⟦βοηθεῖν 223b⟧ → ποιεῖν
γεωργεῖν (ע׳ מְלֶאכֶת הַשָּׂדֶה qal) 240b
γίνεσθαι 256c
γλύφειν 271b
⟦γλυφή 271b⟧
⟦γραμματεύς (ע׳ מְלָאכָה qal) 275b⟧
διαγλύφειν 299c
διδόναι 317b
δοξάζειν (ע׳ יְקָר qal) 343b

⟦ἐλεεῖν 449c⟧
⟦ἐπακούειν 505c⟧
⟦ἐπικαλεῖν 521b⟧
*ἐπιτελεῖν 535a
ἐπιτιθέναι 535c
ἐργάζεσθαι, ἐργάζειν 540c, *177b*
ἔργον 541c
ἑτοιμάζειν 563c
⟦εὖ γίνεσθαι 568a⟧
⟦εὖ ποιεῖν 568b⟧
θεραπεύειν 648a
κακοποιεῖν (עָ׳ רַע qal) 709a
*κατασκευάζειν 744a
⟦καταφυτεύειν 748b⟧ → φυτεύειν + κῆπον
κατεργάζεσθαι 749b
⟦κλίνειν 771a⟧
⟦κόπτειν 779a⟧
κτᾶσθαι 793b
μεγαλοποιεῖν (פָּלָא לַעֲשׂוֹת hi.) *184a*
⟦μεριμνᾶν 911a⟧ → שָׁעָה I qal
⟦νοεῖν 946a⟧
οἰκοδομεῖν 970c, *186a* (Si. 48.17)
⟦ὅσα συμβέβηκεν (הֶעָשׂוּי) 1019a⟧ → הַ־ ≈ ὅσος
παρακούειν (עָ׳ qal + neg.) 1061b
περιβλέπειν 1122b
περιονυχίζειν (עָ׳ אֶת־צִפָּרְן qal) 1124c
#περιποιεῖν 1125c (Pr. 6.32)
πλάσσειν 1140b
*ποιεῖν (עָ׳ qal) 1154a, *189b* (+Si. 20.14; 36[33].13)
⟦ " (יֵשׁ עֹשֶׂה) 1154a (Ge. 24.49)⟧ → ποιεῖν (עָ׳ qal)
ποίησις 1168c
πραγματεύεσθαι 1200b
πράσσειν, πράττειν 1201a
?προσλαμβάνειν 1218b
προσφέρειν 1222c
⟦συμβαίνειν 1302c⟧
συντελεῖν 1319b
συνυφαίνειν 1322c
τέκτων *193b*
⟦τελεῖν 1342c⟧ → συντελεῖν
τιθέναι 1348c
φέρειν + καρπόν (= פְּרִי) 1426c (Ho. 9.16)
φυλάσσειν, φυλάττειν 1441c (De. 5.15; I Ch. 28.7)
φυτεύειν + κῆπον (= כֶּרֶם) 1446c (Am. 9.14)
⟦χαρίζεσθαι *195a*⟧
χρᾶν, χρᾶσθαι 1473c

עָשָׂה ni.
ἄγειν 9a
ἀντιποιεῖν 111c
ἀποβαίνειν 125b
γίνεσθαι 256c
⟦εἶναι γινόμενος 256c⟧
*#ἐπιτελεῖν 535a
ποιεῖν 1154a
ποίησις 1168c
στερεοῦν 1289a
συμβαίνειν 1302c
συντελεῖν 1319b
τελειοῦν 1343a

עָשָׂה pi.
διαπαρθενεύειν (עָ׳ דַּדֵּי בְתוּלִים pi.) 307b

עָשָׂה pu.
ποιεῖν 1154a

עָשׂוֹר
*δέκατος 289a
δεκάχορδος 289c

עֲשִׂירִי
*δέκατος 289a
ἐπιδέκατος 519a

עָשַׁק hithp.
⟦ἀδικεῖν 24c⟧ → עָשַׁק qal
#αἰτία 38a (Pr. 28.17)
#περιέργεια *188b* (Si. 41.22)

עֵשֶׂק
⟦ἀδικία 25b⟧ → עֹשֶׁק
πρᾶξις *189c*

עָשַׂר qal
ἀποδεκατοῦν 126b

עָשַׂר pi.
ἀποδεκατοῦν 126b
δέκατος 289a
δεκατοῦν 289c

עָשַׂר hi.
ἀποδεκατοῦν 126b
δέκατος 289a

עֶשֶׂר
δεκάδαρχος (שַׂר עֲשָׂרוֹת) 288c
δεκάπηχυς (עֶ׳ אַמּוֹת) 289a
δεκαπλασίων (עֶ׳ יָדוֹת) 289a
δεκαπλασίως (עֶ׳ יָדוֹת) 289a
⟦δέκαρχος (שַׂר עֲשָׂרוֹת) 289a⟧ → δεκάδαρχος
δέκατος (עֶ׳ פְּעָמִים) 289a

עָשָׂר
δέκα *170b*
δέκατος 289a
δώδεκα (שְׁנֵים עָ׳) *172c*
δωδέκατος (שְׁנֵים עָ׳) 358b
εἰκάς (עֶשְׂרִים) 376c
εἰκοσαετής (בֶּן עֶשְׂרִים שָׁנָה) 377a
εἰκοστός (עֶשְׂרִים) 377b
ἑκκαιδέκατος (שִׁשָּׁה עָ׳) 432a
ἑνδέκατος (עַשְׁתֵּי עָ׳) 469c
ἐννεακαιδέκατος (תִּשְׁעָה עָ׳) 475c
ἑπτακαιδέκατος (שִׁבְעָה עָ׳) 539c
ὀκτωκαιδέκατος (שְׁמֹנָה עָ׳) 985c
πεντεκαιδέκατος (חֲמִשָּׁה עָ׳) 1118c
τεσσαρεσκαιδέκατος, τεσσαρισκαιδέκατος (אַרְבָּעָה עָ׳) 1346b
τρισκαιδέκατος (שְׁלֹשָׁה עָ׳) 1373b

עֲשַׂר (Aramaic)
δωδεκάμηνον (יַרְחִין תְּרֵי עֲ׳) 358b

עֶשְׂרֵה
δέκατος 289a
ἑνδέκατος (עַשְׁתֵּי עֶ׳, אַחַת עֶ׳) 469c
ἐννεακαιδέκατος (תְּשַׁע־עֶ׳) 475c
ἑπτακαιδέκατος (שְׁבַע עֶ׳) 539c
ὀκτωκαιδέκατος (שְׁמֹנֶה עֶ׳) 985c
πεντεκαιδέκατος (חֲמֵשׁ עֶ׳) 1118c
τεσσαρεσκαιδέκατος, τεσσαρισκαιδέκατος (אַרְבַּע עֶ׳) 1346b
τρισκαιδέκατος (שְׁלֹשׁ־עֶ׳, שְׁלֹשׁ־עֶ׳) 1373b

עִשָּׂרוֹן
δέκατος 289a

עֶשְׂרִים
*#εἰκάς 376c
*#εἰκοσαετής (בֶּן עֶ׳ שָׁנָה) 377a

עֶשְׂרִין (Aramaic)
#εἴκοσι 377a

עָשׁ
ἀράχνη 152c
σής 1265b, *191b*
σητόβρωτος (אָכַל עָשׁ) 1265b

עָשׁוֹק
ἀδικεῖν 24c

עֲשׁוּקִים
καταδυναστεία 731a
συκοφαντ(ε)ία 1301c
συκοφαντεῖν 1301c

עָשׂוֹת
ἐργάζεσθαι, ἐργάζειν 540c

עָשִׁיר
πλούσιος 1150b, *189a*
πλουσιώτερος *189a*
πλουτεῖν 1150c
πλοῦτος 1150c
⟦ " *189a*⟧

עָשַׁן I qal
ἐκκαίειν 432b
καπνίζειν 718c
ὀργίζειν 1010a

עָשֵׁן II adj.
καπνίζειν 718c

עָשָׁן
ἀτμίς 176b
καπνίζειν 718c
καπνός 718c

עָשַׁק qal
⟦ἄγειν 9a⟧
ἀδικεῖν 24c
⟦αἰτία 38a⟧ → עָשַׁק hithp.
ἀπαδικεῖν 115c
ἀποστερεῖν 145a
⟦ἀσεβεῖν 170a⟧ → ἀδικεῖν
διαρπάζειν 308c
δυναστεύειν 355a
ἐκπιέζειν, ἐκπιάζειν, ἐκπιαζεῖν 439a
θλίβειν 652b
καταδυναστεύειν 731a
πλημμύρα γίνεται (עָ׳ נָהָר qal) 1145c
συκοφαντεῖν 1301c
συκοφάντης 1301c

עָשַׁק pu.
ἀδικεῖν 24c

עָשַׁק hithp.
#ἀδικεῖν 24c (Ge. 26.20)

עֹשֶׁק
ἀδίκημα 25a
ἀδικία 25b (+Ge. 26.20), *165b*
ἄδικος 26c, *165b*
θλῖψις 652c
καταδυναστεία 731a
συκοφαντ(ε)ία 1301c

עָשַׁר qal
πλουτεῖν 1150c
πλουτίζειν 1150c

עָשַׁר hi.
πλούσιος 1150b
πλουτεῖν 1150c, *189a*
πλουτίζειν 1150c, *189a*
πλοῦτος 1150c

עָשַׁר hithp.
πλουτεῖν *189a*
πλουτίζειν 1150c

עֹשֶׁר
see also עוֹשֶׁר
πλοῦτος 1150c (+Si. 34[31].1)

עָשַׁשׁ qal
ταράσσειν 1336a

עָשַׁת hithp.
διασῴζειν 312b

עֲשַׁת pe. (Aramaic)
βουλεύειν 227a

עֶשֶׁת
πυξίον 1242b

עַשְׁתֵּי
ἑνδέκατος (עַ׳ עֶשְׂרֵה, עַ׳ עָשָׂר) 469c

עֶשְׁתֹּנוֹת
διαλογισμός 305a
#ὑπόληψις *194c* (Si. 3.24)

עַשְׁתֹּרֶת
ἄλσος 59c
ποίμνιον 1169c

עֵת
ἀκαίρως (בַּל עֵת) *166a*
ἄωρος (עֵת + neg.) 188c
ἐν (בְּעֵת) *174b*
ἐπάν (בְּכָל־עֵת אֲשֶׁר) 506b
εὐκαιρία 571c
εὔκαιρος 571c
ἕως (עַד עֵת) *178c*
ἡμέρα 607b, *179b* (Si. 30[33].32)
καίριος (בְּעִתּוֹ) 706a
*καιρός 706a, *180b* (+Si. 30[33].32)
μεσημβρία (עֵת צָהֳרַיִם) 912c
⟦πέρας 1120a⟧
τότε (בָּעֵת הַהִיא) 1367c
*χρόνος 1476b
*ὥρα 1493b, *196a*
#εἰς ὥρας (כָּעֵת חַיָּה) 1493b (Ge. 18.10, 14)
ὥριμος 1494a

עָתַד pi.
παρασκευάζειν 1064a

עָתַד hithp.
ἑτοιμάζειν 563c

עַתָּה
ἄρτι 161a
ἀρτίως 161a
ἑσπέρα 557a
ἤδη 604b
ἡ ἡμέρα αὕτη 607b
ἰδού 673c
ἐν τῷ νῦν καιρῷ (עַ׳ הַפַּעַם) 706a, 951c
*νῦν, νυνί (עַ׳, וְעַ׳, כִּי עַ׳) 951c, *185c*
καὶ νῦν (וְגַם עַ׳, עַ׳) 951c
νῦν/νυνὶ δέ (כִּי־עַ׳, אַךְ־עַ׳, עַ׳) 951c
νῦν οὖν (כִּי עַ׳, וְעַ׳, עַ׳) 951c
τὸ νῦν 951c

עָתוּד
ἕτοιμος 564c
ἰσχύς 694b

עַתּוּד
ἀμνός 66b

ἀρήν (= HR's ἀρνός) 159b
ἄρχειν 163a
ἄρχων 166b
⟦δράκων 348b⟧
ἔριφος 547c
κριός 788c
#πρωτοστάτης 1237a (Jb. 15.24)
τράγος 1369a
χίμαρος 1470c

עָתִי
ἕτοιμος 564c

עָתִיד
ἕτιομος 564c
ἰσχύς 694b
μέλλειν 909b

עֲתִיד (Aramaic)
ἑτοίμως 565a

עַתִּיק (Hebrew and Aramaic)
§αθουκιειμ, αθουκιειν (עַתִּיקִים) 30a
ἀποσπᾶν 141a
παλαιός 1051b

עָתַם ni.
συγκαίειν 1299a

עָתַק qal
καταστρέφειν 745c
παλαιοῦν 1051b

עָתַק hi.
ἀπαίρειν 115c
ἐκγράφειν 421c
παλαιοῦν 1051b

עָתָק
ἀδικία 25b
ἀνομία 106b
μεγαλορ(ρ)ημοσύνη 901c

עָתַר qal
δεῖσθαι 288a
εὔχεσθαι 583c
προσεύχεσθαι 1214a

עָתַר ni.
εἰσακούειν 408b
#ἑκούσιος 438c
ἐπακούειν 505c
*#εὐϊλάτου τυγχάνειν 571c (I Es. 8.53)

עָתַר hi.
ἀφιστᾶν, ἀφιστάναι, ἀφιστάνειν 184b
#δέησις 285c (Jb. 8.6)
δεῖσθαι *170b*
εὔχεσθαι 583c
προσεύχεσθαι 1214a

פ

פָּאָה hi.
διασπείρειν 310c

פֵּאָה
ἀρχηγός 165a
ἄρχων *168c*
θερισμός 649a
κλίτος 771c
κόμη 777b
λοιπός 888a
μέρος 911c
ὅριον 1012a
ὄψις 1044b
κατὰ (τὸ) πρόσωπον (מִפְּאַת פָּנִים) 1224a
⟦ " (פֵּ׳) 1224a (Je. 9.26[25])⟧
τὰ κατὰ πρόσωπον 1224a
⟦(τὸ) πρὸ προσώπου 1224a (Je. 30.10 [49.32])⟧ → פָּנִים
#τρίχωμα 1374c (Ez. 24.17)

פָּאַר pi.
*δοξάζειν 343b
ἔνδοξος εἶναι 470c
καλαμᾶσθαι 712b
#στεφανοῦν 1290a (Si. 45.8)
ὑψοῦν 1422a

פָּאַר hithp.
δόξα 341b
δοξάζειν 343b
ἐνδοξάζεσθαι 470c, *175b*
καυχᾶσθαι 757b, *181c*
⟦τάσσειν 1337a⟧

פְּאֵר
δόξα 341b
κίδαρις 764c
⟦κόμη 777b⟧ → פֵּאָה
μίτρα 931a
⟦τρίχωμα 1374c⟧ → פֵּאָה

פֹּארָה, פֻּארָה
ἀναδενδράς 76c
ἔνδοξος εἶναι 470c
κλάδος 766a
παραφυάς 1065b
στέλεχος 1288a

פָּארוּר
χύτρα, κύθρα, χύθρα, χύτρον(?) 1480b

פָּארָן
κατάσκιος 745a

פַּגָּה
ὄλυνθος 990c

פִּגּוּל
ἄθυτος 30a
βέβηλος 216b
ἕωλος 592a
μίασμα 926c
μολύνειν 932c

פָּגַע qal
ἀναιρεῖν 77b
ἀπαντᾶν 117a, *167c*
ἀποκτείνειν, ἀποκτέννειν 135a
διέρχεσθαι 328c
ἐμπίπτειν 458a
ἔρχεσθαι 548b
θανατοῦν 625a
λαλεῖν 841c
παραδιδόναι 1058a
προσέρχεσθαι 1213c
συναντᾶν 1311a
συνάπτειν 1312b

פָּגַע hi.
ἀντιλαμβάνεσθαι 110c
ἀπαντᾶν 117a
παραδιδόναι 1058a
ὑποτιθέναι 1417c

פֶּגַע
ἀπάντημα 117b

פָּגַר pi.
ἐκλύειν 438a
⟦καθίζειν 701c⟧

פֶּגֶר
κῶλον 839b
νεκρός 941b
πίπτειν 1135c
πτῶμα 1239a
πτῶσις 1239a
σῶμα 1330a
φόνος 1437c

פָּגַשׁ qal
ἀπαντᾶν 117a
ἐμπίπτειν 458a
συναντᾶν 1311a

פָּגַשׁ ni.
⟦συναιτεῖν 1310c⟧ → συναντᾶν
συναντᾶν 1311a
συνέρχεσθαι 1314a

פָּגַשׁ pi.
συναντᾶν 1311a

פָּדָה qal
ἀλλάσσειν 55b
ἀφορίζειν 185c
λύτρον 890a
λυτροῦν 890a, *183c*
λύτρωσις 890c
ῥύεσθαι 1254b
⟦συνάγειν 1307b⟧
σώζειν 1328b, *193c*

פָּדָה ni.
λυτροῦν 890a
σώζειν 1328b

פָּדָה hi.
ἀπολυτροῦν 139a

פָּדָה ho.
λύτρον 890a

פְּדוּי
ἐκλύτρωσις 438b
λύτρον 890a

פְּדוּת
διαστολή 311c
λύτρωσις 890c

פִּדְיוֹם
λύτρον 890a

פִּדְיוֹן, פִּדְיֹן
λύτρον 890a
λύτρωσις 890c

פָּדַע qal
ἀντέχειν 109c

פֶּדֶר
στέαρ 1287b

פֶּה
βρῶσις 231c
γλῶσσα, γλῶττα 271b
δίστομα (פִּיּוֹת) 337b
διυφαίνειν (כְּפִי תַחְרָא) 337c
κατὰ δύναμιν (כְּפִי) 350a (Nu. 6.21)
εἰπεῖν, ἐρεῖν 384a
⟦θυμός 660c⟧ → אַף II subst.
⟦κύκλος (עַל־פֶּה) 797a⟧
#λαλεῖν (as subj. of עָבַר qal) 841c (Ps. 16[17].3)
λόγος 881c, *183c*
περιστόμιον 1127a
πρόσταγμα 1219c
⟦πρόσωπον 1223c, *190b*⟧ → פָּנִים
ῥῆμα 1249a
σιαγών 1265c
*στόμα 1292b, *192b* (+Si. 8.11; 40.30)
#τρόπος (לְפִי) 1375a (Jb. 4.19)
φόνος + μαχαίρας (= חֶרֶב) 1437c
φωνή 1447b
⟦χεῖλος 1456a⟧
ᾦα, ὤα 1491b

פֹּה
αὐτοῦ (adv.) 179c
ἔνθεν (מִפֹּה) 473b
*ἐνταῦθα 476c
ἐντεῦθεν (מִפֹּה) 479a
ὧδε 1491b

פוֹ
ἔνθεν (מִפוֹ) 473b

פּוּג qal
διασκεδάζειν, διασκεδαννύειν, διασκεδαννύναι 309c
ἐξολεθρεύειν, ἐξολοθρεύειν 497c
παρακαλεῖν *187c*

פּוּג ni.
κακοῦν 711b

פּוּגָה
ἔκνηψις 438b

פּוּחַ qal
διαπνεῖν 308a
λυπεῖν *183c*

פּוּחַ ni.
#ἐκκαίειν *173c* (Si. 51.4)

פּוּחַ hi.
ἀνατέλλειν 83a
διαπνεῖν 308a
⟦ἐγκαλεῖν 365a⟧
ἐκκαίειν 432b
ἐμφυσᾶν 461a
⟦ἐπιδεικνύειν, ἐπιδεικνύναι 518c⟧
⟦κατακυριεύειν 735a⟧

פּוּךְ
#ἄνθραξ 96a (Is. 54.11)
πολυτελής 1185c
στίβι 1291a
⟦στίμη 1291b⟧ → στίβι

στιμ(μ)ίζεσθαι, στιβίζεσθαι (שׂוּם בַּפּוּךְ) 1291b
פּוֹל
κύαμος 796a
פּוּם
στόμα *192b*
פּוּן
ἐξαπορεῖσθαι 488a
פּוּץ qal
διασκορπίζειν 310b, *171b*
διασπᾶν 310c
διασπείρειν 310c
διαχεῖν 316a
σκορπίζειν *191c*
⟦σπείρειν 1282a⟧
ὑπερεκχεῖν 1409b
פּוּץ ni.
διασκορπίζειν 310b
#διασκορπισμός 310c (Da. TH 12.7)
διασπείρειν 310c
פּוּץ pilp.
⟦διατίλλειν 313c⟧ → פָּצַץ pilp.
⟦κόπτειν 779a⟧ → פָּצַץ polel
פּוּץ hi.
ἀποστέλλειν 141b
⟦διανοίγειν 307b⟧ → פָּצָה qal
διασκεδάζειν, διασκεδαννύειν, διασκεδαννύναι 309c
διασκορπίζειν 310b
διασπείρειν 310c
ἐμφυσᾶν 461a
σκορπίζειν 1275c
σπείρειν 1282a
פּוּץ hithpal.
διαθρύπτειν 302b
פּוּק qal
⟦ἐγκαταλείπειν 365a⟧
פּוּק hi.
διδόναι 317b
#ἐμπιπλᾶν, ἐμπι(μ)πλάναι, ἐμπλήθειν *174b* (Si. 35[32].15)
ἐξερεύγεσθαι 491b
⟦ἐξερεύεσθαι(?) 491b⟧ → ἐξερεύγεσθαι
⟦ἑτοιμάζειν 563c⟧
⟦εὑρίσκειν 576c⟧
⟦ἰδεῖν 669b⟧
κινεῖν 765b
λαμβάνειν 847a
פּוּקָה
βδελυγμός 216a
פּוּר I hi.
⟦διασκεδάζειν, διασκεδαννύειν, διασκεδαννύναι 309c⟧ → פָּרַר hi.
παραβαίνειν 1055b
ὑπερτιθέναι 1411a
פּוּר II
κλῆρος 770a
§φουρ 1438b
ψήφισμα 1485b
פּוּרָה
μετρητής 918a
פּוּשׁ qal
ἐξιππάζεσθαι 496b
σκιρτᾶν 1274b
פּוּשׁ ni.
ἀπαίρειν 115c
פַּז
§καιφαζ, κεφαζ 708a
λίθος τίμιος 876c, 1353c
τοπάζιον 1364b
§φαζ 1423a
χρυσίον 1477a, *196c*
τὸ χρυσίον τὸ ἄπυρον 151a
χρυσοῦς, χρύσεος 1478c, *196c*
פָּזַז qal
ἐκλύειν 438a
פָּזַז pi.
ὀρχεῖσθαι 1018a
פָּזַז ho.
δόκιμος 340a
פָּזַר qal
#διασπείρειν 310c (Es. 9.19)
πλανᾶν 1139b
פָּזַר ni.
διασκορπίζειν 310b
פָּזַר pi.
διασκορπίζειν 310b
διασπείρειν 310c
διαχεῖν 316a
πάσσειν 1102c
σκορπίζειν 1275c
σπείρειν 1282a
פָּזַר pu.
διασπείρειν 310c
⟦ἐνδιασπείρειν 470b⟧ → διασπείρειν
פַּח
λεπίς 873c
παγίς, πακίς 1044b, *187a*
πέταλον 1128c
פָּחַד qal
ἀφιστᾶν, ἀφιστάναι, ἀφιστάνειν 184b
ἄφοβος (פָּ׳ qal + neg.) 185c
δειλιᾶν 287a
ἐντρέπειν 480c
ἐξιστᾶν, ἐξιστάναι 496c
εὐλαβεῖσθαι 572a, *177c*
παρακαλύπτειν 1060c
πτοεῖν 1238c
ὑποπτεύειν *194c*
φοβεῖν 1433b
φροντίζειν 1439b, *195b*
#φυλάσσειν, φυλάττειν *195c* (Si. 4.20)
פָּחַד pi.
εὐσεβής *178b*
καταπτήσσειν 742b
φοβεῖν 1433b
פָּחַד hi.
διασείειν 309c
⟦συμπίπτειν 1305b⟧ → συσσείειν
συσσείειν 1323b
פַּחַד
ἀφόβως (מִפַּ׳) 185c
ἔκστασις 441b
θάμβος 623b
θόρυβος 654a
ὄλεθρος 986a
πτόησις 1238c
σάλος *191a*
τρόμος 1374c
#φοβεῖν (נָפַל פַּ׳) 1433b (Es. 9.2)
φόβος 1435c, *195a*
φρίκη 1439a
פַּחְדָּה
εὐδοκεῖν 569a
פֶּחָה (Hebrew and Aramaic)
ἀρχιπατριώτης 166a
ἄρχων 166b
ἀφηγεῖσθαι 183a
#βασιλεύς 197a (Jb. 39.22)
#βία 218a (Ne. 5.14, 15, 18)
*ἔπαρχος 508b
ἡγεῖσθαι 602c
ἡγεμών 603c
θησαυροφύλαξ 652a
οἰκονόμος 973a
σατράπης 1260c
τοπάρχης 1364b
#φυλή 1444b (Hg. 1.1, 12, 14; 2.3[2], 22[21])
פָּחַז qal
θαμβεῖν 623b
παραβαίνειν *187b*
πνευματοφόρος, πνευματόφορος 1153b
פָּחַז hi.
ἀπολλύειν, ἀπολλύναι *168a*
פָּחַז hithp.
⟦[φαντασιοκοπεῖν] *195a*⟧
פַּחֲזוּת
ἐξυβρίζειν 501b
πονηρία *189c*
πορνεία *189c*
פָּחַח hi.
⟦παγίς, πακίς 1044b⟧ → פַּח
פֶּחָם
ἄνθραξ 96b
ἐσχάρα 557c
פֶּחָר (Aramaic)
κεραμ(ε)ικός 759c
פַּחַת
#βόθρος 224a (Jo. 8.29)
βόθυνος 224b
χάσμα 1456a
פִּטְדָה
τοπάζιον 1364b
פָּטִיר
διατάσσειν 313a
פַּטִּישׁ
⟦πέλεκυς 1116b⟧ → πέλυξ
πέλυξ 1116b
σφῦρα 1327b
פָּטַר qal
ἀποτρέχειν *168b*
ἀφιστᾶν, ἀφιστάναι, ἀφιστάνειν 184b
διαπετάζειν, διαπεταννύειν, διαπεταννύναι 307c
⟦διατάσσειν 313a⟧
καταλύειν 738b
⟦περίγλυφον 1122c⟧
פֶּטֶר
διανοίγειν 307b
πρωτότοκος 1237a
פִּטְרָה
διανοίγειν 307b
פִּי
ἀρκεῖν (לְפִי אֹכֶל) 158a
διπλάσιος (פִּי שְׁנַיִם) *171c*
διπλοῦς (פִּי שְׁנַיִם) 337a
ἐν (כְּפִי) *174b*
καλλωπίζειν (יְפֵה־פִיָּה) 517b
πρός + acc. (לְפִי) *190a*
פִּיד
πτῶμα 1239a
τιμωρία 1354a
פִּיָה
δίστομα (שְׁנֵי פֵיוֹת) 337b
פִּיחַ
αἰθάλη 30c
פִּילֶגֶשׁ
γυνή 278b
παλλακή 1052b
#παλλακός 1052b (Ez. 23.20)
פִּימָה
περιστόμιον 1127a
פִּיפִיּוֹת
δίστομα 337b
פִּיק
ὑπόλυσις 1415c
פַּךְ
φακός 1423b
פָּכָה pi.
καταφέρειν 747b
פָּלָא ni.
ἀδυνατεῖν 27c
ἀδύνατος 28a
#ἀποκρύπτειν 134b (Je. 39[32].17)
δύναμις 350a
ἔνδοξος 470c
ἐξαίσιος 486b
ἔξαλλος 487a
θαυμάσιος 627a, *179a*
θαυμαστός 627b, *179a*
θαυμαστοῦν 627c
θαυμαστῶς 627c
κρύβειν 791c
κρύπτειν 792a
μέγας 902c
ἀδύνατος νοῆσαι 946a
τέρας *193b*
ὑπεραίρειν (פָּ׳ מִן ni.) *194b*
ὑπέρογκος 1410c
פָּלָא pi.
διαστέλλειν 311b
μεγαλύνειν 902a
פָּלָא hi.
διαχωρίζειν 316a
ἔνδοξος 470c
⟦εὔχεσθαι 583c⟧
θαυμάσιος 627a, *179a*
θαυμαστός 627b
θαυμαστοῦν 627c
μεγαλοποιεῖν (פָּ׳ לַעֲשׂוֹת hi.) *184a*
μεγάλως 902b
μέγας *184a*
⟦μετατιθέναι 917a⟧ → פָּלָה hi.
παραδοξάζειν 1059b
⟦τέρας 1345a⟧ → פֶּלֶא
פָּלָא hithp.
δεινῶς ὀλέκειν 288a
פֶּלֶא
⟦βαθύς *169a*⟧ → χαλεπός, χαλεπώτερος
θαυμάσιος 627a
θαυμαστός 627b, *179a*
μέγας 902c
παράδοξος *187c*

τέρας 1345a
ὑπέρογκος 1410c
χαλεπός, χαλεπώτερος *195a*
פֶּלְאִי
θαυμαστός 627b
θαυμαστοῦν (פְּלִי ,פ׳) 627c
פָּלַג ni.
διαμερίζειν 305c
פָּלַג pi.
#διαιρεῖν 302c (Am. 5.9 possibly hi.)
⟦ἑτοιμάζειν 563c⟧
καταδιαιρεῖν 730b
פָּלַג hi.
#διαιρεῖν 302c (Am. 5.9 possibly pi.)
פֶּלֶג
ἄφεσις 182b
διαπορεύεσθαι (פֶּ׳ ,יְבַל פֶּ׳) 308b
διέξοδος 328b
ὁρμή 1014a
ὅρμημα 1014a
ποταμός 1196a
פְּלַג I pe. (Aramaic)
διαιρεῖν 302c
διμερής 335c
פְּלַג II subst. (Aramaic)
ἥμισυς 618c
פְּלַגָּה
⟦ἄμελξις 65b⟧
διαίρεσις 302c
μερίς 911a
פְּלֻגָּה (Hebrew and Aramaic)
διαίρεσις 302c
*#μεριδαρχία 910c (I Es. 1.5)
פִּלֶגֶשׁ
γυνή 278b
παλλακή 1052b
παλλακίς 1052b
פְּלָדָה
ἡνία 619b
פָּלָה ni.
ἐνδοξάζεσθαι 470c
θαυμαστοῦν 627c
פָּלָה hi.
#διορίζειν 336b
θαυμαστοῦν 627c
#μετατιθέναι 917a (Is. 29.14)
παραδοξάζειν 1059b
פָּלַח pi.
⟦ἐμβάλλειν 455a⟧
πλήσσειν 1149c
פְּלַח pe. (Aramaic)
δουλεύειν 345a
λατρεύειν 863a
*#πραγματικός 1200b (I Es. 8.22)
ὑποτάσσειν 1417b
φοβεῖν 1433b
פֶּלַח
ἄκμων 44b
κλάσμα 766c
κλάσμα μύλου (פֶּ׳ רֶכֶב) 936c
λέπυρον 874b
פָּלְחָן (Aramaic)
λειτουργ(ε)ία 873b
*#χρεία 1474a (I Es. 8.17)

פָּלַט qal
ἀνασώζειν 83a
פָּלַט pi.
διασώζειν 312b
ἐξάγειν 483a
ἐξαιρεῖν 484b
#λυτροῦν 890a
ῥύεσθαι 1254b
ῥύστης 1255c
σώζειν 1328b
ὑπερασπιστής 1408c
פָּלַט hi.
διασώζειν 312b
ἐκβάλλειν 420c
פָּלֵט
ἀνασώζειν 83a
פָּלֵט
⟦λυτροῦν 890a⟧ → פָּלַט pi.
פְּלֵטָה
ἀνασώζειν 83a
καταλείπειν 736a
*#ῥίζα 1251c
פְּלִי
θαυμαστός (פֶּלְאִי ,פְּ׳) 627b
פָּלִיא
θαυμαστοῦν 627c
פָּלִיט
ἀνασώζειν 83a
διασώζειν 312b
διαφεύγειν 314b
σώζειν 1328b
פָּלֵיט
διασώζειν 312b
σώζειν 1328b
פְּלֵיטָה
ἀνασώζειν 83a
διασώζειν 312b
καταλείπειν 736a
κατάλειψις 737c
#ῥίζα 1251c (I Es. 8.78, 87, 88, 89)
σώζειν 1328b
σωτηρία 1331b
פְּלִילִים
#ἀξίωμα 113b (Ex. 21.22)
פֶּלֶךְ
ἄτρακτος 176c
μέρος 911c
περίχωρος 1128b
σκυτάλη 1278a
פָּלַל qal
εὔχεσθαι *178b*
פָּלַל pi.
?διαφθείρειν 314c
ἐξιλάσκειν 495c
προσεύχεσθαι 1214a
פָּלַל hithp.
εὔχεσθαι 583c, *178b*
*προσεύχεσθαι 1214a
פַּלְמֹנִי
§φελλανει, φελμουνι, φελμωνι 1426b
פְּלֹנִי
κρύφιος (פְּ׳ אַלְמֹנִי) 793a
§φελλανει, φελμουνι, φελμωνι 1426b
פָּלַס pi.
⟦ἐπέρχεσθαι 509c⟧

ὁδοποιεῖν 962b
ὀρθ(ρ)ὸν ποιεῖν 1010c, 1154a
παρασκευάζειν 1064a
⟦σκοπεύειν 1275b⟧
⟦συμπλέκειν 1305b⟧
פֶּלֶס
ῥοπή 1254b
στάθμιον *192a*
σταθμός 1286b
⟦["] *192a*⟧ → στάθμιον
פָּלַץ hithp.
σαλεύειν 1257c
פַּלָּצוּת
θάμβος 623b
ὀδύνη 967a
#σκότος 1276b (Ps. 54[55].5)
פָּלַשׁ hithp.
καταπάσσειν 740a
κόπτειν 779a
⟦στρωννύειν, στρωννύναι 1297b⟧ → ὑποστρωννύναι
ὑποστρωννύναι 1417b
פְּלֶשֶׁת
ἀλλόφυλος 57c
§φυλιστιειμ *195c*
פְּלִשְׁתִּי
#ἀλλόφυλος 57c (Ze. 2.5; Za. 9.6)
§φυλιστιειμ (פְּלִשְׁתִּים) *195c*
פֻּם (Aramaic)
στόμα 1292b
פֶּן
ἵνα μή *180b*
μή *184c*
μή πότε *184c*
οὐ μή *186c*
פַּנַּג
κασ(σ)ία 725b
פָּנָה qal
ἀκολουθεῖν 44c
ἀναβλέπειν 73b
ἀποβλέπειν 125c
ἀποστρέπειν 145b
βλέπειν 221a
⟦γωνία 283c⟧ → פִּנָּה
ἐγγίζειν *172a*
εἰσβλέπειν 410a
ἐκκλ(ε)ίνειν 433c
ἐκλείπειν 435c
ἐκνεύειν 438b
ἐμβλέπειν 455c
⟦ἐντέλλεσθαι, ἐντελλέσθειν(?) 477a⟧
ἐξακολουθεῖν 486c
ἐπακολουθεῖν (פָּ׳ אֶל qal) 505b
ἐπιβλέπειν 516c
ἐπιστρέφειν 531a
⟦ἐπιφαίνειν 537c⟧
τὸ πρὸς ἑσπέραν (לִפְנוֹת־עֶרֶב) 557a
⟦καταβαίνειν 727a⟧
κλίνειν 771a
μεθιστᾶν, μεθιστάναι, μεθιστάνειν 907b
ὁρᾶν 1005a
ὁρμᾶν 1014a
περιβλέπειν 1122b
πλανᾶν 1139b
προσέχειν 1215b
πρωΐ (לִפְנוֹת־הַבֹּקֶר) 1234b

τὸ πρὸς πρωΐ πρωΐ (לִפְנוֹת־בֹּקֶר) 1234b
στρέφειν 1296c
⟦ὑποστρέφειν 1417b⟧ → ἐπιστρέφειν
φέρειν 1426c
פָּנָה pi.
ἀποσκευάζειν 140c
⟦ἐπιβλέπειν 516c⟧ → פָּנָה qal
ἑτοιμάζειν 563c
ὁδοποιεῖν (פ׳ pi., פ׳ דֶּרֶךְ pi.) 962b
פָּנָה hi.
ἀναστρέφειν 82b
ἀποστρέφειν 145b
βλέπειν 221a
⟦ἐπιβλέπειν 516c⟧ → פָּנָה qal
ἐπιστρέφειν 531a
στρέφειν 1296c
συνδεῖν 1312c
פָּנָה ho.
βλέπειν 221a
פָּנֶה
see פָּנִים
פִּנָּה
ἀκρογωνιαῖος 51a
γωνία 283c
γωνιαῖος 283c
καμπή 718b
κλίμα 771a
פְּנוּאֵל
τὸ εἶδος τοῦ θεοῦ 630a
פְּנִיאֵל
εἶδος θεοῦ 630a
פְּנִיִּים
⟦λίθοι πολυτελεῖς 876c, 1185c⟧ → פְּנִינִים
פָּנִים
αἴθριος 30c
#αἰσχύνειν (נָשָׂא פָּ׳) 36c (Jb. 32.21)
#πρὸς τῇ ἀνατολῇ/ἀνατολάς (לִפְנֵי) 83c (I Es. 5.47; 9.38)
ἀντιπρόσωπος (פָּנֶה) 111c
εἰς ἀπάντησιν (לִפְנֵי ,אֶל־פְּנֵי) 117b
ἀρχή (פָּנֶה) 163c
βλέπειν (פָּנֶה) 221a
ἔμπροσθε(ν) (לִפְנֵי ,מִלִּפ׳ ,לְפָ׳, מִפְּנֵי) 459b
ἐκ τῶν ἔμπροσθε(ν) 459b
τὰ ἔμπροσθε(ν) 459b
τὸ/τὰ ἔμπροσθε(ν) (פְּנֵי) 459b
#ἔναντι (בִּפְנֵי) *175a* (Si. 46.7)
ἐξ ἐναντίας (לִפְנֵי ,אֶל מוּל פְּנֵי) 468b
ἐνώπιος 482b
ἐπάνω (עַל־פְּנֵי) 507b
ἔσω ἐν (לִפְנֵי) 558c
ἔσωθεν (לִפְנֵי) 559a
ἐσώτερος, ἐσώτατος (לִפְנֵי ,מִלִּפְ׳) 559a
ἡγεῖσθαι (הָלַךְ לִפְנֵי ,לִפְנֵי) 602c
⟦ὀπίσω (לִפְנֵי) 1001c⟧
ὀφθαλμός 1039b
παρά + dat. (לִפְנֵי) *187b*
παρατιθέναι (נָתַן לִפְנֵי ,לִפְנֵי, שׂוּם לִפְנֵי) 1065a
πλήν (עַל־פְּ׳) 1145c
πρὶν ἤ (לִפְנֵי) *190a*

προηγεῖσθαι (לִפְנֵי) 1206b
πρόθεσις 1206b
προκεῖσθαι (נֶגֶד פָּ׳, פָּ׳) 1207b
προπορεύεσθαι (הָלַךְ לִפְנֵי, עָבַר לִפְנֵי) 1208c
τὰ προπορευόμενα 1208c
⟦προσκεῖσθαι (נֶגֶד פְּנֵי) 1216c⟧ → προκεῖσθαι
⟦πρόστομα (אֶל־פְּנֵי) 1222b⟧ → פֶּה ≈ στόμα
προσφορά 1223b
πρόσωπον 1223c, *190b* (+Si. 20.22; 26.17; 34[31].6; 41.21)
ἀπὸ (τοῦ) προσώπου (מִפְּ׳, פָּ׳, לִפְ׳, מֵאֵת פְּ׳, מִלִּפְ׳, מֵעַל פְּ׳, מֵעִם פְּ׳) 1223c
εἰς (τὸ) πρόσωπον (אֶל־פְּ׳, פָּ׳, בִּפְ׳, עַל־פְּ׳, לִפְ׳) 1223c
ἐκ (τοῦ) προσώπου (מִלִּפְ׳, לִפְ׳, מִפְּ׳, מֵאֵת פְּ׳, מֵעִם פְּ׳, מֵעַל פְּ׳) 1223c
ἐκ τοῦ κατὰ πρόσωπον (מִפְּ׳) 1223c
ἐν προσώπῳ (לִפְ׳) 1223c
ἐπὶ προσώπου (עַל פְּ׳) 1223c
ἐπὶ προσώπῳ (עַל פְּ׳) 1223c
ἐπὶ (τὸ) πρόσωπον (עַל פְּ׳, פָּ׳, לִפְ׳, אֶל פְּ׳) 1223c–24a
κατὰ (τὸ) πρόσωπον (פָּ׳, אֶת פְּ׳, לִפְ׳, עַל פְּ׳, מִפְּאַת פְּ׳, בִּפְ׳, אֶל פְּ׳, מִמּוּל פְּ׳, אֶל מוּל פְּ׳, אֶל עֵבֶר פְּ׳) 1224a
κατὰ πρόσωπον ἔσω (פְּנִימָה) 1224a
(τὸ) πρὸ προσώπου (לִפְ׳, פָּ׳, מִלִּפְ׳, מִפְּ׳, עַל פְּ׳) 1224a
πρότερον (adv.) (לִפְ׳) 1230b, *190c*
πρότερος (לִפְנֵי, עַל־פְּ׳, לִפְ׳) 1230c, *190c*
τὸ πρότερα (לִפְ׳) 1230c
πρῶτον (adv.) (לִפְ׳) *190c*
πρῶτος (לִפְ׳) *190c* (–Si. 34[31].17)
ἐκ πρώτου (לִפְ׳) 1235c
⟦στόμα *192b*⟧ → פֶּה
#συναντᾶν (לִפְנֵי) 1311a (Ge. 46.28)
συνάντησις 1311c
⟦τρόπον (לִפְנֵי) 1375a⟧ → פֶּה ≈ τρόπος
⟦ὑπάντησις 1406b⟧ → εἰς ἀπάντησιν
⟦ὑποχείριος (לִפְנֵי) 1418a⟧ → יָד

פְּנִים
#γαστήρ 234b (Jb. 16.16)

פְּנִימָה
ἔνδοθεν (מִפְּ׳) 470b
ἔσω (לִפְ׳, פְּ׳) 558c
ἔσωθεν (לִפְ׳ לְ־, מִפְּ׳, לִפְ׳, פְּ׳) 559a
ἐσώτερος, ἐσώτατος 559a
κατὰ πρόσωπον ἔσω 1224a

פְּנִימִי
⟦ἐντότερος(?) 480c⟧ → ἐσώτερος, ἐσώτατος
ἔσωθεν 559a
ἐσώτερος, ἐσώτατος 559a

פְּנִינִים
λίθος 876c
λίθοι πολυτελεῖς 876c, 1185c

פִּנֵּק pi.
κατασπαταλᾶν 745b

פַּס (Hebrew and Aramaic)
ἀστράγαλος 173c
καρπωτός 725a
ποικίλος 1168c

פָּסַג pi.
καταδιαιρεῖν 730b

פִּסָּה
λαξεύειν 853b
λαξευτός 853b

פָּסַח qal
παρέρχεσθαι 1068c
περιποιεῖν 1125c
#πορ(ε)ία 1189a (Pr. 26.7)
σκεπάζειν (פָּ׳ עַל qal) 1268c
χωλαίνειν 1480b

פָּסַח ni.
χωλαίνειν 1480b

פָּסַח pi.
διατρέχειν 314a

פֶּסַח
*πάσχα 1103a
§φασεκ, φασεχ 1425b

פִּסֵּחַ
χωλός 1480b

פְּסִילִים
see also פֶּסֶל
ἄγαλμα 5b
γλυπτός 271a
εἴδωλον 376a
περιβώμιον 1122b

פָּסַל qal
γλύφειν 271b
λαξεύειν 853b
πελεκᾶν 1116b

פֶּסֶל
see also פְּסִילִים
γλύμμα 271a
γλυπτός 271a
γλύφειν 271b
εἴδωλον 376a
εἰκών 377b

פְּסַנְטֵרִין (Aramaic)
ψαλτήριον 1483c

פְּסַנְתֵּרִין (Aramaic)
ψαλτήριον 1483c

פָּסַס qal
ὀλιγοῦν 987a

פָּעָה qal
καρτερεῖν 725a

פָּעַל qal
ἀνταποδιδόναι *167b*
ἐνεργεῖν 473a
ἐξεργάζεσθαι 491b
ἐπάγειν 503c
ἐπιτελεῖν 535a
ἐργάζεσθαι, ἐργάζειν 540c, *177b*
ἐργάτης *177b*
ἔργον 541c
κακοῦργος (פֹּעֵל אָוֶן) 711c
⟦καταρτίζειν 743b⟧ → κατεργάζεσθαι
κατεργάζεσθαι 749b
ποιεῖν 1154a, *189b*
πράσσειν, πράττειν 1201a

פָּעַל ni.
⟦σύγκεισθαι *192b*⟧

פֹּעַל
⟦ἀδικεῖν 24c⟧
#γίνεσθαι *170b* (Si. 42.15)
ἐνεργεῖν 473a
ἐργάζεσθαι, ἐργάζειν 540c
ἐργασία 541b
ἔργον 541c, *177b*
μισθός 930a
ποιεῖν 1154a
ποίημα 1168b
πρᾶξις 1200c, *189c*
⟦τάξις 1334b⟧ → πρᾶξις

פְּעֻלָּה
⟦δουλ(ε)ία 345a⟧ → λειτουργ(ε)ία
ἐργασία 541b
ἔργον 541c
λειτουργ(ε)ία 873b
μισθός 930a, *185b*
μόχθος 935c
⟦πόνος 1188b⟧

פָּעַם qal
συμπορεύεσθαι 1305c
συνεκπορεύεσθαι 1313b

פָּעַם ni.
ἐξιστᾶν, ἐξιστάναι 496c
κινεῖν 765b
ταράσσειν 1336a

פָּעַם hithp.
ἐξιστᾶν, ἐξιστάναι 496c
ταράσσειν 1336a

פַּעַם
καθὼς αἰεί/ἀεί (כְּפַ׳ בְּפַ׳) 28b
ἅπαξ 118a
δεύτερος (פַּעֲמַיִם) 293b
διάβημα 299a
δίς (פַּעֲמַיִם) 337b, *171c*
⟦ " (כַּמֶּה פְּעָמִים, פַּעֲמַיִם) 337b⟧
ἔθειν (כְּפַ׳ בְּפַ׳) 368b
εἰσάπαξ 410a
ἴχνος 696b
κάθοδος 704a
καιρός 706a
ἐν τῷ νῦν καιρῷ (עַתָּה הַפַּ׳, הַפַּ׳, בַּפַּ׳ הַזֹּאת) 706a, 951c
κλίτος 771a
μερός 911c
νῦν, νυνί (הַפַּ׳) 951c
ἀπὸ τοῦ νῦν (הַפַּ׳) 951c
νῦν ἔτι τοῦτο (הַפַּ׳) 951c
τὸ νῦν (הַפַּ׳) 951c
#ὁδός 962b (Jb. 33.29)
περίοδος 1124c
πλειστάκις (פְּעָמִים רַבּוֹת) 1141c
πλεονάκις (פְּעָמִים רַבּוֹת) 1142a
ποσάκις (עַד־כַּמֶּה פְּעָמִים) 1195c
πούς 1198b
χρόνος 1476b

פַּעֲמוֹן
κώδων 839b, *183c* (Si. 45.9)
ῥοΐσκος 1253a
⟦ " *191c*⟧ → רִמּוֹן

פָּעַר
ἀνοίγειν 105b
διανοίγειν 307b

פָּצָה qal
ἀνοίγειν 105b
⟦ἀντειπεῖν, ἀντερεῖν (פָּ׳ פֶּה qal) 109c⟧
διανοίγειν 307b
διαστέλλειν 311b
ἐξαιρεῖν 484b
λυτροῦν 890a
ῥύεσθαι 1254b
χαίνειν 1452a

פָּצַח qal
ᾄδειν 19a
βοᾶν 222a
ἐξάλλεσθαι 487a
ῥηγνύναι 1248c

פָּצַח pi.
⟦συγκλείειν 1299a⟧ → συνθλᾶν
συνθλᾶν 1316a

פָּצַל pi.
λεπίζειν 873c

פְּצָלוֹת
λέπισμα 873c

פָּצַם pi.
συνταράσσειν 1318a

פָּצַע
θλαδίας (פְּצוּעַ־דַּכָּה) 652a
συντρίβειν 1321a
τραυματίζειν 1370a

פֶּצַע
σύντριμμα 1322b
τραῦμα 1369b, *193c*

פָּצַץ pilp.
#διατίλλειν 313c (Jb. 16.12)

פָּצַץ polel
#κόπτειν 779a (Je. 23.29)

פָּצַר, פָּצַר qal
βιάζεσθαι 218a
καταβιάζεσθαι 729a
παραβιάζεσθαι (פָּ׳ בְּ־ qal) 1056a

פָּצַר, פָּצַר hi.
ἐπάγειν 503c

פָּקַד qal
ἁλίσκειν, ἁλίσκεσθαι 54c
ἀνταποδιδόναι 108c
ἀποδιδόναι 126b
ἀριθμεῖν 156b
⟦ἀριθμός 156c⟧ → ἐπίσκεψις
ἀρχηγός 165a
ἐκδικεῖν 422b
ἐκδίκησις 423a
⟦ἐκζητεῖν 430c⟧ → ζητεῖν
ἐντέλλεσθαι, ἐντελλέσθειν(?) 477a
ἐπάγειν (יָצָא לִפְקוֹד פָּ׳ qal) 503c
ἐπιζητεῖν 520a
ἐπισκέπ(τ)ειν 527c, *177a*
⟦ἐπισκευή 528b⟧ → ἐπίσκοπος
ἐπίσκεψις 528b
ἐπισκοπή 528c, *177a*
ἐπισκοπὴν ποιεῖν 528c, 1154a
ἐπίσκοπος 529a
ἐτάζειν 559b
ἐφιστάναι 585c
ζητεῖν 597a
καθιστάναι 702c
#καταλείπειν 736a (Is. 38.10)
μιμνήσκεσθαι 927c, *185a*
παρατιθέναι 1065a
*#σημαίνειν 1263a (I Es. 2.4)
συνεπισκέπτεσθαι 1313c
συνιστάναι, συνιστᾶν 1317a
σύνταξις 1318a

פָּקַד ni.
διαφωνεῖν 315c
?ἐκπηδᾶν 439a
⟦ἐντέλλεσθαι, ἐντελλέσθειν(?) 477a⟧ → פָּקַד qal

ἐπισκέπ(τ)ειν 527c, *177a*
ἐπισκοπεῖν 528c
ἐπισκοπὴ εἶναι 528c
ἑτοιμάζειν 563c, *177c*
καθιστάναι 702c
⟦ὑπογράφειν *194c*⟧ → בָּדַק ni. ≈ ὑπορράπτειν

פָּקַד pi.
ἐντέλλεσθαι, ἐντελλέσθειν(?) 477a

פָּקַד pu.
⟦καταλείπειν 736a⟧ → פָּקַד qal
συντάσσειν 1318b

פָּקַד hi.
ἐμβάλλειν 455a
ἐπισυνιστάναι 534b
ἐπιτιθέναι 535c
ἐφιστάναι 585c
καθιστάναι 702c
#παραδιδόναι *187b* (Si. 42.7)
παρακατατιθέναι 1060c
παρατιθέναι 1065a
τιθέναι 1348c (Is. 10.28)
διδόναι φυλάσσειν/φυλάττειν 317b, 1441c (Je. 43[36].20)

פָּקַד ho.
⟦ἐπισκευή 528b⟧ → ἐπίσκοπος
ἐπισκοπή 528c
ἐπίσκοπος 529a
καθιστάναι 702c
παρατιθέναι 1065a

פָּקַד hithp.
#ἐκδικεῖν 422b (Ez. 19.12)
ἐπισκέπ(τ)ειν 527c

פָּקַד hothp.
ἐπισκέπ(τ)ειν 527c
συνεπισκέπτεσθαι 1313c

פְּקֻדָּה
ἀριθμός 156c
⟦ἄρχων 166b⟧
ἐκδίκησις 423a
ἐπάγειν 503c
ἐπίσκεψις 528b
ἐπισκοπή 528c
ἐπίσκοπος 529a
ἔργον 541c
θυρωρός 664a
καθιστάναι 703a
μυλών 936c
προστάτης 1221a

פִּקָּדוֹן
παραθήκη 1059c
φυλάσσειν, φυλάττειν 1441c

פִּקּוּדִים
δικαίωμα 334b
ἐντολή 479b

פְּקוּעָה
τολύπη 1363c

פָּקַח qal
ἀνοίγειν 105b
διανοίγειν 307b
#σοφοῦν 1281b (Ps. 145[146].8)

פָּקַח ni.
ἀνοίγειν 105b
διανοίγειν 307b

פִּקֵּחַ
βλέπειν 221a

פְּקַח־קוֹחַ
ἀνάβλεψις 73b

פָּקִיד
ἐπίσκοπος 529a
ἐπιστάτης 529c
καθιστάναι 703a
κωμάρχης 839c
προστάτης 1221a
τοπάρχης 1364b

פֶּקַע
ἦχος, ἠχώ *179c*

פְּקָעִים
ἐπανάστασις 506c
ὑποστήριγμα 1417a

פַּר, פָּר
βοῦς 229a
δάμαλις 284c
⟦κριός 788c⟧ → אַיִל I
μοσχάριον 934b
μόσχος 934c
*ταῦρος 1337c

פָּרָא hi.
⟦διαστέλλειν 311b⟧ → פָּרַד hi.

פֶּרֶא
ἄγροικος 17a
ἐρημίτης 545a
ὄναγρος 994b, *186b*
ὄνος 1000a
ὄνος ἄγριος 16c, 1000a
ὄνος ἐρημίτης 1000a

פַּרְבָּר
διαδέχεσθαι 300a

פָּרַג hi.
ἀπαιτᾶν *167c*
ἀφιστᾶν, ἀφιστάναι, ἀφιστάνειν *169b*

פָּרַד qal
ἐκτείνειν 442a

פָּרַד ni.
ἀφορίζειν 185c
διασπείρειν 310c
διαστέλλειν 311b (+Ho. 13.15)
διαχωρίζειν 316a
λείπειν 872c
σκορπίζειν 1275c
χωρίζειν 1482b

פָּרַד pi.
⟦συμφύρειν 1306c⟧

פָּרַד pu.
⟦διασπείρειν 310c⟧

פָּרַד hi.
#ἀφιστᾶν, ἀφιστάναι, ἀφιστάνειν *169b* (Si. 42.9)
διασπείρειν 310c
διαστέλλειν 311b
διαχωρίζειν 316a
διϊστάνειν, διϊστάναι 330b
ὁρίζειν 1011c

פָּרַד hithp.
ἀποσπᾶν 141a
διασκορπίζειν 310b
λείπειν ἀλλήλους 872c
ταράσσειν 1336a

פֶּרֶד
*ἡμίονος 618c

פִּרְדָּה
ἡμίονος 618c

פַּרְדֵּס
παράδειος 1057c

פָּרָה I qal
ἀναβαίνειν, ἀναβέννειν 70a
αὐξάνειν, αὔξειν 178c
βλαστᾶν, βλαστάνειν, βλαστεῖν 220c
⟦ἐν γαστρὶ ἔχειν 586c⟧
γέν(ν)ημα 238c
εὐθηνεῖν 570b
πληθύ(ν)ειν *189a*
#πλήρης 1147a (Is. 63.3)
φύειν 1440c

פָּרָה I hi.
αὐξάνειν, αὔξειν 178c
ὑψοῦν 1422a

פָּרָה II
βοῦς 229a
δάμαλις 284c
⟦καρπός ("fruit") 723c⟧

פַּרְוָר
§φαρουρειμ (פַּרְוָרִים) 1425b

פָּרוּר
χύτρα, κύθρα, χύθρα, χυτρον(?) 1480b, *196c*

פְּרָז, פֶּרֶז
δυνάστης 355b

פִּרְזוֹן
δυνατός 355c
ἐνισχύειν 475a
§φραζων 1438b

פְּרָזוֹת
ἔξω, ἐξωτέρω 501c
⟦κατακάρπως 733a⟧ → פְּרִי
μητρόπολις (עִיר פ׳) 925c

פְּרָזִי
⟦διασπείρειν 310c⟧ → פָּזַר qal

פַּרְזֶל (Aramaic)
σίδηρος 1266a
σιδηροῦς 1266b

פָּרַח qal
ἀναζεῖν 76c
ἀναθάλλειν *166c*
ἀνατέλλειν 83a
ἀνθεῖν 95b
βλαστᾶν, βλαστάνειν, βλαστεῖν 220c
διασκορπισμός 310c
ἐκβλαστάνειν 421b
ἐξανθεῖν 487c
⟦ἐξανιστάναι 487c⟧
⟦ἐξεῖναι 490c⟧ → ἐξανθεῖν
θάλλειν 623b, *179a* (Si. 14.18)
καρποφορεῖν 724c
#πάσσειν *188a* (Si. 43.17)

פָּרַח hi.
ἀναθάλλειν 77a
ἀνατέλλειν *166c*
ἀνθεῖν 95b
ἐξανθεῖν 487c
⟦ἱστάναι, ἱστᾶν 689a⟧

פֶּרַח
ἄνθος 96a
βλαστός 220c, *169b*
ἐξανθεῖν 487c
κρίνον 788c

פִּרְחָה
βλαστός 220c

פָּרַט qal
ἐπικροτεῖν 523c

פֶּרֶט
ῥώξ 1255c

פְּרִי
γέν(ν)ημα 238c, *170a*
ἔγγονος 363b
ἔκγονος 421c
⟦ἐκλεκτός 437a⟧
ἐκφόριον 445c
⟦ἐκφόρτιον(?) 445c⟧ → ἐκφόριον
εὐλογία 574b
καρπίζεσθαι 723c
κάρπιμος 723c
καρπός ("fruit") 723c, *181a*
καρποφόρος 724c
#κατακάρπως 733a (Za. 2.4[8])
τέκνον (פְּ׳־בֶּטֶן) 1340c

פָּרִיץ
ἀφυλάκτως 187b
λῃστής 876a
λοιμός (adj.) 887c
σκληρός 1274b

פֶּרֶךְ
βία 218a
μόχθος 935c

פָּרֹכֶת
#ἐπικάλυμμα 522b (Ex. 39.21[24])
κατακάλυμμα 732c
καταπέτασμα 741b, *181c*

פָּרַם qal
διαρρηγνύειν, διαρρηγνύναι, διαρρήσσειν 309a
παραλύειν 1062a

פָּרַס qal
κλᾶν 766c

פָּרַס hi.
διχηλεῖν 337c
διχηλεύειν 338a
ἐκφέλειν ὁπλάς 1003b

פְּרַס pe. (Aramaic)
§φαρες 1424c

פְּרַס peil (Aramaic)
διαιρεῖν 302c

פֶּרֶס
⟦ἀστράγαλος 173c⟧ → פַּרְסָה
γρύψ 278a
γύψ 283b

פְּרַס (Aramaic)
#§φαρες 1424c (Da. TH 5.25, 28)

פַּרְסָה
#ἀστράγαλος 173c
ἴχνος 696b
ὁπλή 1003b
πούς 1198b
χήλη 1468a

פָּרַע qal
ἀκάλυπτος 43b
ἀκατακάλυπτος 43c
ἄκυρον ποιεῖν 51c, 1154a
#ἀνοίγειν *167b* (Si. 43.14)
ἀπαίδευτος *167c*
#ἀποκάλυμμα 131c (Jd. 5.2B)
ἀποκαλύπτειν 131c
ἀποκιδαροῦν 132b
ἀποφράσσειν 150a
ἀπωθεῖν 151a
ἄρχειν 163a
ἀφαιρεῖν 180a
ἀφιστᾶν, ἀφιστάναι, ἀφιστάνειν *169b*

διασκεδάζειν, διασκεδαννύειν, διασκεδαννύναι 309c
⟦διαστέλλειν 311b⟧
פָּרַע hi.
ἀφιστᾶν, ἀφιστάναι, ἀφιστάνειν *169b*
διαστρέφειν 312a
פֶּרַע
ἀρχηγός 165a
ἄρχων 166b
κόμη 777b
פַּרְעֹשׁ
ψύλλος 1486a
פָּרַץ qal
#ἀπαλλάσσειν 116b (Ex. 19.22)
ἀπολλύειν, ἀπολλύναι 136c
#ἀσεβής 170b (Is. 28.21)
αὐξάνειν, αὔξειν 178c
βιάζεσθαι 218a
διακοπή 303b
διακόπτειν 303c
διασφαγή 312b
ἐκβλύζειν 421b
⟦ἐκβύζειν(?) 421c⟧ → ἐκβλύζειν
ἐκπετάζειν, ἐκπεταννύναι 439a
εὐοδοῦν 575c
θραύειν 654b
ἰσχύειν 692c
καθαιρεῖν 697b
καταβάλλειν 728c
⟦κατασκάπτειν 743c⟧ → κατασπᾶν
κατασπᾶν 745a
⟦κατελαύνειν 749a⟧ → καθαιρεῖν
κατευθύνειν 750b
⟦παραβιάζεσθαι (פָּ׳ בְּ־ qal) 1056a⟧ → פָּצַר, פָּצַר qal
πλατύνειν 1141b
πληθύ(ν)ειν 1144b
πλουτεῖν 1150c
πολὺν ποιεῖν 1154a, 1181b
#προστάσσειν 1220c (II Ch. 31.5)
χεῖν 1457c
פָּרַץ ni.
διαστέλλειν 311b
#διαχεῖν 316a (Ez. 30.16)
פָּרַץ pu.
καθαιρεῖν 697b
פָּרַץ hithp.
ἀναχωρεῖν 85c
פֶּרֶץ
διακοπή 303b
διακόπτειν 303c
θραῦσις 654c
κατάπτωμα 742b
πίπτειν 1135c
πτῶμα 1239a
τροπή *194b*
φραγμός 1438b
פָּרַק qal
ἐκλύειν 438a
λυτροῦν 890a
פָּרַק pi.
διαλύειν 305a
ἐκστρέφειν 441c
⟦ἐκτρίβειν 444a⟧ → ἐκστρέφειν
περιαιρεῖν 1121b
פָּרַק hithp.
⟦ἐκδικεῖν 422b⟧ → פָּקַד hithp.
περιαιρεῖν 1121b
פְּרַק pe. (Aramaic)
λυτροῦν 890a
פָּרָק
⟦ζωμός 601a⟧ → מָרָק II
פֶּרֶק
ἀδικία 25b
διεκβολή 328b
פָּרַר polel
⟦κραταιοῦν 782c⟧
פָּרַר hi.
αἴρειν 34c (+Is. 33.8)
ἀποποιεῖσθαι 139c
⟦ἀπορία στενή 140a⟧
⟦ἀποστρέφειν 145b⟧
διαλλάσσειν 304c
διασκεδάζειν, διασκεδαννύειν, διασκεδαννύναι 309c
ἐμμένειν + neg. 456a
μένειν + neg. 910a
*#παραβαίνειν 1055b
περιαιρεῖν 1121b
פָּרַר ho.
διασκεδάζειν, διασκεδαννύειν, διασκεδαννύναι 309c
פָּרַר pilp.
διασκεδάζειν, διασκεδαννύειν, διασκεδαννύναι 309c
פָּרַר hithpo.
ἀπορεῖν 140a
פָּרַשׂ qal
⟦αἴρειν 34c⟧
ἀμφιβολεύς (פָּ׳ מִכְמֹרֶת qal) 68a
ἀναπεταννύναι 81a
ἀναπτύσσειν 81c
ἀνειλεῖν 86c
ἀνοίγειν 105b
βάλλειν 189c
διακλᾶν 303b
διανοίγειν 307b
διαπετάζειν, διαπεταννύειν, διαπεταννύναι 307c
διατείνειν 313a
#διαχεῖν 316a (Pr. 28.32)
διϊέναι 330b
ἐκπετάζειν, ἐκπεταννύναι 439a, *173c*
*ἐκτείνειν 442a
ἐπιβάλλειν 516a
ἐπικαλύπτειν 522b
⟦κλᾶν 766c⟧ → διακλᾶν
μελίζειν 909a
περιβάλλειν 1121c
σκιάζειν 1274b
ὑπτιάζειν 1418b
χεῖν 1457c
פָּרַשׂ ni.
διασπείρειν 310c
פָּרַשׂ pi.
ἀνιέναι (= ἀνίημι) 102b
διαπετάζειν, διαπεταννύειν, διαπεταννύναι 307c
⟦διαστέλλειν 311b⟧ → פָּרַשׁ qal or pi.
ἐκπετάζειν, ἐκπεταννύναι 439a
ἐκτείνειν 442a
παριέναι ("to allow") 1070b
פָּרַשׁ qal
διακρίνειν 304a
#διαστέλλειν 311b (Ps. 67[68].14 possibly pi.)
פָּרַשׁ ni.
διαχωρίζειν 316a
פָּרַשׁ pi.
#διαστέλλειν 311b (Ps. 67[68].14 possibly qal)
פָּרַשׁ pu.
διδάσκειν 316c
συγκρίνειν 1300b
פָּרַשׁ hi.
⟦διαχεῖν 316a⟧ → פָּרַשׂ qal
⟦διαχεῖται ὁ ἰός 687a⟧
פָּרָשׁ I
ἀναβάτης 73a
ἱππάρχης, ἵππαρχος (בַּעַל פָּרָשִׁים) 687a
*ἱππεύς 687a
ἵππος 687b
פָּרָשׁ II
συνωρίς (צֶמֶד פָּרָשִׁים) 959c
פֶּרֶשׁ
ἔνυστρον 482a
κόπρος 779a
פַּרְשֶׁגֶן (Aramaic)
*#ἀντίγραφον 110b
διασάφησις 309c
διαταγή 312c
פָּרָשָׁה
ἐπαγγελία 503b
פַּרְשֵׁז
ἐκπετάζειν, ἐκπεταννύναι 439a
⟦σκέπειν 1269a⟧ → ἐκπετάζειν, ἐκπεταννύναι
פֹּרָת
⟦αὐξάνειν, αὔξειν 178c⟧ → פָּרָה I qal
פַּרְתְּמִים
ἔνδοξος 470c
ἐπίλεκτος 525a
§πορθομμειν 1194b
§φορθομμειν 1438a
פָּשָׂה qal
διαχεῖν 316a
διάχυσις 316a
μεταβάλλειν 915b
μεταπίπτειν 916c
פָּשַׂק qal
προπετής 1208b
פָּשַׂק pi.
⟦ἄγειν 9a⟧ → διάγειν
διάγειν 299c
פָּשַׁח pi.
#κατασπᾶν 745a (La. 3.11)
פָּשַׁט qal
ἐκδιδύσκειν 422b
ἐκδύ(ν)ειν 423c
ἐκτείνειν 442a
ἐκχεῖν, ἐκχέειν 445c
ἐπιτιθέναι 535c
⟦κυκλοῦν 798b⟧
ὁρμᾶν 1014a
συμπίπτειν 1305b
פָּשַׁט pi.
ἐκδιδύσκειν 422b
σκυλεύειν 1277b
פָּשַׁט hi.
ἀφαιρεῖν 180a
δέρειν 291b
ἐκδύ(ν)ειν 423c
פָּשַׁט hithp.
ἐκδύ(ν)ειν 423c
פָּשַׁע qal
ἀδικεῖν 24c
ἀθετεῖν 29b
*ἁμαρτάνειν 60c
#ἁμαρτωλός *166b* (Si. 11.15)
ἀνομεῖν 106b
ἀνομία 106b
ἄνομος 107c
ἀσεβεῖν 170a
ἀσεβής 170b
ἀφιστᾶν, ἀφιστάναι, ἀφιστάνειν 184b
παραβαίνειν 1055b
παράνομος 1062b
πλανᾶν 1139b
⟦ποιεῖν 1154a (Ez. 18.31)⟧ → ἀσεβεῖν
פֶּשַׁע
ἄγνοια 16a
ἀδίκημα 25a, *165b*
ἀδικία 25b
ἀθέτημα 29c
ἀθέτησις 29c
ἁμαρτάνειν 60c
ἁμάρτημα 62a
ἁμαρτία 62a, *166b*
ἀνομεῖν 106b
ἀνόμημα 106b
ἀνομία 106b, *167b*
ἀσέβεια, ἀσεβία 169c
ἀσέβημα 170b
ἀφιστᾶν, ἀφιστάναι, ἀφιστάνειν *169b*
⟦παράνομος 1062b⟧ → פָּשַׁע qal
παράπτωμα 1063c
πλανᾶν 1139b
πλάνη 1140a
φιλαμαρτήμων (אֹהֵב פֶּ׳) 1430b
פְּשַׁר I pe. (Aramaic)
συγκρίνειν 1300b
פְּשַׁר I pa. (Aramaic)
συγκρίνειν 1300b
פְּשַׁר II subst. (Aramaic)
⟦ἕκαστος 418a⟧
κρίμα 786b
κρίνειν (הַחֲוָא פְּ׳) 787b
κρίσις 789c
σύγκριμα 1300b
σύγκρισις 1300b
פֵּשֶׁר
#λύσις 890a (Ec. 8.1)
פִּשְׁתָּה
λινοκαλάμη (פִּשְׁתֵּי הָעֵץ) 879b
λίνον 879b
λινοῦς 879b
ὀθόνιον 967c
στίππινος, στιπποΐνος, στιππύϊνος 1291b
στιππύον, στιππεῖον, στύππιον 1291b
פַּת
ἄρτος (פַּת־לֶחֶם, פַּת) 161b
κλάσμα 766c
ψωμός 1490c

פֹּת
θύρωμα 664a
σχῆμα 1327c

פִּתְאֹם
ἄφνω 185b
ἐξαίσιος 486b
ἐξαίφνης, ἐξέφνης 486b
ἐξάπινα (ʼפְּ, ʼבְּפְ, בְּפֶתַע פְּ) 488a, *175c*
⟦[ἐξαπίνης] *175c*⟧
⟦ἐπέρχεσθαι 509c⟧
εὐθέως 570b
εὐθύς (adv.) 571b
κεπφοῦσθαι, κεφφοῦσθαι 759b
παραχρῆμα 1065c

פַּת־בַּג
τὰ δέοντα 287b
δεῖπνον 288a
τράπεζα 1369b

פִּתְגָם (Hebrew and Aramaic)
*#ἀντιγράφειν (פְּ׳ שְׁלַח pe.) 110b
ἀντίρρησις 111c
*#ἀποκρίνειν (פְּ׳ הֲתִיב) 133a
ἀπόκρισις *168a*
ἐπιταγή 534c
⟦λόγος 881c⟧ → νόμος
νόμος 947b
*#τὰ προειρημένα 1206a (I Es. 6.32)
ῥῆμα 1249a
ῥῆσις 1251c
#φθέγγεσθαι *195a* (Si. 5.11)

פָּתָה qal
⟦ἀγαπᾶν 5c⟧ → ἀπατᾶν
ἀνόητος *167b*
ἄνους 108b
ἀπατᾶν 119b
ἄφρων *169c*
#ἐνθυσιάζειν *175b* (Si. 34[31].7)
μωρός *185c*
πλανᾶν 1139b
πλατύνειν 1141b

פָּתָה ni.
ἀπατᾶν 119b
ἐξακολουθεῖν 486c

פָּתָה pi.
ἀπατᾶν 119b, *167c*
ἀποπειρᾶσθαι 139b
πλανᾶν 1139b
πλατύνειν 1141b

פָּתָה pu.
ἀπατᾶν 119b
⟦βεβηλοῦν *169b*⟧ → חָלַל I ni.
εὐοδία 575b
⟦πλανᾶν 1139b⟧ → פָּתָה pi.

פָּתָה hi.
πλατύνειν 1141b

פָּתָה hithp.
⟦βεβηλοῦν *169b*⟧ → חָלַל I ni.

פִּתּוּחַ
βόθρος 224a
γλύμμα 271a, *170b*
γλυφή 271b
ἐγγλύφειν 363b
ἐγγράφειν 363b
ἐγκόλαμμα 366c
ἐγκολαπτός 366c
ἐκκόλαμμα 434b
ἐκκολαπτός 434b
ἐκτυποῦν 444b
ἐκτύπωμα 444b
ἐντυποῦν 481b
⟦θύρα 662c⟧ → פֶּתַח

פְּתוֹת
κλάσμα 766c

פָּתַח qal
⟦ἀνατέλλειν 83a⟧ → פָּרַח qal
#ἀνατιθέναι (פְּ׳ פֶּה qal) 83b (Mi. 7.5)
ἀνοίγειν 105b, *167b*
διαθρύπτειν 302b
διανοίγειν 307b
διαρρηγνύειν, διαρρηγνύναι, διαρρήσσειν 309a
⟦ἐκτείνειν *173c*⟧
*λύειν 889a
παραλύειν 1062a
σπᾶν 1281b

פָּתַח ni.
⟦ἀκούειν 45a⟧
ἀνοίγειν 105b
δεῖν ("to bind") (פְּ׳ ni. + neg.) 287b
διανοίγειν 307b
ἐκκαίειν 432b
λύειν 889a

פָּתַח pi.
ἀνθεῖν 95b
ἀνοίγειν 105b
ἀποσάττειν 140c
ἀφαιρεῖν 180a
ἀφιέναι, ἀφιέναι 183b
γλύφειν 271b
διαγλύφειν 299c
διαρρηγνύειν, διαρρηγνύναι, διαρρήσσειν 309a
ἐκτυποῦν 444b
λύειν 889a
ὀρύσσειν 1017c

פָּתַח pu.
γλυφή 271b
ἐκκολάπτειν 434b

פָּתַח hithp.
ἐκδύ(ν)ειν 423c
⟦ἐκλύειν 438a⟧ → ἐκδύ(ν)ειν

פְּתַח pe. (Aramaic)
ἀνοίγειν 105b

פֶּתַח
⟦ἀνοίγειν (פְּ׳ בּוֹא) 105b⟧ → פָּתַח qal
ἄνοιγμα 106a
αὐλή 177b
⟦διανοίγειν 307b⟧ → פָּתַח qal
εἴσοδος 413c
θύρα 662c
θυρίς 663c
θύρωμα 664a, *179c*
⟦προθύρα(?) 1206c⟧ → θύρα
πρόθυρον 1206c
πύλη 1240b
πυλών 1242a
τάφρος 1338b

פֵּתַח
δήλωσις 295c

פִּתְחוֹן
ἀνοίγειν 105b

פְּתִחוֹת
βολίς 224b

פֶּתִי
ἄκακος 43b
ἀφροσύνη 186b
ἄφρων 186c
⟦δικαιοσύνη 332c⟧
νήπιος 944b

פְּתָי (Aramaic)
εὖρος 579c
*πλάτος 1141a

פְּתִיגִיל
χιτὼν μεσοπόρφυρος 913a, 1471a

פָּתִיל
θρίξ 655b
κλώθειν 772b
κλῶσμα 772b, *182a*
λῶμα 891c
ὁρμίσκος 1014a
σπαρτίον 1281c
στρέμμα 1296b
συνεχόμενος ἐκ (בִּפְּ׳) 1315b

פִּתְכְּרָא
#πάταχρος

פָּתַל ni.
πολύπλοκος 1181b
⟦πολυτρόπος 1185c⟧ → πολύπλοκος
σκολιός 1275b
συναναστρέφειν 1311a

פָּתַל hithp.
⟦διαστρέφειν 312a⟧ → στρεβλοῦν
στρεβλοῦν 1296b

פְּתַלְתֹּל
διαστρέφειν 312a

פֶּתֶן
ἀσπίς ("snake") 173b
βασιλίσκος 214a
δράκων 348b
ἔχις *178c*

פֶּתַע
ἐξαίφνης, ἐξέφνης 486b
ἐξάπινα, ἐξαπίνης (בְּפֶ׳, פֶּ׳, בְּפֶ׳ פִּתְאֹם) 488a
παραχρῆμα (לְפֶ׳) 1065c
στιγμή 1291b
#τάχος (בְּפֶ׳) *193a* (Si. 11.21)

פָּתַר qal
ἀπαγγέλλειν 113c
συγκρίνειν 1300b

פִּתְרוֹן
διασάφησις 309c
σύγκρισις 1300b

פַּתְשֶׁגֶן
ἀντίγραφον 110b

צ

צֵאָה
ἀσχημοσύνη 174c
⟦κόπρος 779a⟧ → צוֹאָה

צֹאָה
see also צוֹאָה
#προχώρημα 1234a (Ez. 32.6)
ῥύπος 1255b

צֹאִי
ῥυπαρός (צוֹא) 1255b

צֶאֱלִים
δένδρον μέγα 289c
παντοδαπὸν δένδρα 1053b

צֹאן
ἀμνός 66b
βόσκημα 225c
κτῆνος 794a
λαός 853b
νομάς 946b
⟦ποιμνημίον(?) 1169c⟧ → ποίμνιον
ποίμνιον 1169c
προβατικός 1204b
πρόβατον 1204b

צֶאֱצָאִים
⟦ἀνδροῦν 86b⟧
ἔγγονος 363b
ἔκγονος 421c
τέκνον 1340c, *193a* (+Si. 44.12)

צָב
ὁ κροκόδειλος ὁ χερσαῖος 791b, 1468a
λαμπήνη 853a
λαμπηνικός 853a

צָבָא I qal
ἀριθμός 156c
ἐκπολεμεῖν 439b
ἐνεργεῖν (צְ׳ צָבָא בַּעֲבֹדַת qal) 473a
⟦ἐξέρχεσθαι 491c⟧
ἐπιστρατεύειν 530c
λειτουργεῖν 872c
παρατάσσειν 1064c
παριστάναι 1070c
πολεμιστής 1171c
στρατεύειν 1295a

צָבָא I hi.
γραμματεύειν 275b
ἐκτάσσειν 442a

צָבָא II subst.
⟦ἅγιος 12a⟧
ἀρχιστράτηγος (שַׂר־צ׳) 166a
ἀστήρ (צ׳) 173b
⟦ " (צ׳ הַשָּׁמַיִם) 173b⟧
ἄστρον 173c
⟦βίος 220a⟧
δύναμις 350a
⟦δυναστ(ε)ία 354c⟧ → δύναμις
ἔθνος 368b
ἐκτάσσειν 442a
ἐνεργεῖν (צָבָא צ׳ בַּעֲבֹדַת) 473a
#ἐπίπονος *177a* (Si. 7.15)
⟦εὔζωνος *177c*⟧
κόσμος 780c
λειτουργ(ε)ία 873b
λειτουργεῖν 872c
μάχη 901a
⟦παντοκρατεῖν (צְבָאוֹת) 1053c⟧ → παντοκράτωρ
παντοκράτωρ (צְבָאוֹת) 1053c, *187b*
παράταξις 1064b
παρατάσσειν 1064c
παρεμβολή *187c*
πειρατήριον 1116a
πλῆθος 1142c
πολεμικός 1171b
πολεμιστής 1171c
πόλεμος 1172a
στρατιά, στρατεία 1295c
στρατηγ(ε)ία 1295b

צְבָא pe. (Aramaic)
βούλεσθαι 226b
δοκεῖν 339b
(ἐ)θέλειν 628b
ζητεῖν 597a
θέλημα 629a

צְבָאוֹת
κύριος (אֱלֹהֵי צ׳ ,יְהוָה צ׳ ,יְהוִֹה צ׳) 800b
§σαβαωθ 1256a

צָבָה qal
πρήθειν 1202c

צָבָה hi.
πρήθειν 1202c

צָבֶה
πρήθειν 1202c

צְבוּ (Aramaic)
πρᾶγμα 1199c

צָבוּעַ
ὕαινα 1379a, *194a*

צָבַט qal
βουνίζειν 228b

צְבִי
⟦ἀνιστᾶν, ἀνιστάναι (נָתַן צ׳) 102c⟧ → יָצַב hithp.
δόξα 341b
δορκάδιον 344b
δορκάς 344b
δόρκων 344b
ἐκλεκτός 437a
ἐλπίς 454a
ἔνδοξος 470c
θέλησις 629b
§σαβαειν, σαβαειμ 1256a
§σαβ(β)ειρ 1257a
§σαβει(ν) 1257a

צְבִיָּה
δορκάς 344b

צְבַע pa. (Aramaic)
?αὐλίζειν 178b

צְבַע ithpe. (Aramaic)
?αὐλίζειν 178b
βάπτειν 190b

צֶבַע
βάμμα 190b
#βαφή 215a (Jd. 5.30A)

צָבַר qal
βάλλειν 189c
θησαυρίζειν 651b
συνάγειν 1307b, *192c*

צִבֻּרִים
βουνός 228b

צְבָתִים
βουνίζειν 228b

צַד
κλίτος 771c
μέρος 911c
πλάγιος 1139b
πλευρά 1142a
πλευρόν 1142b
πλησίον (מִצַּד) 1148b
ὦμος 1493a

צְדָא (Aramaic)
ἀληθῶς 54b

צָדָה qal
⟦δεσμεύειν 292a⟧ → צָרַר II qal
#ἐπίβουλος 517b (II Ki. 2.16)

צָדָה ni.
ἐκλείπειν 435c

צֵדָה
ἐπισιτισμός 527b

צְדִיָּה
ἔνεδρον 472b

צַדִּיק
⟦ἀδίκως 27b⟧
ἀληθής 53c
*#ἀληθινός 54a
δίκαιος 330c, *171c* (+Si. 32[35].22)
δικαιοσύνη 332c
εὐσεβής 580b, *178b*
πιστός 1138c
φυλάσσειν/φυλάττειν δικαιοσύνην 332c

צָדַק qal
ἄμεμπτος 65b
⟦ἀναφαίνειν 84c⟧
δίκαιος ἀναφαίνεσθαι 330c
δίκαιος εἶναι 330c
δικαιοῦν 334b
καθαρὸς εἶναι 698c

צָדַק ni.
καθαρίζειν, καθερίζειν 698a

צָדַק pi.
δίκαιον ἀποφαίνειν 149c, 330c
δικαιοῦν 334b

צָדַק hi.
δίκαιος 330c
δίκαιον ἀποφαίνειν 149c, 330c
δίκαιον κρίνειν 330c, 787b
δικαιοῦν 334b, *171c*

צָדַק hithp.
δικαιοῦν 334b, *171c*

צֶדֶק
#ἀλήθεια *166a* (Si. 4.28)
δίκαιος 330c, *171c* (–Si. 32[35].22)
δικαιοσύνη 332c, *171c*
δικαιοῦν 334b
δικαίως 335a
⟦ " *171c*⟧
ἐλεημοσύνη 450b, *174a*
κρίσις 789c

צְדָקָה
δίκαιος 330c
δικαιοσύνη 332c, *171c* (Si. 44.10)
δικαίωμα 334b
ἐλεημοσύνη 450b, *174a*
ἔλεος, ἔλαιος 451a
⟦εὐφροσύνη 582c⟧
κρίμα 786b

צִדְקָה (Aramaic)
ἐλεημοσύνη 450b

צָהַב ho.
*στίλβειν 1291b

צָהֹב
ξανθίζειν 956a
ξανθός 956a

צָהַל qal
ἀγαλλιᾶσθαι 4c
βοᾶν 222a
κερατίζειν 760b
ταράσσειν 1336a
χρεμετίζειν 1474a, *196b* (Si. 36[33].6)

צָהַל pi.
χρεμετίζειν 1474a

צָהַל hi.
ἱλαρύνειν 684b

צָהַר hi.
μεσημβρία *184b*

צֹהַר
δειλινός, τὸ δειλινόν, ἡ δειλινή (צָהֳרַיִם) 278a
ἐπισυνάγειν 534a
μεσημβρία (עֵת צָהֳרַיִם ,צ׳) 912c
μεσημβρινός 912c

צוֹאָה
see also צֵאָה
ἔξοδος 497b
κόπρος 779a

צוֹאִי
see צֹאִי

צַוָּאר
τράχηλος 1370b, *194a*
#ὦμος 1493a (Is. 60.4; 66.12)

צַוַּאר (Aramaic)
τράχηλος 1370b

צוּד qal
ἀγρεύειν 16c
⟦ἐκθλίβειν 432a⟧ → צָרַר II qal
θηρεύειν 650b

צוּד polel
διαστρέφειν 312a
ἐκστρέφειν 441c

צוּד hithp.
#ἐπισιτίζειν 527b (Jo. 9.4)
#ἑτοιμάζειν 563c (Jo. 9.4)
ἐφοδιάζειν 586b

צָוָה pi.
ἀποστέλλειν 141b
διατιθέναι 313b
διδόναι ἐντολήν (צ׳ מִצְוָה pi.) 317b (II Es. 9.11)
*εἰπεῖν, ἐρεῖν 384a
⟦ἐκφέρειν 444c⟧ → יָצָא hi.
⟦ἐνθυμεῖσθαι 473c⟧
ἐντέλλεσθαι, ἐντελλέσθειν(?) 477a, *175b*
ἐντολή *175b*
ἐπιτάσσειν 534c
καθιστάναι 703a
κατισχύειν 751b
κρίνειν *182b*
#ὁρκίζειν 1013b (Ge. 50.16)
*προστάσσειν, προστάττειν 1220c
συνιστάναι, συνιστᾶν 1317a
συντάσσειν 1318b
τάσσειν 1337a
⟦τιθέναι 1348c (Ps. 77[78].5)⟧ → ἐντέλλεσθαι, ἐντελλέσθειν

צָוָה pu.
ἐντέλλεσθαι, ἐντελλέσθειν(?) 477a, *175b*
ἐπιτάσσειν 534c
συντάσσειν 1318b

צָוַח qal
βοᾶν 222a
#κράζειν 781b (Jd. 1.14)

צְוָחָה
κραυ(γ)ή 784b
ὀλολύζειν 989b

צוּלָה
ἄβυσσος 1b

צוּם qal
ἀσιτεῖν 172c
νηστεύειν 945b

צוֹם
*νηστεία 945a

צוּף I qal
ἐμπιπλᾶν, ἐμπι(μ)πλάναι, ἐμπλήθειν *174b*
#ὑπερχεῖν 1411b (La. 3.54)

צוּף I hi.
ἐπικαλύπτειν *176c*
ἐπικλύζειν 523b
ἐπιπολάζειν 526c

צוּף II
κηρίον 763b

צוּץ qal
ἀνθεῖν 95b

צוּץ hi.
ἀνθεῖν 95b
βλαστᾶν, βλαστάνειν, βλαστεῖν 220c
διακύπτειν 304b
ἐκκύπτειν 435a
ἐξανθεῖν 487c

צוּק hi.
#ἀδικεῖν 24c, *165b* (Si. 4.9)
ἐκθλίβειν 432a
θλίβειν 652b
κατεργάζεσθαι 749b
ὀλέκειν 986b
παρενοχλεῖν 1068c
πολιορκεῖν 1173c

צוּק ho.
#ἀδικεῖν 24c, *165b* (Si. 4.9)

צוּקָה
θλῖψις *179c*
πολιορκία 1174a
στενοχωρία 1288c

צוּר I qal
ἀντίκεισθαι 110c
βάλλειν 189c
βοηθός 223c
δεῖν ("to bind") 287b
διαγράφειν 300a
#διακαθίζειν 303a (II Ki. 11.1)
ἐπανιστάναι, ἐπανιστάνειν 506c
ἐχθραίνειν 589b
⟦καθίζειν 701c⟧ → διακαθίζειν
λαμβάνειν 847a
#περιέχειν 1123a (Ps. 39[40].12)
περικαθῆσθαι 1123c
περικαθίζειν 1123c
#περιοχή 1125a (Ps. 140[141].3; Ob. 1)
πλάσσειν 1140b
πολιορκεῖν 1173c
⟦["] *189b*⟧ → מָצוֹר ≈ πολιόρκησις
συγκλείειν 1299c
συνέχειν 1315b
σφίγγειν 1325a
χαρακοῦν 1454c
χωνεύειν 1480c
צוּר I ni.
#ὀχυρός 1043b (Is. 37.26a [1QIs[a]])
#περιέχειν 1123a (Ez. 6.12)
צוּר II subst.
⟦ἅγιος 12a⟧
ἀκρότομος *166a*
ἀντιλήπτωρ 111a
#βοήθεια, βοηθία 222c (Ps. 48[49].15)
θεός 630a
κύριος 800b
⟦μέγας 902c (Is. 26.4)⟧
ὄρος 1014b
πέτρα 1129c, *188c*
στερεὰ πέτρα 1129a, 1289a
πέτρινος 1130a
§σορ 1278c
φύλαξ 1441b
צוּר
διακαθίζειν 303a
צוּרָה
διαγράφειν 300a
⟦δικαίωμα 334b⟧
צַוְּרוֹנִים
τράχηλος 1370b
צוֹרֵךְ
χρεία *196a*
צוּת polel
ἀκροᾶσθαι *166a*
צַח
⟦εἰρήνη 401b⟧
λευκός 874c
צָחַח qal
λάμπειν 853a
צְחִיחַ
λεωπετρία, λεοπετρία (צְ׳ סֶלַע) 875b
צְחִיחִי
σκεπεινός 1269a
צַחֲנָה
#βρόμος 231a (Jl. 2.20)
צָחַק qal
γελᾶν 235b
συγχαίρειν 1301a
צָחַק pi.
γελοιάζειν 235c
ἐμπαίζειν 456b
παίζειν 1049a
צְחֹק
γέλως, γέλος(?) 235c
צִי
πλοῖον 1150a
צַיִד
βορά 224a
θήρα 650b
θήρευμα 650c
κυνηγεῖν 799b
κυνηγός 799b
צַיָּד
θηρευτής 650c
צֵידָה
ἐπισιτισμός 527b
θήρα 650b
צִיָּה
ἄνυδρος 112a
διψᾶν (= HR's διψῆν) 338a
ἔρημος 545a
ξηρός 957b
צִיּוֹן
§σ(ε)ιων 1267c
צִיּוּן
σημεῖον 1263b
σκόπελον 1275b
צִיִּי
⟦δαιμόνιον 283b⟧
θηρίον 650c
ἴνδαλμα 686c
צִינָּה
ψυχρός *196c*
צִינֹק
#ἀπόκλεισμα 132c (Je. 36[29].26)
⟦καταρ(ρ)άκτης 743a⟧ → מַהְפֶּכֶת
צִיץ I qal
ἐγκύπτειν 367b
צִיץ II subst.
#ἄκρα *166a* (Si. 43.19)
ἀνάγλυφον 76b
ἄνθος 96a
ἐκτύπωμα *174a*
πέταλον 1128c
στέφανος *192a*
צִיצָה
ἄνθος 96a
צִיצִת
⟦κορυφή (צ׳ רֹאשׁ) 780a⟧
κράσπεδον 782a
צִיר I
ἄγγελος 7b
ὅμηρος 991a
πρέσβυς 1201b
צִיר II
στρόφιγξ 1297b
צִיר III
ὠδίν 1492b
צֵל
ἀσφάλεια, ἀσφαλία 174b
⟦καιρός 706a⟧
σκεπάζειν (חָסָה בְּצֵל) 1268c
σκέπη 1269a
σκιά 1274a
στέγη 1288a
צְלָא pa. (Aramaic)
δεῖσθαι 288a
*προσεύχεσθαι 1214a
צָלָה qal
ὀπτᾶν 1004a
צָלָה pi.
#προσεύχεσθαι 1214a (Hb. 3.16 Aramaizing)
צְלוּל
μαγίς 891b
צָלֵחַ qal
ἅλλεσθαι 55c
ἀναλάμπειν 79a
αὐξάνειν, αὔξειν 178c
#ἐκκαίειν *173c* (Si. 8.10)
εὐδοκεῖν 569a
εὐοδία *178a*
εὔοδον εἶναι 575c
εὐοδοῦν 575c, *178a*
ἐφάλλεσθαι 585b
κατευθύνειν 750b
κατευοδοῦν 750c
πίπτειν 1135c
χρᾶν, χρᾶσθαι 1473c
χρήσιμος εἶναι 1474c
צָלֵחַ hi.
ἐπιτυγχάνειν 537c
εὐδοκεῖν 569a
εὐδοκία *177c*
*#εὐοδία 575b (I Es. 1.11 Aramaizing)
εὐοδοῦν 575c, *178a*
κατευθύνειν 750b
κατευοδοῦν 750c
צְלַח aph. (Aramaic)
καθιστάναι ἄρχοντα 166b
αὐξάνειν, αὔξειν 178c
εὐοδοῦν 575c
κατευθύνειν 750b
צְלַח haph. (Aramaic)
*#εὔοδον γίνεσθαι/εἶναι 575c (I Es. 7.3)
*#εὐοδοῦν 575c (I Es. 6.10)
צְלֹחִית
ὑδρίσκη 1381a
צַלַּחַת
ἀλάβαστρος, ἀλάβαστρον 52a
κόλπος 777a
צָלִי
ὀπτός 1004b
צְלִיל
μαγίς 891b
צָלַל I qal
δύ(ν)ειν 350a
⟦καθιστάναι 703a⟧
צָלַל II qal
ἠχεῖν 620c
צָלַל III hi.
σκέπη 1269a
#σκιάζειν 1274b (Jn. 4.6)
צֶלֶם
εἴδωλον 376a
εἰκών 377b
ὁμοίωμα 993a
τύπος 1378b
צְלֵם (Aramaic)
εἰκών 377b
μορφή 934b
ὄψις 1044b
צַלְמָוֶת
ᾅδης 24a
⟦ἄκαρπος 43c⟧
γνοφερός 272c
σκιά 1274a
σκιὰ θανάτου 623b, 1274a
σκότος 1276b
צָלַע qal
ἐκπιέζειν, ἐκπιάζειν, ἐκπιαζεῖν 439a
ἐπισκάζειν 527b
συντρίβειν 1321a
צֵלָע
ἐξέδρα 490c
κλίτος 771c
μέρος 911c
⟦ξύλον 958a⟧
⟦πέρας 1120a⟧ → πλευρά
πλευρά 1142a, *189a* (Si. 42.5)
πλευρόν 1142b
πτυχή 1239a
צֶלַע
⟦ἐξαίσιος (לְצַ׳) 486b⟧
⟦μάστιξ 898b⟧
צְלָצַל
ἐρυσίβη, ἐρισύβη 548b
צֶלְצְלִים
#αὐλός 178c
#κύμβαλον 799b
צָמֵא I qal
διψᾶν (= HR's διψῆν) 338a, *171c*
צָמֵא II adj.
⟦ἀναμάρτητος 79c⟧
διψᾶν (= HR's διψῆν) 338a
δίψος 338b
צָמָא
δίψα 338a
δίψος 338b
צִמְאָה
δίψος 338b
צִמָּאוֹן
γῆ διψῶσα 240c, 338a
צָמַד ni.
τελεῖν 1342c
צָמַד pu.
ζευγνύειν, ζευγνύναι 593c
צָמַד hi.
περιπλέκειν 1125b
צֶמֶד
⟦βοῦς 229a⟧
γεώργιον 240b
ζεῦγος 594a
κόχλαξ, κοχλάς(?) 781b
ξυνωρίς (צֶ׳ פָּרָשִׁים) 959c
צַמָּה
κατακάλυμμα 732c
σιώπησις 1268a
צִמּוּק
σταφίς 1287a
צָמַח qal
ἀναβλαστάνειν 73b
ἀνατέλλειν 83a
ἀναφύειν 85c
βλαστᾶν, βλαστάνειν, βλαστεῖν 220c

φύειν 1440c, *195b*
צָמַח pi.
ἀνατέλλειν 83a
βλαστᾶν, βλαστάνειν, βλαστεῖν 220c
צָמַח hi.
ἀνατέλλειν 83a
βλαστᾶν, βλαστάνειν, βλαστεῖν 220c
ἐκβλαστάνειν 421b
ἐξανατέλλειν 487c
צֶמַח
ἀνατέλλειν 83a
ἀνατολή 83c
ἄνθος 96a
ἰσχύς 694b
προανατέλλειν (טֶרֶף צ׳) 1204a
χλόη *196a*
צָמִיד
δεσμός 292a
καταδεῖν 730b
ψέλ(λ)ιον 1484a
צְמִיתֻת
βεβαίως (לַצּ׳) 216b
βεβαίωσις 216b
צָמַק qal
ξηρός 957b
צֶמֶר
⟦ἐπίποκος 526c⟧ → πόκος
ἔρεος 544c
ἐρεοῦς 544c
ἔριον 547b
ἱμάτιον 685a
πόκος 1170b
צַמֶּרֶת
ἀρχή 163c
⟦ἐκλεκτός 437a⟧
ἐπίλεκτος 525a
צָמַת qal
θανατοῦν 625b
צָמַת pi.
#ἐκταράσσειν 442a (Ps. 87[88].16)
ἐκτήκειν 443a
צָמַת pilp.
⟦ἐκταράσσειν 442a⟧ → צָמַת pi.
⟦ταράσσειν 1336a⟧ → צָמַת pi. ≈ ἐκταράσσειν
צָמַת hi.
ἀποκτείνειν, ἀποκτέννειν 135a
ἀφανίζειν 181b
ἐκδιώκειν 423b
ἐξολεθρεύειν, ἐξολοθρεύειν 497c
ἐχθρός 589c
θανατοῦν 625b
צֵן
τρίβολος 1372b
צֹנֶא
κτῆνος 794a
צֹנֶה
πρόβατον 1204b
צִנָּה
ἀσπίς ("shield") 173a, *168c*
δόρυ 344b
⟦ἔξοδος 497b⟧ → יָצָא qal
θυρεός, θυραιός 663c
θυρεοφόρος, θυρεωφόρος (נֹשֵׂא צ׳) 663c
κοντός 778a
ὅπλον 1003c
ὁπλοφόρος (נֹשֵׂא צ׳) 1004a
⟦πέλτη 1116b⟧ → מָגֵן
⟦περίστασις ὅπλων 1126c⟧
צָנוּף, צָנוֹף
διάδημα 300a
צִנּוֹר
καταρ(ρ)άκτος 743a
צָנַח qal
διελαύνειν 328b
διεξέρχεσθαι 328b
צְנִינִים
βολίς 224b
צָנִיף
διάδημα 300a, *171a*
κίδαρις 764c
צָנַע qal
ταπεινός 1334b
צָנַע hi.
ἀκρίβεια *166a*
ἀκριβής *166a*
?ἕτοιμος 564c
צָנַף qal
περιτιθέναι 1127c
⟦ῥίπτειν, ῥιπτεῖν 1252b⟧
צִנְצֶנֶת
στάμνος 1286c
צַנְתֶּרֶת
μυξωτήρ 936c
צָעַד qal
#ἀναστρέφειν 82b
ἀπαίρειν 115c
διαβαίνειν, διαβέννειν 298a, *171a*
ἐπιβαίνειν 515c
צָעַד hi.
⟦ἀνάγκη 76a⟧
ἀνάγκη ἔχει 586c
צַעַד
βῆμα *169b*
διάβημα 299a
ἐπιτήδευμα 535b
ἴχνος 696b
ὁδός *186a*
πορ(ε)ία 1189a
πορεύεσθαι 1189a
צְעָדָה
συσσεισμός 1323b
χλιδών 1471b
צָעָה qal
διαχεῖν 316a
κλίνειν 771a
⟦ὑποστρωννύναι *194d*⟧ → יָצַע hi.
צָעָה pi.
κλίνειν 771a
צָעוֹר
νεώτερος 942a
צָעִיף
θέριστρον 649a
צָעִיר
ἀρνίον 159b
ἐλάττων, ἐλάσσων, ἐλάχιστος 448b
μικρός 926c
μικρότερος 926c
νεώτερος 942a
ὀλιγοστός 986c
צְעִירָה
νεότης 942c
צָעַן qal
⟦σαλεύειν 1257c⟧ → σείειν
σείειν 1261c
צָעַק qal
ἀναβοᾶν 73c
βοᾶν 222a
καταβοᾶν 729a
κράζειν 781b
צָעַק ni.
⟦ἀναβαίνειν, ἀναβέννειν 70a⟧ → ἀναβοᾶν
ἀναβοᾶν 73c
βοᾶν 222a
συνάγειν 1307b
צָעַק pi.
βοᾶν 222a
צָעַק hi.
παραγγέλλειν 1056b
צְעָקָה
βοή 222c
δέησις 285c, *170b*
ἱκετ(ε)ία *180a*
κράζειν 781b
κραυ(γ)ή 784b
φωνή 1447b (Ge. 27.34)
צָעַר qal
ἐλαττονοῦν, ἐλασσονοῦν 448a
⟦μικρός 926c⟧ → XXX ≈ ποιμήν
ὀλίγος γίνεσθαι 986b
צָעַר pi.
#ὀλιγοῦν 987a (Hb. 3.12)
צָעַר hi.
#ἐλαττοῦν, ἐλασσονοῦν *174a* (Si. 39.18)
צַעַר
χολέρα *196a*
צָפַד qal
πηγνύναι 1130c
צָפָה I qal
#ἀποβλέπειν 125c (Ps. 9.29 [10.8])
⟦βλέπειν *169b*⟧
⟦ἐντάσσειν 476c⟧ → XXX ≈ ἐντέλλεσθαι, ἐντελλέσθειν
ἐπιβλέπ(τ)ειν 516c, *176c*
ἐπιδεῖν, ἐφιδεῖν ("to see") 519a
#ἐπισκοπή 528c (Ez. 7.22)
ἰδεῖν 669b
κατανοεῖν 739c
σκοπεύειν 1275b
σκοπιά 1275c
σκοπός 1275c, *191c*
⟦ὑπερχεῖν 1411b⟧ → צוּף I qal
φυλάσσειν, φυλάττειν 1441c
⟦χώρημα 1482b⟧ → צֵאָה ≈ προχώρημα
צָפָה I pi.
ἀποσκοπεύειν 141a
ἐμβλέπειν *174b*
ἐπιβλέπειν 516c
ἐπιδεῖν, ἐφιδεῖν ("to see") 519a
ἐφορᾶν 586b
πεταλοῦν 1128c
σκοπεύειν 1275b
σκοπιά 1275c
σκοπός 1275c
צָפָה II pi.
καλύπτειν 716c
καταχαλκοῦν 748c
καταχρυσοῦν 748c
κοιλοσταθμεῖν 773c
κοσμεῖν 780b
περιέχειν 1123a
περιπιλεῖν 1125b
περιχαλκοῦν 1128b
περιχρυσοῦν 1128b
χρυσοῦν 1478c
צָפָה II pu.
⟦καλύπτειν 716c⟧ → צָפָה II pi.
χρυσοῦν 1478c
צִפּוּי
περιηργυρωμένος (צ׳ כֶּסֶף) 1121c
περίθεμα 1123b
צָפוֹן
ἀπηλιώτης 122b
βορέας, βορέης, βορρᾶς 224c, *169c*
εὐώνυμος 585a
צְפוֹנִי
ὁ ἀπὸ βορρᾶ 224c
צְפוּעַ
⟦βόλβιτον 224b⟧ → צְפִיעַ
צִפּוֹר
ὄρνεον 1014a
ὀρνίθιον 1014a
πετεινός 1129a
στρουθίον 1297a
צַפַּחַת
κα(μ)ψάκης 757c
φακός 1423b
צְפִיָּה
ἀποσκοπεύειν 141b
צַפִּיחִית
ἐγκρίς 367a
צָפִין
κρύπτειν 792a
צְפִיעַ
βόλβιτον 224b
צָפִיר
*τράγος 1369a
χίμαρος 1470c
צְפִיר (Aramaic)
*#χίμαρος (צ׳ עִזִּין) 1470c (I Es. 7.8)
צָפַן qal
⟦ἅγιος 12a⟧
⟦ἀποβλέπειν 125c⟧ → צָפָה I qal
ἐγκρύπτειν 367a
ἐκλείπειν 435c
⟦ἐπισκοπή 528c⟧ → צָפָה I qal
ἔχειν 586c
θησαυρίζειν 651b
⟦κατακρύπτειν 734c⟧ → צָפַן hi.
κρύπτειν 792a
σκεπάζειν 1268c
τηρεῖν 1348b
צָפַן ni.
διδόναι 317b
κρύπτειν 792a
#λανθάνειν 853a (Jb. 24.1)
צָפַן hi.
ἀποκρύπτειν *168a*
κατακρύπτειν 734c

κρύπτειν 792a
["] *182b*

צְפַע
ἀσπίς ("snake") 173b

צִפְעֹנִי
ἀσπίς ("snake") 173b
θανατοῦν 625b

צָפַף pilp.
ἀντειπεῖν, ἀντερεῖν 109c
⟦ἀσθενεῖν 172a⟧
⟦ἀπὸ τῆς γῆς φωνεῖν 240c⟧
κενολογεῖν 759a
φωνεῖν 1447b

צַפְצָפָה
ἐπιβλέπειν 516c

צָפַר qal
ἐκχωρεῖν 446c
ἐξορμᾶν 500a

צִפַּר (Aramaic)
ὄρνεον 1014a
πετεινός 1129a

צְפַרְדֵּעַ
βάτραχος 215a

צִפֹּרֶן
περιονυχίζειν (עָשָׂה אֶת־צִ׳) 1124c

צִקּוֹן
#θλῖψις 652c (Is. 26.16)

צַר I
ἀλγεῖν 52b
ἀνάγκη 76a
#ἀπορία 140a (Is. 5.30)
⟦βίαιος 218a⟧
ἐκθλίβειν 432a
⟦ἐκλείπειν 435c⟧
ἔνδεια 469b
⟦ἐπίβουλος 517b⟧
θλίβειν 652b
θλῖψις 652c
#σκληρός 1274b (Ze. 1.14; Is. 5.30)
στενός 1288c
στενῶς 1288c
⟦στερεὰ πέτρα 1129a, 1289a⟧ → צוּר II subst.
#συνοχή 1318a (Jd. 2.3)
#χρήζειν (צַר לְ־) 1474b (Jd. 11.7B)

צַר II
ἀντίδικος *167b*
διάβολος 299b
ἔχθρα *178c*
*ἐχθρός 589c, *178c*
κακός 709b
πειρατής 1116a
ὑπεναντίος 1407b, *194b* (Si. 47.7)

צֹר
#λίθος 876c (Jb. 41.6[7])
⟦πέτρα 1129c⟧ → צוּר II subst.
ψῆφος 1485c

צָרַב ni.
κατακαίειν 732b

צָרָב
#φλέγειν 1432c (Je. 20.9)

צָרֶבֶת
οὐλή 1030c
χαρακτήρ 1454c

צָרָה
ἀνάγκη 76a
ἀντίζηλος *167b*
ἀπορία 140a
θλίβειν 652b
θλῖψις 652c, *179c*
κακός 709b
πονηρός *189c*
στεναγμός 1288a
ἀπορία στενός 1288c

צָרוֹךְ
χρεία *196a*

צְרוֹר
ἀπόδεσμος 126b
βαλ(λ)άντιον 189c
δεσμός 292a
λίθος 876c
#σύντριμμα 1322b (Am. 9.9)

צָרַח hi.
βοᾶν 222a

צֶרַח
#βοή 222c (Ez. 21.22[27])

צֳרִי
ῥητίνη, ῥιτίνη 1251c
#φάρμακον *195a* (Si. 6.16)

צְרִיחַ
βόθρος 224a
ὀχύρωμα 1043c
συνέλευσις 1313c

צָרִיךְ
ἐπιδεής *176c*
⟦ἔχειν *178c*⟧
προσδεῖν ("to be needy") *190a*
χρεία *196a*

צָרַךְ qal
προσδεῖν ("to be needy") *190a*
χρεία *196a*

צֹרֶךְ
ἔχειν *178c* (+Si. 13.6)
θέλημα *179b*
στενοχωρία *192a*
χρεία 1474a, *196a*

צָרַע qal
λεπρᾶν 874a
λεπρός 874a

צָרַע pu.
λεπρᾶν 874a
λεπρός 874a
λεπροῦσθαι 874a

צִרְעָה
σφηκία 1325a

צָרַעַת
λέπρα (נֶגַע־צָ׳, צָ׳) 873c

צָרַף qal
ἀργυροκοπεῖν 155b
ἀργυροκόπος 155b
δοκιμάζειν 339c
ἐκκαθαίρειν 432a
καθαρίζειν, καθερίζειν 698a
#καθαρός 698c (Pr. 25.4)
⟦κατασκευάζειν 744a⟧
πυροῦν 1245c
πυρωτής 1246a
χαλκεύς 1453a
χρυσοχόος (צוֹרֵף, צֹרֵף, צֹרֵף בַּזָּהָב) 1480a
χωνεύειν 1480c
χωνευτής (צוֹרֵף) 1481a

צָרַף ni.
πυροῦν 1245c

צָרַף pi.
χωνεύειν 1480c
χωνευτήριον 1481a

צָרְפִי
§σαραφει 1259b
§σαρεφι 1259b
§σεραφειν, σεραφ(ε)ιμ 1263a

צָרַר I qal
ἀνθιστάναι 95c
ἀντίζηλος 110b
ἀντικεῖσθαι 110c
διάβολος 299b
ἐχθραίνειν 589b
ἐχθρεύειν 589c
ἐχθρός 589c
καταπατεῖν 740b
μισεῖν 929a
πολεμεῖν 1170b

צָרַר II qal
ἀποδεσμεύειν 126b
ἀπορεῖν 140a
δεσμεύειν 292a
#ἐγκρατής *172a* (Si. 26.15)
ἐκθλίβειν 432a
ἐνδεῖν 469c
θλίβειν 652b
στενοχωρεῖν 1288c
συγκλείειν 1299c
συμπεριλαμβάνειν 1305b
συνέχειν 1315b
συστρέφειν 1323c
συστροφή 1324a

צָרַר II ni.
#συστροφή 1324a (Je. 4.16)

צָרַר II pi.
#συστρέφειν 1323c (Ez. 13.20)

צָרַר II pu.
ἀποδεῖν 126a

צָרַר II hi.
ἐκθλίβειν 432a
ἐκτρίβειν 444a
θλίβειν 652b
θλῖψις 652c
#κολλᾶν 776b (Ps. 24[25].21)
πατάσσειν 1103b
ὠδίνειν 1492c

צְרֹר
δεσμός 292a
ἔνδεσμος 470a

ק

קֵא
ἔμετος 456a

קָאַת
καταρ(ρ)άκτης 743a
ὄρνεον 1014a
πελεκᾶν 1116b
#χαμαιλέων 1454b (Ze. 2.14)

קַב
§καβος 697a

קָבַב qal
ἀρᾶσθαι 152c
ἐπικαταρᾶσθαι 522c
#ἐπικατάρατος εἶναι 522c (Pr. 24.39[24])
κατάρα 742b
καταρᾶσθαι 742c
κατάρασις 743a
#μέμφεσθαι *184b* (Si. 41.7)

קֵבָה
ἔνυστρον 482a
#μήτρα 925b (Nu. 28.5)

קֳבָה
⟦μήτρα 925b⟧ → קֵבָה

קֻבָּה
κάμινος 718a

קִבּוּצָה
εἰσδέχεσθαι 410a

קְבוּרָה
μνῆμα 931b
μνημεῖον 931b
ταφή 1338a
τάφος 1338a

קָבַל pi.
δέχεσθαι 294c, *171a*
ἐκλέγειν 435a
ἐπιδέχεσθαι *176c*
*#παραλαμβάνειν 1061b (I Es. 8.60)
πείθειν 1114b
προσδέχεσθαι 1212c
συναγωγή *192c*
ὑποφέρειν 1418a

קָבַל hi.
ἀντιπίπτειν 111c

קַבֵּל pa. (Aramaic)
λαμβάνειν 847a
παραλαμβάνειν 1061b

קֳבֵל (Aramaic)
#κατακολουθεῖν (לְקֳ׳) 734a (I Es. 7.1)
οὕτω(ς) (כָּל־קֳבֵל דְּנָה) 1035a
τότε (כָּל־קֳבֵל דְּנָה) 1367c
ὃν τρόπον (כָּל־קֳבֵל דִּי) 1375a

קְבַל, קֳבֵל
§κεβλααμ (קָבָל־עָם) 1502c

קָבַע qal
ἄσυλος 174a
#βάλλειν 189c (Ez. 23.24)
⟦πτερνίζειν 1237c⟧ → עָקַב qal
קֻבַּעַת
#κόνδυ 777c (Is. 51.17)
⟦ποτήριον 1197b⟧ → כּוֹס
קָבַץ qal
ἀθροίζειν 30a
εἰσδέχεσθαι 410a
ἐκλέγειν 435a
ἐξεκκλησιάζειν 491a
ἐπιλέγειν 524c
ἐπισυνάγειν 534a
*συνάγειν 1307b
συναθροίζειν 1310b
συστρέφειν 1323c
קָבַץ ni.
ἀθροίζειν 30a
*ἐπισυνάγειν 534a
ἔρχεσθαι 548b
⟦περιστέλλειν 1126c⟧ → קָבַר ni.
*συνάγειν 1307b
συναγωγή 1309b
συναθροίζειν 1310b
συναντᾶν 1311a
קָבַץ pi.
ἀθροίζειν 30a
ἀποστρέφειν 145b
εἰσδέχεσθαι 410a
ἐκδέχεσθαι 422a
⟦ἐλεεῖν 449c⟧
ἐπισυνάγειν 534a
προσδέχεσθαι *190a*
συνάγειν 1307b, *192c*
#συστρέφειν 1323c (Mi. 1.7)
קָבַץ pu.
συνάγειν 1307b
קָבַץ hithp.
συνάγειν 1307b
συναθροίζειν 1310b
συνέρχεσθαι 1314a
קָבַר qal
θάπτειν 625c
κατορύσσειν 756b
κόπτειν 779a
ταφή 1338a
τάφος 1338a
קָבַר ni.
*θάπτειν 625c
κατορύσσειν 756b
#περιστέλλειν 1126c (Ez. 29.5)
קָבַר pi.
θάπτειν 625c
קָבַר pu.
θάπτειν 625c
קֶבֶר
⟦θάνατος 623b⟧
μνῆμα 931b
μνημεῖον 931b
ταφή 1338a
*τάφος 1338a
קָדַד qal
εὐδοκεῖν 569a
κάμπτειν τὰ γόνατα 274c, 718b
κύπτειν 799c
πίπτειν 1135c
קִדָּה
ἶρις 688b
קְדוּמִים
ἀρχαῖος 162c
קָדוֹשׁ
ἁγιάζειν 10c
*ἅγιος 12a, *165b*
καθαρός 698c
κύριος (הַקָּ׳) *182c*
קָדַח qal
ἐκκαίειν 432b
καίειν 705a
קַדַּחַת
ἴκτερος 684b
ἴκτηρ(?) 684b
πυρετός 1245b
קָדִים
ἀνατολή (רוּחַ הַקָּ׳, קָ׳) 83c
ἀνεμόφθορος (שְׁדֻף קָ׳) 87a
βίαιος 218a
ἐξ ἐναντίας (קָדִימָה, קָ׳) 468b
καύσων 757b
νότος 949c
πνεῦμα 1151c
קַדִּישׁ (Aramaic)
ἅγιος 12a
קָדַם qal
ὑπαντᾶν *194a*
קָדַם pi.
βάλλειν 189c
ἐπιβάλλειν + θυρεόν (= מָגֵן) 516a
καταλαμβάνειν 735a
⟦πορεύεσθαι πρό 1189a (Ps. 88[89].14)⟧
προκαταλαμβάνειν 1207a
προπορεύεσθαι 1208c
προφθάνειν 1233c
συναντᾶν 1311a
#φθάνειν 1429b (Si. 30[33].25)
קָדַם hi.
ἀνθιστάναι 95c
γίνεσθαι 256c
קֶדֶם
αἰών 39b
ἀλλόφυλος (בְּנֵי־קָ׳) 57c
ἀνατολή 83c
ἡλίου ἀνατολαί 83c, 606b
ἀρχαῖος (מִקֶּ׳, קָ׳) 162c, *168c*
ἀρχή (יְמֵי־קָ׳, קָ׳) 163c, *168c*
ἀρχῆθεν 165b
ἔμπροσθε(ν) 459b
§κεδεμ 757c
#νότος 949c (Ex. 27.13; Nu. 34.15)
πρότερον (adv.) 1230b
τὸ πρότερον 1230c
πρῶτος 1235c
קֵדֶם
ἀνατολή 83c
πρῶτος 1235c
קֳדָם (Aramaic)
ἔμπροσθε(ν) (מִן־קֳ׳, קֳ׳) 459b
παριστάναι (קֳ׳ קוּם) 1070c
ἀπὸ (τοῦ) προσώπου (מִן קֳ׳) 1223c
ἐκ (τοῦ) προσώπου (מִן קֳ׳) 1223c
κατὰ (τὸ) πρόσωπον (מִן קֳ׳) 1224a
πρότερος (מִן קֳ׳) 1230c
קַדְמָה (Hebrew and Aramaic)
ἀρχή 163c
ἔμπροσθε(ν) (מִן קַדְמַת דְּנָה, מִקַּדְמַת) 459b (I Es. 6.14)
קֵדְמָה
ἐξ ἐναντίας 468b
קִדְמָה
ἐξ ἐναντίας 468b
קַדְמוֹן
ἀνατολή 83c
#πρότερος *190c* (Si. 41.3)
קַדְמַי (Aramaic)
ἔμπροσθε(ν) 459b
πρῶτος 1235c
קַדְמֹנִי
ἀνατολή 83c
ἀρχαῖος 162c
ὁ ἔμπροσθε(ν) 459b
πρῶτος 1235c
קָדְקֹד
#ἄρχειν 163a (Is. 3.17)
ἄρχων 166b
κεφαλή 760c
κορυφή 780a
קָדַר qal
⟦ἀπολλύειν, ἀπολλύναι 136c⟧
⟦ἀπορία 140a⟧
διευλαβεῖσθαι 329c
σκοτοῦν 1277a
σκυθρωπάζειν 1277a
στένειν 1288b
συσκοτάζειν 1323b
קָדַר hi.
⟦πενθεῖν 1117b⟧ → σκοτάζειν
σκοτάζειν 1276a
σκοτοῦν *191c*
συσκοτάζειν 1323b
קָדַר hithp.
συσκοτάζειν 1323b
קִדְרוֹן
§κεδρος 758a
קַדְרוּת
σκότος 1276b
קְדֹרַנִּית
ἱκέτης 684a
קָדַשׁ, קָדֵשׁ qal
ἁγιάζειν 10c
ἐνδιαλλάσσειν 470b
καθαρὸς εἶναι 698c
τελεῖν 1342c
קָדַשׁ, קָדֵשׁ ni.
ἁγιάζειν 10c, *165a*
⟦δοξάζειν 343b⟧
θαυμάζειν *179a*
קָדַשׁ, קָדֵשׁ pi.
ἁγιάζειν 10c
ἅγιος 12a
ἁγνίζειν 15c
⟦ἀναβιβάζειν 73a⟧ → ἁγιάζειν
ἐγείρειν + πόλεμον (= מִלְחָמָה) 364a
εἰσάγειν 407c
⟦ἐπάγειν 503c⟧
καθαρίζειν, καθερίζειν 698a
παρασκευάζειν 1064a
קָדַשׁ, קָדֵשׁ pu.
*ἁγιάζειν 10c
קָדַשׁ, קָדֵשׁ hi.
*ἁγιάζειν 10c, *165a*
ἁγιασμός 11c
ἅγιος 12a
ἁγνίζειν 15c
διαστέλλειν 311b
καθαγιάζειν 697a
θαυμάζειν *179a*
קָדַשׁ, קָדֵשׁ hithp.
*ἁγιάζειν 10c
ἅγιος 12a
ἁγνίζειν 15c
ἑορτάζειν (קָ׳ חַג hithp.) 502c
קָדֵשׁ
§καδησ(ε)ιμ, καδησιν (קְדֵשִׁים) 697a
πορνεύων 1194c
πόρνη 1195a
τελεσφόρος 1343b
τελετή 1343b
τελίσκεσθαι 1344a
קֹדֶשׁ
ἁγιάζειν 10c
*ἁγίασμα *165b*
⟦ " 11b (–Ez. 22.8)⟧ → ἅγιος
ἁγιασμός 11c, *165b*
*ἅγιος 12a
ἁγιωσύνη 15b
ἁγνίζειν 15c
⟦δόξα 341b⟧
θεός 630a
*#θυσία 664a (I Es. 1.6, 12)
*#ἱερός 683a (I Es. 1.5)
§καδης 697a
καθαγιάζειν 697a
⟦οἶκος 973a⟧
קָהָה qal
αἱμωδιᾶν 33a
#γῆρας 255c (Pr. 30.17)
γομφιάζειν 274c
קָהָה pi.
ἐκπίπτειν 439b
קִהָיוֹן
#γομφιασμός 274c (Am. 4.6)
קָהַל ni.
ἀθροίζειν 30a
ἐξεκκλησιάζειν 491a
ἐπισυνάγειν 534a
ἐπισυστρέφειν 534b
συνάγειν 1307b
συναθροίζειν 1310b
συνιστάναι, συνιστᾶν 1317a
קָהַל hi.
ἐκκλησιάζειν 433b
ἐξεκκλησιάζειν 491a
ἐπισυνιστάναι 534b
συνάγειν 1307b
συναθροίζειν 1310b
קָהָל
ἐκκλησία 433a, *173c*
ἐξεκκλησιάζειν 491a
λαός 853b
⟦οἶκος 973a (De. 23.1[2])⟧ → ἐκκλησία
*ὄχλος 1043a
*πλῆθος 1142c
συναγωγή (קְהַל עֵדָה, עַם קָ׳, קָ׳) 1309b
συνέδριον 1313a
σύστασις 1323b
קְהִלָּה
ἐκκλησία 433a
#ἔκκλητος *173c* (Si. 42.11)

ὄχλος *187c*
συναγωγή 1309b
קֹהֶלֶת
ἐκκλησιαστής 433b
קְהָת, קָהָת
§υἱὸς καάθ (קְהָתִי) 1384c
קַו I, קָו
διαμέτρησις 306b
⟦κύκλωμα 798c⟧
μέτρον, μέτρος 918b
σπαρτίον 1281c
⟦φθόγγος 1430a⟧ → קוֹל
קַו II
ἐλπίς 454a
קוֹבַע
περικεφαλαία 1124a
⟦προφυλακή 1234a⟧
קָוָה I qal
#ἀνέλπιστος (קָ׳ + neg.) 86c (Is. 18.2)
ὑπομένειν 1415c, *194c*
קָוָה I pi.
ἀναμένειν 79c, *166c*
διορᾶν 336b
ἐλπίζειν 453c
ἐμμένειν *174b*
ἐπέχειν 511a
μένειν 910a
πείθειν 1114b
πεποιθὼς εἶναι 1114b
περιμένειν 1124c
προσδοκᾶν 1213a
⟦συνάγειν 1307b (Mi. 5.7[6]; Je. 8.15)⟧ → קָוָה II ni.
ὑπομένειν 1415c
ὑπομονή 1416b
קָוָה II ni.
ἐγγίζειν 362b
συνάγειν 1307b
קָוֶה, קְוֵה
⟦διαμέτρησις 306b⟧ → קַו I, קָו
μέτρον, μέτρος 918b
קוּט qal
προσοχθίζειν 1218c
קוּט ni.
κάμνειν 718b
κόπτειν 779a
προσοχθίζειν 1218c
קוּט hithpo.
ἐκτήκειν 443a
קוֹל
ἀναβοᾶν (נָשָׂא קוֹל) 73c
⟦βοή 222c⟧ → φωνή
βροντή (קוֹלוֹת) *169c*
ἐντολή 479b
ἐξηχεῖν *175c*
ἡδύφωνος (יְפֵה קוֹל) 604c
ἦχος, ἠχώ *179c*
⟦θυμός 660c⟧
ἱκετ(ε)ία *180a*
*κήρυγμα 763b
*κηρύσσειν (עָבַר קוֹל, נָתַן קוֹל hi.) 763c
*κραυ(γ)ή 784b
λόγος 881c
μέλος *184b*
⟦προσευχή 1214c⟧ → φωνή
#φθόγγος 1430a (Ps. 18[19].4)
*φωνή 1447b, *195c*

קוּם I qal
ἀμβλυωπεῖν 65b
ἀναβαίνειν, ἀναβέννειν 70a
ἀναπηδᾶν 81a
ἀνάστασις 82a
ἀνατέλλειν 83a
ἀνθιστάναι 95c
⟦["] *167a*⟧ → παριστάναι
*ἀνιστᾶν, ἀνιστάναι 102c, *167b*
ἀποπηδᾶν 139b
γίνεσθαι 256c
διανιστάναι 306b
ἐγείρειν 364a
ἔγερσις 364b
⟦εἰσέρχεσθαι 410b⟧
ἐμμένειν 456a
ἐξανιστάναι 487c
*ἐξεγείρειν 490b
ἐπανιστάναι, ἐπανιστάνειν 506c
ἐπεγείρειν 509a, *176b* (Si. 46.1)
ἐπέρχεσθαι 509c
ἔτασιν ποιεῖν 559c
ἥκειν 605a
⟦ἡμέρα 607b (Jb. 7.4)⟧
*ἱστάναι, ἱστᾶν 689a, *180c*
*καθιστάναι 703a
κυροῦν 839a
μένειν 910a
μισεῖν 929a
παριστάναι *188a*
⟦ποιεῖν 1154a (Jb. 41.17[18])⟧
τιθέναι 1348c (I Ki. 22.13)
ὑπεναντίος 1407b
ὑπομένειν 1415c
ὑφιστάναι 1419a
קוּם I pi.
ἀνιστᾶν, ἀνιστάναι 102c
βεβαιοῦν 216b
ἱστάναι, ἱστᾶν 689a
#στερέωμα 1289b (Es. 9.29)
קוּם I polel
ἀνατέλλειν 83a
ἀνθιστάναι 95c
ἀντικαθιστάναι 110c
ἐξανιστάναι 487c
ἐξουσιάζειν *176a*
συνεδρεύειν *192c*
קוּם I hi.
ἀνιστᾶν, ἀνιστάναι 102c
ἀντικαθιστάναι 110c
ἀντιλαμβάνεσθαι 110c
διατιθέναι 313b
ἐγείρειν 364a, *172a*
ἔγερσις 364b
ἐμμένειν 456a
ἐμμένειν ἐν 456a
ἐξανιστάναι 487c
ἐξεγείρειν 490b
ἐπεγείρειν 509a
ἐπιτάσσειν 534c
ἐφιστάναι 585c
ἱστάναι, ἱστᾶν 689a, *180c*
καθιστάναι 703a
⟦κρατεῖν 783a⟧
⟦λαμβάνειν 847a (Am. 2.11)⟧ → נָשָׂא qal
πιστοῦν 1139a
τηρεῖν 1348b (I Ki. 15.11)
τιθέναι 1348c (Is. 29.3)
קוּם I ho.
ἀνιστᾶν, ἀνιστάναι 102c

ἱστάναι, ἱστᾶν 689a
קוּם I hithpo.
ἀνθιστάναι 95c
ἐπανιστάναι, ἐπανιστάνειν 506c
#ἐφιστάναι *178b* (Si. 41.22)
ἐχθρός (תְּקוֹמֵם) 589c
קוּם II pe. (Aramaic)
ἀνιστᾶν, ἀνιστάναι 102c
*ἱστάναι, ἱστᾶν 689a
ὀρθ(ρ)ίζειν (pe. בִּשְׁפַרְפָּרָא קוּם) 1011a
#παριστάναι (קוּם קֳדָם pe.) 1070c (Da. 7.10)
קוּם II pa. (Aramaic)
ἱστάναι, ἱστᾶν 689a
קוּם II aph. (Aramaic)
ἀνιστᾶν, ἀνιστάναι 102c
⟦διδόναι 317b⟧
*ἱστάναι, ἱστᾶν 689a
καθιστάναι 703a
קוּם II hoph. (Aramaic)
ἱστάναι, ἱστᾶν 689a
קוֹמָה
ἡλικία 606b, *179b* (Si. 26.17)
ἱστάναι, ἱστᾶν (מְלֹא־קוֹ׳) 689a
μέγεθος 907a
μικρός (שְׁפַל קוֹ׳) 926c
ὑπεροχή 1411a
ὕψος 1421b
קוֹמְמִיּוּת
μετὰ παρρησίας 1073a
קוֹף
πίθηκος 1132c
קוּץ qal
βαρυθυμεῖν 191a
βδελύσσειν, βδελύττειν 216a
⟦ἐκλύειν 438a⟧
#μισεῖν *185b* (Si. 7.15)
ὀλιγοψυχεῖν (קָצָה רוּחַ) *186a*
προσοχθίζειν 1218c, *190b*
⟦συνάγειν 1307b⟧ → קָבַץ ni. or pu.
#φοβεῖν 1433b (Is. 7.16)
קוּץ hi.
ἀνιστᾶν, ἀνιστάναι 102c
ἐξανιστάναι 487c
קוֹץ
ἄκανθα 43c
קְוֻצּוֹת
βόστρυχος 225c
קוּר I qal
τιθέναι γέφυραν 240b, 1348c
ψύχειν 1486a
קוּר I pilp.
προνομεύειν 1207c
קוּר I hi.
ψύχειν 1486a
קוּר II subst.
#βόθρος 224a (Am. 9.7)
קוּר III subst.
ἱστός 692c
קוֹר
ψῦχος 1490c
קוֹרָה
δοκός 340a

קוֹשׁ
πρόσκομμα τιθέναι 1217a, 1348c
קֶטֶב, קֹטֶב
βία 218a
⟦καταφέρειν 747b⟧
?κέντρον 759b
ὀπισθότονος 1001c
σύμπτωμα 1306b
קְטוֹרָה
θυμίαμα 660b
קָטַל qal
ἀποκτείνειν, ἀποκτέννειν 135a
χειροῦσθαι 1467a
קְטַל pe. (Aramaic)
ἀναιρεῖν 77b
ἀποτυμπανίζειν 149c
קַטֵּל pa. (Aramaic)
ἀναιρεῖν 77b
ἀποκτείνειν, ἀποκτέννειν 135a
ἐξάγειν 483a
קְטַל ithpa. (Aramaic)
ἀναιρεῖν 77b
ἀποκτείνειν, ἀποκτέννειν 135a
συναπολλύναι 1312a
קֶטֶל
σφαγή 1324a
קָטֹן qal
ἱκανοῦσθαι 684a
κατασμικρύνειν 745a
(σ)μικρύνειν 927c
קָטֹן hi.
ποιεῖν μικρόν 926c, 1154a
קָטֹן, קָטָן
βραχύς 230c
δεύτερος 293b
ἐλάττων, ἐλάσσων, ἐλάχιστος 448b
ἐλαφρός 449a
μικρολόγος *185a*
*μικρός 926c
μικρότατος 926c
μικρότερος 926c
νεώτερος 942a
νήπιος *185b*
ὀλίγος *186a*
ὀλιγοστός 986c
πτωχός 1239b
קֹטֶן
μικρὸς δάκτυλος 284b, 926c
μικρότης 927c
קָטַף qal
ἀποκνίζειν 132c
συλλέγειν 1302b
⟦συνάγειν 1307b⟧ → συλλέγειν
קָטַף ni.
θερίζειν 648c
קָטַר ni.
ὁλοκαρποῦσθαι (ni. כָּלִיל קָ׳) *186b*
קָטַר pi.
θύειν 659a
θυμιάζειν, θυμιᾶν 660a
θυμίαμα 660b
קָטַר pu.
θυμιάζειν, θυμιᾶν 660a
קָטַר hi.
ἀναφέρειν 84c
διαναφέρειν 306b

ἐπιθύειν 520b
ἐπιτιθέναι 535c
θύειν 659a
θυμιάζειν, θυμιᾶν 660a
θυμίαμα *179c*
⟦θυσιάζειν 666a⟧ → θυμιάζειν, θυμιᾶν
προσφέρειν 1222c

קָטַר ho.
ἐπιτελεῖν 535a
θυμίαμα 660b

קְטַר (Aramaic)
σύνδεσμος 1312c

קְטֹרֶת
θυμιάζειν, θυμιᾶν 660a
θυμίαμα (ק׳ ,מִקְטַר ק׳) 660b, *179c*
σύνθεσις 1316a, *192c*

קִיא qal
ἐξεμεῖν 491a
προσοχθίζειν 1218c

קִיא hi.
ἐκβάλλειν 420c
ἐξεμεῖν 491a
ἐμεῖν 456a, *174b* (Si. 34[31].21)
προσοχθίζειν 1218c

קַיִט (Aramaic)
θερινός 648c

קִיטוֹר
ἀτμίς 176b
κρύσταλλος 792c
πάχνη 1112c
φλόξ 1433a

קְיָם (Aramaic)
στάσις 1286c

קַיָּם (Aramaic)
μένειν 910a
συντηρεῖν 1320c

קִימָה
ἀνάστασις 82a

קִין polel
*θρηνεῖν 654c
θρήνημα 655a

קַיִן
δόρυ 344b

קִינָה
*#θρηνεῖν (אָמַר בְּקִינוֹת) 654c (I Es. 1.32)
θρῆνος 655a, *179c*

קִיץ hi.
ἐγείρειν 364a
ἐκνήφειν 438b
ἐξεγείρειν 490b, *175c*
ὄρθρος/ὀρθὸς ἐστι 1011b
προσέχειν 1215b

קַיִץ
⟦ἀμητός, ἄμητος 65c⟧
θερινός 648c
θερισμός 649a
θέρος 649b, *179b*
καῦμα 757a
ὀπώρα 1004b

קִיצוֹן
ἐξώτερος, ἐξώτατος 502c

קִיקָיוֹן
κολόκυνθα, κολόκυντα 777a

קִיקָלוֹן
⟦ἀτιμία 175c⟧ → קָלוֹן

קִיר
αἰσθητήριον 36c
βάσις 214b
δοκός 340a
§κειραδες (קִיר־חֶרֶשׂ) 758b
ὀρόφωμα 1017c
τεῖχος 1339c
τοῖχος 1362c, *193c*

קִיתָרֹס (Aramaic)
κιθάρα 765a

קַל
δρομεύς 349a
ἐλαφρός 449a
κοῦφος 781b
κούφως 781b
ὀξέως 1001a
ὀξύς 1001a
οὐδείς, οὐθείς *187a*
#ταχύς 1339a (Na. 1.14; Is. 9.1 [8.23])

קָל (Aramaic)
φωνή 1447b

קֹל
κυδοιμός (חֲזִיז קֹלוֹת) 796a

קָלָה I qal
ἀποτηγανίζειν 148c
φρύγειν 1440a

קָלָה II ni.
ἄδοξος *165c*
ἀνάξιος *166c*
ἀσχημονεῖν 174c
ἀτιμάζειν 175c, *168c*
⟦[ἀτιμᾶν] *168d*⟧
ἀτιμία 175c
⟦["] *168d*⟧
ἄτιμος 176a, *168c*
⟦ἔμπαιγμα 456b⟧ → ἐμπαιγμός
ἐμπαιγμός 456b
οὐχὶ ἔνδοξος 470c

קָלָה II hi.
ἀτιμάζειν 175c, *168c*
⟦[ἀτιμᾶν] *168d*⟧

קָלוֹן
αἰσχύνη *165c*
ἀνομία 106c
ἀτιμάζειν 175c
ἀτιμία 175c, *168c*

קַלַּחַת
χαλκίον 1453a
⟦χαλκός 1453b⟧ → χαλκίον
χύτρα, κύθρα, χθύρα, χύτρον(?) 1480b

קָלַט qal
κολοβόκερκος 776c

קָלִי
ἄλφιτον 60a
φρύγειν 1440a

קָלַל qal
ἀτιμάζειν 175c
ἀτιμοῦν 176a
ἐλαφρότερος εἶναι 449a
ἐξάλλεσθαι 487a
κοπάζειν 778a
κοῦφος 781b

קָלַל ni.
⟦ἀποκαλύπτειν 131c⟧
ἐξουδενεῖν, ἐξουθενεῖν 500b
εὐχερής 583c
ἱκανός + neg. 683c
κοῦφος 781b
κοῦφος εἶναι 781b
μικρός 926c

קָלַל pi.
#ἀδοξία *165b* (Si. 3.11)
ἀρᾶσθαι 152c
κακολογεῖν 709a
κακῶς εἰπεῖν/ἐρεῖν 384a, 712a
καταρᾶσθαι 742c, *181c*

קָלַל pu.
ἐπικατάρατος εἶναι 522c
καταρᾶσθαι 742c

קָלַל pilp.
ἀναβράσσειν 74a
ταράσσειν 1336a

קָלַל hi.
ἀνιέναι (= ἀνίημι) 102b
ἀτιμάζειν 175c
ἀφίειν, ἀφιέναι 183b
κακολογεῖν 709a
κουφίζειν 781a
ὑβρίζειν 1379c

קָלַל hithpalp.
ταράσσειν 1336a

קָלָל
ἐλαφρός 449a
ἐξαστράπτειν 490a
στίλβειν 1291b

קְלָלָה
ἀρά 152b
κατάρα 742b, *181c*
καταρᾶσθαι 742c
κατάρασις 743a

קָלַס hithp.
ἐμπαίζειν 456b
ἐντρυφᾶν 481a
⟦κατακράζειν 734b⟧ → καταπαίζειν
καταπαίζειν 740a

קֶלֶס
κατάγελως 730a
⟦χλεύασμα 1471b⟧ → χλευασμός
χλευασμός 1471b

קַלָּסָה
ἐμπαιγμός 456b

קָלַע qal
βάλλειν 189c
γράφειν 276a
ἐγκολάπτειν 366c
ἐγκολαπτός 366c
εἰσκολάπτειν 413c
ἐκκολάπτειν 434b
σφενδονήτης, σφενδονηστής 1325a

קָלַע pi.
σφενδονᾶν 1325a

קֶלַע
αὐλαία 177a
ἱστίον 692b
πετροβόλος (אַבְנֵי־ק׳) 1130a
⟦πτυχή 1239a⟧
σφενδόνη 1325a, *193b*

קַלָּע
σφενδονήτης, σφενδονηστής 1325a

קְלֹקֵל
διάκενος 303b

קָמָה
⟦ἀμητός, ἄμητος 65c⟧
δράγμα 348b
ἱστάναι, ἱστᾶν 689a
στάχυς 1287b
στάχυς ὀρθ(ρ)ός 1010c

קִמּוֹשׁ
ὄλεθρος 986a

קֶמַח
ἄλευρον 52c
σεμίδαλις 1262c

קָמַט qal
ἐπιλαμβάνειν 523c

קָמַט pu.
συλλαμβάνειν 1301c

קָמַע hi.
#θλίβειν *179c* (Si. 34[31].31)

קָמַץ qal
δράσσεσθαι 348c

קֹמֶץ
δράγμα 348b
δράξ 348c

קֵן
ν(ε)οσσ(ε)ία 949b, *185c*
ν(ε)οσσός 949c

קָנָא pi.
ζηλοῦν, ζηλεῖν(?) 594b, *178a*
παραζηλοῦν 1059c
παροργίζειν 1072b

קָנָא hi.
παραζηλοῦν 1059c
παροξύνειν 1072a

קַנָּא
ζηλωτής 594b
ζηλωτός 594b

קִנְאָה
ζῆλος 594a, *178a*
ζηλοτυπία (ק׳ pl.) 594a
ζηλοῦν, ζηλεῖν(?) 594b
ζήλωσις 594b
⟦θυμός 660c⟧
καρδία αἰσθητική 36c

קָנָה qal
⟦ἀγαπᾶν 5c⟧
ἀγοράζειν 16b, *165b*
κτᾶσθαι 793b, *182c* (+Si. 20.23)
κτῆσις 795a
κτίζειν 795b
⟦λυτροῦν 890a⟧ → κτᾶσθαι

קָנָה ni.
κτᾶσθαι 793b
⟦κτίζειν 795b⟧ → κτᾶσθαι

קָנָה hi.
γεννᾶν 237b
κτᾶσθαι 793b

קָנֶה
ἀγκών 15c
ζυγός, ζυγόν 599a
θυμίαμα 660b
καλάμινος 712b
καλαμίσκος 712b
κάλαμος 712b
κιν(ν)άμωμον (ק׳ הַטּוֹב) 765c
πῆχυς 1131b
πυθμήν 1240a
#τροχίας 1376c (Ez. 27.19)

קַנּוֹא
ζηλοῦν, ζηλεῖν(?) 594b

ζηλωτής 594b
קִנְיָן
ἔγκτητος 367a
κτᾶσθαι 793b
κτῆμα *182c*
κτῆνος 794a
κτῆσις 795a, *182c*
⟦κτίσις 795c⟧ → κτῆσις
τὸ ὑπάρχον, (τὰ) ὑπάρχοντα 1406b
קִנָּמוֹן
§κιν(ν)αμωμον 765c
קָנַן pi.
ἐννοσσεύειν 476a
νοσσεύειν 949b
קָנַן pu.
ἐννοσσεύειν 476a
קָסַם qal
ἀποφθέγγεσθαι 150a
μαντ(ε)ία 896a
μαντεύεσθαι 896a
μάντις 896a
στοχαστής 1295a
קֶסֶם
μαντ(ε)ία 896a
μαντεῖον 896a
⟦μαντεύεσθαι 896a⟧ → קָסַם qal
οἰώνισμα 985b
קָסַס polel
#σήπειν 1265b (Ez. 17.9)
קֶסֶת
ζώνη 601a
קַעֲקַע
στικτός 1291b
קְעָרָה
τρυβλίον 1377a
קָפָא qal
πηγνύναι 1130c
קָפָא hi.
πηγνύναι 1130c, *188c*
τυροῦν 1379b
קִפָּאוֹן
#πάγος 1045a (Za. 14.6)
קָפַד qal
συστέλλειν *193a*
קִפֹּד
ἐχῖνος 592a
קְפָדָה
⟦ἐξιλασμός 496b⟧ → כַּפָּרָה
קִפּוֹז
ἐχῖνος 592a
קָפַץ qal
ἐμφράσσειν 460c
⟦συνάγειν 1307b⟧ → συνέχειν
συνέχειν 1315b
⟦συστέλλειν *193a*⟧
συσφίγγειν 1324a
קָפַץ ni.
#μαραίνειν 896a (Jb. 24.24)
קָפַץ pi.
διάλλεσθαι 304c
קֵץ
ἀναπληροῦν 81b
ἀναρίθμητος (קֵץ + neg.) 81c
ἀρχή 163c
ἐκκόπτειν 434c
ἐπ᾽ ἐσχάτῳ/ἐσχάτων 558a
καιρός 706a, *180b*
μέρος 911c
μέσος 913a
ὅριον 1012a
πέρας 1120a
περασμός 1120b
ὅταν πληρωθῇ (מִקֵּץ) 1147c
συντέλεια 1318c, *192c*
τάξις 1334b
τέλος 1344a
χρόνος 1476b, *196c*
קָצַב qal
ἀποκνίζειν 132c
κείρειν 758b
קֶצֶב
⟦συντέλεια 1318c⟧ → קֵץ
σχισμή 1328a
⟦τέρμα 1345c⟧
קָצָה I qal
#κάθαρσις 699c (Ez. 15.4)
συμπεραίνειν 1305b
קָצָה I pi.
συγκόπτειν 1300b
קָצָה I hi.
ἀποξύειν 139b
קָצָה II
ἄκρος 51b
ἀρχή 163c
κλίτος 771c
μέρος 911c
πτερύγιον 1238a
συμβολή 1303b
קָצֶה
ἄκρος 51b
ἀκρωτήριον 51c
ἀρχή 163c
ἐπ᾽ ἐσχάτῳ/ἐσχάτων 558a
κλίτος 771c
⟦μερίς 911a⟧ → μέρος
μέρος 911c
⟦μέσος 913a⟧ → μέρος
πέρας 1120a
πλησίον, πλησιέστερον (בְּקָצֵה) 1148b
τέλος 1344a
τι αὐτοῦ (קָצֵהוּ) 1354a
קְצָה
ἀριθμός 156c
πέρας 1120a
קָצוּ
πέρας 1120a
קֶצַח
μελάνθιον 908b
קָצִין
ἀρχηγός 165a
ἄρχων 166b, *168c*
βασιλεύς 197a
ἐνάρχεσθαι 469a
ἡγεῖσθαι 602c
קְצִיעָה
κασ(σ)ία 725b
קָצִיר
⟦ἀγρός 17a⟧
ἀμητός, ἄμητος 65c
θερίζειν 648c
θερισμός 649a
θέρος 649b
κλῆμα 767c
συνάγειν 1307b
τρυγᾶν 1377a
τρύγητος 1377b (Am. 4.7; Mi. 7.1)
τρυγητός 1377b (I Ki. 8.12; Jo. 1.11; 3[4].13; Is. 16.9)
קָצַע pu.
⟦γωνία 283c⟧ → מִקְצוֹעַ
קָצַע hi.
ἀποξύειν 139b
קָצַף qal
θυμός ἐστιν 660c
θυμοῦν 662b
λυπεῖν 889b
ὀργή 1008b
ἐστὶν ἡ ὀργή 1008b
ὀργίζειν 1010a
παροξύνειν 1072a
πικραίνειν 1132c
קָצַף hi.
παροξύνειν 1072a
παροργίζειν 1072b
קָצַף hithp.
λυπεῖν 889b
μεταμελεῖν *184b*
קְצַף I pe. (Aramaic)
*ὀργή 1008b
περίλυπος γίνεσθαι 1124c
קְצַף II subst. (Aramaic)
ὀργή 1008b
קֶצֶף
ἁμάρτημα 62a
θυμός 660c
μετάμελος 916b
ὀργή 1008b
⟦ὁρμή 1014a⟧ → ὀργή
παροξυσμός 1072b
⟦παροργισμός 1072c⟧ → ὀργή
φρύγανον 1440a
χόλος 1472b
קְצָפָה
συγκλασμός 1299c
קִצָּפוֹן
λύπη *183c*
קָצַץ qal
ἀποκόπτειν 133a
κείρειν 758b
περικείρειν 1124a
קָצַץ pi.
ἀποκόπτειν 133a
κατακόπτειν 734b
κολοβοῦν 777a
συγκλᾶν 1299c
συγκόπτειν 1300b
קָצַץ pu.
ἀποκόπτειν 133a
קְצַץ pa. (Aramaic)
ἐκτίλλειν 443a
קָצַר qal
ἀμᾶν 60c
ἐκθερίζειν 431c
παροργίζειν 1072b
קָצַר I qal
⟦ἀμητός, ἄμητος 65c⟧
ἀσθενεῖν 172a
βαρύνειν 191a
ἐκδέχεσθαι 422a
ἐλαττοῦν, ἐλασσοῦν *174a*
ἐξαρκεῖν 490a
θερίζειν 648c, *179b*
θυμοῦν (קָ׳ רוּחַ qal) 662b
ἰσχύειν (קָ׳ qal) 692c
" + χείρ as subj. (קָ׳ qal + neg.) 692c
ὀλιγοῦν 987a
ὀλιγοψυχεῖν (קָ׳ נֶפֶשׁ qal) 987a
στενοχωρεῖν 1288c
τρυγᾶν 1377a
τρύγητος 1377b
קָצַר I pi.
ὀλιγότης 987a
קָצַר I hi.
θερίζειν 648c
(σ)μικρύνειν 927c
קָצַר I hithp.
ὀλιγοψυχεῖν *186a*
קָצֵר II
ὀλιγόβιος (קְצַר יָמִים) 986b
ὀλιγόψυχος (קְצַר־רוּחַ) 987a
ὀξύθυμος (קְצַר־אַפַּיִם) 1001a
קֹצֶר
ὀλιγοψυχία (קֹ׳ רוּחַ) 987a
קְצָת (Hebrew and Aramaic)
μέρος 911c
πέρας 1120a
τέλος 1344a
קַר
μακρόθυμος (קַר רוּחַ) 893a
ψυχρός 1490c
קָרָא I qal
ἀναβοᾶν 73c
ἀναγγέλλειν 74a
*ἀναγινώσκειν 75c
ἀνακαλεῖν 78a
ἀνακράζειν 78b
ἀντικεῖσθαι 110c
ἀπαγγέλλειν 114a
βοᾶν 222a
διαβοᾶν 299a
ἐγκαλεῖν (קָ׳ אֶל qal) 365a
εἰπεῖν, ἐρεῖν 384a
⟦εἰσάγειν 407c⟧ → καλεῖν
ἐκβοᾶν 421b
ἐκκαλεῖν (קָ׳ אֶל qal) 432c
ἐξεκκλησιάζειν 491a
ἐπάγειν 503c
⟦ἐπανακαλεῖν *176a*⟧
ἐπικαλεῖν (לִקְרַאת) 521b, *176c*
ἐπίκλητος 523a
ἐπιλαμβάνειν 523c
ἐπονομάζειν (קָ׳ qal, קָ׳ שֵׁם qal) 539a
ἐπονομάζειν τὸ ὄνομα 539a
*#εὔχεσθαι 583c (+I Es. 5.44)
ἡμέρα μεγάλη (קְרָא מִקְרָא) 607b
καλεῖν 712c
καταβοᾶν 729a
#κήρυγμα 763b (Pr. 9.3)
κηρύσσειν 763c
κλαίειν 766a
κλῆσις 770c
κλητός 771a
κράζειν 781b
λαλεῖν 841c
μετακαλεῖν 916a
⟦νηστεύειν 945b⟧
ξένος 957a
ὀνομάζειν 999c
ὀνομαστός 1000a

παρακαλεῖν 1060a
προσκαλεῖν 1216c
συγκαλεῖν 1299a
συμπαραλαμβάνειν 1304c
φωνεῖν 1447b
קָרָא I ni.
ἄκλητος (יִקָּרֵא + neg. + אֲשֶׁר) 44b
ἀναγινώσκειν 75c
ἀντέχειν 109c
ἐπεῖν, ἐρεῖν 384a
ἐπικαλεῖν 521b, *176c*
*καλεῖν 712c, *180c*
⟦κληροῦν 770c⟧ → καλεῖν
κράζειν 781b
λογίζεσθαι 880a
⟦μένειν 910a⟧
ὀνομάζειν 999c
προσκαλεῖν 1216c
⟦συγκαλεῖν 1299a⟧ → καλεῖν
קָרָא I pu.
ἐπικαλεῖν 521b
καλεῖν 712c
קָרָא II qal
⟦ἄγειν 9a⟧
ἀντιπρόσωπος (לִקְרָאת) 111c
ἀπαντᾶν 117a
εἰς ἀπαντήν (לִקְרָאת) 117a
εἰς ἀπάντησιν (לִקְרָאת) 117c
?εἰσέρχεσθαι πρός 410b
εἰσφέρειν 415a
ἔμπροσθε(ν) (לִקְרָאת) 459b
ἐξ ἐναντίας (לִקְרָאת) 468b
παρατάσσειν (לִקְרָאת) 1064c
⟦περιποιεῖν 1125c⟧
συμβαίνειν 1302c
συναντᾶν 1311a
συναντήσας σοι (לִקְרָאת בּוֹאֲךָ) 1311a
συναντή 1311b
συνάντησις 1311c
ὑπαντᾶν *194a*
ὑπάντησις 1406b
קָרָא II ni.
περίπτωμα 1126a
συναντᾶν 1311a
קָרָא II hi.
⟦συμβαίνειν 1302c⟧
ποιεῖν συμβῆναι 1302c
קְרָא pe. (Aramaic)
ἀναγινώσκειν 75c
βοᾶν 222a
καλεῖν 712c
κηρύσσειν 763c
φωνεῖν 1447b
קְרָא ithpe. (Aramaic)
καλεῖν 712c
קֹרֵא
νυκτικόραξ 951a
πέρδιξ 1120b
קָרַב, קָרֵב qal
⟦[ἀπαντᾶν] (קָ׳ אֶל qal) *167d*⟧ → ὑπαντᾶν
ἅπτεσθαι 150b
ἐγγίζειν 362b
εἰσέρχεσθαι 410b
ἔρχεσθαι 548b
⟦ἱστάναι, ἱστᾶν 689a⟧
⟦πορεύεσθαι 1189a (De. 20.3)⟧ → προσπορεύεσθαι
προπορεύεσθαι 1208c
προσάγειν (קָ׳ אֶל qal) 1211b, *190a*
προσάγειν ἐγγύς 363c
προσεγγίζειν 1213b
προσέρχεσθαι 1213c, *190b*
προσέρχεσθαι ἐγγύς 363c
προσέχειν 1215b
#προσκαλεῖν *190b* (Si. 13.9a)
προσπορεύεσθαι 1219b
συμμιγνύναι 1304b
ὑπαντᾶν *194a*
קָרַב, קָרֵב ni.
προσέρχεσθαι 1213c
συνάγειν 1307b
קָרַב, קָרֵב pi.
⟦ἀνακαίειν 78a⟧
ἐγγίζειν 362b
⟦ἐλπίζειν 453c⟧ → ἐγγίζειν
προσλαμβάνειν 1218b
συνάπτειν 1312b
קָרַב, קָרֵב hi.
ἀναφέρειν 84c
ἐγγίζειν 362b
⟦λαμβάνειν 847a⟧
προσάγειν 1211b
προσεγγίζειν 1213b
*προσφέρειν 1222c
συνάγειν 1307b
קָרַב, קָרֵב hithp.
ἐμπίπτειν *174b*
קְרֵב pe. (Aramaic)
ἐγγίζειν 362b
ἐντυγχάνειν 481b
προσέρχεσθαι 1213c
קָרֵב pa. (Aramaic)
*προσφέρειν 1222c
קָרֵב aph. (Aramaic)
παρεῖναι 1065c
προσάγειν 1211b
*προσφέρειν 1222c
קָרֵב
ἅπτεσθαι 150b
?διάγγελμα 299b
⟦ἐγγίζειν 362b⟧ → קָרַב, קָרֵב qal
προσπορεύεσθαι 1219b
קְרָב (Hebrew and Aramaic)
ἐγγίζειν 362b
παράταξις 1064b
πόλεμος 1172a
#στρατιά, στρατεία 1295c (III Ki. 21[20].39)
קֶרֶב
γαστήρ 234b
διάνοια 306c
ἐγγίζειν 362b
ἔγκατον 366b
ἐγκοίλια 366c
ἐνδόσθια 471a
ἐνδοσθίδιος 471a
ἔντερον *175b*
καρδία 719a, *181a* (Si. 4.3)
κεῖσθαι (בְּקִרְבְּכֶם) 758b
κοιλία 773a, *182a*
μέσος 913a
#ψυχή *196b* (Si. 37.6)
קְרָבָה
ἐγγίζειν 362b
προσκολλᾶν 1217a
קָרְבָּן
δωρεῖσθαι 359a
δῶρον 359a
קֻרְבָּן
δῶρον 359a
κλῆρος 770a
ξυλοφορία (קָ׳ עֵצִים) 959c
קַרְדֹּם
ἀξίνη 113a
קָרָה I qal
ἀνθιστάναι 75c
ἀπαντᾶν 117a
γίνεσθαι 256c
ἐπικαταλαμβάνειν 522c
περιπίπτειν 1125b
συμβαίνειν 1302c
συναντᾶν 1311a
ὑπαντᾶν 1406b
קָרָה I ni.
εὐφραίνειν *178b*
περιπίπτειν 1125b
⟦πορεύεσθαι ἐπερωτᾶν 510b⟧
⟦προσκαλεῖν 1216c⟧ → קָרָא I qal
συναντᾶν 1311a
φαίνειν 1423a
קָרָה I hi.
διαστέλλειν 311b
εὐοδοῦν 575c
παραδιδόναι 1058a
ποιεῖν συμβῆναι 1154b
קָרָה II pi.
στεγάζειν 1287c
קָרָה III
πάγος 1045a
ψῦχος 1490c
קָרֶה
ῥύσις 1255c
קוֹרָה
δοκός 340a
קָרוֹב
ἐγγίζειν 362b
ἐγγύθεν (מִקָּ׳, קָ׳) 363c
ἐγγύς 363c, *172a*
⟦ἐξαίσιος (מִקָּ׳) 486b⟧
ὁμορ(ρ)εῖν, ὁμοροεῖν 993c
πλησίον (קָ׳ אֶל־בַּיִת) 1148b
προσέρχεσθαι 1213c
#προσφάτως (בְּקָ׳) 1222c (Ez. 11.3)
ταχύς 1339a
קָרַח qal
ξυρᾶν 959c
קָרַח ni.
ξυρᾶν 959c
קָרַח hi.
⟦φαλακροῦν 1423c⟧
קָרַח ho.
φαλακρός 1423c
φαλάκρωμα 1423c
קֵרֵחַ
φαλακρός 1423c
קֶרַח
κρύσταλλος 792c
#παγετός *187a* (Si. 2.15)
πάγος 1045a
קָרְחָה
ξυρᾶν 959c
ξύρησις 959c
φαλάκρωμα 1423c
קָרַחַת
φαλάκρωμα 1423c
קְרִי
θυμὸς πλάγιος (חֲמַת־קְ׳, קְ׳) 660c, 1139b
πλάγιος (בְּקְ׳, קְ׳) 1139b
קָרִיא
ἐπίκλητος 523a
σύγκλητος 1300a
קְרִיאָה
κήρυγμα 763b
קִרְיָה (Hebrew and Aramaic)
κώμη 839c
μητρόπολις 925c
*πόλις 1174a, *189b*
קְרִיּוֹת
⟦πόλις 1174a⟧ → קִרְיָה
קָרַם qal
ἀναβαίνειν, ἀναβέννειν 70a
ἐκτείνειν 442a
#καταλύειν *181b* (Si. 43.20)
קַרְמִית
#ἄχι *169c* (Si. 40.16)
קָרַן qal
δοξάζειν 343b
קָרַן hi.
κέρατα ἐκφέρειν 444c, 759c
קֶרֶן (Hebrew and Aramaic)
κέρας 759c, *182a*
⟦κεφαλή 760c⟧
σάλπιγξ 1258b
קָרַס qal
⟦συντρίβειν 1321a⟧
קֶרֶס
κρίκος 786a
קַרְסֹל
ἴχνος 696b
σκέλος 1268c
קָרַע qal
ἀνοίγειν 105b
ἀπορρήσσειν 140a
ἀποτέμνειν 148c
*διαρρηγνύειν, διαρρηγνύναι, διαρρήσσειν 309a
διαστέλλειν 311b
διασχίζειν 312b
ἐγχρίνειν 367b
λαμβάνειν 847a
ῥηγνύναι 1248c
σχίζειν 1327c
קָרַע ni.
ἀδιάλυτος (יִקָּרֵעַ + neg.) 24b
διάλυτος 305b
διαρρηγνύειν, διαρρηγνύναι, διαρρήσσειν 309a
ῥηγνύναι 1248c
קָרַע hithp.
#καταρρηγνύναι 743b (Pr. 27.9)
קְרָעִים
διαρρηγνύειν, διαρρηγνύναι, διαρρήσσειν 309a
ῥακώδης 1248a
ῥῆγμα 1248c
קָרַץ qal
διανεύειν 306b
ἐννεύειν 475c
ὁρίζειν 1011c

קָרַץ pu.
διαρτίζειν 309c
קֶרֶץ
ἀπόσπασμα 141a
קְרַץ (Aramaic)
διαβάλλειν (אֲכַל קַרְצֵי) 298c
καταμαρτυρεῖν (אֲכַל קַרְצֵי) 739a
קַרְקַע
βάθος 189a
ἔδαφος 367c
τὸ ἐσώτερον 558c
קֶרֶשׁ
διατόνιον 314a
κεφαλίς 763a
#κιών 766a (III Ki. 15.15)
στῦλος 1297c
קֶרֶת
πόλις 1174a
קַשְׂוָה
σπονδεῖον, σπόνδιον 1285a
⟦φιάλη 1430a⟧ → מִזְרָק
קְשִׂיטָה
ἀμνάς 66a
ἀμνός 66b
קַשְׂקֶשֶׂת
ἀλυσιδωτός 60a
λεπίς 873c
#πτέρυξ 1238a (Ez. 29.4)
קַשׁ
καλάμη 712b
φρύγανον 1440a
χόρτος 1473a
קָשַׁב qal
⟦διδόναι 317b⟧
קָשַׁב hi.
ἀκούειν 45a
ἀκροᾶσθαι 51a
ἀκροατής *166a*
ἐνωτίζεσθαι 482b
ἐπακούειν 505c
ἐπακρόασις 506b
προσέχειν 1215b
ὑπακούειν 1405c
קֶשֶׁב
ἀκρόασις 51a
קַשָּׁב
προσέχειν 1215b
קַשֻּׁב
ἐπήκοος 511b
קָשָׁה qal
σκληρός 1274b
σκληρὸν εἶναι 1274b
σκληρύνειν 1275a
קָשָׁה ni.
σκληρός 1274b
קָשָׁה pi.
δυστοκεῖν 358a
קָשָׁה hi.
βαρύνειν 191a
σκληρός 1274b
σκληρὸς γίνεσθαι 256c, 1274b
σκληροτράχηλος (מַקְשֶׁה עֹרֶף) 1274c
*σκληρύνειν 1275a, *191c* (+Si. 30.12)
σκληρῶς 1275a
קָשֶׁה
ἀδύνατος (קְשֵׁה יוֹם) 28a
σκληροκάρδιος (קְשֵׁה־לֵב) 1274b
σκληροπρόσωπος (קְשֵׁה פָנִים) 1274b
σκληρός 1274b
σκληροτράχηλος (קְשֵׁה־עֹרֶף) 1274c
σκληρύνειν 1275a
σκληρῶς 1275a
ὑπέρογκος 1410c
קִשֻּׁאָה
σίκυος, σίκυον 1267a
σίκυς 1267a
קְשֹׁט (Aramaic)
ἀλήθεια 53a
ἀληθής 53c
ἀληθινός 54a
קָשַׁח hi.
ἀποσκληρύνειν 140c
σκληρύνειן 1275a
קֹשְׁטְ
ἀληθής 53c
קְשִׁי
σκληρότης 1274c
קָשַׁר qal
ἀφάπτειν 182b
δεῖν ("to bind") 287b
ἐκδεῖν 422a
ἐκκρέμασθαι 435a
ἐξάπτειν 489c
ἐπιδεῖν ("to bind") 519a
⟦ἐπίσημος 527b⟧
ἐπιτιθέναι 535c
#καταδεσμεύειν *181b* (Si. 7.8)
περικαθίζειν 1123c
περιτιθέναι 1127c
σύγκεισθαι 1299b
συνάγειν 1307b
συνάπτειν 1312b
συντιθέναι 1320c
συστρέφειν 1323c
συστροφὰς ποιεῖσθαι 1154b, 1324a
קָשַׁר pi.
περιτιθέναι 1127c
קָשַׁר hithp.
ἐπιτιθέναι 535c
συστρέφειν 1323c
קֶשֶׁר
ἀδικία 25b
δεσμός 292a
ἐπίθεσις 520a
ἐπιτιθέναι 535c
⟦στρέμμα 1296b⟧ → σύστρεμμα
σύναψις 1312c
σύνδεσμος 1312c
⟦συστράτευμα 1323c⟧ → σύστρεμμα
σύστρεμμα 1323c
συστροφή 1324a
קִשֻּׁרִים
ἐμπλόκιον 458c
στηθοδεσμίς 1290a
ψέλ(λ)ιον 1484a
קָשַׁשׁ qal
συνδεῖν 1312c
קֹשֵׁשׁ polel
συλλέγειν 1302b
συνάγειν 1307b
קָשַׁשׁ hithpo.
συνάγειν 1307b
קֶשֶׁת
τόξευμα 1363c
τόξον 1363c, *193c*
τοξότης (נֹשֵׁק קֶ׳, דֹּרֵךְ קֶ׳, בַּקֶּ׳, תֹּפֵשׂ קֶ׳) 1364b
קַשָּׁת
τοξότης (רֹבֵה קַ׳) 1364b

ר

רָאָה I qal
⟦ἀκούειν 45a⟧
ἀναβλέπειν 73b
⟦ἀναγγέλλειν 74a⟧
ἀπιδεῖν, ἀφιδεῖν 122b
ἀποβλέπειν 125c (+Ma. 3.9b)
ἀποδεικνύναι 126a
βλέπειν (רָ׳ qal, יָכֹל לִרְאוֹת) 221a
γινώσκειν 267a
δεικνύειν, δεικνύναι 286a
⟦(ἐ)θέλειν 628b (Da. LXX 1.13 [𝔓967])⟧ → θεωρεῖν
εἰδεῖν, εἰδέναι 374b, *172b* (–Si. 6.36; 48.11)
⟦εἰπεῖν, ἐρεῖν 384a⟧ → ἰδεῖν
εἰσβλέπειν 410a
⟦εἰσέρχεσθαι 410b⟧
⟦εἰσιδεῖν 413c⟧ → ἐπιδεῖν, ἐφιδεῖν
ἐμβλέπειν 455c
ἐνιδεῖν 475a
⟦ἐπέρχεσθαι 509c⟧
ἐπιβλέπ(τ)ειν 516c, *176c*
ἐπιγινώσκειν 517c
ἐπιδεῖν, ἐφιδεῖν ("to see") 519a
#ἐπιμελεῖσθαι 525b (Pr. 27.25)
ἐπισκέπτειν *177a*
εὑρίσκειν 576c
ἐφορᾶν 586b
ἡπατοσκοπεῖσθαι (רָ׳ בַּכָּבֵד qal) 619c
θεᾶσθαι 627c
θεωρεῖν 649b
ἰδεῖν 669b, *179c* (+Si. 6.36; 48.11)
ἰδού 673c
καθορᾶν 704b
καταμανθάνειν 739a
κατανοεῖν 739c, *181b* (Si. 30[33].26)
⟦κατασκοπεῖν 745a⟧ → ἡπατοσκοπεῖσθαι
κατιδεῖν 751a
*ὁρᾶν 1005a, *186b*
ὅρασις 1007b, *186b* (Si. 46.15)
ὁρατός 1008b
προβλέπειν 1205c
προϊδεῖν 1206c
σκέπτεσθαι 1269b
συνίειν, συνιέναι 1316b
⟦σῴζειν 1328b⟧
ὑπεριδεῖν 1410b
⟦ὑπερορᾶν 1410c⟧ → ὁρᾶν
ὑποδεικνύειν, ὑποδεικνύναι 1413a
#φάσμα 1425b (Nu. 16.30; Is. 28.7)
רָאָה I ni.
βλέπειν 221a
γίνεσθαι 256c
δηλοῦν 295c
ἐμβλέπειν 455c
⟦ἐντρέπειν 480c⟧ → יָרֵא I ni.
#ἐπιφάνεια, ἐπιφανία 537c (II Ki. 7.23)
#ἐπιφαίνειν 537c
#ἐπιφανής 538a
εὑρίσκειν 576c
ἰδεῖν 669b
⟦καταβαίνειν 727a⟧
⟦κείρειν 758b⟧
ὀπτάζεσθαι 1004a
ὀπτάνειν 1004a
ὀπτασία 1004b
ὁρᾶν 1005a
φαίνειν 1423a
φανερός *195a*
φωτίζειν *195c*
רָאָה I pu.
⟦κενός, καινός ("empty") (רָ׳ pu. + neg.) 759a⟧
רָאָה I hi.
δεικνύειν, δεικνύναι 286a, *170b*
ἐμφανίζειν 460c
ἐνδεικνύναι 469c
#ἐπιδεικνύειν, ἐπιδεικνύναι 518c
#ἐπιφάνεια, ἐπιφανία 537c (Am. 5.22)
ἰδεῖν 669b
ὁρᾶν 1005a
παραδεικνύναι 1057c
⟦ὑποδεικνύναι *194c*⟧ → רָאָה I hithp.
φωτίζειν 1451b
רָאָה I ho.
δεικνύειν, δεικνύναι 286a
ἐπιφανής 538a

רָאָה I hithp.
ὁρᾶν 1005a
ῥαθυμεῖν 1247c
#ὑποδεικνύναι *194c* (Si. 3.23)
רָאָה II
⟦γύψ 283b⟧ → דָּאָה II subst.
ὁ ἐγγύς (רָ׳ פְּנֵי) 363c
רֹאֶה
προφήτης 1232b
רְאוּבֵן
§υἱοὶ ρουβην (רְאוּבֵנִי) 1384c
רַאֲוָה
παραδειγματίζειν 1057c
רְאוּת
ὁρᾶν 1005a
רְאִי
ὅρασις 1007b
רֳאִי
ἐπιδεῖν, ἐφιδεῖν ("to see") 519a
ὅρασις 1007b
παράδειγμα 1057b
רְאֵים
μονόκερως 933a
רְאִית
ὁρᾶν 1005a
רָאַם
§ραμα (רָאֲמָה) 1248a
רְאֵם
ἁδρός 27c
μονόκερως 933a
רָאמוֹת
μετέωρος 917c
רָאשׁ
πένης 1117a
πενία 1118b
רֵאשׁ I
πενία 1118b
רֵאשׁ II (Aramaic)
*#ἀφηγεῖσθαι (בְּרֵ׳) 183a (I Es. 6.12)
κεφάλαιον 760c
κεφαλή 760c
*#προκαθηγεῖσθαι (בְּרֵ׳) 1207a (I Es. 6.12)
רֹאשׁ
ἄγρωστις 18b
ἄκρος 51b
ἀνακύπτειν (נָשָׂא ר׳) 78c
ἀνήρ 88a
ἄνθος 96a
ἀριθμός 156c
γενεαὶ ἀρχαῖαι 162c
ἄρχειν 163a
ἀρχή 164a, *168c*
ἀρχηγός (ר׳, ר׳ אֲלָפִים) 165a
ἀρχιπατριώτης (רָאשֵׁי אָבוֹת) 166a
ἀρχισωματοφύλαξ (שֹׁמֵר לְר׳) 166a
*ἀρχίφυλος (ר׳, ר׳ שֵׁבֶט) 166b
ἄρχων (אִישׁ מֵרֹאשׁ) 166b (II Ch. 28.12)
ἔνοχος (דָּם בְּר׳) 476c
ἐπάνω (עַל ר׳) 507b
*ἡγεῖσθαι 602c, *178c*
⟦θυμός 660c⟧
κεφάλαιον 760c
*κεφαλή 760c, *182a*
κεφαλίς 763a
κορυφή (ר׳) 780a
⟦ " (צִיצַת ר׳) 780a⟧
μέγας 902c
νουμηνία, νεομηνία (ר׳ חֹדֶשׁ) 950b
πατριάρχης (ר׳ אָבוֹת) 1111c
πικρός 1133a
πρό *190a*
*προηγεῖσθαι (ר׳, בְּר׳) 1206b
*#προκαθῆσθαι 1207a (I Es. 5.63)
προτομή 1231b
*πρῶτος 1235c
πρωτότοκος 1237a
§ρ(ο)ως 1254b
συλλογισμός 1302c
#φύλαρχος (ר׳ שֵׁבֶט) 1441c
χιλίαρχος (ר׳ אֲלָפִים) 1469a
רֹאשָׁה
τὸ/τὰ ἔμπροσθε(ν) 459b
רִאשׁוֹן
ἀρχαῖος 162c
*ἀρχή 164a
ἔμπροσθε(ν) (ר׳, בָּר׳) 459b
ἐνάρχεσθαι (בָּר׳) 469a
πατήρ 1105a
πρεσβύτερος, πρεσβυτέρα 1201c
πρότερον (adv.) (ר׳, בָּרִאשֹׁנָה) 1230b
ἐν τῷ πρότερον (לְמִבָּרִאשׁוֹנָה) 1230b
πρότερος (בָּרִאשֹׁנָה) 1230c
" (ר׳) *190c*
τὸ πρότερον (ר׳, רִאשֹׁנָה, לָרִאשֹׁנָה, בָּרִאשֹׁנָה) 1230c
πρῴη (בָּרִאשֹׁנָה) 1234a
πρῶτον (adv.) 1235c
⟦["] *190c*⟧ → πρῶτος
*πρῶτος (ר׳, בָּרִאשֹׁנָה, רִישׁוֹן, רִאשׁוֹן) 1235c, *190c* (+Si. 34[31].17)
ἐν πρώτοις (רִאשֹׁנָה) 1235c
ὁ πρῶτος (μήν) 1235c
ὁ υἱὸς ὁ πρωτότοκος 1237a
רֵאשִׁית
ἀπάρχεσθαι 118b
ἀπαρχή 118b
ἀρχή 164a, *168c*
ἀρχηγός 165a
τὰ ἔμπροσθε(ν) 459b
ἐνάρχεσθαι *175b*
κεφάλαιον 760c
πρότερον (adv.) (מֵרֵ׳) 1230b
πρώϊμος, πρόϊμος (בְּרֵ׳) 1235a
πρωτογέν(ν)ημα, προτογέν(ν)ημα 1235b
πρῶτος 1235c
רִאשֹׁן
see רִאשׁוֹן
רַב I (Hebrew and Aramaic)
⟦ἀληθής 53c⟧
ἀμύθητος 67c
ἀρχιευνοῦχος (רַב סָרִיסִים) 165c
ἀρχιμάγειρος (רַב־טַבָּחִים, רַב־טַבָּחַיָּא) 165c
ἄρχων 166b
δυνάστης 355b
δυνατός 355c
ἔχειν 586c
ἱκανοῦσθαι 684a
⟦κριτής 791a⟧ → רִיב I qal
μέγας 902c, *184a*
μέγας πλῆθος 902c (Ex. 1.9)
μείζων 902c
οἰκονόμος (רַב בַּיִת) 973a
ὄχλος (רַבִּים) 1043a
παύειν (רַב מִן) 1112b
πλειστάκις (פְּעָמִים רַבּוֹת) 1141c
πλεονάζειν 1141c
πλεονάκις (רַבָּה, רַבּוֹת, פְּעָמִים רַבּוֹת) 1142a
πλῆθος 1142c
πλῆθος πολύς 1181c
πληθύ(ν)ειν 1144b
πολλοστός 1180c
πολυέλεος (רַב־חֶסֶד) 1181a
πολυπληθεῖν 1181b
*πολύς, πλείων, πλεῖστος 1181b, *189b* (+Si. 42.6)
ἐπὶ πολύ 1181b, *189b* (Si. 49.13)
ὁ τὸ πολύ (הָרַב) 1181b
πλείων, πλέον, πλεῖον 1181b
πλείων γίνεσθαι 1181b
πολὺς γίνεσθαι 256c
πολυχρόνιος 1185c
⟦πονηρός 1186c (II Ch. 21.15)⟧ → רַע
πρωρεύς (רַב חֹבֵל) 1235b
τις 1354a
ὑπερφέρειν 1411a
רַב II
λόγχη 887b
רֹב
μεγάλως 902b
#μέγας 902c (Ps. 50[51].1)
μέγιστος 902c
πλῆθος 1142c
πολυλογία (רֹב דְּבָרִים) 1181a
πολυοδία (רֹב דֶּרֶךְ) 1181a
πολυπληθεῖν 1181b
*#πολύς, πλείων, πλεῖστος 1181b, *189b* (+Si. 20.5)
πλείων γίνεσθαι 1181b
πλείων, πλέον, πλεῖον 1181b
πλῆθος πολύς 1181c
(τὸ) πλεῖστον 1181c
רָבַב qal
#ἱκανοῦσθαι 684a (Ca. 7.9[10])
μεγαλύνειν 902a
πληθύ(ν)ειν 1144b
πολύς, πλείων, πλεῖστος 1181b
πλείουν εἶναι 1181b
πολὺς γίνεσθαι 256c, 1181b
πολὺς εἶναι 1181b
רָבַב pu.
πληθύ(ν)ειν 1144b
רְבָבָה
μυριάς 937a, *185c*
⟦πληθύ(ν)ειν 1144b (Ez. 16.7)⟧
רָבַד qal
#διαστορεννύναι 311c (I Ki. 9.25)
#στρωννύειν, στρωννύναι 1297b (Ez. 23.41)
τείνειν 1339c
רָבָה qal
αὐξάνειν, αὔξειν 178c
⟦βαρύνειν *169a*⟧ → כָּבֵד I qal
⟦ἐγκωμιάζειν 367b⟧ → בְּרָכָה
⟦ἐπιπληθύνειν 526c⟧ → πληθύ(ν)ειν
μακροημερεύειν (רָ׳ יָמִים qal) 893a
⟦μακρότερος εἶναι 893c⟧
⟦μακρὰν γίνεσθαι 256c, 892c⟧
μεγαλύνειν 902a
μέγας 902c
μείζων 902c
μείζων εἶναι 902c
*πλεονάζειν 1141c
πλῆθος 1142c
πληθύ(ν)ειν 1144b
πολυημερεύειν (רָ׳ יָמִים qal) 1181a
πολυπλασιάζειν 1181b
πολύς, πλείων, πλεῖστος 1181b, *189b*
πλείων γίνεσθαι 256c, 1181b
πολὺς γίνεσθαι 256c, 1181b
πολὺς εἶναι 1181b
τοξότης (רֹבֶה קֶשֶׁת) 1364b
⟦χυδαῖος γίνεσθαι 256c, 1480b (Ex. 1.7)⟧ → שָׁרַץ qal
רָבָה pi.
πλῆθος 1142c
πληθύ(ν)ειν 1144b
רָבָה hi.
?ἀνορθοῦν 108b
ἀπληστία *167a*
ἐκχεῖν *174a*
καυχᾶσθαι 757b
μέγας *184a*
*#πλεῖον 1141c
πλεονάζειν 1141c
πλεοναστὸν ποιεῖν 1142a, 1154a
πλῆθος 1142c
πληθύ(ν)ειν 1144b, *189a*
⟦ποιεῖν 1154a (II Ch. 33.6)⟧ → πληθύ(ν)ειν
πολλαχῶς 1180c
πολυπληθεῖν 1181b
πολυπληθύνειν 1181b
πολύς, πλείων, πλεῖστος 1181b, *189b* (+Si. 30[33].37; 42.5)
*ἐπὶ πλεῖον 1181c
ἐπὶ πολύ 1181b
ὁ τὸ πολύ (הַמַּרְבֶּה) 1181b
πλείων, πλέον, πλεῖον 1181b
πολὺν ποιεῖν 1154b, 1181b
πολὺν χρόνον βιοῦν (רָ׳ יָמִים hi.) 220b
πολὺς εἶναι 1181b
(τὸ) πλεῖστον 1181c
προστιθέναι 1221a
ὑψοῦν 1422a
רְבָה pe. (Aramaic)
μεγαλύνειν 902a
μέγας 902c
רְבָה pa. (Aramaic)
μεγαλύνειν 902a
רַבָּה
⟦ἄβυσσος *165a*⟧
ἄκρα 50b
ἐπὶ πλεῖον 1181c
רִבּוֹ (Hebrew and Aramaic)
μυριάς 937a
⟦πλῆθος 1142c⟧ → רֹב
רְבוּ (Aramaic)
μεγαλειότης 901b
μεγαλωσύνη 902c
רִבּוֹא
*μυριάς 937a
μυριοπλάσιος 937b
πολύς, πλείων, πλεῖστος 1181b

רְבִיבִים
νιφετός 946a
πλησμονή 1149c
σταγών 1286a

רָבִיד
κάθεμα 699c
κατασκεύασμα *181c*
κλοιός, κλοιόν(?) 772a

רְבִיעִי
⟦τεταρταῖος 1346b⟧ → τέταρτος
τέταρτος 1346b
τετράγωνος 1347a
τετράς 1347b

רְבִיעָי (Aramaic)
#τέταρτος 1346b (Da. 2.40; 3.25; 7.7, 19, 23)

רָבַךְ ho.
φυρᾶν 1446b

רָבַע qal
βιβάζεσθαι 218b
τετράγωνος 1347a
#τετραπλῶς (רִבּוּעַ) 1347b

רָבַע pu.
τετράγωνος 1347a

רָבַע hi.
κατοχεύειν 756c

רֶבַע I
τέταρτος 1346b

רֶבַע II
μέρος 911c

רִבֵּעַ
τετάρτη γενεά 236a, 1346b
τέταρτος 1346b

רֹבַע
δῆμος 296a
#σχοῖνος 1328b (Ps. 138[139].3)
τέταρτος 1346b

רָבַץ qal
ἀναπαύειν 80b
⟦["] *166c*⟧ → ἀναπίπτειν
ἀνάπαυσις 80c
ἀναπίπτειν *166c*
βόσκειν 225c
⟦γίνεσθαι 256c⟧
ἐγκαθῆσθαι 364b
ἔχειν 586c
ἡσυχάζειν 620a
θάλπειν 623b
καταλύειν 738b
κοιμᾶν 773c
κοιτάζεσθαι 775b
κοίτη 775b
⟦κολλᾶν 776b⟧ → דָּבַק, דָּבֵק qal
νέμειν 941c
πίπτειν 1135c
συγκαθίζειν 1299a
συναναπαύεσθαι 1311a

רָבַץ hi.
ἀναπαύειν 80b
⟦ἑτοιμάζειν 563c⟧
κατασκηνοῦν 744b
κοιτάζεσθαι 775b

רֵבֶץ
ἀνάπαυσις 80c
κοίτη 775b

רַבְרַב
μέγας 902c
πολύς, πλείων, πλεῖστος 1181b

רַבְרְבָן (Aramaic)
μεγιστάν 907a

רֶגֶב
#κρύσταλλος *182c* (Si. 43.20)
κύβος 796a
χάλιξ 1453a

רָגַז qal
⟦διαγογγύζειν *171a*⟧
θαμβεῖν 623b
θυμός 660c
λυπεῖν 889b
μεριμνᾶν 911a
μνείαν ποιεῖσθαι ἐν ὀδύνῃ 967a
ὀργίζειν 1010a
παροξύνειν 1072a
πικραίνειν 1132c
πτοεῖν 1238c
σαλεύειν 1257c
σείειν 1261c
συγχεῖν 1301a
⟦συνάγειν 1307b (Jl. 2.1)⟧ → συγχεῖν
συνταράσσειν 1318a
ταράσσειν 1336a
⟦φοβεῖν 1433b⟧ → ὀργίζειν

רָגַז hi.
θυμοῦν 662b
⟦ὀργίζειν 1010a⟧ → παροργίζειν
παρενοχλεῖν 1068c
παροξύνειν 1072a
παροργίζειν 1072b
σείειν 1261c

רָגַז hithp.
θυμός 660c
θυμοῦν 662b
ὀργίζειν 1010a

רְגַז I aph. (Aramaic)
*#παραπικραίνειν 1063a (I Es. 6.15)
παροργίζειν 1072b

רְגַז II subst. (Aramaic)
θυμὸς ὀργῆς 660c
θυμοῦν 662b

רַגָּז
ἀθυμεῖν, ἀθυμοῦν 30a

רֹגֶז
θυμός 660c, *179c*
θυμὸς ὀργῆς 660c, 1008b
ὀργή 1008b, *186c*

רָגְזָה
βάσανος 191c

רָגַל qal
δολοῦν 340c

רָגַל pi.
ἐνεδρεύειν *175b* (+Si. 11.31)
κατασκέπτεσθαι, κατασκέπτειν 744a
κατασκοπεῖν 745a
κατασκοπεύειν 745a
κατάσκοπος 745a, *181c*
μεθοδεύειν 907c

רָגַל hi.
προσπαίζειν *190b*

רָגַל tiph.
συμποδίζειν 1305c

רֶגֶל (Hebrew and Aramaic)
ἀκολουθεῖν (הָלַךְ לְרֶ׳) 44c
⟦ἀφηγεῖσθαι 183a⟧
πρὸς δίφρους καθῆσθαι (סָכַךְ רַגְלַיִם hi.) 337c
καιρός 706a
μηρός (בֵּין רַגְלַיִם) 923c
οὖρον (מֵימֵי רַגְלַיִם) 1034b
παρασκευάζειν (לְהָסֵךְ אֶת־רַגְלָיו) 1064a
παριστάναι (הָלַךְ בְּרַגְלֵי hithp.) 1070c
πατεῖν (מִשְׁלַח רֶ׳) 1105a
⟦πόρευσις 1194b⟧ → הָלַךְ pi.
πούς (כַּף רֶ׳, רֶ׳) 1198b, *189c*
σκέλος 1268c
#χρόνος τακτός (מוֹעֵד רֶ׳) 1333a (Jb. 12.5)
ἕως τρίτος γενεᾶς (שָׁלֹשׁ רְגָלִים) 1373c

רַגְלִי
πεζός (אִישׁ רַ׳, רַ׳) 1114b, *188b*

רָגַם qal
καταλιθοβολεῖν 737c
λιθοβολεῖν 876c
⟦λίθος 876c⟧

רִגְמָה
⟦ἡγεμών 603c⟧

רָגַן qal
γογγύζειν 274a
#διαγογγύζειν *171a* (Si. 34[31].24)

רָגַן ni.
γογγύζειν 274a
διαγογγύζειν 299c

רָגַע I qal
καταπαύειν 740c
#παύειν 1112b (Jb. 6.7)

רָגַע I ni.
ἀναπαύειν 80b

רָגַע I hi.
ἀναπαύειν 80b
?ἐξαίρειν 485b
καταλύειν *181b*
ταχέως 1338b
ταχύς 1339a

רָגַע II qal
κραυ(γ)ή 784b
ταράσσειν 1336a

רֶגַע
ἀνάπαυσις 80c
εἰσάπαξ (כְּרֶ׳) 410a
ἐξαίφνης, ἐξέφνης 486b
ἐξάπινα (כְּרֶ׳) 488a
μικρὸν ὅσον ὅσον (כִּמְעַט־רֶ׳) 926c, 1019a
σπουδή 1285c
διὰ τάχους 1338c
χρόνος 1476b

רָגַשׁ qal
#σαλεύειν *191a* (Si. 16.18?)
φρυάζειν(?), φρυάττειν 1440a

רְגַשׁ aph. (Aramaic)
?παριστάναι 1070c
προσέρχεσθαι 1213c

רֶגֶשׁ
ὁμόνοια 993c

רִגְשָׁה
⟦πλῆθος 1142c⟧

רָדַד qal
⟦ἐπακούειν 505c⟧
ὑποτάσσειν 1417b (+Ps. 61[62].1, 5)

רָדָה qal
ἄρχειν 163a
ἄρχων 166b
⟦διώκειν 338b⟧ → רָדַף qal
ἐξαιρεῖν 484b
?ἐξεγείρειν 490b
ἐπικρατεῖν 523b
ἐπιστάτης 529c
ἐργοδιωκτεῖν 541c
⟦κατάγειν 729b⟧ → יָרַד hi.
κατακυριεύειν 735a
κατάρχειν 743c
κατατείνειν 746c
κατεργάζεσθαι 749b
κυριεύειν 800a, *182c*
πατεῖν 1105a

רָדָה hi.
⟦ἐξιστᾶν, ἐξιστάναι 496c⟧ → חָרֵד I hi.

רָדִיד
θέριστρον 649a
κατακλιστός(?), κατάκλιστρον, κατάκλιτον 733c

רָדַם ni.
⟦ἀποσκαρίζειν 140c⟧
ἔκστασις 441b
ἐξιστᾶν, ἐξιστάναι 496c
θαμβεῖν 623b
κατανύσσεσθαι 739c
κοιμᾶν 773c
νυστάζειν 956a
πίπτειν 1135c
ῥέγχειν 1248b
#ὑπνοῦν 1412a (Je. 14.9)

רָדַף qal
⟦ἀγαπᾶν *165a*⟧
ἀντίκεισθαι 110c
ἀποδιώκειν 127c
#διωγμός 338b (La. 3.19)
διώκειν 338b, *171c* (Si. 34[31].5)
⟦εἰπεῖν, ἐρεῖν 384a⟧
ἐκδιώκειν 423b
ἐπιδιώκειν 519c
⟦καταβαίνειν 727a⟧
⟦καταγνύναι 730a⟧ → καταδιώκειν
καταδιώκειν 730b
κατατρέχειν 747a
#παροξύνειν 1072a (Pr. 6.3)

רָדַף ni.
διώκειν 338b

רָדַף pi.
διωγμός 338b
διώκειν 338b
ἐρεθίζειν 544b
καταδιώκειν 730b

רָדַף pu.
διώκειν 338b

רָדַף hi.
διώκειν 338b

רָהַב qal
προσκόπτειν 1217b

רָהַב hi.
ἀναπτεροῦν 81c

רַהַב
κῆτος 763c, *182a* (Si. 43.25)
#μάταιος 898c (Is. 30.7)

#ματαιότης 899a (Ps. 39[40].4)
ὑπερήφανος 1410a

רַהַט
δεξαμενή 290a
ληνός 875c
παραδρομή 1059b

רָהִיט
φάτνωμα, φάτμωμα 1425c

רֵו (Aramaic)
ὅρασις 1007b
πρόσοψις 1219a

רוֹב
⟦μέγας *184a*⟧
πλῆθος 1142c, *189a*
πολύς, πλείων, πλεῖστος *189b*

רוּב
⟦κρίνειν 787b⟧ → רִיב I qal
φιλεχθρεῖν 1430c

רוּד qal
⟦κυριεύειν 800a⟧ → רָדָה qal

רוּד hi.
⟦καθαιρεῖν 697b⟧ → יָרַד hi.
λυπεῖν 889b

רָוָה qal
ἀπολαύειν 136b
μεθύ(σκ)ειν 907c

רָוָה pi.
μεθύ(σκ)ειν 907c, *184a*
ὁμιλεῖν 991a

רָוָה hi.
⟦ἐπιθυμεῖν 520b⟧
μεθύ(σκ)ειν 907c

רָוֶה
ἔγκαρπος 365a
μεθύ(σκ)ειν 907c

רָוַח qal
ἀναπαύειν 80b
ἀναψύχειν 86a

רָוַח pu.
ῥιπιστός 1252a

רֶוַח
βοήθεια, βοηθία 222c
διάστεμα, διάστημα 311c

רוּחַ I hi.
ἐμπλήθειν πνεῦμα 457a
ὀσφραίνεσθαι 1023b, *186c*

רוּחַ II (Hebrew and Aramaic)
⟦αἷμα 31b⟧
ἄνεμος 86c, *167a*
⟦ἄνεμος καύσων 86c⟧ → ἄνεμος
ἀνεμόφθορος, ἀνεμοφθόριος 87a
⟦ἀνήρ 88a⟧
⟦ἡμέρα 607b (I Ki. 1.15)⟧
θυμός 660c
μέρος 911c
νοῦς 950c
#ὀργή 1008b (Pr. 16.32; Is. 59.19)
*πνεῦμα 1151c, *189b* (+Si. 30.15)
πνευματοφορεῖσθαι (שְׁאֻפָה רוּחַ) 1153b
πνευματοφόρος, πνευματόφορος 1153b
πνοή (נִשְׁמַת־רוּחַ, רוּחַ) 1153b
φρόνησις 1439a
ψυχή 1486a, *196b* (+Si. 7.17)

רְוָחָה
ἀνάψυξις 86a
#ἀναψυχή 86a (Ps. 65[66].12)
⟦δέησις 285c⟧

רְוָיָה
⟦ἀναψυχή 86a⟧ → רְוָחָה
μεθύ(σκ)ειν 907c

רוּם I qal
ἀπαίρειν 115c
δυνατός 355c
ἐκζεῖν 430c
#ἐπαίρειν 505a (Je. 29[47].6)
εὐμήκης 575a
⟦ζεῖν 593a⟧ → ἐκζεῖν
ἰσχύειν 692c
⟦ἰσχυρός 693b⟧ → ἰσχύειν
μετεωρίζειν 917b
μετέωρος 917c
⟦ὕβρις 1380a⟧ → רוּם III subst. ≈ ὕψος
ὑβριστής 1380a
ὑπερήφανος 1410a
ὑπερυψοῦν 1411a
ὑψηλός 1419b
ὑψηλὸν ἔχειν 586c, 1419b
ὕψιστος 1420b
ὑψοῦν 1422a

רוּם I ni.
ἐκχωρεῖν 446c
ἐπαίρειν 505a
μετεωρίζειν 917b

רוּם I polel
ἀνυψοῦν 112b
*δοξάζειν 343b
ὑψοῦν 1422a, *195c*

רוּם I hi.
αἴρειν 34c
ἀναιρεῖν 77b
#ἀνταναιρεῖν 108c (Ps. 9.26 [10.5])
ἀνυψοῦν 112b, *167b*
ἀπάρχεσθαι 118b
ἀφαιρεῖν 180a
ἀφορίζειν 185c
*διδόναι 317b
*#δωρεῖσθαι 359a
ἐγείρειν 364a
ἐκτείνειν 442a
ἐξαίρειν 485b
ἐπαίρειν 505a
⟦ἐπιβάλλειν *176c*⟧
ἐπιτιθέναι 535c
⟦ἕψειν 592a⟧
ἱστάναι, ἱστᾶν 689a
#ἰσχυρός 693b (Pr. 14.29)
⟦ἰσχυρῶς 694b⟧ → ἰσχυρός
καλεῖν + φωνῇ (= קוֹל) 712c
*#μέγας 902c (I Es. 5.64)
περιαιρεῖν 1121b
προσφέρειν 1222c
τιθέναι 1348c (Is. 14.13)
ὕψος 1421b
ὑψοῦν 1422a, *195c*

רוּם I ho.
ἀφαιρεῖν 180a
ἀφορίζειν *169c*
ἐξαίρειν 485b

רוּם I hithpo.
⟦παροργίζειν 1072b⟧
ὑψοῦν 1422a

רוּם II peil (Aramaic)
ὑψοῦν 1422a

רוּם II polel (Aramaic)
ὑπερυψοῦν 1411a

רוּם II aph. (Aramaic)
ὑψοῦν 1422a

רוּם II hithpo. (Aramaic)
ὑψοῦν 1422a

רוּם III subst. (Hebrew and Aramaic)
μεγαλόφρων (רוּם עֵינַיִם) 902a
⟦πολύς, πλείων, πλεῖστος 1181b (De. 1.28; 9.2)⟧ → רַב I
ὑπερηφαν(ε)ία 1409c
ὑψηλός 1419b
*ὕψος 1421b
ὑψοῦν 1422a
#ὕψωμα 1422c (Jb. 24.24)

רוֹם
ὕψος 1421b

רוֹמָה
ὀρθ(ρ)ός 1010c

רוֹמָם
ὑψοῦν 1422a
ὕψωσις 1422c

רוּעַ qal
ἀλαλάζειν 52a

רוּעַ ni.
⟦κακοποιεῖν 709a⟧ → רָעַע hi.

רוּעַ hi.
αἰνεῖν 33a
ἀλαλάζειν 52a
ἀναβοᾶν 73c
ἀνακράζειν 78b, *166c*
*βοᾶν 222a
ἐπιχαίρειν 538b
ἠχεῖν *179c*
⟦κατακρατεῖν 734b⟧ → κατακροτεῖν
#κατακροτεῖν (Je. 27[50].15)
κηρύσσειν 763c
κράζειν 781b
κραυγάζειν 784b
*σαλπίζειν 1258c
σημαίνειν 1263a
#σημασία 1263b (Nu. 10.7)

רוּעַ hithpo.
κράζειν 781b

רוֹעַ
πονηρία *189c*

רוּץ qal
βιβλιαφόρος, βιβλιοφόρος 218b
διώκειν 338b, *171c*
δρομεύς 349a
ἐκδιώκειν 423b
ἐκτρέχειν 444a
ἐξέρχεσθαι 491c
ἐπιτρέχειν 537b
⟦ἱππεύς 687a⟧
καταδιώκειν 730b
κατατρέχειν 747a
καταφεύγειν 747b
παρατρέχειν 1065b
προστρέχειν 1222b
προτρέχειν 1231b
τρέχειν 1371c
σπεύδειν *192a*
#συντρέχειν 1321a (Ps. 49[50].18)
#συντροχάζειν 1322c (Ec. 12.6)

רוּץ polel
διατρέχειν 314a

רוּץ hi.
*#ἀποφέρειν 149c (I Es. 1.13)
διατρέχειν 314a
ἐκδιώκειν 423b
ἐξάγειν 483a
προφθάνειν 1233c
τρέχειν 1371c

רוּק hi.
ἀμφιβάλλειν 67c
ἀναίρειν 77b
διασπείρειν 310c
διαφθείρειν 314c
ἐκκενοῦν 432c
ἐκχεῖν, ἐκχέειν 445c
ἐξαναλίσκειν 487b
⟦ἐπανάγειν 506b⟧ → עָלָה hi.
ἐπιχεῖν 538c
κατακενοῦν 733b
⟦λε(ι)αίνειν 863c⟧ → דָּקַק hi.

רוּק ho.
ἐγχεῖν 367b
ἐκκενοῦν 432c

רוֹשׁ
χολή 1472a

רוּשׁ qal
πτωχεύειν 1239b
πτωχός 1239b, *190c*
ταπεινός 1334b

רוּשׁ hithpo.
ταπεινοῦν 1335a

רָז (Aramaic)
κρυπτός 792c, *182c*
μυστήριον 937c

רָזָה
ἐξολεθρεύειν, ἐξολοθρεύειν 497c

רָזֶה
ἀσθενής 172b
παρειμένος 1070b

רָזוֹן I
⟦ἀτιμία 175c⟧

רָזוֹן II
δυνάστης 355b

רָזַם qal
⟦ἐπιφέρειν 538a⟧

רָזַן qal
ἄρχων 166b
δυνάστης 355b
σατράπης 1260c
τύραννος 1378c

רָחַב qal
⟦ἐξιστᾶν, ἐξιστάναι 496c⟧
πλατύνειν 1141b

רָחַב ni.
εὐρύχωρος 580a

רָחַב hi.
ἀνοίγειν 105b
ἐμπλατύνειν 458b
πλατύνειν 1141b
πλατυσμός 1141c
⟦πληθύ(ν)ειν 1144b⟧ → רָבָה hi.
πολυωρεῖν 1186a

רָחָב
ἀμέτρητος (רְחַב יָדַיִם) 65c
ἄπληστος (רְחַב נֶפֶשׁ, ר׳) 122c
εὖρος 579c
εὐρύχωρος (רְחַב יָדַיִם) 580a
θρασυκάρδιος (רְחַב־לֵב) 654b

πλατύνειν 1141b
πλατύς (רְחַב־יָדַיִם ,רָ׳) 1141b
πλατυσμός 1141c
πολύς, πλείων, πλεῖστος 1181b

רַחַב
ἄβυσσος 1b
εὖρος 579c

רֹחַב
διαπλατύνειν 308a
εὖρος 579c
πλάτος 1141a
χύμ(μ)α 1480b

רְחוֹב ,רְחֹב
δίοδος 336a
*#εὐρύχωρος 580a (+I Es. 5.47)
⟦ἔπαυλις 508c⟧ → πλατεῖα (subst.)
κλίτος 771c
ὁδός 962b
πλατεῖα (subst.) 1140c
πλάτος 1141a
ῥύμη 1255b

רְחֹבוֹת
εὐρυχωρία 580a

רֵחֶה
μύλος 936c

רְחוֹב
see רְחוֹב ,רְחֹב

רַחוּם
ἐλεήμων 450c, *174a*
οἰκτ(ε)ίρμων 983a

רָחוֹק
ἀπωτέρω 152b
ἀρχαῖος (מֵרָ׳) 162c
ἀρχή 164a
μακράν (לְמֵרָ׳ ,מֵרָ׳ ,רָ׳) 892c, *183b*
μακρὰν ἀπέχειν 122a, 892c
μακρὰν εἶναι 892c
μακρὰν οἰκῶν 892c
ὁ μακράν (רָ׳ ,מֵרָ׳) 892c
*μακρόθεν (עַד לְמֵרָ׳ ,בְּרָ׳ ,מֵרָ׳ ,רָ׳) 893b
ἀπὸ μακρόθεν (עַד־מֵרָ׳ ,לְמֵרָ׳) 893b
ὁ μακρόθεν (מֵרָ׳) 893b
μακρός (רָ׳ ,מֵרָ׳) 893c
⟦γῆ μακρά 893c⟧ → μακρός
ἐκ μακρῶν (לְמֵרָ׳) 893c
μακρύνειν 894a
πάλαι (לְמֵרָ׳) 1051a
διὰ χρόνου (πολλοῦ) (מֵרָ׳) 1181b, 1476b
πόρρω (רָ׳ ,מֵרָ׳) 1195b
ἕως πόρρω (עַד־לְמֵרָ׳) 1195b
πόρρωθεν (לְמֵרָ׳ ,מֵרָ׳ ,רָ׳) 1195b
γῆ πόρρωθεν 1195b
ὁ πόρρωθεν 1195b
⟦τίμιος 1353c⟧
ὑποχωρῶν γίνεσθαι *194c*

רָחִיט
φάτνωμα, φάτμωμα 1425c

רַחִיק (Aramaic)
*#ἀπέχειν (רָ׳ הֲוָה) 122a (I Es. 6.27)
μακράν 892c

רָחֵל
ἀμνός 66b
⟦κείρειν 758b⟧
πρόβατον 1204b

רָחַם qal
ἀγαπᾶν 5c
#φιλιάζειν 1431a (Jd. 5.30A)
#φίλος 1431b (Jd. 5.30A)

רָחַם pi.
ἀγαπᾶν 5c
ἐλεᾶν 449a
ἐλεεῖν 449c, *174a*
ἔλεος, ἔλαιος 451a
ἵλεως 684c
οἰκτείρειν 982c, *186a*
παρακαλεῖν 1060a

רָחַם pu.
ἀγαπᾶν 5c
ἐλεεῖν 449c

רָחָם
κύκνος 798c

רַחַם
ἔγκατον 366b
ἔλεος, ἔλαιος 451a, *174a*
ἔντερον 479a
ἔρως γυναικός 553b
μήτρα 925b
τὰ περὶ τὴν μήτραν 925b
οἰκτ(ε)ιρμός 983a
⟦παιδίον 1047c⟧
σπλάγχνα 1284c
χάρις 1455a, *195a*

רֶחֶם
γαστήρ 234b, *170a*
κοιλία 773a, *182a*
μήτρα 925b, *185a*

רַחֲמִים
οἰκτ(ε)ιρμός *186a*

רַחֲמִין (Aramaic)
οἰκτ(ε)ιρμός 983a

רַחֲמָנִי
οἰκτ(ε)ίρμων 983a

רָחַף qal
σαλεύειν 1257c

רָחַף pi.
ἐπιποθεῖν 526c
ἐπιφέρειν 538a

רָחַץ qal
#βάπτειν 190b (Ps. 67[68].23)
ἐκπλύνειν 439b
λούειν 888b
νίπτειν 945c
πλύνειν 1151b
χεῖν 1457c

רָחַץ pu.
ἀπονίπτειν 139a
λούειν 888b

רָחַץ hithp.
ἀπολούειν 138c

רְחַץ ithpe. (Aramaic)
ἐλπίζειν 453c
πείθειν 1114b

רַחַץ
ἐλπίς 454a (Ps. 59[60].8; 107[108].9 Aramaizing)

רַחְצָה
λουτρόν 888c

רָחַק qal
ἀπέχειν 122a
ἀποτρίβειν 149c
ἀπωθεῖν 151a
ἀφαιρεῖν 180a
ἀφάλλεσθαι 181b
ἀφιστᾶν, ἀφιστάναι, ἀφιστάνειν 184b, *169b*
ἀφιστάναι μακράν 184b
ἐφορᾶν + neg. 586b
μακράν 892c
ἀφεστάναι/ἀποστῆναι μακράν 892c
μακρὰν ἀπέχειν 122a, 892c, *167c*, *183b*
μακρὰν εἶναι 892c
μακρότερον ἀπέχειν 893c
μακρύνειν 894a
πόρρω 1195b
πόρρω γίνεσθαι 256c, 1195b

רָחַק ni.
ἀνατρέπειν 84b

רָחַק pi.
ἀπωθεῖν 151a
μακρύνειν 894a
πόρρω ἀπέχειν 122a, 1195b

רָחַק hi.
ἀπέχειν 122a
ἀποτείνειν 148c
ἀπωθεῖν 151a
ἀφιστᾶν, ἀφιστάναι, ἀφιστάνειν 184b
ἐκδιώκειν 423b
ἐξωθεῖν 502b
μακράν 892c
ἀφιστάναι μακράν 184b, *169b*, *183b*
μακρὰν ἀπέχειν 122a, 892c
μακρὰν ἀπωθεῖν 892c
μακρὰν γίνεσθαι 256c, 892c
μακρὰν ποιεῖν 892c, 1154a
μακρόθεν 893b
μακρότερον (adv.) 893c
μακρύνειν 894a
πόρρω ποιεῖν 1154b, 1195b

רָחַק hithp.
ἀπωθεῖν *168b*
ἀφιστᾶν, ἀφιστάναι, ἀφιστάνειν *169b*
ἀφιστάναι μακράν *183b*

רָחֵק
ὁ μακρύνων ἑαυτόν 894a

רָחַשׁ qal
ἐξερεύγεσθαι 491b

רָטַב qal
ὑγραίνειν 1380c

רָטֹב
ὑγρός 1380c

רֶטֶט
τρόμος 1374c

רֻטֲפַשׁ
ἁπαλύνειν 116c

רָטַשׁ pi.
#ἐδαφίζειν 367c (Ez. 31.12)
ἐνσείειν 476c
συντρίβειν 1321a

רָטַשׁ pu.
ἐδαφίζειν 367c
ῥάσσειν 1248a

רָטַשׁ hithp.
ἀναστρέφειν *166c*

רִי
⟦ἐκλεκτός 437a⟧

רִיב I qal
ἀντιδικεῖν 110b
ἀπολογεῖσθαι 138c
διακρίνειν 304a
διαλέγεσθαι 304b
διαμάχεσθαι *171b*
δικάζειν 330b
δικαιοῦν 334b
δίκη 335b
ἐκδικεῖν 422b
⟦ἐπέρχεσθαι 509c⟧
κατήγορος 751a
κρίνειν 787b, *182b*
κρίσις 789c
#κριτής 791a (Is. 63.7)
⟦λαλεῖν 841c⟧
λοιδορεῖν 887b
μάχεσθαι 900c
μάχη 901a
ὀργίζειν 1010a
φιλεχθρεῖν 1430c

רִיב I hi.
ἀντίδικος 110b
ἀντιλέγειν 111a

רִיב II subst.
ἀδικία 25b
ἀντιδικεῖν 110b
ἀντίδικος (אִישׁ רִיב ,רִיב) 110b
ἀντιλογία 111b
ἀπολογεῖσθαι 138c
δικάζειν 330b
δικαίωμα 334b
δίκη 335b
ἔρις *177b*
⟦κακός 709b⟧
κρίνειν 787b
κρίσις 789c, *182b*
⟦κριτὴς γίνεσθαι 791a⟧ → דַּיָּן ≈ κριτής
λοιδορία 887c
μάχη 901a, *184a*
μαχητής 901a
κατήγορος ἐν πρωτολογίᾳ (רִאשׁוֹן בְּרִיב) 1235c
στάσις 1286c

רֵיחַ (Hebrew and Aramaic)
εὐωδία (רֵיחַ נִיחֹחַ) *178c*
ὀσμή 1018c
ὄσφρασία 1023c

רֵיעַ
ἑταῖρος *177c*
πλησίον *189a*
φίλος 1431b, *195a*

רִיפוֹת
§αραφωθ, αραβωθωθ (הָרִפוֹת) 152c

רִיק
κενός, καινός ("empty") 759a, *182a* (Si. 31[34].1)
κενῶς (לְרִיק) 759b
⟦λεπτός 874a⟧ → דַּק
ματαιότης 899a
ματαίως 899b
οὐδείς, οὐθείς *187a*

רֵק ,רֵיק
κενός, καινός ("empty") 759a
λιτός 879c
μάταιος 898c
#σχολή 1328b (Pr. 28.19)

רֵיקָם
κενός, καινός ("empty") 759a

διὰ κενῆς 759a

רִיר

#γόνος 274c (Le. 15.3)
σίελον, σίελος 1266c

רֵישׁ

πενία 1118b
#προσδεῖν ("to be needy") *190a* (Si. 18.32)
πτωχεία *190c*

רִישׁ

πενία 1118b

רִישׁוֹן

see also רִאשׁוֹן
πρῶτος 1235c

רַךְ

ἁπαλός 116c
ἀσθενής 172b
δειλός 287a
μαλακός 894b
μαλακῶς (רַכּוֹת) 894c
#ὑπήκοος 1411c (Pr. 4.3)
ὑποπίπτειν 1416c

רֹךְ

ἁπαλότης 116c
⟦τρυφερότης 1377c⟧ → ἁπαλότης

רָכַב qal

*ἀναβαίνειν, ἀναβέννειν 70a
ἀναβάτης 73a
⟦ἅρμα 158b⟧ → רֶכֶב
διαπορεύεσθαι *171b*
ἐπιβαίνειν 515c
ἐπιβάτης 516b
ἐπικαθῆσθαι 521b (Si. 36[33].6 text אוהב)
ἐπικαθίζειν 521b
ἱππάζεσθαι 687a
ἱππεύειν 687a
ἱππεύς (ר׳ qal, רֹכֵב סוּס, רֹכֵב רֶכֶשׁ) 687a
καθῆσθαι 700b
⟦καθίζειν 701c⟧ → ἐπιβαίνειν
⟦[πορεύεσθαι] *189d*⟧ → διαπορεύεσθαι

רָכַב hi.

ἀναβιβάζειν 73a
διέρχεσθαι 328c
ἐμβιβάζειν 455c
ἐπιβιβάζειν 516c
ἐπικαθίζειν 521b
ἐπιτιθέναι 535c

רֶכֶב

ἀναβάτης 73a
*ἅρμα 158b
⟦ἐπιβάτης 516b⟧ → רָכַב qal
ἐπιμύλιον 526a
ἐπιμύλιος 526a
⟦θάρσος 626c⟧
ἵππος 687b
κλάσμα μύλου (פֶּלַח ר׳) 936c
§ρηχαβ 1251c

רַכָּב

ἐπιβάτης 516b
ἡνίοχος 619c

רִכְבָּה

ἅρμα 158b

רְכוּב

ἐπίβασις 516b

רְכוּשׁ

ἀποσκευή 140c
*#ἵππος 687b (Ge. 14.11, 16, 21; I Es. 2.7, 9)
*κτῆνος 794a
κτῆσις 795a
ὑπάρξις 1406b
ὑπάρχειν 1406b
χρῆμα 1474b

רָכִיל

δίγλωσσος 316c
δολίως 340b
δόλος 340b
σκολιῶς 1275b

רָכַךְ qal

ἁπαλύνειν 116c
ἀσθενεῖν 172a
ἐκλύειν 438a
ἐντρέπειν 480c

רָכַךְ pu.

μάλαγμα 894b
μάλαγμα ἐπιτιθέναι 535c

רָכַךְ hi.

μαλακύνειν 894c

רָכַל qal

δόλιος *171c*
ἐμπορεύεσθαι 459a
ἐμπορία 459a
φέρειν ἐμπορίαν 459a
ἐμπόριον 459a
#ἐμπορεύεσθαι 459a
ἔμπορος 459a
⟦ἐνεμπορεύεσθαι 472c⟧ → ἐμπορεύεσθαι
⟦μυρεψικός 936c⟧ → μυρεψός
μυρεψός 937a
ῥωποπώλης, ῥοβοπώλης, ῥοποπώλης 1255c

רְכֻלָּה

ἐμπορία 459a
⟦πλοῦτος 1150c⟧ → ὑπάρχειν
ὕπαρξις 1406b
ὑπάρχειν 1406b (Ez. 26.12)

רָכַס qal

συσφίγγειν 1324a

רֶכֶס

τραχύς 1371a

רֹכֶס

ταραχή 1336c

רָכַשׁ qal

κτᾶσθαι 793b
περιποιεῖν 1125c

רֶכֶשׁ

ἅρμα 158b
ἱππεύειν 687a
ἱππεύς (רֹכֵב ר׳) 687a

רָם

μέγας 902c

רֵם

μονόκερως 933a

רְמָא ,רְמָה pe. (Aramaic)

βάλλειν 189c
ἐμβάλλειν 455a
*#ἐπιβάλλειν 516a (I Es. 8.22)
*#ἐπιβολή 517b (I Es. 8.22)
καταδουλοῦν 731a
ῥίπτειν, ῥιπτεῖν 1252b
τιθέναι 1348c

רְמָא ,רְמָה ithpe. (Aramaic)

ἐμβάλλειν 455a
ῥίπτειν, ῥιπτεῖν 1252b

רָמָה I qal

ἀναίρεσις 77c
βάλλειν 189c
ἐντείνειν 477a
ῥίπτειν, ῥιπτεῖν 1252b
#τοξότης (ר׳ act. ptc.) 1364b (II Ch. 22.5)

רָמָה I ni.

#ἀπορρίπτειν 140b (Ho. 10.7; 11.1 [10.15]; Ob. 5; Je. 8.14; 28[51].6; 29[47].5)

רָמָה I pi.

ἐνεδρεύειν 472a
παραδιδόναι 1058a
παραλογίζεσθαι 1062a

רָמָה II

βάσις 214b
ἔκθεμα 431c
πορνεῖον, πορνίον 1194c

רְמָה pe. (Aramaic)

see רְמָא ,רְמָה pe.

רְמָה ithpe. (Aramaic)

see רְמָא ,רְמָה ithpe.

רִמָּה

ἑρπετόν *177b*
σαπρία 1259a
σῆψις 1265c
σκώληξ 1278a, *191c*

רִמּוֹן

ἄνθινος *95c*
⟦κώδων 839b, *183d*⟧
ῥόα 1252c
ῥοΐσκος 1253a, *191c* (Si. 45.9)
#ῥοών 1254b

רֹמַח

δορατοφόρος (נֹשֵׂא ר׳) 344b
δόρυ 344b
λόγχη 887b
σ(ε)ιρομάστης 1262a
⟦σειρομάστρα(?) 1262a⟧ → σ(ε)ιρομάστης

רְמִיָּה

ἄδικος 26c
⟦ἀεργός 28c⟧
ἀμελῶς 65b
ἄνομος 107c
δόλιος 340b
δόλος 340b
⟦ἐντείνειν 477a⟧ → רָמָה I qal
στρεβλός 1296b

רָמָם

⟦ὑψοῦν 1422a⟧ → רוּם I polel

רָמַס qal

διαστέλλειν 311b
καταθλᾶν 731b
καταπατεῖν 740b
πατεῖν 1105a
συμπατεῖν 1305a
συντρίβειν 1321a

רָמַס ni.

καταπατεῖν 740b

רָמַשׂ qal

διέρχεσθαι 328c
ἕρπειν 547c
ἑρπετός 548a
κινεῖν 765b

רֶמֶשׂ

ἑρπετός 548a

רֹן

ἀγαλλίαμα 4c

רָנָה qal

γαυριᾶν 234c

רִנָּה

ἀγαλλίαμα 4c
ἀγαλλίασις 5b
αἴνεσις 33b
δέησις 285c
#δεῖσθαι 288a (Is. 43.14; Je. 7.16)
εὐφροσύνη 582c
#μέλος *184b* (Si. 50.18)
τέρψις 1345c
χαρά 1454b

רָנַן qal

ἀγαλλιᾶσθαι 4c
⟦ἐξιστᾶν, ἐξιστάναι 496c⟧
εὐφραίνειν 581a
#στρατοκῆρυξ (רֹנֵן בְּמַחֲנֶה) 1296a (III Ki. 22.36)
τέρπειν 1345c
⟦τετραίνειν 1347a⟧ → τρανὸς εἶναι
τρανὸς εἶναι 1369b
ὑμνεῖν 1405a
χαίρειν 1452a
ἐν χαρᾷ εἶναι 1454b

רָנַן pi.

ἀγαλλιᾶσθαι 4c
ἀγαλλίασις 5b
εὐφραίνειν 581a
εὐφροσύνη 582c
ἠχεῖν *179c*
⟦ὑψοῦν 1422a⟧ → ἀγαλλιᾶσθαι

רָנַן pu.

εὐφραίνειν 581a

רָנַן hi.

ἀγαλλιᾶσθαι 4c
εὐλογεῖν 572b
εὐφραίνειν 581a
καυχᾶσθαι 757b
τέρπειν 1345c
ὑμνεῖν *194a*

רָנַן hithpo.

κραιπαλᾶν 782a

רְנָנָה

ἀγαλλίασις 5b
εὐφροσύνη 582c
τέρπειν 1345c
χαρμονή 1455c

רְסִיסִים

θλάσμα 652b
ψεκάς 1484a

רֶסֶן

⟦θώραξ 668c⟧ → שִׁרְיוֹן
κημός, κιμός 763a
χαλινός 1453a

רָסַס qal

ἀναμιγνύναι 79c

רַע

ἀδίκημα 25a
ἀδικία 25b
ἄδικος 26c
ἀδίκως 27b
αἰσχρός 36c
ἁμαρτωλός 64b, *166b*
ἀπώλεια, ἀπωλία *168b*

ἀρέσκειν + neg. (רַע בְּעֵינֵי) 155c
ἀρκεῖν + neg. 158a
βασκαίνειν *169a*
βάσκανος (רַע עַיִן ,רַע) 214c, *169a*
εὐαρεστεῖν + neg. 568c
ἐχθρός 589c
κακία 708a, *180b*
κακοποιεῖν (עָשָׂה רַע) 709a
κακός 709b, *180c* (–Si. 7.1; 12.5; +34[31].13)
ὁδὸς κακή 709b
κακοῦν 711b
κακοῦργος *180c* (+Si. 30[33].35)
λοιμός (adj.) 887c
λυπεῖν 889b
λύπη *183c* (+Si. 12.9)
λυπηρός 890a
παράνομος 1062b
#πικρός *188c* (Si. 30.17)
πονηρεύεσθαι 1186a
πονηρία 1186b, *189c* (–Si. 25.17; +46.7)
πονήριος(?) 1186c
*πονηρός 1186c, *189c* (+Si. 42.5; 51.8)
πονηρὸν πρᾶγμα 1186c
σκυθρωπός 1277a

רֵעַ I ("purpose")
διαλογισμός 305a

רֵעַ II
ἀδελφός 20a
#ἀντίδικος 110b (Pr. 18.17)
ἕκαστος (אִישׁ . . . רֵעַ) 418a
ἑταῖρος 559c
ἕτερος 560a, *177c*
⟦κράζειν 781b⟧ → רוּעַ hi.
πλησίον 1148b, *189a*
πλησίος 1149b
πολίτης 1180c
συγγενής *192b*
συνεῖναι 1313b
φιλεῖν 1430b
φιλία 1430c
φίλος 1431b, *195a* (+Si. 20.23; 30[33].28)

רֹעַ
αἰσχρός 36c
κακία 708a
πονηρία 1186b, *189c* (+Si. 25.17)
πονηρός 1186c

רָעֵב I qal
πεινᾶν 1115b

רָעֵב I hi.
λιμαγχονεῖν 878b
λιμοκτονεῖν 878c

רָעֵב II
ἐνδεής 469b
λ(ο)ιμός 878c
πεινᾶν 1115b

רָעָב
λ(ο)ιμός 878c, *183b* (Si. 39.29; 40.9)
σιτοδ(ε)ία 1267b

רְעָבוֹן
λ(ο)ιμός 878c

רָעַד qal
ποιεῖν τρέμειν 1371b

רָעַד hi.
ἔντρομος 481a
θόρυβος 654a

*τρέμειν 1371b

רַעַד
τρόμος 1374c

רְעָדָה
τρόμος 1374c

רָעָה I qal
βόσκειν 225c
κατακολουθεῖν 734a
κατανέμεσθαι 739b
νέμειν 941c
νέμειν τὰς ἡμίονας 618c
νομάς 946b
ποιμαίνειν 1169a
ποιμενικός 1169b
ποιμήν 1169b
#ποίμνιον 1169c (Ze. 2.6)
⟦συρρέμβεσθαι, συνρέμβεσθαι 1323a⟧ → רָעָה II hithp. ≈ συμπορεύεσθαι
τρέφειν 1371b

רָעָה I hi.
ποιμαίνειν 1169a

רָעָה II pi.
⟦ἑταῖρος εἶναι 559c⟧ → מֵרֵעַ ≈ ἑταῖρος
φιλιάζειν 1431a

רָעָה II hithp.
ἑταῖρος εἶναι 559c
#ὁμιλεῖν *186b* (Si. 11.20)
#συμπορεύεσθαι 1305c

רָעָה III
ἀδίκημα 25a
ἀδικία 25b
ἀθέτησις 29c
ἁμαρτία 62a
ἀποστασία 141a
ἀπώλεια, ἀπωλία 151c
ἀρρωστία (ר׳ חוֹלָה) 160b
ἀσέβεια, ἀσεβία 169c
ἀσεβής 170b
⟦ἔργον 541c⟧ → κακός
θλῖψις 652c, *179c*
κακία (ר׳ ,דֶּרֶךְ ר׳) 708a, *180b* (+Si. 7.1; 12.5; 30[33].37)
κακοποιεῖν 709a
κακός 709b, *180c*
κακοῦν 711b
κακοῦργος *180c*
κάκωσις 712a
λύπη 889c
πονηρία 1186b, *189c* (–Si. 46.7)
πονηρός 1186c, *189c*
βουλὴ πονηρά 1186c
ὁδὸς πονηρά 962b, 1186c
ῥῆμα πονηρόν 1186c

רֵעֶה
ἀρχιεταῖρος 169c
ἑταῖρος 559c

רֵעָה
πλησίον 1148b
συνεταιρίς 1315a

רֹעָה
ταραχή 1336c

רְעוּ I
γυνή 278b
ἕτερος 560a
πλησίον 1148b
συνεταιρίς 1315a

רְעוּ II (Aramaic)
ἀρεστός 156a
*#θέλημα 629a (I Es. 8.16)
*#κρίνειν 787b (I Es. 6.22)
⟦περισσ(ε)ία 1126b⟧ → προαίρεσις
προαίρεσις 1203c
#προσφωνεῖν (ר׳ שְׁלַח) 1223c (I Es. 6.22)

רְעִי
νομάς 946b

רַעְיָה
πλησίον 1148b

רַעְיוֹן (Hebrew and Aramaic)
διαλογισμός 305a
προαίρεσις 1203c
ἃ ὑπέλαβες 1414c
ὑπόνοια 1416c

רָעַל ni.
#διασαλεύειν 309c (Hb. 2.16)
#σείειν 1261c (Hb. 2.16)

רָעַל ho.
θορυβεῖν 654a

רַעַל
κάθεμα 699c
σαλεύειν 1257c

רָעַם qal
βοᾶν 222a
βομβεῖν 224c
⟦δακρύειν 284a⟧ → דָּמַע qal
σαλεύειν 1257c

רָעַם hi.
ἀθυμεῖν, ἀθυμοῦν 30a
βροντᾶν 231a, *169c*

רַעַם
ἅλμα 59a
βροντή 231a, *169c*
καταιγίς 731b
⟦κραυ(γ)ή 784b⟧ → βροντή

רַעְמָה
φόβος 1435c

רַעֲנַן palel
#ἀναθάλλειν *166c* (Si. 50.10)
πυκάζειν 1240a

רַעֲנָן
ἀλσώδης 59c
δασύς 285b, *170a*
εὐπαθεῖν 576a
⟦[εὐπρεπής] *178a*⟧
εὔσκιος 580c
κατάκαρπος 733a
κατάσκιος 745a
πίων 1139a
πυκάζειν 1240a
⟦σύσκιος 1323a⟧ → עָבֹת

רַעֲנַן (Aramaic)
#εὐθαλεῖν 570a (Da. TH 4.1)
#εὐθηνεῖν 570b (Da. LXX 4.1)

רָעַע qal
ἀδικεῖν 24c
ἀρέσκειν + neg. (qal בְּעֵינֵי ר׳) 155c
ἀχρειοῦν 187c
βαρύς 191b
βασκαίνειν 214c
κακοῦν 711b
πονηρεύεσθαι 1186a
πονηρός 1186c
πονηρὸν γίνεσθαι 256c, 1186c
πονηρὸν εἶναι 1186c

πονηρὸν φαίνεσθαι 1186c
#τύπτειν + subj. καρδία (= לֵב) 1378b (I Ki. 1.8)

רָעַע ni.
#κακοῦν 711b (Ho. 9.7)

רָעַע hi.
ἀπωθεῖν 151a
ἀσεβής 170b
κακία 708a
κακοποιεῖν 709a
κακοποιός 709b
κακός 709b
κακὰ ποιεῖν *189b*
⟦κακότης 711b⟧ → κακοποιός
κακοῦν 711b, *180c* (+Si. 49.7)
λυπεῖν 889b
πονηρεύεσθαι 1186a
πονηρία 1186b
πονηρός 1186c
ἄνθρωπος πονηρός 1186c
πονηρὰ συντελεῖν 1186c, 1319b
⟦πονηρὸν φαίνεσθαι 1423a⟧ → רָעַע qal
σκληρὸν εἶναι 1274b
σκληρὸν φαίνεσθαι 1274b, 1423a

רָעַע hithpo.
ταράσσειν 1336a

רְעַע pe. (Aramaic)
ἐκκόπτειν 434c

רְעַע pa. (Aramaic)
δαμάζειν 284c

רָעַף qal
⟦πιαίνειν 1132c⟧
πιμπλάναι 1133b
ῥεῖν 1248b

רָעַף hi.
⟦εὐφραίνειν 581a⟧

רָעַץ qal
θλίβειν 652b
θραύειν 654b
σαθροῦν 1257b

רָעַשׁ qal
ἔντρομος γίνεσθαι 256c, 481a
σείειν 1261c
συσσείειν *193a*
ταράσσειν 1336a
τρέμειν 1371b
φοβεῖν 1433b

רָעַשׁ ni.
σείειν 1261c

רָעַשׁ hi.
σείειν 1261c
συσσείειν 1323b

רַעַשׁ
⟦δόλος 340b⟧
ὀδύνη 967a
σεισμός 1262b
συσσεισμός 1323b
τρόμος *194b*

רָפָא I qal
ἀνεγείρειν *167a*
ἐνταφιαστής 477a
θεραπεύειν *179b*
ἰᾶσθαι 668a, *179a*
ἴασις 668c (Za. 10.2), *179b*
ἰατής 669a
ἰατρεύειν 669a
ἰατρός 669a, *179b*

רָפָא I ni.
ἰᾶσθαι 668a
ὑγιάζειν 1380b
רָפָא I pi.
ἰᾶσθαι 668a, *179b* (Si. 3.28)
ἰατρεῖον 669a
ἰατρεύειν 669a
σωματοποιεῖν 1330c
רָפָא I hithp.
#ἰᾶσθαι 668a (Pr. 18.9)
ἰατρεύειν 669a
רָפָא II
§ραφα 1248b
רְפְאוּת
ἴασις 668c, *179b* (–Si. 3.28)
רְפָאִים
#γηγενής 255c (Pr. 9.18)
γίγας 256b
רָפַד pi.
στοιβάζειν 1291c
στρωννύειν, στρωννύναι 1297b
רָפָה I qal
ἀνιέναι (= ἀνίημι) 102b
ἀπέρχεσθαι 121a
ἀσθενεῖν 172a
ἐκλύειν 438a
κλίνειν 771a
παραλύειν 1062a
παριέναι ("to allow") 1070b
רָפָה I ni.
σχολάζειν 1328b
σχολαστής 1328b
רָפָה I pi.
ἀνιέναι (= ἀνίημι) 102b
ἐκλύειν 438a
*#ἐπικοιμᾶσθαι (ר׳ יָדֵי pi.) 523b (I Es. 5.72)
καταπαύειν 740c
רָפָה I hi.
ἀνιέναι (= ἀνίημι) 102b
ἀφιέιν, ἀφιέναι 183b, *169b*
ἐᾶν 361a
ἐγκαταλείπειν 365a, *172a*
ἐκλύειν 438a
παριδεῖν 1070b
παριέναι ("to allow") 1070b
παύειν 1112b
προϊέναι 1207a
σχολάζειν 1328b
#τελειοῦν 1343a (Ne. 6.3)
רָפָה I hithp.
ἐκλύειν 438a
ἐμμολύνειν 456a
רָפָה II
γίγας 256b
§ραφα 1248b
רָפֶה
ἀνιέναι (= ἀνίημι) 102b
ἀσθενεῖν 172a
ἀσθενής 172b
⟦γηγενής 255c⟧ → רְפָאִים
⟦γίγας 256b⟧ → רְפָאִים
ἐκλύειν 438a
#νωθρός *185c* (Si. 4.29)
רִפּוּאָה
ἴαμα 668a
ἴασις 668c
ἰατρεύειν 669a

רְפִידָה
ἀνάκλιτον 78b
רִפְיוֹן
ἔκλυσις 438a
παριέναι ("to allow") *188a*
רָפַס qal
see רָפַשׂ, רָפַס qal
רָפַס ni.
see רָפַשׂ, רָפַס ni.
רָפַס hithp.
ἐκκλείειν 433a
καταπατεῖν (רָפַשׂ hithp.) 740b
רְפַס pe. (Aramaic)
καταπατεῖν 740b
συμπατεῖν 1305a
רַפְסֹדוֹת
σχεδία 1327c
רָפַף polal
⟦ἐφιστάναι 585c⟧ → πεταννύναι, πετάζειν
πεταννύναι, πετάζειν 1128c
רָפַק hithp.
ἐπιστηρίζειν 530b
רָפַשׂ, רָפַס qal
καταπατεῖν 740b
ταράσσειν 1336a
רָפַשׂ, רָפַס ni.
?φράσσειν 1438b
רֶפֶת
φάτνη, πάθνη 1425b
רַץ
§ρασ(ε)ιμ, ρασσειμ (רָצִים) 1248a
רָצָא qal
προσδέχεσθαι 1212c
⟦τρέχειν 1371c⟧
רָצַד pi.
ἐνεδρεύειν *175b*
רָצָה qal
ἀγαπᾶν 5c
δεκτός 289c
δεκτὸς εἶναι 289c
δέχεσθαι 294c
(ἐ)θέλειν 628b
εἰσακούειν 408b
⟦ἐπισκοπή 528c⟧
*εὐδοκεῖν 569a
εὐλογεῖν 572b
εὐοδοῦν 575c
παραδέχεσθαι 1058a
προσδέχεσθαι 1212c
⟦συντρέχειν (ר׳ עִם qal) 1321a⟧ → רוּץ qal
רָצָה ni.
δεκτός 289c
δέχεσθαι 294c
λύειν 889a
⟦προσδέχεσθαι 1212c⟧ → δέχεσθαι
רָצָה pi.
⟦ὀλλύναι 987b⟧ → רָצַץ qal ≈ θλᾶν
רָצָה hi.
εὐδοκεῖν 569a
רָצָה hithp.
διαλλάσσειν 304c
רָצוֹן
ἀρεστός 156a

βούλεσθαι 226b
δεκτός 289c
δόξα *171c*
(ἐ)θέλειν 628b
εἰσδεκτός, εἰς δεκτόν(?) 410a
ἔλεος, ἔλαιος 451a, *174a*
ἐνθύμημα *175b*
ἐπιθυμία 521a
εὐδοκία 569b, *177c* (+Si. 35[32].14; 36[33].13; 36.22; 42.15)
εὐφροσύνη *178b*
*θέλημα 629a, *179b*
θέλησις 629b
ἱλαρός 684b
ἱλαρότης 684b
προσδεκτός 1212c
χάρις 1455a
רָצַח qal
φονεύειν 1437a
φονευτής 1437b
φόνος 1437c
רָצַח ni.
φονεύειν 1437a
φονευτής 1437b
רָצַח pi.
φονεύειν 1437a
φονευτής 1437b
רֶצַח
⟦βοή 222c⟧ → צְרָח
καταθλᾶν 731b
#φόνος 1437c (Je. 22.17)
רָצַע qal
τρυπᾶν 1377b
רָצַף qal
λιθόστρωτον 878b
רִצְפָּה
ἄνθραξ 96a
λιθόστρωτον 878b
περίστυλον 1127a
στοά 1291c
רָצַץ qal
ἐκπιέζειν, ἐκπιάζειν, ἐκπιαζεῖν 439a
θλᾶν 652a, *179b*
θραύειν 654b
καταδυναστεύειν 731a
καταπατεῖν 740b
κατασπᾶν 745a
συνθλᾶν 1316a
συνθλίβειν 1316b
⟦συντρίβειν 1321a⟧ → συνθλίβειν
רָצַץ ni.
θλᾶν 652a
⟦συντροχάζειν 1322c⟧ → רוּץ qal
רָצַץ pi.
θλᾶν 652a
θράζειν(?) 654b
λυμαίνειν, λοιμαίνειν 889b
συνθλᾶν 1316a
⟦συντρίβειν 1321a⟧ → συνθλᾶν
רָצַץ polel
θλᾶν 652a
רָצַץ hi.
κλᾶν 766c
συνθλᾶν 1316a
רָצַץ hithp.
σκιρτᾶν 1274b

רַק
ἐκτός 443c
ἐπιμελῶς 525c
ἔτι 561a
ἰδού 673c
⟦λεπτός 874a⟧ → דַּק
μονογενής (רַק יָחִיד) 933a
μόνον 933a
μόνος 933b
⟦ὅστις (רַק אִם) 1022b⟧
πλήν (רַק, בִּלְעֲדֵי רַק) 1145c
ἀλλὰ πλήν 1145c
πλὴν ὅτι 1145c
⟦τότε 1367c (De. 28.13)⟧
רֵק I
κενός, καινός ("empty") 759a
⟦λεπτός 874a⟧ → דַּק
λοιμός (adj.) 887c
μάταιος 898c
רֵק II
see רֵיק, רֵק
רֹק
ἔμπτυσμα 460a
πτύελος 1238c
רָקַב qal
ἄσηπτος (ר׳ qal + neg.) 171c
ἐκλείπειν *173c*
σήπειν *191b*
רָקָב
σής 1265b
רֹקֶב, רָקֶב
#ἀσκός 172c (Jb. 13.28)
רִקָּבוֹן
σαθρός 1257b
רָקַד qal
#κατορχεῖσθαι 756c (Za. 12.10)
ὀρχεῖσθαι 1018a
σκιρτᾶν 1274b
רָקַד pi.
ἀναβράσσειν 74a
ἐξάλλεσθαι 487a
ὀρχεῖσθαι 1018a
προσπαίζειν 1219a
רַקָּה
γνάθος 272c
κρόταφος 791b
μῆλον 921c
רָקַח qal
ἥδυσμα 604c
μυρεψός 937a, *185c*
⟦ποιεῖν 1154a⟧
רָקַח pu.
μύρον 937b
רֶקַח
μυρεψικός 936c
רֹקַח
μυρεψικός 936c
μύρον 937b
רַקָּח
μυρεψός 937a
§ρωκε(ε)ιμ (רַקָּחִים) 1255c
רָקִיעַ
οὐρανός 1031b
στερέωμα 1289b, *192a* (+Si. 43.1)
רָקִיק
λάγανον, λάγανος(?) 840b

רָקַם qal
ποικιλτής 1169a
ποικιλτικός 1169a
ποικιλτός 1169a
ῥαφιδευτής 1248b
ῥαφιδευτός 1248b
⟦ὑφάντης 1419a⟧ → ὑφαντός
ὑφαντός 1419a
רָקַם pu.
⟦ὑπόστασις 1417a⟧ → תְּקוּמָה
רִקְמָה
ἥγημα 604a
ποικιλία 1168c
ποικίλλειν 1168c
ποίκιλμα 1168c
ποικίλος 1168c
ποικιλτός 1169a
רָקַע qal
ἐπιψοφεῖν 539a
στερεοῦν 1289a
ψοφεῖν 1485c
רָקַע pi.
περιχρυσοῦν 1128b
τέμνειν 1345a
רָקַע pu.
⟦προβλητός 1205c⟧ → προσβλητός
προσβλητός 1212b
רָקַע hi.
στερεοῦν 1289a
⟦στερέωσις 1289c⟧ → στερεοῦν
רִקֻּעִים
ἐλατός 448a
רָקַק qal
προσσιελίζειν 1219c
רָשׁ
⟦δαν(ε)ιστής 285a⟧ → תֹּךְ
πένης 1117a, *188b*
#χρεοφειλέτης 1474b (Pr. 29.13)
רָשָׁה ho.
#προστάσσειν *190b* (Si. 3.22)
רִשְׁיוֹן
ἐπιχώρησις 539a
*#πρόσταγμα 1219c (I Es. 5.55)
רָשִׁישׁ
παριέναι ("to allow") *188a*
רֵשִׁית
ἀρχή 164a
רָשַׁם
ἐντάσσειν 476c
רְשַׁם pe. (Aramaic)
ἐκτιθέναι 443a
ἐντάσσειν 476c
ἐπιτάσσειν 534c
ὁρίζειν 1011c
τάσσειν 1337a
רָשַׁע qal
ἀγνοεῖν 16a
ἀνομεῖν 106b
ἀσεβεῖν 170a
ἀσεβής 170b
רָשַׁע hi.
ἀδικεῖν 24c
ἄδικος 26c
ἁλίσκειν, ἁλίσκεσθαι 54c
ἁμαρτάνειν 60c, *166b*
ἁμαρτία 62a
⟦ἀνοεῖν 105a⟧ → ἀνομεῖν
ἀνομεῖν 106b
ἀσεβεῖν 170a
ἀσεβής 170b
ἀσεβὴς τιθέναι 1348c
(τὰ) ἄτοπα ποιεῖν 176b, 1154a
ἐλέγχειν 449b
ἔνοχος 476c
ἐξαμαρτάνειν 487a
ἡττᾶν 620b
κακοῦν 711b
καταγινώσκειν 730a
καταδικάζειν 730b
רָשָׁע
ἀδικεῖν 24c
ἀδικία 25b
ἄδικος 26c, *165b*
ἀδίκως 27b
ἁμαρτάνειν 60c
ἁμαρτωλός 64b, *166b*
⟦ἀνήρ 88a⟧
ἄνομος 107c, *167b*
ἀσέβεια, ἀσεβία 169c
ἀσεβεῖν 170a
ἀσεβής 170b, *168c*
⟦δυνάστης 355b⟧
ἔνοχος 476c
⟦ἐξαμαρτωλός(?) 487b⟧ → ἁμαρτωλός
θρασύς 654b
καταδικάζειν 730b
λοιμός (adj.) 887c
παράνομος 1062b
πονηρός 1186c
σκληρός 1274b
רֶשַׁע
ἀδικία 25b
ἁμάρτημα 62a
ἁμαρτία 62a
ἁμαρτωλός 64b
ἀνομία 106b
ἄνομος 107c
ἀσέβεια, ἀσεβία 169c
ἀσεβεῖν 170a
ἀσέβημα 170b
ἀσεβής (אִישׁ רֶ׳) 170b (Jb. 34.8)
κακοποιεῖν 709b
κακός *180c*
πλημμέλεια, πλημμελία 1145b
רִשְׁעָה
ἀνομία 106b
ἄνομος 107c
ἀσέβεια, ἀσεβία 169c
ἀσεβής 170b
רָשַׁף qal
#ἐκκαίειν *173c* (Si. 16.6)
רֶשֶׁף
ἄνθραξ 96a
⟦γύψ 283b⟧
κράτος 784a
περίπτερος, περίπτερον 1125c
πετεινός *188c*
πῦρ 1242b
רָשַׁשׁ pu.
καταστρέφειν 745c
רָשַׁשׁ polel
ἀλοᾶν 59a
ἀποκενοῦν *168a*
רֹשֵׁשׁ
νωθρός *185c*
רֶשֶׁת
δίκτυον 355c
δικτυωτός 355c
ἐσχάρα 557c
θήρα 650b
παγίς, πακίς 1044b
#πέδη *188b* (Si. 6.29)
רַתּוֹק
καθήλωμα 700b
רָתַח pi.
ζεῖν 593a
רָתַח pu.
ἐκζεῖν 430c
רָתַח hi.
ἀναζεῖν 76c
ἀναξηραίνειν *166c*
רֶתַח
⟦ἐκζεῖν 430c⟧ → ζεῖν
ζεῖν 593a
רַתִּיק
καθήλωμα 700b
רֹתֶם
ἄλιμον 54b
ἐρημικός 545a
§ραθμεν 1247c
φυτόν 1447a
רָתַק ni.
ἀνατρέπειν 84b
רָתַק pu.
δεῖν ("to bind") 287b

שְׂאֹר
ζύμη 599b
שְׂאֵת
⟦δῖνη 336a⟧ → XXX ≈ δεινός
λῆμμα 875c
οὐλή 1030c
ὄψις 1044b
τιμή 1353a
שָׂב (Hebrew and Aramaic)
#γέρων *170a*
ἐσχατογήρως (שָׂב וְיָשִׁישׁ [margin כּוֹשֵׁל]) *177b*
*πρεσβύτερος 1201c, *190a*
#πρεσβύτης 1202c
שְׂבָךְ
δίκτυον 335c
שַׂבְּכָא (Aramaic)
see also סַבְּכָא
σαμβύκη 1259a
שְׂבָכָה
δίκτυον 335c
δικτυοῦν 335c
δικτυωτός 335c
§σαβαχ 1256a
§σαβαχα 1256a
שָׂבֵעַ, שָׂבַע qal
ἄπληστος (שָׂ׳ qal + neg.) 122c
ἐμπιπλᾶν, ἐμπι(μ)πλάναι, ἐμπλήθειν 457a, *174b* (Si. 12.16)
πιμπλάναι 1133b
⟦πληθύ(ν)ειν 1144b⟧ → πιμπλάναι
πλήρης 1147a
πλήρης γίνεσθαι 256c, 1147a
πλήρης εἶναι 1147a
πλησμονή 1149c
χορτάζειν 1472c
שָׂבֵעַ, שָׂבַע ni.
⟦ἐμπιπλᾶν, ἐμπι(μ)πλάναι, ἐμπλήθειν *174b*⟧
πιμπλάναι 1133b, *188c*
שָׂבֵעַ, שָׂבַע pi.
ἐμπιπλᾶν, ἐμπι(μ)πλάναι, ἐμπλήθειν 457a
שָׂבֵעַ, שָׂבַע hi.
ἐμπιπλᾶν, ἐμπι(μ)πλάναι, ἐμπλήθειν 457a
#πιμπλάναι 1133b (Ez. 32.4)
#πληροῦν 1147c (Ps. 15[16].11)
χορτάζειν 1472c
שָׂבָע
ἐμπιπλᾶν, ἐμπι(μ)πλάναι, ἐμπλήθειν 457a
εὐθηνία 570b
πλησμονή 1149c
שָׂבֵעַ
πλήρης 1147a
πλήρης ἡμερῶν 1147a
πλησμονή 1149c
ἐν πλησμονῇ ὤν 1149c
שֹׂבַע
ἐμπιπλᾶν, ἐμπι(μ)πλάναι, ἐμπλήθειν 457a
⟦πληροῦν 1147c⟧ → שָׂבֵעַ, שָׂבַע hi.
πλησμονή 1149c
שִׂבְעָה, שָׂבְעָה
ἐμπιπλᾶν, ἐμπι(μ)πλάναι, ἐμπλήθειν 457a
#πλήρωσις 1148b (Je. 5.24)
πλησμονή 1149c
שָׂבַר pi.
ἐλπίζειν 453c

προσδέχεσθαι 1212c
προσδοκᾶν 1213a
προσδοκεῖν 1213a
שֵׂבֶר
ἐλπίς 454a
προσδοκία 1213a
שָׂגָא qal
#πολύς, πλείων, πλεῖστος 1181b (Pr. 14.17)
ὑψοῦν 1422a
שָׂגַב qal
διαφεύγειν 314b
ἐξεγείρειν 490b
שָׂגַב ni.
⟦ἅγιος 12a⟧
κραταιοῦν 782c
ὀχυρός 1043b
ὑψοῦν 1422a
שָׂגַב pi.
ἀντιλαμβάνεσθαι 110c
βοηθεῖν 223b
λυτροῦν 890a
ὑπερασπίζειν 1408c
שָׂגַב pu.
εὐφραίνειν 581b
σώζειν 1328b
שָׂגַב hi.
κραταιοῦν 782c
⟦κραταιῶς 783a⟧ → κραταιοῦν
שָׂגָה qal
ἀμύθητος (שָׂ׳ מְאֹד qal) 67c
πληθύ(ν)ειν 1144b
ὑψοῦν 1422a
שָׂגָה hi.
⟦κατέχειν 750c⟧ → נָשַׂג hi.
μέγας εἶναι 902c
שַׂגִּיא (Hebrew and Aramaic)
μέγας 902c
*πολύς, πλείων, πλεῖστος 1181b
ἐπὶ πολύ 1181b
#σθένος 1265c (Jb. 4.10)
σφόδρα 1325a
שְׂגִיא pe. (Aramaic)
πληθύ(ν)ειν 1144b
*#(προβαίνειν ἐπὶ) πλεῖον 1181b (I Es. 2.29)
שָׂדַד pi.
ἕλκειν, ἑλκύειν 453a
ἐνισχύειν 475a
ἐργάζεσθαι, ἐργάζειν 540c
שָׂדֶה
ἄγριος 16c
ἄγροικος (אִישׁ שָׂ׳) 17a
ἀγρός 17a
ἀμπελών 67a
γεωργεῖν (עָשָׂה מְלֶאכֶת שָׂ׳) 240b
γῆ 240c
⟦δάσος 285b⟧ → πεδίον
⟦ἡγεῖσθαι 602c⟧ → שַׂר
κτῆμα 793c
⟦ὁδός 962b⟧ → ἀγρός
ὅριον 1012a
#ὄρος 1014b (Ob. 19)
πεδίον 1113b
σπόριμος *192a*
σπόρος *192a*
χώρα 1481a
שָׂדַי
πεδίον 1113b
#ὕλη 1405a (Jb. 19.29)
#ὑλώδης 1405a (Jb. 29.5)
שִׂדִּים
ἁλυκός 60a
שְׂדֵרָה
διάταξις 312c
§σαδηρωθ (שְׂדֵרוֹת) 1257b
שֶׂה
ἀμνός 66b
κριός 788c
ποίμνιον 1169c
πρόβατον 1204b
χίμαρος 1470c
שָׂהֵד
συνίστωρ 1317b
שָׂהֲדוּ (Aramaic)
μαρτυρία 896b
μάρτυς 896b
שַׂהֲרֹנִים
μηνίσκος 923b
§σιων, σειρων(?) 1267c
שׂוֹאָה
λῆψις *183b*
שׂוֹבֶךְ
δάσος 285b
⟦δράσος(?) 348c⟧ → δάσος
שׂוּג ni.
ἀποστρέφειν 145b
שׂוּחַ qal
ἀδολεσχεῖν 27b
שׂוּךְ qal
περιφράσσειν 1128a
φράσσειν 1438b
שׂוּךְ pil.
⟦ἐνείρειν 472b⟧ → שָׂכַךְ polel
שׂוֹךְ
κλάδος 766a
φορτίον 1438b
שׂוֹכָה
κλάδος 766a
φορτίον 1438b
שׂוּם I, שִׂים qal
ἀγωνίζεσθαι (שׂ׳ בָּל qal) 18c
ἀναλαμβάνειν 78c
ἀνατιθέναι 83b
ἀπαντᾶν 117a
#ἀπειλή (שׂ׳ בְּ־ qal) 120a (Jb. 23.6)
ἀποτιθέναι 148c
ἀποτίνειν 149a
ἀφιστᾶν, ἀφιστάναι, ἀφιστάνειν 184b
βάλλειν 189c
βούλεσθαι (שׂ׳ לֵב qal) 226b
γεννᾶν 237b
γίνεσθαι 256c
γράφειν 276a
δεῖν ("to bind") 287b
διανοεῖσθαι (שׂ׳ לֵב qal) *171b*
⟦διαστέλλειν 311b⟧
διατάσσειν 313a
διδόναι 317b
⟦ " *171b*⟧
διεμβάλλειν 328b
ἐγχεῖν 367b
ἐγχειρεῖν 367b
⟦ἐγχειρίζειν 367b⟧ → ἐγχειρεῖν
⟦εἰλεῖν 377c⟧ → δεῖν
ἐκδέχεσθαι + τῇ καρδίᾳ (= עַל לֵב) 422a
ἐκτιθέναι 443a
ἐμβάλλειν 455a
ἐνθυμεῖσθαι 473c
ἐννοεῖν (שׂ׳ לֵב qal) 475c
ἐντάσσειν 476c
ἐντέλλεσθαι, ἐντελλέσθειν (שׂ׳ דָּבָר בְּפִי qal) 477a (I Es. 8.45)
ἐπάγειν 503c
ἐπιβάλλειν 516a, *176a* (Si. 33[36].2)
ἐπιδιδόναι *176c*
ἐπικαλεῖν 521b
⟦ἐπικυλίειν 523c⟧ → κυλίειν
ἐπιμελεῖσθαι (שׂ׳ עֵינַיִם qal) 525b
⟦ἐπινοεῖν 526a⟧
ἐπιστρέφειν 531a
ἐπιτιθέναι 535c
ἐπιχεῖν 538c
ἐπονομάζειν + ὄνομα (= שֵׁם) 539a
⟦εὐφραίνειν 581b⟧
ἐφιστάναι 585c
ἔχειν 586c
ζωννύειν, ζωννύναι + σάκκον (= שַׂק) 601a
ἡγεῖσθαι 602c
ἱστάναι, ἱστᾶν 689a, *180c*
καθιστάναι 703a, *180a* (Si. 35[32].1)
κατάγειν 729b
καταλείπειν 736a
κατανοεῖν (שׂ׳ עַל־לֵב qal) 739c
κατατάσσειν 746c
κεῖσθαι 758b
⟦κυλίειν 798c⟧
λαμβάνειν 847a
⟦νοεῖν 946a⟧
ὁρμᾶν (שׂ׳ אֶת־פָּנָיו qal) 1014a
#παράκεισθαι *187c* (Si. 34[31].16)
παρατιθέναι (שׂ׳ qal, שׂ׳ לִפְנֵי qal) 1065a
περιτιθέναι 1127c
ποιεῖν 1154a
προσέχειν (שׂ׳ qal, שׂ׳ לֵב qal) 1215b, *190b*
⟦προστιθέναι 1221a (Ps. 85[86].14)⟧ → προτιθέναι
προτιθέναι 1231a
πρωτοβαθρεῖν (שׂ׳ אֶת־כִּסְאוֹ מֵעַל qal) 1235b
σπείρειν 1282a
στηρίζειν 1290c
στιμ(μ)ίζεσθαι, στιβίζεσθαι (שׂ׳ בַּפּוּךְ qal) 1291b
τάσσειν 1337a
τιθέναι 1348c, *193b* (+Si. 36[33].9)
⟦ὑπολείπειν 1415a⟧
ὑποτάσσειν 1417b
ὑποτιθέναι 1417c
⟦φοβεῖν 1433b⟧
שׂוּם I, שִׂים hi.
?βοηθεῖν 223b
ἐπικαλεῖν (שׂ׳ דִּבְרָה hi.) 521b
שׂוּם I, שִׂים ho.
παρατιθέναι 1065a
שׂוּם II pe. (Aramaic)
ἐπιτιθέναι 535c
κρίνειν (שׂ׳ טְעֵם qal) 787b
προστάσσειν, προστάττειν (שׂ׳ טְעֵם qal) 1220c
τιθέναι 1348c
ὑπακούειν (שׂ׳ טְעֵם qal) 1405c
ὑποτάσσειν 1417b
שׂוּם II ithpe. (Aramaic)
ἀναλαμβάνειν 78c
διαρπάζειν (שׂ׳ נְוָלִי ithpe.) 308c
ἐντιθέναι 479a
*#τιθέναι 1348c (I Es. 6.9)
שׂוּר qal
⟦ἄρχειν 163a⟧ → שָׂרַר qal
διαπρίειν 308c
ἐνισχύειν 475a
שׂוּר hi.
ἄρχειν 163a
שׂוֹרֵק
ἄμπελος 66c
שׂוּשׂ, שִׂישׂ qal
ἀγαλλιᾶσθαι 4c
γαυριᾶν 234c
⟦ἐπάγειν 503c⟧
⟦ἐπισκέπ(τ)ειν 527c⟧
εὐφραίνειν 581b, *178b*
εὐφροσύνη 582c
περιχαρὴς γίνεσθαι 256c
τέρπειν 1345c
χαίρειν 1452a
שָׂחָה qal
κατακάμπτειν 733a
שָׂחָה hi.
λούειν 888b
שְׂחוֹק
γέλως, γέλος(?) 235c
εὐφροσύνη 582c
χαρά 1454b
χλεύασμα 1471b
⟦χλευασμός 1471b⟧ → χλεύασμα
שָׂחַט qal
ἐκθλίβειν 432a
שָׂחִיף
ξυλοῦν (שְׂ׳ עֵץ) 959b
שָׂחַק qal
γελᾶν 235b
ἐγγελᾶν 362b
ἐκγελᾶν 421c
ἐμπαίζειν 456b
ἐπιγελᾶν 517c
εὐφραίνειν 581b
καταγελᾶν 729c
παιγνία 1045c
#χαρμονή 1455c (Jb. 40.15[20])
שָׂחַק pi.
ἐμπαίζειν 456b
ἐνευφραίνεσθαι 473a
εὐφραίνειν 581b
⟦ὀρχεῖσθαι 1018a⟧
παίζειν 1049a, *187a*
ποιεῖν χαρμονήν 1154b
שָׂחַק hi.
καταγελᾶν 729c
שְׂחֹק
γελοιασμός 235c
γέλως, γέλος(?) 235c
שָׂטָה qal
ἐκκλ(ε)ίνειν 433c

παραβαίνειν 1055b, *187b* (Si. 42.10)
שָׂטַם qal
ἐγκοτεῖν 366c
ἐνέχειν 473a
καταβάλλειν 728c
μαστιγοῦν 898a
μνησικακεῖν 932a
שָׂטַן qal
ἀντίκεισθαι 110c
ἐνδιαβάλλειν 470b
שָׂטָן
ἀντίκεισθαι 110c
διαβάλλειν 298c
διαβολή 299a
διάβολος 299b
ἐνδιαβάλλειν 470b
ἐπίβουλος 517b
§σαταν 1260c
שִׂטְנָה
ἐπιστολή 530c
ἐχθρία 589c
*#καταγράφειν (כָּתַב שׂ׳) 730a (I Es. 2.15)
שְׂטַר (Aramaic)
μέρος 911c
πλευρόν 1142b
שֵׂיב
γῆρας 255c
שֵׂיבָה
γῆρας 255c, *170b*
καταγηράσκειν 730a
πολία, πολειά 1173c
πολιός 1174a
πρεσβεῖον 1201b
καθεστηκὼς πρεσβύτερος (אִישׁ שׂ׳) 1201c
καθεστηκὼς πρεσβύτης (אִישׁ שׂ׳) 1202c
שִׂיג
εὕρεσις *178a*
שִׂיד I qal
κονιᾶν 777c
שִׂיד II subst.
κονία 777c
שִׂיחַ I qal
ἀδολεσχεῖν 27b
ἀνοίγειν 105b
δεῖσθαι 288a
διηγεῖσθαι 329c
ἐκδιηγεῖσθαι 422b
#λαλεῖν 841c (Jb. 9.27)
μελετᾶν 908b
συλλαλεῖν 1301c
φθέγγεσθαι 1429c
שִׂיחַ I polel
διηγεῖσθαι 329c
μελετᾶν 908b
שִׂיחַ II
ἀδολεσχία 27c
ἀηδία 29a
δέησις 285c
διαλογή 305a
ἐλάτη 448a
ἔλεγξις 449a
εὐῆχος 570a
#ἠχεῖν 620c (Jb. 30.4)
λαλιά *183a*
λέσχη 874b
λόγος 881c (Jb. 7.13), *183c*
#παραβολή *187b* (Si. 13.26)
#ῥῆμα 1249a (Jb. 10.1)
שִׂיחָה
#ἀδολεσχία 27c (Ps. 118[119].85)
διήγημα *171c*
διήγησις *171c*
λόγος 881c (Je. 18.22), *183c*
μελέτη 908c
#ῥῆμα 1249a (Jb. 15.4; Je. 18.20)
שִׂים qal
see שׂוּם I, שִׂים qal
שִׂים hi.
see שׂוּם I, שִׂים hi.
שִׂים ho.
see שׂוּם I, שִׂים ho.
שִׂישׂ qal
see שׂוּשׂ, שִׂישׂ qal
שֹׂךְ
σκόλοψ 1275b
שֹׂךְ
σκήνωμα 1273b
שְׂכִיָּה
θέα 627c
שָׂכִיר
#ἐργάτης *177b* (Si. 40.18)
μίσθιος *185b*
⟦μισθός 930a⟧ → שָׂכָר
μισθωτός 930a
שְׂכִירָה
μισθοῦσθαι 930b
שָׂכַךְ qal
σκεπάζειν 1268c
שָׂכַךְ polel
#ἐνείρειν 472b
שָׂכַל I qal
συνίειν, συνιέναι 1316b
שָׂכַל I hi.
ἁρμόζειν 159a
διανοεῖσθαι 306b
δικαιοσύνη 332c
ἐννοεῖν 475c
ἐπιγινώσκειν 517c
ἐπίστασθαι 529b
ἐπιστήμη 530a
ἐπιστήμων 530b, *177a*
εὐοδοῦν 575c
⟦ἐφιστάναι 585c⟧
κατανοεῖν 739c
μωρός 938c
νοεῖν 946a
νοήμων 946a
σοφός *192a*
συμβιβάζειν 1303b
σύνεσις 1314a
συνετίζειν 1315a
συνετός 1315a, *192c*
συνίειν, συνιέναι 1316b
ὑποδεικνύειν, ὑποδεικνύναι 1413a
φρονεῖν 1439a
φρόνησις 1439a
שָׂכַל II qal
#κλοιός 772a (Da. TH 8.25)
שָׂכַל II pi.
ἐναλλάξ 467c
שְׂכַל ithpa. (Aramaic)
προσνοεῖν (מִשְׂתַּכַּל הֲוָה) 1218c
שֶׂכֶל, שֵׂכֶל
διανόημα 306c, *171b*
⟦ἐλεήμων 450c⟧
ἔννοια 475c
ἐπιστήμη 530a, *177a* (+Si. 26.13)
*#ἐπιστήμων 530b (I Es. 8.47)
#νοήμων 946a (Pr. 17.12)
σοφία 1278c
σύνεσις 1314a, *192c*
συνετός 1315a
φρόνησις 1439a
שִׂכְלוּת
ἐπιστήμη 530a
[πλάνη] *189a*
שָׂכְלְתָנוּ (Aramaic)
ἐπιστήμων 530b
σύνεσις 1314a
שָׂכַר qal
μίσθιος *185b*
μισθοῦσθαι (שׂ׳ qal, הָיָה שֹׂכֵר) 930b
שָׂכַר hithp.
μισθοὺς συνάγειν 930a, 1307b
⟦συνάγειν 1307b⟧
שָׂכָר
μισθός 930a, *185b*
ναῦλον 940a
שֶׂכֶר
μισθός 930a
שְׂלָיו, שְׂלָו
ὀρτυγομήτρα 1017c
שַׂלְמָה
ἱμάτιον 685a
ἱματισμός 686a
στολή 1291c
שְׂמֹאול, שְׂמֹאל
ἀριστερός 157c
*εὐώνυμος 585a
שׂמאל hi.
ἀριστερός 157c
εὐώνυμος 585a
שְׂמָאלִי
ἀριστερός 157c
⟦δεύτερος 293b⟧
εὐώνυμος 585a
שָׂמֵחַ, שָׂמַח I qal
γελᾶν 235b
#ἐπιθυμία *176c* (Si. 3.29)
ἐπιχαίρειν 538b
ἐπιχαρὴς γίνεσθαι 256c, 538c
εὐφραίνειν 581b, *178b* (+Si. 16.2 [B]; 51.15)
εὐφροσύνη 582c
ἐν εὐφροσύνῃ εἶναι 582c
συνευφραίνεσθαι 1315b
χαίρειν 1452a
שָׂמַח, שִׂמַּח I pi.
εὐφραίνειν 581b, *178b*
ποιεῖν εὐφραινόμενον 581b, 1154a
εὐφροσύνη 582c
τέρπειν 1345c
שָׂמֵחַ, שָׂמַח I hi.
εὐφραίνειν 581b
שָׂמֵחַ II
εὐφραίνειν 581b
περιχαρής 1128b
ὑπερχαρής 1411b
χαίρειν 1452a
שִׂמְחָה
ἀγαλλίαμα 4c, *165a*
αἴνεσις 33c
ἐπίχαρμα *177a*
*εὐφραίνειν (עָשָׂה שׂ׳, שׂ׳) 581b
εὐφροσύνη 582c, *178b*
χαίρειν 1452a
*χαρά 1454b
χαρμονή 1455c
χαρμοσύνη 1455c
שְׂמִיכָה
δέρρις 291c
ἐπιβόλαιον 517b
שִׂמְלָה
ἱμάτιον 685a
ἱματισμός 686a
στολή 1291c
שְׂמָמִית
καλαβώτης 712a
שָׂנֵא qal
ἔχθρα *178c*
ἐχθρός 589c, *178c* (–Si. 6.9; +20.23)
μισεῖν 929a, *185b*
μισητὴ γυνή (שְׂנוּאָה) 930a
μισητός 930a (Pr. 26.11), *185b*
#μωκός 7 (Si. 36[33].5)
ὑπεναντίος 1407b
שָׂנֵא pi.
ἐχθρός 589c
μισεῖν 929a
שָׂנֵא pu.
μισεῖν *185b*
שָׂנֵא hi.
μισεῖν 929c
שְׂנֵא pe. (Aramaic)
μισεῖν 929a
שִׂנְאָה
ἔχθρα 589b
μισεῖν 929a
μῖσος 931a
שָׂנִיא
μισεῖν 929a
שָׂעִיר
αἴξ 34b
δαιμόνιον 283b
δασύς 285b
εἴδωλον 376a
ἔριφος 547c
μάταιος 898c
ὄμβρος 991a
χίμαρος 1470c
שְׂעִירָה
χίμαιρα 1470c
שָׂעַר qal
εἰδεῖν, εἰδέναι 374b
ἐξιστᾶν, ἐξιστάναι 496c
καταπίνειν 741c
φρίττειν 1439a
שָׂעַר ni.
καταιγίς 731b
שָׂעַר pi.
λικμᾶν 878b
שָׂעַר hithp.
ἐποργίζεσθαι 539b
συνάγειν 1307b
שַׂעַר
ἔκστασις 441b

θαῦμα 626c
⟦καταφέρειν 747b⟧
τρίχωμα 1374c
שֵׂעָר
δασύς (שֵׂ׳, בַּעַל שֵׂ׳) 285b
θρίξ 655b
τρίχινος 1374c
*#τρίχωμα 1374c
שְׂעַר (Aramaic)
θρίξ 655b
τρίχωμα 1374c
שְׂעָרָה
γνόφος 272c
συσσεισμός 1323b
שַׂעֲרָה
θρίξ 655b
שְׂעֹרָה
κριθή 786a
κρίθινος 786a
שָׂפָה
ἀλλόγλωσσος (עִמְקֵי שָׂ׳) 56a
ἀλλόφωνος (עֲמֶק שָׂ׳) 59a
ἄλογος (עֲרַל שְׂפָתַיִם) 59b
⟦βαθύγλωσσος (עִמְקֵי שָׂ׳ וְכִבְדֵי לָשׁוֹן) 189a⟧ → βαθύχειλος καὶ βαρύγλωσσος and לָשׁוֹן ≈ βαθύχειλος καὶ βαρύγλωσσος
βαθύφωνος (עִמְקֵי שָׂ׳) 189b
#βαθύχειλος καὶ βαρύγλωσσος 189b, 191a
βαθύχειρος (עִמְקֵי שָׂ׳) 189b
γλῶσσα, γλῶττα 271b, *170c*
ἐνεὸν ποιεῖν (אָטַם שְׂפָתַיִם) 472c, 1154a
εὔλαλος (שִׂפְתֵי חֵן, אִישׁ שְׂפָתַיִם) 572a, *177c*
ἰσχνόφωνος (עֲרַל שְׂפָתַיִם) 692c
#λάλημα 846c (Ez. 36.3)
λόγος 881c
μέρος 911c
παραθαλάσσιος (עַל שְׂפַת הַיָּם) 1059c
κατὰ (τὸ) πρόσωπον (עַל שָׂ׳) 1224a
στόμα 1292b
φωνή 1447b
χεῖλος 1456a, *195b*
ᾠά, ᾠία 1491b
שָׂפָם
καταλαλεῖν (עָטָה עַל שָׂ׳) 735a
μύσταξ 937c
שָׂפַן
⟦ἐμπόριον 459a⟧
שָׂפַק I qal
κροτεῖν 791c
שָׂפַק II qal
ἐκποιεῖν 439b (Si. 42.17)
שָׂפַק II hi.
#ἐκποιεῖν 439b
שַׂק
μάρσιππος 896b
σάκκος 1257b
שָׂקַר pi.
νεῦμα 943a
שַׂר
⟦ἄγγελος 7b⟧
ἁδρός 27c
ἄρχειν 163a
ἀρχηγός 165a
ἀρχιδεσμοφύλαξ (שַׂר בֵּית־הַסֹּהַר, שַׂר טַבָּחִים) 165b
⟦ " (שַׂר) 165b⟧
ἀρχιδεσμώτης (שַׂר טַבָּחִים) 165b
ἀρχιευνοῦχος (שַׂר סָרִיסִים) 165c
ἀρχιμάγειρος (שַׂר טַבָּחִים) 165c
ἀρχιοινοχόος (שַׂר מַשְׁקִים) 166a
ἀρχισιτοποιός (שַׂר אוֹפִים, שַׂר אֹפִים) 166a
ἀρχιστράτηγος (שַׂר־צָבָא, שַׂר) 166a
ἀρχός 166b
*ἄρχων (אִישׁ שַׂר, שַׂר) 166b
ἀφηγεῖσθαι 183a
βασιλεύς 197a
δεκάδαρχος (שַׂר עֲשָׂרֹת) 288c
⟦δέκαρχος (שַׂר עֲשָׂרֹת) 289a⟧ → δεκάδαρχος
διάδοχος 300b
δυνάστης 355b, *172c*
ἑκατοντάρχης, ἑκατόνταρχος (שַׂר מֵאוֹת) 420b
⟦ἐλεύθερος 452b⟧
ἔνδοξος 470c
ἔντιμος 479a
ἐπιστάτης 529c
*ἡγεῖσθαι 602c, *178c*
ἡγεμών 603c
*μεγιστάν 907a, *184a* (+Si. 30[33].27)
⟦οἰνοχόος (שַׂר מַשְׁקִים) 984c⟧ → ἀρχιοινοχόος
πατριάρχης (שַׂר מֵאוֹת, שַׂר) 1111c
πεντηκόνταρχος (שַׂר חֲמִשִּׁים) 1119a
#πρεσβύτερος 1201c (II Ch. 32.3)
*#προηγεῖσθαι 1206b (I Es. 8.70; 9.12)
*#προκαθῆσθαι 1207a (I Es. 1.32)
προστάτης 1221a
σατράπης 1260c
στρατηγός 1295b
*#φίλος 1431b (I Es. 8.26; Es. 1.3; 2.18; 3.1; 6.9)
*#φύλαρχος 1441c (I Es. 8.54, 59)
χιλίαρχος (שַׂר אֶלֶף) 1469a
שָׂרַג pu.
συμπλέκειν 1305b
שָׂרַג hithp.
συμπλέκειν 1305b
שָׂרַד qal
διασῴζειν 312b
שָׂרָה I qal
ἐνισχύειν 475a
שָׂרָה II qal
ἄρχειν 163a
τυραννίς 1378c
שְׂרוֹךְ
ἱμάς 685a
⟦σφαιρωτήρ 1324c⟧ → σφυρωτήρ
#σφυρωτήρ 1327c (Ge. 14.23)
שְׂרוּקִים
ἄμπελος 66c
שָׂרַט qal
κατατέμνειν 746c
שֶׂרֶט
ἐντομίς 480c
שָׂרֶטֶת
ἐντομίς 480c
שָׂרִיג
κλῆμα 767c
πυθμήν 1240a
שָׂרִיד
διασῴζειν 312b
διαφεύγειν 314b
ἐκφεύγειν *174a*
ἐπήλυτος 511b
ζωγρ(ε)ία 599c
κατάλ(ε)ιμμα 736a
καταλείπειν 736a
κατάλοιπος 738a
ὁ περιών 1122c
#σπέρμα 1282b (De. 3.3; Is. 1.9)
σῴζειν 1328b
ὑπόλ(ε)ιμμα 1415a
φεύγειν 1428b
שָׂרִיק
σχιστός 1328a
שָׂרַע qal
ὠτότμητος (שָׂ׳ pass. ptc.) 1496c
שַׂרְעַפִּים
ὀδύνη 967a
שָׂרַף qal
ἐμπιπράναι, ἐμπρήθειν 457c
*ἐμπυρίζειν 460a
καίειν 705a
κατακαίειν 732b
⟦καταπαύειν 740c⟧ → κατακαίειν
ὀπτᾶν 1004a
πυρίκαυστος (שְׂרוּף אֵשׁ) 1245b
שָׂרַף ni.
ἐμπιπράναι, ἐμπρήθειν 457c
καίειν 705a
κατακαίειν 732b
שָׂרַף pu.
ἐμπυρίζειν 460a
שָׂרָף
ἀσπίς ("snake") 173b
δάκνειν 284a
θανατοῦν 625a
ὄφις 1042b
§σαραφειν (שְׂרָפִים) 1259b
§σεραφειν, σεραφ(ε)ιμ (שְׂרָפִים) 1263a
שְׂרֵפָה
ἐκφορά 445c
ἐμπυρίζειν 460a
ἐμπυρισμός 460b
κατακαίειν 732b
κατάκαυμα 733a
πῦρ 1242b
πυρίκαυστος (שְׂרֵפַת אֵשׁ, שְׂ׳) 1245b
שָׂרַק hi.
ἐκλάμπειν *173c*
φωτίζειν *195c*
שָׂרֹק
⟦ποικίλος 1168c⟧ → בָּרֹד
ψαρός 1484a
שֹׂרֵק
ἄμπελος 66c
§σωρηκ, σωρηχ 1331a
שֹׂרֵקָה
ἕλιξ 453a
שָׂרַר qal
ἄρχειν 163a
μεγαλύνειν 902a
שָׂרַר hithp.
ἄρχων εἶναι 166b
κατάρχειν 743c
שָׂשׂוֹן
ἀγαλλίαμα 4c
ἀγαλλίασις 5b
αἴνεσις 33c
εὐφραίνειν 581b
εὐφροσύνη 582c, *178b*
χαρά 1454b
χαρμονή 1455c
שֵׂת
⟦στρέφειν 1296c⟧
שָׂתַם qal
ἀποφράσσειν 150a
שָׂתַר qal
#πατάσσειν 1103b (I Ki. 5.9)

שֶׁ, שַׁ, שְׁ
#ἀπόκεισθαι (שֶׁל־) 132b (Ge. 49.10)
ἕως (כְּשֶׁ, שֶׁעוֹד) *178c*
ὅπως *186b*
שָׁאַב qal
ἀντλεῖν 112a
#ἐκσιφωνίζειν 441b (Jb. 5.5)
ἐπισπᾶν 529b
ὑδρεύεσθαι 1380c
ὑδροφόρος (שֹׁאֵב מַיִם) 1381a
שָׁאַג qal
ἀνακράζειν 78b
βοᾶν 222a
ἐγκαυχᾶσθαι 366b
⟦ἐξεγείρειν 490b⟧
ἐρεύγεσθαι 544c
φθέγγεσθαι 1429c
χρηματίζειν 1474c
ὠρύεσθαι 1494a

שְׁאָגָה
κράζειν 781b
⟦ὀργιᾶν 1010a⟧ → XXX ≈ ὁρμᾶν
⟦σθένος 1265c⟧ → נָגִיא
ὠρύεσθαι 1494a
ὤρυμα, ὠρύομα, ὠρύωμα 1494a

שָׁאָה I qal
ἐρημοῦν 546c

שָׁאָה I ni.
ἠχεῖν 620c
⟦καταλείπειν 736a⟧

שָׁאָה I hi.
ἐξερημοῦν 491c
⟦ἔπαρσις 508b⟧ → נָשָׂא qal

שָׁאָה II hithp.
καταμανθάνειν 739a

שֹׁאָה
ὁρμή 1014a

שְׁאוֹל, שְׁאֹל
ᾅδης 24a, *165b*
θάνατος 623a, *179a*

שָׁאוֹן
ἀδυναμία 27c
ἀπώλεια, ἀπωλία 151c
αὐθάδεια, αὐθαδία 176c
ἦχος 620c
⟦καταφέρειν 747b⟧
κραυ(γ)ή 784b
⟦κύτος 839a⟧
#ὄλεθρος 986a (Je. 28[51].55; 32.17 [25.31])
§σαων 1261a
ταλαιπωρία 1333a
ὑπερηφαν(ε)ία 1409c

שְׁאָט
ἀτιμάζειν 175c
⟦ἐπιχαίρειν 538b⟧

שְׁאִיָּה
⟦ἐγκαταλείπειν 365a⟧

שָׁאַל, שָׁאֵל qal
*αἰτεῖν 37c
ἀπολέγειν 136c
ἀσπάζεσθαι, ἀσπάζειν (שָׁ׳ לְשָׁלוֹם, שָׁ׳ שָׁלוֹם qal) 173a, *168c*
δαν(ε)ίζειν 285a
ἐγγαστρίμυθος (שֹׁאֵל אוֹב) 362b
ἐξερευνᾶν, ἐξεραυνᾶν 491b
ἐπερωτᾶν 510b, *176b*
ἐπιθυμεῖν 520b
ἐρευνᾶν 544c
ἐρωτᾶν 553b
#εὐπροσήγορος (שָׁ׳ שָׁלוֹם qal) *178a* (Si. 6.5)
ζητεῖν 597a
#ἱκέτης *180a* (Si. 4.4)
χρᾶν, χρᾶσθαι 1473c
χρῆσις 1475a

שָׁאַל, שָׁאֵל ni.
αἰτεῖν 37c
παραιτεῖσθαι 1060a

שָׁאַל, שָׁאֵל pi.
ἐπαιτεῖν 505b
ἐπερωτᾶν 510b
ἐρωτᾶν 553b

שָׁאַל, שָׁאֵל hi.
κιχρᾶν 765c
χρᾶν, χρᾶσθαι 1473c

שְׁאֵל pe. (Aramaic)
*αἰτεῖν 37c
*ἐπερωτᾶν 510b
ἐρωτᾶν 553b
ζητεῖν 597a
*#πυνθάνεσθαι 1242b (I Es. 6.11)

שְׁאֹל
see שְׁאוֹל, שְׁאֹל

שְׁאֵלָא (Aramaic)
ἐπερώτημα 511a

שְׁאֵלָה
αἴτημα 38a
αἴτησις 38a
ἀξιοῦν 113b
ἀπαίτησις *167c*
ἐπαίτησις *176a*
χρέος 1474b

שָׁאַן palel
ἀναπαύειν 80b
παύειν 1112b
ὑπνοῦν 1412a

שַׁאֲנָן
⟦ἐξουδενεῖν, ἐξουθενεῖν 500b⟧
εὐθηνεῖν 570b
ἡσυχάζειν 620a
⟦πεποιθώς 1114b⟧ → בָּטַח qal ≈ πεποιθὼς γίνεσθαι and πεποιθὼς εἶναι
⟦πικρία 1132c⟧
πλούσιος 1150b
#πλοῦτος 1150c (Is. 32.18)
στρῆνος 1297a
τακτός 1333a

שָׁאַף qal
⟦ἐκσιφωνίζειν 441b⟧ → שָׁאַב qal
ἐκτρίβειν 444a
ἕλκειν, ἑλκύειν 453a
ἕλκειν πνεῦμα 453a, 1151c
ἐξέλκειν, ἐξελκύειν 491a
καταπατεῖν 740b
μισεῖν 929a
?ξηραίνειν 957a
#πατεῖν 1105a (Am. 2.7)
πνευματοφορεῖσθαι (שָׁאֲפָה רוּחַ) 1153b

שָׁאַר ni.
ἀπολείπειν 136b
δεύτερος 293b
ἐγκαταλείπειν 365a
ἐκλείπειν 435c
ἐπίλοιπος 525a
*καταλείπειν 736a, *181b*
κατάλοιπος 738a
λοιπός 888a
⟦περιλείπειν 1124b⟧ → καταλείπειν
ὑπόλ(ε)ιμμα 1415a
ὑπολείπειν 1415a

שָׁאַר hi.
⟦ἐπιλείπειν 525a⟧ → ὑπολείπειν
*καταλείπειν 736a
ὑπολείπειν 1415a

שְׁאָר (Hebrew and Aramaic)
*#ἄλλος 56b
*ἐπίλοιπος 525a
κατάλ(ε)ιμμα 736a
καταλείπειν 736a
κατάλοιπος 738a
*λοιπός 888a
ὑπόλ(ε)ιμμα 1415a
ὑπόλοιπος 1415c

שְׁאֵר
τὰ δέοντα 287b
οἰκεῖος 968c
οἰκειότης 969a
σάρξ 1259b, *191a*
#συγγενής *192b* (Si. 41.21)
σῶμα 1330a, *193c*
τράπεζα 1369b

שַׁאֲרָה
οἰκεῖος 968c

שְׁאֵרִית
ἐγκατάλ(ε)ιμμα 365a
*ἐπίλοιπος 525a
κατάλ(ε)ιμμα 736a, *181b*
*καταλείπειν 736a
κατάλοιπος 738a
λεῖμμα 872b
⟦λῆμμα 875c⟧ → κατάλ(ε)ιμμα and λεῖμμα
λοιπός 888a
οἱ περίλοιποι 1124b
ὑπόλ(ε)ιμμα 1415a

שְׂאֵת
⟦ἔπαρσις 508b⟧ → נָשָׂא qal

שָׁבָה qal
αἰχμαλωτεύειν 39a
αἰχμαλωτίζειν 39b
αἰχμαλωτίς 39b
αἰχμάλωτος 39b
ἀπάγειν 115b
ἀποικίζειν 131a
⟦ἀποστρέφειν 145b⟧ → שׁוּב hi.
ζωγρεῖν (qal חַיִּים שָׁ׳) 599b
καταπρονομεύειν 742b
λαμβάνειν 847a
μετάγειν 915c
μετοικία 917c
προνομεύειν 1207c

שָׁבָה ni.
αἰχμαλωτεύειν 39a
αἰχμάλωτος 39b
αἰχμάλωτος γίνεσθαι 256c
μετάγειν 915c

שְׁבוֹ
ἀχάτης 187c

שְׁבוּל, שְׁבֹל
σχοῖνος 1328b

שָׁבוּעַ
δὶς ἑπτά (שְׁבֻעִים) 337b
δὶς ἑπτὰ ἡμέρας (שְׁבֻעִים) 607b
ἑβδομάς 361b
ἕβδομος 361c

שְׁבוּעָה
ἔνορκος (בַּעַל שְׁ׳) 476b
ὅρκος (שְׁ׳) *186c*
⟦ " (בַּעַל שְׁ׳) 1013c⟧ → ἔνορκος

שְׁבוּת
αἰχμαλωσία 38b
ἀποικία 130c
ἀποστρέφειν 145b
ἀποστροφή 148b

שָׁבַח pi.
αἰνεῖν 33a
καταπραΰνειν 742a
ταμιεύεσθαι 1334b

שָׁבַח hithp.
ἐγκαυχᾶσθαι 366b
#ἐπαίνειν 504c (Ec. 8.10)
καυχᾶσθαι 757b

שֶׁבַח
ὕμνος *194a*

שַׁבַּח pa. (Aramaic)
αἰνεῖν 33a
ἀνθομολογεῖσθαι 96a
εὐλογεῖν 572b

שֵׁבֶט, שֶׁבֶט
⟦ἄνθρωπος 96b⟧
ἀρχίφυλος (רֹאשׁ שׁ׳) 166b
ἄρχων 166b
βακτηρία 189c
βέλος 217a
δῆμος 296a
⟦δόρυ 344b⟧ → ῥάβδος
ζυγός, ζυγόν 599a
⟦κριτής 791a⟧
⟦λόγος 881c⟧
μάστιξ 898b
παιδ(ε)ία 1046c
πληγή 1142b
ῥάβδος 1247a
σκῆπτρον 1273c
τυραννίς *194c*
⟦[υἱός] *194a*⟧ → φυλός
⟦φύλαρχος (זְקַן שׁ׳) 1441c⟧ → רֹאשׁ
φυλή 1444b, *195c* (+Si. 45.11)
#φυλός

שְׁבַט (Aramaic)
*#φύλαρχος 1441c (I Es. 7.8)
φυλή 1444b

שְׁבִי
*αἰχμαλωσία 38b
αἰχμαλωτεύειν 39a
αἰχμαλωτίζειν (בַּשְּׁ׳) 39b
αἰχμαλωτίς 39b
αἰχμάλωτος 39b
ἀποικισμός 131a
προνομή 1208a

שְׁבִיב
⟦πῦρ *190d*⟧
φλόξ 1433a, *195b* (Si. 8.10)

שְׁבִיב (Aramaic)
φλόξ 1433a

שִׁבְיָה
αἰχμαλωσία 38b
προνομή 1208a

שְׁבִיל
[ἀτραπός] *168c*
σχοῖνος 1328b
τρίβος 1372b

שְׁבִיסִים
ἐμπλόκιον 458c
κόσυμβος 781a

שְׁבִיעִי
*ἕβδομος 361c
ἔσχατος + ἡμέρα (= יוֹם) 558a

שְׁבִית
αἰχμαλωσία 38b
αἰχμάλωτος 39b
ἀποστρέφειν 145b
ἀποστροφή 148b

שִׁבֹּלֶת
⟦[ἀτραπός] *168d*⟧ → שְׁבִיל
διῶρυξ, διώρυγος, διώρυχος 339a
καλάμη 712b
καταιγίς 731b
κλάδος 766a
⟦ποταμός *189d*⟧

#ῥοῦς *191c* (Si. 4.26)
στάχυς 1287b
#σύνθημα 1316a (Jd. 12.6A)
שָׁבַע ni.
ἀποκρίνειν 133a
ἐξομολογεῖν 499a
ἐπίορκος 526a
*ὀμνύειν, ὀμνύναι 991b
⟦ὁμολογεῖν 993c⟧ → ὀμνύειν, ὀμνύναι
שָׁבַע hi.
διορίζειν 336b
⟦ἐνορκίζειν 476b⟧ → ὁρκίζειν
ἐξορκίζειν 500a
ὀμνύειν, ὀμνύναι 991b
*ὁρκίζειν 1013b
ὅρκος 1013c
⟦ὁρκοῦν 1013c⟧ → ὁρκίζειν
שֶׁבַע I
*ἕβδομος 361c
ἑπταετής (שֶׁ׳ שָׁנִים) 539c
ἑπτακαιδέκατος (שְׁ׳ עֶשְׂרֵה) 539c
ἑπτάκι(ς) (שֶׁ׳ פְּעָמִים, שֶׁ׳) 539c
שֶׁבַע II
ὁρκισμός 1013b
ὅρκος 1013c
שָׁבוּעַ
ἕβδομος 361c
ἑπτά *177a*
ἑπτάκι(ς) 539c
ἑπτάμηνος (שׁ׳ חֳדָשִׁים) 540a
ἑπταπλασίως (חַד־שׁ׳) 540b
⟦ὅρκος 1013c⟧ → שְׁבוּעָה
שְׁבוּעָה
ἐνόρκιος 476b
ὅρκος 1013c
שִׁבְעִים
ἑβδομηκοντάκις 361c
ἑβδομηκοστός 361c
ἑπτά *177a*
שִׁבְעָתַיִם
ἑπτάκι(ς) 539c
ἑπταπλάσιος 540a, *177a* (–Si. 7.3)
ἑπταπλασίων 540a
ἑπταπλασίως 540b, *177a*
ἑπταπλοῦς *177b*
שָׁבַץ pi.
κόσυμβος 781a
⟦κοσυμβωτός 781a⟧ → κόσυμβος
שָׁבַץ pu.
περικαλύπτειν 1124a
συνδεῖν 1312c
שָׁבָץ
σκοτὸς δεινός 288a, 1276b
שְׁבַק pe. (Aramaic)
ἀφίειν, ἀφιέναι 183b
*ἐάν 361a
שְׁבַק ithpe. (Aramaic)
ἐάν 361a
ὑπολείπειν 1415a
שָׁבַר I qal
ἀγοράζειν 16b
πρίασθαι 1203a
πωλεῖν 1246b
שָׁבַר I ni.
ἀποδιδόναι 126b
⟦διαλύειν 305a⟧ → שָׁבַר II ni. ≈ συντρίβειν

⟦ἐρημοῦν 546c⟧
שָׁבַר I hi.
ἀποδιδόναι 126b
ἐμπολᾶν 458c
ἐμπορεύεσθαι 459a
μεταδιδόναι 915c
πωλεῖν 1246b
שָׁבַר II qal
ἀπολλύειν, ἀπολλύναι 136c
θλίβειν 652b
καταβάλλειν *181b*
συντρίβειν 1321a, *193a*
שָׁבַר II ni.
συντρίβειν 1321a, *193a*
συντριβή 1322a
שָׁבַר II pi.
λεπτύνειν 874b
συντρίβειν 1321a
שָׁבַר II pu.
#ἀπολλύειν, ἀπολλύναι 136c (Es. 9.2)
שֶׁבֶר, שֵׁבֶר I
ἀγορασμός 16c
⟦αἰχμαλωσία 38b⟧ → שְׁבִי
πρᾶσις 1200c
πτῶμα 1239a
σῖτος 1267b
σύγκρισις 1300b
⟦ταλαιπωρία 1333a⟧ → שֹׁד
שֶׁבֶר, שֵׁבֶר II
συντρίβειν 1321a
συντριβή 1322a
σύντριμμα 1322b, *193a*
συντριμμός 1322b
שִׁבָּרוֹן
συντριβή 1322a
σύντριμμα 1322b
שְׁבַשׁ ithpa. (Aramaic)
συνταράσσειν 1318a
שָׁבַת qal
ἀναπαύειν 80b (+Mi. 4.4)
ἀνάπαυσις 80c, *166c*
ἀπολλύειν, ἀπολλύναι *168a*
#ἀφανίζειν *169b* (Si. 45.26)
ἐκλείπειν 435c
ἡσυχάζειν 620a
καταλύειν 738b
καταπαύειν 740c, *181c*
#κατάπαυμα 741a (Ho. 7.4), *181c* (Si. 36.18)
κατάπαυσις 741a
παύειν 1112b
πίπτειν *188c*
*σαββατίζειν 1256b
συντελεῖν *192c*
שָׁבַת ni.
ἀπολλύειν, ἀπολλύναι 136c
#καταλύειν 738b
οὐκέτι εἶναι 1030a
⟦συντρίβειν 1321a⟧
שָׁבַת hi.
αἴρειν 34c
ἀναλύειν *166c*
ἀνταναιρεῖν 108c
ἀπαλλοτριοῦν 116c
ἀπολλύειν, ἀπολλύναι 136c
⟦ἀποστρέφειν 145b⟧ → שׁוּב hi.
ἀφαιρεῖν 180a
ἀφανίζειν 181b

διαπαύειν 307b
ἐκλείπειν 435c
⟦ἐκτρίβειν 444a⟧ → ἐκλείπειν
ἐξαίρειν *175c*
καθυστερεῖν *180b*
⟦[καθυστερίζειν] *180b*⟧
⟦καταδυναστεύειν 731a⟧
⟦κατακαίειν 731b⟧ → καταπαύειν
καταλύειν 738b
καταπαύειν 740c
κοπάζειν *182b*
παρακαλεῖν 1060a
παύειν 1112b
#συντρίβειν *193a* (Si. 33[36].12)
שֶׁבֶת
ἀνάπαυσις 80c
ἀργ(ε)ία 153a
⟦κατάπαυμα, [κατάπαυσις] *181c*⟧
שַׁבָּת
ἀνάπαυσις 80c
ἑβδομάς 361b
ἕβδομος 361c
⟦προσάββατον 1211a⟧ → σάββατον
*σάββατον 1256b
שַׁבָּתוֹן
ἀνάπαυσις 80c
σάββατον 1256b
שָׁגַג qal
ἀγνοεῖν 16a
ἀκουσιάζειν 49c
πλημμελεῖν 1145b
שְׁגָגָה
ἄγνοια 16a
ἀκούσιος 50a
ἀκουσίως 50a
שָׁגָה qal
ἀγνοεῖν 16a
#ἀπολλύειν, ἀπολλύναι 136c (Pr. 5.23)
ἀποστατεῖν 141b
διαμαρτάνειν 305b
⟦διασπείρειν 310c⟧
ἐκκλ(ε)ίνειν 433c, *173c*
⟦ἐκρίπτειν, ἐκριπτεῖν 441a⟧
⟦ἐξιστᾶν, ἐξιστάναι 496c⟧
πλανᾶν 1139b, *188c* (Si. 34[31].5)
⟦πλημμελεῖν 1145b⟧ → πλανᾶν
⟦συμμιγνύναι 1304b⟧
שָׁגָה hi.
ἀπωθεῖν 151a
πλανᾶν 1139b
שָׁגַח hi.
βλέπειν *169b*
ἐπιβλέπειν 516c
θαυμάζειν 626c
παρακύπτειν 1061b
⟦περιστροφή *188a*⟧ → חוּג I qal
שְׁגִיאָה
παράπτωμα 1063a
שִׁגָּיוֹן
ψαλμός 1483b
ᾠδή (שִׁגְיֹנוֹת) 1492a
שָׁגַל qal
ἔχειν 586c
שָׁגַל ni.
ἔχειν 586c

μολύνειν 932c
שָׁגַל pu.
⟦ἐκφύρεσθαι 445c⟧ → שָׁכַב pu.
שֵׁגָל
βασίλισσα 214a
παλλακή 1052b
שֵׁגַל (Aramaic)
παλλακή 1052b
שָׁגַע pu.
ἐπίληπτος 525a
μαίνεσθαι 892a
παράπληκτος 1063b
παρεξιστάναι 1068c
שָׁגַע hithp.
ἐπιληπτεύεσθαι 525a
ἐπίληπτος 525a
שִׁגָּעוֹן
παραλλαγή 1061c
παραπληξία 1063b
παραφρόνησις 1065b
שֶׁגֶר
βουκόλιον 226a
μήτρα 925b
שַׁד
μαστός, μασθός 898b
שֵׁד
δαιμόνιον 283b
שֹׁד
ἄδικος 26c
δείλαιος 286c
ἐπαγωγή *176a*
ὄλεθρος 986a
πτῶμα 1239a
συντριβή 1322a
σύντριμμα 1322b
συντριμμός 1322b
ταλαιπωρία 1333a
שָׁדַד qal
ἀνομεῖν 106b
ἀπολλύειν, ἀπολλύναι 136c
διώκειν 338b
ἐξοδεύειν 497b
ἐξολεθρεύειν, ἐξολοθρεύειν 497c
καταστροφή 746a
λῃστής 876a
ὀλεθρεύειν, ὀλοθρεύειν 986a
ὄλεθρος 986a
ὀλλύναι 987b
#πλήσσειν 1149c (Je. 30.6 [49.28])
ταλαιπωρεῖν 1333a
ταλαιπωρία 1333a
⟦ταλαιπωρίζειν 1333b⟧ → ταλαιπωρεῖν
ταλαίπωρος 1333b
ποιεῖν ταλαίπωρον 1154b, 1333b
שָׁדַד ni.
ταλαιπωρεῖν 1333a
שָׁדַד pi.
ἀτιμάζειν 175c
שָׁדַד pu.
ἀπολλύειν, ἀπολλύναι 136c
δείλαιος 286c
⟦οἴχεσθαι 985a⟧ → ὀλλύναι
ὀλλύναι 987b
ταλαιπωρεῖν 1333a
שָׁדַד polel
ταλαιπωρεῖν 1333a

שָׁדַד ho.
οἴχεσθαι 985a
שְׁדָה aph. (Aramaic)
#ἐκβάλλειν 420c (Ps. 16[17].11 Aramaizing)
שִׁדָּה
οἰνοχόη 984c
οἰνοχόος 984c
שַׁדַּי
ἐπουράνιος 539b
θεός 630a
ὁ θεὸς τοῦ οὐρανοῦ 630b
ἱκανός 683c
κύριος 800b
κύριος παντοκράτωρ 800b
παντοκράτωρ 1053c
ὁ τὰ πάντα ποιήσας 1073a, 1154a
§σαδδαι 1257a
שְׁדֵמָה
ἄγρωστις 18b
κληματίς 768a
πεδίον 1113b
§σαδημωθ (שַׁדְמוֹת) 1257b
שָׁדַף qal
ἀνεμόφθορος 87a
שִׁדָּפוֹן
ἀνεμοφθορία 87a
⟦ἀπορία 140a⟧ → ἀφορία
⟦ἀφθορία 183b⟧ → ἀφορία
ἀφορία 185c
ἐμπυρισμός 460b
πύρωσις 1246a
שְׁדַר ithpa. (Aramaic)
ἀγωνίζεσθαι 18c
שֹׁהַם
βηρύλλιον 217c
ὄνυξ 1000c
πράσινος 1200c
σάρδιον 1259b
σμάραγδος 1278b
§σοαμ, σοομ 1278c
שָׁוְא
ἄνομος 107c
ἀργός *168b*
ἀσύνετος *168c*
ἄτοπος 176b
ἄχρηστος *169c*
γελοιαστής 235c
κενός, καινός ("empty") 759a
διὰ κενῆς 759a
μάταιος 898c
ματαιότης 899a
ματαίως 899b
μάτην (שָׁ׳, לַשָּׁ׳) 899c
εἰς μάτην 899c
#ὀκνηρός (פּוֹעֵל שָׁ׳) *186a* (Si. 37.11)
ψευδής 1484b
שׁוֹא
#κακουργία 711c
שׁוֹאָה
ἄβατος 1a
ἀωρία 188c
θλῖψις 652c
⟦κακουργία 711c⟧ → שׁוֹא
παγίς, πακίς 1044b
συνοχή 1318a
⟦ταλαιπωρία 1333a⟧ → ἀωρία
ὑετός 1384a
ὑπερηφανία *194b*
⟦ὑπερήφανος *194b*⟧ → ὑπερηφανία
שׁוּב qal
ἀθετεῖν (שׁוּב מִן qal) 29b
⟦αἰχμαλωσία 38b⟧ → שְׁבִי
ἀναβαίνειν, ἀναβέννειν 70a
*ἀνακάμπτειν 78b
ἀναστρέφειν 82b, *166c*
ἀνέχειν 87c
ἀνταποδιδόναι 108c
#ἀπεῖναι 120a (Pr. 25.10)
ἀπέρχεσθαι 121a, *167c*
ἀποδιδόναι 126b
ἀποκαθιστᾶν, ἀποκαθιστάναι 131b
ἀπολύειν 138c
ἀποστρέφειν 145b, *168b*
ἀποστροφή 148b
ἀποτρέχειν 149b
ἀφιστᾶν, ἀφιστάναι, ἀφιστάνειν 184b
βαδίζειν 188a
διαλείπειν 304b
διδόναι 317b
ἐγκαταλείπειν 365a
⟦ἐλεεῖν 449c⟧
ἐνδιδόναι 470b
ἐπάγειν 503c
ἐπαναστρέφειν 506c
ἐπανέρχεσθαι 506c
ἐπανήκειν 506c, *176a*
ἐπέρχεσθαι 509c
⟦ἐπιβλέπειν 516c⟧ → ἐπιστρέφειν
*ἐπιστρέφειν 531a, *177a*
ἐπιστροφή 534a
["] *177a*
⟦ἐρειδεῖν 544c⟧ → יָשַׁב qal
ἔρχεσθαι 548b
ἥκειν 605a
καθιστάναι 703a
⟦καταβαίνειν 727a⟧
καταπαύειν 740c
⟦κυλίειν 798c⟧
μεταβάλλειν 915b
#μεταμελεῖν *184b* (Si. 30[33].28)
μετανοεῖν *184b*
μετατιθέναι 917a
ὁρμᾶν 1014a
*πάλιν (שׁוּב qal, שׁוּב לְ־ qal) 1051c, *187a*
ἀπέρχεσθαι πάλιν 1051c
βαδίζειν πάλιν 1051c
ἐπέρχεσθαι πάλιν 1051c
πάλιν ἀποκαταστῆναι 1051c
πάλιν μεταβάλλειν 1051c
πάλιν πορεύεσθαι 1051c, 1189b
πάλιν προσέρχεσθαι 1051c, 1213c
παραγίνεσθαι 1056c
παύειν (שׁוּב qal, שׁוּב מִן qal) 1112b
προστιθέναι 1221a
⟦στρέφειν 1296c⟧ → ἐπιστρέφειν
⟦σῴζειν 1328b⟧
ὑπευθύνειν 1411b
ὑπεύθυνος γίνεσθαι 1411b
ὑποστρέφειν 1417b
שׁוּב polel
ἀναστρέφειν *166c*
ἀποκαθιστᾶν, ἀποκαθιστάναι 131b
ἀποπλανᾶν 139c
ἀποστρέφειν 145b
#ἀτιμία 175c (Je. 30[49].4)
ἐπιστρέφειν 531a
⟦ἰταμία 696a⟧ → ἀτιμία
⟦οἰκτείρειν 982c⟧
συνάγειν 1307b
שׁוּב polal
ἀποστρέφειν 145b
שׁוּב hi.
ἀναγγέλλειν (שׁוּב hi., שׁוּב דָּבָר hi.) 74a
ἀνάγειν 75b
#ἀναπαύειν ψυχήν (שׁוּב נֶפֶשׁ hi.) 80b (La. 1.6)
ἀναπνεῖν (שׁוּב רוּחַ hi.) 81b
ἀναστρέφειν 82b
ἀναφέρειν 84c
ἀνταποδιδόναι 108c, *167b*
ἀνταπόδομα 109b
ἀνταπόκρισις 109c
ἀντειπεῖν, ἀντερεῖν 109c
ἀντιδιδόναι 110b
⟦ἀντιπίπτειν 111c⟧ → ἀντειπεῖν, ἀντερεῖν
ἀπαγγέλλειν 114a
ἀπάγειν 115b
ἀπερείδεσθαι 120c
ἀποδιδόναι 126b, *168a*
ἀπόδοσις 127c
ἀποκαθιστᾶν, ἀποκαθιστάναι 131b
ἀποκομίζειν 132c
ἀποκρίνειν (שׁוּב דָּבָר hi.) 133a, *168a*
ἀπόκρισιν διδόναι 134b, 317b
ἀπόκρισιν ποιεῖσθαι 134b, 1154a
#φθέγγεσθαι ἀπόκρισιν (שׁוּב מַעֲנֶה hi.) *168a* (Si. 5.11)
ἀποστέλλειν 141b
ἀποστρέφειν 145b
ἀποστροφή 148b, *168b*
ἀποτιθέναι 148c
ἀποτιννύειν 149b
ἀφιστᾶν, ἀφιστάναι, ἀφιστάνειν 184b
δέχεσθαι 294c
διαλλάσσειν 304c
διδόναι 317b, *171b*
διδόναι ἀνταπόκρισιν 317b
#εἰπεῖν, ἐρεῖν 384a (Jb. 11.10)
⟦εἰσάγειν 407c⟧
εἰσφέρειν 415a
⟦ἐκτρίβειν 444a⟧ → שׁוּף qal
ἐξαποστέλλειν 488a
ἐπάγειν 503c
ἐπιβάλλειν 516a
ἐπιστρέφειν 531a, *177a*
ἐπισυνάγειν 534a
ἐπιφέρειν 538a
ἐφιστάναι 585c
⟦καθιέναι 701c⟧ → κατατιθέναι
καθιστάναι 703a
καταπαύειν 740c
κατατιθέναι 746c
⟦κατοικίζειν 755c⟧
κωλύειν *183c*
⟦ " 839b⟧
λογίζεσθαι 880a
*#λύειν 889a (I Es. 9.13)
*#μετακαλεῖν 916a (I Es. 1.50)
⟦μετανοεῖν 916b⟧ → בָּקַר pi.
ἀπάγειν πάλιν 1051c
ἐξαποστέλλειν πάλιν 1051c
πάλιν ἀποστρέφειν 1051c
περιτιθέναι 1127c
προσάγειν 1211a
προσφέρειν 1222c
στρέφειν 1296c
⟦τάσσειν 1337a⟧ → שׂוּם I, שִׂים qal
τίειν 1348c
ὑποστρέφειν 1417b
φέρειν 1426c
⟦φθέγγεσθαι *195a*⟧ → פִּתְגָם
⟦ὠφελεῖν 1497b⟧
שׁוּב ho.
ἀποδιδόναι 126b
ἀποστρέφειν 145b
ἐπιστρέφειν 531a
שׁוֹבָב I
#αἰσχύνη 37a (Is. 47.10)
ἀφιστᾶν, ἀφιστάναι, ἀφιστάνειν 184b
ἐπιστρέφειν 531a
στυγνός 1297c
שׁוֹבָב II
ἀποστρέφειν 145b
ἀτιμοῦν 176a
ἰταμία 696a
שׁוּבָה
ἀποστρέφειν 145b
שׁוֹד
κακός 709b
שׁוּד
⟦δαιμόνιον 283b⟧ → שֵׁד
שָׁוָה qal
ἀντιτάσσεσθαι 112a
ἄξιος 113a
ἀρέσκειν 155c
#ἰσοῦν 689a (Is. 40.25)
ὅμοιος γίνεσθαι 256c, 992b
συμφέρειν 1306b
שָׁוָה pi.
#ἀποβαίνειν 125b (Jb. 11.6)
⟦ἐπιλανθάνεσθαι + neg. 524a⟧
ἐπιτιθέναι 535c
εὐθηνεῖν 570b
καταρτίζειν 743b
ὁμαλίζειν 990c
προορᾶν 1208b
⟦ταπεινοφορεῖν 1335c⟧ → ταπεινοφρονεῖν
ταπεινοφρονεῖν 1335c
τιθέναι 1348c
שָׁוָה hi.
#ἰσοῦν 689a (La. 2.13)
שָׁוָה nith.
#ὡσαύτως 1495c (Pr. 27.15)
שְׁוָה pa. (Aramaic)
#διδόναι 317b (Da. TH 5.21)
שְׁוָה ithpa. (Aramaic)
δημεύειν (ithpa. נְוָלִי שְׁ׳) 295c
διαρπάζειν (ithpa. נְוָלִי שְׁ׳) 308c
שׁוּחַ qal
⟦καταδολεσχεῖν 731a⟧ → שִׂיחַ qal
ταπεινοῦν 1335a
שׁוּחַ hi.
⟦καταδολεσχεῖν 731a⟧ → שִׂיחַ qal
שׁוּחָה
ἄβατος 1a
#ἄπειρος 120b (Je. 2.6)
βόθρος 224a
שׁוּט qal
ἀτιμάζειν 175c
διαπορεύεσθαι 308b

διέρχεσθαι 328c
κωπηλάτης 840b
περιέρχεσθαι 1123a
⟦περιέχειν 1123a⟧
περιοδεύειν 1124c
#φαῦλος 1425c (Jb. 9.23)

שׂוּט pilp.
⟦ἀπομαίνεσθαι 139a⟧ → שָׂטָה qal
⟦διδάσκειν 316c⟧
ἐπιβλέπειν 516c
περιτρέχειν 1128a

שׁוֹט
⟦καταιγίς 731b⟧
μάστιξ 898b
παγίς *187a*
#ῥάβδος 1247a (Si. 30[33].33)
#σχοῖνος 1328b (Mi. 6.5)

שְׁוִי
#τιμή 1353a (Jb. 34.19)

שׁוֹל
⟦δόξα 341b⟧
λῶμα 891c
ὀπίσθιος 1001c
ὁ (τὸ/τὰ) ὀπίσω 1001c

שׁוֹלָל
αἰχμάλωτος 39b
ἀνυπόδετος, ἀνυπόδητος 112b

שׁוּם
σκόρδον 1275c

שׁוּעַ I, שָׁוַע pi.
βοᾶν 222a
δεῖσθαι 288a, *170b*
κράζειν 781b
κραυ(γ)ή 784b
στενάζειν 1288b

שׁוּעַ I, שָׁוַע hi.
ἀποπλανᾶν *168a*

שׁוּעַ II
δέησις 285c

שֶׁוַע
δέησις 285c

שׁוֹעַ
⟦σίγα 1265c⟧

שׁוֹעָה
⟦προσευχή *190b*⟧

שַׁוְעָה
βοή 222c
⟦βοήθεια, βοηθία 222c⟧ → תְּשׁוּעָה
δέησις 285c
κραυ(γ)ή 784b
#προσευχή *190b* (Si. 32[35].21)

שׁוּעָל
ἀλώπηξ 60b

שׁוֹעֵר
θυρωρός 664a
πυλωρός 1242a

שׁוּף qal
ἐκτρίβειν 444a
καταπατεῖν 740b
#τηρεῖν 1348b (Ge. 3.15)

שׁוֹפָר
εὐτόνως (בַּשּׁוֹפָרוֹת) 581a
κερατίνη 760b
σάλπιγξ 1258b
σάλπιγξ κερατίνη 760b
§σωφε(ι)ρ 1332c

שׁוּק I hi.
ὑπερεκχεῖν 1409b
⟦ὑπερχεῖν 1411b⟧ → ὑπερεκχεῖν

שׁוּק I pilp.
⟦μεθύ(σκ)ειν 907c⟧ → שָׁקָה hi.

שׁוּק II (Hebrew and Aramaic)
*#ἀγορά 16b (I Es. 2.17)

שׁוֹק
βραχίων 230a
κνήμη 772c
κωλέα 839b
σκέλος 1268c

שׁוֹר
βοῦς 229a
μόσχος 934c
μόσχος ἐκ βοῶν 934c
σιτευτός 1267b
ταῦρος 1337c

שׁוּר I qal
⟦ἀναστρέφειν 82b⟧ → צָעַד qal
⟦ἀτενοῦν(?) 175b⟧ → περιβλέπειν
διέρχεσθαι 328c
καταμανθάνειν 739a
κατισχύειν 751b
ὁρᾶν 1005a
ὁρατὴς εἶναι 1008a
περιβλέπειν 1122b
⟦προνοεῖν 1207c⟧ → προσνοεῖν
προσνοεῖν 1218c

שׁוּר I polel
ἐχθρός 589c

שׁוּר II subst. (Hebrew and Aramaic)
#τειχίζειν 1339c (I Ki. 27.8 Aramaizing)
*τεῖχος 1339c

שׁוּר III
ἐχθρός 589c
προμαχών 1207c

שׁוֹרֶשׁ
see also שֹׁרֶשׁ
ῥίζα *191b*

שׁוּשַׁן
κρίνον 788c, *182b*

שׁוֹשַׁן
κρίνον 788c

שׁוֹשַׁנָּה
κρίνον 788c

שׁוּת qal
ἐπιτιθέναι 535c
ἐν πενθικοῖς (שָׁתוּ אִישׁ עֶדְיוֹ עָלָיו + neg.) 1118a

שׁוּתָּף
#κοινωνός *182a* (Si. 41.18; 42.3)

שָׁזַף qal
παραβλέπειν 1056a

שָׁזַר ho.
κλώθειν 772b
νήθειν 944b

שַׁח
κύφειν 839a

שָׁחַד qal
δωροκοπεῖν *172c*
ἐπιδεῖν ("to lack") 519a
φορτίζειν 1438a

שֹׁחַד
δωροδέκτης 359a
δῶρον 359a

שָׁחָה qal
κύπτειν 799c

שָׁחָה hi.
ταράσσειν 1336a

שָׁחָה hishtaphel
καταφιλεῖν 747c
ποιεῖν 1154a
*προσκυνεῖν 1217b, *190b*

שְׁחוֹר
ἀσβόλη 169c

שָׁחוֹר
μέλας 908b

שְׁחוּת
διαφθορά 315a

שָׁחַח qal
δείδειν 286a
κακοῦν 711b
#κατακάμπτειν 733a (Ps. 37[38].6)
κάμπτειν 718b
κύπτειν 799c
ὀλισθαίνειν, ὀλισθάνειν 987a
ταπεινοῦν 1335a
τήκειν 1348a

שָׁחַח ni.
δύ(ν)ειν 350a
ἐκλύειν *173c*
κύπτειν 799c
ταπεινοῦν 1335a

שָׁחַח hi.
κατάγειν 729b
ταπεινοῦν 1335a

שָׁחַח hithpo.
περίλυπος εἶναι 1124c
ταράσσειν 1336a

שָׁחַט qal
ἀγρεύειν 16c
ἐλατός 448a
*θύειν 659a
καθαρός 698c
καταστρωννύναι, καταστρωνύειν 746a
σφάζειν 1324b
τιτρώσκειν 1362a

שָׁחַט ni.
σφάζειν 1324b

שְׁחִיטָה
θύειν 659a

שְׁחִין
ἕλκος 453b

שָׁחִיס
⟦κατάλ(ε)ιμμα 736a⟧

שָׂחִיף
ξυλοῦν (שְׂ׳ עֵץ) 959b

שְׁחִית
διαφθορά 315a

שְׁחִיתָה
[ἄγνοια] *165b*
ἀμπλάκημα, ἀμβλάκημα 67c

שַׁחַל
λέαινα 863c
λέων 874c
πανθήρ 1052c

שְׁחֵלֶת
ὄνυξ 1000c

שַׁחַף
λάρος 862c

שַׁחֶפֶת
ἀπορία 140a
ψώρα 1490c

שַׁחַץ
ἀλαζών 52a

שָׁחַק qal
ἐκτρίβειν *174a*
λε(ι)αίνειν 863c
λεπτύνειν 874b
προσγελᾶν *190a*
συγκόπτειν 1300b

שַׁחַק
ἀήρ 29a
ἄστρον 173c
νεφέλη 943b
νέφος 944a
οὐρανός 1031b
παλαίωμα 1051c
ῥοπή 1254b
στερέωμα 1289b

שָׁחַר qal
⟦μελανοῦσθαι 908b⟧ → σκοτοῦν
σκοτοῦν 1277a

שָׁחַר pi.
ἐπιμελῶς 525c
ζητεῖν 597a
ὀρθ(ρ)ίζειν 1011a, *186c*
ποθεῖν 1153c

שַׁחַר
ἑωθινός (בַּעֲלוֹת הַשּׁ׳, שַׁ׳) 592a
ἑωσφόρος 593c
#ὄρθριος 1011b (Jb. 29.7)
ὄρθρος, ὀρθός 1011b
κατ᾽ ὄρθρον 1011b
ὄρθρου (בַּשּׁ׳, בַּעֲלוֹת הַשּׁ׳, שַׁ׳) 1011b
πρωΐ 1234b
ἕως (τὸ) πρωΐ (עַד עֲלוֹת הַשּׁ׳) 1234b
ὁ πρωῒ ἀνατέλλων (בֶּן־שַׁ׳) 83a
πρώϊμος, πρόϊμος (כַּשּׁ׳) 1235a

שָׁחֹר
μέλας 908b
ξανθίζειν 956a

שְׁחַרְחֹר
μελανοῦσθαι 908b

שָׁחַת ni.
διαπίπτειν 308a
διαφθείρειν 314c
ἐξολεθρεύειν, ἐξολοθρεύειν 497c
καταφθείρειν 747c
⟦πίπτειν 1135c⟧ → διαπίπτειν
φθείρειν 1429c

שָׁחַת pi.
ἁμαρτάνειν 60c, *166b*
ἀνομεῖν 106b
ἀπολλύειν, ἀπολλύναι 136c, *168a*
ἀφανίζειν 181b
διαφθείρειν 314c
διαφθορά 315a
ἐκτρίβειν 444a
ἐκτυφλοῦν 444c
ἐκχεῖν, ἐκχέειν 445c
ἐξαλείφειν 486c

ἐξολεθρεύειν, ἐξολοθρεύειν 497c
καταβάλλειν 728c
κατασκάπτειν 743c
καταστρέφειν 745c
καταφθείρειν 747c
λυμαίνειν, λοιμαίνειν 889b
φθείρειν 1429c

שָׁחַת hi.
ἀγνοεῖν *165b*
αἴρειν 34c
ἀνομεῖν 106b
ἀνομία 106b
ἄνομος 107c
ἀπολλύειν, ἀπολλύναι 136c, *168a*
ἀπώλεια, ἀπωλία 151c
ἀσεβής 170b
ἀφανισμός 182a
*#ἀχρειοῦν 187c (I Es. 1.56)
⟦διασπορά 311a⟧ → διαφθορά
διαφθείρειν 314c
διαφθορά 315a
ἐκτρίβειν 444a
⟦ἐμβάλλειν 455a⟧ → שִׁית I qal
ἐξαίρειν 485b, *175c*
ἐξαλείφειν 486c, *175c*
ἐξολεθρεύειν, ἐξολοθρεύειν 497c
⟦ἐπιτιθέναι 535c⟧ → שׁוּת qal
καταβάλλειν *181b*
καταφθείρειν 747c
καταφθορά 747c
λυμαίνειν, λοιμαίνειν 889b
νοεῖν 946a
ὀλεθρεύειν, ὀλοθρεύειν 986a
⟦ταπεινοῦν 1335a⟧
φθείρειν 1429c

שָׁחַת ho.
διαφθείρειν 314c
λυμαίνειν, λοιμαίνειν 889b

שְׁחַת pe. (Aramaic)
διαφθείρειν 314c

שַׁחַת
ἀπολλύειν, ἀπολλύναι 136c
ἀπώλεια, ἀπωλία 151c, *168b*
βόθρος 224a
βόθυνος 224b
διαφθορά 315a
θάνατος 623b
καταφθορά 747c
ῥύπος 1255b
φθορά 1430a

שָׁטָה qal
#ἀπομαίνεσθαι 139a (Da. LXX 12.4)
#μανία 895c (Ps. 39[40].4; Ho. 9.7, 8)

שִׁטָּה
ἄσηπτος 171c
πύξος 1242b
#σχοῖνος 1328b (Jl. 3[4].18)

שָׁטַח qal
καταστρωννύειν, καταστρωννύναι 746a
ψυγμός 1486a
ψύχειν 1486a

שָׁטַח pi.
διαπετάζειν, διαπεταννύειν, διαπεταννύναι 307c

שֹׁטֵט
ἧλος 607b

שָׁטַף qal
ἀπονίπτειν 139a
ἀποπλύνειν 139c
⟦διορίζειν 336b⟧
ἐπικλύζειν 523b
κάθιδρος 701c
κατακλύζειν 734a
καταποντίζειν 742a
κατασύρειν 746b
νίπτειν 945c
#ὀξύς (שׁ׳ act. ptc.) 1001a (Pr. 27.4)
συγκλύ(ζ)ειν 1300a
συντρίβειν 1321a
σύρειν 1322c
φέρειν 1426c

שָׁטַף ni.
κατακλύζειν 734a
νίπτειν 945c
συντρίβειν 1321a

שָׁטַף pu.
ἐκκλύζειν 434b

שֶׁטֶף, שֵׁטֶף
κατακλύζειν 734a
κατακλυσμός 734a
ὑετὸς λάβρος 840a, 1384a
⟦ὀξύς 1001a⟧ → שָׁטַף qal
συντρίβειν 1321a

שָׁטַר qal
ἀναγκάζειν 76a
γραμματεύειν 275b
γραμματεύς 275b
γραμματοεισαγωγεύς 275c
κριτής 791a

שַׁי
δῶρον 359a

שִׁיבָה I
αἰχμαλωσία 38b
#αἰχμάλωτος 39b (Jb. 41.23)

שִׁיבָה II
⟦οἰκεῖν 968a⟧ → יָשַׁב qal

שָׁיָה
⟦ἐγκαταλείπειν 365a⟧ → נָשָׁה I qal(?)

שֵׁיזִב shaph. (Aramaic)
ἀντιλαμβάνεσθαι 110c
ἐξαιρεῖν 484b
λυτροῦν 890a
ῥύεσθαι 1254b
σώζειν 1328b

שִׂיחַ qal
#καταδολεσχεῖν 731a

שִׂיחַ hi.
⟦καταδολεσχεῖν 731a⟧ → שִׂיחַ qal

שִׁיחָה
βόθρος 224a

שִׁיחוֹר
#ἀοίκητος 113c (Jo. 13.3)

שַׁיִט
ἐλαύνειν 448c
⟦καταιγίς 731b⟧

שִׁילֹה (place-name)
⟦ἀπόκεισθαι 132b⟧ → שֶׁ, שַׁ, שְׁ

שֵׁילָל
ἀνυπόδετος, ἀνυπόδητος 112b

שַׁיִן, שֵׁין
οὖρον 1034b

שֵׁינָה
ὕπνος *194b*

שִׁיר I qal
ᾄδειν 19a
αἰνεῖν 33a
⟦ἄρχειν 163a⟧
⟦εὐφραίνειν 581b⟧
ὑμνεῖν 1405a
ᾠδός 1492c

שִׁיר I polel
ᾄδειν 19a
⟦ἄρχειν 163a (Jb. 36.24 Aramaizing)⟧ → שְׁרָא pa.
*#ἱεροψάλτης 683c (+I Es. 1.15)
φωνεῖν 1447b
*#ψάλτης 1484a (I Es. 5.42)
ψαλτῳδεῖν 1484a
*ψαλτῳδός 1484a
ᾠδός 1492c

שִׁיר I ho.
ᾄδειν 19a
#ἐπαινεῖν 504c, *176a* (Si. 9.17)

שִׁיר II
ᾄδειν 19a
⟦ἄρχων 166b⟧ → שַׂר
ᾆσμα 172c
⟦θέλημα 629a⟧
μέλος *184b*
*μουσικός 935c, *185c* (+Si. 40.20)
ὄργανον (כְּלֵי־שִׁיר) 1008b
⟦ " (שִׁיר) 1008b⟧
ὕμνος 1405b
ὑμνῳδεῖν (בַּשִּׁיר) 1405c
ψαλμός 1483b
ψαλτῳδός 1484a, *196a* (Si. 50.18)
ᾠδή 1492a, *196a*

שִׁירָה
αἴνεσις *165c*
ᾆσμα 172c
μουσικός *185c*
ᾠδή 1492a, *196a*

שַׁיִשׁ
πάριος (אַבְנֵי שׁ׳) 1070b

שִׁית I qal
ἀνιέναι (= ἀνίημι) 102b
⟦ἀντιτάσσεσθαι 112a⟧ → נָשָׂא qal
#ἄξιος (שִׁית עִם qal) 113a (Jb. 30.1)
ἀποστρέφειν 145b
ἀφιέναι *169b*
⟦διακρίνειν (שִׁית יָד qal) 304a⟧ → שִׁית I hi. ≈ διακούειν
⟦διαχωρίζειν 316a⟧
διδόναι 317b, *171b*
ἐκτείνειν *173c*
#ἐμβάλλειν 455a (Je. 11.19)
ἐμφράσσειν 460c
ἐξανιστάναι 487c
ἐπάγειν 503c
ἐπέρχεσθαι 509c
ἐπιβάλλειν 516a
ἐπιτιθέναι *177a*
ἐφιστάναι 585c
καθιστάναι 703a
#καταρτίζειν 743b (Ps. 10[11].4)
μιγνύναι 926c
νοεῖν 946a
προσέχειν 1215b
προστιθέναι 1221a
προτιθέναι 1231a
συγκατατίθεσθαι (שִׁית יָד qal) 1299b
συνεπιτιθέναι 1313c
τάσσειν 1337a
⟦τεκταίνειν 1342b⟧
τιθέναι 1348c
ὑποτάσσειν 1417b

שִׁית I hi.
διακούειν (שִׁית יָד hi.) 304a

שִׁית I ho.
ἐπιβάλλειν 516a

שִׁית II
εἶδος 375c

שַׁיִת
ἄγρωστις ξηρά (שָׁמִיר וָשַׁ׳) 18b
ἄκανθα 43c
⟦καλάμη 712b⟧

שָׁכַב qal
ἀναπαύειν 80b, *166c*
ἀποθνήσκειν 128a
⟦διαλύειν (שׁ׳ qal + neg.) 305a⟧
ἐπικοιμᾶσθαι 523b
ἔχειν 586c
καθεύδειν 700a
καθῆσθαι 700b
κατάκεισθαι 733a
καταλύειν 738b
κοιμᾶν 773c
⟦κοιμίζειν 774c⟧ → שָׁכַב hi.
κοιτάζεσθαι 775b
κοίτη 775b
⟦κυβερνήτης 796a⟧ → חֹבֵל
σύγκοιτος (שֹׁכֶבֶת חֵיק) 1300a

שָׁכַב ni.
ἔχειν 586c
μολύνειν 932c

שָׁכַב pu.
#ἐκφύρεσθαι 445c (Je. 3.2)

שָׁכַב hi.
κατοικίζειν 755c
κλίνειν 771a
κοιμᾶν 773c
κοιμίζειν 774c

שָׁכַב ho.
κοιμᾶν 773c
κοιμίζειν 774c

שְׁכָבָה
καταπαύειν 740c
κοίτη 775b

שְׁכֹבֶת
κοιτασία 775b
κοίτη 775b

שְׁכוֹל
ἀτεκνία 175b
ὀρφανία 1018a

שַׁכּוּל
ἀπορεῖν 140a
ἄτεκνος 175b

שִׁכּוֹר
κραιπαλᾶν 782a
μεθύ(σκ)ειν 907c
μέθυσος 908a, *184a* (Si. 19.1)
ἐν οἴνῳ *186a*

שָׁכַח, שָׁכֵחַ I qal
ἀμνησία *166b*
ἀνελεήμων γίνεσθαι 86c
ἀπολανθάνειν 136b
ἐγκαταλείπειν 365a

ἐπιλανθάνειν 524a, *176c*
ἐπιλησμονὴν ποιεῖν *177a*
καταλείπειν 736a
λήθη 875c
μιμνήσκεσθαι + neg. *185a*
שָׁכַח, שָׁכֵחַ I ni.
ἐπιλανθάνειν 524a
καταλείπειν 736a
שָׁכַח, שָׁכֵחַ I pi.
ἐπιλανθάνειν 524a
ἐπιλησμονὴν ποιεῖν *189b*
שָׁכַח, שָׁכֵחַ I hi.
ἐπιλανθάνειν 524a
שָׁכֵחַ II
ἐπιλανθάνειν 524a
שְׁכַח aph. (Aramaic)
*εὑρίσκειν 576c
καταλαμβάνειν 735a
τηρεῖν 1348b
שְׁכַח hithpe. (Aramaic)
*εὑρίσκειν 576c
καταλείπειν 736a
שָׁכַךְ qal
κοπάζειν 778a
שָׁכַךְ hi.
περιαιρεῖν 1121b
שָׁכֹל, שָׁכֵל qal
ἀποτεκνοῦσθαι 148c
ἀτεκνοῦν 175b
שָׁכֹל, שָׁכֵל pi.
ἄγονος 16b
⟦ἀσθενεῖν 172a⟧ → כָּשַׁל qal
ἀτεκνοῦν 175b
κατέσθειν, κατεσθίειν 749b
σφάλλειν 1324c
τιμωρεῖν 1354a
שָׁכֹל, שָׁכֵל hi.
ἀτεκνοῦν 175b
שִׁכֻּלִים
ἀπολλύειν, ἀπολλύναι 136c
שָׁכַם hi.
ἀνιστᾶν, ἀνιστάναι 102c
⟦διορθρίζειν 336b⟧ →
ὀρθ(ρ)ίζειν
ἐγείρειν 364a
ἐξανιστάναι 487c
ὀρθ(ρ)ίζειν 1011a
ὀρθρινός 1011b
ὄρθρος, ὀρθός 1011b
שְׁכֶם
ζυγός, ζυγόν 599a
μέρος *184b*
νῶτον, νῶτος 956b
§σικιμα 1266c
ὑπερωμίαν (מִשְּׁכְמוֹ) 1411b
#ὠμία 1492c (I Ki. 9.2; 10.23)
ὦμος 1493a, *196a*
שִׁכְמָה
κλείς 767b
שָׁכֵן, שָׁכַן I qal
ἀναπαύειν 80b
αὐλίζειν 178b
γείτων 235b
⟦ἐγκατασκηνοῦν 366b⟧ →
κατασκηνοῦν
⟦εἰσέρχεσθαι 410b⟧
ἐπέρχεσθαι 509c
ἐπικαλεῖν 521b
ἐπισκιάζειν + νεφέλη (= עָנָן)
528c
⟦ἥκειν 605a⟧
ἡσυχάζειν 620a
ἱστάναι, ἱστᾶν 689a
καθέζεσθαι 699c
⟦καταβαίνειν 727a⟧
καταγίνεσθαι 730a
καταλύειν 738b, *181b*
καταπαύειν 740c, *181c*
κατασκηνοῦν 744b
κατοικεῖν 751c
κτίζειν 795b
οἰκεῖν 968a
εἶναι οἰκήτωρ 969b
οἶκος 973a
ὁμορ(ρ)εῖν, ὁμοροεῖν 993c
⟦ὁρᾶν 1005a⟧
παροικεῖν 1071b
πάροικος 1071c
σκηνοῦν 1273a
σκιάζειν 1274b
στρατοπεδεύειν 1296a
שָׁכֵן, שָׁכַן I pi.
ἐπικαλεῖν 521b
κατασκηνοῦν 744b
κατοικίζειν 755c
שָׁכֵן, שָׁכַן I poel
⟦κατασκηνοῦν 744b⟧ → שָׁכֵן,
שָׁכַן I qal
שָׁכֵן, שָׁכַן I hi.
αὐλίζειν 178b
#ἐνοικίζειν *175b* (Si. 11.34)
ἐπικαθίζειν 521b
κατασκηνοῦν 744b
κατοικίζειν 755c
πηγνύναι 1130c
שָׁכֵן II
⟦ἀναπαύειν 80b⟧ → שָׁכֵן, שָׁכַן I
qal
γείτων 235b
περίοικος 1124c
שְׁכַן pe. (Aramaic)
κατασκηνοῦν 744b
⟦κατοικεῖν 751c⟧ →
κατασκηνοῦν
νοσσεύειν 949b
שַׁכֵּן pa. (Aramaic)
κατασκηνοῦν 744b
שֶׁכֶן
κατάλυμα *181b*
שָׁכַר qal
κραιπαλᾶν 782a
μέθη 907b
μεθύ(σκ)ειν 907c
שָׁכַר pi.
μεθύ(σκ)ειν 907c
שָׁכַר hi.
μεθύ(σκ)ειν 907c
μεθύ(σκ)ειν μέθη 907b, 907c
שָׁכַר hithp.
μεθύ(σκ)ειν 907c
שֵׁכָר
μέθη 907b
μέθυσμα 908a
οἶνος 983c, *186a*
σίκερα 1266c
שִׁכֹּר
μεθύ(σκ)ειν 907c
שִׁכָּרוֹן
μέθη 907b
μέθυσμα 908a
שֶׁל־
#χρῆμα *196b* (Si. 30[33].28; 37.6)
שַׁל
προπέτεια 1208b
שַׁלְאֲנָן, שַׁאֲנָן
εὐπαθεῖν 576a
שָׁלַב pu.
ἀντιπίπτειν 111c
שְׁלַבִּים
ἐξέχειν 495b
שָׁלַג hi.
χιονοῦσθαι 1471a
שֶׁלֶג
⟦δρόσος 349b⟧
χιών 1471b, *196a*
שָׁלָה I qal
εὐθηνία 570b
שָׁלָה I ni.
διαλείπειν 304b
שָׁלָה I hi.
πλανᾶν 1139b
שָׁלָה II, שָׁלֵו I
⟦βλασφημεῖν (אֲמַר שׁ׳) 221a⟧
⟦βλασφημία 221a⟧
εἰρηνεύειν 401b
εὐθηνεῖν 570b
שְׁלֵה (Aramaic)
εἰρηνεύειν (שׁ׳ הֲוָה) 401b
εὐθηνεῖν 570b
שֵׁלָה
αἴτημα 38a
שַׁלְהֶבֶת
ἐξάπτειν 489c
⟦πῦρ *190c*⟧
πυρά *191a*
שַׁלְהֶבֶתְיָה
φλόξ 1433a
שָׁלֵו I
see שָׁלָה II, שָׁלֵו I
שָׁלֵו II
εἰρηνεύειν (שׁ׳ הָיָה) 401b
εὐσταθεῖν 580c
ἡσυχία 620b
σωτηρία 1331b
שָׁלוּ (Hebrew and Aramaic)
ἀμπλάκημα, ἀμβλάκημα 67c
*#ἀναμφισβητήτως (שׁ׳ + neg. +
דַּי) 80a
ἄνεσις 87b
βλασφημεῖν (אֲמַר שׁ׳) 221a
βλασφημία 221a
εὐθηνία 570b
παράπτωμα 1063c
שָׁלְוָא (Aramaic)
ἐπιείκεια 519c
παράπτωμα 1063c
שַׁלְוָה
εἰρήνη 401b, *173a*
ἐξάπινα, ἐξαπίνης (בְּשׁ׳) 488a
⟦ἐξετασμός 495a⟧
εὐθηνία 570b
παράπτωσις 1063c
שִׁלּוּחִים
ἀποστολή 145a (+Ca. 4.13)
ἄφεσις 182b
ἐξαποστέλλειν 488a
שָׁלוֹם
ἀσπάζεσθαι, ἀσπάζειν
(שָׁאַל לְשׁ׳) 173a, *168c*
*εἰρηνεύειν (אִישׁ שׁ׳, שׁ׳) 401b,
173a
εἰρήνη 401b, *173a*
εἰρηνικός 402c, *173a*
εὐθηνεῖν 570b
εὐπροσήγορος (שְׁאַל שׁ׳) *178a*
⟦ἔχειν 586c⟧
ἵλεως 684c
ὅσιος 1018b
σωτηρία 1331b
σωτήριον 1332a
⟦τέλειος 1342c⟧ → שָׁלֵם II
ὑγιαίνειν 1380b
ὑγιής (בְּשׁ׳) 1380c
φίλος 1431b
χαίρειν 1452a
שִׁלּוּם
ἀνταπόδοσις 109b
שְׁלוֹמָה
see שְׁלֹמָה
שָׁלוֹשׁ
see שָׁלֹשׁ
שָׁלַח I qal
ἀνιέναι (= ἀνίημι) 102b
ἀνταποστέλλειν 109c
ἀπαγγέλλειν 114a
ἀποκτείνειν, ἀποκτέννειν (שׁ׳ יָד
qal) 135a
*ἀποστέλλειν 141b, *168b*
ἀπόστολος 145b
ἅπτεσθαι (שׁ׳ יָד qal) 150b
*#διαπέμπειν (שׁ׳ מַלְאָךְ qal) 307c
διαρπάζειν (שׁ׳ יָד qal) 308c
ἐκβάλλειν 420c
ἐκτείνειν 442a, *173c*
ἐκτείνειν τὴν χεῖρα 442a
ἐξαποστέλλειν 488a
ἐπιβάλλειν 516a
⟦ἐπιστέλλειν 529c⟧ →
ἀποστέλλειν
ἐπιστρέφειν 531a
ἐπιφέρειν 538a
κατασπεύδειν 745b
πέμπειν 1116b
⟦πλεονάζειν 1141c⟧
προβάλλειν 1204a
προχειρεῖν, προχειρίζειν 1234a
συμπαραλαμβάνειν 1304c
συναποστέλλειν 1312b
συνεπιτιθέναι 1313c
φέρειν 1426c
χειροῦσθαι (שׁ׳ יָד qal) 1467a
שָׁלַח I ni.
ἀποστέλλειν 141b
שָׁלַח I pi.
ἀπελαύνειν 120b
ἀποίχεσθαι 131a
*#ἀπολύειν 138c (I Es. 9.36)
ἀπορρίπτειν 140b
ἀποστέλλειν 141b
ἀποστολή 145a
ἀφιέναι, ἀφιέναι 183b
βάλλειν 189c
διαπέμπειν 307c

ἐκβάλλειν 420c
ἐκπέμπειν 439a
ἐκτείνειν 442a
ἐκφέρειν 444c
ἐμπιπράναι, ἐμπρήθειν 457c
ἐμπυρίζειν + ἐν πυρί (= בָּאֵשׁ) 460a
ἐξάγειν 483a
ἐξαποστέλλειν 488a
ἐπάγειν 503c
ἐπαποστέλλειν 508a
ἐπαφιέναι 509a
ἐπιπέμπειν 526b
ἐπιστρέφειν 531a
πατεῖν (מִשְׁלַח רֶגֶל) 1105a
πέμπειν 1116b
ῥίπτειν, ῥιπτεῖν 1252b
συμπροπέμπειν 1306a
συνιστάναι 1317a
χαλᾶν 1452c
שָׁלַח I pu.
ἀνιέναι (= ἀνίημι) 102b
ἀποστέλλειν 141b
ἀφαιρεῖν 180a
ἐκπέμπειν 439a
ἐκτείνειν 442a
ἐμβάλλειν 455a
ἐξαποστέλλειν 488a
πλανᾶν 1139b
שָׁלַח I hi.
ἀποστέλλειν 141b
ἐξαποστέλλειν 488a
ἐπαποστέλλειν 508a
שָׁלַח II qal
#ψιλοῦν 1485c (Ez. 44.20 Aramaizing)
שְׁלַח pe. (Aramaic)
*#ἀντιγράφειν (שְׁ׳ פִּתְגָם pe.) 110b
*ἀποστέλλειν 141b
*#δοκεῖν 339b (I Es. 8.11)
*ἐκτείνειν 442a
*πέμπειν 1116b
*#προστάσσειν 1220c (I Es. 7.1)
*#προσφωνεῖν (pe. שְׁ׳ רְעוּ) 1223c (I Es. 6.22)
χειροτονία (שְׁ׳ אֶצְבַּע pe.) 1467a
שֶׁלַח I
⟦ἀποστολή 145a⟧ → שִׁלּוּחִים
βέλος 217a
βολίς 224b
ὅπλον 1003c
πόλεμος 1172a
שֶׁלַח II
#κῴδιον 839b (Ne. 3.15)
שֻׁלְחָן
τράπεζα 1369b, _193c_
שָׁלַט qal
ἐξουσιάζειν 501b
שָׁלַט hi.
ἐξουσιάζειν 501b
κατακυριεύειν 735a
שְׁלֵט pe. (Aramaic)
ἅπτεσθαι 150b
ἄρχειν 163a
διδόσθαι ἐξουσίαν 500c
ἐξουσίαν ἔχειν 500c, 586c
κυριεύειν 800a
שְׁלֵט aph. (Aramaic)
ἀποδεικνύναι ἄρχοντα 126a
καθιστάναι 703a
κυριεύειν 800a
κύριον καθιστάναι 800b
שֶׁלֶט
βολίς 224b
ὅπλον 1003c
שִׁלְטוֹן (Hebrew and Aramaic)
ἄρχων 166b
ἐξουσία 500c
ἐξουσιάζειν 501b
μεγιστάν _184a_
שָׁלְטָן (Aramaic)
ἀρχή 164a
βασιλ(ε)ία (שָׁ׳ מַלְכוּ) 192a
ἐξουσία 500c
κυρ(ε)ία 799c
κυριεία 800a
שְׁלִי
ἐνεδρεύειν (בַּשְׁ׳) 472a
שִׁלְיָה
χόρ(ε)ιον 1472c
שְׁלֵיו, שָׁלֵיו
ἀπερίσπαστος _167c_
εὐθηνεῖν 570b
שַׁלִּיט (Hebrew and Aramaic)
ἄρχων 166b
δυνάστης 355b
⟦ἐκπορνεύειν τρισσῶς 440c⟧
ἐξουσία 500c
*ἐξουσίαν ἔχειν 500c, 586c, _176a_, _178c_
ἐξουσιάζειν 501b
ἐπικρατεῖν 523b
*κυριεύειν 800a
κύριος 800b
שָׁלִישׁ
δυνατός 355c
μέτρον, μέτρος 918b
τρισσός 1373b
τριστάτης 1373b
שְׁלִישִׁי
§ασαληλ (הַשְּׁ׳) 169c
§ασελεισηλ (הַשְּׁ׳) 171c
§σαλασ(ε)ια (שְׁלִישִׁיָּה) 1257c
§σαλισ(ι)α (שְׁלִישִׁיָּה) 1258a
τριετής 1373a
τρισσῶς (הַשְּׁלִשִׁית) 1373b
τρίτος 1373c, _194b_
τριώροφος 1374c
שָׁלַךְ hi.
ἀπορρίπτειν 140b, _168b_
ἀπόστολος 145b
βάλλειν 189c
ἐκβάλλειν 420c
ἐκπίπτειν 439b
ἐκρίπτειν, ἐκριπτεῖν 441a
ἐκσπᾶν 441b
ἐκτείνειν 442a
ἐκφέρειν 444c
ἐμβάλλειν 455a
⟦ἐξαρπάζειν 490a⟧ → ἐκσπᾶν
ἐπιβάλλειν 516a
ἐπιρρίπτειν, ἐπιρριπεῖν 527a
καθιέναι 701c
κατακρημνίζειν 734c
καταράσσειν 743a
καταρρίπτειν 743b
⟦κατατιθέναι 746c⟧ → καθιέναι
ῥίπτειν, ῥιπτεῖν 1252b
σπαράσσειν 1281c
σφάλλειν 1324c
שָׁלַךְ ho.
ἀπορρίπτειν 140b
ἐκβάλλειν 420c
ἐπιρρίπτειν, ἐπιρριπτεῖν 527a
ἐρημοῦν 546c
ῥάσσειν 1248a
ῥίπτειν, ῥιπτεῖν 1252b
שָׁלָךְ
καταρ(ρ)άκτης 743a
νυκτικόραξ 951a
שַׁלֶּכֶת
ἐκπίπτειν 439b
ἐκσπᾶν 441b
שָׁלַל qal
παραβάλλειν 1055c
ποιεῖν + σκῦλα acc. (= שָׁלָל) 1154a (Is. 10.6)
προνομεύειν 1207c
σκυλεύειν 1277b
שָׁלַל hithpo.
ταράσσειν 1336a
שָׁלָל
ἀπαρτία 118a
ἀπώλεια, ἀπωλία 151c
ἁρπαγή 159c
διαρπαγή 308c
εὕρεμα, εὕρημα 576c
λάφυρον 863b
προνομή 1208a
σκῦλον 1277b
שָׁלֵם I, שָׁלַם qal
ἀναπληροῦν 81b
ἀνταποδιδόναι 108c, _167b_
εἰρηνικός 402c
συντελεῖν 1319b
τελεῖν 1342c
τελειοῦν 1343a
שָׁלֵם I, שָׁלַם pi.
ἀνταποδιδόναι 108c
ἀνταπόδοσις 109b
⟦ἀνταποθνήσκειν 109b⟧
ἀνταποτίνειν 109c
ἀπαρτίζειν 118b
ἀποδιδόναι 126b, _168a_
ἀποκαθιστᾶν, ἀποκαθιστάναι 131b
ἀποτίνειν 149a, _168b_
διδόναι 317b
διδόναι ἀποδοῦναι 317b
⟦καταλαμβάνειν 735a⟧
ποιεῖν _189b_
συντελεῖν 1319b
τίειν 1348c
שָׁלֵם I, שָׁלַם pu.
ἀνταποδιδόναι 108c
ἀποδιδόναι 126b
σώζειν 1328b
ὑγιαίνειν 1380b
שָׁלֵם I, שָׁלַם hi.
ἀληθεύειν 53c
αὐτομολεῖν 179c
διατιθέναι 313b
διατιθέναι διαθήκειν 300c, 313b
εἰρηνεύειν 401b
⟦παραδιδόναι + neg. 1058a⟧
ποιεῖν 1154a
συντιθέναι 1320c
ὑπακούειν 1405c
φίλος γίνεσθαι 256c, 1431b
שָׁלֵם I, שָׁלַם ho.
εἰρηνεύειν 401b
שָׁלֵם II
ἀγαθός 2a
ἀκρότομος 51c
ἀληθινός 54a
ἀναπληροῦν 81b
δίκαιος 330c
εἰρήνη 401b
εἰρηνικός 402c
ὁλόκληρος 989a
πλήρης 1147a
#σύμπας 1305a (Jb. 25.2)
τέλειος 1342c
τελειοῦν _193b_
שְׁלֵם pe. (Aramaic)
*#λαμβάνειν συντέλειαν 847a, 1318c (I Es. 6.20)
τελεῖν 1342c
שְׁלֵם aph. (Aramaic)
ἀπολήγειν 136c
παραδιδόναι 1058a
πληροῦν 1147c
שְׁלֵם haph. (Aramaic)
*#τιθέναι 1348c (I Es. 8.17)
שְׁלָם (Aramaic)
εἰρήνη 401b
*#χαίρειν 1452a (I Es. 6.7; 8.9)
שֶׁלֶם
εἰρηνικός 402c
θυσία σωτηρίου, ἡ θυσία τοῦ σωτηρίου 664a, 1332a
σωτηρία 1331b
σωτήριον 1332a
τὸ τοῦ σωτηρίου 1332a
⟦σωτήριος 1332c⟧ → σωτήριον
τέλειος 1342c
ἡ τελείωσις τοῦ σωτηρίου 1343a
שִׁלֻּם
ἀνταποδιδόναι 108c
שִׁלֻּמָה
ἀνταπόδοσις 109b
שַׁלְמֹנִים
ἀνταπόδομα 109b
שָׁלַף qal
ἐκσπᾶν 441b
ἕλκειν, ἑλκύειν 453a
σπᾶν 1281b
ὑπολύειν 1415c
שָׁלַשׁ pi.
τριμερίζειν 1373a
τρισσεύειν 1373b
τρισσοῦν 1373b
#τρισσῶς 1373b (Ez. 16.30)
שָׁלַשׁ pu.
ἔντριτος 481a
τριετίζειν 1373a
τριπλοῦς 1373a
שָׁלֹשׁ
τριακονταετής (בֶּן שְׁלֹשִׁים שָׁנָה) 1372a
τριακοστός (שְׁלֹשִׁים) 1372a
τριετής (בֶּן שָׁ׳ שָׁנִים) 1373a
τρίμηνον (שְׁ׳ חֳדָשִׁים) 1373a
τριόδους (שְׁ׳ שִׁנַּיִם) 1373a
#τριπλασίων _194a_ (Si. 43.4)
τρίς (שָׁ׳, שָׁ׳ פְּעָמִים) 1373a, _194b_
τρισκαιδέκατος (שְׁ׳־עֶשְׂרֵה) 1373b
τρισσῶς (שָׁ׳ פְּעָמִים) 1373b

τρίτος (שָׁ׳ רְגָלִים, שָׁ׳ פְּעָמִים, שָׁ׳) 1373c
שָׁלֹשׁ
δράξ 348c
κύμβαλον 799b
τρισσός 1373b
τρισσῶς (שְׁלֹשִׁים) 1373b
שְׁלֹשָׁה
τριετίζειν 1373a
τριημερία (שְׁלֹשֶׁת יָמִים) 1373a
τρίμηνον (שְׁ׳ חֳדָשִׁים) 1373a
τρισκαιδέκατος (שְׁ׳ עָשָׂר) 1373b
⟦τρισσεύειν 1373b⟧ → שָׁלַשׁ pi.
τρισσῶς (לִשְׁלֹשְׁתָּם) 1373b
τριταῖος (שְׁלֹשֶׁת הַיָּמִים, שְׁ׳) 1373c
τρίτος 1373c
שִׁלְשׁוֹם
τρίτην (ἡμέραν), (τῆς) τρίτης ἡμέρας, (τῆς) τρίτης 1373c
שִׁלֵּשִׁים
ἕως τρίτης γενεᾶς 1373c
τρίτη γενεά 236a, 1373c
שִׁלְשֹׁם
καθ᾽ ἑκάστην ἡμέραν (תְּמוֹל שִׁ׳) 418a, 607b
τρίτη ἡμέρα 607b
τρίτην (ἡμέραν), (τῆς) τρίτης ἡμέρας, (τῆς) τρίτης 1373c
שָׁם
*#αὐτόθι 179b
*ἐκεῖ (שָׁמָּה, מִשָּׁם, שָׁם) 423c, *173c*
ἐκεῖθεν (שָׁמָּה, מִשָּׁם, שָׁם) 427b
ἐκεῖσε (מִשָּׁם) 430c
⟦ἔτι 561a⟧
שֵׁם
ἄτιμος (בְּלִי־שֵׁם) 176a
ἐπιτάσσειν (בְּשֵׁם) 534c
ἐπονομάζειν (קָרָא שֵׁם) 539a
⟦θρόνος 655b⟧ → ὄνομα
καλεῖν 712c
κατασκευή 744b
καύχημα 757c
λάλημα 846a
μνημόσυνον *185b*
*ὄνομα 995b, *186b* (+Si. 44.14)
ὄνομα καλόν 715b, 995b
⟦ὀνομαστί (בְּשֵׁם) 1000a⟧ → ὄνομα
ὀνομαστός (שֵׁם גָּדוֹל, לְשֵׁם, שֵׁם) 1000a, *186b*
*#ὀνοματογραφία 1000a (I Es. 8.49)
ὁ ὀνομαστός (הַשֵּׁם) 1000a
שֻׁם (Aramaic)
ἐπικαλεῖν 521b
*ὄνομα 995b
*#ὀνοματογραφία 1000a (I Es. 6.12)
שָׁמַד ni.
ἀπολλύειν, ἀπολλύναι 136c
ἀφανίζειν 181b
ἐκτρίβειν 444a
ἐκτριβή 444b
ἐξαίρειν 485b
ἐξολεθρεύειν, ἐξολοθρεύειν 497c
συντρίβειν 1321a
שָׁמַד hi.
ἀπολλύειν, ἀπολλύναι 136c
ἀπώλεια, ἀπωλία 151c
ἀφανίζειν 181b
ἀφανισμός 182a
ἐκτρίβειν 444a
ἐξαίρειν 485b, *175c*
ἐξαναλίσκειν 487b
⟦ἐξεγείρειν 490b⟧ → ἐξαίρειν
ἐξολεθρεύειν, ἐξολοθρεύειν 497c
ἐρημοῦν 546c
⟦ξηραίνειν 957a⟧ → ἐξαίρειν
⟦ὀλεθρεύειν, ὀλοθρεύειν 986a⟧ → ἐξολεθρεύειν, ἐξολοθρεύειν
שְׁמַד aph. (Aramaic)
ἀφανίζειν 181b
שַׁמָּה
#ἄβατος 1a (Je. 49[42].18)
⟦αἴνιγμα 34b⟧
#ἀπορία 140a (Je. 8.21)
#ἀπώλεια, ἀπωλία 151c (Je. 51[44].12)
ἀφανισμός 182a
ἔκστασις 441b
ἔρημος 545a
*ἐρήμωσις 547a
τέρας 1345a
שְׁמוּעָה
ἀγγελία 7b
ἀκοή 44b
ἀκούειν 45a
ἀκρόασις *166a*
φήμη 1429b
שָׁמַט qal
ἄφεσιν ποιεῖν 182b, 1154a
ἀφίειν, ἀφιέναι 183b
ἐκκλ(ε)ίνειν 433c
κυλίειν 798c
περισπᾶν 1126a
שָׁמַט ni.
καταπίνειν 741c
שָׁמַט hi.
ἄφεσιν ποιεῖν 182b, 1154a
שְׁמִטָּה
ἄφεσιν ποιεῖν 182b
שְׁמַיִן, שְׁמַיָּא (Aramaic)
⟦ἐπουράνιος 539b⟧ → οὐράνιος
*οὐράνιος 1031b
*οὐρανός 1031b
*#ὕψιστος 1420b (I Es. 6.31; 8.19, 21)
שָׁמַיִם
⟦ἀστήρ (צְבָא הַשָּׁ׳) 173b⟧
ἄστρον 173c
ἥλιος 606b
⟦οὐράνιος 1031b⟧ → οὐρανός
*οὐρανός 1031b, *187b*
*#ὕψιστος 1420b (I Es. 2.3)
שְׁמַיִן
see שְׁמַיִן, שְׁמַיָּא
שְׁמִינִי
§αμασε(ν)ιθ (הַשְּׁמִינִית) 65a
ὄγδοος 960a
שְׁמִיעָה
διήγημα *171c*
שָׁמִיר
ἄγρωστις ξηρά (שָׁ׳ וָשַׁיִת) 18b
#ἀπειθής 119c (Za. 7.12)
ὕλη 1405a
#χέρσος 1468a (Is. 5.6; 7.23, 24, 25)
#χόρτος 1473a (Is. 10.17; 32.13)
שָׁמֵם I qal
ἀπολλύειν, ἀπολλύναι *168a*
⟦ἀτιμάζειν 175c⟧ → שׁוּט qal
ἀφανίζειν 181b
ἀφανισμός 182a
διαφθείρειν 314c
ἐξερημοῦν 491c
ἐξιστᾶν, ἐξιστάναι 496c
#ἐξολεθρεύειν, ἐξολοθρεύειν 497c (Ez. 6.6)
ἔρημος 545a
ἐρημοῦν 546c, *177b*
ἐρήμωσις 547a
θαῦμα ἔχει 586c, 626c
θαυμάζειν 626c
καταφθείρειν 747c
σκυθρωπάζειν 1277a
#στενάζειν 1288b (Jb. 18.20)
στυγνάζειν 1297c
χηρεύειν 1468b
שָׁמֵם I ni.
ἀφανίζειν 181b
ἐξιστᾶν, ἐξιστάναι 496c
ἔρημος (pl. אֶרֶץ נְשַׁמָּה) 545a
ἐρημοῦν 546c
⟦συντρίβειν 1321a⟧
שָׁמֵם I polel
ἀφανίζειν 181b
ἀφανισμός 182a
ἐρεμάζειν(?) 544c
ἐρήμωσις 547a
ἠρεμάζειν 619c
*#περίλυπος 1124c (I Es. 8.71, 72)
*#σύννους 1317b (I Es. 8.71)
שָׁמֵם I hi.
ἀβατοῦν 1a
ἀναστρέφειν 82b
ἀπολλύειν, ἀπολλύναι 136c
ἀφανίζειν 181b
ἐξερημοῦν 491c
⟦ἐπάγειν 503c⟧ → שׁוּם I, שִׂים qal
ἐρημοῦν 546c
στυγνάζειν 1297c
שָׁמֵם I ho.
ἐρημοῦν 546c
ἐρήμωσις 547a
θαῦμα ἔχειν 586c, 626c
θαυμάζειν 626c
שָׁמֵם I hithpo.
#ἀφανίζειν 181b (Mi. 6.15)
ἐκλύειν 438a
ἐκπλήσσειν 439b
θαυμάζειν 626c, *179a*
⟦κατανοεῖν 739c⟧
ταράσσειν 1336a
שָׁמֵם II
ἀφανισμός 182a
ἔρημος 545a
שְׁמַם ithpo. (Aramaic)
ἀπενεοῦσθαι 120c
ἀποθαυμάζειν 128a
θαυμάζειν 626c
שְׁמָמָה
ἄβατος 1a
ἀοίκητος 113c
ἀπώλεια, ἀπωλία 151c
ἀφανίζειν 181b
ἀφανισμός 182a
ἔρημος 545a
⟦ἐρημοῦν 546c⟧ → שָׁמֵם I qal and מְשַׁמָּה
κατάρα 742b
ὄλεθρος 986a
שִׁמְמָה
ἐρημία 545a
ἔρημος 545a
שִׁמָּמוֹן
ἀφανισμός 182a
שָׁמֵן I qal
⟦ἔσθειν, ἐσθίειν 554a⟧
λιπαίνειν 879b
παχύνειν 1112c
שָׁמֵן I hi.
λιπαίνειν 879b
παχύνειν 1112c
שָׁמֵן II
λιπαίνειν 879b
λιπαρός 879b
πίων 1139a
שָׁמָן
πιότης 1135b
שֶׁמֶן
ἄλειμμα 52c
ἀρκεύθινος 158a
ἄρκευθος 158a
ἔλαιον, ἔλεον 447a, *174a*
⟦εὐφροσύνη 582c⟧
κυπαρίσσινος, κυπαρίστινος 799b
κυπάρισσος (עֵץ שֶׁ׳) *182c*
μύρον (שֶׁ׳ הַטּוֹב, שֶׁ׳) 937b
παχύς 1112c
πεύκινος 1130a
πίων 1139a
שְׁמֹנָה, שְׁמֹנֶה
ὄγδοος 960a
ὀκτάπηχυς (שְׁ׳ אַמּוֹת) 985c
*ὀκτωκαιδέκατος (שְׁ׳ עָשָׂר, שְׁ׳ עֶשְׂרֵה) 985c
שְׁמִנִת
ὄγδοος 960a
שָׁמַע, שְׁמַע qal
⟦ἀθετεῖν 29b⟧
ἀκοή 44b, *166a*
*ἀκούειν 45a, *166a*
ἀκουστός 50a
ἀκουστὸν ποιεῖν *166a*
ἀκουστὸς γίνεσθαι 256c
ἀκρόασις 51a
ἀνήκοος (שָׁ׳ qal + neg.) 88a
ἀπειθεῖν (שָׁ׳ qal + neg.) 119c
⟦γινώσκειν 267a⟧
διακούειν 304a
εἰδεῖν, εἰδέναι 374b
εἰσακούειν 408b, *173b* (–Si. 4.6, 15; 51.11)
ἐλεεῖν 449c
ἐπακούειν 505c, *176a* (–Si. 4.15)
ἐπιστρέφειν 531a
εὐήκοος 570a
⟦κρίνειν 787b⟧
μανθάνειν *184a*
παρακούειν (שָׁ׳ qal + neg.) 1061b
πιστεύειν 1137c
ποιεῖν 1154a (+III Ki. 8.30; Je. 22.5)
*#προσέχειν 1215b (I Es. 1.28)
τηρεῖν 1348b

ὑπακούειν 1405c
⟦ " *194a* (–Si. 42.23)⟧ → שָׁמַע, שָׁמֵעַ ni.
ὑπήκοος 1411c
φυλάσσειν, φυλάττειν 1441c

שָׁמַע, שָׁמֵעַ ni.
*ἀκούειν 45a
ἀκουστός 50a
ἀκουστὸν ποιεῖν *166a, 189b*
ἀπαγγέλλειν 114a
⟦γίνεσθαι 256c⟧
διαβοᾶν 299a
εἰσακούειν 408b
ἐπακούειν 505c
ὑπακούειν 1405c, *194a* (Si. 42.23)

שָׁמַע, שָׁמֵעַ pi.
παραγγέλλειν 1056b

שָׁמַע, שָׁמֵעַ hi.
ἀκοή 44b
ἀκούειν 45a, *166a*
ἀκουσθῆναι ποιεῖν 1154a
ἀκουστός 50a
ἀκουστὸν ποιεῖν 1154a, *166a, 189b*
ἀκουστὸς γίνεσθαι 256c
ἀκουτίζειν 50a, *166a*
ἀλαλάζειν 52a
ἀναγγέλλειν 74a
ἀναφωνεῖν 85c
ἀπαγγέλλειν 114a
δηλοῦν 295c
εἰπεῖν, ἐρεῖν 384a
⟦εἰσακούειν 408b⟧ → ἀκούειν
ἐνωτίζεσθαι 482b
παραγγέλλειν 1056b
⟦ποιεῖν 1154a (De. 30.13)⟧ → ἀκουστὸν ποιεῖν
#φωνεῖν 1447b (I Ch. 15.16)

שְׁמַע pe. (Aramaic)
ἀκούειν 45a

שְׁמַע ithpa. (Aramaic)
πειθαρχεῖν 1114b
ὑπακούειν 1405c

שֵׁמַע
ἀγγελία 7b
ἀκοή 44b, *166a* (Si. 43.24)
ἀκουστός 50a
κλέος 767b
ὄνομα 995b

שֶׁמַע
εὐηχοῖος(?) 570a
εὔηχος 570a

שֹׁמַע
ἀκοή 44b
ὄνομα 995b

שְׁמָעָה
ἀκοή 44b

שֶׁמֶץ
⟦ἐξαίσιος 486b⟧
⟦ἰκμάς 684b⟧
τρυφή *194c*

שִׁמְצָה
ἐπίχαρμα 538c

שָׁמַר qal
ἀγαπᾶν 5c
ἀκοή 44b
ἀκούειν 45a
ἀντέχειν 109c
ἀποσκοπεῖν 141a
ἀρχισωματοφύλαξ (שֹׁמֵר סַף, שֹׁמֵר לְרֹאשׁ) 166a
διατάσσειν 313a
διατηρεῖν 313a
διαφυλάσσειν, διαφυλάττειν 315c, *171b*
⟦εἰδεῖν, εἰδέναι 374b⟧
εἰσακούειν 408b
ἐμβάλλειν 455a
ἐρείδειν 544c
⟦εὑρίσκειν 576c⟧
ἱματιοφύλαξ (שֹׁ׳ בְּגָדִים qal) 686a
παρατηρεῖν 1065a
ποιεῖν 1154a
προσέχειν 1215b, *190b*
⟦συνάγειν 1307b⟧ → φυλάσσειν, φυλάττειν
⟦συνιέιν, συνιέναι 1316b (Jo. 1.8)⟧ → εἰδεῖν, εἰδέναι
συντηρεῖν 1320c, *192c* (+Si. 41.14)
τηρεῖν 1348b
τήρησις *193b*
⟦τιθέναι 1348c (Ps. 38[39].1)⟧ → שִׂים, שׂוּם I, qal
φυλακή 1440c
φύλαξ 1441b
*φυλάσσειν, φυλάττειν 1441c, *195c*

שָׁמַר ni.
διαφυλάσσειν, διαφυλάττειν 315c
εὐλαβεῖσθαι 572a
προσέχειν 1215b, *190b*
συντηρεῖν *192c*
φυλάσσειν, φυλάττειν 1441c, *195c*

שָׁמַר pi.
φυλάσσειν, φυλάττειν 1441c

שָׁמַר hithp.
προφυλάσσειν 1234a
φυλάσσειν, φυλάττειν 1441c

שֶׁמֶר
οἶνος 983c
τρυγίας 1377b

שֹׁמֵר
προφυλακή 1234a
#φύλαγμα 1440c (Ze. 1.12)

שְׁמֻרָה
φυλακή 1440c

שָׁמְרָה
φυλακή 1440c

שְׁמַשׁ I pa. (Aramaic)
θεραπεύειν 648a
λειτουργεῖν 872c

שְׁמַשׁ II subst. (Aramaic)
ἑσπέρα (מֶעָל שׁ׳) 557a
ἥλιος 606b

שֶׁמֶשׁ
ἔπαλξις 506b
ἥλιος 606b, *179b* (+Si. 26.16; 36[33].7)

שֵׁן (Hebrew and Aramaic)
ἀκρότομος *166a*
ἀκρωτήριον 51c
γαυρίαμα 234c
ἐλεφάντινος 452c
ὀδόντες ἐλεφάντινοι 452c, 966c
ἐλέφας 452c
ἐξοχή 501b
ὀδούς 966c, *186a*
σκοπή *191c*
τριόδους (שְׁלֹשׁ שִׁנַּיִם) 1373a

שְׁנָא pe. (Aramaic)
ἀλλοιοῦν 56a
διαφέρειν 314b
διάφορος 315b
ὑπερέχειν (שׁ׳ מִן pe.) 1409b
ὑπερφέρειν 1411a

שַׁנִּא pa. (Aramaic)
ἀθετεῖν 29b
ἀλλοιοῦν 56a
διάφορος 315b
διαφόρως χρᾶσθαι 315c

שְׁנָא aph. (Aramaic)
*#ἀκυροῦν 51c
ἀλλάσσειν 55b
ἀλλοιοῦν 56a
*#παραβαίνειν 1055b (I Es. 6.32)
παραλλάσσειν 1061c

שְׁנָא ithpa. (Aramaic)
ἀλλοιοῦν 56a
διαφέρειν 314b
παρέρχεσθαι 1068c

שְׁנָא
ὕπνος 1411c

שָׁנָה I qal
⟦ἀλλοιοῦν 166a⟧ → שָׁנָה II qal
ἀναστρέφειν 82b
δευτεροῦν 294c, *170c*
δευτέρωσις *170c*
δίς *171c*
⟦δισσός *171d*⟧
#μελετᾶν 908b (Pr. 24.2)

שָׁנָה I ni.
δευτεροῦν 294c

שָׁנָה I pi.
δευτεροῦν 294c
⟦ἐφιστάναι 585c⟧
προστιθέναι 1221a

שָׁנָה II qal
ἀλλοιοῦν 56a, *166a*
#διάφορος 315b (II Es. 8.27)
ἔξαλλος 487a

שָׁנָה II pi.
ἀθετεῖν 29b
ἀλλάσσειν 55b
ἀλλοιοῦν 56a, *166a* (Si. 40.5)

שָׁנָה II hithp.
ἀλλοιοῦν 56a
ἀλλοίωσις *166a*

שָׁנָה III
βίος 220a
δεύτερον ἔτος (שְׁנָתַיִם) 293b, 565a
⟦ " (שָׁנִים) 293b, 565a⟧
διετηρίς (שְׁנָתַיִם) 329b
εἰκοσαετής (בֶּן עֶשְׂרִים שָׁ׳) 377a
ἐνιαύσιος (בַּת־שָׁ׳, בֶּן־שָׁ׳) 474a
*ἐνιαυτός 474b, *175b* (Si. 36[33].7)
ἑξηκονταετής (בֶּן שִׁשִּׁים שָׁ׳) 495c
ἐπέτ(ε)ιος *176b*
ἑπταετής (שֶׁבַע שָׁנִים) 539c
*ἔτος 565a, *177c* (+Si. 26.2)
ἔτος ἐξ ἔτους (בְּמִסְפַּר שָׁנִים) 565a
#ἐφέτειος 585b (De. 15.18)
#ἡμέρα 607b (Da. LXX 9.2 [𝔓967])
καιρός 706a
πενταετής (בֶּן־חָמֵשׁ שָׁנִים) 1118b
πεντηκονταετής (בֶּן־חֲמִשִּׁים שָׁ׳) 1119a
τριακονταετής (בֶּן שְׁלֹשִׁים שָׁ׳) 1372a
τριετής (בֶּן שָׁלוֹשׁ שָׁנִים) 1373a

שֵׁנָה
νυστάζειν 956a
ὕπνος 1411c, *194b*
ὑπνοῦν 1412a

שְׁנָה I (Aramaic)
*ἔτος 565a

שְׁנָה II (Aramaic)
ὕπνος 1411c

שֶׁנְהַבִּים
ὀδόντες ἐλεφάντινοι 452c, 966c

שָׁנִי
διανήθειν (תּוֹלַעַת שָׁ׳) 306b
κλώθειν 772b
κλωστός 772c
κόκκινος 775c
κόκκος *182b*
φοινικοῦς 1436c

שֵׁנִי
*δεύτερος 293b
#διπλοῦς 337a (Ex. 25.4; 35.6)
διώφορος 339a
ἕτερος 560a
σιτευτός 1267b

שְׁנַיִם
ἀμφότεροι 68a, *166b*
δεύτερος 293b
⟦διάφορος 315b⟧ → שָׁנָה II qal
διπλάσιος (פִּי שְׁ׳) *171c*
διπλοῦς (פִּי שְׁ׳, שְׁ׳) 337a
#δισσός *171c* (Si. 42.24)
δίστομος (שְׁנֵי פֵּיוֹת) 337b
δίχα *171c*
δύο *172c* (+Si. 36[33].15)
δώδεκα (שְׁ׳ עָשָׂר) *172c*
δωδέκατος (שְׁנֵים עָשָׂר) 358b

שְׁנִינָה
διήγημα 330a
λάλημα 846c
⟦μῖσος 931a⟧ → שִׂנְאָה

שָׁנַן qal
ἀκηλίδωτος 44a
ἀκιδωτός 44a
ἀκονᾶν 45a
ὀξύς 1001c
παροξύνειν 1072a

שָׁנַן pi.
#ἐκδιηγεῖσθαι *173b* (Si. 42.15)
προβιβάζειν 1205c

שָׁנַס pi.
συσφίγγειν 1324a

שִׁנְעָר
#ἀνατολή 83c (Is. 11.11)

שֵׁנָת
ὕπνος 1411c

שָׁסָה qal
διαρπάζειν 308c
καταπατεῖν 740b
προνομεύειν 1207c

שָׁסָה poel
προνομεύειν 1207c

שָׁסַס qal
διαρπάζειν 308c
διαφορεῖν 315b

καταπατεῖν 740b
καταπρονομεύειν 742b
προνομεύειν 1207c

שָׁסַס ni.
διαρπάζειν 308c
προνομεύειν 1207c

שָׁסַע qal
ὀνυχίζειν 1000c
ὀνυχιστήρ 1001a

שָׁסַע pi.
διασπᾶν 310c
#ἐκκλᾶν 433a
πείθειν 1114b
συντρίβειν 1321a

שֶׁסַע
ὄνυξ 1000c
ὀνυχιστήρ 1001a

שָׁסַף pi.
σφάζειν 1324b

שָׁעָה I qal
ἀφιέιν, ἀφιέναι 183b
ἀφιστᾶν, ἀφιστάναι, ἀφιστάνειν 184b
⟦βοᾶν 222a⟧ → שׁוּעַ I, שָׁוַע pi.
διαλέγεσθαι *171a*
ἐᾶν (שָׁ׳ מִן qal) 361a
ἐπιδεῖν, ἐφιδεῖν ("to see") 519a
μελετᾶν 908b
μεριμνᾶν 911a
πεποιθὼς εἶναι 1114b
προσέχειν 1215b

שָׁעָה I hi.
ἀνιέναι (= ἀνίημι) 102b
ἐκδιηγεῖσθαι *173c*

שָׁעָה I hithp.
ἐκδιηγεῖσθαι *173c*
θαυμάζειν 626c

שָׁעָה II (Aramaic)
αὐθωρί (בַּהּ־שַׁעֲתָא) 177a
ὥρα 1493b

שְׁעָטָה
ὁρμή 1014a

שַׁעַטְנֵז
κίβδηλος 763c

שַׁעְיָה
διήγησις *171c*

שֹׁעַל
δράξ 348c
χείρ 1457c

שַׁעְלַב
#ἀλώπηξ 60b (Jd. 1.35)

שָׁעַן ni.
ἀντιστηρίζειν 111c
ἐλπίζειν 453c
ἐπαίρειν 505a
ἐπαναπαύεσθαι 506b
ἐπέχειν *176b*
ἐπιστηρίζειν 530b
καταψύχειν 748c
πείθειν 1114b
πεποιθὼς γίνεσθαι 256c
πεποιθὼς εἶναι 1114b
προσκεῖσθαι 1216c
στηρίζειν *192b*
ὑπερείδειν 1409b

שָׁעַע pilp.
ἀγαπᾶν 5c
εὐφραίνειν 581b
μελετᾶν 908b
παρακαλεῖν 1060a

שָׁעַע hi.
καμμύειν 718b

שָׁעַע hithp.
μελετᾶν 908b

שַׁעַר
αὐλή 177b
θύρα 662c
θύρωμα 664a
πόλις 1174a, *189b*
πύλη 1240b, *190c* (Si. 42.11)
*πυλών 1242b

שֹׁעֵר
*#θυρωρός 664a

שַׁעֲרוּר
φρικτός 1439a

שַׁעֲרוּרִי
φρικτός 1439a
φρικώδης 1439a

שַׁעֲרִירִי
φρικώδης 1439a

שַׁעֲשֻׁעִים
ἀγαπᾶν 5c
ἐνευφραίνεσθαι 473a
ἐντρυφᾶν 481a
εὐφραίνειν 581b
μελέτη 908c
προσχαίρειν 1223c

שָׁפָה I ni.
πεδ(ε)ινός 1113a

שָׁפָה II, שֵׁפָה
§σαφ(φ)ωθ (שְׁפוֹת) 1261a

שְׁפוֹט
⟦ἐκδίκησις 423a⟧ → שֶׁפֶט
κρίσις 789c

שִׁפְחָה
⟦γυνή 278b⟧
δούλη 346a
θεράπαινα 648a
οἰκέτις 969b
παιδίσκη 1048b, *187a* (Si. 41.22)

שָׁפַט qal
ἄρχειν 163a
διακρίνειν 304a
δικάζειν 330b
δικαστής 335b
⟦διώκειν 338b⟧
ἐκδικεῖν 422b
ἐκδίκησις 423a
⟦ἐλπίζειν 453c⟧
⟦καταδιώκειν 730b⟧
κρατεῖν 783a
κρίνειν 787b, *182b*
κρίσις 789c
*κριτής 791a, *182b* (+Si. 32[35].15)

שָׁפַט ni.
⟦ἀπαγγέλλειν 114a⟧
διακρίνειν 304a
δικάζειν *171c*
⟦ " 330b⟧ → שָׁפַט qal
δικαιοῦν 334b
ἐκδικεῖν 422b
κρίνειν 787b
κρίσις 789c

שָׁפַט poel
κρίμα 786b

שְׁפַט pe. (Aramaic)
γραμματεύς 275b
#κριτής 791a (I Es. 8.23)

שֶׁפֶט
ἐκδίκησις 423a
κρίμα 786b
κρίσις 789c
⟦μάστιξ 898b⟧ → שֵׁבֶט, שֶׁבֶט

שְׁפִי
διεκβολή 328b
εὐθύς (adj.) 571a
⟦νάπη 939c⟧
ὄρος 1014b

שְׁפִיפֹן
⟦ἐγκαθῆσθαι 364b⟧

שַׁפִּיר (Aramaic)
εὐθαλής 570a
#καλῶς 717b (Mi. 1.10)
ὡραῖος 1493c

שָׁפַךְ qal
βάλλειν 189c
ἐγχεῖν 367b
ἐκχεῖν, ἐκχέειν 445c, *174a* (–Si. 20.13)
ἔκχυσις 446c
ἐπάγειν 503c
ἐπιστρέφειν 531a
⟦κυκλοῦν 798b⟧
περιβάλλειν 1121c
⟦περιποιεῖν 1125c⟧ → ποιεῖν
ποιεῖν 1154a
χαρακοβολία (שְׁפַךְ סֹלְלָה) 1454c
χεῖν 1457c, *195b*

שָׁפַךְ ni.
ἐκχεῖν, ἐκχέειν 445c, *174a*
προσχεῖν 1223c

שָׁפַךְ pu.
ἐγχεῖν 367b
ἐκχεῖν, ἐκχέειν 445c

שָׁפַךְ hithp.
⟦ἐκλύειν 438a⟧ → ἐκχεῖν, ἐκχέειν
ἐκχεῖν, ἐκχέειν 445c

שֶׁפֶךְ
ἐκχεῖν, ἐκχέειν 445c
ἐκχύσις 446c

שָׁפְכָה
ἀποκόπτειν (כָּרַת שָׁ׳) 133a

שָׁפֵל qal
ἀσθένεια 172a
ἀτιμάζειν 175c
πίπτειν 1135c
ταπεινός 1334b
ταπεινοῦν 1335a

שָׁפֵל hi.
καταβάλλειν 728c
ταπεινός 1334b
ταπεινοῦν 1335a, *193a* (+Si. 3.18; 36[33].12)

שְׁפַל I aph. (Aramaic)
ταπεινοῦν 1335a

שְׁפַל II (Aramaic)
ἐξουδένημα, ἐξουθένημα 500b
⟦ἐξουδένωμα 500c⟧ → ἐξουδένημα, ἐξουθένημα

שָׁפָל
⟦ἀπορρίπτειν 140b⟧ → παρειμένος
ἀσθενής 172b
ὀλιγόψυχος (דַּכָּא וּשְׁפַל־רוּחַ) 987a
παρειμένος 1070b
πραΰθυμος (שְׁפַל־רוּחַ) 1201a
ταπεινός 1334b
ταπεινόφρων (שְׁפַל־רוּחַ) 1335c

שֵׁפֶל
ταπεινός 1334b
ταπείνωσις 1335c

שִׁפְלָה
μικρός (שִׁפְלַת קוֹמָה) 926c
ἡ πεδεινή 1113a

שְׁפֵלָה
ἡ πεδινή (הַשְּׁ׳) 1113a
⟦γῆ πεδινή (הַשְּׁ׳) 1113a⟧ → ἡ πεδινή
⟦τὰ πεδινά 1113a⟧ → ταπεινός
πεδίον 1113b
§σεφηλα 1263a
ταπεινός 1334b

שִׁפְלוּת
ἀργ(ε)ία 153a

שָׁפָן
⟦δασύπους 285b⟧
⟦λαγωός 840c⟧
χοιρογρύλλιος (and variants) 1472a

שֶׁפַע
πλοῦτος 1150c

שִׁפְעָה
ἀγέλη 10b
⟦δρόμος 349a⟧
κονιορτός 777c
πλῆθος 1142c

שָׁפַר qal
κράτιστος εἶναι 785a

שְׁפַר pe. (Aramaic)
ἀρέσκειν 155c

שֶׁפֶר
κάλλος 715a

שְׁפַרְפָּרָא (Aramaic)
ὀρθ(ρ)ίζειν (בִּשְׁ׳ קוּם) 1011a

שָׁפַת qal
διδόναι 317b
ἐφιστάναι 585c
κατάγειν 729b

שְׁפַתַּיִם
γεῖσος 235b

שֶׁצֶף
⟦μικρός 926c⟧

שָׁק (Aramaic)
κνήμη 772c

שָׁקַד qal
*ἀγρυπνεῖν 18a, *165b* (Si. 36[33].16)
⟦ἀνομεῖν 106b⟧
γρηγορεῖν 278a (Je. 5.6; 38[31].28; Da. TH 9.14)
ἐγείρειν 364a

שָׁקַד ni.
#γρηγορεῖν 278a (La. 1.14)

שָׁקַד pu.
ἐκτυποῦσθαι καρυΐσκους 444b, 725b
καρυωτός 725b

שֶׁקֶד
ἀγρυπνία *165b*
שָׁקֵד
ἀμύγδαλον 67c
καρύινος 725a
κάρυον 725b
שָׁקָה pu.
διαχεῖν 316a
שָׁקָה hi.
#ἀρχιοινοχόος 166a
#μεθύ(σκ)ειν 907c (Ps. 64[65].9)
οἰνοχοεῖν (מַשְׁקֶה) 984c
οἰνοχόος (מַשְׁקֶה) 984c
⟦ " (שַׂר מַשְׁקִים) 984c⟧ → ἀρχιοινοχόος
πίνειν 1134a
ποτίζειν 1197c, *189c*
שִׁקּוּי
ἐπιμέλεια, ἐπιμελία 525b
πόμα 1186a
שִׁקּוּץ
βδέλυγμα 215b
βδελυγμός 216a
βδελύσσειν, βδελύττειν 216a
εἴδωλον 376a
μίασμα 926a
προσόχθισμα, προσώχθισμα 1219a
שָׁקַט qal
ἀναπαύειν 80b
ἀνάπαυσις *166c*
ἀνιέναι (= ἀνίημι) 102b
ἀσφάλεια, ἀσφαλία 174b
εἰρηνεύειν 410b, *173a*
εἰρήνη 410b
ἡσυχάζειν 620a
ἡσυχάζων (שֹׁקֵט וּבֹטֵחַ) 620a
καταπαύειν 740c
καταπραΰνειν 742a
κοπάζειν 778a
πείθειν 1114b
πεποιθὼς εἶναι 1114b
שָׁקַט hi.
ἀναπαύειν 80b
ἀνάπαυσις 80c
ἡσυχάζειν 620a
ἡσυχίαν παρέχειν 620b, 1069c
καταπραΰνειν 742a
κατασβεννύναι 743c
⟦πείθειν 1114b⟧
πραΰνειν 1201a
σπαταλᾶν 1282a
שֶׁקֶט
ἡσυχίαν παρέχειν 620b, 1069c
שְׁקִידָה
ἀγρυπνία *165b*
שָׁקַל qal
ἀποκαθιστᾶν, ἀποκαθιστάναι 131b
ἀποτίνειν 149a
διαγράφειν 300a
*ἱστάναι, ἱστᾶν 689a
#ὁλκή 987b (I Es. 8.63, 64), *186a* (Si. 8.2)
*#παραδιδόναι 1058a (I Es. 8.59)
παριστάναι 1070c
συμβουλεύειν 1303c
τιμᾶν 1353a
שָׁקַל ni.
*ἱστάναι, ἱστᾶν 689a
*#παραδιδόναι 1058a (I Es. 8.62)
שֶׁקֶל
δίδραγμον, δίδραχμον, δίδραχμα 328a
δραχμή 349a
σίκλος 1266c
στάθμιον 1286b
σταθμός 1286b
שִׁקְמָה
συκάμινον 1301b
συκάμινος 1301b
שָׁקַע qal
καταβαίνειν 727a
καταδύ(ν)ειν 731a
κοπάζειν 778a
שָׁקַע ni.
καταβαίνειν 727a
שָׁקַע hi.
⟦ἡσυχάζειν 620a⟧ → שָׁקַט hi.
שְׁקַעֲרוּרָה
κοιλάς 772c
שָׁקַף ni.
βλέπειν 221a
διακύπτειν 304b
ἐγκύπτειν 367b
εἰσκύπτειν 413c
ἐκκύπτειν 435a
παρακύπτειν 1061b
παρατείνειν 1065a
שָׁקַף hi.
διακύπτειν 304b
ἐκκύπτειν 435a
ἐπιβλέπειν 516c
καταβλέπειν 729a
κατακύπτειν 735a
κατιδεῖν 751a
παρακύπτειν 1061b, *187c*
שֶׁקֶף
μελαθροῦσθαι 908b
שְׁקֻפִים
μέλαθρον 908b
παρακύπτειν 1061b
שָׁקַץ pi.
βδελύσσειν, βδελύττειν 216a
προσοχθίζειν 1218c
προσόχθισμα, προσώχθισμα 1219a
שֶׁקֶץ
βδέλυγμα 215b
שָׁקַק qal
διψᾶν (= HR's διψῆν) 338a
⟦ἐπιλαμβάνειν 523c⟧ → נָשַׁק qal
κενός, καινός ("empty") 759a
εἰς κενὸν ἐλπίζειν 453c, 759a
שָׁקַק hithpalp.
συμπλέκειν 1305b
שָׁקַר qal
ἀδικεῖν 24c
שָׁקַר pi.
ἀδικεῖν 24c
ἀθετεῖν 29b
ἀποστρέφειν 145b
συκοφαντεῖν 1301c
שֶׁקֶר
ἀδικία 25b
ἄδικος 26c, *165b*
ἀδίκως 27b
ἀνομία 106c
ἄνομος 107c
δόλιος 340b
κενός, καινός ("empty") 759a
ματαίως 899b
μάτην 899c
ψευδής 1484b, *196a*
ψεῦδος 1485a
שֹׁקֶת
ποτιστήριον 1198a
שֹׁר I
ὀμφαλός 994a
שֹׁר II
εὐεξία *177c*
#ὑγ(ε)ία, ὑγίεια *194a* (Si. 30.16)
שְׁרָא pe. (Aramaic)
#καταλύειν 738c (Da. LXX 2.22 [𝔓967])
κατάλυσις 739a
λύειν 889a
שְׁרָא pa. (Aramaic)
*ἄρχειν 163a
λύειν 889a
שְׁרָא ithpa. (Aramaic)
διαλύειν 305a
שָׁרַב qal
#φλέγειν 1432c (Pr. 29.1)
שָׁרָב
ἄνυδρος 112a
καύσων 757b, *181c*
שַׁרְבִיט
ῥάβδος 1247a
שָׂרָה
ἀρχή 163c
שְׁרוּקוֹת
σύριγμα 1322c
שִׁרְיָה
θώραξ 668c
שִׁרְיוֹן
θώραξ 668c
שִׁרְיָן
θώραξ 668c, *179c*
שְׁרִיקוֹת
σύριγμα 1322c
συρισμός, συριγμός 1323a
שָׁרִיר
ὀμφαλός 994a
שְׁרִירוּת
ἀποπλάνησις 139c
ἀρεστός 156a
ἐνθύμημα 473c
ἐπιθύμημα 520c
ἐπιτήδευμα 535b
θέλημα 629b
πλάνη 1140a
שֵׁרִית
κατάλοιπος 738a
שְׁרֵמוֹת
§ασαρημωθ (הַשּׁ׳) 169c
§σαρημωθ 1259b
שָׁרַץ qal
ἐκζεῖν 430c
⟦ἐξάγειν 483a⟧
⟦ἐξερεύγεσθαι 491b⟧
ἐξέρπειν 491c
ἕρπειν 547c
κινεῖν 765b
⟦πληθύ(ν)ειν 1144b⟧ → רָבָה qal
πληροῦν (שׁ׳ בְּ־ qal) 1147c
#χυδαῖος γίνεσθαι 1480b (Ex. 1.7)
שֶׁרֶץ
ἐρεύγεσθαι 544c
ἑρπετός 548a
שָׁרַק qal
#σημαίνειν 1263a (Za. 10.8)
συρίζειν 1322c
שְׁרֵקָה
συρισμός, συριγμός 1323a
שָׁרַר qal
#κατισχύειν 751b (Ho. 14.9)
שָׁרַשׁ pi.
ἀπολλύειν, ἀπολλύναι 136c, *168a*
#ἐκριζοῦν 441a (Jd. 5.14B)
ἐκ ῥιζῶν ἀπολλύναι 1251c
⟦ῥίζωμα 1252a⟧ → שֹׁרֶשׁ
#τιμωρεῖν 1354a (Jd. 5.14A Aramaizing)
שָׁרַשׁ pu.
ἄρριζος 160a
שָׁרַשׁ poel
ῥιζοῦν 1252a
שָׁרַשׁ poal
ῥιζοῦν 1252a
שָׁרַשׁ hi.
καταφυτεύειν 748b
ῥίζαν βάλλειν 189c, 1251c
שֹׁרֶשׁ
⟦ἐκριζοῦν 441a⟧ → שָׁרַשׁ pi.
#θεμέλιον *179b* (Si. 3.9)
ῥίζα 1251c, *191b*
ῥίζωμα 1252a
#σπέρμα 1282b (Is. 14.29, 30)
שֹׁרֶשׁ (Aramaic)
#ῥίζα 1251c
שַׁרְשָׁה
κροσός, κρωσσός 791b
שְׁרֹשׁוּ, שְׁרֹשִׁי (Aramaic)
παιδ(ε)ία 1046c
*#τιμωρία 1354a (I Es. 8.24)
שַׁרְשְׁרָה
κροσός, κρωσσός 791b
κροσ(σ)ωτός 791b
§σερσερωθ (שַׁרְשְׁרוֹת) 1263a
χαλαστόν 1452c
שָׁרַת pi.
⟦ᾄδειν 19a⟧
διάδοχος *171a*
διακονία 303b
διάκονος 303b
δουλεύειν 345a
εὐαρεστεῖν 568c
⟦ἥκειν 605a⟧
θεράπων 648b
*#ἱερατεύειν 679a (I Es. 8.46)
λατρεύειν 863a, *183a*
#λειτουργ(ε)ία *183b* (Si. 50.19)
λειτουργεῖν 872c, *183b* (–Si. 7.30)
λειτουργός 873b, *183b*
παριστάναι 1070c
#προϊστάναι 1207a (II Ki. 13.17)
οἱ περὶ τὸ σῶμα (מְשָׁרְתִים) 1330a
ὑπουργός 1417c
שָׁרֵת
λειτουργικός 873b

שָׁשָׂה qal
see שָׂסָה qal
שָׁשָׂה poel
see שָׂסָה poel
שֵׁשׁ I
ἕκτος 443b
ἑξάκις (שֵׁשׁ פְּעָמִים, שֵׁשׁ) 486b
ἑξακόσιοι (שֵׁשׁ מֵאוֹת) *175c*
ἑξακοσιοστός (שֵׁשׁ מֵאוֹת) 486c
ἑξήκοντα μυριάδες (שֵׁשׁ־מֵאוֹת אֶלֶף) 937a
ἑξηκονταετής (בֶּן שִׁשִּׁים שָׁנָה) 495c
ἑξηκοστός (שִׁשִּׁים) 495c
שֵׁשׁ II
βύσσινος 232b
βύσσος 232b
βύσσος κεκλωσμένη 232b
λίθινος 876b
μαρμάρινος 896a
πάρινος 1070b
πάρινος λίθος 1070b

שָׁשָׂא pi.
καθοδηγεῖν 704a
שִׁשָּׁה
ἑκκαιδέκατος 432a
ἕκτος 443b
ἑξάμηνον (שׁ׳ חֳדָשִׁים) 487b
שִׁשִׁי
βύσσινος 232b
שִׁשִּׁי
ἕκτος 443b
שָׁשַׁר
γραφίς 278a
μίλτος 927c
שַׁת
⟦ἐργάζεσθαι, ἐργάζειν 540c⟧
⟦καταρτίζειν 743b⟧ → שִׁית I qal
שֵׁת I
ἰσχίον 692c
שֵׁת, שִׁת II (Aramaic)
*ἕκτος 443b

שָׁתָה I qal
ἐκπίνειν 439b
κωθωνίζεσθαι (יָשַׁב לִשְׁתּוֹת) 839b
μεθύ(σκ)ειν 907c
*πίνειν 1134a, *188c*
συμπίνειν (שׁ׳ עִם qal) 1305b
ὑδροποτεῖν (qal שׁ׳ מַיִם) 1381a
שָׁתָה I ni.
πίνειν 1134a, *188c*
שָׁתָה II qal ("to weave")
#διάζεσθαι 300b (Is. 19.10)
שְׁתָה pe. (Aramaic)
οἰνοχοεῖν 984c
πίνειν 1134a
שְׁתִי
στήμων 1290c
שְׁתִיָּה
πότος 1198a
שָׁתִיל
βλάστημα *169b*
νεόφυτος 943a

שְׁתַּיִם
δίγλωσσος (בַּעַל שׁ׳) *171b*
δίς 337b
ζεῦγος 594a
שָׁתַל qal
εὐθηνεῖν 570b
καταφυτεύειν 748b
⟦πιαίνειν 1132c⟧
φυτεύειν 1446c
שָׁתַם
⟦ἀληθινός 54a⟧ → תָּם ≈ ἀληθινῶς
⟦ἀληθινῶς 54b⟧ → תָּם
שָׁתַן hi.
οὐρεῖν 1034b
שָׁתַף
⟦κοινωνός *182a*⟧
שָׁתַק qal
ἡσυχάζειν 620a
κοπάζειν 778a
שָׁתַת qal
τιθέναι 1348c

ת

תָּא
§θαιηλαθα, θεηλαθ (תָּאִים) 621a
§θεε (תָּא, תָּאִים, תָּאוֹת) 628a
§θεειμ (תָּאִים, תָּאוֹת) 628a
תָּאַב I hithp.
ἐπιθυμεῖν 520b
ἐπιποθεῖν 526c
תָּאַב II pi.
βδελύσσειν, βδελύττειν 216a
תַּאֲבָה
ἐπιθυμεῖν 520b
תָּאָה pi.
⟦καταμετρεῖν 739b⟧ → תָּוָה hi.
תְּאוֹ
ὄρυξ 1017c
תַּאֲוָה
ἀρεστός 156a
ἐπιθυμεῖν 520b
ἐπιθυμία 521a, *176c*
εὐλογία 574b
⟦καρπός ("fruit") 723c⟧
תָּאַם hi.
διδυμεύειν 328a
תְּאֹם
δίδυμος 328a
תַּאֲנָה
παραδιδόναι 1058a
תְּאֵנָה
συκ(ε)ών 1301c
συκῆ 1301b
σῦκον 1301b
תֹּאֲנָה
ἀνταπόδομα 109b
ἐκδίκησις 423a
#πρόφασις 1231b (Pr. 18.1)
תַּאֲנִיָּה
ταπεινοῦν 1334c

תָּאַר qal
ἄγειν 9a
διεκβάλλειν 328a
διέρχεσθαι 328c
ἐξάγειν 483a
תָּאַר pi.
ῥυθμίζειν 1255b
תֹּאַר
ἀγαθὸς τῷ εἴδει/ἰδεῖν 2a, 375c, 669b
#γαυρίαμα *170a* (Si. 43.1)
δόξα 341b
εἶδος 375c
κάλλος *180c*
μορφή 934b
ὁμοίωμα 993a
#ὅρασις 1007b (I Ch. 17.17)
ὄψις 1044b
תְּאַשּׁוּר
κέδρος 758a
תֵּבָה
§θιβις, θηβη 652a
κιβωτός 763c
תְּבוּאָה
γέν(ν)ημα 238c
⟦ἐπέρχεσθαι 509c⟧ → בּוֹא qal
⟦θησαυρός 651c⟧
καρπίζεσθαι (אָכַל מִתְּ׳) 723c
καρπός ("fruit") 723c, *181a*
⟦κουρά 781a⟧ → אֶרֶץ ≈ χώρα
תְּבוּנָה
⟦ἀνδρ(ε)ία 86a⟧
⟦εἰκών 377b⟧ → תְּמוּנָה
ἔννοια 475c
ἐπιστήμη 530a, *177a*
⟦λόγος 881c (Pr. 5.1)⟧
νουθέτησις 950b
παιδ(ε)ία *187a*
σοφία 1278c, *191c*

σύνεσις 1314a, *192c*
φρόνησις 1439a
φρόνιμος 1439b
תְּבוּסָה
καταστροφή 746a
תֵּבֵל
γῆ 240c, *170a*
ξηρός *185b*
ἡ οἰκουμένη 968a
οὐρανός 1031b
ἡ σύμπασα 1305a
#χώρα *196c* (Si. 43.3)
תֶּבֶל
ἀσεβεῖν (תֶּ׳ עָשָׂה) 170a
μυσαρός, μυσερός 937c
תְּבַלֻּל
πτίλ(λ)ος (adj.) 1238b
תֶּבֶן
ἄχυρον, ἄχυρος(?) 188a
תַּבְנִית
μορφή 934b
ὁμοίωμα 993a
ὁμοίωσις 993b
παράδειγμα 1057b
ῥυθμός 1255b
τύπος 1378b
תַּבְעֵרָה
ἐμπυρισμός 460b
תְּבַר pe. (Aramaic)
συντρίβειν 1321a
תַּגָּר
#ἔμπορος *174b* (Si. 42.5)
תֶּגֶר
#μεταβουλία *184b* (Si. 37.11)
תִּגְרָה
ἰσχύς 694b

תִּדְהָר
πεύκη 1130a
תְּדִירָה (Aramaic)
ἐνδελεχῶς (בִּתְ׳) 470a
תֹּהוּ
ἄβατος 1a
ἄδικος 26c
ἀόρατος 113c
ἀπολλύειν, ἀπολλύναι (עָלָה בַּתּ׳) 136c
δίψος 338b
ἔρημος 545a
εἰς κενόν 759a
μάταιος 898c
#μάτην 899c (Is. 29.13)
τὰ μηδὲν ὄντα 920c
οὐδείς, οὐθείς (תּ׳ וָבֹהוּ ,תּ׳) 1028b
תְּהוֹם
ἄβυσσος 1b, *165a*
βάθος *169a*
⟦γῆ 240c⟧
κῦμα 799a
οὐρανός 1031b
πόντος 1189a
תָּהֳלָה
σκολιός 1275b
תְּהִלָּה
ἀγαλλίαμα 4c
ἀγαυρίαμα 7a
αἴνεσις 33c
αἶνος *165c*
ἀρετή 156a
γαυρίαμα 234c
?γλύμμα 271a
δόξα 341b
ἔνδοξος 470c
ἐξομολόγησις 499c
ἔπαινος 504c, *176a* (+Si. 44.8)
καύχημα 757c

ὕμνησις 1405b
ὕμνος 1405b
⟦ὑπόμνησις 1416b⟧ → ὕμνησις
ψαλμός 1483b

תַּהֲלוּכָה
διέρχεσθαι 328c

תַּהְפֻּכָה
ἄδικος 26c
ἀποστρέφειν 145b
διαστρέφειν 312a
διαστροφή 312a
ἐκστρέφειν 441c
καταστρέφειν 745c
μηδὲν πιστόν (תַּהְפֻּכוֹת) 920c, 1138c
σκολιός 1275b

תָּו
διδόναι σημεῖον (תָּוָה תָּו hi.) 317b
σημεῖον 1263b
χείρ 1457c (Jb. 31.35)

תּוֹאָם
ἐξ ἴσου 688c

תּוֹאַר
δόξα *171c*
κάλλος *180c*

תּוּב pe. (Aramaic)
ἀποδιδόναι 126b
ἀποκαθιστᾶν, ἀποκαθιστάναι 131b
ἐπιστρέφειν 531a

תּוּב aph. (Aramaic)
*#ἀποκαθιστᾶν, ἀποκαθιστάναι 131b
*#ἀποκρίνειν (פִּתְגָם הֲתִיב) 133a
⟦διδόναι 317b⟧ → יְהַב ithpe.
εἰπεῖν, ἐρεῖν 384a
*#προσφωνεῖν (הֲתִיב נִשְׁתְּוָן) 1223c (I Es. 6.6)

תובנה
⟦ἐπιστήμη 530a⟧ → תְּבוּנָה

תּוּגָה
ἀκηδία 44a
λύπη 889c
ὀδύνη 967a
πένθος 1118a

תּוֹדָה
ᾄδειν 19a
αἴνεσις 33c
δῶρον 359a
ἐξομολόγησις 499c
§θωδαθα, θωλαθα(ς) (תּוֹדוֹת) 668b
*#ὁμολογία 993c (I Es. 9.8)
χαρμοσύνη 1455c

תָּוָה pi.
⟦τυμπανίζειν 1378a⟧ → תָּפַף qal

תָּוָה hi.
#καταμετρεῖν 739b (Nu. 34.7, 8, 10)
παροξύνειν 1072a
διδόναι σημεῖον (תָּ׳ תָּו hi.) 317b

תְּוַהּ pe. (Aramaic)
θαυμάζειν 626c

תּוֹחֶלֶת
ἐγχρονίζειν 367c
ἐλπίς 454a, *174b* (+Si. 31[34].1)
⟦καύχημα 757c⟧ → תְּהִלָּה
ὑπόστασις 1417a

תָּוֶךְ
⟦ἐν (בְּתוֹךְ) *174b*⟧
ἔνδον (בְּתוֹךְ, אֶל תּוֹךְ) 470b
μέσος (תָּ׳, בְּתָ׳, בְּתוֹךְ) 913a, *184b*
ἐν μέσῳ (בְּתוֹךְ) *174b*
πλάγιος 1139b
πλατεῖα (subst.) 1140c

תּוֹךְ
see תֹּךְ

תּוֹכֵחָה
ἐλεγμός 449a
ἔλεγχος 449c
⟦ὀνειδισμός 994c⟧

תּוֹכַחַת
ἀνεξέλεγκτος (עֹזֵב תּוֹ׳) 87b
ἐκδίκησις 423a
ἐλεγμός 499a, *174a*
ἐλέγχειν 449b
ἔλεγχος 449c, *174a*
παιδ(ε)ία 1046c

תּוֹלֵדֹת
γενεά 236a
γένεσις 237a
συγγένεια, συγγενία 1298b

תּוֹלָע
κόκκινος 775c
κόκκος 776a
σκώληξ 1278a

תּוֹלֵעָה, תּוֹלַעַת
διανήθειν (תּוֹ׳ שָׁנִי) 306b
κόκκινος 775c
κόκκος *182b*
σκώληξ 1278a, *191c*

תּוֹם
see תֹּם

תּוֹעֵבָה
*ἀκαθαρσία 42b
ἀκάθαρτος 42c
ἀκάθαρτος καὶ βδελυκτός 216a
ἁμαρτία 62a
ἀνομεῖν (עָשָׂה תּוֹ׳) 106b
ἀνόμημα 106b
ἀνομία 106c
ἄνομος 107c
ἀσέβεια, ἀσεβία 169c
βδέλυγμα 215b, *169b*
βδελύσσειν, βδελύττειν 216a
ἐπιτήδευμα 535b
ἔργον 541c
μάκρυμμα 894a
⟦μάκρυνσις 894b⟧ → μάκρυμμα
μόλυνσις 932c
πονηρία 1186b
⟦πονηρός 1186c (Ez. 11.21)⟧
⟦προσόχθισμα, προσώχθισμα 1219a⟧ → βδέλυγμα

תּוֹעָה
ἀφανής 181b
πλάνησις 1140a

תּוֹעֶלָה
ὠφέλεια, ὠφελία *196c*

תּוֹעָפוֹת
δόξα 341b
?πυροῦν 1245c
ὕψος 1421b

תּוֹצָאוֹת
διεκβολή 328b
διέξοδος 328b
ἔξοδος 497b

תּוּר qal
#ἀξιοῦν *167b* (Si. 51.14)
διαστρέφειν 312a
#ἐκζητεῖν *173c* (Si. 51.21)
ἐκλέγειν 435a
⟦ἐπισκέπ(τ)ειν 527c⟧ → κατασκέπτεσθαι, κατασκέπτειν
⟦ἑτοιμάζειν 563c⟧
κατασκέπτεσθαι, κατασκέπτειν (תּוּר qal, עָבַר לָתוּר) 744a

תּוּר hi.
⟦ἐκτείνειν 442a⟧ → נָעַר II pi. ≈ ἐκτινάσσειν
⟦ἐκτινάσσειν 443b⟧ → נָעַר II pi.
ἐπιγνώμων 518c
κατασκέπτεσθαι, κατασκέπτειν 744a

תּוֹר I
καιρός 706a
χρόνος 1476b

תּוֹר II
τρυγών 1377b

תּוֹר III
⟦ὅρασις 1007b⟧ → תֹּאַר

תּוֹר IV (Aramaic)
βοῦς 229a
μόσχος 934c
*#ταῦρος 1337c (I Es. 6.29; 7.7; 8.14)

תּוֹרָה
⟦βιβλίον, βυβλίον 218b⟧
*#βίβλος 219b (I Es. 5.49)
δευτερονόμιον (מִשְׁנֵה תּוֹ׳) 293b
διαγραφή 300a
διαθήκη 300c
#ἐννόμως 476a (Pr. 31.24[26])
*ἐντολή (תּוֹ׳, דִּבְרֵי תּוֹ׳) 479b
ἐξηγορία 495b
θεσμός 649b
⟦λόγος 881c (Is. 1.10)⟧ → νόμος
νόμιμος 946c
⟦νομόθεσμος 947a⟧ → νομοθέσμως
νομοθέσμως 947a
*νόμος 947b, *185b* (+Si. 41.8)
πρόσταγμα 1219c, *190b* (Si. 39.18)
⟦τάξις 1334b⟧ → סֵדֶר

תּוֹשָׁב
κατοικεῖν 751c
παρεπίδημος 1068c
παροικεῖν 1071b
πάροικος 1071c

תּוּשִׁיָּה
⟦ἀληθής 53c⟧
?ἀσφάλεια, ἀσφαλία 174b
⟦βοήθεια, βοηθία 222c⟧ → תְּשׁוּעָה
⟦ἐπακολουθεῖν 505b⟧
ἰσχύς 694b
⟦καιρός 706a⟧
σωτηρία 1331b

תּוֹתָח
σφυρόν 1327c

תָּזַז hi.
ἀποκόπτειν 133a
κατακόπτειν 734b

תַּזְנוּת
ἐκπορνεύειν 440c
ἔργα πόρνης 541c
πορν(ε)ία 1194c

תַּחְבּוּלוֹת
⟦βούλεσθαι 226b⟧
§θεεβουλαθωθ 628a

תַּחְבֻּלוֹת
κυβερνᾶν 796a
κυβέρνησις 796a

תְּחוֹת (Aramaic)
ὑποκάτω 1413c
ὑποκάτωθεν (מִן־תְּ׳) 1414b

תְּחִלָּה
#ἄρχειν 163a (Am. 7.1)
ἀρχή 164a, *168c*
ἀφηγεῖσθαι 183a
τὸ πρότερον (בַּתְּ׳) 1230c
πρῶτος (בַּתְּ׳) 1235c

תַּחֲלוּא
μαλακία 894b
νοσερός 949b
νόσος 949b
πόνος 1188b

תַּחֲלִיף
ἀντάλλαγμα *167b*

תַּחְמָס
γλαύξ 270c

תַּחֲנָה
παρεμβάλλειν 1066b

תְּחִנָּה
ἀξίωμα 113b
βοή 222c
δέησις 285c
*ἔλεος, ἔλαιος 451a
ἐπιεικεύεσθαι (הָיְתָה תְּ׳) 519c
προσευχή 1214c
⟦φωνή 1447b⟧ → δέησις

תַּחֲנוּן
δέησις 285c, *170b*
ἔλεος, ἔλαιος 451a
οἰκτ(ε)ιρμός 983a
παράκλησις 1061a
προσευχή 1214c

תַּחְרָא
διυφαίνειν (כְּפִי תַ׳) 337c

תַּחֲרָה
ἐρεθισμός *177b*
μηνίαμα, μήνιμα, μῆνις *185a*

תַּחַשׁ
ὑακίνθινος 1379a
ὑάκινθος 1379b

תַּחַת
ἄλλος 56b
ἀντί *167b*
αὐτόθι (תַּחְתָּם) 179b
κατόπισθε(ν) 756a
κάτω (מִתַּ׳) 756c
κάτωθεν (תַּ׳, מִתַּ׳) 756c
κοίτη 775b
⟦κύκλος 797a⟧
μετά + acc. *184b*
οἶκος 973a
⟦ὀπίσω 1001c⟧
στρωμνή 1297b
#τόπος *193c* (Si. 49.10)
ἐπὶ τὸν τόπον *193c*
ἐπὶ (τοῦ) τόπου 1364b, *193c*
ὕπανδρος (תַּ׳ אִישׁ) 1406b
ὑπό + acc. *194b*

ὑποκάτω (מִתַּ׳ לְ־, מִתַּ׳, תַּ׳ לְ־, תַּ׳, אֶל־תַּ׳ לְ־, אֶל־תַּ׳) 1413c, *194c* (Si. 36[33].6)
τὰ ὑποκάτω 1413c
ὑποκάτωθεν (מִתַּ׳ לְ־, מִתַּ׳, תַּ׳, מִתַּ׳ לְ־) 1414b
ὑποτάσσειν (נָתַן יָד תַּ׳) 1417b
κατὰ χώραν 1481a

תַּחְתּוֹן
κάτω 756c
κάτωθεν 756c
κατώτερος, κατώτατος 757a
ὑποκάτω 1413c
ὑποκάτωθεν 1414b

תַּחְתִּי
ἀνήλατος 88a
βάθος 189a
θεμέλιον, θεμέλιος 629b
κατάγαιος 729b
κάτω *181c*
κάτωθεν 756c
κατώτερος, κατώτατος 757a
ταπεινός 1334b

תִּיכוֹן
μέσος 913a
μεσοῦν 913a
περίστυλον 1127a

תֵּימָן
§θαιμαν 621a
θάλασσα 621a
λίψ 879c
νότος 949c, *185c* (Si. 43.16)

תִּימָרָה
ἀτμίς 176b
στέλεχος 1288a

תִּירֹשׁ, תִּירוֹשׁ
μέθυσμα 908a
οἶνος 983c, *186a*
⟦ῥώξ 1255c⟧

תַּיִשׁ
τράγος 1369a

תֹּךְ
#δαν(ε)ιστής (אִישׁ תְּכָכִים) 285a (Pr. 29.13)
δόλος 340b
⟦κόπος 778c⟧ → τόκος
ταμ(ι)εῖον, ταμίον 1334a
τόκος 1363b

תְּכוּנָה
ἑτοιμασία 564c
κόσμος 780c
ὑπόστασις 1417a

תֻּכִּיִּים
ταών 1339b

תִּכְלָה
συντέλεια 1318c

תַּכְלִית
⟦ἔκθλιψις 432a⟧ → ἔκλειψις
ἔκλειψις 437a
ἔσχατος 558a
πέρας 1120a
συντέλεια 1318c
τέλειος 1342c

תְּכֵלֶת
ὁλοπόρφυρος 989b
ὑακίνθινος 1379a, *194a*
ὑάκινθος 1379b, *194a*

תָּכַן qal
⟦γινώσκειν 267a⟧
κατευθύνειν 750b

תָּכַן ni.
ἑτοιμάζειν 563c
εὐθύς (adj.) 571a
κατευθύνειν 750b
κατορθοῦν 756b

תָּכַן pi.
⟦γινώσκειν 267a⟧
κοσμεῖν *182b*
στερεοῦν 1289a

תָּכַן pu.
ἑτοιμάζειν 563c

תֹּכֶן
#στάσιμος 1286c (Si. 26.17)
σύνταξις 1318a

תָּכְנִית
διάταξις 312c
⟦ὁμοίωσις 993b⟧ → תַּבְנִית

תַּכְרִיךְ
διάδημα 300a

תֵּל
ἄβατος 1a
ἀοίκητος 113c
⟦μετέωρος 917c⟧ → תָּלָה qal
⟦τεῖχος 1339c⟧ → ὕψος
#ὕψος 1421b (Je. 37[30].18)
χῶμα 1480c
χωματίζεσθαι (עָמַד עַל תֵּל) 1480c

תָּלָא qal
see תָּלָה qal

תָּלָא ni.
see תָּלָה ni.

תָּלָא pi.
see תָּלָה pi.

תְּלָאָה
κακοπάθεια 709a
μόχθος 935c

תַּלְאוּבָה
ἀοίκητος 113c

תִּלְבֹּשֶׁת
περιβόλαιον 1122b

תְּלַג (Aramaic)
χιών 1471b

תָּלָה qal
⟦ἐπικρεμαννύναι 523c⟧
ἱστάναι, ἱστᾶν 689a
κρεμάζειν, κρεμᾶν, κρεμαννύναι 785c
⟦κρεμνᾶν(?) 785c⟧ → κρεμάζειν, κρεμᾶν, κρεμαννύναι
#μετέωρος 917c (Ez. 3.15)
πεποιθὼς εἶναι 1114b
σταυροῦν 1287a

תָּלָה ni.
κρεμάζειν, κρεμᾶν, κρεμαννύναι 785c

תָּלָה pi.
κρεμάζειν, κρεμᾶν, κρεμαννύναι 785c

תְּלוּנָּה
γόγγυσις 274b
γογγυσμός 274b

תְּלִי
φαρέτρα 1425a

תָּלִים
#γνήσιος *170c* (Si. 7.18)

תְּלִיתִי (Aramaic)
τρίτος 1373c

תָּלַל hi.
ἀπατᾶν 119b
ἐξαπατᾶν 488a
καταπαίζειν 740a
παρακρούεσθαι 1061b
παραλογίζεσθαι 1062a
πλανᾶν 1139b

תָּלַל ho.
πλανᾶν 1139b

תֶּלֶם
αὖλαξ 177a, *169a*
χέρσος 1468a

תַּלְמִיד
μανθάνειν 895b

תַּלְפִּיָּה
§θαλπιωθ, θαλφιωθ (תַּלְפִּיּוֹת) 623b

תְּלָת (Aramaic)
τρίς (זִמְנִין תְּלָתָה) 1373a
*τρίτος 1373c

תְּלָת (Aramaic)
τρίτος 1373c
τρίτον μέρον 911c

תַּלְתַּלִּים
ἐλάτη 448a

תָּם
⟦ἄβλαστος(?) 1b⟧ → ἄπλαστος
⟦ἀκακία 43b⟧ → תֹּם
ἄκακος 43b
ἀληθινός 54a
#ἀληθινῶς 54b
ἄμεμπτος 65b
ἄμωμος 68b
ἄπλαστος 122c
ὅσιος 1018b
τέλειος 1342c

תֹּם
ἀκακία 43b
ἄκακος 43b
*ἀλήθεια 53a
ἄμωμος 68b
ἁπλοσύνη 122c
ἁπλότης 122c
ἁπλῶς (בְּתֹם) 123a
⟦δῆλος 295b⟧ → אוּר I
⟦ἐξαίφνης, ἐξέφνης (כְּתֻמָּם) 486b⟧
εὐστόχως (לְתֻמּוֹ) 580c
καθαρός 698c
ὅσιος 1018b
ὁσιότης 1018c
τέλειος 1342c
εἰς (τὸ) τέλος (עַד־תֻּמָּם) 1344a
ἕως εἰς (τὸ) τέλος (עַד־תֻּמָּם) 1344a

תַּמָּה (Aramaic)
*ἐκεῖ (תַּמָּה) 423c
ἐκεῖθεν (מִן־תַּמָּה) 427b

תָּמַהּ qal
ἀναθαυμάζειν *166c*
ἀποθαυμάζειν *168a*
ἐξιστᾶν, ἐξιστάναι 496c
θαυμάζειν 626c, *179a* (+Si. 11.21; –11.31; 33[36].4)
θαυμάσιος 627a
⟦θαυμαστός *179a*⟧

תָּמַהּ hi.
#ἐξιστᾶν, ἐξιστάναι *176a* (Si. 43.18)

תָּמַהּ hithp.
θαυμάζειν 626c

תָּמֵהַּ
#θαυμάσιος *179a* (Si. 43.25; 48.14)
#θαυμαστός *179a* (Si. 16.11)

תְּמַהּ (Aramaic)
τέρας 1345a

תֻּמָּה
ἀκακία 43b
τελειότης 1342c

תִּמָּהוֹן
ἔκστασις 441b

תְּמוֹל
καθ᾽ ἑκάστην ἡμέραν (תְּ׳ שִׁלְשׁוֹם) 418a, 607b
(ἐ)χθές (כִּתְ׳, תְּ׳) 1468c
τρίτη ἡμέρα 607b
χθιζός 1468c

תְּמוּנָה
δόξα 341b
#εἰκών 377b (Ho. 13.2)
μορφή 934b
ὁμοίωμα 993a

תָּמוּר
ἀντί *167b*

תְּמוּרָה
ἄλλαγμα 55b
⟦ἀμάσητος 65a⟧
ἀντάλλαγμα 108c
⟦ἀποβαίνειν (הָיְתָה תְ׳) 125b⟧ → הָיָה qal

תְּמוּתָה
θανατοῦν 625a

תָּמִיד
ἀεί, αἰεί 28b
αἰών 39b
ἐνδελεχεῖν, ἐνδελεχίζειν *175b*
*ἐνδελεχισμός 470a
ἐνδελεχιστός 470a
ἐνδελεχῶς 470a, *175b*
καθ᾽ ἡμέραν 607b
θυσία 664a
δι᾽ ὅλου 989b
πᾶς 1073a
διὰ παντός 1073a, *171a*, *188a*
θυσία διὰ παντός 1073a
πολλαστός 1180c
διὰ τέλους 1344a

תָּמִים
ἀθῷος 30a
ἀκακία 43b
ἄκακος 43b
ἄμεμπτος 65b
ἄμωμος 68b, *166b*
⟦δῆλος 295b⟧ → אוּר I
⟦δίκαιος 330c⟧ → δικαίως
δικαίως 335a
εὐθύτης 571b, *177c*
ὁλόκληρος 989a
ὅλος 989b
ὅσιος 1018b, *186c*
ὁσιότης 1018c
τέλειος 1342c, *193b*
εἰς τέλος ἡμέρας μιᾶς (כְּיוֹם תָּ׳) 1344a

תַּמִּים
⟦ἐξ ἴσου 688c⟧ → תּוֹאַם
תָּמַךְ qal
ἀντιλαμβάνεσθαι 110c
ἀποκαθιστᾶν, ἀποκαθιστάναι 131b
ἀσφάλεια, ἀσφαλία 174b
ἀσφαλίζειν 174b
ἐγείρειν 364a
ἐπερείδειν 509c
ἐρείδειν 544c
καταρτίζειν 743b
κρατεῖν *182b*
στηρίζειν 1290c
תָּמַךְ ni.
σφίγγειν 1325a
תָּמַם qal
ἄμωμος 68b
ἀναλίσκειν 79b
ἀπολλύειν, ἀπολλύναι 136c
#ἀφανίζειν 181b (Hb. 1.5)
διαπίπτειν 308a
ἐκλείπειν 435c, *173c*
ἐξαναλίσκειν 487b
⟦ἐξέρχεσθαι + ἔτος (= שָׁנָה) 491c⟧
ἡσυχίαν ἔχειν 586c, 620b
κατευθύνειν *181c*
παύειν 1112b
περιτέμνειν (תָּ׳ לְהִמּוֹל qal) 1127b
⟦πίπτειν 1135c⟧ → διαπίπτειν
πληροῦν 1147c
συντέλεια 1318c
συντελεῖν 1319b
τελειοῦν 1343a
τέλος 1344a
תָּמַם ni.
ἐκλείπειν 435c
ἐξαναλίσκειν 487b
תָּמַם hi.
ἁπλοῦν 123a
ἐκλείπειν 435c
⟦ἐκτήκειν 443a⟧ → τήκειν
πληροῦν 1147c
συντελεῖν 1319b
⟦σφραγίζειν 1327a⟧ → חָתַם qal
τήκειν 1348a
תָּמַם hithp.
ἄθῳος 30a
συντελεῖν 1319b
τελειοῦν 1343a
תֶּמֶס
τήκειν 1348a
תָּמָר
στέλεχος φοινίκων 1288a
φοινικών 1436c
φοῖνιξ 1436c
תֹּמֶר
φοῖνιξ 1436c
תִּמֹרָה
φοῖνιξ 1436c
תַּמְרוּק
σμῆγμα, σμῖγμα 1278b
תַּמְרוּרִים I
ὀδυρμός 967c
οἰκτρός 983b
παροργίζειν 1072b
תַּמְרוּרִים II
§τιμωρια 1354a

תַּן
δράκων 348b
ἐχῖνος 592a
κάκωσις 712a
σειρήν 1262a
στρουθός 1297a
תָּנָה pi.
⟦διδόναι 317b⟧ → נָתַן qal
θρηνεῖν 654c
תְּנוּאָה
ὁ θυμὸς τῆς ὀργῆς 660c
μέμψις 909c
תְּנוּבָה
γέν(ν)ημα 238c
γλύκασμα *170b*
καρπός ("fruit") 723c
תְּנוּךְ
λοβός 880a
תְּנוּמָה
ἐπινυστάζειν 526a
καθυπνοῦν 704c
νύσταγμα 956a
νυσταγμός 956a
תְּנוּפָה
ἀπαρχή 118b
ἀπόδομα 127c
ἀφαίρεμα 181a
ἀφόρισμα 186a
δόμα 341a
ἐπίθεμα 520a
θέμα *179b*
μεταβολή 915c
תַּנּוּר
§θαννουρ(ε)ιμ (תַּנּוּרִים) 625c
§θεννουριμ (תַּנּוּרִים) 630a
κλίβανος 771a
תַּנְחוּמוֹת
παράκλησις 1061a
תַּנְחוּמִים
παράκλησις 1061a
תַּנִּים
δράκων 348b
תַּנִּין
δράκων 348b
κῆτος 763c
תִּנְיָן (Aramaic)
δεύτερος 293b
תִּנְיָנוּת (Aramaic)
δεύτερος 293b
תִּנְשֶׁמֶת
ἀσπάλαξ 173b
ἴβης, ἶβις, ἴβις 669a
πορφυρίων, πορφυρών 1195c
⟦σπάλαξ 1281b⟧ → ἀσπάλαξ
תָּעַב ni.
βδελύσσειν, βδελύττειν 216a
⟦κατισχύειν 751b⟧
⟦προσοχθίζειν 1218c⟧ → κατισχύειν
תָּעַב pi.
βδέλυγμα 215b
βδελύσσειν, βδελύττειν 216a, *169b*
λυμαίνειν, λοιμαίνειν 889b
תָּעַב pu.
#βδελύσσειν, βδελύττειν *169b* (Si. 16.8)

תָּעַב hi.
ἀνομεῖν 106b
βδελύσσειν, βδελύττειν 216a
תָּעָה qal
πλανᾶν 1139b, *188c* (Si. 51.13)
πλάνησις 1140a
⟦σείειν 1261c⟧
תָּעָה ni.
πλανᾶν 1139b
תָּעָה hi.
ἐξάγειν 483a
ἐξωθεῖν 502b
ὀλισθαίνειν *186a*
πλανᾶν 1139b
πλάνησις 1140a
πονηρεύεσθαι 1186a
תְּעוּדָה
μαρτύριον 896c
תְּעָלָה I
⟦θάλασσα 621a⟧
#ἰατρεία 669a (Je. 31[48].2)
ῥύσις 1255c
σύστεμα, σύστημα 1323c
ὑδραγωγός 1380c
תְּעָלָה II
#ὠφέλεια, ὠφελία 1497a (Je. 26[46].11; 37[30].13)
תּעֲלָה
ὠφέλεια, ὠφελία *196c*
תַּעֲלוּלִים
ἔμπαιγμα 456b
ἐμπαίκτης 456c
תַּעֲלֻמָה
κρύφιος 793a
תַּעֲנוּג
ἐντρύφημα 481b
εὐφροσύνη *178b*
⟦τροφή *194b*⟧ → τρυφή
τρυφερός 1377c
τρυφή 1377c, *194c* (+Si. 14.16; 37.20; 41.1)
τρύφημα *194c*
תַּעֲנִית
*#νηστεία 945a (I Es. 8.73)
ταπείνωσις 1335c
תָּעַע pilp.
καταφρονεῖν 748a
תָּעַע hithpal.
*#ἐκπαίζειν 438c (I Es. 1.51)
ἐμπαίζειν 456b
תַּעֲצֻמוֹת
κραταίωσις 783a
תַּעַר
κολαιός 776b
κολεός 776b
ξυρόν 959c
תַּעֲרוּבָה
σύμμιξις 1304c
תַּעְתֻּעִים
ἐμπαίζειν 456b
μωκᾶσθαι 938a
תֹּף
αὐλός 178c
τύμπανον 1378b
ψαλτήριον 1483c
תִּפְאָרָה
δόξα 341b

καύχημα *181c*
καύχησις *182a*
μεγάλωμα 902b
תִּפְאֶרֶת
ἀγαλλίαμα *165a*
γαυρίαμα *170a*
δόξα 341b
δοξάζειν 343b
δόξασμα 344a
δοξαστός 344a
⟦ἔπαρξις 508b⟧ → ἔπαρσις
ἔπαρσις 508b
καλλονή 715a
κάλλος 715a
καύχημα 757c
καύχησις 757c
κόσμος 780c
μεγαλειότης 901b
μεγαλοπρέπεια, μεγαλοπρεπία 901c
μεγαλωσύνη 902c
προτέρημα 1230b
τρυφή 1377c
ὡραιότης 1494a
תֻּפִינִים
ἑλικτός 453a
תָּפֵל
ἀφροσύνη 186b
תִּפְלָה
ἀνόμημα 106b
ἀφροσύνη 186b
תְּפִלָּה
δέησις 285c, *170b*
δεῖσθαι (נָשָׂא תְ׳) 288a
ἐξομολόγησις *176a*
εὔχεσθαι 583c
εὐχή 584b
προσεύχεσθαι 1214a
προσευχή 1214c, *190b* (+Si. 51.13)
ὕμνος 1405b
תִּפְלֶצֶת
παιγνία 1045c
תָּפַף qal
#τυμπανίζειν 1378a (I Ki. 21.13[14])
τυμπανίστρια 1378b
תָּפַף polel
φθέγγεσθαι 1429c
תָּפַר qal
ῥάπτειν 1248a
תָּפַר pi.
συρράπτειν 1323a
תָּפַשׂ qal
⟦ἀναβαίνειν, ἀναβέννειν 70a⟧ → ἀναλαμβάνειν
#ἀναλαμβάνειν 78c (Je. 26[46].9)
ἀντέχειν 109c
βιάζεσθαι 218a
⟦διαστρέφειν 312a⟧ → πλαγιάζειν
ἐγκρατής *172a*
ἔλασμα 448a
ἐπιλαμβάνειν 523c
ἐπισπᾶν 529b
καθοπλίζειν 704b
καταδεικνύναι 730b (–Ge. 4.21)
κατακρατεῖν 734b
καταλαμβάνειν 735a
κατάληψις 737c

κατέχειν 750c
κρατεῖν 783a
κωπηλάτης (תָּ׳ מָשׁוֹט qal) 840b
λαμβάνειν 847a
ὀμνύειν, ὀμνύναι 991b
πλαγιάζειν 1139b
πολεμιστής (תָּ׳ מִלְחָמָה qal) 1171c
συλλαμβάνειν 1301c
σύλληψις 1302c
τοξότης (תֹּפֵשׂ קֶשֶׁת) 1364b

תָּפַשׂ ni.
ἁλίσκειν, ἁλίσκεσθαι 54c
ἅλωσις 60b
θηρεύειν 650b
λαμβάνειν 847a
⟦παραδιδόναι 1058a⟧
συλλαμβάνειν 1301c

תָּפַשׂ pi.
ἐρείδειν 544c
εὐάλωτος 568c

תֹּפֶת
#γέλως 235c (Jb. 17.6)
διαπίπτειν 308a
διάπτωσις 308c
§ταφεθ, ταφετ 1337c

תִּפְתָּיֵא (Aramaic)
οἱ ἐπ᾿ ἐξουσιῶν 500c

תִּקְוָה I
ἀγαθός 2a
ἐλπίς 454a
εὔελπις 569c
μόνιμος 933a
σημεῖον 1263b
ὑπομένειν *194c*
ὑπομονή 1416b, *194c* (+Si. 16.13)
ὑπόστασις 1417a

תִּקְוָה II
συναγωγή 1309b

תְּקוּמָה
ἀνθιστάναι 95c
#ὑπόστασις 1417a (Jb. 22.20)

תָּקוֹעַ
σάλπιγξ 1258b

תְּקוֹף
κραταιός *182b*

תְּקוּפָה
καιρός 706a
κατάντημα 739c
μεσοῦν 913c
συντέλεια 1318c, *192c*

תַּקִּיף (Hebrew and Aramaic)
*ἰσχυρός 693b
ἰσχύς 694b
*#σκληρός 1274b (I Es. 2.27)

תָּקַל ni.
προσκόπτειν *190b*

תָּקַל hi.
πλανᾶν *188c*

תְּקַל peil (Aramaic)
ἱστάναι, ἱστᾶν 689a

תְּקֵל (Aramaic)
§θεκελ 628b

תִּקְלָה
ξύλον *185c*
ξύλον προσκόμματος *190b*

תָּקַן qal
#ἐπικοσμεῖν 523b
ἐπικραταιοῦν 523b
⟦κοσμεῖν 780b⟧ → ἐπικοσμεῖν

תָּקַן pi.
κοσμεῖν 780b
κόσμιον 780c

תְּקַן hoph. (Aramaic)
κραταιοῦν 782c
κρατεῖν 783a

תָּקַע qal
βάλλειν 189c
ἐγκρούειν 367a
ἐμβάλλειν 455a
ἐμπηγνύναι 456c
ἐπικροτεῖν (תָּ׳ כַּף qal) 523c
ἦχος 620c
ἱστάναι, ἱστᾶν 689a
κατακρούειν 734c
καταπηγνύναι 741b
κροτεῖν 791c
παραδιδόναι 1058a
πηγνύναι 1130c
σαλπίζειν 1258c
σημαίνειν 1263a
⟦στηλοῦν 1290b⟧ → ἱστάναι, ἱστᾶν
στηρίζειν 1290c
τιθέναι 1348c (Jd 4.21A; I Ch. 10.10)

תָּקַע ni.
σαλπίζειν 1258c
συνδεῖν 1312c
φωνεῖν 1447b

תֵּקַע
ἦχος 620c

תָּקַף qal
ἐπικραταιοῦν 523b
κατέχειν 750c
ὠθεῖν 1492c

תְּקֵף, תְּקִף pe. (Aramaic)
ἰσχύειν 692c
ἰσχύς 694b
κραταιοῦν 782c

תַּקֵּף, תְּקַף pa. (Aramaic)
ἐνισχύειν 475a

תֹּקֶף
βία 218a
ἰσχύς 694b

תְּקֹף (Aramaic)
ἰσχύς 694b
κραταιός 782a
κράτος 784a

תֹּר
τρυγών 1377b

תַּרְבּוּת
σύστρεμμα 1323c

תַּרְבִּית
πλεονασμός 1142a
πλῆθος 1142c

תִּרְגֵּם pu.
ἑρμηνεύειν 547c

תַּרְדֵּמָה
δεινὸς φόβος 288a
ἔκστασις 441b
θάμβος 623b
κατάνυξις 739c

תְּרוּמָה
ἀπαρχή 118b, *167c*
⟦ἀπαρχία 118c⟧ → ἀπαρχή
⟦ἀρχή 164a⟧
ἀφαίρεμα 181a
ἀφόρισμα 186a
ἀφορισμός 186b
δόσις *172b*
#δῶρον 359a (Jd. 9.31A)
εἰσφορά 415c
θυσία *179c*

תְּרוּעָה
ἀγαλλίασις 5b
ἀλαλαγμός 52a
⟦ἔνδοξος 470c⟧
ἐξηγορία 495b
ἐξομολόγησις 499c, *176a*
θόρυβος 654a
κραυ(γ)ή 784b
*σάλπιγξ 1258b
σημασία 1263b
*φωνή 1447b

תְּרוּפָה
ὑγ(ε)ία, ὑγίεια 1380b
φάρμακον *195a*

תְּרֵין (Aramaic)
*δεύτερος 293b
δωδεκάμηνον (יַרְחִין תְּרֵי עֲשַׂר) 358b

תָּרְמָה
ἐν κρυφῇ (בְּתָ׳) 793a

תַּרְמִית
δόλιος 340b
δολιότης *171c*
ἐνθύμημα 473c
θέλημα 629a
προαίρεσις (תָּ׳, תַּרְמוּת) 1203c

תֹּרֶן
ἱστός 692c

תְּרַע (Aramaic)
αὐλή 177b
θύρα 662c

תָּרָע (Aramaic)
*#θυρωρός 664a (I Es. 8.22)
πυλωρός 1242a

תַּרְעֵלָה
⟦θυμός 660c⟧
κατάνυξις 739c
πτῶσις 1239a

תְּרָפִים
#ἀποφθέγγεσθαι 150a (Za. 10.2)
γλυπτός 271a
δῆλος 295b
εἴδωλον 376a
§θεραπ(ε)ια 648a
§θεραφ(ε)ιν, θαραφειν, θεραπειν, θεραφειμ 648c
κενοτάφια, καινοτάφια 759b

תִּרְצָה
εὐδοκία 569b

תַּרְשִׁישׁ
ἄνθραξ 96a
θάλασσα 621a
§θαρσ(ε)ις 626c
χρυσόλιθος, χρυσόλιθον 1478b

תִּרְשָׁתָא
§αθερσασθα, αθερσα(θ)α, αρτασασθα (הַתִּ׳) 29b, 161a

תְּשׂוּמֶת
κοινωνία (תְּ׳ יָד) 775a

תְּשֻׁאוֹת
?μέμψις 909c

תַּשְׁבֵּץ
κοσυμβωτός 781a

תְּשׁוּבָה
ἀλλοίωσις *166a*
ἀνταπόκρισις 109c
ἀπόκρισιν διδόναι 134b
ἀποστροφή 148b
ἐπιέναι 520a
ἐπιστρέφειν 531a
καταπαύειν 740c

תְּשׁוּעָה
βοήθεια, βοηθία 222c
σωτηρία 1331b, *193c*
σωτήριον 1332a, *193c*

תְּשׁוּקָה
ἀποστροφή 148b
ἐπιστροφή 534a

תֻּשִׁיָּה
see תּוּשִׁיָּה

תְּשִׁיעִי
*ἔν(ν)ατος 469a

תַּשְׁלוּמָה
ἀνταποδιδόναι *167b*
ἀνταπόδομα *167b*

תַּשְׁנִיק
χολέρα *196a*

תִּשְׁעָה, תֵּשַׁע
ἔν(ν)ατος 469a
ἐννεακαιδέκατος (תְּשַׁע־עֶשְׂרֵה, תִּשְׁעָה־עָשָׂר) 475c

תָּשַׁשׁ ho.
#κατακλᾶν 733b (Ez. 19.12)

R
221.48
H361
1998
c.2

93491

LINCOLN CHRISTIAN COLLEGE AND SEMINARY

CANNOT BE CHECKED OUT

3 4711 00094 5941